Vollständige Konkordanz
zum griechischen Neuen Testament

Band I · Teil 1

A–Λ

VOLLSTÄNDIGE KONKORDANZ ZUM GRIECHISCHEN NEUEN TESTAMENT

UNTER ZUGRUNDELEGUNG
ALLER MODERNEN KRITISCHEN TEXTAUSGABEN
UND DES TEXTUS RECEPTUS

IN VERBINDUNG MIT
H. RIESENFELD · H.-U. ROSENBAUM · CHR. HANNICK · B. BONSACK

NEU ZUSAMMENGESTELLT UNTER DER LEITUNG VON

K. ALAND

BAND I

TEIL 1

A — Λ

WALTER DE GRUYTER · BERLIN · NEW YORK
1983

Band IV/1/1 der „Arbeiten zur Neutestamentlichen Textforschung“.
Herausgegeben vom Institut für Neutestamentliche Textforschung der Westfälischen Wilhelms-Universität Münster/Westfalen

CIP-Kurztitelaufnahme der Deutschen Bibliothek

Vollständige Konkordanz zum griechischen Neuen Testament:
unter Zugrundlegung aller moderner krit. Textausg. u.d. Textus
receptus / in Verbindung mit H. Riesenfeld . . . neu zsgest. unter
d. Leitung von K. Aland. – Berlin ; New York : de Gruyter
(Arbeiten zur neutestamentlichen Textforschung; Bd. 4)
NE: Aland, Kurt [Hrsg.]; GT

Bd. 1.
Teil 1. A-Λ. – 1983.
ISBN 3-11-009693-5

©

Copyright 1983 by Walter de Gruyter & Co., vormals G. J. Göschen'sche Verlagshandlung – J. Guttentag, Verlagsbuchhandlung
Georg Reimer – Karl J. Trübner – Veit & Comp., Berlin 30

Printed in Germany.

Satz und Druck: Arthur Collignon, Berlin; Hubert & Co., Göttingen; Bindearbeiten: Lüderitz & Bauer, Berlin.

VORBEMERKUNG

1975 erschien die erste Lieferung dieses ersten Bandes der „Vollständigen Konkordanz". Wenn jetzt die 13./14. Lieferung vorgelegt wird und damit der Abschluß von Band I erreicht ist, so sind sieben Jahre verstrichen — und der ursprüngliche Terminplan, der alljährlich das Erscheinen von zwei Einzellieferungen (oder einer Doppellieferung) vorsah, ist eingehalten worden. Band II mit den Spezialübersichten ist bereits 1978 erschienen, so ist die vieljährige Arbeit jetzt beendet — zur großen Erleichterung aller daran Beteiligten. Denn seit ihren Anfängen sind jetzt bald 30 Jahre verstrichen, und viele Anstrengungen sind nötig gewesen, um die dabei auftauchenden Probleme zu lösen.

So muß diese abschließende Vorbemerkung mit dem Dank beginnen: an die Mitherausgeber, von denen H. Riesenfeld seit den Anfängen an dem Unternehmen teilnahm, während H.-U. Rosenbaum, Chr. Hannick und B. Bonsack — in der angegebenen Reihenfolge — später hinzutraten, aber auch an die hauptamtlichen Mitarbeiter: K. Junack, H.-U. Rosenbaum, Chr. Hannick, H. Bolte, G. Kontoulis, S. Fels wie an die zahlreichen nebenamtlichen Mitarbeiter, ohne deren Beteiligung die Erreichung des Zieles nicht möglich gewesen wäre. Schon die Liste der hauptamtlichen Mitarbeiter (die nacheinander tätig waren) weist darauf hin, daß an der „Vollständigen Konkordanz", wie es bei der langen Dauer ihrer Bearbeitung nicht anders möglich ist, mehrere „Generationen" beteiligt waren. Dementsprechend groß ist die Zahl der nebenamtlichen Mitarbeiter, die an den Kollationen der zugrunde gelegten Ausgaben, der (vielfach revidierten) Niederschrift der Karten mit den einzelnen Lemmata sowie an den zahlreichen Korrekturgängen mitgewirkt haben. Sie können hier deshalb nicht im einzelnen genannt werden; eine Auswahl aus ihnen namhaft zu machen (etwa die, die an der letzten Etappe der Konkordanz mitgewirkt haben), wäre ungerecht gegenüber denen, deren Namen nicht erschienen.

Es ist aber nicht nur Personen zu danken, sondern auch Institutionen. Von 1971 an hat die Deutsche Forschungsgemeinschaft die Besoldung des hauptamtlichen Mitarbeiters übernommen (das gilt für die letzten drei der genannten Namen). Ohne die Existenz des Instituts für neutestamentliche Textforschung in Münster/W. wäre an die Durchführung des Vorhabens nicht zu denken gewesen, ebensowenig wie ohne seine ständige Unterstützung durch die Hermann Kunst-Stiftung zur Förderung der neutestamentlichen Textforschung, die alle nicht von der Deutschen Forschungsgemeinschaft übernommenen Kosten des Unternehmens getragen hat. Dem Verlag wie der Setzerei ist für die Betreuung bei der Durchführung der schwierigen Arbeit zu danken.

Was in den die einzelnen Lieferungen begleitenden Vorworten zum Gang und zur Charakterisierung der Arbeit ausgeführt worden ist, braucht hier nicht wiederholt zu werden, zumal die „Hinweise zur Benutzung", die den ersten Lieferungen lose beigefügt waren, nachstehend noch einmal abgedruckt werden, und zwar in deutscher, englischer und französischer Sprache. Hier sind alle für den Gebrauch der „Vollständigen Konkordanz" erforderlichen Angaben zu finden.

Nur einige Fragen und Einwendungen, die in einzelnen der zahlreichen (und fast ausnahmslos sehr freundlichen) Rezensionen begegnen, seien kurz behandelt, denn nach ihnen scheint es so, als ob ich in den bisherigen Äußerungen zum Gegenstand Anliegen und Anlage der „Vollständigen Konkordanz" nicht für alle deutlich genug beschrieben hätte. Am wichtigsten ist die Frage nach der Vollständigkeit der zugrunde gelegten Ausgaben. Die Rezension (amerikanischer Herkunft), die hier in ihren Forderungen am weitesten geht, vermißt die Verzeichnung der Lesarten der Ausgaben von Weymouth (1886), B. Weiss (1894–1900), Souter (1910, 1947), Legg (1935, 1940), Kilpatrick (1958). Dazu ist zunächst zu sagen, daß die Greek-English Diglot von Kilpatrick nur teilweise im Druck vorliegt und selbst die Faszikel, für die das gilt, niemals in den Buchhandel gelangten. Die Ausgabe von Legg wiederholt den Text von Westcott-Hort, Souter bietet, vom Textus receptus ausgehend, eine Rekonstruktion des griechischen Textes, der hinter der Revised Version von 1881 steht, von Bedeutung ist bei dieser Ausgabe der kritische Apparat.

Die Ausgaben von Weymouth wie von B. Weiss haben zu den Basis-Editionen für den Nestle-Text bis zur 25. Auflage gehört und sind mit ihren entscheidenden Merkmalen in ihn eingegangen. Außerdem übersieht die eben angeführte Liste der nicht in die „Vollständige Konkordanz" aufgenommenen Ausgaben noch eine ganze Reihe anderer, von Tregelles (1857–1872) angefangen bis hin zu Tasker (1964). Aber Tasker bietet lediglich eine Rekonstruktion des nach seiner Meinung hinter der New English Bible stehenden Textes, die Ausgabe von Tregelles ist in ihrer Wirkung — bedauerlicherweise — hinter der von Tischendorf vollständig zurückgetreten. Welchen Sinn hat es, ihre Lesarten oder die der Ausgaben von Alford, Buttmann, Brandscheid, Hetzenauer, Schjøtt, Baljon, und was dergleichen mehr zu nennen wäre (z.B. an bearbeitenden Nachdrucken von Tischendorf usw.) in eine „Vollständige Konkordanz" aufzunehmen und sie dadurch praktisch unbenutzbar zu machen? Ihr Text hat in der gelehrten Diskussion, sei es der textkritischen oder der exegetischen, keine oder kaum eine wesentliche Bedeutung gehabt. Bereits jetzt ist die „Vollständige Konkordanz" umfangreich genug und, wenigstens nach unserer Meinung, an der Grenze dessen, was man dem Benutzer bei der Rekonstruktion der Textvarianten der benutzten 9 Ausgaben (10, wenn man das Greek New Testament hinzuzählt) zumuten kann. Neben den üblichen Zeichen für Zufügung, Auslassung und Umstellung mußte bei den Angaben der Varianten bereits von |, ||, ||:, ( ), (( )), [ ], ⟦ ⟧, ⟨ ⟩, *, →, ↔ in den verschiedensten Kombinationen Gebrauch gemacht werden. Der zweite Teil des Abschnittes 2 der „Hinweise zur Benutzung", S. XI, XIV, XVII gibt einen Eindruck davon, daß die Verzeichnung der Varianten nicht selten nur unter Schwierigkeiten möglich war, so daß der Benutzer manchmal erheblichen Scharfsinn aufwenden muß, wenn er zuverlässig feststellen will, was die ihn interessierende Ausgabe tatsächlich in einem Lemma als Text bietet.

Noch weiter als dies Verlangen nach einer vollständigen Verzeichnung des Textes jeder Ausgabe des griechischen Neuen Testaments seit der editio octava Tischendorfs führt der (von einem belgischen Rezensenten vorgetragene) Wunsch, es hätten auch die in der Ausgabe von Westcott-Hort am Seitenrand verzeichneten Alternative Readings aufgenommen werden sollen oder gar die in den kritischen Apparaten aller benutzten Ausgaben gebotenen Varianten der Handschriften insgesamt (so in zwei französischsprachigen Besprechungen). Hier wird gesagt, das hätte "a l'heure de l'ordinateur" geschehen können und sollen. Nun, wir verfügen über praktische Erfahrungen, denn seit vielen Monaten sind wir damit beschäftigt, die im Apparat des Nestle[26] angeführten Textvarianten für den Computer aufzunehmen und sind bis heute trotz aller Unterstützung durch das Rechenzentrum der Universität Münster noch nicht zu einer brauchbaren Lösung gelangt. Sicher ist nur, daß die vollständige Auswertung des Materials viele Hunderte von Metern — die Computerbögen aneinandergelegt — ergeben wird. Da diese Resultate sich nun in der Mehrzahl der Fälle auf zusammenhängende Textstücke beziehen, müßten sie in der Konkordanz bei jedem Wort dieses Textstücks nicht nur dann wiederholt werden, wenn es das Stichwort für ein Lemma abgibt, sondern auch bei allen anderen Wörtern — und zwar jedesmal mit der in Betracht kommenden Bezeugung, denn sie erst gibt dem Text der Variante Farbe und Wert. Jedes Lemma umfaßt mindestens zwei dieser Textstücke, wenn nicht mehr, so kann man sich leicht ausrechnen, welche Fülle von Angaben zu jedem Lemma erforderlich wäre. Die bisher im Durchschnitt zwei Zeilen Text eines Lemmas würden sich so zu einem ganzen Artikel ausweiten, dessen Aufbau um so komplizierter würde, je mehr man sich bemühte, ihn kurz zu halten. Eine so angelegte Konkordanz würde mindestens fünf Bände im gegenwärtigen Umfang nötig machen und faktisch nur für ganz wenige benutzbar — und erwerbbar — sein, denn ihr Preis würde sich bei fünf Bänden angesichts der Schwierigkeit des Satzes sehr viel mehr als verfünffachen. Wer hinter den von den Ausgaben des Neuen Testaments seit Tischendorf gebotenen Text zurückfragen will, wird nicht umhin können, neben die Konkordanz die Ausgabe von Tischendorf, Soden oder den Nestle[26] zu legen. Das wäre selbst bei einer Konkordanz erforderlich, die zu jedem Lemma die Lesarten der Handschriften böte. Denn sehr häufig sind die Varianten einer Handschrift im Text eines Lemmas mit solchen im weiteren Kontext verbunden bzw. durch sie bedingt. Ich glaube, ich kann hier abbrechen. Aber es schien mir wichtig, die Unrealisierbarkeit derartiger Vorschläge für den Aufbau einer vollständigen Konkordanz darzulegen. Sie sind gewiß verständlich, aber die Möglichkeit ihrer Durchführung ist von den Rezensenten nicht erprobt worden — wie es im Institut für neutestamentliche Textforschung, um auch das hinzuzufügen, durchaus versucht worden ist.

Wenn die „Vollständige Konkordanz" alle Abweichungen der zugrunde gelegten Ausgaben vom heute (in der Gestalt des Nestle[26] und des Greek New Testament[3]) gebrauchten Text verzeichnet, so geschieht das nicht nur beim jeweiligen Stichwort, sondern auch sonst. Es ist (in einer deutschen Rezension) die Frage gestellt worden, ob das nicht zu weit gehe — darauf ist zu antworten, daß diese Vollständigkeit deshalb notwendig schien, weil nie vorauszusagen ist, an welchen Punkten sich das philologische Interesse entzündet. Nur beim Textus receptus ist anders verfahren worden (vgl. die „Hinweise zur Benutzung"), er ist vollständig verzeichnet, soweit in den Artikeln das Stichwort in Betracht kommt (und zwar auch dann, wenn er eine Variante allein bietet), sonst wird er nur genannt, wenn er mit Abweichungen anderer Ausgaben zusammengeht. Auf diese Weise wird eine Überfüllung der Lemmata mit überflüssigen Angaben vermieden — überflüssig deshalb, weil sie in der Textgestaltung der letzten 100 Jahre keine Nachfolge gefunden haben. Wer auf sie Wert legt, findet sie jeweils beim in Betracht kommenden Stichwort, ständig vor Augen kommen sollten dem Benutzer nur die Varianten der Ausgabe, die er bei seiner Arbeit am Neuen Testament möglicherweise zugrunde legt oder die, die in der textkritischen bzw. exegetischen Diskussion der letzten hundert Jahre deshalb auftauchen, weil sie Textbestandteil einer Ausgabe waren, die in der Wissenschaft eine dominierende oder mindestens maßgebliche Rolle gespielt hat. Von hier aus sind Anliegen und Anlage der „Vollständigen Konkordanz" zu erklären.

Außer diesen grundsätzlichen Betrachtungen sind wohl nur noch zwei Bemerkungen erforderlich: zur Interpunktion, die in den Lemmata angewandt wird, und zur Behandlung der alttestamentlichen Zitate. Die Interpunktion der „Vollständigen Konkordanz" entspricht der im Nestle[25]. Denn als 1975 die erste Lieferung erschien, befand sich der Nestle[26] noch im Manuskriptzustand. Als er im Herbst 1979 im ersten Druck vorgelegt wurde, war die Konkordanz bereits bis Lieferung 8 gediehen, so schien ein Wechsel in der Interpunktion nicht mehr möglich, zumal diese ihre (vorläufige) Endgestalt erst im vierten Druck des Nestle[26] erhielt, der 1981 erschien (ins Greek New Testament wird sie erst in der revidierten dritten Auflage eingeführt werden, die sich zur Zeit im Druck befindet und wahrscheinlich Anfang 1983 veröffentlicht werden wird). Die Behandlung der alttestamentlichen Zitate in der Konkordanz erklärt sich aus denselben Vorbedingungen. Daß sie in der Abgrenzung durch Nestle[25] nicht übernommen werden konnten und neu bestimmt werden mußten, stand von Anfang der Arbeit an fest — aber noch während des Satzes von Nestle[26] haben an nicht wenigen Stellen Änderungen im Kursivsatz stattgefunden. Ein Vergleich zwischen den als Zitat aus dem Alten Testament hervorgehobenen Stellen in Nestle[25] und Nestle[26] zeigt zahlreiche Differenzen — aber auch der Vergleich mit anderen Ausgaben des Neuen Testaments ergibt alsbald die Schwierigkeit der Materie. Selbst wenn die Scheidung zwischen Zitaten aus dem Alten Testament und bloßen Anspielungen darauf beim Beginn des Erscheinens dieser Konkordanz schon festgestanden hätte, was, wie bereits hervorgehoben, erst nach dem Erscheinen von Lieferung 8 der Konkordanz der Fall war, hätte ich trotz aller darauf gewandten Mühe Bedenken gehabt, die im Nestle[26] kursiv gesetzten Textteile durch Übernahme in die Konkordanz endgültig festzulegen. Letztlich wird noch heute jeder Neutestamentler für sich feststellen müssen, ob die Entscheidungen, die der Kursivsatz im Nestle[26] trifft, für ihn gültig sind, mindestens solange, bis die sachverständigen Alttestamentler (wenn möglich, mit einiger Übereinstimmung) ihr Wort dazu gesprochen haben.

Zu Band II bedarf es hier keiner besonderen Bemerkung, er ist seit 1978 im Gebrauch und benötigt deshalb keine Einführung. Daß die Artikel καί und ὁ, ἡ, τό nicht hier, wie zu Anfang der Arbeit angekündigt, sondern in Band I untergebracht wurden, hat zwar den Unterschied im Umfang zwischen den beiden Bänden vergrößert, aber hoffentlich den Beifall der Benutzer gefunden, denn das kommt der Erleichterung der Arbeit mit der Konkordanz zugute. Hinzuweisen ist darauf, daß zu Band II ein Einlageblatt existiert, das Ergänzungen zur Wortstatistik bietet (es wurde seinerzeit der Lieferung 11/12 von Band I beigegeben). Auch zum vorliegenden Band existiert eine Beilage, die Berichtigungen und Ergänzungen enthält, die sich uns beim Fortgang der Arbeit ergaben oder von Fachkollegen freundlicherweise mitgeteilt wurden. Dafür ist die Loseblattform gewählt worden. Denn ihre Zahl ist erfreulich gering, so daß sie vom Benutzer, wenn er will, handschriftlich an den in Betracht kommenden Stellen nachgetragen werden können.

Möge diese Konkordanz, die zum ersten Mal in den letzten Generationen den neutestamentlichen Wortbestand vollständig wiedergibt, den Neutestamentlern wie den klassischen Philologen in aller Welt als willkommenes und ihrer Arbeit förderliches Hilfsmittel dienen.

Münster/Westf., 30. Oktober 1982   Kurt Aland

INHALT

BAND I

TEIL 1

TEIL 2

BAND II

HINWEISE ZUR BENUTZUNG DER „VOLLSTÄNDIGEN KONKORDANZ"

1. Diese Konkordanz beruht auf dem Text, wie ihn die 26. Ausgabe des Novum Testamentum graece von Nestle-Aland (N²⁶) bietet. Er ist (von Orthographica, Interpunktion u. ä. abgesehen) mit dem der Third Edition des Greek New Testament identisch. Außerdem sind die Abweichungen aller wichtigen kritischen Ausgaben der letzten 100 Jahre bis zurück zur Editio octava Tischendorfs eingearbeitet sowie des Textus receptus, der zu allen Stichworten vollständig verzeichnet und ansonsten mitnotiert ist. Für die Verzeichnung der Ausgaben werden folgende Sigla verwendet:

> B = Bover, 5. Aufl. 1968
> H = Westcott/Hort, 1881
> M = Merk, 9. Aufl. 1964
> N = Nestle-Aland, 25. Aufl. 1963 ff.
> V = Vogels, 3. Aufl. 1949/50
> S = von Soden, 1913
> T = Tischendorf, ed. octava, 1869/72
> ς = Textus receptus, Oxford 1873

2. Jedes Wort in diesen insgesamt neun Ausgaben hat in dieser Konkordanz ein eigenes Lemma (lediglich festgeprägte Ausdrücke: ἀμὴν ἀμήν, ἅγια ἁγίων, das dreifache ἅγιος, βασιλεὺς βασιλέων u. a. werden der Übersichtlichkeit halber in ein Lemma zusammengefaßt). Dabei ist jedes Lemma in sich geschlossen; schließt sich das folgende unmittelbar an, wird das durch ↔ angegeben. Textauslassungen um einer größeren Übersichtlichkeit des Lemmas willen werden durch ... bezeichnet; wenn der für das Verständnis erforderliche Text in vorangehenden oder nachfolgenden Versen steht, wird er in ⟨ ⟩ zugefügt.

Die Varianten der Ausgaben zum Basistext von Nestle-Aland²⁶ folgen unmittelbar in runden Klammern auf das in Betracht kommende Wort. Dabei werden folgende Sigla verwendet:

> + Zufügung
> — Auslassung
> ~ Umstellung.

Die Reihenfolge in der Verzeichnung der Ausgaben ist dabei die folgende: N²⁶, N, M, V, B, S, T, H, ς. Dabei werden sie, soweit erforderlich, gelegentlich mit dem Sammelsigel

> rl = reliqui

zusammengefaßt; welche Ausgaben dann gemeint sind, ergibt sich zwangsläufig aus der Vergleichung mit den sonst gemachten Angaben. Wenn das Sigel für eine Ausgabe in eckigen Klammern steht, z.B. [S], so bedeutet das, daß diese Ausgabe den in Betracht kommenden Text in eckigen Klammern bietet.

Wenn eine Variante sich nicht nur auf ein Wort, sondern auf mehrere Wörter bezieht, wird der Anfang des in Betracht kommenden Abschnitts durch | bezeichnet. Wenn es sich um eine Großvariante handelt, in deren Text Untervarianten vorkommen, wird der Beginn dieses Abschnitts durch ‖ bezeichnet und die Verzeichnung der Ausgaben mit dieser Großvariante mit (( )) vorgenommen. Zwischen ‖ und (( )) sind dann die Untervarianten auf die angegebene Weise verzeichnet. Entstammt die Großvariante einem Text, der in mindestens einer Ausgabe in eckigen Klammern steht, wird ihr Beginn durch ‖ und ihr Ende durch ⟧ bezeichnet. Wenn der Beginn einer Untervariante mit dem der Großvariante zusammenfällt, wird ‖: gebraucht. Erstreckt sich die Variante einer Ausgabe auf einen Text, der länger ist als der mit | oder ‖ angegebene Beginn und der dementsprechend mit ( ) oder (( )) verzeichnete Schluß, d.h. greift die Variante über, so ist das durch .. vor bzw. nach, bzw. vor und nach dem Ausgabensigel bezeichnet, d.h.:

.. T die Variante setzt bei Tischendorf vor dem bezeichneten Beginn ein,

T .. die Variante setzt sich noch über den durch die Sigelangabe bezeichneten Punkt fort,

.. T .. die Variante greift nach beiden Seiten über.

Diese Angaben erfolgen lediglich, um den Benutzer auf die größeren Zusammenhänge aufmerksam zu machen, für die Verwendung des Lemmas selbst sind sie ohne Bedeutung.

Besondere Schwierigkeiten entstanden bei der Verzeichnung von Varianten, die sich bei gleichem Wortbestand aus Textumstellungen in den zugrunde gelegten Ausgaben ergaben, hier ist auf Abweichungen in der Reihenfolge der Sigel von der oben (unter 2.) festgestellten Regel zu achten: sie zeigen eine Wortfolge im Gegensatz zu den anderen Ausgaben an.

3. Die Stichworte im Kopf der Artikel sind nach der Orthographie von Nestle-Aland²⁶ gegeben, die orthographischen Abweichungen der anderen Ausgaben davon sind anschließend verzeichnet; für den Fall, daß eine Ausgabe in ihrer Schreibung schwankend ist, steht das Sigel in runden Klammern: z.B. (B). Zusätzlich werden hier mit → Verweise auf die Stelle gegeben, wo das betreffende Stichwort behandelt ist, bei Adjektiven auf das Adverb und umgekehrt, bei unregelmäßigen Steigerungsformen auf die Grundform u. dgl. mehr. Vor allem wird bei Composita auf die Simplexform des Verbums verwiesen, wo die im Neuen Testament vorkommenden Composita verzeichnet sind. Existiert das Simplex im Neuen Testament nicht, wird auf das in alphabetischer Reihenfolge erste

Compositum verwiesen, wo sich alle weiteren Angaben finden.

4. Übergroße Artikel (z.B. αὐτός) sind nach Kasusformen untergliedert; im Kopf des betreffenden Artikels ist das im einzelnen verzeichnet. Eigennamen sind durch Indexbuchstaben ihren verschiedenen Inhabern zugewiesen. Fest geprägte theologische Begriffe, Wortgruppen, formelhafte Aussagen, bestimmte grammatikalische und sprachliche Eigenheiten usw. sind, ebenfalls durch Indexbuchstaben, zu Gruppen zusammengefaßt, die im Kopf der Artikel jeweils angegeben werden. Dabei ist so weit gegangen worden, wie es möglich war, ohne interpretatorische Vorentscheidungen zu treffen. Zu beachten ist dabei: wenn griechische Worte oder Wortgruppen unter einem Indexbuchstaben zusammengefaßt werden, dann nur unter genauer Beachtung des Wortbestandes, lateinische Bezeichnungen werden verwandt, wenn eine über den Wortbestand hinausgehende inhaltliche Zusammenfassung versucht wurde.

5. Wenn Lemmata nicht auf Nestle-Aland[26] zurückgehen, sondern sich aus dem davon abweichenden Wortbestand anderer Ausgaben (insbesondere des Textus receptus) ergeben, ist ihnen ein * vorangesetzt. Die Stellenangaben für das Lemma sind um der Übersichtlichkeit willen so kurz wie möglich gefaßt, aber so, daß Verwechslungen ausgeschlossen bleiben. Stehen sie in Klammern, so beziehen sich die Angaben auf die Markusschlüsse und die Perikope von der Ehebrecherin, die in allen Ausgaben, mit Ausnahme des Textus receptus, wenn auch auf verschiedene Weise, als sekundär gekennzeichnet sind. Der sog. kürzere Markusschluß hat dabei die Angabe Mc [16 br](evior).

ÜBERSICHT ÜBER DIE IN DER „VOLLSTÄNDIGEN KONKORDANZ" VERWENDETEN ZEICHEN UND ABKÜRZUNGEN

Mt	Matthäusevangelium	↔	Text des gebotenen Lemmas schließt unmittelbar an den Text des folgenden an
Mc	Markusevangelium		
Lc	Lukasevangelium	+	Zufügung
Jo	Johannesevangelium	—	Auslassung
Ac	Apostelgeschichte (Acta)	~	Umstellung
Rm	Römerbrief	|	Beginn des von einer Variante betroffenen Bereichs
1 C	1. Korintherbrief		
2 C	2. Korintherbrief	||	Beginn einer Großvariante mit Untervarianten
G	Galaterbrief	||:	Beginn einer Großvariante und einer Untervariante fallen zusammen
E	Epheserbrief		
Ph	Philipperbrief	( )	schließen Variantenangaben ein; die Angaben beziehen sich auf die durch | bezeichnete Partie, sonst auf das unmittelbar vorangehende Wort. Im Artikelkopf wird ein Ausgabensigel in runde Klammer gesetzt, wenn die angezeigte orthographische Abweichung nicht durchgängig gebraucht wird.
Cl	Kolosserbrief		
1 Th	1. Thessalonicherbrief		
2 Th	2. Thessalonicherbrief		
1 Tm	1. Timotheusbrief		
2 Tm	2. Timotheusbrief		
Tt	Titusbrief		
Phm	Philemonbrief	(( ))	schließen Angaben für eine Großvariante ein; die Angaben beziehen sich auf die mit || bzw. ||: beginnende Partie
Hb	Hebräerbrief		
Jc	Jakobusbrief	[ ]	Die so verzeichnete Ausgabe bietet den in Betracht kommenden Text in eckigen Klammern; die Angaben beziehen sich auf den mit | beginnenden Bereich, fehlt der Strich, so nur auf das unmittelbar vorausgehende Wort
1 Pt	1. Petrusbrief		
2 Pt	2. Petrusbrief		
1 Jo	1. Johannesbrief		
2 Jo	2. Johannesbrief		
3 Jo	3. Johannesbrief	⟦ ⟧	bezeichnen (bei einer Großvariante) den Einschluß einer Textpartie durch die angegebene Edition in eckige Klammern bei zusätzlichem Auftreten von Untervarianten; die Angaben beziehen sich auf die mit || bzw. ||: beginnende Partie
Jd	Judasbrief		
Ap	Apokalypse		
→	siehe		
...	Auslassung im fortlaufenden Text des Lemmas, da zum Verständnis des Stichworts unnötig	Jo [8,7]	Stellenangabe in eckiger Klammer (nur für die Ehebrecherinperikope und beide Markusschlüsse verwendet), da diese Stücke in allen kritischen Ausgaben als nicht zum ursprünglichen Bestand des Textes gehörig ausgewiesen werden
*	Vorkommen des Stichworts außerhalb von N[26]		
⟨ ⟩	Text des Lemmas stammt aus einem anderen als dem angegebenen Vers (keine Varianteneintragung in diesen Partien)		

(.. + T)	Die Variante (hier: eine Zufügung bei Tischendorf) überschreitet das Lemma nach vorn	intrans.	usu intransitivo
(—S..)	Die Variante (hier: eine Auslassung bei v. Soden) überschreitet das Lemma nach hinten	med.	medium
		met(aph).	metaphorice
(.. ~ B..)	Die Variante (hier: eine Umstellung bei Bover) überschreitet das Lemma nach beiden Seiten	neutr.	neutrum
		nom.	nomen, nominativus
abs.	absolutus, absolute	opt(at).	optativus
acc.	accusativus	part.	participium
act.	activum	pass.	passivum
adj. (attrib.)	adjectivum (attributivum)	perf.	perfectum
		plur.	pluralis
adv.	adverbium	praep.	praepositio
aor.	aoristus	praes.	praesens
c.	cum	seq.	sequitur
comp.	comparativus	s(in)g.	singularis
compos.	compositus	subj.	subjectum
dat.	dativus	subst.	usu substantivo, substantivum
et sim.	et similiter	s.v.	sub voce
fem.	femininum	t(erm). t(echn).	terminus technicus
gen.	genitivus		
imper(at).	imperativus	trans.	usu transitivo
impers.	impersonale	verb. fin.	verbum finitum
indic.	indicativus	v.l.	varia lectio
inf.	infinitivus	voc.	vocativus

GUIDE TO THE USE OF THE "VOLLSTÄNDIGE KONKORDANZ"

1. This concordance is based on the text of the 26th edition of the Novum Testamentum graece of Nestle-Aland (N²⁶). This is identical with the Third Edition of the Greek New Testament, apart from spelling, punctuation and so on. The differences found in all important critical editions of the last hundred years are in addition incorporated, as far back as Tischendorf's Editio octava as well as the Textus receptus, which is completely listed under each entry and otherwise quoted. The following abbreviations are used for the various editions:

     B = Bover, 5th ed., 1968
     H = Westcott/Hort, 1881
     M = Merk, 9th ed., 1964
     N = Nestle-Aland, 25th ed., 1963 et sequ.
     V = Vogels, 3rd ed., 1949/50
     S = von Soden, 1913
     T = Tischendorf, ed. octava, 1869/72
     ⸂ = Textus receptus, Oxford, 1873

2. Each word in these nine editions has its own lemma (only fixed expressions such as ἀμὴν ἀμήν, ἅγια ἁγίων, the triple ἅγιος, βασιλεὺς βασιλέων etc. are combined into one lemma for better readability). Each entry is complete in itself. It is indicated by ↔ if the next entry follows immediately. Omission of text passages, in order to achieve greater clarity, is marked . . . If the text necessary for the understanding appears in the preceding or following verses it is added in ⟨ ⟩.

     The variants of the editions, in relation to the basic text of Nestle-Aland²⁶, are put in parentheses and follow immediately each respective word. The following signs are then used:

     + addition
     — omission
     ~ transposition

The sequence of the editions is as follows: N²⁶, N, M, V, B, S, T, H, ⸂. They are sometimes, if necessary, combined under one single abbreviation

     rl = reliqui

The editions thus referred to are self-evident if one pays attention to the additional information given. If the abbreviation for an edition is put into square brackets, e.g. [S], it is meant to indicate that this edition gives the respective text in square brackets.

     If a variant refers to more than one word the beginning of the passage concerned is marked |. If it is a head variant which comprises sub variants in its text, the beginning of such passages is marked ||. Editions with such a head variant are put into (( )). Between || and (( )), the sub variants are then listed as mentioned above. If the head variant is found in a text that is at least in one edition given in square brackets, its beginning || and end ⟦ ⟧ are marked accordingly. If the beginning of a sub variant

and a head variant coincide, this is indicated by ||:. Where the variant of an edition applies to a text that is longer than the beginning marked | or || and the ending marked accordingly ( ) or (( )), i.e. if the variant exceeds beginning or end, this is indicated by . . either before or after, or before and after the respective abbreviation, e.g.:

. . T   the variant commences in Tischendorf before the beginning indicated.

T . .   the variant continues beyond the ending of the passage indicated.

. . T . .   the variant commences before and continues beyond the passage indicated.

This information is provided simply to draw the user's attention to the wider connections. It does not hinder the use of the lemma.

     Special difficulties had to be met in listing variants that derive from text transpositions in the various editions, although the words as such are the same. In this case, exceptions from the above-mentioned rule (under 2) are made as far as the order of the abbreviations is concerned: This variation shows a word order that differs from the other editions.

3. The entries at the beginning of each article are spelt according to Nestle-Aland²⁶. Different spellings in other editions are listed afterwards. Should one edition have various spellings, the abbreviation is put into parentheses: e.g. (B). In addition to this, reference is made with an → to the passage where this entry is dealt with, in the case of an adjective to the adverb and vice versa, and in the case of comparative forms to the basic forms etc. In the case of compound verbs, reference is made to the ordinary verb under which the compounds that are to be found in the New Testament are listed. If the ordinary verb does not exist in the New Testament, reference is made to the first compound in the alphabet where all other information can be found.

4. Very long articles (like αὐτός) are arranged according to case forms. This is in each case indicated at the beginning of the article concerned. Proper names are given the index letters of their respective holders. Standard theological terms, word groups, set phrases, certain grammatical and linguistic phenomena etc. are likewise given index letters, arranged in groups; these are pointed out at the beginning of the article. This system has been applied as far as it possibly could have been without prejudicing any subsequent interpretation. Special attention should be given to the following: Greek words or word groups are arranged under index letters with special attention given to the word or word groups as such. Latin terms are used if a summary with regard to the contents

has been attempted that goes beyond the ordinary wording.

5. Any entries that do not refer to Nestle-Aland[26], but are taken from the differing stock of words of other editions (especially the Textus receptus) are marked with an *. The reference for the lemma is kept as short as possible

in order to achieve greater clarity. Care is nevertheless taken to avoid any possible confusion. References in brackets refer to the ending of St. Mark and the pericope of the adulteress. These are in all editions, with the exception of the Textus receptus, marked as secondary. The so-called shorter ending of St. Mark is thus indicated: Mc [16 br](evior).

ABBREVIATIONS, SIGNS AND SYMBOLS USED IN THIS "VOLLSTÄNDIGE KONKORDANZ"

Mt	Matthew
Mc	Mark
Lc	Luke
Jo	John
Ac	Acts of the Apostles
Rm	Romans
1 C	1 Corinthians
2 C	2 Corinthians
G	Galatians
E	Ephesians
Ph	Philippians
Cl	Colossians
1 Th	1 Thessalonians
2 Th	2 Thessalonians
1 Tm	1 Timothy
2 Tm	2 Timothy
Tt	Titus
Phm	Philemon
Hb	Hebrews
Jc	James
1 Pt	1 Peter
2 Pt	2 Peter
1 Jo	1 John
2 Jo	2 John
3 Jo	3 John
Jd	Jude
Ap	Revelation
→	see under
. . .	omission in the continuous text under the respective heading, as it is not necessary for the understanding
*	other editions offer this entry, N[26] does not
⟨ ⟩	text of the entry does not belong to the verse indicated (no variants are mentioned in these brackets)
↔	text of the entry links with text immediately following
+	addition
—	omission
~	transposition
|	indicates the beginning of a passage that has a variant reading
||	indicate the beginning of a head variant with sub variants
||:	the beginning of a head variant and a sub variant coincide
( )	enclose variants; the text offered refers to the passage indicated by |, otherwise it belongs to

	the word immediately preceding. If this sign appears at the head of an entry it indicates that this edition does not generally use this same spelling
(( ))	enclose particulars belonging to a head variant; they refer to the passage indicated by || or ||:
[ ]	indicate that this edition offers the respective text in square brackets. The particulars refer to the passage marked |; if the vertical bar is missing they refer only to the immediately preceding word
⟦ ⟧	enclose particulars of a head variant if the text starting with || or ||: appears in at least one edition in square brackets
Jo [8,7]	references in square brackets are only used for the pericope of the adulteress and the ending of St. Mark, as these are in all critical editions marked as not belonging to the original wording of the text
(. . + T)	the variant (in this case an addition in Tischendorf) exceeds the beginning of the lemma
(—S. .)	the variant (in this case an omission in v. Soden) exceeds the end of the lemma
(. . ~ B. .)	the variant (in this case a transposition in Bover) exceeds beginning and end of the lemma
abs.	absolutus, absolute
acc.	accusativus
act.	activum
adj. (attrib.)	adjectivum (attributivum)
adv.	adverbium
aor.	aoristus
c.	cum
comp.	comparativus
compos.	compositus
dat.	dativus
et·sim.	et similiter
fem.	femininum
gen.	genitivus
imper(at).	imperativus
impers.	impersonale
indic.	indicativus
inf.	infinitivus
intrans.	usu intransitivo
med.	medium
met(aph).	metaphorice
neutr.	neutrum
nom.	nomen, nominativus

opt(at).	optativus	subj.	subjectum
part.	participium	subst.	usu substantivo, substantivum
pass.	passivum	s. v.	sub voce
perf.	perfectum	t(erm).	
plur.	pluralis	t(echn).	terminus technicus
praep.	praepositio	trans.	usu transitivo
praes.	praesens	verb. fin.	verbum finitum
seq.	sequitur	v. l.	varia lectio
s(in)g.	singularis	voc.	vocativus

INDICATIONS POUR LA
CONSULTATION DE LA «VOLLSTÄNDIGE KONKORDANZ»

1. Cette concordance est basée sur le texte de la 26e édition du Novum Testamentum graece de Nestle-Aland (N²⁶), qui, à part quelques détails orthographiques, la ponctuation etc., est identique à la Third Edition du Greek New Testament. En outre on a retenu ici les divergences de toutes les éditions critiques importantes des cent dernières années jusqu'à l'editio octava de Tischendorf, ainsi que celles du textus receptus qui sont notées complètement sous les vedettes correspondantes ainsi qu'ailleurs quand il le faut. Les éditions employées sont désignées sous les sigles suivants:

   > B = Bover, 5e éd. 1968
   > H = Westcott-Hort, 1881
   > M = Merk, 9e éd. 1964
   > N = Nestle-Aland, 25e éd. 1963 suivantes
   > V = Vogels, 3e éd. 1949/50
   > S = von Soden, 1913
   > T = Tischendorf, ed. octava 1869/72
   > ϛ = Textus receptus, Oxford 1873

2. A chaque mot de chacune des neuf éditions est attribué un lemme dans cette concordance. Seules les expressions figées ἀμὴν ἀμήν, ἅγια ἁγίων, le triple ἅγιος, βασιλεὺς βασιλέων etc. sont reprises pour plus de clarté dans un seul lemme. Chaque lemme forme un tout significatif. Si un lemme fait suite immédiatement au précédent, on l'indique par ↔. Des points de suspension . . . signalent les omissions de texte apportées à l'intérieur d'un lemme pour plus de clarté. Les mots ou groupes de mots tirés d'un verset précédant ou suivant le verset du lemme et nécessaires à la compréhension du texte sont repris entre ⟨ ⟩.

   Les variantes des éditions en relation avec le texte de base de Nestle-Aland²⁶ suivent immédiatement entre parenthèses ( ) le mot concerné. On utilise les sigles:

   > + addition
   > — omission
   > ~ inversion.

   Les éditions sont citées dans l'ordre suivant: N²⁶, N, M, V, B, S, T, H, ϛ; on a recours, le cas échéant, au sigle collectif

   > rl = reliqui.

   La signification exacte de ce sigle apparaît après décompte des autres données. Si le sigle d'une édition est donné entre crochets [ ], par ex. [S], cela veut dire que cette édition présente le texte concerné entre crochets.

   Si une variante se rapporte à plusieurs mots, on indique le début du passage concerné par |. S'il s'agit d'une variante complexe dans le texte de laquelle apparaissent des sous-variantes, on indique le début de la variante complexe par || et les éditions concernées par (( )) en fin

de variante. Entre || et (( )) les sous-variantes trouvent leur place selon la méthode habituelle. Si la variante complexe se rapporte à un passage qu'au moins une édition donne entre crochets, on indique le début de la variante complexe par || et la fin par ⟦ ⟧. Si le début d'une variante complexe et d'une sous-variante coïncident, on le signale par ||:. Si le lieu variant d'une édition déborde le passage dont le début est noté par | ou || et la fin par ( ) resp. (( )), on le signale par . . devant, après, devant et après le sigle de l'édition, par ex.:

> . . T   le lieu variant dans Tischendorf commence avant le début du passage indiqué
> T . .   le lieu variant dans Tischendorf dépasse l'endroit indiqué par le sigle entre parenthèses
> . . T . .   le lieu variant dans Tischendorf déborde en avant et en arrière le passage indiqué.

Ces indications n'ont d'autre but que d'attirer l'attention du lecteur sur le contexte; elles sont sans importance pour la compréhension du lemme lui-même.

   Il s'est avéré plus difficile de noter de façon exacte les variantes des différentes éditions quand il s'agissait d'inversion de mots dans des passages à contenu égal; dans ce cas, il faut prêter attention à l'ordre des sigles différent de l'ordre retenu ci-dessus (2.), ce qui veut dire que les éditions différent entre elles quant à l'ordre des mots.

3. Les vedettes en tête des articles correspondent à l'orthographe de Nestle-Aland²⁶; les variantes orthographiques des autres éditions sont signalées en-dessous. Si l'orthographe d'un mot est inconstante dans une édition, le sigle de cette édition est mis entre parenthèses, par ex. (B). En outre on renvoie par → au lieu où la vedette est traitée au complet, de même qu'on renvoie de l'adjectif à l'adverbe et vice-versa, des formes de comparatif et superlatif irrégulières au positif, et ainsi de suite. Surtout en ce qui concerne les verbes composés, on renvoie au verbe simple sous lequel sont repris tous les composés qui apparaissent dans le Nouveau Testament. Si le verbe simple n'est pas attesté dans le Nouveau Testament, on renvoie au premier composé selon l'ordre alphabétique où sont repris les autres composés.

4. Les articles très longs comme αὐτός, ἐγώ sont subdivisés d'après les formes casuelles comme indiqué en tête de l'article. Pour les noms propres, on distingue par des exposants littéraux les différents porteurs du même nom. Les concepts théologiques marquants, les groupes de mots, les expressions figées, certaines particularités grammaticales et linguistiques etc. sont également signalés par des exposants littéraux dont la liste est donnée en

tête d'article. On a procédé en ce sens autant que faire se pouvait sans devoir trancher dans des problèmes d'interprétation du texte. On remarquera que quand un mot ou groupe de mots est noté en grec sous un exposant, il s'agit d'une coïncidence verbale, tandis qu'on a recours à une expression latine quand on désigne un contenu sémantique sans coïncidence verbale.

5. Si un lemme ne se rapporte pas au texte de Nestle-Aland[26] mais plutôt à un mot d'une autre édition (en particulier du textus receptus) qui en diffère, un astérisque * précède ce lemme. Par souci de clarté typographique, les indications des lieux bibliques sont aussi concises que possible sans toutefois que des confusions en résultent. Si le lieu est donné entre crochets, il s'agit de la conclusion de l'évangile de Marc ou de la péricope de la femme adultère que toutes les éditions, sauf le textus receptus, considèrent, certes de façon différente, comme secondaires. La conclusion brève de Marc est indiquée par Mc [16 br](evior).

LISTE DES SIGLES ET ABRÉVIATIONS UTILISÉS DANS LA «VOLLSTÄNDIGE KONKORDANZ»

Mt	évangile selon Matthieu
Mc	évangile selon Marc
Lc	évangile selon Luc
Jo	évangile selon Jean
Ac	actes des apôtres
Rm	épître aux Romains
1 C	1re épître aux Corinthiens
2 C	2e épître aux Corinthiens
G	épître aux Galates
E	épître aux Ephésiens
Ph	épître aux Philippiens
Cl	épître aux Colossiens
1 Th	1re épître aux Thessaloniciens
2 Th	2e épître aux Thessaloniciens
1 Tm	1re épître à Timothée
2 Tm	2e épître à Timothée
Tt	épître à Tite
Phm	épître à Philémon
Hb	épître aux Hébreux
Jc	épître de Jacques
1 Pt	1re épître de Pierre
2 Pt	2e épître de Pierre
1 Jo	1re épître de Jean
2 Jo	2e épître de Jean
3 Jo	3e épître de Jean
Jd	épître de Jude
Ap	apocalypse
→	cf.
...	omission à l'intérieur d'un lemme d'un groupe de mots inutile à la compréhension du texte
*	le mot-clé du lemme ne se trouve pas dans N[26]
⟨ ⟩	le texte ainsi noté appartient à un autre verset que celui indiqué en face du lemme (on ne signale pas les variantes dans ce texte)
↔	ce lemme précède immédiatement le lemme suivant
+	addition
—	omission
~	inversion
|	début d'un lieu variant
||	début d'un lieu variant complexe
||:	le début d'une variante complexe et d'une sous-variante coïncide
( )	on y note les sigles et les indications de variantes qui se rapportent au passage dont le début est indiqué par |, sinon au seul mot précédent. Si le sigle d'une édition est donné en tête d'article entre ( ), cela veut dire que cette édition n'est pas constante dans le choix de la forme orthographique signalée
(( ))	on y note les sigles et les indications de variantes qui se rapportent au passage dont le début est indiqué par || ou ||:
[ ]	l'édition dont le sigle est mis entre crochets donne le texte considéré entre crochets; le début du passage en question est signalé par |, sinon il s'agit du seul mot précédent
⟦ ⟧	dans un lieu variant complexe, ce sigle indique que l'édition ainsi caractérisée donne entre crochets le texte dont le début est indiqué par || ou ||:
Jo [8,7]	l'indication du lieu biblique entre crochets (uniquement pour la conclusion de l'évangile de Marc et la péricope de la femme adultère) veut dire que toutes les éditions considèrent ce passage comme ne faisant pas partie de la rédaction originale du texte
(.. + T)	le lieu variant (en ce cas une addition dans Tischendorf) dépasse le début du lemme
(—S..)	le lieu variant (en ce cas une omission dans von Soden) dépasse la fin du lemme
(.. ~ B..)	le lieu variant (en ce cas une inversion dans Bover) déborde les limites du lemme des deux côtés.
abs.	absolutus, absolute
acc.	accusativus
act.	activum
adj. (attrib.)	adjectivum (attributivum)
adv.	adverbium
aor.	aoristus
c.	cum
comp.	comparativus
compos.	compositus
dat.	dativus
et sim.	et similiter
fem.	femininum
gen.	genitivus
imper(at).	imperativus
impers.	impersonale

indic.	indicativus		praes.	praesens
inf.	infinitivus		seq.	sequitur
intrans.	usu intransitivo		s(in)g.	singularis
med.	medium		subj.	subjectum
met(aph).	metaphorice		subst.	usu substantivo, substantivum
neutr.	neutrum		s. v.	sub voce
nom.	nomen, nominativus		t(erm).	
opt(at).	optativus		t(echn).	terminus technicus
part.	participium		trans.	usu transitivo
pass.	passivum		verb. fin.	verbum finitum
perf.	perfectum		v. l.	varia lectio
plur.	pluralis		voc.	vocativus
praep.	praepositio			

A–Λ

A

A

→ ἄλφα

Ἀαρών

Lc 1 5 καὶ γυνὴ αὐτῷ ἐκ τῶν θυγατέρων
     Ἀαρών

Ac 7 40 εἰπόντες τῷ Ἀαρών· ποίησον
     ἡμῖν θεούς

Hb 5 4 ἀλλὰ καλούμενος ὑπὸ τοῦ θεοῦ,
     καθώσπερ καὶ (+ ὁ ς) Ἀαρών

    7 11 κατὰ τὴν τάξιν Ἀαρών

    9 4 ἐν ᾗ ... ἡ ῥάβδος Ἀαρὼν ἡ βλα-
     στήσασα

Ἀβαδδών

Ap 9 11 (+ ᾧ T) ὄνομα αὐτῷ Ἑβραϊστὶ
     Ἀβαδδών, καὶ ἐν τῇ Ἑλληνικῇ
     ὄνομα ἔχει Ἀπολλύων

ἀβαρής

2C 11 9 καὶ ἐν παντὶ ἀβαρῆ ἐμαυτὸν ὑμῖν
     ἐτήρησα

ἀββά

    ἀββᾶ MV(B)STς

Mc 14 36 καὶ ἔλεγεν· ἀββὰ ὁ πατήρ

Rm 8 15 κράζομεν· ἀββὰ ὁ πατήρ

G   4 6 τὸ πνεῦμα ... κρᾶζον· ἀββὰ ὁ πατήρ

Ἀβειληνή

→ Ἀβιληνή

Ἄβελ

    Ἄβελ MVSTς

Mt 23 35 ἀπὸ τοῦ αἵματος Ἄβελ τοῦ δικαί-
     ου ἕως τοῦ αἵματος Ζαχαρίου

Lc 11 51 ἀπὸ αἵματος Ἄβελ ἕως αἵματος
     Ζαχαρίου

Hb 11 4 πίστει πλείονα θυσίαν Ἄβελ παρὰ
     Κάϊν προσήνεγκεν τῷ θεῷ

    12 24 αἵματι ῥαντισμοῦ κρεῖττον λα-
     λοῦντι παρὰ τὸν Ἄβελ

Ἀβιά

    a filius Roboam

    b de vice Abia

Mt 1 7a Ῥοβοὰμ δὲ ἐγέννησεν τὸν Ἀβιά, ↔

    1 7a Ἀβιὰ δὲ ἐγέννησεν τὸν Ἀσάφ

Lc 1 5b ἐγένετο ... ἱερεύς τις ὀνόματι Ζα-
     χαρίας ἐξ ἐφημερίας Ἀβιά

Ἀβιαθάρ

    Ἀβιάθαρ MVSTHς

Mc 2 26 εἰσῆλθεν ... ἐπὶ Ἀβιαθὰρ ἀρχιερέως

Ἀβιληνή

    Ἀβειληνή H

Lc 3 1 Λυσανίου τῆς Ἀβιληνῆς τετρα-
     αρχοῦντος

Ἀβιούδ

Mt 1 13 Ζοροβαβὲλ δὲ ἐγέννησεν τὸν Ἀβι-
     ούδ, ↔

    1 13 Ἀβιοὺδ δὲ ἐγέννησεν τὸν Ἐλια-
     κίμ

Ἀβραάμ

    a σπέρμα Ἀ.

    b θεὸς Ἀ.

Mt 1 1 βίβλος γενέσεως Ἰησοῦ Χριστοῦ
     υἱοῦ Δαυὶδ υἱοῦ Ἀβραάμ. ↔

    1 2 Ἀβραὰμ ἐγέννησεν τὸν Ἰσαάκ

    1 17 πᾶσαι οὖν αἱ γενεαὶ ἀπὸ Ἀβραὰμ
     ἕως Δαυὶδ γενεαὶ δεκατέσσαρες

    3 9 μὴ δόξητε λέγειν ... πατέρα ἔχομεν
     τὸν Ἀβραάμ

Mt 3 9 ὅτι δύναται ὁ θεὸς ... ἐγεῖραι
     τέκνα τῷ Ἀβραάμ

    8 11 ἀνακλιθήσονται μετὰ Ἀβραὰμ καὶ
     Ἰσαὰκ καὶ Ἰακώβ

    22 32b ἐγώ εἰμι ὁ θεὸς Ἀβραάμ

Mc 12 26b ἐγὼ ὁ θεὸς Ἀβραὰμ καὶ ὁ (+ [N26]
     BTς) θεὸς Ἰσαάκ

Lc 1 55a πρὸς τοὺς πατέρας ἡμῶν, τῷ
     Ἀβραὰμ καὶ τῷ σπέρματι αὐτοῦ

    1 73 ὅρκον ὃν ὤμοσεν πρὸς Ἀβραὰμ
     τὸν πατέρα ἡμῶν

    3 8 μὴ ἄρξησθε λέγειν ... [+ ὅτι S]
     πατέρα ἔχομεν τὸν Ἀβραάμ

    3 8 ὅτι δύναται ὁ θεὸς ... ἐγεῖραι τέκνα
     τῷ Ἀβραάμ

    3 34 τοῦ Ἰσαὰκ τοῦ Ἀβραὰμ τοῦ Θάρα

    13 16 ταύτην δὲ θυγατέρα Ἀβραὰμ
     οὖσαν ... οὐκ ἔδει λυθῆναι ...
     τῇ ἡμέρᾳ τοῦ σαββάτου

    13 28 ὅταν ὄψησθε (ὄψεσθε T) Ἀβραὰμ
     καὶ Ἰσαὰκ καὶ Ἰακώβ

    16 22 ἐγένετο ... ἀπενεχθῆναι αὐτὸν ...
     εἰς τὸν κόλπον (+ τοῦ ς) Ἀβραάμ

    16 23 ὁρᾷ (+ τὸν ς) Ἀβραὰμ ἀπὸ
     μακρόθεν καὶ Λάζαρον ἐν τοῖς κόλ-
     ποις αὐτοῦ

    16 24 πάτερ Ἀβραάμ, ἐλέησόν με

    16 25 εἶπεν δὲ Ἀβραάμ· τέκνον, μνή-
     σθητι ὅτι ἀπέλαβες

    16 29 λέγει δὲ (+ αὐτῷ [VS]Tς) Ἀβ-
     ραάμ· ἔχουσι Μωϋσέα

    16 30 ὁ δὲ εἶπεν· οὐχί, πάτερ Ἀβραάμ,
     ἀλλ' ἐάν τις ... πορευθῇ

    19 9 σωτηρία τῷ οἴκῳ τούτῳ ἐγένετο,
     καθότι καὶ αὐτὸς υἱὸς Ἀβραάμ
     ἐστιν ([NH]; — T)

    20 37b ὡς λέγει κύριον τὸν θεὸν Ἀβραὰμ
     καὶ θεὸν Ἰσαὰκ καὶ θεὸν Ἰακώβ

Jo 8 33a σπέρμα Ἀβραάμ ἐσμεν, καὶ οὐδενὶ
     δεδουλεύκαμεν

    8 37a οἶδα ὅτι σπέρμα Ἀβραάμ ἐστε

    8 39 ὁ πατὴρ ἡμῶν Ἀβραάμ ἐστιν

    8 39 εἰ τέκνα τοῦ Ἀβραάμ ἐστε (ἦτε
     Vs),

    8 39 τὰ ἔργα τοῦ Ἀβραὰμ ἐποιεῖτε
     (ποιεῖτε NH; + ἂν MVSς)

    8 40 τοῦτο Ἀβραὰμ οὐκ ἐποίησεν

    8 52 Ἀβραὰμ ἀπέθανεν καὶ οἱ προ-
     φῆται

    8 53 μὴ σὺ μείζων εἶ τοῦ πατρὸς ἡμῶν
     Ἀβραάμ, ὅστις ἀπέθανεν;

    8 56 Ἀβραὰμ ὁ πατὴρ ὑμῶν ἠγαλλιά-
     σατο

    8 57 πεντήκοντα ἔτη οὔπω ἔχεις καὶ
     Ἀβραὰμ ἑώρακας;

    8 58 πρὶν Ἀβραὰμ γενέσθαι ἐγώ εἰμι

Ac 3 13b ὁ θεὸς Ἀβραὰμ ... ἐδόξασεν τὸν
     παῖδα αὐτοῦ Ἰησοῦν

    3 25a λέγων πρὸς Ἀβραάμ· καὶ ἐν τῷ
     σπέρματί σου ἐνευλογηθήσονται
     ([ἐν]ευλ. N26; εὐλ. H) πᾶσαι αἱ
     πατριαί

    7 2 ὤφθη τῷ πατρὶ ἡμῶν Ἀβραὰμ
     ὄντι ἐν τῇ Μεσοποταμίᾳ

Ac 7 16 ἐν τῷ μνήματι ᾧ ὠνήσατο Ἀβρα-
     ὰμ τιμῆς ἀργυρίου

    7 17 ὁ χρόνος τῆς ἐπαγγελίας ἧς ὡμο-
     λόγησεν ὁ θεὸς τῷ Ἀβραάμ

    7 32b ἐγώ ... ὁ θεὸς Ἀβραὰμ καὶ
     Ἰσαὰκ καὶ Ἰακώβ

    13 26 ἄνδρες ἀδελφοί, υἱοὶ γένους Ἀβρα-
     ὰμ καὶ οἱ ... φοβούμενοι τὸν θεόν

Rm 4 1 τί οὖν ἐροῦμεν εὑρηκέναι ([M];—
     H) Ἀβραὰμ τὸν προπάτορα ἡ-
     μῶν κατὰ σάρκα; ↔

    4 2 εἰ γὰρ Ἀβραὰμ ἐξ ἔργων ἐδικαιώθη

    4 3 ἐπίστευσεν δὲ Ἀβραὰμ τῷ θεῷ

    4 9 (+ ὅτι MVSς) ἐλογίσθη τῷ Ἀ-
     βραὰμ ἡ πίστις εἰς δικαιοσύνην

    4 12 τῆς ἐν ἀκροβυστίᾳ πίστεως τοῦ
     πατρὸς ἡμῶν Ἀβραάμ. ↔

    4 13a οὐ γὰρ διὰ νόμου ἡ ἐπαγγελία τῷ
     Ἀβραὰμ ἢ τῷ σπέρματι αὐτοῦ

    4 16 ἀλλὰ καὶ τῷ ἐκ πίστεως Ἀβραάμ,
     ὅς ἐστιν πατὴρ πάντων ἡμῶν

    9 7a οὐδ' ὅτι εἰσὶν σπέρμα Ἀβραάμ,
     πάντες τέκνα

    11 1a Ἰσραηλίτης εἰμί, ἐκ σπέρματος
     Ἀβραάμ, φυλῆς Βενιαμίν

2C 11 22a σπέρμα Ἀβραάμ εἰσιν; κἀγώ

G   3 6 καθὼς Ἀβραὰμ ἐπίστευσεν τῷ θεῷ

    3 7 οἱ ἐκ πίστεως, οὗτοι | υἱοί εἰσιν
     (~ Sς) Ἀβραάμ

    3 8 προευηγγελίσατο τῷ Ἀβραὰμ ὅτι
     ἐνευλογηθήσονται ἐν σοὶ πάντα τὰ
     ἔθνη. ↔

    3 9 ὥστε οἱ ἐκ πίστεως εὐλογοῦνται
     σὺν τῷ πιστῷ Ἀβραάμ

    3 14 ἵνα εἰς τὰ ἔθνη ἡ εὐλογία τοῦ
     Ἀβραὰμ γένηται

    3 16 τῷ δὲ Ἀβραὰμ ἐρρέθησαν αἱ
     ἐπαγγελίαι

    3 18 τῷ δὲ Ἀβραὰμ δι' ἐπαγγελίας
     κεχάρισται ὁ θεός

    3 29 εἰ δὲ ὑμεῖς Χριστοῦ, ἄρα τοῦ Ἀ-
     βραὰμ σπέρμα ἐστέ

    4 22 γέγραπται γὰρ ὅτι Ἀβραὰμ δύο
     υἱοὺς ἔσχεν

Hb 2 16a ἀλλὰ σπέρματος Ἀβραὰμ ἐπιλαμ-
     βάνεται

    6 13 τῷ γὰρ Ἀβραὰμ ἐπαγγειλάμενος
     ὁ θεὸς ... ὤμοσεν

    7 1 Μελχισέδεκ ... ὁ συναντήσας
     Ἀβραὰμ ὑποστρέφοντι

    7 2 ᾧ καὶ δεκάτην ἀπὸ πάντων ἐ-
     μέρισεν Ἀβραάμ

    7 4 ᾧ καὶ ([N26]; — NH) δεκάτην
     Ἀβραὰμ ἔδωκεν ... ὁ πατριάρχης

    7 5 καίπερ ἐξεληλυθότας ἐκ τῆς ὀσφύος
     Ἀβραάμ·

    7 6 ὁ δὲ μὴ γενεαλογούμενος ἐξ αὐτῶν
     δεδεκάτωκεν (+ τὸν V[S]ς) Ἀ-
     βραάμ

    7 9 δι' Ἀβραὰμ καὶ Λευὶ ... δεδεκά-
     τωται

    11 8 πίστει [+ ὁ S] καλούμενος Ἀβρα-
     ὰμ ὑπήκουσεν ἐξελθεῖν

    11 17 πίστει προσενήνοχεν Ἀβραὰμ τὸν
     Ἰσαὰκ πειραζόμενος

Jc   2 21   Ἀβραὰμ ὁ πατὴρ ἡμῶν οὐκ ἐξ
          ἔργων ἐδικαιώθη ⟨;⟩
     2 23   ἐπίστευσεν δὲ Ἀβραὰμ τῷ θεῷ
1 Pt 3 6   ὡς Σάρρα ὑπήκουσεν (-κουεν H)
          τῷ Ἀβραάμ

ἄβυσσος

Lc   8 31   ἵνα μὴ ἐπιτάξῃ αὐτοῖς εἰς τὴν
          ἄβυσσον ἀπελθεῖν
Rm 10 7   τίς καταβήσεται εἰς τὴν ἄβυσσον;
Ap   9 1   ἐδόθη αὐτῷ ἡ κλεὶς τοῦ φρέατος
          τῆς ἀβύσσου. ↔
     9 2   καὶ ἤνοιξεν τὸ φρέαρ τῆς ἀβύσσου
     9 11   ἔχουσιν ἐπ᾽ αὐτῶν βασιλέα τὸν
          ἄγγελον τῆς ἀβύσσου
     11 7   τὸ θηρίον τὸ ἀναβαῖνον ἐκ τῆς
          ἀβύσσου
     17 8   τὸ θηρίον . . . μέλλει ἀναβαίνειν ἐκ
          τῆς ἀβύσσου
     20 1   εἶδον ἄγγελον . . . ἔχοντα τὴν
          κλεῖν τῆς ἀβύσσου
     20 3   ἔβαλεν αὐτὸν εἰς τὴν ἄβυσσον

Ἄγαβος

Ἄγαβος MV(B)STHϛ
Ac 11 28   ἀναστὰς δὲ εἷς ἐξ αὐτῶν ὀνόματι
          Ἄγαβος
     21 10   κατῆλθέν τις . . . προφήτης ὀνό-
          ματι Ἄγαβος

ἀγαθοεργέω

Ac 14 17   οὐκ ἀμάρτυρον αὐτὸν (ἑ. BSϛ) ἀφῆ-
          κεν ἀγαθουργῶν (ἀγαθοποιῶν ϛ)
1 Tm 6 18   ⟨παράγγελλε⟩ ἀγαθοεργεῖν, πλου-
          τεῖν ἐν ἔργοις καλοῖς

ἀγαθοποιέω
→ ποιέω
Mc   3 4   *ἔξεστιν τοῖς σάββασιν ἀγαθοποι-
          ῆσαι (ἀγαθὸν ποιῆσαι N²⁶NMT)
          ἢ κακοποιῆσαι ⟨;⟩
Lc   6 9   εἰ (τί VSϛ) ἔξεστιν τῷ σαββάτῳ
          ἀγαθοποιῆσαι ἢ κακοποιῆσαι ⟨;⟩
     6 33   καὶ γὰρ ([N²⁶ MH]; — VBSϛ) ἐὰν
          ἀγαθοποιῆτε ↔
     6 33   τοὺς ἀγαθοποιοῦντας ὑμᾶς
     6 35   ἀγαπᾶτε τοὺς ἐχθροὺς ὑμῶν καὶ
          ἀγαθοποιεῖτε
Ac 14 17   *οὐκ ἀμάρτυρον αὐτὸν (ἑ. BSϛ)
          ἀφῆκεν ἀγαθοποιῶν (ϛ; ἀγαθουρ-
          γῶν rl)
1 Pt 2 15   οὕτως ἐστὶν τὸ θέλημα τοῦ θεοῦ,
          ἀγαθοποιοῦντας φιμοῦν
     2 20   εἰ ἀγαθοποιοῦντες καὶ πάσχοντες
          ὑπομενεῖτε
     3 6   ἧς ἐγενήθητε τέκνα ἀγαθοποιοῦσαι
          καὶ μὴ φοβούμεναι
     3 17   κρεῖττον γὰρ ἀγαθοποιοῦντας . . .
          πάσχειν ἢ κακοποιοῦντας
3 Jo   11   ὁ ἀγαθοποιῶν ἐκ τοῦ θεοῦ ἐστιν

ἀγαθοποιΐα
1 Pt 4 19   οἱ πάσχοντες . . . παρατιθέσθωσαν
          τὰς ψυχὰς αὐτῶν (—H) ἐν ἀγαθο-
          ποιΐᾳ (-αις S)

ἀγαθοποιός
1 Pt 2 14   πεμπομένοις εἰς ἐκδίκησιν κακο-
          ποιῶν ἔπαινον δὲ ἀγαθοποιῶν

ἀγαθός
→ βελτίων
→ κρείσσων
ᵃ τὸ ἀγαθόν, τὰ ἀγαθά
Mt   5 45   ὅτι (ὃς S) τὸν ἥλιον αὐτοῦ ἀνα-
          τέλλει ἐπὶ πονηροὺς καὶ ἀγαθούς
     7 11   εἰ οὖν ὑμεῖς . . . οἴδατε δόματα
          ἀγαθὰ διδόναι τοῖς τέκνοις ὑμῶν, ↔
     7 11   πόσῳ μᾶλλον . . . δώσει ἀγαθὰ
          τοῖς αἰτοῦσιν αὐτόν
     7 17   πᾶν δένδρον ἀγαθὸν καρποὺς κα-
          λοὺς ποιεῖ

Mt   7 18   οὐ δύναται δένδρον ἀγαθὸν καρ-
          ποὺς πονηροὺς ποιεῖν (ἐνεγκεῖν
          NMSTH)
     12 34   πῶς δύνασθε ἀγαθὰ λαλεῖν πονη-
          ροὶ ὄντες;
     12 35   ὁ ἀγαθὸς ἄνθρωπος ↔
     12 35   ἐκ τοῦ ἀγαθοῦ θησαυροῦ ↔
     12 35ᵃ   ἐκβάλλει (+ τὰ STϛ) ἀγαθά
     19 16   *διδάσκαλε ἀγαθέ (+ϛ), ↔
     19 16   τί ἀγαθὸν ποιήσω, ἵνα σχῶ (ἔχω
          Vϛ) ζωὴν αἰώνιον;
     19 17ᵃ   τί με | ἐρωτᾷς περὶ τοῦ ἀγαθοῦ
          (λέγεις ἀγαθὸν ϛ); ↔
     19 17 | εἷς ἐστιν ὁ ἀγαθός (οὐδεὶς ἀγαθὸς
          εἰ μὴ ὁ θεὸς ϛ)
     20 15   ἢ ὁ ὀφθαλμός σου πονηρός ἐστιν
          ὅτι ἐγὼ ἀγαθός εἰμι;
     22 10   συνήγαγον πάντας οὓς (ὅσους
          STϛ) εὗρον, πονηρούς τε καὶ
          ἀγαθούς
     25 21   εὖ, δοῦλε ἀγαθὲ καὶ πιστέ, ἐπὶ
          ὀλίγα ἦς πιστός
     25 23   εὖ, δοῦλε ἀγαθὲ καὶ πιστέ, ἐπὶ
          ὀλίγα ἦς πιστός
Mc   3 4   ἔξεστιν τοῖς σάββασιν | ἀγαθὸν
          ποιῆσαι (ἀγαθοποιῆσαι VBSHϛ)
          ἢ κακοποιῆσαι ⟨;⟩
     10 17   διδάσκαλε ἀγαθέ, τί ποιήσω ἵνα
          ζωὴν αἰώνιον κληρονομήσω;
     10 18   τί με λέγεις ἀγαθόν; ↔
     10 18   οὐδεὶς ἀγαθὸς εἰ μὴ εἷς ὁ θεός
Lc   1 53   πεινῶντας ἐνέπλησεν ἀγαθῶν
     6 45   ὁ ἀγαθὸς ἄνθρωπος ↔
     6 45   ἐκ τοῦ ἀγαθοῦ θησαυροῦ τῆς καρ-
          δίας (+αὐτοῦ MVB[S]ϛ) ↔
     6 45ᵃ   προφέρει τὸ ἀγαθόν
     8 8   ἕτερον ἔπεσεν εἰς τὴν γῆν τὴν
          ἀγαθήν
     8 15   οἵτινες ἐν καρδίᾳ καλῇ καὶ ἀγαθῇ
          ἀκούσαντες τὸν λόγον
     10 42   Μαριὰμ γὰρ τὴν ἀγαθὴν μερίδα
          ἐξελέξατο
     11 13   εἰ οὖν ὑμεῖς . . . οἴδατε δόματα
          ἀγαθὰ διδόναι τοῖς τέκνοις ὑμῶν
     12 18ᵃ   συνάξω ἐκεῖ πάντα | τὸν σῖτον
          (τὰ γενήματά μου VBTϛ; τὰ γεν.
          S) καὶ τὰ ἀγαθά μου
     12 19   ψυχή, ἔχεις πολλὰ ἀγαθὰ | κείμενα
          εἰς ἔτη πολλά [H . .]
     16 25ᵃ   ὅτι ἀπέλαβες τὰ ἀγαθά σου ἐν τῇ
          ζωῇ σου
     18 18   διδάσκαλε ἀγαθέ, τί ποιήσας ζωὴν
          αἰώνιον κληρονομήσω;
     18 19   τί με λέγεις ἀγαθόν; ↔
     18 19   οὐδεὶς ἀγαθὸς εἰ μὴ εἷς ὁ ([NH];—
          T) θεός
     19 17   εὖγε (—V ϛ), ἀγαθὲ δοῦλε, ὅτι ἐν
          ἐλαχίστῳ πιστὸς ἐγένου
     23 50   Ἰωσὴφ βουλευτὴς ὑπάρχων, καὶ
          (+[N²⁶ S]T) ἀνὴρ ἀγαθὸς καὶ
          δίκαιος
Jo   1 46   ἐκ Ναζαρὲτ δύναταί τι ἀγαθὸν
          εἶναι;
     5 29ᵃ   ἐκπορεύσονται οἱ τὰ ἀγαθὰ ποιή-
          σαντες εἰς ἀνάστασιν ζωῆς
     7 12   οἱ μὲν ἔλεγον ὅτι ἀγαθός ἐστιν
Ac   9 36   αὕτη ἦν πλήρης | ἔργων ἀγαθῶν
          (~VSTϛ)
     11 24   ὅτι ἦν ἀνὴρ ἀγαθὸς καὶ πλήρης
          πνεύματος ἁγίου
     23 1   πάσῃ συνειδήσει ἀγαθῇ πεπολί-
          τευμαι τῷ θεῷ
Rm   2 7   τοῖς μὲν καθ᾽ ὑπομονὴν ἔργου
          ἀγαθοῦ . . . ἀφθαρσίαν ζητοῦσιν
          ζωὴν αἰώνιον

Rm   2 10ᵃ   εἰρήνη παντὶ τῷ ἐργαζομένῳ τὸ
          ἀγαθόν
     3 8ᵃ   ὅτι ποιήσωμεν τὰ κακὰ ἵνα ἔλθῃ
          τὰ ἀγαθά
     5 7ᵃ   ὑπὲρ γὰρ τοῦ ἀγαθοῦ τάχα τις καὶ
          τολμᾷ ἀποθανεῖν
     7 12   ὥστε . . . ἡ ἐντολὴ ἁγία καὶ δικαία
          καὶ ἀγαθή.
     7 13ᵃ   τὸ οὖν ἀγαθὸν ἐμοὶ ἐγένετο θάνα-
          τος; μὴ γένοιτο· ↔
     7 13ᵃ   ἀλλὰ ἡ ἁμαρτία . . . διὰ τοῦ
          ἀγαθοῦ μοι κατεργαζομένη θάνα-
          τον
     7 18   οὐκ οἰκεῖ ἐν ἐμοί, τοῦτ᾽ ἔστιν ἐν τῇ
          σαρκί μου, ἀγαθόν
     7 19   οὐ γὰρ ὃ θέλω ποιῶ ἀγαθόν
     8 28   τοῖς ἀγαπῶσιν τὸν θεὸν πάντα
          συνεργεῖ [+ ὁ θεὸς NH] εἰς ἀγαθόν
     9 11   μηδὲ πραξάντων τι ἀγαθὸν ἢ
          φαῦλον
     10 15ᵃ   ὡς ὡραῖοι οἱ πόδες τῶν εὐαγγελι-
          ζομένων τὰ (+ [N²⁶] Tϛ) ἀγαθά
     12 2   τί τὸ θέλημα τοῦ θεοῦ, τὸ ἀγαθὸν
          καὶ εὐάρεστον
     12 9ᵃ   ἀποστυγοῦντες τὸ πονηρόν, κολ-
          λώμενοι τῷ ἀγαθῷ
     12 21ᵃ   νίκα ἐν τῷ ἀγαθῷ τὸ κακόν
     13 3   οὐκ εἰσὶν φόβος | τῷ ἀγαθῷ ἔργῳ
          (τῶν ἀγαθῶν ἔργων ϛ)
     13 3ᵃ   τὸ ἀγαθὸν ποίει, καὶ ἕξεις ἔπαινον
          ἐξ αὐτῆς· ↔
     13 4ᵃ   θεοῦ γὰρ διάκονός ἐστιν σοὶ εἰς
          τὸ (—B) ἀγαθόν
     14 16ᵃ   μὴ βλασφημείσθω οὖν ὑμῶν τὸ
          ἀγαθόν
     15 2ᵃ   τῷ πλησίον ἀρεσκέτω εἰς τὸ ἀγα-
          θὸν πρὸς οἰκοδομήν
     16 19ᵃ   θέλω δὲ ὑμᾶς σοφοὺς (+ μὲν
          MVS[H] ϛ) εἶναι εἰς τὸ ἀγαθόν
2 C   5 10   τὰ διὰ τοῦ σώματος πρὸς ἃ ἔπρα-
          ξεν, εἴτε ἀγαθὸν εἴτε φαῦλον
     9 8   ἵνα . . . περισσεύητε εἰς πᾶν ἔργον
          ἀγαθόν
G   6 6   κοινωνείτω δὲ ὁ κατηχούμενος . . .
          τῷ κατηχοῦντι ἐν πᾶσιν ἀγαθοῖς
     6 10ᵃ   ἐργαζώμεθα τὸ ἀγαθὸν πρὸς πάν-
          τας
E   2 10   κτισθέντες ἐν Χριστῷ Ἰησοῦ ἐπὶ
          ἔργοις ἀγαθοῖς
     4 28ᵃ   μᾶλλον δὲ κοπιάτω ἐργαζόμενος
          ταῖς ἰδίαις ([N²⁶]; — H ϛ) χερσὶν
          τὸ ἀγαθόν
     4 29   πᾶς λόγος σαπρὸς . . . μὴ ἐκ-
          πορευέσθω, ἀλλὰ εἴ τις ἀγαθὸς
          πρὸς οἰκοδομήν
     6 8   εἰδότες ὅτι ἕκαστος | ἐάν τι (ὃ ἐὰν
          S) ποιήσῃ ἀγαθόν
Ph   1 6   ὅτι ὁ ἐναρξάμενος ἐν ὑμῖν ἔργον
          ἀγαθὸν ἐπιτελέσει
Cl   1 10   ἐν παντὶ ἔργῳ ἀγαθῷ καρπο-
          φοροῦντες
1 Th   3 6   καὶ ὅτι ἔχετε μνείαν ἡμῶν ἀγαθὴν
          πάντοτε
     5 15ᵃ   ἀλλὰ πάντοτε τὸ ἀγαθὸν διώκετε
2 Th   2 16   καὶ δοὺς παράκλησιν αἰωνίαν
          καὶ ἐλπίδα ἀγαθὴν ἐν χάριτι
     2 17   στηρίξαι ἐν παντὶ ἔργῳ καὶ λόγῳ
          ἀγαθῷ
1 Tm   1 5   τὸ δὲ τέλος . . . ἐστὶν ἀγάπη ἐκ
          συνειδήσεως ἀγαθῆς
     1 19   ἔχων πίστιν καὶ ἀγαθὴν συνείδησιν
     2 10   γυναιξὶν ἐπαγγελλομέναις θεοσέ-
          βειαν, δι᾽ ἔργων ἀγαθῶν
     5 10   εἰ παντὶ ἔργῳ ἀγαθῷ ἐπηκολού-
          θησεν

2 Tm 2 21 σκεῦος ... εἰς πᾶν ἔργον ἀγαθὸν ἡτοιμασμένον

3 17 πρὸς πᾶν ἔργον ἀγαθὸν ἐξηρτισμένος

Tt 1 16 καὶ πρὸς πᾶν ἔργον ἀγαθὸν ἀδόκιμοι

2 5 ⟨σωφρονίζωσιν τὰς νέας φιλάνδρους εἶναι⟩ σώφρονας, ἁγνάς, οἰκουργούς (-ρούς Sϛ), ἀγαθάς

2 10 πᾶσαν πίστιν ἐνδεικνυμένους ἀγαθήν

3 1 πρὸς πᾶν ἔργον ἀγαθὸν ἐτοίμους εἶναι

Phm 6 ἐνεργὴς γένηται ἐν ἐπιγνώσει παντὸς ἀγαθοῦ

14ᵃ ἵνα μὴ ὡς κατὰ ἀνάγκην τὸ ἀγαθόν σου ᾖ

Hb 9 11ᵃ ἀρχιερεὺς τῶν γενομένων (μελλόντων MVBSTϛ) ἀγαθῶν

10 1ᵃ σκιὰν γὰρ ἔχων ὁ νόμος τῶν μελλόντων ἀγαθῶν

13 21 καταρτίσαι ὑμᾶς ἐν παντὶ (+ἔργῳ Vϛ) ἀγαθῷ εἰς τὸ ποιῆσαι

Jc 1 17 πᾶσα δόσις ἀγαθὴ καὶ πᾶν δώρημα τέλειον ἄνωθέν ἐστιν

3 17 ἄνωθεν σοφία ... μεστὴ ἐλέους καὶ καρπῶν ἀγαθῶν

1 Pt 2 18 ὑποτασσόμενοι ... τοῖς δεσπόταις, οὐ μόνον τοῖς ἀγαθοῖς καὶ ἐπιεικέσιν

3 10 γὰρ θέλων ... ἰδεῖν ἡμέρας ἀγαθάς

3 11 ἐκκλινάτω δὲ (—Tϛ) ἀπὸ κακοῦ καὶ ποιησάτω ἀγαθόν

3 13ᵃ ἐὰν τοῦ ἀγαθοῦ ζηλωταὶ γένησθε

3 16 ἀλλὰ μετὰ πραΰτητος καὶ φόβου, συνείδησιν ἔχοντες ἀγαθήν

3 16 οἱ ἐπηρεάζοντες ὑμῶν τὴν ἀγαθὴν ἐν Χριστῷ ἀναστροφήν

3 21 ἀλλὰ συνειδήσεως ἀγαθῆς ἐπερώτημα

3 Jo 11ᵃ μὴ μιμοῦ τὸ κακὸν ἀλλὰ τὸ ἀγαθόν

ἀγαθουργέω

→ ἀγαθοεργέω

ἀγαθωσύνη

Rm 15 14 πέπεισμαι ... ὅτι καὶ αὐτοὶ μεστοί ἐστε ἀγαθωσύνης

G 5 22 ὁ δὲ καρπὸς τοῦ πνεύματός ἐστιν ... χρηστότης, ἀγαθωσύνη, πίστις

E 5 9 ὁ γὰρ καρπὸς τοῦ φωτὸς ἐν πάσῃ ἀγαθωσύνῃ καὶ δικαιοσύνῃ

2 Th 1 11 ἵνα ... πληρώσῃ πᾶσαν εὐδοκίαν ἀγαθωσύνης

ἀγαλλίασις

Lc 1 14 ἔσται χαρά σοι καὶ ἀγαλλίασις

1 44 ἐσκίρτησεν ἐν ἀγαλλιάσει τὸ βρέφος ἐν τῇ κοιλίᾳ μου

Ac 2 46 μετελάμβανον τροφῆς ἐν ἀγαλλιάσει καὶ ἀφελότητι καρδίας

Hb 1 9 ἔχρισέν σε ... ἔλαιον ἀγαλλιάσεως

Jd 24 στῆσαι κατενώπιον τῆς δόξης αὐτοῦ ἀμώμους ἐν ἀγαλλιάσει

ἀγαλλιάω

Mt 5 12 χαίρετε καὶ ἀγαλλιᾶσθε, ὅτι ὁ μισθὸς ὑμῶν πολύς

Lc 1 47 καὶ ἠγαλλίασεν τὸ πνεῦμά μου ἐπὶ τῷ θεῷ

10 21 ἐν αὐτῇ τῇ ὥρᾳ ἠγαλλιάσατο ἐν (+[N²⁶]BST) τῷ πνεύματι τῷ ἁγίῳ

Jo 5 35 ὑμεῖς δὲ ἠθελήσατε ἀγαλλιαθῆναι πρὸς ὥραν ἐν τῷ φωτὶ αὐτοῦ

8 56 Ἀβραὰμ ὁ πατὴρ ὑμῶν ἠγαλλιάσατο

Ac 2 26 διὰ τοῦτο ... ἠγαλλιάσατο ἡ γλῶσσά μου

Ac 16 34 καὶ ἠγαλλιάσατο πανοικεὶ πεπιστευκὼς τῷ θεῷ

1 Pt 1 6 ⟨ἐν καιρῷ ἐσχάτῳ⟩ ἐν ᾧ ἀγαλλιᾶσθε

1 8 εἰς ὃν ... πιστεύοντες δὲ ἀγαλλιᾶσθε (-λιᾶτε H) χαρᾷ ἀνεκλαλήτῳ

4 13 ἵνα καὶ ἐν τῇ ἀποκαλύψει ... χαρῆτε ἀγαλλιώμενοι

Ap 19 7 χαίρωμεν καὶ ἀγαλλιῶμεν (-μεθα ϛ)

ἄγαμος

1 C 7 8 λέγω δὲ τοῖς ἀγάμοις καὶ ταῖς χήραις

7 11 ἐὰν δὲ καὶ χωρισθῇ, μενέτω ἄγαμος

7 32 ὁ ἄγαμος μεριμνᾷ τὰ τοῦ κυρίου

7 34 ⟨ὁ δὲ γαμήσας μεριμνᾷ⟩ καὶ (—ϛ) μεμέρισται. καὶ (—ϛ) ἡ γυνὴ | ἡ ἄγαμος (—Tϛ)↔

7 34 *καὶ ἡ παρθένος | ἡ ἄγαμος (+ STϛ) μεριμνᾷ τὰ τοῦ κυρίου

ἀγανακτέω

Mt 20 24 | καὶ ἀκούσαντες (ἀκ. δὲ ST) οἱ δέκα ἠγανάκτησαν περὶ τῶν δύο ἀδελφῶν

21 15 ἰδόντες δὲ οἱ ἀρχιερεῖς καὶ οἱ γραμματεῖς τὰ θαυμάσια ... ἠγανάκτησαν

26 8 ἰδόντες δὲ οἱ μαθηταὶ ἠγανάκτησαν

Mc 10 14 ἰδὼν δὲ ὁ Ἰησοῦς ἠγανάκτησεν

10 41 καὶ ἀκούσαντες οἱ δέκα ἤρξαντο ἀγανακτεῖν περὶ Ἰακώβου καὶ Ἰωάννου

14 4 ἦσαν δέ τινες ἀγανακτοῦντες πρὸς ἑαυτούς (+ καὶ λέγοντες Vϛ)

Lc 13 14 ὁ ἀρχισυνάγωγος, ἀγανακτῶν ὅτι τῷ σαββάτῳ ἐθεράπευσεν ὁ Ἰησοῦς

ἀγανάκτησις

2 C 7 11 πόσην κατειργάσατο ὑμῖν σπουδήν, ἀλλὰ ἀπολογίαν, ἀλλὰ ἀγανάκτησιν

ἀγαπάω

→ ἀγαπητός

ᵃ abs.

ᵇ ἀγάπην ἀγαπᾶν

Mt 5 43 ἀγαπήσεις τὸν πλησίον σου

5 44 ἀγαπᾶτε τοὺς ἐχθροὺς ὑμῶν

5 46 ἐὰν γὰρ ἀγαπήσητε ↔

5 46 τοὺς ἀγαπῶντας ὑμᾶς

6 24 ἢ γὰρ τὸν ἕνα μισήσει καὶ τὸν ἕτερον ἀγαπήσει

19 19 ἀγαπήσεις τὸν πλησίον σου ὡς σεαυτόν

22 37 ἀγαπήσεις κύριον τὸν θεόν σου ἐν ὅλῃ τῇ (— H) καρδίᾳ σου

22 39 ἀγαπήσεις τὸν πλησίον σου ὡς σεαυτόν

Mc 10 21 ὁ δὲ Ἰησοῦς ἐμβλέψας αὐτῷ ἠγάπησεν αὐτόν

12 30 καὶ ἀγαπήσεις κύριον τὸν θεόν σου ἐξ ὅλης τῆς (—H) καρδίας σου

12 31 ἀγαπήσεις τὸν πλησίον σου ὡς σεαυτόν

12 33 καὶ τὸ ἀγαπᾶν αὐτὸν ... ἐξ ὅλης (+ τῆς ψυχῆς καὶ ἐξ ὅλης Vϛ) τῆς ἰσχύος,

12 33 καὶ τὸ ἀγαπᾶν τὸν πλησίον ὡς ἑαυτὸν περισσότερόν ἐστιν

Lc 6 27 ἀγαπᾶτε τοὺς ἐχθροὺς ὑμῶν

6 32 καὶ εἰ ἀγαπᾶτε ↔

6 32 τοὺς ἀγαπῶντας ὑμᾶς, ποία ὑμῖν χάρις ἐστίν; ↔

6 32 καὶ γὰρ οἱ ἁμαρτωλοὶ τοὺς ἀγαπῶντας αὐτοὺς ↔

6 32 ἀγαπῶσιν

6 35 πλὴν ἀγαπᾶτε τοὺς ἐχθροὺς ὑμῶν

7 5 ἀγαπᾷ γὰρ τὸ ἔθνος ἡμῶν

Lc 7 42 τίς οὖν αὐτῶν (+ εἰπὲ VSϛ) πλεῖον | ἀγαπήσει αὐτόν (~ Sϛ);

7 47ᵃ ἀφέωνται | αἱ ἁμαρτίαι αὐτῆς (~ T) αἱ πολλαί, ὅτι ἠγάπησεν πολύ· ↔

7 47ᵃ ᾧ δὲ ὀλίγον ἀφίεται, ὀλίγον ἀγαπᾷ

10 27 ἀγαπήσεις κύριον τὸν θεόν σου ἐξ ὅλης τῆς ([N²⁶]; — H) καρδίας

11 43 ὅτι ἀγαπᾶτε τὴν πρωτοκαθεδρίαν ἐν ταῖς συναγωγαῖς

16 13 ἢ γὰρ τὸν ἕνα μισήσει καὶ τὸν ἕτερον ἀγαπήσει

Jo 3 16 οὕτως γὰρ ἠγάπησεν ὁ θεὸς τὸν κόσμον

3 19 καὶ ἠγάπησαν οἱ ἄνθρωποι μᾶλλον τὸ σκότος ἢ τὸ φῶς

3 35 ὁ πατὴρ ἀγαπᾷ τὸν υἱόν

8 42 ὁ θεὸς πατὴρ ὑμῶν ἦν, ἠγαπᾶτε ἂν ἐμέ

10 17 διὰ τοῦτό με ὁ πατὴρ ἀγαπᾷ

11 5 ἠγάπα δὲ ὁ Ἰησοῦς τὴν Μάρθαν

12 43 ἠγάπησαν γὰρ τὴν δόξαν τῶν ἀνθρώπων μᾶλλον ἤπερ τὴν δόξαν τοῦ θεοῦ

13 1 Ἰησοῦς ... ἀγαπήσας τοὺς ἰδίους τοὺς ἐν τῷ κόσμῳ, ↔

13 1 εἰς τέλος ἠγάπησεν αὐτούς

13 23 εἷς ἐκ τῶν μαθητῶν ... ὃν ἠγάπα ὁ [H] Ἰησοῦς

13 34 ἐντολὴν καινὴν δίδωμι ὑμῖν, ἵνα ἀγαπᾶτε ἀλλήλους, ↔

13 34 καθὼς ἠγάπησα ὑμᾶς ↔

13 34 ἵνα καὶ ὑμεῖς ἀγαπᾶτε ἀλλήλους

14 15 ἐὰν ἀγαπᾶτέ με, τὰς ἐντολὰς τὰς ἐμὰς τηρήσετε (-σατε VSϛ)

14 21 ἐκεῖνός ἐστιν ὁ ἀγαπῶν με· ↔

14 21 ὁ δὲ ἀγαπῶν με ↔

14 21 ἀγαπηθήσεται ὑπὸ τοῦ πατρός μου, ↔

14 21 κἀγὼ ἀγαπήσω αὐτόν

14 23 ἐάν τις ἀγαπᾷ με, τὸν λόγον μου τηρήσει, ↔

14 23 καὶ ὁ πατήρ μου ἀγαπήσει αὐτόν

14 24 ὁ μὴ ἀγαπῶν με τοὺς λόγους μου οὐ τηρεῖ

14 28 εἰ ἠγαπᾶτέ με, ἐχάρητε ἄν

14 31 ἵνα γνῷ ὁ κόσμος ὅτι ἀγαπῶ τὸν πατέρα

15 9 καθὼς ἠγάπησέν με ὁ πατήρ, ↔

15 9 κἀγὼ | ὑμᾶς ἠγάπησα (~ VTϛ)

15 12 ἵνα ἀγαπᾶτε ἀλλήλους

15 12 καθὼς ἠγάπησα ὑμᾶς

15 17 ταῦτα ἐντέλλομαι ὑμῖν, ἵνα ἀγαπᾶτε ἀλλήλους

17 23 ὅτι σύ με ἀπέστειλας καὶ ἠγάπησας αὐτούς ↔

17 23 καθὼς ἐμὲ ἠγάπησας

17 24 ὅτι ἠγάπησάς με πρὸ καταβολῆς κόσμου

17 26ᵇ ἵνα ἡ ἀγάπη ἣν ἠγάπησάς με ἐν αὐτοῖς ᾖ

19 26 ἰδὼν τὴν μητέρα καὶ τὸν μαθητὴν παρεστῶτα ὃν ἠγάπα

21 7 ὁ μαθητὴς ἐκεῖνος ὃν ἠγάπα ὁ Ἰησοῦς

21 15 Σίμων Ἰωάννου, ἀγαπᾷς με πλέον τούτων;

21 16 Σίμων Ἰωάννου, ἀγαπᾷς με;

21 20 τὸν μαθητὴν ὃν ἠγάπα ὁ Ἰησοῦς

Rm 8 28 τοῖς ἀγαπῶσιν τὸν θεὸν πάντα συνεργεῖ [+ ὁ θεὸς NH]

8 37 ὑπερνικῶμεν διὰ τοῦ ἀγαπήσαντος ἡμᾶς

Rm 9 13 τὸν Ἰακὼβ ἠγάπησα, τὸν δὲ Ἠσαῦ ἐμίσησα
9 25 καλέσω... τὴν οὐκ ἠγαπημένην ↔
9 25 ἠγαπημένη
13 8 μηδενὶ μηδὲν ὀφείλετε, εἰ μὴ τὸ ἀλλήλους ἀγαπᾶν· ↔
13 8 ὁ γὰρ ἀγαπῶν τὸν ἕτερον νόμον πεπλήρωκεν
13 9 ἀγαπήσεις τὸν πλησίον σου ὡς σεαυτόν
1C 2 9 ἃ (ὅσα NH) ἡτοίμασεν ὁ θεὸς τοῖς ἀγαπῶσιν αὐτόν
8 3 εἰ δέ τις ἀγαπᾷ τὸν θεόν, οὗτος ἔγνωσται ὑπ' αὐτοῦ
2C 9 7 ἱλαρὸν γὰρ δότην ἀγαπᾷ ὁ θεός
11 11 διὰ τί; ὅτι οὐκ ἀγαπῶ ὑμᾶς;
12 15 εἰ (+ καὶ V[S]ς) περισσοτέρως ὑμᾶς ἀγαπῶν (-πῶ[ν] N²⁶; -πῶ NMTH), ↔
12 15 ἧσσον ἀγαπῶμαι;
G 2 20 ἐν πίστει ζῶ τῇ τοῦ | υἱοῦ τοῦ θεοῦ (θ. καὶ Χριστοῦ B) τοῦ ἀγαπήσαντός με
5 14 πᾶς νόμος... ἐν τῷ · ἀγαπήσεις τὸν πλησίον σου ὡς σεαυτόν
E 1 6 τῆς χάριτος αὐτοῦ, ἧς ἐχαρίτωσεν ἡμᾶς ἐν τῷ ἠγαπημένῳ
2 4ᵇ διὰ τὴν πολλὴν ἀγάπην αὐτοῦ ἣν ἠγάπησεν ἡμᾶς
5 2 καθὼς καὶ ὁ Χριστὸς ἠγάπησεν ἡμᾶς (N²⁶ ς; ὑμᾶς rl)
5 25 οἱ ἄνδρες, ἀγαπᾶτε τὰς γυναῖκας (+ ἑαυτῶν V [S] ς), ↔
5 25 καθὼς καὶ ὁ Χριστὸς ἠγάπησεν τὴν ἐκκλησίαν
5 28 οὕτως ὀφείλουσιν καὶ ([N²⁶N VSH]; —T ς) οἱ ἄνδρες ἀγαπᾶν τὰς ἑαυτῶν γυναῖκας
5 28 ὁ ἀγαπῶν τὴν ἑαυτοῦ γυναῖκα ↔
5 28 ἑαυτὸν ἀγαπᾷ
5 33 ὑμεῖς οἱ καθ' ἕνα ἕκαστος τὴν ἑαυτοῦ γυναῖκα οὕτως ἀγαπάτω ὡς ἑαυτόν
6 24 ἡ χάρις μετὰ πάντων τῶν ἀγαπώντων τὸν κύριον ἡμῶν
Cl 3 12 ὡς ἐκλεκτοὶ τοῦ θεοῦ ἅγιοι καὶ ἠγαπημένοι
3 19 οἱ ἄνδρες, ἀγαπᾶτε τὰς γυναῖκας
1 Th 1 4 ἀδελφοὶ ἠγαπημένοι ὑπὸ τοῦ ([N²⁶NVH]; — Mς) θεοῦ
4 9 θεοδίδακτοί ἐστε εἰς τὸ ἀγαπᾶν ἀλλήλους
2 Th 2 13 ὀφείλομεν εὐχαριστεῖν... ἀδελφοὶ ἠγαπημένοι ὑπὸ κυρίου
2 16 αὐτὸς δὲ ὁ κύριος ἡμῶν Ἰησοῦς Χριστὸς καὶ ὁ (N²⁶MH; —S) θεὸς ὁ πατὴρ ἡμῶν, ὁ ἀγαπήσας ἡμᾶς
2 Tm 4 8 ἀποδώσει... πᾶσι τοῖς ἠγαπηκόσι τὴν ἐπιφάνειαν αὐτοῦ
4 10 Δημᾶς γάρ με ἐγκατέλιπεν (-λειπεν SH) ἀγαπήσας τὸν νῦν αἰῶνα
Hb 1 9 ἠγάπησας δικαιοσύνην καὶ ἐμίσησας ἀνομίαν (ἀδικίαν BST)
12 6 ὃν γὰρ ἀγαπᾷ κύριος παιδεύει
Jc 1 12 ὃν ἐπηγγείλατο (+ ὁ κύριος MVS ς) τοῖς ἀγαπῶσιν αὐτόν
2 5 βασιλείας ἧς ἐπηγγείλατο τοῖς ἀγαπῶσιν αὐτόν
2 8 ἀγαπήσεις τὸν πλησίον σου ὡς σεαυτόν
1 Pt 1 8 ὃν οὐκ ἰδόντες (εἰδότες S ς) ἀγαπᾶτε
1 22 ἐκ καθαρᾶς ([N²⁶]; — NBTH) καρδίας ἀλλήλους ἀγαπήσατε ἐκτενῶς

1 Pt 2 17 πάντας τιμήσατε, τὴν ἀδελφότητα ἀγαπᾶτε, τὸν θεὸν φοβεῖσθε
3 10 ὁ γὰρ θέλων ζωὴν ἀγαπᾶν καὶ ἰδεῖν ἡμέρας ἀγαθάς
2 Pt 2 15 ὃς μισθὸν ἀδικίας ἠγάπησεν
1 Jo 2 10 ὁ ἀγαπῶν τὸν ἀδελφὸν αὐτοῦ... μένει
2 15 μὴ ἀγαπᾶτε τὸν κόσμον
2 15 ἐάν τις ἀγαπᾷ τὸν κόσμον
3 10 οὐκ ἔστιν ἐκ τοῦ θεοῦ, καὶ ὁ μὴ ἀγαπῶν τὸν ἀδελφὸν αὐτοῦ
3 11 αὕτη ἐστὶν ἡ ἀγγελία... ἵνα ἀγαπῶμεν ἀλλήλους
3 14 ὅτι ἀγαπῶμεν τοὺς ἀδελφούς· ↔
3 14ᵃ ὁ μὴ ἀγαπῶν [+ τὸν ἀδελφὸν S] μένει ἐν τῷ θανάτῳ
3 18 τεκνία, μὴ ἀγαπῶμεν λόγῳ μηδὲ τῇ γλώσσῃ
3 23 ἵνα πιστεύσωμεν (-στεύωμεν BST)... καὶ ἀγαπῶμεν ἀλλήλους
4 7 ἀγαπητοί, ἀγαπῶμεν ἀλλήλους, ὅτι ἡ ἀγάπη ἐκ τοῦ θεοῦ ἐστιν, ↔
4 7ᵃ καὶ πᾶς ὁ ἀγαπῶν ἐκ τοῦ θεοῦ γεγέννηται
4 8ᵃ ὁ μὴ ἀγαπῶν οὐκ ἔγνω τὸν θεόν
4 10 οὐχ ὅτι ἡμεῖς ἠγαπήκαμεν (-σαμεν MVBSTς) τὸν θεόν, ↔
4 10 ἀλλ' ὅτι αὐτὸς ἠγάπησεν ἡμᾶς
4 11 εἰ οὕτως ὁ θεὸς ἠγάπησεν ἡμᾶς, ↔
4 11 καὶ ἡμεῖς ὀφείλομεν ἀλλήλους ἀγαπᾶν
4 12 ἐὰν ἀγαπῶμεν ἀλλήλους, ὁ θεὸς ἐν ἡμῖν μένει
4 19ᵃ ἡμεῖς ἀγαπῶμεν, ↔
4 19 ὅτι αὐτὸς πρῶτος ἠγάπησεν ἡμᾶς
4 20 ἐάν τις εἴπῃ ὅτι ἀγαπῶ τὸν θεόν
4 20 ὁ γὰρ μὴ ἀγαπῶν τὸν ἀδελφὸν αὐτοῦ ὃν ἑώρακεν, ↔
4 20 τὸν θεὸν ὃν οὐχ ἑώρακεν οὐ δύναται ἀγαπᾶν
4 21 ἵνα ὁ ἀγαπῶν τὸν θεόν ↔
4 21 ἀγαπᾷ καὶ τὸν ἀδελφὸν αὐτοῦ
5 1 καὶ πᾶς ὁ ἀγαπῶν τὸν γεννήσαντα ↔
5 1 ἀγαπᾷ καὶ ([N²⁶]; —NH) τὸν γεγεννημένον ἐξ αὐτοῦ. ↔
5 2 ἐν τούτῳ γινώσκομεν ὅτι ἀγαπῶμεν τὰ τέκνα τοῦ θεοῦ, ↔
5 2 ὅταν τὸν θεὸν ἀγαπῶμεν
2 Jo 1 οὓς ἐγὼ ἀγαπῶ ἐν ἀληθείᾳ
5 ἵνα ἀγαπῶμεν ἀλλήλους
3 Jo 1 ὃν ἐγὼ ἀγαπῶ ἐν ἀληθείᾳ
Jd 1 τοῖς ἐν θεῷ πατρὶ ἠγαπημένοις καὶ Ἰησοῦ Χριστῷ τετηρημένοις κλητοῖς
Ap 1 5 τῷ ἀγαπῶντι (-πήσαντι ς) ἡμᾶς (αὐτῷ ἡ δόξα)
3 9 ἵνα... γνῶσιν ὅτι ἐγὼ ἠγάπησά σε
12 11 καὶ οὐκ ἠγάπησαν τὴν ψυχὴν αὐτῶν
20 9 ἐκύκλευσαν... τὴν πόλιν τὴν ἠγαπημένην

ἀγάπη
ᵃ ἀγάπη τοῦ θεοῦ, τοῦ Χριστοῦ et sim.
ᵇ ἀγάπην ἀγαπᾶν
ᶜ αἱ ἀγάπαι
Mt 24 12 διὰ τὸ πληθυνθῆναι τὴν ἀνομίαν ψυγήσεται ἡ ἀγάπη τῶν πολλῶν
Lc 11 42ᵃ παρέρχεσθε τὴν κρίσιν καὶ τὴν ἀγάπην τοῦ θεοῦ
Jo 5 42 ὅτι | τὴν ἀγάπην τοῦ θεοῦ οὐκ ἔχετε (~ T) ἐν ἑαυτοῖς
13 35 ἐὰν ἀγάπην ἔχητε ἐν ἀλλήλοις
15 9ᵃ μείνατε ἐν τῇ ἀγάπῃ τῇ ἐμῇ. ↔

Jo 15 10ᵃ ἐὰν τὰς ἐντολάς μου τηρήσητε, μενεῖτε ἐν τῇ ἀγάπῃ μου, ↔
15 10ᵃ καθὼς... τετήρηκα καὶ μένω αὐτοῦ ἐν τῇ ἀγάπῃ
15 13 μείζονα ταύτης ἀγάπην οὐδεὶς ἔχει
17 26ᵇ ἵνα ἡ ἀγάπη ἣν ἠγάπησάς με ἐν αὐτοῖς ᾖ κἀγὼ ἐν αὐτοῖς
Rm 5 5ᵃ ἡ ἀγάπη τοῦ θεοῦ ἐκκέχυται ἐν ταῖς καρδίαις ἡμῶν
5 8ᵃ συνίστησιν δὲ τὴν ἑαυτοῦ ἀγάπην εἰς ἡμᾶς ὁ θεός
8 35ᵃ τίς ἡμᾶς χωρίσει ἀπὸ τῆς ἀγάπης τοῦ Χριστοῦ;
8 39ᵃ οὔτε ὕψωμα οὔτε βάθος... δυνήσεται ἡμᾶς χωρίσαι ἀπὸ τῆς ἀγάπης τοῦ θεοῦ τῆς ἐν Χριστῷ
12 9 ἡ ἀγάπη ἀνυπόκριτος
13 10 ἡ ἀγάπη τῷ πλησίον κακὸν οὐκ ἐργάζεται· ↔
13 10 πλήρωμα οὖν νόμου ἡ ἀγάπη
14 15 οὐκέτι κατὰ ἀγάπην περιπατεῖς
15 30 παρακαλῶ δὲ ὑμᾶς... διὰ τῆς ἀγάπης τοῦ πνεύματος
1C 4 21 ἐν ῥάβδῳ ἔλθω... ἢ ἐν ἀγάπῃ πνεύματί τε πραΰτητος;
8 1 ἡ γνῶσις φυσιοῖ, ἡ δὲ ἀγάπη οἰκοδομεῖ
13 1 ἐὰν ταῖς γλώσσαις τῶν ἀνθρώπων λαλῶ... ἀγάπην δὲ μὴ ἔχω
13 2 ἐὰν ἔχω πᾶσαν τὴν πίστιν... ἀγάπην δὲ μὴ ἔχω
13 3 ἐὰν παραδῶ... ἵνα καυχήσωμαι (N²⁶H; καυθήσομαι rl), ἀγάπην δὲ μὴ ἔχω
13 4 ἡ ἀγάπη μακροθυμεῖ, ↔
13 4 χρηστεύεται ἡ ἀγάπη, ↔
13 4 οὐ ζηλοῖ, | ἡ ἀγάπη ([N²⁶S]; — BH) οὐ περπερεύεται
13 8 ἡ ἀγάπη οὐδέποτε πίπτει (ἐκπί. Vς; [ἐκ]πί. S)
13 13 νυνὶ δὲ μένει πίστις, ἐλπίς, ἀγάπη, τὰ τρία ταῦτα· ↔
13 13 μείζων δὲ τούτων ἡ ἀγάπη.
14 1 διώκετε τὴν ἀγάπην, ζηλοῦτε δὲ τὰ πνευματικά
16 14 πάντα ὑμῶν ἐν ἀγάπῃ γινέσθω
16 24 ἡ ἀγάπη μου μετὰ πάντων ὑμῶν ἐν Χριστῷ Ἰησοῦ [+ ἀμήν S]
2C 2 4 ἀλλὰ τὴν ἀγάπην ἵνα γνῶτε ἣν ἔχω περισσοτέρως εἰς ὑμᾶς
2 8 διὸ παρακαλῶ ὑμᾶς κυρῶσαι εἰς αὐτὸν ἀγάπην
5 14ᵃ ἡ γὰρ ἀγάπη τοῦ Χριστοῦ συνέχει ἡμᾶς
6 6 ⟨συνιστάντες ἑαυτούς⟩ ἐν ἁγνότητι... ἐν πνεύματι ἁγίῳ, ἐν ἀγάπῃ ἀνυποκρίτῳ
8 7 ὥσπερ ἐν παντὶ περισσεύετε, πίστει... καὶ τῇ ἐξ | ἡμῶν ἐν ὑμῖν (ὑμῶν ἐν ἡμῖν VBTς) ἀγάπῃ
8 8 καὶ τὸ τῆς ὑμετέρας ἀγάπης γνήσιον δοκιμάζων
8 24 τὴν οὖν ἔνδειξιν τῆς ἀγάπης ὑμῶν... ἐνδεικνύμενοι (-ξασθε MVBSHς)
13 11 καὶ ὁ θεὸς τῆς ἀγάπης καὶ εἰρήνης ἔσται μεθ' ὑμῶν
13 13ᵃ ἡ ἀγάπη τοῦ θεοῦ... μετὰ πάντων ὑμῶν
G 5 6 ἀλλὰ πίστις δι' ἀγάπης ἐνεργουμένη
5 13 ἀλλὰ διὰ τῆς ἀγάπης δουλεύετε ἀλλήλοις
5 22 ὁ δὲ καρπὸς τοῦ πνεύματός ἐστιν ἀγάπη, χαρά

E 1 4 ἐξελέξατο ἡμᾶς ... εἶναι ἡμᾶς
ἁγίους ... ἐν ἀγάπῃ ⟨προορίσας
ἡμᾶς⟩

1 15 ἀκούσας τὴν καθ' ὑμᾶς πίστιν...
καὶ | τὴν ἀγάπην (—H) τὴν εἰς
πάντας τοὺς ἁγίους

2 4ᵃᵇ διὰ τὴν πολλὴν ἀγάπην αὐτοῦ
ἣν ἠγάπησεν ἡμᾶς ⟨συνεζωοποί-
ησεν⟩

3 17 ἐν ἀγάπῃ ἐρριζωμένοι καὶ τεθεμε-
λιωμένοι

3 19ᵃ γνῶναί τε τὴν ὑπερβάλλουσαν τῆς
γνώσεως ἀγάπην τοῦ Χριστοῦ

4 2 ἀνεχόμενοι ἀλλήλων ἐν ἀγάπῃ

4 15 ⟨ἵνα⟩ ἀληθεύοντες δὲ ἐν ἀγάπῃ
αὐξήσωμεν

4 16 ἐξ οὗ πᾶν τὸ σῶμα... τὴν αὔξησιν
τοῦ σώματος ποιεῖται εἰς οἰκοδο-
μὴν ἑαυτοῦ (αὐτοῦ T) ἐν ἀγάπῃ

5 2 καὶ περιπατεῖτε ἐν ἀγάπῃ

6 23 εἰρήνη τοῖς ἀδελφοῖς καὶ ἀγάπη
μετὰ πίστεως

Ph 1 9 ἵνα ἡ ἀγάπη ὑμῶν ... περισσεύῃ
ἐν ἐπιγνώσει

1 16 οἱ μὲν ἐξ ἀγάπης ⟨τὸν Χριστὸν
καταγγέλλουσιν⟩

2 1 εἴ τι παραμύθιον ἀγάπης

2 2 ἵνα τὸ αὐτὸ φρονῆτε, τὴν αὐτὴν
ἀγάπην ἔχοντες

Cl 1 4 ἀκούσαντες τὴν πίστιν ὑμῶν...καὶ
τὴν ἀγάπην | ἣν ἔχετε [H]

1 8 ὁ καὶ δηλώσας ἡμῖν τὴν ὑμῶν
ἀγάπην ἐν πνεύματι

1 13ᵃ ὃς ... μετέστησεν εἰς τὴν βασιλείαν
τοῦ υἱοῦ τῆς ἀγάπης αὐτοῦ

2 2 ἵνα παρακληθῶσιν αἱ καρδίαι
αὐτῶν, συμβιβασθέντες ἐν ἀγάπῃ

3 14 ἐπὶ πᾶσιν δὲ τούτοις τὴν ἀγά-
πην

1Th 1 3 μνημονεύοντες ὑμῶν ... τοῦ κόπου
τῆς ἀγάπης καὶ τῆς ὑπομονῆς τῆς
ἐλπίδος

3 6 εὐαγγελισαμένου ἡμῖν τὴν πίστιν
καὶ τὴν ἀγάπην ὑμῶν

3 12 πλεονάσαι καὶ περισσεύσαι τῇ
ἀγάπῃ εἰς ἀλλήλους

5 8 ἐνδυσάμενοι θώρακα πίστεως καὶ
ἀγάπης

5 13 ἡγεῖσθαι αὐτοὺς ... ἐν ἀγάπῃ διὰ
τὸ ἔργον αὐτῶν

2Th 1 3 πλεονάζει ἡ ἀγάπη ἑνὸς ἑκάστου
πάντων ὑμῶν εἰς ἀλλήλους

2 10 ἀνθ' ὧν τὴν ἀγάπην τῆς ἀληθείας
οὐκ ἐδέξαντο

3 5ᵃ κατευθύναι ὑμῶν τὰς καρδίας εἰς
τὴν ἀγάπην τοῦ θεοῦ

1Tm 1 5 τὸ δὲ τέλος τῆς παραγγελίας ἐστὶν
ἀγάπη ἐκ καθαρᾶς καρδίας

1 14ᵃ ὑπερεπλεόνασεν δὲ ἡ χάρις...μετὰ
πίστεως καὶ ἀγάπης τῆς ἐν
Χριστῷ Ἰησοῦ

2 15 ἐὰν μείνωσιν ἐν πίστει καὶ ἀγάπῃ
καὶ ἁγιασμῷ

4 12 τύπος γίνου τῶν πιστῶν ἐν λόγῳ,
ἐν ἀναστροφῇ, ἐν ἀγάπῃ

6 11 δίωκε ... εὐσέβειαν, πίστιν, ἀγά-
πην, ὑπομονήν

2Tm 1 7 οὐ γὰρ ἔδωκεν ... πνεῦμα δειλίας,
ἀλλὰ δυνάμεως καὶ ἀγάπης

1 13 ὑποτύπωσιν ἔχε ... ἐν πίστει καὶ
ἀγάπῃ τῇ ἐν Χριστῷ Ἰησοῦ

2 22 δίωκε δὲ δικαιοσύνην, πίστιν,
ἀγάπην, εἰρήνην

3 10 σὺ δὲ παρηκολούθησάς (-θηκάς Vς)
μου ... τῇ ἀγάπῃ

Tt 2 2 ὑγιαίνοντας τῇ πίστει, τῇ ἀγάπῃ,
τῇ ὑπομονῇ

Phm 5 ⟨μνείαν σου ποιούμενος⟩ ἀκούων
σου τὴν ἀγάπην καὶ τὴν πίστιν

7 χαρὰν ... ἔσχον καὶ παράκλησιν
ἐπὶ τῇ ἀγάπῃ σου

9 διὰ τὴν ἀγάπην μᾶλλον παρα-
καλῶ

Hb 6 10 ἐπιλαθέσθαι ... τῆς ἀγάπης ἧς
ἐνεδείξασθε εἰς τὸ ὄνομα αὐτοῦ

10 24 κατανοῶμεν ἀλλήλους εἰς παρο-
ξυσμὸν ἀγάπης καὶ καλῶν ἔργων

1Pt 4 8 πρὸ πάντων τὴν εἰς ἑαυτοὺς
ἀγάπην ἐκτενῆ ἔχοντες, ↔

4 8 ὅτι (+ἡ ς) ἀγάπη καλύπτει πλῆ-
θος ἁμαρτιῶν

5 14 ἀσπάσασθε ἀλλήλους ἐν φιλήματι
ἀγάπης

2Pt 1 7 ⟨ἐπιχορηγήσατε⟩ ἐν δὲ τῇ φιλ-
αδελφίᾳ τὴν ἀγάπην

1Jo 2 5ᵃ ἀληθῶς ἐν τούτῳ ἡ ἀγάπη τοῦ
θεοῦ τετελείωται

2 15ᵃ οὐκ ἔστιν ἡ ἀγάπη τοῦ πατρὸς ἐν
αὐτῷ

3 1 ἴδετε ποταπὴν ἀγάπην δέδωκεν
ἡμῖν ὁ πατήρ

3 16 ἐν τούτῳ ἐγνώκαμεν τὴν ἀγάπην,
ὅτι ἐκεῖνος ... ἔθηκεν

3 17ᵃ πῶς ἡ ἀγάπη τοῦ θεοῦ μένει ἐν
αὐτῷ;

4 7 ὅτι ἡ ἀγάπη ἐκ τοῦ θεοῦ ἐστιν

4 8 ὅτι ὁ θεὸς ἀγάπη ἐστίν. ↔

4 9ᵃ ἐν τούτῳ ἐφανερώθη ἡ ἀγάπη τοῦ
θεοῦ

4 10 ἐν τούτῳ ἐστὶν ἡ ἀγάπη

4 12ᵃ ἡ ἀγάπη αὐτοῦ | ἐν ἡμῖν τετελειω-
μένη ἐστίν (~NVTHς)

4 16 ἐγνώκαμεν καὶ πεπιστεύκαμεν τὴν
ἀγάπην

4 16 ὁ θεὸς ἀγάπη ἐστίν, ↔

4 16 καὶ ὁ μένων ἐν τῇ ἀγάπῃ ἐν τῷ
θεῷ μένει

4 17 ἐν τούτῳ τετελείωται ἡ ἀγάπη
μεθ' ἡμῶν

4 17 φόβος οὐκ ἔστιν ἐν τῇ ἀγάπῃ, ↔

4 18 ἀλλ' ἡ τελεία ἀγάπη ἔξω βάλλει
τὸν φόβον

4 18 ὁ δὲ φοβούμενος οὐ τετελείωται ἐν
τῇ ἀγάπῃ

5 3ᵃ αὕτη γάρ ἐστιν ἡ ἀγάπη τοῦ θεοῦ

2Jo 3 χάρις ἔλεος εἰρήνη παρὰ θεοῦ
πατρός...ἐν ἀληθείᾳ καὶ ἀγάπῃ

6 καὶ αὕτη ἐστὶν ἡ ἀγάπη

3Jo 6 οἳ ἐμαρτύρησάν σου τῇ ἀγάπῃ

Jd 2 ἔλεος ὑμῖν καὶ εἰρήνη καὶ ἀγάπη
πληθυνθείη

12ᶜ οὗτοί εἰσιν οἱ ἐν ταῖς ἀγάπαις
ὑμῶν σπιλάδες

21ᵃ ἑαυτοὺς ἐν ἀγάπῃ θεοῦ τηρήσατε

Ap 2 4 ἀλλὰ ἔχω κατὰ σοῦ ὅτι τὴν ἀγά-
πην σου τὴν πρώτην ἀφῆκες (-ας
NMVBSς)

2 19 οἶδά σου τὰ ἔργα καὶ τὴν ἀγάπην

ἀγαπητός
ᵃ voc.
ᵇ υἱὸς (ὁ) ἀγαπητός

Mt 3 17ᵇ οὗτός ἐστιν ὁ υἱός μου ὁ ἀγαπητός

12 18 ἰδοὺ ... ὁ ἀγαπητός μου εἰς
(—NMH) ὃν εὐδόκησεν ἡ ψυχή
μου

17 5ᵇ οὗτός ἐστιν ὁ υἱός μου ὁ ἀγαπη-
τός, ἐν ᾧ εὐδόκησα

Mc 1 11ᵇ σὺ εἶ ὁ υἱός μου ὁ ἀγαπητός

9 7ᵇ οὗτός ἐστιν ὁ υἱός μου ὁ ἀγαπη-
τός

Mc 12 6ᵇ | ἔτι ἕνα εἶχεν, υἱὸν ἀγαπητόν
(ἔτι οὖν ἕνα υἱὸν ἔχων ἀγαπητὸν
αὐτοῦ Vς)

Lc 3 22ᵇ σὺ εἶ ὁ υἱός μου ὁ ἀγαπητός

9 35ᵇ *οὗτός ἐστιν ὁ υἱός μου ὁ ἀγαπη-
τός (ς; ἐκλελεγμένος rl)

20 13ᵇ πέμψω τὸν υἱόν μου τὸν ἀγαπη-
τόν

Ac 15 25 πέμψαι πρὸς ὑμᾶς σὺν τοῖς ἀγα-
πητοῖς ἡμῶν Βαρναβᾷ καὶ Παύλῳ

Rm 1 7 ⟨Παῦλος⟩ πᾶσιν τοῖς οὖσιν ἐν Ῥώ-
μῃ ἀγαπητοῖς θεοῦ

11 28 κατὰ δὲ τὴν ἐκλογὴν ἀγαπητοὶ
διὰ τοὺς πατέρας

12 19ᵃ μὴ ἑαυτοὺς ἐκδικοῦντες, ἀγαπητοί

16 5 ἀσπάσασθε Ἐπαίνετον τὸν ἀγα-
πητόν μου

16 8 ἀσπάσασθε Ἀμπλιᾶτον τὸν ἀγα-
πητόν μου ἐν κυρίῳ. ↔

16 9 ἀσπάσασθε Οὐρβανὸν ... καὶ
Στάχυν τὸν ἀγαπητόν μου

16 12 ἀσπάσασθε Περσίδα τὴν ἀγαπη-
τήν, ἥτις πολλὰ ἐκοπίασεν

1C 4 14 ὡς τέκνα μου ἀγαπητὰ νουθετῶν
(-τῷ[ν] N²⁶; -τῷ Bς)

4 17 ὅς ἐστίν μου τέκνον ἀγαπητὸν καὶ
πιστόν

10 14ᵃ διόπερ, ἀγαπητοί μου, φεύγετε
ἀπὸ τῆς εἰδωλολατρίας

15 58ᵃ ὥστε, ἀδελφοί μου ἀγαπητοί,
ἑδραῖοι γίνεσθε

2C 7 1ᵃ ταύτας οὖν ἔχοντες τὰς ἐπαγγε-
λίας, ἀγαπητοί, καθαρίσωμεν

12 19ᵃ τὰ δὲ πάντα, ἀγαπητοί, ὑπὲρ τῆς
ὑμῶν οἰκοδομῆς

E 5 1 γίνεσθε οὖν μιμηταὶ τοῦ θεοῦ, ὡς
τέκνα ἀγαπητά

6 21 Τύχικος ὁ ἀγαπητὸς ἀδελφὸς καὶ
πιστὸς διάκονος

Ph 2 12ᵃ ὥστε, ἀγαπητοί μου ... τὴν ἑαυ-
τῶν σωτηρίαν κατεργάζεσθε

4 1ᵃ ὥστε, ἀδελφοί μου ἀγαπητοὶ καὶ
ἐπιπόθητοι, χαρὰ καὶ στέφανός
μου, ↔

4 1ᵃ οὕτως στήκετε ἐν κυρίῳ, ἀγαπητοί

Cl 1 7 καθὼς ἐμάθετε ἀπὸ Ἐπαφρᾶ τοῦ
ἀγαπητοῦ συνδούλου ἡμῶν

4 7 Τύχικος ὁ ἀγαπητὸς ἀδελφὸς καὶ
πιστὸς διάκονος

4 9 σὺν Ὀνησίμῳ τῷ πιστῷ καὶ ἀγα-
πητῷ ἀδελφῷ

4 14 ἀσπάζεται ὑμᾶς Λουκᾶς ὁ ἰατρὸς
ὁ ἀγαπητός

1Th 2 8 διότι ἀγαπητοὶ ἡμῖν ἐγενήθητε

1Tm 6 2 ὅτι πιστοί εἰσιν καὶ ἀγαπητοὶ οἱ
τῆς εὐεργεσίας ἀντιλαμβανόμενοι

2Tm 1 2 ⟨Παῦλος⟩ Τιμοθέῳ ἀγαπητῷ
τέκνῳ

Phm 1 Παῦλος δέσμιος Χριστοῦ Ἰησοῦ...
Φιλήμονι τῷ ἀγαπητῷ καὶ συν-
εργῷ

2 *⟨Παῦλος...Φιλήμονι⟩ καὶ Ἀπ-
φίᾳ τῇ ἀγαπητῇ (ς; ἀδελφῇ rl)

16 ⟨ἵνα αἰώνιον αὐτὸν ἀπέχῃς⟩ ἀδελ-
φὸν ἀγαπητόν

Hb 6 9ᵃ πεπείσμεθα δὲ περὶ ὑμῶν, ἀγαπη-
τοί, τὰ κρείσσονα

Jc 1 16ᵃ μὴ πλανᾶσθε, ἀδελφοί μου ἀγαπη-
τοί

1 19ᵃ ἴστε, ἀδελφοί μου ἀγαπητοί

2 5ᵃ ἀκούσατε, ἀδελφοί μου ἀγαπητοί

1Pt 2 11ᵃ ἀγαπητοί, παρακαλῶ ὡς παροί-
κους καὶ παρεπιδήμους ἀπέχεσθαι

4 12ᵃ ἀγαπητοί, μὴ ξενίζεσθε τῇ ἐν
ὑμῖν πυρώσει

2Pt 1 17b || ὁ υἱός μου ὁ ἀγαπητός μου (—MBSTς) οὗτός ἐστιν ((~MV BSTς))
3 1a ταύτην ἤδη, ἀγαπητοί, δευτέραν ὑμῖν γράφω ἐπιστολήν
3 8a ἓν δὲ τοῦτο μὴ λανθανέτω ὑμᾶς, ἀγαπητοί
3 14a διό, ἀγαπητοί, ταῦτα προσδοκῶντες σπουδάσατε
3 15 καθὼς καὶ ὁ ἀγαπητὸς ἡμῶν ἀδελφὸς Παῦλος ... ἔγραψεν
3 17a ὑμεῖς οὖν, ἀγαπητοί, προγινώσκοντες φυλάσσεσθε

1Jo 2 7a ἀγαπητοί (ἀδελφοί ς), οὐκ ἐντολὴν καινὴν γράφω
3 2a ἀγαπητοί, νῦν τέκνα θεοῦ ἐσμεν
3 21a ἀγαπητοί, ἐὰν ἡ καρδία ἡμῶν (+[N26]Tς) μὴ καταγινώσκῃ
4 1a ἀγαπητοί, μὴ παντὶ πνεύματι πιστεύετε, ἀλλὰ δοκιμάζετε
4 7a ἀγαπητοί, ἀγαπῶμεν ἀλλήλους
4 11a ἀγαπητοί, εἰ οὕτως ὁ θεὸς ἠγάπησεν ἡμᾶς

3Jo 1 ὁ πρεσβύτερος Γαΐῳ τῷ ἀγαπητῷ
2a ἀγαπητέ, περὶ πάντων εὔχομαί σε εὐοδοῦσθαι
5a ἀγαπητέ, πιστὸν ποιεῖς ὃ ἐὰν ἐργάσῃ
11a ἀγαπητέ, μὴ μιμοῦ τὸ κακόν

Jd 3a ἀγαπητοί, πᾶσαν σπουδὴν ποιούμενος γράφειν ὑμῖν
17a ὑμεῖς δέ, ἀγαπητοί, μνήσθητε τῶν ῥημάτων
20a ὑμεῖς δέ, ἀγαπητοί, ἐποικοδομοῦντες ἑαυτοὺς τῇ ἁγιωτάτῃ ὑμῶν πίστει

Ἀγάρ
Ἄγαρ H
Ἄγαρ VSTς
Ἀγάρ M
G 4 24 δύο διαθῆκαι, μία μὲν ἀπὸ ὄρους Σινᾶ ... ἥτις ἐστὶν Ἀγάρ. ↔
4 25 τὸ δὲ (γὰρ VBSTς) Ἀγάρ (—MVBT) Σινᾶ ὄρος ἐστὶν ἐν τῇ Ἀραβίᾳ

ἀγγαρεύω
Mt 5 41 καὶ ὅστις σε ἀγγαρεύσει μίλιον ἕν
27 32 τοῦτον ἠγγάρευσαν ἵνα ἄρῃ τὸν σταυρόν
Mc 15 21 καὶ ἀγγαρεύουσιν παράγοντά τινα Σίμωνα

ἀγγεῖον
Mt 13 48 *συνέλεξαν τὰ καλὰ εἰς ἀγγεῖα (ς; ἄγγη rl)
25 4 ἔλαβον ἔλαιον ἐν τοῖς ἀγγείοις

ἀγγελία
1 Jo 1 5 ἔστιν αὕτη ἡ ἀγγελία (ἐπαγ. ς) ... ὅτι ὁ θεὸς φῶς ἐστιν
3 11 ὅτι αὕτη ἐστὶν ἡ ἀγγελία ... ἵνα ἀγαπῶμεν ἀλλήλους

ἀγγέλλω
ἀν- ἐξ- παρ-
ἀπ- ἐπ- προεπ-
δι- κατ- προκατ-
Jo 4 51 *οἱ δοῦλοι αὐτοῦ (+N26BHς) ὑπήντησαν αὐτῷ | καὶ ἤγγειλαν (T; κ. ἀπήγγ. Vς; —rl) λέγοντες (—T)
20 18 ἔρχεται Μαριὰμ ἡ Μαγδαληνὴ ἀγγέλλουσα (ἀπαγ. ς)

ἄγγελος
a ἄγγελος κυρίου, θεοῦ et sim.
b ἀγγ. τοῦ σατανᾶ et sim.
c de hominibus
Mt 1 20a ἄγγελος κυρίου κατ' ὄναρ ἐφάνη αὐτῷ

Mt 1 24a ὡς προσέταξεν αὐτῷ ὁ ἄγγελος κυρίου
2 13a ἰδοὺ ἄγγελος κυρίου φαίνεται κατ' ὄναρ τῷ Ἰωσήφ
2 19a ἰδοὺ ἄγγελος κυρίου | φαίνεται κατ' ὄναρ (~Vς) τῷ Ἰωσήφ
4 6a τοῖς ἀγγέλοις αὐτοῦ ἐντελεῖται περὶ σοῦ
4 11 καὶ ἰδοὺ ἄγγελοι προσῆλθον καὶ διηκόνουν αὐτῷ
11 10a ἰδοὺ ἐγὼ ἀποστέλλω τὸν ἄγγελόν μου πρὸ προσώπου σου
13 39 οἱ δὲ θερισταὶ ἄγγελοί εἰσιν
13 41 ἀποστελεῖ ὁ υἱὸς τοῦ ἀνθρώπου τοὺς ἀγγέλους αὐτοῦ
13 49 ἐξελεύσονται οἱ ἄγγελοι καὶ ἀφοριοῦσιν
16 27 ἔρχεσθαι ἐν τῇ δόξῃ τοῦ πατρὸς αὐτοῦ μετὰ τῶν ἀγγέλων αὐτοῦ
18 10 οἱ ἄγγελοι αὐτῶν ἐν οὐρανοῖς διὰ παντὸς βλέπουσι τὸ πρόσωπον
22 30a ἀλλ' ὡς ἄγγελοι (ἀ. τοῦ θεοῦ Vς; ἀ. θεοῦ MST) ἐν τῷ οὐρανῷ εἰσιν
24 31 ἀποστελεῖ τοὺς ἀγγέλους αὐτοῦ μετὰ σάλπιγγος
24 36 οὐδεὶς οἶδεν, οὐδὲ οἱ ἄγγελοι τῶν οὐρανῶν | οὐδὲ ὁ υἱός (—MVSς)
25 31 ὅταν δὲ ἔλθῃ ὁ υἱὸς τοῦ ἀνθρώπου ... καὶ πάντες οἱ ἄγγελοι μετ' αὐτοῦ
25 41b | τὸ ἡτοιμασμένον (ὃ ἡτοίμασεν ὁ πατήρ μου S) τῷ διαβόλῳ καὶ τοῖς ἀγγέλοις αὐτοῦ
26 53 παραστήσει μοι ἄρτι πλείω (-ους MVSς) (+ἢ MV[S]ς) δώδεκα λεγιῶνας (-ώνων ST) ἀγγέλων
28 2a ἄγγελος γὰρ κυρίου καταβὰς ἐξ οὐρανοῦ ... ἀπεκύλισεν
28 5 ἀποκριθεὶς δὲ ὁ ἄγγελος εἶπεν ταῖς γυναιξίν

Mc 1 2a ἰδοὺ (+ἐγὼ MVST) ἀποστέλλω τὸν ἄγγελόν μου πρὸ προσώπου σου
1 13 καὶ οἱ ἄγγελοι διηκόνουν αὐτῷ
8 38 ὅταν ἔλθῃ ἐν τῇ δόξῃ τοῦ πατρὸς αὐτοῦ μετὰ τῶν ἀγγέλων τῶν ἁγίων
12 25 ἀλλ' εἰσὶν ὡς ἄγγελοι ἐν τοῖς οὐρανοῖς
13 27a καὶ τότε ἀποστελεῖ τοὺς ἀγγέλους (+αὐτοῦ Vς)
13 32 οὐδεὶς οἶδεν, οὐδὲ οἱ ἄγγελοι (+οἱ Vς) ἐν οὐρανῷ οὐδὲ ὁ υἱός

Lc 1 11a ὤφθη δὲ αὐτῷ ἄγγελος κυρίου
1 13 εἶπεν δὲ πρὸς αὐτὸν ὁ ἄγγελος
1 18 καὶ εἶπεν Ζαχαρίας πρὸς τὸν ἄγγελον
1 19 καὶ ἀποκριθεὶς ὁ ἄγγελος εἶπεν αὐτῷ
1 26 ἀπεστάλη ὁ ἄγγελος Γαβριὴλ ... εἰς πόλιν τῆς Γαλιλαίας
1 28 *καὶ εἰσελθὼν | ὁ ἄγγελος (+Vς ~T) πρὸς αὐτὴν εἶπεν
1 30 εἶπεν ὁ ἄγγελος αὐτῇ
1 34 εἶπεν δὲ Μαριὰμ πρὸς τὸν ἄγγελον
1 35 καὶ ἀποκριθεὶς ὁ ἄγγελος εἶπεν αὐτῇ
1 38 ἀπῆλθεν ἀπ' αὐτῆς ὁ ἄγγελος
2 9a καὶ (+ἰδοὺ Vς) ἄγγελος κυρίου ἐπέστη αὐτοῖς
2 10 καὶ εἶπεν αὐτοῖς ὁ ἄγγελος
2 13 ἐγένετο σὺν τῷ ἀγγέλῳ πλῆθος στρατιᾶς οὐρανίου
2 15 ὡς ἀπῆλθον ἀπ' αὐτῶν εἰς τὸν οὐρανὸν οἱ ἄγγελοι

Lc 2 21 τὸ ὄνομα αὐτοῦ Ἰησοῦς, τὸ κληθὲν ὑπὸ τοῦ ἀγγέλου
4 10a τοῖς ἀγγέλοις αὐτοῦ ἐντελεῖται περὶ σοῦ
7 24c ἀπελθόντων δὲ τῶν ἀγγέλων Ἰωάννου
7 27a ἰδοὺ ἀποστέλλω τὸν ἄγγελόν μου πρὸ προσώπου σου
9 26 ὅταν ἔλθῃ ἐν τῇ δόξῃ αὐτοῦ καὶ τοῦ πατρὸς καὶ τῶν ἁγίων ἀγγέλων
9 52c ἀπέστειλεν ἀγγέλους πρὸ προσώπου αὐτοῦ
12 8a ὁμολογήσει ἐν αὐτῷ ἔμπροσθεν τῶν ἀγγέλων τοῦ θεοῦ
12 9a ἀπαρνηθήσεται ἐνώπιον τῶν ἀγγέλων τοῦ θεοῦ
15 10a γίνεται χαρὰ ἐνώπιον τῶν ἀγγέλων τοῦ θεοῦ
16 22 ἐγένετο ... ἀπενεχθῆναι αὐτὸν ὑπὸ τῶν ἀγγέλων εἰς τὸν κόλπον Ἀβραάμ
22 43 || ὤφθη δὲ αὐτῷ ἄγγελος ἀπ' (ἀπὸ τοῦ H) οὐρανοῦ ἐνισχύων αὐτόν [[N26NSH..]]
24 23 ἦλθον λέγουσαι καὶ ὀπτασίαν ἀγγέλων ἑωρακέναι

Jo 1 51a (+ἀπ' ἄρτι V[S]ς) ὄψεσθε ... τοὺς ἀγγέλους τοῦ θεοῦ ἀναβαίνοντας
5 4a * || ἄγγελος γὰρ (+κυρίου [V]B) κατὰ καιρὸν κατέβαινεν ((..+MV Bς..))
12 29 ἄλλοι ἔλεγον· ἄγγελος αὐτῷ λελάληκεν
20 12 καὶ θεωρεῖ δύο ἀγγέλους

Ac 5 19a ἄγγελος δὲ κυρίου διὰ νυκτὸς ἀνοίξας (ἤνοιξε NMVBHς) τὰς θύρας ... εἶπεν
6 15 εἶδον τὸ πρόσωπον αὐτοῦ ὡσεὶ πρόσωπον ἀγγέλου
7 30a ὤφθη αὐτῷ ἐν τῇ ἐρήμῳ τοῦ ὄρους Σινᾶ ἄγγελος [+κυρίου S]
7 35 ὁ θεὸς ... ἀπέσταλκεν σὺν χειρὶ ἀγγέλου
7 38 ὁ γενόμενος ... μετὰ τοῦ ἀγγέλου τοῦ λαλοῦντος αὐτῷ
7 53 οἵτινες ἐλάβετε τὸν νόμον εἰς διαταγὰς ἀγγέλων
8 26a ἄγγελος δὲ κυρίου ἐλάλησεν πρὸς Φίλιππον
10 3a εἶδεν ἐν ὁράματι ... ἄγγελον τοῦ θεοῦ εἰσελθόντα
10 7 ὡς δὲ ἀπῆλθεν ὁ ἄγγελος ὁ λαλῶν αὐτῷ
10 22 Κορνήλιος ... ἐχρηματίσθη ὑπὸ ἀγγέλου ἁγίου
11 13 πῶς εἶδεν τὸν [N26] ἄγγελον ... σταθέντα
12 7a καὶ ἰδοὺ ἄγγελος κυρίου ἐπέστη
12 8 εἶπεν δὲ (τε VSTς) ὁ ἄγγελος πρὸς αὐτόν
12 9 ὅτι ἀληθές ἐστιν τὸ γινόμενον διὰ τοῦ ἀγγέλου
12 10 καὶ εὐθέως ἀπέστη ὁ ἄγγελος ἀπ' αὐτοῦ
12 11a ὅτι ἐξαπέστειλεν ὁ ([N26V]; —STς) κύριος τὸν ἄγγελον αὐτοῦ
12 15 ὁ ἄγγελός | ἐστιν αὐτοῦ (~Sς)
12 23a ἐπάταξεν αὐτὸν ἄγγελος κυρίου
23 8 λέγουσιν μὴ εἶναι ἀνάστασιν μήτε ἄγγελον μήτε πνεῦμα
23 9 εἰ δὲ πνεῦμα ἐλάλησεν αὐτῷ ἢ ἄγγελος

Ac 27 23ᵃ παρέστη γάρ μοι ... τοῦ θεοῦ οὗ
      εἰμι ἐγώ (+[N²⁶]T), ᾧ καὶ λατρεύω
      ἄγγελος

Rm 8 38 ὅτι ... οὔτε ἄγγελοι οὔτε ἀρχαί
      ⟨δυνήσεται ἡμᾶς χωρίσαι ἀπὸ τῆς
      ἀγάπης⟩

1C 4 9 θέατρον ἐγενήθημεν τῷ κόσμῳ καὶ
      ἀγγέλοις καὶ ἀνθρώποις

      6 3 οὐκ οἴδατε ὅτι ἀγγέλους κρινοῦμεν,
      μήτι γε βιωτικά;

      11 10 ὀφείλει ἡ γυνὴ ἐξουσίαν ἔχειν ἐπὶ
      τῆς κεφαλῆς διὰ τοὺς ἀγγέλους

      13 1 ἐὰν ταῖς γλώσσαις τῶν ἀνθρώπων
      λαλῶ καὶ τῶν ἀγγέλων

2C 11 14 αὐτὸς γὰρ ὁ σατανᾶς μετασχημα-
      τίζεται εἰς ἄγγελον φωτός

      12 7ᵇ ἐδόθη μοι σκόλοψ τῇ σαρκί, ἄγγε-
      λος σατανᾶ (σατᾶν VSʂ)

G 1 8 ἐὰν ἡμεῖς ἢ ἄγγελος ἐξ οὐρανοῦ
      ‖ εὐαγγελίσηται (-ζηται MVBSʂ)
      ὑμῖν ([N²⁶NSH]; —T) ((∼S))

      3 19 τί οὖν ὁ νόμος; ... διαταγεὶς δι'
      ἀγγέλων

      4 14ᵃ ὡς ἄγγελον θεοῦ ἐδέξασθέ με, ὡς
      Χριστὸν Ἰησοῦν

Cl 2 18 θέλων ἐν ταπεινοφροσύνῃ καὶ
      θρησκείᾳ τῶν ἀγγέλων

2Th 1 7 ἐν τῇ ἀποκαλύψει τοῦ κυρίου...
      μετ' ἀγγέλων δυνάμεως αὐτοῦ

1Tm 3 16 ὃς ... ὤφθη ἀγγέλοις

      5 21 διαμαρτύρομαι ἐνώπιον ... τῶν
      ἐκλεκτῶν ἀγγέλων

Hb 1 4 τοσούτῳ κρείττων γενόμενος τῶν
      ἀγγέλων

      1 5 τίνι γὰρ εἶπέν ποτε τῶν ἀγγέλων

      1 6ᵃ καὶ προσκυνησάτωσαν αὐτῷ πάν-
      τες ἄγγελοι θεοῦ. ↔

      1 7 καὶ πρὸς μὲν τοὺς ἀγγέλους λέγει·
      ↔

      1 7 ὁ ποιῶν τοὺς ἀγγέλους αὐτοῦ
      πνεύματα

      1 13 πρὸς τίνα δὲ τῶν ἀγγέλων εἴρηκέν
      ποτε

      2 2 εἰ γὰρ ὁ δι' ἀγγέλων λαληθεὶς
      λόγος ἐγένετο βέβαιος

      2 5 οὐ γὰρ ἀγγέλοις ὑπέταξεν τὴν
      οἰκουμένην

      2 7 ἠλάττωσας αὐτὸν βραχύ τι παρ'
      ἀγγέλους

      2 9 βραχύ τι παρ' ἀγγέλους ἠλαττω-
      μένον βλέπομεν Ἰησοῦν

      2 16 οὐ γὰρ δήπου ἀγγέλων ἐπι-
      λαμβάνεται

      12 22 ἀλλὰ προσεληλύθατε ... μυριάσιν
      ἀγγέλων, πανηγύρει

      13 2 διὰ ταύτης γὰρ ἔλαθόν τινες
      ξενίσαντες ἀγγέλους

Jc 2 25ᶜ Ῥαὰβ ... οὐκ ἐξ ἔργων ἐδικαιώθη,
      ὑποδεξαμένη τοὺς ἀγγέλους ⟨;⟩

1Pt 1 12 εἰς ἃ ἐπιθυμοῦσιν ἄγγελοι παρα-
      κύψαι

      3 22 ὑποταγέντων αὐτῷ ἀγγέλων καὶ
      ἐξουσιῶν καὶ δυνάμεων

2Pt 2 4ᵇ εἰ γὰρ ὁ θεὸς ἀγγέλων ἁμαρτησάν-
      των οὐκ ἐφείσατο

      2 11 ὅπου ἄγγελοι ἰσχύϊ καὶ δυνάμει
      μείζονες ὄντες οὐ φέρουσιν

Jd 6ᵇ ⟨κύριος⟩ ἀγγέλους τε τοὺς μὴ
      τηρήσαντας ... ὑπὸ ζόφον τε-
      τήρηκεν

Ap 1 1ᵃ ἐσήμανεν ἀποστείλας διὰ τοῦ ἀγ-
      γέλου αὐτοῦ τῷ δούλῳ αὐτοῦ
      Ἰωάννῃ

      1 20 οἱ ἑπτὰ ἀστέρες ἄγγελοι τῶν ἑπτὰ
      ἐκκλησιῶν εἰσιν

Ap 2 1 τῷ ἀγγέλῳ τῆς (τῷ H) ἐν Ἐφέσῳ
      ἐκκλησίας γράφον

      2 8 καὶ τῷ ἀγγέλῳ τῆς (τῷ H) ἐν
      Σμύρνῃ ἐκκλησίας γράφον

      2 12 καὶ τῷ ἀγγέλῳ τῆς ἐν Περγάμῳ
      ἐκκλησίας γράφον

      2 18 καὶ τῷ ἀγγέλῳ τῆς (τῷ H) ἐν
      Θυατείροις ἐκκλησίας γράφον

      3 1 καὶ τῷ ἀγγέλῳ τῆς ἐν Σάρδεσιν
      ἐκκλησίας γράφον

      3 5ᵃ ὁμολογήσω τὸ ὄνομα αὐτοῦ...
      ἐνώπιον τῶν ἀγγέλων αὐτοῦ

      3 7 καὶ τῷ ἀγγέλῳ τῆς ἐν Φιλαδελ-
      φείᾳ ἐκκλησίας γράφον

      3 14 καὶ τῷ ἀγγέλῳ τῆς ἐν Λαοδικείᾳ
      ἐκκλησίας γράφον

      5 2 καὶ εἶδον ἄγγελον ἰσχυρὸν κη-
      ρύσσοντα ἐν φωνῇ μεγάλῃ

      5 11 ἤκουσα (+ὡς BT) φωνὴν ἀγγέ-
      λων πολλῶν

      7 1 εἶδον τέσσαρας ἀγγέλους ἑστῶτας
      ἐπὶ τὰς τέσσαρας γωνίας τῆς γῆς

      7 2 καὶ εἶδον ἄλλον ἄγγελον ἀναβαί-
      νοντα

      7 2 ἔκραξεν φωνῇ μεγάλῃ τοῖς τέσ-
      σαρσιν ἀγγέλοις

      7 11 καὶ πάντες οἱ ἄγγελοι ἱστήκεισαν
      κύκλῳ τοῦ θρόνου

      8 2 καὶ εἶδον τοὺς ἑπτὰ ἀγγέλους

      8 3 καὶ ἄλλος ἄγγελος ἦλθεν

      8 4 ἀνέβη ὁ καπνὸς ... ἐκ χειρὸς τοῦ
      ἀγγέλου

      8 5 καὶ εἴληφεν ὁ ἄγγελος τὸν λιβα-
      νωτόν

      8 6 οἱ ἑπτὰ ἄγγελοι οἱ ἔχοντες τὰς
      ἑπτὰ σάλπιγγας ἡτοίμασαν αὐ-
      τούς (N²⁶T; αὐτ. NH; ἑαυτ. rl)

      8 7 *καὶ ὁ πρῶτος ἄγγελος (+ʂ)
      ἐσάλπισεν

      8 8 καὶ ὁ δεύτερος ἄγγελος ἐσάλπισεν

      8 10 καὶ ὁ τρίτος ἄγγελος ἐσάλπισεν

      8 12 καὶ ὁ τέταρτος ἄγγελος ἐσάλπισεν

      8 13 *ἤκουσα ἑνὸς ἀγγέλου (ʂ; ἀετοῦ
      rl) πετομένου ἐν μεσουρανήματι
      λέγοντος

      8 13 οὐαί ... ἐκ τῶν λοιπῶν φωνῶν τῆς
      σάλπιγγος τῶν τριῶν ἀγγέλων

      9 1 καὶ ὁ πέμπτος ἄγγελος ἐσάλπισεν

      9 11ᵇ ἔχουσιν ἐπ' αὐτῶν βασιλέα τὸν
      ἄγγελον τῆς ἀβύσσου

      9 13 καὶ ὁ ἕκτος ἄγγελος ἐσάλπισεν

      9 14 λέγοντα τῷ ἕκτῳ ἀγγέλῳ

      9 14 λῦσον τοὺς τέσσαρας ἀγγέλους

      9 15 ἐλύθησαν οἱ τέσσαρες ἄγγελοι

      10 1 καὶ εἶδον ἄλλον ἄγγελον ἰσχυρόν

      10 5 καὶ ὁ ἄγγελος ... ἦρεν τὴν χεῖρα
      αὐτοῦ τὴν δεξιάν

      10 7 ἐν ταῖς ἡμέραις τῆς φωνῆς τοῦ
      ἑβδόμου ἀγγέλου

      10 8 ἐν τῇ χειρὶ τοῦ ἀγγέλου

      10 9 καὶ ἀπῆλθα πρὸς τὸν ἄγγελον

      10 10 ἐκ τῆς χειρὸς τοῦ ἀγγέλου

      11 15 ὁ ἕβδομος ἄγγελος ἐσάλπισεν

      12 7 ὁ Μιχαὴλ καὶ οἱ ἄγγελοι αὐτοῦ
      τοῦ πολεμῆσαι

      12 7ᵇ ὁ δράκων ἐπολέμησεν καὶ οἱ ἄγγε-
      λοι αὐτοῦ

      12 9ᵇ καὶ οἱ ἄγγελοι αὐτοῦ μετ' αὐτοῦ
      ἐβλήθησαν

      14 6 εἶδον ἄλλον ἄγγελον πετόμενον

      14 8 καὶ ἄλλος | ἄγγελος δεύτερος
      (∼MVS; δεύτ. [ἄγγ.] H; δεύτ.
      B; ἄγγ. ʂ) ἠκολούθησεν

      14 9 ἄλλος ἄγγελος τρίτος ἠκολούθη-
      σεν

Ap 14 10 βασανισθήσεται (-σονται B)...
      ἐνώπιον (+τῶν ʂ) ἀγγέλων
      ἁγίων

      14 15 καὶ ἄλλος ἄγγελος ἐξῆλθεν ἐκ τοῦ
      ναοῦ

      14 17 καὶ ἄλλος ἄγγελος ἐξῆλθεν ἐκ τοῦ
      ναοῦ

      14 18 καὶ ἄλλος ἄγγελος ἐξῆλθεν [N²⁶H]
      ἐκ τοῦ θυσιαστηρίου

      14 19 καὶ ἔβαλεν ὁ ἄγγελος τὸ δρέπανον

      15 1 εἶδον ... ἀγγέλους ἑπτὰ ἔχοντας
      πληγάς

      15 6 ἐξῆλθον οἱ ἑπτὰ ἄγγελοι

      15 7 ἔδωκεν τοῖς ἑπτὰ ἀγγέλοις ἑπτὰ
      φιάλας

      15 8 αἱ ἑπτὰ πληγαὶ τῶν ἑπτὰ ἀγγέ-
      λων

      16 1 φωνῆς ... λεγούσης τοῖς ἑπτὰ ἀγ-
      γέλοις

      16 3 *καὶ ὁ δεύτερος ἄγγελος (+ʂ)
      ἐξέχεεν τὴν φιάλην αὐτοῦ

      16 4 *καὶ ὁ τρίτος ἄγγελος (+ʂ)
      ἐξέχεεν τὴν φιάλην αὐτοῦ

      16 5 καὶ ἤκουσα τοῦ ἀγγέλου τῶν
      ὑδάτων λέγοντος

      16 8 *καὶ ὁ τέταρτος ἄγγελος (+ʂ)
      ἐξέχεεν τὴν φιάλην αὐτοῦ

      16 10 *καὶ ὁ πέμπτος ἄγγελος (+ʂ)
      ἐξέχεεν τὴν φιάλην αὐτοῦ

      16 12 *καὶ ὁ ἕκτος ἄγγελος (+ʂ) ἐξέχεεν
      τὴν φιάλην αὐτοῦ

      16 17 *καὶ ὁ ἕβδομος ἄγγελος (+ʂ)
      ἐξέχεεν τὴν φιάλην αὐτοῦ

      17 1 ἦλθεν εἷς ἐκ τῶν ἑπτὰ ἀγγέλων
      τῶν ἐχόντων τὰς ἑπτὰ φιάλας

      17 7 εἶπέν μοι ὁ ἄγγελος· διὰ τί
      ἐθαύμασας;

      18 1 εἶδον ἄλλον ἄγγελον καταβαί-
      νοντα

      18 21 ἦρεν εἷς ἄγγελος ἰσχυρὸς λίθον

      19 17 εἶδον ἕνα ἄγγελον ἑστῶτα ἐν τῷ
      ἡλίῳ

      20 1 εἶδον ἄγγελον καταβαίνοντα ἐκ
      τοῦ οὐρανοῦ

      21 9 ἦλθεν εἷς ἐκ τῶν ἑπτὰ ἀγγέλων

      21 12 ἔχουσα ... ἐπὶ τοῖς πυλῶσιν ἀγ-
      γέλους δώδεκα

      21 17 μέτρον ἀνθρώπου, ὅ ἐστιν ἀγγέλου

      22 6ᵃ ἀπέστειλεν τὸν ἄγγελον αὐτοῦ

      22 8 ἔμπροσθεν τῶν ποδῶν τοῦ ἀγ-
      γέλου τοῦ δεικνύοντός μοι ταῦτα

      22 16ᵃ ἔπεμψα τὸν ἄγγελόν μου

ἄγγος

Mt 13 48 συνέλεξαν τὰ καλὰ εἰς ἄγγη
      (ἀγγεῖα ʂ)

ἄγε

→ ἄγω

Jc 4 13 ἄγε νῦν οἱ λέγοντες

      5 1 ἄγε νῦν οἱ πλούσιοι, κλαύσατε

ἀγέλη

Mt 8 30 ἦν δὲ μακρὰν ἀπ' αὐτῶν ἀγέλη
      χοίρων πολλῶν βοσκομένη

      8 31 ἀπόστειλον ἡμᾶς εἰς τὴν ἀγέλην
      τῶν χοίρων

      8 32 *ἀπῆλθον εἰς | τὴν ἀγέλην τῶν
      χοίρων (ʂ; τοὺς χοίρους rl)

      8 32 ὥρμησεν πᾶσα ἡ ἀγέλη (+τῶν
      χοίρων [S]ʂ) κατὰ τοῦ κρημνοῦ
      εἰς τὴν θάλασσαν

Mc 5 11 ἦν δὲ ἐκεῖ πρὸς τῷ ὄρει ἀγέλη
      χοίρων μεγάλη βοσκομένη

      5 13 ὥρμησεν ἡ ἀγέλη κατὰ τοῦ κρη-
      μνοῦ εἰς τὴν θάλασσαν

Lc 8 32 ἦν δὲ ἐκεῖ ἀγέλη χοίρων ἱκανῶν
      βοσκομένη (-νων BSTʂ) ἐν τῷ ὄρει

Lc   8 33 καὶ ὥρμησεν ἡ ἀγέλη κατὰ τοῦ κρημνοῦ εἰς τὴν λίμνην

ἀγενεαλόγητος

Hb   7 3 ⟨Μελχισέδεκ⟩ ἀπάτωρ, ἀμήτωρ, ἀγενεαλόγητος... μένει

ἀγενής

1C   1 28 καὶ τὰ ἀγενῆ τοῦ κόσμου ... ἐξελέξατο ὁ θεός

ἁγιάζω

Mt   6 9 ἁγιασθήτω τὸ ὄνομά σου

23 17 τίς γὰρ μείζων ἐστίν, ὁ χρυσὸς ἢ ὁ ναὸς ὁ ἁγιάσας (ἁγιάζων ς) τὸν χρυσόν;

23 19 τί γὰρ μεῖζον, τὸ δῶρον ἢ τὸ θυσιαστήριον τὸ ἁγιάζον τὸ δῶρον;

Lc 11 2 πάτερ, ἁγιασθήτω τὸ ὄνομά σου

Jo 10 36 ὃν ὁ πατὴρ ἡγίασεν καὶ ἀπέστειλεν εἰς τὸν κόσμον

17 17 ἁγίασον αὐτοὺς ἐν τῇ ἀληθείᾳ (+σου Sς)

17 19 ὑπὲρ αὐτῶν ἐγὼ ([NH]; —T) ἁγιάζω ἐμαυτόν, ↔

17 19 ἵνα ὦσιν καὶ αὐτοὶ ἡγιασμένοι ἐν ἀληθείᾳ

Ac 20 32 δοῦναι τὴν κληρονομίαν ἐν τοῖς ἡγιασμένοις πᾶσιν

26 18 τοῦ λαβεῖν αὐτοὺς ... κλῆρον ἐν τοῖς ἡγιασμένοις

Rm 15 16 ἵνα γένηται ἡ προσφορὰ ... εὐπρόσδεκτος, ἡγιασμένη ἐν πνεύματι ἁγίῳ

1C   1 2 ⟨Παῦλος⟩ ἡγιασμένοις ἐν Χριστῷ Ἰησοῦ

6 11 ταῦτά τινες ἦτε... ἀλλὰ ἡγιάσθητε

7 14 ἡγίασται γὰρ ὁ ἀνὴρ ὁ ἄπιστος ἐν τῇ γυναικί, ↔

7 14 καὶ ἡγίασται ἡ γυνὴ ἡ ἄπιστος ἐν τῷ ἀδελφῷ

E   5 26 ἵνα αὐτὴν ἁγιάσῃ καθαρίσας τῷ λουτρῷ τοῦ ὕδατος ἐν ῥήματι

1 Th 5 23 ὁ θεὸς τῆς εἰρήνης ἁγιάσαι ὑμᾶς ὁλοτελεῖς

1Tm 4 5 ἁγιάζεται γὰρ διὰ λόγου θεοῦ

2Tm 2 21 ἔσται σκεῦος εἰς τιμήν, ἡγιασμένον, (+ καὶ V[S]ς) εὔχρηστον

Hb   2 11 ὅ τε γὰρ ἁγιάζων ↔

2 11 καὶ οἱ ἁγιαζόμενοι ἐξ ἑνὸς πάντες

9 13 εἰ γὰρ τὸ αἷμα τράγων ... τοὺς κεκοινωμένους ἁγιάζει

10 10 ἐν ᾧ θελήματι ἡγιασμένοι ἐσμέν

10 14 τετελείωκεν εἰς τὸ διηνεκὲς τοὺς ἁγιαζομένους

10 29 τὸ αἷμα τῆς διαθήκης κοινὸν ἡγησάμενος, ἐν ᾧ ἡγιάσθη

13 12 διὸ καὶ Ἰησοῦς, ἵνα ἁγιάσῃ διὰ τοῦ ἰδίου αἵματος τὸν λαόν

1 Pt 3 15 κύριον δὲ τὸν Χριστὸν ἁγιάσατε

Ap 22 11 ὁ ἅγιος ἁγιασθήτω ἔτι

ἁγιασμός

Rm   6 19 παραστήσατε τὰ μέλη ὑμῶν δοῦλα τῇ δικαιοσύνῃ εἰς ἁγιασμόν

6 22 ἔχετε τὸν καρπὸν ὑμῶν εἰς ἁγιασμόν

1C   1 30 ὃς ἐγενήθη ... δικαιοσύνη τε καὶ ἁγιασμὸς καὶ ἀπολύτρωσις

1Th   4 3 τοῦτο γάρ ἐστιν θέλημα τοῦ θεοῦ, ὁ ἁγιασμὸς ὑμῶν

4 4 τὸ ἑαυτοῦ σκεῦος κτᾶσθαι ἐν ἁγιασμῷ καὶ τιμῇ

4 7 οὐ γὰρ ἐκάλεσεν ... ἐπὶ ἀκαθαρσίᾳ, ἀλλ᾽ ἐν ἁγιασμῷ

2Th 2 13 ὅτι εἵλατο ὑμᾶς ... ἐν ἁγιασμῷ πνεύματος καὶ πίστει ἀληθείας

1Tm 2 15 ἐὰν μείνωσιν ἐν ... ἀγάπῃ καὶ ἁγιασμῷ μετὰ σωφροσύνης

Hb 12 14 εἰρήνην διώκετε μετὰ πάντων, καὶ τὸν ἁγιασμόν

1 Pt 1 2 ⟨ἐκλεκτοῖς⟩ ἐν ἁγιασμῷ πνεύματος

ἅγιος

a   πνεῦμα ἅγιον
b   (οἱ) ἅγιοι
c   τὸ ἅγιον, τὰ ἅγια
d   ὁ ἅγιος τοῦ θεοῦ
e   ἅγια ἁγίων; ἅγιος ter

Mt   1 18ᵃ εὑρέθη ἐν γαστρὶ ἔχουσα ἐκ πνεύματος ἁγίου

1 20ᵃ τὸ γὰρ ἐν αὐτῇ γεννηθὲν ἐκ πνεύματός ἐστιν ἁγίου

3 11ᵃ ὑμᾶς βαπτίσει ἐν πνεύματι ἁγίῳ

4 5 παραλαμβάνει αὐτὸν ὁ διάβολος εἰς τὴν ἁγίαν πόλιν

7 6ᶜ μὴ δῶτε τὸ ἅγιον τοῖς κυσίν

12 32ᵃ ὃς δ᾽ ἂν εἴπῃ κατὰ τοῦ πνεύματος τοῦ ἁγίου, οὐκ ἀφεθήσεται αὐτῷ

24 15 τὸ βδέλυγμα ... ἑστὸς ἐν τόπῳ ἁγίῳ

25 31 *ὅταν δὲ ἔλθῃ ... καὶ πάντες οἱ ἅγιοι (+ς) ἄγγελοι μετ᾽ αὐτοῦ

27 52ᵇ πολλὰ σώματα τῶν κεκοιμημένων ἁγίων ἠγέρθησαν

27 53 εἰσῆλθον εἰς τὴν ἁγίαν πόλιν

28 19ᵃ βαπτίζοντες αὐτοὺς εἰς τὸ ὄνομα... τοῦ ἁγίου πνεύματος

Mc   1 8ᵃ αὐτὸς δὲ βαπτίσει ὑμᾶς ἐν (—NH) πνεύματι ἁγίῳ

1 24ᵈ οἶδά (οἴδαμεν ST) σε τίς εἶ, ὁ ἅγιος τοῦ θεοῦ

3 29ᵃ ὃς δ᾽ ἂν βλασφημήσῃ εἰς τὸ πνεῦμα τὸ ἅγιον

6 20 εἰδὼς αὐτὸν ἄνδρα δίκαιον καὶ ἅγιον

8 38 ὅταν ἔλθῃ ἐν τῇ δόξῃ τοῦ πατρὸς αὐτοῦ μετὰ τῶν ἀγγέλων τῶν ἁγίων

12 36ᵃ αὐτὸς (+γὰρ Vς) Δαυὶδ εἶπεν ἐν τῷ πνεύματι τῷ ἁγίῳ

13 11ᵃ οὐ γὰρ ἐστε ὑμεῖς οἱ λαλοῦντες ἀλλὰ τὸ πνεῦμα τὸ ἅγιον

Lc   1 15ᵃ καὶ πνεύματος ἁγίου πλησθήσεται

1 35ᵃ πνεῦμα ἅγιον ἐπελεύσεται ἐπὶ σέ

1 35 διὸ καὶ τὸ γεννώμενον ἅγιον κληθήσεται υἱὸς θεοῦ

1 41ᵃ ἐπλήσθη πνεύματος ἁγίου ἡ Ἐλισάβετ

1 49 ἐποίησέν μοι μεγάλα (-λεῖα VSς) ... καὶ ἅγιον τὸ ὄνομα αὐτοῦ

1 67ᵃ ἐπλήσθη πνεύματος ἁγίου καὶ ἐπροφήτευσεν

1 70 καθὼς ἐλάλησεν διὰ στόματος τῶν ἁγίων ἀπ᾽ αἰῶνος προφητῶν

1 72 καὶ μνησθῆναι διαθήκης ἁγίας αὐτοῦ

2 23 ὅτι πᾶν ἄρσεν διανοῖγον μήτραν ἅγιον τῷ κυρίῳ κληθήσεται

2 25ᵃ καὶ πνεῦμα ἦν ἅγιον ἐπ᾽ αὐτόν· ↔

2 26ᵃ καὶ ἦν αὐτῷ κεχρηματισμένον ὑπὸ τοῦ πνεύματος τοῦ ἁγίου

3 16ᵃ αὐτὸς ὑμᾶς βαπτίσει ἐν πνεύματι ἁγίῳ

3 22ᵃ καταβῆναι τὸ πνεῦμα τὸ ἅγιον ... ἐπ᾽ αὐτόν

4 1ᵃ Ἰησοῦς δὲ πλήρης πνεύματος ἁγίου ὑπέστρεψεν

4 34ᵈ οἶδά σε τίς εἶ, ὁ ἅγιος τοῦ θεοῦ

9 26 ὅταν ἔλθῃ ἐν τῇ δόξῃ αὐτοῦ καὶ τοῦ πατρὸς καὶ τῶν ἁγίων ἀγγέλων

Lc 10 21ᵃ ἠγαλλιάσατο ἐν (+[N²⁶]BST) τῷ πνεύματι | τῷ ἁγίῳ (—ς)

11 13ᵃ πόσῳ μᾶλλον ... δώσει πνεῦμα ἅγιον τοῖς αἰτοῦσιν αὐτόν

12 10ᵃ τῷ δὲ εἰς τὸ ἅγιον πνεῦμα βλασφημήσαντι οὐκ ἀφεθήσεται

12 12ᵃ τὸ γὰρ ἅγιον πνεῦμα διδάξει ὑμᾶς

Jo   1 33ᵃ οὗτός ἐστιν ὁ βαπτίζων ἐν πνεύματι ἁγίῳ

6 69ᵈ ὅτι σὺ εἶ ὁ ἅγιος (Χριστὸς ὁ υἱὸς Vς) τοῦ θεοῦ

7 39ᵃ *οὔπω γὰρ ἦν πνεῦμα ἅγιον (+[V]Sς)

14 26ᵃ ὁ δὲ παράκλητος, τὸ πνεῦμα τὸ ἅγιον

17 11 πάτερ ἅγιε, τήρησον αὐτοὺς ἐν τῷ ὀνόματί σου

20 22ᵃ λάβετε πνεῦμα ἅγιον

Ac   1 2ᵃ ἐντειλάμενος τοῖς ἀποστόλοις διὰ πνεύματος ἁγίου

1 5ᵃ ἐν πνεύματι βαπτισθήσεσθε ἁγίῳ

1 8ᵃ λήμψεσθε δύναμιν ἐπελθόντος τοῦ ἁγίου πνεύματος ἐφ᾽ ὑμᾶς

1 16ᵃ ἣν προεῖπεν τὸ πνεῦμα τὸ ἅγιον

2 4ᵃ ἐπλήσθησαν πάντες (ἅπ. VSς) πνεύματος ἁγίου

2 33ᵃ τήν τε ἐπαγγελίαν τοῦ | πνεύματος τοῦ ἁγίου (ἁγ. πν. ς) λαβών

2 38ᵃ λήμψεσθε τὴν δωρεὰν τοῦ ἁγίου πνεύματος

3 14ᵃ ὑμεῖς δὲ τὸν ἅγιον καὶ δίκαιον ἠρνήσασθε

3 21 ἐλάλησεν ὁ θεὸς διὰ στόματος τῶν ἁγίων ... προφητῶν

4 8ᵃ Πέτρος πλησθεὶς πνεύματος ἁγίου εἶπεν

4 25ᵃ ὁ | τοῦ πατρὸς ἡμῶν διὰ πνεύματος ἁγίου στόματος (διὰ πν. ἁ. διὰ τοῦ στ. Μ; πνεύματι ἁγίῳ διὰ στ. τοῦ πατ. Β; διὰ στ. ς) Δαυὶδ (+τοῦ ς) παιδός σου εἰπών

4 27 συνήχθησαν γὰρ ... ἐπὶ τὸν ἅγιον παῖδά σου Ἰησοῦν

4 30 ἐν τῷ ... τέρατα γίνεσθαι διὰ τοῦ ὀνόματος τοῦ ἁγίου παιδός σου Ἰησοῦ

4 31ᵃ ἐπλήσθησαν ἅπαντες τοῦ ἁγίου πνεύματος

5 3ᵃ ψεύσασθαί σε τὸ πνεῦμα τὸ ἅγιον

5 32ᵃ ἡμεῖς ἐσμεν μάρτυρες ... καὶ τὸ πνεῦμα τὸ ἅγιον

6 3ᵃ *ἐπισκέψασθε ... ἄνδρας ... πλήρεις πνεύματος ἁγίου (+[V]ς)

6 5ᵃ ἐξελέξαντο Στέφανον, ἄνδρα πλήρης (N²⁶S; πλήρη rl) πίστεως καὶ πνεύματος ἁγίου

6 13 οὐ παύεται λαλῶν ῥήματα κατὰ τοῦ τόπου τοῦ ἁγίου τούτου ([N²⁶NH]; —VT)

7 33 ὁ γὰρ τόπος ἐφ᾽ ᾧ ἕστηκας γῆ ἁγία ἐστίν

7 51ᵃ ὑμεῖς ἀεὶ τῷ πνεύματι τῷ ἁγίῳ ἀντιπίπτετε

7 55ᵃ ὑπάρχων δὲ πλήρης πνεύματος ἁγίου

8 15ᵃ ὅπως λάβωσιν πνεῦμα ἅγιον

8 17ᵃ καὶ ἐλάμβανον πνεῦμα ἅγιον

8 18ᵃ * ὅτι ... δίδοται τὸ πνεῦμα | τὸ ἅγιον (+VBSς)

8 19ᵃ ἵνα ... λαμβάνῃ πνεῦμα ἅγιον

9 13ᵇ ὅσα κακὰ τοῖς ἁγίοις σου ἐποίησεν

9 17ᵃ ὅπως ἀναβλέψῃς καὶ πλησθῇς πνεύματος ἁγίου

9 31ᵃ τῇ παρακλήσει τοῦ ἁγίου πνεύματος ἐπληθύνετο

Ac 9 32ᵇκατελθεῖν καὶ πρὸς τοὺς ἁγίους τοὺς κατοικοῦντας Λύδδα

9 41ᵇφωνήσας δὲ τοὺς ἁγίους καὶ τὰς χήρας

10 22 Κορνήλιος ... ἐχρηματίσθη ὑπὸ ἀγγέλου ἁγίου

10 38ᵃὡς ἔχρισεν αὐτὸν ὁ θεὸς πνεύματι ἁγίῳ

10 44ᵃἐπέπεσεν τὸ πνεῦμα τὸ ἅγιον ἐπὶ πάντας τοὺς ἀκούοντας

10 45ᵃὅτι καὶ ἐπὶ τὰ ἔθνη ἡ δωρεὰ τοῦ | ἁγίου πνεύματος (π. τοῦ ἁ. Η) ἐκκέχυται

10 47ᵃοἵτινες τὸ πνεῦμα τὸ ἅγιον ἔλαβον

11 15ᵃἐπέπεσεν τὸ πνεῦμα τὸ ἅγιον ἐπ' αὐτούς

11 16ᵇὑμεῖς δὲ βαπτισθήσεσθε ἐν πνεύματι ἁγίῳ

11 24ᵃὅτι ἦν ἀνὴρ ... πλήρης πνεύματος ἁγίου καὶ πίστεως

13 2ᵃεἶπεν τὸ πνεῦμα τὸ ἅγιον

13 4ᵃαὐτοὶ μὲν οὖν ἐκπεμφθέντες ὑπὸ τοῦ ἁγίου πνεύματος

13 9ᵃΣαῦλος δέ ... πλησθεὶς πνεύματος ἁγίου

13 52ᵃἐπληροῦντο χαρᾶς καὶ πνεύματος ἁγίου

15 8ᵃδοὺς (+αὐτοῖς Μ[VS]ς) τὸ πνεῦμα τὸ ἅγιον

15 28ᵃἔδοξεν γὰρ τῷ πνεύματι τῷ ἁγίῳ

16 6ᵃκωλυθέντες ὑπὸ τοῦ ἁγίου πνεύματος

19 2ᵃεἰ πνεῦμα ἅγιον ἐλάβετε πιστεύσαντες;

19 2ᵃἀλλ' οὐδ' εἰ πνεῦμα ἅγιον ἔστιν ἠκούσαμεν

19 6ᵃἦλθε τὸ πνεῦμα τὸ ἅγιον ἐπ' αὐτούς

20 23ᵃπλὴν ὅτι τὸ πνεῦμα τὸ ἅγιον ... διαμαρτύρεταί μοι

20 28ᵃἐν ᾧ ὑμᾶς τὸ πνεῦμα τὸ ἅγιον ἔθετο ἐπισκόπους

21 11ᵃτάδε λέγει τὸ πνεῦμα τὸ ἅγιον

21 28 κεκοίνωκεν τὸν ἅγιον τόπον τοῦτον

26 10ᵇπολλούς τε τῶν ἁγίων ἐγὼ ἐν φυλακαῖς κατέκλεισα

28 25ᵃὅτι καλῶς τὸ πνεῦμα τὸ ἅγιον ἐλάλησεν διὰ Ἡσαΐου

Rm 1 2 ⟨εὐαγγέλιον θεοῦ⟩ ὃ προεπηγγείλατο ... ἐν γραφαῖς ἁγίαις

1 7ᵇ⟨Παῦλος⟩ πᾶσιν τοῖς ... ἀγαπητοῖς θεοῦ, κλητοῖς ἁγίοις

5 5ᵃἡ ἀγάπη τοῦ θεοῦ ἐκκέχυται ... διὰ πνεύματος ἁγίου τοῦ δοθέντος ἡμῖν

7 12 ὥστε ὁ μὲν νόμος ἅγιος, ↔

7 12 καὶ ἡ ἐντολὴ ἁγία καὶ δικαία καὶ ἀγαθή

8 27ᵇοἶδεν ... ὅτι κατὰ θεὸν ἐντυγχάνει ὑπὲρ ἁγίων

9 1ᵃσυμμαρτυρούσης μοι τῆς συνειδήσεώς μου ἐν πνεύματι ἁγίῳ

11 16 εἰ δὲ ἡ ἀπαρχὴ ἁγία, καὶ τὸ φύραμα· ↔

11 16 καὶ εἰ ἡ ῥίζα ἁγία, καὶ οἱ κλάδοι

12 1 παρακαλῶ οὖν ὑμᾶς ... παραστῆσαι τὰ σώματα ὑμῶν θυσίαν ζῶσαν ἁγίαν

12 13ᵇταῖς χρείαις τῶν ἁγίων κοινωνοῦντες

14 17ᵃχαρὰ ἐν πνεύματι ἁγίῳ

15 13ᵃἐν τῇ ἐλπίδι ἐν δυνάμει πνεύματος ἁγίου

Rm 15 16ᵃἵνα γένηται ἡ προσφορὰ ... εὐπρόσδεκτος, ἡγιασμένη ἐν πνεύματι ἁγίῳ

15 19ᵃ*ἐν δυνάμει πνεύματος ἁγίου ([Η]; —Ν; θεοῦ [Ν²⁶] rl)

15 25ᵇνυνὶ δὲ πορεύομαι εἰς Ἰερουσαλὴμ διακονῶν τοῖς ἁγίοις

15 26ᵇκοινωνίαν τινὰ ποιήσασθαι εἰς τοὺς πτωχοὺς τῶν ἁγίων

15 31ᵇκαὶ ἡ διακονία μου ἡ εἰς Ἰερουσαλὴμ εὐπρόσδεκτος τοῖς ἁγίοις γένηται

16 2ᵇἵνα | αὐτὴν προσδέξησθε (∼ Η) ἐν κυρίῳ ἀξίως τῶν ἁγίων

16 15ᵇἀσπάσασθε ... τοὺς σὺν αὐτοῖς πάντας ἁγίους. ↔

16 16 ἀσπάσασθε ἀλλήλους ἐν φιλήματι ἁγίῳ

1C 1 2ᵇ⟨Παῦλος⟩ κλητοῖς ἁγίοις, σὺν πᾶσιν τοῖς ἐπικαλουμένοις τὸ ὄνομα

2 13ᵃ*λαλοῦμεν ... ἐν διδακτοῖς πνεύματος ἁγίου (+ς)

3 17 ὁ γὰρ ναὸς τοῦ θεοῦ ἅγιός ἐστιν

6 1ᵇκρίνεσθαι ἐπὶ τῶν ἀδίκων, καὶ οὐχὶ ἐπὶ τῶν ἁγίων; ↔

6 2ᵇἢ οὐκ οἴδατε ὅτι οἱ ἅγιοι τὸν κόσμον κρινοῦσιν;

6 19ᵃναὸς τοῦ ἐν ὑμῖν ἁγίου πνεύματός ἐστιν

7 14 τὰ τέκνα ὑμῶν ἀκάθαρτά ἐστιν, νῦν δὲ ἅγιά ἐστιν

7 34 ἡ γυνὴ ... μεριμνᾷ τὰ τοῦ κυρίου, ἵνα ᾖ ἁγία

12 3ᵃοὐδεὶς δύναται εἰπεῖν ... εἰ μὴ ἐν πνεύματι ἁγίῳ

14 33ᵇὡς ἐν πάσαις ταῖς ἐκκλησίαις τῶν ἁγίων

16 1ᵇπερὶ δὲ τῆς λογείας τῆς εἰς τοὺς ἁγίους

16 15ᵇεἰς διακονίαν τοῖς ἁγίοις ἔταξαν ἑαυτούς

16 20 ἀσπάσασθε ἀλλήλους ἐν φιλήματι ἁγίῳ

2C 1 1ᵇΠαῦλος ... τοῖς ἁγίοις πᾶσιν τοῖς οὖσιν ἐν ὅλῃ τῇ Ἀχαΐᾳ

6 6ᵃ⟨συνιστάντες ἑαυτούς⟩ ἐν ἁγνότητι ... ἐν χρηστότητι, ἐν πνεύματι ἁγίῳ

8 4ᵇδεόμενοι ... τὴν κοινωνίαν τῆς διακονίας τῆς εἰς τοὺς ἁγίους

9 1ᵇπερὶ μὲν γὰρ τῆς διακονίας τῆς εἰς τοὺς ἁγίους

9 12ᵇοὐ μόνον ἐστὶν προσαναπληροῦσα τὰ ὑστερήματα τῶν ἁγίων

13 12 ἀσπάσασθε ἀλλήλους ἐν ἁγίῳ φιλήματι. ↔

13 12ᵇἀσπάζονται ὑμᾶς οἱ ἅγιοι πάντες

13 13ᵃἡ κοινωνία τοῦ ἁγίου πνεύματος μετὰ πάντων ὑμῶν

E 1 1ᵇΠαῦλος ... τοῖς ἁγίοις τοῖς οὖσιν | ἐν Ἐφέσῳ [Ν²⁶ΝΜVSTH]

1 4 ἐξελέξατο ἡμᾶς ... εἶναι ἡμᾶς ἁγίους καὶ ἀμώμους

1 13ᵃἐν ᾧ ... ἐσφραγίσθητε τῷ πνεύματι τῆς ἐπαγγελίας τῷ ἁγίῳ

1 15ᵇἀκούσας ... | τὴν ἀγάπην (—Η) τὴν εἰς πάντας τοὺς ἁγίους

1 18ᵇτίς ὁ πλοῦτος τῆς δόξης τῆς κληρονομίας αὐτοῦ ἐν τοῖς ἁγίοις

2 19ᵇἀλλὰ ἐστὲ συμπολῖται τῶν ἁγίων καὶ οἰκεῖοι τοῦ θεοῦ

2 21 πᾶσα οἰκοδομὴ συναρμολογουμένη αὔξει εἰς ναὸν ἅγιον ἐν κυρίῳ

3 5 ὡς νῦν ἀπεκαλύφθη τοῖς ἁγίοις ἀποστόλοις αὐτοῦ

E 3 8ᵇἐμοὶ τῷ ἐλαχιστοτέρῳ πάντων (+τῶν ς) ἁγίων ἐδόθη ἡ χάρις αὕτη

3 18ᵇἵνα ἐξισχύσητε καταλαβέσθαι σὺν πᾶσιν τοῖς ἁγίοις τί τὸ πλάτος

4 12ᵇπρὸς τὸν καταρτισμὸν τῶν ἁγίων εἰς ἔργον διακονίας

4 30ᵃμὴ λυπεῖτε τὸ πνεῦμα τὸ ἅγιον τοῦ θεοῦ

5 3ᵇκαθὼς πρέπει ἁγίοις

5 27 τὴν ἐκκλησίαν, μὴ ἔχουσαν σπίλον ... ἀλλ' ἵνα ᾖ ἁγία καὶ ἄμωμος

6 18ᵇἀγρυπνοῦντες ἐν ... δεήσει περὶ πάντων τῶν ἁγίων

Ph 1 1ᵇΠαῦλος καὶ Τιμόθεος ... πᾶσιν τοῖς ἁγίοις ἐν Χριστῷ Ἰησοῦ

4 21 ἀσπάσασθε πάντα ἅγιον ἐν Χριστῷ Ἰησοῦ. ↔

4 22ᵇἀσπάζονται ὑμᾶς πάντες οἱ ἅγιοι

Cl 1 2ᵇ⟨Τιμόθεος ὁ ἀδελφὸς⟩ τοῖς ἐν Κολοσσαῖς ἁγίοις

1 4ᵇτὴν ἀγάπην | ἣν ἔχετε [Η] εἰς πάντας τοὺς ἁγίους

1 12ᵇεἰς τὴν μερίδα τοῦ κλήρου τῶν ἁγίων

1 22 παραστῆσαι ὑμᾶς ἁγίους καὶ ἀμώμους

1 26ᵇμυστήριον ... ἐφανερώθη τοῖς ἁγίοις αὐτοῦ

3 12ᵇὡς ἐκλεκτοὶ τοῦ θεοῦ ἅγιοι καὶ ἠγαπημένοι

1Th 1 5ᵃοὐκ ... ἐν λόγῳ μόνον, ἀλλὰ καὶ ... ἐν πνεύματι ἁγίῳ

1 6ᵃδεξάμενοι τὸν λόγον ... μετὰ χαρᾶς πνεύματος ἁγίου

3 13ᵇμετὰ πάντων τῶν ἁγίων αὐτοῦ

4 8ᵃδιδόντα (δόντα VSς) τὸ πνεῦμα αὐτοῦ τὸ ἅγιον εἰς ὑμᾶς

5 26 ἀσπάσασθε τοὺς ἀδελφοὺς πάντας ἐν φιλήματι ἁγίῳ

5 27 *ἀναγνωσθῆναι τὴν ἐπιστολὴν πᾶσιν τοῖς ἁγίοις (+[VS]Βς) ἀδελφοῖς

2Th 1 10ᵇἐνδοξασθῆναι ἐν τοῖς ἁγίοις αὐτοῦ

1Tm 5 10ᵇεἰ ἐξενοδόχησεν, εἰ ἁγίων πόδας ἔνιψεν

2Tm 1 9 τοῦ σώσαντος ἡμᾶς καὶ καλέσαντος κλήσει ἁγίᾳ

1 14ᵃφύλαξον διὰ πνεύματος ἁγίου τοῦ ἐνοικοῦντος ἐν ἡμῖν

Tt 3 5ᵃἔσωσεν ἡμᾶς διὰ λουτροῦ ... ἀνακαινώσεως πνεύματος ἁγίου

Phm 5ᵇτὴν πίστιν ἣν ἔχεις ... εἰς πάντας τοὺς ἁγίους

7ᵇὅτι τὰ σπλάγχνα τῶν ἁγίων ἀναπέπαυται διὰ σοῦ

Hb 2 4ᵃσυνεπιμαρτυροῦντος τοῦ θεοῦ ... πνεύματος ἁγίου μερισμοῖς

3 1 ὅθεν, ἀδελφοὶ ἅγιοι, κλήσεως ἐπουρανίου μέτοχοι, κατανοήσατε

3 7ᵃδιό, καθὼς λέγει τὸ πνεῦμα τὸ ἅγιον

6 4ᵃκαὶ μετόχους γενηθέντας πνεύματος ἁγίου

6 10ᵇδιακονήσαντες τοῖς ἁγίοις καὶ διακονοῦντες

8 2ᶜτῶν ἁγίων λειτουργὸς καὶ τῆς σκηνῆς τῆς ἀληθινῆς

9 1ᶜεἶχε ... ἡ πρώτη δικαιώματα λατρείας τό τε ἅγιον κοσμικόν. ↔

9 2ᶜσκηνὴ γὰρ κατεσκευάσθη ἡ πρώτη ... ἥτις λέγεται Ἅγια

9 3ᵉσκηνὴ ἡ λεγομένη Ἅγια Ἁγίων

9 8ᵃτοῦτο δηλοῦντος τοῦ πνεύματος τοῦ ἁγίου, ↔

Hb 9 8ᶜμήπω πεφανερῶσθαι τὴν τῶν
ἁγίων ὁδόν
9 12ᶜεἰσῆλθεν ἐφάπαξ εἰς τὰ ἅγια
9 24 οὐ γὰρ εἰς χειροποίητα εἰσῆλθεν
ἅγια Χριστός
9 25ᶜὁ ἀρχιερεὺς εἰσέρχεται εἰς τὰ ἅγια
10 15ᵃμαρτυρεῖ ... τὸ πνεῦμα τὸ ἅγιον
10 19ᶜἔχοντες ... παρρησίαν εἰς τὴν εἴσ-
οδον τῶν ἁγίων ἐν τῷ αἵματι
Ἰησοῦ
13 11ᶜὧν γὰρ εἰσφέρεται ζῴων τὸ αἷμα
... εἰς τὰ ἅγια
13 24ᵇἀσπάσασθε πάντας τοὺς ἡγουμέ-
νους ὑμῶν καὶ πάντας τοὺς ἁγίους

1Pt 1 12ᵃἐν ([N²⁶]; —H) πνεύματι ἁγίῳ
ἀποσταλέντι ἀπ' οὐρανοῦ
1 15 ἀλλὰ κατὰ τὸν καλέσαντα ὑμᾶς
ἅγιον ↔
1 15 καὶ αὐτοὶ ἅγιοι ἐν πάσῃ ἀναστρο-
φῇ γενήθητε
1 16 διότι γέγραπται ὅτι [+N²⁶NH]
ἅγιοι ἔσεσθε (γίνεσθε Sϛ'), ↔
1 16 ὅτι (διότι T) ἐγὼ ἅγιός εἰμι
([N²⁶M]; —NBTH)
2 5 οἰκοδομεῖσθε (ἐποικ. ST) οἶκος
πνευματικὸς εἰς ἱεράτευμα ἅγιον
2 9 ὑμεῖς δὲ γένος ἐκλεκτόν, βασίλειον
ἱεράτευμα, ἔθνος ἅγιον
3 5 οὕτως γάρ ποτε καὶ αἱ ἅγιαι γυ-
ναῖκες ... ἐκόσμουν

2Pt 1 18 σὺν αὐτῷ ὄντες ἐν τῷ | ἁγίῳ ὄρει
(ὄρει τῷ ἁγ. MSTϛ)
1 21ᵃἀλλὰ ὑπὸ πνεύματος ἁγίου φερό-
μενοι ↔
1 21 *ἐλάλησαν (+οἱ ϛ) ἅγιοι (+[M]
VSϛ) ἀπὸ (—Vϛ) θεοῦ ἄνθρωποι
2 21 ὑποστρέψαι (ἀνακάμψαι VS) ἐκ
(ἀπὸ VS) τῆς παραδοθείσης αὐ-
τοῖς ἁγίας ἐντολῆς
3 2 προειρημένων ῥημάτων ὑπὸ τῶν
ἁγίων προφητῶν
3 11 ὑπάρχειν ὑμᾶς [N²⁶NH] ἐν ἁγίαις
ἀναστροφαῖς

1Jo 2 20ᶜκαὶ ὑμεῖς χρῖσμα ἔχετε ἀπὸ τοῦ
ἁγίου
5 7ᵃ*οἱ μαρτυροῦντες | ἐν τῷ οὐρανῷ,
ὁ πατήρ, ὁ λόγος καὶ τὸ ἅγιον
πνεῦμα (+ϛ ..)

Jd 3ᵇπαρακαλῶν ἐπαγωνίζεσθαι τῇ
ἅπαξ παραδοθείσῃ τοῖς ἁγίοις
πίστει
14 ἰδοὺ ἦλθεν κύριος ἐν ἁγίαις μυριά-
σιν αὐτοῦ
20 ἐποικοδομοῦντες ἑαυτοὺς τῇ ἁγιω-
τάτῃ ὑμῶν πίστει
20ᵃἐν πνεύματι ἁγίῳ προσευχόμενοι

Ap 3 7 τάδε λέγει ὁ ἅγιος, ὁ ἀληθινός
4 8ᶜἅγιος ἅγιος ἅγιος κύριος ὁ θεός
4 11 *|| ὁ κύριος καὶ ὁ θεὸς ἡμῶν | ὁ
ἅγιος (+B[S]) ((κύριε ϛ))
5 8ᵇθυμιαμάτων, αἵ (ἃ B) εἰσιν αἱ
προσευχαὶ τῶν ἁγίων
6 10 ὁ δεσπότης ὁ ἅγιος καὶ ἀληθινός
8 3ᵇἵνα δώσει (-σῃ Sϛ) ταῖς προσευχαῖς
τῶν ἁγίων πάντων
8 4ᵇἀνέβη ὁ καπνὸς τῶν θυμιαμάτων
ταῖς προσευχαῖς τῶν ἁγίων
11 2 τὴν πόλιν τὴν ἁγίαν πατήσουσιν
11 18ᵇδοῦναι τὸν μισθὸν ... καὶ τοῖς
ἁγίοις
13 7ᵇ| ποιῆσαι πόλεμον μετὰ τῶν
ἁγίων [..H..]
13 10ᵇὧδέ ἐστιν ... ἡ πίστις τῶν ἁγίων
14 10 βασανισθήσεται (-σονται B)...
ἐνώπιον ἀγγέλων ἁγίων

Ap 14 12ᵇὧδε ἡ ὑπομονὴ τῶν ἁγίων ἐστίν
15 3ᵇ*κύριε ὁ θεὸς ... ὁ βασιλεὺς τῶν
ἁγίων (ϛ; αἰώνων BH; ἐθνῶν rl)
16 6ᵇὅτι αἷμα (αἵματα T) ἁγίων καὶ
προφητῶν ἐξέχεαν
17 6ᵇεἶδον τὴν γυναῖκα μεθύουσαν ἐκ
[S] τοῦ αἵματος τῶν ἁγίων
18 20ᵇεὐφραίνου ἐπ' αὐτῇ, οὐρανὲ καὶ οἱ
ἅγιοι καὶ οἱ ἀπόστολοι
18 24ᵇἐν αὐτῇ αἷμα (-ματα VBT) προ-
φητῶν καὶ ἁγίων εὑρέθη
19 8ᵇτὸ γὰρ βύσσινον τὰ δικαιώματα
τῶν ἁγίων ἐστίν
20 6 ἅγιος ὁ ἔχων μέρος ἐν τῇ ἀναστά-
σει τῇ πρώτῃ
20 9ᵇἐκύκλευσαν τὴν παρεμβολὴν τῶν
ἁγίων
21 2 τὴν πόλιν τὴν ἁγίαν Ἰερουσαλὴμ
καινὴν εἶδον καταβαίνουσαν
21 10 ἔδειξέν μοι τὴν πόλιν τὴν ἁγίαν
Ἰερουσαλήμ
22 6 *ὁ θεὸς τῶν ἁγίων (ϛ; πνευμάτων
τῶν rl) προφητῶν ἀπέστειλεν τὸν
ἄγγελον αὐτοῦ
22 11 ὁ ἅγιος ἁγιασθήτω ἔτι
22 19 ἀφελεῖ ὁ θεὸς τὸ μέρος αὐτοῦ...
ἐκ τῆς πόλεως τῆς ἁγίας
22 21ᵇ*ἡ χάρις ... μετὰ πάντων (—H)
| τῶν ἁγίων (+MVSH)

ἁγιότης
2C 1 12 *ὅτι ἐν ἁγιότητι (ἁπλότ. N²⁶)...
ἀνεστράφημεν
Hb 12 10 ὁ δὲ ἐπὶ τὸ συμφέρον εἰς τὸ μετα-
λαβεῖν τῆς ἁγιότητος αὐτοῦ

ἁγιωσύνη
Rm 1 4 τοῦ ὁρισθέντος υἱοῦ θεοῦ ἐν δυνά-
μει κατὰ πνεῦμα ἁγιωσύνης
2C 7 1 ἐπιτελοῦντες ἁγιωσύνην ἐν φόβῳ
θεοῦ
1Th 3 13 τὰς καρδίας ἀμέμπτους ἐν ἁγιωσύ-
νῃ ἔμπροσθεν τοῦ θεοῦ

ἀγκάλη
Lc 2 28 ἐδέξατο αὐτὸ εἰς τὰς ἀγκάλας
(+αὐτοῦ Sϛ)

ἄγκιστρον
Mt 17 27 ἵνα δὲ μὴ σκανδαλίσωμεν (-ίζωμεν
T) αὐτούς ... βάλε ἄγκιστρον

ἄγκυρα
Ac 27 29 ἐκ πρύμνης ῥίψαντες ἀγκύρας
τέσσαρας
27 30 προφάσει ὡς ἐκ πρῴρης ἀγκύρας
μελλόντων ἐκτείνειν
27 40 τὰς ἀγκύρας περιελόντες εἴων εἰς
τὴν θάλασσαν
Hb 6 19 (ἐλπίδος) ἣν ὡς ἄγκυραν ἔχομεν
τῆς ψυχῆς ἀσφαλῆ

ἄγναφος
Mt 9 16 οὐδεὶς δὲ ἐπιβάλλει ἐπίβλημα
ῥάκους ἀγνάφου
Mc 2 21 οὐδεὶς ἐπίβλημα ῥάκους ἀγνάφου
ἐπιράπτει

ἁγνεία
ἁγνία H
1Tm 4 12 τύπος γίνου τῶν πιστῶν ... ἐν
ἁγνείᾳ
5 2 (παρακάλει) νεωτέρας ὡς ἀδελφὰς
ἐν πάσῃ ἁγνείᾳ

ἁγνίζω
Jo 11 55 ἀνέβησαν πολλοὶ εἰς Ἰεροσόλυ-
μα ... πρὸ τοῦ πάσχα, ἵνα
ἁγνίσωσιν ἑαυτούς
Ac 21 24 τούτους παραλαβὼν ἁγνίσθητι
σὺν αὐτοῖς
21 26 ὁ Παῦλος ... σὺν αὐτοῖς ἁγνισθεὶς
εἰσῄει εἰς τὸ ἱερόν

Ac 24 18 ἐν αἷς εὗρόν με ἡγνισμένον ἐν τῷ
ἱερῷ
Jc 4 8 καὶ ἁγνίσατε καρδίας, δίψυχοι
1Pt 1 22 τὰς ψυχὰς ὑμῶν ἡγνικότες ἐν τῇ
ὑπακοῇ ... εἰς φιλαδελφίαν
1Jo 3 3 ὁ ἔχων τὴν ἐλπίδα ταύτην ἐπ'
αὐτῷ ἁγνίζει ἑαυτόν

ἁγνισμός
Ac 21 26 διαγγέλλων τὴν ἐκπλήρωσιν τῶν
ἡμερῶν τοῦ ἁγνισμοῦ

ἀγνοέω
ᵃοὐ θέλω (-ομεν) ὑμᾶς ἀγνοεῖν
Mc 9 32 οἱ δὲ ἠγνόουν τὸ ῥῆμα
Lc 9 45 οἱ δὲ ἠγνόουν τὸ ῥῆμα τοῦτο
Ac 13 27 οἱ γὰρ κατοικοῦντες ἐν Ἰερουσα-
λήμ ... τοῦτον ἀγνοήσαντες ...
ἐπλήρωσαν
17 23 ὃ οὖν ἀγνοοῦντες εὐσεβεῖτε, τοῦτο
ἐγὼ καταγγέλλω ὑμῖν
Rm 1 13ᵃοὐ θέλω δὲ ὑμᾶς ἀγνοεῖν, ἀδελφοί,
ὅτι πολλάκις προεθέμην ἐλθεῖν
2 4 καταφρονεῖς, ἀγνοῶν ὅτι τὸ χρη-
στὸν τοῦ θεοῦ εἰς μετάνοιάν σε
ἄγει;
6 3 ἢ ἀγνοεῖτε ὅτι ... εἰς τὸν θάνατον
αὐτοῦ ἐβαπτίσθημεν;
7 1 ἢ ἀγνοεῖτε, ἀδελφοί ... ὅτι ὁ
νόμος κυριεύει ⟨;⟩
10 3 ἀγνοοῦντες γὰρ τὴν τοῦ θεοῦ
δικαιοσύνην ... οὐχ ὑπετάγησαν
11 25ᵃοὐ γὰρ θέλω ὑμᾶς ἀγνοεῖν, ἀδελφοί,
τὸ μυστήριον τοῦτο
1C 10 1ᵃοὐ θέλω γὰρ ὑμᾶς ἀγνοεῖν, ἀδελφοί
12 1ᵃπερὶ δὲ τῶν πνευματικῶν, ἀδελφοί,
οὐ θέλω ὑμᾶς ἀγνοεῖν
14 38 εἰ δέ τις ἀγνοεῖ, ↔
14 38 ἀγνοεῖται (-τω Bϛ)
2C 1 8ᵃοὐ γὰρ θέλομεν ὑμᾶς ἀγνοεῖν,
ἀδελφοί
2 11 οὐ γὰρ αὐτοῦ τὰ νοήματα ἀγνο-
οῦμεν
6 9 ⟨συνιστάντες ἑαυτούς⟩ ὡς ἀγνο-
ούμενοι καὶ ἐπιγινωσκόμενοι
G 1 22 ἤμην δὲ ἀγνοούμενος τῷ προσώπῳ
ταῖς ἐκκλησίαις τῆς Ἰουδαίας
1Th 4 13ᵃοὐ θέλομεν δὲ ὑμᾶς ἀγνοεῖν,
ἀδελφοί, περὶ τῶν κοιμωμένων
1Tm 1 13 ὅτι ἀγνοῶν ἐποίησα ἐν ἀπιστίᾳ
Hb 5 2 (ἀρχιερεύς) μετριοπαθεῖν δυνάμε-
νος τοῖς ἀγνοοῦσιν καὶ πλανω-
μένοις
2Pt 2 12 ἐν οἷς ἀγνοοῦσιν βλασφημοῦντες

ἀγνόημα
Hb 9 7 ὃ προσφέρει ὑπὲρ ἑαυτοῦ καὶ τῶν
τοῦ λαοῦ ἀγνοημάτων

ἄγνοια
Ac 3 17 οἶδα ὅτι κατὰ ἄγνοιαν ἐπράξατε
17 30 τοὺς μὲν οὖν χρόνους τῆς ἀγνοίας
ὑπεριδὼν ὁ θεός
E 4 18 ἀπηλλοτριωμένοι τῆς ζωῆς τοῦ
θεοῦ, διὰ τὴν ἄγνοιαν τὴν οὖσαν ἐν
αὐτοῖς
1Pt 1 14 μὴ συσχηματιζόμενοι ταῖς πρότε-
ρον ἐν τῇ ἀγνοίᾳ ὑμῶν ἐπιθυμίαις

ἁγνός
→ ἁγνῶς
2C 7 11 ἐν παντὶ συνεστήσατε ἑαυτοὺς
ἁγνοὺς εἶναι τῷ πράγματι
11 2 παρθένον ἁγνὴν παραστῆσαι τῷ
Χριστῷ
Ph 4 8 ὅσα δίκαια, ὅσα ἁγνά, ὅσα προσ-
φιλῆ ... ταῦτα λογίζεσθε
1Tm 5 22 σεαυτὸν ἁγνὸν τήρει
Tt 2 5 (εἶναι) σώφρονας, ἁγνάς, οἰκουρ-
γούς (-ροὺς Sϛ)

Jc   3 17   ἡ δὲ ἄνωθεν σοφία πρῶτον μὲν ἁγνή ἐστιν

1 Pt   3 2   ἐποπτεύσαντες τὴν ἐν φόβῳ ἁγνὴν ἀναστροφήν

1 Jo   3 3   ὁ ἔχων ... ἁγνίζει ἑαυτὸν καθὼς ἐκεῖνος ἁγνός ἐστιν

ἁγνότης

2C   6 6   ⟨συνιστάντες ἑαυτούς⟩ ἐν ἁγνότητι, ἐν γνώσει, ἐν μακροθυμίᾳ

     11 3   ἀπὸ τῆς ἁπλότητος | καὶ τῆς ἁγνότητος ([N²⁶NH]; —T) τῆς εἰς τὸν ([S]; —NMT) Χριστόν

ἁγνῶς
→ ἁγνός

Ph   1 17   οἱ δὲ ἐξ ἐριθείας τὸν Χριστὸν καταγγέλλουσιν, οὐχ ἁγνῶς

ἀγνωσία

1C   15 34   ἀγνωσίαν γὰρ θεοῦ τινες ἔχουσιν

1 Pt   2 15   ἀγαθοποιοῦντας φιμοῦν τὴν τῶν ἀφρόνων ἀνθρώπων ἀγνωσίαν

ἄγνωστος

Ac   17 23   βωμὸν ἐν ᾧ ἐπεγέγραπτο· ἀγνώστῳ θεῷ

ἀγορά

Mt   11 16   ὁμοία ἐστὶν παιδίοις καθημένοις ἐν ταῖς ἀγοραῖς

     20 3   εἶδεν ἄλλους ἑστῶτας ἐν τῇ ἀγορᾷ ἀργούς

     23 7   ⟨φιλοῦσιν⟩ τοὺς ἀσπασμοὺς ἐν ταῖς ἀγοραῖς

Mc   6 56   ἐν ταῖς ἀγοραῖς ἐτίθεσαν (ἐτίθουν Vϛ) τοὺς ἀσθενοῦντας

     7 4   ἀπ' ἀγορᾶς ἐὰν μὴ βαπτίσωνται (ῥαντίσ. NMVH) οὐκ ἐσθίουσιν

     12 38   βλέπετε ἀπὸ τῶν γραμματέων τῶν θελόντων ἐν στολαῖς περιπατεῖν καὶ ἀσπασμοὺς ἐν ταῖς ἀγοραῖς

Lc   7 32   ὅμοιοί εἰσιν παιδίοις τοῖς ἐν ἀγορᾷ καθημένοις

     11 43   ὅτι ἀγαπᾶτε ... τοὺς ἀσπασμοὺς ἐν ταῖς ἀγοραῖς

     20 46   προσέχετε ἀπὸ τῶν γραμματέων τῶν ... φιλούντων ἀσπασμοὺς ἐν ταῖς ἀγοραῖς

Ac   16 19   εἵλκυσαν εἰς τὴν ἀγορὰν ἐπὶ τοὺς ἄρχοντας

     17 17   διελέγετο ... ἐν τῇ ἀγορᾷ κατὰ πᾶσαν ἡμέραν πρὸς τοὺς παρατυγχάνοντας

ἀγοράζω
ἐξ-
ᵃmet.

Mt   13 44   καὶ ἀγοράζει τὸν ἀγρὸν ἐκεῖνον

     13 46   εὑρὼν δὲ ἕνα πολύτιμον μαργαρίτην ... ἠγόρασεν αὐτόν

     14 15   ἵνα ἀπελθόντες εἰς τὰς κώμας ἀγοράσωσιν ἑαυτοῖς βρώματα

     21 12   ἐξέβαλεν πάντας τοὺς πωλοῦντας καὶ ἀγοράζοντας ἐν τῷ ἱερῷ

     25 9   πορεύεσθε μᾶλλον ... καὶ ἀγοράσατε ἑαυταῖς. ↔

     25 10   ἀπερχομένων δὲ αὐτῶν ἀγοράσαι ἦλθεν ὁ νυμφίος

     27 7   ἠγόρασαν ἐξ αὐτῶν τὸν ἀγρὸν τοῦ κεραμέως

Mc   6 36   ἵνα ἀπελθόντες ... ἀγοράσωσιν ἑαυτοῖς τί φάγωσιν

     6 37   ἀπελθόντες ἀγοράσωμεν δηναρίων διακοσίων ἄρτους ⟨;⟩

     11 15   ἤρξατο ἐκβάλλειν τοὺς πωλοῦντας καὶ τοὺς (—ϛ) ἀγοράζοντας ἐν τῷ ἱερῷ

     15 46   καὶ ἀγοράσας σινδόνα καθελὼν αὐτὸν ἐνείλησεν τῇ σινδόνι

Mc   16 1   Μαρία ἡ τοῦ ([N²⁶NH]; —T) Ἰακώβου καὶ Σαλώμη ἠγόρασαν ἀρώματα

Lc   9 13   εἰ μήτι πορευθέντες ἡμεῖς ἀγοράσωμεν ... βρώματα

     14 18   ἀγρὸν ἠγόρασα

     14 19   ζεύγη βοῶν ἠγόρασα πέντε

     17 28   ἤσθιον, ἔπινον, ἠγόραζον, ἐπώλουν, ἐφύτευον, ᾠκοδόμουν

     19 45   *εἰσελθὼν εἰς τὸ ἱερὸν ἤρξατο ἐκβάλλειν τοὺς πωλοῦντας | ἐν αὐτῷ καὶ ἀγοράζοντας (+ϛ)

     22 36   ὁ μὴ ἔχων πωλησάτω τὸ ἱμάτιον αὐτοῦ καὶ ἀγορασάτω μάχαιραν

Jo   4 8   ἵνα τροφὰς ἀγοράσωσιν

     6 5   πόθεν ἀγοράσωμεν (-σομεν ϛ) ἄρτους ἵνα φάγωσιν οὗτοι;

     13 29   ἀγόρασον ὧν χρείαν ἔχομεν εἰς τὴν ἑορτήν

1C   6 20ᵃ ⟨οὐκ ἐστὲ ἑαυτῶν⟩ ἠγοράσθητε γὰρ τιμῆς

     7 23ᵃ τιμῆς ἠγοράσθητε· μὴ γίνεσθε δοῦλοι ἀνθρώπων

     7 30   καὶ οἱ ἀγοράζοντες ὡς μὴ κατέχοντες

2Pt   2 1ᵃ καὶ τὸν ἀγοράσαντα αὐτοὺς δεσπότην ἀρνούμενοι

Ap   3 18   συμβουλεύω σοι ἀγοράσαι παρ' ἐμοῦ χρυσίον

     5 9ᵃ ὅτι ἐσφάγης καὶ ἠγόρασας τῷ θεῷ (+ἡμᾶς [M]VBSϛ)

     13 17   ἵνα μή τις δύνηται ἀγοράσαι ἢ πωλῆσαι

     14 3ᵃ οἱ ἠγορασμένοι ἀπὸ τῆς γῆς

     14 4ᵃ οὗτοι ἠγοράσθησαν ἀπὸ τῶν ἀνθρώπων

     18 11   ὅτι τὸν γόμον αὐτῶν οὐδεὶς ἀγοράζει οὐκέτι

ἀγοραῖος

Ac   17 5   προσλαβόμενοι τῶν ἀγοραίων | ἄνδρας τινὰς (~Tϛ) πονηρούς

     19 38   εἰ ... ἔχουσι πρός τινα λόγον, ἀγοραῖοι ἄγονται

ἄγρα

Lc   5 4   χαλάσατε τὰ δίκτυα ὑμῶν εἰς ἄγραν

     5 9   θάμβος γὰρ περιέσχεν ... τοὺς σὺν αὐτῷ ἐπὶ τῇ ἄγρᾳ τῶν ἰχθύων

ἀγράμματος

Ac   4 13   ὅτι ἄνθρωποι ἀγράμματοί εἰσιν καὶ ἰδιῶται

ἀγραυλέω

Lc   2 8   ποιμένες ἦσαν ἐν τῇ χώρᾳ τῇ αὐτῇ ἀγραυλοῦντες καὶ φυλάσσοντες

ἀγρεύω

Mc   12 13   ἵνα αὐτὸν ἀγρεύσωσιν λόγῳ

ἀγριέλαιος

Rm   11 17   εἰ ... σὺ δὲ ἀγριέλαιος ὢν ἐνεκεντρίσθης ἐν αὐτοῖς

     11 24   εἰ γὰρ σὺ ἐκ τῆς κατὰ φύσιν ἐξεκόπης ἀγριελαίου

ἄγριος

Mt   3 4   ἡ δὲ τροφὴ ἦν αὐτοῦ ἀκρίδες καὶ μέλι ἄγριον

Mc   1 6   ἐσθίων ἀκρίδας καὶ μέλι ἄγριον

Jd   13   κύματα ἄγρια θαλάσσης ἐπαφρίζοντα τὰς ἑαυτῶν αἰσχύνας

Ἀγρίππας
→ Ἡρῴδης

Ac   25 13   Ἀγρίππας ὁ βασιλεὺς καὶ Βερνίκη κατήντησαν εἰς Καισάρειαν

     25 22   Ἀγρίππας δὲ πρὸς τὸν Φῆστον (+ἔφη [MVS]ϛ)

     25 23   ἐλθόντος τοῦ Ἀγρίππα καὶ τῆς Βερνίκης μετὰ πολλῆς φαντασίας

Ac   25 24   Ἀγρίππα βασιλεῦ καὶ πάντες οἱ συμπαρόντες ἡμῖν ἄνδρες, θεωρεῖτε

     25 26   διὸ προήγαγον αὐτὸν ... καὶ μάλιστα ἐπὶ σοῦ, βασιλεῦ Ἀγρίππα

     26 1   Ἀγρίππας δὲ πρὸς τὸν Παῦλον ἔφη

     26 2   περὶ πάντων ὧν ἐγκαλοῦμαι ὑπὸ Ἰουδαίων, βασιλεῦ Ἀγρίππα

     26 7   *περὶ ἧς ἐλπίδος ἐγκαλοῦμαι ὑπὸ Ἰουδαίων, βασιλεῦ Ἀγρίππα (+ϛ)

     26 19   ὅθεν, βασιλεῦ Ἀγρίππα, οὐκ ἐγενόμην ἀπειθής

     26 27   πιστεύεις, βασιλεῦ Ἀγρίππα, τοῖς προφήταις;

     26 28   ὁ δὲ Ἀγρίππας πρὸς τὸν Παῦλον· ἐν ὀλίγῳ με πείθεις

     26 32   Ἀγρίππας δὲ τῷ Φήστῳ ἔφη

ἀγρός
ᵃ ἀγροί

Mt   6 28   καταμάθετε τὰ κρίνα τοῦ ἀγροῦ

     6 30   εἰ δὲ τὸν χόρτον τοῦ ἀγροῦ ... ὁ θεὸς οὕτως ἀμφιέννυσιν

     13 24   σπείραντι καλὸν σπέρμα ἐν τῷ ἀγρῷ αὐτοῦ

     13 27   οὐχὶ καλὸν σπέρμα ἔσπειρας ἐν τῷ σῷ ἀγρῷ;

     13 31   ὃν ... ἔσπειρεν ἐν τῷ ἀγρῷ αὐτοῦ

     13 36   διασάφησον (φράσον VTϛ) ἡμῖν τὴν παραβολὴν τῶν ζιζανίων τοῦ ἀγροῦ

     13 38   ὁ δὲ ἀγρός ἐστιν ὁ κόσμος

     13 44   ὁμοία ἐστὶν ... θησαυρῷ κεκρυμμένῳ ἐν τῷ ἀγρῷ

     13 44   καὶ ἀγοράζει τὸν ἀγρὸν ἐκεῖνον

     19 29ᵃ πᾶς ὅστις ἀφῆκεν | οἰκίας ἢ ... ἀγρούς (~ST) ἕνεκεν τοῦ | ὀνόματός μου (ἐμοῦ ὀ. NTH)

     22 5   ὃς μὲν εἰς τὸν ἴδιον ἀγρόν

     24 18   ὁ ἐν τῷ ἀγρῷ μὴ ἐπιστρεψάτω ὀπίσω

     24 40   τότε | δύο ἔσονται (~NMTH) ἐν τῷ ἀγρῷ

     27 7   ἠγόρασαν ἐξ αὐτῶν τὸν ἀγρὸν τοῦ κεραμέως

     27 8   ἐκλήθη ὁ ἀγρὸς ἐκεῖνος ↔

     27 8   ἀγρὸς αἵματος

     27 10   ἔδωκαν αὐτὰ εἰς τὸν ἀγρὸν τοῦ κεραμέως

Mc   5 14ᵃ καὶ ἀπήγγειλαν (ἀνήγγ. Sϛ) εἰς τὴν πόλιν καὶ εἰς τοὺς ἀγρούς

     6 36ᵃ ἀπελθόντες εἰς τοὺς κύκλῳ ἀγροὺς καὶ κώμας

     6 56ᵃ ὅπου ἂν (ἐὰν T) εἰσεπορεύετο εἰς κώμας ἢ εἰς πόλεις ἢ εἰς ἀγρούς

     10 29ᵃ οὐδείς ἐστιν ὃς ἀφῆκεν οἰκίαν ... ἢ ἀγροὺς ἕνεκεν ἐμοῦ

     10 30ᵃ ἐὰν μὴ λάβῃ ἑκατονταπλασίονα νῦν ... τέκνα καὶ ἀγρούς

     11 8ᵃ ἄλλοι δὲ στιβάδας, | κόψαντες ἐκ τῶν ἀγρῶν (ἔκοπτον ἐκ τ. δένδρων ϛ ..)

     13 16   ὁ εἰς τὸν ἀγρὸν μὴ ἐπιστρεψάτω εἰς τὰ ὀπίσω

     15 21   ἀγγαρεύουσιν παράγοντά τινα Σίμωνα Κυρηναῖον ἐρχόμενον ἀπ' ἀγροῦ

   [16 12]   ἐφανερώθη ... πορευομένοις εἰς ἀγρόν

Lc   8 34ᵃ ἀπήγγειλαν εἰς τὴν πόλιν καὶ εἰς τοὺς ἀγρούς

     9 12ᵃ πορευθέντες εἰς τὰς κύκλῳ κώμας καὶ (+τοὺς Vϛ) ἀγρούς

     12 28   εἰ δὲ ἐν (+τῷ ϛ) ἀγρῷ τὸν χόρτον ... ὁ θεὸς οὕτως ἀμφιέζει (ἀμφιέννυσιν Vϛ)

Lc 14 18 ἀγρὸν ἠγόρασα

15 15ᵃ ἔπεμψεν αὐτὸν εἰς τοὺς ἀγροὺς αὐτοῦ

15 25 ἦν δὲ ὁ υἱὸς αὐτοῦ ὁ πρεσβύτερος ἐν ἀγρῷ

17 7 ὃς εἰσελθόντι ἐκ τοῦ ἀγροῦ ἐρεῖ αὐτῷ

17 31 ὁ ἐν (+τῷ ς) ἀγρῷ ὁμοίως μὴ ἐπιστρεψάτω εἰς τὰ ὀπίσω

23 26 ἐπιλαβόμενοι | Σίμωνά τινα Κυρηναῖον ἐρχόμενον (Σ-νός τινος Κυναίου ἐ-μένου Vς) ἀπ᾽ ἀγροῦ

Ac 4 37 ὑπάρχοντος αὐτῷ ἀγροῦ, πωλήσας ἤνεγκεν τὸ χρῆμα

ἀγρυπνέω

Mc 13 33 βλέπετε, ἀγρυπνεῖτε (+καὶ προσεύχεσθε VSς)

Lc 21 36 ἀγρυπνεῖτε δὲ (οὖν Vς) ἐν παντὶ καιρῷ δεόμενοι

E 6 18 εἰς αὐτὸ ἀγρυπνοῦντες ἐν πάσῃ προσκαρτερήσει

Hb 13 17 αὐτοὶ γὰρ ἀγρυπνοῦσιν ὑπὲρ τῶν ψυχῶν ὑμῶν ὡς λόγον ἀποδώσοντες

ἀγρυπνία

2C 6 5 ⟨συνιστάντες ἑαυτοὺς⟩ ἐν πληγαῖς ... ἐν ἀγρυπνίαις, ἐν νηστείαις

11 27 ἐν ἀγρυπνίαις πολλάκις, ἐν λιμῷ καὶ δίψει

ἄγχι
→ ἆσσον

ἄγω
→ ἄγε

ἀν- ἐπαν- περι-
ἀπ- ἐπισυν- προ-
δι- κατ- προσ-
εἰσ- μετ- συν-
ἐξ- παρ- συναπ-
ἐπ- παρεισ- ὑπ-

ᵃ ἄγωμεν
ᵇ ἄγειν ἡμέραν et sim.

Mt 10 18 ἐπὶ ἡγεμόνας ... ἀχθήσεσθε ἕνεκεν ἐμοῦ

14 6ᵇ *γενεσίων (VSς; -σίοις rl) δὲ ἀγομένων (Vς; γενομένων S; γενομένοις rl) τοῦ Ἡρῴδου

21 2 εὑρήσετε ὄνον δεδεμένην ... λύσαντες ἀγάγετέ μοι

21 7 ἤγαγον τὴν ὄνον καὶ τὸν πῶλον

26 46ᵃ ἐγείρεσθε, ἄγωμεν· ἰδοὺ ἤγγικεν ὁ παραδιδούς με

Mc 1 38ᵃ ἄγωμεν ἀλλαχοῦ εἰς τὰς ἐχομένας κωμοπόλεις

11 7 *καὶ ἤγαγον (ς; φέρουσιν rl) τὸν πῶλον πρὸς τὸν Ἰησοῦν

13 11 καὶ ὅταν ἄγωσιν (ἀγάγωσιν ς) ὑμᾶς παραδιδόντες

14 42ᵃ ἐγείρεσθε, ἄγωμεν· ἰδοὺ ὁ παραδιδούς με ἤγγικεν (ἤγγισεν T)

Lc 4 1ᵇ Ἰησοῦς ... ἤγετο ἐν τῷ πνεύματι ἐν τῇ ἐρήμῳ ⟨ἡμέρας τεσσεράκοντα⟩

4 9 | ἤγαγεν δὲ (καὶ ἤγ. ς) αὐτὸν εἰς Ἰερουσαλήμ

4 29 καὶ ἤγαγον αὐτὸν ἕως ὀφρύος τοῦ ὄρους

4 40 ἅπαντες ([ἅ]π. S; πάντες VTς) ὅσοι εἶχον ἀσθενοῦντας ... ἤγαγον αὐτοὺς πρὸς αὐτόν

10 34 ἐπιβιβάσας δὲ αὐτὸν ... ἤγαγεν αὐτὸν εἰς πανδοχεῖον

18 40 ἐκέλευσεν αὐτὸν ἀχθῆναι πρὸς αὐτόν

19 27 τοὺς ἐχθρούς μου τούτους ... ἀγάγετε ὧδε καὶ κατασφάξατε αὐτούς

19 30 ἐν ᾗ εἰσπορευόμενοι εὑρήσετε πῶλον δεδεμένον ... καὶ (—Vς) λύσαντες αὐτὸν ἀγάγετε

Lc 19 35 καὶ ἤγαγον αὐτὸν πρὸς τὸν Ἰησοῦν

21 12 *ἐπιβαλοῦσιν ἐφ᾽ ὑμᾶς τὰς χεῖρας αὐτῶν ... ἀγομένους (ς; ἀπαγομ. rl) ἐπὶ βασιλεῖς

22 54 συλλαβόντες δὲ αὐτὸν ἤγαγον

23 1 ἀναστὰν ἅπαν τὸ πλῆθος αὐτῶν ἤγαγον (-γεν ς) αὐτὸν ἐπὶ τὸν Πιλᾶτον

23 32 ἤγοντο δὲ καὶ ἕτεροι | κακοῦργοι δύο (~ VBSTς) σὺν αὐτῷ ἀναιρεθῆναι

24 21ᵇ τρίτην ταύτην ἡμέραν ἄγει (+σήμερον Vς) ἀφ᾽ οὗ ταῦτα ἐγένετο

Jo 1 42 ἤγαγεν αὐτὸν πρὸς τὸν Ἰησοῦν

7 45 διὰ τί οὐκ ἠγάγετε αὐτόν;

[8 3] ἄγουσιν δὲ οἱ γραμματεῖς καὶ οἱ Φαρισαῖοι γυναῖκα

9 13 ἄγουσιν αὐτὸν πρὸς τοὺς Φαρισαίους

10 16 κἀκεῖνα δεῖ με ἀγαγεῖν

11 7ᵃ ἄγωμεν εἰς τὴν Ἰουδαίαν πάλιν

11 15ᵃ ἄγωμεν πρὸς αὐτόν

11 16ᵃ ἄγωμεν καὶ ἡμεῖς ἵνα ἀποθάνωμεν μετ᾽ αὐτοῦ

14 31ᵃ ἐγείρεσθε, ἄγωμεν ἐντεῦθεν

18 13 καὶ ἤγαγον (ἀπήγ. αὐτὸν Vς) πρὸς Ἄνναν πρῶτον

18 28 ἄγουσιν οὖν τὸν Ἰησοῦν ... εἰς τὸ πραιτώριον

19 4 ἴδε ἄγω ὑμῖν αὐτὸν ἔξω

19 13 ὁ οὖν Πιλᾶτος ... ἤγαγεν ἔξω τὸν Ἰησοῦν

19 16 *παρέλαβον οὖν (δὲ Vς) τὸν Ἰησοῦν | καὶ ἤγαγον (V; κ. ἀπήγ. ς; —rl)

Ac 5 21 ἀπέστειλαν εἰς τὸ δεσμωτήριον ἀχθῆναι αὐτούς

5 26 ἀπελθὼν ὁ στρατηγὸς ... ἦγεν (ἤγαγεν MVBSς) αὐτούς

5 27 ἀγαγόντες δὲ αὐτοὺς ἔστησαν ἐν τῷ συνεδρίῳ

6 12 συνήρπασαν αὐτὸν καὶ ἤγαγον εἰς τὸ συνέδριον

8 32 ὡς πρόβατον ἐπὶ σφαγὴν ἤχθη

9 2 ὅπως ἐάν (ἄν T) τινας εὕρῃ ... ἀγάγῃ εἰς Ἰερουσαλήμ

9 21 ἵνα δεδεμένους αὐτοὺς ἀγάγῃ ἐπὶ τοὺς ἀρχιερεῖς

9 27 ἐπιλαβόμενος αὐτὸν ἤγαγεν πρὸς τοὺς ἀποστόλους

11 26 εὑρὼν ἤγαγεν εἰς Ἀντιόχειαν

13 23 τούτου ὁ θεὸς ἀπὸ τοῦ σπέρματος ... ἤγαγεν (ἤγειρε ς) τῷ Ἰσραὴλ σωτῆρα Ἰησοῦν

17 5 *ἐζήτουν αὐτοὺς ἀγαγεῖν (ς; προαγ. rl) εἰς τὸν δῆμον

17 15 οἱ δὲ καθιστάνοντες (-τῶντες Sς) τὸν Παῦλον ἤγαγον ἕως Ἀθηνῶν

17 19 ἐπιλαβόμενοί τε (δὲ NMH) αὐτοῦ ἐπὶ τὸν Ἄρειον πάγον ἤγαγον

18 12 κατεπέστησαν | ὁμοθυμαδὸν οἱ Ἰουδαῖοι (~H) ... καὶ ἤγαγον αὐτὸν ἐπὶ τὸ βῆμα

19 37 ἠγάγετε γὰρ τοὺς ἄνδρας τούτους

19 38ᵇ εἰ ... ἔχουσι πρός τινα λόγον, ἀγοραῖοι ἄγονται

20 12 ἤγαγον δὲ τὸν παῖδα ζῶντα

21 16 συνῆλθον ... ἄγοντες παρ᾽ ᾧ ξενισθῶμεν Μνάσωνι

21 34 ἐκέλευσεν ἄγεσθαι αὐτὸν εἰς τὴν παρεμβολήν

22 5 ἐπορευόμην, ἄξων καὶ τοὺς ἐκεῖσε ὄντας δεδεμένους εἰς Ἰερουσαλήμ

22 24 *ἐκέλευσεν ... ἄγεσθαι (ς; εἰσα. rl) αὐτὸν εἰς τὴν παρεμβολήν

Ac 23 10 ἐκέλευσεν τὸ στράτευμα καταβὰν ἁρπάσαι αὐτὸν ... ἄγειν τε (—H) εἰς τὴν παρεμβολήν

23 18 ὁ μὲν οὖν παραλαβὼν αὐτὸν ἤγαγεν πρὸς τὸν χιλίαρχον

23 18 ἠρώτησεν τοῦτον τὸν νεανίσκον (νεανίαν Hς) ἀγαγεῖν πρὸς σέ

23 31 οἱ μὲν οὖν στρατιῶται ... ἀναλαβόντες τὸν Παῦλον ἤγαγον ... εἰς τὴν Ἀντιπατρίδα

25 6 ἐκέλευσεν τὸν Παῦλον ἀχθῆναι

25 17 καθίσας ἐπὶ τοῦ βήματος ἐκέλευσα ἀχθῆναι τὸν ἄνδρα

25 23 κελεύσαντος τοῦ Φήστου ἤχθη ὁ Παῦλος

Rm 2 4 ὅτι τὸ χρηστὸν τοῦ θεοῦ εἰς μετάνοιάν σε ἄγει

8 14 ὅσοι γὰρ πνεύματι θεοῦ ἄγονται

1C 12 2 ⟨ἀδελφοὶ⟩ πρὸς τὰ εἴδωλα ... ὡς ἂν ἤγεσθε ἀπαγόμενοι

G 5 18 εἰ δὲ πνεύματι ἄγεσθε, οὐκ ἐστὲ ὑπὸ νόμον

1Th 4 14 οὕτως καὶ ὁ θεὸς τοὺς κοιμηθέντας διὰ τοῦ Ἰησοῦ ἄξει σὺν αὐτῷ

2Tm 3 6 γυναικάρια σεσωρευμένα ἁμαρτίαις, ἀγόμενα ἐπιθυμίαις

4 11 Μᾶρκον ἀναλαβὼν ἄγε μετὰ σεαυτοῦ

Hb 2 10 πολλοὺς υἱοὺς εἰς δόξαν ἀγαγόντα τὸν ἀρχηγὸν ... τελειῶσαι

ἀγωγή

2Tm 3 10 σὺ δὲ παρηκολούθησάς (-θηκάς Vς) μου ... τῇ ἀγωγῇ

ἀγών

Ph 1 30 τὸν αὐτὸν ἀγῶνα ἔχοντες οἷον εἴδετε ἐν ἐμοί

Cl 2 1 ἡλίκον ἀγῶνα ἔχω ὑπὲρ ὑμῶν

1Th 2 2 λαλῆσαι πρὸς ὑμᾶς τὸ εὐαγγέλιον τοῦ θεοῦ ἐν πολλῷ ἀγῶνι

1Tm 6 12 ἀγωνίζου τὸν καλὸν ἀγῶνα τῆς πίστεως

2Tm 4 7 τὸν | καλὸν ἀγῶνα (ἀγ. τὸν καλ. Sς) ἠγώνισμαι

Hb 12 1 δι᾽ ὑπομονῆς τρέχωμεν τὸν προκείμενον ἡμῖν ἀγῶνα

ἀγωνία

Lc 22 44 | καὶ γενόμενος ἐν ἀγωνίᾳ ἐκτενέστερον προσηύχετο [..N²⁶NSH..]

ἀγωνίζομαι

ἀντ- κατ-
ἐπ- συν-

Lc 13 24 ἀγωνίζεσθε εἰσελθεῖν διὰ τῆς στενῆς θύρας

Jo 18 36 οἱ ὑπηρέται || οἱ ἐμοὶ ἠγωνίζοντο ἄν [N²⁶] ((~NMVTς))

1C 9 25 πᾶς δὲ ὁ ἀγωνιζόμενος πάντα ἐγκρατεύεται

Cl 1 29 κοπιῶ ἀγωνιζόμενος κατὰ τὴν ἐνέργειαν αὐτοῦ

4 12 πάντοτε ἀγωνιζόμενος ὑπὲρ ὑμῶν ἐν ταῖς προσευχαῖς

1Tm 4 10 εἰς τοῦτο γὰρ κοπιῶμεν καὶ ἀγωνιζόμεθα (ὀνειδιζόμεθα Sς)

6 12 ἀγωνίζου τὸν καλὸν ἀγῶνα τῆς πίστεως

2Tm 4 7 τὸν | καλὸν ἀγῶνα (ἀγ. τὸν καλ. Sς) ἠγώνισμαι

Ἀδάμ

Lc 3 38 τοῦ Σὴθ τοῦ Ἀδὰμ τοῦ θεοῦ

Rm 5 14 ἐβασίλευσεν ὁ θάνατος ἀπὸ Ἀδὰμ μέχρι Μωϋσέως

5 14 μὴ ἁμαρτήσαντας ἐπὶ τῷ ὁμοιώματι τῆς παραβάσεως Ἀδάμ

1C 15 22 ὥσπερ γὰρ ἐν τῷ Ἀδὰμ πάντες ἀποθνήσκουσιν

1C 15 45 ἐγένετο ὁ πρῶτος ἄνθρωπος Ἀδὰμ εἰς ψυχὴν ζῶσαν· ↔

15 45 ὁ ἔσχατος Ἀδὰμ εἰς πνεῦμα ζῳοποιοῦν

1Tm 2 13 Ἀδὰμ γὰρ πρῶτος ἐπλάσθη, εἶτα Εὔα. ↔

2 14 καὶ Ἀδὰμ οὐκ ἠπατήθη

Jd 14 προεφήτευσεν δὲ καὶ τούτοις ἕβδομος ἀπὸ Ἀδὰμ Ἑνὼχ λέγων

ἀδάπανος

1C 9 18 ἵνα εὐαγγελιζόμενος ἀδάπανον θήσω τὸ εὐαγγέλιον

Ἀδδί

Ἀδδεί VSTH

Lc 3 28 τοῦ Μελχὶ τοῦ Ἀδδὶ τοῦ Κωσάμ

ἀδελφή

Mt 12 50 αὐτός μου (+καὶ S) ἀδελφὸς καὶ ἀδελφὴ καὶ μήτηρ ἐστίν

13 56 καὶ αἱ ἀδελφαὶ αὐτοῦ οὐχὶ πᾶσαι πρὸς ἡμᾶς εἰσιν;

19 29 πᾶς ὅστις ἀφῆκεν ... ἀδελφοὺς ἢ ἀδελφάς ... ἕνεκεν τοῦ | ὀνόματός μου (ἐμοῦ ὁ. NTH)

Mc 3 32 οἱ ἀδελφοί σου | καὶ αἱ ἀδελφαί σου ([N²⁶ V]; —MHς) ἔξω ζητοῦσίν σε

3 35 οὗτος ἀδελφός μου καὶ ἀδελφὴ (+μου Vς) καὶ μήτηρ ἐστίν

6 3 οὐκ εἰσὶν αἱ ἀδελφαὶ αὐτοῦ ὧδε πρὸς ἡμᾶς;

10 29 οὐδείς ἐστιν ὃς ἀφῆκεν ... ἀδελφοὺς ἢ ἀδελφάς ... ἕνεκεν ἐμοῦ

10 30 ἐὰν μὴ λάβῃ ἑκατονταπλασίονα νῦν ... ἀδελφοὺς καὶ ἀδελφάς

Lc 10 39 καὶ τῇδε ἦν ἀδελφὴ καλουμένη Μαριάμ

10 40 ὅτι ἡ ἀδελφή μου μόνην με κατέλιπεν (N²⁶Tς; -λειπεν rl) διακονεῖν

14 26 εἴ τις ἔρχεται πρός με καὶ οὐ μισεῖ ... τὰς ἀδελφάς

Jo 11 1 ἦν ... Λάζαρος ἀπὸ Βηθανίας, ἐκ τῆς κώμης (+τῆς T) Μαρίας καὶ Μάρθας τῆς ἀδελφῆς αὐτῆς

11 3 ἀπέστειλαν οὖν αἱ ἀδελφαὶ πρὸς αὐτὸν

11 5 ἠγάπα δὲ ὁ Ἰησοῦς τὴν Μάρθαν καὶ τὴν ἀδελφὴν αὐτῆς

11 28 ἐφώνησεν Μαριὰμ τὴν ἀδελφὴν αὐτῆς

11 39 λέγει αὐτῷ ἡ ἀδελφὴ τοῦ τετελευτηκότος Μάρθα

19 25 εἰστήκεισαν ... ἡ μήτηρ αὐτοῦ καὶ ἡ ἀδελφὴ τῆς μητρὸς αὐτοῦ

Ac 23 16 ἀκούσας δὲ ὁ υἱὸς τῆς ἀδελφῆς Παύλου τὴν ἐνέδραν

Rm 16 1 συνίστημι δὲ ὑμῖν Φοίβην τὴν ἀδελφὴν ἡμῶν

16 15 ἀσπάσασθε ... Νηρέα καὶ τὴν ἀδελφὴν αὐτοῦ

1C 7 15 οὐ δεδούλωται ὁ ἀδελφὸς ἢ ἡ ἀδελφὴ ἐν τοῖς τοιούτοις

9 5 μὴ οὐκ ἔχομεν ἐξουσίαν ἀδελφὴν γυναῖκα περιάγειν ⟨;⟩

1Tm 5 2 ⟨παρακάλει⟩ νεωτέρας ὡς ἀδελφάς ἐν πάσῃ ἁγνείᾳ

Phm 2 ⟨Παῦλος ... Φιλήμονι⟩ καὶ Ἀπφίᾳ τῇ ἀδελφῇ (ἀγαπητῇ ς)

Jc 2 15 ἐὰν ἀδελφὸς ἢ ἀδελφὴ γυμνοὶ ὑπάρχωσιν

2Jo 13 ἀσπάζεταί σε τὰ τέκνα τῆς ἀδελφῆς σου τῆς ἐκλεκτῆς

ἀδελφός

ᵃ fratres Jesu
ᵇ ἄνδρες ἀδελφοί
ᶜ ἀδελφοὶ ἀγαπητοί

Mt 1 2 Ἰακὼβ δὲ ἐγέννησεν τὸν Ἰούδαν καὶ τοὺς ἀδελφοὺς αὐτοῦ

1 11 ἐγέννησεν τὸν Ἰεχονίαν καὶ τοὺς ἀδελφοὺς αὐτοῦ

4 18 εἶδεν δύο ἀδελφούς

4 18 καὶ Ἀνδρέαν τὸν ἀδελφὸν αὐτοῦ

4 21 εἶδεν ἄλλους δύο ἀδελφούς

4 21 καὶ Ἰωάννην τὸν ἀδελφὸν αὐτοῦ

5 22 ὁ ὀργιζόμενος τῷ ἀδελφῷ αὐτοῦ

5 22 ὃς δ' ἂν εἴπῃ τῷ ἀδελφῷ αὐτοῦ

5 23 ὅτι ὁ ἀδελφός σου ἔχει τι κατὰ σοῦ

5 24 ὕπαγε πρῶτον διαλλάγηθι τῷ ἀδελφῷ σου

5 47 ἐὰν ἀσπάσησθε τοὺς ἀδελφοὺς (φίλους VS) ὑμῶν μόνον

7 3 τί δὲ βλέπεις τὸ κάρφος τὸ ἐν τῷ ὀφθαλμῷ τοῦ ἀδελφοῦ σου

7 4 ἢ πῶς ἐρεῖς τῷ ἀδελφῷ σου· ἄφες ἐκβάλω τὸ κάρφος

7 5 ἐκβαλεῖν τὸ κάρφος ἐκ τοῦ ὀφθαλμοῦ τοῦ ἀδελφοῦ σου

10 2 πρῶτος Σίμων ... καὶ Ἀνδρέας ὁ ἀδελφὸς αὐτοῦ

10 2 Ἰάκωβος ὁ τοῦ Ζεβεδαίου καὶ Ἰωάννης ὁ ἀδελφὸς αὐτοῦ

10 21 παραδώσει δὲ ἀδελφὸς ↔

10 21 ἀδελφὸν εἰς θάνατον

12 46ᵃ ἡ μήτηρ καὶ οἱ ἀδελφοὶ αὐτοῦ εἱστήκεισαν ἔξω

12 47ᵃ | ἡ μήτηρ σου καὶ οἱ ἀδελφοί σου ἔξω ἑστήκασιν (.. +[N²⁶NT] MVBς..)

12 48ᵃ καὶ τίνες εἰσὶν οἱ ἀδελφοί μου;

12 49ᵃ ἰδοὺ ἡ μήτηρ μου καὶ οἱ ἀδελφοί μου

12 50ᵃ αὐτός μου (+καὶ S) ἀδελφὸς καὶ ἀδελφὴ καὶ μήτηρ ἐστίν

13 55ᵃ οὐχ (οὐχὶ Sς) ἡ μήτηρ αὐτοῦ λέγεται Μαριὰμ καὶ οἱ ἀδελφοὶ αὐτοῦ Ἰάκωβος καὶ Ἰωσὴφ ⟨;⟩

14 3 διὰ Ἡρῳδιάδα τὴν γυναῖκα Φιλίππου [T] τοῦ ἀδελφοῦ αὐτοῦ

17 1 παραλαμβάνει ... Ἰάκωβον καὶ Ἰωάννην τὸν ἀδελφὸν αὐτοῦ

18 15 ἐὰν δὲ ἁμαρτήσῃ | εἰς σὲ ([N²⁶S]; —NTH) ὁ ἀδελφός σου, ὕπαγε

18 15 ἐάν σου ἀκούσῃ, ἐκέρδησας τὸν ἀδελφόν σου

18 21 ποσάκις ἁμαρτήσει | εἰς ἐμὲ ὁ ἀδελφός μου (∼VBS)

18 35 ἐὰν μὴ ἀφῆτε ἕκαστος τῷ ἀδελφῷ αὐτοῦ ἀπὸ τῶν καρδιῶν ὑμῶν

19 29 πᾶς ὅστις ἀφῆκεν ... ἀδελφοὺς ἢ ἀδελφάς ... ἕνεκεν τοῦ | ὀνόματός μου (ἐμοῦ ὁ. NTH)

20 24 οἱ δέκα ἠγανάκτησαν περὶ τῶν δύο ἀδελφῶν

22 24 ἐπιγαμβρεύσει ὁ ἀδελφὸς αὐτοῦ τὴν γυναῖκα αὐτοῦ ↔

22 24 καὶ ἀναστήσει σπέρμα τῷ ἀδελφῷ αὐτοῦ. ↔

22 25 ἦσαν δὲ παρ' ἡμῖν ἑπτὰ ἀδελφοί

22 25 ἀφῆκεν τὴν γυναῖκα αὐτοῦ τῷ ἀδελφῷ αὐτοῦ

23 8 πάντες δὲ ὑμεῖς ἀδελφοί ἐστε

25 40 ἐφ' ὅσον ἐποιήσατε ἑνὶ τούτων τῶν ἀδελφῶν μου τῶν ἐλαχίστων

28 10 ἀπαγγείλατε τοῖς ἀδελφοῖς μου

Mc 1 16 εἶδεν Σίμωνα καὶ Ἀνδρέαν τὸν ἀδελφὸν Σίμωνος (τοῦ Σ. S; αὐτοῦ ς) ἀμφιβάλλοντας

1 19 εἶδεν Ἰάκωβον ... καὶ Ἰωάννην τὸν ἀδελφὸν αὐτοῦ

3 17 ⟨ἐποίησεν τοὺς δώδεκα⟩ καὶ Ἰωάννην τὸν ἀδελφὸν τοῦ Ἰακώβου

Mc 3 31ᵃ ἔρχεται (N²⁶T; -χονται rl) | ἡ μήτηρ αὐτοῦ καὶ οἱ ἀδελφοὶ αὐτοῦ (οἱ ἀδ. κ. ἡ μ. αὐτοῦ Sς)

3 32ᵃ ἡ μήτηρ σου καὶ οἱ ἀδελφοί σου... ἔξω ζητοῦσίν σε

3 33ᵃ τίς ἐστιν ἡ μήτηρ μου καὶ (ἢ Sς) οἱ ἀδελφοί μου ([N²⁶]; —NH);

3 34ᵃ ἡ μήτηρ μου καὶ οἱ ἀδελφοί μου

3 35ᵃ οὗτος ἀδελφός μου καὶ ἀδελφὴ (+μου Vς) καὶ μήτηρ ἐστίν

5 37 οὐκ ἀφῆκεν οὐδένα μετ' αὐτοῦ συνακολουθῆσαι εἰ μὴ ... Ἰωάννην τὸν ἀδελφὸν Ἰακώβου

6 3 οὐχ οὗτός ἐστιν ... ὁ υἱὸς τῆς Μαρίας | καὶ ἀδελφός (ἀ. δὲ Sς) Ἰακώβου ⟨;⟩

6 17 διὰ Ἡρῳδιάδα τὴν γυναῖκα Φιλίππου τοῦ ἀδελφοῦ αὐτοῦ

6 18 οὐκ ἔξεστίν σοι ἔχειν τὴν γυναῖκα τοῦ ἀδελφοῦ σου

10 29 οὐδείς ἐστιν ὃς ἀφῆκεν ... ἀδελφοὺς ἢ ἀδελφάς ... ἕνεκεν ἐμοῦ

10 30 ἐὰν μὴ λάβῃ ἑκατονταπλασίονα νῦν ... οἰκίας καὶ ἀδελφούς

12 19 ὅτι ἐάν τινος ἀδελφὸς ἀποθάνῃ καὶ καταλίπῃ γυναῖκα

12 19 ἵνα λάβῃ ὁ ἀδελφὸς αὐτοῦ τὴν γυναῖκα (+αὐτοῦ Vς) ↔

12 19 καὶ ἐξαναστήσῃ σπέρμα τῷ ἀδελφῷ αὐτοῦ

12 20 ἑπτὰ ἀδελφοὶ ἦσαν

13 12 καὶ παραδώσει ἀδελφὸς ↔

13 12 ἀδελφὸν εἰς θάνατον

Lc 3 1 Φιλίππου δὲ τοῦ ἀδελφοῦ αὐτοῦ τετρααρχοῦντος τῆς Ἰτουραίας... χώρας

3 19 ἐλεγχόμενος ... περὶ Ἡρῳδιάδος τῆς γυναικὸς τοῦ ἀδελφοῦ αὐτοῦ

6 14 (ἐκλεξάμενος ἀπ' αὐτῶν δώδεκα) Σίμωνα ... καὶ Ἀνδρέαν τὸν ἀδελφὸν αὐτοῦ

6 41 τί δὲ βλέπεις τὸ κάρφος τὸ ἐν τῷ ὀφθαλμῷ τοῦ ἀδελφοῦ σου ⟨;⟩

6 42 (+ἢ VB[S]ς) πῶς δύνασαι λέγειν τῷ ἀδελφῷ σου·

6 42 ἀδελφέ, ἄφες ἐκβάλω τὸ κάρφος

6 42 τὸ κάρφος τὸ ἐν τῷ ὀφθαλμῷ τοῦ ἀδελφοῦ σου ἐκβαλεῖν

8 19ᵃ παρεγένετο (-νοντο VSς) δὲ πρὸς αὐτὸν ἡ μήτηρ (+αὐτοῦ T) καὶ οἱ ἀδελφοὶ αὐτοῦ

8 20ᵃ ἡ μήτηρ σου καὶ οἱ ἀδελφοί σου ἑστήκασιν ἔξω

8 21ᵃ μήτηρ μου καὶ ἀδελφοί μου οὗτοί εἰσιν οἱ ... ἀκούοντες

12 13 εἰπὲ τῷ ἀδελφῷ μου μερίσασθαι μετ' ἐμοῦ τὴν κληρονομίαν

14 12 μὴ φώνει τοὺς φίλους σου μηδὲ τοὺς ἀδελφούς σου

14 26 εἴ τις ἔρχεται πρός με καὶ οὐ μισεῖ ... τοὺς ἀδελφούς

15 27 ὅτι ὁ ἀδελφός σου ἥκει

15 32 ὅτι ὁ ἀδελφός σου οὗτος νεκρὸς ἦν καὶ ἔζησεν

16 28 ἔχω γὰρ πέντε ἀδελφούς

17 3 ἐὰν ἁμάρτῃ ὁ ἀδελφός σου

18 29 οὐδείς ἐστιν ὃς ἀφῆκεν ... ἀδελφοὺς ἢ γονεῖς ⟨ὃς οὐχὶ μὴ λάβῃ⟩

20 28 ἐάν τινος ἀδελφὸς ἀποθάνῃ ἔχων γυναῖκα

20 28 ἵνα λάβῃ ὁ ἀδελφὸς αὐτοῦ τὴν γυναῖκα ↔

20 28 καὶ ἐξαναστήσῃ σπέρμα τῷ ἀδελφῷ αὐτοῦ

20 29 ἑπτὰ οὖν ἀδελφοὶ ἦσαν

Lc 21 16 παραδοθήσεσθε δὲ καὶ ὑπὸ γονέων καὶ ἀδελφῶν καὶ συγγενῶν καὶ φίλων

22 32 καὶ σύ ποτε ἐπιστρέψας στήρισον τοὺς ἀδελφούς σου

Jo 1 40 ἦν Ἀνδρέας ὁ ἀδελφὸς Σίμωνος Πέτρου

1 41 εὑρίσκει οὗτος πρῶτον (-τος Τϛ) τὸν ἀδελφὸν τὸν ἴδιον Σίμωνα

2 12ᵃ κατέβη εἰς Καφαρναοὺμ αὐτὸς... καὶ οἱ ἀδελφοὶ αὐτοῦ ([N²⁶]; —NMSH)

6 8 λέγει αὐτῷ ... Ἀνδρέας ὁ ἀδελφὸς Σίμωνος Πέτρου

7 3ᵃ εἶπον οὖν πρὸς αὐτὸν οἱ ἀδελφοὶ αὐτοῦ

7 5ᵃ οὐδὲ γὰρ οἱ ἀδελφοὶ αὐτοῦ ἐπίστευον εἰς αὐτόν

7 10ᵃ ὡς δὲ ἀνέβησαν οἱ ἀδελφοὶ αὐτοῦ εἰς τὴν ἑορτήν

11 2 ἧς ὁ ἀδελφὸς Λάζαρος ἠσθένει

11 19 ἵνα παραμυθήσωνται αὐτὰς περὶ τοῦ ἀδελφοῦ (+αὐτῶν [MS] Vϛ)

11 21 || οὐκ ἂν ἀπέθανεν (ἐτεθνήκει Sϛ) ὁ ἀδελφός μου ((~ Sϛ))

11 23 ἀναστήσεται ὁ ἀδελφός σου

11 32 κύριε, εἰ ἦς ὧδε, οὐκ ἄν μου ἀπέθανεν ὁ ἀδελφός

20 17ᵃ πορεύου δὲ πρὸς τοὺς ἀδελφούς μου

21 23 ἐξῆλθεν οὖν οὗτος ὁ λόγος εἰς τοὺς ἀδελφούς

Ac 1 14ᵃ ἦσαν προσκαρτεροῦντες ὁμοθυμαδὸν τῇ προσευχῇ ... (+σὺν NMVHϛ) τοῖς ἀδελφοῖς αὐτοῦ

1 15 ἀναστὰς Πέτρος ἐν μέσῳ τῶν ἀδελφῶν (μαθητῶν ϛ) εἶπεν

1 16ᵇ ἄνδρες ἀδελφοί, ἔδει πληρωθῆναι τὴν γραφήν

2 29ᵇ ἄνδρες ἀδελφοί, ἐξὸν εἰπεῖν μετὰ παρρησίας πρὸς ὑμᾶς

2 37ᵇ τί ποιήσωμεν, ἄνδρες ἀδελφοί;

3 17 καὶ νῦν, ἀδελφοί, οἶδα ὅτι κατὰ ἄγνοιαν ἐπράξατε

3 22 εἶπεν ὅτι προφήτην ὑμῖν ἀναστήσει ... ἐκ τῶν ἀδελφῶν ὑμῶν

6 3 ἐπισκέψασθε δέ (οὖν VBSϛ), ἀδελφοί, ἄνδρας ... ἑπτά

7 2ᵇ ἄνδρες ἀδελφοὶ καὶ πατέρες, ἀκούσατε

7 13 ἐν τῷ δευτέρῳ ἀνεγνωρίσθη (ἐγν. NH) Ἰωσὴφ τοῖς ἀδελφοῖς αὐτοῦ

7 23 ἐπισκέψασθαι τοὺς ἀδελφοὺς αὐτοῦ τοὺς υἱοὺς Ἰσραήλ

7 25 ἐνόμιζεν δὲ συνιέναι τοὺς ἀδελφοὺς αὐτοῦ (+[N²⁶S] MVϛ)

7 26 εἰπών· ἄνδρες, ἀδελφοί ἐστε

7 37 προφήτην ὑμῖν ἀναστήσει ὁ θεὸς ἐκ τῶν ἀδελφῶν ὑμῶν

9 17 εἶπεν· Σαοὺλ ἀδελφέ, ὁ κύριος ἀπέσταλκέν με

9 30 ἐπιγνόντες δὲ οἱ ἀδελφοὶ κατήγαγον αὐτὸν εἰς Καισάρειαν

10 23 καί τινες τῶν ἀδελφῶν τῶν ἀπὸ Ἰόππης συνῆλθον αὐτῷ

11 1 ἤκουσαν δὲ οἱ ἀπόστολοι καὶ οἱ ἀδελφοὶ οἱ ὄντες κατὰ τὴν Ἰουδαίαν

11 12 ἦλθον δὲ σὺν ἐμοὶ καὶ οἱ ἓξ ἀδελφοὶ οὗτοι

11 29 εἰς διακονίαν πέμψαι τοῖς κατοικοῦσιν ἐν τῇ Ἰουδαίᾳ ἀδελφοῖς

12 2 ἀνεῖλεν δὲ Ἰάκωβον τὸν ἀδελφὸν Ἰωάννου μαχαίρῃ

12 17 ἀπαγγείλατε Ἰακώβῳ καὶ τοῖς ἀδελφοῖς ταῦτα

Ac 13 15ᵇ λέγοντες· ἄνδρες ἀδελφοί ... λέγετε

13 26ᵇ ἄνδρες ἀδελφοί, υἱοὶ γένους Ἀβραὰμ καὶ οἱ ... φοβούμενοι τὸν θεόν

13 38ᵇ γνωστὸν οὖν ἔστω ὑμῖν, ἄνδρες ἀδελφοί

14 2 ἐκάκωσαν τὰς ψυχὰς τῶν ἐθνῶν κατὰ τῶν ἀδελφῶν

15 1 καί τινες κατελθόντες ... ἐδίδασκον τοὺς ἀδελφούς

15 3 ἐποίουν χαρὰν μεγάλην πᾶσιν τοῖς ἀδελφοῖς

15 7ᵇ εἶπεν ... ἄνδρες ἀδελφοί, ὑμεῖς ἐπίστασθε

15 13ᵇ λέγων· ἄνδρες ἀδελφοί, ἀκούσατέ μου

15 22 Ἰούδαν ... καὶ Σιλᾶν, ἄνδρας ἡγουμένους ἐν τοῖς ἀδελφοῖς

15 23 οἱ πρεσβύτεροι (+καὶ οἱ [VS]ϛ) ἀδελφοί ↔

15 23 τοῖς κατὰ τὴν Ἀντιόχειαν ... ἀδελφοῖς τοῖς ἐξ ἐθνῶν χαίρειν

15 32 παρεκάλεσαν τοὺς ἀδελφούς

15 33 ἀπελύθησαν ... ἀπὸ τῶν ἀδελφῶν πρὸς τοὺς ἀποστείλαντας αὐτούς

15 36 ἐπισκεψώμεθα τοὺς ἀδελφούς... πῶς ἔχουσιν

15 40 παραδοθεὶς τῇ χάριτι τοῦ κυρίου ὑπὸ τῶν ἀδελφῶν

16 2 ὃς ἐμαρτυρεῖτο ὑπὸ τῶν ἐν Λύστροις ... ἀδελφῶν

16 40 ἰδόντες | παρεκάλεσαν τοὺς ἀδελφούς (τ. ἀ. π. αὐτούς ϛ)

17 6 ἔσυρον Ἰάσονα καί τινας ἀδελφοὺς ἐπὶ τοὺς πολιτάρχας

17 10 οἱ δὲ ἀδελφοὶ ... ἐξέπεμψαν τόν τε Παῦλον καὶ τὸν Σιλᾶν

17 14 εὐθέως δὲ τότε τὸν Παῦλον ἐξαπέστειλαν οἱ ἀδελφοί

18 18 τοῖς ἀδελφοῖς ἀποταξάμενος ἐξέπλει

18 27 προτρεψάμενοι οἱ ἀδελφοὶ ἔγραψαν τοῖς μαθηταῖς

20 32 *παρατίθεμαι ὑμᾶς, ἀδελφοί, (+ϛ) τῷ θεῷ (κυρίῳ NH)

21 7 καὶ ἀσπασάμενοι τοὺς ἀδελφοὺς ἐμείναμεν ... παρ' αὐτοῖς

21 17 ἀσμένως ἀπεδέξαντο ἡμᾶς οἱ ἀδελφοί

21 20 εἰπόν τε αὐτῷ· θεωρεῖς, ἀδελφέ

22 1ᵇ ἄνδρες ἀδελφοὶ καὶ πατέρες, ἀκούσατέ μου τῆς ... ἀπολογίας

22 5 παρ' ὧν καὶ ἐπιστολὰς δεξάμενος πρὸς τοὺς ἀδελφοὺς ... ἐπορευόμην

22 13 εἰπέν μοι· Σαοὺλ ἀδελφέ, ἀνάβλεψον

23 1ᵇ ἄνδρες ἀδελφοί, ἐγὼ πάσῃ συνειδήσει ἀγαθῇ πεπολίτευμαι

23 5 οὐκ ᾔδειν, ἀδελφοί, ὅτι ἐστὶν ἀρχιερεύς

23 6ᵇ ἄνδρες ἀδελφοί, ἐγὼ Φαρισαῖός εἰμι

28 14 οὗ εὑρόντες ἀδελφοὺς παρεκλήθημεν

28 15 κἀκεῖθεν οἱ ἀδελφοὶ ἀκούσαντες τὰ περὶ ἡμῶν ἦλθαν ([ἐξ]ῆλθον S; ἐξῆλθον ϛ)

28 17ᵇ ἐγώ, ἄνδρες ἀδελφοί ... δέσμιος ἐξ Ἱεροσολύμων παρεδόθην

28 21 οὔτε παραγενόμενός τις τῶν ἀδελφῶν ... ἐλάλησέν τι

Rm 1 13 οὐ θέλω δὲ ὑμᾶς ἀγνοεῖν, ἀδελφοί

7 1 ἢ ἀγνοεῖτε, ἀδελφοί ... ὅτι ὁ νόμος κυριεύει ⟨;⟩

7 4 ὥστε, ἀδελφοί μου, καὶ ὑμεῖς ἐθανατώθητε τῷ νόμῳ

Rm 8 12 ἄρα οὖν, ἀδελφοί, ὀφειλέται ἐσμέν

8 29 εἰς τὸ εἶναι αὐτὸν πρωτότοκον ἐν πολλοῖς ἀδελφοῖς

9 3 ἀνάθεμα ... ἀπὸ τοῦ Χριστοῦ ὑπὲρ τῶν ἀδελφῶν μου

10 1 ἀδελφοί, ἡ μὲν εὐδοκία τῆς ἐμῆς καρδίας ... εἰς σωτηρίαν

11 25 οὐ γὰρ θέλω ὑμᾶς ἀγνοεῖν, ἀδελφοί, τὸ μυστήριον τοῦτο

12 1 παρακαλῶ οὖν ὑμᾶς, ἀδελφοί, διὰ τῶν οἰκτιρμῶν τοῦ θεοῦ

14 10 σὺ δὲ τί κρίνεις τὸν ἀδελφόν σου; ↔

14 10 ἢ καὶ σὺ τί ἐξουθενεῖς τὸν ἀδελφόν σου;

14 13 τὸ μὴ τιθέναι πρόσκομμα τῷ ἀδελφῷ ἢ σκάνδαλον

14 15 εἰ γὰρ διὰ βρῶμα ὁ ἀδελφός σου λυπεῖται

14 21 ἐν ᾧ ὁ ἀδελφός σου προσκόπτει

15 14 πέπεισμαι δέ, ἀδελφοί μου, καὶ αὐτὸς ἐγὼ περὶ ὑμῶν

15 15 *τολμηρότερον (-τέρως NH) δὲ ἔγραψα ὑμῖν ἀδελφοί (+B[S]ϛ) ἀπὸ μέρους

15 30 παρακαλῶ δὲ ὑμᾶς, ἀδελφοί [N²⁶NH], διὰ τοῦ κυρίου ἡμῶν

16 14 ἀσπάσασθε ... Πατροβᾶν, Ἑρμᾶν, καὶ τοὺς σὺν αὐτοῖς ἀδελφούς

16 17 παρακαλῶ δὲ ὑμᾶς, ἀδελφοί, σκοπεῖν

16 23 ἀσπάζεται ὑμᾶς Ἔραστος ὁ οἰκονόμος ... καὶ Κούαρτος ὁ ἀδελφός

1C 1 1 Παῦλος ... καὶ Σωσθένης ὁ ἀδελφὸς ⟨τῇ ἐκκλησίᾳ τοῦ θεοῦ τῇ οὔσῃ ἐν Κορίνθῳ⟩

1 10 παρακαλῶ δὲ ὑμᾶς, ἀδελφοί, διὰ τοῦ ὀνόματος

1 11 ἐδηλώθη γάρ μοι περὶ ὑμῶν, ἀδελφοί μου

1 26 βλέπετε γὰρ τὴν κλῆσιν ὑμῶν, ἀδελφοί

2 1 κἀγὼ ἐλθὼν πρὸς ὑμᾶς, ἀδελφοί

3 1 κἀγώ, ἀδελφοί, οὐκ ἠδυνήθην λαλῆσαι ὑμῖν

4 6 ταῦτα δέ, ἀδελφοί, μετεσχημάτισα εἰς ἐμαυτόν

5 11 ἐάν τις ἀδελφὸς ὀνομαζόμενος ᾖ πόρνος

6 5 ὃς δυνήσεται διακρῖναι ἀνὰ μέσον τοῦ ἀδελφοῦ αὐτοῦ; ↔

6 6 ἀλλὰ ἀδελφός ↔

6 6 μετὰ ἀδελφοῦ κρίνεται ⟨;⟩

6 8 ὑμεῖς ... ἀποστερεῖτε, καὶ τοῦτο ἀδελφούς

7 12 εἴ τις ἀδελφὸς γυναῖκα ἔχει ἄπιστον

7 14 ἡγίασται ἡ γυνὴ ἡ ἄπιστος ἐν τῷ ἀδελφῷ (ἀνδρί ϛ)

7 15 οὐ δεδούλωται ὁ ἀδελφὸς ἢ ἡ ἀδελφὴ ἐν τοῖς τοιούτοις

7 24 ἕκαστος ἐν ᾧ ἐκλήθη, ἀδελφοί, ἐν τούτῳ μενέτω

7 29 τοῦτο δέ φημι, ἀδελφοί, ὁ καιρὸς συνεσταλμένος ἐστίν

8 11 | ἀπόλλυται γὰρ (καὶ ἀ. B)...ἐν τῇ σῇ γνώσει, ὁ (—ϛ) ἀδελφός

8 12 οὕτως δὲ ἁμαρτάνοντες εἰς τοὺς ἀδελφούς

8 13 εἰ βρῶμα σκανδαλίζει τὸν ἀδελφόν μου

8 13 οὐ μὴ φάγω κρέα ... ἵνα μὴ τὸν ἀδελφόν μου σκανδαλίσω

9 5ᵃ περιάγειν, ὡς καὶ οἱ λοιποὶ ἀπόστολοι καὶ οἱ ἀδελφοὶ τοῦ κυρίου

10 1 οὐ θέλω γὰρ ὑμᾶς ἀγνοεῖν, ἀδελφοί

1C 11 2 *ἐπαινῶ δὲ ὑμᾶς ἀδελφοί (+ς) ὅτι πάντα μου μέμνησθε

11 33 ὥστε, ἀδελφοί μου, συνερχόμενοι ... ἀλλήλους ἐκδέχεσθε

12 1 περὶ δὲ τῶν πνευματικῶν, ἀδελφοί, οὐ θέλω ὑμᾶς ἀγνοεῖν

14 6 νῦν δέ, ἀδελφοί, ἐὰν ἔλθω πρὸς ὑμᾶς

14 20 ἀδελφοί, μὴ παιδία γίνεσθε ταῖς φρεσίν

14 26 τί οὖν ἐστιν ἀδελφοί;

14 39 ὥστε ἀδελφοί μου [N²⁶], ζηλοῦτε τὸ προφητεύειν

15 1 γνωρίζω δὲ ὑμῖν, ἀδελφοί, τὸ εὐαγγέλιον

15 6 ἔπειτα ὤφθη ἐπάνω πεντακοσίοις ἀδελφοῖς ἐφάπαξ

15 31 νὴ τὴν ὑμετέραν καύχησιν, ἀδελφοί ([N²⁶]; —ς), ἣν ἔχω

15 50 τοῦτο δέ φημι, ἀδελφοί, ὅτι ... οὐ δύναται (-νται Sς)

15 58ᶜ ὥστε, ἀδελφοί μου ἀγαπητοί, ἑδραῖοι γίνεσθε

16 11 ἐκδέχομαι γὰρ αὐτὸν μετὰ τῶν ἀδελφῶν. ↔

16 12 περὶ δὲ Ἀπολλῶ τοῦ ἀδελφοῦ, πολλὰ παρεκάλεσα αὐτόν ↔

16 12 ἵνα ἔλθη πρὸς ὑμᾶς μετὰ τῶν ἀδελφῶν

16 15 παρακαλῶ δὲ ὑμᾶς, ἀδελφοί· οἴδατε τὴν οἰκίαν Στεφανᾶ

16 20 ἀσπάζονται ὑμᾶς οἱ ἀδελφοὶ πάντες

2C 1 1 Παῦλος ... καὶ Τιμόθεος ὁ ἀδελφὸς τῇ ἐκκλησίᾳ τοῦ θεοῦ τῇ οὔσῃ ἐν Κορίνθῳ

1 8 οὐ γὰρ θέλομεν ὑμᾶς ἀγνοεῖν, ἀδελφοί, ὑπὲρ (περὶ BST) τῆς θλίψεως

2 13 τῷ μὴ εὑρεῖν με Τίτον τὸν ἀδελφόν μου

8 1 γνωρίζομεν δὲ ὑμῖν, ἀδελφοί, τὴν χάριν τοῦ θεοῦ

8 18 συνεπέμψαμεν δὲ | μετ’ αὐτοῦ τὸν ἀδελφὸν (~ T) οὗ ὁ ἔπαινος

8 22 συνεπέμψαμεν δὲ αὐτοῖς τὸν ἀδελφὸν ἡμῶν

8 23 εἴτε ἀδελφοὶ ἡμῶν, ἀπόστολοι ἐκκλησιῶν

9 3 ἔπεμψα δὲ τοὺς ἀδελφούς, ἵνα μὴ τὸ καύχημα ... κενωθῇ

9 5 ἀναγκαῖον οὖν ἡγησάμην παρακαλέσαι τοὺς ἀδελφοὺς ἵνα προέλθωσιν

11 9 τὸ γὰρ ὑστέρημά μου προσανεπλήρωσαν οἱ ἀδελφοὶ ἐλθόντες

12 18 παρεκάλεσα Τίτον καὶ συναπέστειλα τὸν ἀδελφόν

13 11 λοιπόν, ἀδελφοί, χαίρετε, καταρτίζεσθε, παρακαλεῖσθε

G 1 2 ⟨Παῦλος ἀπόστολος⟩ καὶ οἱ σὺν ἐμοὶ πάντες ἀδελφοί, ταῖς ἐκκλησίαις τῆς Γαλατίας

1 11 γνωρίζω γὰρ (δὲ Τς) ὑμῖν, ἀδελφοί, τὸ εὐαγγέλιον

1 19ᵃ εἰ μὴ Ἰάκωβον τὸν ἀδελφὸν τοῦ κυρίου

3 15 ἀδελφοί, κατὰ ἄνθρωπον λέγω

4 12 γίνεσθε ὡς ἐγώ, ὅτι κἀγὼ ὡς ὑμεῖς, ἀδελφοί, δέομαι ὑμῶν

4 28 ὑμεῖς (ἡμεῖς VHς) δέ, ἀδελφοί, κατὰ Ἰσαὰκ ἐπαγγελίας τέκνα ἐστέ (ἐσμέν VHς)

4 31 διό, ἀδελφοί, οὐκ ἐσμὲν παιδίσκης τέκνα

G 5 11 ἐγὼ δέ, ἀδελφοί, εἰ περιτομὴν ἔτι κηρύσσω

5 13 ὑμεῖς γὰρ ἐπ’ ἐλευθερίᾳ ἐκλήθητε, ἀδελφοί

6 1 ἀδελφοί, ἐὰν καὶ προλημφθῇ ἄνθρωπος ἔν τινι παραπτώματι

6 18 ἡ χάρις ... Χριστοῦ μετὰ τοῦ πνεύματος ὑμῶν, ἀδελφοί· ἀμήν

E 6 10 *τοῦ λοιποῦ, | ἀδελφοί μου (+ς) ἐνδυναμοῦσθε ἐν κυρίῳ

6 21 Τύχικος ὁ ἀγαπητὸς ἀδελφὸς καὶ πιστὸς διάκονος

6 23 εἰρήνη τοῖς ἀδελφοῖς καὶ ἀγάπη μετὰ πίστεως

Ph 1 12 γινώσκειν δὲ ὑμᾶς βούλομαι, ἀδελφοί

1 14 τοὺς πλείονας τῶν ἀδελφῶν ἐν κυρίῳ πεποιθότας

2 25 ἡγησάμην Ἐπαφρόδιτον τὸν ἀδελφὸν καὶ συνεργὸν ... πέμψαι πρὸς ὑμᾶς

3 1 τὸ λοιπόν, ἀδελφοί μου, χαίρετε ἐν κυρίῳ

3 13 ἀδελφοί, ἐγὼ ἐμαυτὸν οὐ (N²⁶ς; οὔπω rl) λογίζομαι κατειληφέναι

3 17 συμμιμηταί μου γίνεσθε, ἀδελφοί

4 1ᶜ ὥστε, ἀδελφοί μου ἀγαπητοί ... οὕτως στήκετε ἐν κυρίῳ

4 8 τὸ λοιπόν, ἀδελφοί, ὅσα ἐστὶν ἀληθῆ ... ταῦτα λογίζεσθε

4 21 ἀσπάζονται ὑμᾶς οἱ σὺν ἐμοὶ ἀδελφοί

Cl 1 1 Παῦλος ἀπόστολος Χριστοῦ Ἰησοῦ ... καὶ Τιμόθεος ὁ ἀδελφός ↔

1 2 τοῖς ἐν Κολοσσαῖς ἁγίοις καὶ πιστοῖς ἀδελφοῖς ἐν Χριστῷ

4 7 Τύχικος ὁ ἀγαπητὸς ἀδελφὸς καὶ πιστὸς διάκονος

4 9 σὺν Ὀνησίμῳ τῷ πιστῷ καὶ ἀγαπητῷ ἀδελφῷ

4 15 ἀσπάσασθε τοὺς ἐν Λαοδικείᾳ ἀδελφούς

1Th 1 4ᵃ ἀδελφοὶ ἠγαπημένοι ὑπὸ τοῦ ([N²⁶NVH]; —Mς) θεοῦ

2 1 αὐτοὶ γὰρ οἴδατε, ἀδελφοί, τὴν εἴσοδον ἡμῶν

2 9 μνημονεύετε γάρ, ἀδελφοί, τὸν κόπον ἡμῶν

2 14 ὑμεῖς γὰρ μιμηταὶ ἐγενήθητε, ἀδελφοί, τῶν ἐκκλησιῶν

2 17 ἡμεῖς δέ, ἀδελφοί, ἀπορφανισθέντες ἀφ’ ὑμῶν

3 2 Τιμόθεον, τὸν ἀδελφὸν ἡμῶν καὶ συνεργὸν (διάκονον MVSTHς) τοῦ θεοῦ

3 7 παρεκλήθημεν, ἀδελφοί, ἐφ’ ὑμῖν

4 1 λοιπὸν οὖν (—H), ἀδελφοί, ἐρωτῶμεν ὑμᾶς

4 6 τὸ μὴ ... πλεονεκτεῖν ἐν τῷ πράγματι τὸν ἀδελφὸν αὐτοῦ

4 10 ποιεῖτε αὐτὸ εἰς πάντας τοὺς ἀδελφοὺς τοὺς ([N²⁶NH]; —BT) ἐν ὅλῃ τῇ Μακεδονίᾳ

4 10 παρακαλοῦμεν δὲ ὑμᾶς, ἀδελφοί

4 13 οὐ θέλομεν δὲ ὑμᾶς ἀγνοεῖν, ἀδελφοί

5 1 περὶ δὲ ... τῶν καιρῶν, ἀδελφοί, οὐ χρείαν ἔχετε ὑμῖν γράφεσθαι

5 4 ὑμεῖς δέ, ἀδελφοί, οὐκ ἐστὲ ἐν σκότει

5 12 ἐρωτῶμεν δὲ ὑμᾶς, ἀδελφοί

5 14 παρακαλοῦμεν δὲ ὑμᾶς, ἀδελφοί

5 25 ἀδελφοί, προσεύχεσθε καὶ ([N²⁶N VH]; —Tς) περὶ ἡμῶν

5 26 ἀσπάσασθε τοὺς ἀδελφοὺς πάντας

1Th 5 27 ἀναγνωσθῆναι τὴν ἐπιστολὴν πᾶσιν τοῖς (+ἁγίοις[VS]Bς) ἀδελφοῖς

2Th 1 3 εὐχαριστεῖν ὀφείλομεν ... περὶ ὑμῶν, ἀδελφοί

2 1 ἐρωτῶμεν δὲ ὑμᾶς, ἀδελφοί

2 13ᶜ εὐχαριστεῖν ... περὶ ὑμῶν, ἀδελφοὶ ἠγαπημένοι ὑπὸ κυρίου

2 15 ἄρα οὖν, ἀδελφοί, στήκετε

3 1 τὸ λοιπὸν προσεύχεσθε, ἀδελφοί

3 6 παραγγέλλομεν δὲ ὑμῖν, ἀδελφοί

3 6 στέλλεσθαι ὑμᾶς ἀπὸ παντὸς ἀδελφοῦ ἀτάκτως περιπατοῦντος

3 13 ὑμεῖς δέ, ἀδελφοί, μὴ ἐγκακήσητε (ἐκκ. VSς) καλοποιοῦντες

3 15 ἀλλὰ νουθετεῖτε ὡς ἀδελφόν

1Tm 4 6 ταῦτα ὑποτιθέμενος τοῖς ἀδελφοῖς καλὸς ἔσῃ διάκονος

5 1 παρακάλει ... νεωτέρους ὡς ἀδελφούς

6 2 μὴ καταφρονείτωσαν, ὅτι ἀδελφοί εἰσιν

2Tm 4 21 ἀσπάζεταί σε ... Κλαυδία καὶ οἱ ἀδελφοὶ πάντες [H]

Phm 1 Παῦλος ... καὶ Τιμόθεος ὁ ἀδελφὸς Φιλήμονι τῷ ἀγαπητῷ

7 τὰ σπλάγχνα τῶν ἁγίων ἀναπέπαυται διὰ σοῦ, ἀδελφέ

16 ⟨ἀπέχῃς⟩ ὑπὲρ δοῦλον, ἀδελφὸν ἀγαπητόν

20 ναί, ἀδελφέ, ἐγώ σου ὀναίμην ἐν κυρίῳ

Hb 2 11 δι’ ἣν αἰτίαν οὐκ ἐπαισχύνεται ἀδελφοὺς αὐτοὺς καλεῖν, ↔

2 12 λέγων· ἀπαγγελῶ τὸ ὄνομά σου τοῖς ἀδελφοῖς μου

2 17 ὅθεν ὤφειλεν κατὰ πάντα τοῖς ἀδελφοῖς ὁμοιωθῆναι

3 1 ὅθεν, ἀδελφοὶ ἅγιοι, κλήσεως ἐπουρανίου μέτοχοι, κατανοήσατε

3 12 βλέπετε, ἀδελφοί, μήποτε ἔσται

7 5 ἀποδεκατοῦν τὸν λαὸν ... τοῦτ’ ἔστιν τοὺς ἀδελφοὺς αὐτῶν

8 11 οὐ μὴ διδάξωσιν ... ἕκαστος τὸν ἀδελφὸν αὐτοῦ

10 19 ἔχοντες οὖν, ἀδελφοί, παρρησίαν εἰς τὴν εἴσοδον

13 22 παρακαλῶ δὲ ὑμᾶς, ἀδελφοί, ἀνέχεσθε τοῦ λόγου

13 23 γινώσκετε τὸν ἀδελφὸν ἡμῶν ([S]; —Bς) Τιμόθεον ἀπολελυμένον

Jc 1 2 πᾶσαν χαρὰν ἡγήσασθε, ἀδελφοί μου

1 9 καυχάσθω δὲ ὁ[H] ἀδελφὸς ὁ ταπεινὸς ἐν τῷ ὕψει αὐτοῦ

1 16ᶜ μὴ πλανᾶσθε, ἀδελφοί μου ἀγαπητοί

1 19ᶜ ἴστε, ἀδελφοί μου ἀγαπητοί

2 1 ἀδελφοί μου, μὴ ἐν προσωπολημψίαις ἔχετε τὴν πίστιν

2 5ᶜ ἀκούσατε, ἀδελφοί μου ἀγαπητοί

2 14 τί τὸ (—H)ὄφελος, ἀδελφοί μου

2 15 ἐὰν ἀδελφὸς ἢ ἀδελφὴ γυμνοὶ ὑπάρχωσιν

3 1 μὴ πολλοὶ διδάσκαλοι γίνεσθε, ἀδελφοί μου

3 10 οὐ χρή, ἀδελφοί μου, ταῦτα οὕτως γίνεσθαι

3 12 μὴ δύναται, ἀδελφοί μου, συκῆ ἐλαίας ποιῆσαι ⟨;⟩

4 11 μὴ καταλαλεῖτε ἀλλήλων, ἀδελφοί. ↔

4 11 ὁ καταλαλῶν ἀδελφοῦ ↔

4 11 ἢ κρίνων τὸν ἀδελφὸν αὐτοῦ καταλαλεῖ νόμου

Jc 5 7 μακροθυμήσατε οὖν, ἀδελφοί, ἕως τῆς παρουσίας τοῦ κυρίου

  5 9 μὴ στενάζετε, | ἀδελφοί, κατ' ἀλλήλων (∼ Tς)

  5 10 ὑπόδειγμα λάβετε, ἀδελφοί, τῆς κακοπαθίας

  5 12 πρὸ πάντων δέ, ἀδελφοί μου, μὴ ὀμνύετε

  5 19 ἀδελφοί μου, ἐάν τις ἐν ὑμῖν πλανηθῇ ἀπὸ τῆς ἀληθείας

1Pt 5 12 διὰ Σιλουανοῦ ὑμῖν τοῦ πιστοῦ ἀδελφοῦ, ὡς λογίζομαι ... ἔγραψα

2Pt 1 10 διὸ μᾶλλον, ἀδελφοί, σπουδάσατε

  3 15 καθὼς καὶ ὁ ἀγαπητὸς ἡμῶν ἀδελφὸς Παῦλος ... ἔγραψεν

1Jo 2 7*ἀδελφοί (ς; ἀγαπητοί r1), οὐκ ἐντολὴν καινὴν γράφω

  2 9 ὁ ... τὸν ἀδελφὸν αὐτοῦ μισῶν

  2 10 ὁ ἀγαπῶν τὸν ἀδελφὸν αὐτοῦ ἐν τῷ φωτὶ μένει

  2 11 ὁ δὲ μισῶν τὸν ἀδελφὸν αὐτοῦ ἐν τῇ σκοτίᾳ ἐστίν

  3 10 οὐκ ἔστιν ... καὶ ὁ μὴ ἀγαπῶν τὸν ἀδελφὸν αὐτοῦ

  3 12 οὐ καθὼς Κάϊν ... ἔσφαξεν τὸν ἀδελφὸν αὐτοῦ

  3 12 τὰ ἔργα αὐτοῦ πονηρὰ ἦν, τὰ δὲ τοῦ ἀδελφοῦ αὐτοῦ δίκαια

  3 13 καὶ (+[N²⁶]ST) μὴ θαυμάζετε, ἀδελφοί

  3 14 ὅτι ἀγαπῶμεν τοὺς ἀδελφούς

  3 14 *ὁ μὴ ἀγαπῶν | τὸν ἀδελφὸν (+[S]ς) μένει ἐν τῷ θανάτῳ

  3 15 πᾶς ὁ μισῶν τὸν ἀδελφὸν αὐτοῦ ἀνθρωποκτόνος ἐστίν

  3 16 ὀφείλομεν ὑπὲρ τῶν ἀδελφῶν τὰς ψυχὰς θεῖναι

  3 17 ὃς δ' ἂν ... θεωρῇ τὸν ἀδελφὸν αὐτοῦ χρείαν ἔχοντα

  4 20 ἐάν τις εἴπῃ ... καὶ τὸν ἀδελφὸν αὐτοῦ μισῇ

  4 20 ὁ γὰρ μὴ ἀγαπῶν τὸν ἀδελφὸν αὐτοῦ

  4 21 ἵνα ὁ ἀγαπῶν τὸν θεὸν ἀγαπᾷ καὶ τὸν ἀδελφὸν αὐτοῦ

  5 16 ἐάν τις ἴδῃ τὸν ἀδελφὸν αὐτοῦ ἁμαρτάνοντα

3Jo 3 ἐρχομένων ἀδελφῶν καὶ μαρτυρούντων

  5 ὃ ἐὰν ἐργάσῃ εἰς τοὺς ἀδελφοὺς καὶ τοῦτο ξένους

  10 οὔτε αὐτὸς ἐπιδέχεται τοὺς ἀδελφούς

Jd 1 Ἰούδας Ἰησοῦ Χριστοῦ δοῦλος, ἀδελφὸς δὲ Ἰακώβου, τοῖς ... κλητοῖς

Ap 1 9 ἐγὼ Ἰωάννης, ὁ ἀδελφὸς ὑμῶν καὶ συγκοινωνὸς ἐν τῇ θλίψει

  6 11 ἕως πληρωθῶσιν (πληρώσωσιν BST) ... οἱ ἀδελφοὶ αὐτῶν

  12 10 ἐβλήθη ὁ κατήγωρ (-γορος MVBSς) τῶν ἀδελφῶν ἡμῶν

  19 10 σύνδουλός σού εἰμι καὶ τῶν ἀδελφῶν σου τῶν ἐχόντων τὴν μαρτυρίαν Ἰησοῦ

  22 9 σύνδουλός σού εἰμι καὶ τῶν ἀδελφῶν σου τῶν προφητῶν

ἀδελφότης

1Pt 2 17 πάντας τιμήσατε, τὴν ἀδελφότητα ἀγαπᾶτε, τὸν θεὸν φοβεῖσθε

  5 9 τῇ ἐν τῷ ([N²⁶]; —VSς) κόσμῳ ὑμῶν ἀδελφότητι ἐπιτελεῖσθαι

ἄδηλος
 → ἀδήλως

Lc 11 44 ὅτι ἐστὲ ὡς τὰ μνημεῖα τὰ ἄδηλα

1C 14 8 καὶ γὰρ ἐὰν ἄδηλον σάλπιγξ φωνὴν δῷ

ἀδηλότης

1Tm 6 17 μηδὲ ἠλπικέναι ἐπὶ πλούτου ἀδηλότητι

ἀδήλως
 → ἄδηλος

1C 9 26 ἐγὼ τοίνυν οὕτως τρέχω ὡς οὐκ ἀδήλως

ἀδημονέω

Mt 26 37 ἤρξατο λυπεῖσθαι καὶ ἀδημονεῖν

Mc 14 33 καὶ ἤρξατο ἐκθαμβεῖσθαι καὶ ἀδημονεῖν

Ph 2 26 καὶ ἀδημονῶν, διότι ἠκούσατε ὅτι ἠσθένησεν

ἄδης
 Ἅιδης (B)

Mt 11 23 ἕως ᾅδου καταβήσῃ (-βιβασθήσῃ VBSTς)

  16 18 πύλαι ᾅδου οὐ κατισχύσουσιν αὐτῆς

Lc 10 15 ἕως τοῦ (—BTς) ᾅδου καταβήσῃ (N²⁶NH; -βιβασθήσῃ r1)

  16 23 ἐν τῷ ᾅδῃ ἐπάρας τοὺς ὀφθαλμοὺς αὐτοῦ, ὑπάρχων ἐν βασάνοις

Ac 2 27 ὅτι οὐκ ἐγκαταλείψεις τὴν ψυχήν μου εἰς ᾅδην (ᾅδου ς)

  2 31 οὔτε ἐγκατελείφθη εἰς ᾅδην (ᾅδους ς)

1C 15 55 *ποῦ σου, ᾅδη (ς; θάνατε r1) τὸ κέντρον (νῖκος ς);

Ap 1 18 ἔχω τὰς κλεῖς τοῦ θανάτου καὶ τοῦ ᾅδου

  6 8 καὶ ὁ ᾅδης ἠκολούθει μετ' αὐτοῦ

  20 13 ὁ θάνατος καὶ ὁ ᾅδης ἔδωκαν τοὺς νεκροὺς τοὺς ἐν αὐτοῖς

  20 14 ὁ θάνατος καὶ ὁ ᾅδης ἐβλήθησαν εἰς τὴν λίμνην

ἀδιάκριτος

Jc 3 17 ἄνωθεν σοφία ... μεστὴ ἐλέους καὶ καρπῶν ἀγαθῶν, ἀδιάκριτος

ἀδιάλειπτος
 → ἀδιαλείπτως

Rm 9 2 λύπη μοί ἐστιν ... ἀδιάλειπτος ὀδύνη τῇ καρδίᾳ μου

2Tm 1 3 ὡς ἀδιάλειπτον ἔχω τὴν περὶ σοῦ μνείαν

ἀδιαλείπτως
 → ἀδιάλειπτος

Rm 1 9 ὡς ἀδιαλείπτως μνείαν ὑμῶν ποιοῦμαι

1Th 1 2 ἀδιαλείπτως (μνημονεύοντες ὑμῶν τοῦ ἔργου τῆς πίστεως)

  2 13 εὐχαριστοῦμεν τῷ θεῷ ἀδιαλείπτως

  5 17 ⟨πάντοτε χαίρετε⟩ ἀδιαλείπτως προσεύχεσθε

ἀδιαφθορία

Tt 2 7 *ἐν τῇ διδασκαλίᾳ ἀδιαφθορίαν (ς; ἀφθορίαν r1), σεμνότητα

ἀδικέω
 ἐκ-
 a ἀδικέομαι

Mt 20 13 ἑταῖρε, οὐκ ἀδικῶ σε

Lc 10 19 καὶ οὐδὲν ὑμᾶς οὐ μὴ ἀδικήσῃ (-σει NMBTH)

Ac 7 24ᵃ ἰδών τινα ἀδικούμενον ἠμύνατο

  7 26 ἀδελφοί ἐστε· ἱνατί ἀδικεῖτε ἀλλήλους; ↔

  7 27 ὁ δὲ ἀδικῶν τὸν πλησίον ἀπώσατο αὐτόν

  25 10 εἶπεν δὲ ὁ Παῦλος ... Ἰουδαίους οὐδὲν ἠδίκησα (ἠδίκηκα NTH)

  25 11 εἰ μὲν οὖν ἀδικῶ καὶ ἄξιον θανάτου πέπραχά τι

1C 6 7ᵃδιὰ τί οὐχὶ μᾶλλον ἀδικεῖσθε;

1C 6 8 ἀλλὰ ὑμεῖς ἀδικεῖτε καὶ ἀποστερεῖτε, καὶ τοῦτο ἀδελφούς

2C 7 2 οὐδένα ἠδικήσαμεν, οὐδένα ἐφθείραμεν, οὐδένα ἐπλεονεκτήσαμεν

  7 12 εἰ καὶ ἔγραψα ὑμῖν, οὐχ ἕνεκεν τοῦ ἀδικήσαντος [+ἀλλ' H] ↔

  7 12ᵃ οὐδὲ ἕνεκεν τοῦ ἀδικηθέντος, ἀλλ' ἕνεκεν τοῦ φανερωθῆναι

G 4 12 οὐδέν με ἠδικήσατε

Cl 3 25 ὁ γὰρ ἀδικῶν ↔

  3 25 κομίσεται (-εῖται Tς) ὃ ἠδίκησεν

Phm 18 εἰ δέ τι ἠδίκησέν σε ... τοῦτο ἐμοὶ ἐλλόγα (-λόγει Sς)

2 Pt 2 13ᵃ ⟨φθαρήσονται⟩ ἀδικούμενοι (κομιούμενοι VSTς) μισθὸν ἀδικίας

Ap 2 11ᵃ ὁ νικῶν οὐ μὴ ἀδικηθῇ ἐκ τοῦ θανάτου τοῦ δευτέρου

  6 6 καὶ τὸ ἔλαιον καὶ τὸν οἶνον μὴ ἀδικήσῃς

  7 2 οἷς ἐδόθη αὐτοῖς ἀδικῆσαι τὴν γῆν καὶ τὴν θάλασσαν, λέγων· ↔

  7 3 μὴ ἀδικήσητε τὴν γῆν μήτε τὴν θάλασσαν

  9 4 ἵνα μὴ ἀδικήσουσιν (-σωσιν Vς) τὸν χόρτον τῆς γῆς

  9 10 ἡ ἐξουσία αὐτῶν ἀδικῆσαι τοὺς ἀνθρώπους

  9 19 καὶ ἐν αὐταῖς ἀδικοῦσιν

  11 5 εἴ τις αὐτοὺς θέλει ἀδικῆσαι

  11 5 εἴ τις θελήσῃ (-σει B) αὐτοὺς ἀδικῆσαι

  22 11 ὁ ἀδικῶν ↔

  22 11 ἀδικησάτω ἔτι

ἀδίκημα

Ac 18 14 εἰ μὲν ἦν ἀδίκημά τι ἢ ῥᾳδιούργημα πονηρόν

  24 20 εἰπάτωσαν τί εὗρον ἀδίκημα

Ap 18 5 ἐμνημόνευσεν ὁ θεὸς τὰ ἀδικήματα αὐτῆς

ἀδικία

Lc 13 27 ἀπόστητε ἀπ' ἐμοῦ πάντες ἐργάται (+τῆς ς) ἀδικίας

  16 8 ἐπῄνεσεν ὁ κύριος τὸν οἰκονόμον τῆς ἀδικίας

  16 9 | ἑαυτοῖς ποιήσατε (∼ VBς) φίλους ἐκ τοῦ μαμωνᾶ τῆς ἀδικίας

  18 6 ἀκούσατε τί ὁ κριτὴς τῆς ἀδικίας λέγει

Jo 7 18 ἀδικία ἐν αὐτῷ οὐκ ἔστιν

Ac 1 18 ἐκτήσατο χωρίον ἐκ μισθοῦ τῆς ἀδικίας

  8 23 εἰς γὰρ ... σύνδεσμον ἀδικίας ὁρῶ σε ὄντα

Rm 1 18 ἀποκαλύπτεται γὰρ ὀργὴ θεοῦ ... ἐπὶ πᾶσαν ἀσέβειαν καὶ ἀδικίαν ἀνθρώπων ↔

  1 18 τῶν τὴν ἀλήθειαν ἐν ἀδικίᾳ κατεχόντων

  1 29 ⟨παρέδωκεν αὐτοὺς⟩ πεπληρωμένους πάσῃ ἀδικίᾳ (+ πορνείᾳ ς) πονηρίᾳ | πλεονεξίᾳ κακίᾳ (∼ T)

  2 8 τοῖς ... πειθομένοις δὲ τῇ ἀδικίᾳ, ὀργὴ καὶ θυμός

  3 5 εἰ δὲ ἡ ἀδικία ἡμῶν θεοῦ δικαιοσύνην συνίστησιν

  6 13 μηδὲ παριστάνετε τὰ μέλη ὑμῶν ὅπλα ἀδικίας τῇ ἁμαρτίᾳ

  9 14 μὴ ἀδικία παρὰ τῷ θεῷ;

1C 13 6 ⟨ἡ ἀγάπη⟩ οὐ χαίρει ἐπὶ τῇ ἀδικίᾳ

2C 12 13 χαρίσασθέ μοι τὴν ἀδικίαν ταύτην

2 Th 2 10 καὶ ἐν πάσῃ ἀπάτῃ (+τῆς ς) ἀδικίας (+ ἐν ς) τοῖς ἀπολλυμένοις

  2 12 οἱ μὴ πιστεύσαντες τῇ ἀληθείᾳ ἀλλὰ εὐδοκήσαντες τῇ ἀδικίᾳ

2 Tm 2 19 ἀποστήτω ἀπὸ ἀδικίας πᾶς ὁ
ὀνομάζων τὸ ὄνομα κυρίου

Hb 1 9 *ἠγάπησας δικαιοσύνην καὶ ἐμίση-
σας ἀδικίαν (BST; ἀνομίαν rl)

8 12 ὅτι ἵλεως ἔσομαι ταῖς ἀδικίαις
αὐτῶν

Jc 3 6 ὁ κόσμος τῆς ἀδικίας

2 Pt 2 13 ἀδικούμενοι (κομιούμενοι VSTς)
μισθὸν ἀδικίας

2 15 ὃς μισθὸν ἀδικίας ἠγάπησεν

1 Jo 1 9 ἵνα ... καθαρίσῃ ἡμᾶς ἀπὸ πάσης
ἀδικίας

5 17 πᾶσα ἀδικία ἁμαρτία ἐστίν

ἄδικος
→ ἀδίκως

Mt 5 45 βρέχει ἐπὶ δικαίους καὶ ἀδίκους

Lc 16 10 ὁ ἐν ἐλαχίστῳ ἄδικος ↔

16 10 καὶ ἐν πολλῷ ἄδικός ἐστιν. ↔

16 11 εἰ οὖν ἐν τῷ ἀδίκῳ μαμωνᾷ πιστοὶ
οὐκ ἐγένεσθε

18 11 ὅτι οὐκ εἰμὶ ὥσπερ οἱ λοιποὶ τῶν
ἀνθρώπων, ἅρπαγες, ἄδικοι, μοι-
χοί

Ac 24 15 ἀνάστασιν μέλλειν ἔσεσθαι δικαίων
τε καὶ ἀδίκων

Rm 3 5 μὴ ἄδικος ὁ θεὸς ὁ ἐπιφέρων τὴν
ὀργήν;

1C 6 1 τολμᾷ τις ὑμῶν ... κρίνεσθαι ἐπὶ
τῶν ἀδίκων ⟨;⟩

6 9 οὐκ οἴδατε ὅτι ἄδικοι θεοῦ βασιλεί-
αν οὐ κληρονομήσουσιν;

Hb 6 10 οὐ γὰρ ἄδικος ὁ θεὸς ἐπιλαθέσθαι
τοῦ ἔργου ὑμῶν

1 Pt 3 18 Χριστὸς ... ἔπαθεν (ἀπέθανεν
NMBSTH), δίκαιος ὑπὲρ ἀδίκων

2 Pt 2 9 εὐσεβεῖς ἐκ πειρασμοῦ (-μῶν T)
ῥύεσθαι, ἀδίκους δὲ ... τηρεῖν

ἀδίκως
→ ἄδικος

1 Pt 2 19 εἰ ... ὑποφέρει τις λύπας πάσχων
ἀδίκως

Ἀδμίν
Ἀδμείν VSTH; ς v. l.

Lc 3 33 | τοῦ Ἀμιναδὰβ (—H) τοῦ | Ἀδ-
μὶν τοῦ Ἀρνί (Ἀράμ ς) τοῦ Ἑσρώμ

ἀδόκιμος

Rm 1 28 παρέδωκεν αὐτοὺς ὁ θεὸς εἰς
ἀδόκιμον νοῦν

1C 9 27 μή πως ἄλλοις κηρύξας αὐτὸς
ἀδόκιμος γένωμαι

2C 13 5 εἰ μήτι ἀδόκιμοί ἐστε

13 6 ὅτι γνώσεσθε ὅτι ἡμεῖς οὐκ ἐσμὲν
ἀδόκιμοι

13 7 ἀλλ' ἵνα ὑμεῖς τὸ καλὸν ποιῆτε,
ἡμεῖς δὲ ὡς ἀδόκιμοι ὦμεν

2 Tm 3 8 ἄνθρωποι κατεφθαρμένοι τὸν νοῦν,
ἀδόκιμοι περὶ τὴν πίστιν

Tt 1 16 βδελυκτοὶ ὄντες ... καὶ πρὸς πᾶν
ἔργον ἀγαθὸν ἀδόκιμοι

Hb 6 8 ⟨γῆ⟩ ἐκφέρουσα ... τριβόλους
ἀδόκιμος καὶ κατάρας ἐγγύς

ἄδολος

1 Pt 2 2 ὡς ἀρτιγέννητα βρέφη τὸ λογικὸν
ἄδολον γάλα ἐπιποθήσατε

Ἀδραμυττηνός
Ἀδραμυντηνός H

Ac 27 2 ἐπιβάντες δὲ πλοίῳ Ἀδραμυττηνῷ
μέλλοντι πλεῖν

Ἀδρίας
Ἀδρίας H

Ac 27 27 διαφερομένων ἡμῶν ἐν τῷ Ἀδρίᾳ

ἁδρότης

2C 8 20 μή τις ἡμᾶς μωμήσηται ἐν τῇ
ἁδρότητι ταύτῃ

ἀδυνατέω
→ δυνατέω

Mt 17 20 οὐδὲν ἀδυνατήσει ὑμῖν

Lc 1 37 ὅτι οὐκ ἀδυνατήσει παρὰ | τοῦ
θεοῦ (τῷ θεῷ Vς) πᾶν ῥῆμα

ἀδύνατος
a subst.

Mt 19 26 παρὰ ἀνθρώποις τοῦτο ἀδύνατόν
ἐστιν

Mc 10 27 παρὰ ἀνθρώποις ἀδύνατον, ἀλλ'
οὐ παρὰ θεῷ

Lc 18 27 a τὰ ἀδύνατα παρὰ ἀνθρώποις
δυνατὰ παρὰ τῷ θεῷ ἐστιν

Ac 14 8 καί τις ἀνὴρ | ἀδύνατος ἐν Λύστροις
(~VSTς) τοῖς ποσὶν ἐκάθητο

Rm 8 3 a τὸ γὰρ ἀδύνατον τοῦ νόμου... ὁ
θεὸς ... κατέκρινεν

15 1 a ὀφείλομεν ... τὰ ἀσθενήματα τῶν
ἀδυνάτων βαστάζειν

Hb 6 4 ἀδύνατον γὰρ τοὺς ἅπαξ φω-
τισθέντας ⟨πάλιν ἀνακαινίζειν⟩

6 18 ἐν οἷς ἀδύνατον ψεύσασθαι τὸν
(+[N²⁶S] VBT) θεόν

10 4 ἀδύνατον γὰρ αἷμα ταύρων ...
ἀφαιρεῖν ἁμαρτίας

11 6 χωρὶς δὲ πίστεως ἀδύνατον εὐ-
αρεστῆσαι

ᾄδω

E 5 19 ⟨πληροῦσθε ἐν πνεύματι⟩ ᾄδοντες
καὶ ψάλλοντες ... τῷ κυρίῳ

Cl 3 16 ᾠδαῖς πνευματικαῖς ἐν τῇ ([N²⁶];
—MVSHς) χάριτι ᾄδοντες

Ap 5 9 καὶ ᾄδουσιν ᾠδὴν καινὴν λέγοντες

14 3 καὶ ᾄδουσιν ὡς ([N²⁶S]; —NT)
ᾠδὴν καινήν

15 3 ᾄδουσιν τὴν ᾠδὴν Μωϋσέως

ἀεί

Mc 15 8 *καθὼς ἀεὶ (+MV[S]ς) ἐποίει
αὐτοῖς

Ac 7 51 ὑμεῖς ἀεὶ τῷ πνεύματι τῷ ἁγίῳ
ἀντιπίπτετε

2C 4 11 ἀεὶ γὰρ ἡμεῖς οἱ ζῶντες εἰς θάνατον
παραδιδόμεθα

6 10 ὡς λυπούμενοι ἀεὶ δὲ χαίροντες

Tt 1 12 εἶπέν τις ... προφήτης· Κρῆτες ἀεὶ
ψεῦσται

Hb 3 10 καὶ εἶπον· ἀεὶ πλανῶνται τῇ καρ-
δίᾳ

1 Pt 3 15 ἁγιάσατε ... ἕτοιμοι ἀεὶ πρὸς ἀπο-
λογίαν

2 Pt 1 12 διὸ μελλήσω ἀεὶ ὑμᾶς ὑπομιμνή-
σκειν

ἀετός

Mt 24 28 ὅπου (+ γὰρ Sς) ἐὰν ᾖ τὸ πτῶμα,
ἐκεῖ συναχθήσονται οἱ ἀετοί

Lc 17 37 ὅπου τὸ σῶμα, ἐκεῖ καὶ οἱ ἀετοὶ
ἐπισυναχθήσονται

Ap 4 7 τὸ τέταρτον ζῷον ὅμοιον ἀετῷ
πετομένῳ

8 13 ἤκουσα ἑνὸς ἀετοῦ (ἀγγέλου ς)
πετομένου ἐν μεσουρανήματι λέ-
γοντος

12 14 αἱ δύο πτέρυγες τοῦ ἀετοῦ τοῦ
μεγάλου

ἄζυμος
a met.

Mt 26 17 τῇ δὲ πρώτῃ τῶν ἀζύμων προσ-
ῆλθον οἱ μαθηταὶ τῷ Ἰησοῦ

Mc 14 1 ἦν δὲ τὸ πάσχα καὶ τὰ ἄζυμα
μετὰ δύο ἡμέρας

14 12 καὶ τῇ πρώτῃ ἡμέρᾳ τῶν ἀζύμων,
ὅτε τὸ πάσχα ἔθυον

Lc 22 1 ἤγγιζεν δὲ ἡ ἑορτὴ τῶν ἀζύμων
ἡ λεγομένη πάσχα

22 7 ἦλθεν δὲ ἡ ἡμέρα τῶν ἀζύμων

Ac 12 3 ἦσαν δὲ αἱ (+[N²⁶S]V) ἡμέραι
τῶν ἀζύμων

20 6 ἐξεπλεύσαμεν μετὰ τὰς ἡμέρας
τῶν ἀζύμων

1C 5 7 a ἵνα ἦτε νέον φύραμα, καθώς ἐστε
ἄζυμοι

5 8 a ἑορτάζωμεν ... ἐν ἀζύμοις εἰλικρι-
νείας καὶ ἀληθείας

Ἀζώρ

Mt 1 13 Ἐλιακὶμ δὲ ἐγέννησεν τὸν Ἀζώρ,

1 14 Ἀζὼρ δὲ ἐγέννησεν τὸν Σαδώκ

Ἄζωτος

Ac 8 40 Φίλιππος δὲ εὑρέθη εἰς Ἄζωτον

ἀήρ

Ac 22 23 κραυγαζόντων τε (δὲ VBSTς)
αὐτῶν ... καὶ κονιορτὸν βαλλόν-
των εἰς τὸν ἀέρα

1C 9 26 οὕτως πυκτεύω ὡς οὐκ ἀέρα δέρων

14 9 ἔσεσθε γὰρ εἰς ἀέρα λαλοῦντες

E 2 2 ἐν αἷς ποτε περιεπατήσατε ...
κατὰ τὸν ἄρχοντα τῆς ἐξουσίας
τοῦ ἀέρος

1 Th 4 17 ἁρπαγησόμεθα ... εἰς ἀπάντησιν
τοῦ κυρίου εἰς ἀέρα

Ap 9 2 ἐσκοτώθη (-τίσθη VSς) ὁ ἥλιος
καὶ ὁ ἀὴρ

16 17 ἐξέχεεν τὴν φιάλην αὐτοῦ ἐπὶ τὸν
ἀέρα

ἀθανασία

1C 15 53 δεῖ ... τὸ θνητὸν τοῦτο ἐνδύσασθαι
ἀθανασίαν

15 54 ὅταν ... τὸ θνητὸν τοῦτο ἐνδύση-
ται [+τὴν H] ἀθανασίαν

1 Tm 6 16 ὁ μόνος ἔχων ἀθανασίαν

ἀθέμιτος

Ac 10 28 ὡς ἀθέμιτόν ἐστιν ἀνδρὶ Ἰουδαίῳ
... προσέρχεσθαι ἀλλοφύλῳ

1 Pt 4 3 πεπορευμένους ἐν ... κώμοις, πό-
τοις καὶ ἀθεμίτοις εἰδωλολατρίαις

ἄθεος

E 2 12 ἐλπίδα μὴ ἔχοντες καὶ ἄθεοι ἐν τῷ
κόσμῳ

ἄθεσμος

2 Pt 2 7 καταπονούμενον ὑπὸ τῆς τῶν
ἀθέσμων ἐν ἀσελγείᾳ ἀναστροφῆς

3 17 ἵνα μὴ τῇ τῶν ἀθέσμων πλάνῃ
συναπαχθέντες ἐκπέσητε

ἀθετέω

Mc 6 26 οὐκ ἠθέλησεν | ἀθετῆσαι αὐτήν
(~Vς)

7 9 καλῶς ἀθετεῖτε τὴν ἐντολὴν τοῦ
θεοῦ

Lc 7 30 οἱ δὲ Φαρισαῖοι... τὴν βουλὴν τοῦ
θεοῦ ἠθέτησαν εἰς ἑαυτούς

10 16 καὶ ὁ ἀθετῶν ὑμᾶς ↔

10 16 ἐμὲ ἀθετεῖ· ↔

10 16 ὁ δὲ ἐμὲ ἀθετῶν ↔

10 16 ἀθετεῖ τὸν ἀποστείλαντά με

Jo 12 48 ὁ ἀθετῶν ἐμὲ ... ἔχει τὸν κρίνοντα
αὐτόν

1C 1 19 τὴν σύνεσιν τῶν συνετῶν ἀθετήσω

G 2 21 οὐκ ἀθετῶ τὴν χάριν τοῦ θεοῦ

3 15 ὅμως ... διαθήκην οὐδεὶς ἀθετεῖ ἢ
ἐπιδιατάσσεται

1 Th 4 8 τοιγαροῦν ὁ ἀθετῶν ↔

4 8 οὐκ ἄνθρωπον ἀθετεῖ ἀλλὰ τὸν
θεόν

1 Tm 5 12 ἔχουσαι κρίμα, ὅτι τὴν πρώτην
πίστιν ἠθέτησαν

Hb 10 28 ἀθετήσας τις νόμον Μωϋσέως ...
ἀποθνῄσκει

Jd 8 οὗτοι ἐνυπνιαζόμενοι σάρκα μὲν
μιαίνουσιν, κυριότητα δὲ ἀθετοῦ-
σιν

Column 1

ἀθέτησις
Hb 7 18 ἀθέτησις μὲν γὰρ γίνεται προαγούσης ἐντολῆς
    9 26 εἰς ἀθέτησιν τῆς ([N²⁶]; —Tς) ἁμαρτίας ... πεφανέρωται

Ἀθῆναι
Ac 17 15 οἱ δὲ καθιστάνοντες (-τῶντες Sς) τὸν Παῦλον ἤγαγον ἕως Ἀθηνῶν
   17 16 ἐν δὲ ταῖς Ἀθήναις ἐκδεχομένου αὐτοὺς τοῦ Παύλου
   18 1 χωρισθεὶς (+ ὁ Παῦλος [MS]Vς) ἐκ τῶν Ἀθηνῶν
1Th 3 1 διὸ ... εὐδοκήσαμεν καταλειφθῆναι ἐν Ἀθήναις μόνοι

Ἀθηναῖος
Ac 17 21 Ἀθηναῖοι δὲ πάντες ... εἰς οὐδὲν ἕτερον ηὐκαίρουν ἤ
   17 22 ἄνδρες Ἀθηναῖοι, ... ὡς δεισιδαιμονεστέρους ὑμᾶς θεωρῶ

ἀθλέω
   συν-
2Tm 2 5 ἐὰν δὲ καὶ ἀθλῇ τις, ↔
   2 5 οὐ στεφανοῦται ἐὰν μὴ νομίμως ἀθλήσῃ

ἄθλησις
Hb 10 32 ἐν αἷς φωτισθέντες πολλὴν ἄθλησιν ὑπεμείνατε παθημάτων

ἀθροίζω
   ἐπ-   συν-
Lc 24 33 εὗρον ἠθροισμένους (συνηθρ. Vς) τοὺς ἕνδεκα

ἀθυμέω
   διεν-   ἐπι-
   ἐν-   εὐ-
Cl 3 21 μὴ ἐρεθίζετε τὰ τέκνα ὑμῶν, ἵνα μὴ ἀθυμῶσιν

ἄθῷος
Mt 27 4 ἥμαρτον παραδοὺς αἷμα ἀθῷον (δίκαιον H)
   27 24 ἀθῷός εἰμι ἀπὸ τοῦ αἵματος (+ τοῦ δικαίου MVSς) τούτου

αἴγειος
Hb 11 37 περιῆλθον ἐν μηλωταῖς, ἐν αἰγείοις δέρμασιν

αἰγιαλός
Mt 13 2 καὶ πᾶς ὁ ὄχλος ἐπὶ τὸν αἰγιαλὸν εἱστήκει
   13 48 ἣν ... ἀναβιβάσαντες ἐπὶ τὸν αἰγιαλόν
Jo 21 4 ἔστη (+ ὁ Vς) Ἰησοῦς εἰς (ἐπὶ BST) τὸν αἰγιαλόν
Ac 21 5 θέντες τὰ γόνατα ἐπὶ τὸν αἰγιαλὸν προσευξάμενοι ⟨ἀπησπασάμεθα⟩
   27 39 κόλπον δέ τινα κατενόουν ἔχοντα αἰγιαλόν
   27 40 τῇ πνεούσῃ κατεῖχον εἰς τὸν αἰγιαλόν

Αἰγύπτιος
Ac 7 22 ἐπαιδεύθη Μωϋσῆς ἐν (+ [N²⁶]T) πάσῃ σοφίᾳ Αἰγυπτίων
   7 24 ἐποίησεν ἐκδίκησιν τῷ καταπονουμένῳ πατάξας τὸν Αἰγύπτιον
   7 28 ὃν τρόπον ἀνεῖλες ἐχθὲς τὸν Αἰγύπτιον
   21 38 οὐκ ἄρα σὺ εἶ ὁ Αἰγύπτιος ὁ πρὸ τούτων τῶν ἡμερῶν ἀναστατώσας⟨;⟩
Hb 11 29 ἧς πεῖραν λαβόντες οἱ Αἰγύπτιοι κατεπόθησαν

Αἴγυπτος
Mt 2 13 παράλαβε τὸ παιδίον ... καὶ φεῦγε εἰς Αἴγυπτον
   2 14 καὶ ἀνεχώρησεν εἰς Αἴγυπτον
   2 15 ἐξ Αἰγύπτου ἐκάλεσα τὸν υἱόν μου
   2 19 ἄγγελος κυρίου | φαίνεται κατ' ὄναρ (~ Vς) τῷ Ἰωσὴφ ἐν Αἰγύπτῳ

Column 2

Ac 2 10 ⟨οἱ κατοικοῦντες⟩ Αἴγυπτον καὶ τὰ μέρη τῆς Λιβύης
   7 9 ζηλώσαντες τὸν Ἰωσὴφ ἀπέδοντο εἰς Αἴγυπτον
   7 10 ἔδωκεν αὐτῷ χάριν καὶ σοφίαν ἐναντίον (ἔναντι T) Φαραὼ βασιλέως Αἰγύπτου
   7 10 κατέστησεν αὐτὸν ἡγούμενον ἐπ' Αἴγυπτον
   7 11 ἦλθεν δὲ λιμὸς ἐφ' ὅλην τὴν Αἴγυπτον (γῆν Αἰγύπτου Sς)
   7 12 ἀκούσας δὲ Ἰακὼβ ὄντα | σιτία εἰς Αἴγυπτον (σῖτα ἐν Α-τῳ ς) ἐξαπέστειλεν
   7 15 | καὶ κατέβη (κατέβη δὲ Hς) Ἰακὼβ | εἰς Αἴγυπτον [H]
   7 17 ηὔξησεν ὁ λαὸς καὶ ἐπληθύνθη ἐν Αἰγύπτῳ
   7 18 ἄχρι οὗ ἀνέστη βασιλεὺς ἕτερος | ἐπ' Αἴγυπτον ([N²⁶]; —ς)
   7 34 εἶδον τὴν κάκωσιν τοῦ λαοῦ μου τοῦ ἐν Αἰγύπτῳ
   7 34 καὶ νῦν δεῦρο ἀποστείλω σε εἰς Αἴγυπτον
   7 36 ποιήσας τέρατα καὶ σημεῖα ἐν γῇ (τῇ H) Αἰγύπτῳ (-του ς)
   7 39 ἐστράφησαν ἐν ταῖς καρδίαις αὐτῶν εἰς Αἴγυπτον
   7 40 ὃς ἐξήγαγεν ἡμᾶς ἐκ γῆς Αἰγύπτου
   13 17 τὸν λαὸν ὕψωσεν ἐν τῇ παροικίᾳ ἐν γῇ Αἰγύπτου (-τῳ Tς)
Hb 3 16 ἀλλ' οὐ πάντες οἱ ἐξελθόντες ἐξ Αἰγύπτου διὰ Μωϋσέως;
   8 9 ἐξαγαγεῖν αὐτοὺς ἐκ γῆς Αἰγύπτου
   11 26 μείζονα πλοῦτον ἡγησάμενος τῶν Αἰγύπτου (ἐν Αἰγ. ς) θησαυρῶν
   11 27 πίστει κατέλιπεν Αἴγυπτον, μὴ φοβηθεὶς τὸν θυμὸν τοῦ βασιλέως
Jd 5 λαὸν ἐκ γῆς (τῆς M) Αἰγύπτου σώσας
Ap 11 8 ἥτις καλεῖται πνευματικῶς Σόδομα καὶ Αἴγυπτος

Ἅιδης
→ ᾅδης

ἀΐδιος
Rm 1 20 τὰ γὰρ ἀόρατα αὐτοῦ ... ἥ τε ἀΐδιος αὐτοῦ δύναμις καὶ θειότης
Jd 6 εἰς κρίσιν μεγάλης ἡμέρας δεσμοῖς ἀϊδίοις ὑπὸ ζόφον τετήρηκεν

αἰδώς
1Tm 2 9 ὡσαύτως καὶ (+ [N²⁶]Tς) γυναῖκας ... μετὰ αἰδοῦς καὶ σωφροσύνης κοσμεῖν
Hb 12 28 *λατρεύωμεν εὐαρέστως τῷ θεῷ μετὰ | αἰδοῦς καὶ εὐλαβείας (ς; εὐλ. κ. δέους rl)

Αἰθίοψ
Ac 8 27 καὶ ἰδοὺ ἀνὴρ Αἰθίοψ εὐνοῦχος ↔
   8 27 δυνάστης Κανδάκης (+ τῆς Vς) βασιλίσσης Αἰθιόπων

αἷμα
  a αἷμα ἐκχεῖν
  b σὰρξ καὶ αἷμα
Mt 16 17ᵇὅτι σὰρξ καὶ αἷμα οὐκ ἀπεκάλυψέν
   23 30 οὐκ ἂν ἤμεθα | αὐτῶν κοινωνοὶ (~ VTς) ἐν τῷ αἵματι τῶν προφητῶν
   23 35ᵃὅπως ἔλθῃ ἐφ' ὑμᾶς πᾶν αἷμα δίκαιον ἐκχυννόμενον ἐπὶ τῆς γῆς ↔
   23 35 ἀπὸ τοῦ αἵματος Ἅβελ τοῦ δικαίου ↔
   23 35 ἕως τοῦ αἵματος Ζαχαρίου υἱοῦ Βαραχίου

Column 3

Mt 26 28 τοῦτο γάρ ἐστιν τὸ αἷμά μου (+ τὸ [V]Sς) τῆς (+ καινῆς [V]Sς) διαθήκης ... ἐκχυννόμενον
   27 4 ἥμαρτον παραδοὺς αἷμα ἀθῷον (δίκαιον H)
   27 6 ἐπεὶ τιμὴ αἵματός ἐστιν
   27 8 ἐκλήθη ὁ ἀγρὸς ἐκεῖνος ἀγρὸς αἵματος
   27 24 ἀθῷός εἰμι ἀπὸ τοῦ αἵματος (+ τοῦ δικαίου MVSς) τούτου
   27 25 τὸ αἷμα αὐτοῦ ἐφ' ἡμᾶς
   27 49 *|ἐξῆλθεν ὕδωρ καὶ αἷμα [+..SH]
Mc 5 25 γυνὴ (+ τις VBSς) οὖσα ἐν ῥύσει αἵματος δώδεκα ἔτη
   5 29 εὐθὺς ἐξηράνθη ἡ πηγὴ τοῦ αἵματος αὐτῆς
   14 24ᵃτοῦτό ἐστιν τὸ αἷμά μου (+ τὸ Vς) τῆς [+ καινῆς V] διαθήκης τὸ ἐκχυννόμενον (~ Vς..)
Lc 8 43 γυνὴ οὖσα ἐν ῥύσει αἵματος ἀπὸ ἐτῶν δώδεκα
   8 44 παραχρῆμα ἔστη ἡ ῥύσις τοῦ αἵματος αὐτῆς
   11 50ᵃἵνα ἐκζητηθῇ τὸ αἷμα πάντων τῶν προφητῶν τὸ ἐκκεχυμένον (ἐκχυννόμ. Tς)
   11 51 ⟨ἵνα ἐκζητηθῇ τὸ αἷμα⟩ ἀπὸ (+ τοῦ ς) αἵματος Ἅβελ ↔
   11 51 ἕως (+ τοῦ ς) αἵματος Ζαχαρίου
   13 1 ὧν τὸ αἷμα Πιλᾶτος ἔμιξεν μετὰ τῶν θυσιῶν αὐτῶν
   22 20ᵃ| τοῦτο τὸ ποτήριον ἡ καινὴ διαθήκη ἐν τῷ αἵματί μου, τὸ ... ἐκχυννόμενον [..ΝΗ]
   22 44 ||: καὶ ἐγένετο (ἐγ. δὲ Vς) ὁ ἱδρὼς αὐτοῦ ὡσεὶ θρόμβοι αἵματος καταβαίνοντες (-ντος T) [[.. N²⁶NSH..]]
Jo 1 13 οἳ οὐκ ἐξ αἱμάτων ... ἀλλ' ἐκ θεοῦ ἐγεννήθησαν
   6 53ᵇἐὰν μὴ φάγητε τὴν σάρκα ... καὶ πίητε αὐτοῦ τὸ αἷμα
   6 54ᵇὁ τρώγων μου τὴν σάρκα καὶ πίνων μου τὸ αἷμα
   6 55ᵇἡ γὰρ σάρξ μου ἀληθής ἐστιν βρῶσις, καὶ τὸ αἷμά μου ἀληθής ἐστιν πόσις
   6 56ᵇὁ τρώγων μου τὴν σάρκα καὶ πίνων μου τὸ αἷμα
   19 34 || ἐξῆλθεν εὐθὺς (εὐθέως V) ((~ Vς)) αἷμα καὶ ὕδωρ
Ac 1 19 Ἀκελδαμάχ, τοῦτ' ἔστιν χωρίον αἵματος
   2 19 δώσω τέρατα ... καὶ σημεῖα ... αἷμα καὶ πῦρ καὶ ἀτμίδα καπνοῦ
   2 20 μεταστραφήσεται ... ἡ σελήνη εἰς αἷμα
   5 28 βούλεσθε ἐπαγαγεῖν ἐφ' ἡμᾶς τὸ αἷμα τοῦ ἀνθρώπου τούτου
   15 20 τοῦ ἀπέχεσθαι (+ ἀπὸ [MV]Sς) τῶν ἀλισγημάτων ... τοῦ (—NMH) πνικτοῦ καὶ τοῦ αἵματος
   15 29 ἀπέχεσθαι εἰδωλοθύτων καὶ αἵματος καὶ πνικτῶν
   17 26 *ἐποίησέν τε ἐξ ἑνὸς αἵματος (+ς) πᾶν ἔθνος ἀνθρώπων
   18 6 εἶπεν ... τὸ αἷμα ὑμῶν ἐπὶ τὴν κεφαλὴν ὑμῶν
   20 26 ὅτι καθαρός εἰμι ἀπὸ τοῦ αἵματος πάντων
   20 28 τὴν ἐκκλησίαν ... ἣν περιεποιήσατο διὰ τοῦ | αἵματος τοῦ ἰδίου (ἰ. αἷ. ς)
   21 25 φυλάσσεσθαι αὐτοὺς τό τε εἰδωλόθυτον καὶ (+ τὸ ς) αἷμα

αἷμα

Ac 22 20ᵃ ὅτε ἐξεχύννετο (-εχεῖτο VSϚ) τὸ αἷμα Στεφάνου
Rm 3 15ᵃ ὀξεῖς οἱ πόδες αὐτῶν ἐκχέαι αἷμα
3 25 διὰ τῆς ([N²⁶]; —NMTH) πίστεως ἐν τῷ αὐτοῦ αἷματι
5 9 δικαιωθέντες νῦν ἐν τῷ αἷματι αὐτοῦ σωθησόμεθα
1C 10 16 οὐχὶ κοινωνία | ἐστὶν τοῦ αἷματος τοῦ Χριστοῦ (~BTϚ);
11 25 ἡ καινὴ διαθήκη ἐστὶν ἐν τῷ ἐμῷ αἷματι
11 27 ἔνοχος ἔσται τοῦ σώματος καὶ τοῦ αἷματος τοῦ κυρίου
15 50ᵇ ὅτι σὰρξ καὶ αἷμα βασιλείαν θεοῦ κληρονομῆσαι οὐ δύναται (-νται SϚ)
G 1 16ᵇ εὐθέως οὐ προσανεθέμην σαρκὶ καὶ αἷματι
E 1 7 ἐν ᾧ ἔχομεν τὴν ἀπολύτρωσιν διὰ τοῦ αἷματος αὐτοῦ
2 13 ὑμεῖς οἵ ποτε ὄντες μακρὰν ἐγενήθητε ἐγγὺς ἐν τῷ αἷματι τοῦ Χριστοῦ
6 12ᵇ ὅτι οὐκ ἔστιν ἡμῖν ἡ πάλη πρὸς αἷμα καὶ σάρκα
Cl 1 14 ἔχομεν τὴν ἀπολύτρωσιν | διὰ τοῦ αἷματος αὐτοῦ (+Ϛ)
1 20 εἰρηνοποιήσας διὰ τοῦ αἷματος τοῦ σταυροῦ αὐτοῦ
Hb 2 14ᵇ ἐπεὶ οὖν τὰ παιδία κεκοινώνηκεν αἷματος καὶ σαρκός
9 7 ὁ ἀρχιερεύς, οὐ χωρὶς αἷματος ὃ προσφέρει ὑπὲρ ἑαυτοῦ
9 12 οὐδὲ δι' αἷματος τράγων καὶ μόσχων, ↔
9 12 διὰ δὲ τοῦ ἰδίου αἷματος εἰσῆλθεν ἐφάπαξ εἰς τὰ ἅγια
9 13 εἰ γὰρ τὸ αἷμα τράγων ... ἁγιάζει
9 14 πόσῳ μᾶλλον τὸ αἷμα τοῦ Χριστοῦ ... καθαριεῖ
9 18 ὅθεν οὐδὲ ἡ πρώτη χωρὶς αἷματος ἐγκεκαίνισται
9 19 λαβὼν τὸ αἷμα τῶν μόσχων ... τὸν λαὸν ἐρράντισεν
9 20 τοῦτο τὸ αἷμα τῆς διαθήκης
9 21 τὰ σκεύη τῆς λειτουργίας τῷ αἷματι ὁμοίως ἐρράντισεν
9 22 καὶ σχεδὸν ἐν αἷματι πάντα καθαρίζεται
9 25 ὁ ἀρχιερεὺς εἰσέρχεται ... ἐν αἷματι ἀλλοτρίῳ
10 4 ἀδύνατον γὰρ αἷμα ταύρων ... ἀφαιρεῖν ἁμαρτίας
10 19 ἔχοντες ... παρρησίαν εἰς τὴν εἴσοδον τῶν ἁγίων ἐν τῷ αἷματι Ἰησοῦ
10 29 τὸ αἷμα τῆς διαθήκης κοινὸν ἡγησάμενος
11 28 πίστει πεποίηκεν τὸ πάσχα καὶ τὴν πρόσχυσιν τοῦ αἷματος
12 4 οὔπω μέχρις αἷματος ἀντικατέστητε πρὸς τὴν ἁμαρτίαν ἀνταγωνιζόμενοι
12 24 ⟨προσεληλύθατε⟩ αἷματι ῥαντισμοῦ κρεῖττον λαλοῦντι
13 11 ὧν γὰρ εἰσφέρεται ζῴων τὸ αἷμα περὶ ἁμαρτίας
13 12 ἵνα ἁγιάσῃ διὰ τοῦ ἰδίου αἷματος τὸν λαόν
13 20 τὸν ποιμένα ... τὸν μέγαν ἐν αἷματι διαθήκης αἰωνίου
1Pt 1 2 ⟨ἐκλεκτοῖς⟩ εἰς ὑπακοὴν καὶ ῥαντισμὸν αἷματος Ἰησοῦ Χριστοῦ
1 19 ⟨ἐλυτρώθητε⟩ τιμίῳ αἷματι ὡς ἀμνοῦ ἀμώμου

1Jo 1 7 τὸ αἷμα Ἰησοῦ τοῦ υἱοῦ αὐτοῦ καθαρίζει ἡμᾶς
5 6 οὗτός ἐστιν ὁ ἐλθὼν δι' ὕδατος καὶ αἷματος
5 6 ἀλλ' ἐν τῷ ὕδατι καὶ ἐν τῷ αἷματι
5 8 τὸ πνεῦμα καὶ τὸ ὕδωρ καὶ τὸ αἷμα, καὶ οἱ τρεῖς εἰς τὸ ἕν εἰσιν
Ap 1 5 τῷ ... λύσαντι ἡμᾶς ἐκ τῶν ἁμαρτιῶν ἡμῶν [H] ἐν τῷ αἷματι αὐτοῦ
5 9 ὅτι ἐσφάγης καὶ ἠγόρασας τῷ θεῷ (+ἡμᾶς [M]VBSϚ) ἐν τῷ αἷματί σου
6 10 ἕως πότε ... οὐ κρίνεις καὶ ἐκδικεῖς τὸ αἷμα ἡμῶν ⟨;⟩
6 12 ἡ σελήνη ὅλη ἐγένετο ὡς αἷμα
7 14 καὶ ἐλεύκαναν αὐτὰς ἐν τῷ αἷματι τοῦ ἀρνίου
8 7 ἐγένετο χάλαζα καὶ πῦρ μεμιγμένα (-μένον T) ἐν αἷματι
8 8 ἐγένετο τὸ τρίτον τῆς θαλάσσης αἷμα
11 6 ἐξουσίαν ἔχουσιν ἐπὶ τῶν ὑδάτων στρέφειν αὐτὰ εἰς αἷμα
12 11 ἐνίκησαν αὐτὸν διὰ τὸ αἷμα τοῦ ἀρνίου
14 20 καὶ ἐξῆλθεν αἷμα ἐκ τῆς ληνοῦ
16 3 ἐγένετο αἷμα ὡς νεκροῦ
16 4 καὶ ἐγένετο (ἐγένοντο B) αἷμα
16 6ᵃ ὅτι αἷμα (αἷματα T) ἁγίων καὶ προφητῶν ἐξέχεαν, ↔
16 6 καὶ αἷμα αὐτοῖς δέδωκας ([δ]ε. N²⁶; ἔδωκας BVSTϚ) πιεῖν
17 6 εἶδον τὴν γυναῖκα μεθύουσαν ἐκ [S] τοῦ αἷματος τῶν ἁγίων ↔
17 6 καὶ ἐκ τοῦ αἷματος τῶν μαρτύρων
18 24 ἐν αὐτῇ αἷμα (-ματα VBT) προφητῶν καὶ ἁγίων εὑρέθη
19 2 ἐξεδίκησεν τὸ αἷμα τῶν δούλων αὐτοῦ ἐκ χειρὸς αὐτῆς
19 13 περιβεβλημένος ἱμάτιον βεβαμμένον (ῥεραντισμ. BH; περιρεραμμ. T) αἷματι

αἱματεκχυσία

Hb 9 22 χωρὶς αἱματεκχυσίας οὐ γίνεται ἄφεσις

αἱμορροέω

Mt 9 20 γυνὴ αἱμορροοῦσα δώδεκα ἔτη

Αἰνέας

Ac 9 33 εὗρεν δὲ ἐκεῖ ἄνθρωπόν τινα ὀνόματι Αἰνέαν
9 34 Αἰνέα, ἰᾶταί σε Ἰησοῦς (+ὁ VB SϚ) Χριστός

αἴνεσις

Hb 13 15 ἀναφέρομεν θυσίαν αἰνέσεως διὰ παντὸς τῷ θεῷ

αἰνέω

ἐπ- παρ-

Lc 2 13 ἐγένετο σὺν τῷ ἀγγέλῳ πλῆθος στρατιᾶς οὐρανίου αἰνούντων τὸν θεόν
2 20 ὑπέστρεψαν οἱ ποιμένες δοξάζοντες καὶ αἰνοῦντες τὸν θεόν
19 37 ἤρξαντο ἅπαν τὸ πλῆθος τῶν μαθητῶν χαίροντες αἰνεῖν τὸν θεόν
24 53 *ἦσαν διὰ παντὸς ... αἰνοῦντες (+[M]VTϚ) καὶ (+[M]VϚ) εὐλογοῦντες (—T) τὸν θεόν
Ac 2 47 ⟨μετελάμβανον τροφῆς⟩ αἰνοῦντες τὸν θεόν
3 8 εἰσῆλθεν σὺν αὐτοῖς ... αἰνῶν τὸν θεόν
3 9 εἶδεν ... αὐτὸν περιπατοῦντα καὶ αἰνοῦντα τὸν θεόν
Rm 15 11 καὶ πάλιν· αἰνεῖτε, πάντα τὰ ἔθνη, τὸν κύριον

Ap 19 5 αἰνεῖτε τῷ θεῷ ἡμῶν, πάντες οἱ δοῦλοι αὐτοῦ

αἴνιγμα

1C 13 12 βλέπομεν γὰρ ἄρτι δι' ἐσόπτρου ἐν αἰνίγματι

αἶνος

Mt 21 16 ὅτι ἐκ στόματος νηπίων καὶ θηλαζόντων κατηρτίσω αἶνον
Lc 18 43 καὶ πᾶς ὁ λαὸς ἰδὼν ἔδωκεν αἶνον τῷ θεῷ

Αἰνών

Jo 3 23 ἦν δὲ καὶ (+ὁ N²⁶[H]) Ἰωάννης βαπτίζων ἐν Αἰνὼν ἐγγὺς τοῦ Σαλείμ

αἱρέομαι

ἀν- δι- καθ- προ-
ἀφ- ἐξ- περι-

Ph 1 22 καὶ τί αἱρήσομαι οὐ γνωρίζω
2Th 2 13 ὅτι εἵλατο ὑμᾶς ὁ θεὸς ἀπαρχὴν (ἀπ' ἀρχῆς VTHϚ) εἰς σωτηρίαν
Hb 11 25 ⟨Μωϋσῆς⟩ μᾶλλον ἑλόμενος συγκακουχεῖσθαι τῷ λαῷ

αἵρεσις

Ac 5 17 πάντες οἱ σὺν αὐτῷ, ἡ οὖσα αἵρεσις τῶν Σαδδουκαίων
15 5 ἐξανέστησαν δέ τινες τῶν ἀπὸ τῆς αἱρέσεως τῶν Φαρισαίων
24 5 εὑρόντες γὰρ τὸν ἄνδρα ... πρωτοστάτην τε τῆς τῶν Ναζωραίων αἱρέσεως
24 14 κατὰ τὴν ὁδὸν ἣν λέγουσιν αἵρεσιν
26 5 ὅτι κατὰ τὴν ἀκριβεστάτην αἵρεσιν τῆς ἡμετέρας θρησκείας ἔζησα Φαρισαῖος
28 22 περὶ μὲν γὰρ τῆς αἱρέσεως ταύτης γνωστὸν ἡμῖν ἐστιν
1C 11 19 δεῖ γὰρ καὶ αἱρέσεις ἐν ὑμῖν εἶναι
G 5 20 ⟨ἔργα τῆς σαρκός⟩ διχοστασίαι, αἱρέσεις
2Pt 2 1 οἵτινες παρεισάξουσιν αἱρέσεις ἀπωλείας

αἱρετίζω

Mt 12 18 ἰδοὺ ὁ παῖς μου ὃν ᾑρέτισα

αἱρετικός

Tt 3 10 αἱρετικὸν ἄνθρωπον μετὰ μίαν καὶ δευτέραν νουθεσίαν παραιτοῦ

αἴρω

ἀπ- ἐπ- συν-
ἐξ- μετ- ὑπερ-

ᵃ αἴρω ἀπό, ἐκ
ᵇ pass.
ᶜ αἴρω ἁμαρτίαν (-ας)

Mt 4 6 καὶ ἐπὶ χειρῶν ἀροῦσίν σε
9 6 ἆρόν σου τὴν κλίνην
9 16ᵃ αἴρει γὰρ τὸ πλήρωμα αὐτοῦ ἀπὸ τοῦ ἱματίου
11 29 ἄρατε τὸν ζυγόν μου ἐφ' ὑμᾶς
13 12ᵃᵇ καὶ ὃ ἔχει ἀρθήσεται ἀπ' αὐτοῦ
14 12 οἱ μαθηταὶ αὐτοῦ ἦραν τὸ πτῶμα
14 20 καὶ ἦραν τὸ περισσεῦον τῶν κλασμάτων
15 37 | τὸ περισσεῦον τῶν κλασμάτων ἦραν (~VϚ)
16 24 εἴτις θέλει ὀπίσω μου ἐλθεῖν ... ἀράτω τὸν σταυρὸν αὐτοῦ
17 27 τὸν ἀναβάντα πρῶτον ἰχθὺν ἆρον
20 14 ἆρον τὸ σὸν καὶ ὕπαγε
21 21ᵇ ἄρθητι καὶ βλήθητι εἰς τὴν θάλασσαν
21 43ᵃᵇ ὅτι ἀρθήσεται ἀφ' ὑμῶν ἡ βασιλεία τοῦ θεοῦ
22 13 *| ἄρατε αὐτὸν ποδῶν καὶ χειρῶν καὶ βάλετε αὐτόν (S; δήσαντες αὐτοῦ πόδας καὶ χεῖρας ἄρατε αὐτὸν καὶ ἐκβάλετε Ϛ; δ. α. π. κ. χ. ἐκβάλετε αὐτόν rl)

Mt 24 17 μὴ καταβάτω (-βαινέτω Sς) ἆραι τὰ ἐκ τῆς οἰκίας αὐτοῦ
24 18 μὴ ἐπιστρεψάτω ὀπίσω ἆραι | τὸ ἱμάτιον (τὰ ἱμάτια Sς)
24 39 οὐκ ἔγνωσαν ἕως ἦλθεν ὁ κατακλυσμὸς καὶ ἦρεν ἅπαντας
25 28ᵃ ἄρατε οὖν ἀπ' αὐτοῦ τὸ τάλαντον
25 29ᵃᵇ τοῦ δὲ μὴ ἔχοντος καὶ ὃ ἔχει ἀρθήσεται ἀπ' αὐτοῦ
27 32 ἠγγάρευσαν ἵνα ἄρῃ τὸν σταυρὸν αὐτοῦ

Mc 2 3ᵇ | φέροντες πρὸς αὐτὸν παραλυτικὸν (~ Sς) αἰρόμενον ὑπὸ τεσσάρων
2 9 ἔγειρε (-ρου H) καὶ [H] ἆρον | τὸν κράβαττόν σου (~ VSς)
2 11 ἔγειρε ἆρον τὸν κράβαττόν σου
2 12 εὐθὺς ἄρας τὸν κράβαττον ἐξῆλθεν
2 21ᵃ αἴρει τὸ πλήρωμα ἀπ' αὐτοῦ τὸ καινὸν τοῦ παλαιοῦ
4 15 εὐθὺς ἔρχεται ὁ σατανᾶς καὶ αἴρει τὸν λόγον
4 25ᵃᵇ καὶ ὃς οὐκ ἔχει, καὶ ὃ ἔχει ἀρθήσεται ἀπ' αὐτοῦ
6 8 ἵνα μηδὲν αἴρωσιν (ἄρωσιν S) εἰς ὁδὸν εἰ μὴ ῥάβδον μόνον
6 29 ἦλθον καὶ ἦραν τὸ πτῶμα αὐτοῦ
6 43 καὶ ἦραν κλάσματα (-των Tς) δώδεκα κοφίνων πληρώματα
8 8 καὶ ἦραν περισσεύματα κλασμάτων, ἑπτὰ σπυρίδας
8 19 (+καὶ B[S]T) πόσους κοφίνους κλασμάτων πλήρεις ἤρατε;
8 20 πόσων σπυρίδων πληρώματα κλασμάτων ἤρατε;
8 34 ἀπαρνησάσθω ἑαυτὸν καὶ ἀράτω τὸν σταυρὸν αὐτοῦ
10 21 *δεῦρο ἀκολούθει μοι | ἄρας τὸν σταυρόν (+MVBSς)
11 23ᵇ ἄρθητι καὶ βλήθητι εἰς τὴν θάλασσαν
13 15ᵇ μηδὲ εἰσελθάτω | ἆραί τι (~ NMV SH) ἐκ τῆς οἰκίας αὐτοῦ
13 16 μὴ ἐπιστρεψάτω εἰς τὰ ὀπίσω ἆραι τὸ ἱμάτιον αὐτοῦ
15 21 ἵνα ἄρῃ τὸν σταυρὸν αὐτοῦ
15 24 βάλλοντες κλῆρον ἐπ' αὐτὰ τίς τί ἄρῃ
[16 18] | καὶ ἐν ταῖς χερσὶν ([N²⁶H]; —N MVTς) ὄφεις ἀροῦσιν

Lc 4 11 καὶ ὅτι (—V) ἐπὶ χειρῶν ἀροῦσίν σε
5 24 ἔγειρε καὶ ἄρας τὸ κλινίδιόν σου πορεύου
5 25 ἄρας ἐφ' ὃ κατέκειτο, ἀπῆλθεν
6 29 ἀπὸ τοῦ αἴροντός σου τὸ ἱμάτιον καὶ τὸν χιτῶνα μὴ κωλύσῃς
6 30 ἀπὸ τοῦ αἴροντος τὰ σὰ μὴ ἀπαίτει
8 12ᵃ ἔρχεται ὁ διάβολος καὶ αἴρει τὸν λόγον ἀπὸ τῆς καρδίας
8 18ᵃᵇ καὶ ὃ δοκεῖ ἔχειν ἀρθήσεται ἀπ' αὐτοῦ
9 3 μηδὲν αἴρετε εἰς τὴν ὁδόν
9 17ᵇ ἤρθη τὸ περισσεῦσαν αὐτοῖς κλασμάτων κόφινοι δώδεκα
9 23 ἀρνησάσθω ἑαυτὸν καὶ ἀράτω τὸν σταυρὸν αὐτοῦ
11 22 τὴν πανοπλίαν αὐτοῦ αἴρει
11 52 ὅτι ἤρατε τὴν κλεῖδα τῆς γνώσεως
17 13 καὶ αὐτοὶ ἦραν φωνὴν λέγοντες
17 31 ὃς ἔσται ἐπὶ τοῦ δώματος καὶ τὰ σκεύη αὐτοῦ ἐν τῇ οἰκίᾳ, μὴ καταβάτω ἆραι αὐτά
19 21 αἴρεις ὃ οὐκ ἔθηκας

Lc 19 22 ᾔδεις ὅτι ἐγὼ ἄνθρωπος αὐστηρός εἰμι, αἴρων ὃ οὐκ ἔθηκα⟨;⟩
19 24ᵃ ἄρατε ἀπ' αὐτοῦ τὴν μνᾶν
19 26ᵃᵇ ἀπὸ δὲ τοῦ μὴ ἔχοντος καὶ ὃ ἔχει ἀρθήσεται (+ἀπ' αὐτοῦ Vς)
22 36 ἀλλὰ νῦν ὁ ἔχων βαλλάντιον ἀράτω
23 18 αἶρε τοῦτον, ἀπόλυσον δὲ ἡμῖν τὸν Βαραββᾶν

Jo 1 29ᶜ ἴδε ὁ ἀμνὸς τοῦ θεοῦ ὁ αἴρων τὴν ἁμαρτίαν τοῦ κόσμου
2 16 ἄρατε ταῦτα ἐντεῦθεν
5 8 ἔγειρε ἆρον τὸν κράβαττόν σου
5 9 καὶ ἦρεν τὸν κράβαττον αὐτοῦ καὶ περιεπάτει
5 10 οὐκ ἔξεστίν σοι ἆραι τὸν κράβαττόν σου (+N²⁶)
5 11 ἆρον τὸν κράβαττόν σου καὶ περιπάτει
5 12 ἆρον (+τὸν κράβαττόν σου Vς) καὶ περιπάτει
8 59 ἦραν οὖν λίθους ἵνα βάλωσιν ἐπ' αὐτόν
10 18ᵃ οὐδεὶς αἴρει (ἦρεν NH) αὐτὴν ἀπ' ἐμοῦ
10 24 ἕως πότε τὴν ψυχὴν ἡμῶν αἴρεις;
11 39 λέγει ὁ Ἰησοῦς· ἄρατε τὸν λίθον
11 41 ἦραν οὖν τὸν λίθον. ↔
11 41 ὁ δὲ Ἰησοῦς ἦρεν τοὺς ὀφθαλμοὺς ἄνω
11 48 ἀροῦσιν ἡμῶν καὶ τὸν τόπον καὶ τὸ ἔθνος
15 2 πᾶν κλῆμα ἐν ἐμοὶ μὴ φέρον καρπόν, αἴρει αὐτό
16 22ᵃ τὴν χαρὰν ὑμῶν οὐδεὶς αἴρει (ἀρεῖ H) ἀφ' ὑμῶν
17 15ᵃ οὐκ ἐρωτῶ ἵνα ἄρῃς αὐτοὺς ἐκ τοῦ κόσμου
19 15 ἆρον ἆρον, σταύρωσον αὐτόν
19 31ᵇ ἵνα κατεαγῶσιν αὐτῶν τὰ σκέλη καὶ ἀρθῶσιν
19 38 ἵνα ἄρῃ τὸ σῶμα τοῦ Ἰησοῦ
19 38 ἦλθεν (-θον T) οὖν καὶ | ἦρεν τὸ σῶμα αὐτοῦ (ἦραν αὐτόν T)
20 1ᵃᵇ βλέπει τὸν λίθον ἠρμένον ἐκ τοῦ μνημείου
20 2ᵃ ἦραν τὸν κύριον ἐκ τοῦ μνημείου
20 13 ἦραν τὸν κύριόν μου
20 15 κἀγὼ αὐτὸν ἀρῶ

Ac 4 24 ὁμοθυμαδὸν ἦραν φωνὴν πρὸς τὸν θεόν
8 33 ἐν τῇ ταπεινώσει αὐτοῦ ([N²⁶]; —NBTH) ἡ κρίσις αὐτοῦ ἤρθη
8 33ᵃᵇ ὅτι αἴρεται ἀπὸ τῆς γῆς ἡ ζωὴ αὐτοῦ
20 9ᵇ ἔπεσεν ... κάτω καὶ ἤρθη νεκρός
21 11 ἄρας τὴν ζώνην τοῦ Παύλου ... εἶπεν
21 36 ἠκολούθει γὰρ τὸ πλῆθος ... κράζοντες· αἶρε αὐτόν
22 22ᵃ αἶρε ἀπὸ τῆς γῆς τὸν τοιοῦτον
27 13 ἄραντες ἆσσον παρελέγοντο τὴν Κρήτην
27 17 ⟨τῆς σκάφης⟩ ἣν ἄραντες βοηθείαις ἐχρῶντο

1C 5 2ᵃᵇ ἵνα ἀρθῇ (ἐξ- ς) ἐκ μέσου ὑμῶν ὁ ... πράξας
6 15 ἄρας οὖν τὰ μέλη τοῦ Χριστοῦ ποιήσω πόρνης μέλη;

E 4 31ᵃᵇ πᾶσα πικρία καὶ θυμὸς ... ἀρθήτω ἀφ' ὑμῶν

Cl 2 14ᵃ καὶ αὐτὸ ἦρκεν ἐκ τοῦ μέσου

1Jo 3 5ᶜ ἵνα τὰς ἁμαρτίας [+ἡμῶν S] ἄρῃ

Ap 10 5 ὁ ἄγγελος ... ἦρεν τὴν χεῖρα αὐτοῦ
18 21 ἦρεν εἷς ἄγγελος ἰσχυρὸς λίθον

αἰσθάνομαι
Lc 9 45 ἦν παρακεκαλυμμένον ἀπ' αὐτῶν ἵνα μὴ αἴσθωνται αὐτό

αἴσθησις
Ph 1 9 ἵνα ἡ ἀγάπη ὑμῶν ... περισσεύῃ ἐν ἐπιγνώσει καὶ πάσῃ αἰσθήσει

αἰσθητήριον
Hb 5 14 τελείων ... τῶν διὰ τὴν ἕξιν τὰ αἰσθητήρια γεγυμνασμένα ἐχόντων

αἰσχροκερδής
→ αἰσχροκερδῶς
1Tm 3 3 *⟨εἶναι⟩ μὴ πλήκτην, | μὴ αἰσχροκερδῆ (+ς)
3 8 διακόνους ὡσαύτως ... μὴ αἰσχροκερδεῖς
Tt 1 7 εἶναι ... μὴ πλήκτην, μὴ αἰσχροκερδῆ

αἰσχροκερδῶς
→ αἰσχροκερδής
1Pt 5 2 ποιμάνατε ... μηδὲ αἰσχροκερδῶς ἀλλὰ προθύμως

αἰσχρολογία
Cl 3 8 ἀπόθεσθε καὶ ὑμεῖς τὰ πάντα ... βλασφημίαν, αἰσχρολογίαν ἐκ τοῦ στόματος ὑμῶν

αἰσχρός
1C 11 6 εἰ δὲ αἰσχρὸν γυναικὶ τὸ κείρασθαι ... κατακαλυπτέσθω
14 35 αἰσχρὸν γάρ ἐστιν γυναικὶ λαλεῖν ἐν ἐκκλησίᾳ
E 5 12 τὰ γὰρ κρυφῇ γινόμενα ὑπ' αὐτῶν αἰσχρόν ἐστιν καὶ λέγειν
Tt 1 11 διδάσκοντες ἃ μὴ δεῖ αἰσχροῦ κέρδους χάριν

αἰσχρότης
E 5 4 ⟨μηδὲ ὀνομαζέσθω ἐν ὑμῖν⟩ καὶ αἰσχρότης καὶ (ἢ ST) μωρολογία

αἰσχύνη
Lc 14 9 τότε ἄρξῃ μετὰ αἰσχύνης τὸν ἔσχατον τόπον κατέχειν
2C 4 2 ἀλλὰ ἀπειπάμεθα τὰ κρυπτὰ τῆς αἰσχύνης
Ph 3 19 ἡ δόξα ἐν τῇ αἰσχύνῃ αὐτῶν
Hb 12 2 ὃς ... ὑπέμεινεν σταυρὸν αἰσχύνης καταφρονήσας
Jd 13 κύματα ἄγρια θαλάσσης ἐπαφρίζοντα τὰς ἑαυτῶν αἰσχύνας
Ap 3 18 ἵνα περιβάλῃ καὶ μὴ φανερωθῇ ἡ αἰσχύνη τῆς γυμνότητός σου

αἰσχύνομαι
ἐπ- κατ-
Lc 16 3 σκάπτειν οὐκ ἰσχύω, ἐπαιτεῖν αἰσχύνομαι
2C 10 8 ἐάν τε ([N²⁶]; —S) γὰρ περισσότερόν τι καυχήσωμαι (-σομαι T) ... οὐκ αἰσχυνθήσομαι
Ph 1 20 ὅτι ἐν οὐδενὶ αἰσχυνθήσομαι, ἀλλ' ... μεγαλυνθήσεται Χριστός
1Pt 4 16 μὴ αἰσχυνέσθω, δοξαζέτω δὲ τὸν θεόν
1Jo 2 28 ἵνα ... σχῶμεν παρρησίαν καὶ μὴ αἰσχυνθῶμεν ἀπ' αὐτοῦ

αἰτέω
ἀπ-   ἐπ-   προσ-
ἐξ-   παρ-
a med.
Mt 5 42 τῷ αἰτοῦντί σε δός
6 8 οἶδεν ... ὧν χρείαν ἔχετε πρὸ τοῦ ὑμᾶς αἰτῆσαι αὐτόν
7 7 αἰτεῖτε, καὶ δοθήσεται ὑμῖν
7 8 πᾶς γὰρ ὁ αἰτῶν λαμβάνει
7 9 ὃν αἰτήσει (ἐὰν αἰτήσῃ VSς) ὁ υἱὸς αὐτοῦ ἄρτον
7 10 ἢ καὶ ἰχθὺν αἰτήσει (καὶ ἐὰν ἰχ. αἰτήσῃ VSς), μὴ ὄφιν ἐπιδώσει αὐτῷ;

Column 1

Mt 7 11 πόσῳ μᾶλλον ... δώσει ἀγαθὰ τοῖς αἰτοῦσιν αὐτόν

14 7ᵃαὐτῇ δοῦναι ὃ ἐὰν αἰτήσηται

18 19ᵃπερὶ παντὸς πράγματος οὗ ἐὰν αἰτήσωνται, γενήσεται αὐτοῖς

20 20 προσῆλθεν ... προσκυνοῦσα καὶ αἰτοῦσά τι ἀπ’ (παρ’ MVBSTϛ) αὐτοῦ

20 22ᵃοὐκ οἴδατε τί αἰτεῖσθε

21 22 καὶ πάντα ὅσα ἂν αἰτήσητε ἐν τῇ προσευχῇ πιστεύοντες λήμψεσθε

27 20ᵃἔπεισαν τοὺς ὄχλους ἵνα αἰτήσωνται τὸν Βαραββᾶν

27 58ᵃἠτήσατο τὸ σῶμα τοῦ Ἰησοῦ

Mc 6 22 αἴτησόν με ὃ ἐὰν θέλῃς

6 23 | ὅ τι (N²⁶; ὅτι rl) (+ὃ NMVB [S] Tϛ) ἐάν με (— N) αἰτήσῃς δώσω σοι

6 24ᵃεἶπεν τῇ μητρὶ αὐτῆς· τί αἰτήσωμαι (-σομαι ϛ);

6 25ᵃεἰσελθοῦσα ... πρὸς τὸν βασιλέα ᾐτήσατο λέγουσα

10 35 θέλομεν ἵνα ὃ ἐὰν αἰτήσωμέν σε ποιήσῃς ἡμῖν

10 38ᵃοὐκ οἴδατε τί αἰτεῖσθε

11 24ᵃπάντα ὅσα προσεύχεσθε καὶ αἰτεῖσθε

15 6ᵃ*ἀπέλυεν αὐτοῖς ἕνα δέσμιον | ὅνπερ ᾐτοῦντο (BSϛ; ὃν παρῃτοῦντο rl)

15 8ᵃἀναβὰς ὁ ὄχλος ἤρξατο αἰτεῖσθαι καθὼς (+ἀεὶ MV[S]ϛ) ἐποίει αὐτοῖς

15 43ᵃεἰσῆλθεν πρὸς τὸν [S] Πιλᾶτον καὶ ᾐτήσατο τὸ σῶμα τοῦ Ἰησοῦ

Lc 1 63 καὶ αἰτήσας πινακίδιον ἔγραψεν

6 30 παντὶ (+δὲ τῷ Vϛ) αἰτοῦντί σε δίδου

11 9 αἰτεῖτε, καὶ δοθήσεται ὑμῖν

11 10 πᾶς γὰρ ὁ αἰτῶν λαμβάνει

11 11 τίνα (τίς S) δὲ ἐξ ὑμῶν τὸν πατέρα αἰτήσει | ὁ υἱός (—S) ... ἰχθύν

11 12 ἢ καὶ (+ἐὰν ϛ) αἰτήσει (-σῃ ϛ) ᾠόν

11 13 πόσῳ μᾶλλον ... δώσει πνεῦμα ἅγιον τοῖς αἰτοῦσιν αὐτόν

12 20 *τὴν ψυχήν σου αἰτοῦσιν (H; [ἀπ]αιτ. S; ἀπαιτ. rl) ἀπὸ σοῦ

12 48 ᾧ παρέθεντο πολύ, περισσότερον αἰτήσουσιν αὐτόν

23 23ᵃοἱ δὲ ἐπέκειντο φωναῖς μεγάλαις αἰτούμενοι αὐτὸν σταυρωθῆναι

23 25ᵃἀπέλυσεν δὲ τὸν ... βεβλημένον εἰς(+τὴνVSϛ)φυλακήν,ὃν ᾐτοῦντο

23 52ᵃοὗτος προσελθὼν τῷ Πιλᾶτῳ ᾐτήσατο τὸ σῶμα τοῦ Ἰησοῦ

Jo 4 9 πῶς σὺ Ἰουδαῖος ὢν παρ’ ἐμοῦ πεῖν αἰτεῖς ⟨;⟩

4 10 σὺ ἂν ᾔτησας αὐτόν

11 22 ὅσα ἂν αἰτήσῃ τὸν θεὸν δώσει σοι ὁ θεός

14 13 ὅ τι ἂν αἰτήσητε ἐν τῷ ὀνόματί μου

14 14 ἐάν τι αἰτήσητέ με [Η] ἐν τῷ ὀνόματί μου

15 7ᵃὃ ἐὰν θέλητε αἰτήσασθε (-σεσθε ϛ), καὶ γενήσεται ὑμῖν

15 16 ἵνα ὅ τι ἂν αἰτήσητε τὸν πατέρα ἐν τῷ ὀνόματί μου δῷ ὑμῖν

16 23 | ἄν τι (ὅτι ὅσα ἂν ϛ) αἰτήσητε τὸν πατέρα | ἐν τῷ ὀνόματί μου δώσει ὑμῖν (N²⁶ϛ; ~rl)

16 24 ἕως ἄρτι οὐκ ᾐτήσατε οὐδὲν ἐν τῷ ὀνόματί μου

16 24 αἰτεῖτε, καὶ λήμψεσθε

Column 2

Jo 16 26ᵃἐν ἐκείνῃ τῇ ἡμέρᾳ ἐν τῷ ὀνόματί μου αἰτήσεσθε

Ac 3 2 ἐτίθουν ... τοῦ αἰτεῖν ἐλεημοσύνην παρὰ τῶν εἰσπορευομένων

3 14ᵃὑμεῖς δὲ ... ᾐτήσασθε ἄνδρα φονέα χαρισθῆναι ὑμῖν

7 46ᵃὃς ... ᾐτήσατο εὑρεῖν σκήνωμα τῷ οἴκῳ (N²⁶NT; θεῷ rl) Ἰακώβ

9 2ᵃ⟨ὁ δὲ Σαῦλος⟩ ᾐτήσατο παρ’ αὐτοῦ ἐπιστολάς

12 20ᵃπείσαντες Βλάστον ... ᾐτοῦντο εἰρήνην

13 21ᵃκἀκεῖθεν ᾐτήσαντο βασιλέα

13 28ᵃᾐτήσαντο Πιλᾶτον ἀναιρεθῆναι αὐτόν

16 29 αἰτήσας δὲ φῶτα εἰσεπήδησεν

25 3ᵃ⟨παρεκάλουν αὐτόν⟩ αἰτούμενοι χάριν κατ’ αὐτοῦ

25 15ᵃἐνεφάνισαν οἱ ἀρχιερεῖς ... αἰτούμενοι κατ’ αὐτοῦ καταδίκην

1C 1 22 ἐπειδὴ καὶ Ἰουδαῖοι σημεῖα αἰτοῦσιν

E 3 13ᵃδιὸ αἰτοῦμαι μὴ ἐγκακεῖν ἐν ταῖς θλίψεσίν μου ὑπὲρ ὑμῶν

3 20ᵃποιῆσαι ὑπερεκπερισσοῦ ὧν αἰτούμεθα ἢ νοοῦμεν

Cl 1 9ᵃοὐ παυόμεθα ὑπὲρ ὑμῶν προσευχόμενοι καὶ αἰτούμενοι

Jc 1 5 εἰ δέ τις ὑμῶν λείπεται σοφίας, αἰτείτω παρὰ τοῦ διδόντος θεοῦ

1 6 αἰτείτω δὲ ἐν πίστει, μηδὲν διακρινόμενος

4 2ᵃοὐκ ἔχετε διὰ τὸ μὴ αἰτεῖσθαι ὑμᾶς

4 3 αἰτεῖτε καὶ οὐ λαμβάνετε, ↔

4 3ᵃδιότι κακῶς αἰτεῖσθε

1 Pt 3 15 ἕτοιμοι ἀεὶ πρὸς ἀπολογίαν παντὶ τῷ αἰτοῦντι ὑμᾶς λόγον

1 Jo 3 22 καὶ ὃ ἐὰν (ἂν Η) αἰτῶμεν λαμβάνομεν ἀπ’ αὐτοῦ

5 14ᵃἐάν τι αἰτώμεθα κατὰ τὸ θέλημα

5 15ᵃὅτι ἀκούει ἡμῶν ὃ ἐὰν (ἂν Sϛ) αἰτώμεθα

5 15 ὅτι ἔχομεν τὰ αἰτήματα ἃ ᾐτήκαμεν ἀπ’ (παρ’ VSϛ) αὐτοῦ

5 16 ἐάν τις ἴδῃ τὸν ἀδελφὸν ... αἰτήσει

αἴτημα

Lc 23 24 Πιλᾶτος ἐπέκρινεν γενέσθαι τὸ αἴτημα αὐτῶν

Ph 4 6 τὰ αἰτήματα ὑμῶν γνωριζέσθω πρὸς τὸν θεόν

1 Jo 5 15 ὅτι ἔχομεν τὰ αἰτήματα ἃ ᾐτήκαμεν ἀπ’ (παρ’ VSϛ) αὐτοῦ

αἰτία

Mt 19 3 εἰ ἔξεστιν ἀνθρώπῳ (—NBSTH) ἀπολῦσαι τὴν γυναῖκα αὐτοῦ κατὰ πᾶσαν αἰτίαν;

19 10 εἰ οὕτως ἐστὶν ἡ αἰτία τοῦ ἀνθρώπου μετὰ τῆς γυναικός

27 37 ἐπέθηκαν ἐπάνω τῆς κεφαλῆς αὐτοῦ τὴν αἰτίαν αὐτοῦ

Mc 15 26 ἦν ἡ ἐπιγραφὴ τῆς αἰτίας αὐτοῦ ἐπιγεγραμμένη

Lc 8 47 δι’ ἣν αἰτίαν ἥψατο αὐτοῦ ἀπήγγειλεν

Jo 18 38 ἐγὼ οὐδεμίαν εὑρίσκω ἐν αὐτῷ αἰτίαν

19 4 ὅτι | οὐδεμίαν αἰτίαν εὑρίσκω ἐν αὐτῷ (αἰτίαν οὐχ εὑρίσκω T)

19 6 ἐγὼ γὰρ οὐχ εὑρίσκω ἐν αὐτῷ αἰτίαν

Ac 10 21 τίς ἡ αἰτία δι’ ἣν πάρεστε;

13 28 μηδεμίαν αἰτίαν θανάτου εὑρόντες ᾐτήσαντο Πιλᾶτον ἀναιρεθῆναι

22 24 ἵνα ἐπιγνῷ δι’ ἣν αἰτίαν οὕτως ἐπεφώνουν αὐτῷ

Column 3

Ac 23 28 βουλόμενός τε ἐπιγνῶναι τὴν αἰτίαν δι’ ἣν ἐνεκάλουν αὐτῷ

25 18 περὶ οὗ ... οὐδεμίαν αἰτίαν ἔφερον ὧν ἐγὼ ὑπενόουν πονηρῶν (-ράν MST; —ϛ)

25 27 πέμποντα δέσμιον μὴ καὶ τὰς κατ’ αὐτοῦ αἰτίας σημᾶναι

28 18 διὰ τὸ μηδεμίαν αἰτίαν θανάτου ὑπάρχειν ἐν ἐμοί

28 20 διὰ ταύτην οὖν τὴν αἰτίαν παρεκάλεσα ὑμᾶς ἰδεῖν

2 Tm 1 6 δι’ ἣν αἰτίαν ἀναμιμνήσκω σε

1 12 δι’ ἣν αἰτίαν καὶ ταῦτα πάσχω

Tt 1 13 δι’ ἣν αἰτίαν ἔλεγχε αὐτοὺς ἀποτόμως

Hb 2 11 δι’ ἣν αἰτίαν οὐκ ἐπαισχύνεται ἀδελφοὺς αὐτοὺς καλεῖν

αἰτίαμα

→ αἰτίωμα

αἴτιος

Lc 23 4 οὐδὲν εὑρίσκω αἴτιον ἐν τῷ ἀνθρώπῳ τούτῳ

23 14 οὐθὲν εὗρον ἐν τῷ ἀνθρώπῳ τούτῳ αἴτιον

23 22 οὐδὲν αἴτιον θανάτου εὗρον ἐν αὐτῷ

Ac 19 40 ἐγκαλεῖσθαι στάσεως ... μηδενὸς αἰτίου ὑπάρχοντος

Hb 5 9 ἐγένετο ... αἴτιος σωτηρίας αἰωνίου

αἰτίωμα

Ac 25 7 πολλὰ καὶ βαρέα αἰτιώματα (αἰτιάματα ϛ) καταφέροντες, ἃ οὐκ ἴσχυον ἀποδεῖξαι

αἰφνίδιος

ἐφνίδιος Η

Lc 21 34 μήποτε ... καὶ ἐπιστῇ ἐφ’ ὑμᾶς αἰφνίδιος ἡ ἡμέρα ἐκείνη

1 Th 5 3 τότε αἰφνίδιος αὐτοῖς ἐφίσταται (ἐπ. ΤΗ) ὄλεθρος

αἰχμαλωσία

E 4 8 ἀναβὰς εἰς ὕψος ᾐχμαλώτευσεν αἰχμαλωσίαν

Ap 13 10 εἴ τις εἰς αἰχμαλωσίαν, ↔

13 10 | εἰς αἰχμαλωσίαν [S] ὑπάγει

αἰχμαλωτεύω

E 4 8 ἀναβὰς εἰς ὕψος ᾐχμαλώτευσεν αἰχμαλωσίαν

2 Tm 3 6 *αἰχμαλωτεύοντες (Sϛ; -ωτίζοντες rl) γυναικάρια σεσωρευμένα ἁμαρτίας

αἰχμαλωτίζω

Lc 21 24 αἰχμαλωτισθήσονται εἰς τὰ ἔθνη πάντα

Rm 7 23 βλέπω δὲ ἕτερον νόμον ... αἰχμαλωτίζοντά με ἐν [Η] τῷ νόμῳ

2C 10 5 καὶ αἰχμαλωτίζοντες πᾶν νόημα εἰς τὴν ὑπακοὴν τοῦ Χριστοῦ

2 Tm 3 6 αἰχμαλωτίζοντες (-ωτεύοντες Sϛ) γυναικάρια σεσωρευμένα ἁμαρτίαις

αἰχμάλωτος

Lc 4 18 κηρύξαι αἰχμαλώτοις ἄφεσιν καὶ τυφλοῖς ἀνάβλεψιν

αἰών

ᵃ ὁ νῦν αἰών, ὁ αἰ. οὗτος

ᵇ ὁ αἰὼν ὁ μέλλων, ὁ ἐρχόμενος, ἐκεῖνος

ᶜ εἰς τ. αἰῶνα, τ. αἰῶνας

ᵈ εἰς τοὺς αἰῶνας τῶν αἰώνων

ᵉ ἀπ’ αἰῶνος

Mt 6 13ᶜ*| ὅτι σοῦ ἐστιν ἡ βασιλεία ... εἰς τοὺς αἰῶνας (+ϛ)

12 32ᵃᵇοὐκ ἀφεθήσεται αὐτῷ οὔτε ἐν τούτῳ τῷ αἰῶνι οὔτε ἐν τῷ μέλλοντι

13 22ᵃκαὶ ἡ μέριμνα τοῦ αἰῶνος (+τούτου [M]VSϛ) ... συμπνίγει τὸν λόγον

Mt 13 39 ὁ δὲ θερισμὸς συντέλεια (+τοῦ Vς) αἰῶνός ἐστιν
13 40ᵃοὕτως ἔσται ἐν τῇ συντελείᾳ τοῦ αἰῶνος (+τούτου ς)
13 49 οὕτως ἔσται ἐν τῇ συντελείᾳ τοῦ αἰῶνος
21 19ᶜ(+οὐ NMTH) μηκέτι ἐκ σοῦ καρπὸς γένηται εἰς τὸν αἰῶνα
24 3 τί τὸ σημεῖον τῆς σῆς παρουσίας καὶ (+τῆς Vς) συντελείας τοῦ αἰῶνος;
28 20 μεθ' ὑμῶν εἰμι ... ἕως τῆς συντελείας τοῦ αἰῶνος

Mc 3 29ᶜοὐκ ἔχει ἄφεσιν εἰς τὸν αἰῶνα
4 19ᶜαἱ μέριμναι τοῦ αἰῶνος (+τούτου ς) ... συμπνίγουσιν τὸν λόγον
10 30ᵇἐὰν μὴ λάβῃ ἑκατονταπλασίονα... καὶ ἐν τῷ αἰῶνι τῷ ἐρχομένῳ ζωὴν αἰώνιον
11 14ᶜμηκέτι εἰς τὸν αἰῶνα ἐκ σοῦ μηδεὶς καρπὸν φάγοι

Lc 1 33ᶜβασιλεύσει ἐπὶ τὸν οἶκον Ἰακὼβ εἰς τοὺς αἰῶνας
1 55ᶜκαθὼς ἐλάλησεν πρὸς τοὺς πατέρας ἡμῶν ... | εἰς τὸν αἰῶνα (ἕως αἰῶνος S)
1 70ᵉἐλάλησεν διὰ στόματος τῶν ἁγίων ἀπ' αἰῶνος προφητῶν αὐτοῦ
16 8ᵃὅτι οἱ υἱοὶ τοῦ αἰῶνος τούτου φρονιμώτεροι ὑπὲρ τοὺς υἱοὺς τοῦ φωτὸς εἰς τὴν γενεὰν τὴν ἑαυτῶν εἰσιν
18 30ᵇὃς οὐχὶ μὴ ἀπολάβῃ (λάβῃ NMH; [ἀπο]λ. N²⁶) ... ἐν τῷ αἰῶνι τῷ ἐρχομένῳ ζωὴν αἰώνιον
20 34ᵃοἱ υἱοὶ τοῦ αἰῶνος τούτου γαμοῦσιν
20 35ᵇοἱ δὲ καταξιωθέντες τοῦ αἰῶνος ἐκείνου τυχεῖν ... οὔτε γαμοῦσιν

Jo 4 14ᶜοὐ μὴ διψήσει εἰς τὸν αἰῶνα
6 51ᶜζήσει εἰς τὸν αἰῶνα
6 58ᶜὁ τρώγων τοῦτον τὸν ἄρτον ζήσει εἰς τὸν αἰῶνα
8 35ᶜὁ δὲ δοῦλος οὐ μένει ἐν τῇ οἰκίᾳ εἰς τὸν αἰῶνα· ↔
8 35ᶜὁ υἱὸς μένει εἰς τὸν αἰῶνα
8 51ᵉθάνατον οὐ μὴ θεωρήσῃ εἰς τὸν αἰῶνα
8 52ᶜοὐ μὴ γεύσηται θανάτου εἰς τὸν αἰῶνα
9 32 ἐκ τοῦ αἰῶνος οὐκ ἠκούσθη
10 28ᶜοὐ μὴ ἀπόλωνται εἰς τὸν αἰῶνα
11 26ᶜπᾶς ὁ ζῶν καὶ πιστεύων εἰς ἐμὲ οὐ μὴ ἀποθάνῃ εἰς τὸν αἰῶνα
12 34ᶜἠκούσαμεν ἐκ τοῦ νόμου ὅτι ὁ χριστὸς μένει εἰς τὸν αἰῶνα
13 8ᶜοὐ μὴ νίψῃς μου τοὺς πόδας εἰς τὸν αἰῶνα
14 16ᶜἵνα | μεθ' ὑμῶν εἰς τὸν αἰῶνα ᾖ (N²⁶; ~ rl)

Ac 3 21ᵉδιὰ στόματος τῶν ἁγίων ἀπ' αἰῶνος αὐτοῦ προφητῶν
15 18ᵉ⟨λέγει κύριος ποιῶν ταῦτα⟩ γνωστὰ ἀπ' αἰῶνος

Rm 1 25ᶜὃς ἐστιν εὐλογητὸς εἰς τοὺς αἰῶνας
9 5ᵉὁ ὢν ἐπὶ πάντων θεὸς εὐλογητὸς εἰς τοὺς αἰῶνας, ἀμήν
11 36ᶜαὐτῷ ἡ δόξα εἰς τοὺς αἰῶνας
12 2ᵃκαὶ μὴ συσχηματίζεσθε (-σθαι S) τῷ αἰῶνι τούτῳ
16 27ᶜᵈ|| ᾧ [H] ἡ δόξα εἰς τοὺς αἰῶνας | τῶν αἰώνων (—N²⁶Hς)· ἀμήν [[..N²⁶S]]

1C 1 20ᵃποῦ συζητητὴς τοῦ αἰῶνος τούτου;

1C 2 6ᵃσοφίαν δὲ οὐ τοῦ αἰῶνος τούτου ↔
2 6ᵃοὐδὲ τῶν ἀρχόντων τοῦ αἰῶνος τούτου τῶν καταργουμένων
2 7 ἣν προώρισεν ὁ θεὸς πρὸ τῶν αἰώνων εἰς δόξαν ἡμῶν
2 8ᵃἣν οὐδεὶς τῶν ἀρχόντων τοῦ αἰῶνος τούτου ἔγνωκεν
3 18ᵃεἴ τις δοκεῖ σοφὸς εἶναι ἐν ὑμῖν ἐν τῷ αἰῶνι τούτῳ
8 13ᶜοὐ μὴ φάγω κρέα εἰς τὸν αἰῶνα
10 11 εἰς οὓς τὰ τέλη τῶν αἰώνων κατήντηκεν

2C 4 4ᵃἐν οἷς ὁ θεὸς τοῦ αἰῶνος τούτου ἐτύφλωσεν τὰ νοήματα
9 9ᶜἡ δικαιοσύνη αὐτοῦ μένει εἰς τὸν αἰῶνα
11 31ᶜὁ ὢν εὐλογητὸς εἰς τοὺς αἰῶνας

G 1 4 ⟨Ἰησοῦ Χριστοῦ⟩ ὅπως ἐξέληται ἡμᾶς ἐκ τοῦ | αἰῶνος τοῦ ἐνεστῶτος (ἐ. αἰ. ς) πονηροῦ
1 5ᵈᾧ ἡ δόξα εἰς τοὺς αἰῶνας τῶν αἰώνων· ἀμήν

E 1 21ᵃπαντὸς ὀνόματος ὀνομαζομένου οὐ μόνον ἐν τῷ αἰῶνι τούτῳ
2 2 ἐν αἷς ποτε περιεπατήσατε κατὰ τὸν αἰῶνα τοῦ κόσμου τούτου
2 7ᵇἵνα ἐνδείξηται ἐν τοῖς αἰῶσιν τοῖς ἐπερχομένοις τὸ ὑπερβάλλον πλοῦτος τῆς χάριτος
3 9 τίς ἡ οἰκονομία τοῦ μυστηρίου τοῦ ἀποκεκρυμμένου ἀπὸ τῶν αἰώνων
3 11 κατὰ πρόθεσιν τῶν αἰώνων ἣν ἐποίησεν ἐν τῷ Χριστῷ Ἰησοῦ
3 21ᵈαὐτῷ ἡ δόξα ... εἰς πάσας τὰς γενεὰς τοῦ αἰῶνος τῶν αἰώνων
6 12ᵃ*πρὸς τοὺς κοσμοκράτορας τοῦ σκότους | τοῦ αἰῶνος (+[VS]ς) τούτου

Ph 4 20ᵈτῷ δὲ θεῷ καὶ πατρὶ ἡμῶν ἡ δόξα εἰς τοὺς αἰῶνας τῶν αἰώνων· ἀμήν

Cl 1 26 τὸ μυστήριον τὸ ἀποκεκρυμμένον ἀπὸ τῶν αἰώνων

1Tm 1 17 τῷ δὲ βασιλεῖ τῶν αἰώνων ... τιμὴ καὶ δόξα ↔
1 17ᵈεἰς τοὺς αἰῶνας τῶν αἰώνων· ἀμήν
6 17ᵃτοῖς πλουσίοις ἐν τῷ νῦν αἰῶνι παράγγελλε μὴ ὑψηλοφρονεῖν

2Tm 4 10ᵃἀγαπήσας τὸν νῦν αἰῶνα
4 18ᵈᾧ ἡ δόξα εἰς τοὺς αἰῶνας τῶν αἰώνων, ἀμήν

Tt 2 12ᵃἵνα ... εὐσεβῶς ζήσωμεν ἐν τῷ νῦν αἰῶνι

Hb 1 2 δι' οὗ καὶ | ἐποίησεν τοὺς αἰῶνας (~ Sς)
1 8ᵈὁ θρόνος σου ὁ θεὸς εἰς τὸν αἰῶνα | τοῦ αἰῶνος [H]
5 6ᶜσὺ ἱερεὺς εἰς τὸν αἰῶνα κατὰ τὴν τάξιν Μελχισέδεκ
6 5ᵇγευσαμένους θεοῦ ῥῆμα δυνάμεις τε μέλλοντος αἰῶνος
6 20ᶜἸησοῦς ... ἀρχιερεὺς γενόμενος εἰς τὸν αἰῶνα
7 17ᶜσὺ ἱερεὺς εἰς τὸν αἰῶνα κατὰ τὴν τάξιν Μελχισέδεκ
7 21ᶜσὺ ἱερεὺς εἰς τὸν αἰῶνα
7 24ᶜδιὰ τὸ μένειν αὐτὸν εἰς τὸν αἰῶνα
7 28ᶜυἱὸν εἰς τὸν αἰῶνα τετελειωμένον
9 26 νυνὶ δὲ ἅπαξ ἐπὶ συντελείᾳ τῶν αἰώνων ... πεφανέρωται
11 3 πίστει νοοῦμεν κατηρτίσθαι τοὺς αἰῶνας ῥήματι θεοῦ
13 8ᶜἸησοῦς Χριστὸς ἐχθὲς καὶ σήμερον ὁ αὐτὸς καὶ εἰς τοὺς αἰῶνας
13 21ᵈᾧ ἡ δόξα εἰς τοὺς αἰῶνας | τῶν αἰώνων [N²⁶]· ἀμήν

1Pt 1 23ᶜ*διὰ λόγου ζῶντος θεοῦ καὶ μένοντος | εἰς τὸν αἰῶνα (+ς)
1 25ᶜτὸ δὲ ῥῆμα κυρίου μένει εἰς τὸν αἰῶνα
4 11ᵈᾧ ἐστιν ἡ δόξα καὶ τὸ κράτος εἰς τοὺς αἰῶνας τῶν αἰώνων· ἀμήν
5 11ᵈαὐτῷ (+ἡ δόξα καὶ MVBSς) τὸ κράτος εἰς τοὺς αἰῶνας | τῶν αἰώνων (—N²⁶H)· ἀμήν

2Pt 2 17ᶜ*οἷς ὁ ζόφος τοῦ σκότους | εἰς αἰῶνα (+Sς) τετήρηται
3 18 αὐτῷ ἡ δόξα καὶ νῦν καὶ εἰς ἡμέραν αἰῶνος

1Jo 2 17ᶜὁ δὲ ποιῶν ... μένει εἰς τὸν αἰῶνα

2Jo 2ᶜκαὶ μεθ' ἡμῶν ἔσται εἰς τὸν αἰῶνα

Jd 13ᶜοἷς ὁ ζόφος τοῦ σκότους εἰς (+τὸν ς) αἰῶνα τετήρηται
25 κράτος καὶ ἐξουσία | πρὸ παντὸς τοῦ αἰῶνος (—ς) ↔
25ᶜκαὶ νῦν καὶ εἰς πάντας τοὺς αἰῶνας· ἀμήν

Ap 1 6ᵃαὐτῷ ἡ δόξα καὶ τὸ κράτος εἰς τοὺς αἰῶνας | τῶν αἰώνων ([N²⁶]; — H)
1 18ᵈζῶν εἰμι εἰς τοὺς αἰῶνας τῶν αἰώνων
4 9ᵈεὐχαριστίαν ... τῷ ζῶντι εἰς τοὺς αἰῶνας τῶν αἰώνων
4 10ᵈπροσκυνήσουσιν τῷ ζῶντι εἰς τοὺς αἰῶνας τῶν αἰώνων
5 13ᵈτῷ ἀρνίῳ ... ἡ δόξα καὶ τὸ κράτος εἰς τοὺς αἰῶνας τῶν αἰώνων
5 14ᵈοἱ πρεσβύτεροι ἔπεσαν καὶ προσεκύνησαν | ζῶντι εἰς τοὺς αἰῶνας τῶν αἰώνων (+ς)
7 12ᵈἡ ἰσχὺς τῷ θεῷ ἡμῶν εἰς τοὺς αἰῶνας τῶν αἰώνων
10 6ᵈὤμοσεν ἐν τῷ ζῶντι εἰς τοὺς αἰῶνας τῶν αἰώνων
11 15ᵈβασιλεύσει εἰς τοὺς αἰῶνας τῶν αἰώνων
14 11ᵈὁ καπνὸς τοῦ βασανισμοῦ αὐτῶν εἰς αἰῶνας αἰώνων ἀναβαίνει
15 3 *κύριε ὁ θεὸς ... ὁ βασιλεὺς τῶν αἰώνων (BH; ἁγίων ς; ἐθνῶν rl)
15 7ᵈτοῦ θεοῦ τοῦ ζῶντος εἰς τοὺς αἰῶνας τῶν αἰώνων
19 3ᵈὁ καπνὸς αὐτῆς ἀναβαίνει εἰς τοὺς αἰῶνας τῶν αἰώνων
20 10ᵈβασανισθήσονται ... εἰς τοὺς αἰῶνας τῶν αἰώνων
22 5ᵈβασιλεύσουσιν εἰς τοὺς αἰῶνας τῶν αἰώνων

αἰώνιος
ᵃ ζωὴ αἰώνιος
ᵇ χρόνοι αἰώνιοι
ᶜ αἰωνία (fem.)

Mt 18 8 ἢ ... βληθῆναι εἰς τὸ πῦρ τὸ αἰώνιον
19 16ᵃτί ἀγαθὸν ποιήσω ἵνα σχῶ (ἔχω Vς) ζωὴν αἰώνιον;
19 29ᵃζωὴν αἰώνιον κληρονομήσει
25 41 πορεύεσθε ... εἰς τὸ πῦρ τὸ αἰώνιον
25 46 ἀπελεύσονται οὗτοι εἰς κόλασιν αἰώνιον, ↔
25 46ᵃοἱ δὲ δίκαιοι εἰς ζωὴν αἰώνιον

Mc 3 29 ἀλλὰ ἔνοχός ἐστιν (ἔσται T) αἰωνίου ἁμαρτήματος
10 17ᵃτί ποιήσω ἵνα ζωὴν αἰώνιον κληρονομήσω;
10 30ᵃἐὰν μὴ λάβῃ ... ἐν τῷ αἰῶνι τῷ ἐρχομένῳ ζωὴν αἰώνιον
[16 br] ἄφθαρτον κήρυγμα τῆς αἰωνίου σωτηρίας. ἀμήν (+N²⁶)

Lc 10 25ᵃ τί ποιήσας ζωὴν αἰώνιον κληρο-
νομήσω;

16 9 ἵνα ὅταν ἐκλίπῃ δέξωνται ὑμᾶς εἰς
τὰς αἰωνίους σκηνάς

18 18ᵃ τί ποιήσας ζωὴν αἰώνιον κληρο-
νομήσω;

18 30ᵃ ὃς οὐχὶ μὴ ἀπολάβῃ (λάβῃ ΝΜΗ;
[ἀπο]λ. Ν²⁶) ... ἐν τῷ αἰῶνι τῷ
ἐρχομένῳ ζωὴν αἰώνιον

Jo 3 15ᵃ ἵνα πᾶς ὁ πιστεύων | ἐν αὐτῷ (εἰς
αὐτὸν Sϛ) ἔχῃ ζωὴν αἰώνιον

3 16ᵃ μὴ ἀπόληται ἀλλ' ἔχῃ ζωὴν
αἰώνιον

3 36ᵃ ὁ πιστεύων εἰς τὸν υἱὸν ἔχει ζωὴν
αἰώνιον

4 14ᵃ πηγὴ ὕδατος ἁλλομένου εἰς ζωὴν
αἰώνιον

4 36ᵃ καὶ συνάγει καρπὸν εἰς ζωὴν
αἰώνιον

5 24ᵃ ὁ ... πιστεύων τῷ πέμψαντί με
ἔχει ζωὴν αἰώνιον

5 39ᵃ ὅτι ὑμεῖς δοκεῖτε ἐν αὐταῖς ζωὴν
αἰώνιον ἔχειν

6 27ᵃ ἐργάζεσθε ... τὴν βρῶσιν τὴν μέ-
νουσαν εἰς ζωὴν αἰώνιον

6 40ᵃ ἵνα πᾶς ὁ ... πιστεύων εἰς αὐτὸν
ἔχῃ ζωὴν αἰώνιον

6 47ᵃ ὁ πιστεύων (+εἰς ἐμὲ Vϛ) ἔχει
ζωὴν αἰώνιον

6 54ᵃ ὁ ... πίνων μου τὸ αἷμα ἔχει ζωὴν
αἰώνιον

6 68ᵃ ῥήματα ζωῆς αἰωνίου ἔχεις

10 28 | δίδωμι αὐτοῖς ζωὴν αἰώνιον
(~ Sϛ)

12 25ᵃ ὁ μισῶν τὴν ψυχὴν αὐτοῦ ... εἰς
ζωὴν αἰώνιον φυλάξει αὐτήν

12 50ᵃ ὅτι ἡ ἐντολὴ αὐτοῦ ζωὴ αἰώνιός
ἐστιν

17 2ᵃ ἵνα ... δώσει (-σῃ Ν²⁶ΝΤϛ) αὐτοῖς
ζωὴν αἰώνιον

17 3ᵃ αὕτη δέ ἐστιν ἡ αἰώνιος ζωή

Ac 13 46ᵃ ἐπειδὴ ... οὐκ ἀξίους κρίνετε ἑαυ-
τοὺς τῆς αἰωνίου ζωῆς

13 48ᵃ ὅσοι ἦσαν τεταγμένοι εἰς ζωὴν
αἰώνιον

Rm 2 7ᵃ ⟨ἀποδώσει⟩ τοῖς μὲν ... καὶ ἀφθαρ-
σίαν ζητοῦσιν ζωὴν αἰώνιον

5 21ᵃ ἡ χάρις βασιλεύσῃ διὰ δικαιοσύνης
εἰς ζωὴν αἰώνιον

6 22ᵃ τὸ δὲ τέλος ζωὴν αἰώνιον

6 23ᵃ τὸ δὲ χάρισμα τοῦ θεοῦ ζωὴ αἰώνιος

16 25ᵇ | μυστηρίου χρόνοις αἰωνίοις σε-
σιγημένου [.. Ν²⁶ S ..], ↔

16 26 | φανερωθέντος ... κατ' ἐπιταγὴν
τοῦ αἰωνίου θεοῦ [.. Ν²⁶S ..]

2C 4 17 καθ' ὑπερβολὴν εἰς ὑπερβολὴν
αἰώνιον βάρος δόξης κατεργάζε-
ται ἡμῖν

4 18 τὰ δὲ μὴ βλεπόμενα αἰώνια

5 1 οἰκοδομὴν ... ἔχομεν, οἰκίαν ἀχειρο-
ποίητον αἰώνιον ἐν τοῖς οὐρα-
νοῖς

G 6 8ᵃ ὁ δὲ σπείρων εἰς τὸ πνεῦμα ... θε-
ρίσει ζωὴν αἰώνιον

2Th 1 9 τίσουσιν ὄλεθρον αἰώνιον ἀπὸ
προσώπου τοῦ κυρίου

2 16ᶜ καὶ δοὺς παράκλησιν αἰωνίαν καὶ
ἐλπίδα ἀγαθήν

1Tm 1 16ᵃ πιστεύειν ἐπ' αὐτῷ εἰς ζωὴν
αἰώνιον

6 12ᵃ ἐπιλαβοῦ τῆς αἰωνίου ζωῆς

6 16 ᾧ τιμὴ καὶ κράτος αἰώνιον· ἀμήν

6 19ᵃ ✱ἵνα ἐπιλάβωνται τῆς αἰωνίου (ϛ;
ὄντως rl) ζωῆς

2Tm 1 9ᵇ τὴν δοθεῖσαν ἡμῖν ... πρὸ χρόνων
αἰωνίων

2 10 σωτηρίας τύχωσιν τῆς ἐν Χριστῷ
Ἰησοῦ μετὰ δόξης αἰωνίου

Tt 1 2ᵃ ⟨ἀπόστολος⟩ ἐπ' ἐλπίδι ζωῆς
αἰωνίου, ↔

1 2ᵇ ἣν ἐπηγγείλατο ὁ ἀψευδὴς θεὸς
πρὸ χρόνων αἰωνίων

3 7ᵃ ἵνα ... κληρονόμοι γενηθῶμεν κατ'
ἐλπίδα ζωῆς αἰωνίου

Phm 15 ἐχωρίσθη πρὸς ὥραν, ἵνα αἰώνιον
αὐτὸν ἀπέχῃς

Hb 5 9 τελειωθεὶς ἐγένετο ... αἴτιος σωτη-
ρίας αἰωνίου

6 2 ⟨μὴ πάλιν θεμέλιον καταβαλλόμε-
νοι⟩ καὶ κρίματος αἰωνίου

9 12ᶜ εἰσῆλθεν ... αἰωνίαν λύτρωσιν εὑ-
ράμενος

9 14 ὃς διὰ πνεύματος αἰωνίου ἑαυτὸν
προσήνεγκεν ἄμωμον τῷ θεῷ

9 15 τὴν ἐπαγγελίαν λάβωσιν οἱ κεκλη-
μένοι τῆς αἰωνίου κληρονομίας

13 20 ἀναγαγὼν ... τὸν ποιμένα ... τὸν
μέγαν ἐν αἵματι διαθήκης αἰωνίου

1Pt 5 10 ὁ καλέσας ὑμᾶς εἰς τὴν αἰώνιον
αὐτοῦ δόξαν

2Pt 1 11 ἐπιχορηγηθήσεται ὑμῖν ἡ εἴσοδος
εἰς τὴν αἰώνιον βασιλείαν

1Jo 1 2ᵃ ἀπαγγέλλομεν ὑμῖν τὴν ζωὴν τὴν
αἰώνιον

2 25ᵃ ἡ ἐπαγγελία ἣν αὐτὸς ἐπηγγείλα-
το ἡμῖν, τὴν ζωὴν τὴν αἰώνιον

3 15ᵃ ὅτι πᾶς ἀνθρωποκτόνος οὐκ ἔχει
ζωὴν αἰώνιον

5 11ᵃ ὅτι ζωὴν αἰώνιον ἔδωκεν

5 13ᵃ ὅτι ζωὴν ἔχετε αἰώνιον

5 20ᵃ οὗτός ἐστιν ὁ ἀληθινὸς θεὸς καὶ
ζωὴ αἰώνιος

Jd 7 πρόκεινται δεῖγμα πυρὸς αἰωνίου
δίκην ὑπέχουσαι

21ᵃ προσδεχόμενοι τὸ ἔλεος ... εἰς
ζωὴν αἰώνιον

Ap 14 6 ἔχοντα εὐαγγέλιον αἰώνιον

ἀκαθαρσία

Mt 23 27 ἔσωθεν δὲ γέμουσιν ὀστέων νεκρῶν
καὶ πάσης ἀκαθαρσίας

Rm 1 24 διὸ παρέδωκεν αὐτοὺς ὁ θεὸς ... εἰς
ἀκαθαρσίαν

6 19 ὥσπερ γὰρ παρεστήσατε τὰ μέλη
ὑμῶν δοῦλα τῇ ἀκαθαρσίᾳ

2C 12 21 μὴ μετανοησάντων ἐπὶ τῇ ἀκαθαρ-
σίᾳ καὶ πορνείᾳ ... ᾗ ἔπραξαν

G 5 19 ἔργα τῆς σαρκός, ἅτινά ἐστιν πορ-
νεία, ἀκαθαρσία, ἀσέλγεια

E 4 19 οἵτινες ἀπηλγηκότες ἑαυτοὺς παρ-
έδωκαν τῇ ἀσελγείᾳ εἰς ἐργασίαν
ἀκαθαρσίας πάσης

5 3 πορνεία δὲ καὶ ἀκαθαρσία πᾶσα ...
μηδὲ ὀνομαζέσθω ἐν ὑμῖν

Cl 3 5 νεκρώσατε οὖν τὰ μέλη τὰ ἐπὶ τῆς
γῆς, πορνείαν, ἀκαθαρσίαν, πάθος

1Th 2 3 ἡ γὰρ παράκλησις ἡμῶν οὐκ ἐκ
πλάνης οὐδὲ ἐξ ἀκαθαρσίας

4 7 οὐ γὰρ ἐκάλεσεν ἡμᾶς ὁ θεὸς ἐπὶ
ἀκαθαρσίᾳ, ἀλλ' ἐν ἁγιασμῷ

ἀκάθαρτης

Ap 17 4 ✱ποτήριον ... γέμον (-μων T)
βδελυγμάτων καὶ ἀκαθάρτητος (ϛ;
τὰ ἀκάθαρτα τῆς rl) πορνείας

ἀκάθαρτος

ᵃ τὸ ἀκάθαρτον, τὰ ἀκάθαρτα

Mt 10 1 ἔδωκεν αὐτοῖς ἐξουσίαν [+κατὰ
S] πνευμάτων ἀκαθάρτων

12 43 ὅταν δὲ τὸ ἀκάθαρτον πνεῦμα
ἐξέλθῃ

Mc 1 23 ἦν ἐν τῇ συναγωγῇ αὐτῶν ἄνθρω-
πος ἐν πνεύματι ἀκαθάρτῳ

1 26 σπαράξαν αὐτὸν τὸ πνεῦμα τὸ
ἀκάθαρτον

1 27 καὶ τοῖς πνεύμασι τοῖς ἀκαθάρτοις
ἐπιτάσσει

3 11 τὰ πνεύματα τὰ ἀκάθαρτα ...
προσέπιπτον (-τεν Vϛ) αὐτῷ

3 30 ὅτι ἔλεγον· πνεῦμα ἀκάθαρτον
ἔχει

5 2 ὑπήντησεν (ἀπήντ. Sϛ) αὐτῷ ...
ἄνθρωπος ἐν πνεύματι ἀκαθάρτῳ

5 8 ἔξελθε τὸ πνεῦμα τὸ ἀκάθαρτον

5 13 ἐξελθόντα τὰ πνεύματα τὰ ἀκά-
θαρτα εἰσῆλθον εἰς τοὺς χοίρους

6 7 ἐδίδου αὐτοῖς ἐξουσίαν τῶν πνευ-
μάτων τῶν ἀκαθάρτων

7 25 γυνὴ ... ἧς εἶχεν τὸ θυγάτριον αὐ-
τῆς πνεῦμα ἀκάθαρτον

9 25 ἐπετίμησεν τῷ πνεύματι τῷ ἀκα-
θάρτῳ

Lc 4 33 ἦν ἄνθρωπος ἔχων πνεῦμα δαιμο-
νίου ἀκαθάρτου

4 36 ὅτι ... ἐπιτάσσει τοῖς ἀκαθάρτοις
πνεύμασιν

6 18 οἱ ἐνοχλούμενοι ἀπὸ πνευμάτων
ἀκαθάρτων ἐθεραπεύοντο

8 29 παρήγγειλεν (Ν²⁶ϛ; -ήγγελλεν rl)
γὰρ τῷ πνεύματι τῷ ἀκαθάρτῳ
ἐξελθεῖν ἀπὸ τοῦ ἀνθρώπου

9 42 ἐπετίμησεν δὲ ὁ Ἰησοῦς τῷ πνεύ-
ματι τῷ ἀκαθάρτῳ

11 24 ὅταν τὸ ἀκάθαρτον πνεῦμα ἐξέλθῃ
ἀπὸ τοῦ ἀνθρώπου

Ac 5 16 φέροντες ... ὀχλουμένους ὑπὸ
πνευμάτων ἀκαθάρτων

8 7 πολλοὶ γὰρ τῶν ἐχόντων πνεύ-
ματα ἀκάθαρτα ... ἐξήρχοντο

10 14ᵃ ὅτι οὐδέποτε ἔφαγον πᾶν κοινὸν
καὶ ἀκάθαρτον

10 28 κἀμοὶ | ὁ θεὸς ἔδειξεν (~ ΒΤ) μη-
δένα κοινὸν ἢ ἀκάθαρτον λέγειν
ἄνθρωπον

11 8ᵃ ὅτι κοινὸν ἢ ἀκάθαρτον οὐδέποτε
εἰσῆλθεν εἰς τὸ στόμα μου

1C 7 14 ἐπεὶ ἄρα τὰ τέκνα ὑμῶν ἀκάθαρ-
τά ἐστιν

2C 6 17ᵃ ἀφορίσθητε, λέγει κύριος, καὶ
ἀκαθάρτου μὴ ἅπτεσθε

E 5 5 ὅτι πᾶς πόρνος ἢ ἀκάθαρτος ...
οὐκ ἔχει κληρονομίαν

Ap 16 13 εἶδον ἐκ τοῦ στόματος τοῦ δράκον-
τος ... πνεύματα τρία ἀκάθαρτα ὡς
βάτραχοι

17 4ᵃ ποτήριον ... γέμον (-μων T)
βδελυγμάτων καὶ | τὰ ἀκάθαρτα
τῆς (ἀκαθάρτητος ϛ) πορνείας

18 2 ἐγένετο ... φυλακὴ παντὸς πνεύ-
ματος ἀκαθάρτου ↔

18 2 καὶ φυλακὴ παντὸς ὀρνέου ἀκα-
θάρτου ↔

18 2 | καὶ φυλακὴ παντὸς θηρίου ἀκα-
θάρτου (+[Ν²⁶]Μ)

ἀκαιρέομαι

εὐ-

Ph 4 10 ἐφ' ᾧ καὶ ἐφρονεῖτε, ἠκαιρεῖσθε δέ

ἀκαίρως

2Tm 4 2 κήρυξον τὸν λόγον, ἐπίστηθι εὐ-
καίρως ἀκαίρως

ἄκακος

Rm 16 18 διὰ τῆς χρηστολογίας ... ἐξαπα-
τῶσιν τὰς καρδίας τῶν ἀκάκων

Hb 7 26 τοιοῦτος ... ἀρχιερεύς, ὅσιος, ἄκα-
κος, ἀμίαντος

ἄκανθα
Mt 7 16 μήτι συλλέγουσιν ἀπὸ ἀκανθῶν σταφυλάς (-ήν Vς) ⟨;⟩
13 7 ἄλλα δὲ ἔπεσεν ἐπὶ τὰς ἀκάνθας, ↔
13 7 καὶ ἀνέβησαν αἱ ἄκανθαι καὶ ἔπνιξαν (ἀπ- NMVHς) αὐτά
13 22 ὁ δὲ εἰς τὰς ἀκάνθας σπαρείς
27 29 πλέξαντες στέφανον ἐξ ἀκανθῶν ἐπέθηκαν
Mc 4 7 ἄλλο ἔπεσεν εἰς τὰς ἀκάνθας, ↔
4 7 καὶ ἀνέβησαν αἱ ἄκανθαι καὶ συνέπνιξαν αὐτό
4 18 ἄλλοι εἰσὶν οἱ εἰς (ἐπὶ ST) τὰς ἀκάνθας σπειρόμενοι
Lc 6 44 οὐ γὰρ ἐξ ἀκανθῶν συλλέγουσιν σῦκα
8 7 ἕτερον ἔπεσεν ἐν μέσῳ τῶν ἀκανθῶν, ↔
8 7 καὶ συμφυεῖσαι αἱ ἄκανθαι ἀπέπνιξαν αὐτό
8 14 τὸ δὲ εἰς τὰς ἀκάνθας πεσόν, οὗτοί εἰσιν οἱ ἀκούσαντες
Jo 19 2 οἱ στρατιῶται πλέξαντες στέφανον ἐξ ἀκανθῶν
Hb 6 8 ⟨γῆ⟩ ἐκφέρουσα δὲ ἀκάνθας καὶ τριβόλους ἀδόκιμος

ἀκάνθινος
Mc 15 17 καὶ περιτιθέασιν αὐτῷ πλέξαντες ἀκάνθινον στέφανον
Jo 19 5 φορῶν τὸν ἀκάνθινον στέφανον

ἄκαρπος
a sensu proprio
Mt 13 22 συμπνίγει τὸν λόγον, καὶ ἄκαρπος γίνεται
Mc 4 19 συμπνίγουσιν τὸν λόγον, καὶ ἄκαρπος γίνεται
1C 14 14 ὁ δὲ νοῦς μου ἄκαρπός ἐστιν
E 5 11 μὴ συγκοινωνεῖτε τοῖς ἔργοις τοῖς ἀκάρποις τοῦ σκότους
Tt 3 14 ἵνα μὴ ὦσιν ἄκαρποι
2Pt 1 8 ταῦτα ... πλεονάζοντα οὐκ ἀργοὺς οὐδὲ ἀκάρπους καθίστησιν
Jd 12a δένδρα φθινοπωρινὰ ἄκαρπα δὶς ἀποθανόντα ἐκριζωθέντα

ἀκατάγνωστος
Tt 2 8 λόγον ὑγιῆ ἀκατάγνωστον, ἵνα ... ἐντραπῇ

ἀκατακάλυπτος
1C 11 5 γυνὴ ... προφητεύουσα ἀκατακαλύπτῳ τῇ κεφαλῇ καταισχύνει
11 13 πρέπον ἐστὶν γυναῖκα ἀκατακάλυπτον τῷ θεῷ προσεύχεσθαι;

ἀκατάκριτος
Ac 16 37 δείραντες ἡμᾶς δημοσίᾳ ἀκατακρίτους, ἀνθρώπους Ῥωμαίους ὑπάρχοντας
22 25 εἰ ἄνθρωπον Ῥωμαῖον καὶ ἀκατάκριτον ἔξεστιν ὑμῖν μαστίζειν;

ἀκατάλυτος
Hb 7 16 ἀλλὰ κατὰ δύναμιν ζωῆς ἀκαταλύτου

ἀκατάπαστος
→ ἀκατάπαυστος

ἀκατάπαυστος
2Pt 2 14 ὀφθαλμοὺς ἔχοντες μεστοὺς μοιχαλίδος καὶ ἀκαταπαύστους (-πάστους H) ἁμαρτίας

ἀκαταστασία
Lc 21 9 ὅταν δὲ ἀκούσητε πολέμους καὶ ἀκαταστασίας
1C 14 33 οὐ γάρ ἐστιν ἀκαταστασίας ὁ θεὸς ἀλλὰ εἰρήνης
2C 6 5 ⟨συνιστάντες ἑαυτούς⟩ ἐν πληγαῖς ... ἐν ἀκαταστασίαις, ἐν κόποις

2C 12 20 μή πως ... καταλαλιαί, ψιθυρισμοί, φυσιώσεις, ἀκαταστασίαι
Jc 3 16 ἐκεῖ ἀκαταστασία καὶ πᾶν φαῦλον πρᾶγμα

ἀκατάστατος
Jc 1 8 ἀνὴρ δίψυχος, ἀκατάστατος ἐν πάσαις ταῖς ὁδοῖς αὐτοῦ
3 8 τὴν δὲ γλῶσσαν ... ἀκατάστατον (ἀκατάσχετον Sς) κακόν

ἀκατάσχετος
Jc 3 8 *τὴν δὲ γλῶσσαν ... ἀκατάσχετον (Sς; ἀκατάστατον rl) κακόν

Ἀκελδαμάχ
Ἀκελδαμάχ S
Ἀχελδαμάχ T
Ἀκελδαμά ς
Ac 1 19 ὥστε κληθῆναι ... Ἀκελδαμάχ, τοῦτ' ἔστιν χωρίον αἵματος

ἀκέραιος
Mt 10 16 γίνεσθε ... ἀκέραιοι ὡς αἱ περιστεραί
Rm 16 19 θέλω δὲ ὑμᾶς σοφοὺς (+μὲν MVS[H]ς) εἶναι εἰς τὸ ἀγαθόν, ἀκεραίους δὲ εἰς τὸ κακόν
Ph 2 15 ἵνα γένησθε ἄμεμπτοι καὶ ἀκέραιοι

ἀκλινής
Hb 10 23 κατέχωμεν τὴν ὁμολογίαν τῆς ἐλπίδος ἀκλινῆ

ἀκμάζω
Ap 14 18 ὅτι ἤκμασαν αἱ σταφυλαὶ αὐτῆς

ἀκμήν
Mt 15 16 ἀκμὴν καὶ ὑμεῖς ἀσύνετοί ἐστε

ἀκοή
a ἀκοῇ ἀκούειν
Mt 4 24 καὶ ἀπῆλθεν ἡ ἀκοὴ αὐτοῦ εἰς ὅλην τὴν Συρίαν
13 14a ἀκοῇ ἀκούσετε καὶ οὐ μὴ συνῆτε
14 1 ἤκουσεν Ἡρῴδης ὁ τετραάρχης τὴν ἀκοὴν Ἰησοῦ
24 6 μελλήσετε δὲ ἀκούειν πολέμους καὶ ἀκοὰς πολέμων
Mc 1 28 | καὶ ἐξῆλθεν (ἐ. δὲ Sς) ἡ ἀκοὴ αὐτοῦ εὐθὺς πανταχοῦ
7 35 καὶ εὐθέως ([N²⁶ S]; — NTH) ἠνοίγησαν αὐτοῦ αἱ ἀκοαί
13 7 ὅταν δὲ ἀκούσητε πολέμους καὶ ἀκοὰς πολέμων
Lc 7 1 ἐπειδὴ ἐπλήρωσεν πάντα τὰ ῥήματα αὐτοῦ εἰς τὰς ἀκοὰς τοῦ λαοῦ
Jo 12 38 κύριε, τίς ἐπίστευσεν τῇ ἀκοῇ ἡμῶν;
Ac 17 20 ξενίζοντα γάρ τινα εἰσφέρεις εἰς τὰς ἀκοὰς ἡμῶν
28 26a ἀκοῇ ἀκούσετε καὶ οὐ μὴ συνῆτε
Rm 10 16 κύριε, τίς ἐπίστευσεν τῇ ἀκοῇ ἡμῶν;
10 17 ἄρα ἡ πίστις ἐξ ἀκοῆς, ↔
10 17 ἡ δὲ ἀκοὴ διὰ ῥήματος Χριστοῦ
1C 12 17 εἰ ὅλον τὸ σῶμα ὀφθαλμός, ποῦ ἡ ἀκοή; ↔
12 17 εἰ ὅλον ἀκοή, ποῦ ἡ ὄσφρησις;
G 3 2 ἐξ ἔργων νόμου τὸ πνεῦμα ἐλάβετε ἢ ἐξ ἀκοῆς πίστεως;
3 5 ἐξ ἔργων νόμου ἢ ἐξ ἀκοῆς πίστεως;
1Th 2 13 παραλαβόντες λόγον ἀκοῆς παρ' ἡμῶν τοῦ θεοῦ
2Tm 4 3 ἑαυτοῖς ἐπισωρεύσουσιν διδασκάλους κνηθόμενοι τὴν ἀκοήν
4 4 ἀπὸ μὲν τῆς ἀληθείας τὴν ἀκοὴν ἀποστρέψουσιν
Hb 4 2 ἀλλ' οὐκ ὠφέλησεν ὁ λόγος τῆς ἀκοῆς ἐκείνους
5 11 ἐπεὶ νωθροὶ γεγόνατε ταῖς ἀκοαῖς
2Pt 2 8 βλέμματι γὰρ καὶ ἀκοῇ ὁ (— H) δίκαιος ... ἐβασάνιζεν

ἀκολουθέω
ἐξ- ἐπ- κατ- παρ- συν-
a abs.
b ἀκ. μετά τινος
c ἀκ. ὀπίσω
Mt 4 20 οἱ δὲ εὐθέως ἀφέντες τὰ δίκτυα ἠκολούθησαν αὐτῷ
4 22 οἱ δὲ ... ἠκολούθησαν αὐτῷ
4 25 καὶ ἠκολούθησαν αὐτῷ ὄχλοι πολλοὶ ἀπὸ τῆς Γαλιλαίας
8 1 ἠκολούθησαν αὐτῷ ὄχλοι πολλοί
8 10a εἶπεν τοῖς ἀκολουθοῦσιν
8 19 διδάσκαλε, ἀκολουθήσω σοι ὅπου ἐὰν ἀπέρχῃ
8 22 λέγει αὐτῷ· ἀκολούθει μοι
8 23 ἠκολούθησαν αὐτῷ οἱ μαθηταὶ αὐτοῦ
9 9 καὶ λέγει αὐτῷ· ἀκολούθει μοι. ↔
9 9 καὶ ἀναστὰς ἠκολούθησεν (-θει ST) αὐτῷ
9 19 καὶ ἐγερθεὶς ὁ Ἰησοῦς ἠκολούθησεν (-θει NTH) αὐτῷ
9 27 ἠκολούθησαν αὐτῷ ([N²⁶MS]; —NH) δύο τυφλοί
10 38c ὃς οὐ ... ἀκολουθεῖ ὀπίσω μου
12 15 καὶ ἠκολούθησαν αὐτῷ ὄχλοι (+[N²⁶M] Vς) πολλοί
14 13 οἱ ὄχλοι ἠκολούθησαν αὐτῷ πεζῇ (πεζοί T)
16 24 εἴ τις θέλει ὀπίσω μου ἐλθεῖν ... ἀκολουθείτω μοι
19 2 ἠκολούθησαν αὐτῷ ὄχλοι πολλοί
19 21 ἕξεις θησαυρὸν ἐν οὐρανοῖς (οὐρανῷ MVSTς), καὶ δεῦρο ἀκολούθει μοι
19 27 ἀφήκαμεν πάντα καὶ ἠκολουθήσαμέν σοι
19 28 ὑμεῖς οἱ ἀκολουθήσαντές μοι, ἐν τῇ παλιγγενεσίᾳ ... καθήσεσθε (καθίσεσθε STς)
20 29 καὶ ἐκπορευομένων αὐτῶν ἀπὸ Ἰεριχὼ ἠκολούθησεν αὐτῷ ὄχλος πολύς (—S)
20 34 εὐθέως ἀνέβλεψαν καὶ ἠκολούθησαν αὐτῷ
21 9a οἱ δὲ ὄχλοι οἱ προάγοντες αὐτὸν καὶ οἱ ἀκολουθοῦντες ἔκραζον
26 58 ὁ δὲ Πέτρος ἠκολούθει αὐτῷ ἀπὸ ([NH]; —ST) μακρόθεν
27 55 γυναῖκες πολλαὶ ... αἵτινες ἠκολούθησαν τῷ Ἰησοῦ
Mc 1 18 καὶ εὐθὺς ἀφέντες τὰ δίκτυα (+αὐτῶν Sς) ἠκολούθησαν αὐτῷ
2 14 καὶ λέγει αὐτῷ· ἀκολούθει μοι. ↔
2 14 καὶ ἀναστὰς ἠκολούθησεν αὐτῷ
2 15 καὶ ἠκολούθουν (-θησαν ς) αὐτῷ
3 7a πολὺ πλῆθος ἀπὸ τῆς Γαλιλαίας || ἠκολούθησεν ([N²⁶]; -σαν T; -σαν αὐτῷ ς)· καὶ ἀπὸ τῆς Ἰουδαίας ((∼T))
5 24 καὶ ἠκολούθει αὐτῷ ὄχλος πολύς
6 1 καὶ ἀκολουθοῦσιν αὐτῷ οἱ μαθηταὶ αὐτοῦ
8 34c εἴ τις (ὅστις Tς) θέλει ὀπίσω μου ἀκολουθεῖν (ἐλθεῖν NMHς), ἀπαρνησάσθω ἑαυτόν
8 34 ἀράτω τὸν σταυρὸν αὐτοῦ καὶ ἀκολουθείτω μοι
9 38 *| ὃς οὐκ ἀκολουθεῖ ἡμῖν (—N²⁶VH)
9 38 | ὅτι οὐκ ἠκολούθει (ἀκολουθεῖ ς) ἡμῖν (—BS)
10 21 καὶ δεῦρο ἀκολούθει μοι (+ἄρας τὸν σταυρὸν MVBSς)
10 28 ἰδοὺ ἡμεῖς ἀφήκαμεν πάντα καὶ ἠκολουθήκαμέν (-ήσαμέν MVSς) σοι

Mc 10 32ª οἱ δὲ ἀκολουθοῦντες ἐφοβοῦντο
10 52 καὶ ἠκολούθει αὐτῷ (τῷ Ἰησοῦ Sς) ἐν τῇ ὁδῷ
11 9ª οἱ προάγοντες καὶ οἱ ἀκολουθοῦντες ἔκραζον (+λέγοντες Vς)
14 13 ἀκολουθήσατε αὐτῷ
14 51 *καὶ | νεανίσκος τις (εἷς τ. ν. VBTς) ἠκολούθει (ς; συνηκο. rl) αὐτῷ
14 54 ὁ Πέτρος ἀπὸ μακρόθεν ἠκολούθησεν αὐτῷ
15 41 αἳ ὅτε ἦν ἐν τῇ Γαλιλαίᾳ ἠκολούθουν αὐτῷ καὶ διηκόνουν αὐτῷ
[16 17] *σημεῖα δὲ τοῖς πιστεύσασιν | ἀκολουθήσει ταῦτα (SH; τ. παρακ. rl)

Lc 5 11 ἀφέντες πάντα (ἅπαντα VSς) ἠκολούθησαν αὐτῷ
5 27 καὶ εἶπεν αὐτῷ· ἀκολούθει μοι
5 28 καταλιπὼν πάντα ἀναστὰς ἠκολούθει (-θησεν MVSς) αὐτῷ
7 9 καὶ στραφεὶς τῷ ἀκολουθοῦντι αὐτῷ ὄχλῳ εἶπεν
9 11 οἱ δὲ ὄχλοι γνόντες ἠκολούθησαν αὐτῷ
9 23 ἀράτω τὸν σταυρὸν αὐτοῦ ... καὶ ἀκολουθείτω μοι
9 49ᵇ ἐκωλύομεν (-ύσαμεν Tς) αὐτόν, ὅτι οὐκ ἀκολουθεῖ μεθ' ἡμῶν
9 57 ἀκολουθήσω σοι ὅπου ἐὰν (ἂν Tς) ἀπέρχῃ (+κύριε Vς)
9 59 εἶπεν δὲ πρὸς ἕτερον· ἀκολούθει μοι
9 61 εἶπεν δὲ καὶ ἕτερος· ἀκολουθήσω σοι, κύριε
18 22 καὶ δεῦρο ἀκολούθει μοι
18 28 ἰδοὺ ἡμεῖς ἀφέντες τὰ ἴδια ἠκολουθήσαμέν σοι
18 43 καὶ ἠκολούθει αὐτῷ δοξάζων τὸν θεόν
22 10 ἀκολουθήσατε αὐτῷ εἰς τὴν οἰκίαν
22 39 ἠκολούθησαν δὲ αὐτῷ καὶ [H] οἱ μαθηταί
22 54ª ὁ δὲ Πέτρος ἠκολούθει μακρόθεν
23 27 ἠκολούθει δὲ αὐτῷ πολὺ πλῆθος τοῦ λαοῦ

Jo 1 37 ἤκουσαν | οἱ δύο μαθηταὶ αὐτοῦ (~MVBSς) λαλοῦντος καὶ ἠκολούθησαν τῷ Ἰησοῦ
1 38ª θεασάμενος αὐτοὺς ἀκολουθοῦντας λέγει αὐτοῖς
1 40 εἷς ἐκ τῶν δύο τῶν ἀκουσάντων παρὰ Ἰωάννου καὶ ἀκολουθησάντων αὐτῷ
1 43 καὶ λέγει αὐτῷ ὁ Ἰησοῦς· ἀκολούθει μοι
6 2 ἠκολούθει δὲ αὐτῷ ὄχλος πολύς
8 12 ὁ ἀκολουθῶν ἐμοὶ (μοι NMH) οὐ μὴ περιπατήσῃ ἐν τῇ σκοτίᾳ
10 4 τὰ πρόβατα αὐτῷ ἀκολουθεῖ, ὅτι οἴδασιν τὴν φωνὴν αὐτοῦ· ↔
10 5 ἀλλοτρίῳ δὲ οὐ μὴ ἀκολουθήσουσιν (-σωσιν Sς)
10 27 κἀγὼ γινώσκω αὐτά, καὶ ἀκολουθοῦσίν μοι
11 31 ἰδόντες τὴν Μαριὰμ ὅτι ταχέως ἀνέστη ... ἠκολούθησαν αὐτῇ, δόξαντες ὅτι ὑπάγει
12 26 ἐὰν ἐμοὶ | τις διακονῇ (~VSς), ἐμοὶ ἀκολουθείτω
13 36 ὅπου (+ἐγὼ [S]T) ὑπάγω οὐ δύνασαί μοι νῦν ἀκολουθῆσαι, ↔
13 36ª ἀκολουθήσεις δὲ ὕστερον
13 37 διὰ τί οὐ δύναμαί σοι ἀκολουθῆσαι (-θεῖν H) ἄρτι;
18 15 ἠκολούθει δὲ τῷ Ἰησοῦ Σίμων Πέτρος καὶ (+ὁ Vς) ἄλλος μαθητής

Jo 20 6 ἔρχεται οὖν καὶ (—Tς) Σίμων Πέτρος ἀκολουθῶν αὐτῷ
21 19 λέγει αὐτῷ· ἀκολούθει μοι
21 20ª ἐπιστραφεὶς ὁ Πέτρος βλέπει τὸν μαθητὴν ... ἀκολουθοῦντα
21 22 σύ μοι ἀκολούθει

Ac 12 8 περιβαλοῦ τὸ ἱμάτιόν σου καὶ ἀκολούθει μοι. ↔
12 9ª καὶ ἐξελθὼν ἠκολούθει
13 43 ἠκολούθησαν πολλοὶ ... τῷ Παύλῳ καὶ τῷ Βαρναβᾷ
21 36ª ἠκολούθει γὰρ τὸ πλῆθος τοῦ λαοῦ κράζοντες

1C 10 4ª ἔπινον γὰρ ἐκ πνευματικῆς ἀκολουθούσης πέτρας

Ap 6 8ᵇ καὶ ὁ ᾅδης ἠκολούθει (ἀκολουθεῖ ς) μετ' αὐτοῦ
14 4 οὗτοι οἱ ἀκολουθοῦντες τῷ ἀρνίῳ
14 8ª καὶ ἄλλος | ἄγγελος δεύτερος (~MVS; δεύτ. [ἄγγ.] H; δεύτ. B; ἄγγ. ς) ἠκολούθησεν λέγων
14 9 ἄλλος ἄγγελος τρίτος ἠκολούθησεν αὐτοῖς λέγων
14 13ᵇ τὰ γὰρ ἔργα αὐτῶν ἀκολουθεῖ μετ' αὐτῶν
18 5ª ὅτι ἠκολούθησαν (ς; ἐκολλήθησαν rl) αὐτῆς αἱ ἁμαρτίαι ἄχρι τοῦ οὐρανοῦ
19 14 τὰ στρατεύματα τὰ ([N²⁶]; —ST) ἐν τῷ οὐρανῷ ἠκολούθει αὐτῷ ἐφ' ἵπποις λευκοῖς

ἀκούω

δι- ἐπ- προ-
εἰσ- παρ- ὑπ-
a ἀκ. τινός
b pass.
c ἀκ. παρά, ἀπό
d ὦτα ἀκ. ἀκουέτω
e ἀκοῇ ἀκ.

Mt 2 3 ἀκούσας δὲ ὁ βασιλεὺς Ἡρῴδης ἐταράχθη
2 9ª οἱ δὲ ἀκούσαντες τοῦ βασιλέως ἐπορεύθησαν
2 18ᵇ φωνὴ ἐν Ῥαμὰ ἠκούσθη
2 22 ἀκούσας δὲ ὅτι Ἀρχέλαος βασιλεύει τῆς Ἰουδαίας
4 12 ἀκούσας δὲ ὅτι Ἰωάννης παρεδόθη
5 21 ἠκούσατε ὅτι ἐρρέθη τοῖς ἀρχαίοις
5 27 ἠκούσατε ὅτι ἐρρέθη (+τοῖς ἀρχαίοις Vς)
5 33 πάλιν ἠκούσατε ὅτι ἐρρέθη τοῖς ἀρχαίοις
5 38 ἠκούσατε ὅτι ἐρρέθη
5 43 ἠκούσατε ὅτι ἐρρέθη
7 24 πᾶς οὖν ὅστις ἀκούει μου τοὺς λόγους τούτους [H]
7 26 πᾶς ὁ ἀκούων μου τοὺς λόγους τούτους
8 10 ἀκούσας δὲ ὁ Ἰησοῦς ἐθαύμασεν
9 12 ὁ δὲ (+Ἰησοῦς Vς) ἀκούσας εἶπεν
10 14 ὃς ἂν μὴ δέξηται ὑμᾶς μηδὲ ἀκούσῃ τοὺς λόγους ὑμῶν
10 27 καὶ ὃ εἰς τὸ οὖς ἀκούετε, κηρύξατε
11 2 ὁ δὲ Ἰωάννης ἀκούσας ἐν τῷ δεσμωτηρίῳ τὰ ἔργα τοῦ Χριστοῦ
11 4 πορευθέντες ἀπαγγείλατε Ἰωάννῃ ἃ ἀκούετε καὶ βλέπετε
11 5 λεπροὶ καθαρίζονται καὶ κωφοὶ ἀκούουσιν
11 15ᵈ ὁ ἔχων ὦτα ἀκούειν (+Vς) ἀκουέτω
12 19 οὐδὲ ἀκούσει τις ἐν ταῖς πλατείαις τὴν φωνὴν αὐτοῦ
12 24 οἱ δὲ Φαρισαῖοι ἀκούσαντες εἶπον

Mt 12 42 ὅτι ἦλθεν ... ἀκοῦσαι τὴν σοφίαν Σολομῶνος
13 9ᵈ ὁ ἔχων ὦτα ἀκούειν (+VBς) ἀκουέτω
13 13 ὅτι βλέποντες οὐ βλέπουσιν καὶ ἀκούοντες ↔
13 13 οὐκ ἀκούουσιν οὐδὲ συνίουσιν
13 14ᵉ ἀκοῇ ἀκούσετε καὶ οὐ μὴ συνῆτε
13 15 καὶ τοῖς ὠσὶν βαρέως ἤκουσαν
13 15 μήποτε ... τοῖς ὠσὶν ἀκούσωσιν
13 16 μακάριοι ... τὰ ὦτα ὑμῶν [NH] ὅτι ἀκούουσιν (ἀκούει Vς)
13 17 ὅτι πολλοὶ προφῆται ... ἐπεθύμησαν ἰδεῖν ... καὶ ἀκοῦσαι ↔
13 17 ἃ ἀκούετε
13 17 καὶ οὐκ ἤκουσαν
13 18 ὑμεῖς οὖν ἀκούσατε τὴν παραβολὴν τοῦ σπείραντος (-οντος Sς)
13 19 παντὸς ἀκούοντος τὸν λόγον τῆς βασιλείας
13 20 οὗτός ἐστιν ὁ τὸν λόγον ἀκούων
13 22 οὗτός ἐστιν ὁ τὸν λόγον ἀκούων
13 23 οὗτός ἐστιν ὁ τὸν λόγον ἀκούων καὶ συνιείς (συνιών VSς)
13 43ᵈ ὁ ἔχων ὦτα ἀκούειν (+Vς) ἀκουέτω
14 1 ἤκουσεν Ἡρῴδης ὁ τετραάρχης τὴν ἀκοὴν Ἰησοῦ
14 13 ἀκούσας δὲ ὁ Ἰησοῦς ἀνεχώρησεν ἐκεῖθεν
14 13 καὶ ἀκούσαντες οἱ ὄχλοι ἠκολούθησαν αὐτῷ πεζῇ (πεζοί T)
15 10 ἀκούετε καὶ συνίετε
15 12 οἱ Φαρισαῖοι ἀκούσαντες τὸν λόγον ἐσκανδαλίσθησαν
17 5ª ὁ υἱός μου ... ἐν ᾧ εὐδόκησα· | ἀκούετε αὐτοῦ (~VSς)
17 6 ἀκούσαντες οἱ μαθηταὶ ἔπεσαν ἐπὶ πρόσωπον αὐτῶν
18 15ª ἐάν σου ἀκούσῃ, ἐκέρδησας τὸν ἀδελφόν σου· ↔
18 16 ἐὰν δὲ μὴ ἀκούσῃ, παράλαβε
19 22 ἀκούσας δὲ ὁ νεανίσκος || τὸν λόγον [+τοῦτον NH] ((—T)) ἀπῆλθεν
19 25 ἀκούσαντες δὲ οἱ μαθηταὶ ἐξεπλήσσοντο σφόδρα
20 24 | καὶ ἀκούσαντες (ἀκ. δὲ ST) οἱ δέκα ἠγανάκτησαν
20 30 δύο τυφλοὶ ... ἀκούσαντες ὅτι Ἰησοῦς παράγει, ἔκραξαν
21 16 ἀκούεις τί οὗτοι λέγουσιν;
21 33 ἄλλην παραβολὴν ἀκούσατε
21 45 | καὶ ἀκούσαντες (ἀκ. δὲ T) οἱ ἀρχιερεῖς ... τὰς παραβολὰς αὐτοῦ ἔγνωσαν
22 7 *| καὶ ἀκούσας ὁ βασιλεὺς ἐκεῖνος (V; ἀκ. δὲ ὁ β. ς; ὁ δὲ β. rl) ὠργίσθη
22 22 καὶ ἀκούσαντες ἐθαύμασαν
22 33 καὶ ἀκούσαντες οἱ ὄχλοι ἐξεπλήσσοντο ἐπὶ τῇ διδαχῇ αὐτοῦ
22 34 οἱ δὲ Φαρισαῖοι ἀκούσαντες ὅτι ἐφίμωσεν τοὺς Σαδδουκαίους, συνήχθησαν
24 6 μελλήσετε δὲ ἀκούειν πολέμους καὶ ἀκοὰς πολέμων
26 65 ἴδε νῦν ἠκούσατε τὴν βλασφημίαν (+αὐτοῦ [M]VSς)
27 13 οὐκ ἀκούεις πόσα σου καταμαρτυροῦσιν;
27 47 τινὲς δὲ τῶν ἐκεῖ ἑστηκότων ἀκούσαντες ἔλεγον
28 14ᵇ ἐὰν ἀκουσθῇ τοῦτο ἐπὶ τοῦ ἡγεμόνος, ἡμεῖς πείσομεν

Mc 2 1ᵇεἰσελθὼν ... ἠκούσθη ὅτι ἐν οἴκῳ
(εἰς οἶκον MVSϛ) ἐστίν

2 17 ἀκούσας ὁ Ἰησοῦς λέγει αὐτοῖς

3 8 πλῆθος πολύ, ἀκούοντες (-σαντες
ϛ) ὅσα ἐποίει (ποιεῖ NH), ἦλθον

3 21 καὶ ἀκούσαντες οἱ παρ᾽ αὐτοῦ
ἐξῆλθον

4 3 ⟨ἔλεγεν⟩ ἀκούετε. ἰδοὺ ἐξῆλθεν ὁ
σπείρων

4 9ᵃὃς ἔχει ὦτα ἀκούειν ἀκουέτω

4 12 ἵνα βλέποντες ... καὶ ἀκούοντες ↔

4 12 ἀκούωσιν καὶ μὴ συνιῶσιν

4 15 καὶ ὅταν ἀκούσωσιν, εὐθὺς ἔρχεται
ὁ σατανᾶς

4 16 οἳ ὅταν ἀκούσωσιν τὸν λόγον ...
λαμβάνουσιν

4 18 οὗτοί εἰσιν οἱ τὸν λόγον ἀκούσαν-
τες (ἀκούοντες ϛ)

4 20 οἵτινες ἀκούουσιν τὸν λόγον καὶ
παραδέχονται

4 23ᵈεἴ τις ἔχει ὦτα ἀκούειν ἀκουέτω

4 24 βλέπετε τί ἀκούετε

4 24 *καὶ προστεθήσεται ὑμῖν | τοῖς
ἀκούουσιν (+MVSϛ)

4 33 ἐλάλει αὐτοῖς τὸν λόγον, καθὼς
ἠδύναντο ἀκούειν

5 27 ⟨γυνὴ⟩ ἀκούσασα (+τὰ N[M]TH)
περὶ τοῦ Ἰησοῦ, ἐλθοῦσα ... ἥψατο

5 36 *ὁ δὲ Ἰησοῦς | εὐθέως ἀκούσας
(ϛ; [εὐθέως παρ-]ακούσας V;
εὐθὺς παρακούσας S; παρακ. rl)
τὸν λόγον λαλούμενον

6 2 καὶ (+οἱ NMBSTH) πολλοὶ ἀ-
κούοντες ἐξεπλήσσοντο

6 11ᵃὃς ἂν τόπος μὴ δέξηται ὑμᾶς μηδὲ
ἀκούσωσιν ὑμῶν

6 14 καὶ ἤκουσεν ὁ βασιλεὺς Ἡρῴδης

6 16 ἀκούσας δὲ ὁ Ἡρῴδης ἔλεγεν
(εἶπεν Sϛ)

6 20ᵃκαὶ ἀκούσας αὐτοῦ πολλὰ ἠπόρει,
↔

6 20ᵃκαὶ ἡδέως αὐτοῦ ἤκουεν

6 29 καὶ ἀκούσαντες οἱ μαθηταὶ αὐτοῦ
ἦλθον

6 55 ὅπου ἤκουον ὅτι (+ἐκεῖ Vϛ) ἐστίν

7 14ᵃἀκούσατέ (ἀκούετέ ϛ) μου πάντες
καὶ σύνετε (συνίετε ϛ)

7 16ᵈ* | εἴ τις ἔχει ὦτα ἀκούειν ἀκουέτω
(+MVBSϛ)

7 25 | ἀλλ᾽ εὐθὺς ἀκούσασα (ἀκ. γὰρ
Sϛ) γυνὴ περὶ αὐτοῦ ... προσ-
έπεσεν πρὸς τοὺς πόδας

7 37 καὶ τοὺς κωφοὺς ποιεῖ ἀκούειν

8 18 καὶ ὦτα ἔχοντες οὐκ ἀκούετε;

9 7ᵃοὗτός ἐστιν ὁ υἱός μου ὁ ἀγαπητός,
| ἀκούετε αὐτοῦ (~ Vϛ)

10 41 καὶ ἀκούσαντες οἱ δέκα ἤρξαντο
ἀγανακτεῖν

10 47 καὶ ἀκούσας ὅτι Ἰησοῦς ὁ Ναζα-
ρηνός ἐστιν ἤρξατο κράζειν

11 14 καὶ ἤκουον οἱ μαθηταὶ αὐτοῦ

11 18 καὶ ἤκουσαν | οἱ ἀρχιερεῖς καὶ οἱ
γραμματεῖς (~ Sϛ)

12 28ᵃἀκούσας αὐτῶν συζητούντων ...
ἐπηρώτησεν αὐτόν

12 29 ἄκουε, Ἰσραήλ, κύριος ὁ θεὸς ἡμῶν
κύριος εἷς ἐστιν

12 37ᵃκαὶ ὁ [N²⁶] πολὺς ὄχλος ἤκουεν
αὐτοῦ ἡδέως

13 7 ὅταν δὲ ἀκούσητε πολέμους καὶ
ἀκοὰς πολέμων

14 11 οἱ δὲ ἀκούσαντες ἐχάρησαν

14 58ᵃὅτι ἡμεῖς ἠκούσαμεν αὐτοῦ λέγον-
τος

14 64ᵃἠκούσατε τῆς βλασφημίας

Mc 15 35 καί τινες τῶν παρεστηκότων
(-εστώτων BT) ἀκούσαντες ἔλεγον

[16 11] κἀκεῖνοι ἀκούσαντες ὅτι ζῆ ...
ἠπίστησαν

Lc 1 41 καὶ ἐγένετο ὡς ἤκουσεν τὸν ἀσπα-
σμὸν τῆς Μαρίας ἡ Ἐλισάβετ

1 58 καὶ ἤκουσαν οἱ περίοικοι ... ὅτι
ἐμεγάλυνεν κύριος

1 66 καὶ ἔθεντο πάντες οἱ ἀκούσαντες ἐν
τῇ καρδίᾳ αὐτῶν

2 18 καὶ πάντες οἱ ἀκούσαντες ἐθαύμα-
σαν

2 20 ἐπὶ πᾶσιν οἷς ἤκουσαν καὶ εἶδον

2 46ᵃεὗρον αὐτὸν ... καθεζόμενον ἐν
μέσῳ τῶν διδασκάλων καὶ ἀκούον-
τα αὐτῶν

2 47ᵃἐξίσταντο δὲ πάντες οἱ ἀκούοντες
αὐτοῦ

4 23 ὅσα ἠκούσαμεν γενόμενα εἰς τὴν
Καφαρναούμ

4 28 ἐπλήσθησαν πάντες θυμοῦ ἐν τῇ
συναγωγῇ ἀκούοντες ταῦτα

5 1 ἐγένετο δὲ ἐν τῷ τὸν ὄχλον ἐπι-
κεῖσθαι αὐτῷ καὶ (τοῦ ϛ) ἀκούειν
τὸν λόγον

5 15 συνήρχοντο ὄχλοι πολλοὶ ἀκούειν

6 18ᵃοἳ ἦλθον ἀκοῦσαι αὐτοῦ

6 27 ἀλλὰ ὑμῖν λέγω τοῖς ἀκούουσιν

6 47ᵃπᾶς ὁ ... ἀκούων μου τῶν λόγων
... ὑποδείξω ὑμῖν τίνι ἐστὶν
ὅμοιος

6 49 ὁ δὲ ἀκούσας καὶ μὴ ποιήσας
ὅμοιός ἐστιν ἀνθρώπῳ

7 3 ἀκούσας δὲ περὶ τοῦ Ἰησοῦ
ἀπέστειλεν πρὸς αὐτόν

7 9 ἀκούσας δὲ ταῦτα ὁ Ἰησοῦς ἐθαύ-
μασεν αὐτόν

7 22 πορευθέντες ἀπαγγείλατε Ἰωάννῃ
ἃ εἴδετε καὶ ἠκούσατε

7 22 λεπροὶ καθαρίζονται, καὶ (—VBS
Tϛ) κωφοὶ ἀκούουσιν

7 29 πᾶς ὁ λαὸς ἀκούσας καὶ οἱ τελῶναι
ἐδικαίωσαν τὸν θεόν

8 8ᵈὁ ἔχων ὦτα ἀκούειν ἀκουέτω

8 10 ἵνα βλέποντες μὴ βλέπωσιν καὶ
ἀκούοντες μὴ συνιῶσιν

8 12 οἱ δὲ παρὰ τὴν ὁδόν εἰσιν οἱ ἀκού-
σαντες (ἀκούοντες ϛ)

8 13 οἳ ὅταν ἀκούσωσιν μετὰ χαρᾶς
δέχονται τὸν λόγον

8 14 τὸ δὲ εἰς τὰς ἀκάνθας πεσόν, οὗτοί
εἰσιν οἱ ἀκούσαντες

8 15 οἵτινες ἐν καρδίᾳ καλῇ καὶ ἀγαθῇ
ἀκούσαντες τὸν λόγον κατέχουσιν

8 18 βλέπετε οὖν πῶς ἀκούετε

8 21 οὗτοί εἰσιν οἱ τὸν λόγον τοῦ θεοῦ
ἀκούοντες καὶ ποιοῦντες

8 50 ὁ δὲ Ἰησοῦς ἀκούσας ἀπεκρίθη
αὐτῷ

9 7 ἤκουσεν δὲ Ἡρῴδης ὁ τετραάρχης
τὰ γινόμενα πάντα

9 9 περὶ οὗ (+ἐγὼ Vϛ) ἀκούω τοιαῦτα

9 35ᵃοὗτός ἐστιν ὁ υἱός μου ... αὐτοῦ
ἀκούετε

10 16ᵃὁ ἀκούων ὑμῶν ↔

10 16ᵃἐμοῦ ἀκούει

10 24 ὅτι πολλοὶ προφῆται καὶ βασιλεῖς
ἠθέλησαν ἰδεῖν ... καὶ ἀκοῦσαι ↔

10 24 ἃ ἀκούετε ↔

10 24 καὶ οὐκ ἤκουσαν

10 39 Μαριάμ, ἣ [N²⁶ H] ... ἤκουεν τὸν
λόγον αὐτοῦ

11 28 μενοῦν (μενοῦνγε Vϛ) μακάριοι οἱ
ἀκούοντες τὸν λόγον τοῦ θεοῦ καὶ
φυλάσσοντες

Lc 11 31 ὅτι ἦλθεν ... ἀκοῦσαι τὴν σοφίαν
Σολομῶνος

12 3ᵇἀνθ᾽ ὧν ὅσα ἐν τῇ σκοτίᾳ εἴπατε
ἐν τῷ φωτὶ ἀκουσθήσεται

14 15 ἀκούσας δέ τις τῶν συνανακει-
μένων ταῦτα εἶπεν αὐτῷ

14 35ᵈὁ ἔχων ὦτα ἀκούειν ἀκουέτω

15 1ᵃἦσαν δὲ αὐτῷ ἐγγίζοντες πάντες οἱ
τελῶναι ... ἀκούειν αὐτοῦ

15 25ᵃἤκουσεν συμφωνίας καὶ χορῶν

16 2 τί τοῦτο ἀκούω περὶ σοῦ;

16 14 ἤκουον δὲ ταῦτα πάντα (+ καὶ
V[S]ϛ) οἱ Φαρισαῖοι

16 29ᵃἔχουσι Μωϋσέα καὶ τοὺς προφή-
τας· ἀκουσάτωσαν αὐτῶν

16 31ᵃεἰ Μωϋσέως καὶ τῶν προφητῶν
οὐκ ἀκούουσιν

18 6 ἀκούσατε τί ὁ κριτὴς τῆς ἀδικίας
λέγει

18 22 ἀκούσας δὲ ὁ Ἰησοῦς εἶπεν αὐτῷ

18 23 ὁ δὲ ἀκούσας ταῦτα περίλυπος
ἐγενήθη

18 26 εἶπαν δὲ οἱ ἀκούσαντες

18 36ᵃἀκούσας δὲ ὄχλου διαπορευομέ-
νου ἐπυνθάνετο τί (+ἂν S) εἴη
τοῦτο

19 11 ἀκουόντων δὲ αὐτῶν ταῦτα προσ-
θεὶς εἶπεν παραβολήν

19 48ᵃὁ λαὸς γὰρ ἅπας ἐξεκρέματο (-με-
το MTH) αὐτοῦ ἀκούων

20 16 ἀκούσαντες δὲ εἶπαν· μὴ γένοιτο

20 45 ἀκούοντος δὲ παντὸς τοῦ λαοῦ
εἶπεν τοῖς μαθηταῖς αὐτοῦ (+[N²⁶]
MVSϛ)

21 9 ὅταν δὲ ἀκούσητε πολέμους καὶ
ἀκαταστασίας

21 38ᵃπᾶς ὁ λαὸς ὤρθριζεν πρὸς αὐτὸν ἐν
τῷ ἱερῷ ἀκούειν αὐτοῦ

22 71ᶜαὐτοὶ γὰρ ἠκούσαμεν ἀπὸ τοῦ
στόματος αὐτοῦ

23 6 Πιλᾶτος δὲ ἀκούσας (+Γαλιλαίαν
Vϛ) ἐπηρώτησεν

23 8 θέλων ἰδεῖν αὐτὸν διὰ τὸ ἀκούειν
(+πολλὰ Vϛ) περὶ αὐτοῦ

Jo 1 37ᵃκαὶ (—T) ἤκουσαν | οἱ δύο μαθηταὶ
αὐτοῦ (~ MVBSϛ) λαλοῦντος

1 40ᶜἦν Ἀνδρέας ... εἷς ἐκ τῶν δύο τῶν
ἀκουσάντων παρὰ Ἰωάννου

3 8 καὶ τὴν φωνὴν αὐτοῦ ἀκούεις

3 29ᵃὁ δὲ φίλος τοῦ νυμφίου, ὁ ἑστηκὼς
καὶ ἀκούων αὐτοῦ, χαρᾷ χαίρει

3 32 ὃ ἑώρακεν καὶ ἤκουσεν, τοῦτο
(—T) μαρτυρεῖ

4 1 ὅτι ἤκουσαν οἱ Φαρισαῖοι ὅτι
Ἰησοῦς πλείονας μαθητὰς ποιεῖ

4 42 αὐτοὶ γὰρ ἀκηκόαμεν

4 47 οὗτος ἀκούσας ὅτι Ἰησοῦς ἥκει

5 24 ὁ τὸν λόγον μου ἀκούων ... ἔχει
ζωὴν αἰώνιον

5 25ᵃὅτε οἱ νεκροὶ ἀκούσουσιν (-σονται
Vϛ; -σωσι S) τῆς φωνῆς τοῦ υἱοῦ
τοῦ θεοῦ ↔

5 25 καὶ οἱ ἀκούσαντες ζήσουσιν (-σον-
ται Vϛ)

5 28ᵃπάντες οἱ ἐν τοῖς μνημείοις ἀκού-
σουσιν (-σονται Vϛ; -σωσι S) τῆς
φωνῆς αὐτοῦ

5 30 καθὼς ἀκούω κρίνω

5 37 οὔτε φωνὴν αὐτοῦ πώποτε ἀκη-
κόατε οὔτε εἶδος αὐτοῦ ἑωράκατε

6 45ᶜπᾶς ὁ ἀκούσας παρὰ τοῦ πατρὸς
καὶ μαθὼν

6 60 πολλοὶ οὖν ἀκούσαντες ἐκ τῶν
μαθητῶν αὐτοῦ εἶπαν

6 60ᵃτίς δύναται αὐτοῦ ἀκούειν;

Jo 7 32ª ἤκουσαν οἱ Φαρισαῖοι τοῦ ὄχλου γογγύζοντος

7 40ª ἐκ τοῦ ὄχλου οὖν ἀκούσαντες τῶν λόγων τούτων

7 51c ἐὰν μὴ ἀκούσῃ πρῶτον παρ' αὐτοῦ

[8 9] οἱ δὲ ἀκούσαντες ἐξήρχοντο

8 26c ἃ ἤκουσα παρ' αὐτοῦ, ταῦτα λαλῶ

8 38c ἃ ἠκούσατε (ἑωράκατε ς) παρὰ τοῦ πατρὸς (+ὑμῶν MVBSς) ποιεῖτε

8 40c τὴν ἀλήθειαν ... ἣν ἤκουσα παρὰ τοῦ θεοῦ

8 43 οὐ δύνασθε ἀκούειν τὸν λόγον τὸν ἐμόν

8 47 ὁ ὢν ἐκ τοῦ θεοῦ τὰ ῥήματα τοῦ θεοῦ ἀκούει· ↔

8 47 διὰ τοῦτο ὑμεῖς οὐκ ἀκούετε

9 27 εἶπον ὑμῖν ἤδη καὶ οὐκ ἠκούσατε· ↔

9 27 τί πάλιν θέλετε ἀκούειν;

9 31ª οἴδαμεν (+δὲ Vς) ὅτι | ἁμαρτωλῶν ὁ θεὸς (~NMBH) οὐκ ἀκούει, ↔

9 31ª ἀλλ' ἐάν τις θεοσεβὴς ᾖ ... τούτου ἀκούει

9 32b ἐκ τοῦ αἰῶνος οὐκ ἠκούσθη ὅτι ἠνέῳξέν (ἤνοιξεν VBSTς) τις ὀφθαλμοὺς τυφλοῦ

9 35 ἤκουσεν (+ὁ VBSς) Ἰησοῦς ὅτι ἐξέβαλον αὐτὸν ἔξω

9 40 ἤκουσαν ἐκ τῶν Φαρισαίων ταῦτα (—T) οἱ μετ' αὐτοῦ ὄντες

10 3ª τὰ πρόβατα τῆς φωνῆς αὐτοῦ ἀκούει

10 8ª ἀλλ' οὐκ ἤκουσαν αὐτῶν τὰ πρόβατα

10 16ª τῆς φωνῆς μου ἀκούσουσιν (-σωσιν S)

10 20ª μαίνεται· τί αὐτοῦ ἀκούετε;

10 27ª τὰ πρόβατα τὰ ἐμὰ τῆς φωνῆς μου ἀκούουσιν (ἀκούει ς)

11 4 ἀκούσας δὲ ὁ Ἰησοῦς εἶπεν

11 6 ὡς οὖν ἤκουσεν ὅτι ἀσθενεῖ

11 20 ἡ οὖν Μάρθα ὡς ἤκουσεν ὅτι Ἰησοῦς ἔρχεται ὑπήντησεν αὐτῷ

11 29 ἐκείνη δὲ (—Tς) ὡς ἤκουσεν ἠγέρθη (ἐγείρεται NMVTς) ταχύ

11 41ª πάτερ, εὐχαριστῶ σοι ὅτι ἤκουσάς μου. ↔

11 42ª ἐγὼ δὲ ᾔδειν ὅτι πάντοτέ μου ἀκούεις

12 12 ὁ (—VSTς) ὄχλος ... ἀκούσαντες ὅτι ἔρχεται ὁ (+N26 [S]ς) Ἰησοῦς

12 18 ὅτι ἤκουσαν (-σε ς) τοῦτο αὐτὸν πεποιηκέναι τὸ σημεῖον

12 29 ὁ οὖν [H] ὄχλος ὁ ἑστὼς καὶ (—T) ἀκούσας ἔλεγεν

12 34 ἡμεῖς ἠκούσαμεν ἐκ τοῦ νόμου ὅτι ὁ χριστὸς μένει εἰς τὸν αἰῶνα

12 47ª ἐάν τίς μου ἀκούσῃ τῶν ῥημάτων

14 24 ὁ λόγος ὃν ἀκούετε οὐκ ἔστιν ἐμός

14 28 ἠκούσατε ὅτι ἐγὼ εἶπον ὑμῖν

15 15c πάντα ἃ ἤκουσα παρὰ τοῦ πατρός μου ἐγνώρισα ὑμῖν

16 13 ὅσα ἀκούσει (ἀκούει NMTH; ἂν ἀ-σῃ ς) λαλήσει

18 21 ἐρώτησον τοὺς ἀκηκοότας τί ἐλάλησα αὐτοῖς

18 37ª πᾶς ὁ ὢν ἐκ τῆς ἀληθείας ἀκούει μου τῆς φωνῆς

19 8 ὅτε οὖν ἤκουσεν ὁ Πιλᾶτος τοῦτον τὸν λόγον

19 13ª ὁ οὖν Πιλᾶτος ἀκούσας | τῶν λόγων τούτων (τοῦτον τὸν λόγον ς)

21 7 Πέτρος ἀκούσας ὅτι ὁ κύριός ἐστιν, τὸν ἐπενδύτην διεζώσατο

Ac 1 4ª περιμένειν τὴν ἐπαγγελίαν τοῦ πατρὸς ἣν ἠκούσατέ μου

2 6ª ὅτι ἤκουον (-εν S; -σεν H) εἷς ἕκαστος τῇ ἰδίᾳ διαλέκτῳ λαλούντων αὐτῶν

2 8 πῶς ἡμεῖς ἀκούομεν ἕκαστος τῇ ἰδίᾳ διαλέκτῳ ἡμῶν ⟨;⟩

2 11ª ἀκούομεν λαλούντων αὐτῶν ταῖς ἡμετέραις γλώσσαις

2 22 ἄνδρες Ἰσραηλῖται, ἀκούσατε τοὺς λόγους τούτους

2 33 τοῦτο ὃ ὑμεῖς καὶ [N26VH] βλέπετε καὶ ἀκούετε

2 37 ἀκούσαντες δὲ κατενύγησαν τὴν καρδίαν

3 22ª αὐτοῦ ἀκούσεσθε κατὰ πάντα ὅσα ἂν λαλήσῃ πρὸς ὑμᾶς

3 23ª πᾶσα ψυχὴ ἥτις ἐὰν (ἂν Hς) μὴ ἀκούσῃ τοῦ προφήτου ἐκείνου ἐξολεθρευθήσεται

4 4 πολλοὶ δὲ τῶν ἀκουσάντων τὸν λόγον ἐπίστευσαν

4 19ª εἰ δίκαιόν ἐστιν ... ὑμῶν ἀκούειν μᾶλλον ἢ τοῦ θεοῦ

4 20 οὐ δυνάμεθα ... ἃ εἴδαμεν καὶ ἠκούσαμεν μὴ λαλεῖν

4 24 οἱ δὲ ἀκούσαντες ὁμοθυμαδὸν ἦραν φωνήν

5 5 ἀκούων δὲ ὁ Ἁνανίας τοὺς λόγους τούτους πεσὼν ἐξέψυξεν· ↔

5 5 καὶ ἐγένετο φόβος μέγας ἐπὶ πάντας τοὺς ἀκούοντας

5 11 ἐγένετο φόβος ... ἐπὶ πάντας τοὺς ἀκούοντας ταῦτα

5 21 ἀκούσαντες δὲ εἰσῆλθον ὑπὸ τὸν ὄρθρον εἰς τὸ ἱερόν

5 24 ὡς δὲ ἤκουσαν τοὺς λόγους τούτους

5 33 οἱ δὲ ἀκούσαντες διεπρίοντο

6 11ª ὅτι ἀκηκόαμεν αὐτοῦ λαλοῦντος ῥήματα βλάσφημα

6 14ª ἀκηκόαμεν γὰρ αὐτοῦ λέγοντος ὅτι Ἰησοῦς ... καταλύσει τὸν τόπον τοῦτον

7 2 ἄνδρες ἀδελφοὶ καὶ πατέρες, ἀκούσατε

7 12 ἀκούσας δὲ Ἰακὼβ ὄντα σιτία εἰς Αἴγυπτον ἐξαπέστειλεν

7 34ª τοῦ στεναγμοῦ αὐτῶν (αὐτοῦ NH) ἤκουσα

7 37ª *προφήτην ὑμῖν ἀναστήσει ... ὡς ἐμέ· | αὐτοῦ ἀκούσεσθε (+ς)

7 54 ἀκούοντες δὲ ταῦτα διεπρίοντο

8 6 προσεῖχον δὲ ... ἐν τῷ ἀκούειν αὐτοὺς

8 14 ἀκούσαντες δὲ οἱ ἐν Ἱεροσολύμοις ἀπόστολοι

8 30ª ὁ Φίλιππος ἤκουσεν αὐτοῦ ἀναγινώσκοντος Ἡσαΐαν

9 4 πεσὼν ἐπὶ τὴν γῆν ἤκουσεν φωνὴν

9 7ª οἱ δὲ ἄνδρες ... εἱστήκεισαν ἐνεοί, ἀκούοντες μὲν τῆς φωνῆς

9 13c κύριε, ἤκουσα (ἀκήκοα Sς) ἀπὸ πολλῶν περὶ τοῦ ἀνδρὸς τούτου

9 21 ἐξίσταντο δὲ πάντες οἱ ἀκούοντες

9 38 οἱ μαθηταὶ ἀκούσαντες ὅτι Πέτρος ἐστὶν ἐν αὐτῇ ἀπέστειλαν

10 22c ἐχρηματίσθη ... ἀκοῦσαι ῥήματα παρὰ σοῦ

10 33 πάρεσμεν ἀκοῦσαι πάντα τὰ προστεταγμένα σοι

10 44 ἐπέπεσεν τὸ πνεῦμα ... ἐπὶ πάντας τοὺς ἀκούοντας τὸν λόγον

10 46ª ἤκουον γὰρ αὐτῶν λαλούντων γλώσσαις

Ac 11 1 ἤκουσαν δὲ οἱ ἀπόστολοι ... ὅτι καὶ τὰ ἔθνη ἐδέξαντο τὸν λόγον

11 7ª ἤκουσα δὲ καὶ φωνῆς λεγούσης μοι

11 18 ἀκούσαντες δὲ ταῦτα ἡσύχασαν

11 22b ἠκούσθη δὲ ὁ λόγος εἰς τὰ ὦτα τῆς ἐκκλησίας

13 7 ἐπεζήτησεν ἀκοῦσαι τὸν λόγον τοῦ θεοῦ

13 16 ἄνδρες Ἰσραηλῖται ... ἀκούσατε

13 44 συνήχθη ἀκοῦσαι τὸν λόγον τοῦ κυρίου (θεοῦ NMVHς)

13 48 ἀκούοντα δὲ τὰ ἔθνη ἔχαιρον

14 9ª οὗτος ἤκουσεν (ἤκουεν NVBHς) τοῦ Παύλου λαλοῦντος

14 14 ἀκούσαντες δὲ οἱ ἀπόστολοι Βαρναβᾶς καὶ Παῦλος ... ἐξεπήδησαν

15 7 ὅτι ... ἐξελέξατο ὁ θεὸς ... ἀκοῦσαι τὰ ἔθνη τὸν λόγον

15 12ª ἤκουον Βαρναβᾶ καὶ Παύλου ἐξηγουμένων

15 13ª ἄνδρες ἀδελφοί, ἀκούσατέ μου

15 24 ἐπειδὴ ἠκούσαμεν ὅτι τινὲς ... ἐτάραξαν ὑμᾶς (ἔδοξεν ἡμῖν)

16 14 καί τις γυνὴ ὀνόματι Λυδία ... ἤκουεν

16 38 ἐφοβήθησαν δὲ ἀκούσαντες ὅτι Ῥωμαῖοί εἰσιν

17 8 ἐτάραξαν δὲ ... τοὺς πολιτάρχας ἀκούοντας ταῦτα

17 21 εἰς οὐδὲν ἕτερον ηὐκαίρουν ἢ λέγειν τι ἢ ἀκούειν τι [S] καινότερον

17 32 ἀκούσαντες δὲ ἀνάστασιν νεκρῶν, οἱ μὲν ἐχλεύαζον

17 32ª ἀκουσόμεθά σου περὶ τούτου καὶ πάλιν

18 8 καὶ πολλοὶ τῶν Κορινθίων ἀκούοντες ἐπίστευον

18 26ª ἀκούσαντες δὲ αὐτοῦ | Πρίσκιλλα καὶ Ἀκύλας (~Sς) προσελάβοντο αὐτόν

19 2 ἀλλ' οὐδ' εἰ πνεῦμα ἅγιον ἔστιν ἠκούσαμεν

19 5 ἀκούσαντες δὲ ἐβαπτίσθησαν εἰς τὸ ὄνομα τοῦ κυρίου Ἰησοῦ

19 10 ὥστε πάντας ... ἀκοῦσαι τὸν λόγον τοῦ κυρίου

19 26 θεωρεῖτε καὶ ἀκούετε ὅτι ... μετέστησεν ἱκανὸν ὄχλον

19 28 ἀκούσαντες δὲ καὶ γενόμενοι πλήρεις θυμοῦ ἔκραζον

21 12 ὡς δὲ ἠκούσαμεν ταῦτα

21 20 οἱ δὲ ἀκούσαντες ἐδόξαζον τὸν θεόν

21 22 πάντως (+δεῖ συνελθεῖν πλῆθος V [S]Tς) ἀκούσονται (+γὰρ V [S]Tς) ὅτι ἐλήλυθας

22 1ª ἄνδρες ἀδελφοὶ καὶ πατέρες, ἀκούσατέ μου τῆς ... ἀπολογίας. ↔

22 2 ἀκούσαντες δὲ ὅτι τῇ Ἑβραΐδι διαλέκτῳ προσεφώνει αὐτοῖς

22 7ª ἤκουσα φωνῆς λεγούσης μοι· Σαοὺλ Σαούλ

22 9 τὴν δὲ φωνὴν οὐκ ἤκουσαν τοῦ λαλοῦντός μοι

22 14 προεχειρίσατό σε ... ἀκοῦσαι φωνὴν ἐκ τοῦ στόματος αὐτοῦ, ↔

22 15 ὅτι ἔσῃ μάρτυς αὐτῷ ... ὧν ἑώρακας καὶ ἤκουσας

22 22ª ἤκουον δὲ αὐτοῦ ἄχρι τούτου τοῦ λόγου

22 26 ἀκούσας δὲ ὁ ἑκατοντάρχης

23 16 ἀκούσας δὲ ὁ υἱὸς τῆς ἀδελφῆς Παύλου τὴν ἐνέδραν

24 4ª παρακαλῶ ἀκοῦσαί σε ἡμῶν συντόμως

Ac 24 22 *| ἀκούσας δὲ ταῦτα (+ς) ἀνε-
βάλετο δὲ (—ς) αὐτούς
24 24ᵃ παραγενόμενος ὁ Φῆλιξ...ἤκουσεν
αὐτοῦ περὶ τῆς ... πίστεως
25 22ᵃ ἐβουλόμην καὶ αὐτὸς τοῦ ἀνθρώ-
που ἀκοῦσαι. ↔
25 22ᵃ [+ὁ δέ · MVS] αὔριον, φησίν,
ἀκούσῃ αὐτοῦ
26 3ᵃ διὸ δέομαι μακροθύμως ἀκοῦσαί
μου
26 14 ἤκουσα φωνὴν | λέγουσαν πρός
με (λαλοῦσαν π. με καὶ λέγ. Sς)
26 29ᵃ οὐ μόνον σὲ ἀλλὰ καὶ πάντας τοὺς
ἀκούοντάς μου σήμερον γενέσθαι
τοιούτους
28 15 οἱ ἀδελφοὶ ἀκούσαντες τὰ περὶ
ἡμῶν ἦλθαν ([ἐξ] ἦλθον S)
28 22ᶜ ἀξιοῦμεν δὲ παρὰ σοῦ ἀκοῦσαι
ἃ φρονεῖς
28 26ᵉ ἀκοῇ ἀκούσετε καὶ οὐ μὴ συνῆτε
28 27 καὶ τοῖς ὠσὶν βαρέως ἤκουσαν
28 27 μήποτε ἴδωσιν τοῖς ὀφθαλμοῖς καὶ
τοῖς ὠσὶν ἀκούσωσιν
28 28 τοῖς ἔθνεσιν ἀπεστάλη ... αὐτοὶ
καὶ ἀκούσονται
Rm 10 14ᵃ πῶς δὲ πιστεύσωσιν οὗ οὐκ ἤ-
κουσαν; ↔
10 14 πῶς δὲ ἀκούσωσιν (-σονται T;
-σουσιν ς) χωρὶς κηρύσσοντος;
10 18 ἀλλὰ λέγω, μὴ οὐκ ἤκουσαν;
11 8 ἔδωκεν αὐτοῖς ὁ θεὸς ... ὦτα τοῦ
μὴ ἀκούειν
15 21 καὶ οἳ οὐκ ἀκηκόασιν συνήσουσιν
1C 2 9 ἃ ὀφθαλμὸς οὐκ εἶδεν καὶ οὓς οὐκ
ἤκουσεν
5 1ᵇ ὅλως ἀκούεται ἐν ὑμῖν πορνεία
11 18 συνερχομένων ὑμῶν ἐν ἐκκλησίᾳ
ἀκούω σχίσματα ... ὑπάρχειν
14 2 οὐδεὶς γὰρ ἀκούει, πνεύματι δὲ
λαλεῖ μυστήρια
2C 12 4 ⟨τὸν τοιοῦτον ἄνθρωπον⟩ ὅτι
ἡρπάγη ... καὶ ἤκουσεν ἄρρητα
ῥήματα
12 6 ὑπὲρ ὃ βλέπει με ἢ ἀκούει τι
[+N²⁶] ἐξ ἐμοῦ
G 1 13 ἠκούσατε γὰρ τὴν ἐμὴν ἀναστρο-
φήν ποτε
1 23 μόνον δὲ ἀκούοντες ἦσαν ὅτι ὁ
διώκων ἡμᾶς
4 21 οἱ ὑπὸ νόμον θέλοντες εἶναι, τὸν
νόμον οὐκ ἀκούετε;
E 1 13 ἐν ᾧ καὶ ὑμεῖς, ἀκούσαντες τὸν
λόγον τῆς ἀληθείας
1 15 ἀκούσας τὴν καθ' ὑμᾶς πίστιν ἐν
τῷ κυρίῳ Ἰησοῦ
3 2 εἴ γε ἠκούσατε τὴν οἰκονομίαν τῆς
χάριτος... τῆς δοθείσης μοι εἰς ὑμᾶς
4 21 εἴ γε αὐτὸν ἠκούσατε καὶ ἐν αὐτῷ
ἐδιδάχθητε
4 29 ἵνα δῷ χάριν τοῖς ἀκούουσιν
Ph 1 27 ἵνα ... εἴτε ἀπὼν ἀκούσω (ἀκούσω
VSς) τὰ περὶ ὑμῶν
1 30 τὸν αὐτὸν ἀγῶνα ἔχοντες οἷον...
νῦν ἀκούετε ἐν ἐμοί
2 26 καὶ ἀδημονῶν, διότι ἠκούσατε ὅτι
ἠσθένησεν
4 9 ἃ...καὶ παρελάβετε καὶ ἠκούσατε
καὶ εἴδετε ἐν ἐμοί, ταῦτα πράσσετε
Cl 1 4 ⟨εὐχαριστοῦμεν⟩ ἀκούσαντες τὴν
πίστιν ὑμῶν ἐν Χριστῷ Ἰησοῦ
1 6 ἠκούσατε καὶ ἐπέγνωτε τὴν χάριν
τοῦ θεοῦ ἐν ἀληθείᾳ
1 9 ἀφ' ἧς ἡμέρας ἠκούσαμεν, οὐ
παυόμεθα ὑπὲρ ὑμῶν προσευχό-
μενοι

Cl 1 23ᵃ καὶ μὴ μετακινούμενοι ἀπὸ τῆς
ἐλπίδος τοῦ εὐαγγελίου οὗ ἠκού-
σατε
2 Th 3 11 ἀκούομεν γὰρ τινας περιπατοῦν-
τας ἐν ὑμῖν ἀτάκτως
1 Tm 4 16ᵃ σεαυτὸν σώσεις καὶ τοὺς ἀκού-
οντάς σου
2 Tm 1 13ᵃᶜ λόγων ὧν παρ' ἐμοῦ ἤκουσας
2 2ᶜ ἃ ἤκουσας παρ' ἐμοῦ διὰ πολλῶν
μαρτύρων ταῦτα παράθου
2 14 ἐπ' οὐδὲν χρήσιμον, ἐπὶ κατα-
στροφῇ τῶν ἀκουόντων
4 17 ἵνα δι' ἐμοῦ τὸ κήρυγμα πληρο-
φορηθῇ καὶ ἀκούσωσιν (ἀκούῃ ς)
πάντα τὰ ἔθνη
Phm 5 ⟨μνείαν σου ποιούμενος⟩ ἀκούων
σου τὴν ἀγάπην καὶ τὴν πίστιν
Hb 2 1ᵇ δεῖ περισσοτέρως προσέχειν ἡμᾶς
τοῖς ἀκουσθεῖσιν
2 3 ὑπὸ τῶν ἀκουσάντων εἰς ἡμᾶς
ἐβεβαιώθη
3 7ᵃ σήμερον ἐὰν τῆς φωνῆς αὐτοῦ
ἀκούσητε
3 15ᵃ σήμερον ἐὰν τῆς φωνῆς αὐτοῦ
ἀκούσητε
3 16 τίνες γὰρ ἀκούσαντες παρεπίκρα-
ναν;
4 2 οὐκ ὠφέλησεν ὁ λόγος τῆς ἀκοῆς
ἐκείνους μὴ συγκεκερασμένους (-νος
NBT) τῇ πίστει τοῖς ἀκούσασιν
4 7ᵃ σήμερον ἐὰν τῆς φωνῆς αὐτοῦ
ἀκούσητε, μὴ σκληρύνητε
12 19ᵃ φωνῇ ῥημάτων, ἧς οἱ ἀκούσαντες
παρῃτήσαντο
Jc 1 19 ἔστω δὲ (—Sς) πᾶς ἄνθρωπος
ταχὺς εἰς τὸ ἀκοῦσαι
2 5 ἀκούσατε, ἀδελφοί μου ἀγαπητοί
5 11 τὴν ὑπομονὴν Ἰὼβ ἠκούσατε
2 Pt 1 18 καὶ ταύτην τὴν φωνὴν ἡμεῖς
ἠκούσαμεν ἐξ οὐρανοῦ ἐνεχθεῖσαν
1 Jo 1 1 ὃ ἀκηκόαμεν, ὃ ἑωράκαμεν
1 3 ὃ ἑωράκαμεν καὶ ἀκηκόαμεν
1 5ᶜ ἣν ἀκηκόαμεν ἀπ' αὐτοῦ καὶ
ἀναγγέλλομεν ὑμῖν
2 7 ἡ ἐντολὴ ἡ παλαιά ἐστιν ὁ λόγος
ὃν ἠκούσατε
2 18 καὶ καθὼς ἠκούσατε ὅτι (+ὁ
MV[S]ς) ἀντίχριστος ἔρχεται
2 24 ὑμεῖς ὃ ἠκούσατε ἀπ' ἀρχῆς, ἐν
ὑμῖν μενέτω. ↔
2 24 ἐὰν ἐν ὑμῖν μείνῃ ὃ ἀπ' ἀρχῆς
ἠκούσατε
3 11 ἡ ἀγγελία ἣν ἠκούσατε ἀπ'
ἀρχῆς
4 3 τὸ τοῦ ἀντιχρίστου, ὃ ἀκηκόατε
ὅτι ἔρχεται
4 5ᵃ ἐκ τοῦ κόσμου λαλοῦσιν καὶ ὁ
κόσμος αὐτῶν ἀκούει
4 6ᵃ ὁ γινώσκων τὸν θεὸν ἀκούει
ἡμῶν, ↔
4 6ᵃ ὃς οὐκ ἔστιν ἐκ τοῦ θεοῦ οὐκ
ἀκούει ἡμῶν
5 14ᵃ ὅτι ἐάν τι αἰτώμεθα κατὰ τὸ
θέλημα αὐτοῦ ἀκούει ἡμῶν. ↔
5 15ᵃ καὶ ἐὰν οἴδαμεν ὅτι ἀκούει ἡμῶν
2 Jo 6 καθὼς ἠκούσατε ἀπ' ἀρχῆς
3 Jo 4 ἵνα ἀκούω τὰ ἐμὰ τέκνα ...
περιπατοῦντα
Ap 1 3 μακάριος ὁ ἀναγινώσκων καὶ οἱ
ἀκούοντες | τοὺς λόγους (τὸν λό-
γον T) τῆς προφητείας
1 10 καὶ ἤκουσα ὀπίσω μου φωνὴν
μεγάλην
2 7 ὁ ἔχων οὖς ἀκουσάτω τί τὸ
πνεῦμα λέγει

Ap 2 11 ὁ ἔχων οὖς ἀκουσάτω τί τὸ
πνεῦμα λέγει
2 17 ὁ ἔχων οὖς ἀκουσάτω τί τὸ
πνεῦμα λέγει
2 29 ὁ ἔχων οὖς ἀκουσάτω τί τὸ πνεῦμα
λέγει
3 3 μνημόνευε οὖν πῶς εἴληφας καὶ
ἤκουσας
3 6 ὁ ἔχων οὖς ἀκουσάτω τί τὸ πνεῦμα
λέγει
3 13 ὁ ἔχων οὖς ἀκουσάτω τί τὸ πνεῦμα
λέγει
3 20ᵃ ἐάν τις ἀκούσῃ τῆς φωνῆς μου
3 22 ὁ ἔχων οὖς ἀκουσάτω τί τὸ πνεῦ-
μα λέγει
4 1 ἡ φωνὴ ἡ πρώτη ἣν ἤκουσα ὡς
σάλπιγγος
5 11 καὶ εἶδον, καὶ ἤκουσα (+ὡς BT)
φωνὴν ἀγγέλων πολλῶν
5 13 πᾶν κτίσμα ... (+καὶ T) ἤκουσα
λέγοντας
6 1ᵃ καὶ ἤκουσα ἑνὸς ἐκ τῶν τεσσάρων
ζῴων λέγοντος
6 3ᵃ ἤκουσα τοῦ δευτέρου ζῴου λέ-
γοντος
6 5ᵃ ἤκουσα τοῦ τρίτου ζῴου λέγον-
τος
6 6 καὶ ἤκουσα ὡς φωνὴν ἐν μέσῳ
τῶν τεσσάρων ζῴων λέγουσαν
6 7 ἤκουσα φωνὴν τοῦ τετάρτου ζῴου
λέγοντος
7 4 καὶ ἤκουσα τὸν ἀριθμὸν τῶν
ἐσφραγισμένων
8 13ᵃ καὶ ἤκουσα ἑνὸς ἀετοῦ πετομένου
ἐν μεσουρανήματι λέγοντος
9 13 καὶ ἤκουσα φωνὴν μίαν
9 16 ἤκουσα τὸν ἀριθμὸν αὐτῶν
9 20 ἃ οὔτε βλέπειν δύνανται οὔτε ἀ-
κούειν οὔτε περιπατεῖν
10 4 ἤκουσα φωνὴν ἐκ τοῦ οὐρανοῦ
10 8 ἡ φωνὴ ἣν ἤκουσα ἐκ τοῦ οὐρανοῦ
11 12ᵃ καὶ ἤκουσαν (-σα B; -σα[ν] S) | φω-
νῆς μεγάλης ἐκ τοῦ οὐρανοῦ λε-
γούσης (-νην μ-λην ἐκ τ. οὐ.
λ-σαν Tς)
12 10 καὶ ἤκουσα φωνὴν μεγάλην ...
λέγουσαν
13 9 εἴ τις ἔχει οὖς ἀκουσάτω
14 2 καὶ ἤκουσα φωνὴν ἐκ τοῦ οὐρανοῦ
14 2 ἡ φωνὴ ἣν ἤκουσα ὡς κιθαρῳδῶν
14 13ᵃ ἤκουσα φωνῆς ἐκ τοῦ οὐρανοῦ
λεγούσης
16 1ᵃ ἤκουσα μεγάλης φωνῆς
16 5ᵃ καὶ ἤκουσα τοῦ ἀγγέλου τῶν
ὑδάτων λέγοντος
16 7ᵃ καὶ ἤκουσα τοῦ θυσιαστηρίου λέ-
γοντος
18 4 ἤκουσα ἄλλην φωνὴν ἐκ τοῦ
οὐρανοῦ λέγουσαν
18 22ᵇ φωνὴ κιθαρῳδῶν ... οὐ μὴ ἀκου-
σθῇ ἐν σοὶ ἔτι
18 22ᵇ φωνὴ μύλου οὐ μὴ ἀκουσθῇ ἐν σοὶ
ἔτι
18 23ᵇ φωνὴ νυμφίου καὶ νύμφης οὐ μὴ
ἀκουσθῇ ἐν σοὶ ἔτι
19 1 μετὰ ταῦτα ἤκουσα ὡς φωνὴν
μεγάλην
19 6 ἤκουσα ὡς φωνὴν ὄχλου πολλοῦ
21 3ᵃ ἤκουσα φωνῆς μεγάλης ἐκ τοῦ
θρόνου (οὐρανοῦ Sς) λεγούσης
22 8 κἀγὼ Ἰωάννης ὁ | ἀκούων καὶ
βλέπων ταῦτα (~BSTς). ↔
22 8 ὅτε ἤκουσα καὶ ἔβλεψα, ἔπεσα
προσκυνῆσαι
22 17 ὁ ἀκούων εἰπάτω

Ap 22 18 μαρτυρῶ ἐγὼ παντὶ τῷ (—ς) ἀκού-
οντι τοὺς λόγους

άκρασία

Mt 23 25 ἔσωθεν δὲ γέμουσιν ἐξ ἁρπαγῆς
καὶ ἀκρασίας

1C 7 5 ἵνα μὴ πειράζῃ ὑμᾶς ὁ σατανᾶς
διὰ τὴν ἀκρασίαν ὑμῶν [NH]

άκρατής

2Tm 3 3 ⟨ἔσονται γὰρ οἱ ἄνθρωποι⟩ ἄστορ-
γοι ... ἀκρατεῖς ἀνήμεροι

άκρατος

Ap 14 10 ἐκ τοῦ οἴνου τοῦ θυμοῦ τοῦ θεοῦ
τοῦ κεκερασμένου ἀκράτου

άκρίβεια

Ac 22 3 πεπαιδευμένος κατὰ ἀκρίβειαν τοῦ
πατρῴου νόμου

άκριβής

→ ἀκριβῶς

26 5 ὅτι κατὰ τὴν ἀκριβεστάτην αἵρεσιν
... ἔζησα Φαρισαῖος

άκριβόω

Mt 2 7 τότε Ἡρῴδης ... ἠκρίβωσεν παρ'
αὐτῶν τὸν χρόνον τοῦ φαινομένου
ἀστέρος

2 16 κατὰ τὸν χρόνον ὃν ἠκρίβωσεν
παρὰ τῶν μάγων

άκριβῶς

→ ἀκριβής
a ἀκριβέστερον

Mt 2 8 ἐξετάσατε ἀκριβῶς περὶ τοῦ παι-
δίου

Lc 1 3 ἔδοξε κἀμοὶ παρηκολουθηκότι ἄ-
νωθεν πᾶσιν ἀκριβῶς

Ac 18 25 ἐδίδασκεν ἀκριβῶς τὰ περὶ τοῦ
Ἰησοῦ

18 26a καὶ ἀκριβέστερον αὐτῷ ἐξέθεντο
τὴν ὁδὸν | τοῦ θεοῦ [N26]

23 15a ὡς μέλλοντας διαγινώσκειν ἀκρι-
βέστερον

23 20a ὡς μέλλον (N26N; -λοντες ς; -λων
rl) τι ἀκριβέστερον πυνθάνεσθαι

24 22a ἀκριβέστερον εἰδὼς τὰ περὶ τῆς
ὁδοῦ

E 5 15 βλέπετε οὖν | ἀκριβῶς πῶς
(~VSς) περιπατεῖτε

1Th 5 2 αὐτοὶ γὰρ ἀκριβῶς οἴδατε

άκρίς

Mt 3 4 ἡ δὲ τροφὴ ἦν αὐτοῦ ἀκρίδες καὶ
μέλι ἄγριον

Mc 1 6 ἐσθίων ἀκρίδας καὶ μέλι ἄγριον

Ap 9 3 ἐκ τοῦ καπνοῦ ἐξῆλθον ἀκρίδες εἰς
τὴν γῆν

9 7 τὰ ὁμοιώματα τῶν ἀκρίδων ὅμοια
(-οι NMT) ἵπποις

άκροατήριον

Ac 25 23 καὶ εἰσελθόντων εἰς τὸ ἀκροατή-
ριον

άκροατής

Rm 2 13 οὐ γὰρ οἱ ἀκροαταὶ νόμου δίκαιοι
παρὰ τῷ [N26NH] θεῷ

Jc 1 22 γίνεσθε δὲ ποιηταὶ λόγου, καὶ μὴ
| μόνον ἀκροαταί (~NBH)

1 23 εἴ τις ἀκροατὴς λόγου ἐστὶν καὶ οὐ
ποιητής

1 25 ὁ δὲ ... οὐκ ἀκροατὴς ἐπιλησμονῆς
γενόμενος

άκροβυστία

Ac 11 3 ὅτι εἰσῆλθες (-θεν BH) πρὸς ἄν-
δρας ἀκροβυστίαν ἔχοντας

Rm 2 25 ἡ περιτομή σου ἀκροβυστία γέ-
γονεν. ↔

2 26 ἐὰν οὖν ἡ ἀκροβυστία τὰ δικαιώ-
ματα τοῦ νόμου φυλάσσῃ, ↔

2 26 οὐχ (οὐχὶ Sς) ἡ ἀκροβυστία αὐτοῦ
εἰς περιτομὴν λογισθήσεται;

Rm 2 27 κρινεῖ ἡ ἐκ φύσεως ἀκροβυστία τὸν
νόμον τελοῦσα σέ

3 30 ὃς δικαιώσει ... ἀκροβυστίαν διὰ
τῆς πίστεως

4 9 ὁ μακαρισμὸς οὖν οὗτος ἐπὶ τὴν
περιτομὴν ἢ καὶ ἐπὶ τὴν ἀκροβυ-
στίαν;

4 10 ⟨ἡ πίστις⟩ πῶς οὖν ἐλογίσθη; ἐν
περιτομῇ ὄντι ἢ ἐν ἀκροβυστίᾳ,

4 10 οὐκ ἐν περιτομῇ ἀλλ' ἐν ἀκροβυ-
στίᾳ

4 11 σφραγῖδα τῆς δικαιοσύνης τῆς
πίστεως τῆς ἐν τῇ ἀκροβυστίᾳ ↔

4 11 εἰς τὸ εἶναι αὐτὸν πατέρα πάντων
τῶν πιστευόντων δι' ἀκροβυστίας

4 12 τοῖς ἴχνεσιν τῆς ἐν (+τῇ ς)
ἀκροβυστίᾳ πίστεως τοῦ πατρὸς
ἡμῶν Ἀβραάμ

1C 7 18 ἐν ἀκροβυστίᾳ κέκληταί τις; μὴ
περιτεμνέσθω. ↔

7 19 ἡ ἀκροβυστία οὐδέν ἐστιν, ἀλλὰ ἡ
τήρησις ἐντολῶν

G 2 7 πεπίστευμαι τὸ εὐαγγέλιον τῆς
ἀκροβυστίας καθὼς Πέτρος τῆς
περιτομῆς

5 6 ἐν γὰρ Χριστῷ Ἰησοῦ [H] οὔτε
περιτομή τι ἰσχύει οὔτε ἀκρο-
βυστία

6 15 οὔτε γὰρ περιτομή τί ἐστιν οὔτε
ἀκροβυστία, ἀλλὰ καινὴ κτίσις

E 2 11 ὅτι ποτὲ ὑμεῖς τὰ ἔθνη ἐν σαρκί, οἱ
λεγόμενοι ἀκροβυστία

Cl 2 13 νεκροὺς ὄντας ... τῇ ἀκροβυστίᾳ
τῆς σαρκὸς ὑμῶν

3 11 ὅπου οὐκ ἔνι ... περιτομὴ καὶ
ἀκροβυστία

άκρογωνιαῖος

E 2 20 ὄντος ἀκρογωνιαίου αὐτοῦ Χρι-
στοῦ Ἰησοῦ

1Pt 2 6 τίθημι ἐν Σιὼν λίθον | ἀκρογωνι-
αῖον ἐκλεκτὸν (~NH) ἔντιμον

άκροθίνιον

Hb 7 4 δεκάτην Ἀβραὰμ ἔδωκεν ἐκ τῶν
ἀκροθινίων

άκρον

Mt 24 31 ἐπισυνάξουσιν ... ἀπ' ἄκρων
οὐρανῶν ↔

24 31 ἕως τῶν ([N26NH]; —MVTς)
ἄκρων αὐτῶν

Mc 13 27 ἀπ' ἄκρου γῆς ↔

13 27 ἕως ἄκρου οὐρανοῦ

Lc 16 24 ἵνα βάψῃ τὸ ἄκρον τοῦ δακτύλου
αὐτοῦ ὕδατος

Hb 11 21 προσεκύνησεν ἐπὶ τὸ ἄκρον τῆς
ῥάβδου αὐτοῦ

Ἀκύλας

Ac 18 2 εὑρών τινα Ἰουδαῖον ὀνόματι
Ἀκύλαν

18 18 ὁ δὲ Παῦλος ... ἐξέπλει ... καὶ σὺν
αὐτῷ Πρίσκιλλα καὶ Ἀκύλας

18 26 ἀκούσαντες δὲ αὐτοῦ | Πρίσκιλλα
καὶ Ἀκύλας (~Sς)

Rm 16 3 ἀσπάσασθε Πρίσκαν καὶ Ἀκύλαν
τοὺς συνεργούς μου

1C 16 19 ἀσπάζεται ὑμᾶς ἐν κυρίῳ πολλὰ
Ἀκύλας καὶ Πρίσκα

2Tm 4 19 ἄσπασαι Πρίσκαν καὶ Ἀκύλαν καὶ
τὸν Ὀνησιφόρου οἶκον

άκυρόω

Mt 15 6 ἠκυρώσατε | τὸν λόγον (τὴν
ἐντολὴν Vς; τὸν νόμον ST) τοῦ
θεοῦ

Mc 7 13 ⟨οὐκέτι ἀφίετε αὐτὸν οὐδὲν ποιῆ-
σαι⟩ ... ἀκυροῦντες τὸν λόγον τοῦ
θεοῦ

G 3 17 διαθήκην προκεκυρωμένην ... νό-
μος οὐκ ἀκυροῖ

άκωλύτως

Ac 28 31 κηρύσσων ... καὶ διδάσκων ...
μετὰ πάσης παρρησίας ἀκωλύτως

άκων

1C 9 17 ἑκὼν ... μισθὸν ἔχω· εἰ δὲ ἄκων,
οἰκονομίαν πεπίστευμαι

άλα

→ ἅλας

άλάβαστρος (ὁ, ἡ), ἀλάβαστρον

Mt 26 7 || ἔχουσα ἀλάβαστρον μύρου
βαρυτίμου (πολυτίμου T) ((~Sς))

Mc 14 3 ἦλθεν γυνὴ ἔχουσα ἀλάβαστρον
μύρου νάρδου πιστικῆς πολυτε-
λοῦς· ↔

14 3 (+καὶ Vς) συντρίψασα τὴν (τὸν
BST) ἀλάβαστρον κατέχεεν

Lc 7 37 ἐπιγνοῦσα ὅτι κατάκειται ... κο-
μίσασα ἀλάβαστρον μύρου

άλαζονεία

ἀλαζονία VSTH

Jc 4 16 νῦν δὲ καυχᾶσθε ἐν ταῖς ἀλαζονεί-
αις ὑμῶν

1Jo 2 16 ἡ ἐπιθυμία τῶν ὀφθαλμῶν καὶ ἡ
ἀλαζονεία τοῦ βίου

άλαζών

Rm 1 30 ⟨παρέδωκεν αὐτοὺς ὁ θεὸς εἰς
ἀδόκιμον νοῦν⟩ ὑπερηφάνους, ἀ-
λαζόνας, ἐφευρετὰς κακῶν

2Tm 3 2 ἔσονται γὰρ οἱ ἄνθρωποι φίλαυ-
τοι, φιλάργυροι, ἀλαζόνες

άλαλάζω

Mc 5 38 θεωρεῖ θόρυβον, καὶ κλαίοντας καὶ
ἀλαλάζοντας πολλά

1C 13 1 γέγονα χαλκὸς ἠχῶν ἢ κύμβαλον
ἀλαλάζον

άλάλητος

Rm 8 26 αὐτὸ τὸ πνεῦμα ὑπερεντυγχάνει
στεναγμοῖς ἀλαλήτοις

άλαλος

Mc 7 37 τοὺς κωφοὺς ποιεῖ ἀκούειν καὶ τοὺς
([N26S]; —NVTH) ἀλάλους λα-
λεῖν

9 17 ἤνεγκα τὸν υἱόν μου πρός σε
ἔχοντα πνεῦμα ἄλαλον

9 25 τὸ ἄλαλον καὶ κωφὸν πνεῦμα, ἐγὼ
ἐπιτάσσω σοι, ἔξελθε

άλας, ἅλς

Mt 5 13 ὑμεῖς ἐστε τὸ ἅλας τῆς γῆς· ↔

5 13 ἐὰν δὲ τὸ ἅλας μωρανθῇ, ἐν τίνι
ἁλισθήσεται;

Mc 9 49 *| καὶ πᾶσα θυσία ἁλὶ ἁλισθήσεται
(+VBς)

9 50 καλὸν τὸ ἅλας(-α T)· ↔

9 50 ἐὰν δὲ τὸ ἅλας (-α T) ἄναλον γένη-
ται

9 50 ἔχετε ἐν ἑαυτοῖς ἅλα (-ς ς)

Lc 14 34 καλὸν οὖν [M] τὸ ἅλας (-α T)· ↔

14 34 ἐὰν δὲ καὶ τὸ ἅλας (-α T) μωρανθῇ

Cl 4 6 ὁ λόγος ὑμῶν πάντοτε ἐν χάριτι,
ἅλατι ἠρτυμένος

άλεεῖς

→ ἁλιεύς

άλείφω

ἐξ-

Mt 6 17 σὺ δὲ νηστεύων ἄλειψαί σου τὴν
κεφαλὴν

Mc 6 13 καὶ ἤλειφον ἐλαίῳ πολλοὺς ἀρρώ-
στους

16 1 ἵνα ἐλθοῦσαι ἀλείψωσιν αὐτόν

Lc 7 38 κατεφίλει τοὺς πόδας αὐτοῦ καὶ
ἤλειφεν τῷ μύρῳ

7 46 ἐλαίῳ τὴν κεφαλήν μου οὐκ ἤλει-
ψας· ↔

Lc   7 46 αὕτη δὲ μύρῳ ἤλειψεν | τοὺς πόδας μου (~VBSTϛ)

Jo 11 2 ἦν δὲ Μαριὰμ ἡ ἀλείψασα τὸν κύριον μύρῳ

12 3 ἡ οὖν Μαριὰμ ... ἤλειψεν τοὺς πόδας τοῦ [Η] Ἰησοῦ

Jc   5 14 προσευξάσθωσαν ἐπ' αὐτὸν ἀλείψαντες αὐτὸν ([Ν²⁶]; —NBTH) ἐλαίῳ

ἀλεκτοροφωνία

Mc 13 35 πότε ... ἔρχεται, ἢ ὀψὲ ἢ μεσονύκτιον ἢ ἀλεκτοροφωνίας

ἀλέκτωρ

Mt 26 34 πρὶν ἀλέκτορα φωνῆσαι τρὶς ἀπαρνήσῃ με

26 74 εὐθέως (-θὺς ΝΗ) ἀλέκτωρ ἐφώνησεν. ↔

26 75 καὶ ἐμνήσθη ... ὅτι πρὶν ἀλέκτορα φωνῆσαι τρὶς ἀπαρνήσῃ με

Mc 14 30 ὅτι ... πρὶν ἢ δὶς ἀλέκτορα φωνῆσαι τρίς με ἀπαρνήσῃ

14 68 | καὶ ἀλέκτωρ ἐφώνησεν ([Ν²⁶]; —ΝΗ)

14 72 καὶ εὐθὺς (—Sϛ) ἐκ δευτέρου ἀλέκτωρ ἐφώνησεν

14 72 ὅτι πρὶν ἀλέκτορα | φωνῆσαι δὶς (~ΝΜΒΗ) τρίς με ἀπαρνήσῃ

Lc 22 34 οὐ φωνήσει σήμερον ἀλέκτωρ ἕως

22 60 καὶ παραχρῆμα ἔτι λαλοῦντος αὐτοῦ ἐφώνησεν (+ὁ ϛ) ἀλέκτωρ

22 61 πρὶν ἀλέκτορα φωνῆσαι σήμερον ἀπαρνήσῃ με τρίς

Jo 13 38 οὐ μὴ ἀλέκτωρ φωνήσῃ ἕως οὗ ἀρνήσῃ με τρίς

18 27 καὶ εὐθέως ἀλέκτωρ ἐφώνησεν

Ἀλεξανδρεύς

Ac   6 9 ἀνέστησαν δέ τινες τῶν ἐκ τῆς συναγωγῆς ... Κυρηναίων καὶ Ἀλεξανδρέων

18 24 Ἰουδαῖος δέ τις Ἀπολλῶς ὀνόματι, Ἀλεξανδρεὺς τῷ γένει

Ἀλεξανδρῖνος

Ἀλεξανδρινός (Μ)V(Β)STH

Ac 27 6 εὑρὼν ... πλοῖον Ἀλεξανδρῖνον πλέον εἰς τὴν Ἰταλίαν

28 11 ἀνήχθημεν ἐν πλοίῳ ..., Ἀλεξανδρίνῳ, παρασήμῳ Διοσκούροις

Ἀλέξανδρος

a filius Simonis Cyrenaei
b ex genere sacerdotali Hieros.
c Judaeus quidam Ephesius
d aerarius

Mc 15 21ᵃ Σίμωνα Κυρηναῖον ... τὸν πατέρα Ἀλεξάνδρου καὶ Ῥούφου

Ac   4 6ᵇ ⟨ἐγένετο ... συναχθῆναι⟩ Ἰωάννης καὶ Ἀλέξανδρος (-ρον ϛ)

19 33ᶜ συνεβίβασαν Ἀλέξανδρον, προβαλόντων αὐτὸν τῶν Ἰουδαίων· ↔

19 33ᶜ ὁ δὲ Ἀλέξανδρος ... ἤθελεν ἀπολογεῖσθαι τῷ δήμῳ

1Tm 1 20ᵈ ὧν ἐστιν Ὑμέναιος καὶ Ἀλέξανδρος

2Tm 4 14ᵈ Ἀλέξανδρος ὁ χαλκεὺς πολλά μοι κακὰ ἐνεδείξατο

ἄλευρον

Mt 13 33 ἣν ... ἐνέκρυψεν εἰς ἀλεύρου σάτα τρία

Lc 13 21 ἣν λαβοῦσα γυνὴ ἐνέκρυψεν ([ἐν]έκρ. Ν²⁶; ἔκρ. ΝΜΤΗ) εἰς ἀλεύρου σάτα τρία

ἀλήθεια

a ἐπ' ἀληθείας
b ἀλ. λέγειν, εἰπεῖν, λαλεῖν
c ἀλ. θεοῦ, Χριστοῦ
d ἀλ. ποιεῖν

Mt 22 16 οἴδαμεν ὅτι ... τὴν ὁδὸν τοῦ θεοῦ ἐν ἀληθείᾳ διδάσκεις

Mc   5 33ᵇ καὶ εἶπεν αὐτῷ πᾶσαν τὴν ἀλήθειαν

12 14ᵃ ἀλλ' ἐπ' ἀληθείας τὴν ὁδὸν τοῦ θεοῦ διδάσκεις

12 32ᵃ καλῶς, διδάσκαλε, ἐπ' ἀληθείας εἶπες ὅτι εἷς ἐστιν

Lc   4 25ᵃ ἐπ' ἀληθείας δὲ λέγω ὑμῖν

20 21ᵃ ἀλλ' ἐπ' ἀληθείας τὴν ὁδὸν τοῦ θεοῦ διδάσκεις

22 59ᵃ λέγων· ἐπ' ἀληθείας καὶ οὗτος μετ' αὐτοῦ ἦν

Jo   1 14 ἐθεασάμεθα τὴν δόξαν αὐτοῦ ... πλήρης χάριτος καὶ ἀληθείας

1 17 ἡ χάρις καὶ ἡ ἀλήθεια διὰ Ἰησοῦ Χριστοῦ ἐγένετο

3 21ᵈ ὁ δὲ ποιῶν τὴν ἀλήθειαν ἔρχεται πρὸς τὸ φῶς

4 23 ὅτε ... προσκυνήσουσιν τῷ πατρὶ ἐν πνεύματι καὶ ἀληθείᾳ

4 24 ἐν πνεύματι καὶ ἀληθείᾳ | δεῖ προσκυνεῖν (~Τ)

5 33 καὶ μεμαρτύρηκεν τῇ ἀληθείᾳ

8 32 καὶ γνώσεσθε τὴν ἀλήθειαν, ↔

8 32 καὶ ἡ ἀλήθεια ἐλευθερώσει ὑμᾶς

8 40ᵇ ὃς τὴν ἀλήθειαν ὑμῖν λελάληκα

8 44 ἐν τῇ ἀληθείᾳ οὐκ ἔστηκεν (ἕ. STϛ), ↔

8 44 ὅτι οὐκ ἔστιν ἀλήθεια ἐν αὐτῷ

8 45ᵇ ὅτι τὴν ἀλήθειαν λέγω, οὐ πιστεύετέ μοι

8 46ᵇ εἰ ἀλήθειαν λέγω

14 6 ἐγώ εἰμι ἡ ὁδὸς καὶ ἡ ἀλήθεια καὶ ἡ ζωή

14 17 ⟨ἄλλον παράκλητον δώσει ὑμῖν⟩ τὸ πνεῦμα τῆς ἀληθείας

15 26 ὁ παράκλητος ... τὸ πνεῦμα τῆς ἀληθείας

16 7ᵇ ἐγὼ τὴν ἀλήθειαν λέγω ὑμῖν

16 13 ὅταν δὲ ἔλθῃ ἐκεῖνος, τὸ πνεῦμα τῆς ἀληθείας,

16 13 ὁδηγήσει ὑμᾶς | ἐν τῇ ἀληθείᾳ πάσῃ (εἰς τὴν ἀ-αν πᾶσαν ΝΜΗ; εἰς π. τ. ἀ. Vϛ)

17 17 ἁγίασον αὐτοὺς ἐν τῇ ἀληθείᾳ (+σου Sϛ)· ↔

17 17 ὁ λόγος ὁ σὸς ἀλήθειά ἐστιν

17 19 ἵνα ὦσιν καὶ αὐτοὶ ἡγιασμένοι ἐν ἀληθείᾳ

18 37 ἵνα μαρτυρήσω τῇ ἀληθείᾳ· ↔

18 37 πᾶς ὁ ὢν ἐκ τῆς ἀληθείας ἀκούει μου τῆς φωνῆς

18 38 τί ἐστιν ἀλήθεια;

Ac   4 27ᵃ συνήχθησαν γὰρ ἐπ' ἀληθείας ... ἐπὶ τὸν ἅγιον παῖδά σου

10 34ᵃ εἶπεν· ἐπ' ἀληθείας καταλαμβάνομαι

26 25 ἀλλὰ ἀληθείας καὶ σωφροσύνης ῥήματα ἀποφθέγγομαι

Rm   1 18 ἀνθρώπων τῶν τὴν ἀλήθειαν ἐν ἀδικίᾳ κατεχόντων

1 25ᶜ οἵτινες μετήλλαξαν τὴν ἀλήθειαν τοῦ θεοῦ

2 2 ὅτι τὸ κρίμα τοῦ θεοῦ ἐστιν κατὰ ἀλήθειαν

2 8 τοῖς δὲ ἐξ ἐριθείας καὶ ἀπειθοῦσι (+μὲν ΜVSϛ) τῇ ἀληθείᾳ ... ὀργὴ καὶ θυμός

2 20 διδάσκαλον νηπίων, ἔχοντα τὴν μόρφωσιν ... τῆς ἀληθείας ἐν τῷ νόμῳ

3 7ᶜ εἰ δὲ (γὰρ VBSϛ) ἡ ἀλήθεια τοῦ θεοῦ ἐν τῷ ἐμῷ ψεύσματι ἐπερίσσευσεν

9 1ᵇ ἀλήθειαν λέγω ἐν Χριστῷ

Rm 15 8ᶜ λέγω γὰρ Χριστὸν διάκονον γεγενῆσθαι περιτομῆς ὑπὲρ ἀληθείας θεοῦ

1C   5 8 ἑορτάζωμεν ... ἐν ἀζύμοις εἰλικρινείας καὶ ἀληθείας

13 6 ⟨ἡ ἀγάπη⟩ συγχαίρει δὲ τῇ ἀληθείᾳ

2C   4 2 ἀλλὰ τῇ φανερώσει τῆς ἀληθείας συνιστάνοντες (-άντες Τ) ἑαυτούς

6 7 ἐν λόγῳ ἀληθείας, ἐν δυνάμει θεοῦ

7 14 ἀλλ' ὡς πάντα ἐν ἀληθείᾳ ἐλαλήσαμεν ὑμῖν, ↔

7 14 οὕτως καὶ ἡ καύχησις ἡμῶν ἡ (—ΝΤΗ) ἐπὶ Τίτου ἀλήθεια ἐγενήθη

11 10ᶜ ἔστιν ἀλήθεια Χριστοῦ ἐν ἐμοί, ὅτι ... οὐ φραγήσεται

12 6ᵇ οὐκ ἔσομαι ἄφρων, ἀλήθειαν γὰρ ἐρῶ

13 8 οὐ γὰρ δυνάμεθά τι κατὰ τῆς ἀληθείας, ↔

13 8 ἀλλὰ ὑπὲρ τῆς ἀληθείας

G   2 5 ἵνα ἡ ἀλήθεια τοῦ εὐαγγελίου διαμείνῃ πρὸς ὑμᾶς

2 14 οὐκ ὀρθοποδοῦσιν πρὸς τὴν ἀλήθειαν τοῦ εὐαγγελίου

3 1 *τίς ὑμᾶς ἐβάσκανεν | τῇ ἀληθείᾳ μὴ πείθεσθαι (+ϛ)

5 7 τίς ὑμᾶς ἐνέκοψεν τῇ ([Ν²⁶ S]; —ΝΤΗ) ἀληθείᾳ μὴ πείθεσθαι;

E   1 13 ἐν ᾧ καὶ ὑμεῖς, ἀκούσαντες τὸν λόγον τῆς ἀληθείας

4 21 εἴ γε ... ἐν αὐτῷ ἐδιδάχθητε καθώς ἐστιν ἀλήθεια ἐν τῷ Ἰησοῦ

4 24 ἐνδύσασθαι τὸν καινὸν ἄνθρωπον τὸν κατὰ θεὸν κτισθέντα ἐν δικαιοσύνῃ καὶ ὁσιότητι τῆς ἀληθείας. ↔

4 25ᵇ διὸ ἀποθέμενοι τὸ ψεῦδος λαλεῖτε ἀλήθειαν ἕκαστος μετὰ τοῦ πλησίον αὐτοῦ

5 9 ὁ γὰρ καρπὸς τοῦ φωτὸς ἐν πάσῃ ... δικαιοσύνῃ καὶ ἀληθείᾳ

6 14 στῆτε οὖν περιζωσάμενοι τὴν ὀσφὺν ὑμῶν ἐν ἀληθείᾳ

Ph   1 18 παντὶ τρόπῳ, εἴτε προφάσει εἴτε ἀληθείᾳ, Χριστὸς καταγγέλλεται

Cl   1 5 ἣν προηκούσατε ἐν τῷ λόγῳ τῆς ἀληθείας τοῦ εὐαγγελίου

1 6 ἠκούσατε καὶ ἐπέγνωτε τὴν χάριν τοῦ θεοῦ ἐν ἀληθείᾳ

2Th 2 10 ἀνθ' ὧν τὴν ἀγάπην τῆς ἀληθείας οὐκ ἐδέξαντο

2 12 ἵνα κριθῶσιν πάντες (ἅπ. ΜVST) οἱ μὴ πιστεύσαντες τῇ ἀληθείᾳ

2 13 εἰς σωτηρίαν ἐν ἁγιασμῷ πνεύματος καὶ πίστει ἀληθείας

1Tm 2 4 εἰς ἐπίγνωσιν ἀληθείας ἐλθεῖν

2 7ᵇ εἰς ὃ ἐτέθην ἐγὼ κῆρυξ καὶ ἀπόστολος, ἀλήθειαν λέγω, οὐ ψεύδομαι, ↔

2 7 διδάσκαλος ἐθνῶν ἐν πίστει καὶ ἀληθείᾳ

3 15 ἥτις ἐστὶν ἐκκλησία ... ἑδραίωμα τῆς ἀληθείας

4 3 ἔκτισεν ... τοῖς πιστοῖς καὶ ἐπεγνωκόσι τὴν ἀλήθειαν

6 5 ἀνθρώπων ... ἀπεστερημένων τῆς ἀληθείας

2Tm 2 15 ὀρθοτομοῦντα τὸν λόγον τῆς ἀληθείας

2 18 οἵτινες περὶ τὴν ἀλήθειαν ἠστόχησαν

2 25 μήποτε δῴη (δῷ Sϛ) αὐτοῖς ... μετάνοιαν εἰς ἐπίγνωσιν ἀληθείας

2Tm 3 7 καὶ μηδέποτε εἰς ἐπίγνωσιν ἀληθείας ἐλθεῖν δυνάμενα
3 8 οὗτοι ἀνθίστανται τῇ ἀληθείᾳ
4 4 ἀπὸ μὲν τῆς ἀληθείας τὴν ἀκοὴν ἀποστρέψουσιν
Tt 1 1 κατὰ ... ἐπίγνωσιν ἀληθείας τῆς κατ᾽ εὐσέβειαν
1 14 ἐντολαῖς ἀνθρώπων ἀποστρεφομένων τὴν ἀλήθειαν
Hb 10 26 μετὰ τὸ λαβεῖν τὴν ἐπίγνωσιν τῆς ἀληθείας
Jc 1 18 βουληθεὶς ἀπεκύησεν ἡμᾶς λόγῳ ἀληθείας
3 14 μὴ κατακαυχᾶσθε | καὶ ψεύδεσθε κατὰ τῆς ἀληθείας (τ. ἀλ. καὶ ψ. T)
5 19 ἐάν τις ἐν ὑμῖν πλανηθῇ ἀπὸ τῆς ἀληθείας
1Pt 1 22 ἡγνικότες ἐν τῇ ὑπακοῇ τῆς ἀληθείας
2Pt 1 12 καίπερ εἰδότας καὶ ἐστηριγμένους ἐν τῇ παρούσῃ ἀληθείᾳ
2 2 δι᾽ οὓς ἡ ὁδὸς τῆς ἀληθείας βλασφημηθήσεται
1Jo 1 6d ψευδόμεθα καὶ οὐ ποιοῦμεν τὴν ἀλήθειαν
1 8 πλανῶμεν καὶ ἡ ἀλήθεια οὐκ ἔστιν ἐν ἡμῖν
2 4 ἐν τούτῳ ἡ ἀλήθεια οὐκ ἔστιν
2 21 ὅτι οὐκ οἴδατε τὴν ἀλήθειαν
2 21 ὅτι πᾶν ψεῦδος ἐκ τῆς ἀληθείας οὐκ ἔστιν
3 18 μὴ ἀγαπῶμεν λόγῳ ... ἀλλὰ ἐν ἔργῳ καὶ ἀληθείᾳ
3 19 ὅτι ἐκ τῆς ἀληθείας ἐσμέν
4 6 ἐκ τούτου γινώσκομεν τὸ πνεῦμα τῆς ἀληθείας
5 6 ὅτι τὸ πνεῦμά ἐστιν ἡ ἀλήθεια
2Jo 1 οὓς ἐγὼ ἀγαπῶ ἐν ἀληθείᾳ
1 ἀλλὰ καὶ πάντες οἱ ἐγνωκότες τὴν ἀλήθειαν, ↔
2 διὰ τὴν ἀλήθειαν τὴν μένουσαν ἐν ἡμῖν
3 χάρις ἔλεος εἰρήνη παρὰ θεοῦ πατρός ... ἐν ἀληθείᾳ καὶ ἀγάπῃ
4 ὅτι εὕρηκα ... περιπατοῦντας ἐν ἀληθείᾳ
3Jo 1 ὃν ἐγὼ ἀγαπῶ ἐν ἀληθείᾳ
3 μαρτυρούντων σου τῇ ἀληθείᾳ, ↔
3 καθὼς σὺ ἐν ἀληθείᾳ περιπατεῖς
4 τὰ ἐμὰ τέκνα ἐν τῇ (-ς) ἀληθείᾳ περιπατοῦντα
8 ἵνα συνεργοὶ γινώμεθα τῇ ἀληθείᾳ
12 Δημητρίῳ μεμαρτύρηται ... ὑπὸ αὐτῆς τῆς ἀληθείας

ἀληθεύω
G 4 16 ὥστε ἐχθρὸς ὑμῶν γέγονα ἀληθεύων ὑμῖν;
E 4 15 ⟨ἵνα μηκέτι ὦμεν νήπιοι⟩ ἀληθεύοντες δὲ ἐν ἀγάπῃ αὐξήσωμεν

ἀληθής
→ ἀληθῶς
a de personis vel de Deo
Mt 22 16a διδάσκαλε, οἴδαμεν ὅτι ἀληθὴς εἶ
Mc 12 14a διδάσκαλε, οἴδαμεν ὅτι ἀληθὴς εἶ
Jo 3 33a ἐσφράγισεν ὅτι ὁ θεὸς ἀληθής ἐστιν
4 18 τοῦτο ἀληθὲς εἴρηκας
5 31 ἐὰν ἐγὼ μαρτυρῶ περὶ ἐμαυτοῦ, ἡ μαρτυρία μου οὐκ ἔστιν ἀληθής
5 32 οἶδα (οἴδατε T) ὅτι ἀληθής ἐστιν ἡ μαρτυρία
6 55 ἡ γὰρ σάρξ μου ἀληθής (-θῶς ς) ἐστιν βρῶσις, ↔
6 55 καὶ τὸ αἷμά μου ἀληθής (-θῶς ς) ἐστιν πόσις

Jo 7 18a οὗτος ἀληθής ἐστιν καὶ ἀδικία ἐν αὐτῷ οὐκ ἔστιν
8 13 ἡ μαρτυρία σου οὐκ ἔστιν ἀληθής
8 14 ἀληθής ἐστιν ἡ μαρτυρία μου
8 16 *ἡ κρίσις ἡ ἐμὴ ἀληθής (ς; -θινή rl) ἐστιν
8 17 ὅτι δύο ἀνθρώπων ἡ μαρτυρία ἀληθής ἐστιν
8 26a ἀλλ᾽ ὁ πέμψας με ἀληθής ἐστιν
10 41 πάντα δὲ ὅσα εἶπεν Ἰωάννης περὶ τούτου ἀληθῆ ἦν
19 35 οἶδεν ὅτι ἀληθῆ λέγει
21 24 ὅτι ἀληθής | αὐτοῦ ἡ μαρτυρία ἐστίν (~VBSς)
Ac 12 9 ὅτι ἀληθές ἐστιν τὸ γινόμενον
Rm 3 4a γινέσθω δὲ ὁ θεὸς ἀληθής, πᾶς δὲ ἄνθρωπος ψεύστης
2C 6 8a διὰ δυσφημίας καὶ εὐφημίας· ὡς πλάνοι καὶ ἀληθεῖς
Ph 4 8 ὅσα ἐστὶν ἀληθῆ ὅσα σεμνά ... ταῦτα λογίζεσθε
Tt 1 13 ἡ μαρτυρία αὕτη ἐστὶν ἀληθής
1Pt 5 12 ταύτην εἶναι ἀληθῆ χάριν τοῦ θεοῦ
2Pt 2 22 συμβέβηκεν [+δὲ S] αὐτοῖς τὸ τῆς ἀληθοῦς παροιμίας
1Jo 2 8 ὅ ἐστιν ἀληθὲς ἐν αὐτῷ καὶ ἐν ὑμῖν
2 27 καὶ ἀληθές ἐστιν καὶ οὐκ ἔστιν ψεῦδος
3Jo 12 ὅτι ἡ μαρτυρία ἡμῶν ἀληθής ἐστιν

ἀληθινός
a ὁ ἀληθινός
b τὸ ἀληθινόν
Lc 16 11b τὸ ἀληθινὸν τίς ὑμῖν πιστεύσει;
Jo 1 9 ἦν τὸ φῶς τὸ ἀληθινόν
4 23 ὅτε οἱ ἀληθινοὶ προσκυνηταὶ προσκυνήσουσιν τῷ πατρί
4 37 ἐν γὰρ τούτῳ ὁ λόγος ἐστὶν ἀληθινός
6 32 δίδωσιν ὑμῖν τὸν ἄρτον ἐκ τοῦ οὐρανοῦ τὸν ἀληθινόν
7 28 ἀλλ᾽ ἔστιν ἀληθινὸς ὁ πέμψας με
8 16 ἡ κρίσις ἡ ἐμὴ ἀληθινή (ἀληθής ς) ἐστιν
15 1 ἐγώ εἰμι ἡ ἄμπελος ἡ ἀληθινή
17 3 ἵνα γινώσκωσιν (-κουσιν T) σὲ τὸν μόνον ἀληθινὸν θεόν
19 35 καὶ ἀληθινή αὐτοῦ ἐστιν ἡ μαρτυρία
1Th 1 9 δουλεύειν θεῷ ζῶντι καὶ ἀληθινῷ
Hb 8 2 τῶν ἁγίων λειτουργὸς καὶ τῆς σκηνῆς τῆς ἀληθινῆς
9 24b οὐ γὰρ εἰς χειροποίητα εἰσῆλθεν ἅγια Χριστός, ἀντίτυπα τῶν ἀληθινῶν
10 22 προσερχώμεθα μετὰ ἀληθινῆς καρδίας
1Jo 2 8 ὅτι ... τὸ φῶς τὸ ἀληθινὸν ἤδη φαίνει
5 20a ἵνα γινώσκωμεν (-κομεν MVBS TH) τὸν ἀληθινόν· ↔
5 20a καὶ ἐσμὲν ἐν τῷ ἀληθινῷ, ἐν τῷ υἱῷ αὐτοῦ Ἰησοῦ Χριστῷ. ↔
5 20 οὗτός ἐστιν ὁ ἀληθινὸς θεός
Ap 3 7a τάδε λέγει ὁ ἅγιος, ὁ ἀληθινός
3 14 τάδε λέγει ὁ ἀμήν, ὁ μάρτυς ὁ πιστὸς καὶ [+ὁ H] ἀληθινός
6 10 ὁ δεσπότης ὁ ἅγιος καὶ (+ὁ ς) ἀληθινός
15 3 δίκαιαι καὶ ἀληθιναὶ αἱ ὁδοί σου
16 7 ἀληθιναὶ καὶ δίκαιαι αἱ κρίσεις σου
19 2 ὅτι ἀληθιναὶ καὶ δίκαιαι αἱ κρίσεις αὐτοῦ

Ap 19 9 οὗτοι οἱ λόγοι ἀληθινοὶ τοῦ θεοῦ εἰσιν
19 11 ὁ καθήμενος ἐπ᾽ αὐτὸν || καλούμενος ([N26H]; —S) πιστὸς ((~N H)) καὶ ἀληθινός
21 5 ὅτι οὗτοι οἱ λόγοι πιστοὶ καὶ ἀληθινοί εἰσιν
22 6 οὗτοι οἱ λόγοι πιστοὶ καὶ ἀληθινοί

ἀλήθω
Mt 24 41 δύο ἀλήθουσαι ἐν τῷ μύλῳ
Lc 17 35 ἔσονται δύο ἀλήθουσαι ἐπὶ τὸ αὐτό

ἀληθῶς
→ ἀληθής
Mt 14 33 ἀληθῶς θεοῦ υἱὸς εἶ
26 73 ἀληθῶς καὶ σὺ ἐξ αὐτῶν εἶ
27 54 ἀληθῶς θεοῦ υἱὸς ἦν οὗτος
Mc 14 70 ἀληθῶς ἐξ αὐτῶν εἶ
15 39 ἀληθῶς οὗτος ὁ ἄνθρωπος υἱὸς | θεοῦ ἦν (~Tς)
Lc 9 27 λέγω δὲ ὑμῖν ἀληθῶς
12 44 ἀληθῶς λέγω ὑμῖν
21 3 ἀληθῶς λέγω ὑμῖν ὅτι ... πλεῖον (πλεῖω T) πάντων ἔβαλεν
Jo 1 47 λέγει περὶ αὐτοῦ· ἴδε ἀληθῶς Ἰσραηλίτης
4 42 ὅτι οὗτός ἐστιν ἀληθῶς ὁ σωτὴρ τοῦ κόσμου
6 14 ὅτι οὗτός ἐστιν ἀληθῶς ὁ προφήτης
6 55 *ἡ γὰρ σάρξ μου ἀληθῶς (ς; -θής rl) ἐστιν βρῶσις, ↔
6 55 *καὶ τὸ αἷμά μου ἀληθῶς (ς; -θής rl) ἐστιν πόσις
7 26 μήποτε ἀληθῶς ἔγνωσαν οἱ ἄρχοντες ↔
7 26 *ὅτι οὗτός ἐστιν ἀληθῶς (+ς) ὁ χριστός;
7 40 οὗτός ἐστιν ἀληθῶς ὁ προφήτης
8 31 ἐὰν ὑμεῖς μείνητε ... ἀληθῶς μαθηταί μού ἐστε
17 8 ἔγνωσαν ἀληθῶς ὅτι παρὰ σοῦ ἐξῆλθον
Ac 12 11 νῦν οἶδα ἀληθῶς
1Th 2 13 ἀλλὰ καθώς | ἐστιν ἀληθῶς (~NH)
1Jo 2 5 ὃς δ᾽ ἂν τηρῇ αὐτοῦ τὸν λόγον, ἀληθῶς ἐν τούτῳ ... τετελείωται

ἁλιεύς
ἁλιεῖς: ἁλεεῖς NM(V)TH
Mt 4 18 ἦσαν γὰρ ἁλιεῖς
4 19 καὶ ποιήσω ὑμᾶς ἁλιεῖς ἀνθρώπων
Mc 1 16 ἦσαν γὰρ ἁλιεῖς
1 17 ποιήσω ὑμᾶς γενέσθαι ἁλιεῖς ἀνθρώπων
Lc 5 2 οἱ δὲ ἁλιεῖς ἀπ᾽ αὐτῶν ἀποβάντες ἔπλυνον (ἀπέπλυναν VSς) τὰ δίκτυα

ἁλιεύω
Jo 21 3 ὑπάγω ἁλιεύειν

ἁλίζω
συν-
Mt 5 13 ἐὰν δὲ τὸ ἅλας μωρανθῇ, ἐν τίνι ἁλισθήσεται;
Mc 9 49 πᾶς γὰρ πυρὶ ἁλισθήσεται
9 49 *|καὶ πᾶσα θυσία ἁλὶ ἁλισθήσεται (+VBς)

ἀλίσγημα
Ac 15 20 τοῦ ἀπέχεσθαι (+ἀπὸ [MV]Sς) τῶν ἀλισγημάτων τῶν εἰδώλων

ἀλλά
a ἀλλὰ καί
b ἀλλ᾽ οὐ, οὐδέ
c ἀλλ᾽ ἵνα
d ἀλλ᾽ ἤ
e ἀλλά γε, ἀλλὰ μενοῦνγε

Mt 4 4 οὐκ ἐπ' ἄρτῳ μόνῳ ζήσεται ὁ
ἄνθρωπος, ἀλλ' ἐπὶ παντὶ ῥήματι

5 15 οὐδὲ ... τιθέασιν αὐτὸν ὑπὸ τὸν
μόδιον, ἀλλ' ἐπὶ τὴν λυχνίαν

5 17 οὐκ ἦλθον καταλῦσαι ἀλλὰ πληρῶ-
σαι

5 39 ἀλλ' ὅστις σε ῥαπίζει (-σει VSϛ)
εἰς (ἐπὶ Vϛ) τὴν δεξιὰν ‖ σιαγόνα
σου ([N²⁶NH]; —T) ((~VSϛ))

6 13 μὴ εἰσενέγκῃς ὑμᾶς εἰς πειρασμόν,
ἀλλὰ ῥῦσαι ὑμᾶς ἀπὸ τοῦ πονηροῦ

6 18 ὅπως μὴ φανῇς τοῖς ἀνθρώποις
νηστεύων ἀλλὰ τῷ πατρί σου

7 21 οὐ πᾶς ὁ λέγων μοι κύριε κύριε...
ἀλλ' ὁ ποιῶν τὸ θέλημα τοῦ
πατρός μου

8 4 μηδενὶ εἴπῃς, ἀλλὰ ὕπαγε σεαυτὸν
δεῖξον τῷ ἱερεῖ

8 8 οὐκ εἰμὶ ἱκανὸς ἵνα ... εἰσέλθῃς·
ἀλλὰ μόνον εἰπὲ λόγῳ

9 12 οὐ χρείαν ἔχουσιν οἱ ἰσχύοντες
ἰατροῦ ἀλλ' οἱ κακῶς ἔχοντες

9 13 οὐ γὰρ ἦλθον καλέσαι δικαίους
ἀλλὰ ἁμαρτωλούς

9 17 οὐδὲ βάλλουσιν ... ἀλλὰ βάλλουσιν
οἶνον νέον εἰς ἀσκοὺς καινούς

9 18 ἀλλὰ ἐλθὼν ἐπίθες τὴν χεῖρά σου
ἐπ' αὐτήν

9 24 οὐ γὰρ ἀπέθανεν τὸ κοράσιον ἀλλὰ
καθεύδει

10 20 οὐ γὰρ ὑμεῖς ἐστε οἱ λαλοῦντες,
ἀλλὰ τὸ πνεῦμα τοῦ πατρὸς ὑμῶν

10 34 οὐκ ἦλθον βαλεῖν εἰρήνην ἀλλὰ
μάχαιραν

11 8 ἀλλὰ τί ἐξήλθατε ἰδεῖν;

11 9 ἀλλὰ τί ‖ ἐξήλθατε ἰδεῖν; προ-
φήτην; (N²⁶ϛ; ~ rl)

13 21 οὐκ ἔχει δὲ ῥίζαν ἐν ἑαυτῷ ἀλλὰ
πρόσκαιρός ἐστιν

15 11 οὐ τὸ εἰσερχόμενον εἰς τὸ στόμα
κοινοῖ τὸν ἄνθρωπον, ἀλλὰ τὸ
ἐκπορευόμενον

16 12 οὐκ εἶπεν προσέχειν ἀπὸ τῆς
ζύμης ... ἀλλὰ ἀπὸ τῆς διδαχῆς
τῶν Φαρισαίων

16 17 ὅτι σὰρξ καὶ αἷμα οὐκ ἀπεκάλυ-
ψέν σοι ἀλλ' ὁ πατήρ μου

16 23 ὅτι οὐ φρονεῖς τὰ τοῦ θεοῦ ἀλλὰ
τὰ τῶν ἀνθρώπων

17 12 οὐκ ἐπέγνωσαν αὐτόν, ἀλλὰ ἐποί-
ησαν ἐν αὐτῷ ὅσα ἠθέλησαν

18 22 οὐ ... ἕως ἑπτάκις, ἀλλὰ ἕως
ἑβδομηκοντάκις ἑπτά

18 30 ὁ δὲ οὐκ ἤθελεν, ἀλλὰ ἀπελθὼν
ἔβαλεν αὐτὸν εἰς φυλακήν

19 6 ὥστε οὐκέτι εἰσὶν δύο ἀλλὰ σὰρξ μία

19 11 οὐ πάντες χωροῦσιν τὸν λόγον
τοῦτον ([N²⁶]; —H), ἀλλ' οἷς
δέδοται

20 23 οὐκ ἔστιν ἐμὸν τοῦτο ([N²⁶];
—Hϛ) δοῦναι, ἀλλ' οἷς ἡτοίμασται

20 26 οὐχ οὕτως ἔσται (ἐστὶν NH) ἐν
ὑμῖν· ὃς ἐὰν (ἂν H) θέλῃ ἐν
ὑμῖν μέγας γενέσθαι

20 28 οὐκ ἦλθεν διακονηθῆναι, ἀλλὰ
διακονῆσαι

21 21ᵃ οὐ μόνον τὸ τῆς συκῆς ποιήσετε,
ἀλλὰ κἂν τῷ ὄρει τούτῳ εἴπητε...
γενήσεται

22 30 οὔτε γαμίζονται (ἐκγαμ. Vϛ), ἀλλ'
ὡς ἄγγελοι (+τοῦ θεοῦ Vϛ;
+θεοῦ MST) ἐν τῷ οὐρανῷ εἰσιν

22 32 οὐκ ἔστιν ὁ ([N²⁶NH]; —T) θεὸς
(+θεὸς [M]VSϛ) νεκρῶν ἀλλὰ
ζώντων

Mt 24 6 δεῖ γὰρ πάντα (+[M]VSϛ) γενέ-
σθαι, ἀλλ' οὔπω ἐστὶν τὸ τέλος

26 39 πλὴν οὐχ ὡς ἐγὼ θέλω ἀλλ' ὡς
σύ

27 24 ἰδὼν ... ὅτι οὐδὲν ὠφελεῖ ἀλλὰ
μᾶλλον θόρυβος γίνεται

Mc 1 44 μηδενὶ μηδὲν εἴπῃς, ἀλλὰ ὕπαγε
σεαυτὸν δεῖξον τῷ ἱερεῖ

1 45 ὥστε μηκέτι αὐτὸν δύνασθαι ‖ φα-
νερῶς εἰς πόλιν εἰσελθεῖν (~ ST),
ἀλλ' ἔξω ἐπ' ἐρήμοις τόποις ἦν [H]

2 17 οὐ χρείαν ἔχουσιν οἱ ἰσχύοντες
ἰατροῦ ἀλλ' οἱ κακῶς ἔχοντες· ↔

2 17 οὐκ ἦλθον καλέσαι δικαίους ἀλλὰ
ἁμαρτωλούς

2 22 καὶ οὐδεὶς βάλλει ... ‖ ἀλλὰ οἶνον
νέον εἰς ἀσκοὺς καινούς ([NH];
—T) (+βλητέον Vϛ)

3 26 οὐ δύναται στῆναι ἀλλὰ τέλος
ἔχει. ↔

3 27ᵇ ἀλλ' (—ϛ) οὐ δύναται οὐδεὶς...
διαρπάσαι, ἐὰν μή

3 29 οὐκ ἔχει ἄφεσιν ... ἀλλὰ ἔνοχός
ἐστιν (ἔσται T) αἰωνίου ἁμαρτή-
ματος

4 17 οὐκ ἔχουσιν ῥίζαν ἐν ἑαυτοῖς ἀλλὰ
πρόσκαιροί εἰσιν

4 22ᶜ οὐδὲ ἐγένετο ἀπόκρυφον, ἀλλ' ἵνα
ἔλθῃ εἰς φανερόν

5 19 οὐκ ἀφῆκεν αὐτόν, ἀλλὰ λέγει
αὐτῷ

5 26 μηδὲν ὠφεληθεῖσα ἀλλὰ μᾶλλον
εἰς τὸ χεῖρον ἐλθοῦσα

5 39 τὸ παιδίον οὐκ ἀπέθανεν ἀλλὰ
καθεύδει

6 9 ⟨ἵνα μηδὲν αἴρωσιν⟩ ἀλλὰ ὑπο-
δεδεμένους σανδάλια

6 52 οὐ γὰρ συνῆκαν ἐπὶ τοῖς ἄρτοις
‖ ἀλλ' ἦν (ἦν γὰρ Vϛ) αὐτῶν ἡ
καρδία πεπωρωμένη

7 5 διὰ τί οὐ περιπατοῦσιν ... κατὰ
τὴν παράδοσιν τῶν πρεσβυτέρων,
ἀλλὰ κοιναῖς χερσὶν ἐσθίουσιν ⟨;⟩

7 15 ἀλλὰ τὰ ἐκ τοῦ ἀνθρώπου ἐκ-
πορευόμενά ἐστιν τὰ κοινοῦντα

7 19 ὅτι οὐκ εἰσπορεύεται αὐτοῦ εἰς
τὴν καρδίαν ἀλλ' εἰς τὴν κοιλίαν
... ἐκπορεύεται

7 25 ⟨οὐκ ἠδυνήθη λαθεῖν⟩ ‖ ἀλλ' εὐθὺς
ἀκούσασα (ἀκ. γὰρ Sϛ) γυνὴ ...
προσέπεσεν

8 33 ὅτι οὐ φρονεῖς τὰ τοῦ θεοῦ ἀλλὰ τὰ
τῶν ἀνθρώπων

9 8 οὐδένα εἶδον ‖ ἀλλὰ (εἰ μὴ ΝΗ)
τὸν Ἰησοῦν μόνον μεθ' ἑαυτῶν
((~H))

9 13 ἀλλὰ λέγω ὑμῖν ὅτι καὶ Ἡλίας
ἐλήλυθεν

9 22 ἀλλ' εἴ τι δύνῃ, βοήθησον ἡμῖν

9 37 οὐκ ἐμὲ δέχεται ἀλλὰ τὸν ἀπο-
στείλαντά με

10 8 ὥστε οὐκέτι εἰσὶν δύο ἀλλὰ μία
σάρξ

10 27ᵇ παρὰ ἀνθρώποις ἀδύνατον, ἀλλ'
οὐ παρὰ θεῷ

10 40 οὐκ ἔστιν ἐμὸν δοῦναι, ἀλλ' οἷς
ἡτοίμασται

10 43 οὐχ οὕτως δέ ἐστιν ἐν ὑμῖν· ἀλλ'
ὃς ἂν θέλῃ μέγας γενέσθαι ἐν ὑμῖν

10 45 οὐκ ἦλθεν διακονηθῆναι ἀλλὰ δια-
κονῆσαι

11 23 ὃς ἂν ... μὴ διακριθῇ ἐν τῇ καρδίᾳ
αὐτοῦ ἀλλὰ πιστεύῃ

11 32 ⟨ἐὰν εἴπωμεν⟩ ἀλλὰ εἴπωμεν· ἐξ
ἀνθρώπων;

Mc 12 14 οὐ γὰρ βλέπεις εἰς πρόσωπον ἀν-
θρώπων, ἀλλ' ἐπ' ἀληθείας τὴν
ὁδὸν τοῦ θεοῦ διδάσκεις

12 25 οὔτε γαμίζονται, ἀλλ' εἰσὶν ὡς
ἄγγελοι ἐν τοῖς οὐρανοῖς

12 27 οὐκ ἔστιν (+ὁ Tϛ) θεὸς νεκρῶν
ἀλλὰ (+θεὸς [VS]ϛ) ζώντων

13 7 δεῖ γὰρ (+MV[S]ϛ) γενέσθαι, ἀλλ'
οὔπω τὸ τέλος

13 11 μὴ προμεριμνᾶτε τί λαλήσητε,
ἀλλ'... τοῦτο λαλεῖτε· ↔

13 11 οὐ γάρ ἐστε ὑμεῖς οἱ λαλοῦντες
ἀλλὰ τὸ πνεῦμα τὸ ἅγιον

13 20 ἀλλὰ διὰ τοὺς ἐκλεκτοὺς οὓς
ἐξελέξατο ἐκολόβωσεν τὰς ἡμέρας

13 24 ἀλλὰ ἐν ἐκείναις ταῖς ἡμέραις ... ὁ
ἥλιος σκοτισθήσεται

14 28 ἀλλὰ μετὰ τὸ ἐγερθῆναί με προάξω
ὑμᾶς

14 29ᵇ εἰ καὶ πάντες σκανδαλισθήσονται,
ἀλλ' οὐκ ἐγώ

14 36ᵇ ἀλλ' οὐ τί ἐγὼ θέλω ↔

14 36 ἀλλὰ τί σύ

14 49ᶜ ἀλλ' ἵνα πληρωθῶσιν αἱ γραφαί

16 7 ἀλλὰ ὑπάγετε εἴπατε τοῖς μαθη-
ταῖς αὐτοῦ

Lc 1 60 εἶπεν· οὐχί, ἀλλὰ κληθήσεται
Ἰωάννης

4 4 *οὐκ ἐπ' ἄρτῳ μόνῳ ζήσεται ὁ
ἄνθρωπος ‖ ἀλλ' ἐπὶ παντὶ ῥή-
ματι θεοῦ (+ϛ)

5 14 μηδενὶ εἰπεῖν, ἀλλὰ ἀπελθὼν δεῖξον
σεαυτὸν τῷ ἱερεῖ

5 31 οὐ χρείαν ἔχουσιν οἱ ὑγιαίνοντες
ἰατροῦ ἀλλὰ οἱ κακῶς ἔχοντες· ↔

5 32 οὐκ ἐλήλυθα καλέσαι δικαίους
ἀλλὰ ἁμαρτωλοὺς εἰς μετάνοιαν

5 38 ⟨καὶ οὐδεὶς βάλλει⟩ ἀλλὰ οἶνον
νέον εἰς ἀσκοὺς καινοὺς βλητέον

6 27 ἀλλὰ ὑμῖν λέγω τοῖς ἀκούουσιν

7 7 ⟨οὐ γὰρ ἱκανός εἰμι ἵνα ... εἰσέλ-
θῃς⟩ ἀλλὰ εἰπὲ λόγῳ

7 25 ἀλλὰ τί ἐξήλθατε (ἐξεληλύθατε
VBSTϛ) ἰδεῖν;

7 26 ἀλλὰ τί ἐξήλθατε (ἐξεληλύθατε
VBSTϛ) ἰδεῖν;

8 16 οὐδεὶς δὲ λύχνον ἅψας καλύπτει
αὐτὸν ..., ἀλλ' ἐπὶ λυχνίας τίθησιν
(ἐπιτ. VSϛ)

8 27 ἐν οἰκίᾳ οὐκ ἔμενεν ἀλλ' ἐν τοῖς
μνήμασιν

8 52 ‖ οὐ γὰρ (οὐκ NVTϛ) ἀπέθανεν
ἀλλὰ καθεύδει

9 56 *‖ οὐκ ἦλθε ψυχὰς ἀνθρώπων
ἀπολέσαι, ἀλλὰ σῶσαι (+..ϛ)

11 4 *μὴ εἰσενέγκῃς ἡμᾶς εἰς πειρασμὸν
‖ ἀλλὰ ῥῦσαι ἡμᾶς ἀπὸ τοῦ πονη-
ροῦ (+ϛ)

11 33 οὐδεὶς λύχνον ἅψας εἰς κρύπτην
τίθησιν ‖ οὐδὲ ὑπὸ τὸν μόδιον
[N²⁶], ἀλλ' ἐπὶ τὴν λυχνίαν

11 42 ἀλλὰ οὐαὶ ὑμῖν τοῖς Φαρισαίοις

12 7ᵃ ἀλλὰ καὶ αἱ τρίχες τῆς κεφαλῆς
ὑμῶν πᾶσαι ἠρίθμηνται

12 51ᵈ οὐχί, λέγω ὑμῖν, ἀλλ' ἢ δια-
μερισμόν

13 3 οὐχί, λέγω ὑμῖν, ἀλλ'... πάντες
ὁμοίως ἀπολεῖσθε

13 5 οὐχί, λέγω ὑμῖν, ἀλλ'...πάντες
ὡσαύτως ἀπολεῖσθε

14 10 ἀλλ' ὅταν κληθῇς, πορευθεὶς ἀνά-
πεσε εἰς τὸν ἔσχατον τόπον

14 13 ἀλλ' ὅταν ‖ δοχὴν ποιῇς (~BTϛ),
κάλει πτωχούς

Lc 16 21ᵃ ἀλλὰ καὶ οἱ κύνες ἐρχόμενοι ἐπέλειχον τὰ ἕλκη αὐτοῦ

16 30 οὐχί, πάτερ Ἀβραάμ, ἀλλ' ἐάν τις ἀπὸ νεκρῶν πορευθῇ πρὸς αὐτούς

17 8 ἀλλ' οὐχὶ ἐρεῖ αὐτῷ ⟨;⟩

18 13 οὐκ ἤθελεν οὐδὲ τοὺς ὀφθαλμοὺς ἐπᾶραι ... ἀλλ' ἔτυπτεν τὸ στῆθος

20 21 οὐ λαμβάνεις πρόσωπον, ἀλλ' ἐπ' ἀληθείας ... διδάσκεις

20 38 θεὸς δὲ οὐκ ἔστιν νεκρῶν ἀλλὰ ζώντων

21 9ᵇ δεῖ γὰρ ταῦτα γενέσθαι πρῶτον, ἀλλ' οὐκ εὐθέως τὸ τέλος

22 26 ὑμεῖς δὲ οὐχ οὕτως, ἀλλ' ὁ μείζων ἐν ὑμῖν γινέσθω ὡς ὁ νεώτερος

22 36 ἀλλὰ νῦν ὁ ἔχων βαλλάντιον ἀράτω

22 42 μὴ τὸ θέλημά μου ἀλλὰ τὸ σὸν γινέσθω

22 53 ἀλλ' αὕτη ἐστὶν ὑμῶν ἡ ὥρα

23 15ᵇ ⟨οὐθὲν εὗρον ἐν τῷ ἀνθρώπῳ τούτῳ αἴτιον⟩ ἀλλ' οὐδὲ Ἡρῴδης

24 6 | οὐκ ἔστιν ὧδε, ἀλλὰ ἠγέρθη [NVH]

24 21ᵃᵉ ἀλλά γε καὶ (—ς) σὺν πᾶσιν τούτοις τρίτην ταύτην ἡμέραν ἄγει (+ σήμερον Vς)

24 22ᵃ ἀλλὰ καὶ γυναῖκές τινες ἐξ ἡμῶν ἐξέστησαν ἡμᾶς

Jo 1 8ᶜ οὐκ ἦν ἐκεῖνος τὸ φῶς, ἀλλ' ἵνα μαρτυρήσῃ περὶ τοῦ φωτός

1 13 οἳ οὐκ ἐξ αἱμάτων ... ἀλλ' ἐκ θεοῦ ἐγεννήθησαν

1 31ᶜ οὐκ ᾔδειν αὐτόν, ἀλλ' ἵνα φανερωθῇ τῷ Ἰσραήλ

1 33 οὐκ ᾔδειν αὐτόν, ἀλλ' ὁ πέμψας με ... εἶπεν

3 8ᵇ τὴν φωνὴν αὐτοῦ ἀκούεις, ἀλλ' οὐκ οἶδας πόθεν ἔρχεται

3 15 *ἵνα πᾶς ὁ πιστεύων | ἐν αὐτῷ (εἰς αὐτὸν Sς) | μὴ ἀπόληται ἀλλ' (+ς) ἔχῃ ζωὴν αἰώνιον

3 16 ἵνα πᾶς ὁ πιστεύων εἰς αὐτὸν μὴ ἀπόληται ἀλλ' ἔχῃ ζωὴν αἰώνιον

3 17ᶜ οὐ ... ἵνα κρίνῃ τὸν κόσμον, ἀλλ' ἵνα σωθῇ ὁ κόσμος

3 28 οὐκ εἰμὶ ἐγὼ ὁ χριστός, ἀλλ' ὅτι ἀπεσταλμένος εἰμί

3 36 οὐκ ὄψεται ζωήν, ἀλλ' ἡ ὀργὴ τοῦ θεοῦ μένει ἐπ' αὐτόν

4 2 Ἰησοῦς αὐτὸς οὐκ ἐβάπτιζεν ἀλλ' οἱ μαθηταὶ αὐτοῦ

4 14 οὐ μὴ διψήσει εἰς τὸν αἰῶνα, ἀλλὰ τὸ ὕδωρ ... γενήσεται ἐν αὐτῷ πηγή

4 23 ἀλλὰ ἔρχεται ὥρα καὶ νῦν ἐστιν, ὅτε ... προσκυνήσουσιν

5 18ᵃ ὅτι οὐ μόνον ἔλυεν τὸ σάββατον, ἀλλὰ καὶ πατέρα ἴδιον ἔλεγεν τὸν θεόν

5 22 οὐδὲ γὰρ ὁ πατὴρ κρίνει οὐδένα, ἀλλὰ τὴν κρίσιν πᾶσαν δέδωκεν τῷ υἱῷ

5 24 εἰς κρίσιν οὐκ ἔρχεται ἀλλὰ μεταβέβηκεν ... εἰς τὴν ζωήν

5 30 ὅτι οὐ ζητῶ τὸ θέλημα τὸ ἐμὸν ἀλλὰ τὸ θέλημα τοῦ πέμψαντός με

5 34 οὐ παρὰ ἀνθρώπου τὴν μαρτυρίαν λαμβάνω, ἀλλὰ ταῦτα λέγω ἵνα ὑμεῖς σωθῆτε

5 42 ⟨δόξαν παρὰ ἀνθρώπων οὐ λαμβάνω,⟩ ἀλλὰ ἔγνωκα ὑμᾶς

6 9 δύο ὀψάρια· ἀλλὰ ταῦτα τί ἐστιν εἰς τοσούτους;

Jo 6 22 οὐ συνεισῆλθεν ... εἰς τὸ πλοῖον, ἀλλὰ μόνοι οἱ μαθηταὶ αὐτοῦ ἀπῆλθον

6 23 *ἀλλὰ (H; ἄλλα rl) ἦλθεν (-θον ST) πλοιάρια (πλοι[άρι]α N²⁶; πλοῖα H) ἐκ Τιβεριάδος

6 26 ζητεῖτέ με οὐχ ὅτι εἴδετε σημεῖα, ἀλλ' ὅτι ἐφάγετε

6 27 ἐργάζεσθε μὴ τὴν βρῶσιν τὴν ἀπολλυμένην, ἀλλὰ τὴν βρῶσιν τὴν μένουσαν

6 32 οὐ Μωϋσῆς δέδωκεν (ἔδωκεν H) ὑμῖν τὸν ἄρτον ἐκ τοῦ οὐρανοῦ, ἀλλ' ὁ πατήρ μου

6 36 ἀλλ' εἶπον ὑμῖν ὅτι καὶ ἑωράκατέ με ([N²⁶NH]; —T)

6 38 οὐχ ἵνα ποιῶ (ποιήσω T) τὸ θέλημα τὸ ἐμὸν ἀλλὰ τὸ θέλημα τοῦ πέμψαντός με

6 39 ἵνα ... μὴ ἀπολέσω ἐξ αὐτοῦ, ἀλλὰ ἀναστήσω αὐτό

6 64 ἀλλ' εἰσὶν ἐξ ὑμῶν τινες οἳ οὐ πιστεύουσιν

7 10 οὐ φανερῶς ἀλλὰ ὡς ([N²⁶]; —BT) ἐν κρυπτῷ

7 12 ἔλεγον· οὔ, ἀλλὰ πλανᾷ τὸν ὄχλον

7 16 ἡ ἐμὴ διδαχὴ οὐκ ἔστιν ἐμὴ ἀλλὰ τοῦ πέμψαντός με

7 22 οὐχ ὅτι ἐκ τοῦ Μωϋσέως ἐστὶν ἀλλ' ἐκ τῶν πατέρων

7 24 μὴ κρίνετε κατ' ὄψιν, ἀλλὰ τὴν δικαίαν κρίσιν κρίνετε (N²⁶H; -νατε rl)

7 27 ἀλλὰ τοῦτον οἴδαμεν ... ὁ δὲ χριστὸς ὅταν ἔρχηται, οὐδεὶς γινώσκει

7 28 ἀπ' ἐμαυτοῦ οὐκ ἐλήλυθα, ἀλλ' ἔστιν ἀληθινὸς ὁ πέμψας με

7 44 ἤθελον ... πιάσαι αὐτόν, ἀλλ' οὐδεὶς ἐπέβαλεν (ἔβαλεν TH) ἐπ' αὐτὸν τὰς χεῖρας

7 49 ⟨μή τις ἐκ τῶν ἀρχόντων ἐπίστευσεν εἰς αὐτὸν⟩ ἀλλὰ ὁ ὄχλος

8 12 οὐ μὴ περιπατήσῃ ἐν τῇ σκοτίᾳ, ἀλλ' ἕξει τὸ φῶς τῆς ζωῆς

8 16 μόνος οὐκ εἰμί, ἀλλ' ἐγὼ καὶ ὁ πέμψας με πατήρ ([H]; —NT)

8 26 ἀλλ' ὁ πέμψας με ἀληθής ἐστιν

8 28 ἀπ' ἐμαυτοῦ ποιῶ οὐδέν, ἀλλὰ καθὼς ἐδίδαξέν με ὁ πατήρ

8 37 ἀλλὰ ζητεῖτέ με ἀποκτεῖναι

8 42 οὐδὲ γὰρ ἀπ' ἐμαυτοῦ ἐλήλυθα, ἀλλ' ἐκεῖνός με ἀπέστειλεν

8 49 ἐγὼ δαιμόνιον οὐκ ἔχω, ἀλλὰ τιμῶ τὸν πατέρα μου

8 55 ἀλλὰ οἶδα αὐτὸν καὶ τὸν λόγον αὐτοῦ τηρῶ

9 3ᶜ οὔτε οὗτος ἥμαρτεν ... ἀλλ' ἵνα φανερωθῇ τὰ ἔργα τοῦ θεοῦ

9 9 | οὐχί, ἀλλὰ (ὅτι ς) ὅμοιος αὐτῷ ἐστιν

9 31 | ἁμαρτωλῶν ὁ θεὸς (∼NMBH) οὐκ ἀκούει, ἀλλ' ἐάν τις θεοσεβὴς ᾖ

10 1 ὁ μὴ εἰσερχόμενος διὰ τῆς θύρας... ἀλλὰ ἀναβαίνων ἀλλαχόθεν

10 5 ἀλλοτρίῳ δὲ οὐ μὴ ἀκολουθήσουσιν (-σωσιν Sς), ἀλλὰ φεύξονται ἀπ' αὐτοῦ

10 8ᵇ ἀλλ' οὐκ ἤκουσαν αὐτῶν τὰ πρόβατα

10 18 οὐδεὶς αἴρει (ἦρεν NH) ... ἀλλ' ἐγὼ τίθημι αὐτὴν ἀπ' ἐμαυτοῦ

10 26 ἀλλὰ ὑμεῖς οὐ πιστεύετε

10 33 περὶ καλοῦ ἔργου οὐ λιθάζομέν σε ἀλλὰ περὶ βλασφημίας

Jo 11 4 οὐκ ἔστιν πρὸς θάνατον ἀλλ' ὑπὲρ τῆς δόξης τοῦ θεοῦ

11 11 Λάζαρος ... κεκοίμηται· ἀλλὰ πορεύομαι ἵνα ἐξυπνίσω αὐτόν

11 15 ἀλλὰ ἄγωμεν πρὸς αὐτόν

11 22ᵃ ἀλλὰ (+[N²⁶]Vς) καὶ νῦν οἶδα ὅτι ὅσα ἂν αἰτήσῃ

11 30 οὔπω δὲ ἐληλύθει ... ἀλλ' ἦν ἔτι (—Tς) ἐν τῷ τόπῳ

11 42 ἀλλὰ διὰ τὸν ὄχλον ... εἶπον, ἵνα πιστεύσωσιν

11 51 τοῦτο δὲ ἀφ' ἑαυτοῦ οὐκ εἶπεν, ἀλλὰ ἀρχιερεὺς ὢν ... ἐπροφήτευσεν

11 52ᵃᶜ ⟨ἀποθνῄσκειν⟩ οὐχ ὑπὲρ τοῦ ἔθνους [+δὲ S] μόνον, ἀλλ' ἵνα καὶ τὰ τέκνα τοῦ θεοῦ ... συναγάγῃ εἰς ἕν

11 54 οὐκέτι παρρησίᾳ περιεπάτει ἐν τοῖς Ἰουδαίοις, ἀλλὰ ἀπῆλθεν ἐκεῖθεν

12 6 οὐχ ὅτι περὶ τῶν πτωχῶν ἔμελεν αὐτῷ, ἀλλ' ὅτι κλέπτης ἦν

12 9ᵃᶜ ἦλθον οὐ διὰ τὸν Ἰησοῦν μόνον, ἀλλ' ἵνα καὶ τὸν Λάζαρον ἴδωσιν

12 16 ταῦτα οὐκ ἔγνωσαν ... τὸ πρῶτον, ἀλλ' ὅτε ἐδοξάσθη Ἰησοῦς, τότε ἐμνήσθησαν

12 27 σῶσόν με ἐκ τῆς ὥρας ταύτης. ἀλλὰ διὰ τοῦτο ἦλθον εἰς τὴν ὥραν ταύτην

12 30 οὐ δι' ἐμὲ ἡ φωνὴ αὕτη γέγονεν ἀλλὰ δι' ὑμᾶς

12 42 ἀλλὰ διὰ τοὺς Φαρισαίους οὐχ ὡμολόγουν

12 44 οὐ πιστεύει εἰς ἐμὲ ἀλλὰ εἰς τὸν πέμψαντά με

12 47ᶜ οὐ γὰρ ἦλθον ἵνα κρίνω τὸν κόσμον, ἀλλ' ἵνα σώσω τὸν κόσμον

12 49 ὅτι ἐγὼ ἐξ ἐμαυτοῦ οὐκ ἐλάλησα, ἀλλ' ὁ πέμψας με πατὴρ αὐτός μοι ἐντολὴν δέδωκεν

13 9ᵃ μὴ τοὺς πόδας μου μόνον ἀλλὰ καὶ τὰς χεῖρας

13 10 ὁ λελουμένος | οὐκ ἔχει χρείαν (οὐ χ. ἔ. Vς) | εἰ μὴ τοὺς πόδας ([NH]; —T) νίψασθαι, ἀλλ' ἔστιν καθαρὸς ὅλος· ↔

13 10 καὶ ὑμεῖς καθαροί ἐστε, ἀλλ' οὐχὶ πάντες

13 18ᶜ ἀλλ' ἵνα ἡ γραφὴ πληρωθῇ

14 24 ὁ λόγος ... οὐκ ἔστιν ἐμὸς ἀλλὰ τοῦ πέμψαντός με πατρός

14 31ᶜ ἀλλ' ἵνα γνῷ ὁ κόσμος ὅτι ἀγαπῶ τὸν πατέρα

15 16 οὐχ ὑμεῖς με ἐξελέξασθε, ἀλλ' ἐγὼ ἐξελεξάμην ὑμᾶς

15 19 ὅτι δὲ ἐκ τοῦ κόσμου οὐκ ἐστέ, ἀλλ' ἐγὼ ἐξελεξάμην ὑμᾶς ἐκ τοῦ κόσμου

15 21 ἀλλὰ ταῦτα πάντα ποιήσουσιν εἰς ὑμᾶς διὰ τὸ ὄνομά μου

15 25ᶜ ἀλλ' ἵνα πληρωθῇ ὁ λόγος

16 1 ἀλλ' ἔρχεται ὥρα ἵνα πᾶς ... δόξῃ

16 4 ἀλλὰ ταῦτα λελάληκα ὑμῖν ἵνα ... μνημονεύητε

16 6 ⟨νῦν δὲ ὑπάγω⟩ ἀλλ' ὅτι ταῦτα λελάληκα ὑμῖν

16 7 ἀλλ' ἐγὼ τὴν ἀλήθειαν λέγω ὑμῖν

16 12ᵇ ἔτι πολλὰ ἔχω ὑμῖν λέγειν, ἀλλ' οὐ δύνασθε βαστάζειν ἄρτι

16 13 οὐ γὰρ λαλήσει ἀφ' ἑαυτοῦ, ἀλλ' ὅσα ἀκούσει (ἀκούει NMTH) λαλήσει

Jo 16 20 ὑμεῖς (+δὲ V[S]ς) λυπηθήσεσθε, ἀλλ' ἡ λύπη ὑμῶν εἰς χαρὰν γενήσεται

16 25 *ταῦτα ἐν παροιμίαις λελάληκα ὑμῖν· ἀλλ' (+ς) ἔρχεται ὥρα ↔

16 25 ὅτε οὐκέτι ἐν παροιμίαις λαλήσω ὑμῖν, ἀλλὰ παρρησίᾳ ... ἀπαγγελῶ ὑμῖν

16 33 ἐν τῷ κόσμῳ θλῖψιν ἔχετε ἀλλὰ θαρσεῖτε, ἐγὼ νενίκηκα τὸν κόσμον

17 9 οὐ περὶ τοῦ κόσμου ἐρωτῶ, ἀλλὰ περὶ ὧν δέδωκάς μοι

17 15c οὐκ ἐρωτῶ ἵνα ἄρῃς αὐτοὺς ... ἀλλ' ἵνα τηρήσῃς αὐτοὺς ἐκ τοῦ πονηροῦ

17 20a οὐ περὶ τούτων δὲ ἐρωτῶ μόνον, ἀλλὰ καὶ περὶ τῶν πιστευόντων

18 28c ἵνα μὴ μιανθῶσιν ἀλλὰ (+ἵνα ς) φάγωσιν τὸ πάσχα

18 40 μὴ τοῦτον, ἀλλὰ τὸν Βαραββᾶν

19 21 μὴ γράφε· ὁ βασιλεὺς τῶν Ἰουδαίων, ἀλλ' ὅτι ἐκεῖνος εἶπεν

19 24 μὴ σχίσωμεν αὐτόν, ἀλλὰ λάχωμεν περὶ αὐτοῦ

19 34 ⟨οὐ κατέαξαν αὐτοῦ τὰ σκέλη⟩ ἀλλ' εἷς ... τὴν πλευρὰν ἔνυξεν

20 7 τὸ σουδάριον ... οὐ μετὰ τῶν ὀθονίων κείμενον ἀλλὰ χωρὶς ἐντετυλιγμένον

20 27 μὴ γίνου ἄπιστος ἀλλὰ πιστός

21 8 οὐ γὰρ ἦσαν μακρὰν ἀπὸ τῆς γῆς ἀλλὰ ὡς ἀπὸ πηχῶν διακοσίων

21 23 | οὐκ εἶπεν δὲ (καὶ οὐκ εἶπεν VB STς) ... ὅτι οὐκ ἀποθνήσκει, ἀλλ' ἐὰν αὐτὸν θέλω μένειν

Ac 1 4 μὴ χωρίζεσθαι, ἀλλὰ περιμένειν

1 8 ⟨οὐχ ὑμῶν ἐστιν γνῶναι⟩ ἀλλὰ λήμψεσθε δύναμιν

2 16 ⟨οὐ ... μεθύουσιν⟩ ἀλλὰ τοῦτό ἐστιν τὸ εἰρημένον διὰ τοῦ προφήτου Ἰωήλ

4 17c ἀλλ' ἵνα μὴ ἐπὶ πλεῖον διανεμηθῇ

4 32 οὐδὲ εἷς ... αὐτῷ ἔλεγεν ἴδιον εἶναι, ἀλλ' ἦν αὐτοῖς ἅπαντα (πάντα ΝΜΒΗ) κοινά

5 4 οὐκ ἐψεύσω ἀνθρώποις ἀλλὰ τῷ θεῷ

5 13 οὐδεὶς ἐτόλμα κολλᾶσθαι αὐτοῖς, ἀλλ' ἐμεγάλυνεν αὐτοὺς ὁ λαός

7 39 οὐκ ἠθέλησαν ὑπήκοοι γενέσθαι ... ἀλλὰ ἀπώσαντο

7 48b ἀλλ' οὐχ ὁ ὕψιστος ἐν χειροποιήτοις κατοικεῖ

9 6 ἀλλὰ (−ς) ἀνάστηθι

10 20 ἀλλὰ ἀναστὰς κατάβηθι

10 35 ⟨οὐκ ἔστιν προσωπολήμπτης⟩ ἀλλ' ἐν παντὶ ἔθνει ὁ φοβούμενος αὐτὸν ... δεκτὸς αὐτῷ ἐστιν

10 41 ⟨ἐμφανῆ γενέσθαι⟩ οὐ παντὶ τῷ λαῷ, ἀλλὰ μάρτυσιν

13 25 οὐκ εἰμὶ ἐγώ· ἀλλ' ἰδοὺ ἔρχεται μετ' ἐμέ

15 11 ἀλλὰ διὰ τῆς χάριτος ... πιστεύομεν σωθῆναι

15 20 ⟨κρίνω μὴ παρενοχλεῖν⟩ ἀλλὰ ἐπιστεῖλαι αὐτοῖς

16 37 οὐ γάρ, ἀλλὰ ἐλθόντες αὐτοὶ ἡμᾶς ἐξαγαγέτωσαν

18 9 μὴ φοβοῦ, ἀλλὰ λάλει

18 21 ⟨οὐκ ἐπένευσεν⟩ ἀλλὰ ἀποταξάμενος ... ἀνήχθη

19 2b εἰ πνεῦμα ἅγιον ἐλάβετε ... ἀλλ' οὐδ' εἰ πνεῦμα ἅγιον ἔστιν ἠκούσαμεν

Ac 19 26 ὅτι οὐ μόνον Ἐφέσου ἀλλὰ σχεδὸν πάσης τῆς Ἀσίας

19 27a οὐ μόνον ... ἀλλὰ καὶ τὸ τῆς ... | Ἀρτέμιδος ἱερὸν (~T) εἰς οὐθὲν λογισθῆναι

20 24 ἀλλ' οὐδενὸς λόγου ποιοῦμαι τὴν ψυχὴν τιμίαν ἐμαυτῷ

21 13a οὐ μόνον δεθῆναι ἀλλὰ καὶ ἀποθανεῖν ... ἑτοίμως ἔχω

21 24 ὅτι ... οὐδέν ἐστιν, ἀλλὰ στοιχεῖς καὶ αὐτὸς φυλάσσων τὸν νόμον

26 16 ἀλλὰ ἀνάστηθι

26 20 ⟨οὐκ ἐγενόμην ἀπειθὴς⟩ ἀλλὰ τοῖς ἐν Δαμασκῷ ... ἀπήγγελλον μετανοεῖν

26 25 οὐ μαίνομαι ... ἀλλὰ ... σωφροσύνης ῥήματα ἀποφθέγγομαι

26 29a οὐ μόνον σὲ ἀλλὰ καὶ πάντας τοὺς ἀκούοντάς μου

27 10a οὐ μόνον τοῦ φορτίου ... ἀλλὰ καὶ τῶν ψυχῶν ἡμῶν

Rm 1 21 διότι γνόντες τὸν θεὸν οὐχ ὡς θεὸν ἐδόξασαν ... ἀλλ' ἐματαιώθησαν

1 32a οὐ μόνον αὐτὰ ποιοῦσιν, ἀλλὰ καὶ συνευδοκοῦσιν τοῖς πράσσουσιν

2 13 οὐ γὰρ οἱ ἀκροαταὶ νόμου δίκαιοι ... ἀλλ' οἱ ποιηταὶ νόμου δικαιωθήσονται

2 29 ⟨οὐ γὰρ ὁ ἐν τῷ φανερῷ Ἰουδαῖός ἐστιν⟩ ἀλλ' ὁ ἐν τῷ κρυπτῷ Ἰουδαῖος

2 29 οὗ ὁ ἔπαινος οὐκ ἐξ ἀνθρώπων ἀλλ' ἐκ τοῦ θεοῦ

3 27 διὰ ποίου νόμου; τῶν ἔργων; οὐχί, ἀλλὰ διὰ νόμου πίστεως

3 31 νόμον οὖν καταργοῦμεν ...; μὴ γένοιτο, ἀλλὰ νόμον ἱστάνομεν

4 2b ἔχει καύχημα· ἀλλ' οὐ πρὸς θεόν

4 4 ὁ μισθὸς οὐ λογίζεται κατὰ χάριν ἀλλὰ κατὰ ὀφείλημα

4 10 οὐκ ἐν περιτομῇ ἀλλ' ἐν ἀκροβυστίᾳ

4 12a τοῖς οὐκ ἐκ περιτομῆς μόνον ἀλλὰ καὶ τοῖς στοιχοῦσιν τοῖς ἴχνεσιν τῆς ... πίστεως

4 13 οὐ γὰρ διὰ νόμου ἡ ἐπαγγελία ... ἀλλὰ διὰ δικαιοσύνης πίστεως

4 16a οὐ τῷ ἐκ τοῦ νόμου μόνον ἀλλὰ καὶ τῷ ἐκ πίστεως Ἀβραάμ

4 20 οὐ διεκρίθη τῇ ἀπιστίᾳ, ἀλλὰ ἐνεδυναμώθη τῇ πίστει

4 24a ⟨οὐκ ἐγράφη δὲ δι' αὐτὸν μόνον⟩ ἀλλὰ καὶ δι' ἡμᾶς

5 3a οὐ μόνον δέ, ἀλλὰ καὶ καυχώμεθα ἐν ταῖς θλίψεσιν

5 11a οὐ μόνον δέ, ἀλλὰ καὶ καυχώμενοι

5 14 ἀλλὰ ἐβασίλευσεν ὁ θάνατος ἀπὸ Ἀδὰμ μέχρι Μωϋσέως

5 15b ἀλλ' οὐχ ὡς τὸ παράπτωμα, οὕτως καὶ [ΝΗ] τὸ χάρισμα

6 5a εἰ γὰρ σύμφυτοι γεγόναμεν τῷ ὁμοιώματι τοῦ θανάτου αὐτοῦ, ἀλλὰ καὶ τῆς ἀναστάσεως ἐσόμεθα

6 13 μηδὲ παριστάνετε ... ἀλλὰ παραστήσατε ἑαυτοὺς τῷ θεῷ

6 14 οὐ γὰρ ἐστε ὑπὸ νόμον ἀλλὰ ὑπὸ χάριν

6 15 ὅτι οὐκ ἐσμὲν ὑπὸ νόμον ἀλλὰ ὑπὸ χάριν

7 7 μὴ γένοιτο· ἀλλὰ τὴν ἁμαρτίαν οὐκ ἔγνων

7 13 μὴ γένοιτο· ἀλλὰ ἡ ἁμαρτία

7 15 οὐ γὰρ ὃ θέλω τοῦτο πράσσω, ἀλλ' ὃ μισῶ τοῦτο ποιῶ

Rm 7 17 οὐκέτι ἐγὼ κατεργάζομαι αὐτὸ ἀλλὰ ἡ οἰκοῦσα (ἐνοικ. ΝΤΗ; [ἐν]οικ. S) ἐν ἐμοὶ ἁμαρτία

7 19 οὐ γὰρ ὃ θέλω ποιῶ ἀγαθόν, ἀλλὰ ὃ οὐ θέλω κακὸν τοῦτο πράσσω

7 20 οὐκέτι ἐγὼ κατεργάζομαι αὐτὸ ἀλλὰ ἡ οἰκοῦσα ἐν ἐμοὶ ἁμαρτία

8 4 ἐν ἡμῖν τοῖς μὴ κατὰ σάρκα περιπατοῦσιν ἀλλὰ κατὰ πνεῦμα

8 9 ὑμεῖς δὲ οὐκ ἐστὲ ἐν σαρκὶ ἀλλὰ ἐν πνεύματι

8 15 οὐ γὰρ ἐλάβετε πνεῦμα δουλείας... ἀλλὰ ἐλάβετε πνεῦμα υἱοθεσίας

8 20 ὑπετάγη, οὐχ ἑκοῦσα, ἀλλὰ διὰ τὸν ὑποτάξαντα

8 23a οὐ μόνον δέ, ἀλλὰ καὶ αὐτοὶ τὴν ἀπαρχὴν ... ἔχοντες

8 26 ἀλλὰ αὐτὸ τὸ πνεῦμα ὑπερεντυγχάνει

8 32 τοῦ ἰδίου υἱοῦ οὐκ ἐφείσατο, ἀλλὰ ὑπὲρ ἡμῶν πάντων παρέδωκεν αὐτόν

8 37 ἀλλ' ἐν τούτοις πᾶσιν ὑπερνικῶμεν

9 7 οὐδ' ὅτι ... πάντες τέκνα, ἀλλ' ἐν Ἰσαὰκ κληθήσεταί σοι σπέρμα. ↔

9 8 τοῦτ' ἔστιν, οὐ τὰ τέκνα τῆς σαρκὸς ... ἀλλὰ τὰ τέκνα τῆς ἐπαγγελίας

9 10a οὐ μόνον δέ, ἀλλὰ καὶ Ῥεβέκκα ἐξ ἑνὸς κοίτην ἔχουσα

9 12 οὐκ ἐξ ἔργων ἀλλ' ἐκ τοῦ καλοῦντος

9 16 ἄρα οὖν οὐ τοῦ θέλοντος ... ἀλλὰ τοῦ ἐλεῶντος θεοῦ

9 24a ἐκάλεσεν ἡμᾶς οὐ μόνον ἐξ Ἰουδαίων ἀλλὰ καὶ ἐξ ἐθνῶν

9 32 ὅτι οὐκ ἐκ πίστεως ἀλλ' ὡς ἐξ ἔργων

10 2b ζῆλον θεοῦ ἔχουσιν, ἀλλ' οὐ κατ' ἐπίγνωσιν

10 8 ἀλλὰ τί λέγει;

10 16b ἀλλ' οὐ πάντες ὑπήκουσαν τῷ εὐαγγελίῳ

10 18 ἀλλὰ λέγω, μὴ οὐκ ἤκουσαν;

10 19 ἀλλὰ λέγω, μὴ Ἰσραὴλ οὐκ ἔγνω;

11 4 ἀλλὰ τί λέγει αὐτῷ ὁ χρηματισμός;

11 11 μὴ γένοιτο· ἀλλὰ τῷ αὐτῶν παραπτώματι ἡ σωτηρία τοῖς ἔθνεσιν

11 18 οὐ σὺ τὴν ῥίζαν βαστάζεις ἀλλὰ ἡ ῥίζα σέ

11 20 μὴ | ὑψηλὰ φρόνει (ὑψηλοφρόνει VBSς), ἀλλὰ φοβοῦ

12 2 καὶ μὴ συσχηματίζεσθε (-σθαι S) τῷ αἰῶνι τούτῳ, ἀλλὰ μεταμορφοῦσθε (-σθαι S)

12 3 λέγω ... μὴ ὑπερφρονεῖν παρ' ὃ δεῖ φρονεῖν, ἀλλὰ φρονεῖν εἰς τὸ σωφρονεῖν

12 16 μὴ τὰ ὑψηλὰ φρονοῦντες ἀλλὰ τοῖς ταπεινοῖς συναπαγόμενοι

12 19 μὴ ἑαυτοὺς ἐκδικοῦντες, ἀγαπητοί, ἀλλὰ δότε τόπον τῇ ὀργῇ

12 20 ἀλλὰ (−ς) ἐὰν πεινᾷ ὁ ἐχθρός σου, ψώμιζε αὐτόν

12 21 μὴ νικῶ ὑπὸ τοῦ κακοῦ, ἀλλὰ νίκα ... τὸ κακόν

13 3 οὐκ εἰσὶν φόβος τῷ ἀγαθῷ ἔργῳ ἀλλὰ τῷ κακῷ

13 5a οὐ μόνον διὰ τὴν ὀργὴν ἀλλὰ καὶ διὰ τὴν συνείδησιν

13 14 ⟨εὐσχημόνως περιπατήσωμεν, μὴ κώμοις⟩ ἀλλὰ ἐνδύσασθε τὸν κύριον Ἰησοῦν Χριστόν

Rm 14 13 μηκέτι οὖν ἀλλήλους κρίνωμεν·
ἀλλὰ τοῦτο κρίνατε μᾶλλον

14 17 οὐ γάρ ἐστιν ... βρῶσις καὶ πόσις,
ἀλλὰ δικαιοσύνη

14 20 πάντα μὲν καθαρά, ἀλλὰ κακὸν ...
τῷ διὰ προσκόμματος ἐσθίοντι

15 3 ὁ Χριστὸς οὐχ ἑαυτῷ ἤρεσεν· ἀλλὰ
καθὼς γέγραπται

15 21 ⟨ἵνα μὴ ... οἰκοδομῶ⟩ ἀλλὰ καθὼς
γέγραπται

16 4a οἷς οὐκ ἐγὼ μόνος εὐχαριστῶ ἀλλὰ
καὶ πᾶσαι αἱ ἐκκλησίαι

16 18 τῷ κυρίῳ ἡμῶν Χριστῷ οὐ δου-
λεύουσιν ἀλλὰ τῇ ἑαυτῶν κοιλίᾳ

1C 1 17 οὐ γὰρ ἀπέστειλέν με Χριστὸς
βαπτίζειν ἀλλὰ εὐαγγελίζεσθαι

1 27 ⟨οὐ πολλοὶ σοφοί⟩ ἀλλὰ τὰ μωρὰ
... ἐξελέξατο

2 4 οὐκ ἐν πειθοῖς (-θοῖ[ς] N26) σοφίας
λόγοις [N26], ἀλλ' ἐν ἀποδείξει

2 5 ἵνα ... μὴ ᾖ ἐν σοφίᾳ ἀνθρώπων
ἀλλ' ἐν δυνάμει θεοῦ

2 7 ⟨σοφίαν δὲ οὐ τοῦ αἰῶνος τούτου⟩
ἀλλὰ λαλοῦμεν θεοῦ σοφίαν

2 9 ἀλλὰ καθὼς γέγραπται

2 12 οὐ τὸ πνεῦμα τοῦ κόσμου ἐλάβο-
μεν ἀλλὰ τὸ πνεῦμα τὸ ἐκ τοῦ
θεοῦ

2 13 οὐκ ἐν διδακτοῖς ἀνθρωπίνης σο-
φίας λόγοις, ἀλλ' ἐν διδακτοῖς
πνεύματος

3 1 οὐκ ἠδυνήθην λαλῆσαι ὑμῖν ὡς
πνευματικοῖς ἀλλ' ὡς σαρκίνοις

3 2b οὔπω γὰρ ἐδύνασθε. ἀλλ' οὐδὲ
ἔτι [NH] νῦν δύνασθε

3 5d *τί οὖν ἐστιν | 'Απολλῶς; τί δέ
ἐστιν Παῦλος (~ς), | ἀλλ' ἢ (+ς)
διάκονοι

3 6 ἐγὼ ἐφύτευσα, 'Απολλῶς ἐπότι-
σεν, ἀλλὰ ὁ θεὸς ηὔξανεν· ↔

3 7 ὥστε οὔτε ὁ φυτεύων ἐστίν τι
οὔτε ὁ ποτίζων, ἀλλ' ὁ αὐξάνων
θεός

4 3b ἐμοὶ δὲ εἰς ἐλάχιστόν ἐστιν ἵνα
... ἀνακριθῶ ... ἀλλ' οὐδὲ ἐμαυτὸν
ἀνακρίνω·↔

4 4b οὐδὲν γὰρ ἐμαυτῷ σύνοιδα, ἀλλ'
οὐκ ... δεδικαίωμαι

4 14 οὐκ ἐντρέπων ὑμᾶς γράφω ταῦτα,
ἀλλ' ὡς τέκνα μου ἀγαπητὰ νου-
θετῶν (-τῶ[ν] N26; -τῶ Bς)

4 15b ἐὰν γὰρ μυρίους παιδαγωγοὺς ἔ-
χητε ἐν Χριστῷ, ἀλλ' οὐ πολλοὺς
πατέρας

4 19 γνώσομαι οὐ τὸν λόγον τῶν πε-
φυσιωμένων ἀλλὰ τὴν δύναμιν·↔

4 20 οὐ γὰρ ἐν λόγῳ ἡ βασιλεία τοῦ
θεοῦ, ἀλλ' ἐν δυνάμει

5 8 μηδὲ ἐν ζύμῃ ... πονηρίας, ἀλλ'
ἐν ἀζύμοις εἰλικρινείας

6 6 ⟨οὐκ ἔνι ... ὃς δυνήσεται διακρῖναι
ἀνὰ μέσον τοῦ ἀδελφοῦ αὐτοῦ⟩
ἀλλὰ ἀδελφὸς μετὰ ἀδελφοῦ κρίνε-
ται⟨;⟩

6 8 ⟨διὰ τί οὐχὶ μᾶλλον ἀδικεῖσθε;⟩
ἀλλὰ ὑμεῖς ἀδικεῖτε

6 11 ἀλλὰ ἀπελούσασθε, ↔

6 11 ἀλλὰ ἡγιάσθητε, ↔

6 11 ἀλλὰ ἐδικαιώθητε

6 12b πάντα μοι ἔξεστιν, ἀλλ' οὐ πάντα
συμφέρει

6 12b πάντα μοι ἔξεστιν, ἀλλ' οὐκ ἐγὼ
ἐξουσιασθήσομαι ὑπό τινος

6 13 τὸ δὲ σῶμα οὐ τῇ πορνείᾳ, ἀλλὰ
τῷ κυρίῳ

1C 7 4 ἡ γυνὴ ... οὐκ ἐξουσιάζει ἀλλὰ ὁ
ἀνήρ

7 4 ὁ ἀνὴρ ... οὐκ ἐξουσιάζει ἀλλὰ ἡ
γυνή

7 7 θέλω δὲ πάντας ἀνθρώπους εἶναι
ὡς καὶ ἐμαυτόν· ἀλλὰ ἕκαστος
ἴδιον ἔχει χάρισμα

7 10 παραγγέλλω, οὐκ ἐγὼ ἀλλὰ ὁ κύ-
ριος

7 19 ἡ ἀκροβυστία οὐδέν ἐστιν, ἀλλὰ
τήρησις ἐντολῶν θεοῦ

7 21 δοῦλος ἐκλήθης; μή σοι μελέτω·
ἀλλ' εἰ καὶ δύνασαι ἐλεύθερος
γενέσθαι

7 35 οὐχ ἵνα βρόχον ὑμῖν ἐπιβάλω, ἀλ-
λὰ πρὸς τὸ εὔσχημον

8 6 ⟨εἴπερ εἰσὶν λεγόμενοι θεοί⟩ ἀλλ'
[H] ἡμῖν εἷς θεός

8 7b ἀλλ' οὐκ ἐν πᾶσιν ἡ γνῶσις

9 2e εἰ ἄλλοις οὐκ εἰμὶ ἀπόστολος, ἀλ-
λά γε ὑμῖν εἰμι

9 12b εἰ ἄλλοι ... ἐξουσίας μετέχουσιν,
οὐ μᾶλλον ἡμεῖς; ἀλλ' οὐκ ἐχρη-
σάμεθα τῇ ἐξουσίᾳ ταύτῃ, ↔

9 12 ἀλλὰ πάντα στέγομεν

9 21 μὴ ὢν ἄνομος θεοῦ ἀλλ' ἔννομος
Χριστοῦ

9 27 ⟨οὕτως πυκτεύω ὡς οὐκ ἀέρα
δέρων⟩ ἀλλὰ ὑπωπιάζω μου τὸ
σῶμα

10 5b ⟨καὶ πάντες ... ἔπιον⟩ ἀλλ' οὐκ ἐν
τοῖς πλείοσιν αὐτῶν εὐδόκησεν ὁ
θεός

10 13 οὐκ ἐάσει ὑμᾶς πειρασθῆναι ὑπὲρ
ὃ δύνασθε, ἀλλὰ ποιήσει σὺν τῷ
πειρασμῷ

10 20 ⟨τί οὖν φημι; ὅτι ... ἢ ὅτι⟩ ἀλλ'
ὅτι ἃ θύουσιν (θύει Vς; +τὰ ἔθνη
MVBS [H]ς)

10 23b πάντα ἔξεστιν, ἀλλ' οὐ πάντα
συμφέρει· ↔

10 23b πάντα ἔξεστιν, ἀλλ' οὐ πάντα
οἰκοδομεῖ. ↔

10 24 μηδεὶς τὸ ἑαυτοῦ ζητείτω ἀλλὰ τὸ
τοῦ ἑτέρου

10 29 συνείδησιν δὲ λέγω οὐχὶ τὴν
ἑαυτοῦ ἀλλὰ τὴν τοῦ ἑτέρου

10 33 μὴ ζητῶν τὸ ἐμαυτοῦ σύμφορον
ἀλλὰ τὸ τῶν πολλῶν

11 8 οὐ γάρ ἐστιν ἀνὴρ ἐκ γυναικός,
ἀλλὰ γυνὴ ἐξ ἀνδρός

11 9 οὐκ ἐκτίσθη ἀνὴρ διὰ τὴν γυναῖκα,
ἀλλὰ γυνὴ διὰ τὸν ἄνδρα

11 17 οὐκ εἰς τὸ κρεῖσσον ἀλλὰ εἰς τὸ
ἧσσον συνέρχεσθε

12 14 καὶ γὰρ τὸ σῶμα οὐκ ἔστιν ἓν
μέλος ἀλλὰ πολλά

12 22 ⟨χρείαν ὑμῶν οὐκ ἔχω⟩ ἀλλὰ πολ-
λῷ μᾶλλον ... ἀναγκαῖά ἐστιν

12 24 ἀλλὰ ὁ θεὸς συνεκέρασεν τὸ σῶμα

12 25 ἵνα μὴ ᾖ σχίσμα (-ατα VT) ἐν τῷ
σώματι, ἀλλὰ τὸ αὐτὸ ... μεριμνῶ-
σιν

14 2 οὐκ ἀνθρώποις λαλεῖ ἀλλὰ (+τῷ
MVSς) θεῷ

14 17 σὺ ... καλῶς εὐχαριστεῖς, ἀλλ' ὁ
ἕτερος οὐκ οἰκοδομεῖται

14 19 ἀλλὰ ἐν ἐκκλησίᾳ θέλω πέντε
λόγους ... λαλῆσαι

14 20 μὴ παιδία γίνεσθε ταῖς φρεσίν,
ἀλλὰ τῇ κακίᾳ νηπιάζετε

14 22 εἰς σημεῖόν εἰσιν οὐ τοῖς πιστεύ-
ουσιν ἀλλὰ τοῖς ἀπίστοις, ↔

14 22 ἡ δὲ προφητεία οὐ τοῖς ἀπίστοις
ἀλλὰ τοῖς πιστεύουσιν

1C 14 33 οὐ γάρ ἐστιν ἀκαταστασίας ὁ
θεὸς ἀλλὰ εἰρήνης

14 34 οὐ γὰρ ἐπιτρέπεται αὐταῖς λαλεῖν,
ἀλλὰ ὑποτασσέσθωσαν

15 10 ἡ χάρις ... οὐ κενὴ ἐγενήθη, ἀλλὰ
περισσότερον ... ἐκοπίασα, ↔

15 10 οὐκ ἐγὼ δὲ ἀλλὰ ἡ χάρις

15 35 ἀλλὰ ἐρεῖ τις

15 37 οὐ τὸ σῶμα ... σπείρεις, ἀλλὰ
γυμνὸν κόκκον

15 39 οὐ ... ἡ αὐτὴ σάρξ, ἀλλὰ ἄλλη μὲν
ἀνθρώπων

15 40 καὶ σώματα ἐπουράνια ... ἀλλὰ
ἑτέρα μὲν ἡ τῶν ἐπουρανίων δόξα

15 46b ⟨ἔστιν καὶ πνευματικόν⟩ ἀλλ' οὐ
πρῶτον τὸ πνευματικόν ↔

15 46 ἀλλὰ τὸ ψυχικόν

2C 1 9 ἀλλὰ αὐτοὶ ἐν ἑαυτοῖς τὸ ἀπόκριμα
τοῦ θανάτου ἐσχήκαμεν, ↔

1 9 ἵνα μὴ πεποιθότες ὦμεν ἐφ'
ἑαυτοῖς ἀλλ' ἐπὶ τῷ θεῷ

1 12 οὐκ ἐν σοφίᾳ σαρκικῇ ἀλλ' ἐν
χάριτι θεοῦ, ἀνεστράφημεν

1 13d οὐ γὰρ ἄλλα γράφομεν ὑμῖν ἀλλ'
ἢ ἃ ἀναγινώσκετε

1 19 οὐκ ἐγένετο ναὶ καὶ οὔ, ἀλλὰ ναὶ ἐν
αὐτῷ γέγονεν

1 24 οὐχ ὅτι κυριεύομεν ὑμῶν τῆς
πίστεως, ἀλλὰ συνεργοί ἐσμεν

2 4 οὐχ ἵνα λυπηθῆτε, ἀλλὰ τὴν
ἀγάπην ἵνα γνῶτε

2 5 οὐκ ἐμὲ λελύπηκεν, ἀλλὰ ἀπὸ
μέρους ... πάντας ὑμᾶς

2 13 οὐκ ἔσχηκα ἄνεσιν τῷ πνεύματί
μου ... ἀλλὰ ἀποταξάμενος ἐξῆλθον

2 17 οὐ γάρ ἐσμεν ὡς οἱ πολλοὶ
καπηλεύοντες τὸν λόγον τοῦ θεοῦ,
ἀλλ' ὡς ἐξ εἰλικρινείας, ↔

2 17 ἀλλ' ὡς ἐκ θεοῦ ... λαλοῦμεν

3 3 ἐγγεγραμμένη οὐ μέλανι ἀλλὰ
πνεύματι θεοῦ ζῶντος, ↔

3 3 οὐκ ἐν πλαξὶν λιθίναις ἀλλ' ἐν
πλαξὶν καρδίαις σαρκίναις

3 5 οὐχ ὅτι ἀφ' ἑαυτῶν ἱκανοί ἐσμεν ...
ἀλλ' ἡ ἱκανότης ἡμῶν ἐκ τοῦ θεοῦ

3 6 ἱκάνωσεν ἡμᾶς διακόνους ... οὐ
γράμματος ἀλλὰ πνεύματος

3 14 ἀλλὰ ἐπωρώθη τὰ νοήματα αὐτῶν

3 15 ⟨ἄχρι γὰρ τῆς σήμερον ἡμέρας⟩
ἀλλ' ἕως σήμερον ἡνίκα ἂν ἀνα-
γινώσκηται Μωϋσῆς

4 2 ⟨οὐκ ἐγκακοῦμεν⟩ ἀλλὰ ἀπειπά-
μεθα τὰ κρυπτά

4 2 μηδὲ δολοῦντες τὸν λόγον τοῦ
θεοῦ, ἀλλὰ τῇ φανερώσει τῆς ἀλη-
θείας συνιστάνοντες (-άντες T) ἑαυ-
τούς

4 5 οὐ γὰρ ἑαυτοὺς κηρύσσομεν ἀλλὰ
| 'Ιησοῦν Χριστὸν (~ NMVSTH)

4 8b ἐν παντὶ θλιβόμενοι ἀλλ' οὐ
στενοχωρούμενοι, ↔

4 8b ἀπορούμενοι ἀλλ' οὐκ ἐξαπορού-
μενοι, ↔

4 9b διωκόμενοι ἀλλ' οὐκ ἐγκαταλειπό-
μενοι, ↔

4 9b καταβαλλόμενοι ἀλλ' οὐκ ἀπολλύ-
μενοι, ↔

4 16 διὸ οὐκ ἐγκακοῦμεν, ἀλλ' εἰ καὶ
ὁ ἔξω ἡμῶν ἄνθρωπος διαφθείρεται,
↔

4 16 ἀλλ' ὁ ἔσω ἡμῶν ἀνακαινοῦται

4 18 μὴ σκοπούντων ἡμῶν τὰ βλεπό-
μενα ἀλλὰ τὰ μὴ βλεπόμενα

5 4 ἐφ' ᾧ οὐ θέλομεν ἐκδύσασθαι ἀλλ'
ἐπενδύσασθαι

2C	

2C

5 12 οὐ (+γὰρ Tς) πάλιν ἑαυτοὺς συνιστάνομεν ὑμῖν, ἀλλὰ ἀφορμὴν διδόντες

5 15 ἵνα ... μηκέτι ἑαυτοῖς ζῶσιν ἀλλὰ τῷ ὑπὲρ αὐτῶν ἀποθανόντι

5 16 εἰ καὶ ἐγνώκαμεν κατὰ σάρκα Χριστόν, ἀλλὰ νῦν οὐκέτι γινώσκομεν

6 4 ⟨μηδεμίαν ... διδόντες προσκοπὴν⟩ ἀλλ' ἐν παντὶ συνιστάντες (N²⁶T; -άνοντες rl) ἑαυτούς

7 5 οὐδεμίαν ἔσχηκεν ἄνεσιν ἡ σὰρξ ἡμῶν, ἀλλ' ἐν παντὶ θλιβόμενοι

7 6 ἀλλ' ὁ παρακαλῶν τοὺς ταπεινοὺς παρεκάλεσεν ἡμᾶς

7 7ᵃ οὐ μόνον δὲ ἐν τῇ παρουσίᾳ αὐτοῦ, ἀλλὰ καὶ ἐν τῇ παρακλήσει

7 9 νῦν χαίρω, οὐχ ὅτι ἐλυπήθητε, ἀλλ' ὅτι ἐλυπήθητε εἰς μετάνοιαν

7 11 πόσην κατειργάσατο ὑμῖν σπουδήν, ἀλλὰ ἀπολογίαν, ↔

7 11 ἀλλὰ ἀγανάκτησιν, ↔

7 11 ἀλλὰ φόβον, ↔

7 11 ἀλλὰ ἐπιπόθησιν, ↔

7 11 ἀλλὰ ζῆλον, ↔

7 11 ἀλλὰ ἐκδίκησιν

7 12ᵇ *οὐχ ἕνεκεν τοῦ ἀδικήσαντος ἀλλ' [+H] οὐδὲ ἕνεκεν τοῦ ἀδικηθέντος, ↔

7 12 ἀλλ' ἕνεκεν τοῦ φανερωθῆναι

7 14 οὐ κατησχύνθην, ἀλλ' ὡς πάντα ἐν ἀληθείᾳ ἐλαλήσαμεν ὑμῖν

8 5 καὶ οὐ καθὼς ἠλπίσαμεν, ἀλλ' ἑαυτοὺς ἔδωκαν πρῶτον τῷ κυρίῳ

8 7 ἀλλ' ὥσπερ ἐν παντὶ περισσεύετε, πίστει καὶ λόγῳ

8 8 οὐ κατ' ἐπιταγὴν λέγω, ἀλλὰ διὰ τῆς ἑτέρων σπουδῆς

8 10ᵃ οἵτινες οὐ μόνον τὸ ποιῆσαι ἀλλὰ καὶ τὸ θέλειν προενήρξασθε

8 13 οὐ γὰρ ἵνα ἄλλοις ἄνεσις, ὑμῖν [+δὲ VS] θλῖψις, ἀλλ' ἐξ ἰσότητος

8 19ᵃ οὐ μόνον δὲ ἀλλὰ καὶ χειροτονηθεὶς ... συνέκδημος ἡμῶν

8 21ᵃ οὐ μόνον ἐνώπιον κυρίου ἀλλὰ καὶ ἐνώπιον ἀνθρώπων

9 12ᵃ οὐ μόνον ἐστὶν προσαναπληροῦσα τὰ ὑστερήματα τῶν ἁγίων, ἀλλὰ καὶ περισσεύουσα

10 4 τὰ γὰρ ὅπλα οὐ σαρκικὰ ἀλλὰ δυνατὰ τῷ θεῷ πρὸς καθαίρεσιν

10 12 οὐ γὰρ τολμῶμεν ἐγκρῖναι ... ἑαυτοὺς ... αὐτοὶ ἐν ἑαυτοῖς ἑαυτοὺς μετροῦντες

10 13 ἡμεῖς δὲ οὐκ εἰς τὰ ἄμετρα καυχησόμεθα, ἀλλὰ κατὰ τὸ μέτρον

10 18 οὐ γὰρ ὁ ἑαυτὸν συνιστάνων, ἐκεῖνός ἐστιν δόκιμος, ἀλλὰ ὃν ὁ κύριος συνίστησιν

11 1ᵃ ὄφελον ἀνείχεσθέ μου ... ἀλλὰ καὶ ἀνέχεσθέ μου

11 6ᵇ εἰ δὲ καὶ ἰδιώτης τῷ λόγῳ, ἀλλ' οὐ τῇ γνώσει, ↔

11 6 ἀλλ' ἐν παντὶ φανερώσαντες ἐν πᾶσιν εἰς ὑμᾶς

11 17 οὐ κατὰ κύριον λαλῶ, ἀλλ' ὡς ἐν ἀφροσύνῃ

12 14 οὐ γὰρ ζητῶ τὰ ὑμῶν ἀλλὰ ὑμᾶς

12 14 οὐ γὰρ ὀφείλει τὰ τέκνα τοῖς γονεῦσιν θησαυρίζειν, ἀλλὰ οἱ γονεῖς τοῖς τέκνοις

12 16 ἐγὼ οὐ κατεβάρησα ὑμᾶς· ἀλλὰ ὑπάρχων πανοῦργος δόλῳ ὑμᾶς ἔλαβον

13 3 ὃς εἰς ὑμᾶς οὐκ ἀσθενεῖ ἀλλὰ δυνατεῖ ἐν ὑμῖν

2C

13 4 καὶ γὰρ [+εἰ S] ἐσταυρώθη ἐξ ἀσθενείας, ἀλλὰ ζῇ ἐκ δυνάμεως

13 4 καὶ γὰρ ἡμεῖς ἀσθενοῦμεν ἐν αὐτῷ, ἀλλὰ ζήσομεν (-μεθα VSς)

13 7ᶜ οὐχ ἵνα ἡμεῖς δόκιμοι φανῶμεν, ἀλλ' ἵνα ὑμεῖς τὸ καλὸν ποιῆτε

13 8 οὐ γὰρ δυνάμεθά τι κατὰ τῆς ἀληθείας, ἀλλὰ ὑπὲρ τῆς ἀληθείας

G

1 1 Παῦλος ἀπόστολος, οὐκ ἀπ' ἀνθρώπων ... ἀλλὰ διὰ Ἰησοῦ Χριστοῦ καὶ θεοῦ πατρός

1 8ᵃ ἀλλὰ καὶ ἐὰν ἡμεῖς ἢ ἄγγελος ἐξ οὐρανοῦ

1 12 οὐδὲ γὰρ ἐγὼ παρὰ ἀνθρώπου παρέλαβον αὐτὸ ... ἀλλὰ δι' ἀποκαλύψεως

1 17 οὐδὲ ἀνῆλθον ... ἀλλὰ ἀπῆλθον εἰς Ἀραβίαν

2 3ᵇ ἀλλ' οὐδὲ Τίτος ... ἠναγκάσθη περιτμηθῆναι

2 7 ⟨οὐδὲν προσανέθεντο⟩ ἀλλὰ τοὐναντίον ἰδόντες

2 14 ἀλλ' ὅτε εἶδον

3 12 νόμος οὐκ ἔστιν ἐκ πίστεως, ἀλλ' ὁ ποιήσας αὐτὰ ζήσεται

3 16 οὐ λέγει· καὶ τοῖς σπέρμασιν, ὡς ἐπὶ πολλῶν, ἀλλ' ὡς ἐφ' ἑνός

3 22 ⟨μὴ γένοιτο⟩ ἀλλὰ συνέκλεισεν ἡ γραφὴ τὰ πάντα ὑπὸ ἁμαρτίαν

4 2 ⟨οὐδὲν διαφέρει δούλου⟩ ἀλλὰ ὑπὸ ἐπιτρόπους ἐστίν

4 7 ὥστε οὐκέτι εἶ δοῦλος ἀλλὰ υἱός

4 8 ἀλλὰ τότε μὲν οὐκ εἰδότες θεόν

4 14 οὐδὲ ἐξεπτύσατε, ἀλλὰ ὡς ἄγγελον θεοῦ ἐδέξασθέ με

4 17 ζηλοῦσιν ὑμᾶς οὐ καλῶς, ἀλλὰ ἐκκλεῖσαι ὑμᾶς θέλουσιν

4 23 ἀλλ' ὁ μὲν [NH] ἐκ τῆς παιδίσκης κατὰ σάρκα γεγέννηται

4 29 ἀλλ' ὥσπερ τότε ... οὕτως καὶ νῦν

4 30 ἀλλὰ τί λέγει ἡ γραφή;

4 31 οὐκ ἐσμὲν παιδίσκης τέκνα ἀλλὰ τῆς ἐλευθέρας

5 6 οὔτε περιτομή τι ἰσχύει οὔτε ἀκροβυστία, ἀλλὰ πίστις

5 13 μόνον μὴ ... ἀλλὰ διὰ τῆς ἀγάπης δουλεύετε ἀλλήλοις

6 13 οὐδὲ ... νόμον φυλάσσουσιν, ἀλλὰ θέλουσιν ὑμᾶς περιτέμνεσθαι

6 15 οὔτε γὰρ περιτομή τί ἐστιν οὔτε ἀκροβυστία, ἀλλὰ καινὴ κτίσις

E

1 21ᵃ οὐ μόνον ἐν τῷ αἰῶνι τούτῳ ἀλλὰ καὶ ἐν τῷ μέλλοντι

2 19 οὐκέτι ἐστὲ ξένοι καὶ πάροικοι, ἀλλὰ ἐστὲ συμπολῖται τῶν ἁγίων

4 29 πᾶς λόγος σαπρὸς ... μὴ ἐκπορευέσθω, ἀλλὰ εἴ τις ἀγαθὸς πρὸς οἰκοδομήν

5 4 ⟨πλεονεξία μηδὲ ὀνομαζέσθω ἐν ὑμῖν⟩ ἀλλὰ μᾶλλον εὐχαριστία

5 15 μὴ ὡς ἄσοφοι ἀλλ' ὡς σοφοί

5 17 μὴ γίνεσθε ἄφρονες, ἀλλὰ συνίετε τί τὸ θέλημα τοῦ κυρίου

5 18 μὴ μεθύσκεσθε οἴνῳ ... ἀλλὰ πληροῦσθε ἐν πνεύματι

5 24 ἀλλὰ ὡς ἡ ἐκκλησία ὑποτάσσεται

5 27ᶜ μὴ ἔχουσαν σπίλον ..., ἀλλ' ἵνα ᾖ ἁγία καὶ ἄμωμος

5 29 οὐδεὶς ... τὴν ἑαυτοῦ σάρκα ἐμίσησεν, ἀλλὰ ἐκτρέφει καὶ θάλπει αὐτήν

6 4 μὴ παροργίζετε τὰ τέκνα ὑμῶν, ἀλλὰ ἐκτρέφετε αὐτά

E

6 6 μὴ κατ' ὀφθαλμοδουλίαν ὡς ἀνθρωπάρεσκοι, ἀλλ' ὡς δοῦλοι Χριστοῦ

6 12 οὐκ ἔστιν ἡμῖν ἡ πάλη πρὸς ... σάρκα, ἀλλὰ πρὸς τὰς ἀρχάς

Ph

1 18ᵃ ἐν τούτῳ χαίρω· ἀλλὰ καὶ χαρήσομαι

1 20 ὅτι ἐν οὐδενὶ αἰσχυνθήσομαι, ἀλλ' ἐν πάσῃ παρρησίᾳ ... μεγαλυνθήσεται Χριστός

1 29ᵃ οὐ μόνον τὸ εἰς αὐτὸν πιστεύειν ἀλλὰ καὶ τὸ ὑπὲρ αὐτοῦ πάσχειν

2 3 μηδὲ κατὰ κενοδοξίαν, ἀλλὰ τῇ ταπεινοφροσύνῃ ἀλλήλους ἡγούμενοι

2 4ᵃ μὴ τὰ ἑαυτῶν ἕκαστος (-στοι NMTH) σκοποῦντες, ἀλλὰ καὶ [N²⁶] τὰ ἑτέρων ἕκαστοι

2 7 ⟨οὐχ ἁρπαγμὸν ἡγήσατο τὸ εἶναι ἴσα θεῷ⟩ ἀλλὰ ἑαυτὸν ἐκένωσεν

2 12 μὴ ὡς [H] ἐν τῇ παρουσίᾳ μου μόνον ἀλλὰ νῦν πολλῷ μᾶλλον ἐν τῇ ἀπουσίᾳ μου

2 17 ἀλλὰ εἰ καὶ σπένδομαι ... χαίρω

2 27 ἠσθένησεν παραπλήσιον θανάτῳ (-του H)· ἀλλὰ ὁ θεὸς ἠλέησεν αὐτόν, ↔

2 27ᵃ οὐκ αὐτὸν δὲ μόνον ἀλλὰ καὶ ἐμέ

3 7 ἀλλὰ ([N²⁶]; —T) ἅτινα ἦν μοι κέρδη

3 8ᵉ ἀλλὰ μενοῦνγε καὶ ἡγοῦμαι πάντα ζημίαν εἶναι

3 9 μὴ ἔχων ἐμὴν δικαιοσύνην τὴν ἐκ νόμου, ἀλλὰ τὴν διὰ πίστεως Χριστοῦ

4 6 μηδὲν μεριμνᾶτε, ἀλλ' ἐν παντὶ τὰ αἰτήματα ὑμῶν γνωριζέσθω

4 17 οὐχ ὅτι ἐπιζητῶ τὸ δόμα, ἀλλὰ ἐπιζητῶ τὸν καρπόν

Cl

2 5 εἰ γὰρ καὶ τῇ σαρκὶ ἄπειμι, ἀλλὰ τῷ πνεύματι σὺν ὑμῖν εἰμι

3 11 ὅπου οὐκ ἔνι Ἕλλην ... ἀλλὰ τὰ ([N²⁶VS]; —NH) πάντα καὶ ἐν πᾶσιν Χριστός

3 22 μὴ ἐν ὀφθαλμοδουλίαις ὡς ἀνθρωπάρεσκοι, ἀλλ' ἐν ἁπλότητι καρδίας

1 Th

1 5ᵃ οὐκ ... ἐν λόγῳ μόνον, ἀλλὰ καὶ ἐν δυνάμει

1 8ᵃ οὐ μόνον ... | ἐν τῇ (+[N²⁶S]T) Ἀχαΐα, ἀλλ' (+καὶ ς) ἐν παντὶ τόπῳ

2 2ᵃ ἀλλὰ (+καὶ ς) προπαθόντες ... ἐπαρρησιασάμεθα ἐν τῷ θεῷ

2 4 ⟨οὐδὲ ἐν δόλῳ⟩ ἀλλὰ καθὼς δεδοκιμάσμεθα ... οὕτως λαλοῦμεν, ↔

2 4 οὐχ ὡς ἀνθρώποις ἀρέσκοντες, ἀλλὰ (+τῷ V[S]ς) θεῷ

2 7 ⟨οὔτε⟩ ἀλλὰ ἐγενήθημεν νήπιοι (ἤπιοι NMVSTς) ἐν μέσῳ ὑμῶν

2 8ᵃ οὐ μόνον τὸ εὐαγγέλιον τοῦ θεοῦ ἀλλὰ καὶ τὰς ἑαυτῶν ψυχάς

2 13 ἐδέξασθε οὐ λόγον ἀνθρώπων ἀλλὰ ... λόγον θεοῦ

4 7 οὐ γὰρ ἐκάλεσεν ἡμᾶς ὁ θεὸς ἐπὶ ἀκαθαρσίᾳ, ἀλλ' ἐν ἁγιασμῷ

4 8 ὁ ἀθετῶν οὐκ ἄνθρωπον ἀθετεῖ ἀλλὰ τὸν θεόν

5 6 μὴ καθεύδωμεν ὡς οἱ λοιποί, ἀλλὰ γρηγορῶμεν

5 9 ὅτι οὐκ ἔθετο ἡμᾶς ὁ θεὸς εἰς ὀργὴν ἀλλὰ εἰς περιποίησιν σωτηρίας

5 15 ὁρᾶτε μή τις ... ἀποδῷ, ἀλλὰ πάντοτε τὸ ἀγαθὸν διώκετε

2 Th 2 12 οἱ μὴ πιστεύσαντες τῇ ἀληθείᾳ ἀλλὰ εὐδοκήσαντες τῇ ἀδικίᾳ

3 8 οὐδὲ δωρεὰν ... ἀλλ' ἐν κόπῳ καὶ μόχθῳ

3 9c οὐχ ὅτι ... ἀλλ' ἵνα ἑαυτοὺς τύπον δῶμεν

3 11 μηδὲν ἐργαζομένους ἀλλὰ περιεργαζομένους

3 15 καὶ μὴ ὡς ἐχθρὸν ἡγεῖσθε, ἀλλὰ νουθετεῖτε ὡς ἀδελφόν

1Tm 1 13 τὸ πρότερον ὄντα ... ὑβριστήν· ἀλλὰ ἠλεήθην

1 16 ⟨ἁμαρτωλοὺς σῶσαι⟩ ἀλλὰ διὰ τοῦτο ἠλεήθην

2 10 ⟨μὴ ἐν πλέγμασιν⟩ ἀλλ' ὃ πρέπει γυναιξίν

2 12 διδάσκειν δὲ γυναικὶ οὐκ ἐπιτρέπω ... ἀλλ' εἶναι ἐν ἡσυχίᾳ

3 3 μὴ πλήκτην, ἀλλ' ἐπιεικῆ, ἄμαχον

4 12 μηδείς σου ... καταφρονείτω, ἀλλὰ τύπος γίνου τῶν πιστῶν

5 1 πρεσβυτέρῳ μὴ ἐπιπλήξῃς, ἀλλὰ παρακάλει

5 13a οὐ μόνον δὲ ἀργαὶ ἀλλὰ καὶ φλύαροι

5 23 μηκέτι ὑδροπότει, ἀλλὰ οἴνῳ ὀλίγῳ χρῶ

6 2 μὴ καταφρονείτωσαν ... ἀλλὰ μᾶλλον δουλευέτωσαν

6 4 μηδὲν ἐπιστάμενος, ἀλλὰ νοσῶν

6 17 μηδὲ ἠλπικέναι ἐπὶ πλούτου ἀδηλότητι, ἀλλ' ἐπὶ (ἐν Sς; +τῷ MVSς) θεῷ

2Tm 1 7 οὐ γὰρ ἔδωκεν ... πνεῦμα δειλίας, ἀλλὰ δυνάμεως

1 8 μὴ οὖν ἐπαισχυνθῇς ... ἀλλὰ συγκακοπάθησον

1 9 οὐ κατὰ τὰ ἔργα ἡμῶν ἀλλὰ κατὰ ἰδίαν πρόθεσιν

1 12b ταῦτα πάσχω, ἀλλ' οὐκ ἐπαισχύνομαι

1 17 ⟨οὐκ ἐπαισχύνθη⟩ ἀλλὰ γενόμενος ἐν 'Ρώμῃ σπουδαίως ἐζήτησέν με

2 9 ἀλλὰ ὁ λόγος τοῦ θεοῦ οὐ δέδεται

2 20a οὐκ ἔστιν μόνον σκεύη χρυσᾶ καὶ ἀργυρᾶ, ἀλλὰ καὶ ξύλινα

2 24 οὐ δεῖ μάχεσθαι ἀλλὰ ἤπιον εἶναι

3 9b ἀλλ' οὐ προκόψουσιν ἐπὶ πλεῖον

4 3 οὐκ ἀνέξονται, ἀλλὰ ... ἐπισωρεύσουσιν

4 8a οὐ μόνον δὲ ἐμοὶ ἀλλὰ καὶ πᾶσι

4 16 οὐδείς μοι παρεγένετο (συμπαρ. VSς), ἀλλὰ πάντες με ἐγκατέλιπον (-λειπον H)

Tt 1 8 ⟨μὴ αἰσχροκερδῆ⟩ ἀλλὰ φιλόξενον, φιλάγαθον

1 15 οὐδὲν καθαρόν, ἀλλὰ μεμίανται... ὁ νοῦς καὶ ἡ συνείδησις

2 10 μὴ νοσφιζομένους, ἀλλὰ πᾶσαν πίστιν ἐνδεικνυμένους

3 5 οὐκ ἐξ ἔργων ... ἀλλὰ κατὰ τὸ αὐτοῦ ἔλεος

Phm 14 ἵνα μὴ ὡς κατὰ ἀνάγκην ... ᾖ ἀλλὰ κατὰ ἑκούσιον

16 οὐκέτι ὡς δοῦλον ἀλλ' ὑπὲρ δοῦλον

Hb 2 16 οὐ γὰρ δήπου ἀγγέλων ἐπιλαμβάνεται, ἀλλὰ σπέρματος 'Αβραὰμ ἐπιλαμβάνεται

3 13 ⟨βλέπετε, ἀδελφοί, μήποτε ἔσται⟩ ἀλλὰ παρακαλεῖτε ἑαυτούς

3 16b τίνες ... παρεπίκραναν; ἀλλ' οὐ πάντες οἱ ἐξελθόντες ἐξ Αἰγύπτου διὰ Μωϋσέως;

4 2b ⟨φοβηθῶμεν οὖν μήποτε ... δοκῇ⟩ ἀλλ' οὐκ ὠφέλησεν ὁ λόγος

Hb 5 4 οὐχ ἑαυτῷ τις λαμβάνει τὴν τιμήν, ἀλλὰ καλούμενος

5 5 ὁ Χριστὸς οὐχ ἑαυτὸν ἐδόξασεν... ἀλλ' ὁ λαλήσας πρὸς αὐτόν

7 16 ὃς οὐ κατὰ νόμον ἐντολῆς σαρκίνης γέγονεν ἀλλὰ κατὰ δύναμιν ζωῆς

9 24 οὐ ... εἰσῆλθεν ... ἀλλ' εἰς αὐτὸν τὸν οὐρανόν

10 3 ⟨ἐπεὶ οὐκ ἂν ἐπαύσαντο προσφερόμεναι⟩ ἀλλ' ἐν αὐταῖς ἀνάμνησις ἁμαρτιῶν κατ' ἐνιαυτόν

10 25 μὴ ἐγκαταλείποντες ... ἀλλὰ παρακαλοῦντες

10 39 οὐκ ἐσμὲν ὑποστολῆς εἰς ἀπώλειαν, ἀλλὰ πίστεως

11 13 μὴ λαβόντες (N26ς; κομισάμενοι rl) τὰς ἐπαγγελίας, ἀλλὰ πόρρωθεν αὐτὰς ἰδόντες

12 11 πᾶσα δὲ (μὲν NMBSTH) παιδεία ... οὐ δοκεῖ χαρᾶς εἶναι ἀλλὰ λύπης

12 22 ⟨οὐ γὰρ προσεληλύθατε⟩ ἀλλὰ προσεληλύθατε Σιὼν ὄρει καὶ πόλει θεοῦ ζῶντος

12 26a ἐγὼ σείσω (σείω Sς) οὐ μόνον τὴν γῆν ἀλλὰ καὶ τὸν οὐρανόν

13 14 οὐ γὰρ ἔχομεν ὧδε μένουσαν πόλιν, ἀλλὰ τὴν μέλλουσαν ἐπιζητοῦμεν

Jc 1 25 οὐκ ἀκροατὴς ἐπιλησμονῆς γενόμενος ἀλλὰ ποιητὴς ἔργου

1 26 μὴ χαλιναγωγῶν γλῶσσαν αὐτοῦ (ἑαυτοῦ NH) ἀλλὰ ἀπατῶν καρδίαν αὐτοῦ (ἑαυτοῦ NH)

2 18 ἀλλ' ἐρεῖ τις

3 15 οὐκ ἔστιν αὕτη ἡ σοφία ἄνωθεν κατερχομένη, ἀλλὰ ἐπίγειος

4 11 οὐκ εἰ ποιητὴς νόμου ἀλλὰ κριτής

1 Pt 1 15 ⟨μὴ συσχηματιζόμενοι⟩ ἀλλὰ ... καὶ αὐτοὶ ἅγιοι ... γενήθητε

1 19 ⟨οὐ φθαρτοῖς⟩ ἀλλὰ τιμίῳ αἵματι

1 23 ἀναγεγεννημένοι οὐκ ἐκ σπορᾶς φθαρτῆς ἀλλὰ ἀφθάρτου

2 16 ὡς ἐπικάλυμμα ἔχοντες ... τὴν ἐλευθερίαν, ἀλλ' ὡς θεοῦ δοῦλοι

2 18a οὐ μόνον τοῖς ἀγαθοῖς καὶ ἐπιεικέσιν ἀλλὰ καὶ τοῖς σκολιοῖς

2 20 ποῖον γὰρ κλέος εἰ ... κολαφιζόμενοι ὑπομενεῖτε; ἀλλ' εἰ ἀγαθοποιοῦντες ... ὑπομενεῖτε

2 25 ἦτε γὰρ ὡς πρόβατα πλανώμενοι, ἀλλὰ ἐπεστράφητε νῦν

3 4 ⟨οὐχ ὁ ἔξωθεν⟩ ἀλλ' ὁ κρυπτὸς τῆς καρδίας ἄνθρωπος

3 14 ἀλλ' εἰ καὶ πάσχοιτε διὰ δικαιοσύνην, μακάριοι

3 16 ⟨ἕτοιμοι ἀεὶ πρὸς ἀπολογίαν⟩ ἀλλὰ (—ς) μετὰ πραΰτητος

3 21 οὐ σαρκὸς ἀπόθεσις ῥύπου ἀλλὰ συνειδήσεως ἀγαθῆς ἐπερώτημα

4 2 εἰς τὸ μηκέτι ἀνθρώπων ἐπιθυμίαις ἀλλὰ θελήματι θεοῦ...βιῶσαι

4 13 ⟨μὴ ξενίζεσθε⟩ ἀλλὰ καθὸ κοινωνεῖτε ... χαίρετε

5 2 ποιμάνατε ... μὴ ἀναγκαστῶς ἀλλὰ ἑκουσίως | κατὰ θεόν (—Hς), ↔

5 2 μηδὲ αἰσχροκερδῶς ἀλλὰ προθύμως, ↔

5 3 μηδ' ὡς κατακυριεύοντες τῶν κλήρων ἀλλὰ τύποι γινόμενοι

2 Pt 1 16 οὐ ... μύθοις ἐξακολουθήσαντες ἐγνωρίσαμεν ὑμῖν ... παρουσίαν, ἀλλ' ἐπόπται γενηθέντες

1 21 οὐ γὰρ θελήματι ἀνθρώπου ἠνέχθη ... ἀλλὰ ὑπὸ πνεύματος ἁγίου φερόμενοι

2 Pt 2 4 εἰ ... οὐκ ἐφείσατο, ἀλλὰ σειραῖς (N26 Sς; σιροῖς rl) ταρταρώσας παρέδωκεν

2 5 οὐκ ἐφείσατο, ἀλλὰ ὄγδοον Νῶε ... ἐφύλαξεν

3 9 οὐ βραδύνει κύριος ... ἀλλὰ μακροθυμεῖ εἰς ὑμᾶς, ↔

3 9 μὴ βουλόμενός τινας ἀπολέσθαι ἀλλὰ πάντας ... χωρῆσαι

1Jo 2 2a οὐ ... μόνον ἀλλὰ καὶ περὶ ὅλου τοῦ κόσμου

2 7 οὐκ ἐντολὴν καινὴν γράφω ὑμῖν, ἀλλ' ἐντολὴν παλαιάν

2 16 οὐκ ἔστιν ἐκ τοῦ πατρός, ἀλλ' ἐκ τοῦ κόσμου ἐστίν

2 19b ἐξ ἡμῶν ἐξῆλθαν, ἀλλ' οὐκ ἦσαν ἐξ ἡμῶν

2 19c ἀλλ' ἵνα φανερωθῶσιν ὅτι οὐκ εἰσίν

2 21 ὅτι οὐκ οἴδατε τὴν ἀλήθειαν, ἀλλ' ὅτι οἴδατε αὐτήν

2 27 οὐ χρείαν ἔχετε ἵνα τις διδάσκῃ ὑμᾶς· ἀλλ' ὡς τὸ αὐτοῦ χρῖσμα διδάσκει ὑμᾶς

3 18 μὴ ἀγαπῶμεν λόγῳ μηδὲ τῇ γλώσσῃ, ἀλλὰ ἐν ἔργῳ

4 1 μὴ παντὶ πνεύματι πιστεύετε, ἀλλὰ δοκιμάζετε τὰ πνεύματα

4 10 οὐχ ὅτι ἡμεῖς ἠγαπήκαμεν (-σαμεν MVBSTς) τὸν θεόν, ἀλλ' ὅτι αὐτὸς ἠγάπησεν ἡμᾶς

4 18 ⟨φόβος οὐκ ἔστιν⟩ ἀλλ' ἡ τελεία ἀγάπη ἔξω βάλλει τὸν φόβον

5 6 οὐκ ἐν τῷ ὕδατι μόνον, ἀλλ' ἐν τῷ ὕδατι καὶ ἐν τῷ αἵματι

5 18 ὅτι ... οὐχ ἁμαρτάνει, ἀλλ' ὁ γεννηθεὶς ... τηρεῖ

2Jo 1a καὶ οὐκ ἐγὼ μόνος ἀλλὰ καὶ πάντες

5 οὐχ ... | καινὴν γράφων σοι (~ N MVBSHς), ἀλλὰ ἣν εἴχομεν

8 ἵνα μὴ ἀπολέσητε ... ἀλλὰ μισθὸν πλήρη ἀπολάβητε

12 γράφειν οὐκ ἐβουλήθην ... ἀλλὰ ἐλπίζω γενέσθαι πρὸς ὑμᾶς

3Jo 9 ἔγραψά τι τῇ ἐκκλησίᾳ· ἀλλ' ὁ φιλοπρωτεύων ... οὐκ ἐπιδέχεται

11 μὴ μιμοῦ τὸ κακὸν ἀλλὰ τὸ ἀγαθόν

13 b πολλὰ εἶχον γράψαι σοι, ἀλλ' οὐ θέλω ... γράφειν

Jd 6 μὴ τηρήσαντας τὴν ἑαυτῶν ἀρχὴν ἀλλὰ ἀπολιπόντας

9 οὐκ ἐτόλμησεν κρίσιν ἐπενεγκεῖν βλασφημίας, ἀλλὰ εἶπεν

Ap 2 4 ⟨καὶ οὐ κεκοπίακες⟩ ἀλλὰ ἔχω κατὰ σοῦ

2 6 ἀλλὰ τοῦτο ἔχεις, ὅτι μισεῖς τὰ ἔργα τῶν Νικολαϊτῶν

2 9 | ἀλλὰ πλούσιος (πλ. δὲ ς) εἶ

2 9 καὶ οὐκ εἰσὶν ἀλλὰ συναγωγὴ τοῦ σατανᾶ

2 14 ⟨καὶ οὐκ ἠρνήσω⟩ ἀλλ' ἔχω κατὰ σοῦ ὀλίγα

2 20 ⟨οἶδά σου τὰ ἔργα⟩ ἀλλὰ ἔχω κατὰ σοῦ

3 4 ἀλλὰ (—ς) | ἔχεις ὀλίγα (~T) ὀνόματα ἐν Σάρδεσιν

3 9 οὐκ εἰσὶν ἀλλὰ ψεύδονται

9 5c ἵνα μὴ ἀποκτείνωσιν αὐτούς, ἀλλ' ἵνα βασανισθήσονται

10 7 ⟨χρόνος οὐκέτι ἔσται⟩ ἀλλ' ἐν ταῖς ἡμέραις

10 9 πικρανεῖ σου τὴν κοιλίαν, ἀλλ' ἐν τῷ στόματί σου ἔσται γλυκύ

Ap 17 12 βασιλείαν οὔπω ἔλαβον, ἀλλὰ
ἐξουσίαν ὡς βασιλεῖς μίαν ὥραν
λαμβάνουσιν

20 6 ἐπὶ τούτων ὁ δεύτερος θάνατος
οὐκ ἔχει ἐξουσίαν, ἀλλ᾽ ἔσονται
ἱερεῖς τοῦ θεοῦ

ἀλλάσσω

ἀπ-   δι-   μετ-
ἀποκατ-   κατ-   συν-

Ac 6 14 ὅτι Ἰησοῦς ... ἀλλάξει τὰ ἔθη ἃ
παρέδωκεν ἡμῖν Μωϋσῆς

Rm 1 23 ἤλλαξαν τὴν δόξαν τοῦ ἀφθάρτου
θεοῦ ἐν ὁμοιώματι εἰκόνος φθαρτοῦ
ἀνθρώπου

1C 15 51 πάντες (+μὲν MVSϛ) οὐ κοιμηθη-
σόμεθα, πάντες δὲ ἀλλαγησόμεθα

15 52 οἱ νεκροὶ ἐγερθήσονται ἄφθαρτοι,
καὶ ἡμεῖς ἀλλαγησόμεθα

G 4 20 ἤθελον δὲ παρεῖναι πρὸς ὑμᾶς ἄρτι
καὶ ἀλλάξαι τὴν φωνήν μου

Hb 1 12 *καὶ ὡσεὶ περιβόλαιον ἀλλάξεις
(T; ἑλίξεις rl) αὐτούς, ↔

1 12 | ὡς ἱμάτιον ([S]; —Tϛ) καὶ ἀλλα-
γήσονται

ἀλλαχόθεν

Jo 10 1 ὁ μὴ εἰσερχόμενος διὰ τῆς θύρας ...
ἀλλὰ ἀναβαίνων ἀλλαχόθεν

ἀλλαχοῦ

Mc 1 38 ἄγωμεν ἀλλαχοῦ (—ϛ) εἰς τὰς
ἐχομένας κωμοπόλεις

ἀλληγορέω

G 4 24 ἅτινά ἐστιν ἀλληγορούμενα· αὗ-
ται γάρ εἰσιν δύο διαθῆκαι

ἀλληλουϊά

ἀλληλούϊα VSTϛ
ἀλληλούϊα M
ἀλληλουϊά H

Ap 19 1 ἤκουσα ὡς φωνὴν μεγάλην ὄχλου
πολλοῦ ἐν τῷ οὐρανῷ λεγόντων·
ἀλληλουϊά

19 3 δεύτερον εἴρηκαν· ἀλληλουϊά

19 4 προσεκύνησαν ... λέγοντες· ἀμὴν
ἀλληλουϊά

19 6 ἤκουσα ... ὡς φωνὴν βροντῶν
ἰσχυρῶν, λεγόντων· ἀλληλουϊά

ἀλλήλων

ᵃ πρὸς ἀλλήλους
ᵇ εἰς ἀλλήλους
ᶜ μετ᾽ ἀλλήλων

Mt 24 10 καὶ ἀλλήλους παραδώσουσιν ↔

24 10 καὶ μισήσουσιν ἀλλήλους

25 32 ἀφορίσει (-ριεῖ Vϛ) αὐτοὺς ἀπ᾽
ἀλλήλων

Mc 4 41ᵃ καὶ ἔλεγον πρὸς ἀλλήλους

8 16ᵃ διελογίζοντο πρὸς ἀλλήλους (+
λέγοντες Vϛ)

9 34ᵃ πρὸς ἀλλήλους γὰρ διελέχθησαν

9 50 εἰρηνεύετε ἐν ἀλλήλοις

15 31ᵃ οἱ ἀρχιερεῖς ἐμπαίζοντες πρὸς ἀλ-
λήλους μετὰ τῶν γραμματέων

Lc 2 15ᵃ οἱ ποιμένες ἐλάλουν (εἶπον VSϛ)
πρὸς ἀλλήλους

4 36ᵃ συνελάλουν πρὸς ἀλλήλους λέγον-
τες

6 11ᵃ διελάλουν πρὸς ἀλλήλους τί ἂν
ποιήσειαν τῷ Ἰησοῦ

7 32 ὅμοιοί εἰσιν παιδίοις τοῖς ...
προσφωνοῦσιν ἀλλήλοις

8 25ᵃ ἐθαύμασαν, | λέγοντες πρὸς ἀλλή-
λους (~S)

12 1 ὥστε καταπατεῖν ἀλλήλους

20 14ᵃ οἱ γεωργοὶ διελογίζοντο πρὸς ἀλ-
λήλους (ἑαυτούς ϛ)

23 12ᶜ ἐγένοντο δὲ φίλοι ὅ τε Ἡρῴδης
καὶ ὁ Πιλᾶτος ... μετ᾽ ἀλλήλων

Lc 24 14ᵃ αὐτοὶ ὡμίλουν πρὸς ἀλλήλους πε-
ρὶ πάντων τῶν συμβεβηκότων
τούτων

24 17ᵃ τίνες οἱ λόγοι οὗτοι οὓς ἀντιβάλ-
λετε πρὸς ἀλλήλους περιπατοῦν-
τες;

24 32ᵃ καὶ εἶπαν πρὸς ἀλλήλους

Jo 4 33ᵃ ἔλεγον οὖν οἱ μαθηταὶ πρὸς ἀλλή-
λους

5 44 δόξαν παρὰ ἀλλήλων λαμβάνοντες

6 43ᶜ μὴ γογγύζετε μετ᾽ ἀλλήλων

6 52ᵃ ἐμάχοντο οὖν πρὸς ἀλλήλους οἱ
Ἰουδαῖοι

11 56ᶜ ἔλεγον μετ᾽ ἀλλήλων ἐν τῷ ἱερῷ
ἑστηκότες

13 14 ὑμεῖς ὀφείλετε ἀλλήλων νίπτειν
τοὺς πόδας

13 22ᵇ ἔβλεπον (+οὖν MVBSϛ) εἰς ἀλλή-
λους οἱ μαθηταί

13 34 ἐντολὴν καινὴν δίδωμι ὑμῖν, ἵνα
ἀγαπᾶτε ἀλλήλους

13 34 ἵνα καὶ ὑμεῖς ἀγαπᾶτε ἀλλήλους

13 35 ἐὰν ἀγάπην ἔχητε ἐν ἀλλήλοις

15 12 ἵνα ἀγαπᾶτε ἀλλήλους καθὼς
ἠγάπησα ὑμᾶς

15 17 ἵνα ἀγαπᾶτε ἀλλήλους

16 17ᵃ εἶπαν οὖν ἐκ τῶν μαθητῶν αὐτοῦ
πρὸς ἀλλήλους

16 19ᶜ περὶ τούτου ζητεῖτε μετ᾽ ἀλλήλων
⟨;⟩

19 24ᵃ εἶπαν οὖν πρὸς ἀλλήλους

Ac 2 7ᵃ *ἐθαύμαζον λέγοντες | πρὸς ἀλλή-
λους (+ϛ)

4 15ᵃ συνέβαλλον πρὸς ἀλλήλους ⟨λέ-
γοντες⟩

7 26 ἀδελφοί ἐστε· ἱνατί ἀδικεῖτε ἀλλή-
λους;

15 39 ὥστε ἀποχωρισθῆναι αὐτοὺς ἀπ᾽
ἀλλήλων

19 38 ἀγοραῖοι ἄγονται ... ἐγκαλείτω-
σαν ἀλλήλοις

21 6 ἀπησπασάμεθα ἀλλήλους, καὶ
ἀνέβημεν (ἑνε. NMH)

26 31ᵃ ἀναχωρήσαντες ἐλάλουν πρὸς ἀλ-
λήλους λέγοντες

28 4ᵃ ὡς δὲ εἶδον οἱ βάρβαροι ... πρὸς
ἀλλήλους ἔλεγον

28 25ᵃ ἀσύμφωνοι δὲ (τε T) ὄντες πρὸς
ἀλλήλους ἀπελύοντο

Rm 1 12 διὰ τῆς ἐν ἀλλήλοις πίστεως
ὑμῶν τε καὶ ἐμοῦ

1 27ᵇ ὁμοίως τε καὶ οἱ ἄρσενες ... ἐξε-
καύθησαν ... εἰς ἀλλήλους

2 15 καὶ μεταξὺ ἀλλήλων τῶν λο-
γισμῶν κατηγορούντων

12 5 ἓν σῶμά ἐσμεν ἐν Χριστῷ, τὸ δὲ
καθ᾽ εἷς ἀλλήλων μέλη

12 10ᵇ τῇ φιλαδελφίᾳ εἰς ἀλλήλους φι-
λόστοργοι, ↔

12 10 τῇ τιμῇ ἀλλήλους προηγούμενοι

12 16ᵇ τὸ αὐτὸ εἰς ἀλλήλους φρονοῦντες

13 8 μηδενὶ μηδὲν ὀφείλετε, εἰ μὴ τὸ
ἀλλήλους ἀγαπᾶν

14 13 μηκέτι οὖν ἀλλήλους κρίνωμεν

14 19ᵇ τὰ τῆς οἰκοδομῆς τῆς εἰς ἀλλήλους

15 5 τὸ αὐτὸ φρονεῖν ἐν ἀλλήλοις κατὰ
Χριστὸν Ἰησοῦν

15 7 διὸ προσλαμβάνεσθε ἀλλήλους

15 14 δυνάμενοι καὶ ἀλλήλους νουθετεῖν

16 16 ἀσπάσασθε ἀλλήλους ἐν φιλήματι
ἁγίῳ

1C 7 5 μὴ ἀποστερεῖτε ἀλλήλους, εἰ μήτι
ἂν [H] ἐκ συμφώνου

11 33 συνερχόμενοι εἰς τὸ φαγεῖν ἀλλή-
λους ἐκδέχεσθε

1C 12 25 τὸ αὐτὸ ὑπὲρ ἀλλήλων μεριμνῶ-
σιν τὰ μέλη

16 20 ἀσπάσασθε ἀλλήλους ἐν φιλήματι
ἁγίῳ

2C 13 12 ἀσπάσασθε ἀλλήλους ἐν ἁγίῳ φι-
λήματι

G 5 13 ἀλλὰ διὰ τῆς ἀγάπης δουλεύετε
ἀλλήλοις

5 15 εἰ δὲ ἀλλήλους δάκνετε καὶ κατ-
εσθίετε, ↔

5 15 βλέπετε μὴ ὑπ᾽ ἀλλήλων ἀναλω-
θῆτε

5 17 πνεῦμα κατὰ τῆς σαρκός, ταῦτα
γὰρ (δὲ Sϛ) ἀλλήλοις ἀντίκειται

5 26 μὴ γινώμεθα κενόδοξοι, ἀλλήλους
προκαλούμενοι, ↔

5 26 ἀλλήλοις φθονοῦντες

6 2 ἀλλήλων τὰ βάρη βαστάζετε

E 4 2 ἀνεχόμενοι ἀλλήλων ἐν ἀγάπῃ

4 25 ὅτι ἐσμὲν ἀλλήλων μέλη

4 32ᵇ γίνεσθε δὲ [N²⁶H] εἰς ἀλλήλους
χρηστοί

5 21 ὑποτασσόμενοι ἀλλήλοις ἐν φόβῳ
Χριστοῦ

Ph 2 3 ἀλλὰ τῇ ταπεινοφροσύνῃ ἀλλή-
λους ἡγούμενοι ὑπερέχοντας ἑαυ-
τῶν

Cl 3 9ᵇ μὴ ψεύδεσθε εἰς ἀλλήλους

3 13 ἀνεχόμενοι ἀλλήλων καὶ χαριζό-
μενοι ἑαυτοῖς

1Th 3 12ᵇ περισσεῦσαι τῇ ἀγάπῃ εἰς ἀλλή-
λους καὶ εἰς πάντας

4 9 θεοδίδακτοί ἐστε εἰς τὸ ἀγαπᾶν
ἀλλήλους

4 18 ὥστε παρακαλεῖτε ἀλλήλους ἐν
τοῖς λόγοις τούτοις

5 11 διὸ παρακαλεῖτε ἀλλήλους καὶ
οἰκοδομεῖτε

5 15ᵇ τὸ ἀγαθὸν διώκετε καὶ ([N²⁶S];
—NMTH) εἰς ἀλλήλους καὶ εἰς
πάντας

2Th 1 3ᵇ πλεονάζει ἡ ἀγάπη ἑνὸς ἑκάστου
πάντων ὑμῶν εἰς ἀλλήλους

Tt 3 3 ἦμεν ... στυγητοί, μισοῦντες ἀλ-
λήλους

Hb 10 24 καὶ κατανοῶμεν ἀλλήλους εἰς παρ-
οξυσμὸν ἀγάπης

Jc 4 11 μὴ καταλαλεῖτε ἀλλήλων, ἀδελφοί

5 9 μὴ στενάζετε, | ἀδελφοί, κατ᾽ ἀλ-
λήλων (~Tϛ)

5 16 ἐξομολογεῖσθε οὖν ἀλλήλοις τὰς
ἁμαρτίας, ↔

5 16 καὶ εὔχεσθε (προσ. NH) ὑπὲρ
ἀλλήλων

1Pt 1 22 ἐκ καθαρᾶς ([N²⁶]; — NBTHϛ)
καρδίας ἀλλήλους ἀγαπήσατε

4 9ᵇ φιλόξενοι εἰς ἀλλήλους ἄνευ γογ-
γυσμοῦ

5 5 πάντες δὲ ἀλλήλοις τὴν ταπεινο-
φροσύνην ἐγκομβώσασθε

5 14 ἀσπάσασθε ἀλλήλους ἐν φιλήματι
ἀγάπης

1Jo 1 7ᶜ κοινωνίαν ἔχομεν μετ᾽ ἀλλήλων

3 11 ἵνα ἀγαπῶμεν ἀλλήλους

3 23 ἵνα ... ἀγαπῶμεν ἀλλήλους κα-
θὼς ἔδωκεν ἐντολήν

4 7 ἀγαπητοί, ἀγαπῶμεν ἀλλήλους,
ὅτι ἡ ἀγάπη ... ἐστίν

4 11 καὶ ἡμεῖς ὀφείλομεν ἀλλήλους ἀγα-
πᾶν

4 12 ἐὰν ἀγαπῶμεν ἀλλήλους, ὁ θεὸς ἐν
ἡμῖν μένει

2Jo 5 ἵνα ἀγαπῶμεν ἀλλήλους

Ap   6 4 ἵνα ἀλλήλους σφάξουσιν
    11 10 καὶ δῶρα πέμψουσιν (πεμπ. Τ) ἀλλήλοις

ἀλλογενής

Lc 17 18 οὐχ εὑρέθησαν ὑποστρέψαντες δοῦναι δόξαν τῷ θεῷ εἰ μὴ ὁ ἀλλογενὴς οὗτος;

ἄλλομαι
ἐξ-   ἐφ-

Jo   4 14 πηγὴ ὕδατος ἁλλομένου εἰς ζωὴν αἰώνιον

Ac   3 8 εἰσῆλθεν σὺν αὐτοῖς ... περιπατῶν καὶ ἁλλόμενος
    14 10 καὶ ἥλατο (ἥλλετο ς) καὶ περιεπάτει

ἄλλος
→ ἄλλως
ᵃ ἄλλος δέ, ἄλλοι δέ
ᵇ ὁ ἄλλος, οἱ ἄλλοι
ᶜ ἄλλος τις, ἄλλο τι

Mt   2 12 δι᾽ ἄλλης ὁδοῦ ἀνεχώρησαν εἰς τὴν χώραν αὐτῶν
    4 21 εἶδεν ἄλλους δύο ἀδελφούς, Ἰάκωβον ... καὶ Ἰωάννην
    5 39ᵇ στρέψον αὐτῷ καὶ τὴν ἄλλην
    8 9 λέγω ... ἄλλῳˑ ἔρχου, καὶ ἔρχεται
    10 23ᵇ * φεύγετε εἰς τὴν ἄλλην (ς; ἑτέραν rl)
    10 23ᵇ * | φεύγετε εἰς τὴν ἄλλην (.. +B)
    12 13ᵇ καὶ ἀπεκατεστάθη ὑγιὴς ὡς ἡ ἄλλη
    13 5ᵃ ἄλλα δὲ ἔπεσεν ἐπὶ τὰ πετρώδη
    13 7ᵃ ἄλλα δὲ ἔπεσεν ἐπὶ τὰς ἀκάνθας
    13 8ᵃ ἄλλα δὲ ἔπεσεν ἐπὶ τὴν γῆν τὴν καλήν
    13 24 ἄλλην παραβολὴν παρέθηκεν αὐτοῖς
    13 31 ἄλλην παραβολὴν παρέθηκεν αὐτοῖς
    13 33 ἄλλην παραβολὴν | ἐλάλησεν αὐτοῖς [H]
    16 14ᵃ εἶπανˑ οἱ μὲν Ἰωάννην τὸν βαπτιστήν, ἄλλοι δὲ Ἠλίαν
    19 9 ὃς ἂν ... γαμήσῃ ἄλλην, μοιχᾶται
    20 3 εἶδεν ἄλλους ἑστῶτας ἐν τῇ ἀγορᾷ ἀργούς
    20 6 εὗρεν ἄλλους ἑστῶτας
    21 8ᵃ ἄλλοι δὲ ἔκοπτον κλάδους ἀπὸ τῶν δένδρων
    21 33 ἄλλην παραβολὴν ἀκούσατε
    21 36 πάλιν ἀπέστειλεν ἄλλους δούλους πλείονας τῶν πρώτων
    21 41 καὶ τὸν ἀμπελῶνα ἐκδώσεται ἄλλοις γεωργοῖς
    22 4 πάλιν ἀπέστειλεν ἄλλους δούλους λέγων
    25 16 ἐκέρδησεν (ἐποίησεν VSTς) ἄλλα πέντε (+τάλαντα Τς)
    25 17 ὁ τὰ δύο ἐκέρδησεν (+καὶ αὐτὸς MVSς) ἄλλα δύο
    25 20 προσήνεγκεν ἄλλα πέντε τάλαντα
    25 20 ἄλλα πέντε τάλαντα ἐκέρδησα (+ἐπ᾽ αὐτοῖς Vς)
    25 22 ἄλλα δύο τάλαντα ἐκέρδησα (+ἐπ᾽ αὐτοῖς Vς)
    26 71 ⟨μία παιδίσκη⟩ εἶδεν αὐτὸν ἄλλη
    27 42 ἄλλους ἔσωσεν, ἑαυτὸν οὐ δύναται σῶσαι
    27 49ᵃ * | ἄλλος δὲ λαβὼν λόγχην [+S H..]
    27 61ᵇ ἦν δὲ ἐκεῖ ... ἡ ἄλλη Μαρία
    28 1ᵇ ἦλθεν ... ἡ ἄλλη Μαρία

Mc   3 5ᵇ * ἀπεκατεστάθη ἡ χεὶρ αὐτοῦ | ὑγιὴς ὡς ἡ ἄλλη (+ς)
    4 5 καὶ ἄλλο ἔπεσεν ἐπὶ τὸ πετρῶδες
    4 7 καὶ ἄλλο ἔπεσεν εἰς τὰς ἀκάνθας

Mc   4 8 καὶ ἄλλα (ἄλλο VSς) ἔπεσεν εἰς τὴν γῆν τὴν καλήν
    4 18 καὶ ἄλλοι (οὗτοι ς) εἰσὶν οἱ εἰς (ἐπὶ ST) τὰς ἀκάνθας σπειρόμενοι
    4 36ᵃ καὶ ἄλλα (+δὲ VTς) πλοῖα (πλοιάρια Vς) ἦν (ἦσαν Τ) μετ᾽ αὐτοῦ
    6 15ᵃ ἄλλοι δὲ ἔλεγον ὅτι Ἠλίας ἐστίν
    6 15ᵃ ἄλλοι δὲ ἔλεγον ὅτι προφήτης ὡς εἷς τῶν προφητῶν
    7 4 καὶ ἄλλα πολλά ἐστιν ἃ παρέλαβον κρατεῖν
    7 8 * | καὶ ἄλλα παρόμοια τοιαῦτα πολλὰ ποιεῖτε (..+[M]VSς)
    8 28 οἱ δὲ εἶπαν (ἀπεκρίθησαν Sς)... Ἰωάννην τὸν βαπτιστήν, καὶ ἄλλοι Ἠλίαν, ↔
    8 28ᵃ ἄλλοι δὲ ὅτι εἷς τῶν προφητῶν
    10 11 ὃς ἂν ἀπολύσῃ τὴν γυναῖκα αὐτοῦ καὶ γαμήσῃ ἄλλην
    10 12 ἐὰν αὐτὴ (γυνὴ VBς) | ἀπολύσασα τὸν ἄνδρα αὐτῆς γαμήσῃ ἄλλον (ἀπολύσῃ τ. ἄ. αὐ. καὶ γαμηθῇ ἄλλῳ Vς), μοιχᾶται
    11 8ᵃ καὶ πολλοὶ ... ἔστρωσαν ... ἄλλοι δὲ στιβάδας κόψαντες
    12 4 καὶ πάλιν ἀπέστειλεν πρὸς αὐτοὺς ἄλλον δοῦλον
    12 5 καὶ ἄλλον ἀπέστειλεν
    12 5 καὶ πολλοὺς ἄλλους, οὓς μὲν δέροντες, οὓς δὲ ἀποκτέννοντες
    12 9 καὶ δώσει τὸν ἀμπελῶνα ἄλλοις
    12 31 μείζων τούτων ἄλλη ἐντολὴ οὐκ ἔστιν
    12 32 ὅτι εἷς ἐστιν καὶ οὐκ ἔστιν ἄλλος πλὴν αὐτοῦ
    14 19 * ἤρξαντο ... λέγειν αὐτῷ εἷς κατὰ εἷςˑ μήτι ἐγώ; | καὶ ἄλλοςˑ μήτι ἐγώ; (+VBSς)
    14 58 καὶ διὰ τριῶν ἡμερῶν ἄλλον ἀχειροποίητον οἰκοδομήσω
    15 31 ἄλλους ἔσωσεν, ἑαυτὸν οὐ δύναται σῶσαι
    15 41 καὶ ἄλλαι πολλαὶ αἱ συναναβᾶσαι αὐτῷ

Lc   5 29 ἦν ὄχλος πολὺς τελωνῶν καὶ ἄλλων
    6 10ᵇ * ἀπεκατεστάθη ἡ χεὶρ αὐτοῦ | ὑγιὴς ὡς ἡ ἄλλη (+ς)
    6 29ᵇ τῷ τύπτοντί σε ἐπὶ (εἰς Τ) τὴν σιαγόνα πάρεχε καὶ τὴν ἄλλην
    7 8 λέγω τούτῳ ˑ πορεύθητι ... καὶ ἄλλῳˑ ἔρχου, καὶ ἔρχεται
    7 19 σὺ εἶ ὁ ἐρχόμενος, ἢ ἄλλον (ἕτερον Η) προσδοκῶμεν;
    7 20 σὺ εἶ ὁ ἐρχόμενος, ἢ ἄλλον προσδοκῶμεν;
    9 8ᵃ ⟨διὰ τὸ λέγεσθαι ὑπό τινων⟩ ὑπὸ ... ἄλλων δὲ ὅτι προφήτης... ἀνέστη
    9 19ᵃ ἄλλοι δὲ Ἠλίαν, ↔
    9 19ᵃ ἄλλοι δὲ ὅτι προφήτης ... ἀνέστη
    20 16 καὶ δώσει τὸν ἀμπελῶνα ἄλλοις
    22 59ᶜ διαστάσης ὡσεὶ ὥρας μιᾶς ἄλλος τις διισχυρίζετο
    23 35 ἄλλους ἔσωσεν, σωσάτω ἑαυτόν

Jo   4 37 ὅτι ἄλλος ἐστὶν ὁ σπείρων ↔
    4 37 καὶ ἄλλος ὁ θερίζων
    4 38 ἄλλοι κεκοπιάκασιν, καὶ ὑμεῖς εἰς τὸν κόπον αὐτῶν εἰσεληλύθατε
    5 7 ἄλλος πρὸ ἐμοῦ καταβαίνει
    5 32 ἄλλος ἐστὶν ὁ μαρτυρῶν περὶ ἐμοῦ
    5 43 ἐὰν ἄλλος ἔλθῃ ἐν τῷ ὀνόματι τῷ ἰδίῳ
    6 22 εἶδον ὅτι πλοιάριον ἄλλο οὐκ ἦν ἐκεῖ εἰ μὴ ἕν

Jo   6 23 ἄλλα (ἀλλὰ Η) ἦλθεν (-θον ST) πλοιάρια (πλοι[άρι]α N²⁶; πλοῖα Η) ἐκ Τιβεριάδος
    7 12ᵃ ἄλλοι δὲ ([NVH]; —Τ) ἔλεγον ˑ οὔ
    7 41 ἄλλοι ἔλεγονˑ οὗτός ἐστιν ὁ χριστός
    9 9 ἄλλοι ἔλεγον ὅτι οὗτός ἐστινˑ ↔
    9 9ᵃ ἄλλοι (+δὲ [S]Vς) ἔλεγονˑ οὐχί
    9 16ᵃ ἄλλοι δὲ ([N²⁶NVH]; —MTς) ἔλεγον
    10 16 καὶ ἄλλα πρόβατα ἔχω
    10 21 ⟨ἔλεγον δὲ πολλοὶ ... τί αὐτοῦ ἀκούετε;⟩ ἄλλοι ἔλεγον
    12 29 ἄλλοι ἔλεγονˑ ἄγγελος αὐτῷ λελάληκεν
    14 16 καὶ ἄλλον παράκλητον δώσει ὑμῖν
    15 24 τὰ ἔργα ... ἃ οὐδεὶς ἄλλος ἐποίησεν
    18 15ᵇ ἠκολούθει ... Σίμων Πέτρος καὶ (+ὁ Vς) ἄλλος μαθητής
    18 16ᵇ ἐξῆλθεν οὖν ὁ μαθητὴς ὁ ἄλλος
    18 34 ἢ ἄλλοι | εἶπόν σοι (~VBSTς) περὶ ἐμοῦ;
    19 18 ὅπου αὐτὸν ἐσταύρωσαν, καὶ μετ᾽ αὐτοῦ ἄλλους δύο
    19 32ᵇ κατέαξαν τὰ σκέλη καὶ τοῦ ἄλλου τοῦ συσταυρωθέντος αὐτῷ
    20 2ᵇ ἔρχεται ... πρὸς τὸν ἄλλον μαθητήν
    20 3ᵇ ἐξῆλθεν οὖν ὁ Πέτρος καὶ ὁ ἄλλος μαθητής
    20 4ᵇ ὁ ἄλλος μαθητὴς προέδραμεν
    20 8ᵇ εἰσῆλθεν καὶ ὁ ἄλλος μαθητής
    20 25ᵇ ἔλεγον οὖν αὐτῷ οἱ ἄλλοι μαθηταί
    20 30 πολλὰ ... καὶ ἄλλα σημεῖα ἐποίησεν
    21 2 ἦσαν ὁμοῦ ... οἱ τοῦ Ζεβεδαίου καὶ ἄλλοι ἐκ τῶν μαθητῶν
    21 8ᵇ οἱ δὲ ἄλλοι μαθηταὶ τῷ πλοιαρίῳ ἦλθον
    21 18 καὶ | ἄλλος σε ζώσει (~NMH; ἄλλοι ζώσουσίν σε S)
    21 25 | ἔστιν δὲ καὶ ἄλλα πολλὰ ἃ ἐποίησεν ὁ Ἰησοῦς (—Τ..)

Ac   2 12 διηπόρουν (-οῦντο NMTH), ἄλλος ↔
    2 12 πρὸς ἄλλον λέγοντες
    4 12 οὐκ ἔστιν ἐν ἄλλῳ οὐδενὶ ἡ σωτηρία
    15 2ᶜ ἀναβαίνειν Παῦλον καὶ Βαρναβᾶν καί τινας ἄλλους ἐξ αὐτῶν
    19 32 ἄλλοι μὲν οὖν ↔
    19 32ᶜ ἄλλο τι ἔκραζον
    21 34ᵃ ἄλλοι δὲ ↔
    21 34ᶜ ἄλλο τι ἐπεφώνουν

1C   1 16ᶜ λοιπὸν οὐκ οἶδα εἴ τινα ἄλλον ἐβάπτισα
    3 10ᵃ θεμέλιον ἔθηκα, ἄλλος δὲ ἐποικοδομεῖ
    3 11 θεμέλιον γὰρ ἄλλον οὐδεὶς δύναται θεῖναι
    9 2 εἰ ἄλλοις οὐκ εἰμὶ ἀπόστολος, ἀλλά γε ὑμῖν εἰμι
    9 12 εἰ ἄλλοι τῆς ὑμῶν ἐξουσίας μετέχουσιν, οὐ μᾶλλον ἡμεῖς;
    9 27 μή πως ἄλλοις κηρύξας αὐτὸς ἀδόκιμος γένωμαι
    10 29 ἱνατί γὰρ ἡ ἐλευθερία μου κρίνεται ὑπὸ ἄλλης συνειδήσεως
    12 8ᵃ ᾧ μὲν ... δίδοται λόγος σοφίας, ἄλλῳ δὲ λόγος γνώσεως
    12 9ᵃ ἄλλῳ δὲ χαρίσματα ἰαμάτων ἐν τῷ ἑνὶ πνεύματι, ↔
    12 10ᵃ ἄλλῳ δὲ ἐνεργήματα δυνάμεων, ↔
    12 10ᵃ ἄλλῳ δὲ ([N²⁶NH]; —B) προφητεία, ↔

1C 12 10ᵃἄλλῳ δὲ ([N²⁶H]; — B) διακρίσεις
    (-άκρισις ST) πνευμάτων

12 10ᵃἄλλῳ δὲ ἑρμηνεία γλωσσῶν

14 19 θέλω ... λαλῆσαι, ἵνα καὶ ἄλλους
    κατηχήσω

14 29ᵇπροφῆται δύο ... λαλείτωσαν, καὶ
    οἱ ἄλλοι διακρινέτωσαν

14 30 ἐὰν δὲ ἄλλῳ ἀποκαλυφθῇ καθη-
    μένῳ, ὁ πρῶτος σιγάτω

15 39 ἀλλὰ ἄλλη μὲν ἀνθρώπων, ↔

15 39ᵃἄλλη δὲ σάρξ κτηνῶν, ↔

15 39ᵃἄλλη δὲ σάρξ πτηνῶν, ↔

15 39ᵃἄλλη δὲ ἰχθύων

15 41 ἄλλη δόξα ἡλίου, ↔

15 41 καὶ ἄλλη δόξα σελήνης, ↔

15 41 καὶ ἄλλη δόξα ἀστέρων

2C   1 13 οὐ γὰρ ἄλλα γράφομεν ὑμῖν ἀλλ᾿
    ἢ ἃ ἀναγινώσκετε

8 13 οὐ γὰρ ἵνα ἄλλοις ἄνεσις, ὑμῖν
    [+δὲ VS] θλῖψις

11 4 εἰ μὲν γὰρ ὁ ἐρχόμενος ἄλλον
    Ἰησοῦν κηρύσσει

11 8 ἄλλας ἐκκλησίας ἐσύλησα λαβὼν
    ὀψώνιον πρὸς τὴν ὑμῶν δια-
    κονίαν

G   1 7 ⟨εἰς ἕτερον εὐαγγέλιον⟩ ὃ οὐκ
    ἔστιν ἄλλο

5 10 πέποιθα εἰς ὑμᾶς ... ὅτι οὐδὲν ἄλλο
    φρονήσετε

Ph 3 4 εἴ τις δοκεῖ ἄλλος πεποιθέναι ἐν
    σαρκί

1 Th 2 6 οὔτε ζητοῦντες ἐξ ἀνθρώπων δό-
    ξαν, οὔτε ἀφ᾿ ὑμῶν οὔτε ἀπ᾿
    ἄλλων

Hb 4 8 οὐκ ἂν περὶ ἄλλης ἐλάλει μετὰ
    ταῦτα ἡμέρας

11 35ᵃἄλλοι δὲ ἐτυμπανίσθησαν, οὐ
    προσδεξάμενοι τὴν ἀπολύτρωσιν

Jc 5 12 μὴ ὀμνύετε ... μήτε τὴν γῆν μήτε
    ἄλλον τινὰ ὅρκον

Ap 2 24 οὐ βάλλω ἐφ᾿ ὑμᾶς ἄλλο βάρος

6 4 καὶ ἐξῆλθεν ἄλλος ἵππος πυρρός

7 2 καὶ εἶδον ἄλλον ἄγγελον ἀναβαί-
    νοντα

8 3 καὶ ἄλλος ἄγγελος ἦλθεν

10 1 εἶδον ἄλλον ἄγγελον ἰσχυρόν

12 3 καὶ ὤφθη ἄλλο σημεῖον

13 11 εἶδον ἄλλο θηρίον ἀναβαῖνον

14 6 εἶδον ἄλλον ἄγγελον πετόμενον

14 8 καὶ ἄλλος | ἄγγελος δεύτερος
    (∼MVS; δεύτ. [ἄγγ.] H; δεύτ.
    B; ἄγγ. ς) ἠκολούθησεν

14 9 καὶ ἄλλος (—ς) ἄγγελος τρίτος
    ἠκολούθησεν

14 15 καὶ ἄλλος ἄγγελος ἐξῆλθεν

14 17 καὶ ἄλλος ἄγγελος ἐξῆλθεν

14 18 καὶ ἄλλος ἄγγελος ἐξῆλθεν [N²⁶H]

15 1 καὶ εἶδον ἄλλο σημεῖον

16 7 *καὶ ἤκουσα | ἄλλου ἐκ (+ς) τοῦ
    θυσιαστηρίου λέγοντος

17 10ᵇὁ εἷς ἐστιν, ὁ ἄλλος οὔπω ἦλθεν

18 1 μετὰ ταῦτα εἶδον ἄλλον (—ς)
    ἄγγελον

18 4 ἤκουσα ἄλλην φωνήν

20 12 ἄλλο βιβλίον ἠνοίχθη

ἀλλοτριεπίσκοπος
    ἀλλοτριοεπίσκοπος ς
1 Pt 4 15 μὴ ... πασχέτω ὡς φονεὺς ἢ κλέ-
    πτης ἢ κακοποιὸς ἢ ὡς ἀλλοτρι-
    επίσκοπος

ἀλλότριος
  ᵃ οἱ ἀλλότριοι
Mt 17 25ᵃλαμβάνουσιν τέλη ἢ κῆνσον; ἀπὸ
    τῶν υἱῶν αὐτῶν ἢ ἀπὸ τῶν ἀλλο-
    τρίων; ↔

Mt 17 26ᵃ| εἰπόντος δέ (λέγει αὐτῷ ὁ Πέτρος
    Vς)· ἀπὸ τῶν ἀλλοτρίων

Lc 16 12 εἰ ἐν τῷ ἀλλοτρίῳ πιστοὶ οὐκ
    ἐγένεσθε

Jo 10 5 ἀλλοτρίῳ δὲ οὐ μὴ ἀκολουθήσου-
    σιν (-σωσιν Sς)

10 5ᵃὅτι οὐκ οἴδασιν τῶν ἀλλοτρίων
    τὴν φωνήν

Ac 7 6 ὅτι ἔσται τὸ σπέρμα αὐτοῦ
    πάροικον ἐν γῇ ἀλλοτρίᾳ

Rm 14 4 σὺ τίς εἶ ὁ κρίνων ἀλλότριον οἰ-
    κέτην;

15 20 ἵνα μὴ ἐπ᾿ ἀλλότριον θεμέλιον
    οἰκοδομῶ

2C 10 15 οὐκ εἰς τὰ ἄμετρα καυχώμενοι ἐν
    ἀλλοτρίοις κόποις

10 16 οὐκ ἐν ἀλλοτρίῳ κανόνι εἰς τὰ
    ἕτοιμα καυχήσασθαι

1 Tm 5 22 μηδὲ κοινώνει ἁμαρτίαις ἀλλοτρίαις

Hb 9 25 ὁ ἀρχιερεὺς εἰσέρχεται ... ἐν αἵ-
    ματι ἀλλοτρίῳ

11 9 πίστει παρῴκησεν εἰς γῆν τῆς
    ἐπαγγελίας ὡς ἀλλοτρίαν

11 34 ἐγενήθησαν ἰσχυροὶ ἐν πολέμῳ,
    παρεμβολὰς ἔκλιναν ἀλλοτρίων

ἀλλόφυλος
Ac 10 28 ὡς ἀθέμιτόν ἐστιν ἀνδρὶ Ἰουδαίῳ
    ... προσέρχεσθαι ἀλλοφύλῳ

ἄλλως
  → ἄλλος
1 Tm 5 25 καὶ τὰ ἄλλως ἔχοντα κρυβῆναι οὐ
    δύνανται (-ται Vς)

ἀλοάω
1C 9 9 οὐ κημώσεις (φιμ. MVBSHς) βοῦν
    ἀλοῶντα

9 10 καὶ ὁ ἀλοῶν ἐπ᾿ ἐλπίδι τοῦ μετέ-
    χειν

1 Tm 5 18 βοῦν ἀλοῶντα οὐ φιμώσεις

ἄλογος
Ac 25 27 ἄλογον γάρ μοι δοκεῖ ... μὴ καὶ
    τὰς ... αἰτίας σημᾶναι

2 Pt 2 12 ὡς ἄλογα ζῷα γεγεννημένα (γε-
    γενη. T) φυσικά

Jd 10 ὅσα δὲ φυσικῶς ὡς τὰ ἄλογα ζῷα
    ἐπίστανται

ἀλόη
Jo 19 39 φέρων μίγμα (ἕλιγμα H) σμύρνης
    καὶ ἀλόης ὡς λίτρας ἑκατόν

ἅλς
  → ἅλας

ἁλυκός
Jc 3 12 | οὔτε ἁλυκὸν (οὐδὲ ἁλ. S; οὐδε-
    μία πηγὴ ἁλ. καὶ ς) γλυκὺ ποιῆσαι
    ὕδωρ

ἄλυπος
Ph 2 28 ἵνα ἰδόντες αὐτὸν πάλιν χαρῆτε
    κἀγὼ ἀλυπότερος ὦ

ἅλυσις
Mc 5 3 οὐδὲ ἁλύσει (-σεσιν ς) οὐκέτι οὐ-
    δεὶς ἐδύνατο αὐτὸν δῆσαι

5 4 διὰ τὸ αὐτὸν πολλάκις πέδαις καὶ
    ἁλύσεσιν δεδέσθαι

5 4 διὰ τὸ ... διεσπάσθαι ὑπ᾿ αὐτοῦ
    τὰς ἁλύσεις

Lc 8 29 καὶ ἐδεσμεύετο ἁλύσεσιν καὶ πέδαις
    φυλασσόμενος

Ac 12 6 ἦν ὁ Πέτρος κοιμώμενος ... δεδε-
    μένος ἁλύσεσιν δυσίν

12 7 ἐξέπεσαν αὐτοῦ αἱ ἁλύσεις

21 33 ἐκέλευσεν δεθῆναι ἁλύσεσι δυσί

28 20 εἵνεκεν γὰρ τῆς ἐλπίδος τοῦ Ἰσραὴλ
    τὴν ἅλυσιν ταύτην περίκειμαι

E   6 20 ὑπὲρ οὗ πρεσβεύω ἐν ἁλύσει

2 Tm 1 16 καὶ τὴν ἅλυσίν μου οὐκ ἐπαισχύνθη

Ap 20 1 εἶδον ἄγγελον ... ἔχοντα ... ἅλυ-
    σιν μεγάλην ἐπὶ τὴν χεῖρα αὐτοῦ

ἀλυσιτελής
Hb 13 17 καὶ μὴ στενάζοντες· ἀλυσιτελὲς
    γὰρ ὑμῖν τοῦτο

ἄλφα
Ap 1 8 ἐγώ εἰμι τὸ ἄλφα καὶ τὸ ὦ

1 11 | ἐγώ εἰμι τὸ Α καὶ τὸ Ω (+ς..)

21 6 ἐγώ εἰμι (+[N²⁶]Bς) τὸ ἄλφα

22 13 ἐγὼ τὸ ἄλφα καὶ τὸ ὦ

Ἀλφαῖος
    Ἀλφαῖος MVBSTς
  ᵃ pater Iacobi minoris
  ᵇ pater Levi
Mt 10 3ᵃἸάκωβος ὁ τοῦ Ἀλφαίου

Mc 2 14ᵇεἶδεν Λευὶν τὸν τοῦ Ἀλφαίου
    καθήμενον

3 18ᵃ(ἐποίησεν τοὺς δώδεκα) Ἰάκωβον
    τὸν τοῦ Ἀλφαίου

Lc 6 15ᵃ(ἐκλεξάμενος ... δώδεκα) Ἰάκωβον
    (+τὸν τοῦ ς) Ἀλφαίου καὶ Σίμωνα

Ac 1 13ᵃἀνέβησαν ... Ἰάκωβος Ἀλφαίου
    καὶ Σίμων

ἅλων
Mt 3 12 διακαθαριεῖ τὴν ἅλωνα αὐτοῦ

Lc 3 17 διακαθᾶραι (καὶ διακαθαριεῖ Vς)
    τὴν ἅλωνα αὐτοῦ

ἀλώπηξ
Mt 8 20 αἱ ἀλώπεκες φωλεοὺς ἔχουσιν

Lc 9 58 αἱ ἀλώπεκες φωλεοὺς ἔχουσιν

13 32 πορευθέντες εἴπατε τῇ ἀλώπεκι
    ταύτῃ

ἅλωσις
2 Pt 2 12 ὡς ἄλογα ζῷα γεγεννημένα (γε-
    γενη. T) φυσικὰ εἰς ἅλωσιν καὶ
    φθοράν

ἅμα
  ᵃ ἅμα σύν
Mt 13 29 μήποτε συλλέγοντες τὰ ζιζάνια
    ἐκριζώσητε ἅμα αὐτοῖς τὸν σῖτον

20 1 ὅστις ἐξῆλθεν ἅμα πρωΐ

Ac 24 26 ἅμα καὶ ἐλπίζων ὅτι χρήματα δο-
    θήσεται αὐτῷ [H]

27 40 τὰς ἀγκύρας περιελόντες εἴων εἰς
    τὴν θάλασσαν ἅμα ἀνέντες τὰς
    ζευκτηρίας

Rm 3 12 πάντες ἐξέκλιναν, ἅμα ἠχρεώθησαν

Cl 4 3 προσευχόμενοι ἅμα καὶ περὶ ἡμῶν

1 Th 4 17ᵃἡμεῖς ... ἅμα σὺν αὐτοῖς ἁρπαγη-
    σόμεθα

5 10ᵃἵνα ... ἅμα σὺν αὐτῷ ζήσωμεν

1 Tm 5 13 ἅμα δὲ καὶ ἀργαὶ μανθάνουσιν

Phm 22 ἅμα δὲ καὶ ἑτοίμαζέ μοι ξενίαν

ἀμαθής
2 Pt 3 16 ἃ οἱ ἀμαθεῖς καὶ ἀστήρικτοι στρε-
    βλοῦσιν

ἀμαράντινος
1 Pt 5 4 κομιεῖσθε τὸν ἀμαράντινον τῆς
    δόξης στέφανον

ἀμάραντος
1 Pt 1 4 ⟨ἀναγεννήσας⟩ εἰς κληρονομίαν...
    ἀμίαντον καὶ ἀμάραντον

ἁμαρτάνω
  προ-
  ᵃ ἁμαρτάνειν εἰς, ἐνώπιον
  ᵇ ἁμαρτάνειν ἁμαρτίαν
Mt 18 15ᵃἐὰν δὲ ἁμαρτήσῃ | εἰς σὲ ([N²⁶S];
    — NTH) ὁ ἀδελφός σου ὕπαγε
    ἔλεγξον αὐτόν

18 21ᵃποσάκις ἁμαρτήσει | εἰς ἐμὲ ὁ ἀδελ-
    φός μου (∼BVS)

27 4 ἥμαρτον παραδοὺς αἷμα ἀθῷον
    (δίκαιον H)

Lc 15 18ᵃπάτερ, ἥμαρτον εἰς τὸν οὐρανὸν
    καὶ ἐνώπιόν σου

Lc 15 21ᵃπάτερ, ἥμαρτον εἰς τὸν οὐρανὸν καὶ ἐνώπιόν σου

17 3 ἐὰν ἁμάρτῃ ὁ ἀδελφός σου

17 4ᵃἐὰν ἑπτάκις τῆς ἡμέρας ἁμαρτήσῃ (ἁμάρτῃ ς) εἰς σέ

Jo 5 14 μηκέτι ἁμάρτανε, ἵνα μὴ χεῖρόν σοί τι γένηται

[8 11] πορεύου (+[N²⁶]Mς), | ἀπὸ τοῦ νῦν (—ς) μηκέτι ἁμάρτανε

9 2 ῥαββί, τίς ἥμαρτεν ... ἵνα τυφλὸς γεννηθῇ;

9 3 οὔτε οὗτος ἥμαρτεν οὔτε οἱ γονεῖς αὐτοῦ

Ac 25 8ᵃὅτι ... οὔτε εἰς τὸ ἱερὸν οὔτε εἰς Καίσαρά τι ἥμαρτον

Rm 2 12 ὅσοι γὰρ ἀνόμως ἥμαρτον

2 12 ὅσοι ἐν νόμῳ ἥμαρτον

3 23 πάντες γὰρ ἥμαρτον

5 12 διὰ πάντας ἀνθρώπους ὁ θάνατος διῆλθεν, ἐφ᾽ ᾧ πάντες ἥμαρτον

5 14 ἐπὶ τοὺς μὴ ἁμαρτήσαντας ἐπὶ τῷ ὁμοιώματι τῆς παραβάσεως

5 16 καὶ οὐχ ὡς δι᾽ ἑνὸς ἁμαρτήσαντος τὸ δώρημα

6 15 ἁμαρτήσωμεν (-ομεν ς), ὅτι οὐκ ἐσμὲν ὑπὸ νόμον ἀλλὰ ὑπὸ χάριν;

1C 6 18ᵃὁ δὲ πορνεύων εἰς τὸ ἴδιον σῶμα ἁμαρτάνει

7 28 ἐὰν δὲ καὶ γαμήσῃς, οὐχ ἥμαρτες

7 28 ἐὰν γήμῃ ἡ [Η] παρθένος, οὐχ ἥμαρτεν

7 36 ὃ θέλει ποιείτω· οὐχ ἁμαρτάνει· γαμείτωσαν

8 12ᵃοὕτως δὲ ἁμαρτάνοντες εἰς τοὺς ἀδελφοὺς

8 12ᵃτύπτοντες αὐτῶν τὴν συνείδησιν ἀσθενοῦσαν εἰς Χριστὸν ἁμαρτάνετε

15 34 ἐκνήψατε δικαίως καὶ μὴ ἁμαρτάνετε

E 4 26 ὀργίζεσθε καὶ μὴ ἁμαρτάνετε

1Tm 5 20 τοὺς [+δὲ Η] ἁμαρτάνοντας ἐνώπιον πάντων ἔλεγχε

Tt 3 11 ἐξέστραπται ὁ τοιοῦτος καὶ ἁμαρτάνει ὢν αὐτοκατάκριτος

Hb 3 17 οὐχὶ τοῖς ἁμαρτήσασιν, ὧν τὰ κῶλα ἔπεσεν ἐν τῇ ἐρήμῳ;

10 26 ἑκουσίως γὰρ ἁμαρτανόντων ἡμῶν

1Pt 2 20 εἰ ἁμαρτάνοντες καὶ κολαφιζόμενοι ὑπομενεῖτε

2Pt 2 4 εἰ γὰρ ὁ θεὸς ἀγγέλων ἁμαρτησάντων οὐκ ἐφείσατο

1Jo 1 10 ὅτι οὐχ ἡμαρτήκαμεν, ψεύστην ποιοῦμεν

2 1 γράφω ὑμῖν ἵνα μὴ ἁμάρτητε

2 1 καὶ ἐὰν τις ἁμάρτῃ, παράκλητον ἔχομεν

3 6 πᾶς ὁ ἐν αὐτῷ μένων οὐχ ἁμαρτάνει· ↔

3 6 πᾶς ὁ ἁμαρτάνων οὐχ ἑώρακεν αὐτὸν

3 8 ὅτι ἀπ᾽ ἀρχῆς ὁ διάβολος ἁμαρτάνει

3 9 καὶ οὐ δύναται ἁμαρτάνειν, ὅτι ἐκ τοῦ θεοῦ γεγέννηται

5 16ᵇἐάν τις ἴδῃ τὸν ἀδελφὸν αὐτοῦ ἁμαρτάνοντα ἁμαρτίαν

5 16 δώσει αὐτῷ ζωήν, τοῖς ἁμαρτάνουσιν μὴ πρὸς θάνατον

5 18 πᾶς ὁ γεγεννημένος ἐκ τοῦ θεοῦ οὐχ ἁμαρτάνει

ἁμάρτημα

Mc 3 28 ὅτι πάντα ἀφεθήσεται ... τὰ ἁμαρτήματα

Mc 3 29 ἀλλὰ ἔνοχός ἐστιν (ἔσται Τ) αἰωνίου ἁμαρτήματος (κρίσεως ς)

4 12 *ἵνα ... μήποτε ἐπιστρέψωσιν καὶ ἀφεθῇ αὐτοῖς | τὰ ἁμαρτήματα (+ς)

Rm 3 25 διὰ τὴν πάρεσιν τῶν προγεγονότων ἁμαρτημάτων ⟨ἐν τῇ ἀνοχῇ τοῦ θεοῦ⟩

1C 6 18 πᾶν ἁμάρτημα ... ἐκτὸς τοῦ σώματός ἐστιν

2Pt 1 9 *λήθην λαβὼν τοῦ καθαρισμοῦ τῶν πάλαι αὐτοῦ ἁμαρτημάτων (ΒΤ; -τιῶν rl)

ἁμαρτία

ᵃ ἀφιέναι, ἄφεσις ἁμαρτ.

ᵇ περί, ὑπὲρ ἁμαρτ.

ᶜ ἁμαρτ. ποιεῖν, ἔχειν

Mt 1 21 αὐτὸς γὰρ σώσει τὸν λαὸν αὐτοῦ ἀπὸ τῶν ἁμαρτιῶν αὐτῶν

3 6 ἐξομολογούμενοι τὰς ἁμαρτίας αὐτῶν

9 2ᵃἀφίενταί (ἀφέων. MVBSς) σου αἱ ἁμαρτίαι

9 5ᵃἀφίενταί (ἀφέων. MVBSς) σου αἱ ἁμαρτίαι

9 6ᵃὅτι ἐξουσίαν ἔχει ... ἀφιέναι ἁμαρτίας

12 31ᵃπᾶσα ἁμαρτία καὶ βλασφημία ἀφεθήσεται τοῖς ἀνθρώποις

26 28ᵃτὸ αἷμά μου ... ἐκχυννόμενον εἰς ἄφεσιν ἁμαρτιῶν

Mc 1 4ᵃκηρύσσων βάπτισμα μετανοίας εἰς ἄφεσιν ἁμαρτιῶν

1 5 ἐβαπτίζοντο ... ἐξομολογούμενοι τὰς ἁμαρτίας αὐτῶν

2 5ᵃτέκνον, ἀφίενταί σου αἱ ἁμαρτίαι

2 7ᵃτίς δύναται ἀφιέναι ἁμαρτίας εἰ μὴ εἷς ὁ θεός;

2 9ᵃεἰπεῖν τῷ παραλυτικῷ· ἀφίενταί σου αἱ ἁμαρτίαι

2 10ᵃὅτι ἐξουσίαν ἔχει ... | ἀφιέναι ἁμαρτίας ἐπὶ τῆς γῆς (~ VS Τς)

Lc 1 77ᵃτοῦ δοῦναι γνῶσιν σωτηρίας ... ἐν ἀφέσει ἁμαρτιῶν αὐτῶν

3 3ᵃκηρύσσων βάπτισμα μετανοίας εἰς ἄφεσιν ἁμαρτιῶν

5 20ᵃἄνθρωπε, ἀφέωνταί σοι αἱ ἁμαρτίαι σου

5 21ᵃτίς δύναται ἁμαρτίας ἀφεῖναι (ἀφιέναι VBSς)

5 23ᵃεἰπεῖν· ἀφέωνταί σοι αἱ ἁμαρτίαι σου, ἢ εἰπεῖν· ἔγειρε

5 24ᵃὅτι ὁ υἱὸς τοῦ ἀνθρώπου ἐξουσίαν ἔχει ... ἀφιέναι ἁμαρτίας

7 47ᵃἀφέωνται | αἱ ἁμαρτίαι αὐτῆς (~Τ) αἱ πολλαί

7 48ᵃεἶπεν δὲ αὐτῇ· ἀφέωνταί σου αἱ ἁμαρτίαι

7 49ᵃτίς οὗτός ἐστιν, ὃς καὶ ἁμαρτίας ἀφίησιν;

11 4ᵃκαὶ ἄφες ἡμῖν τὰς ἁμαρτίας ἡμῶν

24 47ᵃκηρυχθῆναι ... μετάνοιαν εἰς (Ν²⁶Ν ΤΗ; καὶ rl) ἄφεσιν ἁμαρτιῶν

Jo 1 29 ἴδε ὁ ἀμνὸς τοῦ θεοῦ ὁ αἴρων τὴν ἁμαρτίαν τοῦ κόσμου

8 21 καὶ ἐν τῇ ἁμαρτίᾳ ὑμῶν ἀποθανεῖσθε

8 24 ὅτι ἀποθανεῖσθε ἐν ταῖς ἁμαρτίαις ὑμῶν

8 24 ἐὰν γὰρ μὴ πιστεύσητε ... ἀποθανεῖσθε ἐν ταῖς ἁμαρτίαις ὑμῶν

8 34ᶜπᾶς ὁ ποιῶν τὴν ἁμαρτίαν ↔

8 34 δοῦλός ἐστιν | τῆς ἁμαρτίας [Η]

8 46ᵇτίς ἐξ ὑμῶν ἐλέγχει με περὶ ἁμαρτίας;

Jo 9 34 ἐν ἁμαρτίαις σὺ ἐγεννήθης ὅλος

9 41ᶜεἰ τυφλοὶ ἦτε, οὐκ ἂν εἴχετε ἁμαρτίαν

9 41 νῦν δὲ λέγετε ὅτι βλέπομεν· ἡ ἁμαρτία ὑμῶν μένει

15 22ᶜεἰ μὴ ἦλθον καὶ ἐλάλησα αὐτοῖς, ἁμαρτίαν οὐκ εἴχοσαν (εἶχον Vς)

15 22ᵇπρόφασιν οὐκ ἔχουσιν περὶ τῆς ἁμαρτίας αὐτῶν

15 24ᶜεἰ τὰ ἔργα μὴ ἐποίησα ἐν αὐτοῖς ... ἁμαρτίαν οὐκ εἴχοσαν (εἶχον Vς)

16 8ᵇἐλέγξει τὸν κόσμον περὶ ἁμαρτίας καὶ περὶ δικαιοσύνης

16 9ᵇπερὶ ἁμαρτίας μέν, ὅτι οὐ πιστεύουσιν εἰς ἐμὲ

19 11ᶜὁ παραδούς (παραδιδούς VSς) μέ σοι μείζονα ἁμαρτίαν ἔχει

20 23ᵃἄν τινων ἀφῆτε τὰς ἁμαρτίας

Ac 2 38ᵃβαπτισθήτω ... εἰς ἄφεσιν τῶν (—ς) ἁμαρτιῶν ὑμῶν (—ς)

3 19 ἐπιστρέψατε εἰς (πρὸς ΝΤΗ) τὸ ἐξαλειφθῆναι ὑμῶν τὰς ἁμαρτίας

5 31ᵃδοῦναι μετάνοιαν τῷ Ἰσραὴλ καὶ ἄφεσιν ἁμαρτιῶν

7 60 κύριε, μὴ στήσῃς αὐτοῖς | ταύτην τὴν ἁμαρτίαν (~VSTς)

10 43ᵃἄφεσιν ἁμαρτιῶν λαβεῖν ... πάντα τὸν πιστεύοντα εἰς αὐτὸν

13 38ᵃὅτι διὰ τούτου ὑμῖν ἄφεσις ἁμαρτιῶν καταγγέλλεται

22 16 βάπτισαι καὶ ἀπόλουσαι τὰς ἁμαρτίας σου

26 18ᵃτοῦ λαβεῖν αὐτοὺς ἄφεσιν ἁμαρτιῶν

Rm 3 9ᵇπροητιασάμεθα γὰρ Ἰουδαίους ... ὑφ᾽ ἁμαρτίαν εἶναι

3 20 διὰ γὰρ νόμου ἐπίγνωσις ἁμαρτίας

4 7 μακάριοι ... ὧν ἐπεκαλύφθησαν αἱ ἁμαρτίαι

4 8 μακάριος ἀνὴρ οὗ (ᾧ VSς) οὐ μὴ λογίσηται κύριος ἁμαρτίαν

5 12 δι᾽ ἑνὸς ἀνθρώπου ἡ ἁμαρτία εἰς τὸν κόσμον εἰσῆλθεν, ↔

5 12 καὶ διὰ τῆς ἁμαρτίας ὁ θάνατος

5 13 ἄχρι γὰρ νόμου ἁμαρτία ἦν ἐν κόσμῳ, ↔

5 13 ἁμαρτία δὲ οὐκ ἐλλογεῖται μὴ ὄντος νόμου

5 20 οὗ δὲ ἐπλεόνασεν ἡ ἁμαρτία, ὑπερεπερίσσευσεν ἡ χάρις

5 21 ὥσπερ ἐβασίλευσεν ἡ ἁμαρτία ἐν τῷ θανάτῳ, ↔

6 1 ἐπιμένωμεν τῇ ἁμαρτίᾳ, ἵνα ἡ χάρις πλεονάσῃ;

6 2 οἵτινες ἀπεθάνομεν τῇ ἁμαρτίᾳ

6 6 ἵνα καταργηθῇ τὸ σῶμα τῆς ἁμαρτίας

6 6 συνεσταυρώθη ... τοῦ μηκέτι δουλεύειν ἡμᾶς τῇ ἁμαρτίᾳ

6 7 ὁ γὰρ ἀποθανὼν δεδικαίωται ἀπὸ τῆς ἁμαρτίας

6 10 τῇ ἁμαρτίᾳ ἀπέθανεν ἐφάπαξ

6 11 λογίζεσθε ἑαυτοὺς εἶναι [Ν²⁶] νεκροὺς μὲν τῇ ἁμαρτίᾳ

6 12 μὴ οὖν βασιλευέτω ἡ ἁμαρτία ἐν τῷ θνητῷ ὑμῶν σώματι

6 13 μηδὲ παριστάνετε τὰ μέλη ὑμῶν ὅπλα ἀδικίας τῇ ἁμαρτίᾳ

6 14 ἁμαρτία γὰρ ὑμῶν οὐ κυριεύσει

6 16 δοῦλοί ἐστε ... ἤτοι ἁμαρτίας εἰς θάνατον ἢ ὑπακοῆς

6 17 χάρις δὲ τῷ θεῷ, ὅτι ἦτε δοῦλοι τῆς ἁμαρτίας

6 18 ἐλευθερωθέντες δὲ ἀπὸ τῆς ἁμαρτίας ἐδουλώθητε τῇ δικαιοσύνῃ

Rm 6 20 ὅτε γὰρ δοῦλοι ἦτε τῆς ἁμαρτίας

6 22 νυνὶ δὲ ἐλευθερωθέντες ἀπὸ τῆς ἁμαρτίας

6 23 τὰ γὰρ ὀψώνια τῆς ἁμαρτίας θάνατος

7 5 τὰ παθήματα τῶν ἁμαρτιῶν τὰ διὰ τοῦ *νόμου* ἐνηργεῖτο

7 7 ὁ *νόμος* ἁμαρτία;

7 7 ἀλλὰ τὴν ἁμαρτίαν οὐκ ἔγνων εἰ μὴ διὰ *νόμου*

7 8 ἡ ἁμαρτία ... κατειργάσατο ἐν ἐμοὶ πᾶσαν ἐπιθυμίαν

7 8 χωρὶς γὰρ νόμου ἁμαρτία νεκρά

7 9 ἐλθούσης δὲ τῆς ἐντολῆς ἡ ἁμαρτία ἀνέζησεν

7 11 ἡ γὰρ ἁμαρτία ἀφορμὴν λαβοῦσα ... ἐξηπάτησέν με

7 13 ἀλλὰ ἡ ἁμαρτία, ↔

7 13 ἵνα φανῇ ἁμαρτία ... κατεργαζομένη θάνατον, ↔

7 13 ἵνα γένηται καθ᾽ ὑπερβολὴν ἁμαρτωλὸς ἡ ἁμαρτία

7 14 σάρκινός εἰμι, πεπραμένος ὑπὸ τὴν ἁμαρτίαν

7 17 ἡ ἐνοικοῦσα ([ἐν]οικ. N²⁶S; οἰκ. MVBϛ) ἐν ἐμοὶ ἁμαρτία

7 20 οὐκέτι ἐγὼ κατεργάζομαι αὐτὸ ἀλλὰ ἡ οἰκοῦσα ἐν ἐμοὶ ἁμαρτία

7 23 βλέπω δὲ ἕτερον νόμον ... αἰχμαλωτίζοντά με ἐν [H] τῷ νόμῳ τῆς ἁμαρτίας

7 25 τῷ μὲν (~ T) νοῒ δουλεύω νόμῳ θεοῦ, τῇ δὲ σαρκὶ νόμῳ ἁμαρτίας

8 2 ἠλευθέρωσέν σε (με VBSϛ) ἀπὸ τοῦ νόμου τῆς ἁμαρτίας καὶ τοῦ θανάτου

8 3 ὁ θεὸς τὸν ἑαυτοῦ υἱὸν πέμψας ἐν ὁμοιώματι σαρκὸς ἁμαρτίας ↔

8 3ᵇ καὶ περὶ ἁμαρτίας ↔

8 3 κατέκρινεν τὴν ἁμαρτίαν ἐν τῇ σαρκί

8 10 τὸ μὲν σῶμα νεκρὸν διὰ ἁμαρτίαν

11 27 ὅταν ἀφέλωμαι τὰς ἁμαρτίας αὐτῶν

14 23 πᾶν δὲ ὃ οὐκ ἐκ πίστεως ἁμαρτία ἐστίν

1C 15 3ᵇ Χριστὸς ἀπέθανεν ὑπὲρ τῶν ἁμαρτιῶν ἡμῶν

15 17 ἔτι ἐστὲ ἐν ταῖς ἁμαρτίαις ὑμῶν

15 56 τὸ δὲ κέντρον τοῦ θανάτου ἡ ἁμαρτία, ↔

15 56 ἡ δὲ δύναμις τῆς ἁμαρτίας ὁ νόμος

2C 5 21 τὸν μὴ γνόντα ἁμαρτίαν ↔

5 21ᶜ ὑπὲρ ἡμῶν ἁμαρτίαν ἐποίησεν

11 7ᶜ ἡ ἁμαρτίαν ἐποίησα ἐμαυτὸν ταπεινῶν ἵνα ὑμεῖς ὑψωθῆτε⟨;⟩

G 1 4ᵇ ⟨Ἰησοῦ Χριστοῦ⟩ τοῦ δόντος ἑαυτὸν ὑπὲρ (περὶ BST) τῶν ἁμαρτιῶν ἡμῶν

2 17 ἄρα Χριστὸς ἁμαρτίας διάκονος; μὴ γένοιτο

3 22 συνέκλεισεν ἡ γραφὴ τὰ πάντα ὑπὸ ἁμαρτίαν

E 2 1 ὑμᾶς ὄντας νεκροὺς ... ταῖς ἁμαρτίαις ὑμῶν

Cl 1 14ᵃ ἐν ᾧ ἔχομεν ... τὴν ἄφεσιν τῶν ἁμαρτιῶν

2 11 *ἐν τῇ ἀπεκδύσει τοῦ σώματος | τῶν ἁμαρτιῶν (+ϛ)

1Th 2 16 εἰς τὸ ἀναπληρῶσαι αὐτῶν τὰς ἁμαρτίας πάντοτε

2Th 2 3 *ὅτι ἐὰν μὴ ... ἀποκαλυφθῇ ὁ ἄνθρωπος τῆς ἁμαρτίας (MVBSϛ; ἀνομίας rl)

1Tm 5 22 μηδὲ κοινώνει ἁμαρτίαις ἀλλοτρίαις

5 24 τινῶν ἀνθρώπων αἱ ἁμαρτίαι πρόδηλοί εἰσιν

2Tm 3 6 γυναικάρια σεσωρευμένα ἁμαρτίαις, ἀγόμενα ἐπιθυμίαις

Hb 1 3 καθαρισμὸν τῶν ἁμαρτιῶν [+ ἡμῶν S] ποιησάμενος

2 17 εἰς τὸ ἱλάσκεσθαι τὰς ἁμαρτίας τοῦ λαοῦ

3 13 ἵνα μὴ σκληρυνθῇ τις ἐξ ὑμῶν ἀπάτῃ τῆς ἁμαρτίας

4 15 ἀρχιερέα ... πεπειρασμένον δὲ κατὰ πάντα καθ᾽ ὁμοιότητα χωρὶς ἁμαρτίας

5 1ᵇ ἵνα προσφέρῃ δῶρά τε [H] καὶ θυσίας ὑπὲρ ἁμαρτιῶν

5 3ᵇ ὀφείλει ... προσφέρειν περὶ ἁμαρτιῶν

7 27ᵇ πρότερον ὑπὲρ τῶν ἰδίων ἁμαρτιῶν θυσίας ἀναφέρειν

8 12 καὶ τῶν ἁμαρτιῶν αὐτῶν οὐ μὴ μνησθῶ ἔτι

9 26 εἰς ἀθέτησιν τῆς ([N²⁶]; —Tϛ) ἁμαρτίας ... πεφανέρωται

9 28 προσενεχθεὶς εἰς τὸ πολλῶν ἀνενεγκεῖν ἁμαρτίας

9 28 ἐκ δευτέρου χωρὶς ἁμαρτίας ὀφθήσεται

10 2 διὰ τὸ μηδεμίαν ἔχειν ἔτι συνείδησιν ἁμαρτιῶν

10 3 ἀλλ᾽ ἐν αὐταῖς ἀνάμνησις ἁμαρτιῶν κατ᾽ ἐνιαυτόν

10 4 ἀδύνατον γὰρ αἷμα ταύρων ... ἀφαιρεῖν ἁμαρτίας

10 6ᵇ ὁλοκαυτώματα καὶ περὶ ἁμαρτίας οὐκ εὐδόκησας

10 8ᵇ ὁλοκαυτώματα καὶ περὶ ἁμαρτίας οὐκ ἠθέλησας

10 11 αἵτινες οὐδέποτε δύνανται περιελεῖν ἁμαρτίας

10 12ᵇ οὗτος δὲ μίαν ὑπὲρ ἁμαρτιῶν προσενέγκας θυσίαν

10 17 τῶν ἁμαρτιῶν αὐτῶν ... οὐ μὴ μνησθήσομαι ἔτι

10 18ᵇ ὅπου δὲ ἄφεσις τούτων, οὐκέτι προσφορὰ περὶ ἁμαρτίας

10 26ᵇ οὐκέτι περὶ ἁμαρτιῶν ἀπολείπεται θυσία

11 25 μᾶλλον ἑλόμενος συγκακουχεῖσθαι ... ἢ πρόσκαιρον ἔχειν ἁμαρτίας ἀπόλαυσιν

12 1 ὄγκον ἀποθέμενοι πάντα καὶ τὴν εὐπερίστατον ἁμαρτίαν

12 4 οὔπω μέχρις αἵματος ἀντικατέστητε πρὸς τὴν ἁμαρτίαν ἀνταγωνιζόμενοι

13 11ᵇ εἰσφέρεται ζώων τὸ αἷμα περὶ ἁμαρτίας εἰς τὰ ἅγια

Jc 1 15 ἡ ἐπιθυμία συλλαβοῦσα τίκτει ἁμαρτίαν, ↔

1 15 ἡ δὲ ἁμαρτία ἀποτελεσθεῖσα ἀποκύει (-κυεῖ MVH) θάνατον

2 9 εἰ δὲ προσωπολημπτεῖτε, ἁμαρτίαν ἐργάζεσθε

4 17 εἰδότι οὖν καλὸν ποιεῖν καὶ μὴ ποιοῦντι, ἁμαρτία αὐτῷ ἐστιν

5 15ᶜ κἂν ἁμαρτίας ᾖ πεποιηκώς

5 16 ἐξομολογεῖσθε οὖν ἀλλήλοις | τὰς ἁμαρτίας (τὰ παραπτώματα ϛ)

5 20 ὅτι ... καλύψει πλῆθος ἁμαρτιῶν

1Pt 2 22ᶜ ὃς ἁμαρτίαν οὐκ ἐποίησεν οὐδὲ εὑρέθη δόλος

2 24 ὃς τὰς ἁμαρτίας ἡμῶν αὐτὸς ἀνήνεγκεν ... ἐπὶ τὸ ξύλον

1Pt 2 24 ἵνα ταῖς ἁμαρτίαις ἀπογενόμενοι τῇ δικαιοσύνῃ ζήσωμεν

3 18ᵇ ὅτι καὶ Χριστὸς ἅπαξ περὶ ἁμαρτιῶν (+ὑπὲρ ἡμῶν S) ἔπαθεν (ἀπέθανεν NMBSTH)

4 1 ὅτι ὁ παθὼν σαρκὶ πέπαυται ἁμαρτίας (-αις H)

4 8 ὅτι ἀγάπη καλύπτει πλῆθος ἁμαρτιῶν

2 Pt 1 9 λήθην λαβὼν τοῦ καθαρισμοῦ τῶν πάλαι αὐτοῦ ἁμαρτιῶν (-τημάτων BT)

2 14 ὀφθαλμοὺς ἔχοντες μεστοὺς μοιχαλίδος καὶ ἀκαταπαύστους ἁμαρτίας

1 Jo 1 7 τὸ αἷμα Ἰησοῦ ... καθαρίζει ἡμᾶς ἀπὸ πάσης ἁμαρτίας

1 8 ἐὰν εἴπωμεν ὅτι ἁμαρτίαν οὐκ ἔχομεν, ἑαυτοὺς πλανῶμεν

1 9 ἐὰν ὁμολογῶμεν τὰς ἁμαρτίας ἡμῶν

1 9ᵃ ἵνα ἀφῇ ἡμῖν τὰς ἁμαρτίας

2 2ᵇ αὐτὸς ἱλασμός ἐστιν περὶ τῶν ἁμαρτιῶν ἡμῶν

2 12ᵃ ὅτι ἀφέωνται ὑμῖν αἱ ἁμαρτίαι

3 4ᶜ πᾶς ὁ ποιῶν τὴν ἁμαρτίαν καὶ τὴν ἀνομίαν ποιεῖ

3 4 καὶ ἡ ἁμαρτία ἐστὶν ἡ ἀνομία

3 5 ἵνα τὰς ἁμαρτίας [+ἡμῶν S] ἄρῃ

3 5 καὶ ἁμαρτία ἐν αὐτῷ οὐκ ἔστιν

3 8ᶜ ὁ ποιῶν τὴν ἁμαρτίαν ἐκ τοῦ διαβόλου ἐστίν

3 9ᶜ πᾶς ὁ γεγεννημένος ἐκ τοῦ θεοῦ ἁμαρτίαν οὐ ποιεῖ

4 10ᵇ ὅτι ... ἀπέστειλεν τὸν υἱὸν αὐτοῦ ἱλασμὸν περὶ τῶν ἁμαρτιῶν

5 16 ἀδελφὸν αὐτοῦ ἁμαρτάνοντα ἁμαρτίαν μὴ πρὸς θάνατον

5 16 ἔστιν ἁμαρτία πρὸς θάνατον

5 17 πᾶσα ἀδικία ἁμαρτία ἐστίν, ↔

5 17 καὶ ἔστιν ἁμαρτία οὐ πρὸς θάνατον

Ap 1 5 τῷ ... λύσαντι ἡμᾶς ἐκ τῶν ἁμαρτιῶν ἡμῶν [H] ἐν τῷ αἵματι αὐτοῦ

18 4 ἵνα μὴ συγκοινωνήσητε ταῖς ἁμαρτίαις αὐτῆς

18 5 ὅτι ἐκολλήθησαν αὐτῆς αἱ ἁμαρτίαι ἄχρι τοῦ οὐρανοῦ

ἁμάρτυρος

Ac 14 17 καίτοι οὐκ ἀμάρτυρον αὐτὸν (ἑ. BSϛ) ἀφῆκεν ἀγαθουργῶν

ἁμαρτωλός

ᵃ adj. attrib.

Mt 9 10 πολλοὶ τελῶναι καὶ ἁμαρτωλοὶ ἐλθόντες συνανέκειντο τῷ Ἰησοῦ

9 11 διὰ τί μετὰ τῶν τελωνῶν καὶ ἁμαρτωλῶν ἐσθίει ⟨;⟩

9 13 οὐ γὰρ ἦλθον καλέσαι δικαίους ἀλλὰ ἁμαρτωλούς

11 19 ἰδοὺ ... τελωνῶν φίλος καὶ ἁμαρτωλῶν

26 45 παραδίδοται εἰς χεῖρας ἁμαρτωλῶν

Mc 2 15 πολλοὶ τελῶναι καὶ ἁμαρτωλοὶ συνανέκειντο τῷ Ἰησοῦ

2 16 | ὅτι ἐσθίει (ὅτι ἤσθιεν BST; αὐτὸν ἐσθίοντα Vϛ) μετὰ τῶν | ἁμαρτωλῶν καὶ τελωνῶν (~ Tϛ)

2 16 (+τί MVSϛ) ὅτι μετὰ τῶν τελωνῶν καὶ ἁμαρτωλῶν ἐσθίει (+καὶ πίνει MVSTϛ);

2 17 οὐκ ἦλθον καλέσαι δικαίους ἀλλὰ ἁμαρτωλούς

Mc 8 38 ᵃ ὃς γὰρ ἐὰν ἐπαισχυνθῇ με … ἐν τῇ γενεᾷ ταύτῃ τῇ μοιχαλίδι καὶ ἁμαρτωλῷ

14 41 παραδίδοται ὁ υἱὸς τοῦ ἀνθρώπου εἰς τὰς χεῖρας τῶν ἁμαρτωλῶν

Lc 5 8 ᵃ ἔξελθε ἀπ᾽ ἐμοῦ, ὅτι ἀνὴρ ἁμαρτωλός εἰμι, κύριε

5 30 διὰ τί μετὰ τῶν τελωνῶν καὶ ἁμαρτωλῶν ἐσθίετε ⟨;⟩

5 32 οὐκ ἐλήλυθα καλέσαι δικαίους ἀλλὰ ἁμαρτωλοὺς εἰς μετάνοιαν

6 32 καὶ γὰρ οἱ ἁμαρτωλοὶ τοὺς ἀγαπῶντας αὐτοὺς ἀγαπῶσιν

6 33 καὶ (+γὰρ Vς) οἱ ἁμαρτωλοὶ τὸ αὐτὸ ποιοῦσιν

6 34 καὶ (+γὰρ Vς) ἁμαρτωλοί ↔

6 34 ἁμαρτωλοῖς δανείζουσιν

7 34 ἰδοὺ ἄνθρωπος φάγος … φίλος τελωνῶν καὶ ἁμαρτωλῶν

7 37 ἰδοὺ γυνὴ ἥτις ἦν ἐν τῇ πόλει ἁμαρτωλός

7 39 ἐγίνωσκεν ἂν τίς … ἡ γυνὴ … ὅτι ἁμαρτωλός ἐστιν

13 2 ὅτι οἱ Γαλιλαῖοι οὗτοι ἁμαρτωλοὶ παρὰ πάντας τοὺς Γαλιλαίους ἐγένοντο

15 1 ἦσαν δὲ αὐτῷ ἐγγίζοντες πάντες οἱ τελῶναι καὶ οἱ ἁμαρτωλοὶ ἀκούειν αὐτοῦ

15 2 ὅτι οὗτος ἁμαρτωλοὺς προσδέχεται καὶ συνεσθίει αὐτοῖς

15 7 ὅτι οὕτως χαρὰ ἐν τῷ οὐρανῷ ἔσται ἐπὶ ἑνὶ ἁμαρτωλῷ μετανοοῦντι

15 10 γίνεται χαρὰ … ἐπὶ ἑνὶ ἁμαρτωλῷ μετανοοῦντι

18 13 ὁ θεός, ἱλάσθητί μοι τῷ ἁμαρτωλῷ

19 7 ᵃ ὅτι παρὰ ἁμαρτωλῷ ἀνδρὶ εἰσῆλθεν καταλῦσαι

24 7 ᵃ | τὸν υἱὸν τοῦ ἀνθρώπου ὅτι δεῖ (∼Vς) παραδοθῆναι εἰς χεῖρας ἀνθρώπων ἁμαρτωλῶν

Jo 9 16 ᵃ πῶς δύναται ἄνθρωπος ἁμαρτωλὸς τοιαῦτα σημεῖα ποιεῖν;

9 24 οἴδαμεν, ὅτι | οὗτος ὁ ἄνθρωπος (∼Tς) ἁμαρτωλός ἐστιν

9 25 εἰ ἁμαρτωλός ἐστιν οὐκ οἶδα

9 31 οἴδαμεν (+δὲ Vς) ὅτι | ἁμαρτωλῶν ὁ θεὸς (∼NMBH) οὐκ ἀκούει

Rm 3 7 τί ἔτι κἀγὼ ὡς ἁμαρτωλὸς κρίνομαι;

5 8 ἔτι ἁμαρτωλῶν ὄντων ἡμῶν Χριστὸς ὑπὲρ ἡμῶν ἀπέθανεν

5 19 ὥσπερ γὰρ … ἁμαρτωλοὶ κατεστάθησαν οἱ πολλοί

7 13 ᵃ ἵνα γένηται καθ᾽ ὑπερβολὴν ἁμαρτωλὸς ἡ ἁμαρτία διὰ τῆς ἐντολῆς

G 2 15 ἡμεῖς φύσει Ἰουδαῖοι καὶ οὐκ ἐξ ἐθνῶν ἁμαρτωλοί

2 17 εἰ δὲ ζητοῦντες δικαιωθῆναι ἐν Χριστῷ εὑρέθημεν καὶ αὐτοὶ ἁμαρτωλοί

1Tm 1 9 νόμος … κεῖται … ἀσεβέσι καὶ ἁμαρτωλοῖς

1 15 Ἰησοῦς ἦλθεν εἰς τὸν κόσμον ἁμαρτωλοὺς σῶσαι

Hb 7 26 ἀρχιερεύς … ἀμίαντος, κεχωρισμένος ἀπὸ τῶν ἁμαρτωλῶν

12 3 ἀναλογίσασθε γὰρ τὸν τοιαύτην ὑπομεμενηκότα ὑπὸ τῶν ἁμαρτωλῶν … ἀντιλογίαν

Jc 4 8 καθαρίσατε χεῖρας, ἁμαρτωλοί

5 20 ὅτι ὁ ἐπιστρέψας ἁμαρτωλὸν ἐκ πλάνης ὁδοῦ αὐτοῦ σώσει ψυχὴν

1 Pt 4 18 ὁ [+δὲ NH] ἀσεβὴς καὶ (+ὁ T) ἁμαρτωλὸς ποῦ φανεῖται;

Jd 15 ὧν ἐλάλησαν κατ᾽ αὐτοῦ ἁμαρτωλοὶ ἀσεβεῖς

ἄμαχος

1Tm 3 3 ⟨τὸν ἐπίσκοπον εἶναι⟩ ἄμαχον, ἀφιλάργυρον

Tt 3 2 μηδένα βλασφημεῖν, ἀμάχους εἶναι

ἀμάω

Jc 5 4 ὁ μισθὸς τῶν ἐργατῶν τῶν ἀμησάντων τὰς χώρας ὑμῶν

ἀμέθυστος

Ap 21 20 ⟨ὁ θεμέλιος⟩ ὁ δωδέκατος ἀμέθυστος

ἀμελέω

ἐπι-

Mt 22 5 οἱ δὲ ἀμελήσαντες ἀπῆλθον, ὃς μὲν εἰς τὸν ἴδιον ἀγρόν

1Tm 4 14 μὴ ἀμέλει τοῦ ἐν σοὶ χαρίσματος

Hb 2 3 πῶς ἡμεῖς ἐκφευξόμεθα τηλικαύτης ἀμελήσαντες σωτηρίας;

8 9 κἀγὼ ἠμέλησα αὐτῶν, λέγει κύριος

2 Pt 1 12 *διὸ | οὐκ ἀμελήσω (ς; μελλήσω rl) ἀεὶ ὑμᾶς ὑπομιμνήσκειν

ἄμεμπτος

→ ἀμέμπτως

Lc 1 6 πορευόμενοι ἐν πάσαις ταῖς ἐντολαῖς … τοῦ κυρίου ἄμεμπτοι

Ph 2 15 ἵνα γένησθε ἄμεμπτοι καὶ ἀκέραιοι

3 6 κατὰ δικαιοσύνην τὴν ἐν νόμῳ γενόμενος ἄμεμπτος

1 Th 3 13 εἰς τὸ στηρίξαι ὑμῶν τὰς καρδίας ἀμέμπτους ἐν ἁγιωσύνῃ

Hb 8 7 εἰ γὰρ ἡ (+μὲν S) πρώτη ἐκείνη ἦν ἄμεμπτος

ἀμέμπτως

→ ἄμεμπτος

1 Th 2 10 ὡς ὁσίως καὶ δικαίως καὶ ἀμέμπτως ὑμῖν … ἐγενήθημεν

5 23 τὸ σῶμα ἀμέμπτως ἐν τῇ παρουσίᾳ … τηρηθείη

ἀμέριμνος

Mt 28 14 ὑμᾶς ἀμερίμνους ποιήσομεν

1C 7 32 θέλω δὲ ὑμᾶς ἀμερίμνους εἶναι

ἀμετάθετος

Hb 6 17 ἐπιδεῖξαι … τὸ ἀμετάθετον τῆς βουλῆς αὐτοῦ

6 18 ἵνα διὰ δύο πραγμάτων ἀμεταθέτων … παράκλησιν ἔχωμεν

ἀμετακίνητος

1C 15 58 ἀδελφοί … ἑδραῖοι γίνεσθε, ἀμετακίνητοι

ἀμεταμέλητος

Rm 11 29 ἀμεταμέλητα γὰρ τὰ χαρίσματα

2C 7 10 μετάνοιαν εἰς σωτηρίαν ἀμεταμέλητον ἐργάζεται

ἀμετανόητος

Rm 2 5 κατὰ δὲ τὴν σκληρότητά σου καὶ ἀμετανόητον καρδίαν θησαυρίζεις σεαυτῷ ὀργὴν

ἄμετρος

2C 10 13 ἡμεῖς δὲ οὐκ εἰς τὰ ἄμετρα καυχησόμεθα

10 15 οὐκ εἰς τὰ ἄμετρα καυχώμενοι ἐν ἀλλοτρίοις κόποις

ἀμήν

ᵃ in initio
ᵇ ἀμὴν ἀμήν
ᶜ in fine
ᵈ subst.

Mt 5 18 ᵃ ἀμὴν γὰρ λέγω ὑμῖν

5 26 ᵃ ἀμὴν λέγω σοι

6 2 ᵃ ἀμὴν λέγω ὑμῖν

6 5 ᵃ ἀμὴν λέγω ὑμῖν

Mt 6 13 ᶜ*| ὅτι σοῦ ἐστιν … ἡ δόξα εἰς τοὺς αἰῶνας, ἀμήν (+ς)

6 16 ᵃ ἀμὴν λέγω ὑμῖν

8 10 ᵃ ἀμὴν λέγω ὑμῖν

10 15 ᵃ ἀμὴν λέγω ὑμῖν

10 23 ᵃ ἀμὴν γὰρ λέγω ὑμῖν

10 42 ᵃ ἀμὴν λέγω ὑμῖν

11 11 ᵃ ἀμὴν λέγω ὑμῖν

13 17 ᵃ ἀμὴν γὰρ (—T) λέγω ὑμῖν

16 28 ᵃ ἀμὴν λέγω ὑμῖν

17 20 ᵃ ἀμὴν γὰρ λέγω ὑμῖν

18 3 ᵃ ἀμὴν λέγω ὑμῖν

18 13 ᵃ ἀμὴν λέγω ὑμῖν

18 18 ᵃ ἀμὴν λέγω ὑμῖν

18 19 ᵃ ἀμὴν ([N²⁶NVH]; —STς) λέγω ὑμῖν

19 23 ᵃ ἀμὴν λέγω ὑμῖν

19 28 ᵃ ἀμὴν λέγω ὑμῖν

21 21 ᵃ ἀμὴν λέγω ὑμῖν

21 31 ᵃ ἀμὴν λέγω ὑμῖν

23 36 ᵃ ἀμὴν λέγω ὑμῖν

24 2 ᵃ ἀμὴν λέγω ὑμῖν

24 34 ᵃ ἀμὴν λέγω ὑμῖν

24 47 ᵃ ἀμὴν λέγω ὑμῖν

25 12 ᵃ ἀμὴν λέγω ὑμῖν

25 40 ᵃ ἀμὴν λέγω ὑμῖν

25 45 ᵃ ἀμὴν λέγω ὑμῖν

26 13 ᵃ ἀμὴν λέγω ὑμῖν

26 21 ᵃ ἀμὴν λέγω ὑμῖν

26 34 ᵃ ἀμὴν λέγω σοι

28 20 ᶜ*μεθ᾽ ὑμῶν εἰμι … ἕως τῆς συντελείας τοῦ αἰῶνος. ἀμήν (+ς)

Mc 3 28 ᵃ ἀμὴν λέγω ὑμῖν

6 11 ᵃ*| ἀμὴν λέγω ὑμῖν (+ς..)

8 12 ᵃ ἀμὴν λέγω ὑμῖν (—H)

9 1 ᵃ ἀμὴν λέγω ὑμῖν

9 41 ᵃ ἀμὴν λέγω ὑμῖν

10 15 ᵃ ἀμὴν λέγω ὑμῖν

10 29 ᵃ ἀμὴν λέγω ὑμῖν

11 23 ᵃ ἀμὴν (+γὰρ Sς) λέγω ὑμῖν

12 43 ᵃ ἀμὴν λέγω ὑμῖν

13 30 ᵃ ἀμὴν λέγω ὑμῖν

14 9 ᵃ ἀμὴν δὲ λέγω ὑμῖν

14 18 ᵃ ἀμὴν λέγω ὑμῖν

14 25 ᵃ ἀμὴν λέγω ὑμῖν

14 30 ᵃ ἀμὴν λέγω σοι

[16 20] ᶜ*καὶ τὸν λόγον βεβαιοῦντος διὰ τῶν ἐπακολουθούντων σημείων. ἀμήν (+ς)

[16 br] ᶜ*ἄφθαρτον κήρυγμα τῆς αἰωνίου σωτηρίας. ἀμήν (+N²⁶)

Lc 4 24 ᵃ ἀμὴν λέγω ὑμῖν

12 37 ᵃ ἀμὴν λέγω ὑμῖν

13 35 ᵃ*ἀμὴν (+ς) λέγω δὲ ([N²⁶NH]; —T) ὑμῖν

18 17 ᵃ ἀμὴν λέγω ὑμῖν

18 29 ᵃ ἀμὴν λέγω ὑμῖν

21 32 ᵃ ἀμὴν λέγω ὑμῖν

23 43 ᵃ ἀμὴν σοι λέγω

24 53 ᶜ*ἦσαν … (+αἰνοῦντες καὶ [M]Vς) εὐλογοῦντες (αἰνοῦντες T) τὸν θεόν· ἀμήν (+ς)

Jo 1 51 ᵃᵇ ἀμὴν ἀμὴν λέγω ὑμῖν

3 3 ᵃᵇ ἀμὴν ἀμὴν λέγω σοι

3 5 ᵃᵇ ἀμὴν ἀμὴν λέγω σοι

3 11 ᵃᵇ ἀμὴν ἀμὴν λέγω σοι

5 19 ᵃᵇ ἀμὴν ἀμὴν λέγω ὑμῖν

5 24 ᵃᵇ ἀμὴν ἀμὴν λέγω ὑμῖν

5 25 ᵃᵇ ἀμὴν ἀμὴν λέγω ὑμῖν

6 26 ᵃᵇ ἀμὴν ἀμὴν λέγω ὑμῖν

6 32 ᵃᵇ ἀμὴν ἀμὴν λέγω ὑμῖν

6 47 ᵃᵇ ἀμὴν ἀμὴν λέγω ὑμῖν

6 53 ᵃᵇ ἀμὴν ἀμὴν λέγω ὑμῖν

8 34 ᵃᵇ ἀμὴν ἀμὴν λέγω ὑμῖν

8 51 ᵃᵇ ἀμὴν ἀμὴν λέγω ὑμῖν

Jo 8 58ᵃᵇἀμὴν ἀμὴν λέγω ὑμῖν
  10 1ᵃᵇἀμὴν ἀμὴν λέγω ὑμῖν
  10 7ᵃᵇἀμὴν ἀμὴν λέγω ὑμῖν
  12 24ᵃᵇἀμὴν ἀμὴν λέγω ὑμῖν
  13 16ᵃᵇἀμὴν ἀμὴν λέγω ὑμῖν
  13 20ᵃᵇἀμὴν ἀμὴν λέγω ὑμῖν
  13 21ᵃᵇἀμὴν ἀμὴν λέγω ὑμῖν
  13 38ᵃᵇἀμὴν ἀμὴν λέγω σοι
  14 12ᵃᵇἀμὴν ἀμὴν λέγω ὑμῖν
  16 20ᵃᵇἀμὴν ἀμὴν λέγω ὑμῖν
  16 23ᵃᵇἀμὴν ἀμὴν λέγω ὑμῖν
  21 18ᵃᵇἀμὴν ἀμὴν λέγω σοι
  21 25ᶜ ∗‖ χωρήσειν (-σαι VBSϛ) τὰ
    γραφόμενα βιβλία ((..—Τ)). ἀμήν
    (+ϛ)

Rm 1 25ᶜὅς ἐστιν εὐλογητὸς εἰς τοὺς αἰ-
    ῶνας · ἀμήν
  9 5ᶜὁ...θεὸς εὐλογητὸς εἰς τοὺς αἰῶνας,
    ἀμήν
  11 36ᶜαὐτῷ ἡ δόξα εἰς τοὺς αἰῶνας· ἀμήν
  15 33ᶜὁ δὲ θεὸς τῆς εἰρήνης μετὰ πάντων
    ὑμῶν· ἀμήν
  16 27ᶜ‖ ᾧ [Η] ἡ δόξα εἰς τοὺς αἰῶνας
    | τῶν αἰώνων (—Ν²⁶Ηϛ)· ἀμήν
    [[..Ν²⁶S]]

1C 14 16ᵈπῶς ἐρεῖ τὸ ἀμὴν ἐπὶ τῇ σῇ
    εὐχαριστίᾳ;
  16 24ᶜ∗ἡ ἀγάπη μου μετὰ πάντων ὑμῶν
    ἐν Χριστῷ Ἰησοῦ. ἀμήν (+[S]ϛ)

2C 1 20ᵈ| διὸ καὶ δι' αὐτοῦ (καὶ ἐν αὐτῷ ϛ)
    τὸ ἀμὴν τῷ θεῷ
  13 13ᶜἡ κοινωνία τοῦ ἁγίου πνεύματος
    μετὰ πάντων ὑμῶν· ἀμήν (+ϛ)

G 1 5ᶜᾧ ἡ δόξα εἰς τοὺς αἰῶνας τῶν
    αἰώνων· ἀμήν
  6 18ᶜἡ χάρις ... Χριστοῦ μετὰ τοῦ
    πνεύματος ὑμῶν, ἀδελφοί· ἀμήν

E 3 21ᶜαὐτῷ ἡ δόξα ... εἰς πάσας τὰς γε-
    νεὰς τοῦ αἰῶνος τῶν αἰώνων·
    ἀμήν
  6 24ᶜ∗τῶν ἀγαπώντων τὸν κύριον ...
    ἐν ἀφθαρσίᾳ. ἀμήν (+ϛ)

Ph 4 20ᶜἡ δόξα εἰς τοὺς αἰῶνας τῶν αἰώ-
    νων· ἀμήν
  4 23ᶜἡ χάρις τοῦ κυρίου Ἰησοῦ Χρι-
    στοῦ μετὰ τοῦ πνεύματος ὑμῶν.
    ἀμήν (+M[V]Sϛ)

Cl 4 18ᶜ∗ἡ χάρις μεθ' ὑμῶν. ἀμήν (+ϛ)

1Th 3 13ᶜμετὰ πάντων τῶν ἁγίων αὐτοῦ.
    ἀμήν (+[Ν²⁶S]T)
  5 28ᶜ∗ἡ χάρις τοῦ κυρίου ἡμῶν Ἰησοῦ
    Χριστοῦ μεθ' ὑμῶν. ἀμήν (+[VS]ϛ)

2Th 3 18ᶜ∗ἡ χάρις τοῦ κυρίου ... μετὰ πάν-
    των ὑμῶν. ἀμήν (+[V]ϛ)

1Tm 1 17ᶜεἰς τοὺς αἰῶνας τῶν αἰώνων· ἀμήν
  6 16ᶜᾧ τιμὴ καὶ κράτος αἰώνιον· ἀμήν
  6 21ᶜ∗ἡ χάρις | μεθ' ὑμῶν (μετὰ σοῦ
    Sϛ) ἀμήν (+[S]ϛ)

2Tm 4 18ᶜᾧ ἡ δόξα εἰς τοὺς αἰῶνας τῶν
    αἰώνων, ἀμήν
  4 22ᶜ∗ἡ χάρις μεθ' ὑμῶν. ἀμήν (+ϛ)

Tt 3 15ᶜ∗ἡ χάρις μετὰ πάντων ὑμῶν. ἀμήν

Phm 25ᶜ∗ἡ χάρις ... μετὰ τοῦ πνεύματος
    ὑμῶν. ἀμήν (+MVBSϛ)

Hb 13 21ᶜεἰς τοὺς αἰῶνας | τῶν αἰώνων
    [Ν²⁶]· ἀμήν
  13 25ᶜ∗ἡ χάρις μετὰ πάντων ὑμῶν ἀμήν
    (+MVBSϛ)

1Pt 4 11ᶜᾧ ἐστιν ἡ δόξα καὶ τὸ κράτος εἰς
    τοὺς αἰῶνας τῶν αἰώνων· ἀμήν
  5 11ᶜτὸ κράτος εἰς τοὺς αἰῶνας (+τῶν
    αἰώνων NMVBSTϛ)· ἀμήν
  5 14ᶜ∗εἰρήνη ὑμῖν πᾶσιν τοῖς ἐν Χριστῷ
    [+ Ἰησοῦ S]. ἀμήν (+ϛ)

2Pt 3 18ᶜαὐτῷ ἡ δόξα ... εἰς ἡμέραν αἰῶνος.
    ἀμήν ([Ν²⁶]; — ΝΤΗ)

1Jo 5 21ᶜ∗φυλάξατε ἑαυτὰ ἀπὸ τῶν εἰδώ-
    λων. ἀμήν (+ϛ)

2Jo 13ᶜ∗ἀσπάζεταί σε τὰ τέκνα ... τῆς
    ἐκλεκτῆς. ἀμήν (+ϛ)

Jd 25ᶜκαὶ νῦν καὶ εἰς πάντας τοὺς αἰῶ-
    νας· ἀμήν

Ap 1 6ᶜαὐτῷ ... τὸ κράτος εἰς τοὺς αἰῶνας
    | τῶν αἰώνων ([Ν²⁶]; — Η)· ἀμήν
  1 7ᶜκόψονται ἐπ' αὐτὸν πᾶσαι αἱ φυ-
    λαὶ τῆς γῆς· ναί, ἀμήν
  1 18ᶜ∗ζῶν εἰμι εἰς τοὺς αἰῶνας τῶν
    αἰώνων· ἀμήν· (+ϛ)
  3 14ᵈτάδε λέγει ὁ ἀμήν, ὁ μάρτυς ὁ πι-
    στὸς καὶ (+ὁ [Η]) ἀληθινός
  5 14ᶜκαὶ τὰ τέσσαρα ζῷα ἔλεγον· ἀμήν
  7 12ᵃἀμήν, ἡ εὐλογία καὶ ἡ δόξα ... τῷ
    θεῷ ἡμῶν ↔
  7 12ᶜεἰς τοὺς αἰῶνας τῶν αἰώνων· ἀμήν
    [Η]
  19 4ᵃπροσεκύνησαν ... λέγοντες· ἀμήν
    ἁλληλουϊά
  22 20ᶜἔρχομαι ταχύ. ἀμήν
  22 21ᶜ∗ἡ χάρις ... μετὰ πάντων (τῶν
    ἁγίων Η; +τῶν ἁγίων MVS).
    ἀμήν (+MVSϛ)

ἀμήτωρ
Hb 7 3 ⟨Μελχισέδεκ⟩ ἀπάτωρ, ἀμήτωρ,
    ἀγενεαλόγητος ... μένει

ἀμίαντος
Hb 7 26 τοιοῦτος ... ἀρχιερεύς, ὅσιος, ἄκα-
    κος, ἀμίαντος
  13 4 τίμιος ὁ γάμος ἐν πᾶσιν καὶ ἡ κοίτη
    ἀμίαντος
Jc 1 27 θρησκεία καθαρὰ καὶ ἀμίαντος ...
    αὕτη ἐστίν
1Pt 1 4 ⟨ἀναγεννήσας⟩ εἰς κληρονομίαν
    ἄφθαρτον καὶ ἀμίαντον

Ἀμιναδάβ
Mt 1 4 Ἀρὰμ δὲ ἐγέννησεν τὸν Ἀμιναδάβ,
    ↔
  1 4 Ἀμιναδὰβ δὲ ἐγέννησεν τὸν Ναασ-
    σών
Lc 3 33 ⟨τοῦ Ναασσών⟩ | τοῦ Ἀμιναδὰβ
    (— Η) τοῦ Ἀδμίν

ἄμμος
Mt 7 26 ὅστις ᾠκοδόμησεν αὐτοῦ τὴν οἰκίαν
    ἐπὶ τὴν ἄμμον
Rm 9 27 ἐὰν ᾖ ὁ ἀριθμὸς τῶν υἱῶν Ἰσραὴλ
    ὡς ἡ ἄμμος τῆς θαλάσσης
Hb 11 12 καὶ ὡς ἡ ἄμμος ἡ παρὰ τὸ χεῖλος
    τῆς θαλάσσης ἡ ἀναρίθμητος
Ap 12 18 ἐστάθη (-θην VBSTϛ) ἐπὶ τὴν ἄμ-
    μον τῆς θαλάσσης
  20 8 ὁ ἀριθμὸς αὐτῶν ὡς ἡ ἄμμος τῆς
    θαλάσσης

ἀμνός
Jo 1 29 ἴδε ὁ ἀμνὸς τοῦ θεοῦ ὁ αἴρων τὴν
    ἁμαρτίαν τοῦ κόσμου
  1 36 λέγει· ἴδε ὁ ἀμνὸς τοῦ θεοῦ
Ac 8 32 ὡς ἀμνὸς ἐναντίον τοῦ κείραντος
    (Ν²⁶ST; -ροντος rl) αὐτὸν ἄφω-
    νος
1Pt 1 19 ⟨ἐλυτρώθητε⟩ τιμίῳ αἵματι ὡς
    ἀμνοῦ ἀμώμου καὶ ἀσπίλου Χρι-
    στοῦ

ἀμοιβή
1Tm 5 4 μανθανέτωσαν ... ἀμοιβὰς ἀποδι-
    δόναι τοῖς προγόνοις

ἄμπελος
ᵃ propr.
Mt 26 29ᵃοὐ μὴ πίω ἀπ' ἄρτι ἐκ τούτου τοῦ
    γενήματος τῆς ἀμπέλου

Mc 14 25ᵃὅτι οὐκέτι οὐ μὴ πίω ἐκ τοῦ γενή-
    ματος τῆς ἀμπέλου
Lc 22 18ᵃὅτι (+[Ν²⁶]Τϛ) οὐ μὴ πίω ἀπὸ τοῦ
    νῦν ἀπὸ τοῦ γενήματος τῆς ἀμπέ-
    λου
Jo 15 1 ἐγώ εἰμι ἡ ἄμπελος ἡ ἀληθινή
  15 4 ἐὰν μὴ μένῃ ἐν τῇ ἀμπέλῳ
  15 5 ἐγώ εἰμι ἡ ἄμπελος, ὑμεῖς τὰ κλή-
    ματα
Jc 3 12ᵃμὴ δύναται ... συκῆ ἐλαίας ποιῆσαι
    ἢ ἄμπελος σῦκα;
Ap 14 18ᵃτρύγησον τοὺς βότρυας τῆς ἀμπέ-
    λου τῆς γῆς
  14 19ᵃἐτρύγησεν τὴν ἄμπελον τῆς γῆς

ἀμπελουργός
Lc 13 7 εἶπεν δὲ πρὸς τὸν ἀμπελουργόν

ἀμπελών
Mt 20 1 ἐξῆλθεν ... μισθώσασθαι ἐργάτας
    εἰς τὸν ἀμπελῶνα αὐτοῦ
  20 2 ἀπέστειλεν αὐτοὺς εἰς τὸν ἀμπε-
    λῶνα αὐτοῦ
  20 4 ὑπάγετε καὶ ὑμεῖς εἰς τὸν ἀμπελῶ-
    να (+μου MS)
  20 7 ὑπάγετε καὶ ὑμεῖς εἰς τὸν ἀμπελῶνα
  20 8 λέγει ὁ κύριος τοῦ ἀμπελῶνος τῷ
    ἐπιτρόπῳ αὐτοῦ
  21 28 τέκνον, ὕπαγε σήμερον ἐργάζου ἐν
    τῷ ἀμπελῶνι (+μου Vϛ)
  21 33 ἄνθρωπος ἦν οἰκοδεσπότης ὅστις
    ἐφύτευσεν ἀμπελῶνα
  21 39 καὶ λαβόντες αὐτὸν ἐξέβαλον ἔξω
    τοῦ ἀμπελῶνος
  21 40 ὅταν οὖν ἔλθῃ ὁ κύριος τοῦ ἀμπε-
    λῶνος
  21 41 καὶ τὸν ἀμπελῶνα ἐκδώσεται ἄλ-
    λοις γεωργοῖς
Mc 12 1 ἀμπελῶνα | ἄνθρωπος ἐφύτευσεν
    (∼Vϛ)
  12 2 ἵνα ... λάβῃ ἀπὸ τῶν καρπῶν τοῦ
    ἀμπελῶνος
  12 8 καὶ ἐξέβαλον αὐτὸν (—Vϛ) ἔξω τοῦ
    ἀμπελῶνος
  12 9 τί οὖν ([Ν²⁶]; — ΝΤΗ) ποιήσει ὁ
    κύριος τοῦ ἀμπελῶνος;
  12 9 καὶ δώσει τὸν ἀμπελῶνα ἄλλοις
Lc 13 6 συκῆν εἶχέν τις πεφυτευμένην ἐν
    τῷ ἀμπελῶνι αὐτοῦ
  20 9 ἄνθρωπός τις [+Ν²⁶] ἐφύτευσεν
    ἀμπελῶνα
  20 10 ἵνα ἀπὸ τοῦ καρποῦ τοῦ ἀμπελῶ-
    νος δώσουσιν αὐτῷ
  20 13 εἶπεν δὲ ὁ κύριος τοῦ ἀμπελῶνος
  20 15 ἐκβαλόντες αὐτὸν ἐκ τοῦ ἀμπελῶ-
    νος ἀπέκτειναν
  20 15 τί οὖν ποιήσει αὐτοῖς ὁ κύριος τοῦ
    ἀμπελῶνος;
  20 16 δώσει τὸν ἀμπελῶνα ἄλλοις
1C 9 7 τίς φυτεύει ἀμπελῶνα καὶ ... οὐκ
    ἐσθίει;

Ἀμπλιᾶτος
  Ἀμπλιᾶτος T Ἀμπλίας VSϛ
Rm 16 8 ἀσπάσασθε Ἀμπλιᾶτον τὸν ἀγα-
    πητόν μου ἐν κυρίῳ

ἀμύνομαι
Ac 7 24 ἰδών τινα ἀδικούμενον ἠμύνατο

ἀμφιάζω
  → ἀμφιέζω

ἀμφιβάλλω
  → βάλλω
Mc 1 16 εἶδεν Σίμωνα καὶ Ἀνδρέαν ... ἀμ-
    φιβάλλοντας (βάλλοντας ἀμφί-
    βληστρον ϛ) ἐν τῇ θαλάσσῃ

ἀμφίβληστρον
Mt 4 18 βάλλοντας ἀμφίβληστρον εἰς τὴν
    θάλασσαν

Mc 1 16 *εἶδεν Σίμωνα καὶ ᾿Ανδρέαν ... | βάλλοντας ἀμφίβληστρον (ς; ἀμφιβάλλοντας rl) ἐν τῇ θαλάσσῃ

ἀμφιέζω
ἀμφιάζω NMH
Lc 12 28 εἰ δὲ ἐν ἀγρῷ τὸν χόρτον ... ὁ θεὸς οὕτως ἀμφιέζει (ἀμφιέννυσιν Vς)

ἀμφιέννυμι
Mt 6 30 εἰ δὲ τὸν χόρτον ... ὁ θεὸς οὕτως ἀμφιέννυσιν
11 8 τί ἐξήλθατε ἰδεῖν; ἄνθρωπον ἐν μαλακοῖς (+ἱματίοις Vς) ἠμφιεσμένον;
Lc 7 25 τί ἐξήλθατε (ἐξεληλύθατε VBSTς) ἰδεῖν; ἄνθρωπον ἐν μαλακοῖς ἱματίοις ἠμφιεσμένον;
12 28 *εἰ δὲ ἐν ἀγρῷ τὸν χόρτον ... ὁ θεὸς οὕτως ἀμφιέννυσιν (Vς; ἀμφιέζει rl)

᾿Αμφίπολις
Ac 17 1 διοδεύσαντες δὲ τὴν ᾿Αμφίπολιν καὶ τὴν ᾿Απολλωνίαν

ἄμφοδον
Mc 11 4 εὗρον (+τὸν [S] Tς) πῶλον ... ἔξω ἐπὶ τοῦ ἀμφόδου

ἀμφότεροι
Mt 9 17 καὶ ἀμφότεροι (-ρα ς) συντηροῦνται
13 30 ἄφετε συναυξάνεσθαι ἀμφότερα ἕως (μέχρι MVBSTς) τοῦ θερισμοῦ
15 14 ἀμφότεροι | εἰς βόθυνον πεσοῦνται (~ S)
Lc 1 6 ἦσαν δὲ δίκαιοι ἀμφότεροι ἐναντίον τοῦ θεοῦ
1 7 καὶ ἀμφότεροι προβεβηκότες ἐν ταῖς ἡμέραις αὐτῶν ἦσαν
5 7 ἔπλησαν ἀμφότερα τὰ πλοῖα
5 38 *οἶνον νέον εἰς ἀσκοὺς καινοὺς βλητέον | καὶ ἀμφότεροι συντηροῦνται (+ς)
6 39 οὐχὶ ἀμφότεροι εἰς βόθυνον ἐμπεσοῦνται;
7 42 μὴ ἐχόντων (+δὲ V [S]ς) αὐτῶν ἀποδοῦναι ἀμφοτέροις ἐχαρίσατο
Ac 8 38 κατέβησαν ἀμφότεροι εἰς τὸ ὕδωρ, ὅ τε Φίλιππος καὶ ὁ εὐνοῦχος
19 16 κατακυριεύσας ἀμφοτέρων (αὐτῶν ς) ἴσχυσεν κατ᾿ αὐτῶν
23 8 Φαρισαῖοι δὲ ὁμολογοῦσιν τὰ ἀμφότερα
E 2 14 ὁ ποιήσας τὰ ἀμφότερα ἕν
2 16 ⟨ἵνα⟩ ἀποκαταλλάξῃ τοὺς ἀμφοτέρους ἐν ἑνὶ σώματι τῷ θεῷ
2 18 ὅτι δι᾿ αὐτοῦ ἔχομεν τὴν προσαγωγὴν οἱ ἀμφότεροι ἐν ἑνὶ πνεύματι

ἀμώμητος
Ph 2 15 *ἵνα γένησθε ... ἀκέραιοι τέκνα θεοῦ ἀμώμητα (Sς; ἄμωμα rl)
2Pt 3 14 ἄσπιλοι καὶ ἀμώμητοι αὐτῷ εὑρεθῆναι

ἄμωμον
Ap 18 13 ⟨οὐδεὶς ἀγοράζει⟩ κιννάμωμον | καὶ ἄμωμον ([V]; —ς)

ἄμωμος
E 1 4 ἐξελέξατο ἡμᾶς ... εἶναι ἡμᾶς ἁγίους καὶ ἀμώμους
5 27 ἀλλ᾿ ἵνα ᾖ ἁγία καὶ ἄμωμος
Ph 2 15 ἵνα γένησθε ... ἀκέραιοι, τέκνα θεοῦ ἄμωμα (-μητα Sς)
Cl 1 22 παραστῆσαι ὑμᾶς ἁγίους καὶ ἀμώμους
Hb 9 14 ἑαυτὸν προσήνεγκεν ἄμωμον τῷ θεῷ

1Pt 1 19 ⟨ἐλυτρώθητε⟩ τιμίῳ αἵματι ὡς ἀμνοῦ ἀμώμου
Jd 24 στῆσαι κατενώπιον τῆς δόξης αὐτοῦ ἀμώμους ἐν ἀγαλλιάσει
Ap 14 5 ἄμωμοί (+γὰρ Tς) εἰσιν

᾿Αμών
filius Manasse
Mt 1 10 *Μανασσῆς δὲ ἐγέννησεν τὸν ᾿Αμών (VBς; ᾿Αμώς rl), ↔
1 10 *᾿Αμών (VBς; ᾿Αμώς rl) δὲ ἐγέννησεν τὸν ᾿Ιωσίαν

᾿Αμώς
a filius Manasse
b filius Nahum
Mt 1 10a Μανασσῆς δὲ ἐγέννησεν τὸν ᾿Αμώς (᾿Αμών VBς), ↔
1 10a ᾿Αμώς (᾿Αμών VBς) δὲ ἐγέννησεν τὸν ᾿Ιωσίαν
Lc 3 25b τοῦ Ματταθίου τοῦ ᾿Αμώς τοῦ Ναούμ

ἄν
→ ἐάν
a ὃς ἄν, ὅστις ἄν
b ἕως ἄν
c c. indic.
d c. optat.
Mt 2 13b καὶ ἴσθι ἐκεῖ ἕως ἂν εἴπω σοι
5 18b ἕως ἂν παρέλθῃ ὁ οὐρανὸς καὶ ἡ γῆ
5 18b ἕως ἂν [H] πάντα γένηται
5 19a ὃς δ᾿ ἂν ποιήσῃ καὶ διδάξῃ
5 21a ὃς δ᾿ ἂν φονεύσῃ, ἔνοχος ἔσται τῇ κρίσει
5 22a ὃς δ᾿ ἂν εἴπῃ τῷ ἀδελφῷ αὐτοῦ ῥακά
5 22a ὃς δ᾿ ἂν εἴπῃ μωρέ
5 26b ἕως ἂν ἀποδῷς τὸν ἔσχατον κοδράντην
5 31a ὃς ἂν ἀπολύσῃ τὴν γυναῖκα αὐτοῦ
5 32a *ὅτι | ὃς ἂν ἀπολύσῃ (ς; πᾶς ὁ ἀπολύων rl) τὴν γυναῖκα αὐτοῦ
6 5 *ὅπως ἂν (+Sς) φανῶσιν τοῖς ἀνθρώποις
7 12 *ὅσα ἂν (VSς; ἐὰν rl) θέλητε ἵνα ποιῶσιν ὑμῖν
10 11a εἰς ἣν δ᾿ ἂν πόλιν ἢ κώμην εἰσέλθητε, ἐξετάσατε
10 11b κἀκεῖ μείνατε ἕως ἂν ἐξέλθητε
10 14a καὶ ὃς ἂν (ἐὰν ς) δέξηται ὑμᾶς
10 23b οὐ μὴ τελέσητε ... ἕως ἂν (— NT H) ἔλθῃ ὁ υἱὸς τοῦ ἀνθρώπου
10 33a ὅστις | δ᾿ ἂν (δὲ H) ἀρνήσηταί με
10 42a καὶ ὃς ἂν (N²⁶H; ἐὰν rl) ποτίσῃ ἕνα τῶν μικρῶν τούτων
11 6a *μακάριός ἐστιν ὃς ἂν (H; ἐὰν rl) μὴ σκανδαλισθῇ ἐν ἐμοί
11 21c πάλαι ἂν ἐν σάκκῳ καὶ σποδῷ μετενόησαν
11 23c εἰ ἐν Σοδόμοις ἐγενήθησαν αἱ δυνάμεις ... ἔμεινεν ἂν μέχρι τῆς σήμερον
12 7c εἰ δὲ ἐγνώκειτε ... οὐκ ἂν κατεδικάσατε τοὺς ἀναιτίους
12 20b ἕως ἂν ἐκβάλῃ εἰς νῖκος τὴν κρίσιν
12 32a *ὃς ἂν (ἐὰν rl) εἴπῃ λόγον κατὰ τοῦ υἱοῦ τοῦ ἀνθρώπου
12 32a ὃς δ᾿ ἂν εἴπῃ κατὰ τοῦ πνεύματος τοῦ ἁγίου
12 50a ὅστις γὰρ ἂν ποιήσῃ (ποιῇ S) τὸ θέλημα τοῦ πατρός μου
15 5a ὃς ἂν εἴπῃ τῷ πατρί
16 25a *ὃς γὰρ ἂν (ς; ἐὰν rl) θέλῃ τὴν ψυχὴν αὐτοῦ σῶσαι, ἀπολέσει
16 25a ὃς δ᾿ ἂν ἀπολέσῃ τὴν ψυχὴν ... εὑρήσει αὐτήν

Mt 16 28b οὐ μὴ γεύσωνται θανάτου ἕως ἂν ἴδωσιν τὸν υἱόν
18 6a ὃς δ᾿ ἂν σκανδαλίσῃ ἕνα τῶν μικρῶν τούτων
19 9a ὃς ἂν ἀπολύσῃ τὴν γυναῖκα αὐτοῦ ... μοιχᾶται
20 26a *ὃς ἂν (H; ἐὰν rl) θέλῃ ἐν ὑμῖν μέγας γενέσθαι, ἔσται ὑμῶν διάκονος
20 27a ὃς ἂν (ἐὰν VSς) θέλῃ ἐν ὑμῖν εἶναι πρῶτος, ἔσται ὑμῶν δοῦλος
21 22 καὶ πάντα ὅσα ἂν αἰτήσητε ... λήμψεσθε
21 44a | ἐφ᾿ ὃν δ᾿ ἂν πέσῃ, λικμήσει αὐτόν ([..N²⁶NVSH]; .. —T)
22 9 *καὶ ὅσους ἂν (ς; ἐὰν rl) εὕρητε καλέσατε εἰς τοὺς γάμους
22 44b κάθου ... ἕως ἂν θῶ τοὺς ἐχθρούς σου ὑποκάτω τῶν ποδῶν σου
23 3 *πάντα οὖν ὅσα ἂν (ς; ἐὰν rl) εἴπωσιν ὑμῖν (+τηρεῖν [V]ς)
23 16a ὃς ἂν ὁμόσῃ ἐν τῷ ναῷ, οὐδέν ἐστιν
23 16a ὃς δ᾿ ἂν ὁμόσῃ ἐν τῷ χρυσῷ τοῦ ναοῦ, ὀφείλει
23 18a ὃς ἂν (ἐὰν ς) ὁμόσῃ ἐν τῷ θυσιαστηρίῳ, οὐδέν ἐστιν
23 18a ὃς δ᾿ ἂν ὁμόσῃ ἐν τῷ δώρῳ... ὀφείλει
23 30c εἰ ἤμεθα ... οὐκ ἂν ἤμεθα | αὐτῶν κοινωνοί (~ VTς)
23 39b οὐ μή με ἴδητε ἀπ᾿ ἄρτι ἕως ἂν εἴπητε
24 22c εἰ μὴ ἐκολοβώθησαν ... οὐκ ἂν ἐσώθη
24 34b οὐ μὴ παρέλθῃ ... ἕως ἂν [H] πάντα ταῦτα γένηται
24 43c εἰ ᾔδει ὁ οἰκοδεσπότης ... ἐγρηγόρησεν ἄν ↔
24 43c καὶ οὐκ ἂν εἴασεν διορυχθῆναι
25 27c ἐκομισάμην ἂν τὸ ἐμὸν σὺν τόκῳ
26 48b ὃν ἂν (ἐὰν T) φιλήσω αὐτός ἐστιν
Mc 3 28 *ἀφεθήσεται ... ὅσα (ὅσας Vς) ἂν (ς; ἐὰν rl) βλασφημήσωσιν
3 29a ὃς δ᾿ ἂν βλασφημήσῃ ... οὐκ ἔχει ἄφεσιν
3 35a ὃς γὰρ ([N²⁶]; —NTH) ἂν ποιήσῃ τὸ θέλημα τοῦ θεοῦ
4 25a ὃς γὰρ | ἂν ἔχῃ (ς; ἔχει rl), δοθήσεται αὐτῷ
6 10b ἐκεῖ μένετε ἕως ἂν ἐξέλθητε ἐκεῖθεν
6 11b ὃς ἂν τόπος μὴ δέξηται ὑμᾶς
6 56c ὅπου ἂν (ἐὰν T) εἰσεπορεύετο εἰς κώμας
6 56c ὅσοι ἂν ἥψαντο (ἥπτοντο VSς) αὐτοῦ ἐσῴζοντο
8 35a ὃς γὰρ ἂν (ς; ἐὰν rl) θέλῃ τὴν | ψυχὴν αὐτοῦ (ἑαυτοῦ ψ. H) σῶσαι
8 35a ὃς δ᾿ ἂν ἀπολέσει (-σῃ VSς) τὴν | ψυχὴν αὐτοῦ (ἑαυτοῦ ψ. VST)
8 38a ὃς γὰρ ἂν (ς; ἐὰν rl) ἐπαισχυνθῇ με
9 1b ἕως ἂν ἴδωσιν τὴν βασιλείαν τοῦ θεοῦ ἐληλυθυῖαν
9 18 *ὅπου ἂν (Vς; ἐὰν rl) αὐτὸν καταλάβῃ
9 37a ὃς ἂν (ἐὰν ς) ἓν [H] τῶν | τοιούτων παιδίων (π. τούτων ST) δέξηται
9 37a ὃς ἂν (ἐὰν ς) ἐμὲ δέχηται (δέξηται Vς)
9 41a ὃς γὰρ ἂν ποτίσῃ ὑμᾶς ποτήριον ὕδατος
9 42a ὃς ἂν σκανδαλίσῃ ἕνα τῶν μικρῶν
10 11a ὃς ἂν (ἐὰν ς) ἀπολύσῃ τὴν γυναῖκα αὐτοῦ
10 15a ὃς ἂν (ἐὰν ς) μὴ δέξηται ... ὡς παιδίον

Mc 10 43ᵃὃς ἂν (ἐὰν ς) θέλῃ μέγας γενέσθαι ἐν ὑμῖν

10 44ᵃὃς ἂν θέλῃ | ἐν ὑμῖν εἶναι (ὑμῶν γενέσθαι Tς) πρῶτος

11 23ᵃὅτι ὃς ἂν εἴπῃ τῷ ὄρει τούτῳ

11 24 *πάντα ὅσα | ἂν προσευχόμενοι (ς; προσεύχεσθε καὶ rl) αἰτεῖσθε

12 36ᵇἕως ἂν θῶ τοὺς ἐχθρούς σου ὑποκάτω (ὑποπόδιον MVSTς) τῶν ποδῶν σου

13 20ᶜοὐκ ἂν ἐσώθη πᾶσα σάρξ

14 9 *ὅπου ἂν (ς; ἐὰν rl) κηρυχθῇ τὸ εὐαγγέλιον (+τοῦτο Vς)

14 44ᵃὃν ἂν φιλήσω αὐτός ἐστιν

Lc 1 62ᵈἐνένευον ... τὸ τί ἂν θέλοι καλεῖσθαι αὐτό

2 26 μὴ ἰδεῖν θάνατον πρὶν ἢ [N²⁶H] ἂν (—VBSς) ἴδῃ τὸν χριστόν

2 35 ὅπως ἂν ἀποκαλυφθῶσιν ἐκ πολλῶν καρδιῶν διαλογισμοί

4 6ᵃ*καὶ ᾧ ἂν (H; ἐὰν rl) θέλω δίδωμι αὐτήν

6 11ᵈδιελάλουν ... τί ἂν ποιήσαιεν τῷ Ἰησοῦ

7 39ᶜεἰ ἦν [+ὁ NH] προφήτης, ἐγίνωσκεν ἂν τίς καὶ ποταπὴ ἡ γυνή

8 18ᵃὃς ἂν γὰρ ἔχῃ, δοθήσεται αὐτῷ

8 18ᵃκαὶ ὃς ἂν μὴ ἔχῃ

9 4ᵃεἰς ἣν ἂν οἰκίαν εἰσέλθητε

9 5 ὅσοι ἂν μὴ δέχωνται ὑμᾶς

9 24ᵃὃς γὰρ ἂν (ἐὰν NMVT) θέλῃ ... σῶσαι, ἀπολέσει

9 24ᵃὃς δ᾽ ἂν ἀπολέσῃ τὴν ψυχὴν αὐτοῦ

9 26ᵃὃς γὰρ ἂν ἐπαισχυνθῇ με

9 27ᵇἕως ἂν ἴδωσιν τὴν βασιλείαν τοῦ θεοῦ

9 46ᵈδιαλογισμὸς ... τὸ τίς ἂν εἴη μείζων

9 48ᵃ*ὃς ἂν (BSH; ἐὰν rl) δέξηται τοῦτο τὸ παιδίον

9 48ᵃκαὶ ὃς ἂν (ἐὰν Bς) ἐμὲ δέξηται

9 57 *ἀκολουθήσω σοι ὅπου ἂν (Tς; ἐὰν rl) ἀπέρχῃ (+κύριε Vς)

10 5ᵃεἰς ἣν δ᾽ ἂν εἰσέλθητε οἰκίαν

10 8ᵃκαὶ εἰς ἣν ἂν πόλιν εἰσέρχησθε

10 10ᵃεἰς ἣν δ᾽ ἂν πόλιν εἰσέλθητε

10 13ᶜπάλαι ἂν ... μετενόησαν

10 22ᵃ*καὶ ᾧ ἂν (H; ἐὰν rl) βούληται ὁ υἱὸς ἀποκαλύψαι

10 35ᵈὅ τι ἂν προσδαπανήσῃς

12 8ᵃᶜπᾶς ὃς ἂν ὁμολογήσῃ (-σει H) ἐν ἐμοί

12 39ᶜεἰ ᾔδει ὁ οἰκοδεσπότης ... | ἐγρηγόρησεν ἂν καὶ (+VB[S]Hς) ↔

12 39ᶜοὐκ ἂν (—VBSH) ἀφῆκεν διορυχθῆναι

13 25ᵃἀφ᾽ οὗ ἂν ἐγερθῇ ὁ οἰκοδεσπότης

13 35ᵇᶜ*ἕως ἂν (+Vς) | ἥξει ὅτε ([N²⁶ M]; —H) εἴπητε

15 26ᵈἐπυνθάνετο τί ἂν (—Tς) εἴη ταῦτα

17 6ᶜἐλέγετε ἂν τῇ συκαμίνῳ ταύτῃ ([N²⁶H]; —S)

17 6ᶜκαὶ ὑπήκουσεν ἂν ὑμῖν

17 33ᵃᶜ| ὃς δ᾽ ἂν (N²⁶H; καὶ ὃς ἂν NM; καὶ ὃς ἐὰν rl) ἀπολέσῃ (-σει NMTH), ζωογονήσει αὐτήν

18 17ᵃὃς ἂν (ἐὰν Vς) μὴ δέξηται ... ὡς παιδίον

18 36ᵈ*ἐπυνθάνετο τί ἂν (+S) εἴη τοῦτο

19 23ᶜἐλθὼν σὺν τόκῳ ἂν αὐτὸ ἔπραξα

20 18ᵃἐφ᾽ ὃν δ᾽ ἂν πέσῃ, λικμήσει αὐτόν

20 43ᵇἕως ἂν θῶ τοὺς ἐχθρούς σου ὑποπόδιον τῶν ποδῶν σου

Lc 21 32ᵇοὗ μὴ παρέλθῃ ... ἕως ἂν [H] πάντα γένηται

Jo 1 33ᵃἐφ᾽ ὃν ἂν ἴδῃς τὸ πνεῦμα καταβαῖνον

2 5ᵃὅ τι ἂν λέγῃ ὑμῖν, ποιήσατε

4 10ᶜεἰ ᾔδεις ... σὺ ἂν ᾔτησας αὐτὸν ↔

4 10ᶜκαὶ ἔδωκεν ἂν σοι ὕδωρ ζῶν

4 14ᵃὃς δ᾽ ἂν πίῃ (πίνῃ M) ἐκ τοῦ ὕδατος

5 19 *οὐ δύναται ὁ υἱὸς ... ἂν (ἐὰν N²⁶BSς) μή τι βλέπῃ τὸν πατέρα ποιοῦντα· ↔

5 19ᵃἃ γὰρ ἂν ἐκεῖνος ποιῇ, ταῦτα καὶ ὁ υἱὸς | ὁμοίως ποιεῖ (~T)

5 46ᶜεἰ γὰρ ἐπιστεύετε Μωϋσεῖ, ἐπιστεύετε ἂν ἐμοί

8 19ᶜεἰ ἐμὲ ᾔδειτε, καὶ τὸν πατέρα μου ἂν ᾔδειτε

8 39ᶜ*τὰ ἔργα τοῦ Ἀβραὰμ ἐποιεῖτε (ποιεῖτε NH) ἂν (+MVSς)

8 42ᶜεἰ ὁ θεὸς πατὴρ ὑμῶν ἦν, ἠγαπᾶτε ἂν ἐμέ

9 41ᶜεἰ τυφλοὶ ἦτε, οὐκ ἂν εἴχετε ἁμαρτίαν

11 21ᶜ|| οὐκ ἂν ἀπέθανεν (ἐτεθνήκει Sς) ὁ ἀδελφός μου ((~Sς))

11 22 ὅσα ἂν αἰτήσῃ τὸν θεὸν δώσει σοι ὁ θεός

11 32ᶜεἰ ἦς ὧδε, οὐκ ἂν μου ἀπέθανεν ὁ ἀδελφός

12 32 *κἀγὼ ἂν (H; ἐὰν rl) ὑψωθῶ ἐκ τῆς γῆς

13 20 ὁ λαμβάνων ἂν (ἐὰν ς) τινα πέμψω ἐμὲ λαμβάνει

13 24ᵈ| πυθέσθαι τίς ἂν εἴη (N²⁶ς; καὶ λέγει αὐτῷ· εἰπὲ τίς ἐστιν rl)

14 2ᶜεἰ δὲ μή, εἶπον ἂν ὑμῖν

14 7ᶜ*τὸν πατέρα μου | ἂν ᾔδειτε (γνώσεσθε N²⁶BT; ἐγνώκειτε ἂν Sς)

14 13ᵈὅ τι ἂν αἰτήσητε ἐν τῷ ὀνόματί μου

14 28ᶜεἰ ἠγαπᾶτέ με, ἐχάρητε ἂν

15 16ᵃὅ τι ἂν αἰτήσητε τὸν πατέρα ἐν τῷ ὀνόματί μου

15 19ᶜεἰ ἐκ τοῦ κόσμου ἦτε, ὁ κόσμος ἂν τὸ ἴδιον ἐφίλει

16 13 *ὅσα | ἂν ἀκούσῃ (ς; ἀκούσει N²⁶VBS; ἀκούει rl) λαλήσει

16 23 λέγω ὑμῖν, | ἄν τι (ὅτι ὅσα ἂν ς) αἰτήσητε τὸν πατέρα

18 30ᶜοὐκ ἂν σοι παρεδώκαμεν αὐτόν

18 36ᶜοἱ ὑπηρέται | οἱ ἐμοὶ ἠγωνίζοντο ἂν [N²⁶] ((~NMVTς))

20 23 ἄν τινων ἀφῆτε τὰς ἁμαρτίας, ἀφέωνται αὐτοῖς

20 23 ἄν τινων κρατῆτε, κεκράτηνται

Ac 2 12ᶜᵈτί | ἂν θέλοι (ς; θέλει rl) τοῦτο εἶναι;

2 21ᵃπᾶς ὃς ἂν (N²⁶STς; ἐὰν rl) ἐπικαλέσηται ... σωθήσεται

2 35ᵇ⟨κάθου⟩ ἕως ἂν θῶ τοὺς ἐχθρούς σου ὑποπόδιον τῶν ποδῶν σου

2 39 ὅσους ἂν προσκαλέσηται κύριος ὁ θεὸς ἡμῶν

2 45ᶜκαθότι ἄν τις χρείαν εἶχεν

3 20 ὅπως ἂν ἔλθωσιν καιροὶ ἀναψύξεως

3 22 αὐτοῦ ἀκούσεσθε κατὰ πάντα ὅσα ἂν λαλήσῃ

3 23ᵃ*πᾶσα ψυχὴ ἥτις ἂν (Hς; ἐὰν rl) μὴ ἀκούσῃ ... ἐξολεθρευθήσεται

4 35ᶜκαθότι ἄν τις χρείαν εἶχεν

5 24ᵈδιηπόρουν περὶ αὐτῶν τί ἂν γένοιτο τοῦτο

7 3ᵃδεῦρο εἰς τὴν ([S]; —ς) γῆν ἣν ἂν σοι δείξω

Ac 7 7ᵃᶜ*τὸ ἔθνος ᾧ ἂν (H; ἐὰν rl) δουλεύσουσιν κρινῶ ἐγώ

8 19ᵃᾧ ἂν (ς; ἐὰν rl) ἐπιθῶ τὰς χεῖρας

8 31ᵈπῶς γὰρ ἂν δυναίμην ἐὰν μή τις ὁδηγήσει με;

9 2 *ὅπως ἂν (T; ἐὰν rl) τινας εὕρῃ ... ἀγάγῃ εἰς Ἰερουσαλήμ

10 17ᵈτί ἂν εἴη τὸ ὅραμα ὃ εἶδεν

15 17 ὅπως ἂν ἐκζητήσωσιν ... τὸν κύριον

17 18ᵈτί ἂν θέλοι ὁ σπερμολόγος οὗτος λέγειν

17 20ᵈγνῶναι | τί ἂν θέλοι (ς; τίνα θέλει rl) ταῦτα εἶναι

18 14ᶜκατὰ λόγον ἂν ἀνεσχόμην ὑμῶν

21 33ᵈἐπυνθάνετο τίς ἂν (+ς) εἴη

26 29ᶜᵈεὐξαίμην (-ξάμην T) ἂν τῷ θεῷ

Rm 3 4 ὅπως ἂν δικαιωθῇς ἐν τοῖς λόγοις σου

9 15ᵃἐλεήσω ὃν ἂν ἐλεῶ

9 15ᵃοἰκτιρήσω ὃν ἂν οἰκτίρω

9 29ᶜεἰ μὴ ... ἐγκατέλιπεν ... ὡς Σόδομα ἂν ἐγενήθημεν ↔

9 29ᶜκαὶ ὡς Γόμορρα ἂν ὡμοιώθημεν

10 13ᵇπᾶς γὰρ ὃς ἂν ἐπικαλέσηται ... σωθήσεται

15 24 ὡς ἂν (ἐὰν ς) πορεύωμαι εἰς τὴν Σπανίαν

16 2ᵃἐν ᾧ ἂν ὑμῶν χρῄζῃ πράγματι

1C 2 8ᶜεἰ γὰρ ἔγνωσαν, οὐκ ἂν τὸν κύριον ... ἐσταύρωσαν

4 5ᵇμὴ πρὸ καιροῦ τι κρίνετε, ἕως ἂν ἔλθῃ ὁ κύριος

7 5 μὴ ἀποστερεῖτε ἀλλήλους, εἰ μήτι ἂν [H] ἐκ συμφώνου

11 25 *ὁσάκις ἂν (ς; ἐὰν rl) πίνητε

11 26 *ὁσάκις γὰρ ἂν (ς; ἐὰν rl) ἐσθίητε τὸν ἄρτον τοῦτον

11 26ᵃ*καταγγέλλετε, ἄχρι οὗ ἂν (+ς) ἔλθῃ

11 27ᵃὥστε ὃς ἂν ἐσθίῃ τὸν ἄρτον

11 31ᶜεἰ δὲ ἑαυτοὺς διεκρίνομεν, οὐκ ἂν ἐκρινόμεθα

11 34 τὰ δὲ λοιπὰ ὡς ἂν ἔλθω διατάξομαι

12 2ᶜπρὸς τὰ εἴδωλα ... ὡς ἂν ἤγεσθε ἀπαγόμενοι

15 25ᵃἄχρι οὗ ἂν (+ς)θῇ πάντας τοὺς ἐχθρούς

16 2ᵃ*τιθέτω θησαυρίζων ὅ τι ἂν (VB STς; ἐὰν rl) εὐοδῶται (-ωθῇ ς)

2C 3 15 ἡνίκα ἂν (—ς) ἀναγινώσκηται Μωϋσῆς

3 16 ἡνίκα δ᾽ ἂν (BSς; ἐὰν rl) ἐπιστρέψῃ πρὸς κύριον

8 12 *καθὸ ἂν (T; ἐὰν rl) ἔχῃ εὐπρόσδεκτος

10 9 ἵνα μὴ δόξω | ὡς ἂν (ὡσὰν N) ἐκφοβεῖν ὑμᾶς

11 21ᵃἐν ᾧ δ᾽ ἂν τις τολμᾷ

G 1 10ᶜΧριστοῦ δοῦλος οὐκ ἂν ἤμην

3 19 *προσετέθη, ἄχρις ἂν (NH; οὗ rl) ἔλθῃ τὸ σπέρμα

3 21ᶜὄντως || : ἐκ νόμου (ἐν νόμῳ H) ἂν ἦν ((~ς VBST)) ἡ δικαιοσύνη

4 15ᶜεἰ δυνατὸν τοὺς ὀφθαλμοὺς ὑμῶν ἐξορύξαντες ἂν (+ς) ἐδώκατέ μοι

5 10ᵃ*βαστάσει τὸ κρίμα, ὅστις ἂν (ς; ἐὰν rl) ᾖ

5 17ᵃ*ἵνα μὴ ἃ ἂν (ς; ἐὰν rl) θέλητε ταῦτα ποιῆτε

Ph 2 23 ὡς ἂν ἀφίδω τὰ περὶ ἐμὲ ἐξαυτῆς

Cl 3 17ᵃ*καὶ πᾶν ὅ τι ἂν (BSTς; ἐὰν rl) ποιῆτε ἐν λόγῳ

1Th 2 7 *ὡς ἂν (ς; ἐὰν rl) τροφὸς θάλπῃ τὰ ἑαυτῆς τέκνα

Hb 1 13ᵇἕως ἂν θῶ τοὺς ἐχθρούς σου
  4 8ᶜοὐκ ἂν περὶ ἄλλης ἐλάλει μετὰ ταῦτα ἡμέρας
  8 4ᶜεἰ ... ἦν ἐπὶ γῆς, οὐδ' ἂν ἦν ἱερεύς
  8 7ᶜεἰ ... ἦν ἄμεμπτος, οὐκ ἂν δευτέρας ἐζητεῖτο τόπος
  10 2ᶜἐπεὶ οὐκ ἂν ἐπαύσαντο προσφερόμεναι ⟨;⟩
  11 15ᶜεἶχον ἂν καιρὸν ἀνακάμψαι
Jc 3 4ᶜ*ἂν *(+VSϛ) ἡ ὁρμὴ ... βούλεται (-ληται Sϛ)
  4 4ᵃὃς ἂν (ϛ; ἐὰν rl) οὖν βουληθῇ φίλος εἶναι
  5 7ᵇ*ἕως ἂν (+ϛ) λάβῃ (+ὑετὸν [M]V[S]ϛ) πρόϊμον
1Jo 2 5ᵃὃς δ' ἂν τηρῇ
  2 19ᶜεἰ γὰρ | ἐξ ἡμῶν ἦσαν (~VSTϛ), μεμενήκεισαν ἂν μεθ' ἡμῶν
  3 17ᵃὃς δ' ἂν ἔχῃ τὸν βίον τοῦ κόσμου
  3 22ᵃκαὶ ὃ ἂν (H; ἐὰν rl) αἰτῶμεν λαμβάνομεν
  4 15ᵃ*ὃς ἂν (STϛ; ἐὰν rl) ὁμολογήσῃ ὅτι ... ὁ θεὸς ἐν αὐτῷ μένει
  5 15ᵃ*ὅτι ἀκούει ἡμῶν ὃ ἂν (Sϛ; ἐὰν rl) αἰτώμεθα
Ap 2 25ᵃᶜπλὴν ὃ ἔχετε κρατήσατε ἄχρις (MVBSϛ; -ρι[ς] N²⁶; -ρι rl) οὗ ἂν ἥξω
  13 15 *ἵνα ([N²⁶NMVSH]; —Tϛ) ὅσοι ἂν (ϛ; ἐὰν rl) μὴ προσκυνήσωσιν (-σουσιν T) ... ἀποκτανθῶσιν
  14 4ᶜἀκολουθοῦντες τῷ ἀρνίῳ ὅπου ἂν ὑπάγῃ (-γει H)

ἀνά
ᵃ distributive
Mt 13 25 ἐπέσπειρεν ζιζάνια ἀνὰ μέσον τοῦ σίτου
  20 9ᵃοἱ περὶ τὴν ἑνδεκάτην ὥραν ἔλαβον ἀνὰ δηνάριον
  20 10ᵃκαὶ ἔλαβον τὸ [N²⁶SH] ἀνὰ δηνάριον καὶ αὐτοί
Mc 6 40ᵃ*ἀνέπεσαν πρασιαὶ πρασιαὶ ἀνὰ (Vϛ; κατὰ rl) ἑκατὸν ↔
  6 40ᵃ*καὶ ἀνὰ (Vϛ; κατὰ rl) πεντήκοντα
  7 31 ἦλθεν ... ἀνὰ μέσον τῶν ὁρίων Δεκαπόλεως
Lc 9 3ᵃμήτε ἀργύριον μήτε ἀνὰ ([N²⁶]; — SH) δύο χιτῶνας ἔχειν
  9 14ᵃκατακλίνατε αὐτοὺς κλισίας ὡσεὶ ([N²⁶V]; —Tϛ) ἀνὰ πεντήκοντα
  10 1ᵃἀπέστειλεν αὐτοὺς ἀνὰ δύο δύο (+[N²⁶H]B)
Jo 2 6ᵃὑδρίαι ... χωροῦσαι ἀνὰ μετρητὰς δύο ἢ τρεῖς
1C 6 5 ὃς δυνήσεται διακρῖναι ἀνὰ μέσον (ἀναμέσον S) τοῦ ἀδελφοῦ αὐτοῦ
  14 27 κατὰ δύο ἢ τὸ πλεῖστον τρεῖς, καὶ ἀνὰ μέρος
Ap 4 8ᵃτὰ τέσσαρα ζῷα, ἓν καθ' ἓν αὐτῶν ἔχων (ἔχον VBS) ἀνὰ πτέρυγας ἕξ
  7 17 τὸ ἀρνίον τὸ ἀνὰ μέσον τοῦ θρόνου
  21 21ᵃἀνὰ εἷς ἕκαστος τῶν πυλώνων ἦν ἐξ ἑνὸς μαργαρίτου

ἀναβαθμός
Ac 21 35 ὅτε δὲ ἐγένετο ἐπὶ τοὺς ἀναβαθμούς
  21 40 ὁ Παῦλος ἑστὼς ἐπὶ τῶν ἀναβαθμῶν

ἀναβαίνω

ἀπο-	κατα-	συμ-
δια-	μετα-	συνανα-
ἐκ-	παρα-	συγκατα-
ἐμ-	προ-	ὑπερ-
ἐπι-	προσανα-	

ᵃ ἀναβ. εἰς
ᵇ ἀναβ. ἐπί

Mt 3 16 | εὐθὺς ἀνέβη (~Sϛ) ἀπὸ τοῦ ὕδατος
  5 1ᵃἰδὼν δὲ τοὺς ὄχλους ἀνέβη εἰς τὸ ὄρος
  13 7 καὶ ἀνέβησαν αἱ ἄκανθαι
  14 23ᵃἀνέβη εἰς τὸ ὄρος κατ' ἰδίαν προσεύξασθαι
  14 32ᵃἀναβάντων (ἐμβ. ϛ) αὐτῶν εἰς τὸ πλοῖον ἐκόπασεν
  15 29ᵃἀναβὰς εἰς τὸ ὄρος ἐκάθητο ἐκεῖ
  17 27 τὸν ἀναβάντα πρῶτον ἰχθὺν ἆρον
  20 17ᵃ| καὶ ἀναβαίνων ὁ (μέλλων δὲ ἀναβαίνειν NH) Ἰησοῦς εἰς Ἱεροσόλυμα παρέλαβεν
  20 18ᵃἰδοὺ ἀναβαίνομεν εἰς Ἱεροσόλυμα
Mc 1 10 εὐθὺς ἀναβαίνων ἐκ τοῦ ὕδατος εἶδεν
  3 13 καὶ ἀναβαίνει εἰς τὸ ὄρος
  4 7 καὶ ἀνέβησαν αἱ ἄκανθαι
  4 8 ἐδίδου καρπὸν ἀναβαίνοντα καὶ αὐξανόμενα (-μενον MVBST)
  4 32 ὅταν σπαρῇ, ἀναβαίνει καὶ γίνεται μεῖζον (-ζων Sϛ)
  6 51ᵃκαὶ ἀνέβη πρὸς αὐτοὺς εἰς τὸ πλοῖον
  10 32ᵃἦσαν δὲ ἐν τῇ ὁδῷ ἀναβαίνοντες εἰς Ἱεροσόλυμα
  10 33ᵃὅτι ἰδοὺ ἀναβαίνομεν εἰς Ἱεροσόλυμα
  15 8 καὶ ἀναβὰς (ἀναβοήσας ϛ) ὁ ὄχλος ἤρξατο αἰτεῖσθαι
Lc 2 4ᵃἀνέβη δὲ καὶ Ἰωσὴφ ... εἰς τὴν Ἰουδαίαν
  2 42 ἀναβαινόντων (-βάντων ϛ) αὐτῶν κατὰ τὸ ἔθος τῆς ἑορτῆς
  5 19ᵇἀναβάντες ἐπὶ τὸ δῶμα διὰ τῶν κεράμων καθῆκαν
  9 28ᵃπαραλαβὼν Πέτρον ... ἀνέβη εἰς τὸ ὄρος προσεύξασθαι
  18 10ᵃἄνθρωποι δύο ἀνέβησαν εἰς τὸ ἱερὸν προσεύξασθαι
  18 31ᵃἰδοὺ ἀναβαίνομεν εἰς Ἱερουσαλήμ
  19 4ᵇπροδραμὼν εἰς τὸ ἔμπροσθεν ἀνέβη ἐπὶ συκομορέαν
  19 28ᵃεἰπὼν ταῦτα ἐπορεύετο ἔμπροσθεν ἀναβαίνων εἰς Ἱεροσόλυμα
  24 38 διὰ τί διαλογισμοὶ ἀναβαίνουσιν ἐν | τῇ καρδίᾳ (ταῖς καρδίαις MVBSϛ) ὑμῶν;
Jo 1 51ᵇ(+ἀπ' ἄρτι V[S]ϛ) ὄψεσθε ... τοὺς ἀγγέλους τοῦ θεοῦ ἀναβαίνοντας καὶ καταβαίνοντας ἐπὶ τὸν υἱόν
  2 13ᵃκαὶ ἀνέβη εἰς Ἱεροσόλυμα ὁ Ἰησοῦς
  3 13ᵃκαὶ οὐδεὶς ἀναβέβηκεν εἰς τὸν οὐρανὸν εἰ μή
  5 1ᵃκαὶ ἀνέβη (+ὁ V[S]ϛ) Ἰησοῦς εἰς Ἱεροσόλυμα
  6 62 ἐὰν οὖν θεωρῆτε τὸν υἱὸν τοῦ ἀνθρώπου ἀναβαίνοντα
  7 8ᵃὑμεῖς ἀνάβητε εἰς τὴν ἑορτήν
  7 8ᵃἐγὼ οὐκ (οὔπω MVHϛ) ἀναβαίνω εἰς τὴν ἑορτὴν ταύτην
  7 10ᵃὡς δὲ ἀνέβησαν οἱ ἀδελφοὶ αὐτοῦ εἰς τὴν ἑορτήν, ↔
  7 10 τότε καὶ αὐτὸς ἀνέβη
  7 14ᵃἀνέβη Ἰησοῦς εἰς τὸ ἱερόν
  10 1 ὁ μὴ εἰσερχόμενος διὰ τῆς θύρας... ἀλλὰ ἀναβαίνων ἀλλαχόθεν ἐκεῖνος κλέπτης ἐστίν
  11 55ᵃκαὶ ἀνέβησαν πολλοὶ εἰς Ἱεροσόλυμα
  12 20 ἦσαν δὲ Ἕλληνές τινες ἐκ τῶν ἀναβαινόντων

Jo 20 17 οὔπω γὰρ ἀναβέβηκα πρὸς τὸν πατέρα (+μου Vϛ)
  20 17 ἀναβαίνω πρὸς τὸν πατέρα μου
  21 11 ἀνέβη οὖν ([V]; —NTϛ) Σίμων Πέτρος
Ac 1 13ᵃεἰς τὸ ὑπερῷον ἀνέβησαν
  2 34ᵃοὐ γὰρ Δαυὶδ ἀνέβη εἰς τοὺς οὐρανούς
  3 1ᵃΠέτρος δὲ καὶ Ἰωάννης ἀνέβαινον εἰς τὸ ἱερόν
  7 23ᵇἀνέβη ἐπὶ τὴν καρδίαν αὐτοῦ ἐπισκέψασθαι
  8 31 παρεκάλεσέν τε τὸν Φίλιππον ἀναβάντα καθίσαι σὺν αὐτῷ
  8 39 ὅτε δὲ ἀνέβησαν ἐκ τοῦ ὕδατος
  10 4ᵃαἱ ἐλεημοσύναι σου ἀνέβησαν εἰς μνημόσυνον ἔμπροσθεν τοῦ θεοῦ
  10 9ᵇἀνέβη Πέτρος ἐπὶ τὸ δῶμα προσεύξασθαι
  11 2ᵃὅτε δὲ ἀνέβη Πέτρος εἰς Ἱερουσαλήμ
  15 2ᵃἔταξαν ἀναβαίνειν Παῦλον καὶ Βαρναβᾶν ... εἰς Ἱερουσαλήμ
  18 22 ἀναβὰς καὶ ἀσπασάμενος τὴν ἐκκλησίαν, κατέβη
  20 11 ἀναβὰς δὲ καὶ [H] κλάσας τὸν ἄρτον...ἐξῆλθεν
  21 4ᵃ*οἵτινες τῷ Παύλῳ ἔλεγον ... μὴ ἀναβαίνειν (ϛ; ἐπιβ. rl) εἰς Ἱεροσόλυμα
  21 6ᵃκαὶ ἀνέβημεν (ἐνε. NMH; ἐπε. ϛ) εἰς τὸ πλοῖον
  21 12ᵃπαρεκαλοῦμεν ἡμεῖς ... τοῦ μὴ ἀναβαίνειν αὐτὸν εἰς Ἱερουσαλήμ
  21 15ᵃἐπισκευασάμενοι ἀνεβαίνομεν εἰς Ἱεροσόλυμα
  21 31 ἀνέβη φάσις τῷ χιλιάρχῳ τῆς σπείρης
  24 11ᵃἀφ' ἧς ἀνέβην προσκυνήσων εἰς Ἱερουσαλήμ
  25 1ᵃΦῆστος οὖν ... ἀνέβη εἰς Ἱεροσόλυμα ἀπὸ Καισαρείας
  25 9ᵃθέλεις εἰς Ἱεροσόλυμα ἀναβὰς ... κριθῆναι ἐπ' ἐμοῦ;
Rm 10 6ᵃτίς ἀναβήσεται εἰς τὸν οὐρανόν;
1C 2 9ᵇἃ ... ἐπὶ καρδίαν ἀνθρώπου οὐκ ἀνέβη
G 2 1ᵃπάλιν ἀνέβην εἰς Ἱεροσόλυμα μετὰ Βαρναβᾶ
  2 2 ἀνέβην δὲ κατὰ ἀποκάλυψιν
E 4 8ᵃἀναβὰς εἰς ὕψος ᾐχμαλώτευσεν αἰχμαλωσίαν
  4 9 τὸ δὲ ἀνέβη τί ἐστιν εἰ μὴ ὅτι καὶ κατέβη
  4 10 ὁ καταβὰς αὐτός ἐστιν καὶ ὁ ἀναβὰς ὑπεράνω πάντων τῶν οὐρανῶν
Ap 4 1 λέγων· ἀνάβα ὧδε
  7 2 εἶδον ἄλλον ἄγγελον ἀναβαίνοντα (-βάντα ϛ) ἀπὸ ἀνατολῆς ἡλίου
  8 4 καὶ ἀνέβη ὁ καπνὸς ... ἐκ χειρὸς τοῦ ἀγγέλου ἐνώπιον τοῦ θεοῦ
  9 2 καὶ ἀνέβη καπνὸς ἐκ τοῦ φρέατος
  11 7 τὸ θηρίον τὸ ἀναβαῖνον ἐκ τῆς ἀβύσσου
  11 12 ἀνάβατε (-βητε BSϛ) ὧδε· ↔
  11 12ᵃκαὶ ἀνέβησαν εἰς τὸν οὐρανὸν ἐν τῇ νεφέλῃ
  13 1 εἶδον ἐκ τῆς θαλάσσης θηρίον ἀναβαῖνον
  13 11 εἶδον ἄλλο θηρίον ἀναβαῖνον ἐκ τῆς γῆς
  14 11 ὁ καπνὸς τοῦ βασανισμοῦ ... ἀναβαίνει
  17 8 τὸ θηρίον ... μέλλει ἀναβαίνειν ἐκ τῆς ἀβύσσου

Ap 19 3 ὁ καπνὸς αὐτῆς ἀναβαίνει εἰς τοὺς
αἰῶνας τῶν αἰώνων
20 9ᵇ ἀνέβησαν ἐπὶ τὸ πλάτος τῆς γῆς

ἀναβάλλω
→ βάλλω
Ac 24 22 ἀνεβάλετο δὲ αὐτοὺς ὁ Φῆλιξ

ἀναβιβάζω
ἐμ-   κατα-   συμ-
ἐπι-   προ-
Mt 13 48 ἣν ... ἀναβιβάσαντες ἐπὶ τὸν αἰ-
γιαλὸν καὶ καθίσαντες συνέλεξαν

ἀναβλέπω
→ βλέπω
ᵃ εἰς τὸν οὐρανόν
Mt 11 5 τυφλοὶ ἀναβλέπουσιν καὶ χωλοὶ
περιπατοῦσιν
14 19ᵃ ἀναβλέψας εἰς τὸν οὐρανὸν εὐλό-
γησεν
20 34 καὶ εὐθέως ἀνέβλεψαν καὶ ἠκολού-
θησαν αὐτῷ
Mc 6 41ᵃ ἀναβλέψας εἰς τὸν οὐρανὸν εὐλό-
γησεν
7 34ᵃ καὶ ἀναβλέψας εἰς τὸν οὐρανὸν
ἐστέναξεν
8 24 καὶ ἀναβλέψας ἔλεγεν
8 25 *καὶ | ἐποίησεν αὐτὸν ἀναβλέψαι
(ϛ; διέβλεψεν rl) καὶ ἀπεκατέστη
10 51 ῥαββουνί, ἵνα ἀναβλέψω
10 52 καὶ εὐθὺς ἀνέβλεψεν καὶ ἠκολούθει
16 4 ἀναβλέψασαι θεωροῦσιν ὅτι
ἀποκεκύλισται (N²⁶Vϛ; ἀνακ. rl)
ὁ λίθος
Lc 7 22 (+ὅτι VBSTϛ) τυφλοὶ ἀναβλέπου-
σιν, χωλοὶ περιπατοῦσιν
9 16ᵃ ἀναβλέψας εἰς τὸν οὐρανὸν εὐλό-
γησεν αὐτούς
18 41 κύριε, ἵνα ἀναβλέψω
18 42 ὁ Ἰησοῦς εἶπεν αὐτῷ· ἀνάβλεψον
18 43 καὶ παραχρῆμα ἀνέβλεψεν, καὶ
ἠκολούθει αὐτῷ
19 5 ἀναβλέψας ὁ [Η] Ἰησοῦς εἶπεν
πρὸς αὐτόν
21 1 ἀναβλέψας δὲ εἶδεν τοὺς βάλλον-
τας ... τὰ δῶρα αὐτῶν πλου-
σίους
Jo [8 10]* ἀναβλέψας (S; ἀνακύψας N²⁶MV
BHϛ) δὲ ὁ Ἰησοῦς εἶπεν αὐτῇ
9 11 ἀπελθὼν οὖν καὶ νιψάμενος ἀνέ-
βλεψα
9 15 ἠρώτων αὐτὸν καὶ οἱ Φαρισαῖοι
πῶς ἀνέβλεψεν
9 18 οὐκ ἐπίστευσαν ... ὅτι ἦν τυφλὸς
καὶ ἀνέβλεψεν
9 18 ἕως ὅτου ἐφώνησαν τοὺς γονεῖς αὐ-
τοῦ τοῦ ἀναβλέψαντος
Ac 9 12 ἐπιθέντα αὐτῷ τὰς [+N²⁶Η] χεῖ-
ρας, ὅπως ἀναβλέψῃ
9 17 ὁ κύριος ἀπέσταλκέν με ... ὅπως
ἀναβλέψῃς
9 18 ἀνέβλεψέν τε, καὶ ἀναστὰς ἐβαπ-
τίσθη
22 13 εἶπέν μοι· Σαοὺλ ἀδελφέ, ἀνάβλεψον
22 13 κἀγὼ αὐτῇ τῇ ὥρᾳ ἀνέβλεψα εἰς
αὐτόν

ἀνάβλεψις
Lc 4 18 κηρύξαι αἰχμαλώτοις ἄφεσιν καὶ
τυφλοῖς ἀνάβλεψιν

ἀναβοάω
→ βοάω
Mt 27 46 ἀνεβόησεν (ἐβόησεν Η) ὁ Ἰησοῦς
φωνῇ μεγάλῃ
Mc 15 8 *καὶ ἀναβοήσας (ϛ; ἀναβὰς rl) ὁ
ὄχλος ἤρξατο αἰτεῖσθαι
Lc 9 38 *ἰδοὺ ἀνὴρ ἀπὸ τοῦ ὄχλου ἀνεβόη-
σεν (Vϛ; ἐβ. rl) λέγων

ἀναβολή
Ac 25 17 ἀναβολὴν μηδεμίαν ποιησάμενος
... ἐκέλευσα ἀχθῆναι τὸν ἄνδρα

ἀνάγαιον
ἀνώγεον ϛ
Mc 14 15 ὑμῖν δείξει ἀνάγαιον μέγα ἐστρω-
μένον ἕτοιμον
Lc 22 12 κἀκεῖνος ὑμῖν δείξει ἀνάγαιον μέγα
ἐστρωμένον

ἀναγγέλλω
→ ἀγγέλλω
Mt 28 11 *ἀνήγγειλαν (BT; ἀπήγγ. rl)
τοῖς ἀρχιερεῦσιν ἅπαντα τὰ γε-
νόμενα
Mc 5 14 *ἔφυγον καὶ ἀνήγγειλαν (ϛ;
ἀπήγγ. rl) εἰς τὴν πόλιν
5 19 *καὶ ἀνάγγειλον (ϛ; ἀπάγ. rl)
αὐτοῖς ὅσα ... πεποίηκεν
Jo 4 25 ὅταν ἔλθῃ ἐκεῖνος, ἀναγγελεῖ ἡμῖν
ἅπαντα (πάντα VSϛ)
5 15 ἀπῆλθεν ὁ ἄνθρωπος καὶ ἀνήγγει-
λεν (εἶπεν NMTH) τοῖς Ἰουδαίοις
16 13 τὰ ἐρχόμενα ἀναγγελεῖ ὑμῖν
16 14 ὅτι ἐκ τοῦ ἐμοῦ λήμψεται καὶ ἀναγ-
γελεῖ ὑμῖν
16 15 ὅτι ἐκ τοῦ ἐμοῦ λαμβάνει καὶ ἀναγ-
γελεῖ ὑμῖν
16 25 *ὅτε ... παρρησίᾳ περὶ τοῦ πατρὸς
ἀναγγελῶ (ϛ; ἀπαγ. rl) ὑμῖν
Ac 14 27 ἀνήγγελλον (-ειλαν ϛ) ὅσα ἐποίη-
σεν ὁ θεός
15 4 ἀνήγγειλάν τε ὅσα ὁ θεὸς ἐποίησεν
μετ' αὐτῶν
16 38 *ἀνήγγειλαν (ϛ; ἀπ. rl) δὲ (τε T)
τοῖς στρατηγοῖς οἱ ῥαβδοῦχοι τὰ
ῥήματα ταῦτα
19 18 πολλοί τε ... ἤρχοντο ἐξομολο-
γούμενοι καὶ ἀναγγέλλοντες τὰς
πράξεις αὐτῶν
20 20 ὡς οὐδὲν ὑπεστειλάμην τῶν συμ-
φερόντων τοῦ μὴ ἀναγγεῖλαι ὑμῖν
20 27 οὐ γὰρ ὑπεστειλάμην τοῦ μὴ ἀνα-
γεῖλαι πᾶσαν τὴν βουλὴν τοῦ
θεοῦ ὑμῖν
Rm 15 21 γέγραπται· | οἷς οὐκ ἀνηγγέλη
περὶ αὐτοῦ ὄψονται (~ ΝΗ)
2C 7 7 ᾗ παρεκλήθη ἐφ' ὑμῖν, ἀναγγέλ-
λων ἡμῖν τὴν ὑμῶν ἐπιπόθησιν
1Pt 1 12 ἃ νῦν ἀνηγγέλη ὑμῖν διὰ τῶν
εὐαγγελισαμένων ὑμᾶς
1Jo 1 5 ἣν ἀκηκόαμεν ... καὶ ἀναγγέλλο-
μεν ὑμῖν

ἀναγεννάω
→ γεννάω
1Pt 1 3 ὁ κατὰ ... ἔλεος ἀναγεννήσας ἡμᾶς
εἰς ἐλπίδα
1 23 ⟨ἀγαπήσατε⟩ ἀναγεγεννημένοι οὐκ
ἐκ σπορᾶς φθαρτῆς

ἀναγινώσκω
→ γινώσκω
Mt 12 3 οὐκ ἀνέγνωτε τί ἐποίησεν Δαυίδ ⟨;⟩
12 5 οὐκ ἀνέγνωτε ἐν τῷ νόμῳ ὅτι ...
τὸ σάββατον βεβηλοῦσιν ⟨;⟩
19 4 οὐκ ἀνέγνωτε ὅτι ... ἄρσεν καὶ
θῆλυ ἐποίησεν αὐτούς;
21 16 οὐδέποτε ἀνέγνωτε ὅτι ... κατηρ-
τίσω αἶνον;
21 42 οὐδέποτε ἀνέγνωτε ἐν ταῖς γρα-
φαῖς ⟨;⟩
22 31 οὐκ ἀνέγνωτε τὸ ῥηθὲν ὑμῖν ⟨;⟩
24 15 ὁ ἀναγινώσκων νοείτω
Mc 2 25 οὐδέποτε ἀνέγνωτε τί ἐποίησεν
Δαυίδ ⟨;⟩
12 10 οὐδὲ τὴν γραφὴν ταύτην ἀνέγνω-
τε ⟨;⟩

Mc 12 26 οὐκ ἀνέγνωτε ἐν τῇ βίβλῳ Μωϋ-
σέως ⟨;⟩
13 14 ὁ ἀναγινώσκων νοείτω
Lc 4 16 εἰσῆλθεν ... εἰς τὴν συναγωγήν,
καὶ ἀνέστη ἀναγνῶναι
6 3 οὐδὲ τοῦτο ἀνέγνωτε ὃ ἐποίησεν
Δαυίδ ⟨;⟩
10 26 ἐν τῷ νόμῳ τί γέγραπται; πῶς
ἀναγινώσκεις;
Jo 19 20 τοῦτον οὖν τὸν τίτλον πολλοὶ
ἀνέγνωσαν τῶν Ἰουδαίων
Ac 8 28 ἀνεγίνωσκεν τὸν προφήτην
Ἠσαΐαν
8 30 ἤκουσεν αὐτοῦ ἀναγινώσκοντος
Ἠσαΐαν τὸν προφήτην
8 30 ἆρά γε γινώσκεις ἃ ἀναγινώσκεις;
8 32 ἡ δὲ περιοχὴ τῆς γραφῆς ἣν ἀνε-
γίνωσκεν ἦν αὕτη
13 27 τοῦτον ἀγνοήσαντες καὶ τὰς φω-
νὰς τῶν προφητῶν τὰς κατὰ σάβ-
βατον ἀναγινωσκομένας
15 21 Μωϋσῆς ... τοὺς κηρύσσοντας αὐ-
τὸν ἔχει ἐν ταῖς συναγωγαῖς ...
ἀναγινωσκόμενος
15 31 ἀναγνόντες δὲ ἐχάρησαν
23 34 ἀναγνοὺς δὲ καὶ ἐπερωτήσας
⟨ἔφη⟩
2C 1 13 ἢ ἃ ἀναγινώσκετε ἢ καὶ ἐπιγινώ-
σκετε
3 2 ἐπιστολὴ ... γινωσκομένη καὶ
ἀναγινωσκομένη ὑπὸ πάντων ἀν-
θρώπων
3 15 ἡνίκα ἂν ἀναγινώσκηται Μωϋσῆς
κάλυμμα ... κεῖται
E 3 4 πρὸς ὃ δύνασθε ἀναγινώσκοντες
νοῆσαι τὴν σύνεσίν μου ἐν τῷ
μυστηρίῳ
Cl 4 16 ὅταν ἀναγνωσθῇ παρ' ὑμῖν ἡ
ἐπιστολή, ↔
4 16 ποιήσατε ἵνα καὶ ἐν τῇ Λαοδι-
κέων ἐκκλησίᾳ ἀναγνωσθῇ, ↔
4 16 καὶ τὴν ἐκ Λαοδικείας ἵνα καὶ
ὑμεῖς ἀναγνῶτε
1Th 5 27 ἐνορκίζω ὑμᾶς τὸν κύριον ἀνα-
γνωσθῆναι τὴν ἐπιστολήν
Ap 1 3 μακάριος ὁ ἀναγινώσκων ... | τοὺς
λόγους (τὸν λόγον T) τῆς προ-
φητείας
5 4 *ὅτι οὐδεὶς ἄξιος εὑρέθη ἀνοῖξαι
| καὶ ἀναγνῶναι (+ϛ) τὸ βιβλίον

ἀναγκάζω
Mt 14 22 ἠνάγκασεν τοὺς μαθητὰς ἐμβῆναι
Mc 6 45 ἠνάγκασεν τοὺς μαθητὰς αὐτοῦ
ἐμβῆναι
Lc 14 23 ἔξελθε εἰς τὰς ὁδοὺς ... καὶ ἀνάγ-
κασον εἰσελθεῖν
Ac 26 11 τιμωρῶν αὐτοὺς ἠνάγκαζον βλασ-
φημεῖν
28 19 ἀντιλεγόντων δὲ τῶν Ἰουδαίων
ἠναγκάσθην ἐπικαλέσασθαι Καί-
σαρα
2C 12 11 γέγονα ἄφρων· ὑμεῖς με ἠναγκά-
σατε
G 2 3 ἀλλ' οὐδὲ Τίτος ... Ἕλλην ὤν,
ἠναγκάσθη περιτμηθῆναι
2 14 πῶς τὰ ἔθνη ἀναγκάζεις ἰουδαΐζειν;
6 12 οὗτοι ἀναγκάζουσιν ὑμᾶς περι-
τέμνεσθαι

ἀναγκαῖος
ᵃ comp.
Ac 10 24 συγκαλεσάμενος τοὺς συγγενεῖς
αὐτοῦ καὶ τοὺς ἀναγκαίους φίλους
13 46 ὑμῖν ἦν ἀναγκαῖον πρῶτον λαλη-
θῆναι τὸν λόγον

1C 12 22 τὰ δοκοῦντα μέλη ... ἀσθενέστερα
ὑπάρχειν ἀναγκαῖά ἐστιν

2C 9 5 ἀναγκαῖον οὖν ἡγησάμην παρα-
καλέσαι τοὺς ἀδελφούς

Ph 1 24ᵃτὸ δὲ ἐπιμένειν ἐν (+[N²⁶]Bϛ) τῇ
σαρκὶ ἀναγκαιότερον δι' ὑμᾶς

2 25 ἀναγκαῖον δὲ ἡγησάμην 'Επα-
φρόδιτον ... πέμψαι πρὸς ὑμᾶς

Tt 3 14 καλῶν ἔργων προΐστασθαι εἰς τὰς
ἀναγκαίας χρείας

Hb 8 3 ὅθεν ἀναγκαῖον ἔχειν τι καὶ τοῦτον

ἀναγκαστῶς

1Pt 5 2 ποιμάνατε ... ἐπισκοποῦντες
([N²⁶]; — NTH), μὴ ἀναγκαστῶς
ἀλλὰ ἑκουσίως

ἀνάγκη
ᵃ ἀν. (ἐστίν) c. inf.
ᵇ ἀν. ἔχειν

Mt 18 7ᵃἀνάγκη γὰρ (+ἐστιν Tϛ) ἐλθεῖν
τὰ σκάνδαλα

Lc 14 18ᵇἔχω ἀνάγκην ἐξελθὼν ἰδεῖν αὐτόν

21 23 ἔσται γὰρ ἀνάγκη μεγάλη ἐπὶ τῆς
γῆς

23 17ᵇ|ἀνάγκην δὲ εἶχεν ἀπολύειν αὐτοῖς
κατὰ ἑορτὴν ἕνα (+MVB[S]ϛ)

Rm 13 5ᵃδιὸ ἀνάγκη ὑποτάσσεσθαι

1C 7 26 τοῦτο καλὸν ὑπάρχειν διὰ τὴν
ἐνεστῶσαν ἀνάγκην

7 37ᵇὃς δὲ ἕστηκεν ... ἑδραῖος, μὴ ἔχων
ἀνάγκην

9 16 οὐκ ἔστιν μοι καύχημα· ἀνάγκη
γάρ μοι ἐπίκειται

2C 6 4 ὡς θεοῦ διάκονοι ... ἐν θλίψεσιν,
ἐν ἀνάγκαις, ἐν στενοχωρίαις

9 7 καθὼς προήρηται τῇ καρδίᾳ, μὴ
ἐκ λύπης ἢ ἐξ ἀνάγκης

12 10 διὸ εὐδοκῶ ... ἐν ἀνάγκαις, ἐν
διωγμοῖς

1Th 3 7 παρεκλήθημεν ... ἐπὶ πάσῃ τῇ
ἀνάγκῃ καὶ θλίψει ἡμῶν

Phm 14 ἵνα μὴ ὡς κατὰ ἀνάγκην τὸ ἀγα-
θόν σου ᾖ

Hb 7 12 ἐξ ἀνάγκης καὶ νόμου μετάθεσις
γίνεται

7 27ᵇὃς οὐκ ἔχει καθ' ἡμέραν ἀνάγκην...
θυσίας ἀναφέρειν

9 16ᵃθάνατον ἀνάγκη φέρεσθαι τοῦ δια-
θεμένου

9 23ᵃἀνάγκη οὖν τὰ μὲν ὑποδείγμα-
τα ... καθαρίζεσθαι

Jd 3ᵇσπουδὴν ποιούμενος γράφειν ὑμῖν
περὶ τῆς ... σωτηρίας, ἀνάγκην
ἔσχον γράψαι

ἀναγνωρίζομαι
→ γνωρίζω

Ac 7 13 ἐν τῷ δευτέρῳ ἀνεγνωρίσθη (ἐγν.
NH) 'Ιωσὴφ τοῖς ἀδελφοῖς αὐτοῦ

ἀνάγνωσις

Ac 13 15 μετὰ δὲ τὴν ἀνάγνωσιν τοῦ νόμου
καὶ τῶν προφητῶν ἀπέστειλαν...
πρὸς αὐτούς

2C 3 14 τὸ αὐτὸ κάλυμμα ἐπὶ τῇ ἀναγνώσει
τῆς παλαιᾶς διαθήκης μένει

1Tm 4 13 ἕως ἔρχομαι πρόσεχε τῇ ἀναγνώσει

ἀνάγω
→ ἄγω
ᵃ t. techn. nautarum

Mt 4 1 τότε ὁ[H] 'Ιησοῦς ἀνήχθη εἰς τὴν
ἔρημον

Mc 11 2 * | λύσαντες αὐτὸν ἀνάγετε (ϛ;
λύσατε αὐτὸν καὶ φέρετε rl)

Lc 2 22 ἀνήγαγον αὐτὸν εἰς 'Ιεροσόλυμα
παραστῆσαι τῷ κυρίῳ

4 5 καὶ ἀναγαγὼν αὐτὸν ἔδειξεν αὐτῷ
τὰς βασιλείας

Lc 8 22ᵃδιέλθωμεν εἰς τὸ πέραν τῆς λίμνης·
καὶ ἀνήχθησαν

22 66 *καὶ ἀνήγαγον (ϛ; ἀπήγ. rl) αὐ-
τὸν εἰς τὸ συνέδριον αὐτῶν

Ac 7 41 ἀνήγαγον θυσίαν τῷ εἰδώλῳ

9 39 ὃν παραγενόμενον ἀνήγαγον εἰς
τὸ ὑπερῷον

12 4 βουλόμενος μετὰ τὸ πάσχα ἀναγα-
γεῖν αὐτὸν τῷ λαῷ

13 13ᵃἀναχθέντες δὲ ἀπὸ τῆς Πάφου οἱ
περὶ Παῦλον ἦλθον

16 11ᵃἀναχθέντες δὲ (οὖν VBSHϛ) ἀπὸ
Τρῳάδος εὐθυδρομήσαμεν

16 34 ἀναγαγών τε αὐτοὺς εἰς τὸν οἶκον
παρέθηκεν τράπεζαν

18 21ᵃἀλλὰ ἀποταξάμενος ... ἀνήχθη
ἀπὸ τῆς 'Εφέσου

20 3ᵃγενομένης ἐπιβουλῆς αὐτῷ ... μέλ-
λοντι ἀνάγεσθαι εἰς τὴν Συρίαν

20 13ᵃἡμεῖς δὲ προελθόντες (προ[σ]ε. M;
προσε. S) ἐπὶ τὸ πλοῖον ἀνήχθη-
μεν ἐπὶ τὴν 'Ασσον

21 1ᵃὡς δὲ ἐγένετο ἀναχθῆναι ἡμᾶς

21 2ᵃεὑρόντες πλοῖον ... ἐπιβάντες
ἀνήχθημεν

27 2ᵃἐπιβάντες δὲ πλοίῳ ... ἀνήχθημεν

27 4ᵃκἀκεῖθεν ἀναχθέντες ὑπεπλεύσαμεν
τὴν Κύπρον

27 12ᵃοἱ πλείονες ἔθεντο βουλὴν ἀναχθῆ-
ναι ἐκεῖθεν

27 21ᵃἔδει ... πειθαρχήσαντάς μοι μὴ
ἀνάγεσθαι ἀπὸ τῆς Κρήτης

28 10ᵃοἳ καὶ ... ἀναγομένοις ἐπέθεντο τὰ
πρὸς τὰς χρείας

28 11ᵃμετὰ δὲ τρεῖς μῆνας ἀνήχθημεν ἐν
πλοίῳ

Rm 10 7 τοῦτ' ἔστιν Χριστὸν ἐκ νεκρῶν
ἀναγαγεῖν

Hb 13 20 ὁ δὲ θεὸς τῆς εἰρήνης, ὁ ἀναγαγὼν
ἐκ νεκρῶν τὸν ποιμένα

ἀναδείκνυμι
→ δείκνυμι, δεικνύω

Lc 10 1 μετὰ δὲ ταῦτα ἀνέδειξεν ὁ κύριος
(+καὶ VBSTϛ) ἑτέρους ἑβδομή-
κοντα δύο ([N²⁶NH]; —VSTϛ)

Ac 1 24 ἀνάδειξον ὃν ἐξελέξω ἐκ τούτων
τῶν δύο ἕνα

ἀνάδειξις

Lc 1 80 ἦν ἐν ταῖς ἐρήμοις ἕως ἡμέρας
ἀναδείξεως αὐτοῦ

ἀναδέχομαι
→ δέχομαι

Ac 28 7 ὃς ἀναδεξάμενος ἡμᾶς | τρεῖς ἡμέ-
ρας (~NMTH) φιλοφρόνως ἐξένι-
σεν

Hb 11 17 τὸν μονογενῆ προσέφερεν ὁ τὰς
ἐπαγγελίας ἀναδεξάμενος

ἀναδίδωμι
→ δίδωμι

Ac 23 33 οἵτινες εἰσελθόντες ... καὶ ἀναδόν-
τες τὴν ἐπιστολὴν ... παρέστησαν

ἀναζάω
→ ζῶ

Lc 15 24 ὅτι οὗτος ὁ υἱός μου νεκρὸς ἦν καὶ
ἀνέζησεν

15 32 *ὅτι ὁ ἀδελφός σου οὗτος νεκρὸς
ἦν καὶ ἀνέζησε (ϛ; ἔζησεν rl)

Rm 7 9 ἐλθούσης δὲ τῆς ἐντολῆς ἡ ἁμαρ-
τία ἀνέζησεν

14 9 *Χριστὸς (+καὶ Vϛ) ἀπέθανεν
(+καὶ ἀνέστη V[S]ϛ) καὶ ἀνέζη-
σεν (ϛ; ἔζησεν rl)

Ap 20 5 *οἱ λοιποὶ τῶν νεκρῶν οὐκ ἀνέζη-
σαν (ϛ; ἔζησαν rl) ἄχρι τελεσθῇ τὰ
χίλια ἔτη

ἀναζητέω
→ ζητέω

Lc 2 44 ἦλθον ... καὶ ἀνεζήτουν αὐτὸν ἐν
τοῖς συγγενεῦσιν (-έσιν Tϛ)

2 45 ὑπέστρεψαν εἰς 'Ιερουσαλὴμ
ἀναζητοῦντες (ζητοῦντες ϛ) αὐτόν

Ac 11 25 ἐξῆλθεν δὲ εἰς Ταρσὸν ἀναζητῆσαι
Σαῦλον

ἀναζώννυμαι
→ ζώννυμι

1Pt 1 13 διὸ ἀναζωσάμενοι τὰς ὀσφύας
διανοίας ὑμῶν ... ἐλπίσατε

ἀναζωπυρέω

2Tm 1 6 ἀναμιμνήσκω σε ἀναζωπυρεῖν τὸ
χάρισμα

ἀναθάλλω

Ph 4 10 ὅτι ἤδη ποτὲ ἀνεθάλετε τὸ ὑπὲρ
ἐμοῦ φρονεῖν

ἀνάθεμα

Lc 21 5 *ὅτι λίθοις καλοῖς καὶ ἀναθέμασιν
(T; -θήμασιν rl) κεκόσμηται

Ac 23 14 ἀναθέματι ἀνεθεματίσαμεν ἑαυτοὺς
μηδενὸς γεύσασθαι

Rm 9 3 ηὐχόμην γὰρ ἀνάθεμα εἶναι αὐτὸς
ἐγὼ ἀπὸ τοῦ Χριστοῦ

1C 12 3 οὐδεὶς ἐν πνεύματι θεοῦ λαλῶν λέ-
γει· ἀνάθεμα 'Ιησοῦς

16 22 εἴ τις οὐ φιλεῖ τὸν κύριον, ἤτω
ἀνάθεμα

G 1 8 ἡμεῖς ἢ ἄγγελος ... ἀνάθεμα ἔστω

1 9 εἴ τις ὑμᾶς εὐαγγελίζεται παρ' ὃ
παρελάβετε, ἀνάθεμα ἔστω

ἀναθεματίζω
κατα-

Mc 14 71 ὁ δὲ ἤρξατο ἀναθεματίζειν καὶ ὀμ-
νύναι

Ac 23 12 ποιήσαντες συστροφὴν οἱ 'Ιου-
δαῖοι ἀνεθεμάτισαν ἑαυτούς, λέ-
γοντες

23 14 ἀναθέματι ἀνεθεματίσαμεν ἑαυτοὺς
μηδενὸς γεύσασθαι

23 21 οἵτινες ἀνεθεμάτισαν ἑαυτοὺς μήτε
φαγεῖν μήτε πιεῖν

ἀναθεωρέω
→ θεωρέω

Ac 17 23 ἀναθεωρῶν τὰ σεβάσματα ὑμῶν
εὗρον καὶ βωμόν

Hb 13 7 ὧν ἀναθεωροῦντες τὴν ἔκβασιν τῆς
ἀναστροφῆς μιμεῖσθε τὴν πίστιν

ἀνάθημα

Lc 21 5 ὅτι λίθοις καλοῖς καὶ ἀναθήμασιν
(-θέμασιν T) κεκόσμηται

ἀναίδεια
ἀναιδεία S; ἀναιδία TH

Lc 11 8 διά γε τὴν ἀναίδειαν αὐτοῦ ἐγερ-
θεὶς δώσει αὐτῷ

ἀναίρεσις

Ac 8 1 Σαῦλος δὲ ἦν συνευδοκῶν τῇ
ἀναιρέσει αὐτοῦ

22 20 *καὶ αὐτὸς ἤμην ... συνευδοκῶν
| τῇ ἀναιρέσει αὐτοῦ (+ϛ)

ἀναιρέω
→ αἱρέομαι
ᵃ pass.
ᵇ med.

Mt 2 16 καὶ ἀποστείλας ἀνεῖλεν πάντας
τοὺς παῖδας

Lc 22 2 ἐζήτουν οἱ ἀρχιερεῖς ... τὸ πῶς
ἀνέλωσιν αὐτόν

23 32ᵃἤγοντο δὲ καὶ ἕτεροι | κακοῦργοι
δύο (~VBSTϛ) σὺν αὐτῷ ἀναι-
ρεθῆναι

Ac 2 23 ⟨'Ιησοῦν⟩ τοῦτον ... διὰ χειρὸς
ἀνόμων προσπήξαντες ἀνείλατε

Ac 5 33 ἐβούλοντο (ἐβουλεύοντο MBSTϛ) ἀνελεῖν αὐτούς
5 36ª ἀνέστη Θευδᾶς ... ὃς ἀνῃρέθη
7 21ᵇ ἀνείλατο αὐτὸν ἡ θυγάτηρ Φαραώ
7 28 μὴ ἀνελεῖν με σὺ θέλεις ↔
7 28 ὃν τρόπον ἀνεῖλες ἐχθὲς τὸν Αἰγύπτιον;
9 23 συνεβουλεύσαντο οἱ Ἰουδαῖοι ἀνελεῖν αὐτόν
9 24 παρετηροῦντο δὲ καὶ τὰς πύλας ... ὅπως αὐτὸν ἀνέλωσιν
9 29 οἱ δὲ ἐπεχείρουν ἀνελεῖν αὐτόν
10 39 ὃν καὶ ἀνεῖλαν κρεμάσαντες ἐπὶ ξύλου
12 2 ἀνεῖλεν δὲ Ἰάκωβον ... μαχαίρῃ
13 28ª ᾐτήσαντο Πιλᾶτον ἀναιρεθῆναι αὐτόν
16 27 ἤμελλεν ἑαυτὸν ἀναιρεῖν
22 20 φυλάσσων τὰ ἱμάτια τῶν ἀναιρούντων αὐτόν
23 15 ἡμεῖς δὲ ... ἕτοιμοί ἐσμεν τοῦ ἀνελεῖν αὐτόν
23 21 ἀνεθεμάτισαν ἑαυτοὺς μήτε φαγεῖν ... ἕως οὗ ἀνέλωσιν αὐτόν
23 27ª τὸν ἄνδρα τοῦτον συλλημφθέντα ... καὶ μέλλοντα ἀναιρεῖσθαι ὑπ' αὐτῶν ... ἐξειλάμην
25 3 ἐνέδραν ποιοῦντες ἀνελεῖν αὐτὸν κατὰ τὴν ὁδόν
26 10ª ἀναιρουμένων τε αὐτῶν κατήνεγκα ψῆφον
2Th 2 8 ὃν ὁ κύριος Ἰησοῦς [N²⁶NH] ἀνελεῖ (ἀναλώσει ϛ) τῷ πνεύματι τοῦ στόματος αὐτοῦ
Hb 10 9 ἀναιρεῖ τὸ πρῶτον ἵνα τὸ δεύτερον στήσῃ

ἀναίτιος
Mt 12 5 ὅτι τοῖς σάββασιν οἱ ἱερεῖς ... βεβηλοῦσιν καὶ ἀναίτιοί εἰσιν
12 7 οὐκ ἂν κατεδικάσατε τοὺς ἀναιτίους

ἀνακαθίζω
→ καθίζω
Lc 7 15 καὶ ἀνεκάθισεν ὁ νεκρός
Ac 9 40 ἰδοῦσα τὸν Πέτρον ἀνεκάθισεν

ἀνακαινίζω
ἐν-
Hb 6 6 ⟨ἀδύνατον ... φωτισθέντας⟩ πάλιν ἀνακαινίζειν εἰς μετάνοιαν

ἀνακαινόω
2C 4 16 ἀλλ' ὁ ἔσω ἡμῶν ἀνακαινοῦται ἡμέρᾳ καὶ ἡμέρᾳ
Cl 3 10 ἐνδυσάμενοι τὸν νέον τὸν ἀνακαινούμενον εἰς ἐπίγνωσιν

ἀνακαίνωσις
Rm 12 2 ἀλλὰ μεταμορφοῦσθε(-σθαι S) τῇ ἀνακαινώσει τοῦ νοὸς [+ὑμῶν VS]
Tt 3 5 ἔσωσεν ἡμᾶς διὰ ... ἀνακαινώσεως πνεύματος ἁγίου

ἀνακαλύπτω
→ καλύπτω
2C 3 14 τὸ αὐτὸ κάλυμμα ... μὴ ἀνακαλυπτόμενον ὅτι ἐν Χριστῷ καταργεῖται
3 18 ἡμεῖς δὲ πάντες ἀνακεκαλυμμένῳ προσώπῳ ... κατοπτριζόμενοι

ἀνακάμπτω
→ κάμπτω
Mt 2 12 καὶ χρηματισθέντες κατ' ὄναρ μὴ ἀνακάμψαι πρὸς Ἡρῴδην
Lc 10 6 εἰ δὲ μή γε, ἐφ' ὑμᾶς ἀνακάμψει
Ac 18 21 εἰπών· πάλιν ἀνακάμψω πρὸς ὑμᾶς ... ἀνήχθη
Hb 11 15 εἶχον ἂν καιρὸν ἀνακάμψαι

2Pt 2 21 *κρεῖττον ... ἢ ἐπιγνοῦσιν (+εἰς τὰ ὀπίσω VS) ἀνακάμψαι (VS; ἐπιστρέψαι ϛ; ὑποστρ. rl)

ἀνάκειμαι
→ κεῖμαι
Mt 9 10 καὶ ἐγένετο αὐτοῦ ἀνακειμένου ἐν τῇ οἰκίᾳ
22 10 καὶ ἐπλήσθη ὁ γάμος (νυμφὼν NMSTH) ἀνακειμένων
22 11 εἰσελθὼν δὲ ὁ βασιλεὺς θεάσασθαι τοὺς ἀνακειμένους
26 7 κατέχεεν ἐπὶ | τῆς κεφαλῆς (τὴν -ὴν Vϛ) αὐτοῦ ἀνακειμένου
26 20 ἀνέκειτο μετὰ τῶν δώδεκα (+μαθητῶν [NMH]ST)
Mc 5 40 *εἰσπορεύεται ὅπου ἦν τὸ παιδίον ἀνακείμενον (+[M]VSϛ)
6 26 διὰ τοὺς ὅρκους καὶ τοὺς ἀνακειμένους (συνανα. VSϛ) οὐκ ἠθέλησεν | ἀθετῆσαι αὐτήν (~Vϛ)
14 18 καὶ ἀνακειμένων αὐτῶν καὶ ἐσθιόντων ὁ Ἰησοῦς εἶπεν
[16 14] ἀνακειμένοις αὐτοῖς τοῖς ἕνδεκα ἐφανερώθη
Lc 7 37 *ὅτι ἀνάκειται (ϛ; κατάκ. rl) ἐν τῇ οἰκίᾳ τοῦ Φαρισαίου
22 27 τίς γὰρ μείζων, ὁ ἀνακείμενος ἢ ὁ διακονῶν; ↔
22 27 οὐχὶ ὁ ἀνακείμενος;
Jo 6 11 καὶ | εὐχαριστήσας διέδωκεν (-σεν καὶ ἔδωκεν T) τοῖς ἀνακειμένοις
12 2 ὁ δὲ Λάζαρος εἷς ἦν ἐκ (—VSϛ) τῶν | ἀνακειμένων σὺν (συνανακ. ϛ) αὐτῷ
13 23 ἦν (+ δὲ MV[S]ϛ) ἀνακείμενος εἷς ... ἐν τῷ κόλπῳ τοῦ Ἰησοῦ
13 28 τοῦτο δὲ [N²⁶NH] οὐδεὶς ἔγνω τῶν ἀνακειμένων

ἀνακεφαλαιόω
Rm 13 9 ἐν τῷ λόγῳ τούτῳ ἀνακεφαλαιοῦται, | ἐν τῷ [N²⁶NH]· ἀγαπήσεις
E 1 10 ⟨κατὰ τὴν εὐδοκίαν αὐτοῦ, ἣν προέθετο⟩ ἀνακεφαλαιώσασθαι τὰ πάντα ἐν τῷ Χριστῷ

ἀνακλίνω
→ κλίνω
ª act.
Mt 8 11 πολλοὶ ... ἀνακλιθήσονται μετὰ Ἀβραὰμ καὶ Ἰσαὰκ καὶ Ἰακώβ
14 19 κελεύσας τοὺς ὄχλους ἀνακλιθῆναι ἐπὶ τοῦ χόρτου
Mc 6 39ª ἐπέταξεν αὐτοῖς ἀνακλῖναι (-κλιθῆναι NMH) πάντας
Lc 2 7ª ἐσπαργάνωσεν αὐτὸν καὶ ἀνέκλινεν αὐτὸν ἐν (+τῇ Vϛ) φάτνῃ
7 36 *εἰσελθὼν εἰς τὸν οἶκον τοῦ Φαρισαίου ἀνεκλίθη (ϛ; κατεκ. rl)
9 15ª ἐποίησαν οὕτως καὶ ἀνέκλιναν (ϛ; κατέκ. rl) ἅπαντας (πάντας S)
12 37ª ὅτι περιζώσεται καὶ ἀνακλινεῖ αὐτούς
13 29 καὶ ἀνακλιθήσονται ἐν τῇ βασιλείᾳ τοῦ θεοῦ

ἀνακόπτω
→ κόπτω
G 5 7 *τίς ὑμᾶς ἀνέκοψε (ϛ; ἐνέκ. rl) τῇ ([N²⁶S]; — NTH) ἀληθείᾳ μὴ πείθεσθαι;

ἀνακράζω
→ κράζω
Mc 1 23 ἦν ... ἄνθρωπος ἐν πνεύματι ἀκαθάρτῳ, καὶ ἀνέκραξεν ⟨λέγων⟩
6 49 ἔδοξαν | ὅτι φάντασμά ἐστιν (φ. εἶναι VBSϛ) καὶ ἀνέκραξαν

Lc 4 33 ἦν ἄνθρωπος ἔχων πνεῦμα ... καὶ ἀνέκραξεν φωνῇ μεγάλῃ· ⟨ἔα⟩
8 28 ἰδὼν δὲ τὸν Ἰησοῦν ἀνακράξας προσέπεσεν αὐτῷ
23 18 ἀνέκραγον (ἀνέκραξαν ϛ) δὲ παμπληθεὶ λέγοντες

ἀνακρίνω
→ κρίνω
Lc 23 14 ἐγὼ ἐνώπιον ὑμῶν ἀνακρίνας οὐθὲν εὗρον ἐν τῷ ἀνθρώπῳ τούτῳ αἴτιον
Ac 4 9 ἡμεῖς σήμερον ἀνακρινόμεθα ἐπὶ εὐεργεσίᾳ
12 19 ἀνακρίνας τοὺς φύλακας ἐκέλευσεν ἀπαχθῆναι
17 11 οἵτινες ἐδέξαντο τὸν λόγον ... (+ τὸ [N]MVB[SH]ϛ) καθ' ἡμέραν ἀνακρίνοντες τὰς γραφάς
24 8 παρ' οὗ δυνήσῃ αὐτὸς ἀνακρίνας περὶ πάντων τούτων ἐπιγνῶναι
28 18 οἵτινες ἀνακρίναντές με ἐβούλοντο ἀπολῦσαι
1C 2 14 οὐ δύναται γνῶναι, ὅτι πνευματικῶς ἀνακρίνεται
2 15 ὁ δὲ πνευματικὸς ἀνακρίνει (+ μὲν NMVSHϛ) τὰ (+ [N²⁶] B) πάντα, ↔
2 15 αὐτὸς δὲ ὑπ' οὐδενὸς ἀνακρίνεται
4 3 ἵνα ὑφ' ὑμῶν ἀνακριθῶ ἢ ὑπὸ ἀνθρωπίνης ἡμέρας
4 3 ἀλλ' οὐδὲ ἐμαυτὸν ἀνακρίνω
4 4 ὁ δὲ ἀνακρίνων με κύριός ἐστιν
9 3 ἡ ἐμὴ ἀπολογία τοῖς ἐμὲ ἀνακρίνουσίν ἐστιν αὕτη
10 25 ἐσθίετε μηδὲν ἀνακρίνοντες διὰ τὴν συνείδησιν
10 27 ἐσθίετε μηδὲν ἀνακρίνοντες διὰ τὴν συνείδησιν
14 24 ἰδιώτης, ἐλέγχεται ὑπὸ πάντων, ἀνακρίνεται ὑπὸ πάντων

ἀνάκρισις
Ac 25 26 ὅπως τῆς ἀνακρίσεως γενομένης σχῶ τί γράψω

ἀνακυλίω
→ κυλίω
Mc 16 4 *ὅτι ἀνακεκύλισται (ἀποκ. N²⁶Vϛ) ὁ λίθος

ἀνακύπτω
→ κύπτω
Lc 13 11 ἰδοὺ γυνὴ ... μὴ δυναμένη ἀνακύψαι εἰς τὸ παντελές
21 28 ἀρχομένων δὲ τούτων γίνεσθαι ἀνακύψατε καὶ ἐπάρατε τὰς κεφαλὰς ὑμῶν
Jo [8 7] | ἀνέκυψεν καὶ (ἀνακύψας ϛ) εἶπεν αὐτοῖς ([H]; πρὸς αὐτοὺς Mϛ)
[8 10] ἀνακύψας (ἀναβλέψας ϛ) δὲ ὁ Ἰησοῦς εἶπεν αὐτῇ

ἀναλαμβάνω
→ λαμβάνω
ª pass.
Mc [16 19]ª μετὰ τὸ λαλῆσαι αὐτοῖς ἀνελήμφθη εἰς τὸν οὐρανόν
Ac 1 2ª ⟨λόγον ἐποιησάμην⟩ ἄχρι ἧς ἡμέρας ἐντειλάμενος ... ἀνελήμφθη
1 11ª οὗτος ὁ Ἰησοῦς ὁ ἀναλημφθεὶς ἀφ' ὑμῶν
1 22ª ἕως (ἄχρι T) τῆς ἡμέρας ἧς ἀνελήμφθη ἀφ' ἡμῶν
7 43 καὶ ἀνελάβετε τὴν σκηνὴν τοῦ Μόλοχ ⟨;⟩
10 16ª καὶ εὐθὺς ἀνελήμφθη τὸ σκεῦος εἰς τὸν οὐρανόν
20 13 ἐκεῖθεν μέλλοντες ἀναλαμβάνειν τὸν Παῦλον

Ac 20 14 ἀναλαβόντες αὐτὸν ἤλθομεν εἰς Μιτυλήνην

23 31 οἱ μὲν οὖν στρατιῶται ... ἀναλαβόντες τὸν Παῦλον ἤγαγον

E 6 13 διὰ τοῦτο ἀναλάβετε τὴν πανοπλίαν τοῦ θεοῦ

6 16 ἐν (ἐπὶ Vς) πᾶσιν ἀναλαβόντες τὸν θυρεὸν τῆς πίστεως

1Tm 3 16ª ὃς ... ἀνελήμφθη ἐν δόξῃ

2Tm 4 11 Μᾶρκον ἀναλαβὼν ἄγε μετὰ σεαυτοῦ

ἀνάλημψις
ἀνάληψις VBSς

Lc 9 51 ἐγένετο δὲ ἐν τῷ συμπληροῦσθαι τὰς ἡμέρας τῆς ἀναλήμψεως αὐτοῦ

ἀναλίσκω, ἀναλόω
κατ-

Lc 9 54 θέλεις εἴπωμεν πῦρ καταβῆναι ... καὶ ἀναλῶσαι αὐτούς (+ ὡς καὶ Ἠλίας ἐποίησεν [V]ς);

G 5 15 εἰ ... κατεσθίετε, βλέπετε μὴ ὑπ' ἀλλήλων ἀναλωθῆτε

2Th 2 8 *ὃν ὁ κύριος Ἰησοῦς [N²⁶NH] ἀναλώσει (ς; ἀνελεῖ rl) τῷ πνεύματι τοῦ στόματος αὐτοῦ

ἀναλογία

Rm 12 6 ἔχοντες ... προφητείαν, κατὰ τὴν ἀναλογίαν τῆς πίστεως

ἀναλογίζομαι
→ λογίζομαι

Hb 12 3 ἀναλογίσασθε γὰρ τὸν τοιαύτην ὑπομεμενηκότα ... ἀντιλογίαν

ἄναλος

Mc 9 50 ἐὰν δὲ τὸ ἅλας ἄναλον γένηται

ἀναλόω → ἀναλίσκω

ἀνάλυσις

2Tm 4 6 ὁ καιρὸς τῆς | ἀναλύσεώς μου (ἐμῆς ἀ. ς) ἐφέστηκεν

ἀναλύω
→ λύω

Lc 12 36 πότε ἀναλύσῃ (-σεις) ἐκ τῶν γάμων

Ph 1 23 τὴν ἐπιθυμίαν ἔχων εἰς τὸ ἀναλῦσαι καὶ σὺν Χριστῷ εἶναι

ἀναμάρτητος

Jo [8 7] ὁ ἀναμάρτητος ὑμῶν πρῶτος ἐπ' αὐτὴν βαλέτω λίθον

ἀναμένω
→ μένω

1Th 1 10 (ἐπεστρέψατε) καὶ ἀναμένειν τὸν υἱὸν αὐτοῦ ἐκ τῶν οὐρανῶν

ἀναμέσον
→ ἀνά

1C 6 5 ὃς δυνήσεται διακρῖναι ἀναμέσον (S; ἀνὰ μέσον rl) τοῦ ἀδελφοῦ αὐτοῦ

ἀναμιμνήσκω
→ μιμνήσκομαι

Mc 11 21 καὶ ἀναμνησθεὶς ὁ Πέτρος λέγει

14 72 καὶ ἀνεμνήσθη ὁ Πέτρος τὸ ῥῆμα

1C 4 17 ὃς ὑμᾶς ἀναμνήσει τὰς ὁδούς μου

2C 7 15 περισσοτέρως εἰς ὑμᾶς ἐστιν ἀναμιμνησκομένου τὴν ... ὑπακοήν

2Tm 1 6 δι' ἣν αἰτίαν ἀναμιμνήσκω σε ἀναζωπυρεῖν

Hb 10 32 ἀναμιμνήσκεσθε δὲ τὰς πρότερον ἡμέρας

ἀνάμνησις

Lc 22 19 | τοῦτο ποιεῖτε εἰς τὴν ἐμὴν ἀνάμνησιν [.. NH ..]

1C 11 24 τοῦτο ποιεῖτε εἰς τὴν ἐμὴν ἀνάμνησιν

11 25 τοῦτο ποιεῖτε, ὁσάκις ἐὰν πίνητε, εἰς τὴν ἐμὴν ἀνάμνησιν

Hb 10 3 ἀλλ' ἐν αὐταῖς ἀνάμνησις ἁμαρτιῶν κατ' ἐνιαυτόν

ἀνανεόω

E 4 23 (ἐδιδάχθητε) ἀνανεοῦσθαι δὲ τῷ πνεύματι τοῦ νοὸς ὑμῶν

ἀνανήφω
→ νήφω

2Tm 2 26 καὶ ἀνανήψωσιν ἐκ τῆς τοῦ διαβόλου παγίδος

Ἀνανίας
Ἀνανίας MVSTς
a vir Saphirae
b Christianus quidam Damascenus
c princeps sacerdotum Judaeorum

Ac 5 1ª ἀνὴρ δέ τις Ἀνανίας ὀνόματι ... ἐπώλησεν κτῆμα

5 3ª Ἀνανία, διὰ τί ἐπλήρωσεν ὁ σατανᾶς

5 5ª ἀκούων δὲ ὁ (— ς) Ἀνανίας τοὺς λόγους τούτους πεσὼν ἐξέψυξεν

9 10ᵇ ἦν δέ τις μαθητὴς ἐν Δαμασκῷ ὀνόματι Ἀνανίας

9 10ᵇ εἶπεν ... ὁ κύριος· Ἀνανία

9 12ᵇ εἶδεν | ἄνδρα ἐν ὁράματι (ἄ. [ἐν ὁρ.] N²⁶NH; ἄνδρα T; ~ rl) Ἀνανίαν ὀνόματι εἰσελθόντα

9 13ᵇ ἀπεκρίθη δὲ (+ ὁ ς) Ἀνανίας

9 17ᵇ ἀπῆλθεν δὲ Ἀνανίας καὶ εἰσῆλθεν εἰς τὴν οἰκίαν

22 12ᵇ Ἀνανίας δέ τις, ἀνὴρ εὐλαβὴς ⟨ἐλθὼν ... εἶπέν μοι⟩

23 2ᶜ ὁ δὲ ἀρχιερεὺς Ἀνανίας ἐπέταξεν

24 1ᶜ κατέβη ὁ ἀρχιερεὺς Ἀνανίας

ἀναντίρρητος
ἀναντίρητος H

Ac 19 36 ἀναντιρρήτων οὖν ὄντων τούτων δέον ἐστίν

ἀναντιρρήτως
ἀναντιρήτως H

Ac 10 29 διὸ καὶ ἀναντιρρήτως ἦλθον

ἀνάξιος

1C 6 2 εἰ ἐν ὑμῖν κρίνεται ὁ κόσμος, ἀνάξιοί ἐστε κριτηρίων ἐλαχίστων;

ἀναξίως

1C 11 27 ἢ πίνῃ τὸ ποτήριον τοῦ κυρίου ἀναξίως

11 29 *ὁ γὰρ ἐσθίων καὶ πίνων ἀναξίως (+ ς) κρίμα ἑαυτῷ ἐσθίει

ἀνάπαυσις

Mt 11 29 καὶ εὑρήσετε ἀνάπαυσιν ταῖς ψυχαῖς ὑμῶν

12 43 διέρχεται δι' ἀνύδρων τόπων ζητοῦν ἀνάπαυσιν

Lc 11 24 διέρχεται δι' ἀνύδρων τόπων ζητοῦν ἀνάπαυσιν

Ap 4 8 καὶ ἀνάπαυσιν οὐκ ἔχουσιν ἡμέρας καὶ νυκτὸς λέγοντες

14 11 καὶ οὐκ ἔχουσιν ἀνάπαυσιν ἡμέρας καὶ νυκτὸς οἱ προσκυνοῦντες

ἀναπαύω
→ παύω
a act.

Mt 11 28ª δεῦτε ... κἀγὼ ἀναπαύσω ὑμᾶς

26 45 καθεύδετε τὸ ([N²⁶]; — NMH) λοιπὸν καὶ ἀναπαύεσθε

Mc 6 31 δεῦτε ... εἰς ἔρημον τόπον καὶ ἀναπαύσασθε (ἀναπαύεσθε ς) ὀλίγον

14 41 καθεύδετε τὸ [SH] λοιπὸν καὶ ἀναπαύεσθε

Lc 12 19 ψυχή, ἔχεις πολλὰ ἀγαθὰ | κείμενα εἰς ἔτη πολλά· ἀναπαύου, φάγε, πίε [H], εὐφραίνου

1C 16 18ª ἀνέπαυσαν γὰρ τὸ ἐμὸν πνεῦμα καὶ τὸ ὑμῶν

2C 7 13 ὅτι ἀναπέπαυται τὸ πνεῦμα αὐτοῦ ἀπὸ πάντων ὑμῶν

Phm 7 ὅτι τὰ σπλάγχνα τῶν ἁγίων ἀναπέπαυται διὰ σοῦ

20ª ἀνάπαυσόν μου τὰ σπλάγχνα ἐν Χριστῷ

1Pt 4 14 ὅτι ... τὸ τοῦ θεοῦ πνεῦμα ἐφ' ὑμᾶς ἀναπαύεται

Ap 6 11 ἐρρέθη αὐτοῖς ἵνα ἀναπαύσονται (N²⁶H; -σωνται rl) ἔτι χρόνον μικρόν

14 13 ἵνα ἀναπαήσονται (-παύσωνται Sς) ἐκ τῶν κόπων αὐτῶν

ἀναπείθω
→ πείθω

Ac 18 13 ὅτι παρὰ τὸν νόμον ἀναπείθει οὗτος τοὺς ἀνθρώπους σέβεσθαι

ἀνάπειρος
ἀνάπηρος NMVBTς

Lc 14 13 κάλει πτωχούς, ἀναπείρους, χωλούς, τυφλούς

14 21 τοὺς πτωχοὺς καὶ ἀναπείρους καὶ τυφλοὺς καὶ χωλοὺς εἰσάγαγε ὧδε

ἀναπέμπω
→ πέμπω

Lc 23 7 ἀνέπεμψεν αὐτὸν πρὸς Ἡρῴδην

23 11 ὁ Ἡρῴδης ... ἀνέπεμψεν αὐτὸν τῷ Πιλάτῳ

23 15 | ἀνέπεμψεν γὰρ αὐτὸν πρὸς ἡμᾶς (ἀνέπεμψα γ. ὑμᾶς π. αὐ. Vς)

Ac 25 21 ἕως οὗ ἀναπέμψω (πέμψω ς) αὐτὸν πρὸς Καίσαρα

Phm 12 ⟨Ὀνήσιμον⟩ ὃν ἀνέπεμψά σοι

ἀναπηδάω
εἰσ- ἐκ-

Mc 10 50 ἀναπηδήσας (ἀναστὰς ς) ἦλθεν πρὸς τὸν Ἰησοῦν

ἀνάπηρος
→ ἀνάπειρος

ἀναπίπτω
→ πίπτω

Mt 15 35 παραγγείλας (ἐκέλευσεν Vς) τῷ ὄχλῳ (τοῖς ὄχλοις Vς) ἀναπεσεῖν ἐπὶ τὴν γῆν

Mc 6 40 καὶ ἀνέπεσαν πρασιαὶ πρασιαί

8 6 παραγγέλλει τῷ ὄχλῳ ἀναπεσεῖν ἐπὶ τῆς γῆς

Lc 11 37 εἰσελθὼν δὲ ἀνέπεσεν

14 10 πορευθεὶς ἀνάπεσε (-σον ς) εἰς τὸν ἔσχατον τόπον

17 7 εὐθέως παρελθὼν ἀνάπεσε (-σαι ς)

22 14 ὅτε ἐγένετο ἡ ὥρα, ἀνέπεσεν

Jo 6 10 ποιήσατε τοὺς ἀνθρώπους ἀναπεσεῖν

6 10 ἀνέπεσαν οὖν οἱ ἄνδρες

13 12 ὅτε οὖν ἔνιψεν ... | καὶ ἀνέπεσεν (ἀναπεσὼν ς) πάλιν

13 25 ἀναπεσὼν (ἐπιπ. STς) οὖν (— N MH; δὲ Sς) ἐκεῖνος οὕτως ἐπὶ τὸ στῆθος τοῦ Ἰησοῦ λέγει

21 20 ὃς καὶ ἀνέπεσεν ... ἐπὶ τὸ στῆθος αὐτοῦ

ἀναπληρόω
→ πληρόω

Mt 13 14 καὶ ἀναπληροῦται αὐτοῖς ἡ προφητεία Ἠσαΐου

1C 14 16 ὁ ἀναπληρῶν τὸν τόπον τοῦ ἰδιώτου πῶς ἐρεῖ ⟨;⟩

16 17 ὅτι τὸ ὑμέτερον (ὑμῶν Vς) ὑστέρημα οὗτοι ἀνεπλήρωσαν

G 6 2 οὕτως ἀναπληρώσετε (-σατε MV BSHς) τὸν νόμον τοῦ Χριστοῦ

Ph 2 30 παραβολευσάμενος τῇ ψυχῇ, ἵνα ἀναπληρώσῃ τὸ ὑμῶν ὑστέρημα

1Th 2 16 εἰς τὸ ἀναπληρῶσαι αὐτῶν τὰς ἁμαρτίας πάντοτε

ἀναπολόγητος

Rm 1 20 εἰς τὸ εἶναι αὐτοὺς ἀναπολογήτους
2 1 διὸ ἀναπολόγητος εἶ

ἀναπτύσσω

→ πτύσσω

Lc 4 17 ἀναπτύξας (ἀνοίξας NMH) τὸ
βιβλίον εὗρεν τὸν ([NSH]; —T)
τόπον

ἀνάπτω

→ ἅπτω

Lc 12 49 πῦρ ἦλθον βαλεῖν ... καὶ τί θέλω
εἰ ἤδη ἀνήφθη

Ac 28 2 *ἀνάψαντες (ϛ; ἅψ. rl) γὰρ πυρὰν
προσελάβοντο πάντας

Jc 3 5 ἰδοὺ ἡλίκον πῦρ ἡλίκην ὕλην ἀνάπ-
τει

ἀναρίθμητος

Hb 11 12 καὶ ὡς ἡ ἄμμος ἡ παρὰ τὸ χεῖλος
τῆς θαλάσσης ἡ ἀναρίθμητος

ἀνασείω

→ σείω

Mc 15 11 οἱ δὲ ἀρχιερεῖς ἀνέσεισαν τὸν ὄχλον

Lc 23 5 οἱ δὲ ἐπίσχυον λέγοντες ὅτι ἀνα-
σείει τὸν λαόν

ἀνασκευάζω

ἀπο-   κατα-
ἐπι-   παρα-

Ac 15 24 ὅτι ... ἐτάραξαν ὑμᾶς λόγοις
ἀνασκευάζοντες τὰς ψυχὰς ὑμῶν

ἀνασπάω

→ σπάομαι

Lc 14 5 οὐκ εὐθέως ἀνασπάσει αὐτὸν ἐν
(+τῇ VB[S]ϛ) ἡμέρᾳ τοῦ σαββά-
του

Ac 11 10 ἀνεσπάσθη πάλιν ἅπαντα εἰς τὸν
οὐρανόν

ἀνάστασις

a ἀνάστασις (ἐκ) νεκρῶν
b ἀνάστασιν μὴ εἶναι

Mt 22 23b προσῆλθον αὐτῷ Σαδδουκαῖοι, λέ-
γοντες μὴ εἶναι ἀνάστασιν

22 28 ἐν τῇ ἀναστάσει οὖν τίνος τῶν
ἑπτὰ ἔσται γυνή;

22 30 ἐν γὰρ τῇ ἀναστάσει οὔτε γαμοῦ-
σιν οὔτε γαμίζονται (ἐκγ. Vϛ)

22 31a περὶ δὲ τῆς ἀναστάσεως τῶν νε-
κρῶν οὐκ ἀνέγνωτε ⟨;⟩

Mc 12 18b καὶ ἔρχονται Σαδδουκαῖοι ... οἵτι-
νες λέγουσιν ἀνάστασιν μὴ εἶναι

12 23 ἐν τῇ ἀναστάσει, | ὅταν ἀναστῶ-
σιν ([N²⁶]; — H), τίνος αὐτῶν
ἔσται γυνή;

Lc 2 34 οὗτος κεῖται εἰς πτῶσιν καὶ ἀνά-
στασιν πολλῶν

14 14 ἀνταποδοθήσεται γάρ (δέ T) σοι
ἐν τῇ ἀναστάσει τῶν δικαίων

20 27b προσελθόντες δέ τινες τῶν Σαδ-
δουκαίων, οἱ ἀντιλέγοντες ([ἀντι]-
λ. N²⁶; λέγ. H) ἀνάστασιν μὴ
εἶναι

20 33 | ἡ γυνὴ οὖν ἐν τῇ ἀναστάσει (ἐν
τῇ οὖν ἀν. Vϛ) τίνος αὐτῶν γίνε-
ται γυνή;

20 35a οἱ δὲ καταξιωθέντες ... τυχεῖν καὶ
τῆς ἀναστάσεως τῆς ἐκ νεκρῶν

20 36 καὶ υἱοί εἰσιν (+τοῦ Vϛ) θεοῦ τῆς
ἀναστάσεως υἱοὶ ὄντες

Jo 5 29 ἐκπορεύσονται οἱ τὰ ἀγαθὰ ποιή-
σαντες εἰς ἀνάστασιν ζωῆς, ↔

5 29 οἱ δὲ (— NMTH) τὰ φαῦλα
πράξαντες εἰς ἀνάστασιν κρίσεως

11 24 οἶδα ὅτι ἀναστήσεται ἐν τῇ ἀνα-
στάσει ἐν τῇ ἐσχάτῃ ἡμέρᾳ

11 25 ἐγώ εἰμι ἡ ἀνάστασις καὶ ἡ ζωή

Ac 1 22 ⟨δεῖ⟩ μάρτυρα τῆς ἀναστάσεως
αὐτοῦ σὺν ἡμῖν γενέσθαι ἕνα τού-
των

2 31 προϊδὼν ἐλάλησεν περὶ τῆς ἀνα-
στάσεως τοῦ Χριστοῦ

4 2a διὰ τὸ ... καταγγέλλειν ... τὴν
ἀνάστασιν τὴν ἐκ νεκρῶν

4 33 ἀπεδίδουν τὸ μαρτύριον ... || τῆς
ἀναστάσεως τοῦ κυρίου Ἰησοῦ
(+Χριστοῦ T) ((~NMHT))

17 18 ὅτι τὸν Ἰησοῦν καὶ τὴν ἀνάστασιν
εὐηγγελίζετο

17 32a ἀκούσαντες δὲ ἀνάστασιν νεκρῶν,
οἱ μὲν ἐχλεύαζον

23 6a περὶ ἐλπίδος καὶ ἀναστάσεως νεκ-
ρῶν ἐγὼ ([N²⁶]; — NSH) κρίνο-
μαι

23 8b Σαδδουκαῖοι μὲν ([N²⁶]; — NH)
γὰρ λέγουσιν μὴ εἶναι ἀνάστασιν

24 15 ἐλπίδα ἔχων ... ἀνάστασιν μέλ-
λειν ἔσεσθαι δικαίων τε καὶ ἀδίκων

24 21a ὅτι περὶ ἀναστάσεως νεκρῶν ἐγὼ
κρίνομαι

26 23a εἰ πρῶτος ἐξ ἀναστάσεως νεκρῶν
φῶς μέλλει καταγγέλλειν

Rm 1 4a τοῦ ὁρισθέντος υἱοῦ θεοῦ ... ἐξ
ἀναστάσεως νεκρῶν

6 5 σύμφυτοι .. τῷ ὁμοιώματι ...
τῆς ἀναστάσεως ἐσόμεθα

1C 15 12ab πῶς λέγουσιν ... ὅτι ἀνάστασις
νεκρῶν οὐκ ἔστιν;

15 13ab εἰ δὲ ἀνάστασις νεκρῶν οὐκ ἔστιν

15 21a δι' ἀνθρώπου ἀνάστασις νεκρῶν

15 42a οὕτως καὶ ἡ ἀνάστασις τῶν νεκ-
ρῶν

Ph 3 10 τοῦ γνῶναι αὐτὸν καὶ τὴν δύνα-
μιν τῆς ἀναστάσεως αὐτοῦ

2Tm 2 18 λέγοντες τὴν ([N²⁶]; — NSTH)
ἀνάστασιν ἤδη γεγονέναι

Hb 6 2a ⟨μὴ πάλιν θεμέλιον καταβαλλόμε-
νοι⟩ ἀναστάσεώς τε (—NH) νεκ-
ρῶν

11 35 ἔλαβον γυναῖκες ἐξ ἀναστάσεως
τοὺς νεκροὺς αὐτῶν

11 35 ἵνα κρείττονος ἀναστάσεως τύχω-
σιν

1Pt 1 3a ἀναγεννήσας ἡμᾶς ... δι' ἀναστά-
σεως Ἰησοῦ Χριστοῦ ἐκ νεκρῶν

3 21 σῴζει βάπτισμα ... ἐπερώτημα
εἰς θεόν, δι' ἀναστάσεως Ἰησοῦ
Χριστοῦ

Ap 20 5 αὕτη ἡ ἀνάστασις ἡ πρώτη

20 6 ὁ ἔχων μέρος ἐν τῇ ἀναστάσει τῇ
πρώτῃ

ἀναστατόω

Ac 17 6 ὅτι οἱ τὴν οἰκουμένην ἀναστατώ-
σαντες οὗτοι καὶ ἐνθάδε πάρεισιν

21 38 οὐκ ἄρα σὺ εἶ ὁ Αἰγύπτιος ὁ πρὸ
τούτων τῶν ἡμερῶν ἀναστατώ-
σας ⟨;⟩

G 5 12 ὄφελον καὶ ἀποκόψονται οἱ ἀνα-
στατοῦντες ὑμᾶς

ἀνασταυρόω

→ σταυρόω

Hb 6 6 ἀνασταυροῦντας ἑαυτοῖς τὸν υἱὸν
τοῦ θεοῦ

ἀναστενάζω

→ στενάζω

Mc 8 12 καὶ ἀναστενάξας τῷ πνεύματι αὐ-
τοῦ λέγει

ἀναστρέφω

→ στρέφω

a trans.

Mt 17 22 *ἀναστρεφομένων (VBSϛ; συστρ.
rl) δὲ αὐτῶν ἐν τῇ Γαλιλαίᾳ

Jo 2 15a *καὶ τὰς τραπέζας ἀνέστρεψεν
(ἀνέτρεψεν N²⁶NBH)

Ac 5 22 ἀναστρέψαντες δὲ ἀπήγγειλαν

15 16 μετὰ ταῦτα ἀναστρέψω

2C 1 12 ἐν χάριτι θεοῦ, ἀνεστράφημεν ἐν τῷ
κόσμῳ

E 2 3 καὶ ἡμεῖς πάντες ἀνεστράφημέν
ποτε ἐν ταῖς ἐπιθυμίαις

1Tm 3 15 πῶς δεῖ ἐν οἴκῳ θεοῦ ἀναστρέ-
φεσθαι

Hb 10 33 κοινωνοὶ τῶν οὕτως ἀναστρεφο-
μένων γενηθέντες

13 18 καλὴν συνείδησιν ἔχομεν, ἐν πᾶσιν
καλῶς θέλοντες ἀναστρέφεσθαι

1Pt 1 17 εἰ πατέρα ἐπικαλεῖσθε ... ἐν φόβῳ
τὸν τῆς παροικίας ὑμῶν χρόνον
ἀναστράφητε

2Pt 2 18 ἀποφεύγοντας τοὺς ἐν πλάνῃ
ἀναστρεφομένους

ἀναστροφή

G 1 13 ἠκούσατε γὰρ τὴν ἐμὴν ἀναστρο-
φήν ποτε ἐν τῷ Ἰουδαϊσμῷ

E 4 22 ἀποθέσθαι ὑμᾶς κατὰ τὴν προτέ-
ραν ἀναστροφὴν τὸν παλαιὸν
ἄνθρωπον

1Tm 4 12 τύπος γίνου τῶν πιστῶν ... ἐν
ἀναστροφῇ

Hb 13 7 ὧν ἀναθεωροῦντες τὴν ἔκβασιν
τῆς ἀναστροφῆς μιμεῖσθε τὴν πί-
στιν

Jc 3 13 δειξάτω ἐκ τῆς καλῆς ἀναστροφῆς
τὰ ἔργα

1Pt 1 15 αὐτοὶ ἅγιοι ἐν πάσῃ ἀναστροφῇ
γενήθητε

1 18 ἐλυτρώθητε ἐκ τῆς ματαίας ὑμῶν
ἀναστροφῆς πατροπαραδότου

2 12 τὴν ἀναστροφὴν ὑμῶν ἐν τοῖς ἔθ-
νεσιν ἔχοντες καλήν

3 1 ἵνα ... διὰ τῆς τῶν γυναικῶν
ἀναστροφῆς ἄνευ λόγου κερδηθή-
σονται

3 2 ἐποπτεύσαντες τὴν ἐν φόβῳ ἁγνὴν
ἀναστροφὴν ὑμῶν

3 16 οἱ ἐπηρεάζοντες ὑμῶν τὴν ἀγαθὴν
ἐν Χριστῷ ἀναστροφήν

2Pt 2 7 καταπονούμενον ὑπὸ τῆς τῶν
ἀθέσμων ἐν ἀσελγείᾳ ἀναστροφῆς

3 11 ὑπάρχειν ὑμᾶς [N²⁶NH] ἐν ἁγίαις
ἀναστροφαῖς καὶ εὐσεβείαις

ἀνατάσσομαι

→ τάσσω

Lc 1 1 ἐπειδήπερ πολλοὶ ἐπεχείρησαν
ἀνατάξασθαι διήγησιν

ἀνατέλλω

ἐν-
ἐξανα-
a trans.

Mt 4 16 φῶς ἀνέτειλεν αὐτοῖς

5 45a ὅτι (ὃς S) τὸν ἥλιον αὐτοῦ ἀνα-
τέλλει ἐπὶ πονηροὺς καὶ ἀγαθούς

13 6 ἡλίου δὲ ἀνατείλαντος ἐκαυμα-
τίσθη

Mc 4 6 | καὶ ὅτε ἀνέτειλεν ὁ ἥλιος (ἡλίου
δὲ ἀνατείλαντος ϛ)

16 2 ἔρχονται ἐπὶ τὸ μνημεῖον (μνῆμα
NT), ἀνατείλαντος τοῦ ἡλίου

Lc 12 54 ὅταν ἴδητε τὴν [+N²⁶] νεφέλην
ἀνατέλλουσαν ἐπὶ δυσμῶν

Hb 7 14 ἐξ Ἰούδα ἀνατέταλκεν ὁ κύριος
ἡμῶν

Jc 1 11 ἀνέτειλεν γὰρ ὁ ἥλιος

2Pt 1 19 ἕως οὗ ... φωσφόρος ἀνατείλῃ ἐν
ταῖς καρδίαις ὑμῶν

ἀνατίθημι

→ τίθημι

Ac 25 14 ὁ Φῆστος τῷ βασιλεῖ ἀνέθετο τὰ κατὰ τὸν Παῦλον

G 2 2 καὶ ἀνεθέμην αὐτοῖς τὸ εὐαγγέλιον

ἀνατολή
   a ἀπὸ ἀνατολ.

Mt 2 1a ἰδοὺ μάγοι ἀπὸ ἀνατολῶν παρεγένοντο εἰς ῾Ιεροσόλυμα

   2 2 εἴδομεν γὰρ αὐτοῦ τὸν ἀστέρα ἐν τῇ ἀνατολῇ

   2 9 ὁ ἀστήρ, ὃν εἶδον ἐν τῇ ἀνατολῇ

   8 11a ὅτι πολλοὶ ἀπὸ ἀνατολῶν καὶ δυσμῶν ἥξουσιν

   24 27a ὥσπερ γὰρ ἡ ἀστραπὴ ἐξέρχεται ἀπὸ ἀνατολῶν

Mc [16 br]a ὁ ᾿Ιησοῦς ἀπὸ ἀνατολῆς καὶ ἄχρι δύσεως ἐξαπέστειλεν

Lc 1 78 ἐν οἷς ἐπισκέψεται (ἐπεσκέψατο VSTς) ἡμᾶς ἀνατολὴ ἐξ ὕψους

   13 29a ἥξουσιν ἀπὸ ἀνατολῶν καὶ δυσμῶν καὶ ἀπὸ (—VT) βορρᾶ καὶ νότου

Ap 7 2a εἶδον ἄλλον ἄγγελον ἀναβαίνοντα ἀπὸ ἀνατολῆς ἡλίου

   16 12a ἡ ὁδὸς τῶν βασιλέων τῶν ἀπὸ ἀνατολῆς ἡλίου

   21 13a ἀπὸ ἀνατολῆς πυλῶνες τρεῖς

ἀνατρέπω
   ἀπο-   ἐπι-   προ-
   ἐκ-   μετα-
   ἐν-   περι-

Jo 2 15 καὶ τὰς τραπέζας ἀνέτρεψεν (N²⁶N BH; ἀνέστρεψεν rl)

2Tm 2 18 οἵτινες ... ἀνατρέπουσιν τήν τινων πίστιν

Tt 1 11 οἵτινες ὅλους οἴκους ἀνατρέπουσιν

ἀνατρέφω
   → τρέφω

Lc 4 16 *ἦλθεν εἰς (+τὴν VSς) Ναζαρά, οὗ ἦν ἀνατεθραμμένος (T; τεθρ. rl)

Ac 7 20 ὃς ἀνετράφη μῆνας τρεῖς ἐν τῷ οἴκῳ τοῦ πατρός

   7 21 ἀνεθρέψατο αὐτὸν ἑαυτῇ εἰς υἱόν

   22 3 ἐγώ [+μέν S] εἰμι ἀνὴρ ᾿Ιουδαῖος, γεγεννημένος ἐν Ταρσῷ ... ἀνατεθραμμένος δὲ ἐν τῇ πόλει ταύτῃ

ἀναφαίνω
   → φαίνω

Lc 19 11 ὅτι παραχρῆμα μέλλει ἡ βασιλεία τοῦ θεοῦ ἀναφαίνεσθαι

Ac 21 3 ἀναφάναντες (-νέντες Sς) δὲ τὴν Κύπρον καὶ καταλιπόντες αὐτὴν εὐώνυμον ἐπλέομεν

ἀναφέρω
   → φέρω

Mt 17 1 ἀναφέρει αὐτοὺς εἰς ὄρος ὑψηλόν

Mc 9 2 καὶ ἀναφέρει αὐτοὺς εἰς ὄρος ὑψηλόν

Lc 24 51 διέστη ἀπ' αὐτῶν | καὶ ἀνεφέρετο εἰς τὸν οὐρανόν ([VSH]; —NT)

Hb 7 27 ὃς οὐκ ἔχει καθ' ἡμέραν ἀνάγκην ... θυσίας ἀναφέρειν

   7 27 τοῦτο γὰρ ἐποίησεν ἐφάπαξ ἑαυτὸν ἀνενέγκας (προσ. T)

   9 28 προσενεχθεὶς εἰς τὸ πολλῶν ἀνενεγκεῖν ἁμαρτίας

   13 15 δι' αὐτοῦ οὖν ([N²⁶]; —H) ἀναφέρωμεν θυσίαν αἰνέσεως ... τῷ θεῷ

Jc 2 21 ᾿Αβραὰμ ... οὐκ ἐξ ἔργων ἐδικαιώθη, ἀνενέγκας ᾿Ισαάκ ⟨;⟩

1Pt 2 5 οἰκοδομεῖσθε (ἐπ- ST) ... ἀνενέγκαι πνευματικὰς θυσίας

   2 24 ὃς τὰς ἁμαρτίας ἡμῶν αὐτὸς ἀνήνεγκεν ... ἐπὶ τὸ ξύλον

ἀναφωνέω
   → φωνέω

Lc 1 42 καὶ ἀνεφώνησεν κραυγῇ (φωνῇ VSς) μεγάλῃ καὶ εἶπεν

ἀνάχυσις

1Pt 4 4 μὴ συντρεχόντων ὑμῶν εἰς τὴν αὐτὴν τῆς ἀσωτίας ἀνάχυσιν

ἀναχωρέω
   → χωρέω
   a abs.

Mt 2 12 δι' ἄλλης ὁδοῦ ἀνεχώρησαν εἰς τὴν χώραν αὐτῶν

   2 13a ἀναχωρησάντων δὲ αὐτῶν, ἰδοὺ ἄγγελος κυρίου φαίνεται

   2 14 καὶ ἀνεχώρησεν εἰς Αἴγυπτον

   2 22 χρηματισθεὶς δὲ κατ' ὄναρ ἀνεχώρησεν εἰς τὰ μέρη τῆς Γαλιλαίας

   4 12 ἀνεχώρησεν εἰς τὴν Γαλιλαίαν

   9 24a ἀναχωρεῖτε· οὐ γὰρ ἀπέθανεν τὸ κοράσιον

   12 15 ὁ δὲ ᾿Ιησοῦς γνοὺς ἀνεχώρησεν ἐκεῖθεν

   14 13 ὁ ᾿Ιησοῦς ἀνεχώρησεν ἐκεῖθεν

   15 21 ἀνεχώρησεν εἰς τὰ μέρη Τύρου καὶ Σιδῶνος

   27 5a ῥίψας τὰ ἀργύρια εἰς τὸν ναὸν ἀνεχώρησεν

Mc 3 7 καὶ ὁ ᾿Ιησοῦς ... ἀνεχώρησεν πρὸς (εἰς T) τὴν θάλασσαν

Jo 6 15 ᾿Ιησοῦς ... ἀνεχώρησεν (φεύγει T) πάλιν εἰς τὸ ὄρος αὐτὸς μόνος

Ac 23 19 καὶ ἀναχωρήσας κατ' ἰδίαν ἐπυνθάνετο

   26 31a ἀναχωρήσαντες ἐλάλουν πρὸς ἀλλήλους λέγοντες

ἀνάψυξις

Ac 3 20 ὅπως ἂν ἔλθωσιν καιροὶ ἀναψύξεως

ἀναψύχω
   → ψύχομαι

2Tm 1 16 ὅτι πολλάκις με ἀνέψυξεν καὶ τὴν ἅλυσίν μου οὐκ ἐπαισχύνθη

ἀνδραποδιστής

1Tm 1 10 ⟨νόμος .. κεῖται⟩ πόρνοις, ἀρσενοκοίταις, ἀνδραποδισταῖς, ψεύσταις

᾿Ανδρέας

Mt 4 18 εἶδεν δύο ἀδελφούς, Σίμωνα ... καὶ ᾿Ανδρέαν

   10 2 πρῶτος Σίμων ... καὶ ᾿Ανδρέας ὁ ἀδελφὸς αὐτοῦ

Mc 1 16 εἶδεν Σίμωνα καὶ ᾿Ανδρέαν τὸν ἀδελφὸν Σίμωνος (τοῦ Σ. S; αὐτοῦ ς) ἀμφιβάλλοντας

   1 29 | ἐξελθόντες ἦλθον (ἐξελθὼν ἦλθεν M) εἰς τὴν οἰκίαν Σίμωνος καὶ ᾿Ανδρέου

   3 18 ⟨ἐποίησεν τοὺς δώδεκα⟩ ᾿Ανδρέαν καὶ Φίλιππον

   13 3 ἐπηρώτα αὐτὸν κατ' ἰδίαν ... ᾿Ιωάννης καὶ ᾿Ανδρέας

Lc 6 14 ⟨ἐκλεξάμενος ἀπ' αὐτῶν δώδεκα⟩ Σίμωνα ... καὶ ᾿Ανδρέαν

Jo 1 40 ἦν ᾿Ανδρέας ὁ ἀδελφὸς Σίμωνος Πέτρου εἷς ἐκ τῶν δύο τῶν ἀκουσάντων παρὰ ᾿Ιωάννου

   1 44 ἦν δὲ ... ἐκ τῆς πόλεως ᾿Ανδρέου καὶ Πέτρου

   6 8 εἷς ἐκ τῶν μαθητῶν αὐτοῦ, ᾿Ανδρέας ὁ ἀδελφὸς Σίμωνος Πέτρου

   12 22 ἔρχεται (— VSTς) Φίλιππος καὶ λέγει τῷ ᾿Ανδρέᾳ·

   12 22 (+καὶ πάλιν MVς; +πάλιν S) ἔρχεται (— Vς) ᾿Ανδρέας καὶ Φίλιππος

Ac 1 13 ἀνέβησαν ... ὅ τε Πέτρος ... καὶ ᾿Ανδρέας

ἀνδρίζομαι

1C 16 13 στήκετε ἐν τῇ πίστει, ἀνδρίζεσθε, κραταιοῦσθε

᾿Ανδρόνικος

Rm 16 7 ἀσπάσασθε ᾿Ανδρόνικον καὶ ᾿Ιουνιᾶν τοὺς συγγενεῖς μου καὶ συναιχμαλώτους μου

ἀνδροφόνος

1Tm 1 9 δικαίῳ νόμος οὐ κεῖται, ἀνόμοις δὲ ... πατρολῴαις καὶ μητρολῴαις, ἀνδροφόνοις

ἀνέγκλητος

1C 1 8 ὃς καὶ βεβαιώσει ὑμᾶς ἕως τέλους ἀνεγκλήτους

Cl 1 22 παραστῆσαι ὑμᾶς ... ἀμώμους καὶ ἀνεγκλήτους κατενώπιον αὐτοῦ

1Tm 3 10 οὗτοι ... εἶτα διακονείτωσαν ἀνέγκλητοι ὄντες

Tt 1 6 εἴ τίς ἐστιν ἀνέγκλητος, μιᾶς γυναικὸς ἀνήρ

   1 7 δεῖ γὰρ τὸν ἐπίσκοπον ἀνέγκλητον εἶναι

ἀνεκδιήγητος

2C 9 15 χάρις τῷ θεῷ ἐπὶ τῇ ἀνεκδιηγήτῳ αὐτοῦ δωρεᾷ

ἀνεκλάλητος

1Pt 1 8 ἀγαλλιᾶσθε (-λιᾶτε H) χαρᾷ ἀνεκλαλήτῳ καὶ δεδοξασμένῃ

ἀνέκλειπτος

Lc 12 33 ποιήσατε ἑαυτοῖς ... θησαυρὸν ἀνέκλειπτον ἐν τοῖς οὐρανοῖς

ἀνεκτός (ἀνεκτότερος)

Mt 10 15 ἀνεκτότερον ἔσται γῇ Σοδόμων... ἢ τῇ πόλει ἐκείνῃ

   11 22 Τύρῳ καὶ Σιδῶνι ἀνεκτότερον ἔσται ... ἢ ὑμῖν

   11 24 ὅτι γῇ Σοδόμων ἀνεκτότερον ἔσται ... ἢ σοί

Mc 6 11 *| ἀνεκτότερον ἔσται Σοδόμοις ... ἢ τῇ πόλει ἐκείνῃ (..+ς)

Lc 10 12 ὅτι Σοδόμοις ... ἀνεκτότερον ἔσται ἢ τῇ πόλει ἐκείνῃ

   10 14 πλὴν Τύρῳ καὶ Σιδῶνι ἀνεκτότερον ἔσται ἐν τῇ κρίσει ἢ ὑμῖν

ἀνελεήμων

Rm 1 31 ⟨παρέδωκεν αὐτοὺς ὁ θεὸς εἰς ἀδόκιμον νοῦν⟩ ἀσυνθέτους, ἀστόργους, ἀνελεήμονας

ἀνέλεος

Jc 2 13 ἡ γὰρ κρίσις ἀνέλεος (ἀνίλεως ς) τῷ μὴ ποιήσαντι ἔλεος

ἀνεμίζομαι

Jc 1 6 ὁ γὰρ διακρινόμενος ἔοικεν κλύδωνι θαλάσσης ἀνεμιζομένῳ καὶ ῥιπιζομένῳ

ἄνεμος
   a οἱ τέσσαρες ἄν.
   b met.

Mt 7 25 ἔπνευσαν οἱ ἄνεμοι

   7 27 ἔπνευσαν οἱ ἄνεμοι

   8 26 ἐπετίμησεν τοῖς ἀνέμοις καὶ τῇ θαλάσσῃ

   8 27 ὅτι καὶ οἱ ἄνεμοι καὶ ἡ θάλασσα αὐτῷ ὑπακούουσιν

   11 7 κάλαμον ὑπὸ ἀνέμου σαλευόμενον;

   14 24 ἦν γὰρ ἐναντίος ὁ ἄνεμος

   14 30 βλέπων δὲ τὸν ἄνεμον ἰσχυρὸν ([N²⁶]; —NTH) ἐφοβήθη

   14 32 ἐκόπασεν ὁ ἄνεμος

   24 31a ἐπισυνάξουσιν τοὺς ἐκλεκτοὺς αὐτοῦ ἐκ τῶν τεσσάρων ἀνέμων

Mc 4 37 καὶ γίνεται λαῖλαψ μεγάλη ἀνέμου

   4 39 καὶ διεγερθεὶς ἐπετίμησεν τῷ ἀνέμῳ

   4 39 καὶ ἐκόπασεν ὁ ἄνεμος

   4 41 ὅτι καὶ ὁ ἄνεμος καὶ ἡ θάλασσα | ὑπακούει αὐτῷ (~ST)

Mc   6 48 ἦν γὰρ ὁ ἄνεμος ἐναντίος αὐτοῖς
     6 51 καὶ ἐκόπασεν ὁ ἄνεμος
    13 27ᵃ ἐπισυνάξει τοὺς ἐκλεκτοὺς αὐτοῦ ([N²⁶NH]; —BST) ἐκ τῶν τεσσάρων ἀνέμων

Lc   7 24 κάλαμον ὑπὸ ἀνέμου σαλευόμενον;
     8 23 καὶ κατέβη λαῖλαψ ἀνέμου εἰς τὴν λίμνην
     8 24 ἐπετίμησεν τῷ ἀνέμῳ καὶ τῷ κλύδωνι τοῦ ὕδατος
     8 25 ὅτι καὶ τοῖς ἀνέμοις ἐπιτάσσει καὶ τῷ ὕδατι

Jo   6 18 ἥ τε θάλασσα ἀνέμου μεγάλου πνέοντος διεγείρετο (N²⁶H; διηγ. rl)

Ac   27 4 ὑπεπλεύσαμεν τὴν Κύπρον διὰ τὸ τοὺς ἀνέμους εἶναι ἐναντίους
     27 7 μὴ προσεῶντος ἡμᾶς τοῦ ἀνέμου ὑπεπλεύσαμεν
    27 14 ἔβαλεν κατ' αὐτῆς ἄνεμος τυφωνικὸς ὁ καλούμενος εὐρακύλων (εὐροκλύδων VSϛ)
    27 15 καὶ μὴ δυναμένου ἀντοφθαλμεῖν τῷ ἀνέμῳ

E   4 14ᵇ ἵνα μηκέτι ὦμεν νήπιοι, κλυδωνιζόμενοι ... παντὶ ἀνέμῳ τῆς διδασκαλίας

Jc   3 4 ὑπὸ ἀνέμων σκληρῶν ἐλαυνόμενα

Jd   12 νεφέλαι ἄνυδροι ὑπὸ ἀνέμων παραφερόμεναι

Ap   6 13 ὡς συκῆ βάλλει (βάλλουσα T) τοὺς ὀλύνθους αὐτῆς ὑπὸ | ἀνέμου μεγάλου (~ Sϛ) σειομένη
     7 1ᵃ εἶδον τέσσαρας ἀγγέλους ... κρατοῦντας τοὺς τέσσαρας ἀνέμους τῆς γῆς
     7 1 ἵνα μὴ πνέῃ ἄνεμος ἐπὶ τῆς γῆς

ἀνένδεκτος
Lc   17 1 ἀνένδεκτόν ἐστιν τοῦ τὰ σκάνδαλα μὴ ἐλθεῖν

ἀνεξεραύνητος
   ἀνεξερεύνητος NBSϛ
Rm   11 33 ὡς ἀνεξεραύνητα τὰ κρίματα αὐτοῦ

ἀνεξίκακος
2Tm   2 24 δοῦλον ... δεῖ ... ἤπιον εἶναι πρὸς πάντας, διδακτικόν, ἀνεξίκακον

ἀνεξιχνίαστος
Rm   11 33 ὡς ... ἀνεξιχνίαστοι αἱ ὁδοὶ αὐτοῦ
E   3 8 τοῖς ἔθνεσιν εὐαγγελίσασθαι τὸ ἀνεξιχνίαστον πλοῦτος τοῦ Χριστοῦ

ἀνεπαίσχυντος
2Tm   2 15 παραστῆσαι τῷ θεῷ, ἐργάτην ἀνεπαίσχυντον

ἀνεπίλημπτος
   ἀνεπίληπτος VBSϛ
1Tm   3 2 δεῖ οὖν τὸν ἐπίσκοπον ἀνεπίλημπτον εἶναι
     5 7 παράγγελλε, ἵνα ἀνεπίλημπτοι ὦσιν
     6 14 τηρῆσαί σε τὴν ἐντολὴν ἄσπιλον ἀνεπίλημπτον

ἀνέρχομαι
   → ἔρχομαι
Jo   6 3 ἀνῆλθεν δὲ εἰς τὸ ὄρος (+ ὁ MVB Sϛ) Ἰησοῦς
G   1 17 οὐδὲ ἀνῆλθον εἰς Ἱεροσόλυμα ... ἀλλὰ ἀπῆλθον
     1 18 μετὰ | ἔτη τρία (~ NMVSTH) ἀνῆλθον εἰς Ἱεροσόλυμα

ἄνεσις
Ac   24 23 διαταξάμενος ... τηρεῖσθαι αὐτὸν ἔχειν τε ἄνεσιν

2C   2 13 οὐκ ἔσχηκα ἄνεσιν τῷ πνεύματί μου τῷ μὴ εὑρεῖν με
     7 5 οὐδεμίαν ἔσχηκεν ἄνεσιν ἡ σὰρξ ἡμῶν
     8 13 οὐ γὰρ ἵνα ἄλλοις ἄνεσις, ὑμῖν (+ δὲ [VS]ϛ) θλῖψις
2Th   1 7 ⟨ἀνταποδοῦναι⟩ καὶ ὑμῖν τοῖς θλιβομένοις ἄνεσιν μεθ' ἡμῶν

ἀνετάζω
Ac   22 24 εἴπας μάστιξιν ἀνετάζεσθαι αὐτόν
    22 29 ἀπέστησαν ἀπ' αὐτοῦ οἱ μέλλοντες αὐτὸν ἀνετάζειν

ἄνευ
Mt   10 29 οὐ πεσεῖται ἐπὶ τὴν γῆν ἄνευ τοῦ πατρὸς ὑμῶν
1Pt   3 1 διὰ τῆς τῶν γυναικῶν ἀναστροφῆς ἄνευ λόγου κερδηθήσονται
     4 9 φιλόξενοι εἰς ἀλλήλους ἄνευ γογγυσμοῦ

ἀνεύθετος
Ac   27 12 ἀνευθέτου δὲ τοῦ λιμένος ὑπάρχοντος πρὸς παραχειμασίαν

ἀνευρίσκω
   → εὑρίσκω
Lc   2 16 καὶ ἀνεῦραν τήν τε Μαριὰμ καὶ τὸν Ἰωσὴφ
Ac   21 4 ἀνευρόντες δὲ τοὺς μαθητὰς ἐπεμείναμεν

ἀνέχομαι
   → ἔχω
Mt   17 17 ἕως πότε ἀνέξομαι ὑμῶν;
Mc   9 19 ἕως πότε ἀνέξομαι ὑμῶν;
Lc   9 41 ἕως πότε ἔσομαι πρὸς ὑμᾶς καὶ ἀνέξομαι ὑμῶν;
Ac   18 14 κατὰ λόγον ἂν ἀνεσχόμην ὑμῶν
1C   4 12 λοιδορούμενοι εὐλογοῦμεν, διωκόμενοι ἀνεχόμεθα
2C   11 1 ὄφελον ἀνείχεσθέ μου μικρόν τι ἀφροσύνης· ↔
     11 1 ἀλλὰ καὶ ἀνέχεσθέ μου
     11 4 εἰ ... λαμβάνετε ... εὐαγγέλιον ἕτερον ὃ οὐκ ἐδέξασθε, καλῶς ἀνέχεσθε (ἀνεί. MVST)
    11 19 ἡδέως γὰρ ἀνέχεσθε τῶν ἀφρόνων φρόνιμοι ὄντες
    11 20 ἀνέχεσθε γὰρ εἴ τις ὑμᾶς καταδουλοῖ
E   4 2 ⟨ἀξίως περιπατῆσαι τῆς κλήσεως⟩ ἀνεχόμενοι ἀλλήλων ἐν ἀγάπῃ
Cl   3 13 ⟨ἐνδύσασθε⟩ ἀνεχόμενοι ἀλλήλων καὶ χαριζόμενοι ἑαυτοῖς
2Th   1 4 ἐν ... ταῖς θλίψεσιν αἷς ἀνέχεσθε
2Tm   4 3 ὅτε τῆς ὑγιαινούσης διδασκαλίας οὐκ ἀνέξονται
Hb   13 22 παρακαλῶ δὲ ὑμᾶς, ἀδελφοί, ἀνέχεσθε τοῦ λόγου τῆς παρακλήσεως

ἀνεψιός
Cl   4 10 ἀσπάζεται ὑμᾶς ... Μᾶρκος ὁ ἀνεψιὸς Βαρναβᾶ

ἄνηθον
Mt   23 23 ὅτι ἀποδεκατοῦτε τὸ ἡδύοσμον καὶ τὸ ἄνηθον

ἀνήκω
   → ἥκω
E   5 4 μωρολογία ἢ εὐτραπελία, | ἃ οὐκ ἀνῆκεν (τὰ οὐκ ἀνήκοντα ϛ)
Cl   3 18 ὑποτάσσεσθε τοῖς ἀνδράσιν, ὡς ἀνῆκεν ἐν κυρίῳ
Phm   8 πολλὴν ἐν Χριστῷ παρρησίαν ἔχων ἐπιτάσσειν σοι τὸ ἀνῆκον

ἀνῆλθον
   → ἀνέρχομαι

ἀνήμερος
2Tm   3 3 ⟨ἔσονται γὰρ οἱ ἄνθρωποι⟩ ἄστοργοι ... ἀκρατεῖς, ἀνήμεροι

ἀνήνεγκα
   → ἀναφέρω

ἀνήρ
ᵃ (οἱ) ἄνδρες, ἄνδρες ἀδελφοί (voc.)
ᵇ c. nomine nationis
ᶜ ἀνὴρ δίκαιος

Mt   1 16 Ἰωσὴφ | τὸν ἄνδρα Μαρίας (Ἰωσὴφ δέ, ᾧ ἐμνηστεύθη παρθένος Μαριάμ S)
     1 19 Ἰωσὴφ δὲ ὁ ἀνὴρ αὐτῆς ... ἐβουλήθη λάθρα ἀπολῦσαι αὐτήν
     7 24 πᾶς οὖν ... ὁμοιωθήσεται ἀνδρὶ φρονίμῳ
     7 26 ὁμοιωθήσεται ἀνδρὶ μωρῷ
   12 41ᵇ ἄνδρες Νινευῖται ἀναστήσονται ἐν τῇ κρίσει
   14 21 οἱ δὲ ἐσθίοντες ἦσαν ἄνδρες ὡσεὶ πεντακισχίλιοι
   14 35 ἐπιγνόντες αὐτὸν οἱ ἄνδρες τοῦ τόπου ἐκείνου ἀπέστειλαν
   15 38 οἱ δὲ ἐσθίοντες ἦσαν (+ ὡς [M]S) τετρακισχίλιοι ἄνδρες
Mc   6 20ᶜ εἰδὼς αὐτὸν ἄνδρα δίκαιον καὶ ἅγιον
     6 44 ἦσαν οἱ φαγόντες | τοὺς ἄρτους [N²⁶] πεντακισχίλιοι ἄνδρες
    10 2 εἰ ἔξεστιν ἀνδρὶ γυναῖκα ἀπολῦσαι
    10 12 ἐὰν αὐτὴ (γυνὴ VBϛ) ἀπολύσασα (-σῃ Vϛ) τὸν ἄνδρα αὐτῆς
Lc   1 27 πρὸς παρθένον ἐμνηστευμένην (μεμν. VSϛ) ἀνδρὶ ᾧ ὄνομα Ἰωσὴφ
     1 34 πῶς ἔσται τοῦτο, ἐπεὶ ἄνδρα οὐ γινώσκω;
     2 36 ζήσασα μετὰ ἀνδρὸς ἔτη ἑπτὰ ἀπὸ τῆς παρθενίας αὐτῆς
     5 8 ὅτι ἀνὴρ ἁμαρτωλός εἰμι
     5 12 καὶ ἰδοὺ ἀνὴρ πλήρης λέπρας
     5 18 καὶ ἰδοὺ ἄνδρες φέροντες ἐπὶ κλίνης ἄνθρωπον
     6 8 | εἶπεν δὲ τῷ ἀνδρὶ (καὶ εἶ. τῷ ἀνθρώπῳ ϛ) τῷ ξηρὰν ἔχοντι τὴν χεῖρα
     7 20 παραγενόμενοι δὲ πρὸς αὐτὸν οἱ ἄνδρες εἶπαν
     8 27 ἐξελθόντι δὲ αὐτῷ ... ὑπήντησεν ἀνήρ τις ἐκ τῆς πόλεως
     8 38 ἐδεῖτο δὲ αὐτοῦ ὁ ἀνήρ ... εἶναι σὺν αὐτῷ
     8 41 καὶ ἰδοὺ ἦλθεν ἀνὴρ ᾧ ὄνομα Ἰάιρος
     9 14 ἦσαν γὰρ (δὲ T) ὡσεὶ ἄνδρες πεντακισχίλιοι
     9 30 καὶ ἰδοὺ ἄνδρες δύο συνελάλουν αὐτῷ
     9 32 εἶδον τὴν δόξαν αὐτοῦ καὶ τοὺς δύο ἄνδρας τοὺς συνεστῶτας αὐτῷ
     9 38 ἰδοὺ ἀνὴρ ἀπὸ τοῦ ὄχλου ἐβόησεν (ἀνεβ. Vϛ) λέγων
    11 31 βασίλισσα νότου ἐγερθήσεται ... μετὰ τῶν ἀνδρῶν τῆς γενεᾶς ταύτης
    11 32ᵇ ἄνδρες Νινευῖται ἀναστήσονται ἐν τῇ κρίσει
    14 24 ὅτι οὐδεὶς τῶν ἀνδρῶν ἐκείνων τῶν κεκλημένων γεύσεταί μου τοῦ δείπνου
    16 18 ὁ ἀπολελυμένην ἀπὸ ἀνδρὸς γαμῶν μοιχεύει
    17 12 ἀπήντησαν (ὑπήντ. BST) αὐτῷ ([N²⁶]; —NMSH) δέκα λεπροὶ ἄνδρες
    19 2 καὶ ἰδοὺ ἀνὴρ ὀνόματι καλούμενος Ζακχαῖος
    19 7 ὅτι παρὰ ἁμαρτωλῷ ἀνδρὶ εἰσῆλθεν καταλῦσαι

Lc 22 63 καὶ οἱ ἄνδρες οἱ συνέχοντες αὐτὸν ἐνέπαιζον αὐτῷ

23 50 ἰδοὺ ἀνὴρ ὀνόματι Ἰωσὴφ βουλευτὴς ὑπάρχων, ↔

23 50c καὶ (+[N²⁶S]T) ἀνὴρ ἀγαθὸς καὶ δίκαιος

24 4 ἰδοὺ ἄνδρες δύο ἐπέστησαν αὐταῖς ἐν | ἐσθῆτι ἀστραπτούσῃ (ἐσθήσεσιν ἀ-σαις VSϛ)

24 19 τὰ περὶ Ἰησοῦ τοῦ Ναζαρηνοῦ, ὃς ἐγένετο ἀνὴρ προφήτης

Jo 1 13 οἳ οὐκ ... ἐκ θελήματος ἀνδρὸς ... ἐγεννήθησαν

1 30 ὀπίσω μου ἔρχεται ἀνὴρ ὃς ἔμπροσθέν μου γέγονεν

4 16 ὕπαγε φώνησον | τὸν ἄνδρα σου (~ H)

4 17 | οὐκ ἔχω ἄνδρα (~ T)

4 17 καλῶς εἶπας ὅτι ἄνδρα οὐκ ἔχω

4 18 πέντε γὰρ ἄνδρας ἔσχες

4 18 ὃν ἔχεις οὐκ ἔστιν σου ἀνήρ

6 10 ἀνέπεσαν οὖν οἱ ἄνδρες τὸν ἀριθμὸν ὡς πεντακισχίλιοι

Ac 1 10 ἰδοὺ ἄνδρες δύο παρειστήκεισαν αὐτοῖς

1 11ab ἄνδρες Γαλιλαῖοι, τί ἑστήκατε ἐμβλέποντες (BSϛ; [ἐμ]βλ. N²⁶; βλ. rl) ⟨;⟩

1 16a ἄνδρες ἀδελφοί, ἔδει πληρωθῆναι τὴν γραφήν

1 21 δεῖ οὖν τῶν συνελθόντων ἡμῖν ἀνδρῶν ⟨μάρτυρα ... γενέσθαι ἕνα τούτων⟩

2 5 ἦσαν δὲ ... Ἰουδαῖοι, ἄνδρες εὐλαβεῖς

2 14ab ἄνδρες Ἰουδαῖοι ... τοῦτο ὑμῖν γνωστὸν ἔστω

2 22ab ἄνδρες Ἰσραηλῖται, ἀκούσατε τοὺς λόγους τούτους

2 22 Ἰησοῦν τὸν Ναζωραῖον, ἄνδρα ἀποδεδειγμένον ἀπὸ τοῦ θεοῦ ⟨ἀνείλατε⟩

2 29a ἄνδρες ἀδελφοί, ἐξὸν εἰπεῖν ... πρὸς ὑμᾶς

2 37a τί ποιήσωμεν, ἄνδρες ἀδελφοί;

3 2 καί τις ἀνὴρ χωλὸς ἐκ κοιλίας μητρὸς αὐτοῦ ὑπάρχων ἐβαστάζετο

3 12ab ἄνδρες Ἰσραηλῖται, τί θαυμάζετε ἐπὶ τούτῳ

3 14 ᾐτήσασθε ἄνδρα φονέα χαρισθῆναι ὑμῖν

4 4 ἐγενήθη ὁ ([N²⁶S]; —NTH) ἀριθμὸς τῶν ἀνδρῶν ὡς ([N²⁶]; ὡσεὶ [S]MVϛ; —T) χιλιάδες πέντε

5 1 ἀνὴρ δέ τις Ἁνανίας ὀνόματι ... ἐπώλησεν κτῆμα

5 9 οἱ πόδες τῶν θαψάντων τὸν ἄνδρα σου ἐπὶ τῇ θύρᾳ

5 10 ἔθαψαν πρὸς τὸν ἄνδρα αὐτῆς

5 14 προσετίθεντο πιστεύοντες τῷ κυρίῳ, πλήθη ἀνδρῶν τε καὶ γυναικῶν

5 25 οἱ ἄνδρες, οὓς ἔθεσθε ἐν τῇ φυλακῇ, εἰσὶν ἐν τῷ ἱερῷ ἑστῶτες

5 35ab ἄνδρες Ἰσραηλῖται, προσέχετε ἑαυτοῖς

5 36 ᾧ προσεκλίθη ἀνδρῶν ἀριθμὸς ὡς τετρακοσίων

6 3 ἐπισκέψασθε δέ (οὖν VBSϛ), ἀδελφοί, ἄνδρας ἐξ ὑμῶν μαρτυρουμένους ἑπτά

6 5 ἐξελέξαντο Στέφανον, ἄνδρα πλήρης (N²⁶S; πλήρη rl) πίστεως

6 11 τότε ὑπέβαλον ἄνδρας λέγοντας

Ac 7 2a ἄνδρες ἀδελφοὶ καὶ πατέρες, ἀκούσατε

7 26a εἰπών· ἄνδρες, ἀδελφοί ἐστε

8 2 συνεκόμισαν δὲ τὸν Στέφανον ἄνδρες εὐλαβεῖς

8 3 σύρων τε ἄνδρας καὶ γυναῖκας παρεδίδου

8 9 ἀνὴρ δέ τις ὀνόματι Σίμων προϋπῆρχεν ... μαγεύων

8 12 ἐβαπτίζοντο ἄνδρες τε καὶ γυναῖκες

8 27b καὶ ἰδοὺ ἀνὴρ Αἰθίοψ εὐνοῦχος δυνάστης

9 2 ἐάν (ἂν T) τινας εὕρῃ | τῆς ὁδοῦ ὄντας (~ T), ἄνδρας τε καὶ γυναῖκας

9 7 οἱ δὲ ἄνδρες οἱ συνοδεύοντες αὐτῷ εἱστήκεισαν ἐνεοί

9 12 καὶ εἶδεν | ἄνδρα ἐν ὁράματι (ἄ. [ἐν ὁρ.] N²⁶NH; ἄνδρα T; ~ rl) Ἁνανίαν ὀνόματι εἰσελθόντα

9 13 ἤκουσα (ἀκήκοα Sϛ) ἀπὸ πολλῶν περὶ τοῦ ἀνδρὸς τούτου

9 38 ἀπέστειλαν δύο ἄνδρας πρὸς αὐτόν

10 1 ἀνὴρ δέ τις ἐν Καισαρείᾳ ὀνόματι Κορνήλιος ⟨εἶδεν ἐν ὁράματι⟩

10 5 πέμψον ἄνδρας εἰς Ἰόππην

10 17 ἰδοὺ οἱ ἄνδρες οἱ ἀπεσταλμένοι... ἐπέστησαν ἐπὶ τὸν πυλῶνα

10 19 ἰδοὺ ἄνδρες τρεῖς (δύο NH; —T) ζητοῦντές (ζητοῦσίν MVBSϛ) σε

10 21 καταβὰς δὲ Πέτρος πρὸς τοὺς ἄνδρας εἶπεν

10 22c Κορνήλιος ἑκατοντάρχης, ἀνὴρ δίκαιος καὶ φοβούμενος τὸν θεόν

10 28b ὡς ἀθέμιτόν ἐστιν ἀνδρὶ Ἰουδαίῳ ... προσέρχεσθαι ἀλλοφύλῳ

10 30 καὶ ἰδοὺ ἀνὴρ ἔστη ἐνώπιόν μου

11 3 ὅτι εἰσῆλθες (-θεν BH) πρὸς ἄνδρας ἀκροβυστίαν ἔχοντας

11 11 ἰδοὺ ἐξαυτῆς τρεῖς ἄνδρες ἐπέστησαν ἐπὶ τὴν οἰκίαν

11 12 εἰσήλθομεν εἰς τὸν οἶκον τοῦ ἀνδρός

11 13 *ἀπόστειλον εἰς Ἰόππην ἄνδρας (+ϛ)

11 20b ἦσαν δέ τινες ἐξ αὐτῶν ἄνδρες Κύπριοι καὶ Κυρηναῖοι

11 24 ὅτι ἦν ἀνὴρ ἀγαθὸς καὶ πλήρης πνεύματος ἁγίου

13 6 εὗρον ἄνδρα (—ϛ) τινὰ μάγον ψευδοπροφήτην Ἰουδαῖον

13 7 ὃς ἦν σὺν τῷ ἀνθυπάτῳ Σεργίῳ Παύλῳ, ἀνδρὶ συνετῷ

13 15a λέγοντες· ἄνδρες ἀδελφοί ... λέγετε

13 16ab ἄνδρες Ἰσραηλῖται ... ἀκούσατε

13 21b ἔδωκεν ... τὸν Σαοὺλ υἱὸν Κίς, ἄνδρα ἐκ φυλῆς Βενιαμίν

13 22 εὗρον Δαυὶδ ... ἄνδρα [H] κατὰ τὴν καρδίαν μου

13 26a ἄνδρες ἀδελφοί, υἱοὶ γένους Ἀβραὰμ καὶ οἱ ... φοβούμενοι τὸν θεόν

13 38a γνωστὸν οὖν ἔστω ὑμῖν, ἄνδρες ἀδελφοί

14 6 καί τις ἀνὴρ | ἀδύνατος ἐν Λύστροις (~ VSTϛ) τοῖς ποσὶν ἐκάθητο

14 15a ἄνδρες, τί ταῦτα ποιεῖτε;

15 7a εἶπεν ... ἄνδρες ἀδελφοί, ὑμεῖς ἐπίστασθε

15 13a λέγων· ἄνδρες ἀδελφοί, ἀκούσατέ μου

15 22 ἔδοξε ... ἐκλεξαμένους ἄνδρας ἐξ αὐτῶν πέμψαι

15 22 Ἰούδαν ... καὶ Σιλᾶν, ἄνδρας ἡγουμένους ἐν τοῖς ἀδελφοῖς

Ac 15 25 ἔδοξεν ἡμῖν ... ἐκλεξαμένοις (-νους NVBTϛ) ἄνδρας πέμψαι πρὸς ὑμᾶς

16 9b ὅραμα ... ὤφθη, ἀνὴρ Μακεδών τις ἦν ἑστὼς καὶ παρακαλῶν αὐτόν

17 5 καὶ προσλαβόμενοι τῶν ἀγοραίων | ἄνδρας τινὰς (~ Tϛ) πονηρούς

17 12 πολλοὶ ... ἐπίστευσαν, καὶ τῶν Ἑλληνίδων γυναικῶν τῶν εὐσχημόνων καὶ ἀνδρῶν οὐκ ὀλίγοι

17 22ab ἄνδρες Ἀθηναῖοι ... ὡς δεισιδαιμονεστέρους ὑμᾶς θεωρῶ

17 31 ἐν ᾗ μέλλει κρίνειν ... ἐν ἀνδρὶ ᾧ ὥρισεν

17 34 τινὲς δὲ ἄνδρες κολληθέντες αὐτῷ ἐπίστευσαν

18 24 Ἰουδαῖος δέ τις Ἀπολλῶς ὀνόματι ... ἀνὴρ λόγιος, κατήντησεν

19 7 ἦσαν δὲ οἱ πάντες ἄνδρες ὡσεὶ δώδεκα

19 25a εἶπεν· ἄνδρες, ἐπίστασθε

19 35ab ἄνδρες Ἐφέσιοι, τίς γάρ ἐστιν ἀνθρώπων ὃς οὐ γινώσκει

19 37 ἠγάγετε γὰρ τοὺς ἄνδρας τούτους

20 30 ⟨ὅτι⟩ ἀναστήσονται ἄνδρες λαλοῦντες διεστραμμένα

21 11 τὸν ἄνδρα οὗ ἐστιν ἡ ζώνη αὕτη οὕτως δήσουσιν

21 23 εἰσὶν ἡμῖν ἄνδρες τέσσαρες εὐχὴν ἔχοντες ἐφ' (ἀφ' H) ἑαυτῶν

21 26 τότε ὁ Παῦλος παραλαβὼν τοὺς ἄνδρας ... εἰσῄει

21 28ab κράζοντες· ἄνδρες Ἰσραηλῖται, βοηθεῖτε

21 38 ὁ...ἐξαγαγὼν εἰς τὴν ἔρημον τοὺς τετρακισχιλίους ἄνδρας τῶν σικαρίων

22 1a ἄνδρες ἀδελφοὶ καὶ πατέρες, ἀκούσατέ μου τῆς ... ἀπολογίας

22 3b ἐγώ [+μέν S] εἰμι ἀνὴρ Ἰουδαῖος

22 4 παραδιδοὺς εἰς φυλακὰς ἄνδρας τε καὶ γυναῖκας

22 12 Ἁνανίας δέ τις, ἀνὴρ εὐλαβὴς κατὰ τὸν νόμον (εἶπέν μοι)

23 1a ἄνδρες ἀδελφοί, ἐγὼ πάσῃ συνειδήσει ἀγαθῇ πεπολίτευμαι

23 6a ἄνδρες ἀδελφοί, ἐγὼ Φαρισαῖός εἰμι

23 21 ἐνεδρεύουσιν γὰρ αὐτὸν ἐξ αὐτῶν ἄνδρες πλείους τεσσεράκοντα

23 27 τὸν ἄνδρα τοῦτον συλλημφθέντα ὑπὸ τῶν Ἰουδαίων ... ἐξειλάμην

23 30 μηνυθείσης δέ μοι ἐπιβουλῆς εἰς τὸν ἄνδρα ἔσεσθαι

24 5 εὑρόντες γὰρ τὸν ἄνδρα τοῦτον λοιμόν

25 5 εἴ τί ἐστιν ἐν τῷ ἀνδρὶ ἄτοπον

25 14 ἀνήρ τίς ἐστιν καταλελειμμένος ... δέσμιος

25 17 ἐκέλευσα ἀχθῆναι τὸν ἄνδρα

25 23 εἰσελθόντων ... σύν τε χιλιάρχοις καὶ ἀνδράσιν τοῖς κατ' ἐξοχὴν τῆς πόλεως

25 24a Ἀγρίππα βασιλεῦ καὶ πάντες οἱ συμπαρόντες ἡμῖν ἄνδρες, θεωρεῖτε

27 10a ἄνδρες, θεωρῶ ὅτι μετὰ ὕβρεως... μέλλειν ἔσεσθαι τὸν πλοῦν

27 21a ἔδει μέν, ὦ ἄνδρες ... μὴ ἀνάγεσθαι

27 25a διὸ εὐθυμεῖτε, ἄνδρες

28 17a ἐγώ, ἄνδρες ἀδελφοί ... δέσμιος ἐξ Ἱεροσολύμων παρεδόθην

Rm 4 8 μακάριος ἀνὴρ οὗ (ᾧ VSϛ) οὐ μὴ λογίσηται κύριος ἁμαρτίαν

Rm 7 2 ἡ γὰρ ὕπανδρος γυνὴ τῷ ζῶντι ἀνδρὶ δέδεται νόμῳ· ↔
7 2 ἐὰν δὲ ἀποθάνῃ ὁ ἀνήρ, ↔
7 2 κατήργηται ἀπὸ τοῦ νόμου τοῦ ἀνδρός. ↔
7 3 ἄρα οὖν ζῶντος τοῦ ἀνδρὸς μοιχαλὶς χρηματίσει ↔
7 3 ἐὰν γένηται ἀνδρὶ ἑτέρῳ· ↔
7 3 ἐὰν δὲ ἀποθάνῃ ὁ ἀνήρ, ἐλευθέρα ἐστίν
7 3 μὴ εἶναι αὐτὴν μοιχαλίδα γενομένην ἀνδρὶ ἑτέρῳ
11 4 κατέλιπον (-έλειπον ς) ἐμαυτῷ ἑπτακισχιλίους ἄνδρας
1C 7 2 ἑκάστη τὸν ἴδιον ἄνδρα ἐχέτω
7 3 τῇ γυναικὶ ὁ ἀνὴρ τὴν ὀφειλὴν ἀποδιδότω, ↔
7 3 ὁμοίως δὲ καὶ ἡ γυνὴ τῷ ἀνδρί
7 4 ἡ γυνὴ ... οὐκ ἐξουσιάζει ἀλλὰ ὁ ἀνήρ
7 4 ὁ ἀνὴρ τοῦ ἰδίου σώματος οὐκ ἐξουσιάζει
7 10 παραγγέλλω ... γυναῖκα ἀπὸ ἀνδρὸς μὴ χωρισθῆναι
7 11 μενέτω ἄγαμος ἢ τῷ ἀνδρὶ καταλλαγήτω
7 11 ἄνδρα γυναῖκα μὴ ἀφιέναι
7 13 γυνὴ | εἴ τις (ἥτις NMVSHς) ἔχει ἄνδρα ἄπιστον
7 13 μὴ ἀφιέτω | τὸν ἄνδρα (αὐτὸν ς)
7 14 ἡγίασται γὰρ ὁ ἀνὴρ ὁ ἄπιστος ἐν τῇ γυναικί
7 14 *ἡγίασται ἡ γυνὴ ἡ ἄπιστος ἐν τῷ ἀνδρί (ς; ἀδελφῷ rl)
7 16 τί γὰρ οἶδας, γύναι, εἰ τὸν ἄνδρα σώσεις;
7 16 τί οἶδας, ἄνερ, εἰ τὴν γυναῖκα σώσεις;
7 34 ἡ δὲ γαμήσασα μεριμνᾷ ... πῶς ἀρέσῃ τῷ ἀνδρί
7 39 γυνὴ δέδεται ἐφ' ὅσον χρόνον ζῇ ὁ ἀνὴρ αὐτῆς· ↔
7 39 ἐὰν δὲ κοιμηθῇ ὁ ἀνήρ, ἐλευθέρα ἐστίν
11 3 ὅτι παντὸς ἀνδρὸς ἡ κεφαλὴ ὁ Χριστός ἐστιν, ↔
11 3 κεφαλὴ δὲ γυναικὸς ὁ ἀνήρ
11 4 πᾶς ἀνὴρ προσευχόμενος ... κατὰ κεφαλῆς ἔχων καταισχύνει
11 7 ἀνὴρ μὲν γὰρ οὐκ ὀφείλει κατακαλύπτεσθαι τὴν κεφαλήν
11 7 ἡ γυνὴ δὲ δόξα ἀνδρός ἐστιν
11 8 οὐ γάρ ἐστιν ἀνὴρ ἐκ γυναικός,
11 8 ἀλλὰ γυνὴ ἐξ ἀνδρός
11 9 καὶ γὰρ οὐκ ἐκτίσθη ἀνὴρ διὰ τὴν γυναῖκα, ↔
11 9 ἀλλὰ γυνὴ διὰ τὸν ἄνδρα
11 11 πλὴν οὔτε γυνὴ χωρὶς ἀνδρὸς ↔
11 11 οὔτε ἀνὴρ χωρὶς γυναικός
11 12 ὥσπερ γὰρ ἡ γυνὴ ἐκ τοῦ ἀνδρός, ↔
11 12 οὕτως καὶ ὁ ἀνὴρ διὰ τῆς γυναικός
11 14 ὅτι ἀνὴρ μὲν ἐὰν κομᾷ, ἀτιμία αὐτῷ ἐστιν
13 11 ὅτε (+δὲ MVSς) γέγονα ἀνήρ, κατήργηκα τὰ τοῦ νηπίου
14 35 ἐν οἴκῳ τοὺς ἰδίους ἄνδρας ἐπερωτάτωσαν
2C 11 2 ἡρμοσάμην γὰρ ὑμᾶς ἑνὶ ἀνδρὶ παρθένον ἁγνὴν παραστῆσαι
G 4 27 ὅτι πολλὰ τὰ τέκνα τῆς ἐρήμου μᾶλλον ἢ τῆς ἐχούσης τὸν ἄνδρα
E 4 13 μέχρι καταντήσωμεν οἱ πάντες ... εἰς ἄνδρα τέλειον

E 5 22 αἱ γυναῖκες τοῖς ἰδίοις ἀνδράσιν (+ὑποτασσέσθωσαν MVBS) ὡς τῷ κυρίῳ
5 23 ὅτι (+ὁ ς) ἀνήρ ἐστιν κεφαλὴ τῆς γυναικός
5 24 ὡς ἡ ἐκκλησία ὑποτάσσεται τῷ Χριστῷ, οὕτως καὶ αἱ γυναῖκες τοῖς ἀνδράσιν
5 25ª οἱ ἄνδρες, ἀγαπᾶτε τὰς γυναῖκας
5 28 οὕτως ὀφείλουσιν καὶ ([N²⁶NVSH]; —Τς) οἱ ἄνδρες ἀγαπᾶν τὰς ἑαυτῶν γυναῖκας
5 33 ἡ δὲ γυνὴ ἵνα φοβῆται τὸν ἄνδρα
Cl 3 18 αἱ γυναῖκες, ὑποτάσσεσθε τοῖς ἀνδράσιν
3 19ª οἱ ἄνδρες, ἀγαπᾶτε τὰς γυναῖκας
1Tm 2 8 βούλομαι οὖν προσεύχεσθαι τοὺς ἄνδρας
2 12 διδάσκειν ... οὐκ ἐπιτρέπω, οὐδὲ αὐθεντεῖν ἀνδρός
3 2 δεῖ οὖν τὸν ἐπίσκοπον ἀνεπίλημπτον εἶναι, μιᾶς γυναικὸς ἄνδρα
3 12 διάκονοι ἔστωσαν μιᾶς γυναικὸς ἄνδρες
5 9 χήρα ... ἑνὸς ἀνδρὸς γυνή
Tt 1 6 εἴ τίς ἐστιν ἀνέγκλητος, μιᾶς γυναικὸς ἀνήρ
2 5 ὑποτασσομένας τοῖς ἰδίοις ἀνδράσιν
Jc 1 8 ⟨μὴ γὰρ οἰέσθω⟩ ἀνὴρ δίψυχος, ἀκατάστατος ἐν πάσαις ταῖς ὁδοῖς αὐτοῦ
1 12 μακάριος ἀνὴρ ὃς ὑπομένει πειρασμόν
1 20 ὀργὴ γὰρ ἀνδρὸς δικαιοσύνην θεοῦ οὐκ ἐργάζεται
1 23 οὗτος ἔοικεν ἀνδρὶ κατανοοῦντι τὸ πρόσωπον
2 2 ἐὰν γὰρ εἰσέλθῃ εἰς συναγωγὴν ὑμῶν ἀνὴρ χρυσοδακτύλιος
3 2 οὗτος τέλειος ἀνήρ, δυνατὸς χαλιναγωγῆσαι
1Pt 3 1 ὁμοίως αἱ ([N²⁶S]; — NBTH) γυναῖκες, ὑποτασσόμεναι τοῖς ἰδίοις ἀνδράσιν
3 5 γυναῖκες ... ἐκόσμουν ἑαυτάς, ὑποτασσόμεναι τοῖς ἰδίοις ἀνδράσιν
3 7 οἱ ἄνδρες ὁμοίως, συνοικοῦντες κατὰ γνῶσιν ... σκεύει τῷ γυναικείῳ
Ap 21 2 ὡς νύμφην κεκοσμημένην τῷ ἀνδρὶ αὐτῆς

ἀνθίστημι
→ ἵστημι
ª med.
Mt 5 39 ἐγὼ δὲ λέγω ὑμῖν μὴ ἀντιστῆναι τῷ πονηρῷ
Lc 21 15 ᾗ οὐ δυνήσονται ἀντιστῆναι ἢ ἀντειπεῖν ἅπαντες (πάντες MVBSς) οἱ ἀντικείμενοι ὑμῖν
Ac 6 10 οὐκ ἴσχυον ἀντιστῆναι τῇ σοφίᾳ καὶ τῷ πνεύματι
13 8ª ἀνθίστατο δὲ αὐτοῖς Ἐλύμας
Rm 9 19 τῷ γὰρ βουλήματι αὐτοῦ τίς ἀνθέστηκεν;
13 2 τῇ τοῦ θεοῦ διαταγῇ ἀνθέστηκεν
13 2 οἱ δὲ ἀνθεστηκότες ἑαυτοῖς κρίμα λήμψονται
G 2 11 κατὰ πρόσωπον αὐτῷ ἀντέστην
E 6 13 ἵνα δυνηθῆτε ἀντιστῆναι ἐν τῇ ἡμέρᾳ τῇ πονηρᾷ
2Tm 3 8 ὃν τρόπον δὲ Ἰάννης καὶ Ἰαμβρῆς ἀντέστησαν Μωϋσεῖ, ↔
3 8ª οὕτως καὶ οὗτοι ἀνθίστανται τῇ ἀληθείᾳ

2Tm 4 15 λίαν γὰρ ἀντέστη (ἀντέστηκεν VS; ἀνθέστηκε ς) τοῖς ἡμετέροις λόγοις
Jc 4 7 ἀντίστητε δὲ τῷ διαβόλῳ
1Pt 5 9 ᾧ ἀντίστητε στερεοὶ τῇ πίστει

ἀνθομολογέομαι
→ ὁμολογέω
Lc 2 38 καὶ [+αὐτῇ V] αὐτῇ τῇ ὥρᾳ ἐπιστᾶσα ἀνθωμολογεῖτο τῷ θεῷ

ἄνθος
Jc 1 10 ὅτι ὡς ἄνθος χόρτου παρελεύσεται
1 11 τὸ ἄνθος αὐτοῦ ἐξέπεσεν
1Pt 1 24 πᾶσα δόξα αὐτῆς ὡς ἄνθος χόρτου
1 24 καὶ τὸ ἄνθος ἐξέπεσεν

ἀνθρακιά
Jo 18 18 εἱστήκεισαν δὲ οἱ δοῦλοι καὶ οἱ ὑπηρέται ἀνθρακιὰν πεποιηκότες
21 9 βλέπουσιν ἀνθρακιὰν κειμένην

ἄνθραξ
Rm 12 20 ἄνθρακας πυρὸς σωρεύσεις ἐπὶ τὴν κεφαλὴν αὐτοῦ

ἀνθρωπάρεσκος
E 6 6 ⟨ὑπακούετε⟩ μὴ κατ' ὀφθαλμοδουλίαν ὡς ἀνθρωπάρεσκοι
Cl 3 22 ὑπακούετε ... μὴ ἐν ὀφθαλμοδουλίᾳ (N²⁶; -λίαις rl) ὡς ἀνθρωπάρεσκοι

ἀνθρώπινος
Ac 17 25 οὐδὲ ὑπὸ χειρῶν ἀνθρωπίνων (-ώπων ς) θεραπεύεται
Rm 6 19 ἀνθρώπινον λέγω διὰ τὴν ἀσθένειαν τῆς σαρκὸς ὑμῶν
1C 2 4 *οὐκ ἐν πειθοῖς (-θοῖ[ς] N²⁶) ἀνθρωπίνης (+ς) σοφίας λόγοις [N²⁶]
2 13 λαλοῦμεν οὐκ ἐν διδακτοῖς ἀνθρωπίνης σοφίας λόγοις
4 3 ἵνα ὑφ' ὑμῶν ἀνακριθῶ ἢ ὑπὸ ἀνθρωπίνης ἡμέρας
10 13 πειρασμὸς ὑμᾶς οὐκ εἴληφεν εἰ μὴ ἀνθρώπινος
Jc 3 7 φύσις θηρίων ... δεδάμασται τῇ φύσει τῇ ἀνθρωπίνῃ
1Pt 2 13 ὑποτάγητε πάσῃ ἀνθρωπίνῃ κτίσει διὰ τὸν κύριον

ἀνθρωποκτόνος
Jo 8 44 ἐκεῖνος ἀνθρωποκτόνος ἦν ἀπ' ἀρχῆς
1Jo 3 15 πᾶς ὁ μισῶν τὸν ἀδελφὸν αὐτοῦ ἀνθρωποκτόνος ἐστίν
3 15 ὅτι πᾶς ἀνθρωποκτόνος οὐκ ἔχει ζωὴν αἰώνιον

ἄνθρωπος
ª (ὁ) υἱὸς (τοῦ) ἀνθρώπου
ᵇ ὁ ἄνθρωπος οὗτος, ἐκεῖνος
ᶜ voc.
ᵈ ἔμπροσθεν, ἐνώπιον ἀνθρ.
ᵉ c. nomine nationis
Mt 4 4 οὐκ ἐπ' ἄρτῳ μόνῳ ζήσεται ὁ (—ς) ἄνθρωπος
4 19 καὶ ποιήσω ὑμᾶς ἁλιεῖς ἀνθρώπων
5 13 εἰ μὴ ... καταπατεῖσθαι ὑπὸ τῶν ἀνθρώπων
5 16ᵈ οὕτως λαμψάτω τὸ φῶς ὑμῶν ἔμπροσθεν τῶν ἀνθρώπων
5 19 ὃς ἐὰν ... διδάξῃ οὕτως τοὺς ἀνθρώπους
6 1ᵈ τὴν δικαιοσύνην ὑμῶν μὴ ποιεῖν ἔμπροσθεν τῶν ἀνθρώπων
6 2 ὅπως δοξασθῶσιν ὑπὸ τῶν ἀνθρώπων
6 5 ὅπως (+ἂν Sς) φανῶσιν τοῖς ἀνθρώποις
6 14 ἐὰν γὰρ ἀφῆτε τοῖς ἀνθρώποις τὰ παραπτώματα αὐτῶν
6 15 ἐὰν δὲ μὴ ἀφῆτε τοῖς ἀνθρώποις

Mt 6 16 ὅπως φανῶσιν τοῖς ἀνθρώποις νηστεύοντες

6 18 ὅπως μὴ φανῇς τοῖς ἀνθρώποις νηστεύων

7 9 ἢ τίς ἐστιν (— H) ἐξ ὑμῶν ἄνθρωπος, ὃν αἰτήσει (ἐὰν αἰτήσῃ VSς) ... ἄρτον ⟨;⟩

7 12 ὅσα ἐὰν (ἂν VSς) θέλητε ἵνα ποιῶσιν ὑμῖν οἱ ἄνθρωποι

8 9 καὶ γὰρ ἐγὼ ἄνθρωπός εἰμι ὑπὸ ἐξουσίαν [+τασσόμενος H]

8 20ᵃ δὲ υἱὸς τοῦ ἀνθρώπου οὐκ ἔχει ποῦ τὴν κεφαλὴν κλίνῃ

8 27 οἱ δὲ ἄνθρωποι ἐθαύμασαν

9 6ᵃ ὅτι ἐξουσίαν ἔχει ὁ υἱὸς τοῦ ἀνθρώπου

9 8 τὸν θεὸν τὸν δόντα ἐξουσίαν τοιαύτην τοῖς ἀνθρώποις

9 9 εἶδεν ἄνθρωπον καθήμενον ἐπὶ τὸ τελώνιον

9 32 προσήνεγκαν αὐτῷ ἄνθρωπον (— NMH) κωφὸν δαιμονιζόμενον

10 17 προσέχετε δὲ ἀπὸ τῶν ἀνθρώπων

10 23ᵃ ἕως ἂν (— NTH) ἔλθῃ ὁ υἱὸς τοῦ ἀνθρώπου

10 32ᵈ ὅστις ὁμολογήσει ἐν ἐμοὶ ἔμπροσθεν τῶν ἀνθρώπων

10 33ᵈ ὅστις | δ' ἂν (δὲ H) ἀρνήσηταί με ἔμπροσθεν τῶν ἀνθρώπων

10 35 διχάσαι ἄνθρωπον κατὰ τοῦ πατρὸς αὐτοῦ

10 36 καὶ ἐχθροὶ τοῦ ἀνθρώπου οἱ οἰκιακοὶ αὐτοῦ

11 8 τί ἐξήλθατε ἰδεῖν; ἄνθρωπον ἐν μαλακοῖς (+ἱματίοις Vς) ἠμφιεσμένον;

11 19ᵃ ἦλθεν ὁ υἱὸς τοῦ ἀνθρώπου ἐσθίων καὶ πίνων

11 19 ἰδοὺ ἄνθρωπος φάγος καὶ οἰνοπότης

12 8ᵃ κύριος γάρ ἐστιν τοῦ σαββάτου ὁ υἱὸς τοῦ ἀνθρώπου

12 10 καὶ ἰδοὺ ἄνθρωπος (+τὴν BSς) χεῖρα ἔχων ξηράν

12 11 τίς ἔσται [H] ἐξ ὑμῶν ἄνθρωπος ὃς ἕξει πρόβατον ἕν ⟨;⟩

12 12 πόσῳ οὖν διαφέρει ἄνθρωπος προβάτου

12 13 τότε λέγει τῷ ἀνθρώπῳ

12 31 πᾶσα ἁμαρτία καὶ βλασφημία ἀφεθήσεται τοῖς ἀνθρώποις, ↔

12 31 *ἡ δὲ τοῦ πνεύματος βλασφημία οὐκ ἀφεθήσεται | τοῖς ἀνθρώποις (+ς)

12 32ᵃ ὃς ἐὰν εἴπῃ λόγον κατὰ τοῦ υἱοῦ τοῦ ἀνθρώπου

12 35 ὁ ἀγαθὸς ἄνθρωπος ... ἐκβάλλει (+τὰ STς) ἀγαθά

12 35 ὁ πονηρὸς ἄνθρωπος ... ἐκβάλλει πονηρά

12 36 ὃ (ἐὰν MVBSς) λαλήσουσιν (-σωσιν MVSς) οἱ ἄνθρωποι

12 40ᵃ οὕτως ἔσται ὁ υἱὸς τοῦ ἀνθρώπου ἐν τῇ καρδίᾳ τῆς γῆς

12 43 ὅταν δὲ τὸ ἀκάθαρτον πνεῦμα ἐξέλθῃ ἀπὸ τοῦ ἀνθρώπου

12 45ᵇ γίνεται τὰ ἔσχατα τοῦ ἀνθρώπου ἐκείνου χείρονα τῶν πρώτων

13 24 ὡμοιώθη ἡ βασιλεία τῶν οὐρανῶν ἀνθρώπῳ σπείραντι καλὸν σπέρμα

13 25 ἐν δὲ τῷ καθεύδειν τοὺς ἀνθρώπους ἦλθεν

13 28 ἐχθρὸς ἄνθρωπος τοῦτο ἐποίησεν

13 31 ὃν λαβὼν ἄνθρωπος ἔσπειρεν ἐν τῷ ἀγρῷ αὐτοῦ

Mt 13 37ᵃ ὁ σπείρων τὸ καλὸν σπέρμα ἐστὶν ὁ υἱὸς τοῦ ἀνθρώπου

13 41ᵃ ἀποστελεῖ ὁ υἱὸς τοῦ ἀνθρώπου τοὺς ἀγγέλους αὐτοῦ

13 44 θησαυρῷ ... ὃν εὑρὼν ἄνθρωπος ἔκρυψεν

13 45 ὁμοία ἐστὶν ἡ βασιλεία τῶν οὐρανῶν ἀνθρώπῳ ([S]; — NH) ἐμπόρῳ

13 52 ὅμοιός ἐστιν ἀνθρώπῳ οἰκοδεσπότῃ

15 9 διδάσκοντες διδασκαλίας ἐντάλματα ἀνθρώπων

15 11 οὐ τὸ εἰσερχόμενον εἰς τὸ στόμα κοινοῖ τὸν ἄνθρωπον, ↔

15 11 ἀλλὰ τὸ ἐκπορευόμενον ἐκ τοῦ στόματος, τοῦτο κοινοῖ τὸν ἄνθρωπον

15 18 τὰ δὲ ἐκπορευόμενα ἐκ τοῦ στόματος ... κοινοῖ τὸν ἄνθρωπον

15 20 ταῦτά ἐστιν τὰ κοινοῦντα τὸν ἄνθρωπον

15 20 τὸ δὲ ἀνίπτοις χερσὶν φαγεῖν οὐ κοινοῖ τὸν ἄνθρωπον

16 13 τίνα λέγουσιν οἱ ἄνθρωποι ↔

16 13ᵃ εἶναι τὸν υἱὸν τοῦ ἀνθρώπου;

16 23 οὐ φρονεῖς τὰ τοῦ θεοῦ ἀλλὰ τὰ τῶν ἀνθρώπων

16 26 τί γὰρ ὠφεληθήσεται ἄνθρωπος ⟨;⟩

16 26 τί δώσει ἄνθρωπος ἀντάλλαγμα τῆς ψυχῆς αὐτοῦ; ↔

16 27ᵃ μέλλει γὰρ ὁ υἱὸς τοῦ ἀνθρώπου ἔρχεσθαι

16 28ᵃ ἕως ἂν ἴδωσιν τὸν υἱὸν τοῦ ἀνθρώπου ἐρχόμενον

17 9ᵃ ἕως οὗ ὁ υἱὸς τοῦ ἀνθρώπου ἐκ νεκρῶν ἐγερθῇ (ἀναστῇ MVBSς)

17 12ᵃ οὕτως καὶ ὁ υἱὸς τοῦ ἀνθρώπου μέλλει πάσχειν

17 14 προσῆλθεν αὐτῷ ἄνθρωπος γονυπετῶν αὐτόν

17 22ᵃ μέλλει ὁ υἱὸς τοῦ ἀνθρώπου ↔

17 22 παραδίδοσθαι εἰς χεῖρας ἀνθρώπων

18 7ᵇ οὐαὶ τῷ ἀνθρώπῳ (+ ἐκείνῳ ς) δι' οὗ τὸ σκάνδαλον ἔρχεται

18 11ᵃ * | ἦλθεν γὰρ ὁ υἱὸς τοῦ ἀνθρώπου σῶσαι τὸ ἀπολωλός (+ [M]Bς)

18 12 ἐὰν γένηταί τινι ἀνθρώπῳ ἑκατὸν πρόβατα

18 23 ὡμοιώθη ἡ βασιλεία τῶν οὐρανῶν ἀνθρώπῳ βασιλεῖ

19 3 εἰ ἔξεστιν ἀνθρώπῳ (— NBSTH) ἀπολῦσαι τὴν γυναῖκα ⟨;⟩

19 5 ἕνεκα τούτου καταλείψει ἄνθρωπος τὸν πατέρα καὶ τὴν μητέρα

19 6 ὃ οὖν ὁ θεὸς συνέζευξεν, ἄνθρωπος μὴ χωριζέτω

19 10 εἰ οὕτως ἐστὶν ἡ αἰτία τοῦ ἀνθρώπου μετὰ τῆς γυναικός

19 12 καὶ εἰσὶν εὐνοῦχοι οἵτινες εὐνουχίσθησαν ὑπὸ τῶν ἀνθρώπων

19 26 παρὰ ἀνθρώποις τοῦτο ἀδύνατόν ἐστιν

19 28ᵃ ὅταν καθίσῃ ὁ υἱὸς τοῦ ἀνθρώπου ἐπὶ θρόνου δόξης αὐτοῦ

20 1 ὁμοία γάρ ἐστιν ἡ βασιλεία τῶν οὐρανῶν ἀνθρώπῳ οἰκοδεσπότῃ

20 18ᵃ ὁ υἱὸς τοῦ ἀνθρώπου παραδοθήσεται τοῖς ἀρχιερεῦσιν

20 28ᵃ ὥσπερ ὁ υἱὸς τοῦ ἀνθρώπου οὐκ ἦλθεν διακονηθῆναι

21 25 τὸ βάπτισμα ... πόθεν ἦν; ἐξ οὐρανοῦ ἢ ἐξ ἀνθρώπων

21 26 ἐὰν δὲ εἴπωμεν· ἐξ ἀνθρώπων

21 28 ἄνθρωπος εἶχεν τέκνα δύο

Mt 21 33 ἄνθρωπος ἦν οἰκοδεσπότης ὅστις ἐφύτευσεν ἀμπελῶνα

22 2 ὡμοιώθη ἡ βασιλεία τῶν οὐρανῶν ἀνθρώπῳ βασιλεῖ

22 11 εἶδεν ἐκεῖ ἄνθρωπον οὐκ ἐνδεδυμένον ἔνδυμα γάμου

22 16 οὐ γὰρ βλέπεις εἰς πρόσωπον ἀνθρώπων

23 4 καὶ ἐπιτιθέασιν ἐπὶ τοὺς ὤμους τῶν ἀνθρώπων

23 5 πάντα δὲ τὰ ἔργα αὐτῶν ποιοῦσιν πρὸς τὸ θεαθῆναι τοῖς ἀνθρώποις

23 7 ⟨φιλοῦσιν⟩ καλεῖσθαι ὑπὸ τῶν ἀνθρώπων ῥαββί (+ῥαββί [V]ς)

23 13ᵈ ὅτι κλείετε τὴν βασιλείαν τῶν οὐρανῶν ἔμπροσθεν τῶν ἀνθρώπων

23 28 ἔξωθεν μὲν φαίνεσθε τοῖς ἀνθρώποις δίκαιοι

24 27ᵃ οὕτως ἔσται ἡ παρουσία τοῦ υἱοῦ τοῦ ἀνθρώπου

24 30ᵃ φανήσεται τὸ σημεῖον τοῦ υἱοῦ τοῦ ἀνθρώπου

24 30ᵃ ὄψονται τὸν υἱὸν τοῦ ἀνθρώπου ἐρχόμενον

24 37ᵃ οὕτως ἔσται (+ καὶ ς) ἡ παρουσία τοῦ υἱοῦ τοῦ ἀνθρώπου

24 39ᵃ οὕτως ἔσται καὶ ([N²⁶]; — H) ἡ παρουσία τοῦ υἱοῦ τοῦ ἀνθρώπου

24 44ᵃ ᾗ οὐ δοκεῖτε ὥρᾳ ὁ υἱὸς τοῦ ἀνθρώπου ἔρχεται

25 13ᵃ *οὐδὲ τὴν ὥραν | ἐν ᾗ ὁ υἱὸς τοῦ ἀνθρώπου ἔρχεται (+ς)

25 14 ἄνθρωπος ἀποδημῶν ἐκάλεσεν τοὺς ἰδίους δούλους

25 24 ἔγνων σε ὅτι σκληρὸς εἶ ἄνθρωπος

25 31ᵃ ὅταν δὲ ἔλθῃ ὁ υἱὸς τοῦ ἀνθρώπου ἐν τῇ δόξῃ αὐτοῦ

26 2ᵃ ὁ υἱὸς τοῦ ἀνθρώπου παραδίδοται εἰς τὸ σταυρωθῆναι

26 24ᵃ ὁ μὲν υἱὸς τοῦ ἀνθρώπου ὑπάγει

26 24ᵇ οὐαὶ δὲ τῷ ἀνθρώπῳ ἐκείνῳ ↔

26 24ᵃ δι' οὗ ὁ υἱὸς τοῦ ἀνθρώπου παραδίδοται· ↔

26 24ᵇ καλὸν ἦν αὐτῷ εἰ οὐκ ἐγεννήθη ὁ ἄνθρωπος ἐκεῖνος

26 45ᵃ ὁ υἱὸς τοῦ ἀνθρώπου παραδίδοται εἰς χεῖρας ἁμαρτωλῶν

26 64ᵃ ὄψεσθε τὸν υἱὸν τοῦ ἀνθρώπου καθήμενον

26 72 ὅτι οὐκ οἶδα τὸν ἄνθρωπον

26 74 ὅτι οὐκ οἶδα τὸν ἄνθρωπον

27 32ᵉ εὗρον ἄνθρωπον Κυρηναῖον

27 57 ἦλθεν ἄνθρωπος πλούσιος ἀπὸ Ἀριμαθαίας

Mc 1 17 ποιήσω ὑμᾶς γενέσθαι ἁλιεῖς ἀνθρώπων

1 23 ἦν ἐν τῇ συναγωγῇ αὐτῶν ἄνθρωπος ἐν πνεύματι ἀκαθάρτῳ

2 10ᵃ ὅτι ἐξουσίαν ἔχει ὁ υἱὸς τοῦ ἀνθρώπου

2 27 τὸ σάββατον διὰ τὸν ἄνθρωπον ἐγένετο

2 27 οὐχ ὁ ἄνθρωπος διὰ τὸ σάββατον

2 28ᵃ ὥστε κύριός ἐστιν ὁ υἱὸς τοῦ ἀνθρώπου καὶ τοῦ σαββάτου

3 1 ἦν ἐκεῖ ἄνθρωπος ἐξηραμμένην ἔχων τὴν χεῖρα

3 3 λέγει τῷ ἀνθρώπῳ τῷ || τὴν ξηράν (ἐξηραμμένην Sς) χεῖρα ἔχοντι ((~ NMBHς))

3 5 λέγει τῷ ἀνθρώπῳ· ἔκτεινον

3 28 ἀφεθήσεται τοῖς υἱοῖς τῶν ἀνθρώπων τὰ ἁμαρτήματα

Mc 4 26 ὡς (+ἐὰν [V]ς) ἄνθρωπος βάλῃ τὸν σπόρον

5 2 ὑπήντησεν (ἀπήντ. Sς) αὐτῷ ... ἄνθρωπος ἐν πνεύματι ἀκαθάρτῳ

5 8 ἔξελθε τὸ πνεῦμα τὸ ἀκάθαρτον ἐκ τοῦ ἀνθρώπου

7 7 διδάσκοντες διδασκαλίας ἐντάλματα ἀνθρώπων

7 8 κρατεῖτε τὴν παράδοσιν τῶν ἀνθρώπων

7 11 ἐὰν εἴπῃ ἄνθρωπος τῷ πατρί

7 15 οὐδέν ἐστιν ἔξωθεν τοῦ ἀνθρώπου ... ὃ δύναται | κοινῶσαι αὐτόν (Vς)· ↔

7 15 ἀλλὰ τὰ | ἐκ τοῦ ἀνθρώπου ἐκπορευόμενά (ἐκπ. ἀπ' αὐτοῦ ἐκεῖνά ς) ἐστιν ↔

7 15 τὰ κοινοῦντα τὸν ἄνθρωπον

7 18 ὅτι πᾶν τὸ ἔξωθεν εἰσπορευόμενον εἰς τὸν ἄνθρωπον

7 20 ὅτι τὸ ἐκ τοῦ ἀνθρώπου ἐκπορευόμενον, ↔

7 20 ἐκεῖνο κοινοῖ τὸν ἄνθρωπον

7 21 ἔσωθεν γὰρ ἐκ τῆς καρδίας τῶν ἀνθρώπων ... ἐκπορεύονται

7 23 ἔσωθεν ἐκπορεύεται καὶ κοινοῖ τὸν ἄνθρωπον

8 24 βλέπω τοὺς ἀνθρώπους, ὅτι ὡς δένδρα ὁρῶ περιπατοῦντας

8 27 τίνα με λέγουσιν οἱ ἄνθρωποι εἶναι;

8 31ᵃ ὅτι δεῖ τὸν υἱὸν τοῦ ἀνθρώπου πολλὰ παθεῖν

8 33 ὅτι οὐ φρονεῖς τὰ τοῦ θεοῦ ἀλλὰ τὰ τῶν ἀνθρώπων

8 36 τί γὰρ ὠφελεῖ (-λήσει Vς) ἄνθρωπον κερδῆσαι ⟨;⟩

8 37 τί γὰρ δοῖ (δώσει MVBς; δῷ S) ἄνθρωπος ἀντάλλαγμα ⟨;⟩

8 38ᵃ καὶ ὁ υἱὸς τοῦ ἀνθρώπου ἐπαισχυνθήσεται αὐτόν

9 9ᵃ ὅταν ὁ υἱὸς τοῦ ἀνθρώπου ἐκ νεκρῶν ἀναστῇ

9 12ᵃ πῶς γέγραπται ἐπὶ τὸν υἱὸν τοῦ ἀνθρώπου, ἵνα πολλὰ πάθῃ

9 31ᵃ ὅτι ὁ υἱὸς τοῦ ἀνθρώπου ↔

9 31 παραδίδοται εἰς χεῖρας ἀνθρώπων

10 7 ἕνεκεν τούτου καταλείψει ἄνθρωπος τὸν πατέρα αὐτοῦ

10 9 ὃ οὖν ὁ θεὸς συνέζευξεν, ἄνθρωπος μὴ χωριζέτω

10 27 παρὰ ἀνθρώποις ἀδύνατον, ἀλλ' οὐ παρὰ θεῷ

10 33ᵃ καὶ ὁ υἱὸς τοῦ ἀνθρώπου παραδοθήσεται

10 45ᵃ ὁ υἱὸς τοῦ ἀνθρώπου οὐκ ἦλθεν διακονηθῆναι

11 2 πῶλον δεδεμένον ἐφ' ὃν οὐδεὶς | οὔπω ἀνθρώπων (~ Τ; ἀ. ς) ἐκάθισεν (κεκάθικεν BSTς)

11 30 τὸ βάπτισμα τὸ [S] Ἰωάννου ἐξ οὐρανοῦ ἦν ἢ ἐξ ἀνθρώπων;

11 32 ἀλλὰ εἴπωμεν· ἐξ ἀνθρώπων;

12 1 ἀμπελῶνα | ἄνθρωπος ἐφύτευσεν (~ Vς)

12 14 οὐ γὰρ βλέπεις εἰς πρόσωπον ἀνθρώπων

13 26 ὄψονται τὸν υἱὸν τοῦ ἀνθρώπου

13 34 ὡς ἄνθρωπος ἀπόδημος ἀφεὶς τὴν οἰκίαν αὐτοῦ

14 13 καὶ ἀπαντήσει ὑμῖν ἄνθρωπος κεράμιον ὕδατος βαστάζων

14 21ᵃ ὅτι ὁ μὲν υἱὸς τοῦ ἀνθρώπου ὑπάγει

14 21ᵇ οὐαὶ δὲ τῷ ἀνθρώπῳ ἐκείνῳ →

Mc 14 21ᵃ δι' οὗ ὁ υἱὸς τοῦ ἀνθρώπου παραδίδοται

14 21ᵇ καλὸν (+ἦν MVBSς) αὐτῷ εἰ οὐκ ἐγεννήθη ὁ ἄνθρωπος ἐκεῖνος

14 41ᵃ παραδίδοται ὁ υἱὸς τοῦ ἀνθρώπου εἰς τὰς χεῖρας τῶν ἁμαρτωλῶν

14 62ᵃ ὄψεσθε τὸν υἱὸν τοῦ ἀνθρώπου ἐκ δεξιῶν καθήμενον

14 71ᵇ ὅτι οὐκ οἶδα τὸν ἄνθρωπον τοῦτον ὃν λέγετε

15 39ᵇ ἀληθῶς οὗτος ὁ ἄνθρωπος υἱὸς | θεοῦ ἦν (~ Τς)

Lc 1 25 ἀφελεῖν (+τὸ Vς) ὄνειδός μου ἐν ἀνθρώποις

2 14 ἐπὶ γῆς εἰρήνη ἐν ἀνθρώποις εὐδοκίας (-κία[ς] V; -κία ς)

2 15 * | καὶ οἱ ἄνθρωποι οἱ ποιμένες εἶπον (VSς; οἱ π. ἐλάλουν rl) πρὸς ἀλλήλους

2 25 | ἄνθρωπος ἦν (~ VBSς) ἐν Ἰερουσαλὴμ ᾧ ὄνομα Συμεών, ↔

2 25ᵇ καὶ ὁ ἄνθρωπος οὗτος δίκαιος καὶ εὐλαβής

2 52 προέκοπτεν | ἐν τῇ ([N²⁶]; τῇ Η; — VBSς) σοφίᾳ ... καὶ χάριτι παρὰ θεῷ καὶ ἀνθρώποις

4 4 ὅτι οὐκ ἐπ' ἄρτῳ μόνῳ ζήσεται ὁ ἄνθρωπος

4 33 ἦν ἄνθρωπος ἔχων πνεῦμα δαιμονίου ἀκαθάρτου

5 10 ἀπὸ τοῦ νῦν ἀνθρώπους ἔσῃ ζωγρῶν

5 18 φέροντες ἐπὶ κλίνης ἄνθρωπον ὃς ἦν παραλελυμένος

5 20ᶜ εἶπεν· ἄνθρωπε, ἀφέωνταί σοι αἱ ἁμαρτίαι σου

5 24ᵃ ὅτι ὁ υἱὸς τοῦ ἀνθρώπου ἐξουσίαν ἔχει

6 5ᵃ (+ὅτι VBSTς) κύριός ἐστιν | τοῦ σαββάτου ὁ υἱὸς τοῦ ἀνθρώπου (ὁ υἱὸς τ. ἀνθ. καὶ τ. σ. MVBSTς)

6 6 καὶ ἦν ἄνθρωπος ἐκεῖ καὶ ἡ χεὶρ αὐτοῦ ... ἦν ξηρά

6 8 * | καὶ εἶπεν τῷ ἀνθρώπῳ (ς; εἶ. δὲ τῷ ἀνδρὶ rl) τῷ ξηρὰν ἔχοντι τὴν χεῖρα

6 10 *(+ἐν ὀργῇ S) εἶπεν | τῷ ἀνθρώπῳ (ς; αὐτῷ rl)· ἔκτεινον

6 22 ὅταν μισήσωσιν ὑμᾶς οἱ ἄνθρωποι

6 22ᵃ ὅταν ... ἐκβάλωσιν τὸ ὄνομα ὑμῶν ὡς πονηρὸν ἕνεκα τοῦ υἱοῦ τοῦ ἀνθρώπου

6 26 οὐαὶ ὅταν | ὑμᾶς καλῶς εἴπωσιν (N²⁶; ~ rl) πάντες οἱ ἄνθρωποι

6 31 καθὼς θέλετε ἵνα ποιῶσιν ὑμῖν οἱ ἄνθρωποι

6 45 ὁ ἀγαθὸς ἄνθρωπος ... προφέρει τὸ ἀγαθόν

6 45 *ὁ πονηρὸς ἄνθρωπος (+ς) ... προφέρει τὸ πονηρόν

6 48 ὅμοιός ἐστιν ἀνθρώπῳ οἰκοδομοῦντι οἰκίαν

6 49 ὅμοιός ἐστιν ἀνθρώπῳ οἰκοδομήσαντι οἰκίαν ἐπὶ τὴν γῆν

7 8 καὶ γὰρ ἐγὼ ἄνθρωπός εἰμι ὑπὸ ἐξουσίαν τασσόμενος

7 25 τί ἐξήλθατε (ἐξεληλύθατε VBSTς) ἰδεῖν; ἄνθρωπον ἐν μαλακοῖς ἱματίοις ἠμφιεσμένον;

7 31 τίνι οὖν ὁμοιώσω τοὺς ἀνθρώπους τῆς γενεᾶς ταύτης ⟨;⟩

7 34ᵃ ἐλήλυθεν ὁ υἱὸς τοῦ ἀνθρώπου ἐσθίων καὶ πίνων, ↔

Lc 7 34 καὶ λέγετε· ἰδοὺ ἄνθρωπος φάγος καὶ οἰνοπότης

8 29 παρήγγειλεν (N²⁶ς; -ήγγελλεν rl) ... ἐξελθεῖν ἀπὸ τοῦ ἀνθρώπου

8 33 ἐξελθόντα δὲ τὰ δαιμόνια ἀπὸ τοῦ ἀνθρώπου

8 35 εὗρον καθήμενον τὸν ἄνθρωπον ἀφ' οὗ τὰ δαιμόνια ἐξῆλθεν (ἐξεληλύθει VBς)

9 22ᵃ ὅτι δεῖ τὸν υἱὸν τοῦ ἀνθρώπου πολλὰ παθεῖν

9 25 τί γὰρ ὠφελεῖται ἄνθρωπος κερδήσας τὸν κόσμον ὅλον ⟨;⟩

9 26ᵃ τοῦτον ὁ υἱὸς τοῦ ἀνθρώπου ἐπαισχυνθήσεται

9 44ᵃ ὁ γὰρ υἱὸς τοῦ ἀνθρώπου ↔

9 44 μέλλει παραδίδοσθαι εἰς χεῖρας ἀνθρώπων

9 56ᵃ * | ὁ γὰρ υἱὸς τοῦ ἀνθρώπου οὐκ ἦλθε (.. + ς) ↔

9 56 * | ψυχὰς ἀνθρώπων ἀπολέσαι, ἀλλὰ σῶσαι (+ ς)

9 58ᵃ ὁ δὲ υἱὸς τοῦ ἀνθρώπου οὐκ ἔχει ποῦ τὴν κεφαλὴν κλίνῃ

10 30 ἄνθρωπός τις κατέβαινεν ἀπὸ Ἰερουσαλήμ

11 24 ὅταν τὸ ἀκάθαρτον πνεῦμα ἐξέλθῃ ἀπὸ τοῦ ἀνθρώπου

11 26ᵇ καὶ γίνεται τὰ ἔσχατα τοῦ ἀνθρώπου ἐκείνου χείρονα τῶν πρώτων

11 30ᵃ οὕτως ἔσται καὶ ὁ υἱὸς τοῦ ἀνθρώπου τῇ γενεᾷ ταύτῃ

11 44 καὶ οἱ ἄνθρωποι οἱ [N²⁶] περιπατοῦντες ἐπάνω οὐκ οἴδασιν

11 46 ὅτι φορτίζετε τοὺς ἀνθρώπους φορτία δυσβάστακτα

12 8ᵈ πᾶς ὃς ἂν ὁμολογήσῃ (-σει Η) ἐν ἐμοὶ ἔμπροσθεν τῶν ἀνθρώπων, ↔

12 8ᵃ καὶ ὁ υἱὸς τοῦ ἀνθρώπου ὁμολογήσει ἐν αὐτῷ

12 9ᵈ ὁ δὲ ἀρνησάμενός με ἐνώπιον τῶν ἀνθρώπων

12 10ᵃ πᾶς ὃς ἐρεῖ λόγον εἰς τὸν υἱὸν τοῦ ἀνθρώπου

12 14ᶜ ἄνθρωπε, τίς με κατέστησεν κριτὴν ⟨;⟩

12 16 λέγων· ἀνθρώπου τινὸς πλουσίου εὐφόρησεν ἡ χώρα

12 36 ὑμεῖς ὅμοιοι ἀνθρώποις προσδεχομένοις τὸν κύριον ἑαυτῶν

12 40ᵃ ὅτι ᾗ ὥρᾳ οὐ δοκεῖτε ὁ υἱὸς τοῦ ἀνθρώπου ἔρχεται

13 4 ὀφειλέται ἐγένοντο παρὰ πάντας τοὺς (—ς) ἀνθρώπους τοὺς κατοικοῦντας (+ἐν Τς) Ἰερουσαλήμ

13 19 ὃν λαβὼν ἄνθρωπος ἔβαλεν εἰς κῆπον ἑαυτοῦ

14 2 καὶ ἰδοὺ ἄνθρωπός τις ἦν ὑδρωπικὸς ἔμπροσθεν αὐτοῦ

14 16 εἶπεν αὐτῷ· ἄνθρωπός τις ἐποίει δεῖπνον μέγα

14 30ᵇ ὅτι οὗτος ὁ ἄνθρωπος ἤρξατο οἰκοδομεῖν

15 4 τίς ἄνθρωπος ἐξ ὑμῶν ἔχων ἑκατὸν πρόβατα ⟨;⟩

15 11 εἶπεν δέ· ἄνθρωπός τις εἶχεν δύο υἱούς

16 1 ἄνθρωπός τις ἦν πλούσιος

16 15ᵈ ὑμεῖς ἐστε οἱ δικαιοῦντες ἑαυτοὺς ἐνώπιον τῶν ἀνθρώπων

16 15 τὸ ἐν ἀνθρώποις ὑψηλὸν βδέλυγμα ἐνώπιον τοῦ θεοῦ

16 19 ἄνθρωπος δέ τις ἦν πλούσιος

Lc 17 22ᵃ ὅτε ἐπιθυμήσετε μίαν τῶν ἡμερῶν τοῦ υἱοῦ τοῦ ἀνθρώπου ἰδεῖν
17 24ᵃ οὕτως ἔσται ὁ υἱὸς τοῦ ἀνθρώπου | ἐν τῇ ἡμέρᾳ αὐτοῦ ([N²⁶]; — H)
17 26ᵃ οὕτως ἔσται καὶ ἐν ταῖς ἡμέραις τοῦ υἱοῦ τοῦ ἀνθρώπου
17 30ᵃ ᾗ ἡμέρᾳ ὁ υἱὸς τοῦ ἀνθρώπου ἀποκαλύπτεται
18 2 κριτής τις ἦν ... τὸν θεὸν μὴ φοβούμενος καὶ ἄνθρωπον μὴ ἐντρεπόμενος
18 4 εἰ καὶ τὸν θεὸν οὐ φοβοῦμαι οὐδὲ ἄνθρωπον ἐντρέπομαι
18 8ᵃ ὁ υἱὸς τοῦ ἀνθρώπου ἐλθὼν ἆρα εὑρήσει τὴν πίστιν ⟨;⟩
18 10 ἄνθρωποι δύο ἀνέβησαν εἰς τὸ ἱερὸν προσεύξασθαι
18 11 ὅτι οὐκ εἰμὶ ὥσπερ οἱ λοιποὶ τῶν ἀνθρώπων
18 27 τὰ ἀδύνατα παρὰ ἀνθρώποις δυνατὰ παρὰ τῷ θεῷ ἐστιν
18 31ᵃ τελεσθήσεται πάντα τὰ γεγραμμένα ... τῷ υἱῷ τοῦ ἀνθρώπου
19 10ᵃ ἦλθεν γὰρ ὁ υἱὸς τοῦ ἀνθρώπου ζητῆσαι καὶ σῶσαι
19 12 ἄνθρωπός τις εὐγενὴς ἐπορεύθη
19 21 ἐφοβούμην γάρ σε, ὅτι ἄνθρωπος αὐστηρὸς εἶ
19 22 ᾔδεις ὅτι ἐγὼ ἄνθρωπος αὐστηρός εἰμι ⟨;⟩
19 30 πῶλον δεδεμένον, ἐφ' ὃν οὐδεὶς πώποτε ἀνθρώπων ἐκάθισεν
20 4 τὸ βάπτισμα (+τὸ T) Ἰωάννου ἐξ οὐρανοῦ ἦν ἢ ἐξ ἀνθρώπων;
20 6 ⟨οἱ δὲ συνελογίσαντο⟩ ἐὰν δὲ εἴπωμεν · ἐξ ἀνθρώπων
20 9 ἄνθρωπός τις (+[N²⁶]ς) ἐφύτευσεν ἀμπελῶνα
21 26 ἀποψυχόντων ἀνθρώπων ἀπὸ φόβου
21 27ᵃ τότε ὄψονται τὸν υἱὸν τοῦ ἀνθρώπου ἐρχόμενον
21 36ᵃ ἵνα κατισχύσητε (καταξιωθῆτε Vς) ... σταθῆναι ἔμπροσθεν τοῦ υἱοῦ τοῦ ἀνθρώπου
22 10 συναντήσει ὑμῖν ἄνθρωπος κεράμιον ὕδατος βαστάζων
22 22ᵃ | ὅτι ὁ υἱὸς μὲν (καὶ ὁ μὲν υἱὸς Vς) τοῦ ἀνθρώπου κατὰ τὸ ὡρισμένον πορεύεται
22 22ᵇ οὐαὶ τῷ ἀνθρώπῳ ἐκείνῳ δι' οὗ παραδίδοται
22 48ᵃ φιλήματι τὸν υἱὸν τοῦ ἀνθρώπου παραδίδως;
22 58ᶜ ὁ δὲ Πέτρος ἔφη · ἄνθρωπε, οὐκ εἰμί
22 60ᶜ εἶπεν δὲ ὁ Πέτρος · ἄνθρωπε, οὐκ οἶδα ὃ λέγεις
22 69ᵃ ἔσται ὁ υἱὸς τοῦ ἀνθρώπου καθήμενος ἐκ δεξιῶν ... τοῦ θεοῦ
23 4ᵇ οὐδὲν εὑρίσκω αἴτιον ἐν τῷ ἀνθρώπῳ τούτῳ
23 6ᵉ ἐπηρώτησεν εἰ ὁ [H] ἄνθρωπος Γαλιλαῖός ἐστιν
23 14ᵇ προσηνέγκατέ μοι τὸν ἄνθρωπον τοῦτον ὡς ἀποστρέφοντα τὸν λαὸν
23 14ᵇ οὐθὲν εὗρον ἐν τῷ ἀνθρώπῳ τούτῳ αἴτιον
23 47ᵇ ὄντως ὁ ἄνθρωπος οὗτος δίκαιος ἦν
24 7ᵃ λέγων | τὸν υἱὸν τοῦ ἀνθρώπου ὅτι δεῖ (~ Vς) ↔
24 7 παραδοθῆναι εἰς χεῖρας ἀνθρώπων ἁμαρτωλῶν

Jo 1 4 καὶ ἡ ζωὴ ἦν τὸ φῶς τῶν ἀνθρώπων

Jo 1 6 ἐγένετο ἄνθρωπος, ἀπεσταλμένος παρὰ θεοῦ
1 9 ἦν τὸ φῶς τὸ ἀληθινόν, ὃ φωτίζει πάντα ἄνθρωπον
1 51ᵃ τοὺς ἀγγέλους ... καταβαίνοντας ἐπὶ τὸν υἱὸν τοῦ ἀνθρώπου
2 10 πᾶς ἄνθρωπος πρῶτον τὸν καλὸν οἶνον τίθησιν
2 25 ἵνα τις μαρτυρήσῃ περὶ τοῦ ἀνθρώπου
2 25 ἐγίνωσκεν τί ἦν ἐν τῷ ἀνθρώπῳ
3 1 ἦν δὲ ἄνθρωπος ἐκ τῶν Φαρισαίων, Νικόδημος ὄνομα αὐτῷ
3 4 πῶς δύναται ἄνθρωπος γεννηθῆναι γέρων ὤν;
3 13ᵃ ὁ ἐκ τοῦ οὐρανοῦ καταβάς, ὁ υἱὸς τοῦ ἀνθρώπου (+ὁ ὢν ἐν τῷ οὐρανῷ VBTς)
3 14ᵃ οὕτως ὑψωθῆναι δεῖ τὸν υἱὸν τοῦ ἀνθρώπου
3 19 καὶ ἠγάπησαν οἱ ἄνθρωποι μᾶλλον τὸ σκότος ἢ τὸ φῶς
3 27 οὐ δύναται ἄνθρωπος λαμβάνειν | οὐδὲ ἕν (N²⁶; οὐδέν rl)
4 28 καὶ λέγει τοῖς ἀνθρώποις
4 29 δεῦτε ἴδετε ἄνθρωπον ὃς εἶπέν μοι πάντα
4 50 ἐπίστευσεν ὁ ἄνθρωπος τῷ λόγῳ
5 5 ἦν δέ τις ἄνθρωπος ἐκεῖ τριάκοντα καὶ [N²⁶H] ὀκτὼ ἔτη
5 7 κύριε, ἄνθρωπον οὐκ ἔχω
5 9 καὶ εὐθέως (— T) ἐγένετο ὑγιὴς ὁ ἄνθρωπος
5 12 τίς ἐστιν ὁ ἄνθρωπος ὁ εἰπών σοι ⟨;⟩
5 15 ἀπῆλθεν ὁ ἄνθρωπος καὶ ἀνήγγειλεν (εἶπεν NMTH) τοῖς Ἰουδαίοις
5 27ᵃ ἐξουσίαν ἔδωκεν αὐτῷ κρίσιν ποιεῖν, ὅτι υἱὸς ἀνθρώπου ἐστίν
5 34 ἐγὼ δὲ οὐ παρὰ ἀνθρώπου τὴν μαρτυρίαν λαμβάνω
5 41 δόξαν παρὰ ἀνθρώπων οὐ λαμβάνω
6 10 ποιήσατε τοὺς ἀνθρώπους ἀναπεσεῖν
6 14 οἱ οὖν ἄνθρωποι ἰδόντες ὃ (& H) ἐποίησεν σημεῖον (σημεῖα H) (+ὁ Ἰησοῦς Vς) ἔλεγον
6 27ᵃ ἦν ὁ υἱὸς τοῦ ἀνθρώπου | ὑμῖν δώσει (δίδωσιν ὑμῖν BT)
6 53ᵃ ἐὰν μὴ φάγητε τὴν σάρκα τοῦ υἱοῦ τοῦ ἀνθρώπου
6 62ᵃ ἐὰν οὖν θεωρῆτε τὸν υἱὸν τοῦ ἀνθρώπου ἀναβαίνοντα ⟨;⟩
7 22 καὶ ἐν [H] σαββάτῳ περιτέμνετε ἄνθρωπον
7 23 εἰ περιτομὴν λαμβάνει [+ὁ NH] ἄνθρωπος ἐν σαββάτῳ
7 23 ὅτι ὅλον ἄνθρωπον ὑγιῆ ἐποίησα ἐν σαββάτῳ
7 46 οὐδέποτε ἐλάλησεν οὕτως ἄνθρωπος, ↔
7 46* || ὡς οὗτος (+λαλεῖ NMT) ὁ ἄνθρωπος ((— N²⁶H))
7 51 μὴ ὁ νόμος ἡμῶν κρίνει τὸν ἄνθρωπον ⟨;⟩
8 17 ὅτι δύο ἀνθρώπων ἡ μαρτυρία ἀληθής ἐστιν
8 28ᵃ ὅταν ὑψώσητε τὸν υἱὸν τοῦ ἀνθρώπου
8 40 ζητεῖτέ με ἀποκτεῖναι, ἄνθρωπον ὃς τὴν ἀλήθειαν ὑμῖν λελάληκα
9 1 εἶδεν ἄνθρωπον τυφλὸν ἐκ γενετῆς
9 11 ὁ (— ς) ἄνθρωπος ὁ (— ς) λεγόμενος Ἰησοῦς πηλὸν ἐποίησεν

Jo 9 16ᵇ | οὐκ ἔστιν οὗτος παρὰ θεοῦ ὁ ἄνθρωπος (οὐ. ὁ ἄ. οὐκ ἔ. π. τοῦ θ. ς)
9 16 πῶς δύναται ἄνθρωπος ἁμαρτωλὸς τοιαῦτα σημεῖα ποιεῖν;
9 24 ἐφώνησαν οὖν τὸν ἄνθρωπον ... ὃς ἦν τυφλός
9 24ᵇ ὅτι | οὗτος ὁ ἄνθρωπος (~ Tς) ἁμαρτωλός ἐστιν
9 30 ἀπεκρίθη ὁ ἄνθρωπος καὶ εἶπεν
9 35ᵃ σὺ πιστεύεις εἰς τὸν υἱὸν τοῦ ἀνθρώπου (θεοῦ VBSς);
10 33 ὅτι σὺ ἄνθρωπος ὢν ποιεῖς σεαυτὸν θεόν
11 47ᵇ τί ποιοῦμεν, ὅτι οὗτος ὁ ἄνθρωπος πολλὰ ποιεῖ σημεῖα;
11 50 ἵνα εἷς ἄνθρωπος ἀποθάνῃ ὑπὲρ τοῦ λαοῦ
12 23ᵃ ἐλήλυθεν ἡ ὥρα ἵνα δοξασθῇ ὁ υἱὸς τοῦ ἀνθρώπου
12 34ᵃ ὅτι δεῖ ὑψωθῆναι τὸν υἱὸν τοῦ ἀνθρώπου; ↔
12 34ᵃ τίς ἐστιν οὗτος ὁ υἱὸς τοῦ ἀνθρώπου;
12 43 ἠγάπησαν γὰρ τὴν δόξαν τῶν ἀνθρώπων μᾶλλον
13 31ᵃ νῦν ἐδοξάσθη ὁ υἱὸς τοῦ ἀνθρώπου
16 21 ὅτι ἐγεννήθη ἄνθρωπος εἰς τὸν κόσμον
17 6 ἐφανέρωσά σου τὸ ὄνομα τοῖς ἀνθρώποις
18 14 συμφέρει ἕνα ἄνθρωπον ἀποθανεῖν (ἀπολέσθαι Sς) ὑπὲρ τοῦ λαοῦ
18 17ᵇ μὴ καὶ σὺ ἐκ τῶν μαθητῶν εἶ τοῦ ἀνθρώπου τούτου;
18 29ᵇ τίνα κατηγορίαν φέρετε κατὰ ([N²⁶]; — NTH) τοῦ ἀνθρώπου τούτου;
19 5 λέγει αὐτοῖς · ἰδοὺ ὁ ἄνθρωπος

Ac 4 9 ἀνακρινόμεθα ἐπὶ εὐεργεσίᾳ ἀνθρώπου ἀσθενοῦς
4 12 οὐδὲ γὰρ ὄνομά ἐστιν ἕτερον ... τὸ δεδομένον ἐν ἀνθρώποις
4 13 ὅτι ἄνθρωποι ἀγράμματοί εἰσιν καὶ ἰδιῶται
4 14 τόν τε ἄνθρωπον βλέποντες σὺν αὐτοῖς ἑστῶτα τὸν τεθεραπευμένον
4 16ᵇ τί ποιήσωμεν τοῖς ἀνθρώποις τούτοις;
4 17 μηκέτι λαλεῖν ἐπὶ τῷ ὀνόματι τούτῳ μηδενὶ ἀνθρώπων
4 22 ἐτῶν γὰρ ἦν πλειόνων τεσσεράκοντα ὁ ἄνθρωπος
5 4 οὐκ ἐψεύσω ἀνθρώποις ἀλλὰ τῷ θεῷ
5 28ᵇ βούλεσθε ἐπαγαγεῖν ἐφ' ἡμᾶς τὸ αἷμα τοῦ ἀνθρώπου τούτου
5 29 πειθαρχεῖν δεῖ θεῷ μᾶλλον ἢ ἀνθρώποις
5 34 ἐκέλευσεν ἔξω βραχὺ τοὺς ἀνθρώπους (ἀποστόλους Sς) ποιῆσαι
5 35ᵇ προσέχετε ἑαυτοῖς ἐπὶ τοῖς ἀνθρώποις τούτοις
5 38ᵇ ἀπόστητε ἀπὸ τῶν ἀνθρώπων τούτων
5 38 ἐὰν ᾖ ἐξ ἀνθρώπων ἡ βουλὴ αὕτη
6 13ᵇ ὁ ἄνθρωπος οὗτος οὐ παύεται λαλῶν ῥήματα κατὰ ... τοῦ νόμου
7 56ᵃ θεωρῶ ... τὸν υἱὸν τοῦ ἀνθρώπου ἐκ δεξιῶν ἑστῶτα τοῦ θεοῦ
9 33 εὗρεν δὲ ἐκεῖ ἄνθρωπόν τινα ὀνόματι Αἰνέαν
10 26 καὶ ἐγὼ αὐτὸς ἄνθρωπός εἰμι
10 28 κἀμοὶ | ὁ θεὸς ἔδειξεν (~ BT) μηδένα κοινὸν ἢ ἀκάθαρτον λέγειν ἄνθρωπον

Ac 12 22 ὁ δὲ δῆμος ἐπεφώνει· θεοῦ φωνὴ
καὶ οὐκ ἀνθρώπου

14 11 οἱ θεοὶ ὁμοιωθέντες ἀνθρώποις
κατέβησαν

14 15 καὶ ἡμεῖς ὁμοιοπαθεῖς ἐσμεν ὑμῖν
ἄνθρωποι

15 17 ὅπως ἂν ἐκζητήσωσιν οἱ κατάλοι-
ποι τῶν ἀνθρώπων τὸν κύριον

15 26 ⟨σὺν Βαρναβᾷ καὶ Παύλῳ⟩ ἀν-
θρώποις παραδεδωκόσι τὰς ψυχὰς
αὐτῶν

16 17ᵇ οὗτοι οἱ ἄνθρωποι δοῦλοι τοῦ
θεοῦ τοῦ (— B) ὑψίστου εἰσίν

16 20ᵇ οὗτοι οἱ ἄνθρωποι ἐκταράσσουσιν
ἡμῶν τὴν πόλιν

16 35ᵇ ἀπόλυσον τοὺς ἀνθρώπους ἐκεί-
νους

16 37ᵉ δείραντες ἡμᾶς δημοσίᾳ ἀκατακρί-
τους, ἀνθρώπους Ῥωμαίους ὑπάρ-
χοντας

17 25 *οὐδὲ ὑπὸ χειρῶν ἀνθρώπων
(ς; -πίνων rl) θεραπεύεται

17 26 ἐποίησέν τε ἐξ ἑνὸς πᾶν ἔθνος
ἀνθρώπων

17 29 οὐκ ὀφείλομεν νομίζειν, χρυσῷ ...
ἢ λίθῳ, χαράγματι τέχνης καὶ ἐν-
θυμήσεως ἀνθρώπου, τὸ θεῖον εἶναι
ὅμοιον

17 30 παραγγέλλει (ἀπ- NTH) τοῖς
ἀνθρώποις πάντας πανταχοῦ μετα-
νοεῖν

18 13 ὅτι παρὰ τὸν νόμον ἀναπείθει
οὗτος τοὺς ἀνθρώπους σέβεσθαι
τὸν θεόν

19 16 ἐφαλόμενος (ἐφαλλ. VSς) ὁ ἄν-
θρωπος ἐπ᾽ αὐτούς

19 35 τίς γάρ ἐστιν ἀνθρώπων (-πος ς)
ὃς οὐ γινώσκει ⟨;⟩

21 28 οὗτός ἐστιν ὁ ἄνθρωπος ὁ κατὰ
τοῦ λαοῦ ... διδάσκων

21 39ᵉ ἐγὼ ἄνθρωπος μέν εἰμι Ἰουδαῖος

22 15 ὅτι ἔσῃ μάρτυς αὐτῷ πρὸς πάντας
ἀνθρώπους

22 25ᵉ εἰ ἄνθρωπον Ῥωμαῖον καὶ ἀκατά-
κριτον ἔξεστιν ὑμῖν μαστίζειν;

22 26ᵇᵉ ὁ γὰρ ἄνθρωπος οὗτος Ῥωμαῖός
ἐστιν

23 9ᵇ οὐδὲν κακὸν εὑρίσκομεν ἐν τῷ ἀν-
θρώπῳ τούτῳ

24 16 ἀπρόσκοπον συνείδησιν ἔχειν πρὸς
τὸν θεὸν καὶ τοὺς ἀνθρώπους

25 16 ὅτι οὐκ ἔστιν ἔθος Ῥωμαίοις
χαρίζεσθαί τινα ἄνθρωπον

25 22 ἐβουλόμην καὶ αὐτὸς τοῦ ἀνθρώ-
που ἀκοῦσαι

26 31ᵇ οὐδὲν θανάτου ... ἄξιόν τι (+[N²⁶]
BST) πράσσει ὁ ἄνθρωπος οὗτος

26 32ᵇ ἀπολελύσθαι ἐδύνατο ὁ ἄνθρωπος
οὗτος

28 4ᵇ πάντως φονεύς ἐστιν ὁ ἄνθρωπος
οὗτος

Rm 1 18 ἀποκαλύπτεται γὰρ ὀργὴ θεοῦ ...
ἐπὶ πᾶσαν ἀσέβειαν καὶ ἀδικίαν
ἀνθρώπων

1 23 ἤλλαξαν τὴν δόξαν τοῦ ἀφθάρτου
θεοῦ ἐν ὁμοιώματι εἰκόνος φθαρτοῦ
ἀνθρώπου

2 1ᶜ διὸ ἀναπολόγητος εἶ, ὦ ἄνθρωπε
πᾶς ὁ κρίνων

2 3ᶜ λογίζῃ δὲ τοῦτο, ὦ ἄνθρωπε ὁ
κρίνων ⟨;⟩

2 9 στενοχωρία ἐπὶ πᾶσαν ψυχὴν
ἀνθρώπου τοῦ κατεργαζομένου τὸ
κακόν

Rm 2 16 ἐν | ἡμέρᾳ ὅτε (ᾗ ἡμ. ΝΗ) κρίνει
(-νεῖ ΜΒΤς) ὁ θεὸς τὰ κρυπτὰ
τῶν ἀνθρώπων

2 29 οὗ ὁ ἔπαινος οὐκ ἐξ ἀνθρώπων
ἀλλ᾽ ἐκ τοῦ θεοῦ

3 4 γινέσθω δὲ ὁ θεὸς ἀληθής, πᾶς δὲ
ἄνθρωπος ψεύστης

3 5 κατὰ ἄνθρωπον λέγω

3 28 λογιζόμεθα γὰρ δικαιοῦσθαι πίστει
ἄνθρωπον

4 6 Δαυὶδ λέγει τὸν μακαρισμὸν τοῦ
ἀνθρώπου

5 12 δι᾽ ἑνὸς ἀνθρώπου ἡ ἁμαρτία εἰς
τὸν κόσμον εἰσῆλθεν

5 12 οὕτως εἰς πάντας ἀνθρώπους ὁ
θάνατος διῆλθεν

5 15 ἡ δωρεὰ ἐν χάριτι τῇ τοῦ ἑνὸς
ἀνθρώπου Ἰησοῦ Χριστοῦ

5 18 ὡς δι᾽ ἑνὸς παραπτώματος εἰς πάν-
τας ἀνθρώπους εἰς κατάκριμα, ↔

5 18 οὕτως καὶ δι᾽ ἑνὸς δικαιώματος εἰς
πάντας ἀνθρώπους εἰς δικαίωσιν
ζωῆς

5 19 διὰ τῆς παρακοῆς τοῦ ἑνὸς ἀνθρώ-
που ἁμαρτωλοὶ κατεστάθησαν οἱ
πολλοί

6 6 τοῦτο γινώσκοντες, ὅτι ὁ παλαιὸς
ἡμῶν ἄνθρωπος συνεσταυρώθη

7 1 ὁ νόμος κυριεύει τοῦ ἀνθρώπου
ἐφ᾽ ὅσον χρόνον ζῇ

7 22 συνήδομαι γὰρ τῷ νόμῳ τοῦ θεοῦ
κατὰ τὸν ἔσω ἄνθρωπον

7 24 ταλαίπωρος ἐγὼ ἄνθρωπος

9 20ᶜ | ὦ ἄνθρωπε, μενοῦνγε (~ Sς) σὺ
τίς εἶ ⟨;⟩

10 5 ὁ ποιήσας αὐτὰ (+N²⁶Bς) ἄνθρω-
πος ζήσεται ἐν αὐτοῖς (Ν²⁶; -τῇ rl)

12 17ᵈ προνοούμενοι καλὰ ἐνώπιον πάν-
των ἀνθρώπων

12 18 εἰ δυνατόν, τὸ ἐξ ὑμῶν, μετὰ
πάντων ἀνθρώπων εἰρηνεύοντες

14 18 ὁ γὰρ ἐν τούτῳ (-τοις Sς) δου-
λεύων τῷ Χριστῷ ... δόκιμος τοῖς
ἀνθρώποις

14 20 κακὸν τῷ ἀνθρώπῳ τῷ διὰ προσ-
κόμματος ἐσθίοντι

1C 1 25 τὸ μωρὸν τοῦ θεοῦ σοφώτερον τῶν
ἀνθρώπων ἐστίν

1 25 τὸ ἀσθενὲς τοῦ θεοῦ ἰσχυρότερον
τῶν ἀνθρώπων

2 5 ἵνα ἡ πίστις ὑμῶν μὴ ᾖ ἐν σοφίᾳ
ἀνθρώπων

2 9 ἃ ... ἐπὶ καρδίαν ἀνθρώπου οὐκ
ἀνέβη

2 11 τίς γὰρ οἶδεν ἀνθρώπων ↔

2 11 τὰ τοῦ ἀνθρώπου ↔

2 11 εἰ μὴ τὸ πνεῦμα τοῦ ἀνθρώπου τὸ
ἐν αὐτῷ;

2 14 ψυχικὸς δὲ ἄνθρωπος οὐ δέχεται
τὰ τοῦ πνεύματος τοῦ θεοῦ

3 3 οὐχὶ σαρκικοί ἐστε καὶ κατὰ ἄν-
θρωπον περιπατεῖτε;

3 4 οὐκ ἄνθρωποί (σαρκικοί ς) ἐστε;

3 21 ὥστε μηδεὶς καυχάσθω ἐν ἀνθρώ-
ποις

4 1 οὕτως ἡμᾶς λογιζέσθω ἄνθρωπος
ὡς ὑπηρέτας Χριστοῦ

4 9 θέατρον ἐγενήθημεν τῷ κόσμῳ καὶ
ἀγγέλοις καὶ ἀνθρώποις

6 18 πᾶν ἁμάρτημα ὃ ἐὰν ποιήσῃ ἄν-
θρωπος

7 1 καλὸν ἀνθρώπῳ γυναικὸς μὴ
ἅπτεσθαι

7 7 θέλω δὲ πάντας ἀνθρώπους εἶναι
ὡς καὶ ἐμαυτόν

1C 7 23 μὴ γίνεσθε δοῦλοι ἀνθρώπων

7 26 ὅτι καλὸν ἀνθρώπῳ τὸ οὕτως
εἶναι

9 8 μὴ κατὰ ἄνθρωπον ταῦτα λαλῶ
⟨;⟩

11 28 δοκιμαζέτω δὲ ἄνθρωπος ἑαυτόν

13 1 ἐὰν ταῖς γλώσσαις τῶν ἀνθρώπων
λαλῶ καὶ τῶν ἀγγέλων

14 2 οὐκ ἀνθρώποις λαλεῖ ἀλλὰ (+τῷ
MVSς) θεῷ

14 3 ὁ δὲ προφητεύων ἀνθρώποις
λαλεῖ οἰκοδομήν

15 19 ἐλεεινότεροι πάντων ἀνθρώπων
ἐσμέν

15 21 ἐπειδὴ γὰρ δι᾽ ἀνθρώπου θάνατος,
↔

15 21 καὶ δι᾽ ἀνθρώπου ἀνάστασις νεκρῶν

15 32 εἰ κατὰ ἄνθρωπον ἐθηριομάχησα
ἐν Ἐφέσῳ

15 39 ἄλλη μὲν ἀνθρώπων, ἄλλη δὲ
σὰρξ κτηνῶν

15 45 ἐγένετο ὁ πρῶτος ἄνθρωπος Ἀδὰμ
εἰς ψυχὴν ζῶσαν

15 47 ὁ πρῶτος ἄνθρωπος ἐκ γῆς χοϊκός

15 47 ὁ δεύτερος ἄνθρωπος ἐξ οὐρανοῦ

2C 3 2 ἐπιστολὴ ... ἀναγινωσκομένη ὑπὸ
πάντων ἀνθρώπων

4 2 συνιστάνοντες (-αντες Τ) ἑαυτοὺς
πρὸς πᾶσαν συνείδησιν ἀνθρώπων
ἐνώπιον τοῦ θεοῦ

4 16 ἀλλ᾽ εἰ καὶ ὁ ἔξω ἡμῶν ἄνθρωπος
διαφθείρεται

5 11 εἰδότες οὖν τὸν φόβον τοῦ κυρίου
ἀνθρώπους πείθομεν

8 21ᵈ προνοοῦμεν γὰρ καλὰ οὐ μόνον
ἐνώπιον κυρίου ἀλλὰ καὶ ἐνώπιον
ἀνθρώπων

12 2 οἶδα ἄνθρωπον ἐν Χριστῷ πρὸ
ἐτῶν δεκατεσσάρων

12 3 καὶ οἶδα τὸν τοιοῦτον ἄνθρωπον
⟨ὅτι ἡρπάγη⟩

12 4 ἄρρητα ῥήματα, ἃ οὐκ ἐξὸν ἀν-
θρώπῳ λαλῆσαι

G 1 1 Παῦλος ἀπόστολος, οὐκ ἀπ᾽
ἀνθρώπων ↔

1 1 οὐδὲ δι᾽ ἀνθρώπου ἀλλὰ διὰ
Ἰησοῦ Χριστοῦ καὶ θεοῦ πατρός

1 10 ἄρτι γὰρ ἀνθρώπους πείθω ἢ
τὸν θεόν; ↔

1 10 ἢ ζητῶ ἀνθρώποις ἀρέσκειν; ↔

1 10 εἰ ἔτι ἀνθρώποις ἤρεσκον, Χριστοῦ
δοῦλος οὐκ ἂν ἤμην

1 11 τὸ εὐαγγέλιον ... οὐκ ἔστιν κατὰ
ἄνθρωπον ↔

1 12 οὐδὲ γὰρ ἐγὼ παρὰ ἀνθρώπου
παρέλαβον αὐτό

2 6 πρόσωπον ὁ ([N²⁶ΝΗ]; — Vς)
θεὸς ἀνθρώπου οὐ λαμβάνει

2 16 οὐ δικαιοῦται ἄνθρωπος ἐξ ἔργων
νόμου

3 12 *ὁ ποιήσας αὐτὰ ἄνθρωπος (+ς)
ζήσεται ἐν αὐτοῖς

3 15 ἀδελφοί, κατὰ ἄνθρωπον λέγω. ↔

3 15 ὅμως ἀνθρώπου κεκυρωμένην δια-
θήκην οὐδεὶς ἀθετεῖ

5 3 μαρτύρομαι δὲ πάλιν παντὶ
ἀνθρώπῳ περιτεμνομένῳ

6 1 ἐὰν καὶ προλημφθῇ ἄνθρωπος ἔν
τινι παραπτώματι

6 7 ὁ γὰρ ἐὰν σπείρῃ ἄνθρωπος,
τοῦτο καὶ θερίσει

E 2 15 ἵνα τοὺς δύο κτίσῃ ἐν αὐτῷ (αὐτῷ
Η) εἰς ἕνα καινὸν ἄνθρωπον

3 5 ὃ ἑτέραις γενεαῖς οὐκ ἐγνωρίσθη
τοῖς υἱοῖς τῶν ἀνθρώπων

E   3 16 ἵνα δῷ ὑμῖν ... δυνάμει κραταιω-
θῆναι ... εἰς τὸν ἔσω ἄνθρωπον

4 8 ἔδωκεν δόματα τοῖς ἀνθρώποις

4 14 κλυδωνιζόμενοι καὶ περιφερό-
μενοι ... ἐν τῇ κυβείᾳ τῶν ἀν-
θρώπων

4 22 ἀποθέσθαι ὑμᾶς ... τὸν παλαιὸν
ἄνθρωπον τὸν φθειρόμενον κατὰ
τὰς ἐπιθυμίας

4 24 ἐνδύσασθαι τὸν καινὸν ἄνθρωπον
τὸν κατὰ θεὸν κτισθέντα

5 31 ἀντὶ τούτου καταλείψει ἄνθρω-
πος τὸν [N²⁶NH] πατέρα

6 7 μετ' εὐνοίας δουλεύοντες ὡς τῷ
κυρίῳ καὶ οὐκ ἀνθρώποις

Ph   2 7 μορφὴν δούλου λαβών, ἐν ὁμοιώ-
ματι ἀνθρώπων γενόμενος· ↔

2 7 καὶ σχήματι εὑρεθεὶς ὡς ἄνθρωπος
⟨ἐταπείνωσεν ἑαυτόν⟩

4 5 τὸ ἐπιεικὲς ὑμῶν γνωσθήτω πᾶσιν
ἀνθρώποις

Cl   1 28 ὃ ἡμεῖς καταγγέλλομεν νουθετοῦν-
τες πάντα ἄνθρωπον ↔

1 28 καὶ διδάσκοντες πάντα ἄνθρωπον
ἐν πάσῃ σοφίᾳ, ↔

1 28 ἵνα παραστήσωμεν πάντα ἄνθρω-
πον τέλειον ἐν Χριστῷ

2 8 μή τις ὑμᾶς ἔσται ὁ συλαγωγῶν
διὰ τῆς φιλοσοφίας ... κατὰ τὴν
παράδοσιν τῶν ἀνθρώπων

2 22 κατὰ τὰ ἐντάλματα καὶ διδασκα-
λίας τῶν ἀνθρώπων

3 9 ἀπεκδυσάμενοι τὸν παλαιὸν
ἄνθρωπον σὺν ταῖς πράξεσιν
αὐτοῦ

3 23 ἐργάζεσθε ὡς τῷ κυρίῳ καὶ οὐκ
ἀνθρώποις

1Th   2 4 οὕτως λαλοῦμεν, οὐχ ὡς ἀνθρώ-
ποις ἀρέσκοντες, ἀλλὰ (+ τῷ
V[S]ς) θεῷ

2 6 οὔτε ζητοῦντες ἐξ ἀνθρώπων
δόξαν

2 13 ἐδέξασθε οὐ λόγον ἀνθρώπων
ἀλλὰ ... λόγον θεοῦ

2 15 ⟨'Ιουδαίων⟩ καὶ πᾶσιν ἀνθρώποις
ἐναντίων

4 8 ὁ ἀθετῶν οὐκ ἄνθρωπον ἀθετεῖ
ἀλλὰ τὸν θεόν

2Th   2 8 ὅτι ἐὰν μὴ ... ἀποκαλυφθῇ ὁ
ἄνθρωπος τῆς ἀνομίας (ἁμαρτίας
MVBSς)

3 2 ἵνα ῥυσθῶμεν ἀπὸ τῶν ἀτόπων
καὶ πονηρῶν ἀνθρώπων

1Tm   2 1 ποιεῖσθαι ... εὐχαριστίας ὑπὲρ
πάντων ἀνθρώπων

2 4 ὃς πάντας ἀνθρώπους θέλει
σωθῆναι

2 5 εἷς καὶ μεσίτης θεοῦ καὶ ἀνθρώπων,
↔

2 5 ἄνθρωπος Χριστὸς 'Ιησοῦς

4 10 ὅς ἐστιν σωτὴρ πάντων ἀνθρώ-
πων, μάλιστα πιστῶν

5 24 τινῶν ἀνθρώπων αἱ ἁμαρτίαι
πρόδηλοί εἰσιν

6 5 διαπαρατριβαὶ διεφθαρμένων ἀν-
θρώπων τὸν νοῦν

6 9 ἐπιθυμίας ... αἵτινες βυθίζουσιν
τοὺς ἀνθρώπους εἰς ὄλεθρον

6 11ᶜ σὺ δέ, ὦ ἄνθρωπε θεοῦ, ταῦτα
φεῦγε

6 16 ὃν εἶδεν οὐδεὶς ἀνθρώπων οὐδὲ
ἰδεῖν δύναται

2Tm   2 2 ταῦτα παράθου πιστοῖς ἀνθρώ-
ποις, οἵτινες ἱκανοὶ ἔσονται

3 2 ἔσονται γὰρ οἱ ἄνθρωποι φίλαυτοι

2Tm   3 8 οὗτοι ἀνθίστανται τῇ ἀληθείᾳ,
ἄνθρωποι κατεφθαρμένοι τὸν νοῦν

3 13 πονηροὶ δὲ ἄνθρωποι καὶ γόητες
προκόψουσιν ἐπὶ τὸ χεῖρον

3 17 ἵνα ἄρτιος ᾖ ὁ τοῦ θεοῦ ἄνθρωπος

Tt   1 14 μὴ προσέχοντες ... ἐντολαῖς ἀνθρώ-
πων ἀποστρεφομένων τὴν ἀλήθει-
αν

2 11 ἐπεφάνη γὰρ ἡ χάρις τοῦ θεοῦ
(+ἡ MVSς) σωτήριος πᾶσιν ἀν-
θρώποις

3 2 ἐνδεικνυμένους πραΰτητα πρὸς
πάντας ἀνθρώπους

3 8 ταῦτά ἐστιν καλὰ καὶ ὠφέλιμα τοῖς
ἀνθρώποις

3 10 αἱρετικὸν ἄνθρωπον μετὰ μίαν
καὶ δευτέραν νουθεσίαν παραιτοῦ

Hb   2 6 τί ἐστιν ἄνθρωπος ὅτι μιμνῄσκῃ
αὐτοῦ; ↔

2 6ᵃ ἢ υἱὸς ἀνθρώπου ὅτι ἐπισκέπτῃ
αὐτόν;

5 1 πᾶς γὰρ ἀρχιερεὺς ἐξ ἀνθρώπων
λαμβανόμενος ↔

5 1 ὑπὲρ ἀνθρώπων καθίσταται τὰ
πρὸς τὸν θεόν

6 16 ἄνθρωποι γὰρ κατὰ τοῦ μείζονος
ὀμνύουσιν

7 8 ὧδε μὲν δεκάτας ἀποθνῄσκοντες
ἄνθρωποι λαμβάνουσιν

7 28 ὁ νόμος γὰρ ἀνθρώπους καθίστη-
σιν ἀρχιερεῖς ἔχοντας ἀσθένειαν

8 2 τῆς σκηνῆς ... ἣν ἔπηξεν ὁ κύριος,
(+καὶ V[S]ς) οὐκ ἄνθρωπος

9 27 ἀπόκειται τοῖς ἀνθρώποις ἅπαξ
ἀποθανεῖν

13 6 τί ποιήσει μοι ἄνθρωπος;

Jc   1 7ᵇ μὴ γὰρ οἰέσθω ὁ ἄνθρωπος
ἐκεῖνος

1 19 ἔστω δὲ (—Sς) πᾶς ἄνθρωπος
ταχὺς εἰς τὸ ἀκοῦσαι

2 20ᶜ θέλεις δὲ γνῶναι, ὦ ἄνθρωπε
κενέ ⟨;⟩

2 24 ὅτι ἐξ ἔργων δικαιοῦται ἄνθρωπος

3 8 τὴν δὲ γλῶσσαν οὐδεὶς | δαμάσαι
δύναται ἀνθρώπων (~ VBSTς)

3 9 καταρώμεθα τοὺς ἀνθρώπους
τοὺς καθ' ὁμοίωσιν θεοῦ γεγονότας

5 17 'Ηλίας ἄνθρωπος ἦν ὁμοιοπαθὴς
ἡμῖν

1Pt   1 24 *πᾶσα δόξα ἀνθρώπου (ς; αὐτῆς
rl) ὡς ἄνθος χόρτου

2 4 λίθον ζῶντα, ὑπὸ ἀνθρώπων μὲν
ἀποδεδοκιμασμένον

2 15 ἀγαθοποιοῦντας φιμοῦν τὴν τῶν
ἀφρόνων ἀνθρώπων ἀγνωσίαν

3 4 ⟨οὐχ ὁ ἔξωθεν ... κόσμος⟩ ἀλλ' ὁ
κρυπτὸς τῆς καρδίας ἄνθρωπος

4 2 εἰς τὸ μηκέτι ἀνθρώπων ἐπιθυ-
μίαις ἀλλὰ θελήματι θεοῦ ...
βιῶσαι

4 6 ἵνα κριθῶσι μὲν κατὰ ἀνθρώπους
σαρκί, ζῶσι δὲ κατὰ θεὸν πνεύ-
ματι

2Pt   1 21 οὐ γὰρ θελήματι ἀνθρώπου ἠνέχ-
θη | προφητεία ποτέ (~ Tς), ↔

1 21 ἀλλὰ ὑπὸ πνεύματος ἁγίου φερό-
μενοι ἐλάλησαν (+ ἅγιοι [M]VSς)
ἀπὸ (—Vς) θεοῦ ἄνθρωποι

2 16 ὑποζύγιον ἄφωνον ἐν ἀνθρώπου
φωνῇ φθεγξάμενον

3 7 τηρούμενοι εἰς ἡμέραν ... ἀπωλείας
τῶν ἀσεβῶν ἀνθρώπων

1Jo   5 9 εἰ τὴν μαρτυρίαν τῶν ἀνθρώπων
λαμβάνομεν

Jd   4 παρεισέδυσαν (-εδύησαν NH) γάρ
τινες ἄνθρωποι ... ἀσεβεῖς

Ap   1 13ᵃ ⟨εἶδον⟩ ἐν μέσῳ τῶν λυχνιῶν ὅμοι-
ον υἱὸν ἀνθρώπου

4 7 τὸ τρίτον ζῷον ἔχων (ἔχον
VBSς) τὸ πρόσωπον ὡς ἀνθρώ-
που

8 11 πολλοὶ τῶν ἀνθρώπων ἀπέθανον

9 4 ἵνα μὴ ἀδικήσουσιν (-σωσιν Vς)
... εἰ μὴ τοὺς ἀνθρώπους

9 5 ὡς βασανισμὸς σκορπίου, ὅταν
παίσῃ ἄνθρωπον

9 6 ζητήσουσιν οἱ ἄνθρωποι τὸν
θάνατον

9 7 τὰ πρόσωπα αὐτῶν ὡς πρόσωπα
ἀνθρώπων

9 10 ἡ ἐξουσία αὐτῶν ἀδικῆσαι τοὺς
ἀνθρώπους

9 15 ἵνα ἀποκτείνωσιν τὸ τρίτον τῶν
ἀνθρώπων

9 18 ἀπεκτάνθησαν τὸ τρίτον τῶν
ἀνθρώπων

9 20 οἱ λοιποὶ τῶν ἀνθρώπων ...
οὐδὲ (οὔτε VSς; οὐ MBH) μετενόη-
σαν

11 13 ἀπεκτάνθησαν ... ὀνόματα ἀν-
θρώπων χιλιάδες ἑπτά

13 13ᵈ | καταβαίνειν (.. ~ Tς) εἰς τὴν
γῆν ἐνώπιον τῶν ἀνθρώπων

13 18 ἀριθμὸς γὰρ ἀνθρώπου ἐστίν

14 4 ἠγοράσθησαν ἀπὸ τῶν ἀνθρώπων
ἀπαρχὴ τῷ θεῷ

14 14ᵃ καὶ εἶδον ... ἐπὶ τὴν νεφέλην καθ-
ήμενον ὅμοιον υἱὸν ἀνθρώπου

16 2 ἐγένετο ἕλκος ... ἐπὶ τοὺς ἀνθρώ-
πους τοὺς ἔχοντας τὸ χάραγμα
τοῦ θηρίου

16 8 ἐδόθη αὐτῷ καυματίσαι τοὺς
ἀνθρώπους ἐν πυρί

16 9 ἐκαυματίσθησαν οἱ ἄνθρωποι
καῦμα μέγα

16 18 ἀφ' οὗ | ἄνθρωπος ἐγένετο
(-ποι -νοντο MVBSHς)

16 21 χάλαζα ... καταβαίνει ἐκ τοῦ
οὐρανοῦ ἐπὶ τοὺς ἀνθρώπους

16 21 ἐβλασφήμησαν οἱ ἄνθρωποι τὸν
θεόν

18 13 ⟨οὐδεὶς ἀγοράζει⟩ ψυχὰς ἀνθρώ-
πων

21 3 ἰδοὺ ἡ σκηνὴ τοῦ θεοῦ μετὰ τῶν
ἀνθρώπων

21 17 μέτρον ἀνθρώπου, ὅ ἐστιν ἀγγέ-
λου

ἀνθυπατεύω

Ac   18 12 *Γαλλίωνος δὲ ἀνθυπατεύοντος
(ς; ἀνθυπάτου ὄντος rl) τῆς
'Αχαΐας

ἀνθύπατος

Ac   13 7 ὃς ἦν σὺν τῷ ἀνθυπάτῳ Σεργίῳ
Παύλῳ

13 8 διαστρέψαι τὸν ἀνθύπατον ἀπὸ
τῆς πίστεως

13 12 ἰδὼν ὁ ἀνθύπατος τὸ γεγονός

18 12 Γαλλίωνος δὲ | ἀνθυπάτου ὄντος
(ἀνθυπατεύοντος ς) τῆς 'Αχαΐας

19 38 ἀγοραῖοι ἄγονται καὶ ἀνθύπατοί
εἰσιν, ἐγκαλείτωσαν ἀλλήλοις

ἀνίημι
ἀφ-   παρ-
καθ-   συν-

Ac   16 26 καὶ πάντων τὰ δεσμὰ ἀνέθη

27 40 εἴων εἰς τὴν θάλασσαν, ἅμα ἀνέντες
τὰς ζευκτηρίας τῶν πηδαλίων

E 6 9 οἱ κύριοι, τὰ αὐτὰ ποιεῖτε πρὸς αὐτούς, ἀνιέντες τὴν ἀπειλήν

Hb 13 5 οὐ μή σε ἀνῶ οὐδ' οὐ μή σε ἐγκαταλίπω (-λείπω BT)

ἀνίλεως

Jc 2 13 *ἡ γὰρ κρίσις ἀνίλεως (ς; ἀνέλεος rl) τῷ μὴ ποιήσαντι ἔλεος

ἄνιπτος

Mt 15 20 τὸ δὲ ἀνίπτοις χερσὶν φαγεῖν οὐ κοινοῖ τὸν ἄνθρωπον

Mc 7 2 ὅτι κοιναῖς χερσίν, τοῦτ' ἔστιν ἀνίπτοις, ἐσθίουσιν τοὺς ἄρτους

7 5 *ἀλλὰ ἀνίπτοις (ς; κοιναῖς rl) χερσὶν ἐσθίουσιν τὸν ἄρτον

ἀνίστημι

→ ἵστημι

a) trans.

b) de mortuis

Mt 9 9 καὶ ἀναστὰς ἠκολούθησεν (-θει ST) αὐτῷ

12 41 ἄνδρες Νινευῖται ἀναστήσονται ἐν τῇ κρίσει

17 9b *ἕως οὗ ὁ υἱὸς τοῦ ἀνθρώπου ἐκ νεκρῶν ἀναστῇ (ἐγερθῇ N²⁶NTH)

20 19b *καὶ τῇ τρίτῃ ἡμέρᾳ ἀναστήσεται (ς; ἐγερθήσεται rl)

22 24a *ὁ ἀδελφὸς αὐτοῦ ... ἀναστήσει σπέρμα τῷ ἀδελφῷ αὐτοῦ

26 62 ἀναστὰς ὁ ἀρχιερεὺς εἶπεν αὐτῷ

Mc 1 35 πρωῒ ἔννυχα λίαν ἀναστὰς ἐξῆλθεν

2 14 καὶ ἀναστὰς ἠκολούθησεν αὐτῷ

3 26 εἰ ὁ σατανᾶς ἀνέστη ἐφ' ἑαυτὸν

5 42b καὶ εὐθὺς ἀνέστη τὸ κοράσιον

7 24 | ἐκεῖθεν δὲ (καὶ ἐ. Vς) ἀναστὰς ἀπῆλθεν

8 31b ὅτι δεῖ τὸν υἱὸν τοῦ ἀνθρώπου ... ἀποκτανθῆναι καὶ μετὰ τρεῖς ἡμέρας ἀναστῆναι

9 9b ὅταν ὁ υἱὸς τοῦ ἀνθρώπου ἐκ νεκρῶν ἀναστῇ

9 10b συζητοῦντες τί ἔστιν τὸ ἐκ νεκρῶν ἀναστῆναι

9 27b ἤγειρεν αὐτόν, καὶ ἀνέστη

9 31b ὅτι ὁ υἱὸς τοῦ ἀνθρώπου ... ἀποκτανθεὶς μετὰ τρεῖς ἡμέρας ἀναστήσεται

10 1 καὶ ἐκεῖθεν ἀναστὰς ἔρχεται

10 34b καὶ μετὰ τρεῖς ἡμέρας ἀναστήσεται

10 50 *ἀναστὰς (ς; ἀναπηδήσας rl) ἦλθεν πρὸς τὸν Ἰησοῦν

12 23b ἐν τῇ ἀναστάσει, | ὅταν ἀναστῶσιν, ([N²⁶]; — H) τίνος αὐτῶν ἔσται γυνή;

12 25b ὅταν γὰρ ἐκ νεκρῶν ἀναστῶσιν, οὔτε γαμοῦσιν

14 57 καί τινες ἀναστάντες ἐψευδομαρτύρουν κατ' αὐτοῦ λέγοντες

14 60 καὶ ἀναστὰς ὁ ἀρχιερεὺς εἰς μέσον ἐπηρώτησεν τὸν Ἰησοῦν

[16 9]b ἀναστὰς δὲ πρωῒ πρώτῃ σαββάτου ἐφάνη

Lc 1 39 ἀναστᾶσα δὲ Μαριὰμ ἐν ταῖς ἡμέραις ταύταις ἐπορεύθη

4 16 εἰσῆλθεν ... εἰς τὴν συναγωγήν, καὶ ἀνέστη ἀναγνῶναι

4 29 καὶ ἀναστάντες ἐξέβαλον αὐτὸν

4 38 ἀναστὰς δὲ ἀπὸ τῆς συναγωγῆς εἰσῆλθεν εἰς τὴν οἰκίαν

4 39 παραχρῆμα δὲ ἀναστᾶσα διηκόνει αὐτοῖς

5 25 καὶ παραχρῆμα ἀναστὰς ἐνώπιον αὐτῶν ... ἀπῆλθεν

5 28 ἀναστὰς ἠκολούθει (-θησεν MVSς) αὐτῷ

6 8 καὶ (ὁ δὲ VSς) ἀναστὰς ἔστη

Lc 8 55b ἐπέστρεψεν τὸ πνεῦμα αὐτῆς, καὶ ἀνέστη παραχρῆμα

9 8b ὅτι προφήτης τις τῶν ἀρχαίων ἀνέστη

9 19b ὅτι προφήτης τις τῶν ἀρχαίων ἀνέστη

10 25 καὶ ἰδοὺ νομικός τις ἀνέστη ἐκπειράζων αὐτόν

11 7 οὐ δύναμαι ἀναστὰς δοῦναί σοι

11 8 εἰ καὶ οὐ δώσει αὐτῷ ἀναστὰς διὰ τὸ εἶναι φίλον αὐτοῦ

11 32 ἄνδρες Νινευῖται ἀναστήσονται ἐν τῇ κρίσει

15 18 ἀναστὰς πορεύσομαι πρὸς τὸν πατέρα μου

15 20 καὶ ἀναστὰς ἦλθεν πρὸς τὸν πατέρα ἑαυτοῦ (αὐτοῦ BST)

16 31b οὐδ' ἐάν τις ἐκ νεκρῶν ἀναστῇ πεισθήσονται

17 12 *δέκα λεπροὶ ἄνδρες, οἳ ἀνέστησαν (H; ἔστ. rl) πόρρωθεν

17 19 καὶ εἶπεν αὐτῷ· ἀναστὰς πορεύου

18 33b καὶ τῇ ἡμέρᾳ τῇ τρίτῃ ἀναστήσεται

22 45 καὶ ἀναστὰς ἀπὸ τῆς προσευχῆς ... εὗρεν κοιμωμένους αὐτούς

22 46 τί καθεύδετε; ἀναστάντες προσεύχεσθε

23 1 καὶ ἀναστὰν ἅπαν τὸ πλῆθος αὐτῶν ἤγαγον αὐτὸν ἐπὶ τὸν Πιλᾶτον

24 7b ὅτι δεῖ (.. ∼ Vς) ... σταυρωθῆναι καὶ τῇ τρίτῃ ἡμέρᾳ ἀναστῆναι

24 12 | ὁ δὲ Πέτρος ἀναστὰς ἔδραμεν ἐπὶ τὸ μνημεῖον ([VH ..]; — NT ..)

24 33 καὶ ἀναστάντες αὐτῇ τῇ ὥρᾳ ὑπέστρεψαν εἰς Ἰερουσαλὴμ

24 46b ὅτι οὕτως γέγραπται (+καὶ οὕτως ἔδει Vς) παθεῖν τὸν χριστὸν καὶ ἀναστῆναι ἐκ νεκρῶν

Jo 6 39b ἀλλὰ ἀναστήσω αὐτὸ ἐν ([N²⁶]; — SH) τῇ ἐσχάτῃ ἡμέρᾳ

6 40ab καὶ ἀναστήσω αὐτὸν ἐγὼ ἐν ([N²⁶]; — SHς) τῇ ἐσχάτῃ ἡμέρᾳ

6 44ab κἀγὼ ἀναστήσω αὐτὸν ἐν τῇ ἐσχάτῃ ἡμέρᾳ

6 54ab κἀγὼ ἀναστήσω αὐτὸν (+ἐν VBS) τῇ ἐσχάτῃ ἡμέρᾳ

11 23b ἀναστήσεται ὁ ἀδελφός σου

11 24b οἶδα ὅτι ἀναστήσεται ἐν τῇ ἀναστάσει ἐν τῇ ἐσχάτῃ ἡμέρᾳ

11 31 ἰδόντες τὴν Μαριὰμ ὅτι ταχέως ἀνέστη καὶ ἐξῆλθεν

20 9b ὅτι δεῖ αὐτὸν ἐκ νεκρῶν ἀναστῆναι

Ac 1 15 ἀναστὰς Πέτρος ἐν μέσῳ τῶν ἀδελφῶν εἶπεν

2 24ab (Ἰησοῦν) ὃν ὁ θεὸς ἀνέστησεν

2 30ab *ὤμοσεν ... ἐκ καρποῦ τῆς ὀσφύος αὐτοῦ | τὸ κατὰ σάρκα ἀναστήσειν τὸν Χριστὸν (+[VS]ς)

2 32ab τοῦτον τὸν Ἰησοῦν ἀνέστησεν ὁ θεός

3 22a εἶπεν ὅτι προφήτην ὑμῖν ἀναστήσει κύριος ὁ θεὸς ὑμῶν (N²⁶ς; — NH; ἡμῶν rl)

3 26a ὑμῖν πρῶτον ἀναστήσας ὁ θεὸς τὸν παῖδα αὐτοῦ

5 6 ἀναστάντες δὲ οἱ νεώτεροι συνέστειλαν αὐτὸν

5 17 ἀναστὰς δὲ ὁ ἀρχιερεὺς καὶ πάντες οἱ σὺν αὐτῷ

5 34 ἀναστὰς δέ τις ἐν τῷ συνεδρίῳ Φαρισαῖος ... ἐκέλευσεν

5 36 ἀνέστη Θευδᾶς, λέγων εἶναί τινα ἑαυτόν

Ac 5 37 μετὰ τοῦτον ἀνέστη Ἰούδας ὁ Γαλιλαῖος

6 9 ἀνέστησαν δέ τινες τῶν ἐκ τῆς συναγωγῆς ... Λιβερτίνων

7 18 ἄχρι οὗ ἀνέστη βασιλεὺς ἕτερος | ἐπ' Αἴγυπτον [N²⁶]

7 37a προφήτην ὑμῖν ἀναστήσει ὁ θεὸς ... ὡς ἐμέ

8 26 ἀνάστηθι καὶ πορεύου κατὰ μεσημβρίαν

8 27 καὶ ἀναστὰς ἐπορεύθη

9 6 ἀνάστηθι καὶ εἴσελθε εἰς τὴν πόλιν

9 11 ἀναστὰς (ἀνάστα H) πορεύθητι ἐπὶ τὴν ῥύμην

9 18 ἀνέβλεψέν τε, καὶ ἀναστὰς ἐβαπτίσθη

9 34 ἀνάστηθι καὶ στρῶσον σεαυτῷ

9 34 καὶ εὐθέως ἀνέστη

9 39 ἀναστὰς δὲ Πέτρος συνῆλθεν αὐτοῖς

9 40b εἶπεν· Ταβιθά, ἀνάστηθι

9 41ab δοὺς δὲ αὐτῇ χεῖρα ἀνέστησεν αὐτήν

10 13 ἀναστάς, Πέτρε, θῦσον καὶ φάγε

10 20 ἀλλὰ ἀναστὰς κατάβηθι

10 23 τῇ δὲ ἐπαύριον ἀναστὰς (ὁ Πέτρος ς) ἐξῆλθεν

10 26 ὁ δὲ Πέτρος ἤγειρεν αὐτὸν λέγων· ἀνάστηθι

10 41b οἵτινες συνεφάγομεν καὶ συνεπίομεν αὐτῷ μετὰ τὸ ἀναστῆναι αὐτὸν ἐκ νεκρῶν

11 7 ἀναστάς, Πέτρε, θῦσον καὶ φάγε

11 28 ἀναστὰς δὲ εἷς ἐξ αὐτῶν ὀνόματι Ἄγαβος ... ἐσήμανεν (-μαινεν NH)

12 7 λέγων· ἀνάστα ἐν τάχει

13 16 ἀναστὰς δὲ Παῦλος ... εἶπεν

13 33ab ὅτι ταύτην ὁ θεὸς ἐκπεπλήρωκεν ... ἀναστήσας Ἰησοῦν

13 34ab ὅτι δὲ ἀνέστησεν αὐτὸν ἐκ νεκρῶν

14 10 ἀνάστηθι ἐπὶ τοὺς πόδας σου ὀρθός

14 20 ἀναστὰς εἰσῆλθεν εἰς τὴν πόλιν

15 7 ἀναστὰς Πέτρος εἶπεν πρὸς αὐτούς

17 3b ὅτι τὸν χριστὸν ἔδει παθεῖν καὶ ἀναστῆναι ἐκ νεκρῶν

17 31ab πίστιν παρασχὼν πᾶσιν ἀναστήσας αὐτὸν ἐκ νεκρῶν

20 30 ⟨ὅτι⟩ ἀναστήσονται ἄνδρες λαλοῦντες διεστραμμένα

22 10 ἀναστὰς πορεύου εἰς Δαμασκόν

22 16 ἀναστὰς βάπτισαι καὶ ἀπόλουσαι τὰς ἁμαρτίας σου

23 9 ἀναστάντες τινὲς τῶν γραμματέων ... διεμάχοντο λέγοντες

26 16 ἀλλὰ ἀνάστηθι καὶ στῆθι ἐπὶ τοὺς πόδας σου

26 30 ἀνέστη τε ὁ βασιλεὺς καὶ ὁ ἡγεμὼν

Rm 14 9b *Χριστὸς (+καὶ Vς) ἀπέθανεν | καὶ ἀνέστη (+V[S]ς) καὶ ἔζησεν

15 12 ἔσται ἡ ῥίζα τοῦ Ἰεσσαί, καὶ ὁ ἀνιστάμενος ἄρχειν ἐθνῶν

1C 10 7 ἐκάθισεν ὁ λαὸς φαγεῖν καὶ πεῖν, καὶ ἀνέστησαν παίζειν

E 5 14b ἔγειρε, ὁ καθεύδων, καὶ ἀνάστα ἐκ τῶν νεκρῶν

1Th 4 14b εἰ γὰρ πιστεύομεν ὅτι Ἰησοῦς ἀπέθανεν καὶ ἀνέστη

4 16b οἱ νεκροὶ ἐν Χριστῷ ἀναστήσονται πρῶτον

Hb 7 11 τίς ἔτι χρεία ... ἕτερον ἀνίστασθαι ἱερέα ⟨;⟩

7 15 εἰ κατὰ τὴν ὁμοιότητα Μελχισέδεκ ἀνίσταται ἱερεὺς ἕτερος

"Αννα
  "Αννα MVBSTϛ
Lc 2 36 καὶ ἦν "Αννα προφῆτις, θυγάτηρ
        Φανουήλ

"Αννας
  "Αννας MVBSTϛ
Lc 3 2 ⟨ἐν ἔτει δὲ πεντεκαιδεκάτῳ τῆς
        ἡγεμονίας Τιβερίου⟩ ἐπὶ ἀρχιερέως
        "Αννα καὶ Καϊάφα
Jo 18 13 ἤγαγον (ἀπήγ. αὐτὸν Vϛ) πρὸς
        "Ανναν πρῶτον
    18 24 ἀπέστειλεν οὖν αὐτὸν ὁ "Αννας
        δεδεμένον πρὸς Καϊάφαν
Ac 4 6 ⟨ἐγένετο ... συναχθῆναι⟩ καὶ
        | "Αννας ὁ ἀρχιερεύς ("Ανναν
        τὸν ἀρχιερέα ϛ)

ἀνόητος
Lc 24 25 ὦ ἀνόητοι καὶ βραδεῖς τῇ καρδίᾳ
Rm 1 14 σοφοῖς τε καὶ ἀνοήτοις ὀφειλέτης
        εἰμί
G   3 1 ὦ ἀνόητοι Γαλάται, τίς ὑμᾶς
        ἐβάσκανεν ⟨;⟩
    3 3 οὕτως ἀνόητοί ἐστε;
1Tm 6 9 ἐμπίπτουσιν εἰς ... ἐπιθυμίας
        πολλὰς ἀνοήτους καὶ βλαβεράς
Tt 3 3 ἦμεν γάρ ποτε καὶ ἡμεῖς ἀνόητοι

ἄνοια
Lc 6 11 αὐτοὶ δὲ ἐπλήσθησαν ἀνοίας
2Tm 3 9 ἡ γὰρ ἄνοια αὐτῶν ἔκδηλος ἔσται
        πᾶσιν

ἀνοίγω
    διαν-
  a ἀν. τὸ στόμα
  b ἀν. τοὺς ὀφθαλμούς, τὰς ἀκοάς
Mt 2 11 καὶ ἀνοίξαντες τοὺς θησαυροὺς
        αὐτῶν προσήνεγκαν αὐτῷ δῶρα
    3 16 καὶ ἰδοὺ ἠνεῴχθησαν αὐτῷ ([N26];
        — NTH) οἱ οὐρανοί
    5 2a καὶ ἀνοίξας τὸ στόμα αὐτοῦ
        ἐδίδασκεν αὐτούς
    7 7 κρούετε, καὶ ἀνοιγήσεται ὑμῖν
    7 8 καὶ τῷ κρούοντι ἀνοιγήσεται
    9 30b καὶ ἠνεῴχθησαν αὐτῶν οἱ ὀφθαλ-
        μοί
    13 35a ἀνοίξω ἐν παραβολαῖς τὸ στόμα
        μου
    17 27a ἀνοίξας τὸ στόμα αὐτοῦ εὑρήσεις
        στατῆρα
    20 33b ⟨τί θέλετε ποιήσω⟩ ἵνα ἀνοιγῶ-
        σιν (ἀνοιχθῶσιν ϛ) οἱ ὀφθαλμοὶ
        ἡμῶν
    25 11 κύριε κύριε, ἄνοιξον ἡμῖν
    27 52 τὰ μνημεῖα ἀνεῴχθησαν
Mc 7 35b καὶ εὐθέως ([N26S]; — NTH)
        ἠνοίγησαν (διηνοίχθησαν ϛ)
        αὐτοῦ αἱ ἀκοαί
Lc 1 64a ἀνεῴχθη δὲ τὸ στόμα αὐτοῦ
        παραχρῆμα καὶ ἡ γλῶσσα αὐτοῦ
    3 21 ἐγένετο ... Ἰησοῦ βαπτισθέντος
        καὶ προσευχομένου ἀνεῳχθῆναι
        τὸν οὐρανόν
    4 17 *ἀνοίξας (NMH; ἀναπτύξας rl)
        τὸ βιβλίον εὗρεν τὸν ([NSH];
        — T) τόπον
    11 9 κρούετε, καὶ ἀνοιγήσεται (ἀνοιχ-
        θήσεται T) ὑμῖν
    11 10 καὶ τῷ κρούοντι ἀνοιγήσεται
        (ἀνοιγ[ήσ]εται [N26]; ἀνοιχθήσε-
        ται T)
    12 36 ἵνα ... εὐθέως ἀνοίξωσιν αὐτῷ
    13 25 κύριε (+ κύριε Vϛ), ἄνοιξον ἡμῖν
Jo 1 51 (+ ἀπ' ἄρτι V[S]ϛ) ὄψεσθε τὸν
        οὐρανὸν ἀνεῳγότα
    9 10b πῶς οὖν ([N26NSH]; — Vϛ) ἠν-
        εῴχθησάν σου οἱ ὀφθαλμοί;

Jo 9 14b ἦν δὲ σάββατον | ἐν ᾗ ἡμέρᾳ
        (ὅτε Sϛ) ... ἀνέῳξεν αὐτοῦ τοὺς
        ὀφθαλμούς
    9 17b ὅτι ἠνέῳξέν σου τοὺς ὀφθαλμούς
    9 21b τίς ἤνοιξεν αὐτοῦ τοὺς ὀφθαλμοὺς
        ἡμεῖς οὐκ οἴδαμεν
    9 26b πῶς ἤνοιξέν σου τοὺς ὀφθαλμούς;
    9 30b καὶ ὑμεῖς οὐκ οἴδατε πόθεν ἐστίν,
        καὶ ἤνοιξέν μου τοὺς ὀφθαλμούς
    9 32b ὅτι ἠνέῳξέν τις ὀφθαλμοὺς τυφ-
        λοῦ γεγεννημένου
    10 3 τούτῳ ὁ θυρωρὸς ἀνοίγει
    10 21b μὴ δαιμόνιον δύναται τυφλῶν
        ὀφθαλμοὺς ἀνοῖξαι (ἀνοίγειν ϛ);
    11 37b οὐκ ἐδύνατο οὗτος ὁ ἀνοίξας τοὺς
        ὀφθαλμοὺς τοῦ τυφλοῦ ποιῆσαι ⟨;⟩
Ac 5 19 ἄγγελος ... ἀνοίξας (ἤνοιξε
        NMVBHϛ) τὰς θύρας ... εἶπεν
    5 23 ἀνοίξαντες δὲ ἔσω οὐδένα εὕρομεν
    7 56 *ἰδοὺ θεωρῶ τοὺς οὐρανοὺς ἀνεῳ-
        γμένους (ϛ; διηνοιγμένους rl)
    8 32a οὕτως οὐκ ἀνοίγει τὸ στόμα αὐτοῦ
    8 35a ἀνοίξας δὲ ὁ Φίλιππος τὸ στόμα
        αὐτοῦ
    9 8b ἀνεῳγμένων δὲ τῶν ὀφθαλμῶν
        αὐτοῦ
    9 40b ἡ δὲ ἤνοιξεν τοὺς ὀφθαλμοὺς
        αὐτῆς
    10 11 θεωρεῖ τὸν οὐρανὸν ἀνεῳγμένον
    10 34a ἀνοίξας δὲ Πέτρος τὸ στόμα εἶπεν
    12 10 ἐπὶ τὴν πύλην ... ἥτις αὐτομάτη
        ἠνοίγη (ἠνοίχθη ϛ) αὐτοῖς
    12 14 ἀπὸ τῆς χαρᾶς οὐκ ἤνοιξεν τὸν
        πυλῶνα
    12 16 ἀνοίξαντες δὲ εἶδαν αὐτόν
    14 27 ὅτι ἤνοιξεν τοῖς ἔθνεσιν θύραν
        πίστεως
    16 26 ἠνεῴχθησαν δὲ παραχρῆμα [H]
        αἱ θύραι πᾶσαι
    16 27 ἰδὼν ἀνεῳγμένας τὰς θύρας τῆς
        φυλακῆς
    18 14a μέλλοντος δὲ τοῦ Παύλου ἀνοί-
        γειν τὸ στόμα
    26 18b ⟨ἀποστέλλω σε⟩ ἀνοῖξαι ὀφθαλ-
        μοὺς αὐτῶν
Rm 3 13 τάφος ἀνεῳγμένος ὁ λάρυγξ
        αὐτῶν
1C 16 9 θύρα γάρ μοι ἀνέῳγεν μεγάλη
        καὶ ἐνεργής
2C 2 12 ἐλθὼν δὲ ... καὶ θύρας μοι ἀνεῳ-
        γμένης ἐν κυρίῳ
    6 11a τὸ στόμα ἡμῶν ἀνέῳγεν πρὸς
        ὑμᾶς, Κορίνθιοι
Cl 4 3 ἵνα ὁ θεὸς ἀνοίξῃ ἡμῖν θύραν τοῦ
        λόγου
Ap 3 7 ὁ ἔχων τὴν κλεῖν (+ τοῦ VBSTϛ)
        Δαυίδ, ὁ ἀνοίγων καὶ οὐδεὶς
        κλείσει, ↔
    3 7 καὶ κλείων καὶ οὐδεὶς ἀνοίγει
        (ἀνοίξει BT)
    3 8 δέδωκα ἐνώπιόν σου θύραν ἠνεῳ-
        γμένην
    3 20 ἐάν τις ἀκούσῃ τῆς φωνῆς μου
        καὶ ἀνοίξῃ τὴν θύραν
    4 1 ἰδοὺ θύρα ἠνεῳγμένη ἐν τῷ οὐ-
        ρανῷ
    5 2 τίς ἄξιος ἀνοῖξαι τὸ βιβλίον ⟨;⟩
    5 3 οὐδεὶς ἐδύνατο ... ἀνοῖξαι τὸ
        βιβλίον
    5 4 ὅτι οὐδεὶς ἄξιος εὑρέθη ἀνοῖξαι
        τὸ βιβλίον
    5 5 ἐνίκησεν ὁ λέων ὁ ἐκ τῆς φυλῆς
        Ἰούδα ... ἀνοῖξαι τὸ βιβλίον
    5 9 ἄξιος εἶ ... ἀνοῖξαι τὰς σφραγῖδας
        αὐτοῦ

Ap 6 1 εἶδον ὅτε ἤνοιξεν τὸ ἀρνίον μίαν
        ἐκ τῶν ἑπτὰ σφραγίδων
    6 3 καὶ ὅτε ἤνοιξεν τὴν σφραγῖδα
        τὴν δευτέραν
    6 5 καὶ ὅτε ἤνοιξεν τὴν σφραγῖδα
        τὴν τρίτην
    6 7 καὶ ὅτε ἤνοιξεν τὴν σφραγῖδα
        τὴν τετάρτην
    6 9 καὶ ὅτε ἤνοιξεν τὴν πέμπτην
        σφραγῖδα
    6 12 ὅτε ἤνοιξεν τὴν σφραγῖδα τὴν
        ἕκτην
    8 1 καὶ ὅταν ἤνοιξεν τὴν σφραγῖδα
        τὴν ἑβδόμην
    9 2 καὶ ἤνοιξεν τὸ φρέαρ τῆς ἀβύσσου
    10 2 ἔχων ἐν τῇ χειρὶ αὐτοῦ βιβλαρί-
        διον ἠνεῳγμένον
    10 8 λάβε τὸ βιβλίον (-λαρίδιον VSTϛ)
        τὸ ἠνεῳγμένον
    11 19 καὶ ἠνοίγη ὁ ναὸς τοῦ θεοῦ
    12 16a καὶ ἤνοιξεν ἡ γῆ τὸ στόμα αὐτῆς
    13 6a καὶ ἤνοιξεν τὸ στόμα αὐτοῦ
    15 5 ἠνοίγη ὁ ναὸς τῆς σκηνῆς τοῦ
        μαρτυρίου
    19 11 εἶδον τὸν οὐρανὸν ἠνεῳγμένον
    20 12 βιβλία ἠνοίχθησαν
    20 12 ἄλλο βιβλίον ἠνοίχθη

ἀνοικοδομέω
  → οἰκοδομέω
Ac 15 16 ἀνοικοδομήσω τὴν σκηνὴν Δαυίδ
        τὴν πεπτωκυῖαν, ↔
    15 16 καὶ τὰ κατεσκαμμένα (N26VSϛ;
        κατεστρ. rl) αὐτῆς ἀνοικοδομήσω

ἄνοιξις
E   6 19 ἵνα μοι δοθῇ λόγος ἐν ἀνοίξει τοῦ
        στόματός μου

ἀνομία
Mt 7 23 ἀποχωρεῖτε ἀπ' ἐμοῦ οἱ ἐργαζό-
        μενοι τὴν ἀνομίαν
    13 41 καὶ συλλέξουσιν ... τὰ σκάνδαλα
        καὶ τοὺς ποιοῦντας τὴν ἀνομίαν
    23 28 ἔσωθεν δέ ἐστε μεστοὶ ὑποκρίσεως
        καὶ ἀνομίας
    24 12 διὰ τὸ πληθυνθῆναι τὴν ἀνομίαν
        ψυγήσεται ἡ ἀγάπη
Rm 4 7 μακάριοι ὧν ἀφέθησαν αἱ ἀνομίαι
    6 19 παρεστήσατε τὰ μέλη ὑμῶν δοῦλα
        τῇ ἀκαθαρσίᾳ καὶ τῇ ἀνομίᾳ ↔
    6 19 | εἰς τὴν ἀνομίαν [H]
2C 6 14 τίς γὰρ μετοχὴ δικαιοσύνῃ καὶ
        ἀνομίᾳ, ἢ τίς κοινωνία ⟨;⟩
2Th 2 3 ὅτι ἐὰν μὴ ... ἀποκαλυφθῇ ὁ
        ἄνθρωπος τῆς ἀνομίας (ἁμαρτίας
        MVBSϛ)
    2 7 τὸ γὰρ μυστήριον ἤδη ἐνεργεῖται
        τῆς ἀνομίας
Tt 2 14 ἵνα λυτρώσηται ἡμᾶς ἀπὸ πάσης
        ἀνομίας
Hb 1 9 ἠγάπησας δικαιοσύνην καὶ ἐμίση-
        σας ἀνομίαν (ἀδικίαν BST)
    8 12 *τῶν ἁμαρτιῶν αὐτῶν | καὶ τῶν
        ἀνομιῶν αὐτῶν (+ϛ) οὐ μὴ
        μνησθῶ ἔτι
    10 17 τῶν ἀνομιῶν αὐτῶν οὐ μὴ μνη-
        σθήσομαι ἔτι
1Jo 3 4 πᾶς ὁ ποιῶν τὴν ἁμαρτίαν καὶ
        τὴν ἀνομίαν ποιεῖ, ↔
    3 4 καὶ ἡ ἁμαρτία ἐστὶν ἡ ἀνομία

ἄνομος
  → ἀνόμως
Mc 15 28 *| καὶ μετὰ ἀνόμων ἐλογίσθη
        (.. + [MV]BSϛ)
Lc 22 37 δεῖ τελεσθῆναι ἐν ἐμοί, τό· καὶ
        μετὰ ἀνόμων ἐλογίσθη

Ac   2 23   ⟨'Ιησοῦν⟩ τοῦτον ... διὰ χειρὸς
     ἀνόμων προσπήξαντες ἀνείλατε
1C   9 21   ⟨ἐγενόμην⟩ τοῖς ἀνόμοις ↔
    9 21   ὡς ἄνομος, ↔
    9 21   μὴ ὢν ἄνομος θεοῦ
    9 21   ἵνα κερδάνω (-ανῶ Η) τοὺς (—ς)
     ἀνόμους
2Th   2 8   καὶ τότε ἀποκαλυφθήσεται ὁ
     ἄνομος
1Tm   1 9   δικαίῳ νόμος οὐ κεῖται, ἀνόμοις
     δὲ καὶ ἀνυποτάκτοις
2Pt   2 8   ψυχὴν δικαίαν ἀνόμοις ἔργοις
     ἐβασάνιζεν

ἀνόμως
   → ἄνομος
Rm   2 12   ὅσοι γὰρ ἀνόμως ἥμαρτον, ↔
    2 12   ἀνόμως καὶ ἀπολοῦνται

ἀνορθόω
   ἐπιδι-
Lc   13 13   καὶ παραχρῆμα ἀνωρθώθη (ἀνορθ.
     VT), καὶ ἐδόξαζεν τὸν θεόν
Ac   15 16   καὶ ἀνορθώσω αὐτήν
Hb   12 12   διὸ τὰς παρειμένας χεῖρας καὶ
     τὰ παραλελυμένα γόνατα ἀνορ-
     θώσατε

ἀνόσιος
1Tm   1 9   δικαίῳ νόμος οὐ κεῖται, ἀνόμοις δὲ
     ... ἀνοσίοις καὶ βεβήλοις
2Tm   3 2   ἔσονται γὰρ οἱ ἄνθρωποι ...
     ἀχάριστοι, ἀνόσιοι

ἀνοχή
Rm   2 4   ἢ τοῦ πλούτου τῆς χρηστότητος
     αὐτοῦ καὶ τῆς ἀνοχῆς ... κατα-
     φρονεῖ ⟨;⟩
    3 26   ⟨διὰ τὴν πάρεσιν τῶν προγεγονό-
     των ἁμαρτημάτων⟩ ἐν τῇ ἀνοχῇ
     τοῦ θεοῦ

ἀνταγωνίζομαι
   → ἀγωνίζομαι
Hb   12 4   οὔπω μέχρις αἵματος ἀντικατέστη-
     τε πρὸς τὴν ἁμαρτίαν ἀνταγωνιζό-
     μενοι

ἀντάλλαγμα
Mt   16 26   τί δώσει ἄνθρωπος ἀντάλλαγμα
     τῆς ψυχῆς αὐτοῦ;
Mc   8 37   τί γὰρ δοῖ (δώσει MVBς; δῷ S)
     ἄνθρωπος ἀντάλλαγμα τῆς
     ψυχῆς αὐτοῦ;

ἀνταναπληρόω
   → πληρόω
Cl   1 24   ἀνταναπληρῶ τὰ ὑστερήματα τῶν
     θλίψεων τοῦ Χριστοῦ

ἀνταποδίδωμι
   → δίδωμι
Lc   14 14   ὅτι οὐκ ἔχουσιν ἀνταποδοῦναί
     σοι· ↔
    14 14   ἀνταποδοθήσεται γάρ (δέ Τ)
     σοι ἐν τῇ ἀναστάσει τῶν δικαίων
Rm   11 35   ἢ τίς προέδωκεν αὐτῷ, καὶ ἀντ-
     αποδοθήσεται αὐτῷ;
    12 19   γέγραπται γάρ ... ἐγὼ ἀντ-
     αποδώσω, λέγει κύριος
1Th   3 9   τίνα γὰρ εὐχαριστίαν δυνάμεθα
     τῷ θεῷ ἀνταποδοῦναι περὶ ὑμῶν
     ⟨;⟩
2Th   1 6   εἴπερ δίκαιον παρὰ θεῷ ἀντ-
     αποδοῦναι τοῖς θλίβουσιν ὑμᾶς
     θλῖψιν
Hb   10 30   ἐμοὶ ἐκδίκησις, ἐγὼ ἀνταποδώσω

ἀνταπόδομα
Lc   14 12   μήποτε ... γένηται ἀνταπόδομά
     σοι
Rm   11 9   γενηθήτω ἡ τράπεζα αὐτῶν ...
     εἰς ἀνταπόδομα αὐτοῖς

ἀνταπόδοσις
Cl   3 24   ἀπὸ κυρίου ἀπολήμψεσθε τὴν
     ἀνταπόδοσιν τῆς κληρονομίας

ἀνταποκρίνομαι
   → ἀποκρίνομαι, κρίνω
Lc   14 6   οὐκ ἴσχυσαν ἀνταποκριθῆναι
     (+ αὐτῷ Vς) πρὸς ταῦτα
Rm   9 20   σὺ τίς εἶ ὁ ἀνταποκρινόμενος τῷ
     θεῷ;

ἀντεῖπον
   → ἀντιλέγω

ἀντέχομαι
   → ἔχω
Mt   6 24   ἢ ἑνὸς ἀνθέξεται καὶ τοῦ ἑτέρου
     καταφρονήσει
Lc   16 13   ἢ ἑνὸς ἀνθέξεται καὶ τοῦ ἑτέρου
     καταφρονήσει
1Th   5 14   παρακαλοῦμεν ... ἀντέχεσθε τῶν
     ἀσθενῶν
Tt   1 9   ⟨τὸν ἐπίσκοπον⟩ ἀντεχόμενον τοῦ
     κατὰ τὴν διδαχὴν πιστοῦ λόγου

ἀντί
   ª ἀνθ' ὧν
Mt   2 22   ὅτι 'Αρχέλαος βασιλεύει ... ἀντὶ
     | τοῦ πατρὸς αὐτοῦ 'Ηρῴδου
     (~ VBSς)
    5 38   ὀφθαλμὸν ἀντὶ ὀφθαλμοῦ
    5 38   ὀδόντα ἀντὶ ὀδόντος
    17 27   δὸς αὐτοῖς ἀντὶ ἐμοῦ καὶ σοῦ
    20 28   ἦλθεν ... δοῦναι τὴν ψυχὴν αὐτοῦ
     λύτρον ἀντὶ πολλῶν
Mc   10 45   ἦλθεν ... δοῦναι τὴν ψυχὴν αὐτοῦ
     λύτρον ἀντὶ πολλῶν
Lc   1 20ª   ἔσῃ σιωπῶν ... ἀνθ' ὧν οὐκ
     ἐπίστευσας τοῖς λόγοις μου
    11 11   καὶ (Ν²⁶; μὴ rl) ἀντὶ ἰχθύος ὄφιν
     | αὐτῷ ἐπιδώσει (~ VBς)
    12 3ª   ἀνθ' ὧν ὅσα ἐν τῇ σκοτίᾳ εἴπατε
     ἐν τῷ φωτὶ ἀκουσθήσεται
    19 44ª   οὐκ ἀφήσουσιν λίθον ἐπὶ λίθον
     ἐν σοί, ἀνθ' ὧν οὐκ ἔγνως τὸν
     καιρόν
Jo   1 16   ἐκ τοῦ πληρώματος αὐτοῦ ...
     ἐλάβομεν, καὶ χάριν ἀντὶ χάριτος
Ac   12 23ª   ἐπάταξεν αὐτὸν ... ἀνθ' ὧν οὐκ
     ἔδωκεν τὴν δόξαν τῷ θεῷ
Rm   12 17   μηδενὶ κακὸν ἀντὶ κακοῦ ἀπο-
     διδόντες
1C   11 15   ἡ κόμη ἀντὶ περιβολαίου δέδοται
     αὐτῇ [Ν²⁶]
E   5 31   ἀντὶ τούτου καταλείψει ἄνθρω-
     πος τὸν [Ν²⁶ΝΗ] πατέρα
1Th   5 15   ὁρᾶτε μή τις κακὸν ἀντὶ κακοῦ
     τινι ἀποδῷ
2Th   2 10ª   ἀνθ' ὧν τὴν ἀγάπην τῆς ἀλη-
     θείας οὐκ ἐδέξαντο
Hb   12 2   ὃς ἀντὶ τῆς προκειμένης αὐτῷ
     χαρᾶς ὑπέμεινεν σταυρόν
    12 16   ὡς 'Ησαῦ, ὃς ἀντὶ βρώσεως μιᾶς
     ἀπέδετο (-οτο NMVBSTς) τὰ
     πρωτοτόκια
Jc   4 15   ἀντὶ τοῦ λέγειν ὑμᾶς
1Pt   3 9   μὴ ἀποδιδόντες κακὸν ἀντὶ κακοῦ
     ↔
    3 9   ἢ λοιδορίαν ἀντὶ λοιδορίας

ἀντιβάλλω
   → βάλλω
Lc   24 17   τίνες οἱ λόγοι οὗτοι οὓς ἀντι-
     βάλλετε πρὸς ἀλλήλους περι-
     πατοῦντες;

ἀντιδιατίθεμαι
   → τίθημι
2Tm   2 25   ἐν πραΰτητι παιδεύοντα τοὺς
     ἀντιδιατιθεμένους

ἀντίδικος
Mt   5 25   ἴσθι εὐνοῶν τῷ ἀντιδίκῳ σου ταχύ
    5 25   μήποτέ σε παραδῷ ὁ ἀντίδικος
     τῷ κριτῇ
Lc   12 58   ὡς γὰρ ὑπάγεις μετὰ τοῦ ἀντι-
     δίκου σου ἐπ' ἄρχοντα
    18 3   ἐκδίκησόν με ἀπὸ τοῦ ἀντιδίκου
     μου
1Pt   5 8   ὁ ἀντίδικος ὑμῶν διάβολος ...
     περιπατεῖ

ἀντίθεσις
1Tm   6 20   ἐκτρεπόμενος τὰς ... ἀντιθέσεις
     τῆς ψευδωνύμου γνώσεως

ἀντικαθίστημι
   → ἵστημι
Hb   12 4   οὔπω μέχρις αἵματος ἀντικατ-
     έστητε πρὸς τὴν ἁμαρτίαν ἀντ-
     αγωνιζόμενοι

ἀντικαλέω
   → καλέω
Lc   14 12   μήποτε καὶ αὐτοὶ ἀντικαλέσωσίν
     σε

ἀντίκειμαι
   → κεῖμαι
Lc   13 17   κατῃσχύνοντο πάντες οἱ ἀντι-
     κείμενοι αὐτῷ
    21 15   ᾗ οὐ δυνήσονται ἀντιστῆναι ἢ
     ἀντειπεῖν ἅπαντες (πάντες MVBS
     ς) οἱ ἀντικείμενοι ὑμῖν
1C   16 9   θύρα γάρ μοι ἀνέῳγεν ... ἐνεργής,
     καὶ ἀντικείμενοι πολλοί
G   5 17   πνεῦμα κατὰ τῆς σαρκός, ταῦτα
     γὰρ (δὲ Sς) ἀλλήλοις ἀντίκειται
Ph   1 28   καὶ μὴ πτυρόμενοι ἐν μηδενὶ
     ὑπὸ τῶν ἀντικειμένων
2Th   2 4   ὁ ἀντικείμενος καὶ ὑπεραιρόμενος
     ἐπὶ πάντα
1Tm   1 10   καὶ εἴ τι ἕτερον τῇ ὑγιαινούσῃ
     διδασκαλίᾳ ἀντίκειται
    5 14   μηδεμίαν ἀφορμὴν διδόναι τῷ
     ἀντικειμένῳ λοιδορίας χάριν

ἀντικρυς
   ἀντικρύ ς
Ac   20 15   τῇ ἐπιούσῃ κατηντήσαμεν ἄντι-
     κρυς Χίου

ἀντιλαμβάνομαι
   → λαμβάνω
Lc   1 54   ἀντελάβετο 'Ισραὴλ παιδὸς αὐτοῦ
Ac   20 35   ὅτι οὕτως κοπιῶντας δεῖ ἀντι-
     λαμβάνεσθαι τῶν ἀσθενούντων
1Tm   6 2   πιστοί εἰσιν ... οἱ τῆς εὐεργεσίας
     ἀντιλαμβανόμενοι

ἀντιλέγω
   → λέγω
Lc   2 34   οὗτος κεῖται ... εἰς σημεῖον ἀντι-
     λεγόμενον
    20 27   προσελθόντες δέ τινες τῶν Σαδ-
     δουκαίων, οἱ ἀντιλέγοντες ([ἀντι]λ.
     Ν²⁶; λέγ. Η) ἀνάστασιν μὴ εἶναι
    21 15   ᾗ οὐ δυνήσονται ἀντιστῆναι ἢ
     ἀντειπεῖν ἅπαντες (πάντες MVBSς)
     οἱ ἀντικείμενοι ὑμῖν
Jo   19 12   πᾶς ὁ βασιλέα ἑαυτὸν ποιῶν
     ἀντιλέγει τῷ Καίσαρι
Ac   4 14   οὐδὲν εἶχον ἀντειπεῖν
    13 45   ἀντέλεγον τοῖς ὑπὸ (+τοῦ
     Μ[V]Sς) Παύλου λαλουμένοις ↔
    13 45   * | ἀντιλέγοντες καὶ (+Τς) βλασφη-
     μοῦντες
    28 19   ἀντιλεγόντων δὲ τῶν 'Ιουδαίων
     ἠναγκάσθην
    28 22   γνωστὸν ... ὅτι πανταχοῦ ἀντι-
     λέγεται
Rm   10 21   ἐξεπέτασα τὰς χεῖράς μου πρὸς
     λαὸν ἀπειθοῦντα καὶ ἀντιλέγοντα

Tt   1 9 παρακαλεῖν ... καὶ τοὺς ἀντι-
λέγοντας ἐλέγχειν

    2 9 δούλους ... εὐαρέστους εἶναι,
μὴ ἀντιλέγοντας

ἀντίλημψις
   ἀντίληψις VBSς
1C 12 28 ἔθετο ὁ θεὸς ... χαρίσματα ἰαμά-
των, ἀντιλήμψεις, κυβερνήσεις

ἀντιλογία
Hb   6 16 πάσης αὐτοῖς ἀντιλογίας πέρας
εἰς βεβαίωσιν ὁ ὅρκος

    7 7 χωρὶς δὲ πάσης ἀντιλογίας τὸ
ἔλαττον ὑπὸ τοῦ κρείττονος
εὐλογεῖται

   12 3 ὑπομεμενηκότα ὑπὸ τῶν ἁμαρ-
τωλῶν εἰς ἑαυτὸν (αὐτ. Sς; ἑ-οὺς
Η) ἀντιλογίαν

Jd   11 καὶ τῇ ἀντιλογίᾳ τοῦ Κόρε
ἀπώλοντο

ἀντιλοιδορέω
→ λοιδορέω
1Pt 2 23 ὃς λοιδορούμενος οὐκ ἀντελοιδόρει

ἀντίλυτρον
1Tm 2 6 ὁ δοὺς ἑαυτὸν ἀντίλυτρον ὑπὲρ
πάντων

ἀντιμετρέω
→ μετρέω
Mt   7 2 *καὶ ἐν ᾧ μέτρῳ μετρεῖτε, ἀντι-
μετρηθήσεται (ς; μετρ. rl) ὑμῖν
Lc   6 38 | ᾧ γὰρ μέτρῳ (τῷ γὰρ αὐτῷ μ.
ᾧ Sς) μετρεῖτε ἀντιμετρηθήσεται
ὑμῖν

ἀντιμισθία
Rm 1 27 τὴν ἀντιμισθίαν ἣν ἔδει τῆς
πλάνης αὐτῶν ἐν ἑαυτοῖς (αὐτοῖς
Η) ἀπολαμβάνοντες
2C 6 13 τὴν δὲ αὐτὴν ἀντιμισθίαν, ὡς
τέκνοις λέγω, πλατύνθητε

Ἀντιόχεια
 ᵃ Syriae
 ᵇ Pisidiae
Ac 11 19ᵃ διῆλθον ἕως Φοινίκης καὶ Κύπρου
καὶ Ἀντιοχείας

   11 20ᵃ οἵτινες ἐλθόντες εἰς Ἀντιόχειαν
ἐλάλουν

   11 22ᵃ ἐξαπέστειλαν Βαρναβᾶν διελθεῖν
(+[N²⁶S]ς) ἕως Ἀντιοχείας

   11 26ᵃ εὑρὼν ἤγαγεν εἰς Ἀντιόχειαν

   11 26ᵃ χρηματίσαι τε πρώτως ἐν Ἀντιο-
χείᾳ τοὺς μαθητὰς Χριστιανούς

   11 27ᵃ κατῆλθον ἀπὸ Ἱεροσολύμων προ-
φῆται εἰς Ἀντιόχειαν

   13 1ᵃ ἦσαν δὲ ἐν Ἀντιοχείᾳ ... προφῆ-
ται καὶ διδάσκαλοι

   13 14ᵇ παρεγένοντο εἰς Ἀντιόχειαν | τὴν
Πισιδίαν (τῆς -ίας VSς)

   14 19ᵇ ἐπῆλθαν δὲ ἀπὸ Ἀντιοχείας καὶ
Ἰκονίου Ἰουδαῖοι

   14 21ᵇ ὑπέστρεψαν εἰς τὴν Λύστραν καὶ
εἰς Ἰκόνιον καὶ εἰς [ΝΗ] Ἀντιόχειαν

   14 26ᵃ κἀκεῖθεν ἀπέπλευσαν εἰς Ἀντιό-
χειαν

   15 22ᵃ ἐκλεξαμένους ἄνδρας ἐξ αὐτῶν
πέμψαι εἰς Ἀντιόχειαν

   15 23ᵃ τοῖς κατὰ τὴν Ἀντιόχειαν καὶ
Συρίαν καὶ Κιλικίαν ἀδελφοῖς ...
χαίρειν

   15 30ᵃ κατῆλθον εἰς Ἀντιόχειαν

   15 35ᵃ Παῦλος δὲ καὶ Βαρναβᾶς διέτριβον
ἐν Ἀντιοχείᾳ

   18 22ᵃ κατελθὼν εἰς Καισάρειαν ... κατέβη
εἰς Ἀντιόχειαν

G   2 11ᵃ ὅτε δὲ ἦλθεν Κηφᾶς εἰς Ἀντιόχειαν
2Tm 3 11ᵇ τοῖς παθήμασιν, οἷά μοι ἐγένετο ἐν
Ἀντιοχείᾳ, ἐν Ἰκονίῳ

Ἀντιοχεύς
Ac   6 5 ἐξελέξαντο ... Νικόλαον προσή-
λυτον Ἀντιοχέα

ἀντιπαρέρχομαι
→ ἔρχομαι
Lc 10 31 ἱερεύς τις κατέβαινεν ... καὶ ἰδὼν
αὐτὸν ἀντιπαρῆλθεν

   10 32 καὶ Λευίτης γενόμενος (+[Ν²⁶] Tς)
κατὰ τὸν τόπον ἐλθὼν καὶ ἰδὼν
ἀντιπαρῆλθεν

ἀντιπαρῆλθον
→ ἀντιπαρέρχομαι

Ἀντιπᾶς
  Ἀντιπᾶς MVSHς Ἀντείπας Τ
Ap   2 13 οὐκ ἠρνήσω τὴν πίστιν μου καὶ
([S]; — Τ) ἐν ταῖς ἡμέραις (+ἐν
αἷς [S]ς; +αἷς V) Ἀντιπᾶς ὁ
μάρτυς μου ὁ πιστός μου [SH]

Ἀντιπατρίς
Ac 23 31 ἤγαγον διὰ νυκτὸς εἰς τὴν Ἀντι-
πατρίδα

ἀντιπέρα
  ἀντιπέρα VSTH
  ἀντιπέραν ς
Lc   8 26 ἥτις ἐστὶν ἀντιπέρα τῆς Γαλιλαίας

ἀντιπίπτω
→ πίπτω
Ac   7 51 ὑμεῖς ἀεὶ τῷ πνεύματι τῷ ἁγίῳ
ἀντιπίπτετε

ἀντιστρατεύομαι
→ στρατεύομαι
Rm 7 23 βλέπω δὲ ἕτερον νόμον ... ἀντι-
στρατευόμενον τῷ νόμῳ τοῦ νοός
μου

ἀντιτάσσομαι
→ τάσσω
Ac 18 6 ἀντιτασσομένων δὲ αὐτῶν καὶ
βλασφημούντων
Rm 13 2 ὥστε ὁ ἀντιτασσόμενος τῇ ἐξουσίᾳ
... ἀνθέστηκεν
Jc   4 6 ὁ θεὸς ὑπερηφάνοις ἀντιτάσσεται
   5 6 ἐφονεύσατε τὸν δίκαιον· οὐκ ἀντι-
τάσσεται ὑμῖν
1Pt 5 5 ὅτι ὁ [Ν²⁶Η] θεὸς ὑπερηφάνοις
ἀντιτάσσεται

ἀντίτυπος
Hb   9 24 οὐ γὰρ εἰς χειροποίητα εἰσῆλθεν
ἅγια Χριστός, ἀντίτυπα τῶν
ἀληθινῶν
1Pt 3 21 ὃ καὶ ὑμᾶς ἀντίτυπον νῦν σῴζει
βάπτισμα

ἀντίχριστος
1Jo   2 18 ὅτι (+ὁ MV[S]ς) ἀντίχριστος
ἔρχεται, ↔

    2 18 καὶ νῦν ἀντίχριστοι πολλοὶ γεγό-
νασιν

    2 22 οὗτός ἐστιν ὁ ἀντίχριστος, ὁ
ἀρνούμενος

    4 3 τοῦτό ἐστιν τὸ τοῦ ἀντιχρίστου
ὃ ἀκηκόατε
2Jo   7 οὗτός ἐστιν ὁ πλάνος καὶ ὁ ἀντί-
χριστος

ἀντλέω
Jo   2 8 ἀντλήσατε νῦν καὶ φέρετε τῷ
ἀρχιτρικλίνῳ

    2 9 οἱ δὲ διάκονοι ᾔδεισαν οἱ ἠντλη-
κότες τὸ ὕδωρ

    4 7 ἔρχεται γυνὴ ἐκ τῆς Σαμαρείας
ἀντλῆσαι ὕδωρ

    4 15 ἵνα μὴ διψῶ μηδὲ διέρχωμαι
(ἔρχωμαι Vς; ἔρχομαι S) ἐνθάδε
ἀντλεῖν

ἄντλημα
Jo   4 11 κύριε, οὔτε ἄντλημα ἔχεις

ἀντοφθαλμέω
Ac 27 15 μὴ δυναμένου ἀντοφθαλμεῖν τῷ
ἀνέμῳ ἐπιδόντες ἐφερόμεθα

ἄνυδρος
Mt 12 43 διέρχεται δι' ἀνύδρων τόπων ζη-
τοῦν ἀνάπαυσιν
Lc 11 24 διέρχεται δι' ἀνύδρων τόπων ζη-
τοῦν ἀνάπαυσιν
2Pt 2 17 οὗτοί εἰσιν πηγαὶ ἄνυδροι
Jd   12 νεφέλαι ἄνυδροι ὑπὸ ἀνέμων παρα-
φερόμεναι

ἀνυπόκριτος
Rm 12 9 ἡ ἀγάπη ἀνυπόκριτος
2C   6 6 ⟨συνιστάντες ἑαυτούς⟩ ἐν ἁγνό-
τητι ... ἐν πνεύματι ἁγίῳ, ἐν
ἀγάπῃ ἀνυποκρίτῳ
1Tm 1 5 τὸ δὲ τέλος ... ἐστὶν ἀγάπη ἐκ ...
πίστεως ἀνυποκρίτου
2Tm 1 5 ὑπόμνησιν λαβὼν τῆς ἐν σοὶ
ἀνυποκρίτου πίστεως
Jc   3 17 ἡ δὲ ἄνωθεν σοφία ... ἀδιάκριτος,
ἀνυπόκριτος
1Pt 1 22 τὰς ψυχὰς ὑμῶν ἡγνικότες ... εἰς
φιλαδελφίαν ἀνυπόκριτον

ἀνυπότακτος
1Tm 1 9 δικαίῳ νόμος οὐ κεῖται, ἀνόμοις δὲ
καὶ ἀνυποτάκτοις
Tt   1 6 τέκνα ἔχων πιστά, μὴ ἐν κατηγο-
ρίᾳ ἀσωτίας ἢ ἀνυπότακτα

    1 10 εἰσὶν γὰρ πολλοὶ καὶ (+[Ν²⁶] Vς)
ἀνυπότακτοι
Hb   2 8 οὐδὲν ἀφῆκεν αὐτῷ ἀνυπότακτον

ἄνω
→ ἀνώτερον
 ᵃ τὰ ἄνω
Jo   2 7 καὶ ἐγέμισαν αὐτὰς ἕως ἄνω

    8 23ᵃ ὑμεῖς ἐκ τῶν κάτω ἐστέ, ἐγὼ ἐκ
τῶν ἄνω εἰμί

   11 41 ὁ δὲ Ἰησοῦς ἦρεν τοὺς ὀφθαλμοὺς
ἄνω
Ac   2 19 δώσω τέρατα ἐν τῷ οὐρανῷ ἄνω
G   4 26 ἡ δὲ ἄνω Ἰερουσαλὴμ ἐλευθέρα
ἐστίν
Ph   3 14 εἰς τὸ βραβεῖον τῆς ἄνω κλήσεως
Cl   3 1ᵃ τὰ ἄνω ζητεῖτε, οὗ ὁ Χριστός
ἐστιν

    3 2ᵃ τὰ ἄνω φρονεῖτε, μὴ τὰ ἐπὶ τῆς γῆς
Hb 12 15 ἐπισκοποῦντες ... μή τις ῥίζα
πικρίας ἄνω φύουσα ἐνοχλῇ

ἀνώγεον
→ ἀνάγαιον

ἄνωθεν
 ᵃ ἐκ, ἀπ' ἄνωθεν
Mt 27 51ᵃ ἐσχίσθη || ἀπ' ([ΝΗ]; — Τ) ἄνω-
θεν ἕως κάτω εἰς δύο ((~ Vς))
Mc 15 38ᵃ ἐσχίσθη εἰς δύο ἀπ' ἄνωθεν ἕως
κάτω
Lc   1 3 ἔδοξε κἀμοὶ παρηκολουθηκότι ἄνω-
θεν πᾶσιν ἀκριβῶς ... γράψαι
Jo   3 3 ἐὰν μή τις γεννηθῇ ἄνωθεν

    3 7 δεῖ ὑμᾶς γεννηθῆναι ἄνωθεν

    3 31 ὁ ἄνωθεν ἐρχόμενος ἐπάνω πάντων
ἐστίν

   19 11 εἰ μὴ ἦν δεδομένον σοι ἄνωθεν

   19 23ᵃ ἦν δὲ ὁ χιτὼν ἄραφος, ἐκ τῶν
ἄνωθεν ὑφαντὸς δι' ὅλου
Ac 26 5 προγινώσκοντές με ἄνωθεν
G   4 9 στοιχεῖα, οἷς πάλιν ἄνωθεν δου-
λεύειν (δουλεῦσαι NTH) θέλετε
Jc   1 17 πᾶν δώρημα τέλειον ἄνωθέν ἐστιν
καταβαῖνον ἀπὸ τοῦ πατρός

    3 15 οὐκ ἔστιν αὕτη ἡ σοφία ἄνωθεν
κατερχομένη

    3 17 ἡ δὲ ἄνωθεν σοφία πρῶτον μὲν
ἁγνή ἐστιν

ἀνωτερικός

Ac 19 1 Παῦλον διελθόντα τὰ ἀνωτερικὰ μέρη κατελθεῖν (BST; [κατ]ελθεῖν N²⁶; ἐλθεῖν rl) εἰς Ἔφεσον

ἀνώτερον

→ ἄνω

Lc 14 10 φίλε, προσανάβηθι ἀνώτερον
Hb 10 8 ἀνώτερον λέγων ὅτι θυσίας ... οὐκ ἠθέλησας

ἀνωφελής

Tt 3 9 εἰσὶν γὰρ ἀνωφελεῖς καὶ μάταιοι
Hb 7 18 ἀθέτησις ... γίνεται προαγούσης ἐντολῆς διὰ τὸ αὐτῆς ἀσθενὲς καὶ ἀνωφελές

ἀξίνη

Mt 3 10 ἤδη δὲ ἡ ἀξίνη πρὸς τὴν ῥίζαν τῶν δένδρων κεῖται
Lc 3 9 ἤδη δὲ καὶ ἡ ἀξίνη πρὸς τὴν ῥίζαν τῶν δένδρων κεῖται

ἄξιος

→ ἀξίως
ᵃ c. inf.
ᵇ seq. ἵνα

Mt 3 8 ποιήσατε οὖν | καρπὸν ἄξιον (-οὺς -ους ς) τῆς μετανοίας
10 10 ἄξιος γὰρ ὁ ἐργάτης τῆς τροφῆς αὐτοῦ
10 11 ἐξετάσατε τίς ἐν αὐτῇ ἄξιός ἐστιν
10 13 καὶ ἐὰν μὲν ᾖ ἡ οἰκία ἀξία
10 13 ἐὰν δὲ μὴ ᾖ ἀξία
10 37 ὁ φιλῶν πατέρα ἢ μητέρα ὑπὲρ ἐμὲ οὐκ ἔστιν μου ἄξιος
10 37 ὁ φιλῶν υἱὸν ἢ θυγατέρα ὑπὲρ ἐμὲ οὐκ ἔστιν μου ἄξιος
10 38 ὃς οὐ ... ἀκολουθεῖ ὀπίσω μου, οὐκ ἔστιν μου ἄξιος
22 8 οἱ δὲ κεκλημένοι οὐκ ἦσαν ἄξιοι
Lc 3 8 ποιήσατε οὖν καρποὺς ἀξίους τῆς μετανοίας
7 4 λέγοντες ὅτι ἄξιός ἐστιν ᾧ παρέξῃ τοῦτο
10 7 ἄξιος γὰρ ὁ ἐργάτης τοῦ μισθοῦ αὐτοῦ
12 48 ὁ δὲ μὴ γνούς, ποιήσας δὲ ἄξια πληγῶν
15 19ᵃ οὐκέτι εἰμὶ ἄξιος κληθῆναι υἱός σου
15 21ᵃ οὐκέτι εἰμὶ ἄξιος κληθῆναι υἱός σου
23 15 οὐδὲν ἄξιον θανάτου ἐστὶν πεπραγμένον αὐτῷ
23 41 ἄξια γὰρ ὧν ἐπράξαμεν ἀπολαμβάνομεν
Jo 1 27ᵇ οὗ οὐκ εἰμὶ ἐγὼ [N²⁶H] ἄξιος ἵνα λύσω
Ac 13 25ᵃ οὗ οὐκ εἰμὶ ἄξιος τὸ ὑπόδημα τῶν ποδῶν λῦσαι
13 46 ἐπειδὴ ... οὐκ ἀξίους κρίνετε ἑαυτοὺς τῆς αἰωνίου ζωῆς
23 29 μηδὲν δὲ ἄξιον θανάτου ἢ δεσμῶν ἔχοντα ἔγκλημα
25 11 εἰ ... ἄξιον θανάτου πέπραχά τι
25 25 κατελαβόμην μηδὲν ἄξιον αὐτὸν θανάτου πεπραχέναι
26 20 ἀπήγγελλον μετανοεῖν ... ἄξια τῆς μετανοίας ἔργα πράσσοντας
26 31 οὐδὲν θανάτου ἢ δεσμῶν ἄξιόν τι (+[N²⁶]BST) πράσσει
Rm 1 32 οἱ τὰ τοιαῦτα πράσσοντες ἄξιοι θανάτου εἰσίν
8 18 οὐκ ἄξια τὰ παθήματα τοῦ νῦν καιροῦ πρὸς τὴν μέλλουσαν δόξαν
1C 16 4 ἐὰν δὲ | ἄξιον ᾖ (~ Tς) τοῦ κἀμὲ πορεύεσθαι
2Th 1 3 εὐχαριστεῖν ὀφείλομεν ... καθὼς ἄξιόν ἐστιν

1Tm 1 15 πιστὸς ὁ λόγος καὶ πάσης ἀποδοχῆς ἄξιος
4 9 πιστὸς ὁ λόγος καὶ πάσης ἀποδοχῆς ἄξιος
5 18 ἄξιος ὁ ἐργάτης τοῦ μισθοῦ αὐτοῦ
6 1 τοὺς ἰδίους δεσπότας πάσης τιμῆς ἀξίους ἡγείσθωσαν
Hb 11 38 ὧν οὐκ ἦν ἄξιος ὁ κόσμος
Ap 3 4 περιπατήσουσιν μετ' ἐμοῦ ἐν λευκοῖς, ὅτι ἄξιοί εἰσιν
4 11ᵃ ἄξιος εἶ, ὁ κύριος ... λαβεῖν τὴν δόξαν
5 2ᵃ τίς ἄξιος ἀνοῖξαι τὸ βιβλίον ⟨;⟩
5 4ᵃ ὅτι οὐδεὶς ἄξιος εὑρέθη ἀνοῖξαι τὸ βιβλίον
5 9ᵃ ἄξιος εἶ λαβεῖν τὸ βιβλίον
5 12ᵃ ἄξιόν (ἄξιός NT) ἐστιν τὸ ἀρνίον τὸ ἐσφαγμένον λαβεῖν τὴν δύναμιν
16 6 αἷμα αὐτοῖς δέδωκας ([δ]έδ. N²⁶; ἔδωκας BVSTς) πιεῖν· ἄξιοί εἰσιν

ἀξιόω

κατ-

Lc 7 7 διὸ οὐδὲ ἐμαυτὸν ἠξίωσα πρὸς σὲ ἐλθεῖν
Ac 15 38 Παῦλος δὲ ἠξίου, τὸν ἀποστάντα ... μὴ συμπαραλαμβάνειν τοῦτον
28 22 ἀξιοῦμεν δὲ παρὰ σοῦ ἀκοῦσαι ἃ φρονεῖς
2Th 1 11 προσευχόμεθα ... ἵνα ὑμᾶς ἀξιώσῃ τῆς κλήσεως ὁ θεὸς ἡμῶν
1Tm 5 17 οἱ καλῶς προεστῶτες πρεσβύτεροι διπλῆς τιμῆς ἀξιούσθωσαν
Hb 3 3 πλείονος γὰρ οὗτος δόξης παρὰ Μωϋσῆν ἠξίωται
10 29 πόσῳ δοκεῖτε χείρονος ἀξιωθήσεται τιμωρίας

ἀξίως

→ ἄξιος

Rm 16 2 ἵνα | αὐτὴν προσδέξησθε (~ H) ἐν κυρίῳ ἀξίως τῶν ἁγίων
E 4 1 παρακαλῶ οὖν ὑμᾶς ... ἀξίως περιπατῆσαι τῆς κλήσεως
Ph 1 27 μόνον ἀξίως τοῦ εὐαγγελίου τοῦ Χριστοῦ πολιτεύεσθε
Cl 1 10 περιπατῆσαι ἀξίως τοῦ κυρίου
1Th 2 12 μαρτυρόμενοι εἰς τὸ περιπατεῖν ὑμᾶς ἀξίως τοῦ θεοῦ
3Jo 6 οὓς καλῶς ποιήσεις προπέμψας ἀξίως τοῦ θεοῦ

ἀόρατος

Rm 1 20 τὰ γὰρ ἀόρατα αὐτοῦ ... τοῖς ποιήμασιν νοούμενα καθορᾶται
Cl 1 15 ὅς ἐστιν εἰκὼν τοῦ θεοῦ τοῦ ἀοράτου
1 16 ἐν αὐτῷ ἐκτίσθη τὰ πάντα ... τὰ ὁρατὰ καὶ τὰ ἀόρατα
1Tm 1 17 τῷ δὲ ... ἀφθάρτῳ ἀοράτῳ μόνῳ θεῷ, τιμὴ καὶ δόξα
Hb 11 27 τὸν γὰρ ἀόρατον ὡς ὁρῶν ἐκαρτέρησεν

ἀπαγγέλλω

→ ἀγγέλλω
ᵃ ἀπ. εἰς

Mt 2 8 ἐπὰν δὲ εὕρητε, ἀπαγγείλατέ μοι
8 33 ἀπήγγειλαν πάντα καὶ τὰ τῶν δαιμονιζομένων
11 4 ἀπαγγείλατε Ἰωάννῃ ἃ ἀκούετε
12 18 καὶ κρίσιν τοῖς ἔθνεσιν ἀπαγγελεῖ
14 12 καὶ ἐλθόντες ἀπήγγειλαν τῷ Ἰησοῦ
28 8 ἔδραμον ἀπαγγεῖλαι τοῖς μαθηταῖς αὐτοῦ
28 9 * | ὡς δὲ ἐπορεύοντο ἀπαγγεῖλαι τοῖς μαθηταῖς αὐτοῦ (+ς)
28 10 ἀπαγγείλατε τοῖς ἀδελφοῖς μου

Mt 28 11 ἀπήγγειλαν (ἀνήγγ. BT) τοῖς ἀρχιερεῦσιν ἅπαντα τὰ γενόμενα
Mc 5 14ᵃ οἱ βόσκοντες ... ἔφυγον καὶ ἀπήγγειλαν (ἀνήγγ. Sς) εἰς τὴν πόλιν
5 19 καὶ ἀπάγγειλον (ἀνάγγ. ς) αὐτοῖς ὅσα ... πεποίηκεν
6 30 καὶ ἀπήγγειλαν αὐτῷ πάντα ὅσα ἐποίησαν
[16 10] ἐκείνη πορευθεῖσα ἀπήγγειλεν τοῖς μετ' αὐτοῦ γενομένοις
[16 13] κἀκεῖνοι ἀπελθόντες ἀπήγγειλαν τοῖς λοιποῖς
Lc 7 18 ἀπήγγειλαν Ἰωάννῃ οἱ μαθηταὶ αὐτοῦ περὶ πάντων τούτων
7 22 πορευθέντες ἀπαγγείλατε Ἰωάννῃ ἃ εἴδετε
8 20 | ἀπηγγέλη δὲ (καὶ ἀπ. Vς) αὐτῷ· (αὐτῷ ὅτι BST; αὐτῷ λεγόντων Vς) ἡ μήτηρ σου
8 34ᵃ οἱ βόσκοντες ... ἔφυγον καὶ ἀπήγγειλαν εἰς τὴν πόλιν
8 36 ἀπήγγειλαν δὲ αὐτοῖς οἱ ἰδόντες πῶς ἐσώθη ὁ δαιμονισθείς
8 47 δι' ἣν αἰτίαν ἥψατο αὐτοῦ ἀπήγγειλεν ἐνώπιον παντὸς τοῦ λαοῦ
9 36 οὐδενὶ ἀπήγγειλαν ἐν ἐκείναις ταῖς ἡμέραις οὐδὲν ὧν ἑώρακαν (-κασιν Vς)
13 1 παρῆσαν δέ τινες ... ἀπαγγέλλοντες αὐτῷ περὶ τῶν Γαλιλαίων
14 21 παραγενόμενος ὁ δοῦλος ἀπήγγειλεν τῷ κυρίῳ αὐτοῦ ταῦτα
18 37 ἀπήγγειλαν δὲ αὐτῷ ὅτι Ἰησοῦς ὁ Ναζωραῖος παρέρχεται
24 9 ὑποστρέψασαι | ἀπὸ τοῦ μνημείου [H] ἀπήγγειλαν | ταῦτα πάντα (~ ST) τοῖς ἕνδεκα
Jo 4 51 *οἱ δοῦλοι αὐτοῦ (+N²⁶BHς) ὑπήντησαν αὐτῷ | καὶ ἀπήγγειλαν (Vς; καὶ ἤγγ. T; — rl) λέγοντες (— T)
16 25 ὅτε ... παρρησίᾳ περὶ τοῦ πατρὸς ἀπαγγελῶ (ἀν- ς) ὑμῖν
20 18 *Μαριὰμ ἡ Μαγδαληνὴ ἀπαγγέλλουσα (ς; ἀγγ. rl) τοῖς μαθηταῖς
Ac 4 23 ἀπήγγειλαν ὅσα πρὸς αὐτοὺς ... οἱ πρεσβύτεροι εἶπαν
5 22 ἀναστρέψαντες δὲ ἀπήγγειλαν
5 25 παραγενόμενος δέ τις ἀπήγγειλεν αὐτοῖς ὅτι ἰδοὺ οἱ ἄνδρες
11 13 ἀπήγγειλεν δὲ ἡμῖν πῶς εἶδεν τὸν [N²⁶] ἄγγελον ... σταθέντα
12 14 ἀπήγγειλεν ἑστάναι τὸν Πέτρον πρὸ τοῦ πυλῶνος
12 17 ἀπαγγείλατε Ἰακώβῳ καὶ τοῖς ἀδελφοῖς ταῦτα
15 27 ἀπεστάλκαμεν οὖν Ἰούδαν καὶ Σιλᾶν, καὶ αὐτοὺς διὰ λόγου ἀπαγγέλλοντας τὰ αὐτά
16 36 ἀπήγγειλεν δὲ ὁ δεσμοφύλαξ τοὺς λόγους τούτους ([N²⁶]; —H) πρὸς τὸν Παῦλον
16 38 ἀπήγγειλαν (ἀν- ς) δὲ (τε T) τοῖς στρατηγοῖς οἱ ῥαβδοῦχοι τὰ ῥήματα ταῦτα
17 30 *ἀπαγγέλλει (NTH; παρ- rl) τοῖς ἀνθρώποις πάντας πανταχοῦ μετανοεῖν
22 26 ἀκούσας δὲ ὁ ἑκατοντάρχης προσελθὼν τῷ χιλιάρχῳ ἀπήγγειλεν λέγων
23 16 ἀκούσας δὲ ὁ υἱὸς τῆς ἀδελφῆς Παύλου ... ἀπήγγειλεν τῷ Παύλῳ
23 17 ἔχει γὰρ | ἀπαγγεῖλαί τι (~ VTς) αὐτῷ

Ac 23 19 τί ἐστιν ὃ ἔχεις ἀπαγγεῖλαί μοι;

26 20 τοῖς ἐν Δαμασκῷ πρῶτόν τε καὶ Ἱεροσολύμοις ... ἀπήγγελλον μετανοεῖν

28 21 οὔτε παραγενόμενός τις ... ἀπήγγειλεν ἢ ἐλάλησέν τι περὶ σοῦ πονηρόν

1C 14 25 προσκυνήσει τῷ θεῷ, ἀπαγγέλλων

1Th 1 9 αὐτοὶ γὰρ περὶ ἡμῶν ἀπαγγέλλουσιν ὁποίαν εἴσοδον ἔσχομεν

Hb 2 12 ἀπαγγελῶ τὸ ὄνομά σου τοῖς ἀδελφοῖς μου

1Jo 1 2 μαρτυροῦμεν καὶ ἀπαγγέλλομεν ὑμῖν τὴν ζωὴν τὴν αἰώνιον

1 3 ὃ ... ἀκηκόαμεν, ἀπαγγέλλομεν καὶ ὑμῖν

ἀπάγχομαι

Mt 27 5 ἀπελθὼν ἀπήγξατο

ἀπάγω
→ ἄγω

Mt 7 13 εὐρύχωρος ἡ ὁδὸς ἡ ἀπάγουσα εἰς τὴν ἀπώλειαν

7 14 τεθλιμμένη ἡ ὁδὸς ἡ ἀπάγουσα εἰς τὴν ζωήν

26 57 οἱ δὲ κρατήσαντες τὸν Ἰησοῦν ἀπήγαγον πρὸς Καϊάφαν

27 2 δήσαντες αὐτὸν ἀπήγαγον καὶ παρέδωκαν ... τῷ ἡγεμόνι

27 31 ἀπήγαγον αὐτὸν εἰς τὸ σταυρῶσαι

Mc 14 44 κρατήσατε αὐτὸν καὶ ἀπάγετε (ἀπαγάγετε ϛ) ἀσφαλῶς

14 53 καὶ ἀπήγαγον τὸν Ἰησοῦν πρὸς τὸν ἀρχιερέα

15 16 οἱ δὲ στρατιῶται ἀπήγαγον αὐτὸν ἔσω τῆς αὐλῆς

Lc 13 15 οὐ λύει τὸν βοῦν ... καὶ ἀπαγαγὼν (ἀπάγων H) ποτίζει;

21 12 ἐπιβαλοῦσιν ἐφ᾽ ὑμᾶς τὰς χεῖρας αὐτῶν ... ἀπαγομένους (ἀγομ. ϛ) ἐπὶ βασιλεῖς

22 66 καὶ ἀπήγαγον (ἀνήγ. ϛ) αὐτὸν εἰς τὸ συνέδριον αὐτῶν

23 26 καὶ ὡς ἀπήγαγον αὐτόν

Jo 18 13 *καὶ | ἀπήγαγον αὐτὸν (Vϛ; ἤγ. rl) πρὸς Ἅνναν πρῶτον

19 16 *παρέλαβον οὖν (δὲ Vϛ) τὸν Ἰησοῦν | καὶ ἀπήγαγον (ϛ; καὶ ἤγ. V; — rl)

Ac 12 19 ἀνακρίνας τοὺς φύλακας ἐκέλευσεν ἀπαχθῆναι

23 17 τὸν νεανίαν τοῦτον ἀπάγαγε (ἄπαγε NTH) πρὸς τὸν χιλίαρχον

24 7 *| Λυσίας ὁ χιλίαρχος μετὰ πολλῆς βίας ἐκ τῶν χειρῶν ἡμῶν ἀπήγαγε (.. + ϛ ..)

1C 12 2 ⟨ὅτε ἔθνη ἦτε⟩ πρὸς τὰ εἴδωλα ... ὡς ἂν ἤγεσθε ἀπαγόμενοι

ἀπαίδευτος

2Tm 2 23 τὰς δὲ μωρὰς καὶ ἀπαιδεύτους ζητήσεις παραιτοῦ

ἀπαίρομαι
→ αἴρω

Mt 9 15 ὅταν ἀπαρθῇ ἀπ᾽ αὐτῶν ὁ νυμφίος

Mc 2 20 ὅταν ἀπαρθῇ ἀπ᾽ αὐτῶν ὁ νυμφίος

Lc 5 35 ὅταν ἀπαρθῇ ἀπ᾽ αὐτῶν ὁ νυμφίος

ἀπαιτέω
→ αἰτέω

Lc 6 30 καὶ ἀπὸ τοῦ αἴροντος τὰ σὰ μὴ ἀπαίτει

12 20 τὴν ψυχήν σου ἀπαιτοῦσιν ([ἀπ]αιτ. S; αἰτ. H) ἀπὸ σοῦ

ἀπαλγέω

E 4 19 οἵτινες ἀπηλγηκότες ἑαυτοὺς παρέδωκαν τῇ ἀσελγείᾳ

ἀπαλλάσσω
→ ἀλλάσσω

Lc 12 58 ἐν τῇ ὁδῷ δὸς ἐργασίαν ἀπηλλάχθαι ἀπ᾽ [H] αὐτοῦ

Ac 19 12 ὥστε ... ἀποφέρεσθαι ... σιμικίνθια καὶ ἀπαλλάσσεσθαι ἀπ᾽ αὐτῶν τὰς νόσους

Hb 2 15 ⟨ἵνα⟩ καὶ ἀπαλλάξῃ τούτους

ἀπαλλοτριόω

E 2 12 ὅτι ἦτε ... ἀπηλλοτριωμένοι τῆς πολιτείας τοῦ Ἰσραήλ

4 18 ⟨καθὼς καὶ τὰ ἔθνη περιπατεῖ⟩ ἀπηλλοτριωμένοι τῆς ζωῆς τοῦ θεοῦ

Cl 1 21 ὑμᾶς ποτε ὄντας ἀπηλλοτριωμένους καὶ ἐχθρούς

ἀπαλός

Mt 24 32 ὅταν ἤδη ὁ κλάδος αὐτῆς γένηται ἀπαλός

Mc 13 28 ὅταν | ἤδη ὁ κλάδος αὐτῆς (~ VSTϛ) ἀπαλὸς γένηται

ἀπαντάω
κατ-   συν-   ὑπ-

Mt 28 9 *ἰδοὺ Ἰησοῦς ἀπήντησεν (ϛ; ὑπήντ. rl) αὐταῖς λέγων

Mc 5 2 *εὐθὺς ([NH]; εὐθέως ϛ) ἀπήντησεν (Sϛ; ὑπήντ. rl) αὐτῷ ἐκ τῶν μνημείων ἄνθρωπος

14 13 καὶ ἀπαντήσει ὑμῖν ἄνθρωπος κεράμιον ὕδατος βαστάζων

Lc 14 31 *εἰ δυνατός ἐστιν ... ἀπαντῆσαι (ϛ; ὑπαντ. rl) τῷ μετὰ εἴκοσι χιλιάδων ἐρχομένῳ

17 12 ἀπήντησαν (ὑπήντ. BST) αὐτῷ ([N²⁶]; — NMSH) δέκα λεπροὶ ἄνδρες

Jo 4 51 *οἱ δοῦλοι αὐτοῦ (+ N²⁶BHϛ) ἀπήντησαν (ϛ; ὑπ- rl) αὐτῷ

Ac 16 16 *ἐγένετο δὲ ... παιδίσκην τινὰ ἔχουσαν πνεῦμα | πύθωνος ἀπαντῆσαι (Sϛ; π-να ὑπ- rl) ἡμῖν

ἀπάντησις

Mt 25 1 *ἐξῆλθον εἰς ἀπάντησιν (ϛ; ὑπάντ. rl) τοῦ νυμφίου

25 6 ἐξέρχεσθε εἰς ἀπάντησιν αὐτοῦ (+ [N²⁶S]MVϛ)

Ac 28 15 οἱ ἀδελφοὶ ... ἦλθαν ([ἐξ]ῆλθον S) εἰς ἀπάντησιν ἡμῖν

1Th 4 17 ἁρπαγησόμεθα ἐν νεφέλαις εἰς ἀπάντησιν τοῦ κυρίου

ἅπαξ
→ ἐφάπαξ
ᵃ ἔτι ἅπαξ
ᵇ ἅπαξ καὶ δίς

2C 11 25 τρὶς ἐρραβδίσθην, ἅπαξ ἐλιθάσθην

Ph 4 16ᵇ καὶ ἅπαξ καὶ δὶς εἰς τὴν χρείαν μοι ἐπέμψατε

1Th 2 18ᵇ ἠθελήσαμεν ἐλθεῖν πρὸς ὑμᾶς ... καὶ ἅπαξ καὶ δίς

Hb 6 4 ἀδύνατον γὰρ τοὺς ἅπαξ φωτισθέντας ⟨πάλιν ἀνακαινίζειν⟩

9 7 εἰς δὲ τὴν δευτέραν ἅπαξ τοῦ ἐνιαυτοῦ μόνος ὁ ἀρχιερεύς

9 26 νυνὶ δὲ ἅπαξ ἐπὶ συντελείᾳ τῶν αἰώνων ... πεφανέρωται

9 27 ἀπόκειται τοῖς ἀνθρώποις ἅπαξ ἀποθανεῖν

9 28 ὁ Χριστός, ἅπαξ προσενεχθείς

10 2 τοὺς λατρεύοντας ἅπαξ κεκαθαρισμένους

12 26ᵃ ἔτι ἅπαξ ἐγὼ σείσω (-είω Sϛ) οὐ μόνον τὴν γῆν

12 27ᵃ τὸ δὲ ἔτι ἅπαξ δηλοῖ τὴν [N²⁶H] τῶν σαλευομένων μετάθεσιν

1Pt 3 18 ὅτι καὶ Χριστὸς ἅπαξ περὶ ἁμαρτιῶν (+ ὑπὲρ ἡμῶν S) ἔπαθεν (ἀπέθανεν NMBSTH)

3 20 *ὅτε | ἅπαξ ἐξεδέχετο (ϛ; ἀπεξεδ. rl) ἡ τοῦ θεοῦ μακροθυμία

Jd 3 παρακαλῶν ἐπαγωνίζεσθαι τῇ ἅπαξ παραδοθείσῃ τοῖς ἁγίοις πίστει

5 εἰδότας ὑμᾶς (+ [N²⁶]ϛ) || πάντα, ὅτι ὁ (+ [N²⁶M]NSϛ) κύριος (Ἰησοῦς B) ἅπαξ ((N²⁶; ~ rl)) λαὸν ... σώσας

ἀπαράβατος

Hb 7 24 διὰ τὸ μένειν αὐτὸν εἰς τὸν αἰῶνα ἀπαράβατον ἔχει τὴν ἱερωσύνην

ἀπαρασκεύαστος

2C 9 4 μή πως ἐὰν ... εὕρωσιν ὑμᾶς ἀπαρασκευάστους καταισχυνθῶμεν ἡμεῖς

ἀπαρνέομαι
→ ἀρνέομαι
ᵃ ἀπ. ἑαυτόν

Mt 16 24ᵃ εἴ τις θέλει ὀπίσω μου ἐλθεῖν, ἀπαρνησάσθω ἑαυτόν

26 34 πρὶν ἀλέκτορα φωνῆσαι τρὶς ἀπαρνήσῃ με

26 35 οὐ μή σε ἀπαρνήσομαι

26 75 πρὶν ἀλέκτορα φωνῆσαι τρὶς ἀπαρνήσῃ με

Mc 8 34ᵃ | εἴ τις (ὅστις Tϛ) θέλει ὀπίσω μου ἀκολουθεῖν (ἐλθεῖν NMHϛ), ἀπαρνησάσθω ἑαυτόν

14 30 ὅτι ... πρὶν ἢ δὶς ἀλέκτορα φωνῆσαι τρίς με ἀπαρνήσῃ

14 31 οὐ μή σε ἀπαρνήσομαι (-σωμαι T)

14 72 ὅτι πρὶν ἀλέκτορα | φωνῆσαι δὶς (~ NMBH) τρίς με ἀπαρνήσῃ

Lc 9 23ᵃ εἴ τις θέλει ὀπίσω μου ἔρχεσθαι, ἀπαρνησάσθω (ϛ; ἀρνησάσθω rl) ἑαυτόν

12 9 ὁ δὲ ἀρνησάμενός με ... ἀπαρνηθήσεται ἐνώπιον τῶν ἀγγέλων τοῦ θεοῦ

22 34 ἕως τρὶς || με ἀπαρνήσῃ (+ μὴ NMVTϛ) εἰδέναι ((~ Tϛ))

22 61 πρὶν ἀλέκτορα φωνῆσαι σήμερον ἀπαρνήσῃ με τρίς

Jo 13 38 *ἕως οὗ ἀπαρνήσῃ (ϛ; ἀρν. rl) με τρίς

ἀπάρτι
→ ἀπό → ἄρτι

ἀπαρτισμός

Lc 14 28 οὐχὶ ... ψηφίζει τὴν δαπάνην, εἰ ἔχει εἰς ἀπαρτισμόν

ἀπαρχή

Rm 8 23 τὴν ἀπαρχὴν τοῦ πνεύματος ἔχοντες ... στενάζομεν

11 16 εἰ δὲ ἡ ἀπαρχὴ ἁγία, καὶ τὸ φύραμα

16 5 ὅς ἐστιν ἀπαρχὴ τῆς Ἀσίας εἰς Χριστόν

1C 15 20 Χριστὸς ἐγήγερται ἐκ νεκρῶν, ἀπαρχὴ τῶν κεκοιμημένων

15 23 ἀπαρχὴ Χριστός, ἔπειτα οἱ τοῦ Χριστοῦ

16 15 ὅτι ἐστὶν (ἔστιν T) ἀπαρχὴ τῆς Ἀχαΐας

2Th 2 13 ὅτι εἵλατο ὑμᾶς ὁ θεὸς ἀπαρχὴν (ἀπ᾽ ἀρχῆς VTHϛ) εἰς σωτηρίαν

Jc 1 18 ἀπεκύησεν ἡμᾶς ... εἰς τὸ εἶναι ἡμᾶς ἀπαρχήν τινα τῶν αὐτοῦ (ἑαυτοῦ S) κτισμάτων

Ap 14 4 οὗτοι ἠγοράσθησαν ἀπὸ τῶν ἀνθρώπων ἀπαρχὴ τῷ θεῷ

ἄπας
→ πᾶς

Mt 6 32 οἶδεν γὰρ ὁ πατὴρ ... ὅτι χρῄζετε τούτων ἁπάντων

24 39 ἕως ἦλθεν ὁ κατακλυσμὸς καὶ ἦρεν ἅπαντας

28 11 ἀπήγγειλαν (ἀνήγγ. ΒΤ) τοῖς ἀρχιερεῦσιν ἅπαντα τὰ γενόμενα

Mc 1 27 καὶ ἐθαμβήθησαν ἅπαντες (πάντες ϛ)

5 40 *αὐτὸς (ὁ VSϛ) δὲ ἐκβαλὼν ἅπαντας (ϛ; πάντας rl)

8 25 καὶ ἐνέβλεπεν τηλαυγῶς (δηλ. Τ) ἅπαντα (-τας ϛ)

11 32 ἅπαντες γὰρ εἶχον τὸν Ἰωάννην | ὄντως ὅτι (~ Vϛ) προφήτης ἦν

[16 15] πορευθέντες εἰς τὸν κόσμον ἅπαντα

Lc 2 39 *ὡς ἐτέλεσαν ἅπαντα (VSϛ; πάντα rl) τὰ (—Τ) κατὰ τὸν νόμον

2 51 *ἡ μήτηρ αὐτοῦ διετήρει | τὰ ῥήματα ἅπαντα (S; πάντα τὰ ῥ. ταῦτα Vϛ; πάντα τὰ ῥ. rl)

3 16 *ἀπεκρίνατο | ὁ Ἰωάννης ἅπασι λέγων (ϛ; λ. πᾶσιν ὁ Ἰω. rl)

3 21 ἐγένετο δὲ ἐν τῷ βαπτισθῆναι ἅπαντα τὸν λαόν

4 6 σοὶ δώσω τὴν ἐξουσίαν ταύτην ἅπασαν

4 40 ἅπαντες ([ἅ]παντες S; πάντες VTϛ) ὅσοι εἶχον ἀσθενοῦντας ... ἤγαγον αὐτοὺς πρὸς αὐτόν

5 11 *ἀφέντες ἅπαντα (VSϛ; πάντα rl) ἠκολούθησαν αὐτῷ

5 26 καὶ ἔκστασις ἔλαβεν ἅπαντας

5 28 *καταλιπὼν ἅπαντα (ϛ; πάντα rl) ἀναστὰς ἠκολούθει (-θησεν MVSϛ) αὐτῷ

7 16 *ἔλαβεν δὲ φόβος ἅπαντας (BSTϛ; πάντας rl)

8 37 ἠρώτησεν (-σαν Τϛ) αὐτὸν ἅπαν τὸ πλῆθος τῆς περιχώρου τῶν Γερασηνῶν (Γαδαρηνῶν Vϛ; Γεργεσηνῶν MST)

9 15 ἐποίησαν οὕτως καὶ κατέκλιναν ἅπαντας (πάντας S)

11 41 *καὶ ἰδοὺ ἅπαντα (S; πάντα rl) καθαρὰ ὑμῖν ἐστιν

15 13 *συναγαγὼν ἅπαντα (πάντα N²⁶ΝΗ) ὁ νεώτερος υἱὸς ἀπεδήμησεν

17 27 *ἦλθεν ὁ κατακλυσμὸς καὶ ἀπώλεσεν ἅπαντας (VTϛ; πάντας rl)

17 29 *ἔβρεξεν πῦρ ... καὶ ἀπώλεσεν ἅπαντας (VTϛ; πάντας rl)

19 7 *ἰδόντες ἅπαντες (ϛ; πάντες rl) διεγόγγυζον

19 37 ἤρξαντο ἅπαν τὸ πλῆθος τῶν μαθητῶν χαίροντες αἰνεῖν

19 48 ὁ λαὸς γὰρ ἅπας ἐξεκρέματο (-μετο ΜΤΗ) αὐτοῦ ἀκούων

20 6 | ὁ λαὸς ἅπας (πᾶς ὁ λ. ϛ) καταλιθάσει ἡμᾶς

21 4 *ἅπαντες (πάντες N²⁶ΝΜΗ) γὰρ οὗτοι ἐκ τοῦ περισσεύοντος αὐτοῖς ἔβαλον

21 4 *αὕτη δὲ ἐκ τοῦ ὑστερήματος αὐτῆς ἅπαντα (VSTϛ; πάντα rl) τὸν βίον ὃν εἶχεν ἔβαλεν

21 12 *πρὸ δὲ τούτων ἁπάντων (ϛ; πάντων rl) ἐπιβαλοῦσιν ἐφ᾽ ὑμᾶς τὰς χεῖρας αὐτῶν

Lc 21 15 ᾗ οὐ δυνήσονται ... ἀντειπεῖν ἅπαντες (πάντες MVBϛ) οἱ ἀντικείμενοι ὑμῖν

23 1 ἀναστὰν ἅπαν τὸ πλῆθος αὐτῶν ἤγαγον αὐτόν

Jo 4 25 ὅταν ἔλθῃ ἐκεῖνος, ἀναγγελεῖ ἡμῖν ἅπαντα (πάντα VSϛ)

Ac 2 1 *ἦσαν ἅπαντες (ϛ; πάντες rl) ὁμοῦ (ὁμοθυμαδὸν Vϛ) ἐπὶ τὸ αὐτό

2 4 *ἐπλήσθησαν ἅπαντες (VSϛ; πάντες rl) πνεύματος ἁγίου

2 7 οὐκ (οὐχὶ ΝΒΗ) ἰδοὺ ἅπαντες (πάντες NVSHϛ) οὗτοί εἰσιν οἱ λαλοῦντες Γαλιλαῖοι;

2 14 *ἄνδρες Ἰουδαῖοι καὶ οἱ κατοικοῦντες Ἰερουσαλὴμ ἅπαντες (ϛ; πάντες rl)

2 44 πάντες ... ἦσαν (— ΝΗ) ἐπὶ τὸ αὐτὸ καὶ (— ΝΗ) εἶχον ἅπαντα κοινά

4 31 ἐπλήσθησαν ἅπαντες τοῦ ἁγίου πνεύματος

4 32 ἀλλ᾽ ἦν αὐτοῖς ἅπαντα (πάντα ΝΜΒΗ) κοινά

5 12 ἦσαν ὁμοθυμαδὸν ἅπαντες (πάντες ΝΗ) ἐν τῇ στοᾷ Σολομῶντος

5 16 οἵτινες ἐθεραπεύοντο ἅπαντες

6 15 *ἀτενίσαντες εἰς αὐτὸν ἅπαντες (ϛ; πάντες rl) οἱ καθεζόμενοι

10 8 ἐξηγησάμενος ἅπαντα αὐτοῖς

11 10 ἀνεσπάσθη πάλιν ἅπαντα εἰς τὸν οὐρανόν

13 29 *ὡς δὲ ἐτέλεσαν ἅπαντα (ϛ; πάντα rl) τὰ περὶ αὐτοῦ γεγραμμένα

16 3 ᾔδεισαν γὰρ ἅπαντες | ὅτι Ἕλλην ὁ πατὴρ αὐτοῦ (τὸν πατέρα αὐτοῦ ὅτι Ἕ. Τϛ) ὑπῆρχεν

16 28 ἅπαντες γάρ ἐσμεν ἐνθάδε

16 33 *ἐβαπτίσθη αὐτὸς καὶ οἱ αὐτοῦ ἅπαντες (πάντες N²⁶Sϛ)

25 24 περὶ οὗ ἅπαν (πᾶν ϛ) τὸ πλῆθος τῶν Ἰουδαίων ἐνέτυχόν (-χέν Η) μοι

27 33 παρεκάλει ὁ Παῦλος ἅπαντας μεταλαβεῖν τροφῆς

G 3 28 *ἅπαντες (Τ; πάντες rl) γὰρ ὑμεῖς εἷς ἐστε ἐν Χριστῷ Ἰησοῦ

E 6 13 ἵνα δυνηθῆτε ἀντιστῆναι ... καὶ ἅπαντα κατεργασάμενοι στῆναι

2Th 2 12 *ἵνα κριθῶσιν ἅπαντες (πάντες N²⁶ΝΗϛ) οἱ μὴ πιστεύσαντες

1Tm 1 16 ἵνα ... ἐνδείξηται | Χριστὸς Ἰησοῦς (~ ΝΜSϛ) τὴν ἅπασαν μακροθυμίαν

Jc 3 2 πολλὰ γὰρ πταίομεν ἅπαντες

ἀπασπάζομαι
→ ἀσπάζομαι

Ac 21 6 ⟨προσευξάμενοι⟩ ἀπησπασάμεθα (καὶ ἀσπασάμενοι ϛ) ἀλλήλους

ἀπατάω
ἐξ-

E 5 6 μηδεὶς ὑμᾶς ἀπατάτω κενοῖς λόγοις

1Tm 2 14 καὶ Ἀδὰμ οὐκ ἠπατήθη, ↔

2 14 *ἡ δὲ γυνὴ ἀπατηθεῖσα (ϛ; ἐξαπ. rl) ἐν παραβάσει γέγονεν

Jc 1 26 μὴ χαλιναγωγῶν γλῶσσαν αὐτοῦ (ἑαυτοῦ ΝΗ) ἀλλὰ ἀπατῶν καρδίαν αὐτοῦ (ἑαυτοῦ ΝΜ)

ἀπάτη

Mt 13 22 ἡ μέριμνα τοῦ αἰῶνος (+τούτου [Μ]VSϛ) καὶ ἡ ἀπάτη τοῦ πλούτου συμπνίγει τὸν λόγον

Mc 4 19 αἱ μέριμναι τοῦ αἰῶνος καὶ ἡ ἀπάτη τοῦ πλούτου ... συμπνίγουσιν τὸν λόγον

E 4 22 ἀποθέσθαι ὑμᾶς ... τὸν παλαιὸν ἄνθρωπον τὸν φθειρόμενον κατὰ τὰς ἐπιθυμίας τῆς ἀπάτης

Cl 2 8 μή τις ὑμᾶς ἔσται ὁ συλαγωγῶν διὰ τῆς φιλοσοφίας καὶ κενῆς ἀπάτης

2Th 2 10 ⟨οὗ ἐστιν ἡ παρουσία⟩ ἐν πάσῃ ἀπάτῃ ἀδικίας τοῖς ἀπολλυμένοις

Hb 3 13 ἵνα μὴ σκληρυνθῇ τις ἐξ ὑμῶν ἀπάτῃ τῆς ἁμαρτίας

2Pt 2 13 σπίλοι καὶ μῶμοι ἐντρυφῶντες ἐν ταῖς ἀπάταις αὐτῶν

ἀπάτωρ

Hb 7 3 ⟨Μελχισέδεκ⟩ ἀπάτωρ, ἀμήτωρ, ἀγενεαλόγητος ... μένει ἱερεύς

ἀπαύγασμα

Hb 1 3 ὃς ὢν ἀπαύγασμα τῆς δόξης καὶ χαρακτὴρ τῆς ὑποστάσεως

ἀπεῖδον
→ ἀφοράω

ἀπείθεια
ἀπειθία (Η)
ᵃ οἱ υἱοὶ τῆς ἀπ.

Rm 11 30 ὥσπερ ... νῦν δὲ ἠλεήθητε τῇ τούτων ἀπειθείᾳ

11 32 συνέκλεισεν γὰρ ὁ θεὸς τοὺς πάντας εἰς ἀπείθειαν

E 2 2ᵃ τοῦ πνεύματος τοῦ νῦν ἐνεργοῦντος ἐν τοῖς υἱοῖς τῆς ἀπειθείας

5 6ᵃ ἔρχεται ἡ ὀργὴ τοῦ θεοῦ ἐπὶ τοὺς υἱοὺς τῆς ἀπειθείας

Cl 3 6ᵃ δι᾽ ἃ ἔρχεται ἡ ὀργὴ τοῦ θεοῦ | ἐπὶ τοὺς υἱοὺς τῆς ἀπειθείας ([N²⁶]; — ΝSΤΗ)

Hb 4 6 ἐπεὶ ... οἱ πρότερον εὐαγγελισθέντες οὐκ εἰσῆλθον δι᾽ ἀπείθειαν

4 11 ἵνα μὴ ἐν τῷ αὐτῷ τις ὑποδείγματι πέσῃ τῆς ἀπειθείας

ἀπειθέω

Jo 3 36 ὁ δὲ (— Τ) ἀπειθῶν τῷ υἱῷ οὐκ ὄψεται ζωήν

Ac 14 2 οἱ δὲ ἀπειθήσαντες (-θοῦντες ϛ) Ἰουδαῖοι ἐπήγειραν ... τὰς ψυχάς

17 5 *ζηλώσαντες δὲ οἱ ἀπειθοῦντες (+ϛ) Ἰουδαῖοι

19 9 ὡς δέ τινες ... ἠπείθουν κακολογοῦντες τὴν ὁδόν

Rm 2 8 τοῖς δὲ ἐξ ἐριθείας καὶ ἀπειθοῦσι (+μὲν MVSϛ) τῇ ἀληθείᾳ ... ὀργὴ καὶ θυμός

10 21 ἐξεπέτασα τὰς χεῖράς μου πρὸς λαὸν ἀπειθοῦντα

11 30 ὥσπερ γὰρ ὑμεῖς ποτε ἠπειθήσατε τῷ θεῷ

11 31 οὕτως καὶ οὗτοι νῦν (— S) ἠπείθησαν τῷ ὑμετέρῳ ἐλέει

15 31 ἵνα ῥυσθῶ ἀπὸ τῶν ἀπειθούντων ἐν τῇ Ἰουδαίᾳ

Hb 3 18 τίσιν δὲ ὤμοσεν ... εἰ μὴ τοῖς ἀπειθήσασιν;

11 31 πίστει Ῥαὰβ ἡ πόρνη οὐ συναπώλετο τοῖς ἀπειθήσασιν

1Pt 2 7 *ἀπειθοῦσιν (ϛ; ἀπιστοῦσιν rl) δὲ λίθος (-ον STϛ) ... ἐγενήθη εἰς κεφαλὴν γωνίας

2 8 οἳ προσκόπτουσιν τῷ λόγῳ ἀπειθοῦντες

3 1 εἴ τινες ἀπειθοῦσιν τῷ λόγῳ

3 20 ⟨πνεύμασιν πορευθεὶς ἐκήρυξεν⟩ ἀπειθήσασίν ποτε

1Pt　4 17　τί τὸ τέλος τῶν ἀπειθούντων τῷ
　　　　　τοῦ θεοῦ εὐαγγελίῳ;

ἀπειθής

Lc　1 17　ἐπιστρέψαι ... ἀπειθεῖς ἐν φρονή-
　　　　　σει δικαίων

Ac　26 19　ὅθεν ... οὐκ ἐγενόμην ἀπειθὴς
　　　　　τῇ οὐρανίῳ ὀπτασίᾳ

Rm　1 30　⟨ποιεῖν τὰ μὴ καθήκοντα⟩ γονεῦ-
　　　　　σιν ἀπειθεῖς

2Tm　3 2　ἔσονται γὰρ οἱ ἄνθρωποι ...
　　　　　γονεῦσιν ἀπειθεῖς

Tt　1 16　βδελυκτοὶ ὄντες καὶ ἀπειθεῖς καὶ ...
　　　　　ἀδόκιμοι

　　3 3　ἦμεν γάρ ποτε καὶ ἡμεῖς ἀνόητοι,
　　　　　ἀπειθεῖς, πλανώμενοι

ἀπειλέω
προσαπ-

Ac　4 17　(+ἀπειλῇ VBϛ) ἀπειλησώμεθα
　　　　　αὐτοῖς μηκέτι λαλεῖν

1Pt　2 23　ὃς λοιδορούμενος οὐκ ἀντελοι-
　　　　　δόρει, πάσχων οὐκ ἠπείλει

ἀπειλή

Ac　4 17　*ἀπειλῇ (+VBϛ) ἀπειλησώμεθα
　　　　　αὐτοῖς μηκέτι λαλεῖν

　　4 29　ἔπιδε ἐπὶ τὰς ἀπειλὰς αὐτῶν

　　9 1　ὁ δὲ Σαῦλος ἔτι ἐμπνέων ἀπειλῆς
　　　　　καὶ φόνου ... ⟨ἠτήσατο⟩

E　6 9　οἱ κύριοι τὰ αὐτὰ ποιεῖτε πρὸς
　　　　　αὐτούς, ἀνιέντες τὴν ἀπειλήν

ἄπειμι
→ εἰμί

1C　5 3　ἐγὼ μὲν γάρ, ἀπὼν τῷ σώματι,
　　　　　παρὼν δὲ τῷ πνεύματι

2C　10 1　ὃς κατὰ πρόσωπον μὲν ταπεινὸς
　　　　　ἐν ὑμῖν, ἀπὼν δὲ θαρρῶ εἰς ὑμᾶς

　　10 11　ὅτι οἷοί ἐσμεν τῷ λόγῳ δι' ἐπι-
　　　　　στολῶν ἀπόντες

　　13 2　προλέγω, ὡς παρὼν τὸ δεύτερον
　　　　　καὶ ἀπὼν νῦν (+ γράφω ϛ)

　　13 10　διὰ τοῦτο ταῦτα ἀπὼν γράφω,
　　　　　ἵνα παρὼν μὴ ἀποτόμως χρήσω-
　　　　　μαι

Ph　1 27　ἵνα εἴτε ἐλθὼν ... εἴτε ἀπὼν ἀκούω
　　　　　(ἀκούσω VSϛ)

Cl　2 5　εἰ γὰρ καὶ τῇ σαρκὶ ἄπειμι, ἀλλὰ
　　　　　τῷ πνεύματι σὺν ὑμῖν εἰμι

ἄπειμι
→ εἶμι

Ac　17 10　οἵτινες παραγενόμενοι εἰς τὴν
　　　　　συναγωγὴν ... ἀπῄεσαν

ἀπεῖπον
→ ἀπολέγω

ἀπείραστος

Jc　1 13　ὁ γὰρ θεὸς ἀπείραστός ἐστιν
　　　　　κακῶν

ἄπειρος

Hb　5 13　ὁ μετέχων γάλακτος ἄπειρος
　　　　　λόγου δικαιοσύνης, νήπιος γάρ
　　　　　ἐστιν

ἀπεκδέχομαι
→ δέχομαι

Rm　8 19　τὴν ἀποκάλυψιν τῶν υἱῶν τοῦ
　　　　　θεοῦ ἀπεκδέχεται

　　8 23　στενάζομεν υἱοθεσίαν ἀπεκδεχό-
　　　　　μενοι

　　8 25　εἰ δὲ ... ἐλπίζομεν, δι' ὑπομονῆς
　　　　　ἀπεκδεχόμεθα

1C　1 7　μὴ ὑστερεῖσθαι ἐν μηδενὶ χαρίσ-
　　　　　ματι, ἀπεκδεχομένους τὴν ἀπο-
　　　　　κάλυψιν

G　5 5　ἡμεῖς γὰρ ... ἐλπίδα δικαιοσύνης
　　　　　ἀπεκδεχόμεθα

Ph　3 20　σωτῆρα ἀπεκδεχόμεθα κύριον
　　　　　Ἰησοῦν Χριστόν

Hb　9 28　Χριστὸς ... ὀφθήσεται τοῖς αὐτὸν
　　　　　ἀπεκδεχομένοις εἰς σωτηρίαν

1Pt　3 20　ὅτε ἀπεξεδέχετο (ἅπαξ ἐξεδ. ϛ)
　　　　　ἡ τοῦ θεοῦ μακροθυμία

ἀπεκδύομαι
→ δύνω, δύω

Cl　2 15　ἀπεκδυσάμενος τὰς ἀρχὰς καὶ
　　　　　τὰς ἐξουσίας

　　3 9　μὴ ψεύδεσθε ... ἀπεκδυσάμενοι
　　　　　τὸν παλαιὸν ἄνθρωπον σὺν ταῖς
　　　　　πράξεσιν αὐτοῦ

ἀπέκδυσις

Cl　2 11　περιετμήθητε περιτομῇ ἀχειρο-
　　　　　ποιήτῳ ἐν τῇ ἀπεκδύσει τοῦ
　　　　　σώματος τῆς σαρκός

ἀπελαύνω
→ ἐλαύνω

Ac　18 16　καὶ ἀπήλασεν αὐτοὺς ἀπὸ τοῦ
　　　　　βήματος

ἀπελεγμός

Ac　19 27　οὐ μόνον δὲ τοῦτο κινδυνεύει
　　　　　ἡμῖν τὸ μέρος εἰς ἀπελεγμὸν ἐλθεῖν

ἀπελεύθερος

1C　7 22　ὁ γὰρ ἐν κυρίῳ κληθεὶς δοῦλος
　　　　　ἀπελεύθερος κυρίου ἐστίν

Ἀπελλῆς

Rm　16 10　ἀσπάσασθε Ἀπελλῆν τὸν δόκι-
　　　　　μον ἐν Χριστῷ

ἀπελπίζω
→ ἐλπίζω

Lc　6 35　δανίζετε μηδὲν (-δένα T) ἀπελ-
　　　　　πίζοντες

ἀπελεύσομαι
→ ἀπέρχομαι

ἀπελήλυθα
→ ἀπέρχομαι

ἀπέναντι

Mt　21 2　*πορεύεσθε (-θητε Sϛ) εἰς τὴν
　　　　　κώμην τὴν ἀπέναντι (VSϛ; κατ-
　　　　　rl) ὑμῶν

　　27 24　ἀπενίψατο τὰς χεῖρας ἀπέναντι
　　　　　(κατ- NMH) τοῦ ὄχλου

　　27 61　καθήμεναι ἀπέναντι τοῦ τάφου

Ac　3 16　ἡ πίστις ... ἔδωκεν αὐτῷ τὴν
　　　　　ὁλοκληρίαν ταύτην ἀπέναντι πάν-
　　　　　των ὑμῶν

　　17 7　ἀπέναντι τῶν δογμάτων Καίσαρος
　　　　　πράσσουσιν

Rm　3 18　οὐκ ἔστιν φόβος θεοῦ ἀπέναντι
　　　　　τῶν ὀφθαλμῶν αὐτῶν

ἀπέραντος

1Tm　1 4　μηδὲ προσέχειν μύθοις καὶ γενεαλο-
　　　　　γίαις ἀπεράντοις

ἀπερισπάστως

1C　7 35　πρὸς τὸ ὑμῶν αὐτῶν σύμφορον
　　　　　λέγω ... πρὸς τὸ εὔσχημον καὶ
　　　　　εὐπάρεδρον τῷ κυρίῳ ἀπερισ-
　　　　　πάστως

ἀπερίτμητος

Ac　7 51　σκληροτράχηλοι καὶ ἀπερίτμητοι
　　　　　καρδίαις καὶ τοῖς ὠσίν

ἀπέρχομαι
→ ἔρχομαι
a　ἀπ. εἰς, πρός, ἐπί
b　ἀπ. ὀπίσω, εἰς τὰ ὀπίσω
c　ἀπ. ἀπό, ἔξω

Mt　2 22　ἀκούσας δὲ ὅτι Ἀρχέλαος βασιλεύ-
　　　　　ει ... ἐφοβήθη ἐκεῖ ἀπελθεῖν

　　4 24a　καὶ ἀπῆλθεν ἡ ἀκοὴ αὐτοῦ εἰς
　　　　　ὅλην τὴν Συρίαν

　　5 30a　ἵνα ... μὴ ὅλον τὸ σῶμά σου | εἰς
　　　　　γέενναν ἀπέλθῃ (βληθῇ ε. γ. ϛ)

　　8 18a　ἐκέλευσεν ἀπελθεῖν εἰς τὸ πέραν

　　8 19　ἀκολούθησώ σοι ὅπου ἐὰν ἀπέρχῃ

Mt　8 21　ἐπίτρεψόν μοι πρῶτον ἀπελθεῖν
　　　　　καὶ θάψαι

　　8 31a　*| ἐπίτρεψον ἡμῖν ἀπελθεῖν (ϛ;
　　　　　ἀπόστειλον ἡμᾶς rl) εἰς τὴν
　　　　　ἀγέλην

　　8 32a　οἱ δὲ ἐξελθόντες ἀπῆλθον εἰς τοὺς
　　　　　χοίρους

　　8 33a　καὶ ἀπελθόντες εἰς τὴν πόλιν
　　　　　ἀπήγγειλαν πάντα

　　9 7a　καὶ ἐγερθεὶς ἀπῆλθεν εἰς τὸν οἶκον
　　　　　αὐτοῦ

　　10 5a　εἰς ὁδὸν ἐθνῶν μὴ ἀπέλθητε

　　13 25　ἐπέσπειρεν ζιζάνια ... καὶ ἀπῆλθεν

　　13 28　θέλεις οὖν ἀπελθόντες συλλέξωμεν
　　　　　αὐτά;

　　13 46　ἀπελθὼν πέπρακεν πάντα

　　14 15a　ἵνα ἀπελθόντες εἰς τὰς κώμας
　　　　　ἀγοράσωσιν

　　14 16　οὐ χρείαν ἔχουσιν ἀπελθεῖν

　　14 25a　*ἀπῆλθεν (Sϛ; [ἀπ]ῆλθεν V; ἦλθεν
　　　　　rl) πρὸς αὐτοὺς περιπατῶν ἐπὶ
　　　　　τὴν θάλασσαν

　　16 4　καταλιπὼν αὐτοὺς ἀπῆλθεν

　　16 21　ὅτι δεῖ αὐτὸν εἰς Ἱεροσόλυμα
　　　　　ἀπελθεῖν

　　18 30　ἀπελθὼν ἔβαλεν αὐτὸν εἰς φυλακήν

　　19 22　ἀκούσας δὲ ὁ νεανίσκος ... ἀπῆλ-
　　　　　θεν λυπούμενος

　　20 5　οἱ δὲ ἀπῆλθον

　　21 29　|| οὐ θέλω, ὕστερον δὲ (— T)
　　　　　μεταμεληθεὶς ἀπῆλθεν ((ἐγὼ κύριε,
　　　　　καὶ οὐκ ἀπ. NH; ὑπάγω κύριε,
　　　　　κ. οὐκ ἀπ. MS))

　　21 30　|| ἐγὼ κύριε, καὶ οὐκ ἀπῆλθεν
　　　　　((οὐ θέλω, ὕστερον (+δὲ MS)
　　　　　μεταμεληθεὶς ἀπ. NSH))

　　22 5a　οἱ δὲ ἀμελήσαντες ἀπῆλθον, ὃς μὲν
　　　　　εἰς τὸν ἴδιον ἀγρόν

　　22 22　καὶ ἀφέντες αὐτὸν ἀπῆλθαν

　　25 10　ἀπερχομένων δὲ αὐτῶν ἀγοράσαι
　　　　　ἦλθεν ὁ νυμφίος

　　25 18　ἀπελθὼν ὤρυξεν γῆν

　　25 25　ἀπελθὼν ἔκρυψα τὸ τάλαντόν
　　　　　σου

　　25 46a　ἀπελεύσονται οὗτοι εἰς κόλασιν
　　　　　αἰώνιον

　　26 36　ἕως οὗ [N²⁶H] ᛁ ἀπελθὼν ἐκεῖ
　　　　　προσεύξωμαι

　　26 42　ἐκ δευτέρου ἀπελθὼν προσηύξατο

　　26 44　πάλιν ἀπελθὼν προσηύξατο ἐκ
　　　　　τρίτου

　　27 5　ἀπελθὼν ἀπήγξατο

　　27 60　προσκυλίσας λίθον ... ἀπῆλθεν

　　28 8a　ἀπελθοῦσαι (ἐξελθ. ϛ) ταχὺ ἀπὸ
　　　　　τοῦ μνημείου ... ἔδραμον

　　28 10a　ἀπαγγείλατε τοῖς ἀδελφοῖς μου
　　　　　ἵνα ἀπέλθωσιν εἰς τὴν Γαλιλαίαν

Mc　1 20b　ἀφέντες τὸν πατέρα ... ἀπῆλθον
　　　　　ὀπίσω αὐτοῦ

　　1 35a　ἐξῆλθεν | καὶ ἀπῆλθεν [H] εἰς
　　　　　ἔρημον τόπον

　　1 42c　εὐθὺς ἀπῆλθεν ἀπ' αὐτοῦ ἡ λέπρα

　　3 13a　προσκαλεῖται οὓς ἤθελεν αὐτός,
　　　　　καὶ ἀπῆλθον πρὸς αὐτόν

　　5 17c　ἤρξαντο παρακαλεῖν αὐτὸν ἀπελ-
　　　　　θεῖν ἀπὸ τῶν ὁρίων αὐτῶν

　　5 20　καὶ ἀπῆλθεν καὶ ἤρξατο κηρύσσειν

　　5 24　καὶ ἀπῆλθεν μετ' αὐτοῦ

　　6 27　καὶ (ὁ δὲ VSϛ) ἀπελθὼν ἀπεκεφά-
　　　　　λισεν αὐτόν

　　6 32a　καὶ ἀπῆλθον | ἐν τῷ πλοίῳ εἰς
　　　　　ἔρημον τόπον (εἰς ἔρ. τ. τῷ πλ.
　　　　　STϛ) κατ' ἰδίαν

　　6 36a　ἵνα ἀπελθόντες εἰς τοὺς κύκλῳ
　　　　　ἀγροὺς ... ἀγοράσωσιν

Mc 6 37 ἀπελθόντες ἀγοράσωμεν δηναρίων διακοσίων ἄρτους ⟨;⟩
6 46ᵃ ἀπῆλθεν εἰς τὸ ὄρος προσεύξασθαι
7 24ᵃ ἀπῆλθεν εἰς τὰ ὅρια (μεθόρια VSϛ) Τύρου (+ καὶ Σιδῶνος MVBS[H]ϛ)
7 30ᵃ καὶ ἀπελθοῦσα εἰς τὸν οἶκον αὐτῆς εὗρεν τὸ παιδίον
8 13ᵃ | πάλιν ἐμβὰς (~ Vϛ) ἀπῆλθεν εἰς τὸ πέραν
9 43ᵃ καλόν ἐστίν σε ... ἢ τὰς δύο χεῖρας ἔχοντα ἀπελθεῖν εἰς τὴν γέενναν
10 22 ὁ δὲ στυγνάσας ἐπὶ τῷ λόγῳ ἀπῆλθεν λυπούμενος
11 4 | καὶ ἀπῆλθον (ἀπ. δὲ ϛ) καὶ εὗρον (+ τὸν [S]Tϛ) πῶλον
12 12 καὶ ἀφέντες αὐτὸν ἀπῆλθον
14 10ᵃ καὶ (+ ὁ [S]ϛ) Ἰούδας ... ἀπῆλθεν πρὸς τοὺς ἀρχιερεῖς
14 12 ποῦ θέλεις ἀπελθόντες ἑτοιμάσωμεν ἵνα φάγῃς τὸ πάσχα;
14 39 καὶ πάλιν ἀπελθὼν προσηύξατο
[16 13] κἀκεῖνοι ἀπελθόντες ἀπήγγειλαν τοῖς λοιποῖς

Lc 1 23ᵃ ἐγένετο ὡς ἐπλήσθησαν αἱ ἡμέραι ... ἀπῆλθεν εἰς τὸν οἶκον αὐτοῦ
1 38ᶜ καὶ ἀπῆλθεν ἀπ᾽ αὐτῆς ὁ ἄγγελος
2 15ᵃᶜ ἐγένετο ὡς ἀπῆλθον ἀπ᾽ αὐτῶν εἰς τὸν οὐρανὸν οἱ ἄγγελοι
5 13ᶜ καὶ εὐθέως ἡ λέπρα ἀπῆλθεν ἀπ᾽ αὐτοῦ
5 14 ἀπελθὼν δεῖξον σεαυτὸν τῷ ἱερεῖ
5 25ᵃ παραχρῆμα ἀναστὰς ... ἀπῆλθεν εἰς τὸν οἶκον αὐτοῦ
7 24 ἀπελθόντων δὲ τῶν ἀγγέλων Ἰωάννου ἤρξατο λέγειν
8 31ᵃ ἵνα μὴ ἐπιτάξῃ αὐτοῖς εἰς τὴν ἄβυσσον ἀπελθεῖν
8 34 *καὶ ἀπελθόντες (+ϛ) ἀπήγγειλαν εἰς τὴν πόλιν
8 37ᶜ ἠρώτησεν (-σαν Tϛ) αὐτὸν ἅπαν τὸ πλῆθος ... ἀπελθεῖν ἀπ᾽ αὐτῶν
8 39 καὶ ἀπῆλθεν καθ᾽ ὅλην τὴν πόλιν κηρύσσων
9 12ᵃ *ἵνα ἀπελθόντες (ϛ; πορευθέντες rl) εἰς τὰς κύκλῳ κώμας ... καταλύσωσιν
9 57 ἀκολουθήσω σοι ὅπου ἐὰν (ἂν Tϛ) ἀπέρχῃ (+ κύριε Vϛ)
9 59 κύριε ([N²⁶]; — NTH), ἐπίτρεψόν μοι | ἀπελθόντι πρῶτον (~ NMV BTH) θάψαι
9 60 σὺ δὲ ἀπελθὼν διάγγελλε τὴν βασιλείαν τοῦ θεοῦ
10 30 οἳ καὶ ἐκδύσαντες αὐτὸν καὶ πληγὰς ἐπιθέντες ἀπῆλθον ἀφέντες ἡμιθανῆ (+ τυγχάνοντα Vϛ)
17 23 μὴ | ἀπέλθητε μηδὲ [H] διώξητε
19 32 ἀπελθόντες δὲ οἱ ἀπεσταλμένοι εὗρον
22 4 καὶ ἀπελθὼν συνελάλησεν τοῖς ἀρχιερεῦσιν
22 13 ἀπελθόντες δὲ εὗρον καθὼς εἰρήκει αὐτοῖς
23 33ᵃ *ὅτε ἀπῆλθον (STϛ; ἦλθον rl) ἐπὶ τὸν τόπον τὸν καλούμενον Κρανίον
24 12ᵃ | καὶ ἀπῆλθεν πρὸς ἑαυτὸν θαυμάζων τὸ γεγονός ([.. VH]; . — NT)
24 24ᵃ καὶ ἀπῆλθόν τινες τῶν σὺν ἡμῖν ἐπὶ τὸ μνημεῖον

Jo 4 3ᵃ καὶ ἀπῆλθεν πάλιν εἰς τὴν Γαλιλαίαν
4 8ᵃ οἱ γὰρ μαθηταὶ αὐτοῦ ἀπεληλύθεισαν εἰς τὴν πόλιν
4 28ᵃ καὶ ἀπῆλθεν εἰς τὴν πόλιν
4 43ᵃ *ἐξῆλθεν ἐκεῖθεν | καὶ ἀπῆλθεν (+ Vϛ) εἰς τὴν Γαλιλαίαν
4 47ᵃ ἀπῆλθεν (ἦλθεν S) πρὸς αὐτὸν καὶ ἠρώτα
5 15 ἀπῆλθεν ὁ ἄνθρωπος καὶ ἀνήγγειλεν (εἶπεν NMTH) τοῖς Ἰουδαίοις
6 1 μετὰ ταῦτα ἀπῆλθεν ὁ Ἰησοῦς πέραν τῆς θαλάσσης
6 22 ἀλλὰ μόνοι οἱ μαθηταὶ αὐτοῦ ἀπῆλθον
6 66ᵇ πολλοὶ ἐκ (+ [N²⁶]BH) τῶν μαθητῶν αὐτοῦ ἀπῆλθον εἰς τὰ ὀπίσω
6 68ᵃ κύριε, πρὸς τίνα ἀπελευσόμεθα;
9 7 ἀπῆλθεν οὖν καὶ ἐνίψατο, καὶ ἦλθεν βλέπων
9 11 ἀπελθὼν οὖν καὶ νιψάμενος ἀνέβλεψα
10 40ᵃ ἀπῆλθεν πάλιν πέραν τοῦ Ἰορδάνου εἰς τὸν τόπον
11 28 τοῦτο εἰποῦσα ἀπῆλθεν καὶ ἐφώνησεν Μαριάμ
11 46ᵃ τινὲς δὲ ἐξ αὐτῶν ἀπῆλθον πρὸς τοὺς Φαρισαίους
11 54ᵃ ἀπῆλθεν ἐκεῖθεν εἰς τὴν χώραν ἐγγὺς τῆς ἐρήμου
12 19ᵇ ἴδε ὁ κόσμος ὀπίσω αὐτοῦ ἀπῆλθεν
12 36 καὶ ἀπελθὼν ἐκρύβη ἀπ᾽ αὐτῶν
16 7 συμφέρει ὑμῖν ἵνα ἐγὼ ἀπέλθω
16 7 ἐὰν γὰρ μὴ ἀπέλθω
18 6ᵇ ἀπῆλθον εἰς τὰ ὀπίσω καὶ ἔπεσαν χαμαί
20 10ᵃ ἀπῆλθον οὖν πάλιν πρὸς αὐτοὺς (N²⁶T; αὐτ. NH; ἑαυτ. rl) οἱ μαθηταί

Ac 4 15ᶜ κελεύσαντες δὲ αὐτοὺς ἔξω τοῦ συνεδρίου ἀπελθεῖν
5 26 ἀπελθὼν ὁ στρατηγὸς σὺν τοῖς ὑπηρέταις ἦγεν (ἤγαγεν MVBSϛ) αὐτούς
9 17 ἀπῆλθεν δὲ Ἀνανίας καὶ εἰσῆλθεν εἰς τὴν οἰκίαν
10 7 ὡς δὲ ἀπῆλθεν ὁ ἄγγελος
16 39ᶜ ἐξαγαγόντες ἠρώτων | ἀπελθεῖν ἀπὸ (ἐξελθεῖν ϛ) τῆς πόλεως
23 32 ἐάσαντες τοὺς ἱππεῖς ἀπέρχεσθαι (πορεύεσθαι ϛ) σὺν αὐτῷ
28 29 * | καὶ ταῦτα αὐτοῦ εἰπόντος ἀπῆλθον οἱ Ἰουδαῖοι (+ϛ..)

Rm 15 28ᵃ σφραγισάμενος αὐτοῖς τὸν καρπὸν τοῦτον, ἀπελεύσομαι δι᾽ ὑμῶν εἰς Σπανίαν

G 1 17ᵃ οὐδὲ ἀνῆλθον ... ἀλλὰ ἀπῆλθον εἰς Ἀραβίαν

Jc 1 24 κατενόησεν γὰρ ἑαυτὸν καὶ ἀπελήλυθεν

Jd 7ᵇ αἱ περὶ αὐτὰς πόλεις ... ἐκπορνεύσασαι καὶ ἀπελθοῦσαι ὀπίσω σαρκὸς ἑτέρας

Ap 9 12 ἡ οὐαὶ ἡ μία ἀπῆλθεν
10 9ᵃ καὶ ἀπῆλθα (-θον ϛ) πρὸς τὸν ἄγγελον
11 14 ἡ οὐαὶ ἡ δευτέρα ἀπῆλθεν
12 17 ὠργίσθη ὁ δράκων ... καὶ ἀπῆλθεν ποιῆσαι πόλεμον
16 2 καὶ ἀπῆλθεν ὁ πρῶτος καὶ ἐξέχεεν τὴν φιάλην
18 14ᵇ ἡ ὀπώρα σου τῆς ἐπιθυμίας τῆς ψυχῆς ἀπῆλθεν ἀπὸ σοῦ

Ap 21 1 ὁ γὰρ πρῶτος οὐρανὸς καὶ ἡ πρώτη γῆ ἀπῆλθαν (παρῆλθε ϛ)
21 4 ὅτι ([N²⁶]; — BH) τὰ πρῶτα ἀπῆλθαν (-θεν V)

ἀπέχω
→ ἔχω
ᵃ med.
ᵇ intrans.
Mt 6 2 ἀπέχουσιν τὸν μισθὸν αὐτῶν
6 5 (+ὅτι [VS]ϛ) ἀπέχουσιν τὸν μισθὸν αὐτῶν
6 16 ἀπέχουσιν τὸν μισθὸν αὐτῶν
14 24ᵇ τὸ δὲ πλοῖον ἤδη | σταδίους πολλοὺς ἀπὸ τῆς γῆς ἀπεῖχεν (μέσον τῆς θαλάσσης ἦν VBSTϛ)
15 8ᵇ ἡ δὲ καρδία αὐτῶν πόρρω ἀπέχει ἀπ᾽ ἐμοῦ
Mc 7 6ᵇ ἡ δὲ καρδία αὐτῶν πόρρω ἀπέχει ἀπ᾽ ἐμοῦ
14 41 λέγει αὐτοῖς ... ἀναπαύεσθε· ἀπέχει
Lc 6 24 οὐαὶ ὑμῖν τοῖς πλουσίοις, ὅτι ἀπέχετε τὴν παράκλησιν ὑμῶν
7 6ᵇ ἤδη δὲ αὐτοῦ οὐ μακρὰν ἀπέχοντος ἀπὸ (—T) τῆς οἰκίας
15 20ᵇ ἔτι δὲ αὐτοῦ μακρὰν ἀπέχοντος εἶδεν αὐτὸν ὁ πατὴρ αὐτοῦ
24 13ᵇ εἰς κώμην ἀπέχουσαν σταδίους (+ ἑκατὸν M) ἑξήκοντα ἀπὸ Ἰερουσαλήμ
Ac 15 20ᵃ ἐπιστεῖλαι αὐτοῖς τοῦ ἀπέχεσθαι (+ ἀπὸ [MV]Sϛ) τῶν ἀλισγημάτων
15 29ᵃ ⟨μηδὲν πλέον ἐπιτίθεσθαι ὑμῖν βάρος πλὴν τούτων τῶν ἐπάναγκες⟩ ἀπέχεσθαι εἰδωλοθύτων καὶ αἵματος καὶ πνικτῶν
Ph 4 18 ἀπέχω δὲ πάντα καὶ περισσεύω
1Th 4 3ᵃ τοῦτο γάρ ἐστιν θέλημα τοῦ θεοῦ ... ἀπέχεσθαι ὑμᾶς ἀπὸ τῆς πορνείας
5 22ᵃ ἀπὸ παντὸς εἴδους πονηροῦ ἀπέχεσθε
1Tm 4 3ᵃ κωλυόντων γαμεῖν, ἀπέχεσθαι βρωμάτων
Phm 15 ἐχωρίσθη πρὸς ὥραν, ἵνα αἰώνιον αὐτὸν ἀπέχῃς
1Pt 2 11ᵃ παρακαλῶ ὡς παροίκους καὶ παρεπιδήμους ἀπέχεσθαι τῶν σαρκικῶν ἐπιθυμιῶν

ἀπῆλθον
→ ἀπέρχομαι
ἀπήνεγκα
→ ἀποφέρω
ἀπιστέω
Mc [16 11] κἀκεῖνοι ἀκούσαντες ὅτι ζῇ καὶ ἐθεάθη ὑπ᾽ αὐτῆς ἠπίστησαν
[16 16] ὁ πιστεύσας ... σωθήσεται, ὁ δὲ ἀπιστήσας κατακριθήσεται
Lc 24 11 ἐφάνησαν ... ὡσεὶ λῆρος τὰ ῥήματα ταῦτα, καὶ ἠπίστουν αὐταῖς
24 41 ἔτι δὲ ἀπιστούντων αὐτῶν ἀπὸ τῆς χαρᾶς
Ac 28 24 οἱ μὲν ἐπείθοντο τοῖς λεγομένοις, οἱ δὲ ἠπίστουν
Rm 3 3 εἰ ἠπίστησάν τινες
2Tm 2 13 εἰ ἀπιστοῦμεν, ἐκεῖνος πιστὸς μένει
1Pt 2 7 ὑμῖν οὖν ἡ τιμὴ τοῖς πιστεύουσιν· ἀπιστοῦσιν (ἀπειθοῦσιν ϛ) δὲ λίθος (-ον STϛ)

ἀπιστία
Mt 13 58 οὐκ ἐποίησεν ἐκεῖ δυνάμεις πολλὰς διὰ τὴν ἀπιστίαν αὐτῶν

Mt 17 20 *λέγει (εἶπεν Vς) αὐτοῖς· διὰ τὴν
ἀπιστίαν (Vς; ὀλιγοπιστίαν rl)
ὑμῶν
Mc 6 6 ἐθαύμαζεν (-μασεν NTH) διὰ τὴν
ἀπιστίαν αὐτῶν
9 24 πιστεύω· βοήθει μου τῇ ἀπιστίᾳ
[16 14] καὶ ὠνείδισεν τὴν ἀπιστίαν αὐτῶν
καὶ σκληροκαρδίαν
Rm 3 3 μὴ ἡ ἀπιστία αὐτῶν τὴν πίστιν
τοῦ θεοῦ καταργήσει;
4 20 εἰς δὲ τὴν ἐπαγγελίαν τοῦ θεοῦ οὐ
διεκρίθη τῇ ἀπιστίᾳ
11 20 τῇ ἀπιστίᾳ ἐξεκλάσθησαν
11 23 ἐὰν μὴ ἐπιμένωσιν τῇ ἀπιστίᾳ
1Tm 1 13 ὅτι ἀγνοῶν ἐποίησα ἐν ἀπιστίᾳ
Hb 3 12 μήποτε ἔσται ἔν τινι ὑμῶν καρδία
πονηρὰ ἀπιστίας
3 19 βλέπομεν ὅτι οὐκ ἠδυνήθησαν εἰσ-
ελθεῖν δι' ἀπιστίαν

ἄπιστος
Mt 17 17 ὦ γενεὰ ἄπιστος καὶ διεστραμμένη
Mc 9 19 ὦ γενεὰ ἄπιστος
Lc 9 41 ὦ γενεὰ ἄπιστος καὶ διεστραμμένη
12 46 τὸ μέρος αὐτοῦ μετὰ τῶν ἀπίστων
θήσει
Jo 20 27 μὴ γίνου ἄπιστος ἀλλὰ πιστός
Ac 26 8 τί ἄπιστον κρίνεται παρ' ὑμῖν εἰ ὁ
θεὸς νεκροὺς ἐγείρει;
1C 6 6 ἀδελφὸς μετὰ ἀδελφοῦ κρίνεται, καὶ
τοῦτο ἐπὶ ἀπίστων;
7 12 εἴ τις ἀδελφὸς γυναῖκα ἔχει ἄπιστον
7 13 γυνὴ | εἴ τις (ἥτις NMVSHς)
ἔχει ἄνδρα ἄπιστον
7 14 ἡγίασται γὰρ ὁ ἀνὴρ ὁ ἄπιστος
ἐν τῇ γυναικί, ↔
7 14 καὶ ἡγίασται ἡ γυνὴ ἡ ἄπιστος ἐν
τῷ ἀδελφῷ
7 15 εἰ δὲ ὁ ἄπιστος χωρίζεται, χω-
ριζέσθω
10 27 εἴ τις καλεῖ ὑμᾶς τῶν ἀπίστων καὶ
θέλετε πορεύεσθαι
14 22 αἱ γλῶσσαι εἰς σημεῖόν εἰσιν οὐ
τοῖς πιστεύουσιν ἀλλὰ τοῖς ἀ-
πίστοις, ↔
14 22 ἡ δὲ προφητεία οὐ τοῖς ἀπίστοις
ἀλλὰ τοῖς πιστεύουσιν
14 23 ἐὰν ... εἰσέλθωσιν δὲ ἰδιῶται ἢ
ἄπιστοι, οὐκ ἐροῦσιν ⟨;⟩
14 24 ἐὰν ... εἰσέλθῃ δέ τις ἄπιστος ἢ
ἰδιώτης
2C 4 4 ὁ θεὸς ... ἐτύφλωσεν τὰ νοήματα
τῶν ἀπίστων
6 14 μὴ γίνεσθε ἑτεροζυγοῦντες ἀπίστοις
6 15 ἢ τίς μερὶς πιστῷ μετὰ ἀπίστου;
1Tm 5 8 τὴν πίστιν ἤρνηται καὶ ἔστιν ἀπί-
στου χείρων
Tt 1 15 τοῖς δὲ μεμιαμμένοις καὶ ἀπίστοις
οὐδὲν καθαρόν
Ap 21 8 τοῖς δὲ δειλοῖς καὶ ἀπίστοις... τὸ
μέρος αὐτῶν ἐν τῇ λίμνῃ

ἁπλότης
Rm 12 8 ὁ μεταδιδοὺς ἐν ἁπλότητι
2C 1 12 ὅτι ἐν ἁπλότητι (N26 ς; ἁγιότητι
rl)...ἀνεστράφημεν
8 2 ἐπερίσσευσεν εἰς τὸ πλοῦτος τῆς
ἁπλότητος αὐτῶν
9 11 πλουτιζόμενοι εἰς πᾶσαν ἁπλότητα
9 13 ἐπὶ τῇ ὑποταγῇ τῆς ὁμολογίας...
καὶ ἁπλότητι τῆς κοινωνίας
11 3 ἀπὸ τῆς ἁπλότητος | καὶ τῆς ἁγ-
νότητος ([N26NH]; —T) τῆς εἰς
τὸν ([S]; — NMT) Χριστόν
E 6 5 ὑπακούετε ... ἐν ἁπλότητι τῆς
(—T) καρδίας ὑμῶν

Cl 3 22 ἐν ἁπλότητι καρδίας φοβούμενοι
τὸν κύριον
ἁπλοῦς
Mt 6 22 ἐὰν οὖν (—T) ᾖ ὁ ὀφθαλμός σου
ἁπλοῦς
Lc 11 34 ὅταν ὁ ὀφθαλμός σου ἁπλοῦς ᾖ
ἁπλῶς
Jc 1 5 αἰτείτω παρὰ τοῦ διδόντος θεοῦ
πᾶσιν ἁπλῶς
ἀπό
a ἀπ' ἄρτι, ἀπάρτι
b ἀπὸ τότε
c ἀπὸ τοῦ νῦν
d ἀπὸ μακρόθεν
e ἀπ' ἄνωθεν
f ἀπὸ ὁ ὤν

Mt 1 17 πᾶσαι οὖν αἱ γενεαὶ ἀπὸ Ἀβραὰμ
ἕως Δαυὶδ γενεαὶ δεκατέσσαρες,↔
1 17 καὶ ἀπὸ Δαυὶδ ἕως τῆς μετοικεσίας
Βαβυλῶνος γενεαὶ δεκατέσσαρες,↔
1 17 καὶ ἀπὸ τῆς μετοικεσίας Βαβυλῶ-
νος ἕως τοῦ Χριστοῦ γενεαὶ δεκα-
τέσσαρες
1 21 αὐτὸς γὰρ σώσει τὸν λαὸν αὐτοῦ
ἀπὸ τῶν ἁμαρτιῶν αὐτῶν
1 24 ἐγερθεὶς (διε. Sς) δὲ ὁ ([NH]; —S
T) Ἰωσὴφ ἀπὸ τοῦ ὕπνου
2 1 ἰδοὺ μάγοι ἀπὸ ἀνατολῶν παρε-
γένοντο εἰς Ἱεροσόλυμα
2 16 ἀνεῖλεν πάντας τοὺς παῖδας...
ἀπὸ διετοῦς καὶ κατωτέρω
3 4 εἶχεν τὸ ἔνδυμα αὐτοῦ ἀπὸ τριχῶν
καμήλου
3 7 φυγεῖν ἀπὸ τῆς μελλούσης ὀργῆς
3 13 παραγίνεται ὁ Ἰησοῦς ἀπὸ τῆς
Γαλιλαίας ἐπὶ τὸν Ἰορδάνην
3 16 | εὐθὺς ἀνέβη (~Sς) ἀπὸ τοῦ ὕδα-
τος
4 17b ἀπὸ τότε ἤρξατο ὁ Ἰησοῦς κηρύσ-
σειν
4 25 ἠκολούθησαν αὐτῷ ὄχλοι πολλοὶ
ἀπὸ τῆς Γαλιλαίας
5 18 μία κεραία οὐ μὴ παρέλθῃ ἀπὸ τοῦ
νόμου
5 29 ἔξελε αὐτὸν καὶ βάλε ἀπὸ σοῦ
5 30 ἔκκοψον αὐτὴν καὶ βάλε ἀπὸ σοῦ
5 42 τὸν θέλοντα ἀπὸ σοῦ δανίσασθαι
6 13 ἀλλὰ ῥῦσαι ἡμᾶς ἀπὸ τοῦ πονη-
ροῦ
7 4 *ἄφες ἐκβάλω τὸ κάρφος ἀπὸ (V
Sς; ἐκ rl) τοῦ ὀφθαλμοῦ σου
7 15 προσέχετε (+δὲ VSς) ἀπὸ τῶν
ψευδοπροφητῶν
7 16 ἀπὸ τῶν καρπῶν αὐτῶν ἐπιγνώ-
σεσθε αὐτούς. ↔
7 16 μήτι συλλέγουσιν ἀπὸ ἀκανθῶν
σταφυλάς (-ὴν Vς) ↔
7 16 ἢ ἀπὸ τριβόλων σῦκα;
7 20 ἄρα γε ἀπὸ τῶν καρπῶν αὐτῶν
ἐπιγνώσεσθε αὐτούς
7 23 ἀποχωρεῖτε ἀπ' ἐμοῦ οἱ ἐργαζό-
μενοι τὴν ἀνομίαν
8 1 | καταβάντος δὲ αὐτοῦ (κ-ντι δὲ
αὐτῷ Tς) ἀπὸ τοῦ ὄρους
8 11 ὅτι πολλοὶ ἀπὸ ἀνατολῶν καὶ
δυσμῶν ἥξουσιν
8 30 ἦν δὲ μακρὰν ἀπ' αὐτῶν ἀγέλη
χοίρων πολλῶν βοσκομένη
8 34 ὅπως μεταβῇ ἀπὸ τῶν ὁρίων αὐ-
τῶν
9 15 ὅταν ἀπαρθῇ ἀπ' αὐτῶν ὁ νυμφίος
9 16 αἴρει γὰρ τὸ πλήρωμα αὐτοῦ ἀπὸ
τοῦ ἱματίου
9 22 καὶ ἐσώθη ἡ γυνὴ ἀπὸ τῆς ὥρας
ἐκείνης

Mt 10 17 προσέχετε δὲ ἀπὸ τῶν ἀνθρώπων
10 28 μὴ φοβεῖσθε (-βηθῆτε MHς) ἀπὸ
τῶν ἀποκτεννόντων τὸ σῶμα
11 12 ἀπὸ δὲ τῶν ἡμερῶν Ἰωάννου τοῦ
βαπτιστοῦ ἕως ἄρτι
11 19 ἐδικαιώθη ἡ σοφία ἀπὸ τῶν ἔργων
(τέκνων Vς) αὐτῆς
11 25 ὅτι ἔκρυψας ταῦτα ἀπὸ σοφῶν καὶ
συνετῶν
11 29 καὶ μάθετε ἀπ' ἐμοῦ, ὅτι πραΰς εἰμι
12 38 θέλομεν ἀπὸ σοῦ σημεῖον ἰδεῖν
12 43 ὅταν...ἐξέλθῃ ἀπὸ τοῦ ἀνθρώπου
13 1 *ἐξελθὼν ὁ Ἰησοῦς ἀπὸ ([M]Vς; ἐκ
T; — rl) τῆς οἰκίας
13 12 καὶ ὃ ἔχει ἀρθήσεται ἀπ' αὐτοῦ
13 35 ἐρεύξομαι κεκρυμμένα ἀπὸ κατα-
βολῆς κόσμου ([N26]; — NTH)
13 44 καὶ ἀπὸ τῆς χαρᾶς αὐτοῦ ὑπάγει
14 2 αὐτὸς ἠγέρθη ἀπὸ τῶν νεκρῶν
14 13 ἠκολούθησαν αὐτῷ πεζῇ (πεζοὶ
T) ἀπὸ τῶν πόλεων
14 24 τὸ δὲ πλοῖον ἤδη | σταδίους πολ-
λοὺς ἀπὸ τῆς γῆς ἀπεῖχεν (μέσον
τῆς θαλάσσης ἦν VBSTς)
14 26 καὶ ἀπὸ τοῦ φόβου ἔκραξαν
14 29 καταβὰς ἀπὸ τοῦ πλοίου
15 1 προσέρχονται τῷ Ἰησοῦ (+οἱ Vς)
ἀπὸ Ἱεροσολύμων | Φαρισαῖοι καὶ
γραμματεῖς (~Sς)
15 8 ἀπέχει ἀπ' ἐμοῦ
15 22 ἀπὸ τῶν ὁρίων ἐκείνων ἐξελθοῦσα
15 27 ἐσθίει ἀπὸ τῶν ψιχίων
15 27 τῶν πιπτόντων ἀπὸ τῆς τραπέζης
15 28 ἰάθη ... ἀπὸ τῆς ὥρας ἐκείνης
16 6 προσέχετε ἀπὸ τῆς ζύμης τῶν Φα-
ρισαίων
16 11 | προσέχετε δὲ (προσέχειν Vς)
ἀπὸ τῆς ζύμης τῶν Φαρισαίων
16 12 προσέχειν ἀπὸ τῆς ζύμης | τῶν
ἄρτων ([NH]; τοῦ ἄρτου Vς; τῶν
Φαρισαίων καὶ Σαδδουκαίων T),↔
16 12 ἀλλὰ ἀπὸ τῆς διδαχῆς τῶν Φαρι-
σαίων καὶ Σαδδουκαίων
16 21b ἀπὸ τότε ἤρξατο ... δεικνύειν τοῖς
μαθηταῖς αὐτοῦ
16 21 πολλὰ παθεῖν ἀπὸ τῶν πρεσβυτέ-
ρων
17 9 *καταβαινόντων αὐτῶν ἀπὸ (ς; ἐκ
rl) τοῦ ὄρους ἐνετείλατο
17 18 ἐξῆλθεν ἀπ' αὐτοῦ τὸ δαιμόνιον
17 18 ἐθεραπεύθη ὁ παῖς ἀπὸ τῆς ὥρας
ἐκείνης
17 25 οἱ βασιλεῖς τῆς γῆς ἀπὸ τίνων
λαμβάνουσιν τέλη ἢ κῆνσον; ↔
17 25 ἀπὸ τῶν υἱῶν αὐτῶν ↔
17 25 ἢ ἀπὸ τῶν ἀλλοτρίων; ↔
17 26 | εἰπόντος δέ (λέγει αὐτῷ ὁ Πέτρος
Vς)· ἀπὸ τῶν ἀλλοτρίων
18 7 οὐαὶ τῷ κόσμῳ ἀπὸ τῶν σκανδά-
λων
18 8 ἔκκοψον αὐτὸν καὶ βάλε ἀπὸ σοῦ
18 9 ἔξελε αὐτὸν καὶ βάλε ἀπὸ σοῦ
18 35 ἐὰν μὴ ἀφῆτε ... ἀπὸ τῶν καρ-
διῶν ὑμῶν
19 1 μετῆρεν ἀπὸ τῆς Γαλιλαίας
19 4 ὅτι ὁ κτίσας (ποιήσας VTς) ἀπ'
ἀρχῆς ἄρσεν καὶ θῆλυ ἐποίησεν
αὐτούς
19 8 ἀπ' ἀρχῆς δὲ οὐ γέγονεν οὕτως
20 8 ἀρξάμενος ἀπὸ τῶν ἐσχάτων ἕως
τῶν πρώτων
20 20 προσῆλθεν ... αἰτοῦσά τι ἀπ'
(παρ' MVBSTς) αὐτοῦ
20 29 καὶ ἐκπορευομένων αὐτῶν ἀπὸ
Ἱεριχώ

Mt 21 8 ἔκοπτον κλάδους ἀπὸ τῶν δένδρων

21 11 ὁ ἀπὸ Ναζαρὲθ τῆς Γαλιλαίας

21 43 ὅτι ἀρθήσεται ἀφ' ὑμῶν ἡ βασιλεία τοῦ θεοῦ

22 46 οὐδὲ ἐτόλμησέν τις ἀπ' ἐκείνης τῆς ἡμέρας ἐπερωτῆσαι

23 33 πῶς φύγητε ἀπὸ τῆς κρίσεως τῆς γεέννης;

23 34 καὶ διώξετε ἀπὸ πόλεως εἰς πόλιν

23 35 ἀπὸ τοῦ αἵματος Ἄβελ τοῦ δικαίου ἕως τοῦ αἵματος Ζαχαρίου

23 39ᵃ οὐ μή με ἴδητε | ἀπ' ἄρτι (ἀπάρτι S) ἕως ἄν εἴπητε

24 1 ἐξελθὼν ὁ Ἰησοῦς | ἀπὸ τοῦ ἱεροῦ ἐπορεύετο (~ Vς)

24 21 θλῖψις μεγάλη οἵα | οὐ γέγονεν (οὐκ ἐγένετο ΒΤ) ἀπ' ἀρχῆς κόσμου ἕως τοῦ νῦν

24 27 ἐξέρχεται ἀπὸ ἀνατολῶν

24 29 πεσοῦνται ἀπὸ (ἐκ Τ) τοῦ οὐρανοῦ

24 31 ἐπισυνάξουσιν ... ἀπ' ἄκρων οὐρανῶν ἕως

24 32 ἀπὸ δὲ τῆς συκῆς μάθετε τὴν παραβολήν

25 28 ἄρατε οὖν ἀπ' αὐτοῦ τὸ τάλαντον

25 29 * | ἀπὸ δὲ τοῦ (ς; τοῦ δὲ rl) μὴ ἔχοντος

25 29 καὶ ὃ ἔχει ἀρθήσεται ἀπ' αὐτοῦ

25 32 ἀφορίσει (-ριεῖ Vς) αὐτοὺς ἀπ' ἀλλήλων

25 32 ἀφορίζει τὰ πρόβατα ἀπὸ τῶν ἐρίφων

25 34 ἡτοιμασμένην ὑμῖν βασιλείαν ἀπὸ καταβολῆς κόσμου

25 41 πορεύεσθε ἀπ' ἐμοῦ οἱ ([N²⁶VS]; —NTH) κατηραμένοι εἰς τὸ πῦρ

26 16ᵇ ἀπὸ τότε ἐζήτει εὐκαιρίαν

26 29ᵃ οὐ μὴ πίω ἀπ' ἄρτι ... ἕως τῆς ἡμέρας ἐκείνης

26 39 παρελθάτω ἀπ' ἐμοῦ τὸ ποτήριον τοῦτο

26 42 *εἰ οὐ δύναται τοῦτο (+ τὸ ποτήριον Vς) παρελθεῖν | ἀπ' ἐμοῦ (+ς)

26 47 ἦλθεν, καὶ μετ' αὐτοῦ ὄχλος πολὺς ... ἀπὸ τῶν ἀρχιερέων

26 58ᵈ ἠκολούθει αὐτῷ ἀπὸ ([NH]; —ST) μακρόθεν

26 64ᵃ ἀπ' ἄρτι ὄψεσθε τὸν υἱὸν τοῦ ἀνθρώπου καθήμενον

27 9 ὃν ἐτιμήσαντο ἀπὸ υἱῶν Ἰσραήλ

27 21 τίνα θέλετε ἀπὸ τῶν δύο ἀπολύσω ὑμῖν;

27 24 ἀθῷός εἰμι ἀπὸ τοῦ αἵματος (+τοῦ δικαίου MVSς) τούτου

27 40 κατάβηθι ἀπὸ τοῦ σταυροῦ

27 42 καταβάτω νῦν ἀπὸ τοῦ σταυροῦ

27 45 ἀπὸ δὲ ἕκτης ὥρας σκότος ἐγένετο

27 51ᵉ ἐσχίσθη || ἀπ' ([NH]; —T) ἄνωθεν ἕως κάτω εἰς δύο ((~ Vς))

27 55 γυναῖκες πολλαὶ ἀπὸ μακρόθεν θεωροῦσαι

27 55 ἠκολούθησαν τῷ Ἰησοῦ ἀπὸ τῆς Γαλιλαίας

27 57 ἦλθεν ἄνθρωπος πλούσιος ἀπὸ Ἀριμαθαίας

27 64 ἠγέρθη ἀπὸ τῶν νεκρῶν

28 2 *ἀπεκύλισεν τὸν λίθον | ἀπὸ τῆς θύρας (+ς)

28 4 ἀπὸ δὲ τοῦ φόβου αὐτοῦ ἐσείσθησαν οἱ τηροῦντες

28 7 ἠγέρθη ἀπὸ τῶν νεκρῶν

28 8 ἀπελθοῦσαι ταχὺ ἀπὸ τοῦ μνημείου

Mc 1 9 ἦλθεν Ἰησοῦς ἀπὸ Ναζαρὲτ τῆς Γαλιλαίας

1 10 *εὐθὺς ἀναβαίνων ἀπὸ (ς; ἐκ rl) τοῦ ὕδατος

1 42 εὐθὺς ἀπῆλθεν ἀπ' αὐτοῦ ἡ λέπρα

2 20 ὅταν ἀπαρθῇ ἀπ' αὐτῶν ὁ νυμφίος

2 21 αἴρει τὸ πλήρωμα ἀπ' (—ς) αὐτοῦ τὸ καινὸν τοῦ παλαιοῦ

3 7 πολὺ πλῆθος ἀπὸ τῆς Γαλιλαίας ↔

3 7 || ἠκολούθησεν ([N²⁶]; -σαν Τς) καὶ ἀπὸ τῆς Ἰουδαίας ((~T)) ↔

3 8 καὶ ἀπὸ Ἱεροσολύμων ↔

3 8 καὶ ἀπὸ τῆς Ἰδουμαίας ... ἦλθον πρὸς αὐτόν

3 22 οἱ γραμματεῖς οἱ ἀπὸ Ἱεροσολύμων καταβάντες ἔλεγον

4 25 ὃ ἔχει ἀρθήσεται ἀπ' αὐτοῦ

5 6ᵈ ἰδὼν τὸν Ἰησοῦν ἀπὸ μακρόθεν

5 17 ἀπελθεῖν ἀπὸ τῶν ὁρίων αὐτῶν

5 29 ὅτι ἴαται ἀπὸ τῆς μάστιγος

5 34 καὶ ἴσθι ὑγιὴς ἀπὸ τῆς μάστιγός σου

5 35 ἔρχονται ἀπὸ τοῦ ἀρχισυναγώγου λέγοντες

6 33 πεζῇ ἀπὸ πασῶν τῶν πόλεων συνέδραμον ἐκεῖ

6 43 ἦραν κλάσματα (-των Τς) δώδεκα κοφίνων πληρώματα καὶ ἀπὸ τῶν ἰχθύων

7 1 ἐλθόντες ἀπὸ Ἱεροσολύμων

7 4 ἀπ' ἀγορᾶς ἐὰν μὴ βαπτίσωνται (ῥαντίσ. NMVH) οὐκ ἐσθίουσιν

7 6 ἡ δὲ καρδία αὐτῶν πόρρω ἀπέχει ἀπ' ἐμοῦ

7 15 *τὰ | ἐκπορευόμενα ἀπ' αὐτοῦ, ἐκεῖνά (ς; ἐκ τοῦ ἀνθρώπου ἐκπ. rl) ἐστιν τὰ κοινοῦντα

7 17 ὅτε εἰσῆλθεν εἰς (+τὸν Τ) οἶκον ἀπὸ τοῦ ὄχλου

7 28 ἐσθίουσιν (ἐσθίει Vς) ἀπὸ τῶν ψιχίων τῶν παιδίων

7 33 ἀπολαβόμενος αὐτὸν ἀπὸ τοῦ ὄχλου κατ' ἰδίαν

8 3ᵈ καί τινες αὐτῶν ἀπὸ (—ς) μακρόθεν ἥκασιν (ἥκουσιν Vς; εἰσίν ΝΗ)

8 11 ζητοῦντες παρ' αὐτοῦ σημεῖον ἀπὸ τοῦ οὐρανοῦ

8 15 βλέπετε ἀπὸ τῆς ζύμης τῶν Φαρισαίων

8 31 *ἀποδοκιμασθῆναι ἀπὸ (ς; ὑπὸ rl) τῶν πρεσβυτέρων

9 9 *| καὶ καταβαινόντων (καταβ. δὲ Sς) αὐτῶν ἀπὸ (VBSTς; ἐκ rl) τοῦ ὄρους

10 6 ἀπὸ δὲ ἀρχῆς κτίσεως ἄρσεν καὶ θῆλυ ἐποίησεν αὐτούς [H]

10 46 καὶ ἐκπορευομένου αὐτοῦ ἀπὸ Ἱεριχώ

11 12 ἐξελθόντων αὐτῶν ἀπὸ Βηθανίας

11 13ᵈ ἰδὼν συκῆν ἀπὸ (—ς) μακρόθεν

12 2 ἵνα ... λάβῃ ἀπὸ τῶν καρπῶν τοῦ ἀμπελῶνος

12 34 οὐ μακρὰν εἶ [H] ἀπὸ τῆς βασιλείας τοῦ θεοῦ

12 38 βλέπετε ἀπὸ τῶν γραμματέων

13 19 οἵα οὐ γέγονεν τοιαύτη ἀπ' ἀρχῆς κτίσεως ... ἕως τοῦ νῦν

13 27 ἐκ τῶν τεσσάρων ἀνέμων ἀπ' ἄκρου γῆς ἕως ἄκρου οὐρανοῦ

13 28 ἀπὸ δὲ τῆς συκῆς μάθετε τὴν παραβολήν

14 35 ἵνα ... παρέλθῃ ἀπ' αὐτοῦ ἡ ὥρα

14 36 παρένεγκε (-και S) τὸ ποτήριον τοῦτο ἀπ' ἐμοῦ

Mc 14 52 *γυμνὸς ἔφυγεν | ἀπ' αὐτῶν (+ MV[S]ς)

14 54ᵈ καὶ Πέτρος ἀπὸ μακρόθεν ἠκολούθησεν αὐτῷ

15 21 Σίμωνα Κυρηναῖον ἐρχόμενον ἀπ' ἀγροῦ

15 30 καταβὰς ἀπὸ τοῦ σταυροῦ

15 32 καταβάτω νῦν ἀπὸ τοῦ σταυροῦ

15 38ᵉ ἐσχίσθη εἰς δύο ἀπ' ἄνωθεν ἕως κάτω

15 40ᵈ ἦσαν δὲ καὶ γυναῖκες ἀπὸ μακρόθεν θεωροῦσαι

15 43 ἐλθὼν Ἰωσὴφ ὁ ([N²⁶]; —H) ἀπὸ Ἀριμαθαίας

15 45 καὶ γνοὺς ἀπὸ τοῦ κεντυρίωνος

16 8 ἔφυγον ἀπὸ τοῦ μνημείου

[16 9] *ἀφ' (Τς; παρ' rl) ἧς ἐκβεβλήκει ἑπτὰ δαιμόνια

[16 br] ἀπὸ ἀνατολῆς καὶ ἄχρι δύσεως

Lc 1 2 καθὼς παρέδοσαν ἡμῖν οἱ ἀπ' ἀρχῆς αὐτόπται ... γενόμενοι

1 26 ἀπεστάλη ὁ ἄγγελος Γαβριὴλ ἀπὸ (ὑπὸ Vς) τοῦ θεοῦ

1 38 καὶ ἀπῆλθεν ἀπ' αὐτῆς ὁ ἄγγελος

1 48ᶜ ἀπὸ τοῦ νῦν μακαριοῦσίν με πᾶσαι αἱ γενεαί

1 52 καθεῖλεν δυνάστας ἀπὸ θρόνων

1 70 διὰ στόματος τῶν ἁγίων ἀπ' αἰῶνος προφητῶν αὐτοῦ

2 4 ἀνέβη δὲ καὶ Ἰωσὴφ ἀπὸ τῆς Γαλιλαίας

2 15 ἐγένετο ὡς ἀπῆλθον ἀπ' αὐτῶν εἰς τὸν οὐρανὸν οἱ ἄγγελοι

2 36 ζήσασα μετὰ ἀνδρὸς ἔτη ἑπτὰ ἀπὸ τῆς παρθενίας αὐτῆς

2 37 *ἣ οὐκ ἀφίστατο ἀπὸ (+ς) τοῦ ἱεροῦ ... λατρεύουσα

3 7 φυγεῖν ἀπὸ τῆς μελλούσης ὀργῆς

4 1 ὑπέστρεψεν ἀπὸ τοῦ Ἰορδάνου

4 13 ὁ διάβολος ἀπέστη ἀπ' αὐτοῦ ἄχρι καιροῦ

4 35 φιμώθητι καὶ ἔξελθε ἀπ' (ἐξ ς) αὐτοῦ

4 35 ἐξῆλθεν ἀπ' αὐτοῦ

4 38 ἀναστὰς δὲ ἀπὸ (ἐκ ς) τῆς συναγωγῆς

4 41 ἐξήρχετο (-χοντο ST) δὲ καὶ δαιμόνια ἀπὸ πολλῶν

4 42 κατεῖχον αὐτὸν τοῦ μὴ πορεύεσθαι ἀπ' αὐτῶν

5 2 οἱ δὲ ἁλιεῖς ἀπ' αὐτῶν ἀποβάντες

5 3 ἠρώτησεν αὐτὸν ἀπὸ τῆς γῆς ἐπαναγαγεῖν ὀλίγον

5 8 ἔξελθε ἀπ' ἐμοῦ

5 10ᶜ ἀπὸ τοῦ νῦν ἀνθρώπους ἔσῃ ζωγρῶν

5 13 καὶ εὐθέως ἡ λέπρα ἀπῆλθεν ἀπ' αὐτοῦ

5 15 θεραπεύεσθαι ἀπὸ τῶν ἀσθενειῶν αὐτῶν

5 35 ὅταν ἀπαρθῇ ἀπ' αὐτῶν ὁ νυμφίος

5 36 οὐδεὶς ἐπίβλημα ἀπὸ (—ς) ἱματίου καινοῦ σχίσας (—ς) ἐπιβάλλει

5 36 οὐ συμφωνήσει τὸ ἐπίβλημα τὸ ἀπὸ τοῦ καινοῦ

6 13 καὶ ἐκλεξάμενος ἀπ' αὐτῶν δώδεκα

6 17 πλῆθος πολὺ τοῦ λαοῦ ἀπὸ πάσης τῆς Ἰουδαίας

6 18 οἳ ἦλθον ... ἰαθῆναι ἀπὸ τῶν νόσων αὐτῶν

6 18 οἱ ἐνοχλούμενοι ἀπὸ πνευμάτων ἀκαθάρτων ἐθεραπεύοντο

6 29 ἀπὸ τοῦ αἴροντός σου τὸ ἱμάτιον καὶ τὸν χιτῶνα μὴ κωλύσῃς

Lc 6 30 καὶ ἀπὸ τοῦ αἴροντος τὰ σὰ μὴ ἀπαίτει

7 6 ἤδη δὲ αὐτοῦ οὐ μακρὰν ἀπέχοντος ἀπὸ (—T) τῆς οἰκίας

7 21 ἐθεράπευσεν πολλοὺς ἀπὸ νόσων

7 35 ἐδικαιώθη ἡ σοφία ἀπὸ | πάντων τῶν τέκνων αὐτῆς (~ VTς)

7 45 ἀφ' ἧς εἰσῆλθον οὐ διέλιπεν (N²⁶Hς; -λειπεν rl) καταφιλοῦσα

8 2 αἳ ἦσαν τεθεραπευμέναι ἀπὸ πνευμάτων πονηρῶν

8 2 Μαρία ἡ καλουμένη Μαγδαληνή, ἀφ' ἧς δαιμόνια ἑπτὰ ἐξεληλύθει

8 3 *διηκόνουν αὐτοῖς (αὐτῷ Sς) ἀπὸ (ς; ἐκ rl) τῶν ὑπαρχόντων αὐταῖς

8 12 αἴρει τὸν λόγον ἀπὸ τῆς καρδίας αὐτῶν

8 18 καὶ ὃ δοκεῖ ἔχειν ἀρθήσεται ἀπ' αὐτοῦ

8 29 ἐξελθεῖν ἀπὸ τοῦ ἀνθρώπου

8 29 *ἠλαύνετο ἀπὸ (NMH; ὑπὸ rl) τοῦ δαιμονίου (δαίμονος Vς) εἰς τὰς ἐρήμους

8 33 ἐξελθόντα δὲ τὰ δαιμόνια ἀπὸ τοῦ ἀνθρώπου

8 35 τὸν ἄνθρωπον ἀφ' οὗ τὰ δαιμόνια ἐξῆλθεν (ἐξεληλύθει VBς)

8 37 ἠρώτησεν (-σαν Tς) αὐτὸν ... ἀπελθεῖν ἀπ' αὐτῶν

8 38 ὁ ἀνὴρ ἀφ' οὗ ἐξεληλύθει τὰ δαιμόνια

8 43 γυνὴ οὖσα ἐν ῥύσει αἵματος ἀπὸ ἐτῶν δώδεκα

8 43 οὐκ ἴσχυσεν ἀπ' (ὑπ' Sς) οὐδενὸς θεραπευθῆναι

8 46 ἔγνων δύναμιν ἐξεληλυθυῖαν ἀπ' ἐμοῦ

9 5 ἐξερχόμενοι ἀπὸ τῆς πόλεως ἐκείνης ↔

9 5 (+καὶ VTς) τὸν κονιορτὸν ἀπὸ τῶν ποδῶν ὑμῶν ἀποτινάσσετε

9 22 ἀποδοκιμασθῆναι ἀπὸ τῶν πρεσβυτέρων

9 33 ἐν τῷ διαχωρίζεσθαι αὐτοὺς ἀπ' αὐτοῦ εἶπεν

9 37 κατελθόντων αὐτῶν ἀπὸ τοῦ ὄρους

9 38 ἰδοὺ ἀνὴρ ἀπὸ τοῦ ὄχλου ἐβόησεν (ἀνεβ. Vς)

9 39 μόγις (μόλις NMBH) ἀποχωρεῖ ἀπ' αὐτῶν

9 45 ἦν παρακεκαλυμμένον ἀπ' αὐτῶν

9 54 θέλεις εἴπωμεν πῦρ καταβῆναι ἀπὸ τοῦ οὐρανοῦ ⟨;⟩

10 21 ὅτι ἀπέκρυψας ταῦτα ἀπὸ σοφῶν καὶ συνετῶν

10 30 κατέβαινεν ἀπὸ Ἰερουσαλὴμ εἰς Ἰεριχώ

11 4 *| ἀλλὰ ῥῦσαι ἡμᾶς ἀπὸ τοῦ πονηροῦ (+ς)

11 24 ὅταν τὸ ἀκάθαρτον πνεῦμα ἐξέλθη ἀπὸ τοῦ ἀνθρώπου

11 50 ἵνα ἐκζητηθῇ τὸ αἷμα πάντων τῶν προφητῶν τὸ ἐκκεχυμένον (ἐκχυννόμενον Tς) ἀπὸ καταβολῆς κόσμου ↔

11 50 ἀπὸ τῆς γενεᾶς ταύτης, ↔

11 51 ἀπὸ αἵματος Ἄβελ ἕως αἵματος Ζαχαρίου

11 51 ἐκζητηθήσεται ἀπὸ τῆς γενεᾶς ταύτης

12 1 προσέχετε ἑαυτοῖς ἀπὸ τῆς ζύμης

12 4 μὴ φοβηθῆτε ἀπὸ τῶν ἀποκτεινόντων τὸ σῶμα

12 15 φυλάσσεσθε ἀπὸ πάσης πλεονεξίας

Lc 12 20 τὴν ψυχήν σου ἀπαιτοῦσιν ([ἀπ]αιτ. S; αἰτ. H) ἀπὸ σοῦ

12 52ᶜ ἔσονται γὰρ ἀπὸ τοῦ νῦν ... διαμεμερισμένοι

12 54 *ὅταν ἴδητε τὴν [+N²⁶] νεφέλην ἀνατέλλουσαν ἀπὸ (ς; ἐπὶ rl) δυσμῶν

12 57 τί δὲ καὶ ἀφ' ἑαυτῶν οὐ κρίνετε τὸ δίκαιον;

12 58 δὸς ἐργασίαν ἀπηλλάχθαι ἀπ' [H] αὐτοῦ

13 7 τρία ἔτη | ἀφ' οὗ (— ς) ἔρχομαι ζητῶν καρπόν

13 12 *γύναι, ἀπολέλυσαι ἀπὸ (+T) τῆς ἀσθενείας σου

13 15 οὐ λύει ... τὸν ὄνον ἀπὸ τῆς φάτνης ⟨;⟩

13 16 οὐκ ἔδει λυθῆναι ἀπὸ τοῦ δεσμοῦ τούτου ⟨;⟩

13 25 ἀφ' οὗ ἂν ἐγερθῇ ὁ οἰκοδεσπότης

13 27 ἀπόστητε ἀπ' ἐμοῦ πάντες ἐργάται ἀδικίας

13 29 ἥξουσιν ἀπὸ ἀνατολῶν καὶ δυσμῶν ↔

13 29 καὶ ἀπὸ (—VT) βορρᾶ καὶ νότου

14 18 ἤρξαντο ἀπὸ μιᾶς πάντες παραιτεῖσθαι

15 16 *ἐπεθύμει χορτασθῆναι (N²⁶H; γεμίσαι τὴν κοιλίαν αὐτοῦ rl) ἀπὸ (VBTς; ἐκ rl) τῶν κερατίων

16 3 ὅτι ... ἀφαιρεῖται τὴν οἰκονομίαν ἀπ' ἐμοῦ

16 16ᵇ ἀπὸ τότε ἡ βασιλεία τοῦ θεοῦ εὐαγγελίζεται

16 18 ὁ ἀπολελυμένην ἀπὸ ἀνδρὸς γαμῶν

16 21 ἐπιθυμῶν χορτασθῆναι ἀπὸ τῶν πιπτόντων ↔

16 21 ἀπὸ τῆς τραπέζης τοῦ πλουσίου

16 23ᵈ ὁρᾷ Ἀβραὰμ ἀπὸ μακρόθεν

16 30 ἐάν τις ἀπὸ νεκρῶν πορευθῇ πρὸς αὐτούς

17 25 δεῖ αὐτὸν ... ἀποδοκιμασθῆναι ἀπὸ τῆς γενεᾶς ταύτης

17 29 ᾗ δὲ ἡμέρᾳ ἐξῆλθεν Λὼτ ἀπὸ Σοδόμων, ↔

17 29 ἔβρεξεν πῦρ καὶ θεῖον ἀπ' οὐρανοῦ

18 3 ἐκδίκησόν με ἀπὸ τοῦ ἀντιδίκου μου

18 34 ἦν τὸ ῥῆμα τοῦτο κεκρυμμένον ἀπ' αὐτῶν

19 3 ἐζήτει ἰδεῖν ... καὶ οὐκ ἠδύνατο ἀπὸ τοῦ ὄχλου

19 24 ἄρατε ἀπ' αὐτοῦ τὴν μνᾶν

19 26 ἀπὸ δὲ τοῦ μὴ ἔχοντος ↔

19 26 *καὶ ὃ ἔχει ἀρθήσεται | ἀπ' αὐτοῦ (+Vς)

19 39 καί τινες τῶν Φαρισαίων ἀπὸ τοῦ ὄχλου εἶπαν

19 42 νῦν δὲ ἐκρύβη ἀπὸ ὀφθαλμῶν σου

20 10 ἵνα ἀπὸ τοῦ καρποῦ τοῦ ἀμπελῶνος δώσουσιν αὐτῷ

20 46 προσέχετε ἀπὸ τῶν γραμματέων

21 11 φόβητρά τε καὶ | ἀπ' οὐρανοῦ σημεῖα μεγάλα (~ Tς BS) ἔσται

21 26 ἀποψυχόντων ἀνθρώπων ἀπὸ φόβου

21 30 βλέποντες ἀφ' ἑαυτῶν γινώσκετε

22 18ᶜ ὅτι (+[N²⁶]Tς) οὐ μὴ πίω | ἀπὸ τοῦ νῦν (— ς)

22 18 ἀπὸ τοῦ γενήματος τῆς ἀμπέλου

22 41 αὐτὸς ἀπεσπάσθη ἀπ' αὐτῶν

22 42 παρένεγκε (-έγκαι T; -εγκεῖν Sς) τοῦτο τὸ ποτήριον ἀπ' ἐμοῦ

Lc 22 43 || ὤφθη δὲ αὐτῷ ἄγγελος ἀπ' (ἀπὸ τοῦ H) οὐρανοῦ [[N²⁶N SH..]]

22 45 ἀναστὰς ἀπὸ τῆς προσευχῆς

22 45 εὗρεν κοιμωμένους αὐτοὺς ἀπὸ τῆς λύπης

22 69ᶜ ἀπὸ τοῦ νῦν δὲ ἔσται ὁ υἱὸς τοῦ ἀνθρώπου καθήμενος

22 71 ἠκούσαμεν ἀπὸ τοῦ στόματος αὐτοῦ

23 5 ἀρξάμενος ἀπὸ τῆς Γαλιλαίας ἕως ὧδε

23 26 | Σίμωνά τινα Κυρηναῖον ἐρχόμενον (Σ-νός τινος Κ-ναίου ἐ-μένου Vς) ἀπ' ἀγροῦ

23 49 εἱστήκεισαν δὲ πάντες οἱ γνωστοὶ αὐτῷ (αὐτοῦ Sς) ἀπὸ (— Sς) μακρόθεν

23 49 γυναῖκες αἱ (—V) συνακολουθοῦσαι αὐτῷ ἀπὸ τῆς Γαλιλαίας

23 51 ⟨Ἰωσὴφ⟩ ἀπὸ Ἀριμαθαίας πόλεως τῶν Ἰουδαίων

24 2 εὗρον δὲ τὸν λίθον ἀποκεκυλισμένον ἀπὸ τοῦ μνημείου

24 9 ὑποστρέψασαι | ἀπὸ τοῦ μνημείου [H] ἀπήγγειλαν

24 13 εἰς κώμην ἀπέχουσαν σταδίους (+ ἑκατὸν M) ἑξήκοντα ἀπὸ Ἰερουσαλήμ

24 21 τρίτην ταύτην ἡμέραν ἄγει (+σήμερον Vς) ἀφ' οὗ ταῦτα ἐγένετο

24 27 ἀρξάμενος ἀπὸ Μωϋσέως ↔

24 27 καὶ ἀπὸ πάντων τῶν προφητῶν

24 31 αὐτὸς ἄφαντος ἐγένετο ἀπ' αὐτῶν

24 41 ἀπιστούντων αὐτῶν ἀπὸ τῆς χαρᾶς

24 42 *ἐπέδωκαν αὐτῷ ἰχθύος ὀπτοῦ μέρος | καὶ ἀπὸ μελισσίου κηρίου (+ Vς)

24 47 κηρυχθῆναι ... μετάνοιαν ... εἰς πάντα τὰ ἔθνη, ἀρξάμενοι (-μενον Vς) ἀπὸ Ἰερουσαλήμ

24 51 διέστη ἀπ' αὐτῶν

Jo 1 44 ἦν δὲ ὁ Φίλιππος ἀπὸ Βηθσαϊδά

1 45 Ἰησοῦν (+τὸν BSς) υἱὸν τοῦ Ἰωσὴφ τὸν ἀπὸ Ναζαρέτ

1 51ᵃ *| ἀπ' ἄρτι (+V[S]ς) ὄψεσθε τὸν οὐρανὸν ἀνεῳγότα

3 2 οἴδαμεν ὅτι ἀπὸ θεοῦ ἐλήλυθας διδάσκαλος

5 19 οὐ δύναται ὁ υἱὸς ποιεῖν ἀφ' ἑαυτοῦ οὐδέν

5 30 οὐ δύναμαι ἐγὼ ποιεῖν ἀπ' ἐμαυτοῦ οὐδέν

6 38 ὅτι καταβέβηκα ἀπὸ (ἐκ ς) τοῦ οὐρανοῦ

7 17 ἢ ἐγὼ ἀπ' ἐμαυτοῦ λαλῶ

7 18 ὁ ἀφ' ἑαυτοῦ λαλῶν

7 28 ἀπ' ἐμαυτοῦ οὐκ ἐλήλυθα

7 42 ἀπὸ Βηθλέεμ ... | ἔρχεται ὁ χριστός (~ Tς);

[8 9] ἀρξάμενοι ἀπὸ τῶν πρεσβυτέρων

[8 11]ᶜ πορεύου, καὶ (+[N²⁶]Mς) | ἀπὸ τοῦ νῦν (— ς) μηκέτι ἁμάρτανε

8 28 καὶ ἀπ' ἐμαυτοῦ ποιῶ οὐδέν

8 42 οὐδὲ γὰρ ἀπ' ἐμαυτοῦ ἐλήλυθα

8 44 ἐκεῖνος ἀνθρωποκτόνος ἦν ἀπ' ἀρχῆς

10 5 οὐ μὴ ἀκολουθήσουσιν (-σωσιν Sς), ἀλλὰ φεύξονται ἀπ' αὐτοῦ

10 18 οὐδεὶς αἴρει (ἦρεν NH) αὐτὴν ἀπ' ἐμοῦ

10 18 ἐγὼ τίθημι αὐτὴν ἀπ' ἐμαυτοῦ

11 1 ἦν δέ τις ἀσθενῶν, Λάζαρος ἀπὸ Βηθανίας

Jo 11 18 ἦν ... ἐγγὺς τῶν Ἱεροσολύμων ὡς ἀπὸ σταδίων δεκαπέντε

11 51 τοῦτο δὲ ἀφ' ἑαυτοῦ οὐκ εἶπεν

11 53 ἀπ' ἐκείνης οὖν τῆς ἡμέρας ἐβουλεύσαντο (συν- VSϛ)

12 21 προσῆλθον Φιλίππῳ τῷ ἀπὸ Βηθσαϊδὰ τῆς Γαλιλαίας

12 36 ἀπελθὼν ἐκρύβη ἀπ' αὐτῶν

13 3 ὅτι ἀπὸ θεοῦ ἐξῆλθεν

13 19ᵃ ἀπ' ἄρτι (ἀπάρτι T) λέγω ὑμῖν

14 7ᵃ καὶ ([N²⁶]; — NMSH) | ἀπ' ἄρτι (ἀπάρτι T) γινώσκετε αὐτόν

14 10 τὰ ῥήματα ἃ ἐγὼ λέγω (λαλῶ Sϛ) ὑμῖν ἀπ' ἐμαυτοῦ οὐ λαλῶ

15 4 καθὼς τὸ κλῆμα οὐ δύναται καρπὸν φέρειν ἀφ' ἑαυτοῦ

15 27 ὅτι ἀπ' ἀρχῆς μετ' ἐμοῦ ἐστε

16 13 οὐ γὰρ λαλήσει ἀφ' ἑαυτοῦ

16 22 τὴν χαρὰν ὑμῶν οὐδεὶς αἴρει (ἀρεῖ H) ἀφ' ὑμῶν

16 30 πιστεύομεν ὅτι ἀπὸ θεοῦ ἐξῆλθες

18 28 ἄγουσιν οὖν τὸν Ἰησοῦν ἀπὸ τοῦ Καϊάφα εἰς τὸ πραιτώριον

18 34 | ἀπὸ σεαυτοῦ (ἀφ' ἑαυτοῦ NTϛ) σὺ τοῦτο λέγεις ⟨;⟩

19 27 καὶ ἀπ' ἐκείνης τῆς ὥρας ἔλαβεν | ὁ μαθητὴς αὐτήν (~ Tϛ)

19 38 Ἰωσὴφ ὁ ([N²⁶S]; — NH) ἀπὸ Ἀριμαθαίας

21 2 Ναθαναὴλ ὁ ἀπὸ Κανὰ τῆς Γαλιλαίας

21 6 οὐκέτι αὐτὸ ἑλκύσαι ἴσχυον ἀπὸ τοῦ πλήθους τῶν ἰχθύων

21 8 οὐ γὰρ ἦσαν μακρὰν ἀπὸ τῆς γῆς ↔

21 8 ἀλλὰ ὡς ἀπὸ πηχῶν διακοσίων

21 10 ἐνέγκατε ἀπὸ τῶν ὀψαρίων

Ac 1 4 παρήγγειλεν αὐτοῖς ἀπὸ Ἱεροσολύμων μὴ χωρίζεσθαι

1 9 νεφέλη ὑπέλαβεν αὐτὸν ἀπὸ τῶν ὀφθαλμῶν αὐτῶν

1 11 οὗτος ὁ Ἰησοῦς ὁ ἀναλημφθεὶς ἀφ' ὑμῶν εἰς τὸν οὐρανόν

1 12 εἰς Ἱερουσαλὴμ ἀπὸ ὄρους τοῦ καλουμένου ἐλαιῶνος

1 22 ἀρξάμενος ἀπὸ τοῦ βαπτίσματος Ἰωάννου ↔

1 22 ἕως (ἄχρι T) τῆς ἡμέρας ἧς ἀνελήμφθη ἀφ' ἡμῶν

1 25 τῆς διακονίας ταύτης καὶ ἀποστολῆς, ἀφ' (ἐξ ϛ) ἧς παρέβη Ἰούδας

2 5 ἄνδρες εὐλαβεῖς ἀπὸ παντὸς ἔθνους τῶν ὑπὸ τὸν οὐρανόν

2 17 ἐκχεῶ ἀπὸ τοῦ πνεύματός μου

2 18 ἐκχεῶ ἀπὸ τοῦ πνεύματός μου

2 22 Ἰησοῦν ... ἄνδρα ἀποδεδειγμένον ἀπὸ τοῦ θεοῦ εἰς ὑμᾶς

2 40 σώθητε ἀπὸ τῆς γενεᾶς τῆς σκολιᾶς ταύτης

3 20 ὅπως ἂν ἔλθωσιν καιροὶ ἀναψύξεως ἀπὸ προσώπου τοῦ κυρίου

3 21 διὰ στόματος τῶν ἁγίων ἀπ' αἰῶνος αὐτοῦ προφητῶν

3 24 πάντες δὲ οἱ προφῆται ἀπὸ Σαμουὴλ ... ὅσοι ἐλάλησαν

3 26 εὐλογοῦντα ὑμᾶς ἐν τῷ ἀποστρέφειν ἕκαστον ἀπὸ τῶν πονηριῶν ὑμῶν [H]

4 36 Ἰωσὴφ δὲ ὁ ἐπικληθεὶς Βαρναβᾶς ἀπὸ (ὑπὸ ϛ) τῶν ἀποστόλων

5 2 ἐνοσφίσατο ἀπὸ τῆς τιμῆς

5 3 νοσφίσασθαι ἀπὸ τῆς τιμῆς τοῦ χωρίου

5 38 ἀπόστητε ἀπὸ τῶν ἀνθρώπων τούτων

Ac 5 41 ἐπορεύοντο χαίροντες ἀπὸ προσώπου τοῦ συνεδρίου

6 9 ἀνέστησαν δέ τινες ... τῶν ἀπὸ Κιλικίας

7 45 ὧν ἐξῶσεν ὁ θεὸς ἀπὸ προσώπου τῶν πατέρων ἡμῶν

8 10 ᾧ προσεῖχον πάντες ἀπὸ μικροῦ ἕως μεγάλου

8 22 μετανόησον οὖν ἀπὸ τῆς κακίας σου ταύτης

8 26 ἐπὶ τὴν ὁδὸν τὴν καταβαίνουσαν ἀπὸ Ἰερουσαλὴμ εἰς Γάζαν

8 33 ὅτι αἴρεται ἀπὸ τῆς γῆς ἡ ζωὴ αὐτοῦ

8 35 ἀρξάμενος ἀπὸ τῆς γραφῆς ταύτης

9 3 *ἐξαίφνης τε αὐτὸν περιήστραψεν φῶς ἀπὸ (ϛ; ἐκ rl) τοῦ οὐρανοῦ

9 8 ἠγέρθη δὲ Σαῦλος ἀπὸ τῆς γῆς

9 13 ἤκουσα (ἀκήκοα Sϛ) ἀπὸ πολλῶν περὶ τοῦ ἀνδρὸς τούτου

9 18 ἀπέπεσαν | αὐτοῦ ἀπὸ τῶν ὀφθαλμῶν (~ Sϛ) ὡς (ὡσεὶ Sϛ) λεπίδες

10 21 *πρὸς τοὺς ἄνδρας | τοὺς ἀπεσταλμένους ἀπὸ τοῦ Κορνηλίου πρὸς αὐτὸν (+ϛ) εἶπεν

10 23 καί τινες τῶν ἀδελφῶν τῶν ἀπὸ Ἰόππης συνῆλθον αὐτῷ

10 30 ἀπὸ τετάρτης ἡμέρας μέχρι ταύτης τῆς ὥρας ἤμην ... προσευχόμενος

10 37 ἀρξάμενος (-νον VSϛ) ἀπὸ τῆς Γαλιλαίας

10 38 Ἰησοῦν τὸν ἀπὸ Ναζαρέθ, ὡς ἔχρισεν αὐτὸν ὁ θεός

11 11 ἀπεσταλμένοι ἀπὸ Καισαρείας πρός με

11 19 οἱ μὲν οὖν διασπαρέντες ἀπὸ τῆς θλίψεως

11 27 κατῆλθον ἀπὸ Ἱεροσολύμων προφῆται

12 1 κακῶσαί τινας τῶν ἀπὸ τῆς ἐκκλησίας

12 10 καὶ εὐθέως ἀπέστη ὁ ἄγγελος ἀπ' αὐτοῦ

12 14 ἀπὸ τῆς χαρᾶς οὐκ ἤνοιξεν τὸν πυλῶνα

12 19 κατελθὼν ἀπὸ τῆς Ἰουδαίας

12 20 διὰ τὸ τρέφεσθαι αὐτῶν τὴν χώραν ἀπὸ τῆς βασιλικῆς

13 8 διαστρέψαι τὸν ἀνθύπατον ἀπὸ τῆς πίστεως

13 13 ἀναχθέντες δὲ ἀπὸ τῆς Πάφου

13 13 Ἰωάννης δὲ ἀποχωρήσας ἀπ' αὐτῶν

13 14 αὐτοὶ δὲ διελθόντες ἀπὸ τῆς Πέργης

13 23 τούτου ὁ θεὸς ἀπὸ τοῦ σπέρματος ... ἤγαγεν τῷ Ἰσραὴλ σωτῆρα Ἰησοῦν

13 29 καθελόντες ἀπὸ τοῦ ξύλου

13 31 ὃς ὤφθη ... τοῖς συναναβᾶσιν αὐτῷ ἀπὸ τῆς Γαλιλαίας

13 38 ἀπὸ πάντων ὧν οὐκ ἠδυνήθητε... δικαιωθῆναι

13 50 ἐξέβαλον αὐτοὺς ἀπὸ τῶν ὁρίων αὐτῶν

14 15 εὐαγγελιζόμενοι ὑμᾶς ἀπὸ τούτων τῶν ματαίων ἐπιστρέφειν

14 19 ἐπῆλθαν δὲ ἀπὸ Ἀντιοχείας καὶ Ἰκονίου Ἰουδαῖοι

15 1 καί τινες κατελθόντες ἀπὸ τῆς Ἰουδαίας

15 4 παρεδέχθησαν ἀπὸ (N²⁶NH; ὑπὸ rl) τῆς ἐκκλησίας

Ac 15 5 ἐξανέστησαν δέ τινες τῶν ἀπὸ τῆς αἱρέσεως τῶν Φαρισαίων

15 7 ὅτι ἀφ' ἡμερῶν ἀρχαίων ἐν ὑμῖν ἐξελέξατο ὁ θεός

15 18 ⟨λέγει κύριος ποιῶν ταῦτα⟩ γνωστὰ ἀπ' αἰῶνος

15 19 μὴ παρενοχλεῖν τοῖς ἀπὸ τῶν ἐθνῶν ἐπιστρέφουσιν

15 20 *τοῦ ἀπέχεσθαι ἀπὸ (+[MV] Sϛ) τῶν ἀλισγημάτων

15 33 ἀπελύθησαν ... ἀπὸ τῶν ἀδελφῶν πρὸς τοὺς ἀποστείλαντας αὐτούς

15 38 Παῦλος δὲ ἠξίου, τὸν ἀποστάντα ἀπ' αὐτῶν ↔

15 38 ἀπὸ Παμφυλίας ... μὴ συμπαραλαμβάνειν τοῦτον

15 39 ὥστε ἀποχωρισθῆναι αὐτοὺς ἀπ' ἀλλήλων

16 11 ἀναχθέντες δὲ (οὖν VBSHϛ) ἀπὸ Τρῳάδος

16 18 παραγγέλλω σοι ... ἐξελθεῖν ἀπ' αὐτῆς

16 33 παραλαβὼν αὐτοὺς ... ἔλουσεν ἀπὸ τῶν πληγῶν

16 39 ἠρώτων | ἀπελθεῖν ἀπὸ (ἐξελθεῖν ϛ) τῆς πόλεως

16 40 ἐξελθόντες δὲ ἀπὸ (ἐκ ϛ) τῆς φυλακῆς

17 2 διελέξατο αὐτοῖς ἀπὸ τῶν γραφῶν

17 13 ὡς δὲ ἔγνωσαν οἱ ἀπὸ τῆς Θεσσαλονίκης Ἰουδαῖοι

17 27 καί γε οὐ μακρὰν ἀπὸ ἑνὸς ἑκάστου ἡμῶν ὑπάρχοντα

18 2 προσφάτως ἐληλυθότα ἀπὸ τῆς Ἰταλίας

18 2 χωρίζεσθαι πάντας τοὺς Ἰουδαίους ἀπὸ (ἐκ ϛ) τῆς Ῥώμης

18 5 ὡς δὲ κατῆλθον ἀπὸ τῆς Μακεδονίας

18 6ᶜ καθαρὸς ἐγὼ ἀπὸ τοῦ νῦν εἰς τὰ ἔθνη πορεύσομαι

18 16 ἀπήλασεν αὐτοὺς ἀπὸ τοῦ βήματος

18 21 ἀνήχθη ἀπὸ τῆς Ἐφέσου

19 9 ἀποστὰς ἀπ' αὐτῶν ἀφώρισεν τοὺς μαθητάς

19 12 ὥστε ... ἀποφέρεσθαι ἀπὸ τοῦ χρωτὸς αὐτοῦ σουδάρια καὶ σιμικίνθια ↔

19 12 καὶ ἀπαλλάσσεσθαι ἀπ' αὐτῶν τὰς νόσους, ↔

19 12 *τά τε πνεύματα τὰ πονηρὰ | ἐξέρχεσθαι ἀπ' αὐτῶν (ϛ; ἐκπορεύεσθαι rl)

20 6 ἡμεῖς δὲ ἐξεπλεύσαμεν ... ἀπὸ Φιλίππων

20 9 κατενεχθεὶς ἀπὸ τοῦ ὕπνου ↔

20 9 ἔπεσεν ἀπὸ τοῦ τριστέγου κάτω

20 17 ἀπὸ δὲ τῆς Μιλήτου πέμψας εἰς Ἔφεσον μετεκαλέσατο

20 18 ὑμεῖς ἐπίστασθε, ἀπὸ πρώτης ἡμέρας ↔

20 18 ἀφ' ἧς ἐπέβην εἰς τὴν Ἀσίαν

20 26 ὅτι καθαρός εἰμι ἀπὸ τοῦ αἵματος πάντων

21 1 ὡς δὲ ἐγένετο ἀναχθῆναι ἡμᾶς ἀποσπασθέντας ἀπ' αὐτῶν

21 7 ἀπὸ Τύρου κατηντήσαμεν εἰς Πτολεμαΐδα

21 10 κατῆλθέν τις ἀπὸ τῆς Ἰουδαίας προφήτης

21 16 συνῆλθον δὲ καὶ τῶν μαθητῶν ἀπὸ Καισαρείας

21 21 ὅτι ἀποστασίαν διδάσκεις ἀπὸ Μωϋσέως

Ac 21 23 *εἰσὶν ἡμῖν ἄνδρες τέσσαρες εὐχὴν ἔχοντες ἀφ' (H; ἐφ' rl) ἑαυτῶν

21 27 οἱ ἀπὸ τῆς Ἀσίας Ἰουδαῖοι ... συνέχεον πάντα τὸν ὄχλον

22 11 ὡς δὲ οὐκ ἐνέβλεπον ἀπὸ τῆς δόξης τοῦ φωτός

22 22 αἶρε ἀπὸ τῆς γῆς τὸν τοιοῦτον

22 29 εὐθέως οὖν ἀπέστησαν ἀπ' αὐτοῦ

22 30 *ἔλυσεν αὐτὸν | ἀπὸ τῶν δεσμῶν (+ς)

23 21 προσδεχόμενοι τὴν ἀπὸ σοῦ ἐπαγγελίαν

23 23 ἑτοιμάσατε στρατιώτας ... ἀπὸ τρίτης ὥρας τῆς νυκτός

23 34 ἐπερωτήσας ... καὶ πυθόμενος ὅτι ἀπὸ Κιλικίας

24 11 ὅτι οὐ πλείους εἰσίν μοι ἡμέραι δώδεκα ἀφ' ἧς ἀνέβην

24 19 ⟨ἐν αἷς εὗρόν με⟩ τινὲς δὲ ἀπὸ τῆς Ἀσίας Ἰουδαῖοι

25 1 ἀνέβη εἰς Ἱεροσόλυμα ἀπὸ Καισαρείας

25 7 οἱ ἀπὸ Ἱεροσολύμων καταβεβηκότες Ἰουδαῖοι

26 4 τὴν μὲν οὖν βίωσίν μου ... τὴν ἀπ' ἀρχῆς γενομένην ... ἴσασι

26 18 τοῦ ἐπιστρέψαι ἀπὸ σκότους εἰς φῶς

26 22 ἐπικουρίας οὖν τυχὼν τῆς ἀπὸ (παρὰ ς) τοῦ θεοῦ

27 21 ἔδει ... μὴ ἀνάγεσθαι ἀπὸ τῆς Κρήτης

27 34 οὐδενὸς γὰρ ὑμῶν θρὶξ ἀπὸ (ἐκ ς) τῆς κεφαλῆς ἀπολεῖται

27 44 ⟨ἐξιέναι⟩ οὓς δὲ ἐπί τινων τῶν ἀπὸ τοῦ πλοίου

28 3 ἔχιδνα ἀπὸ (ἐκ ς) τῆς θέρμης ἐξελθοῦσα καθῆψεν

28 21 οὔτε γράμματα ... ἐδεξάμεθα ἀπὸ τῆς Ἰουδαίας

28 23 πείθων τε αὐτοὺς περὶ τοῦ Ἰησοῦ ἀπό τε τοῦ νόμου Μωϋσέως καὶ τῶν προφητῶν, ↔

28 23 ἀπὸ πρωῒ ἕως ἑσπέρας

Rm 1 7 χάρις ὑμῖν καὶ εἰρήνη ἀπὸ θεοῦ

1 18 ἀποκαλύπτεται γὰρ ὀργὴ θεοῦ ἀπ' οὐρανοῦ

1 20 τὰ γὰρ ἀόρατα αὐτοῦ ἀπὸ κτίσεως κόσμου ... καθορᾶται

5 9 δικαιωθέντες ... σωθησόμεθα δι' αὐτοῦ ἀπὸ τῆς ὀργῆς

5 14 ἐβασίλευσεν ὁ θάνατος ἀπὸ Ἀδὰμ μέχρι Μωϋσέως

6 7 ὁ γὰρ ἀποθανὼν δεδικαίωται ἀπὸ τῆς ἁμαρτίας

6 18 ἐλευθερωθέντες δὲ ἀπὸ τῆς ἁμαρτίας

6 22 νυνὶ δὲ ἐλευθερωθέντες ἀπὸ τῆς ἁμαρτίας

7 2 κατήργηται ἀπὸ τοῦ νόμου τοῦ ἀνδρός

7 3 ἐλευθέρα ἐστὶν ἀπὸ τοῦ νόμου

7 6 νυνὶ δὲ κατηργήθημεν ἀπὸ τοῦ νόμου

8 2 ἠλευθέρωσέν σε (με VBSς) ἀπὸ τοῦ νόμου τῆς ἁμαρτίας καὶ τοῦ θανάτου

8 21 αὐτὴ ἡ κτίσις ἐλευθερωθήσεται ἀπὸ τῆς δουλείας τῆς φθορᾶς

8 35 τίς ἡμᾶς χωρίσει ἀπὸ τῆς ἀγάπης τοῦ Χριστοῦ;

8 39 δυνήσεται ἡμᾶς χωρίσαι ἀπὸ τῆς ἀγάπης τοῦ θεοῦ

9 3 ηὐχόμην γὰρ ἀνάθεμα εἶναι αὐτὸς ἐγὼ ἀπὸ τοῦ Χριστοῦ

Rm 11 25 ὅτι πώρωσις ἀπὸ μέρους τῷ Ἰσραὴλ γέγονεν

11 26 ἀποστρέψει ἀσεβείας ἀπὸ Ἰακώβ

13 1 *οὐ γὰρ ἔστιν ἐξουσία εἰ μὴ ἀπὸ (ς; ὑπὸ rl) θεοῦ

15 15 τολμηρότερον (-τέρως NH) δὲ ἔγραψα ὑμῖν (+ἀδελφοί B[S] ς) ἀπὸ μέρους

15 15 *χάριν τὴν δοθεῖσάν μοι ἀπὸ (NBTH; ὑπὸ rl) τοῦ θεοῦ

15 19 ὥστε με ἀπὸ Ἰερουσαλήμ...μέχρι τοῦ Ἰλλυρικοῦ πεπληρωκέναι τὸ εὐαγγέλιον

15 23 ἐπιποθίαν δὲ ἔχων τοῦ ἐλθεῖν πρὸς ὑμᾶς ἀπὸ πολλῶν (ἱκανῶν NMVS H) ἐτῶν

15 24 ἐὰν ὑμῶν πρῶτον ἀπὸ μέρους ἐμπλησθῶ

15 31 ἵνα ῥυσθῶ ἀπὸ τῶν ἀπειθούντων ἐν τῇ Ἰουδαίᾳ

16 17 καὶ ἐκκλίνετε (-ατε VBSς) ἀπ' αὐτῶν

1 C 1 3 χάρις ὑμῖν καὶ εἰρήνη ἀπὸ θεοῦ πατρὸς ἡμῶν καὶ κυρίου Ἰησοῦ Χριστοῦ

1 30 ὃς ἐγενήθη σοφία ἡμῖν ἀπὸ θεοῦ

4 5 τότε ὁ ἔπαινος γενήσεται ἑκάστῳ ἀπὸ τοῦ θεοῦ

6 19 ναὸς τοῦ ... ἁγίου πνεύματός ἐστιν, οὗ ἔχετε ἀπὸ θεοῦ

7 10 παραγγέλλω ... γυναῖκα ἀπὸ ἀνδρὸς μὴ χωρισθῆναι

7 27 λέλυσαι ἀπὸ γυναικός; μὴ ζήτει γυναῖκα

10 14 ἀγαπητοί μου, φεύγετε ἀπὸ τῆς εἰδωλολατρίας

11 23 ἐγὼ γὰρ παρέλαβον ἀπὸ τοῦ κυρίου

14 36 ἢ ἀφ' ὑμῶν ὁ λόγος τοῦ θεοῦ ἐξῆλθεν ⟨;⟩

2 C 1 2 χάρις ὑμῖν καὶ εἰρήνη ἀπὸ θεοῦ πατρὸς ἡμῶν

1 14 καθὼς καὶ ἐπέγνωτε ἡμᾶς ἀπὸ μέρους

1 16 καὶ πάλιν ἀπὸ Μακεδονίας ἐλθεῖν πρὸς ὑμᾶς

2 3 ἵνα μὴ ἐλθὼν λύπην σχῶ ἀφ' ὧν ἔδει με χαίρειν

2 5 οὐκ ἐμὲ λελύπηκεν, ἀλλὰ ἀπὸ μέρους

3 5 οὐχ ὅτι ἀφ' ἑαυτῶν ἱκανοί ἐσμεν λογίσασθαί τι

3 18 μεταμορφούμεθα ἀπὸ δόξης εἰς δόξαν, ↔

3 18 καθάπερ ἀπὸ κυρίου πνεύματος

5 6 ὅτι ἐνδημοῦντες ἐν τῷ σώματι ἐκδημοῦμεν ἀπὸ τοῦ κυρίου

5 16c ὥστε ἡμεῖς ἀπὸ τοῦ νῦν οὐδένα οἴδαμεν κατὰ σάρκα

7 1 καθαρίσωμεν ἑαυτοὺς ἀπὸ παντὸς μολυσμοῦ σαρκὸς καὶ πνεύματος

7 13 ὅτι ἀναπέπαυται τὸ πνεῦμα αὐτοῦ ἀπὸ πάντων ὑμῶν

8 10 ἀλλὰ καὶ τὸ θέλειν προενήρξασθε ἀπὸ πέρυσι

9 2 ὅτι Ἀχαΐα παρεσκεύασται ἀπὸ πέρυσι

10 7 *τοῦτο λογιζέσθω πάλιν ἀφ' (ς; ἐφ' rl) ἑαυτοῦ

11 3 μή πως ... φθαρῇ τὰ νοήματα ὑμῶν ἀπὸ τῆς ἁπλότητος

11 9 προσανεπλήρωσαν οἱ ἀδελφοὶ ἐλθόντες ἀπὸ Μακεδονίας

12 8 ὑπὲρ τούτου τρὶς τὸν κύριον παρεκάλεσα, ἵνα ἀποστῇ ἀπ' ἐμοῦ

G 1 1 Παῦλος ἀπόστολος, οὐκ ἀπ' ἀνθρώπων οὐδὲ δι' ἀνθρώπου

1 3 χάρις ὑμῖν καὶ εἰρήνη ἀπὸ θεοῦ πατρός

1 6 μετατίθεσθε ἀπὸ τοῦ καλέσαντος ὑμᾶς

2 6 ἀπὸ δὲ τῶν δοκούντων εἶναί τι

2 12 πρὸ τοῦ γὰρ ἐλθεῖν τινας ἀπὸ Ἰακώβου

3 2 τοῦτο μόνον θέλω μαθεῖν ἀφ' ὑμῶν

4 24 αὗται γάρ εἰσιν δύο διαθῆκαι, μία μὲν ἀπὸ ὄρους Σινᾶ

5 4 κατηργήθητε ἀπὸ Χριστοῦ

E 1 2 χάρις ὑμῖν καὶ εἰρήνη ἀπὸ θεοῦ πατρὸς ἡμῶν

3 9 τίς ἡ οἰκονομία τοῦ μυστηρίου τοῦ ἀποκεκρυμμένου ἀπὸ τῶν αἰώνων

4 31 πᾶσα πικρία καὶ θυμὸς ... ἀρθήτω ἀφ' ὑμῶν

6 23 ἀγάπη μετὰ πίστεως ἀπὸ θεοῦ πατρός

Ph 1 2 χάρις ὑμῖν καὶ εἰρήνη ἀπὸ θεοῦ πατρὸς ἡμῶν

1 5 ἐπὶ τῇ κοινωνίᾳ ὑμῶν ... ἀπὸ τῆς (—Tς) πρώτης ἡμέρας

1 28 ἔνδειξις ἀπωλείας, ὑμῶν δὲ σωτηρίας, καὶ τοῦτο ἀπὸ θεοῦ

4 15 ὅτε ἐξῆλθον ἀπὸ Μακεδονίας

Cl 1 2 χάρις ὑμῖν καὶ εἰρήνη ἀπὸ θεοῦ

1 6 ἀφ' ἧς ἡμέρας ἠκούσατε ... τὴν χάριν τοῦ θεοῦ

1 7 καθὼς ἐμάθετε ἀπὸ Ἐπαφρᾶ τοῦ ἀγαπητοῦ συνδούλου ἡμῶν

1 9 ἀφ' ἧς ἡμέρας ἠκούσαμεν, οὐ παυόμεθα

1 23 μὴ μετακινούμενοι ἀπὸ τῆς ἐλπίδος τοῦ εὐαγγελίου

1 26 τὸ μυστήριον τὸ ἀποκεκρυμμένον ἀπὸ τῶν αἰώνων ↔

1 26 καὶ ἀπὸ τῶν γενεῶν

2 20 εἰ ἀπεθάνετε σὺν Χριστῷ ἀπὸ τῶν στοιχείων τοῦ κόσμου

3 24 ὅτι ἀπὸ κυρίου ἀπολήμψεσθε τὴν ἀνταπόδοσιν

1Th 1 1 *χάρις ὑμῖν καὶ εἰρήνη | ἀπὸ θεοῦ πατρὸς ἡμῶν (+ς..)

1 8 ἀφ' ὑμῶν γὰρ ἐξήχηται ὁ λόγος τοῦ κυρίου

1 9 ἐπεστρέψατε πρὸς τὸν θεὸν ἀπὸ τῶν εἰδώλων

1 10 *Ἰησοῦν τὸν ῥυόμενον ἡμᾶς ἀπὸ (ς; ἐκ rl) τῆς ὀργῆς

2 6 οὔτε ζητοῦντες ἐξ ἀνθρώπων δόξαν, οὔτε ἀφ' ὑμῶν ↔

2 6 οὔτε ἀπ' ἄλλων

2 17 ἀπορφανισθέντες ἀφ' ὑμῶν πρὸς καιρὸν ὥρας

3 6 ἐλθόντος Τιμοθέου πρὸς ἡμᾶς ἀφ' ὑμῶν

4 3 ἀπέχεσθαι ὑμᾶς ἀπὸ τῆς πορνείας

4 16 ὁ κύριος ... καταβήσεται ἀπ' οὐρανοῦ

5 22 ἀπὸ παντὸς εἴδους πονηροῦ ἀπέχεσθε

2Th 1 2 χάρις ὑμῖν καὶ εἰρήνη ἀπὸ θεοῦ πατρός

1 7 ἐν τῇ ἀποκαλύψει τοῦ κυρίου Ἰησοῦ ἀπ' οὐρανοῦ

1 9 τίσουσιν ὄλεθρον αἰώνιον ἀπὸ προσώπου τοῦ κυρίου ↔

1 9 καὶ ἀπὸ τῆς δόξης τῆς ἰσχύος αὐτοῦ

2 2 εἰς τὸ μὴ ταχέως σαλευθῆναι ὑμᾶς ἀπὸ τοῦ νοός

2Th 2 13 *ὅτι εἵλατο ὑμᾶς ὁ θεὸς ἀπ'
ἀρχῆς (VTHς; ἀπαρχὴν rl) εἰς
σωτηρίαν
3 2 ἵνα ῥυσθῶμεν ἀπὸ τῶν ἀτόπων
καὶ πονηρῶν ἀνθρώπων
3 3 ὃς ... φυλάξει ἀπὸ τοῦ πονηροῦ
3 6 στέλλεσθαι ὑμᾶς ἀπὸ παντὸς ἀδελ-
φοῦ

1Tm 1 2 χάρις ... ἀπὸ θεοῦ πατρὸς καὶ
Χριστοῦ Ἰησοῦ
3 7 μαρτυρίαν καλὴν ἔχειν ἀπὸ τῶν
ἔξωθεν
6 5 *| ἀφίστασο ἀπὸ τῶν τοιούτων
(+ς)
6 10 ἧς τινες ὀρεγόμενοι ἀπεπλανήθη-
σαν ἀπὸ τῆς πίστεως

2Tm 1 2 χάρις ... ἀπὸ θεοῦ πατρὸς καὶ
Χριστοῦ Ἰησοῦ
1 3 χάριν ἔχω τῷ θεῷ, ᾧ λατρεύω ἀπὸ
προγόνων
2 19 ἀποστήτω ἀπὸ ἀδικίας πᾶς ὁ
ὀνομάζων
2 21 ἐὰν οὖν τις ἐκκαθάρῃ ἑαυτὸν ἀπὸ
τούτων
3 15 ὅτι ἀπὸ βρέφους τὰ (+[N²⁶M]
VSς) ἱερὰ γράμματα οἶδας
4 4 καὶ ἀπὸ μὲν τῆς ἀληθείας τὴν ἀκοὴν
ἀποστρέψουσιν
4 18 ῥύσεταί με ὁ κύριος ἀπὸ παντὸς
ἔργου πονηροῦ

Tt 1 4 εἰρήνη ἀπὸ θεοῦ πατρὸς καὶ
Χριστοῦ Ἰησοῦ
2 14 ἵνα λυτρώσηται ἡμᾶς ἀπὸ πάσης
ἀνομίας

Phm 3 εἰρήνη ἀπὸ θεοῦ πατρὸς ἡμῶν καὶ
κυρίου Ἰησοῦ Χριστοῦ

Hb 3 12 καρδία πονηρὰ ἀπιστίας ἐν τῷ
ἀποστῆναι ἀπὸ θεοῦ ζῶντος
4 3 καίτοι τῶν ἔργων ἀπὸ καταβολῆς
κόσμου γενηθέντων
4 4 κατέπαυσεν ὁ θεὸς ἐν τῇ ἡμέρᾳ τῇ
ἑβδόμῃ ἀπὸ πάντων τῶν ἔργων
4 10 καὶ αὐτὸς κατέπαυσεν ἀπὸ τῶν
ἔργων αὐτοῦ, ↔
4 10 ὥσπερ ἀπὸ τῶν ἰδίων ὁ θεός
5 7 εἰσακουσθεὶς ἀπὸ τῆς εὐλαβείας
5 8 ἔμαθεν ἀφ' ὧν ἔπαθεν τὴν ὑπ-
ακοήν
6 1 μὴ πάλιν θεμέλιον καταβαλλόμενοι
μετανοίας ἀπὸ νεκρῶν ἔργων
6 7 γῆ ... μεταλαμβάνει εὐλογίας ἀπὸ
τοῦ θεοῦ
7 1 ὑποστρέφοντι ἀπὸ τῆς κοπῆς τῶν
βασιλέων
7 2 ᾧ καὶ δεκάτην ἀπὸ πάντων ἐμέρι-
σεν Ἀβραάμ
7 13 ἀφ' ἧς οὐδεὶς προσέσχηκεν τῷ
θυσιαστηρίῳ
7 26 κεχωρισμένος ἀπὸ τῶν ἁμαρτω-
λῶν
8 11 εἰδήσουσίν με ἀπὸ μικροῦ ἕως με-
γάλου αὐτῶν
9 14 καθαριεῖ τὴν συνείδησιν ἡμῶν
(ὑμῶν MVBSTς) ἀπὸ νεκρῶν ἔρ-
γων
9 26 ἔδει αὐτὸν πολλάκις παθεῖν ἀπὸ
καταβολῆς κόσμου
10 22 ῥεραντισμένοι τὰς καρδίας ἀπὸ
συνειδήσεως πονηρᾶς
11 12 διὸ καὶ ἀφ' ἑνὸς ἐγεννήθησαν
(ἐγενή. NMVBS), καὶ ταῦτα νε-
νεκρωμένου
11 15 εἰ μὲν ἐκείνης ἐμνημόνευον (μνημο-
νεύουσιν ST) ἀφ' ἧς ἐξέβησαν

Hb 11 34 ἐδυναμώθησαν (ἐνεδ. VSς) ἀπὸ
ἀσθενείας
12 15 ἐπισκοποῦντες μή τις ὑστερῶν ἀπὸ
τῆς χάριτος τοῦ θεοῦ
12 25 πολὺ μᾶλλον ἡμεῖς οἱ τὸν ἀπ'
οὐρανῶν ἀποστρεφόμενοι
13 24 ἀσπάζονται ὑμᾶς οἱ ἀπὸ τῆς Ἰτα-
λίας

Jc 1 13 ὅτι ἀπὸ θεοῦ πειράζομαι
1 17 δώρημα τέλειον ἄνωθέν ἐστιν κα-
ταβαῖνον ἀπὸ τοῦ πατρός
1 27 ἄσπιλον ἑαυτὸν τηρεῖν ἀπὸ τοῦ
κόσμου
2 9 *ἐλεγχόμενοι ἀπὸ (Β; ὑπὸ rl) τοῦ
νόμου ὡς παραβάται
4 7 καὶ φεύξεται ἀφ' ὑμῶν
5 4 ὁ μισθὸς ... ὁ ἀπεστερημένος
(ἀφυστ- NBTH) ἀφ' ὑμῶν κράζει
5 19 ἐάν τις ἐν ὑμῖν πλανηθῇ ἀπὸ τῆς
ἀληθείας

1Pt 1 12 ἐν ([N²⁶]; — H) πνεύματι ἁγίῳ
ἀποσταλέντι ἀπ' οὐρανοῦ
3 10 παυσάτω τὴν γλῶσσαν ἀπὸ κα-
κοῦ
3 11 ἐκκλινάτω δὲ (—Tς) ἀπὸ κακοῦ
καὶ ποιησάτω ἀγαθόν
4 17 τοῦ ἄρξασθαι τὸ κρίμα ἀπὸ τοῦ
οἴκου
4 17 εἰ δὲ πρῶτον ἀφ' ἡμῶν

2Pt 1 21 ἀλλὰ ... ἐλάλησαν (+ἅγιοι [M]
VSς) ἀπὸ (—Vς) θεοῦ ἄνθρωποι
2 21 *ὑποστρέψαι (ἀνακάμψαι VS)
ἀπὸ (VS; ἐκ rl) τῆς ... ἁγίας ἐντο-
λῆς
3 4 ἀφ' ἧς γὰρ οἱ πατέρες ἐκοιμήθησαν
3 4 πάντα οὕτως διαμένει ἀπ' ἀρχῆς
κτίσεως

1Jo 1 1 ὃ ἦν ἀπ' ἀρχῆς, ὃ ἀκηκόαμεν
1 5 ἣν ἀκηκόαμεν ἀπ' αὐτοῦ
1 7 τὸ αἷμα ... καθαρίζει ἡμᾶς ἀπὸ πά-
σης ἁμαρτίας
1 9 ἵνα ... καθαρίσῃ ἡμᾶς ἀπὸ πάσης
ἀδικίας
2 7 ἣν εἴχετε ἀπ' ἀρχῆς
2 7 *ὃν ἠκούσατε | ἀπ' ἀρχῆς (+ς)
2 13 ὅτι ἐγνώκατε τὸν ἀπ' ἀρχῆς
2 14 ὅτι ἐγνώκατε τὸν ἀπ' ἀρχῆς
2 20 καὶ ὑμεῖς χρῖσμα ἔχετε ἀπὸ τοῦ
ἁγίου
2 24 ὃ ἠκούσατε ἀπ' ἀρχῆς
2 24 ὃ ἀπ' ἀρχῆς ἠκούσατε
2 27 ὃ ἐλάβετε ἀπ' αὐτοῦ, μένει ἐν ὑμῖν
2 28 ἵνα ... μὴ αἰσχυνθῶμεν ἀπ' αὐτοῦ
3 8 ὅτι ἀπ' ἀρχῆς ὁ διάβολος ἁμαρ-
τάνει
3 11 ἣν ἠκούσατε ἀπ' ἀρχῆς
3 17 ὃς δ' ἂν ... κλείσῃ τὰ σπλάγχνα
αὐτοῦ ἀπ' αὐτοῦ
3 22 ὃ ἐὰν (ἂν Η) αἰτῶμεν λαμβάνομεν
ἀπ' (παρ' ς) αὐτοῦ
4 21 καὶ ταύτην τὴν ἐντολὴν ἔχομεν ἀπ'
αὐτοῦ
5 15 ἃ ᾐτήκαμεν ἀπ' (παρ' VSς) αὐ-
τοῦ
5 21 τεκνία, φυλάξατε ἑαυτὰ ἀπὸ τῶν
εἰδώλων

2Jo 5 ἀλλὰ ἣν εἴχομεν ἀπ' ἀρχῆς
6 καθὼς ἠκούσατε ἀπ' ἀρχῆς

3Jo 7 μηδὲν λαμβάνοντες ἀπὸ τῶν ἐθνι-
κῶν

Jd 14 προεφήτευσεν δὲ καὶ τούτοις ἕβδο-
μος ἀπὸ Ἀδὰμ Ἐνὼχ λέγων
23 μισοῦντες καὶ τὸν ἀπὸ τῆς σαρκὸς
ἐσπιλωμένον χιτῶνα

Ap 1 4ᶠ χάρις ὑμῖν καὶ εἰρήνη ἀπὸ (+τοῦ
ς) ὁ ὢν καὶ ὁ ἦν
1 4 καὶ ἀπὸ τῶν ἑπτὰ πνευμάτων
1 5 καὶ ἀπὸ Ἰησοῦ Χριστοῦ
1 5 *τῷ ... λύσαντι (λούσαντι ς) ἡμᾶς
ἀπὸ (ς; ἐκ rl) τῶν ἁμαρτιῶν ἡμῶν
[H]
2 17 *τῷ νικῶντι δώσω αὐτῷ | φαγεῖν
ἀπὸ (+ς) τοῦ μάννα
3 12 ἡ καταβαίνουσα ... ἀπὸ τοῦ θεοῦ
μου
6 4 *λαβεῖν τὴν εἰρήνην ἀπὸ (ς; ἐκ
[H] rl) τῆς γῆς
6 10 *ἕως πότε ... οὐ κρίνεις καὶ ἐκδικεῖς
τὸ αἷμα ἡμῶν ἀπὸ (ς; ἐκ rl) τῶν
κατοικούντων ἐπὶ τῆς γῆς
6 16 κρύψατε ἡμᾶς ἀπὸ προσώπου τοῦ
καθημένου ἐπὶ | τοῦ θρόνου (τῷ
θρόνῳ Τ) ↔
6 16 καὶ ἀπὸ τῆς ὀργῆς τοῦ ἀρνίου
7 2 εἶδον ἄλλον ἄγγελον ἀναβαίνοντα
ἀπὸ ἀνατολῆς ἡλίου
7 17 *ἐξαλείψει ὁ θεὸς πᾶν δάκρυον
ἀπὸ (ς; ἐκ rl) τῶν ὀφθαλμῶν αὐ-
τῶν
9 6 φεύγει ὁ θάνατος ἀπ' αὐτῶν
9 18 ἀπὸ (ὑπὸ ς) τῶν τριῶν πληγῶν
τούτων ἀπεκτάνθησαν
12 6 τόπον ἡτοιμασμένον ἀπὸ τοῦ
θεοῦ
12 14 ὅπου τρέφεται ... ἀπὸ προσώπου
τοῦ ὄφεως
13 8 τοῦ ἀρνίου τοῦ ἐσφαγμένου ἀπὸ
καταβολῆς κόσμου
14 3 οἱ ἠγορασμένοι ἀπὸ τῆς γῆς
14 4 ἠγοράσθησαν ἀπὸ τῶν ἀνθρώπων
14 13ᵃ μακάριοι οἱ νεκροὶ οἱ ἐν κυρίῳ
ἀποθνήσκοντες | ἀπ' ἄρτι (ἀπάρτι
MBSTς)
14 20 ἐξῆλθεν αἷμα ... ἀπὸ σταδίων χι-
λίων ἑξακοσίων
16 12 ἡ ὁδὸς τῶν βασιλέων τῶν ἀπὸ
ἀνατολῆς ἡλίου
16 17 *ἐξῆλθεν φωνὴ μεγάλη ἀπὸ (ς; ἐκ
rl) τοῦ ναοῦ (+τοῦ οὐρανοῦ [M]
Sς)
16 17 ἐξῆλθεν φωνὴ μεγάλη ἐκ τοῦ ναοῦ
(+τοῦ οὐρανοῦ [M] Sς) ἀπὸ τοῦ
θρόνου
16 18 οἷος οὐκ ἐγένετο ἀφ' οὗ | ἄνθρω-
πος ἐγένετο (-ποι-νοντο MVBSHς)
17 8 ὧν οὐ γέγραπται τὸ ὄνομα ἐπὶ τὸ
βιβλίον τῆς ζωῆς ἀπὸ καταβολῆς
κόσμου
18 10ᵈ ἀπὸ μακρόθεν ἑστηκότες
18 14 ἡ ὀπώρα σου ... ἀπῆλθεν ἀπὸ σοῦ
18 14 τὰ λαμπρὰ ἀπώλετο (-λοντο Τ)
ἀπὸ σοῦ
18 15 οἱ πλουτήσαντες ἀπ' αὐτῆς, ↔
18 15ᵈ ἀπὸ μακρόθεν στήσονται διὰ τὸν
φόβον
18 17ᵈ ἀπὸ μακρόθεν ἔστησαν
19 5 φωνὴ ἀπὸ (ἐκ Τς) τοῦ θρόνου
ἐξῆλθεν
20 9 *κατέβη πῦρ | ἀπὸ τοῦ θεοῦ (+
MVς) ἐκ τοῦ οὐρανοῦ
20 11 οὗ ἀπὸ τοῦ [S] προσώπου ἔφυγεν
ἡ γῆ
21 2 τὴν πόλιν ... εἶδον καταβαίνουσαν
ἐκ τοῦ οὐρανοῦ ἀπὸ (—V) τοῦ
θεοῦ
21 4 *ἐξαλείψει πᾶν δάκρυον ἀπὸ (Sς;
ἐκ rl) τῶν ὀφθαλμῶν αὐτῶν

Ap 21 10 ἔδειξέν μοι τὴν πόλιν ... καταβαί-
νουσαν ἐκ τοῦ οὐρανοῦ ἀπὸ τοῦ
θεοῦ

21 13 ἀπὸ ἀνατολῆς πυλῶνες τρεῖς, ↔

21 13 καὶ ἀπὸ βορρᾶ πυλῶνες τρεῖς, ↔

21 13 καὶ ἀπὸ νότου πυλῶνες τρεῖς, ↔

21 13 καὶ ἀπὸ δυσμῶν πυλῶνες τρεῖς

22 19 ἐάν τις ἀφέλῃ ἀπὸ τῶν λόγων

22 19 ἀφελεῖ ὁ θεὸς τὸ μέρος αὐτοῦ ἀπὸ
τοῦ ξύλου τῆς ζωῆς

ἀποβαίνω
→ ἀναβαίνω

Lc 5 2 οἱ δὲ ἁλιεῖς ἀπ᾽ αὐτῶν ἀποβάντες
ἔπλυναν (ἀπέπλυναν VSϛ)

21 13 ἀποβήσεται (+δὲ MVBSϛ) ὑμῖν
εἰς μαρτύριον

Jo 21 9 ὡς οὖν ἀπέβησαν εἰς τὴν γῆν

Ph 1 19 οἶδα γὰρ ὅτι τοῦτό μοι ἀποβήσε-
ται εἰς σωτηρίαν

ἀποβάλλω
→ βάλλω

Mc 10 50 ὁ δὲ ἀποβαλὼν τὸ ἱμάτιον αὐτοῦ
ἀναπηδήσας ἦλθεν

Hb 10 35 μὴ ἀποβάλητε οὖν τὴν παρρησίαν
ὑμῶν

ἀποβλέπω
→ βλέπω

Hb 11 26 ⟨Μωϋσῆς⟩ ἀπέβλεπεν γὰρ εἰς τὴν
μισθαποδοσίαν

ἀπόβλητος

1Tm 4 4 πᾶν κτίσμα θεοῦ καλόν, καὶ οὐδὲν
ἀπόβλητον

ἀποβολή

Ac 27 22 ἀποβολὴ γὰρ ψυχῆς οὐδεμία ἔσται
ἐξ ὑμῶν πλὴν τοῦ πλοίου

Rm 11 15 εἰ γὰρ ἡ ἀποβολὴ αὐτῶν καταλ-
λαγὴ κόσμου

ἀπογίνομαι
→ γίνομαι

1Pt 2 24 ἵνα ταῖς ἁμαρτίαις ἀπογενόμενοι
τῇ δικαιοσύνῃ ζήσωμεν

ἀπογραφή

Lc 2 2 αὕτη (+ἡ MVBSϛ) ἀπογραφὴ
| πρώτη ἐγένετο (∼ T)

Ac 5 37 ἀνέστη Ἰούδας ὁ Γαλιλαῖος ἐν ταῖς
ἡμέραις τῆς ἀπογραφῆς

ἀπογράφω
→ γράφω

Lc 2 1 ἐξῆλθεν δόγμα ... ἀπογράφεσθαι
πᾶσαν τὴν οἰκουμένην

2 3 καὶ ἐπορεύοντο πάντες ἀπογρά-
φεσθαι

2 5 ⟨ἀνέβη δὲ καὶ Ἰωσήφ⟩ ἀπογρά-
ψασθαι σὺν Μαριάμ

Hb 12 23 καὶ ἐκκλησίᾳ πρωτοτόκων | ἀπο-
γεγραμμένων ἐν οὐρανοῖς (∼ Sϛ)

ἀποδείκνυμι
→ δείκνυμι

Ac 2 22 Ἰησοῦν τὸν Ναζωραῖον, ἄνδρα
ἀποδεδειγμένον ἀπὸ τοῦ θεοῦ
⟨ἀνείλατε⟩

25 7 βαρέα αἰτιώματα καταφέροντες, ἃ
οὐκ ἴσχυον ἀποδεῖξαι

1C 4 9 ὁ θεὸς ἡμᾶς τοὺς ἀποστόλους
ἐσχάτους ἀπέδειξεν

2Th 2 4 ὥστε αὐτὸν ... καθίσαι, ἀποδεικ-
νύντα ἑαυτὸν ὅτι ἐστὶν θεός

ἀπόδειξις

1C 2 4 τὸ κήρυγμά μου οὐκ ἐν ... λόγοις
[N²⁶], ἀλλ᾽ ἐν ἀποδείξει πνεύμα-
τος καὶ δυνάμεως

ἀποδεκατεύω

Lc 18 12 *ἀποδεκατεύω (-τῶ N²⁶MBSϛ)
πάντα ὅσα κτῶμαι

ἀποδεκατόω
→ δεκατόω

Mt 23 23 οὐαὶ ὑμῖν, γραμματεῖς ... ὅτι ἀπο-
δεκατοῦτε τὸ ἡδύοσμον καὶ τὸ
ἄνηθον

Lc 11 42 οὐαὶ ὑμῖν τοῖς Φαρισαίοις, ὅτι
ἀποδεκατοῦτε τὸ ἡδύοσμον

18 12 ἀποδεκατῶ (N²⁶MBSϛ; -τεύω rl)
πάντα ὅσα κτῶμαι

Hb 7 5 ἐντολὴν ἔχουσιν ἀποδεκατοῦν
(-τοῖν TH) τὸν λαὸν κατὰ τὸν νόμον

ἀπόδεκτος, ἀποδεκτός

1Tm 2 3 τοῦτο καλὸν καὶ ἀπόδεκτον ἐνώ-
πιον τοῦ σωτῆρος ἡμῶν θεοῦ

5 4 τοῦτο γάρ ἐστιν ἀπόδεκτον (-τὸν
ϛ) ἐνώπιον τοῦ θεοῦ

ἀποδέχομαι
→ δέχομαι

Lc 8 40 ἀπεδέξατο αὐτὸν ὁ ὄχλος

9 11 καὶ ἀποδεξάμενος (δεξάμενος ϛ)
αὐτοὺς ἐλάλει αὐτοῖς

Ac 2 41 οἱ μὲν οὖν ἀποδεξάμενοι τὸν λόγον
αὐτοῦ ἐβαπτίσθησαν

15 4 *ἀπεδέχθησαν (ϛ; παρεδέχ. rl)
ἀπὸ (N²⁶NH; ὑπὸ rl) τῆς ἐκκλη-
σίας

18 27 ἔγραψαν τοῖς μαθηταῖς ἀποδέ-
ξασθαι αὐτόν

21 17 ἀπεδέξαντο (ἐδέξ. ϛ) ἡμᾶς οἱ ἀδελ-
φοί

24 3 πάντῃ τε καὶ πανταχοῦ ἀπο-
δεχόμεθα ... μετὰ πάσης εὐχαριστί-
ας

28 30 καὶ ἀπεδέχετο πάντας τοὺς εἰσπο-
ρευομένους πρὸς αὐτόν

ἀποδημέω
    ἐκ-   ἐν-   ἐπι-

Mt 21 33 ἐξέδετο αὐτὸν γεωργοῖς, καὶ ἀπε-
δήμησεν

25 14 ἄνθρωπος ἀποδημῶν ἐκάλεσεν
τοὺς ἰδίους δούλους

25 15 ἔδωκεν ... ἑκάστῳ κατὰ τὴν ἰδίαν
δύναμιν, καὶ ἀπεδήμησεν

Mc 12 1 ἐξέδετο αὐτὸν γεωργοῖς, καὶ ἀπε-
δήμησεν

Lc 15 13 ὁ νεώτερος υἱὸς ἀπεδήμησεν εἰς
χώραν μακράν

20 9 ἐξέδετο αὐτὸν γεωργοῖς, καὶ ἀ-
πεδήμησεν χρόνους ἱκανούς

ἀπόδημος

Mc 13 34 ὡς ἄνθρωπος ἀπόδημος ἀφεὶς τὴν
οἰκίαν αὐτοῦ

ἀποδίδωμι
→ δίδωμι

ᵃ ἀποδ. λόγον, ὅρκους, μαρτύριον
ᵇ med.

Mt 5 26 ἕως ἂν ἀποδῷς τὸν ἔσχατον
κοδράντην

5 33ᵃ ἀποδώσεις δὲ τῷ κυρίῳ τοὺς ὅρ-
κους σου

6 4 καὶ ὁ πατήρ σου ... ἀποδώσει σοι

6 6 ὁ πατήρ σου ὁ βλέπων ἐν τῷ
κρυπτῷ ἀποδώσει σοι

6 18 καὶ ὁ πατήρ σου ὁ βλέπων ἐν τῷ
κρυφαίῳ ἀποδώσει σοι

12 36ᵃ πᾶν ῥῆμα ἀργόν ... ἀποδώσουσιν
περὶ αὐτοῦ λόγον

16 27 ἀποδώσει ἑκάστῳ κατὰ τὴν πρᾶξιν
αὐτοῦ

18 25 μὴ ἔχοντος δὲ αὐτοῦ ἀποδοῦναι, ↔

18 25 ἐκέλευσεν αὐτὸν ὁ κύριος (+αὐτοῦ
Vϛ) πραθῆναι ... καὶ ἀποδοθῆναι

18 26 μακροθύμησον ἐπ᾽ ἐμοί, καὶ πάντα
| ἀποδώσω σοι (∼ VSϛ)

18 28 ἀπόδος εἴ τι ὀφείλεις

Mt 18 29 μακροθύμησον ἐπ᾽ ἐμοί, καὶ ἀπο-
δώσω σοι

18 30 ἔβαλεν αὐτὸν εἰς φυλακὴν ἕως
(+οὗ MVBSϛ) ἀποδῷ τὸ ὀφειλό-
μενον

18 34 παρέδωκεν αὐτὸν τοῖς βασανισταῖς
ἕως οὗ [H] ἀποδῷ πᾶν τὸ ὀφειλό-
μενον

20 8 κάλεσον τοὺς ἐργάτας καὶ ἀπόδος
αὐτοῖς (— NTH) τὸν μισθόν

21 41 ἄλλοις γεωργοῖς, οἵτινες ἀποδώ-
σουσιν αὐτῷ τοὺς καρπούς

22 21 ἀπόδοτε οὖν τὰ Καίσαρος Καίσαρι

27 58 τότε ὁ Πιλᾶτος ἐκέλευσεν ἀποδο-
θῆναι

Mc 12 17 τὰ Καίσαρος ἀπόδοτε Καίσαρι

Lc 4 20 πτύξας τὸ βιβλίον ἀποδοὺς τῷ
ὑπηρέτῃ ἐκάθισεν

7 42 μὴ ἐχόντων (+δὲ V[S]ϛ) αὐτῶν
ἀποδοῦναι

9 42 ἀπέδωκεν αὐτὸν τῷ πατρὶ αὐτοῦ

10 35 ὅ τι ἂν προσδαπανήσῃς ... ἀπο-
δώσω σοι

12 59 ἕως καὶ τὸ ἔσχατον λεπτὸν ἀπο-
δῷς

16 2ᵃ ἀπόδος τὸν λόγον τῆς οἰκονομίας
σου

19 8 εἴ τινός τι ἐσυκοφάντησα, ἀποδί-
δωμι τετραπλοῦν

20 25 τοίνυν ἀπόδοτε τὰ Καίσαρος Καί-
σαρι

Ac 4 33ᵃ δυνάμει μεγάλῃ ἀπεδίδουν τὸ
μαρτύριον οἱ ἀπόστολοι

5 8ᵇ εἰπέ μοι, εἰ τοσούτου τὸ χωρίον
ἀπέδοσθε;

7 9ᵇ οἱ πατριάρχαι ζηλώσαντες τὸν
Ἰωσὴφ ἀπέδοντο εἰς Αἴγυπτον

19 40ᵃ περὶ οὗ οὐ [N²⁶] δυνησόμεθα ἀπο-
δοῦναι λόγον περὶ τῆς συστροφῆς
ταύτης

Rm 2 6 ⟨τοῦ θεοῦ⟩ ὃς ἀποδώσει ἑκάστῳ
κατὰ τὰ ἔργα αὐτοῦ

12 17 μηδενὶ κακὸν ἀντὶ κακοῦ ἀποδι-
δόντες

13 7 ἀπόδοτε πᾶσιν τὰς ὀφειλάς

1C 7 3 τῇ γυναικὶ ὁ ἀνὴρ τὴν ὀφειλὴν
ἀποδιδότω

1Th 5 15 ὁρᾶτε μή τις κακὸν ἀντὶ κακοῦ
τινι ἀποδῷ (-δοῖ T)

1Tm 5 4 μανθανέτωσαν ... ἀμοιβὰς ἀποδι-
δόναι τοῖς προγόνοις

2Tm 4 8 ὁ τῆς δικαιοσύνης στέφανος, ὃν
ἀποδώσει μοι ὁ κύριος

4 14 ἀποδώσει (ἀποδῴη ϛ) αὐτῷ ὁ
κύριος κατὰ τὰ ἔργα αὐτοῦ

Hb 12 11 καρπὸν εἰρηνικὸν τοῖς δι᾽ αὐτῆς
γεγυμνασμένοις ἀποδίδωσιν δικαιο-
σύνης

12 16ᵇ Ἠσαῦ, ὃς ἀντὶ βρώσεως μιᾶς
ἀπέδετο τὰ πρωτοτόκια ἑαυτοῦ
(αὐτ. Sϛ)

13 17ᵃ ἀγρυπνοῦσιν ὑπὲρ τῶν ψυχῶν
ὑμῶν ὡς λόγον ἀποδώσοντες

1Pt 3 9 μὴ ἀποδιδόντες κακὸν ἀντὶ κακοῦ
ἢ λοιδορίαν ἀντὶ λοιδορίας

4 5ᵃ οἳ ἀποδώσουσιν λόγον τῷ ἑτοί-
μως | ἔχοντι κρῖναι (κρίνοντι H)

Ap 18 6 ἀπόδοτε αὐτῇ ↔

18 6 ὡς καὶ αὐτὴ ἀπέδωκεν

22 2 ξύλον ... κατὰ μῆνα ἕκαστον
ἀποδιδοῦν (-δοὺς ST) τὸν καρπὸν
αὐτοῦ

22 12 ὁ μισθός μου μετ᾽ ἐμοῦ, ἀποδοῦναι
ἑκάστῳ

ἀποδιορίζω
→ ὁρίζω
Jd 19 οὗτοί εἰσιν οἱ ἀποδιορίζοντες, ψυχικοί, πνεῦμα μὴ ἔχοντες

ἀποδοκιμάζω
→ δοκιμάζω
Mt 21 42 λίθον ὃν ἀπεδοκίμασαν οἱ οἰκοδομοῦντες
Mc 8 31 ὅτι δεῖ τὸν υἱὸν τοῦ ἀνθρώπου... ἀποδοκιμασθῆναι ὑπὸ τῶν πρεσβυτέρων
12 10 λίθον ὃν ἀπεδοκίμασαν οἱ οἰκοδομοῦντες
Lc 9 22 ὅτι δεῖ τὸν υἱὸν τοῦ ἀνθρώπου... ἀποδοκιμασθῆναι ἀπὸ τῶν πρεσβυτέρων
17 25 πρῶτον δὲ δεῖ αὐτὸν πολλὰ παθεῖν καὶ ἀποδοκιμασθῆναι ἀπὸ τῆς γενεᾶς ταύτης
20 17 λίθον ὃν ἀπεδοκίμασαν οἱ οἰκοδομοῦντες
Hb 12 17 ὅτι καὶ μετέπειτα θέλων κληρονομῆσαι τὴν εὐλογίαν ἀπεδοκιμάσθη
1 Pt 2 4 λίθον ζῶντα, ὑπὸ ἀνθρώπων μὲν ἀποδεδοκιμασμένον
2 7 λίθος (-ον STς) ὃν ἀπεδοκίμασαν οἱ οἰκοδομοῦντες

ἀποδοχή
1 Tm 1 15 πιστὸς ὁ λόγος καὶ πάσης ἀποδοχῆς ἄξιος
4 9 πιστὸς ὁ λόγος καὶ πάσης ἀποδοχῆς ἄξιος

ἀπεῖπον
→ ἀπολέγω

ἀπόθεσις
1 Pt 3 21 σῴζει βάπτισμα, οὐ σαρκὸς ἀπόθεσις ῥύπου ἀλλὰ συνειδήσεως ἀγαθῆς ἐπερώτημα
2 Pt 1 14 ὅτι ταχινή ἐστιν ἡ ἀπόθεσις τοῦ σκηνώματός μου

ἀποθήκη
Mt 3 12 συνάξει τὸν σῖτον αὐτοῦ εἰς τὴν ἀποθήκην
6 26 ὅτι οὐ σπείρουσιν οὐδὲ θερίζουσιν οὐδὲ συνάγουσιν εἰς ἀποθήκας
13 30 τὸν δὲ σῖτον συναγάγετε (συνάγετε H) εἰς τὴν ἀποθήκην μου
Lc 3 17 συναγαγεῖν (-νάξει Vς) τὸν [+μὲν S] σῖτον εἰς τὴν ἀποθήκην αὐτοῦ
12 18 καθελῶ μου τὰς ἀποθήκας
12 24 οἷς οὐκ ἔστιν ταμεῖον οὐδὲ ἀποθήκη

ἀποθησαυρίζω
→ θησαυρίζω
1 Tm 6 19 ⟨εὐμεταδότους εἶναι⟩ ἀποθησαυρίζοντας ἑαυτοῖς θεμέλιον καλὸν εἰς τὸ μέλλον

ἀποθλίβω
→ θλίβω
Lc 8 45 οἱ ὄχλοι συνέχουσίν σε καὶ ἀποθλίβουσιν

ἀποθνήσκω
ἀποθνῄσκω (V)STHς
→ θνῄσκω → συναποθνῄσκω
a c. praep.
b θανάτῳ ἀποθν.
Mt 8 32a καὶ ἀπέθανον ἐν τοῖς ὕδασιν
9 24 οὐ γὰρ ἀπέθανεν τὸ κοράσιον
22 24 ἐάν τις ἀποθάνῃ μὴ ἔχων τέκνα
22 27 ὕστερον δὲ πάντων ἀπέθανεν ἡ γυνή
26 35 κἂν δέῃ με σὺν σοὶ ἀποθανεῖν, οὐ μή σε ἀπαρνήσομαι
Mc 5 35 λέγοντες ὅτι ἡ θυγάτηρ σου ἀπέθανεν

Mc 5 39 τὸ παιδίον οὐκ ἀπέθανεν ἀλλὰ καθεύδει
9 26 ὥστε τοὺς πολλοὺς λέγειν ὅτι ἀπέθανεν
12 19 ὅτι ἐάν τινος ἀδελφὸς ἀποθάνῃ καὶ καταλίπῃ γυναῖκα
12 20 ὁ πρῶτος ἔλαβεν γυναῖκα, καὶ ἀποθνῄσκων οὐκ ἀφῆκεν σπέρμα
12 21 καὶ ἀπέθανεν | μὴ καταλιπὼν (καὶ οὐδὲ αὐτὸς ἀφῆκεν Vς) σπέρμα
12 22 ἔσχατον (-άτη Vς) πάντων | καὶ ἡ γυνὴ ἀπέθανεν (~ Vς)
15 44 ἐπηρώτησεν αὐτὸν εἰ πάλαι (ἤδη BH) ἀπέθανεν
Lc 8 42 θυγάτηρ μονογενὴς ἦν αὐτῷ... καὶ αὐτή (N26H; αὕτη rl) ἀπέθνῃσκεν
8 52 | οὐ γὰρ (οὐκ NVTς) ἀπέθανεν ἀλλὰ καθεύδει
8 53 καὶ κατεγέλων αὐτοῦ, εἰδότες ὅτι ἀπέθανεν
16 22 ἐγένετο δὲ ἀποθανεῖν τὸν πτωχόν
16 22 ἀπέθανεν δὲ καὶ ὁ πλούσιος καὶ ἐτάφη
20 28 ἐάν τινος ἀδελφὸς ἀποθάνῃ ἔχων γυναῖκα, ↔
20 28 *καὶ οὗτος ἄτεκνος ἀποθάνῃ (ς; ᾖ rl)
20 29 ὁ πρῶτος λαβὼν γυναῖκα ἀπέθανεν ἄτεκνος· ↔
20 30 *| καὶ ἔλαβεν ὁ δεύτερος τὴν γυναῖκα, καὶ οὗτος ἀπέθανεν ἄτεκνος (ς; καὶ ὁ δεύτερος rl)
20 31 ὡσαύτως δὲ καὶ οἱ ἑπτὰ οὐ κατέλιπον τέκνα καὶ ἀπέθανον
20 32 ὕστερον | καὶ ἡ γυνὴ ἀπέθανεν (πάντων ἀπ. καὶ ἡ γ. Vς)
20 36 οὐδὲ (οὔτε Τς) γὰρ ἀποθανεῖν ἔτι δύνανται
Jo 4 47 ἤμελλεν γὰρ ἀποθνῄσκειν
4 49 κατάβηθι πρὶν ἀποθανεῖν τὸ παιδίον μου
6 49 οἱ πατέρες ὑμῶν ἔφαγον | ἐν τῇ ἐρήμῳ τὸ μάννα (~ Vς) καὶ ἀπέθανον
6 50 ἵνα τις ἐξ αὐτοῦ φάγῃ καὶ μὴ ἀποθάνῃ
6 58 οὐ καθὼς ἔφαγον οἱ πατέρες (+ὑμῶν τὸ μάννα Vς; +ὑμῶν [S]) καὶ ἀπέθανον
8 21a καὶ ἐν τῇ ἁμαρτίᾳ ὑμῶν ἀποθανεῖσθε
8 24a εἶπον οὖν ὑμῖν ὅτι ἀποθανεῖσθε ἐν ταῖς ἁμαρτίαις ὑμῶν· ↔
8 24a ἐὰν γὰρ μὴ πιστεύσητε ... ἀποθανεῖσθε ἐν ταῖς ἁμαρτίαις ὑμῶν
8 52 Ἀβραὰμ ἀπέθανεν καὶ οἱ προφῆται
8 53 μὴ σὺ μείζων εἶ τοῦ ... Ἀβραάμ, ὅστις ἀπέθανεν; ↔
8 53 καὶ οἱ προφῆται ἀπέθανον
11 14 εἶπεν αὐτοῖς ὁ Ἰησοῦς παρρησίᾳ· Λάζαρος ἀπέθανεν
11 16b ἄγωμεν καὶ ἡμεῖς ἵνα ἀποθάνωμεν μετ' αὐτοῦ
11 21 || οὐκ ἂν ἀπέθανεν (ἐτεθνήκει Sς) ὁ ἀδελφός μου ((~ Sς))
11 25 ὁ πιστεύων εἰς ἐμὲ κἂν ἀποθάνῃ ζήσεται
11 26 πᾶς ὁ ζῶν καὶ πιστεύων εἰς ἐμὲ οὐ μὴ ἀποθάνῃ εἰς τὸν αἰῶνα
11 32 κύριε, εἰ ἦς ὧδε, οὐκ ἄν μου ἀπέθανεν ὁ ἀδελφός
11 37 οὐκ ἐδύνατο οὗτος ... ποιῆσαι ἵνα καὶ οὗτος μὴ ἀποθάνῃ;

Jo 11 50a ἵνα εἷς ἄνθρωπος ἀποθάνῃ ὑπὲρ τοῦ λαοῦ
11 51a ὅτι ἔμελλεν Ἰησοῦς ἀποθνῄσκειν ὑπὲρ τοῦ ἔθνους
12 24 ἐὰν μὴ ὁ κόκκος τοῦ σίτου πεσὼν εἰς τὴν γῆν ἀποθάνῃ
12 24 ἐὰν δὲ ἀποθάνῃ, πολὺν καρπὸν φέρει
12 33b σημαίνων ποίῳ θανάτῳ ἤμελλεν ἀποθνῄσκειν
18 14a συμφέρει ἕνα ἄνθρωπον ἀποθανεῖν (ἀπολέσθαι Sς) ὑπὲρ τοῦ λαοῦ
18 32b σημαίνων ποίῳ θανάτῳ ἤμελλεν ἀποθνῄσκειν
19 7a κατὰ τὸν νόμον (+ἡμῶν [S]ς) ὀφείλει ἀποθανεῖν
21 23 ὅτι ὁ μαθητὴς ἐκεῖνος οὐκ ἀποθνῄσκει· ↔
21 23 | οὐκ εἶπεν δὲ (καὶ οὐκ εἶπεν VBSTς)... ὅτι οὐκ ἀποθνῄσκει
Ac 7 4 μετὰ τὸ ἀποθανεῖν τὸν πατέρα αὐτοῦ μετῴκισεν αὐτόν
9 37 ἐγένετο δὲ ... ἀσθενήσασαν αὐτὴν ἀποθανεῖν
21 13a καὶ ἀποθανεῖν εἰς Ἰερουσαλὴμ ἑτοίμως ἔχω ὑπὲρ τοῦ ὀνόματος τοῦ κυρίου
25 11 εἰ μὲν οὖν ἀδικῶ ... οὐ παραιτοῦμαι τὸ ἀποθανεῖν
Rm 5 6a Χριστὸς ... κατὰ καιρὸν ὑπὲρ ἀσεβῶν ἀπέθανεν
5 7a μόλις γὰρ ὑπὲρ δικαίου τις ἀποθανεῖται· ↔
5 7a ὑπὲρ γὰρ τοῦ ἀγαθοῦ τάχα τις καὶ τολμᾷ ἀποθανεῖν
5 8a ἔτι ἁμαρτωλῶν ὄντων ἡμῶν Χριστὸς ὑπὲρ ἡμῶν ἀπέθανεν
5 15 εἰ γὰρ τῷ τοῦ ἑνὸς παραπτώματι οἱ πολλοὶ ἀπέθανον
6 2 οἵτινες ἀπεθάνομεν τῇ ἁμαρτίᾳ, πῶς ἔτι ζήσομεν (-ωμεν S) ἐν αὐτῇ;
6 7 ὁ γὰρ ἀποθανὼν δεδικαίωται ἀπὸ τῆς ἁμαρτίας
6 8a εἰ δὲ ἀπεθάνομεν σὺν Χριστῷ
6 9 Χριστὸς ἐγερθεὶς ἐκ νεκρῶν οὐκέτι ἀποθνῄσκει
6 10 ὃ γὰρ ἀπέθανεν, ↔
6 10 τῇ ἁμαρτίᾳ ἀπέθανεν ἐφάπαξ
7 2 ἐὰν δὲ ἀποθάνῃ ὁ ἀνήρ, κατήργηται ἀπὸ τοῦ νόμου
7 3 ἐὰν δὲ ἀποθάνῃ ὁ ἀνήρ, ἐλευθέρα ἐστὶν ἀπὸ τοῦ νόμου
7 6a κατηργήθημεν ἀπὸ τοῦ νόμου, ἀποθανόντες ἐν ᾧ κατειχόμεθα
7 10 ⟨ἡ ἁμαρτία ἀνέζησεν⟩ ἐγὼ δὲ ἀπέθανον
8 13 εἰ γὰρ κατὰ σάρκα ζῆτε, μέλλετε ἀποθνῄσκειν
8 34 τίς ὁ κατακρινῶν; Χριστὸς Ἰησοῦς [N26H] ὁ ἀποθανών
14 7 οὐδεὶς ἑαυτῷ ἀποθνῄσκει
14 8 ἐάν τε ἀποθνῄσκωμεν, ↔
14 8 τῷ κυρίῳ ἀποθνῄσκομεν
14 8 ἐάν τε ἀποθνῄσκωμεν, τοῦ κυρίου ἐσμέν
14 9 Χριστὸς (+καὶ Vς) ἀπέθανεν (+καὶ ἀνέστη V[S]ς) καὶ ἔζησεν
14 15a μὴ ... ἐκεῖνον ἀπόλλυε, ὑπὲρ οὗ Χριστὸς ἀπέθανεν
1C 8 11a ὁ ἀδελφὸς δι' ὃν Χριστὸς ἀπέθανεν
9 15 καλὸν γάρ μοι μᾶλλον ἀποθανεῖν
15 3a ὅτι Χριστὸς ἀπέθανεν ὑπὲρ τῶν ἁμαρτιῶν ἡμῶν
15 22a ὥσπερ γὰρ ἐν τῷ Ἀδὰμ πάντες ἀποθνῄσκουσιν

1C 15 31 καθ' ἡμέραν ἀποθνήσκω, νὴ τὴν ὑμετέραν καύχησιν
15 32 φάγωμεν καὶ πίωμεν, αὔριον γὰρ ἀποθνήσκομεν
15 36 σὺ ὃ σπείρεις, οὐ ζῳοποιεῖται ἐὰν μὴ ἀποθάνῃ

2C 5 14ᵃ ὅτι εἷς ὑπὲρ πάντων ἀπέθανεν· ↔
5 14 ἄρα οἱ πάντες ἀπέθανον· ↔
5 15ᵃ καὶ ὑπὲρ πάντων ἀπέθανεν, ↔
5 15ᵃ ἵνα οἱ ζῶντες μηκέτι ἑαυτοῖς ζῶσιν ἀλλὰ τῷ ὑπὲρ αὐτῶν ἀποθανόντι
6 9 ὡς ἀποθνήσκοντες καὶ ἰδοὺ ζῶμεν

G 2 19 ἐγὼ γὰρ διὰ νόμου νόμῳ ἀπέθανον ἵνα θεῷ ζήσω
2 21 ἄρα Χριστὸς δωρεὰν ἀπέθανεν

Ph 1 21 ἐμοὶ γὰρ τὸ ζῆν Χριστὸς καὶ τὸ ἀποθανεῖν κέρδος

Cl 2 20ᵃ εἰ ἀπεθάνετε σὺν Χριστῷ ἀπὸ τῶν στοιχείων τοῦ κόσμου
3 3 ἀπεθάνετε γάρ, καὶ ἡ ζωὴ ὑμῶν κέκρυπται

1Th 4 14 εἰ γὰρ πιστεύομεν ὅτι Ἰησοῦς ἀπέθανεν καὶ ἀνέστη
5 10ᵃ ⟨Ἰησοῦ Χριστοῦ⟩ τοῦ ἀποθανόντος ὑπὲρ (περὶ NMTH) ἡμῶν, ἵνα ... ζήσωμεν

Hb 7 8 ὧδε μὲν δεκάτας ἀποθνήσκοντες ἄνθρωποι λαμβάνουσιν
9 27 ἀπόκειται τοῖς ἀνθρώποις ἅπαξ ἀποθανεῖν
10 28ᵃ ἐπὶ δυσὶν ἢ τρισὶν μάρτυσιν ἀποθνήσκει
11 4 πίστει πλείονα θυσίαν Ἄβελ ... προσήνεγκεν ... καὶ δι' αὐτῆς ἀποθανὼν ἔτι λαλεῖ (-εῖται Sς)
11 13ᵃ κατὰ πίστιν ἀπέθανον οὗτοι πάντες
11 21 πίστει Ἰακὼβ ἀποθνήσκων ἕκαστον τῶν υἱῶν Ἰωσὴφ εὐλόγησεν
11 37ᵃ ⟨ἕτεροι δὲ ... μαστίγων πεῖραν ἔλαβον⟩ ἐν φόνῳ μαχαίρης ἀπέθανον

1Pt 3 18ᵃ *ὅτι καὶ Χριστὸς ἅπαξ περὶ ἁμαρτιῶν (+ὑπὲρ ἡμῶν S) ἀπέθανεν (NMBSTH; ἔπαθεν rl)

Jd 12 δένδρα φθινοπωρινὰ ἄκαρπα δὶς ἀποθανόντα ἐκριζωθέντα

Ap 3 2 στήρισον τὰ λοιπὰ ἃ ἔμελλον ἀποθανεῖν
8 9 καὶ ἀπέθανεν τὸ τρίτον τῶν κτισμάτων
8 11 πολλοὶ τῶν ἀνθρώπων ἀπέθανον ἐκ τῶν ὑδάτων
9 6 καὶ ἐπιθυμήσουσιν ἀποθανεῖν
14 13ᵃ οἱ νεκροὶ οἱ ἐν κυρίῳ ἀποθνήσκοντες
16 3 πᾶσα ψυχὴ ζωῆς (ζῶσα Sς) ἀπέθανεν

ἀποκαθίστημι, ἀποκαθιστάνω
ἀποκατιστάνω (H)
ἀποκαθιστάω (ς)
→ ἵστημι, ἱστάνω

Mt 12 13 ἐξέτεινεν, καὶ ἀπεκατεστάθη ὑγιὴς ὡς ἡ ἄλλη
17 11 Ἡλίας μὲν ἔρχεται καὶ ἀποκαταστήσει πάντα

Mc 3 5 καὶ ἐξέτεινεν, καὶ ἀπεκατεστάθη ἡ χεὶρ αὐτοῦ
8 25 διέβλεψεν καὶ ἀπεκατέστη (ἀποκατεστάθη ς)
9 12 Ἡλίας μὲν (—BST) ἐλθὼν πρῶτον ἀποκαθιστάνει (ἀποκατιστάνει H; ἀποκαθιστᾷ ς) πάντα

Lc 6 10 ὃ δὲ ἐποίησεν καὶ ἀπεκατεστάθη ἡ χεὶρ αὐτοῦ

Ac 1 6 εἰ ἐν τῷ χρόνῳ τούτῳ ἀποκαθιστάνεις τὴν βασιλείαν τῷ Ἰσραήλ;
Hb 13 19 παρακαλῶ τοῦτο ποιῆσαι, ἵνα τάχιον ἀποκατασταθῶ ὑμῖν

ἀποκαλύπτω
→ καλύπτω

Mt 10 26 οὐδὲν γάρ ἐστιν κεκαλυμμένον ὃ οὐκ ἀποκαλυφθήσεται
11 25 ὅτι ἔκρυψας ταῦτα ἀπὸ σοφῶν ... καὶ ἀπεκάλυψας αὐτὰ νηπίοις
11 27 ᾧ ἐὰν βούληται ὁ υἱὸς ἀποκαλύψαι
16 17 ὅτι σὰρξ καὶ αἷμα οὐκ ἀπεκάλυψέν σοι

Lc 2 35 ὅπως ἂν ἀποκαλυφθῶσιν ἐκ πολλῶν καρδιῶν διαλογισμοί
10 21 ὅτι ἀπέκρυψας ταῦτα ἀπὸ σοφῶν ... καὶ ἀπεκάλυψας αὐτὰ νηπίοις
10 22 ᾧ ἐὰν (ἂν H) βούληται ὁ υἱὸς ἀποκαλύψαι
12 2 οὐδὲν δὲ συγκεκαλυμμένον ἐστὶν ὃ οὐκ ἀποκαλυφθήσεται
17 30 ᾗ ἡμέρᾳ ὁ υἱὸς τοῦ ἀνθρώπου ἀποκαλύπτεται

Jo 12 38 ὁ βραχίων κυρίου τίνι ἀπεκαλύφθη;

Rm 1 17 δικαιοσύνη γὰρ θεοῦ ἐν αὐτῷ ἀποκαλύπτεται ἐκ πίστεως εἰς πίστιν
1 18 ἀποκαλύπτεται γὰρ ὀργὴ θεοῦ ἀπ' οὐρανοῦ ἐπὶ πᾶσαν ἀσέβειαν
8 18 οὐκ ἄξια ... πρὸς τὴν μέλλουσαν δόξαν ἀποκαλυφθῆναι

1C 2 10 ἡμῖν δὲ (γὰρ NBH) ἀπεκάλυψεν ὁ θεὸς διὰ τοῦ πνεύματος
3 13 ἡ γὰρ ἡμέρα δηλώσει, ὅτι ἐν πυρὶ ἀποκαλύπτεται
14 30 ἐὰν δὲ ἄλλῳ ἀποκαλυφθῇ καθημένῳ, ὁ πρῶτος σιγάτω

G 1 16 ⟨εὐδόκησεν ὁ θεὸς⟩ ἀποκαλύψαι τὸν υἱὸν αὐτοῦ ἐν ἐμοί
3 23 συγκλειόμενοι (συνκεκλεισμένοι V Sς) εἰς τὴν μέλλουσαν πίστιν ἀποκαλυφθῆναι

E 3 5 ὡς νῦν ἀπεκαλύφθη τοῖς ἁγίοις ἀποστόλοις αὐτοῦ

Ph 3 15 τοῦτο ὁ θεὸς ὑμῖν ἀποκαλύψει

2Th 2 3 ὅτι ἐὰν μὴ ἔλθῃ ... καὶ ἀποκαλυφθῇ ὁ ἄνθρωπος τῆς ἀνομίας (ἁμαρτίας MVBSς)
2 6 εἰς τὸ ἀποκαλυφθῆναι αὐτὸν ἐν τῷ ἑαυτοῦ (N²⁶ς; αὐτοῦ rl) καιρῷ
2 8 καὶ τότε ἀποκαλυφθήσεται ὁ ἄνομος

1Pt 1 5 εἰς σωτηρίαν ἑτοίμην ἀποκαλυφθῆναι ἐν καιρῷ ἐσχάτῳ
1 12 οἷς ἀπεκαλύφθη ὅτι οὐχ ἑαυτοῖς ὑμῖν δὲ διηκόνουν αὐτά
5 1 ὁ καὶ τῆς μελλούσης ἀποκαλύπτεσθαι δόξης κοινωνός

ἀποκάλυψις

Lc 2 32 ⟨εἶδον τὸ σωτήριόν σου⟩ φῶς εἰς ἀποκάλυψιν ἐθνῶν
Rm 2 5 θησαυρίζεις σεαυτῷ ὀργὴν ἐν ἡμέρᾳ ὀργῆς καὶ ἀποκαλύψεως
8 19 τὴν ἀποκάλυψιν τῶν υἱῶν τοῦ θεοῦ ἀπεκδέχεται
16 25 | στηρίξαι ... κατὰ ἀποκάλυψιν μυστηρίου [..N²⁶S..]

1C 1 7 ἀπεκδεχομένους τὴν ἀποκάλυψιν τοῦ κυρίου ἡμῶν Ἰησοῦ Χριστοῦ
14 6 ἐὰν μὴ ὑμῖν λαλήσω ἢ ἐν ἀποκαλύψει ἢ ἐν γνώσει
14 26 ὅταν συνέρχησθε, ἕκαστος ψαλμὸν ἔχει ... ἀποκάλυψιν ἔχει

2C 12 1 ἐλεύσομαι δὲ (γὰρ Sς) εἰς ὀπτασίας καὶ ἀποκαλύψεις κυρίου

2C 12 7 καὶ τῇ ὑπερβολῇ τῶν ἀποκαλύψεων

G 1 12 ⟨εὐαγγέλιον⟩ οὐδὲ γὰρ ἐγὼ παρὰ ἀνθρώπου παρέλαβον αὐτό ... ἀλλὰ δι' ἀποκαλύψεως Ἰησοῦ Χριστοῦ
2 2 ἀνέβην δὲ κατὰ ἀποκάλυψιν

E 1 17 ἵνα ὁ θεὸς ... δῴη ὑμῖν πνεῦμα σοφίας καὶ ἀποκαλύψεως
3 3 ὅτι [N²⁶H] κατὰ ἀποκάλυψιν ἐγνωρίσθη μοι τὸ μυστήριον

2Th 1 7 ἐν τῇ ἀποκαλύψει τοῦ κυρίου Ἰησοῦ ἀπ' οὐρανοῦ

1Pt 1 7 ἵνα ... εὑρεθῇ εἰς ἔπαινον καὶ δόξαν καὶ τιμὴν ἐν ἀποκαλύψει Ἰησοῦ Χριστοῦ
1 13 ἐλπίσατε ἐπὶ τὴν φερομένην ὑμῖν χάριν ἐν ἀποκαλύψει Ἰησοῦ Χριστοῦ
4 13 ἵνα καὶ ἐν τῇ ἀποκαλύψει τῆς δόξης αὐτοῦ χαρῆτε

Ap 1 1 ἀποκάλυψις Ἰησοῦ Χριστοῦ, ἣν ἔδωκεν αὐτῷ ὁ θεός

ἀποκαραδοκία

Rm 8 19 ἡ γὰρ ἀποκαραδοκία τῆς κτίσεως τὴν ἀποκάλυψιν ... ἀπεκδέχεται
Ph 1 20 ⟨ἀποβήσεται εἰς σωτηρίαν⟩ κατὰ τὴν ἀποκαραδοκίαν καὶ ἐλπίδα μου

ἀποκαταλλάσσω
→ ἀλλάσσω

E 2 16 ⟨ἵνα⟩ ἀποκαταλλάξῃ τοὺς ἀμφοτέρους ἐν ἑνὶ σώματι τῷ θεῷ διὰ τοῦ σταυροῦ
Cl 1 20 δι' αὐτοῦ ἀποκαταλλάξαι τὰ πάντα εἰς αὐτόν
1 22 νυνὶ δὲ ἀποκατήλλαξεν ἐν τῷ σώματι τῆς σαρκὸς αὐτοῦ

ἀποκατάστασις

Ac 3 21 δέξασθαι ἄχρι χρόνων ἀποκαταστάσεως πάντων

ἀπόκειμαι
→ κεῖμαι

Lc 19 20 ἡ μνᾶ σου, ἣν εἶχον ἀποκειμένην ἐν σουδαρίῳ
Cl 1 5 διὰ τὴν ἐλπίδα τὴν ἀποκειμένην ὑμῖν ἐν τοῖς οὐρανοῖς
2Tm 4 8 λοιπὸν ἀπόκειταί μοι ὁ τῆς δικαιοσύνης στέφανος
Hb 9 27 καθ' ὅσον ἀπόκειται τοῖς ἀνθρώποις ἅπαξ ἀποθανεῖν

ἀποκεφαλίζω

Mt 14 10 ἀπεκεφάλισεν τὸν ([N²⁶]; — NMTH) Ἰωάννην ἐν τῇ φυλακῇ
Mc 6 16 ὃν ἐγὼ ἀπεκεφάλισα Ἰωάννην, οὗτος ἠγέρθη
6 27 ἀπελθὼν ἀπεκεφάλισεν αὐτὸν ἐν τῇ φυλακῇ
Lc 9 9 Ἰωάννην ἐγὼ ἀπεκεφάλισα

ἀποκλείω
→ κλείω

Lc 13 25 ἀφ' οὗ ἂν ἐγερθῇ ὁ οἰκοδεσπότης καὶ ἀποκλείσῃ τὴν θύραν

ἀποκόπτω
→ κόπτω

Mc 9 43 ἐὰν σκανδαλίζῃ (-σῃ NTH) σε ἡ χείρ σου, ἀπόκοψον αὐτήν
9 45 ἐὰν ὁ πούς σου σκανδαλίζῃ σε, ἀπόκοψον αὐτόν
Jo 18 10 καὶ ἀπέκοψεν αὐτοῦ τὸ ὠτάριον (ὠτίον Vς) τὸ δεξιόν

Jo 18 26 συγγενὴς ὢν οὗ ἀπέκοψεν Πέτρος τὸ ὠτίον

Ac 27 32 τότε ἀπέκοψαν οἱ στρατιῶται τὰ σχοινία

G 5 12 ὄφελον καὶ ἀποκόψονται οἱ ἀνα- στατοῦντες ὑμᾶς

ἀπόκριμα

2C 1 9 αὐτοὶ ἐν ἑαυτοῖς τὸ ἀπόκριμα τοῦ θανάτου ἐσχήκαμεν

ἀποκρίνομαι

→ ἀνταποκρίνομαι → κρίνω

ᵃ ἀποκριθείς

Mt 3 15ᵃἀποκριθεὶς δὲ ὁ Ἰησοῦς εἶπεν
4 4ᵃὁ δὲ ἀποκριθεὶς εἶπεν
8 8ᵃ| καὶ ἀποκριθεὶς (ἀ. δὲ NMTH) ὁ ἑκατόνταρχος ἔφη
11 4ᵃκαὶ ἀποκριθεὶς ὁ Ἰησοῦς εἶπεν
11 25ᵃἀποκριθεὶς ὁ Ἰησοῦς εἶπεν
12 38 τότε ἀπεκρίθησαν αὐτῷ τινες τῶν γραμματέων
12 39ᵃὁ δὲ ἀποκριθεὶς εἶπεν
12 48ᵃὁ δὲ ἀποκριθεὶς εἶπεν
13 11ᵃὁ δὲ ἀποκριθεὶς εἶπεν
13 37ᵃὁ δὲ ἀποκριθεὶς εἶπεν
14 28ᵃἀποκριθεὶς δὲ | αὐτῷ ὁ Πέτρος εἶπεν (~ H)
15 3ᵃὁ δὲ ἀποκριθεὶς εἶπεν
15 13ᵃὁ δὲ ἀποκριθεὶς εἶπεν
15 15ᵃἀποκριθεὶς δὲ ὁ Πέτρος εἶπεν
15 23 ὁ δὲ οὐκ ἀπεκρίθη αὐτῇ λόγον
15 24ᵃὁ δὲ ἀποκριθεὶς εἶπεν
15 26ᵃὁ δὲ ἀποκριθεὶς εἶπεν
15 28ᵃτότε ἀποκριθεὶς ὁ Ἰησοῦς εἶπεν
16 2ᵃὁ δὲ ἀποκριθεὶς εἶπεν
16 16ᵃἀποκριθεὶς δὲ Σίμων Πέτρος εἶπεν
16 17ᵃἀποκριθεὶς δὲ ὁ Ἰησοῦς εἶπεν
17 4ᵃἀποκριθεὶς δὲ ὁ Πέτρος εἶπεν
17 11ᵃὁ δὲ ἀποκριθεὶς εἶπεν
17 17ᵃἀποκριθεὶς δὲ ὁ Ἰησοῦς εἶπεν
19 4ᵃὁ δὲ ἀποκριθεὶς εἶπεν
19 27ᵃτότε ἀποκριθεὶς ὁ Πέτρος εἶπεν
20 13ᵃὁ δὲ ἀποκριθεὶς | ἑνὶ αὐτῶν εἶπεν (~ Vς)
20 22ᵃἀποκριθεὶς δὲ ὁ Ἰησοῦς εἶπεν
21 21ᵃἀποκριθεὶς δὲ ὁ Ἰησοῦς εἶπεν
21 24ᵃἀποκριθεὶς δὲ [H] ὁ Ἰησοῦς εἶπεν
21 27ᵃκαὶ ἀποκριθέντες τῷ Ἰησοῦ εἶπαν
21 29ᵃὁ δὲ ἀποκριθεὶς εἶπεν
21 30ᵃὁ δὲ ἀποκριθεὶς εἶπεν
22 1ᵃκαὶ ἀποκριθεὶς ὁ Ἰησοῦς πάλιν εἶπεν
22 29ᵃἀποκριθεὶς δὲ ὁ Ἰησοῦς εἶπεν
22 46 καὶ οὐδεὶς ἐδύνατο ἀποκριθῆναι αὐτῷ λόγον
24 2ᵃὁ δὲ ἀποκριθεὶς (Ἰησοῦς ς) εἶπεν
24 4ᵃἀποκριθεὶς ὁ Ἰησοῦς εἶπεν
25 9 ἀπεκρίθησαν δὲ αἱ φρόνιμοι λέ- γουσαι
25 12ᵃὁ δὲ ἀποκριθεὶς εἶπεν
25 26ᵃἀποκριθεὶς δὲ ὁ κύριος αὐτοῦ εἶπεν
25 37 τότε ἀποκριθήσονται αὐτῷ οἱ δί- καιοι λέγοντες
25 40ᵃἀποκριθεὶς ὁ βασιλεὺς ἐρεῖ
25 44 τότε ἀποκριθήσονται καὶ αὐτοί
25 45 τότε ἀποκριθήσεται αὐτοῖς λέγων
26 23ᵃὁ δὲ ἀποκριθεὶς εἶπεν
26 25ᵃἀποκριθεὶς δὲ Ἰούδας ὁ παραδι- δοὺς αὐτὸν εἶπεν
26 33ᵃἀποκριθεὶς δὲ ὁ Πέτρος εἶπεν
26 62 οὐδὲν ἀποκρίνῃ, τί οὗτοί σου κα- ταμαρτυροῦσιν;
26 63ᵃ*ἀποκριθεὶς (+Tς) ὁ ἀρχιερεὺς εἶ- πεν
26 66ᵃοἱ δὲ ἀποκριθέντες εἶπαν

Mt 27 12 ἐν τῷ κατηγορεῖσθαι αὐτὸν ... οὐδὲν ἀπεκρίνατο
27 14 οὐκ ἀπεκρίθη αὐτῷ πρὸς οὐδὲ ἓν ῥῆμα
27 21ᵃἀποκριθεὶς δὲ ὁ ἡγεμὼν εἶπεν
27 25ᵃἀποκριθεὶς πᾶς ὁ λαὸς εἶπεν
28 5ᵃἀποκριθεὶς δὲ ὁ ἄγγελος εἶπεν

Mc 3 33ᵃκαὶ | ἀποκριθεὶς αὐτοῖς λέγει (ἀπ- εκρίθη α. λέγων Sς)
5 9 *καὶ | ἀπεκρίθη λέγων (Sς; λέγει αὐτῷ rl)
6 37ᵃὁ δὲ ἀποκριθεὶς εἶπεν
7 6ᵃὁ δὲ ἀποκριθεὶς (+Vς) εἶπεν
7 28 ἡ δὲ ἀπεκρίθη καὶ λέγει αὐτῷ
8 4 καὶ ἀπεκρίθησαν αὐτῷ οἱ μαθηταὶ αὐτοῦ
8 28 *οἱ δὲ ἀπεκρίθησαν (Sς; εἶπαν rl) αὐτῷ λέγοντες ὅτι ([N²⁶ S]; —M)
8 29ᵃἀποκριθεὶς (+δὲ VSς) ὁ Πέτρος λέγει
9 5ᵃκαὶ ἀποκριθεὶς ὁ Πέτρος λέγει
9 6 οὐ γὰρ ᾔδει τί ἀποκριθῇ (λαλήσῃ ς)
9 12ᵃ*ὁ δὲ | ἀποκριθεὶς εἶπεν (Vς; ἔφη rl)
9 17ᵃκαὶ | ἀπεκρίθη αὐτῷ εἷς ἐκ τοῦ ὄχλου (ἀποκριθεὶς εἷς ἐκ τ. ὄ. εἶπεν Vς)
9 19ᵃὁ δὲ ἀποκριθεὶς αὐτοῖς λέγει
9 38 *| ἀπεκρίθη δὲ αὐτῷ ὁ Ἰωάννης λέγων (Vς; ἔφη αὐτῷ ὁ Ἰ. rl)
10 3ᵃὁ δὲ ἀποκριθεὶς εἶπεν αὐτοῖς
10 5ᵃ*| καὶ ἀποκριθεὶς ὁ (Vς; ὁ δὲ rl) Ἰησοῦς εἶπεν
10 20ᵃ*ὁ δὲ ἀποκριθεὶς (+[M]VBSς) ἔφη (εἶπεν VBς) αὐτῷ
10 24ᵃὁ δὲ Ἰησοῦς πάλιν ἀποκριθεὶς λέ- γει αὐτοῖς
10 29ᵃ*|| ἀποκριθεὶς (+δὲ ς) ὁ Ἰησοῦς εἶπεν ((MVBSς; ἔφη ὁ Ἰ. rl))
10 51ᵃκαὶ ἀποκριθεὶς αὐτῷ ὁ Ἰησοῦς εἶ- πεν
11 14ᵃκαὶ ἀποκριθεὶς εἶπεν
11 22ᵃκαὶ ἀποκριθεὶς ὁ Ἰησοῦς λέγει
11 29ᵃ*ὁ δὲ Ἰησοῦς ἀποκριθεὶς (+ς) εἶ- πεν
11 29 ἐπερωτήσω ὑμᾶς ἕνα λόγον, καὶ ἀποκρίθητέ μοι
11 30 τὸ βάπτισμα ... ἐξ οὐρανοῦ ἦν ἢ ἐξ ἀνθρώπων; ἀποκρίθητέ μοι
11 33ᵃκαὶ ἀποκριθέντες | τῷ Ἰησοῦ λέ- γουσιν (~ VSς)
11 33ᵃ*καὶ ἀποκριθεὶς (+VSς) ὁ Ἰησοῦς λέγει
12 17ᵃ*| καὶ ἀποκριθεὶς ὁ (ὁ δὲ N²⁶N MTH) Ἰησοῦς εἶπεν
12 24ᵃ*|καὶ ἀποκριθεὶς ὁ Ἰησοῦς εἶπεν αὐτοῖς (Vς; ἔφη αὐτοῖς ὁ Ἰ. rl)
12 28 ὅτι καλῶς | ἀπεκρίθη αὐτοῖς (~ Vς)
12 29 | ἀπεκρίθη ὁ Ἰησοῦς (ὁ δὲ Ἰ. ἀπ. αὐτῷ Vς) ὅτι πρώτη (+ πάντων τῶν ἐντολῶν Vς) ἐστίν
12 34 καὶ ὁ Ἰησοῦς, ἰδὼν αὐτὸν ([N²⁶]; —ς) ὅτι νουνεχῶς ἀπεκρίθη, εἶπεν αὐτῷ
12 35ᵃκαὶ ἀποκριθεὶς ὁ Ἰησοῦς ἔλεγεν
13 2ᵃ*καὶ ὁ Ἰησοῦς ἀποκριθεὶς (+Vς) εἶπεν
13 5ᵃ*ὁ δὲ Ἰησοῦς ἀποκριθεὶς (+Vς) | ἤρξατο λέγειν αὐτοῖς (~ Vς)
14 20ᵃ*ὁ δὲ ἀποκριθεὶς (+ς) εἶπεν
14 40 καὶ οὐκ ᾔδεισαν τί ἀποκριθῶσιν
14 48ᵃκαὶ ἀποκριθεὶς ὁ Ἰησοῦς εἶπεν
14 60 οὐκ ἀποκρίνῃ οὐδὲν τί οὗτοί σου καταμαρτυροῦσιν; ↔

Mc 14 61 ὁ δὲ ἐσιώπα καὶ οὐκ ἀπεκρίνατο οὐδέν
15 2ᵃὁ δὲ ἀποκριθεὶς αὐτῷ λέγει
15 4 οὐκ ἀποκρίνῃ οὐδέν;
15 5 ὁ δὲ Ἰησοῦς οὐκέτι οὐδὲν ἀπ- εκρίθη
15 9 ὁ δὲ Πιλᾶτος ἀπεκρίθη αὐτοῖς λέ- γων
15 12ᵃὁ δὲ Πιλᾶτος πάλιν ἀποκριθεὶς ἔλεγεν

Lc 1 19ᵃκαὶ ἀποκριθεὶς ὁ ἄγγελος εἶπεν
1 35ᵃκαὶ ἀποκριθεὶς ὁ ἄγγελος εἶπεν
1 60ᵃκαὶ ἀποκριθεῖσα ἡ μήτηρ αὐτοῦ εἶπεν
3 11ᵃἀποκριθεὶς δὲ ἔλεγεν
3 16 ἀπεκρίνατο λέγων πᾶσιν ὁ Ἰωάν- νης
4 4 καὶ ἀπεκρίθη πρὸς αὐτὸν ὁ Ἰησοῦς
4 8ᵃκαὶ ἀποκριθεὶς ὁ Ἰησοῦς εἶπεν
4 12ᵃκαὶ ἀποκριθεὶς εἶπεν αὐτῷ ὁ Ἰη- σοῦς
5 5ᵃκαὶ ἀποκριθεὶς (+ὁ VB[S]ς) Σί- μων εἶπεν (+αὐτῷ VB[S]ς)
5 22ᵃἐπιγνοὺς δὲ ὁ Ἰησοῦς ... ἀπο- κριθεὶς εἶπεν
5 31ᵃκαὶ ἀποκριθεὶς ὁ [H] Ἰησοῦς εἶ- πεν πρὸς αὐτούς
6 3ᵃκαὶ ἀποκριθεὶς || πρὸς αὐτοὺς εἶ- πεν ὁ [H] Ἰησοῦς ((~ ST))
7 22ᵃκαὶ ἀποκριθεὶς εἶπεν
7 40ᵃκαὶ ἀποκριθεὶς ὁ Ἰησοῦς εἶπεν
7 43ᵃἀποκριθεὶς (+δὲ ὁ Vς; +δὲ S) Σίμων εἶπεν
8 21ᵃὁ δὲ ἀποκριθεὶς εἶπεν
8 50 ὁ δὲ Ἰησοῦς ἀκούσας ἀπεκρίθη αὐτῷ
9 19ᵃοἱ δὲ ἀποκριθέντες εἶπαν
9 20ᵃΠέτρος δὲ ἀποκριθεὶς εἶπεν
9 41ᵃἀποκριθεὶς δὲ ὁ Ἰησοῦς εἶπεν
9 49ᵃἀποκριθεὶς δὲ (+ὁ NMVTς) Ἰωάν- νης εἶπεν
10 27ᵃὁ δὲ ἀποκριθεὶς εἶπεν
10 28 εἶπεν δὲ αὐτῷ· ὀρθῶς ἀπεκρίθης
10 41ᵃἀποκριθεὶς δὲ εἶπεν
11 7ᵃκἀκεῖνος ἔσωθεν ἀποκριθεὶς εἴπῃ
11 45ᵃἀποκριθεὶς δέ τις τῶν νομικῶν λέ- γει
13 2ᵃκαὶ ἀποκριθεὶς εἶπεν
13 8ᵃὁ δὲ ἀποκριθεὶς λέγει
13 14ᵃἀποκριθεὶς δὲ ὁ ἀρχισυνάγωγος ... ἔλεγεν
13 15 ἀπεκρίθη δὲ αὐτῷ ὁ κύριος καὶ εἶ- πεν
13 25ᵃκαὶ ἀποκριθεὶς ἐρεῖ ὑμῖν
14 3ᵃκαὶ ἀποκριθεὶς ὁ Ἰησοῦς εἶπεν
14 5ᵃ*καὶ ἀποκριθεὶς (+VTς) πρὸς αὐ- τοὺς εἶπεν
15 29ᵃὁ δὲ ἀποκριθεὶς εἶπεν
17 17ᵃἀποκριθεὶς δὲ ὁ Ἰησοῦς εἶπεν
17 20 ἐπερωτηθεὶς δὲ ... ἀπεκρίθη αὐτοῖς καὶ εἶπεν
17 37ᵃἀποκριθέντες λέγουσιν
19 40ᵃκαὶ ἀποκριθεὶς εἶπεν
20 3ᵃἀποκριθεὶς δὲ εἶπεν
20 7 καὶ ἀπεκρίθησαν μὴ εἰδέναι πόθεν
20 24ᵃ*ἀποκριθέντες (Sς; οἱ rl) δὲ εἶπαν
20 34ᵃ*καὶ ἀποκριθεὶς (+ς) εἶπεν αὐτοῖς
20 39ᵃἀποκριθέντες δέ τινες τῶν γραμ- ματέων εἶπαν
22 51ᵃἀποκριθεὶς δὲ [H] Ἰησοῦς εἶπεν
22 68 ἐὰν δὲ (+καὶ VBς) ἐρωτήσω, οὐ μὴ ἀποκριθῆτε (+μοι ἢ ἀπολύσητε Vς; +μοι B)
23 3ᵃὁ δὲ ἀποκριθεὶς αὐτῷ ἔφη
23 9 αὐτὸς δὲ οὐδὲν ἀπεκρίνατο αὐτῷ

Lc 23 40ᵃ ἀποκριθεὶς δὲ ὁ ἕτερος ἐπιτιμῶν αὐτῷ ἔφη

24 18ᵃ ἀποκριθεὶς δὲ (+ὁ Vς) εἷς ὀνόματι (ᾧ ὄνομα VTς) Κλεοπᾶς εἶπεν

Jo 1 21 ὁ προφήτης εἶ σύ; καὶ ἀπεκρίθη· οὔ

1 26 ἀπεκρίθη αὐτοῖς ὁ Ἰωάννης λέγων

1 48 ἀπεκρίθη Ἰησοῦς καὶ εἶπεν

1 49 ἀπεκρίθη αὐτῷ Ναθαναήλ (+καὶ λέγει V[S] ς)

1 50 ἀπεκρίθη Ἰησοῦς καὶ εἶπεν

2 18 ἀπεκρίθησαν οὖν οἱ Ἰουδαῖοι καὶ εἶπαν

2 19 ἀπεκρίθη Ἰησοῦς καὶ εἶπεν

3 3 ἀπεκρίθη (+ὁ Vς) Ἰησοῦς καὶ εἶπεν

3 5 ἀπεκρίθη (+ὁ B[H] ς) Ἰησοῦς

3 9 ἀπεκρίθη Νικόδημος καὶ εἶπεν

3 10 ἀπεκρίθη Ἰησοῦς καὶ εἶπεν

3 27 ἀπεκρίθη Ἰωάννης καὶ εἶπεν

4 10 ἀπεκρίθη Ἰησοῦς καὶ εἶπεν

4 13 ἀπεκρίθη Ἰησοῦς καὶ εἶπεν

4 17 ἀπεκρίθη ἡ γυνὴ καὶ εἶπεν

5 7 ἀπεκρίθη αὐτῷ ὁ ἀσθενῶν

5 11 ὁ δὲ (ὃς δὲ NMH; —VTς) ἀπεκρίθη

5 17 ὁ δὲ Ἰησοῦς ([N²⁶]; —NTH) ἀπεκρίνατο αὐτοῖς

5 19 ἀπεκρίνατο οὖν | ὁ Ἰησοῦς [H] καὶ ἔλεγεν

6 7 ἀπεκρίθη (ἀποκρίνεται Τ) αὐτῷ ὁ ([N²⁶]; —VBSHς) Φίλιππος

6 26 ἀπεκρίθη αὐτοῖς ὁ Ἰησοῦς καὶ εἶπεν

6 29 ἀπεκρίθη ὁ ([N²⁶V]; —NMT) Ἰησοῦς καὶ εἶπεν

6 43 ἀπεκρίθη Ἰησοῦς καὶ εἶπεν

6 68 ἀπεκρίθη αὐτῷ Σίμων Πέτρος

6 70 ἀπεκρίθη αὐτοῖς ὁ Ἰησοῦς

7 16 ἀπεκρίθη οὖν αὐτοῖς ὁ ([N²⁶]; —NTH) Ἰησοῦς καὶ εἶπεν

7 20 ἀπεκρίθη ὁ ὄχλος· δαιμόνιον ἔχεις

7 21 ἀπεκρίθη Ἰησοῦς καὶ εἶπεν αὐτοῖς

7 46 ἀπεκρίθησαν οἱ ὑπηρέται

7 47 ἀπεκρίθησαν οὖν (—Τ) αὐτοῖς [H] οἱ Φαρισαῖοι

7 52 ἀπεκρίθησαν καὶ εἶπαν αὐτῷ

8 14 ἀπεκρίθη Ἰησοῦς καὶ εἶπεν αὐτοῖς

8 19 ἀπεκρίθη ὁ Ἰησοῦς

8 33 ἀπεκρίθησαν πρὸς αὐτόν

8 34 ἀπεκρίθη αὐτοῖς ὁ [H] Ἰησοῦς

8 39 ἀπεκρίθησαν καὶ εἶπαν αὐτῷ

8 48 ἀπεκρίθησαν (+οὖν Vς) οἱ Ἰουδαῖοι καὶ εἶπαν αὐτῷ

8 49 ἀπεκρίθη Ἰησοῦς

8 54 ἀπεκρίθη Ἰησοῦς

9 3 ἀπεκρίθη Ἰησοῦς

9 11 ἀπεκρίθη ἐκεῖνος

9 20 ἀπεκρίθησαν οὖν (δὲ MS; —Vς) οἱ γονεῖς αὐτοῦ καὶ εἶπαν

9 25 ἀπεκρίθη οὖν ἐκεῖνος

9 27 ἀπεκρίθη αὐτοῖς

9 30 ἀπεκρίθη ὁ ἄνθρωπος καὶ εἶπεν αὐτοῖς

9 34 ἀπεκρίθησαν καὶ εἶπαν αὐτῷ

9 36 ἀπεκρίθη ἐκεῖνος | καὶ εἶπεν [H]

10 25 ἀπεκρίθη αὐτοῖς (—Τ) ὁ [H] Ἰησοῦς

10 32 ἀπεκρίθη αὐτοῖς ὁ Ἰησοῦς

10 33 ἀπεκρίθησαν αὐτῷ οἱ Ἰουδαῖοι

10 34 ἀπεκρίθη αὐτοῖς ὁ [N²⁶H] Ἰησοῦς

11 9 ἀπεκρίθη Ἰησοῦς

12 23 ἀποκρίνεται (ἀπεκρίνατο Sς) αὐτοῖς λέγων

12 30 ἀπεκρίθη | Ἰησοῦς καὶ εἶπεν (~H)

Jo 12 34 ἀπεκρίθη οὖν αὐτῷ ὁ ὄχλος

13 7 ἀπεκρίθη Ἰησοῦς καὶ εἶπεν αὐτῷ

13 8 ἀπεκρίθη Ἰησοῦς αὐτῷ

13 26 ἀποκρίνεται (+οὖν NMVBSH) ὁ [N²⁶H] Ἰησοῦς

13 36 ἀπεκρίθη αὐτῷ ([N²⁶S]; —NBTH) (+ὁ VSς) Ἰησοῦς

13 38 ἀποκρίνεται (ἀπεκρίθη ς) Ἰησοῦς

14 23 ἀπεκρίθη Ἰησοῦς καὶ εἶπεν αὐτῷ

16 31 ἀπεκρίθη αὐτοῖς (+ὁ VBSς) Ἰησοῦς

18 5 ἀπεκρίθησαν αὐτῷ

18 8 ἀπεκρίθη Ἰησοῦς

18 20 ἀπεκρίθη αὐτῷ (+ὁ MVSς) Ἰησοῦς

18 22 οὕτως ἀποκρίνη τῷ ἀρχιερεῖ;

18 23 ἀπεκρίθη αὐτῷ (+ὁ VBSς) Ἰησοῦς

18 30 ἀπεκρίθησαν καὶ εἶπαν αὐτῷ

18 34 ἀπεκρίθη (+ὁ VSς) Ἰησοῦς

18 35 ἀπεκρίθη ὁ Πιλᾶτος

18 36 ἀπεκρίθη Ἰησοῦς

18 37 ἀπεκρίθη ὁ [NH] Ἰησοῦς

19 7 ἀπεκρίθησαν αὐτῷ (—Τ) οἱ Ἰουδαῖοι

19 11 ἀπεκρίθη αὐτῷ (+[N²⁶] BSH) (+ὁ BSς) Ἰησοῦς

19 15 ἀπεκρίθησαν οἱ ἀρχιερεῖς

19 22 ἀπεκρίθη ὁ Πιλᾶτος

20 28 ἀπεκρίθη (+ὁ [S]ς) Θωμᾶς καὶ εἶπεν αὐτῷ

21 5 ἀπεκρίθησαν αὐτῷ

Ac 3 12 ἰδὼν δὲ ὁ Πέτρος ἀπεκρίνατο πρὸς τὸν λαόν

4 19ᵃ ὁ δὲ Πέτρος καὶ Ἰωάννης ἀποκριθέντες εἶπον

5 8 ἀπεκρίθη δὲ πρὸς αὐτήν (+ὁ VB[S]ς) Πέτρος

5 29ᵃ ἀποκριθεὶς δὲ Πέτρος καὶ οἱ ἀπόστολοι εἶπαν

8 24ᵃ ἀποκριθεὶς δὲ ὁ Σίμων εἶπεν

8 34ᵃ ἀποκριθεὶς δὲ ὁ εὐνοῦχος τῷ Φιλίππῳ εἶπεν

8 37ᵃ* | ἀποκριθεὶς δὲ εἶπε (..+ς..)

9 13ᵃ ἀπεκρίθη δὲ Ἀνανίας

10 46 τότε ἀπεκρίθη Πέτρος

11 9 ἀπεκρίθη δὲ | φωνὴ ἐκ δευτέρου (~NMH) ἐκ τοῦ οὐρανοῦ

15 13 ἀπεκρίθη Ἰάκωβος λέγων

19 15ᵃ ἀποκριθὲν δὲ τὸ πνεῦμα τὸ πονηρὸν εἶπεν αὐτοῖς

21 13 τότε ἀπεκρίθη ὁ [H] Παῦλος (+καὶ εἶπεν B[S]T)

22 8 ἐγὼ δὲ ἀπεκρίθην

22 28 ἀπεκρίθη δὲ ὁ χιλίαρχος

24 10 ἀπεκρίθη τε ὁ Παῦλος

24 25 ἔμφοβος γενόμενος ὁ Φῆλιξ ἀπεκρίθη

25 4 ὁ μὲν οὖν Φῆστος ἀπεκρίθη τηρεῖσθαι τὸν Παῦλον

25 9ᵃ ὁ Φῆστος δὲ ... ἀποκριθεὶς τῷ Παύλῳ εἶπεν

25 12 τότε ὁ Φῆστος ... ἀπεκρίθη

25 16 πρὸς οὓς ἀπεκρίθην ὅτι οὐκ ἔστιν ἔθος

Cl 4 6 εἰδέναι πῶς δεῖ ὑμᾶς ἑνὶ ἑκάστῳ ἀποκρίνεσθαι

Ap 7 13 ἀπεκρίθη εἷς ἐκ τῶν πρεσβυτέρων λέγων μοι

ἀπόκρισις

Lc 2 47 ἐξίσταντο δὲ πάντες ... ἐπὶ τῇ συνέσει καὶ ταῖς ἀποκρίσεσιν αὐτοῦ

20 26 θαυμάσαντες ἐπὶ τῇ ἀποκρίσει αὐτοῦ ἐσίγησαν

Jo 1 22 τίς εἶ; ἵνα ἀπόκρισιν δῶμεν τοῖς πέμψασιν ἡμᾶς

19 9 ὁ δὲ Ἰησοῦς ἀπόκρισιν οὐκ ἔδωκεν αὐτῷ

ἀποκρύπτω

→ κρύπτω

Mt 11 25 *ὅτι ἀπέκρυψας (ς; ἔκρυψας rl) ταῦτα ἀπὸ σοφῶν καὶ συνετῶν

25 18 *ἀπέκρυψεν (Sς; ἔκρυψεν rl) τὸ ἀργύριον τοῦ κυρίου αὐτοῦ

Lc 10 21 ὅτι ἀπέκρυψας ταῦτα ἀπὸ σοφῶν καὶ συνετῶν

1C 2 7 λαλοῦμεν θεοῦ σοφίαν ἐν μυστηρίῳ, τὴν ἀποκεκρυμμένην

E 3 9 τίς ἡ οἰκονομία τοῦ μυστηρίου τοῦ ἀποκεκρυμμένου ἀπὸ τῶν αἰώνων

Cl 1 26 τὸ μυστήριον τὸ ἀποκεκρυμμένον ἀπὸ τῶν αἰώνων

ἀπόκρυφος

Mc 4 22 οὐδὲ ἐγένετο ἀπόκρυφον, ἀλλ' ἵνα ἔλθῃ εἰς φανερόν

Lc 8 17 οὐ γάρ ἐστιν κρυπτὸν ... οὐδὲ ἀπόκρυφον ὃ οὐ μὴ γνωσθῇ

Cl 2 3 ἐν ᾧ εἰσιν πάντες οἱ θησαυροὶ τῆς σοφίας καὶ γνώσεως ἀπόκρυφοι

ἀποκτείνω, ἀποκτέν(ν)ω, ἀποκτεννύω

Mt 10 28 καὶ μὴ φοβεῖσθε (-βηθῆτε MHς) ἀπὸ τῶν ἀποκτεννόντων (ἀποκτεινόντων Hς, ἀποκτενόντων S) τὸ σῶμα, ↔

10 28 τὴν δὲ ψυχὴν μὴ δυναμένων ἀποκτεῖναι

14 5 καὶ θέλων αὐτὸν ἀποκτεῖναι ἐφοβήθη τὸν ὄχλον

16 21 δεῖ αὐτὸν ... πολλὰ παθεῖν ... καὶ ἀποκτανθῆναι

17 23 ἀποκτενοῦσιν αὐτόν, καὶ τῇ τρίτῃ ἡμέρᾳ ἐγερθήσεται

21 35 ὃν μὲν ἔδειραν, ὃν δὲ ἀπέκτειναν

21 38 δεῦτε ἀποκτείνωμεν αὐτὸν καὶ σχῶμεν (κατάσχ. Vς) τὴν κληρονομίαν αὐτοῦ

21 39 λαβόντες αὐτὸν ἐξέβαλον ἔξω τοῦ ἀμπελῶνος καὶ ἀπέκτειναν

22 6 κρατήσαντες τοὺς δούλους αὐτοῦ ὕβρισαν καὶ ἀπέκτειναν

23 34 (+καὶ Vς) ἐξ αὐτῶν ἀποκτενεῖτε καὶ σταυρώσετε

23 37 Ἰερουσαλήμ, ἡ ἀποκτείνουσα τοὺς προφήτας

24 9 τότε παραδώσουσιν ὑμᾶς εἰς θλῖψιν καὶ ἀποκτενοῦσιν ὑμᾶς

26 4 ἵνα τὸν Ἰησοῦν δόλῳ κρατήσωσιν καὶ ἀποκτείνωσιν

Mc 3 4 ἔξεστιν τοῖς σάββασιν ... ψυχὴν σῶσαι ἢ ἀποκτεῖναι;

6 19 ἐνεῖχεν αὐτῷ καὶ ἤθελεν αὐτὸν ἀποκτεῖναι

8 31 ὅτι δεῖ τὸν υἱὸν τοῦ ἀνθρώπου πολλὰ παθεῖν ... καὶ ἀποκτανθῆναι

9 31 ὅτι ὁ υἱὸς τοῦ ἀνθρώπου παραδίδοται εἰς χεῖρας ἀνθρώπων, καὶ ἀποκτενοῦσιν αὐτόν, ↔

9 31 καὶ ἀποκτανθεὶς μετὰ τρεῖς ἡμέρας ἀναστήσεται

10 34 ⟨ὁ υἱὸς τοῦ ἀνθρώπου παραδοθήσεται⟩ καὶ μαστιγώσουσιν αὐτὸν καὶ ἀποκτενοῦσιν

12 5 κἀκεῖνον ἀπέκτειναν, καὶ πολλοὺς ἄλλους, ↔

12 5 οὓς μὲν δέροντες, οὓς δὲ ἀποκτέννοντες (ἀποκτέννυντες H; -κτείνοντες ς)

12 7 δεῦτε ἀποκτείνωμεν αὐτόν, καὶ ἡμῶν ἔσται ἡ κληρονομία

Mc 12 8 καὶ λαβόντες | ἀπέκτειναν αὐτόν
(~ Vς)
14 1 πῶς αὐτὸν ἐν δόλῳ κρατήσαντες
ἀποκτείνωσιν

Lc 9 22 ὅτι δεῖ τὸν υἱὸν τοῦ ἀνθρώπου
πολλὰ παθεῖν καὶ ἀποδοκιμα-
σθῆναι ... καὶ ἀποκτανθῆναι
11 47 | οἱ δὲ (καὶ οἱ T) πατέρες ὑμῶν
ἀπέκτειναν αὐτούς
11 48 ὅτι αὐτοὶ μὲν ἀπέκτειναν αὐτούς
11 49 ἐξ αὐτῶν ἀποκτενοῦσιν καὶ διώ-
ξουσιν (ἐκδιώξ. VBSTς)
12 4 μὴ φοβηθῆτε ἀπὸ τῶν ἀποκτει-
νόντων (N²⁶Hς; -κτεννόντων rl) τὸ
σῶμα
12 5 φοβήθητε τὸν μετὰ τὸ ἀποκτεῖναι
ἔχοντα ἐξουσίαν ἐμβαλεῖν εἰς τὴν
γέενναν
13 4 ἐφ' οὓς ἔπεσεν ὁ πύργος ... καὶ
ἀπέκτεινεν αὐτούς
13 31 ὅτι Ἡρῴδης θέλει σε ἀποκτεῖναι
13 34 Ἰερουσαλὴμ Ἰερουσαλήμ, ἡ ἀπο-
κτείνουσα τοὺς προφήτας
18 33 μαστιγώσαντες ἀποκτενοῦσιν αὐ-
τόν
20 14 ἀποκτείνωμεν αὐτόν, ἵνα ἡμῶν
γένηται ἡ κληρονομία
20 15 καὶ ἐκβαλόντες αὐτὸν ἔξω τοῦ
ἀμπελῶνος ἀπέκτειναν

Jo 5 16 *ἐδίωκον οἱ Ἰουδαῖοι τὸν Ἰησοῦν
| καὶ ἐζήτουν αὐτὸν ἀποκτεῖναι
(+ς)
5 18 μᾶλλον ἐζήτουν αὐτὸν οἱ Ἰουδαῖοι
ἀποκτεῖναι
7 1 ὅτι ἐζήτουν αὐτὸν οἱ Ἰουδαῖοι
ἀποκτεῖναι
7 19 τί με ζητεῖτε ἀποκτεῖναι;
7 20 τίς σε ζητεῖ ἀποκτεῖναι;
7 25 οὐχ οὗτός ἐστιν ὃν ζητοῦσιν
ἀποκτεῖναι;
8 22 μήτι ἀποκτενεῖ ἑαυτόν, ὅτι λέγει
⟨;⟩
8 37 ἀλλὰ ζητεῖτέ με ἀποκτεῖναι
8 40 νῦν δὲ ζητεῖτέ με ἀποκτεῖναι
11 53 ἐβουλεύσαντο (συνεβ. VSς) ἵνα
ἀποκτείνωσιν αὐτόν
12 10 ἵνα καὶ τὸν Λάζαρον ἀποκτείνω-
σιν
16 2 ἵνα πᾶς ὁ ἀποκτείνας ὑμᾶς [H]
δόξῃ λατρείαν προσφέρειν
18 31 ἡμῖν οὐκ ἔξεστιν ἀποκτεῖναι οὐ-
δένα

Ac 3 15 τὸν δὲ ἀρχηγὸν τῆς ζωῆς ἀπεκτεί-
νατε
7 52 ἀπέκτειναν τοὺς προκαταγγείλαν-
τας περὶ τῆς ἐλεύσεως τοῦ δικαίου
21 31 ζητούντων τε αὐτὸν ἀποκτεῖναι
23 12 μήτε φαγεῖν μήτε πιεῖν ἕως οὗ
ἀποκτείνωσιν τὸν Παῦλον
23 14 μηδενὸς γεύσασθαι ἕως οὗ ἀπο-
κτείνωμεν τὸν Παῦλον
27 42 τῶν δὲ στρατιωτῶν βουλὴ ἐγένετο
ἵνα τοὺς δεσμώτας ἀποκτείνωσιν

Rm 7 11 ἡ γὰρ ἁμαρτία ... ἐξηπάτησέν με
καὶ δι' αὐτῆς ἀπέκτεινεν
11 3 κύριε, τοὺς προφήτας σου ἀπ-
έκτειναν

2C 3 6 τὸ γὰρ γράμμα ἀποκτέννει (-κτεί-
νει NMHς)

E 2 16 ⟨ἵνα⟩ ἀποκαταλλάξῃ τοὺς ἀμφο-
τέρους ... διὰ τοῦ σταυροῦ, ἀπο-
κτείνας τὴν ἔχθραν ἐν αὐτῷ

1Th 2 15 ⟨Ἰουδαίων⟩ τῶν καὶ τὸν κύριον
ἀποκτεινάντων Ἰησοῦν

Ap 2 13 Ἀντιπᾶς ὁ μάρτυς μου ὁ πιστός
μου [SH], ὃς ἀπεκτάνθη παρ'
ὑμῖν
2 23 καὶ τὰ τέκνα αὐτῆς ἀποκτενῶ ἐν
θανάτῳ
6 8 ἐδόθη αὐτοῖς ἐξουσία ... ἀπο-
κτεῖναι ἐν ῥομφαίᾳ
6 11 οἱ ἀδελφοὶ αὐτῶν οἱ μέλλοντες
ἀποκτέννεσθαι (ἀποκτείν. ς) ὡς
καὶ αὐτοί
9 5 καὶ ἐδόθη αὐτοῖς (-ταῖς VBHς)
ἵνα μὴ ἀποκτείνωσιν αὐτούς
9 15 ἵνα ἀποκτείνωσιν τὸ τρίτον τῶν
ἀνθρώπων
9 18 ἀπεκτάνθησαν τὸ τρίτον τῶν
ἀνθρώπων
9 20 οἳ οὐκ ἀπεκτάνθησαν ἐν ταῖς πλη-
γαῖς ταύταις
11 5 οὕτως δεῖ αὐτὸν ἀποκτανθῆναι
11 7 τὸ θηρίον ... νικήσει αὐτοὺς καὶ
ἀποκτενεῖ αὐτούς
11 13 ἀπεκτάνθησαν ἐν τῷ σεισμῷ ὀνό-
ματα ἀνθρώπων χιλιάδες ἑπτά
13 10 εἴ τις ἐν μαχαίρῃ ἀποκτανθῆναι
(N²⁶; ἀποκτενεῖ, δεῖ rl) ↔
13 10 αὐτὸν ἐν μαχαίρῃ ἀποκτανθῆναι
13 15 ἵνα ([N²⁶NMVSH]; —Tς) ὅσοι
ἐὰν μὴ προσκυνήσωσιν (-σουσιν
T) τῇ εἰκόνι ... ἀποκτανθῶσιν
19 21 οἱ λοιποὶ ἀπεκτάνθησαν ἐν τῇ
ῥομφαίᾳ

ἀποκυέω

Jc 1 15 ἁμαρτία ἀποτελεσθεῖσα ἀποκύει
(-κυεῖ MVH) θάνατον
1 18 βουληθεὶς ἀπεκύησεν ἡμᾶς λόγῳ
ἀληθείας

ἀποκυλίω
→ κυλίω

Mt 28 2 ἄγγελος γὰρ κυρίου ... ἀπεκύλισεν
τὸν λίθον

Mc 16 3 τίς ἀποκυλίσει ἡμῖν τὸν λίθον ἐκ
τῆς θύρας τοῦ μνημείου;
16 4 ὅτι ἀποκεκύλισται (N²⁶Vς; ἀνακ.
rl) ὁ λίθος

Lc 24 2 εὗρον δὲ τὸν λίθον ἀποκεκυλι-
σμένον ἀπὸ τοῦ μνημείου

ἀπολαμβάνω
→ λαμβάνω

Mc 7 33 καὶ ἀπολαβόμενος αὐτὸν ἀπὸ τοῦ
ὄχλου κατ' ἰδίαν ἔβαλεν

Lc 6 34 *ἐὰν δανίσητε (-ζητε ς) παρ' ὧν
ἐλπίζετε ἀπολαβεῖν (ς; λαβεῖν rl)
6 34 καὶ (+γὰρ Vς) ἁμαρτωλοὶ ἁμαρ-
τωλοῖς δανίζουσιν ἵνα ἀπολάβω-
σιν τὰ ἴσα
15 27 ὅτι ὑγιαίνοντα αὐτὸν ἀπέλαβεν
16 25 μνήσθητι ὅτι ἀπέλαβες τὰ ἀγαθά
σου ἐν τῇ ζωῇ σου
18 30 ὃς οὐχὶ μὴ ἀπολάβῃ ([ἀπο]λ. N²⁶;
λάβῃ NMH) πολλαπλασίονα
23 41 ἄξια γὰρ ὧν ἐπράξαμεν ἀπολαμ-
βάνομεν

Rm 1 27 ἄρσενες ἐν ἄρσεσιν τὴν ἀσχημο-
σύνην κατεργαζόμενοι καὶ τὴν
ἀντιμισθίαν ... ἀπολαμβάνοντες

G 4 5 ⟨ἐξαπέστειλεν ὁ θεὸς τὸν υἱὸν αὐ-
τοῦ⟩ ἵνα τὴν υἱοθεσίαν ἀπολάβωμεν

Cl 3 24 ἀπὸ κυρίου ἀπολήμψεσθε (-λήψ-
VBSς) τὴν ἀνταπόδοσιν τῆς κλη-
ρονομίας

2Jo 8 ἀλλὰ μισθὸν πλήρη ἀπολάβητε
(-λάβωμεν ς)

3Jo 8 *ἡμεῖς οὖν ὀφείλομεν ἀπολαμ-
βάνειν (ς; ὑπολ. rl) τοὺς τοιού-
τους

ἀπόλαυσις

1Tm 6 17 τῷ παρέχοντι ἡμῖν πάντα πλου-
σίως εἰς ἀπόλαυσιν

Hb 11 25 μᾶλλον ἑλόμενος συγκακουχεῖσθαι
... ἢ πρόσκαιρον ἔχειν ἁμαρτίας
ἀπόλαυσιν

ἀπολέγω
→ λέγω

2C 4 2 ⟨οὐκ ἐγκακοῦμεν⟩ ἀλλὰ ἀπειπά-
μεθα τὰ κρυπτά

ἀπολείπω
→ λείπω

2Tm 4 13 ὃν ἀπέλιπον (-λειπον H) ἐν
Τρῳάδι παρὰ Κάρπῳ
4 20 Τρόφιμον δὲ ἀπέλιπον (-λειπον H)
ἐν Μιλήτῳ ἀσθενοῦντα

Tt 1 5 τούτου χάριν ἀπέλιπον (κατ. Sς;
-λειπόν H) σε ἐν Κρήτῃ

Hb 4 6 ἐπεὶ οὖν ἀπολείπεται τινὰς εἰσελ-
θεῖν εἰς αὐτήν
4 9 ἄρα ἀπολείπεται σαββατισμὸς τῷ
λαῷ τοῦ θεοῦ
10 26 οὐκέτι περὶ ἁμαρτιῶν ἀπολείπεται
θυσία

Jd 6 ἀγγέλους... μὴ τηρήσαντας τὴν
ἑαυτῶν ἀρχὴν ἀλλὰ ἀπολιπόντας
τὸ ἴδιον οἰκητήριον

ἀπολείχω
ἐπι-

Lc 16 21 *καὶ οἱ κύνες ἐρχόμενοι ἀπέλειχον
(ς; ἐπέλ. rl) τὰ ἕλκη αὐτοῦ

ἀπόλλυμι
συναπ-
ᵃ med.
ᵇ ἀπ. τὴν ψυχήν

Mt 2 13 μέλλει γὰρ Ἡρῴδης ζητεῖν τὸ παι-
δίον τοῦ ἀπολέσαι αὐτό
5 29ᵃ ἵνα ἀπόληται ἓν τῶν μελῶν σου
5 30ᵃ ἵνα ἀπόληται ἓν τῶν μελῶν σου
8 25ᵃ κύριε, σῶσον, ἀπολλύμεθα
9 17ᵃ καὶ οἱ ἀσκοὶ ἀπόλλυνται (ἀπο-
λοῦνται ς)
10 6ᵃ πορεύεσθε δὲ μᾶλλον πρὸς τὰ πρό-
βατα τὰ ἀπολωλότα οἴκου Ἰσ-
ραήλ
10 28ᵇ τὸν δυνάμενον καὶ ψυχὴν καὶ
σῶμα ἀπολέσαι ἐν γεέννῃ
10 39ᵇ ὁ εὑρὼν τὴν ψυχὴν αὐτοῦ ἀπολέ-
σει αὐτήν
10 39ᵇ ὁ ἀπολέσας τὴν ψυχὴν αὐτοῦ
ἕνεκεν ἐμοῦ εὑρήσει αὐτήν
10 42 οὐ μὴ ἀπολέσῃ τὸν μισθὸν αὐτοῦ
12 14 ὅπως αὐτὸν ἀπολέσωσιν
15 24ᵃ οὐκ ἀπεστάλην εἰ μὴ εἰς τὰ πρόβα-
τα τὰ ἀπολωλότα οἴκου Ἰσραήλ
16 25ᵇ ὃς γὰρ ἐὰν θέλῃ τὴν ψυχὴν αὐτοῦ
σῶσαι, ἀπολέσει αὐτήν· ↔
16 25ᵇ ὃς δ' ἂν ἀπολέσῃ τὴν ψυχὴν αὐ-
τοῦ ... εὑρήσει αὐτήν
18 11ᵃ *| ἦλθεν γὰρ ὁ υἱὸς τοῦ ἀνθρώπου
σῶσαι τὸ ἀπολωλός (+[M] Bς)
18 14ᵃ οὐκ ἔστιν θέλημα ἔμπροσθεν τοῦ
πατρὸς ὑμῶν (μου H) ... ἵνα ἀπό-
ληται ἓν (εἷς Sς) τῶν μικρῶν τούτων
21 41 κακοὺς κακῶς ἀπολέσει αὐτούς
22 7 καὶ πέμψας τὰ στρατεύματα αὐ-
τοῦ ἀπώλεσεν τοὺς φονεῖς ἐκείνους
26 52ᵃ πάντες γὰρ οἱ λαβόντες μάχαιραν
ἐν μαχαίρῃ ἀπολοῦνται
27 20 ἔπεισαν τοὺς ὄχλους ἵνα αἰτήσων-
ται τὸν Βαραββᾶν, τὸν δὲ Ἰησοῦν
ἀπολέσωσιν

Mc 1 24 ἦλθες ἀπολέσαι ἡμᾶς;
2 22ᵃ ὁ οἶνος | ἀπόλλυται καὶ οἱ ἀσκοί
(ἐκχεῖται κ. οἱ ἀ. ἀπολοῦνται Vς)

Mc 3 6 συμβούλιον ἐδίδουν (ἐποίησαν T)
     ... ὅπως αὐτὸν ἀπολέσωσιν
   4 38ᵃοὐ μέλει σοι ὅτι ἀπολλύμεθα;
   8 35ᵇὃς γὰρ ἐὰν θέλῃ τὴν | ψυχὴν αὐ-
     τοῦ (ἑαυτοῦ ψ. H) σῶσαι, ἀπο-
     λέσει αὐτήν· ↔
   8 35ᵇὃς δ᾽ ἂν ἀπολέσει (-σῃ VSς) τὴν
     | ψυχὴν αὐτοῦ (ἑαυτοῦ ψ. VST)
   9 22 εἰς πῦρ αὐτὸν ἔβαλεν ... ἵνα ἀπο-
     λέσῃ αὐτό
   9 41 ὅτι οὐ μὴ ἀπολέσῃ τὸν μισθὸν αὐ-
     τοῦ
  11 18 καὶ ἐζήτουν πῶς αὐτὸν ἀπολέσω-
     σιν (-σουσιν ς)
  12 9 ἐλεύσεται καὶ ἀπολέσει τοὺς γε-
     ωργούς

Lc 4 34 ἦλθες ἀπολέσαι ἡμᾶς;
   5 37ᵃαὐτὸς ἐκχυθήσεται καὶ οἱ ἀσκοὶ
     ἀπολοῦνται
   6 9ᵇεἰ (τί VSς) ἔξεστιν τῷ σαββάτῳ...
     ψυχὴν σῶσαι ἢ ἀπολέσαι;
   8 24ᵃἐπιστάτα ἐπιστάτα, ἀπολλύμεθα
   9 24ᵇὃς γὰρ ἂν (ἐὰν NMVT) θέλῃ τὴν
     ψυχὴν αὐτοῦ σῶσαι, ἀπολέσει
     αὐτήν
   9 24ᵇὃς δ᾽ ἂν ἀπολέσῃ τὴν ψυχὴν αὐ-
     τοῦ ἕνεκεν ἐμοῦ, οὗτος σώσει αὐτήν
   9 25 τί γὰρ ὠφελεῖται ἄνθρωπος κερδή-
     σας τὸν κόσμον ὅλον ἑαυτὸν δὲ
     ἀπολέσας ἢ ζημιωθείς;
   9 56ᵇ∗| οὐκ ἦλθε ψυχὰς ἀνθρώπων ἀπο-
     λέσαι, ἀλλὰ σῶσαι (+..ς)
  11 51ᵃἕως αἵματος Ζαχαρίου τοῦ ἀπολο-
     μένου μεταξὺ τοῦ θυσιαστηρίου
     καὶ τοῦ οἴκου
  13 3ᵃἐὰν μὴ μετανοῆτε, πάντες ὁμοίως
     ἀπολεῖσθε
  13 5ᵃἐὰν μὴ μετανοῆτε (-νοήσητε NM
     BTH), πάντες ὡσαύτως ἀπολεῖσθε
  13 33ᵃὅτι οὐκ ἐνδέχεται προφήτην ἀπο-
     λέσθαι ἔξω Ἰερουσαλήμ
  15 4 τίς ἄνθρωπος ἐξ ὑμῶν ἔχων ἑκα-
     τὸν πρόβατα καὶ ἀπολέσας ἐξ αὐ-
     τῶν ἓν ↔
  15 4ᵃοὐ καταλείπει ... καὶ πορεύεται
     ἐπὶ τὸ ἀπολωλὸς ἕως (+οὖ [V] S)
     εὕρῃ αὐτό;
  15 6ᵃὅτι εὗρον τὸ πρόβατόν μου τὸ ἀπο-
     λωλός
  15 8 ἐὰν ἀπολέσῃ δραχμὴν μίαν
  15 9 ὅτι εὗρον τὴν δραχμὴν ἣν ἀπώ-
     λεσα
  15 17ᵃἐγὼ δὲ λιμῷ ὧδε ἀπόλλυμαι
  15 24ᵃ| ἦν ἀπολωλὼς (~VBς) καὶ εὑ-
     ρέθη
  15 32ᵃκαὶ (—T) ἀπολωλὼς καὶ εὑρέθη
  17 27 ἦλθεν ὁ κατακλυσμὸς καὶ ἀπώλε-
     σεν πάντας (ἅπαντας VTς)
  17 29 ἔβρεξεν πῦρ καὶ θεῖον ἀπ᾽ οὐρανοῦ
     καὶ ἀπώλεσεν πάντας (ἅπαντας
     VTς)
  17 33ᵇὃς ἐὰν ζητήσῃ τὴν ψυχὴν αὐτοῦ
     περιποιήσασθαι (σῶσαι Vς), ἀπο-
     λέσει αὐτήν, ↔
  17 33ᵇ| ὃς δ᾽ ἂν (N²⁶H; καὶ ὃς ἂν NM;
     καὶ ὃς ἐὰν rl) ἀπολέσῃ (-σει NM
     TH), ζῳογονήσει αὐτήν
  19 10ᵃἦλθεν γὰρ ὁ υἱὸς τοῦ ἀνθρώπου
     ζητῆσαι καὶ σῶσαι τὸ ἀπολωλός
  19 47 οἱ γραμματεῖς ἐζήτουν αὐτὸν ἀπ-
     ολέσαι
  20 16 ἐλεύσεται καὶ ἀπολέσει τοὺς γεωρ-
     γοὺς τούτους
  21 18ᵃθρὶξ ἐκ τῆς κεφαλῆς ὑμῶν οὐ μὴ
     ἀπόληται

Jo 3 15ᵃ∗ἵνα πᾶς ὁ πιστεύων | ἐν αὐτῷ
     (εἰς αὐτὸν Sς) | μὴ ἀπόληται ἀλλ᾽
     (+ς) ἔχῃ ζωὴν αἰώνιον
   3 16ᵃἵνα πᾶς ὁ πιστεύων εἰς αὐτὸν μὴ
     ἀπόληται
   6 12ᵃἵνα μή τι ἀπόληται
   6 27ᵃἐργάζεσθεμὴ τὴν βρῶσιν τὴν ἀπολ-
     λυμένην
   6 39 ἵνα πᾶν ὃ δέδωκέν μοι μὴ ἀπολέσω
     ἐξ αὐτοῦ
  10 10 εἰ μὴ ἵνα κλέψῃ καὶ θύσῃ καὶ ἀπ-
     ολέσῃ
  10 28ᵃκαὶ οὐ μὴ ἀπόλωνται εἰς τὸν αἰῶνα
  11 50ᵃἵνα ... μὴ ὅλον τὸ ἔθνος ἀπόληται
  12 25ᵇὁ φιλῶν τὴν ψυχὴν αὐτοῦ ἀπολ-
     λύει (ἀπολέσει ς) αὐτήν
  17 12ᵃοὐδεὶς ἐξ αὐτῶν ἀπώλετο εἰ μὴ
     ὁ υἱὸς τῆς ἀπωλείας
  18 9 ὅτι οὓς δέδωκάς μοι, οὐκ ἀπώλεσα
     ἐξ αὐτῶν οὐδένα
  18 14ᵃ∗συμφέρει ἕνα ἄνθρωπον ἀπ-
     ολέσθαι (Sς; ἀποθανεῖν rl) ὑπὲρ
     τοῦ λαοῦ

Ac 5 37ᵃἀνέστη Ἰούδας ὁ Γαλιλαῖος ...
     κἀκεῖνος ἀπώλετο
  27 34ᵃοὐδενὸς γὰρ ὑμῶν θρὶξ ἀπὸ τῆς
     κεφαλῆς ἀπολεῖται (πεσεῖται ς)

Rm 2 12ᵃὅσοι γὰρ ἀνόμως ἥμαρτον, ἀνό-
     μως καὶ ἀπολοῦνται
  14 15 μὴ τῷ βρώματί σου ἐκεῖνον ἀπόλ-
     λυε

1C 1 18ᵃὁ λόγος γὰρ ὁ τοῦ σταυροῦ τοῖς
     μὲν ἀπολλυμένοις μωρία ἐστίν
   1 19 γέγραπται γάρ· ἀπολῶ τὴν σο-
     φίαν τῶν σοφῶν
   8 11ᵃ| ἀπόλλυται γὰρ (καὶ ἀπ. B; καὶ
     ἀπολεῖται ς) ὁ ἀσθενῶν
  10 9ᵃτινὲς αὐτῶν ... ὑπὸ τῶν ὄφεων
     ἀπώλλυντο (-ώλοντο MVSς)
  10 10ᵃἐγόγγυσαν, καὶ ἀπώλοντο ὑπὸ τοῦ
     ὀλοθρευτοῦ
  15 18ᵃἄρα καὶ οἱ κοιμηθέντες ἐν Χριστῷ

2C 2 15ᵃὅτι Χριστοῦ εὐωδία ἐσμὲν τῷ θεῷ
     ... ἐν τοῖς ἀπολλυμένοις
   4 3ᵃἐν τοῖς ἀπολλυμένοις ἐστὶν κεκα-
     λυμμένον
   4 9ᵃκαταβαλλόμενοι ἀλλ᾽ οὐκ ἀπολ-
     λύμενοι

2Th 2 10ᵃἐν πάσῃ ἀπάτῃ ἀδικίας τοῖς ἀπολ-
     λυμένοις

Hb 1 11ᵃαὐτοὶ ἀπολοῦνται, σὺ δὲ διαμένεις

Jc 1 11ᵃἡ εὐπρέπεια τοῦ προσώπου αὐτοῦ
     ἀπώλετο
   4 12 ὁ δυνάμενος σῶσαι καὶ ἀπολέσαι

1Pt 1 7ᵃτὸ δοκίμιον ὑμῶν τῆς πίστεως πο-
     λυτιμότερον χρυσίου τοῦ ἀπολ-
     λυμένου ... εὑρεθῇ

2Pt 3 6ᵃδι᾽ ὧν ὁ τότε κόσμος ὕδατι κατα-
     κλυσθεὶς ἀπώλετο
   3 9ᵃμὴ βουλόμενός τινας ἀπολέσθαι
     ἀλλὰ ... χωρῆσαι

2Jo 8 ἵνα μὴ ἀπολέσητε (-λέσωμεν ς) ἃ
     εἰργασάμεθα (εἰργάσασθε MVBS
     TH)

Jd 5 λαὸν ... σώσας τὸ δεύτερον τοὺς
     μὴ πιστεύσαντας ἀπώλεσεν
   11ᵃοὐαὶ αὐτοῖς, ὅτι ... τῇ ἀντιλογίᾳ
     τοῦ Κόρε ἀπώλοντο

Ap 18 14ᵃτὰ λαμπρὰ ἀπώλετο (-λοντο T;
     ἀπῆλθεν ς) ἀπὸ σοῦ

Ἀπολλύων
→ Ἀβαδδών
Ap 9 11 ὄνομα ἔχει Ἀπολλύων

Ἀπολλωνία
Ac 17 1 διοδεύσαντες δὲ τὴν Ἀμφίπολιν
     καὶ τὴν (— ς) Ἀπολλωνίαν

Ἀπολλῶς
Ac 18 24 Ἰουδαῖος δέ τις Ἀπολλῶς ὀνό-
     ματι ... κατήντησεν εἰς Ἔφεσον
  19 1 ἐγένετο δὲ ἐν τῷ τὸν Ἀπολλῶ
     εἶναι ἐν Κορίνθῳ

1C 1 12 ἐγὼ μέν εἰμι Παύλου, ἐγὼ δὲ
     Ἀπολλῶ
   3 4 ἐγὼ μέν εἰμι Παύλου, ἕτερος δέ·
     ἐγὼ Ἀπολλῶ
   3 5 τί οὖν ἐστιν Ἀπολλῶς (Παῦλος ς);
     τί δέ | ἐστιν Παῦλος (Ἀπολλῶς ς);
   3 6 ἐγὼ ἐφύτευσα, Ἀπολλῶς ἐπότι-
     σεν, ἀλλὰ ὁ θεὸς ηὔξανεν
   3 22 ⟨πάντα γὰρ ὑμῶν ἐστιν⟩ εἴτε
     Παῦλος εἴτε Ἀπολλῶς
   4 6 ταῦτα ... μετεσχημάτισα εἰς ἐμαυ-
     τὸν καὶ Ἀπολλῶν δι᾽ ὑμᾶς
  16 12 περὶ δὲ Ἀπολλῶ τοῦ ἀδελφοῦ,
     πολλὰ παρεκάλεσα αὐτόν
Tt 3 13 Ζηνᾶν ... καὶ Ἀπολλῶν σπου-
     δαίως πρόπεμψον

ἀπολογέομαι
Lc 12 11 μὴ μεριμνήσητε πῶς | ἢ τί [H]
     ἀπολογήσθε ἢ τί εἴπητε
  21 14 θέτε οὖν ἐν ταῖς καρδίαις ὑμῶν μὴ
     προμελετᾶν ἀπολογηθῆναι
Ac 19 33 ὁ δὲ Ἀλέξανδρος ... ἤθελεν ἀπο-
     λογεῖσθαι τῷ δήμῳ
  24 10 εὐθύμως τὰ περὶ ἐμαυτοῦ ἀπολο-
     γοῦμαι
  25 8 ⟨οὐκ ἴσχυον ἀποδεῖξαι⟩ τοῦ Παύ-
     λου ἀπολογουμένου ὅτι οὔτε ...
     ἥμαρτον
  26 1 τότε ὁ Παῦλος ἐκτείνας τὴν χεῖρα
     ἀπελογεῖτο
  26 2 ἐπὶ σοῦ μέλλων σήμερον ἀπολο-
     γεῖσθαι
  26 24 ταῦτα δὲ αὐτοῦ ἀπολογουμένου ὁ
     Φῆστος μεγάλῃ τῇ φωνῇ φησιν
Rm 2 15 ἀλλήλων τῶν λογισμῶν κατη-
     γορούντων ἢ καὶ ἀπολογουμένων
2C 12 19 πάλαι (-λιν Vς) δοκεῖτε ὅτι ὑμῖν
     ἀπολογούμεθα

ἀπολογία
Ac 22 1 ἀκούσατέ μου τῆς πρὸς ὑμᾶς νυνὶ
     ἀπολογίας
  25 16 πρὶν ἢ ... τόπον τε ἀπολογίας λά-
     βοι περὶ τοῦ ἐγκλήματος
1C 9 3 ἡ ἐμὴ ἀπολογία τοῖς ἐμὲ ἀνακρί-
     νουσίν ἐστιν αὕτη
2C 7 11 πόσην κατειργάσατο ὑμῖν σπου-
     δήν, ἀλλὰ ἀπολογίαν
Ph 1 7 καὶ ἐν τῇ ἀπολογίᾳ καὶ βεβαιώσει
     τοῦ εὐαγγελίου
   1 16 ὅτι εἰς ἀπολογίαν τοῦ εὐαγγελίου
     κεῖμαι
2Tm 4 16 ἐν τῇ πρώτῃ μου ἀπολογίᾳ οὐ-
     δείς μοι παρεγένετο (συμπαρ. V
     Sς)
1Pt 3 15 ἕτοιμοι ἀεὶ πρὸς ἀπολογίαν

ἀπολούομαι
→ λούω
Ac 22 16 βάπτισαι καὶ ἀπόλουσαι τὰς ἁμαρ-
     τίας σου
1C 6 11 ταῦτά τινες ἦτε· ἀλλὰ ἀπελού-
     σασθε, ἀλλὰ ἡγιάσθητε

ἀπολύτρωσις
Lc 21 28 διότι ἐγγίζει ἡ ἀπολύτρωσις ὑμῶν
Rm 3 24 δικαιούμενοι ... διὰ τῆς ἀπολυ-
     τρώσεως τῆς ἐν Χριστῷ
   8 23 υἱοθεσίαν ἀπεκδεχόμενοι, τὴν ἀπο-
     λύτρωσιν τοῦ σώματος ἡμῶν

1C 1 30 ὃς ἐγενήθη ... ἁγιασμὸς καὶ ἀπο-
λύτρωσις

E 1 7 ἐν ᾧ ἔχομεν τὴν ἀπολύτρωσιν διὰ
τοῦ αἵματος αὐτοῦ

1 14 ὅ (ὃς NMVTϛ) ἐστιν ἀρραβὼν τῆς
κληρονομίας ἡμῶν, εἰς ἀπολύτρω-
σιν τῆς περιποιήσεως

4 30 ἐν ᾧ ἐσφραγίσθητε εἰς ἡμέραν
ἀπολυτρώσεως

Cl 1 14 ἐν ᾧ ἔχομεν τὴν ἀπολύτρωσιν, τὴν
ἄφεσιν τῶν ἁμαρτιῶν

Hb 9 15 ὅπως θανάτου γενομένου εἰς ἀπο-
λύτρωσιν τῶν ... παραβάσεων
τὴν ἐπαγγελίαν λάβωσιν

11 35 ἄλλοι δὲ ἐτυμπανίσθησαν, οὐ
προσδεξάμενοι τὴν ἀπολύτρωσιν

ἀπολύω
→ λύω
a t. t. (de divortio)

Mt 1 19ᵃ Ἰωσὴφ δὲ ... ἐβουλήθη λάθρᾳ
ἀπολῦσαι αὐτήν

5 31ᵃ ὃς ἂν ἀπολύσῃ τὴν γυναῖκα αὐ-
τοῦ

5 32ᵃ ὅτι | πᾶς ὁ ἀπολύων (ὃς ἂν ἀπολύ-
σῃ ϛ) τὴν γυναῖκα αὐτοῦ

5 32ᵃ | καὶ ὃς ἐὰν ἀπολελυμένην γα-
μήσῃ, μοιχᾶται [H]

14 15 ἀπόλυσον (+οὖν N[M]VBST)
τοὺς ὄχλους

14 22 ἕως οὗ ἀπολύσῃ τοὺς ὄχλους

14 23 καὶ ἀπολύσας τοὺς ὄχλους ἀνέβη

15 23 ἀπόλυσον αὐτήν, ὅτι κράζει ὄπι-
σθεν ἡμῶν

15 32 ἀπολῦσαι αὐτοὺς νήστεις οὐ θέλω

15 39 ἀπολύσας τοὺς ὄχλους ἐνέβη

18 27 ὁ κύριος τοῦ δούλου ἐκείνου [H]
ἀπέλυσεν αὐτόν

19 3ᵃ εἰ ἔξεστιν ἀνθρώπῳ (— NBSTHϛ)
ἀπολῦσαι τὴν γυναῖκα αὐτοῦ
κατὰ πᾶσαν αἰτίαν;

19 7ᵃ τί οὖν Μωϋσῆς ἐνετείλατο ...
ἀπολῦσαι αὐτήν ([N²⁶]; —NBTH)

19 8ᵃ Μωϋσῆς ... ἐπέτρεψεν ὑμῖν ἀπο-
λῦσαι τὰς γυναῖκας ὑμῶν

19 9ᵃ ὃς ἂν ἀπολύσῃ τὴν γυναῖκα αὐ-
τοῦ ... μοιχᾶται ↔

19 9ᵃ * | καὶ ὁ ἀπολελυμένην γαμῶν
μοιχᾶται (+ MVBSϛ)

27 15 εἰώθει ὁ ἡγεμὼν ἀπολύειν ἕνα τῷ
ὄχλῳ δέσμιον

27 17 τίνα θέλετε ἀπολύσω ὑμῖν

27 21 τίνα θέλετε ἀπὸ τῶν δύο ἀπολύσω
ὑμῖν;

27 26 τότε ἀπέλυσεν αὐτοῖς τὸν Βαραβ-
βᾶν

Mc 6 36 ἀπόλυσον αὐτούς

6 45 ἕως αὐτὸς ἀπολύει (-λύσῃ ϛ) τὸν
ὄχλον

8 3 καὶ ἐὰν ἀπολύσω αὐτοὺς νήστεις
εἰς οἶκον αὐτῶν

8 9 καὶ ἀπέλυσεν αὐτούς

10 2ᵃ εἰ ἔξεστιν ἀνδρὶ γυναῖκα ἀπολῦσαι

10 4ᵃ ἐπέτρεψεν Μωϋσῆς (∼ Vϛ) βι-
βλίον ἀποστασίου γράψαι καὶ
ἀπολῦσαι

10 11ᵃ ὃς ἂν ἀπολύσῃ τὴν γυναῖκα αὐτοῦ
... μοιχᾶται ἐπ' αὐτήν

10 12ᵃ ἐὰν αὐτὴ (γυνὴ Vϛ) | ἀπολύσασα
τὸν ἄνδρα αὐτῆς γαμήσῃ ἄλλον
(ἀπολύσῃ τ. ἄ. α. καὶ γαμηθῇ
ἄλλῳ Vϛ)

15 6 κατὰ δὲ ἑορτὴν ἀπέλυεν αὐτοῖς
ἕνα δέσμιον

15 9 θέλετε ἀπολύσω ὑμῖν τὸν βασιλέα
τῶν Ἰουδαίων;

Mc 15 11 ἵνα μᾶλλον τὸν Βαραββᾶν ἀπο-
λύσῃ αὐτοῖς

15 15 ὁ δὲ Πιλᾶτος ... ἀπέλυσεν αὐτοῖς
τὸν Βαραββᾶν

Lc 2 29 νῦν ἀπολύεις τὸν δοῦλόν σου ... ἐν
εἰρήνῃ

6 37 ἀπολύετε, ↔

6 37 καὶ ἀπολυθήσεσθε

8 38 ἀπέλυσεν δὲ αὐτὸν λέγων

9 12 ἀπόλυσον τὸν ὄχλον

13 12 γύναι, ἀπολέλυσαι (+ ἀπὸ T) τῆς
ἀσθενείας σου

14 4 ἐπιλαβόμενος ἰάσατο αὐτὸν καὶ
ἀπέλυσεν

16 18ᵃ πᾶς ὁ ἀπολύων τὴν γυναῖκα
αὐτοῦ καὶ γαμῶν ἑτέραν μοιχεύει

16 18ᵃ καὶ ὁ ἀπολελυμένην ἀπὸ ἀνδρὸς
γαμῶν μοιχεύει

22 68 *οὐ μὴ ἀποκριθῆτέ | μοι ἢ ἀπο-
λύσητε (Vϛ; μοι B; — rl)

23 16 παιδεύσας οὖν αὐτὸν ἀπολύσω

23 17 * | ἀνάγκην δὲ εἶχεν ἀπολύειν
αὐτοῖς κατὰ ἑορτὴν ἕνα (+
MVB[S]ϛ)

23 18 αἶρε τοῦτον, ἀπόλυσον δὲ ἡμῖν
τὸν Βαραββᾶν

23 20 ὁ Πιλᾶτος προσεφώνησεν αὐτοῖς
(—Tϛ), θέλων ἀπολῦσαι τὸν Ἰη-
σοῦν

23 22 παιδεύσας οὖν αὐτὸν ἀπολύσω

23 25 ἀπέλυσεν δὲ τὸν ... βεβλημένον
εἰς (+τὴν Vϛ) φυλακήν

Jo 18 39 ἵνα ἕνα | ἀπολύσω ὑμῖν (∼ Sϛ)
ἐν [H] τῷ πάσχα

18 39 βούλεσθε οὖν ἀπολύσω ὑμῖν τὸν
βασιλέα τῶν Ἰουδαίων;

19 10 ὅτι ἐξουσίαν ἔχω | ἀπολῦσαί σε
καὶ ἐξουσίαν ἔχω σταυρῶσαί
(∼ Vϛ) σε

19 12 ὁ Πιλᾶτος ἐζήτει ἀπολῦσαι αὐτόν

19 12 ἐὰν τοῦτον ἀπολύσῃς, οὐκ εἶ φίλος
τοῦ Καίσαρος

Ac 3 13 ἠρνήσασθε κατὰ πρόσωπον Πιλά-
του, κρίναντος ἐκείνου ἀπολύειν

4 21 οἱ δὲ προσαπειλησάμενοι ἀπέλυσαν
αὐτούς

4 23 ἀπολυθέντες δὲ ἦλθον πρὸς τοὺς
ἰδίους

5 40 παρήγγειλαν μὴ λαλεῖν ... καὶ
ἀπέλυσαν (+αὐτοὺς B[S]ϛ)

13 3 ἐπιθέντες τὰς χεῖρας αὐτοῖς ἀπ-
έλυσαν

15 30 οἱ μὲν οὖν ἀπολυθέντες κατῆλθον
εἰς Ἀντιόχειαν

15 33 ἀπελύθησαν μετ' εἰρήνης ... πρὸς
τοὺς ἀποστείλαντας αὐτούς

16 35 ἀπόλυσον τοὺς ἀνθρώπους ἐκεί-
νους

16 36 ὅτι ἀπέσταλκαν οἱ στρατηγοὶ ἵνα
ἀπολυθῆτε

17 9 καὶ λαβόντες τὸ ἱκανὸν ... ἀπ-
έλυσαν αὐτούς

19 40 καὶ ταῦτα εἰπὼν ἀπέλυσεν τὴν
ἐκκλησίαν

23 22 ὁ μὲν οὖν χιλίαρχος ἀπέλυσε τὸν
νεανίσκον

26 32 ἀπολελύσθαι ἐδύνατο ὁ ἄνθρωπος
οὗτος εἰ μὴ ἐπεκέκλητο Καίσαρα

28 18 οἵτινες ἀνακρίναντές με ἐβούλοντο
ἀπολῦσαι

28 25 ἀσύμφωνοι δὲ (τε T) ὄντες πρὸς
ἀλλήλους ἀπελύοντο

Hb 13 23 γινώσκετε τὸν ἀδελφὸν ἡμῶν
([S]; —Bϛ) Τιμόθεον ἀπολελυμέ-
νον

ἀπομάσσομαι
ἐκ-

Lc 10 11 καὶ τὸν κονιορτὸν τὸν κολληθέντα
ἡμῖν ... ἀπομασσόμεθα ὑμῖν

ἀπονέμω
δια-

1 Pt 3 7 συνοικοῦντες ... σκεύει τῷ γυναι-
κείῳ, ἀπονέμοντες τιμήν

ἀπονίπτω
→ νίπτω

Mt 27 24 λαβὼν ὕδωρ ἀπενίψατο τὰς χεῖρας

ἀποπίπτω
→ πίπτω

Ac 9 18 ἀπέπεσαν | αὐτοῦ ἀπὸ τῶν
ὀφθαλμῶν (∼ Sϛ) ὡς (ὡσεὶ Sϛ)
λεπίδες

ἀποπλανάω
→ πλανάω

Mc 13 22 δώσουσιν (ποιήσουσιν NBT) ση-
μεῖα καὶ τέρατα πρὸς τὸ ἀπο-
πλανᾶν, εἰ δυνατόν, τοὺς ἐκλε-
κτούς

1 Tm 6 10 ἧς τινες ὀρεγόμενοι ἀπεπλανήθη-
σαν ἀπὸ τῆς πίστεως

ἀποπλέω
→ πλέω

Ac 13 4 ἐκεῖθέν τε ἀπέπλευσαν εἰς Κύπρον

14 26 κἀκεῖθεν ἀπέπλευσαν εἰς Ἀντιό-
χειαν

20 15 κἀκεῖθεν ἀποπλεύσαντες τῇ ἐπιού-
σῃ κατηντήσαμεν

27 1 ὡς δὲ ἐκρίθη τοῦ ἀποπλεῖν ἡμᾶς
εἰς τὴν Ἰταλίαν

ἀποπλύνω
→ πλύνω

Lc 5 2 *οἱ δὲ ἁλιεῖς ... ἀπέπλυναν (Vϛ;
ἔπλυνον rl) τὰ δίκτυα

ἀποπνίγω
→ πνίγω

Mt 13 7 *ἀνέβησαν αἱ ἄκανθαι καὶ ἀπ-
έπνιξαν (ἔπν. N²⁶BST) αὐτά

Lc 8 7 καὶ συμφυεῖσαι αἱ ἄκανθαι ἀπ-
έπνιξαν αὐτό

8 33 ὥρμησεν ἡ ἀγέλη ... εἰς τὴν λίμνην
καὶ ἀπεπνίγη

ἀπορέω
δι- ἐξ-

Mc 6 20 καὶ ἀκούσας αὐτοῦ πολλὰ ἠπόρει
(ἐποίει ϛ)

Lc 24 4 ἐγένετο ἐν τῷ ἀπορεῖσθαι (διαπ.
Vϛ) αὐτὰς περὶ τούτου

Jo 13 22 ἔβλεπον (+οὖν MVBSϛ) εἰς ἀλλή-
λους οἱ μαθηταὶ ἀπορούμενοι περὶ
τίνος λέγει

Ac 25 20 ἀπορούμενος δὲ ἐγὼ τὴν περὶ
τούτων ζήτησιν ἔλεγον

2C 4 8 οὐ στενοχωρούμενοι, ἀπορούμενοι
ἀλλ' οὐκ ἐξαπορούμενοι

G 4 20 ἤθελον ... ἀλλάξαι τὴν φωνήν μου,
ὅτι ἀποροῦμαι ἐν ὑμῖν

ἀπορία

Lc 21 25 ἐπὶ τῆς γῆς συνοχὴ ἐθνῶν ἐν
ἀπορίᾳ ἤχους (ἠχοῦς H) θαλάσσης

ἀπορίπτω
ἀπορρίπτω VBSϛ
→ ῥίπτω

Ac 27 43 ἐκέλευσέν τε τοὺς δυναμένους κο-
λυμβᾶν ἀπορίψαντας πρώτους...
ἐξιέναι

ἀπορφανίζω

1 Th 2 17 ἡμεῖς δέ, ἀδελφοί, ἀπορφανισθέντες
ἀφ' ὑμῶν ... προσώπῳ οὐ καρδίᾳ

ἀποσκευάζω
→ ἀνασκευάζω

Ac 21 15 *μετὰ δὲ τὰς ἡμέρας ταύτας ἀπο-
σκευασάμενοι(ϛ; ἐπι. rl)ἀνεβαίνομεν

ἀποσκίασμα

Jc 1 17 παρ' ᾧ οὐκ ἔνι παραλλαγὴ ἢ
τροπῆς ἀποσκίασμα

ἀποσπάω

→ σπάομαι

Mt 26 51 εἷς τῶν μετὰ 'Ιησοῦ ... ἀπέσπασεν
τὴν μάχαιραν αὐτοῦ

Lc 22 41 αὐτὸς ἀπεσπάσθη ἀπ' αὐτῶν
ὡσεὶ λίθου βολήν

Ac 20 30 λαλοῦντες διεστραμμένα τοῦ ἀπο-
σπᾶν τοὺς μαθητὰς ὀπίσω αὐτῶν
(ἑα. NTH)

21 1 ὡς δὲ ἐγένετο ἀναχθῆναι ἡμᾶς
ἀποσπασθέντας ἀπ' αὐτῶν

ἀποστασία

Ac 21 21 ὅτι ἀποστασίαν διδάσκεις ἀπὸ
Μωϋσέως

2 Th 2 3 ὅτι ἐὰν μὴ ἔλθῃ ἡ ἀποστασία
πρῶτον

ἀποστάσιον

Mt 5 31 ὃς ἂν ἀπολύσῃ τὴν γυναῖκα αὐτοῦ,
δότω αὐτῇ ἀποστάσιον

19 7 τί οὖν Μωϋσῆς ἐνετείλατο δοῦναι
βιβλίον ἀποστασίου ⟨;⟩

Mc 10 4 | ἐπέτρεψεν Μωϋσῆς (∼ Vϛ) βιβλί-
ον ἀποστασίου γράψαι

ἀποστεγάζω

Mc 2 4 ἀπεστέγασαν τὴν στέγην ὅπου ἦν

ἀποστέλλω

ἐξ-   συν-

→ στέλλομαι

a ἀποστ. εἰς, πρός

b pass.

Mt 2 16 καὶ ἀποστείλας ἀνεῖλεν πάντας
τοὺς παῖδας

8 31 a | ἀπόστειλον ἡμᾶς (ἐπίτρεψον
ἡμῖν ἀπελθεῖν ϛ) εἰς τὴν ἀγέλην

10 5 τούτους τοὺς δώδεκα ἀπέστειλεν
ὁ 'Ιησοῦς

10 16 ἰδοὺ ἐγὼ ἀποστέλλω ὑμᾶς ὡς
πρόβατα ἐν μέσῳ λύκων

10 40 καὶ ὁ ἐμὲ δεχόμενος δέχεται τὸν
ἀποστείλαντά με

11 10 ἰδοὺ ἐγὼ ἀποστέλλω τὸν ἄγγελόν
μου πρὸ προσώπου σου

13 41 ἀποστελεῖ ὁ υἱὸς τοῦ ἀνθρώπου
τοὺς ἀγγέλους αὐτοῦ

14 35 a ἀπέστειλαν εἰς ὅλην τὴν περίχω-
ρον ἐκείνην

15 24 οὐκ ἀπεστάλην εἰ μὴ εἰς τὰ πρό-
βατα τὰ ἀπολωλότα

20 2 a ἀπέστειλεν αὐτοὺς εἰς τὸν ἀμπελῶ-
να αὐτοῦ

21 1 τότε (+ ὁ Vϛ) 'Ιησοῦς ἀπέστειλεν
δύο μαθητάς

21 3 εὐθὺς δὲ ἀποστελεῖ αὐτούς

21 34 a ἀπέστειλεν τοὺς δούλους αὐτοῦ
πρὸς τοὺς γεωργούς

21 36 πάλιν ἀπέστειλεν ἄλλους δούλους
πλείονας τῶν πρώτων

21 37 a ὕστερον δὲ ἀπέστειλεν πρὸς αὐ-
τοὺς τὸν υἱὸν αὐτοῦ

22 3 καὶ ἀπέστειλεν τοὺς δούλους αὐτοῦ
καλέσαι τοὺς κεκλημένους

22 4 πάλιν ἀπέστειλεν ἄλλους δούλους
λέγων

22 16 καὶ ἀποστέλλουσιν αὐτῷ τοὺς
μαθητὰς αὐτῶν

23 34 a ἰδοὺ ἐγὼ ἀποστέλλω πρὸς ὑμᾶς
προφήτας καὶ σοφούς

23 37 ab 'Ιερουσαλήμ, ἡ ... λιθοβολοῦσα
τοὺς ἀπεσταλμένους πρὸς αὐτήν

24 31 ἀποστελεῖ τοὺς ἀγγέλους αὐτοῦ
μετὰ σάλπιγγος (+φωνῆς MVS)
μεγάλης

Mt 27 19 a ἀπέστειλεν πρὸς αὐτὸν ἡ γυνὴ
αὐτοῦ

Mc 1 2 ἰδοὺ (+ἐγὼ MVSTϛ) ἀποστέλλω
τὸν ἄγγελόν μου πρὸ προσώπου
σου

3 14 ἵνα ἀποστέλλῃ αὐτοὺς κηρύσσειν

3 31 a ἔξω στήκοντες (ἑστῶτες Vϛ) ἀπ-
έστειλαν πρὸς αὐτόν

4 29 εὐθὺς ἀποστέλλει τὸ δρέπανον

5 10 ἵνα μὴ αὐτὰ (αὐτοὺς MVSϛ)
ἀποστείλῃ ἔξω τῆς χώρας

6 7 ἤρξατο αὐτοὺς ἀποστέλλειν δύο
δύο

6 17 αὐτὸς γὰρ ὁ Ἡρῴδης ἀποστείλας
ἐκράτησεν τὸν 'Ιωάννην

6 27 καὶ εὐθὺς ἀποστείλας ὁ βασιλεὺς
σπεκουλάτορα ἐπέταξεν

8 26 a καὶ ἀπέστειλεν αὐτὸν εἰς οἶκον
αὐτοῦ

9 37 οὐκ ἐμὲ δέχεται ἀλλὰ τὸν ἀπο-
στείλαντά με

11 1 ἀποστέλλει δύο τῶν μαθητῶν
αὐτοῦ

11 3 καὶ εὐθὺς αὐτὸν | ἀποστέλλει
πάλιν (ἀποστελεῖ ϛ) ὧδε

12 2 a καὶ ἀπέστειλεν πρὸς τοὺς γεωργοὺς
τῷ καιρῷ δοῦλον

12 3 λαβόντες αὐτὸν ἔδειραν καὶ ἀπ-
έστειλαν κενόν

12 4 a καὶ πάλιν ἀπέστειλεν πρὸς αὐτοὺς
ἄλλον δοῦλον· ↔

12 4 ✳κἀκεῖνον | λιθοβολήσαντες ἐκεφα-
λίωσαν καὶ ἀπέστειλαν ἠτιμωμέ-
νον (ϛ; ἐκ. κ. ἠτίμασαν rl)

12 5 καὶ ἄλλον ἀπέστειλεν

12 6 a ἀπέστειλεν (+καὶ Vϛ) αὐτὸν | ἔσ-
χατον πρὸς αὐτούς (∼ Vϛ) λέγων

12 13 a καὶ ἀποστέλλουσιν πρὸς αὐτόν
τινας τῶν Φαρισαίων

13 27 καὶ τότε ἀποστελεῖ τοὺς ἀγγέλους
(+αὐτοῦ Vϛ)

14 13 καὶ ἀποστέλλει δύο τῶν μαθητῶν
αὐτοῦ

Lc 1 19 b ἐγώ εἰμι Γαβριὴλ ... καὶ ἀπεστά-
λην λαλῆσαι πρὸς σέ

1 26 ab ἀπεστάλη ὁ ἄγγελος Γαβριὴλ
ἀπὸ (ὑπὸ Vϛ) τοῦ θεοῦ εἰς πόλιν

4 18 εὐαγγελίσασθαι πτωχοῖς, ἀπέσταλ-
κέν με, κηρύξαι ... ἀνάβλεψιν, ↔

4 18 ἀποστεῖλαι τεθραυσμένους ἐν ἀφέ-
σει

4 43 b ὅτι ἐπὶ τοῦτο ἀπεστάλην (-έσταλ-
μαι Vϛ)

7 3 a ἀπέστειλεν πρὸς αὐτὸν πρεσβυτέ-
ρους τῶν 'Ιουδαίων

7 20 a 'Ιωάννης ὁ βαπτιστὴς ἀπέστειλεν
(-ταλκεν VBSTϛ) ἡμᾶς πρὸς σέ

7 27 ἰδοὺ ἀποστέλλω τὸν ἄγγελόν μου
πρὸ προσώπου σου

9 2 ἀπέστειλεν αὐτοὺς κηρύσσειν τὴν
βασιλείαν τοῦ θεοῦ

9 48 ὃς ἂν (ἐὰν Bϛ) ἐμὲ δέξηται,
δέχεται τὸν ἀποστείλαντά με

9 52 καὶ ἀπέστειλεν ἀγγέλους πρὸ
προσώπου αὐτοῦ

10 1 ἀπέστειλεν αὐτοὺς ἀνὰ δύο δύο
(+[N26H]B)

10 3 ἰδοὺ (+ἐγὼ Vϛ) ἀποστέλλω ὑμᾶς
ὡς ἄρνας ἐν μέσῳ λύκων

10 16 ὁ δὲ ἐμὲ ἀθετῶν ἀθετεῖ τὸν ἀπο-
στείλαντά με

11 49 a ἀποστελῶ εἰς αὐτοὺς προφήτας
καὶ ἀποστόλους

13 34 ab 'Ιερουσαλήμ, ἡ ... λιθοβολοῦσα
τοὺς ἀπεσταλμένους πρὸς αὐτήν

Lc 14 17 καὶ ἀπέστειλεν τὸν δοῦλον αὐτοῦ
... εἰπεῖν τοῖς κεκλημένοις

14 32 πρεσβείαν ἀποστείλας ἐρωτᾷ τὰ
(— H) πρὸς εἰρήνην

19 14 καὶ ἀπέστειλαν πρεσβείαν ὀπίσω
αὐτοῦ

19 29 ἐγένετο ὡς ἤγγισεν εἰς Βηθφαγὴ
... ἀπέστειλεν δύο τῶν μαθητῶν

19 32 b ἀπελθόντες δὲ οἱ ἀπεσταλμένοι
εὗρον καθὼς εἶπεν αὐτοῖς

20 10 a καὶ (+ἐν Vϛ) καιρῷ ἀπέστειλεν
πρὸς τοὺς γεωργοὺς δοῦλον

20 20 καὶ παρατηρήσαντες ἀπέστειλαν
ἐγκαθέτους

22 8 καὶ ἀπέστειλεν Πέτρον καὶ 'Ιωάν-
νην εἰπών

22 35 ὅτε ἀπέστειλα ὑμᾶς ἄτερ βαλλαν-
τίου

24 49 καὶ ἰδοὺ ([N26]; — ST) ἐγὼ ἀπο-
στέλλω (N26ϛ; ἐξαπ. rl) τὴν ἐπαγ-
γελίαν τοῦ πατρός μου ἐφ' ὑμᾶς

Jo 1 6 b ἐγένετο ἄνθρωπος, ἀπεσταλμένος
παρὰ θεοῦ

1 19 a ὅτε ἀπέστειλαν | πρὸς αὐτὸν
([N26]; —Tϛ) οἱ 'Ιουδαῖοι ἐξ
'Ιεροσολύμων ἱερεῖς

1 24 b καὶ [+οἱ V] ἀπεσταλμένοι ἦσαν
ἐκ τῶν Φαρισαίων

3 17 a οὐ γὰρ ἀπέστειλεν ὁ θεὸς τὸν υἱὸν
(+αὐτοῦ Vϛ) εἰς τὸν κόσμον ἵνα
κρίνῃ τὸν κόσμον

3 28 b ἀλλ' ὅτι ἀπεσταλμένος εἰμὶ ἔμπρο-
σθεν ἐκείνου

3 34 ὃν γὰρ ἀπέστειλεν ὁ θεὸς τὰ ῥή-
ματα τοῦ θεοῦ λαλεῖ

4 38 ἐγὼ ἀπέστειλα (ἀπέσταλκα T)
ὑμᾶς θερίζειν

5 33 a ὑμεῖς ἀπεστάλκατε πρὸς 'Ιωάννην

5 36 ὅτι ὁ πατήρ με ἀπέσταλκεν

5 38 ὅτι ὃν ἀπέστειλεν ἐκεῖνος, τούτῳ
ὑμεῖς οὐ πιστεύετε

6 29 ἵνα πιστεύητε εἰς ὃν ἀπέστειλεν
ἐκεῖνος

6 57 καθὼς ἀπέστειλέν με ὁ ζῶν πατήρ

7 29 κἀκεῖνός με ἀπέστειλεν (-ταλκεν T)

7 32 ἀπέστειλαν | οἱ ἀρχιερεῖς καὶ οἱ
Φαρισαῖοι ὑπηρέτας (∼ Tϛ V)

8 42 ἀλλ' ἐκεῖνός με ἀπέστειλεν

9 7 b Σιλωάμ, ὃ ἑρμηνεύεται ἀπεσταλ-
μένος

10 36 a ὃν ὁ πατὴρ ἡγίασεν καὶ ἀπέστειλεν
εἰς τὸν κόσμον

11 3 a ἀπέστειλαν οὖν αἱ ἀδελφαὶ πρὸς
αὐτόν

11 42 ἵνα πιστεύσωσιν ὅτι σύ με ἀπ-
έστειλας

17 3 ἵνα γινώσκωσιν (-ουσιν T) ... ὃν
ἀπέστειλας 'Ιησοῦν Χριστόν

17 8 ἐπίστευσαν ὅτι σύ με ἀπέστειλας

17 18 a καθὼς ἐμὲ ἀπέστειλας εἰς τὸν
κόσμον, ↔

17 18 a κἀγὼ ἀπέστειλα αὐτοὺς εἰς τὸν
κόσμον

17 21 ὅτι σύ με ἀπέστειλας

17 23 ὅτι σύ με ἀπέστειλας

17 25 ἔγνωσαν ὅτι σύ με ἀπέστειλας

18 24 a ἀπέστειλεν οὖν αὐτὸν ὁ Ἅννας
δεδεμένον πρὸς Καϊάφαν

20 21 καθὼς ἀπέσταλκέν με ὁ πατήρ

Ac 3 20 ὅπως ἂν ... ἀποστείλῃ τὸν προ-
κεχειρισμένον ὑμῖν Χριστὸν 'Ιη-
σοῦν

3 26 ἀναστήσας ὁ θεὸς τὸν παῖδα αὐ-
τοῦ ἀπέστειλεν αὐτόν

Ac 5 21a ἀπέστειλαν εἰς τὸ δεσμωτήριον ἀχθῆναι αὐτούς
7 14 ἀποστείλας δὲ Ἰωσὴφ μετεκαλέσατο Ἰακώβ
7 34a καὶ νῦν δεῦρο ἀποστείλω (-στελῶ ς) σε εἰς Αἴγυπτον
7 35 τοῦτον ὁ θεὸς καὶ [N26] ἄρχοντα καὶ λυτρωτὴν ἀπέσταλκεν
8 14a ἀπέστειλαν πρὸς αὐτοὺς Πέτρον καὶ Ἰωάννην
9 17 ὁ κύριος ἀπέσταλκέν με ... ὅπως ἀναβλέψῃς
9 38a οἱ μαθηταὶ ... ἀπέστειλαν δύο ἄνδρας πρὸς αὐτόν
10 8a ἀπέστειλεν αὐτοὺς εἰς τὴν Ἰόππην
10 17b ἰδοὺ οἱ ἄνδρες οἱ ἀπεσταλμένοι ὑπὸ τοῦ Κορνηλίου ... ἐπέστησαν
10 20 ὅτι ἐγὼ ἀπέσταλκα αὐτούς
10 21ab *πρὸς τοὺς ἄνδρας | τοὺς ἀπεσταλμένους ἀπὸ τοῦ Κορνηλίου πρὸς αὐτὸν (+ς) εἶπεν
10 36 τὸν λόγον ὃν ([N26MV]; — H) ἀπέστειλεν τοῖς υἱοῖς Ἰσραήλ
11 11ab τρεῖς ἄνδρες ἐπέστησαν ἐπὶ τὴν οἰκίαν ... ἀπεσταλμένοι ἀπὸ Καισαρείας πρός με
11 13a ἀπέστειλεν εἰς Ἰόππην
11 30a ὃ καὶ ἐποίησαν ἀποστείλαντες πρὸς τοὺς πρεσβυτέρους
13 15 ἀπέστειλαν οἱ ἀρχισυνάγωγοι πρὸς αὐτούς
13 26b *ἡμῖν ὁ λόγος τῆς σωτηρίας ταύτης ἀπεστάλη (ς; ἐξαπεστ. rl)
15 27 ἀπεστάλκαμεν οὖν Ἰούδαν καὶ Σιλᾶν
15 33 ἀπελύθησαν ... πρὸς τοὺς | ἀποστείλαντας αὐτούς (ἀποστόλους ς)
16 35 ἀπέστειλαν οἱ στρατηγοὶ τοὺς ῥαβδούχους
16 36 ὅτι ἀπέσταλκαν οἱ στρατηγοὶ ἵνα ἀπολυθῆτε
19 22a ἀποστείλας δὲ εἰς τὴν (— NMT) Μακεδονίαν δύο τῶν διακονούντων αὐτῷ
21 25 *περὶ δὲ τῶν πεπιστευκότων ἐθνῶν ἡμεῖς ἀπεστείλαμεν (H; ἐπε. rl) κρίναντες
26 17a ἐξαιρούμενός σε ... ἐκ τῶν ἐθνῶν, εἰς οὓς ἐγὼ ἀποστέλλω σε
28 28b ὅτι τοῖς ἔθνεσιν ἀπεστάλη τοῦτο τὸ σωτήριον τοῦ θεοῦ
Rm 10 15 πῶς δὲ κηρύξωσιν ἐὰν μὴ ἀποσταλῶσιν;
1C 1 17 οὐ γὰρ ἀπέστειλέν με Χριστὸς βαπτίζειν
2C 12 17a μή τινα ὧν ἀπέσταλκα πρὸς ὑμᾶς, δι' αὐτοῦ ἐπλεονέκτησα ὑμᾶς;
2Tm 4 12a Τύχικον δὲ ἀπέστειλα εἰς Ἔφεσον
Hb 1 14ab οὐχὶ πάντες εἰσὶν λειτουργικὰ πνεύματα εἰς διακονίαν ἀποστελλόμενα ⟨;⟩
1Pt 1 12b ἐν ([N26]; — H) πνεύματι ἁγίῳ ἀποσταλέντι ἀπ' οὐρανοῦ
1Jo 4 9a ὅτι τὸν υἱὸν αὐτοῦ τὸν μονογενῆ ἀπέσταλκεν ὁ θεὸς εἰς τὸν κόσμον
4 10 ὅτι αὐτὸς ... ἀπέστειλεν τὸν υἱὸν αὐτοῦ ἱλασμόν
4 14 ὅτι ὁ πατὴρ ἀπέσταλκεν τὸν υἱὸν σωτῆρα
Ap 1 1 ἐσήμανεν ἀποστείλας διὰ τοῦ ἀγγέλου αὐτοῦ
5 6ab οἳ εἰσιν τὰ ἑπτὰ [N26H] πνεύματα τοῦ θεοῦ (+τὰ ς) ἀπεσταλμένοι (-μένα BTς) εἰς πᾶσαν τὴν γῆν

Ap 22 6 ὁ θεὸς ... ἀπέστειλεν τὸν ἄγγελον αὐτοῦ δεῖξαι

ἀποστερέω
Mc 10 19 μὴ ψευδομαρτυρήσῃς, μὴ ἀποστερήσῃς
1C 6 7 διὰ τί οὐχὶ μᾶλλον ἀποστερεῖσθε; ↔
6 8 ἀλλὰ ὑμεῖς ἀδικεῖτε καὶ ἀποστερεῖτε, καὶ τοῦτο ἀδελφούς
7 5 μὴ ἀποστερεῖτε ἀλλήλους
1Tm 6 5 διαπαρατριβαὶ διεφθαρμένων ἀνθρώπων τὸν νοῦν καὶ ἀπεστερημένων τῆς ἀληθείας
Jc 5 4 ὁ μισθὸς τῶν ἐργατῶν ... ὁ ἀπεστερημένος (ἀφυστ-NBTH) ἀφ' ὑμῶν κράζει

ἀποστολή
Ac 1 25 λαβεῖν τὸν τόπον τῆς διακονίας ταύτης καὶ ἀποστολῆς
Rm 1 5 δι' οὗ ἐλάβομεν χάριν καὶ ἀποστολὴν εἰς ὑπακοὴν πίστεως
1C 9 2 ἡ γὰρ σφραγίς μου τῆς ἀποστολῆς ὑμεῖς ἐστε
G 2 8 ὁ γὰρ ἐνεργήσας Πέτρῳ εἰς ἀποστολὴν τῆς περιτομῆς

ἀπόστολος
a ἀπόστ. Χριστοῦ, Ἰησοῦ Χρ., Χρ. Ἰης.
b ἀπόστ. καὶ πρεσβύτεροι
c δώδεκα ἀπόστ.
Mt 10 2c τῶν δὲ δώδεκα ἀποστόλων τὰ ὀνόματά ἐστιν ταῦτα
Mc 3 14c ἐποίησεν δώδεκα | οὓς καὶ ἀποστόλους ὠνόμασεν (+[N26] H)
6 30 συνάγονται οἱ ἀπόστολοι πρὸς τὸν Ἰησοῦν
Lc 6 13c ἐκλεξάμενος ἀπ' αὐτῶν δώδεκα, οὓς καὶ ἀποστόλους ὠνόμασεν
9 1c *συγκαλεσάμενος δὲ τοὺς δώδεκα ἀποστόλους (BS; μαθητὰς αὐτοῦ ς; —rl)
9 10 ὑποστρέψαντες οἱ ἀπόστολοι διηγήσαντο αὐτῷ
11 49 ἀποστελῶ εἰς αὐτοὺς προφήτας καὶ ἀποστόλους
17 5 καὶ εἶπαν οἱ ἀπόστολοι τῷ κυρίῳ
22 14c ἀνέπεσεν, καὶ οἱ (+δώδεκα Vς) ἀπόστολοι σὺν αὐτῷ
24 10 (+αἱ Vς) ἔλεγον πρὸς τοὺς ἀποστόλους ταῦτα
Jo 13 16 οὐκ ἔστιν δοῦλος ... οὐδὲ ἀπόστολος μείζων τοῦ πέμψαντος αὐτόν
Ac 1 2 ἐντειλάμενος τοῖς ἀποστόλοις ... οὓς ἐξελέξατο
1 26 συγκατεψηφίσθη μετὰ τῶν ἕνδεκα ἀποστόλων
2 37 εἶπόν τε πρὸς τὸν Πέτρον καὶ τοὺς λοιποὺς ἀποστόλους
2 42 ἦσαν δὲ προσκαρτεροῦντες τῇ διδαχῇ τῶν ἀποστόλων
2 43 πολλὰ ... σημεῖα διὰ τῶν ἀποστόλων ἐγίνετο (+ἐν Ἰερουσαλήμ VB[S]T..)
4 33 δυνάμει μεγάλῃ ἀπεδίδουν τὸ μαρτύριον οἱ ἀπόστολοι
4 35 ἐτίθουν παρὰ τοὺς πόδας τῶν ἀποστόλων
4 36 Ἰωσὴφ δὲ ὁ ἐπικληθεὶς Βαρναβᾶς ἀπὸ τῶν ἀποστόλων
4 37 ἤνεγκεν τὸ χρῆμα καὶ ἔθηκεν πρὸς (παρὰ VBSHς) τοὺς πόδας τῶν ἀποστόλων
5 2 παρὰ τοὺς πόδας τῶν ἀποστόλων ἔθηκεν
5 12 διὰ δὲ τῶν χειρῶν τῶν ἀποστόλων ἐγίνετο σημεῖα

Ac 5 18 ἐπέβαλον τὰς χεῖρας (+αὐτῶν [VS]ς) ἐπὶ τοὺς ἀποστόλους
5 29 ἀποκριθεὶς δὲ Πέτρος καὶ οἱ ἀπόστολοι εἶπαν
5 34 *ἐκέλευσεν ἔξω βραχὺ τοὺς ἀποστόλους (Sς; ἀνθρώπους rl) ποιῆσαι
5 40 προσκαλεσάμενοι τοὺς ἀποστόλους δείραντες παρήγγειλαν
6 6 οὓς ἔστησαν ἐνώπιον τῶν ἀποστόλων
8 1 πάντες δὲ ([NH]; —T) διεσπάρησαν ... πλὴν τῶν ἀποστόλων
8 14 ἀκούσαντες δὲ οἱ ἐν Ἰεροσολύμοις ἀπόστολοι
8 18 ὅτι διὰ τῆς ἐπιθέσεως τῶν χειρῶν τῶν ἀποστόλων δίδοται τὸ πνεῦμα (+τὸ ἅγιον VBSς)
9 27 ἐπιλαβόμενος αὐτὸν ἤγαγεν πρὸς τοὺς ἀποστόλους
11 1 ἤκουσαν δὲ οἱ ἀπόστολοι καὶ οἱ ἀδελφοί
14 4 οἱ μὲν ἦσαν σὺν τοῖς Ἰουδαίοις, οἱ δὲ σὺν τοῖς ἀποστόλοις
14 14 ἀκούσαντες δὲ οἱ ἀπόστολοι Βαρναβᾶς καὶ Παῦλος
15 2b ἔταξαν ἀναβαίνειν Παῦλον καὶ Βαρναβᾶν πρὸς τοὺς ἀποστόλους καὶ πρεσβυτέρους
15 4b παρεδέχθησαν ἀπὸ (N26NH; ὑπὸ rl) τῆς ἐκκλησίας καὶ τῶν ἀποστόλων καὶ τῶν πρεσβυτέρων
15 6b συνήχθησάν τε (δὲ Tς) οἱ ἀπόστολοι καὶ οἱ πρεσβύτεροι
15 22b ἔδοξε τοῖς ἀποστόλοις καὶ τοῖς πρεσβυτέροις σὺν ὅλῃ τῇ ἐκκλησίᾳ
15 23b οἱ ἀπόστολοι καὶ οἱ πρεσβύτεροι ... τοῖς ... ἀδελφοῖς τοῖς ἐξ ἐθνῶν χαίρειν
15 33 *ἀπελύθησαν ... πρὸς τοὺς ἀποστόλους (ς; ἀποστείλαντας αὐτούς rl)
16 4b φυλάσσειν τὰ δόγματα τὰ κεκριμένα ὑπὸ τῶν ἀποστόλων καὶ πρεσβυτέρων
Rm 1 1 Παῦλος ... κλητὸς ἀπόστολος ἀφωρισμένος εἰς εὐαγγέλιον θεοῦ ⟨πᾶσιν τοῖς οὖσιν ἐν Ῥώμῃ⟩
11 13 ἐφ' ὅσον μὲν οὖν [S] εἰμι ἐγὼ ἐθνῶν ἀπόστολος
16 7 οἵτινές εἰσιν ἐπίσημοι ἐν τοῖς ἀποστόλοις
1C 1 1a Παῦλος κλητὸς ἀπόστολος | Χριστοῦ Ἰησοῦ (~MVSHς) διὰ θελήματος θεοῦ
4 9 ὁ θεὸς ἡμᾶς τοὺς ἀποστόλους ἐσχάτους ἀπέδειξεν
9 1 οὐκ εἰμὶ ἐλεύθερος; οὐκ εἰμὶ ἀπόστολος;
9 2 εἰ ἄλλοις οὐκ εἰμὶ ἀπόστολος, ἀλλά γε ὑμῖν εἰμι
9 5 μὴ οὐκ ἔχομεν ἐξουσίαν ἀδελφὴν γυναῖκα περιάγειν, ὡς καὶ οἱ λοιποὶ ἀπόστολοι ⟨;⟩
12 28 ἔθετο ὁ θεὸς ἐν τῇ ἐκκλησίᾳ πρῶτον ἀποστόλους
12 29 μὴ πάντες ἀπόστολοι; μὴ πάντες προφῆται;
15 7 ὤφθη Ἰακώβῳ, εἶτα (ἔπει. T) τοῖς ἀποστόλοις πᾶσιν
15 9 ἐγὼ γάρ εἰμι ὁ ἐλάχιστος τῶν ἀποστόλων, ↔
15 9 ὃς οὐκ εἰμὶ ἱκανὸς καλεῖσθαι ἀπόστολος

2C 1 1ᵃΠαῦλος ἀπόστολος Χριστοῦ Ἰησοῦ διὰ θελήματος θεοῦ

    8 23 εἴτε ἀδελφοὶ ἡμῶν, ἀπόστολοι ἐκκλησιῶν

  11 5 λογίζομαι γὰρ μηδὲν ὑστερηκέναι τῶν ὑπερλίαν ἀποστόλων

  11 13ᵃἐργάται δόλιοι, μετασχηματιζόμενοι εἰς ἀποστόλους Χριστοῦ

  12 11 οὐδὲν γὰρ ὑστέρησα τῶν ὑπερλίαν ἀποστόλων

  12 12 τὰ μὲν σημεῖα τοῦ ἀποστόλου κατειργάσθη ἐν ὑμῖν

G 1 1 Παῦλος ἀπόστολος, οὐκ ἀπ' ἀνθρώπων ... ἀλλὰ διὰ Ἰησοῦ Χριστοῦ καὶ θεοῦ πατρός

  1 17 οὐδὲ ἀνῆλθον εἰς Ἱεροσόλυμα πρὸς τοὺς πρὸ ἐμοῦ ἀποστόλους

  1 19 ἕτερον δὲ τῶν ἀποστόλων οὐκ εἶδον, εἰ μὴ Ἰάκωβον

E 1 1ᵃΠαῦλος ἀπόστολος | Χριστοῦ Ἰησοῦ (~MVSϛ) διὰ θελήματος θεοῦ

  2 20 ἐποικοδομηθέντες ἐπὶ τῷ θεμελίῳ τῶν ἀποστόλων καὶ προφητῶν

  3 5 ὡς νῦν ἀπεκαλύφθη τοῖς ἁγίοις ἀποστόλοις αὐτοῦ

  4 11 καὶ αὐτὸς ἔδωκεν τοὺς μὲν ἀποστόλους, τοὺς δὲ προφήτας

Ph 2 25 συστρατιώτην μου, ὑμῶν δὲ ἀπόστολον ... πέμψαι πρὸς ὑμᾶς

Cl 1 1ᵃΠαῦλος ἀπόστολος Χριστοῦ Ἰησοῦ διὰ θελήματος θεοῦ ⟨τοῖς ἐν Κολοσσαῖς ἁγίοις⟩

1Th 2 7ᵃδυνάμενοι ἐν βάρει εἶναι ὡς Χριστοῦ ἀπόστολοι

1Tm 1 1ᵃΠαῦλος ἀπόστολος Χριστοῦ Ἰησοῦ κατ' ἐπιταγὴν θεοῦ

  2 7 εἰς ὃ ἐτέθην ἐγὼ κῆρυξ καὶ ἀπόστολος

2Tm 1 1ᵃΠαῦλος ἀπόστολος Χριστοῦ Ἰησοῦ διὰ θελήματος θεοῦ κατ' ἐπαγγελίαν ζωῆς

  1 11 εἰς ὃ ἐτέθην ἐγὼ κῆρυξ καὶ ἀπόστολος

Tt 1 1ᵃΠαῦλος δοῦλος θεοῦ, ἀπόστολος δὲ Ἰησοῦ Χριστοῦ κατὰ πίστιν ἐκλεκτῶν θεοῦ

Hb 3 1 κατανοήσατε τὸν ἀπόστολον καὶ ἀρχιερέα τῆς ὁμολογίας ἡμῶν Ἰησοῦν

1Pt 1 1ᵃΠέτρος ἀπόστολος Ἰησοῦ Χριστοῦ ἐκλεκτοῖς παρεπιδήμοις διασπορᾶς Πόντου, Γαλατίας

2Pt 1 1ᵃΣυμεὼν Πέτρος δοῦλος καὶ ἀπόστολος Ἰησοῦ Χριστοῦ τοῖς ... λαχοῦσιν πίστιν

  3 2 μνησθῆναι ... τῆς τῶν ἀποστόλων ὑμῶν ἐντολῆς

Jd 17ᵃτῶν ῥημάτων τῶν προειρημένων ὑπὸ τῶν ἀποστόλων τοῦ κυρίου ἡμῶν Ἰησοῦ Χριστοῦ

Ap 2 2 ἐπείρασας τοὺς λέγοντας ἑαυτοὺς ἀποστόλους (+ εἶναι B[S]ϛ)

  18 20 εὐφραίνου ἐπ' αὐτῇ, οὐρανὲ καὶ οἱ ἅγιοι | καὶ οἱ (— ϛ) ἀπόστολοι

  21 14ᶜἐπ' αὐτῶν δώδεκα ὀνόματα τῶν δώδεκα ἀποστόλων τοῦ ἀρνίου

ἀποστοματίζω

Lc 11 53 ἤρξαντο ... δεινῶς ἐνέχειν καὶ ἀποστοματίζειν αὐτὸν περὶ πλειόνων

ἀποστρέφω
→ στρέφω

Mt 5 42 καὶ τὸν θέλοντα ἀπὸ σοῦ δανίσασθαι μὴ ἀποστραφῇς

Mt 26 52 ἀπόστρεψον τὴν μάχαιράν σου εἰς τὸν τόπον αὐτῆς

  27 3 *μεταμεληθεὶς ἀπέστρεψεν (ἔστρ. N²⁶NTH) τὰ τριάκοντα ἀργύρια

Lc 23 14 προσηνέγκατέ μοι τὸν ἄνθρωπον τοῦτον ὡς ἀποστρέφοντα τὸν λαόν

Ac 3 26 εὐλογοῦντα ὑμᾶς ἐν τῷ ἀποστρέφειν ἕκαστον ἀπὸ τῶν πονηριῶν ὑμῶν [H]

Rm 11 26 ἥξει ἐκ Σιὼν ὁ ῥυόμενος, ἀποστρέψει ἀσεβείας ἀπὸ Ἰακώβ

2Tm 1 15 οἶδας τοῦτο, ὅτι ἀπεστράφησάν με πάντες

  4 4 ἀπὸ μὲν τῆς ἀληθείας τὴν ἀκοὴν ἀποστρέψουσιν

Tt 1 14 μὴ προσέχοντες ... ἐντολαῖς ἀνθρώπων ἀποστρεφομένων τὴν ἀλήθειαν

Hb 12 25 πολὺ μᾶλλον ἡμεῖς οἱ τὸν ἀπ' οὐρανῶν ἀποστρεφόμενοι

ἀποστυγέω

Rm 12 9 ἀποστυγοῦντες τὸ πονηρόν, κολλώμενοι τῷ ἀγαθῷ

ἀποσυνάγωγος

Jo 9 22 ἵνα ἐάν τις αὐτὸν ὁμολογήσῃ χριστόν, ἀποσυνάγωγος γένηται

  12 42 οὐχ ὡμολόγουν, ἵνα μὴ ἀποσυνάγωγοι γένωνται

  16 2 ἀποσυναγώγους ποιήσουσιν ὑμᾶς

ἀποτάσσομαι
→ τάσσω

Mc 6 46 καὶ ἀποταξάμενος αὐτοῖς ἀπῆλθεν εἰς τὸ ὄρος

Lc 9 61 πρῶτον δὲ ἐπίτρεψόν μοι ἀποτάξασθαι τοῖς εἰς τὸν οἶκόν μου

  14 33 ὃς οὐκ ἀποτάσσεται πᾶσιν τοῖς ἑαυτοῦ ὑπάρχουσιν

Ac 18 18 ὁ δὲ Παῦλος ... τοῖς ἀδελφοῖς ἀποταξάμενος ἐξέπλει

  18 21 | ἀποταξάμενος καὶ (ἀπετάξατο αὐτοῖς ϛ) εἰπών· πάλιν ἀνακάμψω ... ἀνήχθη

2C 2 13 ἀλλὰ ἀποταξάμενος αὐτοῖς ἐξῆλθον εἰς Μακεδονίαν

ἀποτελέω
→ τελέω

Lc 13 32 ἰάσεις ἀποτελῶ (ἐπιτελῶ ϛ) σήμερον καὶ αὔριον

Jc 1 15 ἁμαρτία ἀποτελεσθεῖσα ἀποκύει (-κυεῖ MVH) θάνατον

ἀποτίθεμαι
→ τίθημι

Mt 14 3 ἐν (+ τῇ B[S]) φυλακῇ ἀπέθετο (ἔθετο ϛ) διὰ Ἡρῳδιάδα

Ac 7 58 οἱ μάρτυρες ἀπέθεντο τὰ ἱμάτια αὐτῶν

Rm 13 12 ἀποθώμεθα οὖν τὰ ἔργα τοῦ σκότους

E 4 22 ⟨ἐδιδάχθητε⟩ ἀποθέσθαι ὑμᾶς... τὸν παλαιὸν ἄνθρωπον

  4 25 διὸ ἀποθέμενοι τὸ ψεῦδος λαλεῖτε ἀλήθειαν

Cl 3 8 νυνὶ δὲ ἀπόθεσθε καὶ ὑμεῖς τὰ πάντα

Hb 12 1 ὄγκον ἀποθέμενοι πάντα καὶ τὴν εὐπερίστατον ἁμαρτίαν

Jc 1 21 διὸ ἀποθέμενοι πᾶσαν ῥυπαρίαν καὶ περισσείαν κακίας ... δέξασθε

1Pt 2 1 ἀποθέμενοι οὖν πᾶσαν κακίαν ⟨ἐπιποθήσατε⟩

ἀποτινάσσω
ἐκ-

Lc 9 5 (+ καὶ VTϛ) τὸν κονιορτὸν ἀπὸ τῶν ποδῶν ὑμῶν ἀποτινάσσετε (-άξατε ϛ)

Ac 28 5 ὁ μὲν οὖν ἀποτινάξας τὸ θηρίον... ἔπαθεν οὐδὲν κακόν

ἀποτίνω
→ τίνω

Phm 19 ἐγὼ Παῦλος ἔγραψα τῇ ἐμῇ χειρί, ἐγὼ ἀποτίσω

ἀποτολμάω
→ τολμάω

Rm 10 20 Ἡσαΐας δὲ ἀποτολμᾷ καὶ λέγει

ἀποτομία

Rm 11 22 ἴδε οὖν χρηστότητα καὶ ἀποτομίαν θεοῦ· ↔

  11 22 ἐπὶ μὲν τοὺς πεσόντας ἀποτομία (-μίαν ϛ)

ἀποτόμως

2C 13 10 ἵνα παρὼν μὴ ἀποτόμως χρήσωμαι κατὰ τὴν ἐξουσίαν

Tt 1 13 δι' ἣν αἰτίαν ἔλεγχε αὐτοὺς ἀποτόμως

ἀποτρέπομαι
→ ἀνατρέπω

2Tm 3 5 καὶ τούτους ἀποτρέπου

ἀπουσία

Ph 2 12 ὑπηκούσατε, μὴ ὡς [H] ἐν τῇ παρουσίᾳ μου μόνον ἀλλὰ νῦν... ἐν τῇ ἀπουσίᾳ μου

ἀποφέρω
→ φέρω

Mc 15 1 δήσαντες τὸν Ἰησοῦν ἀπήνεγκαν καὶ παρέδωκαν (+ τῷ Vϛ) Πιλάτῳ

Lc 16 22 ἐγένετο ... ἀπενεχθῆναι αὐτὸν ὑπὸ τῶν ἀγγέλων εἰς τὸν κόλπον Ἀβραάμ

Jo 21 18 *καὶ ἀποίσουσιν (S; οἴσει rl) ὅπου οὐ θέλεις

Ac 19 12 ὥστε... ἀποφέρεσθαι (ἐπιφ. ϛ) ἀπὸ τοῦ χρωτὸς αὐτοῦ σουδάρια

1C 16 3 τούτους πέμψω ἀπενεγκεῖν τὴν χάριν ὑμῶν εἰς Ἱερουσαλήμ

Ap 17 3 ἀπήνεγκέν με εἰς ἔρημον ἐν πνεύματι

  21 10 ἀπήνεγκέν με ἐν πνεύματι ἐπὶ ὄρος μέγα

ἀποφεύγω
→ φεύγω

2Pt 1 4 ἀποφυγόντες τῆς ἐν τῷ κόσμῳ | ἐν ἐπιθυμίᾳ φθορᾶς (ἐπιθυμίας καὶ φθορᾶς S)

  2 18 δελεάζουσιν ... ἀσελγείαις τοὺς ὀλίγως ἀποφεύγοντας (-φυγόντας ϛ) τοὺς ἐν πλάνῃ ἀναστρεφομένους

  2 20 εἰ γὰρ ἀποφυγόντες τὰ μιάσματα ... ἡττῶνται

ἀποφθέγγομαι
→ φθέγγομαι

Ac 2 4 καθὼς τὸ πνεῦμα ἐδίδου ἀποφθέγγεσθαι αὐτοῖς

  2 14 ἐπῆρεν τὴν φωνὴν αὐτοῦ καὶ ἀπεφθέγξατο αὐτοῖς

  26 25 ἀλλὰ ἀληθείας καὶ σωφροσύνης ῥήματα ἀποφθέγγομαι

ἀποφορτίζομαι
→ φορτίζω

Ac 21 3 ἐκεῖσε γὰρ τὸ πλοῖον ἦν ἀποφορτιζόμενον τὸν γόμον

ἀπόχρησις

Cl 2 22 ἅ ἐστιν πάντα εἰς φθορὰν τῇ ἀποχρήσει

ἀποχωρέω
→ χωρέω
Mt 7 23 ἀποχωρεῖτε ἀπ' ἐμοῦ οἱ ἐργαζόμενοι τὴν ἀνομίαν
Lc 9 39 μόγις (μόλις NMBH) ἀποχωρεῖ ἀπ' αὐτοῦ συντρίβον αὐτόν
Ac 13 13 Ἰωάννης δὲ ἀποχωρήσας ἀπ' αὐτῶν ὑπέστρεψεν εἰς Ἱεροσόλυμα

ἀποχωρίζομαι
→ χωρίζω
Ac 15 39 ὥστε ἀποχωρισθῆναι αὐτοὺς ἀπ' ἀλλήλων
Ap 6 14 καὶ ὁ οὐρανὸς ἀπεχωρίσθη ὡς βιβλίον ἑλισσόμενον

ἀποψύχω
→ ψύχομαι
Lc 21 26 (ἐπὶ τῆς γῆς συνοχὴ ἐθνῶν) ἀποψυχόντων ἀνθρώπων ἀπὸ φόβου

Ἀππίου φόρον
Ac 28 15 ἦλθαν ([ἐξ]ἦλθον S; ἐξῆλθον ς) ... ἄχρι Ἀππίου φόρου (Φ. MBHς)

ἀπρόσιτος
1Tm 6 16 ὁ μόνος ἔχων ἀθανασίαν, φῶς οἰκῶν ἀπρόσιτον

ἀπρόσκοπος
Ac 24 16 ἀσκῶ ἀπρόσκοπον συνείδησιν ἔχειν πρὸς τὸν θεόν
1C 10 32 ἀπρόσκοποι καὶ Ἰουδαίοις γίνεσθε καὶ Ἕλλησιν
Ph 1 10 ἵνα ἦτε εἰλικρινεῖς καὶ ἀπρόσκοποι εἰς ἡμέραν Χριστοῦ

ἀπροσωπολήμπτως
ἀπροσωπολήπτως VBς
1Pt 1 17 εἰ πατέρα ἐπικαλεῖσθε τὸν ἀπροσωπολήμπτως κρίνοντα

ἄπταιστος
Jd 24 τῷ δὲ δυναμένῳ φυλάξαι ὑμᾶς ἀπταίστους

ἅπτω
ἀν- καθ- περι-
a act.
Mt 8 3 ἐκτείνας τὴν χεῖρα ἥψατο αὐτοῦ
8 15 καὶ ἥψατο τῆς χειρὸς αὐτῆς
9 20 προσελθοῦσα ὄπισθεν ἥψατο τοῦ κρασπέδου τοῦ ἱματίου αὐτοῦ
9 21 ἐὰν μόνον ἅψωμαι τοῦ ἱματίου αὐτοῦ
9 29 τότε ἥψατο τῶν ὀφθαλμῶν αὐτῶν
14 36 ἵνα μόνον ἅψωνται τοῦ κρασπέδου τοῦ ἱματίου αὐτοῦ· ↔
14 36 καὶ ὅσοι ἥψαντο διεσώθησαν
17 7 | προσῆλθεν ὁ Ἰησοῦς καὶ ἁψάμενος αὐτῶν εἶπεν (προσελθὼν ὁ Ἰ. ἥψατο α. καὶ ε. ς)
20 34 σπλαγχνισθεὶς δὲ ὁ Ἰησοῦς ἥψατο τῶν ὀμμάτων (ὀφθαλμῶν Vς) αὐτῶν
Mc 1 41 ἐκτείνας τὴν χεῖρα αὐτοῦ (— ς) ἥψατο (+αὐτοῦ Bς)
3 10 ἵνα αὐτοῦ ἅψωνται ὅσοι εἶχον μάστιγας
5 27 ἐλθοῦσα ἐν τῷ ὄχλῳ ὄπισθεν ἥψατο τοῦ ἱματίου αὐτοῦ
5 28 ἐὰν ἅψωμαι κἂν τῶν ἱματίων αὐτοῦ
5 30 τίς μου ἥψατο τῶν ἱματίων;
5 31 καὶ λέγεις· τίς μου ἥψατο;
6 56 ἵνα κἂν τοῦ κρασπέδου τοῦ ἱματίου αὐτοῦ ἅψωνται· ↔
6 56 καὶ ὅσοι ἂν ἥψαντο (ἥπτοντο VSς) αὐτοῦ ἐσῴζοντο
7 33 πτύσας ἥψατο τῆς γλώσσης αὐτοῦ

Mc 8 22 παρακαλοῦσιν αὐτὸν ἵνα αὐτοῦ ἅψηται
10 13 προσέφερον αὐτῷ παιδία ἵνα | αὐτῶν ἅψηται (~ BSTς)
Lc 5 13 καὶ ἐκτείνας τὴν χεῖρα ἥψατο αὐτοῦ
6 19 πᾶς ὁ ὄχλος ἐζήτουν ἅπτεσθαι αὐτοῦ
7 14 καὶ προσελθὼν ἥψατο τῆς σοροῦ
7 39 ἐγίνωσκεν ἂν τίς καὶ ποταπὴ ἡ γυνὴ ἥτις ἅπτεται αὐτοῦ
8 16a οὐδεὶς δὲ λύχνον ἅψας καλύπτει αὐτὸν σκεύει
8 44 προσελθοῦσα ὄπισθεν ἥψατο τοῦ κρασπέδου τοῦ ἱματίου αὐτοῦ
8 45 τίς ὁ ἁψάμενός μου;
8 45 *ἀποθλίβουσιν | καὶ λέγεις· τίς ὁ ἁψάμενός μου; (+ς)
8 46 ὁ δὲ Ἰησοῦς εἶπεν· ἥψατό μού τις
8 47 δι' ἣν αἰτίαν ἥψατο αὐτοῦ ἀπήγγειλεν
11 33a οὐδεὶς λύχνον ἅψας εἰς κρύπτην τίθησιν
15 8a τίς γυνὴ ... οὐχὶ ἅπτει λύχνον
18 15 προσέφερον δὲ αὐτῷ καὶ τὰ βρέφη ἵνα αὐτῶν ἅπτηται
22 51 καὶ ἁψάμενος τοῦ ὠτίου ἰάσατο αὐτόν
22 55a *ἁψάντων (ς; περιαψ. rl) δὲ πῦρ ἐν μέσῳ τῆς αὐλῆς
Jo 20 17 μή μου ἅπτου
Ac 28 2a ἅψαντες (ἀνάψ. ς) γὰρ πυρὰν προσελάβοντο πάντας
1C 7 1 καλὸν ἀνθρώπῳ γυναικὸς μὴ ἅπτεσθαι
2C 6 17 ἀφορίσθητε ... καὶ ἀκαθάρτου μὴ ἅπτεσθε
Cl 2 21 μὴ ἅψῃ μηδὲ γεύσῃ μηδὲ θίγῃς
1 Jo 5 18 καὶ ὁ πονηρὸς οὐχ ἅπτεται αὐτοῦ

Ἀπφία
Phm 2 (Παῦλος ... Φιλήμονι) καὶ Ἀπφίᾳ τῇ ἀδελφῇ

ἀπωθέομαι
ἐξ-
Ac 7 27 ὁ δὲ ἀδικῶν τὸν πλησίον ἀπώσατο αὐτὸν εἰπών
7 39 οὐκ ἠθέλησαν ὑπήκοοι γενέσθαι... ἀλλὰ ἀπώσαντο
13 46 ἐπειδὴ (+δὲ MVBSς) ἀπωθεῖσθε αὐτόν ... ἰδοὺ στρεφόμεθα
Rm 11 1 λέγω οὖν, μὴ ἀπώσατο ὁ θεὸς τὸν λαὸν αὐτοῦ;
11 2 οὐκ ἀπώσατο ὁ θεὸς τὸν λαὸν αὐτοῦ
1Tm 1 19 ἥν τινες ἀπωσάμενοι περὶ τὴν πίστιν ἐναυάγησαν

ἀπώλεια
a εἰς ἀπώλειαν
Mt 7 13a εὐρύχωρος ἡ ὁδὸς ἡ ἀπάγουσα εἰς τὴν ἀπώλειαν
26 8 εἰς τί ἡ ἀπώλεια αὕτη;
Mc 14 4 εἰς τί ἡ ἀπώλεια αὕτη τοῦ μύρου γέγονεν;
Jo 17 12 οὐδεὶς ἐξ αὐτῶν ἀπώλετο εἰ μὴ ὁ υἱὸς τῆς ἀπωλείας
Ac 8 20a τὸ ἀργύριόν σου σὺν σοὶ εἴη εἰς ἀπώλειαν
25 16a *χαρίζεσθαί τινα ἄνθρωπον | εἰς ἀπώλειαν (+ς)
Rm 9 22a ὁ θεὸς ... ἤνεγκεν ... σκεύη ὀργῆς κατηρτισμένα εἰς ἀπώλειαν
Ph 1 28 ἥτις ἐστὶν αὐτοῖς ἔνδειξις ἀπωλείας
3 19 ὧν τὸ τέλος ἀπώλεια
2Th 2 3 καὶ ἀποκαλυφθῇ ... ὁ υἱὸς τῆς ἀπωλείας

1Tm 6 9a βυθίζουσιν τοὺς ἀνθρώπους εἰς ὄλεθρον καὶ ἀπώλειαν
Hb 10 39a ἡμεῖς δὲ οὐκ ἐσμὲν ὑποστολῆς εἰς ἀπώλειαν
2 Pt 2 1 οἵτινες παρεισάξουσιν αἱρέσεις ἀπωλείας
2 1 ἐπάγοντες ἑαυτοῖς ταχινὴν ἀπώλειαν
2 2 *πολλοὶ ἐξακολουθήσουσιν αὐτῶν ταῖς ἀπωλείαις (ς; ἀσελγείαις rl)
2 3 καὶ ἡ ἀπώλεια αὐτῶν οὐ νυστάζει
3 7 τηρούμενοι εἰς ἡμέραν κρίσεως καὶ ἀπωλείας τῶν ἀσεβῶν ἀνθρώπων
3 16 οἱ ἀμαθεῖς καὶ ἀστήρικτοι στρεβλοῦσιν ... πρὸς τὴν ἰδίαν αὐτῶν ἀπώλειαν
Ap 17 8a μέλλει ἀναβαίνειν ἐκ τῆς ἀβύσσου καὶ εἰς ἀπώλειαν ὑπάγει (-γειν VBSTς)
17 11a καὶ τὸ θηρίον εἰς ἀπώλειαν ὑπάγει

Ἄρ
→ Ἁρμαγεδών

ἀρά
Rm 3 14 ὧν τὸ στόμα ἀρᾶς καὶ πικρίας γέμει

ἄρα
a ἄρα οὖν
b τίς, τί ἄρα
c ἄρα γε, ἄραγε
Mt 7 20c ἄρα γε (N26N; ἄραγε rl) ἀπὸ τῶν καρπῶν αὐτῶν ἐπιγνώσεσθε αὐτούς
12 28 ἄρα ἔφθασεν ἐφ' ὑμᾶς ἡ βασιλεία τοῦ θεοῦ
17 26c ἄρα γε (N26N; ἄραγε rl) ἐλεύθεροί εἰσιν οἱ υἱοί
18 1b τίς ἄρα μείζων ἐστὶν ἐν τῇ βασιλείᾳ τῶν οὐρανῶν;
19 25b τίς ἄρα δύναται σωθῆναι;
19 27b τί ἄρα ἔσται ἡμῖν;
24 45b τίς ἄρα ἐστὶν ὁ πιστὸς δοῦλος ⟨;⟩
Mc 4 41b τίς ἄρα οὗτός ἐστιν ⟨;⟩
11 13 ἦλθεν εἰ ἄρα τι εὑρήσει ἐν αὐτῇ
Lc 1 66b τί ἄρα τὸ παιδίον τοῦτο ἔσται;
8 25b τίς ἄρα οὗτός ἐστιν ⟨;⟩
11 20 ἄρα ἔφθασεν ἐφ' ὑμᾶς ἡ βασιλεία τοῦ θεοῦ
11 48 ἄρα μάρτυρές ἐστε
12 42b τίς ἄρα ἐστὶν ὁ πιστὸς οἰκονόμος ⟨;⟩
22 23b τὸ τίς ἄρα εἴη ἐξ αὐτῶν ὁ τοῦτο μέλλων πράσσειν
Ac 7 1 *εἰ ἄρα (+ς) ταῦτα οὕτως ἔχει;
8 22 δεήθητι τοῦ κυρίου εἰ ἄρα ἀφεθήσεταί σοι
11 18c ἄρα (ἄραγε ς) καὶ τοῖς ἔθνεσιν ὁ θεὸς τὴν μετάνοιαν εἰς ζωὴν ἔδωκεν
12 18b τί ἄρα ὁ Πέτρος ἐγένετο
17 27c ζητεῖν τὸν θεόν, εἰ ἄρα γε (ἄραγε ST) ψηλαφήσειαν αὐτόν
21 38 οὐκ ἄρα σὺ εἶ ὁ Αἰγύπτιος ⟨;⟩
Rm 5 18a ἄρα οὖν ὡς δι' ἑνὸς παραπτώματος εἰς πάντας ἀνθρώπους εἰς κατάκριμα
7 3a ἄρα οὖν ζῶντος τοῦ ἀνδρὸς μοιχαλὶς χρηματίσει
7 21 εὑρίσκω ἄρα τὸν νόμον τῷ θέλοντι ἐμοὶ ποιεῖν τὸ καλόν
7 25a ἄρα οὖν αὐτὸς ἐγὼ τῷ μὲν (—T) νοῒ δουλεύω νόμῳ θεοῦ
8 1 οὐδὲν ἄρα νῦν κατάκριμα τοῖς ἐν Χριστῷ Ἰησοῦ
8 12a ἄρα οὖν, ἀδελφοί, ὀφειλέται ἐσμὲν
9 16a ἄρα οὖν οὐ τοῦ θέλοντος οὐδὲ τοῦ τρέχοντος
9 18a ἄρα οὖν ὃν θέλει ἐλεεῖ

Rm 10 17 ἄρα ἡ πίστις ἐξ ἀκοῆς, ἡ δὲ ἀκοὴ διὰ ῥήματος Χριστοῦ

14 12ᵃ ἄρα οὖν [NH] ἕκαστος ἡμῶν περὶ ἑαυτοῦ λόγον δώσει

14 19ᵃ ἄρα οὖν τὰ τῆς εἰρήνης διώκωμεν (-ομεν VT)

1C 5 10 ἐπεὶ ὠφείλετε ἄρα ἐκ τοῦ κόσμου ἐξελθεῖν

7 14 ἐπεὶ ἄρα τὰ τέκνα ὑμῶν ἀκάθαρτά ἐστιν

15 14 κενὸν ἄρα καὶ (+[N²⁶S]VBT) τὸ κήρυγμα ἡμῶν

15 15 εἴπερ ἄρα νεκροὶ οὐκ ἐγείρονται

15 18 ἄρα καὶ οἱ κοιμηθέντες ἐν Χριστῷ ἀπώλοντο

2C 1 17 τοῦτο οὖν βουλόμενος μήτι ἄρα τῇ ἐλαφρίᾳ ἐχρησάμην;

5 14 ὅτι εἷς ὑπὲρ πάντων ἀπέθανεν· ἄρα οἱ πάντες ἀπέθανον

7 12 ἄρα εἰ καὶ ἔγραψα ὑμῖν, οὐχ ἕνεκεν τοῦ ἀδικήσαντος

G 2 21 εἰ γὰρ διὰ νόμου δικαιοσύνη, ἄρα Χριστὸς δωρεὰν ἀπέθανεν

3 7 γινώσκετε ἄρα ὅτι οἱ ἐκ πίστεως, οὗτοι υἱοί εἰσιν (~Sϛ) Ἀβραάμ

3 29 εἰ δὲ ὑμεῖς Χριστοῦ, ἄρα τοῦ Ἀβραὰμ σπέρμα ἐστέ

4 31 *ἄρα (ϛ; διὸ rl), ἀδελφοί, οὐκ ἐσμὲν παιδίσκης τέκνα

5 11 ἄρα κατήργηται τὸ σκάνδαλον τοῦ σταυροῦ

6 10ᵃ ἄρα οὖν ὡς καιρὸν ἔχομεν (ἔχωμεν MVTH), ἐργαζώμεθα

E 2 19ᵃ ἄρα οὖν οὐκέτι ἐστὲ ξένοι καὶ πάροικοι

1 Th 5 6ᵃ ἄρα οὖν μὴ καθεύδωμεν ... ἀλλὰ γρηγορῶμεν

2 Th 2 15ᵃ ἄρα οὖν, ἀδελφοί, στήκετε

Hb 4 9 ἄρα ἀπολείπεται σαββατισμὸς τῷ λαῷ τοῦ θεοῦ

12 8 εἰ δὲ χωρίς ἐστε παιδείας ... ἄρα νόθοι καὶ οὐχ υἱοί ἐστε

ἆρα
ᵃ ἆρά γε

Lc 18 8 ἆρα εὑρήσει τὴν πίστιν ἐπὶ τῆς γῆς;

Ac 8 30ᵃ ἆρά γε γινώσκεις ἃ ἀναγινώσκεις;

G 2 17 εἰ δὲ ... εὑρέθημεν καὶ αὐτοὶ ἁμαρτωλοί, ἆρα Χριστὸς ἁμαρτίας διάκονος;

Ἀραβία
G 1 17 ἀλλὰ ἀπῆλθον εἰς Ἀραβίαν

4 25 τὸ δὲ (γὰρ VBSTϛ) Ἁγὰρ (—MVBT) Σινᾶ ὄρος ἐστὶν ἐν τῇ Ἀραβίᾳ

ἀραβών
→ ἀρραβών

ἄραγε
→ ἄρα
→ γε

Ἀράμ
Mt 1 3 Ἑσρὼμ δὲ ἐγέννησεν τὸν Ἀράμ, ↔

1 4 Ἀρὰμ δὲ ἐγέννησεν τὸν Ἀμιναδάβ

Lc 3 33 *| τοῦ Ἀμιναδὰβ (—H) τοῦ Ἀράμ (ϛ; Ἀδμὶν τοῦ Ἀρνὶ rl) τοῦ Ἑσρώμ

ἄραφος
ἄρραφος NBϛ

Jo 19 23 ἦν δὲ ὁ χιτὼν ἄραφος, ἐκ τῶν ἄνωθεν ὑφαντὸς δι' ὅλου

Ἄραψ
Ac 2 11 Κρῆτες καὶ Ἄραβες, ἀκούομεν λαλούντων αὐτῶν ταῖς ἡμετέραις γλώσσαις

ἀργέω
κατ-

2 Pt 2 3 οἷς τὸ κρίμα ἔκπαλαι οὐκ ἀργεῖ

ἀργός
Mt 12 36 πᾶν ῥῆμα ἀργὸν ... ἀποδώσουσιν περὶ αὐτοῦ λόγον

20 3 εἶδεν ἄλλους ἑστῶτας ἐν τῇ ἀγορᾷ ἀργούς

20 6 *εὗρεν ἄλλους ἑστῶτας ἀργούς (+ϛ) καὶ λέγει αὐτοῖς· ↔

20 6 τί ὧδε ἑστήκατε ὅλην τὴν ἡμέραν ἀργοί;

1 Tm 5 13 ἅμα δὲ καὶ ἀργαὶ μανθάνουσιν περιερχόμεναι τὰς οἰκίας, ↔

5 13 οὐ μόνον δὲ ἀργαὶ ἀλλὰ καὶ φλύαροι

Tt 1 12 Κρῆτες ἀεὶ ψεῦσται, κακὰ θηρία, γαστέρες ἀργαί

Jc 2 20 ὅτι ἡ πίστις χωρὶς τῶν ἔργων ἀργή (νεκρά Sϛ) ἐστιν

2 Pt 1 8 ταῦτα ... πλεονάζοντα οὐκ ἀργοὺς οὐδὲ ἀκάρπους καθίστησιν

ἀργύρεος
→ ἀργυροῦς

ἀργύριον
ᵃ ἀργύρια

Mt 25 18 ἔκρυψεν (ἀπέκρ. Sϛ) τὸ ἀργύριον τοῦ κυρίου αὐτοῦ

25 27ᵃ ἔδει σε οὖν βαλεῖν | τὰ ἀργύριά (τὸ ἀργύριόν VSϛ) μου τοῖς τραπεζίταις

26 15ᵃ οἱ δὲ ἔστησαν αὐτῷ τριάκοντα ἀργύρια

27 3ᵃ ἔστρεψεν (ἀπέστρ. MVBSϛ) τὰ τριάκοντα ἀργύρια

27 5ᵃ ῥίψας τὰ ἀργύρια εἰς τὸν ναὸν ἀνεχώρησεν

27 6ᵃ οἱ δὲ ἀρχιερεῖς λαβόντες τὰ ἀργύρια εἶπαν

27 9ᵃ ἔλαβον τὰ τριάκοντα ἀργύρια

28 12ᵃ ἀργύρια ἱκανὰ ἔδωκαν τοῖς στρατιώταις

28 15ᵃ οἱ δὲ λαβόντες τὰ (—NH) ἀργύρια ἐποίησαν

Mc 14 11 καὶ ἐπηγγείλαντο αὐτῷ ἀργύριον δοῦναι

Lc 9 3 μηδὲν αἴρετε εἰς τὴν ὁδόν ... μήτε ἄρτον μήτε ἀργύριον

19 15 τοὺς δούλους τούτους οἷς δεδώκει τὸ ἀργύριον

19 23 διὰ τί οὐκ ἔδωκάς μου τὸ ἀργύριον ἐπὶ τράπεζαν;

22 5 συνέθεντο αὐτῷ ἀργύριον δοῦναι

Ac 3 6 ἀργύριον καὶ χρυσίον οὐχ ὑπάρχει μοι

7 16 ᾧ ὠνήσατο Ἀβραὰμ τιμῆς ἀργυρίου

8 20 τὸ ἀργύριόν σου σὺν σοὶ εἴη εἰς ἀπώλειαν

19 19 καὶ εὗρον ἀργυρίου μυριάδας πέντε

20 33 ἀργυρίου ἢ χρυσίου ἢ ἱματισμοῦ οὐδενὸς ἐπεθύμησα

1C 3 12 *ἐπὶ τὸν θεμέλιον [+τοῦτον MS] | χρυσίον, ἀργύριον (NMVTH; -σόν, -ρον rl), λίθους τιμίους

1 Pt 1 18 εἰδότες ὅτι οὐ φθαρτοῖς, ἀργυρίῳ ἢ χρυσίῳ, ἐλυτρώθητε

ἀργυροκόπος
Ac 19 24 Δημήτριος γάρ τις ὀνόματι, ἀργυροκόπος, ποιῶν ναοὺς

ἄργυρος
Mt 10 9 μὴ κτήσησθε χρυσὸν μηδὲ ἄργυρον μηδὲ χαλκόν

Ac 17 29 χρυσῷ ἢ ἀργύρῳ ἢ λίθῳ ... τὸ θεῖον εἶναι ὅμοιον

1C 3 12 ἐπὶ τὸν θεμέλιον [+τοῦτον MS] | χρυσόν, ἄργυρον (-ίον, -ύριον NMVTH), λίθους τιμίους

Jc 5 3 ὁ χρυσὸς ὑμῶν καὶ ὁ ἄργυρος κατίωται

Ap 18 12 ⟨οὐδεὶς ἀγοράζει⟩ γόμον χρυσοῦ καὶ ἀργύρου καὶ λίθου τιμίου

ἀργυροῦς
Ac 19 24 ἀργυροκόπος, ποιῶν ναοὺς ἀργυροῦς [H] Ἀρτέμιδος

2 Tm 2 20 ἐν μεγάλῃ δὲ οἰκίᾳ οὐκ ἔστιν μόνον σκεύη χρυσᾶ καὶ ἀργυρᾶ ἀλλὰ καὶ ξύλινα

Ap 9 20 ἵνα μὴ προσκυνήσουσιν (-σωσιν Sϛ) ... τὰ εἴδωλα τὰ χρυσᾶ καὶ τὰ ἀργυρᾶ

Ἄρειος πάγος
Ἄριος πάγος T Ἄρειος Πάγος H

Ac 17 19 ἐπὶ τὸν Ἄρειον πάγον ἤγαγον

17 22 σταθεὶς δὲ ὁ ([N²⁶]; —NTH) Παῦλος ἐν μέσῳ τοῦ Ἀρείου πάγου

Ἀρεοπαγίτης
Ἀρεοπαγείτης T

Ac 17 34 ἐν οἷς καὶ Διονύσιος ὁ [H] Ἀρεοπαγίτης

ἀρεσκεία
Cl 1 10 περιπατῆσαι ἀξίως τοῦ κυρίου εἰς πᾶσαν ἀρεσκείαν

ἀρέσκω
Mt 14 6 ὠρχήσατο ἡ θυγάτηρ ... καὶ ἤρεσεν τῷ Ἡρῴδη

Mc 6 22 εἰσελθούσης τῆς θυγατρὸς ... καὶ ὀρχησαμένης, ἤρεσεν (καὶ ἀρεσάσης VBSϛ) τῷ Ἡρῴδη

Ac 6 5 ἤρεσεν ὁ λόγος ἐνώπιον παντὸς τοῦ πλήθους

Rm 8 8 οἱ δὲ ἐν σαρκὶ ὄντες θεῷ ἀρέσαι οὐ δύνανται

15 1 ὀφείλομεν ... βαστάζειν καὶ μὴ ἑαυτοῖς ἀρέσκειν

15 2 τῷ πλησίον ἀρεσκέτω εἰς τὸ ἀγαθὸν πρὸς οἰκοδομήν

15 3 καὶ γὰρ ὁ Χριστὸς οὐχ ἑαυτῷ ἤρεσεν

1C 7 32 ὁ ἄγαμος μεριμνᾷ τὰ τοῦ κυρίου, πῶς ἀρέσῃ τῷ κυρίῳ· ↔

7 33 ὁ δὲ γαμήσας μεριμνᾷ τὰ τοῦ κόσμου, πῶς ἀρέσῃ τῇ γυναικί

7 34 ἡ δὲ γαμήσασα μεριμνᾷ τὰ τοῦ κόσμου, πῶς ἀρέσῃ τῷ ἀνδρί

10 33 καθὼς κἀγὼ πάντα πᾶσιν ἀρέσκω

G 1 10 ἢ ζητῶ ἀνθρώποις ἀρέσκειν; ↔

1 10 εἰ ἔτι ἀνθρώποις ἤρεσκον, Χριστοῦ δοῦλος οὐκ ἂν ἤμην

1 Th 2 4 οὕτως λαλοῦμεν, οὐχ ὡς ἀνθρώποις ἀρέσκοντες

2 15 ⟨Ἰουδαίων⟩ ἀποκτεινάντων Ἰησοῦν ... καὶ θεῷ μὴ ἀρεσκόντων

4 1 τὸ πῶς δεῖ ὑμᾶς περιπατεῖν καὶ ἀρέσκειν θεῷ

2 Tm 2 4 οὐδεὶς στρατευόμενος ἐμπλέκεται ... ἵνα τῷ στρατολογήσαντι ἀρέσῃ

ἀρεστός
Jo 8 29 ὅτι ἐγὼ τὰ ἀρεστὰ αὐτῷ ποιῶ πάντοτε

Ac 6 2 οὐκ ἀρεστόν ἐστιν ἡμᾶς ... διακονεῖν τραπέζαις

12 3 ἰδὼν δὲ ὅτι ἀρεστόν ἐστιν τοῖς Ἰουδαίοις

1 Jo 3 22 ὅτι ... καὶ τὰ ἀρεστὰ ἐνώπιον αὐτοῦ ποιοῦμεν

'Αρέτας
'Αρέτας MVSTϛ
2C 11 32 ὁ ἐθνάρχης 'Αρέτα τοῦ βασιλέως
ἐφρούρει τὴν πόλιν

ἀρετή
Ph 4 8 εἴ τις ἀρετὴ καὶ εἴ τις ἔπαινος
1 Pt 2 9 ὅπως τὰς ἀρετὰς ἐξαγγείλητε τοῦ
ἐκ σκότους ὑμᾶς καλέσαντος
2 Pt 1 3 τοῦ καλέσαντος ἡμᾶς | ἰδίᾳ δόξῃ
καὶ ἀρετῇ (διὰ δόξης κ. ἀρετῆς Hϛ)
1 5 ἐπιχορηγήσατε ἐν τῇ πίστει ὑμῶν
τὴν ἀρετήν, ↔
1 5 ἐν δὲ τῇ ἀρετῇ τὴν γνῶσιν

ἀρήν
Lc 10 3 ἀποστέλλω ὑμᾶς ὡς ἄρνας ἐν μέσῳ
λύκων

ἀριθμέω
κατ-
Mt 10 30 ὑμῶν δὲ καὶ αἱ τρίχες τῆς κεφαλῆς
πᾶσαι ἠριθμημέναι εἰσίν
Lc 12 7 αἱ τρίχες τῆς κεφαλῆς ὑμῶν πᾶσαι
ἠρίθμηνται
Ap 7 9 ὄχλος πολύς, ὃν ἀριθμῆσαι αὐτὸν
οὐδεὶς ἐδύνατο

ἀριθμός
Lc 22 3 εἰς 'Ιούδαν ... ὄντα ἐκ τοῦ
ἀριθμοῦ τῶν δώδεκα
Jo 6 10 ἀνέπεσαν οὖν οἱ ἄνδρες τὸν
ἀριθμὸν ὡς πεντακισχίλιοι
Ac 4 4 ἐγενήθη ὁ ([N²⁶ S]; —NTH)
ἀριθμὸς τῶν ἀνδρῶν ὡς ([N²⁶];
ὡσεὶ MV[S]ϛ; —T) χιλιάδες πέντε
5 36 ᾧ προσεκλίθη ἀνδρῶν ἀριθμὸς ὡς
τετρακοσίων
6 7 ἐπληθύνετο ὁ ἀριθμὸς τῶν μαθη-
τῶν
11 21 πολύς τε ἀριθμὸς ὁ [S] πιστεύσας
ἐπέστρεψεν ἐπὶ τὸν κύριον
16 5 ἐστερεοῦντο τῇ πίστει καὶ ἐπερίσ-
σευον τῷ ἀριθμῷ
Rm 9 27 ἐὰν ᾖ ὁ ἀριθμὸς τῶν υἱῶν 'Ισραὴλ
ὡς ἡ ἄμμος τῆς θαλάσσης
Ap 5 11 καὶ ἦν ὁ ἀριθμὸς αὐτῶν μυριάδες
μυριάδων καὶ χιλιάδες χιλιάδων
7 4 ἤκουσα τὸν ἀριθμὸν τῶν
ἐσφραγισμένων
9 16 ὁ ἀριθμὸς τῶν στρατευμάτων τοῦ
ἱππικοῦ δισμυριάδες μυριάδων· ↔
9 16 ἤκουσα τὸν ἀριθμὸν αὐτῶν
13 17 εἰ μὴ ὁ ἔχων ... τὸν ἀριθμὸν τοῦ
ὀνόματος αὐτοῦ
13 18 ψηφισάτω τὸν ἀριθμὸν τοῦ θηρί-
ου· ↔
13 18 ἀριθμὸς γὰρ ἀνθρώπου ἐστίν. ↔
13 18 καὶ ὁ ἀριθμὸς αὐτοῦ (+ἐστιν BS)
ἑξακόσιοι ἑξήκοντα ἕξ
15 2 εἶδον ... ἐκ τοῦ ἀριθμοῦ τοῦ ὀνό-
ματος αὐτοῦ ἑστῶτας ἐπὶ τὴν θά-
λασσαν
20 8 ὧν ὁ ἀριθμὸς αὐτῶν ὡς ἡ ἄμμος

'Αριμαθαία
'Αριμαθαία MVBSTϛ
Mt 27 57 ἦλθεν ἄνθρωπος πλούσιος ἀπὸ
'Αριμαθαίας
Mc 15 43 ἐλθὼν 'Ιωσὴφ ὁ ([N²⁶]; —H)
ἀπὸ 'Αριμαθαίας
Lc 23 51 ⟨'Ιωσὴφ⟩ ἀπὸ 'Αριμαθαίας πό-
λεως τῶν 'Ιουδαίων
Jo 19 38 ἠρώτησεν τὸν Πιλᾶτον 'Ιωσὴφ ὁ
([N²⁶ S]; —NH) ἀπὸ 'Αριμαθαίας

"Αριος πάγος → "Αρειος πάγος

'Αρίσταρχος
Ac 19 29 συναρπάσαντες Γάϊον καὶ 'Αρί-
σταρχον Μακεδόνας
Ac 20 4 συνείπετο ... Σώπατρος ... Θεσσα-
λονικέων δὲ 'Αρίσταρχος καὶ Σε-
κοῦνδος
27 2 ὄντος σὺν ἡμῖν 'Αριστάρχου Μα-
κεδόνος Θεσσαλονικέως
Cl 4 10 ἀσπάζεται ὑμᾶς 'Αρίσταρχος ὁ
συναιχμάλωτός μου
Phm 24 ⟨ἀσπάζεταί σε⟩ Μᾶρκος, 'Αρί-
σταρχος ... οἱ συνεργοί μου

ἀριστάω
Lc 11 37 ἐρωτᾷ αὐτὸν Φαρισαῖος (+τις Vϛ)
ὅπως ἀριστήσῃ παρ' αὐτῷ
Jo 21 12 δεῦτε ἀριστήσατε
21 15 ὅτε οὖν ἠρίστησαν, λέγει ... ὁ
'Ιησοῦς

ἀριστερός
Mt 6 3 μὴ γνώτω ἡ ἀριστερά σου τί ποιεῖ
ἡ δεξιά σου
Mc 10 37 ἵνα εἷς σου ἐκ δεξιῶν καὶ εἷς (+σου
VSTϛ) ἐξ ἀριστερῶν (εὐωνύμων ϛ)
καθίσωμεν
Lc 23 33 ἐσταύρωσαν ... ὃν μὲν ἐκ δεξιῶν
ὃν δὲ ἐξ ἀριστερῶν
2C 6 7 διὰ τῶν ὅπλων τῆς δικαιοσύνης
τῶν δεξιῶν καὶ ἀριστερῶν

'Αριστόβουλος
Rm 16 10 ἀσπάσασθε τοὺς ἐκ τῶν 'Αριστο-
βούλου

ἄριστον
Mt 22 4 ἰδοὺ τὸ ἄριστόν μου ἡτοίμακα
Lc 11 38 ὅτι οὐ πρῶτον ἐβαπτίσθη πρὸ
τοῦ ἀρίστου
14 12 ὅταν ποιῇς ἄριστον ἢ δεῖπνον

ἀρκετός
Mt 6 34 ἀρκετὸν τῇ ἡμέρᾳ ἡ κακία αὐτῆς
10 25 ἀρκετὸν τῷ μαθητῇ ἵνα γένηται
ὡς ὁ διδάσκαλος αὐτοῦ
1 Pt 4 3 ἀρκετὸς γὰρ ὁ παρεληλυθὼς χρό-
νος ... κατειργάσθαι

ἀρκέω
ἐπ-
Mt 25 9 μήποτε | οὐ μὴ (οὐκ Tϛ) ἀρκέσῃ
ἡμῖν καὶ ὑμῖν
Lc 3 14 καὶ ἀρκεῖσθε τοῖς ὀψωνίοις ὑμῶν
Jo 6 7 διακοσίων δηναρίων ἄρτοι οὐκ
ἀρκοῦσιν αὐτοῖς
14 8 δεῖξον ἡμῖν τὸν πατέρα, καὶ ἀρκεῖ
ἡμῖν
2C 12 9 καὶ εἴρηκέν μοι· ἀρκεῖ σοι ἡ χάρις
μου
1 Tm 6 8 ἔχοντες δὲ ... σκεπάσματα, τούτοις
ἀρκεσθησόμεθα
Hb 13 5 ἀφιλάργυρος ὁ τρόπος, ἀρκούμενοι
τοῖς παροῦσιν
3 Jo 10 μὴ ἀρκούμενος ἐπὶ τούτοις οὔτε
αὐτὸς ἐπιδέχεται

ἄρκος
ἄρκτος ϛ
Ap 13 2 οἱ πόδες αὐτοῦ ὡς ἄρκου

ἄρμα
Ac 8 28 ἦν τε (δὲ NMH) ὑποστρέφων καὶ
καθήμενος ἐπὶ τοῦ ἅρματος αὐτοῦ
8 29 κολλήθητι τῷ ἅρματι τούτῳ
8 38 ἐκέλευσεν στῆναι τὸ ἅρμα
Ap 9 9 ὡς φωνὴ ἁρμάτων ἵππων πολλῶν

'Αρμαγεδών
Ἀρ Μαγεδών H; 'Αρμαγεδδών ϛ
Ap 16 16 εἰς τὸν τόπον τὸν καλούμενον
Ἑβραϊστὶ 'Αρμαγεδών

ἁρμόζω
2C 11 2 ζηλῶ γὰρ ὑμᾶς θεοῦ ζήλῳ, ἡρ-
μοσάμην γὰρ ὑμᾶς ἑνὶ ἀνδρί

ἁρμός
Hb 4 12 ὁ λόγος τοῦ θεοῦ ... διϊκνούμενος
ἄχρι μερισμοῦ ... ἁρμῶν τε καὶ
μυελῶν

ἄρνας
→ ἀρήν

ἀρνέομαι
ἀπ-
Mt 10 33 ὅστις | δ' ἂν (δὲ H) ἀρνήσηταί με
ἔμπροσθεν τῶν ἀνθρώπων, ↔
10 33 ἀρνήσομαι | κἀγὼ αὐτὸν (∼ Sϛ)
ἔμπροσθεν τοῦ πατρός μου
26 70 ὁ δὲ ἠρνήσατο ἔμπροσθεν πάντων
26 72 πάλιν ἠρνήσατο μετὰ ὅρκου ὅτι
οὐκ οἶδα τὸν ἄνθρωπον
Mc 14 68 ὁ δὲ ἠρνήσατο λέγων
14 70 ὁ δὲ πάλιν ἠρνεῖτο
Lc 8 45 ἀρνουμένων δὲ πάντων εἶπεν ὁ Πέ-
τρος
9 23 εἴ τις θέλει ὀπίσω μου ἔρχεσθαι,
ἀρνησάσθω (ἀπαρ. ϛ) ἑαυτόν
12 9 ὁ δὲ ἀρνησάμενός με ἐνώπιον τῶν
ἀνθρώπων ἀπαρνηθήσεται
22 57 ὁ δὲ ἠρνήσατο (+αὐτὸν BSTϛ)
λέγων
Jo 1 20 καὶ ὡμολόγησεν καὶ οὐκ ἠρνήσατο
13 38 ἕως οὗ ἀρνήσῃ (ἀπ- ϛ) με τρίς
18 25 ἠρνήσατο ἐκεῖνος καὶ εἶπεν· οὐκ
εἰμί
18 27 πάλιν οὖν ἠρνήσατο (+ὁ [S]ϛ)
Πέτρος
Ac 3 13 'Ιησοῦν, ὃν ὑμεῖς μὲν ... ἠρνήσα-
σθε κατὰ πρόσωπον Πιλάτου
3 14 ὑμεῖς δὲ τὸν ἅγιον καὶ δίκαιον
ἠρνήσασθε
4 16 σημεῖον γέγονεν ... καὶ οὐ δυνάμε-
θα ἀρνεῖσθαι (ἀρνήσασθαι ϛ)
7 35 ὃν ἠρνήσαντο εἰπόντες· τίς σε
κατέστησεν ἄρχοντα ⟨;⟩
1 Tm 5 8 εἰ δέ τις ... οὐ προνοεῖ (-εῖται BT),
τὴν πίστιν ἤρνηται
2 Tm 2 12 εἰ ἀρνησόμεθα (ἀρνούμεθα ϛ), ↔
2 12 κἀκεῖνος ἀρνήσεται ἡμᾶς
2 13 ἐκεῖνος πιστὸς μένει, ἀρνήσασθαι
γὰρ ἑαυτὸν οὐ δύναται
3 5 τὴν δὲ δύναμιν αὐτῆς ἠρνημένοι
Tt 1 16 θεὸν ὁμολογοῦσιν εἰδέναι, τοῖς δὲ
ἔργοις ἀρνοῦνται
2 12 ἵνα ἀρνησάμενοι τὴν ἀσέβειαν ...
εὐσεβῶς ζήσωμεν
Hb 11 24 πίστει Μωϋσῆς μέγας γενόμενος
ἠρνήσατο λέγεσθαι υἱὸς θυγατρὸς
Φαραώ
2 Pt 2 1 οἵτινες παρεισάξουσιν αἱρέσεις ...
καὶ τὸν ἀγοράσαντα αὐτοὺς δεσ-
πότην ἀρνούμενοι
1 Jo 2 22 τίς ἐστιν ὁ ψεύστης εἰ μὴ ὁ
ἀρνούμενος ὅτι 'Ιησοῦς οὐκ ἔστιν
ὁ χριστός; ↔
2 22 οὗτός ἐστιν ὁ ἀντίχριστος, ὁ
ἀρνούμενος τὸν πατέρα
2 23 πᾶς ὁ ἀρνούμενος τὸν υἱὸν οὐδὲ
τὸν πατέρα ἔχει
Jd 4 ἀσεβεῖς ... τὸν μόνον δεσπότην καὶ
κύριον ἡμῶν 'Ιησοῦν Χριστὸν
ἀρνούμενοι
Ap 2 13 καὶ οὐκ ἠρνήσω τὴν πίστιν μου
3 8 οὐκ ἠρνήσω τὸ ὄνομά μου

'Αρνί
'Αρνεί VSTH
Lc 3 33 ⟨τοῦ Ναασσὼν⟩ | τοῦ 'Αμιναδὰβ
(—H) τοῦ | 'Αδμὶν τοῦ 'Αρνὶ
('Αρὰμ ϛ) τοῦ 'Εσρώμ

ἀρνίον
Jo 21 15 βόσκε τὰ ἀρνία μου

Ap 5 6 εἶδον ... ἐν μέσῳ τῶν πρεσβυτέρων ἀρνίον ἑστηκὸς (-κὼς T) ὡς ἐσφαγμένον

5 8 οἱ εἴκοσι τέσσαρες πρεσβύτεροι ἔπεσαν ἐνώπιον τοῦ ἀρνίου

5 12 ἄξιόν (ἄξιός NT) ἐστιν τὸ ἀρνίον τὸ ἐσφαγμένον λαβεῖν τὴν δύναμιν

5 13 τῷ ἀρνίῳ ἡ εὐλογία καὶ ἡ τιμή

6 1 ὅτε ἤνοιξεν τὸ ἀρνίον μίαν ἐκ τῶν ἑπτὰ σφραγίδων

6 16 κρύψατε ἡμᾶς ... ἀπὸ τῆς ὀργῆς τοῦ ἀρνίου

7 9 ἑστῶτες (-τας B) ἐνώπιον τοῦ θρόνου καὶ ἐνώπιον τοῦ ἀρνίου

7 10 ἡ σωτηρία τῷ θεῷ ἡμῶν τῷ καθημένῳ ἐπὶ τῷ θρόνῳ καὶ τῷ ἀρνίῳ

7 14 ἐλεύκαναν αὐτὰς ἐν τῷ αἵματι τοῦ ἀρνίου

7 17 ὅτι τὸ ἀρνίον τὸ ἀνὰ μέσον τοῦ θρόνου ποιμανεῖ αὐτούς

12 11 αὐτοὶ ἐνίκησαν αὐτὸν διὰ τὸ αἷμα τοῦ ἀρνίου

13 8 ἐν τῷ βιβλίῳ τῆς ζωῆς τοῦ ἀρνίου τοῦ ἐσφαγμένου

13 11 εἶχεν κέρατα δύο ὅμοια ἀρνίῳ

14 1 ἰδοὺ τὸ (—ς) ἀρνίον ἑστὸς ἐπὶ τὸ ὄρος Σιών

14 4 οἱ ἀκολουθοῦντες τῷ ἀρνίῳ

14 4 ἠγοράσθησαν ... ἀπαρχὴ τῷ θεῷ καὶ τῷ ἀρνίῳ

14 10 βασανισθήσεται (-σονται B) ... ἐνώπιον τοῦ ἀρνίου

15 3 ᾄδουσιν ... τὴν ᾠδὴν τοῦ ἀρνίου

17 14 οὗτοι μετὰ τοῦ ἀρνίου πολεμήσουσιν ↔

17 14 καὶ τὸ ἀρνίον νικήσει αὐτούς

19 7 ὅτι ἦλθεν ὁ γάμος τοῦ ἀρνίου

19 9 μακάριοι οἱ εἰς τὸ δεῖπνον τοῦ γάμου τοῦ ἀρνίου κεκλημένοι

21 9 δείξω σοι τὴν νύμφην τὴν γυναῖκα τοῦ ἀρνίου

21 14 ἐπ᾽ αὐτῶν δώδεκα ὀνόματα τῶν δώδεκα ἀποστόλων τοῦ ἀρνίου

21 22 ὁ γὰρ κύριος ὁ θεὸς ὁ παντοκράτωρ ναὸς αὐτῆς ἐστιν, καὶ τὸ ἀρνίον

21 23 ἡ γὰρ δόξα τοῦ θεοῦ ἐφώτισεν αὐτήν, καὶ ὁ λύχνος αὐτῆς τὸ ἀρνίον

21 27 οἱ γεγραμμένοι ἐν τῷ βιβλίῳ τῆς ζωῆς τοῦ ἀρνίου

22 1 ποταμὸν ... ἐκπορευόμενον ἐκ τοῦ θρόνου τοῦ θεοῦ καὶ τοῦ ἀρνίου

22 3 ὁ θρόνος τοῦ θεοῦ καὶ τοῦ ἀρνίου ἐν αὐτῇ ἔσται

ἀροτριάω

Lc 17 7 τίς δὲ ἐξ ὑμῶν δοῦλον ἔχων ἀροτριῶντα ἢ ποιμαίνοντα ⟨;⟩

1C 9 10 ὀφείλει ἐπ᾽ ἐλπίδι ὁ ἀροτριῶν ↔

9 10 ἀροτριᾶν

ἄροτρον

Lc 9 62 οὐδεὶς ἐπιβαλὼν τὴν χεῖρα (+αὐτοῦ MVBSTς) ἐπ᾽ ἄροτρον

ἁρπαγή

Mt 23 25 ἔσωθεν δὲ γέμουσιν ἐξ ἁρπαγῆς καὶ ἀκρασίας

Lc 11 39 τὸ δὲ ἔσωθεν ὑμῶν γέμει ἁρπαγῆς καὶ πονηρίας

Hb 10 34 τὴν ἁρπαγὴν τῶν ὑπαρχόντων ὑμῶν μετὰ χαρᾶς προσεδέξασθε

ἁρπαγμός

Ph 2 6 ὃς ἐν μορφῇ θεοῦ ὑπάρχων οὐχ ἁρπαγμὸν ἡγήσατο τὸ εἶναι ἴσα θεῷ

ἁρπάζω

δι-   συν-

Mt 11 12 καὶ βιασταὶ ἁρπάζουσιν αὐτήν

12 29 πῶς δύναταί τις ... τὰ σκεύη αὐτοῦ ἁρπάσαι (διαρ. ς) ⟨;⟩

13 19 καὶ ἁρπάζει τὸ ἐσπαρμένον ἐν τῇ καρδίᾳ αὐτοῦ

Jo 6 15 γνοὺς ὅτι μέλλουσιν ἔρχεσθαι καὶ ἁρπάζειν αὐτόν

10 12 ὁ λύκος ἁρπάζει αὐτὰ καὶ σκορπίζει

10 28 οὐχ ἁρπάσει τις αὐτὰ ἐκ τῆς χειρός μου

10 29 οὐδεὶς δύναται ἁρπάζειν ἐκ τῆς χειρὸς τοῦ πατρός (+μου MVB [S]ς)

Ac 8 39 πνεῦμα κυρίου ἥρπασεν τὸν Φίλιππον

23 10 ἐκέλευσεν τὸ στράτευμα καταβὰν ἁρπάσαι αὐτὸν ἐκ μέσου αὐτῶν

2C 12 2 οἶδα ἄνθρωπον ἐν Χριστῷ ... ἁρπαγέντα τὸν τοιοῦτον ἕως τρίτου οὐρανοῦ

12 4 ⟨οἶδα τὸν τοιοῦτον ἄνθρωπον⟩ ὅτι ἡρπάγη εἰς τὸν παράδεισον

1Th 4 17 ἅμα σὺν αὐτοῖς ἁρπαγησόμεθα ἐν νεφέλαις εἰς ἀπάντησιν τοῦ κυρίου

Jd 23 | οὓς δὲ (— NVSH) σῴζετε ἐκ πυρὸς ἁρπάζοντες

Ap 12 5 ἡρπάσθη τὸ τέκνον αὐτῆς πρὸς τὸν θεόν

ἅρπαξ

Mt 7 15 ἔσωθεν δέ εἰσιν λύκοι ἅρπαγες

Lc 18 11 ὅτι οὐκ εἰμὶ ὥσπερ οἱ λοιποὶ τῶν ἀνθρώπων, ἅρπαγες, ἄδικοι, μοιχοί

1C 5 10 ⟨μὴ συναναμίγνυσθαι⟩ τοῖς πλεονέκταις καὶ ἅρπαξιν

5 11 ἐάν τις ἀδελφὸς ὀνομαζόμενος ᾖ ... μέθυσος ἢ ἅρπαξ

6 10 οὐχ ἅρπαγες βασιλείαν θεοῦ κληρονομήσουσιν

ἀρραβών

ἀραβών (T)

2C 1 22 δοὺς τὸν ἀρραβῶνα τοῦ πνεύματος ἐν ταῖς καρδίαις ἡμῶν

5 5 ὁ δοὺς ἡμῖν τὸν ἀρραβῶνα τοῦ πνεύματος

E 1 14 ὅ (ὅς NMVTς) ἐστιν ἀρραβὼν τῆς κληρονομίας ἡμῶν

ἄρραφος

→ ἄραφος

ἄρρην

→ ἄρσην

ἄρρητος

2C 12 4 ὅτι ... ἤκουσεν ἄρρητα ῥήματα, ἃ οὐκ ἐξὸν ἀνθρώπῳ λαλῆσαι

ἄρρωστος

Mt 14 14 καὶ ἐθεράπευσεν τοὺς ἀρρώστους αὐτῶν

Mc 6 5 εἰ μὴ ὀλίγοις ἀρρώστοις ἐπιθεὶς τὰς χεῖρας ἐθεράπευσεν

6 13 ἤλειφον ἐλαίῳ πολλοὺς ἀρρώστους

[16 18] ἐπὶ ἀρρώστους χεῖρας ἐπιθήσουσιν καὶ καλῶς ἕξουσιν

1C 11 30 διὰ τοῦτο ἐν ὑμῖν πολλοὶ ἀσθενεῖς καὶ ἄρρωστοι

ἀρσενοκοίτης

1C 6 9 οὔτε μαλακοὶ οὔτε ἀρσενοκοῖται ⟨κληρονομήσουσιν⟩

1Tm 1 10 ⟨νόμος .. κεῖται⟩ πόρνοις, ἀρσενοκοίταις, ἀνδραποδισταῖς, ψεύσταις

ἄρσην

ἄρρην (V)S(T)ς

ᵃ ἄρσεν καὶ θῆλυ

Mt 19 4ᵃ ἄρσεν καὶ θῆλυ ἐποίησεν αὐτούς

Mc 10 6ᵃ ἀπὸ δὲ ἀρχῆς κτίσεως ἄρσεν καὶ θῆλυ ἐποίησεν αὐτούς [H]

Lc 2 23 ὅτι πᾶν ἄρσεν διανοῖγον μήτραν ἅγιον ... κληθήσεται

Rm 1 27 ὁμοίως τε καὶ οἱ ἄρσενες ... ἐξεκαύθησαν ... εἰς ἀλλήλους, ↔

1 27 ἄρσενες ↔

1 27 ἐν ἄρσεσιν τὴν ἀσχημοσύνην κατεργαζόμενοι

G 3 28ᵃ οὐκ ἔνι ἄρσεν καὶ θῆλυ

Ap 12 5 καὶ ἔτεκεν υἱὸν ἄρσεν (ἄρσενα B; ἄρρενα VSς)

12 13 γυναῖκα ἥτις ἔτεκεν τὸν ἄρσενα (ἄρρενα VSς)

Ἀρτεμᾶς

Tt 3 12 ὅταν πέμψω Ἀρτεμᾶν πρὸς σὲ ἢ Τύχικον

Ἄρτεμις

Ac 19 24 ἀργυροκόπος, ποιῶν ναοὺς ἀργυροῦς [H] Ἀρτέμιδος

19 27 τὸ τῆς μεγάλης θεᾶς | Ἀρτέμιδος ἱερὸν (~ T) εἰς οὐθὲν λογισθῆναι

19 28 ἔκραζον λέγοντες· μεγάλη ἡ Ἄρτεμις Ἐφεσίων

19 34 κραζόντων (-τες NT)· μεγάλη ἡ Ἄρτεμις Ἐφεσίων

19 35 τίς ... οὐ γινώσκει τὴν Ἐφεσίων πόλιν νεωκόρον οὖσαν τῆς μεγάλης Ἀρτέμιδος ⟨;⟩

ἀρτέμων

Ac 27 40 ἐπάραντες τὸν ἀρτέμωνα ... κατεῖχον εἰς τὸν αἰγιαλόν

ἄρτι

ᵃ ἕως ἄρτι

ᵇ ἀπ᾽ ἄρτι, ἀπάρτι

Mt 3 15 ὁ Ἰησοῦς εἶπεν αὐτῷ· ἄφες ἄρτι

9 18 ἡ θυγάτηρ μου ἄρτι ἐτελεύτησεν

11 12ᵃ ἀπὸ δὲ τῶν ἡμερῶν Ἰωάννου τοῦ βαπτιστοῦ ἕως ἄρτι

23 39ᵇ οὐ μή με ἴδητε | ἀπ᾽ ἄρτι (ἀπάρτι S) ἕως ἂν εἴπητε

26 29ᵇ οὐ μὴ πίω ἀπ᾽ ἄρτι ἐκ τούτου τοῦ γενήματος τῆς ἀμπέλου ἕως

26 53 παραστήσει μοι ἄρτι πλείω (-ους MVSς) (+ἢ MV[S]ς) δώδεκα λεγιῶνας (-ώνων ST) ἀγγέλων

26 64ᵇ ἀπ᾽ ἄρτι ὄψεσθε τὸν υἱὸν τοῦ ἀνθρώπου καθήμενον

Jo 1 51ᵇ* | ἀπ᾽ ἄρτι (+V[S]ς) ὄψεσθε τὸν οὐρανὸν ἀνεῳγότα

2 10ᵃ σὺ τετήρηκας τὸν καλὸν οἶνον ἕως ἄρτι

5 17ᵃ ὁ πατήρ μου ἕως ἄρτι ἐργάζεται

9 19 πῶς οὖν βλέπει ἄρτι;

9 25 ἓν οἶδα, ὅτι τυφλὸς ὢν ἄρτι βλέπω

13 7 ὃ ἐγὼ ποιῶ σὺ οὐκ οἶδας ἄρτι

13 19ᵇ ἀπ᾽ ἄρτι (ἀπάρτι T) λέγω ὑμῖν πρὸ τοῦ γενέσθαι

13 33 καθὼς εἶπον τοῖς Ἰουδαίοις ... καὶ ὑμῖν λέγω ἄρτι

13 37 διὰ τί οὐ δύναμαί σοι ἀκολουθῆσαι (-θεῖν H) ἄρτι;

14 7ᵇ καὶ ([N²⁶]; — NMSH) | ἀπ᾽ ἄρτι (ἀπάρτι T) γινώσκετε αὐτόν

16 12 οὐ δύνασθε βαστάζειν ἄρτι

16 24ᵃ ἕως ἄρτι οὐκ ᾐτήσατε οὐδὲν ἐν τῷ ὀνόματί μου

16 31 ἀπεκρίθη αὐτοῖς (+ὁ VBSς) Ἰησοῦς· ἄρτι πιστεύετε;

1C 4 11 ἄχρι τῆς ἄρτι ὥρας καὶ πεινῶμεν καὶ διψῶμεν

1C 4 13ᵃ ὡς περικαθάρματα ... ἐγενήθημεν, πάντων περίψημα ἕως ἄρτι
8 7ᵃ τῇ συνηθείᾳ ἕως ἄρτι τοῦ εἰδώλου...ἐσθίουσιν
13 12 βλέπομεν γὰρ ἄρτι δι' ἐσόπτρου
13 12 ἄρτι γινώσκω ἐκ μέρους
15 6ᵃ οἱ πλείονες μένουσιν ἕως ἄρτι
16 7 οὐ θέλω γὰρ ὑμᾶς ἄρτι ἐν παρόδῳ ἰδεῖν
G 1 9 ὡς προειρήκαμεν, καὶ ἄρτι πάλιν λέγω
1 10 ἄρτι γὰρ ἀνθρώπους πείθω ἢ τὸν θεόν;
4 20 ἤθελον δὲ παρεῖναι πρὸς ὑμᾶς ἄρτι
1Th 3 6 ἄρτι δὲ ἐλθόντος Τιμοθέου πρὸς ἡμᾶς
2Th 2 7 μόνον ὁ κατέχων ἄρτι ἕως ἐκ μέσου γένηται
1Pt 1 6 ὀλίγον ἄρτι εἰ δέον ἐστὶν ([N²⁶]; — NVBTH) λυπηθέντες
1 8 εἰς ὃν ἄρτι μὴ ὁρῶντες πιστεύοντες δέ
1Jo 2 9ᵃ ὁ τὸν ἀδελφὸν αὐτοῦ μισῶν ἐν τῇ σκοτίᾳ ἐστὶν ἕως ἄρτι
Ap 12 10 ἄρτι ἐγένετο ἡ σωτηρία
14 13ᵇ μακάριοι οἱ νεκροὶ οἱ ἐν κυρίῳ ἀποθνήσκοντες | ἀπ' ἄρτι (ἀπάρτι MBSTϛ)

ἀρτιγέννητος
1Pt 2 2 ὡς ἀρτιγέννητα βρέφη τὸ λογικὸν ἄδολον γάλα ἐπιποθήσατε

ἄρτιος
2Tm 3 17 ἵνα ἄρτιος ᾖ ὁ τοῦ θεοῦ ἄνθρωπος

ἄρτος
ᵃ ἄρτ. τῆς προθέσεως
ᵇ ἄρτον κλάω
Mt 4 3 ἵνα οἱ λίθοι οὗτοι ἄρτοι γένωνται
4 4 οὐκ ἐπ' ἄρτῳ μόνῳ ζήσεται ὁ ἄνθρωπος
6 11 τὸν ἄρτον ἡμῶν τὸν ἐπιούσιον δὸς ἡμῖν σήμερον
7 9 ὃν αἰτήσει (ἐὰν αἰτήσῃ VSϛ) ὁ υἱὸς αὐτοῦ ἄρτον
12 4ᵃ πῶς...τοὺς ἄρτους τῆς προθέσεως ἔφαγον (-γεν MVBSϛ)
14 17 οὐκ ἔχομεν ὧδε εἰ μὴ πέντε ἄρτους
14 19 λαβὼν τοὺς πέντε ἄρτους καὶ τοὺς δύο ἰχθύας ... εὐλόγησεν, ↔
14 19ᵇ καὶ κλάσας ἔδωκεν τοῖς μαθηταῖς τοὺς ἄρτους
15 2 οὐ γὰρ νίπτονται τὰς χεῖρας αὐτῶν (+[N²⁶]VBSϛ) ὅταν ἄρτον ἐσθίωσιν
15 26 οὐκ | ἔστιν καλὸν (ἔξεστιν T) λαβεῖν τὸν ἄρτον τῶν τέκνων
15 33 πόθεν ἡμῖν ἐν ἐρημίᾳ ἄρτοι τοσοῦτοι
15 34 πόσους ἄρτους ἔχετε;
15 36ᵇ ἔλαβεν (καὶ λαβὼν Vϛ) τοὺς ἑπτὰ ἄρτους καὶ τοὺς ἰχθύας καὶ (—Vϛ) εὐχαριστήσας ἔκλασεν
16 5 ἐπελάθοντο ἄρτους λαβεῖν
16 7 διελογίζοντο ἐν ἑαυτοῖς λέγοντες ὅτι ἄρτους οὐκ ἐλάβομεν
16 8 τί διαλογίζεσθε ... ὅτι ἄρτους οὐκ ἔχετε (ἐλάβετε MVSTϛ);
16 9 οὐδὲ μνημονεύετε τοὺς πέντε ἄρτους τῶν πεντακισχιλίων ⟨;⟩
16 10 ⟨οὐδὲ μνημονεύετε⟩ οὐδὲ τοὺς ἑπτὰ ἄρτους τῶν τετρακισχιλίων ⟨;⟩
16 11 πῶς οὐ νοεῖτε ὅτι οὐ περὶ ἄρτων (-του Vϛ) εἶπον ὑμῖν
16 12 οὐκ εἶπεν προσέχειν ἀπὸ τῆς ζύμης | ἄρτων ([NH]; τοῦ ἄρτου Vϛ; τῶν Φαρισαίων καὶ Σαδδουκαίων T)

Mt 26 26ᵇ λαβὼν ὁ Ἰησοῦς (+τὸν VSϛ) ἄρτον καὶ εὐλογήσας ἔκλασεν
Mc 2 26ᵃ πῶς [NH]...τοὺς ἄρτους τῆς προθέσεως ἔφαγεν
3 20 ὥστε μὴ δύνασθαι αὐτοὺς μηδὲ (μήτε Tϛ) ἄρτον φαγεῖν
6 8 ἵνα μηδὲν αἴρωσιν (ἄρ. S) εἰς ὁδὸν εἰ μὴ ῥάβδον μόνον, μὴ ἄρτον, μὴ πήραν
6 36 *ἵνα ... ἀγοράσωσιν | ἑαυτοῖς ἄρτους· τί γὰρ φάγωσιν οὐκ ἔχουσιν (ϛ; ἓ. τί φ. rl)
6 37 ἀπελθόντες ἀγοράσωμεν δηναρίων διακοσίων ἄρτους ⟨;⟩
6 38 πόσους | ἄρτους ἔχετε (~NH);
6 41 λαβὼν τοὺς πέντε ἄρτους καὶ τοὺς δύο ἰχθύας, ↔
6 41 ἀναβλέψας ... εὐλόγησεν καὶ κατέκλασεν τοὺς ἄρτους
6 44 ἦσαν οἱ φαγόντες | τοὺς ἄρτους [N²⁶] πεντακισχίλιοι ἄνδρες
6 52 οὐ γὰρ συνῆκαν ἐπὶ τοῖς ἄρτοις
7 2 ὅτι κοιναῖς χερσίν ... ἐσθίουσιν τοὺς ἄρτους
7 5 ἀλλὰ κοιναῖς χερσὶν ἐσθίουσιν τὸν ἄρτον;
7 27 οὐ γάρ | ἐστιν καλὸν (~Sϛ) λαβεῖν τὸν ἄρτον τῶν τέκνων
8 4 πόθεν τούτους δυνήσεταί τις ὧδε χορτάσαι ἄρτων ἐπ' ἐρημίας;
8 5 πόσους ἔχετε ἄρτους;
8 6ᵇ λαβὼν τοὺς ἑπτὰ ἄρτους εὐχαριστήσας ἔκλασεν
8 14 καὶ ἐπελάθοντο λαβεῖν ἄρτους, ↔
8 14 καὶ εἰ μὴ ἕνα ἄρτον οὐκ εἶχον μεθ' ἑαυτῶν
8 16 ἄρτους οὐκ ἔχουσιν (ἔχομεν VTϛ)
8 17 τί διαλογίζεσθε ὅτι ἄρτους οὐκ ἔχετε;
8 19ᵇ ὅτε τοὺς πέντε ἄρτους ἔκλασα εἰς τοὺς πεντακισχιλίους
14 22ᵇ λαβὼν (+ὁ Ἰησοῦς V[S]ϛ) ἄρτον εὐλογήσας ἔκλασεν
Lc 4 3 εἰπὲ τῷ λίθῳ τούτῳ ἵνα γένηται ἄρτος
4 4 οὐκ ἐπ' ἄρτῳ μόνῳ ζήσεται ὁ ἄνθρωπος
6 4ᵃ ὡς [N²⁶ H] ... τοὺς ἄρτους τῆς προθέσεως λαβὼν (ἔλαβεν καὶ STϛ) ἔφαγεν
7 33 ἐλήλυθεν γὰρ Ἰωάννης ... μὴ (μήτε Vϛ) | ἐσθίων ἄρτον (~VSϛ)
9 3 μηδὲν αἴρετε εἰς τὴν ὁδόν, μήτε ῥάβδον μήτε πήραν μήτε ἄρτον
9 13 οὐκ εἰσὶν ἡμῖν πλεῖον ἢ | ἄρτοι πέντε (~VBSϛ) καὶ ἰχθύες δύο
9 16 λαβὼν δὲ τοὺς πέντε ἄρτους καὶ τοὺς δύο ἰχθύας
11 3 τὸν ἄρτον ἡμῶν τὸν ἐπιούσιον δίδου ἡμῖν
11 5 φίλε, χρῆσόν μοι τρεῖς ἄρτους
11 11 *αἰτήσει | ὁ υἱὸς (— S) || ἄρτον, μὴ λίθον ἐπιδώσει αὐτῷ; ἢ (ἢ καὶ BT; εἰ καὶ ϛ) ((— N²⁶NH)) ἰχθύν
14 1 ἐν τῷ ἐλθεῖν αὐτὸν εἰς οἶκόν τινος ... φαγεῖν ἄρτον
14 15 μακάριος ὅστις φάγεται ἄρτον ἐν τῇ βασιλείᾳ τοῦ θεοῦ
15 17 πόσοι μίσθιοι τοῦ πατρός μου περισσεύονται (-εύουσιν VBSTϛ) ἄρτων
22 19ᵇ καὶ λαβὼν ἄρτον εὐχαριστήσας ἔκλασεν
24 30ᵇ λαβὼν τὸν ἄρτον εὐλόγησεν καὶ κλάσας ἐπεδίδου

Lc 24 35 ὡς ἐγνώσθη αὐτοῖς ἐν τῇ κλάσει τοῦ ἄρτου
Jo 6 5 πόθεν ἀγοράσωμεν ἄρτους ἵνα φάγωσιν οὗτοι;
6 7 διακοσίων δηναρίων ἄρτοι οὐκ ἀρκοῦσιν αὐτοῖς
6 9 ὃς ἔχει πέντε ἄρτους κριθίνους καὶ δύο ὀψάρια
6 11 ἔλαβεν οὖν τοὺς ἄρτους ὁ Ἰησοῦς
6 13 ἐγέμισαν δώδεκα κοφίνους κλασμάτων ἐκ τῶν πέντε ἄρτων
6 23 ὅπου ἔφαγον τὸν ἄρτον εὐχαριστήσαντος τοῦ κυρίου
6 26 ἀλλ' ὅτι ἐφάγετε ἐκ τῶν ἄρτων καὶ ἐχορτάσθητε
6 31 ἄρτον ἐκ τοῦ οὐρανοῦ ἔδωκεν αὐτοῖς φαγεῖν
6 32 οὐ Μωϋσῆς δέδωκεν (ἔδωκεν H) ὑμῖν τὸν ἄρτον ἐκ τοῦ οὐρανοῦ, ↔
6 32 ἀλλ' ὁ πατήρ μου δίδωσιν ὑμῖν τὸν ἄρτον ἐκ τοῦ οὐρανοῦ τὸν ἀληθινόν· ↔
6 33 ὁ γὰρ ἄρτος (+ὁ T) τοῦ θεοῦ ἐστιν ὁ καταβαίνων ἐκ τοῦ οὐρανοῦ
6 34 κύριε, πάντοτε δὸς ἡμῖν τὸν ἄρτον τοῦτον
6 35 ἐγώ εἰμι ὁ ἄρτος τῆς ζωῆς
6 41 ἐγώ εἰμι ὁ ἄρτος ὁ καταβὰς ἐκ τοῦ οὐρανοῦ
6 48 ἐγώ εἰμι ὁ ἄρτος τῆς ζωῆς
6 50 οὗτός ἐστιν ὁ ἄρτος ὁ ἐκ τοῦ οὐρανοῦ καταβαίνων
6 51 ἐγώ εἰμι ὁ ἄρτος ὁ ζῶν ὁ ἐκ τοῦ οὐρανοῦ καταβάς· ↔
6 51 ἐάν τις φάγῃ ἐκ | τούτου τοῦ (τοῦ ἐμοῦ T) ἄρτου, ζήσει
6 51 ὁ ἄρτος δὲ ὃν ἐγὼ δώσω | ἡ σάρξ μού ἐστιν (~T..)
6 58 οὗτός ἐστιν ὁ ἄρτος ὁ ἐξ (ἐκ τοῦ BSϛ) οὐρανοῦ καταβάς
6 58 ὁ τρώγων τοῦτον τὸν ἄρτον ζήσει
13 18 ὁ τρώγων μου (ἐμοῦ S; μετ' ἐμοῦ VTϛ) τὸν ἄρτον ἐπῆρεν (ἐπῆρκεν T) ἐπ' ἐμὲ τὴν πτέρναν αὐτοῦ
21 9 βλέπουσιν ... ὀψάριον ἐπικείμενον καὶ ἄρτον
21 13 λαμβάνει τὸν ἄρτον καὶ δίδωσιν αὐτοῖς
Ac 2 42 ἦσαν δὲ προσκαρτεροῦντες ... τῇ κλάσει τοῦ ἄρτου
2 46ᵇ κλῶντές τε κατ' οἶκον ἄρτον
20 7ᵇ συνηγμένων ἡμῶν κλάσαι ἄρτον
20 11ᵇ κλάσας τὸν (—ϛ) ἄρτον καὶ γευσάμενος ... ἐξῆλθεν
27 35ᵇ λαβὼν ἄρτον εὐχαρίστησεν τῷ θεῷ ... καὶ κλάσας ἤρξατο ἐσθίειν
1C 10 16ᵇ τὸν ἄρτον ὃν κλῶμεν
10 17 ὅτι εἷς ἄρτος, ἓν σῶμα οἱ πολλοί ἐσμεν· ↔
10 17 οἱ γὰρ πάντες ἐκ τοῦ ἑνὸς ἄρτου μετέχομεν
11 23ᵇ ὁ κύριος Ἰησοῦς ... ἔλαβεν ἄρτον (καὶ εὐχαριστήσας ἔκλασεν)
11 26 ὁσάκις γὰρ ἐὰν ἐσθίητε τὸν ἄρτον τοῦτον
11 27 ὥστε ὃς ἂν ἐσθίῃ τὸν ἄρτον
11 28 οὕτως ἐκ τοῦ ἄρτου ἐσθιέτω
2C 9 10 ἐπιχορηγῶν σπόρον (σπέρμα NMVSTHϛ) τῷ σπείροντι καὶ ἄρτον εἰς βρῶσιν χορηγήσει
2Th 3 8 οὐδὲ δωρεὰν ἄρτον ἐφάγομεν
3 12 ἐργαζόμενοι τὸν ἑαυτῶν ἄρτον ἐσθίωσιν

Hb　9 2　ἐν ᾗ ... ἡ τράπεζα καὶ ἡ πρόθεσις
τῶν ἄρτων

ἀρτύω

Mc　9 50　ἐὰν δὲ τὸ ἅλας ἄναλον γένηται,
ἐν τίνι αὐτὸ ἀρτύσετε;

Lc　14 34　ἐὰν δὲ καὶ τὸ ἅλας μωρανθῇ, ἐν
τίνι ἀρτυθήσεται;

Cl　4 6　ὁ λόγος ὑμῶν πάντοτε ἐν χάριτι,
ἅλατι ἠρτυμένος

Ἀρφαξάδ

Lc　3 36　τοῦ Καϊνὰμ τοῦ Ἀρφαξὰδ τοῦ Σὴμ

ἀρχάγγελος

1 Th　4 16　ὁ κύριος ἐν κελεύσματι, ἐν φωνῇ
ἀρχαγγέλου ... καταβήσεται

Jd　9　ὁ δὲ Μιχαὴλ ὁ ἀρχάγγελος, ὅτε...
διελέγετο

ἀρχαῖος

Mt　5 21　ἠκούσατε ὅτι ἐρρέθη τοῖς ἀρχαίοις
5 27　*ἠκούσατε ὅτι ἐρρέθη | τοῖς
ἀρχαίοις (+Vς)
5 33　πάλιν ἠκούσατε ὅτι ἐρρέθη τοῖς
ἀρχαίοις

Lc　9 8　ὅτι προφήτης τις τῶν ἀρχαίων
ἀνέστη
9 19　ὅτι προφήτης τις τῶν ἀρχαίων
ἀνέστη

Ac　15 7　ὅτι ἀφ' ἡμερῶν ἀρχαίων ἐν ὑμῖν
ἐξελέξατο ὁ θεός
15 21　Μωϋσῆς γὰρ ἐκ γενεῶν ἀρχαίων...
τοὺς κηρύσσοντας αὐτὸν ἔχει
21 16　ἄγοντες παρ' ᾧ ξενισθῶμεν Μνά-
σωνί τινι Κυπρίῳ, ἀρχαίῳ μαθητῇ

2C　5 17　τὰ ἀρχαῖα παρῆλθεν, ἰδοὺ γέγονεν
καινά

2 Pt　2 5　καὶ ἀρχαίου κόσμου οὐκ ἐφείσατο

Ap　12 9　ἐβλήθη ὁ δράκων ... ὁ ὄφις ὁ
ἀρχαῖος
20 2　ἐκράτησεν τὸν δράκοντα, | ὁ ὄφις
ὁ ἀρχαῖος (τὸν ὄφιν τὸν -ον
MVBSς)

Ἀρχέλαος

Mt　2 22　ἀκούσας δὲ ὅτι Ἀρχέλαος βασι-
λεύει τῆς Ἰουδαίας

ἀρχή

　ᵃ ἀπ' ἀρχῆς
　ᵇ ἀρχὴ καὶ ἐξουσία et sim.

Mt　19 4ᵃ ἀπ' ἀρχῆς ἄρσεν καὶ θῆλυ ἐποίη-
σεν αὐτούς
19 8ᵃ ἀπ' ἀρχῆς δὲ οὐ γέγονεν οὕτως
24 8　πάντα δὲ ταῦτα ἀρχὴ ὠδίνων
24 21ᵃ οἵα | οὐ γέγονεν (οὐκ ἐγένετο BT)
ἀπ' ἀρχῆς κόσμου ἕως τοῦ νῦν

Mc　1 1　ἀρχὴ τοῦ εὐαγγελίου Ἰησοῦ
Χριστοῦ
10 6ᵃ ἀπὸ δὲ ἀρχῆς κτίσεως ἄρσεν καὶ
θῆλυ ἐποίησεν αὐτούς [H]
13 8　ἀρχὴ (-αὶ VSς) ὠδίνων ταῦτα
13 19ᵃ οἵα οὐ γέγονεν τοιαύτη ἀπ'
ἀρχῆς κτίσεως

Lc　1 2ᵃ καθὼς παρέδοσαν ἡμῖν οἱ ἀπ'
ἀρχῆς αὐτόπται ... γενόμενοι
12 11ᵇ ὅταν δὲ εἰσφέρωσιν ὑμᾶς ἐπὶ τὰς
συναγωγὰς καὶ τὰς ἀρχὰς καὶ τὰς
ἐξουσίας
20 20ᵇ ὥστε παραδοῦναι αὐτὸν τῇ ἀρχῇ
καὶ τῇ ἐξουσίᾳ τοῦ ἡγεμόνος

Jo　1 1　ἐν ἀρχῇ ἦν ὁ λόγος
1 2　οὗτος ἦν ἐν ἀρχῇ πρὸς τὸν θεόν
2 11　ταύτην ἐποίησεν (+τὴν ς) ἀρχὴν
τῶν σημείων ὁ Ἰησοῦς ἐν Κανά
6 64　ᾔδει γὰρ ἐξ ἀρχῆς ὁ Ἰησοῦς
8 25　τὴν ἀρχὴν ὅ τι καὶ λαλῶ ὑμῖν;
8 44ᵃ ἐκεῖνος ἀνθρωποκτόνος ἦν ἀπ'
ἀρχῆς
15 27ᵃ ὅτι ἀπ' ἀρχῆς μετ' ἐμοῦ ἐστε

Jo　16 4　ταῦτα δὲ ὑμῖν ἐξ ἀρχῆς οὐκ εἶπον

Ac　10 11　σκεῦός τι ... τέσσαρσιν ἀρχαῖς
(+δεδεμένον καὶ [V]Sς) καθιέμενον
ἐπὶ τῆς γῆς
11 5　ὡς ὀθόνην μεγάλην τέσσαρσιν
ἀρχαῖς καθιεμένην
11 15　ἔπεσεν τὸ πνεῦμα τὸ ἅγιον ἐπ'
αὐτοὺς ὥσπερ καὶ ἐφ' ἡμᾶς ἐν
ἀρχῇ
26 4ᵃ τὴν μὲν οὖν βίωσίν μου ... τὴν
ἀπ' ἀρχῆς γενομένην ἐν τῷ ἔθνει
μου

Rm　8 38ᵇ πέπεισμαι γὰρ ὅτι οὔτε ... ἄγγε-
λοι οὔτε ἀρχαὶ ⟨δυνήσεται ἡμᾶς
χωρίσαι⟩

1C　15 24ᵇ ὅταν καταργήσῃ πᾶσαν ἀρχὴν
καὶ πᾶσαν ἐξουσίαν

E　1 21ᵇ ⟨καθίσας⟩ ὑπεράνω πάσης ἀρχῆς
καὶ ἐξουσίας καὶ δυνάμεως
3 10ᵇ ἵνα γνωρισθῇ νῦν ταῖς ἀρχαῖς καὶ
ταῖς ἐξουσίαις ... σοφία τοῦ θεοῦ
6 12ᵇ οὐκ ἔστιν ἡμῖν ἡ πάλη πρὸς ...
σάρκα, ἀλλὰ πρὸς τὰς ἀρχάς,
πρὸς τὰς ἐξουσίας

Ph　4 15　ὅτι ἐν ἀρχῇ τοῦ εὐαγγελίου ...
οὐδεμία μοι ἐκκλησία ἐκοινώνησεν

Cl　1 16ᵇ ἐν αὐτῷ ἐκτίσθη τὰ πάντα ...
εἴτε ἀρχαὶ εἴτε ἐξουσίαι
1 18　ὅς ἐστιν (+ἡ B [H]) ἀρχή, πρω-
τότοκος ἐκ τῶν νεκρῶν
2 10ᵇ ὅς ἐστιν ἡ κεφαλὴ πάσης ἀρχῆς καὶ
ἐξουσίας
2 15ᵇ ἀπεκδυσάμενος τὰς ἀρχὰς καὶ τὰς
ἐξουσίας

2 Th　2 13ᵃ *ὅτι εἵλατο ὑμᾶς ὁ θεός | ἀπ' ἀρχῆς
(VTHς; ἀπαρχὴν rl) εἰς σωτηρίαν

Tt　3 1ᵇ ὑπομίμνησκε αὐτοὺς ἀρχαῖς (+καὶ
ς) ἐξουσίαις ὑποτάσσεσθαι

Hb　1 10　σὺ κατ' ἀρχάς, κύριε, τὴν γῆν
ἐθεμελίωσας
2 3　ἥτις ἀρχὴν λαβοῦσα λαλεῖσθαι
διὰ τοῦ κυρίου
3 14　ἐάνπερ τὴν ἀρχὴν τῆς ὑποστά-
σεως ... βεβαίαν κατάσχωμεν
5 12　διδάσκειν ... τὰ στοιχεῖα τῆς
ἀρχῆς τῶν λογίων τοῦ θεοῦ
6 1　διὸ ἀφέντες τὸν τῆς ἀρχῆς τοῦ
Χριστοῦ λόγον
7 3　⟨ὁ Μελχισέδεκ⟩ μήτε ἀρχὴν ἡμε-
ρῶν μήτε ζωῆς τέλος ἔχων

2 Pt　3 4ᵃ πάντα οὕτως διαμένει ἀπ' ἀρχῆς
κτίσεως

1 Jo　1 1ᵃ ὃ ἦν ἀπ' ἀρχῆς, ὃ ἀκηκόαμεν
2 7ᵃ ἐντολὴν παλαιὰν ἣν εἴχετε ἀπ'
ἀρχῆς
2 7ᵃ *ἡ ἐντολὴ ἡ παλαιά ἐστιν ὁ λόγος
ὃν ἠκούσατε | ἀπ' ἀρχῆς (+ς)
2 13ᵃ ὅτι ἐγνώκατε τὸν ἀπ' ἀρχῆς
2 14ᵃ ὅτι ἐγνώκατε τὸν ἀπ' ἀρχῆς
2 24ᵃ ὑμεῖς ὃ ἠκούσατε ἀπ' ἀρχῆς, ἐν
ὑμῖν μενέτω. ↔
2 24ᵃ ἐὰν ἐν ὑμῖν μείνῃ ὃ ἀπ' ἀρχῆς
ἠκούσατε
3 8ᵃ ὅτι ἀπ' ἀρχῆς ὁ διάβολος ἁμαρτά-
νει
3 11ᵃ ἣν ἠκούσατε ἀπ' ἀρχῆς

2 Jo　5ᵃ ἀλλὰ ἣν εἴχομεν ἀπ' ἀρχῆς
6ᵃ καθὼς ἠκούσατε ἀπ' ἀρχῆς

Jd　6　ἀγγέλους τε τοὺς μὴ τηρήσαντας
τὴν ἑαυτῶν ἀρχήν

Ap　1 8　*ἐγώ εἰμι τὸ ἄλφα καὶ τὸ ὦ, | ἀρχὴ
καὶ τέλος (+ς)
3 14　τάδε λέγει ὁ ἀμήν ... ἡ ἀρχὴ τῆς
κτίσεως τοῦ θεοῦ

Ap　21 6　ἐγώ εἰμι (+[N²⁶] Bς) ... ἡ ἀρχὴ
καὶ τὸ τέλος
22 13　ἐγώ ... ἡ (—ς) ἀρχὴ καὶ τὸ τέλος

ἀρχηγός

Ac　3 15　τὸν δὲ ἀρχηγὸν τῆς ζωῆς ἀπ-
εκτείνατε
5 31　τοῦτον ὁ θεὸς ἀρχηγὸν καὶ σωτῆρα
ὕψωσεν

Hb　2 10　ἔπρεπεν γὰρ ... τὸν ἀρχηγὸν τῆς
σωτηρίας αὐτῶν διὰ παθημάτων
τελειῶσαι
12 2　ἀφορῶντες εἰς τὸν τῆς πίστεως
ἀρχηγὸν καὶ τελειωτὴν Ἰησοῦν

ἀρχιερατικός

Ac　4 6　ὅσοι ἦσαν ἐκ γένους ἀρχιερατικοῦ

ἀρχιερεύς

　ᵃ sing.

Mt　2 4　συναγαγὼν πάντας τοὺς ἀρχιερεῖς
καὶ γραμματεῖς
16 21　ὅτι δεῖ ... πολλὰ παθεῖν ἀπὸ τῶν
πρεσβυτέρων καὶ ἀρχιερέων
20 18　ὁ υἱὸς τοῦ ἀνθρώπου παραδοθήσε-
ται τοῖς ἀρχιερεῦσιν
21 15　ἰδόντες δὲ οἱ ἀρχιερεῖς καὶ οἱ
γραμματεῖς τὰ θαυμάσια
21 23　προσῆλθον αὐτῷ διδάσκοντι οἱ
ἀρχιερεῖς καὶ οἱ πρεσβύτεροι
21 45　| καὶ ἀκούσαντες (ἀκ. δὲ T) οἱ
ἀρχιερεῖς καὶ οἱ Φαρισαῖοι τὰς
παραβολὰς αὐτοῦ ἔγνωσαν
26 3　τότε συνήχθησαν οἱ ἀρχιερεῖς καὶ
οἱ πρεσβύτεροι τοῦ λαοῦ ↔
26 3ᵃ εἰς τὴν αὐλὴν τοῦ ἀρχιερέως τοῦ
λεγομένου Καϊάφα
26 14　τότε πορευθεὶς εἷς τῶν δώδεκα...
πρὸς τοὺς ἀρχιερεῖς
26 47　μετ' αὐτοῦ ὄχλος πολὺς ... ἀπὸ
τῶν ἀρχιερέων
26 51ᵇ πατάξας τὸν δοῦλον τοῦ ἀρχιερέ-
ως ἀφεῖλεν αὐτοῦ τὸ ὠτίον
26 57ᵃ ἀπήγαγον πρὸς Καϊάφαν τὸν
ἀρχιερέα
26 58ᵃ ὁ δὲ Πέτρος ἠκολούθει αὐτῷ ...
ἕως τῆς αὐλῆς τοῦ ἀρχιερέως
26 59　οἱ δὲ ἀρχιερεῖς ... ἐζήτουν ψευδο-
μαρτυρίαν
26 62ᵃ ἀναστὰς ὁ ἀρχιερεὺς εἶπεν
26 63ᵃ ὁ ἀρχιερεὺς εἶπεν αὐτῷ·
26 65ᵃ ὁ ἀρχιερεὺς διέρρηξεν τὰ ἱμάτια
αὐτοῦ
27 1　συμβούλιον ἔλαβον πάντες οἱ
ἀρχιερεῖς
27 3　ἔστρεψεν (ἀπέστρ. MVBSς) τὰ
τριάκοντα ἀργύρια τοῖς ἀρχιερεῦσιν
27 6　οἱ δὲ ἀρχιερεῖς λαβόντες τὰ ἀργύ-
ρια εἶπαν
27 12　ἐν τῷ κατηγορεῖσθαι αὐτὸν ὑπὸ
τῶν ἀρχιερέων
27 20　οἱ δὲ ἀρχιερεῖς ... ἔπεισαν τοὺς
ὄχλους
27 41　ὁμοίως καὶ ([NH]; —T) οἱ ἀρχιε-
ρεῖς ... ἔλεγον
27 62　συνήχθησαν οἱ ἀρχιερεῖς ... πρὸς
Πιλᾶτον
28 11　ἀπήγγειλαν (ἀνήγγ. BT) τοῖς
ἀρχιερεῦσιν ἅπαντα τὰ γενόμενα

Mc　2 26ᵃ εἰσῆλθεν ... ἐπὶ Ἀβιαθὰρ ἀρχιερέως
8 31　δεῖ τὸν υἱὸν τοῦ ἀνθρώπου ...
ἀποδοκιμασθῆναι ὑπὸ τῶν πρεσ-
βυτέρων καὶ τῶν (—ς) ἀρχιερέων
καὶ τῶν γραμματέων
10 33　παραδοθήσεται τοῖς ἀρχιερεῦσιν
καὶ τοῖς γραμματεῦσιν
11 18　καὶ ἤκουσαν | οἱ ἀρχιερεῖς καὶ οἱ
γραμματεῖς (~ Sς)

Mc 11 27 ἔρχονται πρὸς αὐτὸν οἱ ἀρχιερεῖς καὶ οἱ γραμματεῖς

14 1 ἐζήτουν οἱ ἀρχιερεῖς καὶ οἱ γραμματεῖς πῶς αὐτὸν ... ἀποκτείνωσιν

14 10 (+ ὁ [S]ς) Ἰούδας ... ἀπῆλθεν πρὸς τοὺς ἀρχιερεῖς

14 43 παραγίνεται (+ ὁ [NH] M) Ἰούδας (+ ὁ Ἰσκαριώτης [S] T) ... παρὰ τῶν ἀρχιερέων καὶ τῶν γραμματέων

14 47ᵃ ἔπαισεν τὸν δοῦλον τοῦ ἀρχιερέως

14 53ᵃ ἀπήγαγον τὸν Ἰησοῦν πρὸς τὸν ἀρχιερέα

14 53 συνέρχονται (+ αὐτῷ VSς) πάντες οἱ ἀρχιερεῖς καὶ οἱ πρεσβύτεροι

14 54ᵃ ὁ Πέτρος ἠκολούθησεν αὐτῷ ἕως ἔσω εἰς τὴν αὐλὴν τοῦ ἀρχιερέως

14 55 οἱ δὲ ἀρχιερεῖς καὶ ὅλον τὸ συνέδριον ἐζήτουν κατὰ τοῦ Ἰησοῦ μαρτυρίαν

14 60ᵃ καὶ ἀναστὰς ὁ ἀρχιερεὺς εἰς μέσον ἐπηρώτησεν τὸν Ἰησοῦν

14 61ᵃ πάλιν ὁ ἀρχιερεὺς ἐπηρώτα αὐτόν

14 63ᵃ ὁ δὲ ἀρχιερεὺς διαρρήξας τοὺς χιτῶνας αὐτοῦ

14 66ᵃ ἔρχεται μία τῶν παιδισκῶν τοῦ ἀρχιερέως

15 1 συμβούλιον ποιήσαντες (ἑτοιμάσαντες NMST) οἱ ἀρχιερεῖς ... καὶ ὅλον τὸ συνέδριον

15 3 καὶ κατηγόρουν αὐτοῦ οἱ ἀρχιερεῖς πολλά

15 10 ὅτι διὰ φθόνον παραδεδώκεισαν αὐτὸν | οἱ ἀρχιερεῖς [H]

15 11 οἱ δὲ ἀρχιερεῖς ἀνέσεισαν τὸν ὄχλον

15 31 ὁμοίως καὶ οἱ ἀρχιερεῖς ἐμπαίζοντες ... ἔλεγον

Lc 3 2ᵃ (ἐν ἔτει δὲ πεντεκαιδεκάτῳ τῆς ἡγεμονίας Τιβερίου) ἐπὶ ἀρχιερέως (-έων ς) Ἅννα καὶ Καϊάφα

9 22 δεῖ τὸν υἱὸν τοῦ ἀνθρώπου ... ἀποδοκιμασθῆναι ἀπὸ τῶν πρεσβυτέρων καὶ ἀρχιερέων

19 47 οἱ δὲ ἀρχιερεῖς καὶ οἱ γραμματεῖς ἐζήτουν αὐτὸν ἀπολέσαι

20 1 διδάσκοντος αὐτοῦ τὸν λαὸν ... ἐπέστησαν οἱ ἀρχιερεῖς (ἱερεῖς ST) καὶ οἱ γραμματεῖς

20 19 ἐζήτησαν οἱ γραμματεῖς καὶ οἱ ἀρχιερεῖς ἐπιβαλεῖν ἐπ' αὐτὸν τὰς χεῖρας

22 2 καὶ ἐζήτουν οἱ ἀρχιερεῖς καὶ οἱ γραμματεῖς τὸ πῶς ἀνέλωσιν αὐτόν

22 4 συνελάλησεν τοῖς ἀρχιερεῦσιν καὶ στρατηγοῖς τὸ πῶς αὐτοῖς παραδῷ αὐτόν

22 50ᵃ ἐπάταξεν εἷς τις ἐξ αὐτῶν τοῦ ἀρχιερέως τὸν δοῦλον

22 52 εἶπεν δὲ (+ ὁ Vς) Ἰησοῦς πρὸς τοὺς παραγενομένους ἐπ' (πρὸς T) αὐτὸν ἀρχιερεῖς

22 54ᵃ εἰσήγαγον εἰς τὴν οἰκίαν τοῦ ἀρχιερέως

22 66 συνήχθη τὸ πρεσβυτέριον τοῦ λαοῦ, ἀρχιερεῖς τε καὶ γραμματεῖς

23 4 ὁ δὲ Πιλᾶτος εἶπεν πρὸς τοὺς ἀρχιερεῖς καὶ τοὺς ὄχλους

23 10 εἰστήκεισαν δὲ οἱ ἀρχιερεῖς καὶ οἱ γραμματεῖς εὐτόνως κατηγοροῦντες αὐτοῦ

23 13 Πιλᾶτος δὲ συγκαλεσάμενος τοὺς ἀρχιερεῖς καὶ τοὺς ἄρχοντας

23 23 *κατίσχυον αἱ φωναὶ αὐτῶν | καὶ τῶν ἀρχιερέων (+ ς)

Lc 24 20 ὅπως τε παρέδωκαν αὐτὸν οἱ ἀρχιερεῖς ... εἰς κρίμα θανάτου

Jo 7 32 ἀπέστειλαν | οἱ ἀρχιερεῖς καὶ οἱ Φαρισαῖοι ὑπηρέτας (~ Vς T)

7 45 ἦλθον οὖν οἱ ὑπηρέται πρὸς τοὺς ἀρχιερεῖς καὶ Φαρισαίους

11 47 συνήγαγον οὖν οἱ ἀρχιερεῖς καὶ οἱ Φαρισαῖοι συνέδριον

11 49ᵃ Καϊάφας, ἀρχιερεὺς ὢν τοῦ ἐνιαυτοῦ ἐκείνου

11 51ᵃ ἀρχιερεὺς ὢν τοῦ ἐνιαυτοῦ ἐκείνου ἐπροφήτευσεν

11 57 δεδώκεισαν δὲ οἱ ἀρχιερεῖς καὶ οἱ Φαρισαῖοι ἐντολάς

12 10 ἐβουλεύσαντο δὲ οἱ ἀρχιερεῖς ἵνα καὶ τὸν Λάζαρον ἀποκτείνωσιν

18 3 ὁ οὖν Ἰούδας λαβὼν τὴν σπεῖραν καὶ ἐκ τῶν ἀρχιερέων ... ὑπηρέτας

18 10ᵃ ἔπαισεν τὸν τοῦ ἀρχιερέως δοῦλον

18 13ᵃ τοῦ Καϊάφα, ὃς ἦν ἀρχιερεὺς τοῦ ἐνιαυτοῦ ἐκείνου

18 15ᵃ ὁ δὲ μαθητὴς ἐκεῖνος ἦν γνωστὸς τῷ ἀρχιερεῖ

18 15ᵃ συνεισῆλθεν τῷ Ἰησοῦ εἰς τὴν αὐλὴν τοῦ ἀρχιερέως

18 16ᵃ ὁ δὲ μαθητὴς ... | ὁ γνωστὸς τοῦ ἀρχιερέως (ὃς ἦν γν. τῷ ἀρχιερεῖ ς)

18 19ᵃ ὁ οὖν ἀρχιερεὺς ἠρώτησεν τὸν Ἰησοῦν

18 22ᵃ οὕτως ἀποκρίνῃ τῷ ἀρχιερεῖ;

18 24ᵃ ἀπέστειλεν οὖν αὐτὸν ὁ Ἅννας δεδεμένον πρὸς Καϊάφαν τὸν ἀρχιερέα

18 26ᵃ λέγει εἷς ἐκ τῶν δούλων τοῦ ἀρχιερέως

18 35 τὸ ἔθνος τὸ σὸν καὶ οἱ ἀρχιερεῖς παρέδωκάν σε ἐμοί

19 6 ὅτε οὖν εἶδον αὐτὸν οἱ ἀρχιερεῖς

19 15 ἀπεκρίθησαν οἱ ἀρχιερεῖς· οὐκ ἔχομεν βασιλέα εἰ μὴ Καίσαρα

19 21 ἔλεγον οὖν τῷ Πιλάτῳ οἱ ἀρχιερεῖς τῶν Ἰουδαίων

Ac 4 1 *ἐπέστησαν αὐτοῖς οἱ ἀρχιερεῖς (H; ἱερεῖς rl)

4 6ᵃ (ἐγένετο ... συναχθῆναι) καὶ | Ἅννας ὁ ἀρχιερεύς (Ἅνναν τὸν ἀρχιερέα ς)

4 23 ὅσα πρὸς αὐτοὺς οἱ ἀρχιερεῖς καὶ οἱ πρεσβύτεροι εἶπαν

5 17ᵃ ἀναστὰς δὲ ὁ ἀρχιερεὺς καὶ πάντες οἱ σὺν αὐτῷ

5 21ᵃ παραγενόμενος δὲ ὁ ἀρχιερεὺς καὶ οἱ σὺν αὐτῷ

5 24 ὡς δὲ ἤκουσαν ... ὅ τε στρατηγὸς τοῦ ἱεροῦ καὶ οἱ ἀρχιερεῖς

5 27ᵃ ἐπηρώτησεν αὐτοὺς ὁ ἀρχιερεύς

7 1ᵃ εἶπεν δὲ ὁ ἀρχιερεύς

9 1ᵃ ὁ δὲ Σαῦλος ... προσελθὼν τῷ ἀρχιερεῖ

9 14 ὧδε ἔχει ἐξουσίαν παρὰ τῶν ἀρχιερέων

9 21 ἵνα δεδεμένους αὐτοὺς ἀγάγῃ ἐπὶ τοὺς ἀρχιερεῖς

19 14ᵃ ἦσαν δέ τινος (τινες VSTς) Σκευᾶ Ἰουδαίου ἀρχιερέως ἑπτὰ υἱοί

22 5ᵃ (ζηλωτὴς ὑπάρχων) ὡς καὶ ὁ ἀρχιερεὺς μαρτυρεῖ μοι

22 30 καὶ ἐκέλευσεν συνελθεῖν τοὺς ἀρχιερεῖς καὶ πᾶν τὸ συνέδριον

23 2ᵃ ὁ δὲ ἀρχιερεὺς Ἀνανίας ἐπέταξεν ... τύπτειν

23 4ᵃ εἶπαν· τὸν ἀρχιερέα τοῦ θεοῦ λοιδορεῖς;

23 5ᵃ οὐκ ᾔδειν, ἀδελφοί, ὅτι ἐστὶν ἀρχιερεύς

Ac 23 14 οἵτινες προσελθόντες τοῖς ἀρχιερεῦσιν καὶ τοῖς πρεσβυτέροις εἶπαν

24 1ᵃ κατέβη ὁ ἀρχιερεὺς Ἀνανίας μετὰ πρεσβυτέρων τινῶν

25 2ᵃ ἐνεφάνισάν τε αὐτῷ | οἱ ἀρχιερεῖς (ὁ ἀρχιερεὺς ς) καὶ οἱ πρῶτοι τῶν Ἰουδαίων

25 15 περὶ οὗ ... ἐνεφάνισαν οἱ ἀρχιερεῖς καὶ οἱ πρεσβύτεροι

26 10 τὴν παρὰ τῶν ἀρχιερέων ἐξουσίαν λαβών

26 12 πορευόμενος ... μετ' ἐξουσίας καὶ ἐπιτροπῆς τῆς τῶν ἀρχιερέων

Hb 2 17ᵃ ἵνα ἐλεήμων γένηται καὶ πιστὸς ἀρχιερεὺς τὰ πρὸς τὸν θεόν

3 1ᵃ κατανοήσατε τὸν ἀπόστολον καὶ ἀρχιερέα τῆς ὁμολογίας ἡμῶν Ἰησοῦν

4 14ᵃ ἔχοντες οὖν ἀρχιερέα μέγαν διεληλυθότα τοὺς οὐρανούς, Ἰησοῦν

4 15ᵃ οὐ γὰρ ἔχομεν ἀρχιερέα μὴ δυνάμενον συμπαθῆσαι

5 1ᵃ πᾶς γὰρ ἀρχιερεὺς ἐξ ἀνθρώπων λαμβανόμενος ὑπὲρ ἀνθρώπων καθίσταται

5 5ᵃ ὁ Χριστὸς οὐχ ἑαυτὸν ἐδόξασεν γενηθῆναι ἀρχιερέα

5 10ᵃ προσαγορευθεὶς ὑπὸ τοῦ θεοῦ ἀρχιερεὺς κατὰ τὴν τάξιν Μελχισέδεκ

6 20ᵃ Ἰησοῦς, κατὰ τὴν τάξιν Μελχισέδεκ ἀρχιερεὺς γενόμενος

7 26ᵃ τοιοῦτος γὰρ ἡμῖν (ὑμῖν T) καὶ [VSH] ἔπρεπεν ἀρχιερεύς

7 27 ὃς οὐκ ἔχει καθ' ἡμέραν ἀνάγκην, ὥσπερ οἱ ἀρχιερεῖς ... θυσίας ἀναφέρειν

7 28 ὁ νόμος γὰρ ἀνθρώπους καθίστησιν ἀρχιερεῖς ἔχοντας ἀσθένειαν

8 1ᵃ τοιοῦτον ἔχομεν ἀρχιερέα, ὃς ἐκάθισεν

8 3ᵃ πᾶς γὰρ ἀρχιερεὺς εἰς τὸ προσφέρειν ... θυσίας καθίσταται

9 7ᵃ (εἰσίασιν) εἰς δὲ τὴν δευτέραν μόνος ὁ ἀρχιερεύς

9 11ᵃ Χριστὸς δὲ παραγενόμενος ἀρχιερεὺς τῶν γενομένων (μελλόντων MVBST ς) ἀγαθῶν

9 25ᵃ ὁ ἀρχιερεὺς εἰσέρχεται εἰς τὰ ἅγια

10 11ᵃ *πᾶς μὲν ἀρχιερεὺς (S; ἱερεὺς rl) ἕστηκεν ... λειτουργῶν

13 11ᵃ εἰσφέρεται ... εἰς τὰ ἅγια διὰ τοῦ ἀρχιερέως

ἀρχιποίμην

1Pt 5 4 φανερωθέντος τοῦ ἀρχιποίμενος

Ἄρχιππος

Cl 4 17 καὶ εἴπατε Ἀρχίππῳ· βλέπε τὴν διακονίαν

Phm 2 (Παῦλος) Ἀπφίᾳ τῇ ἀδελφῇ καὶ Ἀρχίππῳ τῷ συστρατιώτῃ

ἀρχισυνάγωγος

Mc 5 22 ἔρχεται εἷς τῶν ἀρχισυναγώγων, ὀνόματι Ἰάϊρος

5 35 ἔρχονται ἀπὸ τοῦ ἀρχισυναγώγου λέγοντες

5 36 λέγει τῷ ἀρχισυναγώγῳ· μὴ φοβοῦ

5 38 ἔρχονται εἰς τὸν οἶκον τοῦ ἀρχισυναγώγου

Lc 8 49 ἔρχεταί τις παρὰ τοῦ ἀρχισυναγώγου

13 14 ἀποκριθεὶς δὲ ὁ ἀρχισυνάγωγος ... ἔλεγεν τῷ ὄχλῳ

Ac 13 15 ἀπέστειλαν οἱ ἀρχισυνάγωγοι πρὸς αὐτούς

Ac 18 8 Κρίσπος δὲ ὁ ἀρχισυνάγωγος ἐπί-
στευσεν τῷ κυρίῳ
18 17 ἐπιλαβόμενοι δὲ πάντες (+ οἱ
Ἕλληνες M[VS]ς) Σωσθένην τὸν
ἀρχισυνάγωγον

ἀρχιτέκτων
1C 3 10 ὡς σοφὸς ἀρχιτέκτων θεμέλιον ἔθη-
κα

ἀρχιτελώνης
Lc 19 2 Ζακχαῖος, καὶ αὐτὸς ἦν ἀρχιτελώ-
νης

ἀρχιτρίκλινος
Jo 2 8 ἀντλήσατε νῦν καὶ φέρετε τῷ ἀρ-
χιτρικλίνῳ
2 9 ὡς δὲ ἐγεύσατο ὁ ἀρχιτρίκλινος τὸ
ὕδωρ οἶνον γεγενημένον
2 9 φωνεῖ τὸν νυμφίον ὁ ἀρχιτρίκλινος

ἄρχω
ἐν- προεν- προϋπ- ὑπ-
a act.
b ἄρχομαι ἀπό

Mt 4 17b ἀπὸ τότε ἤρξατο ὁ Ἰησοῦς κη-
ρύσσειν
11 7 ἤρξατο ὁ Ἰησοῦς λέγειν τοῖς ὄχ-
λοις περὶ Ἰωάννου
11 20 τότε ἤρξατο ὀνειδίζειν τὰς πόλεις
12 1 καὶ ἤρξαντο τίλλειν στάχυας καὶ
ἐσθίειν
14 30 καὶ ἀρξάμενος καταποντίζεσθαι
ἔκραξεν
16 21b ἀπὸ τότε ἤρξατο ὁ (— NH) Ἰη-
σοῦς (+Χριστὸς N[M]H) δει-
κνύειν
16 22 ὁ Πέτρος ἤρξατο ἐπιτιμᾶν αὐτῷ
18 24 ἀρξαμένου δὲ αὐτοῦ συναίρειν,
προσηνέχθη (προσήχθη NH)
20 8b ἀπόδος αὐτοῖς (— NTH) τὸν
μισθόν, ἀρξάμενος ἀπὸ τῶν ἐσχά-
των
24 49 ⟨ἐὰν δὲ⟩ ἄρξηται τύπτειν τοὺς
συνδούλους αὐτοῦ
26 22 λυπούμενοι σφόδρα ἤρξαντο λέ-
γειν αὐτῷ [S]
26 37 παραλαμβάνων τὸν Πέτρον ... ἤρ-
ξατο λυπεῖσθαι καὶ ἀδημονεῖν
26 74 ἤρξατο καταθεματίζειν καὶ ὀμ-
νύειν

Mc 1 45 ὁ δὲ ἐξελθὼν ἤρξατο κηρύσσειν
πολλά
2 23 οἱ μαθηταὶ αὐτοῦ ἤρξαντο ὁδὸν
ποιεῖν τίλλοντες τοὺς στάχυας
4 1 πάλιν ἤρξατο διδάσκειν παρὰ τὴν
θάλασσαν
5 17 καὶ ἤρξαντο παρακαλεῖν αὐτὸν
ἀπελθεῖν
5 20 ἀπῆλθεν καὶ ἤρξατο κηρύσσειν ἐν
τῇ Δεκαπόλει
6 2 γενομένου σαββάτου ἤρξατο | δι-
δάσκειν ἐν τῇ συναγωγῇ (~ VSς)
6 7 καὶ ἤρξατο αὐτοὺς ἀποστέλλειν
δύο δύο
6 34 καὶ ἤρξατο διδάσκειν αὐτοὺς πολ-
λά
6 55 καὶ ἤρξαντο ἐπὶ τοῖς κραβάττοις
τοὺς κακῶς ἔχοντας περιφέρειν
8 11 ἐξῆλθον οἱ Φαρισαῖοι καὶ ἤρξαντο
συζητεῖν αὐτῷ
8 31 καὶ ἤρξατο διδάσκειν αὐτούς
8 32 προσλαβόμενος | ὁ Πέτρος αὐτὸν
(~ Vς) ἤρξατο ἐπιτιμᾶν αὐτῷ
10 28 ἤρξατο λέγειν ὁ Πέτρος αὐτῷ
10 32 ἤρξατο αὐτοῖς λέγειν τὰ μέλλοντα
αὐτῷ συμβαίνειν
10 41 καὶ ἀκούσαντες οἱ δέκα ἤρξαντο
ἀγανακτεῖν

Mc 10 42a ὅτι οἱ δοκοῦντες ἄρχειν τῶν
ἐθνῶν κατακυριεύουσιν αὐτῶν
10 47 καὶ ἀκούσας ὅτι Ἰησοῦς ὁ Ναζαρη-
νός ἐστιν ἤρξατο κράζειν
11 15 καὶ εἰσελθὼν εἰς τὸ ἱερὸν ἤρξατο
ἐκβάλλειν τοὺς πωλοῦντας
12 1 καὶ ἤρξατο αὐτοῖς ἐν παραβολαῖς
λαλεῖν
12 14 *καὶ (οἱ δὲ VSς) ἐλθόντες | ἤρξαν-
το ἐρωτᾶν αὐτὸν ἐν δόλῳ λέγον-
τες (S; λέγουσιν αὐτῷ rl)
13 5 ὁ δὲ Ἰησοῦς (+ἀποκριθεὶς Vς)
| ἤρξατο λέγειν αὐτοῖς (~ Vς)
14 19 (+οἱ δὲ Vς) ἤρξαντο λυπεῖσθαι
καὶ λέγειν αὐτῷ
14 33 καὶ ἤρξατο ἐκθαμβεῖσθαι καὶ ἀδη-
μονεῖν
14 65 καὶ ἤρξαντό τινες ἐμπτύειν αὐτῷ
14 69 ἡ παιδίσκη ἰδοῦσα αὐτὸν ἤρξατο
πάλιν λέγειν
14 71 ὁ δὲ ἤρξατο ἀναθεματίζειν καὶ
ὀμνύναι
15 8 καὶ ἀναβὰς ὁ ὄχλος ἤρξατο αἰ-
τεῖσθαι
15 18 καὶ ἤρξαντο ἀσπάζεσθαι αὐτόν

Lc 3 8 καὶ μὴ ἄρξησθε λέγειν ἐν ἑαυτοῖς
3 23 αὐτὸς ἦν Ἰησοῦς ἀρχόμενος ὡσεὶ
ἐτῶν τριάκοντα
4 21 ἤρξατο δὲ λέγειν πρὸς αὐτούς
5 21 καὶ ἤρξαντο διαλογίζεσθαι οἱ
γραμματεῖς καὶ οἱ Φαρισαῖοι
7 15 ἀνεκάθισεν ὁ νεκρὸς καὶ ἤρξατο
λαλεῖν
7 24 ἤρξατο λέγειν πρὸς τοὺς ὄχλους
περὶ Ἰωάννου
7 38 τοῖς δάκρυσιν ἤρξατο βρέχειν τοὺς
πόδας αὐτοῦ
7 49 καὶ ἤρξαντο οἱ συνανακείμενοι
λέγειν ἐν ἑαυτοῖς
9 12 ἡ δὲ ἡμέρα ἤρξατο κλίνειν
11 29 τῶν δὲ ὄχλων ἐπαθροιζομένων
ἤρξατο λέγειν
11 53 ἤρξαντο οἱ γραμματεῖς ... δεινῶς
ἐνέχειν
12 1 ἤρξατο λέγειν πρὸς τοὺς μαθητὰς
αὐτοῦ πρῶτον
12 45 ἐὰν δὲ ... ἄρξηται τύπτειν τοὺς
παῖδας
13 25b ἀφ' οὗ ἂν ... ἄρξησθε ἔξω ἑστάναι
καὶ κρούειν τὴν θύραν
13 26 τότε ἄρξεσθε λέγειν
14 9 τότε ἄρξῃ μετὰ αἰσχύνης τὸν
ἔσχατον τόπον κατέχειν
14 18 καὶ ἤρξαντο ἀπὸ μιᾶς πάντες παρ-
αιτεῖσθαι
14 29 ἵνα μήποτε ... πάντες οἱ θεωροῦν-
τες ἄρξωνται αὐτῷ ἐμπαίζειν
14 30 ὅτι οὗτος ὁ ἄνθρωπος ἤρξατο οἰ-
κοδομεῖν
15 14 καὶ αὐτὸς ἤρξατο ὑστερεῖσθαι
15 24 καὶ ἤρξαντο εὐφραίνεσθαι
19 37 ἤρξαντο ἅπαν τὸ πλῆθος τῶν
μαθητῶν χαίροντες αἰνεῖν τὸν θεόν
19 45 εἰσελθὼν εἰς τὸ ἱερὸν ἤρξατο ἐκβάλ-
λειν τοὺς πωλοῦντας
20 9 ἤρξατο δὲ πρὸς τὸν λαὸν λέγειν
τὴν παραβολὴν ταύτην
21 28 ἀρχομένων δὲ τούτων γίνεσθαι
ἀνακύψατε
22 23 καὶ αὐτοὶ ἤρξαντο συζητεῖν πρὸς
ἑαυτούς
23 2 ἤρξαντο δὲ κατηγορεῖν αὐτοῦ
23 5b διδάσκων καθ' ὅλης τῆς Ἰουδαίας,
καὶ ἀρξάμενος ἀπὸ τῆς Γαλιλαίας
ἕως ὧδε

Lc 23 30 τότε ἄρξονται λέγειν τοῖς ὄρεσιν
24 27b καὶ ἀρξάμενος ἀπὸ Μωϋσέως ...
διερμήνευσεν αὐτοῖς
24 47b κηρυχθῆναι ... μετάνοιαν ... εἰς
πάντα τὰ ἔθνη, ἀρξάμενοι (-μενον
Vς) ἀπὸ Ἰερουσαλήμ

Jo [8 9]b ἐξήρχοντο εἷς καθ' εἷς ἀρξάμενοι
ἀπὸ τῶν πρεσβυτέρων
13 5 καὶ ἤρξατο νίπτειν τοὺς πόδας
τῶν μαθητῶν

Ac 1 1 ὧν ἤρξατο ὁ (— H) Ἰησοῦς
ποιεῖν τε καὶ διδάσκειν
1 22b ἀρξάμενος ἀπὸ τοῦ βαπτίσματος
Ἰωάννου ἕως (ἄχρι T) τῆς ἡμέρας
ἧς ἀνελήμφθη
2 4 καὶ ἤρξαντο λαλεῖν ἑτέραις γλώσ-
σαις
8 35b ἀρξάμενος ἀπὸ τῆς γραφῆς ταύ-
της εὐηγγελίσατο
10 37b τὸ γενόμενον ῥῆμα καθ' ὅλης τῆς
Ἰουδαίας, ἀρξάμενος (-ον VSς)
ἀπὸ τῆς Γαλιλαίας
11 4 ἀρξάμενος δὲ Πέτρος ἐξετίθετο αὐ-
τοῖς
11 15 ἐν δὲ τῷ ἄρξασθαί με λαλεῖν ἐπέ-
πεσεν τὸ πνεῦμα ... ἐπ' αὐτούς
18 26 οὗτός τε ἤρξατο παρρησιάζεσθαι
24 2 ἤρξατο κατηγορεῖν ὁ Τέρτυλλος
λέγων
27 35 λαβὼν ἄρτον εὐχαρίστησεν ... καὶ
κλάσας ἤρξατο ἐσθίειν
Rm 15 12a ἀνιστάμενος ἄρχειν ἐθνῶν
2C 3 1 ἀρχόμεθα πάλιν ἑαυτοὺς συνιστά-
νειν;
1Pt 4 17b ὅτι ὁ ([N26NSH]; — BT) καιρὸς
τοῦ ἄρξασθαι τὸ κρίμα ἀπὸ τοῦ
οἴκου τοῦ θεοῦ

ἄρχων
a plur.

Mt 9 18 ἄρχων εἷς ([NH]; τις S; —Tς) ἐλ-
θὼν (προσελθ. NMVSH; εἰσελθ.
T) προσεκύνει
9 23 καὶ ἐλθὼν ὁ Ἰησοῦς εἰς τὴν οἰκίαν
τοῦ ἄρχοντος
9 34 | ἐν τῷ ἄρχοντι τῶν δαιμονίων
ἐκβάλλει τὰ δαιμόνια [..H]
12 24 ἐν τῷ Βεελζεβοὺλ ἄρχοντι τῶν
δαιμονίων
20 25a ὅτι οἱ ἄρχοντες τῶν ἐθνῶν κατα-
κυριεύουσιν αὐτῶν
Mc 3 22 ὅτι ἐν τῷ ἄρχοντι τῶν δαιμονίων
ἐκβάλλει τὰ δαιμόνια
Lc 8 41 καὶ οὗτος (αὐτὸς Tς) ἄρχων τῆς
συναγωγῆς ὑπῆρχεν
11 15 ἐν Βεελζεβοὺλ τῷ (—ς) ἄρχοντι
τῶν δαιμονίων ἐκβάλλει τὰ δαι-
μόνια
12 58 ὡς γὰρ ὑπάγεις μετὰ τοῦ ἀντι-
δίκου σου ἐπ' ἄρχοντα
14 1a ἐν τῷ ἐλθεῖν αὐτὸν εἰς οἶκόν τινος
τῶν ἀρχόντων τῶν [N26H] Φαρι-
σαίων
18 18 καὶ ἐπηρώτησέν τις αὐτὸν ἄρχων
λέγων
23 13a Πιλᾶτος δὲ συγκαλεσάμενος τοὺς
ἀρχιερεῖς καὶ τοὺς ἄρχοντας
23 35a ἐξεμυκτήριζον δὲ καὶ (—T) οἱ
ἄρχοντες (+σὺν αὐτοῖς Vς)
24 20a ὅπως τε παρέδωκαν αὐτὸν ... οἱ
ἄρχοντες ἡμῶν εἰς κρίμα θανάτου
Jo 3 1 ἄνθρωπος ἐκ τῶν Φαρισαίων,
Νικόδημος ὄνομα αὐτῷ, ἄρχων
τῶν Ἰουδαίων
7 26a μήποτε ἀληθῶς ἔγνωσαν οἱ ἄρ-
χοντες ὅτι οὗτός ἐστιν ὁ χριστός;

Jo 7 48ª μή τις ἐκ τῶν ἀρχόντων ἐπίστευσεν εἰς αὐτόν ⟨;⟩
12 31 νῦν ὁ ἄρχων τοῦ κόσμου τούτου ἐκβληθήσεται ἔξω
12 42ª καὶ ἐκ τῶν ἀρχόντων πολλοὶ ἐπίστευσαν εἰς αὐτόν
14 30 ἔρχεται γὰρ ὁ τοῦ κόσμου ἄρχων
16 11 ὅτι ὁ ἄρχων τοῦ κόσμου τούτου κέκριται
Ac 3 17ª οἶδα ὅτι κατὰ ἄγνοιαν ἐπράξατε, ὥσπερ καὶ οἱ ἄρχοντες ὑμῶν
4 5ª ἐγένετο ... συναχθῆναι αὐτῶν τοὺς ἄρχοντας
4 8ª ἄρχοντες τοῦ λαοῦ καὶ πρεσβύτεροι (+τοῦ Ἰσραήλ VBSς) ⟨εἰ ... ἀνακρινόμεθα⟩
4 26ª οἱ ἄρχοντες συνήχθησαν ἐπὶ τὸ αὐτὸ κατὰ τοῦ κυρίου
7 27 τίς σε κατέστησεν ἄρχοντα καὶ δικαστὴν ἐφ' ἡμῶν;
7 35 εἰπόντες· τίς σε κατέστησεν ἄρχοντα καὶ δικαστήν; ↔
7 35 τοῦτον ὁ θεὸς καὶ [N26] ἄρχοντα καὶ λυτρωτὴν ἀπέσταλκεν
13 27ª οἱ γὰρ κατοικοῦντες ἐν Ἰερουσαλὴμ καὶ οἱ ἄρχοντες αὐτῶν τοῦτον ἀγνοήσαντες
14 5ª ὡς δὲ ἐγένετο ὁρμὴ τῶν ἐθνῶν τε καὶ Ἰουδαίων σὺν τοῖς ἄρχουσιν αὐτῶν
16 19ª εἵλκυσαν εἰς τὴν ἀγορὰν ἐπὶ τοὺς ἄρχοντας
23 5 ὅτι ἄρχοντα τοῦ λαοῦ σου οὐκ ἐρεῖς κακῶς
Rm 13 3ª οἱ γὰρ ἄρχοντες οὐκ εἰσὶν φόβος τῷ ἀγαθῷ ἔργῳ
1C 2 6ª σοφίαν δὲ λαλοῦμεν ... οὐδὲ τῶν ἀρχόντων τοῦ αἰῶνος τούτου
2 8ª ἣν οὐδεὶς τῶν ἀρχόντων τοῦ αἰῶνος τούτου ἔγνωκεν
E 2 2 ἐν αἷς ποτε περιεπατήσατε ... κατὰ τὸν ἄρχοντα τῆς ἐξουσίας τοῦ ἀέρος
Ap 1 5 ἀπὸ Ἰησοῦ Χριστοῦ ... ὁ ἄρχων τῶν βασιλέων τῆς γῆς

ἄρωμα
Mc 16 1 ἠγόρασαν ἀρώματα ἵνα ἐλθοῦσαι ἀλείψωσιν αὐτόν
Lc 23 56 ὑποστρέψασαι δὲ ἡτοίμασαν ἀρώματα καὶ μύρα
24 1 ἐπὶ τὸ μνῆμα ἦλθον φέρουσαι ἃ ἡτοίμασαν ἀρώματα
Jo 19 40 ἔδησαν αὐτὸ ὀθονίοις μετὰ τῶν ἀρωμάτων

Ἀσά
→ Ἀσάφ

ἀσάλευτος
Ac 27 41 ἡ μὲν πρῷρα ἐρείσασα ἔμεινεν ἀσάλευτος
Hb 12 28 διὸ βασιλείαν ἀσάλευτον παραλαμβάνοντες ἔχωμεν χάριν

Ἀσάφ
Ἀσά VBς
Mt 1 7 Ἀβιὰ δὲ ἐγέννησεν τὸν Ἀσάφ, ↔
1 8 Ἀσάφ δὲ ἐγέννησεν τὸν Ἰωσαφάτ

ἄσβεστος
Mt 3 12 τὸ δὲ ἄχυρον κατακαύσει πυρὶ ἀσβέστῳ
Mc 9 43 ἀπελθεῖν ... εἰς τὸ πῦρ τὸ ἄσβεστον
9 45 *βληθῆναι εἰς τὴν γέενναν | εἰς τὸ πῦρ τὸ ἄσβεστον (+Vς)
Lc 3 17 τὸ δὲ ἄχυρον κατακαύσει πυρὶ ἀσβέστῳ

ἀσέβεια
Rm 1 18 ἀποκαλύπτεται γὰρ ὀργὴ θεοῦ ... ἐπὶ πᾶσαν ἀσέβειαν καὶ ἀδικίαν ἀνθρώπων
11 26 ἀποστρέψει ἀσεβείας ἀπὸ Ἰακώβ
2Tm 2 16 ἐπὶ πλεῖον γὰρ προκόψουσιν ἀσεβείας
Tt 2 12 ἵνα ἀρνησάμενοι τὴν ἀσέβειαν ... εὐσεβῶς ζήσωμεν
Jd 15 περὶ πάντων τῶν ἔργων ἀσεβείας αὐτῶν ὧν ἠσέβησαν
18 ἔσονται ἐμπαῖκται κατὰ τὰς ἑαυτῶν ἐπιθυμίας πορευόμενοι τῶν ἀσεβειῶν

ἀσεβέω
→ σέβομαι
2 Pt 2 6 ὑπόδειγμα μελλόντων ἀσεβεῖν (-βέ[σ]ιν N26; -βέσιν H) τεθεικώς
Jd 15 ἐλέγξαι ... περὶ πάντων τῶν ἔργων ἀσεβείας αὐτῶν ὧν ἠσέβησαν

ἀσεβής
Rm 4 5 πιστεύοντι δὲ ἐπὶ τὸν δικαιοῦντα τὸν ἀσεβῆ
5 6 Χριστὸς ... ὑπὲρ ἀσεβῶν ἀπέθανεν
1Tm 1 9 δικαίῳ νόμος οὐ κεῖται, ἀνόμοις δὲ ... ἀσεβέσι καὶ ἁμαρτωλοῖς
1 Pt 4 18 ὁ [+δὲ NH] ἀσεβὴς καὶ (+ὁ T) ἁμαρτωλὸς ποῦ φανεῖται;
2 Pt 2 5 κατακλυσμὸν κόσμῳ ἀσεβῶν ἐπάξας
2 6 ὑπόδειγμα μελλόντων ἀσεβέσιν (H; -βέ[σ]ιν N26; ἀσεβεῖν rl) τεθεικώς
3 7 τηρούμενοι εἰς ἡμέραν ... ἀπωλείας τῶν ἀσεβῶν ἀνθρώπων
Jd 4 ἄνθρωποι, οἱ πάλαι προγεγραμμένοι εἰς τοῦτο τὸ κρίμα, ἀσεβεῖς
15 *ἐλέγξαι | πάντας τοὺς ἀσεβεῖς (πᾶσαν ψυχὴν N26) (+αὐτῶν Tς)
15 ὧν ἐλάλησαν κατ' αὐτοῦ ἁμαρτωλοὶ ἀσεβεῖς

ἀσέλγεια
Mc 7 22 ⟨οἱ διαλογισμοὶ οἱ κακοὶ ἐκπορεύονται⟩ δόλος, ἀσέλγεια, ὀφθαλμὸς πονηρός
Rm 13 13 εὐσχημόνως περιπατήσωμεν ... μὴ κοίταις καὶ ἀσελγείαις
2C 12 21 μὴ μετανοησάντων ἐπὶ τῇ ἀκαθαρσίᾳ ... καὶ ἀσελγείᾳ ᾗ ἔπραξαν
G 5 19 τὰ ἔργα τῆς σαρκός, ἅτινά ἐστιν πορνεία, ἀκαθαρσία, ἀσέλγεια
E 4 19 οἵτινες ἀπηλγηκότες ἑαυτοὺς παρέδωκαν τῇ ἀσελγείᾳ
1 Pt 4 3 πεπορευμένους ἐν ἀσελγείαις, ἐπιθυμίαις, οἰνοφλυγίαις
2 Pt 2 2 πολλοὶ ἐξακολουθήσουσιν αὐτῶν ταῖς ἀσελγείαις (ἀπωλείαις ς)
2 7 καταπονούμενον ὑπὸ τῆς τῶν ἀθέσμων ἐν ἀσελγείᾳ ἀναστροφῆς
2 18 δελεάζουσιν ἐν ἐπιθυμίαις σαρκὸς ἀσελγείαις τοὺς ὀλίγως ἀποφεύγοντας
Jd 4 τὴν τοῦ θεοῦ ἡμῶν χάριτα (-ριν MSς) μετατιθέντες εἰς ἀσέλγειαν

ἄσημος
Ac 21 39 Ταρσεύς, τῆς Κιλικίας οὐκ ἀσήμου πόλεως πολίτης

Ἀσήρ
Lc 2 36 ἦν Ἄννα προφῆτις ... ἐκ φυλῆς Ἀσήρ
Ap 7 6 ἐκ φυλῆς Ἀσὴρ δώδεκα χιλιάδες

ἀσθένεια
Mt 8 17 αὐτὸς τὰς ἀσθενείας ἡμῶν ἔλαβεν

Lc 5 15 συνήρχοντο ... θεραπεύεσθαι ἀπὸ τῶν ἀσθενειῶν αὐτῶν
8 2 αἳ ἦσαν τεθεραπευμέναι ἀπὸ πνευμάτων πονηρῶν καὶ ἀσθενειῶν
13 11 καὶ ἰδοὺ γυνὴ πνεῦμα ἔχουσα ἀσθενείας ἔτη δεκαοκτώ
13 12 γύναι, ἀπολέλυσαι (+ἀπὸ T) τῆς ἀσθενείας σου
Jo 5 5 τριάκοντα καὶ [N26H] ὀκτὼ ἔτη ἔχων ἐν τῇ ἀσθενείᾳ αὐτοῦ
11 4 αὕτη ἡ ἀσθένεια οὐκ ἔστιν πρὸς θάνατον
Ac 28 9 καὶ [H] οἱ λοιποὶ οἱ ... ἔχοντες ἀσθενείας προσήρχοντο καὶ ἐθεραπεύοντο
Rm 6 19 ἀνθρώπινον λέγω διὰ τὴν ἀσθένειαν τῆς σαρκὸς ὑμῶν
8 26 τὸ πνεῦμα συναντιλαμβάνεται | τῇ ἀσθενείᾳ (ταῖς -νείαις ς) ἡμῶν
1C 2 3 ἐν ἀσθενείᾳ καὶ ἐν φόβῳ ... ἐγενόμην πρὸς ὑμᾶς
15 43 σπείρεται ἐν ἀσθενείᾳ, ἐγείρεται ἐν δυνάμει
2C 11 30 εἰ καυχᾶσθαι δεῖ, τὰ τῆς ἀσθενείας μου [H] καυχήσομαι
12 5 οὐ καυχήσομαι εἰ μὴ ἐν ταῖς ἀσθενείαις (+μου [M]VSς)
12 9 ἡ γὰρ δύναμις [+μου VS] ἐν ἀσθενείᾳ τελεῖται
12 9 ἥδιστα οὖν μᾶλλον καυχήσομαι ἐν ταῖς ἀσθενείαις μου (—NH)
12 10 διὸ εὐδοκῶ ἐν ἀσθενείαις, ἐν ὕβρεσιν ... ὑπὲρ Χριστοῦ
13 4 καὶ γὰρ (+εἰ [S]ς) ἐσταυρώθη ἐξ ἀσθενείας, ἀλλὰ ζῇ ἐκ δυνάμεως θεοῦ
G 4 13 οἴδατε δὲ ὅτι δι' ἀσθένειαν τῆς σαρκὸς εὐηγγελισάμην ὑμῖν
1Tm 5 23 οἴνῳ ὀλίγῳ χρῶ διὰ ... τὰς πυκνάς σου ἀσθενείας
Hb 4 15 οὐ γὰρ ἔχομεν ἀρχιερέα μὴ δυνάμενον συμπαθῆσαι ταῖς ἀσθενείαις ἡμῶν
5 2 ἐπεὶ καὶ αὐτὸς περίκειται ἀσθένειαν
7 28 ὁ νόμος γὰρ ἀνθρώπους καθίστησιν ἀρχιερεῖς ἔχοντας ἀσθένειαν
11 34 ἐδυναμώθησαν (ἐνεδ. VSς) ἀπὸ ἀσθενείας, ἐγενήθησαν ἰσχυροί

ἀσθενέω
Mt 10 8 ἀσθενοῦντας θεραπεύετε
25 36 ἠσθένησα καὶ ἐπεσκέψασθέ με
25 39 πότε δέ σε εἴδομεν ἀσθενοῦντα (ἀσθενῆ MVSς) ⟨;⟩
Mc 6 56 ἐν ταῖς ἀγοραῖς ἐτίθεσαν (ἐτίθουν Vς) τοὺς ἀσθενοῦντας
Lc 4 40 ἅπαντες ([ἅ]παντες S; πάντες VTς) ὅσοι εἶχον ἀσθενοῦντας νόσοις ποικίλαις
7 10 *εὗρον τὸν ἀσθενοῦντα (+VSς) δοῦλον ὑγιαίνοντα
9 2 *ἰᾶσθαι | τοὺς ἀσθενοῦντας (Vς; τ. ἀσθενεῖς [N26] MBS; —rl)
Jo 4 46 οὗ ὁ υἱὸς ἠσθένει ἐν Καφαρναούμ
5 3 κατέκειτο πλῆθος (+πολὺ Vς) τῶν ἀσθενούντων, τυφλῶν, χωλῶν, ξηρῶν
5 7 ἀπεκρίθη αὐτῷ ὁ ἀσθενῶν
5 13 *ὁ δὲ ἀσθενῶν (T; ἰαθεὶς rl) οὐκ ᾔδει τίς ἐστιν
6 2 τὰ σημεῖα ἃ ἐποίει ἐπὶ τῶν ἀσθενούντων
11 1 ἦν δέ τις ἀσθενῶν, Λάζαρος ἀπὸ Βηθανίας
11 2 ἧς ὁ ἀδελφὸς Λάζαρος ἠσθένει
11 3 κύριε, ἴδε ὃν φιλεῖς ἀσθενεῖ

Jo 11 6 ὡς οὖν ἤκουσεν ὅτι ἀσθενεῖ
Ac 9 37 ἐγένετο δὲ ... ἀσθενήσασαν αὐτὴν ἀποθανεῖν
19 12 ὥστε καὶ ἐπὶ τοὺς ἀσθενοῦντας ἀποφέρεσθαι ἀπὸ τοῦ χρωτὸς αὐτοῦ σουδάρια
20 35 ὅτι ... δεῖ ἀντιλαμβάνεσθαι τῶν ἀσθενούντων
Rm 4 19 καὶ μὴ ἀσθενήσας τῇ πίστει κατενόησεν
8 3 τὸ γὰρ ἀδύνατον τοῦ νόμου, ἐν ᾧ ἠσθένει διὰ τῆς σαρκός
14 1 τὸν δὲ ἀσθενοῦντα τῇ πίστει προσλαμβάνεσθε
14 2 ὁ δὲ ἀσθενῶν λάχανα ἐσθίει
14 21 *ἐν ᾧ ὁ ἀδελφός σου προσκόπτει | ἢ σκανδαλίζεται ἢ ἀσθενεῖ (+ [MS] Bς)
1C 8 11 | ἀπόλλυται γὰρ (καὶ ἀπόλλυται B) ὁ ἀσθενῶν
8 12 τύπτοντες αὐτῶν συνείδησιν ἀσθενοῦσαν εἰς Χριστὸν ἁμαρτάνετε
2C 11 21 κατὰ ἀτιμίαν λέγω, ὡς ὅτι ἡμεῖς ἠσθενήκαμεν (-σαμεν Vς)
11 29 τίς ἀσθενεῖ, ↔
11 29 καὶ οὐκ ἀσθενῶ;
12 10 ὅταν γὰρ ἀσθενῶ, τότε δυνατός εἰμι
13 3 ὃς εἰς ὑμᾶς οὐκ ἀσθενεῖ ἀλλὰ δυνατεῖ ἐν ὑμῖν
13 4 καὶ γὰρ ἡμεῖς ἀσθενοῦμεν ἐν αὐτῷ
13 9 χαίρομεν γὰρ ὅταν ἡμεῖς ἀσθενῶμεν, ὑμεῖς δὲ δυνατοὶ ἦτε
Ph 2 26 καὶ ἀδημονῶν, διότι ἠκούσατε ὅτι ἠσθένησεν. ↔
2 27 καὶ γὰρ ἠσθένησεν παραπλήσιον θανάτῳ (-του H)
2Tm 4 20 Τρόφιμον δὲ ἀπέλιπον (-λειπον H) ἐν Μιλήτῳ ἀσθενοῦντα
Jc 5 14 ἀσθενεῖ τις ἐν ὑμῖν; προσκαλεσάσθω τοὺς πρεσβυτέρους

ἀσθένημα
Rm 15 1 ὀφείλομεν ... τὰ ἀσθενήματα τῶν ἀδυνάτων βαστάζειν

ἀσθενής
a comp.
Mt 25 39 *πότε δέ σε εἴδομεν ἀσθενῆ (MV Sς; ἀσθενοῦντα rl) ⟨;⟩
25 43 ἤμην ... ἀσθενὴς καὶ ἐν φυλακῇ
25 44 πότε σε εἴδομεν πεινῶντα ... ἢ ἀσθενῆ ⟨;⟩
26 41 τὸ μὲν πνεῦμα πρόθυμον, ἡ δὲ σὰρξ ἀσθενής
Mc 14 38 τὸ μὲν πνεῦμα πρόθυμον, ἡ δὲ σὰρξ ἀσθενής
Lc 9 2 ἀπέστειλεν αὐτοὺς ... ἰᾶσθαι | τοὺς ἀσθενεῖς ([N26]; τ. ἀσθενοῦντας Vς; —NTH)
10 9 καὶ θεραπεύετε τοὺς ἐν αὐτῇ ἀσθενεῖς
Ac 4 9 ἀνακρινόμεθα ἐπὶ εὐεργεσίᾳ ἀνθρώπου ἀσθενοῦς
5 15 ὥστε καὶ εἰς τὰς πλατείας ἐκφέρειν τοὺς ἀσθενεῖς
5 16 φέροντες ἀσθενεῖς καὶ ὀχλουμένους ὑπὸ πνευμάτων ἀκαθάρτων
Rm 5 6 | ἔτι γὰρ (εἴ γε NH) Χριστὸς ὄντων ἡμῶν ἀσθενῶν ... ὑπὲρ ἀσεβῶν ἀπέθανεν
1C 1 25 τὸ ἀσθενὲς τοῦ θεοῦ ἰσχυρότερον τῶν ἀνθρώπων
1 27 τὰ ἀσθενῆ τοῦ κόσμου ἐξελέξατο ὁ θεός
4 10 ἡμεῖς ἀσθενεῖς, ὑμεῖς δὲ ἰσχυροί
8 7 ἡ συνείδησις αὐτῶν ἀσθενὴς οὖσα μολύνεται

1C 8 9 μή πως ἡ ἐξουσία ... πρόσκομμα γένηται τοῖς ἀσθενέσιν
8 10 οὐχὶ ἡ συνείδησις αὐτοῦ ἀσθενοῦς ὄντος οἰκοδομηθήσεται ⟨;⟩
9 22 ἐγενόμην τοῖς ἀσθενέσιν ↔
9 22 (+ὡς [MVS] ς) ἀσθενής, ↔
9 22 ἵνα τοὺς ἀσθενεῖς κερδήσω
11 30 διὰ τοῦτο ἐν ὑμῖν πολλοὶ ἀσθενεῖς καὶ ἄρρωστοι
12 22a τὰ δοκοῦντα μέλη τοῦ σώματος ἀσθενέστερα ὑπάρχειν ἀναγκαῖά ἐστιν
2C 10 10 ἡ δὲ παρουσία τοῦ σώματος ἀσθενὴς καὶ ὁ λόγος ἐξουθενημένος
G 4 9 πῶς ἐπιστρέφετε πάλιν ἐπὶ τὰ ἀσθενῆ καὶ πτωχὰ στοιχεῖα ⟨;⟩
1Th 5 14 ἀντέχεσθε τῶν ἀσθενῶν
Hb 7 18 ἀθέτησις ... γίνεται προαγούσης ἐντολῆς διὰ τὸ αὐτῆς ἀσθενές
1Pt 3 7a συνοικοῦντες κατὰ γνῶσιν ὡς ἀσθενεστέρῳ σκεύει τῷ γυναικείῳ

Ἀσία
Ac 2 9 οἱ κατοικοῦντες ... Πόντον καὶ τὴν Ἀσίαν
6 9 ἀνέστησαν δέ τινες ... τῶν ἀπὸ Κιλικίας καὶ Ἀσίας
16 6 κωλυθέντες ... λαλῆσαι τὸν λόγον ἐν τῇ Ἀσίᾳ
19 10 ὥστε πάντας τοὺς κατοικοῦντας τὴν Ἀσίαν ἀκοῦσαι τὸν λόγον
19 22 αὐτὸς ἐπέσχεν χρόνον εἰς τὴν Ἀσίαν
19 26 ὅτι ... σχεδὸν πάσης τῆς Ἀσίας ... μετέστησεν ἱκανὸν ὄχλον
19 27 ἣν ὅλη ἡ [H] Ἀσία καὶ ἡ [H] οἰκουμένη σέβεται
20 4 *συνείπετο δὲ αὐτῷ | ἄχρι τῆς Ἀσίας (— N26NTH) Σώπατρος
20 16 ὅπως μὴ γένηται αὐτῷ χρονοτριβῆσαι ἐν τῇ Ἀσίᾳ
20 18 ἀπὸ πρώτης ἡμέρας ἀφ' ἧς ἐπέβην εἰς τὴν Ἀσίαν
21 27 οἱ ἀπὸ τῆς Ἀσίας Ἰουδαῖοι ... συνέχεον πάντα τὸν ὄχλον
24 19 ⟨ἐν αἷς εὗρόν με⟩ τινὲς δὲ ἀπὸ τῆς Ἀσίας Ἰουδαῖοι
27 2 μέλλοντι πλεῖν εἰς τοὺς κατὰ τὴν Ἀσίαν τόπους
Rm 16 5 ὅς ἐστιν ἀπαρχὴ τῆς Ἀσίας (Ἀχαΐας ς) εἰς Χριστόν
1C 16 19 ἀσπάζονται ὑμᾶς αἱ ἐκκλησίαι τῆς Ἀσίας
2C 1 8 θλίψεως ἡμῶν τῆς γενομένης ἐν τῇ Ἀσίᾳ
2Tm 1 15 ὅτι ἀπεστράφησάν με πάντες οἱ ἐν τῇ Ἀσίᾳ
1Pt 1 1 Πέτρος ... ἐκλεκτοῖς παρεπιδήμοις διασπορᾶς ... Καππαδοκίας, Ἀσίας
Ap 1 4 Ἰωάννης ταῖς ἑπτὰ ἐκκλησίαις ταῖς ἐν τῇ Ἀσίᾳ
1 11 *πέμψον ταῖς ἑπτὰ ἐκκλησίαις | ταῖς ἐν Ἀσίᾳ (+ς)

Ἀσιανός
Ac 20 4 συνείπετο δὲ αὐτῷ Σώπατρος ... Ἀσιανοὶ δὲ Τύχικος καὶ Τρόφιμος

Ἀσιάρχης
Ac 19 31 τινὲς δὲ καὶ τῶν Ἀσιαρχῶν, ὄντες αὐτῷ φίλοι ... παρεκάλουν

ἀσιτία
Ac 27 21 πολλῆς τε ἀσιτίας ὑπαρχούσης

ἄσιτος
Ac 27 33 τεσσαρεσκαιδεκάτην σήμερον ἡμέραν προσδοκῶντες ἄσιτοι διατελεῖτε, μηθὲν προσλαβόμενοι

ἀσκέω
Ac 24 16 ἐν τούτῳ καὶ αὐτὸς ἀσκῶ ἀπρόσκοπον συνείδησιν ἔχειν

ἀσκός
Mt 9 17 οὐδὲ βάλλουσιν οἶνον νέον εἰς ἀσκοὺς παλαιούς· ↔
9 17 εἰ δὲ μή γε, ῥήγνυνται οἱ ἀσκοὶ
9 17 καὶ οἱ ἀσκοὶ ἀπόλλυνται. ↔
9 17 ἀλλὰ βάλλουσιν οἶνον νέον εἰς ἀσκοὺς καινούς
Mc 2 22 οὐδεὶς βάλλει οἶνον νέον εἰς ἀσκοὺς παλαιούς· ↔
2 22 εἰ δὲ μή, ῥήξει ὁ οἶνος τοὺς ἀσκούς, ↔
2 22 καὶ ὁ οἶνος | ἀπόλλυται καὶ οἱ ἀσκοί (ἐκχεῖται κ. οἱ ἀ. ἀπολοῦνται Vς). ↔
2 22 | ἀλλὰ οἶνον νέον εἰς ἀσκοὺς καινούς ([NH]; —T) (+βλητέον Vς)
Lc 5 37 οὐδεὶς βάλλει οἶνον νέον εἰς ἀσκοὺς παλαιούς· ↔
5 37 εἰ δὲ μή γε, ῥήξει ὁ οἶνος ὁ νέος τοὺς ἀσκούς, ↔
5 37 καὶ αὐτὸς ἐκχυθήσεται καὶ οἱ ἀσκοὶ ἀπολοῦνται. ↔
5 38 ἀλλὰ οἶνον νέον εἰς ἀσκοὺς καινοὺς βλητέον

ἀσμένως
Ac 2 41 *οἱ μὲν οὖν ἀσμένως (+ς) ἀποδεξάμενοι τὸν λόγον αὐτοῦ
21 17 ἀσμένως ἀπεδέξαντο ἡμᾶς οἱ ἀδελφοί

ἄσοφος
E 5 15 βλέπετε οὖν | ἀκριβῶς πῶς (~V Sς) περιπατεῖτε, μὴ ὡς ἄσοφοι

ἀσπάζομαι
ἀπ-
a ἀσπ. ἐν φιλήματι
b met.
Mt 5 47 ἐὰν ἀσπάσησθε τοὺς ἀδελφοὺς (φίλους VS) ὑμῶν μόνον
10 12 εἰσερχόμενοι δὲ εἰς τὴν οἰκίαν ἀσπάσασθε αὐτήν
Mc 9 15 προστρέχοντες ἠσπάζοντο αὐτόν
15 18 καὶ ἤρξαντο ἀσπάζεσθαι αὐτόν· χαῖρε, βασιλεῦ
Lc 1 40 καὶ ἠσπάσατο τὴν Ἐλισάβετ
10 4 καὶ (—T) μηδένα κατὰ τὴν ὁδὸν ἀσπάσησθε
Ac 18 22 ἀναβὰς καὶ ἀσπασάμενος τὴν ἐκκλησίαν, κατέβη
20 1 μεταπεμψάμενος ὁ Παῦλος τοὺς μαθητὰς ... ἀσπασάμενος ἐξῆλθεν
21 6 *⟨προσηυξάμεθα (ς; -ευξάμενοι rl)⟩ | καὶ ἀσπασάμενοι (ς; ἀπησπασάμεθα rl) ἀλλήλους, καὶ (—ς) ἀνέβημεν (ἐν- NMH; ἐπ- ς)
21 7 καὶ ἀσπασάμενοι τοὺς ἀδελφοὺς ἐμείναμεν ἡμέραν μίαν
21 19 καὶ ἀσπασάμενος αὐτοὺς ἐξηγεῖτο
25 13 Ἀγρίππας ... καὶ Βερνίκη κατήντησαν ... ἀσπασάμενοι (-σόμενοι ς) τὸν Φῆστον
Rm 16 3 ἀσπάσασθε Πρίσκαν καὶ Ἀκύλαν τοὺς συνεργούς μου
16 5 ἀσπάσασθε Ἐπαίνετον τὸν ἀγαπητόν μου
16 6 ἀσπάσασθε Μαρίαν, ἥτις πολλὰ ἐκοπίασεν εἰς ὑμᾶς.
16 7 ἀσπάσασθε Ἀνδρόνικον καὶ Ἰουνιᾶν τοὺς συγγενεῖς μου
16 8 ἀσπάσασθε Ἀμπλιᾶτον τὸν ἀγαπητόν μου ἐν κυρίῳ. ↔
16 9 ἀσπάσασθε Οὐρβανὸν τὸν συνεργὸν ἡμῶν ἐν Χριστῷ

Rm 16 10 ἀσπάσασθε Ἀπελλῆν τὸν δόκιμον ἐν Χριστῷ. ↔

16 10 ἀσπάσασθε τοὺς ἐκ τῶν Ἀριστοβούλου. ↔

16 11 ἀσπάσασθε Ἡρῳδίωνα τὸν συγγενῆ μου. ↔

16 11 ἀσπάσασθε τοὺς ἐκ τῶν Ναρκίσσου τοὺς ὄντας ἐν κυρίῳ. ↔

16 12 ἀσπάσασθε Τρύφαιναν καὶ Τρυφῶσαν τὰς κοπιώσας ἐν κυρίῳ. ↔

16 12 ἀσπάσασθε Περσίδα τὴν ἀγαπητήν

16 13 ἀσπάσασθε Ῥοῦφον τὸν ἐκλεκτὸν ἐν κυρίῳ

16 14 ἀσπάσασθε Ἀσύγκριτον, Φλέγοντα, Ἑρμῆν, Πατροβᾶν, Ἑρμᾶν

16 15 ἀσπάσασθε Φιλόλογον καὶ Ἰουλίαν

16 16ᵃ ἀσπάσασθε ἀλλήλους ἐν φιλήματι ἁγίῳ. ↔

16 16 ἀσπάζονται ὑμᾶς αἱ ἐκκλησίαι πᾶσαι τοῦ Χριστοῦ

16 21 ἀσπάζεται (-ονται ς) ὑμᾶς Τιμόθεος ὁ συνεργός μου [H], καὶ Λούκιος

16 22 ἀσπάζομαι ὑμᾶς ἐγὼ Τέρτιος ὁ γράψας τὴν ἐπιστολήν

16 23 ἀσπάζεται ὑμᾶς Γάϊος ὁ ξένος μου

16 23 ἀσπάζεται ὑμᾶς Ἔραστος ὁ οἰκονόμος τῆς πόλεως

1C 16 19 ἀσπάζονται ὑμᾶς αἱ ἐκκλησίαι τῆς Ἀσίας. ↔

16 19 ἀσπάζεται (-ονται ς) ὑμᾶς ἐν κυρίῳ πολλὰ Ἀκύλας καὶ Πρίσκα

16 20 ἀσπάζονται ὑμᾶς οἱ ἀδελφοὶ πάντες. ↔

16 20ᵃ ἀσπάσασθε ἀλλήλους ἐν φιλήματι ἁγίῳ

2C 13 12ᵃ ἀσπάσασθε ἀλλήλους ἐν ἁγίῳ φιλήματι. ↔

13 12 ἀσπάζονται ὑμᾶς οἱ ἅγιοι πάντες

Ph 4 21 ἀσπάσασθε πάντα ἅγιον ἐν Χριστῷ Ἰησοῦ. ↔

4 21 ἀσπάζονται ὑμᾶς οἱ σὺν ἐμοὶ ἀδελφοί. ↔

4 22 ἀσπάζονται ὑμᾶς πάντες οἱ ἅγιοι

Cl 4 10 ἀσπάζεται ὑμᾶς Ἀρίσταρχος ὁ συναιχμάλωτός μου

4 12 ἀσπάζεται ὑμᾶς Ἐπαφρᾶς ὁ ἐξ ὑμῶν

4 14 ἀσπάζεται ὑμᾶς Λουκᾶς ὁ ἰατρός

4 15 ἀσπάσασθε τοὺς ἐν Λαοδικείᾳ ἀδελφούς

1 Th 5 26ᵃ ἀσπάσασθε τοὺς ἀδελφοὺς πάντας ἐν φιλήματι ἁγίῳ

2 Tm 4 19 ἀσπασαι Πρίσκαν καὶ Ἀκύλαν καὶ τὸν Ὀνησιφόρου οἶκον

4 21 ἀσπάζεταί σε Εὔβουλος καὶ Πούδης

Tt 3 15 ἀσπάζονταί σε οἱ μετ᾽ ἐμοῦ πάντες. ↔

3 15 ἀσπασαι τοὺς φιλοῦντας ἡμᾶς ἐν πίστει

Phm 23 ἀσπάζεταί (ἀσπάζονται ς) σε Ἐπαφρᾶς ὁ συναιχμάλωτός μου

Hb 11 13ᵇ μὴ λαβόντες (N²⁶ς; κομισάμενοι rl) τὰς ἐπαγγελίας, ἀλλὰ πόρρωθεν αὐτὰς ἰδόντες καὶ ἀσπασάμενοι

13 24 ἀσπάσασθε πάντας τοὺς ἡγουμένους ὑμῶν καὶ πάντας τοὺς ἁγίους. ↔

13 24 ἀσπάζονται ὑμᾶς οἱ ἀπὸ τῆς Ἰταλίας

1 Pt 5 13 ἀσπάζεται ὑμᾶς ἡ ἐν Βαβυλῶνι συνεκλεκτὴ καὶ Μᾶρκος

5 14ᵃ ἀσπάσασθε ἀλλήλους ἐν φιλήματι ἀγάπης

2 Jo 13 ἀσπάζεταί σε τὰ τέκνα τῆς ἀδελφῆς σου

3 Jo 15 εἰρήνη σοι. ἀσπάζονταί σε οἱ φίλοι. ↔

15 ἀσπάζου τοὺς φίλους κατ᾽ ὄνομα

ἀσπασμός

Mt 23 7 ⟨φιλοῦσιν⟩ τοὺς ἀσπασμοὺς ἐν ταῖς ἀγοραῖς

Mc 12 38 βλέπετε ἀπὸ τῶν γραμματέων τῶν θελόντων ἐν στολαῖς περιπατεῖν καὶ ἀσπασμοὺς ἐν ταῖς ἀγοραῖς

Lc 1 29 διελογίζετο ποταπὸς εἴη ὁ ἀσπασμὸς οὗτος

1 41 ὡς ἤκουσεν τὸν ἀσπασμὸν τῆς Μαρίας ἡ Ἐλισάβετ

1 44 ὡς ἐγένετο ἡ φωνὴ τοῦ ἀσπασμοῦ σου

11 43 ὅτι ἀγαπᾶτε τὴν πρωτοκαθεδρίαν ... καὶ τοὺς ἀσπασμοὺς ἐν ταῖς ἀγοραῖς

20 46 προσέχετε ἀπὸ τῶν γραμματέων τῶν ... φιλούντων ἀσπασμοὺς ἐν ταῖς ἀγοραῖς

1C 16 21 ὁ ἀσπασμὸς τῇ ἐμῇ χειρὶ Παύλου

Cl 4 18 ὁ ἀσπασμὸς τῇ ἐμῇ χειρὶ Παύλου

2 Th 3 17 ὁ ἀσπασμὸς τῇ ἐμῇ χειρὶ Παύλου

ἄσπιλος

1 Tm 6 14 τηρῆσαί σε τὴν ἐντολὴν ἄσπιλον

Jc 1 27 θρησκεία ... ἐστὶν ... ἄσπιλον ἑαυτὸν τηρεῖν ἀπὸ τοῦ κόσμου

1 Pt 1 19 ⟨ἐλυτρώθητε⟩ τιμίῳ αἵματι ὡς ἀμνοῦ ἀμώμου καὶ ἀσπίλου Χριστοῦ

2 Pt 3 14 σπουδάσατε ἄσπιλοι καὶ ἀμώμητοι αὐτῷ εὑρεθῆναι

ἀσπίς

Rm 3 13 ἰὸς ἀσπίδων ὑπὸ τὰ χείλη αὐτῶν

ἄσπονδος

Rm 1 31 *⟨παρέδωκεν αὐτοὺς ὁ θεὸς εἰς ἀδόκιμον νοῦν⟩ ἀστόργους, ἀσπόνδους (+ς), ἀνελεήμονας

2 Tm 3 3 ⟨ἔσονται γὰρ οἱ ἄνθρωποι⟩ ἄστοργοι, ἄσπονδοι, διάβολοι, ἀκρατεῖς

ἀσσάριον

Mt 10 29 οὐχὶ δύο στρουθία ἀσσαρίου πωλεῖται;

Lc 12 6 οὐχὶ πέντε στρουθία πωλοῦνται (πωλεῖται Vς) ἀσσαρίων δύο;

ἆσσον

Ac 27 13 ἆσσον παρελέγοντο τὴν Κρήτην

Ἄσσος

Ἄσσος VSTHς

Ac 20 13 ἡμεῖς δὲ ... ἀνήχθημεν ἐπὶ τὴν Ἄσσον

20 14 ὡς δὲ συνέβαλλεν (-βαλεν Vς) ἡμῖν εἰς τὴν Ἄσσον

ἀστατέω

1C 4 11 ἄχρι τῆς ἄρτι ὥρας ... καὶ κολαφιζόμεθα καὶ ἀστατοῦμεν

ἀστεῖος

Ac 7 20 ἐν ᾧ καιρῷ ἐγεννήθη Μωϋσῆς, καὶ ἦν ἀστεῖος τῷ θεῷ

Hb 11 23 διότι εἶδον ἀστεῖον τὸ παιδίον

ἀστήρ

Mt 2 2 εἴδομεν γὰρ αὐτοῦ τὸν ἀστέρα ἐν τῇ ἀνατολῇ

2 7 ἠκρίβωσεν παρ᾽ αὐτῶν τὸν χρόνον τοῦ φαινομένου ἀστέρος

2 9 ὁ ἀστήρ, ὃν εἶδον ἐν τῇ ἀνατολῇ, προῆγεν αὐτούς

2 10 ἰδόντες δὲ τὸν ἀστέρα ἐχάρησαν

24 29 οἱ ἀστέρες πεσοῦνται ἀπὸ (ἐκ T) τοῦ οὐρανοῦ

Mc 13 25 καὶ οἱ ἀστέρες | ἔσονται ἐκ τοῦ οὐρανοῦ (τ. οὐρ. ἔσ. Vς) πίπτοντες (ἐκπ. VSς)

1C 15 41 ἄλλη δόξα σελήνης, καὶ ἄλλη δόξα ἀστέρων· ↔

15 41 ἀστὴρ γὰρ ↔

15 41 ἀστέρος διαφέρει ἐν δόξῃ

Jd 13 κύματα ... ἐπαφρίζοντα τὰς ἑαυτῶν αἰσχύνας, ἀστέρες πλανῆται

Ap 1 16 ἔχων ἐν τῇ δεξιᾷ χειρὶ αὐτοῦ ἀστέρας ἑπτά

1 20 τὸ μυστήριον τῶν ἑπτὰ ἀστέρων οὓς εἶδες

1 20 οἱ ἑπτὰ ἀστέρες ἄγγελοι τῶν ἑπτὰ ἐκκλησιῶν εἰσιν

2 1 τάδε λέγει ὁ κρατῶν τοὺς ἑπτὰ ἀστέρας ἐν τῇ δεξιᾷ αὐτοῦ

2 28 καὶ δώσω αὐτῷ τὸν ἀστέρα τὸν πρωϊνόν

3 1 ὁ ἔχων τὰ ἑπτὰ πνεύματα τοῦ θεοῦ καὶ τοὺς ἑπτὰ ἀστέρας

6 13 καὶ οἱ ἀστέρες τοῦ οὐρανοῦ ἔπεσαν εἰς τὴν γῆν

8 10 ἔπεσεν ἐκ τοῦ οὐρανοῦ ἀστὴρ μέγας καιόμενος ὡς λαμπάς

8 11 τὸ ὄνομα τοῦ ἀστέρος λέγεται ὁ Ἄψινθος

8 12 ἐπλήγη ... τὸ τρίτον τῶν ἀστέρων

9 1 εἶδον ἀστέρα ἐκ τοῦ οὐρανοῦ πεπτωκότα εἰς τὴν γῆν

12 1 ἐπὶ τῆς κεφαλῆς αὐτῆς στέφανος ἀστέρων δώδεκα

12 4 ἡ οὐρὰ αὐτοῦ σύρει τὸ τρίτον τῶν ἀστέρων τοῦ οὐρανοῦ

22 16 ἐγώ εἰμι ... ὁ ἀστὴρ ὁ λαμπρὸς ὁ πρωϊνός

ἀστήρικτος

2 Pt 2 14 δελεάζοντες ψυχὰς ἀστηρίκτους

3 16 ἃ οἱ ἀμαθεῖς καὶ ἀστήρικτοι στρεβλοῦσιν

ἄστοργος

Rm 1 31 ⟨παρέδωκεν αὐτοὺς ὁ θεὸς⟩ ἀσυνθέτους, ἀστόργους, ἀνελεήμονας

2 Tm 3 3 ⟨ἔσονται γὰρ οἱ ἄνθρωποι⟩ ἄστοργοι, ἄσπονδοι, διάβολοι, ἀκρατεῖς

ἀστοχέω

1 Tm 1 6 ὧν τινες ἀστοχήσαντες ἐξετράπησαν εἰς ματαιολογίαν

6 21 ἥν τινες ἐπαγγελλόμενοι περὶ τὴν πίστιν ἠστόχησαν

2 Tm 2 18 οἵτινες περὶ τὴν ἀλήθειαν ἠστόχησαν

ἀστραπή

Mt 24 27 ὥσπερ γὰρ ἡ ἀστραπὴ ἐξέρχεται ἀπὸ ἀνατολῶν

28 3 ἦν δὲ ἡ εἰδέα αὐτοῦ ὡς ἀστραπή

Lc 10 18 ἐθεώρουν τὸν σατανᾶν ὡς ἀστραπὴν ἐκ τοῦ οὐρανοῦ πεσόντα

11 36 ὡς ὅταν ὁ λύχνος τῇ ἀστραπῇ φωτίζῃ σε

17 24 ὥσπερ γὰρ ἡ ἀστραπὴ ἀστράπτουσα ἐκ τῆς ὑπὸ τὸν οὐρανὸν... λάμπει

Ap 4 5 ἐκ τοῦ θρόνου ἐκπορεύονται ἀστραπαὶ καὶ φωναὶ καὶ βρονταί

8 5 ἐγένοντο βρονταὶ καὶ φωναὶ καὶ ἀστραπαὶ καὶ σεισμός

11 19 καὶ ἐγένοντο ἀστραπαὶ καὶ φωναὶ

16 18 καὶ ἐγένοντο ἀστραπαὶ καὶ φωναὶ καὶ βρονταί

ἀστράπτω
ἐξ- περι-

Lc 17 24 ὥσπερ γὰρ ἡ ἀστραπὴ ἀστράπτουσα ἐκ τῆς ὑπὸ τὸν οὐρανὸν... λάμπει

24 4 ἄνδρες δύο ἐπέστησαν αὐταῖς ἐν | ἐσθῆτι ἀστραπτούσῃ (ἐσθήσεσιν ἀ-σαις VSς)

ἄστρον
Lc 21 25 ἔσονται (ἔσται VSϛ) σημεῖα ἐν ἡλίῳ καὶ σελήνῃ καὶ ἄστροις
Ac 7 43 ἀνελάβετε ... τὸ ἄστρον τοῦ θεοῦ ὑμῶν (+[N²⁶] VSϛ) 'Ραιφάν
27 20 μήτε δὲ ἡλίου μήτε ἄστρων ἐπιφαινόντων
Hb 11 12 καθὼς τὰ ἄστρα τοῦ οὐρανοῦ τῷ πλήθει

'Ασύγκριτος
'Ασύνκριτος STH
Rm 16 14 ἀσπάσασθε 'Ασύγκριτον, Φλέγοντα, 'Ερμῆν, Πατροβᾶν, 'Ερμᾶν

ἀσύμφωνος
Ac 28 25 ἀσύμφωνοι δὲ (τε T) ὄντες πρὸς ἀλλήλους ἀπελύοντο

ἀσύνετος
Mt 15 16 ἀκμὴν καὶ ὑμεῖς ἀσύνετοί ἐστε;
Mc 7 18 οὕτως καὶ ὑμεῖς ἀσύνετοί ἐστε;
Rm 1 21 ἐσκοτίσθη ἡ ἀσύνετος αὐτῶν καρδία
1 31 ⟨παρέδωκεν αὐτοὺς ὁ θεός⟩ ἀσυνέτους, ἀσυνθέτους
10 19 ἐπ' ἔθνει ἀσυνέτῳ παροργιῶ ὑμᾶς

ἀσύνθετος
Rm 1 31 ⟨παρέδωκεν αὐτοὺς ὁ θεός⟩ ἀσυνέτους, ἀσυνθέτους, ἀστόργους

ἀσφάλεια
Lc 1 4 ἵνα ἐπιγνῷς περὶ ὧν κατηχήθης λόγων τὴν ἀσφάλειαν
Ac 5 23 ὅτι τὸ (+μὲν MV[S] ϛ) δεσμωτήριον εὕρομεν κεκλεισμένον ἐν πάσῃ ἀσφαλείᾳ
1 Th 5 3 ὅταν (+δὲ MVBS) λέγωσιν· εἰρήνη καὶ ἀσφάλεια

ἀσφαλής
→ ἀσφαλῶς
Ac 21 34 μὴ δυναμένου δὲ αὐτοῦ γνῶναι τὸ ἀσφαλές
22 30 βουλόμενος γνῶναι τὸ ἀσφαλές, τὸ τί κατηγορεῖται
25 26 περὶ οὗ ἀσφαλές τι γράψαι τῷ κυρίῳ οὐκ ἔχω
Ph 3 1 τὰ αὐτὰ γράφειν ὑμῖν ἐμοὶ μὲν οὐκ ὀκνηρόν, ὑμῖν δὲ ἀσφαλές
Hb 6 19 ἣν ὡς ἄγκυραν ἔχομεν τῆς ψυχῆς ἀσφαλῆ τε καὶ βεβαίαν

ἀσφαλίζομαι
Mt 27 64 κέλευσον οὖν ἀσφαλισθῆναι τὸν τάφον
27 65 ὑπάγετε ἀσφαλίσασθε ὡς οἴδατε.↔
27 66 οἱ δὲ πορευθέντες ἠσφαλίσαντο τὸν τάφον
Ac 16 24 καὶ τοὺς πόδας | ἠσφαλίσατο αὐτῶν (~ Sϛ) εἰς τὸ ξύλον

ἀσφαλῶς
→ ἀσφαλής
Mc 14 44 κρατήσατε αὐτὸν καὶ ἀπάγετε ἀσφαλῶς
Ac 2 36 ἀσφαλῶς οὖν γινωσκέτω πᾶς οἶκος 'Ισραήλ
16 23 παραγγείλαντες τῷ δεσμοφύλακι ἀσφαλῶς τηρεῖν αὐτούς

ἀσχημονέω
1C 7 36 εἰ δέ τις ἀσχημονεῖν ἐπὶ τὴν παρθένον αὐτοῦ νομίζει
13 5 ⟨ἡ ἀγάπη⟩ οὐκ ἀσχημονεῖ

ἀσχημοσύνη
Rm 1 27 ἄρσενες ἐν ἄρσεσιν τὴν ἀσχημοσύνην κατεργαζόμενοι
Ap 16 15 ἵνα μὴ γυμνὸς περιπατῇ καὶ βλέπωσιν τὴν ἀσχημοσύνην αὐτοῦ

ἀσχήμων
1C 12 23 τὰ ἀσχήμονα ἡμῶν εὐσχημοσύνην περισσοτέραν ἔχει

13*

ἀσωτία
E 5 18 μὴ μεθύσκεσθε οἴνῳ, ἐν ᾧ ἐστιν ἀσωτία
Tt 1 6 τέκνα ... μὴ ἐν κατηγορίᾳ ἀσωτίας ἢ ἀνυπότακτα
1 Pt 4 4 μὴ συντρεχόντων ὑμῶν εἰς τὴν αὐτὴν τῆς ἀσωτίας ἀνάχυσιν

ἀσώτως
Lc 15 13 διεσκόρπισεν τὴν οὐσίαν αὐτοῦ ζῶν ἀσώτως

ἀτακτέω
2 Th 3 7 ὅτι οὐκ ἠτακτήσαμεν ἐν ὑμῖν

ἄτακτος
→ ἀτάκτως
1 Th 5 14 νουθετεῖτε τοὺς ἀτάκτους

ἀτάκτως
→ ἄτακτος
2 Th 3 6 ἀπὸ παντὸς ἀδελφοῦ ἀτάκτως περιπατοῦντος
3 11 ἀκούομεν γάρ τινας περιπατοῦντας ἐν ὑμῖν ἀτάκτως

ἄτεκνος
Lc 20 28 ἐάν τινος ἀδελφὸς ἀποθάνῃ ἔχων γυναῖκα, καὶ οὗτος ἄτεκνος ᾖ
20 29 ὁ πρῶτος λαβὼν γυναῖκα ἀπέθανεν ἄτεκνος
20 30 *| καὶ οὗτος ἀπέθανεν ἄτεκνος (..+ϛ)

ἀτενίζω
a ἀτενίζω εἰς
Lc 4 20 καὶ πάντων οἱ ὀφθαλμοὶ ... ἦσαν ἀτενίζοντες αὐτῷ
22 56 ἰδοῦσα δὲ αὐτὸν παιδίσκη τις καθημένη ... καὶ ἀτενίσασα αὐτῷ εἶπεν
Ac 1 10a ὡς ἀτενίζοντες ἦσαν εἰς τὸν οὐρανόν
3 4a ἀτενίσας δὲ Πέτρος εἰς αὐτόν
3 12 ἡμῖν τί ἀτενίζετε ὡς ... πεποιηκόσιν τοῦ περιπατεῖν αὐτόν;
6 15a ἀτενίσαντες εἰς αὐτὸν πάντες οἱ καθεζόμενοι ἐν τῷ συνεδρίῳ εἶδον
7 55a ἀτενίσας εἰς τὸν οὐρανὸν εἶδεν δόξαν θεοῦ
10 4 ὁ δὲ ἀτενίσας αὐτῷ ... εἶπεν
11 6a εἰς ἣν ἀτενίσας κατενόουν
13 9a Σαῦλος δέ ... ἀτενίσας εἰς αὐτὸν ⟨εἶπεν⟩
14 9 ὃς ἀτενίσας αὐτῷ ⟨εἶπεν⟩
23 1 ἀτενίσας δὲ | ὁ (—H) Παῦλος τῷ συνεδρίῳ (~ MBST) εἶπεν
2C 3 7a ὥστε μὴ δύνασθαι ἀτενίσαι τοὺς υἱοὺς 'Ισραὴλ εἰς τὸ πρόσωπον Μωϋσέως
3 13a Μωϋσῆς ἐτίθει κάλυμμα ... πρὸς τὸ μὴ ἀτενίσαι τοὺς υἱοὺς 'Ισραὴλ εἰς τὸ τέλος

ἄτερ
Lc 22 6 ἐζήτει εὐκαιρίαν τοῦ παραδοῦναι αὐτὸν | ἄτερ ὄχλου αὐτοῖς (~ Vϛ)
22 35 ὅτε ἀπέστειλα ὑμᾶς ἄτερ βαλλαντίου καὶ πήρας

ἀτιμάζω
Mc 12 4 κἀκεῖνον ἐκεφαλίωσαν καὶ ἠτίμασαν (ἀπέστειλαν ἠτιμωμένον ϛ)
Lc 20 11 οἱ δὲ κἀκεῖνον ... ἀτιμάσαντες ἐξαπέστειλαν κενόν
Jo 8 49 καὶ ὑμεῖς ἀτιμάζετέ με
Ac 5 41 ὅτι κατηξιώθησαν ὑπὲρ τοῦ ὀνόματος ἀτιμασθῆναι
Rm 1 24 παρέδωκεν αὐτοὺς ὁ θεός ... εἰς ἀκαθαρσίαν τοῦ ἀτιμάζεσθαι τὰ σώματα αὐτῶν ἐν αὐτοῖς
2 23 διὰ τῆς παραβάσεως τοῦ νόμου τὸν θεὸν ἀτιμάζεις;

Jc 2 6 ὑμεῖς δὲ ἠτιμάσατε τὸν πτωχόν

ἀτιμία
Rm 1 26 παρέδωκεν αὐτοὺς ὁ θεὸς εἰς πάθη ἀτιμίας
9 21 ποιῆσαι ὃ μὲν εἰς τιμὴν σκεῦος, ὃ δὲ εἰς ἀτιμίαν
1C 11 14 ἀνὴρ μὲν ἐὰν κομᾷ, ἀτιμία αὐτῷ ἐστιν
15 43 σπείρεται ἐν ἀτιμίᾳ, ἐγείρεται ἐν δόξῃ
2C 6 8 διὰ δόξης καὶ ἀτιμίας, διὰ δυσφημίας καὶ εὐφημίας
11 21 κατὰ ἀτιμίαν λέγω, ὡς ὅτι ἡμεῖς ἠσθενήκαμεν (-σαμεν Vϛ)
2 Tm 2 20 σκεύη ... ἃ μὲν εἰς τιμὴν ἃ δὲ εἰς ἀτιμίαν

ἄτιμος
a comp.
Mt 13 57 οὐκ ἔστιν προφήτης ἄτιμος εἰ μὴ ἐν τῇ πατρίδι (ἰδίᾳ π. VST; π. αὐτοῦ ϛ)
Mc 6 4 οὐκ ἔστιν προφήτης ἄτιμος εἰ μὴ ἐν τῇ πατρίδι αὐτοῦ (ἑ. T)
1C 4 10 ὑμεῖς ἔνδοξοι, ἡμεῖς δὲ ἄτιμοι
12 23a ἃ δοκοῦμεν ἀτιμότερα εἶναι τοῦ σώματος

ἀτιμόω
Mc 12 4 *κἀκεῖνον | λιθοβολήσαντες ἐκεφαλίωσαν καὶ ἀπέστειλαν ἠτιμωμένον (ϛ; ἐκ. κ. ἠτίμασαν rl)

ἀτμίς
Ac 2 19 δώσω τέρατα ... καὶ σημεῖα ... αἷμα καὶ πῦρ καὶ ἀτμίδα καπνοῦ
Jc 4 14 ἀτμὶς γάρ ἐστε ἡ (—H) πρὸς ὀλίγον φαινομένη

ἄτομος
1C 15 52 ⟨πάντες δὲ ἀλλαγησόμεθα⟩ ἐν ἀτόμῳ, ἐν ῥιπῇ ὀφθαλμοῦ, ἐν τῇ ἐσχάτῃ σάλπιγγι

ἄτοπος
Lc 23 41 οὗτος δὲ οὐδὲν ἄτοπον ἔπραξεν
Ac 25 5 εἴ τί ἐστιν ἐν τῷ ἀνδρὶ ἄτοπον (τούτῳ ϛ)
28 6 θεωρούντων μηδὲν ἄτοπον εἰς αὐτὸν γινόμενον
2 Th 3 2 ἵνα ῥυσθῶμεν ἀπὸ τῶν ἀτόπων καὶ πονηρῶν ἀνθρώπων

'Αττάλεια
'Ατταλία MVBSTH
Ac 14 25 κατέβησαν εἰς 'Αττάλειαν

αὐγάζω
δι-
2C 4 4 ἐτύφλωσεν τὰ νοήματα τῶν ἀπίστων εἰς τὸ μὴ αὐγάσαι τὸν φωτισμὸν τοῦ εὐαγγελίου

αὐγή
Ac 20 11 ἐφ' ἱκανόν τε ὁμιλήσας ἄχρι αὐγῆς

Αὔγουστος
Lc 2 1 ἐξῆλθεν δόγμα παρὰ Καίσαρος Αὐγούστου

αὐθάδης
Tt 1 7 δεῖ γὰρ τὸν ἐπίσκοπον ἀνέγκλητον εἶναι ὡς θεοῦ οἰκονόμον, μὴ αὐθάδη
2Pt 2 10 τολμηταὶ αὐθάδεις, δόξας οὐ τρέμουσιν βλασφημοῦντες

αὐθαίρετος
2C 8 3 ὅτι κατὰ δύναμιν, μαρτυρῶ, καὶ παρὰ δύναμιν, αὐθαίρετοι (μετὰ πολλῆς παρακλήσεως δεόμενοι)
8 17 σπουδαιότερος δὲ ὑπάρχων αὐθαίρετος ἐξῆλθεν πρὸς ὑμᾶς

αὐθεντέω
1Tm 2 12 διδάσκειν δὲ γυναικὶ οὐκ ἐπιτρέπω, οὐδὲ αὐθεντεῖν ἀνδρός

αὐλέω
Mt 11 17 ηὐλήσαμεν ὑμῖν καὶ οὐκ ὠρχήσασθε
Lc 7 32 ηὐλήσαμεν ὑμῖν καὶ οὐκ ὠρχήσασθε
1C 14 7 πῶς γνωσθήσεται τὸ αὐλούμενον ἢ τὸ κιθαριζόμενον;

αὐλή
Mt 26 3 συνήχθησαν οἱ ἀρχιερεῖς ... εἰς τὴν αὐλὴν τοῦ ἀρχιερέως
26 58 ὁ δὲ Πέτρος ἠκολούθει αὐτῷ ἀπὸ ([NH]; — ST) μακρόθεν ἕως τῆς αὐλῆς τοῦ ἀρχιερέως
26 69 ὁ δὲ Πέτρος ἐκάθητο ἔξω ἐν τῇ αὐλῇ
Mc 14 54 ὁ Πέτρος ἀπὸ μακρόθεν ἠκολούθησεν αὐτῷ ἕως ἔσω εἰς τὴν αὐλὴν τοῦ ἀρχιερέως
14 66 ὄντος τοῦ Πέτρου | κάτω ἐν τῇ αὐλῇ (~ Vς)
15 16 οἱ δὲ στρατιῶται ἀπήγαγον αὐτὸν ἔσω τῆς αὐλῆς, ὅ ἐστιν πραιτώριον
Lc 11 21 ὅταν ὁ ἰσχυρὸς καθωπλισμένος φυλάσσῃ τὴν ἑαυτοῦ αὐλήν
22 55 περιαψάντων δὲ πῦρ ἐν μέσῳ τῆς αὐλῆς
Jo 10 1 ὁ μὴ εἰσερχόμενος διὰ τῆς θύρας εἰς τὴν αὐλὴν τῶν προβάτων
10 16 ἄλλα πρόβατα ἔχω ἃ οὐκ ἔστιν ἐκ τῆς αὐλῆς ταύτης
18 15 συνεισῆλθεν τῷ Ἰησοῦ εἰς τὴν αὐλὴν τοῦ ἀρχιερέως
Ap 11 2 καὶ τὴν αὐλὴν τὴν ἔξωθεν (ἔσωθεν S) τοῦ ναοῦ ἔκβαλε ἔξωθεν

αὐλητής
Mt 9 23 ἰδὼν τοὺς αὐλητὰς καὶ τὸν ὄχλον θορυβούμενον
Ap 18 22 φωνὴ ... αὐλητῶν καὶ σαλπιστῶν οὐ μὴ ἀκουσθῇ ἐν σοὶ ἔτι

αὐλίζομαι
Mt 21 17 ἐξῆλθεν ... εἰς Βηθανίαν, καὶ ηὐλίσθη ἐκεῖ
Lc 21 37 τὰς δὲ νύκτας ἐξερχόμενος ηὐλίζετο εἰς τὸ ὄρος τὸ καλούμενον Ἐλαιῶν (N²⁶BHς; -ών rl)

αὐλός
1C 14 7 ὅμως τὰ ἄψυχα φωνὴν διδόντα, εἴτε αὐλὸς εἴτε κιθάρα

αὐξάνω, αὔξω
συν- ὑπερ-
ᵃ trans.
ᵇ αὐξ. εἰς
ᶜ αὐξειν
ᵈ αὐξ. τὴν αὔξησιν
Mt 6 28 καταμάθετε τὰ κρίνα τοῦ ἀγροῦ, πῶς αὐξάνουσιν (-νει Vς)· οὐ κοπιῶσιν (-ᾷ Vς) οὐδὲ νήθουσιν (-ει Vς)
13 32 ὅταν δὲ αὐξηθῇ, μεῖζον τῶν λαχάνων ἐστίν
Mc 4 8 ἐδίδου καρπὸν ἀναβαίνοντα καὶ αὐξανόμενα (N²⁶NH; -νοντα ς; -μενον rl)
Lc 1 80 τὸ δὲ παιδίον ηὔξανεν καὶ ἐκραταιοῦτο πνεύματι
2 40 τὸ δὲ παιδίον ηὔξανεν καὶ ἐκραταιοῦτο
12 27 κατανοήσατε τὰ κρίνα, πῶς | αὐξάνει· οὐ κοπιᾷ οὐδὲ νήθει (οὔτε νήθει οὔτε ὑφαίνει NST)
13 19 καὶ ηὔξησεν καὶ ἐγένετο εἰς δένδρον (+μέγα MVBSς)
Jo 3 30 ἐκεῖνον δεῖ αὐξάνειν, ἐμὲ δὲ ἐλαττοῦσθαι
Ac 6 7 ὁ λόγος τοῦ θεοῦ ηὔξανεν

Ac 7 17 ηὔξησεν ὁ λαὸς καὶ ἐπληθύνθη ἐν Αἰγύπτῳ
12 24 ὁ δὲ λόγος τοῦ θεοῦ (κυρίου NH) ηὔξανεν καὶ ἐπληθύνετο
19 20 οὕτως κατὰ κράτος | τοῦ κυρίου ὁ λόγος (~ VBSς) ηὔξανεν καὶ ἴσχυεν
1C 3 6ᵃἐγὼ ἐφύτευσα, Ἀπολλῶς ἐπότισεν, ἀλλὰ ὁ θεὸς ηὔξανεν
3 7ᵃοὔτε ὁ φυτεύων ἐστίν τι οὔτε ὁ ποτίζων, ἀλλ᾽ ὁ αὐξάνων θεός
2C 9 10ᵃκαὶ αὐξήσει (-σαι ς) τὰ γενήματα τῆς δικαιοσύνης ὑμῶν
10 15 ἐλπίδα δὲ ἔχοντες αὐξανομένης τῆς πίστεως ὑμῶν
E 2 21ᵇᶜἐν ᾧ πᾶσα οἰκοδομὴ συναρμολογουμένη αὔξει εἰς ναὸν ἅγιον ἐν κυρίῳ
4 15ᵇ⟨ἵνα μηκέτι ὦμεν νήπιοι⟩ ἀληθεύοντες δὲ ἐν ἀγάπῃ αὐξήσωμεν εἰς αὐτὸν τὰ πάντα
Cl 1 6 ἐν παντὶ τῷ κόσμῳ ἐστὶν καρποφορούμενον | καὶ αὐξανόμενον (—ς)
1 10 καρποφοροῦντες καὶ αὐξανόμενοι τῇ ἐπιγνώσει τοῦ θεοῦ
2 19ᶜᵈπᾶν τὸ σῶμα ... συμβιβαζόμενον αὔξει τὴν αὔξησιν τοῦ θεοῦ
1Pt 2 2ᵇἵνα ἐν αὐτῷ αὐξηθῆτε εἰς σωτηρίαν
2Pt 3 18 αὐξάνετε δὲ ἐν χάριτι καὶ γνώσει τοῦ κυρίου ἡμῶν

αὔξησις
E 4 16 ἐξ οὗ πᾶν τὸ σῶμα συναρμολογούμενον ... τὴν αὔξησιν τοῦ σώματος ποιεῖται
Cl 2 19 πᾶν τὸ σῶμα ... συμβιβαζόμενον αὔξει τὴν αὔξησιν τοῦ θεοῦ

αὔξω
→ αὐξάνω

αὔριον
ᵃ ἡ αὔριον
Mt 6 30 τὸν χόρτον τοῦ ἀγροῦ σήμερον ὄντα καὶ αὔριον εἰς κλίβανον βαλλόμενον
6 34ᵃμὴ οὖν μεριμνήσητε εἰς τὴν αὔριον.
↔
6 34ᵃἡ γὰρ αὔριον μεριμνήσει ἑαυτῆς
Lc 10 35ᵃἐπὶ τὴν αὔριον ἐκβαλὼν | ἔδωκεν δύο δηνάρια (N²⁶; ~ rl)
12 28 τὸν χόρτον ὄντα σήμερον καὶ αὔριον εἰς κλίβανον βαλλόμενον
13 32 ἰάσεις ἀποτελῶ σήμερον καὶ αὔριον
13 33 δεῖ με σήμερον καὶ αὔριον καὶ τῇ ἐχομένῃ πορεύεσθαι
Ac 4 3ᵃἔθεντο εἰς τήρησιν εἰς τὴν αὔριον
4 5ᵃἐγένετο δὲ ἐπὶ τὴν αὔριον συναχθῆναι αὐτῶν τοὺς ἄρχοντας
23 15 *ὅπως αὔριον (+ς) καταγάγῃ αὐτὸν εἰς (πρὸς VSς) ὑμᾶς
23 20 ὅπως αὔριον τὸν Παῦλον καταγάγῃς εἰς τὸ συνέδριον
25 22 ἐβουλόμην ... τοῦ ἀνθρώπου ἀκοῦσαι. (+ὁ δέ· [MVS]ς) αὔριον, φησίν, ἀκούσῃ αὐτοῦ
1C 15 32 φάγωμεν καὶ πίωμεν, αὔριον γὰρ ἀποθνήσκομεν
Jc 4 13 σήμερον ἢ αὔριον πορευσόμεθα εἰς τήνδε τὴν πόλιν
4 14ᵃοἵτινες οὐκ ἐπίστασθε τὸ (— NH) τῆς αὔριον ποία (+γὰρ MVBSTς) ἡ ζωὴ ὑμῶν

αὐστηρός
Lc 19 21 ἐφοβούμην γάρ σε, ὅτι ἄνθρωπος αὐστηρὸς εἶ
19 22 ᾔδεις ὅτι ἐγὼ ἄνθρωπος αὐστηρός εἰμι ⟨;⟩

αὐτάρκεια
2C 9 8 ἵνα ... πάντοτε πᾶσαν αὐτάρκειαν ἔχοντες περισσεύητε
1Tm 6 6 ἔστιν δὲ πορισμὸς μέγας ἡ εὐσέβεια μετὰ αὐταρκείας

αὐτάρκης
Ph 4 11 ἐγὼ γὰρ ἔμαθον ἐν οἷς εἰμι αὐτάρκης εἶναι

αὐτοκατάκριτος
Tt 3 11 ἐξέστραπται ὁ τοιοῦτος καὶ ἁμαρτάνει ὢν αὐτοκατάκριτος

αὐτόματος
Mc 4 28 αὐτομάτη (+γὰρ Vς) ἡ γῆ καρποφορεῖ
Ac 12 10 ἥτις αὐτομάτη ἠνοίγη αὐτοῖς

αὐτόπτης
Lc 1 2 καθὼς παρέδοσαν ἡμῖν οἱ ἀπ᾽ ἀρχῆς αὐτόπται καὶ ὑπηρέται γενόμενοι τοῦ λόγου

αὐτός
αὐτός p. 100   αὐτήν p. 131
αὐτή p. 102   αὐτοί p. 132
αὐτό p. 102   αὐτά p. 133
αὐτοῦ p. 103   αὐτῶν p. 134
αὐτῆς p. 115   αὐτοῖς p. 139
αὐτῷ p. 117   αὐταῖς p. 143
αὐτῇ p. 123   αὐτούς p. 143
αὐτόν p. 124   αὐτάς p. 146
ᵃ ὁ αὐτός
ᵇ αὐτὸς ὁ
ᶜ αὐτὸς ἐγώ
ᵈ καὶ αὐτός
Mt 1 21 αὐτὸς γὰρ σώσει τὸν λαὸν αὐτοῦ
3 4ᵇαὐτὸς δὲ ὁ Ἰωάννης εἶχεν τὸ ἔνδυμα αὐτοῦ ἀπὸ τριχῶν καμήλου
3 11 αὐτὸς ὑμᾶς βαπτίσει ἐν πνεύματι ἁγίῳ
6 4 *ὁ πατήρ σου ... αὐτὸς (+[S]ς) ἀποδώσει σοι
8 17 αὐτὸς τὰς ἀσθενείας ἡμῶν ἔλαβεν
8 24 αὐτὸς δὲ ἐκάθευδεν
11 14 αὐτός ἐστιν Ἠλίας ὁ μέλλων ἔρχεσθαι
12 3 *ὅτε ἐπείνασεν αὐτὸς (+ς) καὶ οἱ μετ᾽ αὐτοῦ
12 50 αὐτός μου (+καὶ S) ἀδελφὸς καὶ ἀδελφὴ καὶ μήτηρ ἐστίν
14 2 αὐτὸς ἠγέρθη ἀπὸ τῶν νεκρῶν
16 20 αὐτός ἐστιν (+ Ἰησοῦς Vς) ὁ χριστός
21 27ᵈἔφη αὐτοῖς καὶ αὐτός
25 17ᵈ*ἐκέρδησεν | καὶ αὐτὸς (MVSς) ἄλλα δύο
26 48 ὃν ἂν (ἐὰν T) φιλήσω αὐτός ἐστιν
27 57ᵈὃς καὶ αὐτὸς ἐμαθητεύθη (ἐμαθήτευσεν MVBSς) τῷ Ἰησοῦ
Mc 1 8 αὐτὸς δὲ βαπτίσει ὑμᾶς ἐν (— NH) πνεύματι ἁγίῳ
2 25ᵈ*καὶ αὐτὸς (+V[S]ς) λέγει αὐτοῖς
2 25 ὅτε ... ἐπείνασεν αὐτὸς καὶ οἱ μετ᾽ αὐτοῦ
3 13 προσκαλεῖται οὓς ἤθελεν αὐτός
4 27 ὁ σπόρος βλαστᾷ καὶ μηκύνεται ὡς οὐκ οἶδεν αὐτός
4 38ᵈκαὶ | αὐτὸς ἦν (~ VBSTς) ἐν τῇ πρύμνῃ ... καθεύδων
5 40 αὐτὸς (ὁ VSς) δὲ ἐκβαλὼν πάντας παραλαμβάνει
6 16 *οὗτος | ἐστιν· αὐτὸς ἠγέρθη ἐκ νεκρῶν (ς; ἠγέρθη rl). ↔
6 17ᵇαὐτὸς γὰρ ὁ Ἡρῴδης ἀποστείλας ἐκράτησεν τὸν Ἰωάννην
6 45 ἕως αὐτὸς ἀπολύει τὸν ὄχλον

Mc 6 47ᵈἦν [+πάλαι S] τὸ πλοῖον ἐν μέσῳ τῆς θαλάσσης, καὶ αὐτὸς μόνος ἐπὶ τῆς γῆς

7 36 *ὅσον δὲ αὐτὸς (+ς) αὐτοῖς διεστέλλετο

8 29ᵈκαὶ αὐτὸς ἐπηρώτα αὐτούς

12 21 *ἀπέθανεν | καὶ οὐδὲ αὐτὸς ἀφῆκεν (Vς; μὴ καταλιπὼν rl) σπέρμα

12 36 αὐτὸς (+γὰρ Vς) Δαυὶδ εἶπεν ἐν τῷ πνεύματι τῷ ἁγίῳ

12 37 αὐτὸς (+οὖν Vς) Δαυὶδ λέγει αὐτὸν κύριον

14 15ᵈκαὶ αὐτὸς ὑμῖν δείξει ἀνάγαιον μέγα

14 44 ὃν ἂν φιλήσω αὐτός ἐστιν

15 43ᵈὃς καὶ αὐτὸς ἦν προσδεχόμενος τὴν βασιλείαν τοῦ θεοῦ

[16 br]ᵇᵈκαὶ αὐτὸς ὁ Ἰησοῦς ... ἐξαπέστειλεν

Lc 1 17ᵈκαὶ αὐτὸς προελεύσεται ἐνώπιον αὐτοῦ

1 22ᵈκαὶ αὐτὸς ἦν διανεύων αὐτοῖς

2 28ᵈκαὶ αὐτὸς ἐδέξατο αὐτὸ εἰς τὰς ἀγκάλας (+αὐτοῦ Sς)

3 15 περὶ τοῦ Ἰωάννου, μήποτε αὐτὸς εἴη ὁ χριστός

3 16 αὐτὸς ὑμᾶς βαπτίσει ἐν πνεύματι ἁγίῳ

3 23ᵈκαὶ αὐτὸς ἦν Ἰησοῦς ἀρχόμενος ὡσεὶ ἐτῶν τριάκοντα

4 15ᵈκαὶ αὐτὸς ἐδίδασκεν ἐν ταῖς συναγωγαῖς αὐτῶν

4 30 αὐτὸς δὲ διελθὼν διὰ μέσου αὐτῶν ἐπορεύετο

5 1ᵈκαὶ αὐτὸς ἦν ἑστὼς παρὰ τὴν λίμνην Γεννησαρέτ

5 14ᵈκαὶ αὐτὸς παρήγγειλεν αὐτῷ μηδενὶ εἰπεῖν

5 16 αὐτὸς δὲ ἦν ὑποχωρῶν ἐν ταῖς ἐρήμοις

5 17ᵈκαὶ αὐτὸς ἦν διδάσκων

5 37ᵈκαὶ αὐτὸς ἐκχυθήσεται

6 3 ὅτε (N²⁶H; ὁπότε rl) ἐπείνασεν αὐτὸς καὶ οἱ μετ' αὐτοῦ ὄντες ([N²⁶]; — H)

6 8 αὐτὸς δὲ ᾔδει τοὺς διαλογισμοὺς αὐτῶν

6 20ᵈκαὶ αὐτὸς ἐπάρας τοὺς ὀφθαλμοὺς αὐτοῦ

6 35 ὅτι αὐτὸς χρηστός ἐστιν ἐπὶ τοὺς ἀχαρίστους

6 42 αὐτὸς τὴν ἐν τῷ ὀφθαλμῷ σου δοκὸν οὐ βλέπων

7 5 καὶ τὴν συναγωγὴν αὐτὸς ᾠκοδόμησεν ἡμῖν

8 1ᵈκαὶ αὐτὸς διώδευεν κατὰ πόλιν

8 22ᵈκαὶ αὐτὸς ἐνέβη εἰς πλοῖον

8 37 αὐτὸς δὲ ἐμβὰς εἰς πλοῖον ὑπέστρεψεν

8 41ᵈ*καὶ αὐτὸς (Tς; οὗτος rl) ἄρχων τῆς συναγωγῆς ὑπῆρχεν

8 54 αὐτὸς δὲ κρατήσας τῆς χειρὸς αὐτῆς

9 51ᵈκαὶ αὐτὸς τὸ πρόσωπον (+αὐτοῦ VTς) ἐστήρισεν (-ριξεν Vς)

10 1 οὗ ἤμελλεν αὐτὸς ἔρχεσθαι

10 38ᵈ(+καὶ VTς) αὐτὸς εἰσῆλθεν εἰς κώμην τινά

11 17 αὐτὸς δὲ εἰδὼς αὐτῶν τὰ διανοήματα εἶπεν αὐτοῖς

11 28 αὐτὸς δὲ εἶπεν

15 14ᵈκαὶ αὐτὸς ἤρξατο ὑστερεῖσθαι

16 24ᵈκαὶ αὐτὸς φωνήσας εἶπεν

17 11ᵈκαὶ αὐτὸς διήρχετο διὰ μέσον (μέσου Vς) Σαμαρείας

Lc 17 16ᵈκαὶ αὐτὸς ἦν Σαμαρίτης

18 39 αὐτὸς δὲ πολλῷ μᾶλλον ἔκραζεν

19 2ᵈκαὶ αὐτὸς ἦν ἀρχιτελώνης, ↔

19 2ᵈκαὶ αὐτὸς (ἦν T; οὗτος ἦν ς) πλούσιος

19 9ᵈκαθότι καὶ αὐτὸς υἱὸς Ἀβραάμ ἐστιν ([NH]; —T)

20 42ᵈ| αὐτὸς γὰρ (καὶ αὐτὸς Sς) Δαυὶδ λέγει ἐν βίβλῳ ψαλμῶν

22 41ᵈκαὶ αὐτὸς ἀπεσπάσθη ἀπ' αὐτῶν

23 9 αὐτὸς δὲ οὐδὲν ἀπεκρίνατο αὐτῷ

23 51ᵈ*ὃς προσεδέχετο | καὶ αὐτὸς (+Vς) τὴν βασιλείαν τοῦ θεοῦ

24 15ᵈκαὶ [H] αὐτὸς Ἰησοῦς ἐγγίσας συνεπορεύετο αὐτοῖς

24 21 ὅτι αὐτός ἐστιν ὁ μέλλων λυτροῦσθαι τὸν Ἰσραήλ

24 25ᵈκαὶ αὐτὸς εἶπεν πρὸς αὐτούς

24 28ᵈκαὶ αὐτὸς προσεποιήσατο πορρώτερον (N²⁶NH; -τέρω rl) πορεύεσθαι

24 31ᵈκαὶ αὐτὸς ἄφαντος ἐγένετο ἀπ' αὐτῶν

24 36ᵇαὐτὸς (+ὁ Ἰησοῦς Vς) ἔστη ἐν μέσῳ αὐτῶν

24 39ᶜἴδετε ... ὅτι | ἐγώ εἰμι αὐτός (~Vς)

Jo 1 27 *| αὐτός ἐστιν (+ς) ὁ (—H) ὀπίσω μου ἐρχόμενος

2 12 κατέβη εἰς Καφαρναοὺμ αὐτὸς καὶ ἡ μήτηρ αὐτοῦ

2 24ᵇαὐτὸς δὲ (+ὁ MVBSς) Ἰησοῦς οὐκ ἐπίστευεν αὐτὸν (N²⁶T; ἑ. rl) αὐτοῖς

2 25 αὐτὸς γὰρ ἐγίνωσκεν τί ἦν ἐν τῷ ἀνθρώπῳ

4 2 καίτοιγε Ἰησοῦς αὐτὸς οὐκ ἐβάπτιζεν

4 12ᵈκαὶ αὐτὸς ἐξ αὐτοῦ ἔπιεν καὶ οἱ υἱοὶ αὐτοῦ

4 44 αὐτὸς γὰρ Ἰησοῦς ἐμαρτύρησεν

4 53 ἐπίστευσεν αὐτὸς καὶ ἡ οἰκία αὐτοῦ ὅλη

5 20 ὁ γὰρ πατὴρ ... πάντα δείκνυσιν αὐτῷ ἃ αὐτὸς ποιεῖ

5 37 *αὐτὸς (ἐκεῖνος N²⁶NBTH) μεμαρτύρηκεν περὶ ἐμοῦ

6 6 αὐτὸς γὰρ ᾔδει τί ἔμελλεν ποιεῖν

6 15 ἀνεχώρησεν (φεύγει T) πάλιν εἰς τὸ ὄρος αὐτὸς μόνος

7 4 καὶ ζητεῖ αὐτὸς ἐν παρρησίᾳ εἶναι

7 9 ταῦτα δὲ (—BT) εἰπὼν αὐτὸς (αὐτοῖς NMVHς) ἔμεινεν

7 10ᵈτότε καὶ αὐτὸς ἀνέβη

9 21 *αὐτὸς (+ς) ἡλικίαν ἔχει, ↔

9 21 αὐτὸς περὶ ἑαυτοῦ λαλήσει

12 24 ἐὰν μὴ ὁ κόκκος τοῦ σίτου ... ἀποθάνῃ, αὐτὸς μόνος μένει

12 49 ὁ πέμψας με πατὴρ αὐτός μοι ἐντολὴν δέδωκεν

14 10 *ὁ δὲ πατήρ...|| ποιεῖ τὰ ἔργα αὐτός (αὐτοῦ N²⁶NBTH) ((~Vς))

16 27ᵇαὐτὸς γὰρ ὁ πατὴρ φιλεῖ ὑμᾶς

18 1 εἰς ὃν εἰσῆλθεν αὐτὸς καὶ οἱ μαθηταὶ αὐτοῦ

Ac 2 34 λέγει δὲ αὐτός

3 10 αὐτὸς (N²⁶ST; οὗτος rl) ἦν ὁ πρὸς τὴν ἐλεημοσύνην καθήμενος

7 15 ἐτελεύτησεν αὐτὸς καὶ οἱ πατέρες ἡμῶν

8 13ᵈὁ δὲ Σίμων καὶ αὐτὸς ἐπίστευσεν

10 26ᶜκαὶ ἐγὼ αὐτὸς ἄνθρωπός εἰμι

10 42 *ὅτι αὐτός (Tς; οὗτός rl) ἐστιν ὁ ὡρισμένος ὑπὸ τοῦ θεοῦ κριτής

14 12 ἐπειδὴ αὐτὸς ἦν ὁ ἡγούμενος τοῦ λόγου

Ac 16 33 ἐβαπτίσθη αὐτὸς καὶ οἱ αὐτοῦ πάντες (N²⁶Sς; ἀπ. rl)

17 25 αὐτὸς διδοὺς πᾶσι ζωὴν καὶ πνοήν

18 19 αὐτὸς δὲ εἰσελθὼν εἰς τὴν συναγωγήν

19 22 αὐτὸς ἐπέσχεν χρόνον εἰς τὴν Ἀσίαν

20 13 οὕτως γὰρ διατεταγμένος ἦν, μέλλων αὐτὸς πεζεύειν

20 35 μνημονεύειν τε τῶν λόγων τοῦ κυρίου Ἰησοῦ, ὅτι αὐτὸς εἶπεν

21 24ᵈὅτι ... στοιχεῖς καὶ αὐτὸς φυλάσσων τὸν νόμον

22 20ᵈκαὶ αὐτὸς ἤμην ἐφεστώς

24 8 παρ' οὗ δυνήσῃ αὐτὸς ἀνακρίνας ... ἐπιγνῶναι

24 16ᵈἐν τούτῳ καὶ αὐτὸς ἀσκῶ ἀπρόσκοπον συνείδησιν ἔχειν πρὸς τὸν θεόν

25 22ᵈἐβουλόμην καὶ αὐτὸς τοῦ ἀνθρώπου ἀκοῦσαι

Rm 7 25ᶜἄρα οὖν αὐτὸς ἐγὼ τῷ μὲν (—T) νοῒ δουλεύω νόμῳ θεοῦ

9 3ᶜηὐχόμην γὰρ ἀνάθεμα εἶναι αὐτὸς ἐγὼ ἀπὸ τοῦ Χριστοῦ

10 12ᵃὁ γὰρ αὐτὸς κύριος πάντων

15 14ᶜᵈπέπεισμαι δέ, ἀδελφοί μου, καὶ αὐτὸς ἐγὼ περὶ ὑμῶν

1C 2 15 ὁ δὲ πνευματικὸς ἀνακρίνει τὰ ([N²⁶]B; μὲνNMVSHς;—T)πάντα, αὐτὸς δὲ ὑπ' οὐδενὸς ἀνακρίνεται

3 15 εἴ τινος τὸ ἔργον κατακαήσεται, ζημιωθήσεται, αὐτὸς δὲ σωθήσεται

7 13ᵈ*καὶ αὐτὸς (ς; οὗτος rl) συνευδοκεῖ οἰκεῖν μετ' αὐτῆς

9 20 ἐγενόμην ... ὡς ὑπὸ νόμον, | μὴ ὢν αὐτὸς ὑπὸ νόμον (—ς)

9 27 μή πως ἄλλοις κηρύξας αὐτὸς ἀδόκιμος γένωμαι

12 5ᵃᵈδιαιρέσεις διακονιῶν εἰσιν, καὶ ὁ αὐτὸς κύριος· ↔

12 6ᵃᵈκαὶ διαιρέσεις ἐνεργημάτων εἰσίν, | ὁ δὲ (καὶ ὁ H) αὐτὸς (+ἐστιν [S]ς) θεός

15 28ᵇᵈτότε καὶ [N²⁶H] αὐτὸς ὁ υἱὸς ὑποταγήσεται

2C 10 1ᶜαὐτὸς δὲ ἐγὼ Παῦλος παρακαλῶ ὑμᾶς

10 7 ὅτι καθὼς αὐτὸς Χριστοῦ, οὕτως καὶ ἡμεῖς

11 14ᵇαὐτὸς γὰρ ὁ σατανᾶς μετασχηματίζεται εἰς ἄγγελον φωτός

12 13ᶜεἰ μὴ ὅτι αὐτὸς ἐγὼ οὐ κατενάρκησα ὑμῶν

E 2 14 αὐτὸς γάρ ἐστιν ἡ εἰρήνη ἡμῶν

4 10 ὁ καταβὰς αὐτός ἐστιν καὶ ὁ ἀναβάς

4 11ᵈκαὶ αὐτὸς ἔδωκεν τοὺς μὲν ἀποστόλους

5 23 ὡς καὶ ὁ Χριστὸς κεφαλὴ τῆς ἐκκλησίας, αὐτὸς σωτὴρ τοῦ σώματος

5 27 ἵνα παραστήσῃ αὐτὸς (αὐτὴν ς) ἑαυτῷ ἔνδοξον τὴν ἐκκλησίαν

Ph 2 24ᵈὅτι καὶ αὐτὸς ταχέως ἐλεύσομαι

Cl 1 17ᵈκαὶ αὐτός ἐστιν (ἔστιν H) πρὸ πάντων

1 18ᵈκαὶ αὐτός ἐστιν ἡ κεφαλὴ τοῦ σώματος

1 18 ἵνα γένηται ἐν πᾶσιν αὐτὸς πρωτεύων

1 Th 3 11ᵇαὐτὸς δὲ ὁ θεὸς ... κατευθύναι τὴν ὁδὸν ἡμῶν πρὸς ὑμᾶς

4 16ᵇὅτι αὐτὸς ὁ κύριος ... καταβήσεται

5 23ᵇαὐτὸς δὲ ὁ θεὸς τῆς εἰρήνης ἁγιάσαι ὑμᾶς ὁλοτελεῖς

2 Th 2 16ᵇ αὐτὸς δὲ ὁ κύριος ἡμῶν ⟨παρακα-
λέσαι ὑμῶν τὰς καρδίας⟩

3 16ᵇ αὐτὸς δὲ ὁ κύριος τῆς εἰρήνης δῴη
ὑμῖν τὴν εἰρήνην

Hb 1 5ᵈ καὶ αὐτὸς ἔσται μοι εἰς υἱόν

1 12ᵃ σὺ δὲ ὁ αὐτὸς εἶ

2 14ᵈ καὶ αὐτὸς παραπλησίως μετέσχεν
τῶν αὐτῶν

2 18 ἐν ᾧ γὰρ πέπονθεν αὐτὸς πειρα-
σθείς

4 10ᵈ καὶ αὐτὸς κατέπαυσεν ἀπὸ τῶν
ἔργων αὐτοῦ

5 2ᵈ ἐπεὶ καὶ αὐτὸς περίκειται ἀσθένειαν

10 12 *αὐτὸς (ς; οὗτος rl) δὲ μίαν ...
προσενέγκας θυσίαν

13 5 ἀρκούμενοι τοῖς παροῦσιν· αὐτὸς
γὰρ εἴρηκεν

13 8ᵃ Ἰησοῦς Χριστὸς ἐχθὲς καὶ σήμερον
ὁ αὐτὸς καὶ εἰς τοὺς αἰῶνας

Jc 1 13 πειράζει δὲ αὐτὸς οὐδένα

1 Pt 2 24 ὃς τὰς ἁμαρτίας ἡμῶν αὐτὸς
ἀνήνεγκεν...ἐπὶ τὸ ξύλον

5 10 ὁ καλέσας ὑμᾶς ... ὀλίγον παθόν-
τας αὐτὸς καταρτίσει

1 Jo 1 7 ἐὰν δὲ ἐν τῷ φωτὶ περιπατῶμεν
ὡς αὐτός ἐστιν (ἔστιν H) ἐν τῷ
φωτί

2 2ᵈ καὶ αὐτὸς ἱλασμός ἐστιν

2 6ᵈ ὀφείλει ... καὶ αὐτὸς οὕτως ([N²⁶];
— H) περιπατεῖν

2 25 ἣν αὐτὸς ἐπηγγείλατο ἡμῖν

3 24ᵈ ὁ τηρῶν τὰς ἐντολὰς αὐτοῦ ἐν
αὐτῷ μένει καὶ αὐτὸς ἐν αὐτῷ

4 10 ἀλλ᾽ ὅτι αὐτὸς ἠγάπησεν ἡμᾶς

4 13ᵈ ὅτι ἐν αὐτῷ μένομεν καὶ αὐτὸς ἐν
ἡμῖν

4 15ᵈ ὁ θεὸς ἐν αὐτῷ μένει καὶ αὐτὸς ἐν
τῷ θεῷ

4 19 ὅτι αὐτὸς πρῶτος ἠγάπησεν ἡμᾶς

3 Jo 10 οὔτε αὐτὸς ἐπιδέχεται τοὺς ἀδελ-
φούς

Ap 3 20ᵈ δειπνήσω μετ᾽ αὐτοῦ καὶ αὐτὸς
μετ᾽ ἐμοῦ

14 10ᵈ καὶ αὐτὸς πίεται ἐκ τοῦ οἴνου τοῦ
θυμοῦ τοῦ θεοῦ

14 17ᵈ ἔχων καὶ αὐτὸς δρέπανον ὀξύ

17 11ᵈ καὶ τὸ θηρίον ὃ ἦν καὶ οὐκ ἔστιν,
καὶ αὐτὸς ὄγδοός ἐστιν

19 12 ἔχων ὄνομα γεγραμμένον ὃ οὐδεὶς
οἶδεν εἰ μὴ αὐτός

19 15ᵈ καὶ αὐτὸς ποιμανεῖ αὐτούς

19 15ᵈ καὶ αὐτὸς πατεῖ τὴν ληνόν

21 3ᵇᵈ καὶ αὐτὸς ὁ θεὸς | μετ᾽ αὐτῶν
ἔσται (∼ VSTς) | αὐτῶν θεὸς
(+[N²⁶] Bς)

21 7ᵈ καὶ αὐτὸς ἔσται μοι υἱός

αὐτή
ᵃ ἡ αὐτή
ᵇ αὐτή ἡ
ᶜ καὶ αὐτή

Mc 10 12 καὶ ἐὰν αὐτὴ (γυνὴ VBς) ...
| γαμήσῃ ἄλλον (καὶ-μηθῇ ἄλλῳ
Vς), μοιχᾶται

Lc 1 36ᶜ καὶ αὐτὴ συνείληφεν (-φυῖα
VBSTς) υἱὸν ἐν γήρει αὐτῆς

2 37ᶜ καὶ αὐτὴ (αὕτη ς) χήρα ἕως (ὡς ς;
—S) ἐτῶν ὀγδοήκοντα τεσσάρων

7 12ᶜ | μονογενὴς υἱὸς (∼ Sς) τῇ μητρὶ
αὐτοῦ, καὶ αὐτὴ (αὕτη NMST;
αὐτῇ ς) | ἦν χήρα (χῆρα ς)

8 42ᶜ θυγάτηρ μονογενὴς ἦν αὐτῷ ...
καὶ αὐτὴ (N²⁶H; αὕτη rl) ἀπ-
έθνῃσκεν

Rm 8 21ᵇᶜ καὶ αὐτὴ ἡ κτίσις ἐλευθερωθήσε-
ται

Rm 16 2ᶜ καὶ γὰρ αὐτὴ (αὕτη ς) προστάτις
πολλῶν ἐγενήθη

1C 7 12ᶜ *εἴ τις ἀδελφὸς γυναῖκα ἔχει
ἄπιστον καὶ αὐτὴ (ς; αὕτη rl)
συνευδοκεῖ οἰκεῖν μετ᾽ αὐτοῦ

11 14 οὐδὲ ἡ φύσις αὐτὴ διδάσκει ὑμᾶς⟨;⟩

15 39ᵃ οὐ πᾶσα σὰρξ ἡ αὐτὴ σάρξ

Hb 11 11ᶜ πίστει καὶ αὐτὴ Σάρρα στεῖρα
(+N²⁶) δύναμιν ... ἔλαβεν

Ap 18 6ᶜ ἀπόδοτε αὐτῇ ὡς καὶ αὐτὴ ἀπ-
έδωκεν

αὐτό
ᵃ τὸ αὐτό
ᵇ αὐτὸ τό
ᶜ ἐπὶ τὸ αὐτό
ᵈ αὐτὸ τοῦτο, τ. αὐτό

Mt 2 13 ζητεῖν τὸ παιδίον τοῦ ἀπολέσαι
αὐτό

5 46ᵃ οὐχὶ καὶ οἱ τελῶναι τὸ αὐτὸ ποι-
οῦσιν;

5 47ᵃ οὐχὶ καὶ οἱ ἐθνικοὶ | τὸ αὐτὸ
(οὕτως Sς) ποιοῦσιν;

12 11 οὐχὶ κρατήσει αὐτὸ καὶ ἐγερεῖ;

14 12 *ἔθαψαν αὐτό (-τό[ν] N²⁶; -τόν
NTH)

17 19 διὰ τί ἡμεῖς οὐκ ἠδυνήθημεν ἐκ-
βαλεῖν αὐτό;

18 2 ἔστησεν αὐτὸ ἐν μέσῳ αὐτῶν

18 13 ἐὰν γένηται εὑρεῖν αὐτό

22 34ᶜ συνήχθησαν ἐπὶ τὸ αὐτό

26 29 ὅταν αὐτὸ πίνω | μεθ᾽ ὑμῶν καινόν
(∼ S)

26 42 ἐὰν μὴ αὐτὸ πίω

27 44ᵃ τὸ δ᾽ αὐτὸ καὶ οἱ λῃσταὶ ...
ὠνείδιζον αὐτόν

27 59 ἐνετύλιξεν αὐτὸ ἐν (+[N²⁶NH] B)
σινδόνι καθαρᾷ, ↔

27 60 καὶ ἔθηκεν αὐτὸ (—S) ἐν τῷ
καινῷ αὐτοῦ μνημείῳ

Mc 4 4 ἦλθεν τὰ πετεινὰ καὶ κατέφαγεν
αὐτό

4 7 ἀνέβησαν αἱ ἄκανθαι καὶ συν-
έπνιξαν αὐτό

4 37 *ὥστε | αὐτὸ ἤδη γεμίζεσθαι (ς;
ἢ. γ. τὸ πλοῖον rl)

6 29 καὶ ἔθηκαν αὐτὸ (αὐτὸν T) ἐν
μνημείῳ

9 18 ἵνα αὐτὸ ἐκβάλωσιν

9 28 ὅτι ἡμεῖς οὐκ ἠδυνήθημεν ἐκβαλεῖν
αὐτό

9 36 λαβὼν παιδίον ἔστησεν αὐτὸ ἐν
μέσῳ αὐτῶν, ↔

9 36 καὶ ἐναγκαλισάμενος αὐτὸ εἶπεν
αὐτοῖς

9 50 ἐν τίνι αὐτὸ ἀρτύσετε;

14 25 ὅταν αὐτὸ πίνω καινόν

Lc 1 59 ἐκάλουν αὐτὸ ἐπὶ τῷ ὀνόματι τοῦ
πατρὸς αὐτοῦ Ζαχαρίαν

1 62 ἐνένευον ... τὸ τί ἂν θέλοι καλεῖσθαι
αὐτό (-τόν ς)

2 28 καὶ αὐτὸς ἐδέξατο αὐτὸ εἰς τὰς
ἀγκάλας (+αὐτοῦ Sς)

2 40 χάρις θεοῦ ἦν ἐπ᾽ αὐτό

6 33ᵃ καὶ (+γὰρ Vς) οἱ ἁμαρτωλοὶ τὸ
αὐτὸ ποιοῦσιν

8 5 καὶ τὰ πετεινὰ τοῦ οὐρανοῦ
κατέφαγεν αὐτό

8 7 συμφυεῖσαι αἱ ἄκανθαι ἀπέπνιξαν
αὐτό

9 40 ἐδεήθην ... ἵνα ἐκβάλωσιν αὐτό

9 45 ἵνα μὴ αἴσθωνται αὐτό

9 47 ἐπιλαβόμενος παιδίον (παιδίου
VTς) ἔστησεν αὐτὸ παρ᾽ ἑαυτῷ

11 14 καὶ ἦν ἐκβάλλων δαιμόνιον |, καὶ
αὐτὸ ἦν ([N²⁶]; —SH) κωφόν

Lc 14 35 ἔξω βάλλουσιν αὐτό

15 4 ἕως (+οὗ [V]S) εὕρῃ αὐτό

17 35ᶜ ἔσονται δύο ἀλήθουσαι ἐπὶ τὸ αὐτό

19 23 ἐλθὼν σὺν τόκῳ ἂν αὐτὸ ἔπραξα

22 16 ὅτι (+οὐκέτι NMVTς) οὐ μὴ φάγω
αὐτό (ἐξ αὐτοῦ ς)

23 53 *καθελὼν αὐτό (+Vς) ↔

23 53 ἐνετύλιξεν αὐτὸ σινδόνι, ↔

23 53 *καὶ ἔθηκεν αὐτό (ς; αὐτὸν rl) ἐν
μνήματι λαξευτῷ

Jo 1 5 καὶ ἡ σκοτία αὐτὸ οὐ κατέλαβεν

6 39 ἀλλὰ ἀναστήσω αὐτὸ ἐν ([N²⁶];
— SH) τῇ ἐσχάτῃ ἡμέρᾳ

12 7 ἵνα εἰς τὴν ἡμέραν τοῦ ἐνταφιασμοῦ
μου τηρήσῃ αὐτό

12 14 εὑρὼν δὲ ὁ Ἰησοῦς ὀνάριον ἐκάθισεν
ἐπ᾽ αὐτό

14 17 ὅτι οὐ θεωρεῖ αὐτό ↔

14 17 *οὐδὲ γινώσκει αὐτό (+[M]VSTς)·
↔

14 17 ὑμεῖς (+δὲ Vς) γινώσκετε αὐτό

15 2 πᾶν κλῆμα ἐν ἐμοὶ μὴ φέρον καρπόν,
αἴρει αὐτό, ↔

15 2 καὶ πᾶν τὸ καρπὸν φέρον, καθαίρει
αὐτό

15 6 *συνάγουσιν αὐτό (ST; αὐτὰ rl)
καὶ εἰς τὸ πῦρ βάλλουσιν

18 11 τὸ ποτήριον ... οὐ μὴ πίω αὐτό;

19 40 ἔδησαν αὐτὸ ὀθονίοις μετὰ τῶν
ἀρωμάτων

21 6 οὐκέτι αὐτὸ ἑλκύσαι ἴσχυον

Ac 1 15ᶜ ἦν τε ὄχλος ὀνομάτων ἐπὶ τὸ
αὐτὸ ὡσεὶ (ὡς Hς) ἑκατὸν εἴκοσι

2 1ᶜ ἦσαν πάντες ὁμοῦ (ὁμοθυμαδὸν Vς)
ἐπὶ τὸ αὐτό

2 44ᶜ πάντες δὲ οἱ πιστεύοντες (N²⁶ς;
-σαντες rl) ἦσαν (—NH) ἐπὶ τὸ
αὐτό

2 47ᶜ προσετίθει τοὺς σῳζομένους καθ᾽
ἡμέραν (+τῇ ἐκκλησίᾳ [VS]ς) ἐπὶ
τὸ αὐτό

4 26ᶜ οἱ ἄρχοντες συνήχθησαν ἐπὶ τὸ
αὐτὸ κατὰ τοῦ κυρίου

5 39 *οὐ δυνήσεσθε καταλῦσαι αὐτό
(ς; αὐτούς rl)

7 6 δουλώσουσιν αὐτὸ καὶ κακώσουσιν

14 1ᵃ ἐγένετο ... κατὰ τὸ αὐτὸ εἰσελθεῖν
αὐτούς

27 6 εὑρὼν ... πλοῖον ... ἐνεβίβασεν
ἡμᾶς εἰς αὐτό

Rm 7 17 νυνὶ δὲ οὐκέτι ἐγὼ κατεργάζομαι
αὐτό

7 20 οὐκέτι ἐγὼ κατεργάζομαι αὐτό

8 16ᵇ αὐτὸ τὸ πνεῦμα συμμαρτυρεῖ τῷ
πνεύματι ἡμῶν

8 26ᵇ ἀλλὰ αὐτὸ τὸ πνεῦμα ὑπερεν-
τυγχάνει στεναγμοῖς ἀλαλήτοις

9 17ᵈ εἰς αὐτὸ τοῦτο ἐξήγειρά σε

12 16ᵃ τὸ αὐτὸ εἰς ἀλλήλους φρονοῦντες

13 6ᵈ λειτουργοὶ γὰρ θεοῦ εἰσιν εἰς
αὐτὸ τοῦτο προσκαρτεροῦντες

15 5ᵃ ὁ δὲ θεὸς ... δῴη ὑμῖν τὸ αὐτὸ
φρονεῖν

1C 1 10ᵃ ἵνα τὸ αὐτὸ λέγητε πάντες

3 13 ἑκάστου τὸ ἔργον ὁποῖόν ἐστιν
τὸ πῦρ αὐτὸ [N²⁶] δοκιμάσει

4 17ᵈ *διὰ τοῦτο αὐτὸ (+NMVBST)
ἔπεμψα ὑμῖν Τιμόθεον

7 5ᶜ καὶ πάλιν ἐπὶ τὸ αὐτὸ ἦτε

10 3ᵃ πάντες | τὸ αὐτὸ [H] πνευματικὸν
βρῶμα ἔφαγον, ↔

10 4ᵃ καὶ πάντες τὸ αὐτὸ πνευματικὸν
ἔπιον πόμα

11 5ᵃ ἐν γάρ ἐστιν καὶ τὸ αὐτὸ τῇ
ἐξυρημένῃ

1C 11 20ᶜ συνερχομένων οὖν ὑμῶν ἐπὶ τὸ αὐτό

12 4ᵃ διαιρέσεις δὲ χαρισμάτων εἰσίν, τὸ δὲ αὐτὸ πνεῦμα

12 8ᵃ δίδοται ... λόγος γνώσεως κατὰ τὸ αὐτὸ πνεῦμα

12 11ᵃ πάντα δὲ ταῦτα ἐνεργεῖ τὸ ἓν καὶ τὸ αὐτὸ πνεῦμα

12 25ᵃ τὸ αὐτὸ ὑπὲρ ἀλλήλων μεριμνῶσιν τὰ μέλη

14 23ᶜ ἐὰν οὖν συνέλθῃ ἡ ἐκκλησία ὅλη ἐπὶ τὸ αὐτό

2C 2 3ᵈ καὶ ἔγραψα τοῦτο αὐτὸ ἵνα μὴ ἐλθὼν λύπην σχῶ

3 14ᵃ ἄχρι γὰρ τῆς σήμερον ἡμέρας τὸ αὐτὸ κάλυμμα ... μένει

4 13ᵃ ἔχοντες δὲ τὸ αὐτὸ πνεῦμα τῆς πίστεως κατὰ τὸ γεγραμμένον

5 5ᵈ ὁ δὲ κατεργασάμενος ἡμᾶς εἰς αὐτὸ τοῦτο θεός

7 11ᵈ ἰδοὺ γὰρ αὐτὸ τοῦτο τὸ κατὰ θεὸν λυπηθῆναι πόσην κατειργάσατο ὑμῖν σπουδήν

13 11ᵃ καταρτίζεσθε, παρακαλεῖσθε, τὸ αὐτὸ φρονεῖτε

G 1 12 ⟨εὐαγγέλιον⟩ οὐδὲ γὰρ ἐγὼ παρὰ ἀνθρώπου παρέλαβον αὐτὸ οὔτε ἐδιδάχθην

2 10ᵈ ὃ καὶ ἐσπούδασα αὐτὸ τοῦτο ποιῆσαι

E 6 18ᵈ εἰς αὐτὸ (+τοῦτο ς) ἀγρυπνοῦντες ἐν πάσῃ προσκαρτερήσει

6 22ᵈ ὃν ἔπεμψα πρὸς ὑμᾶς εἰς αὐτὸ τοῦτο

Ph 1 6ᵈ πεποιθὼς αὐτὸ τοῦτο, ὅτι ὁ ἐναρξάμενος ... ἐπιτελέσει

2 2ᵃ ἵνα τὸ αὐτὸ φρονῆτε

2 18ᵃ τὸ δὲ αὐτὸ καὶ ὑμεῖς χαίρετε

3 16ᵃ *τῷ αὐτῷ στοιχεῖν | κανόνι, τὸ αὐτὸ φρονεῖν (+ς)

3 21 *| εἰς τὸ γενέσθαι αὐτὸ (+ς) σύμμορφον τῷ σώματι

4 2ᵃ τὸ αὐτὸ φρονεῖν ἐν κυρίῳ

Cl 2 14 καὶ αὐτὸ ἦρκεν ἐκ τοῦ μέσου, ↔

2 14 προσηλώσας αὐτὸ τῷ σταυρῷ

4 4 ἵνα φανερώσω αὐτὸ ὡς δεῖ με λαλῆσαι

4 8ᵈ ὃν ἔπεμψα πρὸς ὑμᾶς εἰς αὐτὸ τοῦτο

1Th 4 10 ποιεῖτε αὐτὸ εἰς πάντας τοὺς ἀδελφούς

Hb 9 19ᵇ αὐτό τε τὸ βιβλίον ... ἐρράντισεν

1 Pt 4 10 ἕκαστος καθὼς ἔλαβεν χάρισμα, εἰς ἑαυτοὺς αὐτὸ διακονοῦντες

2 Pt 1 5ᵈ καὶ | αὐτὸ τοῦτο δὲ (~ S) σπουδὴν πᾶσαν παρεισενέγκαντες

1 Jo 2 27ᵃ *ἀλλ' ὡς τὸ αὐτὸ (ς; αὐτοῦ rl) χρῖσμα διδάσκει ὑμᾶς

Ap 5 3 οὐδεὶς ἐδύνατο ... βλέπειν αὐτό

5 4 ὅτι οὐδεὶς ἄξιος εὑρέθη ... βλέπειν αὐτό

10 9 λάβε καὶ κατάφαγε αὐτό

10 10 ἔλαβον ... καὶ κατέφαγον αὐτό

10 10 καὶ ὅτε ἔφαγον αὐτό

αὐτοῦ

→ αὐτοῦ adv. p. 146

ᵃ post praepositionem

ᵇ gen. abs.

ᶜ substantivo postposito

Mt 1 2 'Ιακὼβ δὲ ἐγέννησεν τὸν 'Ιούδαν καὶ τοὺς ἀδελφοὺς αὐτοῦ

1 11 'Ιωσίας δὲ ἐγέννησεν τὸν 'Ιεχονίαν καὶ τοὺς ἀδελφοὺς αὐτοῦ

1 18 μνηστευθείσης τῆς μητρὸς αὐτοῦ Μαρίας τῷ 'Ιωσήφ

Mt 1 20ᵇ ταῦτα δὲ αὐτοῦ ἐνθυμηθέντος ἰδοὺ ἄγγελος ... ἐφάνη αὐτῷ

1 21 καλέσεις τὸ ὄνομα αὐτοῦ 'Ιησοῦν· ↔

1 21 αὐτὸς γὰρ σώσει τὸν λαὸν αὐτοῦ

1 23 καὶ καλέσουσιν τὸ ὄνομα αὐτοῦ 'Εμμανουήλ

1 24 παρέλαβεν τὴν γυναῖκα αὐτοῦ

1 25 ἐκάλεσεν τὸ ὄνομα αὐτοῦ 'Ιησοῦν

2 2ᶜ εἴδομεν γὰρ αὐτοῦ τὸν ἀστέρα

2 3ᵃ 'Ηρῴδης ἐταράχθη, καὶ πᾶσα 'Ιεροσόλυμα μετ' αὐτοῦ

2 11 εἶδον τὸ παιδίον μετὰ Μαρίας τῆς μητρὸς αὐτοῦ

2 13 παράλαβε τὸ παιδίον καὶ τὴν μητέρα αὐτοῦ

2 14 παρέλαβεν τὸ παιδίον καὶ τὴν μητέρα αὐτοῦ

2 20 παράλαβε τὸ παιδίον καὶ τὴν μητέρα αὐτοῦ

2 21 παρέλαβεν τὸ παιδίον καὶ τὴν μητέρα αὐτοῦ

2 22 ὅτι 'Αρχέλαος βασιλεύει ... ἀντὶ | τοῦ πατρὸς αὐτοῦ 'Ηρῴδου (~ VBSς)

3 3 εὐθείας ποιεῖτε τὰς τρίβους αὐτοῦ

3 4 ὁ 'Ιωάννης εἶχεν τὸ ἔνδυμα αὐτοῦ ἀπὸ τριχῶν καμήλου ↔

3 4 καὶ ζώνην δερματίνην περὶ τὴν ὀσφὺν αὐτοῦ· ↔

3 4 ἡ δὲ τροφὴ ἦν αὐτοῦ ἀκρίδες

3 6ᵃ ἐβαπτίζοντο ἐν τῷ 'Ιορδάνῃ ποταμῷ (—Sς) ὑπ' αὐτοῦ

3 7 ἐρχομένους ἐπὶ τὸ βάπτισμα αὐτοῦ (—NTH)

3 12 οὗ τὸ πτύον ἐν τῇ χειρὶ αὐτοῦ, ↔

3 12 καὶ διακαθαριεῖ τὴν ἅλωνα αὐτοῦ, ↔

3 12 καὶ συνάξει τὸν σῖτον αὐτοῦ

3 13ᵃ παραγίνεται ... πρὸς τὸν 'Ιωάννην τοῦ βαπτισθῆναι ὑπ' αὐτοῦ

4 6 τοῖς ἀγγέλοις αὐτοῦ ἐντελεῖται περὶ σοῦ

4 18 Σίμωνα ... καὶ 'Ανδρέαν τὸν ἀδελφὸν αὐτοῦ

4 21 'Ιάκωβον ... καὶ 'Ιωάννην τὸν ἀδελφὸν αὐτοῦ

4 24 καὶ ἀπῆλθεν ἡ ἀκοὴ αὐτοῦ

5 1ᵇ καθίσαντος αὐτοῦ ↔

5 1 προσῆλθαν αὐτῷ [H] οἱ μαθηταὶ αὐτοῦ· ↔

5 2 καὶ ἀνοίξας τὸ στόμα αὐτοῦ ἐδίδασκεν αὐτούς

5 22 ὁ ὀργιζόμενος τῷ ἀδελφῷ αὐτοῦ

5 22 ὃς δ' ἂν εἴπῃ τῷ ἀδελφῷ αὐτοῦ ῥακά

5 25ᵃ ἕως ὅτου εἶ | μετ' αὐτοῦ ἐν τῇ ὁδῷ (~ Vς)

5 28 ἐμοίχευσεν αὐτὴν ἐν τῇ καρδίᾳ αὐτοῦ

5 31 ὃς ἂν ἀπολύσῃ τὴν γυναῖκα αὐτοῦ

5 32 πᾶς ὁ ἀπολύων τὴν γυναῖκα αὐτοῦ

5 35 ὅτι ὑποπόδιόν ἐστιν τῶν ποδῶν αὐτοῦ

5 41ᵃ ὕπαγε μετ' αὐτοῦ δύο

5 45 ὅτι (ὃς S) τὸν ἥλιον αὐτοῦ ἀνατέλλει ἐπὶ πονηροὺς καὶ ἀγαθούς

6 27 τίς ... δύναται προσθεῖναι ἐπὶ τὴν ἡλικίαν αὐτοῦ πῆχυν ἕνα;

6 29 ὅτι οὐδὲ Σολομὼν ἐν πάσῃ τῇ δόξῃ αὐτοῦ περιεβάλετο

6 33 ζητεῖτε δὲ πρῶτον ... τὴν δικαιοσύνην αὐτοῦ

7 9 ὃν αἰτήσει (ἐὰν αἰτήσῃ VSς) ὁ υἱὸς αὐτοῦ ἄρτον

Mt 7 24ᶜ ὅστις ᾠκοδόμησεν αὐτοῦ τὴν οἰκίαν ἐπὶ τὴν πέτραν

7 26ᶜ ὅστις ᾠκοδόμησεν αὐτοῦ τὴν οἰκίαν ἐπὶ τὴν ἄμμον

7 28 ἐξεπλήσσοντο οἱ ὄχλοι ἐπὶ τῇ διδαχῇ αὐτοῦ

8 1ᵇ | καταβάντος δὲ αὐτοῦ (κ-ντι δὲ αὐτῷ Tς) ἀπὸ τοῦ ὄρους

8 3 ἐκτείνας τὴν χεῖρα ἥψατο αὐτοῦ

8 3ᶜ καὶ εὐθέως ἐκαθαρίσθη αὐτοῦ ἡ λέπρα

8 5ᵇ | εἰσελθόντος δὲ αὐτοῦ (εἰσ-ντι δὲ τῷ 'Ιησοῦ ς) εἰς Καφαρναούμ

8 13 καὶ ἰάθη ὁ παῖς αὐτοῦ (+[N²⁶] ς) ἐν τῇ ὥρᾳ ἐκείνῃ

8 14 εἶδεν τὴν πενθερὰν αὐτοῦ βεβλημένην

8 21 ἕτερος δὲ τῶν μαθητῶν αὐτοῦ (+ [N²⁶]VBς) εἶπεν αὐτῷ

8 23 ἠκολούθησαν αὐτῷ οἱ μαθηταὶ αὐτοῦ.

8 25 *προσελθόντες | οἱ μαθηταὶ αὐτοῦ (ς; οἱ μ. VBS; —rl) ἤγειραν αὐτόν

8 28ᵇ ἐλθόντος αὐτοῦ (ἐ-ντι αὐτῷ ς) εἰς τὸ πέραν

9 7 ἀπῆλθεν εἰς τὸν οἶκον αὐτοῦ

9 10ᵇ καὶ ἐγένετο αὐτοῦ ἀνακειμένου ἐν τῇ οἰκίᾳ

9 10 συνανέκειντο τῷ 'Ιησοῦ καὶ τοῖς μαθηταῖς αὐτοῦ

9 11 ἔλεγον (εἶπον Sς) τοῖς μαθηταῖς αὐτοῦ

9 16 αἴρει γὰρ τὸ πλήρωμα αὐτοῦ ἀπὸ τοῦ ἱματίου

9 18ᵇ ταῦτα αὐτοῦ λαλοῦντος αὐτοῖς

9 19 ἠκολούθησεν (-θει NTH) αὐτῷ καὶ οἱ μαθηταὶ αὐτοῦ

9 20 ἥψατο τοῦ κρασπέδου τοῦ ἱματίου αὐτοῦ

9 21 ἐὰν μόνον ἅψωμαι τοῦ ἱματίου αὐτοῦ

9 24 καὶ κατεγέλων αὐτοῦ

9 37 τότε λέγει τοῖς μαθηταῖς αὐτοῦ

9 38 ὅπως ἐκβάλῃ ἐργάτας εἰς τὸν θερισμὸν αὐτοῦ

10 1 προσκαλεσάμενος τοὺς δώδεκα μαθητὰς αὐτοῦ

10 2 πρῶτος Σίμων ... καὶ 'Ανδρέας ὁ ἀδελφὸς αὐτοῦ

10 2 'Ιάκωβος ... καὶ 'Ιωάννης ὁ ἀδελφὸς αὐτοῦ

10 10 ἄξιος γὰρ ὁ ἐργάτης τῆς τροφῆς αὐτοῦ

10 24 οὐδὲ δοῦλος ὑπὲρ τὸν κύριον αὐτοῦ

10 25 ἵνα γένηται ὡς ὁ διδάσκαλος αὐτοῦ, ↔

10 25 καὶ ὁ δοῦλος ὡς ὁ κύριος αὐτοῦ. ↔

10 25 εἰ τὸν οἰκοδεσπότην Βεελζεβοὺλ ἐπεκάλεσαν, πόσῳ μᾶλλον τοὺς οἰκιακοὺς αὐτοῦ

10 35 διχάσαι ἄνθρωπον κατὰ τοῦ πατρὸς αὐτοῦ

10 36 καὶ ἐχθροὶ τοῦ ἀνθρώπου οἱ οἰκιακοὶ αὐτοῦ

10 38 ὃς οὐ λαμβάνει τὸν σταυρὸν αὐτοῦ

10 39 ὁ εὑρὼν τὴν ψυχὴν αὐτοῦ ἀπολέσει αὐτήν, ↔

10 39 καὶ ὁ ἀπολέσας τὴν ψυχὴν αὐτοῦ ἕνεκεν ἐμοῦ

10 42 οὐ μὴ ἀπολέσῃ τὸν μισθὸν αὐτοῦ

11 1 διατάσσων τοῖς δώδεκα μαθηταῖς αὐτοῦ

11 2 πέμψας διὰ τῶν μαθητῶν αὐτοῦ

Mt 11 11 ὁ δὲ μικρότερος ἐν τῇ βασιλείᾳ τῶν
οὐρανῶν μείζων αὐτοῦ ἐστιν
11 20 ἐν αἷς ἐγένοντο αἱ πλεῖσται δυνά-
μεις αὐτοῦ
12 1 οἱ δὲ μαθηταὶ αὐτοῦ ἐπείνασαν
12 3ᵃ ὅτε ἐπείνασεν καὶ οἱ μετ' αὐτοῦ
12 4ᵃ ὃ (οὓς MVSϛ) οὐκ ἐξὸν ἦν αὐτῷ
φαγεῖν οὐδὲ τοῖς μετ' αὐτοῦ
12 10 ἵνα κατηγορήσωσιν αὐτοῦ
12 14ᵃ συμβούλιον ἔλαβον κατ' αὐτοῦ
12 19 οὐδὲ ἀκούσει τις ἐν ταῖς πλατείαις
τὴν φωνὴν αὐτοῦ
12 21 καὶ τῷ ὀνόματι αὐτοῦ ἔθνη ἐλ-
πιοῦσιν
12 26 πῶς οὖν σταθήσεται ἡ βασιλεία
αὐτοῦ;
12 29 πῶς δύναταί τις ... τὰ σκεύη αὐ-
τοῦ ἁρπάσαι ⟨;⟩
12 29 καὶ τότε τὴν οἰκίαν αὐτοῦ διαρπά-
σει (-ση T)
12 33 ἢ ποιήσατε ... τὸν καρπὸν αὐτοῦ
καλόν, ↔
12 33 ἢ ποιήσατε ... τὸν καρπὸν αὐτοῦ
σαπρόν
12 36ᵃ ἀποδώσουσιν περὶ αὐτοῦ λόγον
12 46ᵇ ἔτι (+δὲ VSϛ) αὐτοῦ λαλοῦντος
τοῖς ὄχλοις, ↔
12 46 ἰδοὺ ἡ μήτηρ καὶ οἱ ἀδελφοὶ αὐτοῦ
εἱστήκεισαν ἔξω
12 49 καὶ ἐκτείνας τὴν χεῖρα αὐτοῦ ([N
H]; —T) ↔
12 49 ἐπὶ τοὺς μαθητὰς αὐτοῦ
13 12ᵃ καὶ ὃ ἔχει ἀρθήσεται ἀπ' αὐτοῦ
13 19 καὶ ἁρπάζει τὸ ἐσπαρμένον ἐν τῇ
καρδίᾳ αὐτοῦ
13 24 σπείραντι καλὸν σπέρμα ἐν τῷ
ἀγρῷ αὐτοῦ
13 25ᶜ ἦλθεν αὐτοῦ ὁ ἐχθρός
13 31 ὃν ... ἔσπειρεν ἐν τῷ ἀγρῷ αὐτοῦ
13 32 ὥστε ... κατασκηνοῦν ἐν τοῖς κλά-
δοις αὐτοῦ
13 36 καὶ προσῆλθον αὐτῷ οἱ μαθηταὶ
αὐτοῦ
13 41 ἀποστελεῖ ... τοὺς ἀγγέλους αὐ-
τοῦ, ↔
13 41 καὶ συλλέξουσιν ἐκ τῆς βασιλείας
αὐτοῦ πάντα τὰ σκάνδαλα
13 44 καὶ ἀπὸ τῆς χαρᾶς αὐτοῦ ὑπάγει
13 52 ὅστις ἐκβάλλει ἐκ τοῦ θησαυροῦ
αὐτοῦ καινὰ καὶ παλαιά
13 54 ἐλθὼν εἰς τὴν πατρίδα αὐτοῦ
13 55 οὐχ (οὐχὶ Sϛ) ἡ μήτηρ αὐτοῦ λέ-
γεται Μαριάμ ↔
13 55 καὶ οἱ ἀδελφοὶ αὐτοῦ Ἰάκωβος καὶ
Ἰωσήφ ⟨;⟩
13 56 καὶ αἱ ἀδελφαὶ αὐτοῦ οὐχὶ πᾶσαι
πρὸς ἡμᾶς εἰσιν;
13 57 *οὐκ ἔστιν προφήτης ἄτιμος εἰ μὴ
ἐν τῇ (+ἰδίᾳ VST) πατρίδι αὐτοῦ
(+ϛ) ↔
13 57 καὶ ἐν τῇ οἰκίᾳ αὐτοῦ
14 2 καὶ εἶπεν τοῖς παισὶν αὐτοῦ
14 3 τὴν γυναῖκα Φιλίππου [T] τοῦ
ἀδελφοῦ αὐτοῦ
14 11 ἠνέχθη ἡ κεφαλὴ αὐτοῦ ἐπὶ (ἐν S)
(+τῷ BS) πίνακι
14 12 οἱ μαθηταὶ αὐτοῦ ἦραν τὸ πτῶμα
14 15 *προσῆλθον αὐτῷ οἱ μαθηταὶ αὐ-
τοῦ (+ϛ)
14 22 *ἠνάγκασεν τοὺς μαθητὰς αὐτοῦ
(+ϛ) ἐμβῆναι
14 31 ἐκτείνας τὴν χεῖρα ἐπελάβετο αὐ-
τοῦ
14 36 ἵνα μόνον ἅψωνται τοῦ κρασπέ-
δου τοῦ ἱματίου αὐτοῦ

Mt 15 6 οὐ μὴ τιμήσει τὸν πατέρα αὐτοῦ
↔
15 6 *| ἢ τὴν μητέρα αὐτοῦ (—N²⁶H)
15 12 *προσελθόντες οἱ μαθηταὶ αὐτοῦ
(+ϛ) λέγουσιν αὐτῷ
15 23 προσελθόντες οἱ μαθηταὶ αὐτοῦ
15 30 ἔρριψαν αὐτοὺς παρὰ τοὺς πόδας
αὐτοῦ
15 32 προσκαλεσάμενος τοὺς μαθητὰς
αὐτοῦ
15 33 *λέγουσιν αὐτῷ οἱ μαθηταὶ αὐ-
τοῦ (+ϛ)
15 36 *ἐδίδου (ἔδωκεν Vϛ) τοῖς μαθη-
ταῖς αὐτοῦ (+Vϛ)
16 5 *ἐλθόντες οἱ μαθηταὶ αὐτοῦ (+ϛ)
εἰς τὸ πέραν
16 13 ἠρώτα τοὺς μαθητὰς αὐτοῦ
16 20 *διεστείλατο (ἐπετίμησεν NH)
τοῖς μαθηταῖς αὐτοῦ (+Vϛ)
16 21 δεικνύειν τοῖς μαθηταῖς αὐτοῦ
16 24 εἶπεν τοῖς μαθηταῖς αὐτοῦ
16 24 ἀράτω τὸν σταυρὸν αὐτοῦ
16 25 ὃς γὰρ ἐὰν θέλῃ τὴν ψυχὴν αὐτοῦ
σῶσαι
16 25 ὃς δ' ἂν ἀπολέσῃ τὴν ψυχὴν αὐ-
τοῦ ἕνεκεν ἐμοῦ
16 26 τὴν δὲ ψυχὴν αὐτοῦ ζημιωθῇ; ↔
16 26 ἢ τί δώσει ἄνθρωπος ἀντάλλαγμα
τῆς ψυχῆς αὐτοῦ; ↔
16 27 μέλλει γὰρ ὁ υἱὸς τοῦ ἀνθρώπου
ἔρχεσθαι ἐν τῇ δόξῃ τοῦ πατρὸς
αὐτοῦ ↔
16 27 μετὰ τῶν ἀγγέλων αὐτοῦ, ↔
16 27 καὶ τότε ἀποδώσει ἑκάστῳ κατὰ
τὴν πρᾶξιν αὐτοῦ
16 28 ἐρχόμενον ἐν τῇ βασιλείᾳ αὐτοῦ
17 1 παραλαμβάνει ... Ἰάκωβον καὶ
Ἰωάννην τὸν ἀδελφὸν αὐτοῦ
17 2 ἔλαμψεν τὸ πρόσωπον αὐτοῦ ὡς
ὁ ἥλιος, ↔
17 2 τὰ δὲ ἱμάτια αὐτοῦ ἐγένετο λευκὰ
ὡς τὸ φῶς
17 3ᵃ Μωϋσῆς καὶ Ἠλίας | συλλαλοῦν-
τες μετ' αὐτοῦ (~VSϛ)
17 5ᵇ ἔτι αὐτοῦ λαλοῦντος
17 5 | ἀκούετε αὐτοῦ (~VSϛ)
17 10 *ἐπηρώτησαν αὐτὸν οἱ μαθηταὶ
αὐτοῦ (+MVBϛ)
17 18ᵃ ἐξῆλθεν ἀπ' αὐτοῦ τὸ δαιμόνιον
17 27 ἀνοίξας τὸ στόμα αὐτοῦ
18 6 ἵνα κρεμασθῇ μύλος ὀνικὸς περὶ
(εἰς S) τὸν τράχηλον αὐτοῦ
18 15ᵃ ἔλεγξον αὐτὸν μεταξὺ σοῦ καὶ
αὐτοῦ μόνου
18 23 ἠθέλησεν συνᾶραι λόγον μετὰ τῶν
δούλων αὐτοῦ. ↔
18 24ᵇ ἀρξαμένου δὲ αὐτοῦ συναίρειν
18 25ᵇ μὴ ἔχοντος δὲ αὐτοῦ ἀποδοῦναι, ↔
18 25 *ἐκέλευσεν αὐτὸν ὁ κύριος αὐτοῦ
(+Vϛ) πραθῆναι ↔
18 25 *καὶ τὴν γυναῖκα αὐτοῦ (+ϛ)
18 28 εὗρεν ἕνα τῶν συνδούλων αὐτοῦ
18 29 πεσὼν οὖν ὁ σύνδουλος αὐτοῦ ↔
18 29 *| εἰς τοὺς πόδας αὐτοῦ (+ϛ)
18 31 ἰδόντες οὖν (δὲ VSϛ) οἱ σύνδουλοι
αὐτοῦ
18 32 προσκαλεσάμενος αὐτὸν ὁ κύριος
αὐτοῦ
18 34 ὀργισθεὶς ὁ κύριος αὐτοῦ παρέδω-
κεν αὐτόν
18 35 ἐὰν μὴ ἀφῆτε ἕκαστος τῷ ἀδελφῷ
αὐτοῦ
19 3 εἰ ἔξεστιν ἀνθρώπῳ (+N²⁶MVϛ)
ἀπολῦσαι τὴν γυναῖκα αὐτοῦ κα-
τὰ πᾶσαν αἰτίαν;

Mt 19 5 κολληθήσεται τῇ γυναικὶ αὐτοῦ
19 9 ὃς ἂν ἀπολύσῃ τὴν γυναῖκα αὐ-
τοῦ
19 10 λέγουσιν αὐτῷ οἱ μαθηταὶ αὐτοῦ
(+[N²⁶]Vϛ)
19 23 ὁ δὲ Ἰησοῦς εἶπεν τοῖς μαθηταῖς
αὐτοῦ
19 25 *ἀκούσαντες δὲ οἱ μαθηταὶ αὐτοῦ
(+ϛ) ἐξεπλήσσοντο σφόδρα
19 28 ὅταν καθίσῃ ... ἐπὶ θρόνου δόξης
αὐτοῦ
20 1 μισθώσασθαι ἐργάτας εἰς τὸν
ἀμπελῶνα αὐτοῦ
20 2 ἀπέστειλεν αὐτοὺς εἰς τὸν ἀμπε-
λῶνα αὐτοῦ
20 8 λέγει ... τῷ ἐπιτρόπῳ αὐτοῦ
20 20ᵃ προσῆλθεν ... αἰτοῦσά τι ἀπ'
(παρ' MVBSTϛ) αὐτοῦ
20 28 ἦλθεν ... τὴν ψυχὴν αὐτοῦ
λύτρον ἀντὶ πολλῶν
21 10ᵇ καὶ εἰσελθόντος αὐτοῦ εἰς Ἱεροσό-
λυμα
21 23ᵇ καὶ | ἐλθόντος αὐτοῦ (-τι αὐτῷ ϛ)
εἰς τὸ ἱερὸν προσῆλθον
21 34 ἀπέστειλεν τοὺς δούλους αὐτοῦ ↔
21 34 πρὸς τοὺς γεωργοὺς λαβεῖν τοὺς
καρποὺς αὐτοῦ. ↔
21 35 καὶ λαβόντες οἱ γεωργοὶ τοὺς δού-
λους αὐτοῦ
21 37 ἀπέστειλεν πρὸς αὐτοὺς τὸν υἱὸν
αὐτοῦ
21 38 καὶ σχῶμεν (κατά- Vϛ) τὴν κλη-
ρονομίαν αὐτοῦ
21 45 | καὶ ἀκούσαντες (ἀ. δὲ T) ...
τὰς παραβολὰς αὐτοῦ
22 2 ὅστις ἐποίησεν γάμους τῷ υἱῷ
αὐτοῦ. ↔
22 3 καὶ ἀπέστειλεν τοὺς δούλους αὐ-
τοῦ
22 5 ὃς δὲ ἐπὶ τὴν ἐμπορίαν αὐτοῦ
22 6 κρατήσαντες τοὺς δούλους αὐτοῦ
ὕβρισαν
22 7 καὶ πέμψας τὰ στρατεύματα αὐτοῦ
22 8 τότε λέγει τοῖς δούλοις αὐτοῦ
22 13ᶜ δήσαντες αὐτοῦ πόδας καὶ χεῖρας
ἐκβάλετε αὐτόν (δ. α. π. κ. χ. ἄρα-
τε αὐτὸν καὶ ἐκβ. ϛ; ἄρατε αὐτὸν
ποδῶν καὶ χειρῶν καὶ βάλετε
αὐτόν S)
22 24 ἐπιγαμβρεύσει ὁ ἀδελφὸς αὐτοῦ ↔
22 24 τὴν γυναῖκα αὐτοῦ ↔
22 24 καὶ ἀναστήσει σπέρμα τῷ ἀδελφῷ
αὐτοῦ
22 25 ἀφῆκεν τὴν γυναῖκα αὐτοῦ ↔
22 25 τῷ ἀδελφῷ αὐτοῦ
22 33 ἐξεπλήσσοντο ἐπὶ τῇ διδαχῇ αὐ-
τοῦ
22 45 εἰ οὖν Δαυὶδ καλεῖ αὐτὸν κύριον,
πῶς υἱὸς αὐτοῦ ἐστιν;
23 1 ἐλάλησεν τοῖς ὄχλοις καὶ τοῖς μα-
θηταῖς αὐτοῦ
23 18ᵃ ὃς δ' ἂν ὀμόσῃ ἐν τῷ δώρῳ τῷ
ἐπάνω αὐτοῦ
23 20ᵃ ὁ οὖν ὀμόσας ἐν τῷ θυσιαστηρίῳ
ὀμνύει ἐν αὐτῷ καὶ ἐν πᾶσι τοῖς
ἐπάνω αὐτοῦ
23 22ᵃ ὀμνύει ἐν τῷ θρόνῳ τοῦ θεοῦ καὶ
ἐν τῷ καθημένῳ ἐπάνω αὐτοῦ
23 26ᵃ ἵνα γένηται καὶ τὸ ἐκτὸς αὐτοῦ
(αὐτῶν VSϛ) καθαρόν
24 1 προσῆλθον οἱ μαθηταὶ αὐτοῦ
24 3ᵇ καθημένου δὲ αὐτοῦ ἐπὶ τοῦ
ὄρους τῶν ἐλαιῶν
24 17 μὴ καταβάτω (-βαινέτω Sϛ) ἆραι
τὰ ἐκ τῆς οἰκίας αὐτοῦ

Mt 24 18 μὴ ἐπιστρεψάτω ὀπίσω ἆραι | τὸ ἱμάτιον (τὰ ἱ-ια Sς) αὐτοῦ

24 31 ἀποστελεῖ τοὺς ἀγγέλους αὐτοῦ

24 31 ἐπισυνάξουσιν τοὺς ἐκλεκτοὺς αὐτοῦ

24 43 οὐκ ἂν εἴασεν διορυχθῆναι τὴν οἰκίαν αὐτοῦ

24 45 *ὃν κατέστησεν ὁ κύριος αὐτοῦ (+Vς) ↔

24 45 ἐπὶ τῆς οἰκετείας αὐτοῦ

24 46 ὃν ἐλθὼν ὁ κύριος αὐτοῦ εὑρήσει | οὕτως ποιοῦντα (~Vς)

24 47 ἐπὶ πᾶσιν τοῖς ὑπάρχουσιν αὐτοῦ καταστήσει αὐτόν. ↔

24 48 ἐὰν δὲ εἴπῃ ... ἐν τῇ καρδίᾳ αὐτοῦ

24 49 καὶ ἄρξηται τύπτειν τοὺς συνδούλους αὐτοῦ (—ς)

24 51 τὸ μέρος αὐτοῦ μετὰ τῶν ὑποκριτῶν θήσει

25 6 ἐξέρχεσθε εἰς ἀπάντησιν αὐτοῦ (+[N26S] MVς)

25 10a εἰσῆλθον μετ' αὐτοῦ εἰς τοὺς γάμους

25 14 παρέδωκεν αὐτοῖς τὰ ὑπάρχοντα αὐτοῦ

25 18 ἔκρυψεν (ἀπ- Sς) τὸ ἀργύριον τοῦ κυρίου αὐτοῦ

25 21 ἔφη (+δὲ VSς) αὐτῷ ὁ κύριος αὐτοῦ

25 23 ἔφη αὐτῷ ὁ κύριος αὐτοῦ

25 26 ἀποκριθεὶς δὲ ὁ κύριος αὐτοῦ

25 28a ἄρατε οὖν ἀπ' αὐτοῦ τὸ τάλαντον

25 29a καὶ ὃ ἔχει ἀρθήσεται ἀπ' αὐτοῦ

25 31 ὅταν δὲ ἔλθῃ ὁ υἱὸς τοῦ ἀνθρώπου ἐν τῇ δόξῃ αὐτοῦ ↔

25 31a καὶ πάντες οἱ ἄγγελοι μετ' αὐτοῦ, ↔

25 31 τότε καθίσει ἐπὶ θρόνου δόξης αὐτοῦ·

25 32a καὶ συναχθήσονται ἔμπροσθεν αὐτοῦ πάντα τὰ ἔθνη

25 33 στήσει τὰ μὲν πρόβατα ἐκ δεξιῶν αὐτοῦ

25 34 τότε ἐρεῖ ὁ βασιλεὺς τοῖς ἐκ δεξιῶν αὐτοῦ

25 41 | τὸ ἡτοιμασμένον (ὃ ἡτοίμασεν ὁ πατήρ μου S) τῷ διαβόλῳ καὶ τοῖς ἀγγέλοις αὐτοῦ

26 1 εἶπεν τοῖς μαθηταῖς αὐτοῦ

26 7 κατέχεεν ἐπὶ | τῆς κεφαλῆς (τὴν κ-ὴν Vς) αὐτοῦ ἀνακειμένου. ↔

26 8 *ἰδόντες δὲ οἱ μαθηταὶ αὐτοῦ (+ς) ἠγανάκτησαν

26 24a ὁ μὲν υἱὸς τοῦ ἀνθρώπου ὑπάγει καθὼς γέγραπται περὶ αὐτοῦ

26 27a πίετε ἐξ αὐτοῦ πάντες

26 39 ἔπεσεν ἐπὶ πρόσωπον αὐτοῦ

26 45 *τότε ἔρχεται πρὸς τοὺς μαθητὰς αὐτοῦ (+ς)

26 47b ἔτι αὐτοῦ λαλοῦντος, ↔

26 47a ἰδοὺ Ἰούδας ... ἦλθεν, καὶ μετ' αὐτοῦ ὄχλος πολύς

26 51 ἀπέσπασεν τὴν μάχαιραν αὐτοῦ

26 51c ἀφεῖλεν αὐτοῦ τὸ ὠτίον

26 65 ὁ ἀρχιερεὺς διέρρηξεν τὰ ἱμάτια αὐτοῦ

26 65 *ἠκούσατε τὴν βλασφημίαν αὐτοῦ (+[M]VSς)

26 67 ἐνέπτυσαν εἰς τὸ πρόσωπον αὐτοῦ

27 19b καθημένου δὲ αὐτοῦ ἐπὶ τοῦ βήματος ↔

27 19 ἀπέστειλεν πρὸς αὐτὸν ἡ γυνὴ αὐτοῦ

27 25 τὸ αἷμα αὐτοῦ ἐφ' ἡμᾶς

Mt 27 29 στέφανον ... ἐπέθηκαν ἐπὶ τῆς κεφαλῆς αὐτοῦ ↔

27 29 καὶ κάλαμον ἐν τῇ δεξιᾷ αὐτοῦ, ↔

27 29a καὶ γονυπετήσαντες ἔμπροσθεν αὐτοῦ

27 30 ἔτυπτον εἰς τὴν κεφαλὴν αὐτοῦ

27 31 ἐνέδυσαν αὐτὸν τὰ ἱμάτια αὐτοῦ

27 32 ἵνα ἄρῃ τὸν σταυρὸν αὐτοῦ

27 35 διεμερίσαντο τὰ ἱμάτια αὐτοῦ

27 37 ἐπέθηκαν ἐπάνω τῆς κεφαλῆς αὐτοῦ ↔

27 37 τὴν αἰτίαν αὐτοῦ γεγραμμένην

27 49c* | ἔνυξεν αὐτοῦ τὴν πλευράν [+..SH..]

27 53 ἐξελθόντες ἐκ τῶν μνημείων μετὰ τὴν ἔγερσιν αὐτοῦ

27 54a ὁ δὲ ἑκατόνταρχος καὶ οἱ μετ' αὐτοῦ ... ἐφοβήθησαν σφόδρα

27 60c ἔθηκεν αὐτὸ (—S) ἐν τῷ καινῷ αὐτοῦ μνημείῳ

27 64 μήποτε ἐλθόντες οἱ μαθηταὶ αὐτοῦ (—NTH) κλέψωσιν αὐτόν

28 2a ἐκάθητο ἐπάνω αὐτοῦ. ↔

28 3 ἦν δὲ ἡ εἰδέα αὐτοῦ ὡς ἀστραπή, ↔

28 3 καὶ τὸ ἔνδυμα αὐτοῦ λευκὸν ὡς χιών. ↔

28 4 ἀπὸ δὲ τοῦ φόβου αὐτοῦ ἐσείσθησαν οἱ τηροῦντες

28 7 εἴπατε τοῖς μαθηταῖς αὐτοῦ

28 8 ἔδραμον ἀπαγγεῖλαι τοῖς μαθηταῖς αὐτοῦ

28 9 *| ὡς δὲ ἐπορεύοντο ἀπαγγεῖλαι τοῖς μαθηταῖς αὐτοῦ (+ς)

28 9c ἐκράτησαν αὐτοῦ τοὺς πόδας

28 13 οἱ μαθηταὶ αὐτοῦ νυκτὸς ἐλθόντες

Mc 1 3 εὐθείας ποιεῖτε τὰς τρίβους αὐτοῦ

1 5a ἐβαπτίζοντο ὑπ' αὐτοῦ ἐν τῷ Ἰορδάνῃ ποταμῷ

1 6 ἐνδεδυμένος ... ζώνην δερματίνην περὶ τὴν ὀσφὺν αὐτοῦ

1 7 λῦσαι τὸν ἱμάντα τῶν ὑποδημάτων αὐτοῦ

1 16 *εἶδεν Σίμωνα καὶ Ἀνδρέαν τὸν ἀδελφὸν αὐτοῦ (ς; τοῦ Σίμωνος S; Σίμ. rl) ἀμφιβάλλοντας

1 19 εἶδεν Ἰάκωβον ... καὶ Ἰωάννην τὸν ἀδελφὸν αὐτοῦ

1 20b ἀπῆλθον ὀπίσω αὐτοῦ

1 22 ἐξεπλήσσοντο ἐπὶ τῇ διδαχῇ αὐτοῦ

1 25a φιμώθητι καὶ ἔξελθε ἐξ αὐτοῦ

1 26a φωνῆσαν φωνῇ μεγάλῃ ἐξῆλθεν ἐξ αὐτοῦ

1 28 | καὶ ἐξῆλθεν (ἐ. δὲ Sς) ἡ ἀκοὴ αὐτοῦ εὐθὺς πανταχοῦ

1 36a κατεδίωξεν (-ξαν S) αὐτὸν (+ὁ Vς) Σίμων καὶ οἱ μετ' αὐτοῦ

1 41 ἐκτείνας τὴν χεῖρα αὐτοῦ (—ς) ↔

1 41 *ἥψατο αὐτοῦ (+Bς)

1 42b *καὶ | εἰπόντος αὐτοῦ (+VSς) ↔

1 42a εὐθὺς ἀπῆλθεν ἀπ' αὐτοῦ ἡ λέπρα

2 8 εὐθὺς ἐπιγνοὺς ὁ Ἰησοῦς τῷ πνεύματι αὐτοῦ

2 15 γίνεται κατακεῖσθαι αὐτὸν ἐν τῇ οἰκίᾳ αὐτοῦ

2 15 συνανέκειντο τῷ Ἰησοῦ καὶ τοῖς μαθηταῖς αὐτοῦ

2 16 ἔλεγον τοῖς μαθηταῖς αὐτοῦ

2 21a αἴρει τὸ πλήρωμα ἀπ' αὐτοῦ τὸ καινὸν τοῦ παλαιοῦ

2 23 οἱ μαθηταὶ αὐτοῦ ἤρξαντο ... τίλλοντες

Mc 2 25a ἐπείνασεν αὐτὸς καὶ οἱ μετ' αὐτοῦ

3 2 ἵνα κατηγορήσωσιν αὐτοῦ

3 5 καὶ ἀπεκατεστάθη ἡ χεὶρ αὐτοῦ

3 6a συμβούλιον ἐδίδουν (ἐποίησαν T; ἐποίουνς) κατ' αὐτοῦ

3 7 καὶ ὁ Ἰησοῦς μετὰ τῶν μαθητῶν αὐτοῦ ἀνεχώρησεν

3 9 εἶπεν τοῖς μαθηταῖς αὐτοῦ

3 10 ἵνα αὐτοῦ ἅψωνται ὅσοι εἶχον μάστιγας

3 14a ἵνα ὦσιν μετ' αὐτοῦ

3 21a ἀκούσαντες οἱ παρ' αὐτοῦ ἐξῆλθον

3 27 οὐ δύναται οὐδεὶς | εἰς τὴν οἰκίαν τοῦ ἰσχυροῦ εἰσελθὼν τὰ σκεύη αὐτοῦ (τὰ σκ. τ. ἰ. εἰσελθὼν εἰς τ. οἰκ. αὐτοῦ Sς) διαρπάσαι

3 27 καὶ τότε τὴν οἰκίαν αὐτοῦ διαρπάσει

3 31 ἔρχεται (N26T; -ονται rl) (+οἱ ἀδελφοὶ καὶ Sς) ἡ μήτηρ αὐτοῦ ↔

3 31 | καὶ οἱ ἀδελφοὶ αὐτοῦ (—Sς)

4 2 ἔλεγεν αὐτοῖς ἐν τῇ διδαχῇ αὐτοῦ

4 25a ὃ ἔχει ἀρθήσεται ἀπ' αὐτοῦ

4 32 ὥστε δύνασθαι ὑπὸ τὴν σκιὰν αὐτοῦ τὰ πετεινὰ ... κατασκηνοῦν

4 34 *κατ' ἰδίαν δὲ τοῖς | μαθηταῖς αὐτοῦ (ς; ἰδίοις μ. rl) ἐπέλυεν πάντα

4 36a ἄλλα (+δὲ VTς) πλοῖα (πλοιάρια Vς) ἦν (ἦσαν T) μετ' αὐτοῦ

5 2b | ἐξελθόντος αὐτοῦ (ἐξ-τι αὐτῷ ς) ἐκ τοῦ πλοίου, εὐθὺς ([NH]; εὐθέως ς) ὑπήντησεν (ἀπήντησεν Sς)

5 4a διὰ τὸ ... διεσπάσθαι ὑπ' αὐτοῦ τὰς ἁλύσεις

5 18b ἐμβαίνοντος αὐτοῦ εἰς τὸ πλοῖον ↔

5 18a παρεκάλει αὐτὸν ὁ δαιμονισθεὶς ἵνα μετ' αὐτοῦ ᾖ

5 22 πίπτει πρὸς τοὺς πόδας αὐτοῦ

5 24a καὶ ἀπῆλθεν μετ' αὐτοῦ

5 27 ἥψατο τοῦ ἱματίου αὐτοῦ

5 28 ἐὰν ἅψωμαι κἂν τῶν ἱματίων αὐτοῦ

5 30a ἐπιγνοὺς ἐν ἑαυτῷ τὴν ἐξ αὐτοῦ δύναμιν ἐξελθοῦσαν

5 31 ἔλεγον αὐτῷ οἱ μαθηταὶ αὐτοῦ

5 35b ἔτι αὐτοῦ λαλοῦντος ἔρχονται

5 37a οὐκ ἀφῆκεν οὐδένα | μετ' αὐτοῦ (αὐτῷ ς) συνακολουθῆσαι

5 40 καὶ κατεγέλων αὐτοῦ

5 40a παραλαμβάνει τὸν πατέρα τοῦ παιδίου ... καὶ τοὺς μετ' αὐτοῦ

6 1 ἔρχεται εἰς τὴν πατρίδα αὐτοῦ, ↔

6 1 καὶ ἀκολουθοῦσιν αὐτῷ οἱ μαθηταὶ αὐτοῦ

6 2 καὶ αἱ (—BSTς) δυνάμεις τοιαῦται διὰ τῶν χειρῶν αὐτοῦ γινόμεναι (γίνονται BSTς);

6 3 οὐκ εἰσὶν αἱ ἀδελφαὶ αὐτοῦ ὧδε πρὸς ἡμᾶς;

6 4 ὅτι οὐκ ἔστιν προφήτης ἄτιμος εἰ μὴ ἐν τῇ πατρίδι αὐτοῦ (ἑαυτοῦ T) ↔

6 4 καὶ ἐν τοῖς συγγενεῦσιν αὐτοῦ (—ς)

6 4 καὶ ἐν τῇ οἰκίᾳ αὐτοῦ

6 14 φανερὸν γὰρ ἐγένετο τὸ ὄνομα αὐτοῦ

6 17 διὰ Ἡρῳδιάδα τὴν γυναῖκα Φιλίππου τοῦ ἀδελφοῦ αὐτοῦ

6 20 καὶ ἀκούσας αὐτοῦ πολλὰ ἠπόρει, ↔

6 20 καὶ ἡδέως αὐτοῦ ἤκουεν

Mc　6 21　ὅτε Ἡρῴδης τοῖς γενεσίοις αὐτοῦ δεῖπνον ἐποίησεν ↔

6 21　τοῖς μεγιστᾶσιν αὐτοῦ

6 22　εἰσελθούσης τῆς θυγατρὸς αὐτοῦ (N²⁶H; αὐτῆς τῆς rl) Ἡρῳδιάδος

6 27　ἐπέταξεν ἐνέγκαι (ἐνεχθῆναι VBSϛ) τὴν κεφαλήν αὐτοῦ

6 28　ἤνεγκεν τὴν κεφαλὴν αὐτοῦ ἐπὶ πίνακι

6 29　ἀκούσαντες οἱ μαθηταὶ αὐτοῦ ↔

6 29　ἦλθον καὶ ἦραν τὸ πτῶμα αὐτοῦ

6 35　προσελθόντες αὐτῷ (—T) οἱ μαθηταὶ αὐτοῦ ἔλεγον (λέγουσιν Vϛ)

6 41　καὶ ἐδίδου τοῖς μαθηταῖς αὐτοῦ ([N²⁶]; —NMVTH)

6 45　ἠνάγκασεν τοὺς μαθητὰς αὐτοῦ ἐμβῆναι

6 56　ἵνα κἂν τοῦ κρασπέδου τοῦ ἱματίου αὐτοῦ ἅψωνται· ↔

6 56　καὶ ὅσοι ἂν ἥψαντο (ἥπτοντο VSϛ) αὐτοῦ ἐσῴζοντο

7 2　ἰδόντες τινὰς τῶν μαθητῶν αὐτοῦ

7 12　*οὐκέτι ἀφίετε αὐτὸν οὐδὲν ποιῆσαι τῷ πατρὶ αὐτοῦ (+ϛ) ↔

7 12　*ἢ τῇ μητρὶ αὐτοῦ (+ϛ)

7 15ᵃ　*τὰ | ἐκπορευόμενα ἀπ' αὐτοῦ, ἐκεῖνά (ϛ; ἐκ τοῦ ἀνθρώπου ἐκπ. rl) ἐστιν τὰ κοινοῦντα

7 17　ἐπηρώτων αὐτὸν οἱ μαθηταὶ αὐτοῦ

7 19ᶜ　ὅτι οὐκ εἰσπορεύεται αὐτοῦ εἰς τὴν καρδίαν

7 25ᵃ　| ἀλλ' εὐθὺς ἀκούσασα (ἀκ. γὰρ Sϛ) γυνὴ περὶ αὐτοῦ

7 25　προσέπεσεν πρὸς τοὺς πόδας αὐτοῦ

7 33　ἔβαλεν τοὺς δακτύλους αὐτοῦ (—T) ↔

7 33　εἰς τὰ ὦτα αὐτοῦ ↔

7 33　καὶ πτύσας ἥψατο τῆς γλώσσης αὐτοῦ

7 35ᶜ　καὶ εὐθέως ([N²⁶S]; —NTH) ἠνοίγησαν αὐτοῦ αἱ ἀκοαί, ↔

7 35　καὶ (+εὐθὺς NT) ἐλύθη ὁ δεσμὸς τῆς γλώσσης αὐτοῦ

8 1　*προσκαλεσάμενος τοὺς μαθητὰς αὐτοῦ (+[V]ϛ)

8 4　ἀπεκρίθησαν αὐτῷ οἱ μαθηταὶ αὐτοῦ

8 6　ἐδίδου τοῖς μαθηταῖς αὐτοῦ

8 10　ἐμβὰς εἰς τὸ [S] πλοῖον μετὰ τῶν μαθητῶν αὐτοῦ ἦλθεν

8 11ᵃ　ζητοῦντες παρ' αὐτοῦ σημεῖον

8 12　ἀναστενάξας τῷ πνεύματι αὐτοῦ λέγει

8 22　παρακαλοῦσιν αὐτὸν ἵνα αὐτοῦ ἅψηται

8 23　πτύσας εἰς τὰ ὄμματα αὐτοῦ

8 25　ἐπέθηκεν (ἔθηκεν H) τὰς χεῖρας ἐπὶ τοὺς ὀφθαλμοὺς αὐτοῦ

8 26　ἀπέστειλεν αὐτὸν εἰς οἶκον αὐτοῦ

8 27　ἐξῆλθεν ὁ Ἰησοῦς καὶ οἱ μαθηταὶ αὐτοῦ

8 27　ἐπηρώτα τοὺς μαθητὰς αὐτοῦ

8 30ᵃ　ἵνα μηδενὶ λέγωσιν περὶ αὐτοῦ

8 33　ἰδὼν τοὺς μαθητὰς αὐτοῦ

8 34　προσκαλεσάμενος τὸν ὄχλον σὺν τοῖς μαθηταῖς αὐτοῦ

8 34　ἀράτω τὸν σταυρὸν αὐτοῦ

8 35　ὃς γὰρ ἐὰν θέλῃ τὴν | ψυχὴν αὐτοῦ (ἑαυτοῦ ψ. H) σῶσαι

8 35　ὃς δ' ἂν ἀπολέσει (-σῃ VSϛ) τὴν | ψυχὴν αὐτοῦ (ἑαυτοῦ ψ. VST)

8 36　καὶ ζημιωθῆναι τὴν ψυχὴν αὐτοῦ

Mc　8 37　τί γὰρ δοῖ (δώσει MVBϛ; δῷ S) ἄνθρωπος ἀντάλλαγμα τῆς ψυχῆς αὐτοῦ;

8 38　ὅταν ἔλθῃ ἐν τῇ δόξῃ τοῦ πατρὸς αὐτοῦ

9 3　τὰ ἱμάτια αὐτοῦ ἐγένετο στίλβοντα λευκὰ λίαν

9 7　οὗτός ἐστιν ὁ υἱός μου ὁ ἀγαπητός, | ἀκούετε αὐτοῦ (~ Vϛ)

9 18　*τρίζει τοὺς ὀδόντας αὐτοῦ (+ϛ)

9 21　ἐπηρώτησεν τὸν πατέρα αὐτοῦ

9 25ᵃ　τὸ ἄλαλον καὶ κωφὸν πνεῦμα ... ἔξελθε ἐξ αὐτοῦ

9 27　ὁ δὲ Ἰησοῦς κρατήσας | τῆς χειρὸς αὐτοῦ (αὐτὸν τ. χ. ϛ)

9 28ᵇ　εἰσελθόντος αὐτοῦ (-θόντα αὐτὸν ϛ) εἰς οἶκον ↔

9 28　οἱ μαθηταὶ αὐτοῦ κατ' ἰδίαν ἐπηρώτων αὐτόν

9 31　ἐδίδασκεν γὰρ τοὺς μαθητὰς αὐτοῦ

9 41　ὅτι οὐ μὴ ἀπολέσῃ τὸν μισθὸν αὐτοῦ

9 42　εἰ περίκειται μύλος ὀνικὸς περὶ τὸν τράχηλον αὐτοῦ

10 7　ἕνεκεν τούτου καταλείψει ἄνθρωπος τὸν πατέρα αὐτοῦ ↔

10 7　*καὶ τὴν μητέρα αὐτοῦ (+T) ↔

10 7　| καὶ προσκολληθήσεται πρὸς τὴν γυναῖκα αὐτοῦ ([N²⁶S]; — NBTH)

10 10　*οἱ μαθηταὶ αὐτοῦ (+ϛ) ↔

10 10　*περὶ | τοῦ αὐτοῦ (ϛ; τούτου rl) ἐπηρώτων αὐτόν

10 11　ὃς ἂν ἀπολύσῃ τὴν γυναῖκα αὐτοῦ

10 17ᵇ　ἐκπορευομένου αὐτοῦ εἰς ὁδόν

10 23　περιβλεψάμενος ὁ Ἰησοῦς λέγει τοῖς μαθηταῖς αὐτοῦ

10 24　οἱ δὲ μαθηταὶ ἐθαμβοῦντο ἐπὶ τοῖς λόγοις αὐτοῦ

10 45　δοῦναι τὴν ψυχὴν αὐτοῦ λύτρον ἀντὶ πολλῶν

10 46ᵇ　καὶ ἐκπορευομένου αὐτοῦ ἀπὸ Ἰεριχὼ

10 46　καὶ τῶν μαθητῶν αὐτοῦ

10 50　ὁ δὲ ἀποβαλὼν τὸ ἱμάτιον αὐτοῦ ἀναπηδήσας ἦλθεν

11 1　ἀποστέλλει δύο τῶν μαθητῶν αὐτοῦ

11 3　εἴπατε· (+ὅτι VBSϛ) ὁ κύριος αὐτοῦ χρείαν ἔχει

11 14　καὶ ἤκουον οἱ μαθηταὶ αὐτοῦ

11 18　πᾶς γὰρ ὁ ὄχλος ἐξεπλήσσετο (-οντο T) ἐπὶ τῇ διδαχῇ αὐτοῦ

11 23　ὃς ἂν ... μὴ διακριθῇ ἐν τῇ καρδίᾳ αὐτοῦ

11 27ᵇ　ἐν τῷ ἱερῷ περιπατοῦντος αὐτοῦ

12 6　*| ἔτι οὖν ἕνα υἱὸν ἔχων ἀγαπητὸν αὐτοῦ (Vϛ; ἔτι ἕνα εἶχεν υἱὸν ἀγ. rl)

12 19　ἵνα λάβῃ ὁ ἀδελφὸς αὐτοῦ ↔

12 19　*τὴν γυναῖκα αὐτοῦ (+Vϛ) ↔

12 19　καὶ ἐξαναστήσῃ σπέρμα τῷ ἀδελφῷ αὐτοῦ

12 32ᵃ　εἷς ἐστιν καὶ οὐκ ἔστιν ἄλλος πλὴν αὐτοῦ

12 37ᶜ　καὶ πόθεν αὐτοῦ ἐστιν υἱός; ↔

12 37　καὶ ὁ [N²⁶] πολὺς ὄχλος ἤκουεν αὐτοῦ ἡδέως. ↔

12 38　καὶ ἐν τῇ διδαχῇ αὐτοῦ ἔλεγεν

12 43　προσκαλεσάμενος τοὺς μαθητὰς αὐτοῦ

13 1ᵇ　καὶ ἐκπορευομένου αὐτοῦ ἐκ τοῦ ἱεροῦ ↔

13 1　λέγει αὐτῷ εἷς τῶν μαθητῶν αὐτοῦ

Mc　13 3ᵇ　καὶ καθημένου αὐτοῦ εἰς τὸ ὄρος τῶν ἐλαιῶν

13 15　μηδὲ εἰσελθάτω | ἆραί τι (~ NM VSH) ἐκ τῆς οἰκίας αὐτοῦ

13 16　μὴ ἐπιστρεψάτω ... ἆραι τὸ ἱμάτιον αὐτοῦ

13 27　*καὶ τότε ἀποστελεῖ τοὺς ἀγγέλους αὐτοῦ (+Vϛ) ↔

13 27　καὶ ἐπισυνάξει τοὺς ἐκλεκτοὺς αὐτοῦ ([N²⁶NH]; —BST)

13 34　ὡς ἄνθρωπος ἀπόδημος ἀφεὶς τὴν οἰκίαν αὐτοῦ ↔

13 34　καὶ δοὺς τοῖς δούλοις αὐτοῦ τὴν ἐξουσίαν, ↔

13 34　ἑκάστῳ τὸ ἔργον αὐτοῦ

14 3ᵇ　καὶ ὄντος αὐτοῦ ἐν Βηθανίᾳ

14 3ᵇ　κατακειμένου αὐτοῦ ἦλθεν γυνὴ

14 3ᶜ　κατέχεεν αὐτοῦ (+κατὰ Vϛ) τῆς κεφαλῆς

14 12　λέγουσιν αὐτῷ οἱ μαθηταὶ αὐτοῦ

14 13　ἀποστέλλει δύο τῶν μαθητῶν αὐτοῦ

14 16　*καὶ ἐξῆλθον οἱ μαθηταὶ αὐτοῦ (+V[S]ϛ)

14 21ᵃ　ὑπάγει καθὼς γέγραπται περὶ αὐτοῦ

14 23ᵃ　καὶ ἔπιον ἐξ αὐτοῦ πάντες

14 32　καὶ λέγει τοῖς μαθηταῖς αὐτοῦ

14 33ᵃ　παραλαμβάνει τὸν Πέτρον ... μετ' αὐτοῦ (ἑαυτοῦ ϛ)

14 35ᵃ　ἵνα ... παρέλθῃ ἀπ' αὐτοῦ ἡ ὥρα

14 43ᵇ　καὶ εὐθὺς ἔτι αὐτοῦ λαλοῦντος ↔

14 43ᵃ　παραγίνεται (+ὁ [NH]M) Ἰούδας (+ὁ Ἰσκαριώτης [S]T) ... καὶ μετ' αὐτοῦ ὄχλος

14 47ᶜ　καὶ ἀφεῖλεν αὐτοῦ τὸ ὠτάριον (ὠτίον Vϛ)

14 56ᵃ　πολλοὶ γὰρ ἐψευδομαρτύρουν κατ' αὐτοῦ

14 57ᵃ　ἐψευδομαρτύρουν κατ' αὐτοῦ λέγοντες ↔

14 58　ὅτι ἡμεῖς ἠκούσαμεν αὐτοῦ λέγοντος

14 63　ὁ δὲ ἀρχιερεὺς διαρρήξας τοὺς χιτῶνας αὐτοῦ

14 65ᶜ　ἤρξαντό τινες ... περικαλύπτειν αὐτοῦ τὸ πρόσωπον

15 3　καὶ κατηγόρουν αὐτοῦ οἱ ἀρχιερεῖς πολλά

15 19ᶜ　καὶ ἔτυπτον αὐτοῦ τὴν κεφαλὴν καλάμῳ

15 20　ἐνέδυσαν αὐτὸν τὰ (+ἴδια T) ἱμάτια αὐτοῦ (τὰ ἴδια VSϛ)

15 21　ἵνα ἄρῃ τὸν σταυρὸν αὐτοῦ

15 24　καὶ διαμερίζονται τὰ ἱμάτια αὐτοῦ

15 26　ἦν ἡ ἐπιγραφὴ τῆς αἰτίας αὐτοῦ ἐπιγεγραμμένη

15 27　καὶ ἕνα ἐξ εὐωνύμων αὐτοῦ

15 39　ὁ κεντυρίων ὁ παρεστηκὼς ἐξ ἐναντίας αὐτοῦ

16 7　εἴπατε τοῖς μαθηταῖς αὐτοῦ

[16 10]ᵃ　ἀπήγγειλεν τοῖς μετ' αὐτοῦ γενομένοις

Lc　1 5　*καὶ | ἡ γυνὴ αὐτοῦ (ϛ; γ. αὐτῷ rl) ἐκ τῶν θυγατέρων Ἀαρὼν

1 8　ἐν τῷ ἱερατεύειν αὐτὸν ἐν τῇ τάξει τῆς ἐφημερίας αὐτοῦ

1 13　καὶ καλέσεις τὸ ὄνομα αὐτοῦ Ἰωάννην

1 14　πολλοὶ ἐπὶ τῇ γενέσει αὐτοῦ χαρήσονται

1 15　πνεύματος ἁγίου πλησθήσεται ἔτι ἐκ κοιλίας μητρὸς αὐτοῦ

1 17ᵃ　αὐτὸς προελεύσεται ἐνώπιον αὐτοῦ

Lc 1 23 ὡς ἐπλήσθησαν αἱ ἡμέραι τῆς λειτουργίας αὐτοῦ, ↔

1 23 ἀπῆλθεν εἰς τὸν οἶκον αὐτοῦ

1 24 συνέλαβεν Ἐλισάβετ ἡ γυνὴ αὐτοῦ

1 29 *ἡ δὲ | ἰδοῦσα διεταράχθη ἐπὶ τῷ λόγῳ αὐτοῦ (ς; ἑ. τῷ λ. δ. rl)

1 31 καλέσεις τὸ ὄνομα αὐτοῦ Ἰησοῦν

1 32 δώσει αὐτῷ ... τὸν θρόνον Δαυὶδ τοῦ πατρὸς αὐτοῦ

1 33 τῆς βασιλείας αὐτοῦ οὐκ ἔσται τέλος

1 48 ὅτι ἐπέβλεψεν ἐπὶ τὴν ταπείνωσιν τῆς δούλης αὐτοῦ

1 49 καὶ ἅγιον τὸ ὄνομα αὐτοῦ, ↔

1 50 καὶ τὸ ἔλεος αὐτοῦ εἰς γενεάς

1 51 ἐποίησεν κράτος ἐν βραχίονι αὐτοῦ

1 54 ἀντελάβετο Ἰσραὴλ παιδὸς αὐτοῦ

1 55 καθὼς ἐλάλησεν ... τῷ Ἀβραὰμ καὶ τῷ σπέρματι αὐτοῦ

1 58 ὅτι ἐμεγάλυνεν κύριος τὸ ἔλεος αὐτοῦ μετ' αὐτῆς

1 59 ἐκάλουν αὐτὸ ἐπὶ τῷ ὀνόματι τοῦ πατρὸς αὐτοῦ Ζαχαρίαν. ↔

1 60 καὶ ἀποκριθεῖσα ἡ μήτηρ αὐτοῦ εἶπεν

1 62 ἐνένευον δὲ τῷ πατρὶ αὐτοῦ

1 63 Ἰωάννης ἐστὶν (+τὸ MVBTς) ὄνομα αὐτοῦ

1 64 ἀνεῴχθη δὲ τὸ στόμα αὐτοῦ παραχρῆμα ↔

1 64 καὶ ἡ γλῶσσα αὐτοῦ

1 66 *καὶ γὰρ χεὶρ κυρίου ἦν μετ' αὐτοῦ

1 67 Ζαχαρίας ὁ πατὴρ αὐτοῦ ἐπλήσθη πνεύματος ἁγίου

1 68 ὅτι ... ἐποίησεν λύτρωσιν τῷ λαῷ αὐτοῦ

1 69 ἐν οἴκῳ Δαυὶδ (+τοῦ Sς) παιδὸς αὐτοῦ, ↔

1 70 καθὼς ἐλάλησεν διὰ στόματος τῶν ... προφητῶν αὐτοῦ

1 72 μνησθῆναι διαθήκης ἁγίας αὐτοῦ

1 75 ⟨λατρεύειν αὐτῷ⟩ ἐν ὁσιότητι καὶ δικαιοσύνῃ ἐνώπιον αὐτοῦ

1 76 προπορεύσῃ γὰρ ... ἑτοιμάσαι ὁδοὺς αὐτοῦ, ↔

1 77 τοῦ δοῦναι γνῶσιν σωτηρίας τῷ λαῷ αὐτοῦ

1 80 ἦν ἐν ταῖς ἐρήμοις ἕως ἡμέρας ἀναδείξεως αὐτοῦ

2 21 ἐκλήθη τὸ ὄνομα αὐτοῦ Ἰησοῦς

2 27a τοῦ ποιῆσαι αὐτοὺς κατὰ τὸ εἰθισμένον τοῦ νόμου περὶ αὐτοῦ

2 28 *ἐδέξατο αὐτὸ εἰς τὰς ἀγκάλας αὐτοῦ (+Sς)

2 33 ἦν | ὁ πατὴρ αὐτοῦ (Ἰωσὴφ ς) ↔

2 33 *καὶ ἡ μήτηρ αὐτοῦ (+Tς) ↔

2 33a θαυμάζοντες ἐπὶ τοῖς λαλουμένοις περὶ αὐτοῦ

2 34 εἶπεν πρὸς Μαριὰμ τὴν μητέρα αὐτοῦ

2 38a ἐλάλει περὶ αὐτοῦ πᾶσιν τοῖς προσδεχομένοις λύτρωσιν

2 41 ἐπορεύοντο οἱ γονεῖς αὐτοῦ κατ' ἔτος εἰς Ἰερουσαλήμ

2 43 καὶ οὐκ ἔγνωσαν οἱ γονεῖς αὐτοῦ

2 47 ἐξίσταντο δὲ πάντες οἱ ἀκούοντες αὐτοῦ ↔

2 47 ἐπὶ τῇ συνέσει καὶ ταῖς ἀποκρίσεσιν αὐτοῦ

2 48 εἶπεν πρὸς αὐτὸν ἡ μήτηρ αὐτοῦ

2 51 ἡ μήτηρ αὐτοῦ διετήρει | πάντα τὰ ῥήματα (τὰ ρ. ἅπαντα S; π. τὰ ρ. ταῦτα Vς)

Lc 3 1 Φιλίππου δὲ τοῦ ἀδελφοῦ αὐτοῦ τετρααρχοῦντος τῆς Ἰτουραίας ... χώρας

3 4 εὐθείας ποιεῖτε τὰς τρίβους αὐτοῦ

3 7a ἔλεγεν οὖν τοῖς ἐκπορευομένοις ὄχλοις βαπτισθῆναι ὑπ' αὐτοῦ

3 16 οὗ οὐκ εἰμὶ ἱκανὸς λῦσαι τὸν ἱμάντα τῶν ὑποδημάτων αὐτοῦ

3 17 οὗ τὸ πτύον ἐν τῇ χειρὶ αὐτοῦ ↔

3 17 διακαθᾶραι (καὶ διακαθαριεῖ Vς) τὴν ἅλωνα αὐτοῦ ↔

3 17 καὶ συναγαγεῖν (-νάξει Vς) τὸν [+μὲν S] σῖτον εἰς τὴν ἀποθήκην αὐτοῦ

3 19a ἐλεγχόμενος ὑπ' αὐτοῦ περὶ Ἡρῳδιάδος ↔

3 19 τῆς γυναικὸς τοῦ ἀδελφοῦ αὐτοῦ

4 10 ὅτι τοῖς ἀγγέλοις αὐτοῦ ἐντελεῖται περὶ σοῦ

4 13 ὁ διάβολος ἀπέστη ἀπ' αὐτοῦ ἄχρι καιροῦ

4 14a φήμη ἐξῆλθεν καθ' ὅλης τῆς περιχώρου περὶ αὐτοῦ

4 22 ἐπὶ τοῖς λόγοις ... τοῖς ἐκπορευομένοις ἐκ τοῦ στόματος αὐτοῦ

4 24 ὅτι οὐδεὶς προφήτης δεκτός ἐστιν ἐν τῇ πατρίδι αὐτοῦ (ἑαυτοῦ T)

4 32 ἐξεπλήσσοντο ἐπὶ τῇ διδαχῇ αὐτοῦ, ↔

4 32 ὅτι ἐν ἐξουσίᾳ ἦν ὁ λόγος αὐτοῦ

4 35a φιμώθητι καὶ ἔξελθε ἀπ' αὐτοῦ

4 35 ἐξῆλθεν ἀπ' αὐτοῦ

4 37a ἐξεπορεύετο ἦχος περὶ αὐτοῦ

4 42 οἱ ὄχλοι ... ἦλθον ἕως αὐτοῦ

5 12 πεσὼν ἐπὶ πρόσωπον ἐδεήθη αὐτοῦ

5 13 ἐκτείνας τὴν χεῖρα ἥψατο αὐτοῦ

5 13a καὶ εὐθέως ἡ λέπρα ἀπῆλθεν ἀπ' αὐτοῦ

5 15a διήρχετο δὲ μᾶλλον ὁ λόγος περὶ αὐτοῦ

5 15 *θεραπεύεσθαι | ὑπ' αὐτοῦ (+ς) ἀπὸ τῶν ἀσθενειῶν αὐτῶν

5 18 ἐζήτουν ... θεῖναι αὐτὸν ([N26N H]; — rl) ἐνώπιον αὐτοῦ

5 25 ἀπῆλθεν εἰς τὸν οἶκον αὐτοῦ

5 29 ἐποίησεν δοχὴν ... αὐτῷ ἐν τῇ οἰκίᾳ αὐτοῦ

5 30 ἐγόγγυζον ... πρὸς τοὺς μαθητὰς αὐτοῦ λέγοντες

6 1 ἔτιλλον οἱ μαθηταὶ αὐτοῦ | καὶ ἤσθιον τοὺς στάχυας (~ Tς)

6 3a ὅτε (N26H; ὁπότε rl) ἐπείνασεν αὐτὸς καὶ οἱ μετ' αὐτοῦ ὄντες ([N26]; — H)

6 4a καὶ ἔδωκεν (+καὶ Tς) τοῖς μετ' αὐτοῦ

6 6 ἡ χεὶρ αὐτοῦ ἡ δεξιὰ ἦν ξηρά

6 7 ἵνα εὕρωσιν κατηγορεῖν (-ρίαν κατ' MVS; -ρίαν ς) αὐτοῦ

6 10 καὶ ἀπεκατεστάθη ἡ χεὶρ αὐτοῦ

6 13 προσεφώνησεν τοὺς μαθητὰς αὐτοῦ

6 14 Σίμωνα ... καὶ Ἀνδρέαν τὸν ἀδελφὸν αὐτοῦ

6 17 ἔστη ἐπὶ τόπου πεδινοῦ, καὶ ὄχλος πολὺς μαθητῶν αὐτοῦ

6 18 οἳ ἦλθον ἀκοῦσαι αὐτοῦ

6 19 πᾶς ὁ ὄχλος ἐζήτουν ἅπτεσθαι αὐτοῦ, ↔

6 19a ὅτι δύναμις παρ' αὐτοῦ ἐξήρχετο

6 20 καὶ αὐτὸς ἐπάρας τοὺς ὀφθαλμοὺς αὐτοῦ ↔

6 20 εἰς τοὺς μαθητὰς αὐτοῦ

6 40 *οὐκ ἔστιν μαθητὴς ὑπὲρ τὸν διδάσκαλον αὐτοῦ (+ς)· ↔

Lc 6 40 κατηρτισμένος δὲ πᾶς ἔσται ὡς ὁ διδάσκαλος αὐτοῦ

6 45 *ὁ ἀγαθὸς ἄνθρωπος ἐκ τοῦ ἀγαθοῦ θησαυροῦ τῆς καρδίας αὐτοῦ (+MVB[S]ς) προφέρει τὸ ἀγαθόν, ↔

6 45 *καὶ ὁ πονηρὸς ἐκ τοῦ πονηροῦ | θησαυροῦ τῆς καρδίας αὐτοῦ (+ς) προφέρει τὸ πονηρόν· ↔

6 45 ἐκ γὰρ περισσεύματος καρδίας λαλεῖ τὸ στόμα αὐτοῦ

7 1 ἐπειδὴ ἐπλήρωσεν πάντα τὰ ῥήματα αὐτοῦ

7 3 ὅπως ἐλθὼν διασώσῃ τὸν δοῦλον αὐτοῦ

7 6b ἤδη δὲ αὐτοῦ οὐ μακρὰν ἀπέχοντος

7 11 συνεπορεύοντο αὐτῷ οἱ μαθηταὶ αὐτοῦ (+ἱκανοί VSTς)

7 12 ἐξεκομίζετο τεθνηκὼς | μονογενὴς υἱὸς (~ Sς) τῇ μητρὶ αὐτοῦ

7 15 ἔδωκεν αὐτὸν τῇ μητρὶ αὐτοῦ

7 16 ὅτι ἐπεσκέψατο ὁ θεὸς τὸν λαὸν αὐτοῦ

7 17a ἐξῆλθεν ὁ λόγος οὗτος ἐν ὅλῃ τῇ Ἰουδαίᾳ περὶ αὐτοῦ

7 18 ἀπήγγειλαν Ἰωάννῃ οἱ μαθηταὶ αὐτοῦ

7 18 προσκαλεσάμενος δύο τινὰς τῶν μαθητῶν αὐτοῦ

7 28 ὁ δὲ μικρότερος ... μείζων αὐτοῦ ἐστιν

7 30a μὴ βαπτισθέντες ὑπ' αὐτοῦ

7 36a ἠρώτα δέ τις ... ἵνα φάγῃ μετ' αὐτοῦ

7 38 στᾶσα ὀπίσω παρὰ τοὺς πόδας αὐτοῦ κλαίουσα, ↔

7 38 τοῖς δάκρυσιν ἤρξατο βρέχειν τοὺς πόδας αὐτοῦ

7 38 κατεφίλει τοὺς πόδας αὐτοῦ

7 39 ἐγίνωσκεν ἂν τίς καὶ ποταπὴ ἡ γυνὴ ἥτις ἅπτεται αὐτοῦ

8 5 ἐξῆλθεν ὁ σπείρων τοῦ σπεῖραι τὸν σπόρον αὐτοῦ

8 9 ἐπηρώτων δὲ αὐτὸν οἱ μαθηταὶ αὐτοῦ

8 18a καὶ ὃ δοκεῖ ἔχειν ἀρθήσεται ἀπ' αὐτοῦ. ↔

8 19 *παρεγένετο (-νοντο VSς) δὲ πρὸς αὐτὸν ἡ μήτηρ αὐτοῦ (+T) ↔

8 19 καὶ οἱ ἀδελφοὶ αὐτοῦ

8 22 αὐτὸς ἐνέβη εἰς πλοῖον καὶ οἱ μαθηταὶ αὐτοῦ

8 38 ἐδεῖτο δὲ αὐτοῦ ὁ ἀνήρ

8 41 εἰσελθεῖν εἰς τὸν οἶκον αὐτοῦ

8 44 ἥψατο τοῦ κρασπέδου τοῦ ἱματίου αὐτοῦ

8 45a *εἶπεν ὁ Πέτρος | καὶ οἱ μετ' αὐτοῦ (ς; καὶ οἱ σὺν αὐτῷ VBST; — rl)

8 47 δι' ἣν αἰτίαν ἥψατο αὐτοῦ

8 49b ἔτι αὐτοῦ λαλοῦντος ἔρχεταί τις

8 53 καὶ κατεγέλων αὐτοῦ

9 1 *συγκαλεσάμενος δὲ τοὺς δώδεκα | μαθητὰς αὐτοῦ (ς; ἀποστόλους BS; — rl)

9 7a *ἤκουσεν ... τὰ γινόμενα | ὑπ' αὐτοῦ (+ς) πάντα

9 14 εἶπεν δὲ πρὸς τοὺς μαθητὰς αὐτοῦ

9 23 ἀράτω τὸν σταυρὸν αὐτοῦ

9 24 ὃς γὰρ ἂν (ἐὰν NMVT) θέλῃ τὴν ψυχὴν αὐτοῦ σῶσαι

9 24 ὃς δ' ἂν ἀπολέσῃ τὴν ψυχὴν αὐτοῦ ἕνεκεν ἐμοῦ

9 26 ὅταν ἔλθῃ ἐν τῇ δόξῃ αὐτοῦ

Lc 9 29 ἐγένετο ... τὸ εἶδος τοῦ προσώ-
που αὐτοῦ ἕτερον ↔

9 29 καὶ ὁ ἱματισμὸς αὐτοῦ λευκὸς
ἐξαστράπτων

9 31 ἔλεγον τὴν ἔξοδον αὐτοῦ

9 32 εἶδον τὴν δόξαν αὐτοῦ

9 33[a] ἐν τῷ διαχωρίζεσθαι αὐτοὺς ἀπ᾽
αὐτοῦ

9 34[b] ταῦτα δὲ αὐτοῦ λέγοντος

9 35 οὗτός ἐστιν ὁ υἱός μου ὁ ἐκλελεγμέ-
νος, αὐτοῦ ἀκούετε

9 39[a] μόγις (μόλις NMBH) ἀποχωρεῖ
ἀπ᾽ αὐτοῦ

9 42[b] ἔτι δὲ προσερχομένου αὐτοῦ

9 42 ἀπέδωκεν αὐτὸν τῷ πατρὶ αὐτοῦ

9 43 εἶπεν πρὸς τοὺς μαθητὰς αὐτοῦ

9 51 ἐν τῷ συμπληροῦσθαι τὰς ἡμέρας
τῆς ἀναλήμψεως αὐτοῦ ↔

9 51 *καὶ αὐτὸς τὸ πρόσωπον αὐτοῦ (+
VTς) ἐστήρισεν (-ριξεν Vς)

9 52 ἀπέστειλεν ἀγγέλους πρὸ προσώ-
που αὐτοῦ

9 53 ὅτι τὸ πρόσωπον αὐτοῦ ἦν πο-
ρευόμενον εἰς Ἰερουσαλήμ

9 54 *ἰδόντες δὲ οἱ μαθηταὶ αὐτοῦ (+
Vς) Ἰάκωβος καὶ Ἰωάννης εἶπαν

9 62 *οὐδεὶς ἐπιβαλὼν τὴν χεῖρα αὐτοῦ
(— N²⁶NH) ἐπ᾽ ἄροτρον

10 1 ἀπέστειλεν αὐτοὺς ἀνὰ δύο δύο
(+[N²⁶H]B) πρὸ προσώπου αὐ-
τοῦ

10 2 ὅπως | ἐργάτας ἐκβάλῃ (~ VSς)
εἰς τὸν θερισμὸν αὐτοῦ

10 7 ἄξιος γὰρ ὁ ἐργάτης τοῦ μισθοῦ
αὐτοῦ

10 34 κατέδησεν τὰ τραύματα αὐτοῦ

10 34 καὶ ἐπεμελήθη αὐτοῦ

10 35 ἐπιμελήθητι αὐτοῦ

10 37[a] ὁ ποιήσας τὸ ἔλεος μετ᾽ αὐτοῦ

10 39 ἣ [N²⁶H] ... ἤκουεν τὸν λόγον
αὐτοῦ

11 1 εἶπέν τις τῶν μαθητῶν αὐτοῦ πρὸς
αὐτόν

11 1 καθὼς καὶ Ἰωάννης ἐδίδαξεν τοὺς
μαθητὰς αὐτοῦ

11 8 διὰ τὸ εἶναι φίλον αὐτοῦ, ↔

11 8 διὰ γε τὴν ἀναίδειαν αὐτοῦ ἐγερ-
θεὶς δώσει αὐτῷ

11 16[a] σημεῖον ἐξ οὐρανοῦ ἐζήτουν παρ᾽
αὐτοῦ

11 18 πῶς σταθήσεται ἡ βασιλεία αὐ-
τοῦ;

11 21 ἐν εἰρήνῃ ἐστὶν τὰ ὑπάρχοντα
αὐτοῦ· ↔

11 22 ἐπὰν δὲ ἰσχυρότερος αὐτοῦ ἐπελ-
θὼν νικήσῃ αὐτόν, ↔

11 22 τὴν πανοπλίαν αὐτοῦ αἴρει

11 22 τὰ σκῦλα αὐτοῦ διαδίδωσιν

11 53[b] | κἀκεῖθεν ἐξελθόντος αὐτοῦ (λέ-
γοντος δὲ αὐτοῦ ταῦτα πρὸς
αὐτοὺς ς)

11 54 (+ ζητοῦντες Vς) θηρεῦσαί τι ἐκ
τοῦ στόματος αὐτοῦ ↔

11 54 *| ἵνα κατηγορήσωσιν αὐτοῦ (+ς)

12 1 ἤρξατο λέγειν πρὸς τοὺς μαθητὰς
αὐτοῦ πρῶτον

12 15 ὅτι οὐκ ἐν τῷ περισσεύειν τινὶ ἡ
ζωὴ αὐτοῦ ἐστιν ↔

12 15 *ἐκ τῶν ὑπαρχόντων αὐτοῦ (ς;
αὐτῷ rl)

12 22 εἶπεν δὲ πρὸς τοὺς μαθητὰς αὐτοῦ
[N²⁶NH]

12 25 τίς ... δύναται | ἐπὶ τὴν ἡλικίαν
αὐτοῦ προσθεῖναι (~ VBSTς) πῆ-
χυν (+ ἕνα Vς);

Lc 12 27 οὐδὲ Σολομὼν ἐν πάσῃ τῇ δόξῃ
αὐτοῦ

12 31 πλὴν ζητεῖτε τὴν βασιλείαν αὐτοῦ
(τοῦ θεοῦ ς)

12 39 διορυχθῆναι τὸν οἶκον αὐτοῦ

12 42 ὃν καταστήσει ὁ κύριος ἐπὶ τῆς
θεραπείας αὐτοῦ

12 43 ὃν ἐλθὼν ὁ κύριος αὐτοῦ εὑρήσει
ποιοῦντα οὕτως

12 44 ὅτι ἐπὶ πᾶσιν τοῖς ὑπάρχουσιν
αὐτοῦ καταστήσει αὐτόν

12 45 ἐὰν δὲ εἴπῃ ... ἐν τῇ καρδίᾳ αὐτοῦ

12 46 τὸ μέρος αὐτοῦ μετὰ τῶν ἀπίστων
θήσει

12 47 ὁ δοῦλος ὁ γνοὺς τὸ θέλημα τοῦ
κυρίου αὐτοῦ (ἑαυτοῦ ς) ↔

12 47 καὶ μὴ ἑτοιμάσας ἢ ποιήσας πρὸς
τὸ θέλημα αὐτοῦ

12 48[a] πολὺ ζητηθήσεται παρ᾽ αὐτοῦ

12 58[a] δὸς ἐργασίαν ἀπηλλάχθαι ἀπ᾽
[H] αὐτοῦ

13 6 συκῆν εἶχέν τις πεφυτευμένην ἐν
τῷ ἀμπελῶνι αὐτοῦ

13 15 οὐ λύει τὸν βοῦν αὐτοῦ ⟨;⟩

13 17[b] καὶ ταῦτα λέγοντος αὐτοῦ

13 17[a] ἐπὶ πᾶσιν τοῖς ἐνδόξοις τοῖς
γινομένοις ὑπ᾽ αὐτοῦ

13 19 κατεσκήνωσεν ἐν τοῖς κλάδοις
αὐτοῦ

14 2[a] ἄνθρωπός τις ἦν ὑδρωπικὸς ἔμ-
προσθεν αὐτοῦ

14 8[a] μήποτε ἐντιμότερός σου ᾖ κεκλη-
μένος ὑπ᾽ αὐτοῦ

14 17 ἀπέστειλεν τὸν δοῦλον αὐτοῦ

14 21 ὁ δοῦλος ἀπήγγειλεν τῷ κυρίῳ
αὐτοῦ ταῦτα

14 21 ὁ οἰκοδεσπότης εἶπεν τῷ δούλῳ
αὐτοῦ

14 26 *εἴ τις ... οὐ μισεῖ τὸν πατέρα
αὐτοῦ (ἑαυτοῦ N²⁶SHς)

14 27 *(+ καὶ Vς) ὅστις οὐ βαστάζει τὸν
σταυρὸν αὐτοῦ (ς; ἑαυτοῦ rl)

14 29[a] ἵνα μήποτε θέντος αὐτοῦ θεμέλιον
καὶ μὴ ἰσχύοντος ἐκτελέσαι

14 32[b] ἔτι αὐτοῦ πόρρω ὄντος πρεσβείαν
ἀποστείλας

15 1 ἦσαν δὲ αὐτῷ ἐγγίζοντες ... ἀκού-
ειν αὐτοῦ

15 5 ἐπιτίθησιν ἐπὶ τοὺς ὤμους αὐτοῦ
(ἑαυτοῦ ς)

15 13 διεσκόρπισεν τὴν οὐσίαν αὐτοῦ

15 14[b] δαπανήσαντος δὲ αὐτοῦ πάντα

15 15 ἔπεμψεν αὐτὸν εἰς τοὺς ἀγροὺς
αὐτοῦ

15 16 *ἐπεθύμει | γεμίσαι τὴν κοιλίαν
αὐτοῦ (χορτασθῆναι N²⁶H)

15 20 *ἦλθεν πρὸς τὸν πατέρα αὐτοῦ
(BST; ἑαυτοῦ rl). ↔

15 20[b] ἔτι δὲ αὐτοῦ μακρὰν ἀπέχοντος ↔

15 20 εἶδεν αὐτὸν ὁ πατὴρ αὐτοῦ

15 20 ἐπέπεσεν ἐπὶ τὸν τράχηλον αὐτοῦ

15 22 εἶπεν δὲ ὁ πατὴρ πρὸς τοὺς δού-
λους αὐτοῦ

15 22 δότε δακτύλιον εἰς τὴν χεῖρα
αὐτοῦ

15 25 ἦν δὲ ὁ υἱὸς αὐτοῦ ὁ πρεσβύτερος
ἐν ἀγρῷ

15 26 *προσκαλεσάμενος ἕνα τῶν παίδων
αὐτοῦ (+ς)

15 28 ὁ δὲ πατὴρ αὐτοῦ ἐξελθὼν παρ-
εκάλει αὐτόν. ↔

15 29 ὁ δὲ ἀποκριθεὶς εἶπεν τῷ πατρὶ
αὐτοῦ (+ N²⁶BH)

16 1 *ἔλεγεν δὲ καὶ πρὸς τοὺς μαθητὰς
αὐτοῦ (+ς)

Lc 16 1 ὡς διασκορπίζων τὰ ὑπάρχοντα
αὐτοῦ

16 18 πᾶς ὁ ἀπολύων τὴν γυναῖκα
αὐτοῦ

16 20 ἐβέβλητο πρὸς τὸν πυλῶνα αὐτοῦ

16 21 καὶ οἱ κύνες ἐρχόμενοι ἐπέλειχον
τὰ ἕλκη αὐτοῦ

16 23 ἐπάρας τοὺς ὀφθαλμοὺς αὐτοῦ

16 23 ὁρᾷ Ἀβραὰμ ... καὶ Λάζαρον ἐν
τοῖς κόλποις αὐτοῦ

16 24 ἵνα βάψῃ τὸ ἄκρον τοῦ δακτύλου
αὐτοῦ ὕδατος

17 1 εἶπεν δὲ πρὸς τοὺς μαθητὰς αὐτοῦ
(—ς)

17 2 εἰ λίθος μυλικὸς περίκειται περὶ τὸν
τράχηλον αὐτοῦ

17 12[b] καὶ εἰσερχομένου αὐτοῦ εἴς τινα
κώμην

17 16 ἔπεσεν ἐπὶ πρόσωπον παρὰ τοὺς
πόδας αὐτοῦ

17 24 οὕτως ἔσται ὁ υἱὸς τοῦ ἀνθρώπου
| ἐν τῇ ἡμέρᾳ αὐτοῦ ([N²⁶]; — H)

17 31 καὶ τὰ σκεύη αὐτοῦ ἐν τῇ οἰκίᾳ,
μὴ καταβάτω ἆραι αὐτά

17 33 ὃς ἐὰν ζητήσῃ τὴν ψυχὴν αὐτοῦ
περιποιήσασθαι (σῶσαι Vς)

18 7 ὁ δὲ θεὸς οὐ μὴ ποιήσῃ τὴν
ἐκδίκησιν τῶν ἐκλεκτῶν αὐτοῦ ⟨;⟩

18 13 ἔτυπτεν τὸ στῆθος αὐτοῦ (ἑαυτοῦ
H)

18 14 κατέβη οὗτος δεδικαιωμένος εἰς
τὸν οἶκον αὐτοῦ

18 40[b] ἐγγίσαντος δὲ αὐτοῦ ἐπηρώτησεν
αὐτόν

19 14 οἱ δὲ πολῖται αὐτοῦ ἐμίσουν αὐτόν,
↔

19 14[a] καὶ ἀπέστειλαν πρεσβείαν ὀπίσω
αὐτοῦ

19 24[a] ἄρατε ἀπ᾽ αὐτοῦ τὴν μνᾶν

19 26[a] *ἀπὸ δὲ τοῦ μὴ ἔχοντος καὶ ὃ ἔχει
ἀρθήσεται | ἀπ᾽ αὐτοῦ (+ Vς)

19 29 *ἀπέστειλεν δύο τῶν μαθητῶν
αὐτοῦ (+ς)

19 31 ὅτι ὁ κύριος αὐτοῦ χρείαν ἔχει

19 33 εἶπαν οἱ κύριοι αὐτοῦ πρὸς αὐτούς

19 34 ὅτι ὁ κύριος αὐτοῦ χρείαν ἔχει

19 36[b] πορευομένου δὲ αὐτοῦ ὑπεστρών-
νυον τὰ ἱμάτια

19 37[b] ἐγγίζοντος δὲ αὐτοῦ ἤδη πρὸς τῇ
καταβάσει

19 48 ὁ λαὸς γὰρ ἅπας ἐξεκρέματο (-μετο
MTH) αὐτοῦ ἀκούων

20 1[b] διδάσκοντος αὐτοῦ τὸν λαὸν ἐν
τῷ ἱερῷ

20 20[c] ἵνα ἐπιλάβωνται αὐτοῦ λόγου

20 26[c] οὐκ ἴσχυσαν ἐπιλαβέσθαι αὐτοῦ
(τοῦ SH) ῥήματος ἐναντίον τοῦ
λαοῦ, ↔

20 26 καὶ θαυμάσαντες ἐπὶ τῇ ἀποκρίσει
αὐτοῦ ἐσίγησαν

20 28 ἵνα λάβῃ ὁ ἀδελφὸς αὐτοῦ τὴν
γυναῖκα ↔

20 28 καὶ ἐξαναστήσῃ σπέρμα τῷ ἀδελ-
φῷ αὐτοῦ

20 44[c] καὶ πῶς | αὐτοῦ υἱός (~ VBSς)
ἐστιν;

20 45 εἶπεν τοῖς μαθηταῖς αὐτοῦ (+
[N²⁶] MVSς)

21 38 πᾶς ὁ λαὸς ὤρθριζεν πρὸς αὐτὸν
ἐν τῷ ἱερῷ ἀκούειν αὐτοῦ

22 16[a] *ὅτι οὐκέτι (+ NMVTς) οὐ μὴ
φάγω | ἐξ αὐτοῦ (ς; αὐτὸ rl) ἕως
ὅτου πληρωθῇ

22 36 ὁ μὴ ἔχων πωλησάτω τὸ ἱμάτιον
αὐτοῦ

Lc 22 39 *ἠκολούθησαν δὲ αὐτῷ καὶ [H] οἱ μαθηταὶ αὐτοῦ (+ς)

22 44 ||: καὶ ἐγένετο (ἐγ. δὲ VSς) ὁ ἱδρὼς αὐτοῦ ὡσεὶ θρόμβοι αἵματος [[..N²⁶NSH..]]

22 45 *ἐλθὼν πρὸς τοὺς μαθητὰς αὐτοῦ (+ς)

22 47ᵇἔτι αὐτοῦ λαλοῦντος ἰδοὺ ὄχλος

22 50 ἀφεῖλεν τὸ οὖς αὐτοῦ τὸ δεξιόν

22 59ᵃἐπ' ἀληθείας καὶ οὗτος μετ' αὐτοῦ ἦν

22 60ᵇπαραχρῆμα ἔτι λαλοῦντος αὐτοῦ ἐφώνησεν ἀλέκτωρ

22 64ᶜ*περικαλύψαντες αὐτὸν | ἔτυπτον αὐτοῦ τὸ πρόσωπον, καὶ (+ς) ἐπηρώτων (+αὐτόν MVBSς)

22 71 αὐτοὶ γὰρ ἠκούσαμεν ἀπὸ τοῦ στόματος αὐτοῦ

23 2 ἤρξαντο δὲ κατηγορεῖν αὐτοῦ

23 8ᵃδιὰ τὸ ἀκούειν (+πολλὰ Vς) περὶ αὐτοῦ, ↔

23 8ᵃκαὶ ἤλπιζέν τι σημεῖον ἰδεῖν ὑπ' αὐτοῦ γινόμενον

23 10 εἱστήκεισαν δὲ οἱ ἀρχιερεῖς ... εὐτόνως κατηγοροῦντες αὐτοῦ

23 11 ἐξουθενήσας δὲ αὐτὸν καὶ ([N²⁶]; —NMVHς) ὁ Ἡρῴδης σὺν τοῖς στρατεύμασιν αὐτοῦ

23 14ᵃὧν κατηγορεῖτε κατ' (—S) αὐτοῦ

23 34 διαμεριζόμενοι δὲ τὰ ἱμάτια αὐτοῦ

23 49 *εἱστήκεισαν δὲ πάντες οἱ γνωστοὶ αὐτοῦ (Sς; αὐτῷ rl) ἀπὸ (—Sς) μακρόθεν

23 55 ἐθεάσαντο ... ὡς ἐτέθη τὸ σῶμα αὐτοῦ

24 8 ἐμνήσθησαν τῶν ῥημάτων αὐτοῦ

24 23 μὴ εὑροῦσαι τὸ σῶμα αὐτοῦ

24 26 εἰσελθεῖν εἰς τὴν δόξαν αὐτοῦ

24 47 κηρυχθῆναι ἐπὶ τῷ ὀνόματι αὐτοῦ μετάνοιαν

24 50 ἐπάρας τὰς χεῖρας αὐτοῦ εὐλόγησεν αὐτούς

Jo 1 3ᵃπάντα δι' αὐτοῦ ἐγένετο, ↔

1 3ᵃκαὶ χωρὶς αὐτοῦ ἐγένετο οὐδὲ ἕν

1 7ᵃἵνα πάντες πιστεύσωσιν δι' αὐτοῦ

1 10ᵃκαὶ ὁ κόσμος δι' αὐτοῦ ἐγένετο

1 12 τοῖς πιστεύουσιν εἰς τὸ ὄνομα αὐτοῦ

1 14 καὶ ἐθεασάμεθα τὴν δόξαν αὐτοῦ

1 15ᵃἸωάννης μαρτυρεῖ περὶ αὐτοῦ

1 16 ὅτι ἐκ τοῦ πληρώματος αὐτοῦ ἡμεῖς πάντες ἐλάβομεν

1 27ᶜοὗ οὐκ εἰμὶ ἐγὼ [N²⁶H] ἄξιος ἵνα λύσω αὐτοῦ τὸν ἱμάντα

1 35 εἱστήκει ὁ (—H) Ἰωάννης καὶ ἐκ τῶν μαθητῶν αὐτοῦ δύο

1 37 ἤκουσαν | οἱ δύο μαθηταὶ αὐτοῦ (~MVBSς) λαλοῦντος

1 47ᵃεἶδεν ὁ (—NMTH) Ἰησοῦς τὸν Ναθαναὴλ ... καὶ λέγει περὶ αὐτοῦ

2 2 ἐκλήθη δὲ καὶ ὁ Ἰησοῦς καὶ οἱ μαθηταὶ αὐτοῦ εἰς τὸν γάμον

2 5 λέγει ἡ μήτηρ αὐτοῦ τοῖς διακόνοις

2 11 ἐφανέρωσεν τὴν δόξαν αὐτοῦ, ↔

2 11 καὶ ἐπίστευσαν εἰς αὐτὸν οἱ

2 12 κατέβη εἰς Καφαρναοὺμ αὐτὸς καὶ ἡ μήτηρ αὐτοῦ ↔

2 12 καὶ οἱ ἀδελφοὶ αὐτοῦ ([N²⁶]; —NMSH) ↔

2 12 καὶ οἱ μαθηταὶ αὐτοῦ

2 17 ἐμνήσθησαν (+δὲ Vς) οἱ μαθηταὶ αὐτοῦ

2 21 ἔλεγεν περὶ τοῦ ναοῦ τοῦ σώματος αὐτοῦ

Jo 2 22 ἐμνήσθησαν οἱ μαθηταὶ αὐτοῦ

2 23 πολλοὶ ἐπίστευσαν εἰς τὸ ὄνομα αὐτοῦ, ↔

2 23ᶜθεωροῦντες αὐτοῦ τὰ σημεῖα

3 2ᵃἐὰν μὴ ᾖ ὁ θεὸς μετ' αὐτοῦ

3 4 μὴ δύναται εἰς τὴν κοιλίαν τῆς μητρὸς αὐτοῦ δεύτερον εἰσελθεῖν καὶ γεννηθῆναι;

3 8 καὶ τὴν φωνὴν αὐτοῦ ἀκούεις

3 16 *ὥστε τὸν υἱὸν αὐτοῦ (—N²⁶NTH) τὸν μονογενῆ ἔδωκεν

3 17 *οὐ γὰρ ἀπέστειλεν ὁ θεὸς τὸν υἱὸν αὐτοῦ (+Vς) ... ἵνα κρίνῃ

3 17ᵃἵνα σωθῇ ὁ κόσμος δι' αὐτοῦ

3 20 ἵνα μὴ ἐλεγχθῇ τὰ ἔργα αὐτοῦ

3 21ᶜἵνα φανερωθῇ αὐτοῦ τὰ ἔργα

3 22 ἦλθεν ὁ Ἰησοῦς καὶ οἱ μαθηταὶ αὐτοῦ εἰς τὴν Ἰουδαίαν γῆν

3 29 ὁ ἑστηκὼς καὶ ἀκούων αὐτοῦ, χαρᾷ χαίρει

3 32 καὶ τὴν μαρτυρίαν αὐτοῦ οὐδεὶς λαμβάνει. ↔

3 33ᶜὁ λαβὼν αὐτοῦ τὴν μαρτυρίαν ἐσφράγισεν

3 35 καὶ πάντα δέδωκεν ἐν τῇ χειρὶ αὐτοῦ

4 2 καίτοιγε Ἰησοῦς αὐτὸς οὐκ ἐβάπτιζεν ἀλλ' οἱ μαθηταὶ αὐτοῦ

4 5 ὃ ἔδωκεν Ἰακὼβ τῷ ([N²⁶NH]; —rl) Ἰωσὴφ τῷ υἱῷ αὐτοῦ

4 8 οἱ γὰρ μαθηταὶ αὐτοῦ ἀπεληλύθεισαν

4 12ᵃκαὶ αὐτὸς ἐξ αὐτοῦ ἔπιεν ↔

4 12 καὶ οἱ υἱοὶ αὐτοῦ ↔

4 12 καὶ τὰ θρέμματα αὐτοῦ

4 27 ἦλθαν οἱ μαθηταὶ αὐτοῦ

4 34ᶜἵνα ... τελειώσω αὐτοῦ τὸ ἔργον

4 41 ἐπίστευσαν διὰ τὸν λόγον αὐτοῦ

4 47ᶜἵνα καταβῇ καὶ ἰάσηται αὐτοῦ τὸν υἱόν

4 51ᵇἤδη δὲ αὐτοῦ καταβαίνοντος ↔

4 51 οἱ δοῦλοι αὐτοῦ (+N²⁶BHς) ὑπήντησαν αὐτῷ

4 51 ὅτι ὁ παῖς αὐτοῦ (σου VBς) ζῇ

4 53 ἐπίστευσεν αὐτὸς καὶ ἡ οἰκία αὐτοῦ ὅλη

5 5 τριάκοντα καὶ [N²⁶H] ὀκτὼ ἔτη ἔχων ἐν τῇ ἀσθενείᾳ αὐτοῦ (—ς)

5 9 ἦρεν τὸν κράβαττον αὐτοῦ

5 28 ἀκούσουσιν (-σονται Vς; -σωσι S) τῆς φωνῆς αὐτοῦ

5 35 ἀγαλλιαθῆναι πρὸς ὥραν ἐν τῷ φωτὶ αὐτοῦ

5 37 οὔτε φωνὴν αὐτοῦ πώποτε ἀκηκόατε ↔

5 37 οὔτε εἶδος αὐτοῦ ἑωράκατε, ↔

5 38 καὶ τὸν λόγον αὐτοῦ οὐκ ἔχετε ἐν ὑμῖν μένοντα

6 2ᶜ*ὅτι ἐθεώρουν (ἑώρων NVTς) αὐτοῦ (+ς) τὰ σημεῖα

6 3 ἐκεῖ ἐκάθητο (-θέζετο T) μετὰ τῶν μαθητῶν αὐτοῦ

6 8 λέγει αὐτῷ εἷς ἐκ τῶν μαθητῶν αὐτοῦ

6 12 λέγει τοῖς μαθηταῖς αὐτοῦ

6 16 κατέβησαν οἱ μαθηταὶ αὐτοῦ ἐπὶ τὴν θάλασσαν

6 22 *εἰ μὴ ἕν | ἐκεῖνο εἰς ὃ ἐνέβησαν οἱ μαθηταὶ αὐτοῦ, (+ς) ↔

6 22 καὶ ὅτι οὐ συνεισῆλθεν τοῖς μαθηταῖς αὐτοῦ ὁ Ἰησοῦς εἰς τὸ πλοῖον ↔

6 22 ἀλλὰ μόνοι οἱ μαθηταὶ αὐτοῦ ἀπῆλθον

Jo 6 24 ὅτι Ἰησοῦς οὐκ ἔστιν ἐκεῖ οὐδὲ οἱ μαθηταὶ αὐτοῦ

6 39ᵃἵνα πᾶν ὃ δέδωκέν μοι μὴ ἀπολέσω ἐξ αὐτοῦ

6 41ᵃἐγόγγυζον οὖν οἱ Ἰουδαῖοι περὶ αὐτοῦ

6 50ᵃἵνα τις ἐξ αὐτοῦ φάγῃ καὶ μὴ ἀποθάνῃ

6 52 πῶς δύναται δοῦναι τὴν σάρκα αὐτοῦ [+N²⁶H] φαγεῖν;

6 53ᶜἐὰν μὴ ... πίητε αὐτοῦ τὸ αἷμα

6 60 πολλοὶ οὖν ἀκούσαντες ἐκ τῶν μαθητῶν αὐτοῦ

6 60 τίς δύναται αὐτοῦ ἀκούειν;

6 61 ὅτι γογγύζουσιν περὶ τούτου οἱ μαθηταὶ αὐτοῦ

6 66 πολλοὶ ἐκ (+[N²⁶]BH) τῶν μαθητῶν αὐτοῦ ἀπῆλθον εἰς τὰ ὀπίσω ↔

6 66ᵃκαὶ οὐκέτι μετ' αὐτοῦ περιεπάτουν

7 3 εἶπον οὖν πρὸς αὐτὸν οἱ ἀδελφοὶ αὐτοῦ

7 5 οὐδὲ γὰρ οἱ ἀδελφοὶ αὐτοῦ ἐπίστευον εἰς αὐτόν

7 7ᵃἐγὼ μαρτυρῶ περὶ αὐτοῦ ↔

7 7 ὅτι τὰ ἔργα αὐτοῦ πονηρά ἐστιν

7 10 ὡς δὲ ἀνέβησαν οἱ ἀδελφοὶ αὐτοῦ

7 12ᵃγογγυσμὸς | περὶ αὐτοῦ ἦν πολύς (~ς BST)

7 13ᵃοὐδεὶς μέντοι παρρησίᾳ ἐλάλει περὶ αὐτοῦ

7 17 ἐάν τις θέλῃ τὸ θέλημα αὐτοῦ ποιεῖν

7 29ᵃοἶδα αὐτόν, ὅτι παρ' αὐτοῦ εἰμι

7 30 ὅτι οὔπω ἐληλύθει ἡ ὥρα αὐτοῦ

7 32ᵃτοῦ ὄχλου γογγύζοντος περὶ αὐτοῦ ταῦτα

7 38 ποταμοὶ ἐκ τῆς κοιλίας αὐτοῦ ῥεύσουσιν ὕδατος ζῶντος

7 51ᵃἐὰν μὴ ἀκούσῃ πρῶτον παρ' αὐτοῦ ⟨;⟩

[7 53]ἐπορεύθησαν ἕκαστος εἰς τὸν οἶκον (τόπον MS) αὐτοῦ

[8 6]|| ἵνα ἔχωσιν (σχῶσιν S) κατηγορεῖν αὐτοῦ [[..H]]

8 20 ὅτι οὔπω ἐληλύθει ἡ ὥρα αὐτοῦ

8 26ᵃἃ ἤκουσα παρ' αὐτοῦ, ταῦτα λαλῶ

8 30ᵇταῦτα αὐτοῦ λαλοῦντος πολλοὶ ἐπίστευσαν

8 44 ὅτι ψεύστης ἐστὶν καὶ ὁ πατὴρ αὐτοῦ

8 55 καὶ τὸν λόγον αὐτοῦ τηρῶ

9 2 ἠρώτησαν αὐτὸν οἱ μαθηταὶ αὐτοῦ λέγοντες· ↔

9 2 ῥαββί, τίς ἥμαρτεν, οὗτος ἢ οἱ γονεῖς αὐτοῦ ⟨;⟩

9 3 οὔτε οὗτος ἥμαρτεν οὔτε οἱ γονεῖς αὐτοῦ

9 6ᶜἐπέχρισεν (ἐπέθηκεν NH) αὐτοῦ (—ς) τὸν πηλὸν ἐπὶ τοὺς ὀφθαλμούς (+τοῦ τυφλοῦ Vς)

9 14ᶜἀνέῳξεν αὐτοῦ τοὺς ὀφθαλμούς

9 17ᵃ τί σὺ (~Tς) λέγεις περὶ αὐτοῦ, ὅτι ἠνέῳξέν σου τοὺς ὀφθαλμούς;

9 18ᵃοὐκ ἐπίστευσαν ... περὶ αὐτοῦ ὅτι ἦν τυφλὸς καὶ ἀνέβλεψεν, ↔

9 18ᵇἕως ὅτου ἐφώνησαν τοὺς γονεῖς αὐτοῦ τοῦ ἀναβλέψαντος

9 20 ἀπεκρίθησαν οὖν (δὲ MS; —Vς) οἱ γονεῖς αὐτοῦ

9 21ᶜτίς ἤνοιξεν αὐτοῦ τοὺς ὀφθαλμοὺς ἡμεῖς οὐκ οἴδαμεν

9 22 ταῦτα εἶπαν οἱ γονεῖς αὐτοῦ ὅτι ἐφοβοῦντο

Jo 9 23 διὰ τοῦτο οἱ γονεῖς αὐτοῦ εἶπαν
9 27ᶜ μὴ καὶ ὑμεῖς θέλετε | αὐτοῦ μαθηταὶ (~ S) γενέσθαι;
9 31 ἐάν τις θεοσεβὴς ᾖ καὶ τὸ θέλημα αὐτοῦ ποιῇ
9 40ᵃ ἤκουσαν ἐκ τῶν Φαρισαίων ταῦτα (—T) οἱ μετ' αὐτοῦ ὄντες
10 3 τὰ πρόβατα τῆς φωνῆς αὐτοῦ ἀκούει
10 4 ὅτι οἴδασιν τὴν φωνὴν αὐτοῦ
10 5ᵃ ἀλλοτρίῳ δὲ οὐ μὴ ἀκολουθήσουσιν (-σωσιν Sς), ἀλλὰ φεύξονται ἀπ' αὐτοῦ
10 11 ὁ ποιμὴν ὁ καλὸς τὴν ψυχὴν αὐτοῦ τίθησιν ὑπὲρ τῶν προβάτων
10 20 τί αὐτοῦ ἀκούετε;
11 2 ἦν δὲ Μαριὰμ ἡ ... ἐκμάξασα τοὺς πόδας αὐτοῦ ταῖς θριξὶν αὐτῆς
11 12 *εἶπαν οὖν || οἱ μαθηταὶ αὐτοῦ (ς; αὐτῷ rl) ((~ T))
11 13 εἰρήκει δὲ ὁ Ἰησοῦς περὶ τοῦ θανάτου αὐτοῦ
11 16ᵃ ἵνα ἀποθάνωμεν μετ' αὐτοῦ
11 32ᶜ ἔπεσεν αὐτοῦ πρὸς (εἰς Sς) τοὺς πόδας
11 44 ἡ ὄψις αὐτοῦ σουδαρίῳ περιεδέδετο
11 54 *κἀκεῖ ἔμεινεν (N²⁶NH; διέτριβεν rl) μετὰ τῶν μαθητῶν αὐτοῦ (+ς)
12 3 ἐξέμαξεν ταῖς θριξὶν αὐτῆς τοὺς πόδας αὐτοῦ
12 4 || Ἰούδας ὁ Ἰσκαριώτης εἷς ἐκ ([N²⁶]; —NH) τῶν μαθητῶν αὐτοῦ ((~ Sς))
12 16ᶜ ταῦτα οὐκ ἔγνωσαν | αὐτοῦ οἱ μαθηταὶ (~ VSς) τὸ πρῶτον
12 17ᵃ ἐμαρτύρει οὖν ὁ ὄχλος ὁ ὢν μετ' αὐτοῦ
12 19ᵃ ἴδε ὁ κόσμος ὀπίσω αὐτοῦ ἀπῆλθεν
12 25 ὁ φιλῶν τὴν ψυχὴν αὐτοῦ ἀπολλύει αὐτήν, ↔
12 25 καὶ ὁ μισῶν τὴν ψυχὴν αὐτοῦ... φυλάξει αὐτήν
12 37ᵇ τοσαῦτα δὲ αὐτοῦ σημεῖα πεποιηκότος ἔμπροσθεν αὐτῶν
12 41 ὅτι εἶδεν τὴν δόξαν αὐτοῦ, ↔
12 41ᵃ καὶ ἐλάλησεν περὶ αὐτοῦ
12 50 ὅτι ἡ ἐντολὴ αὐτοῦ ζωὴ αἰώνιός ἐστιν
13 1ᶜ εἰδὼς ὁ Ἰησοῦς ὅτι ἦλθεν αὐτοῦ ἡ ὥρα
13 12 ὅτε οὖν ἔνιψεν ... καὶ [N²⁶] ἔλαβεν τὰ ἱμάτια αὐτοῦ
13 16 οὐκ ἔστιν δοῦλος μείζων τοῦ κυρίου αὐτοῦ
13 18 ἐπῆρεν (-ῆρκεν T) ἐπ' ἐμὲ τὴν πτέρναν αὐτοῦ
13 23 ἦν (+δὲ MV[S]ς) ἀνακείμενος εἷς ἐκ τῶν μαθητῶν αὐτοῦ
14 10 | ποιεῖ τὰ ἔργα αὐτοῦ (π. τὰ ἔ. αὐτός MS; αὐτὸς π. τὰ ἔ. Vς)
15 10ᶜ μένω αὐτοῦ ἐν τῇ ἀγάπῃ
15 13 ἵνα τις (—T) τὴν ψυχὴν αὐτοῦ θῇ ↔
15 13 ὑπὲρ τῶν φίλων αὐτοῦ
15 15ᶜ τί ποιεῖ αὐτοῦ ὁ κύριος
15 20 οὐκ ἔστιν δοῦλος μείζων τοῦ κυρίου αὐτοῦ
16 17 εἶπαν οὖν ἐκ τῶν μαθητῶν αὐτοῦ πρὸς ἀλλήλους
16 29 λέγουσιν (+αὐτῷ Vς) οἱ μαθηταὶ αὐτοῦ
17 1 ἐπάρας τοὺς ὀφθαλμοὺς αὐτοῦ
18 1 ἐξῆλθεν σὺν τοῖς μαθηταῖς αὐτοῦ

Jo 18 1 εἰς ὃν εἰσῆλθεν αὐτὸς καὶ οἱ μαθηταὶ αὐτοῦ
18 2 ὅτι πολλάκις συνήχθη ... ἐκεῖ μετὰ τῶν μαθητῶν αὐτοῦ
18 10ᶜ ἀπέκοψεν αὐτοῦ τὸ ὠτάριον (ὠτίον Vς) τὸ δεξιόν
18 19 ἠρώτησεν τὸν Ἰησοῦν περὶ τῶν μαθητῶν αὐτοῦ ↔
18 19 καὶ περὶ τῆς διδαχῆς αὐτοῦ
18 22ᵇ ταῦτα δὲ αὐτοῦ εἰπόντος
18 25 μὴ καὶ σὺ ἐκ τῶν μαθητῶν αὐτοῦ εἶ;
18 26ᵃ οὐκ ἐγώ σε εἶδον ἐν τῷ κήπῳ μετ' αὐτοῦ;
19 2ᶜ πλέξαντες στέφανον ἐξ ἀκανθῶν ἐπέθηκαν αὐτοῦ τῇ κεφαλῇ
19 17 *καὶ βαστάζων | τὸν σταυρὸν αὐτοῦ (Vς; ἑαυτῷ τὸν σταυρὸν rl) ἐξῆλθεν
19 18ᵃ καὶ μετ' αὐτοῦ ἄλλους δύο
19 23 ἔλαβον τὰ ἱμάτια αὐτοῦ
19 24ᵃ λάχωμεν περὶ αὐτοῦ τίνος ἔσται
19 25 εἰστήκεισαν ... ἡ μήτηρ αὐτοῦ ↔
19 25 καὶ ἡ ἀδελφὴ τῆς μητρὸς αὐτοῦ
19 26 *λέγει τῇ μητρὶ αὐτοῦ (+ς)
19 29ᶜ σπόγγον οὖν μεστὸν τοῦ (—Tς) ὄξους ὑσσώπῳ περιθέντες προσήνεγκαν αὐτοῦ τῷ στόματι
19 33ᶜ οὐ κατέαξαν αὐτοῦ τὰ σκέλη
19 34ᶜ λόγχῃ αὐτοῦ τὴν πλευρὰν ἔνυξεν
19 35ᶜ ἀληθινὴ αὐτοῦ ἐστιν ἡ μαρτυρία
19 36 ὀστοῦν οὐ συντριβήσεται αὐτοῦ
19 38 || ἦρεν τὸ σῶμα αὐτοῦ (τοῦ Ἰησοῦ ς) ((ἦραν αὐτόν T))
20 7 τὸ σουδάριον, ὃ ἦν ἐπὶ τῆς κεφαλῆς αὐτοῦ
20 20 *ἔδειξεν (+καὶ NMH; +αὐτοῖς ς) τὰς χεῖρας καὶ τὴν πλευρὰν αὐτοῦ (ς; αὐτοῖς rl)
20 25 ἐὰν μὴ ἴδω ἐν ταῖς χερσὶν αὐτοῦ
20 25 ἐὰν μὴ ... βάλω μου τὴν χεῖρα εἰς τὴν πλευρὰν αὐτοῦ
20 26 ἦσαν ἔσω οἱ μαθηταὶ αὐτοῦ
20 30 ἐποίησεν ὁ Ἰησοῦς ἐνώπιον τῶν μαθητῶν αὐτοῦ (+[N²⁶]ς)
20 31 ἵνα πιστεύοντες ζωὴν ἔχητε ἐν τῷ ὀνόματι αὐτοῦ
21 2 ἄλλοι ἐκ τῶν μαθητῶν αὐτοῦ δύο
21 14 *ἐφανερώθη (+ὁ Sς) Ἰησοῦς τοῖς μαθηταῖς αὐτοῦ (+ς)
21 20 ὃς καὶ ἀνέπεσεν ... ἐπὶ τὸ στῆθος αὐτοῦ
21 24ᶜ ὅτι ἀληθής | αὐτοῦ ἡ μαρτυρία ἐστίν (~ VBSς)

Ac 1 10ᵇ ὡς ἀτενίζοντες ἦσαν εἰς τὸν οὐρανὸν πορευομένου αὐτοῦ
1 14 ἦσαν προσκαρτεροῦντες ... (+σὺν NMVHς) τοῖς ἀδελφοῖς αὐτοῦ
1 18 ἐξεχύθη πάντα τὰ σπλάγχνα αὐτοῦ
1 20 γενηθήτω ἡ ἔπαυλις αὐτοῦ ἔρημος
1 20 τὴν ἐπισκοπὴν αὐτοῦ λαβέτω ἕτερος
1 22 ⟨δεῖ⟩ μάρτυρα τῆς ἀναστάσεως αὐτοῦ σὺν ἡμῖν γενέσθαι ἕνα τούτων
2 14 ὁ Πέτρος ... ἐπῆρεν τὴν φωνὴν αὐτοῦ
2 22ᵃ σημείοις, οἷς ἐποίησεν δι' αὐτοῦ ὁ θεὸς
2 24ᵃ οὐκ ἦν δυνατὸν κρατεῖσθαι αὐτὸν ὑπ' αὐτοῦ
2 29 τὸ μνῆμα αὐτοῦ ἔστιν ἐν ἡμῖν
2 30 ὤμοσεν ... ἐκ καρποῦ τῆς ὀσφύος αὐτοῦ (+τὸ κατὰ σάρκα ἀναστήσειν τὸν Χριστὸν [VS]ς) ↔

Ac 2 30 καθίσαι ἐπὶ τὸν θρόνον αὐτοῦ
2 31 *οὔτε ἐγκατελείφθη | ἡ ψυχὴ αὐτοῦ (+ς) εἰς ᾅδην ↔
2 31 οὔτε ἡ σὰρξ αὐτοῦ εἶδεν διαφθοράν
2 41 οἱ μὲν οὖν ἀποδεξάμενοι τὸν λόγον αὐτοῦ
3 2 ἀνὴρ χωλὸς ἐκ κοιλίας μητρὸς αὐτοῦ ὑπάρχων
3 7 ἐστερεώθησαν αἱ βάσεις αὐτοῦ
3 11ᵇ κρατοῦντος αὐτοῦ (τοῦ ἰαθέντος χωλοῦ ς) τὸν Πέτρον
3 13 ὁ θεὸς ... ἐδόξασεν τὸν παῖδα αὐτοῦ Ἰησοῦν
3 16 ἐπὶ (— H) τῇ πίστει τοῦ ὀνόματος αὐτοῦ ↔
3 16 τοῦτον ... ἐστερέωσεν τὸ ὄνομα αὐτοῦ, ↔
3 16ᵃ καὶ ἡ πίστις ἡ δι' αὐτοῦ ἔδωκεν αὐτῷ τὴν ὁλοκληρίαν ταύτην
3 18 ἃ προκατήγγειλεν ... παθεῖν τὸν χριστὸν αὐτοῦ (—ς)
3 21ᶜ διὰ στόματος τῶν ἁγίων ἀπ' αἰῶνος αὐτοῦ προφητῶν
3 22 αὐτοῦ ἀκούσεσθε κατὰ πάντα ὅσα ἂν λαλήσῃ
3 26 ἀναστήσας ὁ θεὸς τὸν παῖδα αὐτοῦ ἀπέστειλεν αὐτὸν
4 26 συνήχθησαν ... κατὰ τοῦ χριστοῦ αὐτοῦ
5 1 ἀνὴρ δέ τις Ἁνανίας ὀνόματι σὺν Σαπφίρῃ τῇ γυναικὶ αὐτοῦ ἐπώλησεν κτῆμα
5 7 ἡ γυνὴ αὐτοῦ μὴ εἰδυῖα τὸ γεγονὸς εἰσῆλθεν
5 10 ἔπεσεν δὲ παραχρῆμα πρὸς τοὺς πόδας αὐτοῦ
5 31 τοῦτον ὁ θεὸς ... ὕψωσεν τῇ δεξιᾷ αὐτοῦ
5 32ᶜ *ἡμεῖς ἐσμεν αὐτοῦ (+ς) μάρτυρες τῶν ῥημάτων τούτων
5 37ᵃ ἀνέστη Ἰούδας ... καὶ ἀπέστησεν λαὸν (+ἱκανὸν Vς) ὀπίσω αὐτοῦ
5 41 *ὅτι κατηξιώθησαν ὑπὲρ τοῦ ὀνόματος αὐτοῦ (+ς) ἀτιμασθῆναι
6 11 ὅτι ἀκηκόαμεν αὐτοῦ λαλοῦντος ῥήματα βλάσφημα
6 14 ἀκηκόαμεν γὰρ αὐτοῦ λέγοντος
6 15 εἶδον τὸ πρόσωπον αὐτοῦ ὡσεὶ πρόσωπον ἀγγέλου
7 4 μετὰ τὸ ἀποθανεῖν τὸν πατέρα αὐτοῦ μετῴκισεν αὐτὸν
7 5 δοῦναι | αὐτῷ εἰς κατάσχεσιν αὐτὴν (~ S) καὶ τῷ σπέρματι αὐτοῦ
7 6 ὅτι ἔσται τὸ σπέρμα αὐτοῦ πάροικον ἐν γῇ ἀλλοτρίᾳ
7 9ᵃ καὶ ἦν ὁ θεὸς μετ' αὐτοῦ, ↔
7 10 καὶ ἐξείλατο αὐτὸν ἐκ πασῶν τῶν θλίψεων αὐτοῦ
7 10 κατέστησεν αὐτὸν ἡγούμενον ... ἐφ' (+[N²⁶] BST) ὅλον τὸν οἶκον αὐτοῦ
7 13 ἀνεγνωρίσθη (ἐγν. NH) Ἰωσὴφ τοῖς ἀδελφοῖς αὐτοῦ, ↔
7 13 *καὶ φανερὸν ἐγένετο τῷ Φαραὼ τὸ γένος αὐτοῦ (T; τοῦ Ἰωσὴφ MVBSς; [τοῦ] Ἰ. N²⁶; Ἰ. NH)
7 14 μετεκαλέσατο Ἰακὼβ τὸν πατέρα αὐτοῦ
7 14 *καὶ πᾶσαν τὴν συγγένειαν αὐτοῦ (+ς)
7 20 *ὃς ἀνετράφη μῆνας τρεῖς ἐν τῷ οἴκῳ τοῦ πατρὸς αὐτοῦ (+ς) ↔
7 21ᵇ ἐκτεθέντος (-τα ς) δὲ αὐτοῦ (αὐτὸν ς) ἀνείλατο αὐτὸν ἡ θυγάτηρ Φαραώ

Ac 7 22 ἦν δὲ δυνατὸς ἐν λόγοις καὶ ἔργοις αὐτοῦ (—ς)

7 23 ἀνέβη ἐπὶ τὴν καρδίαν αὐτοῦ ↔

7 23 ἐπισκέψασθαι τοὺς ἀδελφοὺς αὐτοῦ τοὺς υἱοὺς Ἰσραήλ

7 25 ἐνόμιζεν δὲ συνιέναι τοὺς ἀδελφοὺς αὐτοῦ (+[N²⁶S]MVς) ↔

7 25 ὅτι ὁ θεὸς διὰ χειρὸς αὐτοῦ δίδωσιν σωτηρίαν αὐτοῖς

7 31ᵇ προσερχομένου δὲ αὐτοῦ κατανοῆσαι

7 34 *εἶδον τὴν κάκωσιν τοῦ λαοῦ μου ... καὶ τοῦ στεναγμοῦ αὐτοῦ (NH; αὐτῶν rl) ἤκουσα

7 37 *προφήτην ὑμῖν ἀναστήσει ... ὡς ἐμέ · | αὐτοῦ ἀκούσεσθε (+ς)

8 1 Σαῦλος δὲ ἦν συνευδοκῶν τῇ ἀναιρέσει αὐτοῦ

8 28 ἦν τε (δὲ NMH) ὑποστρέφων καὶ καθήμενος ἐπὶ τοῦ ἅρματος αὐτοῦ

8 30 ἤκουσεν αὐτοῦ ἀναγινώσκοντος Ἠσαΐαν

8 32 οὕτως οὐκ ἀνοίγει τὸ στόμα αὐτοῦ

8 33 ἐν τῇ ταπεινώσει αὐτοῦ ([N²⁶]; —NBTH) ↔

8 33 ἡ κρίσις αὐτοῦ ἤρθη · ↔

8 33 τὴν (+δὲ MVς) γενεὰν αὐτοῦ τίς διηγήσεται; ↔

8 33 ὅτι αἴρεται ἀπὸ τῆς γῆς ἡ ζωὴ αὐτοῦ

8 35 ἀνοίξας δὲ ὁ Φίλιππος τὸ στόμα αὐτοῦ

8 39 ἐπορεύετο γὰρ τὴν ὁδὸν αὐτοῦ χαίρων

9 2ᵃ ᾐτήσατο παρ' αὐτοῦ ἐπιστολάς

9 8 ἀνεῳγμένων δὲ τῶν ὀφθαλμῶν αὐτοῦ

9 18ᶜ ἀπέπεσαν | αὐτοῦ ἀπὸ τῶν ὀφθαλμῶν (~ Sς) ὡς (ὡσεὶ Sς) λεπίδες

9 25 λαβόντες δὲ | οἱ μαθηταὶ αὐτοῦ (αὐτὸν οἱ μ. Vς) νυκτὸς διὰ τοῦ τείχους καθῆκαν αὐτόν (— Vς)

10 2 φοβούμενος τὸν θεὸν σὺν παντὶ τῷ οἴκῳ αὐτοῦ

10 22 μεταπέμψασθαί σε εἰς τὸν οἶκον αὐτοῦ

10 24 συγκαλεσάμενος τοὺς συγγενεῖς αὐτοῦ

10 38ᵃ ὅτι ὁ θεὸς ἦν μετ' αὐτοῦ

10 43 ἄφεσιν ἁμαρτιῶν λαβεῖν διὰ τοῦ ὀνόματος αὐτοῦ πάντα τὸν πιστεύοντα εἰς αὐτόν

11 13 πῶς εἶδεν τὸν [N²⁶] ἄγγελον ἐν τῷ οἴκῳ αὐτοῦ σταθέντα

12 5ᵃ προσευχὴ δὲ ἦν ἐκτενῶς (-νὴς Sς) γινομένη ... περὶ αὐτοῦ

12 7ᶜ ἐξέπεσαν αὐτοῦ αἱ ἁλύσεις

12 10ᵃ καὶ εὐθέως ἀπέστη ὁ ἄγγελος ἀπ' αὐτοῦ

12 11 ὅτι ἐξαπέστειλεν ὁ ([N²⁶V]; —STς) κύριος τὸν ἄγγελον αὐτοῦ

12 13ᵇ κρούσαντος δὲ αὐτοῦ (τοῦ Πέτρου ς) τὴν θύραν τοῦ πυλῶνος

12 15 ὁ ἄγγελός | ἐστιν αὐτοῦ (~ Sς)

13 8 οὕτως γὰρ μεθερμηνεύεται τὸ ὄνομα αὐτοῦ

13 24 προκηρύξαντος Ἰωάννου πρὸ προσώπου τῆς εἰσόδου αὐτοῦ βάπτισμα μετανοίας

13 29ᵃ ὡς δὲ ἐτέλεσαν πάντα τὰ περὶ αὐτοῦ γεγραμμένα

13 31 οἵτινες νῦν [N²⁶NH] εἰσιν μάρτυρες αὐτοῦ πρὸς τὸν λαόν

13 36 Δαυὶδ ... προσετέθη πρὸς τοὺς πατέρας αὐτοῦ

Ac 14 3 τῷ μαρτυροῦντι ἐπὶ ([N²⁶]; —VSHς) τῷ λόγῳ τῆς χάριτος αὐτοῦ

14 8 καί τις ἀνὴρ ... ἐκάθητο, χωλὸς ἐκ κοιλίας μητρὸς αὐτοῦ

15 14 λαβεῖν ἐξ ἐθνῶν λαὸν τῷ ὀνόματι αὐτοῦ

15 18 *⟨ποιῶν ταῦτα⟩ γνωστὰ ἀπ' αἰῶνός | ἐστι τῷ θεῷ πάντα τὰ ἔργα αὐτοῦ (+ς)

16 3 ᾔδεισαν γὰρ ἅπαντες | ὅτι Ἕλλην ὁ πατὴρ αὐτοῦ (τὸν πατέρα αὐτοῦ ὅτι Ἕ. Tς) ὑπῆρχεν

16 32 ἐλάλησαν αὐτῷ τὸν λόγον ... σὺν πᾶσιν τοῖς ἐν τῇ οἰκίᾳ αὐτοῦ

16 33 ἐβαπτίσθη αὐτὸς καὶ οἱ αὐτοῦ πάντες (N²⁶Sς; ἅπ. rl) παραχρῆμα, ↔

16 34 *ἀναγαγών τε αὐτοὺς εἰς τὸν οἶκον αὐτοῦ (+ς)

17 16 παρωξύνετο τὸ πνεῦμα αὐτοῦ ἐν αὐτῷ

17 19 ἐπιλαβόμενοί τε (δὲ NMH) αὐτοῦ

18 2 εὑρών τινα Ἰουδαῖον ὀνόματι Ἀκύλαν ... καὶ Πρίσκιλλαν γυναῖκα αὐτοῦ

18 8 ἐπίστευσεν τῷ κυρίῳ σὺν ὅλῳ τῷ οἴκῳ αὐτοῦ

18 26 ἀκούσαντες δὲ αὐτοῦ | Πρίσκιλλα καὶ Ἀκύλας (~ Sς)

18 27ᵇ βουλομένου δὲ αὐτοῦ διελθεῖν εἰς τὴν Ἀχαΐαν

19 12 ὥστε ... ἀποφέρεσθαι ἀπὸ τοῦ χρωτὸς αὐτοῦ σουδάρια

20 10 ἡ γὰρ ψυχὴ αὐτοῦ ἐν αὐτῷ ἐστιν

20 32 παρατίθεμαι ὑμᾶς ... τῷ λόγῳ τῆς χάριτος αὐτοῦ

20 36 θεὶς τὰ γόνατα αὐτοῦ ... προσηύξατο

20 38 οὐκέτι μέλλουσιν τὸ πρόσωπον αὐτοῦ θεωρεῖν

21 14ᵇ μὴ πειθομένου δὲ αὐτοῦ ἡσυχάσαμεν εἰπόντες

21 19 ἐξηγεῖτο ... ὧν ἐποίησεν ὁ θεὸς ἐν τοῖς ἔθνεσιν διὰ τῆς διακονίας αὐτοῦ

21 33 ἐγγίσας ὁ χιλίαρχος ἐπελάβετο αὐτοῦ

21 34ᵇ μὴ δυναμένου (-νος ς) δὲ αὐτοῦ (—ς) γνῶναι τὸ ἀσφαλές

21 40ᵇ ἐπιτρέψαντος δὲ αὐτοῦ

22 14 προεχειρίσατό σε γνῶναι τὸ θέλημα αὐτοῦ

22 14 ἀκοῦσαι φωνὴν ἐκ τοῦ στόματος αὐτοῦ

22 16 ἐπικαλεσάμενος τὸ ὄνομα αὐτοῦ (τοῦ κυρίου ς)

22 20 *καὶ αὐτὸς ἤμην ... συνευδοκῶν | τῇ ἀναιρέσει αὐτοῦ (+ς)

22 22 ἤκουον δὲ αὐτοῦ ἄχρι τούτου τοῦ λόγου

22 29ᵃ εὐθέως οὖν ἀπέστησαν ἀπ' αὐτοῦ

23 2ᶜ ἐπέταξεν ... τύπτειν αὐτοῦ τὸ στόμα

23 7ᵇ τοῦτο δὲ αὐτοῦ εἰπόντος (λαλοῦντος NH; λαλήσαντος VTς)

23 15ᵃ διαγινώσκειν ἀκριβέστερον τὰ περὶ αὐτοῦ

23 19 ἐπιλαβόμενος δὲ τῆς χειρὸς αὐτοῦ

23 20ᵃ ὡς μέλλον (N²⁶N; -λοντες ς; -λων rl) τι ἀκριβέστερον πυνθάνεσθαι περὶ αὐτοῦ

24 2ᵇ κληθέντος δὲ αὐτοῦ [NH] ἤρξατο κατηγορεῖν

Ac 24 8 *| κελεύσας τοὺς κατηγόρους αὐτοῦ ἔρχεσθαι ἐπὶ σέ (+ .. ς)

24 8 ἐπιγνῶναι ὧν ἡμεῖς κατηγοροῦμεν αὐτοῦ

24 23 μηδένα κωλύειν τῶν ἰδίων αὐτοῦ

24 24 *παραγενόμενος ... σὺν Δρουσίλλῃ τῇ | γυναικὶ αὐτοῦ (ς; ἰδίᾳ γ. rl)

24 24 ἤκουσεν αὐτοῦ περὶ τῆς εἰς Χριστὸν Ἰησοῦν πίστεως. ↔

24 25ᵇ διαλεγομένου δὲ αὐτοῦ περὶ δικαιοσύνης

25 3ᵃ αἰτούμενοι χάριν κατ' αὐτοῦ

25 5 εἴ τί ἐστιν ἐν τῷ ἀνδρὶ ἄτοπον, κατηγορείτωσαν αὐτοῦ

25 7ᵇ παραγενομένου δὲ αὐτοῦ περιέστησαν αὐτόν

25 8ᵇ * | ἀπολογουμένου αὐτοῦ (ς; τοῦ Παύλου ἅπ. rl) ὅτι ... οὔτε εἰς Καίσαρά τι ἥμαρτον

25 15ᵃ αἰτούμενοι κατ' αὐτοῦ καταδίκην

25 22 (+ὁ δέ · [MVS]ς) αὔριον, φησίν, ἀκούσῃ αὐτοῦ

25 25ᵇ αὐτοῦ δὲ τούτου ἐπικαλεσαμένου τὸν Σεβαστὸν ἔκρινα πέμπειν

25 27ᵃ πέμποντα δέσμιον μὴ καὶ τὰς κατ' αὐτοῦ αἰτίας σημᾶναι

26 24ᵇ ταῦτα δὲ αὐτοῦ ἀπολογουμένου

26 30ᵇ * | καὶ ταῦτα εἰπόντος αὐτοῦ (+ς) ἀνέστη τε (—ς) ὁ βασιλεύς

28 3 ἔχιδνα ... καθῆψεν τῆς χειρὸς αὐτοῦ

28 4 κρεμάμενον τὸ θηρίον ἐκ τῆς χειρὸς αὐτοῦ

28 29ᵇ * | καὶ ταῦτα αὐτοῦ εἰπόντος (+ς ..)

Rm 1 2 ⟨εὐαγγέλιον θεοῦ⟩, ὃ προεπηγγείλατο διὰ τῶν προφητῶν αὐτοῦ ἐν γραφαῖς ἁγίαις ↔

1 3 περὶ τοῦ υἱοῦ αὐτοῦ

1 5 ἀποστολὴν εἰς ὑπακοὴν πίστεως ... ὑπὲρ τοῦ ὀνόματος αὐτοῦ

1 9 ὁ θεός, ᾧ λατρεύω ... ἐν τῷ εὐαγγελίῳ τοῦ υἱοῦ αὐτοῦ

1 20 τὰ γὰρ ἀόρατα αὐτοῦ ... τοῖς ποιήμασιν νοούμενα καθορᾶται, ↔

1 20ᶜ ἥ τε ἀΐδιος αὐτοῦ δύναμις καὶ θειότης

2 4 ἢ τοῦ πλούτου τῆς χρηστότητος αὐτοῦ ... καταφρονεῖς ⟨;⟩

2 6 ὃς ἀποδώσει ἑκάστῳ κατὰ τὰ ἔργα αὐτοῦ

2 26 οὐχ (οὐχὶ Sς) ἡ ἀκροβυστία αὐτοῦ εἰς περιτομὴν λογισθήσεται;

3 7 εἰ δὲ (γὰρ VBSς) ἡ ἀλήθεια ... ἐπερίσσευσεν εἰς τὴν δόξαν αὐτοῦ

3 20ᵃ οὐ δικαιωθήσεται πᾶσα σὰρξ ἐνώπιον αὐτοῦ

3 24ᶜ δικαιούμενοι δωρεὰν τῇ αὐτοῦ χάριτι

3 25ᶜ διὰ τῆς ([N²⁶]; — NMTH) πίστεως ἐν τῷ αὐτοῦ αἵματι

3 25 εἰς ἔνδειξιν τῆς δικαιοσύνης αὐτοῦ

3 26 πρὸς τὴν ἔνδειξιν τῆς δικαιοσύνης αὐτοῦ

4 5 τῷ δὲ μὴ ἐργαζομένῳ ... λογίζεται ἡ πίστις αὐτοῦ εἰς δικαιοσύνην

4 13 οὐ γὰρ διὰ νόμου ἡ ἐπαγγελία τῷ Ἀβραὰμ ἢ τῷ σπέρματι αὐτοῦ

5 9 πολλῷ οὖν μᾶλλον δικαιωθέντες νῦν ἐν τῷ αἵματι αὐτοῦ ↔

5 9ᵃ σωθησόμεθα δι' αὐτοῦ ἀπὸ τῆς ὀργῆς

5 10 κατηλλάγημεν τῷ θεῷ διὰ τοῦ θανάτου τοῦ υἱοῦ αὐτοῦ, ↔

5 10 πολλῷ μᾶλλον καταλλαγέντες σωθησόμεθα ἐν τῇ ζωῇ αὐτοῦ

Rm 6 3 ἢ ἀγνοεῖτε ὅτι ... εἰς τὸν θάνατον
αὐτοῦ ἐβαπτίσθημεν;

6 5 εἰ γὰρ σύμφυτοι γεγόναμεν τῷ
ὁμοιώματι τοῦ θανάτου αὐτοῦ

6 9 Χριστὸς ἐγερθεὶς ... θάνατος αὐτοῦ
οὐκέτι κυριεύει

6 12 μὴ οὖν βασιλευέτω ἡ ἁμαρτία
... εἰς τὸ ὑπακούειν ταῖς ἐπιθυμίαις
αὐτοῦ

8 9 εἰ δέ τις πνεῦμα Χριστοῦ οὐκ ἔχει,
οὗτος οὐκ ἔστιν αὐτοῦ

8 11ᶜ ζῳοποιήσει ... διὰ τοῦ ἐνοικοῦντος
αὐτοῦ πνεύματος ἐν ὑμῖν

8 29 οὓς ... προώρισεν συμμόρφους τῆς
εἰκόνος τοῦ υἱοῦ αὐτοῦ

9 19 τῷ γὰρ βουλήματι αὐτοῦ τίς
ἀνθέστηκεν;

9 21 ἢ οὐκ ἔχει ἐξουσίαν ... ἐκ τοῦ αὐ-
τοῦ φυράματος ποιῆσαι ⟨;⟩

9 22 εἰ δὲ θέλων ὁ θεὸς ... γνωρίσαι
τὸ δυνατὸν αὐτοῦ

9 23 ἵνα γνωρίσῃ τὸν πλοῦτον τῆς
δόξης αὐτοῦ

11 1 μὴ ἀπώσατο ὁ θεὸς τὸν λαὸν
αὐτοῦ;

11 2 οὐκ ἀπώσατο ὁ θεὸς τὸν λαὸν
αὐτοῦ

11 33 ὡς ἀνεξεραύνητα τὰ κρίματα αὐ-
τοῦ ↔

11 33 καὶ ἀνεξιχνίαστοι αἱ ὁδοὶ αὐτοῦ

11 34 ἢ τίς σύμβουλος αὐτοῦ ἐγένετο;

11 36ᵃ ὅτι ἐξ αὐτοῦ ↔

11 36ᵃ καὶ δι᾽ αὐτοῦ καὶ εἰς αὐτὸν τὰ
πάντα

12 20 ἄνθρακας πυρὸς σωρεύσεις ἐπὶ τὴν
κεφαλὴν αὐτοῦ

15 10 εὐφράνθητε ἔθνη, μετὰ τοῦ λαοῦ
αὐτοῦ

15 21ᵃ γέγραπται· | οἷς οὐκ ἀνηγγέλη
περὶ αὐτοῦ ὄψονται (~ NH)

16 2 προστάτις πολλῶν ἐγενήθη καὶ
ἐμοῦ αὐτοῦ

16 13 ἀσπάσασθε ʿΡοῦφον ... καὶ τὴν
μητέρα αὐτοῦ καὶ ἐμοῦ

16 15 ἀσπάσασθε ... Νηρέα καὶ τὴν
ἀδελφὴν αὐτοῦ

1C 1 9 ἐκλήθητε εἰς κοινωνίαν τοῦ υἱοῦ
αὐτοῦ ᾿Ιησοῦ Χριστοῦ

1 30ᵃ ⟨ἐνώπιον τοῦ θεοῦ⟩ ἐξ αὐτοῦ δὲ
ὑμεῖς ἐστε ἐν Χριστῷ ᾿Ιησοῦ

6 5 ὃς δυνήσεται διακρῖναι ἀνὰ μέσον
τοῦ ἀδελφοῦ αὐτοῦ

6 14 ὁ δὲ θεὸς ... καὶ ἡμᾶς ἐξεγερεῖ διὰ
τῆς δυνάμεως αὐτοῦ

7 12ᵃ εἰ ... αὕτη συνευδοκεῖ οἰκεῖν μετ᾽
αὐτοῦ

7 36 εἰ δέ τις ἀσχημονεῖν ἐπὶ τὴν παρ-
θένον αὐτοῦ νομίζει

7 37 ὃς δὲ ἕστηκεν ἐν τῇ καρδίᾳ αὐτοῦ
(—ς) ἑδραῖος

7 37 *καὶ τοῦτο κέκρικεν ἐν τῇ | καρδίᾳ
αὐτοῦ (ς; ἰδίᾳ καρδ. rl)

8 3ᵃ εἰ δέ τις ἀγαπᾷ τὸν θεόν, οὗτος
ἔγνωσται ὑπ᾽ αὐτοῦ

8 6ᵃ εἷς κύριος ... δι᾽ οὗ τὰ πάντα καὶ
ἡμεῖς δι᾽ αὐτοῦ

8 10 οὐχὶ ἡ συνείδησις αὐτοῦ ... οἰ-
κοδομηθήσεται ⟨;⟩

9 7 τίς φυτεύει ἀμπελῶνα καὶ τὸν
καρπὸν αὐτοῦ οὐκ ἐσθίει;

9 10 *ὁ ἀλοῶν | τῆς ἐλπίδος αὐτοῦ
μετέχειν ἐπ᾽ ἐλπίδι (ς; ἐπ᾽ ἐλπ.
τοῦ μετ. rl)

9 23 ποιῶ διὰ τὸ εὐαγγέλιον, ἵνα
συγκοινωνὸς αὐτοῦ γένωμαι

1C 10 22 ἢ παραζηλοῦμεν τὸν κύριον; μὴ
ἰσχυρότεροι αὐτοῦ ἐσμεν;

11 4 καταισχύνει τὴν κεφαλὴν αὐτοῦ

14 25 τὰ κρυπτὰ τῆς καρδίας αὐτοῦ
φανερὰ γίνεται

15 10 ἡ χάρις αὐτοῦ ἡ εἰς ἐμὲ οὐ κενὴ
ἐγενήθη

15 23 ἔπειτα οἱ τοῦ Χριστοῦ ἐν τῇ
παρουσίᾳ αὐτοῦ

15 25 ἄχρι οὗ θῇ πάντας τοὺς ἐχθροὺς
ὑπὸ τοὺς πόδας αὐτοῦ

15 27 πάντα γὰρ ὑπέταξεν ὑπὸ τοὺς
πόδας αὐτοῦ

2C 1 20ᵃ ἐν αὐτῷ τὸ ναί· | διὸ καὶ δι᾽
αὐτοῦ (καὶ ἐν αὐτῷ ς) τὸ ἀμήν

2 11ᶜ ὑπὸ τοῦ σατανᾶ· οὐ γὰρ αὐτοῦ τὰ
νοήματα ἀγνοοῦμεν

2 14 τὴν ὀσμὴν τῆς γνώσεως αὐτοῦ
φανεροῦντι

3 7 μὴ δύνασθαι ἀτενίσαι ... εἰς τὸ
πρόσωπον Μωϋσέως διὰ τὴν
δόξαν τοῦ προσώπου αὐτοῦ

3 13 Μωϋσῆς ἐτίθει κάλυμμα ἐπὶ τὸ
πρόσωπον αὐτοῦ (ἑαυτ. Τς)

7 7 ⟨ἐν τῇ παρουσίᾳ Τίτου⟩ οὐ μόνον
δὲ ἐν τῇ παρουσίᾳ αὐτοῦ

7 13 ὅτι ἀναπέπαυται τὸ πνεῦμα αὐτοῦ
ἀπὸ πάντων ὑμῶν

7 15 καὶ τὰ σπλάγχνα αὐτοῦ περισσο-
τέρως εἰς ὑμᾶς ἐστιν

8 18ᵃ συνεπέμψαμεν δὲ | μετ᾽ αὐτοῦ
τὸν ἀδελφόν (~ T)

8 19 τῇ διακονουμένῃ ὑφ᾽ ἡμῶν πρὸς
τὴν αὐτοῦ ([N²⁶]; —H) τοῦ
κυρίου δόξαν

9 9 ἡ δικαιοσύνη αὐτοῦ μένει εἰς τὸν
αἰῶνα

9 15ᶜ χάρις τῷ θεῷ ἐπὶ τῇ ἀνεκδιηγήτῳ
αὐτοῦ δωρεᾷ

11 3 ὡς ὁ ὄφις ἐξηπάτησεν Εὕαν ἐν τῇ
πανουργίᾳ αὐτοῦ

11 15 εἰ καὶ οἱ διάκονοι αὐτοῦ μετασχη-
ματίζονται ὡς διάκονοι δικαιοσύ-
νης

11 33 καὶ ἐξέφυγον τὰς χεῖρας αὐτοῦ

12 17ᵃ μή τινα ὧν ἀπέσταλκα ... δι᾽
αὐτοῦ ἐπλεονέκτησα ὑμᾶς;

G 1 15 καὶ καλέσας διὰ τῆς χάριτος αὐτοῦ
↔

1 16 ἀποκαλύψαι τὸν υἱὸν αὐτοῦ ἐν
ἐμοί

3 16 τῷ δὲ ᾿Αβραὰμ ἐρρέθησαν αἱ
ἐπαγγελίαι καὶ τῷ σπέρματι αὐ-
τοῦ

4 4 ἐξαπέστειλεν ὁ θεὸς τὸν υἱὸν αὐτοῦ

4 6 ἐξαπέστειλεν ὁ θεὸς τὸ πνεῦμα τοῦ
υἱοῦ αὐτοῦ εἰς τὰς καρδίας ἡμῶν

E 1 4ᵃ εἶναι ἡμᾶς ἁγίους καὶ ἀμώμους
κατενώπιον αὐτοῦ, ἐν ἀγάπῃ ↔

1 5 προορίσας ἡμᾶς εἰς υἱοθεσίαν ...
κατὰ τὴν εὐδοκίαν τοῦ θελήματος
αὐτοῦ, ↔

1 6 εἰς ἔπαινον δόξης τῆς χάριτος
αὐτοῦ

1 7 ἐν ᾧ ἔχομεν τὴν ἀπολύτρωσιν διὰ
τοῦ αἵματος αὐτοῦ, ↔

1 7 τὴν ἄφεσιν τῶν παραπτωμάτων,
κατὰ τὸ πλοῦτος τῆς χάριτος
αὐτοῦ

1 9 γνωρίσας ἡμῖν τὸ μυστήριον τοῦ
θελήματος αὐτοῦ, ↔

1 9 κατὰ τὴν εὐδοκίαν αὐτοῦ

1 11 τοῦ τὰ πάντα ἐνεργοῦντος κατὰ
τὴν βουλὴν τοῦ θελήματος αὐτοῦ,
↔

E 1 12 εἰς τὸ εἶναι ἡμᾶς εἰς ἔπαινον δόξης
αὐτοῦ

1 14 εἰς ἔπαινον τῆς δόξης αὐτοῦ

1 17 ἵνα ὁ θεὸς ... δώῃ (N²⁶; δῴη rl)
ὑμῖν πνεῦμα σοφίας ... ἐν ἐπιγνώ-
σει αὐτοῦ

1 18 εἰς τὸ εἰδέναι ὑμᾶς τίς ἐστιν ἡ
ἐλπὶς τῆς κλήσεως αὐτοῦ, ↔

1 18 τίς ὁ πλοῦτος τῆς δόξης τῆς
κληρονομίας αὐτοῦ

1 19 τί τὸ ὑπερβάλλον μέγεθος τῆς
δυνάμεως αὐτοῦ

1 19 κατὰ τὴν ἐνέργειαν τοῦ κράτους
τῆς ἰσχύος αὐτοῦ

1 20 καθίσας (+ αὐτὸν ST) ἐν δεξιᾷ
αὐτοῦ

1 22 πάντα ὑπέταξεν ὑπὸ τοὺς πόδας
αὐτοῦ

1 23 ⟨τῇ ἐκκλησίᾳ⟩ ἥτις ἐστὶν τὸ σῶμα
αὐτοῦ

2 4 διὰ τὴν πολλὴν ἀγάπην αὐτοῦ,
ἣν ἠγάπησεν ἡμᾶς

2 7 ἵνα ἐνδείξηται ... τὸ ὑπερβάλλον
πλοῦτος τῆς χάριτος αὐτοῦ

2 10ᶜ αὐτοῦ γάρ ἐσμεν ποίημα

2 14 λύσας, τὴν ἔχθραν, ἐν τῇ σαρκὶ
αὐτοῦ

2 18ᵃ ὅτι δι᾽ αὐτοῦ ἔχομεν τὴν προσ-
αγωγὴν ... πρὸς τὸν πατέρα

2 20 ὄντος ἀκρογωνιαίου αὐτοῦ Χρι-
στοῦ ᾿Ιησοῦ

3 5 ὡς νῦν ἀπεκαλύφθη τοῖς ἁγίοις
ἀποστόλοις αὐτοῦ

3 6 *εἶναι τὰ ἔθνη ... συμμέτοχα τῆς
ἐπαγγελίας αὐτοῦ (+ [S]ς) ἐν
Χριστῷ ᾿Ιησοῦ

3 7 τῆς χάριτος τοῦ θεοῦ τῆς δοθείσης
μοι κατὰ τὴν ἐνέργειαν τῆς
δυνάμεως αὐτοῦ

3 12 ἐν ᾧ ἔχομεν τὴν παρρησίαν καὶ
προσαγωγὴν ... διὰ τῆς πίστεως
αὐτοῦ

3 16 ἵνα δῷ ὑμῖν κατὰ τὸ πλοῦτος τῆς
δόξης αὐτοῦ ↔

3 16 δυνάμει κραταιωθῆναι διὰ τοῦ
πνεύματος αὐτοῦ

4 16 *ἐξ οὗ πᾶν τὸ σῶμα ... τὴν
αὔξησιν τοῦ σώματος ποιεῖται εἰς
οἰκοδομὴν αὐτοῦ (T; ἑαυτοῦ rl)

4 25 διὸ ἀποθέμενοι τὸ ψεῦδος λαλεῖτε
ἀλήθειαν ἕκαστος μετὰ τοῦ πλη-
σίον αὐτοῦ, ↔

5 30 ὅτι μέλη ἐσμὲν τοῦ σώματος
αὐτοῦ ↔

5 30 *| ἐκ τῆς σαρκὸς αὐτοῦ (+ [S]ς..) ↔

5 30 | καὶ ἐκ τῶν ὀστέων αὐτοῦ
(.. + [S]ς)

5 31 *ἀντὶ τούτου καταλείψει ἄνθρω-
πος τὸν [N²⁶NH] πατέρα αὐτοῦ
(+ ς)

5 31 καὶ προσκολληθήσεται | πρὸς τὴν
γυναῖκα (τῇ γυναικὶ ΒΤ) αὐτοῦ
(—T)

6 10 ἐνδυναμοῦσθε ἐν κυρίῳ καὶ ἐν τῷ
κράτει τῆς ἰσχύος αὐτοῦ

Ph 1 29ᵃ ὑμῖν ἐχαρίσθη ... τὸ ὑπὲρ αὐτοῦ
πάσχειν

2 22 τὴν δὲ δοκιμὴν αὐτοῦ γινώσκετε

3 10 τοῦ γνῶναι αὐτὸν καὶ τὴν δύναμιν
τῆς ἀναστάσεως αὐτοῦ ↔

3 10 καὶ τὴν ([N²⁶S]; —NBTH) κοι-
νωνίαν τῶν ([N²⁶]; —NTH) πα-
θημάτων αὐτοῦ, ↔

3 10 συμμορφιζόμενος τῷ θανάτῳ αὐ-
τοῦ

Ph 3 21 ὃς μετασχηματίσει τὸ σῶμα ... σύμμορφον τῷ σώματι τῆς δόξης αὐτοῦ

4 19 ὁ δὲ θεός μου πληρώσει πᾶσαν χρείαν ὑμῶν κατὰ τὸ πλοῦτος αὐτοῦ

Cl 1 9 ἵνα πληρωθῆτε τὴν ἐπίγνωσιν τοῦ θελήματος αὐτοῦ

1 11 δυναμούμενοι κατὰ τὸ κράτος τῆς δόξης αὐτοῦ

1 13 εἰς τὴν βασιλείαν τοῦ υἱοῦ τῆς ἀγάπης αὐτοῦ, ↔

1 14 *ἐν ᾧ ἔχομεν τὴν ἀπολύτρωσιν | διὰ τοῦ αἵματος αὐτοῦ (+ς)

1 16ᵃ τὰ πάντα δι' αὐτοῦ καὶ εἰς αὐτὸν ἔκτισται

1 20ᵃ καὶ δι' αὐτοῦ ἀποκαταλλάξαι τὰ πάντα εἰς αὐτόν, ↔

1 20 εἰρηνοποιήσας διὰ τοῦ αἵματος τοῦ σταυροῦ αὐτοῦ, ↔

1 20ᵃ | δι' αὐτοῦ [N²⁶H] εἴτε τὰ ἐπὶ τῆς γῆς εἴτε τὰ ἐν τοῖς οὐρανοῖς

1 22 ἀποκατήλλαξεν ἐν τῷ σώματι τῆς σαρκὸς αὐτοῦ ↔

1 22 *διὰ τοῦ θανάτου αὐτοῦ (+ S), ↔

1 22ᵃ παραστῆσαι ὑμᾶς ἁγίους καὶ ἀμώμους καὶ ἀνεγκλήτους κατενώπιον αὐτοῦ

1 24 ὑπὲρ τοῦ σώματος αὐτοῦ, ὅ ἐστιν ἡ ἐκκλησία

1 26 τὸ μυστήριον ... ἐφανερώθη τοῖς ἁγίοις αὐτοῦ

1 29 κατὰ τὴν ἐνέργειαν αὐτοῦ τὴν ἐνεργουμένην ἐν ἐμοί

2 18 εἰκῇ φυσιούμενος ὑπὸ τοῦ νοὸς τῆς σαρκὸς αὐτοῦ

3 9 ἀπεκδυσάμενοι τὸν παλαιὸν ἄνθρωπον σὺν ταῖς πράξεσιν αὐτοῦ

3 17ᵃ εὐχαριστοῦντες τῷ θεῷ πατρὶ δι' αὐτοῦ

4 15 *ἀσπάσασθε ... Νύμφαν καὶ τὴν κατ' οἶκον αὐτοῦ (αὐτῆς N²⁶NH; αὐτῶν T) ἐκκλησίαν

1 Th 1 10 ἀναμένειν τὸν υἱὸν αὐτοῦ ἐκ τῶν οὐρανῶν

2 19ᶜ ἔμπροσθεν τοῦ κυρίου ἡμῶν 'Ιησοῦ ἐν τῇ αὐτοῦ παρουσίᾳ

3 13 μετὰ πάντων τῶν ἁγίων αὐτοῦ, ἀμήν (+ [N²⁶S] T)

4 6 τὸ μὴ ... πλεονεκτεῖν ἐν τῷ πράγματι τὸν ἀδελφὸν αὐτοῦ

4 8 διδόντα (δόντα VSς) τὸ πνεῦμα αὐτοῦ τὸ ἅγιον εἰς ὑμᾶς

2 Th 1 7 ἐν τῇ ἀποκαλύψει τοῦ κυρίου ... μετ' ἀγγέλων δυνάμεως αὐτοῦ

1 9 ἀπὸ τῆς δόξης τῆς ἰσχύος αὐτοῦ, ↔

1 10 ὅταν ἔλθῃ ἐνδοξασθῆναι ἐν τοῖς ἁγίοις αὐτοῦ

2 6ᶜ *εἰς τὸ ἀποκαλυφθῆναι αὐτὸν ἐν τῷ αὐτοῦ (ἑαυτοῦ N²⁶ς) καιρῷ

2 8 ἀνελεῖ τῷ πνεύματι τοῦ στόματος αὐτοῦ ↔

2 8 καὶ καταργήσει τῇ ἐπιφανείᾳ τῆς παρουσίας αὐτοῦ

1 Tm 5 18 ἄξιος ὁ ἐργάτης τοῦ μισθοῦ αὐτοῦ

2 Tm 1 8 μὴ οὖν ἐπαισχυνθῇς ... μηδὲ ἐμὲ τὸν δέσμιον αὐτοῦ

2 19 ἔγνω κύριος τοὺς ὄντας αὐτοῦ

2 26 ἐζωγρημένοι ὑπ' αὐτοῦ εἰς τὸ ἐκείνου θέλημα

4 1 διαμαρτύρομαι ἐνώπιον ... Χριστοῦ 'Ιησοῦ ... καὶ τὴν ἐπιφάνειαν αὐτοῦ ↔

2 Tm 4 1 καὶ τὴν βασιλείαν αὐτοῦ

4 8 ἀποδώσει ... πᾶσι τοῖς ἠγαπηκόσι τὴν ἐπιφάνειαν αὐτοῦ

4 14 ἀποδώσει αὐτῷ ὁ κύριος κατὰ τὰ ἔργα αὐτοῦ

4 18 σώσει εἰς τὴν βασιλείαν αὐτοῦ τὴν ἐπουράνιον

Tt 1 3 ἐφανέρωσεν δὲ καιροῖς ἰδίοις τὸν λόγον αὐτοῦ

3 5ᶜ κατὰ τὸ αὐτοῦ ἔλεος ἔσωσεν ἡμᾶς

Hb 1 3 ὃς ὢν ... χαρακτὴρ τῆς ὑποστάσεως αὐτοῦ, ↔

1 3 φέρων τε τὰ πάντα τῷ ῥήματι τῆς δυνάμεως αὐτοῦ

1 7 ὁ ποιῶν τοὺς ἀγγέλους αὐτοῦ πνεύματα, ↔

1 7 καὶ τοὺς λειτουργοὺς αὐτοῦ πυρὸς φλόγα

1 8 ῥάβδος τῆς βασιλείας αὐτοῦ (NH; σου rl)

2 4ᶜ συνεπιμαρτυροῦντος τοῦ θεοῦ ... καὶ πνεύματος ἁγίου μερισμοῖς κατὰ τὴν αὐτοῦ θέλησιν

2 6 τί ἐστιν ἄνθρωπος ὅτι μιμνήσκῃ αὐτοῦ;

2 8 πάντα ὑπέταξας ὑποκάτω τῶν ποδῶν αὐτοῦ

3 2 πιστὸν ὄντα ... ὡς καὶ Μωϋσῆς ἐν ὅλῳ [N²⁶NH] τῷ οἴκῳ αὐτοῦ

3 5 Μωϋσῆς μὲν πιστὸς ἐν ὅλῳ τῷ οἴκῳ αὐτοῦ ὡς θεράπων

3 6 Χριστὸς δὲ ὡς υἱὸς ἐπὶ τὸν οἶκον αὐτοῦ

3 7 σήμερον ἐὰν τῆς φωνῆς αὐτοῦ ἀκούσητε

3 15 σήμερον ἐὰν τῆς φωνῆς αὐτοῦ ἀκούσητε

3 18 τίσιν δὲ ὤμοσεν μὴ εἰσελεύσεσθαι εἰς τὴν κατάπαυσιν αὐτοῦ ⟨;⟩

4 1 καταλειπομένης ἐπαγγελίας εἰσελθεῖν εἰς τὴν κατάπαυσιν αὐτοῦ

4 4 κατέπαυσεν ὁ θεός ... ἀπὸ πάντων τῶν ἔργων αὐτοῦ

4 7 σήμερον ἐὰν τῆς φωνῆς αὐτοῦ ἀκούσητε

4 10 ὁ γὰρ εἰσελθὼν εἰς τὴν κατάπαυσιν αὐτοῦ ↔

4 10 καὶ αὐτὸς κατέπαυσεν ἀπὸ τῶν ἔργων αὐτοῦ

4 13ᵃ καὶ οὐκ ἔστιν κτίσις ἀφανὴς ἐνώπιον αὐτοῦ, ↔

4 13 πάντα δὲ γυμνὰ καὶ τετραχηλισμένα τοῖς ὀφθαλμοῖς αὐτοῦ

5 7 ὃς ἐν ταῖς ἡμέραις τῆς σαρκὸς αὐτοῦ δεήσεις ... προσενέγκας

6 10 ἀγάπης ἧς ἐνεδείξασθε εἰς τὸ ὄνομα αὐτοῦ

6 17 ἐπιδεῖξαι ... τὸ ἀμετάθετον τῆς βουλῆς αὐτοῦ

7 25ᵃ σῴζειν ... δύναται τοὺς προσερχομένους δι' αὐτοῦ τῷ θεῷ

8 11 οὐ μὴ διδάξωσιν ἕκαστος τὸν πολίτην αὐτοῦ ↔

8 11 καὶ ἕκαστος τὸν ἀδελφὸν αὐτοῦ

9 26 εἰς ἀθέτησιν τῆς ([N²⁶]; —Tς) ἁμαρτίας διὰ τῆς θυσίας αὐτοῦ πεφανέρωται

10 13 ἕως τεθῶσιν οἱ ἐχθροὶ αὐτοῦ ↔

10 13 ὑποπόδιον τῶν ποδῶν αὐτοῦ

10 20 ἐνεκαίνισεν ἡμῖν ὁδὸν ... διὰ τοῦ καταπετάσματος, τοῦτ' ἔστιν τῆς σαρκὸς αὐτοῦ

10 30 | κρινεῖ κύριος (~ VSς) τὸν λαὸν αὐτοῦ

Hb 11 4 μαρτυροῦντος ἐπὶ τοῖς δώροις αὐτοῦ τοῦ θεοῦ

11 5 *πρὸ γὰρ τῆς μεταθέσεως αὐτοῦ (+ς) μεμαρτύρηται

11 7 Νῶε ... κατεσκεύασεν κιβωτὸν εἰς σωτηρίαν τοῦ οἴκου αὐτοῦ

11 21 'Ιακὼβ ... εὐλόγησεν, καὶ προσεκύνησεν ἐπὶ τὸ ἄκρον τῆς ῥάβδου αὐτοῦ

11 22 'Ιωσήφ ... ἐμνημόνευσεν καὶ περὶ τῶν ὀστέων αὐτοῦ ἐνετείλατο

11 23 Μωϋσῆς γεννηθεὶς ἐκρύβη τρίμηνον ὑπὸ τῶν πατέρων αὐτοῦ

12 5ᵃ μὴ ὀλιγώρει παιδείας κυρίου, μηδὲ ἐκλύου ὑπ' αὐτοῦ ἐλεγχόμενος

12 10 ὁ δὲ ἐπὶ τὸ συμφέρον εἰς τὸ μεταλαβεῖν τῆς ἁγιότητος αὐτοῦ

12 16 *'Ησαῦ, ὃς ... ἀπέδετο (N²⁶H; -οτο rl) τὰ πρωτοτόκια αὐτοῦ (Sς; ἑαυτ. rl)

13 13 ἐξερχώμεθα πρὸς αὐτὸν ... τὸν ὀνειδισμὸν αὐτοῦ φέροντες

13 15ᵃ δι' αὐτοῦ οὖν ([N²⁶]; — H) ἀναφέρωμεν θυσίαν αἰνέσεως διὰ παντὸς τῷ θεῷ, ↔

13 15 τοῦτ' ἔστιν καρπὸν χειλέων ὁμολογούντων τῷ ὀνόματι αὐτοῦ

13 21 καταρτίσαι ὑμᾶς ... εἰς τὸ ποιῆσαι τὸ θέλημα αὐτοῦ, ↔

13 21ᵃ ποιῶν ἐν ἡμῖν (ὑμ. Sς) τὸ εὐάρεστον ἐνώπιον αὐτοῦ

Jc 1 8 ἀκατάστατος ἐν πάσαις ταῖς ὁδοῖς αὐτοῦ

1 9 καυχάσθω δὲ ὁ [H] ἀδελφὸς ὁ ταπεινὸς ἐν τῷ ὕψει αὐτοῦ, ↔

1 10 ὁ δὲ πλούσιος ἐν τῇ ταπεινώσει αὐτοῦ

1 11 τὸ ἄνθος αὐτοῦ ἐξέπεσεν ↔

1 11 καὶ ἡ εὐπρέπεια τοῦ προσώπου αὐτοῦ ἀπώλετο· ↔

1 11 οὕτως καὶ ὁ πλούσιος ἐν ταῖς πορείαις αὐτοῦ μαρανθήσεται

1 18ᶜ ἀπεκύησεν ἡμᾶς ... εἰς τὸ εἶναι ἡμᾶς ἀπαρχήν τινα τῶν αὐτοῦ (ἑαυτοῦ S) κτισμάτων

1 23 ἔοικεν ἀνδρὶ κατανοοῦντι τὸ πρόσωπον τῆς γενέσεως αὐτοῦ

1 25 οὗτος μακάριος ἐν τῇ ποιήσει αὐτοῦ ἔσται

1 26 εἴ τις δοκεῖ θρησκὸς εἶναι, μὴ χαλιναγωγῶν γλῶσσαν αὐτοῦ (ἑαυτοῦ NH) ↔

1 26 ἀλλὰ ἀπατῶν καρδίαν αὐτοῦ (ἑαυτοῦ NH)

2 21 ἀνενέγκας 'Ισαὰκ τὸν υἱὸν αὐτοῦ ἐπὶ τὸ θυσιαστήριον;

2 22 βλέπεις ὅτι ἡ πίστις συνήργει (συνεργεῖ T) τοῖς ἔργοις αὐτοῦ

3 10 ἐκ τοῦ αὐτοῦ στόματος ἐξέρχεται εὐλογία καὶ κατάρα

3 13 δειξάτω ἐκ τῆς καλῆς ἀναστροφῆς τὰ ἔργα αὐτοῦ

4 11 ὁ ... κρίνων τὸν ἀδελφὸν αὐτοῦ καταλαλεῖ νόμου

5 20 ὁ ἐπιστρέψας ἁμαρτωλὸν ἐκ πλάνης ὁδοῦ αὐτοῦ ↔

5 20 σώσει ψυχὴν αὐτοῦ (—ς) ἐκ θανάτου

1Pt 1 3ᶜ ὁ κατὰ τὸ πολὺ αὐτοῦ ἔλεος ἀναγεννήσας ἡμᾶς

1 21ᵃ ⟨δι' ὑμᾶς⟩ τοὺς δι' αὐτοῦ πιστοὺς (πιστεύοντας MVSς) εἰς θεόν

1 24 *καὶ τὸ ἄνθος αὐτοῦ (+ς) ἐξέπεσεν

1Pt 2 9ᶜ τοῦ ... ὑμᾶς καλέσαντος εἰς τὸ θαυμαστὸν αὐτοῦ φῶς
2 14ᵃ εἴτε ἡγεμόσιν ὡς δι' αὐτοῦ πεμπομένοις
2 21 ἵνα ἐπακολουθήσητε τοῖς ἴχνεσιν αὐτοῦ
2 22 οὐδὲ εὑρέθη δόλος ἐν τῷ στόματι αὐτοῦ
2 24 ὃς τὰς ἁμαρτίας ἡμῶν αὐτὸς ἀνήνεγκεν ἐν τῷ σώματι αὐτοῦ
2 24 *οὗ τῷ μώλωπι αὐτοῦ (+Τς) ἰάθητε
3 10 *παυσάτω τὴν γλῶσσαν αὐτοῦ (+ς) ἀπὸ κακοῦ ↔
3 10 *καὶ χείλη αὐτοῦ (+ς) τοῦ μὴ λαλῆσαι δόλον
3 12 ὅτι ... ὦτα αὐτοῦ εἰς δέησιν αὐτῶν
4 13 ἵνα καὶ ἐν τῇ ἀποκαλύψει τῆς δόξης αὐτοῦ χαρῆτε
5 10 ὁ καλέσας ὑμᾶς εἰς τὴν αἰώνιον αὐτοῦ δόξαν

2Pt 1 3 τῆς θείας δυνάμεως αὐτοῦ ... δεδωρημένης
1 9ᶜ λήθην λαβὼν τοῦ καθαρισμοῦ τῶν πάλαι αὐτοῦ ἁμαρτιῶν (ἁμαρτημάτων ΒΤ)
3 4 ποῦ ἐστιν ἡ ἐπαγγελία τῆς παρουσίας αὐτοῦ;
3 7ᶜ οἱ δὲ νῦν οὐρανοὶ καὶ ἡ γῆ αὐτοῦ (ς; τῷ αὐτῷ rl) λόγῳ τεθησαυρισμένοι εἰσίν
3 13 | γῆν καινὴν (~Τ) κατὰ | τὸ ἐπάγγελμα (τὰ ἐ-ματα Τ) αὐτοῦ προσδοκῶμεν

1Jo 1 3 ἡ κοινωνία ... μετὰ τοῦ υἱοῦ αὐτοῦ
1 5ᵃ ἣν ἀκηκόαμεν ἀπ' αὐτοῦ
1 6ᵃ ὅτι κοινωνίαν ἔχομεν μετ' αὐτοῦ
1 7 τὸ αἷμα Ἰησοῦ τοῦ υἱοῦ αὐτοῦ καθαρίζει
1 10 ὁ λόγος αὐτοῦ οὐκ ἔστιν ἐν ἡμῖν
2 3 ἐὰν τὰς ἐντολὰς αὐτοῦ τηρῶμεν
2 4 ὁ ... τὰς ἐντολὰς αὐτοῦ μὴ τηρῶν
2 5ᶜ ὃς δ' ἂν τηρῇ αὐτοῦ τὸν λόγον
2 9 ὁ ... τὸν ἀδελφὸν αὐτοῦ μισῶν
2 10 ὁ ἀγαπῶν τὸν ἀδελφὸν αὐτοῦ
2 11 ὁ δὲ μισῶν τὸν ἀδελφὸν αὐτοῦ
2 11 ὅτι ἡ σκοτία ἐτύφλωσεν τοὺς ὀφθαλμοὺς αὐτοῦ
2 12 ὅτι ἀφέωνται ὑμῖν αἱ ἁμαρτίαι διὰ τὸ ὄνομα αὐτοῦ
2 17 ὁ κόσμος παράγεται καὶ ἡ ἐπιθυμία αὐτοῦ [Η]
2 27ᵃ τὸ χρῖσμα ὃ ἐλάβετε ἀπ' αὐτοῦ
2 27ᶜ ἀλλ' ὡς τὸ αὐτοῦ (αὐτὸ ς) χρῖσμα διδάσκει ὑμᾶς
2 28ᵃ ἵνα ... μὴ αἰσχυνθῶμεν ἀπ' αὐτοῦ ↔
2 28 ἐν τῇ παρουσίᾳ αὐτοῦ
2 29ᵃ ὅτι ... ὁ ποιῶν τὴν δικαιοσύνην ἐξ αὐτοῦ γεγέννηται
3 9 ὅτι σπέρμα αὐτοῦ ἐν αὐτῷ μένει
3 10 ὁ μὴ ἀγαπῶν τὸν ἀδελφὸν αὐτοῦ
3 12 οὐ καθὼς Κάϊν ... ἔσφαξεν τὸν ἀδελφὸν αὐτοῦ
3 12 ὅτι τὰ ἔργα αὐτοῦ πονηρὰ ἦν,
3 12 τὰ δὲ τοῦ ἀδελφοῦ αὐτοῦ δίκαια
3 15 ὁ μισῶν τὸν ἀδελφὸν αὐτοῦ ἀνθρωποκτόνος ἐστίν
3 16 ὅτι ἐκεῖνος ... τὴν ψυχὴν αὐτοῦ ἔθηκεν
3 17 ὃς δ' ἂν ... θεωρῇ τὸν ἀδελφὸν αὐτοῦ χρείαν ἔχοντα ↔
3 17 καὶ κλείσῃ τὰ σπλάγχνα αὐτοῦ ↔

1Jo 3 17ᵃ ἀπ' αὐτοῦ
3 19ᵃ καὶ ἔμπροσθεν αὐτοῦ πείσομεν | τὴν καρδίαν (τὰς καρδίας ΒΣΤς) ἡμῶν
3 22ᵃ ὃ ἐὰν (ἂν Η) αἰτῶμεν λαμβάνομεν ἀπ' αὐτοῦ,
3 22 ὅτι τὰς ἐντολὰς αὐτοῦ τηροῦμεν ↔
3 22ᵃ καὶ τὰ ἀρεστὰ ἐνώπιον αὐτοῦ ποιοῦμεν. ↔
3 23 καὶ αὕτη ἐστὶν ἡ ἐντολὴ αὐτοῦ, ↔
3 23 ἵνα πιστεύσωμεν (-στεύωμεν ΒΣΤ) τῷ ὀνόματι τοῦ υἱοῦ αὐτοῦ
3 24 ὁ τηρῶν τὰς ἐντολὰς αὐτοῦ ἐν αὐτῷ μένει
4 9 ὅτι τὸν υἱὸν αὐτοῦ τὸν μονογενῆ ἀπέσταλκεν ὁ θεὸς εἰς τὸν κόσμον ↔
4 9ᵃ ἵνα ζήσωμεν δι' αὐτοῦ
4 10 ὅτι ... ἀπέστειλεν τὸν υἱὸν αὐτοῦ ἱλασμὸν
4 12 ἡ ἀγάπη αὐτοῦ | ἐν ἡμῖν τετελειωμένη ἐστίν (~ΝVTHς)
4 13 ὅτι ἐκ τοῦ πνεύματος αὐτοῦ δέδωκεν ἡμῖν
4 20 ἐάν τις εἴπῃ ... καὶ τὸν ἀδελφὸν αὐτοῦ μισῇ
4 20 ὁ γὰρ μὴ ἀγαπῶν τὸν ἀδελφὸν αὐτοῦ
4 21ᵃ καὶ ταύτην τὴν ἐντολὴν ἔχομεν ἀπ' αὐτοῦ, ↔
4 21 ἵνα ὁ ἀγαπῶν τὸν θεὸν ἀγαπᾷ καὶ τὸν ἀδελφὸν αὐτοῦ
5 1ᵃ ὁ ἀγαπῶν τὸν γεννήσαντα ἀγαπᾷ καὶ ([Ν²⁶]; —ΝΗ) τὸν γεγεννημένον ἐξ αὐτοῦ
5 2 ὅταν ... τὰς ἐντολὰς αὐτοῦ ποιῶμεν
5 3 ἵνα τὰς ἐντολὰς αὐτοῦ τηρῶμεν· ↔
5 3 καὶ αἱ ἐντολαὶ αὐτοῦ βαρεῖαι οὐκ εἰσίν
5 9 ὅτι μεμαρτύρηκεν περὶ τοῦ υἱοῦ αὐτοῦ
5 10 ἣν μεμαρτύρηκεν ὁ θεὸς περὶ τοῦ υἱοῦ αὐτοῦ
5 11 αὕτη ἡ ζωὴ ἐν τῷ υἱῷ αὐτοῦ ἐστιν
5 14 ἐάν τι αἰτώμεθα κατὰ τὸ θέλημα αὐτοῦ
5 15ᵃ ἃ ᾐτήκαμεν ἀπ' (παρ' VSς) αὐτοῦ
5 16 ἐάν τις ἴδῃ τὸν ἀδελφὸν αὐτοῦ ἁμαρτάνοντα
5 18 καὶ ὁ πονηρὸς οὐχ ἅπτεται αὐτοῦ
5 20 ἐν τῷ υἱῷ αὐτοῦ Ἰησοῦ Χριστῷ

2Jo 6 ἵνα περιπατῶμεν κατὰ τὰς ἐντολὰς αὐτοῦ
11 κοινωνεῖ τοῖς ἔργοις αὐτοῦ τοῖς πονηροῖς

3Jo 10ᶜ ὑπομνήσω αὐτοῦ τὰ ἔργα
Jd 14 ἰδοὺ ἦλθεν κύριος ἐν ἁγίαις μυριάσιν αὐτοῦ
15ᵃ ὧν ἐλάλησαν κατ' αὐτοῦ ἁμαρτωλοὶ ἀσεβεῖς
24 τῷ δὲ δυναμένῳ φυλάξαι ... καὶ στῆσαι κατενώπιον τῆς δόξης αὐτοῦ

Ap 1 1 ἀποκάλυψις Ἰησοῦ Χριστοῦ ἣν ἔδωκεν αὐτῷ ὁ θεός, δεῖξαι τοῖς δούλοις αὐτοῦ
1 1 ἐσήμανεν ἀποστείλας διὰ τοῦ ἀγγέλου αὐτοῦ ↔
1 1 τῷ δούλῳ αὐτοῦ Ἰωάννῃ
1 4 ἀπὸ τῶν ἑπτὰ πνευμάτων ἃ ἐνώπιον τοῦ θρόνου αὐτοῦ
1 5 τῷ ... λύσαντι ἡμᾶς ἐκ τῶν ἁμαρτιῶν ἡμῶν [Η] ἐν τῷ αἵματι αὐτοῦ, ↔

Ap 1 6 καὶ ἐποίησεν ἡμᾶς βασιλείαν, ἱερεῖς τῷ θεῷ καὶ πατρὶ αὐτοῦ
1 14 ἡ δὲ κεφαλὴ αὐτοῦ καὶ αἱ τρίχες λευκαί
1 14 οἱ ὀφθαλμοὶ αὐτοῦ ὡς φλὸξ πυρός, ↔
1 15 καὶ οἱ πόδες αὐτοῦ ὅμοιοι χαλκολιβάνῳ
1 15 ἡ φωνὴ αὐτοῦ ὡς φωνὴ ὑδάτων πολλῶν, ↔
1 16 καὶ ἔχων ἐν τῇ δεξιᾷ χειρὶ αὐτοῦ ἀστέρας ἑπτά, ↔
1 16 καὶ ἐκ τοῦ στόματος αὐτοῦ ῥομφαία ... ἐκπορευομένη, ↔
1 16 καὶ ἡ ὄψις αὐτοῦ ὡς ὁ ἥλιος φαίνει ↔
1 16 ἐν τῇ δυνάμει αὐτοῦ
1 17 ἔπεσα πρὸς τοὺς πόδας αὐτοῦ
1 17 ἔθηκεν τὴν δεξιὰν αὐτοῦ ἐπ' ἐμέ
2 1 ὁ κρατῶν τοὺς ἑπτὰ ἀστέρας ἐν τῇ δεξιᾷ αὐτοῦ
2 18 ὁ ἔχων τοὺς ὀφθαλμοὺς αὐτοῦ [ΝΗ] ὡς φλόγα (φλὸξ Τ) πυρός, ↔
2 18 καὶ οἱ πόδες αὐτοῦ ὅμοιοι χαλκολιβάνῳ
3 5 οὐ μὴ ἐξαλείψω τὸ ὄνομα αὐτοῦ
3 5 ὁμολογήσω τὸ ὄνομα αὐτοῦ ↔
3 5 ἐνώπιον ... τῶν ἀγγέλων αὐτοῦ
3 20ᵃ δειπνήσω μετ' αὐτοῦ
3 21 ὡς κἀγὼ ... ἐκάθισα μετὰ τοῦ πατρός μου ἐν τῷ θρόνῳ αὐτοῦ
5 2 τίς ἄξιος ἀνοῖξαι τὸ βιβλίον καὶ λῦσαι τὰς σφραγῖδας αὐτοῦ;
5 5 ἀνοῖξαι τὸ βιβλίον καὶ τὰς ἑπτὰ σφραγῖδας αὐτοῦ
5 9 ἄξιος εἶ λαβεῖν τὸ βιβλίον καὶ ἀνοῖξαι τὰς σφραγῖδας αὐτοῦ
6 5 ἔχων ζυγὸν ἐν τῇ χειρὶ αὐτοῦ
6 8ᵃ καὶ ὁ καθήμενος ἐπάνω αὐτοῦ [Η]
6 8ᵃ καὶ ὁ ᾅδης ἠκολούθει μετ' αὐτοῦ
6 17 *ἦλθεν ἡ ἡμέρα ἡ μεγάλη τῆς ὀργῆς αὐτοῦ (Βς; αὐτῶν rl)
7 15 λατρεύουσιν αὐτῷ ... ἐν τῷ ναῷ αὐτοῦ
10 1 ἡ ἶρις ἐπὶ | τῆς κεφαλῆς (τὴν κεφαλὴν ΝΤΗ) αὐτοῦ (—ς), ↔
10 1 καὶ τὸ πρόσωπον αὐτοῦ ὡς ὁ ἥλιος, ↔
10 1 καὶ οἱ πόδες αὐτοῦ ὡς στῦλοι πυρός, ↔
10 2 καὶ ἔχων ἐν τῇ χειρὶ αὐτοῦ βιβλαρίδιον
10 2 ἔθηκεν τὸν πόδα αὐτοῦ τὸν δεξιὸν
10 5 ἦρεν τὴν χεῖρα αὐτοῦ τὴν δεξιάν
11 15 ἡ βασιλεία τοῦ κόσμου τοῦ κυρίου ἡμῶν καὶ τοῦ χριστοῦ αὐτοῦ
11 19 ὤφθη ἡ κιβωτὸς τῆς διαθήκης αὐτοῦ ↔
11 19 ἐν τῷ ναῷ αὐτοῦ
12 3 ἐπὶ τὰς κεφαλὰς αὐτοῦ ἑπτὰ διαδήματα, ↔
12 4 καὶ ἡ οὐρὰ αὐτοῦ σύρει
12 5 ἡρπάσθη τὸ τέκνον αὐτῆς ... πρὸς τὸν θρόνον αὐτοῦ
12 7 ὁ Μιχαὴλ καὶ οἱ ἄγγελοι αὐτοῦ
12 7 ὁ δράκων ἐπολέμησεν καὶ οἱ ἄγγελοι αὐτοῦ
12 9 καὶ οἱ ἄγγελοι αὐτοῦ ↔
12 9ᵃ μετ' αὐτοῦ ἐβλήθησαν
12 10 ἐγένετο ... ἡ ἐξουσία τοῦ χριστοῦ αὐτοῦ
12 15 ἔβαλεν ὁ ὄφις ἐκ τοῦ στόματος αὐτοῦ
12 16 ὃν ἔβαλεν ὁ δράκων ἐκ τοῦ στόματος αὐτοῦ

Ap 13 1 ἐπὶ τῶν κεράτων αὐτοῦ δέκα δια-
δήματα, ↔

13 1 καὶ ἐπὶ τὰς κεφαλὰς αὐτοῦ ὀνό-
ματα (ὄνομα[τα]N²⁶; ὄνομαVBSϛ)
βλασφημίας

13 2 οἱ πόδες αὐτοῦ ὡς ἄρκου, ↔

13 2 καὶ τὸ στόμα αὐτοῦ ὡς στόμα
λέοντος (-των T). ↔

13 2 καὶ ἔδωκεν αὐτῷ ὁ δράκων τὴν
δύναμιν αὐτοῦ ↔

13 2 καὶ τὸν θρόνον αὐτοῦ

13 3 μίαν ἐκ τῶν κεφαλῶν αὐτοῦ ὡς
ἐσφαγμένην

13 3 ἡ πληγὴ τοῦ θανάτου αὐτοῦ
ἐθεραπεύθη

13 4ᵃ τίς δύναται πολεμῆσαι μετ᾿ αὐ-
τοῦ;

13 6 ἤνοιξεν τὸ στόμα αὐτοῦ

13 6 βλασφημῆσαι τὸ ὄνομα αὐτοῦ ↔

13 6 καὶ τὴν σκηνὴν αὐτοῦ

13 8 οὗ (ὧν VBSϛ) οὐ γέγραπται τὸ
ὄνομα αὐτοῦ ([M]; -τῶν B; —VSϛ)

13 12ᵃ τὴν ἐξουσίαν ... πᾶσαν ποιεῖ ἐνώ-
πιον αὐτοῦ

13 12 οὗ ἐθεραπεύθη ἡ πληγὴ τοῦ θανά-
του αὐτοῦ

13 17 εἰ μὴ ὁ ἔχων ... τὸν ἀριθμὸν τοῦ
ὀνόματος αὐτοῦ

13 18 ὁ ἀριθμὸς αὐτοῦ (+ἐστιν BS)

14 1ᵃ καὶ μετ᾿ αὐτοῦ ἑκατὸν τεσσεράκον-
τα τέσσαρες χιλιάδες ↔

14 1 ἔχουσαι | τὸ ὄνομα αὐτοῦ (—ϛ..)
↔

14 1 καὶ (—..ϛ) τὸ ὄνομα τοῦ πατρὸς
αὐτοῦ

14 7 ἦλθεν ἡ ὥρα τῆς κρίσεως αὐτοῦ

14 9 εἴ τις προσκυνεῖ τὸ θηρίον καὶ τὴν
εἰκόνα αὐτοῦ, ↔

14 9 καὶ λαμβάνει χάραγμα ἐπὶ τοῦ
μετώπου αὐτοῦ ↔

14 9 ἢ ἐπὶ τὴν χεῖρα αὐτοῦ

14 10 κεκερασμένου ἀκράτου ἐν τῷ πο-
τηρίῳ τῆς ὀργῆς αὐτοῦ

14 11 οἱ προσκυνοῦντες τὸ θηρίον καὶ
τὴν εἰκόνα αὐτοῦ

14 11 εἴ τις λαμβάνει τὸ χάραγμα τοῦ
ὀνόματος αὐτοῦ

14 14 ἔχων ἐπὶ | τῆς κεφαλῆς (τὴν -λὴν
T) αὐτοῦ στέφανον χρυσοῦν ↔

14 14 καὶ ἐν τῇ χειρὶ αὐτοῦ δρέπανον
ὀξύ

14 16 ἔβαλεν ... τὸ δρέπανον αὐτοῦ

14 19 ἔβαλεν ὁ ἄγγελος τὸ δρέπανον αὐ-
τοῦ

15 2 ἐκ τοῦ θηρίου καὶ ἐκ τῆς εἰκόνος
αὐτοῦ ↔

15 2 *καὶ | ἐκ τοῦ χαράγματος αὐτοῦ
(+ϛ), ↔

15 2 ἐκ τοῦ ἀριθμοῦ τοῦ ὀνόματος αὐ-
τοῦ

15 8 ἐκ τῆς δόξης τοῦ θεοῦ καὶ ἐκ τῆς
δυνάμεως αὐτοῦ

16 2 ἀπῆλθεν ὁ πρῶτος καὶ ἐξέχεεν τὴν
φιάλην αὐτοῦ

16 2 τοὺς προσκυνοῦντας τῇ εἰκόνι
αὐτοῦ

16 3 ὁ δεύτερος ἐξέχεεν τὴν φιάλην αὐ-
τοῦ

16 4 ὁ τρίτος ἐξέχεεν τὴν φιάλην αὐτοῦ

16 8 ὁ τέταρτος ἐξέχεεν τὴν φιάλην
αὐτοῦ

16 10 ὁ πέμπτος ἐξέχεεν τὴν φιάλην αὐ-
τοῦ

16 10 ἐγένετο ἡ βασιλεία αὐτοῦ ἐσκοτω-
μένη

Ap 16 12 ὁ ἕκτος ἐξέχεεν τὴν φιάλην αὐτοῦ

16 15 μακάριος ὁ ... τηρῶν τὰ ἱμάτια
αὐτοῦ, ↔

16 15 ἵνα μὴ ... βλέπωσιν τὴν ἀσχημο-
σύνην αὐτοῦ

16 17 ὁ ἕβδομος ἐξέχεεν τὴν φιάλην αὐ-
τοῦ

16 19 τὸ ποτήριον τοῦ οἴνου τοῦ θυμοῦ
τῆς ὀργῆς αὐτοῦ

17 14ᵃ οἱ μετ᾿ αὐτοῦ κλητοί

17 17 ὁ γὰρ θεὸς ἔδωκεν ... ποιῆσαι τὴν
γνώμην αὐτοῦ

18 1 ἡ γῆ ἐφωτίσθη ἐκ τῆς δόξης αὐτοῦ

19 2 ὅτι ἀληθιναὶ καὶ δίκαιαι αἱ κρί-
σεις αὐτοῦ

19 2 ἐξεδίκησεν τὸ αἷμα τῶν δούλων
αὐτοῦ

19 5 αἰνεῖτε τῷ θεῷ ἡμῶν, πάντες οἱ
δοῦλοι αὐτοῦ

19 7 ὅτι ... ἡ γυνὴ αὐτοῦ ἡτοίμασεν
ἑαυτήν

19 10 ἔπεσα ἔμπροσθεν τῶν ποδῶν αὐτοῦ

19 12 οἱ δὲ ὀφθαλμοὶ αὐτοῦ ὡς (+[N²⁶]
Bϛ) φλὸξ πυρός, ↔

19 12 καὶ ἐπὶ τὴν κεφαλὴν αὐτοῦ δια-
δήματα πολλά

19 13 κέκληται τὸ ὄνομα αὐτοῦ ὁ λόγος
τοῦ θεοῦ

19 15 ἐκ τοῦ στόματος αὐτοῦ ἐκπορεύε-
ται ῥομφαία

19 16 ἔχει ... ἐπὶ τὸν μηρὸν αὐτοῦ ὄνο-
μα γεγραμμένον

19 19 ποιῆσαι τὸν [S] πόλεμον μετὰ τοῦ
καθημένου ἐπὶ τοῦ ἵππου καὶ μετὰ
τοῦ στρατεύματος αὐτοῦ

19 20ᵃ ἐπιάσθη τὸ θηρίον καὶ | μετ᾿ αὐ-
τοῦ ὁ (∼VS; μετὰ τούτου ὁ ϛ)
ψευδοπροφήτης ↔

19 20ᵇ ὁ ποιήσας τὰ σημεῖα ἐνώπιον αὐ-
τοῦ, ↔

19 20 ἐν οἷς ἐπλάνησεν ... τοὺς προσ-
κυνοῦντας τῇ εἰκόνι αὐτοῦ

19 21 ἀπεκτάνθησαν ἐν τῇ ῥομφαίᾳ ...
τῇ ἐξελθούσῃ ἐκ τοῦ στόματος αὐ-
τοῦ

20 1 εἶδον ἄγγελον ... ἔχοντα ... ἅλυ-
σιν μεγάλην ἐπὶ τὴν χεῖρα αὐτοῦ

20 3ᵃ ἐσφράγισεν ἐπάνω αὐτοῦ

20 4 οἵτινες οὐ προσεκύνησαν τὸ θη-
ρίον οὐδὲ τὴν εἰκόνα αὐτοῦ

20 6ᵃ βασιλεύσουσιν μετ᾿ αὐτοῦ

20 7 λυθήσεται ὁ σατανᾶς ἐκ τῆς φυλα-
κῆς αὐτοῦ

20 11ᵃ *εἶδον θρόνον μέγαν λευκὸν καὶ τὸν
καθήμενον ἐπ᾿ αὐτοῦ (MBHϛ; αὐ-
τόν rl)

21 3 αὐτοὶ λαοὶ αὐτοῦ ἔσονται

22 2 ξύλον ... ἀποδιδοῦν (-δοὺς ST)
τὸν καρπὸν αὐτοῦ

22 3 οἱ δοῦλοι αὐτοῦ λατρεύσουσιν αὐ-
τῷ, ↔

22 4 καὶ ὄψονται τὸ πρόσωπον αὐτοῦ,
↔

22 4 καὶ τὸ ὄνομα αὐτοῦ ἐπὶ τῶν
μετώπων αὐτῶν

22 6 ὁ θεὸς ... ἀπέστειλεν τὸν ἄγγελον
αὐτοῦ

22 6 δεῖξαι τοῖς δούλοις αὐτοῦ ἃ δεῖ γε-
νέσθαι

22 12 ὡς τὸ ἔργον ἐστὶν (ἔσται VBϛ)
αὐτοῦ

22 14 *μακάριοι οἱ | ποιοῦντες τὰς
ἐντολὰς αὐτοῦ (Sϛ; πλύνοντες τὰς
στολὰς αὐτῶν rl)

22 19 ἀφελεῖ ὁ θεὸς τὸ μέρος αὐτοῦ

αὐτῆς
ᵃ post praepositionem
ᵇ ipsius
ᶜ substantivo postposito

Mt 1 19 Ἰωσὴφ δὲ ὁ ἀνὴρ αὐτῆς ... ἐβου-
λήθη λάθρᾳ ἀπολῦσαι αὐτήν

1 25 ἕως οὗ [NH] ἔτεκεν | τὸν υἱὸν αὐ-
τῆς τὸν πρωτότοκον (Vϛ; υἱόν rl)

2 16 ἀνεῖλεν πάντας τοὺς παῖδας τοὺς
ἐν Βηθλέεμ καὶ ἐν πᾶσι τοῖς ὁρίοις
αὐτῆς

2 18 Ῥαχὴλ κλαίουσα τὰ τέκνα αὐτῆς

5 28 *πᾶς ὁ βλέπων γυναῖκα πρὸς τὸ
ἐπιθυμῆσαι αὐτῆς (ϛ; —T; αὐτὴν
[NH] rl)

6 34 ἀρκετὸν τῇ ἡμέρᾳ ἡ κακία αὐτῆς

7 13ᵃ καὶ πολλοί εἰσιν οἱ εἰσερχόμενοι
δι᾿ αὐτῆς

7 27 καὶ ἦν ἡ πτῶσις αὐτῆς μεγάλη

8 15 καὶ ἥψατο τῆς χειρὸς αὐτῆς

9 25 ἐκράτησεν τῆς χειρὸς αὐτῆς

9 26 *καὶ ἐξῆλθεν ἡ φήμη αὐτῆς (S;
αὕτη rl)

10 35 διχάσαι ... θυγατέρα κατὰ τῆς
μητρὸς αὐτῆς ↔

10 35 καὶ νύμφην κατὰ τῆς πενθερᾶς
αὐτῆς

11 19 καὶ ἐδικαιώθη ἡ σοφία ἀπὸ τῶν
ἔργων (τέκνων Vϛ) αὐτῆς

14 8 ἡ δὲ προβιβασθεῖσα ὑπὸ τῆς
μητρὸς αὐτῆς

14 11 καὶ ἤνεγκεν τῇ μητρὶ αὐτῆς

15 28 ἰάθη ἡ θυγάτηρ αὐτῆς

16 18 πύλαι ᾅδου οὐ κατισχύσουσιν
αὐτῆς

20 20 προσῆλθεν αὐτῷ ἡ μήτηρ ... μετὰ
τῶν υἱῶν αὐτῆς

21 2ᵃ εὑρήσετε ὄνον δεδεμένην καὶ πῶλον
μετ᾿ αὐτῆς

21 43 καὶ δοθήσεται ἔθνει ποιοῦντι τοὺς
καρποὺς αὐτῆς

23 37 ὃν τρόπον | ὄρνις ἐπισυνάγει
(∼Vϛ) τὰ νοσσία αὐτῆς ([NH];
ἑαυτῆς Vϛ)

24 29 ἡ σελήνη οὐ δώσει τὸ φέγγος
αὐτῆς

24 32 ὅταν ἤδη ὁ κλάδος αὐτῆς γένηται
ἁπαλός

26 13 λαληθήσεται καὶ ὃ ἐποίησεν αὕτη
εἰς μνημόσυνον αὐτῆς

26 52 ἀπόστρεψον τὴν μάχαιράν σου
εἰς τὸν τόπον αὐτῆς

Mc 1 30ᵃ λέγουσιν αὐτῷ περὶ αὐτῆς

1 31 *ἤγειρεν αὐτὴν κρατήσας τῆς
χειρὸς αὐτῆς (+Vϛ)

5 26ᵃ δαπανήσασα τὰ παρ᾿ αὐτῆς (ἑαυ-
τῆς BSTϛ) πάντα

5 29 εὐθὺς ἐξηράνθη ἡ πηγὴ τοῦ αἵ-
ματος αὐτῆς

6 22ᵇ *εἰσελθούσης τῆς θυγατρὸς | αὐτῆς
τῆς (αὐτοῦ N²⁶H) Ἡρῳδιάδος

6 24 ἐξελθοῦσα εἶπεν τῇ μητρὶ αὐτῆς

6 28 τὸ κοράσιον ἔδωκεν αὐτὴν τῇ
μητρὶ αὐτῆς

7 25 γυνὴ ... ἧς εἶχεν τὸ θυγάτριον
αὐτῆς πνεῦμα ἀκάθαρτον

7 26 ἵνα τὸ δαιμόνιον ἐκβάλῃ ἐκ τῆς
θυγατρὸς αὐτῆς

7 30 ἀπελθοῦσα εἰς τὸν οἶκον αὐτῆς

10 12 ἐὰν αὐτὴ (γυνὴ VBϛ) | ἀπολύσασα
τὸν ἄνδρα αὐτῆς γαμήσῃ ἄλλον
(ἀπολύσῃ τ. ἄ. α. καὶ γαμηθῇ
ἄλλῳ Vϛ)

12 44 ἐκ τῆς ὑστερήσεως αὐτῆς πάντα
ὅσα εἶχεν ἔβαλεν, ↔

Mc 12 44 ὅλον τὸν βίον αὐτῆς
13 24 ἡ σελήνη οὐ δώσει τὸ φέγγος αὐτῆς
13 28 ὅταν | ἤδη ὁ κλάδος αὐτῆς (~ VSTϚ) ἁπαλὸς γένηται
14 9 αὕτη λαληθήσεται εἰς μνημόσυνον αὐτῆς
[16 11]ᵃ ἀκούσαντες ὅτι ζῇ καὶ ἐθεάθη ὑπ' αὐτῆς

Lc 1 5 καὶ τὸ ὄνομα αὐτῆς Ἐλισάβετ
1 18 καὶ ἡ γυνή μου προβεβηκυῖα ἐν ταῖς ἡμέραις αὐτῆς
1 36 συνείληφεν (-φυῖα VBSTϚ) υἱὸν ἐν γήρει (-ρα Ϛ) αὐτῆς
1 38ᵃ ἀπῆλθεν ἀπ' αὐτῆς ὁ ἄγγελος
1 41 ἐσκίρτησεν τὸ βρέφος ἐν τῇ κοιλίᾳ αὐτῆς
1 56 ὑπέστρεψεν εἰς τὸν οἶκον αὐτῆς
1 58 ἤκουσαν ... οἱ συγγενεῖς αὐτῆς ↔
1 58ᵃ ὅτι ἐμεγάλυνεν κύριος τὸ ἔλεος αὐτοῦ μετ' αὐτῆς
2 7 ἔτεκεν τὸν υἱὸν αὐτῆς τὸν πρωτότοκον
2 19 συνετήρει τὰ ῥήματα ταῦτα συμβάλλουσα ἐν τῇ καρδίᾳ αὐτῆς
2 35ᵇ σοῦ δὲ ([N²⁶S]; —Η) αὐτῆς τὴν ψυχὴν διελεύσεται ῥομφαία
2 36 ζήσασα μετὰ ἀνδρὸς ἔτη ἑπτὰ ἀπὸ τῆς παρθενίας αὐτῆς
2 51 ἡ μήτηρ αὐτοῦ διετήρει | πάντα τὰ ῥήματα (+ταῦτα VϚ; τὰ ῥ. ἀπ. S) ἐν τῇ καρδίᾳ αὐτῆς
4 38ᵃ ἠρώτησαν αὐτὸν περὶ αὐτῆς
4 39ᵃ ἐπιστὰς ἐπάνω αὐτῆς ἐπετίμησεν τῷ πυρετῷ
7 35 ἐδικαιώθη ἡ σοφία ἀπὸ | πάντων τῶν τέκνων αὐτῆς (~ VTϚ)
7 38 ταῖς θριξὶν τῆς κεφαλῆς αὐτῆς ἐξέμασσεν (-μαξεν Τ)
7 44 καὶ ταῖς θριξὶν αὐτῆς ἐξέμαξεν
7 47 ἀφέωνται | αἱ ἁμαρτίαι αὐτῆς (~ Τ)
8 44 ἔστη ἡ ῥύσις τοῦ αἵματος αὐτῆς
8 54 κρατήσας τῆς χειρὸς αὐτῆς
8 55 καὶ ἐπέστρεψεν τὸ πνεῦμα αὐτῆς
8 56 καὶ ἐξέστησαν οἱ γονεῖς αὐτῆς
10 10 ἐξελθόντες εἰς τὰς πλατείας αὐτῆς
10 38 * ὑπεδέξατο αὐτὸν | εἰς τὸν οἶκον αὐτῆς (εἰς τὴν οἰκίαν NMTH; —N²⁶)
10 42ᵃ ἥτις οὐκ ἀφαιρεθήσεται (+ἀπ'Ϛ) αὐτῆς
12 53 διαμερισθήσονται ... πενθερὰ ἐπὶ τὴν νύμφην αὐτῆς (—Τ) ↔
12 53 * καὶ νύμφη ἐπὶ τὴν πενθερὰν αὐτῆς (+Ϛ)
21 4 ἐκ τοῦ ὑστερήματος αὐτῆς πάντα (ἀπ. VSTϚ) τὸν βίον ὃν εἶχεν ἔβαλεν
21 20 ὅτι ἤγγικεν ἡ ἐρήμωσις αὐτῆς
21 21 οἱ ἐν μέσῳ αὐτῆς ἐκχωρείτωσαν

Jo 4 27ᵃ τί ζητεῖς ἢ τί λαλεῖς μετ' αὐτῆς; ↔
4 28 ἀφῆκεν οὖν τὴν ὑδρίαν αὐτῆς ἡ γυνή
11 1 ἐκ τῆς κώμης (+τῆς Τ) Μαρίας καὶ Μάρθας τῆς ἀδελφῆς αὐτῆς
11 2 ἦν δὲ Μαριὰμ ἡ ... ἐκμάξασα τοὺς πόδας αὐτοῦ ταῖς θριξὶν αὐτῆς
11 4ᵃ ἵνα δοξασθῇ ὁ υἱὸς τοῦ θεοῦ δι' αὐτῆς
11 5 ἠγάπα δὲ ὁ Ἰησοῦς τὴν Μάρθαν καὶ τὴν ἀδελφὴν αὐτῆς
11 28 ἐφώνησεν Μαριὰμ τὴν ἀδελφὴν αὐτῆς
11 31ᵃ οἱ οὖν Ἰουδαῖοι οἱ ὄντες μετ' αὐτῆς ἐν τῇ οἰκίᾳ

Jo 12 3 ἐξέμαξεν ταῖς θριξὶν αὐτῆς τοὺς πόδας αὐτοῦ
16 21 ὅτι ἦλθεν ἡ ὥρα αὐτῆς

Ac 5 10 ἔθαψαν πρὸς τὸν ἄνδρα αὐτῆς
8 27 ὃς ἦν ἐπὶ πάσης τῆς γάζης αὐτῆς
9 40 ἡ δὲ ἤνοιξεν τοὺς ὀφθαλμοὺς αὐτῆς
13 17ᵃ μετὰ βραχίονος ὑψηλοῦ ἐξήγαγεν αὐτοὺς ἐξ αὐτῆς
15 16 καὶ τὰ κατεσκαμμένα (N²⁶VSϚ; κατεστρ. rl) αὐτῆς ἀνοικοδομήσω
16 15 ὡς δὲ ἐβαπτίσθη καὶ ὁ οἶκος αὐτῆς
16 16 ἥτις ἐργασίαν πολλὴν παρεῖχεν τοῖς κυρίοις αὐτῆς μαντευομένη
16 18ᵃ παραγγέλλω σοι ... ἐξελθεῖν ἀπ' αὐτῆς
16 19 ἰδόντες δὲ οἱ κύριοι αὐτῆς
19 27 μέλλειν τε καὶ καθαιρεῖσθαι τῆς μεγαλειότητος αὐτῆς
27 14ᵃ ἔβαλεν κατ' αὐτῆς ἄνεμος τυφωνικός

Rm 7 11ᵃ ἡ γὰρ ἁμαρτία ... ἐξηπάτησέν με καὶ δι' αὐτῆς ἀπέκτεινεν
13 3ᵃ τὸ ἀγαθὸν ποίει, καὶ ἕξεις ἔπαινον ἐξ αὐτῆς

1C 7 13ᵃ εἰ ... οὗτος συνευδοκεῖ οἰκεῖν μετ' αὐτῆς
7 39 γυνὴ δέδεται ἐφ' ὅσον χρόνον ζῇ ὁ ἀνὴρ αὐτῆς· ↔
7 39 * ἐὰν δὲ κοιμηθῇ ὁ ἀνὴρ αὐτῆς (+Ϛ), ἐλευθέρα ἐστίν
10 26 τοῦ κυρίου γὰρ ἡ γῆ καὶ τὸ πλήρωμα αὐτῆς
10 28 * τὴν συνείδησιν· | τοῦ γὰρ κυρίου ἡ γῆ καὶ τὸ πλήρωμα αὐτῆς (+Ϛ)
11 5 καταισχύνει τὴν κεφαλὴν αὐτῆς

G 4 25 δουλεύει γὰρ μετὰ τῶν τέκνων αὐτῆς
4 30 ἔκβαλε τὴν παιδίσκην καὶ τὸν υἱὸν αὐτῆς

E 5 25ᵃ καθὼς καὶ ὁ Χριστὸς ... ἑαυτὸν παρέδωκεν ὑπὲρ αὐτῆς

Cl 4 15 ἀσπάσασθε ... Νύμφαν καὶ τὴν κατ' οἶκον αὐτῆς (αὐτοῦ MVBSϚ; αὐτῶν Τ) ἐκκλησίαν

2Tm 3 5 ἔχοντες μόρφωσιν εὐσεβείας τὴν δὲ δύναμιν αὐτῆς ἠρνημένοι

Hb 6 7ᵃ γῆ γὰρ ἡ πιοῦσα τὸν ἐπ' αὐτῆς ἐρχόμενον πολλάκις ὑετόν
7 11ᵃ ὁ λαὸς γὰρ ἐπ' αὐτῆς (αὐτῇ Ϛ) νενομοθέτηται (-τητο SϚ)
7 18ᶜ ἀθέτησις ... γίνεται προαγούσης ἐντολῆς διὰ τὸ αὐτῆς ἀσθενές
9 5ᵃ ὑπεράνω δὲ αὐτῆς Χερουβὶν δόξης
11 4ᵃ πίστει πλείονα θυσίαν ... προσήνεγκεν ... καὶ δι' αὐτῆς ἀποθανὼν ἔτι λαλεῖ (-εῖται SϚ)
11 9 τῶν συγκληρονόμων τῆς ἐπαγγελίας τῆς αὐτῆς
12 11ᵃ πᾶσα δὲ (N²⁶VϚ; μὲν rl) παιδεία... καρπὸν εἰρηνικὸν τοῖς δι' αὐτῆς γεγυμνασμένοις ἀποδίδωσιν
12 15ᵃ * μή τις ῥίζα πικρίας ... ἐνοχλῇ καὶ δι' αὐτῆς (Η; ταύτης rl) μιανθῶσιν

Jc 3 11 μήτι ἡ πηγὴ ἐκ τῆς αὐτῆς ὀπῆς βρύει τὸ γλυκὺ καὶ τὸ πικρόν;
5 18 ἡ γῆ ἐβλάστησεν τὸν καρπὸν αὐτῆς

1Pt 1 24 πᾶσα δόξα αὐτῆς (ἀνθρώπου Ϛ) ὡς ἄνθος χόρτου

2Jo 1 ὁ πρεσβύτερος ἐκλεκτῇ κυρίᾳ καὶ τοῖς τέκνοις αὐτῆς

3Jo 12ᵇ μεμαρτύρηται ... ὑπὸ αὐτῆς τῆς ἀληθείας

Ap 2 5 κινήσω τὴν λυχνίαν σου ἐκ τοῦ τόπου αὐτῆς, ἐὰν μὴ μετανοήσῃς

Ap 2 21 οὐ θέλει μετανοῆσαι ἐκ τῆς πορνείας αὐτῆς
2 22ᵃ βάλλω ... τοὺς μοιχεύοντας μετ' αὐτῆς εἰς θλῖψιν μεγάλην, ↔
2 22 ἐὰν μὴ μετανοήσωσιν (-σουσιν NMTH) ἐκ τῶν ἔργων αὐτῆς (αὐτῶν Ϛ)· ↔
2 23 καὶ τὰ τέκνα αὐτῆς ἀποκτενῶ ἐν θανάτῳ
6 13 ὡς συκῆ βάλλει (βάλλουσα Τ) τοὺς ὀλύνθους αὐτῆς
8 12 ἵνα ... καὶ ἡ ἡμέρα μὴ φάνῃ τὸ τρίτον αὐτῆς
12 1 ἡ σελήνη ὑποκάτω τῶν ποδῶν αὐτῆς, ↔
12 1 καὶ ἐπὶ τῆς κεφαλῆς αὐτῆς στέφανος
12 4 ἵνα ὅταν τέκῃ τὸ τέκνον αὐτῆς καταφάγῃ
12 5 ἡρπάσθη τὸ τέκνον αὐτῆς πρὸς τὸν θεόν
12 14 ἵνα πέτηται ... εἰς τὸν τόπον αὐτῆς
12 16 ἤνοιξεν ἡ γῆ τὸ στόμα αὐτῆς
12 17 ποιῆσαι πόλεμον μετὰ τῶν λοιπῶν τοῦ σπέρματος αὐτῆς
14 8 ἐκ τοῦ οἴνου τοῦ θυμοῦ τῆς πορνείας αὐτῆς
14 18 ὅτι ἤκμασαν αἱ σταφυλαὶ αὐτῆς
16 21 ὅτι μεγάλη ἐστὶν ἡ πληγὴ αὐτῆς
17 2 ἐκ τοῦ οἴνου τῆς πορνείας αὐτῆς
17 4 ἔχουσα ποτήριον χρυσοῦν ἐν τῇ χειρὶ αὐτῆς γέμον (-ων Τ) βδελυγμάτων ↔
17 4 καὶ τὰ ἀκάθαρτα τῆς πορνείας αὐτῆς (τῆς γῆς Ϛ) ,↔
17 5 καὶ ἐπὶ τὸ μέτωπον αὐτῆς ὄνομα γεγραμμένον
17 16 τὰς σάρκας αὐτῆς φάγονται
18 3 ἐκ | τοῦ οἴνου [Η] τοῦ θυμοῦ τῆς πορνείας αὐτῆς
18 3ᵃ οἱ βασιλεῖς τῆς γῆς μετ' αὐτῆς ἐπόρνευσαν
18 3 οἱ ἔμποροι τῆς γῆς ἐκ τῆς δυνάμεως τοῦ στρήνους αὐτῆς ἐπλούτησαν
18 4ᵃ ἐξέλθατε (-θετε SϚ) ὁ λαός μου ἐξ αὐτῆς, ↔
18 4 ἵνα μὴ συγκοινωνήσητε ταῖς ἁμαρτίαις αὐτῆς, ↔
18 4 καὶ ἐκ τῶν πληγῶν αὐτῆς ἵνα μὴ λάβητε· ↔
18 5ᶜ ὅτι ἐκολλήθησαν αὐτῆς αἱ ἁμαρτίαι ἄχρι τοῦ οὐρανοῦ, ↔
18 5 καὶ ἐμνημόνευσεν ὁ θεὸς τὰ ἀδικήματα αὐτῆς
18 6 διπλώσατε τὰ [Η] διπλᾶ κατὰ τὰ ἔργα αὐτῆς
18 7 ἐν τῇ καρδίᾳ αὐτῆς λέγει
18 8 ἥξουσιν αἱ πληγαὶ αὐτῆς
18 9ᵃ * κόψονται ἐπ' αὐτῆς (V; -τῇ BϚ; -τὴν rl) οἱ βασιλεῖς τῆς γῆς ↔
18 9ᵃ οἱ μετ' αὐτῆς πορνεύσαντες καὶ στρηνιάσαντες, ↔
18 9 ὅταν βλέπωσιν τὸν καπνὸν τῆς πυρώσεως αὐτῆς, ↔
18 10 ἀπὸ μακρόθεν ἑστηκότες διὰ τὸν φόβον τοῦ βασανισμοῦ αὐτῆς
18 15ᵃ οἱ πλουτήσαντες ἀπ' αὐτῆς, ἀπὸ μακρόθεν στήσονται ↔
18 15 διὰ τὸν φόβον τοῦ βασανισμοῦ
18 18 βλέποντες τὸν καπνὸν τῆς πυρώσεως αὐτῆς
18 19 ἡ πόλις ἡ μεγάλη, ἐν ᾗ ἐπλούτησαν πάντες ... ἐκ τῆς τιμιότητος αὐτῆς

Ap 18 20ᵃ ὅτι ἔκρινεν ὁ θεὸς τὸ κρίμα ὑμῶν ἐξ αὐτῆς
19 2 ἥτις ἔφθειρεν τὴν γῆν ἐν τῇ πορνείᾳ αὐτῆς, ↔
19 2 καὶ ἐξεδίκησεν τὸ αἷμα τῶν δούλων αὐτοῦ ἐκ χειρὸς αὐτῆς
19 3 ὁ καπνὸς αὐτῆς ἀναβαίνει εἰς τοὺς αἰῶνας
21 2 ὡς νύμφην κεκοσμημένην τῷ ἀνδρὶ αὐτῆς
21 11 ὁ φωστὴρ αὐτῆς ὅμοιος λίθῳ τιμιωτάτῳ
21 15 ἵνα μετρήσῃ τὴν πόλιν καὶ τοὺς πυλῶνας αὐτῆς ↔
21 15 καὶ τὸ τεῖχος αὐτῆς
21 16 τὸ μῆκος αὐτῆς ὅσον καὶ (+[N²⁶] Bς) τὸ πλάτος
21 16 τὸ μῆκος καὶ τὸ πλάτος καὶ τὸ ὕψος αὐτῆς ἴσα ἐστίν. ↔
21 17 καὶ ἐμέτρησεν τὸ τεῖχος αὐτῆς
21 18 ἡ (— S) ἐνδώμησις τοῦ τείχους αὐτῆς ἴασπις
21 22 ὁ γὰρ κύριος ὁ θεὸς ὁ παντοκράτωρ ναὸς αὐτῆς ἐστιν
21 23 καὶ ὁ λύχνος αὐτῆς τὸ ἀρνίον
21 24 περιπατήσουσιν τὰ ἔθνη διὰ τοῦ φωτὸς αὐτῆς
21 25 οἱ πυλῶνες αὐτῆς οὐ μὴ κλεισθῶσιν ἡμέρας
22 2 ἐν μέσῳ τῆς πλατείας αὐτῆς καὶ τοῦ ποταμοῦ

αὐτῷ
ᵃ post praepositionem
ᵇ τῷ αὐτῷ
Mt 1 20 ἄγγελος κυρίου κατ' ὄναρ ἐφάνη αὐτῷ
1 24 ὡς προσέταξεν αὐτῷ ὁ ἄγγελος κυρίου
2 2 ἤλθομεν προσκυνῆσαι αὐτῷ
2 5 οἱ δὲ εἶπαν αὐτῷ
2 8 ὅπως κἀγὼ ἐλθὼν προσκυνήσω αὐτῷ
2 11 καὶ πεσόντες προσεκύνησαν αὐτῷ
2 11 προσήνεγκαν αὐτῷ δῶρα
3 15 *ἀποκριθεὶς δὲ ὁ Ἰησοῦς εἶπεν αὐτῷ (NMH; πρὸς αὐτόν rl)
3 16 καὶ ἰδοὺ ἠνεῴχθησαν αὐτῷ ([N²⁶]; — NTH) οἱ οὐρανοί
4 3 προσελθὼν | ὁ πειράζων εἶπεν αὐτῷ (~VSς)
4 6 καὶ λέγει αὐτῷ
4 7 ἔφη αὐτῷ ὁ Ἰησοῦς
4 8 δείκνυσιν αὐτῷ πάσας τὰς βασιλείας
4 9 καὶ εἶπεν (λέγει Sς) αὐτῷ
4 10 τότε λέγει αὐτῷ ὁ Ἰησοῦς
4 10 αὐτῷ μόνῳ λατρεύσεις
4 11 ἄγγελοι προσῆλθον καὶ διηκόνουν αὐτῷ
4 20 ἀφέντες τὰ δίκτυα ἠκολούθησαν αὐτῷ
4 22 οἱ δὲ ... ἠκολούθησαν αὐτῷ
4 24 καὶ προσήνεγκαν αὐτῷ πάντας τοὺς κακῶς ἔχοντας
4 25 καὶ ἠκολούθησαν αὐτῷ ὄχλοι πολλοί
5 1 προσῆλθαν αὐτῷ [H] οἱ μαθηταὶ αὐτοῦ
5 39 στρέψον αὐτῷ καὶ τὴν ἄλλην
5 40 ἄφες αὐτῷ καὶ τὸ ἱμάτιον
7 9 μὴ λίθον ἐπιδώσει αὐτῷ;
7 10 μὴ ὄφιν ἐπιδώσει αὐτῷ;
8 1 *| καταβάντι δὲ αὐτῷ (Tς; καταβάντος δὲ αὐτοῦ rl) ἀπὸ τοῦ ὄρους ↔

Mt 8 1 ἠκολούθησαν αὐτῷ ὄχλοι πολλοί
8 2 λεπρὸς προσελθὼν προσεκύνει αὐτῷ λέγων
8 4 λέγει αὐτῷ ὁ Ἰησοῦς
8 5 προσῆλθεν αὐτῷ ἑκατόνταρχος
8 7 καὶ (— NTH) λέγει αὐτῷ (+ὁ Ἰησοῦς VBς)
8 15 καὶ ἠγέρθη, καὶ διηκόνει αὐτῷ (αὐτοῖς ς)
8 16 προσήνεγκαν αὐτῷ δαιμονιζομένους πολλούς
8 19 εἷς γραμματεὺς εἶπεν αὐτῷ
8 20 καὶ λέγει αὐτῷ ὁ Ἰησοῦς
8 21 ἕτερος δὲ τῶν μαθητῶν αὐτοῦ (+[N²⁶]VBς) εἶπεν αὐτῷ
8 22 ὁ δὲ Ἰησοῦς (— ST) λέγει αὐτῷ
8 23 καὶ ἐμβάντι αὐτῷ εἰς τὸ ([MV]; — BSH) πλοῖον, ↔
8 23 ἠκολούθησαν αὐτῷ οἱ μαθηταὶ αὐτοῦ
8 27 ὅτι καὶ οἱ ἄνεμοι ... αὐτῷ ὑπακούουσιν;
8 28 *| ἐλθόντι αὐτῷ (ς; ἐ-ντος αὐτοῦ rl) εἰς τὸ πέραν
8 28 ὑπήντησαν αὐτῷ δύο δαιμονιζόμενοι
9 2 προσέφερον αὐτῷ παραλυτικόν
9 9 καὶ λέγει αὐτῷ
9 9 καὶ ἀναστὰς ἠκολούθησεν (-θει ST) αὐτῷ
9 14 τότε προσέρχονται αὐτῷ οἱ μαθηταὶ Ἰωάννου
9 18 προσεκύνει αὐτῷ λέγων
9 19 καὶ ἐγερθεὶς ὁ Ἰησοῦς ἠκολούθησεν (-θει NTH) αὐτῷ
9 27 ἠκολούθησαν αὐτῷ ([N²⁶MS]; — NH) δύο τυφλοί
9 28 προσῆλθον αὐτῷ οἱ τυφλοί
9 28 λέγουσιν αὐτῷ
9 32 προσήνεγκαν αὐτῷ ἄνθρωπον (— NMH) κωφὸν δαιμονιζόμενον
10 32ᵃ ὁμολογήσω κἀγὼ ἐν αὐτῷ ἔμπροσθεν τοῦ πατρός μου
11 3 ⟨ὁ δὲ Ἰωάννης⟩ εἶπεν αὐτῷ
12 2 οἱ δὲ Φαρισαῖοι ἰδόντες εἶπαν αὐτῷ
12 4 ὃ (οὓς MVSς) οὐκ ἐξὸν ἦν αὐτῷ φαγεῖν
12 15 καὶ ἠκολούθησαν αὐτῷ ὄχλοι (+[N²⁶M]Vς) πολλοί
12 22 τότε προσηνέχθη (-ήνεγκαν H) αὐτῷ δαιμονιζόμενος (-ον H) τυφλὸς (-ον H) καὶ κωφός (-όν H)
12 32 ἀφεθήσεται αὐτῷ
12 32 οὐκ ἀφεθήσεται αὐτῷ
12 38 ἀπεκρίθησαν αὐτῷ (—ς) τινες τῶν γραμματέων
12 46 ζητοῦντες αὐτῷ λαλῆσαι
12 47 | εἶπεν δέ τις αὐτῷ (+[N²⁶NT] MVBς..)
12 48 εἶπεν τῷ λέγοντι αὐτῷ
13 10 καὶ προσελθόντες οἱ μαθηταὶ εἶπαν αὐτῷ
13 12 ὅστις γὰρ ἔχει, δοθήσεται αὐτῷ
13 27 οἱ δοῦλοι τοῦ οἰκοδεσπότου εἶπον αὐτῷ
13 28 οἱ δὲ δοῦλοι (—H) | λέγουσιν αὐτῷ (~NMVBSH; εἶπον α. ς)
13 36 καὶ προσῆλθον αὐτῷ οἱ μαθηταὶ αὐτοῦ
13 51 λέγουσιν αὐτῷ
13 57ᵃ καὶ ἐσκανδαλίζοντο ἐν αὐτῷ
14 2 αἱ δυνάμεις ἐνεργοῦσιν ἐν αὐτῷ
14 4 ἔλεγεν γὰρ || ὁ (—T) Ἰωάννης αὐτῷ ((~VBSς))

Mt 14 13 ἠκολούθησαν αὐτῷ πεζῇ (πεζοὶ T)
14 15 προσῆλθον αὐτῷ οἱ μαθηταί
14 17 οἱ δὲ λέγουσιν αὐτῷ
14 28 ἀποκριθεὶς δὲ | αὐτῷ ὁ Πέτρος εἶπεν (~H)
14 31 καὶ λέγει αὐτῷ
14 33 οἱ δὲ ἐν τῷ πλοίῳ προσεκύνησαν αὐτῷ λέγοντες
14 35 καὶ προσήνεγκαν αὐτῷ πάντας τοὺς κακῶς ἔχοντας
15 12 προσελθόντες οἱ μαθηταὶ λέγουσιν αὐτῷ
15 15 ἀποκριθεὶς δὲ ὁ Πέτρος εἶπεν αὐτῷ
15 22 *ἔκραζεν (ἐκραύγασεν VSς; ἔκραξεν T) αὐτῷ (+ς) λέγουσα
15 25 ἡ δὲ ἐλθοῦσα προσεκύνει αὐτῷ
15 30 προσῆλθον αὐτῷ ὄχλοι πολλοί
15 33 λέγουσιν αὐτῷ οἱ μαθηταί
16 17 ἀποκριθεὶς δὲ ὁ Ἰησοῦς εἶπεν αὐτῷ
16 22 ὁ Πέτρος ἤρξατο ἐπιτιμᾶν αὐτῷ
17 12ᵃ ἐποίησαν ἐν αὐτῷ ὅσα ἠθέλησαν
17 14 προσῆλθεν αὐτῷ ἄνθρωπος
17 18 ἐπετίμησεν αὐτῷ ὁ Ἰησοῦς
17 26 *| λέγει αὐτῷ ὁ Πέτρος (Vς; εἰπόντος δέ rl)
17 26 ἔφη αὐτῷ ὁ Ἰησοῦς
18 6 συμφέρει αὐτῷ ἵνα κρεμασθῇ
18 13ᵃ χαίρει ἐπ' αὐτῷ μᾶλλον
18 21 προσελθὼν ὁ Πέτρος εἶπεν αὐτῷ [H]
18 21 ποσάκις ... ἀφήσω αὐτῷ;
18 22 λέγει αὐτῷ ὁ Ἰησοῦς
18 24 προσηνέχθη (προσήχθη NH) | αὐτῷ εἷς (~NSTH) ὀφειλέτης
18 26 πεσὼν οὖν ὁ δοῦλος (+ἐκεῖνος BT) προσεκύνει αὐτῷ
18 27 τὸ δάνειον ἀφῆκεν αὐτῷ
18 28 ὃς ὤφειλεν αὐτῷ ἑκατὸν δηνάρια
18 32 ὁ κύριος αὐτοῦ λέγει αὐτῷ
18 34 *ἕως οὗ [H] ἀποδῷ πᾶν τὸ ὀφειλόμενον αὐτῷ (— N²⁶BH)
19 2 ἠκολούθησαν αὐτῷ ὄχλοι πολλοί
19 3 προσῆλθον αὐτῷ (+οἱ Tς) Φαρισαῖοι
19 3 *πειράζοντες αὐτὸν καὶ λέγοντες αὐτῷ (+ς)
19 7 λέγουσιν αὐτῷ
19 10 λέγουσιν αὐτῷ οἱ μαθηταὶ αὐτοῦ (+[N²⁶]Vς)
19 13 προσηνέχθησαν αὐτῷ παιδία
19 16 εἷς προσελθὼν αὐτῷ εἶπεν
19 17 ὁ δὲ εἶπεν αὐτῷ
19 18 | λέγει αὐτῷ· ποίας; (ποίας; φησίν T)
19 20 λέγει αὐτῷ ὁ νεανίσκος
19 21 ἔφη αὐτῷ ὁ Ἰησοῦς
19 27 τότε ἀποκριθεὶς ὁ Πέτρος εἶπεν αὐτῷ
20 7 λέγουσιν αὐτῷ
20 20 τότε προσῆλθεν αὐτῷ ἡ μήτηρ τῶν υἱῶν Ζεβεδαίου
20 21 λέγει αὐτῷ
20 22 λέγουσιν αὐτῷ
20 29 ἠκολούθησεν αὐτῷ ὄχλος πολύς (— S)
20 33 λέγουσιν αὐτῷ
20 34 εὐθέως ἀνέβλεψαν καὶ ἠκολούθησαν αὐτῷ
21 14 καὶ προσῆλθον αὐτῷ τυφλοί
21 16 καὶ εἶπαν αὐτῷ
21 23 *καὶ | ἐλθόντι αὐτῷ (ς; -τος αὐτοῦ rl) εἰς τὸ ἱερόν ↔
21 23 προσῆλθον αὐτῷ διδάσκοντι οἱ ἀρχιερεῖς

Mt 21 25 διὰ τί οὖν οὐκ ἐπιστεύσατε αὐτῷ;
21 31 *λέγουσιν αὐτῷ (+ς)
21 32 καὶ οὐκ ἐπιστεύσατε αὐτῷ· ↔
21 32 οἱ δὲ τελῶναι καὶ αἱ πόρναι ἐπίστευσαν αὐτῷ
21 32 οὐδὲ (οὐ VTς) μετεμελήθητε ὕστερον τοῦ πιστεῦσαι αὐτῷ
21 33 καὶ φραγμὸν αὐτῷ περιέθηκεν ↔
21 33ᵃ καὶ ὤρυξεν ἐν αὐτῷ ληνόν
21 41 λέγουσιν αὐτῷ
21 41 οἵτινες ἀποδώσουσιν αὐτῷ τοὺς καρπούς
22 12 καὶ λέγει αὐτῷ
22 16 καὶ ἀποστέλλουσιν αὐτῷ τοὺς μαθητὰς αὐτῶν
22 19 οἱ δὲ προσήνεγκαν αὐτῷ δηνάριον
22 21 λέγουσιν αὐτῷ (—NTH)
22 23 ἐν ἐκείνῃ τῇ ἡμέρᾳ προσῆλθον αὐτῷ Σαδδουκαῖοι
22 37 ὁ δὲ (+ Ἰησοῦς Vς) ἔφη αὐτῷ
22 42 λέγουσιν αὐτῷ
22 46 καὶ οὐδεὶς ἐδύνατο ἀποκριθῆναι αὐτῷ λόγον
23 20ᵃ ὁ οὖν ὀμόσας ἐν τῷ θυσιαστηρίῳ ὀμνύει ἐν αὐτῷ
23 21ᵃ ὁ ὀμόσας ἐν τῷ ναῷ ὀμνύει ἐν αὐτῷ
24 1 προσῆλθον οἱ μαθηταὶ αὐτοῦ ἐπιδεῖξαι αὐτῷ τὰς οἰκοδομὰς τοῦ ἱεροῦ
24 3 προσῆλθον αὐτῷ οἱ μαθηταὶ κατ' ἰδίαν
25 21 ἔφη (+ δὲ VSς) αὐτῷ ὁ κύριος αὐτοῦ
25 23 ἔφη αὐτῷ ὁ κύριος αὐτοῦ
25 26 ἀποκριθεὶς δὲ ὁ κύριος αὐτοῦ εἶπεν αὐτῷ
25 37 ἀποκριθήσονται αὐτῷ οἱ δίκαιοι
25 44 *τότε ἀποκριθήσονται αὐτῷ (+ς)
26 7 προσῆλθεν αὐτῷ γυνή
26 15 οἱ δὲ ἔστησαν αὐτῷ τριάκοντα ἀργύρια
26 17 *προσῆλθον οἱ μαθηταὶ τῷ Ἰησοῦ λέγοντες αὐτῷ (+ς)
26 18 ὑπάγετε ... πρὸς τὸν δεῖνα καὶ εἴπατε αὐτῷ
26 22 ἤρξαντο λέγειν αὐτῷ [S] εἷς ἕκαστος (+αὐτῶν [MS]Bς)
26 24 καλὸν ἦν αὐτῷ εἰ οὐκ ἐγεννήθη
26 25 λέγει αὐτῷ
26 33 ἀποκριθεὶς δὲ ὁ Πέτρος εἶπεν αὐτῷ
26 34 ἔφη αὐτῷ ὁ Ἰησοῦς
26 35 λέγει αὐτῷ ὁ Πέτρος
26 50 ὁ δὲ Ἰησοῦς εἶπεν αὐτῷ
26 52 τότε λέγει αὐτῷ ὁ Ἰησοῦς
26 58 ὁ δὲ Πέτρος ἠκολούθει αὐτῷ ἀπὸ ([NH]; — ST) μακρόθεν
26 62 ἀναστὰς ὁ ἀρχιερεὺς εἶπεν αὐτῷ
26 63 καὶ (+ ἀποκριθεὶς Tς) ὁ ἀρχιερεὺς εἶπεν αὐτῷ
26 64 λέγει αὐτῷ ὁ Ἰησοῦς
26 69 προσῆλθεν αὐτῷ μία παιδίσκη
26 75 *ἐμνήσθη ... τοῦ ῥήματος Ἰησοῦ εἰρηκότος αὐτῷ (+ς)
27 11 *ὁ δὲ Ἰησοῦς ἔφη αὐτῷ (+ς)
27 13 λέγει αὐτῷ ὁ Πιλᾶτος
27 14 οὐκ ἀπεκρίθη αὐτῷ πρὸς οὐδὲ ἓν ῥῆμα
27 22 *λέγουσιν αὐτῷ (+[S]ς) πάντες
27 28 χλαμύδα κοκκίνην περιέθηκαν αὐτῷ
27 29 γονυπετήσαντες ἔμπροσθεν αὐτοῦ ἐνέπαιξαν (-ζον VBSς) αὐτῷ
27 31 ὅτε ἐνέπαιξαν αὐτῷ

Mt 27 34 ἔδωκαν αὐτῷ πιεῖν οἶνον
27 38ᵃ σταυροῦνται σὺν αὐτῷ δύο λῃσταί
27 42 *πιστεύσομεν (-σωμεν BST) αὐτῷ (ς; ἐπ' αὐτόν rl)
27 44ᵃ οἱ λῃσταὶ οἱ συσταυρωθέντες σὺν αὐτῷ ↔
27 44 *ὠνείδιζον αὐτῷ (ς; αὐτόν rl)
27 55 ἠκολούθησαν τῷ Ἰησοῦ ... διακονοῦσαι αὐτῷ
28 9 προσεκύνησαν αὐτῷ
28 17 *ἰδόντες αὐτὸν προσεκύνησαν αὐτῷ (+ [S]ς)

Mc 1 13 οἱ ἄγγελοι διηκόνουν αὐτῷ
1 18 ἀφέντες τὰ δίκτυα (+αὐτῶν Sς) ἠκολούθησαν αὐτῷ
1 25 καὶ ἐπετίμησεν αὐτῷ ὁ Ἰησοῦς
1 27 καὶ ὑπακούουσιν αὐτῷ
1 30 λέγουσιν αὐτῷ περὶ αὐτῆς
1 37 λέγουσιν αὐτῷ ὅτι πάντες | ζητοῦσίν σε (~ V)
1 40 λεπρὸς παρακαλῶν ... καὶ (+Ν²⁶ V[S]ς) λέγων αὐτῷ
1 41 ἥψατο (+αὐτοῦ Bς) καὶ λέγει αὐτῷ (—T)
1 43 ἐμβριμησάμενος αὐτῷ εὐθὺς ἐξέβαλεν αὐτόν, ↔
1 44 καὶ λέγει αὐτῷ
2 4 μὴ δυνάμενοι προσενέγκαι (προσεγγίσαι Sς) αὐτῷ
2 14 καὶ λέγει αὐτῷ
2 14 ἀναστὰς ἠκολούθησεν αὐτῷ
2 15 καὶ ἠκολούθουν αὐτῷ
2 18 ἔρχονται καὶ λέγουσιν αὐτῷ
2 24 καὶ οἱ Φαρισαῖοι ἔλεγον αὐτῷ
2 26ᵃ ἔδωκεν καὶ τοῖς σὺν αὐτῷ οὖσιν
3 7 *πολὺ πλῆθος ἀπὸ τῆς Γαλιλαίας || ἠκολούθησεν ([Ν²⁶]; -σαν Τς) αὐτῷ (+ς) ((~ T ..))
3 9 ἵνα πλοιάριον προσκαρτερῇ αὐτῷ
3 10 ὥστε ἐπιπίπτειν αὐτῷ ἵνα αὐτοῦ ἅψωνται
3 11 τὰ πνεύματα τὰ ἀκάθαρτα ... προσέπιπτον (-τεν Vς) αὐτῷ
3 32 καὶ λέγουσιν αὐτῷ
4 25 ὃς γὰρ ἔχει, δοθήσεται αὐτῷ
4 38 ἐγείρουσιν (διεγ. VSς) αὐτὸν καὶ λέγουσιν αὐτῷ
4 41 ὅτι καὶ ὁ ἄνεμος καὶ ἡ θάλασσα | ὑπακούει αὐτῷ (~ ST)
5 2 *καὶ | ἐξελθόντι αὐτῷ (ς; ἐξ-τος αὐτοῦ rl) ἐκ τοῦ πλοίου, ↔
5 2 εὐθὺς ([ΝΗ]; εὐθέως ς) ὑπήντησεν (ἀπ- Sς) αὐτῷ ἐκ τῶν μνημείων ἄνθρωπος
5 6 ἔδραμεν καὶ προσεκύνησεν αὐτῷ (αὐτόν NMBSH)
5 8 ἔλεγεν γὰρ αὐτῷ
5 9 καὶ | λέγει αὐτῷ (ἀπεκρίθη λέγων Sς)
5 19 οὐκ ἀφῆκεν αὐτόν, ἀλλὰ λέγει αὐτῷ
5 20 ὅσα ἐποίησεν αὐτῷ ὁ Ἰησοῦς
5 24 καὶ ἠκολούθει αὐτῷ ὄχλος πολύς
5 31 ἔλεγον αὐτῷ οἱ μαθηταὶ αὐτοῦ
5 33 ἡ δὲ γυνὴ ... ἦλθεν καὶ προσέπεσεν αὐτῷ ↔
5 33 καὶ εἶπεν αὐτῷ πᾶσαν τὴν ἀλήθειαν
5 37 *οὐκ ἀφῆκεν οὐδένα αὐτῷ (ς; μετ' αὐτοῦ rl) συνακολουθῆσαι
6 1 ἀκολουθοῦσιν αὐτῷ οἱ μαθηταὶ αὐτοῦ
6 2 *τίς ἡ σοφία ἡ δοθεῖσα αὐτῷ (Sς; τούτῳ rl);
6 3 καὶ ἐσκανδαλίζοντο ἐν αὐτῷ

Mc 6 14 διὰ τοῦτο ἐνεργοῦσιν αἱ δυνάμεις ἐν αὐτῷ
6 19 ἡ δὲ Ἡρῳδιὰς ἐνεῖχεν αὐτῷ
6 30 ἀπήγγειλαν αὐτῷ πάντα ὅσα ἐποίησαν
6 35 προσελθόντες αὐτῷ (—T) οἱ μαθηταὶ αὐτοῦ
6 37 καὶ λέγουσιν αὐτῷ
7 28 ἡ δὲ ἀπεκρίθη καὶ λέγει αὐτῷ
7 32 καὶ φέρουσιν αὐτῷ κωφόν
7 32 ἵνα ἐπιθῇ αὐτῷ τὴν χεῖρα
7 34 καὶ λέγει αὐτῷ
8 4 ἀπεκρίθησαν αὐτῷ οἱ μαθηταὶ αὐτοῦ
8 11 ἤρξαντο συζητεῖν αὐτῷ
8 19 λέγουσιν αὐτῷ
8 20 | καὶ λέγουσιν (οἱ δὲ εἶπον Sς) αὐτῷ ([Ν²⁶V] Η; —rl)
8 22 καὶ φέρουσιν αὐτῷ τυφλόν
8 23 ἐπιθεὶς τὰς χεῖρας αὐτῷ
8 28 εἶπαν (ἀπεκρίθησαν Sς) || αὐτῷ λέγοντες ὅτι ([Ν²⁶S]; —M) ((—ς))
8 29 ἀποκριθεὶς (+ δὲ VSς) ὁ Πέτρος λέγει αὐτῷ
8 32 ἤρξατο ἐπιτιμᾶν αὐτῷ
9 13 ἐποίησαν αὐτῷ ὅσα ἤθελον
9 17 | ἀπεκρίθη αὐτῷ εἷς ἐκ τοῦ ὄχλου (ἀποκριθεὶς εἷς ἐκ. τ. ὄ. εἶπεν Vς)
9 19 *ὁ δὲ ἀποκριθεὶς αὐτῷ (ς; αὐτοῖς rl) λέγει
9 21 πόσος χρόνος ἐστὶν ὡς (ἐξ οὗ S) τοῦτο γέγονεν αὐτῷ;
9 23 ὁ δὲ Ἰησοῦς εἶπεν αὐτῷ
9 25 ἐπετίμησεν τῷ πνεύματι τῷ ἀκαθάρτῳ λέγων αὐτῷ
9 38 ἔφη (ἀπεκρίθη δὲ Vς) αὐτῷ ὁ Ἰωάννης (+λέγων Vς)
9 42 καλόν ἐστιν αὐτῷ μᾶλλον εἰ περίκειται μύλος ὀνικός
10 13 καὶ προσέφερον αὐτῷ παιδία
10 18 ὁ δὲ Ἰησοῦς εἶπεν αὐτῷ
10 20 ὁ δὲ (+ ἀποκριθεὶς [M]VBSς) ἔφη (εἶπεν VBς) αὐτῷ
10 21 ὁ δὲ Ἰησοῦς ἐμβλέψας αὐτῷ ἠγάπησεν αὐτόν ↔
10 21 καὶ εἶπεν αὐτῷ
10 28 ἤρξατο λέγειν ὁ Πέτρος αὐτῷ
10 32 ἤρξατο αὐτοῖς λέγειν τὰ μέλλοντα αὐτῷ συμβαίνειν
10 34 καὶ ἐμπαίξουσιν αὐτῷ ↔
10 34 καὶ ἐμπτύσουσιν αὐτῷ
10 35 καὶ προσπορεύονται αὐτῷ Ἰάκωβος καὶ Ἰωάννης
10 35 λέγοντες αὐτῷ (—ς)
10 37 οἱ δὲ εἶπαν αὐτῷ
10 39 οἱ δὲ εἶπαν αὐτῷ [S]
10 48 καὶ ἐπετίμων αὐτῷ πολλοὶ ἵνα σιωπήσῃ
10 49 φωνοῦσιν τὸν τυφλὸν λέγοντες αὐτῷ
10 51 καὶ ἀποκριθεὶς αὐτῷ ὁ Ἰησοῦς εἶπεν
10 51 ὁ δὲ τυφλὸς εἶπεν αὐτῷ
10 52 | καὶ ὁ (ὁ δὲ BSTς) Ἰησοῦς εἶπεν αὐτῷ
10 52 ἠκολούθει αὐτῷ (τῷ Ἰησοῦ Sς) ἐν τῇ ὁδῷ
11 7 καὶ ἐπιβάλλουσιν αὐτῷ τὰ ἱμάτια αὐτῶν, ↔
11 7ᵃ *καὶ ἐκάθισεν ἐπ' αὐτῷ (ς; αὐτόν rl)
11 21 καὶ ἀναμνησθεὶς ὁ Πέτρος λέγει αὐτῷ
11 23 ἀλλὰ πιστεύῃ ὅτι ὃ λαλεῖ γίνεται, ἔσται αὐτῷ

Mc 11 28 καὶ ἔλεγον αὐτῷ

11 31 διὰ τί οὖν [N²⁶SH] οὐκ ἐπιστεύσα-
τε αὐτῷ;

12 14 ἐλθόντες | λέγουσιν αὐτῷ (ἤρξαντο
ἐρωτᾶν αὐτὸν ἐν δόλῳ λέγοντες S)

12 16 οἱ δὲ εἶπαν αὐτῷ

12 17ᵃ καὶ ἐξεθαύμαζον ἐπ᾽ αὐτῷ

12 26 πῶς εἶπεν αὐτῷ ὁ θεὸς λέγων ⟨;⟩

12 29 *| ὁ δὲ Ἰησοῦς ἀπεκρίθη αὐτῷ
(Vς; ἀπ. ὁ Ἰησοῦς rl)

12 32 καὶ (—H) εἶπεν αὐτῷ ὁ γραμ-
ματεύς

12 34 καὶ ὁ Ἰησοῦς ... εἶπεν αὐτῷ

13 1 λέγει αὐτῷ εἷς τῶν μαθητῶν
αὐτοῦ

13 2 καὶ ὁ Ἰησοῦς (+ἀποκριθεὶς Vς)
εἶπεν αὐτῷ

14 11 ἐπηγγείλαντο αὐτῷ ἀργύριον δοῦ-
ναι

14 12 λέγουσιν αὐτῷ οἱ μαθηταὶ αὐτοῦ

14 13 ἀκολουθήσατε αὐτῷ

14 19 ἤρξαντο λυπεῖσθαι καὶ λέγειν
αὐτῷ εἷς κατὰ εἷς

14 21 καλὸν (+ἦν MVBSς) αὐτῷ εἰ οὐκ
ἐγεννήθη

14 29 ὁ δὲ Πέτρος ἔφη αὐτῷ

14 30 καὶ λέγει αὐτῷ ὁ Ἰησοῦς

14 40 καὶ οὐκ ᾔδεισαν τί ἀποκριθῶσιν
αὐτῷ

14 45 καὶ ἐλθὼν εὐθὺς προσελθὼν αὐτῷ
λέγει

14 46 οἱ δὲ ἐπέβαλον τὰς χεῖρας αὐτῷ
καὶ ἐκράτησαν αὐτόν

14 51 καὶ | νεανίσκος τις (εἷς τ. ν. VBTς)
συνηκολούθει αὐτῷ

14 53 *καὶ συνέρχονται αὐτῷ (+VSς)
πάντες οἱ ἀρχιερεῖς

14 54 ὁ Πέτρος ἀπὸ μακρόθεν ἠκολούθη-
σεν αὐτῷ

14 61 ἐπηρώτα αὐτὸν καὶ λέγει αὐτῷ

14 65 ἤρξαντό τινες ἐμπτύειν αὐτῷ

14 65 καὶ λέγειν αὐτῷ

14 67 ἐμβλέψασα αὐτῷ λέγει

14 72 τὸ ῥῆμα ὡς (ὃ S) εἶπεν αὐτῷ ὁ
Ἰησοῦς

15 2 ὁ δὲ ἀποκριθεὶς αὐτῷ λέγει

15 17 περιτιθέασιν αὐτῷ πλέξαντες
ἀκάνθινον στέφανον

15 19 καὶ ἐνέπτυον αὐτῷ, ↔

15 19 καὶ τιθέντες τὰ γόνατα προσεκύ-
νουν αὐτῷ

15 20 καὶ ὅτε ἐνέπαιξαν αὐτῷ

15 23 καὶ ἐδίδουν αὐτῷ ἐσμυρνισμένον
οἶνον

15 27ᵃ καὶ σὺν αὐτῷ σταυροῦσιν δύο
λῃστάς

15 32ᵃ καὶ οἱ συνεσταυρωμένοι σὺν αὐτῷ

15 41 ⟨γυναῖκες⟩ αἳ ... ἠκολούθουν αὐ-
τῷ ↔

15 41 καὶ διηκόνουν αὐτῷ

15 41 αἱ συναναβᾶσαι αὐτῷ εἰς Ἱεροσό-
λυμα

Lc 1 5 καὶ | γυνὴ αὐτῷ (ἡ γ. αὐτοῦ ς)
ἐκ τῶν θυγατέρων Ἀαρών

1 11 ὤφθη δὲ αὐτῷ ἄγγελος κυρίου

1 19 ἀποκριθεὶς ὁ ἄγγελος εἶπεν αὐτῷ

1 32 καὶ δώσει αὐτῷ ... τὸν θρόνον
Δαυίδ

1 74 ἀφόβως ... λατρεύειν αὐτῷ

2 5 σὺν Μαριὰμ τῇ ἐμνηστευμένῃ
(μεμν. VSς) αὐτῷ (+γυναικί
VBSς)

2 26 καὶ ἦν αὐτῷ κεχρηματισμένον

4 3 εἶπεν δὲ αὐτῷ ὁ διάβολος

4 5 ἔδειξεν αὐτῷ πάσας τὰς βασιλείας

Lc 4 6 καὶ εἶπεν αὐτῷ ὁ διάβολος

4 8 ἀποκριθεὶς ὁ Ἰησοῦς εἶπεν αὐτῷ

4 8 καὶ αὐτῷ μόνῳ λατρεύσεις

4 9 εἶπεν αὐτῷ [H]

4 12 ἀποκριθεὶς εἶπεν αὐτῷ ὁ Ἰησοῦς

4 16 εἰσῆλθεν κατὰ τὸ εἰωθὸς αὐτῷ ...
εἰς τὴν συναγωγήν

4 17 ἐπεδόθη αὐτῷ βιβλίον τοῦ προ-
φήτου Ἠσαΐου

4 20 πάντων οἱ ὀφθαλμοὶ ... ἦσαν
ἀτενίζοντες αὐτῷ

4 22 καὶ πάντες ἐμαρτύρουν αὐτῷ

4 35 ἐπετίμησεν αὐτῷ ὁ Ἰησοῦς

5 1 ἐν τῷ τὸν ὄχλον ἐπικεῖσθαι αὐτῷ

5 5 *ἀποκριθεὶς (+ὁ VB[S]ς) Σίμων
εἶπεν αὐτῷ (+VB[S]ς)

5 9ᵃ θάμβος γὰρ περιέσχεν αὐτὸν καὶ
πάντας τοὺς σὺν αὐτῷ

5 11 ἀφέντες πάντα (ἅπαντα VSς)
ἠκολούθησαν αὐτῷ

5 14 παρήγγειλεν αὐτῷ μηδενὶ εἰπεῖν

5 20 *ἰδὼν τὴν πίστιν αὐτῶν εἶπεν
αὐτῷ (+ς)

5 27 εἶπεν αὐτῷ

5 28 ἀναστὰς ἠκολούθει (-θησεν MVSς)
αὐτῷ

5 29 ἐποίησεν δοχὴν μεγάλην Λευὶς
αὐτῷ ἐν τῇ οἰκίᾳ αὐτοῦ

6 10 περιβλεψάμενος πάντας αὐτοὺς
(+ἐν ὀργῇ S) εἶπεν αὐτῷ (τῷ
ἀνθρώπῳ ς)

6 38ᵇ *| τῷ γὰρ αὐτῷ μέτρῳ, ᾧ (Sς; ᾧ
γὰρ μ. rl) μετρεῖτε ἀντιμετρηθήσε-
ται ὑμῖν

7 2 ὃς ἦν αὐτῷ ἔντιμος

7 6 ἔπεμψεν (+πρὸς αὐτὸν VBς)
φίλους ὁ ἑκατοντάρχης λέγων
αὐτῷ (—T)

7 9 στραφεὶς τῷ ἀκολουθοῦντι αὐτῷ
ὄχλῳ εἶπεν

7 11 συνεπορεύοντο αὐτῷ οἱ μαθηταί

7 43 ὁ δὲ εἶπεν αὐτῷ

8 1ᵃ αὐτὸς διώδευεν ... καὶ οἱ δώδεκα
σὺν αὐτῷ

8 3 *αἵτινες διηκόνουν αὐτῷ (Sς;
αὐτοῖς rl)

8 18 ὃς ἂν γὰρ ἔχῃ, δοθήσεται αὐτῷ

8 19 οὐκ ἠδύναντο συντυχεῖν αὐτῷ διὰ
τὸν ὄχλον

8 20 | ἀπηγγέλη δὲ (καὶ ἀπ. Vς)
αὐτῷ (+ὅτι BST; +λεγόντων
Vς)

8 25 καὶ ὑπακούουσιν αὐτῷ

8 27 ἐξελθόντι δὲ αὐτῷ ἐπὶ τὴν γῆν
↔

8 27 *ὑπήντησεν αὐτῷ (+ς) ἀνήρ τις

8 28 ἀνακράξας προσέπεσεν αὐτῷ

8 38ᵃ ἐδεῖτο δὲ αὐτοῦ ὁ ἀνὴρ ... εἶναι
σὺν αὐτῷ

8 39 ὅσα ἐποίησεν αὐτῷ ὁ Ἰησοῦς

8 42 ὅτι θυγάτηρ μονογενὴς ἦν αὐτῷ

8 45ᵃ *εἶπεν ὁ Πέτρος | καὶ οἱ σὺν αὐτῷ
(VBST; καὶ οἱ μετ᾽ αὐτοῦ ς; —rl)

8 47 καὶ προσπεσοῦσα αὐτῷ

8 47 *ἀπήγγειλεν αὐτῷ (+ς) ἐνώπιον
παντὸς τοῦ λαοῦ

8 49 *ἔρχεταί τις ... λέγων αὐτῷ
(+V[S]ς)

8 50 ὁ δὲ Ἰησοῦς ἀκούσας ἀπεκρίθη
αὐτῷ

8 51ᵃ οὐκ ἀφῆκεν εἰσελθεῖν | τινα σὺν
αὐτῷ (οὐδένα ς)

9 10 διηγήσαντο αὐτῷ ὅσα ἐποίησαν

9 11 οἱ δὲ ὄχλοι γνόντες ἠκολούθησαν
αὐτῷ

Lc 9 12 προσελθόντες δὲ οἱ δώδεκα εἶπαν
αὐτῷ

9 18 συνῆσαν αὐτῷ οἱ μαθηταί

9 30 ἄνδρες δύο συνελάλουν αὐτῷ

9 32ᵃ ὁ δὲ Πέτρος καὶ οἱ σὺν αὐτῷ ἦσαν
βεβαρημένοι ὕπνῳ

9 32 εἶδον ... τοὺς δύο ἄνδρας τοὺς
συνεστῶτας αὐτῷ

9 37 συνήντησεν αὐτῷ ὄχλος πολύς

9 52 ὡς (N²⁶H; ὥστε rl) ἑτοιμάσαι
αὐτῷ

9 58 εἶπεν αὐτῷ ὁ [H] Ἰησοῦς

9 60 εἶπεν δὲ αὐτῷ

10 28 εἶπεν δὲ αὐτῷ

10 35 *καὶ εἶπεν αὐτῷ (+ς)

10 37 εἶπεν δὲ αὐτῷ ὁ [H] Ἰησοῦς

11 5 καὶ εἴπῃ αὐτῷ

11 6 οὐκ ἔχω ὃ παραθήσω αὐτῷ

11 8 εἰ καὶ οὐ δώσει αὐτῷ

11 8 ἐγερθεὶς δώσει αὐτῷ ὅσων χρῄζει

11 11 *| μὴ λίθον ἐπιδώσει αὐτῷ;
(—..N²⁶NH..)

11 11 καὶ (N²⁶; μὴ rl) ἀντὶ ἰχθύος ὄφιν
| αὐτῷ ἐπιδώσει (~VBς);

11 12 (+ μὴ MVB[S]Tς) ἐπιδώσει αὐτῷ
σκορπίον;

11 27 ἐπάρασά τις | φωνὴν γυνὴ
(~VBSς) ... εἶπεν αὐτῷ

11 37ᵃ ἐρωτᾷ αὐτὸν Φαρισαῖος (+τις Vς)
ὅπως ἀριστήσῃ παρ᾽ αὐτῷ

11 45 ἀποκριθεὶς δέ τις τῶν νομικῶν
λέγει αὐτῷ

12 8ᵃ υἱὸς τοῦ ἀνθρώπου ὁμολογήσει
ἐν αὐτῷ

12 10 ἀφεθήσεται αὐτῷ

12 13 εἶπεν δέ τις ἐκ τοῦ ὄχλου αὐτῷ

12 14 ὁ δὲ εἶπεν αὐτῷ

12 15 ὅτι οὐκ ἐν τῷ περισσεύειν τινὶ
ἡ ζωὴ αὐτοῦ ἐστιν ἐκ τῶν ὑπ-
αρχόντων αὐτῷ (αὐτοῦ ς)

12 20 εἶπεν δὲ αὐτῷ ὁ θεός

12 21 *|| οὕτως ὁ θησαυρίζων αὐτῷ
(T; αὐτῷ NH; ἑαυτῷ rl) καὶ μὴ
εἰς θεὸν πλουτῶν [[H]]

12 36 ἵνα ... εὐθέως ἀνοίξωσιν αὐτῷ

12 41 *εἶπεν δὲ αὐτῷ (+VTς) ὁ Πέτρος

13 1 παρῆσαν δέ τινες ἐν αὐτῷ τῷ
καιρῷ ↔

13 1 ἀπαγγέλλοντες αὐτῷ περὶ τῶν
Γαλιλαίων

13 8 ὁ δὲ ἀποκριθεὶς λέγει αὐτῷ

13 15 ἀπεκρίθη δὲ αὐτῷ ὁ κύριος καὶ
εἶπεν

13 17 κατῃσχύνοντο πάντες οἱ ἀντι-
κείμενοι αὐτῷ

13 23 εἶπεν δέ τις αὐτῷ

13 31 προσῆλθάν τινες Φαρισαῖοι λέγον-
τες αὐτῷ

14 6 *οὐκ ἴσχυσαν ἀνταποκριθῆναι αὐ-
τῷ (+Vς) πρὸς ταῦτα

14 15 ἀκούσας ... ταῦτα εἶπεν αὐτῷ

14 16 ὁ δὲ εἶπεν αὐτῷ

14 18 ὁ πρῶτος εἶπεν αὐτῷ

14 25 συνεπορεύοντο δὲ αὐτῷ ὄχλοι
πολλοί

14 29 ἵνα μήποτε ... ἄρξωνται αὐτῷ
ἐμπαίζειν

15 1 ἦσαν δὲ αὐτῷ ἐγγίζοντες πάντες
οἱ τελῶναι

15 16 καὶ οὐδεὶς ἐδίδου αὐτῷ

15 18 πορεύσομαι πρὸς τὸν πατέρα μου
καὶ ἐρῶ αὐτῷ

15 21 εἶπεν δὲ | ὁ υἱὸς αὐτῷ (~VBTς)

15 27 ὁ δὲ εἶπεν αὐτῷ

15 30 ἔθυσας αὐτῷ τὸν σιτευτὸν μόσχον

Lc 15 31 ὁ δὲ εἶπεν αὐτῷ
16 1 οὗτος διεβλήθη αὐτῷ ὡς διασκορπίζων τὰ ὑπάρχοντα αὐτοῦ
16 2 φωνήσας αὐτὸν εἶπεν αὐτῷ
16 6 ὁ δὲ εἶπεν αὐτῷ
16 7 καὶ (+[VS]ς) λέγει αὐτῷ
16 29 *λέγει δὲ αὐτῷ (+[VS]Tς) Ἀβραάμ
16 31 εἶπεν δὲ αὐτῷ
17 2 λυσιτελεῖ αὐτῷ εἰ λίθος μυλικὸς περίκειται
17 3 ἐὰν ἁμάρτῃ ὁ ἀδελφός σου, ἐπιτίμησον αὐτῷ, ↔
17 3 καὶ ἐὰν μετανοήσῃ, ἄφες αὐτῷ
17 4 ἐὰν ... ἐπιστρέψῃ πρὸς σὲ λέγων· μετανοῶ, ἀφήσεις αὐτῷ
17 7 ὃς εἰσελθόντι ἐκ τοῦ ἀγροῦ ἐρεῖ αὐτῷ (—ς)
17 8 ἀλλ' οὐχὶ ἐρεῖ αὐτῷ ⟨;⟩
17 9 *ὅτι ἐποίησεν τὰ διαταχθέντα αὐτῷ (+ς)
17 12 ἀπήντησαν (ὑπήντ. BST) αὐτῷ ([N26]; — NMSH) δέκα λεπροὶ ἄνδρες
17 16 ἔπεσεν ἐπὶ πρόσωπον ... εὐχαριστῶν αὐτῷ
17 19 καὶ εἶπεν αὐτῷ
17 37 καὶ ἀποκριθέντες λέγουσιν αὐτῷ
18 7 τῶν βοώντων αὐτῷ (πρὸς αὐτὸν ς) ἡμέρας καὶ νυκτός
18 15 προσέφερον δὲ αὐτῷ καὶ τὰ βρέφη
18 19 εἶπεν δὲ αὐτῷ ὁ Ἰησοῦς
18 22 ἀκούσας δὲ ὁ Ἰησοῦς εἶπεν αὐτῷ
18 37 ἀπήγγειλαν δὲ αὐτῷ
18 39 καὶ οἱ προάγοντες ἐπετίμων αὐτῷ ἵνα σιγήσῃ
18 42 καὶ ὁ Ἰησοῦς εἶπεν αὐτῷ
18 43 ἠκολούθει αὐτῷ δοξάζων τὸν θεόν
19 15 εἶπεν φωνηθῆναι αὐτῷ τοὺς δούλους τούτους
19 17 καὶ εἶπεν αὐτῷ
19 22 λέγει αὐτῷ
19 25 καὶ εἶπαν αὐτῷ
19 31 *ἐὰν τις ὑμᾶς ἐρωτᾷ ... οὕτως ἐρεῖτε αὐτῷ (+Vς)
19 45a *ἤρξατο ἐκβάλλειν τοὺς πωλοῦντας | ἐν αὐτῷ καὶ ἀγοράζοντας (+ς)
20 5 διὰ τί οὐκ ἐπιστεύσατε αὐτῷ;
20 10 ἵνα ἀπὸ τοῦ καρποῦ τοῦ ἀμπελῶνος δώσουσιν αὐτῷ
20 38 πάντες γὰρ αὐτῷ ζῶσιν
22 5 συνέθεντο αὐτῷ ἀργύριον δοῦναι
22 9 οἱ δὲ εἶπαν αὐτῷ
22 10 ἀκολουθήσατε αὐτῷ εἰς τὴν οἰκίαν
22 14a ἀνέπεσεν, καὶ οἱ (+δώδεκα Vς) ἀπόστολοι σὺν αὐτῷ
22 33 ὁ δὲ εἶπεν αὐτῷ
22 39 ἠκολούθησαν δὲ αὐτῷ καὶ [H] οἱ μαθηταί
22 43 || ὤφθη δὲ αὐτῷ ἄγγελος ἀπ' (ἀπὸ τοῦ H) οὐρανοῦ [[N26NSH..]]
22 48 | Ἰησοῦς δὲ (ὁ δὲ Ἰ. Vς) εἶπεν αὐτῷ
22 49 *ἰδόντες δὲ οἱ περὶ αὐτὸν τὸ ἐσόμενον εἶπαν αὐτῷ (+ς)
22 56 παιδίσκη τις ... ἀτενίσασα αὐτῷ εἶπεν· ↔
22 56a καὶ οὗτος σὺν αὐτῷ ἦν
22 61 ὑπεμνήσθη ὁ Πέτρος ... ὡς εἶπεν αὐτῷ
22 63 οἱ ἄνδρες οἱ συνέχοντες αὐτὸν ἐνέπαιζον αὐτῷ δέροντες
23 3 ὁ δὲ ἀποκριθεὶς αὐτῷ ἔφη
23 9 αὐτὸς δὲ οὐδὲν ἀπεκρίνατο αὐτῷ

Lc 23 15 οὐδὲν ἄξιον θανάτου ἐστὶν πεπραγμένον αὐτῷ
23 22a οὐδὲν αἴτιον θανάτου εὗρον ἐν αὐτῷ
23 26 ἐπέθηκαν αὐτῷ τὸν σταυρὸν φέρειν ὄπισθεν τοῦ Ἰησοῦ
23 27 ἠκολούθει δὲ αὐτῷ πολὺ πλῆθος τοῦ λαοῦ
23 32a ἤγοντο δὲ καὶ ἕτεροι | κακοῦργοι δύο (~VBSTς) σὺν αὐτῷ ἀναιρεθῆναι
23 36 ἐνέπαιξαν (-ζον VBSς) δὲ αὐτῷ καὶ οἱ στρατιῶται προσερχόμενοι, ↔
23 36 (+καὶ Vς) ὄξος προσφέροντες αὐτῷ
23 38a ἦν δὲ καὶ ἐπιγραφὴ (+γεγραμμένη Vς) ἐπ' αὐτῷ (+γράμμασιν ἑλληνικοῖς MVBSς..)
23 40 ἀποκριθεὶς δὲ ὁ ἕτερος ἐπιτιμῶν αὐτῷ ἔφη
23 40b ὅτι ἐν τῷ αὐτῷ κρίματι εἶ
23 43 καὶ εἶπεν αὐτῷ (+ὁ Ἰησοῦς Vς)
23 49 εἱστήκεισαν δὲ πάντες οἱ γνωστοὶ αὐτῷ (αὐτοῦ Sς) ἀπὸ (—Sς) μακρόθεν, ↔
23 49 καὶ γυναῖκες αἱ (—V) συνακολουθοῦσαι αὐτῷ
23 55 αἵτινες ἦσαν συνεληλυθυῖαι | ἐκ τῆς Γαλιλαίας αὐτῷ (~Vς)
24 19 οἱ δὲ εἶπαν αὐτῷ
24 42 οἱ ἐπέδωκαν αὐτῷ ἰχθύος ὀπτοῦ μέρος

Jo 1 4a ἐν αὐτῷ ζωὴ ἦν (ἔστιν T)
1 6 ἐγένετο ἄνθρωπος ... ὄνομα αὐτῷ Ἰωάννης
1 22 εἶπαν οὖν αὐτῷ
1 25 ἠρώτησαν αὐτὸν καὶ εἶπαν αὐτῷ
1 38 οἱ δὲ εἶπαν αὐτῷ
1 39a παρ' αὐτῷ ἔμειναν τὴν ἡμέραν ἐκείνην
1 40 εἷς ἐκ τῶν δύο τῶν ... ἀκολουθησάντων αὐτῷ
1 41 καὶ λέγει αὐτῷ
1 42 ἐμβλέψας αὐτῷ ὁ Ἰησοῦς εἶπεν
1 43 καὶ λέγει αὐτῷ ὁ Ἰησοῦς
1 45 εὑρίσκει Φίλιππος τὸν Ναθαναὴλ καὶ λέγει αὐτῷ
1 46 καὶ (—T) εἶπεν αὐτῷ Ναθαναήλ
1 46 λέγει αὐτῷ ὁ ([N26]; —VBSTς) Φίλιππος
1 48 λέγει αὐτῷ Ναθαναήλ
1 48 ἀπεκρίθη Ἰησοῦς καὶ εἶπεν αὐτῷ
1 49 ἀπεκρίθη αὐτῷ Ναθαναὴλ (+καὶ λέγει V[S]ς)
1 50 ἀπεκρίθη Ἰησοῦς καὶ εἶπεν αὐτῷ
1 51 λέγει αὐτῷ
2 10 καὶ λέγει αὐτῷ
2 18 ἀπεκρίθησαν οὖν οἱ Ἰουδαῖοι καὶ εἶπαν αὐτῷ
3 1 Νικόδημος ὄνομα αὐτῷ
3 2 οὗτος ἦλθεν πρὸς αὐτὸν νυκτὸς καὶ εἶπεν αὐτῷ
3 3 ἀπεκρίθη (+ὁ Vς) Ἰησοῦς καὶ εἶπεν αὐτῷ
3 9 ἀπεκρίθη Νικόδημος καὶ εἶπεν αὐτῷ
3 10 ἀπεκρίθη Ἰησοῦς καὶ εἶπεν αὐτῷ
3 15a ἵνα πᾶς ὁ πιστεύων | ἐν αὐτῷ (εἰς αὐτὸν Sς) ἔχῃ ζωὴν αἰώνιον
3 26 καὶ ἦλθον πρὸς τὸν Ἰωάννην καὶ εἶπαν αὐτῷ
3 27 οὐ δύναται ... ἐὰν μὴ ᾖ δεδομένον αὐτῷ ἐκ τοῦ οὐρανοῦ
4 9 λέγει οὖν (—T) αὐτῷ ἡ γυνὴ ἡ Σαμαρῖτις

Jo 4 11 λέγει αὐτῷ | ἡ γυνή ([N26]; —NH)
4 14 οὗ ἐγὼ δώσω αὐτῷ
4 14 τὸ ὕδωρ ὃ (+ἐγὼ T) δώσω αὐτῷ ↔
4 14a γενήσεται ἐν αὐτῷ πηγὴ ὕδατος ἁλλομένου
4 17 ἀπεκρίθη ἡ γυνὴ καὶ εἶπεν αὐτῷ ([VSH]; — NTς)
4 19 λέγει αὐτῷ ἡ γυνή
4 25 λέγει αὐτῷ ἡ γυνή
4 33 μή τις ἤνεγκεν αὐτῷ φαγεῖν;
4 50 λέγει αὐτῷ ὁ Ἰησοῦς
4 50 τῷ λόγῳ ὃν (ᾧ VSς) εἶπεν αὐτῷ ὁ Ἰησοῦς
4 51 ὑπήντησαν αὐτῷ | καὶ ἀπήγγειλαν (+Vς; +καὶ ἠγγ. T) λέγοντες (—T)
4 52 εἶπαν οὖν αὐτῷ
4 53 ἐν (+[N26]ς) ἐκείνῃ τῇ ὥρᾳ ἐν ᾗ εἶπεν αὐτῷ ὁ Ἰησοῦς
5 6 ὁ Ἰησοῦς ... λέγει αὐτῷ
5 7 ἀπεκρίθη αὐτῷ ὁ ἀσθενῶν
5 8 λέγει αὐτῷ ὁ Ἰησοῦς
5 14 εὑρίσκει αὐτὸν ὁ [H] Ἰησοῦς ... καὶ εἶπεν αὐτῷ
5 20 ὁ γὰρ πατὴρ ... πάντα δείκνυσιν αὐτῷ ἃ αὐτὸς ποιεῖ, ↔
5 20 καὶ μείζονα τούτων δείξει αὐτῷ ἔργα
5 27 καὶ ἐξουσίαν ἔδωκεν αὐτῷ κρίσιν ποιεῖν
6 2 ἠκολούθει δὲ αὐτῷ ὄχλος πολύς
6 7 ἀπεκρίθη (ἀποκρίνεται T) αὐτῷ ὁ ([N26]; — VBSHς) Φίλιππος
6 8 λέγει αὐτῷ εἷς ἐκ τῶν μαθητῶν αὐτοῦ
6 25 εἶπον αὐτῷ
6 30 εἶπον οὖν αὐτῷ
6 56a ἐν ἐμοὶ μένει κἀγὼ ἐν αὐτῷ
6 65 ἐὰν μὴ ᾖ δεδομένον αὐτῷ ἐκ τοῦ πατρός (+μου Vς)
6 68 ἀπεκρίθη αὐτῷ Σίμων Πέτρος
7 18a καὶ ἀδικία ἐν αὐτῷ οὐκ ἔστιν
7 26 καὶ οὐδὲν αὐτῷ λέγουσιν
7 52 ἀπεκρίθησαν καὶ εἶπαν αὐτῷ
[8 4] λέγουσιν αὐτῷ
8 13 εἶπον οὖν αὐτῷ οἱ Φαρισαῖοι
8 19 ἔλεγον οὖν αὐτῷ
8 25 ἔλεγον οὖν αὐτῷ
8 29 ὅτι ἐγὼ τὰ ἀρεστὰ αὐτῷ ποιῶ πάντοτε
8 31 ἔλεγεν οὖν ὁ Ἰησοῦς πρὸς τοὺς πεπιστευκότας αὐτῷ Ἰουδαίους
8 33 *ἀπεκρίθησαν αὐτῷ (ς; πρὸς αὐτόν rl)
8 39 ἀπεκρίθησαν καὶ εἶπαν αὐτῷ
8 41 εἶπαν οὖν (+[N26] Vς) αὐτῷ
8 44a ὅτι οὐκ ἔστιν ἀλήθεια ἐν αὐτῷ
8 48 ἀπεκρίθησαν (+οὖν Vς) οἱ Ἰουδαῖοι καὶ εἶπαν αὐτῷ
8 52 εἶπον οὖν (+[N26]Vς) αὐτῷ οἱ Ἰουδαῖοι
9 3a ἵνα φανερωθῇ τὰ ἔργα τοῦ θεοῦ ἐν αὐτῷ
9 7 εἶπεν αὐτῷ
9 9 οὐχί, ἀλλὰ ὅμοιος αὐτῷ ἐστιν
9 10 ἔλεγον οὖν αὐτῷ
9 12 καὶ (—Tς) εἶπαν αὐτῷ
9 24 ἐφώνησαν οὖν τὸν ἄνθρωπον ... καὶ εἶπαν αὐτῷ
9 26 εἶπον οὖν αὐτῷ (+πάλιν MV[S]ς)
9 34 ἀπεκρίθησαν καὶ εἶπαν αὐτῷ
9 35 *εὑρὼν αὐτὸν εἶπεν αὐτῷ (+MV[S]ς)

Jo 9 37 εἶπεν (+δὲ VSϛ) αὐτῷ ὁ ᾽Ιησοῦς
9 38 καὶ προσεκύνησεν αὐτῷ
9 40 εἶπον αὐτῷ
10 4 τὰ πρόβατα αὐτῷ ἀκολουθεῖ
10 13 (+ὁ δὲ μισθωτὸς φεύγει Vϛ) ὅτι...
οὐ μέλει αὐτῷ περὶ τῶν προβάτων
10 24 ἐκύκλωσαν οὖν αὐτὸν οἱ ᾽Ιουδαῖοι
καὶ ἔλεγον αὐτῷ
10 33 ἀπεκρίθησαν αὐτῷ οἱ ᾽Ιουδαῖοι
10 38ᵃ*ὅτι ἐν ἐμοὶ ὁ πατὴρ κἀγὼ ἐν αὐ-
τῷ (ϛ; τῷ πατρί rl)
11 8 λέγουσιν αὐτῷ οἱ μαθηταί
11 10ᵃὅτι τὸ φῶς οὐκ ἔστιν ἐν αὐτῷ
11 12 εἶπαν οὖν | οἱ μαθηταὶ αὐτῷ (~ Τ;
οἱ μ. αὐτοῦ ϛ)
11 20 ἡ οὖν Μάρθα ... ὑπήντησεν αὐτῷ
11 24 λέγει αὐτῷ ἡ Μάρθα
11 27 λέγει αὐτῷ
11 30 ὅπου ὑπήντησεν αὐτῷ ἡ Μάρθα
11 32 ἔπεσεν αὐτοῦ πρὸς (εἰς Sϛ) τοὺς
πόδας λέγουσα αὐτῷ
11 34 λέγουσιν αὐτῷ
11 38ᵃ ἦν δὲ σπήλαιον, καὶ λίθος ἐπέκειτο
ἐπ᾽ αὐτῷ
11 39 λέγει αὐτῷ ἡ ἀδελφὴ τοῦ τετελευ-
τηκότος Μάρθα
12 2 ἐποίησαν οὖν αὐτῷ δεῖπνον ἐκεῖ
12 2ᵃὁ δὲ Λάζαρος εἷς ἦν ἐκ (— VSϛ)
τῶν ἀνακειμένων σὺν αὐτῷ
12 6 εἶπεν δὲ τοῦτο οὐχ ὅτι περὶ τῶν
πτωχῶν ἔμελεν αὐτῷ
12 13 ἐξῆλθον εἰς ὑπάντησιν αὐτῷ
12 16ᵃἐμνήσθησαν ὅτι ταῦτα ἦν ἐπ᾽
αὐτῷ γεγραμμένα ↔
12 16 καὶ ταῦτα ἐποίησαν αὐτῷ
12 18 διὰ τοῦτο καὶ [Ν²⁶] ὑπήντησεν
αὐτῷ ὁ ὄχλος
12 29 ἄλλοι ἔλεγον· ἄγγελος αὐτῷ λελά-
ληκεν
12 34 ἀπεκρίθη οὖν αὐτῷ ὁ ὄχλος
13 3 ὅτι πάντα ἔδωκεν (δέδ. Vϛ) αὐτῷ
ὁ πατήρ
13 6 (+καὶ MVSϛ) λέγει αὐτῷ (+
ἐκεῖνος MVSϛ)
13 7 ἀπεκρίθη ᾽Ιησοῦς καὶ εἶπεν αὐτῷ
13 8 λέγει αὐτῷ Πέτρος
13 8 ἀπεκρίθη ᾽Ιησοῦς αὐτῷ
13 9 λέγει αὐτῷ Σίμων Πέτρος
13 10 λέγει αὐτῷ ὁ (— ΝΜΤΗ) ᾽Ιησοῦς
13 24 *| καὶ λέγει αὐτῷ· εἰπὲ τίς ἐστιν
(πυθέσθαι τίς ἂν εἴη Ν²⁶ϛ)
13 25 λέγει αὐτῷ
13 26 ᾧ ἐγὼ || βάψω τὸ ψωμίον καὶ
δώσω (ἐπι- VSϛ) αὐτῷ ((βάψας
τ. ψ. ἐπι- ϛ))
13 27 λέγει οὖν αὐτῷ ὁ (— ΝΜΤΗ)
᾽Ιησοῦς
13 28 τοῦτο δὲ [Ν²⁶ΝΗ] οὐδεὶς ἔγνω τῶν
ἀνακειμένων πρὸς τί εἶπεν αὐτῷ
13 29 ὅτι λέγει αὐτῷ ὁ ([Ν²⁶]; — ΝΤΗ)
᾽Ιησοῦς
13 31ᵃὁ θεὸς ἐδοξάσθη ἐν αὐτῷ· ↔
13 32ᵃ ὁ θεὸς ἐδοξάσθη ἐν αὐτῷ
([Ν²⁶S]; — Η), ↔
13 32ᵃκαὶ ὁ θεὸς δοξάσει αὐτὸν ἐν αὐτῷ
(ἑαυτῷ MVSϛ; αὐτῷ Η)
13 36 λέγει αὐτῷ Σίμων Πέτρος
13 36 ἀπεκρίθη αὐτῷ ([Ν²⁶S]; — ΝΒΤ
Η) (+ὁ VSϛ) ᾽Ιησοῦς
13 37 λέγει αὐτῷ ὁ ([ΝΗ]; —VT)
Πέτρος
13 38 *| ἀπεκρίθη αὐτῷ ὁ (ϛ; ἀποκρίνε-
ται rl) ᾽Ιησοῦς
14 5 λέγει αὐτῷ Θωμᾶς

Jo 14 6 λέγει αὐτῷ ὁ ([Ν²⁶]; — ΝΜΤΗ)
᾽Ιησοῦς
14 8 λέγει αὐτῷ Φίλιππος
14 9 λέγει αὐτῷ ὁ [Η] ᾽Ιησοῦς
14 21 ἐμφανίσω αὐτῷ ἐμαυτόν
14 22 λέγει αὐτῷ ᾽Ιούδας
14 23 ἀπεκρίθη ᾽Ιησοῦς καὶ εἶπεν αὐτῷ
14 23ᵃμονὴν παρ᾽ αὐτῷ ποιησόμεθα
15 5ᵃὁ μένων ἐν ἐμοὶ κἀγὼ ἐν αὐτῷ
16 29 *λέγουσιν αὐτῷ (+Vϛ) οἱ μαθη-
ταὶ αὐτοῦ
17 2 καθὼς ἔδωκας αὐτῷ ἐξουσίαν πά-
σης σαρκός, ↔
17 2 ἵνα πᾶν ὃ δέδωκας αὐτῷ δώσῃ
(-σει MVBSH) αὐτοῖς ζωὴν αἰώ-
νιον
18 5 ἀπεκρίθησαν αὐτῷ
18 20 ἀπεκρίθη αὐτῷ (+ ὁ MVSϛ)
᾽Ιησοῦς
18 23 ἀπεκρίθη αὐτῷ (+ὁ VBSϛ) ᾽Ιησοῦς
18 25 εἶπον οὖν αὐτῷ
18 30 ἀπεκρίθησαν καὶ εἶπαν αὐτῷ
18 31 εἶπον (+οὖν VBSTϛ) αὐτῷ οἱ
᾽Ιουδαῖοι
18 33 καὶ εἶπεν αὐτῷ
18 34 *ἀπεκρίθη αὐτῷ (+ϛ) (+ὁ VSϛ)
᾽Ιησοῦς
18 37 εἶπεν οὖν αὐτῷ ὁ Πιλᾶτος
18 38 λέγει αὐτῷ ὁ Πιλᾶτος
18 38 οὐδεμίαν εὑρίσκω ἐν αὐτῷ αἰτίαν
19 3 ἐδίδοσαν αὐτῷ ῥαπίσματα
19 4ᵃὅτι | οὐδεμίαν αἰτίαν εὑρίσκω ἐν
αὐτῷ (αἰτίαν οὐχ εὑρίσκω Τ)
19 6ᵃἐγὼ γὰρ οὐχ εὑρίσκω ἐν αὐτῷ αἰ-
τίαν
19 7 ἀπεκρίθησαν αὐτῷ (—Τ) οἱ ᾽Ιου-
δαῖοι
19 9 ἀπόκρισιν οὐκ ἔδωκεν αὐτῷ
19 10 λέγει οὖν (—Τ) αὐτῷ ὁ Πιλᾶτος
19 11 ἀπεκρίθη αὐτῷ (+[Ν²⁶]ΒSΗ) (+
ὁ ΒSϛ) ᾽Ιησοῦς
19 32 κατέαξαν τὰ σκέλη καὶ τοῦ ἄλλου
τοῦ συσταυρωθέντος αὐτῷ
20 6 ἔρχεται οὖν καὶ (—Τϛ) Σίμων
Πέτρος ἀκολουθῶν αὐτῷ
20 15 ἐκείνη δοκοῦσα ὅτι ὁ κηπουρός
ἐστιν, λέγει αὐτῷ
20 16 στραφεῖσα ἐκείνη λέγει αὐτῷ
῾Εβραϊστί
20 25 ἔλεγον οὖν αὐτῷ οἱ ἄλλοι μαθηταί
20 28 ἀπεκρίθη (+ὁ[S]ϛ) Θωμᾶς καὶ εἶπεν
αὐτῷ
20 29 λέγει αὐτῷ ὁ [Η] ᾽Ιησοῦς
21 3 λέγουσιν αὐτῷ
21 5 ἀπεκρίθησαν αὐτῷ
21 15 λέγει αὐτῷ
21 15 λέγει αὐτῷ
21 16 λέγει αὐτῷ πάλιν δεύτερον
21 16 λέγει αὐτῷ
21 16 λέγει αὐτῷ
21 17 λέγει αὐτῷ τὸ τρίτον
21 17 ὅτι | εἶπεν αὐτῷ (~ Β) τὸ τρίτον
21 17 καὶ λέγει (Ν²⁶Τ; εἶπεν rl) αὐτῷ
21 17 λέγει αὐτῷ ὁ ᾽Ιησοῦς ([Ν²⁶];
᾽Ιησ. ΝΗ; —Τ)
21 19 τοῦτο εἰπὼν λέγει αὐτῷ
21 22 λέγει αὐτῷ ὁ ᾽Ιησοῦς
21 23 | οὐκ εἶπεν δὲ (καὶ οὐκ εἶπεν
VBSTϛ) αὐτῷ ὁ ᾽Ιησοῦς
Ac 2 30 ὅρκῳ ὤμοσεν αὐτῷ ὁ θεός
3 10 ἐπλήσθησαν θάμβους καὶ ἐκστά-
σεως ἐκστάσεως ἐπὶ τῷ συμβεβηκότι
αὐτῷ
3 16 ἡ πίστις ... ἔδωκεν αὐτῷ τὴν
ὁλοκληρίαν ταύτην

Ac 4 32 οὐδὲ εἷς τι τῶν ὑπαρχόντων αὐτῷ
ἔλεγεν ἴδιον εἶναι
4 37 ὑπάρχοντος αὐτῷ ἀγροῦ
5 17ᵃἀναστὰς δὲ ὁ ἀρχιερεὺς καὶ πάντες
οἱ σὺν αὐτῷ
5 21ᵃπαραγενόμενος δὲ ὁ ἀρχιερεὺς καὶ
οἱ σὺν αὐτῷ
5 32 ὁ ἔδωκεν ὁ θεὸς τοῖς πειθαρχοῦσιν
αὐτῷ
5 36 πάντες ὅσοι ἐπείθοντο αὐτῷ δι-
ελύθησαν
5 37 πάντες ὅσοι ἐπείθοντο αὐτῷ δι-
εσκορπίσθησαν
5 39 ἐπείσθησαν δὲ αὐτῷ
7 5 οὐκ ἔδωκεν αὐτῷ κληρονομίαν ἐν
αὐτῇ
7 5 *ἐπηγγείλατο δοῦναι | αὐτῷ εἰς
κατάσχεσιν αὐτήν (~ S)
7 5 καὶ τῷ σπέρματι αὐτοῦ μετ᾽ αὐ-
τόν, οὐκ ὄντος αὐτῷ τέκνου
7 8 ἔδωκεν αὐτῷ διαθήκην περιτομῆς
7 10 ἔδωκεν αὐτῷ χάριν καὶ σοφίαν
7 23 ὡς δὲ ἐπληροῦτο αὐτῷ τεσσερα-
κονταετὴς χρόνος
7 30 ὤφθη αὐτῷ ... ἄγγελος (+κυ-
ρίου [S]ϛ)
7 33 εἶπεν δὲ αὐτῷ ὁ κύριος
7 35 τοῦτον ὁ θεὸς ... ἀπέσταλκεν σὺν
χειρὶ ἀγγέλου τοῦ ὀφθέντος αὐτῷ
ἐν τῇ βάτῳ
7 38 μετὰ τοῦ ἀγγέλου τοῦ λαλοῦντος
αὐτῷ ἐν τῷ ὄρει Σινᾶ
7 40 ὁ γὰρ Μωϋσῆς ... οὐκ οἴδαμεν τί
ἐγένετο αὐτῷ
7 47 Σολομῶν δὲ οἰκοδόμησεν αὐτῷ
οἶκον
8 2ᵃἐποίησαν κοπετὸν μέγαν ἐπ᾽ αὐ-
τῷ
8 11 προσεῖχον δὲ αὐτῷ
8 31ᵃπαρεκάλεσέν τε τὸν Φίλιππον ἀνα-
βάντα καθίσαι σὺν αὐτῷ
8 35 εὐηγγελίσατο αὐτῷ τὸν ᾽Ιησοῦν
9 4 ἤκουσεν φωνὴν λέγουσαν αὐτῷ
9 7 οἱ δὲ ἄνδρες οἱ συνοδεύοντες αὐτῷ
εἱστήκεισαν ἐνεοί
9 12 εἶδεν | ἄνδρα ἐν ὁράματι (ἄ. [ἐν ὁρ.]
Ν²⁶ΝΗ; ἄνδρα Τ; ~ rl) ... ἐπι-
θέντα αὐτῷ τὰς [+Ν²⁶Η] χεῖρας
9 16 ἐγὼ γὰρ ὑποδείξω αὐτῷ ὅσα
δεῖ αὐτὸν ... παθεῖν
9 27 πῶς ... εἶδεν τὸν κύριον καὶ ὅτι
ἐλάλησεν αὐτῷ
9 34 εἶπεν αὐτῷ ὁ Πέτρος
9 39 παρέστησαν αὐτῷ πᾶσαι αἱ χῆ-
ραι κλαίουσαι
10 3 εἶδεν ... ἄγγελον τοῦ θεοῦ ... εἰ-
πόντα αὐτῷ
10 4 ὁ δὲ ἀτενίσας αὐτῷ ... εἶπεν
10 4 εἶπεν δὲ αὐτῷ
10 7 ὡς δὲ ἀπῆλθεν ὁ ἄγγελος ὁ λαλῶν
αὐτῷ (τῷ Κορνηλίῳ ϛ), ↔
10 7 φωνήσας δύο τῶν οἰκετῶν ...
τῶν προσκαρτερούντων αὐτῷ
10 19 τοῦ δὲ Πέτρου διενθυμουμένου...
εἶπεν αὐτῷ (+[Ν²⁶]ϛ; ~ VBST)
τὸ πνεῦμα
10 23 καί τινες τῶν ἀδελφῶν ... συνῆλ-
θον αὐτῷ
10 25 συναντήσας αὐτῷ ὁ Κορνήλιος
10 27 καὶ συνομιλῶν αὐτῷ εἰσῆλθεν
10 35 ὁ φοβούμενος αὐτὸν ... δεκτὸς
αὐτῷ ἐστιν
10 41 οἵτινες συνεφάγομεν καὶ συνεπίο-
μεν αὐτῷ

Ac 11 13 *πῶς εἶδεν τὸν [N²⁶] ἄγγελον ... σταθέντα καὶ εἰπόντα αὐτῷ (+ VB[S]ϛ)

12 8 καὶ λέγει αὐτῷ

12 9 *καὶ ἐξελθὼν ἠκολούθει αὐτῷ (+ϛ)

13 31 ὃς ὤφθη ... τοῖς συναναβᾶσιν αὐτῷ ἀπὸ τῆς Γαλιλαίας

14 9 ὃς ἀτενίσας αὐτῷ ⟨εἶπεν⟩

16 3ᵃ τοῦτον ἠθέλησεν ὁ Παῦλος σὺν αὐτῷ ἐξελθεῖν

16 32 ἐλάλησαν αὐτῷ τὸν λόγον τοῦ κυρίου (θεοῦ NH)

17 16ᵃ παρωξύνετο τὸ πνεῦμα αὐτοῦ ἐν αὐτῷ

17 18 τινὲς δὲ ... συνέβαλλον αὐτῷ

17 24ᵃ ὁ ποιήσας τὸν κόσμον καὶ πάντα τὰ ἐν αὐτῷ

17 28ᵃ ἐν αὐτῷ γὰρ ζῶμεν καὶ κινούμεθα

17 34 κολληθέντες αὐτῷ ἐπίστευσαν

18 18ᵃ ἐξέπλει ... καὶ σὺν αὐτῷ Πρίσκιλλα καὶ Ἀκύλας

18 26 ἀκριβέστερον αὐτῷ ἐξέθεντο τὴν ὁδὸν | τοῦ θεοῦ [N²⁶]

19 22 ἀποστείλας δὲ ... δύο τῶν διακονούντων αὐτῷ

19 31 τινὲς δὲ καὶ τῶν Ἀσιαρχῶν, ὄντες αὐτῷ φίλοι

19 38ᵃ εἰ μὲν οὖν Δημήτριος καὶ οἱ σὺν αὐτῷ τεχνῖται ἔχουσι πρός τινα λόγον

20 3 γενομένης ἐπιβουλῆς αὐτῷ ὑπὸ τῶν Ἰουδαίων

20 4 συνείπετο δὲ αὐτῷ (+ἄχρι τῆς Ἀσίας MVBSϛ) Σώπατρος

20 10 καταβὰς δὲ ὁ Παῦλος ἐπέπεσεν αὐτῷ

20 10ᵃ ἡ γὰρ ψυχὴ αὐτοῦ ἐν αὐτῷ ἐστιν

20 16 ὅπως μὴ γένηται αὐτῷ χρονοτριβῆσαι

20 16 εἰ δυνατὸν εἴη αὐτῷ

21 8ᵃ ἐμείναμεν παρ' αὐτῷ

21 20 εἶπόν τε αὐτῷ

21 29ᵃ ἦσαν γὰρ προεωρακότες Τρόφιμον ... σὺν αὐτῷ

22 15 ὅτι ἔσῃ μάρτυς αὐτῷ

22 24 ἵνα ἐπιγνῷ δι' ἣν αἰτίαν οὕτως ἐπεφώνουν αὐτῷ

22 27 προσελθὼν δὲ ὁ χιλίαρχος εἶπεν αὐτῷ

23 2 ὁ δὲ ἀρχιερεὺς Ἁνανίας ἐπέταξεν τοῖς παρεστῶσιν αὐτῷ

23 9 εἰ δὲ πνεῦμα ἐλάλησεν αὐτῷ ἢ ἄγγελος

23 11 ἐπιστὰς αὐτῷ ὁ κύριος εἶπεν

23 17 ἔχει γὰρ | ἀπαγγεῖλαί τι (∼VTϛ) αὐτῷ

23 28 ἐπιγνῶναι τὴν αἰτίαν δι' ἣν ἐνεκάλουν αὐτῷ

23 32ᵃ ἐάσαντες τοὺς ἱππεῖς ἀπέρχεσθαι σὺν αὐτῷ

23 33 ἀναδόντες τὴν ἐπιστολὴν τῷ ἡγεμόνι, παρέστησαν καὶ τὸν Παῦλον αὐτῷ

24 10 νεύσαντος αὐτῷ τοῦ ἡγεμόνος λέγειν

24 23 μηδένα κωλύειν τῶν ἰδίων αὐτοῦ ὑπηρετεῖν αὐτῷ

24 26 ὅτι χρήματα δοθήσεται αὐτῷ [H]

24 26 πυκνότερον αὐτὸν μεταπεμπόμενος ὡμίλει αὐτῷ

25 2 ἐνεφάνισάν τε αὐτῷ οἱ ἀρχιερεῖς

28 8 ἐπιθεὶς τὰς χεῖρας αὐτῷ ἰάσατο

28 23 ταξάμενοι δὲ αὐτῷ ἡμέραν ἦλθον (ἧκον VSϛ) πρὸς αὐτόν

Rm 1 17ᵃ δικαιοσύνη γὰρ θεοῦ ἐν αὐτῷ ἀποκαλύπτεται

4 3 ἐλογίσθη αὐτῷ εἰς δικαιοσύνην

4 22 διὸ καὶ [N²⁶NH] ἐλογίσθη αὐτῷ εἰς δικαιοσύνην

4 23 οὐκ ἐγράφη δὲ δι' αὐτὸν μόνον ὅτι ἐλογίσθη αὐτῷ

6 4 συνετάφημεν οὖν αὐτῷ διὰ τοῦ βαπτίσματος εἰς τὸν θάνατον

6 8 πιστεύομεν ὅτι καὶ συζήσομεν αὐτῷ

8 32ᵃ πῶς οὐχὶ καὶ σὺν αὐτῷ τὰ πάντα ἡμῖν χαρίσεται;

9 33ᵃ καὶ ὁ πιστεύων ἐπ' αὐτῷ οὐ καταισχυνθήσεται

10 11ᵃ πᾶς ὁ πιστεύων ἐπ' αὐτῷ οὐ καταισχυνθήσεται

11 4 ἀλλὰ τί λέγει αὐτῷ ὁ χρηματισμός;

11 35 ἢ τίς προέδωκεν αὐτῷ, ↔

11 35 καὶ ἀνταποδοθήσεται αὐτῷ;

15 12ᵃ ἐπ' αὐτῷ ἔθνη ἐλπιοῦσιν

1C 1 5ᵃ ἐν παντὶ ἐπλουτίσθητε ἐν αὐτῷ

1 10ᵇ ἦτε δὲ κατηρτισμένοι ἐν τῷ αὐτῷ νοῒ

2 11ᵃ τίς γὰρ οἶδεν ... εἰ μὴ τὸ πνεῦμα τοῦ ἀνθρώπου τὸ ἐν αὐτῷ;

2 14 μωρία γὰρ αὐτῷ ἐστιν, καὶ οὐ δύναται γνῶναι

11 14 ἀνὴρ μὲν ἐὰν κομᾷ, ἀτιμία αὐτῷ ἐστιν

12 9ᵇ ⟨δίδοται⟩ ἑτέρῳ (+δὲ MVSϛ) πίστις ἐν τῷ αὐτῷ πνεύματι, ↔

12 9ᵇ *ἄλλῳ δὲ χαρίσματα ἰαμάτων ἐν τῷ αὐτῷ (ϛ; ἑνὶ rl) πνεύματι

15 27 δῆλον ὅτι ἐκτὸς τοῦ ὑποτάξαντος αὐτῷ τὰ πάντα. ↔

15 28 ὅταν δὲ ὑποταγῇ αὐτῷ τὰ πάντα, ↔

15 28 τότε καὶ [N²⁶H] αὐτὸς ὁ υἱὸς ὑποταγήσεται τῷ ὑποτάξαντι αὐτῷ τὰ πάντα

15 38 ὁ δὲ θεὸς δίδωσιν αὐτῷ σῶμα καθὼς ἠθέλησεν

2C 1 19ᵃ ἀλλὰ ναὶ ἐν αὐτῷ γέγονεν. ↔

1 20ᵃ ὅσαι γὰρ ἐπαγγελίαι θεοῦ, ἐν αὐτῷ τὸ ναί· ↔

1 20ᵃ *| καὶ ἐν αὐτῷ (ϛ; διὸ κ. δι' αὐτοῦ rl) τὸ ἀμήν

5 9 διὸ καὶ φιλοτιμούμεθα ... εὐάρεστοι αὐτῷ εἶναι

5 21ᵃ ἵνα ἡμεῖς γενώμεθα δικαιοσύνη θεοῦ ἐν αὐτῷ

7 14 ὅτι εἴ τι αὐτῷ ὑπὲρ ὑμῶν κεκαύχημαι, οὐ κατῃσχύνθην

12 18ᵇ οὐ τῷ αὐτῷ πνεύματι περιεπατήσαμεν;

13 4ᵃ καὶ γὰρ ἡμεῖς ἀσθενοῦμεν ἐν αὐτῷ, ↔

13 4ᵃ ἀλλὰ ζήσομεν (-μεθα VSϛ) σὺν αὐτῷ ἐκ δυνάμεως θεοῦ

G 2 11 κατὰ πρόσωπον αὐτῷ ἀντέστην

2 13 καὶ συνυπεκρίθησαν αὐτῷ καὶ [N²⁶NH] οἱ λοιποὶ Ἰουδαῖοι

3 6 καὶ ἐλογίσθη αὐτῷ εἰς δικαιοσύνην

E 1 4ᵃ καθὼς ἐξελέξατο ἡμᾶς ἐν αὐτῷ

1 9ᵃ κατὰ τὴν εὐδοκίαν αὐτοῦ, ἣν προέθετο ἐν αὐτῷ

1 10ᵃ ἐν αὐτῷ ⟨ἐν ᾧ καὶ ἐκληρώθημεν⟩

2 15ᵃ ἵνα τοὺς δύο κτίσῃ ἐν αὐτῷ (αὐτῷ H; ἑαυτῷ ϛ) εἰς ἕνα καινὸν ἄνθρωπον

2 16ᵃ ἀποκτείνας τὴν ἔχθραν ἐν αὐτῷ

3 21 αὐτῷ ἡ δόξα ἐν τῇ ἐκκλησίᾳ

4 21ᵃ εἴ γε αὐτὸν ἠκούσατε καὶ ἐν αὐτῷ ἐδιδάχθητε καθώς ἐστιν ἀλήθεια

E 6 9ᵃ προσωπολημψία οὐκ ἔστιν παρ' αὐτῷ

6 20ᵃ ἵνα ἐν αὐτῷ παρρησιάσωμαι ὡς δεῖ με λαλῆσαι

Ph 2 9 ἐχαρίσατο αὐτῷ τὸ ([S]; —ϛ) ὄνομα

3 9ᵃ ⟨ἵνα Χριστὸν κερδήσω⟩ καὶ εὑρεθῶ ἐν αὐτῷ

3 16ᵇ εἰς ὃ ἐφθάσαμεν, τῷ αὐτῷ στοιχεῖν

3 21 τοῦ δύνασθαι αὐτὸν καὶ ὑποτάξαι αὐτῷ (αὐτῷ H; ἑαυτῷ ϛ) τὰ πάντα

Cl 1 16ᵃ ὅτι ἐν αὐτῷ ἐκτίσθη τὰ πάντα

1 17ᵃ τὰ πάντα ἐν αὐτῷ συνέστηκεν

1 19ᵃ ὅτι ἐν αὐτῷ εὐδόκησεν πᾶν τὸ πλήρωμα κατοικῆσαι

2 6ᵃ ὡς οὖν παρελάβετε ... τὸν κύριον, ἐν αὐτῷ περιπατεῖτε, ↔

2 7ᵃ ἐρριζωμένοι καὶ ἐποικοδομούμενοι ἐν αὐτῷ

2 9ᵃ ὅτι ἐν αὐτῷ κατοικεῖ πᾶν τὸ πλήρωμα τῆς θεότητος

2 10ᵃ καὶ ἐστὲ ἐν αὐτῷ πεπληρωμένοι

2 12 συνταφέντες αὐτῷ ἐν τῷ βαπτισμῷ (N²⁶; -ματι rl)

2 13ᵃ συνεζωοποίησεν ὑμᾶς σὺν αὐτῷ

2 15ᵃ θριαμβεύσας αὐτοὺς ἐν αὐτῷ

3 4ᵃ ὑμεῖς σὺν αὐτῷ φανερωθήσεσθε ἐν δόξῃ

4 13 μαρτυρῶ γὰρ αὐτῷ ὅτι ἔχει πολὺν πόνον

1Th 4 14ᵃ ὁ θεὸς τοὺς κοιμηθέντας διὰ τοῦ Ἰησοῦ ἄξει σὺν αὐτῷ

5 10ᵃ ἵνα ... ἅμα σὺν αὐτῷ ζήσωμεν

2Th 1 12ᵃ ὅπως ἐνδοξασθῇ τὸ ὄνομα τοῦ κυρίου ... ἐν ὑμῖν, καὶ ὑμεῖς ἐν αὐτῷ

3 14 μὴ συναναμίγνυσθαι (-νυσθε STϛ) αὐτῷ, ἵνα ἐντραπῇ

1Tm 1 8 καλὸς ὁ νόμος, ἐάν τις αὐτῷ νομίμως χρῆται

1 16ᵃ πιστεύειν ἐπ' αὐτῷ εἰς ζωὴν αἰώνιον

2Tm 1 18 δῴη αὐτῷ ὁ κύριος εὑρεῖν ἔλεος

4 14 ἀποδώσει αὐτῷ ὁ κύριος κατὰ τὰ ἔργα αὐτοῦ

Hb 1 5 ἐγὼ ἔσομαι αὐτῷ εἰς πατέρα

1 6 καὶ προσκυνησάτωσαν αὐτῷ πάντες ἄγγελοι

2 8 ἐν | τῷ γὰρ (∼VSϛ) ὑποτάξαι αὐτῷ [N²⁶NH] τὰ πάντα ↔

2 8 οὐδὲν ἀφῆκεν αὐτῷ ἀνυπότακτον

2 8 οὔπω ὁρῶμεν αὐτῷ τὰ πάντα ὑποτεταγμένα

2 10 ἔπρεπεν γὰρ αὐτῷ, δι' ὃν τὰ πάντα

2 13ᵃ ἐγὼ ἔσομαι πεποιθὼς ἐπ' αὐτῷ

4 11ᵇ ἵνα μὴ ἐν τῷ αὐτῷ τις ὑποδείγματι πέσῃ τῆς ἀπειθείας

5 9 ἐγένετο πᾶσιν τοῖς ὑπακούουσιν αὐτῷ αἴτιος σωτηρίας

7 10 ὅτε συνήντησεν αὐτῷ (+ὁ [VS] Tϛ) Μελχισέδεκ

10 38ᵃ οὐκ εὐδοκεῖ ἡ ψυχή μου ἐν αὐτῷ

12 2 ὃς ἀντὶ τῆς προκειμένης αὐτῷ χαρᾶς ὑπέμεινεν σταυρόν

13 21 *αὐτῷ [+S] ποιῶν ἐν ἡμῖν (ὑμ. Sϛ) τὸ εὐάρεστον ἐνώπιον αὐτοῦ

Jc 1 5 αἰτείτω παρὰ τοῦ διδόντος θεοῦ ... καὶ δοθήσεται αὐτῷ

2 3 *⟨ἐὰν⟩ εἴπητε αὐτῷ (+ϛ)

2 23 ἐλογίσθη αὐτῷ εἰς δικαιοσύνην

4 17 εἰδότι οὖν καλὸν ποιεῖν καὶ μὴ ποιοῦντι, ἁμαρτία αὐτῷ ἐστιν

5 7ᵃ μακροθυμῶν ἐπ' αὐτῷ ἕως λάβῃ

5 15 κἂν ἁμαρτίας ᾖ πεποιηκώς, ἀφεθήσεται αὐτῷ

1 Pt 1 21 εἰς θεὸν τὸν ἐγείραντα ... καὶ
δόξαν αὐτῷ δόντα

2 2ᵃ ἵνα ἐν αὐτῷ αὐξηθῆτε εἰς σωτηρίαν

2 6ᵃ ὁ πιστεύων ἐπ' αὐτῷ οὐ μὴ
καταισχυνθῇ

3 22 ὑποταγέντων αὐτῷ ἀγγέλων

5 7 ὅτι αὐτῷ μέλει περὶ ὑμῶν

5 11 αὐτῷ (+ ἡ δόξα καὶ MVBSϛ) τὸ
κράτος

2 Pt 1 17 φωνῆς ἐνεχθείσης αὐτῷ τοιᾶσδε

1 18ᵃ ταύτην τὴν φωνὴν ἡμεῖς ἠκούσα-
μεν ... σὺν αὐτῷ ὄντες

3 7ᵇ οὐρανοὶ καὶ ἡ γῆ | τῷ αὐτῷ
(αὐτοῦ ϛ) λόγῳ τεθησαυρισμένοι
εἰσίν

3 14 ἄσπιλοι καὶ ἀμώμητοι αὐτῷ εὑ-
ρεθῆναι

3 15 Παῦλος κατὰ τὴν δοθεῖσαν αὐτῷ
σοφίαν ἔγραψεν ὑμῖν

3 18 αὐτῷ ἡ δόξα

1 Jo 1 5ᵃ ὅτι ... σκοτία | ἐν αὐτῷ οὐκ ἔστιν
(~ H) οὐδεμία

2 5ᵃ ὅτι ἐν αὐτῷ ἐσμεν. ↔

2 6ᵃ ὁ λέγων ἐν αὐτῷ μένειν

2 8ᵃ ὅ ἐστιν ἀληθὲς ἐν αὐτῷ καὶ ἐν
ὑμῖν

2 10ᵃ ὁ ἀγαπῶν ... μένει, καὶ σκάνδαλον
| ἐν αὐτῷ οὐκ ἔστιν (~ T)

2 15ᵃ οὐκ ἔστιν ἡ ἀγάπη τοῦ πατρὸς ἐν
αὐτῷ

2 27ᵃ καθὼς ἐδίδαξεν ὑμᾶς, μένετε ἐν
αὐτῷ. ↔

2 28ᵃ καὶ νῦν, τεκνία, μένετε ἐν αὐτῷ

3 2 ὅτι ἐὰν φανερωθῇ ὅμοιοι αὐτῷ
ἐσόμεθα

3 3ᵃ πᾶς ὁ ἔχων τὴν ἐλπίδα ταύτην
ἐπ' αὐτῷ

3 5ᵃ καὶ ἁμαρτία ἐν αὐτῷ οὐκ ἔστιν.
↔

3 6ᵃ πᾶς ὁ ἐν αὐτῷ μένων οὐχ ἁμαρτά-
νει

3 9ᵃ ὅτι σπέρμα αὐτοῦ ἐν αὐτῷ μένει

3 15ᵃ ὅτι ... οὐκ ἔχει ζωὴν αἰώνιον ἐν
αὐτῷ (ἑαυτῷ MVST) μένουσαν

3 17ᵃ πῶς ἡ ἀγάπη τοῦ θεοῦ μένει ἐν
αὐτῷ;

3 24ᵃ ὁ τηρῶν τὰς ἐντολὰς αὐτοῦ ἐν
αὐτῷ μένει ↔

3 24ᵃ καὶ αὐτὸς ἐν αὐτῷ

4 13ᵃ ὅτι ἐν αὐτῷ μένομεν

4 15 ὁ θεὸς ἐν αὐτῷ μένει

4 16ᵃ ὁ θεὸς ἐν αὐτῷ μένει [H]

5 10ᵃ ὁ πιστεύων ... ἔχει τὴν μαρτυρίαν
ἐν αὐτῷ (ἑαυτῷ N²⁶ϛ; αὐτῷ H)

5 16 καὶ δώσει αὐτῷ. ζωήν

2 Jo 10 καὶ χαίρειν αὐτῷ μὴ λέγετε· ↔

11 ὁ λέγων γὰρ αὐτῷ χαίρειν

Ap 1 1 ἀποκάλυψις Ἰησοῦ Χριστοῦ, ἣν
ἔδωκεν αὐτῷ ὁ θεός

1 6 ⟨τῷ ἀγαπῶντι ἡμᾶς⟩ αὐτῷ ἡ δόξα

2 7 τῷ νικῶντι δώσω αὐτῷ φαγεῖν

2 17 τῷ νικῶντι δώσω αὐτῷ τοῦ μάννα
τοῦ κεκρυμμένου, ↔

2 17 καὶ δώσω αὐτῷ ψῆφον λευκήν

2 26 δώσω αὐτῷ ἐξουσίαν ἐπὶ τῶν
ἐθνῶν

2 28 δώσω αὐτῷ τὸν ἀστέρα τὸν πρω-
ϊνόν

3 21 ὁ νικῶν, δώσω αὐτῷ καθίσαι μετ'
ἐμοῦ

6 2ᵃ καὶ ὁ καθήμενος ἐπ' αὐτῷ (ϛ;
αὐτὸν rl) ἔχων τόξον, ↔

6 2 καὶ ἐδόθη αὐτῷ στέφανος

6 4ᵃ καὶ τῷ καθημένῳ ἐπ' αὐτῷ (ϛ;
αὐτὸν rl) ↔

Ap 6 4 ἐδόθη αὐτῷ [H] λαβεῖν τὴν εἰρή-
νην

6 4 καὶ ἐδόθη αὐτῷ μάχαιρα μεγάλη

6 5ᵃ καὶ ὁ καθήμενος ἐπ' αὐτῷ (ϛ;
αὐτὸν rl)

6 8 ὁ καθήμενος ἐπάνω αὐτοῦ [H],
ὄνομα αὐτῷ ὁ ([N²⁶NVH]; —BT)
θάνατος

7 14 καὶ εἴρηκα αὐτῷ

7 15 λατρεύουσιν αὐτῷ ἡμέρας καὶ
νυκτός

8 3 καὶ ἐδόθη αὐτῷ θυμιάματα πολλά

9 1 καὶ ἐδόθη αὐτῷ ἡ κλείς

9 11 (+ ᾧ T) ὄνομα αὐτῷ Ἑβραϊστὶ
Ἀβαδδών

10 6ᵃ ὃς ἔκτισεν τὸν οὐρανὸν καὶ τὰ ἐν
αὐτῷ

10 9 λέγων αὐτῷ δοῦναί μοι τὸ βιβλα-
ρίδιον

11 1ᵃ μέτρησον ... τὸ θυσιαστήριον καὶ
τοὺς προσκυνοῦντας ἐν αὐτῷ

13 2 ἔδωκεν αὐτῷ ὁ δράκων τὴν δύ-
ναμιν αὐτοῦ

13 5 καὶ ἐδόθη αὐτῷ στόμα λαλοῦν

13 5 καὶ ἐδόθη αὐτῷ ἐξουσία

13 7 | καὶ ἐδόθη αὐτῷ ποιῆσαι πόλε-
μον [H..]

13 7 ἐδόθη αὐτῷ ἐξουσία

13 8 καὶ προσκυνήσουσιν αὐτῷ (ϛ;
αὐτὸν rl) πάντες

13 14 ἃ ἐδόθη αὐτῷ ποιῆσαι

13 15 καὶ ἐδόθη αὐτῷ (αὐτῇ H) δοῦναι
πνεῦμα

14 7 δότε αὐτῷ δόξαν

16 8 καὶ ἐδόθη αὐτῷ καυματίσαι τοὺς
ἀνθρώπους

16 9 οὐ μετενόησαν δοῦναι αὐτῷ δόξαν

19 7 δώσωμεν (N²⁶; -σομεν NH; δῶμεν
rl) τὴν δόξαν αὐτῷ

19 10 ἔπεσα ἔμπροσθεν τῶν ποδῶν
αὐτοῦ προσκυνῆσαι αὐτῷ

19 14 τὰ στρατεύματα τὰ ([N²⁶]; —ST)
ἐν τῷ οὐρανῷ ἠκολούθει αὐτῷ

21 6 τῷ διψῶντι δώσω αὐτῷ (+ V)
ἐκ τῆς πηγῆς

21 7 ἔσομαι αὐτῷ θεός

22 3 οἱ δοῦλοι αὐτοῦ λατρεύσουσιν
αὐτῷ

αὐτῇ
ᵃ τῇ αὐτῇ
ᵇ αὐτῇ τῇ
ᶜ post praepositionem

Mt 1 20ᶜ τὸ γὰρ ἐν αὐτῇ γεννηθὲν ἐκ πνεύ-
ματός ἐστιν ἁγίου

5 31 δότω αὐτῇ ἀποστάσιον

10 11ᶜ ἐξετάσατε τίς ἐν αὐτῇ ἄξιός ἐστιν

12 39 καὶ σημεῖον οὐ δοθήσεται αὐτῇ

14 7 ὅθεν μεθ' ὅρκου ὡμολόγησεν αὐτῇ
δοῦναι

15 23 ὁ δὲ οὐκ ἀπεκρίθη αὐτῇ λόγον

15 28 τότε ἀποκριθεὶς ὁ Ἰησοῦς εἶπεν
αὐτῇ

16 4 σημεῖον οὐ δοθήσεται αὐτῇ

20 21 ὁ δὲ εἶπεν αὐτῇ

21 19ᶜ καὶ οὐδὲν εὗρεν ἐν αὐτῇ εἰ μὴ
φύλλα μόνον, ↔

21 19 καὶ λέγει αὐτῇ

22 39 ⟨πρώτη ἐντολή⟩ δευτέρα δὲ
(—NBTH) ὁμοία αὐτῇ (αὐτῇ
BH)

Mc 5 23 ἵνα ἐλθὼν ἐπιθῇς τὰς χεῖρας αὐτῇ

5 33ᶜ εἰδυῖα ὃ γέγονεν (+ ἐπ' VBSϛ)
αὐτῇ

5 34 ὁ δὲ εἶπεν αὐτῇ

5 41 λέγει αὐτῇ

Mc 5 43 καὶ εἶπεν δοθῆναι αὐτῇ φαγεῖν

6 23 καὶ ὤμοσεν αὐτῇ πολλά ([N²⁶];
—rl)

7 27 ἔλεγεν αὐτῇ

7 29 καὶ εἶπεν αὐτῇ

11 13ᶜ ἰδὼν συκῆν ... ἦλθεν εἰ ἄρα τι
εὑρήσει ἐν αὐτῇ

11 14 καὶ ἀποκριθεὶς εἶπεν αὐτῇ

12 31 (+ καὶ Vϛ) δευτέρα (+ ὁμοία Vϛ)
αὐτῇ (V; αὕτη rl)

14 5 καὶ ἐνεβριμῶντο (-μοῦντο T) αὐτῇ

14 6 τί αὐτῇ κόπους παρέχετε;

Lc 1 30 καὶ εἶπεν ὁ ἄγγελος αὐτῇ

1 35 ἀποκριθεὶς ὁ ἄγγελος εἶπεν αὐτῇ

1 36 οὗτος μὴν ἕκτος ἐστὶν αὐτῇ τῇ
καλουμένῃ στείρα

1 45 ὅτι ἔσται τελείωσις τοῖς λελαλη-
μένοις αὐτῇ παρὰ κυρίου

1 56ᶜ ἔμεινεν δὲ Μαριὰμ σὺν αὐτῇ

1 58 ἤκουσαν ... καὶ συνέχαιρον αὐτῇ

2 8ᵃ καὶ ποιμένες ἦσαν ἐν τῇ χώρᾳ τῇ
αὐτῇ ἀγραυλοῦντες

2 38ᵇ καὶ (+ αὕτη [V]ϛ) αὐτῇ τῇ ὥρᾳ
ἐπιστᾶσα ἀνθωμολογεῖτο

7 12 ἐξεκομίζετο τεθνηκὼς | μονογενὴς
υἱὸς (~ Sϛ) τῇ μητρὶ αὐτοῦ, καὶ
αὐτῇ (ϛ; αὐτὴ N²⁶VBH; αὕτη rl)
χήρᾳ (ϛ; ἦν χήρα rl), ↔

7 12ᶜ καὶ ὄχλος τῆς πόλεως ἱκανὸς ἦν
σὺν αὐτῇ

7 13ᶜ ἐσπλαγχνίσθη ἐπ' αὐτῇ (αὐτὴν
T) ↔

7 13 καὶ εἶπεν αὐτῇ

7 21ᵇ ἐν | αὐτῇ δὲ (ϛ; ἐκείνῃ rl) τῇ ὥρᾳ
ἐθεράπευσεν πολλούς

7 48 εἶπεν δὲ αὐτῇ

8 48 ὁ δὲ εἶπεν αὐτῇ

8 55 καὶ διέταξεν αὐτῇ δοθῆναι φαγεῖν

10 7ᵇ ἐν αὐτῇ δὲ τῇ οἰκίᾳ μένετε

10 9ᶜ θεραπεύετε τοὺς ἐν αὐτῇ ἀσθενεῖς

10 21ᵇ ἐν αὐτῇ τῇ ὥρᾳ ἠγαλλιάσατο ἐν
(+ [N²⁶]BST) τῷ πνεύματι

10 40 εἰπὲ (εἰπὸν NMTH) οὖν αὐτῇ ἵνα
μοι συναντιλάβηται. ↔

10 41 ἀποκριθεὶς δὲ εἶπεν αὐτῇ ὁ κύριος
(Ἰησοῦς Vϛ)

11 29 σημεῖον οὐ δοθήσεται αὐτῇ

12 12ᵇ τὸ γὰρ ἅγιον πνεῦμα διδάξει ὑμᾶς
ἐν αὐτῇ τῇ ὥρᾳ

13 6ᶜ καὶ ἦλθεν ζητῶν καρπὸν ἐν αὐτῇ

13 12 προσεφώνησεν καὶ εἶπεν αὐτῇ

13 13 καὶ ἐπέθηκεν αὐτῇ τὰς χεῖρας

13 31ᵇ ἐν αὐτῇ τῇ ὥρᾳ (ἡμέρᾳ Vϛ)
προσῆλθάν τινες Φαρισαῖοι

19 41ᶜ ἰδὼν τὴν πόλιν ἔκλαυσεν ἐπ'
αὐτῇ (ϛ; αὐτὴν rl)

20 19ᵇ ἐζήτησαν ... ἐπιβαλεῖν ἐπ' αὐτὸν
τὰς χεῖρας ἐν αὐτῇ τῇ ὥρᾳ

23 12ᵇ ἐγένοντο δὲ φίλοι ... ἐν αὐτῇ τῇ
ἡμέρᾳ

24 13ᵇ δύο ἐξ αὐτῶν | ἐν αὐτῇ τῇ ἡμέρᾳ
ἦσαν πορευόμενοι (~ VBSϛ)

24 18ᶜ σὺ μόνος παροικεῖς Ἰερουσαλὴμ
καὶ οὐκ ἔγνως τὰ γενόμενα ἐν
αὐτῇ ⟨;⟩

24 33ᵇ ἀναστάντες αὐτῇ τῇ ὥρᾳ ὑπ-
έστρεψαν

Jo 2 4 καὶ ([N²⁶]; —Tϛ) λέγει αὐτῇ ὁ
Ἰησοῦς

4 7 λέγει αὐτῇ ὁ Ἰησοῦς

4 10 ἀπεκρίθη Ἰησοῦς καὶ εἶπεν αὐτῇ

4 13 ἀπεκρίθη Ἰησοῦς καὶ εἶπεν αὐτῇ

4 16 λέγει αὐτῇ (+ ὁ Ἰησοῦς VBSϛ)

4 17 λέγει αὐτῇ ὁ Ἰησοῦς

4 21 λέγει αὐτῇ ὁ Ἰησοῦς

Jo   4 26 λέγει αὐτῇ ὁ Ἰησοῦς
     [8 7]ᶜ*ὁ ἀναμάρτητος ὑμῶν πρῶτος
     |τὸν λίθον ἐπ' αὐτῇ βαλέτω (ς; ἐπ'
     αὐτὴν β. λ. rl)
     [8 10]ὁ Ἰησοῦς εἶπεν αὐτῇ
     [8 11]* || εἶπεν δὲ αὐτῇ (+Mς) ὁ Ἰησοῦς
     ((ὁ δὲ εἶπεν S))
     11 23 λέγει αὐτῇ ὁ Ἰησοῦς
     11 25 εἶπεν [+δὲ S] αὐτῇ ὁ Ἰησοῦς
     11 31 ἰδόντες τὴν Μαριάμ ... ἠκολούθη-
     σαν αὐτῇ
     11 33 ὡς εἶδεν ... τοὺς συνελθόντας
     αὐτῇ Ἰουδαίους κλαίοντας
     11 40 λέγει αὐτῇ ὁ Ἰησοῦς
     20 13 λέγουσιν αὐτῇ ἐκεῖνοι
     20 15 λέγει αὐτῇ (+ὁ MVBSς) Ἰησοῦς
     20 16 λέγει αὐτῇ (+ὁ MVBSς) Ἰησοῦς
     20 17 λέγει αὐτῇ (+ὁ MVBSς) Ἰησοῦς
     20 18 καὶ ταῦτα εἶπεν αὐτῇ

Ac   1 20ᶜμὴ ἔστω ὁ κατοικῶν ἐν αὐτῇ
     5 8 *ἀπεκρίθη δὲ αὐτῇ (ς; πρὸς αὐτὴν
     rl) (+ὁ VB[S]ς) Πέτρος
     7 5ᶜοὐκ ἔδωκεν αὐτῷ κληρονομίαν ἐν
     αὐτῇ
     9 38ᶜἀκούσαντες ὅτι Πέτρος ἐστὶν ἐν
     αὐτῇ
     9 41 δοὺς δὲ αὐτῇ χεῖρα ἀνέστησεν
     αὐτήν
     16 18ᵇκαὶ ἐξῆλθεν αὐτῇ τῇ ὥρᾳ
     20 22ᶜπορεύομαι εἰς Ἰερουσαλήμ, τὰ ἐν
     αὐτῇ συναντήσοντά μοι (ἐμοὶ
     NMTH) μὴ εἰδώς
     22 13ᵇκἀγὼ αὐτῇ τῇ ὥρᾳ ἀνέβλεψα

Rm   6 2ᶜοἵτινες ἀπεθάνομεν τῇ ἁμαρτίᾳ,
     πῶς ἔτι ζήσομεν (-ωμεν S) ἐν αὐτῇ;
     6 12 *εἰς τὸ ὑπακούειν | αὐτῇ ἐν (+ς)
     ταῖς ἐπιθυμίαις αὐτοῦ
     9 12 ἐρρέθη αὐτῇ ὅτι ὁ μείζων δουλεύ-
     σει τῷ ἐλάσσονι
     10 5ᶜ*ὁ ποιήσας αὐτὰ (+N²⁶Bς) ἄν-
     θρωπος ζήσεται ἐν αὐτῇ (-τοῖς
     N²⁶ς)
     16 2 ⟨Φοίβην⟩ ἵνα | αὐτὴν προσδέξησθε
     (∼ H) ... καὶ παραστῆτε αὐτῇ

1C   1 10ᵃἦτε δὲ κατηρτισμένοι ... ἐν τῇ
     αὐτῇ γνώμῃ
     11 15 γυνὴ δὲ ἐὰν κομᾷ, δόξα αὐτῇ ἐστιν;
     ↔
     11 15 ὅτι ἡ κόμη ἀντὶ περιβολαίου δέ-
     δοται αὐτῇ [N²⁶]

Cl   2 7ᶜ*βεβαιούμενοι (+ἐν M[V]Sς) τῇ
     πίστει ... περισσεύοντες | ἐν
     αὐτῇ (+[SH]ς) ἐν εὐχαριστίᾳ
     4 2ᶜγρηγοροῦντες ἐν αὐτῇ ἐν εὐχαρι-
     στίᾳ

Hb   7 11ᶜ*ὁ λαὸς γὰρ ἐπ' αὐτῇ (ς; αὐτῆς
     rl) νενομοθέτηται (-τητο Sς)

Jc   3 9ᶜἐν αὐτῇ εὐλογοῦμεν τὸν κύριον
     καὶ πατέρα, ↔
     3 9ᶜκαὶ ἐν αὐτῇ καταρώμεθα τοὺς
     ἀνθρώπους

2 Pt   3 10ᶜγῆ καὶ τὰ ἐν αὐτῇ ἔργα

2 Jo   6 ἵνα ἐν αὐτῇ περιπατῆτε

Ap   1 3ᶜτηροῦντες τὰ ἐν αὐτῇ γεγραμμένα
     2 21 ἔδωκα αὐτῇ χρόνον ἵνα μετανοήσῃ
     10 6ᶜἔκτισεν ... τὴν γῆν καὶ τὰ ἐν αὐτῇ
     ↔
     10 6ᶜ| καὶ τὴν θάλασσαν καὶ τὰ ἐν
     αὐτῇ [H]
     13 12ᶜποιεῖ τὴν γῆν καὶ τοὺς ἐν αὐτῇ
     κατοικοῦντας
     13 15 *καὶ ἐδόθη αὐτῇ (H; αὐτῷ rl)
     δοῦναι πνεῦμα
     16 19 ἐμνήσθη ἐνώπιον τοῦ θεοῦ δοῦναι
     αὐτῇ τὸ ποτήριον

Ap   18 6 ἀπόδοτε αὐτῇ ὡς καὶ αὐτὴ ἀπ-
     έδωκεν, ↔
     18 6 *καὶ διπλώσατε αὐτῇ (ς; τὰ [H]
     rl) διπλᾶ κατὰ τὰ ἔργα αὐτῆς
     18 6 κεράσατε αὐτῇ διπλοῦν
     18 7 τοσοῦτον δότε αὐτῇ βασανισμόν
     18 9ᶜ*κόψονται ἐπ' αὐτῇ (Bς; -τῆς V;
     -τὴν rl) οἱ βασιλεῖς τῆς γῆς
     18 11ᶜ*οἱ ἔμποροι τῆς γῆς κλαίουσιν καὶ
     πενθοῦσιν ἐπ' αὐτῇ (ς; -τὴν rl)
     18 20ᶜεὐφραίνου ἐπ' αὐτῇ (-τὴν ς),
     οὐρανέ
     18 24ᶜἐν αὐτῇ αἷμα (-ματα VBT) προ-
     φητῶν καὶ ἁγίων εὑρέθη
     19 8 ἐδόθη αὐτῇ ἵνα περιβάληται βύσ-
     σινον
     19 15ᶜἐκπορεύεται ῥομφαία ὀξεῖα, ἵνα ἐν
     αὐτῇ πατάξῃ τὰ ἔθνη
     20 13ᶜἔδωκεν ἡ θάλασσα τοὺς νεκροὺς
     τοὺς ἐν αὐτῇ
     21 22ᶜναὸν οὐκ εἶδον ἐν αὐτῇ
     21 23 ἵνα φαίνωσιν αὐτῇ
     22 3ᶜὁ θρόνος τοῦ θεοῦ καὶ τοῦ ἀρνίου
     ἐν αὐτῇ ἔσται

αὐτόν
 ᵃ τὸν αὐτόν
 ᵇ αὐτόν τόν
 ᶜ post praepositionem

Mt   3 5ᶜἐξεπορεύετο πρὸς αὐτὸν Ἰεροσό-
     λυμα
     3 14 ὁ δὲ Ἰωάννης ([S]; —NTH)
     διεκώλυεν αὐτόν
     3 15ᶜὁ Ἰησοῦς εἶπεν | πρὸς αὐτόν (αὐ-
     τῷ NMH)
     3 15 τότε ἀφίησιν αὐτόν
     3 16ᶜεἶδεν τὸ (+[N²⁶] VBSς) πνεῦμα...
     ἐρχόμενον ἐπ' αὐτόν
     4 5 τότε παραλαμβάνει αὐτὸν ὁ διά-
     βολος εἰς τὴν ἁγίαν πόλιν, ↔
     4 5 καὶ ἔστησεν (ἵστησιν Sς) αὐτὸν ἐπὶ
     τὸ πτερύγιον τοῦ ἱεροῦ
     4 8 πάλιν παραλαμβάνει αὐτὸν ὁ
     διάβολος εἰς ὄρος
     4 11 τότε ἀφίησιν αὐτὸν ὁ διάβολος
     5 15 οὐδὲ καίουσιν λύχνον καὶ τιθέασιν
     αὐτὸν ὑπὸ τὸν μόδιον
     5 29 εἰ δὲ ὁ ὀφθαλμός σου ... σκανδαλί-
     ζει σε, ἔξελε αὐτόν
     6 8 πρὸ τοῦ ὑμᾶς αἰτῆσαι αὐτόν
     7 11 πόσῳ μᾶλλον ... δώσει ἀγαθὰ
     τοῖς αἰτοῦσιν αὐτόν
     7 24 *| ὁμοιώσω αὐτόν (ς; ὁμοιωθήσε-
     ται rl) ἀνδρὶ φρονίμῳ
     8 5 προσῆλθεν αὐτῷ ἑκατόνταρχος
     παρακαλῶν αὐτόν
     8 7 ἐγὼ ἐλθὼν θεραπεύσω αὐτόν
     8 18ᶜἰδὼν δὲ ὁ Ἰησοῦς ὄχλον (πολλοὺς
     ὄχλους VBTς; ὄχλους S) περὶ
     αὐτόν
     8 25 ἤγειραν αὐτὸν λέγοντες
     8 31 οἱ δὲ δαίμονες παρεκάλουν αὐτόν
     8 34 καὶ ἰδόντες αὐτὸν παρεκάλεσαν
     9 31 διεφήμισαν αὐτὸν ἐν ὅλῃ τῇ γῇ
     ἐκείνῃ
     10 4 καὶ Ἰούδας ὁ Ἰσκαριώτης ὁ καὶ
     παραδοὺς αὐτόν
     10 33 ἀρνήσομαι | κἀγὼ αὐτόν (∼ Sς)
     ἔμπροσθεν τοῦ πατρός μου
     12 10 καὶ ἐπηρώτησαν αὐτὸν λέγοντες
     12 14 ὅπως αὐτὸν ἀπολέσωσιν
     12 16 ἵνα μὴ φανερὸν αὐτὸν ποιήσωσιν
     12 18ᶜθήσω τὸ πνεῦμά μου ἐπ' αὐτόν
     12 22 καὶ ἐθεράπευσεν αὐτόν
     13 2ᶜκαὶ συνήχθησαν πρὸς αὐτὸν ὄχλοι
     πολλοί, ↔

Mt   13 2 ὥστε αὐτὸν εἰς (+τὸ [V]ς) πλοῖον
     ἐμβάντα καθῆσθαι
     13 4 ἐν τῷ σπείρειν αὐτόν
     13 20 εὐθὺς μετὰ χαρᾶς λαμβάνων αὐτόν
     13 46 εὑρὼν ... μαργαρίτην ... ἠγόρα-
     σεν αὐτόν
     14 3 Ἡρῴδης ... ἔδησεν αὐτόν ([N²⁶S];
     —NTH)
     14 5 καὶ θέλων αὐτὸν ἀποκτεῖναι
     14 5 ὅτι ὡς προφήτην αὐτὸν εἶχον
     14 12 οἱ μαθηταὶ ... ἔθαψαν αὐτὸν
     (-τό[ν] N²⁶; -τό MVBSς)
     14 22 ἠνάγκασεν τοὺς μαθητὰς ... προ-
     άγειν αὐτὸν εἰς τὸ πέραν
     14 26 | οἱ δὲ μαθηταὶ ἰδόντες αὐτὸν (καὶ
     ἰ. αὐ. οἱ μ. VSς; ἰ. δὲ αὐ. T)...
     περιπατοῦντα
     14 35 ἐπιγνόντες αὐτὸν οἱ ἄνδρες
     14 36 καὶ παρεκάλουν αὐτὸν [H]
     15 23 οἱ μαθηταὶ αὐτοῦ ἠρώτουν (-των
     NVBSς) αὐτόν
     16 1 ἐπηρώτησαν (-ρώτων T) αὐτὸν
     σημεῖον ... ἐπιδεῖξαι
     16 21 ὅτι δεῖ αὐτὸν εἰς Ἰεροσόλυμα ἀπ-
     ελθεῖν
     16 22 προσλαβόμενος αὐτὸν ὁ Πέτρος
     17 8 οὐδένα εἶδον εἰ μὴ αὐτὸν (τὸν
     VSTς; [αὐ]τὸν M) Ἰησοῦν μόνον
     17 10 ἐπηρώτησαν αὐτὸν οἱ μαθηταὶ
     (+αὐτοῦ MVBς)
     17 12 οὐκ ἐπέγνωσαν αὐτόν
     17 14 προσῆλθεν αὐτῷ ἄνθρωπος γονυ-
     πετῶν αὐτόν (-τῷ ς)
     17 16 προσήνεγκα αὐτὸν τοῖς μαθηταῖς
     σου, ↔
     17 16 καὶ οὐκ ἠδυνήθησαν αὐτὸν θερα-
     πεῦσαι
     17 17 φέρετέ μοι αὐτὸν ὧδε
     17 23 ἀποκτενοῦσιν αὐτόν
     17 25 προέφθασεν αὐτὸν ὁ Ἰησοῦς
     18 8 ἔκκοψον αὐτὸν (-τὰ ς) καὶ βάλε
     ἀπὸ σοῦ
     18 9 ἔξελε αὐτὸν καὶ βάλε ἀπὸ σοῦ
     18 15 ἔλεγξον αὐτὸν μεταξὺ σοῦ καὶ
     αὐτοῦ μόνου
     18 25 ἐκέλευσεν αὐτὸν ὁ κύριος (+αὐτοῦ
     Vς) πραθῆναι
     18 27 σπλαγχνισθεὶς δὲ ὁ κύριος τοῦ
     δούλου ἐκείνου [H] ἀπέλυσεν αὐτόν
     18 28 κρατήσας αὐτὸν ἔπνιγεν
     18 29 ὁ σύνδουλος αὐτοῦ παρεκάλει
     αὐτόν
     18 30 ἔβαλεν αὐτὸν εἰς φυλακήν
     18 32 προσκαλεσάμενος αὐτὸν ὁ κύριος
     αὐτοῦ λέγει αὐτῷ
     18 34 παρέδωκεν αὐτὸν τοῖς βασανισταῖς
     19 3 προσῆλθον αὐτῷ (+οἱ Tς) Φαρι-
     σαῖοι πειράζοντες αὐτόν
     20 18 καὶ κατακρινοῦσιν αὐτὸν θανάτῳ
     ([H]; εἰς θάνατον NMT), ↔
     20 19 καὶ παραδώσουσιν αὐτὸν τοῖς
     ἔθνεσιν
     21 9 οἱ δὲ ὄχλοι οἱ προάγοντες αὐτὸν
     (—ς)
     21 13 ὑμεῖς δὲ αὐτὸν ποιεῖτε σπήλαιον
     λῃστῶν
     21 33 καὶ ἐξέδετο αὐτὸν γεωργοῖς
     21 38 δεῦτε ἀποκτείνωμεν αὐτὸν
     21 39 καὶ λαβόντες αὐτὸν ἐξέβαλον ἔξω
     τοῦ ἀμπελῶνος
     21 44 | ἐφ' ὃν δ' ἂν πέσῃ, λικμήσει αὐτὸν
     ([..N²⁶NVSH]; ..—T)
     21 46 καὶ ζητοῦντες αὐτὸν κρατῆσαι
     21 46 ἐπεὶ εἰς (ὡς Vς) προφήτην αὐτὸν
     εἶχον

Mt 22 13 *|δήσαντες αὐτοῦ πόδας καὶ χεῖρας (—S) | ἄρατε αὐτὸν (+Sς) | ποδῶν καὶ χειρῶν (+S) ↔

22 13 (+καὶ Sς) ἐκβάλετε (βάλετε S) αὐτὸν (—ς) εἰς τὸ σκότος τὸ ἐξώτερον

22 15 ὅπως αὐτὸν παγιδεύσωσιν ἐν λόγῳ

22 22 καὶ ἀφέντες αὐτὸν ἀπῆλθαν

22 23 προσῆλθον αὐτῷ ... καὶ ἐπηρώτησαν αὐτόν

22 35 καὶ ἐπηρώτησεν ... νομικὸς [N²⁶] πειράζων αὐτόν

22 43 πῶς οὖν Δαυὶδ ἐν πνεύματι | καλεῖ αὐτὸν κύριον (~ T VSς) ⟨;⟩

22 45 εἰ οὖν Δαυὶδ καλεῖ αὐτὸν κύριον

22 46 οὐδὲ ἐτόλμησέν τις ... ἐπερωτῆσαι αὐτὸν οὐκέτι

23 15 ποιεῖτε αὐτὸν υἱὸν γεέννης

23 21 ὀμνύει ... ἐν τῷ κατοικοῦντι (-κήσαντι VBS) αὐτόν

24 47 ἐπὶ πᾶσιν τοῖς ὑπάρχουσιν αὐτοῦ καταστήσει αὐτόν

24 51 ⟨ἥξει ὁ κύριος τοῦ δούλου ἐκείνου⟩ καὶ διχοτομήσει αὐτόν

26 15 κἀγὼ ὑμῖν παραδώσω αὐτόν

26 16 ἐζήτει εὐκαιρίαν ἵνα αὐτὸν παραδῷ

26 25 Ἰούδας ὁ παραδιδοὺς αὐτὸν εἶπεν

26 44ᵃπροσηύξατο ... τὸν αὐτὸν λόγον εἰπὼν πάλιν

26 48 ὁ δὲ παραδιδοὺς αὐτὸν ἔδωκεν αὐτοῖς σημεῖον

26 48 κρατήσατε αὐτόν

26 49 κατεφίλησεν αὐτόν

26 50 ἐκράτησαν αὐτόν

26 56 οἱ μαθηταὶ πάντες ἀφέντες αὐτὸν ἔφυγον

26 59 ὅπως αὐτὸν θανατώσωσιν (-σουσιν Τ)

26 61 *δύναμαι ... διὰ τριῶν ἡμερῶν αὐτὸν (+VBSTς) οἰκοδομῆσαι

26 67 ἐκολάφισαν αὐτόν

26 71 *ἐξελθόντα δὲ αὐτὸν (+B[S]Tς) εἰς τὸν πυλῶνα ↔

26 71 εἶδεν αὐτὸν ἄλλη

27 1 συμβούλιον ἔλαβον ... ὥστε θανατῶσαι αὐτόν

27 2 δήσαντες αὐτὸν ἀπήγαγον ↔

27 2 *καὶ παρέδωκαν αὐτὸν (+V[S]ς) (+Ποντίῳ VBS) Πιλάτῳ

27 3 ἰδὼν Ἰούδας ὁ παραδιδοὺς (παραδοὺς NH) αὐτόν

27 11 ἐπηρώτησεν αὐτὸν ὁ ἡγεμών

27 12 ἐν τῷ κατηγορεῖσθαι αὐτόν

27 18 διὰ φθόνον παρέδωκαν αὐτόν

27 19ᶜἀπέστειλεν πρὸς αὐτὸν ἡ γυνὴ αὐτοῦ

27 19ᶜπολλὰ γὰρ ἔπαθον ... δι᾽ αὐτόν

27 27ᶜσυνήγαγον ἐπ᾽ αὐτὸν ὅλην τὴν σπεῖραν

27 28 ἐκδύσαντες αὐτόν

27 30ᶜἐμπτύσαντες εἰς αὐτόν

27 31 ἐξέδυσαν (ἐκδύσαντες Τ) αὐτὸν τὴν χλαμύδα ↔

27 31 καὶ (—Τ) ἐνέδυσαν αὐτὸν τὰ ἱμάτια αὐτοῦ, ↔

27 31 καὶ ἀπήγαγον αὐτὸν εἰς τὸ σταυρῶσαι

27 35 σταυρώσαντες δὲ αὐτόν

27 36 καθήμενοι ἐτήρουν αὐτὸν ἐκεῖ

27 39 οἱ δὲ παραπορευόμενοι ἐβλασφήμουν αὐτόν

27 42ᶜπιστεύσομεν (-σωμεν BST) | ἐπ᾽ αὐτόν (αὐτῷ ς)

Mt 27 43 *ῥυσάσθω νῦν αὐτὸν (+Vς) ↔

27 43 εἰ θέλει αὐτόν

27 44 οἱ συσταυρωθέντες ... ὠνείδιζον αὐτόν (αὐτῷ ς)

27 48 λαβὼν σπόγγον ... ἐπότιζεν αὐτόν

27 49 εἰ ἔρχεται Ἡλίας σώσων αὐτόν

27 64 μήποτε ἐλθόντες οἱ μαθηταὶ αὐτοῦ (—NTH) κλέψωσιν αὐτόν

28 7 ἐκεῖ αὐτὸν ὄψεσθε

28 13 οἱ μαθηταὶ αὐτοῦ ... ἔκλεψαν αὐτόν

28 14 ἡμεῖς πείσομεν αὐτόν (+[N²⁶S] MVς)

28 17 ἰδόντες αὐτὸν προσεκύνησαν (+ αὐτῷ [S]ς)

Mc 1 5ᶜἐξεπορεύετο πρὸς αὐτὸν πᾶσα ἡ Ἰουδαία χώρα

1 10ᶜεἶδεν ... τὸ πνεῦμα ὡς περιστερὰν καταβαῖνον εἰς αὐτόν

1 12 εὐθὺς τὸ πνεῦμα αὐτὸν ἐκβάλλει εἰς τὴν ἔρημον

1 26 σπαράξαν αὐτὸν τὸ πνεῦμα τὸ ἀκάθαρτον

1 32ᶜἔφερον πρὸς αὐτὸν πάντας τοὺς κακῶς ἔχοντας

1 34 ὅτι ᾔδεισαν αὐτὸν [+Χριστὸν εἶναι Η]

1 36 κατεδίωξεν (-ξαν S) αὐτὸν (+ὁ Vς) Σίμων καὶ οἱ μετ᾽ αὐτοῦ, ↔

1 37 καὶ | εὗρον αὐτὸν καὶ (εὑρόντες αὐτὸν MVSς) λέγουσιν αὐτῷ

1 40ᶜἔρχεται πρὸς αὐτὸν λεπρὸς ↔

1 40 παρακαλῶν αὐτὸν ↔

1 40 *| καὶ γονυπετῶν [N²⁶H] αὐτὸν (+Vς)

1 43 ἐμβριμησάμενος αὐτῷ εὐθὺς ἐξέβαλεν αὐτόν

1 45 ὥστε μηκέτι αὐτὸν δύνασθαι | φανερῶς εἰς πόλιν εἰσελθεῖν (~ ST)

1 45ᶜἤρχοντο πρὸς αὐτὸν πάντοθεν

2 3ᶜ| φέροντες πρὸς αὐτὸν παραλυτικόν (~ Sς)

2 13ᶜπᾶς ὁ ὄχλος ἤρχετο πρὸς αὐτόν

2 15 γίνεται κατακεῖσθαι αὐτόν

2 16 *ἰδόντες | αὐτὸν ἐσθίοντα (Vς; ὅτι ἤσθιεν BST; ὅτι ἐσθίει rl)

2 23 ἐγένετο αὐτὸν ἐν τοῖς σάββασιν παραπορεύεσθαι (διαπ. Η)

3 2 παρετήρουν αὐτὸν ↔

3 2 εἰ (+ἐν BT) τοῖς σάββασιν θεραπεύσει (-εύει Τ) αὐτόν

3 6 ὅπως αὐτὸν ἀπολέσωσιν

3 8ᶜἦλθον πρὸς αὐτόν

3 9 ἵνα μὴ θλίβωσιν αὐτόν

3 11 ὅταν αὐτὸν ἐθεώρουν (-ρει Vς)

3 12 ἵνα μὴ | αὐτὸν φανερὸν (~ V) ποιήσωσιν (ποιῶσιν Τ)

3 13ᶜκαὶ ἀπῆλθον πρὸς αὐτόν

3 19 Ἰούδαν Ἰσκαριώθ, ὃς καὶ παρέδωκεν αὐτόν

3 21 ἐξῆλθον κρατῆσαι αὐτόν

3 31ᶜἀπέστειλαν πρὸς αὐτὸν ↔

3 31 καλοῦντες αὐτόν

3 32ᶜἐκάθητο περὶ αὐτὸν ὄχλος

3 34ᶜπεριβλεψάμενος τοὺς περὶ αὐτὸν κύκλῳ καθημένους

4 1ᶜσυνάγεται πρὸς αὐτὸν ὄχλος πλεῖστος, ↔

4 1 ὥστε αὐτὸν εἰς (+τὸ [V]ς) πλοῖον ἐμβάντα καθῆσθαι

4 10 ἠρώτων (-ουν Τ) αὐτὸν ↔

4 10ᶜοἱ περὶ αὐτὸν σὺν τοῖς δώδεκα

4 16 οἳ ὅταν ἀκούσωσιν τὸν λόγον... λαμβάνουσιν αὐτόν [S]

Mc 4 36 ἀφέντες τὸν ὄχλον παραλαμβάνουσιν αὐτόν

4 38 καὶ ἐγείρουσιν (δι- VSς) αὐτόν

5 3 οὐδὲ ἁλύσει οὐκέτι οὐδεὶς ἐδύνατο αὐτὸν δῆσαι

5 4 διὰ τὸ αὐτὸν πολλάκις πέδαις καὶ ἁλύσεσιν δεδέσθαι

5 4 καὶ οὐδεὶς ἴσχυεν αὐτὸν δαμάσαι

5 6 *ἔδραμεν καὶ προσεκύνησεν αὐτὸν (αὐτῷ N²⁶VTς)

5 9 καὶ ἐπηρώτα αὐτόν

5 10 καὶ παρεκάλει αὐτὸν πολλά

5 12 καὶ παρεκάλεσαν αὐτὸν λέγοντες

5 17 ἤρξαντο παρακαλεῖν αὐτὸν ἀπελθεῖν

5 18 παρεκάλει αὐτὸν ὁ δαιμονισθεὶς

5 19 καὶ οὐκ ἀφῆκεν αὐτόν

5 21ᶜσυνήχθη ὄχλος πολὺς ἐπ᾽ αὐτόν

5 22 ἰδὼν αὐτὸν πίπτει πρὸς τοὺς πόδας αὐτοῦ, ↔

5 23 καὶ παρακαλεῖ αὐτὸν πολλὰ λέγων

5 24 ἠκολούθει αὐτῷ ὄχλος πολύς, καὶ συνέθλιβον αὐτόν

6 17 ἔδησεν αὐτὸν ἐν φυλακῇ

6 19 ἤθελεν αὐτὸν ἀποκτεῖναι

6 20 ἐφοβεῖτο τὸν Ἰωάννην, εἰδὼς αὐτὸν ἄνδρα δίκαιον καὶ ἅγιον, ↔

6 20 καὶ συνετήρει αὐτόν

6 27 ἀπεκεφάλισεν αὐτὸν ἐν τῇ φυλακῇ

6 29 *καὶ ἔθηκαν αὐτὸν (Τ; αὐτὸ rl) ἐν μνημείῳ

6 33 *ἐπέγνωσαν (ἔγνω. Η) αὐτὸν (ς; αὐτοὺς [MS]T; — rl) πολλοί

6 33ᶜ*προῆλθον αὐτοὺς | καὶ συνῆλθον πρὸς αὐτὸν (+ς)

6 49 οἱ δὲ ἰδόντες αὐτὸν ... περιπατοῦντα

6 50 πάντες γὰρ αὐτὸν εἶδον

6 54 εὐθὺς ἐπιγνόντες αὐτὸν

6 56 ἐτίθεσαν (ἐτίθουν Vς) τοὺς ἀσθενοῦντας καὶ παρεκάλουν αὐτόν

7 1ᶜσυνάγονται πρὸς αὐτὸν οἱ Φαρισαῖοι

7 5 ἐπερωτῶσιν αὐτὸν οἱ Φαρισαῖοι καὶ οἱ γραμματεῖς

7 12 οὐκέτι ἀφίετε αὐτὸν οὐδὲν ποιῆσαι τῷ πατρί

7 15 οὐδέν ἐστιν ἔξωθεν τοῦ ἀνθρώπου εἰσπορευόμενον εἰς αὐτὸν ↔

7 15 ὃ δύναται | κοινῶσαι αὐτόν (~ Vς)

7 17 ἐπηρώτων αὐτὸν οἱ μαθηταὶ αὐτοῦ | τὴν παραβολήν (περὶ τῆς π-λῆς Sς)

7 18 ὅτι πᾶν τὸ ἔξωθεν εἰσπορευόμενον εἰς τὸν ἄνθρωπον οὐ δύναται αὐτὸν κοινῶσαι ⟨;⟩

7 26 ἠρώτα αὐτὸν ἵνα τὸ δαιμόνιον ἐκβάλῃ

7 32 παρακαλοῦσιν αὐτὸν ἵνα ἐπιθῇ αὐτῷ τὴν χεῖρα

7 33 ἀπολαβόμενος αὐτὸν ἀπὸ τοῦ ὄχλου κατ᾽ ἰδίαν

8 11 ἤρξαντο συζητεῖν αὐτῷ ... πειράζοντες αὐτόν

8 22 παρακαλοῦσιν αὐτὸν ἵνα αὐτοῦ ἅψηται

8 23 ἐξήνεγκεν αὐτὸν ἔξω τῆς κώμης

8 23 ἐπηρώτα αὐτόν

8 25 *καὶ | ἐποίησεν αὐτὸν ἀναβλέψαι (ς; διέβλεψεν rl)

8 26 ἀπέστειλεν αὐτὸν εἰς οἶκον αὐτοῦ

8 32 προσλαβόμενος | ὁ Πέτρος αὐτὸν (~ Vς) ἤρξατο ἐπιτιμᾶν αὐτῷ

8 38 καὶ ὁ υἱὸς τοῦ ἀνθρώπου ἐπαισχυνθήσεται αὐτόν

Mc   9 11 καὶ ἐπηρώτων αὐτὸν λέγοντες

9 13ᶜ καθὼς γέγραπται ἐπ᾽ αὐτόν

9 15 πᾶς ὁ ὄχλος ἰδόντες αὐτὸν ἐξεθαμβήθησαν, ↔

9 15 καὶ προστρέχοντες ἠσπάζοντο αὐτόν

9 18 ὅπου ἐὰν (ἂν Vς) αὐτὸν καταλάβῃ, ↔

9 18 ῥήσσει αὐτόν (—T)

9 19 φέρετε αὐτὸν πρός με. ↔

9 20 καὶ ἤνεγκαν αὐτόν ↔

9 20ᶜ πρὸς αὐτόν· ↔

9 20 καὶ ἰδὼν αὐτὸν τὸ πνεῦμα ↔

9 20 εὐθὺς συνεσπάραξεν αὐτόν

9 22 εἰς πῦρ αὐτὸν ἔβαλεν

9 22 ἵνα ἀπολέσῃ αὐτόν

9 25ᶜ μηκέτι εἰσέλθῃς εἰς αὐτόν

9 26 *πολλὰ | σπαράξαν αὐτόν (ς; σπαράξας rl) ἐξῆλθεν

9 27 *κρατήσας | αὐτὸν τῆς χειρὸς (ς; τ. χ. αὐτοῦ rl) ↔

9 27 ἤγειρεν αὐτόν

9 28 *| εἰσελθόντα αὐτὸν (ς; -θόντος αὐτοῦ rl) εἰς οἶκον

9 28 οἱ μαθηταὶ αὐτοῦ κατ᾽ ἰδίαν ἐπηρώτων αὐτόν

9 31 καὶ ἀποκτενοῦσιν αὐτόν

9 32 ἐφοβοῦντο αὐτὸν ἐπερωτῆσαι

9 38 καὶ ἐκωλύομεν αὐτόν, | ὅτι οὐκ ἠκολούθει ἡμῖν (— BS)

9 39 μὴ κωλύετε αὐτόν

9 45 ἐὰν ὁ πούς σου σκανδαλίζῃ σε, ἀπόκοψον αὐτόν

9 47 ἐὰν ὁ ὀφθαλμός σου σκανδαλίζῃ σε, ἔκβαλε αὐτόν

10 1ᶜ συμπορεύονται πάλιν ὄχλοι πρὸς αὐτόν

10 2 || προσελθόντες (+οἱ Tς) Φαρισαῖοι [[H]] ἐπηρώτων αὐτόν

10 2 πειράζοντες αὐτόν

10 10 περὶ τούτου ἐπηρώτων αὐτόν

10 17 γονυπετήσας αὐτόν ↔

10 17 ἐπηρώτα αὐτόν

10 21 ὁ δὲ Ἰησοῦς ἐμβλέψας αὐτῷ ἠγάπησεν αὐτόν

10 26ᶜ *οἱ δὲ περισσῶς ἐξεπλήσσοντο λέγοντες πρὸς αὐτόν (H; ἑαυτούς rl)

10 33 κατακρινοῦσιν αὐτὸν θανάτῳ ↔

10 33 καὶ παραδώσουσιν αὐτὸν τοῖς ἔθνεσιν

10 34 καὶ μαστιγώσουσιν αὐτὸν ↔

10 34 *καὶ ἀποκτενοῦσιν αὐτόν (+ς)

10 49 ὁ Ἰησοῦς εἶπεν· | φωνήσατε αὐτόν (α. φωνηθῆναι ς)

11 2 λύσατε αὐτὸν καὶ φέρετε

11 3 καὶ εὐθὺς αὐτὸν ἀποστέλλει πάλιν ὧδε

11 4 εὗρον (+τὸν [S]Tς) πῶλον ... καὶ λύουσιν αὐτόν

11 7ᶜ καὶ ἐκάθισεν ἐπ᾽ αὐτόν (αὐτῷ ς)

11 17 ὑμεῖς δὲ πεποιήκατε (ἐποιήσατε Vς) αὐτὸν σπήλαιον λῃστῶν

11 18 καὶ ἐζήτουν πῶς αὐτὸν ἀπολέσωσιν· ↔

11 18 ἐφοβοῦντο γὰρ αὐτόν

11 27ᶜ ἔρχονται πρὸς αὐτὸν οἱ ἀρχιερεῖς

12 1 καὶ ἐξέδετο (N²⁶TH; -δοτο rl) αὐτὸν γεωργοῖς

12 3 καὶ (οἱ δὲ Vς) λαβόντες αὐτὸν ἔδειραν

12 6 ἀπέστειλεν (+καὶ Vς) αὐτὸν | ἔσχατον πρὸς αὐτούς (~Vς)

12 7 δεῦτε ἀποκτείνωμεν αὐτόν

12 8 καὶ λαβόντες | ἀπέκτειναν αὐτόν (~Vς), ↔

Mc   12 8 καὶ ἐξέβαλον αὐτὸν (— Vς) ἔξω τοῦ ἀμπελῶνος

12 12 καὶ ἐζήτουν αὐτὸν κρατῆσαι

12 12 καὶ ἀφέντες αὐτὸν ἀπῆλθον. ↔

12 13ᶜ καὶ ἀποστέλλουσιν πρὸς αὐτόν τινας τῶν Φαρισαίων

12 13 ἵνα αὐτὸν ἀγρεύσωσιν λόγῳ

12 14 *| ἤρξαντο ἐρωτᾶν αὐτὸν ἐν δόλῳ λέγοντες (S; λέγουσιν αὐτῷ rl)

12 18ᶜ καὶ ἔρχονται Σαδδουκαῖοι πρὸς αὐτόν

12 18 ἐπηρώτων αὐτὸν λέγοντες

12 28 καὶ προσελθὼν ... ἐπηρώτησεν αὐτόν

12 33 καὶ τὸ ἀγαπᾶν αὐτὸν ἐξ ὅλης τῆς (— H) καρδίας

12 34 ἰδὼν αὐτὸν ([N²⁶]; — S) ὅτι νουνεχῶς ἀπεκρίθη

12 34 καὶ οὐδεὶς οὐκέτι ἐτόλμα αὐτὸν ἐπερωτῆσαι

12 37 αὐτὸς (+οὖν Vς) Δαυὶδ λέγει αὐτὸν κύριον

13 3 ἐπηρώτα αὐτὸν κατ᾽ ἰδίαν (+ὁ T) Πέτρος

14 1 ἐζήτουν ... πῶς αὐτὸν ἐν δόλῳ κρατήσαντες ἀποκτείνωσιν

14 10 ἵνα | αὐτὸν παραδοῖ (π-δῷ α. Vς) αὐτοῖς

14 11 καὶ ἐζήτει πῶς αὐτὸν εὐκαίρως παραδοῖ

14 39ᵃ προσηύξατο | τὸν αὐτὸν λόγον εἰπών [H]

14 44 δεδώκει δὲ ὁ παραδιδοὺς αὐτὸν σύσσημον αὐτοῖς λέγων

14 44 κρατήσατε αὐτὸν καὶ ἀπάγετε ἀσφαλῶς

14 45 καὶ κατεφίλησεν αὐτόν· ↔

14 46ᶜ *οἱ δὲ ἐπέβαλον | ἐπ᾽ αὐτὸν τὰς χεῖρας αὐτῶν (ς; τ. χ. αὐτῷ rl) ↔

14 46 καὶ ἐκράτησαν αὐτόν

14 50 καὶ ἀφέντες αὐτὸν | ἔφυγον πάντες (~Vς)

14 51 καὶ κρατοῦσιν αὐτόν (+οἱ νεανίσκοι V[S]ς)

14 55 ἐζήτουν ... μαρτυρίαν εἰς τὸ θανατῶσαι αὐτόν

14 61 πάλιν ὁ ἀρχιερεὺς ἐπηρώτα αὐτόν

14 64 οἱ δὲ πάντες κατέκριναν αὐτὸν | ἔνοχον εἶναι (~Vς) θανάτου

14 65 ἤρξαντό τινες ... κολαφίζειν αὐτόν

14 65 καὶ οἱ ὑπηρέται ῥαπίσμασιν αὐτὸν ἔλαβον

14 69 καὶ ἡ παιδίσκη ἰδοῦσα αὐτόν

15 2 καὶ ἐπηρώτησεν αὐτὸν ὁ Πιλᾶτος

15 4 ὁ δὲ Πιλᾶτος πάλιν ἐπηρώτα (-τησεν Vς) αὐτὸν λέγων ([NH]; —T)

15 10 ὅτι διὰ φθόνον παραδεδώκεισαν αὐτόν | οἱ ἀρχιερεῖς [H]

15 13 ἔκραξαν· σταύρωσον αὐτόν

15 14 ἔκραξαν· σταύρωσον αὐτόν

15 16 οἱ δὲ στρατιῶται ἀπήγαγον αὐτὸν ἔσω τῆς αὐλῆς

15 17 καὶ ἐνδιδύσκουσιν αὐτὸν πορφύραν

15 18 καὶ ἤρξαντο ἀσπάζεσθαι αὐτόν

15 20 ἐξέδυσαν αὐτὸν τὴν πορφύραν ↔

15 20 καὶ ἐνέδυσαν αὐτὸν τὰ (+ἴδια T) ἱμάτια αὐτοῦ (τὰ ἴδια VSς). ↔

15 20 ἐξάγουσιν αὐτὸν ↔

15 20 ἵνα | σταυρώσωσιν αὐτόν (σταυρώσουσιν T)

15 22 καὶ φέρουσιν αὐτὸν ἐπὶ τὸν Γολγοθᾶν τόπον

15 24 καὶ σταυροῦσιν αὐτόν

Mc   15 25 καὶ ἐσταύρωσαν αὐτόν

15 29 καὶ οἱ παραπορευόμενοι ἐβλασφήμουν αὐτόν

15 32 οἱ συνεσταυρωμένοι σὺν αὐτῷ ὠνείδιζον αὐτόν

15 36 γεμίσας σπόγγον ὄξους περιθεὶς καλάμῳ ἐπότιζεν αὐτόν

15 36 εἰ ἔρχεται Ἠλίας καθελεῖν αὐτόν

15 44 ἐπηρώτησεν αὐτὸν εἰ πάλαι (ἤδη BH) ἀπέθανεν

15 46 καθελὼν αὐτὸν ἐνείλησεν τῇ σινδόνι ↔

15 46 καὶ ἔθηκεν (N²⁶BH; κατ- rl) αὐτὸν ἐν μνημείῳ (-ματι NTH)

16 1 ἵνα ἐλθοῦσαι ἀλείψωσιν αὐτόν

16 6 ἴδε ὁ τόπος ὅπου ἔθηκαν αὐτόν

16 7 ἐκεῖ αὐτὸν ὄψεσθε

[16 14] ὅτι τοῖς θεασαμένοις αὐτὸν ἐγηγερμένον (+ἐκ νεκρῶν MBS[H]) οὐκ ἐπίστευσαν

Lc   1 8 ἐγένετο δὲ ἐν τῷ ἱερατεύειν αὐτόν

1 12ᶜ καὶ φόβος ἐπέπεσεν ἐπ᾽ αὐτόν. ↔

1 13ᶜ εἶπεν δὲ πρὸς αὐτὸν ὁ ἄγγελος

1 21 ἐθαύμαζον ἐν τῷ χρονίζειν | ἐν τῷ ναῷ αὐτόν (~VBSTς)

1 50 καὶ τὸ ἔλεος αὐτοῦ ... τοῖς φοβουμένοις αὐτόν

1 62 *ἐνένευον ... τὸ τί ἂν θέλοι καλεῖσθαι αὐτόν (ς; -τό rl)

2 4 διὰ τὸ εἶναι αὐτὸν ἐξ οἴκου καὶ πατριᾶς Δαυίδ

2 7 καὶ ἐσπαργάνωσεν αὐτόν ↔

2 7 καὶ ἀνέκλινεν αὐτὸν ἐν (+τῇ Vς) φάτνῃ

2 21 ἐπλήσθησαν ἡμέραι ὀκτὼ τοῦ περιτεμεῖν αὐτόν (τὸ παιδίον ς)

2 21 τὸ κληθὲν ... πρὸ τοῦ συλλημφθῆναι αὐτόν

2 22 ἀνήγαγον αὐτὸν εἰς Ἱεροσόλυμα

2 25ᶜ καὶ πνεῦμα ἦν ἅγιον ἐπ᾽ αὐτόν

2 44 νομίσαντες δὲ αὐτὸν εἶναι ἐν τῇ συνοδίᾳ

2 44 ἀνεζήτουν αὐτὸν ἐν τοῖς συγγενεῦσιν (-νέσιν Tς)

2 45 *μὴ εὑρόντες αὐτόν (+ς) ↔

2 45 ὑπέστρεψαν εἰς Ἱερουσαλὴμ ἀναζητοῦντες αὐτόν

2 46 εὗρον αὐτὸν ἐν τῷ ἱερῷ καθεζόμενον

2 48 καὶ ἰδόντες αὐτὸν ἐξεπλάγησαν, ↔

2 48ᶜ καὶ εἶπεν πρὸς αὐτὸν ἡ μήτηρ αὐτοῦ

3 10 ἐπηρώτων αὐτὸν οἱ ὄχλοι

3 12ᶜ τελῶναι ... εἶπαν πρὸς αὐτόν

3 14 ἐπηρώτων δὲ αὐτὸν καὶ στρατευόμενοι

3 22ᶜ καταβῆναι τὸ πνεῦμα τὸ ἅγιον... ὡς (ὡσεὶ Vς) περιστερὰν ἐπ᾽ αὐτόν

4 4ᶜ ἀπεκρίθη πρὸς αὐτὸν ὁ Ἰησοῦς

4 5 ἀναγαγὼν αὐτὸν ἔδειξεν αὐτῷ

4 9 ἤγαγεν δὲ αὐτὸν εἰς Ἱερουσαλήμ ↔

4 9 *καὶ ἔστησεν αὐτόν (+ς) ἐπὶ τὸ πτερύγιον τοῦ ἱεροῦ

4 29 ἐξέβαλον αὐτὸν ἔξω τῆς πόλεως, ↔

4 29 καὶ ἤγαγον αὐτὸν ἕως ὀφρύος τοῦ ὄρους

4 29 ὥστε κατακρημνίσαι αὐτόν

4 35 ῥῖψαν αὐτὸν τὸ δαιμόνιον

4 35 ἐξῆλθεν ἀπ᾽ αὐτοῦ μηδὲν βλάψαν αὐτόν

4 38 ἠρώτησαν αὐτὸν περὶ αὐτῆς

4 40ᶜ ἤγαγον αὐτοὺς πρὸς αὐτόν

Lc 4 41 ὅτι ᾔδεισαν τὸν χριστὸν αὐτὸν εἶναι

4 42 καὶ οἱ ὄχλοι ἐπεζήτουν αὐτόν

4 42 κατεῖχον αὐτὸν τοῦ μὴ πορεύεσθαι ἀπ᾽ αὐτῶν

5 3 ἠρώτησεν αὐτὸν ... ἐπαναγαγεῖν ὀλίγον

5 9 θάμβος γὰρ περιέσχεν αὐτόν

5 12 ἐγένετο ἐν τῷ εἶναι αὐτὸν ἐν μιᾷ τῶν πόλεων

5 17 δύναμις κυρίου ἦν εἰς τὸ ἰᾶσθαι αὐτόν (-τούς Vς)

5 18 καὶ ἐζήτουν αὐτὸν εἰσενεγκεῖν ↔

5 18 καὶ θεῖναι αὐτὸν [+ N²⁶N] ἐνώπιον αὐτοῦ

5 19 μὴ εὑρόντες ποίας εἰσενέγκωσιν αὐτόν

5 19 διὰ τῶν κεράμων καθῆκαν αὐτόν

5 33ᶜ οἱ δὲ εἶπαν πρὸς αὐτόν

6 1 ἐγένετο ... διαπορεύεσθαι αὐτὸν διὰ σπορίμων

6 6 ἐγένετο ... εἰσελθεῖν αὐτὸν εἰς τὴν συναγωγήν

6 7 παρετηροῦντο δὲ αὐτὸν (— VST) οἱ γραμματεῖς

6 12 ἐγένετο ... | ἐξελθεῖν αὐτὸν (ἐξῆλθεν ς) εἰς τὸ ὄρος

7 3ᶜ ἀπέστειλεν πρὸς αὐτὸν πρεσβυτέρους τῶν Ἰουδαίων, ↔

7 3 ἐρωτῶν αὐτὸν ὅπως ἐλθὼν διασώσῃ

7 4 παρεκάλουν (ἠρώτων ST) αὐτὸν σπουδαίως

7 6ᶜ ✱ἔπεμψεν | πρὸς αὐτὸν (+VBς) φίλους ὁ ἑκατοντάρχης

7 9 ἀκούσας δὲ ταῦτα ὁ Ἰησοῦς ἐθαύμασεν αὐτόν

7 15 ἔδωκεν αὐτὸν τῇ μητρὶ αὐτοῦ

7 20ᶜ παραγενόμενοι δὲ πρὸς αὐτὸν οἱ ἄνδρες

7 36 ἠρώτα δέ τις αὐτὸν τῶν Φαρισαίων

7 39 ἰδὼν δὲ ὁ Φαρισαῖος ὁ καλέσας αὐτόν

7 40ᶜ ἀποκριθεὶς ὁ Ἰησοῦς εἶπεν πρὸς αὐτόν

7 42 τίς οὖν αὐτῶν (+εἰπὲ VSς) πλεῖον | ἀγαπήσει αὐτὸν (∼ Sς);

8 4ᶜ τῶν κατὰ πόλιν ἐπιπορευομένων πρὸς αὐτόν

8 5 ἐν τῷ σπείρειν αὐτόν

8 9 ἐπηρώτων δὲ αὐτὸν οἱ μαθηταὶ αὐτοῦ

8 16 οὐδεὶς δὲ λύχνον ἅψας καλύπτει αὐτὸν σκεύει

8 19ᶜ παρεγένετο (-νοντο VSς) δὲ πρὸς αὐτὸν ἡ μήτηρ (+αὐτοῦ T)

8 21 ✱οἱ τὸν λόγον τοῦ θεοῦ ἀκούοντες καὶ ποιοῦντες αὐτόν (+ς)

8 24 προσελθόντες δὲ διήγειραν αὐτόν

8 29 πολλοῖς γὰρ χρόνοις συνηρπάκει αὐτόν

8 30 ἐπηρώτησεν δὲ αὐτὸν ὁ Ἰησοῦς (+λέγων VBTς)

8 30ᶜ ὅτι εἰσῆλθεν δαιμόνια πολλὰ εἰς αὐτόν. ↔

8 31 καὶ παρεκάλουν αὐτὸν ἵνα μὴ ἐπιτάξῃ αὐτοῖς

8 32 καὶ παρεκάλεσαν αὐτὸν ἵνα ἐπιτρέψῃ αὐτοῖς

8 37 καὶ ἠρώτησεν (-σαν Tς) αὐτὸν ἅπαν τὸ πλῆθος

8 38 ἀπέλυσεν δὲ αὐτὸν λέγων

8 40 ἀπεδέξατο αὐτὸν ὁ ὄχλος· ↔

Lc 8 40 ἦσαν γὰρ πάντες προσδοκῶντες αὐτόν

8 41 παρεκάλει αὐτὸν εἰσελθεῖν εἰς τὸν οἶκον αὐτοῦ

8 42 ἐν δὲ τῷ ὑπάγειν αὐτὸν ↔

8 42 οἱ ὄχλοι συνέπνιγον αὐτόν

9 9 ἐζήτει ἰδεῖν αὐτόν

9 18 ἐγένετο ἐν τῷ εἶναι αὐτὸν προσευχόμενον κατὰ μόνας

9 29 ἐγένετο ἐν τῷ προσεύχεσθαι αὐτὸν

9 39 καὶ ἰδοὺ πνεῦμα λαμβάνει αὐτὸν

9 39 σπαράσσει αὐτὸν μετὰ ἀφροῦ, ↔

9 39 καὶ μόγις (μόλις NMBH) ἀποχωρεῖ ἀπ᾽ αὐτοῦ συντρῖβον αὐτόν

9 42 ἔρρηξεν αὐτὸν τὸ δαιμόνιον

9 42 ἀπέδωκεν αὐτὸν τῷ πατρὶ αὐτοῦ

9 45 ἐφοβοῦντο ἐρωτῆσαι αὐτὸν

9 49 καὶ ἐκωλύομεν (-ύσαμεν Tς) αὐτὸν

9 50ᶜ εἶπεν δὲ πρὸς αὐτὸν ὁ (—NTH) Ἰησοῦς

9 53 καὶ οὐκ ἐδέξαντο αὐτόν

9 57ᶜ εἶπέν τις πρὸς αὐτόν

9 62ᶜ εἶπεν δὲ | πρὸς αὐτὸν [N²⁶NH] ὁ Ἰησοῦς

10 6ᶜ ἐπαναπαήσεται (-παύσεται VBSς) ἐπ᾽ αὐτὸν ἡ εἰρήνη ὑμῶν

10 25 νομικός τις ἀνέστη ἐκπειράζων αὐτόν

10 26ᶜ ὁ δὲ εἶπεν πρὸς αὐτόν

10 30 οἳ καὶ ἐκδύσαντες αὐτὸν ... ἀπῆλθον

10 31 καὶ ἰδὼν αὐτὸν ἀντιπαρῆλθεν

10 33ᶜ Σαμαρίτης δέ τις ὁδεύων ἦλθεν κατ᾽ αὐτὸν ↔

10 33 ✱καὶ ἰδὼν αὐτὸν (+ς) ἐσπλαγχνίσθη

10 34 ἐπιβιβάσας δὲ αὐτὸν ἐπὶ τὸ ἴδιον κτῆνος ↔

10 34 ἤγαγεν αὐτὸν εἰς πανδοχεῖον

10 38 Μάρθα ὑπεδέξατο αὐτὸν (+εἰς τὴν οἰκίαν NMTH; +εἰς τὸν οἶκον αὐτῆς VBSς)

11 1 ἐγένετο ἐν τῷ εἶναι αὐτὸν ἐν τόπῳ τινὶ προσευχόμενον

11 1ᶜ εἶπέν τις τῶν μαθητῶν αὐτοῦ πρὸς αὐτόν

11 5ᶜ καὶ πορεύσεται πρὸς αὐτὸν μεσονυκτίου

11 13 πόσῳ μᾶλλον ὁ πατὴρ ... δώσει πνεῦμα ἅγιον τοῖς αἰτοῦσιν αὐτόν

11 22 ἐπὰν δὲ ἰσχυρότερος αὐτοῦ ἐπελθὼν νικήσῃ αὐτὸν

11 27 ἐγένετο δὲ ἐν τῷ λέγειν αὐτὸν ταῦτα

11 28 ✱μακάριοι οἱ ἀκούοντες τὸν λόγον τοῦ θεοῦ καὶ φυλάσσοντες αὐτόν (+ς)

11 37 ἐρωτᾷ αὐτὸν Φαρισαῖος (+τις Vς)

11 39ᶜ εἶπεν δὲ ὁ κύριος πρὸς αὐτόν

11 53 ἤρξαντο ... ἀποστοματίζειν αὐτὸν περὶ πλειόνων, ↔

11 54 ἐνεδρεύοντες αὐτὸν (—T) (+ζητοῦντες Vς) θηρεῦσαί τι

12 44 ὅτι ἐπὶ πᾶσιν τοῖς ὑπάρχουσιν αὐτοῦ καταστήσει αὐτόν

12 46 καὶ διχοτομήσει αὐτὸν

12 48 περισσότερον αἰτήσουσιν αὐτόν

14 1 ἐγένετο ἐν τῷ ἐλθεῖν αὐτὸν εἰς οἶκόν τινος τῶν ἀρχόντων

14 1 καὶ αὐτοὶ ἦσαν παρατηρούμενοι αὐτόν

14 4 ἐπιλαβόμενος ἰάσατο αὐτὸν

14 5 οὐκ εὐθέως ἀνασπάσει αὐτὸν ἐν (+τῇ VB[S]ς) ἡμέρᾳ τοῦ σαββάτου;

Lc 14 9 ἐλθὼν ὁ σὲ καὶ αὐτὸν καλέσας

14 12 ἔλεγεν δὲ καὶ τῷ κεκληκότι αὐτόν

14 18 ἔχω ἀνάγκην ἐξελθὼν ἰδεῖν αὐτόν

14 31ᶜ εἰ δυνατός ἐστιν ... ὑπαντῆσαι τῷ μετὰ εἴκοσι χιλιάδων ἐρχομένῳ ἐπ᾽ αὐτόν

15 15 ἔπεμψεν αὐτὸν εἰς τοὺς ἀγροὺς αὐτοῦ

15 20 εἶδεν αὐτὸν ὁ πατὴρ αὐτοῦ

15 20 καὶ κατεφίλησεν αὐτόν

15 22 καὶ ἐνδύσατε αὐτὸν

15 27 ὅτι ὑγιαίνοντα αὐτὸν ἀπέλαβεν

15 28 ὁ δὲ πατὴρ αὐτοῦ ἐξελθὼν παρεκάλει αὐτόν

16 2 καὶ φωνήσας αὐτὸν εἶπεν αὐτῷ

16 14 καὶ ἐξεμυκτήριζον αὐτόν

16 22 ἐγένετο ... ἀπενεχθῆναι αὐτὸν ὑπὸ τῶν ἀγγέλων

16 27 ἵνα πέμψῃς αὐτὸν εἰς τὸν οἶκον τοῦ πατρός μου

17 11 ✱ἐγένετο ἐν τῷ πορεύεσθαι αὐτὸν (+MVBSς)

17 25 πρῶτον δὲ δεῖ αὐτὸν πολλὰ παθεῖν

18 3ᶜ καὶ ἤρχετο πρὸς αὐτὸν λέγουσα

18 7ᶜ ✱τῶν ἐκλεκτῶν αὐτοῦ τῶν βοώντων | πρὸς αὐτόν (ς; αὐτῷ rI)

18 18 καὶ ἐπηρώτησέν τις αὐτὸν ἄρχων λέγων

18 24 ἰδὼν δὲ αὐτὸν ὁ [H] Ἰησοῦς | περίλυπον γενόμενον (+[N²⁶]ς) εἶπεν

18 33 μαστιγώσαντες ἀποκτενοῦσιν αὐτόν

18 35 ἐγένετο δὲ ἐν τῷ ἐγγίζειν αὐτὸν εἰς Ἰεριχώ

18 40 ἐκέλευσεν αὐτὸν ἀχθῆναι ↔

18 40ᶜ πρὸς αὐτόν. ↔

18 40 ἐγγίσαντος δὲ αὐτοῦ ἐπηρώτησεν αὐτόν

19 4 ἀνέβη ἐπὶ συκομορέαν, ἵνα ἴδῃ αὐτόν

19 5 ✱ἀναβλέψας ὁ [H] Ἰησοῦς | εἶδεν αὐτὸν ↔

19 5ᶜ καὶ (+ς) εἶπεν πρὸς αὐτόν

19 6 ὑπεδέξατο αὐτὸν χαίρων

19 9ᶜ εἶπεν δὲ πρὸς αὐτὸν ὁ [H] Ἰησοῦς

19 11 διὰ τὸ ἐγγὺς εἶναι Ἰερουσαλὴμ αὐτόν

19 14 οἱ δὲ πολῖται αὐτοῦ ἐμίσουν αὐτόν

19 15 ἐγένετο ἐν τῷ ἐπανελθεῖν αὐτὸν λαβόντα τὴν βασιλείαν

19 30 καὶ (— Vς) λύσαντες αὐτὸν ἀγάγετε

19 35 καὶ ἤγαγον αὐτὸν πρὸς τὸν Ἰησοῦν

19 39ᶜ καί τινες τῶν Φαρισαίων ... εἶπαν πρὸς αὐτόν

19 46 ὑμεῖς δὲ αὐτὸν ἐποιήσατε σπήλαιον λῃστῶν

19 47 ἐζήτουν αὐτὸν ἀπολέσαι

20 2ᶜ καὶ εἶπαν λέγοντες πρὸς αὐτόν

20 9 καὶ ἐξέδετο αὐτὸν γεωργοῖς

20 10 οἱ δὲ γεωργοὶ | ἐξαπέστειλαν αὐτὸν δείραντες (∼ Vς) κενόν

20 14 ἰδόντες δὲ αὐτὸν οἱ γεωργοὶ διελογίζοντο

20 14 ἀποκτείνωμεν αὐτόν, ἵνα ἡμῶν γένηται ἡ κληρονομία

20 15 ἐκβαλόντες αὐτὸν ἔξω τοῦ ἀμπελῶνος ἀπέκτειναν

20 18 ἐφ᾽ ὃν δ᾽ ἂν πέσῃ, λικμήσει αὐτὸν

20 19ᶜ ἐζήτησαν ... ἐπιβαλεῖν ἐπ᾽ αὐτὸν τὰς χεῖρας

20 20 ὥστε παραδοῦναι αὐτὸν τῇ ἀρχῇ

20 21 καὶ ἐπηρώτησαν αὐτὸν λέγοντες

Lc 20 27 προσελθόντες δέ τινες τῶν Σαδδου-
καίων ... ἐπηρώτησαν αὐτόν

20 40 οὐκέτι γὰρ ἐτόλμων ἐπερωτᾶν αὐ-
τὸν οὐδέν

20 44 Δαυὶδ οὖν | κύριον αὐτὸν (∼ NM
VSH) καλεῖ

21 7 ἐπηρώτησαν δὲ αὐτὸν λέγοντες

21 38c πᾶς ὁ λαὸς ὤρθριζεν πρὸς αὐτόν

22 2 ἐζήτουν ... τὸ πῶς ἀνέλωσιν αὐ-
τόν

22 4 συνελάλησεν ... τὸ πῶς αὐτοῖς
παραδῷ αὐτόν

22 6 ἐζήτει εὐκαιρίαν τοῦ παραδοῦναι
αὐτόν

22 43 || ὤφθη δὲ αὐτῷ ἄγγελος ἀπ᾽
(ἀπὸ τοῦ H) οὐρανοῦ ἐνισχύων
αὐτόν [[N²⁶NSH ..]]

22 47 ἤγγισεν τῷ Ἰησοῦ φιλῆσαι αὐτόν

22 49c ἰδόντες δὲ οἱ περὶ αὐτὸν τὸ ἐσόμε-
νον

22 51 ἁψάμενος τοῦ ὠτίου ἰάσατο αὐτόν

22 52c εἶπεν δὲ (+ὁ Vⲥ) Ἰησοῦς πρὸς
τοὺς παραγενομένους ἐπ᾽ (πρὸς
T) αὐτὸν ἀρχιερεῖς

22 54 συλλαβόντες δὲ αὐτὸν ἤγαγον ↔

22 54 *καὶ εἰσήγαγον αὐτὸν (+ⲥ) εἰς
τὴν οἰκίαν τοῦ ἀρχιερέως

22 56 ἰδοῦσα δὲ αὐτὸν παιδίσκη τις κα-
θήμενον

22 57 *ὁ δὲ ἠρνήσατο αὐτὸν (+BSTⲥ)
λέγων·

22 57 οὐκ οἶδα αὐτόν, γύναι

22 58 μετὰ βραχὺ ἕτερος ἰδὼν αὐτὸν
ἔφη

22 63 οἱ ἄνδρες οἱ συνέχοντες αὐτὸν
(τὸν Ἰησοῦν ⲥ) ἐνέπαιζον αὐτῷ

22 64 περικαλύψαντες αὐτὸν ↔

22 64 *ἐπηρώτων αὐτὸν (+MVBSⲥ) λέ-
γοντες

22 65c ἕτερα πολλὰ βλασφημοῦντες ἔλε-
γον εἰς αὐτόν

22 66 ἀπήγαγον αὐτὸν εἰς τὸ συνέδριον
αὐτῶν

23 1 ἤγαγον αὐτὸν ἐπὶ τὸν Πιλᾶτον

23 3 ὁ δὲ Πιλᾶτος ἠρώτησεν (ἐπ-
Vⲥ) αὐτὸν λέγων

23 7 ἀνέπεμψεν αὐτὸν πρὸς Ἡρῴδην,↔

23 7 ὄντα καὶ αὐτὸν ἐν Ἱεροσολύμοις

23 8 ἦν γὰρ ἐξ | ἱκανῶν χρόνων (ἱκα-
νοῦ Sⲥ) θέλων ἰδεῖν αὐτόν

23 9 ἐπηρώτα δὲ αὐτὸν ἐν λόγοις ἱκα-
νοῖς

23 11 ἐξουθενήσας δὲ αὐτὸν καὶ (+
[N²⁶]BST) ὁ Ἡρῴδης

23 11 *περιβαλὼν αὐτὸν (+ⲥ) ἐσθῆτα
λαμπρὰν ↔

23 11 ἀνέπεμψεν αὐτὸν τῷ Πιλάτῳ

23 15 | ἀνέπεμψεν γὰρ αὐτὸν πρὸς ἡμᾶς
(ἀνέπεμψα γ. ὑμᾶς π. αὐ. Vⲥ)

23 16 παιδεύσας οὖν αὐτὸν ἀπολύσω

23 21 | σταύρου σταύρου (σταύρωσον
σταύρωσον Vⲥ) αὐτόν

23 22 παιδεύσας οὖν αὐτὸν ἀπολύσω

23 23 αἰτούμενοι αὐτὸν σταυρωθῆναι

23 26 καὶ ὡς ἀπήγαγον αὐτόν

23 27 αἳ ἐκόπτοντο καὶ ἐθρήνουν αὐτόν

23 33 ἐκεῖ ἐσταύρωσαν αὐτὸν καὶ τοὺς
κακούργους

23 39 εἷς δὲ τῶν κρεμασθέντων κακούρ-
γων ἐβλασφήμει αὐτὸν λέγων
(— NTH)

23 53 ἔθηκεν αὐτὸν (αὐτὸ ⲥ) ἐν μνήματι
λαξευτῷ

24 16 οἱ δὲ ὀφθαλμοὶ αὐτῶν ἐκρατοῦντο
τοῦ μὴ ἐπιγνῶναι αὐτόν

Lc 24 18c ἀποκριθεὶς ... εἶπεν πρὸς αὐτόν

24 20 ὅπως τε παρέδωκαν αὐτὸν οἱ
ἀρχιερεῖς

24 20 καὶ ἐσταύρωσαν αὐτόν

24 23 οἳ λέγουσιν αὐτὸν ζῆν

24 24 αὐτὸν δὲ οὐκ εἶδον

24 29 παρεβιάσαντο αὐτὸν λέγοντες

24 30 ἐγένετο ἐν τῷ κατακλιθῆναι αὐτὸν
μετ᾽ αὐτῶν

24 31 καὶ ἐπέγνωσαν αὐτόν

24 51 ἐγένετο ἐν τῷ εὐλογεῖν αὐτὸν αὐ-
τούς

24 52 αὐτοὶ | προσκυνήσαντες αὐτὸν
([VSH]; — NT) ὑπέστρεψαν εἰς
Ἰερουσαλήμ

Jo 1 10 καὶ ὁ κόσμος αὐτὸν οὐκ ἔγνω

1 11 καὶ οἱ ἴδιοι αὐτὸν οὐ παρέλαβον. ↔

1 12 ὅσοι δὲ ἔλαβον αὐτόν

1 19c ὅτε ἀπέστειλαν | πρὸς αὐτόν
([N²⁶]; —Tⲥ)

1 19 ἵνα ἐρωτήσωσιν αὐτόν

1 21 καὶ ἠρώτησαν αὐτόν

1 25 καὶ ἠρώτησαν αὐτὸν καὶ εἶπαν αὐ-
τῷ

1 29c βλέπει τὸν Ἰησοῦν ἐρχόμενον
πρὸς αὐτόν

1 31 κἀγὼ οὐκ ᾔδειν αὐτόν

1 32c τεθέαμαι τὸ πνεῦμα καταβαῖνον...
καὶ ἔμεινεν ἐπ᾽ αὐτόν

1 33 κἀγὼ οὐκ ᾔδειν αὐτόν

1 33c ἐφ᾽ ὃν ἂν ἴδῃς τὸ πνεῦμα καταβαῖ-
νον καὶ μένον ἐπ᾽ αὐτόν

1 42 ἤγαγεν αὐτὸν πρὸς τὸν Ἰησοῦν

1 47c εἶδεν ὁ (—NMTH) Ἰησοῦς τὸν Να-
θαναὴλ ἐρχόμενον πρὸς αὐτόν

2 3c λέγει ἡ μήτηρ τοῦ Ἰησοῦ πρὸς
αὐτόν

2 11c καὶ ἐπίστευσαν εἰς αὐτόν

2 19 ἐν [H] τρισὶν ἡμέραις ἐγερῶ αὐτόν

2 20 καὶ σὺ ἐν τρισὶν ἡμέραις ἐγερεῖς
αὐτόν;

2 24 αὐτὸς δὲ (+ὁ MVBSⲥ) Ἰησοῦς
οὐκ ἐπίστευεν αὐτὸν (N²⁶T; ἑαυ-
τὸν Sⲥ; αὐτὸν rl) αὐτοῖς ↔

2 24 διὰ τὸ αὐτὸν γινώσκειν πάντας

3 2c οὗτος ἦλθεν πρὸς αὐτὸν (τὸν
Ἰησοῦν ⲥ) νυκτός

3 4c λέγει πρὸς αὐτὸν ὁ [N²⁶VSH]
Νικόδημος

3 15 *ἵνα πᾶς ὁ πιστεύων | εἰς αὐτὸν
(Sⲥ; ἐν αὐτῷ rl) ἔχῃ ζωὴν αἰώνιον

3 16c πᾶς ὁ πιστεύων εἰς αὐτὸν

3 18c ὁ πιστεύων εἰς αὐτὸν οὐ κρίνεται

3 26c πάντες ἔρχονται πρὸς αὐτόν

3 36c ἡ ὀργὴ τοῦ θεοῦ μένει ἐπ᾽ αὐτόν

4 4 ἔδει δὲ αὐτὸν διέρχεσθαι διὰ τῆς
Σαμαρείας

4 10 σὺ ἂν ᾔτησας αὐτόν

4 15c λέγει πρὸς αὐτὸν ἡ γυνή

4 23 ὁ πατὴρ τοιούτους ζητεῖ τοὺς
προσκυνοῦντας αὐτόν

4 24 τοὺς προσκυνοῦντας αὐτὸν
(— NT) ἐν πνεύματι καὶ ἀληθείᾳ
| δεῖ προσκυνεῖν (∼ T)

4 30c καὶ ἤρχοντο πρὸς αὐτόν

4 31 ἠρώτων αὐτὸν οἱ μαθηταὶ λέγον-
τες

4 39c πολλοὶ ἐπίστευσαν εἰς αὐτόν

4 40c ὡς οὖν ἦλθον πρὸς αὐτὸν οἱ Σα-
μαρῖται, ↔

4 40 ἠρώτων αὐτὸν μεῖναι παρ᾽ αὐτοῖς

4 45 ἐδέξαντο αὐτὸν οἱ Γαλιλαῖοι

4 47c ἀπῆλθεν (ἦλθεν S) πρὸς αὐτόν ↔

4 47 *καὶ ἠρώτα αὐτὸν (+ⲥ) ἵνα κα-
ταβῇ

Jo 4 48c εἶπεν οὖν ὁ Ἰησοῦς πρὸς αὐτόν

4 49c λέγει πρὸς αὐτὸν ὁ βασιλικός

4 52 ἀφῆκεν αὐτὸν ὁ πυρετός

5 12 ἠρώτησαν (+οὖν MV[S]ⲥ) αὐτόν

5 14 εὑρίσκει αὐτὸν ὁ [H] Ἰησοῦς ἐν
τῷ ἱερῷ

5 15 ὅτι Ἰησοῦς ἐστιν ὁ ποιήσας αὐτὸν
ὑγιῆ

5 16 *ἐδίωκον οἱ Ἰουδαῖοι τὸν Ἰησοῦν
| καὶ ἐζήτουν αὐτὸν ἀποκτεῖναι
(+ⲥ)

5 18 διὰ τοῦτο οὖν (—T) μᾶλλον ἐζή-
τουν αὐτὸν οἱ Ἰουδαῖοι ἀποκτεῖ-
ναι

5 23 οὐ τιμᾷ τὸν πατέρα τὸν πέμψαντα
αὐτόν

6 5c θεασάμενος ὅτι πολὺς ὄχλος ἔρχε-
ται πρὸς αὐτόν

6 6 τοῦτο δὲ ἔλεγεν πειράζων αὐτόν

6 15 γνοὺς ὅτι μέλλουσιν ἔρχεσθαι καὶ
ἁρπάζειν αὐτὸν ↔

6 15 *ἵνα ποιήσωσιν αὐτὸν (+ⲥ) βασι-
λέα

6 21 ἤθελον οὖν λαβεῖν αὐτὸν εἰς τὸ
πλοῖον

6 25 εὑρόντες αὐτὸν πέραν τῆς θαλάσ-
σης

6 28c εἶπον οὖν πρὸς αὐτόν

6 34c εἶπον οὖν πρὸς αὐτόν

6 40c πᾶς ὁ θεωρῶν τὸν υἱὸν καὶ πι-
στεύων εἰς αὐτόν

6 40 καὶ ἀναστήσω αὐτὸν ἐγώ

6 44 ἐὰν μὴ ὁ πατὴρ ὁ πέμψας με ἑλ-
κύσῃ αὐτόν, ↔

6 44 κἀγὼ ἀναστήσω αὐτόν

6 54 κἀγὼ ἀναστήσω αὐτόν

6 64 τίς ἐστιν ὁ παραδώσων αὐτόν

6 71 οὗτος γὰρ ἔμελλεν | παραδιδόναι
αὐτόν (∼ Tⲥ)

7 1 ὅτι ἐζήτουν αὐτὸν οἱ Ἰουδαῖοι
ἀποκτεῖναι

7 3c εἶπον οὖν πρὸς αὐτὸν οἱ ἀδελφοὶ
αὐτοῦ

7 5c οὐδὲ γὰρ οἱ ἀδελφοὶ αὐτοῦ ἐπί-
στευον εἰς αὐτόν

7 11 οἱ οὖν Ἰουδαῖοι ἐζήτουν αὐτόν

7 18 ὁ δὲ ζητῶν τὴν δόξαν τοῦ πέμ-
ψαντος αὐτόν

7 29 ἐγὼ οἶδα αὐτόν

7 30 ἐζήτουν οὖν αὐτὸν πιάσαι, ↔

7 30c καὶ οὐδεὶς ἐπέβαλεν ἐπ᾽ αὐτὸν τὴν
χεῖρα

7 31c | ἐκ τοῦ ὄχλου δὲ πολλοὶ ἐπίστευ-
σαν (∼ Tⲥ) εἰς αὐτόν

7 32 ἵνα πιάσωσιν αὐτόν

7 35 ὅτι ἡμεῖς (—T) οὐχ εὑρήσομεν αὐ-
τόν

7 39c οἱ πιστεύσαντες (-οντες MVBSTⲥ)
εἰς αὐτόν

7 43c σχίσμα οὖν ἐγένετο ἐν τῷ ὄχλῳ δι᾽
αὐτόν

7 44 τινὲς δὲ ἤθελον ἐξ αὐτῶν πιάσαι
αὐτόν, ↔

7 44c ἀλλ᾽ οὐδεὶς ἐπέβαλεν (ἔβ. TH) ἐπ᾽
αὐτὸν τὰς χεῖρας

7 45 διὰ τί οὐκ ἠγάγετε αὐτόν;

7 48c μή τις ἐκ τῶν ἀρχόντων ἐπίστευ-
σεν εἰς αὐτόν ⟨;⟩

7 50c || ὁ ἐλθὼν (+νυκτὸς ⲥ) πρὸς αὐτὸν
((—T)) || τὸ ([N²⁶]; —NHⲥ)
πρότερον ((—Tⲥ))

[8 2]c | καὶ πᾶς ὁ λαὸς ἤρχετο πρὸς αὐ-
τόν [H ..]

[8 3]c *ἄγουσιν ... οἱ Φαρισαῖοι | πρὸς
αὐτὸν (+ⲥ) γυναῖκα

Jo [8 6]| τοῦτο δὲ ἔλεγον πειράζοντες αὐ-
τόν [H..]
[8 7]ὡς δὲ ἐπέμενον ἐρωτῶντες αὐτόν
[H]
8 20 καὶ οὐδεὶς ἐπίασεν αὐτόν
8 30ᶜπολλοὶ ἐπίστευσαν εἰς αὐτόν
8 33ᶜἀπεκρίθησαν | πρὸς αὐτόν (αὐ-
τῷ ς)
8 55 καὶ οὐκ ἐγνώκατε αὐτόν, ↔
8 55 ἐγὼ δὲ οἶδα αὐτόν. ↔
8 55 κἂν εἴπω ὅτι οὐκ οἶδα αὐτόν
8 55 ἀλλὰ οἶδα αὐτόν
8 57ᶜεἶπον οὖν οἱ Ἰουδαῖοι πρὸς αὐτόν
8 59ᶜἵνα βάλωσιν ἐπ' αὐτόν
9 2 ἠρώτησαν αὐτὸν οἱ μαθηταὶ αὐ-
τοῦ
9 8 οἱ θεωροῦντες αὐτὸν τὸ πρότερον
9 13 ἄγουσιν αὐτὸν πρὸς τοὺς Φαρι-
σαίους, τόν ποτε τυφλόν
9 15 ἠρώτων αὐτὸν καὶ οἱ Φαρισαῖοι
9 21 αὐτὸν ἐρωτήσατε, ἡλικίαν ἔχει
9 22 ἐάν τις αὐτὸν ὁμολογήσῃ χριστόν
9 23 αὐτὸν ἐπερωτήσατε
9 28 | καὶ ἐλοιδόρησαν (οἱ δὲ ἐλ. S; ἐλ.
οὖν ς; ἐλ. VBT) αὐτόν
9 34 καὶ ἐξέβαλον αὐτὸν ἔξω
9 35 ὅτι ἐξέβαλον αὐτὸν ἔξω, ↔
9 35 καὶ εὑρὼν αὐτὸν εἶπεν (+αὐτῷ
MV[S]ς)
9 36ᶜτίς ἐστιν, κύριε, ἵνα πιστεύσω εἰς
αὐτόν;
9 37 καὶ ἑώρακας αὐτόν
10 24 ἐκύκλωσαν οὖν αὐτὸν οἱ Ἰουδαῖοι
10 31 ἵνα λιθάσωσιν αὐτόν
10 39 ἐζήτουν οὖν [N²⁶H] αὐτὸν πάλιν
(—T) πιάσαι
10 41ᶜπολλοὶ ἦλθον πρὸς αὐτόν
10 42ᶜ| πολλοὶ ἐπίστευσαν (~VSς) εἰς
αὐτὸν ἐκεῖ
11 3ᶜἀπέστειλαν οὖν αἱ ἀδελφαὶ πρὸς
αὐτόν
11 11 πορεύομαι ἵνα ἐξυπνίσω αὐτόν
11 15ᶜἄγωμεν πρὸς αὐτόν
11 17 εὗρεν αὐτὸν τέσσαρας || ἤδη (—T)
ἡμέρας ((~Vς)) ἔχοντα ἐν τῷ
μνημείῳ
11 29ᶜἤρχετο (ἔρχεται MVTς) πρὸς
αὐτόν
11 32 Μαριάμ ... ἰδοῦσα αὐτὸν ἔπεσεν
αὐτοῦ πρὸς (εἰς Sς) τοὺς πόδας
11 34 ποῦ τεθείκατε αὐτόν;
11 36 ἴδε πῶς ἐφίλει αὐτόν
11 44 λύσατε αὐτόν ↔
11 44 καὶ ἄφετε αὐτὸν ([S]; —Vς) ὑπ-
άγειν
11 45ᶜπολλοὶ οὖν ἐκ τῶν Ἰουδαίων ...
ἐπίστευσαν εἰς αὐτόν
11 48 ἐὰν ἀφῶμεν αὐτὸν οὕτως, ↔
11 48ᶜπάντες πιστεύσουσιν εἰς αὐτόν
11 53 ἐβουλεύσαντο (συν-VSς) ἵνα ἀπο-
κτείνωσιν αὐτόν
11 57 ὅπως πιάσωσιν αὐτόν
12 4 ὁ μέλλων αὐτὸν παραδιδόναι
12 11ᶜὅτι πολλοὶ δι' αὐτὸν ὑπῆγον τῶν
Ἰουδαίων
12 17 ὅτε (ὅτι T) ... ἤγειρεν αὐτὸν ἐκ
νεκρῶν
12 18 ὅτι ἤκουσαν τοῦτο αὐτὸν πεποιη-
κέναι τὸ σημεῖον
12 21 ἠρώτων αὐτὸν λέγοντες
12 26 τιμήσει αὐτὸν ὁ πατήρ
12 37ᶜοὐκ ἐπίστευον εἰς αὐτόν
12 42ᶜἐκ τῶν ἀρχόντων πολλοὶ ἐπί-
στευσαν εἰς αὐτόν
12 47 ἐγὼ οὐ κρίνω αὐτόν

Jo 12 48 ὁ ἀθετῶν ἐμὲ ... ἔχει τὸν κρίνοντα
αὐτόν· ↔
12 48 ὁ λόγος ὃν ἐλάλησα, ἐκεῖνος κρινεῖ
αὐτὸν ἐν (—T) τῇ ἐσχάτῃ ἡμέρᾳ
13 2 ἵνα παραδοῖ αὐτὸν Ἰούδας Σίμω-
νος Ἰσκαριώτου (N²⁶ς; -της rl)
13 11 ᾔδει γὰρ τὸν παραδιδόντα αὐτόν
13 16 οὐδὲ ἀπόστολος μείζων τοῦ πέμ-
ψαντος αὐτόν
13 32 ὁ θεὸς δοξάσει αὐτὸν ἐν αὐτῷ
(ἑαυτῷ MVSς; αὐτῷ H), ↔
13 32 καὶ εὐθὺς δοξάσει αὐτόν
14 7 καὶ ([N²⁶]; —NMSH) ἀπ' ἄρτι
γινώσκετε αὐτόν ↔
14 7 καὶ ἑωράκατε αὐτόν (—NMH)
14 21 κἀγὼ ἀγαπήσω αὐτόν
14 23 ὁ πατήρ μου ἀγαπήσει αὐτόν, ↔
14 23ᶜκαὶ πρὸς αὐτὸν ἐλευσόμεθα
16 7 πέμψω αὐτὸν πρὸς ὑμᾶς
16 19 ὅτι ἤθελον αὐτὸν ἐρωτᾶν
18 2 ᾔδει δὲ καὶ Ἰούδας ὁ παραδιδοὺς
αὐτὸν τὸν τόπον
18 4ᶜἸησοῦς οὖν εἰδὼς πάντα τὰ ἐρχό-
μενα ἐπ' αὐτόν
18 5 εἱστήκει δὲ καὶ Ἰούδας ὁ παραδι-
δοὺς αὐτὸν μετ' αὐτῶν
18 12 συνέλαβον τὸν Ἰησοῦν καὶ ἔδησαν
αὐτόν
18 13 *| ἀπήγαγον αὐτὸν (Vς; ἤγ. rl)
πρὸς Ἅνναν πρῶτον
18 24 ἀπέστειλεν οὖν αὐτὸν ὁ Ἅννας
δεδεμένον πρὸς Καϊάφαν
18 30 οὐκ ἄν σοι παρεδώκαμεν αὐτόν
18 31 λάβετε αὐτὸν ὑμεῖς, ↔
18 31 καὶ κατὰ τὸν νόμον ὑμῶν κρίνατε
αὐτόν (—T)
19 2 ἱμάτιον πορφυροῦν περιέβαλον
αὐτόν, ↔
19 3ᶜ| καὶ ἤρχοντο πρὸς αὐτόν (—ς)
19 4 ἄγω ὑμῖν αὐτὸν ἔξω
19 6 ὅτε οὖν εἶδον αὐτὸν οἱ ἀρχιερεῖς
19 6 λάβετε αὐτὸν ὑμεῖς καὶ σταυρώ-
σατε
19 12 ὁ Πιλᾶτος ἐζήτει ἀπολῦσαι αὐτόν
19 15 ἆρον ἆρον, σταύρωσον αὐτόν
19 16 τότε οὖν παρέδωκεν αὐτὸν αὐτοῖς
19 18 ὅπου αὐτὸν ἐσταύρωσαν
19 24 μὴ σχίσωμεν αὐτόν
19 33 ὡς εἶδον | ἤδη αὐτὸν (~VBSς)
τεθνηκότα
19 38 *| ἦραν αὐτόν (T; ἦρε τὸ σῶμα
τοῦ Ἰησοῦ ς; ἦρεν τὸ σῶμα αὐτοῦ
rl)
19 39ᶜὁ ἐλθὼν πρὸς αὐτόν (τὸν Ἰησοῦν
Sς) νυκτός
20 2 οὐκ οἴδαμεν ποῦ ἔθηκαν αὐτόν
20 9 ὅτι δεῖ αὐτὸν ἐκ νεκρῶν ἀναστῆναι
20 13 οὐκ οἶδα ποῦ ἔθηκαν αὐτόν
20 15 εἰ σὺ ἐβάστασας αὐτόν, ↔
20 15 εἰπέ μοι ποῦ ἔθηκας αὐτόν, ↔
20 15 κἀγὼ αὐτὸν ἀρῶ
21 12 οὐδεὶς δὲ (—NH) ἐτόλμα τῶν
μαθητῶν ἐξετάσαι αὐτόν
21 22 ἐὰν αὐτὸν θέλω μένειν
21 23 ἐὰν αὐτὸν θέλω μένειν
21 25ᵇ|| οὐδ' αὐτὸν οἶμαι τὸν κόσμον
χωρήσειν (-σαι VBSς) τὰ γραφό-
μενα βιβλία ((..—T))

Ac 1 3 οἷς καὶ παρέστησεν ἑαυτὸν ζῶντα
μετὰ τὸ παθεῖν αὐτόν
1 6 ἠρώτων αὐτὸν λέγοντες
1 9 νεφέλη ὑπέλαβεν αὐτόν
1 11 ὃν τρόπον ἐθεάσασθε αὐτὸν πορευ-
όμενον εἰς τὸν οὐρανόν

Ac 2 24 οὐκ ἦν δυνατὸν κρατεῖσθαι αὐτὸν
ὑπ' αὐτοῦ
2 25ᶜΔαυὶδ γὰρ λέγει εἰς αὐτόν
2 36 ὅτι καὶ κύριον αὐτὸν καὶ χριστὸν
| ἐποίησεν ὁ θεός (~Sς)
3 4ᶜἀτενίσας δὲ Πέτρος εἰς αὐτόν
3 7 πιάσας αὐτὸν τῆς δεξιᾶς χειρὸς ↔
3 7 ἤγειρεν αὐτόν (—ς)
3 9 εἶδεν πᾶς ὁ λαὸς αὐτὸν περι-
πατοῦντα
3 10 ἐπεγίνωσκον δὲ αὐτόν, ὅτι αὐτὸς
(N²⁶ST; οὗτος rl) ἦν
3 12 ἡμῖν ... πεποιηκόσιν τοῦ περι-
πατεῖν αὐτόν
3 13 *Ἰησοῦν, ὃν ὑμεῖς μὲν παρεδώκατε
καὶ ἠρνήσασθε αὐτόν (+ς)
3 26 ὁ θεὸς ... ἀπέστειλεν αὐτὸν εὐλο-
γοῦντα ὑμᾶς
5 6 ἀναστάντες δὲ οἱ νεώτεροι συν-
έστειλαν αὐτόν
6 12 ἐπιστάντες συνήρπασαν αὐτόν
6 15ᶜἀτενίσαντες εἰς αὐτόν
7 2 πρὶν ἢ κατοικῆσαι αὐτὸν ἐν
Χαρράν
7 3ᶜεἶπεν πρὸς αὐτόν
7 4 μετῴκισεν αὐτὸν εἰς τὴν γῆν
ταύτην
7 5ᶜδοῦναι | αὐτῷ εἰς κατάσχεσιν αὐ-
τὴν (~S) καὶ τῷ σπέρματι αὐτοῦ
μετ' αὐτόν
7 8 ἐγέννησεν τὸν Ἰσαὰκ καὶ περι-
έτεμεν αὐτὸν τῇ ἡμέρᾳ τῇ ὀγδόῃ
7 10 ἐξείλατο αὐτὸν ἐκ πασῶν τῶν
θλίψεων αὐτοῦ
7 10 κατέστησεν αὐτὸν ἡγούμενον ἐπ'
Αἴγυπτον
7 21 *ἐκτεθέντα (ς; -τος rl) δὲ αὐτὸν
(ς; αὐτοῦ rl) ↔
7 21 ἀνείλατο αὐτὸν ἡ θυγάτηρ Φαραὼ
↔
7 21 καὶ ἀνεθρέψατο αὐτὸν ἑαυτῇ εἰς
υἱόν
7 27 ὁ δὲ ἀδικῶν τὸν πλησίον ἀπώσατο
αὐτόν
7 31ᶜ*ἐγένετο φωνὴ κυρίου | πρὸς αὐτόν
(+ς)
7 54ᶜἔβρυχον τοὺς ὀδόντας ἐπ' αὐτόν
7 57ᶜὥρμησαν ὁμοθυμαδὸν ἐπ' αὐτόν
8 20ᶜΠέτρος δὲ εἶπεν πρὸς αὐτόν
8 32 ὡς ἀμνὸς ἐναντίον τοῦ κείραντος
(N²⁶ST; -ροντος rl) αὐτὸν ἄφωνος
8 38 καὶ ἐβάπτισεν αὐτόν
8 39 οὐκ εἶδεν αὐτὸν οὐκέτι ὁ εὐνοῦχος
8 40 ἕως τοῦ ἐλθεῖν αὐτὸν εἰς Καισάρειαν
9 3 ἐγένετο αὐτὸν ἐγγίζειν τῇ Δαμα-
σκῷ, ↔
9 3 ἐξαίφνης τε αὐτὸν περιήστραψεν
φῶς
9 6ᶜ*| καὶ ὁ κύριος πρὸς αὐτόν (..+ς)·
ἀλλὰ (—ς) ἀνάστηθι
9 8 χειραγωγοῦντες δὲ αὐτὸν εἰσήγα-
γον εἰς Δαμασκόν
9 10ᶜεἶπεν πρὸς αὐτὸν ἐν ὁράματι ὁ
κύριος
9 11ᶜὁ δὲ κύριος πρὸς αὐτόν
9 15ᶜεἶπεν δὲ πρὸς αὐτὸν ὁ κύριος
9 16 ὅσα δεῖ αὐτὸν ὑπὲρ τοῦ ὀνόματός
μου παθεῖν
9 17ᶜἐπιθεὶς ἐπ' αὐτὸν τὰς χεῖρας
9 23 συνεβουλεύσαντο οἱ Ἰουδαῖοι ἀν-
ελεῖν αὐτόν
9 24 ὅπως αὐτὸν ἀνέλωσιν
9 25 *λαβόντες δὲ | αὐτὸν οἱ μαθηταὶ
(Vς; οἱ μ. αὐτοῦ rl) νυκτός ↔

Ac 9 25 διὰ τοῦ τείχους καθῆκαν αὐτόν (—Vϛ)
9 26 καὶ πάντες ἐφοβοῦντο αὐτόν
9 27 Βαρναβᾶς δὲ ἐπιλαβόμενος αὐτόν
9 29 οἱ δὲ ἐπεχείρουν ἀνελεῖν αὐτόν
9 30 κατήγαγον αὐτὸν εἰς Καισάρειαν ↔
9 30 καὶ ἐξαπέστειλαν αὐτὸν εἰς Ταρσόν
9 35 εἶδαν αὐτὸν πάντες οἱ κατοικοῦντες Λύδδα (Λύδδα[ν] S; Λύδδαν ϛ)
9 38ᶜ ἀπέστειλαν δύο ἄνδρας πρὸς αὐτόν
9 43 *ἐγένετο δὲ || αὐτὸν [S] ἡμέρας ἱκανὰς μεῖναι ((M; ἠ. ἱ. μ. αὐτὸν Vϛ) ἐν Ἰόππῃ
10 3ᶜ εἶδεν ἐν ὁράματι ... ἄγγελον τοῦ θεοῦ εἰσελθόντα πρὸς αὐτόν
10 10ᶜ ἐγένετο ἐπ᾽ αὐτὸν ἔκστασις
10 11ᶜ *θεωρεῖ ... καταβαῖνον | ἐπ᾽ αὐτὸν (+ϛ) σκεῦός τι
10 13ᶜ ἐγένετο φωνὴ πρὸς αὐτόν
10 15ᶜ καὶ φωνὴ πάλιν ἐκ δευτέρου πρὸς αὐτόν
10 21ᶜ *πρὸς τοὺς ἄνδρας | τοὺς ἀπεσταλμένους ἀπὸ τοῦ Κορνηλίου πρὸς αὐτὸν (+ϛ) εἶπεν
10 26 ὁ δὲ Πέτρος ἤγειρεν αὐτόν
10 35 ὁ φοβούμενος αὐτὸν ... δεκτὸς αὐτῷ ἐστιν
10 38 ὡς ἔχρισεν αὐτὸν ὁ θεός
10 40 ἔδωκεν αὐτὸν ἐμφανῆ γενέσθαι
10 41 μετὰ τὸ ἀναστῆναι αὐτὸν ἐκ νεκρῶν
10 43ᶜ ἄφεσιν ἁμαρτιῶν λαβεῖν ... πάντα τὸν πιστεύοντα εἰς αὐτόν
10 48 τότε ἠρώτησαν αὐτὸν ἐπιμεῖναι
11 2ᶜ διεκρίνοντο πρὸς αὐτὸν οἱ ἐκ περιτομῆς
11 26 *εὑρὼν αὐτὸν (+ϛ) ↔
11 26 *ἤγαγεν αὐτὸν (+ϛ) εἰς Ἀντιόχειαν
12 4 παραδοὺς τέσσαρσιν τετραδίοις στρατιωτῶν φυλάσσειν αὐτόν, ↔
12 4 βουλόμενος ... ἀναγαγεῖν αὐτὸν τῷ λαῷ
12 6 ὅτε δὲ ἤμελλεν προαγαγεῖν (προσ. H) αὐτὸν ὁ Ἡρῴδης
12 7 ἤγειρεν αὐτὸν λέγων
12 8ᶜ εἶπεν δὲ (τε VSTϛ) ὁ ἄγγελος πρὸς αὐτόν
12 16 ἀνοίξαντες δὲ εἶδαν αὐτόν
12 17 πῶς ὁ κύριος αὐτὸν ἐξήγαγεν
12 19 Ἡρῴδης δὲ ἐπιζητήσας αὐτὸν
12 20ᶜ ὁμοθυμαδὸν δὲ παρῆσαν πρὸς αὐτόν
12 23 ἐπάταξεν αὐτὸν ἄγγελος κυρίου
13 9ᶜ Σαῦλος ... ἀτενίσας εἰς αὐτόν
13 11ᶜ ἔπεσεν ἐπ᾽ αὐτὸν ἀχλὺς καὶ σκότος
13 22 μεταστήσας αὐτὸν ἤγειρεν | τὸν Δαυὶδ αὐτοῖς (~ Sϛ)
13 28 ᾐτήσαντο Πιλᾶτον ἀναιρεθῆναι αὐτόν
13 30 ὁ δὲ θεὸς ἤγειρεν αὐτὸν ἐκ νεκρῶν
13 34 ὅτι δὲ ἀνέστησεν αὐτὸν ἐκ νεκρῶν
13 46 ἐπειδὴ (+δὲ MVBSϛ) ἀπωθεῖσθε αὐτόν
14 17 *οὐκ ἀμάρτυρον αὐτὸν (N²⁶T; ἑαυτὸν BSϛ; αὐτὸν rl) ἀφῆκεν ἀγαθουργῶν
14 19 νομίζοντες αὐτὸν τεθνηκέναι
14 20 κυκλωσάντων δὲ τῶν μαθητῶν αὐτόν
15 21 Μωϋσῆς γὰρ ... τοὺς κηρύσσοντας αὐτὸν ἔχει
16 3 λαβὼν περιέτεμεν αὐτόν

Ac 16 9 ἀνὴρ Μακεδών τις ἦν ἑστὼς καὶ παρακαλῶν αὐτόν
17 15 *οἱ δὲ καθιστάνοντες (-τῶντες Sϛ) τὸν Παῦλον ἤγαγον αὐτὸν (+ϛ) ἕως Ἀθηνῶν
17 15ᶜ ἵνα ὡς τάχιστα ἔλθωσιν πρὸς αὐτόν
17 27 εἰ ἄρα γε ψηλαφήσειαν αὐτόν
17 31 ἀναστήσας αὐτὸν ἐκ νεκρῶν
18 12 καὶ ἤγαγον αὐτὸν ἐπὶ τὸ βῆμα
18 26 ἀκούσαντες δὲ αὐτοῦ ... προσελάβοντο αὐτόν
18 27 ἔγραψαν τοῖς μαθηταῖς ἀποδέξασθαι αὐτόν
19 2ᶜ οἱ δὲ πρὸς αὐτόν
19 4ᶜ εἰς τὸν ἐρχόμενον μετ᾽ αὐτόν
19 30 οὐκ εἴων αὐτὸν οἱ μαθηταί
19 31ᶜ τινὲς δὲ ... πέμψαντες πρὸς αὐτόν
19 33 συνεβίβασαν Ἀλέξανδρον, προβαλόντων αὐτὸν τῶν Ἰουδαίων
20 14 ἀναλαβόντες αὐτὸν ἤλθομεν εἰς Μιτυλήνην
20 18ᶜ ὡς δὲ παρεγένοντο πρὸς αὐτόν
20 37 ἐπιπεσόντες ἐπὶ τὸν τράχηλον τοῦ Παύλου κατεφίλουν αὐτόν
20 38 προέπεμπον δὲ αὐτὸν εἰς τὸ πλοῖον
21 12 παρεκαλοῦμεν ... τοῦ μὴ ἀναβαίνειν αὐτὸν εἰς Ἰερουσαλήμ
21 27 θεασάμενοι αὐτὸν ἐν τῷ ἱερῷ
21 27ᶜ ἐπέβαλον ἐπ᾽ αὐτὸν τὰς χεῖρας
21 30 εἷλκον αὐτὸν ἔξω τοῦ ἱεροῦ
21 31 ζητούντων τε αὐτὸν ἀποκτεῖναι
21 34 ἐκέλευσεν ἄγεσθαι αὐτὸν εἰς τὴν παρεμβολήν
21 35 συνέβη βαστάζεσθαι αὐτόν
21 36 αἶρε αὐτόν
22 13ᶜ κἀγὼ ... ἀνέβλεψα εἰς αὐτόν
22 18 (ἐγένετο δέ μοι) καὶ ἰδεῖν (ἴδον T) αὐτόν λέγοντά μοι
22 20 φυλάσσων τὰ ἱμάτια τῶν ἀναιρούντων αὐτόν
22 22 οὐ γὰρ καθῆκεν αὐτὸν ζῆν
22 24 ἐκέλευσεν ... εἰσάγεσθαι αὐτὸν εἰς τὴν παρεμβολήν, ↔
22 24 εἴπας μάστιξιν ἀνετάζεσθαι αὐτὸν
22 25 ὡς δὲ προέτειναν αὐτὸν τοῖς ἱμᾶσιν
22 29 οἱ μέλλοντες αὐτὸν ἀνετάζειν
22 29 ἐφοβήθη ... ὅτι αὐτὸν ἦν δεδεκώς
22 30 βουλόμενος γνῶναι τὸ ἀσφαλές... ἔλυσεν αὐτόν
23 3ᶜ τότε ὁ Παῦλος πρὸς αὐτὸν εἶπεν
23 10 ἐκέλευσεν τὸ στράτευμα καταβὰν ἁρπάσαι αὐτόν
23 15 ὅπως καταγάγῃ αὐτὸν εἰς (πρὸς VSϛ) ὑμᾶς
23 15 ἡμεῖς δὲ πρὸ τοῦ ἐγγίσαι αὐτὸν ↔
23 15 ἕτοιμοί ἐσμεν τοῦ ἀνελεῖν αὐτόν
23 18 ὁ μὲν οὖν παραλαβὼν αὐτὸν
23 21 ἐνεδρεύουσιν γὰρ αὐτὸν ἐξ αὐτῶν ἄνδρες
23 21 ἕως οὗ ἀνέλωσιν αὐτόν
23 27 *τὸν ἄνδρα τοῦτον συλλημφθέντα ... ἐξειλάμην αὐτὸν (+ϛ)
23 28 *|| κατήγαγον αὐτὸν (+VSϛ) εἰς τὸ συνέδριον [[H]]
23 30ᶜ λέγειν || τὰ ([N²⁶]; —NH) πρὸς αὐτόν ((αὐτοὺς T)) ἐπὶ σοῦ
23 35 κελεύσας ... φυλάσσεσθαι αὐτὸν
24 23 διαταξάμενος τῷ ἑκατοντάρχῃ τηρεῖσθαι αὐτόν (τὸν Παῦλον ϛ)
24 26 *χρήματα δοθήσεται αὐτῷ [H] ὑπὸ τοῦ Παύλου | ὅπως λύσῃ αὐτόν (+ϛ)
24 26 πυκνότερον αὐτὸν μεταπεμπόμενος ὡμίλει αὐτῷ

Ac 25 2 καὶ παρεκάλουν αὐτὸν
25 3 ὅπως μεταπέμψηται αὐτὸν εἰς Ἰερουσαλήμ
25 3 ἀνελεῖν αὐτὸν κατὰ τὴν ὁδόν
25 7 παραγενομένου δὲ αὐτοῦ περιέστησαν αὐτὸν (—ϛ) οἱ ... Ἰουδαῖοι
25 19ᶜ ζητήματα δέ τινα ... εἶχον πρὸς αὐτόν
25 21 τηρηθῆναι αὐτὸν εἰς τὴν τοῦ Σεβαστοῦ διάγνωσιν, ↔
25 21 ἐκέλευσα τηρεῖσθαι αὐτὸν ↔
25 21 ἕως οὗ ἀναπέμψω αὐτὸν πρὸς Καίσαρα
25 24 βοῶντες (ἐπιβ. VBSϛ) μὴ δεῖν αὐτὸν ζῆν μηκέτι
25 25 κατελαβόμην μηδὲν ἄξιον αὐτὸν θανάτου πεπραχέναι, ↔
25 25 *αὐτοῦ δὲ τούτου ἐπικαλεσαμένου τὸν Σεβαστὸν ἔκρινα πέμπειν αὐτὸν (+ϛ)
25 26 διὸ προήγαγον αὐτὸν ἐφ᾽ ὑμῶν
26 26 λανθάνειν γὰρ αὐτόν τι ([N²⁶]; —NH) τούτων οὐ πείθομαι οὐθέν
28 6 οἱ δὲ προσεδόκων αὐτὸν μέλλειν πίμπρασθαι (ἐμπιπρᾶσθαι T)
28 6ᶜ θεωρούντων μηδὲν ἄτοπον εἰς αὐτὸν γινόμενον
28 6 ἔλεγον αὐτὸν εἶναι θεόν
28 8 ἐπιθεὶς τὰς χεῖρας αὐτῷ ἰάσατο αὐτόν
28 16 μένειν ... σὺν τῷ φυλάσσοντι αὐτὸν στρατιώτῃ
28 17 ἐγένετο ... συγκαλέσασθαι αὐτὸν (τὸν Παῦλον ϛ) τοὺς ὄντας ... πρώτους
28 21ᶜ οἱ δὲ πρὸς αὐτὸν εἶπαν
28 23ᶜ ἦλθον (ἧκον VSϛ) πρὸς αὐτὸν εἰς τὴν ξενίαν πλείονες
28 30ᶜ ἀπεδέχετο πάντας τοὺς εἰσπορευομένους πρὸς αὐτόν

Rm 3 26 εἰς τὸ εἶναι αὐτὸν δίκαιον
4 11 εἰς τὸ εἶναι αὐτὸν πατέρα πάντων τῶν πιστευόντων δι᾽ ἀκροβυστίας
4 13 οὐ γὰρ διὰ νόμου ἡ ἐπαγγελία τῷ Ἀβραὰμ ... τὸ κληρονόμον αὐτὸν εἶναι κόσμου
4 18 εἰς τὸ γενέσθαι αὐτὸν πατέρα πολλῶν ἐθνῶν
4 23ᶜ οὐκ ἐγράφη δὲ δι᾽ αὐτὸν μόνον ὅτι ἐλογίσθη αὐτῷ
8 32 ὑπὲρ ἡμῶν πάντων παρέδωκεν αὐτόν
10 9 ὁ θεὸς αὐτὸν ἤγειρεν ἐκ νεκρῶν
10 12 πλουτῶν εἰς πάντας τοὺς ἐπικαλουμένους αὐτόν
11 36ᶜ ὅτι ἐξ αὐτοῦ καὶ δι᾽ αὐτοῦ καὶ εἰς αὐτὸν τὰ πάντα
12 20 ἀλλὰ ἐὰν πεινᾷ ὁ ἐχθρός σου, ψώμιζε αὐτόν· ↔
12 20 ἐὰν διψᾷ, πότιζε αὐτόν
14 3 ὁ θεὸς γὰρ αὐτὸν προσελάβετο
14 4 δυνατεῖ γὰρ ὁ κύριος στῆσαι αὐτόν
15 11 καὶ ἐπαινεσάτωσαν αὐτὸν πάντες οἱ λαοί

1C 2 9 ἃ (ὅσα NH) ἡτοίμασεν ὁ θεὸς τοῖς ἀγαπῶσιν αὐτόν
2 16 τίς γὰρ ἔγνω νοῦν κυρίου, ὃς συμβιβάσει αὐτόν;
7 13 *καὶ γυνὴ ... μὴ ἀφιέτω αὐτόν (ϛ; τὸν ἄνδρα rl)
8 6ᶜ εἰς θεὸς ... ἐξ οὗ τὰ πάντα καὶ ἡμεῖς εἰς αὐτόν
15 25 δεῖ γὰρ αὐτὸν βασιλεύειν
16 11 μή τις οὖν αὐτὸν ἐξουθενήσῃ. ↔

1C 16 11 προπέμψατε δὲ αὐτὸν ἐν εἰρήνη
16 11 ἐκδέχομαι γὰρ αὐτὸν μετὰ τῶν ἀδελφῶν
16 12 περὶ δὲ Ἀπολλῶ ... πολλὰ παρεκάλεσα αὐτὸν ἵνα ἔλθη
2C 2 8 διὸ παρακαλῶ ὑμᾶς κυρῶσαι εἰς αὐτὸν ἀγάπην
7 15 ὡς μετὰ φόβου καὶ τρόμου ἐδέξασθε αὐτόν
G 1 1 διὰ Ἰησοῦ Χριστοῦ καὶ θεοῦ πατρὸς τοῦ ἐγείραντος αὐτὸν ἐκ νεκρῶν
1 16 ἵνα εὐαγγελίζωμαι αὐτὸν ἐν τοῖς ἔθνεσιν
1 18c καὶ ἐπέμεινα πρὸς αὐτὸν ἡμέρας δεκαπέντε
E 1 5c προορίσας ἡμᾶς εἰς υἱοθεσίαν διὰ Ἰησοῦ Χριστοῦ εἰς αὐτόν
1 20 ἐγείρας αὐτὸν ἐκ νεκρῶν, ↔
1 20 *καὶ καθίσας αὐτὸν (+ST) ἐν δεξιᾷ αὐτοῦ
1 22 καὶ αὐτὸν ἔδωκεν κεφαλὴν ὑπὲρ πάντα τῇ ἐκκλησίᾳ
4 15c ⟨ἵνα⟩ αὐξήσωμεν εἰς αὐτὸν τὰ πάντα
4 21 εἴ γε αὐτὸν ἠκούσατε καὶ ἐν αὐτῷ ἐδιδάχθητε
Ph 1 29c ὑμῖν ἐχαρίσθη ... τὸ εἰς αὐτὸν πιστεύειν
1 30a τὸν αὐτὸν ἀγῶνα ἔχοντες οἷον εἴδετε ἐν ἐμοί
2 9 καὶ ὁ θεὸς αὐτὸν ὑπερύψωσεν
2 27 ἀλλὰ ὁ θεὸς ἠλέησεν αὐτόν, ↔
2 27 οὐκ αὐτὸν δὲ μόνον ἀλλὰ καὶ ἐμέ
2 28 σπουδαιοτέρως οὖν ἔπεμψα αὐτόν, ↔
2 28 ἵνα ἰδόντες αὐτὸν πάλιν χαρῆτε
2 29 προσδέχεσθε οὖν αὐτὸν ἐν κυρίῳ
3 10 τοῦ γνῶναι αὐτὸν καὶ τὴν δύναμιν τῆς ἀναστάσεως αὐτοῦ
3 21 κατὰ τὴν ἐνέργειαν τοῦ δύνασθαι αὐτόν
Cl 1 16c τὰ πάντα δι' αὐτοῦ καὶ εἰς αὐτὸν ἔκτισται
1 20c ἀποκαταλλάξαι τὰ πάντα εἰς αὐτόν
2 12 τοῦ θεοῦ τοῦ ἐγείραντος αὐτὸν ἐκ νεκρῶν
3 10 κατ' εἰκόνα τοῦ κτίσαντος αὐτόν
4 10 ἐὰν ἔλθη πρὸς ὑμᾶς, δέξασθε αὐτόν
2Th 2 1c ὑπὲρ τῆς ... ἡμῶν ἐπισυναγωγῆς ἐπ' αὐτόν
2 4 ὥστε αὐτὸν εἰς τὸν ναὸν τοῦ θεοῦ καθίσαι
2 6 εἰς τὸ ἀποκαλυφθῆναι αὐτὸν ἐν τῷ ἑαυτοῦ (N26ς; αὐτοῦ rl) καιρῷ
1Tm 3 7 *δεῖ δὲ αὐτὸν (+ς) καὶ μαρτυρίαν καλὴν ἔχειν
Phm 12 ⟨Ὀνήσιμον⟩ ὃν ἀνέπεμψά σοι, (—ς; +σὺ δὲ [MS]Vς) αὐτόν ... (+προσλαβοῦ [MS]Vς)
15 ἵνα αἰώνιον αὐτὸν ἀπέχης
17 προσλαβοῦ αὐτὸν ὡς ἐμέ
Hb 2 6 τί ἐστιν ... υἱὸς ἀνθρώπου ὅτι ἐπισκέπτη αὐτόν
2 7 ἠλάττωσας αὐτὸν βραχύ τι παρ' ἀγγέλους, ↔
2 7 δόξη καὶ τιμῇ ἐστεφάνωσας αὐτόν, ↔|
2 7 *| καὶ κατέστησας αὐτὸν ἐπὶ τὰ ἔργα τῶν χειρῶν σου (+S[H]ς)
3 2 πιστὸν ὄντα τῷ ποιήσαντι αὐτόν
3 3 καθ' ὅσον πλείονα τιμὴν ἔχει τοῦ οἴκου ὁ κατασκευάσας αὐτόν
5 5c ἀλλ' ὁ λαλήσας πρὸς αὐτόν

Hb 5 7 πρὸς τὸν δυνάμενον σῴζειν αὐτὸν ἐκ θανάτου
7 1 Μελχισέδεκ ... ὁ συναντήσας Ἀβραάμ ... καὶ εὐλογήσας αὐτόν
7 21c διὰ τοῦ λέγοντος πρὸς αὐτόν
7 24 ὁ δὲ διὰ τὸ μένειν αὐτὸν ... ἀπαράβατον
9 24b εἰσῆλθεν ... εἰς αὐτὸν τὸν οὐρανόν
9 26 ἐπεὶ ἔδει αὐτὸν πολλάκις παθεῖν
9 28 ὀφθήσεται τοῖς αὐτὸν ἀπεκδεχομένοις
11 5 πίστει Ἐνὼχ μετετέθη ... καὶ οὐχ ηὑρίσκετο διότι μετέθηκεν αὐτὸν ὁ θεός
11 6 ὅτι ἔστιν καὶ τοῖς ἐκζητοῦσιν αὐτὸν μισθαποδότης γίνεται
11 19 ὅθεν αὐτὸν καὶ ἐν παραβολῇ ἐκομίσατο
12 3c *ὑπομεμενηκότα ὑπὸ τῶν ἁμαρτωλῶν εἰς αὐτὸν (Sς; ἑαυτοὺς H; ἑαυτὸν rl) ἀντιλογίαν
13 13c τοίνυν ἐξερχώμεθα πρὸς αὐτὸν ἔξω τῆς παρεμβολῆς
Jc 1 12 ὃν ἐπηγγείλατο (+ὁ κύριος MVSς) τοῖς ἀγαπῶσιν αὐτόν
2 5 ἧς ἐπηγγείλατο τοῖς ἀγαπῶσιν αὐτόν
2 14 μὴ δύναται ἡ πίστις σῶσαι αὐτόν;
5 14c προσευξάσθωσαν ἐπ' αὐτὸν ↔
5 14 ἀλείψαντες αὐτὸν ([N26]; —NBTH) ἐλαίῳ
5 15 ἐγερεῖ αὐτὸν ὁ κύριος
5 19 ἐάν ... καὶ ἐπιστρέψῃ τις αὐτόν
1Pt 1 21 εἰς θεὸν τὸν ἐγείραντα αὐτὸν ἐκ νεκρῶν
3 6 ὡς Σάρρα ὑπήκουσεν (-κουεν H) τῷ Ἀβραάμ, κύριον αὐτὸν καλοῦσα
5 7c πᾶσαν τὴν μέριμναν ὑμῶν ἐπιρίψαντες ἐπ' αὐτόν
1Jo 1 10 ψεύστην ποιοῦμεν αὐτόν
2 3 ὅτι ἐγνώκαμεν αὐτόν
2 4 ὁ λέγων ὅτι ἔγνωκα αὐτόν
3 1 ὅτι οὐκ ἔγνω αὐτόν
3 2 ὅτι ὀψόμεθα αὐτὸν καθώς ἐστιν
3 6 πᾶς ὁ ἁμαρτάνων οὐχ ἑώρακεν αὐτὸν ↔
3 6 οὐδὲ ἔγνωκεν αὐτόν
3 12 καὶ χάριν τίνος ἔσφαξεν αὐτόν;
4 19 *ἡμεῖς ἀγαπῶμεν αὐτόν (+ς)
5 10 ὁ μὴ πιστεύων τῷ θεῷ ψεύστην πεποίηκεν αὐτόν
5 14c ἡ παρρησία ἣν ἔχομεν πρὸς αὐτόν
5 18 ἀλλ' ὁ γεννηθεὶς ἐκ τοῦ θεοῦ τηρεῖ αὐτόν (ἑαυτὸν MVBSς)
2Jo 10 μὴ λαμβάνετε αὐτὸν εἰς οἰκίαν
Ap 1 7 καὶ ὄψεται αὐτὸν πᾶς ὀφθαλμὸς ↔
1 7 καὶ οἵτινες αὐτὸν ἐξεκέντησαν, ↔
1 7c καὶ κόψονται ἐπ' αὐτὸν πᾶσαι αἱ φυλαὶ τῆς γῆς
1 17 ὅτε εἶδον αὐτόν
3 12 ὁ νικῶν, ποιήσω αὐτὸν στῦλον
3 12c γράψω ἐπ' αὐτὸν τὸ ὄνομα τοῦ θεοῦ μου
3 20c καὶ ([N26]BT; —rl) εἰσελεύσομαι πρὸς αὐτόν
6 2c καὶ ὁ καθήμενος ἐπ' αὐτὸν (αὐτῷ ς) ἔχων τόξον
6 4c τῷ καθημένῳ ἐπ' αὐτὸν (αὐτῷ ς)
6 5c καὶ ὁ καθήμενος ἐπ' αὐτὸν (αὐτῷ ς)
7 9 ὃν ἀριθμῆσαι αὐτὸν οὐδεὶς ἐδύνατο
8 5 καὶ ἐγέμισεν αὐτὸν ἐκ τοῦ πυρὸς τοῦ θυσιαστηρίου
9 6 ζητήσουσιν ... τὸν θάνατον καὶ οὐ μὴ εὑρήσουσιν αὐτόν
11 5 οὕτως δεῖ αὐτὸν ἀποκτανθῆναι

Ap 12 11 καὶ αὐτοὶ ἐνίκησαν αὐτόν
13 8 καὶ προσκυνήσουσιν αὐτὸν (αὐτῷ ς) πάντες οἱ κατοικοῦντες
13 10 εἴ τις ἐν μαχαίρῃ ἀποκτανθῆναι (N26; ἀποκτενεῖ, δεῖ rl) αὐτὸν ἐν μαχαίρῃ ἀποκτανθῆναι
17 10 ὀλίγον αὐτὸν δεῖ μεῖναι
19 11c ἰδοὺ ... ὁ καθήμενος ἐπ' αὐτὸν || καλούμενος ([N26H]; —S) πιστός ((~NH))
20 2 ἔδησεν αὐτὸν χίλια ἔτη, ↔
20 3 καὶ ἔβαλεν αὐτὸν εἰς τὴν ἄβυσσον, ↔
20 3 *καὶ ἔκλεισεν αὐτὸν (+ς) καὶ ἐσφράγισεν ἐπάνω αὐτοῦ
20 3 δεῖ | λυθῆναι αὐτὸν (~STς)
20 11c εἶδον θρόνον μέγαν λευκὸν καὶ τὸν καθήμενον ἐπ' αὐτὸν (αὐτοῦ MBHς)
22 18c ἐπιθήσει | ὁ θεὸς ἐπ' αὐτὸν (~VST) τὰς [+ἑπτὰ S] πληγάς

αὐτήν
a τὴν αὐτήν
b αὐτὴν τήν
c post praepositionem
Mt 1 19 Ἰωσὴφ δὲ ... μὴ θέλων αὐτὴν δειγματίσαι (παρα- VSς), ↔
1 19 ἐβουλήθη λάθρα ἀπολῦσαι αὐτήν
1 25 οὐκ ἐγίνωσκεν αὐτήν
5 28 πᾶς ὁ βλέπων γυναῖκα πρὸς τὸ ἐπιθυμῆσαι αὐτὴν ([NH]; αὐτῆς ς; —T) ↔
5 28 ἤδη ἐμοίχευσεν αὐτὴν ἐν τῇ καρδίᾳ αὐτοῦ
5 30 εἰ ἡ δεξιά σου χείρ σκανδαλίζει σε, ἔκκοψον αὐτήν
5 32 πᾶς ὁ ἀπολύων τὴν γυναῖκα αὐτοῦ ... ποιεῖ αὐτὴν μοιχευθῆναι
7 14 καὶ ὀλίγοι εἰσὶν οἱ εὑρίσκοντες αὐτήν
8 15 καὶ ἀφῆκεν αὐτὴν ὁ πυρετός
9 18c ἐπίθες τὴν χεῖρά σου ἐπ' αὐτήν
9 22 στραφεὶς καὶ ἰδὼν αὐτὴν εἶπεν
10 12 εἰσερχόμενοι δὲ εἰς τὴν οἰκίαν ἀσπάσασθε αὐτήν
10 13c ἐλθάτω ἡ εἰρήνη ὑμῶν ἐπ' αὐτήν
10 39 ὁ εὑρὼν τὴν ψυχὴν αὐτοῦ ἀπολέσει αὐτήν, ↔
10 39 καὶ ὁ ἀπολέσας τὴν ψυχὴν αὐτοῦ ... εὑρήσει αὐτήν
11 12 καὶ βιασταὶ ἁρπάζουσιν αὐτήν
12 41 καὶ κατακρινοῦσιν αὐτήν
12 42 καὶ κατακρινεῖ αὐτήν
14 4 οὐκ ἔξεστίν σοι ἔχειν αὐτήν
15 23 ἀπόλυσον αὐτήν, ὅτι κράζει ὄπισθεν ἡμῶν
16 25 ὃς γὰρ ἐὰν θέλη τὴν ψυχὴν αὐτοῦ σῶσαι, ἀπολέσει αὐτήν· ↔
16 25 ὃς δ' ἂν ἀπολέσῃ τὴν ψυχὴν αὐτοῦ εὑρήσει αὐτήν
19 7 δοῦναι βιβλίον ἀποστασίου καὶ ἀπολῦσαι αὐτήν ([N26]; —NBTH)
21 19c ἰδὼν συκῆν μίαν ... ἦλθεν ἐπ' αὐτήν
22 28 πάντες γὰρ ἔσχον αὐτήν
23 37c Ἰερουσαλήμ, ἡ ... λιθοβολοῦσα τοὺς ἀπεσταλμένους πρὸς αὐτήν
Mc 1 31 προσελθὼν ἤγειρεν αὐτήν
1 31 καὶ ἀφῆκεν αὐτὴν ὁ πυρετός (+εὐθὺς VS)
4 30 ἐν τίνι αὐτὴν παραβολῇ θῶμεν;
6 17 διὰ Ἡρῳδιάδα ... ὅτι αὐτὴν ἐγάμησεν

Mc 6 26 οὐκ ἠθέλησεν | ἀθετῆσαι αὐτήν
(~ Vς)
6 28 ἔδωκεν αὐτήν τῷ κορασίῳ, ↔
6 28 καὶ τὸ κοράσιον ἔδωκεν αὐτήν τῇ
μητρὶ αὐτῆς
8 35 ὃς γὰρ ἐὰν θέλῃ τὴν | ψυχὴν αὐτοῦ
(ἑαυτοῦ ψ. H) σῶσαι, ἀπολέσει
αὐτήν· ↔
8 35 ὃς δ᾽ ἂν ἀπολέσει (-ση VSς) τὴν
| ψυχὴν αὐτοῦ (ἑαυτοῦ ψ. VST)
... σώσει αὐτήν
9 43 ἐὰν σκανδαλίζῃ (-ση NTH) σε
ἡ χείρ σου, ἀπόκοψον αὐτήν
10 11ᶜ μοιχᾶται ἐπ᾽ αὐτήν
10 15ᶜ οὐ μὴ εἰσέλθη εἰς αὐτήν
11 2ᶜ καὶ εὐθὺς εἰσπορευόμενοι εἰς αὐτήν
εὑρήσετε πῶλον
11 13ᶜ ἰδὼν συκῆν ... καὶ ἐλθὼν ἐπ᾽
αὐτήν οὐδὲν εὗρεν εἰ μὴ φύλλα
12 21 καὶ ὁ δεύτερος ἔλαβεν αὐτήν
12 22 *καὶ | ἔλαβον αὐτήν οἱ ἑπτὰ καὶ
(Vς; οἱ ἑπτὰ rl) οὐκ ἀφῆκαν
σπέρμα
12 23 οἱ γὰρ ἑπτὰ ἔσχον αὐτήν γυναῖκα
14 6 ὁ δὲ Ἰησοῦς εἶπεν· ἄφετε αὐτήν

Lc 1 28ᶜ εἰσελθὼν (+ὁ ἄγγελος Vς ~ T)
πρὸς αὐτήν εἶπεν
1 57 ἐπλήσθη ὁ χρόνος τοῦ τεκεῖν
αὐτήν
1 61ᶜ καὶ εἶπαν πρὸς αὐτήν
2 6 ἐπλήσθησαν αἱ ἡμέραι τοῦ τεκεῖν
αὐτήν
4 6 καὶ ᾧ ἐὰν (ἂν H) θέλω δίδωμι
αὐτήν
4 39 ἐπετίμησεν τῷ πυρετῷ, καὶ ἀφῆκεν
αὐτήν
6 48 καὶ οὐκ ἴσχυσεν σαλεῦσαι αὐτήν ↔
6 48 | διὰ τὸ καλῶς οἰκοδομῆσθαι αὐτήν
(τεθεμελίωτο γὰρ ἐπὶ τὴν πέτραν ς)
7 13 ἰδὼν αὐτήν ὁ κύριος ↔
7 13ᶜ *ἐσπλαγχνίσθη ἐπ᾽ αὐτήν (T;
αὐτῇ rl)
8 52 ἔκλαιον δὲ πάντες καὶ ἐκόπτοντο
αὐτήν
9 24 ὃς γὰρ ἂν (ἐὰν NMVT) θέλῃ τὴν
ψυχὴν αὐτοῦ σῶσαι, ἀπολέσει
αὐτήν· ↔
9 24 ὃς δ᾽ ἂν ἀπολέσῃ τὴν ψυχὴν αὐτοῦ
ἕνεκεν ἐμοῦ, οὗτος σώσει αὐτήν
11 32 καὶ κατακρινοῦσιν αὐτήν
13 7 ἔκκοψον οὖν (+[N²⁶]S) αὐτήν
13 8 κύριε, ἄφες αὐτήν καὶ τοῦτο τὸ
ἔτος, ↔
13 8ᶜ ἕως ὅτου σκάψω περὶ αὐτήν
13 9 κἂν μὲν ποιήσῃ καρπὸν | εἰς τὸ
μέλλον· εἰ δὲ μή γε (~ Mς),
ἐκκόψεις αὐτήν
13 12 ἰδὼν δὲ αὐτήν ὁ Ἰησοῦς προσ-
εφώνησεν
13 18 καὶ τίνι ὁμοιώσω αὐτήν;
13 34ᶜ Ἰερουσαλήμ, ἡ ... λιθοβολοῦσα
τοὺς ἀπεσταλμένους πρὸς αὐτήν
16 16ᶜ πᾶς εἰς αὐτήν βιάζεται
17 33 ὃς ἐὰν ζητήσῃ τὴν ψυχὴν αὐτοῦ
περιποιήσασθαι (σῶσαι Vς), ἀπο-
λέσει αὐτήν, ↔
17 33 *| ὃς δ᾽ ἂν (N²⁶H; καὶ ὃς ἂν NM;
καὶ ὃς ἐὰν rl) ἀπολέσῃ (-σει
NMTH) αὐτήν (+ς), ↔
17 33 ζωογονήσει αὐτήν
18 5 διά γε τὸ παρέχειν μοι κόπον τὴν
χήραν ταύτην ἐκδικήσω αὐτήν
18 17ᶜ οὐ μὴ εἰσέλθη εἰς αὐτήν
19 41ᶜ ἰδὼν τὴν πόλιν ἔκλαυσεν ἐπ᾽
αὐτήν (αὐτῇ ς)

Lc 20 31 ὁ τρίτος ἔλαβεν αὐτήν
20 33 οἱ γὰρ ἑπτὰ ἔσχον αὐτήν γυναῖκα
21 21ᶜ οἱ ἐν ταῖς χώραις μὴ εἰσερχέσθωσαν
εἰς αὐτήν
[8 3] καὶ στήσαντες αὐτήν ἐν μέσῳ
[8 7]ᶜ ὁ ἀναμάρτητος ὑμῶν πρῶτος | ἐπ᾽
αὐτήν βαλέτω λίθον (τὸν λ. ἐπ᾽
αὐτῇ β. ς)
Jo 10 17 τίθημι τὴν ψυχήν μου, ἵνα πάλιν
λάβω αὐτήν. ↔
10 18 οὐδεὶς αἴρει (ἦρεν NH) αὐτήν ἀπ᾽
ἐμοῦ
10 18 ἐγὼ τίθημι αὐτήν ἀπ᾽ ἐμαυτοῦ
10 18 ἐξουσίαν ἔχω θεῖναι αὐτήν, ↔
10 18 καὶ ἐξουσίαν ἔχω πάλιν λαβεῖν
αὐτήν
11 31 καὶ παραμυθούμενοι αὐτήν
11 33 Ἰησοῦς οὖν ὡς εἶδεν αὐτήν κλαί-
ουσαν
12 7 εἶπεν οὖν ὁ Ἰησοῦς· ἄφες αὐτήν
12 25 ὁ φιλῶν τὴν ψυχὴν αὐτοῦ ἀπολ-
λύει αὐτήν
12 25 εἰς ζωὴν αἰώνιον φυλάξει αὐτήν
18 10 Πέτρος ἔχων μάχαιραν εἵλκυσεν
αὐτήν
19 27 ἔλαβεν | ὁ μαθητὴς αὐτήν (~ Tς)
εἰς τὰ ἴδια

Ac 5 8ᶜ ἀπεκρίθη δὲ | πρὸς αὐτήν (αὐτῇ ς)
(+ὁ VB[S]ς) Πέτρος
5 9ᶜ ὁ δὲ Πέτρος (+εἶπε ς) πρὸς αὐτήν
5 10 εἰσελθόντες δὲ οἱ νεανίσκοι εὗρον
αὐτήν νεκράν
7 5 ἐπηγγείλατο δοῦναι | αὐτῷ εἰς
κατάσχεσιν αὐτήν (~ S)
7 44 καθὼς διετάξατο ὁ λαλῶν τῷ
Μωϋσῇ ποιῆσαι αὐτήν
9 37 ἐγένετο δὲ ... ἀσθενήσασαν αὐτήν
ἀποθανεῖν· ↔
9 37 λούσαντες δὲ | ἔθηκαν αὐτήν (T; ἔ.
[αὐτήν] N²⁶; ἔ. NH; α. ἔ. rl) ἐν
ὑπερῴῳ
9 41 δοὺς δὲ αὐτῇ χεῖρα ἀνέστησεν
αὐτήν
9 41 παρέστησεν αὐτήν ζῶσαν
12 15ᶜ οἱ δὲ πρὸς αὐτήν εἶπαν
15 16 καὶ ἀνορθώσω αὐτήν
21 3 καταλιπόντες αὐτήν εὐώνυμον ἐ-
πλέομεν εἰς Συρίαν
27 8 μόλις τε παραλεγόμενοι αὐτήν
ἤλθομεν εἰς τόπον τινά
27 32 ἀπέκοψαν ... τὰ σχοινία τῆς σκά-
φης καὶ εἴασαν αὐτήν ἐκπεσεῖν
Rm 7 3 ἐλευθέρα ἐστὶν ἀπὸ τοῦ νόμου, τοῦ
μὴ εἶναι αὐτήν μοιχαλίδα
12 4ᵃ τὰ δὲ μέλη πάντα οὐ τὴν αὐτήν
ἔχει πρᾶξιν
16 2 ⟨Φοίβην⟩ ἵνα | αὐτήν προσδέξησθε
(~ H) ἐν κυρίῳ
1C 7 12 εἰ ... αὕτη συνευδοκεῖ οἰκεῖν μετ᾽
αὐτοῦ, μὴ ἀφιέτω αὐτήν
2C 3 18ᵃ τὴν δόξαν κυρίου κατοπτριζόμενοι
τὴν αὐτήν εἰκόνα μεταμορφούμεθα
6 13ᵃ τὴν δὲ αὐτήν ἀντιμισθίαν ...
πλατύνθητε καὶ ὑμεῖς
8 16ᵃ χάρις δὲ τῷ θεῷ τῷ δόντι (N²⁶;
διδ. rl) τὴν αὐτήν σπουδήν
G 1 13 ἐδίωκον τὴν ἐκκλησίαν τοῦ θεοῦ
καὶ ἐπόρθουν αὐτήν
E 5 26 ἵνα αὐτήν ἁγιάσῃ καθαρίσας τῷ
λουτρῷ
5 27 *ἵνα παραστήσῃ αὐτήν (ς; αὐτὸς
rl) ἑαυτῷ ἔνδοξον τὴν ἐκκλησίαν
5 29 οὐδεὶς ... τὴν ἑαυτοῦ σάρκα
ἐμίσησεν, ἀλλὰ ἐκτρέφει καὶ θάλπει
αὐτήν

Ph 2 2ᵃ τὴν αὐτήν ἀγάπην ἔχοντες
Cl 4 17 βλέπε τὴν διακονίαν ... ἵνα αὐτήν
πληροῖς
Hb 4 6ᶜ ἐπεὶ οὖν ἀπολείπεται τινὰς εἰσελ-
θεῖν εἰς αὐτήν
5 3ᶜ καὶ | δι᾽ αὐτήν (διὰ ταύτην ς)
ὀφείλει ... προσφέρειν
6 11ᵃ ἐπιθυμοῦμεν δὲ ἕκαστον ὑμῶν τὴν
αὐτήν ἐνδείκνυσθαι σπουδὴ
10 1ᵇ ἔχων ὁ νόμος ... οὐκ αὐτήν τὴν
εἰκόνα τῶν πραγμάτων
12 17 μετανοίας γὰρ τόπον οὐχ εὗρεν,
καίπερ μετὰ δακρύων ἐκζητήσας
αὐτήν
1 Pt 3 11 ζητησάτω εἰρήνην καὶ διωξάτω
αὐτήν
4 1ᵃ καὶ ὑμεῖς τὴν αὐτήν ἔννοιαν
ὁπλίσασθε
4 4ᵃ μὴ συντρεχόντων ὑμῶν εἰς τὴν
αὐτήν τῆς ἀσωτίας ἀνάχυσιν
1 Jo 2 21 ἀλλ᾽ ὅτι οἴδατε αὐτήν
Ap 2 20 *τὴν γυναῖκα (+σου B) Ἰεζάβελ,
ἡ λέγουσα αὐτήν (T; ἑαυτὴν rl)
προφῆτιν
2 22 ἰδοὺ βάλλω αὐτήν εἰς κλίνην
3 8 ἣν οὐδεὶς δύναται κλεῖσαι αὐτήν
11 2 τὴν αὐλήν ... ἔκβαλε ἔξωθεν καὶ μὴ
αὐτήν μετρήσῃς
12 6 ἵνα ἐκεῖ τρέφωσιν (-φουσιν T)
αὐτήν
12 15 ἵνα αὐτήν (ταύτην ς) ποταμοφόρη-
τον ποιήσῃ
17 6 ἐθαύμασα ἰδὼν αὐτήν θαῦμα μέγα
17 7 τὸ μυστήριον τῆς γυναικὸς καὶ
τοῦ θηρίου τοῦ βαστάζοντος αὐ-
τήν
17 16 καὶ αὐτήν κατακαύσουσιν ἐν
([NH]; —T) πυρί
18 7 ὅσα ἐδόξασεν αὐτήν (αὐ- VBH;
ἑαυ- ς)
18 8 ὁ θεὸς ὁ κρίνας αὐτήν
18 9 *κλαύσουσιν (-σονται MSς) αὐτήν
(+ς) ↔
18 9ᶜ καὶ κόψονται ἐπ᾽ αὐτήν (-τῆς V;
-τῇ Bς) οἱ βασιλεῖς τῆς γῆς
18 11ᶜ οἱ ἔμποροι τῆς γῆς κλαίουσιν καὶ
πενθοῦσιν ἐπ᾽ αὐτήν (-τῇ ς)
18 20ᶜ *εὐφραίνου ἐπ᾽ αὐτήν (ς; -τῇ rl),
οὐρανέ
21 23 ἡ γὰρ δόξα τοῦ θεοῦ ἐφώτισεν
αὐτήν
21 24ᶜ οἱ βασιλεῖς τῆς γῆς φέρουσιν τὴν
δόξαν αὐτῶν εἰς αὐτήν
21 26ᶜ οἴσουσιν ... τὴν τιμὴν τῶν ἐθνῶν
εἰς αὐτήν
21 27ᶜ οὐ μὴ εἰσέλθη εἰς αὐτήν πᾶν κοινόν

αὐτοί
ᵃ αὐτοὶ οὗτοι
ᵇ ὑμεῖς αὐτοί
ᶜ καὶ αὐτοί

Mt 5 4 ὅτι αὐτοὶ παρακληθήσονται
5 5 ὅτι αὐτοὶ κληρονομήσουσιν τὴν
γῆν
5 6 ὅτι αὐτοὶ χορτασθήσονται
5 7 ὅτι αὐτοὶ ἐλεηθήσονται
5 8 ὅτι αὐτοὶ τὸν θεὸν ὄψονται
5 9 ὅτι αὐτοὶ ([NVH]; —T) υἱοὶ
θεοῦ κληθήσονται
12 27 διὰ τοῦτο αὐτοὶ κριταὶ ἔσονται
ὑμῶν
19 28ᶜ *καθήσεσθε (καθίσεσθε STς) καὶ
αὐτοὶ (ὑμεῖς N²⁶BHς) ἐπὶ δώ-
δεκα θρόνους
20 10ᶜ ἔλαβον τὸ [N²⁶SH] ἀνὰ δηνάριον
καὶ αὐτοί

Mt 23 4 |αὐτοὶ δὲ τῷ (τῷ δὲ VSϛ) δακτύλῳ
αὐτῶν οὐ θέλουσιν κινῆσαι αὐτά
25 44c τότε ἀποκριθήσονται καὶ αὐτοί

Mc 2 8 *ὅτι οὕτως [H] αὐτοὶ (+V) διαλο-
γίζονται ἐν ἑαυτοῖς
6 31b δεῦτε ὑμεῖς αὐτοὶ κατ' ἰδίαν εἰς
ἔρημον τόπον
7 36 ὅσον δὲ (+αὐτὸς ϛ) αὐτοῖς διεστέλ-
λετο, αὐτοὶ (—ϛ) μᾶλλον περισσό-
τερον ἐκήρυσσον

Lc 2 50c καὶ αὐτοὶ οὐ συνῆκαν τὸ ῥῆμα
6 11 αὐτοὶ δὲ ἐπλήσθησαν ἀνοίας
9 36c καὶ αὐτοὶ ἐσίγησαν
11 4 καὶ γὰρ αὐτοὶ ἀφίομεν παντὶ ὀφεί-
λοντι ἡμῖν
11 19 διὰ τοῦτο αὐτοὶ | ὑμῶν κριταὶ
ἔσονται (~T BSϛ)
11 46c καὶ αὐτοὶ ἑνὶ τῶν δακτύλων ὑμῶν
οὐ προσψαύετε τοῖς φορτίοις
11 48 ὅτι αὐτοὶ μὲν ἀπέκτειναν αὐτούς
11 52 αὐτοὶ οὐκ εἰσήλθατε
13 4 δοκεῖτε ὅτι αὐτοὶ (οὗτοι ϛ) ὀφει-
λέται ἐγένοντο ⟨;⟩
14 1c καὶ αὐτοὶ ἦσαν παρατηρούμενοι
αὐτόν
14 12c μήποτε καὶ αὐτοὶ ἀντικαλέσωσίν
σε
16 28c ἵνα μὴ καὶ αὐτοὶ ἔλθωσιν εἰς τὸν
τόπον τοῦτον τῆς βασάνου
17 13c καὶ αὐτοὶ ἦραν φωνὴν λέγοντες
18 34c καὶ αὐτοὶ οὐδὲν τούτων συνῆκαν
22 23c καὶ αὐτοὶ ἤρξαντο συζητεῖν πρὸς
ἑαυτούς
22 71 αὐτοὶ γὰρ ἠκούσαμεν ἀπὸ τοῦ
στόματος αὐτοῦ
24 14c καὶ αὐτοὶ ὡμίλουν πρὸς ἀλλή-
λους
24 35c καὶ αὐτοὶ ἐξηγοῦντο τὰ ἐν τῇ ὁδῷ
24 52c καὶ αὐτοὶ | προσκυνήσαντες αὐτὸν
([VSH]; — NT) ὑπέστρεψαν εἰς
Ἰερουσαλήμ

Jo 3 28b ὑμεῖς μοι μαρτυρεῖτε ὅτι εἶ-
πον (+ἐγώ [H])
4 42 αὐτοὶ γὰρ ἀκηκόαμεν
4 45c καὶ αὐτοὶ γὰρ ἦλθον εἰς τὴν ἑορ-
τήν
6 24 ἐνέβησαν αὐτοὶ εἰς τὰ πλοιάρια
17 8c καὶ αὐτοὶ ἔλαβον
17 11c καὶ αὐτοὶ (οὗτοι VBSϛ) ἐν τῷ
κόσμῳ εἰσίν
17 19c ἵνα ὦσιν καὶ αὐτοὶ ἡγιασμένοι ἐν
ἀληθείᾳ
17 21c ἵνα καὶ αὐτοὶ ἐν ἡμῖν (+ἐν MVBSϛ)
ὦσιν
18 28c καὶ αὐτοὶ οὐκ εἰσῆλθον εἰς τὸ πραι-
τώριον

Ac 2 22c σημείοις, οἷς ἐποίησεν ... καθὼς
(+καὶ ϛ) αὐτοὶ οἴδατε
13 4 αὐτοὶ (οὗτοι ϛ) μὲν οὖν ἐκπεμφθέν-
τες ὑπὸ τοῦ ἁγίου πνεύματος
κατῆλθον
13 14 αὐτοὶ δὲ... παρεγένοντο εἰς Ἀν-
τιόχειαν
15 32c Ἰούδας τε καὶ Σιλᾶς, καὶ αὐτοὶ
προφῆται ὄντες
16 37 ἀλλὰ ἐλθόντες αὐτοὶ ἡμᾶς ἐξαγα-
γέτωσαν
18 15 ὄψεσθε αὐτοί
20 34 αὐτοὶ γινώσκετε ὅτι... ὑπηρέτη-
σαν
22 19 αὐτοὶ ἐπίστανται ὅτι ἐγὼ ἤμην
φυλακίζων
24 15c ἐλπίδα ἔχων ... ἣν καὶ αὐτοὶ οὗτοι
προσδέχονται
24 20a ἢ αὐτοὶ οὗτοι εἰπάτωσαν τί εὗρον

Ac 27 36c καὶ αὐτοὶ προσελάβοντο τροφῆς
28 28 αὐτοὶ καὶ ἀκούσονται

Rm 8 23c καὶ αὐτοὶ τὴν ἀπαρχὴν τοῦ πνεύ-
ματος ἔχοντες ↔
8 23c ἡμεῖς [NH] καὶ αὐτοὶ ἐν ἑαυτοῖς
στενάζομεν
11 31c ἵνα καὶ αὐτοὶ νῦν [N26M] ἐλεηθῶ-
σιν
15 14c πέπεισμαι ... ὅτι καὶ αὐτοὶ μεστοί
ἐστε ἀγαθωσύνης

2C 1 4 διὰ τῆς παρακλήσεως ἧς παρακα-
λούμεθα αὐτοὶ ὑπὸ τοῦ θεοῦ
1 9 ἀλλὰ αὐτοὶ ἐν ἑαυτοῖς τὸ ἀπό-
κριμα τοῦ θανάτου ἐσχήκαμεν
6 16c ἔσομαι αὐτῶν θεός, καὶ αὐτοὶ ἔσον-
ταί μου (μοι Sϛ) λαός
10 12 ἀλλὰ αὐτοὶ ἐν ἑαυτοῖς ἑαυτοὺς
μετροῦντες ... οὐ συνιᾶσιν

G 2 9 ἵνα ἡμεῖς εἰς τὰ ἔθνη, αὐτοὶ δὲ εἰς
τὴν περιτομήν
2 17c εἰ δὲ ... εὑρέθημεν καὶ αὐτοὶ ἁμαρ-
τωλοί
6 13 οὐδὲ γὰρ οἱ περιτεμνόμενοι αὐτοὶ
νόμον φυλάσσουσιν

1Th 1 9 αὐτοὶ γὰρ περὶ ἡμῶν ἀπαγγέλλου-
σιν
2 1 αὐτοὶ γὰρ οἴδατε, ἀδελφοί, τὴν
εἴσοδον ἡμῶν
2 14c τὰ αὐτὰ ἐπάθετε καὶ ὑμεῖς...καθὼς
καὶ αὐτοὶ ὑπὸ τῶν Ἰουδαίων
3 3 αὐτοὶ γὰρ οἴδατε ὅτι εἰς τοῦτο
κείμεθα
4 9b αὐτοὶ γὰρ ὑμεῖς θεοδίδακτοί ἐστε
5 2 αὐτοὶ γὰρ ἀκριβῶς οἴδατε

2Th 3 7 αὐτοὶ γὰρ οἴδατε

2Tm 2 10c πάντα ὑπομένω διὰ τοὺς ἐκλε-
κτούς, ἵνα καὶ αὐτοὶ σωτηρίας
τύχωσιν

Hb 1 11 αὐτοὶ ἀπολοῦνται, σὺ δὲ διαμένεις
3 10 αὐτοὶ δὲ οὐκ ἔγνωσαν τὰς ὁδούς
μου
8 9 ὅτι αὐτοὶ οὐκ ἐνέμειναν ἐν τῇ δια-
θήκῃ μου
8 10c καὶ αὐτοὶ ἔσονταί μοι εἰς λαόν
13 3c μιμνῄσκεσθε ... τῶν κακουχουμέ-
νων ὡς καὶ αὐτοὶ ὄντες ἐν σώματι
13 17 πείθεσθε τοῖς ἡγουμένοις ὑμῶν καὶ
ὑπείκετε· αὐτοὶ γὰρ ἀγρυπνοῦσιν

Jc 2 6 οὐχ ... αὐτοὶ ἕλκουσιν ὑμᾶς εἰς
κριτήρια; ↔
2 7 οὐκ αὐτοὶ βλασφημοῦσιν τὸ καλὸν
ὄνομα ⟨;⟩

1Pt 1 15c καὶ αὐτοὶ ἅγιοι ... γενήθητε
2 5c καὶ αὐτοὶ ὡς λίθοι ζῶντες οἰκοδο-
μεῖσθε (ἐπ- ST)

2Pt 2 19 ἐλευθερίαν αὐτοῖς ἐπαγγελλόμενοι,
αὐτοὶ δοῦλοι ὑπάρχοντες τῆς
φθορᾶς

1Jo 4 5 αὐτοὶ ἐκ τοῦ κόσμου εἰσίν

Ap 6 11c οἱ ἀδελφοὶ αὐτῶν οἱ μέλλοντες
ἀποκτέννεσθαι ὡς καὶ αὐτοί
12 11c καὶ αὐτοὶ ἐνίκησαν αὐτόν
21 3c καὶ αὐτοὶ λαοὶ αὐτοῦ ἔσονται

αὐτά
a τὰ αὐτά
b αὐτὰ τά
c post praepositionem

Mt 6 26 καὶ ὁ πατὴρ ὑμῶν ὁ οὐράνιος
τρέφει αὐτά
10 1 ὥστε ἐκβάλλειν αὐτά
11 25 καὶ ἀπεκάλυψας αὐτὰ νηπίοις
13 4 | ἐλθόντα τὰ πετεινὰ (ἦλθεν τὰ π.
καὶ VTϛ) κατέφαγεν αὐτά
13 7 ἀνέβησαν αἱ ἄκανθαι καὶ ἔπνιξαν
(ἀπ- NMVHϛ) αὐτά

Mt 13 28 θέλεις οὖν ἀπελθόντες συλλέξωμεν
αὐτά;
13 30 δήσατε αὐτὰ εἰς [H] δέσμας ↔
13 30 πρὸς τὸ κατακαῦσαι αὐτά
13 39 ὁ δὲ ἐχθρὸς ὁ σπείρας αὐτά
19 14 μὴ κωλύετε αὐτὰ ἐλθεῖν πρός με
(ἐμέ T)
23 4 | αὐτοὶ δὲ τῷ (τῷ δὲ VSϛ) δακ-
τύλῳ αὐτῶν οὐ θέλουσιν κινῆσαι
αὐτά
27 6 οὐκ ἔξεστιν βαλεῖν αὐτὰ εἰς τὸν
κορβανᾶν
27 10 ἔδωκαν αὐτὰ εἰς τὸν ἀγρὸν τοῦ
κεραμέως

Mc 5 10 ἵνα μὴ αὐτὰ (αὐτοὺς MVSϛ)
ἀποστείλῃ ἔξω τῆς χώρας
8 7 εὐλογήσας | αὐτὰ εἶπεν καὶ ταῦτα
παρατιθέναι (αὐτὰ παρέθηκεν T;
εἰ. παραθεῖναι κ. α. ϛ)
10 14 μὴ κωλύετε αὐτά
10 16 ἐναγκαλισάμενος αὐτὰ κατ-
ευλόγει (—ϛ) ↔
10 16c τιθεὶς τὰς χεῖρας ἐπ' αὐτά ↔
10 16 *| ηὐλόγει αὐτά (+ϛ)
15 24c βάλλοντες κλῆρον ἐπ' αὐτά τίς τί
ἄρῃ

Lc 4 41 ἐπιτιμῶν οὐκ εἴα αὐτὰ λαλεῖν
5 7 καὶ ἔπλησαν ἀμφότερα τὰ πλοῖα
ὥστε βυθίζεσθαι αὐτά
6 23a κατὰ | τὰ αὐτὰ (ταῦτα ϛ) γὰρ
ἐποίουν τοῖς προφήταις
6 26a κατὰ | τὰ αὐτὰ (ταῦτα ϛ) γὰρ
ἐποίουν τοῖς ψευδοπροφήταις
10 21 ὅτι ... ἀπεκάλυψας αὐτὰ νηπίοις
14 19 πορεύομαι δοκιμάσαι αὐτά
17 30a τὰ αὐτὰ (ταῦτα ϛ) ἔσται
ᾗ ἡμέρᾳ ὁ υἱὸς τοῦ ἀνθρώπου
ἀποκαλύπτεται
17 31 μὴ καταβάτω ἆραι αὐτά
18 16 ὁ δὲ Ἰησοῦς προσεκαλέσατο αὐτά
[H] λέγων· ↔
18 16 ἄφετε τὰ παιδία ἔρχεσθαι πρός με
καὶ μὴ κωλύετε αὐτά

Jo 5 36 τὰ γὰρ ἔργα ἃ δέδωκέν μοι ὁ πα-
τὴρ ἵνα τελειώσω αὐτά, ↔
5 36b αὐτὰ τὰ ἔργα ἃ ποιῶ, μαρτυρεῖ
περὶ ἐμοῦ
10 3 τὰ ἴδια πρόβατα φωνεῖ κατ' ὄνομα
καὶ ἐξάγει αὐτά
10 12 καὶ ὁ λύκος ἁρπάζει αὐτά
10 27 κἀγὼ γινώσκω αὐτά
10 28 οὐχ ἁρπάσει τις αὐτὰ ἐκ τῆς
χειρός μου
13 17 μακάριοί ἐστε ἐὰν ποιῆτε αὐτά
14 11b διὰ τὰ ἔργα αὐτὰ πιστεύετε
(+μοι Vϛ)
15 6 συνάγουσιν αὐτὰ (αὐτὸ ST) καὶ
εἰς τὸ πῦρ βάλλουσιν

Ac 2 45 τὰς ὑπάρξεις ἐπίπρασκον καὶ διε-
μέριζον αὐτὰ πᾶσιν
15 27a ἀπεστάλκαμεν ... καὶ αὐτοὺς διὰ
λόγου ἀπαγγέλλοντας τὰ αὐτά

Rm 1 32 οὐ μόνον αὐτὰ ποιοῦσιν, ἀλλὰ καὶ
συνευδοκοῦσιν
2 1a τὰ γὰρ αὐτὰ πράσσεις ὁ κρίνων
2 3 ὁ κρίνων τοὺς τὰ τοιαῦτα πράσ-
σοντας καὶ ποιῶν αὐτά
10 5 ὁ ποιήσας αὐτὰ (+N26Bϛ) ἄν-
θρωπος ζήσεται ἐν αὐτοῖς (N26ϛ;
-τῇ rl)

G 3 10 ἐπικατάρατος πᾶς ὃς οὐκ ἐμμένει
πᾶσιν ... τοῦ ποιῆσαι αὐτά
3 12 ἀλλ' ὁ ποιήσας αὐτὰ ζήσεται ἐν
αὐτοῖς

E   6 4 μὴ παροργίζετε τὰ τέκνα ὑμῶν, ἀλλὰ ἐκτρέφετε αὐτά

6 9ᵃκαὶ οἱ κύριοι, τὰ αὐτὰ ποιεῖτε πρὸς αὐτούς

Ph   3 1ᵃτὰ αὐτὰ γράφειν ὑμῖν ἐμοὶ μὲν οὐκ ὀκνηρόν

1Th 2 14ᵃὅτι τὰ αὐτὰ ἐπάθετε καὶ ὑμεῖς

Hb   9 23ᵇαὐτὰ δὲ τὰ ἐπουράνια κρείττοσιν θυσίαις παρὰ ταύτας

1 Pt 1 12 ὅτι οὐχ ἑαυτοῖς ὑμῖν δὲ διηκόνουν αὐτά, ἃ νῦν ἀνηγγέλη ὑμῖν

5 9ᵃεἰδότες τὰ αὐτὰ τῶν παθημάτων... ἐπιτελεῖσθαι

Ap 10 4 καὶ μὴ αὐτά (ταῦτα ς) γράψῃς

11 6 ἐξουσίαν ἔχουσιν ἐπὶ τῶν ὑδάτων στρέφειν αὐτὰ εἰς αἷμα

18 14 καὶ οὐκέτι οὐ μὴ αὐτὰ εὑρήσουσιν

22 18ᶜἐάν τις ἐπιθῇ | ἐπ' αὐτά (πρὸς ταῦτα ς)

αὐτῶν

ᵃ τῶν αὐτῶν, ὑμῶν αὐτῶν
ᵇ substantivo postposito
ᶜ post praepositionem
ᵈ gen. abs.

Mt   1 21 αὐτὸς γὰρ σώσει τὸν λαὸν αὐτοῦ ἀπὸ τῶν ἁμαρτιῶν αὐτῶν

2 4ᶜἐπυνθάνετο παρ' αὐτῶν ποῦ ὁ χριστὸς γεννᾶται

2 7ᶜἠκρίβωσεν παρ' αὐτῶν τὸν χρόνον τοῦ φαινομένου ἀστέρος

2 11 καὶ ἀνοίξαντες τοὺς θησαυροὺς αὐτῶν

2 12 ἀνεχώρησαν εἰς τὴν χώραν αὐτῶν

2 13ᵈἀναχωρησάντων δὲ αὐτῶν, ἰδοὺ ἄγγελος κυρίου φαίνεται

3 6 ἐξομολογούμενοι τὰς ἁμαρτίας αὐτῶν

4 8 δείκνυσιν αὐτῷ πάσας τὰς βασιλείας ... καὶ τὴν δόξαν αὐτῶν

4 21 ἄλλους δύο ἀδελφοὺς ... μετὰ Ζεβεδαίου τοῦ πατρὸς αὐτῶν ↔

4 21 καταρτίζοντας τὰ δίκτυα αὐτῶν

4 22 ἀφέντες τὸ πλοῖον καὶ τὸν πατέρα αὐτῶν

4 23 διδάσκων ἐν ταῖς συναγωγαῖς αὐτῶν

5 3 ὅτι αὐτῶν ἐστιν ἡ βασιλεία τῶν οὐρανῶν

5 10 ὅτι αὐτῶν ἐστιν ἡ βασιλεία τῶν οὐρανῶν

6 2 ἀπέχουσιν τὸν μισθὸν αὐτῶν

6 5 ἀπέχουσιν τὸν μισθὸν αὐτῶν

6 7 ἐν τῇ πολυλογίᾳ αὐτῶν εἰσακουσθήσονται

6 14 ἐὰν γὰρ ἀφῆτε τοῖς ἀνθρώποις τὰ παραπτώματα αὐτῶν

6 15 *ἐὰν δὲ μὴ ἀφῆτε τοῖς ἀνθρώποις | τὰ παραπτώματα αὐτῶν (+ [VH]Bς)

6 16 ἀφανίζουσιν γὰρ τὰ πρόσωπα αὐτῶν

6 16 ἀπέχουσιν τὸν μισθὸν αὐτῶν

6 26 οὐχ ὑμεῖς μᾶλλον διαφέρετε αὐτῶν;

7 6 μήποτε καταπατήσουσιν (-ωσιν MVSς) αὐτοὺς ἐν τοῖς ποσὶν αὐτῶν

7 16 ἀπὸ τῶν καρπῶν αὐτῶν ἐπιγνώσεσθε αὐτούς

7 20 ἄρα γε ἀπὸ τῶν καρπῶν αὐτῶν ἐπιγνώσεσθε αὐτούς

7 29 ἦν γὰρ διδάσκων αὐτοὺς ... οὐχ ὡς οἱ γραμματεῖς αὐτῶν (—ς)

8 30ᶜἦν δὲ μακρὰν ἀπ' αὐτῶν ἀγέλη χοίρων πολλῶν βοσκομένη

Mt   8 34 ὅπως μεταβῇ ἀπὸ τῶν ὁρίων αὐτῶν

9 2 ἰδὼν ὁ Ἰησοῦς τὴν πίστιν αὐτῶν

9 4 ἰδὼν (εἰδὼς NMBH) ὁ Ἰησοῦς τὰς ἐνθυμήσεις αὐτῶν

9 15ᶜμὴ δύνανται οἱ υἱοὶ τοῦ νυμφῶνος πενθεῖν, ἐφ' ὅσον μετ' αὐτῶν ἐστιν ὁ νυμφίος;

9 15ᶜὅταν ἀπαρθῇ ἀπ' αὐτῶν ὁ νυμφίος

9 29 τότε ἥψατο τῶν ὀφθαλμῶν αὐτῶν

9 30ᵇκαὶ ἠνεῴχθησαν αὐτῶν οἱ ὀφθαλμοί

9 32ᵈαὐτῶν δὲ ἐξερχομένων, ἰδοὺ προσήνεγκαν αὐτῷ

9 35 διδάσκων ἐν ταῖς συναγωγαῖς αὐτῶν

9 36ᶜἰδὼν δὲ τοὺς ὄχλους ἐσπλαγχνίσθη περὶ αὐτῶν

10 17 ἐν ταῖς συναγωγαῖς αὐτῶν μαστιγώσουσιν ὑμᾶς

10 29ᶜκαὶ ἓν ἐξ αὐτῶν οὐ πεσεῖται ἐπὶ τὴν γῆν

11 1 τοῦ διδάσκειν καὶ κηρύσσειν ἐν ταῖς πόλεσιν αὐτῶν

11 16 *ἃ προσφωνοῦντα τοῖς | ἑταίροις αὐτῶν (ς; ἑτέροις rl)

12 9 ἦλθεν εἰς τὴν συναγωγὴν αὐτῶν

12 25 εἰδὼς δὲ (+ὁ Ἰησοῦς Vς) τὰς ἐνθυμήσεις αὐτῶν

13 15 καὶ τοὺς ὀφθαλμοὺς αὐτῶν ἐκάμμυσαν

13 43 οἱ δίκαιοι ἐκλάμψουσιν ... ἐν τῇ βασιλείᾳ τοῦ πατρὸς αὐτῶν

13 54 ἐδίδασκεν αὐτοὺς ἐν τῇ συναγωγῇ αὐτῶν

13 58 καὶ οὐκ ἐποίησεν ἐκεῖ δυνάμεις πολλὰς διὰ τὴν ἀπιστίαν αὐτῶν

14 14 καὶ ἐθεράπευσεν τοὺς ἀρρώστους αὐτῶν

14 32ᵈἀναβάντων αὐτῶν εἰς τὸ πλοῖον

15 2 οὐ γὰρ νίπτονται τὰς χεῖρας αὐτῶν (+[N²⁶] VBSς)

15 8 *| ἐγγίζει μοι (+ς) ὁ λαὸς οὗτος | τῷ στόματι αὐτῶν, καὶ (+ς) τοῖς χείλεσίν με τιμᾷ, ↔

15 8 ἡ δὲ καρδία αὐτῶν πόρρω ἀπέχει ἀπ' ἐμοῦ

15 27 ἀπὸ τῆς τραπέζης τῶν κυρίων αὐτῶν

17 2ᶜμετεμορφώθη ἔμπροσθεν αὐτῶν

17 6 οἱ μαθηταὶ ἔπεσαν ἐπὶ πρόσωπον αὐτῶν

17 7 προσῆλθεν ὁ Ἰησοῦς καὶ ἁψάμενος αὐτῶν

17 8 ἐπάραντες δὲ τοὺς ὀφθαλμοὺς αὐτῶν

17 9ᵈκαταβαινόντων αὐτῶν ἐκ τοῦ ὄρους

17 12ᶜὁ υἱὸς τοῦ ἀνθρώπου μέλλει πάσχειν ὑπ' αὐτῶν

17 14ᵈ*ἐλθόντων αὐτῶν (+VSς) πρὸς τὸν ὄχλον

17 22ᵈσυστρεφομένων (ἀναστρ. VBSς) δὲ αὐτῶν ἐν τῇ Γαλιλαίᾳ

17 24ᵈἐλθόντων δὲ αὐτῶν εἰς Καφαρναούμ

17 25 ἀπὸ τῶν υἱῶν αὐτῶν ἢ ἀπὸ τῶν ἀλλοτρίων;

18 2 ἔστησεν αὐτὸ ἐν μέσῳ αὐτῶν

18 10 οἱ ἄγγελοι αὐτῶν ἐν οὐρανοῖς διὰ παντὸς βλέπουσι

18 12ᶜἐὰν ... πλανηθῇ ἓν ἐξ αὐτῶν

18 17 ἐὰν δὲ παρακούσῃ αὐτῶν

18 20 ἐκεῖ εἰμι ἐν μέσῳ αὐτῶν

Mt 18 31 *διεσάφησαν τῷ κυρίῳ αὐτῶν (ς; ἑ- rl) πάντα τὰ γενόμενα

18 35 *ἐὰν μὴ ἀφῆτε ... ἀπὸ τῶν καρδιῶν ὑμῶν | τὰ παραπτώματα αὐτῶν (+ς)

20 13 ὁ δὲ ἀποκριθεὶς | ἑνὶ αὐτῶν εἶπεν (~Vς)

20 25 ὅτι οἱ ἄρχοντες τῶν ἐθνῶν κατακυριεύουσιν αὐτῶν ↔

20 25 καὶ οἱ μεγάλοι κατεξουσιάζουσιν αὐτῶν

20 29ᵈκαὶ ἐκπορευομένων αὐτῶν ἀπὸ Ἰεριχώ

20 34 ἥψατο τῶν ὀμμάτων (ὀφθαλμῶν Vς) αὐτῶν, ↔

20 34ᵇ*καὶ εὐθέως ἀνέβλεψαν | αὐτῶν οἱ ὀφθαλμοί (+ς)

21 3 ἐρεῖτε ὅτι ὁ κύριος αὐτῶν χρείαν ἔχει

21 7ᶜκαὶ ἐπέθηκαν ἐπ' αὐτῶν ↔

21 7 τὰ ἱμάτια αὐτῶν (+V[S]ς), ↔

21 7ᶜκαὶ ἐπεκάθισεν ἐπάνω αὐτῶν

21 41 ἀποδώσουσιν αὐτῷ τοὺς καρποὺς ἐν τοῖς καιροῖς αὐτῶν

21 45ᶜἔγνωσαν ὅτι περὶ αὐτῶν λέγει

22 7 καὶ τὴν πόλιν αὐτῶν ἐνέπρησεν

22 16 καὶ ἀποστέλλουσιν αὐτῷ τοὺς μαθητὰς αὐτῶν

22 18 γνοὺς δὲ ὁ Ἰησοῦς τὴν πονηρίαν αὐτῶν

22 35ᶜκαὶ ἐπηρώτησεν εἷς ἐξ αὐτῶν νομικός [N²⁶]

23 3 κατὰ δὲ τὰ ἔργα αὐτῶν μὴ ποιεῖτε

23 4 | αὐτοὶ δὲ τῷ (τῷ δὲ VSς) δακτύλῳ αὐτῶν οὐ θέλουσιν κινῆσαι αὐτά. ↔

23 5 πάντα δὲ τὰ ἔργα αὐτῶν ποιοῦσιν

23 5 πλατύνουσιν γὰρ τὰ φυλακτήρια αὐτῶν ↔

23 5 *καὶ μεγαλύνουσιν τὰ κράσπεδα | τῶν ἱματίων αὐτῶν (+Vς)

23 26 *ἵνα γένηται καὶ τὸ ἐκτὸς αὐτῶν (VSς; αὐτοῦ rl) καθαρόν

23 30ᵇοὐκ ἂν ἤμεθα | αὐτῶν κοινωνοί (~VTς)

23 34ᶜ(+καὶ Vς) ἐξ αὐτῶν ἀποκτενεῖτε καὶ σταυρώσετε, ↔

23 34ᶜκαὶ ἐξ αὐτῶν μαστιγώσετε ἐν ταῖς συναγωγαῖς ὑμῶν

24 31 ἀπ' ἄκρων οὐρανῶν ἕως τῶν ([N²⁶NH]; — MVTς) ἄκρων αὐτῶν

25 1 *αἵτινες λαβοῦσαι τὰς λαμπάδας αὐτῶν (VSTς; ἑ- rl)

25 2ᶜπέντε δὲ ἐξ αὐτῶν ἦσαν μωραί

25 3 λαβοῦσαι τὰς λαμπάδας αὐτῶν ([VSH]; —NT; ἑαυτῶν ς)

25 4 *αἱ δὲ φρόνιμοι ἔλαβον ἔλαιον ἐν τοῖς ἀγγείοις αὐτῶν (+ς) ↔

25 4 *μετὰ τῶν λαμπάδων αὐτῶν (MVSς; ἑαυτῶν rl)

25 7 *ἐκόσμησαν τὰς λαμπάδας αὐτῶν (VSς; ἑαυτῶν rl)

25 10ᵈἀπερχομένων δὲ αὐτῶν ἀγοράσαι

25 19ᶜσυναίρει λόγον μετ' αὐτῶν

26 21ᵈἐσθιόντων αὐτῶν εἶπεν

26 22 *ἤρξαντο λέγειν αὐτῷ [S] εἷς ἕκαστος αὐτῶν (+[MS]Bς)

26 26ᵈἐσθιόντων δὲ αὐτῶν ... ἔκλασεν

26 36ᶜἔρχεται μετ' αὐτῶν ὁ Ἰησοῦς εἰς χωρίον

26 43ᵇἦσαν γὰρ αὐτῶν οἱ ὀφθαλμοὶ βεβαρημένοι

26 73ᶜἀληθῶς καὶ σὺ ἐξ αὐτῶν εἶ

Mt 27 7ᶜ ἠγόρασαν ἐξ αὐτῶν τὸν ἀγρὸν τοῦ κεραμέως

27 17ᵈ συνηγμένων οὖν αὐτῶν εἶπεν

27 39 κινοῦντες τὰς κεφαλὰς αὐτῶν

27 48ᶜ εὐθέως δραμὼν εἷς ἐξ αὐτῶν

28 11ᵈ πορευομένων δὲ αὐτῶν

Mc 1 5 ἐξομολογούμενοι τὰς ἁμαρτίας αὐτῶν

1 18 *καὶ εὐθὺς ἀφέντες τὰ δίκτυα αὐτῶν (+ Sς)

1 20 ἀφέντες τὸν πατέρα αὐτῶν Ζεβεδαῖον

1 23 ἦν ἐν τῇ συναγωγῇ αὐτῶν ἄνθρωπος

1 39 ἦλθεν κηρύσσων εἰς τὰς συναγωγὰς αὐτῶν

2 5 | καὶ ἰδὼν (ἰ. δὲ Sς) ὁ Ἰησοῦς τὴν πίστιν αὐτῶν

2 6 διαλογιζόμενοι ἐν ταῖς καρδίαις αὐτῶν

2 19ᶜ ἐν ᾧ ὁ νυμφίος μετ᾽ αὐτῶν ἐστιν

2 19ᶜ ὅσον χρόνον ἔχουσιν τὸν νυμφίον μετ᾽ αὐτῶν (ἑαυτῶν Sς)

2 20ᶜ ὅταν ἀπαρθῇ ἀπ᾽ αὐτῶν ὁ νυμφίος

3 5 συλλυπούμενος ἐπὶ τῇ πωρώσει τῆς καρδίας αὐτῶν

4 15 *τὸν λόγον τὸν ἐσπαρμένον | ἐν ταῖς καρδίαις αὐτῶν (ς; ἐν αὐτοῖς MVST; εἰς αὐτούς rl)

5 17 ἀπελθεῖν ἀπὸ τῶν ὁρίων αὐτῶν

6 6 ἐθαύμαζεν (-μασεν NTH) διὰ τὴν ἀπιστίαν αὐτῶν

6 50ᶜ | ὁ δὲ (καὶ Vς) εὐθὺς ἐλάλησεν μετ᾽ αὐτῶν

6 52ᵇ ἀλλ᾽ ἦν (ἦν γὰρ Vς) αὐτῶν ἡ καρδία πεπωρωμένη

6 54ᵈ ἐξελθόντων αὐτῶν ἐκ τοῦ πλοίου

7 6 ἡ δὲ καρδία αὐτῶν πόρρω ἀπέχει ἀπ᾽ ἐμοῦ

8 3 καὶ ἐὰν ἀπολύσω αὐτοὺς νήστεις εἰς οἶκον αὐτῶν

8 3 καί τινες αὐτῶν ἀπὸ μακρόθεν ἥκασιν (ἥκουσιν V; εἰσίν NH)

9 2ᶜ μετεμορφώθη ἔμπροσθεν αὐτῶν

9 9ᵈ | καὶ καταβαινόντων (κατα- δὲ Sς) αὐτῶν ἐκ (ἀπὸ VBSTς) τοῦ ὄρους

9 36 ἔστησεν αὐτὸ ἐν μέσῳ αὐτῶν

9 44 *| ὅπου ὁ σκώληξ αὐτῶν οὐ τελευτᾷ (+ Vς ..)

9 46 *| ὅπου ὁ σκώληξ αὐτῶν οὐ τελευτᾷ (+ Vς ..)

9 48 ὅπου ὁ σκώληξ αὐτῶν οὐ τελευτᾷ

10 13 προσέφερον αὐτῷ παιδία ἵνα | αὐτῶν ἅψηται (~ BSTς)

10 42 ὅτι οἱ δοκοῦντες ἄρχειν τῶν ἐθνῶν κατακυριεύουσιν αὐτῶν ↔

10 42 καὶ οἱ μεγάλοι αὐτῶν ↔

10 42 κατεξουσιάζουσιν αὐτῶν

11 7 καὶ ἐπιβάλλουσιν αὐτῷ τὰ ἱμάτια αὐτῶν

11 8 καὶ πολλοὶ τὰ ἱμάτια αὐτῶν ἔστρωσαν εἰς τὴν ὁδόν

11 12ᵈ τῇ ἐπαύριον ἐξελθόντων αὐτῶν ἀπὸ Βηθανίας ἐπείνασεν

12 15ᵇ ὁ δὲ εἰδὼς (ἰδὼν T) αὐτῶν τὴν ὑπόκρισιν

12 23 | ὅταν ἀναστῶσιν ([N²⁶]; — H), τίνος αὐτῶν ἔσται γυνή;

12 28 ἀκούσας αὐτῶν συζητούντων

14 18ᵈ καὶ ἀνακειμένων αὐτῶν καὶ ἐσθιόντων ὁ Ἰησοῦς εἶπεν

Mc 14 22ᵈ καὶ ἐσθιόντων αὐτῶν λαβὼν (+ ὁ Ἰησοῦς V[S]ς) ἄρτον

14 40ᵇ ἦσαν γὰρ αὐτῶν οἱ ὀφθαλμοὶ καταβαρυνόμενοι

14 46 *οἱ δὲ ἐπέβαλον | ἐπ᾽ αὐτὸν τὰς χεῖρας αὐτῶν (ς; τ. χ. αὐτῷ rl)

14 52ᶜ *ὁ δὲ ... γυμνὸς ἔφυγεν | ἀπ᾽ αὐτῶν (+ MV[S]ς)

14 59 καὶ οὐδὲ οὕτως ἴση ἦν ἡ μαρτυρία αὐτῶν

14 69ᶜ ὅτι οὗτος ἐξ αὐτῶν ἐστιν

14 70ᶜ ἀληθῶς ἐξ αὐτῶν εἶ

15 29 κινοῦντες τὰς κεφαλὰς αὐτῶν

[16 12]ᶜ δυσὶν ἐξ αὐτῶν περιπατοῦσιν ἐφανερώθη

[16 14] ὠνείδισεν τὴν ἀπιστίαν αὐτῶν

[16 br]ᶜ ἐξαπέστειλεν δι᾽ αὐτῶν τὸ ἱερὸν καὶ ἄφθαρτον κήρυγμα

Lc 1 7 ἀμφότεροι προβεβηκότες ἐν ταῖς ἡμέραις αὐτῶν ἦσαν

1 16 πολλούς...ἐπιστρέψει ἐπὶ κύριον τὸν θεὸν αὐτῶν

1 20 οἵτινες πληρωθήσονται εἰς τὸν καιρὸν αὐτῶν

1 51 διεσκόρπισεν ὑπερηφάνους διανοίᾳ καρδίας αὐτῶν

1 66 ἔθεντο...ἐν τῇ καρδίᾳ αὐτῶν

1 77 τοῦ δοῦναι γνῶσιν σωτηρίας... ἐν ἀφέσει ἁμαρτιῶν αὐτῶν

2 8 φυλάσσοντες φυλακὰς τῆς νυκτὸς ἐπὶ τὴν ποίμνην αὐτῶν

2 15ᶜ ὡς ἀπῆλθον ἀπ᾽ αὐτῶν εἰς τὸν οὐρανόν

2 22 ὅτε ἐπλήσθησαν αἱ ἡμέραι τοῦ καθαρισμοῦ αὐτῶν

2 39 *ἐπέστρεψαν (ὑπ- MVBSς) ... εἰς (+ τὴν MV[S]ς) πόλιν αὐτῶν (ς; ἑαυ. rl) Ναζαρέθ

2 42ᵈ ἀναβαινόντων αὐτῶν κατὰ τὸ ἔθος τῆς ἑορτῆς

2 46 καθεζόμενον ἐν μέσῳ τῶν διδασκάλων καὶ ἀκούοντα αὐτῶν

2 51ᶜ καὶ κατέβη μετ᾽ αὐτῶν

3 15ᵈ διαλογιζομένων πάντων ἐν ταῖς καρδίαις αὐτῶν

4 2ᵈ καὶ συντελεσθεισῶν αὐτῶν ἐπείνασεν

4 6 σοὶ δώσω...τὴν δόξαν αὐτῶν

4 15 ἐδίδασκεν ἐν ταῖς συναγωγαῖς αὐτῶν

4 26 πρὸς οὐδεμίαν αὐτῶν ἐπέμφθη Ἠλίας εἰ μὴ ... πρὸς γυναῖκα χήραν

4 27 καὶ οὐδεὶς αὐτῶν ἐκαθαρίσθη εἰ μὴ Ναιμάν

4 29 ἐφ᾽ οὗ ἡ πόλις ᾠκοδόμητο αὐτῶν

4 30 αὐτὸς δὲ διελθὼν διὰ μέσου αὐτῶν ἐπορεύετο

4 40 ὁ δὲ ἑνὶ ἑκάστῳ αὐτῶν τὰς χεῖρας ἐπιτιθεὶς (ἐπιθεὶς Vς)

4 42ᶜ τοῦ μὴ πορεύεσθαι ἀπ᾽ αὐτῶν

5 2ᶜ οἱ δὲ ἁλιεῖς ἀπ᾽ αὐτῶν ἀποβάντες

5 6 διερρήσσετο (-ρρήγνυτο VSς) δὲ | τὰ δίκτυα (τὸ δίκτυον Sς) αὐτῶν

5 15 θεραπεύεσθαι ἀπὸ τῶν ἀσθενειῶν αὐτῶν

5 20 ἰδὼν τὴν πίστιν αὐτῶν

5 22 ἐπιγνοὺς...τοὺς διαλογισμοὺς αὐτῶν

5 25ᶜ παραχρῆμα ἀναστὰς ἐνώπιον αὐτῶν

5 29ᶜ οἳ ἦσαν μετ᾽ αὐτῶν κατακείμενοι

5 30 ἐγόγγυζον οἱ Φαρισαῖοι καὶ οἱ γραμματεῖς αὐτῶν

5 34ᶜ ἐν ᾧ ὁ νυμφίος μετ᾽ αὐτῶν ἐστιν

Lc 5 35ᶜ ὅταν ἀπαρθῇ ἀπ᾽ αὐτῶν ὁ νυμφίος

6 8 αὐτὸς δὲ ᾔδει τοὺς διαλογισμοὺς αὐτῶν

6 13ᶜ καὶ ἐκλεξάμενος ἀπ᾽ αὐτῶν δώδεκα

6 17ᶜ καταβὰς μετ᾽ αὐτῶν ἔστη

6 18 οἳ ἦλθον...ἰαθῆναι ἀπὸ τῶν νόσων αὐτῶν

6 23 ἐποίουν τοῖς προφήταις οἱ πατέρες αὐτῶν

6 26 ἐποίουν τοῖς ψευδοπροφήταις οἱ πατέρες αὐτῶν

7 42ᵈ μὴ ἐχόντων (+ δὲ V[S]ς) αὐτῶν ἀποδοῦναι

7 42 τίς οὖν αὐτῶν (+ εἰπὲ VSς) πλεῖον | ἀγαπήσει αὐτόν (~ Sς);

8 12 αἴρει τὸν λόγον ἀπὸ τῆς καρδίας αὐτῶν

8 23ᵈ πλεόντων δὲ αὐτῶν ἀφύπνωσεν

8 37ᶜ ἠρώτησεν (-σαν Tς) αὐτὸν ἅπαν τὸ πλῆθος...ἀπελθεῖν ἀπ᾽ αὐτῶν

9 37ᵈ κατελθόντων αὐτῶν ἀπὸ τοῦ ὄρους

9 45ᶜ ἦν παρακεκαλυμμένον ἀπ᾽ αὐτῶν

9 46 τὸ τίς ἂν εἴη μείζων αὐτῶν

9 47 ὁ δὲ Ἰησοῦς εἰδὼς (ἰδὼν VBSς) τὸν διαλογισμὸν τῆς καρδίας αὐτῶν

9 57ᵈ πορευομένων αὐτῶν ἐν τῇ ὁδῷ εἶπέν τις

10 7ᶜ ἐσθίοντες καὶ πίνοντες τὰ παρ᾽ αὐτῶν

11 15ᶜ τινὲς δὲ ἐξ αὐτῶν εἶπον

11 17ᵇ αὐτὸς δὲ εἰδὼς αὐτῶν τὰ διανοήματα

11 48ᵇ ὑμεῖς δὲ οἰκοδομεῖτε | αὐτῶν τὰ μνημεῖα (+ Vς)

11 49ᶜ καὶ ἐξ αὐτῶν ἀποκτενοῦσιν

12 6ᶜ ἓν ἐξ αὐτῶν οὐκ ἔστιν ἐπιλελησμένον

13 1 ὧν τὸ αἷμα Πιλᾶτος ἔμιξεν μετὰ τῶν θυσιῶν αὐτῶν

15 4ᶜ ἔχων ἑκατὸν πρόβατα καὶ ἀπολέσας ἐξ αὐτῶν ἓν

15 12 εἶπεν ὁ νεώτερος αὐτῶν τῷ πατρί

16 4 ἵνα...δέξωνταί με εἰς τοὺς οἴκους αὐτῶν (N²⁶ς; ἑαυτῶν rl)

16 29 ἀκουσάτωσαν αὐτῶν

17 15ᶜ εἷς δὲ ἐξ αὐτῶν ... ὑπέστρεψεν

18 8 ὅτι ποιήσει τὴν ἐκδίκησιν αὐτῶν ἐν τάχει

18 15 ἵνα αὐτῶν ἅπτηται

18 34ᶜ ἦν τὸ ῥῆμα τοῦτο κεκρυμμένον ἀπ᾽ αὐτῶν

19 11ᵈ ἀκουόντων δὲ αὐτῶν ταῦτα

19 33ᵈ λυόντων δὲ αὐτῶν τὸν πῶλον

19 35ᵇ ἐπιρίψαντες αὐτῶν (ἑαυτῶν ς) τὰ ἱμάτια ἐπὶ τὸν πῶλον

19 36 ὑπεστρώννυον τὰ ἱμάτια αὐτῶν (ἑαυτῶν NMVH) ἐν τῇ ὁδῷ

20 23ᵇ κατανοήσας δὲ αὐτῶν τὴν πανουργίαν εἶπεν πρὸς αὐτούς

20 33 τίνος αὐτῶν γίνεται γυνή;

21 1 εἶδεν τοὺς βάλλοντας...τὰ δῶρα αὐτῶν πλουσίους

21 8ᶜ μὴ (+ οὖν Vς) πορευθῆτε ὀπίσω αὐτῶν

21 12 ἐπιβαλοῦσιν ἐφ᾽ ὑμᾶς τὰς χεῖρας αὐτῶν

22 23ᶜ τὸ τίς ἄρα εἴη ἐξ αὐτῶν ὁ τοῦτο μέλλων πράσσειν

22 24 τὸ τίς αὐτῶν δοκεῖ εἶναι μείζων

22 25 οἱ βασιλεῖς τῶν ἐθνῶν κυριεύουσιν αὐτῶν

Lc 22 25 οἱ ἐξουσιάζοντες αὐτῶν εὐεργέται καλοῦνται

22 41ᶜ αὐτὸς ἀπεσπάσθη ἀπ' αὐτῶν

22 47 *ὁ λεγόμενος Ἰούδας... προήρχετο αὐτῶν (ς; αὐτοὺς rl)

22 50ᶜ ἐπάταξεν εἷς τις ἐξ αὐτῶν τοῦ ἀρχιερέως τὸν δοῦλον

22 55ᵈ *περιαψάντων δὲ πῦρ ἐν μέσῳ τῆς αὐλῆς καὶ συγκαθισάντων αὐτῶν (+ς) ↔

22 55 ἐκάθητο ὁ Πέτρος μέσος αὐτῶν

22 58ᶜ καὶ σὺ ἐξ αὐτῶν εἶ

22 66 ἀπήγαγον αὐτὸν εἰς τὸ συνέδριον αὐτῶν (ἑαυτῶν ς)

23 1 ἀναστὰν ἅπαν τὸ πλῆθος αὐτῶν ἤγαγον αὐτόν

23 23 κατίσχυον αἱ φωναὶ αὐτῶν

23 24 Πιλᾶτος ἐπέκρινεν γενέσθαι τὸ αἴτημα αὐτῶν

23 25 τὸν δὲ Ἰησοῦν παρέδωκεν τῷ θελήματι αὐτῶν

23 51 οὐκ ἦν συγκατατεθειμένος (-τιθέμενος ST) τῇ βουλῇ καὶ τῇ πράξει αὐτῶν

24 5ᵈ ἐμφόβων δὲ γενομένων αὐτῶν

24 11ᶜ ἐφάνησαν ἐνώπιον αὐτῶν ὡσεὶ λῆρος ↔

24 11 *τὰ ῥήματα αὐτῶν (ς; ταῦτα rl)

24 13ᶜ δύο ἐξ αὐτῶν | ἐν αὐτῇ τῇ ἡμέρᾳ ἦσαν πορευόμενοι (∼ VBSς)

24 16 οἱ δὲ ὀφθαλμοὶ αὐτῶν ἐκρατοῦντο

24 30ᶜ ἐν τῷ κατακλιθῆναι αὐτὸν μετ' αὐτῶν

24 31ᵇ αὐτῶν δὲ διηνοίχθησαν οἱ ὀφθαλμοί

24 31ᶜ αὐτὸς ἄφαντος ἐγένετο ἀπ' αὐτῶν

24 36ᵈ ταῦτα δὲ αὐτῶν λαλούντων ↔

24 36 αὐτὸς (+ὁ Ἰησοῦς Vς) ἔστη ἐν μέσῳ αὐτῶν

24 41ᵈ ἀπιστούντων αὐτῶν ἀπὸ τῆς χαρᾶς

24 43ᶜ λαβὼν ἐνώπιον αὐτῶν ἔφαγεν

24 45ᵇ τότε διήνοιξεν αὐτῶν τὸν νοῦν

24 51ᶜ ἐγένετο ἐν τῷ εὐλογεῖν αὐτὸν αὐτοὺς διέστη ἀπ' αὐτῶν

Jo 3 19ᵇ ἦν γὰρ αὐτῶν πονηρὰ τὰ ἔργα

3 22ᶜ καὶ ἐκεῖ διέτριβεν μετ' αὐτῶν

4 38 εἰς τὸν κόπον αὐτῶν εἰσεληλύθατε

4 52ᶜ ἐπύθετο οὖν τὴν ὥραν παρ' αὐτῶν

6 7 *ἵνα ἕκαστος αὐτῶν (+ς) βραχύ τι ([N²⁶]; —H) λάβῃ

7 44ᶜ τινὲς δὲ ἤθελον ἐξ αὐτῶν πιάσαι αὐτόν

7 50ᶜ εἷς ὢν ἐξ αὐτῶν

8 59 *| διελθὼν διὰ μέσου αὐτῶν (+ς..)

10 4ᶜ ἔμπροσθεν αὐτῶν πορεύεται

10 8ᵇ οὐκ ἤκουσαν αὐτῶν τὰ πρόβατα

10 20ᶜ ἔλεγον δὲ (οὖν T) πολλοὶ ἐξ αὐτῶν

10 32 διὰ ποῖον αὐτῶν ἔργον ἐμὲ λιθάζετε;

10 39 ἐξῆλθεν ἐκ τῆς χειρὸς αὐτῶν

11 19 *ἵνα παραμυθήσωνται αὐτὰς περὶ τοῦ ἀδελφοῦ αὐτῶν (+[MS]Vς)

11 37ᶜ τινὲς δὲ ἐξ αὐτῶν εἶπαν

11 46ᶜ τινὲς δὲ ἐξ αὐτῶν ἀπῆλθον

11 49ᶜ εἷς δέ τις ἐξ αὐτῶν Καϊάφας... εἶπεν αὐτοῖς

12 36ᶜ ἀπελθὼν ἐκρύβη ἀπ' αὐτῶν

12 37ᶜ τοσαῦτα δὲ αὐτοῦ σημεῖα πεποιηκότος ἔμπροσθεν αὐτῶν

12 40ᵇ τετύφλωκεν αὐτῶν τοὺς ὀφθαλμούς

12 40ᵇ ἐπώρωσεν αὐτῶν τὴν καρδίαν

Jo 13 12 ὅτε οὖν ἔνιψεν τοὺς πόδας αὐτῶν

15 22 πρόφασιν οὐκ ἔχουσιν περὶ τῆς ἁμαρτίας αὐτῶν

15 25 ὁ λόγος ὁ ἐν τῷ νόμῳ αὐτῶν γεγραμμένος

16 4 ὅταν ἔλθῃ ἡ ὥρα αὐτῶν ([V]; —Tς)

16 4 ἵνα... μνημονεύητε αὐτῶν, ὅτι ἐγὼ εἶπον ὑμῖν

17 9ᶜ ἐγὼ περὶ αὐτῶν ἐρωτῶ

17 12ᶜ ὅτε ἤμην μετ' αὐτῶν

17 12ᶜ οὐδεὶς ἐξ αὐτῶν ἀπώλετο

17 19ᶜ ὑπὲρ αὐτῶν ἐγὼ ([NH]; —T) ἁγιάζω ἐμαυτόν

17 20 ἐρωτῶ... περὶ τῶν πιστευόντων διὰ τοῦ λόγου αὐτῶν εἰς ἐμέ

18 5ᶜ εἱστήκει δὲ καὶ Ἰούδας... μετ' αὐτῶν

18 9ᶜ ὅτι οὓς δέδωκάς μοι, οὐκ ἀπώλεσα ἐξ αὐτῶν οὐδένα

18 18ᶜ ἦν δὲ καὶ ὁ Πέτρος μετ' αὐτῶν ἑστώς

19 31ᵇ ἵνα κατεαγῶσιν αὐτῶν τὰ σκέλη

20 24ᶜ οὐκ ἦν μετ' αὐτῶν

20 26ᶜ πάλιν ἦσαν ἔσω... καὶ Θωμᾶς μετ' αὐτῶν

Ac 1 9ᵈ βλεπόντων αὐτῶν ἐπήρθη

1 9 νεφέλη ὑπέλαβεν αὐτὸν ἀπὸ τῶν ὀφθαλμῶν αὐτῶν

1 19 ὥστε κληθῆναι τὸ χωρίον ἐκεῖνο τῇ ἰδίᾳ (—H) διαλέκτῳ αὐτῶν Ἀκελδαμάχ

1 26 *ἔδωκαν κλήρους αὐτῶν (ς; αὐτοῖς rl)

2 3 | καὶ ἐκάθισεν (ἐκάθισέν τε VSς) ἐφ' ἕνα ἕκαστον αὐτῶν

2 6 ἤκουον (-εν S; -σεν H) εἷς ἕκαστος τῇ ἰδίᾳ διαλέκτῳ λαλούντων αὐτῶν

2 11 ἀκούομεν λαλούντων αὐτῶν ταῖς ἡμετέραις γλώσσαις

3 5ᶜ ἐπεῖχεν αὐτοῖς προσδοκῶν τι παρ' αὐτῶν λαβεῖν

4 1ᵈ λαλούντων δὲ αὐτῶν πρὸς τὸν λαόν

4 5ᵇ ἐγένετο δὲ... συναχθῆναι αὐτῶν τοὺς ἄρχοντας

4 16ᶜ ὅτι μὲν γὰρ γνωστὸν σημεῖον γέγονεν δι' αὐτῶν

4 29 ἔπιδε ἐπὶ τὰς ἀπειλὰς αὐτῶν

4 31ᵈ δεηθέντων αὐτῶν ἐσαλεύθη ὁ τόπος

5 15 ἵνα ἐρχομένου Πέτρου κἂν ἡ σκιὰ ἐπισκιάσῃ (-σει H) τινὶ αὐτῶν

5 18 *ἐπέβαλον τὰς χεῖρας αὐτῶν (+[VS]ς) ἐπὶ τοὺς ἀποστόλους

5 24ᶜ διηπόρουν περὶ αὐτῶν

6 1 ὅτι παρεθεωροῦντο ἐν τῇ διακονίᾳ... αἱ χῆραι αὐτῶν

7 19 τοῦ ποιεῖν | τὰ βρέφη ἔκθετα (∼ BSς) αὐτῶν

7 34 εἶδον τὴν κάκωσιν τοῦ λαοῦ μου... καὶ τοῦ στεναγμοῦ αὐτῶν (αὐτοῦ NH) ἤκουσα

7 39 ἐστράφησαν ἐν ταῖς καρδίαις αὐτῶν εἰς Αἴγυπτον

7 41 εὐφραίνοντο ἐν τοῖς ἔργοις τῶν χειρῶν αὐτῶν

7 54 διεπρίοντο ταῖς καρδίαις αὐτῶν

7 57 συνέσχον τὰ ὦτα αὐτῶν

7 58 ἀπέθεντο τὰ ἱμάτια αὐτῶν

8 15ᶜ οἵτινες καταβάντες προσηύξαντο περὶ αὐτῶν

8 16 οὐδέπω γὰρ ἦν ἐπ' οὐδενὶ αὐτῶν ἐπιπεπτωκός

9 24 ἐγνώσθη δὲ τῷ Σαύλῳ ἡ ἐπιβουλὴ αὐτῶν

Ac 9 28ᶜ ἦν μετ' αὐτῶν εἰσπορευόμενος καὶ ἐκπορευόμενος

9 38ᶜ *μὴ ὀκνήσῃς διελθεῖν ἕως αὐτῶν (ς; ἡμῶν rl)

9 39ᶜ ὅσα ἐποίει μετ' αὐτῶν οὖσα ἡ Δορκάς

10 9ᵈ *τῇ δὲ ἐπαύριον ὁδοιπορούντων αὐτῶν (ST; ἐκείνων rl)... ἀνέβη Πέτρος

10 10ᵈ παρασκευαζόντων δὲ αὐτῶν (ἐκείνων ς) ἐγένετο ἐπ' αὐτὸν ἔκστασις

10 46 ἤκουον γὰρ αὐτῶν λαλούντων γλώσσαις

11 20ᶜ ἦσαν δέ τινες ἐξ αὐτῶν ἄνδρες Κύπριοι καὶ Κυρηναῖοι

11 21ᶜ καὶ ἦν χεὶρ κυρίου μετ' αὐτῶν

11 22ᶜ ἠκούσθη δὲ ὁ λόγος... περὶ αὐτῶν

11 28ᶜ ἀναστὰς δὲ εἷς ἐξ αὐτῶν

11 29 ὥρισαν ἕκαστος αὐτῶν εἰς διακονίαν πέμψαι

12 20ᵇ διὰ τὸ τρέφεσθαι αὐτῶν τὴν χώραν ἀπὸ τῆς βασιλικῆς

13 2ᵈ λειτουργούντων δὲ αὐτῶν τῷ κυρίῳ

13 13ᶜ Ἰωάννης δὲ ἀποχωρήσας ἀπ' αὐτῶν

13 19 κατεκληρονόμησεν τὴν γῆν αὐτῶν

13 27 οἱ γὰρ κατοικοῦντες ἐν Ἰερουσαλὴμ καὶ οἱ ἄρχοντες αὐτῶν... ἐπλήρωσαν

13 33 ὅτι ταύτην ὁ θεὸς ἐκπεπλήρωκεν τοῖς τέκνοις || αὐτῶν [N²⁶] ἡμῖν ((ἡμῶν VTH; ἡμῖν N))

13 42ᵈ ἐξιόντων δὲ αὐτῶν (ἐκ τῆς συναγωγῆς τῶν Ἰουδαίων ς)

13 50 ἐξέβαλον αὐτοὺς ἀπὸ τῶν ὁρίων αὐτῶν

13 51 *ἐκτιναξάμενοι τὸν κονιορτὸν τῶν ποδῶν αὐτῶν (+ς) ἐπ' αὐτούς

14 3 τέρατα γίνεσθαι διὰ τῶν χειρῶν αὐτῶν

14 5 ὡς δὲ ἐγένετο ὁρμὴ τῶν ἐθνῶν τε καὶ Ἰουδαίων σὺν τοῖς ἄρχουσιν αὐτῶν

14 11 ἐπῆραν τὴν φωνὴν αὐτῶν

14 13 *τοῦ Διὸς τοῦ ὄντος πρὸ τῆς πόλεως αὐτῶν (+ς)

14 14 διαρρήξαντες τὰ ἱμάτια αὐτῶν (ἑα. NMVH; [ἑ]α. S)

14 16 ὃς... εἴασεν πάντα τὰ ἔθνη πορεύεσθαι ταῖς ὁδοῖς αὐτῶν

14 27ᶜ ὅσα ἐποίησεν ὁ θεὸς μετ' αὐτῶν

15 2ᶜ ἀναβαίνειν Παῦλον καὶ Βαρναβᾶν καὶ τινας ἄλλους ἐξ αὐτῶν

15 4ᶜ ὅσα ὁ θεὸς ἐποίησεν μετ' αὐτῶν

15 9ᶜ οὐθὲν διέκρινεν μεταξὺ ἡμῶν τε καὶ αὐτῶν

15 9 τῇ πίστει καθαρίσας τὰς καρδίας αὐτῶν

15 12ᶜ ὅσα ἐποίησεν ὁ θεὸς σημεῖα... δι' αὐτῶν

15 22ᶜ ἔδοξε... ἐκλεξαμένους ἄνδρας ἐξ αὐτῶν πέμψαι

15 23 γράψαντες διὰ χειρὸς αὐτῶν (+τάδε [M]VSς)

15 26 ἀνθρώποις παραδεδωκόσι τὰς ψυχὰς αὐτῶν

15 38ᶜ ἠξίου, τὸν ἀποστάντα ἀπ' αὐτῶν... μὴ συμπαραλαμβάνειν τοῦτον

16 19 ὅτι ἐξῆλθεν ἡ ἐλπὶς τῆς ἐργασίας αὐτῶν

16 22ᶜ συνεπέστη ὁ ὄχλος κατ' αὐτῶν

16 22ᵇ οἱ στρατηγοὶ περιρήξαντες αὐτῶν τὰ ἱμάτια

Ac 16 24 καὶ τοὺς πόδας | ἠσφαλίσατο
αὐτῶν (~ Sς) εἰς τὸ ξύλον
16 25 ἐπηκροῶντο δὲ αὐτῶν οἱ δέσμιοι
17 4 [c] καί τινες ἐξ αὐτῶν ἐπείσθησαν
17 12 [c] πολλοὶ μὲν οὖν ἐξ αὐτῶν ἐπίστευσαν
17 26 ὁρίσας ... τὰς ὁροθεσίας τῆς κατοικίας αὐτῶν
17 33 οὕτως ὁ Παῦλος ἐξῆλθεν ἐκ μέσου αὐτῶν
18 6 [d] ἀντιτασσομένων δὲ αὐτῶν καὶ βλασφημούντων
18 20 [d] ἐρωτώντων δὲ αὐτῶν ἐπὶ πλείονα χρόνον μεῖναι
19 9 [c] ἀποστὰς ἀπ' αὐτῶν ἀφώρισεν τοὺς μαθητάς
19 12 [c] ὥστε ... ἀπαλλάσσεσθαι ἀπ' αὐτῶν τὰς νόσους, ↔
19 12 [c] *τά τε πνεύματα τὰ πονηρά | ἐξέρχεσθαι ἀπ' αὐτῶν (ς; ἐκπορεύεσθαι rl)
19 16 *κατακυριεύσας αὐτῶν (ς; ἀμφοτέρων rl) ↔
19 16 [c] ἴσχυσεν κατ' αὐτῶν
19 18 ἤρχοντο ... ἀναγγέλλοντες τὰς πράξεις αὐτῶν
19 19 καὶ συνεψήφισαν τὰς τιμὰς αὐτῶν
20 30 [a] ἐξ ὑμῶν αὐτῶν [H] ἀναστήσονται ἄνδρες
20 30 [c] τοῦ ἀποσπᾶν τοὺς μαθητὰς ὀπίσω αὐτῶν (ἑα. NTH)
21 1 ὡς δὲ ἐγένετο ἀναχθῆναι ἡμᾶς ἀποσπασθέντας ἀπ' αὐτῶν
21 26 ἕως οὗ προσηνέχθη ὑπὲρ ἑνὸς ἑκάστου αὐτῶν ἡ προσφορά
22 22 καὶ ἐπῆραν τὴν φωνὴν αὐτῶν
22 23 [d] κραυγαζόντων τε (δὲ VBSTς) αὐτῶν καὶ ῥιπτούντων τὰ ἱμάτια
22 30 *ἐκέλευσεν συνελθεῖν ... πᾶν τὸ συνέδριον αὐτῶν (+ς)
23 10 [c] μὴ διασπασθῇ ὁ Παῦλος ὑπ' αὐτῶν
23 10 ἁρπάσαι αὐτὸν ἐκ μέσου αὐτῶν
23 21 [c] ἐνεδρεύουσιν γὰρ αὐτὸν ἐξ αὐτῶν ἄνδρες πλείους τεσσεράκοντα
23 27 [c] τὸν ἄνδρα τοῦτον ... μέλλοντα ἀναιρεῖσθαι ὑπ' αὐτῶν
23 28 || κατήγαγον (+αὐτὸν VSς) εἰς τὸ συνέδριον αὐτῶν [[H]]
23 29 ἐγκαλούμενον περὶ ζητημάτων τοῦ νόμου αὐτῶν
23 30 [c] *| ἐξ αὐτῶν (BST; ἐξαυτῆς rl) ἔπεμψα πρὸς σέ
25 17 [d] συνελθόντων οὖν αὐτῶν ([N[26]]; —NH) ἐνθάδε ... ἐκέλευσα ἀχθῆναι τὸν ἄνδρα
26 10 [d] ἀναιρουμένων τε αὐτῶν κατήνεγκα ψῆφον
26 18 ἀνοῖξαι ὀφθαλμοὺς αὐτῶν
27 21 τότε σταθεὶς ὁ Παῦλος ἐν μέσῳ αὐτῶν
28 6 [d] ἐπὶ πολὺ δὲ αὐτῶν προσδοκώντων
28 17 [d] συνελθόντων δὲ αὐτῶν ἔλεγεν
28 27 καὶ τοὺς ὀφθαλμοὺς αὐτῶν ἐκάμμυσαν

Rm 1 21 ἐματαιώθησαν ἐν τοῖς διαλογισμοῖς αὐτῶν, ↔
1 21 [b] καὶ ἐσκοτίσθη ἡ ἀσύνετος αὐτῶν καρδία
1 24 παρέδωκεν αὐτοὺς ὁ θεὸς ἐν ταῖς ἐπιθυμίαις τῶν καρδιῶν αὐτῶν
1 24 τοῦ ἀτιμάζεσθαι τὰ σώματα αὐτῶν ἐν αὐτοῖς
1 26 αἵ τε γὰρ θήλειαι αὐτῶν μετήλλαξαν τὴν φυσικὴν χρῆσιν

Rm 1 27 ἐξεκαύθησαν ἐν τῇ ὀρέξει αὐτῶν εἰς ἀλλήλους
1 27 τὴν ἀντιμισθίαν ἣν ἔδει τῆς πλάνης αὐτῶν ... ἀπολαμβάνοντες
2 15 τὸ ἔργον τοῦ νόμου γραπτὸν ἐν ταῖς καρδίαις αὐτῶν, ↔
2 15 [b] συμμαρτυρούσης αὐτῶν τῆς συνειδήσεως
3 3 μὴ ἡ ἀπιστία αὐτῶν τὴν πίστιν τοῦ θεοῦ καταργήσει;
3 13 τάφος ἀνεῳγμένος ὁ λάρυγξ αὐτῶν
3 13 ταῖς γλώσσαις αὐτῶν ἐδολιοῦσαν
3 13 ἰὸς ἀσπίδων ὑπὸ τὰ χείλη αὐτῶν
3 15 ὀξεῖς οἱ πόδες αὐτῶν ἐκχέαι αἷμα
3 16 σύντριμμα καὶ ταλαιπωρία ἐν ταῖς ὁδοῖς αὐτῶν
3 18 οὐκ ἔστιν φόβος θεοῦ ἀπέναντι τῶν ὀφθαλμῶν αὐτῶν
10 1 [c] ἡ δέησις πρὸς τὸν θεὸν ὑπὲρ αὐτῶν (τοῦ Ἰσραήλ ἐστιν ς) εἰς σωτηρίαν
10 18 εἰς πᾶσαν τὴν γῆν ἐξῆλθεν ὁ φθόγγος αὐτῶν, ↔
10 18 καὶ εἰς τὰ πέρατα τῆς οἰκουμένης τὰ ῥήματα αὐτῶν
11 9 γενηθήτω ἡ τράπεζα αὐτῶν εἰς παγίδα
11 10 σκοτισθήτωσαν οἱ ὀφθαλμοὶ αὐτῶν τοῦ μὴ βλέπειν, ↔
11 10 καὶ τὸν νῶτον αὐτῶν διὰ παντὸς σύγκαμψον
11 11 [b] τῷ αὐτῶν παραπτώματι ἡ σωτηρία τοῖς ἔθνεσιν
11 12 εἰ δὲ τὸ παράπτωμα αὐτῶν πλοῦτος κόσμου ↔
11 12 καὶ τὸ ἥττημα αὐτῶν πλοῦτος ἐθνῶν, ↔
11 12 πόσῳ μᾶλλον τὸ πλήρωμα αὐτῶν
11 14 [c] σώσω τινὰς ἐξ αὐτῶν
11 15 εἰ γὰρ ἡ ἀποβολὴ αὐτῶν καταλλαγὴ κόσμου
11 27 ὅταν ἀφέλωμαι τὰς ἁμαρτίας αὐτῶν
15 27 εὐδόκησαν γάρ, καὶ ὀφειλέται εἰσὶν αὐτῶν· ↔
15 27 εἰ γὰρ τοῖς πνευματικοῖς αὐτῶν ἐκοινώνησαν τὰ ἔθνη
16 5 ⟨ἀσπάσασθε Πρίσκαν καὶ Ἀκύλαν⟩ καὶ τὴν κατ' οἶκον αὐτῶν ἐκκλησίαν
16 17 [c] καὶ ἐκκλίνετε (-ατε VBSς) ἀπ' αὐτῶν

1C 1 2 τοῖς ἐπικαλουμένοις τὸ ὄνομα τοῦ κυρίου ἡμῶν Ἰησοῦ Χριστοῦ ... αὐτῶν (+τε Vς) καὶ ἡμῶν
3 19 ὁ δρασσόμενος τοὺς σοφοὺς ἐν τῇ πανουργίᾳ αὐτῶν
5 13 [a] ἐξάρατε τὸν πονηρὸν ἐξ ὑμῶν αὐτῶν
7 35 [a] τοῦτο δὲ πρὸς τὸ ὑμῶν αὐτῶν σύμφορον λέγω
8 7 ἡ συνείδησις αὐτῶν ἀσθενὴς οὖσα μολύνεται
8 12 [b] εἰς τοὺς ἀδελφοὺς καὶ τύπτοντες αὐτῶν τὴν συνείδησιν
10 5 οὐκ ἐν τοῖς πλείοσιν αὐτῶν εὐδόκησεν ὁ θεός
10 7 μηδὲ εἰδωλολάτραι γίνεσθε, καθώς τινες αὐτῶν
10 8 μηδὲ πορνεύωμεν, καθώς τινες αὐτῶν ἐπόρνευσαν
10 9 μηδὲ ἐκπειράζωμεν τὸν Χριστόν (N[26]ς; κύριον rl), καθώς τινες αὐτῶν ἐπείρασαν (ἐξ- MBST)

1C 10 10 μηδὲ γογγύζετε, καθάπερ τινὲς αὐτῶν ἐγόγγυσαν
12 18 ὁ θεὸς ἔθετο τὰ μέλη, ἓν ἕκαστον αὐτῶν ἐν τῷ σώματι
14 10 *τοσαῦτα εἰ τύχοι γένη φωνῶν εἰσιν ἐν κόσμῳ καὶ οὐδὲν αὐτῶν (+ς) ἄφωνον
15 10 περισσότερον αὐτῶν πάντων ἐκοπίασα
15 29 [c] τί καὶ βαπτίζονται ὑπὲρ αὐτῶν (τῶν νεκρῶν ς);
16 19 Ἀκύλας καὶ Πρίσκα σὺν τῇ κατ' οἶκον αὐτῶν ἐκκλησίᾳ

2C 1 6 [a] ὑπὲρ τῆς ὑμῶν παρακλήσεως τῆς ἐνεργουμένης ἐν ὑπομονῇ τῶν αὐτῶν παθημάτων
3 14 ἀλλὰ ἐπωρώθη τὰ νοήματα αὐτῶν
3 15 κάλυμμα ἐπὶ τὴν καρδίαν αὐτῶν κεῖται
5 15 [c] ἵνα οἱ ζῶντες μηκέτι ἑαυτοῖς ζῶσιν ἀλλὰ τῷ ὑπὲρ αὐτῶν ἀποθανόντι
5 19 μὴ λογιζόμενος αὐτοῖς τὰ παραπτώματα αὐτῶν
6 16 καὶ ἔσομαι αὐτῶν θεός, καὶ αὐτοὶ ἔσονταί μου (μοι Sς) λαός
6 17 διὸ ἐξέλθατε ἐκ μέσου αὐτῶν καὶ ἀφορίσθητε
8 2 ὅτι ἐν πολλῇ δοκιμῇ θλίψεως ἡ περισσεία τῆς χαρᾶς αὐτῶν ↔
8 2 καὶ ἡ κατὰ βάθους πτωχεία αὐτῶν ↔
8 2 ἐπερίσσευσεν εἰς τὸ πλοῦτος τῆς ἁπλότητος αὐτῶν
9 14 [b] καὶ αὐτῶν δεήσει ὑπὲρ ὑμῶν ἐπιποθούντων ὑμᾶς
11 15 ὧν τὸ τέλος ἔσται κατὰ τὰ ἔργα αὐτῶν

G 2 13 [b] ὥστε καὶ Βαρναβᾶς συναπήχθη αὐτῶν τῇ ὑποκρίσει

E 4 17 καθὼς καὶ τὰ ἔθνη περιπατεῖ ἐν ματαιότητι τοῦ νοὸς αὐτῶν
4 18 ἀπηλλοτριωμένοι τῆς ζωῆς τοῦ θεοῦ ... διὰ τὴν πώρωσιν τῆς καρδίας αὐτῶν
5 7 μὴ οὖν γίνεσθε συμμέτοχοι αὐτῶν
5 12 [c] τὰ γὰρ κρυφῇ γινόμενα ὑπ' αὐτῶν αἰσχρόν ἐστιν καὶ λέγειν
6 9 [a] εἰδότες ὅτι καὶ | αὐτῶν καὶ ὑμῶν (ὑμῶν αὐτῶν ς) ὁ κύριός ἐστιν

Ph 3 19 ἡ δόξα ἐν τῇ αἰσχύνῃ αὐτῶν

Cl 2 2 ἵνα παρακληθῶσιν αἱ καρδίαι αὐτῶν
4 15 *ἀσπάσασθε Νύμφαν καὶ τὴν κατ' οἶκον αὐτῶν (T; αὐτῆς N[26]NH; αὐτοῦ rl) ἐκκλησίαν

1Th 2 16 [b] εἰς τὸ ἀναπληρῶσαι αὐτῶν τὰς ἁμαρτίας πάντοτε
5 13 ἡγεῖσθαι αὐτοὺς ὑπερεκπερισσοῦ (-ῶς NT; ὑπὲρ ἐκ π-οῦ ς) ἐν ἀγάπῃ διὰ τὸ ἔργον αὐτῶν

2Tm 2 17 καὶ ὁ λόγος αὐτῶν ὡς γάγγραινα νομὴν ἕξει
3 9 ἡ γὰρ ἄνοια αὐτῶν ἔκδηλος ἔσται πᾶσιν

Tt 1 12 [c] εἶπέν τις ἐξ αὐτῶν ↔
1 12 [b] ἴδιος αὐτῶν προφήτης
1 15 [b] ἀλλὰ μεμίανται αὐτῶν καὶ ὁ νοῦς καὶ ἡ συνείδησις

Hb 2 10 τὸν ἀρχηγὸν τῆς σωτηρίας αὐτῶν διὰ παθημάτων τελειῶσαι
2 14 [a] αὐτὸς παραπλησίως μετέσχεν τῶν αὐτῶν
7 5 ἀποδεκατοῦν (-τοῖν TH) τὸν λαόν ... τοῦτ' ἐστιν τοὺς ἀδελφοὺς αὐτῶν

Hb 7 6ᶜ ὁ δὲ μὴ γενεαλογούμενος ἐξ αὐτῶν δεδεκάτωκεν

7 25ᶜ πάντοτε ζῶν εἰς τὸ ἐντυγχάνειν ὑπὲρ αὐτῶν

8 9 ἣν ἐποίησα τοῖς πατράσιν αὐτῶν

8 9 ἐπιλαβομένου μου τῆς χειρὸς αὐτῶν

8 9 κἀγὼ ἠμέλησα αὐτῶν

8 10 διδοὺς νόμους μου εἰς τὴν διάνοιαν αὐτῶν, ↔

8 10 καὶ ἐπὶ καρδίας (-ίαν T) αὐτῶν ἐπιγράψω αὐτούς

8 11 *πάντες εἰδήσουσίν με ἀπὸ μικροῦ αὐτῶν (+ς) ↔

8 11 ἕως μεγάλου αὐτῶν

8 12 ὅτι ἵλεως ἔσομαι ταῖς ἀδικίαις αὐτῶν, ↔

8 12 καὶ τῶν ἁμαρτιῶν αὐτῶν ↔

8 12 *| καὶ τῶν ἀνομιῶν αὐτῶν (+ς) οὐ μὴ μνησθῶ ἔτι

10 16 διδοὺς νόμους μου ἐπὶ καρδίας αὐτῶν, ↔

10 16 καὶ ἐπὶ | τὴν διάνοιαν (τῶν διανοιῶν Sς) αὐτῶν ἐπιγράψω αὐτούς, ↔

10 17 καὶ τῶν ἁμαρτιῶν αὐτῶν ↔

10 17 καὶ τῶν ἀνομιῶν αὐτῶν οὐ μὴ μνησθήσομαι ἔτι

11 16 διὸ οὐκ ἐπαισχύνεται αὐτοὺς ὁ θεὸς θεὸς ἐπικαλεῖσθαι αὐτῶν

11 28 ἵνα μὴ ὁ ὀλοθρεύων τὰ πρωτότοκα θίγῃ αὐτῶν

11 35 ἔλαβον γυναῖκες ἐξ ἀναστάσεως τοὺς νεκροὺς αὐτῶν

Jc 1 27 ἐπισκέπτεσθαι ὀρφανοὺς καὶ χήρας ἐν τῇ θλίψει αὐτῶν

3 3 καὶ ὅλον τὸ σῶμα αὐτῶν μετάγομεν

5 3 καὶ ἰὸς αὐτῶν εἰς μαρτύριον ὑμῖν ἔσται

1Pt 3 12 ὦτα αὐτοῦ εἰς δέησιν αὐτῶν

3 14 τὸν δὲ φόβον αὐτῶν μὴ φοβηθῆτε

4 19 παρατιθέσθωσαν τὰς ψυχὰς αὐτῶν (ἑαυτῶν ς; — H)

2 Pt 2 2ᵇ καὶ πολλοὶ ἐξακολουθήσουσιν αὐτῶν ταῖς ἀσελγείαις

2 3 καὶ ἡ ἀπώλεια αὐτῶν οὐ νυστάζει

2 11ᶜ οὐ φέρουσιν κατ᾽ αὐτῶν | παρὰ κυρίου (N²⁶; π. κυρίῳ [H] rl) βλάσφημον κρίσιν

2 12 ἐν τῇ φθορᾷ αὐτῶν καὶ φθαρήσονται (κατα- Sς)

2 13 ἐντρυφῶντες ἐν ταῖς ἀπάταις αὐτῶν

3 3 ἐμπαῖκται κατὰ τὰς ἰδίας | ἐπιθυμίας αὐτῶν (~ VSTς) πορευόμενοι

3 16ᵇ στρεβλοῦσιν ... πρὸς τὴν ἰδίαν αὐτῶν ἀπώλειαν

1Jo 4 5 ἐκ τοῦ κόσμου λαλοῦσιν καὶ ὁ κόσμος αὐτῶν ἀκούει

3Jo 9 ἀλλ᾽ ὁ φιλοπρωτεύων αὐτῶν Διοτρέφης οὐκ ἐπιδέχεται ἡμᾶς

Jd 15 *ἐλέγξαι | πάντας τοὺς ἀσεβεῖς (πᾶσαν ψυχὴν N²⁶) αὐτῶν (+Tς) ↔

15 περὶ πάντων τῶν ἔργων ἀσεβείας αὐτῶν ὧν ἠσέβησαν

16 *κατὰ τὰς ἐπιθυμίας αὐτῶν (ἑαυτ. N²⁶) πορευόμενοι, ↔

16 καὶ τὸ στόμα αὐτῶν λαλεῖ ὑπέρογκα

Ap 2 16ᶜ πολεμήσω μετ᾽ αὐτῶν

2 22 *ἐὰν μὴ μετανοήσωσιν (-σουσιν NMTH) ἐκ τῶν ἔργων αὐτῶν (ς; αὐτῆς rl)

3 4 ἃ οὐκ ἐμόλυναν τὰ ἱμάτια αὐτῶν

Ap 4 4 καὶ ἐπὶ τὰς κεφαλὰς αὐτῶν στεφάνους χρυσοῦς

4 8 ἓν καθ᾽ | ἓν αὐτῶν (ἑαυτὸ ς) ἔχων (ἔχον VBS; εἶχον ς) ἀνὰ πτέρυγας ἓξ

4 10 καὶ βαλοῦσιν τοὺς στεφάνους αὐτῶν ἐνώπιον τοῦ θρόνου

5 11 ἦν ὁ ἀριθμὸς αὐτῶν μυριάδες μυριάδων

6 11 ἕως πληρωθῶσιν (πληρώσωσιν BST) καὶ οἱ σύνδουλοι αὐτῶν ↔

6 11 καὶ οἱ ἀδελφοὶ αὐτῶν

6 14 πᾶν ὄρος καὶ νῆσος ἐκ τῶν τόπων αὐτῶν ἐκινήθησαν

6 17 ἦλθεν ἡ ἡμέρα ἡ μεγάλη τῆς ὀργῆς αὐτῶν (αὐτοῦ Bς)

7 3 ἄχρι σφραγίσωμεν τοὺς δούλους ... ἐπὶ τῶν μετώπων αὐτῶν

7 9 καὶ φοίνικες (-κας T) ἐν ταῖς χερσὶν αὐτῶν

7 11 ἔπεσαν ... ἐπὶ τὰ πρόσωπα αὐτῶν

7 14 καὶ ἔπλυναν τὰς στολὰς αὐτῶν ↔

7 14 *καὶ ἐλεύκαναν | στολὰς αὐτῶν (ς; αὐτὰς rl) ἐν τῷ αἵματι

7 17 ἐξαλείψει ὁ θεὸς πᾶν δάκρυον ἐκ τῶν ὀφθαλμῶν αὐτῶν

8 12 ἵνα σκοτισθῇ τὸ τρίτον αὐτῶν

9 4 *οὐκ ἔχουσιν τὴν σφραγῖδα τοῦ θεοῦ ἐπὶ τῶν μετώπων αὐτῶν (+ς)

9 5 ὁ βασανισμὸς αὐτῶν ὡς βασανισμὸς σκορπίου

9 6ᶜ φεύγει ὁ θάνατος ἀπ᾽ αὐτῶν

9 7 ἐπὶ τὰς κεφαλὰς αὐτῶν ὡς στέφανοι ὅμοιοι χρυσῷ, ↔

9 7 καὶ τὰ πρόσωπα αὐτῶν ὡς πρόσωπα ἀνθρώπων

9 8 οἱ ὀδόντες αὐτῶν ὡς λεόντων ἦσαν

9 9 ἡ φωνὴ τῶν πτερύγων αὐτῶν ὡς φωνὴ ἁρμάτων

9 10 καὶ ἐν ταῖς οὐραῖς αὐτῶν ↔

9 10 ἡ ἐξουσία αὐτῶν ἀδικῆσαι τοὺς ἀνθρώπους

9 11ᶜ ἔχουσιν ἐπ᾽ αὐτῶν (αὐτῶν ς) βασιλέα τὸν ἄγγελον τῆς ἀβύσσου

9 16 ἤκουσα τὸν ἀριθμὸν αὐτῶν

9 17ᶜ τοὺς ἵππους ... καὶ τοὺς καθημένους ἐπ᾽ αὐτῶν

9 17 ἐκ τῶν στομάτων αὐτῶν ἐκπορεύεται πῦρ

9 18 τοῦ ἐκπορευομένου ἐκ τῶν στομάτων αὐτῶν. ↔

9 19 *| αἱ γὰρ ἐξουσίαι αὐτῶν (ς; ἡ γ. ἐ-ία τῶν ἵππων rl) ↔

9 19 ἐν τῷ στόματι αὐτῶν ἐστιν ↔

9 19 | καὶ ἐν ταῖς οὐραῖς αὐτῶν (—ς) ·↔

9 19 αἱ γὰρ οὐραὶ αὐτῶν ὅμοιαι (-οι M) ὄφεσιν

9 20 οὐδὲ (οὐ MBH; οὔτε VSς) μετενόησαν ἐκ τῶν ἔργων τῶν χειρῶν αὐτῶν

9 21 οὐ μετενόησαν ἐκ τῶν φόνων αὐτῶν ↔

9 21 οὔτε ἐκ τῶν φαρμάκων (-κειῶν NMVTς; -κῶν S) αὐτῶν ↔

9 21 οὔτε ἐκ τῆς πορνείας αὐτῶν ↔

9 21 οὔτε ἐκ τῶν κλεμμάτων αὐτῶν

11 5 πῦρ ἐκπορεύεται ἐκ τοῦ στόματος αὐτῶν ↔

11 5 καὶ κατεσθίει τοὺς ἐχθροὺς αὐτῶν

11 6 ἵνα μὴ ὑετὸς βρέχῃ | τὰς ἡμέρας τῆς προφητείας αὐτῶν (ἐν ἡμέραις αὐτῶν τ. π. ς)

11 7 ὅταν τελέσωσιν τὴν μαρτυρίαν αὐτῶν,

Ap 11 7ᶜ τὸ θηρίον ... ποιήσει μετ᾽ αὐτῶν πόλεμον

11 8 καὶ | τὸ πτῶμα (τὰ πτώματα ς) αὐτῶν ἐπὶ τῆς πλατείας

11 8 ὅπου καὶ ὁ κύριος αὐτῶν (ἡμῶν ς) ἐσταυρώθη

11 9 βλέπουσιν ... | τὸ πτῶμα (τὰ πτώματα ς) αὐτῶν

11 9 καὶ τὰ πτώματα αὐτῶν οὐκ ἀφίουσιν τεθῆναι εἰς μνῆμα

11 11 ἔστησαν ἐπὶ τοὺς πόδας αὐτῶν

11 12 ἐθεώρησαν αὐτοὺς οἱ ἐχθροὶ αὐτῶν

11 16 οἱ εἴκοσι τέσσαρες πρεσβύτεροι, οἱ ([N²⁶H]; —B) ... καθήμενοι (οἱ κάθηνται ST; κάθηνται B) ἐπὶ τοὺς θρόνους αὐτῶν, ↔

11 16 ἔπεσαν ἐπὶ τὰ πρόσωπα αὐτῶν

12 8 οὐδὲ τόπος εὑρέθη αὐτῶν

12 10 *ἐβλήθη ... ὁ κατηγορῶν αὐτῶν (MBSς; -τοὺς rl)

12 11 διὰ τὸν λόγον τῆς μαρτυρίας αὐτῶν

12 11 οὐκ ἠγάπησεν τὴν ψυχὴν αὐτῶν

13 8 *ὧν (VBSς; οὗ rl) οὐ γέγραπται τὸ ὄνομα αὐτῶν (B; αὐτοῦ N²⁶N [M]TH; —rl)

13 16 ἵνα δῶσιν αὐτοῖς χάραγμα ἐπὶ τῆς χειρὸς αὐτῶν τῆς δεξιᾶς ↔

13 16 ἢ ἐπὶ | τὸ μέτωπον (τῶν μετώπων ς) αὐτῶν

14 1 τὸ ὄνομα ... γεγραμμένον ἐπὶ τῶν μετώπων αὐτῶν

14 2 ὡς κιθαρῳδῶν κιθαριζόντων ἐν ταῖς κιθάραις αὐτῶν

14 5 ἐν τῷ στόματι αὐτῶν οὐχ εὑρέθη ψεῦδος

14 11 ὁ καπνὸς τοῦ βασανισμοῦ αὐτῶν ... ἀναβαίνει

14 13 ἵνα ἀναπαήσονται (-παύσωνται Sς) ἐκ τῶν κόπων αὐτῶν· ↔

14 13 τὰ γὰρ ἔργα αὐτῶν ↔

14 13ᶜ ἀκολουθεῖ μετ᾽ αὐτῶν

16 10 ἐμασῶντο τὰς γλώσσας αὐτῶν

16 11 ἐβλασφήμησαν τὸν θεὸν τοῦ οὐρανοῦ ἐκ τῶν πόνων αὐτῶν ↔

16 11 καὶ ἐκ τῶν ἑλκῶν αὐτῶν, ↔

16 11 καὶ οὐ μετενόησαν ἐκ τῶν ἔργων αὐτῶν

17 9ᶜ ἑπτὰ ὄρη εἰσίν, ὅπου ἡ γυνὴ κάθηται ἐπ᾽ αὐτῶν

17 13 τὴν δύναμιν καὶ (+τὴν [M]STς) ἐξουσίαν αὐτῶν (ἑαυτῶν ς) τῷ θηρίῳ διδόασιν

17 17 ὁ γὰρ θεὸς ἔδωκεν εἰς τὰς καρδίας αὐτῶν ποιῆσαι τὴν γνώμην αὐτοῦ

17 17 καὶ δοῦναι τὴν βασιλείαν αὐτῶν τῷ θηρίῳ

18 11 ὅτι τὸν γόμον αὐτῶν οὐδεὶς ἀγοράζει οὐκέτι

18 19 ἔβαλον χοῦν ἐπὶ τὰς κεφαλὰς αὐτῶν

19 18ᶜ σάρκας ἵππων καὶ τῶν καθημένων ἐπ᾽ αὐτῶν (αὐτοὺς H)

19 19 εἶδον ... τοὺς βασιλεῖς τῆς γῆς καὶ τὰ στρατεύματα αὐτῶν συνηγμένα

19 21 πάντα τὰ ὄρνεα ἐχορτάσθησαν ἐκ τῶν σαρκῶν αὐτῶν

20 4 *οὐκ ἔλαβον τὸ χάραγμα ἐπὶ τὸ μέτωπον αὐτῶν (+ς) ↔

20 4 καὶ ἐπὶ τὴν χεῖρα αὐτῶν

20 8ᶜ ὧν ὁ ἀριθμὸς αὐτῶν (—ς) ὡς ἡ ἄμμος τῆς θαλάσσης

20 12 ἐκρίθησαν οἱ νεκροὶ ... κατὰ τὰ ἔργα αὐτῶν

20 13 ἐκρίθησαν ἕκαστος κατὰ τὰ ἔργα αὐτῶν

Ap 21 3ᶜ σκηνώσει μετ' αὐτῶν

    21 3ᶜ αὐτὸς ὁ θεὸς | μετ' αὐτῶν ἔσται (~VSTϛ) ↔

    21 3 | αὐτῶν θεός (+[N²⁶]Bϛ)

    21 4 ἐξαλείψει πᾶν δάκρυον ἐκ (ἀπὸ Sϛ) τῶν ὀφθαλμῶν αὐτῶν

    21 8 τὸ μέρος αὐτῶν ἐν τῇ λίμνῃ

    21 14ᶜ | ἐπ' αὐτῶν (ἐν αὐτοῖς ϛ) δώδεκα ὀνόματα τῶν δώδεκα ἀποστόλων

    21 24 οἱ βασιλεῖς τῆς γῆς φέρουσιν τὴν δόξαν αὐτῶν εἰς αὐτήν

    22 4 τὸ ὄνομα αὐτοῦ ἐπὶ τῶν μετώπων αὐτῶν

    22 14 μακάριοι οἱ | πλύνοντες τὰς στολὰς αὐτῶν (ποιοῦντες τὰς ἐντολὰς αὐτοῦ Sϛ), ↔

    22 14 ἵνα ἔσται ἡ ἐξουσία αὐτῶν ἐπὶ τὸ (— M) ξύλον τῆς ζωῆς

αὐτοῖς
ᵃ post praepositionem
ᵇ τοῖς αὐτοῖς, ὑμῖν αὐτοῖς
ᶜ αὐτοῖς τοῖς

Mt   3 7 εἶπεν αὐτοῖς

    4 16 τοῖς καθημένοις ἐν χώρᾳ καὶ σκιᾷ θανάτου, φῶς ἀνέτειλεν αὐτοῖς

    4 19 καὶ λέγει αὐτοῖς

    6 1 μὴ ποιεῖν ἔμπροσθεν τῶν ἀνθρώπων πρὸς τὸ θεαθῆναι αὐτοῖς

    6 8 μὴ οὖν ὁμοιωθῆτε αὐτοῖς

    7 12 οὕτως καὶ ὑμεῖς ποιεῖτε αὐτοῖς

    7 23 καὶ τότε ὁμολογήσω αὐτοῖς

    8 4 προσένεγκον (-γκε VSϛ) τὸ δῶρον ... εἰς μαρτύριον αὐτοῖς

    8 15 *καὶ ἠγέρθη, καὶ διηκόνει αὐτοῖς (ϛ; αὐτῷ rl)

    8 26 καὶ λέγει αὐτοῖς

    8 32 καὶ εἶπεν αὐτοῖς

    9 12 *ὁ δὲ (+ Ἰησοῦς Vϛ) ἀκούσας εἶπεν αὐτοῖς (+ϛ)

    9 15 καὶ εἶπεν αὐτοῖς ὁ Ἰησοῦς

    9 18 ταῦτα αὐτοῦ λαλοῦντος αὐτοῖς

    9 24 *(ἐλθὼν ὁ Ἰησοῦς) ἔλεγεν αὐτοῖς (+ϛ)

    9 28 καὶ λέγει αὐτοῖς ὁ Ἰησοῦς

    9 30 καὶ ἐνεβριμήθη αὐτοῖς ὁ Ἰησοῦς

    10 1 ἔδωκεν αὐτοῖς ἐξουσίαν [+κατὰ S] πνευμάτων ἀκαθάρτων

    10 5 τούτους τοὺς δώδεκα ἀπέστειλεν ὁ Ἰησοῦς παραγγείλας αὐτοῖς λέγων

    10 18 ἐπὶ ἡγεμόνας δὲ καὶ βασιλεῖς ἀχθήσεσθε ἕνεκεν ἐμοῦ, εἰς μαρτύριον αὐτοῖς καὶ τοῖς ἔθνεσιν

    11 4 ἀποκριθεὶς ὁ Ἰησοῦς εἶπεν αὐτοῖς

    12 3 ὁ δὲ εἶπεν αὐτοῖς

    12 11 ὁ δὲ εἶπεν αὐτοῖς

    12 16 καὶ ἐπετίμησεν αὐτοῖς

    12 25 εἰδὼς δὲ (+ ὁ Ἰησοῦς Vϛ) τὰς ἐνθυμήσεις αὐτῶν εἶπεν αὐτοῖς

    12 39 ὁ δὲ ἀποκριθεὶς εἶπεν αὐτοῖς

    13 3 καὶ ἐλάλησεν αὐτοῖς πολλὰ ἐν παραβολαῖς

    13 10 διὰ τί ἐν παραβολαῖς λαλεῖς αὐτοῖς;

    13 11 ὁ δὲ ἀποκριθεὶς εἶπεν αὐτοῖς (— NSTH)

    13 13 διὰ τοῦτο ἐν παραβολαῖς αὐτοῖς λαλῶ

    13 14 καὶ ἀναπληροῦται αὐτοῖς ἡ προφητεία Ἡσαΐου

    13 24 ἄλλην παραβολὴν παρέθηκεν αὐτοῖς

    13 28 ὁ δὲ ἔφη αὐτοῖς

    13 29ᵃ μήποτε συλλέγοντες τὰ ζιζάνια ἐκριζώσητε ἅμα αὐτοῖς τὸν σῖτον

Mt 13 31 ἄλλην παραβολὴν παρέθηκεν αὐτοῖς

    13 33 ἄλλην παραβολὴν | ἐλάλησεν αὐτοῖς [H]

    13 34 καὶ χωρὶς παραβολῆς οὐδὲν ἐλάλει αὐτοῖς

    13 37 *ὁ δὲ ἀποκριθεὶς εἶπεν αὐτοῖς (+ϛ)

    13 51 *| λέγει αὐτοῖς ὁ Ἰησοῦς (+Vϛ)

    13 52 ὁ δὲ εἶπεν αὐτοῖς

    13 57 ὁ δὲ Ἰησοῦς εἶπεν αὐτοῖς

    14 14ᵃ καὶ ἐσπλαγχνίσθη ἐπ' αὐτοῖς (αὐτούς ϛ)

    14 16 ὁ δὲ Ἰησοῦς ([N²⁶]; —T) εἶπεν αὐτοῖς

    14 16 δότε αὐτοῖς ὑμεῖς φαγεῖν

    14 27 ἐλάλησεν ||: ὁ Ἰησοῦς ([N²⁶NH]; —T) αὐτοῖς ((~VBSϛ))

    15 3 ὁ δὲ ἀποκριθεὶς εἶπεν αὐτοῖς

    15 10 προσκαλεσάμενος τὸν ὄχλον εἶπεν αὐτοῖς

    15 34 λέγει αὐτοῖς ὁ Ἰησοῦς

    16 1 ἐπηρώτησαν (-των T) αὐτὸν σημεῖον ἐκ τοῦ οὐρανοῦ ἐπιδεῖξαι αὐτοῖς

    16 2 ὁ δὲ ἀποκριθεὶς εἶπεν αὐτοῖς

    16 6 ὁ δὲ Ἰησοῦς εἶπεν αὐτοῖς

    16 8 *γνοὺς δὲ ὁ Ἰησοῦς εἶπεν αὐτοῖς (+ϛ)

    16 15 λέγει αὐτοῖς

    17 3 ἰδοὺ ὤφθη (-[σαν] V; -σαν Sϛ) αὐτοῖς Μωϋσῆς καὶ Ἠλίας

    17 9 ἐνετείλατο αὐτοῖς ὁ Ἰησοῦς

    17 11 *ὁ δὲ ἀποκριθεὶς εἶπεν αὐτοῖς (+ϛ)

    17 13 ὅτι περὶ Ἰωάννου τοῦ βαπτιστοῦ εἶπεν αὐτοῖς

    17 20 ὁ δὲ (+ Ἰησοῦς Vϛ) λέγει (εἶπεν Vϛ) αὐτοῖς

    17 22 εἶπεν αὐτοῖς ὁ Ἰησοῦς

    17 27 δὸς αὐτοῖς ἀντὶ ἐμοῦ καὶ σοῦ

    18 19 γενήσεται αὐτοῖς παρὰ τοῦ πατρός μου

    19 4 *ὁ δὲ ἀποκριθεὶς εἶπεν αὐτοῖς (+ϛ)

    19 5 *εἶπεν αὐτοῖς (+V)

    19 8 λέγει αὐτοῖς

    19 11 ὁ δὲ εἶπεν αὐτοῖς

    19 13 ἵνα τὰς χεῖρας ἐπιθῇ αὐτοῖς

    19 13 οἱ δὲ μαθηταὶ ἐπετίμησαν αὐτοῖς

    19 14 *ὁ δὲ Ἰησοῦς εἶπεν αὐτοῖς (+T)

    19 15 ἐπιθεὶς τὰς χεῖρας αὐτοῖς

    19 26 ἐμβλέψας δὲ ὁ Ἰησοῦς εἶπεν αὐτοῖς

    19 28 ὁ δὲ Ἰησοῦς εἶπεν αὐτοῖς

    20 6 καὶ λέγει αὐτοῖς

    20 7 λέγει αὐτοῖς

    20 8 ἀπόδος αὐτοῖς (— NTH) τὸν μισθόν

    20 17 καὶ ἐν τῇ ὁδῷ εἶπεν αὐτοῖς

    20 23 λέγει αὐτοῖς

    21 2 ⟨ἀπέστειλεν δύο μαθητὰς⟩ λέγων αὐτοῖς

    21 6 καθὼς συνέταξεν (προσ- VSTϛ) αὐτοῖς ὁ Ἰησοῦς

    21 13 καὶ λέγει αὐτοῖς

    21 16 ὁ δὲ Ἰησοῦς λέγει αὐτοῖς

    21 21 ἀποκριθεὶς δὲ ὁ Ἰησοῦς εἶπεν αὐτοῖς

    21 24 ἀποκριθεὶς δὲ [H] ὁ Ἰησοῦς εἶπεν αὐτοῖς

    21 27 ἔφη αὐτοῖς καὶ αὐτός

    21 31 λέγει αὐτοῖς ὁ Ἰησοῦς

    21 36 καὶ ἐποίησαν αὐτοῖς ὡσαύτως

    21 42 λέγει αὐτοῖς ὁ Ἰησοῦς

    22 1 εἶπεν ἐν παραβολαῖς αὐτοῖς λέγων

    22 20 καὶ λέγει αὐτοῖς (+ ὁ Ἰησοῦς BT)

    22 21 τότε λέγει αὐτοῖς

    22 29 ἀποκριθεὶς δὲ ὁ Ἰησοῦς εἶπεν αὐτοῖς

Mt 22 43 λέγει αὐτοῖς (+ ὁ Ἰησοῦς S)

    24 2 ὁ δὲ ἀποκριθεὶς εἶπεν αὐτοῖς

    24 4 ἀποκριθεὶς ὁ Ἰησοῦς εἶπεν αὐτοῖς

    24 45 τοῦ δοῦναι αὐτοῖς τὴν τροφὴν ἐν καιρῷ

    25 14 παρέδωκεν αὐτοῖς τὰ ὑπάρχοντα αὐτοῦ

    25 16ᵃ πορευθεὶς (+δὲ Vϛ) ὁ τὰ πέντε τάλαντα λαβὼν ἠργάσατο (εἰργ. VSϛ) ἐν αὐτοῖς

    25 20ᵃ *ἄλλα πέντε τάλαντα ἐκέρδησα | ἐπ' αὐτοῖς (+Vϛ)

    25 22ᵃ *ἄλλα δύο τάλαντα ἐκέρδησα | ἐπ' αὐτοῖς (+Vϛ)

    25 40 ἀποκριθεὶς ὁ βασιλεὺς ἐρεῖ αὐτοῖς

    25 45 τότε ἀποκριθήσεται αὐτοῖς λέγων

    26 10 γνοὺς δὲ ὁ Ἰησοῦς εἶπεν αὐτοῖς

    26 19 ἐποίησαν οἱ μαθηταὶ ὡς συνέταξεν αὐτοῖς ὁ Ἰησοῦς

    26 27 εὐχαριστήσας ἔδωκεν αὐτοῖς

    26 31 τότε λέγει αὐτοῖς ὁ Ἰησοῦς

    26 38 τότε λέγει αὐτοῖς

    26 45 λέγει αὐτοῖς

    26 48 ἔδωκεν αὐτοῖς σημεῖον

    26 71 *λέγει αὐτοῖς ([αὐ]τοῖς S; τοῖς rl) ἐκεῖ

    27 17 εἶπεν αὐτοῖς ὁ Πιλᾶτος

    27 21 ἀποκριθεὶς δὲ ὁ ἡγεμὼν εἶπεν αὐτοῖς

    27 22 λέγει αὐτοῖς ὁ Πιλᾶτος

    27 26 ἀπέλυσεν αὐτοῖς τὸν Βαραββᾶν

    27 65 ἔφη (+δὲ VSϛ) αὐτοῖς ὁ Πιλᾶτος

    28 16 εἰς τὸ ὄρος οὗ ἐτάξατο αὐτοῖς ὁ Ἰησοῦς

    28 18 ὁ Ἰησοῦς ἐλάλησεν αὐτοῖς λέγων

Mc   1 17 εἶπεν αὐτοῖς ὁ Ἰησοῦς

    1 31 καὶ διηκόνει αὐτοῖς

    1 38 καὶ λέγει αὐτοῖς

    1 44 προσένεγκε ... ἃ προσέταξεν Μωϋσῆς, εἰς μαρτύριον αὐτοῖς

    2 2 ἐλάλει αὐτοῖς τὸν λόγον

    2 8 ἐπιγνοὺς ὁ Ἰησοῦς ... λέγει αὐτοῖς [H]

    2 17 ἀκούσας ὁ Ἰησοῦς λέγει αὐτοῖς

    2 19 καὶ εἶπεν αὐτοῖς ὁ Ἰησοῦς

    2 25 καὶ (+αὐτὸς V[S]ϛ) λέγει αὐτοῖς

    2 27 καὶ ἔλεγεν αὐτοῖς

    3 4 καὶ λέγει αὐτοῖς

    3 12 πολλὰ ἐπετίμα αὐτοῖς

    3 17 ἐπέθηκεν αὐτοῖς ὀνόματα (ὀνόμα[τα] N²⁶; ὄνομα NH)

    3 23 ἐν παραβολαῖς ἔλεγεν αὐτοῖς

    3 33 | ἀποκριθεὶς αὐτοῖς λέγει (ἀπεκρίθη α. λέγων Sϛ)

    4 2 ἔλεγεν αὐτοῖς ἐν τῇ διδαχῇ αὐτοῦ

    4 9 *καὶ ἔλεγεν αὐτοῖς (+ϛ)

    4 11 ἔλεγεν αὐτοῖς

    4 12 ἵνα ... μήποτε ἐπιστρέψωσιν καὶ ἀφεθῇ αὐτοῖς

    4 13 καὶ λέγει αὐτοῖς

    4 15ᵃ *τὸν λόγον τὸν ἐσπαρμένον | ἐν αὐτοῖς (MVST; ἐν ταῖς καρδίαις αὐτῶν ϛ; εἰς αὐτούς rl)

    4 21 ἔλεγεν αὐτοῖς (+ὅτι NBTH) μήτι ἔρχεται ὁ λύχνος

    4 24 ἔλεγεν αὐτοῖς

    4 33 τοιαύταις παραβολαῖς πολλαῖς ἐλάλει αὐτοῖς τὸν λόγον

    4 34 χωρὶς δὲ παραβολῆς οὐκ ἐλάλει αὐτοῖς

    4 35 καὶ λέγει αὐτοῖς ἐν ἐκείνῃ τῇ ἡμέρᾳ

    4 40 καὶ εἶπεν αὐτοῖς

    5 13 ἐπέτρεψεν αὐτοῖς (+εὐθέως ὁ Ἰησοῦς VSϛ)

Mc 5 16 διηγήσαντο αὐτοῖς οἱ ἰδόντες
5 19 ἀπάγγειλον αὐτοῖς ὅσα | ὁ κύριός σοι (~ VSϛ) πεποίηκεν
5 39 καὶ εἰσελθὼν λέγει αὐτοῖς
5 43 καὶ διεστείλατο αὐτοῖς πολλά
6 4 καὶ ἔλεγεν αὐτοῖς ὁ Ἰησοῦς
6 7 ἐδίδου αὐτοῖς ἐξουσίαν τῶν πνευμάτων τῶν ἀκαθάρτων, ↔
6 8 καὶ παρήγγειλεν αὐτοῖς ἵνα μηδὲν αἴρωσιν (ἄρωσιν S) εἰς ὁδόν
6 10 καὶ ἔλεγεν αὐτοῖς
6 11 ἐκτινάξατε τὸν χοῦν ... εἰς μαρτύριον αὐτοῖς
6 31 καὶ λέγει αὐτοῖς
6 34ᵃ*καὶ ἐσπλαγχνίσθη ἐπ᾽ αὐτοῖς (Vϛ; αὐτούς rl)
6 37 ὁ δὲ ἀποκριθεὶς εἶπεν αὐτοῖς [S]· ↔
6 37 δότε αὐτοῖς ὑμεῖς φαγεῖν
6 37 καὶ δώσομεν (-σωμεν MBST; δῶμεν ϛ) αὐτοῖς φαγεῖν; ↔
6 38 ὁ δὲ λέγει αὐτοῖς
6 39 ἐπέταξεν αὐτοῖς ἀνακλῖναι (-κλιθῆναι NMH) πάντας
6 41 ἐδίδου τοῖς μαθηταῖς αὐτοῦ ([N²⁶]; —NMVTH) ἵνα παρατιθῶσιν (παραθῶσιν Bϛ) αὐτοῖς
6 46 ἀποταξάμενος αὐτοῖς ἀπῆλθεν εἰς τὸ ὄρος
6 48 ἦν γὰρ ὁ ἄνεμος ἐναντίος αὐτοῖς
6 50 λέγει αὐτοῖς
7 6 ὁ δὲ (+ἀποκριθεὶς Vϛ) εἶπεν αὐτοῖς
7 9 καὶ ἔλεγεν αὐτοῖς
7 14 προσκαλεσάμενος πάλιν τὸν ὄχλον ἔλεγεν αὐτοῖς
7 18 λέγει αὐτοῖς
7 36 καὶ διεστείλατο αὐτοῖς ἵνα μηδενὶ λέγωσιν· ↔
7 36 ὅσον δὲ αὐτοῖς διεστέλλετο
8 1 προσκαλεσάμενος τοὺς μαθητὰς (+αὐτοῦ [V]ϛ) λέγει αὐτοῖς
8 15 καὶ διεστέλλετο αὐτοῖς λέγων
8 17 γνοὺς (+ὁ Ἰησοῦς MV[S]ϛ) λέγει αὐτοῖς
8 21 καὶ ἔλεγεν αὐτοῖς
8 27 ἐπηρώτα τοὺς μαθητὰς αὐτοῦ λέγων αὐτοῖς
8 29 *καὶ αὐτὸς | λέγει αὐτοῖς (ϛ; ἐπηρώτα αὐτούς rl)
8 30 ἐπετίμησεν αὐτοῖς ἵνα μηδενὶ λέγωσιν περὶ αὐτοῦ
8 34 προσκαλεσάμενος τὸν ὄχλον σὺν τοῖς μαθηταῖς αὐτοῦ εἶπεν αὐτοῖς
9 1 ἔλεγεν αὐτοῖς
9 4 ὤφθη αὐτοῖς Ἠλίας σὺν Μωϋσεῖ
9 7 ἐγένετο νεφέλη ἐπισκιάζουσα αὐτοῖς
9 9 διεστείλατο αὐτοῖς ἵνα μηδενὶ ἃ εἶδον διηγήσωνται
9 12 ὁ δὲ ἔφη (ἀποκριθεὶς εἶπεν Vϛ) αὐτοῖς
9 14 *γραμματεῖς συζητοῦντας αὐτοῖς (ϛ; πρὸς αὐτούς rl)
9 19 ὁ δὲ ἀποκριθεὶς αὐτοῖς (αὐτῷ ϛ) λέγει
9 29 καὶ εἶπεν αὐτοῖς
9 31 ἐδίδασκεν γὰρ τοὺς μαθητὰς αὐτοῦ, καὶ ἔλεγεν αὐτοῖς [H]
9 35 ἐφώνησεν τοὺς δώδεκα καὶ λέγει αὐτοῖς
9 36 ἐναγκαλισάμενος αὐτὸ εἶπεν αὐτοῖς
10 3 ὁ δὲ ἀποκριθεὶς εἶπεν αὐτοῖς
10 5 | ὁ δὲ (καὶ ἀποκριθεὶς ὁ Vϛ) Ἰησοῦς εἶπεν αὐτοῖς
10 11 καὶ λέγει αὐτοῖς

Mc 10 13 οἱ δὲ μαθηταὶ | ἐπετίμησαν αὐτοῖς (ἐπετίμων τοῖς προσφέρουσιν VBSTϛ)
10 14 ὁ δὲ Ἰησοῦς ... εἶπεν αὐτοῖς
10 24 ὁ δὲ Ἰησοῦς πάλιν ἀποκριθεὶς λέγει αὐτοῖς
10 27 ἐμβλέψας (+δὲ Vϛ) αὐτοῖς ὁ Ἰησοῦς λέγει
10 32 παραλαβὼν πάλιν τοὺς δώδεκα ἤρξατο αὐτοῖς λέγειν
10 36 ὁ δὲ εἶπεν αὐτοῖς
10 38 ὁ δὲ Ἰησοῦς εἶπεν αὐτοῖς
10 39 ὁ δὲ Ἰησοῦς εἶπεν αὐτοῖς
10 42 προσκαλεσάμενος αὐτοὺς ὁ Ἰησοῦς λέγει αὐτοῖς
11 2 καὶ λέγει αὐτοῖς
11 5 καί τινες τῶν ἐκεῖ ἑστηκότων ἔλεγον αὐτοῖς
11 6 οἱ δὲ εἶπαν αὐτοῖς καθὼς εἶπεν ὁ Ἰησοῦς
11 17 ἐδίδασκεν καὶ ἔλεγεν αὐτοῖς (—H)
11 22 καὶ ἀποκριθεὶς ὁ Ἰησοῦς λέγει αὐτοῖς
11 29 ὁ δὲ Ἰησοῦς εἶπεν αὐτοῖς
11 33 καὶ (+ἀποκριθεὶς VSϛ) ὁ Ἰησοῦς λέγει αὐτοῖς
12 1 καὶ ἤρξατο αὐτοῖς ἐν παραβολαῖς λαλεῖν
12 15 ὁ δὲ εἰδὼς (ἰδὼν T) αὐτῶν τὴν ὑπόκρισιν εἶπεν αὐτοῖς
12 16 καὶ λέγει αὐτοῖς
12 17 | ὁ δὲ (καὶ ἀποκριθεὶς ὁ VBSϛ) Ἰησοῦς εἶπεν αὐτοῖς (—H)
12 24 | ἔφη αὐτοῖς ὁ Ἰησοῦς (καὶ ἀποκριθεὶς ὁ Ἰ. εἶπεν αὐτοῖς Vϛ)
12 28 ὅτι καλῶς | ἀπεκρίθη αὐτοῖς (~ Vϛ)
12 38 *καὶ ἐν τῇ διδαχῇ αὐτοῦ ἔλεγεν αὐτοῖς (+ϛ)
12 43 προσκαλεσάμενος τοὺς μαθητὰς αὐτοῦ εἶπεν (λέγει Vϛ) αὐτοῖς
12 44 πάντες γὰρ ἐκ τοῦ περισσεύοντος αὐτοῖς ἔβαλον
13 5 ὁ δὲ Ἰησοῦς | ἤρξατο λέγειν αὐτοῖς (~ Vϛ)
13 9 σταθήσεσθε ἕνεκεν ἐμοῦ, εἰς μαρτύριον αὐτοῖς
14 7 δύνασθε αὐτοῖς (—T; αὐτούς ϛ; +πάντοτε [H]) εὖ ποιῆσαι
14 10 ἵνα | αὐτὸν παραδοῖ (π-δῷ α. VSϛ) αὐτοῖς
14 13 ἀποστέλλει δύο τῶν μαθητῶν αὐτοῦ καὶ λέγει αὐτοῖς
14 16 εὗρον καθὼς εἶπεν αὐτοῖς
14 20 ὁ δὲ εἶπεν αὐτοῖς
14 22 λαβὼν (+ὁ Ἰησοῦς V[S]ϛ) ἄρτον εὐλογήσας ἔκλασεν καὶ ἔδωκεν αὐτοῖς
14 23 καὶ λαβὼν ποτήριον εὐχαριστήσας ἔδωκεν αὐτοῖς
14 24 καὶ εἶπεν αὐτοῖς
14 27 καὶ λέγει αὐτοῖς ὁ Ἰησοῦς
14 34 καὶ λέγει αὐτοῖς
14 41 καὶ λέγει αὐτοῖς
14 44 δεδώκει δὲ ὁ παραδιδοὺς αὐτὸν σύσσημον αὐτοῖς λέγων
14 48 καὶ ἀποκριθεὶς ὁ Ἰησοῦς εἶπεν αὐτοῖς
15 6 κατὰ δὲ ἑορτὴν ἀπέλυεν αὐτοῖς ἕνα δέσμιον
15 8 καθὼς (+ἀεὶ MV[S]ϛ) ἐποίει αὐτοῖς
15 9 ὁ δὲ Πιλᾶτος ἀπεκρίθη αὐτοῖς λέγων
15 11 ἵνα μᾶλλον τὸν Βαραββᾶν ἀπολύσῃ αὐτοῖς

Mc 15 12 ὁ δὲ Πιλᾶτος πάλιν ἀποκριθεὶς ἔλεγεν αὐτοῖς
15 14 ὁ δὲ Πιλᾶτος ἔλεγεν αὐτοῖς
15 15 ἀπέλυσεν αὐτοῖς τὸν Βαραββᾶν
[16 14]ᶜἀνακειμένοις αὐτοῖς τοῖς ἕνδεκα ἐφανερώθη
[16 15]καὶ εἶπεν αὐτοῖς
[16 19]μετὰ τὸ λαλῆσαι αὐτοῖς

Lc 1 7 καὶ οὐκ ἦν αὐτοῖς τέκνον
1 22 οὐκ ἐδύνατο λαλῆσαι αὐτοῖς
1 22 αὐτὸς ἦν διανεύων αὐτοῖς
2 7 διότι οὐκ ἦν αὐτοῖς τόπος ἐν τῷ καταλύματι
2 9 ἄγγελος κυρίου ἐπέστη αὐτοῖς
2 10 εἶπεν αὐτοῖς ὁ ἄγγελος
2 17 περὶ τοῦ ῥήματος τοῦ λαληθέντος αὐτοῖς
2 50 οὐ συνῆκαν τὸ ῥῆμα ὃ ἐλάλησεν αὐτοῖς
2 51 καὶ ἦν ὑποτασσόμενος αὐτοῖς
3 11 ἀποκριθεὶς δὲ ἔλεγεν αὐτοῖς
3 14 καὶ εἶπεν αὐτοῖς (πρὸς αὐτούς VTϛ)
4 39 ἀναστᾶσα διηκόνει αὐτοῖς
5 7 κατένευσαν ... τοῦ ἐλθόντας συλλαβέσθαι αὐτοῖς
5 14 προσένεγκε ... καθὼς προσέταξεν Μωϋσῆς, εἰς μαρτύριον αὐτοῖς
6 2 *τινὲς δὲ τῶν Φαρισαίων εἶπαν αὐτοῖς (+ϛ)
6 5 καὶ ἔλεγεν αὐτοῖς
6 31 (+καὶ ὑμεῖς VB[S]Tϛ) ποιεῖτε αὐτοῖς ὁμοίως
6 39 εἶπεν δὲ καὶ παραβολὴν αὐτοῖς
7 6ᵃ ὁ δὲ Ἰησοῦς ἐπορεύετο σὺν αὐτοῖς
7 22 ἀποκριθεὶς εἶπεν αὐτοῖς
8 3 αἵτινες διηκόνουν αὐτοῖς (αὐτῷ Sϛ)
8 25 εἶπεν δὲ αὐτοῖς
8 31 ἵνα μὴ ἐπιτάξῃ αὐτοῖς εἰς τὴν ἄβυσσον ἀπελθεῖν
8 32 ἵνα ἐπιτρέψῃ αὐτοῖς εἰς ἐκείνους εἰσελθεῖν·
8 32 καὶ ἐπέτρεψεν αὐτοῖς
8 36 ἀπήγγειλαν δὲ αὐτοῖς οἱ ἰδόντες
8 56 ὁ δὲ παρήγγειλεν αὐτοῖς μηδενὶ εἰπεῖν τὸ γεγονός
9 1 ἔδωκεν αὐτοῖς δύναμιν
9 11 ἐλάλει αὐτοῖς περὶ τῆς βασιλείας τοῦ θεοῦ
9 13 δότε αὐτοῖς | ὑμεῖς φαγεῖν (~ NMTH)
9 17 ἤρθη τὸ περισσεῦσαν αὐτοῖς κλασμάτων κόφινοι δώδεκα
9 20 εἶπεν δὲ αὐτοῖς
9 21 ὁ δὲ ἐπιτιμήσας αὐτοῖς παρήγγειλεν μηδενὶ λέγειν τοῦτο
9 46ᵃεἰσῆλθεν δὲ διαλογισμὸς ἐν αὐτοῖς
9 48 εἶπεν αὐτοῖς
9 55 στραφεὶς δὲ ἐπετίμησεν αὐτοῖς
10 9 καὶ λέγετε αὐτοῖς
10 18 εἶπεν δὲ αὐτοῖς
11 2 εἶπεν δὲ αὐτοῖς
11 17 αὐτὸς δὲ ... εἶπεν αὐτοῖς
12 37 παρελθὼν διακονήσει αὐτοῖς
13 2 καὶ ἀποκριθεὶς εἶπεν αὐτοῖς
13 32 καὶ εἶπεν αὐτοῖς
15 2 ὅτι οὗτος ἁμαρτωλοὺς προσδέχεται καὶ συνεσθίει αὐτοῖς
15 6 συγκαλεῖ τοὺς φίλους καὶ τοὺς γείτονας, λέγων αὐτοῖς
15 12 | ὁ δὲ (καὶ VBTϛ) διεῖλεν αὐτοῖς τὸν βίον
16 15 καὶ εἶπεν αὐτοῖς

Lc 16 28 ὅπως διαμαρτύρηται αὐτοῖς
17 14 καὶ ἰδὼν εἶπεν αὐτοῖς
17 20 ἀπεκρίθη αὐτοῖς καὶ εἶπεν
17 37 ὁ δὲ εἶπεν αὐτοῖς
18 1 ἔλεγεν δὲ (+καὶ Vϛ) παραβολὴν αὐτοῖς
18 7ᵃ ὁ δὲ θεὸς οὐ μὴ ποιήσῃ τὴν ἐκδίκησιν ... καὶ μακροθυμεῖ ἐπ' αὐτοῖς;
18 15 οἱ μαθηταὶ ἐπετίμων αὐτοῖς
18 29 ὁ δὲ εἶπεν αὐτοῖς
19 13 ἔδωκεν αὐτοῖς δέκα μνᾶς
19 32 εὗρον καθὼς εἶπεν αὐτοῖς
19 40 *καὶ ἀποκριθεὶς εἶπεν αὐτοῖς (+ϛ)
19 46 λέγων αὐτοῖς
20 8 καὶ ὁ Ἰησοῦς εἶπεν αὐτοῖς
20 15 τί οὖν ποιήσει αὐτοῖς ὁ κύριος τοῦ ἀμπελῶνος;
20 17 ὁ δὲ ἐμβλέψας αὐτοῖς εἶπεν
20 25 *ὁ δὲ εἶπεν αὐτοῖς (ϛ; πρὸς αὐτούς rl)
20 34 καὶ εἶπεν αὐτοῖς ὁ Ἰησοῦς
21 4 ἐκ τοῦ περισσεύοντος αὐτοῖς ἔβαλον εἰς τὰ δῶρα (+τοῦ θεοῦ MVBSϛ)
21 10 τότε ἔλεγεν αὐτοῖς
21 29 καὶ εἶπεν παραβολὴν αὐτοῖς
22 4 συνελάλησεν τοῖς ἀρχιερεῦσιν ... τὸ πῶς αὐτοῖς παραδῷ αὐτόν
22 6 ἐζήτει εὐκαιρίαν τοῦ παραδοῦναι αὐτὸν | ἄτερ ὄχλου αὐτοῖς (~ Vϛ)
22 10 ὁ δὲ εἶπεν αὐτοῖς
22 13 εὗρον καθὼς εἰρήκει αὐτοῖς
22 19 λαβὼν ἄρτον εὐχαριστήσας ἔκλασεν καὶ ἔδωκεν αὐτοῖς λέγων
22 24ᵃ ἐγένετο δὲ καὶ φιλονεικία ἐν αὐτοῖς
22 25 ὁ δὲ εἶπεν αὐτοῖς
22 35 καὶ εἶπεν αὐτοῖς
22 36 | εἶπεν δὲ (ὁ δὲ ε. T) αὐτοῖς
22 38 ὁ δὲ εἶπεν αὐτοῖς
22 40 γενόμενος δὲ ἐπὶ τοῦ τόπου εἶπεν αὐτοῖς
22 46 καὶ εἶπεν αὐτοῖς
22 67 εἶπεν δὲ αὐτοῖς
23 17 *| ἀνάγκην δὲ εἶχεν ἀπολύειν αὐτοῖς κατὰ ἑορτὴν ἕνα (+ MVB[S]ϛ)
23 20 πάλιν δὲ ὁ Πιλᾶτος προσεφώνησεν αὐτοῖς (—Tϛ)
23 25 *ἀπέλυσεν δὲ αὐτοῖς (+ϛ) τὸν ... βεβλημένον εἰς (+τὴν VSϛ) φυλακήν
23 34 | πάτερ, ἄφες αὐτοῖς [..N²⁶NH..]
23 35ᵃ *ἐξεμυκτήριζον δὲ καὶ (—T) οἱ ἄρχοντες | σὺν αὐτοῖς (+Vϛ)
24 15 καὶ [H] αὐτὸς Ἰησοῦς ἐγγίσας συνεπορεύετο αὐτοῖς
24 19 καὶ εἶπεν αὐτοῖς
24 27 διερμήνευσεν αὐτοῖς ἐν πάσαις ταῖς γραφαῖς [+τί ἦν S] τὰ περὶ ἑαυτοῦ
24 29ᵃ εἰσῆλθεν τοῦ μεῖναι σὺν αὐτοῖς
24 30 κλάσας ἐπεδίδου αὐτοῖς
24 33ᵃ εὗρον ἠθροισμένους (συν- Vϛ) τοὺς ἕνδεκα καὶ τοὺς σὺν αὐτοῖς
24 35 ὡς ἐγνώσθη αὐτοῖς ἐν τῇ κλάσει τοῦ ἄρτου
24 36 | καὶ λέγει αὐτοῖς· εἰρήνη ὑμῖν ([VSH]; —NT)
24 38 καὶ εἶπεν αὐτοῖς
24 40 || καὶ τοῦτο εἰπὼν ἔδειξεν (ἐπ- Sϛ) αὐτοῖς τὰς χεῖρας καὶ τοὺς πόδας (((VSH]; —NT))
24 41 εἶπεν αὐτοῖς
24 44 *εἶπεν δὲ αὐτοῖς (ϛ; πρὸς αὐτούς rl)

Lc 24 46 καὶ εἶπεν αὐτοῖς
Jo 1 12 ἔδωκεν αὐτοῖς ἐξουσίαν
1 26 ἀπεκρίθη αὐτοῖς ὁ Ἰωάννης λέγων
1 38 θεασάμενος αὐτοὺς ἀκολουθοῦντας λέγει αὐτοῖς
1 39 λέγει αὐτοῖς
2 7 λέγει αὐτοῖς ὁ Ἰησοῦς
2 8 καὶ λέγει αὐτοῖς
2 19 ἀπεκρίθη Ἰησοῦς καὶ εἶπεν αὐτοῖς
2 22 *ἐμνήσθησαν ... ὅτι τοῦτο ἔλεγεν αὐτοῖς (+ϛ)
2 24 αὐτὸς δὲ (+ὁ MVBSϛ) Ἰησοῦς οὐκ ἐπίστευεν αὐτὸν (ἑ. Sϛ; αὐ. NMBV) αὐτοῖς
4 32 ὁ δὲ εἶπεν αὐτοῖς
4 34 λέγει αὐτοῖς ὁ Ἰησοῦς
4 40ᵃ ἠρώτων αὐτὸν μεῖναι παρ' αὐτοῖς
5 11 | ὁ δὲ (ὃς δὲ NMH; — VTϛ) ἀπεκρίθη αὐτοῖς
5 17 ὁ δὲ Ἰησοῦς ([N²⁶]; — NTH) ἀπεκρίνατο αὐτοῖς
5 19 ἀπεκρίνατο οὖν | ὁ Ἰησοῦς [H] καὶ ἔλεγεν αὐτοῖς
6 7 διακοσίων δηναρίων ἄρτοι οὐκ ἀρκοῦσιν αὐτοῖς
6 20 ὁ δὲ λέγει αὐτοῖς
6 26 ἀπεκρίθη αὐτοῖς ὁ Ἰησοῦς καὶ εἶπεν
6 29 ἀπεκρίθη ὁ ([N²⁶V]; — NMT) Ἰησοῦς καὶ εἶπεν αὐτοῖς
6 31 ἄρτον ἐκ τοῦ οὐρανοῦ ἔδωκεν αὐτοῖς φαγεῖν
6 32 εἶπεν οὖν αὐτοῖς ὁ Ἰησοῦς
6 35 εἶπεν (+οὖν VBST; +δὲ ϛ) αὐτοῖς ὁ Ἰησοῦς
6 43 ἀπεκρίθη Ἰησοῦς καὶ εἶπεν αὐτοῖς
6 53 εἶπεν οὖν αὐτοῖς ὁ [H] Ἰησοῦς
6 61 εἶπεν αὐτοῖς
6 70 ἀπεκρίθη αὐτοῖς ὁ Ἰησοῦς
7 6 λέγει οὖν (—T) αὐτοῖς ὁ Ἰησοῦς
7 9 *ταῦτα δὲ (— BT) εἰπὼν αὐτοῖς (αὐτὸς N²⁶BST) ἔμεινεν
7 16 ἀπεκρίθη οὖν αὐτοῖς ὁ ([N²⁶]; — NTH) Ἰησοῦς καὶ εἶπεν
7 21 ἀπεκρίθη Ἰησοῦς καὶ εἶπεν αὐτοῖς
7 33 *εἶπεν οὖν αὐτοῖς (+ϛ) ὁ Ἰησοῦς
7 45 καὶ εἶπον αὐτοῖς ἐκεῖνοι
7 47 ἀπεκρίθησαν οὖν (—T) αὐτοῖς [H] οἱ Φαρισαῖοι
[8 7] ἀνέκυψεν καὶ εἶπεν αὐτοῖς ([H]; πρὸς αὐτούς Mϛ)
8 12 πάλιν οὖν αὐτοῖς ἐλάλησεν ὁ [H] Ἰησοῦς
8 14 ἀπεκρίθη Ἰησοῦς καὶ εἶπεν αὐτοῖς
8 21 εἶπεν οὖν πάλιν αὐτοῖς
8 23 καὶ ἔλεγεν αὐτοῖς
8 25 εἶπεν αὐτοῖς ὁ [H] Ἰησοῦς
8 27 οὐκ ἔγνωσαν ὅτι τὸν πατέρα αὐτοῖς ἔλεγεν
8 28 εἶπεν οὖν αὐτοῖς (+[N²⁶]ϛ) ὁ Ἰησοῦς
8 34 ἀπεκρίθη αὐτοῖς ὁ [H] Ἰησοῦς
8 39 λέγει αὐτοῖς ὁ [H] Ἰησοῦς
8 42 εἶπεν (+οὖν Vϛ) αὐτοῖς ὁ [H] Ἰησοῦς
8 58 εἶπεν αὐτοῖς (+ὁ VBSϛ) Ἰησοῦς
9 15 ὁ δὲ εἶπεν αὐτοῖς
9 16 καὶ σχίσμα ἦν ἐν αὐτοῖς
9 20 *ἀπεκρίθησαν οὖν (δὲ MS; — Vϛ) αὐτοῖς (+ϛ) οἱ γονεῖς αὐτοῦ
9 27 ἀπεκρίθη αὐτοῖς
9 30 ἀπεκρίθη ὁ ἄνθρωπος καὶ εἶπεν αὐτοῖς
9 41 εἶπεν αὐτοῖς ὁ [H] Ἰησοῦς
10 6 ταύτην τὴν παροιμίαν εἶπεν αὐτοῖς ὁ Ἰησοῦς· ↔

Jo 10 6 ἐκεῖνοι δὲ οὐκ ἔγνωσαν τίνα ἦν ἃ ἐλάλει αὐτοῖς
10 7 *εἶπεν οὖν πάλιν (—T) αὐτοῖς (— N²⁶NTH) ὁ [H] Ἰησοῦς
10 25 ἀπεκρίθη αὐτοῖς (—T) ὁ [H] Ἰησοῦς
10 28 κἀγὼ | δίδωμι αὐτοῖς ζωὴν αἰώνιον (~ Sϛ)
10 32 ἀπεκρίθη αὐτοῖς ὁ Ἰησοῦς
10 34 ἀπεκρίθη αὐτοῖς ὁ [N²⁶H] Ἰησοῦς
11 11 μετὰ τοῦτο λέγει αὐτοῖς
11 14 εἶπεν αὐτοῖς ὁ Ἰησοῦς παρρησίᾳ
11 44 λέγει | αὐτοῖς ὁ Ἰησοῦς ([ὁ] Ἰ. α. H)
11 46 εἶπαν αὐτοῖς ἃ ἐποίησεν (+ὁ MVBSϛ) Ἰησοῦς
11 49 εἷς δέ τις ἐξ αὐτῶν ... εἶπεν αὐτοῖς
12 23 ὁ δὲ Ἰησοῦς ἀποκρίνεται (ἀπεκρίνατο Sϛ) αὐτοῖς λέγων
12 35 εἶπεν οὖν αὐτοῖς ὁ Ἰησοῦς
13 12 εἶπεν αὐτοῖς
15 22 εἰ μὴ ἦλθον καὶ ἐλάλησα αὐτοῖς
15 24ᵃ εἰ τὰ ἔργα μὴ ἐποίησα ἐν αὐτοῖς
16 19 εἶπεν αὐτοῖς
16 31 ἀπεκρίθη αὐτοῖς (+ὁ VBSϛ) Ἰησοῦς
17 2 ἵνα πᾶν ὃ δέδωκας αὐτῷ δώσῃ (-σει MVBSH) αὐτοῖς ζωὴν αἰώνιον
17 8 τὰ ῥήματα ἃ ἔδωκάς (δέδ. VSϛ) μοι δέδωκα αὐτοῖς
17 10ᵃ δεδόξασμαι ἐν αὐτοῖς
17 13ᵃ *ἵνα ἔχωσιν τὴν χαρὰν τὴν ἐμὴν πεπληρωμένην ἐν αὐτοῖς (Sϛ; ἑαυτοῖς rl). ↔
17 14 ἐγὼ δέδωκα αὐτοῖς τὸν λόγον σου
17 22 κἀγὼ τὴν δόξαν ἣν δέδωκάς μοι δέδωκα αὐτοῖς
17 23ᵃ ἐγὼ ἐν αὐτοῖς καὶ σὺ ἐν ἐμοί
17 26 ἐγνώρισα αὐτοῖς τὸ ὄνομά σου
17 26ᵃ ἵνα ἡ ἀγάπη ἣν ἠγάπησάς με ἐν αὐτοῖς ᾖ
17 26ᵃ κἀγὼ ἐν αὐτοῖς
18 4 | ἐξῆλθεν καὶ λέγει (ἐξελθὼν εἶπεν Vϛ) αὐτοῖς
18 5 λέγει αὐτοῖς (+ὁ Ἰησοῦς MVBSϛ; + Ἰησ. T)
18 6 ὡς οὖν εἶπεν αὐτοῖς
18 21 ἐρώτησον τοὺς ἀκηκοότας τί ἐλάλησα αὐτοῖς
18 31 εἶπεν οὖν αὐτοῖς ὁ (—H) Πιλᾶτος
18 38 καὶ λέγει αὐτοῖς
19 4 λέγει αὐτοῖς
19 5 λέγει αὐτοῖς
19 6 λέγει αὐτοῖς ὁ Πιλᾶτος
19 15 λέγει αὐτοῖς ὁ Πιλᾶτος
19 16 τότε οὖν παρέδωκεν αὐτὸν αὐτοῖς
20 2 καὶ λέγει αὐτοῖς
20 13 λέγει αὐτοῖς
20 17 πορεύου δὲ πρὸς τοὺς ἀδελφούς μου καὶ εἰπὲ αὐτοῖς
20 19 καὶ λέγει αὐτοῖς
20 20 *ἔδειξεν αὐτοῖς (ϛ; καὶ NMH; —rl) τὰς χεῖρας ↔
20 20 καὶ τὴν πλευρὰν αὐτοῖς (αὐτοῦ ϛ)
20 21 εἶπεν οὖν αὐτοῖς | ὁ Ἰησοῦς ([N²⁶NH]; — BST) πάλιν
20 22 λέγει αὐτοῖς
20 23 ἂν τινων ἀφῆτε τὰς ἁμαρτίας, ἀφέωνται αὐτοῖς
20 25 ὁ δὲ εἶπεν αὐτοῖς
21 3 λέγει αὐτοῖς Σίμων Πέτρος
21 5 λέγει οὖν αὐτοῖς ὁ ([N²⁶]; —NMTH) Ἰησοῦς
21 6 | ὁ δὲ εἶπεν (λέγει T) αὐτοῖς
21 10 λέγει αὐτοῖς ὁ [H] Ἰησοῦς
21 12 λέγει αὐτοῖς ὁ [H] Ἰησοῦς

Jo 21 13 λαμβάνει τὸν ἄρτον καὶ δίδωσιν αὐτοῖς

Ac 1 3 δι' ἡμερῶν τεσσεράκοντα ὀπτανόμενος αὐτοῖς

1 4 παρήγγειλεν αὐτοῖς ἀπὸ Ἱεροσολύμων μὴ χωρίζεσθαι

1 10 ἰδοὺ ἄνδρες δύο παρειστήκεισαν αὐτοῖς

1 26 ἔδωκαν κλήρους αὐτοῖς (αὐτῶν ς)

2 3 καὶ ὤφθησαν αὐτοῖς διαμεριζόμεναι γλῶσσαι ὡσεὶ πυρός

2 4 καθὼς τὸ πνεῦμα ἐδίδου ἀποφθέγγεσθαι αὐτοῖς

2 14 ἐπῆρεν τὴν φωνὴν αὐτοῦ καὶ ἀπεφθέγξατο αὐτοῖς

3 5 ὁ δὲ ἐπεῖχεν αὐτοῖς προσδοκῶν τι παρ' αὐτῶν λαβεῖν

3 8ᵃεἰσῆλθεν σὺν αὐτοῖς εἰς τὸ ἱερόν

4 1 ἐπέστησαν αὐτοῖς οἱ ἱερεῖς (ἀρχιερεῖς H)

4 3 ἐπέβαλον αὐτοῖς τὰς χεῖρας

4 14ᵃτόν τε ἄνθρωπον βλέποντες σὺν αὐτοῖς ἑστῶτα

4 17 (+ἀπειλῇ VBς) ἀπειλησώμεθα αὐτοῖς μηκέτι λαλεῖν

4 18 *παρήγγειλαν αὐτοῖς (+ς) τὸ (— NMTH) καθόλου μὴ φθέγγεσθαι

4 24ᵃσὺ (+ὁ θεὸς [VS] Bς) ὁ ποιήσας τὸν οὐρανὸν καὶ τὴν γῆν ... καὶ πάντα τὰ ἐν αὐτοῖς

4 32 ἀλλ' ἦν αὐτοῖς ἅπαντα (πάντα NMBH) κοινά

4 34ᵃοὐδὲ γὰρ ἐνδεής τις ἦν ἐν αὐτοῖς

5 13 οὐδεὶς ἐτόλμα κολλᾶσθαι αὐτοῖς

5 25 παραγενόμενος δέ τις ἀπήγγειλεν αὐτοῖς

6 6 προσευξάμενοι ἐπέθηκαν αὐτοῖς τὰς χεῖρας

7 25 ὅτι ὁ θεὸς ... δίδωσιν σωτηρίαν αὐτοῖς

7 26 ὤφθη αὐτοῖς μαχομένοις

7 43 τοὺς τύπους οὓς ἐποιήσατε προσκυνεῖν αὐτοῖς

7 60 κύριε, μὴ στήσῃς αὐτοῖς | ταύτην τὴν ἁμαρτίαν (~ VSTς)

8 5 ἐκήρυσσεν αὐτοῖς τὸν Χριστόν

8 18 ὁ Σίμων ... προσήνεγκεν αὐτοῖς χρήματα

9 27 διηγήσατο αὐτοῖς πῶς ... εἶδεν τὸν κύριον

9 39 ἀναστὰς δὲ Πέτρος συνῆλθεν αὐτοῖς

10 8 ἐξηγησάμενος ἅπαντα αὐτοῖς

10 20ᵃπορεύου σὺν αὐτοῖς

10 23ᵃἐξῆλθεν σὺν αὐτοῖς

10 48 *προσέταξεν δὲ αὐτοῖς (T; αὐτοὺς rl) ... βαπτισθῆναι

11 3 ὅτι εἰσῆλθες (-θεν BH) πρὸς ἄνδρας ἀκροβυστίαν ἔχοντας καὶ συνέφαγες (-γεν BH) αὐτοῖς

11 4 ἐξετίθετο αὐτοῖς καθεξῆς λέγων

11 12 εἶπεν δὲ | τὸ πνεῦμά μοι (~ Sς) συνελθεῖν αὐτοῖς

11 17 εἰ οὖν τὴν ἴσην δωρεὰν ἔδωκεν αὐτοῖς ὁ θεὸς ὡς καὶ ἡμῖν

11 26 ἐγένετο δὲ αὐτοῖς (αὐτοὺς ς) καὶ ἐνιαυτὸν ὅλον συναχθῆναι

12 10 ἥτις αὐτομάτη ἠνοίγη αὐτοῖς

12 17 κατασείσας δὲ αὐτοῖς τῇ χειρὶ σιγᾶν ↔

12 17 διηγήσατο αὐτοῖς ([N²⁶]; —T) πῶς ὁ κύριος αὐτὸν ἐξήγαγεν

13 3 ἐπιθέντες τὰς χεῖρας αὐτοῖς ἀπέλυσαν

Ac 13 8 ἀνθίστατο δὲ αὐτοῖς Ἐλύμας

13 19 *| κατεκληροδότησεν αὐτοῖς (ς; κατεκληρονόμησεν rl) τὴν γῆν αὐτῶν

13 21 ἔδωκεν αὐτοῖς ὁ θεὸς τὸν Σαούλ

13 22 ἤγειρεν | τὸν Δαυὶδ αὐτοῖς (~ Sς) εἰς βασιλέα

13 42 λαληθῆναι αὐτοῖς τὰ ῥήματα ταῦτα

13 43 πολλοὶ τῶν Ἰουδαίων ... οἵτινες προσλαλοῦντες αὐτοῖς ἔπειθον αὐτούς

14 15ᵃὃς ἐποίησεν τὸν οὐρανὸν καὶ τὴν γῆν ... καὶ πάντα τὰ ἐν αὐτοῖς

14 18 μόλις κατέπαυσαν τοὺς ὄχλους τοῦ μὴ θύειν αὐτοῖς

14 23 χειροτονήσαντες δὲ αὐτοῖς κατ' ἐκκλησίαν πρεσβυτέρους

15 8 καὶ ὁ καρδιογνώστης θεὸς ἐμαρτύρησεν αὐτοῖς ↔

15 8 *δοὺς αὐτοῖς (+M[VS]ς) τὸ πνεῦμα τὸ ἅγιον καθὼς καὶ ἡμῖν

15 20 ἀλλὰ ἐπιστεῖλαι αὐτοῖς τοῦ ἀπέχεσθαι

15 38 τὸν ... μὴ συνελθόντα αὐτοῖς εἰς τὸ ἔργον

16 4 παρεδίδοσαν αὐτοῖς φυλάσσειν τὰ δόγματα

16 23 πολλάς τε (δὲ NMH) ἐπιθέντες αὐτοῖς πληγάς

17 2 διελέξατο αὐτοῖς ἀπὸ τῶν γραφῶν

17 18 *ὅτι τὸν Ἰησοῦν καὶ τὴν ἀνάστασιν αὐτοῖς (+ς) εὐηγγελίζετο

17 34ᵃἐν οἷς καὶ Διονύσιος ὁ [H] Ἀρεοπαγίτης καὶ γυνὴ ὀνόματι Δάμαρις καὶ ἕτεροι σὺν αὐτοῖς

18 2 προσῆλθεν αὐτοῖς, ↔

18 3ᵃκαὶ διὰ τὸ ὁμότεχνον εἶναι ἔμενεν παρ' αὐτοῖς

18 11 διδάσκων ἐν αὐτοῖς τὸν λόγον τοῦ θεοῦ

18 20ᵃ*ἐπὶ πλείονα χρόνον μεῖναι | παρ' αὐτοῖς (+ς)

18 21 *| ἀπετάξατο αὐτοῖς (ς; ἀποταξάμενος καὶ rl) εἰπών

19 6 ἐπιθέντος αὐτοῖς τοῦ Παύλου τὰς (+[N²⁶S]Vς) χεῖρας

19 15 ἀποκριθὲν δὲ τὸ πνεῦμα τὸ πονηρὸν εἶπεν αὐτοῖς (—ς)

20 7 ὁ Παῦλος διελέγετο αὐτοῖς

20 18 ὡς δὲ παρεγένοντο πρὸς αὐτόν, εἶπεν αὐτοῖς

20 36ᵃθεὶς τὰ γόνατα αὐτοῦ σὺν πᾶσιν αὐτοῖς προσηύξατο

21 7ᵃἀσπασάμενοι τοὺς ἀδελφοὺς ἐμείναμεν ἡμέραν μίαν παρ' αὐτοῖς

21 24ᵃτούτους παραλαβὼν ἁγνίσθητι σὺν αὐτοῖς, ↔

21 24ᵃκαὶ δαπάνησον ἐπ' αὐτοῖς

21 26ᵃτῇ ἐχομένῃ ἡμέρᾳ σὺν αὐτοῖς ἁγνισθείς

22 2 ὅτι τῇ Ἑβραΐδι διαλέκτῳ προσεφώνει αὐτοῖς

23 21 σὺ οὖν μὴ πεισθῇς αὐτοῖς

23 31 οἱ μὲν οὖν στρατιῶται κατὰ τὸ διατεταγμένον αὐτοῖς ... ἤγαγον

24 21ᵃπερὶ μιᾶς ταύτης φωνῆς ἧς ἐκέκραξα ἐν αὐτοῖς ἑστώς

25 6ᵃδιατρίψας δὲ ἐν αὐτοῖς ἡμέρας οὐ πλείους ὀκτώ

25 11 οὐδείς με δύναται αὐτοῖς χαρίσασθαι

26 11 περισσῶς τε ἐμμαινόμενος αὐτοῖς ἐδίωκον

Ac 26 30 ἀνέστη τε ὁ βασιλεὺς καὶ ὁ ἡγεμὼν ... καὶ οἱ συγκαθήμενοι αὐτοῖς

27 10 ⟨παρήνει ὁ Παῦλος⟩ λέγων αὐτοῖς

27 27 ὑπενόουν οἱ ναῦται προσάγειν τινὰ αὐτοῖς χώραν

28 14ᵃπαρεκλήθημεν παρ' αὐτοῖς ἐπιμεῖναι ἡμέρας ἑπτά

Rm 1 19ᵃδιότι τὸ γνωστὸν τοῦ θεοῦ φανερόν ἐστιν ἐν αὐτοῖς· ↔

1 19 ὁ θεὸς γὰρ αὐτοῖς ἐφανέρωσεν

1 24ᵃτοῦ ἀτιμάζεσθαι τὰ σώματα αὐτῶν ἐν αὐτοῖς (ἑαυτοῖς ς)

4 11 εἰς τὸ λογισθῆναι καὶ ([N²⁶MS] — NTH) αὐτοῖς τὴν ([N²⁶NH]; —T) δικαιοσύνην

9 26 ἔσται ἐν τῷ τόπῳ οὗ ἐρρέθη αὐτοῖς [NH]

10 2 μαρτυρῶ γὰρ αὐτοῖς ὅτι ζῆλον θεοῦ ἔχουσιν

10 5ᵃὁ ποιήσας αὐτὰ (+N²⁶Bς) ἄνθρωπος ζήσεται ἐν αὐτοῖς (N²⁶ς; -τῇ rl)

11 8 ἔδωκεν αὐτοῖς ὁ θεὸς πνεῦμα κατανύξεως

11 9 γενηθήτω ἡ τράπεζα αὐτῶν ... εἰς ἀνταπόδομα αὐτοῖς

11 17ᵃεἰ ... σὺ δὲ ἀγριέλαιος ὢν ἐνεκεντρίσθης ἐν αὐτοῖς

11 27 καὶ αὕτη αὐτοῖς ἡ παρ' ἐμοῦ διαθήκη

15 27 ὀφείλουσιν καὶ ἐν τοῖς σαρκικοῖς λειτουργῆσαι αὐτοῖς

15 28 σφραγισάμενος αὐτοῖς τὸν καρπὸν τοῦτον, ἀπελεύσομαι

16 14ᵃἀσπάσασθε ... Πατροβᾶν, Ἑρμᾶν, καὶ τοὺς σὺν αὐτοῖς ἀδελφούς

16 15ᵃἀσπάσασθε ... Νηρέα καὶ τὴν ἀδελφὴν αὐτοῦ, καὶ Ὀλυμπᾶν, καὶ τοὺς σὺν αὐτοῖς πάντας ἁγίους

1C 1 24ᶜ⟨ἡμεῖς δὲ κηρύσσομεν Χριστὸν ἐσταυρωμένον⟩ αὐτοῖς δὲ τοῖς κλητοῖς

7 8 λέγω δὲ τοῖς ἀγάμοις ... καλὸν αὐτοῖς ἐὰν μείνωσιν ὡς κἀγώ

11 13ᵇἐν ὑμῖν αὐτοῖς κρίνατε

2C 2 13 ἀλλὰ ἀποταξάμενος αὐτοῖς ἐξῆλθον εἰς Μακεδονίαν

4 4 *ἐτύφλωσεν τὰ νοήματα τῶν ἀπίστων εἰς τὸ μὴ αὐγάσαι αὐτοῖς (+ς) τὸν φωτισμόν

5 19 μὴ λογιζόμενος αὐτοῖς τὰ παραπτώματα αὐτῶν

6 16ᵃἐνοικήσω ἐν αὐτοῖς καὶ ἐμπεριπατήσω

8 22 συνεπέμψαμεν δὲ αὐτοῖς τὸν ἀδελφὸν ἡμῶν

12 18ᵇοὐ τῷ αὐτῷ πνεύματι περιεπατήσαμεν; οὐ τοῖς αὐτοῖς ἴχνεσιν;

G 2 2 καὶ ἀνεθέμην αὐτοῖς τὸ εὐαγγέλιον

3 12ᵃἀλλ' ὁ ποιήσας αὐτὰ ζήσεται ἐν αὐτοῖς

E 2 10ᵃἵνα ἐν αὐτοῖς περιπατήσωμεν

4 18ᵃἀπηλλοτριωμένοι τῆς ζωῆς τοῦ θεοῦ, διὰ τὴν ἄγνοιαν τὴν οὖσαν ἐν αὐτοῖς

Ph 1 28 ἥτις ἐστὶν αὐτοῖς ἔνδειξις ἀπωλείας

Cl 3 7ᵃ*ὅτε ἐζῆτε ἐν αὐτοῖς (ς; τούτοις rl)

1Th 4 17ᵃἡμεῖς ... ἅμα σὺν αὐτοῖς ἁρπαγησόμεθα

5 3 τότε αἰφνίδιος αὐτοῖς ἐφίσταται (ἐπ- TH) ὄλεθρος

5 13ᵃ*εἰρηνεύετε ἐν αὐτοῖς (T; ἑαυτοῖς rl)

2Th 2 11 διὰ τοῦτο πέμπει αὐτοῖς ὁ θεὸς ἐνέργειαν πλάνης

1 Tm 4 16 ἔπεχε σεαυτῷ ... ἐπίμενε αὐτοῖς

2 Tm 2 25 μήποτε δώῃ (δῷ Sς) αὐτοῖς ὁ θεὸς μετάνοιαν

     4 16 πάντες με ἐγκατέλιπον (-λειπον H)· μὴ αὐτοῖς λογισθείη

Tt 3 13 πρόπεμψον, ἵνα μηδὲν αὐτοῖς λείπῃ (λίπῃ T)

Hb 6 16 πάσης αὐτοῖς ἀντιλογίας πέρας εἰς βεβαίωσιν ὁ ὅρκος

     8 8 *μεμφόμενος γὰρ αὐτοῖς (ς; αὐτούς rl) λέγει

     8 10 καὶ ἔσομαι αὐτοῖς εἰς θεόν

     11 16 ἡτοίμασεν γὰρ αὐτοῖς πόλιν

     12 10 οἱ μὲν γὰρ πρὸς ὀλίγας ἡμέρας κατὰ τὸ δοκοῦν αὐτοῖς ἐπαίδευον

     12 19 ἧς οἱ ἀκούσαντες παρῃτήσαντο μὴ (—H) προστεθῆναι αὐτοῖς λόγον

Jc 2 16 εἴπῃ δέ τις αὐτοῖς ἐξ ὑμῶν

     2 16 μὴ δῶτε δὲ αὐτοῖς τὰ ἐπιτήδεια

1 Pt 1 11ᵃ ἐδήλου τὸ ἐν αὐτοῖς πνεῦμα

2 Pt 2 8ᵃ ὁ (—H) δίκαιος ἐγκατοικῶν ἐν αὐτοῖς

     2 19 ἐλευθερίαν αὐτοῖς ἐπαγγελλόμενοι

     2 20 γέγονεν αὐτοῖς τὰ ἔσχατα χείρονα τῶν πρώτων

     2 21 κρεῖττον γὰρ ἦν αὐτοῖς μὴ ἐπεγνωκέναι

     2 21 ὑποστρέψαι (ἀνακάμψαι VS) ἐκ (ἀπὸ VS) τῆς παραδοθείσης αὐτοῖς ἁγίας ἐντολῆς

     2 22 συμβέβηκεν (+δὲ [S]ς) αὐτοῖς τὸ τῆς ἀληθοῦς παροιμίας

Jd 11 οὐαὶ αὐτοῖς, ὅτι τῇ ὁδῷ τοῦ Κάϊν ἐπορεύθησαν

Ap 5 13ᵃ καὶ τὰ ἐν αὐτοῖς πάντα

     6 8 καὶ ἐδόθη αὐτοῖς ἐξουσία

     6 11 καὶ | ἐδόθη αὐτοῖς ἑκάστῳ στολὴ λευκή (ἐδόθησαν ἑκάστοις στολαὶ λευκαί ς), ↔

     6 11 καὶ ἐρρέθη αὐτοῖς ἵνα ἀναπαύσονται (N²⁶H; -σωνται rl)

     7 2 οἷς ἐδόθη αὐτοῖς ἀδικῆσαι τὴν γῆν

     8 2 καὶ ἐδόθησαν αὐτοῖς ἑπτὰ σάλπιγγες

     9 3 *καὶ ἐδόθη αὐτοῖς (NT; αὐταῖς rl) ἐξουσία

     9 4 *καὶ ἐρρέθη αὐτοῖς (NT; αὐταῖς rl)

     9 5 ἐδόθη αὐτοῖς (-ταῖς VBHς) ἵνα μὴ ἀποκτείνωσιν

     11 10ᵃ οἱ κατοικοῦντες ἐπὶ τῆς γῆς χαίρουσιν ἐπ᾽ αὐτοῖς καὶ εὐφραίνονται

     11 11ᵃ πνεῦμα ζωῆς ἐκ τοῦ θεοῦ εἰσῆλθεν || ἐν [H] αὐτοῖς ((αὐτοῖς VS; ἐπ᾽ αὐτούς ς))

     11 12 ἤκουσαν (-σα B; -σα[ν] S) | φωνῆς μεγάλης ἐκ τοῦ οὐρανοῦ λεγούσης (-νὴν μ-λην ἐκ τ. οὐ. λ-σαν Tς) αὐτοῖς

     12 12ᵃ οἱ ([N²⁶]Bς; —rl) οὐρανοὶ καὶ οἱ ἐν αὐτοῖς σκηνοῦντες

     13 16 ἵνα δῶσιν αὐτοῖς χάραγμα

     14 9 ἠκολούθησεν αὐτοῖς λέγων

     16 6 καὶ αἷμα αὐτοῖς δέδωκας ([δ]έ. N²⁶; ἔδωκας VBSTς) πιεῖν

     20 4 κρίμα ἐδόθη αὐτοῖς

     20 11 τόπος οὐχ εὑρέθη αὐτοῖς

     20 13ᵃ ὁ θάνατος καὶ ὁ ᾅδης ἔδωκαν τοὺς νεκροὺς τοὺς ἐν αὐτοῖς

     21 14ᵃ | ἐν αὐτοῖς (ς; ἐπ᾽ αὐτῶν rl) δώδεκα ὀνόματα

αὐταῖς

ᵃ ταῖς αὐταῖς

ᵇ post praepositionem

Mt 28 9 Ἰησοῦς ὑπήντησεν αὐταῖς λέγων

     28 10 λέγει αὐταῖς ὁ Ἰησοῦς

Mc 16 6 ὁ δὲ λέγει αὐταῖς

Lc 8 3 αἵτινες διηκόνουν αὐτοῖς (αὐτῷ Sς) ἐκ τῶν ὑπαρχόντων αὐταῖς

     13 14ᵇ ἐν αὐταῖς (ταύταις ς) οὖν ἐρχόμενοι θεραπεύεσθε

     24 1ᵇ *ἦλθον φέρουσαι ... ἀρώματα | καί τινες σὺν αὐταῖς (+ς)

     24 4 ἰδοὺ ἄνδρες δύο ἐπέστησαν αὐταῖς

     24 10ᵇ καὶ αἱ λοιπαὶ σὺν αὐταῖς (+αἱ Vς) ἔλεγον πρὸς τοὺς ἀποστόλους ταῦτα

     24 11 καὶ ἠπίστουν αὐταῖς

Jo 5 39ᵇ ὅτι ὑμεῖς δοκεῖτε ἐν αὐταῖς ζωὴν αἰώνιον ἔχειν

1 C 14 34 αἱ γυναῖκες ... σιγάτωσαν· οὐ γὰρ ἐπιτρέπεται αὐταῖς λαλεῖν

Ph 4 3 συλλαμβάνου αὐταῖς, αἵτινες ... συνήθλησάν μοι

1 Tm 1 18ᵇ κατὰ τὰς ... προφητείας, ἵνα στρατεύῃ (στρατεύ[σ]ῃ S; -σῃ T) ἐν αὐταῖς τὴν καλὴν στρατείαν

     5 16 εἴ τις πιστὴ ἔχει χήρας, ἐπαρκείτω (-είσθω BT) αὐταῖς

Hb 10 1ᵃ ταῖς αὐταῖς θυσίαις ἃς (αἷς T) προσφέρουσιν ... οὐδέποτε δύναται (-νται SH) τοὺς προσερχομένους τελειῶσαι

     10 3ᵇ ἀλλ᾽ ἐν αὐταῖς ἀνάμνησις ἁμαρτιῶν

2 Pt 3 16ᵇ ὡς καὶ ἐν πάσαις (+ταῖς VBSTς) ἐπιστολαῖς λαλῶν ἐν αὐταῖς περὶ τούτων

Ap 9 3 καὶ ἐδόθη αὐταῖς (αὐτοῖς NT) ἐξουσία

     9 4 καὶ ἐρρέθη αὐταῖς (αὐτοῖς NT)

     9 5 *ἐδόθη αὐταῖς (VBHς; -τοῖς rl) ἵνα μὴ ἀποκτείνωσιν

     9 19ᵇ καὶ ἐν αὐταῖς ἀδικοῦσιν

     15 1ᵇ ὅτι ἐν αὐταῖς ἐτελέσθη ὁ θυμὸς τοῦ θεοῦ

αὐτούς

ᵃ post praepositionem

ᵇ αὐτούς ἡμᾶς

Mt 1 18 πρὶν ἢ συνελθεῖν αὐτοὺς εὑρέθη ἐν γαστρὶ ἔχουσα ἐκ πνεύματος ἁγίου

     2 8 καὶ πέμψας αὐτοὺς εἰς Βηθλέεμ εἶπεν

     2 9 ὁ ἀστὴρ ... προῆγεν αὐτούς

     4 21 καὶ ἐκάλεσεν αὐτούς

     4 24 καὶ ἐθεράπευσεν αὐτούς

     5 2 καὶ ἀνοίξας τὸ στόμα αὐτοῦ ἐδίδασκεν αὐτούς

     7 6 μήποτε καταπατήσουσιν (-ωσιν MVSς) αὐτοὺς ἐν τοῖς ποσὶν αὐτῶν

     7 16 ἀπὸ τῶν καρπῶν αὐτῶν ἐπιγνώσεσθε αὐτούς

     7 20 ἄρα γε ἀπὸ τῶν καρπῶν αὐτῶν ἐπιγνώσεσθε αὐτούς

     7 24 πᾶς οὖν ὅστις ἀκούει μου τοὺς λόγους τούτους [H] καὶ ποιεῖ αὐτούς

     7 26 πᾶς ὁ ἀκούων μου τοὺς λόγους τούτους καὶ μὴ ποιῶν αὐτούς

     7 29 ἦν γὰρ διδάσκων αὐτούς

     10 21 καὶ θανατώσουσιν αὐτούς

     10 26 μὴ οὖν φοβηθῆτε αὐτούς

     12 15 καὶ ἐθεράπευσεν αὐτοὺς πάντας

     13 15 καὶ ἰάσομαι αὐτούς

     13 42 καὶ βαλοῦσιν αὐτοὺς εἰς τὴν κάμινον τοῦ πυρός

     13 50 καὶ βαλοῦσιν αὐτοὺς εἰς τὴν κάμινον τοῦ πυρός

     13 54 ἐδίδασκεν αὐτοὺς ἐν τῇ συναγωγῇ αὐτῶν, ↔

     13 54 ὥστε ἐκπλήσσεσθαι αὐτούς

     14 14ᵃ *καὶ ἐσπλαγχνίσθη ἐπ᾽ αὐτούς (ς; αὐτοῖς rl)

Mt 14 18 φέρετέ μοι ὧδε αὐτούς

     14 25ᵃ ἦλθεν ([ἀπ]ῆλ. V; ἀπῆλ. Sς) πρὸς αὐτούς

     15 14 ἄφετε αὐτούς

     15 30 ἔρριψαν αὐτοὺς παρὰ τοὺς πόδας αὐτοῦ· ↔

     15 30 καὶ ἐθεράπευσεν αὐτούς

     15 32 ἀπολῦσαι αὐτοὺς νήστεις οὐ θέλω

     16 4 καταλιπὼν αὐτοὺς ἀπῆλθεν

     17 1 ἀναφέρει αὐτοὺς εἰς ὄρος ὑψηλὸν κατ᾽ ἰδίαν

     17 5 ἰδοὺ νεφέλη φωτεινὴ ἐπεσκίασεν αὐτούς

     17 27 ἵνα δὲ μὴ σκανδαλίσωμεν (-ζωμεν T) αὐτούς

     19 2 ἐθεράπευσεν αὐτοὺς ἐκεῖ

     19 4 ἄρσεν καὶ θῆλυ ἐποίησεν αὐτούς

     20 2 ἀπέστειλεν αὐτοὺς εἰς τὸν ἀμπελῶνα αὐτοῦ

     20 12 ἴσους | ἡμῖν αὐτοὺς (~NTH) ἐποίησας

     20 25 ὁ δὲ Ἰησοῦς προσκαλεσάμενος αὐτοὺς εἶπεν

     20 32 καὶ στὰς ὁ [H] Ἰησοῦς ἐφώνησεν αὐτούς

     21 3 εὐθὺς δὲ ἀποστελεῖ αὐτούς

     21 14 καὶ ἐθεράπευσεν αὐτούς

     21 17 καὶ καταλιπὼν αὐτοὺς ἐξῆλθεν

     21 37ᵃ ὕστερον δὲ ἀπέστειλεν πρὸς αὐτοὺς τὸν υἱὸν αὐτοῦ

     21 41 κακοὺς κακῶς ἀπολέσει αὐτούς

     22 41 συνηγμένων δὲ τῶν Φαρισαίων ἐπηρώτησεν αὐτοὺς ὁ Ἰησοῦς

     25 32 ἀφορίσει (-ριεῖ Vς) αὐτοὺς ἀπ᾽ ἀλλήλων

     26 40 εὑρίσκει αὐτοὺς καθεύδοντας

     26 43 ἐλθὼν πάλιν εὗρεν αὐτοὺς καθεύδοντας

     26 44 ἀφεὶς αὐτοὺς πάλιν ἀπελθὼν

     28 19 βαπτίζοντες αὐτοὺς εἰς τὸ ὄνομα τοῦ πατρός

     28 20 διδάσκοντες αὐτοὺς τηρεῖν πάντα

Mc 1 19 εἶδεν ... αὐτοὺς ἐν τῷ πλοίῳ καταρτίζοντας τὰ δίκτυα

     1 20 καὶ εὐθὺς ἐκάλεσεν αὐτούς

     1 22 ἦν γὰρ διδάσκων αὐτοὺς ὡς ἐξουσίαν ἔχων

     1 27ᵃ *ὥστε συζητεῖν αὐτούς (NTH; πρὸς αὐτούς B; πρὸς ἑαυτοὺς rl) λέγοντας

     2 13 καὶ ἐδίδασκεν αὐτούς

     3 5 περιβλεψάμενος αὐτοὺς μετ᾽ ὀργῆς

     3 14 ἵνα ἀποστέλλῃ αὐτοὺς κηρύσσειν

     3 20 ὥστε μὴ δύνασθαι αὐτοὺς μηδὲ (μήτε Tς) ἄρτον φαγεῖν

     3 23 προσκαλεσάμενος αὐτοὺς ἐν παραβολαῖς ἔλεγεν αὐτοῖς

     4 2 ἐδίδασκεν αὐτοὺς ἐν παραβολαῖς πολλά

     4 15ᵃ τὸν λόγον τὸν ἐσπαρμένον | εἰς αὐτούς (ἐν αὐτοῖς MVST; ἐν ταῖς καρδίαις αὐτῶν ς)

     5 10 *ἵνα μὴ αὐτούς (αὐτὰ N²⁶NBTH) ἀποστείλῃ ἔξω τῆς χώρας

     5 12ᵃ ἵνα εἰς αὐτοὺς εἰσέλθωμεν

     5 14 καὶ οἱ βόσκοντες αὐτούς (τοὺς χοίρους ς) ἔφυγον

     6 7 ἤρξατο αὐτοὺς ἀποστέλλειν δύο δύο

     6 33 καὶ εἶδον αὐτοὺς ὑπάγοντας ↔

     6 33 *καὶ ἐπέγνωσαν (ἔγν. H) αὐτούς ([MS]T; αὐτὸν ς; —rl) πολλοί

     6 33 συνέδραμον ἐκεῖ καὶ προῆλθον αὐτούς

Mc 6 34ᵃ καὶ ἐσπλαγχνίσθη ἐπ᾽ αὐτούς
(αὐτοῖς Vς)

6 34 καὶ ἤρξατο διδάσκειν αὐτοὺς πολλά

6 36 ἀπόλυσον αὐτούς

6 48 καὶ ἰδὼν (εἶδεν Vς) αὐτοὺς βασανιζομένους

6 48ᵃ ἔρχεται πρὸς αὐτοὺς περιπατῶν ἐπὶ τῆς θαλάσσης· ↔

6 48 καὶ ἤθελεν παρελθεῖν αὐτούς

6 51ᵃ ἀνέβη πρὸς αὐτοὺς εἰς τὸ πλοῖον

8 3 καὶ ἐὰν ἀπολύσω αὐτοὺς νήστεις εἰς οἶκον αὐτῶν

8 5 καὶ ἠρώτα (ἐπ- BSς) αὐτούς

8 9 καὶ ἀπέλυσεν αὐτούς

8 13 ἀφεὶς αὐτοὺς | πάλιν ἐμβὰς (~ Vς) ἀπῆλθεν

8 29 καὶ αὐτὸς | ἐπηρώτα αὐτοὺς (λέγει αὐτοῖς ς)

8 31 καὶ ἤρξατο διδάσκειν αὐτούς

9 2 ἀναφέρει αὐτοὺς εἰς ὄρος ὑψηλὸν κατ᾽ ἰδίαν μόνους

9 14ᵃ εἶδον (εἶδεν VBSς) ὄχλον πολὺν περὶ αὐτούς ↔

9 14ᵃ καὶ γραμματεῖς συζητοῦντας | πρὸς αὐτούς (αὐτοῖς ς)

9 16 καὶ ἐπηρώτησεν αὐτοὺς (τοὺς γραμματεῖς ς)· ↔

9 16ᵃ τί συζητεῖτε πρὸς αὐτούς;

9 33 ἐν τῇ οἰκίᾳ γενόμενος ἐπηρώτα αὐτούς

10 1 ὡς εἰώθει πάλιν ἐδίδασκεν αὐτούς

10 6 ἄρσεν καὶ θῆλυ ἐποίησεν αὐτούς [H] (+ ὁ θεὸς MVSς)

10 32 ἦν προάγων αὐτοὺς ὁ Ἰησοῦς

10 42 καὶ προσκαλεσάμενος αὐτοὺς ὁ Ἰησοῦς λέγει αὐτοῖς

11 6 καὶ ἀφῆκαν αὐτούς

12 4ᵃ καὶ πάλιν ἀπέστειλεν πρὸς αὐτοὺς ἄλλον δοῦλον

12 6ᵃ ἀπέστειλεν (+ καὶ Vς) αὐτὸν | ἔσχατον πρὸς αὐτοὺς (~ Vς) λέγων

12 12ᵃ ὅτι πρὸς αὐτοὺς τὴν παραβολὴν εἶπεν

13 12 ἐπαναστήσονται τέκνα ἐπὶ γονεῖς καὶ θανατώσουσιν αὐτούς

14 7 *δύνασθε αὐτοὺς (ς; αὐτοῖς rl; —T) [+ πάντοτε H] εὖ ποιῆσαι

14 37 ἔρχεται καὶ εὑρίσκει αὐτοὺς καθεύδοντας

14 40 καὶ | πάλιν ἐλθὼν εὗρεν αὐτοὺς (ὑποστρέψας εὖ. αὐ. π. VBSTς) καθεύδοντας

[16 18] κἂν θανάσιμόν τι πίωσιν οὐ μὴ αὐτοὺς βλάψῃ

Lc 1 65 ἐγένετο ἐπὶ πάντας φόβος τοὺς περιοικοῦντας αὐτούς

2 6 ἐγένετο δὲ ἐν τῷ εἶναι αὐτοὺς ἐκεῖ

2 9 δόξα κυρίου περιέλαμψεν αὐτούς

2 18ᵃ περὶ τῶν λαληθέντων ὑπὸ τῶν ποιμένων πρὸς αὐτούς

2 20ᵃ καθὼς ἐλαλήθη πρὸς αὐτούς

2 27 τοῦ ποιῆσαι αὐτοὺς κατὰ τὸ εἰθισμένον τοῦ νόμου περὶ αὐτοῦ

2 34 καὶ εὐλόγησεν αὐτοὺς Συμεών

2 43 ἐν τῷ ὑποστρέφειν αὐτοὺς ὑπέμεινεν Ἰησοῦς

2 46 εὗρον αὐτὸν ... ἀκούοντα αὐτῶν καὶ ἐπερωτῶντα αὐτούς

2 49ᵃ καὶ εἶπεν πρὸς αὐτούς

3 13ᵃ ὁ δὲ εἶπεν πρὸς αὐτούς

3 14ᵃ *καὶ εἶπεν | πρὸς αὐτούς (VTς; αὐτοῖς rl)

4 21ᵃ ἤρξατο δὲ λέγειν πρὸς αὐτούς

Lc 4 23ᵃ καὶ εἶπεν πρὸς αὐτούς

4 31 ἦν διδάσκων αὐτοὺς ἐν τοῖς σάββασιν

4 40 ἤγαγον αὐτοὺς πρὸς αὐτόν

4 40 ἐθεράπευεν (-πευσεν Vς) αὐτούς

4 43ᵃ ὁ δὲ εἶπεν πρὸς αὐτούς

5 17 *δύναμις κυρίου ἦν εἰς τὸ ἰᾶσθαι αὐτούς (Vς; αὐτόν rl)

5 22ᵃ ἀποκριθεὶς εἶπεν πρὸς αὐτούς

5 31ᵃ ἀποκριθεὶς ὁ [H] Ἰησοῦς εἶπεν πρὸς αὐτούς

5 34ᵃ ὁ δὲ Ἰησοῦς (— Sς) εἶπεν πρὸς αὐτούς

5 36ᵃ ἔλεγεν δὲ καὶ παραβολὴν πρὸς αὐτούς

6 3ᵃ ἀποκριθεὶς || πρὸς αὐτοὺς εἶπεν ὁ [H] Ἰησοῦς ((~ ST))

6 9ᵃ εἶπεν δὲ ὁ [H] Ἰησοῦς πρὸς αὐτούς

6 10 περιβλεψάμενος πάντας αὐτοὺς (+ ἐν ὀργῇ S) εἶπεν

6 32 καὶ γὰρ οἱ ἁμαρτωλοὶ τοὺς ἀγαπῶντας αὐτοὺς ἀγαπῶσιν

6 47 πᾶς ὁ ... ἀκούων μου τῶν λόγων καὶ ποιῶν αὐτούς

8 21ᵃ ὁ δὲ ἀποκριθεὶς εἶπεν πρὸς αὐτούς

8 22ᵃ καὶ εἶπεν πρὸς αὐτούς

9 2 ἀπέστειλεν αὐτοὺς κηρύσσειν τὴν βασιλείαν τοῦ θεοῦ

9 3ᵃ εἶπεν πρὸς αὐτούς

9 5ᵃ τὸν κονιορτὸν ... ἀποτινάσσετε εἰς μαρτύριον ἐπ᾽ αὐτούς

9 10 καὶ παραλαβὼν αὐτοὺς ὑπεχώρησεν

9 11 ἀποδεξάμενος αὐτοὺς ἐλάλει αὐτοῖς

9 13ᵃ εἶπεν δὲ πρὸς αὐτούς

9 14 κατακλίνατε αὐτοὺς κλισίας

9 16 εὐλόγησεν αὐτοὺς καὶ κατέκλασεν

9 18 καὶ ἐπηρώτησεν αὐτοὺς λέγων

9 33 ἐγένετο ἐν τῷ διαχωρίζεσθαι αὐτοὺς ἀπ᾽ αὐτοῦ

9 34 ἐγένετο νεφέλη καὶ ἐπεσκίαζεν (-ασεν VSς) αὐτούς

9 34 ἐν τῷ | εἰσελθεῖν αὐτοὺς (ἐκείνους εἰσ. VBς) εἰς τὴν νεφέλην

9 54 θέλεις εἴπωμεν πῦρ καταβῆναι ... καὶ ἀναλῶσαι αὐτοὺς (+ ὡς καὶ Ἡλίας ἐποίησεν [V]ς);

10 1 ἀπέστειλεν αὐτοὺς ἀνὰ δύο δύο (+ [N²⁶H]B)

10 2ᵃ ἔλεγεν δὲ πρὸς αὐτούς

10 38 | ἐν δὲ (ἐγένετο δὲ ἐν VTς) τῷ πορεύεσθαι αὐτοὺς (+ καὶ VTς) αὐτὸς εἰσῆλθεν

11 5ᵃ καὶ εἶπεν πρὸς αὐτούς

11 31 καὶ κατακρινεῖ αὐτούς

11 47 | οἱ δὲ (καὶ οἱ T) πατέρες ὑμῶν ἀπέκτειναν αὐτούς

11 48 ὅτι αὐτοὶ μὲν ἀπέκτειναν αὐτούς

11 49ᵃ ἀποστελῶ εἰς αὐτοὺς προφήτας

11 53ᵃ *| λέγοντος δὲ αὐτοῦ ταῦτα πρὸς αὐτούς (ς; κἀκεῖθεν ἐξελθόντος αὐτοῦ rl)

12 15ᵃ εἶπεν δὲ πρὸς αὐτούς

12 16ᵃ εἶπεν δὲ παραβολὴν πρὸς αὐτοὺς λέγων

12 24 ὁ θεὸς τρέφει αὐτούς

12 37 ὅτι περιζώσεται καὶ ἀνακλινεῖ αὐτούς

13 4 καὶ ἀπέκτειναν αὐτούς

13 23ᵃ ὁ δὲ εἶπεν πρὸς αὐτούς

14 5ᵃ (+ ἀποκριθεὶς VTς) πρὸς αὐτοὺς εἶπεν

14 7ᵃ λέγων πρὸς αὐτούς

14 25ᵃ καὶ στραφεὶς εἶπεν πρὸς αὐτούς

Lc 15 3ᵃ εἶπεν δὲ πρὸς αὐτοὺς τὴν παραβολὴν ταύτην λέγων

16 30ᵃ ἐάν τις ἀπὸ νεκρῶν πορευθῇ πρὸς αὐτούς

17 14 ἐγένετο ἐν τῷ ὑπάγειν αὐτοὺς ἐκαθαρίσθησαν

18 1 πρὸς τὸ δεῖν πάντοτε προσεύχεσθαι αὐτοὺς (—ς)

18 31ᵃ παραλαβὼν δὲ τοὺς δώδεκα εἶπεν πρὸς αὐτούς

19 11 διὰ τὸ ... δοκεῖν αὐτούς

19 13ᵃ καὶ εἶπεν πρὸς αὐτούς

19 27ᵃ τοὺς μὴ θελήσαντάς με βασιλεῦσαι ἐπ᾽ αὐτούς

19 27 κατασφάξατε αὐτοὺς (—ς) ἔμπροσθέν μου

19 33ᵃ εἶπαν οἱ κύριοι αὐτοῦ πρὸς αὐτούς

20 3ᵃ ἀποκριθεὶς δὲ εἶπεν πρὸς αὐτούς

20 19ᵃ πρὸς αὐτοὺς εἶπεν τὴν παραβολὴν ταύτην

20 23ᵃ κατανοήσας δὲ αὐτῶν τὴν πανουργίαν εἶπεν πρὸς αὐτούς

20 25ᵃ ὁ δὲ εἶπεν | πρὸς αὐτούς (αὐτοῖς ς)

20 41ᵃ εἶπεν δὲ πρὸς αὐτούς

22 15ᵃ καὶ εἶπεν πρὸς αὐτούς

22 45 εὗρεν κοιμωμένους αὐτοὺς ἀπὸ τῆς λύπης

22 47 ὁ λεγόμενος Ἰούδας ... προήρχετο αὐτοὺς (αὐτῶν ς)

22 70ᵃ ὁ δὲ πρὸς αὐτοὺς ἔφη

23 12ᵃ *προϋπῆρχον γὰρ ἐν ἔχθρᾳ ὄντες πρὸς αὐτούς (N²⁶T; ἑ. Vς; αὐ. rl)

23 14ᵃ εἶπεν πρὸς αὐτούς

23 22ᵃ ὁ δὲ τρίτον εἶπεν πρὸς αὐτούς

24 15 ἐγένετο ἐν τῷ ὁμιλεῖν αὐτοὺς καὶ συζητεῖν

24 17ᵃ εἶπεν δὲ πρὸς αὐτούς

24 25ᵃ καὶ αὐτὸς εἶπεν πρὸς αὐτούς

24 44ᵃ εἶπεν δὲ | πρὸς αὐτούς (αὐτοῖς ς)

24 50 ἐξήγαγεν δὲ αὐτοὺς ἔξω (+ [N²⁶] Vς) ἕως (—V) πρὸς (εἰς Vς) Βηθανίαν, ↔

24 50 καὶ ἐπάρας τὰς χεῖρας αὐτοῦ εὐλόγησεν αὐτούς

24 51 ἐν τῷ εὐλογεῖν αὐτὸν αὐτούς

Jo 1 38 θεασάμενος αὐτοὺς ἀκολουθοῦντας

6 17 *| κατέλαβεν δὲ αὐτοὺς ἡ σκοτία (T; καὶ σκοτία ἤδη ἐγεγόνει rl) ↔

6 17ᵃ καὶ οὔπω ἐληλύθει | πρὸς αὐτοὺς ὁ Ἰησοῦς (Ἰησ. π. α. T)

7 50ᵃ λέγει Νικόδημος πρὸς αὐτούς

[8 2] | καὶ καθίσας ἐδίδασκεν αὐτοὺς [..H]

[8 7] *ἀνέκυψεν καὶ εἶπεν | πρὸς αὐτούς (Mς; αὐτοῖς N²⁶VBS[H])

9 19 ⟨ἕως ὅτου ἐφώνησαν τοὺς γονεῖς⟩ καὶ ἠρώτησαν αὐτούς

12 40 καὶ ἰάσομαι αὐτούς

13 1 ἀγαπήσας τοὺς ἰδίους ... εἰς τέλος ἠγάπησεν αὐτούς

17 6 σοὶ ἦσαν κἀμοὶ αὐτοὺς ἔδωκας

17 11 τήρησον αὐτοὺς ἐν τῷ ὀνόματί σου

17 12 ἐγὼ ἐτήρουν αὐτοὺς ἐν τῷ ὀνόματί σου

17 14 ὁ κόσμος ἐμίσησεν αὐτούς

17 15 οὐκ ἐρωτῶ ἵνα ἄρῃς αὐτοὺς ἐκ τοῦ κόσμου

17 15 ἀλλ᾽ ἵνα τηρήσῃς αὐτοὺς ἐκ τοῦ πονηροῦ

17 17 ἁγίασον αὐτοὺς ἐν τῇ ἀληθείᾳ (+ σου Sς)

17 18 κἀγὼ ἀπέστειλα αὐτοὺς εἰς τὸν κόσμον

Jo 17 23 ὅτι ... ἠγάπησας αὐτοὺς καθὼς
ἐμὲ ἠγάπησας

18 7 πάλιν οὖν | ἐπηρώτησεν αὐτούς
(~ VSTϛ)

18 29ᵃἐξῆλθεν οὖν ὁ Πιλᾶτος ἔξω πρὸς
αὐτούς

20 10ᵃἀπῆλθον οὖν πάλιν πρὸς αὐτοὺς
(N²⁶T; αὐτοὺς NH; ἑαυτ. rl) οἱ
μαθηταί

Ac 1 7ᵃεἶπεν δὲ (—NTH) πρὸς αὐτούς

2 38ᵃΠέτρος δὲ (+ ἔφη ϛ) πρὸς αὐτούς·
μετανοήσατε, φησίν ([N²⁶S];
—NHϛ)

2 40 παρεκάλει αὐτοὺς (—ϛ) λέγων

3 11ᵃσυνέδραμεν | πᾶς ὁ λαὸς πρὸς
αὐτοὺς (~ϛ)

4 2 διαπονούμενοι διὰ τὸ διδάσκειν
αὐτοὺς τὸν λαόν

4 7 στήσαντες αὐτοὺς ἐν τῷ μέσῳ
ἐπυνθάνοντο

4 8ᵃτότε Πέτρος ... εἶπεν πρὸς αὐτούς

4 13 ἐπεγίνωσκόν τε αὐτοὺς ὅτι σὺν
τῷ Ἰησοῦ ἦσαν

4 15 κελεύσαντες δὲ αὐτοὺς ἔξω τοῦ
συνεδρίου ἀπελθεῖν

4 18 καλέσαντες αὐτοὺς παρήγγειλαν

4 19ᵃἀποκριθέντες εἶπον πρὸς αὐτούς

4 21 οἱ δὲ προσαπειλησάμενοι ἀπ-
έλυσαν αὐτούς, ↔

4 21 μηδὲν εὑρίσκοντες τὸ πῶς κολά-
σωνται αὐτούς

4 23ᵃἀπήγγειλαν ὅσα πρὸς αὐτοὺς οἱ
ἀρχιερεῖς ... εἶπαν

4 33ᵃχάρις τε μεγάλη ἦν ἐπὶ πάντας
αὐτούς

5 13 ἐμεγάλυνεν αὐτοὺς ὁ λαός

5 18 ἔθεντο αὐτοὺς ἐν τηρήσει δημοσίᾳ

5 19 ἄγγελος ... ἐξαγαγών τε αὐτοὺς
εἶπεν

5 21 ἀπέστειλαν εἰς τὸ δεσμωτήριον
ἀχθῆναι αὐτούς

5 22 οὐχ εὗρον αὐτοὺς ἐν τῇ φυλακῇ

5 26 ἀπελθὼν ὁ στρατηγὸς ... ἦγεν
(ἤγαγεν MVBSϛ) αὐτούς

5 27 ἀγαγόντες δὲ αὐτούς

5 27 ἐπηρώτησεν αὐτοὺς ὁ ἀρχιερεύς

5 33 ἐβούλοντο (ἐβουλεύοντο MBSTϛ)
ἀνελεῖν αὐτούς

5 35ᵃεἶπέν τε πρὸς αὐτούς

5 38 ἀπόστητε ἀπὸ τῶν ἀνθρώπων
τούτων καὶ ἄφετε (ἐάσατε Sϛ)
αὐτούς

5 39 οὐ δυνήσεσθε καταλῦσαι αὐτούς
(αὐτό ϛ)

5 40 *παρήγγειλαν μὴ λαλεῖν ... καὶ
ἀπέλυσαν αὐτούς (+ B[S]ϛ)

7 26 συνήλλασσεν αὐτοὺς εἰς εἰρήνην

7 34 κατέβην ἐξελέσθαι αὐτούς

7 36 οὗτος ἐξήγαγεν αὐτούς

7 42 παρέδωκεν αὐτοὺς λατρεύειν τῇ
στρατιᾷ τοῦ οὐρανοῦ

8 6 προσεῖχον δὲ ... ὁμοθυμαδὸν ἐν τῷ
ἀκούειν αὐτούς

8 11 διὰ τὸ ἱκανῷ χρόνῳ ταῖς μαγείαις
ἐξεστακέναι αὐτούς

8 14ᵃἀπέστειλαν πρὸς αὐτοὺς Πέτρον
καὶ Ἰωάννην

8 17ᵃτότε ἐπετίθεσαν τὰς χεῖρας ἐπ'
αὐτούς

9 21 ἵνα δεδεμένους αὐτοὺς ἀγάγῃ

10 8 ἀπέστειλεν αὐτοὺς εἰς τὴν Ἰόππην

10 20 ὅτι ἐγὼ ἀπέσταλκα αὐτούς

10 23 εἰσκαλεσάμενος οὖν αὐτοὺς ἐξένισεν

10 24 ὁ δὲ Κορνήλιος ἦν προσδοκῶν
αὐτούς

Ac 10 28ᵃἔφη τε πρὸς αὐτούς

10 48 προσέταξεν δὲ αὐτοὺς (αὐτοῖς T)
... βαπτισθῆναι

11 15ᵃἐπέπεσεν τὸ πνεῦμα τὸ ἅγιον ἐπ'
αὐτούς

11 26 *ἐγένετο δὲ αὐτοὺς (ϛ; αὐτοῖς rl)
καὶ ἐνιαυτὸν ὅλον συναχθῆναι

12 21ᵃὁ [H] Ἡρῴδης ... ἐδημηγόρει
πρὸς αὐτούς

13 2 εἰς τὸ ἔργον ὃ προσκέκλημαι
αὐτούς

13 15ᵃἀπέστειλαν οἱ ἀρχισυνάγωγοι
πρὸς αὐτούς

13 17 μετὰ βραχίονος ὑψηλοῦ ἐξήγαγεν
αὐτοὺς ἐξ αὐτῆς

13 18 ἐτροποφόρησεν (ἐτροφοφ. T) αὐ-
τοὺς ἐν τῇ ἐρήμῳ

13 43 ἔπειθον αὐτοὺς προσμένειν τῇ
χάριτι τοῦ θεοῦ

13 50 ἐξέβαλον αὐτοὺς ἀπὸ τῶν ὁρίων
αὐτῶν

13 51ᵃἐκτιναξάμενοι τὸν κονιορτὸν τῶν
ποδῶν ἐπ' αὐτούς

14 1 ἐγένετο ... εἰσελθεῖν αὐτοὺς εἰς τὴν
συναγωγήν

14 5 ἐγένετο ὁρμὴ ... ὑβρίσαι καὶ λιθο-
βολῆσαι αὐτούς

14 23 παρέθεντο αὐτοὺς τῷ κυρίῳ

15 2ᵃγενομένης δὲ στάσεως ... πρὸς
αὐτούς

15 5 ὅτι δεῖ περιτέμνειν αὐτούς

15 7ᵃἀναστὰς Πέτρος εἶπεν πρὸς αὐτούς

15 13 μετὰ δὲ τὸ σιγῆσαι αὐτούς

15 17ᵃἐφ' οὓς ἐπικέκληται τὸ ὄνομά μου
ἐπ' αὐτούς

15 27 ἀπεστάλκαμεν οὖν Ἰούδαν καὶ
Σιλᾶν, καὶ αὐτοὺς ... ἀπαγγέλ-
λοντας τὰ αὐτά

15 33 ἀπελύθησαν ... πρὸς τοὺς | ἀπο-
στείλαντας αὐτούς (ἀποστόλους ϛ)

15 39 ὥστε ἀποχωρισθῆναι αὐτοὺς ἀπ'
ἀλλήλων

16 7 οὐκ εἴασεν αὐτοὺς τὸ πνεῦμα Ἰησοῦ

16 10 ὅτι προσκέκληται ἡμᾶς ὁ θεὸς
εὐαγγελίσασθαι αὐτούς

16 20 προσαγαγόντες αὐτοὺς τοῖς στρα-
τηγοῖς

16 23 παραγγείλαντες τῷ δεσμοφύλακι
ἀσφαλῶς τηρεῖν αὐτούς· ↔

16 24 ὃς ... ἔβαλεν αὐτοὺς εἰς τὴν ἐσω-
τέραν φυλακήν

16 30 προαγαγὼν αὐτοὺς ἔξω ἔφη

16 33 παραλαβὼν αὐτοὺς ἐν ἐκείνῃ τῇ
ὥρᾳ τῆς νυκτός

16 34 ἀναγαγών τε αὐτοὺς εἰς τὸν οἶκον

16 37ᵃὁ δὲ Παῦλος ἔφη πρὸς αὐτούς

16 39 καὶ ἐλθόντες παρεκάλεσαν αὐτούς

16 40 *ἰδόντες | τοὺς ἀδελφοὺς παρ-
εκάλεσαν αὐτούς (ϛ; π. τ. ἀδ. rl)

17 2ᵃκατὰ δὲ τὸ εἰωθὸς τῷ Παύλῳ
εἰσῆλθεν πρὸς αὐτούς

17 5 ἐζήτουν αὐτοὺς προαγαγεῖν εἰς
τὸν δῆμον· ↔

17 6 μὴ εὑρόντες δὲ αὐτοὺς ἔσυρον
Ἰάσονα

17 9 λαβόντες τὸ ἱκανὸν ... ἀπέλυσαν
αὐτούς

17 16 ἐν δὲ ταῖς Ἀθήναις ἐκδεχομένου
αὐτοὺς τοῦ Παύλου

18 6ᵃἐκτιναξάμενος τὰ ἱμάτια εἶπεν
πρὸς αὐτούς

18 16 ἀπήλασεν αὐτοὺς ἀπὸ τοῦ βή-
ματος

19 2ᵃεἶπέν τε πρὸς αὐτούς

Ac 19 3ᵃ*| εἶπέν τε (ὁ δὲ εἶπεν BT) | πρὸς
αὐτούς (+ϛ)

19 6ᵃἦλθε τὸ πνεῦμα τὸ ἅγιον ἐπ'
αὐτούς

19 16ᵃἐφαλόμενος (ἐφαλλ. VSϛ) ὁ ἄνθρω-
πος ἐπ' αὐτούς

19 17ᵃἐπέπεσεν φόβος ἐπὶ πάντας αὐτούς

20 2 παρακαλέσας αὐτοὺς λόγῳ πολλῷ
ἦλθεν

20 6ᵃἤλθομεν πρὸς αὐτοὺς εἰς τὴν
Τρῳάδα

21 19 καὶ ἀσπασάμενος αὐτοὺς ἐξηγεῖτο

21 21 λέγων μὴ περιτέμνειν αὐτοὺς τὰ
τέκνα

21 25 *κρίναντες | μηδὲν τοιοῦτον τηρεῖν
αὐτοὺς εἰ μή (+ϛ) ↔

21 25 φυλάσσεσθαι αὐτοὺς τό τε εἰδωλό-
θυτον

21 32ᵃκατέδραμεν ἐπ' αὐτούς

22 30ᵃκαταγαγὼν τὸν Παῦλον ἔστησεν
εἰς αὐτούς

23 30 *παραγγείλας ... λέγειν αὐτοὺς
(T; τὰ [N²⁶] πρὸς αὐτὸν N²⁶
MVBSϛ; π. α. rl) ἐπὶ σοῦ

24 22 ἀνεβάλετο δὲ αὐτοὺς ὁ Φῆλιξ

26 11 πολλάκις τιμωρῶν αὐτοὺς ἠνάγ-
καζον βλασφημεῖν

26 18 τοῦ λαβεῖν αὐτοὺς ἄφεσιν ἁμαρτι-
ῶν

27 43 ὁ δὲ ἑκατοντάρχης ... ἐκώλυσεν
αὐτοὺς τοῦ βουλήματος

28 17ᵃἔλεγεν πρὸς αὐτούς

28 23 πείθων τε αὐτοὺς περὶ τοῦ Ἰησοῦ

28 27 καὶ ἰάσομαι αὐτούς

Rm 1 20 εἰς τὸ εἶναι αὐτοὺς ἀναπολογήτους

1 24 διὸ παρέδωκεν αὐτοὺς ὁ θεὸς ἐν
ταῖς ἐπιθυμίαις

1 26 παρέδωκεν αὐτοὺς ὁ θεὸς εἰς πάθη
ἀτιμίας

1 28 παρέδωκεν αὐτοὺς ὁ θεὸς εἰς
ἀδόκιμον νοῦν

11 11 ἡ σωτηρία τοῖς ἔθνεσιν, εἰς τὸ
παραζηλῶσαι αὐτούς

11 23 δυνατὸς γάρ ἐστιν ὁ θεὸς πάλιν
ἐγκεντρίσαι αὐτούς

2C 8 24ᵃτὴν οὖν ἔνδειξιν τῆς ἀγάπης
ὑμῶν ... εἰς αὐτοὺς ἐνδεικνύμενοι
(-δείξασθε MVBSHϛ)

9 13ᵃἐπὶ τῇ ... ἁπλότητι τῆς κοινωνίας
εἰς αὐτοὺς καὶ εἰς πάντας

G 4 17 ἀλλὰ ἐκκλεῖσαι ὑμᾶς θέλουσιν, ἵνα
αὐτοὺς ζηλοῦτε

6 16ᵃὅσοι τῷ κανόνι τούτῳ στοιχή-
σουσιν, εἰρήνη ἐπ' αὐτοὺς καὶ
ἔλεος

E 6 9ᵃκαὶ οἱ κύριοι, τὰ αὐτὰ ποιεῖτε πρὸς
αὐτούς

Cl 2 15 θριαμβεύσας αὐτοὺς ἐν αὐτῷ

1 Th 2 16ᵃἔφθασεν δὲ ἐπ' αὐτοὺς ἡ ὀργή

5 13 ἡγεῖσθαι αὐτοὺς ὑπερεκπερισσοῦ
(-σσῶς NT) ἐν ἀγάπῃ

2 Th 1 4ᵇὥστε αὐτοὺς ἡμᾶς ἐν ὑμῖν ἐγκαυ-
χᾶσθαι

2 10 εἰς τὸ σωθῆναι αὐτούς

2 11 εἰς τὸ πιστεῦσαι αὐτοὺς τῷ ψεύδει

Tt 1 13 δι' ἣν αἰτίαν ἔλεγχε αὐτοὺς ἀπο-
τόμως

3 1 ὑπομίμνησκε αὐτοὺς ἀρχαῖς ἐξου-
σίαις ὑποτάσσεσθαι

Hb 1 4ᵃὅσῳ διαφορώτερον παρ' αὐτοὺς
κεκληρονόμηκεν ὄνομα

1 12 καὶ ὡσεὶ περιβόλαιον ἑλίξεις (ἀλλά-
ξεις T) αὐτούς

2 11 δι' ἣν αἰτίαν οὐκ ἐπαισχύνεται
ἀδελφοὺς αὐτοὺς καλεῖν

Hb 4 8 εἰ γὰρ αὐτοὺς Ἰησοῦς κατέπαυσεν

8 8 μεμφόμενος γὰρ αὐτοὺς (αὐτοῖς ς) λέγει

8 9 ἐξαγαγεῖν αὐτοὺς ἐκ γῆς Αἰγύπτου

8 10 ἐπὶ καρδίας (-ίαν T) αὐτῶν ἐπιγράψω αὐτούς

10 16ᵃ ἡ διαθήκη ἣν διαθήσομαι πρὸς αὐτούς

10 16 ἐπὶ | τὴν διάνοιαν (τῶν διανοιῶν Sς) αὐτῶν ἐπιγράψω αὐτούς

11 16 διὸ οὐκ ἐπαισχύνεται αὐτοὺς ὁ θεὸς θεὸς ἐπικαλεῖσθαι αὐτῶν

Jc 3 3 εἰ δὲ ... βάλλομεν εἰς (πρὸς Sς) τὸ πείθεσθαι αὐτοὺς ἡμῖν

1 Pt 4 14 *| κατὰ μὲν αὐτοὺς βλασφημεῖται (+ς ..)

2 Pt 2 1 καὶ τὸν ἀγοράσαντα αὐτοὺς δεσπότην ἀρνούμενοι

3 5 λανθάνει γὰρ αὐτοὺς τοῦτο θέλοντας

1 Jo 4 4 ἐκ τοῦ θεοῦ ἐστε, τεκνία, καὶ νενικήκατε αὐτούς

Jd 24 *τῷ δὲ δυναμένῳ φυλάξαι αὐτοὺς (ς; ὑμᾶς rl) ἀπταίστους

Ap 2 2 καὶ εὗρες αὐτοὺς ψευδεῖς

2 27 καὶ ποιμανεῖ αὐτοὺς ἐν ῥάβδῳ σιδηρᾷ

3 9 ποιήσω αὐτοὺς ἵνα ἥξουσιν (ἥξωσιν Sς)

5 10 καὶ ἐποίησας αὐτοὺς (ἡμᾶς ς) τῷ θεῷ ἡμῶν βασιλείαν (βασιλεῖς BSς)

7 15ᵃ ὁ καθήμενος ἐπὶ | τοῦ θρόνου (τῷ θρόνῳ T) σκηνώσει ἐπ' αὐτούς

7 16ᵃ οὐδὲ μὴ πέσῃ ἐπ' αὐτοὺς ὁ ἥλιος

7 17 τὸ ἀρνίον ... ποιμανεῖ αὐτοὺς ↔

7 17 καὶ ὁδηγήσει αὐτούς

8 6 ἡτοίμασαν αὐτοὺς (Ν²⁶T; αὐ. ΝΗ; ἑαυ. rl) ἵνα σαλπίσωσιν

9 5 ἵνα μὴ ἀποκτείνωσιν αὐτούς

11 5 καὶ εἴ τις αὐτοὺς θέλει ἀδικῆσαι

11 5 εἴ τις θελήσῃ (-σει Β; θέλῃ ς) αὐτοὺς ἀδικῆσαι

11 7 τὸ θηρίον ... νικήσει αὐτοὺς ↔

11 7 καὶ ἀποκτενεῖ αὐτούς

11 11ᵃ *πνεῦμα ζωῆς ἐκ τοῦ θεοῦ εἰσῆλθεν | ἐπ' αὐτούς (ς; αὐτοῖς VS; ἐν [Η] αὐτοῖς rl)

11 11 φόβος μέγας ἐπέπεσεν (ἔπεσεν BSς) ἐπὶ τοὺς θεωροῦντας αὐτούς

11 12 ἐθεώρησαν αὐτοὺς οἱ ἐχθροὶ αὐτῶν

12 4 καὶ ἔβαλεν αὐτοὺς εἰς τὴν γῆν

12 10 ἐβλήθη ... ὁ κατηγορῶν αὐτούς (αὐτῶν MBSς)

13 7 | καὶ ἐδόθη αὐτῷ ποιῆσαι πόλεμον μετὰ τῶν ἁγίων καὶ νικῆσαι αὐτούς [Η]

16 14 συναγαγεῖν αὐτοὺς εἰς τὸν πόλεμον

16 16 συνήγαγεν αὐτοὺς εἰς τὸν τόπον

17 14 τὸ ἀρνίον νικήσει αὐτούς

19 15 αὐτὸς ποιμανεῖ αὐτούς

19 18ᵃ *σάρκας ἵππων καὶ τῶν καθημένων ἐπ' αὐτούς (Η; αὐτῶν rl)

20 4ᵃ εἶδον θρόνους, καὶ ἐκάθισαν ἐπ' αὐτούς

20 8 ἐξελεύσεται ... συναγαγεῖν αὐτοὺς εἰς τὸν πόλεμον

20 9 κατέβη πῦρ ... καὶ κατέφαγεν αὐτούς

20 10 ὁ διάβολος ὁ πλανῶν αὐτούς

22 5ᵃ ὅτι [+ὸ S] κύριος ὁ θεὸς φωτίσει (-τιεῖ MVST; -τίζει ς) ἐπ' ([VSH]; —ς) αὐτούς

αὐτάς

ᵃ τὰς αὐτάς

ᵇ post praepositionem

Mc 16 8 εἶχεν γὰρ αὐτὰς τρόμος καὶ ἔκστασις

Lc 23 28ᵇ στραφεὶς δὲ πρὸς αὐτὰς ὁ ([Ν²⁶]; —ΝΤΗ) Ἰησοῦς εἶπεν

24 4 ἐν τῷ ἀπορεῖσθαι (δι- Vς) αὐτὰς περὶ τούτου

24 5ᵇ εἶπαν πρὸς αὐτάς

Jo 2 7 καὶ ἐγέμισαν αὐτὰς ἕως ἄνω

11 19 ἵνα παραμυθήσωνται αὐτὰς περὶ τοῦ ἀδελφοῦ (+αὐτῶν [MS]Vς)

14 21 ὁ ἔχων τὰς ἐντολάς μου καὶ τηρῶν αὐτάς

Cl 3 19ᵇ μὴ πικραίνεσθε πρὸς αὐτάς

Hb 10 11ᵃ τὰς αὐτὰς πολλάκις προσφέρων θυσίας

11 13 μὴ λαβόντες (Ν²⁶ς; κομισάμενοι rl) τὰς ἐπαγγελίας, ἀλλὰ πόρρωθεν αὐτὰς ἰδόντες

Jd 7ᵇ ὡς Σόδομα καὶ Γόμορρα καὶ αἱ περὶ αὐτὰς πόλεις

Ap 7 14 ἐλεύκαναν αὐτὰς (στολὰς αὐτῶν ς) ἐν τῷ αἵματι

αὐτοῦ (adv.)

→ αὐτὸς s. v. αὐτοῦ

Mt 26 36 καθίσατε αὐτοῦ ἕως οὗ [Ν²⁶Η] ἀπελθὼν ἐκεῖ προσεύξωμαι

Lc 9 27 εἰσίν τινες τῶν αὐτοῦ (ὧδε ς) ἑστηκότων

Ac 15 34 *| ἔδοξε δὲ τῷ Σίλᾳ ἐπιμεῖναι αὐτοῦ (+ς)

18 19 κἀκείνους κατέλιπεν αὐτοῦ

21 4 ἐπεμείναμεν αὐτοῦ ἡμέρας ἑπτά

αὐτοῦ

→ ἑαυτοῦ, αὐτοῦ

αὐτόφωρος

Jo [8 4] ἡ γυνὴ κατείληπται (εἴληπται S; κατελήφθη ς) ἐπ' αὐτοφώρῳ μοιχευομένη

αὐτόχειρ

Ac 27 19 αὐτόχειρες τὴν σκευὴν τοῦ πλοίου ἔρριψαν

αὐχέω

Jc 3 5 ἡ γλῶσσα μικρὸν μέλος ἐστὶν καὶ | μεγάλα αὐχεῖ (μεγαλαυχεῖ VSς)

αὐχμηρός

2 Pt 1 19 ὡς λύχνῳ φαίνοντι ἐν αὐχμηρῷ τόπῳ

ἀφαιρέω

→ αἱρέω

ᵃ ἀφ. ἁμαρτίαν

Mt 26 51 εἷς τῶν μετὰ Ἰησοῦ ... ἀφεῖλεν αὐτοῦ τὸ ὠτίον

Mc 14 47 εἷς δέ τις [Ν²⁶Η] ... ἀφεῖλεν αὐτοῦ τὸ ὠτάριον (ὠτίον Vς)

Lc 1 25 ἐν ἡμέραις αἷς ἐπεῖδεν ἀφελεῖν (+τὸ Vς) ὄνειδός μου

10 42 τὴν ἀγαθὴν μερίδα ἐξελέξατο, ἥτις οὐκ ἀφαιρεθήσεται αὐτῆς

16 3 ὅτι ὁ κύριός μου ἀφαιρεῖται τὴν οἰκονομίαν ἀπ' ἐμοῦ

22 50 εἷς τις ἐξ αὐτῶν ... ἀφεῖλεν τὸ οὖς αὐτοῦ τὸ δεξιόν

Rm 11 27ᵃ ὅταν ἀφέλωμαι τὰς ἁμαρτίας αὐτῶν

Hb 10 4ᵃ ἀδύνατον γὰρ αἷμα ταύρων καὶ τράγων ἀφαιρεῖν ἁμαρτίας

Ap 22 19 ἐάν τις ἀφέλῃ (ἀφαιρῇ ς) ἀπὸ τῶν λόγων

22 19 ἀφελεῖ (ἀφαιρήσει ς) ὁ θεὸς τὸ μέρος αὐτοῦ ἀπὸ τοῦ ξύλου τῆς ζωῆς

ἀφανής

Hb 4 13 καὶ οὐκ ἔστιν κτίσις ἀφανὴς ἐνώπιον αὐτοῦ

ἀφανίζω

Mt 6 16 ἀφανίζουσιν γὰρ τὰ πρόσωπα αὐτῶν

6 19 ὅπου σὴς καὶ βρῶσις ἀφανίζει

6 20 ὅπου οὔτε σὴς οὔτε βρῶσις ἀφανίζει

Ac 13 41 θαυμάσατε καὶ ἀφανίσθητε

Jc 4 14 ἀτμὶς ... φαινομένη, ἔπειτα καὶ ἀφανιζομένη

ἀφανισμός

Hb 8 13 τὸ δὲ παλαιούμενον καὶ γηράσκον ἐγγὺς ἀφανισμοῦ

ἄφαντος

Lc 24 31 καὶ αὐτὸς ἄφαντος ἐγένετο ἀπ' αὐτῶν

ἀφεδρών

Mt 15 17 ὅτι πᾶν τὸ εἰσπορευόμενον ... εἰς ἀφεδρῶνα ἐκβάλλεται

Mc 7 19 καὶ εἰς τὸν ἀφεδρῶνα ἐκπορεύεται

ἀφειδία

Cl 2 23 λόγον μὲν ἔχοντα σοφίας ἐν ἐθελοθρησκίᾳ καὶ ταπεινοφροσύνῃ καὶ [Ν²⁶Η] ἀφειδίᾳ σώματος

ἀφεῖδον

→ ἀφοράω

ἀφεῖλον

→ ἀφαιρέω

ἀφελότης

Ac 2 46 μετέλαβον τροφῆς ἐν ἀγαλλιάσει καὶ ἀφελότητι καρδίας

ἄφεσις

ᵃ ἀφ. ἁμαρτιῶν

Mt 26 28ᵃ τὸ αἷμά μου ... τὸ περὶ πολλῶν ἐκχυννόμενον εἰς ἄφεσιν ἁμαρτιῶν

Mc 1 4ᵃ κηρύσσων βάπτισμα μετανοίας εἰς ἄφεσιν ἁμαρτιῶν

3 29 ὃς δ' ἂν βλασφημήσῃ ... οὐκ ἔχει ἄφεσιν εἰς τὸν αἰῶνα

Lc 1 77ᵃ τοῦ δοῦναι γνῶσιν σωτηρίας ... ἐν ἀφέσει ἁμαρτιῶν αὐτῶν

3 3ᵃ κηρύσσων βάπτισμα μετανοίας εἰς ἄφεσιν ἁμαρτιῶν

4 18 κηρύξαι αἰχμαλώτοις ἄφεσιν καὶ τυφλοῖς ἀνάβλεψιν, ↔

4 18 ἀποστεῖλαι τεθραυσμένους ἐν ἀφέσει

24 47ᵃ κηρυχθῆναι ... μετάνοιαν εἰς (Ν²⁶ ΝΤΗ; καὶ rl) ἄφεσιν ἁμαρτιῶν

Ac 2 38ᵃ βαπτισθήτω ἕκαστος ὑμῶν ... εἰς ἄφεσιν τῶν ἁμαρτιῶν ὑμῶν

5 31ᵃ δοῦναι μετάνοιαν τῷ Ἰσραὴλ καὶ ἄφεσιν ἁμαρτιῶν

10 43ᵃ ἄφεσιν ἁμαρτιῶν λαβεῖν ... πάντα τὸν πιστεύοντα εἰς αὐτόν

13 38ᵃ ὅτι ... ὑμῖν ἄφεσις ἁμαρτιῶν καταγγέλλεται

26 18ᵃ τοῦ λαβεῖν αὐτοὺς ἄφεσιν ἁμαρτιῶν

E 1 7 ἐν ᾧ ἔχομεν ... τὴν ἄφεσιν τῶν παραπτωμάτων

Cl 1 14ᵃ ἐν ᾧ ἔχομεν ... τὴν ἄφεσιν τῶν ἁμαρτιῶν

Hb 9 22 χωρὶς αἱματεκχυσίας οὐ γίνεται ἄφεσις

10 18ᵃ ὅπου δὲ ἄφεσις τούτων, οὐκέτι προσφορὰ περὶ ἁμαρτίας

ἀφή

E 4 16 πᾶν τὸ σῶμα συναρμολογούμενον καὶ συμβιβαζόμενον διὰ πάσης ἁφῆς τῆς ἐπιχορηγίας

άφθαρσία
Cl 2 19 τὸ σῶμα διὰ τῶν ἀφῶν καὶ συν-
δέσμων ἐπιχορηγούμενον

άφθαρσία
Rm 2 7 ⟨ἀποδώσει⟩ τοῖς ... δόξαν καὶ
τιμὴν καὶ ἀφθαρσίαν ζητοῦσιν
ζωὴν αἰώνιον
1C 15 42 σπείρεται ἐν φθορᾷ, ἐγείρεται ἐν ἀφ-
θαρσίᾳ
15 50 οὐδὲ ἡ φθορὰ τὴν ἀφθαρσίαν κλη-
ρονομεῖ
15 53 δεῖ γὰρ τὸ φθαρτὸν τοῦτο ἐνδύ-
σασθαι ἀφθαρσίαν
15 54 ὅταν δὲ | τὸ φθαρτὸν τοῦτο ἐνδύ-
σηται ἀφθαρσίαν καὶ (—H) τὸ
θνητὸν τοῦτο ἐνδύσηται [+τὴν
H] ἀθανασίαν
E 6 24 ἡ χάρις μετὰ πάντων τῶν ἀγα-
πώντων τὸν κύριον ... ἐν ἀφθαρσίᾳ
2Tm 1 10 φωτίσαντος δὲ ζωὴν καὶ ἀφθαρ-
σίαν διὰ τοῦ εὐαγγελίου
Tt 2 7 *σεαυτὸν παρεχόμενος τύπον κα-
λῶν ἔργων, ἐν τῇ διδασκαλίᾳ
ἀφθορίαν, σεμνότητα, ἀφθαρσίαν
(+ς)

άφθαρτος
a subst.
Mc [16br] ἐξαπέστειλεν δι' αὐτῶν τὸ ἱερὸν
καὶ ἄφθαρτον κήρυγμα
Rm 1 23 ἤλλαξαν τὴν δόξαν τοῦ ἀφθάρτου
θεοῦ
1C 9 25 ἐκεῖνοι ... ἵνα φθαρτὸν στέφανον
λάβωσιν, ἡμεῖς δὲ ἄφθαρτον
15 52 οἱ νεκροὶ ἐγερθήσονται ἄφθαρτοι,
καὶ ἡμεῖς ἀλλαγησόμεθα
1Tm 1 17 τῷ δὲ ... ἀφθάρτῳ ἀοράτῳ μόνῳ
θεῷ, τιμὴ καὶ δόξα
1Pt 1 4 ⟨ἀναγεννήσας⟩ εἰς κληρονομίαν
ἄφθαρτον καὶ ἀμίαντον
1 23 ἀναγεγεννημένοι οὐκ ἐκ σπορᾶς
φθαρτῆς ἀλλὰ ἀφθάρτου διὰ λό-
γου ζῶντος θεοῦ
3 4a ἀλλ' ὁ κρυπτὸς τῆς καρδίας
ἄνθρωπος ἐν τῷ ἀφθάρτῳ τοῦ |
πραέως καὶ ἡσυχίου (~H) πνεύ-
ματος

άφθορία
Tt 2 7 σεαυτὸν παρεχόμενος τύπον κα-
λῶν ἔργων, ἐν τῇ διδασκαλίᾳ
ἀφθορίαν (ἀδιαφθορίαν ς), σεμνό-
τητα

άφίημι
→ ἀνίημι
a pass.
b peccatum vel debitum dimittere
c ἄφες, ἄφετε
Mt 3 15c ὁ 'Ιησοῦς εἶπεν | πρὸς αὐτὸν (αὐ-
τῷ NMH)· ἄφες ἄρτι
3 15 τότε ἀφίησιν αὐτόν
4 11 τότε ἀφίησιν αὐτὸν ὁ διάβολος
4 20 οἱ δὲ εὐθέως ἀφέντες τὰ δίκτυα
4 22 οἱ δὲ εὐθέως ἀφέντες τὸ πλοῖον...
ἠκολούθησαν αὐτῷ
5 24c ἄφες ἐκεῖ τὸ δῶρόν σου
5 40c ἄφες αὐτῷ καὶ τὸ ἱμάτιον
6 12bc καὶ ἄφες ἡμῖν τὰ ὀφειλήματα
ἡμῶν, ↔
6 12 ὡς καὶ ἡμεῖς ἀφήκαμεν (ἀφίεμεν
Vς) τοῖς ὀφειλέταις ἡμῶν
6 14b ἐὰν γὰρ ἀφῆτε τοῖς ἀνθρώποις τὰ
παραπτώματα αὐτῶν, ↔
6 14 ἀφήσει καὶ ὑμῖν ὁ πατὴρ ὑμῶν ὁ
οὐράνιος· ↔
6 15b ἐὰν δὲ μὴ ἀφῆτε τοῖς ἀνθρώποις
(+τὰ παραπτώματα αὐτῶν [VH]
Bς), ↔

Mt 6 15b οὐδὲ ὁ πατὴρ ὑμῶν ἀφήσει τὰ πα-
ραπτώματα ὑμῶν
7 4c ἄφες ἐκβάλω τὸ κάρφος
8 15 καὶ ἀφῆκεν αὐτὴν ὁ πυρετός
8 22c ἄφες τοὺς νεκροὺς θάψαι τοὺς ἑαυ-
τῶν νεκρούς
9 2ab ἀφίενταί (ἀφέων. MVBSς) σου
αἱ ἁμαρτίαι
9 5ab ἀφίενταί (ἀφέων. MVBSς) σου
αἱ ἁμαρτίαι
9 6b ὅτι ἐξουσίαν ἔχει ... ἀφιέναι ἁμαρ-
τίας
12 31ab πᾶσα ἁμαρτία καὶ βλασφημία
ἀφεθήσεται τοῖς ἀνθρώποις, ↔
12 31a ἡ δὲ τοῦ πνεύματος βλασφημία
οὐκ ἀφεθήσεται
12 32a ὃς ἐὰν εἴπῃ λόγον κατὰ τοῦ υἱοῦ
τοῦ ἀνθρώπου, ἀφεθήσεται αὐτῷ·
↔
12 32a ὃς δ' ἂν εἴπῃ κατὰ τοῦ πνεύματος
τοῦ ἁγίου, οὐκ ἀφεθήσεται αὐτῷ
13 30c ἄφετε συναυξάνεσθαι ἀμφότερα
ἕως (μέχρι MVBSTς) τοῦ θερι-
σμοῦ
13 36 τότε ἀφεὶς τοὺς ὄχλους ἦλθεν εἰς
τὴν οἰκίαν
15 14c ἄφετε αὐτούς
18 12 οὐχὶ ἀφήσει (ἀφεὶς VSTς) τὰ ἐνε-
νήκοντα ἐννέα ⟨;⟩
18 21 ποσάκις ἁμαρτήσει | εἰς ἐμὲ ὁ
ἀδελφός μου (~VBS) καὶ ἀφήσω
αὐτῷ;
18 27 τὸ δάνειον ἀφῆκεν αὐτῷ
18 32b πᾶσαν τὴν ὀφειλὴν ἐκείνην ἀφῆκά
σοι
18 35 οὕτως ... ποιήσει ὑμῖν, ἐὰν μὴ
ἀφῆτε ἕκαστος τῷ ἀδελφῷ αὐτοῦ
19 14c ἄφετε τὰ παιδία ... ἐλθεῖν πρός με
19 27 ἡμεῖς ἀφήκαμεν πάντα καὶ ἠκολου-
θήσαμέν σοι
19 29 πᾶς ὅστις ἀφῆκεν | οἰκίας ἢ ἀδελ-
φοὺς ... ἢ ἀγρούς (~ST) ἕνεκεν
τοῦ | ὀνόματός μου (ἐμοῦ ὀ. NTH)
22 22 καὶ ἀφέντες αὐτὸν ἀπῆλθαν
22 25 μὴ ἔχων σπέρμα ἀφῆκεν τὴν γυναῖ-
κα αὐτοῦ τῷ ἀδελφῷ αὐτοῦ
23 13 οὐδὲ τοὺς εἰσερχομένους ἀφίετε εἰσ-
ελθεῖν
23 23 καὶ ἀφήκατε τὰ βαρύτερα τοῦ νό-
μου
23 23 ταῦτα δὲ ([N26]; —BSTς) ἔδει
ποιῆσαι κἀκεῖνα μὴ ἀφιέναι (ἀφεῖ-
ναι NTH)
23 38a ἰδοὺ ἀφίεται ὑμῖν ὁ οἶκος ὑμῶν
ἔρημος (—NH)
24 2a οὐ μὴ ἀφεθῇ ὧδε λίθος ἐπὶ λίθον
24 40a εἷς παραλαμβάνεται καὶ εἷς ἀφίεται
24 41a μία παραλαμβάνεται καὶ μία ἀφίε-
ται
26 44 ἀφεὶς αὐτοὺς πάλιν ἀπελθὼν προσ-
ηύξατο
26 56 οἱ μαθηταὶ πάντες ἀφέντες αὐτὸν
ἔφυγον
27 49c ἄφες ἴδωμεν εἰ ἔρχεται 'Ηλίας
27 50 ὁ δὲ 'Ιησοῦς πάλιν κράξας φωνῇ
μεγάλῃ ἀφῆκεν τὸ πνεῦμα
Mc 1 18 καὶ εὐθὺς ἀφέντες τὰ δίκτυα (+αὐ-
τῶν Sς) ἠκολούθησαν αὐτῷ
1 20 ἀφέντες τὸν πατέρα αὐτῶν Ζεβε-
δαῖον ... ἀπῆλθον
1 31 καὶ ἀφῆκεν αὐτὴν ὁ πυρετός (+
εὐθύς VS)
1 34 οὐκ ἤφιεν λαλεῖν τὰ δαιμόνια
2 5ab τέκνον, ἀφίενταί (ἀφέωνταί ς)
σου αἱ ἁμαρτίαι

Mc 2 7b τίς δύναται ἀφιέναι ἁμαρτίας εἰ
μὴ εἷς ὁ θεός;
2 9ab εἰπεῖν τῷ παραλυτικῷ· | ἀφίεν-
ταί σου (ἀφέωνταί σοι ς) αἱ
ἁμαρτίαι
2 10b ὅτι ἐξουσίαν ἔχει ... | ἀφιέναι
ἁμαρτίας ἐπὶ τῆς γῆς (~VSςT)
3 28ab ὅτι πάντα ἀφεθήσεται τοῖς υἱοῖς
τῶν ἀνθρώπων τὰ ἁμαρτήματα
4 12a ἵνα ... μήποτε ἐπιστρέψωσιν καὶ
ἀφεθῇ αὐτοῖς
4 36 καὶ ἀφέντες τὸν ὄχλον παρα-
λαμβάνουσιν αὐτόν
5 19 καὶ οὐκ ἀφῆκεν αὐτόν
5 37 οὐκ ἀφῆκεν οὐδένα μετ' αὐτοῦ
συνακολουθῆσαι εἰ μή
7 8 ἀφέντες (+γὰρ Vς) τὴν ἐντολὴν
τοῦ θεοῦ κρατεῖτε τὴν παράδοσιν
τῶν ἀνθρώπων
7 12 οὐκέτι ἀφίετε αὐτὸν οὐδὲν ποιῆσαι
τῷ πατρί
7 27c ἄφες πρῶτον χορτασθῆναι τὰ τέκ-
να
8 13 καὶ ἀφεὶς αὐτοὺς | πάλιν ἐμβὰς
(~Vς) ἀπῆλθεν
10 14c ἄφετε τὰ παιδία ἔρχεσθαι πρός με
10 28 ἰδοὺ ἡμεῖς ἀφήκαμεν πάντα
10 29 οὐδείς ἐστιν ὃς ἀφῆκεν οἰκίαν ...
ἢ ἀγροὺς ἕνεκεν ἐμοῦ
11 6 καὶ ἀφῆκαν αὐτούς
11 16 καὶ οὐκ ἤφιεν ἵνα τις διενέγκῃ
σκεῦος διὰ τοῦ ἱεροῦ
11 25 ἀφίετε εἴ τι ἔχετε κατά τινος, ↔
11 25b ἵνα καὶ ὁ πατὴρ ὑμῶν ... ἀφῇ
ὑμῖν τὰ παραπτώματα ὑμῶν. ↔
11 26 *⟨εἰ δὲ ὑμεῖς οὐκ ἀφίετε (+VBς..),
↔
11 26b *| οὐδὲ ὁ πατὴρ ὑμῶν ... ἀφήσει τὰ
παραπτώματα ὑμῶν (.. +VBς)
12 12 καὶ ἀφέντες αὐτὸν ἀπῆλθον
12 19 ἐάν τινος ἀδελφὸς ἀποθάνῃ ... καὶ
|μὴ ἀφῇ τέκνον (~BS; τέκνα μ. ἀ.
Vς)
12 20 καὶ ἀποθνήσκων οὐκ ἀφῆκεν σπέρμα
12 21 *ἀπέθανεν | καὶ οὐδὲ αὐτὸς ἀφῆκεν
(Vς; μὴ καταλιπὼν rl) σπέρμα
12 22 καὶ | οἱ ἑπτὰ (ἔλαβον αὐτὴν οἱ
ἑπτὰ καὶ Vς) οὐκ ἀφῆκαν σπέρμα
13 2a οὐ μὴ ἀφεθῇ ὧδε (—NMTς) λί-
θος ἐπὶ λίθον
13 34 ὡς ἄνθρωπος ἀπόδημος ἀφεὶς τὴν
οἰκίαν αὐτοῦ
14 6c ὁ δὲ 'Ιησοῦς εἶπεν· ἄφετε αὐτήν
14 50 καὶ ἀφέντες αὐτὸν | ἔφυγον πάντες
(~Vς)
15 36c ἄφετε ἴδωμεν εἰ ἔρχεται 'Ηλίας
15 37 ὁ δὲ 'Ιησοῦς ἀφεὶς φωνὴν μεγάλην
ἐξέπνευσεν
Lc 4 39 ἐπετίμησεν τῷ πυρετῷ καὶ ἀφῆκεν
αὐτήν
5 11 ἀφέντες πάντα (ἅπαντα VSς)
ἠκολούθησαν αὐτῷ
5 20ab ἀφέωνταί σοι αἱ ἁμαρτίαι σου
5 21b τίς δύναται ἁμαρτίας ἀφεῖναι
(ἀφιέναι VBSς) ⟨;⟩
5 23ab εἰπεῖν· ἀφέωνταί σοι αἱ ἁμαρτίαι
σου
5 24b ὅτι ... ἐξουσίαν ἔχει ἐπὶ τῆς γῆς
ἀφιέναι ἁμαρτίας
6 42c ἀδελφέ, ἄφες ἐκβάλω τὸ κάρφος
7 47ab οὗ χάριν λέγω σοι, ἀφέωνται | αἱ
ἁμαρτίαι αὐτῆς (~T)
7 47a ᾧ δὲ ὀλίγον ἀφίεται, ὀλίγον ἀγαπᾷ
7 48ab εἶπεν δὲ αὐτῇ· ἀφέωνταί σου αἱ
ἁμαρτίαι

Lc 7 49ᵇ τίς οὗτός ἐστιν, ὃς καὶ ἁμαρτίας
        ἀφίησιν;
    8 51 οὐκ ἀφῆκεν εἰσελθεῖν τινα σὺν
        αὐτῷ
    9 60ᶜ ἄφες τοὺς νεκροὺς θάψαι τοὺς
        ἑαυτῶν νεκρούς
    10 30 ἐκδύσαντες αὐτὸν ... ἀπῆλθον
        ἀφέντες ἡμιθανῆ (+τυγχάνοντα
        Vϛ)
    11 4ᵇᶜ καὶ ἄφες ἡμῖν τὰς ἁμαρτίας ἡμῶν,
        ↔
    11 4 καὶ γὰρ αὐτοὶ ἀφίομεν (ἀφίεμεν ϛ)
        παντὶ ὀφείλοντι ἡμῖν
    11 42 *ταῦτα δὲ (—Τϛ) ἔδει ποιῆσαι
        κἀκεῖνα μὴ ἀφιέναι (ϛ; παρεῖναι rl)
    12 10ᵃ πᾶς ὃς ἐρεῖ λόγον εἰς τὸν υἱὸν τοῦ
        ἀνθρώπου, ἀφεθήσεται αὐτῷ· ↔
    12 10ᵃ τῷ δὲ εἰς τὸ ἅγιον πνεῦμα βλα-
        σφημήσαντι οὐκ ἀφεθήσεται
    12 39 εἰ ᾔδει ... | οὐκ ἂν (ἐγρηγόρησεν
        ἂν καὶ οὐκ VBHϛ; [ἑ. ἂν κ.] οὐκ S)
        ἀφῆκεν διορυχθῆναι τὸν οἶκον
        αὐτοῦ
    13 8ᶜ κύριε, ἄφες αὐτὴν καὶ τοῦτο τὸ ἔτος
    13 35ᵃ ἰδοὺ ἀφίεται ὑμῖν ὁ οἶκος ὑμῶν
    17 3ᶜ ἐὰν μετανοήσῃ, ἄφες αὐτῷ
    17 4 ἐὰν ... ἐπιστρέψῃ πρὸς σὲ λέγων·
        μετανοῶ, ἀφήσεις αὐτῷ
    17 34ᵃ ὁ (—Τ) εἷς παραλημφθήσεται καὶ
        ὁ ἕτερος ἀφεθήσεται
    17 35ᵃ ἡ μία παραλημφθήσεται ἡ δὲ
        ἑτέρα ἀφεθήσεται
    18 16ᶜ ἄφετε τὰ παιδία ἔρχεσθαι πρός με
    18 28 ἰδοὺ ἡμεῖς | ἀφέντες τὰ ἴδια (ἀφή-
        καμεν πάντα καὶ ϛ) ἠκολουθήσαμέν
        σοι
    18 29 οὐδείς ἐστιν ὃς ἀφῆκεν οἰκίαν
        ... ἢ τέκνα ἕνεκεν τῆς βασιλείας
        τοῦ θεοῦ
    19 44 οὐκ ἀφήσουσιν λίθον ἐπὶ λίθον ἐν
        σοί
    21 6ᵃ ἐν αἷς οὐκ ἀφεθήσεται λίθος ἐπὶ
        λίθῳ (+ ὧδε Η) ὃς οὐ καταλυθή-
        σεται
    23 34ᶜ | πάτερ, ἄφες αὐτοῖς [.. N²⁶NH..]
Jo 4 3 ἀφῆκεν τὴν Ἰουδαίαν καὶ ἀπῆλθεν
        πάλιν εἰς τὴν Γαλιλαίαν
    4 28 ἀφῆκεν οὖν τὴν ὑδρίαν αὐτῆς ἡ
        γυνὴ
    4 52 ἀφῆκεν αὐτὸν ὁ πυρετός
    8 29 οὐκ ἀφῆκέν με μόνον
    10 12 ὁ μισθωτὸς ... θεωρεῖ τὸν λύκον
        ἐρχόμενον καὶ ἀφίησιν τὰ πρόβατα
    11 44ᶜ λύσατε αὐτὸν καὶ ἄφετε αὐτὸν
        ([S]; — Vϛ) ὑπάγειν
    11 48 ἐὰν ἀφῶμεν αὐτὸν οὕτως, πάντες
        πιστεύσουσιν εἰς αὐτόν
    12 7ᶜ εἶπεν οὖν ὁ Ἰησοῦς· ἄφες αὐτήν
    14 18 οὐκ ἀφήσω ὑμᾶς ὀρφανούς
    14 27 εἰρήνην ἀφίημι ὑμῖν
    16 28 πάλιν ἀφίημι τὸν κόσμον
    16 32 ἵνα σκορπισθῆτε ἕκαστος εἰς τὰ
        ἴδια κἀμὲ μόνον ἀφῆτε
    18 8ᶜ εἰ οὖν ἐμὲ ζητεῖτε, ἄφετε τούτους
        ὑπάγειν
    20 23ᵇ ἄν τινων ἀφῆτε τὰς ἁμαρτίας, ↔
    20 23ᵃ ἀφέωνται (-ίενται ϛ) αὐτοῖς
Ac 5 38ᶜ ἀπόστητε ἀπὸ τῶν ἀνθρώπων
        τούτων καὶ ἄφετε (ἐάσατε Sϛ)
        αὐτούς
    8 22ᵃ εἰ ἄρα ἀφεθήσεταί σοι ἡ ἐπίνοια
        τῆς καρδίας σου
    14 17 οὐκ ἀμάρτυρον αὐτὸν (ἑ. BSϛ)
        ἀφῆκεν ἀγαθουργῶν

Rm 1 27 ὁμοίως τε καὶ οἱ ἄρσενες ἀφέντες
        τὴν φυσικὴν χρῆσιν τῆς θηλείας
    4 7ᵃ μακάριοι ὧν ἀφέθησαν αἱ ἀνομίαι
1C 7 11 ⟨παραγγέλλω⟩ ἄνδρα γυναῖκα
        μὴ ἀφιέναι
    7 12 εἰ ... αὕτη συνευδοκεῖ οἰκεῖν μετ᾽
        αὐτοῦ, μὴ ἀφιέτω αὐτήν· ↔
    7 13 καὶ γυνὴ ... μὴ ἀφιέτω τὸν ἄνδρα
Hb 2 8 οὐδὲν ἀφῆκεν αὐτῷ ἀνυπότακτον
    6 1 διὸ ἀφέντες τὸν τῆς ἀρχῆς τοῦ
        Χριστοῦ λόγον ἐπὶ τὴν τελειότητα
        φερώμεθα
Jc 5 15ᵃᵇ κἂν ἁμαρτίας ᾖ πεποιηκώς, ἀφ-
        εθήσεται αὐτῷ
1Jo 1 9ᵇ ἵνα ἀφῇ ἡμῖν τὰς ἁμαρτίας
    2 12ᵃᵇ ὅτι ἀφέωνται ὑμῖν αἱ ἁμαρτίαι
Ap 2 4 ἔχω κατὰ σοῦ ὅτι τὴν ἀγάπην σου
        τὴν πρώτην ἀφῆκες (-ας NMVBSϛ)
    2 20 ὅτι ἀφεῖς (ἐᾷς ϛ) τὴν γυναῖκα
        (+σου B) Ἰεζάβελ
    11 9 τὰ πτώματα αὐτῶν οὐκ ἀφίουσιν
        (ἀφήσουσιν ϛ) τεθῆναι εἰς μνῆμα

ἀφικνέομαι
    δι-   ἐφ-
Rm 16 19 ἡ γὰρ ὑμῶν ὑπακοὴ εἰς πάντας
        ἀφίκετο

ἀφιλάγαθος
2Tm 3 3 ⟨ἔσονται γὰρ οἱ ἄνθρωποι⟩ ἄστορ-
        γοι ... ἀνήμεροι, ἀφιλάγαθοι

ἀφιλάργυρος
1Tm 3 3 ⟨τὸν ἐπίσκοπον ... εἶναι⟩ ἄμαχον,
        ἀφιλάργυρον
Hb 13 5 ἀφιλάργυρος ὁ τρόπος, ἀρκούμενοι
        τοῖς παροῦσιν

ἄφιξις
Ac 20 29 ὅτι εἰσελεύσονται μετὰ τὴν ἄφιξίν
        μου λύκοι βαρεῖς εἰς ὑμᾶς

ἀφίστημι
    → ἵστημι
    ᵃ trans.
Lc 2 37 ἣ οὐκ ἀφίστατο τοῦ ἱεροῦ νηστεί-
        αις καὶ δεήσεσιν λατρεύουσα
    4 13 ὁ διάβολος ἀπέστη ἀπ᾽ αὐτοῦ
        ἄχρι καιροῦ
    8 13 οἳ πρὸς καιρὸν πιστεύουσιν καὶ
        ἐν καιρῷ πειρασμοῦ ἀφίστανται
    13 27 ἀπόστητε ἀπ᾽ ἐμοῦ πάντες ἐργά-
        ται ἀδικίας
Ac 5 37ᵃ ἀνέστη Ἰούδας ... καὶ ἀπέστησεν
        λαὸν (+ ἱκανὸν Vϛ) ὀπίσω αὐτοῦ
    5 38 λέγω ὑμῖν, ἀπόστητε ἀπὸ τῶν
        ἀνθρώπων τούτων
    12 10 καὶ εὐθέως ἀπέστη ὁ ἄγγελος ἀπ᾽
        αὐτοῦ
    15 38 ἠξίου, τὸν ἀποστάντα ἀπ᾽ αὐτῶν
        ἀπὸ Παμφυλίας ... μὴ συμπαρα-
        λαμβάνειν τοῦτον
    19 9 ἀποστὰς ἀπ᾽ αὐτῶν ἀφώρισεν
        τοὺς μαθητὰς
    22 29 ἀπέστησαν ἀπ᾽ αὐτοῦ οἱ μέλλον-
        τες αὐτὸν ἀνετάζειν
2C 12 8 ὑπὲρ τούτου τρὶς τὸν κύριον
        παρεκάλεσα, ἵνα ἀποστῇ ἀπ᾽
        ἐμοῦ
1Tm 4 1 ὅτι ἐν ὑστέροις καιροῖς ἀποστή-
        σονταί τινες τῆς πίστεως
    6 5 *| ἀφίστασο ἀπὸ τῶν τοιούτων
        (+ϛ)
2Tm 2 19 ἀποστήτω ἀπὸ ἀδικίας πᾶς ὁ
        ὀνομάζων τὸ ὄνομα κυρίου
Hb 3 12 καρδία πονηρὰ ἀπιστίας ἐν τῷ
        ἀποστῆναι ἀπὸ θεοῦ ζῶντος

ἄφνω
Ac 2 2 ἐγένετο ἄφνω ἐκ τοῦ οὐρανοῦ
        ἦχος

Ac 16 26 ἄφνω δὲ σεισμὸς ἐγένετο μέγας
    28 6 προσεδόκων αὐτὸν μέλλειν ...
        καταπίπτειν ἄφνω νεκρόν

ἀφόβως
Lc 1 74 ⟨δοῦναι ἡμῖν⟩ ἀφόβως ἐκ χειρὸς
        ἐχθρῶν ῥυσθέντας λατρεύειν αὐτῷ
1C 16 10 βλέπετε ἵνα ἀφόβως γένηται πρὸς
        ὑμᾶς
Ph 1 14 τολμᾶν ἀφόβως τὸν λόγον (+τοῦ
        θεοῦ NMVBSTH) λαλεῖν
Jd 12 οὗτοί εἰσιν οἱ ἐν ταῖς ἀγάπαις ὑμῶν
        σπιλάδες συνευωχούμενοι ἀφόβως

ἀφομοιόω
    → ὁμοιόω
Hb 7 3 ⟨Μελχισέδεκ⟩ ἀφωμοιωμένος δὲ
        τῷ υἱῷ τοῦ θεοῦ, μένει ἱερεύς

ἀφοράω
    → ὁράω
Ph 2 23 τοῦτον μὲν οὖν ἐλπίζω πέμψαι ὡς
        ἂν ἀφίδω (ἀπίδω VBSϛ) τὰ περὶ
        ἐμὲ ἐξαυτῆς
Hb 12 2 ἀφορῶντες εἰς τὸν τῆς πίστεως
        ἀρχηγὸν καὶ τελειωτὴν Ἰησοῦν

ἀφορίζω
    → ὁρίζω
    ᵃ ἀ. εἰς
Mt 13 49 ἀφοριοῦσιν τοὺς πονηροὺς ἐκ μέ-
        σου τῶν δικαίων
    25 32 ἀφορίσει (-ριεῖ Vϛ) αὐτοὺς ἀπ᾽
        ἀλλήλων, ↔
    25 32 ὥσπερ ὁ ποιμὴν ἀφορίζει τὰ πρό-
        βατα ἀπὸ τῶν ἐρίφων
Lc 6 22 μακάριοί ἐστε ... ὅταν ἀφορίσωσιν
        ὑμᾶς καὶ ὀνειδίσωσιν
Ac 13 2ᵃ ἀφορίσατε δή μοι τὸν Βαρναβᾶν
        καὶ Σαῦλον εἰς τὸ ἔργον
    19 9 ἀποστὰς ἀπ᾽ αὐτῶν ἀφώρισεν
        τοὺς μαθητὰς
Rm 1 1ᵃ Παῦλος ... κλητὸς ἀπόστολος
        ἀφωρισμένος εἰς εὐαγγέλιον θεοῦ
        (πᾶσιν τοῖς οὖσιν ἐν Ῥώμῃ)
2C 6 17 διὸ ἐξέλθατε ἐκ μέσου αὐτῶν καὶ
        ἀφορίσθητε, λέγει κύριος
G 1 15 ὅτε δὲ εὐδόκησεν | ὁ θεὸς ([N²⁶H];
        — NMBT) ὁ ἀφορίσας με
    2 12 ὑπέστελλεν καὶ ἀφώριζεν ἑαυτόν

ἀφορμή
Rm 7 8 ἀφορμὴν δὲ λαβοῦσα ἡ ἁμαρτία
        διὰ τῆς ἐντολῆς
    7 11 ἡ γὰρ ἁμαρτία ἀφορμὴν λαβοῦσα
        διὰ τῆς ἐντολῆς
2C 5 12 ἀλλὰ ἀφορμὴν διδόντες ὑμῖν καυχή-
        ματος ὑπὲρ ἡμῶν
    11 12 ἵνα ἐκκόψω τὴν ἀφορμὴν ↔
    11 12 τῶν θελόντων ἀφορμήν
G 5 13 μόνον μὴ τὴν ἐλευθερίαν εἰς ἀφορ-
        μὴν τῇ σαρκί
1Tm 5 14 μηδεμίαν ἀφορμὴν διδόναι τῷ ἀν-
        τικειμένῳ λοιδορίας χάριν

ἀφρίζω
    ἐπ-
Mc 9 18 ῥήσσει αὐτὸν (—Τ), καὶ ἀφρίζει
    9 20 πεσὼν ἐπὶ τῆς γῆς ἐκυλίετο ἀφρί-
        ζων

ἀφρός
Lc 9 39 σπαράσσει αὐτὸν μετὰ ἀφροῦ

ἀφροσύνη
Mc 7 22 ⟨ἔσωθεν ... οἱ διαλογισμοὶ οἱ κα-
        κοὶ ἐκπορεύονται⟩ ὑπερηφανία,
        ἀφροσύνη
2C 11 1 ὄφελον ἀνείχεσθέ μου μικρόν | τι
        ἀφροσύνης (τῇ ἀφροσύνῃ ϛ)
    11 17 οὐ κατὰ κύριον λαλῶ, ἀλλ᾽ ὡς ἐν
        ἀφροσύνῃ

2C 11 21 ἐν ᾧ δ' ἄν τις τολμᾷ, ἐν ἀφροσύνῃ λέγω, τολμῶ κἀγώ

ἄφρων
ᵃ voc.

Lc 11 40ᵃ ἄφρονες, οὐχ ὁ ποιήσας τὸ ἔξωθεν καὶ τὸ ἔσωθεν ἐποίησεν;

12 20ᵃ ἄφρων, ταύτῃ τῇ νυκτὶ τὴν ψυχήν σου ἀπαιτοῦσιν ([ἀπ]αιτ. S; αἰτ. H) ἀπὸ σοῦ

Rm 2 20 ⟨πέποιθάς τε σεαυτὸν ὁδηγὸν εἶναι τυφλῶν⟩ παιδευτὴν ἀφρόνων

1C 15 36ᵃ ἄφρων (-ρον ς), σὺ ὃ σπείρεις, οὐ ζῳοποιεῖται

2C 11 16 πάλιν λέγω, μή τίς με δόξῃ ἄφρονα εἶναι

11 16 κἂν ὡς ἄφρονα δέξασθέ με

11 19 ἡδέως γὰρ ἀνέχεσθε τῶν ἀφρόνων φρόνιμοι ὄντες

12 6 οὐκ ἔσομαι ἄφρων, ἀλήθειαν γὰρ ἐρῶ

12 11 γέγονα ἄφρων· ὑμεῖς με ἠναγκάσατε

E 5 17 διὰ τοῦτο μὴ γίνεσθε ἄφρονες

1Pt 2 15 ἀγαθοποιοῦντας φιμοῦν τὴν τῶν ἀφρόνων ἀνθρώπων ἀγνωσίαν

ἀφυπνόω

Lc 8 23 πλεόντων δὲ αὐτῶν ἀφύπνωσεν

ἀφυστερέω
→ ὑστερέω

Jc 5 4 ᵃ ὁ μισθὸς τῶν ἐργατῶν ... ὁ ἀφυστερημένος (NBTH; ἀπεστ. rl) ἀφ' ὑμῶν κράζει

ἄφωνος

Ac 8 32 ὡς ἀμνὸς ἐναντίον τοῦ κείραντος (N²⁶ST; -ροντος rl) αὐτὸν ἄφωνος

1C 12 2 ὅτε ἔθνη ἦτε πρὸς τὰ εἴδωλα τὰ ἄφωνα ὡς ἂν ἤγεσθε ἀπαγόμενοι

14 10 τοσαῦτα ... γένη φωνῶν εἰσιν ἐν κόσμῳ, καὶ οὐδὲν ἄφωνον

2Pt 2 16 ὑποζύγιον ἄφωνον ἐν ἀνθρώπου φωνῇ φθεγξάμενον ἐκώλυσεν

Ἀχάζ
Ἄχαζ MVBSTς; Ἄχας H

Mt 1 9 Ἰωαθὰμ δὲ ἐγέννησεν τὸν Ἀχάζ
1 9 Ἀχὰζ δὲ ἐγέννησεν τὸν Ἐζεκίαν

Ἀχαΐα
Ἀχαΐα H

Ac 18 12 Γαλλίωνος δὲ ἀνθυπάτου ὄντος τῆς Ἀχαΐας

18 27 βουλομένου δὲ αὐτοῦ διελθεῖν εἰς τὴν Ἀχαΐαν

19 21 διελθὼν τὴν Μακεδονίαν καὶ Ἀχαΐαν

Rm 15 26 εὐδόκησαν γὰρ Μακεδονία καὶ Ἀχαΐα κοινωνίαν τινὰ ποιήσασθαι

16 5 *ὅς ἐστιν ἀπαρχὴ τῆς Ἀχαΐας (ς; Ἀσίας rl) εἰς Χριστόν

1C 16 15 ὅτι ἐστὶν (ἔστ. T) ἀπαρχὴ τῆς Ἀχαΐας

2C 1 1 Παῦλος ... τοῖς ἁγίοις πᾶσιν τοῖς οὖσιν ἐν ὅλῃ τῇ Ἀχαΐᾳ

9 2 ὅτι Ἀχαΐα παρεσκεύασται ἀπὸ πέρυσι

11 10 ὅτι ... οὐ φραγήσεται εἰς ἐμὲ ἐν τοῖς κλίμασιν τῆς Ἀχαΐας

1Th 1 7 τοῖς πιστεύουσιν ἐν τῇ Μακεδονίᾳ καὶ ἐν τῇ Ἀχαΐᾳ

1 8 ἐξήχηται ὁ λόγος τοῦ κυρίου οὐ μόνον ἐν τῇ Μακεδονίᾳ καὶ | ἐν τῇ (+[N²⁶S]T) Ἀχαΐᾳ

Ἀχαϊκός

1C 16 17 χαίρω δὲ ἐπὶ τῇ παρουσίᾳ ... Φορτουνάτου καὶ Ἀχαϊκοῦ

ἀχάριστος

Lc 6 35 ὅτι αὐτὸς χρηστός ἐστιν ἐπὶ τοὺς ἀχαρίστους καὶ πονηρούς

2Tm 3 2 ἔσονται γὰρ οἱ ἄνθρωποι ... γονεῦσιν ἀπειθεῖς, ἀχάριστοι

Ἄχας
→ Ἀχάζ

ἀχειροποίητος

Mc 14 58 καὶ διὰ τριῶν ἡμερῶν ἄλλον ἀχειροποίητον οἰκοδομήσω

2C 5 1 οἰκοδομὴν ἐκ θεοῦ ἔχομεν, οἰκίαν ἀχειροποίητον

Cl 2 11 ἐν ᾧ καὶ περιετμήθητε περιτομῇ ἀχειροποιήτῳ

Ἀχελδαμάχ
→ Ἀκελδαμάχ

Ἀχίμ
Ἀχείμ STHς

Mt 1 14 Σαδὼκ δὲ ἐγέννησεν τὸν Ἀχίμ, ↔
1 14 Ἀχὶμ δὲ ἐγέννησεν τὸν Ἐλιούδ

ἀχλύς

Ac 13 11 ἔπεσεν ἐπ' αὐτὸν ἀχλὺς καὶ σκότος

ἀχρεῖος

Mt 25 30 τὸν ἀχρεῖον δοῦλον ἐκβάλετε εἰς τὸ σκότος τὸ ἐξώτερον

Lc 17 10 λέγετε ὅτι δοῦλοι ἀχρεῖοί ἐσμεν

ἀχρειόω

Rm 3 12 πάντες ἐξέκλιναν, ἅμα ἠχρεώθησαν (ἠχρειώθησαν VSς)

ἄχρηστος

Phm 11 ⟨Ὀνήσιμον⟩ τόν ποτέ σοι ἄχρηστον νυνὶ δὲ ... εὔχρηστον

ἄχρι, ἄχρις
ᵃ ἄχρι(ς) οὗ
ᵇ ἄχρι(ς) ἧς ἡμέρας
ᶜ particula coniunctiva omisso οὗ

Mt 24 38ᵇ ἄχρι ἧς ἡμέρας εἰσῆλθεν Νῶε εἰς τὴν κιβωτόν

Mc [16 br] ἀπὸ ἀνατολῆς καὶ ἄχρι δύσεως

Lc 1 20ᵇ ἔσῃ ... μὴ δυνάμενος λαλῆσαι ἄχρι ἧς ἡμέρας γένηται ταῦτα

4 13 ὁ διάβολος ἀπέστη ἀπ' αὐτοῦ ἄχρι καιροῦ

17 27ᵇ ἄχρι ἧς ἡμέρας εἰσῆλθεν Νῶε εἰς τὴν κιβωτόν

21 24ᵃᶜ ἄχρι οὗ (—ς) πληρωθῶσιν [+ καὶ ἔσονται H] καιροὶ [+ καὶ ἔσονται καιροὶ S] ἐθνῶν

Ac 1 2ᵇ ⟨ὧν ἤρξατο ὁ Ἰησοῦς ποιεῖν⟩ ἄχρι ἧς ἡμέρας ... ἀνελήμφθη

1 22 *ἀρξάμενος ἀπὸ τοῦ βαπτίσματος Ἰωάννου ἄχρι (T; ἕως rl) τῆς ἡμέρας ἧς ἀνελήμφθη

2 29 τὸ μνῆμα αὐτοῦ ἔστιν ἐν ἡμῖν ἄχρι τῆς ἡμέρας ταύτης

3 21 δέξασθαι ἄχρι χρόνων ἀποκαταστάσεως πάντων

7 18ᵃ ⟨ἐπληθύνθη ἐν Αἰγύπτῳ⟩ ἄχρι (-ς VSς) οὗ ἀνέστη βασιλεὺς ἕτερος

11 5 καὶ ἦλθεν ἄχρι (-ς VBSς) ἐμοῦ

13 6 διελθόντες δὲ ὅλην τὴν νῆσον ἄχρι Πάφου

13 11 ἔσῃ τυφλὸς μὴ βλέπων τὸν ἥλιον ἄχρι καιροῦ

20 4 *συνείπετο δὲ αὐτῷ | ἄχρι τῆς Ἀσίας (— N²⁶NTH) Σώπατρος

20 6 καὶ ἤλθομεν ... εἰς τὴν Τρῳάδα ἄχρι (-ς ς) ἡμερῶν πέντε

20 11 ἐφ' ἱκανόν τε ὁμιλήσας ἄχρι (-ς ς) αὐγῆς

22 4 ὃς ταύτην τὴν ὁδὸν ἐδίωξα ἄχρι θανάτου

Ac 22 22 ἤκουον δὲ αὐτοῦ ἄχρι τούτου τοῦ λόγου

23 1 συνειδήσει ἀγαθῇ πεπολίτευμαι τῷ θεῷ ἄχρι ταύτης τῆς ἡμέρας

26 22 ἄχρι τῆς ἡμέρας ταύτης ἕστηκα μαρτυρόμενος

27 33ᵃ ἄχρι δὲ οὗ | ἡμέρα ἤμελλεν (∼ς) γίνεσθαι

28 15 ἦλθαν ([ἐξ]ῆλθον S; ἐξῆλθ. ς) εἰς ἀπάντησιν ἡμῖν ἄχρι (-ς Sς) Ἀππίου φόρου

Rm 1 13 ἐκωλύθην ἄχρι τοῦ δεῦρο

5 13 ἄχρι γὰρ νόμου ἁμαρτία ἦν ἐν κόσμῳ

8 22 πᾶσα ἡ κτίσις συστενάζει καὶ συνωδίνει ἄχρι τοῦ νῦν

11 25ᵃ ὅτι πώρωσις ... γέγονεν ἄχρι (-ς MVSTς) οὗ τὸ πλήρωμα τῶν ἐθνῶν εἰσέλθῃ

1C 4 11 ἄχρι τῆς ἄρτι ὥρας καὶ πεινῶμεν καὶ διψῶμεν

11 26ᵃ τὸν θάνατον τοῦ κυρίου καταγγέλλετε, ἄχρι (-ς VBSς) οὗ (+ ἂν ς) ἔλθῃ

15 25ᵃ δεῖ γὰρ αὐτὸν βασιλεύειν ἄχρι (-ς VSς) οὗ (+ ἂν ς) θῇ

2C 3 14 ἄχρι γὰρ τῆς σήμερον ἡμέρας (—ς) τὸ αὐτὸ κάλυμμα ... μένει

10 13 ἀλλὰ κατὰ τὸ μέτρον τοῦ κανόνος ... ἐφικέσθαι ἄχρι καὶ ὑμῶν

10 14 ἄχρι γὰρ καὶ ὑμῶν ἐφθάσαμεν ἐν τῷ εὐαγγελίῳ τοῦ Χριστοῦ

G 3 19ᵃᶜ προσετέθη, ἄχρις οὗ (ἂν NH) ἔλθῃ τὸ σπέρμα ᾧ ἐπήγγελται

4 2 ἄχρι τῆς προθεσμίας τοῦ πατρός

4 19ᵃ *οὓς πάλιν ὠδίνω ἄχρις (ς; μέχρις rl) οὗ μορφωθῇ Χριστὸς ἐν ὑμῖν

Ph 1 5 ⟨εὐχαριστῶ⟩ ἐπὶ τῇ κοινωνίᾳ ὑμῶν ... ἀπὸ τῆς (—Tς) πρώτης ἡμέρας ἄχρι τοῦ νῦν

1 6 ὅτι ὁ ἐναρξάμενος ... ἔργον ἀγαθὸν ἐπιτελέσει ἄχρι (-ς VSς) ἡμέρας | Χριστοῦ Ἰησοῦ (∼ BSHς)

Hb 3 13ᵃ παρακαλεῖτε ἑαυτοὺς καθ' ἑκάστην ἡμέραν, ἄχρις οὗ τὸ σήμερον καλεῖται

4 12 ὁ λόγος τοῦ θεοῦ ... διϊκνούμενος ἄχρι μερισμοῦ ψυχῆς καὶ πνεύματος

6 11 πρὸς τὴν πληροφορίαν τῆς ἐλπίδος ἄχρι τέλους

Ap 2 10 γίνου πιστὸς ἄχρι θανάτου

2 25ᵃ ὃ ἔχετε κρατήσατε ἄχρις (ἄχρι[ς] N²⁶; ἄχρις MVBSς; ἄχρι NTH) οὗ ἂν ἥξω

2 26 ὁ τηρῶν ἄχρι τέλους τὰ ἔργα μου

7 3ᵃᶜ μὴ ἀδικήσητε ... ἄχρι (ἄχρις οὗ ς) σφραγίσωμεν τοὺς δούλους τοῦ θεοῦ ἡμῶν

12 11 οὐκ ἠγάπησαν τὴν ψυχὴν αὐτῶν ἄχρι θανάτου

14 20 ἐξῆλθεν αἷμα ... ἄχρι τῶν χαλινῶν

15 8ᶜ οὐδεὶς ἐδύνατο εἰσελθεῖν εἰς τὸν ναὸν ἄχρι τελεσθῶσιν αἱ ἑπτὰ πληγαί

17 17ᶜ δοῦναι τὴν βασιλείαν αὐτῶν τῷ θηρίῳ, ἄχρι | τελεσθήσονται οἱ λόγοι (τελεσθῇ τὰ ῥήματα ς) τοῦ θεοῦ

18 5 ὅτι ἐκολλήθησαν αὐτῆς αἱ ἁμαρτίαι ἄχρι τοῦ οὐρανοῦ

Ap 20 3c ἵνα μὴ πλανήσῃ ἔτι τὰ ἔθνη, ἄχρι
     τελεσθῇ τὰ χίλια ἔτη
  20 5c οὐκ ἔζησαν ἄχρι (ἕως ς´) τελεσθῇ
     τὰ χίλια ἔτη

ἄχυρον

Mt 3 12 τὸ δὲ ἄχυρον κατακαύσει πυρὶ
    ἀσβέστῳ

Lc 3 17 τὸ δὲ ἄχυρον κατακαύσει πυρὶ
    ἀσβέστῳ

ἀψευδής

Tt 1 2 ἣν ἐπηγγείλατο ὁ ἀψευδὴς θεὸς
    πρὸ χρόνων αἰωνίων

ἄψινθος (ὁ, ἡ)

 a nomen stellae

Ap 8 11a τὸ ὄνομα τοῦ ἀστέρος λέγεται ὁ
    Ἄψινθος
  8 11 ἐγένετο τὸ τρίτον τῶν ὑδάτων εἰς
    ἄψινθον

ἄψυχος

1C 14 7 ὅμως τὰ ἄψυχα φωνὴν διδόντα,
    εἴτε αὐλὸς εἴτε κιθάρα

B

Βάαλ

Rm 11 4 ἑπτακισχιλίους ἄνδρας, οἵτινες οὐκ ἔκαμψαν γόνυ τῇ Βάαλ

Βαβυλών

Mt 1 11 ἐγέννησεν τὸν Ἰεχονίαν ... ἐπὶ τῆς μετοικεσίας Βαβυλῶνος. ↔

1 12 μετὰ δὲ τὴν μετοικεσίαν Βαβυλῶνος Ἰεχονίας ἐγέννησεν τὸν Σαλαθιήλ

1 17 ἀπὸ Δαυὶδ ἕως τῆς μετοικεσίας Βαβυλῶνος γενεαὶ δεκατέσσαρες, ↔

1 17 καὶ ἀπὸ τῆς μετοικεσίας Βαβυλῶνος ἕως τοῦ Χριστοῦ γενεαὶ δεκατέσσαρες

Ac 7 43 μετοικιῶ ὑμᾶς ἐπέκεινα Βαβυλῶνος

1Pt 5 13 ἀσπάζεται ὑμᾶς ἡ ἐν Βαβυλῶνι συνεκλεκτή

Ap 14 8 ἔπεσεν ἔπεσεν Βαβυλὼν ἡ μεγάλη

16 19 καὶ Βαβυλὼν ἡ μεγάλη ἐμνήσθη ἐνώπιον τοῦ θεοῦ

17 5 Βαβυλὼν ἡ μεγάλη, ἡ μήτηρ τῶν πορνῶν καὶ τῶν βδελυγμάτων τῆς γῆς

18 2 ἔπεσεν ἔπεσεν Βαβυλὼν ἡ μεγάλη

18 10 οὐαὶ οὐαί, ἡ πόλις ἡ μεγάλη, Βαβυλὼν ἡ πόλις ἡ ἰσχυρά

18 21 οὕτως ὁρμήματι βληθήσεται Βαβυλὼν ἡ μεγάλη πόλις

βάδος

→ βάτος (hebr. bat)

βαθέως

→ βαθύς

βαθμός

1Tm 3 13 βαθμὸν ἑαυτοῖς καλὸν περιποιοῦνται

βάθος

Mt 13 5 ἐξανέτειλεν διὰ τὸ μὴ ἔχειν βάθος γῆς

Mc 4 5 ἐξανέτειλεν (ἐξεβλάστησεν S) διὰ τὸ μὴ ἔχειν βάθος γῆς

Lc 5 4 ἐπανάγαγε εἰς τὸ βάθος

Rm 8 39 οὔτε ὕψωμα οὔτε βάθος ... δυνήσεται ἡμᾶς χωρίσαι

11 33 ὦ βάθος πλούτου καὶ σοφίας καὶ γνώσεως θεοῦ

1C 2 10 τὸ γὰρ πνεῦμα πάντα ἐραυνᾷ, καὶ τὰ βάθη τοῦ θεοῦ

2C 8 2 καὶ ἡ κατὰ βάθους πτωχεία αὐτῶν ἐπερίσσευσεν

E 3 18 ἵνα ἐξισχύσητε καταλαβέσθαι ... τί τὸ πλάτος καὶ μῆκος καὶ | ὕψος καὶ βάθος (∼ VSTϛ)

Ap 2 24 *οἵτινες οὐκ ἔγνωσαν τὰ βάθη (ϛ; βαθέα rl) τοῦ σατανᾶ, ὡς λέγουσιν

βαθύνω

Lc 6 48 ὃς ἔσκαψεν καὶ ἐβάθυνεν καὶ ἔθηκεν θεμέλιον ἐπὶ τὴν πέτραν

βαθύς

Lc 24 1 ὄρθρου βαθέως ἐπὶ τὸ μνῆμα ἦλθον

Jo 4 11 καὶ τὸ φρέαρ ἐστὶν βαθύ

Ac 20 9 καταφερόμενος ὕπνῳ βαθεῖ ... ἔπεσεν

Ap 2 24 οἵτινες οὐκ ἔγνωσαν τὰ βαθέα (βάθη ϛ) τοῦ σατανᾶ, ὡς λέγουσιν

βαΐον

Jo 12 13 ἔλαβον τὰ βαΐα τῶν φοινίκων

Βαλαάμ

2Pt 2 15 ἐξακολουθήσαντες τῇ ὁδῷ τοῦ Βαλαὰμ τοῦ Βοσόρ (Βεώρ NH)

Jd 11 καὶ τῇ πλάνῃ τοῦ Βαλαὰμ μισθοῦ ἐξεχύθησαν

Ap 2 14 ὅτι ἔχεις ἐκεῖ κρατοῦντας τὴν διδαχὴν Βαλαάμ

Βαλάκ

Ap 2 14 Βαλαάμ, ὃς ἐδίδασκεν τῷ Βαλὰκ βαλεῖν σκάνδαλον

βαλλάντιον

βαλάντιον ϛ

Lc 10 4 μὴ βαστάζετε βαλλάντιον, μὴ πήραν

12 33 ποιήσατε ἑαυτοῖς βαλλάντια μὴ παλαιούμενα

22 35 ὅτε ἀπέστειλα ὑμᾶς ἄτερ βαλλαντίου καὶ πήρας

22 36 ἀλλὰ νῦν ὁ ἔχων βαλλάντιον ἀράτω, ὁμοίως καὶ πήραν

βάλλω

ἀμφι-	ἐπι-	προ-
ἀνα-	κατα-	συμ-
ἀντι-	μετα-	ὑπερ-
δια-	παρα-	ὑπο-
ἐκ-	παρεμ-	
ἐμ-	περι-	

a β. εἰς φυλακήν, ἐν φυλακῇ

b β. εἰς (τὸ) πῦρ, γέενναν

c β. ἔξω

d β. κλῆρον

e aegrotum iacere

f β. οἶνον, ὕδωρ, μύρον

g βλητέος

Mt 3 10b πᾶν οὖν δένδρον ... ἐκκόπτεται καὶ εἰς πῦρ βάλλεται

4 6 εἰ υἱὸς εἶ τοῦ θεοῦ, βάλε σεαυτὸν κάτω

4 18 εἶδεν δύο ἀδελφούς ... βάλλοντας ἀμφίβληστρον εἰς τὴν θάλασσαν

5 13c εἰς οὐδὲν ἰσχύει ἔτι εἰ μὴ βληθὲν (-θῆναι ϛ) ἔξω καταπατεῖσθαι

5 25a μήποτέ σε παραδῷ ... καὶ εἰς φυλακὴν βληθήσῃ

5 29 ἔξελε αὐτὸν καὶ βάλε ἀπὸ σοῦ

5 29b ἵνα ... μὴ ὅλον τὸ σῶμά σου βληθῇ εἰς γέενναν

5 30 ἔκκοψον αὐτὴν καὶ βάλε ἀπὸ σοῦ

5 30b *ἵνα ... μὴ ὅλον τὸ σῶμά σου | βληθῇ εἰς γέενναν (ϛ; εἰς γ. ἀπέλθῃ rl)

6 30 τὸν χόρτον τοῦ ἀγροῦ ... αὔριον εἰς κλίβανον βαλλόμενον

7 6 μηδὲ βάλητε τοὺς μαργαρίτας ὑμῶν ἔμπροσθεν τῶν χοίρων

7 19b πᾶν δένδρον ... ἐκκόπτεται καὶ εἰς πῦρ βάλλεται

8 6e ὁ παῖς μου βέβληται ἐν τῇ οἰκίᾳ παραλυτικός

8 14e εἶδεν τὴν πενθερὰν αὐτοῦ βεβλημένην καὶ πυρέσσουσαν

9 2e προσέφερον αὐτῷ παραλυτικὸν ἐπὶ κλίνης βεβλημένον

Mt 9 17f οὐδὲ βάλλουσιν οἶνον νέον εἰς ἀσκοὺς παλαιούς

9 17f ἀλλὰ βάλλουσιν οἶνον νέον εἰς ἀσκοὺς καινούς

10 34 μὴ νομίσητε ὅτι ἦλθον βαλεῖν εἰρήνην ἐπὶ τὴν γῆν· ↔

10 34 οὐκ ἦλθον βαλεῖν εἰρήνην ἀλλὰ μάχαιραν

13 42b βαλοῦσιν αὐτοὺς εἰς τὴν κάμινον τοῦ πυρός

13 47 ὁμοία ἐστὶν ἡ βασιλεία τῶν οὐρανῶν σαγήνῃ βληθείσῃ εἰς τὴν θάλασσαν

13 48c τὰ δὲ σαπρὰ ἔξω ἔβαλον

13 50b καὶ βαλοῦσιν αὐτοὺς εἰς τὴν κάμινον τοῦ πυρός

15 26 λαβεῖν τὸν ἄρτον τῶν τέκνων καὶ βαλεῖν τοῖς κυναρίοις

17 27 ἵνα δὲ μὴ σκανδαλίσωμεν (-ίζωμεν T) αὐτούς ... βάλε ἄγκιστρον

18 8 ἔκκοψον αὐτὸν καὶ βάλε ἀπὸ σοῦ

18 8b ἢ δύο χεῖρας ἢ δύο πόδας ἔχοντα βληθῆναι εἰς τὸ πῦρ τὸ αἰώνιον

18 9 ἔξελε αὐτὸν καὶ βάλε ἀπὸ σοῦ

18 9b ἢ δύο ὀφθαλμοὺς ἔχοντα βληθῆναι εἰς τὴν γέενναν τοῦ πυρός

18 30a ἔβαλεν αὐτὸν εἰς φυλακὴν ἕως (+ οὗ MVBSϛ) ἀποδῷ

21 21 ἄρθητι καὶ βλήθητι εἰς τὴν θάλασσαν

22 13 * | ἄρατε αὐτὸν ποδῶν καὶ χειρῶν καὶ βάλετε αὐτὸν (S; δήσαντες αὐτοῦ πόδας καὶ χεῖρας ἄρ. αὐ. καὶ ἐκβάλετε ϛ; δ. αὐ. π. κ. χ. ἐ. αὐτὸν rl) εἰς τὸ σκότος τὸ ἐξώτερον

25 27 ἔδει σε οὖν βαλεῖν | τὰ ἀργύριά (τὸ ἀργύριόν VSϛ) μου τοῖς τραπεζίταις

26 12f βαλοῦσα γὰρ αὕτη τὸ μύρον τοῦτο ἐπὶ τοῦ σώματός μου

27 6 οὐκ ἔξεστιν βαλεῖν αὐτὰ εἰς τὸν κορβανᾶν

27 35d διεμερίσαντο τὰ ἱμάτια αὐτοῦ βάλλοντες (βαλόντες BT) κλῆρον

27 35d * | ἐπὶ τὸν ἱματισμόν μου ἔβαλον κλῆρον (+ .. ϛ)

Mc 1 16 *εἶδεν Σίμωνα καὶ Ἀνδρέαν ... | βάλλοντας ἀμφίβληστρον (ϛ; ἀμφιβάλλοντας rl) ἐν τῇ θαλάσσῃ

2 22f οὐδεὶς βάλλει οἶνον νέον εἰς ἀσκοὺς παλαιούς

2 22fg * | ἀλλὰ οἶνον νέον εἰς ἀσκοὺς καινούς ([NH]; —T) βλητέον (+Vϛ)

4 26 ὡς (+ἐὰν [V]ϛ) ἄνθρωπος βάλῃ τὸν σπόρον ἐπὶ τῆς γῆς

7 27 λαβεῖν τὸν ἄρτον τῶν τέκνων καὶ τοῖς κυναρίοις βαλεῖν

7 30e εὗρεν | τὸ παιδίον βεβλημένον (τὴν θυγατέρα βεβλημένην ϛ) ἐπὶ τὴν κλίνην

7 33 ἔβαλεν τοὺς δακτύλους αὐτοῦ (—T) εἰς τὰ ὦτα αὐτοῦ

Mc 9 22ᵇ καὶ εἰς πῦρ αὐτὸν ἔβαλεν καὶ εἰς
ὕδατα

9 42 καλόν ἐστιν αὐτῷ μᾶλλον εἰ ...
βέβληται εἰς τὴν θάλασσαν

9 45ᵇ ἢ τοὺς δύο πόδας ἔχοντα βληθῆναι
εἰς τὴν γέενναν

9 47ᵇ ἢ δύο ὀφθαλμοὺς ἔχοντα βληθῆναι
εἰς τὴν (—Η) γέενναν

11 23 ἄρθητι καὶ βλήθητι εἰς τὴν θάλασ-
σαν

12 41 ἐθεώρει πῶς ὁ ὄχλος βάλλει
χαλκὸν εἰς τὸ γαζοφυλάκιον

12 41 πολλοὶ πλούσιοι ἔβαλλον πολλά

12 42 ἐλθοῦσα μία χήρα πτωχὴ ἔβαλεν
λεπτὰ δύο

12 43 ὅτι ἡ χήρα αὕτη ἡ πτωχὴ πλεῖον
πάντων ἔβαλεν (βέβληκεν VSTϛ)
↔

12 43 τῶν βαλλόντων εἰς τὸ γαζοφυλά-
κιον· ↔

12 44 πάντες γὰρ ἐκ τοῦ περισσεύοντος
αὐτοῖς ἔβαλον, ↔

12 44 αὕτη δὲ ἐκ τῆς ὑστερήσεως αὐτῆς
πάντα ὅσα εἶχεν ἔβαλεν

14 65 *οἱ ὑπηρέται ῥαπίσμασιν αὐτὸν
ἔβαλλον (ϛ; ἔλαβον rl)

15 24ᵈ διαμερίζονται τὰ ἱμάτια αὐτοῦ,
βάλλοντες κλῆρον ἐπ' αὐτά

Lc 3 9ᵇ πᾶν οὖν δένδρον ... ἐκκόπτεται
καὶ εἰς πῦρ βάλλεται

4 9 εἰ υἱὸς εἶ τοῦ θεοῦ, βάλε σεαυτὸν
ἐντεῦθεν κάτω

5 37ᶠ οὐδεὶς βάλλει οἶνον νέον εἰς ἀσκοὺς
παλαιούς

5 38ᶠᵍ ἀλλὰ οἶνον νέον εἰς ἀσκοὺς καινοὺς
βλητέον

12 28 ἐν ἀγρῷ τὸν χόρτον ... αὔριον
εἰς κλίβανον βαλλόμενον

12 49 πῦρ ἦλθον βαλεῖν ἐπὶ τὴν γῆν

12 58ᵃ μήποτε κατασύρῃ σε ... καὶ
ὁ πράκτωρ σε βαλεῖ (βάλλῃ ϛ)
εἰς φυλακήν

13 8 ἕως ὅτου σκάψω περὶ αὐτὴν καὶ
βάλω κόπρια

13 19 κόκκῳ σινάπεως, ὃν λαβὼν ἄνθρω-
πος ἔβαλεν εἰς κῆπον ἑαυτοῦ

14 35ᶜ ἔξω βάλλουσιν αὐτό

16 20 Λάζαρος ἐβέβλητο πρὸς τὸν πυ-
λῶνα αὐτοῦ εἱλκωμένος

21 1 εἶδεν τοὺς βάλλοντας εἰς τὸ γαζο-
φυλάκιον τὰ δῶρα αὐτῶν πλου-
σίους. ↔

21 2 εἶδεν δέ τινα χήραν πενιχρὰν
βάλλουσαν ἐκεῖ | λεπτὰ δύο
(~VSTϛ)

21 3 ὅτι ἡ χήρα | αὕτη ἡ πτωχὴ
(~VSTϛ) πλεῖον (πλείω Τ) πάν-
των ἔβαλεν· ↔

21 4 πάντες (ἅπ. VBSTϛ) γὰρ οὗτοι
ἐκ τοῦ περισσεύοντος αὐτοῖς ἔβα-
λον εἰς τὰ δῶρα (+τοῦ θεοῦ
MVBSϛ), ↔

21 4 αὕτη δὲ ἐκ τοῦ ὑστερήματος
αὐτῆς πάντα (ἅπ. VSTϛ) τὸν
βίον ὃν εἶχεν ἔβαλεν

23 19ᵃ ὅστις ἦν ... | βληθεὶς ἐν τῇ
φυλακῇ (βεβλημένος εἰς φυλακὴν ϛ)

23 25ᵃ ἀπέλυσεν δὲ τὸν ... βεβλημένον
εἰς (+τὴν VSϛ) φυλακὴν

23 34ᵈ διαμεριζόμενοι δὲ τὰ ἱμάτια αὐτοῦ
ἔβαλον κλήρους (κλῆρον Ηϛ)

Jo 3 24ᵃ οὔπω γὰρ ἦν βεβλημένος εἰς τὴν
φυλακὴν ὁ (—ΝΤΗ) Ἰωάννης

5 7 ἵνα ... βάλῃ (βάλλῃ ϛ) με εἰς τὴν
κολυμβήθραν

Jo 7 44 ἀλλ' οὐδεὶς ἔβαλεν (ΤΗ; ἐπ- rl)
ἐπ' αὐτὸν τὰς χεῖρας

[8 7] ὁ ἀναμάρτητος ὑμῶν πρῶτος ἐπ'
αὐτὴν βαλέτω λίθον

8 59 ἦραν οὖν λίθους ἵνα βάλωσιν ἐπ'
αὐτόν

12 6 ὅτι ... τὸ γλωσσόκομον ἔχων
τὰ βαλλόμενα ἐβάσταζεν

13 2 τοῦ διαβόλου ἤδη βεβληκότος
εἰς τὴν καρδίαν

13 5ᶠ εἶτα βάλλει ὕδωρ εἰς τὸν νιπτῆρα

15 6ᶜ ἐβλήθη ἔξω ὡς τὸ κλῆμα καὶ
ἐξηράνθη, ↔

15 6ᵇ καὶ συνάγουσιν αὐτὰ (αὐτὸ ST)
καὶ εἰς τὸ πῦρ βάλλουσιν

18 11 βάλε τὴν μάχαιραν εἰς τὴν θήκην

19 24ᵈ ἐπὶ τὸν ἱματισμόν μου ἔβαλον
κλῆρον

20 25 ἐὰν μὴ ... βάλω | τὸν δάκτυλόν
μου (~Τ) εἰς τὸν τύπον (τόπον
ΝΜΒΤ) τῶν ἥλων ↔

20 25 καὶ βάλω μου τὴν χεῖρα εἰς τὴν
πλευρὰν αὐτοῦ

20 27 φέρε τὴν χεῖρά σου καὶ βάλε εἰς
τὴν πλευράν μου

21 6 βάλετε εἰς τὰ δεξιὰ μέρη τοῦ
πλοίου τὸ δίκτυον

21 6 ἔβαλον οὖν, καὶ οὐκέτι αὐτὸ
ἑλκύσαι ἴσχυον

21 7 ἔβαλεν ἑαυτὸν εἰς τὴν θάλασσαν

Ac 16 23ᵃ πολλάς τε (δὲ ΝΜΗ) ἐπιθέντες
αὐτοῖς πληγὰς ἔβαλον εἰς φυλακήν

16 24ᵃ ὃς ... ἔβαλεν αὐτοὺς εἰς τὴν
ἐσωτέραν φυλακήν

16 37ᵇ δείραντες ἡμᾶς δημοσίᾳ ... ἔβαλαν
εἰς φυλακήν

22 23 κραυγαζόντων τε (δὲ VBSTϛ)
αὐτῶν ... καὶ κονιορτὸν βαλλόν-
των ... (ἐκέλευσεν)

27 14 μετ' οὐ πολὺ δὲ ἔβαλεν κατ' αὐτῆς
ἄνεμος τυφωνικός

Jc 3 3 εἰ δὲ ... τοὺς χαλινοὺς εἰς τὰ
στόματα βάλλομεν

1Jo 4 18ᶜ ἀλλ' ἡ τελεία ἀγάπη ἔξω βάλλει
τὸν φόβον

Ap 2 10ᵃ ἰδοὺ μέλλει βάλλειν (βαλεῖν Τϛ)
ὁ διάβολος ἐξ ὑμῶν εἰς φυλακὴν

2 14 ὃς ἐδίδασκεν τῷ Βαλὰκ βαλεῖν
σκάνδαλον ἐνώπιον τῶν υἱῶν
Ἰσραήλ

2 22 ἰδοὺ βάλλω αὐτὴν εἰς κλίνην

2 24 οὐ βάλλω (βαλῶ ϛ) ἐφ' ὑμᾶς
ἄλλο βάρος

4 10 βαλοῦσιν τοὺς στεφάνους αὐτῶν
ἐνώπιον τοῦ θρόνου

6 13 ὡς συκῆ βάλλει (βάλλουσα Τ)
τοὺς ὀλύνθους αὐτῆς ὑπὸ | ἀνέμου
μεγάλου (~Sϛ) σειομένη

8 5 καὶ ἔβαλεν εἰς τὴν γῆν

8 7 ἐγένετο χάλαζα καὶ πῦρ ... καὶ
ἐβλήθη εἰς τὴν γῆν

8 8 ὡς ὄρος ... ἐβλήθη εἰς τὴν θάλασ-
σαν

12 4 ἔβαλεν αὐτοὺς εἰς τὴν γῆν

12 9 καὶ ἐβλήθη ὁ δράκων ὁ μέγας

12 9 ἐβλήθη εἰς τὴν γῆν, ↔

12 9 καὶ οἱ ἄγγελοι αὐτοῦ μετ' αὐτοῦ
ἐβλήθησαν

12 10 ὅτι ἐβλήθη (κατε. ϛ) ὁ κατήγωρ
(-γορος MVBSϛ)

12 13 ὅτι ἐβλήθη εἰς τὴν γῆν

12 15ᶠ καὶ ἔβαλεν ὁ ὄφις ἐκ τοῦ στόματος
... ὕδωρ

12 16 τὸν ποταμὸν ὃν ἔβαλεν ὁ δράκων
ἐκ τοῦ στόματος αὐτοῦ

Ap 14 16 ἔβαλεν ὁ καθήμενος ἐπὶ τῆς νεφέλης
τὸ δρέπανον

14 19 καὶ ἔβαλεν ὁ ἄγγελος τὸ δρέπανον

14 19 καὶ ἔβαλεν εἰς τὴν ληνὸν τοῦ
θυμοῦ τοῦ θεοῦ

18 19 ἔβαλον χοῦν ἐπὶ τὰς κεφαλὰς
αὐτῶν

18 21 ἦρεν εἷς ἄγγελος ἰσχυρὸς λίθον ...
καὶ ἔβαλεν εἰς τὴν θάλασσαν
λέγων· ↔

18 21 οὕτως ὁρμήματι βληθήσεται Βα-
βυλών

19 20 ζῶντες ἐβλήθησαν οἱ δύο εἰς τὴν
λίμνην τοῦ πυρός

20 3 ἔβαλεν αὐτὸν εἰς τὴν ἄβυσσον

20 10 ὁ διάβολος ... ἐβλήθη εἰς τὴν
λίμνην τοῦ πυρός

20 14 ὁ θάνατος καὶ ὁ ᾅδης ἐβλήθησαν
εἰς τὴν λίμνην τοῦ πυρός

20 15 ἐβλήθη εἰς τὴν λίμνην τοῦ πυρός

βαπτίζω

ᵃ β. ἐν πνεύματι ἁγίῳ
ᵇ β. εἰς (ἐν, ἐπὶ) ὄνομα (-τι)
ᶜ βάπτισμα β.
ᵈ Ἰωάννης ὁ βαπτίζων
ᵉ secundum legem Mos.

Mt 3 6 ἐβαπτίζοντο ἐν τῷ Ἰορδάνῃ πο-
ταμῷ (—Sϛ) ὑπ' αὐτοῦ

3 11 ἐγὼ μὲν ὑμᾶς βαπτίζω ἐν ὕδατι
εἰς μετάνοιαν

3 11ᵃ αὐτὸς ὑμᾶς βαπτίσει ἐν πνεύματι
ἁγίῳ

3 13 παραγίνεται ὁ Ἰησοῦς ... ἐπὶ
τὸν Ἰορδάνην πρὸς τὸν Ἰωάννην
τοῦ βαπτισθῆναι ὑπ' αὐτοῦ

3 14 ἐγὼ χρείαν ἔχω ὑπὸ σοῦ βα-
πτισθῆναι

3 16 βαπτισθεὶς δὲ ὁ Ἰησοῦς | εὐθὺς
ἀνέβη (~Sϛ) ἀπὸ τοῦ ὕδατος

20 22ᶜ *τὸ ποτήριον ὃ ἐγὼ μέλλω πίνειν
| καὶ τὸ βάπτισμα ὃ ἐγὼ βαπτίζο-
μαι (+ϛ ..) ↔

20 22ᶜ *βαπτισθῆναι; (.. +ϛ)

20 23ᶜ *τὸ μὲν ποτήριόν μου πίεσθε | καὶ
τὸ βάπτισμα ὃ ἐγὼ βαπτίζομαι
(+ϛ ..) ↔

20 23ᶜ *βαπτισθήσεσθε (.. +ϛ)

28 19ᵇ μαθητεύσατε ... βαπτίζοντες αὐ-
τοὺς εἰς τὸ ὄνομα τοῦ πατρός

Mc 1 4ᵈ ἐγένετο Ἰωάννης ὁ ([Ν²⁸]; —Μ
Sϛ) βαπτίζων ἐν τῇ ἐρήμῳ

1 5 καὶ ἐβαπτίζοντο ὑπ' αὐτοῦ ἐν τῷ
Ἰορδάνῃ ποταμῷ

1 8 ἐγὼ ἐβάπτισα ὑμᾶς (+ἐν [Μ]Sϛ)
ὕδατι, ↔

1 8ᵃ αὐτὸς δὲ βαπτίσει ὑμᾶς ἐν (—ΝΗ)
πνεύματι ἁγίῳ

1 9 ἦλθεν Ἰησοῦς ... καὶ ἐβαπτίσθη
εἰς τὸν Ἰορδάνην ὑπὸ Ἰωάννου

6 14 ὅτι Ἰωάννης ὁ βαπτίζων ἐγήγερ-
ται ἐκ νεκρῶν

6 24ᵈ εἶπεν· τὴν κεφαλὴν Ἰωάννου τοῦ
βαπτίζοντος (βαπτιστοῦ ϛ)

7 4ᵉ ἀπ' ἀγορᾶς ἐὰν μὴ βαπτίσωνται
(ῥαντίσ. ΝΜΥΗ) οὐκ ἐσθίουσιν

10 38ᶜ δύνασθε ... τὸ βάπτισμα ὃ ἐγὼ
βαπτίζομαι

10 38ᶜ βαπτισθῆναι;

10 39ᶜ τὸ βάπτισμα ὃ ἐγὼ βαπτίζομαι ↔

10 39ᶜ βαπτισθήσεσθε

[16 16] ὁ πιστεύσας καὶ βαπτισθεὶς σωθή-
σεται

Lc 3 7 ἔλεγεν οὖν τοῖς ἐκπορευομένοις
ὄχλοις βαπτισθῆναι ὑπ' αὐτοῦ

3 12 ἦλθον δὲ καὶ τελῶναι βαπτισθῆναι

Lc 3 16 ἐγὼ μὲν ὕδατι βαπτίζω ὑμᾶς
   3 16ᵃ αὐτὸς ὑμᾶς βαπτίσει ἐν πνεύματι
      ἁγίῳ καὶ πυρί
   3 21 ἐγένετο δὲ ἐν τῷ βαπτισθῆναι
      ἅπαντα τὸν λαὸν ↔
   3 21 καὶ ᾿Ιησοῦ βαπτισθέντος καὶ προσ-
      ευχομένου ἀνεῳχθῆναι τὸν οὐρανόν
   7 29ᶜ ἐδικαίωσαν τὸν θεόν, βαπτισθέν-
      τες τὸ βάπτισμα ᾿Ιωάννου· ↔
   7 30 οἱ δὲ Φαρισαῖοι ... ἠθέτησαν εἰς
      ἑαυτούς, μὴ βαπτισθέντες ὑπ᾿
      αὐτοῦ
   11 38ᵉ ἐθαύμασεν ὅτι οὐ πρῶτον ἐβαπ-
      τίσθη πρὸ τοῦ ἀρίστου
   12 50ᶜ βάπτισμα δὲ ἔχω βαπτισθῆναι
Jo 1 25 τί οὖν βαπτίζεις εἰ σὺ οὐκ εἶ ὁ
      χριστός ⟨;⟩
   1 26 ἐγὼ βαπτίζω ἐν ὕδατι
   1 28 ὅπου ἦν ὁ ([S]; —ς) ᾿Ιωάννης
      βαπτίζων
   1 31 διὰ τοῦτο ἦλθον ἐγὼ ἐν (+τῷ
      Sς) ὕδατι βαπτίζων
   1 33 ἀλλ᾿ ὁ πέμψας με βαπτίζειν ἐν
      ὕδατι, ἐκεῖνός μοι εἶπεν
   1 33ᵃ οὗτός ἐστιν ὁ βαπτίζων ἐν πνεύ-
      ματι ἁγίῳ
   3 22 καὶ ἐκεῖ διέτριβεν μετ᾿ αὐτῶν καὶ
      ἐβάπτιζεν. ↔
   3 23 ἦν δὲ καὶ ὁ (+N²⁶[H]) ᾿Ιωάννης
      βαπτίζων ἐν Αἰνών
   3 23 καὶ παρεγίνοντο καὶ ἐβαπτίζοντο
   3 26 ἴδε οὗτος βαπτίζει καὶ πάντες
      ἔρχονται πρὸς αὐτόν
   4 1 ὅτι ᾿Ιησοῦς πλείονας μαθητὰς
      ποιεῖ καὶ βαπτίζει ἢ [H] ᾿Ιωάν-
      νης, ↔
   4 2 καίτοιγε ᾿Ιησοῦς αὐτὸς οὐκ ἐβάπ-
      τιζεν
   10 40 ὅπου ἦν ᾿Ιωάννης τὸ πρῶτον
      βαπτίζων
Ac 1 5 ὅτι ᾿Ιωάννης μὲν ἐβάπτισεν ὕδα-
      τι, ↔
   1 5ᵃ ὑμεῖς δὲ ἐν πνεύματι βαπτισ-
      θήσεσθε ἁγίῳ
   2 38ᵇ βαπτισθήτω ἕκαστος ὑμῶν ἐπὶ
      (ἐν BH) τῷ ὀνόματι ᾿Ιησοῦ
      Χριστοῦ
   2 41 οἱ μὲν οὖν ἀποδεξάμενοι τὸν λόγον
      αὐτοῦ ἐβαπτίσθησαν
   8 12 ὅτε δὲ ἐπίστευσαν ... ἐβαπτίζοντο
      ἄνδρες τε καὶ γυναῖκες
   8 13 βαπτισθεὶς ἦν προσκαρτερῶν τῷ
      Φιλίππῳ
   8 16ᵇ μόνον δὲ βεβαπτισμένοι ὑπῆρχον
      εἰς τὸ ὄνομα τοῦ κυρίου
   8 36 τί κωλύει με βαπτισθῆναι;
   8 38 ὅ τε Φίλιππος ... ἐβάπτισεν
      αὐτόν
   9 18 ἀνέβλεψέν τε, καὶ ἀναστὰς ἐβαπ-
      τίσθη
   10 47 μήτι τὸ ὕδωρ δύναται κωλῦσαί
      τις τοῦ μὴ βαπτισθῆναι τούτους⟨;⟩
   10 48ᵇ προσέταξεν δὲ αὐτοὺς (αὐτοῖς T)
      ἐν τῷ ὀνόματι ᾿Ιησοῦ Χριστοῦ
      βαπτισθῆναι
   11 16 ᾿Ιωάννης μὲν ἐβάπτισεν ὕδατι, ↔
   11 16ᵃ ὑμεῖς δὲ βαπτισθήσεσθε ἐν πνεύ-
      ματι ἁγίῳ
   16 15 ὡς δὲ ἐβαπτίσθη καὶ ὁ οἶκος αὐτῆς
   16 33 καὶ ἐβαπτίσθη αὐτὸς καὶ οἱ αὐτοῦ
      πάντες (N²⁶Sς; ἅπ. rl)
   18 8 πολλοὶ τῶν Κορινθίων ἀκούοντες
      ἐπίστευον καὶ ἐβαπτίζοντο
   19 3 | εἶπέν τε (ὁ δὲ εἶπεν BT)· εἰς τί
      οὖν ἐβαπτίσθητε;

Ac 19 4ᶜ ᾿Ιωάννης ἐβάπτισεν βάπτισμα με-
      τανοίας
   19 5ᵇ ἀκούσαντες δὲ ἐβαπτίσθησαν εἰς
      τὸ ὄνομα τοῦ κυρίου ᾿Ιησοῦ
   22 16 ἀναστὰς βάπτισαι καὶ ἀπόλουσαι
      τὰς ἁμαρτίας σου
Rm 6 3 ὅσοι ἐβαπτίσθημεν εἰς Χριστὸν
      ᾿Ιησοῦν [VH], ↔
   6 3 εἰς τὸν θάνατον αὐτοῦ ἐβαπτίσ-
      θημεν
1C 1 13ᵇ ἢ εἰς τὸ ὄνομα Παύλου ἐβαπτίσ-
      θητε; ↔
   1 14 εὐχαριστῶ τῷ θεῷ ([N²⁶S]; —N
      TH) ὅτι οὐδένα ὑμῶν ἐβάπτισα
      εἰ μὴ Κρίσπον καὶ Γάϊον· ↔
   1 15ᵇ ἵνα μή τις εἴπῃ ὅτι εἰς τὸ ἐμὸν
      ὄνομα ἐβαπτίσθητε (-σα ς). ↔
   1 16 ἐβάπτισα δὲ καὶ τὸν Στεφανᾶ
      οἶκον· ↔
   1 16 λοιπὸν οὐκ οἶδα εἴ τινα ἄλλον
      ἐβάπτισα. ↔
   1 17 οὐ γὰρ ἀπέστειλέν με Χριστὸς
      βαπτίζειν ἀλλὰ εὐαγγελίζεσθαι
   10 2ᵉ πάντες εἰς τὸν Μωϋσῆν ἐβαπτίσ-
      θησαν (-αντο NVHς)
   12 13 εἰς ἓν σῶμα ἐβαπτίσθημεν, εἴτε
      ᾿Ιουδαῖοι εἴτε ῞Ελληνες
   15 29 ἐπεὶ τί ποιήσουσιν οἱ βαπτιζό-
      μενοι ὑπὲρ τῶν νεκρῶν; ↔
   15 29 εἰ ὅλως νεκροὶ οὐκ ἐγείρονται, τί
      καὶ βαπτίζονται ὑπὲρ αὐτῶν;
G 3 27 ὅσοι γὰρ εἰς Χριστὸν ἐβαπτίσ-
      θητε, Χριστὸν ἐνεδύσασθε

βάπτισμα
  ᵃ β. βαπτίζειν
  ᵇ β. μετανοίας
Mt 3 7 ἰδὼν δὲ πολλοὺς ... ἐρχομένους
      ἐπὶ τὸ βάπτισμα αὐτοῦ (—NTH)
   20 22ᵃ δύνασθε πιεῖν ... | καὶ τὸ βάπ-
      τισμα ὃ ἐγὼ βαπτίζομαι βαπ-
      τισθῆναι; (+ς)
   20 23ᵃ πίεσθε | καὶ τὸ βάπτισμα ὃ ἐγὼ
      βαπτίζομαι βαπτισθήσεσθε (+ς)
   21 25 τὸ βάπτισμα τὸ ([S]; —ς) ᾿Ιωάν-
      νου πόθεν ἦν; ἐξ οὐρανοῦ ἢ ἐξ
      ἀνθρώπων;
Mc 1 4ᵇ κηρύσσων βάπτισμα μετανοίας
      εἰς ἄφεσιν ἁμαρτιῶν
   10 38ᵃ δύνασθε ... τὸ βάπτισμα ὃ ἐγὼ
      βαπτίζομαι βαπτισθῆναι;
   10 39ᵃ τὸ βάπτισμα ὃ ἐγὼ βαπτίζομαι
      βαπτισθήσεσθε
   11 30 τὸ βάπτισμα τὸ ([S]; —ς) ᾿Ιωάν-
      νου ἐξ οὐρανοῦ ἦν ἢ ἐξ ἀνθρώπων;
Lc 3 3ᵇ κηρύσσων βάπτισμα μετανοίας
      εἰς ἄφεσιν ἁμαρτιῶν
   7 29ᵃ βαπτισθέντες τὸ βάπτισμα ᾿Ιωάν-
      νου
   12 50ᵇ βάπτισμα δὲ ἔχω βαπτισθῆναι
   20 4 τὸ βάπτισμα (+τὸ T) ᾿Ιωάννου
      ἐξ οὐρανοῦ ἦν ἢ ἐξ ἀνθρώπων;
Ac 1 22 ἀρξάμενος ἀπὸ τοῦ βαπτίσματος
      ᾿Ιωάννου
   10 37 ἀρξάμενος (-νον VSς) ἀπὸ τῆς
      Γαλιλαίας μετὰ τὸ βάπτισμα
   13 24ᵇ προκηρύξαντος ᾿Ιωάννου ... βάπ-
      τισμα μετανοίας
   18 25 ἐπιστάμενος μόνον τὸ βάπτισμα
      ᾿Ιωάννου
   19 3 οἱ δὲ εἶπαν· εἰς τὸ ᾿Ιωάννου
      βάπτισμα
   19 4ᵃᵇ ᾿Ιωάννης ἐβάπτισεν βάπτισμα
      μετανοίας
Rm 6 4 συνετάφημεν οὖν αὐτῷ διὰ τοῦ
      βαπτίσματος εἰς τὸν θάνατον

E 4 5 εἷς κύριος, μία πίστις, ἓν βάπτισμα
Cl 2 12 *συνταφέντες αὐτῷ ἐν τῷ βαπτίσ-
      ματι (βαπτισμῷ N²⁶B)
1Pt 3 21 ⟨δι᾿ ὕδατος⟩ ὃ καὶ ὑμᾶς ἀντίτυ-
      πον νῦν σῴζει βάπτισμα

βαπτισμός
Mc 7 4 ἄλλα πολλά ἐστιν ἃ παρέλαβον
      κρατεῖν, βαπτισμοὺς ποτηρίων
      καὶ ξεστῶν καὶ χαλκίων | καὶ
      κλινῶν (+[N²⁶S]VBς)
   7 8 *κρατεῖτε τὴν παράδοσιν τῶν
      ἀνθρώπων | βαπτισμοὺς ξεστῶν
      καὶ ποτηρίων (+[M]VSς..)
Cl 2 12 συνταφέντες αὐτῷ ἐν τῷ βαπ-
      τισμῷ (N²⁶B; -ματι rl)
Hb 6 2 ⟨μὴ πάλιν θεμέλιον καταβαλλό-
      μενοι⟩ βαπτισμῶν διδαχῆς (-χήν
      H)
   9 10 ⟨θυσίαι⟩ μόνον ἐπὶ βρώμασιν ...
      καὶ διαφόροις βαπτισμοῖς

βαπτιστής
  → βαπτίζω d
Mt 3 1 παραγίνεται ᾿Ιωάννης ὁ βαπ-
      τιστὴς κηρύσσων ἐν τῇ ἐρήμῳ
   11 11 οὐκ ἐγήγερται ἐν γεννητοῖς γυναι-
      κῶν μείζων ᾿Ιωάννου τοῦ βαπτισ-
      τοῦ
   11 12 ἀπὸ δὲ τῶν ἡμερῶν ᾿Ιωάννου τοῦ
      βαπτιστοῦ
   14 2 οὗτός ἐστιν ᾿Ιωάννης ὁ βαπτιστής
   14 8 δός μοι ... τὴν κεφαλὴν ᾿Ιωάννου
      τοῦ βαπτιστοῦ
   16 14 εἶπαν· οἱ μὲν ᾿Ιωάννην τὸν βαπ-
      τιστήν, ἄλλοι δὲ ᾿Ηλίαν
   17 13 συνῆκαν ... ὅτι περὶ ᾿Ιωάννου τοῦ
      βαπτιστοῦ εἶπεν αὐτοῖς
Mc 6 24 *εἶπεν· τὴν κεφαλὴν ᾿Ιωάννου
      τοῦ βαπτιστοῦ (ς; βαπτίζοντος rl)
   6 25 θέλω ἵνα ἐξαυτῆς δῷς μοι ... τὴν
      κεφαλὴν ᾿Ιωάννου τοῦ βαπτιστοῦ
   8 28 λέγοντες ὅτι ([N²⁶S]; —Mς)
      ᾿Ιωάννην τὸν βαπτιστήν, καὶ
      ἄλλοι ᾿Ηλίαν
Lc 7 20 ᾿Ιωάννης ὁ βαπτιστὴς ἀπέστειλεν
      (-ταλκεν VBSTς) ἡμᾶς
   7 28 *μείζων ἐν γεννητοῖς γυναικῶν
      (+προφήτης BSTς) ᾿Ιωάννου
      | τοῦ βαπτιστοῦ (+ς) οὐδείς
      ἐστιν
   7 33 ἐλήλυθεν γὰρ ᾿Ιωάννης ὁ βαπτισ-
      τὴς μὴ (μήτε Vς) | ἐσθίων ἄρτον
      (~VSς)
   9 19 εἶπαν· ᾿Ιωάννην τὸν βαπτιστήν,
      ἄλλοι δὲ ᾿Ηλίαν

βάπτω
Lc 16 24 ἵνα βάψῃ τὸ ἄκρον τοῦ δακτύλου
      αὐτοῦ ὕδατος
Jo 13 26 ἐκεῖνός ἐστιν ᾧ ἐγὼ || βάψω τὸ
      ψωμίον καὶ δώσω (ἐπι- VSς)
      αὐτῷ ((βάψας τ. ψ. ἐπι- ς)). ↔
   13 26 | βάψας οὖν (καὶ ἐμ- ς) τὸ [NH]
      ψωμίον | λαμβάνει καὶ ([N²⁶]; —ς)
      δίδωσιν ᾿Ιούδᾳ
Ap 19 13 περιβεβλημένος ἱμάτιον βεβαμ-
      μένον (ῥεραντισμ. BH; περιρε-
      ραμμένον T) αἵματι

Βάρ'
  → Βαριωνᾶ
Βαραββᾶς
Mt 27 16 εἶχον δὲ τότε δέσμιον ἐπίσημον
      λεγόμενον ᾿Ιησοῦν ([N²⁶]; —rl)
      Βαραββᾶν
   27 17 τίνα θέλετε ἀπολύσω ὑμῖν, | ᾿Ιη-
      σοῦν τὸν ([N²⁶]; τὸν [NH]; —rl)
      Βαραββᾶν ⟨;⟩

Mt 27 20 ἔπεισαν τοὺς ὄχλους ἵνα αἰτή-
σωνται τὸν Βαραββᾶν

27 21 οἱ δὲ εἶπαν· τὸν ([V]; —ϛ)
Βαραββᾶν

27 26 τότε ἀπέλυσεν αὐτοῖς τὸν Βαραβ-
βᾶν

Mc 15 7 ἦν δὲ ὁ λεγόμενος Βαραββᾶς μετὰ
τῶν στασιαστῶν (συστ. Vϛ)
δεδεμένος

15 11 ἀνέσεισαν τὸν ὄχλον ἵνα μᾶλλον
τὸν Βαραββᾶν ἀπολύσῃ αὐτοῖς

15 15 ὁ δὲ Πιλᾶτος ... ἀπέλυσεν αὐτοῖς
τὸν Βαραββᾶν

Lc 23 18 ἀνέκραγον ... ἀπόλυσον δὲ ἡμῖν
τὸν Βαραββᾶν

Jo 18 40 ἐκραύγασαν ... μὴ τοῦτον, ἀλλὰ
τὸν Βαραββᾶν. ↔

18 40 ἦν δὲ ὁ Βαραββᾶς λῃστής

Βαράκ

Hb 11 32 διηγούμενον ... περὶ Γεδεών,
Βαράκ, Σαμψών

Βαραχίας

Mt 23 35 ἀπὸ τοῦ αἵματος Ἄβελ τοῦ
δικαίου ἕως τοῦ αἵματος Ζαχαρίου
υἱοῦ Βαραχίου

βάρβαρος

Ac 28 2 οἵ τε βάρβαροι παρεῖχον οὐ τὴν
τυχοῦσαν φιλανθρωπίαν

28 4 ὡς δὲ εἶδον οἱ βάρβαροι κρεμά-
μενον τὸ θηρίον

Rm 1 14 Ἕλλησίν τε καὶ βαρβάροις ...
ὀφειλέτης εἰμί

1C 14 11 ἔσομαι τῷ λαλοῦντι βάρβαρος ↔

14 11 καὶ ὁ λαλῶν ἐν ἐμοὶ βάρβαρος

Cl 3 11 ὅπου οὐκ ἔνι ... περιτομὴ καὶ
ἀκροβυστία, βάρβαρος, Σκύθης

βαρέω
ἐπι-   κατα-

Mt 26 43 ἦσαν γὰρ αὐτῶν οἱ ὀφθαλμοὶ
βεβαρημένοι

Mc 14 40 *ἦσαν γὰρ αὐτῶν οἱ ὀφθαλμοὶ
βεβαρημένοι (ϛ; καταβαρυνόμενοι
rl)

Lc 9 32 ὁ δὲ Πέτρος καὶ οἱ σὺν αὐτῷ ἦσαν
βεβαρημένοι ὕπνῳ

21 34 προσέχετε δὲ ἑαυτοῖς μήποτε βαρη-
θῶσιν (βαρυνθῶσιν ϛ) | ὑμῶν αἱ
καρδίαι (~ H)

2C 1 8 ὅτι καθ' ὑπερβολὴν ὑπὲρ δύναμιν
ἐβαρήθημεν

5 4 οἱ ὄντες ἐν τῷ σκήνει στενάζομεν
βαρούμενοι, ἐφ' ᾧ οὐ θέλομεν

1Tm 5 16 καὶ μὴ βαρείσθω ἡ ἐκκλησία

βαρέως
→ βαρύς

Mt 13 15 καὶ τοῖς ὠσὶν βαρέως ἤκουσαν

Ac 28 27 καὶ τοῖς ὠσὶν βαρέως ἤκουσαν

Βαρθολομαῖος

Mt 10 3 ⟨τῶν ... ἀποστόλων τὰ ὀνόματα⟩
Φίλιππος καὶ Βαρθολομαῖος

Mc 3 18 ⟨ἐποίησεν τοὺς δώδεκα⟩ Φίλιππον
καὶ Βαρθολομαῖον

Lc 6 14 ⟨ἐκλεξάμενος ... δώδεκα⟩ Ἰωάν-
νην, καὶ (—Vϛ) Φίλιππον καὶ
Βαρθολομαῖον

Ac 1 13 ἀνέβησαν ... Βαρθολομαῖος καὶ
Μαθθαῖος

Βαριησοῦ

Βαριησοῦς NMVBSHϛ

Ac 13 6 εὗρον ἄνδρα τινὰ μάγον ... ᾧ
ὄνομα Βαριησοῦ

Βαριωνᾶ

Βαριωνᾶ N
Βὰρ Ἰωνᾶ ϛ

Mt 16 17 μακάριος εἶ, Σίμων Βαριωνᾶ

Βαρναβᾶς

Βαρνάβας MVSTHϛ

Ac 4 36 Ἰωσὴφ δὲ ὁ ἐπικληθεὶς Βαρναβᾶς
ἀπὸ τῶν ἀποστόλων

9 27 Βαρναβᾶς δὲ ἐπιλαβόμενος αὐτὸν
ἤγαγεν

11 22 ἐξαπέστειλαν Βαρναβᾶν διελθεῖν
(+[N²⁶S]ϛ) ἕως Ἀντιοχείας

11 25 *ἐξῆλθεν δὲ εἰς Ταρσὸν | ὁ Βαρνά-
βας (+ϛ)

11 30 ἀποστείλαντες ... διὰ χειρὸς Βαρ-
ναβᾶ καὶ Σαύλου

12 25 Βαρναβᾶς δὲ καὶ Σαῦλος ὑπέστρε-
ψαν εἰς (N²⁶H; ἐξ rl) Ἰερουσαλήμ

13 1 ἦσαν δὲ ἐν Ἀντιοχείᾳ ... προ-
φῆται καὶ διδάσκαλοι ὅ τε Βαρνα-
βᾶς καὶ Συμεών

13 2 ἀφορίσατε δή μοι τὸν Βαρναβᾶν
καὶ Σαῦλον

13 7 οὗτος προσκαλεσάμενος Βαρναβᾶν
καὶ Σαῦλον

13 43 ἠκολούθησαν πολλοὶ ... τῷ Παύ-
λῳ καὶ τῷ Βαρναβᾷ

13 46 παρρησιασάμενοί τε ὁ Παῦλος
καὶ ὁ Βαρναβᾶς εἶπαν

13 50 ἐπήγειραν διωγμὸν ἐπὶ τὸν Παῦλον
καὶ (+τὸν ϛ) Βαρναβᾶν

14 12 ἐκάλουν τε τὸν Βαρναβᾶν Δία

14 14 ἀκούσαντες δὲ οἱ ἀπόστολοι Βαρ-
ναβᾶς καὶ Παῦλος

14 20 ἐξῆλθεν σὺν τῷ Βαρναβᾷ εἰς
Δέρβην

15 2 γενομένης ... ζητήσεως οὐκ ὀλίγης
τῷ Παύλῳ καὶ τῷ Βαρναβᾷ πρὸς
αὐτούς, ↔

15 2 ἔταξαν ἀναβαίνειν Παῦλον καὶ
Βαρναβᾶν

15 12 ἤκουον Βαρναβᾶ καὶ Παύλου
ἐξηγουμένων

15 22 ἐκλεξαμένους ἄνδρας ἐξ αὐτῶν
πέμψαι ... σὺν τῷ Παύλῳ καὶ
Βαρναβᾷ

15 25 πέμψαι πρὸς ὑμᾶς σὺν τοῖς ἀγαπη-
τοῖς ἡμῶν Βαρναβᾷ καὶ Παύλῳ

15 35 Παῦλος δὲ καὶ Βαρναβᾶς διέτριβον
ἐν Ἀντιοχείᾳ

15 36 εἶπεν πρὸς Βαρναβᾶν Παῦλος

15 37 Βαρναβᾶς δὲ ἐβούλετο συμπαρα-
λαβεῖν καὶ τὸν Ἰωάννην

15 39 ὥστε ἀποχωρισθῆναι αὐτοὺς ...
τόν τε Βαρναβᾶν ... ἐκπλεῦσαι
εἰς Κύπρον

1C 9 6 ἢ μόνος ἐγὼ καὶ Βαρναβᾶς οὐκ
ἔχομεν ἐξουσίαν ⟨;⟩

G 2 1 ἀνέβην εἰς Ἰεροσόλυμα μετὰ Βαρ-
ναβᾶ, συμπαραλαβὼν καὶ Τίτον

2 9 δεξιὰς ἔδωκαν ἐμοὶ καὶ Βαρναβᾷ
κοινωνίας

2 13 ὥστε καὶ Βαρναβᾶς συναπήχθη
αὐτῶν τῇ ὑποκρίσει

Cl 4 10 ἀσπάζεται ὑμᾶς ... Μᾶρκος ὁ
ἀνεψιὸς Βαρναβᾶ

βάρος

Mt 20 12 ἴσους | ἡμῖν αὐτοὺς (~NTH)
ἐποίησας τοῖς βαστάσασι τὸ βάρος
τῆς ἡμέρας

Ac 15 28 μηδὲν πλέον ἐπιτίθεσθαι ὑμῖν βάρος

2C 4 17 καθ' ὑπερβολὴν εἰς ὑπερβολὴν
αἰώνιον βάρος δόξης κατεργάζεται

G 6 2 ἀλλήλων τὰ βάρη βαστάζετε

1Th 2 7 δυνάμενοι ἐν βάρει εἶναι

Ap 2 24 οὐ βάλλω ἐφ' ὑμᾶς ἄλλο βάρος

Βαρσαββᾶς

Βαρσαββᾶς ϛ
ᵃ Ἰωσὴφ Β.
ᵇ Ἰούδας Β.

Ac 1 23ᵃ ἔστησαν δύο, Ἰωσὴφ τὸν καλού-
μενον Βαρσαββᾶν ... καὶ Μαθθίαν

15 22ᵇ πέμψαι ... Ἰούδαν τὸν καλού-
μενον Βαρσαββᾶν

Βαρτιμαῖος

Βαρτίμαιος Hϛ

Mc 10 46 ὁ υἱὸς Τιμαίου Βαρτιμαῖος ...
ἐκάθητο παρὰ τὴν ὁδόν

βαρύνω
κατα-

Lc 21 34 *προσέχετε δὲ ἑαυτοῖς μήποτε
βαρυνθῶσιν (ϛ; βαρηθῶσιν rl)
| ὑμῶν αἱ καρδίαι (~ H)

βαρύς
→ βαρέως
ᵃ τὰ βαρύτερα

Mt 23 4 δεσμεύουσιν δὲ φορτία βαρέα | καὶ
δυσβάστακτα ([N²⁶]; —NSTH)

23 23ᵃ καὶ ἀφήκατε τὰ βαρύτερα τοῦ
νόμου, τὴν κρίσιν καὶ τὸ ἔλεος

Ac 20 29 ὅτι εἰσελεύσονται ... λύκοι βαρεῖς
εἰς ὑμᾶς

25 7 πολλὰ καὶ βαρέα αἰτιώματα κατα-
φέροντες

2C 10 10 ὅτι αἱ | ἐπιστολαὶ μέν (~ BSϛ),
φησίν, βαρεῖαι καὶ ἰσχυραί

1Jo 5 3 καὶ αἱ ἐντολαὶ αὐτοῦ βαρεῖαι οὐκ
εἰσίν

βαρύτιμος

Mt 26 7 γυνὴ || ἔχουσα ἀλάβαστρον μύρου
βαρυτίμου (πολυτίμου T) ((~ Sϛ)

βασανίζω

Mt 8 6 ὁ παῖς μου βέβληται ... παρα-
λυτικός, δεινῶς βασανιζόμενος

8 29 ἦλθες ὧδε πρὸ καιροῦ βασανίσαι
ἡμᾶς;

14 24 τὸ δὲ πλοῖον ... βασανιζόμενον
ὑπὸ τῶν κυμάτων

Mc 5 7 ὁρκίζω σε τὸν θεόν, μή με βασα-
νίσῃς

6 48 ἰδὼν (εἶδεν Vϛ) αὐτοὺς βασανιζο-
μένους ἐν τῷ ἐλαύνειν

Lc 8 28 δέομαί σου, μή με βασανίσῃς

2Pt 2 8 ὁ (—H) δίκαιος ... ψυχὴν δικαίαν
ἀνόμοις ἔργοις ἐβασάνιζεν

Ap 9 5 ἀλλ' ἵνα βασανισθήσονται (-θῶσι
ϛ) μῆνας πέντε

11 10 ὅτι οὗτοι οἱ δύο προφῆται ἐβα-
σάνισαν τοὺς κατοικοῦντας ἐπὶ
τῆς γῆς

12 2 καὶ ([V]; —Sϛ) κράζει ὠδίνουσα
καὶ βασανιζομένη τεκεῖν

14 10 καὶ βασανισθήσεται (-σονται B)
ἐν πυρὶ καὶ θείῳ

20 10 βασανισθήσονται ἡμέρας καὶ νυκ-
τός

βασανισμός

Ap 9 5 ὁ βασανισμὸς αὐτῶν ↔

9 5 ὡς βασανισμὸς σκορπίου, ὅταν
παίσῃ ἄνθρωπον

14 11 ὁ καπνὸς τοῦ βασανισμοῦ αὐτῶν
... ἀναβαίνει

18 7 τοσοῦτον δότε αὐτῇ βασανισμὸν
καὶ πένθος

18 10 ἀπὸ μακρόθεν ἑστηκότες διὰ τὸν
φόβον τοῦ βασανισμοῦ αὐτῆς

18 15 ἀπὸ μακρόθεν στήσονται διὰ τὸν
φόβον τοῦ βασανισμοῦ αὐτῆς

βασανιστής

Mt 18 34 παρέδωκεν αὐτὸν τοῖς βασανισ-
ταῖς ἕως οὗ [H] ἀποδῷ

βάσανος

Mt 4 24 προσήνεγκαν αὐτῷ ... ποικίλαις νόσοις καὶ βασάνοις συνεχομένους

Lc 16 23 ἐν τῷ ᾅδῃ ἐπάρας τοὺς ὀφθαλμοὺς αὐτοῦ, ὑπάρχων ἐν βασάνοις

 16 28 ἵνα μὴ καὶ αὐτοὶ ἔλθωσιν εἰς τὸν τόπον τοῦτον τῆς βασάνου

βασιλεία

 ᵃ β. (τοῦ) θεοῦ
 ᵇ β. τοῦ πατρός
 ᶜ β. τῶν οὐρανῶν
 ᵈ τὸ εὐαγγέλιον τῆς β.
 ᵉ υἱοὶ τῆς β.

Mt 3 2ᶜ μετανοεῖτε· ἤγγικεν γὰρ ἡ βασιλεία τῶν οὐρανῶν

 4 8 δείκνυσιν αὐτῷ πάσας τὰς βασιλείας τοῦ κόσμου

 4 17ᶜ μετανοεῖτε· ἤγγικεν γὰρ ἡ βασιλεία τῶν οὐρανῶν

 4 23ᵈ κηρύσσων τὸ εὐαγγέλιον τῆς βασιλείας

 5 3ᶜ μακάριοι ... ὅτι αὐτῶν ἐστιν ἡ βασιλεία τῶν οὐρανῶν

 5 10ᶜ μακάριοι ... ὅτι αὐτῶν ἐστιν ἡ βασιλεία τῶν οὐρανῶν

 5 19ᶜ ἐλάχιστος κληθήσεται ἐν τῇ βασιλείᾳ τῶν οὐρανῶν

 5 19ᶜ οὗτος μέγας κληθήσεται ἐν τῇ βασιλείᾳ τῶν οὐρανῶν

 5 20ᶜ οὐ μὴ εἰσέλθητε εἰς τὴν βασιλείαν τῶν οὐρανῶν

 6 10 ἐλθέτω ἡ βασιλεία σου

 6 13 *| ὅτι σοῦ ἐστιν ἡ βασιλεία (+ς ..)

 6 33ᵃ ζητεῖτε δὲ πρῶτον τὴν βασιλείαν | τοῦ θεοῦ ([N²⁶M]; —NTH)

 7 21ᶜ οὐ πᾶς ... εἰσελεύσεται εἰς τὴν βασιλείαν τῶν οὐρανῶν

 7 21ᶜ *| οὗτος εἰσελεύσεται εἰς τὴν βασιλείαν τῶν οὐρανῶν (+B)

 8 11ᶜ ἀνακλιθήσονται μετὰ Ἀβραάμ ... ἐν τῇ βασιλείᾳ τῶν οὐρανῶν· ↔

 8 12ᵉ οἱ δὲ υἱοὶ τῆς βασιλείας ἐκβληθήσονται (ἐξελεύσονται T)

 9 35ᵈ κηρύσσων τὸ εὐαγγέλιον τῆς βασιλείας

10 7ᶜ κηρύσσετε λέγοντες ὅτι ἤγγικεν ἡ βασιλεία τῶν οὐρανῶν

11 11ᶜ ὁ δὲ μικρότερος ἐν τῇ βασιλείᾳ τῶν οὐρανῶν μείζων αὐτοῦ ἐστιν

11 12ᶜ ἀπὸ δὲ τῶν ἡμερῶν Ἰωάννου τοῦ βαπτιστοῦ ἕως ἄρτι ἡ βασιλεία τῶν οὐρανῶν βιάζεται

12 25 πᾶσα βασιλεία μερισθεῖσα καθ᾽ ἑαυτῆς ἐρημοῦται

12 26 πῶς οὖν σταθήσεται ἡ βασιλεία αὐτοῦ;

12 28ᵃ ἄρα ἔφθασεν ἐφ᾽ ὑμᾶς ἡ βασιλεία τοῦ θεοῦ

13 11ᶜ ὑμῖν δέδοται γνῶναι τὰ μυστήρια τῆς βασιλείας τῶν οὐρανῶν

13 19 παντὸς ἀκούοντος τὸν λόγον τῆς βασιλείας

13 24ᶜ ὡμοιώθη ἡ βασιλεία τῶν οὐρανῶν ἀνθρώπῳ σπείραντι

13 31ᶜ ὁμοία ἐστὶν ἡ βασιλεία τῶν οὐρανῶν κόκκῳ σινάπεως

13 33ᶜ ὁμοία ἐστὶν ἡ βασιλεία τῶν οὐρανῶν ζύμῃ

13 38ᵉ οὗτοί εἰσιν οἱ υἱοὶ τῆς βασιλείας

13 41 καὶ συλλέξουσιν ἐκ τῆς βασιλείας αὐτοῦ πάντα τὰ σκάνδαλα

13 43ᵇ οἱ δίκαιοι ἐκλάμψουσιν ... ἐν τῇ βασιλείᾳ τοῦ πατρὸς αὐτῶν

Mt 13 44ᶜ ὁμοία ἐστὶν ἡ βασιλεία τῶν οὐρανῶν θησαυρῷ

13 45ᶜ ὁμοία ἐστὶν ἡ βασιλεία τῶν οὐρανῶν ἀνθρώπῳ (—NH; [S]) ἐμπόρῳ

13 47ᶜ πάλιν ὁμοία ἐστὶν ἡ βασιλεία τῶν οὐρανῶν σαγήνῃ

13 52ᶜ πᾶς γραμματεὺς μαθητευθεὶς | τῇ βασιλείᾳ (εἰς τὴν β-αν ς) τῶν οὐρανῶν

16 19ᶜ (+καὶ [M]VSς) δώσω σοι τὰς κλεῖδας (κλεῖς VSς) τῆς βασιλείας τῶν οὐρανῶν

16 28 ἕως ἂν ἴδωσιν τὸν υἱὸν ... ἐρχόμενον ἐν τῇ βασιλείᾳ αὐτοῦ

18 1ᶜ τίς ἄρα μείζων ἐστὶν ἐν τῇ βασιλείᾳ τῶν οὐρανῶν;

18 3ᶜ οὐ μὴ εἰσέλθητε εἰς τὴν βασιλείαν τῶν οὐρανῶν

18 4ᶜ οὗτός ἐστιν ὁ μείζων ἐν τῇ βασιλείᾳ τῶν οὐρανῶν

18 23ᶜ ὡμοιώθη ἡ βασιλεία τῶν οὐρανῶν ἀνθρώπῳ βασιλεῖ

19 12ᶜ οἵτινες εὐνούχισαν ἑαυτοὺς διὰ τὴν βασιλείαν τῶν οὐρανῶν

19 14ᶜ τῶν γὰρ τοιούτων ἐστὶν ἡ βασιλεία τῶν οὐρανῶν

19 23ᶜ πλούσιος δυσκόλως εἰσελεύσεται εἰς τὴν βασιλείαν τῶν οὐρανῶν

19 24ᵃᶜ ἢ πλούσιον εἰσελθεῖν (+N²⁶B) εἰς τὴν βασιλείαν | τοῦ θεοῦ (τῶν οὐρανῶν T)

20 1ᶜ ὁμοία γάρ ἐστιν ἡ βασιλεία τῶν οὐρανῶν ἀνθρώπῳ οἰκοδεσπότῃ

20 21 ἵνα καθίσωσιν οὗτοι οἱ δύο υἱοί μου ... ἐν τῇ βασιλείᾳ σου

21 31ᵃ ὅτι οἱ τελῶναι ... προάγουσιν ὑμᾶς εἰς τὴν βασιλείαν τοῦ θεοῦ

21 43ᵃ ὅτι ἀρθήσεται ἀφ᾽ ὑμῶν ἡ βασιλεία τοῦ θεοῦ καὶ δοθήσεται ἔθνει

22 2ᶜ ὡμοιώθη ἡ βασιλεία τῶν οὐρανῶν ἀνθρώπῳ βασιλεῖ

23 13ᶜ ὅτι κλείετε τὴν βασιλείαν τῶν οὐρανῶν ἔμπροσθεν τῶν ἀνθρώπων

24 7 ἐγερθήσεται γὰρ ἔθνος ἐπὶ ἔθνος καὶ βασιλεία ↔

24 7 ἐπὶ βασιλείαν

24 14ᵈ κηρυχθήσεται τοῦτο τὸ εὐαγγέλιον τῆς βασιλείας

25 1ᶜ ὁμοιωθήσεται ἡ βασιλεία τῶν οὐρανῶν δέκα παρθένοις

25 34 κληρονομήσατε τὴν ἡτοιμασμένην ὑμῖν βασιλείαν

26 29ᵇ ὅταν αὐτὸ πίνω | μεθ᾽ ὑμῶν καινὸν (~ S) ἐν τῇ βασιλείᾳ τοῦ πατρός μου

Mc 1 14ᵃᵈ *ἦλθεν ὁ Ἰησοῦς ... κηρύσσων τὸ εὐαγγέλιον | τῆς βασιλείας (+ς) τοῦ θεοῦ

 1 15ᵃ ἤγγικεν ἡ βασιλεία τοῦ θεοῦ

 3 24 καὶ ἐὰν βασιλεία ἐφ᾽ ἑαυτὴν μερισθῇ, ↔

 3 24 οὐ δύναται σταθῆναι ἡ βασιλεία ἐκείνη

 4 11ᵃ ὑμῖν τὸ μυστήριον δέδοται τῆς βασιλείας τοῦ θεοῦ

 4 26ᵃ οὕτως ἐστὶν ἡ βασιλεία τοῦ θεοῦ

 4 30ᵃ πῶς ὁμοιώσωμεν τὴν βασιλείαν τοῦ θεοῦ ⟨;⟩

 6 23 δώσω σοι ἕως ἡμίσους τῆς βασιλείας μου

 9 1ᵃ ἕως ἂν ἴδωσιν τὴν βασιλείαν τοῦ θεοῦ ἐληλυθυῖαν ἐν δυνάμει

 9 47ᵃ καλόν σέ ἐστιν μονόφθαλμον εἰσελθεῖν εἰς τὴν βασιλείαν τοῦ θεοῦ

Mc 10 14ᵃ τῶν γὰρ τοιούτων ἐστὶν ἡ βασιλεία τοῦ θεοῦ

10 15ᵃ ὃς ἂν μὴ δέξηται τὴν βασιλείαν τοῦ θεοῦ ὡς παιδίον

10 23ᵃ πῶς δυσκόλως οἱ τὰ χρήματα ἔχοντες εἰς τὴν βασιλείαν τοῦ θεοῦ εἰσελεύσονται

10 24ᵃ πῶς δύσκολόν ἐστιν (+τοὺς πεποιθότας ἐπὶ χρήμασιν MVB[S]ς) εἰς τὴν βασιλείαν τοῦ θεοῦ εἰσελθεῖν

10 25ᵃ ἢ πλούσιον εἰς τὴν βασιλείαν τοῦ θεοῦ εἰσελθεῖν

11 10ᵇ εὐλογημένη ἡ ἐρχομένη βασιλεία τοῦ πατρὸς ἡμῶν Δαυίδ

12 34ᵃ οὐ μακρὰν εἶ [H] ἀπὸ τῆς βασιλείας τοῦ θεοῦ

13 8 ἐγερθήσεται γὰρ ἔθνος ἐπ᾽ ἔθνος καὶ βασιλεία ↔

13 8 ἐπὶ βασιλείαν

14 25ᵃ ὅταν αὐτὸ πίνω καινὸν ἐν τῇ βασιλείᾳ τοῦ θεοῦ

15 43ᵃ Ἰωσήφ ... ὃς καὶ αὐτὸς ἦν προσδεχόμενος τὴν βασιλείαν τοῦ θεοῦ

Lc 1 33 καὶ τῆς βασιλείας αὐτοῦ οὐκ ἔσται τέλος

 4 5 ἔδειξεν αὐτῷ πάσας τὰς βασιλείας τῆς οἰκουμένης

 4 43ᵃ καὶ ταῖς ἑτέραις πόλεσιν εὐαγγελίσασθαί με δεῖ τὴν βασιλείαν τοῦ θεοῦ

 6 20ᵃ μακάριοι ... ὅτι ὑμετέρα ἐστὶν ἡ βασιλεία τοῦ θεοῦ

 7 28ᵃ ὁ δὲ μικρότερος ἐν τῇ βασιλείᾳ τοῦ θεοῦ μείζων αὐτοῦ ἐστιν

 8 1ᵃ κηρύσσων καὶ εὐαγγελιζόμενος τὴν βασιλείαν τοῦ θεοῦ

 8 10ᵃ ὑμῖν δέδοται γνῶναι τὰ μυστήρια τῆς βασιλείας τοῦ θεοῦ

 9 2ᵃ ἀπέστειλεν αὐτοὺς κηρύσσειν τὴν βασιλείαν τοῦ θεοῦ

 9 11ᵃ ἐλάλει αὐτοῖς περὶ τῆς βασιλείας τοῦ θεοῦ

 9 27ᵃ ἕως ἂν ἴδωσιν τὴν βασιλείαν τοῦ θεοῦ

 9 60ᵃ ἀπελθὼν διάγγελλε τὴν βασιλείαν τοῦ θεοῦ

 9 62ᵃ οὐδεὶς ἐπιβαλὼν ... καὶ βλέπων εἰς τὰ ὀπίσω εὔθετός ἐστιν | τῇ βασιλείᾳ (εἰς τὴν β-είαν ς) τοῦ θεοῦ

10 9ᵃ ἤγγικεν ἐφ᾽ ὑμᾶς ἡ βασιλεία τοῦ θεοῦ

10 11ᵃ γινώσκετε, ὅτι ἤγγικεν ἡ βασιλεία τοῦ θεοῦ

11 2 ἐλθέτω ἡ βασιλεία σου

11 17 πᾶσα βασιλεία | ἐφ᾽ ἑαυτὴν διαμερισθεῖσα (~ ST) ἐρημοῦται

11 18 πῶς σταθήσεται ἡ βασιλεία αὐτοῦ;

11 20ᵃ ἄρα ἔφθασεν ἐφ᾽ ὑμᾶς ἡ βασιλεία τοῦ θεοῦ

12 31 πλὴν ζητεῖτε τὴν βασιλείαν αὐτοῦ

12 32 εὐδόκησεν ὁ πατὴρ ὑμῶν δοῦναι ὑμῖν τὴν βασιλείαν

13 18ᵃ τίνι ὁμοία ἐστὶν ἡ βασιλεία τοῦ θεοῦ ⟨;⟩

13 20ᵃ τίνι ὁμοιώσω τὴν βασιλείαν τοῦ θεοῦ;

13 28ᵃ ὅταν ὄψησθε (ὄψεσθε T) Ἀβραάμ ... ἐν τῇ βασιλείᾳ τοῦ θεοῦ

13 29ᵃ ἀνακλιθήσονται ἐν τῇ βασιλείᾳ τοῦ θεοῦ

14 15ᵃ μακάριος ὅστις φάγεται ἄρτον ἐν τῇ βασιλείᾳ τοῦ θεοῦ

16 16ᵃ ἀπὸ τότε ἡ βασιλεία τοῦ θεοῦ εὐαγγελίζεται

Lc 17 20ᵃ πότε ἔρχεται ἡ βασιλεία τοῦ θεοῦ
17 20ᵃ οὐκ ἔρχεται ἡ βασιλεία τοῦ θεοῦ μετὰ παρατηρήσεως
17 21ᵃ ἰδοὺ γὰρ ἡ βασιλεία τοῦ θεοῦ ἐντὸς ὑμῶν ἐστιν
18 16ᵃ τῶν γὰρ τοιούτων ἐστὶν ἡ βασιλεία τοῦ θεοῦ
18 17ᵃ ὃς ἂν (ἐὰν Vς) μὴ δέξηται τὴν βασιλείαν τοῦ θεοῦ ὡς παιδίον
18 24ᵃ πῶς δυσκόλως οἱ τὰ χρήματα ἔχοντες εἰς τὴν βασιλείαν τοῦ θεοῦ εἰσπορεύονται
18 25ᵃ ἢ πλούσιον εἰς τὴν βασιλείαν τοῦ θεοῦ εἰσελθεῖν
18 29ᵃ ὃς ἀφῆκεν οἰκίαν ... ἕνεκεν τῆς βασιλείας τοῦ θεοῦ
19 11ᵃ ὅτι παραχρῆμα μέλλει ἡ βασιλεία τοῦ θεοῦ ἀναφαίνεσθαι
19 12 ἄνθρωπός τις εὐγενὴς ἐπορεύθη ... λαβεῖν ἑαυτῷ βασιλείαν καὶ ὑποστρέψαι
19 15 ἐγένετο ἐν τῷ ἐπανελθεῖν αὐτὸν λαβόντα τὴν βασιλείαν
21 10 ἐγερθήσεται ἔθνος ἐπ' ἔθνος καὶ βασιλεία ↔
21 10 ἐπὶ βασιλείαν
21 31ᵃ ὅτι ἐγγύς ἐστιν ἡ βασιλεία τοῦ θεοῦ
22 16ᵃ ἕως ὅτου πληρωθῇ ἐν τῇ βασιλείᾳ τοῦ θεοῦ
22 18ᵃ οὐ μὴ πίω ... ἕως οὗ (ὅτου Tς) ἡ βασιλεία τοῦ θεοῦ ἔλθῃ
22 29 καθὼς διέθετό μοι ὁ πατήρ μου βασιλείαν, ↔
22 30 ἵνα ἔσθητε καὶ πίνητε ἐπὶ τῆς τραπέζης μου ἐν τῇ βασιλείᾳ μου
23 42 ὅταν ἔλθῃς | εἰς τὴν βασιλείαν (Ν²⁶ΝΗ; ἐν τῇ β-λείᾳ rl) σου
23 51ᵃ ⟨Ἰωσὴφ⟩ ὃς προσεδέχετο (+καὶ αὐτὸς Vς) τὴν βασιλείαν τοῦ θεοῦ
Jo 3 3ᵃ ἐὰν μή τις γεννηθῇ ἄνωθεν, οὐ δύναται ἰδεῖν τὴν βασιλείαν τοῦ θεοῦ
3 5ᵃᶜ οὐ δύναται εἰσελθεῖν εἰς τὴν βασιλείαν | τοῦ θεοῦ (τῶν οὐρανῶν Τ)
18 36 ἡ βασιλεία ἡ ἐμὴ οὐκ ἔστιν ἐκ τοῦ κόσμου τούτου· ↔
18 36 εἰ ἐκ τοῦ κόσμου τούτου ἦν ἡ | βασιλεία ἡ ἐμή (ἐ. β. S)
18 36 νῦν δὲ ἡ βασιλεία ἡ ἐμὴ οὐκ ἔστιν ἐντεῦθεν
Ac 1 3ᵃ λέγων τὰ περὶ τῆς βασιλείας τοῦ θεοῦ
1 6 εἰ ἐν τῷ χρόνῳ τούτῳ ἀποκαθιστάνεις τὴν βασιλείαν τῷ Ἰσραήλ;
8 12ᵃ τῷ Φιλίππῳ εὐαγγελιζομένῳ περὶ τῆς βασιλείας τοῦ θεοῦ
14 22ᵃ ὅτι διὰ πολλῶν θλίψεων δεῖ ἡμᾶς εἰσελθεῖν εἰς τὴν βασιλείαν τοῦ θεοῦ
19 8ᵃ πείθων τὰ ([Ν²⁶]; —ΝΗ) περὶ τῆς βασιλείας τοῦ θεοῦ
20 25 ἐν οἷς διῆλθον κηρύσσων τὴν βασιλείαν
28 23ᵃ οἷς ἐξετίθετο διαμαρτυρόμενος τὴν βασιλείαν τοῦ θεοῦ
28 31ᵃ ⟨ἀπεδέχετο πάντας⟩ κηρύσσων τὴν βασιλείαν τοῦ θεοῦ
Rm 14 17ᵃ οὐ γάρ ἐστιν ἡ βασιλεία τοῦ θεοῦ βρῶσις
1C 4 20ᵃ οὐ γὰρ ἐν λόγῳ ἡ βασιλεία τοῦ θεοῦ
6 9ᵃ ἢ οὐκ οἴδατε ὅτι ἄδικοι θεοῦ βασιλείαν οὐ κληρονομήσουσιν;

1C 6 10ᵃ οὐχ ἅρπαγες βασιλείαν θεοῦ κληρονομήσουσιν
15 24 εἶτα τὸ τέλος, ὅταν παραδιδῷ (-δοῖ ΝΗ) τὴν βασιλείαν τῷ θεῷ
15 50ᵃ σὰρξ καὶ αἷμα βασιλείαν θεοῦ κληρονομῆσαι οὐ δύναται (-νται Sς)
G 5 21ᵃ οἱ τὰ τοιαῦτα πράσσοντες βασιλείαν θεοῦ οὐ κληρονομήσουσιν
E 5 5ᵃ ὅτι πᾶς πόρνος ... οὐκ ἔχει κληρονομίαν ἐν τῇ βασιλείᾳ τοῦ Χριστοῦ καὶ θεοῦ
Cl 1 13 μετέστησεν εἰς τὴν βασιλείαν τοῦ υἱοῦ τῆς ἀγάπης αὐτοῦ
4 11ᵃ οὗτοι μόνοι συνεργοὶ εἰς τὴν βασιλείαν τοῦ θεοῦ
1Th 2 12ᵃ τοῦ θεοῦ τοῦ καλοῦντος ὑμᾶς εἰς τὴν ἑαυτοῦ βασιλείαν καὶ δόξαν
2Th 1 5ᵃ εἰς τὸ καταξιωθῆναι ὑμᾶς τῆς βασιλείας τοῦ θεοῦ
2Tm 4 1ᵃ διαμαρτύρομαι (+οὖν ἐγὼ [S]ς) ἐνώπιον τοῦ θεοῦ καὶ Χριστοῦ Ἰησοῦ τοῦ μέλλοντος κρίνειν ... καὶ (κατὰ ς) τὴν ἐπιφάνειαν αὐτοῦ καὶ τὴν βασιλείαν αὐτοῦ
4 18 ῥύσεταί με ὁ κύριος ... καὶ σώσει εἰς τὴν βασιλείαν αὐτοῦ τὴν ἐπουράνιον
Hb 1 8 καὶ ἡ ῥάβδος τῆς εὐθύτητος ῥάβδος τῆς βασιλείας σου (αὐτοῦ ΝΗ)
11 33 οἳ διὰ πίστεως κατηγωνίσαντο βασιλείας, ἠργάσαντο δικαιοσύνην
12 28 διὸ βασιλείαν ἀσάλευτον παραλαμβάνοντες ἔχωμεν χάριν
Jc 2 5 οὐχ ὁ θεὸς ἐξελέξατο ... κληρονόμους τῆς βασιλείας ἧς ἐπηγγείλατο ⟨;⟩
2Pt 1 11 ἐπιχορηγηθήσεται ὑμῖν ἡ εἴσοδος εἰς τὴν αἰώνιον βασιλείαν
Ap 1 6 καὶ ἐποίησεν ἡμᾶς βασιλείαν (βασιλεῖς καὶ ς), ἱερεῖς τῷ θεῷ καὶ πατρὶ αὐτοῦ
1 9 ἐγὼ Ἰωάννης, ὁ ... συγκοινωνὸς ἐν τῇ θλίψει καὶ (+ἐν τῇ ς) βασιλείᾳ καὶ ὑπομονῇ ἐν Ἰησοῦ
5 10 ἐποίησας αὐτοὺς τῷ θεῷ ἡμῶν βασιλείαν (βασιλεῖς BSς) καὶ ἱερεῖς
11 15 | ἐγένετο ἡ βασιλεία (ἐγένοντο αἱ β-λεῖαι ς) τοῦ κόσμου
12 10ᵃ ἄρτι ἐγένετο ... ἡ βασιλεία τοῦ θεοῦ ἡμῶν καὶ ἡ ἐξουσία τοῦ χριστοῦ αὐτοῦ
16 10 ἐγένετο ἡ βασιλεία αὐτοῦ ἐσκοτωμένη
17 12 δέκα βασιλεῖς εἰσιν, οἵτινες βασιλείαν οὔπω ἔλαβον
17 17 δοῦναι τὴν βασιλείαν αὐτῶν τῷ θηρίῳ
17 18 ἡ πόλις ἡ μεγάλη ἡ ἔχουσα βασιλείαν ἐπὶ τῶν βασιλέων τῆς γῆς

βασίλειος
Lc 7 25 οἱ ἐν ... τρυφῇ ὑπάρχοντες ἐν τοῖς βασιλείοις εἰσίν
1Pt 2 9 ὑμεῖς δὲ γένος ἐκλεκτόν, βασίλειον ἱεράτευμα

βασιλεύς
ᵃ β. τῶν Ἰουδαίων
ᵇ β. Ἰσραήλ
ᶜ β. τῆς γῆς, οἰκουμένης
ᵈ ἡγεμὼν καὶ β.
ᵉ accedit nomen
ᶠ β. (τῶν) βασιλέων (-ευόντων)
Mt 1 6ᵉ Ἰεσσαὶ δὲ ἐγέννησεν τὸν Δαυὶδ τὸν βασιλέα. ↔

Mt 1 6ᵉ *Δαυὶδ δὲ | ὁ βασιλεύς (+Vς) ἐγέννησεν τὸν Σολομῶνα
2 1ᵉ τοῦ δὲ Ἰησοῦ γεννηθέντος ... ἐν ἡμέραις Ἡρῴδου τοῦ βασιλέως
2 2ᵃ ποῦ ἐστιν ὁ τεχθεὶς βασιλεὺς τῶν Ἰουδαίων;
2 3ᵉ ἀκούσας δὲ ὁ βασιλεὺς Ἡρῴδης ἐταράχθη
2 9 οἱ δὲ ἀκούσαντες τοῦ βασιλέως ἐπορεύθησαν
5 35 μήτε εἰς Ἱεροσόλυμα, ὅτι πόλις ἐστὶν τοῦ μεγάλου βασιλέως
10 18ᵈ καὶ ἐπὶ ἡγεμόνας δὲ καὶ βασιλεῖς ἀχθήσεσθε ἕνεκεν ἐμοῦ
11 8 ἰδοὺ οἱ τὰ μαλακὰ φοροῦντες ἐν τοῖς οἴκοις τῶν βασιλέων εἰσίν ([S]; —ΝΤΗ)
14 9 λυπηθεὶς (ἐλυπήθη MVSς) ὁ βασιλεὺς διὰ (+δὲ MVSς) τοὺς ὅρκους ... ἐκέλευσεν
17 25ᶜ οἱ βασιλεῖς τῆς γῆς ἀπὸ τίνων λαμβάνουσιν τέλη ⟨;⟩
18 23 ὡμοιώθη ἡ βασιλεία τῶν οὐρανῶν ἀνθρώπῳ βασιλεῖ
21 5 ἰδοὺ ὁ βασιλεύς σου ἔρχεταί σοι
22 2 ὡμοιώθη ἡ βασιλεία τῶν οὐρανῶν ἀνθρώπῳ βασιλεῖ
22 7 | ὁ δὲ βασιλεύς (καὶ ἀκούσας ὁ β. ἐκεῖνος V; ἀκούσας δὲ ὁ β. ς) ὠργίσθη
22 11 εἰσελθὼν δὲ ὁ βασιλεὺς θεάσασθαι τοὺς ἀνακειμένους εἶδεν
22 13 τότε | ὁ βασιλεὺς εἶπεν (~ Vς) τοῖς διακόνοις
25 34 τότε ἐρεῖ ὁ βασιλεὺς τοῖς ἐκ δεξιῶν αὐτοῦ
25 40 ἀποκριθεὶς ὁ βασιλεὺς ἐρεῖ αὐτοῖς
27 11ᵃ σὺ εἶ ὁ βασιλεὺς τῶν Ἰουδαίων;
27 29ᵃ χαῖρε, βασιλεῦ (ὁ βασιλεὺς VSTς) τῶν Ἰουδαίων
27 37ᵃ οὗτός ἐστιν Ἰησοῦς ὁ βασιλεὺς τῶν Ἰουδαίων
27 42ᵇ βασιλεὺς Ἰσραήλ ἐστιν, καταβάτω νῦν ἀπὸ τοῦ σταυροῦ
Mc 6 14ᵉ ἤκουσεν ὁ βασιλεὺς Ἡρῴδης
6 22 | εἶπεν ὁ βασιλεύς (ὁ δὲ β. εἶπ. ΝΜΤΗ) τῷ κορασίῳ
6 25 εἰσελθοῦσα εὐθὺς μετὰ σπουδῆς πρὸς τὸν βασιλέα
6 26 περίλυπος γενόμενος ὁ βασιλεὺς διὰ τοὺς ὅρκους ... οὐκ ἠθέλησεν
6 27 καὶ εὐθὺς ἀποστείλας ὁ βασιλεὺς σπεκουλάτορα ἐπέταξεν
13 9ᵈ ἐπὶ ἡγεμόνων καὶ βασιλέων σταθήσεσθε ἕνεκεν ἐμοῦ
15 2ᵃ σὺ εἶ ὁ βασιλεὺς τῶν Ἰουδαίων;
15 9ᵃ θέλετε ἀπολύσω ὑμῖν τὸν βασιλέα τῶν Ἰουδαίων;
15 12ᵃ τί οὖν θέλετε ([Ν²⁶]ΒΤς; —rl) ποιήσω | ὃν λέγετε ([Ν²⁶]; [ὃν] λ. ΝΗ) τὸν (—ς) βασιλέα τῶν Ἰουδαίων;
15 18ᵃ χαῖρε, βασιλεῦ τῶν Ἰουδαίων
15 26ᵃ ὁ βασιλεὺς τῶν Ἰουδαίων
15 32ᵇ ὁ χριστὸς ὁ βασιλεὺς Ἰσραὴλ καταβάτω νῦν ἀπὸ τοῦ σταυροῦ
Lc 1 5ᵉ ἐγένετο ἐν ταῖς ἡμέραις Ἡρῴδου (+τοῦ ς) βασιλέως τῆς Ἰουδαίας
10 24 ὅτι πολλοὶ προφῆται καὶ βασιλεῖς ἠθέλησαν ἰδεῖν ἃ ὑμεῖς βλέπετε
14 31 τίς βασιλεὺς πορευόμενος ↔
14 31 ἑτέρῳ βασιλεῖ συμβαλεῖν εἰς πόλεμον
19 38 εὐλογημένος ὁ | ἐρχόμενος ὁ (ἐρχ. VBSς; —T) βασιλεὺς ἐν ὀνόματι κυρίου

Lc 21 12ᵈ ἀπαγομένους ἐπὶ βασιλεῖς καὶ
ἡγεμόνας ἕνεκεν τοῦ ὀνόματός μου
22 25 οἱ βασιλεῖς τῶν ἐθνῶν κυριεύουσιν
αὐτῶν
23 2 τοῦτον εὕραμεν ... λέγοντα ἑαυτὸν
χριστὸν βασιλέα εἶναι
23 3ᵃ σὺ εἶ ὁ βασιλεὺς τῶν ᾽Ιουδαίων;
23 37ᵃ εἰ σὺ εἶ ὁ βασιλεὺς τῶν ᾽Ιουδαίων
23 38ᵃ | ὁ βασιλεὺς τῶν ᾽Ιουδαίων οὗτος
(οὗτός ἐστιν ὁ. β. τ. ᾽I. Vϛ)
Jo 1 49ᵇ ῥαββί ... σὺ (+ ὁ ϛ) βασιλεὺς εἶ
τοῦ ᾽Ισραήλ
6 15 ἁρπάζειν αὐτὸν ἵνα ποιήσωσιν
βασιλέα
12 13ᵇ εὐλογημένος ὁ ἐρχόμενος ... καὶ
([N²⁶]; —ϛ) ὁ βασιλεὺς τοῦ
᾽Ισραήλ
12 15 ἰδοὺ ὁ βασιλεύς σου ἔρχεται
18 33ᵇ σὺ εἶ ὁ βασιλεὺς τῶν ᾽Ιουδαίων;
18 37 οὐκοῦν βασιλεὺς εἶ σύ;
18 37 σὺ λέγεις ὅτι βασιλεύς εἰμι (+ ἐγώ
[M]Vϛ)
18 39ᵃ βούλεσθε οὖν ἀπολύσω ὑμῖν τὸν
βασιλέα τῶν ᾽Ιουδαίων;
19 3ᵃ χαῖρε ὁ βασιλεὺς τῶν ᾽Ιουδαίων
19 12 πᾶς ὁ βασιλέα ἑαυτὸν ποιῶν
ἀντιλέγει τῷ Καίσαρι
19 14 ἴδε ὁ βασιλεὺς ὑμῶν
19 15 τὸν βασιλέα ὑμῶν σταυρώσω;
19 15 οὐκ ἔχομεν βασιλέα εἰ μὴ Καίσαρα
19 19ᵃ ᾽Ιησοῦς ὁ Ναζωραῖος ὁ βασιλεὺς
τῶν ᾽Ιουδαίων
19 21ᵃ μὴ γράφε· ὁ βασιλεὺς τῶν ᾽Ιου-
δαίων, ↔
19 21ᵃ ἀλλ᾽ ὅτι ἐκεῖνος εἶπεν· βασιλεύς
| εἰμι τῶν ᾽Ιουδαίων (~ H)
Ac 4 26ᵉ παρέστησαν οἱ βασιλεῖς τῆς γῆς
7 10ᵉ ἔδωκεν αὐτῷ χάριν καὶ σοφίαν
ἐναντίον (ἔναντι T) Φαραὼ βασι-
λέως Αἰγύπτου
7 18 ἄχρι οὗ ἀνέστη βασιλεὺς ἕτερος
| ἐπ᾽ Αἴγυπτον ([N²⁶]; —ϛ)
9 15 ἐνώπιον [+ τῶν NH] ἐθνῶν τε
καὶ βασιλέων υἱῶν τε ᾽Ισραήλ
12 1ᵉ ἐπέβαλεν | ᾽Ηρῴδης ὁ βασιλεὺς
(~ T) τὰς χεῖρας
12 20 πείσαντες Βλάστον τὸν ἐπὶ τοῦ
κοιτῶνος τοῦ βασιλέως
13 21 κἀκεῖθεν ᾐτήσαντο βασιλέα
13 22ᵉ ἤγειρεν | τὸν Δαυὶδ αὐτοῖς (~ Sϛ)
εἰς βασιλέα
17 7ᵉ βασιλέα ἕτερον λέγοντες εἶναι
᾽Ιησοῦν
25 13ᵉ ᾽Αγρίππας ὁ βασιλεὺς καὶ Βερνίκη
κατήντησαν
25 14 ὁ Φῆστος τῷ βασιλεῖ ἀνέθετο τὰ
κατὰ τὸν Παῦλον
25 24ᵉ ᾽Αγρίππα βασιλεῦ καὶ πάντες οἱ
συμπαρόντες ἡμῖν ἄνδρες, θεω-
ρεῖτε
25 26ᵉ διὸ προήγαγον αὐτὸν ... καὶ
μάλιστα ἐπὶ σοῦ, βασιλεῦ ᾽Αγρίπ-
πα
26 2ᵉ περὶ πάντων ὧν ἐγκαλοῦμαι ...,
βασιλεῦ ᾽Αγρίππα
26 7 περὶ ἧς ἐλπίδος ἐγκαλοῦμαι ὑπὸ
᾽Ιουδαίων, βασιλεῦ
26 13 εἶδον, βασιλεῦ, οὐρανόθεν ... περι-
λάμψαν με φῶς
26 19ᵉ ὅθεν, βασιλεῦ ᾽Αγρίππα, οὐκ
ἐγενόμην ἀπειθής
26 26 ἐπίσταται γὰρ περὶ τούτων ὁ
βασιλεύς
26 27ᵉ πιστεύεις, βασιλεῦ ᾽Αγρίππα, τοῖς
προφήταις;

Ac 26 30ᵈ ἀνέστη τε ὁ βασιλεὺς καὶ ὁ ἡγεμὼν
2C 11 32ᵉ ὁ ἐθνάρχης ᾽Αρέτα τοῦ βασιλέως
ἐφρούρει τὴν πόλιν
1Tm 1 17 τῷ δὲ βασιλεῖ τῶν αἰώνων ...
τιμὴ καὶ δόξα
2 2 ⟨ποιεῖσθαι δεήσεις⟩ ὑπὲρ βασι-
λέων καὶ πάντων τῶν ἐν ὑπεροχῇ
ὄντων
6 15ᶠ ἣν ... δείξει ὁ μακάριος καὶ μόνος
δυνάστης, ὁ βασιλεὺς τῶν βασι-
λευόντων
Hb 7 1ᵉ οὗτος γὰρ ὁ Μελχισέδεκ, βασιλεὺς
Σαλήμ, ἱερεὺς τοῦ θεοῦ τοῦ ὑψίσ-
του, ↔
7 1 ὁ συναντήσας ᾽Αβραὰμ ὑποστρέ-
φοντι ἀπὸ τῆς κοπῆς τῶν βασι-
λέων
7 2 πρῶτον μὲν ἑρμηνευόμενος βασι-
λεὺς δικαιοσύνης, ↔
7 2 ἔπειτα δὲ καὶ βασιλεὺς Σαλήμ, ↔
7 2 ὅ ἐστιν βασιλεὺς εἰρήνης
11 23 καὶ οὐκ ἐφοβήθησαν τὸ διάταγμα
τοῦ βασιλέως
11 27 μὴ φοβηθεὶς τὸν θυμὸν τοῦ βασιλέως
1Pt 2 13 ὑποτάγητε πάσῃ ἀνθρωπίνῃ
κτίσει ... εἴτε βασιλεῖ ὡς ὑπερ-
έχοντι
2 17 ἀδελφότητα ἀγαπᾶτε, τὸν θεὸν
φοβεῖσθε, τὸν βασιλέα τιμᾶτε
Ap 1 5ᶜ ἀπὸ ᾽Ιησοῦ Χριστοῦ ... ὁ ἄρχων
τῶν βασιλέων τῆς γῆς
1 6 *καὶ ἐποίησεν ἡμᾶς | βασιλεῖς καὶ
(ϛ; βασιλείαν rl) ἱερεῖς τῷ θεῷ
5 10 *ἐποίησας αὐτοὺς τῷ θεῷ ἡμῶν
βασιλεῖς (BSϛ; βασιλείαν rl) καὶ
ἱερεῖς
6 15ᶜ οἱ βασιλεῖς τῆς γῆς καὶ οἱ μεγιστᾶ-
νες ... ἔκρυψαν ἑαυτοὺς εἰς τὰ
σπήλαια
9 11 ἔχουσιν ἐπ᾽ αὐτῶν βασιλέα τὸν
ἄγγελον τῆς ἀβύσσου
10 11 προφητεῦσαι ἐπὶ λαοῖς ... καὶ
βασιλεῦσιν πολλοῖς
15 3 κύριε ὁ θεὸς ..., ὁ βασιλεὺς τῶν
ἐθνῶν (αἰώνων BH; ἁγίων ϛ)
16 12 ἵνα ἑτοιμασθῇ ἡ ὁδὸς τῶν βασι-
λέων τῶν ἀπὸ ἀνατολῆς ἡλίου
16 14ᶜ σημεῖα, ἃ ἐκπορεύεται ἐπὶ τοὺς
βασιλεῖς τῆς οἰκουμένης
17 2ᵉ μεθ᾽ ἧς ἐπόρνευσαν οἱ βασιλεῖς
τῆς γῆς
17 9 αἱ ἑπτὰ κεφαλαὶ ἑπτὰ ὄρη εἰσίν ...
καὶ βασιλεῖς ἑπτά εἰσιν
17 12 τὰ δέκα κέρατα ἃ εἶδες δέκα βασι-
λεῖς εἰσιν
17 12 ἐξουσίαν ὡς βασιλεῖς μίαν ὥραν
λαμβάνουσιν
17 14ᶠ ὅτι κύριος κυρίων ἐστὶν καὶ
βασιλεὺς βασιλέων
17 18ᵉ ἡ πόλις ἡ μεγάλη ἡ ἔχουσα βασι-
λείαν ἐπὶ τῶν βασιλέων τῆς γῆς
18 3ᶜ οἱ βασιλεῖς τῆς γῆς μετ᾽ αὐτῆς
ἐπόρνευσαν
18 9ᶜ κόψονται ἐπ᾽ αὐτὴν (-τῆς V; -τῇ
Bϛ) οἱ βασιλεῖς τῆς γῆς οἱ μετ᾽
αὐτῆς πορνεύσαντες
19 16ᶠ ἔχει ... ἐπὶ τὸν μηρὸν αὐτοῦ
ὄνομα γεγραμμένον· βασιλεὺς βα-
σιλέων
19 18 ἵνα φάγητε σάρκας βασιλέων
19 19ᶜ εἶδον ... τοὺς βασιλεῖς τῆς γῆς
καὶ τὰ στρατεύματα αὐτῶν συνηγ-
μένα
21 24ᶜ οἱ βασιλεῖς τῆς γῆς φέρουσιν τὴν
δόξαν αὐτῶν εἰς αὐτήν

βασιλεύω
συμ-
ᵃ ἐπί τινα
ᵇ β. εἰς τοὺς αἰῶνας
ᶜ βασιλεὺς τῶν βασιλευόντων
Mt 2 22 ὅτι ᾽Αρχέλαος βασιλεύει τῆς ᾽Ιου-
δαίας
Lc 1 33ᵃᵇ καὶ βασιλεύσει ἐπὶ τὸν οἶκον
᾽Ιακὼβ εἰς τοὺς αἰῶνας
19 14ᵃ οὐ θέλομεν τοῦτον βασιλεῦσαι
ἐφ᾽ ἡμᾶς
19 27ᵃ τοὺς ἐχθρούς μου τούτους τοὺς
μὴ θελήσαντάς με βασιλεῦσαι ἐπ᾽
αὐτούς
Rm 5 14ᵃ ἐβασίλευσεν ὁ θάνατος ... καὶ ἐπὶ
τοὺς μὴ ἁμαρτήσαντας
5 17 εἰ γὰρ ... ὁ θάνατος ἐβασίλευσεν
διὰ τοῦ ἑνός, ↔
5 17 πολλῷ μᾶλλον ... ἐν ζωῇ βασι-
λεύσουσιν διὰ τοῦ ἑνὸς ᾽Ιησοῦ
Χριστοῦ
5 21 ὥσπερ ἐβασίλευσεν ἡ ἁμαρτία
ἐν τῷ θανάτῳ, ↔
5 21 οὕτως καὶ ἡ χάρις βασιλεύσῃ διὰ
δικαιοσύνης
6 12 μὴ οὖν βασιλευέτω ἡ ἁμαρτία
ἐν τῷ θνητῷ ὑμῶν σώματι
1C 4 8 ἤδη ἐπλουτήσατε· χωρὶς ἡμῶν
ἐβασιλεύσατε· ↔
4 8 καὶ ὄφελόν γε ἐβασιλεύσατε, ἵνα ...
ὑμῖν συμβασιλεύσωμεν
15 25 δεῖ γὰρ αὐτὸν βασιλεύειν ἄχρι οὗ
θῇ
1Tm 6 15ᶜ δείξει ... ὁ βασιλεὺς τῶν βασι-
λευόντων
Ap 5 10ᵃ καὶ βασιλεύσουσιν (-εύουσιν BH;
-εύσομεν ϛ) ἐπὶ τῆς γῆς
11 15ᵇ βασιλεύσει εἰς τοὺς αἰῶνας
τῶν αἰώνων
11 17 ὅτι εἴληφας (-φες H) ... καὶ
ἐβασίλευσας
19 6 ὅτι ἐβασίλευσεν κύριος ὁ θεός
20 4 ἐβασίλευσαν μετὰ τοῦ Χριστοῦ
χίλια ἔτη
20 6 βασιλεύσουσιν μετ᾽ αὐτοῦ τὰ
([N²⁶NH]; —VBSϛ) χίλια ἔτη
22 5ᵇ βασιλεύσουσιν εἰς τοὺς αἰῶνας
τῶν αἰώνων

βασιλικός
Jo 4 46 | καὶ ἦν (ἦν δὲ T) τις βασιλικὸς
οὗ ὁ υἱὸς ἠσθένει
4 49 λέγει πρὸς αὐτὸν ὁ βασιλικός
Ac 12 20 διὰ τὸ τρέφεσθαι αὐτῶν τὴν
χώραν ἀπὸ τῆς βασιλικῆς
12 21 ὁ [H] ᾽Ηρῴδης ἐνδυσάμενος ἐσθῆ-
τα βασιλικήν
Jc 2 8 εἰ μέντοι νόμον τελεῖτε βασιλικόν

βασίλισσα
Mt 12 42 βασίλισσα νότου ἐγερθήσεται ἐν
τῇ κρίσει
Lc 11 31 βασίλισσα νότου ἐγερθήσεται ἐν
τῇ κρίσει
Ac 8 27 ἰδοὺ ἀνὴρ Αἰθίοψ εὐνοῦχος δυνά-
στης Κανδάκης (+ τῆς Vϛ) βασι-
λίσσης Αἰθιόπων
Ap 18 7 κάθημαι βασίλισσα καὶ χήρα οὐκ
εἰμί

βάσις
Ac 3 7 παραχρῆμα δὲ ἐστερεώθησαν αἱ
βάσεις αὐτοῦ

βασκαίνω
G 3 1 ὦ ἀνόητοι Γαλάται, τίς ὑμᾶς
ἐβάσκανεν ⟨;⟩

βαστάζω

ᵃ τὰ βαλλόμενα β.

Mt 3 11 οὗ οὐκ εἰμὶ ἱκανὸς τὰ ὑποδήματα βαστάσαι

8 17 αὐτὸς ... τὰς νόσους ἐβάστασεν

20 12 ἴσους | ἡμῖν αὐτοὺς (∼NTH) ἐποίησας τοῖς βαστάσασι τὸ βάρος

Mc 14 13 καὶ ἀπαντήσει ὑμῖν ἄνθρωπος κεράμιον ὕδατος βαστάζων

Lc 7 14 οἱ δὲ βαστάζοντες ἔστησαν

10 4 μὴ βαστάζετε βαλλάντιον, μὴ πήραν, μὴ ὑποδήματα

11 27 μακαρία ἡ κοιλία ἡ βαστάσασά σε

14 27 (+καὶ Vς) ὅστις οὐ βαστάζει τὸν σταυρὸν ἑαυτοῦ

22 10 συναντήσει ὑμῖν ἄνθρωπος κεράμιον ὕδατος βαστάζων

Jo 10 31 ἐβάστασαν (+οὖν Vς) πάλιν λίθους οἱ Ἰουδαῖοι

12 6ᵃὅτι ... τὸ γλωσσόκομον ἔχων τὰ βαλλόμενα ἐβάσταζεν

16 12 οὐ δύνασθε βαστάζειν ἄρτι

19 17 καὶ βαστάζων | ἑαυτῷ τὸν σταυρὸν (τ. στ. αὐτοῦ Vς) ἐξῆλθεν

20 15 κύριε, εἰ σὺ ἐβάστασας αὐτόν

Ac 3 2 ἀνὴρ χωλὸς ἐκ κοιλίας μητρὸς αὐτοῦ ὑπάρχων ἐβαστάζετο

9 15 ὅτι σκεῦος ἐκλογῆς ἐστίν μοι οὗτος τοῦ βαστάσαι τὸ ὄνομά μου

15 10 ζυγὸν ... ὃν οὔτε οἱ πατέρες ἡμῶν οὔτε ἡμεῖς ἰσχύσαμεν βαστάσαι

21 35 συνέβη βαστάζεσθαι αὐτὸν ὑπὸ τῶν στρατιωτῶν

Rm 11 18 οὐ σὺ τὴν ῥίζαν βαστάζεις, ἀλλὰ ἡ ῥίζα σέ

15 1 ὀφείλομεν δὲ ἡμεῖς οἱ δυνατοὶ τὰ ἀσθενήματα τῶν ἀδυνάτων βαστάζειν

G 5 10 ὁ δὲ ταράσσων ὑμᾶς βαστάσει τὸ κρίμα

6 2 ἀλλήλων τὰ βάρη βαστάζετε

6 5 ἕκαστος γὰρ τὸ ἴδιον φορτίον βαστάσει

6 17 ἐγὼ γὰρ τὰ στίγματα τοῦ (+κυρίου [V]BSς) Ἰησοῦ ἐν τῷ σώματί μου βαστάζω

Ap 2 2 ὅτι οὐ δύνῃ βαστάσαι κακούς

2 3 ὑπομονὴν ἔχεις, καὶ ἐβάστασας διὰ τὸ ὄνομά μου

17 7 τὸ μυστήριον τῆς γυναικὸς καὶ τοῦ θηρίου τοῦ βαστάζοντος αὐτήν

βάτος (ὁ, ἡ)

Mc 12 26 οὐκ ἀνέγνωτε ... ἐπὶ τοῦ (τῆς ς) βάτου πῶς εἶπεν αὐτῷ ὁ θεὸς ⟨;⟩

Lc 6 44 οὐδὲ ἐκ βάτου σταφυλὴν τρυγῶσιν

20 37 Μωϋσῆς ἐμήνυσεν ἐπὶ τῆς βάτου

Ac 7 30 ὤφθη αὐτῷ ... ἄγγελος (+κυρίου [S]ς) ἐν φλογὶ πυρὸς βάτου

7 35 σὺν χειρὶ ἀγγέλου τοῦ ὀφθέντος αὐτῷ ἐν τῇ βάτῳ

βάτος

(hebr. bat)
βάδος S

Lc 16 6 ⟨πόσον ὀφείλεις;⟩ ὁ δὲ εἶπεν· ἑκατὸν βάτους ἐλαίου

βάτραχος

Ap 16 13 εἶδον ἐκ τοῦ στόματος τοῦ δράκοντος ... πνεύματα τρία ἀκάθαρτα | ὡς βάτραχοι (ὅμοια β-οις ς)

βατταλογέω

βαττολογέω BSς

Mt 6 7 προσευχόμενοι μὴ βατταλογήσητε ὥσπερ οἱ ἐθνικοί

βδέλυγμα

ᵃ β. τῆς ἐρημώσεως

Mt 24 15ᵃὅταν οὖν ἴδητε τὸ βδέλυγμα τῆς ἐρημώσεως ... ἑστὸς ἐν τόπῳ ἁγίῳ

Mc 13 14ᵃὅταν δὲ ἴδητε τὸ βδέλυγμα τῆς ἐρημώσεως ἑστηκότα ὅπου οὐ δεῖ

Lc 16 15 ὅτι τὸ ἐν ἀνθρώποις ὑψηλὸν βδέλυγμα ἐνώπιον τοῦ θεοῦ

Ap 17 4 ἔχουσα ποτήριον χρυσοῦν ἐν τῇ χειρὶ αὐτῆς γέμον (-μων T) βδελυγμάτων

17 5 Βαβυλὼν ... ἡ μήτηρ τῶν πορνῶν καὶ τῶν βδελυγμάτων τῆς γῆς

21 27 οὐ μὴ εἰσέλθῃ ... ὁ ([N²⁶NH]; —Sς) ποιῶν βδέλυγμα

βδελυκτός

Tt 1 16 ἀρνοῦνται, βδελυκτοὶ ὄντες καὶ ἀπειθεῖς

βδελύσσομαι

Rm 2 22 ὁ βδελυσσόμενος τὰ εἴδωλα ἱεροσυλεῖς;

Ap 21 8 τοῖς δὲ δειλοῖς ... καὶ ἐβδελυγμένοις ... τὸ μέρος αὐτῶν ἐν τῇ λίμνῃ

βέβαιος

Rm 4 16 εἰς τὸ εἶναι βεβαίαν τὴν ἐπαγγελίαν παντὶ τῷ σπέρματι

2C 1 7 ἡ ἐλπὶς ἡμῶν βεβαία ὑπὲρ ὑμῶν

Hb 2 2 εἰ γὰρ ὁ δι' ἀγγέλων λαληθεὶς λόγος ἐγένετο βέβαιος

3 6 *ἐάνπερ (ἐάν[περ] N²⁶MV; ἐὰν NBTH) τὴν παρρησίαν ... | μέχρι τέλους βεβαίαν ([NMVH]; —N²⁶) κατάσχωμεν

3 14 τὴν ἀρχὴν τῆς ὑποστάσεως μέχρι τέλους βεβαίαν

6 19 ἣν ὡς ἄγκυραν ἔχομεν τῆς ψυχῆς ἀσφαλῆ τε καὶ βεβαίαν

9 17 διαθήκη γὰρ ἐπὶ νεκροῖς βεβαία

2Pt 1 10 βεβαίαν ὑμῶν τὴν κλῆσιν καὶ ἐκλογὴν ποιεῖσθαι (-ῆσθε S)

1 19 καὶ ἔχομεν βεβαιότερον τὸν προφητικὸν λόγον

βεβαιόω

δια-

Mc [16 20]καὶ τὸν λόγον βεβαιοῦντος διὰ τῶν ἐπακολουθούντων σημείων

Rm 15 8 εἰς τὸ βεβαιῶσαι τὰς ἐπαγγελίας τῶν πατέρων

1C 1 6 τὸ μαρτύριον τοῦ Χριστοῦ ἐβεβαιώθη ἐν ὑμῖν

1 8 ὃς καὶ βεβαιώσει ὑμᾶς ἕως τέλους ἀνεγκλήτους

2C 1 21 ὁ δὲ βεβαιῶν ἡμᾶς σὺν ὑμῖν εἰς Χριστὸν ... θεός

Cl 2 7 ⟨περιπατεῖτε⟩ βεβαιούμενοι (+ἐν M[V]Sς) τῇ πίστει καθὼς ἐδιδάχθητε

Hb 2 3 ὑπὸ τῶν ἀκουσάντων εἰς ἡμᾶς ἐβεβαιώθη

13 9 καλὸν γὰρ χάριτι βεβαιοῦσθαι τὴν καρδίαν, οὐ βρώμασιν

βεβαίωσις

Ph 1 7 ἐν τῇ ἀπολογίᾳ καὶ βεβαιώσει τοῦ εὐαγγελίου

Hb 6 16 πάσης αὐτοῖς ἀντιλογίας πέρας εἰς βεβαίωσιν ὁ ὅρκος

βέβηλος

ᵃ de hom.

1Tm 1 9ᵃδικαίῳ νόμος οὐ κεῖται, ἀνόμοις δὲ ... ἀνοσίοις καὶ βεβήλοις

4 7 τοὺς δὲ βεβήλους ... μύθους παραιτοῦ

6 20 ἐκτρεπόμενος τὰς βεβήλους κενοφωνίας

2Tm 2 16 τὰς δὲ βεβήλους κενοφωνίας περιΐστασο

Hb 12 16⟨ἐπισκοποῦντες⟩ μή τις πόρνος ἢ βέβηλος ὡς Ἠσαῦ

βεβηλόω

Mt 12 5 ὅτι τοῖς σάββασιν οἱ ἱερεῖς ἐν τῷ ἱερῷ τὸ σάββατον βεβηλοῦσιν

Ac 24 6 ὃς καὶ τὸ ἱερὸν ἐπείρασεν βεβηλῶσαι

βέβρωκα

→ ἐσθίω

Βεελζεβούλ

Βεεζ. NH

Mt 10 25 εἰ τὸν οἰκοδεσπότην Βεελζεβοὺλ ἐπεκάλεσαν

12 24 οὐκ ἐκβάλλει τὰ δαιμόνια εἰ μὴ ἐν τῷ Βεελζεβούλ

12 27 καὶ εἰ ἐγὼ ἐν Βεελζεβοὺλ ἐκβάλλω τὰ δαιμόνια

Mc 3 22 οἱ γραμματεῖς ... ἔλεγον ὅτι Βεελζεβοὺλ ἔχει

Lc 11 15 ἐν Βεελζεβοὺλ τῷ ἄρχοντι τῶν δαιμονίων ἐκβάλλει τὰ δαιμόνια

11 18 ὅτι λέγετε ἐν Βεελζεβοὺλ ἐκβάλλειν με τὰ δαιμόνια. ↔

11 19 εἰ δὲ ἐγὼ ἐν Βεελζεβοὺλ ἐκβάλλω τὰ δαιμόνια

Βελιάρ

Βελίαρ VSTHς

2C 6 15 τίς δὲ συμφώνησις Χριστοῦ πρὸς Βελιάρ, ἢ τίς μερίς ⟨;⟩

βελόνη

Lc 18 25 εὐκοπώτερον γάρ ἐστιν κάμηλον διὰ | τρήματος βελόνης (τρυμαλιᾶς ῥαφίδος ς) εἰσελθεῖν

βέλος

E 6 16 πάντα τὰ βέλη τοῦ πονηροῦ τὰ [N²⁶H] πεπυρωμένα σβέσαι

βελτίων, βέλτιον

→ ἀγαθός

2Tm 1 18 καὶ ὅσα ἐν Ἐφέσῳ διηκόνησεν, βέλτιον σὺ γινώσκεις

Βενιαμίν

Βενιαμείν TH

Ac 13 21 ἔδωκεν ... τὸν Σαοὺλ υἱὸν Κίς, ἄνδρα ἐκ φυλῆς Βενιαμίν

Rm 11 1 Ἰσραηλίτης εἰμί, ἐκ σπέρματος Ἀβραάμ, φυλῆς Βενιαμίν

Ph 3 5 ⟨ἐγὼ⟩ ἐκ γένους Ἰσραήλ, φυλῆς Βενιαμίν

Ap 7 8 ἐκ φυλῆς Βενιαμὶν δώδεκα χιλιάδες ἐσφραγισμένοι

Βερνίκη

Ac 25 13 Ἀγρίππας ὁ βασιλεὺς καὶ Βερνίκη κατήντησαν εἰς Καισάρειαν

25 23 ἐλθόντος τοῦ Ἀγρίππα καὶ τῆς Βερνίκης μετὰ πολλῆς φαντασίας

26 30 ἀνέστη τε ὁ βασιλεὺς καὶ ὁ ἡγεμὼν ἥ τε Βερνίκη

Βέροια

Ac 17 10 ἐξέπεμψαν τόν τε Παῦλον καὶ τὸν Σιλᾶν εἰς Βέροιαν

17 13 ὅτι καὶ ἐν τῇ Βεροίᾳ κατηγγέλη ... ὁ (—M) λόγος τοῦ θεοῦ

Βεροιαῖος

Ac 20 4 συνείπετο δὲ αὐτῷ (+ἄχρι τῆς Ἀσίας MVBSς) Σώπατρος Πύρρου Βεροιαῖος

Βεώρ

→ Βοσόρ

Βηθαβαρά

Jo 1 28 *ταῦτα ἐν Βηθαβαρᾷ (ς; Βηθανίᾳ rl) ἐγένετο πέραν τοῦ Ἰορδάνου

Βηθανία

ᵃ apud Hierusalem
ᵇ trans Jordanem

Mt 21 17ªἐξῆλθεν ἔξω τῆς πόλεως εἰς Βηθα-
νίαν

26 6ªτοῦ δὲ Ἰησοῦ γενομένου ἐν
Βηθανίᾳ

Mc 11 1ªὅτε ἐγγίζουσιν εἰς Ἱεροσόλυμα
| εἰς Βηθφαγὴ καὶ (καὶ εἰς ΒΤ)
Βηθανίαν

11 11ªἐξῆλθεν εἰς Βηθανίαν μετὰ τῶν
δώδεκα. ↔

11 12ªκαὶ τῇ ἐπαύριον ἐξελθόντων αὐτῶν
ἀπὸ Βηθανίας ἐπείνασεν

14 3ªκαὶ ὄντος αὐτοῦ ἐν Βηθανίᾳ ἐν τῇ
οἰκίᾳ Σίμωνος

Lc 19 29ªὡς ἤγγισεν εἰς Βηθφαγὴ καὶ
Βηθανίαν (-νία[ν]Ν²⁶; -νία Η)

24 50ªἐξήγαγεν δὲ αὐτοὺς ἔξω (+[Ν²⁶]
Vς) ἕως (—V) πρὸς (εἰς Vς)
Βηθανίαν

Jo 1 28ᵇταῦτα ἐν Βηθανίᾳ (Βηθαβαρᾷ ς)
ἐγένετο πέραν τοῦ Ἰορδάνου

11 1ªἦν δέ τις ἀσθενῶν, Λάζαρος ἀπὸ
Βηθανίας

11 18ªἦν δὲ ἡ (—ΝΤΗ) Βηθανία ἐγγὺς
τῶν Ἱεροσολύμων

12 1ªὁ οὖν Ἰησοῦς πρὸ ἓξ ἡμερῶν τοῦ
πάσχα ἦλθεν εἰς Βηθανίαν

Βηθζαθά
Βηθεσδά ΜΒς
Βηθέσδα V

Jo 5 2 κολυμβήθρα | ἡ ἐπιλεγομένη (τὸ
λεγόμενον Τ) Ἑβραϊστὶ Βηθζαθά

Βηθλέεμ
Βηθλέεμ ΜΥSΤΗς

Mt 2 1 τοῦ δὲ Ἰησοῦ γεννηθέντος ἐν
Βηθλέεμ τῆς Ἰουδαίας

2 5 οἱ δὲ εἶπαν αὐτῷ· ἐν Βηθλέεμ τῆς
Ἰουδαίας

2 6 καὶ σὺ Βηθλέεμ, γῆ Ἰούδα,
οὐδαμῶς ἐλαχίστη εἶ

2 8 πέμψας αὐτοὺς εἰς Βηθλέεμ εἶπεν

2 16 ἀνεῖλεν πάντας τοὺς παῖδας τοὺς
ἐν Βηθλέεμ

Lc 2 4 ἀνέβη ... εἰς πόλιν Δαυὶδ ἥτις
καλεῖται Βηθλέεμ

2 15 διέλθωμεν δὴ ἕως Βηθλέεμ

Jo 7 42 ἐκ τοῦ σπέρματος Δαυίδ, καὶ ἀπὸ
Βηθλέεμ ... | ἔρχεται ὁ χριστός
(~ Τς);

Βηθσαϊδά
Βηθσαιδά(ν) Η
Βηθσαϊδάν (ΜΒΤς)

Mt 11 21 οὐαί σοι, Χοραζίν· οὐαί σοι,
Βηθσαϊδά

Mc 6 45 προάγειν εἰς τὸ πέραν πρὸς
Βηθσαϊδάν

8 22 καὶ ἔρχονται εἰς Βηθσαϊδάν

Lc 9 10 ὑπεχώρησεν κατ' ἰδίαν εἰς | πόλιν
καλουμένην Βηθσαϊδά (τόπον ἔρη-
μον πόλεως καλουμένης Β. Vς)

10 13 οὐαί σοι, Χοραζίν, οὐαί σοι,
Βηθσαϊδά

Jo 1 44 ἦν δὲ ὁ Φίλιππος ἀπὸ Βηθσαϊδά

12 21 προσῆλθον Φιλίππῳ τῷ ἀπὸ
Βηθσαϊδὰ τῆς Γαλιλαίας

Βηθφαγή
Βηθφαγὴ (ς)

Mt 21 1 ὅτε ... ἦλθον εἰς Βηθφαγὴ εἰς
(πρὸς ΜVSς) τὸ ὄρος τῶν ἐλαιῶν

Mc 11 1 ὅτε ἐγγίζουσιν εἰς Ἱεροσόλυμα
| εἰς Βηθφαγὴ καὶ (καὶ εἰς ΒΤ)
Βηθανίαν

Lc 19 29 ὡς ἤγγισεν εἰς Βηθφαγὴ καὶ
Βηθανίαν (-ία[ν] Ν²⁶; -ία Η)

βῆμα
ª β. ποδός

Mt 27 19 καθημένου ... ἐπὶ τοῦ βήματος
ἀπέστειλεν πρὸς αὐτὸν ἡ γυνή

Jo 19 13 ἐκάθισεν ἐπὶ (+τοῦ ς) βήματος
εἰς τόπον λεγόμενον Λιθόστρωτον

Ac 7 5ªοὐκ ἔδωκεν αὐτῷ κληρονομίαν ἐν
αὐτῇ οὐδὲ βῆμα ποδός

12 21 ὁ [Η] Ἡρῴδης ... καθίσας ἐπὶ
τοῦ βήματος

18 12 ἤγαγον αὐτὸν ἐπὶ τὸ βῆμα

18 16 ἀπήλασεν αὐτοὺς ἀπὸ τοῦ βήμα-
τος

18 17 ἔτυπτον ἔμπροσθεν τοῦ βήματος

25 6 καθίσας ἐπὶ τοῦ βήματος ἐκέλευσεν

25 10 εἶπεν δὲ ὁ Παῦλος· | ἐπὶ τοῦ βήμα-
τος Καίσαρος ἑστώς (~ ΝΜΤΗ) εἰμι

25 17 τῇ ἑξῆς καθίσας ἐπὶ τοῦ βήματος
ἐκέλευσα

Rm 14 10 πάντες γὰρ παραστησόμεθα τῷ
βήματι τοῦ θεοῦ

2C 5 10 φανερωθῆναι δεῖ ἔμπροσθεν τοῦ
βήματος τοῦ Χριστοῦ

βήρυλλος
Ap 21 20 ⟨ὁ θεμέλιος⟩ ὁ ὄγδοος βήρυλλος

βία
Ac 5 26 ἦγεν (ἤγαγεν ΜVΒSς) αὐτούς,
οὐ μετὰ βίας

21 35 συνέβη βαστάζεσθαι αὐτὸν ... διὰ
τὴν βίαν τοῦ ὄχλου

24 7 *| Λυσίας ὁ χιλίαρχος μετὰ πολλῆς
βίας ἐκ τῶν χειρῶν ἡμῶν ἀπ-
ήγαγε (..+ς..)

27 41 ἡ δὲ πρύμνα ἐλύετο ὑπὸ τῆς βίας
| τῶν κυμάτων ([Ν²⁶]; —ΝΤΗ)

βιάζομαι
παρα-

Mt 11 12 ἕως ἄρτι ἡ βασιλεία τῶν οὐρανῶν
βιάζεται

Lc 16 16 ἀπὸ τότε ἡ βασιλεία τοῦ θεοῦ
εὐαγγελίζεται καὶ πᾶς εἰς αὐτὴν
βιάζεται

βίαιος
Ac 2 2 ἐγένετο ... ἦχος ὥσπερ φερο-
μένης πνοῆς βιαίας

βιαστής
Mt 11 12 καὶ βιασταὶ ἁρπάζουσιν αὐτήν

βιβλαρίδιον
Ap 10 2 ἔχων ἐν τῇ χειρὶ αὐτοῦ βιβλαρίδιον
ἠνεῳγμένον

10 8 *ὕπαγε λάβε τὸ βιβλαρίδιον
(VSTς; βιβλίον rl)

10 9 δοῦναί μοι τὸ βιβλαρίδιον

10 10 καὶ ἔλαβον τὸ βιβλαρίδιον ἐκ τῆς
χειρός

βιβλίον
ª β. τῆς ζωῆς
ᵇ β. ἀποστασίου
ᶜ de vet. test.

Mt 19 7ᵇδοῦναι βιβλίον ἀποστασίου καὶ
ἀπολῦσαι αὐτήν ([Ν²⁶]; —ΝΒΤΗ)

Mc 10 4ᵇ ἐπέτρεψεν Μωϋσῆς (~ Vς) βιβ-
λίον ἀποστασίου γράψαι

Lc 4 17ᶜἐπεδόθη αὐτῷ βιβλίον τοῦ προ-
φήτου Ἠσαΐου

4 17ᶜἀναπτύξας (ἀνοίξας ΝΜΗ) τὸ
βιβλίον εὗρεν τὸν ([ΝSΗ]; —Τ)
τόπον

4 20ᶜπτύξας τὸ βιβλίον ἀποδοὺς τῷ
ὑπηρέτῃ ἐκάθισεν

Jo 20 30 ἃ οὐκ ἔστιν γεγραμμένα ἐν τῷ
βιβλίῳ τούτῳ

21 25 || οὐδ' αὐτὸν οἶμαι τὸν κόσμον
χωρήσειν (-σαι VBSς) τὰ γρα-
φόμενα βιβλία ((..—Τ))

G 3 10ᶜπᾶσιν τοῖς γεγραμμένοις ἐν τῷ
βιβλίῳ τοῦ νόμου

2Tm 4 13 φέρε καὶ τὰ βιβλία, μάλιστα τὰς
μεμβράνας

Hb 9 19ᶜαὐτό τε τὸ βιβλίον καὶ πάντα
τὸν λαὸν ἐρράντισεν

10 7ᶜἐν κεφαλίδι βιβλίου γέγραπται
περὶ ἐμοῦ

Ap 1 11 ὃ βλέπεις γράψον εἰς βιβλίον

5 1 εἶδον βιβλίον γεγραμμένον ἔσωθεν
καὶ ὄπισθεν

5 2 τίς ἄξιος ἀνοῖξαι τὸ βιβλίον

5 3 οὐδεὶς ἐδύνατο ... ἀνοῖξαι τὸ
βιβλίον

5 4 ὅτι οὐδεὶς ἄξιος εὑρέθη ἀνοῖξαι τὸ
βιβλίον

5 5 ἐνίκησεν ὁ λέων ὁ ἐκ τῆς φυλῆς
Ἰούδα ... ἀνοῖξαι τὸ βιβλίον

5 7 *εἴληφεν | τὸ βιβλίον (+ς) ἐκ τῆς
δεξιᾶς τοῦ καθημένου

5 8 καὶ ὅτε ἔλαβεν τὸ βιβλίον

5 9 ἄξιος εἶ λαβεῖν τὸ βιβλίον

6 14 ὁ οὐρανὸς ἀπεχωρίσθη ὡς βιβλίον
ἑλισσόμενον

10 8 ὕπαγε λάβε τὸ βιβλίον (-λαρίδιον
VSTς)

13 8ªοὗ γέγραπται ... ἐν | τῷ βιβλίῳ
(τῇ βίβλῳ ς) τῆς ζωῆς

17 8ªὧν οὐ γέγραπται τὸ ὄνομα ἐπὶ
τὸ βιβλίον τῆς ζωῆς

20 12 καὶ βιβλία ἠνοίχθησαν· ↔

20 12ªκαὶ ἄλλο βιβλίον ἠνοίχθη, ὅ
ἐστιν τῆς ζωῆς· ↔

20 12 καὶ ἐκρίθησαν οἱ νεκροὶ ἐκ τῶν
γεγραμμένων ἐν τοῖς βιβλίοις

21 27ªοἱ γεγραμμένοι ἐν τῷ βιβλίῳ τῆς
ζωῆς τοῦ ἀρνίου

22 7 μακάριος ὁ τηρῶν τοὺς λόγους
τῆς προφητείας τοῦ βιβλίου τούτου

22 9 τῶν τηρούντων τοὺς λόγους τοῦ
βιβλίου τούτου

22 10 μὴ σφραγίσῃς τοὺς λόγους τῆς
προφητείας τοῦ βιβλίου τούτου

22 18 μαρτυρῶ ἐγὼ ... τοὺς λόγους τῆς
προφητείας τοῦ βιβλίου τούτου

22 18 ἐπιθήσει ... τὰς [+ἑπτὰ S]
πληγὰς τὰς γεγραμμένας ἐν τῷ
(—ς) βιβλίῳ τούτῳ· ↔

22 19 καὶ ἐάν τις ἀφέλῃ ἀπὸ τῶν
λόγων | τοῦ βιβλίου (βίβλου ς)
τῆς προφητείας ταύτης

22 19 τῶν γεγραμμένων ἐν τῷ (—ς)
βιβλίῳ τούτῳ

βίβλος
ª β. τῆς ζωῆς

Mt 1 1 βίβλος γενέσεως Ἰησοῦ Χριστοῦ

Mc 12 26 οὐκ ἀνέγνωτε ἐν τῇ βίβλῳ Μωϋ-
σέως ⟨;⟩

Lc 3 4 ὡς γέγραπται ἐν βίβλῳ λόγων
Ἠσαΐου

20 42 | αὐτὸς γὰρ (καὶ αὐτὸς Sς) Δαυὶδ
λέγει ἐν βίβλῳ ψαλμῶν

Ac 1 20 γέγραπται γὰρ ἐν βίβλῳ ψαλμῶν

7 42 καθὼς γέγραπται ἐν βίβλῳ τῶν
προφητῶν

19 19 συνενέγκαντες τὰς βίβλους κατ-
έκαιον

Ph 4 3ªὧν τὰ ὀνόματα ἐν βίβλῳ ζωῆς

Ap 3 5ªοὐ μὴ ἐξαλείψω τὸ ὄνομα αὐτοῦ
ἐκ τῆς βίβλου τῆς ζωῆς

13 8ª*οὗ γέγραπται ... ἐν | τῇ βίβλῳ
(ς; τῷ -λίῳ rl) τῆς ζωῆς

20 15ªεἴ τις οὐχ εὑρέθη ἐν τῇ βίβλῳ τῆς
ζωῆς γεγραμμένος

22 19 *ἐάν τις ἀφέλῃ ἀπὸ τῶν λόγων
βίβλου (ς; τοῦ βιβλίου rl) τῆς
προφητείας ταύτης, ↔

Ap 22 19ᵃ *ἀφελεῖ ὁ θεὸς τὸ μέρος αὐτοῦ ἀπὸ
βίβλου (ς; τοῦ ξύλου rl) τῆς ζωῆς

βιβρώσκω

Jo 6 13 ἃ ἐπερίσσευσαν (-σεν VSς) τοῖς
βεβρωκόσιν

Βιθυνία

Ac 16 7 ἐπείραζον εἰς τὴν Βιθυνίαν πορευ-
θῆναι

1Pt 1 1 Πέτρος ... ἐκλεκτοῖς παρεπιδήμοις
διασπορᾶς ... Ἀσίας καὶ Βιθυνίας

βίος
ᵃ de victu

Mc 12 44ᵃπάντα ὅσα εἶχεν ἔβαλεν, ὅλον τὸν
βίον αὐτῆς

Lc 8 14 ὑπὸ ... ἡδονῶν τοῦ βίου πορευό-
μενοι συμπνίγονται

8 43ᵃ ἥτις || ἰατροῖς (εἰς ἰατροὺς ς) προ-
σαναλώσασα ὅλον τὸν βίον (([N²⁶];
—NH))

15 12ᵃ | ὁ δὲ (καὶ VBTς) διεῖλεν αὐτοῖς
τὸν βίον

15 30ᵃὁ υἱός σου οὗτος ὁ καταφαγών
σου τὸν βίον

21 4ᵃἐκ τοῦ ὑστερήματος αὐτῆς πάντα
(ἀπ. VSTς) τὸν βίον ὃν εἶχεν
ἔβαλεν

1Tm 2 2 ἵνα ἤρεμον καὶ ἡσύχιον βίον
διάγωμεν

2Tm 2 4 οὐδεὶς στρατευόμενος ἐμπλέκεται
ταῖς τοῦ βίου πραγματείαις

1Pt 4 3 *ἀρκετὸς γὰρ ὁ παρεληλυθὼς
χρόνος | τοῦ βίου (+ς)

1Jo 2 16ᵃἡ ἐπιθυμία τῶν ὀφθαλμῶν καὶ
ἡ ἀλαζονεία τοῦ βίου

3 17ᵃὃς δ᾽ ἂν ἔχῃ τὸν βίον τοῦ κόσμου

βιόω

1Pt 4 2 εἰς τὸ ... θελήματι θεοῦ τὸν
ἐπίλοιπον ἐν σαρκὶ βιῶσαι χρόνον

βίωσις

Ac 26 4 τὴν μὲν οὖν βίωσίν μου τὴν
([N²⁶S]; —NBH) ἐκ νεότητος ...
ἴσασι

βιωτικός

Lc 21 34 μήποτε βαρηθῶσιν | ὑμῶν αἱ
καρδίαι (∼H) ἐν ... μερίμναις
βιωτικαῖς

1C 6 3 οὐκ οἴδατε ὅτι ἀγγέλους κρινοῦμεν,
μήτι γε βιωτικά; ↔

6 4 βιωτικὰ μὲν οὖν κριτήρια ἐὰν
ἔχητε ... τούτους καθίζετε;

βλαβερός

1Tm 6 9 ἐμπίπτουσιν εἰς ... ἐπιθυμίας πολ-
λὰς ἀνοήτους καὶ βλαβεράς

βλάπτω

Mc [16 18]κἂν θανάσιμόν τι πίωσιν οὐ μὴ
αὐτοὺς βλάψῃ (βλάψει ς)

Lc 4 35 τὸ δαιμόνιον ... ἐξῆλθεν ἀπ᾽
αὐτοῦ μηδὲν βλάψαν αὐτόν

βλαστάνω, βλαστάω
ἐκ-

Mt 13 26 ὅτε δὲ ἐβλάστησεν ὁ χόρτος

Mc 4 27 ⟨ὡς ἄνθρωπος βάλῃ τὸν σπόρον⟩
καὶ ὁ σπόρος βλαστᾷ (-στάνῃ ς)

Hb 9 4 ἐν ᾗ ... ἡ ῥάβδος Ἀαρὼν ἡ
βλαστήσασα

Jc 5 18 ἡ γῆ ἐβλάστησεν τὸν καρπὸν αὐτῆς

Βλάστος

Ac 12 20 πείσαντες Βλάστον τὸν ἐπὶ τοῦ
κοιτῶνος τοῦ βασιλέως

βλασφημέω
ᵃ β. τὸ ὄνομα
ᵇ β. εἰς τὸ πνεῦμα

Mt 9 3 εἶπαν ἐν ἑαυτοῖς· οὗτος βλασφημεῖ

26 65 ὁ ἀρχιερεὺς διέρρηξεν τὰ ἱμάτια
αὐτοῦ λέγων· ἐβλασφήμησεν

Mt 27 39 οἱ δὲ παραπορευόμενοι ἐβλασφή-
μουν αὐτόν

Mc 2 7 τί οὗτος οὕτως | λαλεῖ; βλασφημεῖ
(λ. βλασφημίας; ς)

3 28 ἀφεθήσεται ... ὅσα (ὅσας Vς)
ἐὰν (ἂν Tς) βλασφημήσωσιν· ↔

3 29ᵇὃς δ᾽ ἂν βλασφημήσῃ εἰς τὸ
πνεῦμα τὸ ἅγιον

15 29 καὶ οἱ παραπορευόμενοι ἐβλασφή-
μουν αὐτόν

Lc 12 10ᵇτῷ δὲ εἰς τὸ ἅγιον πνεῦμα βλασφη-
μήσαντι οὐκ ἀφεθήσεται

22 65 ἕτερα πολλὰ βλασφημοῦντες ἔλε-
γον εἰς αὐτόν

23 39 εἷς δὲ τῶν κρεμασθέντων κακούργων
ἐβλασφήμει αὐτὸν λέγων (—NTH)

Jo 10 36 λέγετε ὅτι βλασφημεῖς, ὅτι εἶπον·
υἱὸς τοῦ (—T) θεοῦ εἰμι;

Ac 13 45 ἀντέλεγον τοῖς ... λαλουμένοις
(+ ἀντιλέγοντες καὶ Tς) βλασφη-
μοῦντες

18 6 ἀντιτασσομένων δὲ αὐτῶν καὶ
βλασφημούντων

19 37 ἠγάγετε γὰρ τοὺς ἄνδρας τούτους
οὔτε ἱεροσύλους οὔτε βλασφη-
μοῦντας τὴν θεὸν ἡμῶν

26 11 τιμωρῶν αὐτοὺς ἠνάγκαζον βλα-
σφημεῖν

Rm 2 24ᵃτὸ γὰρ ὄνομα τοῦ θεοῦ δι᾽ ὑμᾶς
βλασφημεῖται ἐν τοῖς ἔθνεσιν

3 8 καὶ μὴ καθὼς βλασφημούμεθα καὶ
[H] καθώς φασίν τινες ἡμᾶς λέγειν

14 16 μὴ βλασφημείσθω οὖν ὑμῶν τὸ
ἀγαθόν

1C 4 13 *βλασφημούμενοι (ς; δυσφ. rl)
παρακαλοῦμεν

10 30 τί βλασφημοῦμαι ὑπὲρ οὗ ἐγὼ
εὐχαριστῶ;

1Tm 1 20 ἵνα παιδευθῶσιν μὴ βλασφημεῖν

6 1ᵃἵνα μὴ τὸ ὄνομα τοῦ θεοῦ καὶ ἡ
διδασκαλία βλασφημῆται

Tt 2 5 ἵνα μὴ ὁ λόγος τοῦ θεοῦ βλασφη-
μῆται

3 2 μηδένα βλασφημεῖν, ἀμάχους εἶναι

Jc 2 7ᵃοὐκ αὐτοὶ βλασφημοῦσιν τὸ καλὸν
ὄνομα ⟨;⟩

1Pt 4 4 ἐν ᾧ ξενίζονται μὴ συντρεχόντων
ὑμῶν εἰς ... ἀνάχυσιν, βλασφη-
μοῦντες

4 14 *τὸ τοῦ θεοῦ πνεῦμα ... | κατὰ
μὲν αὐτοὺς βλασφημεῖται, κατὰ
δὲ ὑμᾶς δοξάζεται (+ς)

2Pt 2 2 δι᾽ οὓς ἡ ὁδὸς τῆς ἀληθείας
βλασφημηθήσεται

2 10 τολμηταὶ αὐθάδεις, δόξας οὐ τρέ-
μουσιν βλασφημοῦντες

2 12 ἐν οἷς ἀγνοοῦσιν βλασφημοῦντες

Jd 8 οὗτοι ἐνυπνιαζόμενοι...κυριότητα
δὲ ἀθετοῦσιν, δόξας δὲ βλασφη-
μοῦσιν

10 οὗτοι δὲ ὅσα μὲν οὐκ οἴδασιν
βλασφημοῦσιν

Ap 13 6ᵃἤνοιξεν τὸ στόμα ... βλασφημῆσαι
τὸ ὄνομα αὐτοῦ

16 9ᵃκαὶ ἐβλασφήμησαν τὸ ὄνομα τοῦ
θεοῦ

16 11 καὶ ἐβλασφήμησαν τὸν θεὸν τοῦ
οὐρανοῦ ἐκ τῶν πόνων αὐτῶν

16 21 ἐβλασφήμησαν οἱ ἄνθρωποι τὸν
θεὸν ἐκ τῆς πληγῆς

βλασφημία
ᵃ β. τοῦ πνεύματος
ᵇ β. βλασφημεῖν

Mt 12 31 πᾶσα ἁμαρτία καὶ βλασφημία
ἀφεθήσεται τοῖς ἀνθρώποις, ↔

Mt 12 31ᵃἡ δὲ τοῦ πνεύματος βλασφημία
οὐκ ἀφεθήσεται

15 19 ἐκ γὰρ τῆς καρδίας ἐξέρχονται ...
ψευδομαρτυρίαι, βλασφημίαι

26 65 ἴδε νῦν ἠκούσατε τὴν βλασφημίαν
(+ αὐτοῦ [M]VSς)

Mc 2 7 *τί οὗτος οὕτως | λαλεῖ βλασφη-
μίας; (ς; λ.; βλασφημεῖ rl)

3 28ᵇὅτι πάντα ἀφεθήσεται ... αἱ (—ς)
βλασφημίαι, ὅσα (ὅσας Vς) ἐὰν
(ἂν Tς) βλασφημήσωσιν

7 22 ⟨ἔσωθεν ... οἱ διαλογισμοὶ οἱ
κακοὶ ἐκπορεύονται⟩ ὀφθαλμὸς
πονηρός, βλασφημία, ὑπερηφανία

14 64 ἠκούσατε τῆς βλασφημίας

Lc 5 21 τίς ἐστιν οὗτος ὃς λαλεῖ βλασφη-
μίας;

Jo 10 33 περὶ καλοῦ ἔργου οὐ λιθάζομέν σε
ἀλλὰ περὶ βλασφημίας

E 4 31 πᾶσα πικρία ... καὶ βλασφημία
ἀρθήτω ἀφ᾽ ὑμῶν

Cl 3 8 ἀπόθεσθε καὶ ὑμεῖς τὰ πάντα ...
κακίαν, βλασφημίαν, αἰσχρολογίαν

1Tm 6 4 ἐξ ὧν γίνεται φθόνος, ἔρις, βλασ-
φημίαι

Jd 9 οὐκ ἐτόλμησεν κρίσιν ἐπενεγκεῖν
βλασφημίας

Ap 2 9 οἶδά σου ... τὴν πτωχείαν ... καὶ
τὴν βλασφημίαν ἐκ τῶν λεγόντων
Ἰουδαίους εἶναι ἑαυτούς

13 1 ἐπὶ τὰς κεφαλὰς αὐτοῦ ὀνόματα
(ὄνομα[τα] N²⁶; ὄνομα VBSς)
βλασφημίας

13 5 στόμα λαλοῦν μεγάλα καὶ βλασ-
φημίας (-μίαν S)

13 6 ἤνοιξεν τὸ στόμα αὐτοῦ εἰς
βλασφημίας (-μίαν Sς)

17 3 εἶδον γυναῖκα καθημένην ἐπὶ θη-
ρίον κόκκινον, γέμοντα (-μον[τα]
N²⁶; γέμον MVBSς) ὀνόματα
βλασφημίας

βλάσφημος

Ac 6 11 ἀκηκόαμεν αὐτοῦ λαλοῦντος ῥή-
ματα βλάσφημα εἰς Μωϋσῆν

6 13 *οὐ παύεται λαλῶν ῥήματα βλάσ-
φημα (+ς) κατὰ ... τοῦ νόμου

1Tm 1 13 τὸ πρότερον ὄντα βλάσφημον καὶ
διώκτην

2Tm 3 2 ἔσονται γὰρ οἱ ἄνθρωποι
ὑπερήφανοι, βλάσφημοι

2Pt 2 11 οὐ φέρουσιν κατ᾽ αὐτῶν | παρὰ
κυρίου (N²⁶; π. κυρίῳ [H] rl)
βλάσφημον κρίσιν

βλέμμα

2Pt 2 8 βλέμματι γὰρ καὶ ἀκοῇ ὁ (—H)
δίκαιος ... ἐβασάνιζεν

βλέπω

ἀνα- ἐμ- προ-
ἀπο- ἐπι-
δια- περι-

ᵃ β. εἰς
ᵇ β. ἀπό
ᶜ β. ὅτι
ᵈ β. ἵνα, μή
ᵉ seq. acc. c. part.
ᶠ τὰ βλεπόμενα
ᵍ β. et ἀκούω
ʰ de caecis

Mt 5 28 ὅτι πᾶς ὁ βλέπων γυναῖκα πρὸς
τὸ ἐπιθυμῆσαι αὐτήν ([NH]; αὐ-
τῆς ς; —T) ἤδη ἐμοίχευσεν

6 4 ὁ πατήρ σου ὁ βλέπων ἐν τῷ
κρυπτῷ

6 6 ὁ πατήρ σου ὁ βλέπων ἐν τῷ
κρυπτῷ

Mt 6 18 ὁ πατήρ σου ὁ βλέπων ἐν τῷ κρυφαίῳ

7 3 τί δὲ βλέπεις τὸ κάρφος τὸ ἐν τῷ ὀφθαλμῷ τοῦ ἀδελφοῦ σου ⟨;⟩

11 4g ἀπαγγείλατε Ἰωάννῃ ἃ ἀκούετε καὶ βλέπετε

12 22h ὥστε τὸν (+τυφλὸν καὶ Vς) κωφὸν λαλεῖν καὶ βλέπειν

13 13g ἐν παραβολαῖς αὐτοῖς λαλῶ, ὅτι βλέποντες ↔

13 13g οὐ βλέπουσιν καὶ ἀκούοντες οὐκ ἀκούουσιν

13 14g ἀκοῇ ἀκούσετε ... καὶ βλέποντες ↔

13 14g βλέψετε καὶ οὐ μὴ ἴδητε

13 16g ὑμῶν δὲ μακάριοι οἱ ὀφθαλμοὶ ὅτι βλέπουσιν

13 17g πολλοὶ προφῆται καὶ δίκαιοι ἐπεθύμησαν ἰδεῖν ἃ βλέπετε

14 30 βλέπων δὲ τὸν ἄνεμον ἰσχυρὸν ([N26]; —NTH) ἐφοβήθη

15 31h ὥστε | τὸν ὄχλον (τοὺς ὄχλους MVς) θαυμάσαι βλέποντας ... χωλοὺς περιπατοῦντας ↔

15 31h καὶ τυφλοὺς βλέποντας

18 10 οἱ ἄγγελοι ... διὰ παντὸς βλέπουσι τὸ πρόσωπον τοῦ πατρός μου

22 16a οὐ γὰρ βλέπεις εἰς πρόσωπον ἀνθρώπων

24 2 οὐ βλέπετε ταῦτα πάντα

24 4d βλέπετε μή τις ὑμᾶς πλανήσῃ

Mc 4 12g ⟨ἐν παραβολαῖς τὰ πάντα γίνεται⟩ ἵνα βλέποντες

4 12g βλέπωσιν ... καὶ ἀκούοντες ἀκούωσιν

4 24g βλέπετε τί ἀκούετε

5 31e βλέπεις τὸν ὄχλον συνθλίβοντά σε

8 15b ὁρᾶτε, βλέπετε ἀπὸ τῆς ζύμης τῶν Φαρισαίων

8 18g ὀφθαλμοὺς ἔχοντες οὐ βλέπετε, καὶ ὦτα ἔχοντες οὐκ ἀκούετε;

8 23h ἐπηρώτα αὐτόν· εἴ τι βλέπεις (βλέπει VSTς);

8 24h βλέπω τοὺς ἀνθρώπους, ὅτι ὡς δένδρα ὁρῶ περιπατοῦντας

12 14a οὐ γὰρ βλέπεις εἰς πρόσωπον ἀνθρώπων

12 38b βλέπετε ἀπὸ τῶν γραμματέων τῶν θελόντων ἐν στολαῖς περιπατεῖν

13 2 βλέπεις ταύτας τὰς μεγάλας οἰκοδομάς;

13 5d βλέπετε μή τις ὑμᾶς πλανήσῃ

13 9 βλέπετε δὲ ὑμεῖς ἑαυτούς

13 23 ὑμεῖς δὲ βλέπετε· (+ἰδοὺ MVς) προείρηκα ὑμῖν πάντα

13 33 βλέπετε, ἀγρυπνεῖτε (+καὶ προσεύχεσθε VSς)

Lc 6 41 τί δὲ βλέπεις τὸ κάρφος τὸ ἐν τῷ ὀφθαλμῷ τοῦ ἀδελφοῦ σου ⟨;⟩

6 42 αὐτὸς τὴν ἐν τῷ ὀφθαλμῷ σου δοκὸν οὐ βλέπων

7 21h τυφλοῖς πολλοῖς ἐχαρίσατο (+τὸ ς) βλέπειν

7 44 βλέπεις ταύτην τὴν γυναῖκα

8 10g ἐν παραβολαῖς, ἵνα βλέποντες ↔

8 10g μὴ βλέπωσιν καὶ ἀκούοντες μὴ συνιῶσιν

8 16 ἵνα οἱ εἰσπορευόμενοι βλέπωσιν τὸ φῶς

8 18g βλέπετε οὖν πῶς ἀκούετε

9 62a οὐδεὶς ... βλέπων εἰς τὰ ὀπίσω εὔθετός ἐστιν

10 23 μακάριοι οἱ ὀφθαλμοὶ οἱ βλέποντες ↔

10 23 ἃ βλέπετε

Lc 10 24g πολλοὶ προφῆται ... ἠθέλησαν ἰδεῖν ἃ ὑμεῖς βλέπετε

11 33 ἵνα οἱ εἰσπορευόμενοι τὸ φῶς (N26H; φέγγος rl) βλέπωσιν

21 8d βλέπετε μὴ πλανηθῆτε

21 30b βλέποντες ἀφ' ἑαυτῶν γινώσκετε

24 12 | παρακύψας βλέπει τὰ ὀθόνια μόνα ([.. VH ..]; .. —NT ..)

Jo 1 29e τῇ ἐπαύριον βλέπει τὸν Ἰησοῦν ἐρχόμενον πρὸς αὐτόν

5 19e οὐ δύναται ὁ υἱὸς ... ἐὰν (ἂν NMVTH) μή τι βλέπῃ τὸν πατέρα ποιοῦντα

9 7h ἀπῆλθεν οὖν καὶ ἐνίψατο, καὶ ἦλθεν βλέπων

9 15h ἐνιψάμην, καὶ βλέπω

9 19h πῶς οὖν βλέπει ἄρτι;

9 21h πῶς δὲ νῦν βλέπει οὐκ οἴδαμεν

9 25h ἓν οἶδα, ὅτι τυφλὸς ὢν ἄρτι βλέπω

9 39h ἦλθον, ἵνα οἱ μὴ βλέποντες ↔

9 39h βλέπωσιν ↔

9 39h καὶ οἱ βλέποντες τυφλοὶ γένωνται

9 41h νῦν δὲ λέγετε ὅτι βλέπομεν· ἡ ἁμαρτία ὑμῶν μένει

11 9 ὅτι τὸ φῶς τοῦ κόσμου τούτου βλέπει

13 22a ἔβλεπον (+οὖν MVBSς) εἰς ἀλλήλους οἱ μαθηταὶ ἀπορούμενοι

20 1e καὶ βλέπει τὸν λίθον ἠρμένον

20 5e παρακύψας βλέπει κείμενα τὰ ὀθόνια

21 9e βλέπουσιν ἀνθρακιὰν κειμένην καὶ ὀψάριον

21 20e ἐπιστραφεὶς ὁ Πέτρος βλέπει τὸν μαθητὴν ... ἀκολουθοῦντα

Ac 1 9 ταῦτα εἰπὼν βλεπόντων αὐτῶν ἐπήρθη

1 11a *τί ἑστήκατε βλέποντες ([ἐμ]βλ. N26; ἔμβλ. BSς) εἰς τὸν οὐρανόν;

2 33g τοῦτο ὃ ὑμεῖς καὶ ([N26VH]; — ς) βλέπετε καὶ ἀκούετε

3 4a εἶπεν· βλέψον εἰς ἡμᾶς

4 14e τόν τε ἄνθρωπον βλέποντες σὺν αὐτοῖς ἑστῶτα ... οὐδὲν εἶχον ἀντειπεῖν

8 6g προσεῖχον δὲ ... ἐν τῷ ἀκούειν αὐτοὺς καὶ βλέπειν τὰ σημεῖα

9 8h ἀνεῳγμένων δὲ τῶν ὀφθαλμῶν αὐτοῦ οὐδὲν ἔβλεπεν

9 9h ἦν ἡμέρας τρεῖς μὴ βλέπων

12 9 ἐδόκει δὲ ὅραμα βλέπειν

13 11h ἔσῃ τυφλὸς μὴ βλέπων τὸν ἥλιον ἄχρι καιροῦ

13 40d βλέπετε οὖν μὴ ἐπέλθῃ (+ἐφ' ὑμᾶς MV[S]ς) τὸ εἰρημένον ἐν τοῖς προφήταις

27 12 καταντήσαντες εἰς Φοίνικα παραχειμάσαι, λιμένα τῆς Κρήτης βλέποντα κατὰ λίβα

28 26e ἀκοῇ ἀκούσετε ... καὶ βλέποντες ↔

28 26e βλέψετε καὶ οὐ μὴ ἴδητε

Rm 7 23e βλέπω δὲ ἕτερον νόμον ἐν τοῖς μέλεσίν μου ἀντιστρατευόμενον

8 24 ἐλπὶς δὲ βλεπομένη οὐκ ἔστιν ἐλπίς· ↔

8 24 ὃ γὰρ βλέπει, τίς (N26H; τις, τί καὶ rl) ἐλπίζει; ↔

8 25 εἰ δὲ ὃ οὐ βλέπομεν ἐλπίζομεν, δι' ὑπομονῆς ἀπεκδεχόμεθα

11 8g ἔδωκεν αὐτοῖς ὁ θεὸς ... ὀφθαλμοὺς τοῦ μὴ βλέπειν

11 10 σκοτισθήτωσαν οἱ ὀφθαλμοὶ αὐτῶν τοῦ μὴ βλέπειν

1C 1 26e βλέπετε γὰρ τὴν κλῆσιν ὑμῶν, ἀδελφοί

3 10 ἕκαστος δὲ βλεπέτω πῶς ἐποικοδομεῖ

8 9d βλέπετε δὲ μή πως ἡ ἐξουσία ὑμῶν αὕτη πρόσκομμα γένηται

10 12d ὥστε ὁ δοκῶν ἑστάναι βλεπέτω μὴ πέσῃ

10 18 βλέπετε τὸν Ἰσραὴλ κατὰ σάρκα

13 12 βλέπομεν γὰρ ἄρτι δι' ἐσόπτρου ἐν αἰνίγματι

16 10d ἐὰν δὲ ἔλθῃ Τιμόθεος, βλέπετε ἵνα ἀφόβως γένηται

2C 4 18f μὴ σκοπούντων ἡμῶν τὰ βλεπόμενα ↔

4 18f ἀλλὰ τὰ μὴ βλεπόμενα· ↔

4 18f τὰ γὰρ βλεπόμενα πρόσκαιρα, ↔

4 18f τὰ δὲ μὴ βλεπόμενα αἰώνια

7 8c εἰ καὶ μετεμελόμην, βλέπω (-ων B) γὰρ (+[N26]MVSTς) ὅτι ἡ ἐπιστολὴ ... ἐλύπησεν ὑμᾶς

10 7 τὰ κατὰ πρόσωπον βλέπετε

12 6g μή τις εἰς ἐμὲ λογίσηται ὑπὲρ ὃ βλέπει με ἢ ἀκούει τι (+[N26]ς) ἐξ ἐμοῦ

G 5 15d εἰ ... κατεσθίετε, βλέπετε μὴ ὑπ' ἀλλήλων ἀναλωθῆτε

E 5 15 βλέπετε οὖν | ἀκριβῶς πῶς (~VSς) περιπατεῖτε

Ph 3 2 βλέπετε τοὺς κύνας, ↔

3 2 βλέπετε τοὺς κακοὺς ἐργάτας, ↔

3 2 βλέπετε τὴν κατατομήν

Cl 2 5 σὺν ὑμῖν εἰμι, χαίρων καὶ βλέπων ὑμῶν τὴν τάξιν

2 8d βλέπετε μή τις ὑμᾶς ἔσται ὁ συλαγωγῶν

4 17 βλέπε τὴν διακονίαν ἣν παρέλαβες ἐν κυρίῳ

Hb 2 9e βραχύ τι παρ' ἀγγέλους ἠλαττωμένον βλέπομεν Ἰησοῦν ... ἐστεφανωμένον

3 12d βλέπετε, ἀδελφοί, μήποτε ἔσται ἔν τινι ὑμῶν καρδία πονηρά

3 19c καὶ βλέπομεν ὅτι οὐκ ἠδυνήθησαν εἰσελθεῖν

10 25d τοσούτῳ μᾶλλον ὅσῳ βλέπετε ἐγγίζουσαν τὴν ἡμέραν

11 1f ἔστιν δὲ πίστις ... πραγμάτων ἔλεγχος οὐ βλεπομένων

11 3f εἰς τὸ μὴ ἐκ φαινομένων | τὸ βλεπόμενον (τὰ -μενα ς) γεγονέναι

11 7f πίστει χρηματισθεὶς Νῶε περὶ τῶν μηδέπω βλεπομένων

12 25d βλέπετε μὴ παραιτήσησθε τὸν λαλοῦντα

Jc 2 22c βλέπεις ὅτι ἡ πίστις συνήργει (συνεργεῖ T)

2Jo 8d βλέπετε ἑαυτούς, ἵνα μὴ ἀπολέσητε

Ap 1 11 ὃ βλέπεις γράφον εἰς βιβλίον

1 12 ἐπέστρεψα βλέπειν τὴν φωνήν

3 18 κολλούριον (κολλ[ο]ύρ. N26; κολλύρ. NBST) ἐγχρῖσαι τοὺς ὀφθαλμούς σου ἵνα βλέπῃς

5 3 οὐδεὶς ἐδύνατο ... ἀνοῖξαι τὸ βιβλίον οὔτε βλέπειν αὐτό

5 4 ὅτι οὐδεὶς ἄξιος εὑρέθη ἀνοῖξαι τὸ βιβλίον οὔτε βλέπειν αὐτό

6 1 *ἤκουσα ἑνὸς ἐκ τῶν τεσσάρων ζῴων λέγοντος ... ἔρχου | καὶ βλέπε (+ς)

6 3 *ἤκουσα τοῦ δευτέρου ζῴου λέγοντος· ἔρχου | καὶ βλέπε (+ς)

6 5 *ἤκουσα τοῦ τρίτου ζῴου λέγοντος· ἔρχου | καὶ βλέπε (+ς)

Ap 6 7 *ἤκουσα φωνὴν τοῦ τετάρτου ζῴου λέγοντος· ἔρχου | καὶ βλέπε (+ς)
9 20ᵍ ἃ οὔτε βλέπειν δύνανται οὔτε ἀκούειν
11 9 καὶ βλέπουσιν (-ψουσιν ς) ἐκ τῶν λαῶν ... τὸ πτῶμα αὐτῶν
16 15 ἵνα μὴ ... βλέπωσιν τὴν ἀσχημοσύνην αὐτοῦ
17 8ᶜ οἱ κατοικοῦντες ἐπὶ τῆς γῆς, ὧν οὐ γέγραπται τὸ ὄνομα ... βλεπόντων (-ντες ς) τὸ θηρίον ὅτι ἦν
18 9 ὅταν βλέπωσιν τὸν καπνόν
18 18 ἔκραζον (ἔκραξαν ΒΗ) βλέποντες (ὁρῶντες ς) τὸν καπνόν
22 8ᵍ κἀγὼ Ἰωάννης ὁ | ἀκούων καὶ βλέπων ταῦτα (~ BSTς). ↔
22 8ᵍ καὶ ὅτε ἤκουσα καὶ ἔβλεψα, ἔπεσα προσκυνῆσαι

βλητέος
→ βάλλω g

Βοανηργές
Βοανεργές ς
Mc 3 17 ὀνόματα (ὀνόμα[τα] Ν²⁶; ὄνομα ΝΗ) Βοανηργές, ὅ ἐστιν υἱοὶ βροντῆς

βοάω
ἀνα- ἐπι-
ᵃ β. φωνῇ μεγάλῃ
ᵇ φωνὴ βοῶντος
Mt 3 3ᵇ φωνὴ βοῶντος ἐν τῇ ἐρήμῳ
27 46ᵃ *ἐβόησεν (Η; ἀν- rl) ὁ Ἰησοῦς φωνῇ μεγάλῃ λέγων
Mc 1 3ᵇ φωνὴ βοῶντος ἐν τῇ ἐρήμῳ
15 34ᵃ ἐβόησεν ὁ Ἰησοῦς φωνῇ μεγάλῃ
Lc 3 4ᵇ φωνὴ βοῶντος ἐν τῇ ἐρήμῳ
9 38 ἰδοὺ ἀνὴρ ἀπὸ τοῦ ὄχλου ἐβόησεν (ἀν- Vς)
18 7 τῶν ἐκλεκτῶν αὐτοῦ τῶν βοώντων αὐτῷ ἡμέρας καὶ νυκτός
18 38 ⟨τυφλός τις⟩ ἐβόησεν λέγων
Jo 1 23ᵇ ἐγὼ φωνὴ βοῶντος ἐν τῇ ἐρήμῳ
Ac 8 7ᵃ πολλοὶ γὰρ τῶν ἐχόντων πνεύματα ἀκάθαρτα βοῶντα φωνῇ μεγάλῃ ἐξήρχοντο
17 6 ἔσυρον Ἰάσονα ... ἐπὶ τοὺς πολιτάρχας, βοῶντες ὅτι οἱ τὴν οἰκουμένην ἀναστατώσαντες ... πάρεισιν
21 34 *ἄλλοι δὲ ἄλλο τι ἐβόων (ς; ἐπεφώνουν rl)
25 24 περὶ οὗ ... ἐνέτυχόν (-χέν Η) μοι ... βοῶντες (ἐπι- VBSς) μὴ δεῖν αὐτὸν ζῆν
G 4 27 ῥῆξον καὶ βόησον, ἡ οὐκ ὠδίνουσα

Βόες, Βόος
Βόες, Βοές Ν²⁶ΝΤΗ
Βόος, Βοός Ν²⁶ΝΜVΤΗ
Βοόζ, Βοόζ MVBSς
Mt 1 5 Σαλμὼν δὲ ἐγέννησεν τὸν Βόες (Βοόζ MVBSς) ἐκ τῆς Ῥαχάβ, ↔
1 5 Βόες (Βοόζ MVBSς) δὲ ἐγέννησεν τὸν Ἰωβήδ
Lc 3 32 τοῦ Ἰωβὴδ τοῦ Βόος (Βοόζ BSς) τοῦ Σαλά

βοή
Jc 5 4 αἱ βοαὶ τῶν θερισάντων εἰς τὰ ὦτα κυρίου σαβαὼθ εἰσεληλύθασιν (-θαν ΝΒΤΗ)

βοήθεια
Ac 27 17 ἣν ἄραντες βοηθείαις ἐχρῶντο, ὑποζωννύντες τὸ πλοῖον
Hb 4 16 ἵνα ... χάριν εὕρωμεν εἰς εὔκαιρον βοήθειαν

βοηθέω
Mt 15 25 κύριε, βοήθει μοι

Mc 9 22 εἴ τι δύνῃ, βοήθησον ἡμῖν
9 24 πιστεύω· βοήθει μου τῇ ἀπιστίᾳ
Ac 16 9 διαβὰς εἰς Μακεδονίαν βοήθησον ἡμῖν
21 28 ἄνδρες Ἰσραηλῖται, βοηθεῖτε
2C 6 2 ἐπήκουσά σου καὶ ἐν ἡμέρᾳ σωτηρίας ἐβοήθησά σοι
Hb 2 18 δύναται τοῖς πειραζομένοις βοηθῆσαι
Ap 12 16 καὶ ἐβοήθησεν ἡ γῆ τῇ γυναικί

βοηθός
Hb 13 6 κύριος ἐμοὶ βοηθός, καὶ (+[Ν²⁶V] Sς) οὐ φοβηθήσομαι

βόθυνος
Mt 12 11 ἐὰν ἐμπέσῃ τοῦτο τοῖς σάββασιν εἰς βόθυνον
15 14 ἀμφότεροι | εἰς βόθυνον πεσοῦνται (~ S)
Lc 6 39 οὐχὶ ἀμφότεροι εἰς βόθυνον ἐμπεσοῦνται;

βολή
Lc 22 41 ἀπεσπάσθη ἀπ' αὐτῶν ὡσεὶ λίθου βολήν

βολίζω
Ac 27 28 βολίσαντες εὗρον ὀργυιὰς εἴκοσι, ↔
27 28 βραχὺ δὲ διαστήσαντες καὶ πάλιν βολίσαντες εὗρον ὀργυιὰς δεκαπέντε

βολίς
Hb 12 20 *κἂν θηρίον θίγῃ τοῦ ὄρους, λιθοβοληθήσεται | ἢ βολίδι κατατοξευθήσεται (+ς)

Βόοζ, Βόος
→ Βόες, Βόος

βόρβορος
2Pt 2 22 ὗς λουσαμένη εἰς κυλισμὸν (-σμα Sς) βορβόρου

βορρᾶς
Lc 13 29 ἥξουσιν ἀπὸ ἀνατολῶν καὶ δυσμῶν καὶ ἀπὸ (—VT) βορρᾶ καὶ νότου
Ap 21 13 ἀπὸ βορρᾶ πυλῶνες τρεῖς

βόσκω
ᵃ οἱ βόσκοντες
Mt 8 30 ἦν δὲ μακρὰν ἀπ' αὐτῶν ἀγέλη χοίρων πολλῶν βοσκομένη
8 33ᵃ οἱ δὲ βόσκοντες ἔφυγον
Mc 5 11 ἦν δὲ ἐκεῖ πρὸς τῷ ὄρει ἀγέλη χοίρων μεγάλη βοσκομένη
5 14ᵃ | καὶ οἱ (οἱ δὲ ς) βόσκοντες αὐτοὺς ἔφυγον
Lc 8 32 ἦν δὲ ἐκεῖ ἀγέλη χοίρων ἱκανῶν βοσκομένη (-νων BSς) ἐν τῷ ὄρει
8 34ᵃ ἰδόντες δὲ οἱ βόσκοντες τὸ γεγονὸς ἔφυγον
15 15 ἔπεμψεν αὐτὸν ... βόσκειν χοίρους
Jo 21 15 βόσκε τὰ ἀρνία μου
21 17 βόσκε τὰ πρόβατά (προβάτιά ΝΤΗ) μου

Βοσόρ
Βεώρ ΝΗ
2Pt 2 15 ἐξακολουθήσαντες τῇ ὁδῷ τοῦ Βαλαὰμ τοῦ Βοσόρ

βοτάνη
Hb 6 7 γῆ ... τίκτουσα βοτάνην εὔθετον

βότρυς
Ap 14 18 τρύγησον τοὺς βότρυας τῆς ἀμπέλου τῆς γῆς

βουλεύομαι
παρα- συμ-
Lc 14 31 οὐχὶ καθίσας πρῶτον βουλεύσεται (-εύεται Vς) εἰ δυνατός ἐστιν ⟨;⟩

Jo 11 53 ἀπ' ἐκείνης οὖν τῆς ἡμέρας ἐβουλεύσαντο (συν- Vς) ἵνα ἀποκτείνωσιν αὐτόν
12 10 ἐβουλεύσαντο δὲ οἱ ἀρχιερεῖς ἵνα καὶ τὸν Λάζαρον ἀποκτείνωσιν
Ac 5 33 *οἱ δὲ ... ἐβουλεύοντο (MBSTς; ἐβούλοντο rl) ἀνελεῖν αὐτούς
15 37 *Βαρναβᾶς δὲ ἐβουλεύσατο (ς; ἐβούλετο rl) συμπαραλαβεῖν καὶ τὸν Ἰωάννην
27 39 εἰς ὃν ἐβουλεύοντο (-σαντο ς) ... ἐξῶσαι (ἐκσῶσαι Η) τὸ πλοῖον
2C 1 17 *τοῦτο οὖν βουλευόμενος (ς; βουλόμ. rl) μήτι ἄρα τῇ ἐλαφρίᾳ ἐχρησάμην;
1 17 ἢ ἃ βουλεύομαι κατὰ σάρκα ↔
1 17 βουλεύομαι, ἵνα ᾖ παρ' ἐμοί ⟨;⟩

βουλευτής
Mc 15 43 ἐλθὼν Ἰωσὴφ ὁ ([Ν²⁶]; —Η) ἀπὸ Ἀριμαθαίας, εὐσχήμων βουλευτής
Lc 23 50 ἰδοὺ ἀνὴρ ὀνόματι Ἰωσὴφ βουλευτὴς ὑπάρχων

βουλή
ᵃ β. τοῦ θεοῦ
ᵇ τίθεσθαι β.
Lc 7 30ᵃ τὴν βουλὴν τοῦ θεοῦ ἠθέτησαν εἰς ἑαυτούς
23 51 οὗτος οὐκ ἦν συγκατατεθειμένος (-τιθέμενος ST) τῇ βουλῇ καὶ τῇ πράξει αὐτῶν
Ac 2 23ᵃ ⟨Ἰησοῦν⟩ τοῦτον τῇ ὡρισμένῃ βουλῇ καὶ προγνώσει τοῦ θεοῦ ἔκδοτον
4 28 ὅσα ἡ χείρ σου καὶ ἡ βουλή σου ([Ν²⁶]; —ΝΜΗ) προώρισεν γενέσθαι
5 38 ἐὰν ᾖ ἐξ ἀνθρώπων ἡ βουλὴ αὕτη
13 36ᵃ Δαυὶδ ... τῇ τοῦ θεοῦ βουλῇ ἐκοιμήθη
20 27ᵃ τοῦ μὴ ἀναγγεῖλαι πᾶσαν τὴν βουλὴν τοῦ θεοῦ
27 12ᵇ οἱ πλείονες ἔθεντο βουλὴν ἀναχθῆναι ἐκεῖθεν
27 42 τῶν δὲ στρατιωτῶν βουλὴ ἐγένετο ἵνα τοὺς δεσμώτας ἀποκτείνωσιν
1C 4 5 ὃς ... φανερώσει τὰς βουλὰς τῶν καρδιῶν
E 1 11 κατὰ πρόθεσιν τοῦ τὰ πάντα ἐνεργοῦντος κατὰ τὴν βουλὴν τοῦ θελήματος αὐτοῦ
Hb 6 17ᵃ ἐπιδεῖξαι ... τὸ ἀμετάθετον τῆς βουλῆς αὐτοῦ

βούλημα
Ac 27 43 ὁ δὲ ἑκατοντάρχης ... ἐκώλυσεν αὐτοὺς τοῦ βουλήματος
Rm 9 19 τῷ γὰρ βουλήματι αὐτοῦ τίς ἀνθέστηκεν;
1Pt 4 3 τὸ βούλημα (θέλημα ς) τῶν ἐθνῶν κατειργάσθαι

βούλομαι
Mt 1 19 Ἰωσὴφ δὲ ... ἐβουλήθη λάθρα ἀπολῦσαι αὐτήν
11 27 ᾧ ἐὰν βούληται ὁ υἱὸς ἀποκαλύψαι
Mc 15 15 ὁ δὲ Πιλᾶτος βουλόμενος | τῷ ὄχλῳ τὸ ἱκανὸν ποιῆσαι (~ T)
Lc 10 22 ᾧ ἐὰν (ἂν Η) βούληται ὁ υἱὸς ἀποκαλύψαι
22 42 πάτερ, εἰ βούλει παρένεγκε (-έγκαι T; -εγκεῖν Sς) τοῦτο τὸ ποτήριον ἀπ' ἐμοῦ
Jo 18 39 βούλεσθε οὖν ἀπολύσω ὑμῖν τὸν βασιλέα τῶν Ἰουδαίων;
Ac 5 28 βούλεσθε ἐπαγαγεῖν ἐφ' ἡμᾶς τὸ αἷμα τοῦ ἀνθρώπου τούτου

Ac 5 33 οἱ δὲ ... ἐβούλοντο (ἐβουλεύοντο MBSTς) ἀνελεῖν αὐτούς

12 4 ἔθετο εἰς φυλακήν ... βουλόμενος ... ἀναγαγεῖν αὐτὸν τῷ λαῷ

15 37 Βαρναβᾶς δὲ ἐβούλετο (-λεύσατο ς) συμπαραλαβεῖν καὶ τὸν Ἰωάννην

17 20 βουλόμεθα οὖν γνῶναι τίνα θέλει ταῦτα εἶναι

18 15 κριτὴς (+γὰρ [MS]Vς) ἐγὼ τούτων οὐ βούλομαι εἶναι

18 27 βουλομένου δὲ αὐτοῦ διελθεῖν εἰς τὴν Ἀχαΐαν

19 30 | Παύλου δὲ (τοῦ δὲ Π. VBSς) βουλομένου εἰσελθεῖν

22 30 βουλόμενος γνῶναι τὸ ἀσφαλές, ... ἔλυσεν αὐτόν

23 28 βουλόμενός τε ἐπιγνῶναι τὴν αἰτίαν ... κατήγαγον [H..]

25 20 εἰ βούλοιτο πορεύεσθαι εἰς Ἱεροσόλυμα κἀκεῖ κρίνεσθαι

25 22 ἐβουλόμην καὶ αὐτὸς τοῦ ἀνθρώπου ἀκοῦσαι

27 43 ὁ δὲ ἑκατοντάρχης βουλόμενος διασῶσαι τὸν Παῦλον ἐκώλυσεν

28 18 οἵτινες ἀνακρίναντές με ἐβούλοντο ἀπολῦσαι

1C 12 11 τὸ αὐτὸ πνεῦμα, διαιροῦν ἰδίᾳ ἑκάστῳ καθὼς βούλεται

2C 1 15 ταύτῃ τῇ πεποιθήσει ἐβουλόμην πρότερον πρὸς ὑμᾶς ἐλθεῖν

1 17 τοῦτο οὖν βουλόμενος (βουλεύομ. ς) μήτι ἄρα τῇ ἐλαφρίᾳ ἐχρησάμην;

Ph 1 12 γινώσκειν δὲ ὑμᾶς βούλομαι, ἀδελφοί

1Tm 2 8 βούλομαι οὖν προσεύχεσθαι τοὺς ἄνδρας

5 14 βούλομαι οὖν νεωτέρας γαμεῖν

6 9 οἱ δὲ βουλόμενοι πλουτεῖν ἐμπίπτουσιν εἰς πειρασμόν

Tt 3 8 περὶ τούτων βούλομαί σε διαβεβαιοῦσθαι

Phm 13 ὃν ἐγὼ ἐβουλόμην πρὸς ἐμαυτὸν κατέχειν

Hb 6 17 ἐν ᾧ περισσότερον βουλόμενος ὁ θεὸς ἐπιδεῖξαι

Jc 1 18 βουληθεὶς ἀπεκύησεν ἡμᾶς λόγῳ ἀληθείας

3 4 ὅπου (+ἂν VSς) ἡ ὁρμὴ τοῦ εὐθύνοντος βούλεται (-ληται Sς)

4 4 ὃς ἐὰν οὖν βουληθῇ φίλος εἶναι

2Pt 3 9 ἀλλὰ μακροθυμεῖ ... μὴ βουλόμενός τινας ἀπολέσθαι

2Jo 12 πολλὰ ἔχων ὑμῖν γράφειν οὐκ ἐβουλήθην διὰ χάρτου

3Jo 10 τοὺς βουλομένους κωλύει καὶ ... ἐκβάλλει

Jd 5 ὑπομνῆσαι δὲ ὑμᾶς βούλομαι, εἰδότας ὑμᾶς (+[N²⁶] ς)

βουνός

Lc 3 5 πᾶν ὄρος καὶ βουνὸς ταπεινωθήσεται

23 30 ἄρξονται λέγειν ... τοῖς βουνοῖς· καλύψατε ἡμᾶς

βοῦς

Lc 13 15 ἕκαστος ὑμῶν τῷ σαββάτῳ οὐ λύει τὸν βοῦν αὐτοῦ ἢ τὸν ὄνον ⟨;⟩

14 5 τίνος ὑμῶν υἱὸς (ὄνος Sς) ἢ βοῦς εἰς φρέαρ πεσεῖται ⟨;⟩

14 19 ζεύγη βοῶν ἠγόρασα πέντε

Jo 2 14 εὗρεν ἐν τῷ ἱερῷ τοὺς πωλοῦντας βόας καὶ πρόβατα

2 15 πάντας ἐξέβαλεν ἐκ τοῦ ἱεροῦ, τά τε πρόβατα καὶ τοὺς βόας

1C 9 9 οὐ κημώσεις (φιμ. MVBSHς) βοῦν ἀλοῶντα. ↔

9 9 μὴ τῶν βοῶν μέλει τῷ θεῷ;

1Tm 5 18 βοῦν ἀλοῶντα οὐ φιμώσεις

βραβεῖον

1C 9 24 οὐκ οἴδατε ὅτι ... εἷς δὲ λαμβάνει τὸ βραβεῖον;

Ph 3 14 κατὰ σκοπὸν διώκω εἰς (ἐπὶ ς) τὸ βραβεῖον τῆς ἄνω κλήσεως τοῦ θεοῦ

βραβεύω

κατα-

Cl 3 15 ἡ εἰρήνη τοῦ Χριστοῦ βραβευέτω ἐν ταῖς καρδίαις ὑμῶν

βραδύνω

1Tm 3 15 ⟨ἐλπίζων ἐλθεῖν πρὸς σὲ ἐν τάχει⟩ ἐὰν δὲ βραδύνω, ἵνα εἰδῇς

2Pt 3 9 οὐ βραδύνει κύριος τῆς ἐπαγγελίας

βραδυπλοέω

Ac 27 7 ἐν ἱκαναῖς δὲ ἡμέραις βραδυπλοοῦντες ... ὑπεπλεύσαμεν τὴν Κρήτην

βραδύς

Lc 24 25 ὦ ἀνόητοι καὶ βραδεῖς τῇ καρδίᾳ τοῦ πιστεύειν

Jc 1 19 ἔστω δὲ (—Sς) πᾶς ἄνθρωπος ταχὺς εἰς τὸ ἀκοῦσαι, βραδὺς εἰς τὸ λαλῆσαι, ↔

1 19 βραδὺς εἰς ὀργήν

βραδύτης

2Pt 3 9 ὥς τινες βραδύτητα ἡγοῦνται

βραχίων

Lc 1 51 ἐποίησεν κράτος ἐν βραχίονι αὐτοῦ

Jo 12 38 καὶ ὁ βραχίων κυρίου τίνι ἀπεκαλύφθη;

Ac 13 17 μετὰ βραχίονος ὑψηλοῦ ἐξήγαγεν αὐτοὺς ἐξ αὐτῆς

βραχύς

ᵃ βραχύ τι

Lc 22 58 καὶ μετὰ βραχὺ ἕτερος ἰδὼν αὐτὸν ἔφη

Jo 6 7ᵃ ἵνα ἕκαστος βραχύ τι ([N²⁶]; —H) λάβῃ

Ac 5 34 ἐκέλευσεν ἔξω βραχὺ τοὺς ἀνθρώπους (ἀποστόλους Sς) ποιῆσαι

27 28 βραχὺ δὲ διαστήσαντες καὶ πάλιν βολίσαντες

Hb 2 7ᵃ ἠλάττωσας αὐτὸν βραχύ τι παρ' ἀγγέλους

2 9ᵃ τὸν δὲ βραχύ τι παρ' ἀγγέλους ἠλαττωμένον βλέπομεν Ἰησοῦν

13 22 καὶ γὰρ διὰ βραχέων ἐπέστειλα ὑμῖν

βρέφος

ᵃ ἀπὸ βρέφους

Lc 1 41 ἐσκίρτησεν τὸ βρέφος ἐν τῇ κοιλίᾳ αὐτῆς

1 44 ἐσκίρτησεν ἐν ἀγαλλιάσει τὸ βρέφος ἐν τῇ κοιλίᾳ μου

2 12 εὑρήσετε βρέφος ἐσπαργανωμένον | καὶ κείμενον (—T) ἐν φάτνῃ

2 16 καὶ ἀνεῦραν ... τὸ βρέφος κείμενον ἐν τῇ φάτνῃ

18 15 προσέφερον δὲ αὐτῷ καὶ τὰ βρέφη

Ac 7 19 τοῦ ποιεῖν | τὰ βρέφη ἔκθετα (~BSς) αὐτῶν

2Tm 3 15ᵃ ὅτι ἀπὸ βρέφους τὰ (+[N²⁶M] VSς) ἱερὰ γράμματα οἶδας

1Pt 2 2 ὡς ἀρτιγέννητα βρέφη τὸ λογικὸν ἄδολον γάλα ἐπιποθήσατε

βρέχω

Mt 5 45 βρέχει ἐπὶ δικαίους καὶ ἀδίκους

Lc 7 38 τοῖς δάκρυσιν ἤρξατο βρέχειν τοὺς πόδας αὐτοῦ

Lc 7 44 αὕτη δὲ τοῖς δάκρυσιν ἔβρεξέν μου τοὺς πόδας

17 29 ἔβρεξεν πῦρ καὶ θεῖον ἀπ' οὐρανοῦ

Jc 5 17 Ἠλίας ... προσευχῇ προσηύξατο τοῦ μὴ βρέξαι,

5 17 καὶ οὐκ ἔβρεξεν ἐπὶ τῆς γῆς ἐνιαυτοὺς τρεῖς καὶ μῆνας ἕξ

Ap 11 6 ἵνα μὴ ὑετὸς βρέχῃ τὰς ἡμέρας τῆς προφητείας αὐτῶν

βροντή

Mc 3 17 Βοανηργές, ὅ ἐστιν υἱοὶ βροντῆς

Jo 12 29 ὁ οὖν [H] ὄχλος ... ἔλεγεν βροντὴν γεγονέναι

Ap 4 5 ἐκ τοῦ θρόνου ἐκπορεύονται ἀστραπαὶ καὶ φωναὶ καὶ βρονταί

6 1 ἤκουσα ἑνὸς ἐκ τῶν τεσσάρων ζῴων λέγοντος ὡς φωνὴ (N²⁶T; -νῆς ς; -νῇ rl) βροντῆς

8 5 ἐγένοντο βρονταὶ καὶ φωναὶ καὶ ἀστραπαὶ καὶ σεισμός

10 3 ἐλάλησαν αἱ ἑπτὰ βρονταὶ τὰς ἑαυτῶν φωνάς. ↔

10 4 καὶ ὅτε ἐλάλησαν αἱ ἑπτὰ βρονταί

10 4 σφράγισον ἃ ἐλάλησαν αἱ ἑπτὰ βρονταί

11 19 ἐγένοντο ἀστραπαὶ καὶ φωναὶ καὶ βρονταί

14 2 ἤκουσα φωνὴν ... ὡς φωνὴν βροντῆς μεγάλης

16 18 ἐγένοντο ἀστραπαὶ καὶ φωναὶ καὶ βρονταί

19 6 ἤκουσα ... ὡς φωνὴν βροντῶν ἰσχυρῶν, λεγόντων· ἁλληλουϊά

βροχή

Mt 7 25 καὶ κατέβη ἡ βροχὴ καὶ ἦλθον οἱ ποταμοί

7 27 καὶ κατέβη ἡ βροχὴ καὶ ἦλθον οἱ ποταμοί

βρόχος

1C 7 35 λέγω, οὐχ ἵνα βρόχον ὑμῖν ἐπιβάλω

βρυγμός

Mt 8 12 ἐκεῖ ἔσται ὁ κλαυθμὸς καὶ ὁ βρυγμὸς τῶν ὀδόντων

13 42 ἐκεῖ ἔσται ὁ κλαυθμὸς καὶ ὁ βρυγμὸς τῶν ὀδόντων

13 50 ἐκεῖ ἔσται ὁ κλαυθμὸς καὶ ὁ βρυγμὸς τῶν ὀδόντων

22 13 ἐκεῖ ἔσται ὁ κλαυθμὸς καὶ ὁ βρυγμὸς τῶν ὀδόντων

24 51 ἐκεῖ ἔσται ὁ κλαυθμὸς καὶ ὁ βρυγμὸς τῶν ὀδόντων

25 30 ἐκεῖ ἔσται ὁ κλαυθμὸς καὶ ὁ βρυγμὸς τῶν ὀδόντων

Lc 13 28 ἐκεῖ ἔσται ὁ κλαυθμὸς καὶ ὁ βρυγμὸς τῶν ὀδόντων

βρύχω

Ac 7 54 ἔβρυχον τοὺς ὀδόντας ἐπ' αὐτόν

βρύω

Jc 3 11 μήτι ἡ πηγὴ ἐκ τῆς αὐτῆς ὀπῆς βρύει τὸ γλυκὺ καὶ τὸ πικρόν;

βρῶμα

Mt 14 15 ἵνα ... ἀγοράσωσιν ἑαυτοῖς βρώματα

Mc 7 19 καθαρίζων πάντα τὰ βρώματα

Lc 3 11 ὁ ἔχων βρώματα ὁμοίως ποιείτω

9 13 εἰ μήτι ... ἀγοράσωμεν εἰς πάντα τὸν λαὸν τοῦτον βρώματα

Jo 4 34 ἐμὸν βρῶμά ἐστιν ἵνα ποιήσω (ποιῶ NVTς) τὸ θέλημα

Rm 14 15 εἰ γὰρ διὰ βρῶμα ὁ ἀδελφός σου λυπεῖται

14 15 μὴ τῷ βρώματί σου ἐκεῖνον ἀπόλλυε

Rm 14 20 μὴ ἕνεκεν βρώματος κατάλυε τὸ
      ἔργον τοῦ θεοῦ

1C 3 2 γάλα ὑμᾶς ἐπότισα, οὐ βρῶμα
      6 13 τὰ βρώματα τῇ κοιλίᾳ, ↔
      6 13 καὶ ἡ κοιλία τοῖς βρώμασιν
      8 8 βρῶμα δὲ ἡμᾶς οὐ παραστήσει
      τῷ θεῷ
      8 13 διόπερ εἰ βρῶμα σκανδαλίζει τὸν
      ἀδελφόν μου
      10 3 πάντες | τὸ αὐτὸ [H] πνευματικὸν
      βρῶμα ἔφαγον

1Tm 4 3 κωλυόντων γαμεῖν, ἀπέχεσθαι
      βρωμάτων

Hb 9 10 ⟨θυσίαι⟩ μόνον ἐπὶ βρώμασιν καὶ
      πόμασιν
      13 9 καλὸν γὰρ χάριτι βεβαιοῦσθαι
      τὴν καρδίαν, οὐ βρώμασιν, ἐν
      οἷς οὐκ ὠφελήθησαν οἱ περιπα-
      τοῦντες (περιπατήσαντες MVSϛ)

βρώσιμος

Lc 24 41 ἔχετέ τι βρώσιμον ἐνθάδε;

βρῶσις

   ª σής et β.

Mt 6 19ª ὅπου σὴς καὶ βρῶσις ἀφανίζει
      6 20ª ὅπου οὔτε σὴς οὔτε βρῶσις
      ἀφανίζει

Jo 4 32 ἐγὼ βρῶσιν ἔχω φαγεῖν ἣν ὑμεῖς
      οὐκ οἴδατε
      6 27 ἐργάζεσθε μὴ τὴν βρῶσιν τὴν
      ἀπολλυμένην, ↔
      6 27 ἀλλὰ τὴν βρῶσιν τὴν μένουσαν
      εἰς ζωὴν αἰώνιον
      6 55 ἡ γὰρ σάρξ μου ἀληθής ἐστιν
      βρῶσις

Rm 14 17 οὐ γάρ ἐστιν ἡ βασιλεία τοῦ
      θεοῦ βρῶσις καὶ πόσις

1C 8 4 περὶ τῆς βρώσεως οὖν τῶν
      εἰδωλοθύτων οἴδαμεν

2C 9 10 ὁ δὲ ἐπιχορηγῶν σπόρον (N²⁶B;
      σπέρμα rl) τῷ σπείροντι καὶ ἄρτον
      εἰς βρῶσιν

Cl 2 16 μὴ οὖν τις ὑμᾶς κρινέτω ἐν βρώ-
      σει

Hb 12 16 ὃς ἀντὶ βρώσεως μιᾶς ἀπέδετο
      (N²⁶H; -οτο rl) τὰ πρωτοτόκια
      ἑαυτοῦ (αὐτ. Sϛ)

βυθίζω

Lc 5 7 ἔπλησαν ἀμφότερα τὰ πλοῖα ὥστε
      βυθίζεσθαι αὐτά

1Tm 6 9 αἵτινες βυθίζουσιν τοὺς ἀνθρώπους
      εἰς ὄλεθρον

βυθός

2C 11 25 νυχθήμερον ἐν τῷ βυθῷ πεποίηκα

βυρσεύς

Ac 9 43 μεῖναι (+ αὐτὸν Vϛ) ἐν Ἰόππῃ
      παρά τινι Σίμωνι βυρσεῖ
      10 6 οὗτος ξενίζεται παρά τινι Σίμωνι
      βυρσεῖ
      10 32 οὗτος ξενίζεται ἐν οἰκίᾳ Σίμωνος
      βυρσέως

βύσσινος

Ap 18 12 ⟨οὐδεὶς ἀγοράζει⟩ γόμον ... λίθου
      τιμίου καὶ μαργαριτῶν (-του
      VSϛ) καὶ βυσσίνου (βύσσου ϛ)
      18 16 ἡ πόλις ἡ μεγάλη, ἡ περιβεβλη-
      μένη βύσσινον
      19 8 ἐδόθη αὐτῇ ἵνα περιβάληται βύσ-
      σινον λαμπρὸν καθαρόν· ↔
      19 8 τὸ γὰρ βύσσινον τὰ δικαιώματα
      τῶν ἁγίων ἐστίν
      19 14 τὰ στρατεύματα ... ἐνδεδυμένοι
      βύσσινον λευκὸν καθαρόν

βύσσος

Lc 16 19 ἐνεδιδύσκετο πορφύραν καὶ βύσσον

Ap 18 12 *⟨οὐδεὶς ἀγοράζει⟩ γόμον ...
      λίθου τιμίου καὶ μαργαριτῶν (-του
      VSϛ) καὶ βύσσου (ϛ; βυσσίνου rl)

βωμός

Ac 17 23 εὗρον καὶ βωμὸν ἐν ᾧ ἐπεγέ-
      γραπτο· ἀγνώστῳ θεῷ

Γ

Γαββαθᾶ

Γαββαθᾶ MVBSTϛ

Jo 19 13 εἰς τόπον λεγόμενον Λιθόστρωτον, Ἑβραϊστὶ δὲ Γαββαθά

Γαβριήλ

Lc 1 19 ἐγώ εἰμι Γαβριὴλ ὁ παρεστηκὼς ἐνώπιον τοῦ θεοῦ

1 26 ἀπεστάλη ὁ ἄγγελος Γαβριὴλ ἀπὸ (ὑπὸ Vϛ) τοῦ θεοῦ

γάγγραινα

2Tm 2 17 ὁ λόγος αὐτῶν ὡς γάγγραινα νομὴν ἕξει

Γάδ

Ap 7 5 ἐκ φυλῆς Γάδ δώδεκα χιλιάδες

Γαδαρηνός

→ Γερασηνός

→ Γεργεσηνός

Mt 8 28 ἐλθόντος αὐτοῦ ... εἰς τὴν χώραν τῶν Γαδαρηνῶν (Γεργεσηνῶν ϛ)

Mc 5 1 *ἦλθον ... εἰς τὴν χώραν τῶν Γαδαρηνῶν (Vϛ; Γερασηνῶν rl)

Lc 8 26 *κατέπλευσαν εἰς τὴν χώραν τῶν Γαδαρηνῶν (Vϛ; Γεργεσηνῶν MST; Γερασηνῶν rl)

8 37 *ἠρώτησεν (-σαν Tϛ) αὐτὸν ἅπαν τὸ πλῆθος τῆς περιχώρου τῶν Γαδαρηνῶν (Vϛ; Γεργεσηνῶν MST; Γερασηνῶν rl)

Γάζα

Ac 8 26 ἐπὶ τὴν ὁδὸν τὴν καταβαίνουσαν ἀπὸ Ἱερουσαλὴμ εἰς Γάζαν

γάζα

Ac 8 27 ὃς ἦν ἐπὶ πάσης τῆς γάζης αὐτῆς

γαζοφυλάκιον

γαζοφυλακεῖον N

Mc 12 41 καὶ καθίσας κατέναντι τοῦ γαζοφυλακίου ↔

12 41 ἐθεώρει πῶς ὁ ὄχλος βάλλει χαλκὸν εἰς τὸ γαζοφυλάκιον

12 43 πλεῖον πάντων ἔβαλεν (βέβληκεν VSTϛ) τῶν βαλλόντων εἰς τὸ γαζοφυλάκιον

Lc 21 1 εἶδεν τοὺς βάλλοντας εἰς τὸ γαζοφυλάκιον τὰ δῶρα αὐτῶν πλουσίους

Jo 8 20 ἐλάλησεν ἐν τῷ γαζοφυλακίῳ διδάσκων

Γάϊος

Γαῖος H

a Γ. Μακεδών

b Γ. Δερβαῖος

c Γ. Κορίνθιος

d cui 3Jo conscripta

Ac 19 29a συναρπάσαντες Γάϊον καὶ Ἀρίσταρχον Μακεδόνας

20 4b συνείπετο δὲ αὐτῷ (αὐ- S) ... Γάϊος Δερβαῖος καὶ Τιμόθεος

Rm 16 23c ἀσπάζεται ὑμᾶς Γάϊος ὁ ξένος μου

1C 1 14c οὐδένα ὑμῶν ἐβάπτισα εἰ μὴ Κρίσπον καὶ Γάϊον

3Jo 1d ὁ πρεσβύτερος Γαΐῳ τῷ ἀγαπητῷ

γάλα

1C 3 2 γάλα ὑμᾶς ἐπότισα, οὐ βρῶμα

9 7 τίς ... ἐκ τοῦ γάλακτος τῆς ποίμνης οὐκ ἐσθίει;

Hb 5 12 γεγόνατε χρείαν ἔχοντες γάλακτος, καὶ ([N²⁶V]; —NTH) οὐ στερεᾶς τροφῆς. ↔

5 13 πᾶς γὰρ ὁ μετέχων γάλακτος ἄπειρος λόγου δικαιοσύνης, νήπιος γάρ ἐστιν

1Pt 2 2 ὡς ἀρτιγέννητα βρέφη τὸ λογικὸν ἄδολον γάλα ἐπιποθήσατε

Γαλάτης

G 3 1 ὦ ἀνόητοι Γαλάται, τίς ὑμᾶς ἐβάσκανεν ⟨;⟩

Γαλατία

→ Γαλλία

1C 16 1 ὥσπερ διέταξα ταῖς ἐκκλησίαις τῆς Γαλατίας

G 1 2 ⟨Παῦλος⟩ καὶ οἱ ... ἀδελφοί, ταῖς ἐκκλησίαις τῆς Γαλατίας

2Tm 4 10 Δημᾶς ... ἐπορεύθη εἰς Θεσσαλονίκην, Κρήσκης εἰς Γαλατίαν (Γαλλίαν ST)

1Pt 1 1 Πέτρος ... ἐκλεκτοῖς παρεπιδήμοις διασπορᾶς Πόντου, Γαλατίας, Καππαδοκίας

Γαλατικός

Ac 16 6 διῆλθον δὲ τὴν Φρυγίαν καὶ (+τὴν ϛ) Γαλατικὴν χώραν

18 23 διερχόμενος καθεξῆς τὴν Γαλατικὴν χώραν καὶ Φρυγίαν

γαλήνη

Mt 8 26 καὶ ἐγένετο γαλήνη μεγάλη

Mc 4 39 καὶ ἐγένετο γαλήνη μεγάλη

Lc 8 24 καὶ ἐγένετο γαλήνη

Γαλιλαία

a θάλασσα τῆς Γ.

b c. nom. civitatis

Mt 2 22 ἀνεχώρησεν εἰς τὰ μέρη τῆς Γαλιλαίας

3 13 παραγίνεται ὁ Ἰησοῦς ἀπὸ τῆς Γαλιλαίας ἐπὶ τὸν Ἰορδάνην

4 12 ἀνεχώρησεν εἰς τὴν Γαλιλαίαν

4 15 γῆ Ζαβουλὼν καὶ γῆ Νεφθαλίμ ... Γαλιλαία τῶν ἐθνῶν

4 18a περιπατῶν δὲ παρὰ τὴν θάλασσαν τῆς Γαλιλαίας

4 23 περιῆγεν (+ὁ Ἰησοῦς MVBSϛ) | ἐν ὅλῃ τῇ Γαλιλαίᾳ (ὅλην τὴν Γ-αν MVSϛ)

4 25b ἠκολούθησαν αὐτῷ ὄχλοι πολλοὶ ἀπὸ τῆς Γαλιλαίας καὶ Δεκαπόλεως

15 29a ἦλθεν παρὰ τὴν θάλασσαν τῆς Γαλιλαίας

17 22 συστρεφομένων (ἀναστρ. VBSϛ) δὲ αὐτῶν ἐν τῇ Γαλιλαίᾳ

19 1 μετῆρεν ἀπὸ τῆς Γαλιλαίας

21 11b | ὁ προφήτης Ἰησοῦς (~Vϛ) ὁ ἀπὸ Ναζαρὲθ τῆς Γαλιλαίας

26 32 προάξω ὑμᾶς εἰς τὴν Γαλιλαίαν

27 55 ἠκολούθησαν τῷ Ἰησοῦ ἀπὸ τῆς Γαλιλαίας

28 7 προάγει ὑμᾶς εἰς τὴν Γαλιλαίαν

28 10 ἵνα ἀπέλθωσιν εἰς τὴν Γαλιλαίαν

28 16 ἐπορεύθησαν εἰς τὴν Γαλιλαίαν

Mc 1 9b ἦλθεν Ἰησοῦς ἀπὸ Ναζαρὲτ τῆς Γαλιλαίας

Mc 1 14 ἦλθεν ὁ Ἰησοῦς εἰς τὴν Γαλιλαίαν

1 16a παράγων παρὰ τὴν θάλασσαν τῆς Γαλιλαίας

1 28 | καὶ ἐξῆλθεν (ἐ. δὲ Sϛ) ἡ ἀκοὴ αὐτοῦ ... εἰς ὅλην τὴν περίχωρον τῆς Γαλιλαίας

1 39 ἦλθεν κηρύσσων εἰς τὰς συναγωγὰς αὐτῶν εἰς ὅλην τὴν Γαλιλαίαν

3 7 πολὺ πλῆθος ἀπὸ τῆς Γαλιλαίας || ἠκολούθησεν ([N²⁶]; -σαν Tϛ)· καὶ ἀπὸ τῆς Ἰουδαίας ((~T))

6 21 ὅτε Ἡρῴδης ... δεῖπνον ἐποίησεν ... τοῖς πρώτοις τῆς Γαλιλαίας

7 31a ἦλθεν διὰ Σιδῶνος εἰς τὴν θάλασσαν τῆς Γαλιλαίας

9 30 παρεπορεύοντο (ἐπορ. H) διὰ τῆς Γαλιλαίας

14 28 προάξω ὑμᾶς εἰς τὴν Γαλιλαίαν

15 41 αἱ ὅτε ἦν ἐν τῇ Γαλιλαίᾳ ἠκολούθουν αὐτῷ

16 7 προάγει ὑμᾶς εἰς τὴν Γαλιλαίαν

Lc 1 26b ἀπεστάλη ὁ ἄγγελος Γαβριὴλ ... εἰς πόλιν τῆς Γαλιλαίας ᾗ ὄνομα Ναζαρέθ

2 4 ἀνέβη δὲ καὶ Ἰωσὴφ ἀπὸ τῆς Γαλιλαίας

2 39 ἐπέστρεψαν (ὑπ- MVBSϛ) εἰς τὴν Γαλιλαίαν

3 1 τετρααρχοῦντος τῆς Γαλιλαίας Ἡρῴδου

4 14 ὑπέστρεψεν ὁ Ἰησοῦς ... εἰς τὴν Γαλιλαίαν

4 31b κατῆλθεν εἰς Καφαρναοὺμ πόλιν τῆς Γαλιλαίας

4 44 *ἦν κηρύσσων | εἰς τὰς συναγωγὰς (ἐν ταῖς -γαῖς Vϛ) τῆς Γαλιλαίας (VTϛ; Ἰουδαίας rl)

5 17 ἐληλυθότες ἐκ πάσης κώμης τῆς Γαλιλαίας καὶ Ἰουδαίας καὶ Ἱερουσαλήμ

8 26 εἰς τὴν χώραν τῶν Γερασηνῶν (Γαδαρηνῶν Vϛ; Γεργεσηνῶν MST), ἥτις ἐστὶν ἀντιπέρα τῆς Γαλιλαίας

17 11 αὐτὸς διήρχετο διὰ μέσον (μέσου Vϛ) Σαμαρείας καὶ Γαλιλαίας

23 5 ἀρξάμενος ἀπὸ τῆς Γαλιλαίας ἕως ὧδε. ↔

23 6 *Πιλᾶτος δὲ ἀκούσας Γαλιλαίαν (+Vϛ) ἐπηρώτησεν

23 49 γυναῖκες αἱ (—V) συνακολουθοῦσαι αὐτῷ ἀπὸ τῆς Γαλιλαίας

23 55 αἵτινες ἦσαν συνεληλυθυῖαι | ἐκ τῆς Γαλιλαίας αὐτῷ (~Vϛ)

24 6 μνήσθητε ὡς ἐλάλησεν ὑμῖν ἔτι ὢν ἐν τῇ Γαλιλαίᾳ

Jo 1 43 τῇ ἐπαύριον ἠθέλησεν ἐξελθεῖν εἰς τὴν Γαλιλαίαν

2 1b γάμος ἐγένετο ἐν Κανὰ τῆς Γαλιλαίας

2 11b ταύτην ἐποίησεν ἀρχὴν τῶν σημείων ὁ Ἰησοῦς ἐν Κανὰ τῆς Γαλιλαίας

4 3 ἀπῆλθεν πάλιν εἰς τὴν Γαλιλαίαν

Jo 4 43 ἐξῆλθεν ἐκεῖθεν (+καὶ ἀπῆλθεν
Vς) εἰς τὴν Γαλιλαίαν
4 45 ὅτε (ὡς T) οὖν ἦλθεν εἰς τὴν Γαλι-
λαίαν
4 46ᵇἦλθεν οὖν πάλιν εἰς τὴν Κανὰ
τῆς Γαλιλαίας
4 47 ὅτι Ἰησοῦς ἥκει ἐκ τῆς Ἰουδαίας
εἰς τὴν Γαλιλαίαν
4 54 ὁ Ἰησοῦς ἐλθὼν ἐκ τῆς Ἰουδαίας
εἰς τὴν Γαλιλαίαν
6 1ᵃἀπῆλθεν ὁ Ἰησοῦς πέραν τῆς θα-
λάσσης τῆς Γαλιλαίας
7 1 περιεπάτει ὁ [H] Ἰησοῦς ἐν τῇ
Γαλιλαίᾳ
7 9 ἔμεινεν ἐν τῇ Γαλιλαίᾳ
7 41 μὴ γὰρ ἐκ τῆς Γαλιλαίας ὁ χριστὸς
ἔρχεται;
7 52 μὴ καὶ σὺ ἐκ τῆς Γαλιλαίας εἶ;
7 52 ὅτι | ἐκ τῆς Γαλιλαίας προφήτης
(∼ Tς) οὐκ ἐγείρεται
12 21ᵇπροσῆλθον Φιλίππῳ τῷ ἀπὸ
Βηθσαϊδὰ τῆς Γαλιλαίας
21 2ᵇΝαθαναὴλ ὁ ἀπὸ Κανὰ τῆς
Γαλιλαίας
Ac 9 31 ἡ μὲν οὖν ἐκκλησία καθ᾽ ὅλης
τῆς Ἰουδαίας καὶ Γαλιλαίας καὶ
Σαμαρείας εἶχεν εἰρήνην
10 37 ἀρξάμενος (-νον VSς) ἀπὸ τῆς
Γαλιλαίας
13 31 ὃς ὤφθη ... τοῖς συναναβᾶσιν
αὐτῷ ἀπὸ τῆς Γαλιλαίας

Γαλιλαῖος
ᵃ Ἰούδας ὁ Γ.
Mt 26 69 καὶ σὺ ἦσθα μετὰ Ἰησοῦ τοῦ
Γαλιλαίου
Mc 14 70 καὶ γὰρ Γαλιλαῖος εἶ
Lc 13 1 ἀπαγγέλλοντες αὐτῷ περὶ τῶν
Γαλιλαίων
13 2 δοκεῖτε ὅτι οἱ Γαλιλαῖοι οὗτοι ↔
13 2 ἁμαρτωλοὶ παρὰ πάντας τοὺς
Γαλιλαίους ἐγένοντο
22 59 καὶ γὰρ Γαλιλαῖός ἐστιν
23 6 ἐπηρώτησεν εἰ ὁ [H] ἄνθρωπος
Γαλιλαῖός ἐστιν
Jo 4 45 ἐδέξαντο αὐτὸν οἱ Γαλιλαῖοι,
πάντα ἑωρακότες
Ac 1 11 ἄνδρες Γαλιλαῖοι, τί ἑστήκατε
ἐμβλέποντες (BSς; [ἐμ]βλ. N²⁶;
βλ. rl) ⟨;⟩
2 7 οὐχ (οὐχὶ NBH) ... οὗτοί εἰσιν
οἱ λαλοῦντες Γαλιλαῖοι;
5 37ᵃμετὰ τοῦτον ἀνέστη Ἰούδας ὁ
Γαλιλαῖος

Γαλλία
→ Γαλατία
2Tm 4 10 *Δημᾶς ... ἐπορεύθη εἰς Θεσσαλο-
νίκην, Κρήσκης εἰς Γαλλίαν (ST;
Γαλατίαν rl)

Γαλλίων
Ac 18 12 Γαλλίωνος δὲ ἀνθυπάτου ὄντος
τῆς Ἀχαΐας
18 14 εἶπεν ὁ Γαλλίων πρὸς τοὺς Ἰου-
δαίους
18 17 οὐδὲν τούτων τῷ Γαλλίωνι ἔμελεν

Γαμαλιήλ
Ac 5 34 ἀναστὰς δέ τις ἐν τῷ συνεδρίῳ
Φαρισαῖος ὀνόματι Γαμαλιήλ
22 3 παρὰ τοὺς πόδας Γαμαλιὴλ πεπαι-
δευμένος

γαμέω
ᵃ de mulieribus
ᵇ γ. et (ἐκ)γαμίζω, γαμίσκω
Mt 5 32 | καὶ ὃς ἐὰν ἀπολελυμένην γαμήσῃ,
μοιχᾶται [H]
19 9 ὃς ἂν...γαμήσῃ ἄλλην, μοιχᾶται↔

Mt 19 9 *|| καὶ ὁ ἀπολελυμένην γαμῶν
(-μήσας ς) μοιχᾶται ((+MVBSς))
19 10 εἰ οὕτως ἐστὶν ἡ αἰτία ... οὐ
συμφέρει γαμῆσαι
22 25 καὶ ὁ πρῶτος γήμας (γαμήσας ς)
ἐτελεύτησεν
22 30ᵇἐν γὰρ τῇ ἀναστάσει οὔτε γαμοῦ-
σιν οὔτε γαμίζονται (ἐκ- Vς)
24 38ᵇὡς γὰρ ἦσαν ... γαμοῦντες καὶ
γαμίζοντες (ἐκ- MVBSς)
Mc 6 17 διὰ Ἡρῳδιάδα ... ὅτι αὐτὴν
ἐγάμησεν
10 11 ὃς ἂν ... γαμήσῃ ἄλλην, μοιχᾶται
ἐπ᾽ αὐτήν· ↔
10 12ᵃκαὶ ἐὰν αὐτὴ (γυνὴ VBς) ...
| γαμήσῃ ἄλλον (καὶ -μηθῇ ἄλλῳ
Vς), μοιχᾶται
12 25ᵇὅταν γὰρ ἐκ νεκρῶν ἀναστῶσιν,
οὔτε γαμοῦσιν οὔτε γαμίζονται
Lc 14 20 γυναῖκα ἔγημα
16 18 πᾶς ὁ ἀπολύων τὴν γυναῖκα
αὐτοῦ καὶ γαμῶν ἑτέραν μοιχεύει,
↔
16 18 καὶ ὁ ἀπολελυμένην ἀπὸ ἀνδρὸς
γαμῶν μοιχεύει
17 27ᵇἤσθιον, ἔπινον, ἐγάμουν, ἐγαμί-
ζοντο
20 34ᵃοἱ υἱοὶ τοῦ αἰῶνος τούτου γαμοῦ-
σιν καὶ γαμίσκονται, ↔
20 35ᵇοἱ δὲ καταξιωθέντες ... τυχεῖν καὶ
τῆς ἀναστάσεως τῆς ἐκ νεκρῶν
οὔτε γαμοῦσιν οὔτε γαμίζονται
1C 7 9 εἰ δὲ οὐκ ἐγκρατεύονται, γαμη-
σάτωσαν· ↔
7 9 κρεῖττον γάρ ἐστιν γαμῆσαι (-μεῖν
NMVSTH) ἢ πυροῦσθαι. ↔
7 10 τοῖς δὲ γεγαμηκόσιν παραγγέλλω
... μὴ χωρισθῆναι
7 28 ἐὰν δὲ καὶ γαμήσῃς (γήμῃς ς),
οὐχ ἥμαρτες, ↔
7 28ᵃκαὶ ἐὰν γήμῃ ἡ [H] παρθένος, οὐχ
ἥμαρτεν
7 33 ὁ δὲ γαμήσας μεριμνᾷ τὰ τοῦ
κόσμου
7 34ᵃἡ δὲ γαμήσασα μεριμνᾷ τὰ τοῦ
κόσμου
7 36 ὃ θέλει ποιείτω· οὐχ ἁμαρτάνει·
γαμείτωσαν
7 39ᵃἐλευθέρα ἐστὶν ᾧ θέλει γαμηθῆναι,
μόνον ἐν κυρίῳ
1Tm 4 3 κωλυόντων γαμεῖν, ἀπέχεσθαι βρω-
μάτων
5 11ᵃὅταν γὰρ καταστρηνιάσωσιν τοῦ
Χριστοῦ, γαμεῖν θέλουσιν
5 14ᵃβούλομαι οὖν νεωτέρας γαμεῖν

γαμίζω
ἐκ-
Mt 22 30 ἐν γὰρ τῇ ἀναστάσει οὔτε γαμοῦ-
σιν οὔτε γαμίζονται (ἐκ- Vς)
24 38 ὡς γὰρ ἦσαν ... γαμοῦντες καὶ
γαμίζοντες (ἐκ- MVBSς)
Mc 12 25 ὅταν γὰρ ἐκ νεκρῶν ἀναστῶσιν,
οὔτε γαμοῦσιν οὔτε γαμίζονται
(γαμίσκονται ς)
Lc 17 27 ἤσθιον, ἔπινον, ἐγάμουν, ἐγαμί-
ζοντο (ἐξ- ς)
20 35 οἱ δὲ καταξιωθέντες ... τυχεῖν
καὶ τῆς ἀναστάσεως τῆς ἐκ νεκρῶν
οὔτε γαμοῦσιν οὔτε γαμίζονται
(ἐκγαμίσκονται ς)
1C 7 38 ὥστε καὶ ὁ | γαμίζων τὴν ἑαυτοῦ
παρθένον (ἐκγαμίζων ς) καλῶς
ποιεῖ, ↔
7 38 καὶ ὁ μὴ γαμίζων (ἐκγαμίζων ς)
κρεῖσσον ποιήσει

γαμίσκω
ἐκ-
Mc 12 25 *ὅταν γὰρ ἐκ νεκρῶν ἀναστῶσιν,
οὔτε γαμοῦσιν οὔτε γαμίσκονται
(ς; γαμίζονται rl)
Lc 20 34 οἱ υἱοὶ τοῦ αἰῶνος τούτου γαμοῦ-
σιν καὶ γαμίσκονται (ἐκ- ς)

γάμος
ᵃ γάμοι
ᵇ καλέω εἰς γ.
Mt 22 2ᵃὅστις ἐποίησεν γάμους τῷ υἱῷ
αὐτοῦ. ↔
22 3ᵃᵇκαὶ ἀπέστειλεν τοὺς δούλους
αὐτοῦ καλέσαι τοὺς κεκλημένους
εἰς τοὺς γάμους
22 4ᵃδεῦτε εἰς τοὺς γάμους
22 8 ὁ μὲν γάμος ἕτοιμός ἐστιν
22 9ᵃᵇὅσους ἐὰν εὕρητε καλέσατε εἰς
τοὺς γάμους
22 10 καὶ ἐπλήσθη ὁ γάμος (νυμφῶν
NMSTH) ἀνακειμένων
22 11 εἶδεν ἐκεῖ ἄνθρωπον οὐκ ἐνδεδυ-
μένον ἔνδυμα γάμου
22 12 πῶς εἰσῆλθες ὧδε μὴ ἔχων ἔνδυμα
γάμου;
25 10ᵃαἱ ἕτοιμοι εἰσῆλθον μετ᾽ αὐτοῦ
εἰς τοὺς γάμους
Lc 12 36ᵃπότε ἀναλύσῃ ἐκ τῶν γάμων
14 8ᵃᵇὅταν κληθῇς ὑπό τινος εἰς γάμους
Jo 2 1 γάμος ἐγένετο ἐν Κανὰ τῆς Γαλι-
λαίας
2 2ᵇἐκλήθη δὲ καὶ ὁ Ἰησοῦς καὶ οἱ
μαθηταὶ αὐτοῦ εἰς τὸν γάμον. ↔
2 3 *καὶ | οἶνον οὐκ εἶχον, ὅτι συνετε-
λέσθη ὁ οἶνος τοῦ γάμου. εἶτα
(T; ὑστερήσαντος οἴνου rl) λέγει
ἡ μήτηρ
Hb 13 4 τίμιος ὁ γάμος ἐν πᾶσιν καὶ ἡ
κοίτη ἀμίαντος
Ap 19 7 ὅτι ἦλθεν ὁ γάμος τοῦ ἀρνίου
19 9ᵇμακάριοι οἱ εἰς τὸ δεῖπνον τοῦ
γάμου τοῦ ἀρνίου κεκλημένοι

γάρ
ᵃ ἰδοὺ γ.
ᵇ καὶ γ.
ᶜ οὐ γ., οὔπω γ.
ᵈ οὐδὲ γ., οὐδέπω γ.
ᵉ εἰ γ.
ᶠ ἐὰν γ.
ᵍ ὅταν γ.
ʰ οὕτως γ.
ⁱ ὥσπερ, καθώς, ὡς γ.
ʲ μὲν γ.
ᵏ post relat. (+ ὅπου, οὗ, ὁσάκις, καθάπερ)
ˡ post interr.
ᵐ post praep.
ⁿ ἀμὴν γάρ
Mt 1 18 *μνηστευθείσης γὰρ (+ς) τῆς
μητρὸς αὐτοῦ Μαρίας τῷ Ἰωσήφ
1 20 τὸ γὰρ ἐν αὐτῇ γεννηθὲν ἐκ
πνεύματός ἐστιν ἁγίου
1 21 αὐτὸς γὰρ σώσει τὸν λαὸν αὐτοῦ
2 2 εἴδομεν γὰρ αὐτοῦ τὸν ἀστέρα ἐν
τῇ ἀνατολῇ
2 5ʰοὕτως γὰρ γέγραπται διὰ τοῦ
προφήτου
2 6 ἐκ σοῦ γὰρ ἐξελεύσεται ἡγού-
μενος
2 13 μέλλει γὰρ Ἡρῴδης ζητεῖν τὸ
παιδίον
2 20 τεθνήκασιν γὰρ οἱ ζητοῦντες τὴν
ψυχὴν τοῦ παιδίου
3 2 ἤγγικεν γὰρ ἡ βασιλεία τῶν
οὐρανῶν

Mt 3 3 οὗτος γάρ ἐστιν ὁ ῥηθεὶς διὰ Ἠσαΐου
3 9 λέγω γὰρ ὑμῖν ὅτι δύναται ... ἐγεῖραι τέκνα τῷ Ἀβραάμ
3 15ʰοὕτως γὰρ πρέπον ἐστὶν ἡμῖν πληρῶσαι
4 6 γέγραπται γὰρ ὅτι τοῖς ἀγγέλοις αὐτοῦ ἐντελεῖται περὶ σοῦ
4 10 γέγραπται γάρ
4 17 ἤγγικεν γὰρ ἡ βασιλεία τῶν οὐρανῶν
4 18 ἦσαν γὰρ ἁλιεῖς
5 12ʰοὕτως γὰρ ἐδίωξαν τοὺς προφήτας
5 18ⁿἀμὴν γὰρ λέγω ὑμῖν
5 20 λέγω γὰρ ὑμῖν ὅτι ... οὐ μὴ εἰσέλθητε
5 29 συμφέρει γάρ σοι ἵνα ἀπόληται ἓν τῶν μελῶν σου
5 30 συμφέρει γάρ σοι ἵνα ἀπόληται ἓν τῶν μελῶν σου
5 46ᶠἐὰν γὰρ ἀγαπήσητε τοὺς ἀγαπῶντας ὑμᾶς
6 7 δοκοῦσιν γὰρ ὅτι ... εἰσακουσθήσονται
6 8 οἶδεν γὰρ [+ὁ θεὸς NH] ... ὧν χρείαν ἔχετε
6 14ᶠἐὰν γὰρ ἀφῆτε τοῖς ἀνθρώποις τὰ παραπτώματα αὐτῶν
6 16 ἀφανίζουσιν γὰρ τὰ πρόσωπα αὐτῶν
6 21ᵏὅπου γάρ ἐστιν ὁ θησαυρός σου
6 24 ἢ γὰρ τὸν ἕνα μισήσει
6 32 πάντα γὰρ ταῦτα τὰ ἔθνη ἐπιζητοῦσιν (-τεῖ Vς)· ↔
6 32 οἶδεν γὰρ ὁ πατὴρ ὑμῶν
6 34 ἡ γὰρ αὔριον μεριμνήσει ἑαυτῆς
7 2ᵏἐν ᾧ γὰρ κρίματι κρίνετε κριθήσεσθε
7 8 πᾶς γὰρ ὁ αἰτῶν λαμβάνει
7 12 οὗτος γάρ ἐστιν ὁ νόμος
7 25 τεθεμελίωτο γὰρ ἐπὶ τὴν πέτραν
7 29 ἦν γὰρ διδάσκων αὐτούς
8 9ᵇδεῖ γὰρ ἐγὼ ἄνθρωπός εἰμι ὑπὸ ἐξουσίαν [+τασσόμενος H]
9 5ˡτί γάρ ἐστιν εὐκοπώτερον, εἰπεῖν ⟨;⟩
9 13ᶜοὐ γὰρ ἦλθον καλέσαι δικαίους
9 16 αἴρει γὰρ τὸ πλήρωμα αὐτοῦ ἀπὸ τοῦ ἱματίου
9 21 ἔλεγεν γὰρ ἐν ἑαυτῇ
9 24ᶜοὐ γὰρ ἀπέθανεν τὸ κοράσιον
10 10 ἄξιος γὰρ ὁ ἐργάτης τῆς τροφῆς αὐτοῦ
10 17 παραδώσουσιν γὰρ ὑμᾶς εἰς συνέδρια
10 19 δοθήσεται γὰρ ὑμῖν ... τί λαλήσητε· ↔
10 20ᶜοὐ γὰρ ὑμεῖς ἐστε οἱ λαλοῦντες
10 23ⁿἀμὴν γὰρ λέγω ὑμῖν
10 26 οὐδὲν γάρ ἐστιν κεκαλυμμένον
10 35 ἦλθον γὰρ διχάσαι ἄνθρωπον κατὰ τοῦ πατρὸς αὐτοῦ
11 10 *οὗτος γάρ (+Vς) ἐστιν περὶ οὗ γέγραπται
11 13 πάντες γὰρ οἱ προφῆται καὶ ὁ νόμος ἕως Ἰωάννου ἐπροφήτευσαν
11 18 ἦλθεν γὰρ Ἰωάννης μήτε ἐσθίων μήτε πίνων
11 30 ὁ γὰρ ζυγός μου χρηστός
12 8 κύριος γάρ ἐστιν τοῦ σαββάτου ὁ υἱὸς τοῦ ἀνθρώπου
12 33ᵐἐκ γὰρ τοῦ καρποῦ τὸ δένδρον γινώσκεται
12 34ᵐἐκ γὰρ τοῦ περισσεύματος τῆς καρδίας τὸ στόμα λαλεῖ

Mt 12 37ᵐἐκ γὰρ τῶν λόγων σου δικαιωθήσῃ
12 40ˡὥσπερ γὰρ ἦν Ἰωνᾶς ἐν τῇ κοιλίᾳ τοῦ κήτους
12 50ᵏὅστις γὰρ ἂν ποιήσῃ (ποιῇ S) τὸ θέλημα τοῦ πατρός μου
13 12ᵏὅστις γὰρ ἔχει, δοθήσεται αὐτῷ
13 15 ἐπαχύνθη γὰρ ἡ καρδία τοῦ λαοῦ τούτου
13 17ⁿἀμὴν γὰρ (—T) λέγω ὑμῖν
14 3 ὁ γὰρ Ἡρῴδης (+τότε BS) κρατήσας τὸν Ἰωάννην ἔδησεν αὐτόν ([N²⁶S]; —NTH)
14 4 ἔλεγεν γὰρ || ὁ (—T) Ἰωάννης αὐτῷ ((~VBSς))
14 24 ἦν γὰρ ἐναντίος ὁ ἄνεμος
15 2ᶜοὐ γὰρ νίπτονται τὰς χεῖρας αὐτῶν (+[N²⁶]VBSς)
15 4 ὁ γὰρ θεὸς εἶπεν (ἐνετείλατο λέγων VSTς)
15 19ᵐἐκ γὰρ τῆς καρδίας ἐξέρχονται διαλογισμοὶ πονηροί
15 27ᵇκαὶ γὰρ [H] τὰ κυνάρια ἐσθίει
16 2 | πυρράζει γὰρ ὁ οὐρανός [..N²⁶ NSTH..]
16 3 | πυρράζει γὰρ στυγνάζων ὁ οὐρανός [..N²⁶NSTH..]
16 25ᵏὃς γὰρ ἐὰν θέλῃ τὴν ψυχὴν αὐτοῦ σῶσαι
16 26ˡτί γὰρ ὠφεληθήσεται ἄνθρωπος ⟨;⟩
16 27 μέλλει γὰρ ὁ υἱὸς τοῦ ἀνθρώπου ἔρχεσθαι
17 15 πολλάκις γὰρ πίπτει εἰς τὸ πῦρ
17 20ⁿἀμὴν γὰρ λέγω ὑμῖν
18 7 ἀνάγκη γὰρ (+ἐστιν Tς) ἐλθεῖν τὰ σκάνδαλα
18 10 λέγω γὰρ ὑμῖν ὅτι οἱ ἄγγελοι ... βλέπουσι
18 11 *| ἦλθεν γὰρ ὁ υἱὸς τοῦ ἀνθρώπου σῶσαι τὸ ἀπολωλός (+[M]Bς)
18 20ᵏοὗ γάρ εἰσιν δύο ἢ τρεῖς συνηγμένοι
19 12 εἰσὶν γὰρ εὐνοῦχοι οἵτινες ... ἐγεννήθησαν οὕτως
19 14 τῶν γὰρ τοιούτων ἐστὶν ἡ βασιλεία τῶν οὐρανῶν
19 22 ἦν γὰρ ἔχων κτήματα πολλά
20 1 ὁμοία γάρ ἐστιν ἡ βασιλεία τῶν οὐρανῶν ἀνθρώπῳ οἰκοδεσπότῃ
20 16 *| πολλοὶ γάρ εἰσιν κλητοί (+ς..)
21 26 πάντες γὰρ | ὡς προφήτην ἔχουσιν τὸν Ἰωάννην (~Vς)
21 32 ἦλθεν γὰρ | Ἰωάννης πρὸς ὑμᾶς (~Vς)
22 14 πολλοὶ γάρ εἰσιν κλητοί
22 16ᶜοὐ γὰρ βλέπεις εἰς πρόσωπον ἀνθρώπων
22 28 πάντες γὰρ ἔσχον αὐτήν
22 30ᵐἐν γὰρ τῇ ἀναστάσει οὔτε γαμοῦσιν οὔτε γαμίζονται (ἐκ- Vς)
23 3 λέγουσιν γὰρ καὶ οὐ ποιοῦσιν. ↔
23 4 *δεσμεύουσιν γὰρ (ς; δὲ rl) φορτία βαρέα | καὶ δυσβάστακτα ([N²⁶]; —NSTH)
23 5 πλατύνουσιν γὰρ (δὲ ς) τὰ φυλακτήρια αὐτῶν
23 8 εἷς γάρ ἐστιν ὑμῶν ὁ διδάσκαλος
23 9 εἷς γάρ ἐστιν ὑμῶν ὁ πατήρ
23 10 *| εἷς γὰρ ὑμῶν ἐστιν ὁ καθηγητής (ς; ὅτι κ. ὑ. ἐ. εἷς rl)
23 13 ὑμεῖς γὰρ οὐκ εἰσέρχεσθε
23 17ˡμωροὶ καὶ τυφλοί, τίς γὰρ μείζων ἐστίν ⟨;⟩
23 19ˡτυφλοί, τί γὰρ μεῖζον ⟨;⟩

Mt 23 39 λέγω γὰρ ὑμῖν
24 5 πολλοὶ γὰρ ἐλεύσονται ἐπὶ τῷ ὀνόματί μου
24 6 δεῖ γὰρ (+πάντα [M]Vς) γενέσθαι
24 7 ἐγερθήσεται γὰρ ἔθνος ἐπὶ ἔθνος
24 21 ἔσται γὰρ τότε θλῖψις μεγάλη
24 24 ἐγερθήσονται γὰρ ψευδόχριστοι
24 27ˡὥσπερ γὰρ ἡ ἀστραπὴ ἐξέρχεται
24 28ᵏ*ὅπου γὰρ (+Sς) ἐὰν ᾖ τὸ πτῶμα
24 37ˡὥσπερ γὰρ (δὲ MVBSTς) αἱ ἡμέραι τοῦ Νῶε
24 38ˡὡς γὰρ ἦσαν ἐν ταῖς ἡμέραις ἐκείναις [N²⁶NH; —rl] ... τρώγοντες
25 3 | αἱ γὰρ (αἵτινες ς) μωραὶ λαβοῦσαι τὰς λαμπάδας αὐτῶν ([VSH]; ἑ. ς; —NT)
25 14ˡὥσπερ γὰρ ἄνθρωπος ἀποδημῶν ἐκάλεσεν τοὺς ἰδίους δούλους
25 29 τῷ γὰρ ἔχοντι παντὶ δοθήσεται
25 35 ἐπείνασα γὰρ καὶ ἐδώκατέ μοι φαγεῖν
25 42 ἐπείνασα γὰρ καὶ οὐκ ἐδώκατέ μοι φαγεῖν
26 9 ἐδύνατο γὰρ τοῦτο πραθῆναι πολλοῦ
26 10 ἔργον γὰρ καλὸν ἠργάσατο εἰς ἐμέ· ↔
26 11 πάντοτε γὰρ τοὺς πτωχοὺς ἔχετε μεθ' ἑαυτῶν
26 12 βαλοῦσα γὰρ αὕτη τὸ μύρον τοῦτο ἐπὶ τοῦ σώματός μου
26 28 τοῦτο γάρ ἐστιν τὸ αἷμά μου
26 31 γέγραπται γάρ· πατάξω τὸν ποιμένα
26 43 ἦσαν γὰρ αὐτῶν οἱ ὀφθαλμοὶ βεβαρημένοι
26 52 πάντες γὰρ οἱ λαβόντες μάχαιραν
26 73ᵇκαὶ γὰρ ἡ λαλιά σου δῆλόν σε ποιεῖ
27 18 ᾔδει γὰρ ὅτι διὰ φθόνον παρέδωκαν αὐτόν
27 19 πολλὰ γὰρ ἔπαθον σήμερον κατ' ὄναρ δι' αὐτόν
27 23ˡτί γὰρ κακὸν ἐποίησεν;
27 43 εἶπεν γὰρ ὅτι θεοῦ εἰμι υἱός
28 2 ἄγγελος γὰρ κυρίου καταβὰς ἐξ οὐρανοῦ
28 5 οἶδα γὰρ ὅτι Ἰησοῦν τὸν ἐσταυρωμένον ζητεῖτε
28 6 ἠγέρθη γὰρ καθὼς εἶπεν

Mc 1 16 ἦσαν γὰρ ἁλιεῖς
1 22 ἦν γὰρ διδάσκων αὐτούς
1 38 εἰς τοῦτο γὰρ ἐξῆλθον
2 15 ἦσαν γὰρ πολλοί
3 10 πολλοὺς γὰρ ἐθεράπευσεν
3 21 ἔλεγον γὰρ ὅτι ἐξέστη
3 35ᵏὃς γὰρ ([N²⁶]; —NTH) ἂν ποιήσῃ τὸ θέλημα τοῦ θεοῦ
4 22ᶜοὐ γάρ ἐστιν (+τι NMVSTς) κρυπτόν
4 25ᵏὃς γὰρ ἔχει, δοθήσεται αὐτῷ
4 28 *αὐτομάτη γὰρ (+Vς) ἡ γῆ καρποφορεῖ
5 8 ἔλεγεν γὰρ αὐτῷ
5 28 ἔλεγεν γὰρ ὅτι ἐὰν ἅψωμαι ... σωθήσομαι
5 42 ἦν γὰρ ἐτῶν δώδεκα
6 14 φανερὸν γὰρ ἐγένετο τὸ ὄνομα αὐτοῦ
6 17 αὐτὸς γὰρ ὁ Ἡρῴδης ἀποστείλας ἐκράτησεν τὸν Ἰωάννην
6 18 ἔλεγεν γὰρ ὁ Ἰωάννης τῷ Ἡρῴδῃ

Mc 6 20 ὁ γὰρ Ἡρῴδης ἐφοβεῖτο τὸν Ἰωάννην

6 31 ἦσαν γὰρ οἱ ἐρχόμενοι καὶ οἱ ὑπάγοντες πολλοί

6 36[1] *ἵνα ... ἀγοράσωσιν | ἑαυτοῖς ἄρτους· τί γὰρ φάγωσιν οὐκ ἔχουσιν (ς; ἑ. τί φ. rl)

6 48 ἦν γὰρ ὁ ἄνεμος ἐναντίος αὐτοῖς

6 50 πάντες γὰρ αὐτὸν εἶδον

6 52[c] οὐ γὰρ συνῆκαν ἐπὶ τοῖς ἄρτοις, ↔

6 52 *| ἦν γὰρ (Vς; ἀλλ’ ἦν rl) αὐτῶν ἡ καρδία πεπωρωμένη

7 3 οἱ γὰρ Φαρισαῖοι ... ἐὰν μὴ πυγμῇ (πυκνὰ T) νίψωνται τὰς χεῖρας οὐκ ἐσθίουσιν

7 8 *ἀφέντες γὰρ (+Vς) τὴν ἐντολὴν τοῦ θεοῦ

7 10 Μωϋσῆς γὰρ εἶπεν

7 21 ἔσωθεν γὰρ ἐκ τῆς καρδίας ... ἐκπορεύονται

7 25 *| ἀκούσασα γὰρ (Sς; ἀλλ’ εὐθὺς ἀ. rl) γυνὴ περὶ αὐτοῦ

7 27[c] οὐ γὰρ | ἐστιν καλὸν (~Sς) λαβεῖν τὸν ἄρτον τῶν τέκνων

7 28[b] *καὶ γὰρ (+Vς) τὰ κυνάρια ... ἐσθίουσιν (ἐσθίει Vς)

8 3 *| τινὲς γὰρ (ς; καὶ τινὲς rl) αὐτῶν ἀπὸ μακρόθεν ἥκασιν (ἥκουσιν V; εἰσίν NH)

8 35[k] ὃς γὰρ ἐὰν θέλῃ τὴν | ψυχὴν αὐτοῦ (ἑαυτοῦ ψ. H) σῶσαι

8 36[l] τί γὰρ ὠφελεῖ (-λήσει Vς) ἄνθρωπον κερδῆσαι ⟨;⟩

8 37[l] | τί γὰρ (ἢ τί ς) δοῖ (δώσει MVBς; δῷ S) ἄνθρωπος ἀντάλλαγμα ⟨;⟩

8 38[k] ὃς γὰρ ἐὰν ἐπαισχυνθῇ με

9 6[c] οὐ γὰρ ᾔδει τί ἀποκριθῇ· ↔

9 6 ἔκφοβοι γὰρ ἐγένοντο

9 31 ἐδίδασκεν γὰρ τοὺς μαθητὰς αὐτοῦ

9 34 πρὸς ἀλλήλους γὰρ διελέχθησαν

9 39 οὐδεὶς γὰρ ἐστιν ὃς ποιήσει δύναμιν

9 40[k] ὃς γὰρ οὐκ ἔστιν καθ’ ἡμῶν

9 41[k] ὃς γὰρ ἂν ποτίσῃ ὑμᾶς ποτήριον ὕδατος

9 49 πᾶς γὰρ πυρὶ ἁλισθήσεται

10 14 τῶν γὰρ τοιούτων ἐστὶν ἡ βασιλεία τοῦ θεοῦ

10 22 ἦν γὰρ ἔχων κτήματα πολλά

10 27 πάντα γὰρ δυνατὰ παρὰ τῷ [H] θεῷ

10 45[b] καὶ γὰρ ὁ υἱὸς τοῦ ἀνθρώπου οὐκ ἦλθεν διακονηθῆναι

11 13 | ὁ γὰρ καιρὸς οὐκ ἦν (~Bς) σύκων

11 18 ἐφοβοῦντο γὰρ αὐτόν, ↔

11 18 | πᾶς γὰρ ὁ ὄχλος (ὅτι πᾶς ὁ ὄ. ς) ἐξεπλήσσετο (-οντο T)

11 23[n] *ἀμὴν γὰρ (+Sς) λέγω ὑμῖν

11 32 ἅπαντες γὰρ εἶχον τὸν Ἰωάννην | ὄντως ὅτι (~Vς) προφήτης ἦν

12 12 ἔγνωσαν γὰρ ὅτι πρὸς αὐτοὺς τὴν παραβολὴν εἶπεν

12 14[c] οὐ γὰρ βλέπεις εἰς πρόσωπον ἀνθρώπων

12 23 οἱ γὰρ ἑπτὰ ἔσχον αὐτὴν γυναῖκα

12 25[g] ὅταν γὰρ ἐκ νεκρῶν ἀναστῶσιν

12 36 *αὐτὸς γὰρ (+Vς) Δαυὶδ εἶπεν ἐν τῷ πνεύματι τῷ ἁγίῳ

12 44 πάντες γὰρ ἐκ τοῦ περισσεύοντος αὐτοῖς ἔβαλον

13 6 *πολλοὶ γὰρ (+Vς) ἐλεύσονται ἐπὶ τῷ ὀνόματί μου

13 7 *δεῖ γὰρ (+MV[S]ς) γενέσθαι

Mc 13 8 ἐγερθήσεται γὰρ ἔθνος ἐπ’ ἔθνος

13 9 *παραδώσουσι γὰρ (+Vς) ὑμᾶς εἰς συνέδρια

13 11[c] οὐ γὰρ ἐστε ὑμεῖς οἱ λαλοῦντες

13 19 ἔσονται γὰρ αἱ ἡμέραι ἐκεῖναι θλῖψις

13 22 ἐγερθήσονται γὰρ (δὲ NST) ψευδόχριστοι

13 33 οὐκ οἴδατε γὰρ πότε ὁ καιρός ἐστιν [H]

13 35 οὐκ οἴδατε γὰρ πότε ὁ κύριος τῆς οἰκίας ἔρχεται

14 2 ἔλεγον γὰρ (δέ ς)

14 5 ἠδύνατο γὰρ τοῦτο | τὸ μύρον (−Vς) πραθῆναι

14 7 πάντοτε γὰρ τοὺς πτωχοὺς ἔχετε μεθ’ ἑαυτῶν

14 40 ἦσαν γὰρ αὐτῶν οἱ ὀφθαλμοὶ καταβαρυνόμενοι

14 56 πολλοὶ γὰρ ἐψευδομαρτύρουν κατ’ αὐτοῦ

14 70[b] καὶ γὰρ Γαλιλαῖος εἶ

15 10 ἐγίνωσκεν γὰρ ὅτι διὰ φθόνον παραδεδώκεισαν αὐτόν

15 14[l] τί γὰρ ἐποίησεν κακόν;

16 4 ἦν γὰρ μέγας σφόδρα

16 8 εἶχεν γὰρ (δὲ ς) αὐτὰς τρόμος

16 8 ἐφοβοῦντο γάρ

Lc 1 15 ἔσται γὰρ μέγας ἐνώπιον τοῦ (+[N[26]S]ς) κυρίου

1 18 ἐγὼ γὰρ εἰμι πρεσβύτης

1 30 μὴ φοβοῦ, Μαριάμ· εὕρες γὰρ χάριν

1 44[a] ἰδοὺ γὰρ ὡς ἐγένετο ἡ φωνὴ τοῦ ἀσπασμοῦ σου

1 48[a] ἰδοὺ γὰρ ἀπὸ τοῦ νῦν μακαριοῦσίν με

1 66[b] καὶ γὰρ (−ς) χεὶρ κυρίου ἦν μετ’ αὐτοῦ

1 76 προπορεύσῃ γὰρ ἐνώπιον (πρὸ προσώπου VBSTς) κυρίου

2 10[a] ἰδοὺ γὰρ εὐαγγελίζομαι ὑμῖν χαρὰν

3 8 λέγω γὰρ ὑμῖν ὅτι δύναται ὁ θεὸς ... ἐγεῖραι τέκνα τῷ Ἀβραάμ

4 8 *γέγραπται γὰρ (+ς)

4 10 γέγραπται γὰρ ὅτι τοῖς ἀγγέλοις αὐτοῦ ἐντελεῖται περὶ σοῦ

5 9 θάμβος γὰρ περιέσχεν αὐτόν

5 39 || λέγει γάρ· ὁ παλαιὸς χρηστός (-τότερός VSς) ἐστιν [[..H]]

6 23[a] ἰδοὺ γὰρ ὁ μισθὸς ὑμῶν πολὺς

6 23 κατὰ τὰ αὐτὰ γὰρ ἐποίουν τοῖς προφήταις

6 26 κατὰ τὰ αὐτὰ γὰρ ἐποίουν τοῖς ψευδοπροφήταις

6 32[b] καὶ γὰρ οἱ ἁμαρτωλοὶ τοὺς ἀγαπῶντας αὐτοὺς ἀγαπῶσιν. ↔

6 33[b] καὶ γὰρ ([N[26]MH]; —VBSς) ἐὰν ἀγαθοποιῆτε τοὺς ἀγαθοποιοῦντας ὑμᾶς

6 33[b] *καὶ γὰρ (+Vς) οἱ ἁμαρτωλοὶ τὸ αὐτὸ ποιοῦσιν

6 34[b] *καὶ γὰρ (+Vς) ἁμαρτωλοὶ ἁμαρτωλοῖς δανείζουσιν

6 38[k] | ᾧ γὰρ μέτρῳ (τῷ γὰρ αὐτῷ μ. ᾧ Sς) μετρεῖτε

6 43[c] οὐ γὰρ ἐστιν δένδρον καλὸν ποιοῦν καρπὸν σαπρόν

6 44 ἕκαστον γὰρ δένδρον ἐκ τοῦ ἰδίου καρποῦ γινώσκεται· ↔

6 44[c] οὐ γὰρ ἐξ ἀκανθῶν συλλέγουσιν σῦκα

6 45[m] ἐκ γὰρ περισσεύματος καρδίας λαλεῖ τὸ στόμα αὐτοῦ

Lc 6 48 *| τεθεμελίωτο γὰρ ἐπὶ τὴν πέτραν (ς; διὰ τὸ καλῶς οἰκοδομῆσθαι αὐτήν rl)

7 5 ἀγαπᾷ γὰρ τὸ ἔθνος ἡμῶν

7 6[c] οὐ γὰρ | ἱκανός εἰμι (~VSς) ἵνα ... εἰσέλθῃς

7 8[b] καὶ γὰρ ἐγὼ ἄνθρωπός εἰμι ὑπὸ ἐξουσίαν τασσόμενος

7 28 *λέγω γὰρ (+MVBSς) ὑμῖν

7 33 ἐλήλυθεν γὰρ Ἰωάννης ὁ βαπτιστὴς μὴ (μήτε Vς) | ἐσθίων ἄρτον (~VSς)

8 17[c] οὐ γὰρ ἐστιν κρυπτὸν ὃ οὐ φανερὸν γενήσεται

8 18[k] ὃς | ἂν γὰρ (~ς) ἔχῃ, δοθήσεται αὐτῷ

8 29 παρήγγειλεν (N[26]ς; -ήγγελλεν rl) γὰρ τῷ πνεύματι τῷ ἀκαθάρτῳ ἐξελθεῖν ἀπὸ τοῦ ἀνθρώπου. ↔

8 29 πολλοῖς γὰρ χρόνοις συνηρπάκει αὐτόν

8 40 ἦσαν γὰρ πάντες προσδοκῶντες αὐτόν

8 46 ἐγὼ γὰρ ἔγνων δύναμιν ἐξεληλυθυῖαν ἀπ’ ἐμοῦ

8 52[c] | οὐ γὰρ (οὐκ NVTς) ἀπέθανεν ἀλλὰ καθεύδει

9 14 ἦσαν γὰρ (δὲ T) ὡσεὶ ἄνδρες πεντακισχίλιοι

9 24[k] ὃς γὰρ ἂν (ἐὰν NMVT) θέλῃ τὴν ψυχὴν αὐτοῦ σῶσαι

9 25[l] τί γὰρ ὠφελεῖται ἄνθρωπος ⟨;⟩

9 26[k] ὃς γὰρ ἂν ἐπαισχυνθῇ με

9 44 ὁ γὰρ υἱὸς τοῦ ἀνθρώπου μέλλει παραδίδοσθαι

9 48 ὁ γὰρ μικρότερος ἐν πᾶσιν ὑμῖν ὑπάρχων

9 50[c] *μὴ κωλύετε· | οὐ γὰρ ἐστιν καθ’ ὑμῶν [+S] ↔

9 50[k] ὃς γὰρ οὐκ ἔστιν καθ’ ὑμῶν

9 56 *| ὁ γὰρ υἱὸς τοῦ ἀνθρώπου οὐκ ἦλθε (+ς..)

10 7 ἄξιος γὰρ ὁ ἐργάτης τοῦ μισθοῦ αὐτοῦ

10 24 λέγω γὰρ ὑμῖν

10 42 Μαριὰμ γὰρ (δὲ ς) τὴν ἀγαθὴν μερίδα ἐξελέξατο

11 4[b] καὶ γὰρ αὐτοὶ ἀφίομεν παντὶ ὀφείλοντι ἡμῖν

11 10 ὁ γὰρ ὁ αἰτῶν λαμβάνει

11 30[l] καθὼς γὰρ ἐγένετο [+ὁ NH] Ἰωνᾶς τοῖς Νινευίταις σημεῖον

12 12 τὸ γὰρ ἅγιον πνεῦμα διδάξει ὑμᾶς

12 23 ἡ γὰρ (—Tς) ψυχὴ πλεῖόν ἐστιν τῆς τροφῆς

12 30 ταῦτα γὰρ πάντα τὰ ἔθνη τοῦ κόσμου ἐπιζητοῦσιν (-ζητεῖ Vς)

12 34[k] ὅπου γὰρ ἐστιν ὁ θησαυρὸς ὑμῶν

12 52 ἔσονται γὰρ ... πέντε ἐν ἑνὶ οἴκῳ διαμεμερισμένοι

12 58[l] ὡς γὰρ ὑπάγεις μετὰ τοῦ ἀντιδίκου σου ἐπ’ ἄρχοντα

14 14 ἀνταποδοθήσεται γὰρ (δέ T) σοι ἐν τῇ ἀναστάσει τῶν δικαίων

14 24 λέγω γὰρ ὑμῖν

14 28[l] τίς γὰρ ἐξ ὑμῶν θέλων πύργον οἰκοδομῆσαι ⟨;⟩

16 2[c] οὐ γὰρ δύνῃ ἔτι οἰκονομεῖν

16 13 ἢ γὰρ τὸν ἕνα μισήσει

16 28 ἔχω γὰρ πέντε ἀδελφούς

17 21[a] ἰδοὺ γὰρ ἡ βασιλεία τοῦ θεοῦ ἐντὸς ὑμῶν ἐστιν

17 24[l] ὥσπερ γὰρ ἡ ἀστραπὴ ... λάμπει

Lc 18 14 *κατέβη οὗτος δεδικαιωμένος εἰς τὸν οἶκον αὐτοῦ | ἢ γὰρ ἐκεῖνος (T; ἢ ἑ. ς; παρ' ἐκεῖνον rl)

18 16 τῶν γὰρ τοιούτων ἐστὶν ἡ βασιλεία τοῦ θεοῦ

18 23 ἦν γὰρ πλούσιος σφόδρα

18 25 εὐκοπώτερον γάρ ἐστιν κάμηλον ... εἰσελθεῖν

18 32 παραδοθήσεται γὰρ τοῖς ἔθνεσιν

19 5 σήμερον γὰρ ἐν τῷ οἴκῳ σου δεῖ με μεῖναι

19 10 ἦλθεν γὰρ ὁ υἱὸς τοῦ ἀνθρώπου ζητῆσαι καὶ σῶσαι

19 21 ἐφοβούμην γάρ σε

19 26 *λέγω γὰρ (+ς) ὑμῖν ὅτι παντὶ τῷ ἔχοντι δοθήσεται

19 48 ὁ λαὸς γὰρ ἅπας ἐξεκρέματο αὐτοῦ ἀκούων

20 6 πεπεισμένος γάρ ἐστιν Ἰωάννην προφήτην εἶναι

20 19 ἔγνωσαν γὰρ ὅτι πρὸς αὐτοὺς εἶπεν τὴν παραβολὴν ταύτην

20 33 οἱ γὰρ ἑπτὰ ἔσχον αὐτὴν γυναῖκα

20 36ᵈ οὐδὲ (οὔτε Tς) γὰρ ἀποθανεῖν ἔτι δύνανται, ↔

20 36 ἰσάγγελοι γάρ εἰσιν

20 38 πάντες γὰρ αὐτῷ ζῶσιν

20 40 οὐκέτι γὰρ (δὲ ς) ἐτόλμων ἐπερωτᾶν αὐτὸν οὐδέν

20 42 | ὡς γὰρ (καὶ αὐτὸς Sς) Δαυὶδ λέγει ἐν βίβλῳ ψαλμῶν

21 4 πάντες (ἅπ. VBSTς) γὰρ οὗτοι ἐκ τοῦ περισσεύοντος αὐτοῖς ἔβαλον

21 8 πολλοὶ γὰρ ἐλεύσονται ἐπὶ τῷ ὀνόματί μου

21 9 δεῖ γὰρ ταῦτα γενέσθαι πρῶτον

21 15 ἐγὼ γὰρ δώσω ὑμῖν στόμα

21 23 ἔσται γὰρ ἀνάγκη μεγάλη ἐπὶ τῆς γῆς

21 26 αἱ γὰρ δυνάμεις τῶν οὐρανῶν σαλευθήσονται

21 35 | ὡς παγίς· ἐπεισελεύσεται γὰρ (ὡς π. γ. ἐπελεύσ. Vς) ἐπὶ πάντας τοὺς καθημένους

22 2 ἐφοβοῦντο γὰρ τὸν λαόν

22 16 λέγω γὰρ ὑμῖν

22 18 λέγω γὰρ ὑμῖν

22 27¹ τίς γὰρ μείζων, ὁ ἀνακείμενος ἢ ὁ διακονῶν;

22 37 λέγω γὰρ ὑμῖν

22 37ᵇ καὶ γὰρ τὸ περὶ ἐμοῦ τέλος ἔχει

22 59ᵇ καὶ γὰρ Γαλιλαῖός ἐστιν

22 71 αὐτοὶ γὰρ ἠκούσαμεν ἀπὸ τοῦ στόματος αὐτοῦ

23 8 ἦν γὰρ ἐξ | ἱκανῶν χρόνων (ἱκανοῦ Sς) θέλων ἰδεῖν αὐτόν

23 12 προϋπῆρχον γὰρ ἐν ἔχθρᾳ ὄντες

23 15 | ἀνέπεμψεν γὰρ αὐτὸν πρὸς ἡμᾶς (ἀνέπεμψα γ. ὑμᾶς π. αὐ. Vς)

23 22¹ τί γὰρ κακὸν ἐποίησεν οὗτος;

23 34ᶜ | οὐ γὰρ οἴδασιν τί ποιοῦσιν [..Ν²⁶ΝΗ]

23 41 ἄξια γὰρ ὧν ἐπράξαμεν ἀπολαμβάνομεν

Jo 2 25 αὐτὸς γὰρ ἐγίνωσκεν τί ἦν ἐν τῷ ἀνθρώπῳ

3 2 οὐδεὶς γὰρ δύναται ταῦτα τὰ σημεῖα ποιεῖν

3 16ʰ οὕτως γὰρ ἠγάπησεν ὁ θεὸς τὸν κόσμον

3 17ᶜ οὐ γὰρ ἀπέστειλεν ὁ θεὸς τὸν υἱὸν (+αὐτοῦ Vς) ... ἵνα κρίνῃ

3 19 ἦν γὰρ αὐτῶν πονηρὰ τὰ ἔργα. ↔

3 20 πᾶς γὰρ ὁ φαῦλα πράσσων

3 24ᶜ οὔπω γὰρ ἦν βεβλημένος εἰς τὴν φυλακὴν ὁ (—ΝΤΗ) Ἰωάννης

3 34ᵏ ὃν γὰρ ἀπέστειλεν ὁ θεός

3 34ᶜ οὐ γὰρ ἐκ μέτρου δίδωσιν (+ὁ θεὸς Vς) τὸ πνεῦμα

4 8 οἱ γὰρ μαθηταὶ αὐτοῦ ἀπεληλύθεισαν

4 9ᶜ | οὐ γὰρ συγχρῶνται Ἰουδαῖοι Σαμαρίταις ([ΝΗ]; —T)

4 18 πέντε γὰρ ἄνδρας ἔσχες

4 23ᵇ καὶ γὰρ ὁ πατὴρ τοιούτους ζητεῖ τοὺς προσκυνοῦντας αὐτόν

4 37ᵐ ἐν γὰρ τούτῳ ὁ λόγος ἐστὶν ἀληθινός

4 42 αὐτοὶ γὰρ ἀκηκόαμεν

4 44 αὐτὸς γὰρ Ἰησοῦς ἐμαρτύρησεν

4 45 καὶ αὐτοὶ γὰρ ἦλθον εἰς τὴν ἑορτήν

4 47 ἤμελλεν γὰρ ἀποθνήσκειν

5 4 *|| ἄγγελος γὰρ (+κυρίου [V]B) κατὰ καιρὸν κατέβαινεν ((+ ΜVΒς..))

5 13 ὁ γὰρ Ἰησοῦς ἐξένευσεν ὄχλου ὄντος ἐν τῷ τόπῳ

5 19ᵏ ἃ γὰρ ἂν ἐκεῖνος ποιῇ, ταῦτα καὶ ὁ υἱὸς | ὁμοίως ποιεῖ (~T). ↔

5 20 ὁ γὰρ πατὴρ φιλεῖ τὸν υἱόν

5 21ᵗ ὥσπερ γὰρ ὁ πατὴρ ἐγείρει τοὺς νεκροὺς καὶ ζωοποιεῖ

5 22ᵈ οὐδὲ γὰρ ὁ πατὴρ κρίνει οὐδένα

5 26ᵗ ὥσπερ γὰρ ὁ πατὴρ ἔχει ζωὴν ἐν ἑαυτῷ

5 36 τὰ γὰρ ἔργα ... μαρτυρεῖ περὶ ἐμοῦ

5 46ᵉ εἰ γὰρ ἐπιστεύετε Μωϋσεῖ, ἐπιστεύετε ἂν ἐμοί· ↔

5 46ᵐ περὶ γὰρ ἐμοῦ ἐκεῖνος ἔγραψεν

6 6 αὐτὸς γὰρ ᾔδει τί ἔμελλεν ποιεῖν

6 27 τοῦτον γὰρ ὁ πατὴρ ἐσφράγισεν ὁ θεός

6 33 ὁ γὰρ ἄρτος (+ὁ T) τοῦ θεοῦ ἐστιν ὁ καταβαίνων

6 40 τοῦτο γὰρ (δέ ς) ἐστιν τὸ θέλημα τοῦ πατρός μου

6 55 ἡ γὰρ σάρξ μου ἀληθής ἐστιν βρῶσις

6 64 ᾔδει γὰρ ἐξ ἀρχῆς ὁ Ἰησοῦς

6 71 οὗτος γὰρ ἔμελλεν | παραδιδόναι αὐτόν (~Tς)

7 1ᶜ οὐ γὰρ ἤθελεν ἐν τῇ Ἰουδαίᾳ περιπατεῖν

7 4 οὐδεὶς γάρ τι ἐν κρυπτῷ ποιεῖ

7 5ᵈ οὐδὲ γὰρ οἱ ἀδελφοὶ αὐτοῦ ἐπίστευον

7 39ᶜ οὔπω γὰρ ἦν πνεῦμα (+ἅγιον [V]Sς), ὅτι Ἰησοῦς οὐδέπω (οὔπω Η) ἐδοξάσθη

7 41 μὴ γὰρ ἐκ τῆς Γαλιλαίας ὁ χριστὸς ἔρχεται;

8 24ᵗ ἐὰν γὰρ μὴ πιστεύσητε ὅτι ἐγώ εἰμι

8 42 ἐγὼ γὰρ ἐκ τοῦ θεοῦ ἐξῆλθον καὶ ἥκω· ↔

8 42ᵈ οὐδὲ γὰρ ἀπ' ἐμαυτοῦ ἐλήλυθα

9 22 ἤδη γὰρ συνετέθειντο οἱ Ἰουδαῖοι

9 30 ἐν τούτῳ γὰρ τὸ θαυμαστόν ἐστιν

10 26ᶜ *| οὐ γάρ (ς; ὅτι οὐκ rl) ἐστε ἐκ τῶν προβάτων τῶν ἐμῶν

11 39 τεταρταῖος γάρ ἐστιν

12 8 τοὺς πτωχοὺς γὰρ πάντοτε ἔχετε μεθ' ἑαυτῶν

12 43 ἠγάπησαν γὰρ τὴν δόξαν τῶν ἀνθρώπων μᾶλλον

12 47ᶜ οὐ γὰρ ἦλθον ἵνα κρίνω τὸν κόσμον

Jo 13 11 ᾔδει γὰρ τὸν παραδιδόντα αὐτόν

13 13 καλῶς λέγετε· εἰμὶ γάρ

13 15 ὑπόδειγμα γὰρ ἔδωκα (δέδ. T) ὑμῖν

13 29 τινὲς γὰρ ἐδόκουν

14 30 ἔρχεται γὰρ ὁ τοῦ κόσμου ἄρχων

16 7ᶠ ἐὰν γὰρ μὴ ἀπέλθω

16 13ᶜ οὐ γὰρ λαλήσει ἀφ' ἑαυτοῦ

16 27 αὐτὸς γὰρ ὁ πατὴρ φιλεῖ ὑμᾶς

18 13 ἦν γὰρ πενθερὸς τοῦ Καϊάφα

19 6 ἐγὼ γὰρ οὐχ εὑρίσκω ἐν αὐτῷ αἰτίαν

19 31 ἦν γὰρ μεγάλη ἡ ἡμέρα ἐκείνου τοῦ σαββάτου

19 36 ἐγένετο γὰρ ταῦτα ἵνα ἡ γραφὴ πληρωθῇ

20 9ᵈ οὐδέπω γὰρ ᾔδεισαν τὴν γραφήν

20 17ᶜ μή μου ἅπτου, οὔπω γὰρ ἀναβέβηκα

21 7 ἦν γὰρ γυμνός

21 8ᶜ οὐ γὰρ ἦσαν μακρὰν ἀπὸ τῆς γῆς

Ac 1 20 γέγραπται γὰρ ἐν βίβλῳ ψαλμῶν

2 15ᶜ οὐ γὰρ ὡς ὑμεῖς ὑπολαμβάνετε οὗτοι μεθύουσιν,

2 15 ἔστιν γὰρ ὥρα τρίτη τῆς ἡμέρας

2 25 Δαυὶδ γὰρ λέγει εἰς αὐτόν

2 34ᶜ οὐ γὰρ Δαυὶδ ἀνέβη εἰς τοὺς οὐρανούς

2 39 ὑμῖν γάρ ἐστιν ἡ ἐπαγγελία

3 22ᴶ *Μωϋσῆς μὲν | γὰρ πρὸς τοὺς πατέρας (+ς) εἶπεν

4 3 ἦν γὰρ ἑσπέρα ἤδη

4 12ᵈ οὐδὲ γὰρ ὄνομά ἐστιν ἕτερον ... ἐν ᾧ δεῖ σωθῆναι ἡμᾶς

4 16ʲ ὅτι μὲν γὰρ γνωστὸν σημεῖον γέγονεν

4 20 οὐ δυνάμεθα γὰρ ἡμεῖς ἃ εἴδαμεν ... μὴ λαλεῖν

4 22 ἐτῶν γὰρ ἦν πλειόνων τεσσεράκοντα ὁ ἄνθρωπος

4 27 συνήχθησαν γὰρ ἐπ' ἀληθείας ... ἐπὶ τὸν ἅγιον παῖδά σου

4 34ᵈ οὐδὲ γὰρ ἐνδεής τις ἦν ἐν αὐτοῖς· ↔

4 34ᵏ ὅσοι γὰρ κτήτορες χωρίων ἢ οἰκιῶν ὑπῆρχον

5 26 ἐφοβοῦντο γὰρ τὸν λαόν

5 36ᵐ πρὸ γὰρ τούτων τῶν ἡμερῶν ἀνέστη Θευδᾶς

6 14 ἀκηκόαμεν γὰρ αὐτοῦ λέγοντος

7 33 ὁ γὰρ τόπος ἐφ' ᾧ ἕστηκας γῆ ἁγία ἐστίν

7 40 ὁ γὰρ Μωϋσῆς οὗτος ... οὐκ οἴδαμεν τί ἐγένετο αὐτῷ

8 7 πολλοὶ γὰρ τῶν ἐχόντων πνεύματα ἀκάθαρτα ... ἐξήρχοντο

8 16ᵈ οὐδέπω γὰρ ἦν ἐπ' οὐδενὶ αὐτῶν ἐπιπεπτωκός

8 21 ἡ γὰρ καρδία σου οὐκ ἔστιν εὐθεῖα

8 23ᵐ εἰς γὰρ χολὴν πικρίας ... ὁρῶ σε ὄντα

8 31¹ πῶς γὰρ ἂν δυναίμην ἐὰν μή τις ὁδηγήσει με;

8 39 ἐπορεύετο γὰρ τὴν ὁδὸν αὐτοῦ χαίρων

9 11ᵃ ἰδοὺ γὰρ προσεύχεται

9 16 ἐγὼ γὰρ ὑποδείξω αὐτῷ

10 46 ἤκουον γὰρ αὐτῶν λαλούντων γλώσσαις

13 8ʰ οὕτως γὰρ μεθερμηνεύεται τὸ ὄνομα αὐτοῦ

13 27 οἱ γὰρ κατοικοῦντες ἐν Ἰερουσαλὴμ ... τοῦτον ἀγνοήσαντες

13 36ʲ Δαυὶδ μὲν γὰρ ... ἐκοιμήθη

Ac 13 47ʰ οὕτως γὰρ ἐντέταλται ἡμῖν ὁ κύριος

15 21 Μωϋσῆς γὰρ ἐκ γενεῶν ἀρχαίων κατὰ πόλιν τοὺς κηρύσσοντας αὐτὸν ἔχει

15 28 ἔδοξεν γὰρ τῷ πνεύματι τῷ ἁγίῳ

16 3 ᾔδεισαν γὰρ ἅπαντες | ὅτι Ἕλλην ὁ πατὴρ αὐτοῦ (τὸν πατέρα αὐτοῦ ὅτι Ἕ. Τ϶) ὑπῆρχεν

16 28 ἅπαντες γάρ ἐσμεν ἐνθάδε

16 37ᶜ οὐ γάρ, ἀλλὰ ἐλθόντες αὐτοὶ ἡμᾶς ἐξαγαγέτωσαν

17 20 ξενίζοντα γάρ τινα εἰσφέρεις

17 23 διερχόμενος γὰρ καὶ ἀναθεωρῶν

17 28 ἐν αὐτῷ γὰρ ζῶμεν καὶ κινούμεθα

17 28 τοῦ γὰρ καὶ γένος ἐσμέν

18 3 ἦσαν γὰρ σκηνοποιοὶ τῇ τέχνῃ

18 15 *κριτὴς γὰρ (+[MS]V϶) ἐγὼ τούτων οὐ βούλομαι εἶναι

18 18 κειράμενος ... τὴν κεφαλήν· εἶχεν γὰρ εὐχήν

18 28 εὐτόνως γὰρ τοῖς Ἰουδαίοις διακατηλέγχετο

19 24 Δημήτριος γάρ τις ὀνόματι ... παρείχετο τοῖς τεχνίταις οὐκ ὀλίγην ἐργασίαν

19 32 ἦν γὰρ ἡ ἐκκλησία συγκεχυμένη

19 35ˡ τίς γάρ ἐστιν ἀνθρώπων ὃς οὐ γινώσκει ⟨;⟩

19 37 ἠγάγετε γὰρ τοὺς ἄνδρας τούτους

19 40ᵇ καὶ γὰρ κινδυνεύομεν ἐγκαλεῖσθαι στάσεως

20 10 μὴ θορυβεῖσθε· ἡ γὰρ ψυχὴ αὐτοῦ ἐν αὐτῷ ἐστιν

20 13ʰ οὕτως γὰρ διατεταγμένος ἦν

20 16 κεκρίκει γὰρ ὁ Παῦλος παραπλεῦσαι τὴν Ἔφεσον

20 16 ἔσπευδεν γάρ, ... γενέσθαι εἰς Ἱεροσόλυμα

20 27ᶜ οὐ γὰρ ὑπεστειλάμην τοῦ μὴ ἀναγγεῖλαι

20 29 *ἐγὼ γὰρ (+[VS]϶) οἶδα (+ τοῦτο [VS]϶) ὅτι εἰσελεύσονται ... λύκοι βαρεῖς

21 3 ἐκεῖσε γὰρ τὸ πλοῖον ἦν ἀποφορτιζόμενον τὸν γόμον

21 13 ἐγὼ γὰρ οὐ μόνον δεθῆναι ... ἑτοίμως ἔχω

21 22 *πάντως | δεῖ συνελθεῖν πλῆθος (+V[S]Τ϶) ἀκούσονται γὰρ (+ V[S]Τ϶) ὅτι ἐλήλυθας

21 29 ἦσαν γὰρ προεωρακότες Τρόφιμον ... σὺν αὐτῷ

21 36 ἠκολούθει γὰρ τὸ πλῆθος ... κράζοντες

22 22ᶜ οὐ γὰρ καθῆκεν αὐτὸν ζῆν

22 26 ὁ γὰρ ἄνθρωπος οὗτος Ῥωμαῖός ἐστιν

23 5 γέγραπται γὰρ ὅτι ἄρχοντα ... οὐκ ἐρεῖς κακῶς

23 8ʲ Σαδδουκαῖοι μὲν (—NH) γὰρ λέγουσιν μὴ εἶναι ἀνάστασιν

23 11ˡ ὡς γὰρ διεμαρτύρω ... εἰς Ἰερουσαλήμ

23 17 ἔχει γὰρ | ἀπαγγεῖλαί τι (~VΤ϶) αὐτῷ

23 21 μὴ πεισθῇς αὐτοῖς· ἐνεδρεύουσιν γὰρ αὐτόν

24 5 εὑρόντες γὰρ τὸν ἄνδρα τοῦτον λοιμόν

25 11ʲ *εἰ μὲν γὰρ (϶; οὖν rl) ἀδικῶ

25 27 ἄλογον γάρ μοι δοκεῖ

26 16 εἰς τοῦτο γὰρ ὤφθην σοι

26 26 ἐπίσταται γὰρ περὶ τούτων ὁ βασιλεύς

Ac 26 26 λανθάνειν γὰρ αὐτόν τι ([N²⁶]; —NH) τούτων οὐ πείθομαι οὐθέν· ↔

26 26ᶜ οὐ γάρ ἐστιν ἐν γωνίᾳ πεπραγμένον τοῦτο

27 22 ἀποβολὴ γὰρ ψυχῆς οὐδεμία ἔσται

27 23 παρέστη γάρ μοι ταύτῃ τῇ νυκτὶ ... ἄγγελος

27 25 διὸ εὐθυμεῖτε, ἄνδρες· πιστεύω γὰρ τῷ θεῷ

27 34 τοῦτο γὰρ πρὸς τῆς ὑμετέρας σωτηρίας ὑπάρχει· ↔

27 34 οὐδενὸς γὰρ ὑμῶν θρὶξ ἀπὸ τῆς κεφαλῆς ἀπολεῖται

28 2 ἅψαντες γὰρ πυρὰν προσελάβοντο πάντας ὑμᾶς

28 20ᵐ ἕνεκεν γὰρ τῆς ἐλπίδος τοῦ Ἰσραὴλ τὴν ἅλυσιν ταύτην περίκειμαι

28 22ʲ περὶ μὲν γὰρ τῆς αἱρέσεως ταύτης γνωστὸν ἡμῖν ἐστιν

28 27 ἐπαχύνθη γὰρ ἡ καρδία τοῦ λαοῦ τούτου

Rm 1 9 μάρτυς γάρ μού ἐστιν ὁ θεός

1 11 ἐπιποθῶ γὰρ ἰδεῖν ὑμᾶς

1 16ᶜ οὐ γὰρ ἐπαισχύνομαι τὸ εὐαγγέλιον· ↔

1 16 δύναμις γὰρ θεοῦ ἐστιν εἰς σωτηρίαν

1 17 δικαιοσύνη γὰρ θεοῦ ἐν αὐτῷ ἀποκαλύπτεται

1 18 ἀποκαλύπτεται γὰρ ὀργὴ θεοῦ

1 19 διότι τὸ γνωστὸν τοῦ θεοῦ φανερόν ἐστιν ἐν αὐτοῖς· ὁ θεὸς γὰρ αὐτοῖς ἐφανέρωσεν. ↔

1 20 τὰ γὰρ ἀόρατα αὐτοῦ ... τοῖς ποιήμασιν νοούμενα καθορᾶται

1 26 αἵ τε γὰρ θήλειαι αὐτῶν μετήλλαξαν τὴν φυσικὴν χρῆσιν

2 1ᵏ ἐν ᾧ γὰρ κρίνεις τὸν ἕτερον, σεαυτὸν κατακρίνεις· ↔

2 1 τὰ γὰρ αὐτὰ πράσσεις ὁ κρίνων. ↔

2 2 *οἴδαμεν γὰρ (ΒΤ; δὲ rl) ὅτι τὸ κρίμα τοῦ θεοῦ ἐστιν κατὰ ἀλήθειαν

2 11ᶜ οὐ γάρ ἐστιν προσωπολημψία παρὰ τῷ θεῷ. ↔

2 12ᵏ ὅσοι γὰρ ἀνόμως ἥμαρτον, ἀνόμως καὶ ἀπολοῦνται

2 13ᶜ οὐ γὰρ οἱ ἀκροαταὶ νόμου δίκαιοι παρὰ τῷ [N²⁶NH] θεῷ

2 14ᵍ ὅταν γὰρ ἔθνη ... τὰ τοῦ νόμου ποιῶσιν

2 24 τὸ γὰρ ὄνομα τοῦ θεοῦ δι᾽ ὑμᾶς βλασφημεῖται ἐν τοῖς ἔθνεσιν

2 25ʲ περιτομὴ μὲν γὰρ ὠφελεῖ ἐὰν νόμον πράσσῃς

2 28ᶜ οὐ γὰρ ὁ ἐν τῷ φανερῷ Ἰουδαῖός ἐστιν

3 2ʲ πρῶτον μὲν γὰρ ([N²⁶NH]; —B) ὅτι ἐπιστεύθησαν τὰ λόγια τοῦ θεοῦ. ↔

3 3ˡ τί γάρ; εἰ ἠπίστησάν τινες

3 7ᵉ *εἰ γὰρ (VBS϶; δὲ rl) ἡ ἀλήθεια τοῦ θεοῦ ... ἐπερίσσευσεν

3 9 προῃτιασάμεθα γὰρ Ἰουδαίους ... ὑφ᾽ ἁμαρτίαν εἶναι

3 20ᵐ διὰ γὰρ νόμου ἐπίγνωσις ἁμαρτίας

3 22ᶜ οὐ γάρ ἐστιν διαστολή· ↔

3 23 πάντες γὰρ ἥμαρτον καὶ ὑστεροῦνται τῆς δόξης τοῦ θεοῦ

3 28 λογιζόμεθα γὰρ (οὖν S϶) δικαιοῦσθαι πίστει ἄνθρωπον

Rm 4 2ᵉ εἰ γὰρ Ἀβραὰμ ἐξ ἔργων ἐδικαιώθη, ἔχει καύχημα

4 3ˡ τί γὰρ ἡ γραφὴ λέγει;

4 9 λέγομεν γάρ· (+ὅτι MVS϶) ἐλογίσθη τῷ Ἀβραάμ

4 13ᶜ οὐ γὰρ διὰ νόμου ἡ ἐπαγγελία τῷ Ἀβραάμ

4 14ᵉ εἰ γὰρ οἱ ἐκ νόμου κληρονόμοι

4 15 ὁ γὰρ νόμος ὀργὴν κατεργάζεται· ↔

4 15ᵏ *οὗ γὰρ (ΒS϶; δὲ rl) οὐκ ἔστιν νόμος

5 6 | ἔτι γὰρ (εἴ γε NH) Χριστὸς ... ὑπὲρ ἀσεβῶν ἀπέθανεν. ↔

5 7 μόλις γὰρ ὑπὲρ δικαίου τις ἀποθανεῖται· ↔

5 7ᵐ ὑπὲρ γὰρ τοῦ ἀγαθοῦ τάχα τις καὶ τολμᾷ ἀποθανεῖν

5 10ᵉ εἰ γὰρ ἐχθροὶ ὄντες κατηλλάγημεν τῷ θεῷ

5 13ᵐ ἄχρι γὰρ νόμου ἁμαρτία ἦν ἐν κόσμῳ

5 15ᵉ εἰ γὰρ τῷ τοῦ ἑνὸς παραπτώματι οἱ πολλοὶ ἀπέθανον

5 16ʲ τὸ μὲν γὰρ κρίμα ἐξ ἑνὸς εἰς κατάκριμα

5 17ᵉ εἰ γὰρ τῷ τοῦ ἑνὸς παραπτώματι ὁ θάνατος ἐβασίλευσεν

5 19ˡ ὥσπερ γὰρ ... ἁμαρτωλοὶ κατεστάθησαν οἱ πολλοί

6 5ᵉ εἰ γὰρ σύμφυτοι γεγόναμεν τῷ ὁμοιώματι τοῦ θανάτου αὐτοῦ

6 7 ὁ γὰρ ἀποθανὼν δεδικαίωται ἀπὸ τῆς ἁμαρτίας

6 10ᵏ ὃ γὰρ ἀπέθανεν, τῇ ἁμαρτίᾳ ἀπέθανεν ἐφάπαξ

6 14 ἁμαρτία γὰρ ὑμῶν οὐ κυριεύσει· ↔

6 14ᶜ οὐ γάρ ἐστε ὑπὸ νόμον ἀλλὰ ὑπὸ χάριν

6 19ˡ ὥσπερ γὰρ παρεστήσατε ... οὕτως νῦν παραστήσατε

6 20 ὅτε γὰρ δοῦλοι ἦτε τῆς ἁμαρτίας

6 21 τὸ γὰρ τέλος ἐκείνων θάνατος

6 23 τὰ γὰρ ὀψώνια τῆς ἁμαρτίας θάνατος

7 1 γινώσκουσιν γὰρ νόμον λαλῶ

7 2 ἡ γὰρ ὕπανδρος γυνὴ ... ἀνδρὶ δέδεται νόμῳ

7 5 ὅτε γὰρ ἦμεν ἐν τῇ σαρκί, τὰ παθήματα ... ἐνηργεῖτο

7 7 τήν τε γὰρ ἐπιθυμίαν οὐκ ᾔδειν

7 8ᵐ χωρὶς γὰρ νόμου ἁμαρτία νεκρά

7 11 ἡ γὰρ ἁμαρτία ... ἐξηπάτησέν με

7 14ʲ οἴδαμεν (οἶδα μὲν V) γὰρ ὅτι νόμος πνευματικός ἐστιν

7 15ᵏ ὃ γὰρ κατεργάζομαι οὐ γινώσκω· ↔

7 15ᶜ οὐ γὰρ ὃ θέλω τοῦτο πράσσω

7 18 οἶδα γὰρ ὅτι οὐκ οἰκεῖ ἐν ἐμοί ... ἀγαθόν· ↔

7 18 τὸ γὰρ θέλειν παράκειταί μοι

7 19ᶜ οὐ γὰρ ὃ θέλω ποιῶ ἀγαθόν

7 22 συνήδομαι γὰρ τῷ νόμῳ τοῦ θεοῦ

8 2 ὁ γὰρ νόμος τοῦ πνεύματος ... ἠλευθέρωσέν σε (με VBS϶)

8 3 τὸ γὰρ ἀδύνατον τοῦ νόμου ... ὁ θεὸς ... κατέκρινεν

8 5 οἱ γὰρ κατὰ σάρκα ὄντες τὰ τῆς σαρκὸς φρονοῦσιν

8 6 τὸ γὰρ φρόνημα τῆς σαρκὸς θάνατος

8 7 τῷ γὰρ νόμῳ τοῦ θεοῦ οὐχ ὑποτάσσεται, ↔

8 7ᵈ οὐδὲ γὰρ δύναται

Rm 8 13ᵉεἰ γὰρ κατὰ σάρκα ζῆτε, μέλλετε ἀποθνήσκειν

8 14ᵏὅσοι γὰρ πνεύματι θεοῦ ἄγονται

8 15ᶜοὐ γὰρ ἐλάβετε πνεῦμα δουλείας

8 18 λογίζομαι γὰρ ὅτι οὐκ ἄξια τὰ παθήματα

8 19 ἡ γὰρ ἀποκαραδοκία τῆς κτίσεως … ἀπεκδέχεται. ↔

8 20 τῇ γὰρ ματαιότητι ἡ κτίσις ὑπετάγη

8 22 οἴδαμεν γὰρ ὅτι πᾶσα ἡ κτίσις συστενάζει

8 24 τῇ γὰρ ἐλπίδι ἐσώθημεν

8 24ᵏὃ γὰρ βλέπει τίς (N²⁶H; τις, τί καὶ rl) ἐλπίζει;

8 26 τὸ γὰρ τί προσευξώμεθα καθὸ δεῖ οὐκ οἴδαμεν

8 38 πέπεισμαι γὰρ ὅτι οὔτε θάνατος οὔτε ζωή ⟨δυνήσεται ἡμᾶς χωρίσαι⟩

9 3 ηὐχόμην γὰρ ἀνάθεμα εἶναι αὐτὸς ἐγὼ ἀπὸ τοῦ Χριστοῦ

9 6ᶜοὐ γὰρ πάντες οἱ ἐξ Ἰσραήλ, οὗτοι Ἰσραήλ

9 9 ἐπαγγελίας γὰρ ὁ λόγος οὗτος

9 11 μήπω γὰρ γεννηθέντων μηδὲ πραξάντων

9 15 τῷ Μωϋσεῖ γὰρ λέγει

9 17 λέγει γὰρ ἡ γραφὴ τῷ Φαραώ

9 19 τῷ γὰρ βουλήματι αὐτοῦ τίς ἀνθέστηκεν;

9 28 λόγον γὰρ συντελῶν καὶ συντέμνων ποιήσει κύριος

9 32 *προσέκοψαν γὰρ (+ς) τῷ λίθῳ τοῦ προσκόμματος

10 2 μαρτυρῶ γὰρ αὐτοῖς ὅτι ζῆλον θεοῦ ἔχουσιν

10 3 ἀγνοοῦντες γὰρ τὴν τοῦ θεοῦ δικαιοσύνην

10 4 τέλος γὰρ νόμου Χριστός

10 5 Μωϋσῆς γὰρ γράφει

10 10 καρδίᾳ γὰρ πιστεύεται εἰς δικαιοσύνην

10 11 λέγει γὰρ ἡ γραφή

10 12ᶜοὐ γὰρ ἐστιν διαστολὴ Ἰουδαίου τε καὶ Ἕλληνος. ↔

10 12 ὁ γὰρ αὐτὸς κύριος πάντων

10 13 πᾶς γὰρ ὃς ἂν ἐπικαλέσηται … σωθήσεται

10 16 Ἠσαΐας γὰρ λέγει

11 1ᵇκαὶ γὰρ ἐγὼ Ἰσραηλίτης εἰμί

11 13 *ὑμῖν γὰρ (ς; δὲ rl) λέγω τοῖς ἔθνεσιν

11 15ᵉεἰ γὰρ ἡ ἀποβολὴ αὐτῶν καταλλαγὴ κόσμου

11 21ᵉεἰ γὰρ ὁ θεὸς τῶν κατὰ φύσιν κλάδων οὐκ ἐφείσατο

11 23 δυνατὸς γὰρ ἐστιν ὁ θεὸς πάλιν ἐγκεντρίσαι αὐτούς. ↔

11 24ᵉεἰ γὰρ σὺ ἐκ τῆς κατὰ φύσιν ἐξεκόπης ἀγριελαίου

11 25ᶜοὐ γὰρ θέλω ὑμᾶς ἀγνοεῖν, ἀδελφοί, τὸ μυστήριον τοῦτο

11 29 ἀμεταμέλητα γὰρ τὰ χαρίσματα

11 30¹ὑμεῖς ποτε ἠπειθήσατε τῷ θεῷ

11 32 συνέκλεισεν γὰρ ὁ θεὸς τοὺς πάντας εἰς ἀπείθειαν

11 34¹τίς γὰρ ἔγνω νοῦν κυρίου;

12 3 λέγω γὰρ διὰ τῆς χάριτος τῆς δοθείσης μοι

12 4ᵏκαθάπερ γὰρ ἐν ἑνὶ σώματι πολλὰ μέλη ἔχομεν

12 19 γέγραπται γάρ

Rm 12 20 τοῦτο γὰρ ποιῶν ἄνθρακας πυρὸς σωρεύσεις ἐπὶ τὴν κεφαλὴν αὐτοῦ

13 1ᶜοὐ γὰρ ἐστιν ἐξουσία εἰ μὴ ὑπὸ θεοῦ

13 3 οἱ γὰρ ἄρχοντες οὐκ εἰσὶν φόβος τῷ ἀγαθῷ ἔργῳ

13 4 θεοῦ γὰρ διάκονός ἐστιν σοὶ εἰς τὸ (—B) ἀγαθόν

13 4ᶜοὐ γὰρ εἰκῇ τὴν μάχαιραν φορεῖ·↔

13 4 θεοῦ γὰρ διάκονός ἐστιν ἔκδικος εἰς ὀργὴν τῷ τὸ κακὸν πράσσοντι

13 6 διὰ τοῦτο γὰρ καὶ φόρους τελεῖτε· ↔

13 6 λειτουργοὶ γὰρ θεοῦ εἰσιν

13 8 ὁ γὰρ ἀγαπῶν τὸν ἕτερον νόμον πεπλήρωκεν. ↔

13 9 τὸ γὰρ οὐ μοιχεύσεις … ἀνακεφαλαιοῦται

13 11 νῦν γὰρ ἐγγύτερον ἡμῶν ἡ σωτηρία ἢ ὅτε ἐπιστεύσαμεν

14 3 ὁ θεὸς γὰρ αὐτὸν προσελάβετο

14 4 δυνατεῖ γὰρ ὁ κύριος στῆσαι αὐτόν. ↔

14 5¹ὃς μὲν γὰρ ([N²⁶NVH]; —Bς) κρίνει ἡμέραν παρ᾽ ἡμέραν

14 6 εὐχαριστεῖ γὰρ τῷ θεῷ

14 7 οὐδεὶς γὰρ ἡμῶν ἑαυτῷ ζῇ

14 8 ἐάν τε γὰρ ζῶμεν, τῷ κυρίῳ ζῶμεν

14 9 εἰς τοῦτο γὰρ Χριστὸς (+καὶ Vς) ἀπέθανεν

14 10 πάντες γὰρ παραστησόμεθα τῷ βήματι τοῦ θεοῦ. ↔

14 11 γέγραπται γάρ

14 15ᵉεἰ γὰρ (δὲ ς) διὰ βρῶμα ὁ ἀδελφός σου λυπεῖται

14 17ᶜοὐ γὰρ ἐστιν ἡ βασιλεία τοῦ θεοῦ βρῶσις καὶ πόσις, ἀλλὰ δικαιοσύνη

14 18 ὁ γὰρ ἐν τούτῳ (-τοις Sς) δουλεύων τῷ Χριστῷ εὐάρεστος τῷ θεῷ

15 2 *ἕκαστος γὰρ (+ς) ἡμῶν τῷ πλησίον ἀρεσκέτω

15 3ᵇκαὶ γὰρ ὁ Χριστὸς οὐχ ἑαυτῷ ἤρεσεν

15 4ᵏὅσα γὰρ προεγράφη, [+πάντα H] εἰς τὴν ἡμετέραν διδασκαλίαν ἐγράφη

15 8 λέγω γὰρ (δὲ ς) Χριστὸν διάκονον γεγενῆσθαι περιτομῆς

15 18ᶜοὐ γὰρ τολμήσω τι λαλεῖν ὧν οὐ κατειργάσατο Χριστός

15 24 ἐλπίζω γὰρ διαπορευόμενος θεάσασθαι ὑμᾶς

15 26 εὐδόκησαν γὰρ Μακεδονία καὶ Ἀχαΐα κοινωνίαν τινὰ ποιήσασθαι

15 27 εὐδόκησαν γάρ, καὶ ὀφειλέται εἰσὶν αὐτῶν· ↔

15 27ᵉεἰ γὰρ τοῖς πνευματικοῖς αὐτῶν ἐκοινώνησαν τὰ ἔθνη

16 2ᵇκαὶ γὰρ αὐτὴ προστάτις πολλῶν ἐγενήθη

16 18 οἱ γὰρ τοιοῦτοι τῷ κυρίῳ ἡμῶν Χριστῷ οὐ δουλεύουσιν

16 19 ἡ γὰρ ὑμῶν ὑπακοὴ εἰς πάντας ἀφίκετο

1C 1 11 ἐδηλώθη γάρ μοι περὶ ὑμῶν, ἀδελφοί μου

1 17ᶜοὐ γὰρ ἀπέστειλέν με Χριστὸς βαπτίζειν

1 18 ὁ λόγος γὰρ ὁ τοῦ σταυροῦ τοῖς μὲν ἀπολλυμένοις μωρία ἐστίν

1 19 γέγραπται γάρ

1 21 ἐπειδὴ γὰρ ἐν τῇ σοφίᾳ τοῦ θεοῦ οὐκ ἔγνω ὁ κόσμος

1C 1 26 βλέπετε γὰρ τὴν κλῆσιν ὑμῶν, ἀδελφοί

2 2ᶜοὐ γὰρ ἔκρινά | τι εἰδέναι (~Tς) ἐν ὑμῖν

2 8ᵉεἰ γὰρ ἔγνωσαν, οὐκ ἂν … ἐσταύρωσαν

2 10 *ἡμῖν γὰρ (NBH; δὲ rl) ἀπεκάλυψεν ὁ θεὸς διὰ τοῦ πνεύματος· ↔

2 10 τὸ γὰρ πνεῦμα πάντα ἐραυνᾷ, καὶ τὰ βάθη τοῦ θεοῦ. ↔

2 11¹τίς γὰρ οἶδεν ἀνθρώπων τὰ τοῦ ἀνθρώπου ⟨;⟩

2 14 μωρία γὰρ αὐτῷ ἐστιν

2 16¹τίς γὰρ ἔγνω νοῦν κυρίου, ὃς συμβιβάσει αὐτόν;

3 2ᶜγάλα ὑμᾶς ἐπότισα, οὐ βρῶμα· οὔπω γὰρ ἐδύνασθε

3 3 ⟨οὐδὲ ἔτι νῦν δύνασθε⟩ ἔτι γὰρ σαρκικοί ἐστε. ↔

3 3ᵏὅπου γὰρ ἐν ὑμῖν ζῆλος καὶ ἔρις, οὐχὶ σαρκικοί ἐστε ⟨;⟩

3 4ᵍὅταν γὰρ λέγῃ τις

3 9 θεοῦ γὰρ ἐσμεν συνεργοί

3 11 θεμέλιον γὰρ ἄλλον οὐδεὶς δύναται θεῖναι

3 13 ἡ γὰρ ἡμέρα δηλώσει, ὅτι ἐν πυρὶ ἀποκαλύπτεται

3 17 ὁ γὰρ ναὸς τοῦ θεοῦ ἅγιός ἐστιν

3 19 ἡ γὰρ σοφία τοῦ κόσμου τούτου μωρία παρὰ τῷ θεῷ ἐστιν. ↔

3 19 γέγραπται γάρ

3 21 πάντα γὰρ ὑμῶν ἐστιν

4 4 οὐδὲν γὰρ ἐμαυτῷ σύνοιδα

4 7¹τίς γὰρ σε διακρίνει;

4 9 δοκῶ γάρ, ὁ θεὸς ἡμᾶς τοὺς ἀποστόλους ἐσχάτους ἀπέδειξεν

4 15ᶠἐὰν γὰρ μυρίους παιδαγωγοὺς ἔχητε ἐν Χριστῷ

4 15ᵐἐν γὰρ Χριστῷ Ἰησοῦ … ἐγὼ ὑμᾶς ἐγέννησα

4 20ᶜοὐ γὰρ ἐν λόγῳ ἡ βασιλεία τοῦ θεοῦ

5 3¹ἐγὼ μὲν γάρ, ἀπὼν τῷ σώματι

5 7ᵇκαὶ γὰρ τὸ πάσχα ἡμῶν ἐτύθη Χριστός

5 12¹τί γάρ μοι τοὺς ἔξω κρίνειν;

6 16 ἔσονται γάρ, φησίν, οἱ δύο εἰς σάρκα μίαν

6 20 ⟨οὐκ ἐστὲ ἑαυτῶν⟩ ἠγοράσθητε γὰρ τιμῆς

7 7 *θέλω γὰρ (ς; δὲ rl) πάντας ἀνθρώπους εἶναι ὡς καὶ ἐμαυτόν

7 9 κρεῖττον γὰρ ἐστιν γαμῆσαι (γαμεῖν NMVSTH) ἢ πυροῦσθαι

7 14 ἡγίασται γὰρ ὁ ἀνὴρ ὁ ἄπιστος ἐν τῇ γυναικί

7 16¹τί γὰρ οἶδας, γύναι, εἰ τὸν ἄνδρα σώσεις;

7 22 ὁ γὰρ ἐν κυρίῳ κληθεὶς δοῦλος ἀπελεύθερος κυρίου ἐστίν

7 31 παράγει γὰρ τὸ σχῆμα τοῦ κόσμου τούτου

7 40 *δοκῶ γὰρ (H; δὲ rl) κἀγὼ πνεῦμα θεοῦ ἔχειν

8 5ᵇκαὶ γὰρ εἴπερ εἰσὶν λεγόμενοι θεοί

8 8 *|| οὔτε γὰρ (+Vς) ἐὰν φάγωμεν περισσεύομεν, οὔτε ἐὰν μὴ φάγωμεν ὑστερούμεθα ((~N²⁶NMBSH))

8 10ᶠἐὰν γάρ τις ἴδῃ σε [H] τὸν ἔχοντα γνῶσιν

8 11 | ἀπόλυται γὰρ (καὶ ἀ. B; καὶ ἀπολεῖται ς) ὁ ἀσθενῶν

9 2 ἡ γὰρ σφραγίς μου τῆς ἀποστολῆς ὑμεῖς ἐστε

1C 9 9ᵐἐν γὰρ τῷ Μωϋσέως νόμῳ γέ-
γραπται

9 10 δι' ἡμᾶς γὰρ ἐγράφη

9 15 καλὸν γάρ μοι μᾶλλον ἀποθανεῖν

9 16ᶠ ἐὰν γὰρ εὐαγγελίζωμαι, οὐκ ἔστιν
μοι καύχημα· ↔

9 16 ἀνάγκη γάρ μοι ἐπίκειται· ↔

9 16 οὐαὶ γάρ μοί ἐστιν ἐὰν μὴ εὐαγ-
γελίσωμαι (-ζωμαι MVBSTʃ). ↔

9 17ᵉεἰ γὰρ ἑκὼν τοῦτο πράσσω,
μισθὸν ἔχω

9 19 ἐλεύθερος γὰρ ὢν ἐκ πάντων
πᾶσιν ἐμαυτὸν ἐδούλωσα

10 1 οὐ θέλω γὰρ (δὲ ʃ) ὑμᾶς ἀγνοεῖν,
ἀδελφοί

10 4 ἔπινον γὰρ ἐκ πνευματικῆς ἀκολου-
θούσης πέτρας

10 5 κατεστρώθησαν γὰρ ἐν τῇ ἐρήμῳ

10 17 οἱ γὰρ πάντες ἐκ τοῦ ἑνὸς ἄρτου
μετέχομεν

10 26 τοῦ | κυρίου γὰρ (~ʃ) ἡ γῆ καὶ
τὸ πλήρωμα αὐτῆς

10 28 *| τοῦ γὰρ κυρίου ἡ γῆ καὶ τὸ
πλήρωμα αὐτῆς (+ʃ)

10 29ⁱ ἱνατί γὰρ ἡ ἐλευθερία μου κρίνε-
ται ⟨;⟩

11 5 ἓν γάρ ἐστιν καὶ τὸ αὐτὸ τῇ
ἐξυρημένῃ. ↔

11 6ᵉεἰ γὰρ οὐ κατακαλύπτεται γυνή,
καὶ κειράσθω

11 7ʲ ἀνὴρ μὲν γὰρ οὐκ ὀφείλει κατα-
καλύπτεσθαι τὴν κεφαλήν

11 8ᶜοὐ γάρ ἐστιν ἀνὴρ ἐκ γυναικός

11 9ᵇκαὶ γὰρ οὐκ ἐκτίσθη ἀνὴρ διὰ τὴν
γυναῖκα

11 12ⁱ ὥσπερ γὰρ ἡ γυνὴ ἐκ τοῦ ἀνδρός,
οὕτως καὶ ὁ ἀνήρ

11 18ʲ πρῶτον μὲν γὰρ συνερχομένων
ὑμῶν ... ἀκούω

11 19 δεῖ γὰρ καὶ αἱρέσεις ἐν ὑμῖν εἶναι

11 21 ἕκαστος γὰρ τὸ ἴδιον δεῖπνον
προλαμβάνει

11 22 μὴ γὰρ οἰκίας οὐκ ἔχετε εἰς τὸ
ἐσθίειν καὶ πίνειν;

11 23 ἐγὼ γὰρ παρέλαβον ἀπὸ τοῦ
κυρίου

11 26ᵏ ὁσάκις γὰρ ἐὰν ἐσθίητε τὸν ἄρτον
τοῦτον

11 29 ὁ γὰρ ἐσθίων καὶ πίνων κρίμα
ἑαυτῷ ἐσθίει

11 31ᵉ *εἰ γὰρ (ʃ; δὲ rI) ἑαυτοὺς διεκρίνο-
μεν, οὐκ ἂν ἐκρινόμεθα

12 8ʲ ᾧ μὲν γὰρ διὰ τοῦ πνεύματος
δίδοται λόγος σοφίας

12 12ᵏ καθάπερ γὰρ τὸ σῶμα ἓν ἐστιν ...
οὕτως καὶ ὁ Χριστός· ↔

12 13ᵇ καὶ γὰρ ἐν ἑνὶ πνεύματι ἡμεῖς ...
ἐβαπτίσθημεν

12 14ᵇ καὶ γὰρ τὸ σῶμα οὐκ ἔστιν ἓν
μέλος

13 9 ἐκ μέρους γὰρ γινώσκομεν

13 12 βλέπομεν γὰρ ἄρτι δι' ἐσόπτρου
ἐν αἰνίγματι

14 2 ὁ γὰρ λαλῶν γλώσσῃ οὐκ ἀνθρώ-
ποις λαλεῖ ἀλλὰ (+τῷ MVSʃ)
θεῷ· ↔

14 2 οὐδεὶς γὰρ ἀκούει, πνεύματι δὲ
λαλεῖ μυστήρια

14 8ᵇ καὶ γὰρ ἐὰν ἄδηλον σάλπιγξ
φωνὴν δῷ

14 9 ἔσεσθε γὰρ εἰς ἀέρα λαλοῦντες

14 14ᶠ ἐὰν γὰρ [N²⁶H] προσεύχωμαι
γλώσσῃ

14 17ʲ σὺ μὲν γὰρ καλῶς εὐχαριστεῖς

1C 14 31 δύνασθε γὰρ καθ' ἕνα πάντες
προφητεύειν

14 33ᶜ οὐ γάρ ἐστιν ἀκαταστασίας ὁ
θεὸς ἀλλὰ εἰρήνης

14 34ᶜ οὐ γὰρ ἐπιτρέπεται αὐταῖς λαλεῖν

14 35 αἰσχρὸν γάρ ἐστιν γυναικὶ λαλεῖν
ἐν ἐκκλησίᾳ

15 3 παρέδωκα γὰρ ὑμῖν ἐν πρώτοις

15 9 ἐγὼ γάρ εἰμι ὁ ἐλάχιστος τῶν
ἀποστόλων

15 16ᵉεἰ γὰρ νεκροὶ οὐκ ἐγείρονται

15 21 ἐπειδὴ γὰρ δι' ἀνθρώπου θάνατος

15 22ⁱ ὥσπερ γὰρ ἐν τῷ 'Αδὰμ πάντες
ἀποθνήσκουσιν

15 25 δεῖ γὰρ αὐτὸν βασιλεύειν ἄχρι
οὗ θῇ

15 27 πάντα γὰρ ὑπέταξεν ὑπὸ τοὺς
πόδας αὐτοῦ

15 32 φάγωμεν καὶ πίωμεν, αὔριον γὰρ
ἀποθνήσκομεν

15 34 ἀγνωσίαν γὰρ θεοῦ τινες ἔχουσιν

15 41 ἀστὴρ γὰρ ἀστέρος διαφέρει ἐν
δόξῃ

15 52 σαλπίσει γάρ, καὶ οἱ νεκροὶ
ἐγερθήσονται ἄφθαρτοι

15 53 δεῖ γὰρ τὸ φθαρτὸν τοῦτο ἐνδύ-
σασθαι ἀφθαρσίαν

16 5 Μακεδονίαν γὰρ διέρχομαι

16 7 οὐ θέλω γὰρ ὑμᾶς ἄρτι ἐν παρόδῳ
ἰδεῖν· ↔

16 7 ἐλπίζω γὰρ (δὲ ʃ) χρόνον τινὰ
ἐπιμεῖναι πρὸς ὑμᾶς

16 9 θύρα γάρ μοι ἀνέῳγεν μεγάλη
καὶ ἐνεργής

16 10 τὸ γὰρ ἔργον κυρίου ἐργάζεται
ὡς κἀγώ (ἐγὼ Η)

16 11 ἐκδέχομαι γὰρ αὐτὸν μετὰ τῶν
ἀδελφῶν

16 18 ἀνέπαυσαν γὰρ τὸ ἐμὸν πνεῦμα
καὶ τὸ ὑμῶν

2C 1 8ᶜοὐ γὰρ θέλομεν ὑμᾶς ἀγνοεῖν,
ἀδελφοί

1 12 ἡ γὰρ καύχησις ἡμῶν αὕτη ἐστίν

1 13ᶜοὐ γὰρ ἄλλα γράφομεν ὑμῖν ἀλλ'
ἢ ἃ ἀναγινώσκετε

1 19 ὁ τοῦ θεοῦ γὰρ υἱός | 'Ιησοῦς
Χριστός (~ NTH)

1 20ᵏ ὅσαι γὰρ ἐπαγγελίαι θεοῦ, ἐν
αὐτῷ τὸ ναί

1 24 συνεργοί ἐσμεν τῆς χαρᾶς ὑμῶν·
τῇ γὰρ πίστει ἑστήκατε. ↔

2 1 ἔκρινα γὰρ (δὲ NMVSTʃ) ἐμαυτῷ
τοῦτο

2 2ᵉεἰ γὰρ ἐγὼ λυπῶ ὑμᾶς

2 4ᵐἐκ γὰρ πολλῆς θλίψεως ...
ἔγραψα ὑμῖν

2 9 εἰς τοῦτο γὰρ καὶ ἔγραψα

2 10ᵇ καὶ γὰρ ἐγὼ ὃ κεχάρισμαι ... δι'
ὑμᾶς

2 11ᶜοὐ γὰρ αὐτοῦ τὰ νοήματα ἀγνο-
οῦμεν

2 17ᶜοὐ γάρ ἐσμεν ὡς οἱ πολλοὶ
καπηλεύοντες

3 6 τὸ γὰρ γράμμα ἀποκτέννει, τὸ
δὲ πνεῦμα ζωοποιεῖ

3 9ᵉεἰ γὰρ | τῇ διακονίᾳ (ἡ διακ.
NMVHʃ) τῆς κατακρίσεως δόξα

3 10ᵇ καὶ γὰρ οὐ δεδόξασται τὸ δεδο-
ξασμένον

3 11ᵉεἰ γὰρ τὸ καταργούμενον διὰ δόξης

3 14ᵐἄχρι γὰρ τῆς σήμερον ἡμέρας
τὸ αὐτὸ κάλυμμα ... μένει

4 5ᶜοὐ γὰρ ἑαυτοὺς κηρύσσομεν ἀλλὰ
| 'Ιησοῦν Χριστὸν (~ NMVSTHʃ)
κύριον

2C 4 11 ἀεὶ γὰρ ἡμεῖς οἱ ζῶντες εἰς θάνατον
παραδιδόμεθα

4 15 τὰ γὰρ πάντα δι' ὑμᾶς

4 17 τὸ γὰρ παραυτίκα ἐλαφρὸν τῆς
θλίψεως

4 18 τὰ γὰρ βλεπόμενα πρόσκαιρα, τὰ
δὲ μὴ βλεπόμενα αἰώνια

5 1 οἴδαμεν γὰρ ὅτι ... οἰκοδομὴν
ἐκ θεοῦ ἔχομεν

5 2ᵇ καὶ γὰρ ἐν τούτῳ στενάζομεν

5 4ᵇ καὶ γὰρ οἱ ὄντες ἐν τῷ σκήνει
στενάζομεν βαρούμενοι

5 7 διὰ πίστεως γὰρ περιπατοῦμεν,
οὐ διὰ εἴδους

5 10 τοὺς γὰρ πάντας ἡμᾶς φανερω-
θῆναι δεῖ

5 12ᶜ *οὐ γὰρ (+Tʃ) πάλιν ἑαυτοὺς
συνιστάνομεν ὑμῖν

5 13 εἴτε γὰρ ἐξέστημεν, θεῷ· εἴτε
σωφρονοῦμεν, ὑμῖν. ↔

5 14 ἡ γὰρ ἀγάπη τοῦ Χριστοῦ
συνέχει ἡμᾶς

5 21 *τὸν γὰρ (+ʃ) μὴ γνόντα ἁμαρ-
τίαν ὑπὲρ ἡμῶν ἁμαρτίαν ἐποίησεν

6 2 λέγει γάρ

6 14ⁱ τίς γὰρ μετοχὴ δικαιοσύνῃ καὶ
ἀνομίᾳ ⟨;⟩

6 16 ἡμεῖς γὰρ ναὸς θεοῦ ἐσμεν ζῶντος

7 3 πρὸς κατάκρισιν οὐ λέγω· προ-
είρηκα γὰρ ὅτι ἐν ταῖς καρδίαις
ἡμῶν ἐστε

7 5ᵇ καὶ γὰρ ἐλθόντων ἡμῶν εἰς Μακε-
δονίαν

7 8 βλέπω (-ων Β) γὰρ (+[N²⁶]
MVSTʃ) ὅτι ἡ ἐπιστολὴ ...
ἐλύπησεν ὑμᾶς

7 9 ἐλυπήθητε γὰρ κατὰ θεόν, ἵνα
ἐν μηδενὶ ζημιωθῆτε ἐξ ἡμῶν. ↔

7 10 ἡ γὰρ κατὰ θεὸν λύπη μετάνοιαν
... ἐργάζεται

7 11ᵃ ἰδοὺ γὰρ αὐτὸ τοῦτο τὸ κατὰ
θεὸν λυπηθῆναι

8 9 γινώσκετε γὰρ τὴν χάριν τοῦ
κυρίου ἡμῶν 'Ιησοῦ Χριστοῦ
[ΝΗ]

8 10 τοῦτο γὰρ ὑμῖν συμφέρει

8 12ᵉεἰ γὰρ ἡ προθυμία πρόκειται,
καθὸ ἐὰν (ἂν Τ) ἔχῃ εὐπρόσδεκτος,
οὐ καθὸ οὐκ ἔχει. ↔

8 13ᶜοὐ γὰρ ἵνα ἄλλοις ἄνεσις, ὑμῖν
(+δὲ [VS]ʃ) θλῖψις

8 21 προνοοῦμεν γὰρ (—ʃ) καλὰ οὐ
μόνον ἐνώπιον κυρίου

9 1ʲ περὶ μὲν γὰρ τῆς διακονίας τῆς
εἰς τοὺς ἁγίους

9 2 οἶδα γὰρ τὴν προθυμίαν ὑμῶν
ἣν ὑπὲρ ὑμῶν καυχῶμαι

9 7 ἱλαρὸν γὰρ δότην ἀγαπᾷ ὁ θεός

10 3 ἐν σαρκὶ γὰρ περιπατοῦντες οὐ
κατὰ σάρκα στρατευόμεθα, ↔

10 4 τὰ γὰρ ὅπλα τῆς στρατείας
(-τίας VT) ἡμῶν οὐ σαρκικά

10 8ᶠ ἐάν τε ([N²⁶]; —S) γὰρ περισ-
σότερόν τι καυχήσωμαι (-σομαι
Τ)

10 12ᶜοὐ γὰρ τολμῶμεν ἐγκρῖναι ἢ
συγκρῖναι ἑαυτούς

10 14ᶜοὐ γὰρ ὡς μὴ ἐφικνούμενοι εἰς
ὑμᾶς ὑπερεκτείνομεν ἑαυτούς, ↔

10 14ᵐἄχρι γὰρ καὶ ὑμῶν ἐφθάσαμεν
ἐν τῷ εὐαγγελίῳ

10 18ᶜοὐ γὰρ ὁ ἑαυτὸν συνιστάνων,
ἐκεῖνός ἐστιν δόκιμος

11 2 ζηλῶ γὰρ ὑμᾶς θεοῦ ζήλῳ, ↔

11 2 ἡρμοσάμην γὰρ ὑμᾶς ἑνὶ ἀνδρί

2C 11 4ʲεἰ μὲν γὰρ ὁ ἐρχόμενος ἄλλον
  Ἰησοῦν κηρύσσει
11 5 λογίζομαι γὰρ μηδὲν ὑστερη-
  κέναι τῶν ὑπερλίαν ἀποστόλων
11 9 τὸ γὰρ ὑστέρημά μου προσαν-
  επλήρωσαν οἱ ἀδελφοί
11 13 οἱ γὰρ τοιοῦτοι ψευδαπόστολοι,
  ἐργάται δόλιοι
11 14 αὐτὸς γὰρ ὁ σατανᾶς μετασχη-
  ματίζεται εἰς ἄγγελον φωτός
11 19 ἡδέως γὰρ ἀνέχεσθε τῶν ἀφρόνων
  φρόνιμοι ὄντες· ↔
11 20 ἀνέχεσθε γὰρ εἴ τις ὑμᾶς κατα-
  δουλοῖ
12 1 *οὐ συμφέρον μέν, ἐλεύσομαι γὰρ
  (Sς; δὲ rl) εἰς ὀπτασίας
12 6ᶠἐὰν γὰρ θελήσω καυχήσασθαι,
  οὐκ ἔσομαι ἄφρων, ↔
12 6 ἀλήθειαν γὰρ ἐρῶ
12 9 ἡ γὰρ δύναμις (+μου [VS]ς) ἐν
  ἀσθενείᾳ τελεῖται
12 10ᵍὅταν γὰρ ἀσθενῶ, τότε δυνατός
  εἰμι
12 11 ἐγὼ γὰρ ὤφειλον ὑφ' ὑμῶν
  συνίστασθαι. ↔
12 11 οὐδὲν γὰρ ὑστέρησα τῶν ὑπερ-
  λίαν ἀποστόλων
12 13ˡτί γάρ ἐστιν ὃ ἡσσώθητε (ἡττή-
  θητε VSς) ⟨;⟩
12 14ᵉκαὶ οὐ καταναρκήσω· οὐ γὰρ
  ζητῶ τὰ ὑμῶν ἀλλὰ ὑμᾶς. ↔
12 14ᵉοὐ γὰρ ὀφείλει τὰ τέκνα τοῖς
  γονεῦσιν θησαυρίζειν
12 20 φοβοῦμαι γὰρ μή πως ἐλθὼν οὐχ
  οἵους θέλω εὕρω ὑμᾶς
13 4ᵇκαὶ γὰρ (+εἰ [S]ς) ἐσταυρώθη ἐξ
  ἀσθενείας, ἀλλὰ ζῇ ἐκ δυνάμεως
  θεοῦ. ↔
13 4ᵇκαὶ γὰρ ἡμεῖς ἀσθενοῦμεν ἐν αὐτῷ
13 8ᶜοὐ γὰρ δυνάμεθά τι κατὰ τῆς
  ἀληθείας
13 9 χαίρομεν γὰρ ὅταν ἡμεῖς ἀσθενῶ-
  μεν, ὑμεῖς δὲ δυνατοὶ ἦτε

G 1 10 ἄρτι γὰρ ἀνθρώπους πείθω ἢ τὸν
  θεόν;
1 10ᵉ*εἰ γὰρ (+ς) ἔτι ἀνθρώποις
  ἤρεσκον
1 11 γνωρίζω γὰρ (δὲ Tς) ὑμῖν, ἀδελ-
  φοί, τὸ εὐαγγέλιον
1 12ᵈοὐδὲ γὰρ ἐγὼ παρὰ ἀνθρώπου
  παρέλαβον αὐτό
1 13 ἠκούσατε γὰρ τὴν ἐμὴν ἀναστρο-
  φήν ποτε ἐν τῷ Ἰουδαϊσμῷ
2 6 ἐμοὶ γὰρ οἱ δοκοῦντες οὐδὲν
  προσανέθεντο
2 8 ὁ γὰρ ἐνεργήσας Πέτρῳ εἰς ἀπο-
  στολήν
2 12 πρὸ τοῦ γὰρ ἐλθεῖν τινας ἀπὸ
  Ἰακώβου
2 18ᵉεἰ γὰρ ἃ κατέλυσα ταῦτα πάλιν
  οἰκοδομῶ
2 19 ἐγὼ γὰρ διὰ νόμου νόμῳ ἀπέ-
  θανον
2 21ᵉεἰ γὰρ διὰ νόμου δικαιοσύνη
3 10ᵏὅσοι γὰρ ἐξ ἔργων νόμου εἰσίν
3 10 γέγραπται γὰρ ὅτι ἐπικατάρατος
  πᾶς ὃς οὐκ ἐμμένει
3 13 *| γέγραπται γάρ (ς; ὅτι γέγρ.
  rl)· ἐπικατάρατος πᾶς ὁ κρεμά-
  μενος
3 18ᵉεἰ γὰρ ἐκ νόμου ἡ κληρονομία,
  οὐκέτι ἐξ ἐπαγγελίας
3 21ᵉεἰ γὰρ ἐδόθη νόμος ὁ δυνάμενος
  ζῳοποιῆσαι
3 26 πάντες γὰρ υἱοὶ θεοῦ ἐστε

G 3 27ᵏὅσοι γὰρ εἰς Χριστὸν ἐβαπτίσθητε
3 28 πάντες (ἅπαντες T) γὰρ ὑμεῖς εἷς
  ἐστε ἐν Χριστῷ Ἰησοῦ
4 15 μαρτυρῶ γὰρ ὑμῖν ὅτι … ἐδώκατέ
  μοι
4 22 γέγραπται γὰρ ὅτι Ἀβραὰμ δύο
  υἱοὺς ἔσχεν
4 24 αὗται γάρ εἰσιν δύο διαθῆκαι
4 25 *τὸ γὰρ (δὲ N²⁶NMH) Ἀγὰρ
  (—MVBT) Σινᾶ ὄρος ἐστὶν ἐν
  τῇ Ἀραβίᾳ
4 25 δουλεύει γὰρ (δὲ ς) μετὰ τῶν
  τέκνων αὐτῆς
4 27 γέγραπται γάρ
4 30ᶜοὐ γὰρ μὴ κληρονομήσει (-μήσῃ
  Sς) ὁ υἱὸς τῆς παιδίσκης
5 5 ἡμεῖς γὰρ πνεύματι ἐκ πίστεως
  ἐλπίδα δικαιοσύνης ἀπεκδεχόμε-
  θα. ↔
5 6ᵐἐν γὰρ Χριστῷ Ἰησοῦ [H] οὔτε
  περιτομή τι ἰσχύει
5 13 ὑμεῖς γὰρ ἐπ' ἐλευθερίᾳ ἐκλήθητε,
  ἀδελφοί
5 14 ὁ γὰρ πᾶς νόμος ἐν ἑνὶ λόγῳ
  πεπλήρωται
5 17 ἡ γὰρ σὰρξ ἐπιθυμεῖ κατὰ τοῦ
  πνεύματος, ↔
5 17 τὸ δὲ πνεῦμα κατὰ τῆς σαρκός,
  ταῦτα γὰρ (δὲ Sς) ἀλλήλοις
  ἀντίκειται
6 3ᵉεἰ γὰρ δοκεῖ τις εἶναί τι μηδὲν ὤν,
  φρεναπατᾷ ἑαυτόν
6 5 ἕκαστος γὰρ τὸ ἴδιον φορτίον
  βαστάσει
6 7ᵏὃ γὰρ ἐὰν σπείρῃ ἄνθρωπος,
  τοῦτο καὶ θερίσει
6 9 καιρῷ γὰρ ἰδίῳ θερίσομεν μὴ
  ἐκλυόμενοι
6 13ᵈοὐδὲ γὰρ οἱ περιτεμνόμενοι αὐτοὶ
  νόμον φυλάσσουσιν
6 15ᵐ| οὔτε γὰρ περιτομή τί ἐστιν (ἐν
  γὰρ Χριστῷ Ἰησοῦ οὔτε π. τι
  ἰσχύει ς) οὔτε ἀκροβυστία
6 17 ἐγὼ γὰρ τὰ στίγματα τοῦ (+
  κυρίου [V]Bς) Ἰησοῦ … βα-
  στάζω

E 2 8 τῇ γὰρ χάριτί ἐστε σεσωσμένοι
2 10 αὐτοῦ γὰρ ἐσμεν ποίημα
2 14 αὐτὸς γάρ ἐστιν ἡ εἰρήνη ἡμῶν
5 5 τοῦτο γὰρ ἴστε γινώσκοντες
5 6 διὰ ταῦτα γὰρ ἔρχεται ἡ ὀργὴ
  τοῦ θεοῦ
5 8 ἦτε γάρ ποτε σκότος, νῦν δὲ φῶς
  ἐν κυρίῳ
5 9 ὁ γὰρ καρπὸς τοῦ φωτὸς ἐν πάσῃ
  ἀγαθωσύνῃ
5 12 τὰ γὰρ κρυφῇ γινόμενα ὑπ' αὐτῶν
  αἰσχρόν ἐστιν καὶ λέγειν
5 14 πᾶν γὰρ τὸ φανερούμενον φῶς
  ἐστιν
5 29 οὐδεὶς γάρ ποτε τὴν ἑαυτοῦ
  σάρκα ἐμίσησεν
6 1 τοῦτο γάρ ἐστιν δίκαιον

Ph 1 8 μάρτυς γάρ μου ὁ θεός
1 18ˡτί γάρ; πλὴν ὅτι παντὶ τρόπῳ …
  Χριστὸς καταγγέλλεται
1 19 οἶδα γὰρ ὅτι τοῦτό μοι ἀποβή-
  σεται εἰς σωτηρίαν
1 21 ἐμοὶ γὰρ τὸ ζῆν Χριστός
1 23 *συνέχομαι γὰρ (ς; δὲ rl) ἐκ τῶν
  δύο
1 23 πολλῷ γὰρ ([N²⁶]; —ς) μᾶλλον
  κρεῖσσον
2 5 *τοῦτο γὰρ (+ς) φρονεῖτε (φρο-
  νείσθω Sς) ἐν ὑμῖν

Ph 2 13 θεὸς γάρ ἐστιν ὁ ἐνεργῶν ἐν ὑμῖν
2 20 οὐδένα γὰρ ἔχω ἰσόψυχον
2 21 οἱ πάντες γὰρ τὰ ἑαυτῶν ζητοῦσιν
2 27ᵇκαὶ γὰρ ἠσθένησεν παραπλήσιον
  θανάτῳ (-του H)
3 3 ἡμεῖς γάρ ἐσμεν ἡ περιτομή
3 18 πολλοὶ γὰρ περιπατοῦσιν οὓς
  πολλάκις ἔλεγον ὑμῖν
3 20 ἡμῶν γὰρ τὸ πολίτευμα ἐν οὐρα-
  νοῖς ὑπάρχει
4 11 ἐγὼ γὰρ ἔμαθον ἐν οἷς εἰμι αὐτάρ-
  κης εἶναι

Cl 2 1 θέλω γὰρ ὑμᾶς εἰδέναι ἡλίκον
  ἀγῶνα ἔχω ὑπὲρ ὑμῶν
2 5ᵉεἰ γὰρ καὶ τῇ σαρκὶ ἄπειμι
3 3 ἀπεθάνετε γάρ, καὶ ἡ ζωὴ ὑμῶν
  κέκρυπται
3 20 τοῦτο γὰρ εὐάρεστόν ἐστιν ἐν
  κυρίῳ
3 24 *τῷ γὰρ (+Sς) κυρίῳ Χριστῷ
  δουλεύετε· ↔
3 25 ὁ γὰρ (δὲ ς) ἀδικῶν κομίσεται
  (-εῖται Tς) ὃ ἠδίκησεν
4 13 μαρτυρῶ γὰρ αὐτῷ ὅτι ἔχει πολὺν
  πόνον

1Th 1 8 ἀφ' ὑμῶν γὰρ ἐξήχηται ὁ λόγος
  τοῦ κυρίου
1 9 αὐτοὶ γὰρ περὶ ἡμῶν ἀπαγγέλ-
  λουσιν
2 1 αὐτοὶ γὰρ οἴδατε, ἀδελφοί, τὴν
  εἴσοδον ἡμῶν
2 3 ἡ γὰρ παράκλησις ἡμῶν οὐκ ἐκ
  πλάνης
2 5 οὔτε γάρ ποτε ἐν λόγῳ κολακείας
  ἐγενήθημεν
2 9 μνημονεύετε γάρ, ἀδελφοί, τὸν
  κόπον ἡμῶν καὶ τὸν μόχθον· ↔
2 9 *νυκτὸς γὰρ (+ς) καὶ ἡμέρας
  ἐργαζόμενοι
2 14 ὑμεῖς γὰρ μιμηταὶ ἐγενήθητε
2 19ˡτίς γὰρ ἡμῶν ἐλπίς ⟨;⟩
2 20 ὑμεῖς γάρ ἐστε ἡ δόξα ἡμῶν
3 3 αὐτοὶ γὰρ οἴδατε ὅτι εἰς τοῦτο
  κείμεθα· ↔
3 4ᵇκαὶ γὰρ ὅτε πρὸς ὑμᾶς ἦμεν,
  προελέγομεν ὑμῖν
3 9ˡτίνα γὰρ εὐχαριστίαν δυνάμεθα
  τῷ θεῷ ἀνταποδοῦναι ⟨;⟩
4 2 οἴδατε γὰρ τίνας παραγγελίας
  ἐδώκαμεν ὑμῖν
4 3 τοῦτο γάρ ἐστιν θέλημα τοῦ θεοῦ
4 7ᶜοὐ γὰρ ἐκάλεσεν ἡμᾶς ὁ θεὸς ἐπὶ
  ἀκαθαρσίᾳ
4 9 αὐτοὶ γὰρ ὑμεῖς θεοδίδακτοί ἐστε
4 10ᵇκαὶ γὰρ ποιεῖτε αὐτὸ εἰς πάντας
  τοὺς ἀδελφούς
4 14ᵉεἰ γὰρ πιστεύομεν ὅτι Ἰησοῦς
  ἀπέθανεν
4 15 τοῦτο γὰρ ὑμῖν λέγομεν ἐν λόγῳ
  κυρίου
5 2 αὐτοὶ γὰρ ἀκριβῶς οἴδατε
5 3ᵍ*ὅταν γὰρ (ς; δὲ MVBS; — rl)
  λέγωσιν
5 5 πάντες γὰρ (—ς) ὑμεῖς υἱοὶ φωτός
  ἐστε
5 7 οἱ γὰρ καθεύδοντες νυκτὸς καθεύ-
  δουσιν
5 18 τοῦτο γὰρ θέλημα θεοῦ

2Th 2 7 τὸ γὰρ μυστήριον ἤδη ἐνεργεῖται
3 2ᶜοὐ γὰρ πάντων ἡ πίστις
3 7 αὐτοὶ γὰρ οἴδατε πῶς δεῖ μιμεῖσθαι
  ἡμᾶς
3 10ᵇκαὶ γὰρ ὅτε ἦμεν πρὸς ὑμᾶς
3 11 ἀκούομεν γάρ τινας περιπατοῦν-
  τας ἐν ὑμῖν ἀτάκτως

1Tm 2 3 *τοῦτο γὰρ (+ς) καλὸν καὶ
ἀπόδεκτον ἐνώπιον τοῦ σωτῆρος
2 5 εἷς γὰρ θεός
2 13 Ἀδὰμ γὰρ πρῶτος ἐπλάσθη, εἶτα
Εὔα
3 13 οἱ γὰρ καλῶς διακονήσαντες ...
περιποιοῦνται
4 5 ἁγιάζεται γὰρ διὰ λόγου θεοῦ
4 8 ἡ γὰρ σωματικὴ γυμνασία πρὸς
ὀλίγον ἐστὶν ὠφέλιμος
4 10 εἰς τοῦτο γὰρ κοπιῶμεν
4 16 τοῦτο γὰρ ποιῶν καὶ σεαυτὸν
σώσεις
5 4 τοῦτο γὰρ ἐστιν ἀπόδεκτον ἐνώ-
πιον τοῦ θεοῦ
5 11ᵍὅταν γὰρ καταστρηνιάσωσιν τοῦ
Χριστοῦ
5 15 ἤδη γὰρ τινες ἐξετράπησαν ὀπίσω
τοῦ σατανᾶ
5 18 λέγει γὰρ ἡ γραφή
6 7 οὐδὲν γὰρ εἰσηνέγκαμεν εἰς τὸν
κόσμον
6 10 ῥίζα γὰρ πάντων τῶν κακῶν
ἐστιν ἡ φιλαργυρία
2Tm 1 7ᶜοὐ γὰρ ἔδωκεν ἡμῖν ὁ θεὸς πνεῦμα
δειλίας
1 12 οὐκ ἐπαισχύνομαι, οἶδα γὰρ ᾧ
πεπίστευκα
2 7 δώσει γὰρ σοι ὁ κύριος σύνεσιν
ἐν πᾶσιν
2 11ᵉπιστὸς ὁ λόγος· εἰ γὰρ συναπεθά-
νομεν καὶ συζήσομεν
2 13 ἐκεῖνος πιστὸς μένει, ἀρνήσασθαι
γὰρ (—ς) ἑαυτὸν οὐ δύναται
2 16 ἐπὶ πλεῖον γὰρ προκόψουσιν
ἀσεβείας
3 2 ἔσονται γὰρ οἱ ἄνθρωποι φίλαυτοι
3 6 ἐκ τούτων γὰρ εἰσιν οἱ ἐνδύνοντες
εἰς τὰς οἰκίας
3 9 ἡ γὰρ ἄνοια αὐτῶν ἔκδηλος ἔσται
πᾶσιν
4 3 ἔσται γὰρ καιρὸς ὅτε τῆς ὑγιαι-
νούσης διδασκαλίας οὐκ ἀνέξονται
4 6 ἐγὼ γὰρ ἤδη σπένδομαι
4 10 Δημᾶς γὰρ με ἐγκατέλιπεν (-λει-
πεν SH)
4 11 Μᾶρκον ἀναλαβὼν ἄγε μετὰ σεαυ-
τοῦ· ἔστιν γάρ μοι εὔχρηστος εἰς
διακονίαν
4 15 λίαν γὰρ ἀντέστη (ἀνθέστηκεν
VSς) τοῖς ἡμετέροις λόγοις
Tt 1 7 δεῖ γὰρ τὸν ἐπίσκοπον ἀνέγκλητον
εἶναι
1 10 εἰσὶν γὰρ πολλοὶ καὶ (+[N²⁶]Vς)
ἀνυπότακτοι
2 11 ἐπεφάνη γὰρ ἡ χάρις τοῦ θεοῦ
3 3 ἤμεν γὰρ ποτε καὶ ἡμεῖς ἀνόητοι
3 9 εἰσὶν γὰρ ἀνωφελεῖς καὶ μάταιοι
3 12 ἐκεῖ γὰρ κέκρικα παραχειμάσαι
Phm 7 χαρὰν γὰρ πολλὴν ἔσχον
15 τάχα γὰρ διὰ τοῦτο ἐχωρίσθη
πρὸς ὥραν
22 ἐλπίζω γὰρ ὅτι ... χαρισθήσομαι
ὑμῖν
Hb 1 5ˡτίνι γὰρ εἶπέν ποτε τῶν ἀγγέλων
⟨;⟩
2 2ᵉεἰ γὰρ ὁ δι᾿ ἀγγέλων λαληθεὶς
λόγος ἐγένετο βέβαιος
2 5ᶜοὐ γὰρ ἀγγέλοις ὑπέταξεν τὴν
οἰκουμένην
2 8 ἐν | τῷ γὰρ (~VSς) ὑποτάξαι
... οὐδὲν ἀφῆκεν αὐτῷ ἀνυπό-
τακτον
2 10 ἔπρεπεν γὰρ αὐτῷ ... διὰ παθη-
μάτων τελειῶσαι. ↔

Hb 2 11 ὅ τε γὰρ ἁγιάζων καὶ οἱ ἁγιαζό-
μενοι ἐξ ἑνὸς πάντες
2 16ᶜοὐ γὰρ δήπου ἀγγέλων ἐπι-
λαμβάνεται
2 18ᵏἐν ᾧ γὰρ πέπονθεν αὐτὸς πειρα-
σθείς
3 3 πλείονος γὰρ οὗτος δόξης παρὰ
Μωϋσῆν ἠξίωται
3 4 πᾶς γὰρ οἶκος κατασκευάζεται
ὑπό τινος
3 14 μέτοχοι γὰρ τοῦ Χριστοῦ γεγόνα-
μεν
3 16ˡτίνες γὰρ ἀκούσαντες παρεπίκρα-
ναν;
4 2ᵇκαὶ γὰρ ἐσμεν εὐηγγελισμένοι
καθάπερ κἀκεῖνοι
4 3 εἰσερχόμεθα γὰρ εἰς τὴν [N²⁶NH]
κατάπαυσιν οἱ πιστεύσαντες
4 4 εἴρηκεν γὰρ που περὶ τῆς ἑβδόμης
οὕτως
4 8ᵉεἰ γὰρ αὐτοὺς Ἰησοῦς κατέπαυσεν
4 10 ὁ γὰρ εἰσελθὼν εἰς τὴν κατάπαυσιν
αὐτοῦ καὶ αὐτὸς κατέπαυσεν
4 12 ζῶν γὰρ ὁ λόγος τοῦ θεοῦ
4 15ᶜοὐ γὰρ ἔχομεν ἀρχιερέα μὴ δυνά-
μενον συμπαθῆσαι
5 1 πᾶς γὰρ ἀρχιερεὺς ... καθίσταται
5 12ᵇκαὶ γὰρ ὀφείλοντες εἶναι διδά-
σκαλοι
5 13 πᾶς γὰρ ὁ μετέχων γάλακτος
ἄπειρος λόγου δικαιοσύνης, ↔
5 13 νήπιος γὰρ ἐστι
6 4 ἀδύνατον γὰρ τοὺς ἅπαξ φωτι-
σθέντας ⟨πάλιν ἀνακαινίζειν⟩
6 7 γῆ γὰρ ἡ πιοῦσα τὸν ... ὑετὸν ...
μεταλαμβάνει εὐλογίας
6 10ᶜοὐ γὰρ ἄδικος ὁ θεὸς ἐπιλαθέσθαι
τοῦ ἔργου ὑμῶν
6 13 τῷ γὰρ Ἀβραὰμ ἐπαγγειλά-
μενος ὁ θεός, ... ὤμοσεν
6 16 ἄνθρωποι γὰρ κατὰ τοῦ μείζονος
ὀμνύουσιν
7 1 οὗτος γὰρ ὁ Μελχισέδεκ ⟨μένει
ἱερεύς⟩
7 10 ἔτι γὰρ ἐν τῇ ὀσφύϊ τοῦ πατρὸς
ἦν
7 11 ὁ λαὸς γὰρ ἐπ᾿ αὐτῆς νενομοθέτη-
ται (-τητο Sς)
7 12 μετατιθεμένης γὰρ τῆς ἱερωσύνης
7 13ᵏἐφ᾿ ὃν γὰρ λέγεται ταῦτα
7 14 πρόδηλον γὰρ ὅτι ἐξ Ἰούδα
ἀνατέταλκεν ὁ κύριος ἡμῶν
7 17 μαρτυρεῖται γὰρ ὅτι σὺ ἱερεὺς
εἰς τὸν αἰῶνα
7 18ʲἀθέτησις μὲν γὰρ γίνεται προ-
αγούσης ἐντολῆς
7 19 οὐδὲν γὰρ ἐτελείωσεν ὁ νόμος
7 20ʲοἱ μὲν γὰρ χωρὶς ὁρκωμοσίας
εἰσὶν ἱερεῖς
7 26 τοιοῦτος γὰρ ἡμῖν (ὑμῖν T) καὶ
([VSH]; —ς) ἔπρεπεν ἀρχιερεύς
7 27 τοῦτο γὰρ ἐποίησεν ἐφάπαξ ἑαυ-
τὸν ἀνενέγκας (προσ- T). ↔
7 28 ὁ νόμος γὰρ ἀνθρώπους καθ-
ίστησιν ἀρχιερεῖς
8 3 πᾶς γὰρ ἀρχιερεὺς εἰς τὸ προσφέ-
ρειν ... καθίσταται
8 4ʲ*εἰ μὲν γὰρ (Sς; οὖν rl) ἦν ἐπὶ
γῆς
8 5 ὅρα γὰρ φησιν, ποιήσεις πάντα
κατὰ τὸν τύπον
8 7ᵉεἰ γὰρ ἡ πρώτη ἐκείνη ἦν ἄμεμ-
πτος
8 8 μεμφόμενος γὰρ αὐτοὺς λέγει
9 2 σκηνὴ γὰρ κατεσκευάσθη ἡ πρώτη

Hb 9 13ᵉεἰ γὰρ τὸ αἷμα τράγων ... ἁγιάζει
9 16ᵏὅπου γὰρ διαθήκη, θάνατον ἀνάγ-
κη φέρεσθαι τοῦ διαθεμένου· ↔
9 17 διαθήκη γὰρ ἐπὶ νεκροῖς βεβαία
9 19 λαληθείσης γὰρ πάσης ἐντολῆς
9 24ᶜοὐ γὰρ εἰς χειροποίητα εἰσῆλθεν
ἅγια Χριστός
10 1 σκιὰν γὰρ ἔχων ὁ νόμος τῶν
μελλόντων ἀγαθῶν
10 4 ἀδύνατον γὰρ αἷμα ταύρων ...
ἀφαιρεῖν ἁμαρτίας
10 14 μιᾷ γὰρ προσφορᾷ τετελείωκεν ...
τοὺς ἁγιαζομένους
10 15ᵐμετὰ γὰρ τὸ εἰρηκέναι
10 23 πιστὸς γὰρ ὁ ἐπαγγειλάμενος
10 26 ἑκουσίως γὰρ ἁμαρτανόντων ἡμῶν
10 30 οἴδαμεν γὰρ τὸν εἰπόντα
10 34ᵇκαὶ γὰρ τοῖς δεσμίοις συνεπαθή-
σατε
10 36 ὑπομονῆς γὰρ ἔχετε χρείαν
10 37 ἔτι γὰρ μικρὸν ὅσον ὅσον
11 2 ἐν ταύτῃ γὰρ ἐμαρτυρήθησαν οἱ
πρεσβύτεροι
11 5ᵐπρὸ γὰρ τῆς μεταθέσεως μεμαρ-
τύρηται εὐαρεστηκέναι τῷ θεῷ
11 6 πιστεῦσαι γὰρ δεῖ τὸν προσερχό-
μενον τῷ ([NVSH]; —T) θεῷ
11 10 ἐξεδέχετο γὰρ τὴν τοὺς θεμελίους
ἔχουσαν πόλιν
11 14 οἱ γὰρ τοιαῦτα λέγοντες ἐμφανί-
ζουσιν
11 16 ἡτοίμασεν γὰρ αὐτοῖς πόλιν
11 26 ἀπέβλεπεν γὰρ εἰς τὴν μισθαπο-
δοσίαν
11 27 τὸν γὰρ ἀόρατον ὡς ὁρῶν ἐκαρ-
τέρησεν
11 32 ἐπιλείψει | με γὰρ (~VSς) διη-
γούμενον ὁ χρόνος
12 3 ἀναλογίσασθε γὰρ τὸν τοιαύτην
ὑπομεμενηκότα ... ἀντιλογίαν
12 6ᵏὃν γὰρ ἀγαπᾷ κύριος παιδεύει
12 7ˡτίς γὰρ (+ἐστιν VSς) υἱὸς ὃν οὐ
παιδεύει πατήρ;
12 10ʲοἱ μὲν γὰρ πρὸς ὀλίγας ἡμέρας ...
αὐτοῖς ἐπαίδευον
12 17 ἴστε γὰρ ὅτι καὶ μετέπειτα θέλων
κληρονομῆσαι τὴν εὐλογίαν ἀπ-
εδοκιμάσθη, ↔
12 17 μετανοίας γὰρ τόπον οὐχ εὗρεν
12 18ᶜοὐ γὰρ προσεληλύθατε ψηλαφω-
μένῳ (+ὄρει Vς) καὶ κεκαυμένῳ
πυρί
12 20 οὐκ ἔφερον γὰρ τὸ διαστελλό-
μενον
12 25ᵉεἰ γὰρ ἐκεῖνοι οὐκ ἐξέφυγον ἐπὶ
γῆς
12 29ᵇκαὶ γὰρ ὁ θεὸς ἡμῶν πῦρ κατ-
αναλίσκον
13 2 τῆς φιλοξενίας μὴ ἐπιλανθάνεσθε·
διὰ ταύτης γὰρ ἔλαθόν τινες
13 4 πόρνους γὰρ καὶ μοιχοὺς κρινεῖ
ὁ θεός
13 5 αὐτὸς γὰρ εἴρηκεν
13 9 καλὸν γὰρ χάριτι βεβαιοῦσθαι
τὴν καρδίαν
13 11ᵏὧν γὰρ εἰσφέρεται ζῴων τὸ αἷμα
... τούτων τὰ σώματα κατακαίεται
13 14ᶜοὐ γὰρ ἔχομεν ὧδε μένουσαν πόλιν
13 16 τοιαύταις γὰρ θυσίαις εὐαρεστεῖται
ὁ θεός
13 17 αὐτοὶ γὰρ ἀγρυπνοῦσιν ὑπὲρ
τῶν ψυχῶν ὑμῶν
13 17 καὶ μὴ στενάζοντες· ἀλυσιτελὲς
γὰρ ὑμῖν τοῦτο

Hb 13 18 πειθόμεθα γὰρ ὅτι καλὴν συνείδη-
σιν ἔχομεν
13 22^bκαὶ γὰρ διὰ βραχέων ἐπέστειλα
ὑμῖν

Jc 1 6 ὁ γὰρ διακρινόμενος ἔοικεν κλύ-
δωνι θαλάσσης
1 7 μὴ γὰρ οἰέσθω ὁ ἄνθρωπος ἐκεῖνος
1 11 ἀνέτειλεν γὰρ ὁ ἥλιος σὺν τῷ
καύσωνι
1 13 ὁ γὰρ θεὸς ἀπείραστός ἐστιν
κακῶν
1 20 ὀργὴ γὰρ ἀνδρὸς δικαιοσύνην
θεοῦ οὐκ ἐργάζεται
1 24 κατενόησεν γὰρ ἑαυτόν
2 2^fἐὰν γὰρ εἰσέλθῃ εἰς συναγωγὴν
ὑμῶν ἀνὴρ χρυσοδακτύλιος
2 10^kὅστις γὰρ ὅλον τὸν νόμον τηρήσῃ
(-σει Sς)
2 11 ὁ γὰρ εἰπών· μὴ μοιχεύσῃς
2 13 ἡ γὰρ κρίσις ἀνέλεος τῷ μὴ
ποιήσαντι ἔλεος
2 26^l ὥσπερ γὰρ (—H) τὸ σῶμα ...
νεκρόν ἐστιν
3 2 πολλὰ γὰρ πταίομεν ἅπαντες
3 7 πᾶσα γὰρ φύσις θηρίων ... δαμά-
ζεται
3 16^kὅπου γὰρ ζῆλος καὶ ἐριθεία
4 14^l*οὐκ ἐπίστασθε τὸ (—NH) τῆς
αὔριον ποία γὰρ (—N²⁶NH) ἡ
ζωὴ ὑμῶν. ↔
4 14 ἀτμὶς γάρ ἐστε ἡ (—H) πρὸς
ὀλίγον φαινομένη

1Pt 2 19 τοῦτο γὰρ χάρις εἰ ... ὑποφέρει
τις λύπας
2 20^l ποῖον γὰρ κλέος εἰ ἁμαρτάνοντες
... ὑπομενεῖτε;
2 21 εἰς τοῦτο γὰρ ἐκλήθητε
2 25 ἦτε γὰρ ὡς πρόβατα πλανώμενοι
3 5^hοὕτως γάρ ποτε καὶ αἱ ἅγιαι
γυναῖκες ... ἐκόσμουν ἑαυτάς
3 10 ὁ γὰρ θέλων ζωὴν ἀγαπᾶν ...
παυσάτω τὴν γλῶσσαν ἀπὸ
κακοῦ
3 17 κρεῖττον γὰρ ἀγαθοποιοῦντας ...
πάσχειν ἢ κακοποιοῦντας
4 3 ἀρκετὸς γὰρ ὁ παρεληλυθὼς χρό-
νος ... κατειργάσθαι
4 6 εἰς τοῦτο γὰρ καὶ νεκροῖς εὐηγ-
γελίσθη
4 15 μὴ γάρ τις ὑμῶν πασχέτω ὡς
φονεύς

2Pt 1 8 ταῦτα γὰρ ὑμῖν ὑπάρχοντα καὶ
πλεονάζοντα ... καθίστησιν
1 9^k ᾧ γὰρ μὴ πάρεστιν ταῦτα, τυφ-
λός ἐστιν
1 10 ταῦτα γὰρ ποιοῦντες οὐ μὴ
πταίσητέ ποτε. ↔
1 11^hοὕτως γὰρ πλουσίως ἐπιχορηγη-
θήσεται ὑμῖν ἡ εἴσοδος
1 16^cοὐ γὰρ σεσοφισμένοις μύθοις ἐξ-
ακολουθήσαντες
1 17 λαβὼν γὰρ παρὰ θεοῦ πατρὸς
τιμήν
1 21^cοὐ γὰρ θελήματι ἀνθρώπου ἠνέ-
χθη | προφητεία ποτέ (~ Tς)
2 4^eεἰ γὰρ ὁ θεὸς ἀγγέλων ἁμαρτησάν-
των οὐκ ἐφείσατο
2 8 βλέμματι γὰρ καὶ ἀκοῇ ὁ (—H)
δίκαιος ... ἐβασάνιζεν
2 18 ὑπέρογκα γὰρ ματαιότητος φθεγ-
γόμενοι
2 19^k ᾧ γάρ τις ἥττηται, τούτῳ (+καὶ
MVBSς) δεδούλωται. ↔
2 20^eεἰ γὰρ ἀποφυγόντες τὰ μιάσματα
τοῦ κόσμου

2Pt 2 21 κρεῖττον γὰρ ἦν αὐτοῖς μὴ ἐπ-
εγνωκέναι
3 4^kἀφ’ ἧς γὰρ οἱ πατέρες ἐκοιμήθη-
σαν
3 5 λανθάνει γὰρ αὐτούς ... ὅτι
οὐρανοὶ ἦσαν ἔκπαλαι
1Jo 2 19^eεἰ γὰρ | ἐξ ἡμῶν ἦσαν (~ VSTς)
4 20 ὁ γὰρ μὴ ἀγαπῶν τὸν ἀδελφὸν
αὐτοῦ
5 3 αὕτη γάρ ἐστιν ἡ ἀγάπη τοῦ
θεοῦ
2Jo 11 ὁ λέγων γὰρ αὐτῷ χαίρειν
3Jo 3 ἐχάρην γὰρ (—T) λίαν ἐρχομένων
ἀδελφῶν
7^mὑπὲρ γὰρ τοῦ ὀνόματος ἐξῆλθον
Jd 4 παρεισέδυσαν γάρ τινες ἄνθρωποι,
οἱ πάλαι προγεγραμμένοι
Ap 1 3 ὁ γὰρ καιρὸς ἐγγύς
3 2^cοὐ γὰρ εὕρηκά σου τὰ (—NH)
ἔργα πεπληρωμένα
9 19 ἡ γὰρ ἐξουσία τῶν ἵππων ἐν τῷ
στόματι αὐτῶν ἐστιν
9 19 αἱ γὰρ οὐραὶ αὐτῶν ὅμοιαι (-οι
M) ὄφεσιν
13 18 ἀριθμὸς γὰρ ἀνθρώπου ἐστίν
14 4 οὐκ ἐμολύνθησαν· παρθένοι γάρ
εἰσιν
14 5 *οὐχ εὑρέθη ψεῦδος· ἄμωμοι γάρ
(+Τς) εἰσιν
14 13 τὰ γὰρ (δὲ ς) ἔργα αὐτῶν ἀκο-
λουθεῖ μετ’ αὐτῶν
16 6 *αἷμα αὐτοῖς δέδωκας ([δ]ε. Ν²⁶;
ἔδωκας VBSTς) πιεῖν· ἄξιοι γάρ
(+ς) εἰσιν
16 14 εἰσὶν γὰρ πνεύματα δαιμονίων
ποιοῦντα σημεῖα
17 17 ὁ γὰρ θεὸς ἔδωκεν ... ποιῆσαι
τὴν γνώμην αὐτοῦ
19 8 τὸ γὰρ βύσσινον τὰ δικαιώματα
τῶν ἁγίων ἐστίν
19 10 ἡ γὰρ μαρτυρία Ἰησοῦ ἐστιν τὸ
πνεῦμα τῆς προφητείας
21 1 ὁ γὰρ πρῶτος οὐρανὸς καὶ ἡ
πρώτη γῆ ἀπῆλθαν
21 22 ὁ γὰρ κύριος ... ναὸς αὐτῆς ἐστιν
21 23 ἡ γὰρ δόξα τοῦ θεοῦ ἐφώτισεν
αὐτήν
21 25 οἱ πυλῶνες αὐτῆς οὐ μὴ κλεισθῶσιν
ἡμέρας, νὺξ γὰρ οὐκ ἔσται ἐκεῖ
22 9 *ὅρα μή· σύνδουλός σου γάρ
(+ς) εἰμι
22 10 μὴ σφραγίσῃς τοὺς λόγους... (+ὅτι
ς) ὁ καιρὸς γάρ (—ς) ἐγγύς ἐστιν
22 18 *μαρτυρῶ γάρ (ς; ἐγώ rl) παντὶ
τῷ ἀκούοντι τοὺς λόγους τῆς
προφητείας

γαστήρ
^a met.
Mt 1 18 εὑρέθη ἐν γαστρὶ ἔχουσα ἐκ πνεύ-
ματος ἁγίου
1 23 ἰδοὺ ἡ παρθένος ἐν γαστρὶ ἕξει
καὶ τέξεται υἱόν
24 19 οὐαὶ δὲ ταῖς ἐν γαστρὶ ἐχούσαις
Mc 13 17 οὐαὶ δὲ ταῖς ἐν γαστρὶ ἐχούσαις
Lc 1 31 καὶ ἰδοὺ συλλήμψῃ ἐν γαστρὶ
καὶ τέξῃ υἱόν
21 23 οὐαὶ (+δὲ Vς) ταῖς ἐν γαστρὶ
ἐχούσαις
1Th 5 3 ὥσπερ ἡ ὠδὶν τῇ ἐν γαστρὶ
ἐχούσῃ
Tt 1 12^aΚρῆτες ἀεὶ ψεῦσται, κακὰ θηρία,
γαστέρες ἀργαί
Ap 12 2 ⟨γυνὴ⟩ καὶ ἐν γαστρὶ ἔχουσα

γε
→ ἄρα   → καίτοιγε
→ εὖγε   → μενοῦνγε
→ καίγε   → μήγε, μήτιγε
^a εἰ δὲ μή γε (εἰ δὲ μήγε MBTHς)
^b εἴ γε, εἴγε
^c ἄρα γε, ἄραγε
^d καί γε, καίγε
Mt 6 1^aεἰ δὲ μή γε, μισθὸν οὐκ ἔχετε
7 20^cἄρα γε (N²⁶N; ἄραγε rl) ἀπὸ τῶν
καρπῶν αὐτῶν ἐπιγνώσεσθε αὐ-
τούς
9 17^aεἰ δὲ μή γε, ῥήγνυνται οἱ ἀσκοί
17 26^cἄρα γε (N²⁶N; ἄραγε rl) ἐλεύθεροί
εἰσιν οἱ υἱοί
Lc 5 36^aεἰ δὲ μή γε, καὶ τὸ καινὸν σχίσει
5 37^aεἰ δὲ μή γε, ῥήξει ... τοὺς ἀσκούς
10 6^aεἰ δὲ μή γε, ἐφ’ ὑμᾶς ἀνακάμψει
11 8 διά γε τὴν ἀναίδειαν αὐτοῦ
ἐγερθεὶς δώσει αὐτῷ
13 9^aκἂν μὲν ποιήσῃ καρπὸν | εἰς τὸ
μέλλον· εἰ δὲ μή γε (~ Μς),
ἐκκόψεις αὐτήν
14 32^aεἰ δὲ μή γε ... ἐρωτᾷ τὰ (—H)
πρὸς εἰρήνην
18 5 διά γε τὸ παρέχειν μοι κόπον τὴν
χήραν ταύτην
19 42^d*εἰ ἔγνως || καὶ σὺ καί γε (καίγε
VT) ἐν τῇ ἡμέρᾳ σου ταύτῃ ((VTς;
κ. σὺ ἐν τῇ ἡ. ταύτῃ B; ἐν τῇ
ἡ. τ. κ. σύ rl))
24 21 ἀλλά γε ... τρίτην ταύτην ἡμέραν
ἄγει (+σήμερον Vς)
Jo 20 5*οὐ μέντοι γὲ [+S] εἰσῆλθεν
Ac 2 18^dκαί γε (καίγε MVST) ἐπὶ τοὺς δού-
λους μου ... ἐκχεῶ ἀπὸ τοῦ πνεύ-
ματός μου
8 30 ἆρά γε γινώσκεις ἃ ἀναγινώσκεις;
11 18^c*ἄρα γε (ἄραγε ς; ἄρα rl) καὶ τοῖς
ἔθνεσιν ὁ θεὸς τὴν μετάνοιαν ...
17 27^cζητεῖν τὸν θεόν, εἰ ἄρα γε (ἄραγε
ST) ψηλαφήσειαν αὐτὸν καὶ εὕ-
ροιεν, ↔
17 27^d|καί γε (καίγε ST; καίτοιγε ς) οὐ
μακρὰν ἀπὸ ἑνὸς ἑκάστου ἡμῶν
ὑπάρχοντα
Rm 5 6^b*| εἴ γε (NH; ἔτι γὰρ rl) Χριστὸς
... ὑπὲρ ἀσεβῶν ἀπέθανεν
8 32 ὅς γε τοῦ ἰδίου υἱοῦ οὐκ ἐφείσατο,
ἀλλὰ ... παρέδωκεν
1C 4 8 καὶ ὄφελόν γε ἐβασιλεύσατε
6 3 οὐκ οἴδατε ὅτι ἀγγέλους κρινοῦμεν,
μήτι γε (μήτιγε MVBSTH) βιωτικά;
9 2 εἰ ἄλλοις οὐκ εἰμὶ ἀπόστολος,
ἀλλά γε ὑμῖν εἰμι
2C 5 3^b|εἴ γε (εἴγε T; εἴπερ B) καὶ ἐκδυ-
σάμενοι (N²⁶; ἐν- rl) οὐ γυμνοὶ
εὑρεθησόμεθα
11 16^aεἰ δὲ μή γε, κἂν ὡς ἄφρονα δέξασθέ
με
G 3 4^bτοσαῦτα ἐπάθετε εἰκῇ; εἴ γε (εἴγε
T) καὶ εἰκῇ
E 3 2^bεἴ γε (εἴγε Tς) ἠκούσατε τὴν οἰκο-
νομίαν τῆς χάριτος... τῆς δοθείσης
μοι εἰς ὑμᾶς
4 21^bεἴ γε (εἴγε STς) αὐτὸν ἠκούσατε
καὶ ἐν αὐτῷ ἐδιδάχθητε
Cl 1 23^bεἴ γε (εἴγε Tς) ἐπιμένετε τῇ πίστει
τεθεμελιωμένοι

Γεδεών
Γεδεών B
Hb 11 32 ἐπιλείψει | με γὰρ (~ VSς) διη-
γούμενον ὁ χρόνος περὶ Γεδεών,
Βαράκ, Σαμψών

γέεννα

ᵃ γέεννα τοῦ πυρός

Mt 5 22ᵃ ἔνοχος ἔσται εἰς τὴν γέενναν τοῦ πυρός

5 29 ἵνα ... μὴ ὅλον τὸ σῶμά σου βληθῇ εἰς γέενναν

5 30 ἵνα ... μὴ ὅλον τὸ σῶμά σου εἰς γέενναν ἀπέλθῃ

10 28 φοβεῖσθε (φοβήθητε Sς) δὲ μᾶλλον τὸν δυνάμενον καὶ ψυχὴν καὶ σῶμα ἀπολέσαι ἐν γεέννῃ

18 9ᵃ καλόν σοί ἐστιν ... ἢ δύο ὀφθαλμοὺς ἔχοντα βληθῆναι εἰς τὴν γέενναν τοῦ πυρός

23 15 ποιεῖτε αὐτὸν υἱὸν γεέννης διπλότερον ὑμῶν

23 33 πῶς φύγητε ἀπὸ τῆς κρίσεως τῆς γεέννης;

Mc 9 43 καλόν ἐστίν σε ... ἢ τὰς δύο χεῖρας ἔχοντα ἀπελθεῖν εἰς τὴν γέενναν, εἰς τὸ πῦρ τὸ ἄσβεστον

9 45 καλόν ἐστίν σε ... ἢ τοὺς δύο πόδας ἔχοντα βληθῆναι εἰς τὴν γέενναν (+εἰς τὸ πῦρ τὸ ἄσβεστον Vς..)

9 47ᵃ καλόν σέ ἐστιν ... ἢ δύο ὀφθαλμοὺς ἔχοντα βληθῆναι εἰς τὴν (—H) γέενναν (+τοῦ πυρός Vς)

Lc 12 5 φοβήθητε τὸν μετὰ τὸ ἀποκτεῖναι ἔχοντα ἐξουσίαν ἐμβαλεῖν εἰς τὴν γέενναν

Jc 3 6 ἡ γλῶσσα ... φλογιζομένη ὑπὸ τῆς γεέννης

Γεθσημανί

Γεθσημανεί VSTH
Γεθσημανή ς

Mt 26 36 ἔρχεται ... ὁ Ἰησοῦς εἰς χωρίον λεγόμενον Γεθσημανί

Mc 14 32 καὶ ἔρχονται εἰς χωρίον οὗ τὸ ὄνομα Γεθσημανί

γείτων

Lc 14 12 μὴ φώνει τοὺς φίλους ... μηδὲ γείτονας πλουσίους

15 6 ἐλθὼν εἰς τὸν οἶκον συγκαλεῖ τοὺς φίλους καὶ τοὺς γείτονας

15 9 συγκαλεῖ τὰς φίλας καὶ (+τὰς Vς) γείτονας

Jo 9 8 οἱ οὖν γείτονες καὶ οἱ θεωροῦντες αὐτὸν τὸ πρότερον ... ἔλεγον

γελάω

κατα-

Lc 6 21 μακάριοι οἱ κλαίοντες νῦν, ὅτι γελάσετε

6 25 οὐαί, οἱ γελῶντες νῦν, ὅτι πενθήσετε καὶ κλαύσετε

γέλως

Jc 4 9 ὁ γέλως ὑμῶν εἰς πένθος μετατραπήτω (-στραφήτω MVSTς)

γεμίζω

ᵃ pass.

Mc 4 37ᵃ ὥστε ἤδη γεμίζεσθαι τὸ πλοῖον

15 36 καὶ ([N²⁶S]; —NH) γεμίσας σπόγγον ὄξους περιθεὶς καλάμῳ ἐπότιζεν αὐτόν

Lc 14 23ᵃ ἵνα γεμισθῇ μου ὁ οἶκος

15 16 *ἐπεθύμει | γεμίσαι τὴν κοιλίαν αὐτοῦ (χορτασθῆναι N²⁶H) ἐκ (ἀπὸ VBTς) τῶν κερατίων

Jo 2 7 γεμίσατε τὰς ὑδρίας ὕδατος. ↔

2 7 καὶ ἐγέμισαν αὐτὰς ἕως ἄνω

6 13 ἐγέμισαν δώδεκα κοφίνους κλασμάτων

Ap 8 5 ἐγέμισεν αὐτὸν ἐκ τοῦ πυρὸς τοῦ θυσιαστηρίου

15 8ᵃ ἐγεμίσθη ὁ ναὸς καπνοῦ

γέμω

Mt 23 25 ἔσωθεν δὲ γέμουσιν ἐξ ἁρπαγῆς καὶ ἀκρασίας

23 27 ἔσωθεν δὲ γέμουσιν ὀστέων νεκρῶν καὶ πάσης ἀκαθαρσίας

Lc 11 39 τὸ δὲ ἔσωθεν ὑμῶν γέμει ἁρπαγῆς καὶ πονηρίας

Rm 3 14 ὧν τὸ στόμα ἀρᾶς καὶ πικρίας γέμει

Ap 4 6 τέσσαρα ζῷα γέμοντα ὀφθαλμῶν ἔμπροσθεν καὶ ὄπισθεν

4 8 τὰ τέσσαρα ζῷα ... κυκλόθεν καὶ ἔσωθεν γέμουσιν (γέμοντα ς) ὀφθαλμῶν

5 8 ἔχοντες ... φιάλας χρυσᾶς γεμούσας θυμιαμάτων

15 7 ἑπτὰ φιάλας χρυσᾶς γεμούσας τοῦ θυμοῦ τοῦ θεοῦ

17 3 εἶδον γυναῖκα καθημένην ἐπὶ θηρίον κόκκινον, γέμοντα (-μον[τα] N²⁶; γέμον MVBSς) ὀνόματα βλασφημίας

17 4 ἔχουσα ποτήριον χρυσοῦν ἐν τῇ χειρὶ αὐτῆς γέμον (-μων T) βδελυγμάτων

21 9 τῶν ἐχόντων τὰς ἑπτὰ φιάλας | τῶν γεμόντων (τὰς γεμούσας Bς) τῶν ἑπτὰ πληγῶν

γενεά

ᵃ plur.
ᵇ voc.

Mt 1 17ᵃ πᾶσαι οὖν αἱ γενεαὶ ἀπὸ Ἀβραὰμ ἕως Δαυὶδ ↔

1 17ᵃ γενεαὶ δεκατέσσαρες, ↔

1 17ᵃ καὶ ἀπὸ Δαυὶδ ἕως τῆς μετοικεσίας Βαβυλῶνος γενεαὶ δεκατέσσαρες, ↔

1 17ᵃ καὶ ἀπὸ τῆς μετοικεσίας Βαβυλῶνος ἕως τοῦ Χριστοῦ γενεαὶ δεκατέσσαρες

11 16 τίνι δὲ ὁμοιώσω τὴν γενεὰν ταύτην;

12 39 γενεὰ πονηρὰ καὶ μοιχαλὶς σημεῖον ἐπιζητεῖ

12 41 ἄνδρες Νινευῖται ἀναστήσονται ἐν τῇ κρίσει μετὰ τῆς γενεᾶς ταύτης

12 42 βασίλισσα νότου ἐγερθήσεται ἐν τῇ κρίσει μετὰ τῆς γενεᾶς ταύτης

12 45 οὕτως ἔσται καὶ τῇ γενεᾷ ταύτῃ τῇ πονηρᾷ

16 4 γενεὰ πονηρὰ καὶ μοιχαλὶς σημεῖον ἐπιζητεῖ

17 17ᵇ ὦ γενεὰ ἄπιστος καὶ διεστραμμένη, ἕως πότε μεθ' ὑμῶν ἔσομαι;

23 36 ἥξει | ταῦτα πάντα (~VBS) ἐπὶ τὴν γενεὰν ταύτην

24 34 οὐ μὴ παρέλθῃ ἡ γενεὰ αὕτη ἕως ἂν [H] πάντα ταῦτα γένηται

Mc 8 12 τί ἡ γενεὰ αὕτη ζητεῖ σημεῖον;

8 12 εἰ δοθήσεται τῇ γενεᾷ ταύτῃ σημεῖον

8 38 ὃς γὰρ ἐὰν ἐπαισχυνθῇ με ... ἐν τῇ γενεᾷ ταύτῃ τῇ μοιχαλίδι καὶ ἁμαρτωλῷ

9 19ᵇ ὦ γενεὰ ἄπιστος, ἕως πότε πρὸς ὑμᾶς ἔσομαι;

13 30 ὅτι οὐ μὴ παρέλθῃ ἡ γενεὰ αὕτη μέχρις οὗ | ταῦτα πάντα (~Vς) γένηται

Lc 1 48ᵃ ἀπὸ τοῦ νῦν μακαριοῦσίν με πᾶσαι αἱ γενεαί

1 50ᵃ τὸ ἔλεος αὐτοῦ εἰς γενεὰς ↔

1 50ᵃ | καὶ γενεὰς (γενεῶν ς) τοῖς φοβουμένοις αὐτόν

Lc 7 31 τίνι οὖν ὁμοιώσω τοὺς ἀνθρώπους τῆς γενεᾶς ταύτης ⟨;⟩

9 41ᵇ ὦ γενεὰ ἄπιστος καὶ διεστραμμένη, ἕως πότε ἔσομαι πρὸς ὑμᾶς ⟨;⟩

11 29 ἡ γενεὰ αὕτη ↔

11 29 γενεὰ (—ς) πονηρά ἐστιν

11 30 οὕτως ἔσται καὶ ὁ υἱὸς τοῦ ἀνθρώπου τῇ γενεᾷ ταύτῃ. ↔

11 31 βασίλισσα νότου ἐγερθήσεται ἐν τῇ κρίσει μετὰ τῶν ἀνδρῶν τῆς γενεᾶς ταύτης

11 32 ἄνδρες Νινευῖται ἀναστήσονται ἐν τῇ κρίσει μετὰ τῆς γενεᾶς ταύτης

11 50 ἵνα ἐκζητηθῇ τὸ αἷμα πάντων τῶν προφητῶν ... ἀπὸ τῆς γενεᾶς ταύτης

11 51 ἐκζητηθήσεται ἀπὸ τῆς γενεᾶς ταύτης

16 8 οἱ υἱοὶ τοῦ αἰῶνος τούτου φρονιμώτεροι ... εἰς τὴν γενεὰν τὴν ἑαυτῶν εἰσιν

17 25 δεῖ αὐτὸν ... ἀποδοκιμασθῆναι ἀπὸ τῆς γενεᾶς ταύτης

21 32 οὐ μὴ παρέλθῃ ἡ γενεὰ αὕτη ἕως ἂν [H] πάντα γένηται

Ac 2 40 σώθητε ἀπὸ τῆς γενεᾶς τῆς σκολιᾶς ταύτης

8 33 τὴν (+δὲ MVSς) γενεὰν αὐτοῦ τίς διηγήσεται;

13 36 Δαυὶδ μὲν γὰρ ἰδίᾳ γενεᾷ ὑπηρετήσας ... ἐκοιμήθη

14 16ᵃ ὃς ἐν ταῖς παρῳχημέναις γενεαῖς εἴασεν

15 21ᵃ Μωϋσῆς γὰρ ἐκ γενεῶν ἀρχαίων ... τοὺς κηρύσσοντας αὐτὸν ἔχει

E 3 5ᵃ ὃ ἑτέραις γενεαῖς οὐκ ἐγνωρίσθη ... ὡς νῦν ἀπεκαλύφθη

3 21ᵃ αὐτῷ ἡ δόξα ... εἰς πάσας τὰς γενεὰς τοῦ αἰῶνος τῶν αἰώνων

Ph 2 15 ἵνα γένησθε ... τέκνα θεοῦ ἄμωμα (-μητα Sς) μέσον γενεᾶς σκολιᾶς καὶ διεστραμμένης

Cl 1 26ᵃ τὸ μυστήριον τὸ ἀποκεκρυμμένον ἀπὸ τῶν αἰώνων καὶ ἀπὸ τῶν γενεῶν

Hb 3 10 διὸ προσώχθισα τῇ γενεᾷ ταύτῃ

γενεαλογέω

Hb 7 6 ὁ δὲ μὴ γενεαλογούμενος ἐξ αὐτῶν δεδεκάτωκεν

γενεαλογία

1Tm 1 4 μηδὲ προσέχειν μύθοις καὶ γενεαλογίαις ἀπεράντοις

Tt 3 9 μωρὰς δὲ ζητήσεις καὶ γενεαλογίας καὶ ἔρεις (-ιν NBTH) ... περιΐστασο

γενέσια

Mt 14 6 γενεσίοις (-σίων VSς) δὲ γενομένοις (-ένων S; ἀγομένων Vς) τοῦ Ἡρῴδου

Mc 6 21 ὅτε Ἡρῴδης τοῖς γενεσίοις αὐτοῦ δεῖπνον ἐποίησεν

γένεσις

→ γέννησις

Mt 1 1 βίβλος γενέσεως Ἰησοῦ Χριστοῦ

1 18 τοῦ δὲ Ἰησοῦ [SH] Χριστοῦ ἡ γένεσις (γέννησις ς) οὕτως ἦν

Lc 1 14 πολλοὶ ἐπὶ τῇ γενέσει (γεννήσει ς) αὐτοῦ χαρήσονται

Jc 1 23 οὗτος ἔοικεν ἀνδρὶ κατανοοῦντι τὸ πρόσωπον τῆς γενέσεως αὐτοῦ

3 6 ἡ γλῶσσα ... φλογίζουσα τὸν τροχὸν τῆς γενέσεως

γενετή

Jo 9 1 εἶδεν ἄνθρωπον τυφλὸν ἐκ γενετῆς

γένημα

γέννημα ς

Mt 26 29 οὐ μὴ πίω ἀπ' ἄρτι ἐκ τούτου τοῦ γενήματος τῆς ἀμπέλου

Mc 14 25 οὐκέτι οὐ μὴ πίω ἐκ τοῦ γενήματος τῆς ἀμπέλου

Lc 12 18 *συνάξω ἐκεῖ πάντα | τὰ γενήματά μου (VBTς; τὰ γεν. S; τὸν σῖτον rl)

22 18 οὐ μὴ πίω ἀπὸ τοῦ νῦν ἀπὸ τοῦ γενήματος τῆς ἀμπέλου

2C 9 10 αὐξήσει τὰ γενήματα τῆς δικαιοσύνης ὑμῶν

γεννάω

ἀνα-
→ γεννητός
a γ. ἄνωθεν
b γ. ἐκ (τοῦ) θεοῦ
c γ. ἐκ (τοῦ) πνεύματος

Mt 1 2 Ἀβραὰμ ἐγέννησεν τὸν Ἰσαάκ, ↔

1 2 Ἰσαὰκ δὲ ἐγέννησεν τὸν Ἰακώβ, ↔

1 2 Ἰακὼβ δὲ ἐγέννησεν τὸν Ἰούδαν καὶ τοὺς ἀδελφοὺς αὐτοῦ, ↔

1 3 Ἰούδας δὲ ἐγέννησεν τὸν Φάρες καὶ τὸν Ζάρα ἐκ τῆς Θαμάρ, ↔

1 3 Φάρες δὲ ἐγέννησεν τὸν Ἐσρώμ, ↔

1 3 Ἐσρὼμ δὲ ἐγέννησεν τὸν Ἀράμ, ↔

1 4 Ἀρὰμ δὲ ἐγέννησεν τὸν Ἀμιναδάβ, ↔

1 4 Ἀμιναδὰβ δὲ ἐγέννησεν τὸν Ναασσών, ↔

1 4 Ναασσὼν δὲ ἐγέννησεν τὸν Σαλμών, ↔

1 5 Σαλμὼν δὲ ἐγέννησεν τὸν Βόες ἐκ τῆς Ῥαχάβ, ↔

1 5 Βόες δὲ ἐγέννησεν τὸν Ἰωβὴδ ἐκ τῆς Ῥούθ, ↔

1 5 Ἰωβὴδ δὲ ἐγέννησεν τὸν Ἰεσσαί, ↔

1 6 Ἰεσσαὶ δὲ ἐγέννησεν τὸν Δαυὶδ τὸν βασιλέα. ↔

1 6 Δαυὶδ δὲ (+ὁ βασιλεὺς Vς) ἐγέννησεν τὸν Σολομῶνα ἐκ τῆς τοῦ Οὐρίου, ↔

1 7 Σολομὼν δὲ ἐγέννησεν τὸν Ῥοβοάμ, ↔

1 7 Ῥοβοὰμ δὲ ἐγέννησεν τὸν Ἀβιά, ↔

1 7 Ἀβιὰ δὲ ἐγέννησεν τὸν Ἀσάφ, ↔

1 8 Ἀσὰφ δὲ ἐγέννησεν τὸν Ἰωσαφάτ, ↔

1 8 Ἰωσαφὰτ δὲ ἐγέννησεν τὸν Ἰωράμ, ↔

1 8 Ἰωρὰμ δὲ ἐγέννησεν τὸν Ὀζίαν, ↔

1 9 Ὀζίας δὲ ἐγέννησεν τὸν Ἰωαθάμ, ↔

1 9 Ἰωαθὰμ δὲ ἐγέννησεν τὸν Ἀχάζ, ↔

1 9 Ἀχὰζ δὲ ἐγέννησεν τὸν Ἐζεκίαν, ↔

1 10 Ἐζεκίας δὲ ἐγέννησεν τὸν Μανασσῆ, ↔

1 10 Μανασσῆς δὲ ἐγέννησεν τὸν Ἀμώς (Ἀμών VBς), ↔

1 10 Ἀμὼς (Ἀμών VBς) δὲ ἐγέννησεν τὸν Ἰωσίαν, ↔

1 11 Ἰωσίας δὲ ἐγέννησεν τὸν Ἰεχονίαν καὶ τοὺς ἀδελφοὺς αὐτοῦ

1 12 Ἰεχονίας ἐγέννησεν τὸν Σαλαθιήλ, ↔

1 12 Σαλαθιὴλ δὲ ἐγέννησεν τὸν Ζοροβαβέλ, ↔

Mt 1 13 Ζοροβαβὲλ δὲ ἐγέννησεν τὸν Ἀβιούδ, ↔

1 13 Ἀβιοὺδ δὲ ἐγέννησεν τὸν Ἐλιακίμ, ↔

1 13 Ἐλιακὶμ δὲ ἐγέννησεν τὸν Ἀζώρ, ↔

1 14 Ἀζὼρ δὲ ἐγέννησεν τὸν Σαδώκ, ↔

1 14 Σαδὼκ δὲ ἐγέννησεν τὸν Ἀχίμ, ↔

1 14 Ἀχὶμ δὲ ἐγέννησεν τὸν Ἐλιούδ, ↔

1 15 Ἐλιοὺδ δὲ ἐγέννησεν τὸν Ἐλεάζαρ, ↔

1 15 Ἐλεάζαρ δὲ ἐγέννησεν τὸν Ματθάν, ↔

1 15 Ματθὰν δὲ ἐγέννησεν τὸν Ἰακώβ, ↔

1 16 Ἰακὼβ δὲ ἐγέννησεν τὸν Ἰωσὴφ ↔

1 16 | τὸν ἄνδρα Μαρίας, ἐξ ἧς ἐγεννήθη Ἰησοῦς (Ἰωσὴφ δέ, ᾧ ἐμνηστεύθη παρθένος Μαριάμ, ἐγέννησεν Ἰησοῦν S)

1 20c τὸ γὰρ ἐν αὐτῇ γεννηθὲν ἐκ πνεύματός ἐστιν ἁγίου

2 1 τοῦ δὲ Ἰησοῦ γεννηθέντος ἐν Βηθλέεμ

2 4 ἐπυνθάνετο παρ' αὐτῶν ποῦ ὁ χριστὸς γεννᾶται

19 12 εἰσὶν γὰρ εὐνοῦχοι οἵτινες ἐκ κοιλίας μητρὸς ἐγεννήθησαν οὕτως

26 24 καλὸν ἦν αὐτῷ εἰ οὐκ ἐγεννήθη ὁ ἄνθρωπος ἐκεῖνος

Mc 14 21 καλὸν (+ἦν MVBSς) αὐτῷ εἰ οὐκ ἐγεννήθη ὁ ἄνθρωπος ἐκεῖνος

Lc 1 13 ἡ γυνή σου Ἐλισάβετ γεννήσει υἱόν σοι

1 35 διὸ καὶ τὸ γεννώμενον ἅγιον κληθήσεται υἱὸς θεοῦ

1 57 τῇ δὲ Ἐλισάβετ ἐπλήσθη ὁ χρόνος ... καὶ ἐγέννησεν υἱόν

23 29 μακάριαι ... αἱ κοιλίαι αἱ οὐκ ἐγέννησαν

Jo 1 13b οἳ οὐκ ἐξ αἱμάτων ... ἀλλ' ἐκ θεοῦ ἐγεννήθησαν

3 3a ἐὰν μή τις γεννηθῇ ἄνωθεν, οὐ δύναται ἰδεῖν τὴν βασιλείαν τοῦ θεοῦ

3 4 πῶς δύναται ἄνθρωπος γεννηθῆναι γέρων ὤν;

3 4 μὴ δύναται εἰς τὴν κοιλίαν ... δεύτερον εἰσελθεῖν καὶ γεννηθῆναι;

3 5c ἐὰν μή τις γεννηθῇ ἐξ ὕδατος καὶ πνεύματος

3 6 τὸ γεγεννημένον ἐκ τῆς σαρκὸς σάρξ ἐστιν, ↔

3 6c καὶ τὸ γεγεννημένον ἐκ τοῦ πνεύματος πνεῦμά ἐστιν

3 7a δεῖ ὑμᾶς γεννηθῆναι ἄνωθεν

3 8c οὕτως ἐστὶν πᾶς ὁ γεγεννημένος ἐκ τοῦ πνεύματος

8 41 ἡμεῖς ἐκ πορνείας οὐ γεγεννήμεθα (ἐγεννήθημεν NSH)

9 2 τίς ἥμαρτεν ... ἵνα τυφλὸς γεννηθῇ;

9 19 ὃν ὑμεῖς λέγετε ὅτι τυφλὸς ἐγεννήθη

9 20 οἴδαμεν ... ὅτι τυφλὸς ἐγεννήθη

9 32 ὅτι ἠνέῳξέν τις ὀφθαλμοὺς τυφλοῦ γεγεννημένου

9 34 ἐν ἁμαρτίαις σὺ ἐγεννήθης ὅλος

16 21 ὅτε γεννήσῃ τὸ παιδίον

16 21 ὅτι ἐγεννήθη ἄνθρωπος εἰς τὸν κόσμον

18 37 ἐγὼ εἰς τοῦτο γεγέννημαι

Ac 2 8 τῇ ἰδίᾳ διαλέκτῳ ἡμῶν ἐν ᾗ ἐγεννήθημεν

Ac 7 8 οὕτως ἐγέννησεν τὸν Ἰσαάκ

7 20 ἐν ᾧ καιρῷ ἐγεννήθη Μωϋσῆς

7 29 ἐν γῇ Μαδιάμ, οὗ ἐγέννησεν υἱοὺς δύο

13 33 ἐγὼ σήμερον γεγέννηκά σε

22 3 ἐγὼ (+μὲν [S]ς) εἰμι ἀνὴρ Ἰουδαῖος, γεγεννημένος ἐν Ταρσῷ

22 28 ὁ δὲ Παῦλος ἔφη· ἐγὼ δὲ καὶ γεγέννημαι

Rm 9 11 μήπω γὰρ γεννηθέντων μηδὲ πραξάντων τι ἀγαθὸν ἢ φαῦλον

1C 4 15 διὰ τοῦ εὐαγγελίου ἐγὼ ὑμᾶς ἐγέννησα

G 4 23 ὁ μὲν [NH] ἐκ τῆς παιδίσκης κατὰ σάρκα γεγέννηται

4 24 δύο διαθῆκαι, μία μὲν ἀπὸ ὄρους Σινᾶ, εἰς δουλείαν γεννῶσα

4 29 ὥσπερ τότε ὁ κατὰ σάρκα γεννηθεὶς ἐδίωκεν τὸν κατὰ πνεῦμα

2Tm 2 23 τὰς δὲ μωρὰς καὶ ἀπαιδεύτους ζητήσεις παραιτοῦ, εἰδὼς ὅτι γεννῶσιν μάχας

Phm 10 ἐμοῦ τέκνου, ὃν ἐγέννησα ἐν τοῖς δεσμοῖς, Ὀνήσιμον

Hb 1 5 ἐγὼ σήμερον γεγέννηκά σε

5 5 ἐγὼ σήμερον γεγέννηκά σε

11 12 διὸ καὶ ἀφ' ἑνὸς ἐγεννήθησαν (ἐγενή. NMVBS), καὶ ταῦτα νενεκρωμένου

11 23 πίστει Μωϋσῆς γεννηθεὶς ἐκρύβη τρίμηνον ὑπὸ τῶν πατέρων αὐτοῦ

2Pt 2 12 οὗτοι δέ, ὡς ἄλογα ζῷα γεγεννημένα (γεγενη. T) φυσικὰ ... φθαρήσονται (κατα- Sς)

1Jo 2 29 ὅτι ... ὁ ποιῶν τὴν δικαιοσύνην ἐξ αὐτοῦ γεγέννηται

3 9b πᾶς ὁ γεγεννημένος ἐκ τοῦ θεοῦ ἁμαρτίαν οὐ ποιεῖ

3 9b ὅτι ἐκ τοῦ θεοῦ γεγέννηται

4 7b πᾶς ὁ ἀγαπῶν ἐκ τοῦ θεοῦ γεγέννηται

5 1b πᾶς ὁ πιστεύων ... ἐκ τοῦ θεοῦ γεγέννηται, ↔

5 1 καὶ πᾶς ὁ ἀγαπῶν τὸν γεννήσαντα ↔

5 1 ἀγαπᾷ καὶ ([N26]; —NH) τὸν γεγεννημένον ἐξ αὐτοῦ

5 4b ὅτι πᾶν τὸ γεγεννημένον ἐκ τοῦ θεοῦ νικᾷ τὸν κόσμον

5 18b ὅτι πᾶς ὁ γεγεννημένος ἐκ τοῦ θεοῦ οὐχ ἁμαρτάνει,

5 18b ἀλλ' ὁ γεννηθεὶς ἐκ τοῦ θεοῦ τηρεῖ αὐτόν (ἑ- MVBSς)

γέννημα

Mt 3 7 γεννήματα ἐχιδνῶν, τίς ὑπέδειξεν ὑμῖν φυγεῖν ⟨;⟩

12 34 γεννήματα ἐχιδνῶν, πῶς δύνασθε ἀγαθὰ λαλεῖν ⟨;⟩

23 33 ὄφεις, γεννήματα ἐχιδνῶν, πῶς φύγητε ἀπὸ τῆς κρίσεως τῆς γεέννης;

Lc 3 7 γεννήματα ἐχιδνῶν, τίς ὑπέδειξεν ὑμῖν φυγεῖν ⟨;⟩

Γεννησαρέτ

Mt 14 34 ἦλθον | ἐπὶ τὴν γῆν εἰς (εἰς τ. γ. Sς) Γεννησαρέτ

Mc 6 53 διαπεράσαντες ἐπὶ τὴν γῆν ἦλθον εἰς Γεννησαρέτ

Lc 5 1 αὐτὸς ἦν ἑστὼς παρὰ τὴν λίμνην Γεννησαρέτ

γέννησις

→ γένεσις

Mt 1 18 *τοῦ δὲ Ἰησοῦ [SH] Χριστοῦ ἡ γέννησις (ς; γένεσις rl) οὕτως ἦν

Lc 1 14 *πολλοὶ ἐπὶ τῇ γεννήσει (ς; γενέσει rl) αὐτοῦ χαρήσονται

γεννητός
→ γεννάω

Mt 11 11 οὐκ ἐγήγερται ἐν γεννητοῖς γυναι- κῶν μείζων Ἰωάννου

Lc 7 28 μείζων ἐν γεννητοῖς γυναικῶν (+προφήτης BSTς) Ἰωάννου οὐ- δείς ἐστιν

γένος
a τῷ γένει

Mt 13 47 σαγήνη ... ἐκ παντὸς γένους συναγαγούσῃ

17 21 *| τοῦτο δὲ τὸ γένος οὐκ ἐκπορεύε- ται (+[M]VBς..)

Mc 7 26a ἦν Ἑλληνίς, Συροφοινίκισσα τῷ γένει

9 29 τοῦτο τὸ γένος ἐν οὐδενὶ δύναται ἐξελθεῖν

Ac 4 6 ὅσοι ἦσαν ἐκ γένους ἀρχιερατικοῦ

4 36a Ἰωσὴφ δὲ ... Λευίτης, Κύπριος τῷ γένει

7 13 φανερὸν ἐγένετο τῷ Φαραὼ τὸ γένος || τοῦ ([N26]; —NH) Ἰωσήφ ((αὐτοῦ T))

7 19 οὗτος κατασοφισάμενος τὸ γένος ἡμῶν

13 26 ἄνδρες ἀδελφοί, υἱοὶ γένους Ἀβ- ραὰμ καὶ οἱ ... φοβούμενοι τὸν θεόν

17 28 τοῦ γὰρ καὶ γένος ἐσμέν. ↔

17 29 γένος οὖν ὑπάρχοντες τοῦ θεοῦ οὐκ ὀφείλομεν νομίζειν

18 2a εὑρών τινα Ἰουδαῖον ὀνόματι Ἀκύλαν Ποντικὸν τῷ γένει

18 24a Ἰουδαῖος δέ τις Ἀπολλῶς ὀνό- ματι, Ἀλεξανδρεὺς τῷ γένει

1C 12 10 ⟨δίδοται⟩ ἑτέρῳ (+δὲ VSς) γένη γλωσσῶν

12 28 ἔθετο ὁ θεός ... κυβερνήσεις, γένη γλωσσῶν

14 10 τοσαῦτα εἰ τύχοι γένη φωνῶν εἰσιν ἐν κόσμῳ

2C 11 26 κινδύνοις ἐκ γένους, κινδύνοις ἐξ ἐθνῶν

G 1 14 ὑπὲρ πολλοὺς συνηλικιώτας ἐν τῷ γένει μου

Ph 3 5 ⟨ἐγώ⟩ ἐκ γένους Ἰσραήλ, φυλῆς Βενιαμίν

1Pt 2 9 ὑμεῖς δὲ γένος ἐκλεκτόν, βασίλειον ἱεράτευμα

Ap 22 16 ἐγώ εἰμι ἡ ῥίζα καὶ τὸ γένος Δαυίδ

Γερασηνός
→ Γαδαρηνός, Γεργεσηνός

Mc 5 1 ἦλθον ... εἰς τὴν χώραν τῶν Γερασηνῶν (Γαδαρηνῶν Vς)

Lc 8 26 κατέπλευσαν εἰς τὴν χώραν τῶν Γερασηνῶν (Γαδαρηνῶν Vς; Γερ- γεσηνῶν MST)

8 37 ἠρώτησεν (-σαν Tς) αὐτὸν ἅπαν τὸ πλῆθος τῆς περιχώρου τῶν Γερασηνῶν (Γαδαρηνῶν Vς; Γερ- γεσηνῶν MST)

Γεργεσηνός
→ Γαδαρηνός, Γερασηνός

Mt 8 28 *ἐλθόντος αὐτοῦ ... εἰς τὴν χώραν τῶν Γεργεσηνῶν (ς; Γαδαρηνῶν rl)

Lc 8 26 *κατέπλευσαν εἰς τὴν χώραν τῶν Γεργεσηνῶν (MST; Γαδαρηνῶν Vς; Γερασηνῶν rl)

8 37 *ἠρώτησεν (-σαν Tς) αὐτὸν ἅπαν τὸ πλῆθος τῆς περιχώρου τῶν

Γεργεσηνῶν (MST; Γαδαρηνῶν Vς; Γερασηνῶν rl)

γερουσία

Ac 5 21 συνεκάλεσαν τὸ συνέδριον καὶ πᾶσαν τὴν γερουσίαν τῶν υἱῶν Ἰσραήλ

γέρων

Jo 3 4 πῶς δύναται ἄνθρωπος γεννη- θῆναι γέρων ὤν;

γεύομαι
a γ. θανάτου

Mt 16 28a εἰσίν τινες ... οἵτινες οὐ μὴ γεύ- σωνται θανάτου ἕως ἂν ἴδωσιν

27 34 γευσάμενος οὐκ ἠθέλησεν πιεῖν

Mc 9 1a εἰσίν τινες ... οἵτινες οὐ μὴ γεύσων- ται θανάτου ἕως ἂν ἴδωσιν

Lc 9 27a εἰσίν τινες ... οἳ οὐ μὴ γεύσωνται (-σονται ς) θανάτου ἕως ἂν ἴδωσιν

14 24 οὐδεὶς τῶν ἀνδρῶν ἐκείνων τῶν κεκλημένων γεύσεταί μου τοῦ δεί- πνου

Jo 2 9 ὡς δὲ ἐγεύσατο ὁ ἀρχιτρίκλινος τὸ ὕδωρ

8 52a οὐ μὴ γεύσηται (-σεται ς) θανά- του εἰς τὸν αἰῶνα

Ac 10 10 ἐγένετο δὲ πρόσπεινος καὶ ἤθελεν γεύσασθαι

20 11 κλάσας τὸν ἄρτον καὶ γευσάμενος ... ἐξῆλθεν

23 14 ἀναθέματι ἀνεθεματίσαμεν ἑαυ- τοὺς μηδενὸς γεύσασθαι ἕως οὗ ἀποκτείνωμεν τὸν Παῦλον

Cl 2 21 μὴ ἅψῃ μηδὲ γεύσῃ μηδὲ θίγῃς

Hb 2 9a ὅπως χάριτι θεοῦ ὑπὲρ παντὸς γεύσηται θανάτου

6 4 τοὺς ἅπαξ φωτισθέντας γευσα- μένους τε τῆς δωρεᾶς τῆς ἐπου- ρανίου

6 5 καὶ καλὸν γευσαμένους θεοῦ ῥῆμα

1Pt 2 3 εἰ (εἴπερ VSς) ἐγεύσασθε ὅτι χρηστὸς ὁ κύριος

γεωργέω

Hb 6 7 γῆ ... τίκτουσα βοτάνην εὔθετον ἐκείνοις δι' οὓς καὶ γεωργεῖται

γεώργιον

1C 3 9 θεοῦ γεώργιον, θεοῦ οἰκοδομή ἐστε

γεωργός

Mt 21 33 καὶ ἐξέδετο αὐτὸν γεωργοῖς

21 34 ἀπέστειλεν τοὺς δούλους αὐτοῦ πρὸς τοὺς γεωργούς

21 35 καὶ λαβόντες οἱ γεωργοὶ τοὺς δούλους αὐτοῦ ὃν μὲν ἔδειραν

21 38 οἱ δὲ γεωργοὶ ἰδόντες τὸν υἱὸν εἶπον ἐν ἑαυτοῖς

21 40 τί ποιήσει τοῖς γεωργοῖς ἐκείνοις;

21 41 καὶ τὸν ἀμπελῶνα ἐκδώσεται ἄλλοις γεωργοῖς

Mc 12 1 καὶ ἐξέδετο αὐτὸν γεωργοῖς

12 2 ἀπέστειλεν πρὸς τοὺς γεωργοὺς τῷ καιρῷ δοῦλον, ↔

12 2 ἵνα παρὰ τῶν γεωργῶν λάβῃ ἀπὸ τῶν καρπῶν

12 7 ἐκεῖνοι δὲ οἱ γεωργοὶ | πρὸς ἑαυτοὺς εἶπαν (~Vς)

12 9 ἐλεύσεται καὶ ἀπολέσει τοὺς γεωρ- γούς

Lc 20 9 καὶ ἐξέδετο αὐτὸν γεωργοῖς

20 10 (+ἐν Vς) καιρῷ ἀπέστειλεν πρὸς τοὺς γεωργοὺς δοῦλον

20 10 οἱ δὲ γεωργοὶ | ἐξαπέστειλαν αὐτὸν δείραντες (~Vς) κενόν

20 14 ἰδόντες δὲ αὐτὸν οἱ γεωργοὶ διελογίζοντο πρὸς ἀλλήλους λέ- γοντες

Lc 20 16 ἐλεύσεται καὶ ἀπολέσει τοὺς γεωρ- γοὺς τούτους

Jo 15 1 ὁ πατήρ μου ὁ γεωργός ἐστιν

2Tm 2 6 τὸν κοπιῶντα γεωργὸν δεῖ πρῶ- τον τῶν καρπῶν μεταλαμβάνειν

Jc 5 7 ὁ γεωργὸς ἐκδέχεται τὸν τίμιον καρπὸν τῆς γῆς

γῆ
a πᾶσα, ὅλη ἡ γῆ
b οὐρανὸς et γῆ
c οἱ βασιλεῖς τῆς γῆς
d c. nom. geographico

Mt 2 6d καὶ σὺ Βηθλέεμ, γῆ Ἰούδα, οὐδα- μῶς ἐλαχίστη εἶ

2 20d πορεύου εἰς γῆν Ἰσραήλ

2 21d εἰσῆλθεν εἰς γῆν Ἰσραήλ

4 15d γῆ Ζαβουλὼν ↔

4 15d καὶ γῆ Νεφθαλίμ

5 5 ὅτι αὐτοὶ κληρονομήσουσιν τὴν γῆν

5 13 ὑμεῖς ἐστε τὸ ἅλας τῆς γῆς

5 18b ἕως ἂν παρέλθῃ ὁ οὐρανὸς καὶ ἡ γῆ

5 35b ⟨μὴ ὀμόσαι ὅλως· μήτε ἐν τῷ οὐρανῷ⟩ μήτε ἐν τῇ γῇ

6 10b γενηθήτω τὸ θέλημά σου, ὡς ἐν οὐρανῷ καὶ ἐπὶ (+τῆς Vς) γῆς

6 19b μὴ θησαυρίζετε ὑμῖν θησαυροὺς ἐπὶ τῆς γῆς ⟨θησαυρίζετε ... ἐν οὐρανῷ⟩

9 6 ἐξουσίαν ἔχει ὁ υἱὸς τοῦ ἀνθρώπου ἐπὶ τῆς γῆς ἀφιέναι ἁμαρτίας

9 26 ἐξῆλθεν ἡ φήμη αὕτη (αὐτῆς S) εἰς ὅλην τὴν γῆν ἐκείνην

9 31 διεφήμισαν αὐτὸν ἐν ὅλῃ τῇ γῇ ἐκείνῃ

10 15d ἀνεκτότερον ἔσται γῇ Σοδόμων καὶ Γομόρρων

10 29 οὐ πεσεῖται ἐπὶ τὴν γῆν ἄνευ τοῦ πατρὸς ὑμῶν

10 34 μὴ νομίσητε ὅτι ἦλθον βαλεῖν εἰρήνην ἐπὶ τὴν γῆν

11 24d γῇ Σοδόμων ἀνεκτότερον ἔσται ἐν ἡμέρᾳ κρίσεως ἢ σοί

11 25b ἐξομολογοῦμαί σοι, πάτερ, κύριε τοῦ οὐρανοῦ καὶ τῆς γῆς

12 40 οὕτως ἔσται ὁ υἱὸς τοῦ ἀνθρώπου ἐν τῇ καρδίᾳ τῆς γῆς

12 42 ἦλθεν ἐκ τῶν περάτων τῆς γῆς

13 5 ὅπου οὐκ εἶχεν γῆν πολλήν, ↔

13 5 καὶ εὐθέως ἐξανέτειλεν διὰ τὸ μὴ ἔχειν βάθος γῆς

13 8 ἄλλα δὲ ἔπεσεν ἐπὶ τὴν γῆν τὴν καλήν

13 23 ὁ δὲ ἐπὶ τὴν καλὴν γῆν σπαρείς

14 24 τὸ δὲ πλοῖον ἤδη | σταδίους πολλοὺς ἀπὸ τῆς γῆς ἀπεῖχεν (μέσον τῆς θαλάσσης ἦν VBSTς)

14 34d ἦλθον | ἐπὶ τὴν γῆν εἰς (εἰς τ. γ. Sς) Γεννησαρέτ

15 35 | παραγγείλας τῷ ὄχλῳ (ἐκέλευσεν τοῖς ὄχλοις Vς) ἀναπεσεῖν ἐπὶ τὴν γῆν

16 19b ὃ ἐὰν δήσῃς ἐπὶ τῆς γῆς ἔσται δεδεμένον ἐν τοῖς οὐρανοῖς, ↔

16 19b καὶ ὃ ἐὰν λύσῃς ἐπὶ τῆς γῆς ἔσται λελυμένον ἐν τοῖς οὐρανοῖς

17 25c οἱ βασιλεῖς τῆς γῆς ἀπὸ τίνων λαμβάνουσιν τέλη ἢ κῆνσον;

18 18b ὅσα ἐὰν δήσητε ἐπὶ τῆς γῆς ἔσται δεδεμένα ἐν (+τῷ VSς) οὐρανῷ, ↔

18 18b καὶ ὅσα ἐὰν λύσητε ἐπὶ τῆς γῆς ἔσται λελυμένα ἐν (+τῷ VSς) οὐρανῷ

18 19 ἐὰν δύο συμφωνήσωσιν (-σουσιν T) ἐξ ὑμῶν ἐπὶ τῆς γῆς

Mt 23 9 καὶ πατέρα μὴ καλέσητε ὑμῶν ἐπὶ τῆς γῆς

23 35 πᾶν αἷμα δίκαιον ἐκχυννόμενον ἐπὶ τῆς γῆς

24 30 ‖ τότε (—T) κόψονται ((∼S)) πᾶσαι αἱ φυλαὶ τῆς γῆς

24 35ᵇ ὁ οὐρανὸς καὶ ἡ γῆ παρελεύσεται

25 18 ὁ δὲ τὸ ἓν λαβὼν ἀπελθὼν ὤρυξεν γῆν (ἐν τῇ γῇ ϛ)

25 25 ἀπελθὼν ἔκρυψα τὸ τάλαντόν σου ἐν τῇ γῇ

27 45ᵃ σκότος ἐγένετο ἐπὶ πᾶσαν τὴν γῆν

27 51 ἡ γῆ ἐσείσθη

28 18ᵇ ἐδόθη μοι πᾶσα ἐξουσία ἐν οὐρανῷ καὶ ἐπὶ τῆς ([N²⁶NH]; —rl) γῆς

Mc 2 10 ἐξουσίαν ἔχει ὁ υἱὸς τοῦ ἀνθρώπου | ἀφιέναι ἁμαρτίας ἐπὶ τῆς γῆς (∼VSϛ T)

4 1 πᾶς ὁ ὄχλος πρὸς τὴν θάλασσαν ἐπὶ τῆς γῆς ἦσαν

4 5 [+καὶ H] ὅπου οὐκ εἶχεν γῆν πολλήν, ↔

4 5 καὶ εὐθὺς ἐξανέτειλεν (ἐξεβλάστησεν S) διὰ τὸ μὴ ἔχειν βάθος γῆς

4 8 ἄλλα (ἄλλο VSϛ) ἔπεσεν εἰς τὴν γῆν τὴν καλήν

4 20 ἐκεῖνοί εἰσιν οἱ ἐπὶ τὴν γῆν τὴν καλὴν σπαρέντες

4 26 ὡς (+ἐὰν [V]ϛ) ἄνθρωπος βάλῃ τὸν σπόρον ἐπὶ τῆς γῆς

4 28 αὐτομάτη (+γὰρ Vϛ) ἡ γῆ καρποφορεῖ

4 31 ὅταν σπαρῇ ἐπὶ τῆς γῆς, ↔

4 31 μικρότερον ὂν πάντων τῶν σπερμάτων τῶν ἐπὶ τῆς γῆς

6 47 ἦν [+πάλαι S] τὸ πλοῖον ἐν μέσῳ τῆς θαλάσσης, καὶ αὐτὸς μόνος ἐπὶ τῆς γῆς

6 53 διαπεράσαντες ἐπὶ τὴν γῆν ἦλθον εἰς Γεννησαρέτ

8 6 παραγγέλλει τῷ ὄχλῳ ἀναπεσεῖν ἐπὶ τῆς γῆς

9 3 οἷα γναφεὺς ἐπὶ τῆς γῆς οὐ δύναται οὕτως λευκᾶναι

9 20 πεσὼν ἐπὶ τῆς γῆς ἐκυλίετο ἀφρίζων

13 27ᵇ ἐπισυνάξει τοὺς ἐκλεκτοὺς αὐτοῦ (+[N²⁶NH]MVϛ) ... ἀπ' ἄκρου γῆς ἕως ἄκρου οὐρανοῦ

13 31ᵇ ὁ οὐρανὸς καὶ ἡ γῆ παρελεύσονται

14 35 καὶ προελθὼν μικρὸν ἔπιπτεν ἐπὶ τῆς γῆς

15 33ᵃ σκότος ἐγένετο ἐφ' ὅλην τὴν γῆν

Lc 2 14 δόξα ἐν ὑψίστοις θεῷ καὶ ἐπὶ γῆς εἰρήνη

4 25ᵃ ὡς ἐγένετο λιμὸς μέγας ἐπὶ πᾶσαν τὴν γῆν

5 3 ἠρώτησεν αὐτὸν ἀπὸ τῆς γῆς ἐπαναγαγεῖν ὀλίγον

5 11 καταγαγόντες τὰ πλοῖα ἐπὶ τὴν γῆν

5 24 ὁ υἱὸς τοῦ ἀνθρώπου ἐξουσίαν ἔχει ἐπὶ τῆς γῆς ἀφιέναι ἁμαρτίας

6 49 οἰκοδομήσαντι οἰκίαν ἐπὶ τὴν γῆν χωρὶς θεμελίου

8 8 ἕτερον ἔπεσεν εἰς τὴν γῆν τὴν ἀγαθήν

8 15 τὸ δὲ ἐν τῇ καλῇ γῇ

8 27 ἐξελθόντι δὲ αὐτῷ ἐπὶ τὴν γῆν ὑπήντησεν ἀνήρ τις

10 21ᵇ ἐξομολογοῦμαί σοι, πάτερ, κύριε τοῦ οὐρανοῦ καὶ τῆς γῆς

11 2ᵇ *| γενηθήτω τὸ θέλημά σου, ὡς ἐν οὐρανῷ, καὶ ἐπὶ τῆς γῆς (+ϛ)

11 31 ἦλθεν ἐκ τῶν περάτων τῆς γῆς

Lc 12 49 πῦρ ἦλθον βαλεῖν ἐπὶ τὴν γῆν

12 51 δοκεῖτε ὅτι εἰρήνην παρεγενόμην δοῦναι ἐν τῇ γῇ;

12 56ᵇ ὑποκριταί, τὸ πρόσωπον τῆς γῆς καὶ τοῦ οὐρανοῦ οἴδατε δοκιμάζειν

13 7 ἱνατί καὶ τὴν γῆν καταργεῖ;

14 35 ⟨ἅλας⟩ οὔτε εἰς γῆν οὔτε εἰς κοπρίαν εὔθετόν ἐστιν

16 17ᵇ εὐκοπώτερον δέ ἐστιν τὸν οὐρανὸν καὶ τὴν γῆν παρελθεῖν

18 8 πλὴν ὁ υἱὸς τοῦ ἀνθρώπου ἐλθὼν ἆρα εὑρήσει τὴν πίστιν ἐπὶ τῆς γῆς;

21 23 ἔσται γὰρ ἀνάγκη μεγάλη ἐπὶ τῆς γῆς

21 25 ἔσονται (ἔσται VSϛ) σημεῖα ... καὶ ἐπὶ τῆς γῆς συνοχὴ ἐθνῶν

21 33ᵇ ὁ οὐρανὸς καὶ ἡ γῆ παρελεύσονται

21 35ᵃ ἐπὶ πάντας τοὺς καθημένους ἐπὶ πρόσωπον πάσης τῆς γῆς

22 44 ‖ ὡσεὶ θρόμβοι αἵματος καταβαίνοντες (-ντος T) ἐπὶ τὴν γῆν [[..N²⁶NSH]]

23 44ᵃ σκότος ἐγένετο ἐφ' ὅλην τὴν γῆν

24 5 κλινουσῶν τὰ πρόσωπα εἰς τὴν γῆν

Jo 3 22ᵈ ἦλθεν ὁ Ἰησοῦς καὶ οἱ μαθηταὶ αὐτοῦ εἰς τὴν Ἰουδαίαν γῆν

3 31 ὁ ὢν ἐκ τῆς γῆς ↔

3 31 ἐκ τῆς γῆς ἐστιν ↔

3 31 καὶ ἐκ τῆς γῆς λαλεῖ

6 21 καὶ εὐθέως ἐγένετο τὸ πλοῖον ἐπὶ | τῆς γῆς (τὴν γῆν T)

[8 6] κατέγραφεν εἰς τὴν γῆν

[8 8] ἔγραφεν εἰς τὴν γῆν

12 24 ἐὰν μὴ ὁ κόκκος τοῦ σίτου πεσὼν εἰς τὴν γῆν ἀποθάνῃ

12 32 κἀγὼ ἐὰν (ἂν H) ὑψωθῶ ἐκ τῆς γῆς, πάντας ἑλκύσω πρὸς ἐμαυτόν

17 4 ἐγώ σε ἐδόξασα ἐπὶ τῆς γῆς

21 8 οὐ γὰρ ἦσαν μακρὰν ἀπὸ τῆς γῆς

21 9 ὡς οὖν ἀπέβησαν εἰς τὴν γῆν

21 11 εἵλκυσεν τὸ δίκτυον | εἰς τὴν γῆν (ἐπὶ τῆς γῆς ϛ)

Ac 1 8 ἔσεσθέ μου μάρτυρες ἔν τε Ἱερουσαλὴμ ... καὶ ἕως ἐσχάτου τῆς γῆς

2 19ᵇ δώσω τέρατα ἐν τῷ οὐρανῷ ἄνω καὶ σημεῖα ἐπὶ τῆς γῆς κάτω

3 25 ἐν τῷ σπέρματί σου ἐνευλογηθήσονται ([ἐν]ευλ. N²⁶; εὐλ. H) πᾶσαι αἱ πατριαὶ τῆς γῆς

4 24ᵇ δέσποτα, σὺ (+ὁ θεὸς [VS]Bϛ) ὁ ποιήσας τὸν οὐρανὸν καὶ τὴν γῆν

4 26ᶜ παρέστησαν οἱ βασιλεῖς τῆς γῆς

7 3 ἔξελθε ἐκ τῆς γῆς σου καὶ ἐκ ([N²⁶]; —NH) τῆς συγγενείας σου, ↔

7 3 καὶ δεῦρο εἰς τὴν ([S]; —ϛ) γῆν ἣν ἄν σοι δείξω. ↔

7 4ᵈ τότε ἐξελθὼν ἐκ γῆς Χαλδαίων κατῴκησεν ἐν Χαρράν

7 4 μετῴκησεν αὐτὸν εἰς τὴν γῆν ταύτην

7 6 ἔσται τὸ σπέρμα αὐτοῦ πάροικον ἐν γῇ ἀλλοτρίᾳ

7 11ᵃᵈ *ἦλθεν δὲ λιμὸς ἐφ' ὅλην τὴν| γῆν Αἰγύπτου (Sϛ; Αἴγυπτον rl)

7 29ᵈ Μωϋσῆς ... ἐγένετο πάροικος ἐν γῇ Μαδιάμ

7 33 ὁ γὰρ τόπος ἐφ' ᾧ ἕστηκας γῆ ἁγία ἐστίν

7 36ᵈ ποιήσας τέρατα καὶ σημεῖα ἐν γῇ (τῇ H) Αἰγύπτῳ

7 40ᵈ ὃς ἐξήγαγεν ἡμᾶς ἐκ γῆς Αἰγύπτου

Ac 7 49 | ἡ δὲ (καὶ ἡ H) γῆ ὑποπόδιον τῶν ποδῶν μου

8 33 ὅτι αἴρεται ἀπὸ τῆς γῆς ἡ ζωὴ αὐτοῦ

9 4 πεσὼν ἐπὶ τὴν γῆν ἤκουσεν φωνήν

9 8 ἠγέρθη δὲ Σαῦλος ἀπὸ τῆς γῆς

10 11 σκεῦός τι ... τέσσαρσιν ἀρχαῖς (+δεδεμένον καὶ [V]Sϛ) καθιέμενον ἐπὶ τῆς γῆς, ↔

10 12ᵇ ἐν ᾧ ὑπῆρχεν πάντα τὰ τετράποδα καὶ ἑρπετὰ τῆς γῆς καὶ πετεινὰ τοῦ οὐρανοῦ

11 6ᵇ εἶδον τὰ τετράποδα τῆς γῆς ... καὶ τὰ πετεινὰ τοῦ οὐρανοῦ

13 17ᵈ τὸν λαὸν ὕψωσεν ἐν τῇ παροικίᾳ ἐν γῇ Αἰγύπτου (-τῳ Tϛ)

13 19ᵈ καθελὼν ἔθνη ἑπτὰ ἐν γῇ Χανάαν ↔

13 19 κατεκληρονόμησεν τὴν γῆν αὐτῶν

13 47 τοῦ εἶναί σε εἰς σωτηρίαν ἕως ἐσχάτου τῆς γῆς

14 15ᵇ ὃς ἐποίησεν τὸν οὐρανὸν καὶ τὴν γῆν καὶ τὴν θάλασσαν

17 24ᵇ οὗτος οὐρανοῦ καὶ γῆς ὑπάρχων κύριος

17 26 κατοικεῖν ἐπὶ | παντὸς προσώπου (πᾶν τὸ π-ον VSϛ) τῆς γῆς

22 22 αἶρε ἀπὸ τῆς γῆς τὸν τοιοῦτον

26 14 πάντων τε καταπεσόντων ἡμῶν εἰς τὴν γῆν

27 39 τὴν γῆν οὐκ ἐπεγίνωσκον

27 43 ἐκέλευσέν τε τοὺς δυναμένους κολυμβᾶν ἀπορίψαντας πρώτους ἐπὶ τὴν γῆν ἐξιέναι

27 44 οὕτως ἐγένετο πάντας διασωθῆναι ἐπὶ τὴν γῆν

Rm 9 17ᵃ ὅπως διαγγελῇ τὸ ὄνομά μου ἐν πάσῃ τῇ γῇ

9 28 λόγον γὰρ συντελῶν καὶ συντέμνων ποιήσει κύριος ἐπὶ τῆς γῆς

10 18ᵃ εἰς πᾶσαν τὴν γῆν ἐξῆλθεν ὁ φθόγγος αὐτῶν

1C 8 5ᵇ εἴπερ εἰσὶν λεγόμενοι θεοὶ εἴτε ἐν οὐρανῷ εἴτε ἐπὶ (+τῆς ϛ) γῆς

10 26 τοῦ κυρίου γὰρ ἡ γῆ καὶ τὸ πλήρωμα αὐτῆς

10 28 *τὴν συνείδησιν· | τοῦ γὰρ κυρίου ἡ γῆ καὶ τὸ πλήρωμα αὐτῆς (+ϛ)

15 47ᵇ ὁ πρῶτος ἄνθρωπος ἐκ γῆς χοϊκός, ὁ δεύτερος ἄνθρωπος ἐξ οὐρανοῦ

E 1 10ᵇ ἀνακεφαλαιώσασθαι ... τὰ ἐπὶ τοῖς οὐρανοῖς καὶ τὰ ἐπὶ τῆς γῆς

3 15ᵇ ἐξ οὗ πᾶσα πατριὰ ἐν οὐρανοῖς καὶ ἐπὶ γῆς ὀνομάζεται

4 9 κατέβη (+πρῶτον [VS]Bϛ) εἰς τὰ κατώτερα μέρη [N²⁶] τῆς γῆς

6 3 ἵνα εὖ σοι γένηται καὶ ἔσῃ μακροχρόνιος ἐπὶ τῆς γῆς

Cl 1 16ᵇ ἐν αὐτῷ ἐκτίσθη τὰ πάντα (+τὰ MVSϛ) ἐν τοῖς οὐρανοῖς καὶ (+τὰ MVSϛ) ἐπὶ τῆς γῆς

1 20ᵇ εἴτε τὰ ἐπὶ τῆς γῆς εἴτε τὰ ἐν τοῖς οὐρανοῖς

3 2 τὰ ἄνω φρονεῖτε, μὴ τὰ ἐπὶ τῆς γῆς

3 5 νεκρώσατε οὖν τὰ μέλη τὰ ἐπὶ τῆς γῆς

Hb 1 10ᵇ σὺ κατ' ἀρχάς, κύριε, τὴν γῆν ἐθεμελίωσας, καὶ ἔργα τῶν χειρῶν σού εἰσιν οἱ οὐρανοί

6 7 γῆ γὰρ ἡ πιοῦσα τὸν ... ὑετὸν ... μεταλαμβάνει εὐλογίας ἀπὸ τοῦ θεοῦ

8 4 εἰ μὲν οὖν (γὰρ Sϛ) ἦν ἐπὶ γῆς

Hb 8 9ᵈἐξαγαγεῖν αὐτοὺς ἐκ γῆς Αἰγύ-
πτου

11 9 πίστει παρῴκησεν εἰς (+τὴν ς)
γῆν τῆς ἐπαγγελίας ὡς ἀλλοτρίαν

11 13 ὅτι ξένοι καὶ παρεπίδημοί εἰσιν
ἐπὶ τῆς γῆς

11 29 πίστει διέβησαν τὴν ἐρυθρὰν θά-
λασσαν ὡς διὰ ξηρᾶς γῆς (—ς)

11 38 ἐπὶ ἐρημίαις πλανώμενοι ... καὶ
σπηλαίοις καὶ ταῖς ὁπαῖς τῆς γῆς

12 25 εἰ γὰρ ἐκεῖνοι οὐκ ἐξέφυγον ἐπὶ
γῆς παραιτησάμενοι τὸν χρη-
ματίζοντα

12 26 οὗ ἡ φωνὴ τὴν γῆν ἐσάλευσεν
τότε

12 26ᵇἔτι ἅπαξ ἐγὼ σείσω (σείω Sς) οὐ
μόνον τὴν γῆν ἀλλὰ καὶ τὸν
οὐρανόν

Jc 5 5 ἐτρυφήσατε ἐπὶ τῆς γῆς καὶ
ἐσπαταλήσατε

5 7 ὁ γεωργὸς ἐκδέχεται τὸν τίμιον
καρπὸν τῆς γῆς

5 12ᵇμὴ ὀμνύετε, μήτε τὸν οὐρανὸν
μήτε τὴν γῆν

5 17 οὐκ ἔβρεξεν ἐπὶ τῆς γῆς ἐνιαυτοὺς
τρεῖς

5 18 ἡ γῆ ἐβλάστησεν τὸν καρπὸν
αὐτῆς

2Pt 3 5ᵇοὐρανοὶ ἦσαν ἔκπαλαι καὶ γῆ
ἐξ ὕδατος

3 7ᵇοἱ δὲ νῦν οὐρανοὶ καὶ ἡ γῆ τῷ
αὐτῷ λόγῳ τεθησαυρισμένοι εἰσίν

3 10ᵇοἱ (—T) οὐρανοὶ ῥοιζηδὸν παρ-
ελεύσονται ... καὶ γῆ καὶ τὰ ἐν
αὐτῇ ἔργα εὑρεθήσεται (κατα-
καήσεται Tς)

3 13ᵇκαινοὺς δὲ οὐρανοὺς καὶ | γῆν
καινὴν (∼ T) ... προσδοκῶμεν

1Jo 5 8ᵇ*⟨τρεῖς εἰσὶν οἱ μαρτυροῦντες | ἐν
τῷ οὐρανῷ ...⟩ καὶ τρεῖς εἰσιν
οἱ μαρτυροῦντες ἐν τῇ γῇ (+ς)

Jd 5ᵈ|| ὁ (+[N²⁶]ς) κύριος ('Ιησοῦς B)
ἅπαξ ((N²⁶; .. ∼rl)) λαὸν ἐκ γῆς
(τῆς M) Αἰγύπτου σώσας

Ap 1 5ᵉἀπὸ 'Ιησοῦ Χριστοῦ ... ὁ ἄρχων
τῶν βασιλέων τῆς γῆς

1 7 κόψονται ἐπ' αὐτὸν πᾶσαι αἱ
φυλαὶ τῆς γῆς

3 10 πειράσαι τοὺς κατοικοῦντας ἐπὶ
τῆς γῆς

5 3ᵇοὐδεὶς ἐδύνατο ἐν τῷ οὐρανῷ
οὐδὲ (οὔτε ST) ἐπὶ τῆς γῆς ↔

5 3 οὐδὲ (οὔτε ST) ὑποκάτω τῆς γῆς
ἀνοῖξαι τὸ βιβλίον

5 6ᵃοἵ εἰσιν τὰ ἑπτὰ [N²⁶H] πνεύματα
τοῦ θεοῦ ἀπεσταλμένοι (-μένα
BTς) εἰς πᾶσαν τὴν γῆν

5 10 καὶ βασιλεύσουσιν (-εύουσιν BH;
-σομεν ς) ἐπὶ τῆς γῆς

5 13ᵇπᾶν κτίσμα ὃ ἐν τῷ οὐρανῷ
καὶ | ἐπὶ τῆς γῆς (ἐν τῇ γῇ ς) ↔

5 13 καὶ ὑποκάτω τῆς γῆς

6 4 ἐδόθη αὐτῷ [H] λαβεῖν τὴν
εἰρήνην ἐκ ([H]; ἀπὸ ς) τῆς γῆς

6 8 ἐδόθη αὐτοῖς ἐξουσία ἐπὶ τὸ
τέταρτον τῆς γῆς, ↔

6 8 ἀποκτεῖναι ... ὑπὸ τῶν θηρίων
τῆς γῆς

6 10 ἕως πότε ... οὐ κρίνεις καὶ ἐκδικεῖς
τὸ αἷμα ἡμῶν ἐκ τῶν κατοικούν-
των ἐπὶ τῆς γῆς;

6 13ᵇοἱ ἀστέρες τοῦ οὐρανοῦ ἔπεσαν
εἰς τὴν γῆν

6 15ᵉοἱ βασιλεῖς τῆς γῆς καὶ οἱ μεγι-
στᾶνες ... ἔκρυψαν ἑαυτούς

Ap 7 1 εἶδον τέσσαρας ἀγγέλους ἑστῶτας
ἐπὶ τὰς τέσσαρας γωνίας τῆς
γῆς, ↔

7 1 κρατοῦντας τοὺς τέσσαρας ἀνέ-
μους τῆς γῆς, ↔

7 1 ἵνα μὴ πνέῃ ἄνεμος ἐπὶ τῆς γῆς

7 2 τοῖς τέσσαρσιν ἀγγέλοις οἷς ἐδόθη
αὐτοῖς ἀδικῆσαι τὴν γῆν καὶ τὴν
θάλασσαν

7 3 μὴ ἀδικήσητε τὴν γῆν μήτε τὴν
θάλασσαν

8 5 καὶ ἔβαλεν εἰς τὴν γῆν·

8 7 καὶ ἐβλήθη εἰς τὴν γῆν· ↔

8 7 | καὶ τὸ τρίτον τῆς γῆς κατεκάη
(—ς)

8 13 οὐαὶ τοὺς κατοικοῦντας ἐπὶ τῆς
γῆς

9 1ᵇεἶδον ἀστέρα ἐκ τοῦ οὐρανοῦ
πεπτωκότα εἰς τὴν γῆν

9 3 ἐξῆλθον ἀκρίδες εἰς τὴν γῆν

9 3 ὡς ἔχουσιν ἐξουσίαν οἱ σκορπίοι
τῆς γῆς

9 4 ἵνα μὴ ἀδικήσουσιν (-σωσιν Vς)
τὸν χόρτον τῆς γῆς

10 2 ἔθηκεν ... τὸν δὲ εὐώνυμον ἐπὶ
| τῆς γῆς (τὴν γῆν ς)

10 5 ὁ ἄγγελος, ὃν εἶδον ἑστῶτα ἐπὶ
τῆς θαλάσσης καὶ ἐπὶ τῆς γῆς

10 6ᵇὃς ἔκτισεν τὸν οὐρανὸν ... καὶ
τὴν γῆν

10 8 τοῦ ἀγγέλου τοῦ ἑστῶτος ἐπὶ
τῆς θαλάσσης καὶ ἐπὶ τῆς γῆς

11 4 αἱ δύο λυχνίαι αἱ [H] ἐνώπιον τοῦ
κυρίου τῆς γῆς ἑστῶτες

11 6 ἐξουσίαν ἔχουσιν ... πατάξαι τὴν
γῆν ἐν πάσῃ πληγῇ

11 10 οἱ κατοικοῦντες ἐπὶ τῆς γῆς
χαίρουσιν ἐπ' αὐτοῖς

11 10 οἱ δύο προφῆται ἐβασάνισαν τοὺς
κατοικοῦντας ἐπὶ τῆς γῆς

11 18 διαφθεῖραι τοὺς διαφθείροντας τὴν
γῆν

12 4 καὶ ἔβαλεν αὐτοὺς εἰς τὴν γῆν

12 9 ὁ Σατανᾶς ... ἐβλήθη εἰς τὴν γῆν

12 12 οὐαὶ (+τοῖς κατοικοῦσι ς) τὴν
γῆν καὶ τὴν θάλασσαν

12 13 ὅτε εἶδεν ὁ δράκων ὅτι ἐβλήθη εἰς
τὴν γῆν

12 16 ἐβοήθησεν ἡ γῆ τῇ γυναικί, ↔

12 16 καὶ ἤνοιξεν ἡ γῆ τὸ στόμα αὐτῆς

13 3ᵃἐθαυμάσθη (-μασεν MVBST) | ὅλη
ἡ γῆ (ἐν ὅλῃ τῇ γῇ ς) ὀπίσω τοῦ
θηρίου

13 8 προσκυνήσουσιν αὐτὸν πάντες οἱ
κατοικοῦντες ἐπὶ τῆς γῆς

13 11 θηρίον ἀναβαῖνον ἐκ τῆς γῆς

13 12 καὶ ποιεῖ τὴν γῆν καὶ τοὺς ἐν αὐτῇ
κατοικοῦντας

13 13ᵇἵνα καὶ πῦρ ποιῇ | ἐκ τοῦ οὐρανοῦ
καταβαίνειν (∼ Tς) εἰς τὴν γῆν
ἐνώπιον τῶν ἀνθρώπων

13 14 πλανᾷ τοὺς κατοικοῦντας ἐπὶ τῆς
γῆς

13 14 λέγων τοῖς κατοικοῦσιν ἐπὶ τῆς
γῆς

14 3 οἱ ἠγορασμένοι ἀπὸ τῆς γῆς

14 6 εὐαγγελίσαι ἐπὶ τοὺς καθημένους
ἐπὶ τῆς γῆς

14 7ᵇπροσκυνήσατε τῷ ποιήσαντι τὸν
οὐρανὸν καὶ τὴν γῆν

14 15 ὅτι ἐξηράνθη ὁ θερισμὸς τῆς γῆς

14 16 ἔβαλεν ὁ καθήμενος ἐπὶ τῆς νεφέλης
τὸ δρέπανον αὐτοῦ ἐπὶ τὴν γῆν, ↔

14 16 καὶ ἐθερίσθη ἡ γῆ

Ap 14 18 τρύγησον τοὺς βότρυας τῆς ἀμπέ-
λου τῆς γῆς

14 19 ἔβαλεν ὁ ἄγγελος τὸ δρέπανον
αὐτοῦ εἰς τὴν γῆν, ↔

14 19 καὶ ἐτρύγησεν τὴν ἄμπελον τῆς
γῆς

16 1 ἐκχέετε τὰς ἑπτὰ φιάλας τοῦ
θυμοῦ τοῦ θεοῦ εἰς τὴν γῆν

16 2 ἐξέχεεν τὴν φιάλην αὐτοῦ εἰς τὴν
γῆν

16 14ᶜ*σημεῖα, ἃ ἐκπορεύεται ἐπὶ τοὺς
βασιλεῖς | τῆς γῆς καὶ (+ς) τῆς
οἰκουμένης ὅλης

16 18 ἀφ' οὗ | ἄνθρωπος ἐγένετο (-ποι
-νοντο MVBSHς) ἐπὶ τῆς γῆς

17 2ᶜμεθ' ἧς ἐπόρνευσαν οἱ βασιλεῖς
τῆς γῆς, ↔

17 2 καὶ ἐμεθύσθησαν οἱ κατοικοῦντες
τὴν γῆν

17 4 *τὰ ἀκάθαρτα τῆς πορνείας | τῆς
γῆς (S; αὐτῆς rl)

17 5 Βαβυλὼν ... ἡ μήτηρ τῶν πορ-
νῶν καὶ τῶν βδελυγμάτων τῆς
γῆς

17 8 θαυμασθήσονται (-μάσονται MV
BSTς) οἱ κατοικοῦντες ἐπὶ τῆς
γῆς

17 18ᵉἡ πόλις ἡ μεγάλη ἡ ἔχουσα βασι-
λείαν ἐπὶ τῶν βασιλέων τῆς γῆς

18 1 ἡ γῆ ἐφωτίσθη ἐκ τῆς δόξης αὐτοῦ

18 3ᶜοἱ βασιλεῖς τῆς γῆς μετ' αὐτῆς
ἐπόρνευσαν, ↔

18 3 καὶ οἱ ἔμποροι τῆς γῆς ... ἐπλού-
τησαν

18 9ᶜκόψονται ἐπ' αὐτὴν (-τῆς V;
-τῇ Bς) οἱ βασιλεῖς τῆς γῆς

18 11 οἱ ἔμποροι τῆς γῆς κλαίουσιν καὶ
πενθοῦσιν ἐπ' αὐτήν

18 23 ὅτι οἱ [NH] ἔμποροί σου ἦσαν οἱ
μεγιστᾶνες τῆς γῆς

18 24 αἷμα (-ματα VBT) ... πάντων
τῶν ἐσφαγμένων ἐπὶ τῆς γῆς

19 2 ἥτις ἔφθειρεν τὴν γῆν ἐν τῇ
πορνείᾳ αὐτῆς

19 19ᶜεἶδον ... τοὺς βασιλεῖς τῆς γῆς
καὶ τὰ στρατεύματα αὐτῶν συνηγ-
μένα

20 8 τὰ ἔθνη τὰ ἐν ταῖς τέσσαρσιν
γωνίαις τῆς γῆς

20 9 ἀνέβησαν ἐπὶ τὸ πλάτος τῆς γῆς

20 11ᵇτὸν καθήμενον ἐπ' αὐτὸν (αὐτοῦ
MBHς) οὗ ἀπὸ τοῦ ([S]; —ς)
προσώπου ἔφυγεν ἡ γῆ καὶ ὁ
οὐρανός

21 1ᵇεἶδον οὐρανὸν καινὸν καὶ γῆν
καινήν· ↔

21 1ᵇὁ γὰρ πρῶτος οὐρανὸς καὶ ἡ
πρώτη γῆ ἀπῆλθαν

21 24ᶜοἱ βασιλεῖς τῆς γῆς φέρουσιν τὴν
δόξαν αὐτῶν εἰς αὐτήν

γῆρας
Lc 1 36 συνείληφεν (-φυῖα VBSTς) υἱὸν
ἐν γήρει (-ρα ς) αὐτῆς

γηράσκω
Jo 21 18 ὅταν δὲ γηράσῃς, ἐκτενεῖς τὰς
χεῖράς σου

Hb 8 13 τὸ δὲ παλαιούμενον καὶ γηράσκον
ἐγγὺς ἀφανισμοῦ

γίνομαι

ἀπο- δια-	ἐπι- παρα-	προ- συμπαρα-
ᵃ ἐγένετο seq. indic.		
ᵇ ἐγένετο seq. ἐν τῷ c. inf.		
ᶜ ἐγένετο seq. inf.		
ᵈ ἐγένετο seq. part.		

e γ. εἰς
f γ. seq. ὡς c. verb. fin.
g γ. ἵνα
h γενόμενος
j γινόμενος
k γεγενημένος
l γεγονώς
m μὴ γένοιτο
n γενηθήτω

Mt 1 22ᵍ τοῦτο δὲ ὅλον γέγονεν ἵνα πλη-
ρωθῇ τὸ ῥηθέν
4 3 εἰπὲ ἵνα οἱ λίθοι οὗτοι ἄρτοι
γένωνται
5 18 οὐ μὴ παρέλθῃ ... ἕως ἂν [Η]
πάντα γένηται
5 45 ὅπως γένησθε υἱοὶ τοῦ πατρὸς
ὑμῶν
6 10ⁿ γενηθήτω τὸ θέλημά σου
6 16 μὴ γίνεσθε ὡς οἱ ὑποκριταὶ
σκυθρωποί
7 28ᵃ καὶ ἐγένετο ὅτε ἐτέλεσεν (συν-
Sϛ) ὁ Ἰησοῦς τοὺς λόγους τούτους,
ἐξεπλήσσοντο
8 13ⁿ ὡς ἐπίστευσας γενηθήτω σοι
8 16ʰ ὀψίας δὲ γενομένης προσήνεγκαν
αὐτῷ δαιμονιζομένους πολλούς
8 24 καὶ ἰδοὺ σεισμὸς μέγας ἐγένετο ἐν
τῇ θαλάσσῃ
8 26 καὶ ἐγένετο γαλήνη μεγάλη
9 10ᵈ καὶ ἐγένετο αὐτοῦ ἀνακειμένου ἐν
τῇ οἰκίᾳ
9 16 καὶ χεῖρον σχίσμα γίνεται
9 29ⁿ κατὰ τὴν πίστιν ὑμῶν γενηθήτω
ὑμῖν
10 16 γίνεσθε οὖν φρόνιμοι ὡς οἱ ὄφεις
10 25 ἀρκετὸν τῷ μαθητῇ ἵνα γένηται
ὡς ὁ διδάσκαλος αὐτοῦ
11 1ᵃ καὶ ἐγένετο ὅτε ἐτέλεσεν ὁ Ἰησοῦς
... μετέβη
11 20 ἐν αἷς ἐγένοντο αἱ πλεῖσται δυνά-
μεις αὐτοῦ
11 21 εἰ ἐν Τύρῳ καὶ Σιδῶνι ἐγένοντο αἱ
δυνάμεις ↔
11 21ʰ αἱ γενόμεναι ἐν ὑμῖν
11 23 εἰ ἐν Σοδόμοις ἐγενήθησαν (ἐγέ-
νοντο ϛ) αἱ δυνάμεις ↔
11 23ʰ αἱ γενόμεναι ἐν σοί
11 26 ὅτι οὕτως εὐδοκία ἐγένετο ἔμπροσ-
θέν σου
12 45 καὶ γίνεται τὰ ἔσχατα τοῦ ἀνθρώ-
που ἐκείνου χείρονα τῶν πρώτων
13 21ʰ γενομένης δὲ θλίψεως ἢ διωγμοῦ
διὰ τὸν λόγον εὐθὺς σκανδαλίζεται
13 22 καὶ ἄκαρπος γίνεται
13 32 μείζων τῶν λαχάνων ἐστὶν καὶ
γίνεται δένδρον
13 53ᵃ καὶ ἐγένετο ὅτε ἐτέλεσεν ὁ Ἰησοῦς
... μετῆρεν ἐκεῖθεν
14 6ʰ γενεσίοις (-σίων Vϛ) δὲ γενο-
μένοις (-ένων S; ἀγομένων Vϛ)
τοῦ Ἡρῴδου
14 15ʰ ὀψίας δὲ γενομένης προσῆλθον
αὐτῷ οἱ μαθηταί
14 23ʰ ὀψίας δὲ γενομένης μόνος ἦν ἐκεῖ
15 28ⁿ γενηθήτω σοι ὡς θέλεις
16 2ʰ |ὀψίας γενομένης λέγετε· [N²⁶
NSTH..]
17 2 τὰ δὲ ἱμάτια αὐτοῦ ἐγένετο λευκὰ
ὡς τὸ φῶς
18 3 ἐὰν μὴ ... γένησθε ὡς τὰ παιδία,
οὐ μὴ εἰσέλθητε
18 12 ἐὰν γένηταί τινι ἀνθρώπῳ ἑκατὸν
πρόβατα
18 13 ἐὰν γένηται εὑρεῖν αὐτό, ἀμὴν
λέγω ὑμῖν ὅτι χαίρει

Mt 18 19 οὗ ἐὰν αἰτήσωνται, γενήσεται
αὐτοῖς παρὰ τοῦ πατρός μου
18 31ʰʲ ἰδόντες ... τὰ γενόμενα (γινό-
μενα T) ἐλυπήθησαν σφόδρα
18 31ʰ διεσάφησαν ... πάντα τὰ γενό-
μενα
19 1ᵃ ἐγένετο ὅτε ἐτέλεσεν ὁ Ἰησοῦς
τοὺς λόγους τούτους, μετῆρεν
19 8 ἀπ' ἀρχῆς δὲ οὐ γέγονεν οὕτως
20 8ʰ ὀψίας δὲ γενομένης λέγει ὁ κύριος
20 26 ὃς ἐὰν (ἂν Η) θέλῃ ἐν ὑμῖν μέγας
γενέσθαι
21 4ᵍ τοῦτο δὲ (+ὅλον Vϛ) γέγονεν ἵνα
πληρωθῇ τὸ ῥηθέν
21 19 (+οὐ NMTH) μηκέτι ἐκ σοῦ
καρπὸς γένηται εἰς τὸν αἰῶνα
21 21 ἀλλὰ κἂν τῷ ὄρει τούτῳ εἴπητε·
ἄρθητι ... γενήσεται
21 42ᵉ λίθον ὃν ἀπεδοκίμασαν ... οὗτος
ἐγενήθη εἰς κεφαλὴν γωνίας· ↔
21 42 παρὰ κυρίου ἐγένετο αὕτη
23 15 ποιῆσαι ἕνα προσήλυτον, καὶ
ὅταν γένηται, ποιεῖτε αὐτὸν υἱὸν
γεέννης
23 26 ἵνα γένηται καὶ τὸ ἐκτὸς αὐτοῦ
(αὐτῶν Vϛ) καθαρόν
24 6 δεῖ γὰρ (+πάντα [M]Vϛ) γενέ-
σθαι, ἀλλ' οὔπω ἐστὶν τὸ τέλος
24 20 προσεύχεσθε δὲ ἵνα μὴ γένηται ἡ
φυγὴ ὑμῶν χειμῶνος
24 21 θλῖψις μεγάλη, οἵα | οὐ γέγονεν
(οὐκ ἐγένετο BT) ἀπ' ἀρχῆς
κόσμου ἕως τοῦ νῦν ↔
24 21 οὐδ' οὐ μὴ γένηται
24 32 ὅταν ἤδη ὁ κλάδος αὐτῆς γένηται
ἁπαλός
24 34 οὐ μὴ παρέλθῃ ... ἕως ἂν [Η]
πάντα ταῦτα γένηται
24 44 διὰ τοῦτο καὶ ὑμεῖς γίνεσθε ἕτοιμοι
25 6 μέσης δὲ νυκτὸς κραυγὴ γέγονεν
26 1ᵃ καὶ ἐγένετο ὅτε ἐτέλεσεν ὁ Ἰησοῦς
πάντας τοὺς λόγους τούτους, εἶπεν
26 2 οἴδατε ὅτι μετὰ δύο ἡμέρας τὸ
πάσχα γίνεται
26 5 ἵνα μὴ θόρυβος γένηται ἐν τῷ λαῷ
26 6ʰ τοῦ Ἰησοῦ γενομένου ἐν
Βηθανίᾳ
26 20ʰ ὀψίας δὲ γενομένης ἀνέκειτο
26 42ⁿ εἰ οὐ δύναται τοῦτο (+τὸ ποτή-
ριον Vϛ) παρελθεῖν ... γενηθήτω
τὸ θέλημά σου
26 54 ὅτι οὕτως δεῖ γενέσθαι
26 56ᵍ τοῦτο δὲ ὅλον γέγονεν ἵνα πλη-
ρωθῶσιν αἱ γραφαί
27 1ʰ πρωΐας δὲ γενομένης συμβούλιον
ἔλαβον
27 24 ἰδὼν δὲ ὁ Πιλᾶτος ὅτι ... μᾶλλον
θόρυβος γίνεται
27 45 σκότος ἐγένετο ἐπὶ πᾶσαν τὴν γῆν
27 54ʰʲ ἰδόντες ... τὰ γενόμενα (γινό-
μενα NMBTH) ἐφοβήθησαν σφό-
δρα
27 57ʰ ὀψίας δὲ γενομένης ἦλθεν ἄνθρω-
πος
28 2 σεισμὸς ἐγένετο μέγας
28 4 ἐσείσθησαν οἱ τηροῦντες καὶ ἐγενή-
θησαν (ἐγένοντο ϛ) ὡς νεκροί
28 11ʰ ἀπήγγειλαν (ἀν- BT) ... ἅπαντα
τὰ γενόμενα

Mc 1 4ᵈ ἐγένετο Ἰωάννης ὁ ([N²⁶]; —M
Sϛ) βαπτίζων ἐν τῇ ἐρήμῳ καὶ
(—NBH) κηρύσσων βάπτισμα
1 9ᵃ καὶ ἐγένετο ἐν ἐκείναις ταῖς ἡμέραις
ἦλθεν Ἰησοῦς

Mc 1 11 φωνὴ ἐγένετο ([NH]; —T) ἐκ
τῶν οὐρανῶν
1 17 ποιήσω ὑμᾶς γενέσθαι ἁλιεῖς ἀν-
θρώπων
1 32ʰ ὀψίας δὲ γενομένης, ὅτε ἔδυ
(ἔδυσεν NMBH) ὁ ἥλιος, ἔφερον
2 15ᵇ καὶ γίνεται (ἐγένετο ἐν τῷ ϛ)
κατακεῖσθαι αὐτὸν ἐν τῇ οἰκίᾳ
αὐτοῦ
2 21 καὶ χεῖρον σχίσμα γίνεται
2 23ᶜ καὶ ἐγένετο αὐτὸν ἐν τοῖς σάββασιν
παραπορεύεσθαι (δια- Η)
2 27 τὸ σάββατον διὰ τὸν ἄνθρωπον
ἐγένετο
4 4ᵇ καὶ ἐγένετο ἐν τῷ σπείρειν ὃ μὲν
ἔπεσεν
4 10 ὅτε ἐγένετο κατὰ μόνας
4 11 ἐκείνοις δὲ τοῖς ἔξω ἐν παραβολαῖς
τὰ (—BT) πάντα γίνεται
4 17ʰ εἶτα γενομένης θλίψεως ἢ διωγμοῦ
διὰ τὸν λόγον εὐθὺς σκανδαλίζον-
ται
4 19 καὶ ἄκαρπος γίνεται
4 22 οὐδὲ ἐγένετο ἀπόκρυφον
4 32 ἀναβαίνει καὶ γίνεται μεῖζον
(—ζων Sϛ) πάντων τῶν λαχάνων
4 35ʰ λέγει αὐτοῖς ἐν ἐκείνῃ τῇ ἡμέρᾳ
ὀψίας γενομένης
4 37 καὶ γίνεται λαῖλαψ μεγάλη ἀνέμου
4 39 καὶ ἐγένετο γαλήνη μεγάλη
5 14ˡ ἦλθον ἰδεῖν τί ἐστιν τὸ γεγονός
5 16 διηγήσαντο ... πῶς ἐγένετο τῷ
δαιμονιζομένῳ καὶ περὶ τῶν χοίρων
5 33 εἰδυῖα ὃ γέγονεν (+ἐπ' VBSϛ)
αὐτῇ
6 2ʰ καὶ γενομένου σαββάτου ἤρξατο
| διδάσκειν ἐν τῇ συναγωγῇ (~ V
Sϛ)
6 2ʲ αἱ (—BSTϛ) δυνάμεις τοιαῦται διὰ
τῶν χειρῶν αὐτοῦ γινόμεναι (γί-
νονται BSTϛ);
6 14 φανερὸν γὰρ ἐγένετο τὸ ὄνομα
αὐτοῦ
6 21ʰ καὶ γενομένης ἡμέρας εὐκαίρου
6 26ʰ καὶ περίλυπος γενόμενος ὁ βασι-
λεὺς ... οὐκ ἠθέλησεν
6 35ʰʲ ἤδη ὥρας πολλῆς γενομένης (γιν.
T)
6 47ʰ καὶ ὀψίας γενομένης ἦν [+πάλαι
S] τὸ πλοῖον ἐν μέσῳ τῆς θαλάσσης
9 3 τὰ ἱμάτια αὐτοῦ ἐγένετο στίλβον-
τα λευκὰ λίαν
9 6 | ἔκφοβοι γὰρ ἐγένοντο (ἦσαν γὰρ
ἔκφοβοι ϛ). ↔
9 7 καὶ ἐγένετο νεφέλη ἐπισκιάζουσα
αὐτοῖς, ↔
9 7 καὶ ἐγένετο (ἦλθεν BSϛ) φωνὴ ἐκ
τῆς νεφέλης
9 21 πόσος χρόνος ἐστὶν ὡς (ἐξ οὗ S)
τοῦτο γέγονεν αὐτῷ;
9 26 καὶ ἐγένετο ὡσεὶ νεκρός
9 33ʰ ἐν τῇ οἰκίᾳ γενόμενος ἐπηρώτα
αὐτούς
9 50 ἐὰν δὲ τὸ ἅλας (ἅλα T) ἄναλον
γένηται
10 43 ὃς ἂν θέλῃ μέγας γενέσθαι ἐν ὑμῖν
10 44 *ὃς ἂν θέλῃ | ὑμῶν γενέσθαι (Tϛ;
ἐν ὑμῖν εἶναι rl) πρῶτος
11 19 ὅταν ὀψὲ ἐγένετο
11 23 ἀλλὰ πιστεύῃ ὅτι ὃ λαλεῖ γίνεται,
ἔσται αὐτῷ
12 10ᵉ λίθον ὃν ἀπεδοκίμασαν ... οὗτος
ἐγενήθη εἰς κεφαλὴν γωνίας· ↔
12 11 παρὰ κυρίου ἐγένετο αὕτη

Mc 13 7 δεῖ (+γὰρ MV[S]ς) γενέσθαι, ἀλλ᾽ οὔπω τὸ τέλος

13 18 προσεύχεσθε δὲ ἵνα μὴ γένηται χειμῶνος

13 19 θλῖψις, οἵα οὐ γέγονεν τοιαύτη ἀπ᾽ ἀρχῆς κτίσεως ... ἕως τοῦ νῦν ↔

13 19 καὶ οὐ μὴ γένηται

13 28 ὅταν | ἤδη ὁ κλάδος αὐτῆς (~ VSTς) ἁπαλὸς γένηται

13 29ʲ ὅταν | ἴδητε ταῦτα (~ Sς) γινόμενα

13 30 οὐ μὴ παρέλθῃ ... μέχρις οὗ | ταῦτα πάντα (~ Vς) γένηται

14 4 εἰς τί ἡ ἀπώλεια αὕτη τοῦ μύρου γέγονεν;

14 17ʰ καὶ ὀψίας γενομένης ἔρχεται μετὰ τῶν δώδεκα

15 33ʰ καὶ γενομένης ὥρας ἕκτης ↔

15 33 σκότος ἐγένετο ἐφ᾽ ὅλην τὴν γῆν

15 42ʰ καὶ ἤδη ὀψίας γενομένης

[16 10]ʰ ἀπήγγειλεν τοῖς μετ᾽ αὐτοῦ γενομένοις πενθοῦσι καὶ κλαίουσιν

Lc 1 2ʰ καθὼς παρέδοσαν ἡμῖν οἱ ἀπ᾽ ἀρχῆς αὐτόπται καὶ ὑπηρέται γενόμενοι τοῦ λόγου

1 5 ἐγένετο ἐν ταῖς ἡμέραις Ἡρῴδου ... ἱερεύς τις ὀνόματι Ζαχαρίας

1 8ᵇ ἐγένετο δὲ ἐν τῷ ἱερατεύειν αὐτὸν ⟨ἔλαχε⟩

1 20 ἔσῃ σιωπῶν ... ἄχρι ἧς ἡμέρας γένηται ταῦτα

1 23ᶠ καὶ ἐγένετο ὡς ἐπλήσθησαν αἱ ἡμέραι ... ἀπῆλθεν

1 38 γένοιτό μοι κατὰ τὸ ῥῆμά σου

1 41ᶠ καὶ ἐγένετο ὡς ἤκουσεν τὸν ἀσπασμὸν ... ἐσκίρτησεν τὸ βρέφος

1 44 ὡς ἐγένετο ἡ φωνὴ τοῦ ἀσπασμοῦ σου εἰς τὰ ὦτά μου

1 59ᵃ καὶ ἐγένετο ἐν τῇ | ἡμέρᾳ τῇ ὀγδόῃ (ὀγδ. ἡμ. Vς) ἦλθον

1 65 καὶ ἐγένετο ἐπὶ πάντας φόβος τοὺς περιοικοῦντας αὐτούς

2 1ᵃ ἐγένετο δὲ ἐν ταῖς ἡμέραις ἐκείναις ἐξῆλθεν δόγμα

2 2 αὕτη (+ἡ MVBSς) ἀπογραφὴ | πρώτη ἐγένετο (~ T)

2 6ᵇ ἐγένετο δὲ ἐν τῷ εἶναι αὐτοὺς ἐκεῖ ἐπλήσθησαν

2 13 καὶ ἐξαίφνης ἐγένετο σὺν τῷ ἀγγέλῳ πλῆθος στρατιᾶς οὐρανίου

2 15ᶠ καὶ ἐγένετο ὡς ἀπῆλθον ... οἱ ἄγγελοι, (+καὶ οἱ ἄνθρωποι VSς) οἱ ποιμένες ἐλάλουν (εἶπον VSς)

2 15¹ διέλθωμεν ... καὶ ἴδωμεν τὸ ῥῆμα τοῦτο τὸ γεγονός

2 42 καὶ ὅτε ἐγένετο ἐτῶν δώδεκα

2 46ᵃ καὶ ἐγένετο μετὰ ἡμέρας τρεῖς εὗρον αὐτὸν ἐν τῷ ἱερῷ

3 2 ἐγένετο ῥῆμα θεοῦ ἐπὶ Ἰωάννην ... ἐν τῇ ἐρήμῳ

3 21ᵇᶜ ἐγένετο δὲ ἐν τῷ βαπτισθῆναι ἅπαντα τὸν λαὸν ... ἀνεῳχθῆναι τὸν οὐρανόν

3 22 καὶ φωνὴν ἐξ οὐρανοῦ γενέσθαι

4 3 εἰπὲ τῷ λίθῳ τούτῳ ἵνα γένηται ἄρτος

4 23ʰ ὅσα ἠκούσαμεν γενόμενα εἰς τὴν Καφαρναούμ

4 25 ὡς ἐγένετο λιμὸς μέγας ἐπὶ πᾶσαν τὴν γῆν

4 36 καὶ ἐγένετο θάμβος ἐπὶ πάντας

Lc 4 42ʰ γενομένης δὲ ἡμέρας ἐξελθὼν ἐπορεύθη εἰς ἔρημον τόπον

5 1ᵇ ἐγένετο δὲ ἐν τῷ τὸν ὄχλον ἐπικεῖσθαι αὐτῷ

5 12ᵇ καὶ ἐγένετο ἐν τῷ εἶναι αὐτὸν ἐν μιᾷ τῶν πόλεων

5 17ᵃ καὶ ἐγένετο ἐν μιᾷ τῶν ἡμερῶν καὶ αὐτὸς ἦν διδάσκων

6 1ᶜ ἐγένετο δὲ ἐν σαββάτῳ (+δευτεροπρώτῳ VB[S]Tς) διαπορεύεσθαι αὐτόν

6 6ᶜ ἐγένετο δὲ ἐν ἑτέρῳ σαββάτῳ εἰσελθεῖν αὐτόν

6 12ᶜ ἐγένετο δὲ ἐν ταῖς ἡμέραις ταύταις ἐξελθεῖν αὐτόν

6 13 ὅτε ἐγένετο ἡμέρα, προσεφώνησεν τοὺς μαθητὰς αὐτοῦ

6 16 ⟨ἐκλεξάμενος⟩ Ἰούδαν Ἰσκαριώθ, ὃς ἐγένετο προδότης

6 36 γίνεσθε οἰκτίρμονες

6 48ʰ πλημμύρης δὲ γενομένης προσέρηξεν ὁ ποταμὸς τῇ οἰκίᾳ ἐκείνῃ

6 49 καὶ ἐγένετο τὸ ῥῆγμα τῆς οἰκίας ἐκείνης μέγα

7 11ᵃ καὶ ἐγένετο ἐν τῷ (τῇ Tς) ἑξῆς ἐπορεύθη

8 1ᵃ καὶ ἐγένετο ἐν τῷ καθεξῆς καὶ αὐτὸς διώδευεν

8 17 οὐ γάρ ἐστιν κρυπτὸν ὃ οὐ φανερὸν γενήσεται

8 22ᵃ | ἐγένετο δὲ (καὶ ἐγ. ς) ἐν μιᾷ τῶν ἡμερῶν καὶ αὐτὸς ἐνέβη

8 24 καὶ ἐγένετο γαλήνη

8 34ᵏˡ ἰδόντες δὲ οἱ βόσκοντες τὸ γεγονὸς (γεγενημένον ς) ἔφυγον

8 35¹ ἐξῆλθον δὲ ἰδεῖν τὸ γεγονός

8 40ᵇ * | ἐγένετο δὲ ἐν (VBTς; ἐν δὲ rl) τῷ ὑποστρέφειν τὸν Ἰησοῦν ἀπεδέξατο

8 56¹ ὁ δὲ παρήγγειλεν αὐτοῖς μηδενὶ εἰπεῖν τὸ γεγονός

9 7ʲ ἤκουσεν δὲ Ἡρῴδης ... τὰ γινόμενα πάντα

9 18ᵇ καὶ ἐγένετο ἐν τῷ εἶναι αὐτὸν προσευχόμενον ... συνῆσαν αὐτῷ

9 28 ἐγένετο δὲ μετὰ τοὺς λόγους τούτους ὡσεὶ ἡμέραι ὀκτὼ

9 29 καὶ ἐγένετο ἐν τῷ προσεύχεσθαι αὐτὸν τὸ εἶδος τοῦ προσώπου αὐτοῦ ἕτερον

9 33ᵇ καὶ ἐγένετο ἐν τῷ διαχωρίζεσθαι αὐτοὺς ἀπ᾽ αὐτοῦ εἶπεν

9 34 ταῦτα δὲ αὐτοῦ λέγοντος ἐγένετο νεφέλη

9 35 καὶ φωνὴ ἐγένετο ἐκ τῆς νεφέλης

9 36 καὶ ἐν τῷ γενέσθαι τὴν φωνήν

9 37ᵃ ἐγένετο δὲ τῇ ἑξῆς ἡμέρᾳ ... συνήντησεν αὐτῷ

9 51ᵇ ἐγένετο δὲ ἐν τῷ συμπληροῦσθαι τὰς ἡμέρας ... καὶ αὐτὸς τὸ πρόσωπον (+αὐτοῦ VTς) ἐστήρισεν (-ριξεν Vς)

9 57ᵃ * | ἐγένετο δὲ (ς; καὶ rl) πορευομένων αὐτῶν ἐν τῇ ὁδῷ εἶπέν τις

10 13 ὅτι εἰ ἐν Τύρῳ καὶ Σιδῶνι ἐγενήθησαν (ἐγένοντο ς) αἱ δυνάμεις ↔

10 13ʰ αἱ γενόμεναι ἐν ὑμῖν

10 21 ὅτι οὕτως | εὐδοκία ἐγένετο (~ BSTς) ἔμπροσθέν σου

10 32ʰ ὁμοίως δὲ καὶ Λευίτης γενόμενος (+[N²⁶]Tς) κατὰ τὸν τόπον ἐλθὼν καὶ ἰδὼν ἀντιπαρῆλθεν

10 36 τίς ... πλησίον δοκεῖ σοι γεγονέναι τοῦ ἐμπεσόντος εἰς τοὺς λῃστάς;

Lc 10 38ᵇ * | ἐγένετο δὲ ἐν (VTς; ἐν δὲ rl) τῷ πορεύεσθαι αὐτοὺς καὶ (+VTς) αὐτὸς εἰσῆλθεν

11 1ᵇ καὶ ἐγένετο ἐν τῷ εἶναι αὐτὸν ἐν τόπῳ τινὶ προσευχόμενον, ὡς ἐπαύσατο, εἶπέν τις

11 2ⁿ * | γενηθήτω τὸ θέλημά σου (+ς..)

11 14ᵃ ἐγένετο δὲ τοῦ δαιμονίου ἐξελθόντος ἐλάλησεν ὁ κωφός

11 26 καὶ γίνεται τὰ ἔσχατα τοῦ ἀνθρώπου ἐκείνου χείρονα τῶν πρώτων

11 27ᵇ ἐγένετο δὲ ἐν τῷ λέγειν αὐτὸν ταῦτα ... εἶπεν αὐτῷ

11 30 καθὼς γὰρ ἐγένετο [+ὁ NH] Ἰωνᾶς τοῖς Νινευΐταις σημεῖον

12 40 καὶ ὑμεῖς γίνεσθε ἕτοιμοι

12 54 λέγετε ὅτε ὄμβρος ἔρχεται, καὶ γίνεται οὕτως

12 55 λέγετε ὅτι (—S) καύσων ἔσται, καὶ γίνεται

13 2 οἱ Γαλιλαῖοι οὗτοι ἁμαρτωλοὶ παρὰ πάντας τοὺς Γαλιλαίους ἐγένοντο

13 4 αὐτοὶ ὀφειλέται ἐγένοντο παρὰ πάντας

13 17ʲ πᾶς ὁ ὄχλος ἔχαιρεν ἐπὶ ... τοῖς γινομένοις ὑπ᾽ αὐτοῦ

13 19ᵉ ηὔξησεν καὶ ἐγένετο εἰς δένδρον (+μέγα MVBSς)

14 1ᵇ καὶ ἐγένετο ἐν τῷ ἐλθεῖν αὐτὸν ... καὶ αὐτοὶ ἦσαν παρατηρούμενοι

14 12 μήποτε ... γένηται ἀνταπόδομά σοι

14 22 κύριε, γέγονεν ὃ ἐπέταξας

15 10 γίνεται χαρὰ ... ἐπὶ ἑνὶ ἁμαρτωλῷ μετανοοῦντι

15 14 ἐγένετο λιμὸς ἰσχυρὰ

16 11 εἰ οὖν ἐν τῷ ἀδίκῳ μαμωνᾷ πιστοὶ οὐκ ἐγένεσθε

16 12 εἰ ἐν τῷ ἀλλοτρίῳ πιστοὶ οὐκ ἐγένεσθε

16 22ᶜ ἐγένετο δὲ ἀποθανεῖν τὸν πτωχὸν καὶ ἀπενεχθῆναι αὐτὸν

17 11ᵇ καὶ ἐγένετο ἐν τῷ πορεύεσθαι (+αὐτὸν MVBSς) εἰς Ἰερουσαλήμ

17 14ᵇ καὶ ἐγένετο ἐν τῷ ὑπάγειν αὐτοὺς ἐκαθαρίσθησαν

17 26 καθὼς ἐγένετο ἐν ταῖς ἡμέραις Νῶε

17 28 ὁμοίως καθὼς ἐγένετο ἐν ταῖς ἡμέραις Λώτ

18 23 ὁ δὲ ἀκούσας ταῦτα περίλυπος ἐγενήθη (ἐγένετο ς)

18 24ʰ ἰδὼν δὲ αὐτὸν ὁ [H] Ἰησοῦς | περίλυπον γενόμενον (+[N²⁶]ς) εἶπεν

18 35ᵇ ἐγένετο δὲ ἐν τῷ ἐγγίζειν αὐτὸν εἰς Ἰεριχὼ τυφλός τις ἐκάθητο

19 9 σήμερον σωτηρία τῷ οἴκῳ τούτῳ ἐγένετο

19 15ᵇ καὶ ἐγένετο ἐν τῷ ἐπανελθεῖν αὐτὸν ... καὶ εἶπεν

19 17 ἐν ἐλαχίστῳ πιστὸς ἐγένου

19 19 καὶ σὺ ἐπάνω γίνου πέντε πόλεων

19 29ᶠ καὶ ἐγένετο ὡς ἤγγισεν εἰς Βηθφαγὴ ... ἀπέστειλεν δύο τῶν μαθητῶν

20 1ᵃ καὶ ἐγένετο ἐν μιᾷ τῶν ἡμερῶν διδάσκοντος αὐτοῦ ... ἐπέστησαν οἱ ἀρχιερεῖς (ἱερεῖς ST)

20 14 ἵνα ἡμῶν γένηται ἡ κληρονομία

20 16ᵐ ἀκούσαντες δὲ εἶπαν· μὴ γένοιτο

Lc 20 17ᵉ λίθον ὅν ἀπεδοκίμασαν ... οὗτος
ἐγενήθη εἰς κεφαλὴν γωνίας

20 33 | ἡ γυνὴ οὖν ἐν τῇ ἀναστάσει
(ἐν τῇ οὖν ἀ. Vς) τίνος αὐτῶν
γίνεται γυνή;

21 7 τί τὸ σημεῖον ὅταν μέλλῃ ταῦτα
γίνεσθαι;

21 9 δεῖ γὰρ ταῦτα γενέσθαι πρῶτον

21 28 ἀρχομένων δὲ τούτων γίνεσθαι
ἀνακύψατε

21 31ʲ ὅταν ἴδητε ταῦτα γινόμενα

21 32 οὐ μὴ παρέλθῃ ... ἕως ἂν [H]
πάντα γένηται

21 36 ἵνα κατισχύσητε (καταξιωθῆτε
Vς) ἐκφυγεῖν ταῦτα πάντα τὰ
μέλλοντα γίνεσθαι

22 14 ὅτε ἐγένετο ἡ ὥρα, ἀνέπεσεν

22 24 ἐγένετο δὲ καὶ φιλονεικία ἐν αὐτοῖς

22 26 ὁ μείζων ἐν ὑμῖν γινέσθω (γεν. ς)
ὡς ὁ νεώτερος

22 40ʰ γενόμενος δὲ ἐπὶ τοῦ τόπου εἶπεν
αὐτοῖς

22 42 πλὴν μὴ τὸ θέλημά μου ἀλλὰ τὸ
σὸν γινέσθω

22 44ʰ | καὶ γενόμενος ἐν ἀγωνίᾳ ἐκ-
τενέστερον προσηύχετο [..N²⁶N
SH..]· ↔

22 44 ||: καὶ ἐγένετο (ἐγ. δὲ VSς) ὁ
ἱδρὼς αὐτοῦ ὡσεὶ θρόμβοι αἵματος
[[..N²⁶NSH..]]

22 66 ὡς ἐγένετο ἡμέρα, συνήχθη

23 8ʲ ἤλπιζέν τι σημεῖον ἰδεῖν ὑπ' αὐτοῦ
γινόμενον

23 12 ἐγένοντο δὲ φίλοι ὅ τε Ἡρῴδης
καὶ ὁ Πιλᾶτος ... μετ' ἀλλήλων

23 19ʰ διὰ στάσιν τινὰ γενομένην ἐν τῇ
πόλει

23 24 Πιλᾶτος ἐπέκρινεν γενέσθαι τὸ
αἴτημα αὐτῶν

23 31 εἰ ἐν τῷ (—NH) ὑγρῷ ξύλῳ ταῦτα
ποιοῦσιν, ἐν τῷ ξηρῷ τί γένηται;

23 44 σκότος ἐγένετο ἐφ' ὅλην τὴν γῆν

23 47ʰ ἰδὼν δὲ ὁ ἑκατοντάρχης τὸ γενό-
μενον ἐδόξαζεν (-ασεν Vς) τὸν
θεόν

23 48ʰ πάντες οἱ συμπαραγενόμενοι ὄχλοι
... θεωρήσαντες τὰ γενόμενα ...
ὑπέστρεφον

24 4ᵇ καὶ ἐγένετο ἐν τῷ ἀπορεῖσθαι
(δια- Vς) αὐτὰς περὶ τούτου

24 5ʰ ἐμφόβων δὲ γενομένων αὐτῶν

24 12¹ | καὶ ἀπῆλθεν πρὸς ἑαυτὸν θαυ-
μάζων τὸ γεγονός ([..VH]; ..
—NT)

24 15ᵇ καὶ ἐγένετο ἐν τῷ ὁμιλεῖν αὐτούς

24 18ʰ σὺ μόνος παροικεῖς Ἰερουσαλὴμ
καὶ οὐκ ἔγνως τὰ γενόμενα ἐν
αὐτῇ ⟨;⟩

24 19 ὃς ἐγένετο ἀνὴρ προφήτης

24 21 τρίτην ταύτην ἡμέραν ἄγει (+
σήμερον Vς) ἀφ' οὗ ταῦτα ἐγένετο

24 22ʰ γυναῖκές τινες ... γενόμεναι ὀρθρι-
ναὶ ἐπὶ τὸ μνημεῖον

24 30ᵇ καὶ ἐγένετο ἐν τῷ κατακλιθῆναι
αὐτὸν μετ' αὐτῶν λαβὼν τὸν
ἄρτον εὐλόγησεν

24 31 αὐτὸς ἄφαντος ἐγένετο ἀπ' αὐτῶν

24 37ʰ ἔμφοβοι γενόμενοι ἐδόκουν πνεῦμα
θεωρεῖν

24 51ᵇ καὶ ἐγένετο ἐν τῷ εὐλογεῖν αὐτὸν
αὐτοὺς διέστη ἀπ' αὐτῶν

Jo 1 3 πάντα δι' αὐτοῦ ἐγένετο, ↔

1 3 καὶ χωρὶς αὐτοῦ ἐγένετο

1 4 ⟨οὐδὲ | ἕν⟩. ὃ γέγονεν (N²⁶VSH; ἐν
ὃ γέγονεν. rl) ἐν αὐτῷ ζωὴ ἦν

Jo 1 6ᵈ ἐγένετο ἄνθρωπος, ἀπεσταλμένος
παρὰ θεοῦ

1 10 ὁ κόσμος δι' αὐτοῦ ἐγένετο

1 12 ἔδωκεν αὐτοῖς ἐξουσίαν τέκνα
θεοῦ γενέσθαι

1 14 καὶ ὁ λόγος σὰρξ ἐγένετο

1 15 ὁ ὀπίσω μου ἐρχόμενος ἔμπροσθέν
μου γέγονεν

1 17 ἡ χάρις καὶ ἡ ἀλήθεια διὰ Ἰησοῦ
Χριστοῦ ἐγένετο

1 27 *ὁ (—H) ὀπίσω μου ἐρχόμενος
| ὃς ἔμπροσθέν μου γέγονεν (+ς)

1 28 ταῦτα ἐν Βηθανίᾳ ἐγένετο

1 30 ὀπίσω μου ἔρχεται ἀνὴρ ὃς ἔμ-
προσθέν μου γέγονεν

2 1 γάμος ἐγένετο ἐν Κανὰ τῆς Γαλι-
λαίας

2 9ᵏ ὡς δὲ ἐγεύσατο ὁ ἀρχιτρίκλινος
τὸ ὕδωρ οἶνον γεγενημένον

3 9 πῶς δύναται ταῦτα γενέσθαι;

3 25 ἐγένετο οὖν ζήτησις ἐκ τῶν μαθη-
τῶν Ἰωάννου ... περὶ καθαρισμοῦ

4 14 τὸ ὕδωρ ... γενήσεται ἐν αὐτῷ
πηγὴ ὕδατος

5 4 *| ὁ οὖν πρῶτος ἐμβὰς ... ὑγιὴς
ἐγίνετο (.. +MVBς ..)

5 6 θέλεις ὑγιὴς γενέσθαι;

5 9 καὶ εὐθέως (—T) ἐγένετο ὑγιὴς ὁ
ἄνθρωπος

5 14 ἴδε ὑγιὴς γέγονας

5 14 ἵνα μὴ χεῖρόν σοί τι γένηται

6 16 ὡς δὲ ὀψία ἐγένετο

6 17 | καὶ σκοτία ἤδη ἐγεγόνει (κατ-
έλαβεν δὲ αὐτοὺς ἡ σκοτία T)

6 19ʲ θεωροῦσιν τὸν Ἰησοῦν ... ἐγγὺς
τοῦ πλοίου γινόμενον

6 21 καὶ εὐθέως ἐγένετο τὸ πλοῖον ἐπὶ
| τῆς γῆς (τὴν γῆν T)

6 25 ῥαββί, πότε ὧδε γέγονας;

7 43 σχίσμα οὖν ἐγένετο ἐν τῷ ὄχλῳ
δι' αὐτόν

8 33 πῶς σὺ λέγεις ὅτι ἐλεύθεροι γενή-
σεσθε;

8 58 πρὶν Ἀβραὰμ γενέσθαι ἐγὼ εἰμί

9 22 ἵνα ἐάν τις αὐτὸν ὁμολογήσῃ
χριστόν, ἀποσυνάγωγος γένηται

9 27 μὴ καὶ ὑμεῖς θέλετε | αὐτοῦ μαθη-
ταὶ (~ S) γενέσθαι;

9 39 ἵνα ... οἱ βλέποντες τυφλοὶ γένων-
ται

10 16 γενήσονται (γενήσεται NVTς)
μία ποίμνη, εἷς ποιμήν

10 19 σχίσμα πάλιν ἐγένετο ἐν τοῖς
Ἰουδαίοις

10 22 ἐγένετο τότε (δὲ Tς) τὰ ἐγκαίνια ἐν
τοῖς (—T) Ἰεροσολύμοις

10 35 εἰ ἐκείνους εἶπεν θεοὺς πρὸς οὓς ὁ
λόγος | τοῦ θεοῦ ἐγένετο (~ T)

12 29 ὁ οὖν [H] ὄχλος ... ἔλεγεν βροντὴν
γεγονέναι

12 30 οὐ δι' ἐμὲ ἡ φωνὴ αὕτη γέγονεν

12 36 πιστεύετε εἰς τὸ φῶς, ἵνα υἱοὶ
φωτὸς γένησθε

12 42 οὐχ ὡμολόγουν, ἵνα μὴ ἀπο-
συνάγωγοι γένωνται

13 2ʰʲ δείπνου γινομένου (γεν. ς) ⟨ἐγεί-
ρεται ἐκ τοῦ δείπνου⟩

13 19 ἀπ' ἄρτι λέγω ὑμῖν πρὸ τοῦ
γενέσθαι, ↔

13 19 ἵνα πιστεύσητε (-εύητε NH) ὅταν
γένηται ὅτι ἐγώ εἰμι

14 22 καὶ ([N²⁶]; —Hς) τί γέγονεν ὅτι
ἡμῖν μέλλεις ἐμφανίζειν σεαυτόν
⟨;⟩

14 29 νῦν εἴρηκα ὑμῖν πρὶν γενέσθαι, ↔

Jo 14 29 ἵνα ὅταν γένηται πιστεύσητε

15 7 αἰτήσασθε, καὶ γενήσεται ὑμῖν

15 8 ἵνα ... γένησθε (N²⁶H; -ήσεσθε rl)
ἐμοὶ μαθηταί

16 20 ἡ λύπη ὑμῶν εἰς χαρὰν γενήσεται

19 36ᵍ ἐγένετο γὰρ ταῦτα ἵνα ἡ γραφὴ
πληρωθῇ

20 27 καὶ μὴ γίνου ἄπιστος ἀλλὰ πιστός

21 4ʰʲ πρωΐας δὲ ἤδη γενομένης (N²⁶ς;
γιν. rl) ἔστη (+ὁ Vς) Ἰησοῦς
εἰς (ἐπὶ BST) τὸν αἰγιαλόν

Ac 1 16ʰ περὶ Ἰούδα τοῦ γενομένου ὁδηγοῦ
τοῖς συλλαβοῦσιν (+τὸν MV
[S]ς) Ἰησοῦν

1 18ʰ πρηνὴς γενόμενος ἐλάκησεν μέσος

1 19 γνωστὸν ἐγένετο πᾶσι τοῖς κατ-
οικοῦσιν Ἰερουσαλήμ

1 20ⁿ γενηθήτω ἡ ἔπαυλις αὐτοῦ ἔρημος

1 22 ⟨δεῖ⟩ μάρτυρα τῆς ἀναστάσεως
αὐτοῦ σὺν ἡμῖν γενέσθαι ἕνα
τούτων

2 2 καὶ ἐγένετο ἄφνω ἐκ τοῦ οὐρανοῦ
ἦχος

2 6ʰ γενομένης δὲ τῆς φωνῆς ταύτης
συνῆλθεν τὸ πλῆθος

2 43 ἐγίνετο (ἐγέν. ς) δὲ πάσῃ ψυχῇ
φόβος· ↔

2 43 πολλά τε (N²⁶Sς; δὲ rl) τέρατα καὶ
σημεῖα διὰ τῶν ἀποστόλων ἐγίνετο
(+ἐν Ἰερουσαλήμ VB[S]T ..)

4 4 ἐγενήθη ὁ ([N²⁶S]; —NTH) ἀριθ-
μὸς ... ὡς ([N²⁶]; ὡσεὶ MV[S]ς;
—T) χιλιάδες πέντε. ↔

4 5ᶜ ἐγένετο δὲ ... συναχθῆναι αὐτῶν
τοὺς ἄρχοντας

4 11ʰ ὁ λίθος ὁ ἐξουθενηθεὶς ὑφ' ὑμῶν ...
ὁ γενόμενος εἰς κεφαλὴν γωνίας

4 16 ὅτι μὲν γὰρ γνωστὸν σημεῖον
γέγονεν δι' αὐτῶν

4 21¹ πάντες ἐδόξαζον τὸν θεὸν ἐπὶ τῷ
γεγονότι

4 22 ὁ ἄνθρωπος ἐφ' ὃν γεγόνει (ἐγεγό-
νει MVBSς) τὸ σημεῖον τοῦτο

4 28 ὅσα ἡ χείρ σου καὶ ἡ βουλή σου
([N²⁶]; —NMH) προώρισεν γενέ-
σθαι

4 30 ⟨δὸς ... λαλεῖν τὸν λόγον σου⟩
ἐν τῷ ... σημεῖα καὶ τέρατα γίνε-
σθαι

5 5 ἐγένετο φόβος μέγας ἐπὶ πάντας
τοὺς ἀκούοντας

5 7 ἐγένετο δὲ ὡς ὡρῶν τριῶν διά-
στημα ↔

5 7¹ καὶ ἡ γυνὴ αὐτοῦ μὴ εἰδυῖα τὸ
γεγονὸς εἰσῆλθεν

5 11 ἐγένετο φόβος μέγας ἐφ' ὅλην τὴν
ἐκκλησίαν

5 12 ἐγίνετο σημεῖα καὶ τέρατα πολλὰ
ἐν τῷ λαῷ

5 24 διηπόρουν περὶ αὐτῶν τί ἂν
γένοιτο τοῦτο

5 36ᵉ πάντες ... διελύθησαν καὶ ἐγένοντο
εἰς οὐδέν

6 1 ἐγένετο γογγυσμὸς τῶν Ἑλληνι-
στῶν πρὸς τοὺς Ἑβραίους

7 13 φανερὸν ἐγένετο τῷ Φαραὼ τὸ
γένος || τοῦ ([N²⁶]; —NH)
Ἰωσήφ ((αὐτοῦ T))

7 29 ἐγένετο πάροικος ἐν γῇ Μαδιάμ

7 31 ἐγένετο φωνὴ κυρίου· ⟨ἐγὼ ὁ
θεὸς τῶν πατέρων σου⟩

7 32ʰ ἔντρομος δὲ γενόμενος Μωϋσῆς
οὐκ ἐτόλμα κατανοῆσαι

7 38ʰ οὗτός ἐστιν ὁ γενόμενος ἐν τῇ
ἐκκλησίᾳ ... μετὰ τοῦ ἀγγέλου

Ac 7 39 ᾧ οὐκ ἠθέλησαν ὑπήκοοι γενέσθαι οἱ πατέρες ἡμῶν

7 40 ὁ γὰρ Μωϋσῆς ... οὐκ οἴδαμεν τί ἐγένετο (γέγονεν ς) αὐτῷ

7 52 τοῦ δικαίου, οὗ νῦν ὑμεῖς προδόται καὶ φονεῖς ἐγένεσθε (γεγένησθε ς)

8 1 ἐγένετο δὲ ... διωγμὸς μέγας ἐπὶ τὴν ἐκκλησίαν

8 8 ἐγένετο δὲ πολλὴ χαρὰ ἐν τῇ πόλει ἐκείνῃ

8 13ʲ θεωρῶν τε σημεῖα καὶ δυνάμεις μεγάλας γινομένας ἐξίστατο

9 3ᶜ ἐν δὲ τῷ πορεύεσθαι ἐγένετο αὐτὸν ἐγγίζειν τῇ Δαμασκῷ

9 19ᵃ ἐγένετο δὲ μετὰ τῶν ἐν Δαμασκῷ μαθητῶν ἡμέρας τινάς ⟨καὶ εὐθέως ... ἐκήρυσσεν⟩

9 32ᶜ ἐγένετο δὲ Πέτρον ... κατελθεῖν καὶ πρὸς τοὺς ἁγίους τοὺς κατοικοῦντας Λύδδα

9 37ᶜ ἐγένετο δὲ ... ἀσθενήσασαν αὐτὴν ἀποθανεῖν

9 42 γνωστὸν δὲ ἐγένετο καθ᾽ ὅλης τῆς (—Η) Ἰόππης

9 43ᶜ ἐγένετο δὲ (+αὐτὸν M[S] ~Vς) ἡμέρας ἱκανὰς μεῖναι ἐν Ἰόππῃ

10 4ʰ ὁ δὲ ... ἔμφοβος γενόμενος εἶπεν

10 10 ἐγένετο δὲ πρόσπεινος καὶ ἤθελεν γεύσασθαι

10 10 ἐγένετο (ἐπέπεσεν ς) ἐπ᾽ αὐτὸν ἔκστασις

10 13 καὶ ἐγένετο φωνὴ πρὸς αὐτόν

10 16 τοῦτο δὲ ἐγένετο ἐπὶ τρίς

10 25ᶜ ὡς δὲ ἐγένετο τοῦ (—ς) εἰσελθεῖν τὸν Πέτρον

10 37ʰ οἴδατε τὸ γενόμενον ῥῆμα καθ᾽ ὅλης τῆς Ἰουδαίας

10 40 ἔδωκεν αὐτὸν ἐμφανῆ γενέσθαι

11 10 τοῦτο δὲ ἐγένετο ἐπὶ τρίς

11 19ʰ διασπαρέντες ἀπὸ τῆς θλίψεως τῆς γενομένης ἐπὶ Στεφάνῳ

11 26ᶜ ἐγένετο δὲ αὐτοῖς καὶ ἐνιαυτὸν ὅλον συναχθῆναι ἐν τῇ ἐκκλησίᾳ

11 28 λιμὸν μεγάλην μέλλειν ἔσεσθαι ... ἥτις ἐγένετο ἐπὶ Κλαυδίου

12 5ʲ προσευχὴ δὲ ἦν ἐκτενῶς (-νῆς Sς) γινομένη ὑπὸ τῆς ἐκκλησίας

12 9ʲ ἀληθές ἐστιν τὸ γινόμενον διὰ τοῦ ἀγγέλου

12 11ʰ ὁ Πέτρος ἐν ἑαυτῷ γενόμενος εἶπεν

12 18ʰ γενομένης δὲ ἡμέρας ἦν τάραχος οὐκ ὀλίγος ἐν τοῖς στρατιώταις, ↔

12 18 τί ἄρα ὁ Πέτρος ἐγένετο

12 23ʰ γενόμενος σκωληκόβρωτος ἐξέψυξεν

13 5ʰ γενόμενοι ἐν Σαλαμῖνι κατήγγελλον τὸν λόγον τοῦ θεοῦ

13 12ˡ ἰδὼν ὁ ἀνθύπατος τὸ γεγονὸς ἐπίστευσεν

13 32ʰ εὐαγγελιζόμεθα τὴν πρὸς τοὺς πατέρας ἐπαγγελίαν γενομένην

14 1ᶜ ἐγένετο δὲ ἐν Ἰκονίῳ ... εἰσελθεῖν αὐτοὺς εἰς τὴν συναγωγὴν

14 3 ἐπὶ τῷ κυρίῳ ... διδόντι (-τος Τ) σημεῖα καὶ τέρατα γίνεσθαι

14 5 ὡς δὲ ἐγένετο ὁρμὴ τῶν ἐθνῶν ⟨κατέφυγον⟩

15 2ʰ γενομένης δὲ στάσεως καὶ ζητήσεως ... πρὸς αὐτούς, ἔταξαν

15 7ʰ πολλῆς δὲ ζητήσεως γενομένης ... εἶπεν

15 25ʰ ἔδοξεν ἡμῖν γενομένοις ὁμοθυμαδόν ... πέμψαι

Ac 15 39 ἐγένετο δὲ παροξυσμός, ὥστε ἀποχωρισθῆναι αὐτοὺς ἀπ᾽ ἀλλήλων

16 16ᶜ ἐγένετο δὲ ... παιδίσκην τινὰ ἔχουσαν πνεῦμα | πύθωνα ὑπαντῆσαι (-νος ἀπ- Sς) ἡμῖν

16 26 ἄφνω δὲ σεισμὸς ἐγένετο μέγας

16 27ʰ ἔξυπνος δὲ γενόμενος ὁ δεσμοφύλαξ

16 29ʰ ἔντρομος γενόμενος προσέπεσεν τῷ Παύλῳ

16 35ʰ ἡμέρας δὲ γενομένης ἀπέστειλαν τοὺς ῥαβδούχους λέγοντες

19 1ᵇ ἐγένετο δὲ ἐν τῷ τὸν Ἀπολλῶ εἶναι ἐν Κορίνθῳ Παῦλον ... κατελθεῖν (BST; [κατ]ελθεῖν Ν²⁶; ἐλθεῖν rl) εἰς Ἔφεσον

19 10 τοῦτο δὲ ἐγένετο ἐπὶ ἔτη δύο

19 17 τοῦτο δὲ ἐγένετο γνωστὸν πᾶσιν ... τοῖς κατοικοῦσιν τὴν Ἔφεσον

19 21 μετὰ τὸ γενέσθαι με ἐκεῖ δεῖ με καὶ Ῥώμην ἰδεῖν

19 23 ἐγένετο δὲ κατὰ τὸν καιρὸν ἐκεῖνον τάραχος

19 26ʲ οὐκ εἰσὶν θεοὶ οἱ διὰ χειρῶν γινόμενοι

19 28ʰ ἀκούσαντες δὲ καὶ γενόμενοι πλήρεις θυμοῦ ἔκραζον

19 34 ἐπιγνόντες δὲ ὅτι Ἰουδαῖός ἐστιν, φωνὴ ἐγένετο μία ἐκ πάντων

20 3ʰ γενομένης ἐπιβουλῆς αὐτῷ ὑπὸ τῶν Ἰουδαίων

20 3 ἐγένετο γνώμης (-η ς) τοῦ ὑποστρέφειν διὰ Μακεδονίας

20 16 ὅπως μὴ γένηται αὐτῷ χρονοτριβῆσαι ἐν τῇ Ἀσίᾳ· ↔

20 16 ἔσπευδεν ... τὴν ἡμέραν τῆς πεντηκοστῆς γενέσθαι εἰς Ἱεροσόλυμα

20 18 ἐπίστασθε ... πῶς μεθ᾽ ὑμῶν τὸν πάντα χρόνον ἐγενόμην

20 37 ἱκανὸς δὲ κλαυθμὸς ἐγένετο πάντων

21 1ᶜ ὡς δὲ ἐγένετο ἀναχθῆναι ἡμᾶς

21 5ᶜ ὅτε δὲ ἐγένετο | ἡμᾶς ἐξαρτίσαι (~ΝΜΗ) τὰς ἡμέρας

21 14 τοῦ κυρίου τὸ θέλημα γινέσθω (γενέσθω ς)

21 17ʰ γενομένων δὲ ἡμῶν εἰς Ἱεροσόλυμα ἀσμένως ἀπεδέξαντο ἡμᾶς

21 30 ἐγένετο συνδρομὴ τοῦ λαοῦ

21 35 ὅτε δὲ ἐγένετο ἐπὶ τοὺς ἀναβαθμούς

21 40ʰ πολλῆς δὲ σιγῆς γενομένης προσεφώνησεν τῇ Ἑβραΐδι διαλέκτῳ

22 6ᶜ ἐγένετο δέ μοι πορευομένῳ ... ἐκ τοῦ οὐρανοῦ περιαστράψαι φῶς ἱκανόν

22 9 *τὸ μὲν φῶς ἐθεάσαντο | καὶ ἔμφοβοι ἐγένοντο (+ς)

22 17ᶜ ἐγένετο δέ μοι ὑποστρέψαντι εἰς Ἱερουσαλὴμ καὶ προσευχομένου μου ἐν τῷ ἱερῷ ↔

22 17 γενέσθαι με ἐν ἐκστάσει

23 7 ἐγένετο στάσις τῶν Φαρισαίων καὶ Σαδδουκαίων

23 9 ἐγένετο δὲ κραυγὴ μεγάλη

23 10ʰʲ πολλῆς δὲ γινομένης (γεν. Sς) στάσεως φοβηθεὶς ὁ χιλίαρχος ... ἐκέλευσεν

23 12ʰ γενομένης δὲ ἡμέρας ποιήσαντες συστροφὴν οἱ Ἰουδαῖοι

24 2ʲ διορθωμάτων γινομένων τῷ ἔθνει τούτῳ διὰ τῆς σῆς προνοίας ⟨ἀποδεχόμεθα⟩

24 25ʰ ἔμφοβος γενόμενος ὁ Φῆλιξ ἀπεκρίθη

Ac 25 15ʰ περὶ οὗ γενομένου μου εἰς Ἱεροσόλυμα ἐνεφάνισαν οἱ ἀρχιερεῖς

25 26ʰ ὅπως τῆς ἀνακρίσεως γενομένης σχῶ τί γράψω

26 4ʰ τὴν μὲν οὖν βίωσίν μου ... τὴν ἀπ᾽ ἀρχῆς γενομένην ἐν τῷ ἔθνει μου ... ἴσασι πάντες οἱ ([Ν²⁶] Τς; —rl) Ἰουδαῖοι

26 6ʰ ἐπ᾽ ἐλπίδι τῆς ... ἐπαγγελίας γενομένης ὑπὸ τοῦ θεοῦ ἕστηκα κρινόμενος

26 19 ὅθεν ... οὐκ ἐγενόμην ἀπειθὴς τῇ οὐρανίῳ ὀπτασίᾳ

26 22 ὧν τε οἱ προφῆται ἐλάλησαν μελλόντων γίνεσθαι

26 28 *ἐν ὀλίγῳ με πείθεις Χριστιανὸν γενέσθαι (ς; ποιῆσαι rl)

26 29 εὐξαίμην (-ξάμην Τ) ἂν ... πάντας τοὺς ἀκούοντάς μου σήμερον γενέσθαι τοιούτους

27 7ʰ μόλις γενόμενοι κατὰ τὴν Κνίδον ... ὑπεπλεύσαμεν τὴν Κρήτην

27 16 ἰσχύσαμεν μόλις περικρατεῖς γενέσθαι τῆς σκάφης

27 27 ὡς δὲ τεσσαρεσκαιδεκάτη νὺξ ἐγένετο διαφερομένων ἡμῶν

27 29 φοβούμενοί τε (δὲ BS) ... ηὔχοντο ἡμέραν γενέσθαι

27 33 ἄχρι δὲ οὗ ἡμέρα ἤμελλεν γίνεσθαι

27 36ʰ εὔθυμοι δὲ γενόμενοι πάντες καὶ αὐτοὶ προσελάβοντο τροφῆς

27 39 ὅτε δὲ ἡμέρα ἐγένετο, τὴν γῆν οὐκ ἐπεγίνωσκον

27 42ᵍ τῶν δὲ στρατιωτῶν βουλὴ ἐγένετο ἵνα τοὺς δεσμώτας ἀποκτείνωσιν

27 44ᶜ καὶ οὕτως ἐγένετο πάντας διασωθῆναι ἐπὶ τὴν γῆν

28 6ʲ θεωρούντων μηδὲν ἄτοπον εἰς αὐτὸν γινόμενον

28 8ᶜ ἐγένετο δὲ τὸν πατέρα τοῦ Ποπλίου ... κατακεῖσθαι

28 9ʰ τούτου δὲ γενομένου καὶ [H] οἱ λοιποὶ ... προσήρχοντο

28 17ᶜ ἐγένετο δὲ μετὰ ἡμέρας τρεῖς συγκαλέσασθαι αὐτὸν τοὺς ὄντας τῶν Ἰουδαίων πρώτους

Rm 1 3ʰ περὶ τοῦ υἱοῦ αὐτοῦ τοῦ γενομένου ἐκ σπέρματος Δαυὶδ κατὰ σάρκα

2 25 ἡ περιτομή σου ἀκροβυστία γέγονεν

3 4ᵐ ⟨μὴ ἡ ἀπιστία αὐτῶν τὴν πίστιν τοῦ θεοῦ καταργήσει;⟩ μὴ γένοιτο· ↔

3 4 γινέσθω δὲ ὁ θεὸς ἀληθής, πᾶς δὲ ἄνθρωπος ψεύστης

3 6ᵐ ⟨μὴ ἄδικος ὁ θεός;⟩ μὴ γένοιτο

3 19 ἵνα ... ὑπόδικος γένηται πᾶς ὁ κόσμος τῷ θεῷ

3 31ᵐ νόμον οὖν καταργοῦμεν διὰ τῆς πίστεως; μὴ γένοιτο

4 18 εἰς τὸ γενέσθαι αὐτὸν πατέρα πολλῶν ἐθνῶν

6 2ᵐ ⟨ἐπιμένωμεν τῇ ἁμαρτίᾳ;⟩ μὴ γένοιτο

6 5 εἰ γὰρ σύμφυτοι γεγόναμεν τῷ ὁμοιώματι τοῦ θανάτου αὐτοῦ

6 15ᵐ ἁμαρτήσωμεν ...; μὴ γένοιτο

7 3 μοιχαλὶς χρηματίσει ἐὰν γένηται ἀνδρὶ ἑτέρῳ

7 3ʰ τοῦ μὴ εἶναι αὐτὴν μοιχαλίδα γενομένην ἀνδρὶ ἑτέρῳ

7 4 ἐθανατώθητε τῷ νόμῳ ... εἰς τὸ γενέσθαι ὑμᾶς ἑτέρῳ

7 7ᵐ ὁ νόμος ἁμαρτία; μὴ γένοιτο

Rm 7 13 τὸ οὖν ἀγαθὸν ἐμοὶ ἐγένετο
(γέγονε ς) θάνατος; ↔

7 13m μὴ γένοιτο

7 13 ἵνα γένηται καθ᾽ ὑπερβολὴν ἁμαρ-
τωλὸς ἡ ἁμαρτία

9 14m μὴ ἀδικία παρὰ τῷ θεῷ; μὴ
γένοιτο

9 29 εἰ μὴ ... ἐγκατέλιπεν ἡμῖν σπέρμα,
ὡς Σόδομα ἂν ἐγενήθημεν

10 20 ἐμφανὴς ἐγενόμην (+ἐν B) τοῖς
ἐμὲ μὴ ἐπερωτῶσιν

11 1m μὴ ἀπώσατο ὁ θεὸς τὸν λαὸν
αὐτοῦ; μὴ γένοιτο

11 5 ἐν τῷ νῦν καιρῷ λεῖμμα κατ᾽
ἐκλογὴν χάριτος γέγονεν

11 6 ἐπεὶ ἡ χάρις οὐκέτι γίνεται χάρις

11 9n καὶ Δαυὶδ λέγει· γενηθήτω ἡ
τράπεζα αὐτῶν εἰς παγίδα

11 11m μὴ ἔπταισαν ἵνα πέσωσιν; μὴ
γένοιτο

11 17 εἰ ... συγκοινωνὸς τῆς ῥίζης καὶ
(—N²⁶ΝΤΗ) τῆς πιότητος τῆς
ἐλαίας ἐγένου

11 25 ὅτι πώρωσις ἀπὸ μέρους τῷ
Ἰσραὴλ γέγονεν

11 34 ἢ τίς σύμβουλος αὐτοῦ ἐγένετο;

12 16 μὴ γίνεσθε φρόνιμοι παρ᾽ ἑαυτοῖς

15 8 λέγω γὰρ Χριστὸν διάκονον γεγε-
νῆσθαι περιτομῆς

15 16 ἵνα γένηται ἡ προσφορὰ τῶν
ἐθνῶν εὐπρόσδεκτος

15 31 ἵνα ... ἡ διακονία μου ἡ εἰς
Ἰερουσαλὴμ εὐπρόσδεκτος τοῖς
ἁγίοις γένηται

16 2 αὕτη προστάτις πολλῶν ἐγενήθη
καὶ ἐμοῦ αὐτοῦ

16 7 οἳ καὶ πρὸ ἐμοῦ γέγοναν (-νασιν
VBSς) ἐν Χριστῷ

1C 1 30 ὃς ἐγενήθη σοφία ἡμῖν ἀπὸ θεοῦ

2 3 κἀγὼ ... ἐν τρόμῳ πολλῷ ἐγενό-
μην πρὸς ὑμᾶς

3 13 ἑκάστου τὸ ἔργον φανερὸν γενήσε-
ται

3 18g εἴ τις δοκεῖ σοφὸς εἶναι ἐν ὑμῖν ...
μωρὸς γενέσθω, ↔

3 18 ἵνα γένηται σοφός

4 5 τότε ὁ ἔπαινος γενήσεται ἑκάστῳ
ἀπὸ τοῦ θεοῦ

4 9 ὅτι θέατρον ἐγενήθημεν τῷ κόσμῳ
καὶ ἀγγέλοις

4 13 ὡς περικαθάρματα τοῦ κόσμου
ἐγενήθημεν

4 16 παρακαλῶ οὖν ὑμᾶς, μιμηταί μου
γίνεσθε

6 15m ποιήσω πόρνης μέλη; μὴ γένοιτο

7 21 εἰ καὶ δύνασαι ἐλεύθερος γενέσθαι,
μᾶλλον χρῆσαι

7 23 μὴ γίνεσθε δοῦλοι ἀνθρώπων

7 36 εἰ ... οὕτως ὀφείλει γίνεσθαι, ὃ
θέλει ποιείτω

8 9 βλέπετε δὲ μή πως ἡ ἐξουσία ...
πρόσκομμα γένηται τοῖς ἀσθενέσιν

9 15 οὐκ ἔγραψα δὲ ταῦτα ἵνα οὕτως
γένηται ἐν ἐμοί

9 20 ἐγενόμην τοῖς Ἰουδαίοις ὡς Ἰου-
δαῖος

9 22 ἐγενόμην τοῖς ἀσθενέσιν (+ὡς
[MVS]ς) ἀσθενής

9 22g τοῖς πᾶσιν γέγονα πάντα, ἵνα
πάντως τινὰς σώσω

9 23 ἵνα συγκοινωνὸς αὐτοῦ γένωμαι

9 27 μή πως ἄλλοις κηρύξας αὐτὸς
ἀδόκιμος γένωμαι

10 6 ταῦτα δὲ τύποι ἡμῶν ἐγενήθησαν

1C 10 7 μηδὲ εἰδωλολάτραι γίνεσθε, καθὼς
τινες αὐτῶν

10 20 οὐ θέλω δὲ ὑμᾶς κοινωνοὺς τῶν
δαιμονίων γίνεσθαι

10 32 ἀπρόσκοποι καὶ Ἰουδαίοις γίνε-
σθε καὶ Ἕλλησιν

11 1 μιμηταί μου γίνεσθε, καθὼς κἀγὼ
Χριστοῦ

11 19 ἵνα καὶ ([N²⁶ΝVΗ]; —STς) οἱ
δόκιμοι φανεροὶ γένωνται ἐν ὑμῖν

13 1 ἐὰν ταῖς γλώσσαις τῶν ἀνθρώπων
λαλῶ ... γέγονα χαλκὸς ἠχῶν

13 11 ὅτε (+δὲ MVSς) γέγονα ἀνήρ,
κατήργηκα τὰ τοῦ νηπίου

14 20 ἀδελφοί, μὴ παιδία γίνεσθε ταῖς
φρεσίν, ↔

14 20 ἀλλὰ τῇ κακίᾳ νηπιάζετε, ταῖς δὲ
φρεσὶν τέλειοι γίνεσθε

14 25 τὰ κρυπτὰ τῆς καρδίας αὐτοῦ
φανερὰ γίνεται

14 26 πάντα πρὸς οἰκοδομὴν γινέσθω
(γεν. ς)

14 40 πάντα δὲ εὐσχημόνως καὶ κατὰ
τάξιν γινέσθω

15 10 ἡ χάρις αὐτοῦ ἡ εἰς ἐμὲ οὐ κενὴ
ἐγενήθη

15 20 *ἀπαρχὴ τῶν κεκοιμημένων ἐγέ-
νετο (+ς)

15 37 ὃ σπείρεις, οὐ τὸ σῶμα τὸ γενησό-
μενον σπείρεις

15 45e ἐγένετο ὁ πρῶτος ἄνθρωπος Ἀδὰμ
εἰς ψυχὴν ζῶσαν

15 54 τότε γενήσεται ὁ λόγος ὁ γεγραμ-
μένος

15 58 ἀδελφοί μου ἀγαπητοί, ἑδραῖοι
γίνεσθε, ἀμετακίνητοι

16 2 ἵνα μὴ ὅταν ἔλθω τότε λογεῖαι
γίνωνται

16 10 ἐὰν δὲ ἔλθῃ Τιμόθεος, βλέπετε ἵνα
ἀφόβως γένηται πρὸς ὑμᾶς

16 14 πάντα ὑμῶν ἐν ἀγάπῃ γινέσθω

2C 1 8h ὑπὲρ (περὶ BST) τῆς θλίψεως
ἡμῶν τῆς γενομένης ἐν τῇ Ἀσίᾳ

1 18 *ὁ λόγος ἡμῶν ... οὐκ ἐγένετο
(ς· ἔστιν rl) ναὶ καὶ οὔ

1 19 | Ἰησοῦς Χριστὸς (~ΝΤΗ) ...
οὐκ ἐγένετο ναὶ καὶ οὔ,

1 19 ἀλλὰ ναὶ ἐν αὐτῷ γέγονεν

3 7 εἰ δὲ ἡ διακονία τοῦ θανάτου ἐν
γράμμασιν ἐντετυπωμένη λίθοις
ἐγενήθη ἐν δόξῃ

5 17 τὰ ἀρχαῖα παρῆλθεν, ἰδοὺ γέγονεν
καινά

5 21 ἵνα ἡμεῖς γενώμεθα (γιν. ς) δικαιο-
σύνη θεοῦ ἐν αὐτῷ

6 14 μὴ γίνεσθε ἑτεροζυγοῦντες ἀπί-
στοις

7 14 οὕτως καὶ ἡ καύχησις ἡμῶν ἡ
(—ΝΤΗ) ἐπὶ Τίτου ἀλήθεια ἐγενή-
θη

8 14e ἵνα καὶ τὸ ἐκείνων περίσσευμα
γένηται εἰς τὸ ὑμῶν ὑστέρημα, ↔

8 14 ὅπως γένηται ἰσότης

12 11 γέγονα ἄφρων· ὑμεῖς με ἠναγκά-
σατε

G 2 17m ἆρα Χριστὸς ἁμαρτίας διάκονος;
μὴ γένοιτο

3 13h Χριστὸς ἡμᾶς ἐξηγόρασεν ... γενό-
μενος ὑπὲρ ἡμῶν κατάρα

3 14 ἵνα εἰς τὰ ἔθνη ἡ εὐλογία τοῦ
Ἀβραὰμ γένηται

3 17l διαθήκην ... ὁ μετὰ τετρακόσια καὶ
τριάκοντα ἔτη γεγονὼς νόμος οὐκ
ἀκυροῖ

G 3 21m ὁ οὖν νόμος κατὰ τῶν ἐπαγγελιῶν
| τοῦ θεοῦ [N²⁶ΝΗ]; μὴ γένοιτο

3 24 ὁ νόμος παιδαγωγὸς ἡμῶν γέγονεν
εἰς Χριστόν

4 4h ἐξαπέστειλεν ὁ θεὸς τὸν υἱὸν
αὐτοῦ, γενόμενον ἐκ γυναικός, ↔

4 4h γενόμενον ὑπὸ νόμον

4 12 γίνεσθε ὡς ἐγώ, ὅτι κἀγὼ ὡς
ὑμεῖς

4 16 ὥστε ἐχθρὸς ὑμῶν γέγονα ἀλη-
θεύων ὑμῖν;

5 26 μὴ γινώμεθα κενόδοξοι

6 14m ἐμοὶ δὲ μὴ γένοιτο καυχᾶσθαι
εἰ μὴ ἐν τῷ σταυρῷ τοῦ κυρίου

E 2 13 νυνὶ δὲ ἐν Χριστῷ Ἰησοῦ ὑμεῖς
οἵ ποτε ὄντες μακρὰν ἐγενήθητε
ἐγγύς

3 7 οὗ ἐγενήθην (ἐγενόμην ς) διά-
κονος κατὰ τὴν δωρεὰν τῆς χάρι-
τος τοῦ θεοῦ

4 32 γίνεσθε δὲ [N²⁶Η] εἰς ἀλλήλους
χρηστοί

5 1 γίνεσθε οὖν μιμηταὶ τοῦ θεοῦ

5 7 μὴ οὖν γίνεσθε συμμέτοχοι αὐτῶν

5 12j τὰ γὰρ κρυφῇ γινόμενα ὑπ᾽
αὐτῶν αἰσχρόν ἐστιν καὶ λέγειν

5 17 διὰ τοῦτο μὴ γίνεσθε ἄφρονες

6 3 ἵνα εὖ σοι γένηται καὶ ἔσῃ μακρο-
χρόνιος ἐπὶ τῆς γῆς

Ph 1 13 ὥστε τοὺς δεσμούς μου φανεροὺς
ἐν Χριστῷ γενέσθαι

2 7h ἑαυτὸν ἐκένωσεν μορφὴν δούλου
λαβών, ἐν ὁμοιώματι ἀνθρώπων
γενόμενος

2 8h ἐταπείνωσεν ἑαυτὸν γενόμενος ὑπή-
κοος μέχρι θανάτου

2 15 ἵνα γένησθε ἄμεμπτοι καὶ ἀκέραιοι

3 6h κατὰ δικαιοσύνην τὴν ἐν νόμῳ
γενόμενος ἄμεμπτος

3 17 συμμιμηταί μου γίνεσθε, ἀδελφοί

3 21 *| εἰς τὸ γενέσθαι αὐτὸ (+ς)
σύμμορφον τῷ σώματι τῆς δόξης
αὐτοῦ

Cl 1 18 ἵνα γένηται ἐν πᾶσιν αὐτὸς πρω-
τεύων

1 23 τοῦ εὐαγγελίου ... οὗ ἐγενόμην
ἐγὼ Παῦλος διάκονος

1 25 ⟨ἐκκλησία⟩ ἧς ἐγενόμην ἐγὼ διά-
κονος

3 15 καὶ εὐχάριστοι γίνεσθε

4 11 οἵτινες ἐγενήθησάν μοι παρηγορία

1Th 1 5 τὸ εὐαγγέλιον ἡμῶν οὐκ ἐγενήθη
εἰς ὑμᾶς ἐν λόγῳ μόνον

1 5 καθὼς οἴδατε οἷοι ἐγενήθημεν ἐν
([N²⁶]; —Η) ὑμῖν δι᾽ ὑμᾶς. ↔

1 6 καὶ ὑμεῖς μιμηταὶ ἡμῶν ἐγενήθητε
καὶ τοῦ κυρίου

1 7 ὥστε γενέσθαι ὑμᾶς τύπον (-ους
Sς) πᾶσιν τοῖς πιστεύουσιν

2 1 οἴδατε, ἀδελφοί, τὴν εἴσοδον ἡμῶν
... ὅτι οὐ κενὴ γέγονεν

2 5 οὔτε γάρ ποτε ἐν λόγῳ κολακείας
ἐγενήθημεν

2 7 ἀλλὰ ἐγενήθημεν νήπιοι (ἤπιοι
ΝΜVSTς) ἐν μέσῳ ὑμῶν

2 8 διότι ἀγαπητοὶ ἡμῖν ἐγενήθητε
(γεγένησθε ς)

2 10 ὡς ὁσίως ... ὑμῖν τοῖς πιστεύουσιν
ἐγενήθημεν

2 14 ὑμεῖς γὰρ μιμηταὶ ἐγενήθητε, ἀδελ-
φοί, τῶν ἐκκλησιῶν τοῦ θεοῦ

3 4 μέλλομεν θλίβεσθαι, καθὼς καὶ
ἐγένετο καὶ οἴδατε

3 5e μή πως ... εἰς κενὸν γένηται ὁ
κόπος ἡμῶν

2Th 2 7 μόνον ὁ κατέχων ἄρτι ἕως ἐκ μέσου γένηται

1Tm 2 14 ἡ δὲ γυνὴ ἐξαπατηθεῖσα ἐν παραβάσει γέγονεν
4 12 τύπος γίνου τῶν πιστῶν ἐν λόγῳ
5 9ˡ χήρα καταλεγέσθω μὴ ἔλαττον ἐτῶν ἑξήκοντα γεγονυῖα
6 4 ἐξ ὧν γίνεται φθόνος, ἔρις

2Tm 1 17ʰ ἀλλὰ γενόμενος ἐν Ῥώμῃ σπουδαίως ἐζήτησέν με
2 18 λέγοντες τὴν ([N²⁶]; —NSTH) ἀνάστασιν ἤδη γεγονέναι
3 9 ἡ γὰρ ἄνοια αὐτῶν ἔκδηλος ἔσται πᾶσιν, ὡς καὶ ἡ ἐκείνων ἐγένετο
3 11 τοῖς παθήμασιν, οἷά μοι ἐγένετο ἐν Ἀντιοχείᾳ

Tt 3 7 ἵνα δικαιωθέντες ... κληρονόμοι γενηθῶμεν (-ώμεθα ς)

Phm 6 ὅπως ἡ κοινωνία τῆς πίστεώς σου ἐνεργὴς γένηται

Hb 1 4ʰ τοσούτῳ κρείττων γενόμενος τῶν ἀγγέλων
2 2 εἰ γὰρ ὁ δι' ἀγγέλων λαληθεὶς λόγος ἐγένετο βέβαιος
2 17 ἵνα ἐλεήμων γένηται καὶ πιστὸς ἀρχιερεύς
3 14 μέτοχοι γὰρ τοῦ Χριστοῦ γεγόναμεν
4 3 καίτοι τῶν ἔργων ἀπὸ καταβολῆς κόσμου γενηθέντων
5 5 ὁ Χριστὸς οὐχ ἑαυτὸν ἐδόξασεν γενηθῆναι ἀρχιερέα
5 9ᵈ τελειωθεὶς ἐγένετο πᾶσιν τοῖς ὑπακούουσιν αὐτῷ αἴτιος σωτηρίας
5 11 ἐπεὶ νωθροὶ γεγόνατε ταῖς ἀκοαῖς
5 12 καὶ γεγόνατε χρείαν ἔχοντες γάλακτος
6 4 ἀδύνατον ... μετόχους γενηθέντας πνεύματος ἁγίου ... πάλιν ἀνακαινίζειν εἰς μετάνοιαν
6 12 ἵνα μὴ νωθροὶ γένησθε
6 20ʰ Ἰησοῦς ... ἀρχιερεὺς γενόμενος εἰς τὸν αἰῶνα
7 12 μετατιθεμένης γὰρ τῆς ἱερωσύνης ἐξ ἀνάγκης καὶ νόμου μετάθεσις γίνεται
7 16 ὃς οὐ κατὰ νόμον ἐντολῆς σαρκίνης γέγονεν
7 18 ἀθέτησις μὲν γὰρ γίνεται προαγούσης ἐντολῆς
7 20ˡ οἱ μὲν γὰρ χωρὶς ὁρκωμοσίας εἰσὶν ἱερεῖς γεγονότες
7 22 κρείττονος διαθήκης γέγονεν ἔγγυος Ἰησοῦς ↔
7 23ˡ καὶ οἱ μὲν πλείονές εἰσιν γεγονότες ἱερεῖς
7 26ʰ ἀρχιερεύς ... ὑψηλότερος τῶν οὐρανῶν γενόμενος
9 11ʰ Χριστὸς δὲ παραγενόμενος ἀρχιερεὺς τῶν γενομένων (μελλόντων MVBSTς) ἀγαθῶν
9 15ʰ θανάτου γενομένου εἰς ἀπολύτρωσιν τῶν ... παραβάσεων
9 22 χωρὶς αἱματεκχυσίας οὐ γίνεται ἄφεσις
10 33 κοινωνοὶ τῶν οὕτως ἀναστρεφομένων γενηθέντες
11 3 εἰς τὸ μὴ ἐκ φαινομένων τὸ βλεπόμενον γεγονέναι
11 6 τοῖς ἐκζητοῦσιν αὐτὸν μισθαποδότης γίνεται
11 7 Νῶε ... τῆς κατὰ πίστιν δικαιοσύνης ἐγένετο κληρονόμος

Hb 11 12 *διὸ καὶ ἀφ' ἑνὸς ἐγενήθησαν (NMVBS; ἐγεννή. rl), καὶ ταῦτα νενεκρωμένου
11 24ʰ πίστει Μωϋσῆς μέγας γενόμενος ἠρνήσατο λέγεσθαι υἱὸς θυγατρὸς Φαραώ
11 34 ⟨οἳ⟩ ἐδυναμώθησαν (ἐν- VS) ἀπὸ ἀσθενείας, ἐγενήθησαν ἰσχυροὶ ἐν πολέμῳ
12 8 εἰ δὲ χωρίς ἐστε παιδείας, ἧς μέτοχοι γεγόνασιν πάντες

Jc 1 12ʰ ὅτι δόκιμος γενόμενος λήμψεται τὸν στέφανον τῆς ζωῆς
1 22 γίνεσθε δὲ ποιηταὶ λόγου
1 25ʰ ὁ δὲ ... οὐκ ἀκροατὴς ἐπιλησμονῆς γενόμενος
2 4 οὐ διεκρίθητε ἐν ἑαυτοῖς καὶ ἐγένεσθε κριταὶ ⟨;⟩
2 10 ὅστις ... πταίσῃ (-σει Sς) δὲ ἐν ἑνί, γέγονεν πάντων ἔνοχος
2 11 εἰ ... φονεύεις δέ, γέγονας παραβάτης νόμου
3 1 μὴ πολλοὶ διδάσκαλοι γίνεσθε, ἀδελφοί μου
3 9ˡ τοὺς ἀνθρώπους τοὺς καθ' ὁμοίωσιν θεοῦ γεγονότας
3 10 οὐ χρή, ἀδελφοί μου, ταῦτα οὕτως γίνεσθαι
5 2 τὰ ἱμάτια ὑμῶν σητόβρωτα γέγονεν

1Pt 1 15 ἀλλὰ ... καὶ αὐτοὶ ἅγιοι ἐν πάσῃ ἀναστροφῇ γενήθητε, ↔
1 16 *διότι γέγραπται ὅτι [+N²⁶NH] ἅγιοι γίνεσθε (Sς; ἔσεσθε rl)
2 7ᵉ λίθος (-θον STς) ὃν ἀπεδοκίμασαν ... οὗτος ἐγενήθη εἰς κεφαλὴν γωνίας
3 6 ἧς ἐγενήθητε τέκνα ἀγαθοποιοῦσαι καὶ μὴ φοβούμεναι
3 13 ἐὰν τοῦ ἀγαθοῦ ζηλωταὶ γένησθε
4 12ʲ μὴ ξενίζεσθε τῇ ἐν ὑμῖν πυρώσει πρὸς πειρασμὸν ὑμῖν γινομένῃ
5 3ʲ ⟨ποιμάνατε⟩ μηδ' ὡς κατακυριεύοντες ... ἀλλὰ τύποι γινόμενοι

2Pt 1 4 ἵνα διὰ τούτων γένησθε θείας κοινωνοὶ φύσεως
1 16 ἀλλ' ἐπόπται γενηθέντες τῆς ἐκείνου μεγαλειότητος
1 20 πᾶσα προφητεία γραφῆς ἰδίας ἐπιλύσεως οὐ γίνεται
2 1 ἐγένοντο δὲ καὶ ψευδοπροφῆται ἐν τῷ λαῷ
2 12ᵏ *οὗτοι δέ, ὡς ἄλογα ζῷα γεγεννημένα (T; γεγεννη. rl) φυσικὰ εἰς ἅλωσιν ... φθαρήσονται (κατα- Sς)
2 20 εἰ ... ἡττῶνται, γέγονεν αὐτοῖς τὰ ἔσχατα χείρονα τῶν πρώτων

1Jo 2 18 καὶ νῦν ἀντίχριστοι πολλοὶ γεγόνασιν

2Jo 12 ἀλλὰ ἐλπίζω γενέσθαι (ἐλθεῖν ς) πρὸς ὑμᾶς

3Jo 8 ἵνα συνεργοὶ γινώμεθα τῇ ἀληθείᾳ

Ap 1 1 ἀποκάλυψις Ἰησοῦ Χριστοῦ, ἣν ἔδωκεν αὐτῷ ὁ θεός, δεῖξαι ... ἃ δεῖ γενέσθαι ἐν τάχει
1 9 ἐγὼ Ἰωάννης ... ἐγενόμην ἐν τῇ νήσῳ τῇ καλουμένῃ Πάτμῳ
1 10 ἐγενόμην ἐν πνεύματι ἐν τῇ κυριακῇ ἡμέρᾳ
1 18 καὶ ἐγενόμην νεκρὸς καὶ ἰδοὺ ζῶν εἰμι
1 19 γράψον ... ἃ μέλλει γενέσθαι (γίνεσθαι VBSHς) μετὰ ταῦτα
2 8 ὃς ἐγένετο νεκρὸς καὶ ἔζησεν

Ap 2 10 γίνου πιστὸς ἄχρι θανάτου
3 2 γίνου γρηγορῶν, καὶ στήρισον τ[ὰ] λοιπά
4 1 δείξω σοι ἃ δεῖ γενέσθαι μετ[ὰ] ταῦτα. ↔
4 2 εὐθέως ἐγενόμην ἐν πνεύματι
6 12 σεισμὸς μέγας ἐγένετο
6 12 καὶ ὁ ἥλιος | ἐγένετο μέλας (~ T) ὡς σάκκος τρίχινος, ↔
6 12 καὶ ἡ σελήνη ὅλη ἐγένετο ὡς αἷμ[α]
8 1 ἐγένετο σιγὴ ἐν τῷ οὐρανῷ ὡ[ς] ἡμιώριον
8 5 καὶ ἐγένοντο βρονταὶ καὶ φωναὶ καὶ ἀστραπαὶ καὶ σεισμός
8 7 καὶ ἐγένετο χάλαζα καὶ πῦρ μεμιγμένα (-μένον T) ἐν αἵματι
8 8 καὶ ἐγένετο τὸ τρίτον τῆς θαλάσσης αἷμα
8 11 καὶ ἐγένετο (γίνεται ς) τὸ τρίτον τῶν ὑδάτων εἰς ἄψινθον
11 13 ἐν ἐκείνῃ τῇ ὥρᾳ ἐγένετο σεισμὸς μέγας
11 13 καὶ οἱ λοιποὶ ἔμφοβοι ἐγένοντο
11 15 καὶ ἐγένοντο φωναὶ μεγάλαι ἐν τῷ οὐρανῷ
11 15 | ἐγένετο ἡ βασιλεία (-νοντο α[ἱ] β-λεῖαι ς) τοῦ κόσμου
11 19 καὶ ἐγένοντο ἀστραπαὶ καὶ φωναὶ
12 7 καὶ ἐγένετο πόλεμος ἐν τῷ οὐρανῷ
12 10 ἄρτι ἐγένετο ἡ σωτηρία καὶ ἡ δύναμις
16 2 ἐγένετο ἕλκος ... ἐπὶ τοὺς ἀνθρώπους
16 3 καὶ ἐγένετο αἷμα ὡς νεκροῦ
16 4 καὶ ἐγένετο (ἐγένοντο B) αἷμα
16 10ᵈ καὶ ἐγένετο ἡ βασιλεία αὐτοῦ ἐσκοτωμένη
16 17 ἐξῆλθεν φωνὴ μεγάλη ... λέγουσα· γέγονεν. ↔
16 18 καὶ ἐγένοντο ἀστραπαὶ καὶ φωναὶ καὶ βρονταί, ↔
16 18 καὶ σεισμὸς ἐγένετο μέγας, ↔
16 18 οἷος οὐκ ἐγένετο ↔
16 18 ἀφ' οὗ | ἄνθρωπος ἐγένετο (-ποι -νοντο MVBSHς) ἐπὶ τῆς γῆς
16 19 καὶ ἡ πόλις ἡ μεγάλη εἰς τρία μέρη
18 2 ἐγένετο κατοικητήριον δαιμονίων (-όνων VSς)
21 6 εἴπέν μοι· γέγοναν (-να VS; -νε ς)
22 6 ἃ δεῖ γενέσθαι ἐν τάχει

γινώσκω

ἀνα-   ἐπι-   προ-
δια-   κατα-

ᵃ seq. ὅτι
ᵇ seq. interr.
ᶜ abs.
ᵈ γ. Deum, patrem
ᵉ γ. Christum
ᶠ sensu sexuali

Mt 1 25ᶠ οὐκ ἐγίνωσκεν αὐτὴν ἕως οὗ [NH] ἔτεκεν υἱόν (τὸν υἱὸν αὐτῆς τὸν πρωτότοκον Vς)
6 3ᵇ μὴ γνώτω ἡ ἀριστερά σου τί ποιεῖ ἡ δεξιά σου
7 23 ὁμολογήσω αὐτοῖς ὅτι οὐδέποτε ἔγνων ὑμᾶς
9 30ᶜ ὁρᾶτε μηδεὶς γινωσκέτω
10 26 οὐδὲν γάρ ἐστιν ... κρυπτὸν ὃ οὐ γνωσθήσεται
12 7ᵇ εἰ δὲ ἐγνώκειτε τί ἐστιν· ἔλεος θέλω καὶ οὐ θυσίαν, οὐκ ἂν κατεδικάσατε
12 15ᶜ ὁ δὲ Ἰησοῦς γνοὺς ἀνεχώρησεν ἐκεῖθεν

Mt 12 33 ἐκ γὰρ τοῦ καρποῦ τὸ δένδρον γινώσκεται
13 11 ὑμῖν δέδοται γνῶναι τὰ μυστήρια τῆς βασιλείας τῶν οὐρανῶν
16 3 | τὸ μὲν πρόσωπον τοῦ οὐρανοῦ γινώσκετε διακρίνειν [.. N²⁶NST H ..] ⟨;⟩
16 8ᶜγνοὺς δὲ ὁ Ἰησοῦς εἶπεν
21 45ᵃ| καὶ ἀκούσαντες (ἀ. δὲ T) οἱ ἀρχιερεῖς καὶ οἱ Φαρισαῖοι ... ἔγνωσαν ὅτι περὶ αὐτῶν λέγει
22 18 γνοὺς δὲ ὁ Ἰησοῦς τὴν πονηρίαν αὐτῶν εἶπεν
24 32ᵃὅταν ... τὰ φύλλα ἐκφύῃ, γινώσκετε ὅτι ἐγγὺς τὸ θέρος· ↔
24 33ᵃοὕτως καὶ ὑμεῖς ... γινώσκετε ὅτι ἐγγύς ἐστιν ἐπὶ θύραις
24 39ᶜοὐκ ἔγνωσαν ἕως ἦλθεν ὁ κατακλυσμὸς καὶ ἦρεν ἅπαντας
24 43ᵃἐκεῖνο δὲ γινώσκετε ὅτι εἰ ᾔδει ὁ οἰκοδεσπότης
24 50 ἥξει ὁ κύριος τοῦ δούλου ἐκείνου ... ἐν ὥρᾳ ᾗ οὐ γινώσκει
25 24 ἔγνων σε ὅτι σκληρὸς εἶ ἄνθρωπος
26 10ᶜγνοὺς δὲ ὁ Ἰησοῦς εἶπεν αὐτοῖς

Mc 4 11 *ὑμῖν | δέδοται γνῶναι τὸ μυστήριον (ς; τὸ μ. δ. rl) τῆς βασιλείας τοῦ θεοῦ
4 13 καὶ πῶς πάσας τὰς παραβολὰς γνώσεσθε;
5 29ᵃἔγνω τῷ σώματι ὅτι ἴαται ἀπὸ τῆς μάστιγος
5 43 διεστείλατο αὐτοῖς πολλὰ ἵνα μηδεὶς γνοῖ (γνῷ MVSς) τοῦτο
6 33ᶜ*εἶδον αὐτοὺς ὑπάγοντας καὶ ἔγνωσαν (H; ἐπ- rl) (+αὐτούς [MS]T; αὐτὸν ς) πολλοί
6 38ᶜκαὶ γνόντες λέγουσιν· πέντε, καὶ δύο ἰχθύας
7 24 εἰσελθὼν εἰς οἰκίαν οὐδένα ἤθελεν (ἠθέλησεν T) γνῶναι, καὶ οὐκ ἠδυνήθη (ἠδυνάσθη NTH) λαθεῖν
8 17ᶜκαὶ γνοὺς (+ὁ Ἰησοῦς MV[S]ς) λέγει αὐτοῖς
9 30ᶜοὐκ ἤθελεν ἵνα τις γνοῖ (γνῷ VSς)
12 12ᵃἔγνωσαν γὰρ ὅτι πρὸς αὐτοὺς τὴν παραβολὴν εἶπεν
13 28ᵃὅταν ... ἐκφύῃ τὰ φύλλα, γινώσκετε ὅτι ἐγγὺς τὸ θέρος ἐστίν· ↔
13 29ᵃοὕτως καὶ ὑμεῖς ... γινώσκετε ὅτι ἐγγύς ἐστιν ἐπὶ θύραις
15 10ᵃἐγίνωσκεν γὰρ ὅτι διὰ φθόνον παραδεδώκεισαν αὐτὸν | οἱ ἀρχιερεῖς [H]
15 45ᶜκαὶ γνοὺς ἀπὸ τοῦ κεντυρίωνος ἐδωρήσατο τὸ πτῶμα

Lc 1 18 εἶπεν Ζαχαρίας ... κατὰ τί γνώσομαι τοῦτο;
1 34ᶠπῶς ἔσται τοῦτο, ἐπεὶ ἄνδρα οὐ γινώσκω;
2 43ᶜὑπέμεινεν Ἰησοῦς ... καὶ οὐκ | ἔγνωσαν οἱ γονεῖς (ἔγνω Ἰωσὴφ καὶ ἡ μήτηρ ς) αὐτοῦ
6 44 ἕκαστον γὰρ δένδρον ἐκ τοῦ ἰδίου καρποῦ γινώσκεται
7 39ᵇεἰ ἦν [+ὁ NH] προφήτης, ἐγίνωσκεν ἂν τίς καὶ ποταπὴ ἡ γυνή
8 10 ὑμῖν δέδοται γνῶναι τὰ μυστήρια τῆς βασιλείας τοῦ θεοῦ
8 17 οὐ γάρ ἐστιν κρυπτὸν ... οὐδὲ ἀπόκρυφον ὃ οὐ μὴ (—ς) γνωσθῇ (-θήσεται ς)
8 46 ἐγὼ γὰρ ἔγνων δύναμιν ἐξεληλυθυῖαν ἀπ᾽ ἐμοῦ

Lc 9 11ᶜοἱ δὲ ὄχλοι γνόντες ἠκολούθησαν αὐτῷ
10 11ᵃπλὴν τοῦτο γινώσκετε, ὅτι ἤγγικεν ἡ βασιλεία τοῦ θεοῦ
10 22ᵇκαὶ οὐδεὶς γινώσκει τίς ἐστιν ὁ υἱὸς εἰ μὴ ὁ πατήρ
12 2 οὐδὲν ... κρυπτὸν ὃ οὐ γνωσθήσεται
12 39ᵃτοῦτο δὲ γινώσκετε, ὅτι εἰ ᾔδει ὁ οἰκοδεσπότης
12 46 ἥξει ὁ κύριος τοῦ δούλου ἐκείνου ... ἐν ὥρᾳ ᾗ οὐ γινώσκει
12 47 ἐκεῖνος δὲ ὁ δοῦλος ὁ γνοὺς τὸ θέλημα τοῦ κυρίου αὐτοῦ
12 48 ὁ δὲ μὴ γνούς ... δαρήσεται ὀλίγας
16 4ᵇἔγνων τί ποιήσω, ἵνα ... δέξωνταί με
16 15 ὁ δὲ θεὸς γινώσκει τὰς καρδίας ὑμῶν
18 34 καὶ οὐκ ἐγίνωσκον τὰ λεγόμενα
19 15ᵇἵνα γνοῖ (γνῷ VSς) | τί διεπραγματεύσαντο (N²⁶SH; τίς τί διεπραγματεύσατο rl)
19 42 εἰ ἔγνως | ἐν τῇ ἡμέρᾳ ταύτῃ καὶ σύ (~B; καὶ σὺ καίγε ἐν τῇ ἡ. σου ταύτῃ VTς) τὰ πρὸς εἰρήνην (+σου Tς)
19 44 ἀνθ᾽ ὧν οὐκ ἔγνως τὸν καιρὸν τῆς ἐπισκοπῆς σου
20 19ᵃἔγνωσαν γὰρ ὅτι πρὸς αὐτοὺς εἶπεν τὴν παραβολὴν ταύτην
21 20ᵃτότε γνῶτε ὅτι ἤγγικεν ἡ ἐρήμωσις αὐτῆς
21 30ᵃὅταν προβάλωσιν ἤδη ... γινώσκετε ὅτι ἤδη ἐγγὺς τὸ θέρος ἐστίν· ↔
21 31ᵇοὕτως καὶ ὑμεῖς ... γινώσκετε ὅτι ἐγγύς ἐστιν ἡ βασιλεία τοῦ θεοῦ
24 18 σὺ μόνος παροικεῖς Ἰερουσαλὴμ καὶ οὐκ ἔγνως τὰ γενόμενα ἐν αὐτῇ ⟨;⟩
24 35 ὡς ἐγνώσθη αὐτοῖς ἐν τῇ κλάσει τοῦ ἄρτου

Jo 1 10ᵉκαὶ ὁ κόσμος αὐτὸν οὐκ ἔγνω
1 48 λέγει αὐτῷ Ναθαναήλ· πόθεν με γινώσκεις;
2 24 αὐτὸς δὲ (+ὁ MVBSς) Ἰησοῦς οὐκ ἐπίστευεν αὐτὸν (N²⁶T; ἑ-Sς; αὐ- rl) αὐτοῖς διὰ τὸ αὐτὸν γινώσκειν πάντας
2 25ᵇαὐτὸς γὰρ ἐγίνωσκεν τί ἦν ἐν τῷ ἀνθρώπῳ
3 10 σὺ εἶ ὁ διδάσκαλος τοῦ Ἰσραὴλ καὶ ταῦτα οὐ γινώσκεις;
4 1ᵃὡς οὖν ἔγνω ὁ Ἰησοῦς (N²⁶BT; κύριος rl) ὅτι ἤκουσαν
4 53ᵃἔγνω οὖν ὁ πατὴρ ὅτι (+ἐν [N²⁶] ς) ἐκείνῃ τῇ ὥρᾳ
5 6ᵃκαὶ γνοὺς ὅτι πολὺν ἤδη χρόνον ἔχει, λέγει αὐτῷ
5 42 ἀλλὰ ἔγνωκα ὑμᾶς ὅτι | τὴν ἀγάπην τοῦ θεοῦ οὐκ ἔχετε (~T)
6 15ᵃἸησοῦς οὖν γνοὺς ὅτι μέλλουσιν ἔρχεσθαι
6 69ᵃἐγνώκαμεν ὅτι σὺ εἶ ὁ ἅγιος (Χριστὸς ὁ υἱὸς Vς) τοῦ θεοῦ
7 17ᵇγνώσεται περὶ τῆς διδαχῆς, πότερον ἐκ τοῦ (—T) θεοῦ ἐστιν
7 26ᵃμήποτε ἀληθῶς ἔγνωσαν οἱ ἄρχοντες ὅτι οὗτός ἐστιν ὁ χριστός;
7 27ᵇοὐδεὶς γινώσκει πόθεν ἐστίν
7 49 ὁ ὄχλος οὗτος ὁ μὴ γινώσκων τὸν νόμον
7 51ᵇἐὰν μὴ ... γνῷ τί ποιεῖ

Jo 8 27ᵃοὐκ ἔγνωσαν ὅτι τὸν πατέρα αὐτοῖς ἔλεγεν
8 28ᵃτότε γνώσεσθε ὅτι ἐγώ εἰμι
8 32 καὶ γνώσεσθε τὴν ἀλήθειαν
8 43 διὰ τί τὴν λαλιὰν τὴν ἐμὴν οὐ γινώσκετε;
8 52ᵃνῦν ἐγνώκαμεν ὅτι δαιμόνιον ἔχεις
8 55ᵃκαὶ οὐκ ἐγνώκατε αὐτόν, ἐγὼ δὲ οἶδα αὐτόν
10 6ᵇἐκεῖνοι δὲ οὐκ ἔγνωσαν τίνα ἦν ἃ ἐλάλει αὐτοῖς
10 14 ἐγώ εἰμι ὁ ποιμὴν ὁ καλός, καὶ γινώσκω τὰ ἐμά ↔
10 14ᵉκαὶ | γινώσκουσί με τὰ ἐμά (γινώσκομαι ὑπὸ τῶν ἐμῶν VSς), ↔
10 15ᵉκαθὼς γινώσκει με ὁ πατήρ ↔
10 15ᵈκἀγὼ γινώσκω τὸν πατέρα
10 27 τὰ πρόβατα τὰ ἐμὰ τῆς φωνῆς μου ἀκούουσιν, κἀγὼ γινώσκω αὐτά
10 38ᶜτοῖς ἔργοις πιστεύετε (-σατε Sς), ἵνα γνῶτε ↔
10 38ᵃκαὶ γινώσκητε (πιστεύσητε ς) ὅτι ἐν ἐμοὶ ὁ πατήρ
11 57ᵇἵνα ἐάν τις γνῷ ποῦ ἐστιν μηνύσῃ
12 9ᵃἔγνω οὖν ὁ ([N²⁶]; —ς) ὄχλος πολὺς ... ὅτι ἐκεῖ ἐστιν
12 16 ταῦτα οὐκ ἔγνωσαν | αὐτοῦ οἱ μαθηταὶ (~VSς) τὸ πρῶτον
13 7 ὃ ἐγὼ ποιῶ σὺ οὐκ οἶδας ἄρτι, γνώσῃ δὲ μετὰ ταῦτα
13 12ᵇγινώσκετε τί πεποίηκα ὑμῖν;
13 28ᵇτοῦτο δὲ [N²⁶NH] οὐδεὶς ἔγνω τῶν ἀνακειμένων πρὸς τί εἶπεν αὐτῷ
13 35ᵃἐν τούτῳ γνώσονται πάντες ὅτι ἐμοὶ μαθηταί ἐστε
14 7ᵉεἰ ἐγνώκατέ (-κειτέ NMVSHς) με (ἐμέ T), ↔
14 7ᵈκαὶ τὸν πατέρα μου γνώσεσθε (N²⁶BT; ἐγνώκειτε ἂν Sς; ἂν ᾔδειτε rl). ↔
14 7ᵈκαὶ ([N²⁶]; —NMSH) ἀπ᾽ ἄρτι γινώσκετε αὐτόν
14 9ᵉοὐκ ἔγνωκάς με, Φίλιππε;
14 17 τὸ πνεῦμα τῆς ἀληθείας ... ὅτι οὐ θεωρεῖ αὐτὸ οὐδὲ γινώσκει (+αὐτό [M]VSTς)· ↔
14 17 ὑμεῖς (+δὲ Vς) γινώσκετε αὐτό
14 20ᵃἐν ἐκείνῃ τῇ ἡμέρᾳ | γνώσεσθε ὑμεῖς (~H) ὅτι ἐγὼ ἐν τῷ πατρί μου
14 31ᵃἵνα γνῷ ὁ κόσμος ὅτι ἀγαπῶ τὸν πατέρα
15 18ᵃγινώσκετε ὅτι ἐμὲ πρῶτον ὑμῶν (—T) μεμίσηκεν
16 3ᵈᵉταῦτα ποιήσουσιν (+ὑμῖν [M] Sς) ὅτι οὐκ ἔγνωσαν τὸν πατέρα οὐδὲ ἐμέ
16 19ᵃἔγνω (+οὖν Vς) ὁ ([N²⁶]; —NM TH) Ἰησοῦς ὅτι ἤθελον αὐτὸν ἐρωτᾶν
17 3ᵈἵνα γινώσκωσιν (-κουσιν T) σὲ τὸν μόνον ἀληθινὸν θεόν
17 7ᵃνῦν ἔγνωκαν ὅτι πάντα ... παρὰ σοῦ εἰσιν
17 8ᵃἔγνωσαν ἀληθῶς ὅτι παρὰ σοῦ ἐξῆλθον
17 23ᵃἵνα γινώσκῃ ὁ κόσμος ὅτι σύ με ἀπέστειλας
17 25ᵈπάτερ (N²⁶Sς; πατὴρ rl) δίκαιε, καὶ ὁ κόσμος σε οὐκ ἔγνω, ↔
17 25ᵈἐγὼ δέ σε ἔγνων, ↔
17 25ᵃκαὶ οὗτοι ἔγνωσαν ὅτι σύ με ἀπέστειλας

Jo 19 4ª ἵνα γνῶτε ὅτι | οὐδεμίαν αἰτίαν εὑρίσκω ἐν αὐτῷ (αἰτίαν οὐχ εὑρίσκω T)
21 17ª κύριε, πάντα σὺ οἶδας, σὺ γινώ- σκεις ὅτι φιλῶ σε

Ac 1 7 οὐχ ὑμῶν ἐστιν γνῶναι χρόνους ἢ καιρούς
2 36ª ἀσφαλῶς οὖν γινωσκέτω πᾶς οἶκος Ἰσραὴλ ὅτι ... | ἐποίησεν ὁ θεός (~ Sς)
8 30 ἆρά γε γινώσκεις ἃ ἀναγινώσκεις;
9 24 ἐγνώσθη δὲ τῷ Σαύλῳ ἡ ἐπι- βουλὴ αὐτῶν
17 13ª ὡς δὲ ἔγνωσαν οἱ ἀπὸ τῆς Θεσσα- λονίκης Ἰουδαῖοι ὅτι ... κατηγ- γέλη ... ὁ (—M) λόγος τοῦ θεοῦ
17 19b δυνάμεθα γνῶναι τίς ἡ καινὴ αὕτη ... διδαχή;
17 20b βουλόμεθα οὖν γνῶναι τίνα θέλει ταῦτα εἶναι
19 15e τὸν μὲν [+N²⁶NH] Ἰησοῦν γινώ- σκω καὶ τὸν Παῦλον ἐπίσταμαι
19 35 τίς γάρ ἐστιν ἀνθρώπων ὃς οὐ γινώσκει τὴν Ἐφεσίων πόλιν νεωκόρον οὖσαν ⟨;⟩
20 34ª αὐτοὶ γινώσκετε ὅτι ταῖς χρείαις μου ... ὑπηρέτησαν αἱ χεῖρες αὗται
21 24ª δαπάνησον ἐπ' αὐτοῖς ἵνα ... γνώσονται (γνῶσι ς) πάντες ὅτι ... οὐδέν ἐστιν
21 34 μὴ δυναμένου δὲ αὐτοῦ γνῶναι τὸ ἀσφαλές
21 37 ὁ δὲ ἔφη· Ἑλληνιστὶ γινώσκεις;
22 14 ὁ θεὸς ... προεχειρίσατό σε γνῶναι τὸ θέλημα αὐτοῦ
22 30 τῇ δὲ ἐπαύριον βουλόμενος γνῶναι τὸ ἀσφαλές, ... ἔλυσεν αὐτόν
23 6ª γνοὺς δὲ ὁ Παῦλος ὅτι τὸ ἓν μέρος ἐστὶν Σαδδουκαίων
23 28 *βουλόμενός τε γνῶναι (ς; ἐπι- rl) τὴν αἰτίαν ... κατήγαγον [H..]
24 11ª *δυναμένου σου γνῶναι (ς; ἐπι- rl) ὅτι οὐ πλείους εἰσίν μοι ἡμέραι δώδεκα

Rm 1 21d διότι γνόντες τὸν θεὸν οὐχ ὡς θεὸν ἐδόξασαν
2 18 ⟨εἰ⟩ γινώσκεις τὸ θέλημα
3 17 ὁδὸν εἰρήνης οὐκ ἔγνωσαν
6 6ª τοῦτο γινώσκοντες, ὅτι ὁ παλαιὸς ἡμῶν ἄνθρωπος συνεσταυρώθη
7 1 ἀδελφοί, γινώσκουσιν γὰρ νόμον λαλῶ
7 7 τὴν ἁμαρτίαν οὐκ ἔγνων εἰ μὴ διὰ νόμου
7 15 ὃ γὰρ κατεργάζομαι οὐ γινώσκω
10 19c ἀλλὰ λέγω, μὴ Ἰσραὴλ οὐκ ἔγνω;
11 34 τίς γὰρ ἔγνω νοῦν κυρίου;

1C 1 21d ἐπειδὴ γὰρ ἐν τῇ σοφίᾳ τοῦ θεοῦ οὐκ ἔγνω ὁ κόσμος διὰ τῆς σοφίας τὸν θεόν
2 8 ⟨θεοῦ σοφίαν⟩ ἣν οὐδεὶς τῶν ἀρχόντων τοῦ αἰῶνος τούτου ἔγνωκεν· ↔
2 8c εἰ γὰρ ἔγνωσαν, οὐκ ἂν τὸν κύριον τῆς δόξης ἐσταύρωσαν
2 11 οὕτως καὶ τὰ τοῦ θεοῦ οὐδεὶς ἔγνωκεν εἰ μὴ τὸ πνεῦμα
2 14c ψυχικὸς δὲ ἄνθρωπος οὐ δέχεται τὰ τοῦ πνεύματος τοῦ θεοῦ ... καὶ οὐ δύναται γνῶναι
2 16 τίς γὰρ ἔγνω νοῦν κυρίου ⟨;⟩
3 20 κύριος γινώσκει τοὺς διαλογισ- μοὺς τῶν σοφῶν

1C 4 19 γνώσομαι οὐ τὸν λόγον τῶν πεφυσιωμένων ἀλλὰ τὴν δύναμιν
8 2 εἴ τις δοκεῖ ἐγνωκέναι (εἰδέναι ς) τι, ↔
8 2c οὔπω ἔγνω (-νωκε ς) ↔
8 2c καθὼς δεῖ γνῶναι· ↔
8 3 εἰ δέ τις ἀγαπᾷ τὸν θεόν, οὗτος ἔγνωσται ὑπ' αὐτοῦ
13 9c ἐκ μέρους γὰρ γινώσκομεν καὶ ἐκ μέρους προφητεύομεν
13 12c ἄρτι γινώσκω ἐκ μέρους, τότε δὲ ἐπιγνώσομαι
14 7 πῶς γνωσθήσεται τὸ αὐλούμενον ἢ τὸ κιθαριζόμενον;
14 9 πῶς γνωσθήσεται τὸ λαλούμενον;

2C 2 4 τὴν ἀγάπην ἵνα γνῶτε ἣν ἔχω περισσοτέρως εἰς ὑμᾶς
2 9 εἰς τοῦτο γὰρ καὶ ἔγραψα, ἵνα γνῶ τὴν δοκιμὴν ὑμῶν
3 2 ἡ ἐπιστολὴ ἡμῶν ὑμεῖς ἐστε ... γινωσκομένη καὶ ἀναγινωσκομένη ὑπὸ πάντων ἀνθρώπων
5 16e εἰ καὶ ἐγνώκαμεν κατὰ σάρκα Χριστόν, ↔
5 16e ἀλλὰ νῦν οὐκέτι γινώσκομεν
5 21 τὸν μὴ γνόντα ἁμαρτίαν ὑπὲρ ἡμῶν ἁμαρτίαν ἐποίησεν
8 9 γινώσκετε γὰρ τὴν χάριν τοῦ κυρίου ἡμῶν Ἰησοῦ Χριστοῦ [NH]
13 6 ἐλπίζω δὲ ὅτι γνώσεσθε ὅτι ἡμεῖς οὐκ ἐσμὲν ἀδόκιμοι

G 2 9 καὶ γνόντες τὴν χάριν τὴν δοθεῖσάν μοι
3 7ª γινώσκετε ἄρα ὅτι οἱ ἐκ πίστεως, οὗτοι | υἱοί εἰσιν (~ Sς) Ἀβραάμ
4 9d νῦν δὲ γνόντες θεόν, ↔
4 9 μᾶλλον δὲ γνωσθέντες ὑπὸ θεοῦ, πῶς ἐπιστρέφετε πάλιν ⟨;⟩

E 3 19 ⟨ἵνα ἐξισχύσητε⟩ γνῶναί τε τὴν ὑπερβάλλουσαν τῆς γνώσεως ἀγά- πην τοῦ Χριστοῦ
5 5ª τοῦτο γὰρ ἴστε γινώσκοντες, ὅτι πᾶς πόρνος ... οὐκ ἔχει κληρονο- μίαν
6 22 ὃν ἔπεμψα πρὸς ὑμᾶς εἰς αὐτὸ τοῦτο, ἵνα γνῶτε τὰ περὶ ἡμῶν

Ph 1 12ª γινώσκειν δὲ ὑμᾶς βούλομαι, ἀδελ- φοί, ὅτι τὰ κατ' ἐμὲ ... ἐλήλυθεν
2 19 ἵνα κἀγὼ εὐψυχῶ γνοὺς τὰ περὶ ὑμῶν
2 22 τὴν δὲ δοκιμὴν αὐτοῦ γινώσκετε
3 10e τοῦ γνῶναι αὐτὸν καὶ τὴν δύναμιν τῆς ἀναστάσεως αὐτοῦ
4 5 τὸ ἐπιεικὲς ὑμῶν γνωσθήτω πᾶσιν ἀνθρώποις

Cl 4 8 ὃν ἔπεμψα πρὸς ὑμᾶς εἰς αὐτὸ τοῦτο, ἵνα γνῶτε (γνῷ Sς) τὰ περὶ ἡμῶν (ὑμῶν Sς)

1Th 3 5 ἔπεμψα εἰς τὸ γνῶναι τὴν πίστιν ὑμῶν

2Tm 1 18 καὶ ὅσα ἐν Ἐφέσῳ διηκόνησεν, βέλτιον σὺ γινώσκεις
2 19 ἔγνω κύριος τοὺς ὄντας αὐτοῦ
3 1ª τοῦτο δὲ γίνωσκε, ὅτι ... ἐνστή- σονται καιροὶ χαλεποί

Hb 3 10 αὐτοὶ δὲ οὐκ ἔγνωσαν τὰς ὁδούς μου
8 11d οὐ μὴ διδάξωσιν ἕκαστος ... λέγων· γνῶθι τὸν κύριον
10 34 γινώσκοντες ἔχειν ἑαυτοὺς κρείτ- τονα ὕπαρξιν καὶ μένουσαν
13 23 γινώσκετε τὸν ἀδελφὸν ἡμῶν ([S]; —Bς) Τιμόθεον ἀπολελυ- μένον

Jc 1 3ª γινώσκοντες ὅτι τὸ δοκίμιον ὑμῶν τῆς πίστεως κατεργάζεται ὑπο- μονήν
2 20ª θέλεις δὲ γνῶναι ... ὅτι ἡ πίστις
5 20ª γινωσκέτω (-σκετε NH) ὅτι ὁ ἐπιστρέψας ἁμαρτωλὸν ... σώσει

2Pt 1 20ª τοῦτο πρῶτον γινώσκοντες, ὅτι πᾶσα προφητεία γραφῆς ἰδίας ἐπιλύσεως οὐ γίνεται
3 3ª τοῦτο πρῶτον γινώσκοντες, ὅτι ἐλεύσονται ... ἐμπαῖκται

1Jo 2 3ª καὶ ἐν τούτῳ γινώσκομεν ↔
2 3e ὅτι ἐγνώκαμεν αὐτόν
2 4e ὁ λέγων ὅτι ἔγνωκα αὐτόν
2 5ª ἐν τούτῳ γινώσκομεν ὅτι ἐν αὐτῷ ἐσμεν
2 13 γράφω ὑμῖν, πατέρες, ὅτι ἐγνώ- κατε τὸν ἀπ' ἀρχῆς
2 14d ἔγραψα ὑμῖν, παιδία, ὅτι ἐγνώ- κατε τὸν πατέρα. ↔
2 14 ἔγραψα ὑμῖν, πατέρες, ὅτι ἐγνώ- κατε τὸν ἀπ' ἀρχῆς
2 18ª ὅθεν γινώσκομεν ὅτι ἐσχάτη ὥρα ἐστίν
2 29ª γινώσκετε ὅτι καὶ (—Hς) πᾶς ὁ ποιῶν τὴν δικαιοσύνην ἐξ αὐτοῦ γεγέννηται
3 1 διὰ τοῦτο ὁ κόσμος οὐ γινώσκει ἡμᾶς, ↔
3 1e ὅτι οὐκ ἔγνω αὐτόν
3 6e πᾶς ὁ ἁμαρτάνων οὐχ ἑώρακεν αὐτὸν οὐδὲ ἔγνωκεν αὐτόν
3 16 ἐν τούτῳ ἐγνώκαμεν τὴν ἀγάπην
3 19ª καὶ ([N²⁶V]; —NMH) ἐν τούτῳ γνωσόμεθα (γινώσκομεν ς) ἐκ τῆς ἀληθείας ἐσμέν
3 20 ὅτι μείζων ἐστὶν ὁ θεὸς τῆς καρδίας ἡμῶν καὶ γινώσκει πάντα
3 24ª ἐν τούτῳ γινώσκομεν ὅτι μένει ἐν ἡμῖν
4 2 ἐν τούτῳ γινώσκετε τὸ πνεῦμα τοῦ θεοῦ
4 6d ὁ γινώσκων τὸν θεὸν ἀκούει ἡμῶν
4 6 ἐκ τούτου γινώσκομεν τὸ πνεῦμα τῆς ἀληθείας
4 7d πᾶς ὁ ἀγαπῶν ἐκ τοῦ θεοῦ γεγέννηται καὶ γινώσκει τὸν θεόν. ↔
4 8d ὁ μὴ ἀγαπῶν οὐκ ἔγνω τὸν θεόν
4 13d ἐν τούτῳ γινώσκομεν ὅτι ἐν αὐτῷ μένομεν
4 16 καὶ ἡμεῖς ἐγνώκαμεν καὶ πεπιστεύ- καμεν τὴν ἀγάπην
5 2ª ἐν τούτῳ γινώσκομεν ὅτι ἀγαπῶ- μεν τὰ τέκνα τοῦ θεοῦ
5 20d ἵνα γινώσκωμεν (-κομεν MVBST H) τὸν ἀληθινόν

2Jo 1 πάντες οἱ ἐγνωκότες τὴν ἀλήθειαν

Ap 2 17 *ὄνομα καινὸν γεγραμμένον, ὃ οὐδεὶς ἔγνω (ς; οἶδεν rl) εἰ μὴ ὁ λαμβάνων
2 23ª καὶ γνώσονται πᾶσαι αἱ ἐκκλησίαι ὅτι ἐγώ εἰμι ὁ ἐραυνῶν νεφροὺς καὶ καρδίας
2 24 οἵτινες οὐκ ἔγνωσαν τὰ βαθέα τοῦ σατανᾶ
3 3b οὐ μὴ γνῷς (γνώσῃ BT) ποίαν ὥραν ἥξω
3 9ª ἵνα ... γνῶσιν ὅτι ἐγὼ ἠγάπησά σε

γλεῦκος
Ac 2 13 ἕτεροι δὲ διαχλευάζοντες ἔλεγον ὅτι γλεύκους μεμεστωμένοι εἰσίν

γλυκύς
Jc 3 11 μήτι ἡ πηγὴ ἐκ τῆς αὐτῆς ὀπῆς βρύει τὸ γλυκὺ καὶ τὸ πικρόν;

Jc 3 12 μὴ δύναται ... | οὔτε ἁλυκὸν (οὐδὲ
ἁλ. S; οὐδεμία πηγὴ ἁλ. καὶ ς)
γλυκὺ ποιῆσαι ὕδωρ

Ap 10 9 ἐν τῷ στόματί σου ἔσται γλυκὺ
ὡς μέλι
10 10 ἦν ἐν τῷ στόματί μου ὡς μέλι
γλυκύ

γλῶσσα
a γλ. λαλεῖν sive de glossolalia sive de
dialecto
b de natione, -ibus
c γένη γλωσσῶν

Mc 7 33 πτύσας ἥψατο τῆς γλώσσης αὐτοῦ
7 35 καὶ (+εὐθὺς NT) ἐλύθη ὁ δεσμὸς
τῆς γλώσσης αὐτοῦ
[16 17]ᵃἐν τῷ ὀνόματί σου δαιμόνια
ἐκβαλοῦσιν, γλώσσαις λαλήσου-
σιν καιναῖς ([S]; —H)

Lc 1 64 ἀνεῴχθη δὲ τὸ στόμα αὐτοῦ
παραχρῆμα καὶ ἡ γλῶσσα αὐτοῦ
16 24 ἵνα ... καταψύξῃ τὴν γλῶσσάν
μου

Ac 2 3 ὤφθησαν αὐτοῖς διαμεριζόμεναι
γλῶσσαι ὡσεὶ πυρός
2 4ᵃἤρξαντο λαλεῖν ἑτέραις γλώσσαις
2 11ᵃἀκούομεν λαλούντων αὐτῶν ταῖς
ἡμετέραις γλώσσαις τὰ μεγάλεια
τοῦ θεοῦ
2 26 διὰ τοῦτο ... ἠγαλλιάσατο ἡ
γλῶσσά μου
10 46ᵃἤκουον γὰρ αὐτῶν λαλούντων
γλώσσαις καὶ μεγαλυνόντων τὸν
θεόν
19 6ᵃἐλάλουν τε γλώσσαις καὶ ἐπροφή-
τευον

Rm 3 13 ταῖς γλώσσαις αὐτῶν ἐδολιοῦσαν
14 11 πᾶσα γλῶσσα ἐξομολογήσεται
τῷ θεῷ

1C 12 10ᶜ⟨διὰ τοῦ πνεύματος δίδοται⟩
ἑτέρῳ (+δὲ VSς) γένη γλωσσῶν,
↔
12 10 ἄλλῳ δὲ ἑρμηνεία γλωσσῶν
12 28ᶜἔθετο ὁ θεὸς ἐν τῇ ἐκκλησίᾳ ...
κυβερνήσεις, γένη γλωσσῶν
12 30ᵃμὴ πάντες γλώσσαις λαλοῦσιν;
13 1ᵃἐὰν ταῖς γλώσσαις τῶν ἀνθρώπων
λαλῶ καὶ τῶν ἀγγέλων
13 8 εἴτε δὲ προφητεῖαι, καταργηθή-
σονται· εἴτε γλῶσσαι, παύσονται
14 2ᵃὁ γὰρ λαλῶν γλώσσῃ οὐκ ἀνθρώ-
ποις λαλεῖ ἀλλὰ (+τῷ MVSς)
θεῷ
14 4ᵃὁ λαλῶν γλώσσῃ ἑαυτὸν οἰκο-
δομεῖ
14 5ᵃθέλω δὲ πάντας ὑμᾶς λαλεῖν
γλώσσαις, μᾶλλον δὲ ἵνα προφη-
τεύητε· ↔
14 5ᵃμείζων δὲ ὁ προφητεύων ἢ ὁ
λαλῶν γλώσσαις
14 6ᵃἐὰν ἔλθω πρὸς ὑμᾶς γλώσσαις
λαλῶν
14 9 οὕτως καὶ ὑμεῖς διὰ τῆς γλώσσης
ἐὰν μὴ εὔσημον λόγον δῶτε
14 13ᵃδιὸ (-περ Sς) ὁ λαλῶν γλώσσῃ
προσευχέσθω ἵνα διερμηνεύῃ. ↔
14 14 ἐὰν γὰρ [N²⁶H] προσεύχωμαι
γλώσσῃ, τὸ πνεῦμά μου προσ-
εύχεται
14 18ᵃεὐχαριστῶ τῷ θεῷ, πάντων ὑμῶν
μᾶλλον γλώσσαις (-σῃ BT) λαλῶ·
↔
14 19 ἀλλὰ ἐν ἐκκλησίᾳ θέλω πέντε
λόγους | τῷ νοΐ μου (διὰ τοῦ
νοός μου Sς) λαλῆσαι ... ἢ μυρίους
λόγους ἐν γλώσσῃ

1C 14 22 ὥστε αἱ γλῶσσαι εἰς σημεῖόν εἰσιν
οὐ τοῖς πιστεύουσιν ἀλλὰ τοῖς
ἀπίστοις
14 23ᵃἐὰν ... πάντες λαλῶσιν γλώσσαις
14 26 ὅταν συνέρχησθε, ἕκαστος ...
γλῶσσαν ἔχει
14 27ᵃεἴτε γλώσσῃ τις λαλεῖ ... εἷς
διερμηνευέτω
14 39ᵃζηλοῦτε τὸ προφητεύειν, καὶ τὸ
λαλεῖν μὴ κωλύετε (+ἐν B)
γλώσσαις

Ph 2 11 πᾶσα γλῶσσα ἐξομολογήσηται
(-λογήσεται T) ὅτι κύριος Ἰησοῦς
Χριστὸς εἰς δόξαν θεοῦ πατρός

Jc 1 26 εἴ τις δοκεῖ θρησκὸς εἶναι, μὴ
χαλιναγωγῶν γλῶσσαν αὐτοῦ
(ἑαυτοῦ NH)
3 5 οὕτως καὶ ἡ γλῶσσα μικρὸν μέλος
ἐστὶν καὶ μεγάλα αὐχεῖ (μεγαλ-
αυχεῖ VSς)
3 6 καὶ (—T) ἡ γλῶσσα πῦρ, ὁ
κόσμος τῆς ἀδικίας, ↔
3 6 ἡ γλῶσσα καθίσταται ἐν τοῖς
μέλεσιν ἡμῶν
3 8 τὴν δὲ γλῶσσαν οὐδεὶς | δαμάσαι
δύναται ἀνθρώπων (~Tς VBS)

1Pt 3 10 ὁ γὰρ θέλων ζωὴν ἀγαπᾶν ...
παυσάτω τὴν γλῶσσαν (+αὐτοῦ
ς) ἀπὸ κακοῦ

1Jo 3 18 μὴ ἀγαπῶμεν λόγῳ μηδὲ τῇ (—ς)
γλώσσῃ, ἀλλὰ ἐν ἔργῳ καὶ ἀληθείᾳ

Ap 5 9ᵇἠγόρασας τῷ θεῷ (+ἡμᾶς [M]
VBSς) ... ἐκ πάσης φυλῆς καὶ
γλώσσης καὶ λαοῦ καὶ ἔθνους
7 9ᵇὄχλος πολύς ... ἐκ παντὸς ἔθνους
καὶ φυλῶν καὶ λαῶν καὶ γλωσσῶν
10 11ᵇπροφητεῦσαι ἐπὶ λαοῖς καὶ (+
ἐπὶ T) ἔθνεσιν | καὶ γλώσσαις
(—M)
11 9ᵇβλέπουσιν ἐκ τῶν λαῶν καὶ φυλῶν
καὶ γλωσσῶν καὶ ἐθνῶν τὸ πτῶμα
αὐτῶν
13 7ᵇἐδόθη αὐτῷ ἐξουσία ἐπὶ πᾶσαν
φυλὴν καὶ λαὸν καὶ γλῶσσαν καὶ
ἔθνος
14 6ᵇεὐαγγελίσαι ... ἐπὶ πᾶν ἔθνος καὶ
φυλὴν καὶ γλῶσσαν καὶ λαόν
16 10 ἐμασῶντο τὰς γλώσσας αὐτῶν ἐκ
τοῦ πόνου
17 15ᵇτὰ ὕδατα ... λαοὶ καὶ ὄχλοι εἰσὶν
καὶ ἔθνη καὶ γλῶσσαι

γλωσσόκομον
Jo 12 6 ὅτι ... τὸ γλωσσόκομον ἔχων τὰ
βαλλόμενα ἐβάσταζεν
13 29 ἐπεὶ τὸ γλωσσόκομον εἶχεν Ἰούδας

γναφεύς
Mc 9 3 οἷα γναφεὺς ἐπὶ τῆς γῆς οὐ δύναται
οὕτως λευκᾶναι

γνήσιος
2C 8 8 τὸ τῆς ὑμετέρας ἀγάπης γνήσιον
δοκιμάζων
Ph 4 3 ναὶ ἐρωτῶ καὶ σέ, γνήσιε σύζυγε,
συλλαμβάνου αὐταῖς
1Tm 1 2 ⟨Παῦλος⟩ Τιμοθέῳ γνησίῳ τέκνῳ
ἐν πίστει
Tt 1 4 ⟨Παῦλος⟩ Τίτῳ γνησίῳ τέκνῳ
κατὰ κοινὴν πίστιν

γνησίως
Ph 2 20 ὅστις γνησίως τὰ περὶ ὑμῶν
μεριμνήσει

γνόφος
Hb 12 18 οὐ γὰρ προσεληλύθατε ψηλαφω-
μένῳ (+ὄρει Vς) καὶ κεκαυμένῳ
πυρὶ καὶ γνόφῳ καὶ ζόφῳ

γνώμη
Ac 20 3 ἐγένετο γνώμης (-μη ς) τοῦ
ὑποστρέφειν διὰ Μακεδονίας
1C 1 10 ἦτε δὲ κατηρτισμένοι ἐν τῷ αὐτῷ
νοῒ καὶ ἐν τῇ αὐτῇ γνώμῃ
7 25 περὶ δὲ τῶν παρθένων ἐπιταγὴν
κυρίου οὐκ ἔχω, γνώμην δὲ δίδωμι
7 40 μακαριωτέρα δέ ἐστιν ἐὰν οὕτως
μείνῃ, κατὰ τὴν ἐμὴν γνώμην
2C 8 10 καὶ γνώμην ἐν τούτῳ δίδωμι
Phm 14 χωρὶς δὲ τῆς σῆς γνώμης οὐδὲν
ἠθέλησα ποιῆσαι
Ap 17 13 οὗτοι μίαν γνώμην ἔχουσιν
17 17 ὁ γὰρ θεὸς ἔδωκεν εἰς τὰς καρδίας
αὐτῶν ποιῆσαι τὴν γνώμην αὐ-
τοῦ, ↔
17 17 καὶ ποιῆσαι μίαν γνώμην

γνωρίζω
ἀνα-   δια-
Lc 2 15 ἴδωμεν τὸ ῥῆμα τοῦτο ... ὃ ὁ
κύριος ἐγνώρισεν ἡμῖν
2 17 ἰδόντες δὲ ἐγνώρισαν (δι- Vς)
περὶ τοῦ ῥήματος
Jo 15 15 πάντα ἃ ἤκουσα παρὰ τοῦ
πατρός μου ἐγνώρισα ὑμῖν
17 26 καὶ ἐγνώρισα αὐτοῖς τὸ ὄνομά
σου ↔
17 26 καὶ γνωρίσω, ἵνα ἡ ἀγάπη ... ἐν
αὐτοῖς ᾖ
Ac 2 28 ἐγνώρισάς μοι ὁδοὺς ζωῆς
7 13 *ἐν τῷ δευτέρῳ ἐγνωρίσθη (NH;
ἀν- rl) Ἰωσὴφ τοῖς ἀδελφοῖς αὐτοῦ
Rm 9 22 εἰ δὲ θέλων ὁ θεὸς ... γνωρίσαι τὸ
δυνατὸν αὐτοῦ
9 23 ἵνα γνωρίσῃ τὸν πλοῦτον τῆς
δόξης αὐτοῦ ἐπὶ σκεύη ἐλέους
16 26 | ⟨μυστηρίου⟩ εἰς πάντα τὰ ἔθνη
γνωρισθέντος [.. N²⁶S ..]
1C 12 3 διὸ γνωρίζω ὑμῖν ὅτι οὐδεὶς ...
λαλῶν λέγει
15 1 γνωρίζω δὲ ὑμῖν, ἀδελφοί, τὸ
εὐαγγέλιον ὃ εὐηγγελισάμην ὑμῖν
2C 8 1 γνωρίζομεν δὲ ὑμῖν, ἀδελφοί, τὴν
χάριν τοῦ θεοῦ ⟨ὅτι ... ἐπερίσ-
σευσεν⟩
G 1 11 γνωρίζω γὰρ (δὲ Tς) ὑμῖν,
ἀδελφοί, τὸ εὐαγγέλιον ... ὅτι
οὐκ ἔστιν κατὰ ἄνθρωπον
E 1 9 γνωρίσας ἡμῖν τὸ μυστήριον τοῦ
θελήματος αὐτοῦ
3 3 ὅτι [N²⁶H] κατὰ ἀποκάλυψιν
ἐγνωρίσθη (ἐγνώρισέ ς) μοι τὸ
μυστήριον
3 5 ὃ ἑτέραις γενεαῖς οὐκ ἐγνωρίσθη
τοῖς υἱοῖς τῶν ἀνθρώπων ὡς νῦν
ἀπεκαλύφθη
3 10 ἵνα γνωρισθῇ νῦν ταῖς ἀρχαῖς
καὶ ταῖς ἐξουσίαις ... ἡ πολυποί-
κιλος σοφία τοῦ θεοῦ
6 19 ἵνα μοι δοθῇ λόγος ... ἐν παρρησίᾳ
γνωρίσαι τὸ μυστήριον | τοῦ
εὐαγγελίου [H]
6 21 πάντα ... γνωρίσει ὑμῖν (~Sς)
Τύχικος ὁ ἀγαπητὸς ἀδελφός
Ph 1 22 καὶ τί αἱρήσομαι οὐ γνωρίζω
4 6 τὰ αἰτήματα ὑμῶν γνωριζέσθω
πρὸς τὸν θεόν
Cl 1 27 οἷς ἠθέλησεν ὁ θεὸς γνωρίσαι τί
τὸ πλοῦτος τῆς δόξης
4 7 τὰ κατ' ἐμὲ πάντα γνωρίσει ὑμῖν
Τύχικος ὁ ἀγαπητὸς ἀδελφός
4 9 πάντα ὑμῖν γνωρίσουσιν (γνωρι-
οῦσιν VSTς) τὰ ὧδε

2Pt 1 16 οὐ γὰρ σεσοφισμένοις μύθοις ἐξακολουθήσαντες ἐγνωρίσαμεν ὑμῖν τὴν τοῦ ... Χριστοῦ δύναμιν

γνῶσις
a γν. ἔχειν

Lc 1 77 τοῦ δοῦναι γνῶσιν σωτηρίας τῷ λαῷ αὐτοῦ

11 52 οὐαὶ ὑμῖν τοῖς νομικοῖς, ὅτι ἤρατε τὴν κλεῖδα τῆς γνώσεως

Rm 2 20 διδάσκαλον νηπίων, ἔχοντα τὴν μόρφωσιν τῆς γνώσεως καὶ τῆς ἀληθείας ἐν τῷ νόμῳ

11 33 ὦ βάθος πλούτου καὶ σοφίας καὶ γνώσεως θεοῦ

15 14 πεπληρωμένοι πάσης τῆς ([N²⁶ VS]; —ς) γνώσεως

1C 1 5 ἐν παντὶ ἐπλουτίσθητε ἐν αὐτῷ, ἐν παντὶ λόγῳ καὶ πάσῃ γνώσει

8 1ᵃ οἴδαμεν ὅτι πάντες γνῶσιν ἔχομεν. ↔

8 1 ἡ γνῶσις φυσιοῖ, ἡ δὲ ἀγάπη οἰκοδομεῖ

8 7 ἀλλ' οὐκ ἐν πᾶσιν ἡ γνῶσις

8 10ᵃ ἐὰν γάρ τις ἴδῃ σὲ [Η] τὸν ἔχοντα γνῶσιν

8 11 | ἀπόλλυται γὰρ (καὶ ἀπόλλυται Β) ὁ ἀσθενῶν ἐν τῇ σῇ γνώσει

12 8 ᾧ μὲν ... δίδοται λόγος σοφίας, ἄλλῳ δὲ λόγος γνώσεως

13 2 ἐὰν ... εἰδῶ τὰ μυστήρια πάντα καὶ πᾶσαν τὴν γνῶσιν

13 8 εἴτε γλῶσσαι, παύσονται· εἴτε γνῶσις, καταργηθήσεται

14 6 τί ὑμᾶς ὠφελήσω, ἐὰν μὴ ὑμῖν λαλήσω ἢ ἐν ἀποκαλύψει ἢ ἐν γνώσει ἢ ἐν προφητείᾳ ἢ ἐν (+[N²⁶] MVSHς) διδαχῇ;

2C 2 14 τῷ δὲ θεῷ ... τὴν ὀσμὴν τῆς γνώσεως αὐτοῦ φανεροῦντι δι' ἡμῶν ἐν παντὶ τόπῳ

4 6 ἔλαμψεν ... πρὸς φωτισμὸν τῆς γνώσεως τῆς δόξης τοῦ θεοῦ

6 6 ⟨συνιστάντες ἑαυτοὺς⟩ ἐν ἁγνότητι, ἐν γνώσει

8 7 ὥσπερ ἐν παντὶ περισσεύετε, πίστει καὶ λόγῳ καὶ γνώσει καὶ πάσῃ σπουδῇ

10 5 καὶ πᾶν ὕψωμα ἐπαιρόμενον κατὰ τῆς γνώσεως τοῦ θεοῦ

11 6 εἰ δὲ καὶ ἰδιώτης τῷ λόγῳ, ἀλλ' οὐ τῇ γνώσει

E 3 19 γνῶναί τε τὴν ὑπερβάλλουσαν τῆς γνώσεως ἀγάπην τοῦ Χριστοῦ

Ph 3 8 ἡγοῦμαι πάντα ζημίαν εἶναι διὰ τὸ ὑπερέχον τῆς γνώσεως Χριστοῦ Ἰησοῦ

Cl 2 3 ἐν ᾧ εἰσιν πάντες οἱ θησαυροὶ τῆς σοφίας καὶ (+τῆς ς) γνώσεως ἀπόκρυφοι

1Tm 6 20 ἐκτρεπόμενος τὰς ... ἀντιθέσεις τῆς ψευδωνύμου γνώσεως

1Pt 3 7 οἱ ἄνδρες ὁμοίως, συνοικοῦντες κατὰ γνῶσιν ὡς ἀσθενεστέρῳ σκεύει τῷ γυναικείῳ

2Pt 1 5 ἐπιχορηγήσατε ἐν τῇ πίστει ὑμῶν τὴν ἀρετήν, ἐν δὲ τῇ ἀρετῇ τὴν γνῶσιν, ↔

1 6 ἐν δὲ τῇ γνώσει τὴν ἐγκράτειαν

3 18 αὐξάνετε δὲ ἐν χάριτι καὶ γνώσει τοῦ κυρίου ἡμῶν

γνώστης
Ac 26 3 ⟨ἥγημαι ἐμαυτὸν μακάριον⟩ μάλιστα γνώστην | ὄντα σε (~Τ) πάντων τῶν ... ἐθῶν

γνωστός
a γνωστὸν εἶναι, γίνεσθαι
b οἱ γνωστοί

Lc 2 44ᵇ ἀνεζήτουν αὐτὸν ἐν τοῖς συγγενεῦσιν καὶ τοῖς γνωστοῖς

23 49ᵇ εἱστήκεισαν δὲ πάντες οἱ γνωστοὶ | αὐτῷ ἀπὸ (αὐτοῦ Sς) μακρόθεν

Jo 18 15 ὁ δὲ μαθητὴς ἐκεῖνος ἦν γνωστὸς τῷ ἀρχιερεῖ

18 16 ἐξῆλθεν οὖν ὁ μαθητὴς ὁ ἄλλος ὁ γνωστὸς τοῦ ἀρχιερέως

Ac 1 19ᵃ (+ὃ Τ) καὶ γνωστὸν ἐγένετο πᾶσι τοῖς κατοικοῦσιν Ἰερουσαλήμ

2 14ᵃ τοῦτο ὑμῖν γνωστὸν ἔστω

4 10ᵃ γνωστὸν ἔστω πᾶσιν ὑμῖν καὶ παντὶ τῷ λαῷ Ἰσραήλ

4 16 ὅτι μὲν γὰρ γνωστὸν σημεῖον γέγονεν δι' αὐτῶν

9 42ᵃ γνωστὸν δὲ ἐγένετο καθ' ὅλης τῆς (—Η) Ἰόππης

13 38ᵃ γνωστὸν οὖν ἔστω ὑμῖν

15 18 ⟨ποιῶν ταῦτα⟩ γνωστὰ ἀπ' αἰῶνος

19 17ᵃ ἐγένετο γνωστὸν πᾶσιν ... τοῖς κατοικοῦσιν τὴν Ἔφεσον

28 22ᵃ περὶ μὲν γὰρ τῆς αἱρέσεως ταύτης γνωστὸν ἡμῖν ἐστιν ὅτι πανταχοῦ ἀντιλέγεται

28 28ᵃ γνωστὸν οὖν | ἔστω ὑμῖν (~Η) ὅτι τοῖς ἔθνεσιν ἀπεστάλη τοῦτο τὸ σωτήριον τοῦ θεοῦ

Rm 1 19 διότι τὸ γνωστὸν τοῦ θεοῦ φανερόν ἐστιν ἐν αὐτοῖς

γογγύζω
δια-
a γ. περί
b γ. κατά

Mt 20 11ᵇ λαβόντες δὲ ἐγόγγυζον κατὰ τοῦ οἰκοδεσπότου

Lc 5 30 καὶ ἐγόγγυζον οἱ Φαρισαῖοι καὶ οἱ γραμματεῖς αὐτῶν πρὸς τοὺς μαθητὰς αὐτοῦ

Jo 6 41ᵃ ἐγόγγυζον οὖν οἱ Ἰουδαῖοι περὶ αὐτοῦ

6 43 μὴ γογγύζετε μετ' ἀλλήλων

6 61ᵃ ὅτι γογγύζουσιν περὶ τούτου οἱ μαθηταὶ αὐτοῦ

7 32ᵃ ἤκουσαν οἱ Φαρισαῖοι τοῦ ὄχλου γογγύζοντος περὶ αὐτοῦ ταῦτα

1C 10 10 μηδὲ γογγύζετε, ↔

10 10 καθάπερ τινὲς αὐτῶν ἐγόγγυσαν, καὶ ἀπώλοντο

γογγυσμός
Jo 7 12 καὶ γογγυσμὸς | περὶ αὐτοῦ ἦν πολύς (~ς BST)

Ac 6 1 ἐγένετο γογγυσμὸς τῶν Ἑλληνιστῶν πρὸς τοὺς Ἑβραίους

Ph 2 14 πάντα ποιεῖτε χωρὶς γογγυσμῶν καὶ διαλογισμῶν

1Pt 4 9 φιλόξενοι εἰς ἀλλήλους ἄνευ γογγυσμοῦ (-μῶν ς)

γογγυστής
Jd 16 οὗτοί εἰσιν γογγυσταὶ μεμψίμοιροι

γόης
2Tm 3 13 πονηροὶ δὲ ἄνθρωποι καὶ γόητες προκόψουσιν ἐπὶ τὸ χεῖρον

Γολγοθᾶ
Γολγοθά ΝΗ(ς)   Γολγαθᾶ (S)

Mt 27 33 ἐλθόντες εἰς τόπον λεγόμενον Γολγοθᾶ, ὅ ἐστιν Κρανίου Τόπος λεγόμενος

Mc 15 22 φέρουσιν αὐτὸν ἐπὶ τὸν (—ς) Γολγοθᾶν τόπον, ὅ ἐστιν μεθερμηνευόμενον (-ος NMVH) Κρανίου Τόπος

Jo 19 17 ἐξῆλθεν εἰς τὸν λεγόμενον Κρανίου Τόπον, ὃ (ὃς VSς) λέγεται Ἑβραϊστὶ Γολγοθᾶ

Γόμορρα
Mt 10 15 ἀνεκτότερον ἔσται γῇ Σοδόμων καὶ Γομόρρων ... ἢ τῇ πόλει ἐκείνῃ

Mc 6 11 *| ἀνεκτότερον ἔσται Σοδόμοις ἢ Γομόρροις ... ἢ τῇ πόλει ἐκείνῃ (.. +ς)

Rm 9 29 εἰ μὴ κύριος σαβαὼθ ἐγκατέλιπεν ἡμῖν σπέρμα ... ὡς Γόμορρα ἂν ὡμοιώθημεν

2Pt 2 6 πόλεις Σοδόμων καὶ Γομόρρας τεφρώσας καταστροφῇ ([N²⁶]; —Η) κατέκρινεν

Jd 7 ὡς Σόδομα καὶ Γόμορρα καὶ αἱ περὶ αὐτὰς πόλεις ... πρόκεινται δεῖγμα πυρός

γόμος
Ac 21 3 ἐκεῖσε γὰρ τὸ πλοῖον ἦν ἀποφορτιζόμενον τὸν γόμον

Ap 18 11 τὸν γόμον αὐτῶν οὐδεὶς ἀγοράζει οὐκέτι, ↔

18 12 γόμον χρυσοῦ καὶ ἀργύρου καὶ λίθου τιμίου

γονεῖς
a general.

Mt 10 21ᵃ ἐπαναστήσονται τέκνα ἐπὶ γονεῖς καὶ θανατώσουσιν αὐτούς

Mc 13 12ᵃ ἐπαναστήσονται τέκνα ἐπὶ γονεῖς καὶ θανατώσουσιν αὐτούς

Lc 2 27 ἐν τῷ εἰσαγαγεῖν τοὺς γονεῖς τὸ παιδίον Ἰησοῦν

2 41 ἐπορεύοντο οἱ γονεῖς αὐτοῦ κατ' ἔτος εἰς Ἰερουσαλήμ

2 43 οὐκ | ἔγνωσαν οἱ γονεῖς (ἔγνω Ἰωσὴφ καὶ ἡ μήτηρ ς) αὐτοῦ

8 56 καὶ ἐξέστησαν οἱ γονεῖς αὐτῆς

18 29ᵃ οὐδείς ἐστιν ὃς ἀφῆκεν ... γονεῖς ἢ τέκνα ⟨ὃς οὐχὶ μὴ [ἀπο]λάβῃ⟩

21 16ᵃ παραδοθήσεσθε δὲ καὶ ὑπὸ γονέων καὶ ἀδελφῶν καὶ συγγενῶν καὶ φίλων

Jo 9 2 τίς ἥμαρτεν, οὗτος ἢ οἱ γονεῖς αὐτοῦ ⟨;⟩

9 3 οὔτε οὗτος ἥμαρτεν οὔτε οἱ γονεῖς αὐτοῦ

9 18 ἕως ὅτου ἐφώνησαν τοὺς γονεῖς αὐτοῦ τοῦ ἀναβλέψαντος

9 20 ἀπεκρίθησαν οὖν (δὲ MS; —Vς) οἱ γονεῖς αὐτοῦ

9 22 ταῦτα εἶπαν οἱ γονεῖς αὐτοῦ

9 23 διὰ τοῦτο οἱ γονεῖς αὐτοῦ εἶπαν

Rm 1 30ᵃ ⟨παρέδωκεν αὐτοὺς ὁ θεὸς εἰς ἀδόκιμον νοῦν⟩ γονεῦσιν ἀπειθεῖς

2C 12 14ᵃ οὐ γὰρ ὀφείλει τὰ τέκνα τοῖς γονεῦσιν θησαυρίζειν, ↔

12 14ᵃ ἀλλὰ οἱ γονεῖς τοῖς τέκνοις

E 6 1ᵃ τὰ τέκνα, ὑπακούετε τοῖς γονεῦσιν ὑμῶν | ἐν κυρίῳ [N²⁶NH]

Cl 3 20ᵃ τὰ τέκνα, ὑπακούετε τοῖς γονεῦσιν κατὰ πάντα

2Tm 3 2ᵃ ἔσονται γὰρ οἱ ἄνθρωποι ... βλάσφημοι, γονεῦσιν ἀπειθεῖς

γόνυ
a γ. τίθημι
b γ. κάμπτω

Mc 15 19ᵃ καὶ τιθέντες τὰ γόνατα προσεκύνουν αὐτῷ

Lc 5 8 Σίμων Πέτρος προσέπεσεν τοῖς γόνασιν (+τοῦ Sς) Ἰησοῦ

22 41ᵃ θεὶς τὰ γόνατα προσηύχετο

Ac 7 60ᵃ θεὶς δὲ τὰ γόνατα ἔκραξεν φωνῇ μεγάλῃ

Ac 9 40ᵃθεὶς τὰ γόνατα προσηύξατο

20 36ᵃθεὶς τὰ γόνατα αὐτοῦ … προσηύξατο

21 5ᵃθέντες τὰ γόνατα ἐπὶ τὸν αἰγιαλὸν προσευξάμενοι

Rm 11 4ᵇἑπτακισχιλίους ἄνδρας, οἵτινες οὐκ ἔκαμψαν γόνυ τῇ Βάαλ

14 11ᵇζῶ ἐγώ, λέγει κύριος, ὅτι ἐμοὶ κάμψει πᾶν γόνυ

E 3 14ᵇτούτου χάριν κάμπτω τὰ γόνατά μου πρὸς τὸν πατέρα

Ph 2 10ᵇἵνα ἐν τῷ ὀνόματι Ἰησοῦ πᾶν γόνυ κάμψῃ ἐπουρανίων καὶ ἐπιγείων καὶ καταχθονίων

Hb 12 12 διὸ τὰς παρειμένας χεῖρας καὶ τὰ παραλελυμένα γόνατα ἀνορθώσατε

γονυπετέω

Mt 17 14 προσῆλθεν αὐτῷ ἄνθρωπος γονυπετῶν αὐτόν

27 29 γονυπετήσαντες ἔμπροσθεν αὐτοῦ ἐνέπαιξαν (-παιζον VBSϛ) αὐτῷ

Mc 1 40 ἔρχεται … λεπρὸς παρακαλῶν αὐτὸν | καὶ γονυπετῶν ([N²⁶H]; κ. γ. αὐτὸν Vϛ)

10 17 προσδραμὼν εἷς καὶ γονυπετήσας αὐτὸν ἐπηρώτα αὐτόν

γράμμα
ᵃ γρ. et πνεῦμα

Lc 16 6 δέξαι σου | τὰ γράμματα (τὸ γράμμα Vϛ) καὶ καθίσας ταχέως γράψον πεντήκοντα

16 7 δέξαι σου | τὰ γράμματα (τὸ γράμμα Vϛ) καὶ γράψον ὀγδοήκοντα

23 38 *ἦν δὲ καὶ ἐπιγραφὴ (+γεγραμμένη Vϛ) ἐπ' αὐτῷ | γράμμασιν ἑλληνικοῖς καὶ ῥωμαϊκοῖς καὶ ἑβραϊκοῖς (+MVBSϛ)

Jo 5 47 εἰ δὲ τοῖς ἐκείνου γράμμασιν οὐ πιστεύετε

7 15 πῶς οὗτος γράμματα οἶδεν μὴ μεμαθηκώς;

Ac 26 24 τὰ πολλά σε γράμματα εἰς μανίαν περιτρέπει

28 21 ἡμεῖς οὔτε γράμματα περὶ σοῦ ἐδεξάμεθα ἀπὸ τῆς Ἰουδαίας

Rm 2 27 κρινεῖ … σὲ τὸν διὰ γράμματος καὶ περιτομῆς παραβάτην νόμου

2 29ᵃπεριτομὴ καρδίας ἐν πνεύματι οὐ γράμματι

7 6ᵃδουλεύειν ἡμᾶς [NH] ἐν καινότητι πνεύματος καὶ οὐ παλαιότητι γράμματος

2C 3 6ᵃὃς καὶ ἱκάνωσεν ἡμᾶς διακόνους καινῆς διαθήκης, οὐ γράμματος ἀλλὰ πνεύματος· ↔

3 6ᵃτὸ γὰρ γράμμα ἀποκτέννει, τὸ δὲ πνεῦμα ζῳοποιεῖ. ↔

3 7ᵃεἰ δὲ ἡ διακονία τοῦ θανάτου ἐν γράμμασιν ἐντετυπωμένη λίθοις ἐγενήθη ἐν δόξῃ

G 6 11 ἴδετε πηλίκοις ὑμῖν γράμμασιν ἔγραψα τῇ ἐμῇ χειρί

2Tm 3 15 ὅτι ἀπὸ βρέφους τὰ (+[N²⁶M] VSϛ) ἱερὰ γράμματα οἶδας

γραμματεύς
ᵃ γρ. et ἀρχιερεῖς
ᵇ γρ. et Φαρισαῖοι

Mt 2 4ᵃσυναγαγὼν πάντας τοὺς ἀρχιερεῖς καὶ γραμματεῖς τοῦ λαοῦ

5 20ᵇἐὰν μὴ περισσεύσῃ ὑμῶν ἡ δικαιοσύνη πλεῖον τῶν γραμματέων καὶ Φαρισαίων

Mt 7 29 ἦν γὰρ διδάσκων αὐτοὺς ὡς ἐξουσίαν ἔχων, καὶ οὐχ ὡς οἱ γραμματεῖς αὐτῶν (—ϛ)

8 19 προσελθὼν εἷς γραμματεὺς εἶπεν αὐτῷ

9 3 ἰδού τινες τῶν γραμματέων εἶπαν ἐν ἑαυτοῖς

12 38ᵇἀπεκρίθησαν αὐτῷ τινες τῶν γραμματέων καὶ Φαρισαίων λέγοντες

13 52 πᾶς γραμματεὺς μαθητευθεὶς … ὅμοιός ἐστιν ἀνθρώπῳ οἰκοδεσπότῃ

15 1ᵇπροσέρχονται τῷ Ἰησοῦ (+οἱ Vϛ) ἀπὸ Ἱεροσολύμων | Φαρισαῖοι καὶ γραμματεῖς (~Sϛ)

16 21ᵃδεῖ αὐτὸν … πολλὰ παθεῖν ἀπὸ τῶν πρεσβυτέρων καὶ ἀρχιερέων καὶ γραμματέων

17 10 τί οὖν οἱ γραμματεῖς λέγουσιν ὅτι Ἠλίαν δεῖ ἐλθεῖν πρῶτον;

20 18ᵃὁ υἱὸς τοῦ ἀνθρώπου παραδοθήσεται τοῖς ἀρχιερεῦσιν καὶ γραμματεῦσιν

21 15ᵃἰδόντες δὲ οἱ ἀρχιερεῖς καὶ οἱ γραμματεῖς τὰ θαυμάσια

23 2ᵇἐπὶ τῆς Μωϋσέως καθέδρας ἐκάθισαν οἱ γραμματεῖς καὶ οἱ Φαρισαῖοι

23 13ᵇοὐαὶ δὲ (—V) ὑμῖν, γραμματεῖς καὶ Φαρισαῖοι ὑποκριταί

23 14ᵇ*|| οὐαὶ δὲ (—ϛ), ὑμῖν γραμματεῖς καὶ Φαρισαῖοι ὑποκριταί ((+Vϛ..))

23 15ᵇοὐαὶ ὑμῖν, γραμματεῖς καὶ Φαρισαῖοι ὑποκριταί

23 23ᵇοὐαὶ ὑμῖν, γραμματεῖς καὶ Φαρισαῖοι ὑποκριταί

23 25ᵇοὐαὶ ὑμῖν, γραμματεῖς καὶ Φαρισαῖοι ὑποκριταί

23 27ᵇοὐαὶ ὑμῖν, γραμματεῖς καὶ Φαρισαῖοι ὑποκριταί

23 29ᵇοὐαὶ ὑμῖν, γραμματεῖς καὶ Φαρισαῖοι ὑποκριταί

23 34 ἀποστέλλω πρὸς ὑμᾶς προφήτας καὶ σοφοὺς καὶ γραμματεῖς

26 3ᵃ*συνήχθησαν οἱ ἀρχιερεῖς | καὶ οἱ γραμματεῖς (+ϛ) καὶ οἱ πρεσβύτεροι τοῦ λαοῦ

26 57 πρὸς τὸν Καϊάφαν τὸν ἀρχιερέα, ὅπου οἱ γραμματεῖς καὶ οἱ πρεσβύτεροι συνήχθησαν

27 41ᵃοἱ ἀρχιερεῖς ἐμπαίζοντες μετὰ τῶν γραμματέων καὶ πρεσβυτέρων

Mc 1 22 ἦν γὰρ διδάσκων αὐτοὺς ὡς ἐξουσίαν ἔχων, καὶ οὐχ ὡς οἱ γραμματεῖς

2 6 ἦσαν δέ τινες τῶν γραμματέων ἐκεῖ καθήμενοι

2 16ᵇκαὶ οἱ (—ST) γραμματεῖς τῶν Φαρισαίων … ἔλεγον τοῖς μαθηταῖς αὐτοῦ

3 22 οἱ γραμματεῖς οἱ ἀπὸ Ἱεροσολύμων καταβάντες ἔλεγον

7 1ᵇσυνάγονται πρὸς αὐτὸν οἱ Φαρισαῖοι καί τινες τῶν γραμματέων ἐλθόντες ἀπὸ Ἱεροσολύμων

7 5ᵇἐπερωτῶσιν αὐτὸν οἱ Φαρισαῖοι καὶ οἱ γραμματεῖς

8 31ᵃἀποδοκιμασθῆναι ὑπὸ τῶν πρεσβυτέρων καὶ τῶν (—ϛ) ἀρχιερέων καὶ τῶν (—ϛ) γραμματέων

9 11ᵇλέγουσιν οἱ (+Φαρισαῖοι καὶ οἱ [S]T) γραμματεῖς ὅτι Ἠλίαν δεῖ ἐλθεῖν πρῶτον;

9 14 εἶδον (εἶδεν VBSϛ) … γραμματεῖς συζητοῦντας πρὸς αὐτούς

9 16 *ἐπηρώτησεν | τοὺς γραμματεῖς (ϛ; αὐτούς rl)

Mc 10 33ᵃὁ υἱὸς τοῦ ἀνθρώπου παραδοθήσεται τοῖς ἀρχιερεῦσιν καὶ τοῖς γραμματεῦσιν

11 18ᵃἤκουσαν | οἱ ἀρχιερεῖς καὶ οἱ γραμματεῖς (~Sϛ), καὶ ἐζήτουν πῶς αὐτὸν ἀπολέσωσιν

11 27ᵃἔρχονται πρὸς αὐτὸν οἱ ἀρχιερεῖς καὶ οἱ γραμματεῖς καὶ οἱ πρεσβύτεροι

12 28 προσελθὼν εἷς τῶν γραμματέων … ἐπηρώτησεν αὐτόν

12 32 καὶ (—H) εἶπεν αὐτῷ ὁ γραμματεύς

12 35 πῶς λέγουσιν οἱ γραμματεῖς ὅτι ὁ χριστὸς υἱὸς | Δαυίδ ἐστιν (~VSϛ);

12 38 βλέπετε ἀπὸ τῶν γραμματέων τῶν θελόντων ἐν στολαῖς περιπατεῖν

14 1ᵃἐζήτουν οἱ ἀρχιερεῖς καὶ οἱ γραμματεῖς πῶς αὐτὸν … ἀποκτείνωσιν

14 43ᵃπαραγίνεται (+ὁ [NH]M) Ἰούδας (+ὁ Ἰσκαριώτης [S]T) … καὶ μετ' αὐτοῦ ὄχλος … παρὰ τῶν ἀρχιερέων καὶ τῶν γραμματέων καὶ τῶν (—T) πρεσβυτέρων

14 53ᵃσυνέρχονται (+αὐτῷ VSϛ) πάντες οἱ ἀρχιερεῖς καὶ οἱ πρεσβύτεροι καὶ οἱ γραμματεῖς

15 1ᵃσυμβούλιον ποιήσαντες (ἑτοιμάσαντες NMST) οἱ ἀρχιερεῖς μετὰ τῶν πρεσβυτέρων καὶ (+τῶν T) γραμματέων

15 31ᵃοἱ ἀρχιερεῖς ἐμπαίζοντες πρὸς ἀλλήλους μετὰ τῶν γραμματέων

Lc 5 21ᵇἤρξαντο διαλογίζεσθαι οἱ γραμματεῖς καὶ οἱ Φαρισαῖοι λέγοντες

5 30ᵇἐγόγγυζον οἱ Φαρισαῖοι καὶ οἱ γραμματεῖς αὐτῶν πρὸς τοὺς μαθητὰς αὐτοῦ

6 7ᵇπαρετηροῦντο δὲ αὐτὸν (—VST) οἱ γραμματεῖς καὶ οἱ Φαρισαῖοι

9 22ᵃἀποδοκιμασθῆναι ἀπὸ τῶν πρεσβυτέρων καὶ ἀρχιερέων καὶ γραμματέων

11 44ᵇ*οὐαὶ ὑμῖν, | γραμματεῖς καὶ Φαρισαῖοι, ὑποκριταί (+ϛ)

11 53ᵇἤρξαντο οἱ γραμματεῖς καὶ οἱ Φαρισαῖοι δεινῶς ἐνέχειν

15 2ᵇδιεγόγγυζον οἵ τε Φαρισαῖοι καὶ οἱ γραμματεῖς

19 47ᵃοἱ δὲ ἀρχιερεῖς καὶ οἱ γραμματεῖς ἐζήτουν αὐτὸν ἀπολέσαι καὶ οἱ πρῶτοι τοῦ λαοῦ

20 1ᵃἐπέστησαν οἱ ἀρχιερεῖς (ἱερεῖς ST) καὶ οἱ γραμματεῖς σὺν τοῖς πρεσβυτέροις

20 19ᵃἐζήτησαν οἱ γραμματεῖς καὶ οἱ ἀρχιερεῖς ἐπιβαλεῖν ἐπ' αὐτὸν τὰς χεῖρας

20 39 ἀποκριθέντες δέ τινες τῶν γραμματέων εἶπαν

20 46 προσέχετε ἀπὸ τῶν γραμματέων τῶν θελόντων περιπατεῖν ἐν στολαῖς

22 2ᵃἐζήτουν οἱ ἀρχιερεῖς καὶ οἱ γραμματεῖς τὸ πῶς ἀνέλωσιν αὐτόν

22 66ᵃσυνήχθη τὸ πρεσβυτέριον τοῦ λαοῦ, ἀρχιερεῖς τε καὶ γραμματεῖς

23 10ᵃεἱστήκεισαν δὲ οἱ ἀρχιερεῖς καὶ οἱ γραμματεῖς εὐτόνως κατηγοροῦντες αὐτοῦ

Jo [8 3]ᵇἄγουσιν δὲ οἱ γραμματεῖς καὶ οἱ Φαρισαῖοι γυναῖκα

Ac 4 5 συναχθῆναι αὐτῶν τοὺς ἄρχοντας
καὶ τοὺς (—ς) πρεσβυτέρους καὶ
τοὺς (—ς) γραμματεῖς ἐν (εἰς Τς)
Ἰερουσαλήμ

6 12 συνεκίνησάν τε τὸν λαὸν καὶ τοὺς
πρεσβυτέρους καὶ τοὺς γραμ-
ματεῖς

19 35 καταστείλας δὲ | ὁ γραμματεὺς
τὸν ὄχλον (~ H) φησίν

23 9ᵇἀναστάντες | τινὲς τῶν γραμμα-
τέων (οἱ γραμματεῖς ς) τοῦ
μέρους τῶν Φαρισαίων διεμάχοντο

1C 1 20 ποῦ σοφός; ποῦ γραμματεύς;
ποῦ συζητητὴς τοῦ αἰῶνος τού-
του;

γραπτός
→ γράφω d

γραφή
ᵃ αἱ γραφαί
ᵇ λέγει (εἶπεν) ἡ γραφή
ᶜ γρ. πληροῦσθαι

Mt 21 42ᵃοὐδέποτε ἀνέγνωτε ἐν ταῖς γρα-
φαῖς ⟨;⟩

22 29ᵃπλανᾶσθε μὴ εἰδότες τὰς γραφάς

26 54ᵃᶜπῶς οὖν πληρωθῶσιν αἱ γραφαὶ
ὅτι οὕτως δεῖ γενέσθαι;

26 56ᵃᶜτοῦτο δὲ ὅλον γέγονεν ἵνα πλη-
ρωθῶσιν αἱ γραφαὶ τῶν προφη-
τῶν

Mc 12 10 οὐδὲ τὴν γραφὴν ταύτην ἀν-
έγνωτε ⟨;⟩

12 24ᵃπλανᾶσθε μὴ εἰδότες τὰς γραφάς

14 49ᵃᶜἀλλ' ἵνα πληρωθῶσιν αἱ γραφαί

15 28ᶜ*| καὶ ἐπληρώθη ἡ γραφὴ ἡ
λέγουσα (+[MV]BSς ..)

Lc 4 21ᶜσήμερον πεπλήρωται ἡ γραφὴ
αὕτη ἐν τοῖς ὠσὶν ὑμῶν

24 27ᵃδιερμήνευσεν αὐτοῖς ἐν πάσαις
ταῖς γραφαῖς [+τί ἦν S] τὰ περὶ
ἑαυτοῦ

24 32ᵃὡς διήνοιγεν ἡμῖν τὰς γραφάς

24 45ᵃδιήνοιξεν αὐτῶν τὸν νοῦν τοῦ
συνιέναι τὰς γραφάς

Jo 2 22 καὶ ἐπίστευσαν τῇ γραφῇ καὶ
τῷ λόγῳ ὃν (ᾧ MVSς) εἶπεν ὁ
Ἰησοῦς

5 39ᵇἐραυνᾶτε τὰς γραφάς

7 38ᵇκαθὼς εἶπεν ἡ γραφή

7 42ᵇοὐχ (οὐχὶ MVSTς) ἡ γραφὴ
εἶπεν ὅτι ἐκ τοῦ σπέρματος
Δαυίδ ⟨;⟩

10 35 εἰ ἐκείνους εἶπεν θεούς ... καὶ οὐ
δύναται λυθῆναι ἡ γραφή

13 18ᶜἀλλ' ἵνα ἡ γραφὴ πληρωθῇ

17 12ᶜἵνα ἡ γραφὴ πληρωθῇ

19 24ᶜἵνα ἡ γραφὴ πληρωθῇ | ἡ
λέγουσα ([N²⁶MS]; —NTH)

19 28 ἵνα τελειωθῇ ἡ γραφή, λέγει·
διψῶ

19 36ᶜἐγένετο γὰρ ταῦτα ἵνα ἡ γραφὴ
πληρωθῇ

19 37ᵇπάλιν ἑτέρα γραφὴ λέγει

20 9 οὐδέπω γὰρ ᾔδεισαν τὴν γραφήν,
ὅτι δεῖ αὐτὸν ἐκ νεκρῶν ἀναστῆναι

Ac 1 16ᶜἔδει πληρωθῆναι τὴν γραφὴν ἣν
προεῖπεν τὸ πνεῦμα τὸ ἅγιον

8 32 ἡ δὲ περιοχὴ τῆς γραφῆς ἣν
ἀνεγίνωσκεν ἦν αὕτη

8 35 ἀρξάμενος ἀπὸ τῆς γραφῆς ταύτης
εὐηγγελίσατο

17 2ᵃἐπὶ σάββατα τρία διελέξατο αὐτοῖς
ἀπὸ τῶν γραφῶν

17 11ᵃκαθ' ἡμέραν ἀνακρίνοντες τὰς
γραφάς εἰ ἔχοι ταῦτα οὕτως

Ac 18 24ᵃἸουδαῖος δέ τις Ἀπολλῶς ὀνόματι
... δυνατὸς ὢν ἐν ταῖς γραφαῖς

18 28ᵃἐπιδεικνὺς διὰ τῶν γραφῶν εἶναι
τὸν χριστὸν Ἰησοῦν

Rm 1 2ᵃ(εὐαγγέλιον θεοῦ), ὃ προεπηγ-
γείλατο διὰ τῶν προφητῶν αὐτοῦ
ἐν γραφαῖς ἁγίαις

4 3ᵇτί γὰρ ἡ γραφὴ λέγει;

9 17ᵇλέγει γὰρ ἡ γραφὴ τῷ Φαραώ

10 11ᵇλέγει γὰρ ἡ γραφή

11 2ᵇἦ οὐκ οἴδατε ἐν Ἠλίᾳ τί λέγει ἡ
γραφή ⟨;⟩

15 4ᵃἵνα ... διὰ τῆς παρακλήσεως τῶν
γραφῶν τὴν ἐλπίδα ἔχωμεν

16 26ᵃ|φανερωθέντος δὲ νῦν διά τε
γραφῶν προφητικῶν [.. N²⁶S ..]

1C 15 3ᵃΧριστὸς ἀπέθανεν ὑπὲρ τῶν ἁμαρ-
τιῶν ἡμῶν κατὰ τὰς γραφάς

15 4ᵃἐγήγερται τῇ ἡμέρᾳ τῇ τρίτῃ
κατὰ τὰς γραφάς

G 3 8 προϊδοῦσα δὲ ἡ γραφὴ ... προ-
ευηγγελίσατο τῷ Ἀβραάμ

3 22 συνέκλεισεν ἡ γραφὴ τὰ πάντα
ὑπὸ ἁμαρτίαν

4 30ᵇἀλλὰ τί λέγει ἡ γραφή;

1Tm 5 18ᵇλέγει γὰρ ἡ γραφή

2Tm 3 16 πᾶσα γραφὴ θεόπνευστος καὶ
ὠφέλιμος πρὸς διδασκαλίαν

Jc 2 8 εἰ μέντοι νόμον τελεῖτε βασιλικὸν
κατὰ τὴν γραφήν

2 23ᶜκαὶ ἐπληρώθη ἡ γραφὴ ἡ λέγουσα

4 5ᵇἦ δοκεῖτε ὅτι κενῶς ἡ γραφὴ
λέγει ⟨;⟩

1Pt 2 6 διότι περιέχει ἐν (+τῇ ς) γραφῇ

2Pt 1 20 πᾶσα προφητεία γραφῆς ἰδίας
ἐπιλύσεως οὐ γίνεται

3 16ᵃοἱ ἀμαθεῖς καὶ ἀστήρικτοι στρε-
βλοῦσιν ὡς καὶ τὰς λοιπὰς γραφὰς
πρὸς τὴν ἰδίαν αὐτῶν ἀπώλειαν

γράφω
ἀπο-   ἐπι-   προ-
ἐγ-   κατα-
ᵃ γέγραπται
ᵇ γεγραμμένος
ᶜ ἐντολὴν γρ.
ᵈ γραπτός

Mt 2 5ᵃοὕτως γὰρ γέγραπται διὰ τοῦ
προφήτου

4 4ᵃγέγραπται· οὐκ ἐπ' ἄρτῳ μόνῳ
ζήσεται ὁ ἄνθρωπος

4 6ᵃγέγραπται γὰρ ὅτι τοῖς ἀγγέλοις
αὐτοῦ ἐντελεῖται περὶ σοῦ

4 7ᵃπάλιν γέγραπται· οὐκ ἐκπειράσεις
κύριον τὸν θεόν σου

4 10ᵃγέγραπται γάρ· κύριον τὸν θεόν
σου προσκυνήσεις

11 10ᵃοὗτός (+γὰρ VSς) ἐστιν περὶ
οὗ γέγραπται

21 13ᵃγέγραπται· ὁ οἶκός μου οἶκος
προσευχῆς κληθήσεται

26 24ᵃὁ μὲν υἱὸς τοῦ ἀνθρώπου ὑπάγει
καθὼς γέγραπται περὶ αὐτοῦ

26 31ᵃγέγραπται γάρ· πατάξω τὸν
ποιμένα

27 37ᵇἐπέθηκαν ἐπάνω τῆς κεφαλῆς
αὐτοῦ τὴν αἰτίαν αὐτοῦ γεγραμ-
μένην

Mc 1 2ᵃκαθὼς γέγραπται ἐν τῷ Ἠσαΐᾳ
τῷ προφήτῃ

7 6ᵃὡς γέγραπται ὅτι ([N²⁶]; —ς)
οὗτος ὁ λαὸς τοῖς χείλεσίν με τιμᾷ

9 12ᵃπῶς γέγραπται ἐπὶ τὸν υἱὸν τοῦ
ἀνθρώπου, ἵνα πολλὰ πάθῃ ⟨;⟩

9 13ᵃἐποίησαν αὐτῷ ὅσα ἤθελον, καθὼς
γέγραπται ἐπ' αὐτόν

Mc 10 4 | ἐπέτρεψεν Μωϋσῆς (~Vς) βι-
βλίον ἀποστασίου γράψαι καὶ
ἀπολῦσαι

10 5ᶜπρὸς τὴν σκληροκαρδίαν ὑμῶν
ἔγραψεν ὑμῖν τὴν ἐντολὴν ταύτην

11 17ᵃοὐ γέγραπται ὅτι ὁ οἶκός μου
οἶκος προσευχῆς κληθήσεται ⟨;⟩

12 19 Μωϋσῆς ἔγραψεν ἡμῖν ὅτι ἐὰν
τινος ἀδελφὸς ἀποθάνῃ

14 21ᵃὁ μὲν υἱὸς τοῦ ἀνθρώπου ὑπάγει
καθὼς γέγραπται περὶ αὐτοῦ

14 27ᵃὅτι γέγραπται· πατάξω τὸν ποι-
μένα

Lc 1 3 ἔδοξε κἀμοὶ ... καθεξῆς σοι γράψαι

1 63 αἰτήσας πινακίδιον ἔγραψεν λέγων

2 23ᵃκαθὼς γέγραπται ἐν νόμῳ κυρίου

3 4ᵃὡς γέγραπται ἐν βίβλῳ λόγων
Ἠσαΐου τοῦ προφήτου

4 4ᵃγέγραπται ὅτι οὐκ ἐπ' ἄρτῳ
μόνῳ ζήσεται ὁ ἄνθρωπος

4 8ᵃγέγραπται· | κύριον τὸν θεόν σου
προσκυνήσεις (N²⁶H; ~rl)

4 10ᵃγέγραπται γὰρ ὅτι τοῖς ἀγγέλοις
αὐτοῦ ἐντελεῖται περὶ σοῦ

4 17ᵇἀναπτύξας (ἀνοίξας NMH) τὸ βι-
βλίον εὗρεν τὸν ([NSH]; —T)
τόπον οὗ ἦν γεγραμμένον

7 27ᵃοὗτός ἐστιν περὶ οὗ γέγραπται

10 20 *τὰ ὀνόματα ὑμῶν ἐγράφη (ς;
ἐγγέγραπται rl) ἐν τοῖς οὐρανοῖς

10 26ᵃἐν τῷ νόμῳ τί γέγραπται;

16 6 δέξαι σου | τὰ γράμματα (τὸ
γράμμα Vς) καὶ καθίσας ταχέως
γράψον πεντήκοντα

16 7 δέξαι σου | τὰ γράμματα (τὸ
γράμμα Vς) καὶ γράψον ὀγδοή-
κοντα

18 31ᵇτελεσθήσεται πάντα τὰ γεγραμ-
μένα διὰ τῶν προφητῶν τῷ υἱῷ
τοῦ ἀνθρώπου·

19 46ᵃγέγραπται· καὶ ἔσται ὁ οἶκός μου
οἶκος προσευχῆς

20 17ᵇτί οὖν ἐστιν τὸ γεγραμμένον
τοῦτο ⟨;⟩

20 28 Μωϋσῆς ἔγραψεν ἡμῖν, ἐάν τινος
ἀδελφὸς ἀποθάνῃ

21 22ᵇἡμέραι ἐκδικήσεως αὗταί εἰσιν τοῦ
πλησθῆναι πάντα τὰ γεγραμμένα

22 37ᵇὅτι (+ἔτι V[S]ς) τοῦτο τὸ
γεγραμμένον δεῖ τελεσθῆναι ἐν
ἐμοί

23 38ᵇ*ἦν δὲ καὶ ἐπιγραφὴ γεγραμμένη
(+Vς) ἐπ' αὐτῷ (+γράμμασιν
ἑλληνικοῖς MVBSς ..)

24 44ᵇδεῖ πληρωθῆναι πάντα τὰ γεγραμ-
μένα ἐν τῷ νόμῳ Μωϋσέως ...
περὶ ἐμοῦ

24 46ᵃοὕτως γέγραπται (+καὶ οὕτως
ἔδει Vς) παθεῖν τὸν χριστόν

Jo 1 45 ὃν ἔγραψεν Μωϋσῆς ἐν τῷ νόμῳ
καὶ οἱ προφῆται εὑρήκαμεν, Ἰη-
σοῦν

2 17ᵇἐμνήσθησαν (+δὲ Vς) οἱ μαθη-
ταὶ αὐτοῦ ὅτι γεγραμμένον ἐστίν

5 46 περὶ γὰρ ἐμοῦ ἐκεῖνος ἔγραψεν

6 31ᵇκαθὼς ἐστιν γεγραμμένον· ἄρτον
ἐκ τοῦ οὐρανοῦ ἔδωκεν

6 45ᵇἐστιν γεγραμμένον ἐν τοῖς προ-
φήταις

[8 6] *Ἰησοῦς ... τῷ δακτύλῳ ἔγραφεν
(ς; κατ- N²⁶MVBSH) εἰς τὴν γῆν

[8 8] κατακύψας (κάτω κύψας MSς)
ἔγραφεν εἰς τὴν γῆν

8 17ᵃᵇἐν τῷ νόμῳ δὲ τῷ ὑμετέρῳ γέ-
γραπται (-μμένον ἐστιν T)

Jo 10 34ᵇ οὐκ ἔστιν γεγραμμένον ἐν τῷ νόμῳ ὑμῶν ὅτι ἐγὼ εἶπα· θεοί ἐστε;

12 14ᵇ εὑρὼν δὲ ὁ Ἰησοῦς ὀνάριον ἐκάθισεν ἐπ' αὐτό, καθώς ἐστιν γεγραμμένον

12 16ᵇ ἐμνήσθησαν ὅτι ταῦτα ἦν ἐπ' αὐτῷ γεγραμμένα

15 25ᵇ ἵνα πληρωθῇ ὁ λόγος ὁ ἐν τῷ νόμῳ αὐτῶν γεγραμμένος

19 19 ἔγραψεν δὲ καὶ τίτλον ὁ Πιλᾶτος καὶ ἔθηκεν ἐπὶ τοῦ σταυροῦ· ↔

19 19ᵇ ἦν δὲ γεγραμμένον· Ἰησοῦς ὁ Ναζωραῖος ὁ βασιλεὺς τῶν Ἰουδαίων

19 20ᵇ ἦν γεγραμμένον Ἑβραϊστί, Ῥωμαϊστί, Ἑλληνιστί

19 21 μὴ γράφε· ὁ βασιλεὺς τῶν Ἰουδαίων

19 22 ἀπεκρίθη ὁ Πιλᾶτος· ὃ γέγραφα, ↔

19 22 γέγραφα

20 30ᵇ πολλὰ μὲν οὖν καὶ ἄλλα σημεῖα ... ἃ οὐκ ἔστιν γεγραμμένα ἐν τῷ βιβλίῳ τούτῳ· ↔

20 31ᵃ ταῦτα δὲ γέγραπται ἵνα πιστεύσητε (-[σ]ητε N²⁶; -ητε NMBTH)

21 24 οὗτός ἐστιν ὁ μαθητὴς ... | καὶ ὁ (~ S; καὶ Tς) γράψας ταῦτα

21 25 ἄλλα πολλὰ ... | ἅτινα ἐὰν γράφηται καθ' ἕν (.. —T ..), ↔

21 25 || οὐδ' αὐτὸν οἶμαι τὸν κόσμον χωρήσειν (-σαι VBSς) τὰ γραφόμενα βιβλία ((.. —T))

Ac 1 20ᵃ γέγραπται γὰρ ἐν βίβλῳ ψαλμῶν

7 42ᵃ καθὼς γέγραπται ἐν βίβλῳ τῶν προφητῶν

13 29ᵇ ὡς δὲ ἐτέλεσαν πάντα τὰ περὶ αὐτοῦ γεγραμμένα

13 33ᵃ ὡς καὶ ἐν τῷ | ψαλμῷ γέγραπται τῷ δευτέρῳ (πρώτῳ ψ. γ. Τ)

15 15ᵃ τούτῳ συμφωνοῦσιν οἱ λόγοι τῶν προφητῶν, καθὼς γέγραπται

15 23 ⟨ἔδοξε τοῖς ἀποστόλοις ... πέμψαι⟩ γράψαντες διὰ χειρὸς αὐτῶν (+τάδε [M]VSς)

18 27 προτρεψάμενοι οἱ ἀδελφοὶ ἔγραψαν τοῖς μαθηταῖς ἀποδέξασθαι αὐτόν

23 5ᵃ γέγραπται γὰρ ὅτι ἄρχοντα τοῦ λαοῦ σου οὐκ ἐρεῖς κακῶς

23 25 γράψας ἐπιστολὴν ἔχουσαν τὸν τύπον τοῦτον

24 14ᵇ πιστεύων πᾶσι τοῖς ... ἐν τοῖς προφήταις γεγραμμένοις

25 26 περὶ οὗ ἀσφαλές τι γράψαι τῷ κυρίῳ οὐκ ἔχω

25 26 ὅπως τῆς ἀνακρίσεως γενομένης σχῶ | τί γράψω (τι γράψαι ς)

Rm 1 17ᵃ καθὼς γέγραπται· ὁ δὲ δίκαιος ἐκ πίστεως ζήσεται

2 15ᵈ οἵτινες ἐνδείκνυνται τὸ ἔργον τοῦ νόμου γραπτὸν ἐν ταῖς καρδίαις αὐτῶν

2 24ᵃ τὸ γὰρ ὄνομα τοῦ θεοῦ δι' ὑμᾶς βλασφημεῖται ἐν τοῖς ἔθνεσιν, καθὼς γέγραπται

3 4ᵃ γινέσθω δὲ ὁ θεὸς ἀληθής, πᾶς δὲ ἄνθρωπος ψεύστης, καθὼς (καθάπερ NTH) γέγραπται

3 10ᵃ καθὼς γέγραπται ὅτι οὐκ ἔστιν δίκαιος οὐδὲ εἷς

4 17ᵃ καθὼς γέγραπται ὅτι πατέρα πολλῶν ἐθνῶν τέθεικά σε

4 23 οὐκ ἐγράφη δὲ δι' αὐτὸν μόνον ὅτι ἐλογίσθη αὐτῷ

Rm 8 36ᵃ καθὼς γέγραπται ὅτι ἕνεκεν σοῦ θανατούμεθα

9 13ᵃ καθὼς (καθάπερ NH) γέγραπται· τὸν Ἰακὼβ ἠγάπησα

9 33ᵃ καθὼς γέγραπται· ἰδοὺ τίθημι ἐν Σιὼν λίθον

10 5 Μωϋσῆς γὰρ γράφει || τὴν δικαιοσύνην τὴν ἐκ τοῦ (+[N²⁶] VBSς) νόμου ὅτι ((~NSTH))

10 15ᵃ καθὼς (καθάπερ NH) γέγραπται· ὡς ὡραῖοι οἱ πόδες

11 8ᵃ καθὼς (καθάπερ NTH) γέγραπται· ἔδωκεν αὐτοῖς ὁ θεὸς πνεῦμα κατανύξεως

11 26ᵃ καὶ οὕτως πᾶς Ἰσραὴλ σωθήσεται, καθὼς γέγραπται

12 19ᵃ γέγραπται γάρ· ἐμοὶ ἐκδίκησις

14 11ᵃ γέγραπται γάρ· ζῶ ἐγώ, λέγει κύριος

15 3ᵃ καθὼς γέγραπται· οἱ ὀνειδισμοὶ ... ἐπέπεσαν ἐπ' ἐμέ. ↔

15 4 ὅσα γὰρ προεγράφη, [+πάντα Η] εἰς τὴν ἡμετέραν διδασκαλίαν ἐγράφη (προ- ς)

15 9ᵃ καθὼς γέγραπται· διὰ τοῦτο ἐξομολογήσομαί σοι

15 15 τολμηρότερον (-τέρως NH) δὲ ἔγραψα ὑμῖν (+ἀδελφοὶ B[S]ς) ἀπὸ μέρους

15 21ᵃ ἀλλὰ καθὼς γέγραπται· | οἷς οὐκ ἀνηγγέλη περὶ αὐτοῦ ὄψονται (~NH)

16 22 ἀσπάζομαι ὑμᾶς ἐγὼ Τέρτιος ὁ γράψας τὴν ἐπιστολήν

1C 1 19ᵃ γέγραπται γάρ· ἀπολῶ τὴν σοφίαν τῶν σοφῶν

1 31ᵃ ἵνα καθὼς γέγραπται· ὁ καυχώμενος ἐν κυρίῳ καυχάσθω

2 9ᵃ ἀλλὰ καθὼς γέγραπται· ἃ ὀφθαλμὸς οὐκ εἶδεν

3 19ᵃ γέγραπται γάρ· ὁ δρασσόμενος τοὺς σοφούς

4 6ᵃ ἵνα ἐν ἡμῖν μάθητε τὸ μὴ ὑπὲρ ἃ γέγραπται

4 14 οὐκ ἐντρέπων ὑμᾶς γράφω ταῦτα

5 9 ἔγραψα ὑμῖν ἐν τῇ ἐπιστολῇ μὴ συναναμίγνυσθαι πόρνοις

5 11 νῦν (νυνὶ Tς) δὲ ἔγραψα ὑμῖν μὴ συναναμίγνυσθαι

7 1 περὶ δὲ ὧν ἐγράψατε, καλὸν ἀνθρώπῳ γυναικὸς μὴ ἅπτεσθαι

9 9ᵃ ἐν γὰρ τῷ Μωϋσέως νόμῳ γέγραπται

9 10 δι' ἡμᾶς γὰρ ἐγράφη, ὅτι ὀφείλει ἐπ' ἐλπίδι ὁ ἀροτριῶν ἀροτριᾶν

9 15 οὐκ ἔγραψα δὲ ταῦτα ἵνα οὕτως γένηται ἐν ἐμοί

10 7ᵃ ὥσπερ γέγραπται· ἐκάθισεν ὁ λαὸς φαγεῖν

10 11 ταῦτα δὲ (+πάντα MVBSς) τυπικῶς συνέβαινεν ἐκείνοις, ἐγράφη δὲ πρὸς νουθεσίαν ἡμῶν

14 21ᵃ ἐν τῷ νόμῳ γέγραπται

14 37 ἐπιγινωσκέτω ἃ γράφω ὑμῖν ὅτι κυρίου ἐστὶν ἐντολή (—T)

15 45ᵃ οὕτως καὶ γέγραπται· ἐγένετο ὁ πρῶτος ἄνθρωπος Ἀδάμ

15 54ᵇ τότε γενήσεται ὁ λόγος ὁ γεγραμμένος· κατεπόθη ὁ θάνατος

2C 1 13 οὐ γὰρ ἄλλα γράφομεν ὑμῖν ἀλλ' ἢ ἃ ἀναγινώσκετε

2 3 ἔγραψα τοῦτο αὐτὸ ἵνα μὴ ἐλθὼν λύπην σχῶ

2 4 ἐκ ... συνοχῆς καρδίας ἔγραψα ὑμῖν διὰ πολλῶν δακρύων

2C 2 9 εἰς τοῦτο γὰρ καὶ ἔγραψα, ἵνα γνῶ τὴν δοκιμὴν ὑμῶν

4 13ᵇ ἔχοντες δὲ τὸ αὐτὸ πνεῦμα τῆς πίστεως, κατὰ τὸ γεγραμμένον

7 12 ἄρα εἰ καὶ ἔγραψα ὑμῖν, οὐχ ἕνεκεν τοῦ ἀδικήσαντος

8 15ᵃ καθὼς γέγραπται· ὁ τὸ πολὺ οὐκ ἐπλεόνασεν

9 1 περὶ μὲν γὰρ τῆς διακονίας ... περισσόν μοί ἐστιν τὸ γράφειν ὑμῖν

9 9ᵃ καθὼς γέγραπται· ἐσκόρπισεν, ἔδωκεν τοῖς πένησιν

13 2 *προείρηκα καὶ προλέγω ... καὶ ἀπὼν νῦν γράφω (+ς) τοῖς προημαρτηκόσιν

13 10 διὰ τοῦτο ταῦτα ἀπὼν γράφω, ἵνα παρὼν μὴ ἀποτόμως χρήσωμαι

G 1 20ᵃ ἃ δὲ γράφω ὑμῖν ... οὐ ψεύδομαι

3 10ᵃ γέγραπται γὰρ ὅτι ἐπικατάρατος ↔

3 10ᵇ πᾶς ὃς οὐκ ἐμμένει πᾶσιν τοῖς γεγραμμένοις ἐν τῷ βιβλίῳ τοῦ νόμου

3 13ᵃ ὅτι γέγραπται· ἐπικατάρατος πᾶς ὁ κρεμάμενος ἐπὶ ξύλου

4 22ᵃ γέγραπται γὰρ ὅτι Ἀβραὰμ δύο υἱοὺς ἔσχεν

4 27ᵃ γέγραπται γάρ· εὐφράνθητι, στεῖρα ἡ οὐ τίκτουσα

6 11 ἴδετε πηλίκοις ὑμῖν γράμμασιν ἔγραψα τῇ ἐμῇ χειρί

Ph 3 1 τὰ αὐτὰ γράφειν ὑμῖν ἐμοὶ μὲν οὐκ ὀκνηρόν

1Th 4 9 περὶ δὲ τῆς φιλαδελφίας οὐ χρείαν ἔχετε γράφειν ὑμῖν

5 1 περὶ δὲ τῶν χρόνων ... οὐ χρείαν ἔχετε ὑμῖν γράφεσθαι

2Th 3 17 ὁ ἀσπασμὸς τῇ ἐμῇ χειρὶ Παύλου, ὅ ἐστιν σημεῖον ἐν πάσῃ ἐπιστολῇ· οὕτως γράφω

1Tm 3 14 ταῦτά σοι γράφω ἐλπίζων ἐλθεῖν πρὸς σὲ τάχιον

Phm 19 ἐγὼ Παῦλος ἔγραψα τῇ ἐμῇ χειρί

21 πεποιθὼς τῇ ὑπακοῇ σου ἔγραψά σοι

Hb 10 7ᵃ ἐν κεφαλίδι βιβλίου γέγραπται περὶ ἐμοῦ

1Pt 1 16ᵃ διότι γέγραπται ὅτι [+N²⁶NH] ἅγιοι ἔσεσθε (γίνεσθε Sς)

5 12 διὰ Σιλουανοῦ ὑμῖν ... δι' ὀλίγων ἔγραψα

2Pt 3 1 ταύτην ἤδη, ἀγαπητοί, δευτέραν ὑμῖν γράφω ἐπιστολήν

3 15 καθὼς ... Παῦλος κατὰ τὴν δοθεῖσαν αὐτῷ σοφίαν ἔγραψεν ὑμῖν

1Jo 1 4 καὶ ταῦτα γράφομεν ἡμεῖς ἵνα ἡ χαρὰ ἡμῶν ᾖ πεπληρωμένη

2 1 τεκνία μου, ταῦτα γράφω ὑμῖν ἵνα μὴ ἁμάρτητε

2 7ᶜ οὐκ ἐντολὴν καινὴν γράφω ὑμῖν

2 8ᶜ πάλιν ἐντολὴν καινὴν γράφω ὑμῖν

2 12 γράφω ὑμῖν, τεκνία, ὅτι ἀφέωνται ὑμῖν αἱ ἁμαρτίαι

2 13 γράφω ὑμῖν, πατέρες, ὅτι ἐγνώκατε τὸν ἀπ' ἀρχῆς. ↔

2 13 γράφω ὑμῖν, νεανίσκοι, ὅτι νενικήκατε τὸν πονηρόν. ↔

2 14 ἔγραψα (γράφω ς) ὑμῖν, παιδία, ὅτι ἐγνώκατε τὸν πατέρα. ↔

2 14 ἔγραψα ὑμῖν, πατέρες, ὅτι ἐγνώκατε τὸν ἀπ' ἀρχῆς. ↔

1Jo   2 14 ἔγραψα ὑμῖν, νεανίσκοι, ὅτι ἰσχυροί ἐστε

   2 21 οὐκ ἔγραψα ὑμῖν ὅτι οὐκ οἴδατε τὴν ἀλήθειαν

   2 26 ταῦτα ἔγραψα ὑμῖν περὶ τῶν πλανώντων ὑμᾶς

   5 13 ταῦτα ἔγραψα ὑμῖν ἵνα εἰδῆτε

2Jo   5ᶜ ἐρωτῶ σε, κυρία, οὐχ ὡς ἐντολὴν | καινὴν γράφων σοι (N²⁶T; ∼rl)

   12 πολλὰ ἔχων ὑμῖν γράφειν οὐκ ἐβουλήθην διὰ χάρτου καὶ μέλανος

3Jo   9 ἔγραψά τι τῇ ἐκκλησίᾳ

   13 πολλὰ εἶχον γράψαι (γράφειν ς) σοι, ↔

   13 ἀλλ' οὐ θέλω διὰ μέλανος καὶ καλάμου σοι γράφειν (γράψαι ς)

Jd   3 ἀγαπητοί, πᾶσαν σπουδὴν ποιούμενος γράφειν ὑμῖν περὶ τῆς κοινῆς ἡμῶν σωτηρίας, ↔

   3 ἀνάγκην ἔσχον γράψαι ὑμῖν παρακαλῶν ἐπαγωνίζεσθαι τῇ ... πίστει

Ap   1 3ᵇ οἱ ἀκούοντες | τοὺς λόγους (τὸν λόγον T) τῆς προφητείας καὶ τηροῦντες τὰ ἐν αὐτῇ γεγραμμένα

   1 11 ὃ βλέπεις γράψον εἰς βιβλίον

   1 19 γράψον οὖν ἃ εἶδες

   2 1 τῷ ἀγγέλῳ τῆς (τῷ H) ἐν Ἐφέσῳ ἐκκλησίας γράψον

   2 8 τῷ ἀγγέλῳ τῆς (τῷ H) ἐν Σμύρνῃ ἐκκλησίας γράψον

   2 12 τῷ ἀγγέλῳ τῆς ἐν Περγάμῳ ἐκκλησίας γράψον

   2 17ᵇ δώσω αὐτῷ ... ἐπὶ τὴν ψῆφον ὄνομα καινὸν γεγραμμένον

   2 18 τῷ ἀγγέλῳ τῆς (τῷ H) ἐν Θυατείροις ἐκκλησίας γράψον

   3 1 τῷ ἀγγέλῳ τῆς ἐν Σάρδεσιν ἐκκλησίας γράψον

   3 7 τῷ ἀγγέλῳ τῆς ἐν Φιλαδελφείᾳ ἐκκλησίας γράψον

   3 12 γράψω ἐπ' αὐτὸν τὸ ὄνομα τοῦ θεοῦ μου

   3 14 τῷ ἀγγέλῳ τῆς ἐν Λαοδικείᾳ ἐκκλησίας γράψον

   5 1ᵇ εἶδον ... βιβλίον γεγραμμένον ἔσωθεν καὶ ὄπισθεν

   10 4 ὅτε ἐλάλησαν αἱ ἑπτὰ βρονταί, ἤμελλον γράφειν

   10 4 καὶ μὴ αὐτὰ γράψῃς

   13 8ᵃ οἱ κατοικοῦντες ἐπὶ τῆς γῆς, οὗ (ὧν VBSς) οὐ γέγραπται τὸ ὄνομα αὐτοῦ ([M]; -τῶν B; —VSς) ἐν τῷ βιβλίῳ

   14 1ᵇ χιλιάδες ἔχουσαι τὸ ὄνομα ... γεγραμμένον ἐπὶ τῶν μετώπων αὐτῶν

   14 13 ἤκουσα φωνῆς ἐκ τοῦ οὐρανοῦ λεγούσης· γράψον

   17 5ᵇ ἐπὶ τὸ μέτωπον αὐτῆς ὄνομα γεγραμμένον

   17 8ᵃ οἱ κατοικοῦντες ἐπὶ τῆς γῆς, ὧν οὐ γέγραπται τὸ ὄνομα ἐπὶ τὸ βιβλίον τῆς ζωῆς

   19 9 λέγει μοι· γράψον

   19 12ᵇ ἔχων ὄνομα γεγραμμένον ὃ οὐδεὶς οἶδεν εἰ μὴ αὐτός

   19 16ᵇ ἔχει ... ἐπὶ τὸν μηρὸν αὐτοῦ ὄνομα γεγραμμένον

   20 12ᵇ ἐκρίθησαν οἱ νεκροὶ ἐκ τῶν γεγραμμένων ἐν τοῖς βιβλίοις

   20 15ᵇ εἴ τις οὐχ εὑρέθη ἐν τῇ βίβλῳ τῆς ζωῆς γεγραμμένος

   21 5 καὶ λέγει (+μοι BSς)· γράψον

Ap   21 27ᵇ οὐ μὴ εἰσέλθῃ ... εἰ μὴ οἱ γεγραμμένοι ἐν τῷ βιβλίῳ τῆς ζωῆς τοῦ ἀρνίου

   22 18ᵇ ἐπιθήσει ... τὰς [+ἑπτὰ S] πληγὰς τὰς γεγραμμένας ἐν τῷ βιβλίῳ τούτῳ

   22 19ᵇ ἀφελεῖ ὁ θεὸς τὸ μέρος αὐτοῦ ἀπὸ τοῦ ξύλου τῆς ζωῆς καὶ ἐκ τῆς πόλεως τῆς ἁγίας, (+καὶ ς) τῶν γεγραμμένων ἐν τῷ βιβλίῳ τούτῳ

γραώδης

1Tm   4 7 τοὺς δὲ βεβήλους καὶ γραώδεις μύθους παραιτοῦ

γρηγορέω
   δια-
   ᵃ imperat.
   ᵇ γρ. et νήφω

Mt   24 42ᵃ γρηγορεῖτε οὖν, ὅτι οὐκ οἴδατε ποίᾳ ἡμέρᾳ

   24 43 εἰ ᾔδει ὁ οἰκοδεσπότης ... ἐγρηγόρησεν ἂν καὶ οὐκ ἂν εἴασεν

   25 13ᵃ γρηγορεῖτε οὖν, ὅτι οὐκ οἴδατε τὴν ἡμέραν

   26 38ᵃ μείνατε ὧδε καὶ γρηγορεῖτε μετ' ἐμοῦ

   26 40 οὕτως οὐκ ἰσχύσατε μίαν ὥραν γρηγορῆσαι μετ' ἐμοῦ; ↔

   26 41ᵃ γρηγορεῖτε καὶ προσεύχεσθε, ἵνα μὴ εἰσέλθητε εἰς πειρασμόν

Mc   13 34 τῷ θυρωρῷ ἐνετείλατο ἵνα γρηγορῇ. ↔

   13 35ᵃ γρηγορεῖτε οὖν· οὐκ οἴδατε γὰρ πότε ὁ κύριος ... ἔρχεται

   13 37ᵃ ὃ δὲ ὑμῖν λέγω, πᾶσιν λέγω, γρηγορεῖτε

   14 34ᵃ μείνατε ὧδε καὶ γρηγορεῖτε

   14 37 οὐκ ἴσχυσας μίαν ὥραν γρηγορῆσαι; ↔

   14 38ᵃ γρηγορεῖτε καὶ προσεύχεσθε, ἵνα μὴ ἔλθητε (εἰσ- Vς) εἰς πειρασμόν

Lc   12 37 μακάριοι οἱ δοῦλοι ἐκεῖνοι, οὓς ἐλθὼν ὁ κύριος εὑρήσει γρηγοροῦντας

   12 39 *εἰ ᾔδει ὁ οἰκοδεσπότης ... | ἐγρηγόρησεν ἂν καὶ οὐκ ([ἐ. ἂν κ.] οὐκ S; οὐκ ἂν N²⁶NMT) ἀφῆκεν

Ac   20 31ᵃ ⟨εἰσελεύσονται ... λύκοι βαρεῖς⟩ διὸ γρηγορεῖτε

1C   16 13ᵃ γρηγορεῖτε, στήκετε ἐν τῇ πίστει

Cl   4 2 τῇ προσευχῇ προσκαρτερεῖτε, γρηγοροῦντες ἐν αὐτῇ ἐν εὐχαριστίᾳ

1Th   5 6ᵇ μὴ καθεύδωμεν ... ἀλλὰ γρηγορῶμεν καὶ νήφωμεν

   5 10 ἵνα εἴτε γρηγορῶμεν εἴτε καθεύδωμεν ἅμα σὺν αὐτῷ ζήσωμεν

1Pt   5 8ᵇ νήψατε, γρηγορήσατε. ὁ ἀντίδικος ὑμῶν διάβολος ... περιπατεῖ

Ap   3 2 γίνου γρηγορῶν καὶ στήρισον τὰ λοιπὰ ἃ ἔμελλον ἀποθανεῖν

   3 3 ἐὰν οὖν μὴ γρηγορήσῃς

   16 15 μακάριος ὁ γρηγορῶν καὶ τηρῶν τὰ ἱμάτια αὐτοῦ

γυμνάζω

1Tm   4 7 γύμναζε δὲ σεαυτὸν πρὸς εὐσέβειαν

Hb   5 14 τελείων ... τῶν διὰ τὴν ἕξιν τὰ αἰσθητήρια γεγυμνασμένα ἐχόντων

   12 11 καρπὸν εἰρηνικὸν τοῖς δι' αὐτῆς γεγυμνασμένοις ἀποδίδωσιν δικαιοσύνης

2Pt   2 14 καρδίαν γεγυμνασμένην πλεονεξίας ἔχοντες

γυμνασία

1Tm   4 8 ἡ γὰρ σωματικὴ γυμνασία πρὸς ὀλίγον ἐστὶν ὠφέλιμος

γυμνιτεύω
   γυμνητεύω VBSς

1C   4 11 ἄχρι τῆς ἄρτι ὥρας ... καὶ γυμνιτεύομεν καὶ κολαφιζόμεθα

γυμνός
   ᵃ metaph.

Mt   25 36 ⟨ἤμην⟩ γυμνὸς καὶ περιεβάλετέ με

   25 38 πότε δέ σε εἴδομεν ... γυμνὸν καὶ περιεβάλομεν;

   25 43 ἤμην ... γυμνὸς καὶ οὐ περιεβάλετέ με

   25 44 πότε σε εἴδομεν ... γυμνὸν ... καὶ οὐ διηκονήσαμέν σοι;

Mc   14 51 | νεανίσκος τις (εἷς τις ν. VBTς) ... περιβεβλημένος σινδόνα ἐπὶ γυμνοῦ

   14 52 ὁ δὲ καταλιπὼν τὴν σινδόνα γυμνὸς ἔφυγεν (+ἀπ' αὐτῶν MV[S]ς)

Jo   21 7 τὸν ἐπενδύτην διεζώσατο, ἦν γὰρ γυμνός

Ac   19 16 ὥστε γυμνοὺς καὶ τετραυματισμένους ἐκφυγεῖν ἐκ τοῦ οἴκου ἐκείνου

1C   15 37ᵃ οὐ τὸ σῶμα ... σπείρεις, ἀλλὰ γυμνὸν κόκκον εἰ τύχοι σίτου

2C   5 3 | εἴ γε (εἴπερ B) καὶ ἐκδυσάμενοι (N²⁶; ἐν- rl) οὐ γυμνοὶ εὑρεθησόμεθα

Hb   4 13ᵃ πάντα δὲ γυμνὰ καὶ τετραχηλισμένα τοῖς ὀφθαλμοῖς αὐτοῦ

Jc   2 15 ἐὰν ἀδελφὸς ἢ ἀδελφὴ γυμνοὶ ὑπάρχωσιν

Ap   3 17 οὐκ οἶδας ὅτι σὺ εἶ ὁ ταλαίπωρος ... καὶ γυμνός

   16 15 μακάριος ὁ ... τηρῶν τὰ ἱμάτια αὐτοῦ, ἵνα μὴ γυμνὸς περιπατῇ

   17 16 μισήσουσιν τὴν πόρνην, καὶ ἠρημωμένην ποιήσουσιν αὐτὴν καὶ γυμνήν

γυμνότης

Rm   8 35 τίς ἡμᾶς χωρίσει ... λιμὸς ἢ γυμνότης ⟨;⟩

2C   11 27 ἐν νηστείαις πολλάκις, ἐν ψύχει καὶ γυμνότητι

Ap   3 18 ἵνα περιβάλῃ καὶ μὴ φανερωθῇ ἡ αἰσχύνη τῆς γυμνότητός σου

γυναικάριον

2Tm   3 6 αἰχμαλωτίζοντες (-ωτεύοντες Sς) γυναικάρια σεσωρευμένα ἁμαρτίαις

γυναικεῖος

1Pt   3 7 οἱ ἄνδρες ὁμοίως, συνοικοῦντες κατὰ γνῶσιν ὡς ἀσθενεστέρῳ σκεύει τῷ γυναικείῳ

γυνή
   ᵃ voc.
   ᵇ ἀπολύω γ.
   ᶜ λαμβάνω γ.
   ᵈ γαμέω γ.
   ᵉ ἔχω γ.

Mt   1 20 μὴ φοβηθῇς παραλαβεῖν Μαρίαν τὴν γυναῖκά σου

   1 24 παρέλαβεν τὴν γυναῖκα αὐτοῦ

   5 28 πᾶς ὁ βλέπων γυναῖκα πρὸς τὸ ἐπιθυμῆσαι αὐτὴν ([NH]; αὐτῆς ς; —T) ἤδη ἐμοίχευσεν αὐτήν

   5 31ᵇ ὃς ἂν ἀπολύσῃ τὴν γυναῖκα αὐτοῦ

   5 32ᵇ πᾶς ὁ ἀπολύων τὴν γυναῖκα αὐτοῦ

   9 20 γυνὴ αἱμορροοῦσα δώδεκα ἔτη ... ἥψατο τοῦ κρασπέδου

   9 22 ἐσώθη ἡ γυνὴ ἀπὸ τῆς ὥρας ἐκείνης

   11 11 οὐκ ἐγήγερται ἐν γεννητοῖς γυναικῶν μείζων Ἰωάννου

Mt 13 33 ζύμη, ἣν λαβοῦσα γυνὴ ἐνέκρυψεν

14 3 ἔδησεν αὐτὸν ([N²⁶S]; —NTH) ... διὰ ʽΗρῳδιάδα τὴν γυναῖκα Φιλίππου [T]

14 21 ἦσαν ἄνδρες ὡσεὶ πεντακισχίλιοι χωρὶς γυναικῶν καὶ παιδίων

15 22 γυνὴ Χαναναία ἀπὸ τῶν ὁρίων ἐκείνων ἐξελθοῦσα ἔκραζεν (ἐκραύγασεν VSς; ἔκραξεν T)

15 28ª ὦ γύναι, μεγάλη σου ἡ πίστις

15 38 ἦσαν (+ὡς [M]S) τετρακισχίλιοι ἄνδρες χωρὶς | γυναικῶν καὶ παιδίων (~ T)

18 25 ἐκέλευσεν αὐτὸν ὁ κύριος (+αὐτοῦ Vς) πραθῆναι καὶ τὴν γυναῖκα (+αὐτοῦ ς) καὶ τὰ τέκνα

19 3ᵇ εἰ ἔξεστιν ἀνθρώπῳ (—NBSTH) ἀπολῦσαι τὴν γυναῖκα αὐτοῦ κατὰ πᾶσαν αἰτίαν;

19 5 κολληθήσεται τῇ γυναικὶ αὐτοῦ

19 8ᵇ Μωϋσῆς ἐπέτρεψεν ὑμῖν ἀπολῦσαι τὰς γυναῖκας ὑμῶν

19 9ᵇᵈ ὃς ἂν ἀπολύσῃ τὴν γυναῖκα αὐτοῦ ... καὶ γαμήσῃ ἄλλην, μοιχᾶται

19 10 εἰ οὕτως ἐστὶν ἡ αἰτία τοῦ ἀνθρώπου μετὰ τῆς γυναικός

19 29 *πᾶς ὅστις ἀφῆκεν ... μητέρα | ἢ γυναῖκα (+MVSς) ... ἕνεκεν τοῦ | ὀνόματός μου (ἐμοῦ ὀ. NTH)

22 24 ἐπιγαμβρεύσει ὁ ἀδελφὸς αὐτοῦ τὴν γυναῖκα αὐτοῦ

22 25 ἀφῆκεν τὴν γυναῖκα αὐτοῦ τῷ ἀδελφῷ αὐτοῦ

22 27 ὕστερον δὲ πάντων ἀπέθανεν ἡ γυνή

22 28 ἐν τῇ ἀναστάσει οὖν τίνος τῶν ἑπτὰ ἔσται γυνή;

26 7 προσῆλθεν αὐτῷ γυνὴ || ἔχουσα ἀλάβαστρον μύρου βαρυτίμου (πολυτίμου T) ((~ Sς))

26 10 τί κόπους παρέχετε τῇ γυναικί;

27 19 ἀπέστειλεν πρὸς αὐτὸν ἡ γυνὴ αὐτοῦ λέγουσα

27 55 ἦσαν δὲ ἐκεῖ γυναῖκες πολλαί

28 5 ἀποκριθεὶς δὲ ὁ ἄγγελος εἶπεν ταῖς γυναιξίν

Mc 5 25 γυνὴ (+τις VBSς) οὖσα ἐν ῥύσει αἵματος δώδεκα ἔτη (ἥψατο)

5 33 ἡ δὲ γυνὴ φοβηθεῖσα ... ἦλθεν καὶ προσέπεσεν αὐτῷ

6 17 ἔδησεν αὐτὸν ... διὰ ʽΗρῳδιάδα τὴν γυναῖκα Φιλίππου

6 18ᵉ οὐκ ἔξεστίν σοι ἔχειν τὴν γυναῖκα τοῦ ἀδελφοῦ σου

7 25 | ἀλλ᾽ εὐθὺς ἀκούσασα (ἀκ. γὰρ Sς) γυνὴ περὶ αὐτοῦ ... προσέπεσεν

7 26 ἡ δὲ γυνὴ ἦν ʽΕλληνίς, Συροφοινίκισσα τῷ γένει

10 2ᵇ εἰ ἔξεστιν ἀνδρὶ γυναῖκα ἀπολῦσαι

10 7 | καὶ προσκολληθήσεται πρὸς τὴν γυναῖκα αὐτοῦ ([N²⁶S]; —NBTH)

10 11ᵇᵈ ὃς ἂν ἀπολύσῃ τὴν γυναῖκα αὐτοῦ καὶ γαμήσῃ ἄλλην, μοιχᾶται ἐπ᾽ αὐτήν· ↔

10 12ᵈ *καὶ ἐὰν γυνὴ (VBς; αὐτὴ rl) ... | γαμήσῃ ἄλλον (-μηθῇ ἄλλῳ .. Vς), μοιχᾶται

10 29 *οὐδείς ἐστιν ὃς ἀφῆκεν ... | πατέρα ἢ μητέρα ἢ γυναῖκα (ς; μ. ἢ π. rl) ... ἕνεκεν ἐμοῦ

12 19 ἐάν τινος ἀδελφὸς ἀποθάνῃ καὶ καταλίπῃ γυναῖκα

Mc 12 19ᶜ ἵνα λάβῃ ὁ ἀδελφὸς αὐτοῦ τὴν γυναῖκα (+αὐτοῦ Vς)

12 20ᶜ ὁ πρῶτος ἔλαβεν γυναῖκα

12 22 ἔσχατον (-άτη Vς) πάντων | καὶ ἡ γυνὴ ἀπέθανεν (~ Vς)

12 23 ἐν τῇ ἀναστάσει, ὅταν ἀναστῶσιν ([N²⁶]; —H), τίνος αὐτῶν ἔσται γυνή; ↔

12 23ᵉ οἱ γὰρ ἑπτὰ ἔσχον αὐτὴν γυναῖκα

14 3 ἦλθεν γυνὴ ἔχουσα ἀλάβαστρον μύρου νάρδου πιστικῆς

15 40 ἦσαν δὲ καὶ γυναῖκες ἀπὸ μακρόθεν θεωροῦσαι

Lc 1 5 καὶ γυνὴ αὐτῷ ἐκ τῶν θυγατέρων ʼΑαρών

1 13 ἡ γυνή σου ʼΕλισάβετ γεννήσει υἱόν σοι

1 18 ἡ γυνή μου προβεβηκυῖα ἐν ταῖς ἡμέραις αὐτῆς

1 24 συνέλαβεν ʼΕλισάβετ ἡ γυνὴ αὐτοῦ

1 28 *| εὐλογημένη σὺ ἐν γυναιξίν (+[M]Bς)

1 42 εὐλογημένη σὺ ἐν γυναιξίν

2 5 *ἀπογράψασθαι σὺν Μαριὰμ τῇ ἐμνηστευμένῃ (μεμν. VSς) αὐτῷ γυναικί (+VBSς)

3 19 ἐλεγχόμενος ... περὶ ʽΗρῳδιάδος τῆς γυναικὸς τοῦ ἀδελφοῦ αὐτοῦ

4 26 πρὸς οὐδεμίαν αὐτῶν ἐπέμφθη ʼΗλίας εἰ μὴ εἰς Σάρεπτα ... πρὸς γυναῖκα χήραν

7 28 μείζων ἐν γεννητοῖς γυναικῶν (+προφήτης BSTς) ʼΙωάννου οὐδείς ἐστιν

7 37 ἰδοὺ γυνὴ ἥτις ἦν ἐν τῇ πόλει ἁμαρτωλός

7 39 ἐγίνωσκεν ἂν τίς καὶ ποταπὴ ἡ γυνὴ ἥτις ἅπτεται αὐτοῦ

7 44 στραφεὶς πρὸς τὴν γυναῖκα τῷ Σίμωνι ἔφη· ↔

7 44 βλέπεις ταύτην τὴν γυναῖκα;

7 50 εἶπεν δὲ πρὸς τὴν γυναῖκα

8 2 ⟨διώδευεν ... καὶ οἱ δώδεκα σὺν αὐτῷ⟩ καὶ γυναῖκές τινες αἳ ἦσαν τεθεραπευμέναι

8 3 ʼΙωάννα γυνὴ Χουζᾶ ἐπιτρόπου ʽΗρῴδου

8 43 καὶ γυνὴ οὖσα ἐν ῥύσει αἵματος ἀπὸ ἐτῶν δώδεκα ⟨ἥψατο⟩

8 47 ἰδοῦσα δὲ ἡ γυνὴ ὅτι οὐκ ἔλαθεν, τρέμουσα ἦλθεν

10 38 γυνὴ δέ τις ὀνόματι Μάρθα ὑπεδέξατο αὐτόν

11 27 ἐπάρασά τις | φωνὴν γυνὴ (~ VBSς) ἐκ τοῦ ὄχλου εἶπεν αὐτῷ

13 11 καὶ ἰδοὺ γυνὴ πνεῦμα ἔχουσα ἀσθενείας

13 12ª γύναι, ἀπολέλυσαι (+ἀπὸ T) τῆς ἀσθενείας σου

13 21 ζύμη, ἣν λαβοῦσα γυνὴ ἐνέκρυψεν ([ἐν]ἔκρ. N²⁶; ἔκρ. NMTH)

14 20ᵈ ἕτερος εἶπεν· γυναῖκα ἔγημα

14 26 εἴ τις ἔρχεται πρός με καὶ οὐ μισεῖ ... τὴν γυναῖκα καὶ τὰ τέκνα

15 8 ἢ τίς γυνὴ δραχμὰς ἔχουσα δέκα ⟨;⟩

16 18ᵇᵈ πᾶς ὁ ἀπολύων τὴν γυναῖκα αὐτοῦ καὶ γαμῶν ἑτέραν μοιχεύει

17 32 μνημονεύετε τῆς γυναικὸς Λώτ

18 29 οὐδείς ἐστιν ὃς ἀφῆκεν οἰκίαν ἢ γυναῖκα ... ἕνεκεν τῆς βασιλείας τοῦ θεοῦ

20 28ᵉ ἐάν τινος ἀδελφὸς ἀποθάνῃ ἔχων γυναῖκα

Lc 20 28ᶜ ἵνα λάβῃ ὁ ἀδελφὸς αὐτοῦ τὴν γυναῖκα

20 29ᶜ ὁ πρῶτος λαβὼν γυναῖκα ἀπέθανεν ἄτεκνος· ↔

20 30ᶜ *καὶ ἔλαβεν (+ς) ὁ δεύτερος | τὴν γυναῖκα (+ς ..)

20 32 ὕστερον | καὶ ἡ γυνὴ ἀπέθανεν (πάντων ἀπ. καὶ ἡ γ. Vς). ↔

20 33 | ἡ γυνὴ οὖν ἐν τῇ ἀναστάσει (ἐν τῇ οὖν ἀν. Vς) ↔

20 33 τίνος αὐτῶν γίνεται γυνή; ↔

20 33ᵉ οἱ γὰρ ἑπτὰ ἔσχον αὐτὴν γυναῖκα

22 57ª οὐκ οἶδα αὐτόν, γύναι

23 27 ἠκολούθει δὲ αὐτῷ πολὺ πλῆθος τοῦ λαοῦ καὶ γυναικῶν

23 49 εἱστήκεισαν ... καὶ γυναῖκες αἱ (—V) συνακολουθοῦσαι αὐτῷ ἀπὸ τῆς Γαλιλαίας

23 55 κατακολουθήσασαι δὲ αἱ (καὶ ς; —T) γυναῖκες ... ἐθεάσαντο τὸ μνημεῖον

24 22 γυναῖκές τινες ἐξ ἡμῶν ἐξέστησαν ἡμᾶς

24 24 εὗρον οὕτως καθὼς καὶ (—H) αἱ γυναῖκες εἶπον

Jo 2 4ª τί ἐμοὶ καὶ σοί, γύναι;

4 7 ἔρχεται γυνὴ ἐκ τῆς Σαμαρείας ἀντλῆσαι ὕδωρ

4 9 λέγει οὖν (—T) αὐτῷ ἡ γυνὴ ἡ Σαμαρῖτις· ↔

4 9 πῶς ... παρ᾽ ἐμοῦ πεῖν αἰτεῖς γυναικὸς Σαμαρίτιδος οὔσης;

4 11 λέγει αὐτῷ | ἡ γυνή ([N²⁶]; —NH)

4 15 λέγει πρὸς αὐτὸν ἡ γυνή

4 17 ἀπεκρίθη ἡ γυνὴ καὶ εἶπεν αὐτῷ ([VSH]; —NTς)

4 19 λέγει αὐτῷ ἡ γυνή

4 21ª πίστευέ (πίστευσόν Sς) μοι, γύναι

4 25 λέγει αὐτῷ ἡ γυνή

4 27 ἐθαύμαζον ὅτι μετὰ γυναικὸς ἐλάλει

4 28 ἀφῆκεν οὖν τὴν ὑδρίαν αὐτῆς ἡ γυνὴ καὶ ἀπῆλθεν εἰς τὴν πόλιν

4 39 ἐπίστευσαν ... διὰ τὸν λόγον τῆς γυναικὸς μαρτυρούσης

4 42 τῇ τε γυναικὶ ἔλεγον

[8 3] ἄγουσιν ... οἱ Φαρισαῖοι γυναῖκα ἐπὶ μοιχείᾳ κατειλημμένην

[8 4] αὕτη ἡ γυνὴ κατείληπται (εἴληπται S) ἐπ᾽ αὐτοφώρῳ μοιχευομένη

[8 9] καὶ ἡ γυνὴ ἐν μέσῳ οὖσα (ἑστῶσα Mς)

[8 10] *| καὶ μηδένα θεασάμενος πλὴν τῆς γυναικός (+ς), ↔

[8 10]ª εἶπεν αὐτῇ γύναι (ἡ γυνὴ Mς)

16 21 ἡ γυνὴ ὅταν τίκτῃ λύπην ἔχει

19 26ª γύναι, ἴδε (ἰδοὺ Sς) ὁ υἱός σου

20 13ª γύναι, τί κλαίεις;

20 15ª γύναι, τί κλαίεις; τίνα ζητεῖς;

Ac 1 14 ἦσαν προσκαρτεροῦντες ὁμοθυμαδὸν τῇ προσευχῇ σὺν γυναιξίν

5 1 ἀνὴρ δέ τις ʼΑνανίας ὀνόματι σὺν Σαπφίρῃ τῇ γυναικὶ αὐτοῦ ἐπώλησεν κτῆμα, ↔

5 2 καὶ ἐνοσφίσατο ἀπὸ τῆς τιμῆς, συνειδυίης καὶ τῆς γυναικός

5 7 ἡ γυνὴ αὐτοῦ μὴ εἰδυῖα τὸ γεγονὸς εἰσῆλθεν

5 14 προσετίθεντο πιστεύοντες τῷ κυρίῳ, πλήθη ἀνδρῶν τε καὶ γυναικῶν

8 3 σύρων τε ἄνδρας καὶ γυναῖκας παρεδίδου εἰς φυλακήν

Ac 8 12 ἐβαπτίζοντο ἄνδρες τε καὶ γυναῖκες

9 2 ἐάν (ἂν T) τινας εὕρῃ | τῆς ὁδοῦ ὄντας (~ T), ἄνδρας τε καὶ γυναῖκας

13 50 οἱ δὲ Ἰουδαῖοι παρώτρυναν τὰς σεβομένας γυναῖκας τὰς εὐσχήμονας

16 1 υἱὸς γυναικὸς Ἰουδαίας πιστῆς πατρὸς δὲ Ἕλληνος

16 13 καθίσαντες ἐλαλοῦμεν ταῖς συνελθούσαις γυναιξίν. ↔

16 14 καί τις γυνὴ ὀνόματι Λυδία ... ἤκουεν

17 4 προσεκληρώθησαν ... τῶν τε σεβομένων Ἑλλήνων πλῆθος πολύ, γυναικῶν τε τῶν πρώτων οὐκ ὀλίγαι

17 12 πολλοὶ ... ἐπίστευσαν, καὶ τῶν Ἑλληνίδων γυναικῶν τῶν εὐσχημόνων καὶ ἀνδρῶν οὐκ ὀλίγοι

17 34 ἐπίστευσαν, ἐν οἷς ... γυνὴ ὀνόματι Δάμαρις

18 2 εὑρών τινα Ἰουδαῖον ὀνόματι Ἀκύλαν ... καὶ Πρίσκιλλαν γυναῖκα αὐτοῦ

21 5 ἐπορευόμεθα προπεμπόντων ἡμᾶς πάντων σὺν γυναιξὶ καὶ τέκνοις

22 4 παραδιδοὺς εἰς φυλακὰς ἄνδρας τε καὶ γυναῖκας

24 24 παραγενόμενος ὁ Φῆλιξ σὺν Δρουσίλλῃ τῇ ἰδίᾳ γυναικὶ οὔσῃ Ἰουδαίᾳ

Rm 7 2 ἡ γὰρ ὕπανδρος γυνὴ τῷ ζῶντι ἀνδρὶ δέδεται νόμῳ

1C 5 1ᵉ ὥστε γυναῖκά τινα τοῦ πατρὸς ἔχειν

7 1 καλὸν ἀνθρώπῳ γυναικὸς μὴ ἅπτεσθαι

7 2ᵉ ἕκαστος τὴν ἑαυτοῦ γυναῖκα ἐχέτω

7 3 τῇ γυναικὶ ὁ ἀνὴρ τὴν ὀφειλὴν ἀποδιδότω, ↔

7 3 ὁμοίως δὲ καὶ ἡ γυνὴ τῷ ἀνδρί. ↔

7 4 ἡ γυνὴ τοῦ ἰδίου σώματος οὐκ ἐξουσιάζει ἀλλὰ ὁ ἀνήρ· ↔

7 4 ὁ ἀνὴρ τοῦ ἰδίου σώματος οὐκ ἐξουσιάζει ἀλλὰ ἡ γυνή

7 10 παραγγέλλω ... γυναῖκα ἀπὸ ἀνδρὸς μὴ χωρισθῆναι

7 11 ⟨παραγγέλλω⟩ ἄνδρα γυναῖκα μὴ ἀφιέναι

7 12ᵉ εἴ τις ἀδελφὸς γυναῖκα ἔχει ἄπιστον

7 13 καὶ γυνὴ | εἴ τις (ἥτις NMVSHϚ) ἔχει ἄνδρα ἄπιστον

7 14 ἡγίασται γὰρ ὁ ἀνὴρ ὁ ἄπιστος ἐν τῇ γυναικί, ↔

7 14 καὶ ἡγίασται ἡ γυνὴ ἡ ἄπιστος ἐν τῷ ἀδελφῷ

7 16ᵃ τί γὰρ οἶδας, γύναι, εἰ τὸν ἄνδρα σώσεις; ↔

7 16 ἢ τί οἶδας, ἄνερ, εἰ τὴν γυναῖκα σώσεις;

7 27 δέδεσαι γυναικί; μὴ ζήτει λύσιν· ↔

7 27 λέλυσαι ἀπὸ γυναικός; ↔

7 27 μὴ ζήτει γυναῖκα

7 29ᵉ ἵνα καὶ οἱ ἔχοντες γυναῖκας ὡς μὴ ἔχοντες ὦσιν

7 33 ὁ δὲ γαμήσας μεριμνᾷ ... πῶς ἀρέσῃ τῇ γυναικί, ↔

7 34 || καὶ (—Ϛ) ἡ γυνὴ (—Ϛ) ἡ ἄγαμος (—ΤϚ) καὶ ἡ παρθένος | ἡ ἄγαμος (+STϚ) μεριμνᾷ τὰ τοῦ κυρίου

1C 7 39 γυνὴ δέδεται ἐφ᾽ ὅσον χρόνον ζῇ ὁ ἀνὴρ αὐτῆς

9 5 μὴ οὐκ ἔχομεν ἐξουσίαν ἀδελφὴν γυναῖκα περιάγειν ⟨;⟩

11 3 κεφαλὴ δὲ γυναικὸς ὁ ἀνήρ

11 5 πᾶσα δὲ γυνὴ προσευχομένη ... ἀκατακαλύπτῳ τῇ κεφαλῇ καταισχύνει

11 6 εἰ γὰρ οὐ κατακαλύπτεται γυνή, καὶ κειράσθω· ↔

11 6 εἰ δὲ αἰσχρὸν γυναικὶ τὸ κείρασθαι ... κατακαλυπτέσθω

11 7 ἡ (—Ϛ) γυνὴ δὲ δόξα ἀνδρός ἐστιν. ↔

11 8 οὐ γάρ ἐστιν ἀνὴρ ἐκ γυναικός, ↔

11 8 ἀλλὰ γυνὴ ἐξ ἀνδρός· ↔

11 9 καὶ γὰρ οὐκ ἐκτίσθη ἀνὴρ διὰ τὴν γυναῖκα, ↔

11 9 ἀλλὰ γυνὴ διὰ τὸν ἄνδρα. ↔

11 10 διὰ τοῦτο ὀφείλει ἡ γυνὴ ἐξουσίαν ἔχειν ἐπὶ τῆς κεφαλῆς διὰ τοὺς ἀγγέλους. ↔

11 11 πλὴν οὔτε γυνὴ χωρὶς ἀνδρὸς ↔

11 11 οὔτε ἀνὴρ χωρὶς γυναικὸς ἐν κυρίῳ· ↔

11 12 ὥσπερ γὰρ ἡ γυνὴ ἐκ τοῦ ἀνδρός, ↔

11 12 οὕτως καὶ ὁ ἀνὴρ διὰ τῆς γυναικός

11 13 πρέπον ἐστὶν γυναῖκα ἀκατακάλυπτον τῷ θεῷ προσεύχεσθαι;

11 15 γυνὴ δὲ ἐὰν κομᾷ, δόξα αὐτῇ ἐστιν;

14 34 αἱ γυναῖκες (+ὑμῶν SϚ) ἐν ταῖς ἐκκλησίαις σιγάτωσαν

14 35 αἰσχρὸν γάρ ἐστιν γυναικὶ (-ξὶ Ϛ) λαλεῖν ἐν ἐκκλησίᾳ

G 4 4 ἐξαπέστειλεν ὁ θεὸς τὸν υἱὸν αὐτοῦ, γενόμενον ἐκ γυναικός

E 5 22 αἱ γυναῖκες τοῖς ἰδίοις ἀνδράσιν (+ὑποτασσέσθωσαν MVBS; -σθε Ϛ) ὡς τῷ κυρίῳ, ↔

5 23 ὅτι ἀνήρ ἐστιν κεφαλὴ τῆς γυναικός

5 24 ὡς ἡ ἐκκλησία ὑποτάσσεται τῷ Χριστῷ, οὕτως καὶ αἱ γυναῖκες τοῖς ἀνδράσιν ἐν παντί. ↔

5 25 οἱ ἄνδρες, ἀγαπᾶτε τὰς γυναῖκας (+ἑαυτῶν V[S]Ϛ)

5 28 οὕτως ὀφείλουσιν καὶ ([N²⁶NV SH]; —ΤϚ) οἱ ἄνδρες ἀγαπᾶν τὰς ἑαυτῶν γυναῖκας

5 28 ὁ ἀγαπῶν τὴν ἑαυτοῦ γυναῖκα ἑαυτὸν ἀγαπᾷ

5 31 καὶ προσκολληθήσεται | πρὸς τὴν γυναῖκα (τῇ γυναικὶ ΒΤ) αὐτοῦ (—Τ)

5 33 ἕκαστος τὴν ἑαυτοῦ γυναῖκα οὕτως ἀγαπάτω ὡς ἑαυτόν, ↔

5 33 ἡ δὲ γυνὴ ἵνα φοβῆται τὸν ἄνδρα

Cl 3 18 αἱ γυναῖκες, ὑποτάσσεσθε τοῖς ἀνδράσιν

3 19 οἱ ἄνδρες, ἀγαπᾶτε τὰς γυναῖκας

1Tm 2 9 ὡσαύτως καὶ (+[N²⁶]ΤϚ) (+τὰς Ϛ) γυναῖκας ἐν καταστολῇ κοσμίῳ ... κοσμεῖν ἑαυτάς

2 10 ἀλλ᾽ ὃ πρέπει γυναιξὶν ἐπαγγελλομέναις θεοσέβειαν

2 11 γυνὴ ἐν ἡσυχίᾳ μανθανέτω ἐν πάσῃ ὑποταγῇ·

2 12 διδάσκειν δὲ γυναικὶ οὐκ ἐπιτρέπω

2 14 ἡ γυνὴ ἐξαπατηθεῖσα ἐν παραβάσει γέγονεν

1Tm 3 2 δεῖ οὖν τὸν ἐπίσκοπον ἀνεπίλημπτον εἶναι, μιᾶς γυναικὸς ἄνδρα

3 11 γυναῖκας ὡσαύτως σεμνάς, μὴ διαβόλους

3 12 διάκονοι ἔστωσαν μιᾶς γυναικὸς ἄνδρες

5 9 χήρα ... ἑνὸς ἀνδρὸς γυνή

Tt 1 6 εἴ τίς ἐστιν ἀνέγκλητος, μιᾶς γυναικὸς ἀνήρ

Hb 11 35 ἔλαβον γυναῖκες ἐξ ἀναστάσεως τοὺς νεκροὺς αὐτῶν

1Pt 3 1 ὁμοίως αἱ ([N²⁶S]; —NBTH) γυναῖκες, ὑποτασσόμεναι τοῖς ἰδίοις ἀνδράσιν, ↔

3 1 ἵνα ... διὰ τῆς τῶν γυναικῶν ἀναστροφῆς ... κερδηθήσονται

3 5 οὕτως γάρ ποτε καὶ αἱ ἅγιαι γυναῖκες ... ἐκόσμουν ἑαυτάς

Ap 2 20 ἔχω κατὰ σοῦ ὅτι ἀφεῖς τὴν γυναῖκα (+σου Β) Ἰεζάβελ

9 8 εἶχον τρίχας ὡς τρίχας γυναικῶν

12 1 σημεῖον μέγα ὤφθη ... γυνὴ περιβεβλημένη τὸν ἥλιον

12 4 ὁ δράκων ἕστηκεν ἐνώπιον τῆς γυναικὸς τῆς μελλούσης τεκεῖν

12 6 καὶ ἡ γυνὴ ἔφυγεν εἰς τὴν ἔρημον

12 13 ὁ δράκων ... ἐδίωξεν τὴν γυναῖκα ἥτις ἔτεκεν τὸν ἄρσενα. ↔

12 14 καὶ ἐδόθησαν τῇ γυναικὶ αἱ δύο πτέρυγες τοῦ ἀετοῦ

12 15 ἔβαλεν ὁ ὄφις ... ὀπίσω τῆς γυναικὸς ὕδωρ

12 16 ἐβοήθησεν ἡ γῆ τῇ γυναικί

12 17 ὠργίσθη ὁ δράκων ἐπὶ τῇ γυναικί

14 4 οὗτοί εἰσιν οἱ μετὰ γυναικῶν οὐκ ἐμολύνθησαν

17 3 εἶδον γυναῖκα καθημένην ἐπὶ θηρίον κόκκινον

17 4 ἡ γυνὴ ἦν (ἡ Ϛ) περιβεβλημένη πορφυροῦν καὶ κόκκινον

17 6 εἶδον τὴν γυναῖκα μεθύουσαν ἐκ [S] τοῦ αἵματος τῶν ἁγίων

17 7 ἐγὼ | ἐρῶ σοι (~STϚ) τὸ μυστήριον τῆς γυναικός

17 9 ἑπτὰ ὄρη εἰσίν, ὅπου ἡ γυνὴ κάθηται ἐπ᾽ αὐτῶν

17 18 ἡ γυνὴ ἣν εἶδες ἔστιν ἡ πόλις ἡ μεγάλη

19 7 ἦλθεν ὁ γάμος τοῦ ἀρνίου, καὶ ἡ γυνὴ αὐτοῦ ἡτοίμασεν ἑαυτήν

21 9 δείξω σοι τὴν νύμφην τὴν γυναῖκα τοῦ ἀρνίου

Γώγ

Ap 20 8 ἐξελεύσεται πλανῆσαι ... τὸν Γὼγ καὶ Μαγώγ

γωνία

ᵃ κεφαλὴ γωνίας

Mt 6 5 φιλοῦσιν ... ἐν ταῖς γωνίαις τῶν πλατειῶν ἑστῶτες προσεύχεσθαι

21 42ᵃ οὗτος ἐγενήθη εἰς κεφαλὴν γωνίας

Mc 12 10ᵃ οὗτος ἐγενήθη εἰς κεφαλὴν γωνίας

Lc 20 17ᵃ οὗτος ἐγενήθη εἰς κεφαλὴν γωνίας

Ac 4 11ᵃ ὁ λίθος ὁ ἐξουθενηθεὶς ὑφ᾽ ὑμῶν τῶν οἰκοδόμων, ὁ γενόμενος εἰς κεφαλὴν γωνίας

26 26 οὐ γάρ ἐστιν ἐν γωνίᾳ πεπραγμένον τοῦτο

1Pt 2 7ᵃ οὗτος ἐγενήθη εἰς κεφαλὴν γωνίας

Ap 7 1 εἶδον τέσσαρας ἀγγέλους ἑστῶτας ἐπὶ τὰς τέσσαρας γωνίας τῆς γῆς

20 8 πλανῆσαι τὰ ἔθνη τὰ ἐν ταῖς τέσσαρσιν γωνίαις τῆς γῆς

Δ

δακρύω
Jo   11 35   ἐδάκρυσεν ὁ Ἰησοῦς

δακτύλιος
Lc   15 22   δότε δακτύλιον εἰς τὴν χεῖρα αὐτοῦ
     καὶ ὑποδήματα εἰς τοὺς πόδας

δάκτυλος
   a δ. θεοῦ
Mt   23 4 | αὐτοὶ δὲ τῷ (τῷ δὲ VSϛ) δα-
     κτύλῳ αὐτῶν οὐ θέλουσιν κινῆσαι
     αὐτά
Mc   7 33   ἔβαλεν τοὺς δακτύλους αὐτοῦ (—T)
     εἰς τὰ ὦτα αὐτοῦ
Lc   11 20a εἰ δὲ ἐν δακτύλῳ θεοῦ ἐγώ (+
     [N26NVH] M) ἐκβάλλω τὰ δαιμόνια
   11 46   αὐτοὶ ἑνὶ τῶν δακτύλων ὑμῶν οὐ
     προσψαύετε τοῖς φορτίοις
   16 24   ἵνα βάψῃ τὸ ἄκρον τοῦ δακτύλου
     αὐτοῦ ὕδατος
Jo   [8 6] ὁ δὲ Ἰησοῦς κάτω κύψας τῷ
     δακτύλῳ κατέγραφεν εἰς τὴν γῆν
   20 25   ἐὰν μὴ ... βάλω | τὸν δάκτυλόν
     μου (~ T) εἰς τὸν τύπον (τόπον
     NMBT) τῶν ἥλων
   20 27   φέρε τὸν δάκτυλόν σου ὧδε

Δαλμανουθά
Mc   8 10   ἦλθεν εἰς τὰ μέρη Δαλμανουθά

Δαλματία
2Tm   4 10   ἐπορεύθη ... Τίτος εἰς Δαλματίαν

δαμάζω
Mc   5 4   οὐδεὶς ἴσχυεν αὐτὸν δαμάσαι
Jc   3 7   πᾶσα γὰρ φύσις ... ἑρπετῶν τε καὶ
     ἐναλίων δαμάζεται ↔
   3 7   καὶ δεδάμασται τῇ φύσει τῇ
     ἀνθρωπίνῃ, ↔
   3 8   τὴν δὲ γλῶσσαν οὐδεὶς | δαμάσαι
     δύναται ἀνθρώπων (~ Tϛ VBS)

δάμαλις
Hb   9 13   σποδὸς δαμάλεως ῥαντίζουσα τοὺς
     κεκοινωμένους

Δάμαρις
   Δάμαρίς N
Ac   17 34   ἐν οἷς καὶ Διονύσιος ὁ [H] Ἀρεο-
     παγίτης καὶ γυνὴ ὀνόματι Δάμαρις

Δαμασκηνός
2C   11 32   ὁ ἐθνάρχης Ἀρέτα τοῦ βασιλέως
     ἐφρούρει τὴν πόλιν Δαμασκηνῶν
     πιάσαι με (+ θέλων MVSϛ)

Δαμασκός
Ac   9 2   ᾐτήσατο παρ' αὐτοῦ ἐπιστολὰς
     εἰς Δαμασκὸν πρὸς τὰς συναγωγάς
   9 3   ἐγένετο αὐτὸν ἐγγίζειν τῇ Δαμασκῷ
   9 8   χειραγωγοῦντες δὲ αὐτὸν εἰσήγα-
     γον εἰς Δαμασκόν
   9 10   ἦν δέ τις μαθητὴς ἐν Δαμασκῷ
     ὀνόματι Ἀνανίας
   9 19   ἐγένετο δὲ μετὰ τῶν ἐν Δαμασκῷ
     μαθητῶν ἡμέρας τινάς
   9 22   Σαῦλος ... συνέχυννεν τοὺς ([N26];
     —NTH) Ἰουδαίους τοὺς κατοι-
     κοῦντας ἐν Δαμασκῷ
   9 27   πῶς ἐν Δαμασκῷ ἐπαρρησιάσατο
     ἐν τῷ ὀνόματι τοῦ ([V]; —NMTH)
     Ἰησοῦ
   22 5   παρ' ὧν καὶ ἐπιστολὰς δεξάμενος
     ... εἰς Δαμασκὸν ἐπορευόμην
   22 6   ἐγένετο δέ μοι ... ἐγγίζοντι τῇ
     Δαμασκῷ
   22 10   ἀναστὰς πορεύου εἰς Δαμασκόν
   22 11   χειραγωγούμενος ... ἦλθον εἰς
     Δαμασκόν
   26 12   ἐν οἷς (+ καὶ Vϛ) πορευόμενος εἰς
     τὴν Δαμασκόν
   26 20   ἀλλὰ τοῖς ἐν Δαμασκῷ πρῶτόν τε
     καὶ Ἱεροσολύμοις ... ἀπήγγελλον

2C   11 32   ἐν Δαμασκῷ ὁ ἐθνάρχης Ἀρέτα
     τοῦ βασιλέως ἐφρούρει τὴν πόλιν
G   1 17   καὶ πάλιν ὑπέστρεψα εἰς Δαμα-
     σκόν

δανείζω
   → δανίζω

δάνειον
   δάνιον H
Mt   18 27   τὸ δάνειον ἀφῆκεν αὐτῷ

δανειστής
   δανιστής MVSTH
Lc   7 41   δύο χρεοφειλέται ἦσαν δανειστῇ
     τινι

δανίζω
   δανείζω N(B)ϛ
Mt   5 42   τὸν θέλοντα ἀπὸ σοῦ δανίσασθαι
     μὴ ἀποστραφῇς
Lc   6 34   ἐὰν δανίσητε (-ζητε ϛ) παρ' ὧν
     ἐλπίζετε λαβεῖν
   6 34   καὶ (+ γὰρ Vϛ) ἁμαρτωλοὶ ἁμαρ-
     τωλοῖς δανίζουσιν
   6 35   δανίζετε μηδὲν (μηδένα T) ἀπελπί-
     ζοντες

Δανιήλ
Mt   24 15   τὸ βδέλυγμα τῆς ἐρημώσεως τὸ
     ῥηθὲν διὰ Δανιὴλ τοῦ προφήτου
Mc   13 14   *τὸ βδέλυγμα τῆς ἐρημώσεως | τὸ
     ῥηθὲν ὑπὸ Δανιὴλ τοῦ προφήτου
     (+ϛ)

δάνιον
   → δάνειον

δανιστής
   → δανειστής

δαπανάω
   ἐκ-   προσ-
Mc   5 26   ⟨γυνὴ⟩ πολλὰ παθοῦσα ... καὶ
     δαπανήσασα τὰ παρ' αὐτῆς
     (ἑαυτῆς BSTϛ) πάντα
Lc   15 14   δαπανήσαντος δὲ αὐτοῦ πάντα
     ἐγένετο λιμὸς ἰσχυρά
Ac   21 24   δαπάνησον ἐπ' αὐτοῖς ἵνα ξυρή-
     σονται (-σωνται VSϛ) τὴν κεφα-
     λήν
2C   12 15   ἐγὼ δὲ ἥδιστα δαπανήσω καὶ
     ἐκδαπανηθήσομαι ὑπὲρ τῶν ψυ-
     χῶν ὑμῶν
Jc   4 3   ἵνα ἐν ταῖς ἡδοναῖς ὑμῶν δαπα-
     νήσητε

δαπάνη
Lc   14 28   οὐχὶ πρῶτον καθίσας ψηφίζει τὴν
     δαπάνην, εἰ ἔχει εἰς ἀπαρτισμόν;

Δαυίδ
   Δαυείδ (S) TH
   Δαβίδ ϛ
   a υἱὸς (τοῦ) Δ.
   b οἶκος Δ.
   c σπέρμα Δ.
Mt   1 1a βίβλος γενέσεως Ἰησοῦ Χριστοῦ
     υἱοῦ Δαυὶδ υἱοῦ Ἀβραάμ
   1 6   Ἰεσσαὶ δὲ ἐγέννησεν τὸν Δαυὶδ
     τὸν βασιλέα.
   1 6   Δαυὶδ δὲ (+ ὁ βασιλεὺς Vϛ)
     ἐγέννησεν τὸν Σολομῶνα
   1 17   πᾶσαι οὖν αἱ γενεαὶ ἀπὸ Ἀβραὰμ
     ἕως Δαυὶδ γενεαὶ δεκατέσσαρες, ↔
   1 17   καὶ ἀπὸ Δαυὶδ ἕως τῆς μετοικεσίας
     Βαβυλῶνος γενεαὶ δεκατέσσαρες
   1 20a Ἰωσὴφ υἱὸς Δαυίδ, μὴ φοβηθῇς
     παραλαβεῖν Μαρίαν
   9 27a ἐλέησον ἡμᾶς, υἱὸς (υἱὲ BSHϛ)
     Δαυίδ
   12 3   οὐκ ἀνέγνωτε τί ἐποίησεν Δαυὶδ
     ⟨;⟩
   12 23a μήτι οὗτός ἐστιν ὁ υἱὸς Δαυίδ;

Mt   15 22a ἐλέησόν με, κύριε υἱὸς (υἱὲ VSϛ)
     Δαυίδ
   20 30a || ἐλέησον ἡμᾶς κύριε ([N26]; —T)
     ((~ rl)), υἱὸς (υἱὲ ST) Δαυίδ
   20 31a | ἐλέησον ἡμᾶς, κύριε (N26ϛ; ~ rl),
     υἱὸς (υἱὲ ST) Δαυίδ
   21 9a ὡσαννὰ τῷ υἱῷ Δαυίδ
   21 15a ὡσαννὰ τῷ υἱῷ Δαυίδ
   22 42a τί ὑμῖν δοκεῖ περὶ τοῦ χριστοῦ;
     τίνος υἱός ἐστιν; λέγουσιν αὐτῷ·
     τοῦ Δαυίδ
   22 43   πῶς οὖν Δαυὶδ ἐν πνεύματι | καλεῖ
     αὐτὸν κύριον (~ T VSϛ) ⟨;⟩
   22 45a εἰ οὖν Δαυὶδ καλεῖ αὐτὸν κύριον,
     πῶς υἱὸς αὐτοῦ ἐστιν;
Mc   2 25   οὐδέποτε ἀνέγνωτε τί ἐποίησεν
     Δαυὶδ ⟨;⟩
   10 47a υἱὲ (ὁ υἱὸς Sϛ) Δαυὶδ Ἰησοῦ,
     ἐλέησόν με
   10 48a υἱὲ Δαυίδ, ἐλέησόν με
   11 10   εὐλογημένη ἡ ἐρχομένη βασιλεία
     τοῦ πατρὸς ἡμῶν Δαυίδ
   12 35a πῶς λέγουσιν οἱ γραμματεῖς ὅτι
     ὁ χριστὸς υἱὸς | Δαυὶδ ἐστιν
     (~ VSϛ); ↔
   12 36   αὐτὸς (+ γὰρ Vϛ) Δαυὶδ εἶπεν
     ἐν τῷ πνεύματι τῷ ἁγίῳ
   12 37a αὐτὸς (+ οὖν Vϛ) Δαυὶδ λέγει
     αὐτὸν κύριον, καὶ πόθεν αὐτοῦ
     ἐστιν υἱός;
Lc   1 27b ἐμνηστευμένην (μεμν. VSϛ) ἀνδρὶ
     ᾧ ὄνομα Ἰωσήφ, ἐξ οἴκου Δαυίδ
   1 32   δώσει αὐτῷ κύριος ὁ θεὸς τὸν
     θρόνον Δαυὶδ τοῦ πατρὸς αὐτοῦ
   1 69b ἤγειρεν κέρας σωτηρίας ἡμῖν ἐν
     οἴκῳ Δαυὶδ (+ τοῦ Sϛ) παιδὸς
     αὐτοῦ
   2 4   ἀνέβη δὲ καὶ Ἰωσὴφ ... εἰς πόλιν
     Δαυὶδ ἥτις καλεῖται Βηθλέεμ,
   2 4b διὰ τὸ εἶναι αὐτὸν ἐξ οἴκου καὶ
     πατριᾶς Δαυίδ
   2 11   ἐτέχθη ὑμῖν σήμερον σωτήρ ... ἐν
     πόλει Δαυίδ
   3 31   ⟨ὢν υἱός ... Ἰωσήφ⟩ τοῦ Ναθὰμ
     τοῦ Δαυὶδ ⟨τοῦ Ἰεσσαί⟩
   6 3   οὐδὲ τοῦτο ἀνέγνωτε ὃ ἐποίησεν
     Δαυὶδ ⟨;⟩
   18 38a Ἰησοῦ υἱὲ Δαυίδ, ἐλέησόν με
   18 39a υἱὲ Δαυίδ, ἐλέησόν με
   20 41a πῶς λέγουσιν τὸν χριστὸν εἶναι
     Δαυὶδ υἱόν; ↔
   20 42 | αὐτὸς γὰρ (καὶ αὐτὸς Sϛ) Δαυὶδ
     λέγει ἐν βίβλῳ ψαλμῶν
   20 44a Δαυὶδ οὖν | κύριον αὐτὸν (~ NM
     VSH) καλεῖ, καὶ πῶς | αὐτοῦ υἱός
     (~ VBSϛ) ἐστιν;
Jo   7 42c ἐκ τοῦ σπέρματος Δαυίδ, ↔
   7 42   καὶ ἀπὸ Βηθλέεμ τῆς κώμης ὅπου
     ἦν Δαυίδ, | ἔρχεται ὁ χριστὸς
     (~ Tϛ)
Ac   1 16   τὴν γραφὴν ἣν προεῖπεν τὸ
     πνεῦμα τὸ ἅγιον διὰ στόματος
     Δαυὶδ περὶ Ἰούδα
   2 25   Δαυὶδ γὰρ λέγει εἰς αὐτόν
   2 29   ἐξὸν εἰπεῖν ... περὶ τοῦ πατριάρχου
     Δαυίδ
   2 34   οὐ γὰρ Δαυὶδ ἀνέβη εἰς τοὺς
     οὐρανούς
   4 25   ⟨δέσποτα⟩ ὁ | τοῦ πατρὸς ἡμῶν
     διὰ πνεύματος ἁγίου στόματος
     Δαυὶδ (δ. πν. ἁ. δ. τοῦ στ. Δ. M;
     πνεύματι ἁγίῳ δ. στ. τοῦ πατρ.
     ἡ. Δ. B; δ. στ. Δ. τοῦ ϛ) παιδός
     σου εἰπών

Ac 7 45 ὧν ἐξῶσεν ὁ θεὸς ... ἕως τῶν ἡμερῶν Δαυίδ
13 22 ἤγειρεν | τὸν Δαυὶδ αὐτοῖς (~ Sς) εἰς βασιλέα
13 22 εὗρον Δαυὶδ τὸν τοῦ Ἰεσσαί, ἄνδρα [H] κατὰ τὴν καρδίαν μου
13 34 δώσω ὑμῖν τὰ ὅσια Δαυὶδ τὰ πιστά
13 36 Δαυὶδ μὲν γὰρ ἰδίᾳ γενεᾷ ὑπηρετήσας... ἐκοιμήθη
15 16 ἀνοικοδομήσω τὴν σκηνὴν Δαυὶδ τὴν πεπτωκυῖαν

Rm 1 3 c ⟨προεπηγγείλατο⟩ περὶ τοῦ υἱοῦ αὐτοῦ τοῦ γενομένου ἐκ σπέρματος Δαυὶδ κατὰ σάρκα
4 6 καθάπερ καὶ Δαυὶδ λέγει τὸν μακαρισμὸν τοῦ ἀνθρώπου
11 9 καὶ Δαυὶδ λέγει· γενηθήτω ἡ τράπεζα αὐτῶν εἰς παγίδα

2Tm 2 8 c μνημόνευε Ἰησοῦν Χριστόν ... ἐκ σπέρματος Δαυίδ

Hb 4 7 πάλιν τινὰ ὁρίζει ἡμέραν, σήμερον, ἐν Δαυὶδ λέγων μετὰ τοσοῦτον χρόνον
11 32 ἐπιλείψει | με γὰρ (~ VSς) διηγούμενον ὁ χρόνος περὶ ... Δαυίδ τε καὶ Σαμουήλ

Ap 3 7 τάδε λέγει ὁ ἅγιος ... ὁ ἔχων τὴν κλεῖν τοῦ (—N²⁶NMH) Δαυίδ
5 5 ἐνίκησεν ὁ λέων ὁ ἐκ τῆς φυλῆς Ἰούδα, ἡ ῥίζα Δαυίδ
22 16 ἐγώ εἰμι ἡ ῥίζα καὶ τὸ γένος (+τοῦ ς) Δαυίδ

δέ
a μὲν — δέ
b oppositio, sed μὲν omittitur
c ὁ δέ ut pronomen
d ἡ δέ ut pronomen
e οἱ δέ ut pronomen
f αἱ δέ ut pronomen
g post praepositionem
h post participium (exc. in gen. abs. cf. j)
j in gen. abs.
k tertio loco
l quarto loco
m quinto loco

Mt 1 2 Ἰσαὰκ δὲ ἐγέννησεν τὸν Ἰακώβ, ↔
1 2 Ἰακὼβ δὲ ἐγέννησεν τὸν Ἰούδαν
1 3 Ἰούδας δὲ ἐγέννησεν τὸν Φάρες
1 3 Φάρες δὲ ἐγέννησεν τὸν Ἐσρώμ, ↔
1 3 Ἐσρὼμ δὲ ἐγέννησεν τὸν Ἀράμ, ↔
1 4 Ἀρὰμ δὲ ἐγέννησεν τὸν Ἀμιναδάβ, ↔
1 4 Ἀμιναδὰβ δὲ ἐγέννησεν τὸν Ναασσών, ↔
1 4 Ναασσὼν δὲ ἐγέννησεν τὸν Σαλμών, ↔
1 5 Σαλμὼν δὲ ἐγέννησεν τὸν Βόες
1 5 Βόες δὲ ἐγέννησεν τὸν Ἰωβήδ
1 5 Ἰωβὴδ δὲ ἐγέννησεν τὸν Ἰεσσαί,↔
1 6 Ἰεσσαὶ δὲ ἐγέννησεν τὸν Δαυὶδ τὸν βασιλέα. ↔
1 6 Δαυὶδ δὲ (+ ὁ βασιλεὺς Vς) ἐγέννησεν τὸν Σολομῶνα
1 7 Σολομὼν δὲ ἐγέννησεν τὸν Ῥοβοάμ, ↔
1 7 Ῥοβοὰμ δὲ ἐγέννησεν τὸν Ἀβιά, ↔
1 7 Ἀβιὰ δὲ ἐγέννησεν τὸν Ἀσάφ, ↔
1 8 Ἀσὰφ δὲ ἐγέννησεν τὸν Ἰωσαφάτ, ↔
1 8 Ἰωσαφὰτ δὲ ἐγέννησεν τὸν Ἰωράμ, ↔
1 8 Ἰωρὰμ δὲ ἐγέννησεν τὸν Ὀζίαν, ↔
1 9 Ὀζίας δὲ ἐγέννησεν τὸν Ἰωαθάμ, ↔
1 9 Ἰωαθὰμ δὲ ἐγέννησεν τὸν Ἀχάζ, ↔

Mt 1 9 Ἀχὰζ δὲ ἐγέννησεν τὸν Ἐζεκίαν,↔
1 10 Ἐζεκίας δὲ ἐγέννησεν τὸν Μανασσῆ, ↔
1 10 Μανασσῆς δὲ ἐγέννησεν τὸν Ἀμώς (Ἀμών VBς), ↔
1 10 Ἀμώς (Ἀμὼν VBς) δὲ ἐγέννησεν τὸν Ἰωσίαν, ↔
1 11 Ἰωσίας δὲ ἐγέννησεν τὸν Ἰεχονίαν
1 12 g μετὰ δὲ τὴν μετοικεσίαν Βαβυλῶνος Ἰεχονίας ἐγέννησεν τὸν Σαλαθιήλ, ↔
1 12 Σαλαθιὴλ δὲ ἐγέννησεν τὸν Ζοροβαβέλ, ↔
1 13 Ζοροβαβὲλ δὲ ἐγέννησεν τὸν Ἀβιούδ, ↔
1 13 Ἀβιοὺδ δὲ ἐγέννησεν τὸν Ἐλιακίμ, ↔
1 13 Ἐλιακὶμ δὲ ἐγέννησεν τὸν Ἀζώρ,↔
1 14 Ἀζὼρ δὲ ἐγέννησεν τὸν Σαδώκ, ↔
1 14 Σαδὼκ δὲ ἐγέννησεν τὸν Ἀχίμ, ↔
1 14 Ἀχὶμ δὲ ἐγέννησεν τὸν Ἐλιούδ, ↔
1 15 Ἐλιοὺδ δὲ ἐγέννησεν τὸν Ἐλεάζαρ, ↔
1 15 Ἐλεάζαρ δὲ ἐγέννησεν τὸν Ματθάν, ↔
1 15 Ματθὰν δὲ ἐγέννησεν τὸν Ἰακώβ, ↔
1 16 Ἰακὼβ δὲ ἐγέννησεν τὸν Ἰωσὴφ ↔
1 16 * | Ἰωσὴφ δέ, ᾧ ἐμνηστεύθη παρθένος Μαριάμ, ἐγέννησεν Ἰησοῦν τὸν λεγόμενον Χριστόν (S; τὸν ἄνδρα Μαρίας, ἐξ ἧς ἐγεννήθη Ἰησοῦς ὁ λεγόμενος χριστός rl)
1 18 τοῦ δὲ Ἰησοῦ [SH] Χριστοῦ ἡ γένεσις οὕτως ἦν
1 19 Ἰωσὴφ δὲ ὁ ἀνὴρ αὐτῆς ... ἐβουλήθη λάθρᾳ ἀπολῦσαι αὐτήν. ↔
1 20 ταῦτα δὲ αὐτοῦ ἐνθυμηθέντος
1 21 τέξεται δὲ υἱόν
1 22 τοῦτο δὲ ὅλον γέγονεν ἵνα πληρωθῇ τὸ ῥηθέν
1 24 h ἐγερθεὶς (δι- Sς) δὲ ὁ ([NH]; — ST) Ἰωσὴφ ἀπὸ τοῦ ὕπνου ἐποίησεν
2 1 τοῦ δὲ Ἰησοῦ γεννηθέντος ἐν Βηθλέεμ τῆς Ἰουδαίας
2 3 h ἀκούσας δὲ ὁ βασιλεὺς Ἡρῴδης ἐταράχθη
2 5 e οἱ δὲ εἶπαν αὐτῷ
2 8 ἐπὰν δὲ εὕρητε, ἀπαγγείλατέ μοι
2 9 e οἱ δὲ ἀκούσαντες τοῦ βασιλέως ἐπορεύθησαν
2 10 h ἰδόντες δὲ τὸν ἀστέρα ἐχάρησαν
2 13 j ἀναχωρησάντων δὲ αὐτῶν, ἰδοὺ ἄγγελος κυρίου φαίνεται
2 14 c ὁ δὲ ἐγερθεὶς παρέλαβεν τὸ παιδίον
2 19 j τελευτήσαντος δὲ τοῦ Ἡρῴδου, ἰδοὺ ἄγγελος κυρίου | φαίνεται κατ' ὄναρ (~ Vς)
2 21 c ὁ δὲ ἐγερθεὶς παρέλαβεν τὸ παιδίον
2 22 h ἀκούσας δὲ ὅτι Ἀρχέλαος βασιλεύει τῆς Ἰουδαίας
2 22 h χρηματισθεὶς δὲ κατ' ὄναρ ἀνεχώρησεν
3 1 g ἐν δὲ (—S) ταῖς ἡμέραις ἐκείναις παραγίνεται Ἰωάννης ὁ βαπτιστής
3 4 αὐτὸς δὲ ὁ Ἰωάννης εἶχεν τὸ ἔνδυμα αὐτοῦ ἀπὸ τριχῶν καμήλου
3 4 ἡ δὲ τροφὴ ἦν αὐτοῦ ἀκρίδες καὶ μέλι ἄγριον
3 7 h ἰδὼν δὲ πολλοὺς τῶν Φαρισαίων ... ἐρχομένους
3 10 ἤδη δὲ (+ καὶ [V]ς) ἡ ἀξίνη πρὸς τὴν ῥίζαν τῶν δένδρων κεῖται

Mt 3 11 a ἐγὼ μὲν ὑμᾶς βαπτίζω... ὁ δὲ ὀπίσω μου ἐρχόμενος ἰσχυρότερός μού ἐστιν
3 12 b συνάξει τὸν σῖτον... τὸ δὲ ἄχυρον κατακαύσει πυρὶ ἀσβέστῳ
3 14 c ὁ δὲ Ἰωάννης ([S]; — NTH) διεκώλυεν αὐτὸν λέγων
3 15 h ἀποκριθεὶς δὲ ὁ Ἰησοῦς εἶπεν
3 16 h βαπτισθεὶς δὲ (καὶ β. ς) ὁ Ἰησοῦς | εὐθὺς ἀνέβη (~ Sς) ἀπὸ τοῦ ὕδατος
4 4 c ὁ δὲ ἀποκριθεὶς εἶπεν
4 12 h ἀκούσας δὲ ὅτι Ἰωάννης παρεδόθη ἀνεχώρησεν
4 18 h περιπατῶν δὲ παρὰ τὴν θάλασσαν τῆς Γαλιλαίας εἶδεν
4 20 e οἱ δὲ εὐθέως ἀφέντες τὰ δίκτυα ἠκολούθησαν αὐτῷ
4 22 e οἱ δὲ εὐθέως ἀφέντες τὸ πλοῖον καὶ τὸν πατέρα αὐτῶν ἠκολούθησαν αὐτῷ
5 1 h ἰδὼν δὲ τοὺς ὄχλους ἀνέβη εἰς τὸ ὄρος
5 13 ἐὰν δὲ τὸ ἅλας μωρανθῇ
5 19 b ὃς ἐὰν οὖν λύσῃ ... ὃς δ' ἂν ποιήσῃ καὶ διδάξῃ
5 21 οὐ φονεύσεις· ὃς δ' ἂν φονεύσῃ
5 22 b ⟨ἠκούσατε ὅτι ἐρρέθη τοῖς ἀρχαίοις⟩ ἐγὼ δὲ λέγω ὑμῖν
5 22 ὃς δ' ἂν εἴπῃ τῷ ἀδελφῷ αὐτοῦ ῥακά
5 22 ὃς δ' ἂν εἴπῃ μωρέ
5 28 b ⟨ἠκούσατε ὅτι ἐρρέθη⟩ ἐγὼ δὲ λέγω ὑμῖν
5 29 εἰ δὲ ὁ ὀφθαλμός σου ὁ δεξιὸς σκανδαλίζει σε
5 31 ἐρρέθη δέ
5 32 b ⟨ἐρρέθη δέ⟩ ἐγὼ δὲ λέγω ὑμῖν
5 33 b πάλιν ἠκούσατε ὅτι ἐρρέθη τοῖς ἀρχαίοις· οὐκ ἐπιορκήσεις, ἀποδώσεις δὲ τῷ κυρίῳ τοὺς ὅρκους σου. ↔
5 34 b ἐγὼ δὲ λέγω ὑμῖν μὴ ὀμόσαι ὅλως
5 37 ἔστω δὲ ὁ λόγος ὑμῶν ναὶ ναί, οὒ οὔ·
5 37 τὸ δὲ περισσὸν τούτων ἐκ τοῦ πονηροῦ ἐστιν
5 39 b ⟨ἠκούσατε ὅτι ἐρρέθη⟩ ἐγὼ δὲ λέγω ὑμῖν μὴ ἀντιστῆναι τῷ πονηρῷ
5 44 b ⟨ἠκούσατε ὅτι ἐρρέθη⟩ ἐγὼ δὲ λέγω ὑμῖν
6 1 προσέχετε δὲ ([N²⁶H]; — ς) τὴν δικαιοσύνην ὑμῶν μὴ ποιεῖν
6 1 εἰ δὲ μή γε, μισθὸν οὐκ ἔχετε
6 3 j σοῦ δὲ ποιοῦντος ἐλεημοσύνην μὴ γνώτω ἡ ἀριστερά σου
6 6 b σὺ δὲ ὅταν προσεύχῃ, εἴσελθε
6 7 h προσευχόμενοι δὲ μὴ βατταλογήσητε ὥσπερ οἱ ἐθνικοί
6 15 b ⟨ἐὰν γὰρ ἀφῆτε⟩ ἐὰν δὲ μὴ ἀφῆτε τοῖς ἀνθρώποις
6 16 ὅταν δὲ νηστεύητε, μὴ γίνεσθε ὡς οἱ ὑποκριταὶ σκυθρωποί
6 17 b σὺ δὲ νηστεύων ἄλειψαί σου τὴν κεφαλήν
6 20 b ⟨μὴ θησαυρίζετε⟩ θησαυρίζετε δὲ ὑμῖν θησαυροὺς ἐν οὐρανῷ
6 23 b ⟨ἐὰν οὖν ᾖ ὁ ὀφθαλμός σου⟩ ἐὰν δὲ ὁ ὀφθαλμός σου πονηρὸς ᾖ
6 27 τίς δὲ ἐξ ὑμῶν μεριμνῶν δύναται προσθεῖναι ... πῆχυν ἕνα;
6 29 λέγω δὲ ὑμῖν
6 30 εἰ δὲ τὸν χόρτον τοῦ ἀγροῦ ... ὁ θεὸς οὕτως ἀμφιέννυσιν

Mt 6 33 ζητεῖτε δὲ πρῶτον τὴν βασιλείαν | τοῦ θεοῦ (+[N²⁶M]VBSϛ)

7 3 τί δὲ βλέπεις τὸ κάρφος τὸ ἐν τῷ ὀφθαλμῷ τοῦ ἀδελφοῦ σου, ↔

7 3ᵇ τὴν δὲ ἐν τῷ σῷ ὀφθαλμῷ δοκὸν οὐ κατανοεῖς;

7 15 *προσέχετε δὲ (+VSϛ) ἀπὸ τῶν ψευδοπροφητῶν, ↔

7 15ᵇ οἵτινες ἔρχονται ... ἐν ἐνδύμασι προβάτων, ἔσωθεν δέ εἰσιν λύκοι ἅρπαγες

7 17ᵇ πᾶν δένδρον ἀγαθὸν ... τὸ δὲ σαπρὸν δένδρον καρποὺς πονηροὺς ποιεῖ

8 1ʰʲ | καταβάντος δὲ αὐτοῦ (κ-τι δὲ αὐτῷ Τϛ) ἀπὸ τοῦ ὄρους ἠκολούθησαν αὐτῷ ὄχλοι πολλοί

8 5ʲ εἰσελθόντος δὲ αὐτοῦ εἰς Καφαρναοὺμ προσῆλθεν αὐτῷ ἑκατόνταρχος

8 8ʰ * | ἀποκριθεὶς δὲ (NMTH; καὶ ἀ. rl) ὁ ἑκατόνταρχος ἔφη

8 10ʰ ἀκούσας δὲ ὁ Ἰησοῦς ἐθαύμασεν

8 11 λέγω δὲ ὑμῖν

8 12ᵇ ⟨πολλοὶ ἀπὸ ἀνατολῶν καὶ δυσμῶν ἥξουσιν⟩ οἱ δὲ υἱοὶ τῆς βασιλείας ἐκβληθήσονται (ἐξελεύσονται Τ) εἰς τὸ σκότος

8 16ʲ ὀψίας δὲ γενομένης προσήνεγκαν αὐτῷ δαιμονιζομένους

8 18ʰ ἰδὼν δὲ ὁ Ἰησοῦς ὄχλον (πολλοὺς ὄχλους VBΤϛ; ὄχλους S)

8 20ᵇ αἱ ἀλώπεκες ... ὁ δὲ υἱὸς τοῦ ἀνθρώπου οὐκ ἔχει ποῦ τὴν κεφαλὴν κλίνῃ. ↔

8 21 ἕτερος δὲ τῶν μαθητῶν αὐτοῦ (+[N²⁶]VBϛ) εἶπεν αὐτῷ

8 22ᶜ ὁ δὲ Ἰησοῦς (—ST) λέγει αὐτῷ

8 24 αὐτὸς δὲ ἐκάθευδεν

8 27 οἱ δὲ ἄνθρωποι ἐθαύμασαν λέγοντες

8 30 ἦν δὲ μακρὰν ἀπ᾽ αὐτῶν ἀγέλη χοίρων πολλῶν βοσκομένη. ↔

8 31 οἱ δὲ δαίμονες παρεκάλουν αὐτὸν λέγοντες

8 32ᵉ οἱ δὲ ἐξελθόντες ἀπῆλθον εἰς τοὺς χοίρους

8 33 οἱ δὲ βόσκοντες ἔφυγον

9 6 ἵνα δὲ εἰδῆτε ὅτι ἐξουσίαν ἔχει ὁ υἱὸς τοῦ ἀνθρώπου

9 8ʰ ἰδόντες δὲ οἱ ὄχλοι ἐφοβήθησαν

9 12ᶜ ὁ δὲ (+Ἰησοῦς Vϛ) ἀκούσας εἶπεν

9 13ʰ πορευθέντες δὲ μάθετε τί ἐστιν

9 14ᵇ διὰ τί ἡμεῖς καὶ οἱ Φαρισαῖοι νηστεύομεν πολλὰ ([N²⁶M]; —NTH), οἱ δὲ μαθηταί σου οὐ νηστεύουσιν;

9 15 ἐλεύσονται δὲ ἡμέραι ... καὶ τότε νηστεύσουσιν. ↔

9 16 οὐδεὶς δὲ ἐπιβάλλει ἐπίβλημα ῥάκους ἀγνάφου

9 17 εἰ δὲ μή γε, ῥήγνυνται οἱ ἀσκοί

9 22ᶜ ὁ δὲ Ἰησοῦς (—Τ) στραφεὶς καὶ ἰδὼν αὐτὴν εἶπεν

9 25 ὅτε δὲ ἐξεβλήθη ὁ ὄχλος

9 28ʰ ἐλθόντι δὲ εἰς τὴν οἰκίαν προσῆλθον αὐτῷ οἱ τυφλοί

9 31ᵉ οἱ δὲ ἐξελθόντες διεφήμισαν αὐτόν

9 32ʲ αὐτῶν δὲ ἐξερχομένων, ἰδοὺ προσήνεγκαν

9 34 | οἱ δὲ Φαρισαῖοι ἔλεγον [Η..]

9 36ʰ ἰδὼν δὲ τοὺς ὄχλους ἐσπλαγχνίσθη περὶ αὐτῶν

9 37ᵃ ὁ μὲν θερισμὸς πολύς, οἱ δὲ ἐργάται ὀλίγοι

Mt 10 2 τῶν δὲ δώδεκα ἀποστόλων τὰ ὀνόματά ἐστιν ταῦτα

10 6ᵇ ⟨μὴ εἰσέλθητε⟩ πορεύεσθε δὲ μᾶλλον πρὸς τὰ πρόβατα τὰ ἀπολωλότα

10 7ʰ πορευόμενοι δὲ κηρύσσετε λέγοντες

10 11ᵏ εἰς ἣν δ᾽ ἂν πόλιν ἢ κώμην εἰσέλθητε

10 12ʰ εἰσερχόμενοι δὲ εἰς τὴν οἰκίαν ἀσπάσασθε αὐτήν· ↔

10 13ᵃ καὶ ἐὰν μὲν ᾖ ἡ οἰκία ἀξία ... ἐὰν δὲ μὴ ᾖ ἀξία

10 17 προσέχετε δὲ ἀπὸ τῶν ἀνθρώπων

10 18ˡ καὶ ἐπὶ ἡγεμόνας δὲ καὶ βασιλεῖς ἀχθήσεσθε ἕνεκεν ἐμοῦ

10 19 ὅταν δὲ παραδῶσιν ὑμᾶς

10 21 παραδώσει δὲ ἀδελφὸς ἀδελφὸν εἰς θάνατον

10 22 ὁ δὲ ὑπομείνας εἰς τέλος, οὗτος σωθήσεται. ↔

10 23 ὅταν δὲ διώκωσιν ὑμᾶς ἐν τῇ πόλει ταύτῃ

10 28ᵇ μὴ φοβεῖσθε (-βηθῆτε ΜΗϛ) ἀπὸ τῶν ἀποκτεννόντων τὸ σῶμα, τὴν δὲ ψυχὴν μὴ δυναμένων ἀποκτεῖναι· ↔

10 28ᵇ φοβεῖσθε (-βήθητε Sϛ) δὲ μᾶλλον τὸν δυνάμενον ... ἀπολέσαι

10 30 ὑμῶν δὲ καὶ αἱ τρίχες ... ἠριθμημέναι εἰσίν

10 33ᵇ ⟨πᾶς οὖν ὅστις ὁμολογήσει⟩ ὅστις | δ᾽ ἂν (δὲ Η) ἀρνήσηταί με

11 2 ὁ δὲ Ἰωάννης ἀκούσας ἐν τῷ δεσμωτηρίῳ τὰ ἔργα τοῦ Χριστοῦ

11 7ʲ τούτων δὲ πορευομένων ἤρξατο ὁ Ἰησοῦς λέγειν

11 11ᵇ ὁ δὲ μικρότερος ἐν τῇ βασιλείᾳ τῶν οὐρανῶν μείζων αὐτοῦ ἐστιν. ↔

11 12ᵍ ἀπὸ δὲ τῶν ἡμερῶν Ἰωάννου τοῦ βαπτιστοῦ ἕως ἄρτι

11 16 τίνι δὲ ὁμοιώσω τὴν γενεὰν ταύτην;

12 1 οἱ δὲ μαθηταὶ αὐτοῦ ἐπείνασαν

12 2 οἱ δὲ Φαρισαῖοι ἰδόντες εἶπαν αὐτῷ

12 3ᶜ ὁ δὲ εἶπεν αὐτοῖς

12 6 ⟨οὐκ ἀνέγνωτε ἐν τῷ νόμῳ⟩ λέγω δὲ ὑμῖν

12 7 εἰ δὲ ἐγνώκειτε ... οὐκ ἂν κατεδικάσατε

12 11ᶜ ὁ δὲ εἶπεν αὐτοῖς

12 14ʰ ἐξελθόντες δὲ οἱ Φαρισαῖοι συμβούλιον ἔλαβον κατ᾽ αὐτοῦ

12 15 ὁ δὲ Ἰησοῦς γνοὺς ἀνεχώρησεν ἐκεῖθεν

12 24 οἱ δὲ Φαρισαῖοι ἀκούσαντες εἶπον

12 25ʰ εἰδὼς δὲ (+ὁ Ἰησοῦς Vϛ) τὰς ἐνθυμήσεις αὐτῶν εἶπεν αὐτοῖς

12 28 εἰ δὲ ἐν πνεύματι θεοῦ ἐγὼ ἐκβάλλω τὰ δαιμόνια

12 31ᵇ ἡ δὲ τοῦ πνεύματος βλασφημία οὐκ ἀφεθήσεται

12 32ᵇ ὃς ἐὰν εἴπῃ λόγον... ὃς δ᾽ ἂν εἴπῃ κατὰ τοῦ πνεύματος τοῦ ἁγίου

12 36 λέγω δὲ ὑμῖν

12 39ᶜ ὁ δὲ ἀποκριθεὶς εἶπεν αὐτοῖς

12 43 ὅταν δὲ τὸ ἀκάθαρτον πνεῦμα ἐξέλθῃ ἀπὸ τοῦ ἀνθρώπου

12 46ʲ *ἔτι δὲ (+VSϛ) αὐτοῦ λαλοῦντος τοῖς ὄχλοις

12 47 | εἶπεν δέ τις αὐτῷ ([N²⁶NT..]; —SH..)

12 48ᶜ ὁ δὲ ἀποκριθεὶς εἶπεν τῷ λέγοντι αὐτῷ

13 1ᵍ * ἐν δὲ (+ϛ) τῇ ἡμέρᾳ ἐκείνῃ ἐξελθὼν ὁ Ἰησοῦς

Mt 13 5ᵃ ⟨ἃ μὲν ἔπεσεν⟩ ἄλλα δὲ ἔπεσεν ἐπὶ τὰ πετρώδη

13 6ʲ ἡλίου δὲ ἀνατείλαντος ἐκαυματίσθη

13 7ᵃ ἄλλα δὲ ἔπεσεν ἐπὶ τὰς ἀκάνθας

13 8ᵃ ἄλλα δὲ ἔπεσεν ἐπὶ τὴν γῆν τὴν καλὴν ↔

13 8ᵃ καὶ ἐδίδου καρπόν, ὃ μὲν ἑκατόν, ὃ δὲ ἑξήκοντα, ↔

13 8ᵃ ὃ δὲ τριάκοντα

13 11ᶜ ὁ δὲ ἀποκριθεὶς εἶπεν αὐτοῖς (—NSTH)

13 11ᵇ ὑμῖν δέδοται γνῶναι ... ἐκείνοις δὲ οὐ δέδοται. ↔

13 12ᵇ ὅστις γὰρ ἔχει ... ὅστις δὲ οὐκ ἔχει

13 16ᵇ ⟨μήποτε ἴδωσιν τοῖς ὀφθαλμοῖς⟩ ὑμῶν δὲ μακάριοι οἱ ὀφθαλμοὶ ὅτι βλέπουσιν

13 20ᵇ ⟨ὁ παρὰ τὴν ὁδὸν σπαρείς⟩ ὁ δὲ ἐπὶ τὰ πετρώδη σπαρείς

13 21ᵏ οὐκ ἔχει δὲ ῥίζαν ἐν ἑαυτῷ ἀλλὰ πρόσκαιρός ἐστιν, ↔

13 21ʲ γενομένης δὲ θλίψεως ... εὐθὺς σκανδαλίζεται. ↔

13 22ᵇ ὁ δὲ εἰς τὰς ἀκάνθας σπαρείς

13 23ᵇ ὁ δὲ ἐπὶ τὴν καλὴν γῆν σπαρείς

13 23ᵃ ὃς δὴ καρποφορεῖ καὶ ποιεῖ ὃ μὲν ἑκατόν, ὃ δὲ ἑξήκοντα, ↔

13 23ᵃ ὃ δὲ τριάκοντα

13 25ᵍ ἐν δὲ τῷ καθεύδειν τοὺς ἀνθρώπους

13 26 ὅτε δὲ ἐβλάστησεν ὁ χόρτος

13 27ʰ προσελθόντες δὲ οἱ δοῦλοι τοῦ οἰκοδεσπότου εἶπον αὐτῷ

13 28ᶜ ὁ δὲ ἔφη αὐτοῖς

13 28ᵉ οἱ δὲ δοῦλοι (—Η) | λέγουσιν αὐτῷ (~NMVBSH; εἶπον αὐτῷ ϛ)

13 29ᶜ ὁ δὲ φησιν

13 30ᵇ συλλέξατε πρῶτον τὰ ζιζάνια ... τὸν δὲ σῖτον συναγάγετε (συνάγετε Η) εἰς τὴν ἀποθήκην μου

13 32ᵃ ὃ μικρότερον μέν ἐστιν ... ὅταν δὲ αὐξηθῇ, μεῖζον τῶν λαχάνων ἐστίν

13 37ᶜ ὁ δὲ ἀποκριθεὶς εἶπεν

13 38 ὁ δὲ ἀγρός ἐστιν ὁ κόσμος· ↔

13 38 τὸ δὲ καλὸν σπέρμα, οὗτοί εἰσιν οἱ υἱοὶ τῆς βασιλείας· ↔

13 38 τὰ δὲ ζιζάνιά εἰσιν οἱ υἱοὶ τοῦ πονηροῦ, ↔

13 39 ὁ δὲ ἐχθρὸς ὁ σπείρας αὐτά ἐστιν ὁ διάβολος· ↔

13 39 ὁ δὲ θερισμὸς συντέλεια (+τοῦ Vϛ) αἰῶνός ἐστιν, ↔

13 39 οἱ δὲ θερισταὶ ἄγγελοί εἰσιν

13 46ʰ | εὑρὼν δὲ (ὃς εὑ. ϛ) ἕνα πολύτιμον μαργαρίτην

13 48ᵇ συνέλεξαν τὰ καλὰ εἰς ἄγγη, τὰ δὲ σαπρὰ ἔξω ἔβαλον

13 52ᶜ ὁ δὲ εἶπεν αὐτοῖς

13 57 ὁ δὲ Ἰησοῦς εἶπεν αὐτοῖς

14 6ʲ γενεσίοις (-σίων VSϛ) δὲ γενομένοις (-ένων S; ἀγομένων Vϛ) τοῦ Ἡρῴδου

14 8ᵈ ἡ δὲ προβιβασθεῖσα ὑπὸ τῆς μητρὸς αὐτῆς· δός μοι, φησίν

14 9ᵍ *καὶ ἐλυπήθη (ΜVSϛ; λ-θεὶς rl) ὁ βασιλεύς, διὰ δὲ (+ΜVSϛ) τοὺς ὅρκους ... ἐκέλευσεν δοθῆναι

14 13ʰ ἀκούσας δὲ (καὶ ἀ. ϛ) ὁ Ἰησοῦς ἀνεχώρησεν ἐκεῖθεν

14 15ʲ ὀψίας δὲ γενομένης προσῆλθον αὐτῷ οἱ μαθηταὶ λέγοντες

14 16ᶜ ὁ δὲ Ἰησοῦς ([N²⁶]; —Τ) εἶπεν αὐτοῖς

14 17ᵉ οἱ δὲ λέγουσιν αὐτῷ

Mt 14 18[c] ὁ δὲ εἶπεν

14 19 ἔδωκεν τοῖς μαθηταῖς τοὺς ἄρτους, οἱ δὲ μαθηταὶ τοῖς ὄχλοις

14 21 οἱ δὲ ἐσθίοντες ἦσαν ἄνδρες ὡσεὶ πεντακισχίλιοι

14 23[j] ὀψίας δὲ γενομένης μόνος ἦν ἐκεῖ. ↔

14 24 τὸ δὲ πλοῖον ἤδη | σταδίους πολλοὺς ἀπὸ τῆς γῆς ἀπεῖχεν (μέσον τῆς θαλάσσης ἦν VBSTς)

14 25 τετάρτῃ δὲ φυλακῇ τῆς νυκτὸς ἦλθεν ([ἀπ]ῆλ. V; ἀπῆλ. Sς) πρὸς αὐτοὺς

14 26[h] οἱ δὲ μαθηταὶ ἰδόντες αὐτὸν (καὶ ἰ. αὐτὸν οἱ μ. VSς; ἰ. δὲ αὐτὸν T) ... ἐταράχθησαν

14 27 εὐθὺς δὲ ἐλάλησεν | ὁ Ἰησοῦς αὐτοῖς (M; [ὁ Ἰ.] αὐ. N26NH; αὐ. ὁ Ἰ. VBSς; αὐ. T) λέγων

14 28[h] ἀποκριθεὶς δὲ | αὐτῷ ὁ Πέτρος εἶπεν (~ H)

14 29[c] ὁ δὲ εἶπεν

14 30[h] βλέπων δὲ τὸν ἄνεμον ἰσχυρὸν ([N26]; — NTH) ἐφοβήθη

14 31 εὐθέως δὲ ὁ Ἰησοῦς ἐκτείνας τὴν χεῖρα ἐπελάβετο αὐτοῦ

14 33[e] τῷ τῷ πλοίῳ προσεκύνησαν αὐτῷ λέγοντες

15 3[c] ὁ δὲ ἀποκριθεὶς εἶπεν αὐτοῖς

15 5[b] ⟨ὁ γὰρ θεὸς εἶπεν⟩ ὑμεῖς δὲ λέγετε

15 8[h] ἡ δὲ καρδία αὐτῶν πόρρω ἀπέχει ἀπ' ἐμοῦ· ↔

15 9 μάτην δὲ σέβονταί με

15 13[c] ὁ δὲ ἀποκριθεὶς εἶπεν

15 14 τυφλὸς δὲ τυφλὸν ἐὰν ὁδηγῇ

15 15[h] ἀποκριθεὶς δὲ ὁ Πέτρος εἶπεν αὐτῷ

15 16[c] ὁ δὲ εἶπεν

15 18[b] ⟨πᾶν τὸ εἰσπορευόμενον⟩ τὰ δὲ ἐκπορευόμενα ἐκ τοῦ στόματος ... ἐξέρχεται

15 20[b] τὸ δὲ ἀνίπτοις χερσὶν φαγεῖν οὐ κοινοῖ τὸν ἄνθρωπον

15 23[c] ὁ δὲ οὐκ ἀπεκρίθη αὐτῇ λόγον

15 24[c] ὁ δὲ ἀποκριθεὶς εἶπεν

15 25[d] ἡ δὲ ἐλθοῦσα προσεκύνει αὐτῷ λέγουσα

15 26[c] ὁ δὲ ἀποκριθεὶς εἶπεν

15 27[d] ἡ δὲ εἶπεν

15 32 ὁ δὲ Ἰησοῦς προσκαλεσάμενος τοὺς μαθητὰς αὐτοῦ εἶπεν

15 34[e] οἱ δὲ εἶπαν

15 36 ἐδίδου (ἔδωκεν Vς) τοῖς μαθηταῖς (+ αὐτοῦ Vς), οἱ δὲ μαθηταὶ | τοῖς ὄχλοις (τῷ ὄχλῳ Vς)

15 38 οἱ δὲ ἐσθίοντες ἦσαν (+ ὡς [M] S) τετρακισχίλιοι ἄνδρες

16 2[c] ὁ δὲ ἀποκριθεὶς εἶπεν αὐτοῖς

16 3[a] τὸ μὲν πρόσωπον τοῦ οὐρανοῦ γινώσκετε διακρίνειν, τὰ δὲ σημεῖα τῶν καιρῶν οὐ δύνασθε; [..N26 NSTH]

16 6 ὁ δὲ Ἰησοῦς εἶπεν αὐτοῖς

16 7[e] οἱ δὲ διελογίζοντο ἐν ἑαυτοῖς

16 8[h] γνοὺς δὲ ὁ Ἰησοῦς εἶπεν

16 11 οὐ περὶ | ἄρτων εἶπον ὑμῖν; προσέχετε δὲ (ἄρτου εἰ. ὑ. προσέχειν Vς) ἀπὸ τῆς ζύμης τῶν Φαρισαίων

16 13[h] ἐλθὼν δὲ ὁ Ἰησοῦς εἰς τὰ μέρη Καισαρείας

16 14[e] οἱ δὲ εἶπαν· ↔

16 14[a] οἱ μὲν Ἰωάννην τὸν βαπτιστήν, ἄλλοι δὲ Ἠλίαν, ↔

16 14[a] ἕτεροι δὲ Ἰερεμίαν ἢ ἕνα τῶν προφητῶν

16 15 ὑμεῖς δὲ τίνα με λέγετε εἶναι; ↔

Mt 16 16[h] ἀποκριθεὶς δὲ Σίμων Πέτρος εἶπεν

16 17[h] ἀποκριθεὶς δὲ (καὶ ἀ. ς) ὁ Ἰησοῦς εἶπεν αὐτῷ

16 18 κἀγὼ δέ σοι λέγω ὅτι σὺ εἶ Πέτρος

16 23[c] ὁ δὲ στραφεὶς εἶπεν τῷ Πέτρῳ

16 25[b] ὃς γὰρ ἐὰν θέλῃ ... ὃς δ' ἂν ἀπολέσῃ τὴν ψυχὴν αὐτοῦ

16 26[b] ἐὰν τὸν κόσμον ὅλον κερδήσῃ, τὴν δὲ ψυχὴν αὐτοῦ ζημιωθῇ

17 2 τὰ δὲ ἱμάτια αὐτοῦ ἐγένετο λευκὰ ὡς τὸ φῶς

17 4[h] ἀποκριθεὶς δὲ ὁ Πέτρος εἶπεν τῷ Ἰησοῦ

17 8[h] ἐπάραντες δὲ τοὺς ὀφθαλμοὺς αὐτῶν οὐδένα εἶδον

17 11[c] ὁ δὲ ἀποκριθεὶς εἶπεν

17 12[a] ⟨Ἠλίας μὲν ἔρχεται⟩ λέγω δὲ ὑμῖν ὅτι Ἠλίας ἤδη ἦλθεν

17 17[h] ἀποκριθεὶς δὲ ὁ Ἰησοῦς εἶπεν

17 20[c] ὁ δὲ (+ Ἰησοῦς Vς) λέγει (εἶπεν Vς) αὐτοῖς

17 21 * | τοῦτο δὲ τὸ γένος οὐκ ἐκπορεύεται (+[M]VBς..)

17 22[j] συστρεφομένων (ἀναστρ- VBSς) δὲ αὐτῶν ἐν τῇ Γαλιλαίᾳ εἶπεν αὐτοῖς ὁ Ἰησοῦς

17 24 ἐλθόντων δὲ αὐτῶν εἰς Καφαρναοὺμ

17 26[j] εἰπόντος δὲ (λέγει αὐτῷ ὁ Πέτρος Vς)· ἀπὸ τῶν ἀλλοτρίων

17 27 ἵνα δὲ μὴ σκανδαλίσωμεν (-ίζωμεν T) αὐτούς ... βάλε ἄγκιστρον

18 6[b] ⟨ὃς ἐὰν δέξηται ἓν παιδίον⟩ ὃς δ' ἂν σκανδαλίσῃ ἕνα τῶν μικρῶν τούτων

18 8 εἰ δὲ ἡ χείρ σου ... σκανδαλίζει σε

18 15 ἐὰν δὲ ἁμαρτήσῃ | εἰς σὲ ([N26S]; —NTH) ὁ ἀδελφός σου, ὕπαγε ἔλεγξον αὐτὸν

18 16[b] ⟨ἐὰν σου ἀκούσῃ⟩ ἐὰν δὲ μὴ ἀκούσῃ

18 17 ἐὰν δὲ παρακούσῃ αὐτῶν, εἰπὲ (εἰπὸν NMTH) τῇ ἐκκλησίᾳ· ↔

18 17 ἐὰν δὲ καὶ τῆς ἐκκλησίας παρακούσῃ, ἔστω σοι ὥσπερ ὁ ἐθνικὸς

18 24[j] ἀρξαμένου δὲ αὐτοῦ συναίρειν, προσηνέχθη (-ήχθη NH)

18 25[jk] μὴ ἔχοντος δὲ αὐτοῦ ἀποδοῦναι, ἐκέλευσεν

18 27[h] σπλαγχνισθεὶς δὲ ὁ κύριος τοῦ δούλου ἐκείνου [H] ἀπέλυσεν αὐτόν

18 28[h] ἐξελθὼν δὲ ὁ δοῦλος ἐκεῖνος εὗρεν

18 30[c] ὁ δὲ οὐκ ἤθελεν

18 31 * ἰδόντες δὲ (VSς; οὖν rl) οἱ σύνδουλοι αὐτοῦ τὰ γενόμενα (γινόμενα T) ἐλυπήθησαν

19 4[c] ὁ δὲ ἀποκριθεὶς εἶπεν

19 8[k] ἀπ' ἀρχῆς δὲ οὐ γέγονεν οὕτως. ↔

19 9 λέγω δὲ ὑμῖν

19 11[c] ὁ δὲ εἶπεν αὐτοῖς

19 13 οἱ δὲ μαθηταὶ ἐπετίμησαν αὐτοῖς. ↔

19 14 ὁ δὲ Ἰησοῦς εἶπεν (+ αὐτοῖς T)

19 17[c] ὁ δὲ εἶπεν αὐτῷ

19 17 εἰ δὲ θέλεις εἰς τὴν ζωὴν εἰσελθεῖν

19 18 ὁ δὲ Ἰησοῦς εἶπεν (ἔφη NMH)

19 22[h] ἀκούσας δὲ ὁ νεανίσκος || τὸν λόγον [+ τοῦτον NH] ((—T)) ἀπῆλθεν λυπούμενος

19 23 ὁ δὲ Ἰησοῦς εἶπεν τοῖς μαθηταῖς αὐτοῦ

19 24 πάλιν δὲ λέγω ὑμῖν

19 25[h] ἀκούσαντες δὲ οἱ μαθηταὶ ἐξεπλήσσοντο

19 26[h] ἐμβλέψας δὲ ὁ Ἰησοῦς εἶπεν αὐτοῖς· ↔

Mt 19 26[bg] παρὰ ἀνθρώποις τοῦτο ἀδύνατόν ἐστιν, παρὰ δὲ θεῷ | πάντα δυνατά (~ T)

19 28 ὁ δὲ Ἰησοῦς εἶπεν αὐτοῖς

19 30 πολλοὶ δὲ ἔσονται πρῶτοι ἔσχατοι

20 2[h] συμφωνήσας δὲ μετὰ τῶν ἐργατῶν ... ἀπέστειλεν

20 5[e] οἱ δὲ ἀπῆλθον. ↔

20 5 πάλιν δὲ ([N26NH]; —ς) ἐξελθὼν περὶ ἕκτην καὶ ἐνάτην ὥραν ἐποίησεν ὡσαύτως.

20 6[g] περὶ δὲ τὴν ἑνδεκάτην ἐξελθὼν

20 8[j] ὀψίας δὲ γενομένης λέγει ὁ κύριος

20 9[h] * | ἐλθόντες δὲ (NH; ἐ. οὖν S; καὶ ἐ. rl) οἱ περὶ τὴν ἑνδεκάτην ὥραν ἔλαβον ἀνὰ δηνάριον. ↔

20 10[h] * | ἐλθόντες δὲ (Tς; καὶ ἐ. rl) οἱ πρῶτοι ἐνόμισαν

20 11[h] λαβόντες δὲ ἐγόγγυζον κατὰ τοῦ οἰκοδεσπότου

20 13[c] ὁ δὲ ἀποκριθεὶς | ἑνὶ αὐτῶν εἶπεν (~ Vς)

20 14 θέλω δὲ τούτῳ τῷ ἐσχάτῳ δοῦναι ὡς καὶ σοί

20 16[b] * | πολλοὶ γάρ εἰσι κλητοί, ὀλίγοι δὲ ἐκλεκτοί (+ ς). ↔

20 17[h] * | μέλλων δὲ ἀναβαίνειν (NH; καὶ ἀναβαίνων ὁ rl) Ἰησοῦς

20 21[c] ὁ δὲ εἶπεν αὐτῇ

20 22[h] ἀποκριθεὶς δὲ ὁ Ἰησοῦς εἶπεν

20 23[h] τὸ μὲν ποτήριόν μου πίεσθε, τὸ δὲ καθίσαι ἐκ δεξιῶν μου ... οὐκ ἔστιν ἐμὸν τοῦτο ([N26]; — Hς) δοῦναι

20 24[h] * | ἀκούσαντες δὲ (ST; καὶ ἀκ. rl) οἱ δέκα ἠγανάκτησαν

20 25 ὁ δὲ Ἰησοῦς προσκαλεσάμενος αὐτοὺς εἶπεν

20 26[k] * οὐχ οὕτως δὲ (+ ς) ἔσται (ἐστὶν NH) ἐν ὑμῖν

20 31 ὁ δὲ ὄχλος ἐπετίμησεν αὐτοῖς ἵνα σιωπήσωσιν· ↔

20 31[e] οἱ δὲ μεῖζον ἔκραξαν λέγοντες

20 34[h] σπλαγχνισθεὶς δὲ ὁ Ἰησοῦς ἥψατο τῶν ὀμμάτων (ὀφθαλμῶν Vς) αὐτῶν

21 3 εὐθὺς δὲ ἀποστελεῖ αὐτούς. ↔

21 4 τοῦτο δὲ (+ ὅλον Vς) γέγονεν ἵνα πληρωθῇ τὸ ῥηθέν

21 6[h] πορευθέντες δὲ οἱ μαθηταὶ ⟨ἤγαγον τὴν ὄνον⟩

21 8 ὁ δὲ πλεῖστος ὄχλος ἔστρωσαν ἑαυτῶν τὰ ἱμάτια ἐν τῇ ὁδῷ, ↔

21 8[h] ἄλλοι δὲ ἔκοπτον κλάδους ἀπὸ τῶν δένδρων

21 9 οἱ δὲ ὄχλοι οἱ προάγοντες αὐτὸν ... ἔκραζον

21 11 οἱ δὲ ὄχλοι ἔλεγον

21 13[b] ὑμεῖς δὲ αὐτὸν ποιεῖτε σπήλαιον λῃστῶν

21 15[h] ἰδόντες δὲ οἱ ἀρχιερεῖς ... τὰ θαυμάσια ἃ ἐποίησεν

21 16 ὁ δὲ Ἰησοῦς λέγει αὐτοῖς

21 18 πρωῒ (πρωίας MVSς) δὲ ἐπανάγων (ἐπαναγαγὼν NTH) εἰς τὴν πόλιν ἐπείνασεν

21 21[h] ἀποκριθεὶς δὲ ὁ Ἰησοῦς εἶπεν αὐτοῖς

21 24[h] ἀποκριθεὶς δὲ [H] ὁ Ἰησοῦς εἶπεν αὐτοῖς

21 25[e] οἱ δὲ διελογίζοντο ἐν (παρ' VBSTς) ἑαυτοῖς λέγοντες

21 26[b] ⟨ἐὰν εἴπωμεν⟩ ἐὰν δὲ εἴπωμεν· ἐξ ἀνθρώπων

21 28 τί δὲ ὑμῖν δοκεῖ;

Mt 21 29 ᶜὁ δὲ ἀποκριθεὶς εἶπεν· ↔

21 29 || οὐ θέλω, ὕστερον δὲ (—Τ) μεταμεληθεὶς ἀπῆλθεν ((N²⁶VBTϛ; ἐγὼ κύριε, καὶ οὐκ ἀπῆλθεν ΝΗ; ὑπάγω κύριε, κ. οὐκ ἀπ. MS)). ↔

21 30ʰ | προσελθὼν δὲ (καὶ πρ. Vϛ) τῷ ἑτέρῳ (δευτέρῳ NMBSHϛ) εἶπεν ὡσαύτως. ↔

21 30 ᶜὁ δὲ ἀποκριθεὶς εἶπεν· ↔

21 30 * || οὐ θέλω, ὕστερον δὲ (+MS) μεταμεληθεὶς ἀπῆλθεν ((NMSH; ἐγὼ κύριε, καὶ οὐκ ἀπῆλθεν rl))

21 32ᵇ οἱ δὲ τελῶναι καὶ αἱ πόρναι ἐπίστευσαν αὐτῷ· ↔

21 32ᵇ ὑμεῖς δὲ ἰδόντες οὐδὲ (οὐ VTϛ) μετεμελήθητε ὕστερον τοῦ πιστεῦσαι αὐτῷ

21 34 ὅτε δὲ ἤγγισεν ὁ καιρὸς τῶν καρπῶν

21 35ᵃ ὃν μὲν ἔδειραν, ὃν δὲ ἀπέκτειναν, ↔

21 35ᵃ ὃν δὲ ἐλιθοβόλησαν

21 37 ὕστερον δὲ ἀπέστειλεν πρὸς αὐτοὺς τὸν υἱὸν αὐτοῦ

21 38 οἱ δὲ γεωργοὶ ἰδόντες τὸν υἱὸν εἶπον ἐν ἑαυτοῖς

21 44 | ἐφ' ὃν δ' ἂν πέσῃ, λικμήσει αὐτόν ([..N²⁶NVSH]; ..—Τ). ↔

21 45ʰ * | ἀκούσαντες δὲ (Τ; καὶ ἀκ. rl) οἱ ἀρχιερεῖς ... ἔγνωσαν

22 5ᵉ οἱ δὲ ἀμελήσαντες ἀπῆλθον, ↔

22 5ᵃ ὃς (ὁ ϛ) μὲν ... ὃς (ὁ ϛ) δὲ ἐπὶ τὴν ἐμπορίαν αὐτοῦ· ↔

22 6 οἱ δὲ λοιποὶ κρατήσαντες τοὺς δούλους αὐτοῦ ... ἀπέκτειναν. ↔

22 7ʰ | ὁ δὲ βασιλεὺς (καὶ ἀκούσας ὁ β. ἐκεῖνος V; ἀκούσας δὲ ὁ β. ϛ) ὠργίσθη

22 8ᵃ ὁ μὲν γάμος ἕτοιμός ἐστιν, οἱ δὲ κεκλημένοι οὐκ ἦσαν ἄξιοι

22 11ʰ εἰσελθὼν δὲ ὁ βασιλεὺς θεάσασθαι

22 12 ᶜὁ δὲ ἐφιμώθη

22 14ᵇ πολλοὶ γάρ εἰσιν κλητοί, ὀλίγοι δὲ ἐκλεκτοί

22 18ʰ γνοὺς δὲ ὁ Ἰησοῦς τὴν πονηρίαν αὐτῶν εἶπεν

22 19ᵉ οἱ δὲ προσήνεγκαν αὐτῷ δηνάριον

22 25 ἦσαν δὲ παρ' ἡμῖν ἑπτὰ ἀδελφοί

22 27 ὕστερον δὲ πάντων ἀπέθανεν ἡ γυνή

22 29ʰ ἀποκριθεὶς δὲ ὁ Ἰησοῦς εἶπεν αὐτοῖς

22 31ᵍ περὶ δὲ τῆς ἀναστάσεως τῶν νεκρῶν οὐκ ἀνέγνωτε ⟨;⟩

22 34 οἱ δὲ Φαρισαῖοι ἀκούσαντες ... συνήχθησαν ἐπὶ τὸ αὐτό

22 37 ᶜὁ δὲ (+ Ἰησοῦς Vϛ) ἔφη αὐτῷ

22 39ᵇ ⟨πρώτη ἐντολή⟩ δευτέρα δὲ (—NBTH) ὁμοία αὐτῇ (αὕτη BH)

22 41ʲ συνηγμένων δὲ τῶν Φαρισαίων ἐπηρώτησεν αὐτοὺς ὁ Ἰησοῦς

23 3ᵇᵍ κατὰ δὲ τὰ ἔργα αὐτῶν μὴ ποιεῖτε

23 4 δεσμεύουσιν δὲ (γὰρ ϛ) φορτία βαρέα | καὶ δυσβάστακτα ([N²⁶]; —NSTH)

23 4 | αὐτοὶ δὲ τῷ (τῷ δὲ VSϛ) δακτύλῳ αὐτῶν οὐ θέλουσιν κινῆσαι αὐτά. ↔

23 5 πάντα δὲ τὰ ἔργα αὐτῶν ποιοῦσιν πρὸς τὸ θεαθῆναι τοῖς ἀνθρώποις· ↔

23 5 *πλατύνουσιν δὲ (ϛ; γὰρ rl) τὰ φυλακτήρια αὐτῶν

23 6 φιλοῦσιν δὲ (τε ϛ) τὴν πρωτοκλισίαν ἐν τοῖς δείπνοις

Mt 23 8ᵇ ⟨καλεῖσθαι ... ῥαββί⟩ ὑμεῖς δὲ μὴ κληθῆτε ῥαββί

23 8 πάντες δὲ ὑμεῖς ἀδελφοί ἐστε

23 11 ὁ δὲ μείζων ὑμῶν ἔσται ὑμῶν διάκονος. ↔

23 12 ὅστις δὲ ὑψώσει ἑαυτὸν ταπεινωθήσεται

23 13 οὐαὶ δὲ (—V) ὑμῖν, γραμματεῖς

23 14 * || οὐαὶ δὲ (—ϛ) ὑμῖν γραμματεῖς ((+ Vϛ..))

23 16ᵇ ὃς ἂν ὀμόσῃ ... ὃς δ' ἂν ὀμόσῃ ἐν τῷ χρυσῷ τοῦ ναοῦ

23 18ᵇ ὃς δ' ἂν ὀμόσῃ ... ὃς δ' ἂν ὀμόσῃ ἐν τῷ δώρῳ τῷ ἐπάνω αὐτοῦ

23 23 ταῦτα δὲ ([N²⁶]; — BSTϛ) ἔδει ποιῆσαι

23 24ᵇ οἱ (—H) διϋλίζοντες τὸν κώνωπα, τὴν δὲ κάμηλον καταπίνοντες

23 25ᵇ καθαρίζετε τὸ ἔξωθεν ... ἔσωθεν δὲ γέμουσιν ἐξ ἁρπαγῆς καὶ ἀκρασίας

23 27ᵃ ἔξωθεν μὲν φαίνονται ὡραῖοι, ἔσωθεν δὲ γέμουσιν ὀστέων νεκρῶν

23 28ᵃ ὑμεῖς ἔξωθεν μὲν φαίνεσθε τοῖς ἀνθρώποις δίκαιοι, ἔσωθεν δέ ἐστε μεστοὶ ὑποκρίσεως

24 2 ᶜὁ δὲ ἀποκριθεὶς εἶπεν αὐτοῖς

24 3ʲ καθημένου δὲ αὐτοῦ ἐπὶ τοῦ ὄρους ... προσῆλθον

24 6 μελλήσετε δὲ ἀκούειν πολέμους

24 8 πάντα δὲ ταῦτα ἀρχὴ ὠδίνων

24 13 ὁ δὲ ὑπομείνας εἰς τέλος, οὗτος σωθήσεται

24 19 οὐαὶ δὲ ταῖς ἐν γαστρὶ ἐχούσαις

24 20 προσεύχεσθε δὲ ἵνα μὴ γένηται ἡ φυγὴ ὑμῶν χειμῶνος

24 22ᵍ διὰ δὲ τοὺς ἐκλεκτοὺς κολοβωθήσονται αἱ ἡμέραι ἐκεῖναι

24 29 εὐθέως δὲ μετὰ τὴν θλῖψιν ... ὁ ἥλιος σκοτισθήσεται

24 32ᵍ ἀπὸ δὲ τῆς συκῆς μάθετε τὴν παραβολήν

24 35ᵇ ὁ οὐρανὸς καὶ ἡ γῆ παρελεύσεται, οἱ δὲ λόγοι μου οὐ μὴ παρέλθωσιν. ↔

24 36ᵍ περὶ δὲ τῆς ἡμέρας ἐκείνης καὶ ὥρας οὐδεὶς οἶδεν

24 37 *ὥσπερ δὲ (γὰρ N²⁶NH) αἱ ἡμέραι τοῦ Νῶε, οὕτως ἔσται

24 43 ἐκεῖνο δὲ γινώσκετε

24 48 ἐὰν δὲ εἴπῃ ὁ κακὸς δοῦλος

24 49 ⟨ἐὰν⟩ ἐσθίῃ δὲ καὶ πίνῃ μετὰ τῶν μεθυόντων

25 2 πέντε δὲ ἐξ αὐτῶν ἦσαν μωραὶ καὶ πέντε φρόνιμοι

25 4ᵇ ⟨αἱ γὰρ μωραί⟩ αἱ δὲ φρόνιμοι ἔλαβον ἔλαιον ἐν τοῖς ἀγγείοις

25 5ʲ χρονίζοντος δὲ τοῦ νυμφίου ἐνύσταξαν πᾶσαι καὶ ἐκάθευδον. ↔

25 6 μέσης δὲ νυκτὸς κραυγὴ γέγονεν

25 8 αἱ δὲ μωραὶ ταῖς φρονίμοις εἶπαν

25 9 ἀπεκρίθησαν δὲ αἱ φρόνιμοι λέγουσαι

25 9 *πορεύεσθε δὲ (+ ϛ) μᾶλλον πρὸς τοὺς πωλοῦντας

25 10ʲ ἀπερχομένων δὲ αὐτῶν ἀγοράσαι ἦλθεν ὁ νυμφίος

25 11 ὕστερον δὲ ἔρχονται καὶ αἱ λοιπαὶ παρθένοι

25 12 ᶜὁ δὲ ἀποκριθεὶς εἶπεν

25 15ᵃ ᾧ μὲν ἔδωκεν πέντε τάλαντα, ᾧ δὲ δύο, ↔

25 15ᵇ ᾧ δὲ ἕν

25 16ʰ *πορευθεὶς δὲ (+Vϛ) ὁ τὰ πέντε τάλαντα λαβὼν

Mt 25 18ᵇ ⟨ὡσαύτως ὁ τὰ δύο⟩ ὁ δὲ τὸ ἓν λαβὼν ἀπελθὼν ὤρυξεν γῆν

25 19ᵍ μετὰ δὲ πολὺν χρόνον ἔρχεται ὁ κύριος τῶν δούλων ἐκείνων

25 21 *ἔφη δὲ (+Vϛ) αὐτῷ ὁ κύριος αὐτοῦ

25 22ᵇʰ ⟨προσελθὼν ὁ τὰ πέντε τάλαντα λαβὼν⟩ προσελθὼν δὲ ([N²⁶]; —NTH) καὶ ὁ τὰ δύο τάλαντα εἶπεν

25 24ᵇʰ προσελθὼν δὲ καὶ ὁ τὸ ἓν τάλαντον εἰληφὼς εἶπεν

25 26ʰ ἀποκριθεὶς δὲ ὁ κύριος αὐτοῦ εἶπεν αὐτῷ

25 29ᵇ τῷ γὰρ ἔχοντι παντὶ δοθήσεται ... τοῦ δὲ μὴ ἔχοντος καὶ ὃ ἔχει ἀρθήσεται ἀπ' αὐτοῦ

25 31 ὅταν δὲ ἔλθῃ ὁ υἱὸς τοῦ ἀνθρώπου

25 33ᵃ στήσει τὰ μὲν πρόβατα ἐκ δεξιῶν αὐτοῦ, τὰ δὲ ἐρίφια ἐξ εὐωνύμων

25 38 πότε δέ σε εἴδομεν ξένον καὶ συνηγάγομεν ⟨;⟩

25 39 πότε δέ σε εἴδομεν ἀσθενοῦντα (ἀσθενῆ MVSϛ) ⟨;⟩

25 46ᵇ ἀπελεύσονται οὗτοι ... οἱ δὲ δίκαιοι εἰς ζωὴν αἰώνιον

26 5 ἔλεγον δέ· μὴ ἐν τῇ ἑορτῇ

26 6ʲ τοῦ δὲ Ἰησοῦ γενομένου ἐν Βηθανίᾳ ⟨προσῆλθεν⟩

26 8ʰ ἰδόντες δὲ οἱ μαθηταὶ ἠγανάκτησαν λέγοντες

26 10ʰ γνοὺς δὲ ὁ Ἰησοῦς εἶπεν αὐτοῖς

26 11ᵇ πάντοτε γὰρ τοὺς πτωχοὺς ἔχετε μεθ' ἑαυτῶν, ἐμὲ δὲ οὐ πάντοτε ἔχετε

26 15ᵉ οἱ δὲ ἔστησαν αὐτῷ τριάκοντα ἀργύρια

26 17 τῇ δὲ πρώτῃ τῶν ἀζύμων προσῆλθον οἱ μαθηταί

26 18 ᶜὁ δὲ εἶπεν

26 20ʲ ὀψίας δὲ γενομένης ἀνέκειτο μετὰ τῶν δώδεκα (+ μαθητῶν [NMH] ST)

26 23 ᶜὁ δὲ ἀποκριθεὶς εἶπεν

26 24ᵃ ὁ μὲν υἱὸς τοῦ ἀνθρώπου ὑπάγει ... οὐαὶ δὲ τῷ ἀνθρώπῳ ἐκείνῳ δι' οὗ ὁ υἱὸς τοῦ ἀνθρώπου παραδίδοται

26 25ʰ ἀποκριθεὶς δὲ Ἰούδας ὁ παραδιδοὺς αὐτὸν εἶπεν

26 26ʲ ἐσθιόντων δὲ αὐτῶν λαβὼν ὁ Ἰησοῦς ... εἶπεν

26 29 λέγω δὲ ὑμῖν

26 32ᵍ μετὰ δὲ τὸ ἐγερθῆναί με προάξω ὑμᾶς εἰς τὴν Γαλιλαίαν. ↔

26 33ʰ ἀποκριθεὶς δὲ ὁ Πέτρος εἶπεν αὐτῷ

26 41ᵃ τὸ μὲν πνεῦμα πρόθυμον, ἡ δὲ σὰρξ ἀσθενής

26 48 ὁ δὲ παραδιδοὺς αὐτὸν ἔδωκεν αὐτοῖς σημεῖον λέγων

26 50 ᶜὁ δὲ Ἰησοῦς εἶπεν αὐτῷ

26 56 τοῦτο δὲ ὅλον γέγονεν ἵνα πληρωθῶσιν αἱ γραφαί

26 57ᵉ οἱ δὲ κρατήσαντες τὸν Ἰησοῦν ἀπήγαγον πρὸς Καϊάφαν τὸν ἀρχιερέα

26 58 ὁ δὲ Πέτρος ἠκολούθει αὐτῷ

26 59 οἱ δὲ ἀρχιερεῖς ... ἐζήτουν ψευδομαρτυρίαν κατὰ τοῦ Ἰησοῦ

26 60 ὕστερον δὲ προσελθόντες δύο ⟨εἶπαν⟩

26 63 ὁ δὲ Ἰησοῦς ἐσιώπα

26 66ᵉ οἱ δὲ ἀποκριθέντες εἶπαν

26 67ᵇᵉ τότε ἐνέπτυσαν ... οἱ δὲ ἐράπισαν

26 69 ὁ δὲ Πέτρος ἐκάθητο ἔξω ἐν τῇ αὐλῇ

Mt 26 70 ᶜ ὁ δὲ ἠρνήσατο ἔμπροσθεν πάντων

26 71 ʰ ἐξελθόντα δὲ (+ αὐτὸν B[S]Tς) εἰς τὸν πυλῶνα εἶδεν αὐτὸν ἄλλη

26 73 ᵏ μετὰ μικρὸν δὲ προσελθόντες οἱ ἑστῶτες εἶπον τῷ Πέτρῳ

27 1 ʲ πρωΐας δὲ γενομένης συμβούλιον ἔλαβον πάντες οἱ ἀρχιερεῖς

27 4 ᵉ οἱ δὲ εἶπαν

27 6 οἱ δὲ ἀρχιερεῖς λαβόντες τὰ ἀργύρια εἶπαν

27 7 συμβούλιον δὲ λαβόντες ἠγόρασαν ... τὸν ἀγρὸν τοῦ κεραμέως

27 11 ὁ δὲ Ἰησοῦς ἐστάθη ἔμπροσθεν τοῦ ἡγεμόνος

27 11 ὁ δὲ Ἰησοῦς ἔφη

27 15 ᵍ κατὰ δὲ ἑορτὴν εἰώθει ὁ ἡγεμὼν ἀπολύειν ἕνα ... δέσμιον

27 16 εἶχον δὲ τότε δέσμιον ἐπίσημον

27 19 ʲ καθημένου δὲ αὐτοῦ ἐπὶ τοῦ βήματος ἀπέστειλεν

27 20 οἱ δὲ ἀρχιερεῖς ... ἔπεισαν τοὺς ὄχλους ↔

27 20 ᵇ ἵνα αἰτήσονται τὸν Βαραββᾶν, τὸν δὲ Ἰησοῦν ἀπολέσωσιν. ↔

27 21 ʰ ἀποκριθεὶς δὲ ὁ ἡγεμὼν εἶπεν αὐτοῖς

27 21 ᵉ οἱ δὲ εἶπαν

27 23 ᶜ ὁ δὲ (+ ἡγεμὼν VSς) ἔφη

27 23 ᵉ οἱ δὲ περισσῶς ἔκραζον λέγοντες

27 24 ʰ ἰδὼν δὲ ὁ Πιλᾶτος ὅτι οὐδὲν ὠφελεῖ

27 26 ᵇ ἀπέλυσεν αὐτοῖς τὸν Βαραββᾶν, τὸν δὲ Ἰησοῦν φραγελλώσας παρέδωκεν

27 32 ʰ ἐξερχόμενοι δὲ εὗρον ἄνθρωπον Κυρηναῖον

27 35 ʰ σταυρώσαντες δὲ αὐτὸν διεμερίσαντο τὰ ἱμάτια αὐτοῦ

27 39 οἱ δὲ παραπορευόμενοι ἐβλασφήμουν αὐτόν

27 41 * ὁμοίως δὲ (+ ς) καὶ ([NH]; —T) οἱ ἀρχιερεῖς ... ἔλεγον

27 44 τὸ δ' αὐτὸ καὶ οἱ λῃσταὶ ... ὠνείδιζον αὐτόν

27 45 ἀπὸ δὲ ἕκτης ὥρας σκότος ἐγένετο ἐπὶ πᾶσαν τὴν γῆν

27 46 ᵍ περὶ δὲ τὴν ἐνάτην ὥραν ἀνεβόησεν (ἐβόησεν H) ὁ Ἰησοῦς

27 47 τινὲς δὲ τῶν ἐκεῖ ἑστηκότων ἀκούσαντες ἔλεγον

27 49 οἱ δὲ λοιποὶ ἔλεγον (εἶπαν NMH)

27 49 * | ἄλλος δὲ λαβὼν λόγχην [+ SH..]

27 50 ὁ δὲ Ἰησοῦς πάλιν κράξας ... ἀφῆκεν τὸ πνεῦμα

27 54 ὁ δὲ ἑκατόνταρχος καὶ οἱ μετ' αὐτοῦ ... ἐφοβήθησαν

27 55 ἦσαν δὲ ἐκεῖ γυναῖκες πολλαί

27 57 ʲ ὀψίας δὲ γενομένης ἦλθεν ἄνθρωπος πλούσιος

27 61 ἦν δὲ ἐκεῖ Μαριὰμ ἡ Μαγδαληνή

27 62 τῇ δὲ ἐπαύριον ... συνήχθησαν οἱ ἀρχιερεῖς

27 65 * ἔφη δὲ (+VSς) αὐτοῖς ὁ Πιλᾶτος

27 66 ᵉ οἱ δὲ πορευθέντες ἠσφαλίσαντο τὸν τάφον

28 1 ὀψὲ δὲ σαββάτων ... ἦλθεν Μαριὰμ ἡ Μαγδαληνή

28 3 ἦν δὲ ἡ εἰδέα αὐτοῦ ὡς ἀστραπή

28 4 ᵍ ἀπὸ δὲ τοῦ φόβου αὐτοῦ ἐσείσθησαν οἱ τηροῦντες

28 5 ʰ ἀποκριθεὶς δὲ ὁ ἄγγελος εἶπεν ταῖς γυναιξίν

28 9 * | ὡς δὲ ἐπορεύοντο ἀπαγγεῖλαι τοῖς μαθηταῖς αὐτοῦ (+ ς)

Mt 28 9 ᶠ αἱ δὲ προσελθοῦσαι ἐκράτησαν αὐτοῦ τοὺς πόδας

28 11 ʲ πορευομένων δὲ αὐτῶν ἰδού τινες τῆς κουστωδίας ... ἀπήγγειλαν (ἀν- BT)

28 15 ᵉ οἱ δὲ λαβόντες τὰ (—NH) ἀργύρια ἐποίησαν ὡς ἐδιδάχθησαν

28 16 οἱ δὲ ἕνδεκα μαθηταὶ ἐπορεύθησαν εἰς τὴν Γαλιλαίαν

28 17 ᵇᵉ ἰδόντες αὐτὸν προσεκύνησαν (+ αὐτῷ [S]ς), οἱ δὲ ἐδίστασαν

Mc 1 6 * ἦν δὲ (Sς; καὶ ἦν ὁ rl) Ἰωάννης ἐνδεδυμένος τρίχας καμήλου

1 8 ᵃᵇ ἐγὼ (+ μὲν ς) ἐβάπτισα ὑμᾶς (+ ἐν [M]Sς) ὕδατι, αὐτὸς δὲ βαπτίσει ὑμᾶς ἐν (—NH) πνεύματι ἁγίῳ

1 14 ᵍ | μετὰ δὲ (καὶ μ. NBH) τὸ παραδοθῆναι τὸν Ἰωάννην ἦλθεν ὁ Ἰησοῦς

1 16 ʰ * | περιπατῶν δὲ (ς; καὶ παράγων rl) παρὰ τὴν θάλασσαν ... εἶδεν Σίμωνα

1 28 * ἐξῆλθεν δὲ (Sς; καὶ ἐ. rl) ἡ ἀκοὴ αὐτοῦ εὐθὺς πανταχοῦ

1 30 ἡ δὲ πενθερὰ Σίμωνος κατέκειτο πυρέσσουσα

1 32 ʲ ὀψίας δὲ γενομένης ... ἔφερον πρὸς αὐτόν

1 41 * | ὁ δὲ Ἰησοῦς (VSς; καὶ rl) σπλαγχνισθεὶς ... ἥψατο (+ αὐτοῦ Bς)

1 45 ᶜ ὁ δὲ ἐξελθὼν ἤρξατο κηρύσσειν πολλά

2 5 ʰ * | ἰδὼν δὲ (Sς; καὶ ἰ. rl) ὁ Ἰησοῦς τὴν πίστιν αὐτῶν λέγει

2 6 ἦσαν δέ τινες τῶν γραμματέων ἐκεῖ καθήμενοι

2 10 ἵνα δὲ εἰδῆτε ὅτι ἐξουσίαν ἔχει

2 18 ᵇ διὰ τί οἱ μαθηταὶ Ἰωάννου... νηστεύουσιν, οἱ δὲ σοὶ μαθηταὶ [H] οὐ νηστεύουσιν;

2 20 ἐλεύσονται δὲ ἡμέραι

2 21 εἰ δὲ μή, αἴρει τὸ πλήρωμα ἀπ' αὐτοῦ τὸ καινὸν τοῦ παλαιοῦ

2 22 εἰ δὲ μή, ῥήξει (ῥήσσει Sς) ὁ οἶνος τοὺς ἀσκούς

3 4 ᵉ οἱ δὲ ἐσιώπων

3 29 ᵇ ⟨πάντα ἀφεθήσεται... ὅσα ἐὰν βλασφημήσωσιν⟩ ὃς δ' ἂν βλασφημήσῃ εἰς τὸ πνεῦμα τὸ ἅγιον, οὐκ ἔχει ἄφεσιν

3 32 * ἐκάθητο | περὶ αὐτὸν ὄχλος (∼ ς), | εἶπον δὲ (ς; καὶ λέγουσιν rl) αὐτῷ

4 5 ᵃ ⟨ὃ μὲν ἔπεσεν⟩ | ἄλλο δὲ (ς; καὶ ἄλλο rl) ἔπεσεν ἐπὶ τὸ πετρῶδες

4 6 ʲ * | ἡλίου δὲ ἀνατείλαντος (ς; καὶ ὅτε ἀνέτειλεν ὁ ἥλιος rl) ἐκαυματίσθη

4 10 * | ὅτε δὲ (ς; καὶ ὅτε rl) ἐγένετο κατὰ μόνας

4 11 ᵇ ὑμῖν ... ἐκείνοις δὲ τοῖς ἔξω ἐν παραβολαῖς τὰ (—BT) πάντα γίνεται

4 15 οὗτοι δέ εἰσιν οἱ παρὰ τὴν ὁδόν

4 29 ὅταν δὲ παραδοῖ ὁ καρπός

4 34 ᵍ χωρὶς δὲ παραβολῆς οὐκ ἐλάλει αὐτοῖς, |

4 34 ᵏ κατ' ἰδίαν δὲ τοῖς ἰδίοις μαθηταῖς ἐπέλυεν πάντα

4 36 ᵏ * καὶ ἄλλα δὲ (+VTς) πλοῖα (πλοιάρια Vς) ἦν (ἦσαν T) μετ' αὐτοῦ

Mc 4 37 * | τὰ δὲ (ς; καὶ τὰ rl) κύματα ἐπέβαλλεν εἰς τὸ πλοῖον

5 6 ʰ * | ἰδὼν δὲ (ς; καὶ ἰδ. rl) τὸν Ἰησοῦν ἀπὸ μακρόθεν ἔδραμεν

5 11 ἦν δὲ ἐκεῖ πρὸς τῷ ὄρει ἀγέλη χοίρων μεγάλη βοσκομένη

5 13 * ὥρμησεν ἡ ἀγέλη ... εἰς τὴν θάλασσαν, | ἦσαν δὲ (+ ς) ὡς δισχίλιοι

5 14 * | οἱ δὲ (ς; καὶ οἱ rl) βόσκοντες αὐτοὺς ἔφυγον

5 19 * | ὁ δὲ Ἰησοῦς (ς; καὶ rl) οὐκ ἀφῆκεν αὐτόν

5 33 ἡ δὲ γυνὴ φοβηθεῖσα ... ἦλθεν καὶ προσέπεσεν αὐτῷ

5 34 ᶜ ὁ δὲ εἶπεν αὐτῇ

5 36 ὁ δὲ Ἰησοῦς παρακούσας ([εὐθέως παρ-]ακούσας V; εὐθὺς π. S; εὐθέως ἀκούσας ς) ... λέγει τῷ ἀρχισυναγώγῳ

5 40 ᶜ αὐτὸς (ὁ VSς) δὲ ἐκβαλὼν πάντας παραλαμβάνει

6 3 * οὐχ οὗτός ἐστιν ... ὁ υἱὸς τῆς Μαρίας, | ἀδελφὸς δὲ (Sς; καὶ ἀ. rl) Ἰακώβου ⟨;⟩

6 4 * | ἔλεγεν δὲ (ς; καὶ ἔ. rl) αὐτοῖς ὁ Ἰησοῦς

6 15 ᵇ ⟨ἔλεγον⟩ ἄλλοι δὲ (—ς) ἔλεγον ὅτι Ἠλίας ἐστίν· ↔

6 15 ᵇ ἄλλοι δὲ ἔλεγον ὅτι προφήτης ὡς εἷς τῶν προφητῶν. ↔

6 16 ʰ ἀκούσας δὲ ὁ Ἡρῴδης ἔλεγεν (εἶπεν Sς)

6 19 ἡ δὲ Ἡρῳδιὰς ἐνεῖχεν αὐτῷ

6 22 * | ὁ δὲ βασιλεὺς εἶπεν (εἶπ. ὁ β. N²⁶VBSς) τῷ κορασίῳ

6 24 ᵈ * | ἡ δὲ (ς; καὶ rl) ἐξελθοῦσα εἶπεν τῇ μητρὶ αὐτῆς

6 24 ᵈ ἡ δὲ εἶπεν· τὴν κεφαλὴν Ἰωάννου τοῦ βαπτίζοντος

6 27 ᶜ * | ὁ δὲ (VSς; καὶ rl) ἀπελθὼν ἀπεκεφάλισεν αὐτόν

6 37 ᶜ ὁ δὲ ἀποκριθεὶς εἶπεν αὐτοῖς [S]

6 38 ᶜ ὁ δὲ λέγει αὐτοῖς

6 49 ᵉ οἱ δὲ ἰδόντες αὐτὸν ... περιπατοῦντα ἔδοξαν

6 50 ᶜ | ὁ δὲ (καὶ Vς) εὐθὺς ἐλάλησεν μετ' αὐτῶν

7 6 ᶜ ὁ δὲ (+ ἀποκριθεὶς Vς) εἶπεν αὐτοῖς

7 6 ᵇ ἡ δὲ καρδία αὐτῶν πόρρω ἀπέχει ἀπ' ἐμοῦ· ↔

7 7 μάτην δὲ σέβονταί με

7 11 ᵇ ⟨Μωϋσῆς γὰρ εἶπεν⟩ ὑμεῖς δὲ λέγετε

7 20 ἔλεγεν δὲ ὅτι τὸ ἐκ τοῦ ἀνθρώπου ἐκπορευόμενον, ἐκεῖνο κοινοῖ τὸν ἄνθρωπον

7 24 | ἐκεῖθεν δὲ (καὶ ἐ. Vς) ἀναστὰς ἀπῆλθεν

7 26 ἡ δὲ γυνὴ ἦν Ἑλληνίς

7 27 * | ὁ δὲ Ἰησοῦς εἶπεν (ς; καὶ ἔλεγεν rl) αὐτῇ

7 28 ᵈ ἡ δὲ ἀπεκρίθη καὶ λέγει αὐτῷ

7 36 ᵈ διεστείλατο αὐτοῖς ... ὅσον δὲ αὐτοῖς διεστέλλετο

8 5 ᵉ οἱ δὲ εἶπαν

8 8 * | ἔφαγον δὲ (Sς; καὶ ἔ. rl) καὶ ἐχορτάσθησαν

8 9 ἦσαν δὲ ὡς τετρακισχίλιοι

8 20 ᵇ * ⟨ὅτε τοὺς πέντε ἄρτους ἔκλασα⟩ ὅτε δὲ (+VSς; + καὶ T) τοὺς ἑπτὰ εἰς τοὺς τετρακισχιλίους

8 20 ᵉ * | οἱ δὲ εἶπον (Sς; καὶ λέγουσιν rl) αὐτῷ (+[N²⁶V]H)

Mc 8 28ᵉ οἱ δὲ εἶπαν (ἀπεκρίθησαν Sς) αὐτῷ λέγοντες

8 28ᵇ καὶ ἄλλοι Ἠλίαν, ἄλλοι δὲ ὅτι εἷς τῶν προφητῶν

8 29ᵇ ⟨τίνα με λέγουσιν οἱ ἄνθρωποι εἶναι;⟩ ὑμεῖς δὲ τίνα με λέγετε εἶναι; ↔

8 29ʰ ∗ ἀποκριθεὶς δὲ (+ VSς) ὁ Πέτρος λέγει αὐτῷ

8 33 ᶜ ὁ δὲ ἐπιστραφεὶς ... ἐπετίμησεν (+ τῷ Vς) Πέτρῳ

8 35ᵇ ὃς γὰρ ἐὰν θέλῃ ... ὃς δ᾽ ἂν ἀπολέσει (-σῃ VSς) τὴν | ψυχὴν αὐτοῦ (ἑαυτοῦ ψ. VST)

9 9ʲ ∗ | καταβαινόντων δὲ (Sς; καὶ κ. rl) αὐτῶν ἐκ (ἀπὸ VBSTς) τοῦ ὄρους διεστείλατο αὐτοῖς

9 12 ᶜ ὁ δὲ ἔφη (ἀποκριθεὶς εἶπεν Vς) αὐτοῖς

9 19 ᶜ ὁ δὲ ἀποκριθεὶς αὐτοῖς λέγει

9 21 ᶜ ὁ δὲ εἶπεν

9 23 ὁ δὲ Ἰησοῦς εἶπεν αὐτῷ

9 25ʰ ἰδὼν δὲ ὁ Ἰησοῦς ... ἐπετίμησεν τῷ πνεύματι

9 27 ὁ δὲ Ἰησοῦς κρατήσας τῆς χειρὸς αὐτοῦ ἤγειρεν αὐτόν

9 32ᵉ οἱ δὲ ἠγνόουν τὸ ῥῆμα

9 34ᵉ οἱ δὲ ἐσιώπων

9 38 ∗ | ἀπεκρίθη δὲ αὐτῷ ὁ Ἰωάννης λέγων (Vς; ἔφη αὐτῷ ὁ Ἰ. rl)

9 39 ᶜ ὁ δὲ Ἰησοῦς [S] εἶπεν

9 50 ἐὰν δὲ τὸ ἅλας ἄναλον γένηται

10 3 ᶜ ὁ δὲ ἀποκριθεὶς εἶπεν αὐτοῖς

10 4ᵉ οἱ δὲ εἶπαν

10 5 | ὁ δὲ (καὶ ἀποκριθεὶς ὁ Vς) Ἰησοῦς εἶπεν αὐτοῖς

10 6ᵍ ἀπὸ δὲ ἀρχῆς κτίσεως ἄρσεν καὶ θῆλυ ἐποίησεν αὐτούς [H]

10 13 οἱ δὲ μαθηταὶ | ἐπετίμησαν αὐτοῖς (ἐπετίμων τοῖς προσφέρουσιν VB STς). ↔

10 14ʰ ἰδὼν δὲ ὁ Ἰησοῦς ἠγανάκτησεν

10 18 ὁ δὲ Ἰησοῦς εἶπεν αὐτῷ

10 20 ᶜ ὁ δὲ (+ ἀποκριθεὶς [M]VBSς) ἔφη (εἶπεν VBς) αὐτῷ

10 21 ὁ δὲ Ἰησοῦς ἐμβλέψας αὐτῷ ἠγάπησεν αὐτόν

10 22 ᶜ ὁ δὲ στυγνάσας ... ἀπῆλθεν λυπούμενος

10 24 οἱ δὲ μαθηταὶ ἐθαμβοῦντο ἐπὶ τοῖς λόγοις αὐτοῦ. ↔

10 24 ὁ δὲ Ἰησοῦς πάλιν ἀποκριθεὶς λέγει αὐτοῖς

10 26ᵉ οἱ δὲ περισσῶς ἐξεπλήσσοντο

10 27ʰ ∗ ἐμβλέψας δὲ (+ Vς) αὐτοῖς ὁ Ἰησοῦς λέγει

10 29ʰ ∗ | ἀποκριθεὶς δὲ ὁ Ἰησοῦς εἶπεν (ς; ἀπ. ὁ Ἰ. εἶπ. MVBS; ἔφη ὁ Ἰησοῦς rl)

10 31 πολλοὶ δὲ ἔσονται πρῶτοι ἔσχατοι

10 32 ἦσαν δὲ ἐν τῇ ὁδῷ ἀναβαίνοντες εἰς Ἱεροσόλυμα, ↔

10 32 καὶ ἦν προάγων αὐτοὺς ὁ Ἰησοῦς, καὶ ἐθαμβοῦντο, | οἱ δὲ (καὶ ς) ἀκολουθοῦντες ἐφοβοῦντο

10 36 ᶜ ὁ δὲ εἶπεν αὐτοῖς

10 37ᵉ οἱ δὲ εἶπαν αὐτῷ

10 38 ὁ δὲ Ἰησοῦς εἶπεν αὐτοῖς

10 39ᵉ οἱ δὲ εἶπαν αὐτῷ [S]

10 39 ὁ δὲ Ἰησοῦς εἶπεν αὐτοῖς

10 40ᵃᵇ τὸ δὲ καθίσαι ... οὐκ ἔστιν ἐμὸν δοῦναι

Mc 10 42 ∗ | ὁ δὲ Ἰησοῦς προσκαλεσάμενος αὐτοὺς (ς; καὶ π. α. ὁ Ἰ. rl) λέγει αὐτοῖς

10 43ᵏ οὐχ οὕτως δέ ἐστιν ἐν ὑμῖν

10 48 ᶜ ὁ δὲ πολλῷ μᾶλλον ἔκραζεν

10 50 ᶜ ὁ δὲ ἀποβαλὼν τὸ ἱμάτιον αὐτοῦ ἀναπηδήσας ἦλθεν

10 51 ὁ δὲ τυφλὸς εἶπεν αὐτῷ

10 52 ∗ | ὁ δὲ (BSTς; καὶ ὁ rl) Ἰησοῦς εἶπεν αὐτῷ

11 4 ∗ | ἀπῆλθον δὲ (ς; καὶ ἀ. rl) καὶ εὗρον (+ τὸν [S]Tς) πῶλον

11 6ᵉ οἱ δὲ εἶπαν αὐτοῖς

11 8 ∗ | πολλοὶ δὲ (ς; καὶ π. rl) τὰ ἱμάτια αὐτῶν ἔστρωσαν εἰς τὴν ὁδόν, ↔

11 8ᵇ ἄλλοι δὲ στιβάδας, κόψαντες ἐκ τῶν ἀγρῶν

11 17 ὑμεῖς δὲ πεποιήκατε (ἐποιήσατε Vς) αὐτὸν σπήλαιον λῃστῶν

11 26ᵇ ∗ ⟨ἀφίετε⟩ | εἰ δὲ ὑμεῖς οὐκ ἀφίετε (+ VBς..)

11 29 ὁ δὲ Ἰησοῦς εἶπεν αὐτοῖς

12 3ᵉ ∗ οἱ δὲ (Vς; καὶ rl) λαβόντες αὐτὸν ἔδειραν

12 5ᵃ οὓς μὲν δέροντες, οὓς δὲ ἀποκτέννοντες

12 7 ἐκεῖνοι δὲ οἱ γεωργοὶ | πρὸς ἑαυτοὺς εἶπαν (∼ Vς)

12 14ᵉ ∗ | οἱ δὲ (VSς; καὶ rl) ἐλθόντες | λέγουσιν αὐτῷ (ἤρξαντο ἐρωτᾶν αὐτὸν ἐν δόλῳ λέγοντες S)

12 15 ᶜ ὁ δὲ εἰδὼς (ἰδὼν T) αὐτῶν τὴν ὑπόκρισιν εἶπεν αὐτοῖς

12 16ᵉ οἱ δὲ ἤνεγκαν

12 16ᵉ οἱ δὲ εἶπαν αὐτῷ

12 17 | ὁ δὲ (καὶ ἀποκριθεὶς ὁ VBSς) Ἰησοῦς εἶπεν αὐτοῖς (—H)

12 26ᵍ περὶ δὲ τῶν νεκρῶν ὅτι ἐγείρονται, οὐκ ἀνέγνωτε ⟨;⟩

12 29 ∗ | ὁ δὲ Ἰησοῦς ἀπεκρίθη αὐτῷ (Vς; ἀπ. ὁ Ἰ. rl)

12 44ᵇ πάντες γὰρ ἐκ τοῦ περισσεύοντος αὐτοῖς ἔβαλον, αὕτη δὲ ἐκ τῆς ὑστερήσεως αὐτῆς ... ἔβαλεν

13 5 ὁ δὲ Ἰησοῦς (+ ἀποκριθεὶς Vς) | ἤρξατο λέγειν αὐτοῖς (∼ Vς)

13 7 ὅταν δὲ ἀκούσητε πολέμους

13 9 βλέπετε δὲ ὑμεῖς ἑαυτούς

13 11 ∗ | ὅταν δὲ (ς; καὶ ὅ. rl) ἄγωσιν ὑμᾶς παραδιδόντες

13 12 ∗ | παραδώσει δὲ (ς; καὶ π. rl) ἀδελφὸς ἀδελφὸν εἰς θάνατον

13 13 ὁ δὲ ὑπομείνας εἰς τέλος, οὗτος σωθήσεται. ↔

13 14 ὅταν δὲ ἴδητε τὸ βδέλυγμα τῆς ἐρημώσεως

13 15 ᶜ ὁ δὲ ([N²⁶]; — NMH) ἐπὶ τοῦ δώματος μὴ καταβάτω

13 17 οὐαὶ δὲ ταῖς ἐν γαστρὶ ἐχούσαις

13 18 προσεύχεσθε δὲ ἵνα μὴ γένηται χειμῶνος

13 22 ∗ ἐγερθήσονται δὲ (NST; γὰρ rl) ψευδόχριστοι

13 23 ὑμεῖς δὲ βλέπετε

13 28ᵍ ἀπὸ δὲ τῆς συκῆς μάθετε τὴν παραβολήν

13 31ᵇ ὁ οὐρανὸς καὶ ἡ γῆ παρελεύσονται, οἱ δὲ λόγοι μου οὐ μὴ (—NH) παρελεύσονται. ↔

13 32ᵍ περὶ δὲ τῆς ἡμέρας ἐκείνης ... οὐδεὶς οἶδεν

13 37 ὁ δὲ ὑμῖν λέγω, πᾶσιν λέγω, γρηγορεῖτε. ↔

14 1 ἦν δὲ τὸ πάσχα καὶ τὰ ἄζυμα μετὰ δύο ἡμέρας

Mc 14 2 ∗ ἔλεγον δέ (ς; γὰρ rl)· μὴ ἐν τῇ ἑορτῇ

14 4 ἦσαν δέ τινες ἀγανακτοῦντες πρὸς ἑαυτούς

14 6 ὁ δὲ Ἰησοῦς εἶπεν

14 7ᵇ πάντοτε γὰρ τοὺς πτωχοὺς ἔχετε ... ἐμὲ δὲ οὐ πάντοτε ἔχετε

14 9 ἀμὴν δὲ (—ς) λέγω ὑμῖν

14 11ᵉ οἱ δὲ ἀκούσαντες ἐχάρησαν

14 19ᵉ ∗ | οἱ δὲ (+ Vς) ἤρξαντο λυπεῖσθαι

14 20 ᶜ ὁ δὲ εἶπεν αὐτοῖς

14 21ᵃ ὁ μὲν υἱὸς τοῦ ἀνθρώπου ὑπάγει ... οὐαὶ δὲ τῷ ἀνθρώπῳ ἐκείνῳ

14 29 ὁ δὲ Πέτρος ἔφη αὐτῷ

14 31 ᶜ ὁ δὲ ἐκπερισσῶς ἐλάλει

14 31 ὡσαύτως δὲ [NH] καὶ πάντες ἔλεγον

14 38ᵃ τὸ μὲν πνεῦμα πρόθυμον, ἡ δὲ σὰρξ ἀσθενής

14 44 δεδώκει δὲ ὁ παραδιδοὺς αὐτὸν σύσσημον αὐτοῖς λέγων

14 46ᵉ οἱ δὲ ἐπέβαλον τὰς χεῖρας αὐτῷ

14 47 εἷς δέ τις [N²⁶H] τῶν παρεστηκότων σπασάμενος τὴν [S] μάχαιραν ἔπαισεν

14 52 ᶜ ὁ δὲ καταλιπὼν τὴν σινδόνα γυμνὸς ἔφυγεν | ἀπ᾽ αὐτῶν (+ MV[S]ς)

14 55 οἱ δὲ ἀρχιερεῖς ... ἐζήτουν κατὰ τοῦ Ἰησοῦ μαρτυρίαν

14 61 ᶜ ὁ δὲ ἐσιώπα καὶ οὐκ ἀπεκρίνατο οὐδέν

14 62 ὁ δὲ Ἰησοῦς εἶπεν

14 63 ὁ δὲ ἀρχιερεὺς ... λέγει

14 64 οἱ δὲ πάντες κατέκριναν αὐτόν

14 68 ᶜ ὁ δὲ ἠρνήσατο λέγων

14 70 ᶜ ὁ δὲ πάλιν ἠρνεῖτο

14 71 ᶜ ὁ δὲ ἤρξατο ἀναθεματίζειν

15 2 ᶜ ὁ δὲ ἀποκριθεὶς αὐτῷ λέγει

15 4 ὁ δὲ Πιλᾶτος πάλιν ἐπηρώτα (-τησεν Vς) αὐτὸν λέγων ([NH]; — T)

15 5 ὁ δὲ Ἰησοῦς οὐκέτι οὐδὲν ἀπεκρίθη

15 6ᵍ κατὰ δὲ ἑορτὴν ἀπέλυεν αὐτοῖς ἕνα δέσμιον

15 7 ἦν δὲ ὁ λεγόμενος Βαραββᾶς ... δεδεμένος

15 9 ὁ δὲ Πιλᾶτος ἀπεκρίθη αὐτοῖς λέγων

15 11 οἱ δὲ ἀρχιερεῖς ἀνέσεισαν τὸν ὄχλον

15 12 ὁ δὲ Πιλᾶτος πάλιν ἀποκριθεὶς ἔλεγεν αὐτοῖς

15 13ᵉ οἱ δὲ πάλιν ἔκραξαν

15 14 ὁ δὲ Πιλᾶτος ἔλεγεν αὐτοῖς

15 14ᵉ οἱ δὲ περισσῶς (-σσοτέρως Sς) ἔκραξαν

15 15 ὁ δὲ Πιλᾶτος βουλόμενος | τῷ ὄχλῳ τὸ ἱκανὸν ποιῆσαι (∼ T) ἀπέλυσεν

15 16 οἱ δὲ στρατιῶται ἀπήγαγον αὐτὸν ἔσω τῆς αὐλῆς

15 23 ᶜ ὃς (ὁ VSς) δὲ οὐκ ἔλαβεν

15 25 ἦν δὲ ὥρα τρίτη

15 31 ∗ ὁμοίως δὲ (+ ς) καὶ οἱ ἀρχιερεῖς ἐμπαίζοντες ... ἔλεγον

15 33ʲ ∗ | γενομένης δὲ (ς; καὶ γ. rl) ὥρας ἕκτης σκότος ἐγένετο

15 36ʰ δραμὼν δέ τις καὶ ([N²⁶S]; — NH) γεμίσας σπόγγον ὄξους ... ἐπότιζεν αὐτόν

15 37 ὁ δὲ Ἰησοῦς ἀφεὶς φωνὴν μεγάλην ἐξέπνευσεν

15 39ʰ ἰδὼν δὲ ὁ κεντυρίων ... εἶπεν

15 40 ἦσαν δὲ καὶ γυναῖκες ἀπὸ μακρόθεν θεωροῦσαι

Mc 15 44 ὁ δὲ Πιλᾶτος ἐθαύμασεν (-μαζεν T)

15 47 ἡ δὲ Μαρία ἡ Μαγδαληνὴ καὶ Μαρία ... ἐθεώρουν ποῦ τέθειται

16 6c ὁ δὲ λέγει αὐταῖς

16 8 * εἶχεν δὲ (ς; γὰρ rl) αὐτὰς τρόμος καὶ ἔκστασις

[16 9]h ἀναστὰς δὲ πρωῒ πρώτῃ σαββάτου ἐφάνη

[16 12]g μετὰ δὲ ταῦτα δυσὶν ἐξ αὐτῶν περιπατοῦσιν ἐφανερώθη

[16 14] ὕστερον δὲ ([N26 N H]; — VBSTς) ἀνακειμένοις αὐτοῖς τοῖς ἕνδεκα ἐφανερώθη

[16 16]b ὁ πιστεύσας καὶ βαπτισθεὶς σωθήσεται, ὁ δὲ ἀπιστήσας κατακριθήσεται. ↔

[16 17] σημεῖα δὲ τοῖς πιστεύσασιν | ταῦτα παρακολουθήσει (ἀκολ. τ. SH)

[16 20]a ⟨ὁ μὲν οὖν κύριος⟩ ἐκεῖνοι δὲ ἐξελθόντες ἐκήρυξαν πανταχοῦ

[16br] πάντα δὲ τὰ παρηγγελμένα ... ἐξήγγειλαν. ↔

[16br]g μετὰ δὲ ταῦτα καὶ αὐτὸς ὁ Ἰησοῦς ... ἐξαπέστειλεν

Lc 1 6 ἦσαν δὲ δίκαιοι ἀμφότεροι ἐναντίον τοῦ θεοῦ

1 8 ἐγένετο δὲ ἐν τῷ ἱερατεύειν αὐτόν

1 11 ὤφθη δὲ αὐτῷ ἄγγελος κυρίου

1 13 εἶπεν δὲ πρὸς αὐτὸν ὁ ἄγγελος

1 22h ἐξελθὼν δὲ οὐκ ἐδύνατο λαλῆσαι αὐτοῖς

1 24g μετὰ δὲ ταύτας τὰς ἡμέρας συνέλαβεν Ἐλισάβετ

1 26g ἐν δὲ τῷ μηνὶ τῷ ἕκτῳ ἀπεστάλη ὁ ἄγγελος Γαβριὴλ

1 29d ἡ δὲ ἐπὶ τῷ λόγῳ διεταράχθη

1 34 εἶπεν δὲ Μαριὰμ πρὸς τὸν ἄγγελον

1 38 εἶπεν δὲ Μαριάμ

1 39h ἀναστᾶσα δὲ Μαριὰμ ... ἐπορεύθη εἰς τὴν ὀρεινήν

1 56 ἔμεινεν δὲ Μαριὰμ σὺν αὐτῇ ὡς (ὡσεὶ Vς) μῆνας τρεῖς

1 57 τῇ δὲ Ἐλισάβετ ἐπλήσθη ὁ χρόνος τοῦ τεκεῖν αὐτήν

1 62 ἐνένευον δὲ τῷ πατρὶ αὐτοῦ

1 64 ἀνεῴχθη δὲ τὸ στόμα αὐτοῦ παραχρῆμα

1 76k καὶ σὺ δέ (—ς), παιδίον, προφήτης ὑψίστου κληθήσῃ

1 80 τὸ δὲ παιδίον ηὔξανεν

2 1 ἐγένετο δὲ ἐν ταῖς ἡμέραις ἐκείναις ἐξῆλθεν

2 4 ἀνέβη δὲ καὶ Ἰωσὴφ ... εἰς τὴν Ἰουδαίαν

2 6 ἐγένετο δὲ ἐν τῷ εἶναι αὐτοὺς ἐκεῖ ἐπλήσθησαν

2 17h ἰδόντες δὲ ἐγνώρισαν (δι- Vς) περὶ τοῦ ῥήματος

2 19 ἡ δὲ Μαριὰμ πάντα συνετήρει τὰ ῥήματα ταῦτα

2 35k καὶ σοῦ δὲ ([N26 S]; — H) αὐτῆς τὴν ψυχὴν διελεύσεται ρομφαία

2 40 τὸ δὲ παιδίον ηὔξανεν

2 44h νομίσαντες δὲ αὐτὸν εἶναι ἐν τῇ συνοδίᾳ ἦλθον

2 47 ἐξίσταντο δὲ πάντες οἱ ἀκούοντες αὐτοῦ

3 1k ἐν ἔτει δὲ πεντεκαιδεκάτῳ

3 1 Φιλίππου δὲ τοῦ ἀδελφοῦ αὐτοῦ τετρααρχοῦντος τῆς Ἰτουραίας

3 9 ἤδη δὲ καὶ ἡ ἀξίνη πρὸς τὴν ῥίζαν τῶν δένδρων κεῖται

3 11h ἀποκριθεὶς δὲ ἔλεγεν αὐτοῖς

Lc 3 12 ἦλθον δὲ καὶ τελῶναι βαπτισθῆναι

3 13c ὁ δὲ εἶπεν πρὸς αὐτούς

3 14 ἐπηρώτων δὲ αὐτὸν καὶ στρατευόμενοι λέγοντες

3 15j προσδοκῶντος δὲ τοῦ λαοῦ ⟨ἀπεκρίνατο⟩

3 16a ἐγὼ μὲν ὕδατι βαπτίζω ὑμᾶς· ἔρχεται δὲ ὁ ἰσχυρότερός μου

3 17a συναγαγεῖν (-άξει Vς) τὸν μὲν [+S] σῖτον ... τὸ δὲ ἄχυρον κατακαύσει πυρὶ ἀσβέστῳ

3 19b ὁ δὲ Ἡρῴδης ὁ τετραάρχης, ἐλεγχόμενος ὑπ' αὐτοῦ

3 21 ἐγένετο δὲ ἐν τῷ βαπτισθῆναι ἅπαντα τὸν λαόν

4 1 Ἰησοῦς δὲ πλήρης πνεύματος ἁγίου ὑπέστρεψεν

4 3 | εἶπεν δὲ (καὶ εἶπεν ς) αὐτῷ ὁ διάβολος

4 9 | ἤγαγεν δὲ (καὶ ἤγ. ς) αὐτὸν εἰς Ἰερουσαλήμ

4 21 ἤρξατο δὲ λέγειν πρὸς αὐτούς

4 24 εἶπεν δέ

4 25k ἐπ' ἀληθείας δὲ λέγω ὑμῖν

4 30b αὐτὸς δὲ διελθὼν διὰ μέσου αὐτῶν ἐπορεύετο

4 38h ἀναστὰς δὲ ἀπὸ τῆς συναγωγῆς εἰσῆλθεν

4 38 πενθερὰ δὲ τοῦ Σίμωνος ἦν συνεχομένη πυρετῷ

4 39 παραχρῆμα δὲ ἀναστᾶσα διηκόνει αὐτοῖς. ↔

4 40j δύνοντος δὲ τοῦ ἡλίου ... ἤγαγον

4 40c ὁ δὲ ἑνὶ ἑκάστῳ αὐτῶν τὰς χεῖρας ἐπιτιθεὶς (ἐπιθεὶς Vς) ἐθεράπευεν (-σεν Vς) αὐτούς. ↔

4 41 ἐξήρχετο (-χοντο ST) δὲ καὶ δαιμόνια ἀπὸ πολλῶν

4 42j γενομένης δὲ ἡμέρας ἐξελθὼν ἐπορεύθη

4 43c ὁ δὲ εἶπεν πρὸς αὐτούς

5 1 ἐγένετο δὲ ἐν τῷ τὸν ὄχλον ἐπικεῖσθαι αὐτῷ

5 2 οἱ δὲ ἁλιεῖς ... ἔπλυνον (-ναν MT; ἀπέπλυναν Vς) τὰ δίκτυα. ↔

5 3h ἐμβὰς δὲ εἰς ἓν τῶν πλοίων

5 3h | καθίσας δὲ (καὶ καθ. ς) | ἐκ τοῦ πλοίου ἐδίδασκεν (~ VBς; ἐν τῷ πλοίῳ ἐδ. T)

5 4 ὡς δὲ ἐπαύσατο λαλῶν

5 5g ἐπὶ δὲ τῷ ῥήματί σου χαλάσω | τὰ δίκτυα (τὸ δίκτυον Sς)

5 6 διερρήσσετο (-ρρήγνυτο Vς) δὲ | τὰ δίκτυα (τὸ δίκτυον Sς) αὐτῶν

5 8h ἰδὼν δὲ Σίμων Πέτρος προσέπεσεν ... λέγων

5 10 ⟨θάμβος γὰρ περιέσχεν αὐτὸν⟩ ὁμοίως δὲ καὶ Ἰάκωβον

5 12h | ἰδὼν δὲ (καὶ ἰδὼν VBSς) τὸν Ἰησοῦν ... ἐδεήθη αὐτοῦ

5 15 διήρχετο δὲ μᾶλλον ὁ λόγος περὶ αὐτοῦ

5 16b αὐτὸς δὲ ἦν ὑποχωρῶν ἐν ταῖς ἐρήμοις

5 22h ἐπιγνοὺς δὲ ὁ Ἰησοῦς τοὺς διαλογισμοὺς αὐτῶν

5 24 ἵνα δὲ εἰδῆτε ὅτι ὁ υἱὸς τοῦ ἀνθρώπου ἐξουσίαν ἔχει

5 33e οἱ δὲ εἶπαν πρὸς αὐτόν

5 33b οἱ μαθηταὶ Ἰωάννου νηστεύουσιν... οἱ δὲ σοὶ ἐσθίουσιν

5 34c ὁ δὲ Ἰησοῦς (—Sς) εἶπεν πρὸς αὐτούς

Lc 5 35 ἐλεύσονται δὲ ἡμέραι ... τότε νηστεύσουσιν

5 36 ἔλεγεν δὲ καὶ παραβολὴν πρὸς αὐτούς

5'36 εἰ δὲ μή γε, καὶ τὸ καινὸν σχίσει

5 37 εἰ δὲ μή γε, ῥήξει ὁ οἶνος ὁ νέος τοὺς ἀσκούς

6 1 ἐγένετο δὲ ἐν σαββάτῳ (+ δευτεροπρώτῳ VB[S]Tς) διαπορεύεσθαι αὐτόν

6 2 τινὲς δὲ τῶν Φαρισαίων εἶπαν

6 6 ἐγένετο δὲ ἐν ἑτέρῳ σαββάτῳ εἰσελθεῖν αὐτόν

6 7 παρετηροῦντο δὲ αὐτὸν (—VTS) οἱ γραμματεῖς

6 8 αὐτὸς δὲ ᾔδει τοὺς διαλογισμοὺς αὐτῶν, ↔

6 8 | εἶπεν δὲ (καὶ εἶπε ς) τῷ ἀνδρί

6 8c* | ὁ δὲ (VSς; καὶ rl) ἀναστὰς ἔστη. ↔

6 9 εἶπεν δὲ (οὖν ς) ὁ [H] Ἰησοῦς πρὸς αὐτούς

6 10c ὁ δὲ ἐποίησεν

6 11 αὐτοὶ δὲ ἐπλήσθησαν ἀνοίας

6 12 ἐγένετο δὲ ἐν ταῖς ἡμέραις ταύταις ἐξελθεῖν αὐτόν

6 30b * ⟨τῷ τύπτοντί σε⟩ παντὶ | δὲ τῷ (+ Vς) αἰτοῦντί σε δίδου

6 39 εἶπεν δὲ καὶ παραβολὴν αὐτοῖς

6 40h κατηρτισμένος δὲ πᾶς ἔσται ὡς ὁ διδάσκαλος αὐτοῦ. ↔

6 41 τί δὲ βλέπεις τὸ κάρφος τὸ ἐν τῷ ὀφθαλμῷ τοῦ ἀδελφοῦ σου, ↔

6 41b τὴν δὲ δοκὸν τὴν ἐν τῷ ἰδίῳ ὀφθαλμῷ οὐ κατανοεῖς;

6 46 τί δέ με καλεῖτε · κύριε κύριε

6 48j πλημμύρης δὲ γενομένης προσέρηξεν ὁ ποταμὸς τῇ οἰκίᾳ ἐκείνῃ

6 49 ὁ δὲ ἀκούσας καὶ μὴ ποιήσας ὅμοιός ἐστιν

7 1 * | ἐπεὶ δὲ (ς; ἐπειδὴ rl) ἐπλήρωσεν πάντα τὰ ῥήματα αὐτοῦ

7 2 ἑκατοντάρχου δέ τινος δοῦλος κακῶς ἔχων

7 3h ἀκούσας δὲ περὶ τοῦ Ἰησοῦ ἀπέστειλεν

7 4e οἱ δὲ παραγενόμενοι πρὸς τὸν Ἰησοῦν παρεκάλουν (ἠρώτων ST)

7 6 ὁ δὲ Ἰησοῦς ἐπορεύετο σὺν αὐτοῖς. ↔

7 6j ἤδη δὲ αὐτοῦ οὐ μακρὰν ἀπέχοντος ἀπὸ τῆς οἰκίας, ἔπεμψεν

7 9h ἀκούσας δὲ ταῦτα ὁ Ἰησοῦς ἐθαύμασεν αὐτόν

7 12 ὡς δὲ ἤγγισεν τῇ πύλῃ τῆς πόλεως

7 14 οἱ δὲ βαστάζοντες ἔστησαν

7 16 ἔλαβεν δὲ φόβος πάντας (ἅπαντας BSTς)

7 20h παραγενόμενοι δὲ πρὸς αὐτὸν οἱ ἄνδρες εἶπαν

7 21k ἐν | αὐτῇ δὲ (ς; ἐκείνῃ rl) τῇ ὥρᾳ ἐθεράπευσεν πολλούς

7 24j ἀπελθόντων δὲ τῶν ἀγγέλων Ἰωάννου ἤρξατο λέγειν

7 28b ὁ δὲ μικρότερος ἐν τῇ βασιλείᾳ τοῦ θεοῦ μείζων αὐτοῦ ἐστιν

7 30b οἱ δὲ Φαρισαῖοι ... τὴν βουλὴν τοῦ θεοῦ ἠθέτησαν

7 31 * | εἶπε δὲ ὁ κύριος, (+ς) τίνι οὖν ὁμοιώσω ⟨;⟩

7 36 ἠρώτα δέ τις αὐτὸν τῶν Φαρισαίων

7 39h ἰδὼν δὲ ὁ Φαρισαῖος ὁ καλέσας αὐτὸν εἶπεν

7 40c ὁ δέ· διδάσκαλε, εἰπέ, φησίν

Lc 7 41 b ὁ εἷς ὤφειλεν δηνάρια πεντακόσια, ὁ δὲ ἕτερος πεντήκοντα

7 42 jk * μὴ ἐχόντων δὲ (+ V[S]ς) αὐτῶν ἀποδοῦναι ἀμφοτέροις ἐχαρίσατο

7 43 h ἀποκριθεὶς δὲ (+VSς) (+ ὁ Vς) Σίμων εἶπεν

7 43 c ὁ δὲ εἶπεν αὐτῷ

7 44 b αὕτη δὲ τοῖς δάκρυσιν ἔβρεξέν μου τοὺς πόδας

7 45 b αὕτη δὲ ἀφ' ἧς εἰσῆλθον οὐ διέλιπεν (N²⁶Hς; -λειπεν rl) καταφιλοῦσά μου τοὺς πόδας

7 46 b αὕτη δὲ μύρῳ ἤλειψεν | τοὺς πόδας μου (~ VBSTς)

7 47 b ᾧ δὲ ὀλίγον ἀφίεται, ὀλίγον ἀγαπᾷ. ↔

7 48 εἶπεν δὲ αὐτῇ

7 50 εἶπεν δὲ πρὸς τὴν γυναῖκα

8 4 j συνιόντος δὲ ὄχλου πολλοῦ ... εἶπεν

8 9 ἐπηρώτων δὲ αὐτὸν οἱ μαθηταὶ αὐτοῦ

8 10 c ὁ δὲ εἶπεν · ↔

8 10 b ὑμῖν δέδοται γνῶναι ... τοῖς δὲ λοιποῖς ἐν παραβολαῖς

8 11 ἔστιν δὲ αὕτη ἡ παραβολή

8 12 be οἱ δὲ παρὰ τὴν ὁδόν εἰσιν οἱ ἀκούσαντες

8 13 be οἱ δὲ ἐπὶ | τῆς πέτρας (τὴν πέτραν T) οἳ ... δέχονται τὸν λόγον

8 14 b τὸ δὲ εἰς τὰς ἀκάνθας πεσόν

8 15 b τὸ δὲ ἐν τῇ καλῇ γῇ

8 16 οὐδεὶς δὲ λύχνον ἅψας καλύπτει αὐτὸν σκεύει

8 19 παρεγένετο (-νοντο VSς) δὲ πρὸς αὐτὸν ἡ μήτηρ (+ αὐτοῦ T)

8 20 | ἀπηγγέλη δὲ (καὶ ἀπ. Vς) αὐτῷ (+ ὅτι BST; + λεγόντων Vς)

8 21 c ὁ δὲ ἀποκριθεὶς εἶπεν πρὸς αὐτούς

8 22 ἐγένετο δὲ (καὶ ἐγ. ς) ἐν μιᾷ τῶν ἡμερῶν καὶ αὐτὸς ἐνέβη

8 23 j πλεόντων δὲ αὐτῶν ἀφύπνωσεν

8 24 h προσελθόντες δὲ διήγειραν αὐτὸν λέγοντες

8 24 c ὁ δὲ διεγερθεὶς ἐπετίμησεν τῷ ἀνέμῳ

8 25 εἶπεν δὲ αὐτοῖς

8 25 eh | φοβηθέντες δὲ (οἱ δὲ φ. V) ἐθαύμασαν

8 27 h ἐξελθόντι δὲ αὐτῷ ἐπὶ τὴν γῆν ὑπήντησεν ἀνήρ τις

8 28 h ἰδὼν δὲ τὸν Ἰησοῦν ἀνακράξας προσέπεσεν αὐτῷ

8 30 ἐπηρώτησεν δὲ αὐτὸν ὁ Ἰησοῦς (+ λέγων VBTς)

8 30 c ὁ δὲ εἶπεν

8 32 ἦν δὲ ἐκεῖ ἀγέλη χοίρων ἱκανῶν βοσκομένη (-νων BSTς)

8 33 h ἐξελθόντα δὲ τὰ δαιμόνια ἀπὸ τοῦ ἀνθρώπου εἰσῆλθον

8 34 h ἰδόντες δὲ οἱ βόσκοντες τὸ γεγονὸς ἔφυγον

8 35 ἐξῆλθον δὲ ἰδεῖν τὸ γεγονός

8 36 ἀπήγγειλαν δὲ αὐτοῖς οἱ ἰδόντες

8 37 αὐτὸς δὲ ἐμβὰς εἰς πλοῖον ὑπέστρεψεν. ↔

8 38 ἐδεῖτο δὲ αὐτοῦ ὁ ἀνὴρ ... εἶναι σὺν αὐτῷ · ↔

8 38 ἀπέλυσεν δὲ αὐτὸν λέγων

8 40 g | ἐν δὲ (ἐγένετο δὲ ἐν VBTς) τῷ ὑποστρέφειν τὸν Ἰησοῦν

8 42 g ἐν δὲ τῷ ὑπάγειν αὐτὸν οἱ ὄχλοι συνέπνιγον αὐτόν

Lc 8 45 j ἀρνουμένων δὲ πάντων εἶπεν ὁ Πέτρος

8 46 ὁ δὲ Ἰησοῦς εἶπεν

8 47 h ἰδοῦσα δὲ ἡ γυνὴ ὅτι οὐκ ἔλαθεν

8 48 c ὁ δὲ εἶπεν αὐτῇ

8 50 ὁ δὲ Ἰησοῦς ἀκούσας ἀπεκρίθη αὐτῷ

8 51 h ἐλθὼν δὲ εἰς τὴν οἰκίαν οὐκ ἀφῆκεν

8 52 ἔκλαιον δὲ πάντες

8 52 c ὁ δὲ εἶπεν

8 54 αὐτὸς δὲ κρατήσας τῆς χειρὸς αὐτῆς ἐφώνησεν λέγων

8 56 c ὁ δὲ παρήγγειλεν αὐτοῖς μηδενὶ εἰπεῖν τὸ γεγονός

9 1 h συγκαλεσάμενος δὲ τοὺς δώδεκα (+ ἀποστόλους BS) ἔδωκεν αὐτοῖς

9 6 h ἐξερχόμενοι δὲ διήρχοντο κατὰ τὰς κώμας εὐαγγελιζόμενοι

9 7 ἤκουσεν δὲ Ἡρῴδης ὁ τετραάρχης τὰ γινόμενα πάντα

9 8 bk ⟨λέγεσθαι ὑπό τινων ὅτι Ἰωάννης ἠγέρθη⟩ ὑπό τινων δὲ ὅτι Ἠλίας ἐφάνη, ↔

9 8 b ἄλλων δὲ ὅτι προφήτης τις τῶν ἀρχαίων ἀνέστη. ↔

9 9 | εἶπεν δὲ (καὶ εἶ. ς) (+ ὁ [NH] BSς) Ἡρῴδης

9 9 τίς δέ ἐστιν οὗτος περὶ οὗ (+ ἐγὼ Vς) ἀκούω τοιαῦτα;

9 11 οἱ δὲ ὄχλοι γνόντες ἠκολούθησαν αὐτῷ

9 12 ἡ δὲ ἡμέρα ἤρξατο κλίνειν· ↔

9 12 h προσελθόντες δὲ οἱ δώδεκα εἶπαν αὐτῷ

9 13 εἶπεν δὲ πρὸς αὐτούς

9 13 c οἱ δὲ εἶπαν

9 14 * ἦσαν δὲ (T; γὰρ rl) ὡσεὶ ἄνδρες πεντακισχίλιοι. ↔

9 14 εἶπεν δὲ πρὸς τοὺς μαθητὰς αὐτοῦ

9 16 h λαβὼν δὲ τοὺς πέντε ἄρτους ... εὐλόγησεν αὐτούς

9 19 e οἱ δὲ ἀποκριθέντες εἶπαν· Ἰωάννην τὸν βαπτιστήν,

9 19 b ἄλλοι δὲ Ἠλίαν, ↔

9 19 b ἄλλοι δὲ ὅτι προφήτης τις τῶν ἀρχαίων ἀνέστη. ↔

9 20 εἶπεν δὲ αὐτοῖς· ↔

9 20 b ὑμεῖς δὲ τίνα με λέγετε εἶναι; ↔

9 20 Πέτρος δὲ ἀποκριθεὶς εἶπεν

9 21 c ὁ δὲ ἐπιτιμήσας αὐτοῖς παρήγγειλεν μηδενὶ λέγειν τοῦτο

9 23 ἔλεγεν δὲ πρὸς πάντας

9 24 b ὃς γὰρ ἂν (ἐὰν NMVT) θέλῃ ... ὃς δ' ἂν ἀπολέσῃ τὴν ψυχὴν αὐτοῦ

9 25 b κερδήσας τὸν κόσμον ὅλον ἑαυτὸν δὲ ἀπολέσας

9 27 λέγω δὲ ὑμῖν ἀληθῶς

9 28 ἐγένετο δὲ μετὰ τοὺς λόγους τούτους ὡσεὶ ἡμέραι ὀκτὼ

9 32 ὁ δὲ Πέτρος καὶ οἱ σὺν αὐτῷ ἦσαν βεβαρημένοι ὕπνῳ· ↔

9 32 h διαγρηγορήσαντες δὲ εἶδον τὴν δόξαν αὐτοῦ

9 34 j ταῦτα δὲ αὐτοῦ λέγοντος ἐγένετο νεφέλη

9 34 ἐφοβήθησαν δὲ ἐν τῷ | εἰσελθεῖν αὐτούς (ἐκείνους εἰσ. VBSς)

9 37 ἐγένετο δὲ τῇ ἑξῆς ἡμέρᾳ κατελθόντων αὐτῶν

9 41 h ἀποκριθεὶς δὲ ὁ Ἰησοῦς εἶπεν

9 42 j ἔτι δὲ προσερχομένου αὐτοῦ ἔρρηξεν αὐτὸν τὸ δαιμόνιον

9 42 ἐπετίμησεν δὲ ὁ Ἰησοῦς τῷ πνεύματι τῷ ἀκαθάρτῳ

Lc 9 43 ἐξεπλήσσοντο δὲ πάντες ἐπὶ τῇ μεγαλειότητι τοῦ θεοῦ. ↔

9 43 j πάντων δὲ θαυμαζόντων ἐπὶ πᾶσιν οἷς ἐποίει εἶπεν

9 45 e οἱ δὲ ἠγνόουν τὸ ῥῆμα τοῦτο

9 46 εἰσῆλθεν δὲ διαλογισμὸς ἐν αὐτοῖς

9 47 ὁ δὲ Ἰησοῦς εἰδὼς (ἰδὼν VBSς) τὸν διαλογισμὸν τῆς καρδίας αὐτῶν

9 49 h ἀποκριθεὶς δὲ (+ ὁ NMVT) Ἰωάννης εἶπεν

9 50 | εἶπεν δὲ (καὶ εἶπε ς) πρὸς αὐτὸν ὁ (—NTH) Ἰησοῦς

9 51 ἐγένετο δὲ ἐν τῷ συμπληροῦσθαι τὰς ἡμέρας

9 54 h ἰδόντες δὲ οἱ μαθηταὶ (+ αὐτοῦ Vς) ... εἶπαν

9 55 h στραφεὶς δὲ ἐπετίμησεν αὐτοῖς

9 57 * | ἐγένετο δὲ (ς; καὶ rl) πορευομένων αὐτῶν ἐν τῇ ὁδῷ

9 58 b αἱ ἀλώπεκες ... ὁ δὲ υἱὸς τοῦ ἀνθρώπου οὐκ ἔχει ποῦ τὴν κεφαλὴν κλίνῃ. ↔

9 59 εἶπεν δὲ πρὸς ἕτερον

9 59 c ὁ δὲ εἶπεν

9 60 εἶπεν δὲ αὐτῷ

9 60 σὺ δὲ ἀπελθὼν διάγγελλε τὴν βασιλείαν τοῦ θεοῦ. ↔

9 61 εἶπεν δὲ καὶ ἕτερος

9 61 πρῶτον δὲ ἐπίτρεψόν μοι ἀποτάξασθαι τοῖς εἰς τὸν οἶκόν μου. ↔

9 62 εἶπεν δὲ | πρὸς αὐτὸν [N²⁶NH] ὁ Ἰησοῦς

10 1 g μετὰ δὲ ταῦτα ἀνέδειξεν ὁ κύριος

10 2 ἔλεγεν δὲ (οὖν ς) πρὸς αὐτούς · ↔

10 2 a ὁ μὲν θερισμὸς πολύς, οἱ δὲ ἐργάται ὀλίγοι

10 5 k εἰς ἣν δ' ἂν εἰσέλθητε οἰκίαν

10 6 a εἰ δὲ μή γε, ἐφ' ὑμᾶς ἀνακάμψει.

10 7 k ἐν αὐτῇ δὲ τῇ οἰκίᾳ μένετε

10 8 k * καὶ εἰς ἣν δ' (+ ς) ἂν πόλιν εἰσέρχησθε

10 10 bk εἰς ἣν δ' ἂν πόλιν εἰσέλθητε

10 12 * λέγω δὲ (+ Tς) ὑμῖν

10 16 b ὁ δὲ ἐμὲ ἀθετῶν ἀθετεῖ τὸν ἀποστείλαντά με. ↔

10 17 ὑπέστρεψαν δὲ οἱ ἑβδομήκοντα δύο ([N²⁶NH]; — VSTς) μετὰ χαρᾶς

10 18 εἶπεν δὲ αὐτοῖς

10 20 b μὴ χαίρετε ... χαίρετε δὲ ὅτι τὰ ὀνόματα ὑμῶν ἐγγέγραπται ἐν τοῖς οὐρανοῖς

10 26 c ὁ δὲ εἶπεν πρὸς αὐτόν

10 27 c ὁ δὲ ἀποκριθεὶς εἶπεν

10 28 εἶπεν δὲ αὐτῷ

10 29 c ὁ δὲ θέλων δικαιῶσαι (δικαιοῦν Vς) ἑαυτὸν εἶπεν

10 30 h * ὑπολαβὼν δὲ (+VBSς) ὁ Ἰησοῦς εἶπεν

10 31 k κατὰ συγκυρίαν δὲ ἱερεύς τις κατέβαινεν

10 32 ὁμοίως δὲ καὶ Λευίτης γενόμενος (+[N²⁶]Tς) κατὰ τὸν τόπον ... ἀντιπαρῆλθεν. ↔

10 33 Σαμαρίτης δέ τις ὁδεύων ἦλθεν κατ' αὐτόν

10 34 h ἐπιβιβάσας δὲ αὐτὸν ἐπὶ τὸ ἴδιον κτῆνος ἤγαγεν

10 37 c ὁ δὲ εἶπεν

10 37 εἶπεν δὲ (οὖν ς) αὐτῷ ὁ [H] Ἰησοῦς

10 38 g | ἐν δὲ (ἐγένετο δὲ ἐν VTς) τῷ πορεύεσθαι αὐτοὺς (+ καὶ VTς) αὐτὸς εἰσῆλθεν

Lc 10 38 γυνὴ δέ τις ὀνόματι Μάρθα
ὑπεδέξατο αὐτόν

10 40ᵇ ἡ δὲ Μάρθα περιεσπᾶτο περὶ
πολλὴν διακονίαν· ↔

10 40ʰ ἐπιστᾶσα δὲ εἶπεν

10 41ʰ ἀποκριθεὶς δὲ εἶπεν αὐτῇ ὁ κύριος
('Ιησοῦς Vϛ)

10 42ᵇ ἑνός (ὀλίγων NSH) δέ ἐστιν
χρεία (+ ἢ ἑνός NH)· ↔

10 42ᵇ* Μαριὰμ δὲ (ϛ; γὰρ rl) τὴν
ἀγαθὴν μερίδα ἐξελέξατο

11 2 εἶπεν δὲ αὐτοῖς

11 11 τίνα (τίς S) δὲ ἐξ ὑμῶν τὸν πατέρα
αἰτήσει | ὁ υἱός (—S)

11 14 ἐγένετο δὲ τοῦ δαιμονίου ἐξελθόντος
ἐλάλησεν ὁ κωφός

11 15 τινὲς δὲ ἐξ αὐτῶν εἶπον

11 16ᵇ ἕτεροι δὲ πειράζοντες σημεῖον ...
ἐζήτουν παρ' αὐτοῦ. ↔

11 17 αὐτὸς δὲ εἰδὼς αὐτῶν τὰ διανοή-
ματα εἶπεν αὐτοῖς

11 18 εἰ δὲ καὶ ὁ σατανᾶς ἐφ' ἑαυτὸν
διεμερίσθη

11 19 εἰ δὲ ἐγὼ ἐν Βεελζεβοὺλ ἐκβάλλω
τὰ δαιμόνια

11 20ᵇ εἰ δὲ ἐν δακτύλῳ θεοῦ ἐγὼ (+[N²⁶
NVH] M) ἐκβάλλω τὰ δαιμόνια

11 22ᵇ ⟨ὅταν ὁ ἰσχυρός⟩ ἐπὰν δὲ ἰσχυρό-
τερος αὐτοῦ ἐπελθὼν νικήσῃ αὐτόν

11 27 ἐγένετο δὲ ἐν τῷ λέγειν αὐτὸν
ταῦτα

11 28 αὐτὸς δὲ εἶπεν

11 29ʲ τῶν δὲ ὄχλων ἐπαθροιζομένων
ἤρξατο λέγειν

11 33 * οὐδεὶς δὲ (+ϛ) λύχνον ἅψας εἰς
κρύπτην τίθησιν

11 34ᵇ ὅταν ὁ ὀφθαλμός σου ἁπλοῦς ᾖ ...
ἐπὰν δὲ πονηρὸς ᾖ

11 37ᵍ ἐν δὲ τῷ λαλῆσαι ἐρωτᾷ αὐτὸν
Φαρισαῖος (+ τις Vϛ)

11 37ʰ εἰσελθὼν δὲ ἀνέπεσεν. ↔

11 38 ὁ δὲ Φαρισαῖος ἰδὼν ἐθαύμασεν

11 39 εἶπεν δὲ ὁ κύριος πρὸς αὐτόν

11 39ᵇ τὸ ἔξωθεν ... τὸ δὲ ἔσωθεν ὑμῶν
γέμει ἁρπαγῆς καὶ πονηρίας

11 42 ταῦτα δὲ (—Tϛ) ἔδει ποιῆσαι

11 45ʰ ἀποκριθεὶς δέ τις τῶν νομικῶν
λέγει αὐτῷ

11 46ᶜ ὁ δὲ εἶπεν

11 47ᵇ | οἱ δὲ (καὶ οἱ T) πατέρες ὑμῶν
ἀπέκτειναν αὐτούς

11 48ᵃ αὐτοὶ μὲν ἀπέκτειναν αὐτούς,
ὑμεῖς δὲ οἰκοδομεῖτε (+ αὐτῶν τὰ
μνημεῖα Vϛ)

11 53ʲ * | λέγοντος δὲ αὐτοῦ ταῦτα πρὸς
αὐτούς (ϛ; κἀκεῖθεν ἐξελθόντος
αὐτοῦ rl) ἤρξαντο

12 2 οὐδὲν δὲ συγκεκαλυμμένον ἐστίν

12 4 λέγω δὲ ὑμῖν τοῖς φίλοις μου

12 5 ὑποδείξω δὲ ὑμῖν τίνα φοβηθῆτε

12 8 λέγω δὲ ὑμῖν

12 9ᵇ ὁ δὲ ἀρνησάμενός με ἐνώπιον τῶν
ἀνθρώπων

12 10ᵇ τῷ δὲ εἰς τὸ ἅγιον πνεῦμα βλασφη-
μήσαντι οὐκ ἀφεθήσεται. ↔

12 11 ὅταν δὲ εἰσφέρωσιν ὑμᾶς εἰς τὰς
συναγωγάς

12 13 εἶπεν δέ τις ἐκ τοῦ ὄχλου αὐτῷ

12 14ᶜ ὁ δὲ εἶπεν αὐτῷ

12 15 εἶπεν δὲ πρὸς αὐτούς

12 16 εἶπεν δὲ παραβολὴν πρὸς αὐτοὺς
λέγων

12 20 εἶπεν δὲ αὐτῷ ὁ θεός

12 20 ἃ δὲ ἡτοίμασας, τίνι ἔσται;

Lc 12 22 εἶπεν δὲ πρὸς τοὺς μαθητὰς αὐτοῦ
[N²⁶NH]

12 25 τίς δὲ ἐξ ὑμῶν μεριμνῶν δύναται
| ἐπὶ τὴν ἡλικίαν αὐτοῦ προσθεῖναι
(~VBSTϛ) πῆχυν (+ ἕνα Vϛ) ⟨;⟩

12 27 λέγω δὲ ὑμῖν

12 28 εἰ δὲ ἐν ἀγρῷ τὸν χόρτον ...
οὕτως ἀμφιέζει (ἀμφιέννυσιν Vϛ)

12 30ᵇ ὑμῶν δὲ ὁ πατὴρ οἶδεν ὅτι χρῄζετε
τούτων

12 39 τοῦτο δὲ γινώσκετε

12 41 εἶπεν δὲ (+ αὐτῷ VTϛ) ὁ Πέτρος

12 42 *| εἶπε δὲ (ϛ; καὶ εἶπεν rl) ὁ κύριος

12 45 ἐὰν δὲ εἴπῃ ὁ δοῦλος ἐκεῖνος ἐν τῇ
καρδίᾳ αὐτοῦ

12 47 ἐκεῖνος δὲ ὁ δοῦλος ὁ γνοὺς τὸ
θέλημα τοῦ κυρίου αὐτοῦ ... δαρή-
σεται πολλάς· ↔

12 48ᵇ ὁ δὲ μὴ γνούς, ↔

12 48 ποιήσας δὲ ἄξια πληγῶν, δαρήσε-
ται ὀλίγας. ↔

12 48 παντὶ δὲ ᾧ ἐδόθη πολύ, πολὺ
ζητηθήσεται

12 50 βάπτισμα δὲ ἔχω βαπτισθῆναι

12 54 ἔλεγεν δὲ καὶ τοῖς ὄχλοις

12 56ᵇᵏ τὸν | καιρὸν δὲ (~VBSTϛ) τοῦ-
τον πῶς | οὐκ οἴδατε δοκιμάζειν
(N²⁶H; οὐ δοκιμάζετε rl); ↔

12 57 τί δὲ καὶ ἀφ' ἑαυτῶν οὐ κρίνετε
τὸ δίκαιον;

13 1 παρῆσαν δέ τινες ἐν αὐτῷ τῷ
καιρῷ ἀπαγγέλλοντες αὐτῷ

13 6 ἔλεγεν δὲ ταύτην τὴν παραβολήν

13 7 εἶπεν δὲ πρὸς τὸν ἀμπελουργόν

13 8ᶜ ὁ δὲ ἀποκριθεὶς λέγει αὐτῷ

13 9ᵃ κἂν μὲν ποιήσῃ καρπὸν | εἰς τὸ
μέλλον· εἰ δὲ μή γε (~Mϛ), ἐκ-
κόψεις αὐτήν. ↔

13 10 ἦν δὲ διδάσκων ἐν μιᾷ τῶν συνα-
γωγῶν

13 12ʰ ἰδὼν δὲ αὐτὴν ὁ 'Ιησοῦς προσ-
εφώνησεν

13 14ʰ ἀποκριθεὶς δὲ ὁ ἀρχισυνάγωγος ...
ἔλεγεν τῷ ὄχλῳ

13 15 ἀπεκρίθη δὲ (οὖν ϛ) αὐτῷ ὁ κύριος
καὶ εἶπεν

13 16ᵇ ταύτην δὲ θυγατέρα 'Αβραὰμ
οὖσαν ... οὐκ ἔδει λυθῆναι ⟨;⟩

13 18 *ἔλεγε δέ (ϛ; οὖν rl)

13 23 εἶπεν δέ τις αὐτῷ

13 23ᶜ ὁ δὲ εἶπεν πρὸς αὐτούς

13 28ᵇ ὅταν ὄψησθε (ὄψεσθε T) ... πάν-
τας τοὺς προφήτας ἐν τῇ βασιλείᾳ
τοῦ θεοῦ, ὑμᾶς δὲ ἐκβαλλομένους
ἔξω

13 35 λέγω δὲ ([N²⁶NH]; —T) ὑμῖν

14 4ᵉ οἱ δὲ ἡσύχασαν

14 7 ἔλεγεν δὲ πρὸς τοὺς κεκλημένους
παραβολήν

14 12 ἔλεγεν δὲ καὶ τῷ κεκληκότι αὐτόν

14 14 *ἀνταποδοθήσεται δέ (T; γὰρ rl)
σοι ἐν τῇ ἀναστάσει τῶν δικαίων.
↔

14 15ʰ ἀκούσας δέ τις τῶν συνανακει-
μένων ταῦτα εἶπεν αὐτῷ

14 16ᶜ ὁ δὲ εἶπεν αὐτῷ

14 25 συνεπορεύοντο δὲ αὐτῷ ὄχλοι
πολλοί

14 26 *εἴ τις ... οὐ μισεῖ ... τὰς ἀδελφάς,
ἔτι δὲ (τε N²⁶NH) καὶ τὴν | ψυχὴν
ἑαυτοῦ (~VBSTϛ)

14 32 εἰ δὲ μή γε ... πρεσβείαν ἀποστεί-
λας ἐρωτᾷ τὰ (—H) πρὸς εἰρήνην

14 34 ἐὰν δὲ καὶ τὸ ἅλας μωρανθῇ, ἐν
τίνι ἀρτυθήσεται;

Lc 15 1 ἦσαν δὲ αὐτῷ ἐγγίζοντες πάντες
οἱ τελῶναι

15 3 εἶπεν δὲ πρὸς αὐτοὺς τὴν παρα-
βολὴν ταύτην λέγων

15 11 εἶπεν δέ

15 12ᶜ ὁ δὲ (καὶ VBTϛ) διεῖλεν αὐτοῖς
τὸν βίον

15 14ʲ δαπανήσαντος δὲ αὐτοῦ πάντα
ἐγένετο λιμὸς ἰσχυρά

15 17ᵏ εἰς ἑαυτὸν δὲ ἐλθὼν ἔφη

15 17ᵇ ἐγὼ δὲ λιμῷ ὧδε ἀπόλλυμαι

15 20ʲ ἔτι δὲ αὐτοῦ μακρὰν ἀπέχοντος
εἶδεν αὐτὸν ὁ πατὴρ αὐτοῦ

15 21 εἶπεν δὲ | ὁ υἱὸς αὐτῷ (~VBTϛ)

15 22 εἶπεν δὲ ὁ πατὴρ πρὸς τοὺς
δούλους αὐτοῦ

15 25 ἦν δὲ ὁ υἱὸς αὐτοῦ ὁ πρεσβύτερος
ἐν ἀγρῷ

15 27ᶜ ὁ δὲ εἶπεν αὐτῷ

15 28 ὠργίσθη δὲ καὶ οὐκ ἤθελεν εἰσελ-
θεῖν· ↔

15 28 ὁ δὲ (οὖν ϛ) πατὴρ αὐτοῦ ἐξελθὼν
παρεκάλει αὐτόν. ↔

15 29ᶜ ὁ δὲ ἀποκριθεὶς εἶπεν τῷ πατρὶ
αὐτοῦ (+N²⁶BH)

15 30ᵇ ὅτε δὲ ὁ υἱός σου ... ἦλθεν

15 31ᶜ ὁ δὲ εἶπεν αὐτῷ

15 32 εὐφρανθῆναι δὲ καὶ χαρῆναι ἔδει

16 1 ἔλεγεν δὲ καὶ πρὸς τοὺς μαθητὰς

16 3 εἶπεν δὲ ἐν ἑαυτῷ ὁ οἰκονόμος

16 6ᶜ ὁ δὲ εἶπεν

16 6ᶜ | ὁ δὲ (καὶ ϛ) εἶπεν αὐτῷ

16 7 σὺ δὲ πόσον ὀφείλεις; ↔

16 7ᶜ ὁ δὲ εἶπεν

16 14 ἤκουον δὲ ταῦτα πάντα (+ καὶ
V[S]ϛ) οἱ Φαρισαῖοι

16 15ᵇ ὁ δὲ θεὸς γινώσκει τὰς καρδίας
ὑμῶν

16 17 εὐκοπώτερον δέ ἐστιν τὸν οὐ-
ρανὸν καὶ τὴν γῆν παρελθεῖν

16 19 ἄνθρωπος δέ τις ἦν πλούσιος

16 20 πτωχὸς δέ τις ὀνόματι Λάζαρος
ἐβέβλητο πρὸς τὸν πυλῶνα

16 22 ἐγένετο δὲ ἀποθανεῖν τὸν πτωχόν

16 22 ἀπέθανεν δὲ καὶ ὁ πλούσιος

16 25 εἶπεν δὲ 'Αβραάμ

16 25ᵇ νῦν δὲ ὧδε παρακαλεῖται, ↔

16 25ᵇ σὺ δὲ ὀδυνᾶσαι

16 27 εἶπεν δέ· ἐρωτῶ | σε οὖν (~VB
STϛ)

16 29 λέγει δὲ (—ϛ) (+ αὐτῷ [VS]Tϛ)
'Αβραάμ

16 30ᶜ ὁ δὲ εἶπεν

16 31 εἶπεν δὲ αὐτῷ

17 1 εἶπεν δὲ πρὸς τοὺς μαθητὰς αὐτοῦ

17 1 *| οὐαὶ δὲ (πλὴν οὐαὶ N²⁶BH)
δι' οὗ ἔρχεται

17 3 *ἐὰν δὲ (+ϛ) ἁμάρτῃ ὁ ἀδελφός
σου

17 6 εἶπεν δὲ ὁ κύριος

17 7 τίς δὲ ἐξ ὑμῶν δοῦλον ἔχων
ἀροτριῶντα

17 15 εἷς δὲ ἐξ αὐτῶν ... ὑπέστρεψεν

17 17ʰ ἀποκριθεὶς δὲ ὁ 'Ιησοῦς εἶπεν· ↔

17 17ᵇ οὐχὶ οἱ δέκα ἐκαθαρίσθησαν; οἱ
δὲ ([NH]; —T) ἐννέα ποῦ;

17 20ʰ ἐπερωτηθεὶς δὲ ὑπὸ τῶν Φαρισαί-
ων ... ἀπεκρίθη αὐτοῖς

17 22 εἶπεν δὲ πρὸς τοὺς μαθητάς

17 25 πρῶτον δὲ δεῖ αὐτὸν πολλὰ πα-
θεῖν

17 29 ᾗ δὲ ἡμέρᾳ ἐξῆλθεν Λὼτ ἀπὸ
Σοδόμων

Lc 17 33ᵇ ὃς ἐὰν ζητήσῃ ... | ὃς δ' ἂν (N²⁶H; καὶ ὃς ἂν NM; καὶ ὃς ἐὰν rl) ἀπολέσῃ (-σει NMTH), ζῳογονήσει αὐτήν

17 35ᵇ ἡ μία παραλημφθήσεται | ἡ δὲ (καὶ ἡ ς) ἑτέρα ἀφεθήσεται

17 37ᶜ ὁ δὲ εἶπεν αὐτοῖς

18 1 ἔλεγεν δὲ (+καὶ Vς) παραβολὴν αὐτοῖς

18 3 χήρα δὲ ἦν ἐν τῇ πόλει ἐκείνῃ

18 4ᵍᵏ μετὰ | δὲ ταῦτα (∼NMH) εἶπεν ἐν ἑαυτῷ

18 6 εἶπεν δὲ ὁ κύριος

18 7 ὁ δὲ θεὸς οὐ μὴ ποιήσῃ τὴν ἐκδίκησιν(;)

18 9 εἶπεν δὲ καὶ πρός τινας τοὺς πεποιθότας ἐφ' ἑαυτοῖς

18 13ᵇ | ὁ δὲ (καὶ ὁ ς) τελώνης μακρόθεν ἑστὼς οὐκ ἤθελεν

18 14ᵇ πᾶς ὁ ὑψῶν ἑαυτὸν ταπεινωθήσεται, ὁ δὲ ταπεινῶν ἑαυτὸν ὑψωθήσεται. ↔

18 15 προσέφερον δὲ αὐτῷ καὶ τὰ βρέφη

18 15ʰ ἰδόντες δὲ οἱ μαθηταὶ ἐπετίμων αὐτοῖς. ↔

18 16 ὁ δὲ Ἰησοῦς προσεκαλέσατο αὐτὰ [H] λέγων

18 19 εἶπεν δὲ αὐτῷ ὁ Ἰησοῦς

18 21ᶜ ὁ δὲ εἶπεν

18 22ʰ ἀκούσας δὲ ὁ Ἰησοῦς εἶπεν αὐτῷ

18 23ᶜ ὁ δὲ ἀκούσας ταῦτα περίλυπος ἐγενήθη

18 24ʰ ἰδὼν δὲ αὐτὸν ὁ [H] Ἰησοῦς | περίλυπον γενόμενον (+[N²⁶]ς) εἶπεν

18 26 εἶπαν δὲ οἱ ἀκούσαντες

18 27ᶜ ὁ δὲ εἶπεν

18 28 εἶπεν δὲ ὁ (—T) Πέτρος

18 29ᶜ ὁ δὲ εἶπεν αὐτοῖς

18 31ʰ παραλαβὼν δὲ τοὺς δώδεκα εἶπεν πρὸς αὐτούς

18 35 ἐγένετο δὲ ἐν τῷ ἐγγίζειν αὐτὸν εἰς Ἰεριχώ

18 36ʰ ἀκούσας δὲ ὄχλου διαπορευομένου ἐπυνθάνετο

18 37 ἀπήγγειλαν δὲ αὐτῷ

18 39ʰ αὐτὸς δὲ πολλῷ μᾶλλον ἔκραζεν

18 40ʰ σταθεὶς δὲ ὁ (—H) Ἰησοῦς ἐκέλευσεν αὐτὸν ἀχθῆναι πρὸς αὐτόν. ↔

18 40ʲ ἐγγίσαντος δὲ αὐτοῦ ἐπηρώτησεν αὐτόν

18 41ᶜ ὁ δὲ εἶπεν

19 8ʰ σταθεὶς δὲ Ζακχαῖος εἶπεν πρὸς τὸν κύριον

19 9 εἶπεν δὲ πρὸς αὐτὸν ὁ [H] Ἰησοῦς

19 11ʲ ἀκουόντων δὲ αὐτῶν ταῦτα προσθεὶς εἶπεν παραβολήν

19 13ʰ καλέσας δὲ δέκα δούλους ἑαυτοῦ ἔδωκεν αὐτοῖς δέκα μνᾶς

19 14 οἱ δὲ πολῖται αὐτοῦ ἐμίσουν αὐτόν

19 16 παρεγένετο δὲ ὁ πρῶτος λέγων

19 19 εἶπεν δὲ καὶ τούτῳ

19 22 *λέγει δὲ (+ς) αὐτῷ

19 26ᵇᵍ παντὶ τῷ ἔχοντι δοθήσεται, ἀπὸ δὲ τοῦ μὴ ἔχοντος ... ἀρθήσεται

19 32ʰ ἀπελθόντες δὲ οἱ ἀπεσταλμένοι εὗρον καθὼς εἶπεν αὐτοῖς. ↔

19 33ʲ λυόντων δὲ αὐτῶν τὸν πῶλον εἶπαν οἱ κύριοι αὐτοῦ

19 34ᵉ οἱ δὲ εἶπαν

19 36ʲ πορευομένου δὲ αὐτοῦ ὑπεστρώννυον τὰ ἱμάτια

19 37ʲ ἐγγίζοντος δὲ αὐτοῦ ... ἤρξαντο ἅπαν τὸ πλῆθος

19 42ᵇ νῦν δὲ ἐκρύβη ἀπὸ ὀφθαλμῶν σου

Lc 19 46 ὑμεῖς δὲ αὐτὸν ἐποιήσατε σπήλαιον λῃστῶν

19 47 οἱ δὲ ἀρχιερεῖς ... ἐζήτουν αὐτὸν ἀπολέσαι

20 3ʰ ἀποκριθεὶς δὲ εἶπεν πρὸς αὐτούς

20 5ᵉ οἱ δὲ συνελογίσαντο πρὸς ἑαυτοὺς λέγοντες

20 6ᵇ ⟨ἐὰν εἴπωμεν⟩ ἐὰν δὲ εἴπωμεν

20 9 ἤρξατο δὲ πρὸς τὸν λαὸν λέγειν τὴν παραβολὴν ταύτην

20 10 οἱ δὲ γεωργοὶ | ἐξαπέστειλαν αὐτὸν δείραντες (∼Vς) κενόν

20 11ᵉ οἱ δὲ κἀκεῖνον δείραντες ... ἐξαπέστειλαν κενόν

20 12ᵉ οἱ δὲ καὶ τοῦτον τραυματίσαντες ἐξέβαλον. ↔

20 13 εἶπεν δὲ ὁ κύριος τοῦ ἀμπελῶνος

20 14ʰ ἰδόντες δὲ αὐτὸν οἱ γεωργοὶ διελογίζοντο πρὸς ἀλλήλους λέγοντες

20 16ʰ ἀκούσαντες δὲ εἶπαν

20 17ᶜ ὁ δὲ ἐμβλέψας αὐτοῖς εἶπεν

20 18ᵏ ἐφ' ὃν δ' ἂν πέσῃ, λικμήσει αὐτόν

20 23ʰ κατανοήσας δὲ αὐτῶν τὴν πανουργίαν εἶπεν

20 24ᵉʰ οἱ (ἀποκριθέντες Sς) δὲ εἶπαν

20 25ᶜ ὁ δὲ εἶπεν πρὸς αὐτούς

20 27ʰ προσελθόντες δέ τινες τῶν Σαδδουκαίων ... ἐπηρώτησαν αὐτόν

20 31 ὡσαύτως δὲ καὶ οἱ ἑπτὰ οὐ κατέλιπον τέκνα

20 32 *ὕστερον δὲ (+ς) πάντων (+Vς) | καὶ ἡ γυνὴ ἀπέθανεν (∼Vς)

20 35ᵇ οἱ δὲ καταξιωθέντες τοῦ αἰῶνος ἐκείνου τυχεῖν

20 37 ὅτι δὲ ἐγείρονται οἱ νεκροί

20 38 θεὸς δὲ οὐκ ἔστιν νεκρῶν ἀλλὰ ζώντων

20 39ʰ ἀποκριθέντες δέ τινες τῶν γραμματέων εἶπαν

20 40 *οὐκέτι δὲ (ς; γὰρ rl) ἐτόλμων ἐπερωτᾶν αὐτὸν οὐδέν. ↔

20 41 εἶπεν δὲ πρὸς αὐτούς

20 45ʲ ἀκούοντος δὲ παντὸς τοῦ λαοῦ εἶπεν

21 1ʰ ἀναβλέψας δὲ εἶδεν

21 2 εἶδεν δέ τινα χήραν πενιχράν

21 4ᵇ αὕτη δὲ ἐκ τοῦ ὑστερήματος αὐτῆς ... ἔβαλεν

21 7 ἐπηρώτησαν δὲ αὐτὸν λέγοντες

21 8ᶜ ὁ δὲ εἶπεν

21 9 ὅταν δὲ ἀκούσητε πολέμους καὶ ἀκαταστασίας

21 12ᵍ πρὸ δὲ τούτων πάντων ἐπιβαλοῦσιν ἐφ' ὑμᾶς τὰς χεῖρας αὐτῶν

21 13 *ἀποβήσεται δὲ (+MVBSς) ὑμῖν εἰς μαρτύριον

21 16 παραδοθήσεσθε δὲ καὶ ὑπὸ γονέων

21 20 ὅταν δὲ ἴδητε κυκλουμένην ὑπὸ στρατοπέδων (+τὴν Vς) Ἰερουσαλήμ

21 23 *οὐαὶ δὲ (+Vς) ταῖς ἐν γαστρὶ ἐχούσαις

21 28ʲ ἀρχομένων δὲ τούτων γίνεσθαι ἀνακύψατε

21 33ᵇ ὁ οὐρανὸς καὶ ἡ γῆ παρελεύσονται, οἱ δὲ λόγοι μου οὐ μὴ παρελεύσονται. ↔

21 34 προσέχετε δὲ ἑαυτοῖς

21 36 ἀγρυπνεῖτε δὲ (οὖν Vς) ἐν παντὶ καιρῷ δεόμενοι

21 37 ἦν δὲ τὰς ἡμέρας ἐν τῷ ἱερῷ διδάσκων

21 37ᵇ τὰς δὲ νύκτας ἐξερχόμενος ηὐλίζετο εἰς τὸ ὄρος

Lc 22 1 ἤγγιζεν δὲ ἡ ἑορτὴ τῶν ἀζύμων

22 3 εἰσῆλθεν δὲ σατανᾶς εἰς Ἰούδαν

22 7 ἦλθεν δὲ ἡ ἡμέρα τῶν ἀζύμων

22 9ᵉ οἱ δὲ εἶπαν αὐτῷ

22 10ᶜ ὁ δὲ εἶπεν αὐτοῖς

22 13ʰ ἀπελθόντες δὲ εὗρον καθὼς εἰρήκει αὐτοῖς

22 24 ἐγένετο δὲ καὶ φιλονεικία ἐν αὐτοῖς

22 25ᶜ ὁ δὲ εἶπεν αὐτοῖς

22 26ᵇ ὑμεῖς δὲ οὐχ οὕτως

22 27 ἐγὼ δὲ ἐν μέσῳ ὑμῶν εἰμι ὡς ὁ διακονῶν. ↔

22 28ᵇ ὑμεῖς δέ ἐστε οἱ διαμεμενηκότες μετ' ἐμοῦ

22 31 *| εἶπεν δὲ ὁ κύριος (+Vς)· Σίμων Σίμων

22 32 ἐγὼ δὲ ἐδεήθην περὶ σοῦ

22 33ᶜ ὁ δὲ εἶπεν αὐτῷ

22 34ᶜ ὁ δὲ εἶπεν

22 35ᵉ οἱ δὲ εἶπαν

22 36ᶜ | εἶπεν δὲ (ὁ δὲ εἶ. T; εἶ. οὖν ς) αὐτοῖς

22 38ᵉ οἱ δὲ εἶπαν

22 38ᶜ ὁ δὲ εἶπεν αὐτοῖς

22 39 ἠκολούθησαν δὲ αὐτῷ καὶ [H] οἱ μαθηταί. ↔

22 40ʰ γενόμενος δὲ ἐπὶ τοῦ τόπου εἶπεν αὐτοῖς

22 43 || ὤφθη δὲ αὐτῷ ἄγγελος ἀπ' (ἀπὸ τοῦ H) οὐρανοῦ [[N²⁶NSH..]]

22 44 *|| ἐγένετο δὲ (Vς; καὶ ἐγ. rl) ὁ ἱδρὼς αὐτοῦ ὡσεὶ θρόμβοι αἵματος [[..N²⁶NSH..]]

22 47ʲ *ἔτι δὲ (+ς) αὐτοῦ λαλοῦντος ἰδοὺ ὄχλος

22 48 | Ἰησοῦς δὲ (ὁ δὲ Ἰ. Vς) εἶπεν αὐτῷ

22 49ʰ ἰδόντες δὲ οἱ περὶ αὐτὸν τὸ ἐσόμενον εἶπαν

22 51ʰ ἀποκριθεὶς δὲ ὁ [H] Ἰησοῦς εἶπεν

22 52 εἶπεν δὲ (+ὁ Vς) Ἰησοῦς πρὸς τοὺς ... ἀρχιερεῖς

22 54ʰ συλλαβόντες δὲ αὐτὸν ἤγαγον ... εἰς τὴν οἰκίαν

22 54 ὁ δὲ Πέτρος ἠκολούθει μακρόθεν

22 55ʲ περιαψάντων δὲ πῦρ ἐν μέσῳ τῆς αὐλῆς ... ἐκάθητο ὁ Πέτρος

22 56ʰ ἰδοῦσα δὲ αὐτὸν παιδίσκη τις καθήμενον ... εἶπεν

22 57ᶜ ὁ δὲ ἠρνήσατο (+αὐτὸν BالسTς) λέγων

22 58 ὁ δὲ Πέτρος ἔφη

22 60 εἶπεν δὲ ὁ Πέτρος

22 67 εἶπεν δὲ αὐτοῖς

22 68ᵇ ⟨ἐὰν ὑμῖν εἴπω⟩ ἐὰν δὲ (+καὶ VBς) ἐρωτήσω

22 69ʲ ἀπὸ τοῦ νῦν δὲ (—ς) ἔσται ὁ υἱὸς τοῦ ἀνθρώπου καθήμενος

22 70 εἶπαν δὲ πάντες

22 70ᶜ ὁ δὲ πρὸς αὐτοὺς ἔφη

22 71ᵉ οἱ δὲ εἶπαν

23 2 ἤρξαντο δὲ κατηγορεῖν αὐτοῦ λέγοντες

23 3 ὁ δὲ Πιλᾶτος ἠρώτησεν (ἐπ- Vς) αὐτόν

23 3ᶜ ὁ δὲ ἀποκριθεὶς αὐτῷ ἔφη

23 4 ὁ δὲ Πιλᾶτος εἶπεν πρὸς τοὺς ἀρχιερεῖς

23 5ᵉ οἱ δὲ ἐπίσχυον

23 6 Πιλᾶτος δὲ ἀκούσας (+Γαλιλαίαν Vς) ἐπηρώτησεν

23 8 ὁ δὲ Ἡρῴδης ἰδὼν τὸν Ἰησοῦν ἐχάρη λίαν

23 9 ἐπηρώτα δὲ αὐτὸν ἐν λόγοις ἱκανοῖς· ↔

Lc 23 9ᵇ αὐτὸς δὲ οὐδὲν ἀπεκρίνατο αὐτῷ. ↔

23 10 εἱστήκεισαν δὲ οἱ ἀρχιερεῖς ... κατηγοροῦντες αὐτοῦ. ↔

23 11ʰ ἐξουθενήσας δὲ αὐτὸν καὶ (+ [N²⁶]BST) ὁ Ἡρῴδης ... ἀνέπεμψεν

23 12 ἐγένοντο δὲ φίλοι ὅ τε Ἡρῴδης καὶ ὁ Πιλᾶτος ... μετ᾽ ἀλλήλων

23 13 Πιλᾶτος δὲ συγκαλεσάμενος τοὺς ἀρχιερεῖς ⟨εἶπεν⟩

23 17 *| ἀνάγκην δὲ εἶχεν ἀπολύειν αὐτοῖς κατὰ ἑορτὴν ἕνα (+MVB [S]ς). ↔

23 18 ἀνέκραγον δὲ παμπληθεὶ λέγοντες· ↔

23 18ᵇ αἶρε τοῦτον, ἀπόλυσον δὲ ἡμῖν τὸν Βαραββᾶν

23 20 πάλιν δὲ (οὖν ς) ὁ Πιλᾶτος προσεφώνησεν αὐτοῖς (—Tς)

23 21ᵉ οἱ δὲ ἐπεφώνουν λέγοντες

23 22ᶜ ὁ δὲ τρίτον εἶπεν πρὸς αὐτούς

23 23ᵉ οἱ δὲ ἐπέκειντο φωναῖς μεγάλαις

23 24 *| ὁ δὲ (ς; καὶ rl) Πιλᾶτος ἐπέκρινεν γενέσθαι τὸ αἴτημα αὐτῶν· ↔

23 25 ἀπέλυσεν δὲ τὸν ... βεβλημένον εἰς (+τὴν VSς) φυλακήν

23 25ᵇ τὸν δὲ Ἰησοῦν παρέδωκεν τῷ θελήματι αὐτῶν

23 27 ἠκολούθει δὲ αὐτῷ πολὺ πλῆθος τοῦ λαοῦ

23 28ʰ στραφεὶς δὲ πρὸς αὐτὰς ὁ ([N²⁶]; —NTH) Ἰησοῦς εἶπεν

23 32 ἤγοντο δὲ καὶ ἕτεροι | κακοῦργοι δύο (~VBSTς)

23 33ᵃ ἐσταύρωσαν ... ὃν μὲν ἐκ δεξιῶν ὃν δὲ ἐξ ἀριστερῶν. ↔

23 34 | ὁ δὲ Ἰησοῦς ἔλεγεν [N²⁶NH..]

23 34ʰ διαμεριζόμενοι δὲ τὰ ἱμάτια αὐτοῦ ἔβαλον κλήρους (κλῆρον Hς)

23 35 ἐξεμυκτήριζον δὲ καὶ (—T) οἱ ἄρχοντες (+σὺν αὐτοῖς Vς)

23 36 ἐνέπαιξαν (-ζον VBSς) δὲ αὐτῷ καὶ οἱ στρατιῶται προσερχόμενοι

23 38 ἦν δὲ καὶ ἐπιγραφὴ (+γεγραμμένη Vς) ἐπ᾽ αὐτῷ (+γράμμασιν ἑλληνικοῖς MVBSς..)

23 39 εἷς δὲ τῶν κρεμασθέντων κακούργων ἐβλασφήμει αὐτὸν λέγων (—NTH)

23 40ʰ ἀποκριθεὶς δὲ ὁ ἕτερος ἐπιτιμῶν αὐτῷ ἔφη

23 41ᵃ οὗτος δὲ οὐδὲν ἄτοπον ἔπραξεν

23 44 *| ἦν δὲ (Vς; καὶ ἦν [ἤδη] S; καὶ ἦν ἤδη rl) ὡσεὶ ὥρα ἕκτη

23 45 | ἐσχίσθη δὲ (καὶ ἐσχ. ς) τὸ καταπέτασμα τοῦ ναοῦ μέσον

23 46 | τοῦτο δὲ (καὶ ταῦτα ς) εἰπὼν ἐξέπνευσεν. ↔

23 47ʰ ἰδὼν δὲ ὁ ἑκατοντάρχης τὸ γενόμενον ἐδόξαζεν (-σεν Vς) τὸν θεόν

23 49 εἱστήκεισαν δὲ πάντες οἱ γνωστοὶ αὐτῷ (αὐτοῦ Sς) ἀπὸ (—Sς) μακρόθεν

23 55ʰ κατακολουθήσασαι δὲ αἱ (καὶ ς; —T) γυναῖκες ... ἐθεάσαντο τὸ μνημεῖον

23 56ʰ ὑποστρέψασαι δὲ ἡτοίμασαν ἀρώματα καὶ μύρα

24 1ᵃ τῇ δὲ μιᾷ τῶν σαββάτων ... ἐπὶ τὸ μνῆμα ἦλθον

24 2 εὗρον δὲ τὸν λίθον ἀποκεκυλισμένον ἀπὸ τοῦ μνημείου, ↔

Lc 24 3ʰ | εἰσελθοῦσαι δὲ (καὶ εἰ. ς) οὐχ εὗρον τὸ σῶμα | τοῦ κυρίου Ἰησοῦ [VH]

24 5ʲ ἐμφόβων δὲ γενομένων αὐτῶν ... εἶπαν

24 10 ἦσαν δὲ ἡ Μαγδαληνὴ Μαρία καὶ Ἰωάννα

24 12 | ὁ δὲ Πέτρος ἀναστὰς ἔδραμεν ἐπὶ τὸ μνημεῖον ([VH..]; —NT..)

24 16 οἱ δὲ ὀφθαλμοὶ αὐτῶν ἐκρατοῦντο

24 17 εἶπεν δὲ πρὸς αὐτούς

24 18ʰ ἀποκριθεὶς δὲ (+ὁ Vς) εἷς ὀνόματι (ᾧ ὄνομα VTς) Κλεοπᾶς εἶπεν πρὸς αὐτόν

24 19ᵉ οἱ δὲ εἶπαν αὐτῷ

24 21 ἡμεῖς δὲ ἠλπίζομεν

24 24ᵇ αὐτὸν δὲ οὐκ εἶδον

24 31 αὐτῶν δὲ διηνοίχθησαν οἱ ὀφθαλμοί

24 36ʲ ταῦτα δὲ αὐτῶν λαλούντων αὐτὸς (+ὁ Ἰησοῦς Vς) ἔστη

24 37ʰ πτοηθέντες δὲ καὶ ἔμφοβοι γενόμενοι ἐδόκουν πνεῦμα θεωρεῖν

24 41ʲ ἔτι δὲ ἀπιστούντων αὐτῶν ... εἶπεν αὐτοῖς

24 42ᵉ οἱ δὲ ἐπέδωκαν αὐτῷ ἰχθύος ὀπτοῦ μέρος

24 44 εἶπεν δὲ πρὸς αὐτούς

24 48 *ὑμεῖς δὲ (B; +ἔστε Vς; ἐστε MS; —rl) μάρτυρες τούτων

24 49 ὑμεῖς δὲ καθίσατε ἐν τῇ πόλει (+Ἰερουσαλήμ Vς)

24 50 ἐξήγαγεν δὲ αὐτοὺς ἔξω (+[N²⁶] Vς) ἕως (—V) πρὸς (εἰς Vς) Βηθανίαν

Jo 1 12 ὅσοι δὲ ἔλαβον αὐτόν

1 26ᵇ *μέσος δὲ (+ς) ὑμῶν ἕστηκεν (N²⁶ς; στήκει rl)

1 38ʰ στραφεὶς δὲ (—T) ὁ Ἰησοῦς ... λέγει αὐτοῖς

1 38ᵉ οἱ δὲ εἶπαν αὐτῷ

1 39 *ὥρα δὲ (+ς) ἦν ὡς δεκάτη

1 42ʰ ἐμβλέψας δὲ (+ς) αὐτῷ ὁ Ἰησοῦς εἶπεν

1 44 ἦν δὲ ὁ Φίλιππος ἀπὸ Βηθσαϊδά

2 2 ἐκλήθη δὲ καὶ ὁ Ἰησοῦς

2 6 ἦσαν δὲ ἐκεῖ λίθιναι ὑδρίαι ἓξ ... κείμεναι

2 8ᵉ | οἱ δὲ (καὶ ς) ἤνεγκαν. ↔

2 9 ὡς δὲ ἐγεύσατο ὁ ἀρχιτρίκλινος τὸ ὕδωρ

2 9ᵇ οἱ δὲ διάκονοι ᾔδεισαν

2 17 *ἐμνήσθησαν δὲ (+Vς) οἱ μαθηταὶ αὐτοῦ

2 21 ἐκεῖνος δὲ ἔλεγεν περὶ τοῦ ναοῦ τοῦ σώματος αὐτοῦ

2 23 ὡς δὲ ἦν ἐν τοῖς Ἱεροσολύμοις ἐν τῷ πάσχα

2 24 αὐτὸς δὲ (+ὁ MVBSς) Ἰησοῦς οὐκ ἐπίστευεν αὐτὸν (N²⁶T; ἑ- Sς; αὐ- rl) αὐτοῖς

3 1 ἦν δὲ ἄνθρωπος ἐκ τῶν Φαρισαίων

3 18ᵇ ὁ πιστεύων εἰς αὐτὸν οὐ κρίνεται· ὁ δὲ (—NTH) μὴ πιστεύων ἤδη κέκριται

3 19 αὕτη δέ ἐστιν ἡ κρίσις

3 21ᵇ ⟨πᾶς γὰρ ὁ φαῦλα πράσσων⟩ ὁ δὲ ποιῶν τὴν ἀλήθειαν

3 23 ἦν δὲ καὶ ὁ (+N²⁶[H]) Ἰωάννης βαπτίζων ἐν Αἰνών

3 29 ὁ δὲ φίλος τοῦ νυμφίου ... χαρᾷ χαίρει

3 30ᵇ ἐκεῖνον δεῖ αὐξάνειν, ἐμὲ δὲ ἐλαττοῦσθαι

Jo 3 36ᵇ ὁ πιστεύων εἰς τὸν υἱὸν ... ὁ δὲ (—T) ἀπειθῶν τῷ υἱῷ οὐκ ὄψεται ζωήν

4 4 ἔδει δὲ αὐτὸν διέρχεσθαι διὰ τῆς Σαμαρείας

4 6 ἦν δὲ ἐκεῖ πηγὴ τοῦ Ἰακώβ

4 14ᵇ ⟨πᾶς ὁ πίνων⟩ ὃς δ᾽ ἂν πίῃ ἐκ τοῦ ὕδατος

4 31ᵍ *ἐν δὲ (+ς) τῷ μεταξὺ ἠρώτων αὐτὸν οἱ μαθηταί

4 32ᶜ ὁ δὲ εἶπεν αὐτοῖς

4 39ᵉ ἐκ δὲ τῆς πόλεως ἐκείνης πολλοὶ ἐπίστευσαν εἰς αὐτόν

4 43ᵇ μετὰ δὲ τὰς δύο ἡμέρας ἐξῆλθεν ἐκεῖθεν

4 46 *| ἦν δὲ (T; καὶ ἦν rl) τις βασιλικός

4 51ʲ ἤδη δὲ αὐτοῦ καταβαίνοντος οἱ δοῦλοι αὐτοῦ (—NMVST) ὑπήντησαν αὐτῷ

4 54 τοῦτο δὲ ([N²⁶NVH]; —Tς) πάλιν δεύτερον σημεῖον ἐποίησεν ὁ Ἰησοῦς

5 2 ἔστιν δὲ ἐν τοῖς Ἱεροσολύμοις ... κολυμβήθρα

5 5 ἦν δέ τις ἄνθρωπος ἐκεῖ

5 7ᵏ ἐν ᾧ δὲ ἔρχομαι ἐγώ, ἄλλος πρὸ ἐμοῦ καταβαίνει

5 9 ἦν δὲ σάββατον ἐν ἐκείνῃ τῇ ἡμέρᾳ

5 11ᶜ ὁ δὲ (ὃς δὲ NMH; —VTς) ἀπεκρίθη αὐτοῖς

5 13 ὁ δὲ ἰαθεὶς (ἀσθενῶν T) οὐκ ᾔδει τίς ἐστιν

5 17ᶜ ὁ δὲ Ἰησοῦς ([N²⁶]; —NTH) ἀπεκρίνατο αὐτοῖς

5 29ᵇ ἐκπορεύσονται οἱ τὰ ἀγαθὰ ποιήσαντες ... οἱ δὲ (—NMTH) τὰ φαῦλα πράξαντες

5 34ᵇ ἐγὼ δὲ οὐ παρὰ ἀνθρώπου τὴν μαρτυρίαν λαμβάνω

5 35ᵇ ὑμεῖς δὲ ἠθελήσατε ἀγαλλιαθῆναι

5 36 ἐγὼ δὲ ἔχω τὴν μαρτυρίαν μείζω (-ζον S) τοῦ Ἰωάννου

5 47ᵇ ⟨εἰ γὰρ ἐπιστεύετε Μωϋσεῖ⟩ εἰ δὲ τοῖς ἐκείνου γράμμασιν οὐ πιστεύετε

6 2 | ἠκολούθει δὲ (καὶ ἠκ. ς) αὐτῷ ὄχλος πολύς

6 3 ἀνῆλθεν δὲ εἰς τὸ ὄρος (+ὁ MVBSς) Ἰησοῦς

6 4 ἦν δὲ ἐγγὺς τὸ πάσχα

6 6 τοῦτο δὲ ἔλεγεν πειράζων αὐτόν

6 10 *εἶπεν δὲ (+MVSς) ὁ Ἰησοῦς

6 10 ἦν δὲ χόρτος πολὺς ἐν τῷ τόπῳ

6 11 *ἔλαβεν δὲ (ς; οὖν rl) τοὺς ἄρτους ὁ Ἰησοῦς ↔

6 11ᵇᵉ *καὶ | εὐχαριστήσας διέδωκεν (-σεν καὶ ἔδ. T) | τοῖς μαθηταῖς, οἱ δὲ μαθηταὶ (+ς) τοῖς ἀνακειμένοις

6 12 ὡς δὲ ἐνεπλήσθησαν, λέγει τοῖς μαθηταῖς αὐτοῦ

6 16 ὡς δὲ ὀψία ἐγένετο

6 17 *| κατέλαβεν δὲ αὐτοὺς ἡ σκοτία (T; καὶ σκοτία ἤδη ἐγεγόνει rl)

6 20ᶜ ὁ δὲ λέγει αὐτοῖς

6 23 *ἄλλα (ἀλλὰ H) δὲ (+ς) ἦλθεν (-θον BST) πλοιάρια (πλοι[άρι]α N²⁶; πλοῖα H) ἐκ Τιβεριάδος

6 35 *εἶπεν δὲ (+ς; οὖν VBST) αὐτοῖς ὁ Ἰησοῦς

6 39 τοῦτο δέ ἐστιν τὸ θέλημα τοῦ πέμψαντός με

6 40 *τοῦτο δέ (ς; γὰρ rl) ἐστιν τὸ θέλημα τοῦ πατρός μου

Jo 6 51¹ καὶ ὁ ἄρτος δὲ ὃν ἐγὼ δώσω

6 61ʰ εἰδὼς δὲ ὁ Ἰησοῦς ἐν ἑαυτῷ ὅτι γογγύζουσιν περὶ τούτου

6 71 ἔλεγεν δὲ τὸν Ἰούδαν Σίμωνος Ἰσκαριώτου

7 2 ἦν δὲ ἐγγὺς ἡ ἑορτὴ τῶν Ἰουδαίων ἡ σκηνοπηγία

7 6ᵇ ὁ καιρὸς ὁ ἐμὸς οὔπω πάρεστιν, ὁ δὲ καιρὸς ὁ ὑμέτερος πάντοτέ ἐστιν ἕτοιμος. ↔

7 7ᵇ οὐ δύναται ὁ κόσμος μισεῖν ὑμᾶς, ἐμὲ δὲ μισεῖ

7 9 ταῦτα δὲ (—BT) εἰπὼν αὐτὸς (-τοῖς NMVHϛ) ἔμεινεν ἐν τῇ Γαλιλαίᾳ. ↔

7 10 ὡς δὲ ἀνέβησαν οἱ ἀδελφοὶ αὐτοῦ εἰς τὴν ἑορτήν

7 12ᵃ οἱ μὲν ἔλεγον ὅτι ἀγαθός ἐστιν· ἄλλοι δὲ ([N²⁶NVH]; —T) ἔλεγον

7 14 ἤδη δὲ τῆς ἑορτῆς μεσούσης ἀνέβη Ἰησοῦς εἰς τὸ ἱερόν

7 18ᵇ ὁ δὲ ζητῶν τὴν δόξαν τοῦ πέμψαντος αὐτόν

7 27ᵇ ὁ δὲ χριστὸς ὅταν ἔρχηται, οὐδεὶς γινώσκει πόθεν ἐστίν

7 29 *ἐγὼ δὲ (ϛ) οἶδα αὐτόν

7 31¹ ἐκ τοῦ ὄχλου δὲ πολλοὶ ἐπίστευσαν (~ Tϛ) εἰς αὐτόν

7 37ᵍ ἐν δὲ τῇ ἐσχάτῃ ἡμέρᾳ τῇ μεγάλῃ τῆς ἑορτῆς εἱστήκει ὁ Ἰησοῦς

7 39 τοῦτο δὲ εἶπεν περὶ τοῦ πνεύματος

7 41ᵉ οἱ δὲ (ἄλλοι T) ἔλεγον

7 44 τινὲς δὲ ἤθελον ἐξ αὐτῶν πιάσαι αὐτόν

[8 1] Ἰησοῦς δὲ ἐπορεύθη εἰς τὸ ὄρος τῶν ἐλαιῶν. ↔

[8 2] ὄρθρου δὲ πάλιν παρεγένετο εἰς τὸ ἱερόν

[8 3] ἄγουσιν δὲ οἱ γραμματεῖς καὶ οἱ Φαρισαῖοι (+πρὸς αὐτὸν ϛ) γυναῖκα

[8 5]ᵍ ἐν δὲ τῷ νόμῳ ἡμῖν [H] Μωϋσῆς ἐνετείλατο (διακελεύει S)

[8 6] | τοῦτο δὲ ἔλεγον πειράζοντες αὐτόν [H..]

[8 6] ὁ δὲ Ἰησοῦς κάτω κύψας τῷ δακτύλῳ κατέγραφεν εἰς τὴν γῆν. ↔

[8 7] ὡς δὲ ἐπέμενον ἐρωτῶντες αὐτόν [H]

[8 9] οἱ δὲ ἀκούσαντες (+καὶ ὑπὸ τῆς συνειδήσεως ἐλεγχόμενοι ϛ) ἐξήρχοντο

[8 10]ʰ ἀνακύψας (ἀναβλέψας S) δὲ ὁ Ἰησοῦς (+καὶ μηδένα θεασάμενος πλὴν τῆς γυναικὸς ϛ) εἶπεν αὐτῇ

[8 11]ᵈ ἡ δὲ εἶπεν

[8 11]ᵉ || εἶπεν δὲ (+αὐτῇ Mϛ) ὁ Ἰησοῦς ((ὁ δὲ εἶπεν S))

8 14ᵇ οἶδα πόθεν ἦλθον ... ὑμεῖς δὲ (—T) οὐκ οἴδατε πόθεν ἔρχομαι

8 16¹ καὶ ἐὰν κρίνω δὲ ἐγώ, ἡ κρίσις ἡ ἐμὴ ἀληθινή ἐστιν

8 17ᵐ καὶ ἐν τῷ νόμῳ δὲ τῷ ὑμετέρῳ γέγραπται (γεγραμμένον ἐστὶν T)

8 35 ὁ δὲ δοῦλος οὐ μένει ἐν τῇ οἰκίᾳ εἰς τὸν αἰῶνα

8 40 νῦν δὲ ζητεῖτέ με ἀποκτεῖναι

8 45ᵇ ἐγὼ δὲ ὅτι τὴν ἀλήθειαν λέγω, οὐ πιστεύετέ μοι

8 46 *εἰ δὲ (+ϛ) ἀλήθειαν λέγω, διὰ τί ὑμεῖς οὐ πιστεύετέ μοι;

8 50 ἐγὼ δὲ οὐ ζητῶ τὴν δόξαν μου

8 55ᵇ οὐκ ἐγνώκατε αὐτόν, ἐγὼ δὲ οἶδα αὐτόν

Jo 8 59 Ἰησοῦς δὲ ἐκρύβη καὶ ἐξῆλθεν ἐκ τοῦ ἱεροῦ

9 9ᵇ *ἄλλοι ἔλεγον ... ἄλλοι δὲ (+V [S]ϛ) ἔλεγον (—ϛ)

9 9ᵇ *ἐκεῖνος δὲ [+S] ἔλεγεν

9 11ʰ *ἀπελθὼν δὲ (ϛ; οὖν rl) καὶ νιψάμενος ἀνέβλεψα

9 14 ἦν δὲ σάββατον | ἐν ᾗ ἡμέρᾳ (ὅτε Sϛ) τὸν πηλὸν ἐποίησεν ὁ Ἰησοῦς

9 15ᶜ ὁ δὲ εἶπεν αὐτοῖς

9 16ᵇ ἔλεγον οὖν ἐκ τῶν Φαρισαίων τινές ... ἄλλοι δὲ ([N²⁶NVH]; —MTϛ) ἔλεγον

9 17ᶜ ὁ δὲ εἶπεν ὅτι προφήτης ἐστίν

9 20 *ἀπεκρίθησαν δὲ (MS; —V; αὐτοῖς ϛ; οὖν rl) οἱ γονεῖς αὐτοῦ

9 21 πῶς δὲ νῦν βλέπει οὐκ οἴδαμεν

9 26 *εἶπον δὲ (ϛ; οὖν rl) αὐτῷ (+πάλιν MV[S]ϛ)

9 28ᵉ * | οἱ δὲ ἐλοιδόρησαν (S; ἐλ. VBT; ἐλ. οὖν ϛ; καὶ ἐλ. rl) αὐτὸν καὶ εἶπον· ↔

9 28ᵇ σὺ μαθητὴς εἶ ἐκείνου, ἡμεῖς δὲ τοῦ Μωϋσέως ἐσμὲν μαθηταί

9 29ᵇ τοῦτον δὲ οὐκ οἴδαμεν πόθεν ἐστίν

9 31 *οἴδαμεν δὲ (+Vϛ) ὅτι | ἁμαρτωλῶν ὁ θεὸς (~NMBH) οὐκ ἀκούει

9 37 *εἶπεν δὲ (+VSϛ) αὐτῷ ὁ Ἰησοῦς

9 38ᶜ ὁ δὲ ἔφη

9 41 εἰ τυφλοὶ ἦτε, οὐκ ἂν εἴχετε ἁμαρτίαν· νῦν δὲ λέγετε ὅτι βλέπομεν

10 2ᵇ (ὁ μὴ εἰσερχόμενος) ὁ δὲ εἰσερχόμενος διὰ τῆς θύρας ποιμήν ἐστιν τῶν προβάτων

10 5ᵇ (τὰ πρόβατα αὐτῷ ἀκολουθεῖ) ἀλλοτρίῳ δὲ οὐ μὴ ἀκολουθήσουσιν (-σωσιν Sϛ)

10 6 ἐκεῖνοι δὲ οὐκ ἔγνωσαν τίνα ἦν ἃ ἐλάλει αὐτοῖς

10 12ᵇᵏ *ὁ μισθωτὸς δὲ (+ϛ) καὶ οὐκ ὢν ποιμήν ... ἀφίησιν τὰ πρόβατα

10 13 * | ὁ δὲ μισθωτὸς φεύγει (+Vϛ) ὅτι μισθωτός ἐστιν

10 20 ἔλεγον δὲ (οὖν T) πολλοὶ ἐξ αὐτῶν

10 22 *ἐγένετο δὲ (Tϛ; τότε rl) τὰ ἐγκαίνια ἐν τοῖς (—T) Ἱεροσολύμοις

10 38ᵇ (εἰ οὐ ποιῶ τὰ ἔργα) εἰ δὲ ποιῶ

10 41ᵃ πάντα δὲ ὅσα εἶπεν Ἰωάννης περὶ τούτου ἀληθῆ ἦν

11 1 ἦν δέ τις ἀσθενῶν, Λάζαρος ἀπὸ Βηθανίας

11 2 ἦν δὲ Μαριὰμ ἡ ἀλείψασα τὸν κύριον μύρῳ

11 4ʰ ἀκούσας δὲ ὁ Ἰησοῦς εἶπεν

11 5 ἠγάπα δὲ ὁ Ἰησοῦς τὴν Μάρθαν

11 10ᵇ (ἐάν τις περιπατῇ ἐν τῇ ἡμέρᾳ) ἐὰν δέ τις περιπατῇ ἐν τῇ νυκτί

11 13 εἰρήκει δὲ ὁ Ἰησοῦς περὶ τοῦ θανάτου αὐτοῦ· ↔

11 13ᵇ ἐκεῖνοι δὲ ἔδοξαν ὅτι περὶ τῆς κοιμήσεως τοῦ ὕπνου λέγει

11 18 ἦν δὲ ἡ (—NTH) Βηθανία ἐγγὺς τῶν Ἱεροσολύμων

11 19 | πολλοὶ δὲ (καὶ π. ϛ) ἐκ τῶν Ἰουδαίων ἐληλύθεισαν

11 20ᵇ ἡ οὖν Μάρθα ... Μαριὰμ δὲ ἐν τῷ οἴκῳ ἐκαθέζετο

11 25 *εἶπεν δὲ [+S] αὐτῇ ὁ Ἰησοῦς

11 29 ἐκείνη δὲ (—Tϛ) ὡς ἤκουσεν, ἠγέρθη (ἐγείρεται NMVTϛ) ταχύ

11 30 οὔπω δὲ ἐληλύθει ὁ Ἰησοῦς εἰς τὴν κώμην

11 37 τινὲς δὲ ἐξ αὐτῶν εἶπαν

Jo 11 38 ἦν δὲ σπήλαιον, καὶ λίθος ἐπέκειτο ἐπ' αὐτῷ

11 41 ὁ δὲ Ἰησοῦς ἦρεν τοὺς ὀφθαλμοὺς ἄνω

11 42 ἐγὼ δὲ ᾔδειν ὅτι πάντοτέ μου ἀκούεις

11 46 τινὲς δὲ ἐξ αὐτῶν ἀπῆλθον πρὸς τοὺς Φαρισαίους

11 49 εἷς δέ τις ἐξ αὐτῶν Καϊάφας ... εἶπεν αὐτοῖς

11 51 τοῦτο δὲ ἀφ' ἑαυτοῦ οὐκ εἶπεν

11 52ᵇᵐ *(ἀποθνῄσκειν ὑπὲρ τοῦ ἔθνους) καὶ οὐχ ὑπὲρ τοῦ ἔθνους δὲ [+S] μόνον

11 55 ἦν δὲ ἐγγὺς τὸ πάσχα τῶν Ἰουδαίων

11 57 δεδώκεισαν δὲ οἱ ἀρχιερεῖς καὶ οἱ Φαρισαῖοι ἐντολάς

12 2 ὁ δὲ Λάζαρος εἷς ἦν ἐκ (—VSϛ) τῶν ἀνακειμένων σὺν αὐτῷ

12 3 ἡ δὲ οἰκία ἐπληρώθη ἐκ τῆς ὀσμῆς τοῦ μύρου. ↔

12 4 λέγει δὲ ([H]; οὖν VBSϛ) | Ἰούδας ὁ Ἰσκαριώτης (~ Sϛ..)

12 6 εἶπεν δὲ τοῦτο οὐχ ὅτι περὶ τῶν πτωχῶν ἔμελεν αὐτῷ

12 8ᵇ τοὺς πτωχοὺς γὰρ πάντοτε ἔχετε μεθ' ἑαυτῶν, ἐμὲ δὲ οὐ πάντοτε ἔχετε

12 10 ἐβουλεύσαντο δὲ οἱ ἀρχιερεῖς ἵνα καὶ τὸν Λάζαρον ἀποκτείνωσιν

12 14ʰ εὑρὼν δὲ ὁ Ἰησοῦς ὀνάριον ἐκάθισεν ἐπ' αὐτό

12 16 *ταῦτα δὲ (+ϛ) οὐκ ἔγνωσαν | αὐτοῦ οἱ μαθηταὶ (~VSϛ) τὸ πρῶτον

12 20 ἦσαν δὲ Ἕλληνές τινες ἐκ τῶν ἀναβαινόντων

12 23 ὁ δὲ Ἰησοῦς ἀποκρίνεται (ἀπεκρίνατο Sϛ) αὐτοῖς λέγων

12 24ᵇ ἐὰν μὴ ὁ κόκκος τοῦ σίτου ... ἀποθάνῃ ... ἐὰν δὲ ἀποθάνῃ

12 33 τοῦτο δὲ ἔλεγεν σημαίνων ποίῳ θανάτῳ ἤμελλεν ἀποθνῄσκειν

12 37ʲ τοσαῦτα δὲ αὐτοῦ σημεῖα πεποιηκότος ... οὐκ ἐπίστευον εἰς αὐτόν

12 44 Ἰησοῦς δὲ ἔκραξεν καὶ εἶπεν

13 1ᵍ πρὸ δὲ τῆς ἑορτῆς τοῦ πάσχα εἰδὼς ὁ Ἰησοῦς

13 7ᵇ ὃ ἐγὼ ποιῶ σὺ οὐκ οἶδας ἄρτι, γνώσῃ δὲ μετὰ ταῦτα

13 20ᵇ ὁ λαμβάνων ἄν τινα πέμψω ἐμὲ λαμβάνει, ὁ δὲ ἐμὲ λαμβάνων λαμβάνει τὸν πέμψαντά με

13 23 *ἦν δὲ (+MV[S]ϛ) ἀνακείμενος εἷς ἐκ τῶν μαθητῶν αὐτοῦ ἐν τῷ κόλπῳ τοῦ Ἰησοῦ

13 25ʰ *ἀναπεσὼν (ἐπι- STϛ) δὲ (Sϛ; οὖν N²⁶VBT; —rl) ἐκεῖνος οὕτως ἐπὶ τὸ στῆθος τοῦ Ἰησοῦ λέγει αὐτῷ

13 28 τοῦτο δὲ [N²⁶NH] οὐδεὶς ἔγνω τῶν ἀνακειμένων

13 30 ἐξῆλθεν εὐθύς· ἦν δὲ νύξ

13 38ᵇ οὐ δύνασαί μοι νῦν ἀκολουθῆσαι, ἀκολουθήσεις δὲ ὕστερον

14 2 εἰ δὲ μή, εἶπον ἂν ὑμῖν

14 10 ὁ δὲ πατὴρ (+ὁ MVSTϛ) ἐν ἐμοὶ μένων | ποιεῖ τὰ ἔργα αὐτοῦ (π. τὰ ἔ. αὐτός MS; αὐτὸς π. τὰ ἔ. Vϛ)

14 11 εἰ δὲ μή, διὰ τὰ ἔργα αὐτὰ πιστεύετε (+μοι Vϛ)

14 17ᵇ *τὸ πνεῦμα ... ὑμεῖς δὲ (+Vϛ) γινώσκετε αὐτό

Jo 14 19ᵇ ὁ κόσμος με οὐκέτι θεωρεῖ, ὑμεῖς
δὲ θεωρεῖτέ με

14 21 ὁ δὲ ἀγαπῶν με ἀγαπηθήσεται
ὑπὸ τοῦ πατρός μου

14 26 ὁ δὲ παράκλητος, τὸ πνεῦμα τὸ
ἅγιον ... ἐκεῖνος ὑμᾶς διδάξει
πάντα

15 15ᵇ οὐκέτι λέγω ὑμᾶς δούλους ... ὑμᾶς
δὲ εἴρηκα φίλους

15 19ᵇ ὅτι δὲ ἐκ τοῦ κόσμου οὐκ ἐστέ

15 22 νῦν δὲ πρόφασιν οὐκ ἔχουσιν περὶ
τῆς ἁμαρτίας αὐτῶν

15 24 νῦν δὲ καὶ ἑωράκασιν καὶ μεμισήκα-
σιν καὶ ἐμὲ καὶ τὸν πατέρα μου

15 26 *ὅταν δὲ (+MVBSϛ) ἔλθη ὁ παρά-
κλητος

15 27ᵏ καὶ ὑμεῖς δὲ μαρτυρεῖτε, ὅτι ἀπ'
ἀρχῆς μετ' ἐμοῦ ἐστε

16 4 ταῦτα δὲ ὑμῖν ἐξ ἀρχῆς οὐκ εἶπον

16 5 νῦν δὲ ὑπάγω πρὸς τὸν πέμψαντά
με

16 7ᵇ ἐὰν γὰρ μὴ ἀπέλθω ... ἐὰν δὲ
πορευθῶ

16 10ᵃᵏ ⟨ἐλέγξει τὸν κόσμον ... περὶ
ἁμαρτίας μέν⟩ περὶ δικαιοσύνης δέ,
ὅτι ... οὐκέτι θεωρεῖτέ με· ↔

16 11ᵃ περὶ δὲ κρίσεως, ὅτι ὁ ἄρχων τοῦ
κόσμου τούτου κέκριται

16 13 ὅταν δὲ ἔλθη ἐκεῖνος

16 20ᵇ κλαύσετε καὶ θρηνήσετε ὑμεῖς, ὁ δὲ
κόσμος χαρήσεται· ↔

16 20 *ὑμεῖς δὲ (+V[S]ϛ) λυπηθήσεσθε,
ἀλλ' ἡ λύπη ὑμῶν εἰς χαρὰν
γενήσεται. ↔

16 21ᵇ ἡ γυνὴ ὅταν τίκτη ... ὅταν δὲ
γεννήση τὸ παιδίον

16 22ᵃ ὑμεῖς οὖν | νῦν μὲν λύπην (λ. μ. ν.
ϛ) ἔχετε (ἕξετε S)· πάλιν δὲ ὄψομαι
ὑμᾶς

17 3 αὕτη δέ ἐστιν ἡ αἰώνιος ζωή

17 13ᵇ ⟨ὅτε ἤμην μετ' αὐτῶν⟩ νῦν δὲ
πρὸς σὲ ἔρχομαι

17 20ᵇ οὐ περὶ τούτων δὲ ἐρωτῶ μόνον

17 25ᵇ καὶ ὁ κόσμος σε οὐκ ἔγνω, ἐγὼ δέ
σε ἔγνων

18 2 ᾔδει δὲ καὶ Ἰούδας ... τὸν τόπον

18 5 εἱστήκει δὲ καὶ Ἰούδας ... μετ'
αὐτῶν

18 7ᵉ οἱ δὲ εἶπαν

18 10 ἦν δὲ ὄνομα τῷ δούλῳ Μάλχος

18 14 ἦν δὲ Καϊάφας ὁ συμβουλεύσας
τοῖς Ἰουδαίοις

18 15 ἠκολούθει δὲ τῷ Ἰησοῦ Σίμων
Πέτρος καὶ (+ὁ Vϛ) ἄλλος μαθη-
τής. ↔

18 15 ὁ δὲ μαθητὴς ἐκεῖνος ἦν γνωστὸς
τῷ ἀρχιερεῖ

18 16 ὁ δὲ Πέτρος εἱστήκει πρὸς τῇ θύρᾳ
ἔξω

18 18 εἱστήκεισαν δὲ οἱ δοῦλοι ... ἀνθρα-
κιὰν πεποιηκότες

18 18 ἦν δὲ καὶ ὁ Πέτρος μετ' αὐτῶν
ἑστώς

18 22ʲ ταῦτα δὲ αὐτοῦ εἰπόντος εἷς | παρ-
εστηκὼς τῶν ὑπηρετῶν (~ Vϛ)
ἔδωκεν ῥάπισμα

18 23ᵇ εἰ κακῶς ἐλάλησα ... εἰ δὲ καλῶς

18 25 ἦν δὲ Σίμων Πέτρος ἑστώς

18 28 ἦν δὲ πρωΐ

18 36 νῦν δὲ ἡ βασιλεία ἡ ἐμὴ οὐκ ἔστιν
ἐντεῦθεν

18 39 ἔστιν δὲ συνήθεια ὑμῖν

18 40 ἦν δὲ ὁ Βαραββᾶς λῃστής

19 9 ὁ δὲ Ἰησοῦς ἀπόκρισιν οὐκ ἔδωκεν
αὐτῷ

Jo 19 12 οἱ δὲ Ἰουδαῖοι ἐκραύγασαν (-γαζον
BST; ἔκραζον ϛ) λέγοντες

19 13 ἐκάθισεν ... εἰς τόπον λεγόμενον
Λιθόστρωτον, Ἑβραϊστὶ δὲ Γαβ-
βαθά. ↔

19 14 ἦν δὲ παρασκευὴ τοῦ πάσχα, ↔

19 14 *ὥρα | δὲ ὡσεὶ (ϛ; ἦν ὡς rl) ἕκτη

19 15ᵉ *| οἱ δὲ ἐκραύγασαν (ϛ; ἐ. οὖν
ἐκεῖνοι rl)

19 16 *παρέλαβον δὲ (Vϛ; οὖν rl) τὸν
Ἰησοῦν

19 18 ἐσταύρωσαν, καὶ μετ' αὐτοῦ ἄλ-
λους δύο ἐντεῦθεν καὶ ἐντεῦθεν,
μέσον δὲ τὸν Ἰησοῦν. ↔

19 19 ἔγραψεν δὲ καὶ τίτλον ὁ Πιλᾶτος
καὶ ἔθηκεν ἐπὶ τοῦ σταυροῦ· ↔

19 19 ἦν δὲ γεγραμμένον

19 23 ἦν δὲ ὁ χιτὼν ἄραφος

19 25ᵃ ⟨οἱ μὲν οὖν στρατιῶται ταῦτα
ἐποίησαν⟩ εἱστήκεισαν δὲ παρὰ
τῷ σταυρῷ τοῦ Ἰησοῦ ἡ μήτηρ
αὐτοῦ

19 29ᵉ *| οἱ δὲ πλήσαντες σπόγγον (ϛ;
σπόγγον οὖν μεστὸν rl) τοῦ
(—Tϛ) ὄξους ... προσήνεγκαν

19 33ᵃᵍ ἐπὶ δὲ τὸν Ἰησοῦν ἐλθόντες

19 38ᵍ μετὰ δὲ ταῦτα ἠρώτησεν τὸν
Πιλᾶτον Ἰωσὴφ ὁ ([N²⁶S]; —NH)
ἀπὸ Ἀριμαθαίας, ↔

19 38 ὢν μαθητὴς τοῦ [NH] Ἰησοῦ
κεκρυμμένος δὲ διὰ τὸν φόβον
τῶν Ἰουδαίων

19 39 ἦλθεν δὲ καὶ Νικόδημος

19 41 ἦν δὲ ἐν τῷ τόπῳ ὅπου ἐσταυρώθη
κῆπος

20 1 τῇ δὲ μιᾷ τῶν σαββάτων Μαρία
ἡ Μαγδαληνὴ ἔρχεται

20 4 ἔτρεχον δὲ οἱ δύο ὁμοῦ

20 11 Μαρία δὲ εἱστήκει πρὸς τῷ μνη-
μείῳ ἔξω κλαίουσα

20 17ᵇ μή μου ἅπτου ... πορεύου δὲ πρὸς
τοὺς ἀδελφούς μου

20 24 Θωμᾶς δὲ εἷς ἐκ τῶν δώδεκα ...
οὐκ ἦν μετ' αὐτῶν

20 25ᶜ ὁ δὲ εἶπεν αὐτοῖς

20 31 ταῦτα δὲ γέγραπται

21 1 ἐφανέρωσεν δὲ οὕτως

21 4ʲ πρωΐας δὲ ἤδη γενομένης (N²⁶ϛ;
γιν. rl) ἔστη (+ὁ Vϛ) Ἰησοῦς
εἰς (ἐπὶ BST) τὸν αἰγιαλόν

21 6ᶜ ὁ δὲ εἶπεν (λέγει T) αὐτοῖς

21 8ᵇ ⟨Σίμων οὖν Πέτρος⟩ οἱ δὲ ἄλλοι
μαθηταὶ τῷ πλοιαρίῳ ἦλθον

21 12 οὐδεὶς δὲ (—NH) ἐτόλμα τῶν
μαθητῶν ἐξετάσαι αὐτόν

21 18ᵇ ὅτε ἦς νεώτερος ... ὅταν δὲ γηρά-
σης

21 19 τοῦτο δὲ εἶπεν σημαίνων ποίῳ
θανάτῳ δοξάσει τὸν θεόν

21 20ʰ *ἐπιστραφεὶς δὲ (+ϛ) ὁ Πέτρος
βλέπει τὸν μαθητήν

21 21 κύριε, οὗτος δὲ τί;

21 23ᵏ | οὐκ εἶπεν δὲ (καὶ οὐκ εἶπεν
VBSTϛ) αὐτῷ ὁ Ἰησοῦς

21 25 | ἔστιν δὲ καὶ ἄλλα πολλὰ ἃ ἐποίη-
σεν ὁ Ἰησοῦς (—T..)

Ac 1 5ᵃ Ἰωάννης μὲν ἐβάπτισεν ὕδατι,
ὑμεῖς δὲ ἐν πνεύματι βαπτισθήσε-
σθε ἁγίῳ

1 7 εἶπεν δὲ (—NTH) πρὸς αὐτούς

2 5 ἦσαν δὲ εἰς (ἐν MVS[H]ϛ) Ἰερου-
σαλὴμ κατοικοῦντες Ἰουδαῖοι

2 6ʲ γενομένης δὲ τῆς φωνῆς ταύτης
συνῆλθεν τὸ πλῆθος

Ac 2 7 ἐξίσταντο δὲ (+πάντες BSTϛ)
καὶ ἐθαύμαζον

2 12 ἐξίσταντο δὲ πάντες καὶ διηπόρουν
(-οῦντο NMTH)

2 13 ἕτεροι δὲ διαχλευάζοντες ἔλεγον

2 14ʰ σταθεὶς δὲ ὁ Πέτρος σὺν τοῖς
ἕνδεκα

2 26 ἔτι δὲ καὶ ἡ σάρξ μου κατα-
σκηνώσει ἐπ' ἐλπίδι

2 34 λέγει δὲ αὐτός

2 37ʰ ἀκούσαντες δὲ κατενύγησαν τὴν
καρδίαν

2 38 Πέτρος δὲ (+ ἔφη ϛ) πρὸς αὐ-
τούς· μετανοήσατε, φησίν ([N²⁶S];
—NHϛ)

2 42ʰ ἦσαν δὲ προσκαρτεροῦντες τῇ
διδαχῇ τῶν ἀποστόλων

2 43 ἐγίνετο δὲ πάσῃ ψυχῇ φόβος· ↔

2 43 *πολλὰ δὲ (τε N²⁶Sϛ) τέρατα ...
ἐγίνετο (+ἐν Ἰερουσαλήμ VB
[S]T..). ↔

2 44 πάντες δὲ οἱ πιστεύοντες (N²⁶ϛ;
-σαντες rl) ἦσαν (—NH) ἐπὶ τὸ
αὐτό

2 47 ὁ δὲ κύριος προσετίθει τοὺς σῳ-
ζομένους καθ' ἡμέραν | τῇ ἐκκλη-
σίᾳ ([VS]ϛ) ↔

3 1 ⟨ἐπὶ τὸ αὐτό⟩ | Πέτρος δὲ (δὲ Π. ϛ)
καὶ Ἰωάννης ἀνέβαινον

3 4ʰ ἀτενίσας δὲ Πέτρος εἰς αὐτὸν ...
εἶπεν

3 5ᶜ ὁ δὲ ἐπεῖχεν αὐτοῖς προσδοκῶν τι
παρ' αὐτῶν λαβεῖν. ↔

3 6 εἶπεν δὲ Πέτρος

3 6 ὃ δὲ ἔχω, τοῦτό σοι δίδωμι

3 7 παραχρῆμα δὲ ἐστερεώθησαν αἱ
βάσεις αὐτοῦ

3 10 ἐπεγίνωσκον δὲ (τε ϛ) αὐτόν

3 11ʲ κρατοῦντος δὲ αὐτοῦ τὸν Πέτρον

3 12ʰ ἰδὼν δὲ ὁ Πέτρος ἀπεκρίνατο πρὸς
τὸν λαόν

3 14ᵃ ⟨ὑμεῖς μὲν παρεδώκατε⟩ ὑμεῖς δὲ
τὸν ἅγιον καὶ δίκαιον ἠρνήσασθε

3 15 τὸν δὲ ἀρχηγὸν τῆς ζωῆς ἀπ-
εκτείνατε

3 18 ὃ δὲ θεὸς ἃ προκατήγγειλεν ...
ἐπλήρωσεν οὕτως

3 23 ἔσται δὲ πᾶσα ψυχὴ ἥτις ἐὰν
(ἂν Hϛ) μὴ ἀκούσῃ ... ἐξολεθρευθή-
σεται

3 24ᵃ πάντες δὲ οἱ προφῆται ἀπὸ Σα-
μουὴλ ... ἐλάλησαν

4 1ʲ λαλούντων δὲ αὐτῶν πρὸς τὸν
λαόν

4 4 πολλοὶ δὲ τῶν ἀκουσάντων τὸν
λόγον ἐπίστευσαν

4 5 ἐγένετο δὲ ἐπὶ τὴν αὔριον συν-
αχθῆναι αὐτῶν τοὺς ἄρχοντας

4 13ʰ θεωροῦντες δὲ τὴν τοῦ Πέτρου
παρρησίαν ... ἐθαύμαζον

4 14 *τὸν δὲ (ϛ; τε rl) ἄνθρωπον
βλέποντες σὺν αὐτοῖς ἑστῶτα

4 15ʰ κελεύσαντες δὲ αὐτοὺς ἔξω τοῦ
συνεδρίου ἀπελθεῖν

4 19 ὁ δὲ Πέτρος καὶ Ἰωάννης ἀπο-
κριθέντες εἶπον

4 21ᵉ οἱ δὲ προσαπειλησάμενοι ἀπέλυ-
σαν αὐτούς

4 23ʰ ἀπολυθέντες δὲ ἦλθον πρὸς τοὺς
ἰδίους

4 24ᵉ οἱ δὲ ἀκούσαντες ὁμοθυμαδὸν ἦραν
φωνὴν πρὸς τὸν θεόν

4 32 τοῦ δὲ πλήθους τῶν πιστευσάν-
των ἦν (+ἡ V[S]ϛ) καρδία καὶ
(+ἡ V[S]ϛ) ψυχὴ μία

Ac 4 35 διεδίδετο δὲ ἑκάστῳ καθότι ἄν τις χρείαν εἶχεν. ↔

4 36 Ἰωσὴφ δὲ ὁ ἐπικληθεὶς Βαρναβᾶς ⟨πωλήσας ἤνεγκεν τὸ χρῆμα⟩

5 1 ἀνὴρ δέ τις Ἀνανίας ὀνόματι ... ἐπώλησεν κτῆμα

5 3 εἶπεν δὲ ὁ Πέτρος

5 5ʰ ἀκούων δὲ ὁ Ἀνανίας τοὺς λόγους τούτους πεσὼν ἐξέψυξεν

5 6ʰ ἀναστάντες δὲ οἱ νεώτεροι συνέστειλαν αὐτόν

5 7 ἐγένετο δὲ ὡς ὡρῶν τριῶν διάστημα καὶ ἡ γυνὴ αὐτοῦ ... εἰσῆλθεν. ↔

5 8 ἀπεκρίθη δὲ πρὸς αὐτὴν (+ὁ VB[S]ς) Πέτρος

5 8ᵈ ἡ δὲ εἶπεν

5 9 ὁ δὲ Πέτρος (+εἶπε ς) πρὸς αὐτήν

5 10 ἔπεσεν δὲ παραχρῆμα πρὸς τοὺς πόδας αὐτοῦ καὶ ἐξέψυξεν· ↔

5 10ʰ εἰσελθόντες δὲ οἱ νεανίσκοι εὗρον αὐτὴν νεκράν

5 12ᵍ διὰ δὲ τῶν χειρῶν τῶν ἀποστόλων ἐγίνετο σημεῖα

5 13 τῶν δὲ λοιπῶν οὐδεὶς ἐτόλμα κολλᾶσθαι αὐτοῖς

5 14 μᾶλλον δὲ προσετίθεντο πιστεύοντες τῷ κυρίῳ

5 16 συνήρχετο δὲ καὶ τὸ πλῆθος τῶν πέριξ πόλεων (+εἰς V[S]ς) Ἰερουσαλήμ

5 17ʰ ἀναστὰς δὲ ὁ ἀρχιερεὺς καὶ πάντες οἱ σὺν αὐτῷ

5 19 ἄγγελος δὲ κυρίου διὰ νυκτὸς ἀνοίξας (ἤνοιξε NMVBHς) τὰς θύρας ... εἶπεν

5 21ʰ ἀκούσαντες δὲ εἰσῆλθον ὑπὸ τὸν ὄρθρον εἰς τὸ ἱερόν

5 21ʰ παραγενόμενος δὲ ὁ ἀρχιερεὺς καὶ οἱ σὺν αὐτῷ

5 22 οἱ δὲ παραγενόμενοι ὑπηρέται οὐχ εὗρον αὐτοὺς ἐν τῇ φυλακῇ· ↔

5 22ʰ ἀναστρέψαντες δὲ ἀπήγγειλαν ⟨λέγοντες⟩

5 23ᵃʰ τὸ (+μὲν MV[S]ς) δεσμωτήριον εὕρομεν κεκλεισμένον ... ἀνοίξαντες δὲ ἔσω οὐδένα εὕρομεν. ↔

5 24 ὡς δὲ ἤκουσαν τοὺς λόγους τούτους

5 25ʰ παραγενόμενος δέ τις ἀπήγγειλεν αὐτοῖς

5 27ʰ ἀγαγόντες δὲ αὐτοὺς ἔστησαν ἐν τῷ συνεδρίῳ

5 29ʰ ἀποκριθεὶς δὲ Πέτρος καὶ οἱ ἀπόστολοι εἶπαν

5 32ˡ * καὶ ἡμεῖς ἐσμεν μάρτυρες ... καὶ τὸ πνεῦμα δὲ (+ς) τὸ ἅγιον

5 33ᵉ οἱ δὲ ἀκούσαντες διεπρίοντο

5 34ʰ ἀναστὰς δέ τις ἐν τῷ συνεδρίῳ Φαρισαῖος ... ἐκέλευσεν

5 39ᵇ ⟨ἐὰν ᾖ ἐξ ἀνθρώπων⟩ εἰ δὲ ἐκ θεοῦ ἐστιν

5 39 ἐπείσθησαν δὲ αὐτῷ

6 1ᵍ ἐν δὲ ταῖς ἡμέραις ταύταις ... ἐγένετο γογγυσμός

6 2ʰ προσκαλεσάμενοι δὲ οἱ δώδεκα τὸ πλῆθος τῶν μαθητῶν εἶπαν

6 3 ἐπισκέψασθε δέ (οὖν VBSς), ἀδελφοί, ἄνδρας ... ἑπτά

6 4 ἡμεῖς δὲ τῇ προσευχῇ καὶ τῇ διακονίᾳ τοῦ λόγου προσκαρτερήσομεν

6 8 Στέφανος δὲ πλήρης χάριτος καὶ δυνάμεως ἐποίει τέρατα καὶ σημεῖα μεγάλα

Ac 6 9 ἀνέστησαν δέ τινες τῶν ἐκ τῆς συναγωγῆς ... Λιβερτίνων

7 1 εἶπεν δὲ ὁ ἀρχιερεύς

7 2ᶜ ὁ δὲ ἔφη

7 6 ἐλάλησεν δὲ οὕτως ὁ θεός

7 11 ἦλθεν δὲ λιμὸς ἐφ' ὅλην τὴν Αἴγυπτον (γῆν Αἰγύπτου Sς)

7 12ʰ ἀκούσας δὲ Ἰακὼβ ὄντα σιτία εἰς Αἴγυπτον ἐξαπέστειλεν

7 14ʰ ἀποστείλας δὲ Ἰωσὴφ μετεκαλέσατο Ἰακώβ

7 15 *| κατέβη δὲ (Ης; καὶ κατέβη rl) Ἰακώβ | εἰς Αἴγυπτον [H]

7 17 καθὼς δὲ ἤγγιζεν ὁ χρόνος τῆς ἐπαγγελίας

7 21ʲ ἐκτεθέντος δὲ αὐτοῦ ἀνείλατο αὐτὸν ἡ θυγάτηρ Φαραώ

7 22 ἦν δὲ δυνατὸς ἐν λόγοις καὶ ἔργοις αὐτοῦ. ↔

7 23 ὡς δὲ ἐπληροῦτο αὐτῷ τεσσερακονταετὴς χρόνος

7 25 ἐνόμιζεν δὲ συνιέναι τοὺς ἀδελφοὺς αὐτοῦ (+[N²⁶S]MVς)

7 25ᵉ οἱ δὲ οὐ συνῆκαν

7 27 ὁ δὲ ἀδικῶν τὸν πλησίον ἀπώσατο αὐτόν

7 29 ἔφυγεν δὲ Μωϋσῆς ἐν τῷ λόγῳ τούτῳ

7 31 ὁ δὲ Μωϋσῆς ἰδὼν ἐθαύμαζεν (N²⁶NT; -σεν rl) τὸ ὅραμα· ↔

7 31ʲ προσερχομένου δὲ αὐτοῦ κατανοῆσαι ἐγένετο φωνὴ κυρίου

7 32 ἔντρομος δὲ γενόμενος Μωϋσῆς οὐκ ἐτόλμα κατανοῆσαι. ↔

7 33 εἶπεν δὲ αὐτῷ ὁ κύριος

7 42 ἔστρεψεν δὲ ὁ θεός

7 47 Σολομὼν δὲ οἰκοδόμησεν αὐτῷ οἶκον

7 49ᵇ ὁ οὐρανός μοι θρόνος, | ἡ δὲ (καὶ ἡ H) γῆ ὑποπόδιον τῶν ποδῶν μου

7 54ʰ ἀκούοντες δὲ ταῦτα διεπρίοντο ταῖς καρδίαις αὐτῶν

7 55ʰ ὑπάρχων δὲ πλήρης πνεύματος ἁγίου

7 57ʰ κράξαντες δὲ φωνῇ μεγάλῃ συνέσχον τὰ ὦτα αὐτῶν

7 60ʰ θεὶς δὲ τὰ γόνατα ἔκραξεν φωνῇ μεγάλῃ

8 1 Σαῦλος δὲ ἦν συνευδοκῶν τῇ ἀναιρέσει αὐτοῦ. ↔

8 1 ἐγένετο δὲ ἐν ἐκείνῃ τῇ ἡμέρᾳ διωγμὸς μέγας ἐπὶ τὴν ἐκκλησίαν

8 1 πάντες δὲ ([NH]; τε ς; —T) διεσπάρησαν κατὰ τὰς χώρας τῆς Ἰουδαίας

8 2 συνεκόμισαν δὲ τὸν Στέφανον ἄνδρες εὐλαβεῖς

8 3 Σαῦλος δὲ ἐλυμαίνετο τὴν ἐκκλησίαν

8 5 Φίλιππος δὲ κατελθὼν εἰς τὴν ([N²⁶]; —Sς) πόλιν τῆς Σαμαρείας ἐκήρυσσεν

8 6 προσεῖχον δὲ (τε ς) οἱ ὄχλοι τοῖς λεγομένοις ὑπὸ τοῦ (—B) Φιλίππου

8 7ᵇ πολλοὶ γὰρ ... πολλοὶ δὲ παραλελυμένοι καὶ χωλοὶ ἐθεραπεύθησαν·

8 8 | ἐγένετο δὲ (καὶ ἐγ. ς) πολλὴ χαρὰ ἐν τῇ πόλει ἐκείνῃ. ↔

8 9 ἀνὴρ δέ τις ὀνόματι Σίμων προϋπῆρχεν ἐν τῇ πόλει μαγεύων

8 11 προσεῖχον δὲ αὐτῷ

8 12 ὅτε δὲ ἐπίστευσαν τῷ Φιλίππῳ εὐαγγελιζομένῳ

Ac 8 13 ὁ δὲ Σίμων καὶ αὐτὸς ἐπίστευσεν

8 14ʰ ἀκούσαντες δὲ οἱ ἐν Ἱεροσολύμοις ἀπόστολοι

8 16ᵇ οὐδέπω γὰρ ἦν ἐπ' οὐδενὶ αὐτῶν ἐπιπεπτωκός, μόνον δὲ βεβαπτισμένοι ὑπῆρχον

8 18ʰ ἰδὼν δὲ ὁ Σίμων

8 20 Πέτρος δὲ εἶπεν πρὸς αὐτόν

8 24ʰ ἀποκριθεὶς δὲ ὁ Σίμων εἶπεν

8 26 ἄγγελος δὲ κυρίου ἐλάλησεν πρὸς Φίλιππον

8 28 *ἦν δὲ (NMH; τε rl) ὑποστρέφων καὶ καθήμενος ἐπὶ τοῦ ἅρματος αὐτοῦ

8 29 εἶπεν δὲ τὸ πνεῦμα τῷ Φιλίππῳ

8 30ʰ προσδραμὼν δὲ ὁ Φίλιππος ἤκουσεν αὐτοῦ

8 31ᶜ ὁ δὲ εἶπεν

8 32 ἡ δὲ περιοχὴ τῆς γραφῆς ἣν ἀνεγίνωσκεν ἦν αὕτη

8 33 *τὴν δὲ (+MVSς) γενεὰν αὐτοῦ τίς διηγήσεται;

8 34ʰ ἀποκριθεὶς δὲ ὁ εὐνοῦχος τῷ Φιλίππῳ εἶπεν

8 35ʰ ἀνοίξας δὲ ὁ Φίλιππος τὸ στόμα αὐτοῦ

8 36 ὡς δὲ ἐπορεύοντο κατὰ τὴν ὁδόν

8 37 *| εἶπε δὲ ὁ Φίλιππος (+ς..)

8 37ʰ *| ἀποκριθεὶς δὲ εἶπε (..+ς..)

8 39 ὅτε δὲ ἀνέβησαν ἐκ τοῦ ὕδατος

8 40 Φίλιππος δὲ εὑρέθη εἰς Ἄζωτον

9 1 ὁ δὲ Σαῦλος ἔτι ἐμπνέων ἀπειλῆς ⟨ᾐτήσατο⟩

9 3ᵍ ἐν δὲ τῷ πορεύεσθαι ἐγένετο αὐτὸν ἐγγίζειν τῇ Δαμασκῷ

9 5 εἶπεν δέ· τίς εἶ, κύριε; ↔

9 5ᶜ ὁ δέ· ἐγώ εἰμι Ἰησοῦς

9 7 οἱ δὲ ἄνδρες οἱ συνοδεύοντες αὐτῷ εἱστήκεισαν ἐνεοί, ↔

9 7ᵃ ἀκούοντες μὲν τῆς φωνῆς, μηδένα δὲ θεωροῦντες. ↔

9 8 ἠγέρθη δὲ Σαῦλος ἀπὸ τῆς γῆς. ↔

9 8ʲ ἀνεῳγμένων δὲ τῶν ὀφθαλμῶν αὐτοῦ οὐδὲν ἔβλεπεν· ↔

9 8ʰ χειραγωγοῦντες δὲ αὐτὸν εἰσήγαγον εἰς Δαμασκόν

9 10 ἦν δέ τις μαθητὴς ἐν Δαμασκῷ ὀνόματι Ἀνανίας

9 10ᶜ ὁ δὲ εἶπεν

9 11 ὁ δὲ κύριος πρὸς αὐτόν

9 13 ἀπεκρίθη δὲ Ἀνανίας

9 15 εἶπεν δὲ πρὸς αὐτὸν ὁ κύριος

9 17 ἀπῆλθεν δὲ Ἀνανίας καὶ εἰσῆλθεν εἰς τὴν οἰκίαν

9 19 ἐγένετο δὲ μετὰ τῶν ἐν Δαμασκῷ μαθητῶν ἡμέρας τινάς

9 21 ἐξίσταντο δὲ πάντες οἱ ἀκούοντες

9 22 Σαῦλος δὲ μᾶλλον ἐνεδυναμοῦτο

9 23 ὡς δὲ ἐπληροῦντο ἡμέραι ἱκαναί

9 24 ἐγνώσθη δὲ τῷ Σαύλῳ ἡ ἐπιβουλὴ αὐτῶν. ↔

9 24 παρετηροῦντο (-ροῦν ς) | δὲ καὶ (τε ς) τὰς πύλας

9 25ʰ λαβόντες δὲ | οἱ μαθηταὶ αὐτοῦ (αὐτὸν οἱ μ. Vς) νυκτὸς διὰ τοῦ τείχους καθῆκαν αὐτὸν (—Vς)

9 26ʰ παραγενόμενος δὲ εἰς Ἱερουσαλὴμ ἐπείραζεν

9 27 Βαρναβᾶς δὲ ἐπιλαβόμενος αὐτὸν ἤγαγεν

9 29ᵉ οἱ δὲ ἐπεχείρουν ἀνελεῖν αὐτόν. ↔

9 30ʰ ἐπιγνόντες δὲ οἱ ἀδελφοὶ κατήγαγον αὐτὸν εἰς Καισάρειαν

9 32 ἐγένετο δὲ Πέτρον διερχόμενον διὰ πάντων κατελθεῖν

Ac 9 33 εὗρεν δὲ ἐκεῖ ἄνθρωπόν τινα
9 36ᵏ ἐν Ἰόππῃ δέ τις ἦν μαθήτρια
9 37 ἐγένετο δὲ ἐν ταῖς ἡμέραις ἐκείναις
ἀσθενήσασαν αὐτὴν ἀποθανεῖν· ↔
9 37ʰ λούσαντες δὲ ‖ ἔθηκαν αὐτὴν
([N²⁶]; —NH) ((∼MVBSϛ)) ἐν
ὑπερῴῳ. ↔
9 38ʲ ἐγγὺς δὲ οὔσης Λύδδας τῇ Ἰόππῃ
οἱ μαθηταὶ … ἀπέστειλαν
9 39ʰ ἀναστὰς δὲ Πέτρος συνῆλθεν αὐτοῖς
9 40ʰ ἐκβαλὼν δὲ ἔξω πάντας ὁ Πέτρος
9 40ᵈ ἡ δὲ ἤνοιξεν τοὺς ὀφθαλμοὺς αὐτῆς
9 41ʰ δοὺς δὲ αὐτῇ χεῖρα ἀνέστησεν
αὐτήν· ↔
9 41ʰ φωνήσας δὲ τοὺς ἁγίους καὶ τὰς
χήρας παρέστησεν αὐτὴν ζῶσαν.
↔
9 42 γνωστὸν δὲ ἐγένετο καθ᾽ ὅλης τῆς
(—Η) Ἰόππης
9 43 ἐγένετο δὲ (+ αὐτὸν M[S] ∼ Vϛ)
ἡμέρας ἱκανὰς μεῖναι ἐν Ἰόππῃ
10 1 ἀνὴρ δέ τις ἐν Καισαρείᾳ ⟨εἶδεν ἐν
ὁράματι⟩
10 4ᶜ ὁ δὲ ἀτενίσας αὐτῷ … εἶπεν
10 4 εἶπεν δὲ αὐτῷ
10 7 ὡς δὲ ἀπῆλθεν ὁ ἄγγελος ὁ λαλῶν
αὐτῷ
10 9 τῇ δὲ ἐπαύριον ὁδοιπορούντων
ἐκείνων (αὐτῶν ST) … ἀνέβη ὁ
Πέτρος
10 10 ἐγένετο δὲ πρόσπεινος καὶ ἤθελεν
γεύσασθαι· ↔
10 10ʲ παρασκευαζόντων δὲ αὐτῶν ἐγένε-
το ἐπ᾽ αὐτὸν ἔκστασις
10 14 ὁ δὲ Πέτρος εἶπεν
10 16 τοῦτο δὲ ἐγένετο ἐπὶ τρίς
10 17 ὡς δὲ ἐν ἑαυτῷ διηπόρει ὁ Πέτρος
10 19ʲ τοῦ δὲ Πέτρου διενθυμουμένου περὶ
τοῦ ὁράματος
10 21ʰ καταβὰς δὲ Πέτρος … εἶπεν
10 22ᵉ οἱ δὲ εἶπαν
10 23 τῇ δὲ ἐπαύριον ἀναστὰς ἐξῆλθεν
σὺν αὐτοῖς
10 24 | τῇ δὲ (καὶ τῇ ϛ) ἐπαύριον
εἰσῆλθεν (-θον STϛ) εἰς τὴν Και-
σάρειαν· ↔
10 24 ὁ δὲ Κορνήλιος ἦν προσδοκῶν
αὐτούς
10 25 ὡς δὲ ἐγένετο τοῦ εἰσελθεῖν τὸν
Πέτρον
10 26 ὁ δὲ Πέτρος ἤγειρεν αὐτὸν λέγων
10 34ʰ ἀνοίξας δὲ Πέτρος τὸ στόμα εἶπεν
10 48 προσέταξεν δὲ (τε ϛ) αὐτοὺς
(αὐτοῖς Τ) … βαπτισθῆναι
11 1 ἤκουσαν δὲ οἱ ἀπόστολοι
11 2 | ὅτε δὲ (καὶ ὅτε ϛ) ἀνέβη Πέτρος
εἰς Ἰερουσαλήμ
11 4ʰ ἀρξάμενος δὲ Πέτρος ἐξετίθετο
αὐτοῖς καθεξῆς λέγων
11 7 ἤκουσα δὲ καὶ φωνῆς λεγούσης μοι
11 8 εἶπον δὲ
11 9 ἀπεκρίθη δὲ | φωνὴ ἐκ δευτέρου
(∼NMH) ἐκ τοῦ οὐρανοῦ
11 10 τοῦτο δὲ ἐγένετο ἐπὶ τρίς
11 12 εἶπεν δὲ | τὸ πνεῦμά μοι (∼Sϛ)
συνελθεῖν αὐτοῖς
11 12 ἦλθον δὲ σὺν ἐμοὶ καὶ οἱ ἓξ ἀδελφοὶ
οὗτοι
11 13 ἀπήγγειλεν δὲ (τε ϛ) ἡμῖν
11 15ᵍ ἐν δὲ τῷ ἄρξασθαί με λαλεῖν
11 16 ἐμνήσθην δὲ τοῦ ῥήματος τοῦ
κυρίου, ὡς ἔλεγεν· ↔
11 16ᵃ Ἰωάννης μὲν ἐβάπτισεν ὕδατι,
ὑμεῖς δὲ βαπτισθήσεσθε ἐν πνεύ-
ματι ἁγίῳ

Ac 11 17ᵇ *εἰ οὖν … ἔδωκεν αὐτοῖς ὁ θεός…
ἐγὼ δὲ (+ϛ) τίς ἤμην δυνατὸς
κωλῦσαι τὸν θεόν; ↔
11 18ʰ ἀκούσαντες δὲ ταῦτα ἡσύχασαν
11 20 ἦσαν δέ τινες ἐξ αὐτῶν ἄνδρες
Κύπριοι καὶ Κυρηναῖοι
11 22 ἠκούσθη δὲ ὁ λόγος εἰς τὰ ὦτα
τῆς ἐκκλησίας
11 25 ἐξῆλθεν δὲ εἰς Ταρσόν
11 26 ἐγένετο δὲ αὐτοῖς καὶ ἐνιαυτὸν
ὅλον συναχθῆναι ἐν τῇ ἐκκλησίᾳ
11 27ᵏ ἐν ταύταις δὲ ταῖς ἡμέραις κατ-
ῆλθον … προφῆται εἰς Ἀντιόχει-
αν· ↔
11 28ʰ ἀναστὰς δὲ εἷς ἐξ αὐτῶν ὀνόματι
Ἄγαβος
11 29 τῶν δὲ μαθητῶν καθὼς εὐπορεῖτό
τις, ὥρισαν
12 1ᵏ κατ᾽ ἐκεῖνον δὲ τὸν καιρὸν ἐπέβα-
λεν | Ἡρῴδης ὁ βασιλεὺς (∼Τ)
τὰς χεῖρας
12 2 ἀνεῖλεν δὲ Ἰάκωβον τὸν ἀδελφὸν
Ἰωάννου μαχαίρῃ. ↔
12 3ʰ | ἰδὼν δὲ (καὶ ι. ϛ) ὅτι ἀρεστόν
ἐστιν τοῖς Ἰουδαίοις
12 3 ἦσαν δὲ αἱ (+[N²⁶S]V) ἡμέραι
τῶν ἀζύμων
12 5 προσευχὴ δὲ ἦν ἐκτενῶς (-νῆς Sϛ)
γινομένη … περὶ αὐτοῦ. ↔
12 6 ὅτε δὲ ἤμελλεν προαγαγεῖν (προσ-
Η; προάγειν ϛ) αὐτὸν ὁ Ἡρῴδης
12 7ʰ πατάξας δὲ τὴν πλευρὰν τοῦ
Πέτρου ἤγειρεν αὐτὸν λέγων
12 8 εἶπεν δὲ (τε VSTϛ) ὁ ἄγγελος
πρὸς αὐτόν
12 8 ἐποίησεν δὲ οὕτως
12 9ᵇ οὐκ ᾔδει … ἐδόκει δὲ ὅραμα
βλέπειν. ↔
12 10ʰ διελθόντες δὲ πρώτην φυλακὴν καὶ
δευτέραν
12 13ʲ κρούσαντος δὲ αὐτοῦ τὴν θύραν
… προσῆλθεν παιδίσκη
12 14ʰ εἰσδραμοῦσα δὲ ἀπήγγειλεν
12 15ᵉ οἱ δὲ πρὸς αὐτὴν εἶπαν· μαίνῃ. ↔
12 15ᵈ ἡ δὲ διϊσχυρίζετο οὕτως ἔχειν. ↔
12 15ᵉ οἱ δὲ ἔλεγον
12 16 ὁ δὲ Πέτρος ἐπέμενεν κρούων· ↔
12 16ʰ ἀνοίξαντες δὲ εἶδαν αὐτὸν καὶ
ἐξέστησαν. ↔
12 17ʰ κατασείσας δὲ αὐτοῖς τῇ χειρὶ
σιγᾶν ↔
12 17 *διηγήσατο … εἶπεν δέ (ϛ; τε rl)·
ἀπαγγείλατε Ἰακώβῳ … ταῦτα
12 18ʲ γενομένης δὲ ἡμέρας ἦν τάραχος
12 19 Ἡρῴδης δὲ ἐπιζητήσας αὐτὸν
12 20 ἦν δὲ θυμομαχῶν Τυρίοις καὶ
Σιδωνίοις· ↔
12 20 ὁμοθυμαδὸν δὲ παρῆσαν πρὸς
αὐτόν
12 21 τακτῇ δὲ ἡμέρᾳ ὁ [Η] Ἡρῴδης…
ἐδημηγόρει πρὸς αὐτούς· ↔
12 22 ὁ δὲ δῆμος ἐπεφώνει
12 23 παραχρῆμα δὲ ἐπάταξεν αὐτὸν
ἄγγελος κυρίου
12 24 ὁ δὲ λόγος τοῦ θεοῦ (κυρίου ΝΗ)
ηὔξανεν καὶ ἐπληθύνετο. ↔
12 25 Βαρνάβας δὲ καὶ Σαῦλος ὑπ-
έστρεψαν εἰς (N²⁶Η; ἐξ rl) Ἰερουσ-
αλήμ
13 1 ἦσαν δὲ ἐν Ἀντιοχείᾳ … προφῆ-
ται καὶ διδάσκαλοι
13 2ʲ λειτουργούντων δὲ αὐτῶν τῷ
κυρίῳ … εἶπεν τὸ πνεῦμα τὸ ἅγιον
13 5 εἶχον δὲ καὶ Ἰωάννην ὑπηρέτην. ↔

Ac 13 6ʰ διελθόντες δὲ ὅλην τὴν νῆσον …
εὗρον ἄνδρα τινὰ μάγον
13 8 ἀνθίστατο δὲ αὐτοῖς Ἐλύμας ὁ
μάγος
13 9 Σαῦλος δέ, ὁ καὶ Παῦλος, πλησθεὶς
πνεύματος ἁγίου ⟨εἶπεν⟩
13 11 *παραχρῆμα δὲ (τε N²⁶Τ) ἔπεσεν
ἐπ᾽ αὐτὸν ἀχλύς
13 13ʰ ἀναχθέντες δὲ ἀπὸ τῆς Πάφου …
ἦλθον εἰς Πέργην
13 13 Ἰωάννης δὲ ἀποχωρήσας ἀπ᾽
αὐτῶν ὑπέστρεψεν εἰς Ἱεροσό-
λυμα. ↔
13 14 αὐτοὶ δὲ διελθόντες ἀπὸ τῆς Πέρ-
γης παρεγένοντο εἰς Ἀντιόχειαν
13 15ᵍ μετὰ δὲ τὴν ἀνάγνωσιν τοῦ νόμου
… ἀπέστειλαν οἱ ἀρχισυνάγωγοι
πρὸς αὐτούς
13 16ʰ ἀναστὰς δὲ Παῦλος … εἶπεν
13 25 ὡς δὲ ἐπλήρου Ἰωάννης τὸν
δρόμον, ἔλεγεν
13 29 ὡς δὲ ἐτέλεσαν πάντα τὰ περὶ
αὐτοῦ γεγραμμένα, καθελόντες…
ἔθηκαν εἰς μνημεῖον. ↔
13 30 ὁ δὲ θεὸς ἤγειρεν αὐτὸν ἐκ νεκρῶν
13 34 ὅτι δὲ ἀνέστησεν αὐτὸν ἐκ νεκρῶν
13 37ᵃ ⟨Δαυὶδ μὲν γὰρ … εἶδεν διαφθοράν⟩
ὃν δὲ ὁ θεὸς ἤγειρεν, οὐκ εἶδεν
διαφθοράν
13 42ʲ ἐξιόντων δὲ αὐτῶν παρεκάλουν
13 43ʲ λυθείσης δὲ τῆς συναγωγῆς ἠκο-
λούθησαν πολλοὶ τῶν Ἰουδαίων
13 44 τῷ δὲ ἐρχομένῳ σαββάτῳ σχεδὸν
πᾶσα ἡ πόλις συνήχθη
13 45ʰ ἰδόντες δὲ οἱ Ἰουδαῖοι τοὺς ὄχλους
ἐπλήσθησαν ζήλου
13 46ʰ *παρρησιασάμενοι δὲ (ϛ; τε rl) ὁ
Παῦλος καὶ ὁ Βαρνάβας εἶπαν
13 46 *ἐπειδὴ δὲ (+MVBSϛ) ἀπωθεῖσθε
αὐτόν
13 48ʰ ἀκούοντα δὲ τὰ ἔθνη ἔχαιρον
13 49 διεφέρετο δὲ ὁ λόγος τοῦ κυρίου
δι᾽ (καθ᾽ Τ) ὅλης τῆς χώρας. ↔
13 50 οἱ δὲ Ἰουδαῖοι παρώτρυναν τὰς
σεβομένας γυναῖκας
13 51ᵉ οἱ δὲ ἐκτιναξάμενοι τὸν κονιορτὸν
τῶν ποδῶν ἐπ᾽ αὐτοὺς ἦλθον εἰς
Ἰκόνιον, ↔
13 52 *οἱ δὲ (Τϛ; τε rl) μαθηταὶ ἐπλη-
ροῦντο χαρᾶς καὶ πνεύματος ἁγίου.
↔
14 1 ἐγένετο δὲ ἐν Ἰκονίῳ … εἰσελθεῖν
αὐτοὺς εἰς τὴν συναγωγήν
14 2 οἱ δὲ ἀπειθήσαντες Ἰουδαῖοι ἐπ-
ήγειραν … τὰς ψυχάς
14 4 ἐσχίσθη δὲ τὸ πλῆθος τῆς πόλεως,
↔
14 4ᵃᵉ καὶ οἱ μὲν ἦσαν σὺν τοῖς Ἰουδαίοις,
οἱ δὲ σὺν τοῖς ἀποστόλοις. ↔
14 5 ὡς δὲ ἐγένετο ὁρμὴ τῶν ἐθνῶν τε
καὶ Ἰουδαίων
14 11 *οἱ δὲ (VSϛ; τε rl) ὄχλοι ἰδόντες ὃ
ἐποίησεν Παῦλος
14 12ᵃᵇ ἐκάλουν τε τὸν (+μὲν ϛ) Βαρνα-
βᾶν Δία, τὸν δὲ Παῦλον Ἑρμῆν
14 13 *ὅ δὲ (ϛ; τε rl) ἱερεὺς τοῦ Διὸς …
ἤθελεν θύειν. ↔
14 14ʰ ἀκούσαντες δὲ οἱ ἀπόστολοι
ἐξεπήδησαν
14 19 ἐπῆλθαν δὲ ἀπὸ Ἀντιοχείας καὶ
Ἰκονίου Ἰουδαῖοι
14 20ʲ κυκλωσάντων δὲ τῶν μαθητῶν αὐ-
τὸν ἀναστὰς εἰσῆλθεν εἰς τὴν πόλιν
14 23ʰ χειροτονήσαντες δὲ αὐτοῖς κατ᾽
ἐκκλησίαν πρεσβυτέρους

Ac 14 27[h] παραγενόμενοι δὲ καὶ συναγα-
γόντες τὴν ἐκκλησίαν

14 28 διέτριβον δὲ χρόνον οὐκ ὀλίγον
σὺν τοῖς μαθηταῖς

15 2[j] γενομένης δὲ (οὖν ς) στάσεως καὶ
ζητήσεως ... ἔταξαν

15 4[h] παραγενόμενοι δὲ εἰς Ἰερουσαλὴμ
(N²⁶Τς; Ἱεροσόλυμα rl) παρεδέ-
χθησαν

15 5 ἐξανέστησαν δέ τινες τῶν ἀπὸ τῆς
αἱρέσεως τῶν Φαρισαίων

15 6 *συνήχθησαν δὲ (Τς; τε rl) οἱ
ἀπόστολοι καὶ οἱ πρεσβύτεροι

15 7[j] πολλῆς δὲ ζητήσεως γενομένης
ἀναστὰς Πέτρος εἶπεν πρὸς αὐτούς

15 12 ἐσίγησεν δὲ πᾶν τὸ πλῆθος

15 13[g] μετὰ δὲ τὸ σιγῆσαι αὐτοὺς ἀπ-
εκρίθη Ἰάκωβος

15 31[h] ἀναγνόντες δὲ ἐχάρησαν ἐπὶ τῇ
παρακλήσει. ↔

15 32 *Ἰούδας δὲ (ς; τε rl) καὶ Σιλᾶς...
παρεκάλεσαν τοὺς ἀδελφοὺς καὶ
ἐπεστήριξαν· ↔

15 33[h] ποιήσαντες δὲ χρόνον ἀπελύθησαν
μετ' εἰρήνης

15 34 *| ἔδοξε δὲ τῷ Σίλᾳ ἐπιμεῖναι
αὐτοῦ (+ς). ↔

15 35 Παῦλος δὲ καὶ Βαρναβᾶς διέτριβον
ἐν Ἀντιοχείᾳ

15 36[g] μετὰ δέ τινας ἡμέρας εἶπεν πρὸς
Βαρναβᾶν Παῦλος

15 37 Βαρναβᾶς δὲ ἐβούλετο συμπαρα-
λαβεῖν καὶ τὸν Ἰωάννην τὸν
καλούμενον Μᾶρκον· ↔

15 38[b] Παῦλος δὲ ἠξίου ... μὴ συμπαρα-
λαμβάνειν τοῦτον. ↔

15 39 ἐγένετο δὲ (οὖν ς) παροξυσμός

15 40 Παῦλος δὲ ἐπιλεξάμενος Σιλᾶν
ἐξῆλθεν

15 41 διήρχετο δὲ τὴν Συρίαν καὶ τὴν
[+N²⁶Η] Κιλικίαν

16 1 κατήντησεν δὲ καὶ ([N²⁶]; —Τς)
εἰς Δέρβην καὶ εἰς Λύστραν

16 1[b] Τιμόθεος, υἱὸς γυναικὸς Ἰουδαίας
πιστῆς πατρὸς δὲ Ἕλληνος

16 4 ὡς δὲ διεπορεύοντο τὰς πόλεις

16 6[h] διῆλθον (διελθόντες ς) δὲ τὴν
Φρυγίαν καὶ Γαλατικὴν χώραν

16 7[h] ἐλθόντες δὲ (—ς) κατὰ τὴν Μυσίαν

16 8[h] παρελθόντες δὲ τὴν Μυσίαν κατ-
έβησαν εἰς Τρῳάδα

16 10 ὡς δὲ τὸ ὅραμα εἶδεν

16 11[h] ἀναχθέντες δὲ (οὖν VBSΗς) ἀπὸ
Τρῳάδος εὐθυδρομήσαμεν εἰς Σα-
μοθράκην, ↔

16 11 τῇ δὲ (τε ς) ἐπιούσῃ εἰς Νέαν πόλιν

16 12 ἦμεν δὲ ἐν ταύτῃ τῇ πόλει δια-
τρίβοντες ἡμέρας τινάς

16 15 ὡς δὲ ἐβαπτίσθη καὶ ὁ οἶκος αὐτῆς

16 16 ἐγένετο δὲ πορευομένων ἡμῶν εἰς
τὴν προσευχήν

16 18 τοῦτο δὲ ἐποίει ἐπὶ πολλὰς ἡμέρας.
↔

16 18[h] διαπονηθεὶς δὲ (+ὁ MVBSς)
Παῦλος ... εἶπεν

16 19[h] ἰδόντες δὲ οἱ κύριοι αὐτῆς ...
εἵλκυσαν

16 23 *πολλὰς δὲ (NMH; τε rl) ἐπι-
θέντες αὐτοῖς πληγὰς ἔβαλον εἰς
φυλακήν

16 25[g] κατὰ δὲ τὸ μεσονύκτιον Παῦλος
καὶ Σιλᾶς προσευχόμενοι ὕμνουν
τὸν θεόν·

16 25 ἐπηκροῶντο δὲ αὐτῶν οἱ δέσμιοι·
↔

Ac 16 26 ἄφνω δὲ σεισμὸς ἐγένετο μέγας

16 26 ἠνεῴχθησαν δὲ (τε ς) παραχρῆμα
[Η] αἱ θύραι πᾶσαι

16 27 ἔξυπνος δὲ γενόμενος ὁ δεσμοφύλαξ

16 28 ἐφώνησεν δὲ || μεγάλῃ φωνῇ ὁ
[N²⁶] Παῦλος ((N²⁶V; Π. μ. φ.
NMH; φ. μ. ὁ Π. BSς; φ. μ. Π. Τ))

16 29[h] αἰτήσας δὲ φῶτα εἰσεπήδησεν

16 31[e] οἱ δὲ εἶπαν

16 35[j] ἡμέρας δὲ γενομένης ἀπέστειλαν
οἱ στρατηγοί

16 36 ἀπήγγειλεν δὲ ὁ δεσμοφύλαξ τοὺς
λόγους τούτους ([N²⁶]; —Η)

16 37 ὁ δὲ Παῦλος ἔφη πρὸς αὐτούς

16 38 ἀπήγγειλαν δὲ (τε Τ) τοῖς στρατη-
γοῖς οἱ ῥαβδοῦχοι τὰ ῥήματα
ταῦτα. ↔

16 38 | ἐφοβήθησαν δὲ (καὶ ἐφ. ς) ἀκού-
σαντες ὅτι Ῥωμαῖοί εἰσιν

16 40[h] ἐξελθόντες δὲ ἀπὸ τῆς φυλακῆς
εἰσῆλθον πρὸς τὴν Λυδίαν

17 1[h] διοδεύσαντες δὲ τὴν Ἀμφίπολιν...
ἦλθον εἰς Θεσσαλονίκην

17 2[g] κατὰ δὲ τὸ εἰωθὸς τῷ Παύλῳ
εἰσῆλθεν πρὸς αὐτούς

17 5[h] ζηλώσαντες δὲ οἱ Ἰουδαῖοι ...
ἐζήτουν αὐτοὺς προαγαγεῖν εἰς
τὸν δῆμον· ↔

17 6[hk] μὴ εὑρόντες δὲ αὐτοὺς ἔσυρον
Ἰάσονα

17 8 ἐτάραξαν δὲ τὸν ὄχλον καὶ τοὺς
πολιτάρχας

17 10 οἱ δὲ ἀδελφοὶ ... ἐξέπεμψαν τόν
τε Παῦλον καὶ τὸν Σιλᾶν εἰς
Βέροιαν

17 11 οὗτοι δὲ ἦσαν εὐγενέστεροι τῶν
ἐν Θεσσαλονίκῃ

17 13 ὡς δὲ ἔγνωσαν οἱ ἀπὸ τῆς Θεσσα-
λονίκης Ἰουδαῖοι

17 14 εὐθέως δὲ τότε τὸν Παῦλον ἐξ-
απέστειλαν οἱ ἀδελφοί

17 14 *| ὑπέμενον δὲ (ς; -μειναν τε rl)
ὅ τε Σιλᾶς καὶ ὁ Τιμόθεος ἐκεῖ. ↔

17 15 οἱ δὲ καθιστάνοντες (-τῶντες Sς)
τὸν Παῦλον ἤγαγον ἕως Ἀθηνῶν

17 16[g] ἐν δὲ ταῖς Ἀθήναις ἐκδεχομένου
αὐτοὺς τοῦ Παύλου

17 18 τινὲς δὲ καὶ τῶν Ἐπικουρείων καὶ
Στωϊκῶν φιλοσόφων συνέβαλλον
αὐτῷ, ↔

17 18[be] καί τινες ἔλεγον ... οἱ δέ

17 19[h] *ἐπιλαβόμενοι δὲ (NMH; τε rl)
αὐτοῦ ἐπὶ τὸν Ἄρειον πάγον
ἤγαγον

17 21 Ἀθηναῖοι δὲ πάντες ... εἰς οὐδὲν
ἕτερον ηὐκαίρουν

17 22[h] σταθεὶς δὲ ὁ ([N²⁶]; —NTH)
Παῦλος ἐν μέσῳ τοῦ Ἀρείου
πάγου ἔφη

17 32[h] ἀκούσαντες δὲ ἀνάστασιν νεκρῶν,
↔

17 32[ae] οἱ μὲν ἐχλεύαζον, οἱ δὲ εἶπαν

17 34 τινὲς δὲ ἄνδρες κολληθέντες αὐτῷ
ἐπίστευσαν

18 1[g] *μετὰ δὲ (+ς) ταῦτα χωρισθεὶς
(+ὁ Παῦλος [MS]Vς) ἐκ τῶν
Ἀθηνῶν

18 4 διελέγετο δὲ ἐν τῇ συναγωγῇ

18 5 ὡς δὲ κατῆλθον ἀπὸ τῆς Μακεδονί-
ας ὅ τε Σιλᾶς καὶ ὁ Τιμόθεος

18 6[j] ἀντιτασσομένων δὲ αὐτῶν καὶ
βλασφημούντων ... εἶπεν

18 8 Κρίσπος δὲ ὁ ἀρχισυνάγωγος ἐπί-
στευσεν τῷ κυρίῳ

18 9 εἶπεν δὲ ὁ κύριος ... τῷ Παύλῳ

Ac 18 11 ἐκάθισεν δὲ (τε ς) ἐνιαυτὸν καὶ
μῆνας ἓξ διδάσκων

18 12[j] Γαλλίωνος δὲ ἀνθυπάτου ὄντος
τῆς Ἀχαΐας

18 14[j] μέλλοντος δὲ τοῦ Παύλου ἀνοίγειν
τὸ στόμα εἶπεν ὁ Γαλλίων

18 15[a] ⟨εἰ μὲν ἦν ἀδίκημά τι⟩ εἰ δὲ
ζητήματά ἐστιν περὶ λόγου

18 17[h] ἐπιλαβόμενοι δὲ πάντες (+ οἱ
Ἕλληνες M[VS]ς) Σωσθένην ...
ἔτυπτον

18 18 ὁ δὲ Παῦλος ἔτι προσμείνας ἡμέρας
ἱκανάς

18 19 κατήντησαν δὲ εἰς Ἔφεσον

18 19 αὐτὸς δὲ εἰσελθὼν εἰς τὴν συναγω-
γὴν διελέξατο (διελέχθη Sς) τοῖς
Ἰουδαίοις. ↔

18 20[j] ἐρωτώντων δὲ αὐτῶν ἐπὶ πλείονα
χρόνον μεῖναι

18 21 * πάλιν δὲ (+ς) ἀνακάμψω πρὸς
ὑμᾶς

18 24 Ἰουδαῖος δέ τις Ἀπολλῶς ὀνό-
ματι ... κατήντησεν εἰς Ἔφεσον

18 26[h] ἀκούσαντες δὲ αὐτοῦ | Πρίσκιλλα
καὶ Ἀκύλας (~ Sς) προσελάβοντο
αὐτόν

18 27[j] βουλομένου δὲ αὐτοῦ διελθεῖν εἰς
τὴν Ἀχαΐαν

19 1 ἐγένετο δὲ ἐν τῷ τὸν Ἀπολλῶ
εἶναι ἐν Κορίνθῳ

19 2[e] εἶπέν τε πρὸς αὐτούς ... οἱ δὲ
πρὸς αὐτόν

19 3[c] *| ὁ δὲ εἶπεν (BT; εἶπέν τε rl)

19 3[e] οἱ δὲ εἶπαν · εἰς τὸ Ἰωάννου
βάπτισμα. ↔

19 4 εἶπεν δὲ Παῦλος

19 5[h] ἀκούσαντες δὲ ἐβαπτίσθησαν εἰς
τὸ ὄνομα τοῦ κυρίου Ἰησοῦ

19 7 ἦσαν δὲ οἱ πάντες ἄνδρες ὡσεὶ
δώδεκα. ↔

19 8[h] εἰσελθὼν δὲ εἰς τὴν συναγωγὴν
ἐπαρρησιάζετο ἐπὶ μῆνας τρεῖς

19 9 ὡς δέ τινες ἐσκληρύνοντο καὶ
ἠπείθουν

19 10 τοῦτο δὲ ἐγένετο ἐπὶ ἔτη δύο

19 13 ἐπεχείρησαν δέ τινες ... ὀνομάζειν
ἐπὶ τοὺς ἔχοντας τὰ πνεύματα

19 14 ἦσαν δέ τινος (τινες VSTς)
Σκευᾶ Ἰουδαίου ἀρχιερέως ἑπτὰ
υἱοὶ τοῦτο ποιοῦντες. ↔

19 15[h] ἀποκριθὲν δὲ τὸ πνεῦμα τὸ πονηρὸν
εἶπεν αὐτοῖς · ↔

19 15[a] τὸν μὲν [+N²⁶ΝΗ] Ἰησοῦν γινώ-
σκω ... ὑμεῖς δὲ τίνες ἐστέ;

19 17 τοῦτο δὲ ἐγένετο γνωστὸν πᾶσιν
Ἰουδαίοις

19 19 ἱκανοὶ δὲ τῶν τὰ περίεργα πραξάν-
των συνενέγκαντες τὰς βίβλους
κατέκαιον

19 21 ὡς δὲ ἐπληρώθη ταῦτα

19 22[h] ἀποστείλας δὲ εἰς τὴν (— NMT)
Μακεδονίαν δύο τῶν διακονούντων
αὐτῷ

19 23 ἐγένετο δὲ κατὰ τὸν καιρὸν ἐκεῖνον
τάραχος

19 27[k] οὐ μόνον δὲ τοῦτο κινδυνεύει ἡμῖν
τὸ μέρος εἰς ἀπελεγμὸν ἐλθεῖν, ↔

19 27 * ἀλλὰ καὶ τὸ τῆς ... | Ἀρτέμιδος
ἱερὸν (~ Τ) εἰς οὐθὲν λογισθῆναι,
μέλλειν δὲ (ς; τε rl) καὶ καθαι-
ρεῖσθαι

19 28[h] ἀκούσαντες δὲ καὶ γενόμενοι πλή-
ρεις θυμοῦ ἔκραζον λέγοντες

Ac 19 30ʲ | Παύλου δὲ (τοῦ δὲ Π. VBSς) βουλομένου εἰσελθεῖν ... οὐκ εἴων αὐτὸν οἱ μαθηταί · ↔

19 31 τινὲς δὲ καὶ τῶν Ἀσιαρχῶν, ὄντες αὐτῷ φίλοι

19 33ᵍ ἐκ δὲ τοῦ ὄχλου συνεβίβασαν Ἀλέξανδρον

19 33 ὁ δὲ Ἀλέξανδρος κατασείσας τὴν χεῖρα ἤθελεν ἀπολογεῖσθαι τῷ δήμῳ. ↔

19 34ʰ ἐπιγνόντες δὲ ὅτι Ἰουδαῖός ἐστιν, φωνὴ ἐγένετο μία ἐκ πάντων

19 35ʰ καταστείλας δὲ | ὁ γραμματεὺς τὸν ὄχλον (∼ H) φησίν

19 39ᵃ (εἰ μὲν οὖν) εἰ δέ τι περαιτέρω (περὶ ἑτέρων Tς) ἐπιζητεῖτε

20 1ᵍ μετὰ δὲ τὸ παύσασθαι τὸν θόρυβον

20 2ʰ διελθὼν δὲ τὰ μέρη ἐκεῖνα ... ἦλθεν εἰς τὴν Ἑλλάδα

20 4 συνείπετο δὲ αὐτῷ (+ ἄχρι τῆς Ἀσίας MVBSς) Σώπατρος Πύρρου Βεροιαῖος, ↔

20 4 Θεσσαλονικέων δὲ Ἀρίσταρχος καὶ Σεκοῦνδος, καὶ Γάϊος Δερβαῖος καὶ Τιμόθεος, ↔

20 4 Ἀσιανοὶ δὲ Τύχικος καὶ Τρόφιμος. ↔

20 5 οὗτοι δὲ (— ς) προελθόντες (προσ- SH) ἔμενον ἡμᾶς ἐν Τρῳάδι · ↔

20 6ᵇ ἡμεῖς δὲ ἐξεπλεύσαμεν ... ἀπὸ Φιλίππων

20 7ᵍʲ ἐν δὲ τῇ μιᾷ τῶν σαββάτων συνηγμένων ἡμῶν ... ὁ Παῦλος διελέγετο αὐτοῖς

20 8 ἦσαν δὲ λαμπάδες ἱκαναὶ ἐν τῷ ὑπερῴῳ

20 9ʰ καθεζόμενος δέ τις νεανίας ὀνόματι Εὔτυχος

20 10ʰ καταβὰς δὲ ὁ Παῦλος ἐπέπεσεν αὐτῷ

20 11ʰ ἀναβὰς δὲ καὶ [H] κλάσας τὸν ἄρτον

20 12 ἤγαγον δὲ τὸν παῖδα ζῶντα

20 13 ἡμεῖς δὲ προελθόντες (προ[σ]- M; προσ- S) ἐπὶ τὸ πλοῖον

20 14 ὡς δὲ συνέβαλλεν (-βαλεν VSς) ἡμῖν εἰς τὴν Ἄσσον

20 15ᵇ τῇ ἐπιούσῃ κατηντήσαμεν ἄντικρυς Χίου, τῇ δὲ ἑτέρᾳ παρεβάλομεν εἰς Σάμον, ↔

20 15ᵇ (+ καὶ μείναντες ἐν Τρωγυλλίῳ [VS]Bς) τῇ δὲ ([VS]; — Bς) ἐχομένῃ ἤλθομεν εἰς Μίλητον

20 17ᵍ ἀπὸ δὲ τῆς Μιλήτου πέμψας εἰς Ἔφεσον

20 18 ὡς δὲ παρεγένοντο πρὸς αὐτόν

20 34 * αὐτοὶ δὲ (+ ς) γινώσκετε ὅτι ταῖς χρείαις μου ... ὑπηρέτησαν αἱ χεῖρες αὗται

20 37 ἱκανὸς δὲ κλαυθμὸς ἐγένετο πάντων

20 38 προέπεμπον δὲ αὐτὸν εἰς τὸ πλοῖον. ↔

21 1 ὡς δὲ ἐγένετο ἀναχθῆναι ἡμᾶς ἀποσπασθέντας ἀπ᾽ αὐτῶν

21 1ᵇ ἤλθομεν εἰς τὴν Κῶ, τῇ δὲ ἑξῆς εἰς τὴν Ῥόδον

21 3ʰ ἀναφάναντες (-φανέντες Sς) δὲ τὴν Κύπρον ... ἐπλέομεν

21 4ʰ ἀνευρόντες δὲ (καὶ ἀ. ς) τοὺς μαθητὰς ἐπεμείναμεν αὐτοῦ ἡμέρας ἑπτά

21 5 ὅτε δὲ ἐγένετο | ἡμᾶς ἐξαρτίσαι (∼ NMH) τὰς ἡμέρας

21 6ᵇ ἀνέβημεν (ἐν- NMH; ἐπ- ς) εἰς τὸ πλοῖον, ἐκεῖνοι δὲ ὑπέστρεψαν εἰς τὰ ἴδια. ↔

Ac 21 7 ἡμεῖς δὲ τὸν πλοῦν διανύσαντες

21 8 τῇ δὲ ἐπαύριον ἐξελθόντες ἤλθομεν εἰς Καισάρειαν

21 9 τούτῳ δὲ ἦσαν θυγατέρες τέσσαρες παρθένοι προφητεύουσαι. ↔

21 10ʲ ἐπιμενόντων δὲ (+ ἡμῶν MVSς) ἡμέρας πλείους κατῆλθέν τις

21 12 ὡς δὲ ἠκούσαμεν ταῦτα

21 13 * | ἀπεκρίθη δὲ (ς; τότε ἀ. rl) ὁ [H] Παῦλος (+ καὶ εἶπεν B[S]T)

21 14ʲᵏ μὴ πειθομένου δὲ αὐτοῦ ἡσυχάσαμεν εἰπόντες

21 15ᵍ μετὰ δὲ τὰς ἡμέρας ταύτας ἐπισκευασάμενοι ἀνεβαίνομεν εἰς Ἱεροσόλυμα· ↔

21 16 συνῆλθον δὲ καὶ τῶν μαθητῶν ἀπὸ Καισαρείας σὺν ἡμῖν

21 17ʲ γενομένων δὲ ἡμῶν εἰς Ἱεροσόλυμα ἀσμένως ἀπεδέξαντο ἡμᾶς οἱ ἀδελφοί. ↔

21 18 τῇ δὲ (τε T) ἐπιούσῃ εἰσῄει ὁ Παῦλος σὺν ἡμῖν πρὸς Ἰάκωβον

21 20ᵉ οἱ δὲ ἀκούσαντες ἐδόξαζον τὸν θεόν

21 21 κατηχήθησαν δὲ περὶ σοῦ ὅτι ἀποστασίαν διδάσκεις

21 25ᵍ περὶ δὲ τῶν πεπιστευκότων ἐθνῶν ἡμεῖς ἐπεστείλαμεν (ἀπ- H) κρίναντες φυλάσσεσθαι αὐτούς

21 27 ὡς δὲ ἔμελλον αἱ ἑπτὰ ἡμέραι συντελεῖσθαι

21 31ʲ * ζητούντων δὲ (ς; τε rl) αὐτὸν ἀποκτεῖναι ἀνέβη φάσις

21 32ᵉ οἱ δὲ ἰδόντες τὸν χιλίαρχον ... ἐπαύσαντο τύπτοντες τὸν Παῦλον

21 34 ἄλλοι δὲ ἄλλο τι ἐπεφώνουν ἐν τῷ ὄχλῳ· ↔

21 34ʲᵏ μὴ δυναμένου δὲ αὐτοῦ γνῶναι τὸ ἀσφαλὲς διὰ τὸν θόρυβον

21 35 ὅτε δὲ ἐγένετο ἐπὶ τοὺς ἀναβαθμούς

21 37ᶜ ὁ δὲ ἔφη

21 39 εἶπεν δὲ ὁ Παῦλος· ↔

21 39ᵃ ἐγὼ ἄνθρωπος μέν εἰμι Ἰουδαῖος ... δέομαι δέ σου, ἐπίτρεψόν μοι λαλῆσαι πρὸς τὸν λαόν. ↔

21 40ʲ ἐπιτρέψαντος δὲ αὐτοῦ ὁ Παῦλος ... κατέσεισεν

21 40ʲ πολλῆς δὲ σιγῆς γενομένης προσεφώνησεν

22 2ʰ ἀκούσαντες δὲ ὅτι ... προσεφώνει αὐτοῖς μᾶλλον παρέσχον ἡσυχίαν

22 3ᵃ ἐγὼ (+ μέν [S]ς) εἰμι ἀνὴρ Ἰουδαῖος, γεγεννημένος ἐν Ταρσῷ ... ἀνατεθραμμένος δὲ ἐν τῇ πόλει ταύτῃ

22 6 ἐγένετο δέ μοι πορευομένῳ ... περιαστράψαι φῶς ἱκανόν

22 8 ἐγὼ δὲ ἀπεκρίθην

22 9 οἱ δὲ σὺν ἐμοὶ ὄντες ↔

22 9ᵃ τὸ μὲν φῶς ἐθεάσαντο, τὴν δὲ φωνὴν οὐκ ἤκουσαν

22 10 εἶπον δέ· τί ποιήσω, κύριε; ↔

22 10 ὁ δὲ κύριος εἶπεν πρός με

22 11 οἱ δὲ οὐκ ἐνέβλεπον

22 12 Ἁνανίας δέ τις, ἀνὴρ εὐλαβὴς ⟨ἐλθὼν ... εἶπέν μοι⟩

22 14ᶜ ὁ δὲ εἶπεν

22 17 ἐγένετο δέ μοι ὑποστρέψαντι εἰς Ἱερουσαλὴμ

22 22 ἤκουον δὲ αὐτοῦ ἄχρι τούτου τοῦ λόγου

22 23ʲ * κραυγαζόντων δὲ (VBSTς; τε rl) αὐτῶν καὶ ῥιπτούντων τὰ ἱμάτια

22 25 ὡς δὲ προέτειναν αὐτὸν τοῖς ἱμᾶσιν

Ac 22 26ʰ ἀκούσας δὲ ὁ ἑκατοντάρχης προσελθὼν τῷ χιλιάρχῳ ἀπήγγειλεν

22 27ʰ προσελθὼν δὲ ὁ χιλίαρχος εἶπεν αὐτῷ

22 27ᶜ ὁ δὲ ἔφη· ναί. ↔

22 28 ἀπεκρίθη δὲ (τε ς) ὁ χιλίαρχος

22 28 ὁ δὲ Παῦλος ἔφη · ↔

22 28ᵇ ἐγὼ δὲ καὶ γεγέννημαι

22 29ʲ καὶ ὁ χιλίαρχος δὲ ἐφοβήθη

22 30 τῇ δὲ ἐπαύριον βουλόμενος γνῶναι τὸ ἀσφαλές

23 1ʰ ἀτενίσας δὲ || ὁ (— H) Παῦλος τῷ συνεδρίῳ ((∼ MBST)) εἶπεν

23 2 ὁ δὲ ἀρχιερεὺς Ἁνανίας ἐπέταξεν

23 4 οἱ δὲ παρεστῶτες εἶπαν

23 6ʰ γνοὺς δὲ ὁ Παῦλος

23 6ᵇ ὅτι τὸ ἓν μέρος ἐστὶν Σαδδουκαίων τὸ δὲ ἕτερον Φαρισαίων

23 7 τοῦτο δὲ αὐτοῦ εἰπόντος (λαλοῦντος NH; λαλήσαντος VTς) ἐγένετο στάσις

23 8ᵃ Σαδδουκαῖοι μὲν (—NH) γὰρ λέγουσιν ... Φαρισαῖοι δὲ ὁμολογοῦσιν τὰ ἀμφότερα. ↔

23 9 ἐγένετο δὲ κραυγὴ μεγάλη

23 9 εἰ δὲ πνεῦμα ἐλάλησεν αὐτῷ ἢ ἄγγελος. ↔

23 10ʲ πολλῆς δὲ γινομένης (γεν. Sς) στάσεως φοβηθεὶς ὁ χιλίαρχος ... ἐκέλευσεν

23 11 τῇ δὲ ἐπιούσῃ νυκτὶ ἐπιστὰς αὐτῷ ὁ κύριος εἶπεν

23 12ʲ γενομένης δὲ ἡμέρας ... οἱ Ἰουδαῖοι ἀνεθεμάτισαν ἑαυτούς

23 13 ἦσαν δὲ πλείους τεσσεράκοντα

23 15ᵇ νῦν οὖν ὑμεῖς ἐμφανίσατε ... ἡμεῖς δὲ πρὸ τοῦ ἐγγίσαι αὐτὸν ἕτοιμοί ἐσμεν τοῦ ἀνελεῖν αὐτόν. ↔

23 16ʰ ἀκούσας δὲ ὁ υἱὸς τῆς ἀδελφῆς Παύλου τὴν ἐνέδραν

23 17ʰ προσκαλεσάμενος δὲ ὁ Παῦλος ἕνα τῶν ἑκατονταρχῶν ἔφη

23 19ʰ ἐπιλαβόμενος δὲ τῆς χειρὸς αὐτοῦ ὁ χιλίαρχος

23 20 εἶπεν δὲ ὅτι οἱ Ἰουδαῖοι συνέθεντο τοῦ ἐρωτῆσαί σε

23 28ᵇ * βουλόμενος δὲ (ς; τε rl) ἐπιγνῶναι τὴν αἰτίαν

23 29ᵇ ὃν εὗρον ἐγκαλούμενον περὶ ζητημάτων τοῦ νόμου αὐτῶν, μηδὲν δὲ ἄξιον θανάτου ... ἔχοντα ἔγκλημα. ↔

23 30ʲ μηνυθείσης δέ μοι ἐπιβουλῆς εἰς τὸν ἄνδρα ἔσεσθαι

23 32 τῇ δὲ ἐπαύριον ἐάσαντες τοὺς ἱππεῖς ... ὑπέστρεψαν εἰς τὴν παρεμβολήν

23 34ʰ ἀναγνοὺς δὲ καὶ ἐπερωτήσας ⟨ἔφη⟩

24 1ᵍ μετὰ δὲ πέντε ἡμέρας κατέβη ὁ ἀρχιερεὺς Ἁνανίας

24 2ʲ κληθέντος δὲ αὐτοῦ [NH] ἤρξατο κατηγορεῖν ὁ Τέρτυλλος λέγων

24 4 ἵνα δὲ μὴ ἐπὶ πλεῖόν σε ἐγκόπτω

24 7ʰ * | παρελθὼν δὲ Λυσίας ὁ χιλίαρχος (.. + ς ..)

24 9 συνεπέθεντο δὲ καὶ οἱ Ἰουδαῖοι

24 10 * ἀπεκρίθη δὲ (ς; τε rl) ὁ Παῦλος

24 14 ὁμολογῶ δὲ τοῦτό σοι

24 16ᵏ ἐν τούτῳ δὲ (ς; καὶ rl) αὐτὸς ἀσκῶ

24 17ʰ δι᾽ ἐτῶν δὲ πλειόνων ἐλεημοσύνας ποιήσων εἰς τὸ ἔθνος μου παρεγενόμην

24 19 ⟨ἐν αἷς εὗρόν με⟩ τινὲς δὲ ἀπὸ τῆς Ἀσίας Ἰουδαῖοι

Ac 24 22^h | ἀνεβάλετο δὲ αὐτοὺς ὁ Φῆλιξ (ἀκούσας δὲ ταῦτα ὁ Φ. ἀ. αὐ. ς)

24 24^g μετὰ δὲ ἡμέρας τινὰς παραγενόμενος ὁ Φῆλιξ

24 25^j διαλεγομένου δὲ αὐτοῦ περὶ δικαιοσύνης ... ὁ Φῆλιξ ἀπεκρίθη ·↔

24 25 τὸ νῦν ἔχον πορεύου, καιρὸν δὲ μεταλαβὼν μετακαλέσομαί σε· ↔

24 26 * ἅμα δὲ (+ ς) καὶ ἐλπίζων ὅτι χρήματα δοθήσεται αὐτῷ [H]

24 27^j διετίας δὲ πληρωθείσης ἔλαβεν διάδοχον ὁ Φῆλιξ Πόρκιον Φῆστον

25 2 * ἐνεφάνισαν δὲ (ς; τε rl) αὐτῷ οἱ ἀρχιερεῖς ... κατὰ τοῦ Παύλου

25 4^a ὁ μὲν οὖν Φῆστος ἀπεκρίθη τηρεῖσθαι τὸν Παῦλον εἰς Καισάρειαν, ἑαυτὸν δὲ μέλλειν ἐν τάχει ἐκπορεύεσθαι

25 6^h διατρίψας δὲ ἐν αὐτοῖς ἡμέρας οὐ πλείους ὀκτώ

25 7^j παραγενομένου δὲ αὐτοῦ περιέστησαν αὐτὸν οἱ ... Ἰουδαῖοι

25 9^k ὁ Φῆστος δὲ θέλων τοῖς Ἰουδαίοις χάριν καταθέσθαι

25 10 εἶπεν δὲ ὁ Παῦλος

25 11^a εἰ μὲν οὖν ἀδικῶ ... εἰ δὲ οὐδέν ἐστιν ὧν οὗτοι κατηγοροῦσίν μου

25 13^j ἡμερῶν δὲ διαγενομένων τινῶν Ἀγρίππας ὁ βασιλεὺς καὶ Βερνίκη κατήντησαν

25 14 ὡς δὲ πλείους ἡμέρας διέτριβον ἐκεῖ

25 19^b ⟨οἱ κατήγοροι οὐδεμίαν αἰτίαν ἔφερον⟩ ζητήματα δέ τινα ... εἶχον πρὸς αὐτόν

25 20^h ἀπορούμενος δὲ ἐγὼ τὴν περὶ τούτων ζήτησιν

25 21^j τοῦ δὲ Παύλου ἐπικαλεσαμένου τηρηθῆναι αὐτόν

25 22 Ἀγρίππας δὲ πρὸς τὸν Φῆστον (+ ἔφη [MVS]ς)

25 22^c* | ὁ δέ· (+ [MVS]ς) αὔριον, φησίν, ἀκούσῃ αὐτοῦ

25 25 ἐγὼ δὲ κατελαβόμην μηδὲν ἄξιον αὐτὸν θανάτου πεπραχέναι, ↔

25 25^j αὐτοῦ δὲ τούτου ἐπικαλεσαμένου τὸν Σεβαστὸν ἔκρινα πέμπειν

26 1 Ἀγρίππας δὲ πρὸς τὸν Παῦλον ἔφη

26 14^j * πάντων δὲ (ς; τε rl) καταπεσόντων ἡμῶν εἰς τὴν γῆν ἤκουσα φωνήν

26 15 ἐγὼ δὲ εἶπα · τίς εἶ, κύριε; ↔

26 15^c ὁ δὲ κύριος ([V]; —ς) εἶπεν

26 24^j ταῦτα δὲ αὐτοῦ ἀπολογουμένου ὁ Φῆστος μεγάλῃ τῇ φωνῇ φησιν

26 25 ὁ δὲ Παῦλος · οὐ μαίνομαι, φησίν

26 28 ὁ δὲ Ἀγρίππας πρὸς τὸν Παῦλον

26 29 ὁ δὲ Παῦλος (+ εἶπεν ς)

26 32 Ἀγρίππας δὲ τῷ Φήστῳ ἔφη

27 1 ὡς δὲ ἐκρίθη τοῦ ἀποπλεῖν ἡμᾶς εἰς τὴν Ἰταλίαν

27 2^h ἐπιβάντες δὲ πλοίῳ Ἀδραμυττηνῷ ... ἀνήχθημεν

27 7^k ἱκαναῖς δὲ ἡμέραις βραδυπλοοῦντες

27 9^j ἱκανοῦ δὲ χρόνου διαγενομένου ... παρῄνει ὁ Παῦλος

27 11 ὁ δὲ ἑκατοντάρχης τῷ κυβερνήτῃ ... μᾶλλον ἐπείθετο

27 12^j ἀνευθέτου δὲ τοῦ λιμένος ὑπάρχοντος

27 13^j ὑποπνεύσαντος δὲ νότου

27 14^l μετ' οὐ πολὺ δὲ ἔβαλεν κατ' αὐτῆς ἄνεμος τυφωνικός

Ac 27 15^j συναρπασθέντος δὲ τοῦ πλοίου

27 16 νησίον δέ τι ὑποδραμόντες καλούμενον Καῦδα

27 18^j σφοδρῶς δὲ χειμαζομένων ἡμῶν τῇ ἑξῆς ἐκβολὴν ἐποιοῦντο

27 20^j μήτε δὲ ἡλίου μήτε ἄστρων ἐπιφαινόντων

27 21^j * πολλῆς δὲ (ς; τε rl) ἀσιτίας ὑπαρχούσης τότε σταθεὶς ὁ Παῦλος ... εἶπεν

27 26^k εἰς νῆσον δέ τινα δεῖ ἡμᾶς ἐκπεσεῖν. ↔

27 27 ὡς δὲ τεσσαρεσκαιδεκάτη νὺξ ἐγένετο

27 28^b βολίσαντες εὗρον ὀργυιὰς εἴκοσι, βραχὺ δὲ διαστήσαντες καὶ πάλιν βολίσαντες εὗρον ὀργυιὰς δεκαπέντε· ↔

27 29^h * φοβούμενοι δὲ (BS; τε rl) μή που κατὰ τραχεῖς τόπους ἐκπέσωμεν

27 30^j τῶν δὲ ναυτῶν ζητούντων φυγεῖν ἐκ τοῦ πλοίου

27 33^g ἄχρι δὲ οὗ ἡμέρα ἤμελλεν γίνεσθαι, παρεκάλει ὁ Παῦλος

27 35^h εἴπας (εἰπὼν Sς) δὲ ταῦτα καὶ λαβὼν ἄρτον εὐχαρίστησεν τῷ θεῷ

27 36 εὔθυμοι δὲ γενόμενοι πάντες καὶ αὐτοὶ προσελάβοντο τροφῆς. ↔

27 37 ἤμεθα (ἤμεν VSς) δὲ αἱ πᾶσαι ψυχαὶ ἐν τῷ πλοίῳ

27 38^h κορεσθέντες δὲ τροφῆς ἐκούφιζον τὸ πλοῖον

27 39 ὅτε δὲ ἡμέρα ἐγένετο, τὴν γῆν οὐκ ἐπεγίνωσκον, ↔

27 39^b κόλπον δέ τινα κατενόουν ἔχοντα αἰγιαλόν

27 41^h περιπεσόντες δὲ εἰς τόπον διθάλασσον ἐπέκειλαν τὴν ναῦν, ↔

27 41^a καὶ ἡ μὲν πρῷρα ἐρείσασα ἔμεινεν ἀσάλευτος, ἡ δὲ πρύμνα ἐλύετο ὑπὸ τῆς βίας | τῶν κυμάτων ([N^26]; — NTH). ↔

27 42 τῶν δὲ στρατιωτῶν βουλὴ ἐγένετο ἵνα τοὺς δεσμώτας ἀποκτείνωσιν

27 43 ὁ δὲ ἑκατοντάρχης βουλόμενος διασῶσαι τὸν Παῦλον

27 44^a τοὺς λοιποὺς οὓς μὲν ἐπὶ σανίσιν, οὓς δὲ ἐπί τινων τῶν ἀπὸ τοῦ πλοίου

28 2 * οἱ δὲ (ς; τε rl) βάρβαροι παρεῖχον οὐ τὴν τυχοῦσαν φιλανθρωπίαν ἡμῖν

28 3^j συστρέψαντος δὲ τοῦ Παύλου φρυγάνων τι πλῆθος

28 4 ὡς δὲ εἶδον οἱ βάρβαροι κρεμάμενον τὸ θηρίον

28 6^ae (ὁ μὲν οὖν ... ἔπαθεν οὐδὲν κακόν) οἱ δὲ προσεδόκων αὐτὸν μέλλειν πίμπρασθαι (ἐμπιπρᾶσθαι T)

28 6^jk ἐπὶ πολὺ δὲ αὐτῶν προσδοκώντων

28 7^g ἐν δὲ τοῖς περὶ τὸν τόπον ἐκεῖνον ὑπῆρχεν χωρία

28 8 ἐγένετο δὲ τὸν πατέρα τοῦ Ποπλίου ... κατακεῖσθαι

28 9^j τούτου δὲ (οὖν ς) γενομένου καὶ [H] οἱ λοιποὶ ... προσήρχοντο

28 11^g μετὰ δὲ τρεῖς μῆνας ἀνήχθημεν ἐν πλοίῳ

28 16 ὅτε δὲ εἰσήλθομεν εἰς (+ τὴν T) Ῥώμην

28 16^b* | τῷ δὲ Παύλῳ ἐπετράπη (ς; τῷ [δὲ] Π. ἐ. V; ἐ. [δὲ] τῷ Π. S; ἐ. τῷ Π. rl) μένειν καθ' ἑαυτόν

28 17 ἐγένετο δὲ μετὰ ἡμέρας τρεῖς συγκαλέσασθαι αὐτόν

Ac 28 17^j συνελθόντων δὲ αὐτῶν ἔλεγεν πρὸς αὐτούς

28 19^j ἀντιλεγόντων δὲ τῶν Ἰουδαίων ἠναγκάσθην ἐπικαλέσασθαι Καίσαρα

28 21^e οἱ δὲ πρὸς αὐτὸν εἶπαν

28 22 ἀξιοῦμεν δὲ παρὰ σοῦ ἀκοῦσαι ἃ φρονεῖς

28 23^h ταξάμενοι δὲ αὐτῷ ἡμέραν ἦλθον (ἧκον VSς) πρὸς αὐτὸν

28 24^ae οἱ μὲν ἐπείθοντο τοῖς λεγομένοις, οἱ δὲ ἠπίστουν· ↔

28 25 ἀσύμφωνοι δὲ (τε T) ὄντες πρὸς ἀλλήλους ἀπελύοντο

28 30 ἐνέμεινεν δὲ διετίαν ὅλην ἐν ἰδίῳ μισθώματι

Rm 1 12 τοῦτο δέ ἐστιν συμπαρακληθῆναι ἐν ὑμῖν διὰ τῆς ἐν ἀλλήλοις πίστεως

1 13^k οὐ θέλω δὲ ὑμᾶς ἀγνοεῖν

1 17 ὁ δὲ δίκαιος ἐκ πίστεως ζήσεται

2 2 οἴδαμεν δὲ (γὰρ BT) ὅτι τὸ κρίμα τοῦ θεοῦ ἐστιν κατὰ ἀλήθειαν

2 3 λογίζῃ δὲ τοῦτο ⟨;⟩

2 5^g κατὰ δὲ τὴν σκληρότητά σου ... θησαυρίζεις σεαυτῷ ὀργήν

2 8^a ⟨ἀποδώσει ... τοῖς μὲν⟩ τοῖς δὲ ἐξ ἐριθείας ↔

2 8^a καὶ ἀπειθοῦσι (+ μὲν MVSς) τῇ ἀληθείᾳ πειθομένοις δὲ τῇ ἀδικίᾳ, ὀργὴ καὶ θυμός

2 10^b δόξα δὲ καὶ τιμὴ καὶ εἰρήνη παντὶ τῷ ἐργαζομένῳ τὸ ἀγαθόν

2 17 | εἰ δὲ (ἴδε ς) σὺ Ἰουδαῖος ἐπονομάζῃ καὶ ἐπαναπαύῃ νόμῳ

2 25^a περιτομὴ μὲν γὰρ ὠφελεῖ ἐὰν νόμον πράσσῃς· ἐὰν δὲ παραβάτης νόμου ᾖς, ἡ περιτομή σου ἀκροβυστία γέγονεν

3 4 γινέσθω δὲ ὁ θεὸς ἀληθής, ↔

3 4^b πᾶς δὲ ἄνθρωπος ψεύστης

3 5 εἰ δὲ ἡ ἀδικία ἡμῶν θεοῦ δικαιοσύνην συνίστησιν

3 7 εἰ δὲ (γὰρ VBSς) ἡ ἀλήθεια τοῦ θεοῦ ... ἐπερίσσευσεν

3 19 οἴδαμεν δὲ ὅτι ὅσα ὁ νόμος λέγει τοῖς ἐν τῷ νόμῳ λαλεῖ

3 21 νυνὶ δὲ χωρὶς νόμου δικαιοσύνη θεοῦ πεφανέρωται

3 22 δικαιοσύνη δὲ θεοῦ διὰ πίστεως Ἰησοῦ [NH] Χριστοῦ

3 29 * ἢ Ἰουδαίων ὁ θεὸς μόνον; οὐχὶ δὲ (+ ς) καὶ ἐθνῶν;

4 3 ἐπίστευσεν δὲ Ἀβραὰμ τῷ θεῷ

4 4 τῷ δὲ ἐργαζομένῳ ὁ μισθὸς οὐ λογίζεται κατὰ χάριν ἀλλὰ κατὰ ὀφείλημα· ↔

4 5^b τῷ δὲ μὴ ἐργαζομένῳ, ↔

4 5^bh πιστεύοντι δὲ ἐπὶ τὸν δικαιοῦντα τὸν ἀσεβῆ

4 15 οὗ δὲ (γὰρ BS) οὐκ ἔστιν νόμος

4 20^g εἰς δὲ τὴν ἐπαγγελίαν τοῦ θεοῦ οὐ διεκρίθη τῇ ἀπιστίᾳ

4 23^k οὐκ ἐγράφη δὲ δι' αὐτὸν μόνον ὅτι ἐλογίσθη αὐτῷ

5 3^k οὐ μόνον δέ, ἀλλὰ καὶ καυχώμεθα ἐν ταῖς θλίψεσιν

5 4^b ⟨ἡ θλῖψις ὑπομονὴν κατεργάζεται⟩ ἡ δὲ ὑπομονὴ δοκιμήν, ↔

5 4^b ἡ δὲ δοκιμὴ ἐλπίδα· ↔

5 5 ἡ δὲ ἐλπὶς οὐ καταισχύνει

5 8 συνίστησιν δὲ τὴν ἑαυτοῦ ἀγάπην εἰς ἡμᾶς ὁ θεός

5 11^k οὐ μόνον δέ, ἀλλὰ καὶ καυχώμενοι ἐν τῷ θεῷ

Rm 5 13ᵇ ἄχρι γὰρ νόμου ἁμαρτία ἦν ἐν κόσμῳ, ἁμαρτία δὲ οὐκ ἐλλογεῖται μὴ ὄντος νόμου

5 16ᵃ τὸ μὲν γὰρ κρίμα ἐξ ἑνὸς εἰς κατάκριμα, τὸ δὲ χάρισμα ἐκ πολλῶν παραπτωμάτων εἰς δικαίωμα

5 20 νόμος δὲ παρεισῆλθεν ἵνα πλεονάσῃ τὸ παράπτωμα· ↔

5 20 οὗ δὲ ἐπλεόνασεν ἡ ἁμαρτία, ὑπερεπερίσσευσεν ἡ χάρις

6 8 εἰ δὲ ἀπεθάνομεν σὺν Χριστῷ

6 10ᵇ ὃ γὰρ ἀπέθανεν ... ὃ δὲ ζῇ

6 11ᵃ λογίζεσθε ἑαυτοὺς εἶναι [N²⁶] νεκροὺς μὲν τῇ ἁμαρτίᾳ ζῶντας δὲ τῷ θεῷ ἐν Χριστῷ Ἰησοῦ

6 17 χάρις δὲ τῷ θεῷ ὅτι ἦτε δοῦλοι τῆς ἁμαρτίας, ↔

6 17 ὑπηκούσατε δὲ ἐκ καρδίας εἰς ὃν παρεδόθητε τύπον διδαχῆς, ↔

6 18ᵇ ἐλευθερωθέντες δὲ ἀπὸ τῆς ἁμαρτίας ἐδουλώθητε τῇ δικαιοσύνῃ

6 22ᵇ (ὅτε γὰρ δοῦλοι ἦτε τῆς ἁμαρτίας) νυνὶ δὲ ἐλευθερωθέντες ἀπὸ τῆς ἁμαρτίας ↔

6 22ᵇʰ δουλωθέντες δὲ τῷ θεῷ, ↔

6 22 ἔχετε τὸν καρπὸν ὑμῶν εἰς ἁγιασμόν, τὸ δὲ τέλος ζωὴν αἰώνιον. ↔

6 23ᵇ τὰ γὰρ ὀψώνια ... τὸ δὲ χάρισμα τοῦ θεοῦ ζωὴ αἰώνιος

7 2 ἐὰν δὲ ἀποθάνῃ ὁ ἀνήρ

7 3 ἐὰν δὲ ἀποθάνῃ ὁ ἀνήρ

7 6ᵇ (ὅτε γὰρ ἦμεν ἐν τῇ σαρκί) νυνὶ δὲ κατηργήθημεν ἀπὸ τοῦ νόμου

7 8 ἀφορμὴν δὲ λαβοῦσα ἡ ἁμαρτία διὰ τῆς ἐντολῆς

7 9 ἐγὼ δὲ ἔζων χωρὶς νόμου ποτέ· ↔

7 9ʲ ἐλθούσης δὲ τῆς ἐντολῆς ἡ ἁμαρτία ἀνέζησεν, ↔

7 10ᵇ ἐγὼ δὲ ἀπέθανον

7 14ᵇ ἐγὼ δὲ σάρκινός εἰμι

7 16 εἰ δὲ ὃ οὐ θέλω τοῦτο ποιῶ, σύμφημι τῷ νόμῳ

7 17 νυνὶ δὲ οὐκέτι ἐγὼ κατεργάζομαι αὐτό

7 18ᵇ τὸ γὰρ θέλειν παράκειταί μοι, τὸ δὲ κατεργάζεσθαι τὸ καλὸν οὔ

7 20 εἰ δὲ ὃ οὐ θέλω ἐγὼ ([N²⁶]; — H) τοῦτο ποιῶ

7 23 βλέπω δὲ ἕτερον νόμον ἐν τοῖς μέλεσίν μου

7 25 χάρις (εὐχαριστῶ Sς) δὲ (+ N²⁶V [H]) τῷ θεῷ διὰ Ἰησοῦ Χριστοῦ

7 25ᵃ τῷ μὲν (—T) νοΐ δουλεύω νόμῳ θεοῦ, τῇ δὲ σαρκὶ νόμῳ ἁμαρτίας

8 5ᵇᵉ οἱ γὰρ κατὰ σάρκα ὄντες τὰ τῆς σαρκὸς φρονοῦσιν, οἱ δὲ κατὰ πνεῦμα τὰ τοῦ πνεύματος. ↔

8 6ᵇ τὸ γὰρ φρόνημα τῆς σαρκὸς θάνατος, τὸ δὲ φρόνημα τοῦ πνεύματος ζωὴ καὶ εἰρήνη

8 8 οἱ δὲ ἐν σαρκὶ ὄντες θεῷ ἀρέσαι οὐ δύνανται.

8 9 ὑμεῖς δὲ οὐκ ἐστὲ ἐν σαρκί

8 9 εἰ δέ τις πνεῦμα Χριστοῦ οὐκ ἔχει, οὗτος οὐκ ἔστιν αὐτοῦ. ↔

8 10 εἰ δὲ Χριστὸς ἐν ὑμῖν, ↔

8 10ᵃ τὸ μὲν σῶμα νεκρὸν διὰ ἁμαρτίαν, τὸ δὲ πνεῦμα ζωὴ διὰ δικαιοσύνην. ↔

8 11 εἰ δὲ τὸ πνεῦμα ... οἰκεῖ ἐν ὑμῖν

8 13ᵇ εἰ γὰρ κατὰ σάρκα ζῆτε, μέλλετε ἀποθνήσκειν· εἰ δὲ πνεύματι τὰς πράξεις τοῦ σώματος θανατοῦτε, ζήσεσθε

Rm 8 17 εἰ δὲ τέκνα, καὶ κληρονόμοι· ↔

8 17ᵃ κληρονόμοι μὲν θεοῦ, συγκληρονόμοι δὲ Χριστοῦ

8 23ᵏ οὐ μόνον δέ, ἀλλὰ καὶ αὐτοὶ τὴν ἀπαρχὴν τοῦ πνεύματος ἔχοντες ἡμεῖς [NH]

8 24 ἐλπὶς δὲ βλεπομένη οὐκ ἔστιν ἐλπίς

8 25 εἰ δὲ ὃ οὐ βλέπομεν ἐλπίζομεν

8 26 ὡσαύτως δὲ καὶ τὸ πνεῦμα συναντιλαμβάνεται τῇ ἀσθενείᾳ ἡμῶν

8 27 ὁ δὲ ἐραυνῶν τὰς καρδίας οἶδεν

8 28 οἴδαμεν δὲ ὅτι ... πάντα συνεργεῖ [+ ὁ θεὸς NH] εἰς ἀγαθόν

8 30 οὓς δὲ προώρισεν, τούτους καὶ ἐκάλεσεν

8 30ᵇ οὓς δὲ ἐδικαίωσεν, τούτους καὶ ἐδόξασεν

8 34 Χριστὸς Ἰησοῦς ([N²⁶H]; — ς) ὁ ἀποθανών, μᾶλλον δὲ ἐγερθείς

9 6ᵏ οὐχ οἷον δὲ ὅτι ἐκπέπτωκεν ὁ λόγος τοῦ θεοῦ

9 10ᵏ οὐ μόνον δέ, ἀλλὰ καὶ Ῥεβέκκα ἐξ ἑνὸς κοίτην ἔχουσα

9 13ᵇ τὸν Ἰακὼβ ἠγάπησα, τὸν δὲ Ἠσαῦ ἐμίσησα

9 18ᵇ ἄρα οὖν ὃν θέλει ἐλεεῖ, ὃν δὲ θέλει σκληρύνει

9 21ᵃ ποιῆσαι ὃ μὲν εἰς τιμὴν σκεῦος, ὃ δὲ εἰς ἀτιμίαν; ↔

9 22 εἰ δὲ θέλων ὁ θεὸς ἐνδείξασθαι τὴν ὀργήν

9 27 Ἡσαΐας δὲ κράζει ὑπὲρ τοῦ Ἰσραήλ

9 30 κατέλαβεν δικαιοσύνην, δικαιοσύνην δὲ τὴν ἐκ πίστεως· ↔

9 31ᵇ Ἰσραὴλ δὲ διώκων νόμον δικαιοσύνης εἰς νόμον οὐκ ἔφθασεν

10 6ᵇ (τὴν δικαιοσύνην τὴν ἐκ τοῦ νόμου) ἡ δὲ ἐκ πίστεως δικαιοσύνη οὕτως λέγει

10 10ᵇ καρδίᾳ γὰρ πιστεύεται εἰς δικαιοσύνην, στόματι δὲ ὁμολογεῖται εἰς σωτηρίαν

10 14ᵇ πῶς οὖν ἐπικαλέσωνται εἰς ὃν οὐκ ἐπίστευσαν; πῶς δὲ πιστεύσωσιν οὗ οὐκ ἤκουσαν; ↔

10 14ᵇ πῶς δὲ ἀκούσωσιν (-σονται T; -σουσι ς) χωρὶς κηρύσσοντος; ↔

10 15ᵇ πῶς δὲ κηρύξωσιν ἐὰν μὴ ἀποσταλῶσιν;

10 17ᵇ ἄρα ἡ πίστις ἐξ ἀκοῆς, ἡ δὲ ἀκοὴ διὰ ῥήματος Χριστοῦ

10 20 Ἡσαΐας δὲ ἀποτολμᾷ καὶ λέγει

10 21ᵍ πρὸς δὲ τὸν Ἰσραὴλ λέγει

11 6 εἰ δὲ χάριτι, οὐκέτι ἐξ ἔργων

11 6ᵇ *| εἰ δὲ ἐξ ἔργων, οὐκέτι ἐστὶν χάρις (+[S]ς..)

11 7ᵇ ἡ δὲ ἐκλογὴ ἐπέτυχεν· ↔

11 7 οἱ δὲ λοιποὶ ἐπωρώθησαν

11 12 εἰ δὲ τὸ παράπτωμα αὐτῶν πλοῦτος κόσμου

11 13 ὑμῖν δὲ λέγω τοῖς ἔθνεσιν

11 16ᵇ (εἰ γὰρ ἡ ἀποβολὴ αὐτῶν καταλλαγὴ κόσμου) εἰ δὲ ἡ ἀπαρχὴ ἁγία, καὶ τὸ φύραμα

11 17 εἰ δέ τινες τῶν κλάδων ἐξεκλάσθησαν, ↔

11 17 σὺ δὲ ἀγριέλαιος ὢν ἐνεκεντρίσθης ἐν αὐτοῖς

11 18 εἰ δὲ κατακαυχᾶσαι, οὐ σὺ τὴν ῥίζαν βαστάζεις

11 20ᵇ τῇ ἀπιστίᾳ ἐξεκλάσθησαν, σὺ δὲ τῇ πίστει ἕστηκας

11 22ᵃ ἐπὶ μὲν τοὺς πεσόντας ἀποτομία, ἐπὶ δὲ σὲ χρηστότης θεοῦ

Rm 11 23 κἀκεῖνοι δέ, ἐὰν μὴ ἐπιμένωσιν (-μείνωσιν MVSς) τῇ ἀπιστίᾳ, ἐγκεντρισθήσονται

11 28ᵃ κατὰ μὲν τὸ εὐαγγέλιον ἐχθροὶ δι' ὑμᾶς, κατὰ δὲ τὴν ἐκλογὴν ἀγαπητοί

11 30ᵇ ὥσπερ γὰρ ὑμεῖς ποτε ἠπειθήσατε τῷ θεῷ, νῦν δὲ ἠλεήθητε τῇ τούτων ἀπειθείᾳ

12 4 τὰ δὲ μέλη πάντα οὐ τὴν αὐτὴν ἔχει πρᾶξιν

12 5 ἓν σῶμά ἐσμεν ἐν Χριστῷ, τὸ (ὁ ς) δὲ καθ' εἷς ἀλλήλων μέλη. ↔

12 6ʰ ἔχοντες δὲ χαρίσματα κατὰ τὴν χάριν ... διάφορα

13 1 αἱ δὲ οὖσαι ὑπὸ (+ τοῦ [S]ς) θεοῦ τεταγμέναι εἰσίν

13 2 οἱ δὲ ἀνθεστηκότες ἑαυτοῖς κρίμα λήμψονται

13 3 θέλεις δὲ μὴ φοβεῖσθαι τὴν ἐξουσίαν;

13 4 ἐὰν δὲ τὸ κακὸν ποιῇς, φοβοῦ

13 12ᵇ ἡ νὺξ προέκοψεν, ἡ δὲ ἡμέρα ἤγγικεν. ↔

13 12ᵇ ἀποθώμεθα οὖν τὰ ἔργα τοῦ σκότους, | ἐνδυσώμεθα δὲ (ἑ. [δὲ] N²⁶H; καὶ ἑ. ς) τὰ ὅπλα τοῦ φωτός

14 1 τὸν δὲ ἀσθενοῦντα τῇ πίστει προσλαμβάνεσθε

14 2ᵃ ὃς μὲν πιστεύει φαγεῖν πάντα, ὁ δὲ ἀσθενῶν λάχανα ἐσθίει. ↔

14 3ᵇ ὁ ἐσθίων τὸν μὴ ἐσθίοντα μὴ ἐξουθενείτω, | ὁ δὲ (καὶ ὁ ς) μὴ ἐσθίων τὸν ἐσθίοντα μὴ κρινέτω

14 4 σταθήσεται δέ, δυνατεῖ γὰρ ὁ κύριος στῆσαι αὐτόν. ↔

14 5 ὃς μὲν γὰρ ([N²⁶NVH]; — Bς) κρίνει ἡμέραν παρ' ἡμέραν, ὃς δὲ κρίνει πᾶσαν ἡμέραν

14 10 σὺ δὲ τί κρίνεις τὸν ἀδελφόν σου;

14 15 * εἰ δὲ (ς; γὰρ rl) διὰ βρῶμα ὁ ἀδελφός σου λυπεῖται

14 23 ὁ δὲ διακρινόμενος ἐὰν φάγῃ κατακέκριται

14 23 πᾶν δὲ ὃ οὐκ ἐκ πίστεως ἁμαρτία ἐστίν. ↔

15 1 ὀφείλομεν δὲ ἡμεῖς οἱ δυνατοὶ ... βαστάζειν

15 5 ὁ δὲ θεὸς τῆς ὑπομονῆς ... δῴη ὑμῖν τὸ αὐτὸ φρονεῖν

15 8 * λέγω δὲ (ς; γὰρ rl) Χριστὸν διάκονον γεγενῆσθαι περιτομῆς

15 9 τὰ δὲ ἔθνη ὑπὲρ ἐλέους δοξάσαι τὸν θεόν

15 13 ὁ δὲ θεὸς τῆς ἐλπίδος πληρώσαι ὑμᾶς πάσης χαρᾶς

15 14 πέπεισμαι δέ, ἀδελφοί μου, καὶ αὐτὸς ἐγὼ περὶ ὑμῶν

15 15 τολμηρότερον (-τέρως NH) δὲ ἔγραψα ὑμῖν (+ ἀδελφοί B[S]ς) ἀπὸ μέρους

15 20 οὕτως δὲ φιλοτιμούμενον εὐαγγελίζεσθαι

15 23 νυνὶ δὲ μηκέτι τόπον ἔχων ἐν τοῖς κλίμασι τούτοις, ↔

15 23 ἐπιποθίαν δὲ ἔχων τοῦ ἐλθεῖν πρὸς ὑμᾶς

15 25 νυνὶ δὲ πορεύομαι εἰς Ἰερουσαλὴμ διακονῶν τοῖς ἁγίοις

15 29 οἶδα δὲ ὅτι ἐρχόμενος πρὸς ὑμᾶς

15 30 παρακαλῶ δὲ ὑμᾶς, ἀδελφοί [N²⁶N H] ... συναγωνίσασθαί μοι

15 33 ὁ δὲ θεὸς τῆς εἰρήνης μετὰ πάντων ὑμῶν· ἀμήν. ↔

Rm 16 1 συνίστημι δὲ ὑμῖν Φοίβην τὴν ἀδελφὴν ἡμῶν

16 17 παρακαλῶ δὲ ὑμᾶς, ἀδελφοί, σκοπεῖν τοὺς τὰς διχοστασίας ... ποιοῦντας

16 19 θέλω δὲ ὑμᾶς ↔

16 19ᵃ σοφοὺς (+ μὲν MVS [H]ς) εἶναι εἰς τὸ ἀγαθόν, ἀκεραίους δὲ εἰς τὸ κακόν. ↔

16 20 ὁ δὲ θεὸς τῆς εἰρήνης συντρίψει τὸν σατανᾶν

16 25 | τῷ δὲ δυναμένῳ ὑμᾶς στηρίξαι [N²⁶S..]

16 26ʰ ⟨μυστηρίου⟩ φανερωθέντος δὲ νῦν διά τε γραφῶν προφητικῶν [..N²⁶S..]

1C 1 10 παρακαλῶ δὲ ὑμᾶς, ἀδελφοί, διὰ τοῦ ὀνόματος ... Ἰησοῦ Χριστοῦ, ↔

1 10 ἵνα ... μὴ ᾖ ἐν ὑμῖν σχίσματα, ἦτε δὲ κατηρτισμένοι ἐν τῷ αὐτῷ νοΐ

1 12 λέγω δὲ τοῦτο, ὅτι ἕκαστος ὑμῶν λέγει· ↔

1 12ᵃ ἐγὼ μέν εἰμι Παύλου, ἐγὼ δὲ Ἀπολλῶ,

1 12ᵃ ἐγὼ δὲ Κηφᾶ, ↔

1 12ᵃ ἐγὼ δὲ Χριστοῦ

1 16 ἐβάπτισα δὲ καὶ τὸν Στεφανᾶ οἶκον

1 18ᵃ τοῖς μὲν ἀπολλυμένοις μωρία ἐστίν, τοῖς δὲ σῳζομένοις ἡμῖν δύναμις θεοῦ ἐστιν

1 23 ἡμεῖς δὲ κηρύσσομεν Χριστὸν ἐσταυρωμένον, ↔

1 23ᵃ Ἰουδαίοις μὲν σκάνδαλον, ἔθνεσιν δὲ μωρίαν,

1 24ᵃ αὐτοῖς δὲ τοῖς κλητοῖς ... Χριστὸν θεοῦ δύναμιν

1 30ᵏ ἐξ αὐτοῦ δὲ ὑμεῖς ἐστε ἐν Χριστῷ Ἰησοῦ

2 6 σοφίαν δὲ λαλοῦμεν ἐν τοῖς τελείοις, ↔

2 6 σοφίαν δὲ οὐ τοῦ αἰῶνος τούτου

2 10 ἡμῖν δὲ (N²⁶MVSTς; γὰρ rI) ἀπεκάλυψεν ὁ θεὸς διὰ τοῦ πνεύματος

2 12 ἡμεῖς δὲ οὐ τὸ πνεῦμα τοῦ κόσμου ἐλάβομεν

2 14 ψυχικὸς δὲ ἄνθρωπος οὐ δέχεται τὰ τοῦ πνεύματος τοῦ θεοῦ

2 15ᵇ ὁ δὲ πνευματικὸς ↔

2 15ᵃ ἀνακρίνει (+ μὲν NMVSHς) τὰ (+ [N²⁶] B) πάντα, αὐτὸς δὲ ὑπ' οὐδενὸς ἀνακρίνεται

2 16 ἡμεῖς δὲ νοῦν Χριστοῦ ἔχομεν

3 4ᵃ ὅταν γὰρ λέγῃ τις· ἐγὼ μέν εἰμι Παύλου, ἕτερος δέ· ἐγὼ Ἀπολλῶ

3 5ᵇ τί οὖν ἐστιν Ἀπολλῶς; τί δέ ἐστιν Παῦλος;

3 8ᵏ ὁ φυτεύων δὲ καὶ ὁ ποτίζων ἕν εἰσιν, ↔

3 8 ἕκαστος δὲ τὸν ἴδιον μισθὸν λήμψεται

3 10 ὡς σοφὸς ἀρχιτέκτων θεμέλιον ἔθηκα, ἄλλος δὲ ἐποικοδομεῖ. ↔

3 10 ἕκαστος δὲ βλεπέτω πῶς ἐποικοδομεῖ

3 12 εἰ δέ τις ἐποικοδομεῖ ἐπὶ τὸν θεμέλιον (+ τοῦτον [MS]ς)

3 15 εἴ τινος τὸ ἔργον κατακαήσεται, ζημιωθήσεται, αὐτὸς δὲ σωθήσεται, ↔

3 15 οὕτως δὲ ὡς διὰ πυρός

3 23 ⟨πάντα γὰρ ὑμῶν ἐστιν⟩ ὑμεῖς δὲ Χριστοῦ, ↔

1C 3 23 Χριστὸς δὲ θεοῦ

4 2 * | ὁ δὲ (ς; ὧδε rI) λοιπὸν ζητεῖται (-εῖτε BS) ἐν τοῖς οἰκονόμοις

4 3 ἐμοὶ δὲ εἰς ἐλάχιστόν ἐστιν

4 4 ὁ δὲ ἀνακρίνων με κύριός ἐστιν

4 6 ταῦτα δέ, ἀδελφοί, μετεσχημάτισα εἰς ἐμαυτόν

4 7 τίς γάρ σε διακρίνει; τί δὲ ἔχεις ὃ οὐκ ἔλαβες; ↔

4 7 εἰ δὲ καὶ ἔλαβες, τί καυχᾶσαι ὡς μὴ λαβών;

4 10ᵇ ἡμεῖς μωροὶ διὰ Χριστόν, ὑμεῖς δὲ φρόνιμοι ἐν Χριστῷ· ↔

4 10ᵇ ἡμεῖς ἀσθενεῖς, ὑμεῖς δὲ ἰσχυροί· ↔

4 10ᵇ ὑμεῖς ἔνδοξοι, ἡμεῖς δὲ ἄτιμοι

4 18ʲ¹ ὡς μὴ ἐρχομένου δέ μου πρὸς ὑμᾶς ἐφυσιώθησάν τινες· ↔

4 19 ἐλεύσομαι δὲ ταχέως πρὸς ὑμᾶς

5 3ᵃ ἐγὼ μὲν γάρ, ἀπὼν τῷ σώματι, παρὼν δὲ τῷ πνεύματι

5 11ᵇ ⟨ἔγραψα ὑμῖν⟩ νῦν (νυνὶ Tς) δὲ ἔγραψα ὑμῖν μὴ συναναμίγνυσθαι

5 13ᵇ τοὺς δὲ ἔξω ὁ θεὸς κρινεῖ (κρίνει Hς)

6 13 ὁ δὲ θεὸς καὶ ταύτην καὶ ταῦτα καταργήσει.

6 13 τὸ δὲ σῶμα οὐ τῇ πορνείᾳ ἀλλὰ τῷ κυρίῳ

6 14 ὁ δὲ θεὸς καὶ τὸν κύριον ἤγειρεν

6 17 ὁ δὲ κολλώμενος τῷ κυρίῳ ἓν πνεῦμά ἐστιν

6 18 ὁ δὲ πορνεύων εἰς τὸ ἴδιον σῶμα ἁμαρτάνει

7 1ᵍ περὶ δὲ ὧν ἐγράψατε, καλὸν ἀνθρώπῳ γυναικὸς μὴ ἅπτεσθαι·

7 2ᵍ διὰ δὲ τὰς πορνείας ἕκαστος τὴν ἑαυτοῦ γυναῖκα ἐχέτω

7 3 ὁμοίως δὲ καὶ ἡ γυνὴ τῷ ἀνδρί

7 4 ὁμοίως δὲ καὶ ὁ ἀνὴρ τοῦ ἰδίου σώματος οὐκ ἐξουσιάζει

7 6 τοῦτο δὲ λέγω κατὰ συγγνώμην, οὐ κατ' ἐπιταγήν. ↔

7 7 θέλω δὲ (γὰρ ς) πάντας ἀνθρώπους εἶναι ὡς καὶ ἐμαυτόν

7 7ᵃᶜ ἕκαστος ἴδιον ἔχει χάρισμα ἐκ θεοῦ, ὁ μὲν οὕτως, ὁ δὲ οὕτως. ↔

7 8 λέγω δὲ τοῖς ἀγάμοις καὶ ταῖς χήραις

7 9 εἰ δὲ οὐκ ἐγκρατεύονται, γαμησάτωσαν

7 10ᵇ ⟨λέγω δὲ τοῖς ἀγάμοις⟩ τοῖς δὲ γεγαμηκόσιν παραγγέλλω ... μὴ χωρισθῆναι, ↔

7 11 ἐὰν δὲ καὶ χωρισθῇ, μενέτω ἄγαμος

7 12ᵇ ⟨τοῖς δὲ γεγαμηκόσιν⟩ τοῖς δὲ λοιποῖς λέγω ἐγώ, οὐχ ὁ κύριος

7 14 ἐπεὶ ἄρα τὰ τέκνα ὑμῶν ἀκάθαρτά ἐστιν, νῦν δὲ ἅγιά ἐστιν. ↔

7 15 εἰ δὲ ὁ ἄπιστος χωρίζεται, χωριζέσθω

7 15ᵍ ἐν δὲ εἰρήνῃ κέκληκεν ὑμᾶς (ἡμᾶς MBς) ὁ θεός

7 25ᵍ περὶ δὲ τῶν παρθένων ἐπιταγὴν κυρίου οὐκ ἔχω, ↔

7 25ᵇ γνώμην δὲ δίδωμι

7 28 ἐὰν δὲ καὶ γαμήσῃς, οὐχ ἥμαρτες

7 28 θλῖψιν δὲ τῇ σαρκὶ ἕξουσιν οἱ τοιοῦτοι, ↔

7 28 ἐγὼ δὲ ὑμῶν φείδομαι. ↔

7 29 τοῦτο δέ φημι, ἀδελφοί

7 32 θέλω δὲ ὑμᾶς ἀμερίμνους εἶναι

7 33ᵇ ⟨ὁ ἄγαμος μεριμνᾷ⟩ ὁ δὲ γαμήσας μεριμνᾷ τὰ τοῦ κόσμου

1C 7 34ᵇ ἡ ἄγαμος ... ἡ δὲ γαμήσασα μεριμνᾷ τὰ τοῦ κόσμου

7 35 τοῦτο δὲ πρὸς τὸ ὑμῶν αὐτῶν σύμφορον λέγω

7 36 εἰ δέ τις ἀσχημονεῖν ἐπὶ τὴν παρθένον αὐτοῦ νομίζει

7 37 ὃς δὲ ἕστηκεν ἐν τῇ καρδίᾳ αὐτοῦ ἑδραῖος, ↔

7 37ᵇ μὴ ἔχων ἀνάγκην, ἐξουσίαν δὲ ἔχει περὶ τοῦ ἰδίου θελήματος

7 38ᵇ * ὁ γαμίζων ... καλῶς ποιεῖ, | ὁ δὲ (ς; καὶ ὁ rI) μὴ γαμίζων κρεῖσσον ποιήσει

7 39 ἐὰν δὲ κοιμηθῇ ὁ ἀνήρ, ἐλευθέρα ἐστίν

7 40 μακαριωτέρα δέ ἐστιν ἐὰν οὕτως μείνῃ

7 40 δοκῶ δὲ (γὰρ H) κἀγὼ πνεῦμα θεοῦ ἔχειν. ↔

8 1ᵍ περὶ δὲ τῶν εἰδωλοθύτων, οἴδαμεν ὅτι πάντες γνῶσιν ἔχομεν. ↔

8 1ᵇ ἡ γνῶσις φυσιοῖ, ἡ δὲ ἀγάπη οἰκοδομεῖ· ↔

8 2 * εἰ δέ (+ ς) τις δοκεῖ ἐγνωκέναι τι

8 3 εἰ δέ τις ἀγαπᾷ τὸν θεόν, οὗτος ἔγνωσται ὑπ' αὐτοῦ

8 7 τινὲς δὲ τῇ συνηθείᾳ ... ἐσθίουσιν

8 8 βρῶμα δὲ ἡμᾶς οὐ παραστήσει τῷ θεῷ

8 9 βλέπετε δὲ μή πως ἡ ἐξουσία ὑμῶν αὕτη πρόσκομμα γένηται τοῖς ἀσθενέσιν

8 12 οὕτως δὲ ἁμαρτάνοντες εἰς τοὺς ἀδελφούς

9 15 ἐγὼ δὲ οὐ (— Bς) κέχρημαι οὐδενὶ τούτων. ↔

9 15ᵏ οὐκ ἔγραψα δὲ ταῦτα ἵνα οὕτως γένηται ἐν ἐμοί

9 16 * οὐαὶ δέ (ς; γὰρ rI) μοί ἐστιν ἐὰν μὴ εὐαγγελίσωμαι (-ζωμαι MVB STς). ↔

9 17ᵇ εἰ γὰρ ἑκὼν τοῦτο πράσσω, μισθὸν ἔχω· εἰ δὲ ἄκων, οἰκονομίαν πεπίστευμαι

9 23 πάντα δὲ ποιῶ διὰ τὸ εὐαγγέλιον

9 24ᵃ πάντες μὲν τρέχουσιν, εἷς δὲ λαμβάνει τὸ βραβεῖον

9 25 πᾶς δὲ ὁ ἀγωνιζόμενος πάντα ἐγκρατεύεται, ↔

9 25ᵃ ἐκεῖνοι μὲν οὖν ἵνα φθαρτὸν στέφανον λάβωσιν, ἡμεῖς δὲ ἄφθαρτον

10 1ᵏ * οὐ θέλω δὲ (ς; γὰρ rI) ὑμᾶς ἀγνοεῖν

10 4ᵏ ἡ | πέτρα δὲ (~VSς) ἦν ὁ Χριστός

10 6 ταῦτα δὲ τύποι ἡμῶν ἐγενήθησαν

10 11 ταῦτα δὲ (+ πάντα MVBSς) τυπικῶς συνέβαινεν ἐκείνοις, ↔

10 11 ἐγράφη δὲ πρὸς νουθεσίαν ἡμῶν

10 13 πιστὸς δὲ ὁ θεός, ὃς οὐκ ἐάσει ὑμᾶς πειρασθῆναι

10 20ᵏ οὐ θέλω δὲ ὑμᾶς κοινωνοὺς τῶν δαιμονίων γίνεσθαι

10 27 * εἰ δέ (+ς) τις καλεῖ ὑμᾶς τῶν ἀπίστων

10 28 ἐὰν δέ τις ὑμῖν εἴπῃ

10 29 συνείδησιν δὲ λέγω οὐχὶ τὴν ἑαυτοῦ ἀλλὰ τὴν τοῦ ἑτέρου

10 30 * εἰ δὲ (+ ς) ἐγὼ χάριτι μετέχω

11 2 ἐπαινῶ δὲ ὑμᾶς ὅτι πάντα μου μέμνησθε

11 3 θέλω δὲ ὑμᾶς εἰδέναι ↔

11 3ᵇ ὅτι παντὸς ἀνδρὸς ἡ κεφαλὴ ὁ Χριστός ἐστιν, κεφαλὴ δὲ γυναικὸς ὁ ἀνήρ, ↔

1C 11 3^b κεφαλὴ δὲ τοῦ Χριστοῦ ὁ θεός

11 5^b ⟨πᾶς ἀνὴρ προσευχόμενος⟩ πᾶσα δὲ γυνὴ προσευχομένη

11 6^{b}εἰ γὰρ οὐ κατακαλύπτεται γυνή, καὶ κειράσθω· εἰ δὲ αἰσχρὸν γυναικὶ τὸ κείρασθαι ... κατακαλυπτέσθω. ↔

11 7^{ak}ἀνὴρ μὲν γὰρ ... ἡ γυνὴ δὲ δόξα ἀνδρός ἐστιν

11 12 τὰ δὲ πάντα ἐκ τοῦ θεοῦ

11 15^a ⟨ἀνὴρ μὲν ἐὰν κομᾷ⟩ γυνὴ δὲ ἐὰν κομᾷ

11 16 εἰ δέ τις δοκεῖ φιλόνεικος εἶναι

11 17 τοῦτο δὲ παραγγέλλων (-λω BS) οὐκ ἐπαινῶ (-ῶν BS)

11 21^{a}καὶ ὃς μὲν πεινᾷ, ὃς δὲ μεθύει

11 28 δοκιμαζέτω δὲ ἄνθρωπος ἑαυτόν

11 31 εἰ δὲ (γὰρ ϛ) ἑαυτοὺς διεκρίνομεν, οὐκ ἂν ἐκρινόμεθα · ↔

11 32^{b}κρινόμενοι δὲ ὑπὸ τοῦ [N^{26}] κυρίου παιδευόμεθα

11 34 * εἰ δέ (+ ϛ) τις πεινᾷ, ἐν οἴκῳ ἐσθιέτω

11 34 τὰ δὲ λοιπὰ ὡς ἂν ἔλθω διατάξομαι

12 1^{g}περὶ δὲ τῶν πνευματικῶν, ἀδελφοί, οὐ θέλω ὑμᾶς ἀγνοεῖν

12 4 διαιρέσεις δὲ χαρισμάτων εἰσίν, ↔

12 4 τὸ δὲ αὐτὸ πνεῦμα

12 6^{b}διαιρέσεις ἐνεργημάτων εἰσίν, | ὁ δὲ (καὶ ὁ H) αὐτός (+ ἐστιν [S]ϛ) θεός

12 7 ἑκάστῳ δὲ δίδοται ἡ φανέρωσις τοῦ πνεύματος

12 8^{a}ᾧ μὲν γὰρ διὰ τοῦ πνεύματος δίδοται λόγος σοφίας, ἄλλῳ δὲ λόγος γνώσεως κατὰ τὸ αὐτὸ πνεῦμα, ↔

12 9^a* ἑτέρῳ δέ (+ MVSϛ) πίστις ἐν τῷ αὐτῷ πνεύματι,

12 9^{ab}ἄλλῳ δὲ χαρίσματα ἰαμάτων ἐν τῷ ἑνὶ πνεύματι, ↔

12 10^{ab}ἄλλῳ δὲ ἐνεργήματα δυνάμεων,↔

12 10^{ab}ἄλλῳ δέ ([N^{26}NH]; — B) προφητεία, ↔

12 10^{ab}ἄλλῳ δέ ([N^{26}H]; — B) διακρίσεις (-άκρισις ST) πνευμάτων, ↔

12 10^{ab}* ἑτέρῳ δέ (+ VSϛ) γένη γλωσσῶν, ↔

12 10^{ab}ἄλλῳ δὲ ἑρμηνεία γλωσσῶν· ↔

12 11 πάντα δὲ ταῦτα ἐνεργεῖ τὸ ἓν καὶ τὸ αὐτὸ πνεῦμα

12 12 πάντα δὲ τὰ μέλη τοῦ σώματος πολλὰ ὄντα ἕν ἐστιν σῶμα

12 18 νυνὶ (νῦν NH) δὲ ὁ θεὸς ἔθετο τὰ μέλη

12 19 εἰ δὲ ἦν τὰ [H] πάντα ἓν μέλος, ποῦ τὸ σῶμα; ↔

12 20 νῦν δὲ ←

12 20^{a}πολλὰ μὲν (— H) μέλη, ἓν δὲ σῶμα. ↔

12 21^{k}οὐ δύναται δὲ [H] ὁ ὀφθαλμὸς εἰπεῖν τῇ χειρί

12 24^b⟨τὰ ἀσχήμονα⟩ τὰ δὲ εὐσχήμονα ἡμῶν οὐ χρείαν ἔχει

12 27 ὑμεῖς δέ ἐστε σῶμα Χριστοῦ καὶ μέλη ἐκ μέρους

12 31 ζηλοῦτε δὲ τὰ χαρίσματα τὰ μείζονα (κρείττονα Sϛ)

13 1^{b}ἐὰν ταῖς γλώσσαις τῶν ἀνθρώπων λαλῶ καὶ τῶν ἀγγέλων, ἀγάπην δὲ μὴ ἔχω

13 2^{b}καὶ ἐὰν ἔχω πᾶσαν τὴν πίστιν ... ἀγάπην δὲ μὴ ἔχω

1C 13 3^{b}καὶ ἐὰν παραδῶ τὸ σῶμά μου ἵνα καυχήσωμαι (N^{26}H; καυθ. ϛ; καυθήσομαι rl), ἀγάπην δὲ μὴ ἔχω

13 6^b⟨ἡ ἀγάπη⟩ οὐ χαίρει ἐπὶ τῇ ἀδικίᾳ, συγχαίρει δὲ τῇ ἀληθείᾳ

13 8 εἴτε δὲ προφητεῖαι, καταργηθήσονται

13 10 ὅταν δὲ ἔλθῃ τὸ τέλειον, τὸ ἐκ μέρους καταργηθήσεται. ↔

13 11^b* ὅτε ἤμην νήπιος ... ὅτε δέ (+ MVSϛ) γέγονα ἀνήρ, κατήργηκα τὰ τοῦ νηπίου. ↔

13 12^{b}βλέπομεν γὰρ ἄρτι δι' ἐσόπτρου ἐν αἰνίγματι, τότε δὲ πρόσωπον πρὸς πρόσωπον· ↔

13 12^{a}ἄρτι γινώσκω ἐκ μέρους, τότε δὲ ἐπιγνώσομαι

13 13 νυνὶ δὲ μένει πίστις, ἐλπίς, ἀγάπη, τὰ τρία ταῦτα· ↔

13 13 μείζων δὲ τούτων ἡ ἀγάπη

14 1 διώκετε τὴν ἀγάπην, ζηλοῦτε δὲ τὰ πνευματικά, ↔

14 1 μᾶλλον δὲ ἵνα προφητεύητε

14 2^{b}οὐδεὶς γὰρ ἀκούει, πνεύματι δὲ λαλεῖ μυστήρια· ↔

14 3 ὁ δὲ προφητεύων ἀνθρώποις λαλεῖ οἰκοδομήν

14 4^{b}ὁ λαλῶν γλώσσῃ ἑαυτὸν οἰκοδομεῖ· ὁ δὲ προφητεύων ἐκκλησίαν οἰκοδομεῖ. ↔

14 5 θέλω δὲ πάντας ὑμᾶς λαλεῖν γλώσσαις, ↔

14 5 μᾶλλον δὲ ἵνα προφητεύητε· ↔

14 5 μείζων δὲ ὁ προφητεύων ἢ ὁ λαλῶν γλώσσαις

14 6 νῦν δέ, ἀδελφοί, ἐὰν ἔλθω πρὸς ὑμᾶς γλώσσαις λαλῶν

14 14^{b}τὸ πνεῦμά μου προσεύχεται, ὁ δὲ νοῦς μου ἄκαρπός ἐστιν

14 15^{b}προσεύξομαι τῷ πνεύματι, προσεύξομαι δὲ καὶ τῷ νοΐ· ↔

14 15^{b}ψαλῶ τῷ πνεύματι, ψαλῶ δὲ [H] καὶ τῷ νοΐ

14 20^{b}τῇ κακίᾳ νηπιάζετε, ταῖς δὲ φρεσὶν τέλειοι γίνεσθε

14 22^{b}αἱ γλῶσσαι εἰς σημεῖόν εἰσιν ... τοῖς ἀπίστοις, ἡ δὲ προφητεία ... τοῖς πιστεύουσιν. ↔

14 23^{b}ἐὰν ... πάντες λαλῶσιν γλώσσαις, εἰσέλθωσιν δὲ ἰδιῶται

14 24^{b}ἐὰν δὲ πάντες προφητεύωσιν, ↔

14 24^{b}εἰσέλθῃ δέ τις ἄπιστος ἢ ἰδιώτης

14 28^b⟨καὶ εἷς διερμηνευέτω⟩ ἐὰν δὲ μὴ ᾖ διερμηνευτής, ↔

14 28^{b}σιγάτω ἐν ἐκκλησίᾳ, ἑαυτῷ δὲ λαλείτω καὶ τῷ θεῷ. ↔

14 29 προφῆται δὲ δύο ἢ τρεῖς λαλείτωσαν

14 30 ἐὰν δὲ ἄλλῳ ἀποκαλυφθῇ καθημένῳ, ὁ πρῶτος σιγάτω

14 35 εἰ δέ τι μαθεῖν (μανθάνειν MSH) θέλουσιν

14 38^b⟨εἴ τις δοκεῖ προφήτης εἶναι⟩ εἰ δέ τις ἀγνοεῖ

14 40 πάντα δέ (—ϛ) εὐσχημόνως καὶ κατὰ τάξιν γινέσθω

15 1 γνωρίζω δὲ ὑμῖν, ἀδελφοί

15 6^{b}ἐξ ὧν οἱ πλείονες μένουσιν ἕως ἄρτι, τινὲς δέ (+ καὶ [MS] Vϛ) ἐκοιμήθησαν

15 8^b⟨ἔπειτα ὤφθη Ἰακώβῳ⟩ ἔσχατον δὲ πάντων ... ὤφθη κἀμοί

15 10 χάριτι δὲ θεοῦ εἰμι ὅ εἰμι

15 10^{k}οὐκ ἐγὼ δὲ ἀλλὰ ἡ χάρις τοῦ θεοῦ

15 12 εἰ δὲ Χριστὸς κηρύσσεται

1C 15 13 εἰ δὲ ἀνάστασις νεκρῶν οὐκ ἔστιν

15 14 εἰ δὲ Χριστὸς οὐκ ἐγήγερται, ↔

15 14^b* κενὸν ἄρα καὶ ([N^{26}S]; —NM Hϛ) τὸ κήρυγμα ἡμῶν, κενὴ δέ (+ ϛ) καὶ ἡ πίστις ὑμῶν (ἡ. H)· ↔

15 15 εὑρισκόμεθα δὲ καὶ ψευδομάρτυρες τοῦ θεοῦ

15 17^b⟨εἰ γὰρ νεκροὶ οὐκ ἐγείρονται⟩ εἰ δὲ Χριστὸς οὐκ ἐγήγερται

15 20 νυνὶ δὲ Χριστὸς ἐγήγερται ἐκ νεκρῶν

15 23 ἕκαστος δὲ ἐν τῷ ἰδίῳ τάγματι

15 27 ὅταν δὲ εἴπῃ ὅτι πάντα ὑποτέτακται

15 28^{b}ὅταν δὲ ὑποταγῇ αὐτῷ τὰ πάντα

15 35 πῶς ἐγείρονται οἱ νεκροί; ποίῳ δὲ σώματι ἔρχονται;

15 38 ὁ δὲ θεὸς δίδωσιν αὐτῷ σῶμα καθὼς ἠθέλησεν

15 39^{a}ἄλλη μὲν ἀνθρώπων, ἄλλη δὲ σὰρξ κτηνῶν, ↔

15 39^{a}ἄλλη δὲ σὰρξ πτηνῶν, ↔

15 39^{a}ἄλλη δὲ ἰχθύων

15 40^{a}ἑτέρα μὲν ἡ τῶν ἐπουρανίων δόξα, ἑτέρα δὲ ἡ τῶν ἐπιγείων

15 50 τοῦτο δέ φημι, ἀδελφοί

15 51^{a}πάντες (+ μὲν MVSϛ) οὐ κοιμηθησόμεθα, πάντες δὲ ἀλλαγησόμεθα

15 54 ὅταν δὲ | τὸ φθαρτὸν τοῦτο ἐνδύσηται ἀφθαρσίαν (—H..)

15 56 τὸ δὲ κέντρον τοῦ θανάτου ἡ ἁμαρτία, ↔

15 56 ἡ δὲ δύναμις τῆς ἁμαρτίας ὁ νόμος· ↔

15 57 τῷ δὲ θεῷ χάρις τῷ διδόντι ἡμῖν τὸ νῖκος

16 1^{g}περὶ δὲ τῆς λογείας τῆς εἰς τοὺς ἁγίους

16 3 ὅταν δὲ παραγένωμαι

16 4 ἐὰν δὲ | ἄξιον ᾖ (~ Tϛ) τοῦ κἀμὲ πορεύεσθαι

16 5 ἐλεύσομαι δὲ πρὸς ὑμᾶς ὅταν Μακεδονίαν διέλθω

16 6^{k}πρὸς ὑμᾶς δὲ τυχὸν παραμενῶ (κατα- NH)

16 7 * ἐλπίζω δέ (ϛ; γὰρ rl) χρόνον τινὰ ἐπιμεῖναι πρὸς ὑμᾶς

16 8 ἐπιμενῶ (-μένω H) δὲ ἐν Ἐφέσῳ ἕως τῆς πεντηκοστῆς

16 10 ἐὰν δὲ ἔλθῃ Τιμόθεος

16 11 προπέμψατε δὲ αὐτὸν ἐν εἰρήνῃ

16 12^{g}περὶ δὲ Ἀπολλῶ τοῦ ἀδελφοῦ, πολλὰ παρεκάλεσα αὐτόν

16 12 ἐλεύσεται δὲ ὅταν εὐκαιρήσῃ

16 15 παρακαλῶ δὲ ὑμᾶς, ἀδελφοί

16 17 χαίρω δὲ ἐπὶ τῇ παρουσίᾳ Στεφανᾶ

2C 1 6 εἴτε δὲ θλιβόμεθα, ὑπὲρ τῆς ὑμῶν παρακλήσεως καὶ σωτηρίας · εἴτε παρακαλούμεθα

1 12 ἀνεστράφημεν ἐν τῷ κόσμῳ, περισσοτέρως δὲ πρὸς ὑμᾶς

1 13 ἐλπίζω δὲ ὅτι ἕως τέλους ἐπιγνώσεσθε

1 18 πιστὸς δὲ ὁ θεὸς ὅτι ὁ λόγος ἡμῶν ... οὐκ ἔστιν ναὶ καὶ οὔ

1 21 ὁ δὲ βεβαιῶν ἡμᾶς σὺν ὑμῖν ... θεός

1 23 ἐγὼ δὲ μάρτυρα τὸν θεὸν ἐπικαλοῦμαι ἐπὶ τὴν ἐμὴν ψυχήν

2 1 * ἔκρινα δέ (NMVSTϛ; γὰρ rl) ἐμαυτῷ τοῦτο

2 5 εἰ δέ τις λελύπηκεν, οὐκ ἐμὲ λελύπηκεν

2 10 ᾧ δέ τι χαρίζεσθε, κἀγώ

2C   2 12ʰἐλθὼν δὲ εἰς τὴν Τρῳάδα ⟨οὐκ
          ἔσχηκα ἄνεσιν⟩
     2 14 τῷ δὲ θεῷ χάρις
     2 16ᵃοἷς μὲν ὀσμὴ ἐκ θανάτου εἰς θάνα-
          τον, οἷς δὲ ὀσμὴ ἐκ ζωῆς εἰς ζωήν
     3 4 πεποίθησιν δὲ τοιαύτην ἔχομεν
     3 6ᵇτὸ γὰρ γράμμα ἀποκτέννει, τὸ δὲ
          πνεῦμα ζωοποιεῖ. ↔
     3 7 εἰ δὲ ἡ διακονία τοῦ θανάτου ἐν
          γράμμασιν ἐντετυπωμένη
     3 16 ἡνίκα δὲ ἐὰν (ἂν BSϛ) ἐπιστρέψῃ
          πρὸς κύριον
     3 17 ὁ δὲ κύριος τὸ πνεῦμά ἐστιν· ↔
     3 17 οὗ δὲ τὸ πνεῦμα κυρίου, ἐλευθερία.
          ↔
     3 18 ἡμεῖς δὲ πάντες ἀνακεκαλυμμένῳ
          προσώπῳ τὴν δόξαν κυρίου κατ-
          οπτριζόμενοι
     4 3 εἰ δὲ καὶ ἔστιν κεκαλυμμένον τὸ
          εὐαγγέλιον ἡμῶν
     4 5ᵇοὐ γὰρ ἑαυτοὺς κηρύσσομεν ἀλλὰ
          |Ἰησοῦν Χριστὸν (N²⁶B; ~rl)
          κύριον, ἑαυτοὺς δὲ δούλους ὑμῶν
          διὰ Ἰησοῦν
     4 7 ἔχομεν δὲ τὸν θησαυρὸν τοῦτον
          ἐν ὀστρακίνοις σκεύεσιν
     4 12ᵃὥστε ὁ (+ μὲν ϛ) θάνατος ἐν
          ἡμῖν ἐνεργεῖται, ἡ δὲ ζωὴ ἐν
          ὑμῖν. ↔
     4 13ʰἔχοντες δὲ τὸ αὐτὸ πνεῦμα τῆς
          πίστεως
     4 18ᵇτὰ γὰρ βλεπόμενα πρόσκαιρα, τὰ
          δὲ μὴ βλεπόμενα αἰώνια
     5 5 ὁ δὲ κατεργασάμενος ἡμᾶς εἰς αὐτὸ
          τοῦτο θεός
     5 8 θαρροῦμεν δὲ καὶ εὐδοκοῦμεν
     5 11ᵇἀνθρώπους πείθομεν, θεῷ δὲ πεφα-
          νερώμεθα· ↔
     5 11 ἐλπίζω δὲ καὶ ἐν ταῖς συνειδήσεσιν
          ὑμῶν πεφανερῶσθαι
     5 16 * εἰ δὲ (+ϛ) καὶ ἐγνώκαμεν κατὰ
          σάρκα Χριστόν
     5 18 τὰ δὲ πάντα ἐκ τοῦ θεοῦ
     6 1ʰσυνεργοῦντες δὲ καὶ παρακαλοῦμεν
     6 10ᵇὡς λυπούμενοι ἀεὶ δὲ χαίροντες, ↔
     6 10ᵇὡς πτωχοὶ πολλοὺς δὲ πλουτί-
          ζοντες
     6 12ᵇοὐ στενοχωρεῖσθε ἐν ἡμῖν, στενο-
          χωρεῖσθε δὲ ἐν τοῖς σπλάγχνοις
          ὑμῶν· ↔
     6 13 τὴν δὲ αὐτὴν ἀντιμισθίαν ...
          πλατύνθητε καὶ ὑμεῖς
     6 14 * τίς γὰρ μετοχὴ δικαιοσύνῃ καὶ
          ἀνομίᾳ, | τίς δὲ (ϛ; ἢ τίς rl)
          κοινωνία φωτὶ πρὸς σκότος; ↔
     6 15 τίς δὲ συμφώνησις Χριστοῦ πρὸς
          Βελιάρ ⟨;⟩
     6 16 τίς δὲ συγκατάθεσις ναῷ θεοῦ
          μετὰ εἰδώλων;
     7 7ᵏ⟨παρεκάλεσεν ἡμᾶς ὁ θεὸς⟩ οὐ
          μόνον δὲ ἐν τῇ παρουσίᾳ αὐτοῦ
     7 10ᵇἡ γὰρ κατὰ θεὸν λύπη ... ἡ δὲ τοῦ
          κόσμου λύπη
     7 13ᵍἐπὶ | δὲ τῇ παρακλήσει ἡμῶν
          περισσοτέρως (τῇ π. ὑμ.· π. δὲ ϛ)
          μᾶλλον ἐχάρημεν ἐπὶ τῇ χαρᾷ
          Τίτου
     8 1 γνωρίζομεν δὲ ὑμῖν, ἀδελφοί, τὴν
          χάριν τοῦ θεοῦ
     8 11 νυνὶ δὲ καὶ τὸ ποιῆσαι ἐπιτελέσατε
     8 13ᵇ* οὐ γὰρ ἵνα ἄλλοις ἄνεσις, ὑμῖν δὲ
          (+ [VS]ϛ) θλῖψις
     8 16 χάρις δὲ τῷ θεῷ τῷ δόντι (N²⁶;
          διδ. rl) τὴν αὐτὴν σπουδὴν ὑπὲρ
          ὑμῶν

2C   8 17ᵃὅτι τὴν μὲν παράκλησιν ἐδέξατο,
          σπουδαιότερος δὲ ὑπάρχων αὐθαί-
          ρετος ἐξῆλθεν πρὸς ὑμᾶς. ↔
     8 18 συνεπέμψαμεν δὲ | μετ' αὐτοῦ τὸν
          ἀδελφόν (~ T)
     8 19ᵏοὐ μόνον δὲ ἀλλὰ καὶ χειροτονηθεὶς
          ὑπὸ τῶν ἐκκλησιῶν συνέκδημος
          ἡμῶν
     8 22 συνεπέμψαμεν δὲ αὐτοῖς τὸν ἀδελ-
          φὸν ἡμῶν, ↔
     8 22 ὃν ἐδοκιμάσαμεν ... σπουδαῖον
          ὄντα, νυνὶ δὲ πολὺ σπουδαιότερον
          πεποιθήσει πολλῇ τῇ εἰς ὑμᾶς
     9 3 ἔπεμψα δὲ τοὺς ἀδελφούς, ἵνα μὴ
          τὸ καύχημα ... κενωθῇ
     9 6 τοῦτο δέ, ὁ σπείρων φειδομένως
          φειδομένως καὶ θερίσει
     9 8 δυνατεῖ (-τὸς Sϛ) δὲ ὁ θεὸς πᾶσαν
          χάριν περισσεῦσαι εἰς ὑμᾶς
     9 10 ὁ δὲ ἐπιχορηγῶν σπόρον (σπέρμα
          NMVSTHϛ) τῷ σπείροντι
     9 15 * χάρις δὲ (+ϛ) τῷ θεῷ ἐπὶ τῇ
          ἀνεκδιηγήτῳ αὐτοῦ δωρεᾷ. ↔
     10 1 αὐτὸς δὲ ἐγὼ Παῦλος παρακαλῶ
          ὑμᾶς
     10 1ᵃὃς κατὰ πρόσωπον μὲν ταπεινὸς
          ἐν ὑμῖν, ἀπὼν δὲ θαρρῶ εἰς ὑμᾶς· ↔
     10 2 δέομαι δὲ τὸ μὴ παρὼν θαρρῆσαι
          τῇ πεποιθήσει
     10 10ᵃαἱ | ἐπιστολαὶ μέν (~ BSϛ),
          φησίν, βαρεῖαι καὶ ἰσχυραί, ἡ δὲ
          παρουσία τοῦ σώματος ἀσθενής
     10 13 ἡμεῖς δὲ οὐκ εἰς τὰ ἄμετρα καυχησό-
          μεθα
     10 15 οὐκ εἰς τὰ ἄμετρα καυχώμενοι ἐν
          ἀλλοτρίοις κόποις, ἐλπίδα δὲ ἔχον-
          τες
     10 17 ὁ δὲ καυχώμενος ἐν κυρίῳ καυχάσθω
     11 3 φοβοῦμαι δὲ μή πως ... φθαρῇ
          τὰ νοήματα ὑμῶν
     11 6 εἰ δὲ καὶ ἰδιώτης τῷ λόγῳ, ἀλλ'
          οὐ τῇ γνώσει
     11 12 ὃ δὲ ποιῶ, καὶ ποιήσω, ἵνα ἐκκόψω
          τὴν ἀφορμήν
     11 16 εἰ δὲ μή γε, κἂν ὡς ἄφρονα
          δέξασθέ με
     11 21ᵏἐν ᾧ δ' ἄν τις τολμᾷ ... τολμῶ
          κἀγώ
     12 1ᵃοὐ συμφέρον μέν, ἐλεύσομαι δὲ
          (γὰρ Sϛ) εἰς ὀπτασίας
     12 5ᵇᵍὑπὲρ τοῦ τοιούτου καυχήσομαι,
          ὑπὲρ δὲ ἐμαυτοῦ οὐ καυχήσομαι
     12 6 φείδομαι δέ, μή τις εἰς ἐμὲ λογίσηται
          ὑπὲρ ὃ βλέπει με
     12 15 ἐγὼ δὲ ἥδιστα δαπανήσω καὶ
          ἐκδαπανηθήσομαι ὑπὲρ τῶν ψυ-
          χῶν ὑμῶν
     12 16 ἔστω δέ, ἐγὼ οὐ κατεβάρησα ὑμᾶς
     12 19 τὰ δὲ πάντα, ἀγαπητοί, ὑπὲρ τῆς
          ὑμῶν οἰκοδομῆς
     13 6 ἐλπίζω δὲ ὅτι γνώσεσθε ὅτι ἡμεῖς
          οὐκ ἐσμὲν ἀδόκιμοι. ↔
     13 7 εὐχόμεθα δὲ πρὸς τὸν θεὸν μὴ
          ποιῆσαι ὑμᾶς κακὸν μηδέν
     13 7ᵇἀλλ' ἵνα ὑμεῖς τὸ καλὸν ποιῆτε,
          ἡμεῖς δὲ ὡς ἀδόκιμοι ὦμεν
     13 9ᵇχαίρομεν γὰρ ὅταν ἡμεῖς ἀσθενῶ-
          μεν, ὑμεῖς δὲ δυνατοὶ ἦτε· ↔
     13 9 * τοῦτο δὲ (+ϛ) καὶ εὐχόμεθα,
          τὴν ὑμῶν κατάρτισιν

G   1 11 *γνωρίζω δὲ (Tϛ; γὰρ rl) ὑμῖν,
          ἀδελφοί, τὸ εὐαγγέλιον
     1 15 ὅτε δὲ εὐδόκησεν | ὁ θεός([N²⁶H];—
          NMBT)

G   1 19 ἕτερον δὲ τῶν ἀποστόλων οὐκ εἶ-
          δον
     1 20 ἃ δὲ γράφω ὑμῖν
     1 22 ἤμην δὲ ἀγνοούμενος τῷ προσώπῳ
          ταῖς ἐκκλησίαις τῆς Ἰουδαίας
     1 23 μόνον δὲ ἀκούοντες ἦσαν
     2 2ᵇ⟨πάλιν ἀνέβην εἰς Ἱεροσόλυμα⟩
          ἀνέβην δὲ κατὰ ἀποκάλυψιν
     2 2ᵏἀνεθέμην αὐτοῖς τὸ εὐαγγέλιον ὃ
          κηρύσσω ἐν τοῖς ἔθνεσιν, κατ' ἰδίαν
          δὲ τοῖς δοκοῦσιν
     2 4ᵍδιὰ δὲ τοὺς παρεισάκτους ψευδ-
          αδέλφους
     2 6ᵍἀπὸ δὲ τῶν δοκούντων εἶναί τι
     2 9ᵇἡμεῖς εἰς τὰ ἔθνη, αὐτοὶ δὲ εἰς τὴν
          περιτομήν
     2 11 ὅτε δὲ ἦλθεν Κηφᾶς εἰς Ἀντιό-
          χειαν
     2 12 ὅτε δὲ ἦλθον, ὑπέστελλεν
     2 16ʰεἰδότες δὲ ([N²⁶]; —ϛ) ὅτι οὐ δι-
          καιοῦται ἄνθρωπος ἐξ ἔργων νόμου
     2 17 εἰ δὲ ζητοῦντες δικαιωθῆναι ἐν
          Χριστῷ εὑρέθημεν
     2 20 ζῶ δὲ οὐκέτι ἐγώ, ↔
     2 20 ζῇ δὲ ἐν ἐμοὶ Χριστός· ↔
     2 20 ὃ δὲ νῦν ζῶ ἐν σαρκί
     3 8ʰπροϊδοῦσα δὲ ἡ γραφή ... προ-
          ευηγγελίσατο τῷ Ἀβραάμ
     3 11 ὅτι δὲ ἐν νόμῳ οὐδεὶς δικαιοῦται
          παρὰ τῷ θεῷ δῆλον
     3 12 ὁ δὲ νόμος οὐκ ἔστιν ἐκ πίστεως
     3 16 τῷ δὲ Ἀβραὰμ ἐρρέθησαν αἱ
          ἐπαγγελίαι
     3 17 τοῦτο δὲ λέγω
     3 18 τῷ δὲ Ἀβραὰμ δι' ἐπαγγελίας
          κεχάρισται ὁ θεός
     3 20 ὁ δὲ μεσίτης ἑνὸς οὐκ ἔστιν, ↔
     3 20ᵇὁ δὲ θεὸς εἷς ἐστιν
     3 23ᵏπρὸ τοῦ δὲ ἐλθεῖν τὴν πίστιν ὑπὸ
          νόμον ἐφρουρούμεθα
     3 25ʲἐλθούσης δὲ τῆς πίστεως οὐκέτι
          ὑπὸ παιδαγωγόν ἐσμεν
     3 29 εἰ δὲ ὑμεῖς Χριστοῦ, ἄρα τοῦ
          Ἀβραὰμ σπέρμα ἐστέ
     4 1 λέγω δέ, ἐφ' ὅσον χρόνον ὁ κλη-
          ρονόμος νήπιός ἐστιν
     4 4 ὅτε δὲ ἦλθεν τὸ πλήρωμα τοῦ
          χρόνου
     4 6 ὅτι δέ ἐστε υἱοί, ἐξαπέστειλεν ὁ
          θεὸς τὸ πνεῦμα
     4 7 ὥστε οὐκέτι εἶ δοῦλος ἀλλὰ υἱός·
          εἰ δὲ υἱός, καὶ κληρονόμος διὰ θεοῦ
     4 9ᵃ⟨ἀλλὰ τότε μὲν οὐκ εἰδότες θεόν⟩
          νῦν δὲ γνόντες θεόν, ↔
     4 9 μᾶλλον δὲ γνωσθέντες ὑπὸ θεοῦ
     4 13 οἴδατε δὲ ὅτι δι' ἀσθένειαν τῆς
          σαρκὸς εὐηγγελισάμην ὑμῖν τὸ
          πρότερον
     4 18 καλὸν δὲ ζηλοῦσθαι ἐν καλῷ
          πάντοτε
     4 20 ἤθελον δὲ παρεῖναι πρὸς ὑμᾶς ἄρτι
     4 23ᵃἀλλ' ὁ μὲν [NH] ἐκ τῆς παιδίσκης
          ... γεγέννηται, ὁ δὲ ἐκ τῆς ἐλευθέ-
          ρας
     4 25 τὸ δὲ (γὰρ VBSTϛ) Ἀγὰρ
          (—MVBT) Σινᾶ ὄρος ἐστὶν ἐν τῇ
          Ἀραβίᾳ· ↔
     4 25 συστοιχεῖ δὲ τῇ νῦν Ἱερουσαλήμ, ↔
     4 25 * δουλεύει δὲ (ϛ; γὰρ rl) μετὰ τῶν
          τέκνων αὐτῆς. ↔
     4 26ᵃ⟨μία μὲν ἀπὸ ὄρους Σινᾶ⟩ ἡ δὲ
          ἄνω Ἱερουσαλὴμ ἐλευθέρα ἐστίν
     4 28 ὑμεῖς (ἡμεῖς VHϛ) δέ, ἀδελφοί, κατὰ
          Ἰσαὰκ ἐπαγγελίας τέκνα ἐστέ
          (ἐσμέν VHϛ)

G

5 3 μαρτύρομαι δὲ πάλιν παντὶ ἀνθρώπῳ περιτεμνομένῳ

5 10 ὁ δὲ ταράσσων ὑμᾶς βαστάσει τὸ κρίμα

5 11 ἐγὼ δέ, ἀδελφοί, εἰ περιτομὴν ἔτι κηρύσσω

5 15 εἰ δὲ ἀλλήλους δάκνετε καὶ κατεσθίετε

5 16 λέγω δέ, πνεύματι περιπατεῖτε

5 17[b] ἡ γὰρ σὰρξ ἐπιθυμεῖ κατὰ τοῦ πνεύματος, τὸ δὲ πνεῦμα κατὰ τῆς σαρκός, ↔

5 17 * ταῦτα δὲ (Sϛ; γὰρ rl) ἀλλήλοις ἀντίκειται

5 18 εἰ δὲ πνεύματι ἄγεσθε, οὐκ ἐστὲ ὑπὸ νόμον. ↔

5 19 φανερὰ δέ ἐστιν τὰ ἔργα τῆς σαρκός

5 22 ὁ δὲ καρπὸς τοῦ πνεύματός ἐστιν ἀγάπη

5 24[e] οἱ δὲ τοῦ Χριστοῦ Ἰησοῦ ([N²⁶]; —ϛ) τὴν σάρκα ἐσταύρωσαν

6 4 τὸ δὲ ἔργον ἑαυτοῦ δοκιμαζέτω ἕκαστος [H]

6 6 κοινωνείτω δὲ ὁ κατηχούμενος τὸν λόγον τῷ κατηχοῦντι

6 8[b] ὁ σπείρων εἰς τὴν σάρκα ἑαυτοῦ... ὁ δὲ σπείρων εἰς τὸ πνεῦμα

6 9 τὸ δὲ καλὸν ποιοῦντες μὴ ἐγκακῶμεν (ἐκκακῶμεν VSϛ)

6 10 ἐργαζώμεθα τὸ ἀγαθὸν πρὸς πάντας, μάλιστα δὲ πρὸς τοὺς οἰκείους τῆς πίστεως

6 14 ἐμοὶ δὲ μὴ γένοιτο καυχᾶσθαι εἰ μὴ ἐν τῷ σταυρῷ τοῦ κυρίου

E

2 4 ὁ δὲ θεὸς πλούσιος ὢν ἐν ἐλέει

2 13[b] ⟨ἦτε τῷ καιρῷ ἐκείνῳ χωρὶς Χριστοῦ⟩ νυνὶ δὲ ἐν Χριστῷ Ἰησοῦ ὑμεῖς οἵ ποτε ὄντες μακρὰν ἐγενήθητε ἐγγύς

3 20 τῷ δὲ δυναμένῳ ὑπὲρ πάντα ποιῆσαι ὑπερεκπερισσοῦ

4 7 ἑνὶ δὲ ἑκάστῳ ἡμῶν ἐδόθη ἡ [H] χάρις

4 9 τὸ δὲ ἀνέβη τί ἐστιν εἰ μὴ ὅτι καὶ κατέβη ⟨;⟩

4 11[ae] καὶ αὐτὸς ἔδωκεν τοὺς μὲν ἀποστόλους, τοὺς δὲ προφήτας, ↔

4 11[ae] τοὺς δὲ εὐαγγελιστάς, ↔

4 11[ae] τοὺς δὲ ποιμένας καὶ διδασκάλους

4 15[b] ⟨ἵνα μηκέτι ὦμεν νήπιοι⟩ ἀληθεύοντες δὲ ἐν ἀγάπῃ αὐξήσωμεν εἰς αὐτὸν τὰ πάντα

4 20 ὑμεῖς δὲ οὐχ οὕτως ἐμάθετε τὸν Χριστόν

4 23[b] ⟨ἀποθέσθαι ὑμᾶς... τὸν παλαιὸν ἄνθρωπον⟩ ἀνανεοῦσθαι δὲ τῷ πνεύματι τοῦ νοὸς ὑμῶν

4 28 μηκέτι κλεπτέτω, μᾶλλον δὲ κοπιάτω

4 32 γίνεσθε δὲ [N²⁶H] εἰς ἀλλήλους χρηστοί

5 3 πορνεία δὲ καὶ ἀκαθαρσία πᾶσα ... μηδὲ ὀνομαζέσθω ἐν ὑμῖν

5 8[b] ἦτε γάρ ποτε σκότος, νῦν δὲ φῶς ἐν κυρίῳ

5 11 μὴ συγκοινωνεῖτε τοῖς ἔργοις ... τοῦ σκότους, μᾶλλον δὲ καὶ ἐλέγχετε, ↔

5 13[b] ⟨τὰ γὰρ κρυφῇ γινόμενα⟩ τὰ δὲ πάντα ἐλεγχόμενα ὑπὸ τοῦ φωτὸς φανεροῦται

5 32 ἐγὼ δὲ λέγω εἰς Χριστὸν καὶ εἰς [NH] τὴν ἐκκλησίαν

5 33 ἡ δὲ γυνὴ ἵνα φοβῆται τὸν ἄνδρα

E

6 21 ἵνα δὲ | εἰδῆτε καὶ ὑμεῖς (~ ST) τὰ κατ' ἐμέ

Ph

1 12 γινώσκειν δὲ ὑμᾶς βούλομαι, ἀδελφοί

1 15[a] τινὲς μὲν ... τινὲς δὲ καὶ δι' εὐδοκίαν τὸν Χριστὸν κηρύσσουσιν

1 17[a] ⟨οἱ μὲν ἐξ ἀγάπης⟩ οἱ δὲ ἐξ ἐριθείας τὸν Χριστὸν καταγγέλλουσιν

1 22 εἰ δὲ τὸ ζῆν ἐν σαρκί

1 23 συνέχομαι δὲ (γὰρ ϛ) ἐκ τῶν δύο

1 24 τὸ δὲ ἐπιμένειν ἐν (+ [N²⁶] Bϛ) τῇ σαρκὶ ἀναγκαιότερον δι' ὑμᾶς

1 28[ab] ἥτις | ἐστὶν αὐτοῖς (αὐτοῖς μὲν ἐ. ϛ) ἔνδειξις ἀπωλείας, ὑμῶν (ὑμῖν ϛ) δὲ σωτηρίας

2 8 γενόμενος ὑπήκοος μέχρι θανάτου, θανάτου δὲ σταυροῦ

2 18 τὸ δὲ αὐτὸ καὶ ὑμεῖς χαίρετε

2 19 ἐλπίζω δὲ ἐν κυρίῳ Ἰησοῦ Τιμόθεον ταχέως πέμψαι ὑμῖν

2 22 τὴν δὲ δοκιμὴν αὐτοῦ γινώσκετε

2 24[a] πέποιθα δὲ ἐν κυρίῳ ὅτι καὶ αὐτὸς ταχέως ἐλεύσομαι. ↔

2 25 ἀναγκαῖον δὲ ἡγησάμην Ἐπαφρόδιτον τὸν ἀδελφὸν καὶ συνεργὸν καὶ συστρατιώτην μου,

2 25[b] ὑμῶν δὲ ἀπόστολον καὶ λειτουργὸν τῆς χρείας μου, πέμψαι πρὸς ὑμᾶς

2 27[k] ὁ θεὸς ἠλέησεν αὐτόν, οὐκ αὐτὸν δὲ μόνον ἀλλὰ καὶ ἐμέ

3 1[a] τὰ αὐτὰ γράφειν ὑμῖν ἐμοὶ μὲν οὐκ ὀκνηρόν, ὑμῖν δὲ ἀσφαλές

3 12 διώκω δὲ εἰ καὶ (—T) καταλάβω

3 13 ἐγὼ ἐμαυτὸν οὐ (N²⁶ϛ; οὔπω rl) λογίζομαι κατειληφέναι· ἓν δέ, ↔

3 13[a] τὰ μὲν ὀπίσω ἐπιλανθανόμενος τοῖς δὲ ἔμπροσθεν ἐπεκτεινόμενος

3 18[b] οὓς πολλάκις ἔλεγον ὑμῖν, νῦν δὲ καὶ κλαίων λέγω

4 10 ἐχάρην δὲ ἐν κυρίῳ μεγάλως

4 10 ἐφ' ᾧ καὶ ἐφρονεῖτε, ἠκαιρεῖσθε δέ

4 12 * οἶδα δὲ (ϛ; καὶ rl) ταπεινοῦσθαι, οἶδα καὶ περισσεύειν

4 15 οἴδατε δὲ καὶ ὑμεῖς, Φιλιππήσιοι

4 18 ἀπέχω δὲ πάντα καὶ περισσεύω

4 19 ὁ δὲ θεός μου πληρώσει πᾶσαν χρείαν ὑμῶν

4 20 τῷ δὲ θεῷ καὶ πατρὶ ἡμῶν ἡ δόξα εἰς τοὺς αἰῶνας

4 22 ἀσπάζονται ὑμᾶς πάντες οἱ ἅγιοι, μάλιστα δὲ οἱ ἐκ τῆς Καίσαρος οἰκίας

Cl

1 22[b] ⟨ὑμᾶς ποτε ὄντας ἀπηλλοτριωμένους⟩ νυνὶ δὲ ἀποκατήλλαξεν ἐν τῷ σώματι τῆς σαρκὸς αὐτοῦ

1 26[b] τὸ μυστήριον τὸ ἀποκεκρυμμένον ... νῦν δὲ ἐφανερώθη τοῖς ἁγίοις αὐτοῦ

2 4 * τοῦτο δὲ (+MVSϛ) λέγω ἵνα μηδεὶς ὑμᾶς παραλογίζηται

2 17[b] ἅ ἐστιν σκιὰ τῶν μελλόντων, τὸ δὲ σῶμα τοῦ Χριστοῦ

3 8[b] ⟨ἐν οἷς καὶ ὑμεῖς περιεπατήσατέ ποτε⟩ νυνὶ δὲ ἀπόθεσθε καὶ ὑμεῖς τὰ πάντα

3 14[k] ⟨ἐνδύσασθε⟩ ἐπὶ πᾶσιν δὲ τούτοις τὴν ἀγάπην

3 25 * ὁ δὲ (ϛ; γὰρ rl) ἀδικῶν κομίσεται (-ιεῖται Tϛ) ὃ ἠδίκησεν

1Th

2 16 ἔφθασεν δὲ ἐπ' αὐτοὺς ἡ ὀργὴ εἰς τέλος. ↔

2 17 ἡμεῖς δέ, ἀδελφοί, ἀπορφανισθέντες ἀφ' ὑμῶν

3 6[j] ἄρτι δὲ ἐλθόντος Τιμοθέου πρὸς ἡμᾶς

1Th

3 11 αὐτὸς δὲ ὁ θεὸς ... κατευθύναι τὴν ὁδὸν ἡμῶν πρὸς ὑμᾶς· ↔

3 12 ὑμᾶς δὲ ὁ κύριος πλεονάσαι

4 9[g] περὶ δὲ τῆς φιλαδελφίας οὐ χρείαν ἔχετε γράφειν ὑμῖν

4 10 παρακαλοῦμεν δὲ ὑμᾶς, ἀδελφοί

4 13[k] οὐ θέλομεν δὲ ὑμᾶς ἀγνοεῖν, ἀδελφοί, περὶ τῶν κοιμωμένων

5 1[g] περὶ δὲ τῶν χρόνων ... οὐ χρείαν ἔχετε ὑμῖν γράφεσθαι

5 3 * ὅταν δὲ (+MVBS; +γὰρ ϛ) λέγωσιν

5 4 ὑμεῖς δέ, ἀδελφοί, οὐκ ἐστὲ ἐν σκότει

5 8 ἡμεῖς δὲ ἡμέρας ὄντες νήφωμεν

5 12 ἐρωτῶμεν δὲ ὑμᾶς, ἀδελφοί

5 14 παρακαλοῦμεν δὲ ὑμᾶς, ἀδελφοί, νουθετεῖτε τοὺς ἀτάκτους

5 21 πάντα δὲ ([H]; —ϛ) δοκιμάζετε, τὸ καλὸν κατέχετε

5 23 αὐτὸς δὲ ὁ θεὸς τῆς εἰρήνης ἁγιάσαι ὑμᾶς ὁλοτελεῖς

2Th

2 1 ἐρωτῶμεν δὲ ὑμᾶς, ἀδελφοί, ὑπὲρ τῆς παρουσίας τοῦ κυρίου

2 13 ἡμεῖς δὲ ὀφείλομεν εὐχαριστεῖν τῷ θεῷ πάντοτε περὶ ὑμῶν

2 16 αὐτὸς δὲ ὁ κύριος ἡμῶν ⟨παρακαλέσαι ὑμῶν τὰς καρδίας⟩

3 3 πιστὸς δέ ἐστιν ὁ κύριος

3 4 πεποίθαμεν δὲ ἐν κυρίῳ ἐφ' ὑμᾶς

3 5 ὁ δὲ κύριος κατευθύναι ὑμῶν τὰς καρδίας

3 6 παραγγέλλομεν δὲ ὑμῖν, ἀδελφοί

3 12 τοῖς δὲ τοιούτοις παραγγέλλομεν

3 13 ὑμεῖς δέ, ἀδελφοί, μὴ ἐγκακήσητε (ἐκ- VSϛ) καλοποιοῦντες. ↔

3 14 εἰ δέ τις οὐχ ὑπακούει τῷ λόγῳ ἡμῶν

3 16 αὐτὸς δὲ ὁ κύριος τῆς εἰρήνης δῴη ὑμῖν τὴν εἰρήνην

1Tm

1 5 τὸ δὲ τέλος τῆς παραγγελίας ἐστὶν ἀγάπη

1 8 οἴδαμεν δὲ ὅτι καλὸς ὁ νόμος

1 9[b] δικαίῳ νόμος οὐ κεῖται, ἀνόμοις δὲ καὶ ἀνυποτάκτοις

1 14 ὑπερεπλεόνασεν δὲ ἡ χάρις τοῦ κυρίου ἡμῶν

1 17 τῷ δὲ βασιλεῖ τῶν αἰώνων ... τιμὴ καὶ δόξα εἰς τοὺς αἰῶνας

2 12 διδάσκειν δὲ γυναικὶ οὐκ ἐπιτρέπω

2 14[b] Ἀδὰμ οὐκ ἠπατήθη, ἡ δὲ γυνὴ ἐξαπατηθεῖσα ἐν παραβάσει γέγονεν· ↔

2 15 σωθήσεται δὲ διὰ τῆς τεκνογονίας

3 5 εἰ δέ τις τοῦ ἰδίου οἴκου προστῆναι οὐκ οἶδεν

3 7 δεῖ δὲ καὶ μαρτυρίαν καλὴν ἔχειν ἀπὸ τῶν ἔξωθεν

3 10[k] καὶ οὗτοι δὲ δοκιμαζέσθωσαν πρῶτον

3 15 ἐὰν δὲ βραδύνω, ἵνα εἰδῇς πῶς δεῖ ... ἀναστρέφεσθαι

4 1 τὸ δὲ πνεῦμα ῥητῶς λέγει

4 7 τοὺς δὲ βεβήλους καὶ γραώδεις μύθους παραιτοῦ. ↔

4 7 γύμναζε δὲ σεαυτὸν πρὸς εὐσέβειαν. ↔

4 8[b] ἡ γὰρ σωματικὴ γυμνασία πρὸς ὀλίγον ... ἡ δὲ εὐσέβεια πρὸς πάντα ὠφέλιμός ἐστιν

5 4 εἰ δέ τις χήρα τέκνα ἢ ἔκγονα ἔχει

5 5 ἡ δὲ ὄντως χήρα καὶ μεμονωμένη ἤλπικεν ἐπὶ (+ τὸν V[SH]ϛ) θεὸν

5 6 ἡ δὲ σπαταλῶσα ζῶσα τέθνηκεν

1Tm 5 8 εἰ δέ τις τῶν ἰδίων ... οὐ προνοεῖ (-εῖται ΒΤ)

5 11 νεωτέρας δὲ χήρας παραιτοῦ

5 13 ἅμα δὲ καὶ ἀργαὶ μανθάνουσιν περιερχόμεναι τὰς οἰκίας, ↔

5 13ᵏ οὐ μόνον δὲ ἀργαὶ ἀλλὰ καὶ φλύαροι

5 20 * τοὺς δὲ [+Η] ἁμαρτάνοντας ἐνώπιον πάντων ἔλεγχε

5 24ᵇ τινῶν ἀνθρώπων αἱ ἁμαρτίαι πρόδηλοί εἰσιν ... τισὶν δὲ καὶ ἐπακολουθοῦσιν

6 2 ⟨ὅσοι εἰσὶν ὑπὸ ζυγὸν δοῦλοι⟩ οἱ δὲ πιστοὺς ἔχοντες δεσπότας μὴ καταφρονείτωσαν

6 6 ἔστιν δὲ πορισμὸς μέγας ἡ εὐσέβεια μετὰ αὐταρκείας

6 8ʰ ἔχοντες δὲ διατροφὰς καὶ σκεπάσματα

6 9 οἱ δὲ βουλόμενοι πλουτεῖν ἐμπίπτουσιν εἰς πειρασμόν

6 11 σὺ δέ, ὦ ἄνθρωπε θεοῦ, ταῦτα φεῦγε· ·

6 11 δίωκε δὲ δικαιοσύνην

2Tm 1 5 πίστεως, ἥτις ἐνῴκησεν πρῶτον ἐν τῇ μάμμῃ σου ... πέπεισμαι δὲ ὅτι καὶ ἐν σοί

1 10ʰ ⟨χάριν, τὴν δοθεῖσαν ἡμῖν⟩ φανερωθεῖσαν δὲ νῦν διὰ τῆς ἐπιφανείας τοῦ σωτῆρος ἡμῶν | Χριστοῦ Ἰησοῦ (∼ VSϛ), ↔

1 10ᵃʰ καταργήσαντος μὲν τὸν θάνατον φωτίσαντος δὲ ζωήν

2 5 ἐὰν δὲ καὶ ἀθλῇ τις, οὐ στεφανοῦται ἐὰν μὴ νομίμως ἀθλήσῃ

2 16 τὰς δὲ βεβήλους κενοφωνίας περιΐστασο

2 20ᵏ ἐν μεγάλῃ δὲ οἰκίᾳ οὐκ ἔστιν μόνον σκεύη χρυσᾶ

2 20ᵃ σκεύη ... ἃ μὲν εἰς τιμὴν ἃ δὲ εἰς ἀτιμίαν

2 22 τὰς δὲ νεωτερικὰς ἐπιθυμίας φεῦγε, ↔

2 22 δίωκε δὲ δικαιοσύνην, πίστιν

2 23 τὰς δὲ μωρὰς καὶ ἀπαιδεύτους ζητήσεις παραιτοῦ

2 24 δοῦλον δὲ κυρίου οὐ δεῖ μάχεσθαι

3 1 τοῦτο δὲ γίνωσκε

3 5ᵇ ἔχοντες μόρφωσιν εὐσεβείας τὴν δὲ δύναμιν αὐτῆς ἠρνημένοι

3 8ᵏ ὃν τρόπον δὲ Ἰάννης καὶ Ἰαμβρῆς ἀντέστησαν Μωϋσεῖ

3 10 σὺ δὲ παρηκολούθησάς (-θηκάς Vϛ) μου τῇ διδασκαλίᾳ

3 12ᵏ καὶ πάντες δὲ οἱ θέλοντες | εὐσεβῶς ζῆν (Ν²⁶ϛ; ∼ rl) ἐν Χριστῷ Ἰησοῦ διωχθήσονται. ↔

3 13ᵇ πονηροὶ δὲ ἄνθρωποι καὶ γόητες προκόψουσιν ἐπὶ τὸ χεῖρον

3 14 σὺ δὲ μένε ἐν οἷς ἔμαθες καὶ ἐπιστώθης

4 4ᵃᵍ ἀπὸ μὲν τῆς ἀληθείας τὴν ἀκοὴν ἀποστρέψουσιν, ἐπὶ δὲ τοὺς μύθους ἐκτραπήσονται. ↔

4 5 σὺ δὲ νῆφε ἐν πᾶσιν

4 8ᵏ στέφανος, ὃν ἀποδώσει μοι ὁ κύριος ... οὐ μόνον δὲ ἐμοί

4 12 Τύχικον δὲ ἀπέστειλα εἰς Ἔφεσον

4 17 ὁ δὲ κύριός μοι παρέστη καὶ ἐνεδυνάμωσέν με

4 20ᵇ Ἔραστος ἔμεινεν ἐν Κορίνθῳ, Τρόφιμον δὲ ἀπέλιπον (-λειπον Η) ἐν Μιλήτῳ

Tt 1 1ᵇ Παῦλος δοῦλος θεοῦ, ἀπόστολος δὲ Ἰησοῦ Χριστοῦ

Tt 1 3 ἐφανέρωσεν δὲ καιροῖς ἰδίοις τὸν λόγον αὐτοῦ ἐν κηρύγματι

1 15ᵃᵇ πάντα (+ μὲν ϛ) καθαρὰ τοῖς καθαροῖς· τοῖς δὲ μεμιαμμένοις καὶ ἀπίστοις οὐδὲν καθαρόν

1 16ᵇ θεὸν ὁμολογοῦσιν εἰδέναι, τοῖς δὲ ἔργοις ἀρνοῦνται

2 1 σὺ δὲ λάλει ἃ πρέπει τῇ ὑγιαινούσῃ διδασκαλίᾳ

3 4 ὅτε δὲ ἡ χρηστότης καὶ ἡ φιλανθρωπία ἐπεφάνη

3 9 μωρὰς δὲ ζητήσεις καὶ γενεαλογίας ... περιΐστασο

3 14 μανθανέτωσαν δὲ καὶ οἱ ἡμέτεροι καλῶν ἔργων προΐστασθαι

Phm 9 Παῦλος πρεσβύτης, νυνὶ δὲ καὶ δέσμιος Χριστοῦ Ἰησοῦ

11ᵇ ⟨Ὀνήσιμον⟩ τόν ποτέ σοι ἄχρηστον νυνὶ δὲ ... εὔχρηστον, ↔

12 * ὃν ἀνέπεμψά σοι, | σὺ δὲ (+ [MS]Vϛ) αὐτόν ... προσλαβοῦ (+ [MS]Vϛ)

14ᵍ χωρὶς δὲ τῆς σῆς γνώμης οὐδὲν ἠθέλησα ποιῆσαι

16 ἀδελφὸν ἀγαπητόν, μάλιστα ἐμοί, πόσῳ δὲ μᾶλλον σοί

18 εἰ δέ τι ἠδίκησέν σε ἢ ὀφείλει, τοῦτο ἐμοὶ ἐλλόγα (-λόγει Sϛ)

22 ἅμα δὲ καὶ ἑτοίμαζέ μοι ξενίαν

Hb 1 6 ὅταν δὲ πάλιν εἰσαγάγῃ τὸν πρωτότοκον

1 8ᵃᵍ ⟨πρὸς μὲν τοὺς ἀγγέλους λέγει⟩ πρὸς δὲ τὸν υἱόν

1 11ᵇ αὐτοὶ ἀπολοῦνται, σὺ δὲ διαμένεις

1 12 σὺ δὲ ὁ αὐτὸς εἶ

1 13ᵏ πρὸς τίνα δὲ τῶν ἀγγέλων εἴρηκέν ποτε

2 6 διεμαρτύρατο δέ πού τις λέγων

2 8 νῦν δὲ οὔπω ὁρῶμεν αὐτῷ τὰ πάντα ὑποτεταγμένα· ↔

2 9 τὸν δὲ βραχύ τι παρ' ἀγγέλους ἠλαττωμένον βλέπομεν .... ἐστεφανωμένον

3 4 ὁ δὲ πάντα κατασκευάσας θεός

3 6ᵃ ⟨Μωϋσῆς μέν⟩ Χριστὸς δὲ ὡς υἱὸς ἐπὶ τὸν οἶκον αὐτοῦ

3 10 αὐτοὶ δὲ οὐκ ἔγνωσαν τὰς ὁδούς μου

3 17ᵇ ⟨τίνες γὰρ ἀκούσαντες⟩ τίσιν δὲ προσώχθισεν τεσσεράκοντα ἔτη;

3 18ᵇ τίσιν δὲ ὤμοσεν μὴ εἰσελεύσεσθαι ⟨;⟩

4 13 πάντα δὲ γυμνὰ καὶ τετραχηλισμένα τοῖς ὀφθαλμοῖς αὐτοῦ

4 15ʰ ἀρχιερέα μὴ δυνάμενον ... πεπειρασμένον δὲ κατὰ πάντα

5 14 τελείων δέ ἐστιν ἡ στερεὰ τροφή

6 8ʰ ⟨γῆ⟩ ἐκφέρουσα δὲ ἀκάνθας καὶ τριβόλους ἀδόκιμος

6 9 πεπείσμεθα δὲ περὶ ὑμῶν, ἀγαπητοί, τὰ κρείσσονα

6 11 ἐπιθυμοῦμεν δὲ ἕκαστον ὑμῶν τὴν αὐτὴν ἐνδείκνυσθαι σπουδήν

6 12ᵇ ἵνα μὴ νωθροὶ γένησθε, μιμηταὶ δὲ τῶν ... κληρονομούντων τὰς ἐπαγγελίας

7 2ᵃ πρῶτον μὲν ἑρμηνευόμενος βασιλεὺς δικαιοσύνης, ἔπειτα δὲ καὶ βασιλεὺς Σαλήμ

7 3ʰ ἀφωμοιωμένος δὲ τῷ υἱῷ τοῦ θεοῦ

7 4 θεωρεῖτε δὲ πηλίκος οὗτος

7 6ᵃ ⟨οἱ μέν⟩ ὁ δὲ μὴ γενεαλογούμενος ἐξ αὐτῶν δεδεκάτωκεν

7 7ᵍ χωρὶς δὲ πάσης ἀντιλογίας τὸ ἔλαττον ὑπὸ τοῦ κρείττονος εὐλογεῖται. ↔

Hb 7 8ᵃ καὶ ὧδε μὲν δεκάτας ἀποθνήσκοντες ἄνθρωποι λαμβάνουσιν, ἐκεῖ δὲ μαρτυρούμενος ὅτι ζῇ

7 19ᵃ ⟨ἀθέτησις μὲν γὰρ⟩ ἐπεισαγωγὴ δὲ κρείττονος ἐλπίδος

7 21ᵃᶜ ⟨οἱ μέν ... εἰσὶν ἱερεῖς γεγονότες⟩ ὁ δὲ μετὰ ὁρκωμοσίας

7 24ᵃᶜ ⟨οἱ μέν⟩ ὁ δὲ διὰ τὸ μένειν αὐτὸν ... ἀπαράβατον ἔχει τὴν ἱερωσύνην

7 28ᵇᵏ ὁ νόμος γὰρ ἀνθρώπους καθίστησιν ἀρχιερεῖς ἔχοντας ἀσθένειαν, ὁ λόγος δὲ τῆς ὁρκωμοσίας τῆς μετὰ τὸν νόμον υἱόν ... τετελειωμένον. ↔

8 1 κεφάλαιον δὲ ἐπὶ τοῖς λεγομένοις

8 6 νυνὶ (νυν[ὶ] Ν²⁶; νῦν ΝΗ) δὲ διαφορωτέρας τέτυχεν (τετύχηκεν S; τέτευχε ϛ) λειτουργίας

8 13 τὸ δὲ παλαιούμενον καὶ γηράσκον ἐγγὺς ἀφανισμοῦ

9 3ᵍ μετὰ δὲ τὸ δεύτερον καταπέτασμα σκηνὴ ἡ λεγομένη Ἅγια Ἁγίων

9 5ᵍ ὑπεράνω δὲ αὐτῆς Χερουβὶν δόξης

9 6ⁱ τούτων δὲ οὕτως κατεσκευασμένων ↔

9 7ᵃᵍ ⟨εἰς μὲν τὴν πρώτην ... εἰσίασιν οἱ ἱερεῖς⟩ εἰς δὲ τὴν δευτέραν ... μόνος ὁ ἀρχιερεύς

9 11 Χριστὸς δὲ παραγενόμενος ἀρχιερεύς

9 12ᵇᵍ οὐδὲ δι' αἵματος ... διὰ δὲ τοῦ ἰδίου αἵματος εἰσῆλθεν ἐφάπαξ εἰς τὰ ἅγια

9 21ˡ καὶ τὴν σκηνὴν δὲ καὶ πάντα τὰ σκεύη .... ἐρράντισεν

9 23ᵃ ἀνάγκη οὖν τὰ μὲν ὑποδείγματα ... καθαρίζεσθαι, αὐτὰ δὲ τὰ ἐπουράνια κρείττοσιν θυσίαις

9 26ᵇ ἔδει αὐτὸν πολλάκις παθεῖν ... νυνὶ δὲ ἅπαξ ... πεφανέρωται

9 27ᵍ ἀπόκειται τοῖς ἀνθρώποις ἅπαξ ἀποθανεῖν, μετὰ δὲ τοῦτο κρίσις

10 5 σῶμα δὲ κατηρτίσω μοι

10 12ᵃ ⟨πᾶς μὲν ἱερεύς⟩ οὗτος δὲ μίαν ... προσενέγκας θυσίαν

10 15 μαρτυρεῖ δὲ ἡμῖν καὶ τὸ πνεῦμα τὸ ἅγιον

10 18 ὅπου δὲ ἄφεσις τούτων, οὐκέτι προσφορὰ περὶ ἁμαρτίας

10 27 φοβερὰ δέ τις ἐκδοχὴ κρίσεως

10 32 ἀναμιμνῄσκεσθε δὲ τὰς πρότερον ἡμέρας [+ὑμῶν S]

10 33ᵃ τοῦτο μὲν ... θεατριζόμενοι, τοῦτο δὲ κοινωνοὶ ... γενηθέντες

10 38 ὁ δὲ δίκαιός μου ([Η]; —ϛ) ἐκ πίστεως ζήσεται

10 39 ἡμεῖς δὲ οὐκ ἐσμὲν ὑποστολῆς εἰς ἀπώλειαν

11 1 ἔστιν δὲ πίστις ἐλπιζομένων ὑπόστασις

11 6ᵍ χωρὶς δὲ πίστεως ἀδύνατον εὐαρεστῆσαι

11 16ᵃ ⟨καὶ εἰ μέν⟩ νῦν δὲ κρείττονος ὀρέγονται

11 35ᵇ ἄλλοι δὲ ἐτυμπανίσθησαν, οὐ προσδεξάμενοι τὴν ἀπολύτρωσιν

11 36ᵇ ἕτεροι δὲ ἐμπαιγμῶν καὶ μαστίγων πεῖραν ἔλαβον, ↔

11 36 ἔτι δὲ δεσμῶν καὶ φυλακῆς

12 6 ὃν γὰρ ἀγαπᾷ κύριος παιδεύει, μαστιγοῖ δὲ πάντα υἱὸν ὃν παραδέχεται.

12 8ᵇ ⟨εἰς παιδείαν ὑπομένετε⟩ εἰ δὲ χωρίς ἐστε παιδείας

Hb 12 9ᵃᵏ εἶτα τοὺς μὲν...πατέρας εἴχομεν...
οὐ πολὺ δὲ [+N²⁶] μᾶλλον
ὑποταγησόμεθα τῷ πατρί⟨;⟩
12 10ᵃᶜ οἱ μὲν ... κατὰ τὸ δοκοῦν αὐτοῖς
ἐπαίδευον, ὁ δὲ ἐπὶ τὸ συμφέρον
12 11 πᾶσα δὲ (μὲν NMBSTH) παιδεία
πρὸς μὲν τὸ παρὸν οὐ δοκεῖ χαρᾶς
εἶναι ἀλλὰ λύπης, ↔
12 11ᵃ ὕστερον δὲ καρπὸν εἰρηνικόν ...
ἀποδίδωσιν δικαιοσύνης
12 13ᵇ ἵνα μὴ τὸ χωλὸν ἐκτραπῇ, ἰαθῇ
δὲ μᾶλλον
12 26ᵇ οὗ ἡ φωνὴ τὴν γῆν ἐσάλευσεν
τότε, νῦν δὲ ἐπήγγελται λέγων
12 27 τὸ δὲ ἔτι ἅπαξ δηλοῖ τὴν [N²⁶H]
τῶν σαλευομένων μετάθεσιν
13 4 * πόρνους δὲ (ς; γὰρ rI) καὶ μοι-
χοὺς κρινεῖ ὁ θεός
13 16 τῆς δὲ εὐποιΐας καὶ κοινωνίας μὴ
ἐπιλανθάνεσθε
13 19 περισσοτέρως δὲ παρακαλῶ τοῦτο
ποιῆσαι
13 20 ὁ δὲ θεὸς τῆς εἰρήνης ⟨καταρτίσαι
ὑμᾶς⟩
13 22 παρακαλῶ δὲ ὑμᾶς, ἀδελφοί

Jc 1 4 ἡ δὲ ὑπομονὴ ἔργον τέλειον ἐχέτω
1 5 εἰ δέ τις ὑμῶν λείπεται σοφίας
1 6 αἰτείτω δὲ ἐν πίστει, μηδὲν δια-
κρινόμενος
1 9 καυχάσθω δὲ ὁ [H] ἀδελφὸς ὁ
ταπεινὸς ἐν τῷ ὕψει αὐτοῦ, ↔
1 10ᵇ ὁ δὲ πλούσιος ἐν τῇ ταπεινώσει
αὐτοῦ
1 13ᵇ ὁ γὰρ θεὸς ἀπείραστός ἐστιν κα-
κῶν, πειράζει δὲ αὐτὸς οὐδένα. ↔
1 14 ἕκαστος δὲ πειράζεται ὑπὸ τῆς
ἰδίας ἐπιθυμίας ἐξελκόμενος
1 15ᵇ ἡ ἐπιθυμία συλλαβοῦσα τίκτει
ἁμαρτίαν, ἡ δὲ ἁμαρτία ἀποτελε-
σθεῖσα ἀποκύει (-κυεῖ MVH) θάνα-
τον
1 19 ἔστω δὲ (—Sς) πᾶς ἄνθρωπος
ταχὺς εἰς τὸ ἀκοῦσαι
1 22 γίνεσθε δὲ ποιηταὶ λόγου
1 25 ὁ δὲ παρακύψας εἰς νόμον τέλειον
... οὗτος μακάριος ... ἔσται
2 2ᵇ ἐὰν γὰρ εἰσέλθῃ ... ἀνὴρ χρυσο-
δακτύλιος ἐν ἐσθῆτι λαμπρᾷ, εἰσ-
έλθῃ δὲ καὶ πτωχὸς ἐν ῥυπαρᾷ
ἐσθῆτι, ↔
2 3 | ἐπιβλέψητε δὲ (καὶ ἐ. Tς) ἐπὶ τὸν
φοροῦντα τὴν ἐσθῆτα
2 6 ὑμεῖς δὲ ἠτιμάσατε τὸν πτωχόν
2 9 εἰ δὲ προσωπολημπτεῖτε
2 10ᵇ ὅστις γὰρ ὅλον τὸν νόμον τηρήσῃ
(-σει Sς), πταίσῃ (-σει Sς) δὲ ἐν ἑνί
2 11 εἰ δὲ οὐ μοιχεύεις, ↔
2 11ᵇ φονεύεις δέ, γέγονας παραβάτης
νόμου
2 14ᵇ ἐὰν πίστιν λέγῃ τις ἔχειν ἔργα δὲ
μὴ ἔχῃ
2 15 * ἐὰν δὲ (+ς) ἀδελφὸς ἢ ἀδελφὴ
γυμνοὶ ὑπάρχωσιν καὶ λειπόμενοι
τῆς ἐφημέρου τροφῆς, ↔
2 16 εἴπῃ δέ τις αὐτοῖς ἐξ ὑμῶν
2 16ᵏ μὴ δῶτε δὲ αὐτοῖς τὰ ἐπιτήδεια
2 20 θέλεις δὲ γνῶναι, ὦ ἄνθρωπε
κενέ
2 23 ἐπίστευσεν δὲ Ἀβραὰμ τῷ θεῷ
2 25 ὁμοίως δὲ καὶ Ῥαὰβ ἡ πόρνη οὐκ
ἐξ ἔργων ἐδικαιώθη ⟨;⟩
3 3 | εἰ δὲ (ἰδοὺ ς) τῶν ἵππων τοὺς
χαλινοὺς εἰς τὰ στόματα βάλλομεν
3 8 τὴν δὲ γλῶσσαν οὐδεὶς |δαμάσαι
δύναται ἀνθρώπων (~Tς VBS)

Jc 3 14 εἰ δὲ ζῆλον πικρὸν ἔχετε
3 17 ἡ δὲ ἄνωθεν σοφία πρῶτον μὲν
ἁγνή ἐστιν
3 18 καρπὸς δὲ δικαιοσύνης ἐν εἰρήνῃ
σπείρεται
4 2ᵏ * οὐκ ἔχετε δὲ (+ς) διὰ τὸ μὴ
αἰτεῖσθαι ὑμᾶς
4 6 μείζονα δὲ δίδωσιν χάριν
4 6ᵇ ὁ θεὸς ὑπερηφάνοις ἀντιτάσσεται,
ταπεινοῖς δὲ δίδωσιν χάριν. ↔
4 7ᵇ ὑποτάγητε οὖν τῷ θεῷ· ἀντίστητε
δὲ (—ς) τῷ διαβόλῳ
4 11 εἰ δὲ νόμον κρίνεις
4 12 σὺ δὲ (—ς) τίς εἶ ⟨;⟩
4 14 * ἀτμὶς ... φαινομένη, ἔπειτα δὲ
(+ς) καὶ (—ς) ἀφανιζομένη
4 16 νῦν δὲ καυχᾶσθε ἐν ταῖς ἀλα-
ζονείαις ὑμῶν
5 12ᵏ πρὸ πάντων δέ, ἀδελφοί μου, μὴ
ὀμνύετε
5 12 ἤτω δὲ ὑμῶν τὸ ναὶ ναί

1Pt 1 7ᵏ πολυτιμότερον χρυσίου τοῦ ἀπολ-
λυμένου, διὰ πυρὸς δὲ δοκιμα-
ζομένου
1 8ᵇʰ εἰς ὃν ἄρτι μὴ ὁρῶντες πιστεύον-
τες δὲ ἀγαλλιᾶσθε (-λιᾶτε H)
1 12ᵇ ὅτι οὐχ ἑαυτοῖς ὑμῖν δὲ διηκόνουν
αὐτά
1 20ᵃʰ ⟨Χριστοῦ⟩ προεγνωσμένου μὲν
... φανερωθέντος δὲ ἐπ' ἐσχάτου
τῶν χρόνων
1 25ᵇ ⟨τὸ ἄνθος ἐξέπεσεν⟩ τὸ δὲ ῥῆμα
κυρίου μένει εἰς τὸν αἰῶνα. ↔
1 25 τοῦτο δέ ἐστιν τὸ ῥῆμα τὸ εὐαγ-
γελισθὲν εἰς ὑμᾶς
2 4ᵃᵍ ὑπὸ ἀνθρώπων μὲν ἀποδεδοκι-
μασμένον παρὰ δὲ θεῷ ἐκλεκτόν
2 7ᵇʰ ὑμῖν οὖν ἡ τιμὴ τοῖς πιστεύουσιν·
ἀπιστοῦσιν δὲ λίθος ... (-ον STς) ...
ἐγενήθη εἰς κεφαλὴν γωνίας
2 9 ὑμεῖς δὲ γένος ἐκλεκτόν
2 10ᵇ οἵ ποτε οὐ λαός, νῦν δὲ λαὸς
θεοῦ, ↔
2 10ᵇ οἱ οὐκ ἠλεημένοι, νῦν δὲ ἐλεηθέντες
2 14ᵃᵇ πεμπομένοις εἰς ἐκδίκησιν (+μὲν
ς) κακοποιῶν ἔπαινον δὲ ἀγαθο-
ποιῶν
2 23 πάσχων οὐκ ἠπείλει, παρεδίδου
δὲ τῷ κρίνοντι δικαίως
3 8 τὸ δὲ τέλος πάντες ὁμόφρονες,
συμπαθεῖς
3 9 μὴ ἀποδιδόντες κακὸν ἀντὶ κακοῦ
... τοὐναντίον δὲ εὐλογοῦντες
3 11 ⟨παυσάτω τὴν γλῶσσαν ἀπὸ
κακοῦ⟩ ἐκκλινάτω δὲ (—Tς) ἀπὸ
κακοῦ
3 12ᵇ ὅτι ὀφθαλμοὶ κυρίου ἐπὶ δικαίους ...
πρόσωπον δὲ κυρίου ἐπὶ ποιοῦντας
κακά
3 14 τὸν δὲ φόβον αὐτῶν μὴ φοβηθῆτε
μηδὲ ταραχθῆτε, ↔
3 15 κύριον δὲ τὸν Χριστὸν ἁγιάσατε
ἐν ταῖς καρδίαις ὑμῶν, ↔
3 15 * ἕτοιμοι δὲ (+ς) ἀεὶ πρὸς ἀπο-
λογίαν
3 18ᵃʰ θανατωθεὶς μὲν σαρκὶ ζωοποιη-
θεὶς δὲ πνεύματι
4 6ᵃ ἵνα κριθῶσι μὲν κατὰ ἀνθρώπους
σαρκί, ζῶσι δὲ κατὰ θεὸν πνεύματι.
↔
4 7 πάντων δὲ τὸ τέλος ἤγγικεν
4 8ᵏ * πρὸ πάντων δὲ (+ς) τὴν εἰς
ἑαυτοὺς ἀγάπην ἐκτενῆ ἔχοντες
4 14ᵃᵍ * | κατὰ μὲν αὐτοὺς βλασφημεῖται,
κατὰ δὲ ὑμᾶς δοξάζεται (+ς)

1Pt 4 16 εἰ δὲ ὡς Χριστιανός, μὴ αἰσχυνέ-
σθω, ↔
4 16 δοξαζέτω δὲ τὸν θεὸν ἐν τῷ
ὀνόματι τούτῳ
4 17 εἰ δὲ πρῶτον ἀφ' ἡμῶν, τί τὸ
τέλος ⟨;⟩
4 18 * εἰ ὁ δίκαιος μόλις σῴζεται, ὁ δὲ
[+NH] ἀσεβὴς καὶ (+ ὁ T)
ἁμαρτωλὸς ποῦ φανεῖται;
5 5 πάντες δὲ ἀλλήλοις τὴν ταπεινο-
φροσύνην ἐγκομβώσασθε
5 5ᵇ ὁ [N²⁶H] θεὸς ὑπερηφάνοις ἀντι-
τάσσεται, ταπεινοῖς δὲ δίδωσιν
χάριν
5 10 ὁ δὲ θεὸς πάσης χάριτος ... αὐτὸς
καταρτίσει

2Pt 1 5ᵏˡ καὶ | αὐτὸ τοῦτο δὲ (~S) σπου-
δὴν πᾶσαν παρεισενέγκαντες ↔
1 5ᵇᵍ ἐπιχορηγήσατε ἐν τῇ πίστει
ὑμῶν τὴν ἀρετήν, ἐν δὲ τῇ ἀρετῇ
τὴν γνῶσιν, ↔
1 6ᵇᵍ ἐν δὲ τῇ γνώσει τὴν ἐγκράτειαν, ↔
1 6ᵇᵍ ἐν δὲ τῇ ἐγκρατείᾳ τὴν ὑπομο-
νήν, ↔
1 6ᵇᵍ ἐν δὲ τῇ ὑπομονῇ τὴν εὐσέβειαν, ↔
1 7ᵇᵍ ἐν δὲ τῇ εὐσεβείᾳ τὴν φιλαδελφίαν,
1 7ᵇᵍ ἐν δὲ τῇ φιλαδελφίᾳ τὴν ἀγάπην
1 13 δίκαιον δὲ ἡγοῦμαι ... διεγείρειν
ὑμᾶς ἐν ὑπομνήσει
1 15 σπουδάσω δὲ καὶ ἑκάστοτε ἔχειν
ὑμᾶς ... τὴν τούτων μνήμην
ποιεῖσθαι
2 1 ἐγένοντο δὲ καὶ ψευδοπροφῆται
2 9ᵇ οἶδεν κύριος ... ἀδίκους δὲ εἰς
ἡμέραν κρίσεως κολαζομένους τη-
ρεῖν, ↔
2 10 μάλιστα δὲ τοὺς ὀπίσω σαρκὸς ...
πορευομένους
2 12 οὗτοι δέ, ὡς ἄλογα ζῷα ... καὶ
φθαρήσονται (κατα- Sς)
2 16ᵇ ⟨ὃς μισθὸν ἀδικίας ἠγάπησεν⟩
ἔλεγξιν δὲ ἔσχεν ἰδίας παρανομίας
2 20 εἰ ... τούτοις δὲ πάλιν ἐμπλακέντες
ἡττῶνται
2 22 * συμβέβηκεν δὲ (+ [S]ς) αὐτοῖς
τὸ τῆς ἀληθοῦς παροιμίας
3 7 οἱ δὲ νῦν οὐρανοὶ ...τεθησαυρισμέ-
νοι εἰσίν
3 8 ἓν δὲ τοῦτο μὴ λανθανέτω ὑμᾶς
3 10 ἥξει δὲ (+ἡ [M]VSς) ἡμέρα
κυρίου ὡς κλέπτης, ↔
3 10ᵇ ἐν ᾗ οἱ (—T) οὐρανοὶ ῥοιζηδὸν
παρελεύσονται, στοιχεῖα δὲ καυ-
σούμενα λυθήσεται
3 13 καινοὺς δὲ οὐρανοὺς καὶ | γῆν
καινὴν (~T) ... προσδοκῶμεν
3 18 ⟨φυλάσσεσθε⟩ αὐξάνετε δὲ ἐν χά-
ριτι

1Jo 1 3ˡ καὶ ἡ κοινωνία δὲ ἡ ἡμετέρα μετὰ
τοῦ πατρός
1 7ᵇ ⟨ἐὰν εἴπωμεν⟩ ἐὰν δὲ ἐν τῷ φωτὶ
περιπατῶμεν
2 2ᵐ αὐτὸς ἱλασμός ἐστιν περὶ τῶν
ἁμαρτιῶν ἡμῶν, οὐ περὶ τῶν
ἡμετέρων δὲ μόνον
2 5ᵇ ὃς δ' ἂν τηρῇ αὐτοῦ τὸν λόγον
2 11ᵇ ⟨ὁ ἀγαπῶν τὸν ἀδελφὸν αὐτοῦ⟩
ὁ δὲ μισῶν τὸν ἀδελφὸν αὐτοῦ
2 17 ὁ δὲ ποιῶν τὸ θέλημα τοῦ θεοῦ
μένει εἰς τὸν αἰῶνα
3 2 * οἴδαμεν δὲ (+ς) ὅτι ... ὅμοιοι
αὐτῷ ἐσόμεθα
3 12ᵇ ὅτι τὰ ἔργα αὐτοῦ πονηρὰ ἦν, τὰ
δὲ τοῦ ἀδελφοῦ αὐτοῦ δίκαια

1Jo 3 17 ὃς δ’ ἂν ἔχῃ τὸν βίον τοῦ κόσμου

4 18 ὁ δὲ φοβούμενος οὐ τετελείωται ἐν τῇ ἀγάπῃ

5 5ᵏ τίς | δέ ἐστιν ([δέ] ἐ. N²⁶; ἐστιν [δὲ] NH; ἐστιν VTϛ) ὁ νικῶν τὸν κόσμον ⟨;⟩

5 20 | οἴδαμεν δὲ (καὶ οἴδαμεν S) ὅτι ὁ υἱὸς τοῦ θεοῦ ἥκει

3Jo 11ᵇ*ὁ ἀγαθοποιῶν ἐκ τοῦ θεοῦ ἐστιν· ὁ δὲ (+ϛ) κακοποιῶν οὐχ ἑώρακεν τὸν θεόν

12ᵏ καὶ ἡμεῖς δὲ μαρτυροῦμεν

14 ἐλπίζω δὲ εὐθέως | σε ἰδεῖν (~ Sϛ)

Jd 1ᵇ Ἰούδας Ἰησοῦ Χριστοῦ δοῦλος, ἀδελφὸς δὲ Ἰακώβου

5 ὑπομνῆσαι δὲ ὑμᾶς βούλομαι, εἰδότας ὑμᾶς (+ [N²⁶]ϛ)

8ᵃ σάρκα μὲν μιαίνουσιν, κυριότητα δὲ ἀθετοῦσιν, ↔

8ᵃ δόξας δὲ βλασφημοῦσιν. ↔

9 ὁ δὲ Μιχαὴλ ὁ ἀρχάγγελος ... οὐκ ἐτόλμησεν

10 οὗτοι δὲ ὅσα μὲν οὐκ οἴδασιν βλασφημοῦσιν, ↔

10ᵃ ὅσα δὲ φυσικῶς ὡς τὰ ἄλογα ζῷα ἐπίστανται

14 προεφήτευσεν δὲ καὶ τούτοις ἕβδομος ἀπὸ Ἀδὰμ Ἑνὼχ λέγων

17 ὑμεῖς δέ, ἀγαπητοί, μνήσθητε τῶν ῥημάτων

20 ὑμεῖς δέ, ἀγαπητοί, ἐποικοδομοῦντες ἑαυτοὺς

23ᵃ ⟨οὓς μὲν ἐλεᾶτε⟩ | οὓς δὲ (—NVSH) σῴζετε ἐκ πυρὸς ἁρπάζοντες, ↔

23ᵃ οὓς δὲ ἐλεᾶτε (—ϛ) ἐν φόβῳ

24 τῷ δὲ δυναμένῳ φυλάξαι ὑμᾶς ἀπταίστους ⟨θεῷ ... δόξα⟩

Ap 1 14 ἡ δὲ κεφαλὴ αὐτοῦ καὶ αἱ τρίχες λευκαί

2 5 εἰ δὲ μή, ἔρχομαί σοι (+ ταχύ B[S]ϛ)

2 9 * οἶδά σου (+ τὰ ἔργα καὶ [S]ϛ) τὴν θλῖψιν καὶ τὴν πτωχείαν, | πλούσιος δὲ (ϛ; ἀλλὰ πλ. rl) εἶ

2 16 εἰ δὲ μή, ἔρχομαί σοι ταχύ

2 24 ὑμῖν δὲ λέγω τοῖς λοιποῖς τοῖς ἐν Θυατείροις

10 2ᵇ ἔθηκεν τὸν πόδα αὐτοῦ τὸν δεξιὸν ἐπὶ τῆς θαλάσσης, τὸν δὲ εὐώνυμον ἐπὶ τῆς γῆς

14 13 * τὰ δὲ (ϛ; γὰρ rl) ἔργα αὐτῶν ἀκολουθεῖ μετ’ αὐτῶν

19 12 οἱ δὲ ὀφθαλμοὶ αὐτοῦ ὡς (+ [N²⁶]Bϛ) φλὸξ πυρός

20 5 * (+ καὶ VBS) οἱ δὲ (+ϛ) λοιποὶ τῶν νεκρῶν οὐκ ἔζησαν

21 8 τοῖς δὲ δειλοῖς καὶ ἀπίστοις... τὸ μέρος αὐτῶν ἐν τῇ λίμνῃ

22 15 * ἔξω δὲ (+ϛ) οἱ κύνες καὶ οἱ φάρμακοι

δέησις

ᵃ δ. et προσευχή

ᵇ δέησιν, δεήσεις ποιεῖσθαι

Lc 1 13 διότι εἰσηκούσθη ἡ δέησίς σου

2 37 ⟨Ἄννα⟩ ἣ οὐκ ἀφίστατο τοῦ ἱεροῦ νηστείαις καὶ δεήσεσιν λατρεύουσα νύκτα καὶ ἡμέραν

5 33ᵇ (+ διὰ τί Vϛ) οἱ μαθηταὶ Ἰωάννου νηστεύουσιν πυκνὰ καὶ δεήσεις ποιοῦνται

Ac 1 14ᵃ*οὗτοι πάντες ἦσαν προσκαρτεροῦντες ὁμοθυμαδὸν τῇ προσευχῇ | καὶ τῇ δεήσει (+ϛ)

Rm 10 1 ἡ μὲν εὐδοκία τῆς ἐμῆς καρδίας καὶ ἡ δέησις πρὸς τὸν θεὸν ὑπὲρ αὐτῶν εἰς σωτηρίαν

2C 1 11 συνυπουργούντων καὶ ὑμῶν ὑπὲρ ἡμῶν τῇ δεήσει

9 14 καὶ αὐτῶν δεήσει ὑπὲρ ὑμῶν ἐπιποθούντων ὑμᾶς

E 6 18ᵃ διὰ πάσης προσευχῆς καὶ δεήσεως, προσευχόμενοι ... ἐν πνεύματι, ↔

6 18 καὶ εἰς αὐτὸ ἀγρυπνοῦντες ἐν πάσῃ προσκαρτερήσει καὶ δεήσει

Ph 1 4 (εὐχαριστῶ τῷ θεῷ μου) πάντοτε ἐν πάσῃ δεήσει μου ↔

1 4ᵇ ὑπὲρ πάντων ὑμῶν μετὰ χαρᾶς τὴν δέησιν ποιούμενος

1 19 τοῦτό μοι ἀποβήσεται εἰς σωτηρίαν διὰ τῆς ὑμῶν δεήσεως

4 6ᵃ ἐν παντὶ τῇ προσευχῇ καὶ τῇ δεήσει μετὰ εὐχαριστίας τὰ αἰτήματα ὑμῶν γνωριζέσθω

1Tm 2 1ᵃᵇ παρακαλῶ οὖν πρῶτον πάντων ποιεῖσθαι δεήσεις, προσευχάς, ἐντεύξεις, εὐχαριστίας, ὑπὲρ πάντων ἀνθρώπων

5 5ᵃ ἡ δὲ ὄντως χήρα ... προσμένει ταῖς δεήσεσιν καὶ ταῖς προσευχαῖς νυκτὸς καὶ ἡμέρας

2Tm 1 3 ἀδιάλειπτον ἔχω τὴν περὶ σοῦ μνείαν ἐν ταῖς δεήσεσίν μου νυκτὸς καὶ ἡμέρας

Hb 5 7 δεήσεις τε καὶ ἱκετηρίας πρὸς τὸν δυνάμενον σῴζειν ... προσενέγκας

Jc 5 16 πολὺ ἰσχύει δέησις δικαίου ἐνεργουμένη

1Pt 3 12 ὦτα αὐτοῦ εἰς δέησιν αὐτῶν

δεῖ

ᵃ ἔδει

ᵇ δέῃ

ᶜ δεῖ γενέσθαι

ᵈ (τὸ) δεῖν

ᵉ (τὸ) δέον, τὰ δέοντα

Mt 16 21 ὅτι δεῖ αὐτὸν εἰς Ἱεροσόλυμα ἀπελθεῖν

17 10 τί ... λέγουσιν ὅτι Ἠλίαν δεῖ ἐλθεῖν πρῶτον;

18 33ᵃ οὐκ ἔδει καὶ σὲ ἐλεῆσαι τὸν σύνδουλόν σου ⟨;⟩

23 23ᵃ ταῦτα δὲ ([N²⁶]; —BSTϛ) ἔδει ποιῆσαι κἀκεῖνα μὴ ἀφιέναι (ἀφεῖναι NTH)

24 6ᶜ δεῖ γὰρ (+ πάντα [M]VSϛ) γενέσθαι, ἀλλ’ οὔπω ἐστὶν τὸ τέλος

25 27ᵃ ἔδει σε οὖν βαλεῖν | τὰ ἀργύριά (τὸ -όν VSϛ) μου τοῖς τραπεζίταις

26 35ᵇ κἂν δέῃ με σὺν σοὶ ἀποθανεῖν, οὐ μή σε ἀπαρνήσομαι

26 54ᶜ πῶς οὖν πληρωθῶσιν αἱ γραφαὶ ὅτι οὕτως δεῖ γενέσθαι;

Mc 8 31 δεῖ τὸν υἱὸν τοῦ ἀνθρώπου πολλὰ παθεῖν

9 11 λέγουσιν ... ὅτι Ἠλίαν δεῖ ἐλθεῖν πρῶτον;

13 7ᶜ δεῖ (+ γὰρ MV[S]ϛ) γενέσθαι, ἀλλ’ οὔπω τὸ τέλος

13 10 εἰς πάντα τὰ ἔθνη | πρῶτον δεῖ (~ Vϛ) κηρυχθῆναι τὸ εὐαγγέλιον

13 14 ὅταν δὲ ἴδητε τὸ βδέλυγμα τῆς ἐρημώσεως ἑστηκότα ὅπου οὐ δεῖ

14 31ᵇ ἐὰν | δέῃ με (~ VBSTϛ) συναποθανεῖν σοι

Lc 2 49 ἐν τοῖς τοῦ πατρός μου δεῖ εἶναί με

4 43 καὶ ταῖς ἑτέραις πόλεσιν εὐαγγελίσασθαί με δεῖ τὴν βασιλείαν τοῦ θεοῦ

Lc 9 22 δεῖ τὸν υἱὸν τοῦ ἀνθρώπου πολλὰ παθεῖν

11 42ᵃ ταῦτα δὲ (—Tϛ) ἔδει ποιῆσαι κἀκεῖνα μὴ παρεῖναι

12 12 τὸ γὰρ ἅγιον πνεῦμα διδάξει ὑμᾶς ... ἃ δεῖ εἰπεῖν

13 14 ἓξ ἡμέραι εἰσὶν ἐν αἷς δεῖ ἐργάζεσθαι

13 16ᵃ οὐκ ἔδει λυθῆναι ἀπὸ τοῦ δεσμοῦ τούτου τῇ ἡμέρᾳ τοῦ σαββάτου;

13 33 πλὴν δεῖ με σήμερον ... πορεύεσθαι

15 32ᵃ εὐφρανθῆναι δὲ καὶ χαρῆναι ἔδει

17 25 πρῶτον δὲ δεῖ αὐτὸν πολλὰ παθεῖν

18 1ᵈ ἔλεγεν δὲ (+ καὶ Vϛ) παραβολὴν αὐτοῖς πρὸς τὸ δεῖν πάντοτε προσεύχεσθαι αὐτοὺς

19 5 σήμερον γὰρ ἐν τῷ οἴκῳ σου δεῖ με μεῖναι

21 9ᶜ δεῖ γὰρ ταῦτα γενέσθαι πρῶτον, ἀλλ’ οὐκ εὐθέως τὸ τέλος

22 7ᵃ ἐν (+ [N²⁶] Tϛ) ᾗ ἔδει θύεσθαι τὸ πάσχα

22 37 ὅτι (+ ἔτι V[S]ϛ) τοῦτο τὸ γεγραμμένον δεῖ τελεσθῆναι ἐν ἐμοί

24 7 λέγων | τὸν υἱὸν τοῦ ἀνθρώπου ὅτι δεῖ (~ Vϛ) παραδοθῆναι

24 26ᵃ οὐχὶ ταῦτα ἔδει παθεῖν τὸν χριστόν ⟨;⟩

24 44 δεῖ πληρωθῆναι πάντα τὰ γεγραμμένα ἐν τῷ νόμῳ Μωϋσέως

24 46ᵃ*οὕτως γέγραπται | καὶ οὕτως ἔδει (+ Vϛ) παθεῖν τὸν χριστόν

Jo 3 7 δεῖ ὑμᾶς γεννηθῆναι ἄνωθεν

3 14 οὕτως ὑψωθῆναι δεῖ τὸν υἱὸν τοῦ ἀνθρώπου

3 30 ἐκεῖνον δεῖ αὐξάνειν, ἐμὲ δὲ ἐλαττοῦσθαι

4 4ᵃ ἔδει δὲ αὐτὸν διέρχεσθαι διὰ τῆς Σαμαρείας

4 20 ἐν Ἱεροσολύμοις ἐστὶν ὁ τόπος ὅπου προσκυνεῖν δεῖ

4 24 τοὺς προσκυνοῦντας αὐτὸν (—NT) ἐν πνεύματι καὶ ἀληθείᾳ | δεῖ προσκυνεῖν (~ T)

9 4 ἡμᾶς (ἐμὲ Vϛ) δεῖ ἐργάζεσθαι τὰ ἔργα τοῦ πέμψαντός με (ἡμᾶς T)

10 16 κἀκεῖνα δεῖ με ἀγαγεῖν

12 34 δεῖ ὑψωθῆναι τὸν υἱὸν τοῦ ἀνθρώπου

20 9 δεῖ αὐτὸν ἐκ νεκρῶν ἀναστῆναι

Ac 1 16ᵃ ἔδει πληρωθῆναι τὴν γραφὴν

1 21ᶜ δεῖ οὖν τῶν συνελθόντων ἡμῖν ἀνδρῶν ⟨μάρτυρα τῆς ἀναστάσεως αὐτοῦ ... γενέσθαι ἕνα τούτων⟩

3 21 ⟨Ἰησοῦν⟩ ὃν δεῖ οὐρανὸν μὲν δέξασθαι ἄχρι χρόνων ἀποκαταστάσεως πάντων

4 12 οὐδὲ γὰρ ὄνομά ἐστιν ἕτερον ... ἐν ᾧ δεῖ σωθῆναι ἡμᾶς

5 29 πειθαρχεῖν δεῖ θεῷ μᾶλλον ἢ ἀνθρώποις

9 6 λαληθήσεταί σοι ὅ τί σε δεῖ ποιεῖν

9 16 ὅσα δεῖ αὐτὸν ὑπὲρ τοῦ ὀνόματός μου παθεῖν

10 6 * | οὗτος λαλήσει σοι τί σε δεῖ ποιεῖν (+ϛ)

14 22 διὰ πολλῶν θλίψεων δεῖ ἡμᾶς εἰσελθεῖν εἰς τὴν βασιλείαν τοῦ θεοῦ

15 5 δεῖ περιτέμνειν αὐτοὺς

16 30 τί με δεῖ ποιεῖν ἵνα σωθῶ;

17 3ᵃ παρατιθέμενος ὅτι τὸν χριστὸν ἔδει παθεῖν καὶ ἀναστῆναι ἐκ νεκρῶν

Ac 18 21 * εἰπών· |δεῖ με πάντως τὴν ἑορτὴν τὴν ἐρχομένην ποιῆσαι εἰς Ἱεροσόλυμα (+ς)

19 21 μετὰ τὸ γενέσθαι με ἐκεῖ δεῖ με καὶ Ῥώμην ἰδεῖν

19 36 ᵉδέον ἐστὶν ὑμᾶς κατεσταλμένους ὑπάρχειν

20 35 οὕτως κοπιῶντας δεῖ ἀντιλαμβάνεσθαι τῶν ἀσθενούντων

21 22 *πάντως | δεῖ συνελθεῖν πλῆθος· (+V[S]Tς) ἀκούσονται γὰρ (+V[S]Tς) ὅτι ἐλήλυθας

23 11 οὕτω σε δεῖ καὶ εἰς Ῥώμην μαρτυρῆσαι

24 19 ᵃοὓς ἔδει (δεῖ ς) ἐπὶ σοῦ παρεῖναι καὶ κατηγορεῖν

25 10 | ἐπὶ τοῦ βήματος Καίσαρος ἑστώς (~ NMTH) εἰμι, οὗ με δεῖ κρίνεσθαι

25 24 ᵈβοῶντες (ἐπι- VBSς) μὴ δεῖν αὐτὸν ζῆν μηκέτι

26 9 ᵈἔδοξα ἐμαυτῷ πρὸς τὸ ὄνομα Ἰησοῦ ... δεῖν πολλὰ ἐναντία πρᾶξαι

27 21 ᵃἔδει μέν ... πειθαρχήσαντάς μοι μὴ ἀνάγεσθαι ἀπὸ τῆς Κρήτης

27 24 Καίσαρί σε δεῖ παραστῆναι

27 26 εἰς νῆσον δέ τινα δεῖ ἡμᾶς ἐκπεσεῖν

Rm 1 27 ᵃτὴν ἀντιμισθίαν ἣν ἔδει τῆς πλάνης αὐτῶν ἐν ἑαυτοῖς ἀπολαμβάνοντες

8 26 τὸ γὰρ τί προσευξώμεθα καθὸ δεῖ οὐκ οἴδαμεν

12 3 λέγω γὰρ ... μὴ ὑπερφρονεῖν παρ' ὃ δεῖ φρονεῖν

1 C 8 2 οὔπω ἔγνω καθὼς δεῖ γνῶναι

11 19 δεῖ γὰρ καὶ αἱρέσεις ἐν ὑμῖν εἶναι

15 25 δεῖ γὰρ αὐτὸν βασιλεύειν ἄχρι οὗ θῇ

15 53 δεῖ γὰρ τὸ φθαρτὸν τοῦτο ἐνδύσασθαι ἀφθαρσίαν

2 C 2 3 ᵃἵνα μὴ ἐλθὼν λύπην σχῶ ἀφ' ὧν ἔδει με χαίρειν

5 10 τοὺς γὰρ πάντας ἡμᾶς φανερωθῆναι δεῖ ἔμπροσθεν τοῦ βήματος τοῦ Χριστοῦ

11 30 εἰ καυχᾶσθαι δεῖ, τὰ τῆς ἀσθενείας μου [H] καυχήσομαι

12 1 καυχᾶσθαι | δεῖ, οὐ συμφέρον μέν (δὴ οὐ συμφέρει μοι ς)

E 6 20 ἵνα ἐν αὐτῷ παρρησιάσωμαι ὡς δεῖ με λαλῆσαι

Cl 4 4 ἵνα φανερώσω αὐτὸ ὡς δεῖ με λαλῆσαι

4 6 εἰδέναι πῶς δεῖ ὑμᾶς ἑνὶ ἑκάστῳ ἀποκρίνεσθαι

1 Th 4 1 καθὼς παρελάβετε παρ' ἡμῶν τὸ πῶς δεῖ ὑμᾶς περιπατεῖν

2 Th 3 7 οἴδατε πῶς δεῖ μιμεῖσθαι ἡμᾶς

1 Tm 3 2 δεῖ οὖν τὸν ἐπίσκοπον ἀνεπίλημπτον εἶναι

3 7 δεῖ δὲ καὶ μαρτυρίαν καλὴν ἔχειν ἀπὸ τῶν ἔξωθεν

3 15 ἵνα εἰδῇς πῶς δεῖ ἐν οἴκῳ θεοῦ ἀναστρέφεσθαι

5 13 ᵇλαλοῦσαι τὰ μὴ δέοντα

2 Tm 2 6 τὸν κοπιῶντα γεωργὸν δεῖ πρῶτον τῶν καρπῶν μεταλαμβάνειν

2 24 δοῦλον δὲ κυρίου οὐ δεῖ μάχεσθαι

Tt 1 7 δεῖ γὰρ τὸν ἐπίσκοπον ἀνέγκλητον εἶναι

1 11 ⟨εἰσὶν γὰρ πολλοὶ καὶ ἀνυπότακτοι⟩ οὓς δεῖ ἐπιστομίζειν

1 11 διδάσκοντες ἃ μὴ δεῖ αἰσχροῦ κέρδους χάριν

Hb 2 1 διὰ τοῦτο δεῖ περισσοτέρως προσέχειν ἡμᾶς τοῖς ἀκουσθεῖσιν

Hb 9 26 ᵃἐπεὶ ἔδει αὐτὸν πολλάκις παθεῖν

11 6 πιστεῦσαι γὰρ δεῖ τὸν προσερχόμενον τῷ ([NVSH]; —T) θεῷ

1 Pt 1 6 ᵉὀλίγον ἄρτι εἰ δέον ἐστὶν ([N²⁶]; —NVBTH) λυπηθέντες

2 Pt 3 11 ποταποὺς δεῖ ὑπάρχειν ὑμᾶς [N²⁶ NH] ἐν ἁγίαις ἀναστροφαῖς

Ap 1 1 ᶜδεῖξαι τοῖς δούλοις αὐτοῦ ἃ δεῖ γενέσθαι ἐν τάχει

4 1 ᶜδείξω σοι ἃ δεῖ γενέσθαι μετὰ ταῦτα

10 11 δεῖ σε πάλιν προφητεῦσαι ἐπὶ λαοῖς

11 5 οὕτως δεῖ αὐτὸν ἀποκτανθῆναι

13 10 *εἴ τις ἐν μαχαίρῃ | ἀποκτενεῖ, δεῖ (ἀποκτανθῆναι N²⁶) αὐτὸν ἐν μαχαίρῃ ἀποκτανθῆναι

17 10 ὁ ἄλλος οὔπω ἦλθεν, καὶ ὅταν ἔλθῃ ὀλίγον αὐτὸν δεῖ μεῖναι

20 3 μετὰ ταῦτα δεῖ | λυθῆναι αὐτὸν (~ STς) μικρὸν χρόνον

22 6 ᶜδεῖξαι τοῖς δούλοις αὐτοῦ ἃ δεῖ γενέσθαι ἐν τάχει

δεῖγμα

Jd 7 ὡς Σόδομα καὶ Γόμορρα ... πρόκεινται δεῖγμα πυρὸς αἰωνίου δίκην ὑπέχουσαι

δειγματίζω
παρα-

Mt 1 19 Ἰωσὴφ δὲ ὁ ἀνὴρ αὐτῆς ... μὴ θέλων αὐτὴν δειγματίσαι (παρα-VSς)

Cl 2 15 ἀπεκδυσάμενος τὰς ἀρχὰς καὶ τὰς ἐξουσίας ἐδειγμάτισεν ἐν παρρησίᾳ

δείκνυμι, δεικνύω
ἀνα-   ἐπι-
ἀπο-   ὑπο-
ᵃ (de)monstrare, palam facere
ᵇ imper.
ᶜ pass.

Mt 4 8 δείκνυσιν αὐτῷ πάσας τὰς βασιλείας τοῦ κόσμου

8 4 ᵇἀλλὰ ὕπαγε σεαυτὸν δεῖξον τῷ ἱερεῖ

16 21 ᵃἤρξατο ... δεικνύειν τοῖς μαθηταῖς αὐτοῦ ὅτι δεῖ αὐτὸν ... ἀπελθεῖν

Mc 1 44 ᵇἀλλὰ ὕπαγε σεαυτὸν δεῖξον τῷ ἱερεῖ

14 15 καὶ αὐτὸς ὑμῖν δείξει ἀνάγαιον μέγα ἐστρωμένον ἕτοιμον

Lc 4 5 ἔδειξεν αὐτῷ πάσας τὰς βασιλείας τῆς οἰκουμένης

5 14 ᵇἀλλὰ ἀπελθὼν δεῖξον σεαυτὸν τῷ ἱερεῖ

20 24 ᵇδείξατέ (ἐπι- ς) μοι δηνάριον

22 12 κἀκεῖνος ὑμῖν δείξει ἀνάγαιον μέγα ἐστρωμένον

24 40 || καὶ τοῦτο εἰπὼν ἔδειξεν (ἐπ- Sς) αὐτοῖς τὰς χεῖρας καὶ τοὺς πόδας (([VSH]; —NT))

Jo 2 18 τί σημεῖον δεικνύεις ἡμῖν, ὅτι ταῦτα ποιεῖς;

5 20 ᵃὁ γὰρ πατὴρ ... πάντα δείκνυσιν αὐτῷ ἃ αὐτὸς ποιεῖ, ↔

5 20 ᵃκαὶ μείζονα τούτων δείξει αὐτῷ ἔργα

10 32 ᵃπολλὰ ἔργα | καλὰ ἔδειξα ὑμῖν (~ NMH ς) ἐκ τοῦ πατρός (+μου Vς)

14 8 ᵇκύριε, δεῖξον ἡμῖν τὸν πατέρα

14 9 ᵇδεῖξον ἡμῖν τὸν πατέρα

20 20 ἔδειξεν (+καὶ NMH) τὰς χεῖρας καὶ τὴν πλευρὰν αὐτοῖς

Ac 7 3 δεῦρο εἰς τὴν ([S]; —ς) γῆν ἣν ἂν σοι δείξω

Ac 10 28 ᵃκἀμοὶ | ὁ θεὸς ἔδειξεν (~ BT) μηδένα κοινὸν ἢ ἀκάθαρτον λέγειν ἄνθρωπον

1 C 12 31 ᵃκαὶ ἔτι καθ' ὑπερβολὴν ὁδὸν ὑμῖν δείκνυμι

1 Tm 6 15 ᵃ⟨μέχρι τῆς ἐπιφανείας⟩ ἣν καιροῖς ἰδίοις δείξει ὁ μακάριος καὶ μόνος δυνάστης

Hb 8 5 ᶜποιήσεις πάντα κατὰ τὸν τύπον τὸν δειχθέντα σοι ἐν τῷ ὄρει

Jc 2 18 ᵃᵇδεῖξόν μοι τὴν πίστιν σου χωρὶς τῶν ἔργων, ↔

2 18 ᵃκἀγώ σοι δείξω ἐκ τῶν ἔργων μου τὴν πίστιν

3 13 ᵃᵇδειξάτω ἐκ τῆς καλῆς ἀναστροφῆς τὰ ἔργα αὐτοῦ

Ap 1 1 ᵃἀποκάλυψις Ἰησοῦ Χριστοῦ, ἣν ἔδωκεν αὐτῷ ὁ θεός, δεῖξαι τοῖς δούλοις αὐτοῦ ἃ δεῖ γενέσθαι ἐν τάχει

4 1 ᵃδείξω σοι ἃ δεῖ γενέσθαι μετὰ ταῦτα

17 1 δεῦρο, δείξω σοι τὸ κρίμα τῆς πόρνης τῆς μεγάλης

21 9 δεῦρο, δείξω σοι τὴν νύμφην τὴν γυναῖκα τοῦ ἀρνίου

21 10 ἔδειξέν μοι τὴν πόλιν τὴν ἁγίαν Ἰερουσαλήμ

22 1 ἔδειξέν μοι ποταμὸν ὕδατος ζωῆς

22 6 ᵃἀπέστειλεν τὸν ἄγγελον αὐτοῦ δεῖξαι τοῖς δούλοις αὐτοῦ ἃ δεῖ γενέσθαι ἐν τάχει

22 8 ἔμπροσθεν τῶν ποδῶν τοῦ ἀγγέλου τοῦ δεικνύοντός (-νύντος BST) μοι ταῦτα

δειλία

2 Tm 1 7 οὐ γὰρ ἔδωκεν ἡμῖν ὁ θεὸς πνεῦμα δειλίας, ἀλλὰ δυνάμεως

δειλιάω

Jo 14 27 μὴ ταρασσέσθω ὑμῶν ἡ καρδία μηδὲ δειλιάτω

δειλός

Mt 8 26 τί δειλοί ἐστε, ὀλιγόπιστοι;

Mc 4 40 τί δειλοί ἐστε (+οὕτως NMVSTς);

Ap 21 8 | τοῖς δὲ δειλοῖς (δ. δὲ ς) καὶ ἀπίστοις ... τὸ μέρος αὐτῶν ἐν τῇ λίμνῃ τῇ καιομένῃ πυρί

δεῖνα

Mt 26 18 ὑπάγετε εἰς τὴν πόλιν πρὸς τὸν δεῖνα

δεινῶς

Mt 8 6 ὁ παῖς μου βέβληται ἐν τῇ οἰκίᾳ παραλυτικός, δεινῶς βασανιζόμενος

Lc 11 53 ἤρξαντο οἱ γραμματεῖς καὶ οἱ Φαρισαῖοι δεινῶς ἐνέχειν

δειπνέω

Lc 17 8 ἑτοίμασον τί δειπνήσω

22 20 ⟨λαβὼν⟩ | καὶ τὸ ποτήριον ὡσαύτως μετὰ τὸ δειπνῆσαι, λέγων [..NH..]

1 C 11 25 ⟨ἔλαβεν⟩ ὡσαύτως καὶ τὸ ποτήριον μετὰ τὸ δειπνῆσαι, λέγων

Ap 3 20 εἰσελεύσομαι πρὸς αὐτὸν καὶ δειπνήσω μετ' αὐτοῦ καὶ αὐτὸς μετ' ἐμοῦ

δεῖπνον

ᵃ δ. ποιεῖν
ᵇ plur.

Mt 23 6 ᵇφιλοῦσιν δὲ τὴν πρωτοκλισίαν ἐν τοῖς δείπνοις

Mc 6 21 ᵃὅτε Ἡρῴδης τοῖς γενεσίοις αὐτοῦ δεῖπνον ἐποίησεν τοῖς μεγιστᾶσιν αὐτοῦ

Mc 12 39ᵇ ⟨τῶν θελόντων⟩ πρωτοκλισίας ἐν
τοῖς δείπνοις
Lc 14 12ᵃ ὅταν ποιῇς ἄριστον ἢ δεῖπνον
14 16ᵃ ἄνθρωπός τις ἐποίει δεῖπνον μέγα
14 17 ἀπέστειλεν τὸν δοῦλον αὐτοῦ τῇ
ὥρᾳ τοῦ δείπνου εἰπεῖν τοῖς
κεκλημένοις
14 24 οὐδεὶς τῶν ἀνδρῶν ἐκείνων τῶν
κεκλημένων γεύσεταί μου τοῦ
δείπνου
20 46ᵇ τῶν ... φιλούντων ... πρωτοκλι-
σίας ἐν τοῖς δείπνοις
Jo 12 2ᵃ ἐποίησαν οὖν αὐτῷ δεῖπνον ἐκεῖ
13 2 καὶ δείπνου γινομένου
13 4 ἐγείρεται ἐκ τοῦ δείπνου
21 20 ὃς καὶ ἀνέπεσεν ἐν τῷ δείπνῳ ἐπὶ
τὸ στῆθος αὐτοῦ
1 C 11 20 συνερχομένων οὖν ὑμῶν ἐπὶ τὸ
αὐτὸ οὐκ ἔστιν κυριακὸν δεῖπνον
φαγεῖν· ↔
11 21 ἕκαστος γὰρ τὸ ἴδιον δεῖπνον προ-
λαμβάνει ἐν τῷ φαγεῖν
Ap 19 9 μακάριοι οἱ εἰς τὸ δεῖπνον τοῦ
γάμου τοῦ ἀρνίου κεκλημένοι
19 17 δεῦτε συνάχθητε εἰς τὸ δεῖπνον τὸ
μέγα τοῦ θεοῦ

δεισιδαιμονία
Ac 25 19 ⟨οἱ κατήγοροι⟩ ζητήματα δέ τινα
περὶ τῆς ἰδίας δεισιδαιμονίας εἶχον
πρὸς αὐτόν

δεισιδαίμων
Ac 17 22 κατὰ πάντα ὡς δεισιδαιμονεστέ-
ρους ὑμᾶς θεωρῶ

δέκα
→ ἕνδεκα, δώδεκα
→ δεκαδύο, -οκτώ, -πέντε, -τέσσαρες
ᵃ apostoli
ᵇ δέκα καὶ ὀκτώ
Mt 20 24ᵃ | καὶ ἀκούσαντες (δ. δὲ ST) οἱ δέκα
ἠγανάκτησαν περὶ τῶν δύο ἀδελ-
φῶν
25 1 τότε ὁμοιωθήσεται ἡ βασιλεία
τῶν οὐρανῶν δέκα παρθένοις
25 28 ἄρατε οὖν ἀπ' αὐτοῦ τὸ τάλαντον
καὶ δότε τῷ ἔχοντι τὰ δέκα τάλαν-
τα
Mc 10 41ᵃ καὶ ἀκούσαντες οἱ δέκα ἤρξαντο
ἀγανακτεῖν περὶ Ἰακώβου καὶ
Ἰωάννου
Lc 13 4ᵇ * ἐκεῖνοι οἱ | δέκα καὶ ὀκτὼ (ς; δε-
καοκτὼ rl) ἐφ' οὓς ἔπεσεν ὁ πύργος
13 11ᵇ * γυνὴ πνεῦμα ἔχουσα ἀσθενείας ἔτη
| δέκα καὶ ὀκτὼ (ς; δεκαοκτὼ rl)
13 16ᵇ ἣν ἔδησεν ὁ σατανᾶς ἰδοὺ δέκα καὶ
ὀκτὼ ἔτη
14 31 βουλεύσεται (βουλεύεται Vς) εἰ
δυνατός ἐστιν ἐν δέκα χιλιάσιν
ὑπαντῆσαι τῷ μετὰ εἴκοσι χιλιά-
δων ἐρχομένῳ ἐπ' αὐτόν
15 8 τίς γυνὴ δραχμὰς ἔχουσα δέκα ⟨;⟩
17 12 ἀπήντησαν (ὑπ- BST) αὐτῷ
([N²⁶]; —NMSH) δέκα λεπροὶ
ἄνδρες
17 17 οὐχὶ (οὐχ NMH) οἱ δέκα ἐκαθαρί-
σθησαν;
19 13 καλέσας δὲ δέκα δούλους ἑαυτοῦ ↔
19 13 ἔδωκεν αὐτοῖς δέκα μνᾶς
19 16 ἡ μνᾶ σου δέκα προσηργάσατο
μνᾶς
19 17 ἴσθι ἐξουσίαν ἔχων ἐπάνω δέκα
πόλεων
19 24 ἄρατε ἀπ' αὐτοῦ τὴν μνᾶν καὶ
δότε τῷ τὰς δέκα μνᾶς ἔχοντι
19 25 κύριε, ἔχει δέκα μνᾶς

Ac 25 6 διατρίψας δὲ ἐν αὐτοῖς ἡμέρας οὐ
πλείους ὀκτὼ ἢ δέκα
Ap 2 10 ἕξετε (ἔχητε H) θλῖψιν ἡμερῶν
δέκα
12 3 ἔχων κεφαλὰς ἑπτὰ καὶ κέρατα
δέκα
13 1 ἔχον κέρατα δέκα καὶ κεφαλὰς
ἑπτά, ↔
13 1 καὶ ἐπὶ τῶν κεράτων αὐτοῦ δέκα
διαδήματα
17 3 ἔχων (N²⁶H; ἔχοντα NT; ἔχον rl)
κεφαλὰς ἑπτὰ καὶ κέρατα δέκα
17 7 τοῦ θηρίου ... τοῦ ἔχοντος τὰς
ἑπτὰ κεφαλὰς καὶ τὰ δέκα κέρατα
17 12 τὰ δέκα κέρατα ἃ εἶδες ↔
17 12 δέκα βασιλεῖς εἰσιν
17 16 τὰ δέκα κέρατα ἃ εἶδες καὶ τὸ
θηρίον

δεκαδύο
→ δύο
Ac 19 7 * ἦσαν δὲ οἱ πάντες ἄνδρες ὡσεὶ
δεκαδύο (ς; δώδεκα rl)
24 11 * δυναμένου σου ἐπιγνῶναι ὅτι οὐ
πλείους εἰσίν μοι ἡμέραι | ἢ δεκα-
δύο (ς; δώδεκα rl)

δεκαοκτώ
δέκα ὀκτὼ MVBSH
→ δέκα ᵇ
Lc 13 4 ἐκεῖνοι οἱ δεκαοκτὼ (δ. καὶ ὀκτὼ ς)
ἐφ' οὓς ἔπεσεν ὁ πύργος
13 11 γυνὴ πνεῦμα ἔχουσα ἀσθενείας ἔτη
δεκαοκτὼ (δέκα καὶ ὀκτὼ ς)

δεκαπέντε
Jo 11 18 ἦν δὲ ἡ (—NTH) Βηθανία ἐγγὺς
τῶν Ἱεροσολύμων ὡς ἀπὸ σταδί-
ων δεκαπέντε
Ac 27 28 καὶ πάλιν βολίσαντες εὗρον ὀργυι-
ὰς δεκαπέντε
G 1 18 ἐπέμεινα πρὸς αὐτὸν ἡμέρας δεκα-
πέντε

Δεκάπολις
Mt 4 25 ἠκολούθησαν αὐτῷ ὄχλοι πολλοὶ
ἀπὸ τῆς Γαλιλαίας καὶ Δεκαπόλεως
Mc 5 20 ἤρξατο κηρύσσειν ἐν τῇ Δεκαπόλει
7 31 ἦλθεν διὰ Σιδῶνος εἰς τὴν θάλασ-
σαν τῆς Γαλιλαίας ἀνὰ μέσον τῶν
ὁρίων Δεκαπόλεως

δεκατέσσαρες
Mt 1 17 πᾶσαι οὖν αἱ γενεαὶ ἀπὸ Ἀβραὰμ
ἕως Δαυὶδ γενεαὶ δεκατέσσαρες, ↔
1 17 καὶ ἀπὸ Δαυὶδ ἕως τῆς μετοικεσίας
Βαβυλῶνος γενεαὶ δεκατέσσαρες, ↔
1 17 καὶ ἀπὸ τῆς μετοικεσίας Βαβυλῶ-
νος ἕως τοῦ Χριστοῦ γενεαὶ
δεκατέσσαρες
2 C 12 2 οἶδα ἄνθρωπον ἐν Χριστῷ πρὸ
ἐτῶν δεκατεσσάρων
G 2 1 ἔπειτα διὰ δεκατεσσάρων ἐτῶν
πάλιν ἀνέβην εἰς Ἱεροσόλυμα

δέκατος
ᵃ δεκάτη subst.
Jo 1 39 ὥρα ἦν ὡς δεκάτη
Hb 7 2ᵃ ᾧ καὶ δεκάτην ἀπὸ πάντων
ἐμέρισεν Ἀβραάμ
7 4ᵃ ᾧ καὶ ([N²⁶]; —NH) δεκάτην
Ἀβραὰμ ἔδωκεν ἐκ τῶν ἀκροθινί-
ων
7 8ᵃ ὧδε μὲν δεκάτας ἀποθνῄσκοντες
ἄνθρωποι λαμβάνουσιν
7 9ᵃ καὶ Λευὶ ὁ δεκάτας λαμβάνων
δεδεκάτωται
Ap 11 13 τὸ δέκατον τῆς πόλεως ἔπεσεν
21 20 ⟨ὁ θεμέλιος⟩ ὁ ἔνατος τοπάζιον,
ὁ δέκατος χρυσόπρασος, ὁ ἐν-
δέκατος ὑάκινθος

δεκατόω
ἀπο-
Hb 7 6 ὁ δὲ μὴ γενεαλογούμενος ἐξ αὐ-
τῶν δεδεκάτωκεν (+τὸν V[S]ς)
Ἀβραάμ
7 9 δι' Ἀβραὰμ καὶ Λευὶ ὁ δεκάτας
λαμβάνων δεδεκάτωται

δεκτός
Lc 4 19 κηρύξαι ἐνιαυτὸν κυρίου δεκτόν
4 24 οὐδεὶς προφήτης δεκτός ἐστιν ἐν
τῇ πατρίδι αὐτοῦ (ἑαυτοῦ T)
Ac 10 35 ἐν παντὶ ἔθνει ὁ φοβούμενος αὐτὸν
καὶ ἐργαζόμενος δικαιοσύνην δε-
κτὸς αὐτῷ ἐστιν
2 C 6 2 καιρῷ δεκτῷ ἐπήκουσά σου καὶ ἐν
ἡμέρᾳ σωτηρίας ἐβοήθησά σοι
Ph 4 18 πεπλήρωμαι δεξάμενος ... τὰ παρ'
ὑμῶν, ὀσμὴν εὐωδίας, θυσίαν δε-
κτήν, εὐάρεστον τῷ θεῷ

δελεάζω
Jc 1 14 ἕκαστος δὲ πειράζεται ὑπὸ τῆς
ἰδίας ἐπιθυμίας ἐξελκόμενος καὶ
δελεαζόμενος
2 Pt 2 14 δελεάζοντες ψυχὰς ἀστηρίκτους
2 18 ὑπέρογκα γὰρ ματαιότητος φθεγ-
γόμενοι δελεάζουσιν ἐν ἐπιθυμίαις
σαρκὸς ἀσελγείαις τοὺς ὀλίγως
ἀποφεύγοντας

δένδρον
ᵃ δ. et καρπός
Mt 3 10 ἤδη δὲ (+καὶ [V]ς) ἡ ἀξίνη πρὸς
τὴν ῥίζαν τῶν δένδρων κεῖται· ↔
3 10ᵃ πᾶν οὖν δένδρον μὴ ποιοῦν καρπὸν
καλὸν ἐκκόπτεται
7 17ᵃ οὕτως πᾶν δένδρον ἀγαθὸν καρ-
ποὺς καλοὺς ποιεῖ, ↔
7 17ᵃ τὸ δὲ σαπρὸν δένδρον καρποὺς
πονηροὺς ποιεῖ. ↔
7 18ᵃ οὐ δύναται δένδρον ἀγαθὸν καρ-
ποὺς πονηροὺς ποιεῖν (ἐνεγκεῖν
NMSTH), ↔
7 18ᵃ οὐδὲ δένδρον σαπρὸν καρποὺς
καλοὺς ποιεῖν (ἐνεγκεῖν NMST). ↔
7 19ᵃ πᾶν δένδρον μὴ ποιοῦν καρπὸν
καλὸν ἐκκόπτεται
12 33ᵃ ἢ ποιήσατε τὸ δένδρον καλὸν καὶ
τὸν καρπὸν αὐτοῦ καλόν, ↔
12 33ᵃ ἢ ποιήσατε τὸ δένδρον σαπρὸν
καὶ τὸν καρπὸν αὐτοῦ σαπρόν· ↔
12 33ᵃ ἐκ γὰρ τοῦ καρποῦ τὸ δένδρον
γινώσκεται
13 32 ὅταν δὲ αὐξηθῇ, μεῖζον τῶν
λαχάνων ἐστὶν καὶ γίνεται δένδρον
21 8 ἄλλοι δὲ ἔκοπτον κλάδους ἀπὸ
τῶν δένδρων
Mc 8 24 βλέπω τοὺς ἀνθρώπους, ὅτι ὡς
δένδρα ὁρῶ περιπατοῦντας
11 8 * ἄλλοι δὲ στιβάδας | ἔκοπτον ἐκ
τῶν δένδρων (ς; κόψαντες ἐκ τῶν
ἀγρῶν rl)
Lc 3 9 ἤδη δὲ καὶ ἡ ἀξίνη πρὸς τὴν ῥίζαν
τῶν δένδρων κεῖται· ↔
3 9ᵃ πᾶν οὖν δένδρον μὴ ποιοῦν καρ-
πὸν καλὸν [H] ἐκκόπτεται
6 43ᵃ οὐ γάρ ἐστιν δένδρον καλὸν ποι-
οῦν καρπὸν σαπρόν, ↔
6 43ᵃ οὐδὲ πάλιν δένδρον σαπρὸν ποι-
οῦν καρπὸν καλόν. ↔
6 44ᵃ ἕκαστον γὰρ δένδρον ἐκ τοῦ ἰδίου
καρποῦ γινώσκεται
13 19 ηὔξησεν καὶ ἐγένετο εἰς δένδρον
(+μέγα MVBSς)
21 29 ἴδετε τὴν συκῆν καὶ πάντα τὰ
δένδρα

Jd 12 οὗτοί εἰσιν ... δένδρα φθινοπωρινὰ ἄκαρπα δὶς ἀποθανόντα ἐκριζωθέντα

Ap 7 1 ἵνα μὴ πνέῃ ἄνεμος ἐπὶ τῆς γῆς μήτε ἐπὶ τῆς θαλάσσης μήτε ἐπὶ πᾶν (τι S) δένδρον

7 3 μὴ ἀδικήσητε τὴν γῆν μήτε τὴν θάλασσαν μήτε τὰ δένδρα

8 7 καὶ τὸ τρίτον τῶν δένδρων κατεκάη

9 4 ἵνα μὴ ἀδικήσουσιν (-σωσιν Vς) τὸν χόρτον τῆς γῆς οὐδὲ πᾶν χλωρὸν οὐδὲ πᾶν δένδρον

δεξιολάβος
Ac 23 23 ἑτοιμάσατε στρατιώτας διακοσίους ... καὶ ἱππεῖς ἑβδομήκοντα καὶ δεξιολάβους διακοσίους

δεξιός
a ἡ δεξιά (χείρ), δεξιαί
b ἐκ δεξιῶν
c ἐν δεξιᾷ, ἐν τοῖς δεξιοῖς

Mt 5 29 εἰ δὲ ὁ ὀφθαλμός σου ὁ δεξιὸς σκανδαλίζει σε

5 30a εἰ ἡ δεξιά σου χεὶρ σκανδαλίζει σε

5 39 ὅστις σε ῥαπίζει (-σει VSς) εἰς (ἐπὶ Vς) τὴν δεξιὰν || σιαγόνα σου ([N26NH]; —T) ((~VSς))

6 3a μὴ γνώτω ἡ ἀριστερά σου τί ποιεῖ ἡ δεξιά σου

20 21b εἰπὲ ἵνα καθίσωσιν ... εἷς ἐκ δεξιῶν σου (—NMTH) καὶ εἷς ἐξ εὐωνύμων σου

20 23b τὸ δὲ καθίσαι ἐκ δεξιῶν μου καὶ (ἢ MS) ἐξ εὐωνύμων οὐκ ἔστιν ἐμὸν τοῦτο ([N26]; —Hς) δοῦναι

22 44b εἶπεν (+ὁ MVB[S]ς) κύριος τῷ κυρίῳ μου· κάθου ἐκ δεξιῶν μου

25 33b στήσει τὰ μὲν πρόβατα ἐκ δεξιῶν αὐτοῦ, τὰ δὲ ἐρίφια ἐξ εὐωνύμων. ↔

25 34b τότε ἐρεῖ ὁ βασιλεὺς τοῖς ἐκ δεξιῶν αὐτοῦ

26 64b ὄψεσθε τὸν υἱὸν τοῦ ἀνθρώπου καθήμενον ἐκ δεξιῶν τῆς δυνάμεως

27 29a ἐπέθηκαν ... κάλαμον | ἐν τῇ δεξιᾷ (ἐπὶ τὴν -ιὰν ς) αὐτοῦ

27 38b σταυροῦνται σὺν αὐτῷ δύο λῃσταί, εἷς ἐκ δεξιῶν καὶ εἷς ἐξ εὐωνύμων

Mc 10 37b δὸς ἡμῖν ἵνα εἷς σου ἐκ δεξιῶν καὶ εἷς (+σου VSTς) ἐξ ἀριστερῶν καθίσωμεν

10 40b τὸ δὲ καθίσαι ἐκ δεξιῶν μου ἢ ἐξ εὐωνύμων οὐκ ἔστιν ἐμὸν δοῦναι

12 36b εἶπεν (+ὁ VBSTς) κύριος τῷ κυρίῳ μου· κάθου ἐκ δεξιῶν μου

14 62b ὄψεσθε τὸν υἱὸν τοῦ ἀνθρώπου ἐκ δεξιῶν καθήμενον τῆς δυνάμεως

15 27b σταυροῦσιν δύο λῃστάς, ἕνα ἐκ δεξιῶν καὶ ἕνα ἐξ εὐωνύμων αὐτοῦ

16 5c εἶδον νεανίσκον καθήμενον ἐν τοῖς δεξιοῖς

[16 19]b ἐκάθισεν ἐκ δεξιῶν τοῦ θεοῦ

Lc 1 11b ἄγγελος κυρίου ἑστὼς ἐκ δεξιῶν τοῦ θυσιαστηρίου τοῦ θυμιάματος

6 6a ἡ χεὶρ αὐτοῦ ἡ δεξιὰ ἦν ξηρά

20 42b εἶπεν (+ὁ VBSTς) κύριος τῷ κυρίῳ μου· κάθου ἐκ δεξιῶν μου

22 50 ἀφεῖλεν τὸ οὖς αὐτοῦ τὸ δεξιόν

22 69b ἔσται ὁ υἱὸς τοῦ ἀνθρώπου καθήμενος ἐκ δεξιῶν τῆς δυνάμεως

23 33b ἐσταύρωσαν αὐτὸν καὶ τοὺς κακούργους, ὃν μὲν ἐκ δεξιῶν ὃν δὲ ἐξ ἀριστερῶν

Jo 18 10 ἀπέκοψεν αὐτοῦ τὸ ὠτάριον (ὠτίον Vς) τὸ δεξιόν

21 6 βάλετε εἰς τὰ δεξιὰ μέρη τοῦ πλοίου τὸ δίκτυον

Ac 2 25b προορώμην τὸν κύριον (+μου T) ἐνώπιόν μου διὰ παντός, ὅτι ἐκ δεξιῶν μού ἐστιν

2 33a τῇ δεξιᾷ οὖν τοῦ θεοῦ ὑψωθείς

2 34b εἶπεν +ὁ ([N26]VSς) κύριος τῷ κυρίῳ μου· κάθου ἐκ δεξιῶν μου

3 7a πιάσας αὐτὸν τῆς δεξιᾶς χειρὸς ἤγειρεν αὐτόν

5 31a τοῦτον ὁ θεὸς ἀρχηγὸν καὶ σωτῆρα ὕψωσεν τῇ δεξιᾷ αὐτοῦ

7 55b εἶδεν ... Ἰησοῦν ἑστῶτα ἐκ δεξιῶν τοῦ θεοῦ

7 56b θεωρῶ ... τὸν υἱὸν τοῦ ἀνθρώπου ἐκ δεξιῶν ἑστῶτα τοῦ θεοῦ

Rm 8 34c Χριστός ... ὃς καί (—NTH) ἐστιν ἐν δεξιᾷ τοῦ θεοῦ

2 C 6 7 ⟨συνιστάντες ἑαυτούς⟩ διὰ τῶν ὅπλων τῆς δικαιοσύνης τῶν δεξιῶν καὶ ἀριστερῶν

G 2 9a δεξιὰς ἔδωκαν ἐμοὶ καὶ Βαρναβᾷ κοινωνίας

E 1 20c καθίσας (+αὐτὸν ST) ἐν δεξιᾷ αὐτοῦ ἐν τοῖς ἐπουρανίοις

Cl 3 1c οὗ ὁ Χριστός ἐστιν ἐν δεξιᾷ τοῦ θεοῦ καθήμενος

Hb 1 3c ἐκάθισεν ἐν δεξιᾷ τῆς μεγαλωσύνης ἐν ὑψηλοῖς

1 13b πρὸς τίνα δὲ τῶν ἀγγέλων εἴρηκέν ποτε· κάθου ἐκ δεξιῶν μου ⟨;⟩

8 1c ὃς ἐκάθισεν ἐν δεξιᾷ τοῦ θρόνου τῆς μεγαλωσύνης ἐν τοῖς οὐρανοῖς

10 12c ἐκάθισεν ἐν δεξιᾷ τοῦ θεοῦ

12 2c ἐν δεξιᾷ τε τοῦ θρόνου τοῦ θεοῦ κεκάθικεν

1 Pt 3 22c ὅς ἐστιν ἐν δεξιᾷ τοῦ ([N26S]; —NMBTH) θεοῦ

Ap 1 16a ἔχων ἐν τῇ δεξιᾷ χειρὶ αὐτοῦ ἀστέρας ἑπτά

1 17b ἔθηκεν τὴν δεξιὰν αὐτοῦ ἐπ' ἐμέ

1 20a τὸ μυστήριον τῶν ἑπτὰ ἀστέρων οὓς εἶδες ἐπὶ τῆς δεξιᾶς μου

2 1a τάδε λέγει ὁ κρατῶν τοὺς ἑπτὰ ἀστέρας ἐν τῇ δεξιᾷ αὐτοῦ

5 1a εἶδον ἐπὶ τὴν δεξιὰν τοῦ καθημένου ἐπὶ τοῦ θρόνου

5 7a εἴληφεν ἐκ τῆς δεξιᾶς τοῦ καθημένου ἐπὶ τοῦ θρόνου

10 2 ἔθηκεν τὸν πόδα αὐτοῦ τὸν δεξιὸν ἐπὶ τῆς θαλάσσης, τὸν δὲ εὐώνυμον ἐπὶ τῆς γῆς

10 5a ἦρεν τὴν χεῖρα αὐτοῦ | τὴν δεξιὰν (—ς) εἰς τὸν οὐρανόν

13 16a ἵνα δῶσιν αὐτοῖς χάραγμα ἐπὶ τῆς χειρὸς αὐτῶν τῆς δεξιᾶς

δέομαι
προσ-
a seq. oratio recta
b δ. ὅπως, ἵνα
c δ. εἰ
d δ. seq. infinitivus

Mt 9 38b δεήθητε οὖν τοῦ κυρίου τοῦ θερισμοῦ ὅπως ἐκβάλῃ ἐργάτας

Lc 5 12 πεσὼν ἐπὶ πρόσωπον ἐδεήθη αὐτοῦ λέγων

8 28a δέομαί σου, μή με βασανίσῃς

8 38d ἐδεῖτο (ἐδέετο VBSTς) δὲ αὐτοῦ ὁ ἀνήρ ... εἶναι σὺν αὐτῷ

9 38ad διδάσκαλε, δέομαί σου ἐπιβλέψαι (ἐπίβλεψαι ST; ἐπίβλεψον ς) ἐπὶ τὸν υἱόν μου

Lc 9 40b ἐδεήθην τῶν μαθητῶν σου ἵνα ἐκβάλωσιν αὐτό

10 2b δεήθητε οὖν τοῦ κυρίου τοῦ θερισμοῦ ὅπως | ἐργάτας ἐκβάλῃ (~VSς)

21 36b ἀγρυπνεῖτε δὲ (οὖν Vς) ἐν παντὶ καιρῷ δεόμενοι ἵνα κατισχύσητε (καταξιωθῆτε Vς) ἐκφυγεῖν ταῦτα πάντα

22 32b ἐγὼ δὲ ἐδεήθην περὶ σοῦ ἵνα μὴ ἐκλίπῃ ἡ πίστις σου

Ac 4 31 δεηθέντων αὐτῶν ἐσαλεύθη ὁ τόπος

8 22c δεήθητι τοῦ κυρίου εἰ ἄρα ἀφεθήσεταί σοι ἡ ἐπίνοια τῆς καρδίας σου

8 24b δεήθητε ὑμεῖς ὑπὲρ ἐμοῦ πρὸς τὸν κύριον, ὅπως μηδὲν ἐπέλθῃ

8 34a δέομαί σου, περὶ τίνος ὁ προφήτης λέγει τοῦτο;

10 2 ⟨ἀνὴρ δέ τις⟩ δεόμενος τοῦ θεοῦ διὰ παντός

21 39a δέομαι δέ σου, ἐπίτρεψόν μοι λαλῆσαι πρὸς τὸν λαόν

26 3d διὸ δέομαι μακροθύμως ἀκοῦσαί μου

Rm 1 10c ⟨μνείαν ὑμῶν ποιοῦμαι⟩ πάντοτε ... δεόμενος εἴ πως ἤδη ποτὲ εὐοδωθήσομαι

2 C 5 20a δεόμεθα ὑπὲρ Χριστοῦ, καταλλάγητε τῷ θεῷ

8 4 μετὰ πολλῆς παρακλήσεως δεόμενοι ἡμῶν τὴν χάριν

10 2d δέομαι δὲ τὸ μὴ παρὼν θαρρῆσαι τῇ πεποιθήσει

G 4 12a γίνεσθε ὡς ἐγώ ... ἀδελφοί, δέομαι ὑμῶν

1 Th 3 10 νυκτὸς καὶ ἡμέρας ὑπερεκπερισσοῦ δεόμενοι εἰς τὸ ἰδεῖν ὑμῶν τὸ πρόσωπον

δέον
→ δεῖ e

δέος
Hb 12 28 δι' ἧς λατρεύωμεν εὐαρέστως τῷ θεῷ, μετὰ | εὐλαβείας καὶ δέους (αἰδοῦς κ. εὐ. ς)

Δερβαῖος
Ac 20 4 συνείπετο δὲ αὐτῷ ... Γάϊος Δερβαῖος καὶ Τιμόθεος

Δέρβη
Ac 14 6 κατέφυγον εἰς τὰς πόλεις τῆς Λυκαονίας Λύστραν καὶ Δέρβην καὶ τὴν περίχωρον

14 20 ἐξῆλθεν σὺν τῷ Βαρναβᾷ εἰς Δέρβην

16 1 κατήντησεν δὲ καὶ ([N26]; —Tς) εἰς Δέρβην καὶ εἰς Λύστραν

δέρμα
Hb 11 37 περιῆλθον ἐν μηλωταῖς, ἐν αἰγείοις δέρμασιν

δερμάτινος
Mt 3 4 αὐτὸς δὲ ὁ Ἰωάννης εἶχεν τὸ ἔνδυμα αὐτοῦ ἀπὸ τριχῶν καμήλου καὶ ζώνην δερματίνην περὶ τὴν ὀσφὺν αὐτοῦ

Mc 1 6 | καὶ ἦν ὁ (ἦν δὲ Sς) Ἰωάννης ἐνδεδυμένος τρίχας καμήλου καὶ ζώνην δερματίνην περὶ τὴν ὀσφὺν αὐτοῦ

δέρω
a δ. ἀέρα
b pass.

Mt 21 35 λαβόντες οἱ γεωργοὶ τοὺς δούλους αὐτοῦ ὃν μὲν ἔδειραν, ὃν δὲ ἀπέκτειναν

Mc 12 3 καὶ (οἱ δὲ Vς) λαβόντες αὐτὸν ἔδειραν καὶ ἀπέστειλαν κενόν
12 5 καὶ πολλοὺς ἄλλους, οὓς μὲν δέροντες, οὓς δὲ ἀποκτέννοντες
13 9b εἰς συναγωγὰς δαρήσεσθε
Lc 12 47b ἐκεῖνος δὲ ὁ δοῦλος ὁ γνοὺς τὸ θέλημα τοῦ κυρίου αὐτοῦ ... δαρήσεται πολλάς· ↔
12 48b ὁ δὲ μὴ γνοὺς ... δαρήσεται ὀλίγας
20 10 οἱ δὲ γεωργοὶ | ἐξαπέστειλαν αὐτὸν δείραντες (~ Vς) κενόν
20 11 οἱ δὲ κἀκεῖνον δείραντες καὶ ἀτιμάσαντες ἐξαπέστειλαν κενόν
22 63 οἱ ἄνδρες οἱ συνέχοντες αὐτὸν ἐνέπαιζον αὐτῷ δέροντες
Jo 18 23 εἰ κακῶς ἐλάλησα ... εἰ δὲ καλῶς, τί με δέρεις;
Ac 5 40 προσκαλεσάμενοι τοὺς ἀποστόλους δείραντες παρήγγειλαν μὴ λαλεῖν
16 37 δείραντες ἡμᾶς δημοσίᾳ ἀκατακρίτους ... ἔβαλαν εἰς φυλακήν
22 19 ἐγὼ ἤμην φυλακίζων καὶ δέρων κατὰ τὰς συναγωγὰς τοὺς πιστεύοντας ἐπὶ σέ
1 C 9 26a οὕτως πυκτεύω ὡς οὐκ ἀέρα δέρων
2 C 11 20 ἀνέχεσθε γάρ ... εἴ τις εἰς πρόσωπον ὑμᾶς δέρει

δεσμεύω
Mt 23 4 δεσμεύουσιν δὲ φορτία βαρέα | καὶ δυσβάστακτα ([N26]; —NSTH)
Lc 8 29 ἐδεσμεύετο (-μεῖτο rl) ἁλύσεσιν καὶ πέδαις φυλασσόμενος
Ac 22 4 δεσμεύων καὶ παραδιδοὺς εἰς φυλακὰς ἄνδρας τε καὶ γυναῖκας

δεσμέω
Lc 8 29 *ἐδεσμεῖτο (ς; -μεύετο rl) ἁλύσεσιν καὶ πέδαις φυλασσόμενος

δέσμη
δέσμη T
Mt 13 30 συλλέξατε πρῶτον τὰ ζιζάνια καὶ δήσατε αὐτὰ εἰς [H] δέσμας

δέσμιος
a (τοῦ) Χριστοῦ, κυρίου
b ἐν κυρίῳ
Mt 27 15 εἰώθει ὁ ἡγεμὼν ἀπολύειν ἕνα τῷ ὄχλῳ δέσμιον ὃν ἤθελον. ↔
27 16 εἶχον δὲ τότε δέσμιον ἐπίσημον λεγόμενον Ἰησοῦν ([N26]; —rl) Βαραββᾶν
Mc 15 6 ἀπέλυεν αὐτοῖς ἕνα δέσμιον | ὃν παρῃτοῦντο (ὅνπερ ᾐτοῦντο BSς)
Ac 16 25 ἐπηκροῶντο δὲ αὐτῶν οἱ δέσμιοι
16 27 νομίζων ἐκπεφευγέναι τοὺς δεσμίους
23 18 ὁ δέσμιος Παῦλος προσκαλεσάμενός με ἠρώτησεν
25 14 ἀνήρ τίς ἐστιν καταλελειμμένος ὑπὸ Φήλικος δέσμιος
25 27 ἄλογον γάρ μοι δοκεῖ πέμποντα δέσμιον μὴ καὶ τὰς κατ' αὐτοῦ αἰτίας σημᾶναι
28 16 | ὁ ἑκατόνταρχος παρέδωκεν τοὺς δεσμίους τῷ στρατοπεδάρχῳ (+ [VS]ς)
28 17 δέσμιος ἐξ Ἱεροσολύμων παρεδόθην εἰς τὰς χεῖρας τῶν Ῥωμαίων
E 3 1a τούτου χάριν ἐγὼ Παῦλος ὁ δέσμιος τοῦ Χριστοῦ Ἰησοῦ ([N26]; —T) ὑπὲρ ὑμῶν
4 1b παρακαλῶ οὖν ὑμᾶς ἐγὼ ὁ δέσμιος ἐν κυρίῳ ἀξίως περιπατῆσαι τῆς κλήσεως
2 Tm 1 8a μὴ οὖν ἐπαισχυνθῇς τὸ μαρτύριον τοῦ κυρίου ἡμῶν μηδὲ ἐμὲ τὸν δέσμιον αὐτοῦ

Phm 1a Παῦλος δέσμιος Χριστοῦ Ἰησοῦ ... Φιλήμονι τῷ ἀγαπητῷ
9a ὢν ὡς Παῦλος πρεσβύτης, νυνὶ δὲ καὶ δέσμιος Χριστοῦ Ἰησοῦ
Hb 10 34 καὶ γὰρ τοῖς δεσμίοις (δεσμοῖς μου ς) συνεπαθήσατε
13 3 μιμνῄσκεσθε τῶν δεσμίων ὡς συνδεδεμένοι

δεσμός
a sing.
b acc. plur. δεσμούς
Mc 7 35a καὶ (+εὐθὺς NT) ἐλύθη ὁ δεσμὸς τῆς γλώσσης αὐτοῦ
Lc 8 29 καὶ διαρρήσσων τὰ δεσμὰ ἠλαύνετο ὑπὸ (ἀπὸ NMH) τοῦ δαιμονίου (δαίμονος Vς) εἰς τὰς ἐρήμους
13 16a οὐκ ἔδει λυθῆναι ἀπὸ τοῦ δεσμοῦ τούτου ⟨;⟩
Ac 16 26 πάντων τὰ δεσμὰ ἀνέθη
20 23 δεσμὰ καὶ θλίψεις με μένουσιν
22 30 *ἔλυσεν αὐτόν | ἀπὸ τῶν δεσμῶν (+ς)
23 29 μηδὲν δὲ ἄξιον θανάτου ἢ δεσμῶν ἔχοντα ἔγκλημα
26 29 εὐξαίμην (εὐξάμην T) ἂν ... πάντας τοὺς ἀκούοντάς μου σήμερον γενέσθαι τοιούτους ὁποῖος καὶ ἐγώ εἰμι, παρεκτὸς τῶν δεσμῶν τούτων
26 31 οὐδὲν θανάτου ἢ δεσμῶν ἄξιόν τι (+[N26]BST) πράσσει ὁ ἄνθρωπος οὗτος
Ph 1 7 ἔν τε τοῖς δεσμοῖς μου καὶ ἐν τῇ ἀπολογίᾳ ... συγκοινωνούς μου τῆς χάριτος πάντας ὑμᾶς ὄντας
1 13b ὥστε τοὺς δεσμούς μου φανεροὺς ἐν Χριστῷ γενέσθαι
1 14 τοὺς πλείονας τῶν ἀδελφῶν ἐν κυρίῳ πεποιθότας τοῖς δεσμοῖς μου
1 17 οἰόμενοι θλῖψιν ἐγείρειν τοῖς δεσμοῖς μου
Cl 4 18 μνημονεύετέ μου τῶν δεσμῶν
2 Tm 2 9 ἐν ᾧ κακοπαθῶ μέχρι δεσμῶν ὡς κακοῦργος
Phm 10 περὶ τοῦ ἐμοῦ τέκνου, ὃν ἐγέννησα ἐν τοῖς δεσμοῖς
13 ἵνα ὑπὲρ σοῦ μοι διακονῇ ἐν τοῖς δεσμοῖς τοῦ εὐαγγελίου
Hb 10 34 *καὶ γὰρ τοῖς | δεσμοῖς μου (ς; δεσμίοις rl) συνεπαθήσατε
11 36 ἕτεροι δὲ ἐμπαιγμῶν καὶ μαστίγων πεῖραν ἔλαβον, ἔτι δὲ δεσμῶν καὶ φυλακῆς
Jd 6 ἀγγέλους τε ... εἰς κρίσιν μεγάλης ἡμέρας δεσμοῖς ἀϊδίοις ὑπὸ ζόφον τετήρηκεν

δεσμοφύλαξ
Ac 16 23 ἔβαλον εἰς φυλακήν, παραγγείλαντες τῷ δεσμοφύλακι ἀσφαλῶς τηρεῖν αὐτούς
16 27 ἔξυπνος δὲ γενόμενος ὁ δεσμοφύλαξ
16 36 ἀπήγγειλεν δὲ ὁ δεσμοφύλαξ τοὺς λόγους τούτους ([N26]; —H) πρὸς τὸν Παῦλον

δεσμωτήριον
Mt 11 2 ὁ δὲ Ἰωάννης ἀκούσας ἐν τῷ δεσμωτηρίῳ τὰ ἔργα τοῦ Χριστοῦ
Ac 5 21 ἀπέστειλαν εἰς τὸ δεσμωτήριον ἀχθῆναι αὐτούς
5 23 τὸ (+μὲν MV[S]ς) δεσμωτήριον εὕρομεν κεκλεισμένον ἐν πάσῃ ἀσφαλείᾳ
16 26 ὥστε σαλευθῆναι τὰ θεμέλια τοῦ δεσμωτηρίου

δεσμώτης
Ac 27 1 παρεδίδουν τόν τε Παῦλον καί τινας ἑτέρους δεσμώτας ἑκατοντάρχῃ
27 42 τῶν δὲ στρατιωτῶν βουλὴ ἐγένετο ἵνα τοὺς δεσμώτας ἀποκτείνωσιν

δεσπότης
Lc 2 29 νῦν ἀπολύεις τὸν δοῦλόν σου, δέσποτα, κατὰ τὸ ῥῆμά σου ἐν εἰρήνῃ
Ac 4 24 δέσποτα, σὺ (+ὁ θεὸς [VS] Bς) ὁ ποιήσας τὸν οὐρανόν
1 Tm 6 1 τοὺς ἰδίους δεσπότας πάσης τιμῆς ἀξίους ἡγείσθωσαν
6 2 οἱ δὲ πιστοὺς ἔχοντες δεσπότας μὴ καταφρονείτωσαν
2 Tm 2 21 ἔσται σκεῦος εἰς τιμήν, ἡγιασμένον, (+καὶ V[S]ς) εὔχρηστον τῷ δεσπότῃ
Tt 2 9 δούλους | ἰδίοις δεσπόταις (~ S) ὑποτάσσεσθαι ἐν πᾶσιν
1 Pt 2 18 οἱ οἰκέται, ὑποτασσόμενοι ἐν παντὶ φόβῳ τοῖς δεσπόταις
2 Pt 2 1 τὸν ἀγοράσαντα αὐτοὺς δεσπότην ἀρνούμενοι
Jd 4 τὸν μόνον δεσπότην καὶ κύριον ἡμῶν Ἰησοῦν Χριστὸν ἀρνούμενοι
Ap 6 10 ἕως πότε, ὁ δεσπότης ὁ ἅγιος καὶ ἀληθινός, οὐ κρίνεις ⟨;⟩

δεῦρο
a abs.
b ἄχρι τοῦ δ.
Mt 19 21 καὶ δεῦρο ἀκολούθει μοι
Mc 10 21 καὶ δεῦρο ἀκολούθει μοι
Lc 18 22 καὶ δεῦρο ἀκολούθει μοι
Jo 11 43a Λάζαρε, δεῦρο ἔξω
Ac 7 3a δεῦρο εἰς τὴν ([S]; —ς) γῆν ἣν ἄν σοι δείξω
7 34 καὶ νῦν δεῦρο ἀποστείλω σε εἰς Αἴγυπτον
Rm 1 13b ἐκωλύθην ἄχρι τοῦ δεῦρο
Ap 17 1 δεῦρο, δείξω σοι τὸ κρίμα τῆς πόρνης τῆς μεγάλης
21 9 δεῦρο, δείξω σοι τὴν νύμφην τὴν γυναῖκα τοῦ ἀρνίου

δεῦτε
a seq. imper.
b δ. ἀποκτείνωμεν
Mt 4 19 δεῦτε ὀπίσω μου
11 28 δεῦτε πρός με πάντες οἱ κοπιῶντες καὶ πεφορτισμένοι
21 38b οὗτός ἐστιν ὁ κληρονόμος· δεῦτε ἀποκτείνωμεν αὐτόν
22 4 δεῦτε εἰς τοὺς γάμους
25 34a δεῦτε οἱ εὐλογημένοι τοῦ πατρός μου, κληρονομήσατε
28 6a δεῦτε ἴδετε τὸν τόπον ὅπου ἔκειτο (+ὁ κύριος Vς)
Mc 1 17 δεῦτε ὀπίσω μου
6 31a δεῦτε ὑμεῖς αὐτοὶ κατ' ἰδίαν εἰς ἔρημον τόπον καὶ ἀναπαύσασθε ὀλίγον
12 7b οὗτός ἐστιν ὁ κληρονόμος· δεῦτε ἀποκτείνωμεν αὐτόν
Lc 20 14b * οὗτός ἐστιν ὁ κληρονόμος· δεῦτε (+ς) ἀποκτείνωμεν αὐτόν
Jo 4 29a δεῦτε ἴδετε ἄνθρωπον ὃς εἶπέν μοι πάντα
21 12a δεῦτε ἀριστήσατε
Ap 19 17a δεῦτε συνάχθητε εἰς τὸ δεῖπνον τὸ μέγα τοῦ θεοῦ

δευτεραῖος
Ac 28 13 μετὰ μίαν ἡμέραν ἐπιγενομένου νότου δευτεραῖοι ἤλθομεν εἰς Ποτιόλους

δευτερόπρωτος

Lc 6 1 * ἐγένετο δὲ ἐν σαββάτῳ δευτερο-
πρώτῳ (+VB[S]Tς) διαπορεύ-
εσθαι αὐτόν

δεύτερος

a ἐκ δευτέρου
b (τὸ) δεύτερον adv.
c ἐν τῷ δευτέρῳ
d δ. et πάλιν

Mt 21 30 *| προσελθὼν δὲ (καὶ πρ. Vς) τῷ
δευτέρῳ (ἑτέρῳ N²⁶VT) εἶπεν
ὡσαύτως

22 26 ⟨μὴ ἔχων σπέρμα ἀφῆκεν τὴν
γυναῖκα αὐτοῦ⟩ ὁμοίως καὶ ὁ
δεύτερος καὶ ὁ τρίτος, ἕως τῶν
ἑπτά

22 39 ⟨πρώτη ἐντολή⟩ δευτέρα δὲ (—
NBTH) ὁμοία αὐτῇ (αὕτη BH)

26 42^ad πάλιν ἐκ δευτέρου ἀπελθὼν προσ-
ηύξατο

Mc 12 21 ὁ δεύτερος ἔλαβεν αὐτήν, καὶ
ἀπέθανεν

12 31 ⟨αὕτη πρώτη ἐντολή⟩ + (καὶ
Vς) δευτέρα αὕτη (ὁμοία αὐτῇ
V; δ. αὕτη ς)

14 72^a εὐθὺς (—Sς) ἐκ δευτέρου
ἀλέκτωρ ἐφώνησεν

Lc 12 38 κἂν ἐν τῇ δευτέρᾳ κἂν ἐν τῇ τρίτῃ
φυλακῇ ἔλθῃ καὶ εὕρῃ οὕτως

19 18 ἦλθεν ὁ δεύτερος λέγων

20 30 καὶ | ὁ δεύτερος (ἔλαβεν ὁ δ. τὴν
γυναῖκα, καὶ οὗτος ἀπέθανεν ἄτε-
κνος ς) ⟨καὶ ὁ τρίτος ἔλαβεν αὐτήν⟩

Jo 3 4^b μὴ δύναται εἰς τὴν κοιλίαν τῆς μη-
τρὸς αὐτοῦ δεύτερον εἰσελθεῖν καὶ
γεννηθῆναι;

4 54^d τοῦτο δὲ ([N²⁶NVH]; —Tς) πάλιν
δεύτερον σημεῖον ἐποίησεν ὁ Ἰησοῦς

9 24^a ἐφώνησαν οὖν τὸν ἄνθρωπον ἐκ
δευτέρου ὃς ἦν τυφλός

21 16^bd λέγει αὐτῷ πάλιν δεύτερον

Ac 7 13^c ἐν τῷ δευτέρῳ ἀνεγνωρίσθη (ἐγν.
NH) Ἰωσὴφ τοῖς ἀδελφοῖς αὐτοῦ

10 15^ad καὶ φωνὴ πάλιν ἐκ δευτέρου πρὸς
αὐτόν

11 9^a ἀπεκρίθη δὲ | φωνὴ ἐκ δευτέρου
(~ NMH) ἐκ τοῦ οὐρανοῦ

12 10 διελθόντες δὲ πρώτην φυλακὴν καὶ
δευτέραν

13 33 ὡς καὶ ἐν τῷ | ψαλμῷ γέγραπται
τῷ δευτέρῳ (πρώτῳ ψ. γ. T)

1 C 12 28^b οὓς μὲν ἔθετο ὁ θεὸς ἐν τῇ ἐκκλησίᾳ
πρῶτον ἀποστόλους, δεύτερον
προφήτας, τρίτον διδασκάλους

15 47 ὁ πρῶτος ἄνθρωπος ἐκ γῆς χοϊκός,
ὁ δεύτερος ἄνθρωπος ἐξ οὐρανοῦ

2 C 1 15 ἐβουλόμην πρότερον πρὸς ὑμᾶς
ἐλθεῖν ἵνα δευτέραν χάριν (χαρὰν
SH) σχῆτε

13 2^b προείρηκα καὶ προλέγω, ὡς παρὼν
τὸ δεύτερον καὶ ἀπὼν νῦν

Tt 3 10 αἱρετικὸν ἄνθρωπον μετὰ μίαν καὶ
δευτέραν νουθεσίαν παραιτοῦ

Hb 8 7 εἰ γὰρ ἡ πρώτη ἐκείνη ἦν ἄμεμπτος,
οὐκ ἂν δευτέρας ἐζητεῖτο τόπος

9 3 μετὰ δὲ τὸ δεύτερον καταπέτασμα
σκηνή

9 7 ⟨εἰς μὲν τὴν πρώτην σκηνὴν⟩ εἰς δὲ
τὴν δευτέραν ἅπαξ τοῦ ἐνιαυτοῦ
μόνος ὁ ἀρχιερεύς

9 28^a ὁ Χριστός, ἅπαξ προσενεχθεὶς ...
ἐκ δευτέρου χωρὶς ἁμαρτίας ὀφθή-
σεται

10 9 ἀναιρεῖ τὸ πρῶτον ἵνα τὸ δεύτερον
στήσῃ

2 Pt 3 1 ταύτην ἤδη, ἀγαπητοί, δευτέραν
ὑμῖν γράφω ἐπιστολήν

Jd 5^b λαὸν ἐκ γῆς (τῆς M) Αἰγύπτου σώ-
σας τὸ δεύτερον τοὺς μὴ πιστεύ-
σαντας ἀπώλεσεν

Ap 2 11 ὁ νικῶν οὐ μὴ ἀδικηθῇ ἐκ τοῦ
θανάτου τοῦ δευτέρου

4 7 τὸ ζῷον τὸ πρῶτον ὅμοιον λέοντι,
καὶ τὸ δεύτερον ζῷον ὅμοιον
μόσχῳ

6 3 ὅτε ἤνοιξεν τὴν σφραγῖδα τὴν
δευτέραν, ↔

6 3 ἤκουσα τοῦ δευτέρου ζῴου λέγον-
τος

8 8 ὁ δεύτερος ἄγγελος ἐσάλπισεν

11 14 ἡ οὐαὶ ἡ δευτέρα ἀπῆλθεν

14 8 ἄλλος | ἄγγελος δεύτερος (~ MVS;
δεύτ. [ἄγγ.] H; δεύτ. B; ἄγγ. ς)
ἠκολούθησεν

16 3 ὁ δεύτερος ἐξέχεεν τὴν φιάλην
αὐτοῦ εἰς τὴν θάλασσαν

19 3^b δεύτερον εἴρηκαν· ἀλληλουϊά

20 6 ἐπὶ τούτων ὁ δεύτερος θάνατος
οὐκ ἔχει ἐξουσίαν

20 14 οὗτος ὁ θάνατος ὁ δεύτερός ἐστιν

21 8 τὸ μέρος αὐτῶν ἐν τῇ λίμνῃ τῇ
καιομένῃ ... ὅ ἐστιν ὁ θάνατος ὁ
δεύτερος

21 19 ὁ θεμέλιος ὁ πρῶτος ἴασπις, ὁ
δεύτερος σάπφιρος

δέχομαι

ἀνα-   εἰσ-   παρα-
ἀπεκ-   ἐκ-   προσ-
ἀπο-   ἐν-   ὑπο-
δια-   ἐπι-

a δ. (τὸν) λόγον, λόγια
b δ. et ἀκούω

Mt 10 14^b ὃς ἂν μὴ δέξηται ὑμᾶς μηδὲ ἀκούσῃ
τοὺς λόγους ὑμῶν

10 40 ὁ δεχόμενος ὑμᾶς ↔

10 40 ἐμὲ δέχεται, ↔

10 40 καὶ ὁ ἐμὲ δεχόμενος ↔

10 40 δέχεται τὸν ἀποστείλαντά με. ↔

10 41 ὁ δεχόμενος προφήτην εἰς ὄνομα
προφήτου μισθὸν προφήτου λήμ-
ψεται,

10 41 ὁ δεχόμενος δίκαιον εἰς ὄνομα
δικαίου μισθὸν δικαίου λήμψεται

11 14 εἰ θέλετε δέξασθαι, αὐτός ἐστιν
Ἠλίας

18 5 ὃς ἐὰν δέξηται ἓν παιδίον τοιοῦτο
ἐπὶ τῷ ὀνόματί μου, ↔

18 5 ἐμὲ δέχεται

Mc 6 11^b | ὃς ἂν τόπος μὴ δέξηται (ὅσοι
ἂν μὴ δέξωνται ς) ὑμᾶς μηδὲ
ἀκούσωσιν ὑμῶν

9 37 ὃς ἂν ἓν [H] τῶν | τοιούτων
παιδίων (π. τούτων ST) δέξηται
ἐπὶ τῷ ὀνόματί μου, ↔

9 37 ἐμὲ δέχεται· ↔

9 37 καὶ ὃς ἂν ἐμὲ δέχηται (δέξηται Vς),
↔

9 37 οὐκ ἐμὲ δέχεται ἀλλὰ τὸν ἀποστεί-
λαντά με

10 15 ὃς ἂν μὴ δέξηται τὴν βασιλείαν
τοῦ θεοῦ ὡς παιδίον

Lc 2 28 καὶ αὐτὸς ἐδέξατο αὐτὸ εἰς τὰς
ἀγκάλας (+αὐτοῦ Sς)

8 13^ab οἳ ὅταν ἀκούσωσιν μετὰ χαρᾶς
δέχονται τὸν λόγον

9 5 ὅσοι ἂν μὴ δέχωνται (δέξ. ς) ὑμᾶς

9 11 * καὶ δεξάμενος (ς; ἀπο- rl)
αὐτοὺς ἐλάλει αὐτοῖς

9 48 ὃς ἐὰν (ἂν BSH) δέξηται τοῦτο τὸ
παιδίον ἐπὶ τῷ ὀνόματί μου, ↔

9 48 ἐμὲ δέχεται· ↔

Lc 9 48 καὶ ὃς ἂν (ἐὰν Bς) ἐμὲ δέξηται, ↔

9 48 δέχεται τὸν ἀποστείλαντά με

9 53 οὐκ ἐδέξαντο αὐτόν

10 8 εἰς ἣν ἂν πόλιν εἰσέρχησθε καὶ
δέχωνται ὑμᾶς

10 10 εἰς ἣν δ' ἂν πόλιν εἰσέλθητε καὶ μὴ
δέχωνται ὑμᾶς

16 4 ἵνα ὅταν μετασταθῶ ἐκ τῆς οἰκο-
νομίας δέξωνταί με εἰς τοὺς οἴκους
αὐτῶν (N²⁶ς; ἑαυτῶν rl)

16 6 δέξαι σου | τὰ γράμματα (τὸ
γράμμα Vς) καὶ καθίσας ταχέως
γράψον πεντήκοντα

16 7 δέξαι σου | τὰ γράμματα (τὸ
γράμμα Vς) καὶ γράψον ὀγδοήκον-
τα

16 9 ἵνα ὅταν ἐκλίπῃ δέξωνται ὑμᾶς
εἰς τὰς αἰωνίους σκηνάς

18 17 ὃς ἂν (ἐὰν Vς) μὴ δέξηται τὴν
βασιλείαν τοῦ θεοῦ ὡς παιδίον

22 17 δεξάμενος ποτήριον εὐχαριστήσας
εἶπεν

Jo 4 45 ἐδέξαντο αὐτὸν οἱ Γαλιλαῖοι

Ac 3 21 ⟨Ἰησοῦν⟩ ὃν δεῖ οὐρανὸν μὲν
δέξασθαι ἄχρι χρόνων ἀποκατα-
στάσεως πάντων

7 38^a ὃς ἐδέξατο λόγια ζῶντα δοῦναι
ἡμῖν (ὑμῖν NMH)

7 59 κύριε Ἰησοῦ, δέξαι τὸ πνεῦμά μου

8 14^a δέδεκται ἡ Σαμάρεια τὸν λόγον τοῦ
θεοῦ

11 1^a καὶ τὰ ἔθνη ἐδέξαντο τὸν λόγον
τοῦ θεοῦ

17 11^a οἵτινες ἐδέξαντο τὸν λόγον μετὰ
πάσης προθυμίας

21 17 * ἀσμένως ἐδέξαντο (ς; ἀπ- rl)
ἡμᾶς οἱ ἀδελφοί

22 5 παρ' ὧν καὶ ἐπιστολὰς δεξάμενος
πρὸς τοὺς ἀδελφοὺς εἰς Δαμασκὸν
ἐπορευόμην

28 21 ἡμεῖς οὔτε γράμματα περὶ σοῦ
ἐδεξάμεθα ἀπὸ τῆς Ἰουδαίας

1 C 2 14 ψυχικὸς δὲ ἄνθρωπος οὐ δέχεται
τὰ τοῦ πνεύματος τοῦ θεοῦ

2 C 6 1 παρακαλοῦμεν μὴ εἰς κενὸν τὴν
χάριν τοῦ θεοῦ δέξασθαι ὑμᾶς

7 15 ὡς μετὰ φόβου καὶ τρόμου ἐδέξασθε
αὐτόν

8 4 * δεόμενοι ἡμῶν τὴν χάριν καὶ
τὴν κοινωνίαν τῆς διακονίας τῆς
εἰς τοὺς ἁγίους | δέξασθαι ἡμᾶς
(+ς)

8 17 ὅτι τὴν μὲν παράκλησιν ἐδέξατο

11 4 εἰ μὲν γὰρ ὁ ἐρχόμενος ἄλλον
Ἰησοῦν κηρύσσει ... ἢ εὐαγγέλιον
ἕτερον ὃ οὐκ ἐδέξασθε

11 16 εἰ δὲ μή γε, κἂν ὡς ἄφρονα δέξασθέ
με

G 4 14 οὐδὲ ἐξεπτύσατε, ἀλλὰ ὡς ἄγγελον
θεοῦ ἐδέξασθέ με

E 6 17 τὴν περικεφαλαίαν τοῦ σωτηρίου
δέξασθε, καὶ τὴν μάχαιραν τοῦ
πνεύματος

Ph 4 18 πεπλήρωμαι δεξάμενος παρὰ Ἐπα-
φροδίτου τὰ παρ' ὑμῶν

Cl 4 10 ἐὰν ἔλθῃ πρὸς ὑμᾶς, δέξασθε αὐτόν

1 Th 1 6^a ὑμεῖς μιμηταὶ ἡμῶν ἐγενήθητε καὶ
τοῦ κυρίου, δεξάμενοι τὸν λόγον

2 13^a ἡμεῖς εὐχαριστοῦμεν τῷ θεῷ ἀδια-
λείπτως, ὅτι... ἐδέξασθε οὐ λόγον
ἀνθρώπων ἀλλὰ ... λόγον θεοῦ

2 Th 2 10 ἀνθ' ὧν τὴν ἀγάπην τῆς ἀληθείας
οὐκ ἐδέξαντο εἰς τὸ σωθῆναι
αὐτούς

Hb 11 31 πίστει ʽΡαὰβ ἡ πόρνη οὐ συναπ-
ώλετο τοῖς ἀπειθήσασιν, δεξαμένη
τοὺς κατασκόπους μετ᾽ εἰρήνης

Jc 1 21ᵃ ἐν πραΰτητι δέξασθε τὸν ἔμφυτον
λόγον τὸν δυνάμενον σῶσαι τὰς
ψυχὰς ὑμῶν

δέω
ὑπο-
ᵃ met.
ᵇ δ. et λύω

Mt 12 29 ἐὰν μὴ πρῶτον δήσῃ τὸν ἰσχυρόν
13 30 συλλέξατε πρῶτον τὰ ζιζάνια καὶ
δήσατε αὐτὰ εἰς [H] δέσμας
14 3 ὁ γὰρ ʽΗρῴδης (+ τότε BS)
κρατήσας τὸν ᾽Ιωάννην ἔδησεν
αὐτὸν ([N²⁶S]; —NTH) καὶ ἐν
(+ τῇ B[S]) φυλακῇ ἀπέθετο
16 19ᵃᵇ δ ἐὰν δήσῃς ἐπὶ τῆς γῆς ↔
16 19ᵃᵇ ἔσται δεδεμένον ἐν τοῖς οὐρανοῖς,
καὶ ὃ ἐὰν λύσῃς ἐπὶ τῆς γῆς
18 18ᵃᵇ ὅσα ἐὰν δήσητε ἐπὶ τῆς γῆς ↔
18 18ᵃᵇ ἔσται δεδεμένα ἐν (+ τῷ VSʒ)
οὐρανῷ, καὶ ὅσα ἐὰν λύσητε ἐπὶ
τῆς γῆς
21 2ᵇ καὶ εὐθέως εὑρήσετε ὄνον δεδεμένην
καὶ πῶλον μετ᾽ αὐτῆς· λύσαντες
ἀγάγετέ μοι
22 13 | δήσαντες αὐτοῦ πόδας καὶ
χεῖρας ἐκβάλετε αὐτὸν (δ. α. π. κ.
χ. ἄρατε αὐτὸν καὶ ἐκβάλετε ʒ;
ἄρατε αὐτὸν ποδῶν καὶ χειρῶν
καὶ βάλετε αὐτὸν S)
27 2 δήσαντες αὐτὸν ἀπήγαγον

Mc 3 27 ἐὰν μὴ πρῶτον τὸν ἰσχυρὸν δήσῃ
5 3 οὐδὲ ἁλύσει οὐκέτι οὐδεὶς ἐδύνατο
αὐτὸν δῆσαι, ↔
5 4 διὰ τὸ αὐτὸν πολλάκις πέδαις καὶ
ἁλύσεσιν δεδέσθαι
6 17 αὐτὸς γὰρ ὁ ʽΗρῴδης ἀποστείλας
ἐκράτησεν τὸν ᾽Ιωάννην καὶ ἔδησεν
αὐτὸν ἐν φυλακῇ
11 2ᵇ καὶ εὐθὺς ... εὑρήσετε πῶλον δεδε-
μένον ...λύσατε αὐτόν
11 4ᵇ εὗρον (+ τὸν [S]Tʒ) πῶλον
δεδεμένον πρὸς (+ τὴν VTʒ)
θύραν ...καὶ λύουσιν αὐτόν
15 1 δήσαντες τὸν ᾽Ιησοῦν ἀπήνεγκαν
15 7 ἦν δὲ ὁ λεγόμενος Βαραββᾶς μετὰ
τῶν στασιαστῶν (συ- Vʒ) δεδεμέ-
νος

Lc 13 16ᵃᵇ ἣν ἔδησεν ὁ σατανᾶς ἰδοὺ δέκα
καὶ ὀκτὼ ἔτη, οὐκ ἔδει λυθῆναι ⟨;⟩
19 30ᵇ εἰσπορευόμενοι εὑρήσετε πῶλον
δεδεμένον... καὶ (—Vʒ) λύσαντες
αὐτὸν ἀγάγετε

Jo 11 44ᵇ (+ καὶ VB[S]ʒ) ἐξῆλθεν ὁ τεθνη-
κὼς δεδεμένος τοὺς πόδας καὶ τὰς
χεῖρας κειρίαις
18 12 συνέλαβον τὸν ᾽Ιησοῦν καὶ ἔδησαν
αὐτόν
18 24 ἀπέστειλεν οὖν αὐτὸν ὁ ῎Αννας
δεδεμένον πρὸς Καϊάφαν
19 40 ἔλαβον οὖν τὸ σῶμα τοῦ ᾽Ιησοῦ
καὶ ἔδησαν αὐτὸ ὀθονίοις

Ac 9 2 ὅπως ἐάν (ἂν T) τινας εὕρῃ ...
δεδεμένους ἀγάγῃ εἰς ᾽Ιερουσαλήμ
9 14 ἔχει ἐξουσίαν παρὰ τῶν ἀρχιερέων
δῆσαι πάντας τοὺς ἐπικαλουμένους
τὸ ὄνομά σου
9 21 ἵνα δεδεμένους αὐτοὺς ἀγάγῃ ἐπὶ
τοὺς ἀρχιερεῖς
10 11 * θεωρεῖ ... σκεῦός τι ... τέσσαρσιν
ἀρχαῖς | δεδεμένον καὶ (+[V]Sʒ)
καθιέμενον ἐπὶ τῆς γῆς

Ac 12 6 ἦν ὁ Πέτρος κοιμώμενος μεταξὺ
δύο στρατιωτῶν δεδεμένος ἁλύσε-
σιν δυσίν
20 22ᵃ ἰδοὺ δεδεμένος ἐγὼ τῷ πνεύματι
πορεύομαι εἰς ᾽Ιερουσαλήμ
21 11 δήσας ἑαυτοῦ τοὺς πόδας καὶ τὰς
χεῖρας εἶπεν
21 11 τὸν ἄνδρα οὗ ἐστιν ἡ ζώνη αὕτη
οὕτως δήσουσιν ἐν ᾽Ιερουσαλὴμ
οἱ ᾽Ιουδαῖοι
21 13 ἐγὼ γὰρ οὐ μόνον δεθῆναι ἀλλὰ
καὶ ἀποθανεῖν εἰς ᾽Ιερουσαλὴμ
ἑτοίμως ἔχω
21 33 ἐπελάβετο αὐτοῦ καὶ ἐκέλευσεν
δεθῆναι ἁλύσεσι δυσί
22 5 ἐπορευόμην, ἄξων καὶ τοὺς ἐκεῖσε
ὄντας δεδεμένους εἰς ᾽Ιερουσαλήμ
22 29ᵇ ὁ χιλίαρχος δὲ ἐφοβήθη ἐπιγνοὺς
ὅτι ʽΡωμαῖός ἐστιν καὶ ὅτι αὐτὸν
ἦν δεδεκώς
24 27 ὁ Φῆλιξ κατέλιπε τὸν Παῦλον
δεδεμένον

Rm 7 2ᵃ ἡ γὰρ ὕπανδρος γυνὴ τῷ ζῶντι
ἀνδρὶ δέδεται νόμῳ

1 C 7 27ᵃ δέδεσαι γυναικί; μὴ ζήτει λύσιν
7 39ᵃ γυνὴ δέδεται ἐφ᾽ ὅσον χρόνον ζῇ ὁ
ἀνὴρ αὐτῆς

Cl 4 3 λαλῆσαι τὸ μυστήριον τοῦ Χρι-
στοῦ, δι᾽ ὃ καὶ δέδεμαι

2 Tm 2 9ᵃ ὁ λόγος τοῦ θεοῦ οὐ δέδεται

Ap 9 14ᵇ λῦσον τοὺς τέσσαρας ἀγγέλους
τοὺς δεδεμένους ἐπὶ τῷ ποταμῷ
20 2ᵇ ἐκράτησεν τὸν δράκοντα... καὶ ἔδη-
σεν αὐτὸν χίλια ἔτη

δή
→ δήπου

Mt 13 23 ὃς δὴ καρποφορεῖ καὶ ποιεῖ
Lc 2 15 διέλθωμεν δὴ ἕως Βηθλέεμ
Ac 13 2 ἀφορίσατε δή μοι τὸν Βαρναβᾶν
καὶ Σαῦλον
15 36 ἐπιστρέψαντες δὴ ἐπισκεψώμεθα
τοὺς ἀδελφούς
1 C 6 20 δοξάσατε δὴ τὸν θεὸν ἐν τῷ
σώματι ὑμῶν
2 C 12 1 * καυχᾶσθαι | δὴ οὐ συμφέρει μοι
(ʒ; δεῖ, οὐ συμφέρον μέν rl)

δηλαυγῶς
Mc 8 25 * διέβλεψεν καὶ ἀπεκατέστη, καὶ
ἐνέβλεπεν δηλαυγῶς (T; τηλ.
rl) ἅπαντα

δῆλος
ᵃ δῆλον ὅτι

Mt 26 73 καὶ γὰρ ἡ λαλιά σου δῆλόν σε ποιεῖ
1 C 15 27ᵃ ὅταν δὲ εἴπῃ ὅτι πάντα ὑποτέτα-
κται, δῆλον ὅτι ἐκτὸς τοῦ ὑποτά-
ξαντος αὐτῷ τὰ πάντα
G 3 11ᵃ ὅτι δὲ ἐν νόμῳ οὐδεὶς δικαιοῦται
παρὰ τῷ θεῷ δῆλον, ὅτι ὁ δίκαιος
ἐκ πίστεως ζήσεται
1 Tm 6 7ᵃ * οὐδὲν γὰρ εἰσηνέγκαμεν εἰς τὸν
κόσμον, δῆλον (+ Vʒ) ὅτι οὐδὲ
ἐξενεγκεῖν τι δυνάμεθα

δηλόω
1 C 1 11 ἐδηλώθη γάρ μοι περὶ ὑμῶν...ὅτι
ἔριδες ἐν ὑμῖν εἰσιν
3 13 ἡ γὰρ ἡμέρα δηλώσει, ὅτι ἐν πυρὶ
ἀποκαλύπτεται
Cl 1 8 ὁ καὶ δηλώσας ἡμῖν τὴν ὑμῶν
ἀγάπην ἐν πνεύματι
Hb 9 8 τοῦτο δηλοῦντος τοῦ πνεύματος
τοῦ ἁγίου
12 27 τὸ δὲ ἔτι ἅπαξ δηλοῖ τὴν [N²⁶H]
τῶν σαλευομένων μετάθεσιν ὡς
πεποιημένων

1 Pt 1 11 ἐραυνῶντες εἰς τίνα ἢ ποῖον καιρὸν
ἐδήλου τὸ ἐν αὐτοῖς πνεῦμα Χρι-
στοῦ
2 Pt 1 14 καθὼς καὶ ὁ κύριος ἡμῶν ᾽Ιησοῦς
Χριστὸς ἐδήλωσέν μοι

Δημᾶς
Cl 4 14 ἀσπάζεται ὑμᾶς Λουκᾶς ὁ ἰατρὸς
ὁ ἀγαπητὸς καὶ Δημᾶς
2 Tm 4 10 Δημᾶς γάρ με ἐγκατέλιπεν (-λειπεν
SH) ἀγαπήσας τὸν νῦν αἰῶνα
Phm 24 ⟨ἀσπάζεταί σε⟩ Μᾶρκος, ᾽Αρίσταρ-
χος, Δημᾶς, Λουκᾶς, οἱ συνεργοί
μου

δημηγορέω
Ac 12 21 τακτῇ δὲ ἡμέρᾳ ὁ [H] ʽΗρῴδης ...
καθίσας ἐπὶ τοῦ βήματος ἐδημη-
γόρει πρὸς αὐτούς

Δημήτριος
ᵃ quidam christianus
ᵇ argentarius

Ac 19 24ᵇ Δημήτριος γάρ τις ὀνόματι, ἀρ-
γυροκόπος, ποιῶν ναοὺς ἀργυροῦς
[H] ᾽Αρτέμιδος
19 38ᵇ εἰ μὲν οὖν Δημήτριος καὶ οἱ σὺν
αὐτῷ τεχνῖται ἔχουσι πρός τινα
λόγον
3 Jo 12ᵃ Δημητρίῳ μεμαρτύρηται ὑπὸ
πάντων καὶ ὑπὸ αὐτῆς τῆς
ἀληθείας

δημιουργός
Hb 11 10 ἐξεδέχετο γὰρ τὴν τοὺς θεμελίους
ἔχουσαν πόλιν, ἧς τεχνίτης καὶ
δημιουργὸς ὁ θεός

δῆμος
Ac 12 22 ὁ δὲ δῆμος ἐπεφώνει
17 5 ἐζήτουν αὐτοὺς προαγαγεῖν εἰς
τὸν δῆμον
19 30 | Παύλου δὲ (τοῦ δὲ Π. VBSʒ)
βουλομένου εἰσελθεῖν εἰς τὸν δῆμον
19 33 ὁ δὲ ᾽Αλέξανδρος κατασείσας τὴν
χεῖρα ἤθελεν ἀπολογεῖσθαι τῷ
δήμῳ

δημόσιος
Ac 5 18 ἔθεντο αὐτοὺς ἐν τηρήσει δημοσίᾳ
16 37 δείραντες ἡμᾶς δημοσίᾳ ἀκατακρί-
τους
18 28 εὐτόνως γὰρ τοῖς ᾽Ιουδαίοις δια-
κατηλέγχετο δημοσίᾳ
20 20 τοῦ μὴ ἀναγγεῖλαι ὑμῖν καὶ διδάξαι
ὑμᾶς δημοσίᾳ καὶ κατ᾽ οἴκους

δηνάριον
ᵃ ἀνὰ δηνάριον, ἐκ δηναρίου

Mt 18 28 εὗρεν ἕνα τῶν συνδούλων αὐτοῦ,
ὃς ὤφειλεν αὐτῷ ἑκατὸν δηνάρια
20 2ᵃ συμφωνήσας δὲ μετὰ τῶν ἐργατῶν
ἐκ δηναρίου τὴν ἡμέραν
20 9ᵃ | καὶ ἐλθόντες (ἐ. δὲ NH; ἐ. οὖν S)
οἱ περὶ τὴν ἑνδεκάτην ὥραν
ἔλαβον ἀνὰ δηνάριον
20 10ᵃ καὶ ἔλαβον τὸ ([N²⁶SH]; —ʒ) ἀνὰ
δηνάριον καὶ αὐτοί
20 13 οὐχὶ δηναρίου συνεφώνησάς μοι;
22 19 οἱ δὲ προσήνεγκαν αὐτῷ δηνάριον
Mc 6 37 ἀπελθόντες ἀγοράσωμεν δηναρίων
διακοσίων ἄρτους ⟨;⟩
12 15 φέρετέ μοι δηνάριον ἵνα ἴδω
14 5 ἠδύνατο γὰρ τοῦτο | τὸ μύρον
(—Vʒ) πραθῆναι ἐπάνω | δηναρίων
τριακοσίων (~ Vʒ)
Lc 7 41 ὁ εἷς ὤφειλεν δηνάρια πεντακόσια,
ὁ δὲ ἕτερος πεντήκοντα
10 35 ἐκβαλὼν | ἔδωκεν δύο δηνάρια
(N²⁶; ~rl) τῷ πανδοχεῖ
20 24 δείξατέ μοι δηνάριον

Jo 6 7 διακοσίων δηναρίων ἄρτοι οὐκ
ἀρκοῦσιν αὐτοῖς
12 5 διὰ τί τοῦτο τὸ μύρον οὐκ ἐπράθη
τριακοσίων δηναρίων ⟨;⟩
Ap 6 6 ἤκουσα ὡς φωνὴν ... λέγουσαν·
χοῖνιξ σίτου δηναρίου, ↔
6 6 καὶ τρεῖς χοίνικες κριθῶν δηναρίου

δήποτε

Jo 5 4 | ὑγιὴς ἐγίνετο, ᾧ δήποτε κατείχε-
το νοσήματι (+ .. MVBϛ)

δήπου

δή που H

Hb 2 16 οὐ γὰρ δήπου ἀγγέλων ἐπιλαμ-
βάνεται

διά

I c. acc.
a διὰ τοῦτο, ταῦτα
b διὰ τί, διατί
c δ. c. infinitivo
d reliqua c. acc.
II c. gen.
e de tempore
f διὰ παντός, διαπαντός
g διὰ χειρός, (τῶν) χειρῶν
h per prophetas
j c. nomine geographico
III c. gen. vel acc.
k διὰ μέσου, -ον

Mt 1 22h ἵνα πληρωθῇ τὸ ῥηθὲν ὑπὸ
(+ τοῦ Vϛ) κυρίου διὰ τοῦ
προφήτου λέγοντος
2 5h οὕτως γὰρ γέγραπται διὰ τοῦ
προφήτου
2 12 δι᾽ ἄλλης ὁδοῦ ἀνεχώρησαν εἰς
τὴν χώραν αὐτῶν
2 15h ἵνα πληρωθῇ τὸ ῥηθὲν ὑπὸ
κυρίου διὰ τοῦ προφήτου λέγοντος
2 17h τότε ἐπληρώθη τὸ ῥηθὲν διὰ
(ὑπὸ ϛ) 'Ιερεμίου τοῦ προφήτου
λέγοντος
2 23h ὅπως πληρωθῇ τὸ ῥηθὲν διὰ τῶν
προφητῶν
3 3h οὗτος γάρ ἐστιν ὁ ῥηθεὶς διὰ (ὑπὸ
ϛ) 'Ησαίου τοῦ προφήτου λέγοντος
4 4 ἀλλ᾽ ἐπὶ παντὶ ῥήματι ἐκπορευο-
μένῳ διὰ στόματος θεοῦ
4 14h ἵνα πληρωθῇ τὸ ῥηθὲν διὰ 'Ησαίου
τοῦ προφήτου λέγοντος
6 25a διὰ τοῦτο λέγω ὑμῖν
7 13 εἰσέλθατε διὰ τῆς στενῆς πύλης
7 13 πολλοί εἰσιν οἱ εἰσερχόμενοι δι᾽
αὐτῆς
8 17h ὅπως πληρωθῇ τὸ ῥηθὲν διὰ
'Ησαίου τοῦ προφήτου λέγοντος
8 28 ὥστε μὴ ἰσχύειν τινὰ παρελθεῖν
διὰ τῆς ὁδοῦ ἐκείνης
9 11b | διὰ τί (διατί Tϛ) μετὰ τῶν τελω-
νῶν καὶ ἁμαρτωλῶν ἐσθίει ὁ
διδάσκαλος ὑμῶν;
9 14b | διὰ τί (διατί Tϛ) ἡμεῖς καὶ οἱ
Φαρισαῖοι νηστεύομεν πολλά ([N26
M]; —NTH) ⟨;⟩
10 22d ἔσεσθε μισούμενοι ὑπὸ πάντων διὰ
τὸ ὄνομά μου
11 2 ὁ δὲ 'Ιωάννης... πέμψας διὰ (δύο
ϛ) τῶν μαθητῶν αὐτοῦ ⟨εἶπεν
αὐτῷ⟩
12 1 ἐπορεύθη ὁ 'Ιησοῦς τοῖς σάββασιν
διὰ τῶν σπορίμων
12 17h ἵνα πληρωθῇ τὸ ῥηθὲν διὰ 'Ησαίου
τοῦ προφήτου λέγοντος
12 27a διὰ τοῦτο αὐτοὶ κριταὶ ἔσονται
ὑμῶν
12 31a διὰ τοῦτο λέγω ὑμῖν

Mt 12 43 διέρχεται δι᾽ ἀνύδρων τόπων
ζητοῦν ἀνάπαυσιν
13 5c εὐθέως ἐξανέτειλεν διὰ τὸ μὴ ἔχειν
βάθος γῆς
13 6c διὰ τὸ μὴ ἔχειν ῥίζαν ἐξηράνθη
13 10b | διὰ τί (διατί Tϛ) ἐν παραβολαῖς
λαλεῖς αὐτοῖς;
13 13a διὰ τοῦτο ἐν παραβολαῖς αὐτοῖς
λαλῶ
13 21a γενομένης δὲ θλίψεως ἢ διωγμοῦ
διὰ τὸν λόγον εὐθὺς σκανδαλίζεται
13 35h ὅπως πληρωθῇ τὸ ῥηθὲν διὰ
(+ 'Ησαίου T) τοῦ προφήτου
λέγοντος
13 52a διὰ τοῦτο πᾶς γραμματεὺς ...
ὅμοιός ἐστιν ἀνθρώπῳ οἰκοδεσπότῃ
13 58d οὐκ ἐποίησεν ἐκεῖ δυνάμεις πολλὰς
διὰ τὴν ἀπιστίαν αὐτῶν
14 2a διὰ τοῦτο αἱ δυνάμεις ἐνεργοῦσιν
ἐν αὐτῷ
14 3d ἐν (+ τῇ B[S]) φυλακῇ ἀπέθετο
διὰ 'Ηρῳδιάδα
14 9d λυπηθεὶς (ἐλυπήθη MVSϛ) ὁ βασι-
λεὺς διὰ (+ δὲ MVSϛ) τοὺς ὅρκους
καὶ τοὺς συνανακειμένους ἐκέλευσεν
δοθῆναι
15 2b | διὰ τί (διατί Tϛ) οἱ μαθηταί σου
παραβαίνουσιν τὴν παράδοσιν
τῶν πρεσβυτέρων;
15 3b | διὰ τί (διατί Tϛ) καὶ ὑμεῖς παρα-
βαίνετε τὴν ἐντολὴν τοῦ θεοῦ ↔
15 3d διὰ τὴν παράδοσιν ὑμῶν;
15 6d ἠκυρώσατε | τὸν λόγον (τὴν
ἐντολὴν Vϛ; τὸν νόμον ST) τοῦ
θεοῦ διὰ τὴν παράδοσιν ὑμῶν
17 19b | διὰ τί (διατί ϛ) ἡμεῖς οὐκ ἠδυνήθη-
μεν ἐκβαλεῖν αὐτό; ↔
17 20d ὁ δὲ λέγει ('Ιησοῦς εἶπεν Vϛ) αὐ-
τοῖς· διὰ τὴν ὀλιγοπιστίαν (ἀπι-
στίαν Vϛ) ὑμῶν
18 7 οὐαὶ τῷ ἀνθρώπῳ δι᾽ οὗ τὸ
σκάνδαλον ἔρχεται
18 10f οἱ ἄγγελοι... διὰ παντὸς βλέπουσι
τὸ πρόσωπον τοῦ πατρός μου
18 23a διὰ τοῦτο ὡμοιώθη ἡ βασιλεία
τῶν οὐρανῶν ἀνθρώπῳ βασιλεῖ
19 12d εἰσὶν εὐνοῦχοι οἵτινες εὐνούχισαν
ἑαυτοὺς διὰ τὴν βασιλείαν τῶν
οὐρανῶν
19 24 εὐκοπώτερόν ἐστιν κάμηλον διὰ
τρυπήματος (τρήματος NH) ῥαφί-
δος διελθεῖν (εἰσ- NMSTH)
21 4h ἵνα πληρωθῇ τὸ ῥηθὲν διὰ (ὑπὸ S)
τοῦ προφήτου λέγοντος
21 25b | διὰ τί (διατί ϛ) οὖν οὐκ ἐπιστεύ-
σατε αὐτῷ;
21 43a διὰ τοῦτο λέγω ὑμῖν
23 14a * | διὰ τοῦτο λήψεσθε περισσότερον
κρίμα (.. + Vϛ)
23 34a διὰ τοῦτο ἰδοὺ ἐγὼ ἀποστέλλω
πρὸς ὑμᾶς προφήτας
24 9d ἔσεσθε μισούμενοι ὑπὸ πάντων
τῶν ἐθνῶν διὰ τὸ ὄνομά μου
24 12c διὰ τὸ πληθυνθῆναι τὴν ἀνομίαν
ψυγήσεται ἡ ἀγάπη τῶν πολλῶν
24 15h τὸ ῥηθὲν διὰ Δανιὴλ τοῦ προφήτου
24 22d διὰ δὲ τοὺς ἐκλεκτοὺς κολοβωθή-
σονται αἱ ἡμέραι ἐκεῖναι
24 44a διὰ τοῦτο καὶ ὑμεῖς γίνεσθε ἕτοιμοι
26 24 οὐαὶ δὲ τῷ ἀνθρώπῳ ἐκείνῳ δι᾽ οὗ
ὁ υἱὸς τοῦ ἀνθρώπου παραδίδοται
26 61e δύναμαι καταλῦσαι ... καὶ διὰ
τριῶν ἡμερῶν (+αὐτὸν VBSTϛ)
οἰκοδομῆσαι

Mt 27 9h τότε ἐπληρώθη τὸ ῥηθὲν διὰ
'Ιερεμίου τοῦ προφήτου λέγοντος
27 18d ἤδει γὰρ ὅτι διὰ φθόνον παρέδω-
καν αὐτόν
27 19d πολλὰ γὰρ ἔπαθον σήμερον κατ᾽
ὄναρ δι᾽ αὐτόν
Mc 2 1e εἰσελθὼν πάλιν εἰς Καφαρναοὺμ δι᾽
ἡμερῶν ἠκούσθη
2 4d μὴ δυνάμενοι προσενέγκαι (-εγγί-
σαι Sϛ) αὐτῷ διὰ τὸν ὄχλον
2 18b | διὰ τί (διατί Tϛ) οἱ μαθηταὶ
'Ιωάννου ... νηστεύουσιν ⟨;⟩
2 23 ἐγένετο αὐτὸν ἐν τοῖς σάββασιν
παραπορεύεσθαι (δια- H) διὰ τῶν
σπορίμων
2 27d τὸ σάββατον διὰ τὸν ἄνθρωπον
ἐγένετο, ↔
2 27d καὶ οὐχ ὁ ἄνθρωπος διὰ τὸ
σάββατον
3 9d ἵνα πλοιάριον προσκαρτερῇ αὐτῷ
διὰ τὸν ὄχλον
4 5c εὐθὺς ἐξανέτειλεν (ἐξεβλάστησεν
S) διὰ τὸ μὴ ἔχειν βάθος γῆς
4 6c διὰ τὸ μὴ ἔχειν ῥίζαν ἐξηράνθη
4 17d εἶτα γενομένης θλίψεως ἢ διωγμοῦ
διὰ τὸν λόγον εὐθὺς σκανδαλίζον-
ται
5 4c ⟨οὐδεὶς ἐδύνατο αὐτὸν δῆσαι⟩ διὰ
τὸ αὐτὸν πολλάκις ... δεδέσθαι, καὶ
διεσπάσθαι ὑπ᾽ αὐτοῦ τὰς ἁλύσεις
5 5f | διὰ παντὸς (διαπαντὸς VSTϛ)
νυκτὸς καὶ ἡμέρας ἐν τοῖς μνήμα-
σιν ... ἦν κράζων
6 2g αἱ (—BSTϛ) δυνάμεις τοιαῦται
διὰ τῶν χειρῶν αὐτοῦ γινόμεναι
(γίνονται BSTϛ);
6 6d ἐθαύμαζεν (-σεν NTH) διὰ τὴν
ἀπιστίαν αὐτῶν
6 14a διὰ τοῦτο ἐνεργοῦσιν αἱ δυνάμεις
ἐν αὐτῷ
6 17d ἔδησεν αὐτὸν ἐν φυλακῇ διὰ
'Ηρῳδιάδα
6 26d περίλυπος γενόμενος ὁ βασιλεὺς
διὰ τοὺς ὅρκους καὶ τοὺς ἀνακει-
μένους (συνανα- Vϛ) οὐκ ἠθέλησεν
| ἀθετῆσαι αὐτήν (~ Vϛ)
7 5b | διὰ τί (διατί Tϛ) οὐ περιπατοῦσιν
οἱ μαθηταί σου κατὰ τὴν παρά-
δοσιν τῶν πρεσβυτέρων ⟨;⟩
7 29d διὰ τοῦτον τὸν λόγον ὕπαγε
7 31 ἐξελθὼν ἐκ τῶν ὁρίων Τύρου | ἦλθεν
διὰ Σιδῶνος (καὶ Σ. ἦ. ϛ)
9 30j κἀκεῖθεν ἐξελθόντες παρεπορεύοντο
(ἐπορ. H) διὰ τῆς Γαλιλαίας
10 1j * ἔρχεται εἰς τὰ ὅρια τῆς 'Ιουδαίας
καὶ ([N26S]; —ϛ) | διὰ τοῦ
(+[S]ϛ) πέραν τοῦ 'Ιορδάνου
10 25 εὐκοπώτερόν ἐστιν κάμηλον διὰ
τῆς ([N26]; —H) τρυμαλιᾶς τῆς
([N26]; —H) ῥαφίδος διελθεῖν
11 16 οὐκ ἤφιεν ἵνα τις διενέγκῃ σκεῦος
διὰ τοῦ ἱεροῦ
11 24a διὰ τοῦτο λέγω ὑμῖν
11 31b | διὰ τί (διατί Tϛ) οὖν [N26SH] οὐκ
ἐπιστεύσατε αὐτῷ;
12 24a οὐ διὰ τοῦτο πλανᾶσθε ⟨;⟩
13 13d ἔσεσθε μισούμενοι ὑπὸ πάντων διὰ
τὸ ὄνομά μου
13 20d ἀλλὰ διὰ τοὺς ἐκλεκτοὺς οὓς ἐξελέ-
ξατο ἐκολόβωσεν τὰς ἡμέρας
14 21 οὐαὶ δὲ τῷ ἀνθρώπῳ ἐκείνῳ δι᾽ οὗ
ὁ υἱὸς τοῦ ἀνθρώπου παραδίδοται
14 58e καταλύσω τὸν ναὸν ... καὶ διὰ
τριῶν ἡμερῶν ἄλλον ἀχειροποίη-
τον οἰκοδομήσω

Mc 15 10^d ἐγίνωσκεν γὰρ ὅτι διὰ φθόνον παραδεδώκεισαν αὐτόν | οἱ ἀρχιερεῖς [H]

[16 20] τοῦ κυρίου ... τὸν λόγον βεβαιοῦντος διὰ τῶν ἐπακολουθούντων σημείων

[16 br] Ἰησοῦς ... ἐξαπέστειλεν δι' αὐτῶν τὸ ἱερὸν καὶ ἄφθαρτον κήρυγμα

Lc 1 70^h καθὼς ἐλάλησεν διὰ στόματος τῶν ἁγίων ἀπ' αἰῶνος προφητῶν αὐτοῦ

1 78^d ⟨τοῦ δοῦναι γνῶσιν σωτηρίας⟩ διὰ σπλάγχνα ἐλέους θεοῦ ἡμῶν

2 4^c διὰ τὸ εἶναι αὐτὸν ἐξ οἴκου καὶ πατριᾶς Δαυίδ

4 30^k αὐτὸς δὲ διελθὼν διὰ μέσου αὐτῶν ἐπορεύετο

5 5^e δι' ὅλης (+τῆς V[S]ς) νυκτὸς κοπιάσαντες οὐδὲν ἐλάβομεν

5 19 * μὴ εὑρόντες διὰ (+ς) ποίας εἰσενέγκωσιν αὐτόν ↔

5 19^d διὰ τὸν ὄχλον, ↔

5 19 ἀναβάντες ἐπὶ τὸ δῶμα διὰ τῶν κεράμων καθῆκαν αὐτόν

5 30^b | διὰ τί (διατί Tς) μετὰ τῶν τελωνῶν καὶ ἁμαρτωλῶν ἐσθίετε ⟨;⟩

5 33^b * | διὰ τί (+V; + διατί ς) οἱ μαθηταὶ Ἰωάννου νηστεύουσιν πυκνά

6 1 ἐγένετο δὲ ἐν σαββάτῳ (+ δευτεροπρώτῳ VB[S]Tς) διαπορεύεσθαι αὐτὸν διὰ σπορίμων

6 48^c οὐκ ἴσχυσεν σαλεῦσαι αὐτὴν | διὰ τὸ καλῶς οἰκοδομῆσθαι αὐτήν (τεθεμελίωτο γὰρ ἐπὶ τὴν πέτραν ς)

8 4 συνιόντος δὲ ὄχλου ... εἶπεν διὰ παραβολῆς

8 6^c φυὲν ἐξηράνθη διὰ τὸ μὴ ἔχειν ἰκμάδα

8 19^d οὐκ ἠδύναντο συντυχεῖν αὐτῷ διὰ τὸν ὄχλον

8 47^d προσπεσοῦσα αὐτῷ δι' ἣν αἰτίαν ἥψατο αὐτοῦ ἀπήγγειλεν

9 7^c διηπόρει διὰ τὸ λέγεσθαι ὑπό τινων

11 8^c εἰ καὶ οὐ δώσει αὐτῷ ἀναστὰς διὰ τὸ εἶναι φίλον αὐτοῦ, ↔

11 8^d διά γε τὴν ἀναίδειαν αὐτοῦ ἐγερθεὶς δώσει αὐτῷ

11 19^a διὰ τοῦτο | αὐτοὶ ὑμῶν κριταὶ ἔσονται (~ς T BS)

11 24 διέρχεται δι' ἀνύδρων τόπων ζητοῦν ἀνάπαυσιν

11 49^a διὰ τοῦτο καὶ ἡ σοφία τοῦ θεοῦ εἶπεν

12 22^a διὰ τοῦτο | λέγω ὑμῖν (~ Tς)

13 24 ἀγωνίζεσθε εἰσελθεῖν διὰ τῆς στενῆς θύρας

14 20^a διὰ τοῦτο οὐ δύναμαι ἐλθεῖν

17 1 | πλὴν οὐαὶ (N^26BH; οὐαὶ δὲ rl) δι' οὗ ἔρχεται

17 11^k αὐτὸς διήρχετο διὰ μέσον (μέσου Vς) Σαμαρείας καὶ Γαλιλαίας

18 5^c διά γε τὸ παρέχειν μοι κόπον τὴν χήραν ταύτην ἐκδικήσω αὐτήν

18 25 εὐκοπώτερον γάρ ἐστιν κάμηλον διὰ τρήματος βελόνης εἰσελθεῖν

18 31^h τελεσθήσεται πάντα τὰ γεγραμμένα διὰ τῶν προφητῶν

19 4 * ὅτι δι' (+ς) ἐκείνης ἤμελλεν διέρχεσθαι

19 11^c διὰ τὸ ἐγγὺς εἶναι Ἰερουσαλὴμ αὐτόν

Lc 19 23^b | διὰ τί (διατί Tς) οὐκ ἔδωκάς μου τὸ ἀργύριον ἐπὶ τράπεζαν;

19 31^b ἐάν τις ὑμᾶς ἐρωτᾷ· | διὰ τί (διατί Tς) λύετε;

20 5^b | διὰ τί (διατί Tς) οὐκ ἐπιστεύσατε αὐτῷ;

21 17^d ἔσεσθε μισούμενοι ὑπὸ πάντων διὰ τὸ ὄνομά μου

22 22 πλὴν οὐαὶ τῷ ἀνθρώπῳ ἐκείνῳ δι' οὗ παραδίδοται

23 8^c ἦν γὰρ ... θέλων ἰδεῖν αὐτὸν διὰ τὸ ἀκούειν (+πολλὰ Vς) περὶ αὐτοῦ

23 19^d ὅστις ἦν διὰ στάσιν τινὰ ... βληθεὶς ἐν τῇ φυλακῇ

23 25^d ἀπέλυσεν δὲ τὸν διὰ στάσιν καὶ φόνον βεβλημένον εἰς (+τὴν VSς) φυλακὴν

24 38^b | διὰ τί (διατί Tς) διαλογισμοὶ ἀναβαίνουσιν ἐν | τῇ καρδίᾳ (ταῖς κ-ίαις MVBSς) ὑμῶν;

24 53^f ἦσαν | διὰ παντός (διαπαντός Tς) ἐν τῷ ἱερῷ (+αἰνοῦντες καὶ [M]Vς) εὐλογοῦντες (αἰνοῦντες T) τὸν θεόν

Jo 1 3 πάντα δι' αὐτοῦ ἐγένετο

1 7 ἵνα πάντες πιστεύσωσιν δι' αὐτοῦ

1 10 ὁ κόσμος δι' αὐτοῦ ἐγένετο

1 17 ὅτι ὁ νόμος διὰ Μωϋσέως ἐδόθη, ↔

1 17 ἡ χάρις καὶ ἡ ἀλήθεια διὰ Ἰησοῦ Χριστοῦ ἐγένετο

1 31^a ἵνα φανερωθῇ τῷ Ἰσραήλ, διὰ τοῦτο ἦλθον ἐγὼ ἐν (+τῷ Sς) ὕδατι βαπτίζων

2 24^c οὐκ ἐπίστευεν αὐτὸν (N^26T; ἑ- rl) αὐτοῖς διὰ τὸ αὐτὸν γινώσκειν πάντας

3 17 ἵνα σωθῇ ὁ κόσμος δι' αὐτοῦ

3 29^d ὁ δὲ φίλος ... χαρᾷ χαίρει διὰ τὴν φωνὴν τοῦ νυμφίου

4 4^j ἔδει δὲ αὐτὸν διέρχεσθαι διὰ τῆς Σαμαρείας

4 39^d πολλοὶ ἐπίστευσαν εἰς αὐτὸν τῶν Σαμαριτῶν διὰ τὸν λόγον τῆς γυναικός

4 41^d πολλῷ πλείους ἐπίστευσαν διὰ τὸν λόγον αὐτοῦ

4 42^d οὐκέτι διὰ τὴν σὴν λαλιὰν πιστεύομεν

5 16^d διὰ τοῦτο ἐδίωκον οἱ Ἰουδαῖοι τὸν Ἰησοῦν

5 18^a διὰ τοῦτο οὖν (—T) μᾶλλον ἐζήτουν αὐτὸν οἱ Ἰουδαῖοι ἀποκτεῖναι

6 57^d κἀγὼ ζῶ διὰ τὸν πατέρα, ↔

6 57^d καὶ ὁ τρώγων με κἀκεῖνος ζήσει δι' ἐμέ

6 65^d διὰ τοῦτο εἴρηκα ὑμῖν

7 13^d οὐδεὶς μέντοι παρρησίᾳ ἐλάλει περὶ αὐτοῦ διὰ τὸν φόβον τῶν Ἰουδαίων

7 22^a | διὰ τοῦτο (ὁ T) Μωϋσῆς δέδωκεν ὑμῖν τὴν περιτομήν

7 43^d σχίσμα οὖν ἐγένετο ἐν τῷ ὄχλῳ δι' αὐτόν

7 45^b | διὰ τί (διατί Tς) οὐκ ἠγάγετε αὐτόν;

8 43^b | διὰ τί (διατί Tς) τὴν λαλιὰν τὴν ἐμὴν οὐ γινώσκετε;

8 46^b | διὰ τί (διατί Tς) ὑμεῖς οὐ πιστεύετέ μοι;

8 47^d διὰ τοῦτο ὑμεῖς οὐκ ἀκούετε

8 59^k * ἐξῆλθεν ἐκ τοῦ ἱεροῦ | διελθὼν διὰ μέσου αὐτῶν (+ς..)

9 23^a διὰ τοῦτο οἱ γονεῖς αὐτοῦ εἶπαν

Jo 10 1 ὁ μὴ εἰσερχόμενος διὰ τῆς θύρας εἰς τὴν αὐλὴν τῶν προβάτων

10 2 ὁ δὲ εἰσερχόμενος διὰ τῆς θύρας

10 9 δι' ἐμοῦ ἐάν τις εἰσέλθῃ, σωθήσεται

10 17^a διὰ τοῦτό με ὁ πατὴρ ἀγαπᾷ ὅτι ἐγὼ τίθημι τὴν ψυχήν μου

10 19^d σχίσμα πάλιν ἐγένετο ἐν τοῖς Ἰουδαίοις διὰ τοὺς λόγους τούτους

10 32^d διὰ ποῖον αὐτῶν ἔργον ἐμὲ λιθάζετε;

11 4 ἵνα δοξασθῇ ὁ υἱὸς τοῦ θεοῦ δι' αὐτῆς

11 15^d χαίρω δι' ὑμᾶς, ἵνα πιστεύσητε

11 42^d ἀλλὰ διὰ τὸν ὄχλον τὸν περιεστῶτα εἶπον

12 5^b | διὰ τί (διατί Tς) τοῦτο τὸ μύρον οὐκ ἐπράθη τριακοσίων δηναρίων ⟨;⟩

12 9^d ἦλθον οὐ διὰ τὸν Ἰησοῦν μόνον, ἀλλ' ἵνα καὶ τὸν Λάζαρον ἴδωσιν

12 11^d ὅτι πολλοὶ δι' αὐτὸν ὑπῆγον τῶν Ἰουδαίων

12 18^a διὰ τοῦτο καὶ [N^26] ὑπήντησεν αὐτῷ ὁ ὄχλος

12 27^a ἀλλὰ διὰ τοῦτο ἦλθον εἰς τὴν ὥραν ταύτην

12 30^d οὐ δι' ἐμὲ ἡ φωνὴ αὕτη γέγονεν ↔

12 30^d ἀλλὰ δι' ὑμᾶς

12 39^a διὰ τοῦτο οὐκ ἠδύναντο πιστεύειν

12 42^d ἀλλὰ διὰ τοὺς Φαρισαίους οὐχ ὡμολόγουν

13 11^a διὰ τοῦτο εἶπεν ὅτι ([S]; —ς) οὐχὶ πάντες καθαροί ἐστε

13 37^b κύριε, | διὰ τί (διατί Tς) οὐ δύναμαί σοι ἀκολουθῆσαι (-θεῖν H) ἄρτι;

14 6 οὐδεὶς ἔρχεται πρὸς τὸν πατέρα εἰ μὴ δι' ἐμοῦ

14 11^d εἰ δὲ μή, διὰ τὰ ἔργα αὐτὰ πιστεύετε (+μοι Vς)

15 3^d ἤδη ὑμεῖς καθαροί ἐστε διὰ τὸν λόγον

15 19^a ὅτι δὲ ἐκ τοῦ κόσμου οὐκ ἐστέ ... διὰ τοῦτο μισεῖ ὑμᾶς ὁ κόσμος

15 21^d ταῦτα πάντα ποιήσουσιν εἰς ὑμᾶς διὰ τὸ ὄνομά μου

16 15^a διὰ τοῦτο εἶπον ὅτι ἐκ τοῦ ἐμοῦ λαμβάνει

16 21^d οὐκέτι μνημονεύει τῆς θλίψεως διὰ τὴν χαράν

17 20 ἐρωτῶ ... περὶ τῶν πιστευόντων διὰ τοῦ λόγου αὐτῶν εἰς ἐμέ

19 11^a διὰ τοῦτο ὁ παραδούς (παραδιδούς VSς) μέ σοι μείζονα ἁμαρτίαν ἔχει

19 23 ἦν δὲ ὁ χιτὼν ἄραφος, ἐκ τῶν ἄνωθεν ὑφαντὸς δι' ὅλου

19 38^d ὢν μαθητὴς τοῦ [NH] Ἰησοῦ κεκρυμμένος δὲ διὰ τὸν φόβον τῶν Ἰουδαίων

19 42^d ἐκεῖ οὖν διὰ τὴν παρασκευὴν τῶν Ἰουδαίων ... ἔθηκαν τὸν Ἰησοῦν

20 19^d τῶν θυρῶν κεκλεισμένων ... διὰ τὸν φόβον τῶν Ἰουδαίων

Ac 1 2 ἄχρι ἧς ἡμέρας ἐντειλάμενος τοῖς ἀποστόλοις διὰ πνεύματος ἁγίου οὓς ἐξελέξατο

1 3^e δι' ἡμερῶν τεσσεράκοντα ὀπτανόμενος αὐτοῖς

1 16^h ἣν προεῖπεν τὸ πνεῦμα τὸ ἅγιον διὰ στόματος Δαυὶδ περὶ Ἰούδα

2 16^h τοῦτό ἐστιν τὸ εἰρημένον διὰ τοῦ προφήτου Ἰωήλ

2 22 ἄνδρα ἀποδεδειγμένον ... σημείοις, οἷς ἐποίησεν δι' αὐτοῦ ὁ θεός

Ac 2 23g ⟨Ἰησοῦν⟩ τοῦτον ... διὰ χειρὸς (-ῶν ς) ἀνόμων προσπήξαντες ἀνείλατε

2 25f προορώμην τὸν κύριον (+μου T) ἐνώπιόν μου | διὰ παντός (διαπαντός T)

2 26a διὰ τοῦτο ηὐφράνθη | ἡ καρδία μου (N26ς; ~rl)

2 43 πολλά τε (N26Sς; δὲ rl) τέρατα καὶ σημεῖα διὰ τῶν ἀποστόλων ἐγίνετο (+ἐν Ἰερουσαλήμ VB[S]T..)

3 16 ἡ πίστις ἡ δι' αὐτοῦ ἔδωκεν αὐτῷ τὴν ὁλοκληρίαν ταύτην

3 18h ἃ προκατήγγειλεν διὰ στόματος πάντων τῶν προφητῶν

3 21h ὧν ἐλάλησεν ὁ θεὸς διὰ στόματος τῶν ... προφητῶν

4 2c διαπονούμενοι διὰ τὸ διδάσκειν αὐτοὺς τὸν λαόν

4 16 ὅτι μὲν γὰρ γνωστὸν σημεῖον γέγονεν δι' αὐτῶν

4 21d προσαπειλησάμενοι ἀπέλυσαν αὐτούς ... διὰ τὸν λαόν

4 25h ⟨δέσποτα⟩ ὁ | τοῦ πατρὸς ἡμῶν διὰ πνεύματος ἁγίου στόματος Δαυὶδ (διὰ πν. ἁ. διὰ τοῦ στ. Δ. M; πνεύματι ἁγίῳ διὰ στ. τοῦ πατρ. ἡ. Δ. B; διὰ στ. Δ. τοῦ ς) παιδός σου εἰπών

4 30 ἐν τῷ ... σημεῖα καὶ τέρατα γίνεσθαι διὰ τοῦ ὀνόματος τοῦ ἁγίου παιδός σου Ἰησοῦ

5 3b | διὰ τί (διατί Tς) ἐπλήρωσεν ὁ σατανᾶς τὴν καρδίαν σου ⟨;⟩

5 12g διὰ δὲ τῶν χειρῶν τῶν ἀποστόλων ἐγίνετο σημεῖα καὶ τέρατα

5 19e ἄγγελος δὲ κυρίου διὰ νυκτὸς ἀνοίξας (ἤνοιξε NMVBHς) τὰς θύρας τῆς φυλακῆς

7 25g ὁ θεὸς διὰ χειρὸς αὐτοῦ δίδωσιν σωτηρίαν αὐτοῖς

8 11e προσεῖχον δὲ αὐτῷ διὰ τὸ ἱκανῷ χρόνῳ ταῖς μαγείαις ἐξεστακέναι αὐτούς

8 18 διὰ τῆς ἐπιθέσεως τῶν χειρῶν τῶν ἀποστόλων δίδοται τὸ πνεῦμα (+τὸ ἅγιον VBSς)

8 20 τὴν δωρεὰν τοῦ θεοῦ ἐνόμισας διὰ χρημάτων κτᾶσθαι

9 25 λαβόντες δὲ | οἱ μαθηταὶ αὐτοῦ (αὐτὸν οἱ μ. Vς) νυκτὸς διὰ τοῦ τείχους καθῆκαν αὐτόν (—Vς)

9 32 ἐγένετο δὲ Πέτρον διερχόμενον διὰ πάντων κατελθεῖν

10 2f ⟨ἀνὴρ δέ τις ... Κορνήλιος⟩ δεόμενος τοῦ θεοῦ | διὰ παντός (διαπαντός ς)

10 21d τίς ἡ αἰτία δι' ἣν πάρεστε;

10 36 τὸν λόγον ὃν ([N26MV]; —H) ἀπέστειλεν ... εὐαγγελιζόμενος εἰρήνην διὰ Ἰησοῦ Χριστοῦ

10 43 ἄφεσιν ἁμαρτιῶν λαβεῖν διὰ τοῦ ὀνόματος αὐτοῦ πάντα τὸν πιστεύοντα εἰς αὐτόν

11 28 ἐσήμανεν (-μαινεν NH) διὰ τοῦ πνεύματος λιμὸν μεγάλην μέλλειν ἔσεσθαι

11 30g ἀποστείλαντες πρὸς τοὺς πρεσβυτέρους διὰ χειρὸς Βαρναβᾶ καὶ Σαύλου

12 9 ἀληθές ἐστιν τὸ γινόμενον διὰ τοῦ ἀγγέλου

12 20c ᾐτοῦντο εἰρήνην, διὰ τὸ τρέφεσθαι αὐτῶν τὴν χώραν ἀπὸ τῆς βασιλικῆς

Ac 13 38 διὰ τούτου ὑμῖν ἄφεσις ἁμαρτιῶν καταγγέλλεται

13 49 διεφέρετο δὲ ὁ λόγος τοῦ κυρίου δι' (καθ' T) ὅλης τῆς χώρας

14 3g διδόντι (διδόντος T) σημεῖα καὶ τέρατα γίνεσθαι διὰ τῶν χειρῶν αὐτῶν

14 22 διὰ πολλῶν θλίψεων δεῖ ἡμᾶς εἰσελθεῖν εἰς τὴν βασιλείαν τοῦ θεοῦ

15 7 ἐξελέξατο ὁ θεὸς διὰ τοῦ στόματός μου ἀκοῦσαι τὰ ἔθνη τὸν λόγον

15 11 ἀλλὰ διὰ τῆς χάριτος τοῦ κυρίου Ἰησοῦ πιστεύομεν σωθῆναι

15 12 ὅσα ἐποίησεν ὁ θεὸς σημεῖα καὶ τέρατα ἐν τοῖς ἔθνεσιν δι' αὐτῶν

15 23g γράψαντες διὰ χειρὸς αὐτῶν (+τάδε [M]VSς)

15 27 ἀπεστάλκαμεν ... αὐτοὺς διὰ λόγου ἀπαγγέλλοντας τὰ αὐτά

15 32 διὰ λόγου πολλοῦ παρεκάλεσαν τοὺς ἀδελφούς

16 3d λαβὼν περιέτεμεν αὐτὸν διὰ τοὺς Ἰουδαίους

16 9e ὅραμα διὰ τῆς (+[N26]Sς) νυκτὸς τῷ Παύλῳ ὤφθη

17 10e οἱ δὲ ἀδελφοὶ εὐθέως διὰ νυκτὸς ἐξέπεμψαν τόν τε Παῦλον

18 2c ἐληλυθότα ἀπὸ τῆς Ἰταλίας ... διὰ τὸ διατεταχέναι (τετα. T) Κλαύδιον χωρίζεσθαι

18 3c διὰ τὸ ὁμότεχνον εἶναι ἔμενεν παρ' αὐτοῖς

18 9 εἶπεν δὲ ὁ κύριος ἐν νυκτὶ δι' ὁράματος τῷ Παύλῳ

18 27 συνεβάλετο πολὺ τοῖς πεπιστευκόσιν διὰ τῆς χάριτος

18 28 διακατηλέγχετο δημοσίᾳ ἐπιδεικνὺς διὰ τῶν γραφῶν εἶναι τὸν χριστὸν Ἰησοῦν

19 11g δυνάμεις τε οὐ τὰς τυχούσας ὁ θεὸς ἐποίει διὰ τῶν χειρῶν Παύλου

19 26e οὐκ εἰσὶν θεοὶ οἱ διὰ χειρῶν γινόμενοι

20 3l ἐγένετο γνώμης τοῦ ὑποστρέφειν διὰ Μακεδονίας

20 28 ἣν περιεποιήσατο διὰ τοῦ αἵματος τοῦ ἰδίου

21 4 οἵτινες τῷ Παύλῳ ἔλεγον διὰ τοῦ πνεύματος

21 19 ὧν ἐποίησεν ὁ θεὸς ἐν τοῖς ἔθνεσιν διὰ τῆς διακονίας αὐτοῦ

21 34d μὴ δυναμένου δὲ αὐτοῦ γνῶναι τὸ ἀσφαλὲς διὰ τὸν θόρυβον

21 35d συνέβη βαστάζεσθαι αὐτὸν ὑπὸ τῶν στρατιωτῶν διὰ τὴν βίαν τοῦ ὄχλου

22 24d ἵνα ἐπιγνῷ δι' ἣν αἰτίαν οὕτως ἐπεφώνουν αὐτῷ

23 28d βουλόμενός τε ἐπιγνῶναι τὴν αἰτίαν δι' ἣν ἐνεκάλουν αὐτῷ

23 31e ἤγαγον διὰ (+τῆς ς) νυκτὸς εἰς τὴν Ἀντιπατρίδα

24 2 πολλῆς εἰρήνης τυγχάνοντες διὰ σοῦ ↔

24 2 καὶ διορθωμάτων γινομένων τῷ ἔθνει τούτῳ διὰ τῆς σῆς προνοίας

24 16f ἄσκω ἀπρόσκοπον συνείδησιν ἔχειν ... | διὰ παντός (διαπαντός ς). ↔

24 17e δι' ἐτῶν δὲ πλειόνων ἐλεημοσύνας ποιήσων ... παρεγενόμην

27 4c ὑπεπλεύσαμεν τὴν Κύπρον διὰ τὸ τοὺς ἀνέμους εἶναι ἐναντίους

27 9c ὄντος ἤδη ἐπισφαλοῦς τοῦ πλοὸς διὰ τὸ καὶ τὴν νηστείαν ἤδη παρεληλυθέναι

Ac 28 2d προσελάβοντο πάντας ἡμᾶς διὰ τὸν ὑετὸν τὸν ἐφεστῶτα ↔

28 2d καὶ διὰ τὸ ψῦχος

28 18e ἐβούλοντο ἀπολῦσαι διὰ τὸ μηδεμίαν αἰτίαν θανάτου ὑπάρχειν ἐν ἐμοί

28 20d ταύτην οὖν τὴν αἰτίαν παρεκάλεσα ὑμᾶς ἰδεῖν

28 25h καλῶς τὸ πνεῦμα τὸ ἅγιον ἐλάλησεν διὰ Ἠσαΐου τοῦ προφήτου

Rm 1 2h ⟨εἰς εὐαγγέλιον θεοῦ⟩ ὃ προεπηγγείλατο διὰ τῶν προφητῶν αὐτοῦ

1 5 ⟨Ἰησοῦ Χριστοῦ⟩ δι' οὗ ἐλάβομεν χάριν

1 8 εὐχαριστῶ τῷ θεῷ μου διὰ Ἰησοῦ Χριστοῦ περὶ πάντων ὑμῶν

1 12 συμπαρακληθῆναι ἐν ὑμῖν διὰ τῆς ἐν ἀλλήλοις πίστεως ὑμῶν τε καὶ ἐμοῦ

1 26a διὰ τοῦτο παρέδωκεν αὐτοὺς ὁ θεὸς εἰς πάθη ἀτιμίας

2 12 ὅσοι ἐν νόμῳ ἥμαρτον, διὰ νόμου κριθήσονται

2 16 κρίνει (-νεῖ MBTς) ὁ θεὸς τὰ κρυπτὰ τῶν ἀνθρώπων ... διὰ | Χριστοῦ Ἰησοῦ (~MVBSς)

2 23 διὰ τῆς παραβάσεως τοῦ νόμου τὸν θεὸν ἀτιμάζεις; ↔

2 24d τὸ γὰρ ὄνομα τοῦ θεοῦ δι' ὑμᾶς βλασφημεῖται ἐν τοῖς ἔθνεσιν

2 27 κρινεῖ ... σὲ τὸν διὰ γράμματος καὶ περιτομῆς παραβάτην νόμου

3 20 διὰ γὰρ νόμου ἐπίγνωσις ἁμαρτίας

3 22 δικαιοσύνη δὲ θεοῦ διὰ πίστεως Ἰησοῦ [NH] Χριστοῦ

3 24 δικαιούμενοι δωρεὰν τῇ αὐτοῦ χάριτι διὰ τῆς ἀπολυτρώσεως τῆς ἐν Χριστῷ Ἰησοῦ·

3 25 ὃν προέθετο ὁ θεὸς ἱλαστήριον διὰ τῆς ([N26]; —NMTH) πίστεως ἐν τῷ αὐτοῦ αἵματι,

3 25d εἰς ἔνδειξιν τῆς δικαιοσύνης αὐτοῦ διὰ τὴν πάρεσιν τῶν προγεγονότων ἁμαρτημάτων

3 27 ποῦ οὖν ἡ καύχησις; ἐξεκλείσθη. διὰ ποίου νόμου; ↔

3 27 τῶν ἔργων; οὐχί, ἀλλὰ διὰ νόμου πίστεως

3 30 ὃς δικαιώσει περιτομὴν ἐκ πίστεως καὶ ἀκροβυστίαν διὰ τῆς πίστεως. ↔

3 31 νόμον οὖν καταργοῦμεν διὰ τῆς πίστεως;

4 11 εἰς τὸ εἶναι αὐτὸν πατέρα πάντων τῶν πιστευόντων δι' ἀκροβυστίας

4 13 οὐ γὰρ διὰ νόμου ἡ ἐπαγγελία τῷ Ἀβραάμ

4 13 ἀλλὰ διὰ δικαιοσύνης πίστεως

4 16a διὰ τοῦτο ἐκ πίστεως, ἵνα κατὰ χάριν

4 23d οὐκ ἐγράφη δὲ δι' αὐτὸν μόνον ὅτι ἐλογίσθη αὐτῷ, ↔

4 24d ἀλλὰ καὶ δι' ἡμᾶς

4 25d ὃς παρεδόθη διὰ τὰ παραπτώματα ἡμῶν ↔

4 25d καὶ ἠγέρθη διὰ τὴν δικαίωσιν ἡμῶν

5 1 εἰρήνην ἔχομεν (-ωμεν MVBSTH) πρὸς τὸν θεὸν διὰ τοῦ κυρίου ἡμῶν Ἰησοῦ Χριστοῦ, ↔

5 2 δι' οὗ καὶ τὴν προσαγωγὴν ἐσχήκαμεν

5 5 ὅτι ἡ ἀγάπη τοῦ θεοῦ ἐκκέχυται ἐν ταῖς καρδίαις ἡμῶν διὰ πνεύματος ἁγίου

Rm 5 9 δικαιωθέντες ... σωθησόμεθα δι’ αὐτοῦ ἀπὸ τῆς ὀργῆς. ↔

5 10 εἰ γὰρ ἐχθροὶ ὄντες κατηλλάγημεν τῷ θεῷ διὰ τοῦ θανάτου τοῦ υἱοῦ αὐτοῦ

5 11 καυχώμενοι ἐν τῷ θεῷ διὰ τοῦ κυρίου ἡμῶν ᾽Ιησοῦ Χριστοῦ [NH], ↔

5 11 δι’ οὗ νῦν τὴν καταλλαγὴν ἐλάβομεν. ↔

5 12ᵃ διὰ τοῦτο ↔

5 12 ὥσπερ δι’ ἑνὸς ἀνθρώπου ἡ ἁμαρτία εἰς τὸν κόσμον εἰσῆλθεν, ↔

5 12 καὶ διὰ τῆς ἁμαρτίας ὁ θάνατος

5 16 καὶ οὐχ ὡς δι’ ἑνὸς ἁμαρτήσαντος τὸ δώρημα

5 17 εἰ γὰρ ... ὁ θάνατος ἐβασίλευσεν διὰ τοῦ ἑνός, ↔

5 17 πολλῷ μᾶλλον οἱ τὴν περισσείαν τῆς χάριτος ... λαμβάνοντες ἐν ζωῇ βασιλεύσουσιν διὰ τοῦ ἑνὸς ᾽Ιησοῦ Χριστοῦ

5 18 ὡς δι’ ἑνὸς παραπτώματος εἰς πάντας ἀνθρώπους εἰς κατάκριμα, ↔

5 18 οὕτως καὶ δι’ ἑνὸς δικαιώματος εἰς πάντας ἀνθρώπους εἰς δικαίωσιν ζωῆς·

5 19 ὥσπερ γὰρ διὰ τῆς παρακοῆς τοῦ ἑνὸς ἀνθρώπου ἁμαρτωλοὶ κατεστάθησαν οἱ πολλοί, ↔

5 19 οὕτως καὶ διὰ τῆς ὑπακοῆς τοῦ ἑνὸς δίκαιοι κατασταθήσονται οἱ πολλοί

5 21 οὕτως καὶ ἡ χάρις βασιλεύσῃ διὰ δικαιοσύνης εἰς ζωὴν αἰώνιον ↔

5 21 διὰ ᾽Ιησοῦ Χριστοῦ τοῦ κυρίου ἡμῶν

6 4 συνετάφημεν οὖν αὐτῷ διὰ τοῦ βαπτίσματος εἰς τὸν θάνατον

6 4 ὥσπερ ἠγέρθη Χριστὸς ἐκ νεκρῶν διὰ τῆς δόξης τοῦ πατρός

6 19ᵈ ἀνθρώπινον λέγω διὰ τὴν ἀσθένειαν τῆς σαρκὸς ὑμῶν

7 4 ὑμεῖς ἐθανατώθητε τῷ νόμῳ διὰ τοῦ σώματος τοῦ Χριστοῦ

7 5 τὰ παθήματα τῶν ἁμαρτιῶν τὰ διὰ τοῦ νόμου ἐνηργεῖτο ἐν τοῖς μέλεσιν ἡμῶν

7 7 τὴν ἁμαρτίαν οὐκ ἔγνων εἰ μὴ διὰ νόμου

7 8 ἀφορμὴν δὲ λαβοῦσα ἡ ἁμαρτία διὰ τῆς ἐντολῆς

7 11 ἡ γὰρ ἁμαρτία ἀφορμὴν λαβοῦσα διὰ τῆς ἐντολῆς ἐξηπάτησέν με ↔

7 11 καὶ δι’ αὐτῆς ἀπέκτεινεν

7 13 ἀλλὰ ἡ ἁμαρτία ... διὰ τοῦ ἀγαθοῦ μοι κατεργαζομένη θάνατον, ↔

7 13 ἵνα γένηται καθ’ ὑπερβολὴν ἁμαρτωλὸς ἡ ἁμαρτία διὰ τῆς ἐντολῆς

7 25 χάρις (εὐχαριστῶ Sʂ) δὲ (+ N²⁶ V [H]) τῷ θεῷ διὰ ᾽Ιησοῦ Χριστοῦ

8 3 τὸ γὰρ ἀδύνατον τοῦ νόμου, ἐν ᾧ ἠσθένει διὰ τῆς σαρκός

8 10ᵈ εἰ δὲ Χριστὸς ἐν ὑμῖν, τὸ μὲν σῶμα νεκρὸν διὰ ἁμαρτίαν, ↔

8 10ᵈ τὸ δὲ πνεῦμα ζωὴ διὰ δικαιοσύνην

8 11ᵈ ζωοποιήσει καὶ [H] τὰ θνητὰ σώματα ὑμῶν διὰ | τοῦ ἐνοικοῦντος αὐτοῦ πνεύματος (τὸ ἐ-οῦν αὐτ. πνεῦμα ʂ) ἐν ὑμῖν

8 20ᵈ ἡ κτίσις ὑπετάγη, οὐχ ἑκοῦσα, ἀλλὰ διὰ τὸν ὑποτάξαντα

8 25 εἰ δὲ ὃ οὐ βλέπομεν ἐλπίζομεν, δι’ ὑπομονῆς ἀπεκδεχόμεθα

Rm 8 37 ἀλλ’ ἐν τούτοις πᾶσιν ὑπερνικῶμεν διὰ τοῦ ἀγαπήσαντος ἡμᾶς

9 32ᵇ | διὰ τί (διατί Tʂ); ὅτι οὐκ ἐκ πίστεως ἀλλ’ ὡς ἐξ ἔργων

10 17 ἡ δὲ ἀκοὴ διὰ ῥήματος Χριστοῦ

11 10ᶠ τὸν νῶτον αὐτῶν διὰ παντὸς (διαπαντὸς Tʂ) σύγκαμψον

11 28ᵈ κατὰ μὲν τὸ εὐαγγέλιον ἐχθροὶ δι’ ὑμᾶς, ↔

11 28ᵈ κατὰ δὲ τὴν ἐκλογὴν ἀγαπητοὶ διὰ τοὺς πατέρας

11 36 ὅτι ἐξ αὐτοῦ καὶ δι’ αὐτοῦ καὶ εἰς αὐτὸν τὰ πάντα

12 1 παρακαλῶ οὖν ὑμᾶς, ἀδελφοί, διὰ τῶν οἰκτιρμῶν τοῦ θεοῦ

12 3 λέγω γὰρ διὰ τῆς χάριτος τῆς δοθείσης μοι ... μὴ ὑπερφρονεῖν

13 5ᵈ ἀνάγκη ὑποτάσσεσθαι, οὐ μόνον διὰ τὴν ὀργὴν ↔

13 5ᵈ ἀλλὰ καὶ διὰ τὴν συνείδησιν. ↔

13 6ᵃ διὰ τοῦτο γὰρ καὶ φόρους τελεῖτε

14 14 οὐδὲν κοινὸν δι’ ἑαυτοῦ

14 15ᵈ εἰ γὰρ διὰ βρῶμα ὁ ἀδελφός σου λυπεῖται

14 20 κακὸν τῷ ἀνθρώπῳ τῷ διὰ προσκόμματος ἐσθίοντι

15 4 ἵνα διὰ τῆς ὑπομονῆς ↔

15 4 καὶ διὰ (—ʂ) τῆς παρακλήσεως τῶν γραφῶν τὴν ἐλπίδα ἔχωμεν

15 9ᵃ διὰ τοῦτο ἐξομολογήσομαί σοι ἐν ἔθνεσιν

15 15ᵈ ἔγραψα ... ὡς ἐπαναμιμνῄσκων ὑμᾶς διὰ τὴν χάριν τὴν δοθεῖσάν μοι

15 18 οὐ γὰρ τολμήσω τι λαλεῖν ὧν οὐ κατειργάσατο Χριστὸς δι’ ἐμοῦ

15 28 ἀπελεύσομαι δι’ ὑμῶν εἰς Σπανίαν

15 30 παρακαλῶ δὲ ὑμᾶς, ἀδελφοί [N²⁶ NH], διὰ τοῦ κυρίου ἡμῶν ᾽Ιησοῦ Χριστοῦ ↔

15 30 καὶ διὰ τῆς ἀγάπης τοῦ πνεύματος

15 32 ἵνα | ἐν χαρᾷ ἐλθὼν (~ T) πρὸς ὑμᾶς διὰ θελήματος θεοῦ συναναπαύσωμαι ὑμῖν

16 18 διὰ τῆς χρηστολογίας καὶ εὐλογίας ἐξαπατῶσιν τὰς καρδίας τῶν ἀκάκων

16 26ʰ | φανερωθέντος δὲ νῦν διά τε γραφῶν προφητικῶν [.. N²⁶S ..]

16 27 || μόνῳ σοφῷ θεῷ, διὰ ᾽Ιησοῦ Χριστοῦ, ᾧ [H] ἡ δόξα εἰς τοὺς αἰῶνας [[.. N²⁶S ..]]

1 C 1 1 Παῦλος κλητὸς ἀπόστολος | Χριστοῦ ᾽Ιησοῦ (~ MVSHʂ) διὰ θελήματος θεοῦ

1 9 πιστὸς ὁ θεός, δι’ οὗ ἐκλήθητε εἰς κοινωνίαν τοῦ υἱοῦ αὐτοῦ

1 10 παρακαλῶ δὲ ὑμᾶς, ἀδελφοί, διὰ τοῦ ὀνόματος τοῦ κυρίου ἡμῶν

1 21 ἐπειδὴ γὰρ ἐν τῇ σοφίᾳ τοῦ θεοῦ οὐκ ἔγνω ὁ κόσμος διὰ τῆς σοφίας τὸν θεόν, ↔

1 21 εὐδόκησεν ὁ θεὸς διὰ τῆς μωρίας τοῦ κηρύγματος σῶσαι τοὺς πιστεύοντας

2 10 ἡμῖν δὲ (γὰρ NBH) ἀπεκάλυψεν ὁ θεὸς διὰ τοῦ πνεύματος (+ αὐτοῦ ʂ)

3 5 διάκονοι δι’ ὧν ἐπιστεύσατε

3 15 αὐτὸς δὲ σωθήσεται, οὕτως δὲ ὡς διὰ πυρός

4 6ᵈ μετεσχημάτισα εἰς ἐμαυτὸν καὶ ᾽Απολλῶν δι’ ὑμᾶς

4 10ᵈ ἡμεῖς μωροὶ διὰ Χριστόν

4 15 ἐν γὰρ Χριστῷ ᾽Ιησοῦ διὰ τοῦ εὐαγγελίου ἐγὼ ὑμᾶς ἐγέννησα

1 C 4 17ᵃ διὰ τοῦτο (+ αὐτὸ NMVBST) ἔπεμψα ὑμῖν Τιμόθεον

6 7ᵇ | διὰ τί (διατί Tʂ) οὐχὶ μᾶλλον ἀδικεῖσθε; ↔

6 7ᵇ | διὰ τί (διατί Tʂ) οὐχὶ μᾶλλον ἀποστερεῖσθε;

6 14 ὁ δὲ θεὸς ... ἡμᾶς ἐξεγερεῖ διὰ τῆς δυνάμεως αὐτοῦ

7 2ᵈ διὰ δὲ τὰς πορνείας ἕκαστος τὴν ἑαυτοῦ γυναῖκα ἐχέτω

7 5ᵈ ἵνα μὴ πειράζῃ ὑμᾶς ὁ σατανᾶς διὰ τὴν ἀκρασίαν ὑμῶν [NH]

7 26ᵈ νομίζω οὖν τοῦτο καλὸν ὑπάρχειν διὰ τὴν ἐνεστῶσαν ἀνάγκην

8 6 εἷς κύριος ᾽Ιησοῦς Χριστός, δι’ οὗ τὰ πάντα ↔

8 6 καὶ ἡμεῖς δι’ αὐτοῦ

8 11ᵈ | ἀπόλλυται γὰρ (καὶ ἀ. B; καὶ ἀπολεῖται ʂ) ... ὁ ἀδελφὸς δι’ ὃν Χριστὸς ἀπέθανεν

9 10ᵈ ἢ δι’ ἡμᾶς πάντως λέγει; ↔

9 10ᵈ δι’ ἡμᾶς γὰρ ἐγράφη

9 23ᵈ πάντα δὲ ποιῶ διὰ τὸ εὐαγγέλιον

10 1 πάντες διὰ τῆς θαλάσσης διῆλθον

10 25ᵈ πᾶν τὸ ἐν μακέλλῳ πωλούμενον ἐσθίετε μηδὲν ἀνακρίνοντες διὰ τὴν συνείδησιν

10 27ᵈ πᾶν τὸ παρατιθέμενον ὑμῖν ἐσθίετε μηδὲν ἀνακρίνοντες διὰ τὴν συνείδησιν

10 28ᵈ μὴ ἐσθίετε δι’ ἐκεῖνον τὸν μηνύσαντα καὶ τὴν συνείδησιν

11 9ᵈ καὶ γὰρ οὐκ ἐκτίσθη ἀνὴρ διὰ τὴν γυναῖκα, ↔

11 9ᵈ ἀλλὰ γυνὴ διὰ τὸν ἄνδρα. ↔

11 10ᵃ διὰ τοῦτο ὀφείλει ἡ γυνὴ ↔

11 10ᵈ ἐξουσίαν ἔχειν ἐπὶ τῆς κεφαλῆς διὰ τοὺς ἀγγέλους

11 12 οὕτως καὶ ὁ ἀνὴρ διὰ τῆς γυναικός

11 30ᵃ διὰ τοῦτο ἐν ὑμῖν πολλοὶ ἀσθενεῖς καὶ ἄρρωστοι

12 8 ᾧ μὲν γὰρ διὰ τοῦ πνεύματος δίδοται λόγος σοφίας

13 12 βλέπομεν γὰρ ἄρτι δι’ ἐσόπτρου ἐν αἰνίγματι

14 9 οὕτως καὶ ὑμεῖς διὰ τῆς γλώσσης ἐὰν μὴ εὔσημον λόγον δῶτε

14 19 * θέλω πέντε λόγους | διὰ τοῦ νοός (Sʂ; τῷ νοΐ rl) μου λαλῆσαι

15 2 ⟨τὸ εὐαγγέλιον⟩ δι’ οὗ καὶ σῴζεσθε

15 21 ἐπειδὴ γὰρ δι’ ἀνθρώπου θάνατος, ↔

15 21 καὶ δι’ ἀνθρώπου ἀνάστασις νεκρῶν

15 57 τῷ δὲ θεῷ χάρις τῷ διδόντι ἡμῖν τὸ νῖκος διὰ τοῦ κυρίου ἡμῶν

16 3 οὓς ἐὰν | δοκιμάσητε, δι’ ἐπιστολῶν τούτους πέμψω

2 C 1 1 Παῦλος ἀπόστολος Χριστοῦ ᾽Ιησοῦ διὰ θελήματος θεοῦ

1 4 εἰς τὸ δύνασθαι ἡμᾶς παρακαλεῖν τοὺς ἐν πάσῃ θλίψει διὰ τῆς παρακλήσεως

1 5 οὕτως διὰ τοῦ Χριστοῦ περισσεύει καὶ ἡ παράκλησις ἡμῶν

1 11 ἵνα ἐκ πολλῶν προσώπων τὸ εἰς ἡμᾶς χάρισμα διὰ πολλῶν εὐχαριστηθῇ ὑπὲρ ἡμῶν

1 16 ⟨ἐβουλόμην⟩ δι’ ὑμῶν διελθεῖν εἰς Μακεδονίαν

1 19 ὁ τοῦ θεοῦ γὰρ υἱὸς | ᾽Ιησοῦς Χριστὸς (~ NTH) ὁ ἐν ὑμῖν δι’ ἡμῶν κηρυχθείς, ↔

1 19 δι’ ἐμοῦ καὶ Σιλουανοῦ

2 C
1 20 ἐν αὐτῷ τὸ ναί· | διὸ καὶ δι' αὐτοῦ (καὶ ἐν αὐτῷ ς) τὸ ἀμήν ↔
1 20 τῷ θεῷ πρὸς δόξαν δι' ἡμῶν
2 4 ἐκ ... συνοχῆς καρδίας ἔγραψα ὑμῖν διὰ πολλῶν δακρύων
2 10d εἴ τι κεχάρισμαι, δι' ὑμᾶς ἐν προσώπῳ Χριστοῦ
2 14 τῷ δὲ θεῷ χάρις τῷ ... τὴν ὀσμὴν τῆς γνώσεως αὐτοῦ φανεροῦντι δι' ἡμῶν
3 4 πεποίθησιν δὲ τοιαύτην ἔχομεν διὰ τοῦ Χριστοῦ πρὸς τὸν θεόν
3 7d ὥστε μὴ δύνασθαι ἀτενίσαι τοὺς υἱοὺς Ἰσραὴλ εἰς τὸ πρόσωπον Μωϋσέως διὰ τὴν δόξαν τοῦ προσώπου αὐτοῦ
3 11 εἰ γὰρ τὸ καταργούμενον διὰ δόξης
4 1a διὰ τοῦτο, ἔχοντες τὴν διακονίαν ταύτην
4 5d οὐ γὰρ ἑαυτοὺς κηρύσσομεν ... ἑαυτοὺς δὲ δούλους ὑμῶν διὰ Ἰησοῦν
4 11d ἡμεῖς οἱ ζῶντες εἰς θάνατον παραδιδόμεθα διὰ Ἰησοῦν
4 14 * καὶ ἡμᾶς | διὰ Ἰησοῦ (ς; σὺν Ἰησοῦ rl) ἐγερεῖ
4 15d τὰ γὰρ πάντα δι' ὑμᾶς, ↔
4 15 ἵνα ἡ χάρις πλεονάσασα διὰ τῶν πλειόνων τὴν εὐχαριστίαν περισσεύσῃ
5 7 διὰ πίστεως γὰρ περιπατοῦμεν, ↔
5 7 οὐ διὰ εἴδους
5 10 ἵνα κομίσηται ἕκαστος τὰ διὰ τοῦ σώματος πρὸς ἃ ἔπραξεν
5 18 τοῦ θεοῦ τοῦ καταλλάξαντος ἡμᾶς ἑαυτῷ διὰ Χριστοῦ
5 20 ὑπὲρ Χριστοῦ οὖν πρεσβεύομεν ὡς τοῦ θεοῦ παρακαλοῦντος δι' ἡμῶν
6 7 (συνιστάντες ἑαυτούς) διὰ τῶν ὅπλων τῆς δικαιοσύνης τῶν δεξιῶν καὶ ἀριστερῶν, ↔
6 8 διὰ δόξης καὶ ἀτιμίας, ↔
6 8 διὰ δυσφημίας καὶ εὐφημίας
7 13a (ἕνεκεν τοῦ φανερωθῆναι τὴν σπουδὴν) διὰ τοῦτο παρακεκλήμεθα
8 5 ἑαυτοὺς ἔδωκαν πρῶτον τῷ κυρίῳ καὶ ἡμῖν διὰ θελήματος θεοῦ
8 8 διὰ τῆς ἑτέρων σπουδῆς καὶ τὸ τῆς ὑμετέρας ἀγάπης γνήσιον δοκιμάζων
8 9d δι' ὑμᾶς ἐπτώχευσεν πλούσιος ὤν
8 18 οὗ ὁ ἔπαινος ἐν τῷ εὐαγγελίῳ διὰ πασῶν τῶν ἐκκλησιῶν
9 11 ἁπλότητα, ἥτις κατεργάζεται δι' ἡμῶν εὐχαριστίαν τῷ θεῷ
9 12 ἀλλὰ καὶ περισσεύουσα διὰ πολλῶν εὐχαριστιῶν τῷ θεῷ· ↔
9 13 διὰ τῆς δοκιμῆς τῆς διακονίας ταύτης δοξάζοντες τὸν θεόν
9 14d ἐπιποθούντων ὑμᾶς διὰ τὴν ὑπερβάλλουσαν χάριν τοῦ θεοῦ ἐφ' ὑμῖν
10 1 παρακαλῶ ὑμᾶς διὰ τῆς πραΰτητος καὶ ἐπιεικείας τοῦ Χριστοῦ
10 9 ἵνα μὴ δόξω | ὡς ἂν (ὡσὰν N) ἐκφοβεῖν ὑμᾶς διὰ τῶν ἐπιστολῶν
10 11 οἷοί ἐσμεν τῷ λόγῳ δι' ἐπιστολῶν ἀπόντες
11 11b (ἡ καύχησις αὕτη οὐ φραγήσεται εἰς ἐμὲ) | διὰ τί (διατί Tς); ὅτι οὐκ ἀγαπῶ ὑμᾶς;
11 33 καὶ διὰ θυρίδος ἐν σαργάνῃ ↔

2 C
11 33 ἐχαλάσθην διὰ τοῦ τείχους
12 17 μή τινα ὧν ἀπέσταλκα πρὸς ὑμᾶς, δι' αὐτοῦ ἐπλεονέκτησα ὑμᾶς;
13 10a διὰ τοῦτο ταῦτα ἀπὼν γράφω

G
1 1 Παῦλος ἀπόστολος, οὐκ ἀπ' ἀνθρώπων οὐδὲ δι' ἀνθρώπου
1 1 ἀλλὰ διὰ Ἰησοῦ Χριστοῦ καὶ θεοῦ πατρός
1 12 οὐδὲ γὰρ ἐγὼ παρὰ ἀνθρώπου παρέλαβον αὐτὸ ... ἀλλὰ δι' ἀποκαλύψεως Ἰησοῦ Χριστοῦ
1 15 | ὁ θεὸς ([N26H]; —NMBT) ὁ ... καλέσας διὰ τῆς χάριτος αὐτοῦ
2 1e ἔπειτα διὰ δεκατεσσάρων ἐτῶν πάλιν ἀνέβην εἰς Ἱεροσόλυμα
2 4d (ἠναγκάσθη περιτμηθῆναι) διὰ δὲ τοὺς παρεισάκτους ψευδαδέλφους
2 16 οὐ δικαιοῦται ἄνθρωπος ... ἐὰν μὴ διὰ πίστεως | Ἰησοῦ Χριστοῦ (~NTH)
2 19 ἐγὼ γὰρ διὰ νόμου νόμῳ ἀπέθανον
2 21 εἰ γὰρ διὰ νόμου δικαιοσύνη
3 14 ἵνα τὴν ἐπαγγελίαν τοῦ πνεύματος λάβωμεν διὰ τῆς πίστεως
3 18 τῷ δὲ Ἀβραὰμ δι' ἐπαγγελίας κεχάρισται ὁ θεός. ↔
3 19 τί οὖν ὁ νόμος; τῶν παραβάσεων χάριν προσετέθη ... διαταγεὶς δι' ἀγγέλων
3 26 πάντες γὰρ υἱοὶ θεοῦ ἐστε διὰ τῆς πίστεως ἐν Χριστῷ Ἰησοῦ
4 7 εἰ δὲ υἱός, καὶ κληρονόμος | διὰ θεοῦ (θεοῦ διὰ Χριστοῦ ς)
4 13d οἴδατε δὲ ὅτι δι' ἀσθένειαν τῆς σαρκὸς εὐηγγελισάμην ὑμῖν
4 23 ὁ δὲ ἐκ τῆς ἐλευθέρας δι' (N26H; διὰ τῆς rl) ἐπαγγελίας
5 6 οὔτε περιτομή τι ἰσχύει ... ἀλλὰ πίστις δι' ἀγάπης ἐνεργουμένη
5 13 ἀλλὰ διὰ τῆς ἀγάπης δουλεύετε ἀλλήλοις
6 14 ἐν τῷ σταυρῷ τοῦ κυρίου ἡμῶν Ἰησοῦ Χριστοῦ, δι' οὗ ἐμοὶ κόσμος ἐσταύρωται

E
1 1 Παῦλος ἀπόστολος | Χριστοῦ Ἰησοῦ (~MVSς) διὰ θελήματος θεοῦ
1 5 προορίσας ἡμᾶς εἰς υἱοθεσίαν διὰ Ἰησοῦ Χριστοῦ εἰς αὐτόν
1 7 ἐν ᾧ ἔχομεν τὴν ἀπολύτρωσιν διὰ τοῦ αἵματος αὐτοῦ
1 15a διὰ τοῦτο κἀγώ, ἀκούσας τὴν καθ' ὑμᾶς πίστιν
2 4d διὰ τὴν πολλὴν ἀγάπην αὐτοῦ ἣν ἠγάπησεν ἡμᾶς
2 8 τῇ γὰρ χάριτί ἐστε σεσωσμένοι διὰ (+ τῆς ς) πίστεως
2 16 (ἵνα) ἀποκαταλλάξῃ τοὺς ἀμφοτέρους ... διὰ τοῦ σταυροῦ
2 18 ὅτι δι' αὐτοῦ ἔχομεν τὴν προσαγωγὴν ... πρὸς τὸν πατέρα
3 6 εἶναι τὰ ἔθνη ... συμμέτοχα τῆς ἐπαγγελίας (+ αὐτοῦ [S]ς) ἐν Χριστῷ Ἰησοῦ διὰ τοῦ εὐαγγελίου
3 9 * ἐν τῷ θεῷ τῷ τὰ πάντα κτίσαντι | διὰ Ἰησοῦ Χριστοῦ (+ς), ↔
3 10 ἵνα γνωρισθῇ νῦν ταῖς ἀρχαῖς ... διὰ τῆς ἐκκλησίας ἡ πολυποίκιλος σοφία τοῦ θεοῦ
3 12 ἐν ᾧ ἔχομεν τὴν παρρησίαν καὶ προσαγωγὴν ἐν πεποιθήσει διὰ τῆς πίστεως αὐτοῦ

E
3 16 ἵνα δῷ ὑμῖν ... δυνάμει κραταιωθῆναι διὰ τοῦ πνεύματος αὐτοῦ εἰς τὸν ἔσω ἄνθρωπον, ↔
3 17 κατοικῆσαι τὸν Χριστὸν διὰ τῆς πίστεως ἐν ταῖς καρδίαις ὑμῶν
4 6 εἷς θεὸς καὶ πατὴρ πάντων, ὁ ἐπὶ πάντων καὶ διὰ πάντων καὶ ἐν πᾶσιν
4 16 ἐξ οὗ πᾶν τὸ σῶμα συναρμολογούμενον καὶ συμβιβαζόμενον διὰ πάσης ἁφῆς τῆς ἐπιχορηγίας
4 18d ἀπηλλοτριωμένοι τῆς ζωῆς τοῦ θεοῦ, διὰ τὴν ἄγνοιαν τὴν οὖσαν ἐν αὐτοῖς, ↔
4 18d διὰ τὴν πώρωσιν τῆς καρδίας αὐτῶν
5 6a διὰ ταῦτα γὰρ ἔρχεται ἡ ὀργὴ τοῦ θεοῦ
5 17d διὰ τοῦτο μὴ γίνεσθε ἄφρονες
6 13d διὰ τοῦτο ἀναλάβετε τὴν πανοπλίαν τοῦ θεοῦ
6 18 διὰ πάσης προσευχῆς καὶ δεήσεως, προσευχόμενοι ... ἐν πνεύματι
Ph
1 7c διὰ τὸ ἔχειν με ἐν τῇ καρδίᾳ ὑμᾶς
1 11 (ἵνα ἦτε) πεπληρωμένοι καρπὸν δικαιοσύνης τὸν διὰ Ἰησοῦ Χριστοῦ
1 15d τινὲς μὲν καὶ διὰ φθόνον καὶ ἔριν, ↔
1 15d τινὲς δὲ καὶ δι' εὐδοκίαν τὸν Χριστὸν κηρύσσουσιν
1 19 τοῦτό μοι ἀποβήσεται εἰς σωτηρίαν διὰ τῆς ὑμῶν δεήσεως καὶ ἐπιχορηγίας
1 20 μεγαλυνθήσεται Χριστὸς ἐν τῷ σώματί μου, εἴτε διὰ ζωῆς ↔
1 20 εἴτε διὰ θανάτου
1 24d τὸ δὲ ἐπιμένειν ἐν (+[N26] Bς) τῇ σαρκὶ ἀναγκαιότερον δι' ὑμᾶς
1 26 ἵνα τὸ καύχημα ὑμῶν περισσεύῃ ... διὰ τῆς ἐμῆς παρουσίας
2 30d ὅτι διὰ τὸ ἔργον Χριστοῦ (κυρίου H) μέχρι θανάτου ἤγγισεν
3 7d ταῦτα ἥγημαι διὰ τὸν Χριστὸν ζημίαν
3 8d ἡγοῦμαι πάντα ζημίαν εἶναι διὰ τὸ ὑπερέχον τῆς γνώσεως Χριστοῦ Ἰησοῦ τοῦ κυρίου μου, ↔
3 8d δι' ὃν τὰ πάντα ἐζημιώθην
3 9 μὴ ἔχων ἐμὴν δικαιοσύνην τὴν ἐκ νόμου, ἀλλὰ τὴν διὰ πίστεως Χριστοῦ
Cl
1 1 Παῦλος ἀπόστολος Χριστοῦ Ἰησοῦ διὰ θελήματος θεοῦ
1 5d (περὶ ὑμῶν προσευχόμενοι) διὰ τὴν ἐλπίδα τὴν ἀποκειμένην ὑμῖν
1 9a διὰ τοῦτο καὶ ἡμεῖς ... οὐ παυόμεθα ὑπὲρ ὑμῶν προσευχόμενοι
1 14 * ἐν ᾧ ἔχομεν τὴν ἀπολύτρωσιν | διὰ τοῦ αἵματος αὐτοῦ (+ς)
1 16 τὰ πάντα δι' αὐτοῦ καὶ εἰς αὐτὸν ἔκτισται
1 20 (εὐδόκησεν) δι' αὐτοῦ ἀποκαταλλάξαι τὰ πάντα εἰς αὐτόν, ↔
1 20 εἰρηνοποιήσας διὰ τοῦ αἵματος τοῦ σταυροῦ αὐτοῦ, ↔
1 20 | δι' αὐτοῦ [N26H] εἴτε τὰ ἐπὶ τῆς γῆς
1 22 ἀποκατήλλαξεν ἐν τῷ σώματι τῆς σαρκὸς αὐτοῦ διὰ τοῦ θανάτου (+ αὐτοῦ S)
2 8 βλέπετε μή τις ὑμᾶς ἔσται ὁ συλαγωγῶν διὰ τῆς φιλοσοφίας καὶ κενῆς ἀπάτης
2 12 συνηγέρθητε διὰ τῆς πίστεως τῆς ἐνεργείας τοῦ θεοῦ

Cl 2 19 ἐξ οὗ πᾶν τὸ σῶμα διὰ τῶν ἁφῶν καὶ συνδέσμων ἐπιχορηγούμενον

3 6ᵈ δι' ἃ ἔρχεται ἡ ὀργὴ τοῦ θεοῦ | ἐπὶ τοὺς υἱοὺς τῆς ἀπειθείας ([N²⁶]; —NTH)

3 17 εὐχαριστοῦντες τῷ θεῷ πατρὶ δι' αὐτοῦ

4 3ᵈ τὸ μυστήριον τοῦ Χριστοῦ, δι' ὃ καὶ δέδεμαι

1Th 1 5ᵈ καθὼς οἴδατε οἷοι ἐγενήθημεν ἐν ([N²⁶]; —H) ὑμῖν δι' ὑμᾶς

2 13ᵈ διὰ τοῦτο καὶ ἡμεῖς εὐχαριστοῦμεν τῷ θεῷ ἀδιαλείπτως

3 5ᵃ διὰ τοῦτο κἀγὼ μηκέτι στέγων ἔπεμψα εἰς τὸ γνῶναι τὴν πίστιν ὑμῶν

3 7ᵃ διὰ τοῦτο παρεκλήθημεν, ἀδελφοί, ἐφ' ὑμῖν ἐπὶ πάσῃ τῇ ἀνάγκῃ καὶ θλίψει ἡμῶν ↔

3 7 διὰ τῆς ὑμῶν πίστεως

3 9ᵈ ἐπὶ πάσῃ τῇ χαρᾷ ᾗ χαίρομεν δι' ὑμᾶς ἔμπροσθεν τοῦ θεοῦ ἡμῶν

4 2 τίνας παραγγελίας ἐδώκαμεν ὑμῖν διὰ τοῦ κυρίου Ἰησοῦ

4 14 ὁ θεὸς τοὺς κοιμηθέντας διὰ τοῦ Ἰησοῦ ἄξει σὺν αὐτῷ

5 9 ἔθετο ἡμᾶς ὁ θεὸς ... εἰς περιποίησιν σωτηρίας διὰ τοῦ κυρίου ἡμῶν Ἰησοῦ Χριστοῦ [H]

5 13ᵈ ἡγεῖσθαι αὐτοὺς ὑπερεκπερισσοῦ (-σῶς NT) ἐν ἀγάπῃ διὰ τὸ ἔργον αὐτῶν

2Th 2 2 μηδὲ θροεῖσθαι, μήτε διὰ πνεύματος ↔

2 2 μήτε διὰ λόγου ↔

2 2 μήτε δι' ἐπιστολῆς ↔

2 2 ὡς δι' ἡμῶν

2 11ᵃ διὰ τοῦτο πέμπει αὐτοῖς ὁ θεὸς ἐνέργειαν πλάνης

2 14 ἐκάλεσεν ὑμᾶς διὰ τοῦ εὐαγγελίου ἡμῶν

2 15 τὰς παραδόσεις ἃς ἐδιδάχθητε εἴτε διὰ λόγου ↔

2 15 εἴτε δι' ἐπιστολῆς ἡμῶν

3 12 * παρακαλοῦμεν | διὰ τοῦ κυρίου ἡμῶν Ἰησοῦ Χριστοῦ (ς; ἐν κυρίῳ Ἰησοῦ Χριστῷ rl)

3 14 εἰ δέ τις οὐχ ὑπακούει τῷ λόγῳ ἡμῶν διὰ τῆς ἐπιστολῆς

3 16ᶠ ὁ κύριος τῆς εἰρήνης δῴη ὑμῖν τὴν εἰρήνην διὰ παντὸς ἐν παντὶ τρόπῳ

1Tm 1 16ᵃ ἀλλὰ διὰ τοῦτο ἠλεήθην

2 10 〈κοσμεῖν ἑαυτὰς〉 δι' ἔργων ἀγαθῶν

2 15 σωθήσεται δὲ διὰ τῆς τεκνογονίας

4 5 ἁγιάζεται γὰρ διὰ λόγου θεοῦ καὶ ἐντεύξεως

4 14 χαρίσματος, ὃ ἐδόθη σοι διὰ προφητείας μετὰ ἐπιθέσεως τῶν χειρῶν

5 23ᵈ οἴνῳ ὀλίγῳ χρῶ διὰ τὸν στόμαχον καὶ τὰς πυκνάς σου ἀσθενείας

2Tm 1 1 Παῦλος ἀπόστολος Χριστοῦ Ἰησοῦ διὰ θελήματος θεοῦ

1 6ᵈ δι' ἣν αἰτίαν ἀναμιμνῄσκω σε ἀναζωπυρεῖν τὸ χάρισμα τοῦ θεοῦ, ↔

1 6 ὅ ἐστιν ἐν σοὶ διὰ τῆς ἐπιθέσεως τῶν χειρῶν μου

1 10 〈χάριν〉 φανερωθεῖσαν δὲ νῦν διὰ τῆς ἐπιφανείας τοῦ σωτῆρος ἡμῶν

1 10 φωτίσαντος δὲ ζωὴν καὶ ἀφθαρσίαν διὰ τοῦ εὐαγγελίου

1 12ᵈ δι' ἣν αἰτίαν καὶ ταῦτα πάσχω

2Tm 1 14 τὴν καλὴν παραθήκην φύλαξον διὰ πνεύματος ἁγίου

2 2 ἃ ἤκουσας παρ' ἐμοῦ διὰ πολλῶν μαρτύρων

2 10ᵃ διὰ τοῦτο πάντα ὑπομένω ↔

2 10ᵈ διὰ τοὺς ἐκλεκτούς

3 15 τὰ δυνάμενά σε σοφίσαι εἰς σωτηρίαν διὰ πίστεως τῆς ἐν Χριστῷ Ἰησοῦ

4 17 ἵνα δι' ἐμοῦ τὸ κήρυγμα πληροφορηθῇ

Tt 1 13ᵈ δι' ἣν αἰτίαν ἔλεγχε αὐτοὺς ἀποτόμως

3 5 ἔσωσεν ἡμᾶς διὰ λουτροῦ παλιγγενεσίας καὶ ἀνακαινώσεως πνεύματος ἁγίου, ↔

3 6 οὗ ἐξέχεεν ἐφ' ἡμᾶς πλουσίως διὰ Ἰησοῦ Χριστοῦ

Phm 7 ὅτι τὰ σπλάγχνα τῶν ἁγίων ἀναπέπαυται διὰ σοῦ

9ᵈ διὰ τὴν ἀγάπην μᾶλλον παρακαλῶ

15ᵃ τάχα γὰρ διὰ τοῦτο ἐχωρίσθη πρὸς ὥραν

22 διὰ τῶν προσευχῶν ὑμῶν χαρισθήσομαι ὑμῖν

Hb 1 2 ἐν υἱῷ ... δι' οὗ καὶ | ἐποίησεν τοὺς αἰῶνας (~ Sς)

1 3 * | δι' ἑαυτοῦ (+[S]ς) καθαρισμὸν τῶν ἁμαρτιῶν ἡμῶν (+[S]ς) ποιησάμενος

1 9ᵃ διὰ τοῦτο ἔχρισέν σε, ὁ θεὸς

1 14ᵈ λειτουργικὰ πνεύματα εἰς διακονίαν ἀποστελλόμενα διὰ τοὺς μέλλοντας κληρονομεῖν σωτηρίαν; ↔

2 1ᵃ διὰ τοῦτο δεῖ περισσοτέρως προσέχειν ἡμᾶς τοῖς ἀκουσθεῖσιν

2 2 εἰ γὰρ ὁ δι' ἀγγέλων λαληθεὶς λόγος ἐγένετο βέβαιος

2 3 σωτηρίας, ἥτις ἀρχὴν λαβοῦσα λαλεῖσθαι διὰ τοῦ κυρίου

2 9ᵈ βλέπομεν Ἰησοῦν διὰ τὸ πάθημα τοῦ θανάτου δόξῃ καὶ τιμῇ ἐστεφανωμένον

2 10ᵈ ἔπρεπεν γὰρ αὐτῷ, δι' ὃν τὰ πάντα ↔

2 10 καὶ δι' οὗ τὰ πάντα

2 10 τὸν ἀρχηγὸν τῆς σωτηρίας αὐτῶν διὰ παθημάτων τελειῶσαι

2 11ᵈ δι' ἣν αἰτίαν οὐκ ἐπαισχύνεται ἀδελφοὺς αὐτοὺς καλεῖν

2 14 ἵνα διὰ τοῦ θανάτου καταργήσῃ τὸν τὸ κράτος ἔχοντα τοῦ θανάτου

2 15ᶠ ὅσοι φόβῳ θανάτου διὰ παντὸς τοῦ ζῆν ἔνοχοι ἦσαν δουλείας

3 16 ἀλλ' οὐ πάντες οἱ ἐξελθόντες ἐξ Αἰγύπτου διὰ Μωϋσέως;

3 19ᵈ οὐκ ἠδυνήθησαν εἰσελθεῖν δι' ἀπιστίαν

4 6 ἐπεὶ ... οἱ πρότερον εὐαγγελισθέντες οὐκ εἰσῆλθον δι' ἀπείθειαν

5 3ᵈ καὶ δι' αὐτὴν ὀφείλει ... προσφέρειν περὶ ἁμαρτιῶν

5 12ᵈ καὶ γὰρ ὀφείλοντες εἶναι διδάσκαλοι διὰ τὸν χρόνον

5 14ᵈ τελείων ... τῶν διὰ τὴν ἕξιν τὰ αἰσθητήρια γεγυμνασμένα ἐχόντων

6 7ᵈ τίκτουσα βοτάνην εὔθετον ἐκείνοις δι' οὓς καὶ γεωργεῖται

6 12 μιμηταὶ δὲ τῶν διὰ πίστεως καὶ μακροθυμίας κληρονομούντων τὰς ἐπαγγελίας

6 18 ἵνα διὰ δύο πραγμάτων ἀμεταθέτων... ἰσχυρὰν παράκλησιν ἔχωμεν

7 9 δι' Ἀβραὰμ καὶ Λευὶ ὁ δεκάτας λαμβάνων δεδεκάτωται

Hb 7 11 εἰ μὲν οὖν τελείωσις διὰ τῆς Λευιτικῆς ἱερωσύνης ἦν

7 18ᵈ ἀθέτησις μὲν γὰρ γίνεται προαγούσης ἐντολῆς διὰ τὸ αὐτῆς ἀσθενὲς καὶ ἀνωφελές

7 19 ἐπεισαγωγὴ δὲ κρείττονος ἐλπίδος, δι' ἧς ἐγγίζομεν τῷ θεῷ

7 21 ὁ δὲ μετὰ ὁρκωμοσίας διὰ τοῦ λέγοντος πρὸς αὐτόν

7 23ᶜ οἱ μὲν πλείονές εἰσιν γεγονότες ἱερεῖς διὰ τὸ θανάτῳ κωλύεσθαι παραμένειν· ↔

7 24ᶜ ὁ δὲ διὰ τὸ μένειν αὐτὸν εἰς τὸν αἰῶνα ἀπαράβατον ἔχει τὴν ἱερωσύνην

7 25 τοὺς προσερχομένους δι' αὐτοῦ τῷ θεῷ

9 6ᶠ εἰς μὲν τὴν πρώτην σκηνὴν | διὰ παντὸς (διαπαντὸς Tς) εἰσίασιν οἱ ἱερεῖς

9 11 Χριστὸς ... διὰ τῆς μείζονος καὶ τελειοτέρας σκηνῆς

9 12 οὐδὲ δι' αἵματος τράγων καὶ μόσχων, ↔

9 12 διὰ δὲ τοῦ ἰδίου αἵματος εἰσῆλθεν ἐφάπαξ εἰς τὰ ἅγια

9 14 ὃς διὰ πνεύματος αἰωνίου ἑαυτὸν προσήνεγκεν

9 15ᵃ διὰ τοῦτο διαθήκης καινῆς μεσίτης ἐστίν

9 26 εἰς ἀθέτησιν τῆς ([N²⁶]; —Tς) ἁμαρτίας διὰ τῆς θυσίας αὐτοῦ πεφανέρωται

10 2ᶜ διὰ τὸ μηδεμίαν ἔχειν ἔτι συνείδησιν ἁμαρτιῶν

10 10 ἡγιασμένοι ἐσμὲν διὰ τῆς προσφορᾶς τοῦ σώματος Ἰησοῦ Χριστοῦ

10 20 ἣν ἐνεκαίνισεν ἡμῖν ὁδὸν πρόσφατον καὶ ζῶσαν διὰ τοῦ καταπετάσματος

11 4 πλείονα θυσίαν Ἄβελ παρὰ Κάϊν προσήνεγκεν τῷ θεῷ, δι' ἧς ἐμαρτυρήθη εἶναι δίκαιος

11 4 καὶ δι' αὐτῆς ἀποθανὼν ἔτι λαλεῖ (-εῖται Sς)

11 7 πίστει ... κατεσκεύασεν κιβωτὸν ... δι' ἧς κατέκρινεν τὸν κόσμον

11 29 πίστει διέβησαν τὴν ἐρυθρὰν θάλασσαν ὡς διὰ ξηρᾶς γῆς

11 33 οἳ διὰ πίστεως κατηγωνίσαντο βασιλείας

11 39 μαρτυρηθέντες διὰ τῆς πίστεως οὐκ ἐκομίσαντο τὴν ἐπαγγελίαν

12 1 δι' ὑπομονῆς τρέχωμεν τὸν προκείμενον ἡμῖν ἀγῶνα

12 11 καρπὸν εἰρηνικὸν τοῖς δι' αὐτῆς γεγυμνασμένοις ἀποδίδωσιν δικαιοσύνης

12 15 ἐπισκοποῦντες μή ... | διὰ ταύτης (δι' αὐτῆς H) μιανθῶσιν οἱ πολλοί

12 28 ἔχωμεν (-ομεν S) χάριν, δι' ἧς λατρεύωμεν εὐαρέστως τῷ θεῷ

13 2 διὰ ταύτης γὰρ ἔλαθόν τινες ξενίσαντες ἀγγέλους

13 11 ὧν γὰρ εἰσφέρεται ζῴων τὸ αἷμα ... εἰς τὰ ἅγια διὰ τοῦ ἀρχιερέως

13 12 ἵνα ἁγιάσῃ διὰ τοῦ ἰδίου αἵματος τὸν λαόν

13 15 δι' αὐτοῦ οὖν ([N²⁶]; —H) ἀναφέρωμεν θυσίαν αἰνέσεως ↔

13 15ᶠ διὰ παντὸς (διαπαντὸς Tς) τῷ θεῷ

13 21 ποιῶν ἐν ἡμῖν (ὑμῖν Sς) τὸ εὐάρεστον ἐνώπιον αὐτοῦ διὰ Ἰησοῦ Χριστοῦ

Hb 13 22 καὶ γὰρ διὰ βραχέων ἐπέστειλα ὑμῖν

Jc 2 12 οὕτως ποιεῖτε ὡς διὰ νόμου ἐλευθερίας μέλλοντες κρίνεσθαι

4 2ᶜ οὐκ ἔχετε διὰ τὸ μὴ αἰτεῖσθαι ὑμᾶς

1Pt 1 3 ἀναγεννήσας ἡμᾶς εἰς ἐλπίδα ζῶσαν δι᾽ ἀναστάσεως Ἰησοῦ Χριστοῦ

1 5 τοὺς ἐν δυνάμει θεοῦ φρουρουμένους διὰ πίστεως

1 7 πολυτιμότερον χρυσίου τοῦ ἀπολλυμένου, διὰ πυρὸς δὲ δοκιμαζομένου

1 12 ἃ νῦν ἀνηγγέλη ὑμῖν διὰ τῶν εὐαγγελισαμένων ὑμᾶς

1 20ᵈ φανερωθέντος δὲ ἐπ᾽ ἐσχάτου τῶν χρόνων δι᾽ ὑμᾶς ↔

1 21 τοὺς δι᾽ αὐτοῦ πιστοὺς (πιστεύοντας MVSϛ) εἰς θεόν

1 22 * τὰς ψυχὰς ὑμῶν ἡγνικότες ἐν τῇ ὑπακοῇ τῆς ἀληθείας | διὰ πνεύματος (+ ϛ)

1 23 ἀναγεγεννημένοι ... διὰ λόγου ζῶντος θεοῦ

2 5 ἀνενέγκαι πνευματικὰς θυσίας ... διὰ Ἰησοῦ Χριστοῦ

2 13ᵈ ὑποτάγητε πάσῃ ἀνθρωπίνῃ κτίσει διὰ τὸν κύριον

2 14 εἴτε ἡγεμόσιν ὡς δι᾽ αὐτοῦ πεμπομένοις εἰς ἐκδίκησιν κακοποιῶν

2 19ᵈ χάρις εἰ διὰ συνείδησιν θεοῦ ὑποφέρει τις λύπας

3 1 ἵνα ... διὰ τῆς τῶν γυναικῶν ἀναστροφῆς ἄνευ λόγου κερδηθήσονται

3 14ᵈ ἀλλ᾽ εἰ καὶ πάσχοιτε διὰ δικαιοσύνην, μακάριοι

3 20 εἰς ἣν ὀλίγοι (-γαι Sϛ) ... διεσώθησαν δι᾽ ὕδατος

3 21 συνειδήσεως ἀγαθῆς ἐπερώτημα εἰς θεόν, δι᾽ ἀναστάσεως Ἰησοῦ Χριστοῦ

4 11 ἵνα ἐν πᾶσιν δοξάζηται ὁ θεὸς διὰ Ἰησοῦ Χριστοῦ

5 12 διὰ Σιλουανοῦ ὑμῖν τοῦ πιστοῦ ἀδελφοῦ, ὡς λογίζομαι, ↔

5 12 δι᾽ ὀλίγων ἔγραψα

2Pt 1 3 τῆς θείας δυνάμεως αὐτοῦ ... δεδωρημένης διὰ τῆς ἐπιγνώσεως τοῦ καλέσαντος ἡμᾶς ↔

1 3 * | διὰ δόξης καὶ ἀρετῆς (Hϛ; ἰδίᾳ δόξῃ κ. ἀρετῇ rl), ↔

1 4 δι᾽ ὧν τὰ | τίμια καὶ μέγιστα ἡμῖν (~ TSϛ) ἐπαγγέλματα δεδώρηται, ↔

1 4 ἵνα διὰ τούτων γένησθε θείας κοινωνοὶ φύσεως

1 10 * σπουδάσατε | ἵνα διὰ τῶν καλῶν ἔργων (+ S) βεβαίαν ὑμῶν τὴν κλῆσιν καὶ ἐκλογὴν ποιῆσθε (S; -εῖσθαι rl)

2 2ᵈ πολλοὶ ... δι᾽ οὓς ἡ ὁδὸς τῆς ἀληθείας βλασφημηθήσεται

3 5 γῆ ἐξ ὕδατος καὶ δι᾽ ὕδατος συνεστῶσα τῷ τοῦ θεοῦ λόγῳ, ↔

3 6 δι᾽ ὧν ὁ τότε κόσμος ὕδατι κατακλυσθεὶς ἀπώλετο

3 9ᵈ * οὐ βραδύνει κύριος ... ἀλλὰ μακροθυμεῖ δι᾽ (T; εἰς rl) ὑμᾶς

3 12ᵈ τὴν παρουσίαν ... δι᾽ ἣν οὐρανοὶ πυρούμενοι λυθήσονται

1Jo 2 12ᵈ ὅτι ἀφέωνται ὑμῖν αἱ ἁμαρτίαι διὰ τὸ ὄνομα αὐτοῦ

3 1ᵃ διὰ τοῦτο ὁ κόσμος οὐ γινώσκει ἡμᾶς

1Jo 4 5ᵃ διὰ τοῦτο ἐκ τοῦ κόσμου λαλοῦσιν

4 9 ἵνα ζήσωμεν δι᾽ αὐτοῦ

5 6 οὗτός ἐστιν ὁ ἐλθὼν δι᾽ ὕδατος καὶ αἵματος (+ καὶ πνεύματος MVS)

2Jo 2ᵈ ⟨οὓς ἐγὼ ἀγαπῶ ἐν ἀληθείᾳ⟩ διὰ τὴν ἀλήθειαν τὴν μένουσαν ἐν ἡμῖν

12 πολλὰ ἔχων ὑμῖν γράφειν οὐκ ἐβουλήθην διὰ χάρτου καὶ μέλανος

3Jo 10ᵃ διὰ τοῦτο, ἐὰν ἔλθω, ὑπομνήσω αὐτοῦ τὰ ἔργα

13 ἀλλ᾽ οὐ θέλω διὰ μέλανος καὶ καλάμου σοι γράφειν

Jd 25 μόνῳ θεῷ σωτῆρι ἡμῶν | διὰ Ἰησοῦ Χριστοῦ τοῦ κυρίου ἡμῶν (—ϛ) δόξα

Ap 1 1 ἐσήμανεν ἀποστείλας διὰ τοῦ ἀγγέλου αὐτοῦ

1 9ᵈ ἐγενόμην ἐν τῇ νήσῳ τῇ καλουμένῃ Πάτμῳ διὰ τὸν λόγον τοῦ θεοῦ ↔

1 9ᵈ * καὶ διὰ (+ STϛ) τὴν μαρτυρίαν Ἰησοῦ

2 3ᵈ ἐβάστασας διὰ τὸ ὄνομά μου

4 11ᵈ σὺ ἔκτισας τὰ πάντα, καὶ διὰ τὸ θέλημά σου ἦσαν καὶ ἐκτίσθησαν

6 9ᵈ εἶδον ... τὰς ψυχὰς τῶν ἐσφαγμένων διὰ τὸν λόγον τοῦ θεοῦ ↔

6 9ᵈ καὶ διὰ τὴν μαρτυρίαν ἣν εἶχον

7 15ᵃ διὰ τοῦτό εἰσιν ἐνώπιον τοῦ θρόνου τοῦ θεοῦ

12 11ᵈ ἐνίκησαν αὐτὸν διὰ τὸ αἷμα τοῦ ἀρνίου ↔

12 11ᵈ καὶ διὰ τὸν λόγον τῆς μαρτυρίας αὐτῶν

12 12ᵃ διὰ τοῦτο εὐφραίνεσθε, (+ οἱ [N²⁶]Bϛ) οὐρανοί

13 14ᵈ πλανᾷ τοὺς κατοικοῦντας ἐπὶ τῆς γῆς διὰ τὰ σημεῖα

17 7ᵇ | διὰ τί (διατί Tϛ) ἐθαύμασας;

18 8ᵃ διὰ τοῦτο ἐν μιᾷ ἡμέρᾳ ἥξουσιν αἱ πληγαὶ αὐτῆς

18 10ᵈ ἀπὸ μακρόθεν ἑστηκότες διὰ τὸν φόβον τοῦ βασανισμοῦ αὐτῆς

18 15ᵈ ἀπὸ μακρόθεν στήσονται διὰ τὸν φόβον τοῦ βασανισμοῦ αὐτῆς

20 4ᵈ εἶδον ... τὰς ψυχὰς τῶν πεπελεκισμένων διὰ τὴν μαρτυρίαν Ἰησοῦ ↔

20 4ᵈ καὶ διὰ τὸν λόγον τοῦ θεοῦ

21 24 περιπατήσουσιν τὰ ἔθνη | διὰ τοῦ φωτὸς (ἐν τῷ φωτὶ ϛ) αὐτῆς

διαβαίνω
→ ἀναβαίνω

Lc 16 26 ὅπως οἱ θέλοντες διαβῆναι ἔνθεν πρὸς ὑμᾶς μὴ δύνωνται

Ac 16 9 διαβὰς εἰς Μακεδονίαν βοήθησον ἡμῖν

Hb 11 29 πίστει διέβησαν τὴν ἐρυθρὰν θάλασσαν ὡς διὰ ξηρᾶς γῆς

διαβάλλω
→ βάλλω

Lc 16 1 οὗτος διεβλήθη αὐτῷ ὡς διασκορπίζων τὰ ὑπάρχοντα αὐτοῦ

διαβεβαιόομαι
→ βεβαιόω

1Tm 1 7 μὴ νοοῦντες μήτε ἃ λέγουσιν μήτε περὶ τίνων διαβεβαιοῦνται

Tt 3 8 περὶ τούτων βούλομαί σε διαβεβαιοῦσθαι

διαβλέπω
→ βλέπω

Mt 7 5 τότε διαβλέψεις ἐκβαλεῖν τὸ κάρφος ἐκ τοῦ ὀφθαλμοῦ τοῦ ἀδελφοῦ σου

Mc 8 25 ἐπέθηκεν (ἔθηκεν H) τὰς χεῖρας ἐπὶ τοὺς ὀφθαλμοὺς αὐτοῦ, καὶ διέβλεψεν (ἐποίησεν αὐτὸν ἀναβλέψαι ϛ) καὶ ἀπεκατέστη

Lc 6 42 τότε διαβλέψεις τὸ κάρφος τὸ ἐν τῷ ὀφθαλμῷ τοῦ ἀδελφοῦ σου ἐκβαλεῖν

διάβολος
ᵃ adj.

Mt 4 1 ἀνήχθη εἰς τὴν ἔρημον ... πειρασθῆναι ὑπὸ τοῦ διαβόλου

4 5 τότε παραλαμβάνει αὐτὸν ὁ διάβολος εἰς τὴν ἁγίαν πόλιν

4 8 πάλιν παραλαμβάνει αὐτὸν ὁ διάβολος εἰς ὄρος ὑψηλὸν λίαν

4 11 τότε ἀφίησιν αὐτὸν ὁ διάβολος

13 39 ὁ δὲ ἐχθρὸς ὁ σπείρας αὐτά ἐστιν ὁ διάβολος

25 41 εἰς τὸ πῦρ τὸ αἰώνιον | τὸ ἡτοιμασμένον (ὃ ἡτοίμασεν ὁ πατήρ μου S) τῷ διαβόλῳ καὶ τοῖς ἀγγέλοις αὐτοῦ

Lc 4 2 ⟨ἤγετο ... ἐν τῇ ἐρήμῳ⟩ πειραζόμενος ὑπὸ τοῦ διαβόλου

4 3 εἶπεν δὲ αὐτῷ ὁ διάβολος

4 5 * ἀναγαγὼν αὐτὸν | ὁ διάβολος εἰς ὄρος ὑψηλόν (+ϛ)

4 6 εἶπεν αὐτῷ ὁ διάβολος

4 13 συντελέσας πάντα πειρασμὸν ὁ διάβολος ἀπέστη ἀπ᾽ αὐτοῦ

8 12 εἶτα ἔρχεται ὁ διάβολος καὶ αἴρει τὸν λόγον ἀπὸ τῆς καρδίας αὐτῶν

Jo 6 70 καὶ ἐξ ὑμῶν εἷς διάβολός ἐστιν

8 44 ὑμεῖς ἐκ τοῦ πατρὸς τοῦ διαβόλου ἐστέ

13 2 τοῦ διαβόλου ἤδη βεβληκότος εἰς τὴν καρδίαν ἵνα παραδοῖ (-δῷ VSϛ) αὐτὸν Ἰούδας

Ac 10 38 ἰώμενος πάντας τοὺς καταδυναστευομένους ὑπὸ τοῦ διαβόλου

13 10 υἱὲ διαβόλου, ἐχθρὲ πάσης δικαιοσύνης, οὐ παύσῃ διαστρέφων τὰς ὁδούς ⟨;⟩

E 4 27 μηδὲ δίδοτε τόπον τῷ διαβόλῳ

6 11 πρὸς τὸ δύνασθαι ὑμᾶς στῆναι πρὸς τὰς μεθοδείας τοῦ διαβόλου

1Tm 3 6 ἵνα μὴ τυφωθεὶς εἰς κρίμα ἐμπέσῃ τοῦ διαβόλου

3 7 ἵνα μὴ εἰς ὀνειδισμὸν ἐμπέσῃ καὶ παγίδα τοῦ διαβόλου

3 11ᵃ γυναῖκας ὡσαύτως σεμνάς, μὴ διαβόλους, νηφαλίους

2Tm 2 26 ⟨μήποτε⟩ ἀνανήψωσιν ἐκ τῆς τοῦ διαβόλου παγίδος

3 3ᵃ ⟨ἔσονται γὰρ οἱ ἄνθρωποι⟩ ἄστοργοι, ἄσπονδοι, διάβολοι, ἀκρατεῖς

Tt 2 3ᵃ ⟨εἶναι⟩ πρεσβύτιδας ὡσαύτως ἐν καταστήματι ἱεροπρεπεῖς, μὴ διαβόλους

Hb 2 14 ἵνα ... καταργήσῃ τὸν τὸ κράτος ἔχοντα τοῦ θανάτου, τοῦτ᾽ ἔστιν τὸν διάβολον

Jc 4 7 ὑποτάγητε οὖν τῷ θεῷ· ἀντίστητε δὲ τῷ διαβόλῳ

1Pt 5 8 ὁ ἀντίδικος ὑμῶν διάβολος ὡς λέων ὠρυόμενος περιπατεῖ

1Jo 3 8 ὁ ποιῶν τὴν ἁμαρτίαν ἐκ τοῦ διαβόλου ἐστίν, ↔

3 8 ὅτι ἀπ᾽ ἀρχῆς ὁ διάβολος ἁμαρτάνει

3 8 ἵνα λύσῃ τὰ ἔργα τοῦ διαβόλου

3 10 ἐν τούτῳ φανερά ἐστιν τὰ τέκνα τοῦ θεοῦ καὶ τὰ τέκνα τοῦ διαβόλου

Jd 9 ὅτε τῷ διαβόλῳ διακρινόμενος διελέγετο περὶ τοῦ Μωϋσέως σώματος

Ap   2 10   ἰδοὺ μέλλει βάλλειν (βαλεῖν Tς) ὁ διάβολος ἐξ ὑμῶν εἰς φυλακήν

     12 9   ἐβλήθη ὁ δράκων ὁ μέγας, ὁ ὄφις ὁ ἀρχαῖος, ὁ καλούμενος Διάβολος καὶ ὁ Σατανᾶς

     12 12   ὅτι κατέβη ὁ διάβολος πρὸς ὑμᾶς ἔχων θυμὸν μέγαν

     20 2   ἐκράτησεν τὸν δράκοντα, | ὁ ὄφις ὁ ἀρχαῖος (τὸν ὄφιν τὸν ἀρχαῖον MVBSς), ὅς (ὅ T) ἐστιν (+ ὁ T) Διάβολος καὶ ὁ (—Sς) Σατανᾶς

     20 10   ὁ διάβολος ὁ πλανῶν αὐτοὺς ἐβλήθη εἰς τὴν λίμνην τοῦ πυρός

διαγγέλλω
→ ἀγγέλλω

Lc   9 60   σὺ δὲ ἀπελθὼν διάγγελλε τὴν βασιλείαν τοῦ θεοῦ

Ac   21 26   ὁ Παῦλος ... εἰσήει εἰς τὸ ἱερόν, διαγγέλλων τὴν ἐκπλήρωσιν τῶν ἡμερῶν τοῦ ἁγνισμοῦ

Rm   9 17   ἐξήγειρά σε ... ὅπως διαγγελῇ τὸ ὄνομά μου ἐν πάσῃ τῇ γῇ

διαγίνομαι
→ γίνομαι

Mc   16 1   διαγενομένου τοῦ σαββάτου

Ac   25 13   ἡμερῶν δὲ διαγενομένων τινῶν

     27 9   ἱκανοῦ δὲ χρόνου διαγενομένου

διαγινώσκω
→ γινώσκω

Ac   23 15   ὡς μέλλοντας διαγινώσκειν ἀκριβέστερον τὰ περὶ αὐτοῦ

     24 22   ὅταν Λυσίας ὁ χιλίαρχος καταβῇ, διαγνώσομαι τὰ καθ' ὑμᾶς

διαγνωρίζω
→ γνωρίζω

Lc   2 17   * ἰδόντες δὲ διεγνώρισαν (Vς; ἐγν. rl) περὶ τοῦ ῥήματος τοῦ λαληθέντος αὐτοῖς

διάγνωσις

Ac   25 21   τοῦ δὲ Παύλου ἐπικαλεσαμένου τηρηθῆναι αὐτὸν εἰς τὴν τοῦ Σεβαστοῦ διάγνωσιν

διαγογγύζω
→ γογγύζω

Lc   15 2   διεγόγγυζον οἵ τε Φαρισαῖοι καὶ οἱ γραμματεῖς λέγοντες

     19 7   ἰδόντες πάντες διεγόγγυζον λέγοντες

διαγρηγορέω
→ γρηγορέω

Lc   9 32   διαγρηγορήσαντες δὲ εἶδον τὴν δόξαν αὐτοῦ

διάγω
→ ἄγω

1Tm   2 2   ἵνα ἤρεμον καὶ ἡσύχιον βίον διάγωμεν ἐν πάσῃ εὐσεβείᾳ καὶ σεμνότητι

Tt   3 3   ἦμεν γάρ ποτε ... ἐν κακίᾳ καὶ φθόνῳ διάγοντες

διαδέχομαι
→ δέχομαι

Ac   7 45   ἣν καὶ εἰσήγαγον διαδεξάμενοι οἱ πατέρες ἡμῶν μετὰ Ἰησοῦ

διάδημα

Ap   12 3   δράκων | μέγας πυρρός (∼MVST) ἔχων ... ἐπὶ τὰς κεφαλὰς αὐτοῦ ἑπτὰ διαδήματα

     13 1   θηρίον ἀναβαῖνον, ἔχον ... ἐπὶ τῶν κεράτων αὐτοῦ δέκα διαδήματα

     19 12   ⟨ἵππος λευκός⟩ καὶ ἐπὶ τὴν κεφαλὴν αὐτοῦ διαδήματα πολλά

διαδίδωμι
→ δίδωμι

Lc   11 22   τὰ σκῦλα αὐτοῦ διαδίδωσιν

Lc   18 22   πάντα ὅσα ἔχεις πώλησον καὶ διάδος πτωχοῖς

Jo   6 11   ἔλαβεν οὖν τοὺς ἄρτους ὁ Ἰησοῦς καὶ | εὐχαριστήσας διέδωκεν (-σεν καὶ ἔδωκεν T) τοῖς ἀνακειμένοις

Ac   4 35   διεδίδετο δὲ ἑκάστῳ καθότι ἄν τις χρείαν εἶχεν

Ap   17 13   *οὗτοι...τὴν δύναμιν καὶ (+ τὴν [M]STς) ἐξουσίαν αὐτῶν τῷ θηρίῳ διαδιδώσουσιν (ς; διδόασιν rl)

διάδοχος

Ac   24 27   ἔλαβεν διάδοχον ὁ Φῆλιξ Πόρκιον Φῆστον

διαζώννυμι
→ ζώννυμι

Jo   13 4   λαβὼν λέντιον διέζωσεν ἑαυτόν

     13 5   ἤρξατο ... ἐκμάσσειν τῷ λεντίῳ ᾧ ἦν διεζωσμένος

     21 7   Σίμων οὖν Πέτρος ... τὸν ἐπενδύτην διεζώσατο

διαθήκη
  a   καινή, νέα δ.
  b   αἷμα (τῆς) διαθήκης
  c   κιβωτὸς τῆς διαθήκης
  d   αἱ διαθῆκαι
  e   δ. διατίθεμαι

Mt   26 28ᵃᵇ τοῦτο γάρ ἐστιν τὸ αἷμά μου (+ τὸ [V]Sς) τῆς (+ καινῆς [V]Sς) διαθήκης

Mc   14 24ᵃᵇ τοῦτό ἐστιν τὸ αἷμά μου (+ τὸ Vς) τῆς (+ καινῆς [V]ς) διαθήκης

Lc   1 72   μνησθῆναι διαθήκης ἁγίας αὐτοῦ

     22 20ᵃ | τοῦτο τὸ ποτήριον ἡ καινὴ διαθήκη ἐν τῷ αἵματί μου [..NH..]

Ac   3 25ᵉ ὑμεῖς ἐστε οἱ υἱοὶ τῶν προφητῶν καὶ τῆς διαθήκης ἧς | διέθετο ὁ θεός (∼NMH)

     7 8   ἔδωκεν αὐτῷ διαθήκην περιτομῆς

Rm   9 4ᵈ Ἰσραηλῖται, ὧν ἡ υἱοθεσία καὶ ἡ δόξα καὶ αἱ διαθῆκαι καὶ ἡ νομοθεσία

     11 27   αὕτη αὐτοῖς ἡ παρ' ἐμοῦ διαθήκη

1 C   11 25ᵃ τοῦτο τὸ ποτήριον ἡ καινὴ διαθήκη ἐστὶν ἐν τῷ ἐμῷ αἵματι

2 C   3 6ᵃ ὃς καὶ ἱκάνωσεν ἡμᾶς διακόνους καινῆς διαθήκης

     3 14   τὸ αὐτὸ κάλυμμα ἐπὶ τῇ ἀναγνώσει τῆς παλαιᾶς διαθήκης μένει

G   3 15   ὅμως ἀνθρώπου κεκυρωμένην διαθήκην οὐδεὶς ἀθετεῖ ἢ ἐπιδιατάσσεται

     3 17   διαθήκην προκεκυρωμένην ὑπὸ τοῦ θεοῦ ὁ ... νόμος οὐκ ἀκυροῖ

     4 24ᵈ αὗται γάρ εἰσιν (+ αἱ ς) δύο διαθῆκαι, μία μὲν ἀπὸ ὄρους Σινᾶ

E   2 12ᵈ ὅτι ἦτε ... ξένοι τῶν διαθηκῶν τῆς ἐπαγγελίας

Hb   7 22   κρείττονος διαθήκης γέγονεν ἔγγυος Ἰησοῦς

     8 6   ὅσῳ καὶ κρείττονός ἐστιν διαθήκης μεσίτης

     8 8ᵃ συντελέσω ... ἐπὶ τὸν οἶκον Ἰούδα διαθήκην καινήν,

     8 9   οὐ κατὰ τὴν διαθήκην ἣν ἐποίησα τοῖς πατράσιν αὐτῶν

     8 9   ὅτι αὐτοὶ οὐκ · ἐνέμειναν ἐν τῇ διαθήκῃ μου

     8 10ᵉ ὅτι αὕτη ἡ διαθήκη ἣν διαθήσομαι τῷ οἴκῳ Ἰσραήλ

     9 4ᶜ ⟨σκηνή⟩ χρυσοῦν ἔχουσα θυμιατήριον καὶ τὴν κιβωτὸν τῆς διαθήκης περικεκαλυμμένην πάντοθεν χρυσίῳ, ↔

     9 4   ἐν ᾗ στάμνος χρυσῆ ... καὶ αἱ πλάκες τῆς διαθήκης

Hb   9 15ᵃ διὰ τοῦτο διαθήκης καινῆς μεσίτης ἐστίν, ↔

     9 15   ὅπως θανάτου γενομένου εἰς ἀπολύτρωσιν τῶν ἐπὶ τῇ πρώτῃ διαθήκῃ παραβάσεων

     9 16   ὅπου γὰρ διαθήκη, θάνατον ἀνάγκη φέρεσθαι τοῦ διαθεμένου· ·

     9 17   διαθήκη γὰρ ἐπὶ νεκροῖς βεβαία

     9 20ᵇ τοῦτο τὸ αἷμα τῆς διαθήκης ἧς ἐνετείλατο πρὸς ὑμᾶς ὁ θεός

     10 16ᵉ αὕτη ἡ διαθήκη ἣν διαθήσομαι πρὸς αὐτοὺς μετὰ τὰς ἡμέρας ἐκείνας

     10 29ᵇ τὸ αἷμα τῆς διαθήκης κοινὸν ἡγησάμενος

     12 24ᵃ ⟨ἀλλὰ προσεληλύθατε⟩ διαθήκης νέας μεσίτῃ Ἰησοῦ, καὶ αἵματι ῥαντισμοῦ

     13 20ᵇ ὁ ἀναγαγὼν ἐκ νεκρῶν τὸν ποιμένα τῶν προβάτων τὸν μέγαν ἐν αἵματι διαθήκης αἰωνίου

Ap   11 19ᶜ ὤφθη ἡ κιβωτὸς τῆς διαθήκης αὐτοῦ ἐν τῷ ναῷ αὐτοῦ

διαίρεσις

1 C   12 4   διαιρέσεις δὲ χαρισμάτων εἰσίν, τὸ δὲ αὐτὸ πνεῦμα· ↔

     12 5   καὶ διαιρέσεις διακονιῶν εἰσιν, καὶ ὁ αὐτὸς κύριος· ↔

     12 6   καὶ διαιρέσεις ἐνεργημάτων εἰσίν, | ὁ δὲ (καὶ ὁ H) αὐτὸς (+ ἐστιν [S]ς) θεός

διαιρέω
→ αἱρέομαι

Lc   15 12 | ὁ δὲ (καὶ VBTς) διεῖλεν αὐτοῖς τὸν βίον

1 C   12 11   τὸ ἓν καὶ τὸ αὐτὸ πνεῦμα, διαιροῦν ἰδίᾳ ἑκάστῳ καθὼς βούλεται

διακαθαίρω
→ καθαίρω

Lc   3 17   οὗ τὸ πτύον ἐν τῇ χειρὶ αὐτοῦ διακαθᾶραι (καὶ διακαθαριεῖ Vς) τὴν ἅλωνα αὐτοῦ

διακαθαρίζω
→ καθαρίζω

Mt   3 12   οὗ τὸ πτύον ἐν τῇ χειρὶ αὐτοῦ, καὶ διακαθαριεῖ τὴν ἅλωνα αὐτοῦ

Lc   3 17   * οὗ τὸ πτύον ἐν τῇ χειρὶ αὐτοῦ | καὶ διακαθαριεῖ (Vς; διακαθᾶραι rl) τὴν ἅλωνα αὐτοῦ

διακατελέγχομαι
→ ἐλέγχω

Ac   18 28   εὐτόνως γὰρ τοῖς Ἰουδαίοις διακατηλέγχετο δημοσίᾳ

διακελεύω
→ κελεύω

Jo   [8 5]   *Μωϋσῆς διακελεύει (S; ἐνετείλατο N²⁶MVBHς) τὰς τοιαύτας λιθάζειν

διακονέω
  a   part.

Mt   4 11   ἄγγελοι προσῆλθον καὶ διηκόνουν αὐτῷ

     8 15   ἠγέρθη, καὶ διηκόνει αὐτῷ

     20 28   ὥσπερ ὁ υἱὸς τοῦ ἀνθρώπου οὐκ ἦλθεν διακονηθῆναι, ↔

     20 28   ἀλλὰ διακονῆσαι καὶ δοῦναι τὴν ψυχὴν αὐτοῦ

     25 44   πότε σε εἴδομεν πεινῶντα ... καὶ οὐ διηκονήσαμέν σοι;

     27 55ᵃ γυναῖκες πολλαὶ ... αἵτινες ἠκολούθησαν τῷ Ἰησοῦ ἀπὸ τῆς Γαλιλαίας διακονοῦσαι αὐτῷ

Mc   1 13   οἱ ἄγγελοι διηκόνουν αὐτῷ

     1 31   ἀφῆκεν αὐτὴν ὁ πυρετός (+ εὐθύς Vς), καὶ διηκόνει αὐτοῖς

Mc 10 45 καὶ γὰρ ὁ υἱὸς τοῦ ἀνθρώπου οὐκ ἦλθεν διακονηθῆναι ↔

10 45 ἀλλὰ διακονῆσαι καὶ δοῦναι τὴν ψυχὴν αὐτοῦ

15 41 ⟨γυναῖκες⟩ αἳ ... ἠκολούθουν αὐτῷ καὶ διηκόνουν αὐτῷ

Lc 4 39 παραχρῆμα δὲ ἀναστᾶσα διηκόνει αὐτοῖς

8 3 ἕτεραι πολλαί, αἵτινες διηκόνουν αὐτοῖς (αὐτῷ Sς) ἐκ τῶν ὑπαρχόντων αὐταῖς

10 40 ἡ ἀδελφή μου μόνην με κατέλιπεν (N²⁶Tς; -λειπεν rl) διακονεῖν

12 37 παρελθὼν διακονήσει αὐτοῖς

17 8 περιζωσάμενος διακόνει μοι ἕως φάγω καὶ πίω

22 26ᵃ ὁ μείζων ἐν ὑμῖν γινέσθω ὡς ὁ νεώτερος, καὶ ὁ ἡγούμενος ὡς ὁ διακονῶν. ↔

22 27ᵃ τίς γὰρ μείζων, ὁ ἀνακείμενος ἢ ὁ διακονῶν;

22 27ᵃ ἐγὼ δὲ ἐν μέσῳ ὑμῶν εἰμι ὡς ὁ διακονῶν

Jo 12 2 ἐποίησαν οὖν αὐτῷ δεῖπνον ἐκεῖ, καὶ ἡ Μάρθα διηκόνει

12 26 ἐὰν ἐμοί | τις διακονῇ (∼ VSς), ἐμοὶ ἀκολουθείτω

12 26 ἐάν τις ἐμοὶ διακονῇ, τιμήσει αὐτὸν ὁ πατήρ

Ac 6 2 οὐκ ἀρεστόν ἐστιν ἡμᾶς καταλείψαντας τὸν λόγον τοῦ θεοῦ διακονεῖν τραπέζαις

19 22ᵃ ἀποστείλας δὲ εἰς τὴν (—NMT) Μακεδονίαν δύο τῶν διακονούντων αὐτῷ

Rm 15 25ᵃ νυνὶ δὲ πορεύομαι εἰς Ἰερουσαλὴμ διακονῶν τοῖς ἁγίοις

2 C 3 3ᵃ ἐστὲ ἐπιστολὴ Χριστοῦ διακονηθεῖσα ὑφ' ἡμῶν

8 19ᵃ χειροτονηθεὶς ... συνέκδημος ἡμῶν σὺν (ἐν NMVSH) τῇ χάριτι ταύτῃ τῇ διακονουμένῃ ὑφ' ἡμῶν

8 20ᵃ μή τις ἡμᾶς μωμήσηται ἐν τῇ ἁδρότητι ταύτῃ τῇ διακονουμένῃ ὑφ' ἡμῶν

1 Tm 3 10 εἶτα διακονείτωσαν ἀνέγκλητοι ὄντες

3 13ᵃ οἱ γὰρ καλῶς διακονήσαντες βαθμὸν ἑαυτοῖς καλὸν περιποιοῦνται

2 Tm 1 18 καὶ ὅσα ἐν Ἐφέσῳ διηκόνησεν, βέλτιον σὺ γινώσκεις

Phm 13 ἵνα ὑπὲρ σοῦ μοι διακονῇ ἐν τοῖς δεσμοῖς τοῦ εὐαγγελίου

Hb 6 10ᵃ ἐπιλαθέσθαι ... τῆς ἀγάπης ἧς ἐνεδείξασθε εἰς τὸ ὄνομα αὐτοῦ, διακονήσαντες τοῖς ἁγίοις ↔

6 10ᵃ καὶ διακονοῦντες

1 Pt 1 12 οὐχ ἑαυτοῖς ὑμῖν δὲ διηκόνουν αὐτά

4 10ᵃ χάρισμα, εἰς ἑαυτοὺς αὐτὸ διακονοῦντες ὡς καλοὶ οἰκόνομοι

4 11 εἴ τις διακονεῖ, ὡς ἐξ ἰσχύος ἧς χορηγεῖ ὁ θεός

διακονία

ᵃ διακονίαι

Lc 10 40 ἡ δὲ Μάρθα περιεσπᾶτο περὶ πολλὴν διακονίαν

Ac 1 17 ἔλαχεν τὸν κλῆρον τῆς διακονίας ταύτης

1 25 ⟨ἀνάδειξον ὃν ἐξελέξω⟩ λαβεῖν τὸν τόπον τῆς διακονίας ταύτης καὶ ἀποστολῆς

6 1 ὅτι παρεθεωροῦντο ἐν τῇ διακονίᾳ τῇ καθημερινῇ αἱ χῆραι αὐτῶν

Ac 6 4 ἡμεῖς δὲ τῇ προσευχῇ καὶ τῇ διακονίᾳ τοῦ λόγου προσκαρτερήσομεν

11 29 εἰς διακονίαν πέμψαι τοῖς κατοικοῦσιν ἐν τῇ Ἰουδαίᾳ ἀδελφοῖς

12 25 Βαρναβᾶς δὲ καὶ Σαῦλος ὑπέστρεψαν εἰς (N²⁶H; ἐξ rl) Ἰερουσαλήμ, πληρώσαντες τὴν διακονίαν

20 24 ὡς τελειῶσαι (-ώσω NH) ... τὴν διακονίαν ἣν ἔλαβον παρὰ τοῦ κυρίου Ἰησοῦ

21 19 ἐξηγεῖτο ... ὧν ἐποίησεν ὁ θεὸς ἐν τοῖς ἔθνεσιν διὰ τῆς διακονίας αὐτοῦ

Rm 11 13 τὴν διακονίαν μου δοξάζω

12 7 ⟨ἔχοντες δὲ χαρίσματα ... διάφορα, εἴτε προφητείαν⟩ εἴτε διακονίαν, ↔

12 7 ἐν τῇ διακονίᾳ

15 31 ἵνα ... ἡ διακονία μου ἡ εἰς Ἰερουσαλὴμ εὐπρόσδεκτος τοῖς ἁγίοις γένηται

1 C 12 5ᵃ διαιρέσεις διακονιῶν εἰσιν, καὶ ὁ αὐτὸς κύριος

16 15 εἰς διακονίαν τοῖς ἁγίοις ἔταξαν ἑαυτούς

2 C 3 7 εἰ δὲ ἡ διακονία τοῦ θανάτου ἐν γράμμασιν ἐντετυπωμένη λίθοις ἐγενήθη ἐν δόξῃ

3 8 πῶς οὐχὶ μᾶλλον ἡ διακονία τοῦ πνεύματος ἔσται ἐν δόξῃ; ↔

3 9 εἰ γὰρ | τῇ διακονίᾳ (ἡ δ. NMVHς) τῆς κατακρίσεως δόξα, ↔

3 9 πολλῷ μᾶλλον περισσεύει ἡ διακονία τῆς δικαιοσύνης (+ ἐν [S]ς) δόξῃ

4 1 ἔχοντες τὴν διακονίαν ταύτην, καθὼς ἠλεήθημεν

5 18 ἐκ τοῦ θεοῦ τοῦ ... δόντος ἡμῖν τὴν διακονίαν τῆς καταλλαγῆς

6 3 μηδεμίαν ἐν μηδενὶ διδόντες προσκοπήν, ἵνα μὴ μωμηθῇ ἡ διακονία

8 4 δεόμενοι ἡμῶν τὴν χάριν καὶ τὴν κοινωνίαν τῆς διακονίας τῆς εἰς τοὺς ἁγίους

9 1 περὶ μὲν γὰρ τῆς διακονίας τῆς εἰς τοὺς ἁγίους περισσόν μοί ἐστιν τὸ γράφειν ὑμῖν

9 12 ὅτι ἡ διακονία τῆς λειτουργίας ταύτης οὐ μόνον ἐστὶν προσαναπληροῦσα

9 13 διὰ τῆς δοκιμῆς τῆς διακονίας ταύτης δοξάζοντες τὸν θεόν

11 8 ἄλλας ἐκκλησίας ἐσύλησα λαβὼν ὀψώνιον πρὸς τὴν ὑμῶν διακονίαν

E 4 12 ⟨ἔδωκεν τοὺς μὲν ἀποστόλους⟩ πρὸς τὸν καταρτισμὸν τῶν ἁγίων εἰς ἔργον διακονίας

Cl 4 17 βλέπε τὴν διακονίαν ἣν παρέλαβες ἐν κυρίῳ

1 Tm 1 12 πιστόν με ἡγήσατο θέμενος εἰς διακονίαν

2 Tm 4 5 ἔργον ποίησον εὐαγγελιστοῦ, τὴν διακονίαν σου πληροφόρησον

4 11 ἔστιν γάρ μοι εὔχρηστος εἰς διακονίαν

Hb 1 14 οὐχὶ πάντες εἰσὶν λειτουργικὰ πνεύματα εἰς διακονίαν ἀποστελλόμενα ⟨;⟩

Ap 2 19 οἶδά σου ... τὴν πίστιν καὶ τὴν διακονίαν καὶ τὴν ὑπομονήν σου (—T)

διάκονος

ᵃ δ. (τοῦ) θεοῦ
ᵇ δ. (τοῦ) Χριστοῦ
ᶜ fem.

Mt 20 26 ὃς ἐὰν (ἂν H) θέλῃ ἐν ὑμῖν μέγας γενέσθαι, ἔσται ὑμῶν διάκονος

22 13 τότε | ὁ βασιλεὺς εἶπεν (∼ Vς) τοῖς διακόνοις

23 11 ὁ δὲ μείζων ὑμῶν ἔσται ὑμῶν διάκονος

Mc 9 35 εἴ τις θέλει πρῶτος εἶναι, ἔσται πάντων ἔσχατος καὶ πάντων διάκονος

10 43 ὃς ἂν θέλῃ μέγας γενέσθαι ἐν ὑμῖν, ἔσται (ἔστω S) ὑμῶν διάκονος

Jo 2 5 λέγει ἡ μήτηρ αὐτοῦ τοῖς διακόνοις

2 9 οἱ δὲ διάκονοι ᾔδεισαν οἱ ἠντληκότες τὸ ὕδωρ

12 26ᵇ ὅπου εἰμὶ ἐγώ, ἐκεῖ καὶ ὁ διάκονος ὁ ἐμὸς ἔσται

Rm 13 4ᵃ θεοῦ γὰρ διάκονός ἐστιν σοὶ εἰς τὸ (—B) ἀγαθόν

13 4ᵃ θεοῦ γὰρ διάκονός ἐστιν ἔκδικος εἰς ὀργήν

15 8 λέγω γὰρ Χριστὸν διάκονον γεγενῆσθαι περιτομῆς

16 1ᶜ Φοίβην ... οὖσαν καὶ ([N²⁶NSH]; —MVTς) διάκονον τῆς ἐκκλησίας τῆς ἐν Κεγχρεαῖς

1 C 3 5 τί οὖν ἐστιν Ἀπολλῶς; τί δέ ἐστιν Παῦλος; διάκονοι δι' ὧν ἐπιστεύσατε

2 C 3 6 ὃς καὶ ἱκάνωσεν ἡμᾶς διακόνους καινῆς διαθήκης

6 4ᵃ ἐν παντὶ συνιστάντες (N²⁶T; -ῶντες ς; -οντες rl) ἑαυτοὺς ὡς θεοῦ διάκονοι

11 15 οὐ μέγα οὖν εἰ καὶ οἱ διάκονοι αὐτοῦ μετασχηματίζονται ↔

11 15 ὡς διάκονοι δικαιοσύνης

11 23ᵇ διάκονοι Χριστοῦ εἰσιν; παραφρονῶν λαλῶ, ὑπὲρ ἐγώ

G 2 17 ἆρα Χριστὸς ἁμαρτίας διάκονος; μὴ γένοιτο

E 3 7 οὗ ἐγενήθην διάκονος κατὰ τὴν δωρεὰν τῆς χάριτος τοῦ θεοῦ

6 21 πάντα | γνωρίσει ὑμῖν (∼ Sς) Τύχικος ὁ ἀγαπητὸς ἀδελφὸς καὶ πιστὸς διάκονος ἐν κυρίῳ

Ph 1 1 Παῦλος ... πᾶσιν τοῖς ἁγίοις ... τοῖς οὖσιν ἐν Φιλίπποις σὺν ἐπισκόποις καὶ διακόνοις

Cl 1 7ᵇ ὅς ἐστιν πιστὸς ὑπὲρ ὑμῶν (ἡμῶν MBSH) διάκονος τοῦ Χριστοῦ

1 23 τοῦ εὐαγγελίου ... οὗ ἐγενόμην ἐγὼ Παῦλος διάκονος

1 25 ⟨ἡ ἐκκλησία⟩ ἧς ἐγενόμην ἐγὼ διάκονος κατὰ τὴν οἰκονομίαν τοῦ θεοῦ

4 7 γνωρίσει ὑμῖν Τύχικος ὁ ἀγαπητὸς ἀδελφὸς καὶ πιστὸς διάκονος καὶ σύνδουλος ἐν κυρίῳ

1 Th 3 2ᵃ * ἐπέμψαμεν Τιμόθεον, τὸν ἀδελφὸν ἡμῶν καὶ διάκονον (συνεργὸν N²⁶NB) τοῦ θεοῦ ἐν τῷ εὐαγγελίῳ τοῦ Χριστοῦ

1 Tm 3 8 διακόνους ὡσαύτως σεμνούς, μὴ διλόγους

3 12 διάκονοι ἔστωσαν μιᾶς γυναικὸς ἄνδρες

4 6ᵇ ταῦτα ὑποτιθέμενος τοῖς ἀδελφοῖς καλὸς ἔσῃ διάκονος Χριστοῦ Ἰησοῦ

διακόσιοι

ᵃ διακόσιοι ἑβδομήκοντα ἓξ
ᵇ χίλιοι διακόσιοι ἑξήκοντα

Mc 6 37 ἀπελθόντες ἀγοράσωμεν δηναρίων διακοσίων ἄρτους ⟨;⟩

Jo 6 7 διακοσίων δηναρίων ἄρτοι οὐκ ἀρκοῦσιν αὐτοῖς

21 8 οὐ γὰρ ἦσαν μακρὰν ἀπὸ τῆς γῆς ἀλλὰ ὡς ἀπὸ πηχῶν διακοσίων

Ac 23 23 ἑτοιμάσατε στρατιώτας διακοσίους
ὅπως πορευθῶσιν ἕως Καισαρείας,
↔

23 23 καὶ ἱππεῖς ἑβδομήκοντα καὶ δεξιο-
λάβους διακοσίους

27 37ᵃ ἤμεθα (ἤμεν VSς) δὲ αἱ πᾶσαι
ψυχαὶ ἐν τῷ πλοίῳ διακόσιαι (ὡς
H) ἑβδομήκοντα ἕξ

Ap 11 3ᵇ προφητεύσουσιν ἡμέρας χιλίας δια-
κοσίας ἑξήκοντα

12 6ᵇ ἵνα ἐκεῖ τρέφωσιν (τρέφουσιν T)
αὐτὴν ἡμέρας χιλίας διακοσίας
ἑξήκοντα

διακούω
→ ἀκούω

Ac 23 35 διακούσομαί σου, ἔφη, ὅταν καὶ οἱ
κατήγοροί σου παραγένωνται

διακρίνω
→ κρίνω
ᵃ διακρίνομαι

Mt 16 3 τὸ μὲν πρόσωπον τοῦ οὐρανοῦ
γινώσκετε διακρίνειν [.. N²⁶NS
TH..]

21 21ᵃ ἐὰν ἔχητε πίστιν καὶ μὴ διακριθῆτε

Mc 11 23ᵃ ὃς ἂν ... μὴ διακριθῇ ἐν τῇ καρδίᾳ
αὐτοῦ ἀλλὰ πιστεύῃ

Ac 10 20ᵃ πορεύου σὺν αὐτοῖς μηδὲν δια-
κρινόμενος

11 2ᵃ διεκρίνοντο πρὸς αὐτὸν οἱ ἐκ
περιτομῆς

11 12ᵃ εἶπεν δὲ | τὸ πνεῦμά μοι (∼ Sς)
συνελθεῖν αὐτοῖς μηδὲν διακρίναντα
(-κρινόμενον ς)

15 9 οὐθὲν διέκρινεν μεταξὺ ἡμῶν τε καὶ
αὐτῶν

Rm 4 20ᵃ εἰς δὲ τὴν ἐπαγγελίαν τοῦ θεοῦ οὐ
διεκρίθη τῇ ἀπιστίᾳ

14 23ᵃ ὁ δὲ διακρινόμενος ἐὰν φάγῃ κατα-
κέκριται

1 C 4 7 τίς γάρ σε διακρίνει;

6 5 ὃς δυνήσεται διακρῖναι ἀνὰ μέσον
τοῦ ἀδελφοῦ αὐτοῦ

11 29 ὁ γὰρ ἐσθίων καὶ πίνων κρίμα
ἑαυτῷ ἐσθίει καὶ πίνει μὴ διακρί-
νων τὸ σῶμα

11 31 εἰ δὲ ἑαυτοὺς διεκρίνομεν, οὐκ ἂν
ἐκρινόμεθα

14 29 προφῆται δὲ δύο ἢ τρεῖς λαλείτω-
σαν, καὶ οἱ ἄλλοι διακρινέτωσαν

Jc 1 6ᵃ αἰτείτω δὲ ἐν πίστει, μηδὲν δια-
κρινόμενος· ↔

1 6ᵃ ὁ γὰρ διακρινόμενος ἔοικεν κλύδωνι
θαλάσσης ἀνεμιζομένῳ

2 4ᵃ οὐ διεκρίθητε ἐν ἑαυτοῖς καὶ
ἐγένεσθε κριταὶ διαλογισμῶν πο-
νηρῶν;

Jd 9ᵃ ὁ δὲ Μιχαὴλ ὁ ἀρχάγγελος, ὅτε
τῷ διαβόλῳ διακρινόμενος διελέγε-
το περὶ τοῦ Μωϋσέως σώματος

22ᵃ καὶ οὓς μὲν ἐλεᾶτε (ἐλέγχετε MBT)
διακρινομένους (-μενοι ς)

διάκρισις

Rm 14 1 τὸν δὲ ἀσθενοῦντα τῇ πίστει
προσλαμβάνεσθε, μὴ εἰς διακρίσεις
διαλογισμῶν

1 C 12 10 ⟨διὰ τοῦ πνεύματος δίδοται⟩ ἄλλῳ
δὲ ([N²⁶H]; —B) διακρίσεις (διά-
κρισις ST) πνευμάτων

Hb 5 14 τῶν διὰ τὴν ἕξιν τὰ αἰσθητήρια
γεγυμνασμένα ἐχόντων πρὸς διά-
κρισιν καλοῦ τε καὶ κακοῦ

διακωλύω
→ κωλύω

Mt 3 14 ὁ δὲ Ἰωάννης ([S]; —NTH) διεκώ-
λυεν αὐτόν

διαλαλέω
→ λαλέω

Lc 1 65 ἐν ὅλῃ τῇ ὀρεινῇ τῆς Ἰουδαίας
διελαλεῖτο πάντα τὰ ῥήματα ταῦτα

6 11 διελάλουν πρὸς ἀλλήλους τί ἂν
ποιήσαιεν τῷ Ἰησοῦ

διαλέγομαι
→ λέγω

Mc 9 34 πρὸς ἀλλήλους γὰρ διελέχθησαν
ἐν τῇ ὁδῷ τίς μείζων

Ac 17 2 ἐπὶ σάββατα τρία διελέξατο (-λέ-
γετο ς) αὐτοῖς ἀπὸ τῶν γραφῶν

17 17 διελέγετο μὲν οὖν ἐν τῇ συναγωγῇ
τοῖς Ἰουδαίοις καὶ τοῖς σεβομένοις

18 4 διελέγετο δὲ ἐν τῇ συναγωγῇ
κατὰ πᾶν σάββατον

18 19 αὐτὸς δὲ εἰσελθὼν εἰς τὴν συναγω-
γὴν διελέξατο (-λέχθη Sς) τοῖς
Ἰουδαίοις

19 8 ἐπαρρησιάζετο ἐπὶ μῆνας τρεῖς
διαλεγόμενος

19 9 ἀφώρισεν τοὺς μαθητάς, καθ᾽
ἡμέραν διαλεγόμενος ἐν τῇ σχολῇ
Τυράννου (+τινός [M]VSς)

20 7 συνηγμένων ἡμῶν κλάσαι ἄρτον ὁ
Παῦλος διελέγετο αὐτοῖς

20 9 καταφερόμενος ὕπνῳ βαθεῖ, διαλε-
γομένου τοῦ Παύλου ἐπὶ πλεῖον
... ἔπεσεν

24 12 οὔτε ἐν τῷ ἱερῷ εὗρόν με πρός τινα
διαλεγόμενον

24 25 διαλεγομένου δὲ αὐτοῦ περὶ δικαιο-
σύνης ... ὁ Φῆλιξ ἀπεκρίθη

Hb 12 5 ἐκλέλησθε τῆς παρακλήσεως, ἥτις
ὑμῖν ὡς υἱοῖς διαλέγεται

Jd 9 ὁ δὲ Μιχαὴλ ὁ ἀρχάγγελος, ὅτε τῷ
διαβόλῳ διακρινόμενος διελέγετο
περὶ τοῦ Μωϋσέως σώματος

διαλείπω
→ λείπω

Lc 7 45 αὕτη δὲ ἀφ᾽ ἧς εἰσῆλθον οὐ διέλιπεν
(N²⁶Hς; -λειπεν rl) καταφιλοῦσά
μου τοὺς πόδας

διάλεκτος

Ac 1 19 ὥστε κληθῆναι τὸ χωρίον ἐκεῖνο
τῇ ἰδίᾳ (—H) διαλέκτῳ αὐτῶν
Ἁκελδαμάχ

2 6 ἤκουον (-εν S; -σεν H) εἷς ἕκαστος
τῇ ἰδίᾳ διαλέκτῳ λαλούντων
αὐτῶν

2 8 πῶς ἡμεῖς ἀκούομεν ἕκαστος τῇ
ἰδίᾳ διαλέκτῳ ἡμῶν ⟨;⟩

21 40 προσεφώνησεν τῇ Ἑβραΐδι διαλέ-
κτῳ λέγων

22 2 ἀκούσαντες δὲ ὅτι τῇ Ἑβραΐδι
διαλέκτῳ προσεφώνει αὐτοῖς

26 14 ἤκουσα φωνὴν | λέγουσαν πρός
με (λαλοῦσαν πρ. με καὶ λ. Sς) τῇ
Ἑβραΐδι διαλέκτῳ

διαλλάσσομαι
→ ἀλλάσσω

Mt 5 24 ὕπαγε πρῶτον διαλλάγηθι τῷ
ἀδελφῷ σου

διαλογίζομαι
→ λογίζομαι
ᵃ πρός τινα

Mt 16 7 οἱ δὲ διελογίζοντο ἐν ἑαυτοῖς
λέγοντες

16 8 τί διαλογίζεσθε ἐν ἑαυτοῖς, ὀλιγό-
πιστοι ⟨;⟩

21 25 οἱ δὲ διελογίζοντο ἐν (παρ᾽ VBSTς)
ἑαυτοῖς λέγοντες

Mc 2 6 ἦσαν δέ τινες τῶν γραμματέων ...
διαλογιζόμενοι ἐν ταῖς καρδίαις
αὐτῶν

Mc 2 8 οὗτος ([H]; + αὐτοὶ V) διαλογί-
ζονται ἐν ἑαυτοῖς

2 8 τί ταῦτα διαλογίζεσθε ἐν ταῖς
καρδίαις ὑμῶν;

8 16ᵃ καὶ διελογίζοντο πρὸς ἀλλήλους
(+λέγοντες Vς)

8 17 τί διαλογίζεσθε ὅτι ἄρτους οὐκ
ἔχετε;

9 33 τί ἐν τῇ ὁδῷ διελογίζεσθε;

11 31ᵃ διελογίζοντο (ἔλογ. Sς) πρὸς ἑαυ-
τοὺς λέγοντες

Lc 1 29 ἡ δὲ ... διελογίζετο ποταπὸς εἴη ὁ
ἀσπασμὸς οὗτος

3 15 διαλογιζομένων πάντων ἐν ταῖς
καρδίαις αὐτῶν περὶ τοῦ Ἰωάννου

5 21 ἤρξαντο διαλογίζεσθαι οἱ γραμ-
ματεῖς καὶ οἱ Φαρισαῖοι λέγοντες

5 22 τί διαλογίζεσθε ἐν ταῖς καρδίαις
ὑμῶν;

12 17 διελογίζετο ἐν ἑαυτῷ λέγων

20 14ᵃ ἰδόντες δὲ αὐτὸν οἱ γεωργοὶ δι-
ελογίζοντο πρὸς ἀλλήλους λέγοντες

Jo 11 50 * οὐδὲ διαλογίζεσθε (ς; λογ. rl)
ὅτι συμφέρει ὑμῖν (ἡμῖν Vς)

διαλογισμός
ᵃ δ. et καρδία

Mt 15 19ᵃ ἐκ γὰρ τῆς καρδίας ἐξέρχονται
διαλογισμοὶ πονηροί, φόνοι, μοι-
χεῖαι

Mc 7 21ᵃ ἔσωθεν γὰρ ἐκ τῆς καρδίας τῶν
ἀνθρώπων οἱ διαλογισμοὶ οἱ κακοὶ
ἐκπορεύονται, πορνεῖαι, κλοπαί

Lc 2 35ᵃ ὅπως ἂν ἀποκαλυφθῶσιν ἐκ πολ-
λῶν καρδιῶν διαλογισμοί

5 22 ἐπιγνοὺς δὲ ὁ Ἰησοῦς τοὺς δια-
λογισμοὺς αὐτῶν

6 8 αὐτὸς δὲ ᾔδει τοὺς διαλογισμοὺς
αὐτῶν

9 46 εἰσῆλθεν δὲ διαλογισμὸς ἐν αὐτοῖς,
τὸ τίς ἂν εἴη μείζων αὐτῶν. ↔

9 47ᵃ ὁ δὲ Ἰησοῦς εἰδὼς (ἰδὼν VBSς)
τὸν διαλογισμὸν τῆς καρδίας αὐτῶν

24 38ᵃ διὰ τί διαλογισμοὶ ἀναβαίνουσιν
ἐν | τῇ καρδίᾳ (ταῖς καρδίαις
MVBSς) ὑμῶν;

Rm 1 21 ἐματαιώθησαν ἐν τοῖς διαλογισμοῖς
αὐτῶν

14 1 τὸν δὲ ἀσθενοῦντα τῇ πίστει
προσλαμβάνεσθε, μὴ εἰς διακρίσεις
διαλογισμῶν

1 C 3 20 κύριος γινώσκει τοὺς διαλογι-
σμοὺς τῶν σοφῶν

Ph 2 14 πάντα ποιεῖτε χωρὶς γογγυσμῶν
καὶ διαλογισμῶν

1 Tm 2 8 προσεύχεσθαι τοὺς ἄνδρας ...
ἐπαίροντας ὁσίους χεῖρας χωρὶς
ὀργῆς καὶ διαλογισμοῦ (-μῶν H)

Jc 2 4 οὐ διεκρίθητε ἐν ἑαυτοῖς καὶ ἐγένε-
σθε κριταὶ διαλογισμῶν πονηρῶν;

διαλύω
→ λύω

Ac 5 36 πάντες ὅσοι ἐπείθοντο αὐτῷ διελύ-
θησαν

διαμαρτύρομαι
→ μαρτύρομαι
ᵃ δ. ἐνώπιον τοῦ θεοῦ

Lc 16 28 ὅπως διαμαρτύρηται αὐτοῖς

Ac 2 40 ἑτέροις τε λόγοις πλείοσιν διεμαρ-
τύρατο (-ρετο ς)

8 25 οἱ μὲν οὖν διαμαρτυράμενοι καὶ
λαλήσαντες τὸν λόγον τοῦ κυρίου
ὑπέστρεφον εἰς Ἱεροσόλυμα

10 42 παρήγγειλεν ἡμῖν κηρύξαι τῷ
λαῷ καὶ διαμαρτύρασθαι ὅτι οὗτός
(αὐτός Tς) ἐστιν ὁ ... κριτής

Ac 18 5 συνείχετο τῷ λόγῳ ὁ Παῦλος, διαμαρτυρόμενος τοῖς Ἰουδαίοις εἶναι τὸν χριστὸν Ἰησοῦν

20 21 διαμαρτυρόμενος Ἰουδαίοις τε καὶ Ἕλλησιν τὴν εἰς θεὸν μετάνοιαν καὶ πίστιν

20 23 πλὴν ὅτι τὸ πνεῦμα τὸ ἅγιον κατὰ πόλιν διαμαρτύρεταί μοι λέγον

20 24 ὡς τελειῶσαι (τελειώσω NH) ... τὴν διακονίαν ἣν ἔλαβον παρὰ τοῦ κυρίου Ἰησοῦ, διαμαρτύρασθαι τὸ εὐαγγέλιον τῆς χάριτος

23 11 ὡς γὰρ διεμαρτύρω τὰ περὶ ἐμοῦ εἰς Ἰερουσαλήμ

28 23 οἷς ἐξετίθετο διαμαρτυρόμενος τὴν βασιλείαν τοῦ θεοῦ

1Th 4 6 καθὼς καὶ προείπαμεν ὑμῖν καὶ διεμαρτυράμεθα

1Tm 5 21ᵃ διαμαρτύρομαι ἐνώπιον τοῦ θεοῦ... ἵνα ταῦτα φυλάξῃς χωρὶς προκρίματος

2Tm 2 14ᵃ διαμαρτυρόμενος ἐνώπιον τοῦ θεοῦ (κυρίου VBS⌐) μὴ λογομαχεῖν

4 1ᵃ διαμαρτύρομαι (+ οὖν ἐγὼ [S]⌐) ἐνώπιον τοῦ θεοῦ καὶ Χριστοῦ Ἰησοῦ

Hb 2 6 διεμαρτύρατο δέ πού τις λέγων

διαμάχομαι
→ μάχομαι

Ac 23 9 ἀναστάντες τινὲς τῶν γραμματέων ... διεμάχοντο λέγοντες

διαμένω
→ μένω

Lc 1 22 αὐτὸς ἦν διανεύων αὐτοῖς, καὶ διέμενεν κωφός

22 28 ὑμεῖς δέ ἐστε οἱ διαμεμενηκότες μετ' ἐμοῦ ἐν τοῖς πειρασμοῖς μου

G 2 5 ἵνα ἡ ἀλήθεια τοῦ εὐαγγελίου διαμείνῃ πρὸς ὑμᾶς

Hb 1 11 αὐτοὶ ἀπολοῦνται, σὺ δὲ διαμένεις

2Pt 3 4 πάντα οὕτως διαμένει ἀπ' ἀρχῆς κτίσεως

διαμερίζω
→ μερίζω
ᵃ met.

Mt 27 35 διεμερίσαντο τὰ ἱμάτια αὐτοῦ βάλλοντες (βαλόντες BT) κλῆρον

27 35 *| διεμερίσαντο τὰ ἱμάτιά μου ἑαυτοῖς (+ ..⌐..)

Mc 15 24 διαμερίζονται (διεμέριζον ⌐) τὰ ἱμάτια αὐτοῦ, βάλλοντες κλῆρον ἐπ' αὐτά

Lc 11 17ᵃ πᾶσα βασιλεία | ἐφ' ἑαυτὴν διαμερισθεῖσα (~ ST) ἐρημοῦται

11 18ᵃ εἰ δὲ καὶ ὁ σατανᾶς ἐφ' ἑαυτὸν διεμερίσθη

12 52ᵃ ἔσονται γὰρ ἀπὸ τοῦ νῦν πέντε ἐν ἑνὶ οἴκῳ διαμεμερισμένοι, ↔

12 53ᵃ ⟨τρεῖς ἐπὶ δυσὶν καὶ δύο ἐπὶ τρισὶν⟩ διαμερισθήσονται (-σεται ⌐), πατὴρ ἐπὶ υἱῷ καὶ υἱὸς ἐπὶ πατρὶ

22 17 λάβετε τοῦτο καὶ διαμερίσατε εἰς ἑαυτούς

23 34 διαμεριζόμενοι δὲ τὰ ἱμάτια αὐτοῦ ἔβαλον κλήρους (κλῆρον H⌐)

Jo 19 24 διεμερίσαντο τὰ ἱμάτιά μου ἑαυτοῖς

Ac 2 3 ὤφθησαν αὐτοῖς διαμεριζόμεναι γλῶσσαι ὡσεὶ πυρός

2 45 τὰ κτήματα καὶ τὰς ὑπάρξεις ἐπίπρασκον καὶ διεμέριζον αὐτὰ πᾶσιν

διαμερισμός

Lc 12 51 δοκεῖτε ὅτι εἰρήνην παρεγενόμην δοῦναι ἐν τῇ γῇ; οὐχί, λέγω ὑμῖν, ἀλλ' ἢ διαμερισμόν

διανέμω
→ ἀπονέμω

Ac 4 17 ἵνα μὴ ἐπὶ πλεῖον διανεμηθῇ εἰς τὸν λαόν

διανεύω
→ νεύω

Lc 1 22 αὐτὸς ἦν διανεύων αὐτοῖς, καὶ διέμενεν κωφός

διανόημα

Lc 11 17 αὐτὸς δὲ εἰδὼς αὐτῶν τὰ διανοήματα εἶπεν αὐτοῖς

διάνοια
ᵃ διάνοιαι

Mt 22 37 ἀγαπήσεις κύριον τὸν θεόν σου ... ἐν ὅλῃ τῇ ψυχῇ σου καὶ ἐν ὅλῃ τῇ διανοίᾳ σου

Mc 12 30 ἀγαπήσεις κύριον τὸν θεόν σου ... ἐξ ὅλης τῆς ψυχῆς σου καὶ ἐξ ὅλης τῆς διανοίας σου

Lc 1 51 διεσκόρπισεν ὑπερηφάνους διανοίᾳ καρδίας αὐτῶν

10 27 ἀγαπήσεις κύριον τὸν θεόν σου ... | ἐν ὅλῃ τῇ ψυχῇ (ἐξ ὅλης τῆς ψυχῆς V⌐) σου ... καὶ | ἐν ὅλῃ τῇ διανοίᾳ (ἐξ ὅλης τῆς διανοίας V⌐) σου

E 1 18 * ⟨ἵνα ... δώῃ⟩ πεφωτισμένους τοὺς ὀφθαλμοὺς τῆς διανοίας (⌐; καρδίας rl) ὑμῶν [N²⁶NH]

2 3ᵃ ποιοῦντες τὰ θελήματα τῆς σαρκὸς καὶ τῶν διανοιῶν

4 18 ⟨τὰ ἔθνη⟩ ἐσκοτωμένοι (-τισμένοι S⌐) τῇ διανοίᾳ ὄντες

Cl 1 21 ὑμᾶς ποτε ὄντας ἀπηλλοτριωμένους καὶ ἐχθροὺς τῇ διανοίᾳ ἐν τοῖς ἔργοις τοῖς πονηροῖς

Hb 8 10 διδοὺς νόμους μου εἰς τὴν διάνοιαν αὐτῶν

10 16ᵃ διδοὺς νόμους μου ἐπὶ καρδίας αὐτῶν, καὶ ἐπὶ | τὴν διάνοιαν (τῶν διανοιῶν S⌐) αὐτῶν ἐπιγράψω αὐτούς

1Pt 1 13 ἀναζωσάμενοι τὰς ὀσφύας τῆς διανοίας ὑμῶν ... ἐλπίσατε

2Pt 3 1 ἐν αἷς διεγείρω ὑμῶν ἐν ὑπομνήσει τὴν εἰλικρινῆ διάνοιαν

1Jo 5 20 ὁ υἱὸς τοῦ θεοῦ ἥκει, καὶ δέδωκεν ἡμῖν διάνοιαν ἵνα γινώσκωμεν (-κομεν MVBSTH) τὸν ἀληθινόν

διανοίγω
→ ἀνοίγω
ᵃ δ. τὰς γραφάς

Mc 7 34 λέγει αὐτῷ· εφφαθα, ὅ ἐστιν διανοίχθητι. ↔

7 35 * καὶ εὐθέως ([N²⁶S]; —NTH) διηνοίχθησαν (⌐; ἠνοίγησαν rl) αὐτοῦ αἱ ἀκοαί

Lc 2 23 πᾶν ἄρσεν διανοῖγον μήτραν ἅγιον τῷ κυρίῳ κληθήσεται

24 31 αὐτῶν δὲ διηνοίχθησαν οἱ ὀφθαλμοί

24 32ᵃ οὐχὶ ἡ καρδία ἡμῶν καιομένη ἦν ... ὡς διήνοιγεν ἡμῖν τὰς γραφάς;

24 45 τότε διήνοιξεν αὐτῶν τὸν νοῦν τοῦ συνιέναι τὰς γραφάς

Ac 7 56 ἰδοὺ θεωρῶ τοὺς οὐρανοὺς διηνοιγμένους

16 14 γυνὴ ὀνόματι Λυδία ... ἧς ὁ κύριος διήνοιξεν τὴν καρδίαν προσέχειν τοῖς λαλουμένοις

17 3 ⟨διελέξατο αὐτοῖς ἀπὸ τῶν γραφῶν⟩ διανοίγων καὶ παρατιθέμενος ὅτι τὸν χριστὸν ἔδει παθεῖν

διανυκτερεύω

Lc 6 12 ἦν διανυκτερεύων ἐν τῇ προσευχῇ τοῦ θεοῦ

διανύω

Ac 21 7 ἡμεῖς δὲ τὸν πλοῦν διανύσαντες ἀπὸ Τύρου κατηντήσαμεν εἰς Πτολεμαΐδα

διαπαντός
→ διά f

διαπαρατριβή

1Tm 6 5 ⟨ἐξ ὧν γίνεται⟩ διαπαρατριβαὶ (παραδιατριβαὶ ⌐) διεφθαρμένων ἀνθρώπων τὸν νοῦν

διαπεράω

Mt 9 1 ἐμβὰς εἰς (+τὸ [V]⌐) πλοῖον διεπέρασεν

14 34 διαπεράσαντες ἦλθον | ἐπὶ τὴν γῆν εἰς (εἰς τ. γ. S⌐) Γεννησαρέτ

Mc 5 21 διαπεράσαντος τοῦ Ἰησοῦ | ἐν τῷ πλοίῳ [N²⁶] | πάλιν εἰς τὸ πέραν (~ T)

6 53 διαπεράσαντες ἐπὶ τὴν γῆν ἦλθον εἰς Γεννησαρέτ

Lc 16 26 ὅπως οἱ θέλοντες διαβῆναι ἔνθεν ... μηδὲ (+οἱ [M]VST⌐) ἐκεῖθεν πρὸς ἡμᾶς διαπερῶσιν

Ac 21 2 εὑρόντες πλοῖον διαπερῶν εἰς Φοινίκην, ἐπιβάντες ἀνήχθημεν

διαπλέω
→ πλέω

Ac 27 5 ⟨ὑπεπλεύσαμεν τὴν Κύπρον⟩ τό τε πέλαγος τὸ κατὰ τὴν Κιλικίαν καὶ Παμφυλίαν διαπλεύσαντες κατήλθομεν εἰς Μύρα τῆς Λυκίας

διαπονέομαι
κατα-

Ac 4 2 ⟨ἐπέστησαν αὐτοῖς⟩ διαπονούμενοι διὰ τὸ διδάσκειν αὐτοὺς τὸν λαόν

16 18 διαπονηθεὶς δὲ (+ὁ MVBS⌐) Παῦλος καὶ ἐπιστρέψας τῷ πνεύματι εἶπεν

διαπορεύομαι
→ πορεύομαι

Mc 2 23 * ἐγένετο αὐτὸν ἐν τοῖς σάββασιν διαπορεύεσθαι (H; παρα- rl) διὰ τῶν σπορίμων

Lc 6 1 ἐγένετο δὲ ἐν σαββάτῳ (+δευτεροπρώτῳ VB[S]T⌐) διαπορεύεσθαι αὐτὸν διὰ σπορίμων

13 22 διεπορεύετο κατὰ πόλεις καὶ κώμας διδάσκων

18 36 ἀκούσας δὲ ὄχλου διαπορευομένου

Ac 16 4 ὡς δὲ διεπορεύοντο τὰς πόλεις

Rm 15 24 ἐλπίζω γὰρ διαπορευόμενος θεάσασθαι ὑμᾶς

διαπορέω
→ ἀπορέω

Lc 9 7 ἤκουσεν δὲ Ἡρῴδης ... καὶ διηπόρει διὰ τὸ λέγεσθαι ὑπό τινων ὅτι Ἰωάννης ἠγέρθη

24 4 * ἐγένετο ἐν τῷ διαπορεῖσθαι (V⌐; ἀπορεῖσθαι rl) αὐτὰς περὶ τούτου

Ac 2 12 ἐξίσταντο δὲ πάντες καὶ διηπόρουν (-οῦντο NMTH), ἄλλος πρὸς ἄλλον λέγοντες

5 24 ὡς δὲ ἤκουσαν τοὺς λόγους τούτους ... διηπόρουν περὶ αὐτῶν τί ἂν γένοιτο τοῦτο

10 17 ὡς δὲ ἐν ἑαυτῷ διηπόρει ὁ Πέτρος τί ἂν εἴη τὸ ὅραμα

διαπραγματεύομαι
→ πραγματεύομαι

Lc 19 15 ἵνα γνοῖ | τί διεπραγματεύσαντο (N²⁶SH; τίς τί δ-σατο rl)

διαπρίω
→ πρίζω, πρίω
Ac 5 33 οἱ δὲ ἀκούσαντες διεπρίοντο
7 54 ἀκούοντες δὲ ταῦτα διεπρίοντο ταῖς καρδίαις αὐτῶν

διαρήγνυμι, διαρήσσω
→ δια(ρ)ρήγνυμι, διαρήσσω

διαρπάζω
→ ἁρπάζω
Mt 12 29 * πῶς δύναταί τις εἰσελθεῖν εἰς τὴν οἰκίαν τοῦ ἰσχυροῦ καὶ τὰ σκεύη αὐτοῦ διαρπάσαι (ς; ἀρπ. rl) ⟨;⟩
12 29 καὶ τότε τὴν οἰκίαν αὐτοῦ διαρπάσει (-ση T)
Mc 3 27 οὐ δύναται οὐδεὶς | εἰς τὴν οἰκίαν τοῦ ἰσχυροῦ εἰσελθὼν τὰ σκεύη (∼ Sς) αὐτοῦ διαρπάσαι
3 27 καὶ τότε τὴν οἰκίαν αὐτοῦ διαρπάσει

δια(ρ)ρήγνυμι, διαρήσσω
→ ῥήγνυμι
Mt 26 65 τότε ὁ ἀρχιερεὺς διέρρηξεν τὰ ἱμάτια αὐτοῦ λέγων
Mc 14 63 ὁ δὲ ἀρχιερεὺς διαρρήξας τοὺς χιτῶνας αὐτοῦ λέγει
Lc 5 6 διερρήσσετο (-ερρήγνυτο VSς) δὲ | τὰ δίκτυα (τὸ δίκτυον Sς) αὐτῶν
8 29 διαρρήσσων τὰ δεσμὰ ἠλαύνετο ... εἰς τὰς ἐρήμους
Ac 14 14 διαρρήξαντες τὰ ἱμάτια αὐτῶν (ἑα. NMVH; [ἑ]αὐ. S) ἐξεπήδησαν εἰς τὸν ὄχλον

διασαφέω
Mt 13 36 διασάφησον (φράσον VTς) ἡμῖν τὴν παραβολὴν τῶν ζιζανίων τοῦ ἀγροῦ
18 31 ἐλθόντες διεσάφησαν τῷ κυρίῳ ἑαυτῶν πάντα τὰ γενόμενα

διασείω
→ σείω
Lc 3 14 μηδένα διασείσητε μηδὲ (μηδένα T) συκοφαντήσητε

διασκορπίζω
→ σκορπίζω
Mt 25 24 θερίζων ὅπου οὐκ ἔσπειρας, καὶ συνάγων ὅθεν οὐ διεσκόρπισας
25 26 θερίζω ὅπου οὐκ ἔσπειρα, καὶ συνάγω ὅθεν οὐ διεσκόρπισα
26 31 πατάξω τὸν ποιμένα, καὶ διασκορπισθήσονται (-θήσεται ς) τὰ πρόβατα τῆς ποίμνης
Mc 14 27 πατάξω τὸν ποιμένα, καὶ τὰ πρόβατα διασκορπισθήσονται (-θήσεται ς)
Lc 1 51 διεσκόρπισεν ὑπερηφάνους διανοίᾳ καρδίας αὐτῶν
15 13 ἐκεῖ διεσκόρπισεν τὴν οὐσίαν αὐτοῦ ζῶν ἀσώτως
16 1 οὗτος διεβλήθη αὐτῷ ὡς διασκορπίζων τὰ ὑπάρχοντα αὐτοῦ
Jo 11 52 ἵνα καὶ τὰ τέκνα τοῦ θεοῦ τὰ διεσκορπισμένα συναγάγῃ εἰς ἕν
Ac 5 37 πάντες ὅσοι ἐπείθοντο αὐτῷ διεσκορπίσθησαν

διασπάω
→ σπάω
Mc 5 4 διὰ τὸ αὐτὸν ... δεδέσθαι, καὶ διεσπάσθαι ὑπ' αὐτοῦ τὰς ἁλύσεις
Ac 23 10 φοβηθεὶς ὁ χιλίαρχος μὴ διασπασθῇ ὁ Παῦλος ὑπ' αὐτῶν

διασπείρω
→ σπείρω
Ac 8 1 πάντες δὲ ([NH]; τε ς; —T) διεσπάρησαν κατὰ τὰς χώρας τῆς Ἰουδαίας

Ac 8 4 οἱ μὲν οὖν διασπαρέντες διῆλθον εὐαγγελιζόμενοι τὸν λόγον
11 19 οἱ μὲν οὖν διασπαρέντες ἀπὸ τῆς θλίψεως ... διῆλθον ἕως Φοινίκης

διασπορά
Jo 7 35 μὴ εἰς τὴν διασπορὰν τῶν Ἑλλήνων μέλλει πορεύεσθαι ⟨;⟩
Jc 1 1 Ἰάκωβος ... ταῖς δώδεκα φυλαῖς ταῖς ἐν τῇ διασπορᾷ χαίρειν
1Pt 1 1 Πέτρος ἀπόστολος Ἰησοῦ Χριστοῦ ἐκλεκτοῖς παρεπιδήμοις διασπορᾶς Πόντου, Γαλατίας, Καππαδοκίας

διαστέλλομαι
→ στέλλομαι
a τὸ διαστελλόμενον
Mt 16 20 τότε διεστείλατο (ἐπετίμησεν NH) τοῖς μαθηταῖς (+αὐτοῦ Vς) ἵνα μηδενὶ εἴπωσιν
Mc 5 43 διεστείλατο αὐτοῖς πολλὰ ἵνα μηδεὶς γνοῖ τοῦτο
7 36 διεστείλατο αὐτοῖς ἵνα μηδενὶ λέγωσιν· ↔
7 36 ὅσον δὲ αὐτοῖς διεστέλλετο, αὐτοὶ μᾶλλον περισσότερον ἐκήρυσσον
8 15 διεστέλλετο αὐτοῖς λέγων
9 9 διεστείλατο αὐτοῖς ἵνα μηδενὶ ἃ εἶδον διηγήσωνται
Ac 15 24 ἠκούσαμεν ὅτι τινὲς ἐξ ἡμῶν ἐξελθόντες ([N26]; —NH) ἐτάραξαν ὑμᾶς ... οἷς οὐ διεστειλάμεθα
Hb 12 20a οὐκ ἔφερον γὰρ τὸ διαστελλόμενον· κἂν θηρίον θίγῃ τοῦ ὄρους, λιθοβοληθήσεται

διάστημα
Ac 5 7 ἐγένετο δὲ ὡς ὡρῶν τριῶν διάστημα

διαστολή
Rm 3 22 οὐ γάρ ἐστιν διαστολή ⟨πάντες γὰρ ἥμαρτον⟩
10 12 οὐ γάρ ἐστιν διαστολὴ Ἰουδαίου τε καὶ Ἕλληνος
1C 14 7 ἐὰν διαστολὴν τοῖς φθόγγοις μὴ δῷ, πῶς γνωσθήσεται τὸ αὐλούμενον ἢ τὸ κιθαριζόμενον;

διαστρέφω
→ στρέφω
a διεστραμμένος
Mt 17 17a ὦ γενεὰ ἄπιστος καὶ διεστραμμένη
Lc 9 41a ὦ γενεὰ ἄπιστος καὶ διεστραμμένη
23 2 τοῦτον εὕραμεν διαστρέφοντα τὸ ἔθνος ἡμῶν
Ac 13 8 ζητῶν διαστρέψαι τὸν ἀνθύπατον ἀπὸ τῆς πίστεως
13 10 οὐ παύσῃ διαστρέφων τὰς ὁδοὺς τοῦ ([N26]; —VBSTς) κυρίου τὰς εὐθείας;
20 30a ἐξ ὑμῶν αὐτῶν [H] ἀναστήσονται ἄνδρες λαλοῦντες διεστραμμένα
Ph 2 15a ἵνα γένησθε ... τέκνα θεοῦ ἄμωμα (-μητα Sς) μέσον γενεᾶς σκολιᾶς καὶ διεστραμμένης

διασῴζω
→ σῴζω
Mt 14 36 ὅσοι ἥψαντο διεσώθησαν
Lc 7 3 ἐρωτῶν αὐτὸν ὅπως ἐλθὼν διασώσῃ τὸν δοῦλον αὐτοῦ
Ac 23 24 ἵνα ἐπιβιβάσαντες τὸν Παῦλον διασώσωσιν πρὸς Φήλικα
27 43 ὁ δὲ ἑκατοντάρχης βουλόμενος διασῶσαι τὸν Παῦλον ἐκώλυσεν αὐτούς
27 44 οὕτως ἐγένετο πάντας διασωθῆναι ἐπὶ τὴν γῆν. ↔
28 1 καὶ διασωθέντες τότε ἐπέγνωμεν ὅτι Μελίτη (-τήνη H) ἡ νῆσος καλεῖται

Ac 28 4 φονεύς ἐστιν ὁ ἄνθρωπος οὗτος· ὃν διασωθέντα ἐκ τῆς θαλάσσης ἡ δίκη ζῆν οὐκ εἴασεν
1Pt 3 20 κιβωτοῦ, εἰς ἣν ὀλίγοι (-γαι Sς), τοῦτ' ἔστιν ὀκτὼ ψυχαί, διεσώθησαν δι' ὕδατος

διαταγή
Ac 7 53 οἵτινες ἐλάβετε τὸν νόμον εἰς διαταγὰς ἀγγέλων
Rm 13 2 ὥστε ὁ ἀντιτασσόμενος τῇ ἐξουσίᾳ τῇ τοῦ θεοῦ διαταγῇ ἀνθέστηκεν

διάταγμα
Hb 11 23 οὐκ ἐφοβήθησαν τὸ διάταγμα τοῦ βασιλέως

διαταράσσω
→ ταράσσω
Lc 1 29 ἡ δὲ ἐπὶ τῷ λόγῳ διεταράχθη

διατάσσω
→ τάσσω
a τὸ διατεταγμένον
b τὰ διαταχθέντα
Mt 11 1 ἐγένετο ὅτε ἐτέλεσεν ὁ Ἰησοῦς διατάσσων τοῖς δώδεκα μαθηταῖς αὐτοῦ
Lc 3 13a μηδὲν πλέον παρὰ τὸ διατεταγμένον ὑμῖν πράσσετε
8 55 διέταξεν αὐτῇ δοθῆναι φαγεῖν
17 9b μὴ ἔχει χάριν τῷ δούλῳ ὅτι ἐποίησεν τὰ διαταχθέντα;
17 10b ὅταν ποιήσητε πάντα τὰ διαταχθέντα ὑμῖν
Ac 7 44 καθὼς διετάξατο ὁ λαλῶν τῷ Μωϋσῇ ποιῆσαι αὐτήν
18 2 διὰ τὸ διατεταχέναι (τεταχ. T) Κλαύδιον χωρίζεσθαι πάντας τοὺς Ἰουδαίους ἀπὸ τῆς Ῥώμης
20 13 οὕτως γὰρ διατεταγμένος ἦν, μέλλων αὐτὸς πεζεύειν
23 31a οἱ μὲν οὖν στρατιῶται κατὰ τὸ διατεταγμένον αὐτοῖς ἀναλαβόντες τὸν Παῦλον ἤγαγον
24 23 ⟨ὁ Φῆλιξ⟩ διαταξάμενος τῷ ἑκατοντάρχῃ τηρεῖσθαι αὐτόν
1C 7 17 οὕτως ἐν ταῖς ἐκκλησίαις πάσαις διατάσσομαι
9 14 οὕτως καὶ ὁ κύριος διέταξεν τοῖς τὸ εὐαγγέλιον καταγγέλλουσιν ἐκ τοῦ εὐαγγελίου ζῆν
11 34 τὰ δὲ λοιπὰ ὡς ἂν ἔλθω διατάξομαι
16 1 ὥσπερ διέταξα ταῖς ἐκκλησίαις τῆς Γαλατίας
G 3 19 τί οὖν ὁ νόμος; τῶν παραβάσεων χάριν προσετέθη ... διαταγεὶς δι' ἀγγέλων
Tt 1 5 ἵνα ... καταστήσῃς κατὰ πόλιν πρεσβυτέρους, ὡς ἐγώ σοι διεταξάμην

διατελέω
→ τελέω
Ac 27 33 τεσσαρεσκαιδεκάτην σήμερον ἡμέραν προσδοκῶντες ἄσιτοι διατελεῖτε, μηθὲν (μηδὲν MVBSς) προσλαβόμενοι

διατηρέω
→ τηρέω
Lc 2 51 ἡ μήτηρ αὐτοῦ διετήρει | πάντα τὰ ῥήματα (τὰ ῥ. ἅπαντα S; π. τὰ ῥ. ταῦτα Vς) ἐν τῇ καρδίᾳ αὐτῆς
Ac 15 29 ἐξ ὧν διατηροῦντες ἑαυτοὺς εὖ πράξετε

διατί
→ διά b

διατίθεμαι
→ τίθημι
a διαθήκην δ.

Lc 22 29 κἀγὼ διατίθεμαι ὑμῖν ↔
   22 29 καθὼς διέθετό μοι ὁ πατήρ μου βασιλείαν

Ac 3 25ᵃ ὑμεῖς ἐστε οἱ υἱοὶ τῶν προφητῶν καὶ τῆς διαθήκης ἧς | διέθετο ὁ θεὸς (∼ NMH) πρὸς τοὺς πατέρας ὑμῶν (ἡμῶν Tϛ)

Hb 8 10ᵃ αὕτη ἡ διαθήκη ἣν διαθήσομαι τῷ οἴκῳ ᾽Ισραήλ
   9 16 ὅπου γὰρ διαθήκη, θάνατον ἀνάγκη φέρεσθαι τοῦ διαθεμένου · ↔
   9 17 διαθήκη γὰρ ἐπὶ νεκροῖς βεβαία, ἐπεὶ μήποτε (μὴ τότε H) ἰσχύει ὅτε ζῇ ὁ διαθέμενος
   10 16ᵃ αὕτη ἡ διαθήκη ἣν διαθήσομαι πρὸς αὐτούς

διατρίβω
συν-
Jo 3 22 ἐκεῖ διέτριβεν μετ᾽ αὐτῶν
   11 54 * κἀκεῖ διέτριβεν (ἔμεινεν N²⁶NH) μετὰ τῶν μαθητῶν

Ac 12 19 κατελθὼν ἀπὸ τῆς ᾽Ιουδαίας εἰς Καισάρειαν διέτριβεν
   14 3 ἱκανὸν μὲν οὖν χρόνον διέτριψαν παρρησιαζόμενοι ἐπὶ τῷ κυρίῳ
   14 28 διέτριβον δὲ χρόνον οὐκ ὀλίγον σὺν τοῖς μαθηταῖς
   15 35 Παῦλος δὲ καὶ Βαρναβᾶς διέτριβον ἐν ᾽Αντιοχείᾳ
   16 12 ἦμεν δὲ ἐν ταύτῃ τῇ πόλει διατρίβοντες ἡμέρας τινάς
   20 6 εἰς τὴν Τρῳάδα ... ὅπου (N²⁶NT; [ὅπ] οὗ S; οὗ rl) διετρίψαμεν ἡμέρας ἑπτά
   25 6 διατρίψας δὲ ἐν αὐτοῖς ἡμέρας οὐ πλείους ὀκτὼ ἢ δέκα
   25 14 ὡς δὲ πλείους ἡμέρας διέτριβον ἐκεῖ

διατροφή
1Tm 6 8 ἔχοντες δὲ διατροφὰς καὶ σκεπάσματα, τούτοις ἀρκεσθησόμεθα

διαυγάζω
→ αὐγάζω
2Pt 1 19 ἕως οὗ ἡμέρα διαυγάσῃ καὶ φωσφόρος ἀνατείλῃ ἐν ταῖς καρδίαις ὑμῶν

διαυγής
Ap 21 21 ἡ πλατεῖα τῆς πόλεως χρυσίον καθαρὸν ὡς ὕαλος διαυγής (διαφανής ϛ)

διαφανής
Ap 21 21 * ἡ πλατεῖα τῆς πόλεως χρυσίον καθαρὸν ὡς ὕαλος διαφανής (ϛ; διαυγής rl)

διαφέρω
→ φέρω
a trans.
b τὰ διαφέροντα
Mt 6 26 οὐχ ὑμεῖς μᾶλλον διαφέρετε αὐτῶν;
   10 31 πολλῶν στρουθίων διαφέρετε ὑμεῖς
   12 12 πόσῳ οὖν διαφέρει ἄνθρωπος προβάτου
Mc 11 16ᵃ οὐκ ἤφιεν ἵνα τις διενέγκῃ σκεῦος διὰ τοῦ ἱεροῦ
Lc 12 7 πολλῶν στρουθίων διαφέρετε
   12 24 πόσῳ μᾶλλον ὑμεῖς διαφέρετε τῶν πετεινῶν
Ac 13 49ᵃ διεφέρετο δὲ ὁ λόγος τοῦ κυρίου δι᾽ (καθ᾽ T) ὅλης τῆς χώρας
   27 27ᵃ ὡς δὲ τεσσαρεσκαιδεκάτη νὺξ ἐγένετο διαφερομένων ἡμῶν ἐν τῷ ᾽Αδρίᾳ

Rm 2 18ᵇ ⟨εἰ δὲ⟩ δοκιμάζεις τὰ διαφέροντα κατηχούμενος ἐκ τοῦ νόμου
1C 15 41 ἀστὴρ γὰρ ἀστέρος διαφέρει ἐν δόξῃ
G 2 6 ὁποῖοί ποτε ἦσαν οὐδέν μοι διαφέρει
   4 1 οὐδὲν διαφέρει δούλου κύριος πάντων ὤν
Ph 1 10ᵇ ⟨ἵνα ἡ ἀγάπη ὑμῶν ... περισσεύῃ ἐν ἐπιγνώσει⟩ εἰς τὸ δοκιμάζειν ὑμᾶς τὰ διαφέροντα

διαφεύγω
→ φεύγω
Ac 27 42 ἵνα τοὺς δεσμώτας ἀποκτείνωσιν, μή τις ἐκκολυμβήσας διαφύγῃ (-φύγοι ϛ)

διαφημίζω
→ φημίζω
Mt 9 31 οἱ δὲ ἐξελθόντες διεφήμισαν αὐτὸν ἐν ὅλῃ τῇ γῇ ἐκείνῃ
   28 15 διεφημίσθη (ἐφημίσθη T) ὁ λόγος οὗτος παρὰ ᾽Ιουδαίοις μέχρι τῆς σήμερον ἡμέρας ([N²⁶NH]; —MVS Tϛ)
Mc 1 45 ὁ δὲ ἐξελθὼν ἤρξατο κηρύσσειν πολλὰ καὶ διαφημίζειν τὸν λόγον

διαφθείρω
→ φθείρω
Lc 12 33 ὅπου κλέπτης οὐκ ἐγγίζει οὐδὲ σὴς διαφθείρει
2C 4 16 ἀλλ᾽ εἰ καὶ ὁ ἔξω ἡμῶν ἄνθρωπος διαφθείρεται, ἀλλ᾽ ὁ ἔσω ἡμῶν ἀνακαινοῦται
1Tm 6 5 ⟨ἐξ ὧν γίνεται φθόνος⟩ διαπαρατριβαὶ διεφθαρμένων ἀνθρώπων τὸν νοῦν
Ap 8 9 τὸ τρίτον τῶν πλοίων διεφθάρησαν (διεφθάρη ϛ)
   11 18 ἦλθεν ἡ ὀργή σου καὶ ὁ καιρὸς τῶν νεκρῶν κριθῆναι ... καὶ διαφθεῖραι ↔
   11 18 τοὺς διαφθείροντας τὴν γῆν

διαφθορά
Ac 2 27 οὐδὲ δώσεις τὸν ὅσιόν σου ἰδεῖν διαφθοράν
   2 31 οὔτε ἡ σὰρξ αὐτοῦ εἶδεν διαφθοράν
   13 34 ὅτι δὲ ἀνέστησεν αὐτὸν ἐκ νεκρῶν μηκέτι μέλλοντα ὑποστρέφειν εἰς διαφθοράν
   13 35 οὐ δώσεις τὸν ὅσιόν σου ἰδεῖν διαφθοράν. ↔
   13 36 Δαυὶδ μὲν γὰρ ... ἐκοιμήθη καὶ προσετέθη πρὸς τοὺς πατέρας αὐτοῦ καὶ εἶδεν διαφθοράν · ↔
   13 37 ὃν δὲ ὁ θεὸς ἤγειρεν, οὐκ εἶδεν διαφθοράν

διάφορος
a comp.
Rm 12 6 ἔχοντες δὲ χαρίσματα κατὰ τὴν χάριν τὴν δοθεῖσαν ἡμῖν διάφορα
Hb 1 4ᵃ ὅσῳ διαφορώτερον παρ᾽ αὐτοὺς κεκληρονόμηκεν ὄνομα
   8 6ᵃ νυνὶ (νυν[ὶ] N²⁶; νῦν NH) δὲ διαφορωτέρας τέτυχεν (τετύχηκεν S) λειτουργίας
   9 10 μόνον ἐπὶ βρώμασιν καὶ πόμασιν καὶ διαφόροις βαπτισμοῖς

διαφυλάσσω
→ φυλάσσω
Lc 4 10 τοῖς ἀγγέλοις αὐτοῦ ἐντελεῖται περὶ σοῦ τοῦ διαφυλάξαι σε

διαχειρίζομαι
προ-
Ac 5 30 ᾽Ιησοῦν, ὃν ὑμεῖς διεχειρίσασθε κρεμάσαντες ἐπὶ ξύλου

Ac 26 21 ἕνεκα τούτων με ᾽Ιουδαῖοι συλλαβόμενοι ὄντα ([N²⁶]; —NMVHϛ) ἐν τῷ ἱερῷ ἐπειρῶντο διαχειρίσασθαι

διαχλευάζω
→ χλευάζω
Ac 2 13 ἕτεροι δὲ διαχλευάζοντες (χλευάζοντες ϛ) ἔλεγον

διαχωρίζω
→ χωρίζω
Lc 9 33 ἐγένετο ἐν τῷ διαχωρίζεσθαι αὐτοὺς ἀπ᾽ αὐτοῦ εἶπεν ὁ Πέτρος

διδακτικός
1Tm 3 2 δεῖ οὖν τὸν ἐπίσκοπον ἀνεπίλημπτον εἶναι ... διδακτικόν
2Tm 2 24 δοῦλον δὲ κυρίου οὐ δεῖ μάχεσθαι ἀλλὰ ἤπιον εἶναι πρὸς πάντας, διδακτικόν, ἀνεξίκακον

διδακτός
Jo 6 45 καὶ ἔσονται πάντες διδακτοὶ θεοῦ
1C 2 13 ἃ καὶ λαλοῦμεν οὐκ ἐν διδακτοῖς ἀνθρωπίνης σοφίας λόγοις, ↔
   2 13 ἀλλ᾽ ἐν διδακτοῖς πνεύματος

διδασκαλία
a διδάσκω δ.
b ὑγιαίνουσα δ.
Mt 15 9ᵃ διδάσκοντες διδασκαλίας ἐντάλματα ἀνθρώπων
Mc 7 7ᵃ διδάσκοντες διδασκαλίας ἐντάλματα ἀνθρώπων
Rm 12 7 ⟨ἔχοντες δὲ χαρίσματα ... διάφορα⟩ εἴτε ὁ διδάσκων, ἐν τῇ διδασκαλίᾳ
   15 4 ὅσα γὰρ προεγράφη, [+ πάντα H] εἰς τὴν ἡμετέραν διδασκαλίαν ἐγράφη
E 4 14 ἵνα μηκέτι ὦμεν νήπιοι ... περιφερόμενοι παντὶ ἀνέμῳ τῆς διδασκαλίας
Cl 2 22 κατὰ τὰ ἐντάλματα καὶ διδασκαλίας τῶν ἀνθρώπων
1Tm 1 10ᵇ καὶ εἴ τι ἕτερον τῇ ὑγιαινούσῃ διδασκαλίᾳ ἀντίκειται
   4 1 ἀποστήσονταί τινες τῆς πίστεως, προσέχοντες πνεύμασιν πλάνοις καὶ διδασκαλίαις δαιμονίων
   4 6 ἐντρεφόμενος τοῖς λόγοις τῆς πίστεως καὶ τῆς καλῆς διδασκαλίας ᾗ παρηκολούθηκας
   4 13 ἕως ἔρχομαι πρόσεχε τῇ ἀναγνώσει, τῇ παρακλήσει, τῇ διδασκαλίᾳ
   4 16 ἔπεχε σεαυτῷ καὶ τῇ διδασκαλίᾳ
   5 17 διπλῆς τιμῆς ἀξιούσθωσαν, μάλιστα οἱ κοπιῶντες ἐν λόγῳ καὶ διδασκαλίᾳ
   6 1 ἵνα μὴ τὸ ὄνομα τοῦ θεοῦ καὶ ἡ διδασκαλία βλασφημῆται
   6 3 εἴ τις ... μὴ προσέρχεται (-έχεται T) ὑγιαίνουσιν λόγοις ... καὶ τῇ κατ᾽ εὐσέβειαν διδασκαλίᾳ
2Tm 3 10 σὺ δὲ παρηκολούθησάς (-θηκάς Vϛ) μου τῇ διδασκαλίᾳ, τῇ ἀγωγῇ
   3 16 πᾶσα γραφὴ θεόπνευστος καὶ ὠφέλιμος πρὸς διδασκαλίαν, πρὸς ἔλεγμόν
   4 3ᵇ ὅτε τῆς ὑγιαινούσης διδασκαλίας οὐκ ἀνέξονται
Tt 1 9ᵇ ἵνα δυνατὸς ᾖ καὶ παρακαλεῖν ἐν τῇ διδασκαλίᾳ τῇ ὑγιαινούσῃ
   2 1ᵇ σὺ δὲ λάλει ἃ πρέπει τῇ ὑγιαινούσῃ διδασκαλίᾳ
   2 7 σεαυτὸν παρεχόμενος τύπον καλῶν ἔργων, ἐν τῇ διδασκαλίᾳ ἀφθορίαν

Tt 2 10 ἵνα τὴν διδασκαλίαν τὴν (—ς) τοῦ σωτῆρος ἡμῶν θεοῦ κοσμῶσιν ἐν πᾶσιν

διδάσκαλος

a generaliter
b διδάσκαλε ἀγαθέ
c δ. et ῥαββί, ῥαββουνί
d δ. de Ioanne Baptista

Mt 8 19 διδάσκαλε, ἀκολουθήσω σοι ὅπου ἐὰν ἀπέρχῃ
9 11 διὰ τί μετὰ τῶν τελωνῶν καὶ ἁμαρτωλῶν ἐσθίει ὁ διδάσκαλος ὑμῶν;
10 24a οὐκ ἔστιν μαθητὴς ὑπὲρ τὸν διδάσκαλον
10 25a ἀρκετὸν τῷ μαθητῇ ἵνα γένηται ὡς ὁ διδάσκαλος αὐτοῦ
12 38 διδάσκαλε, θέλομεν ἀπὸ σοῦ σημεῖον ἰδεῖν
17 24 ὁ διδάσκαλος ὑμῶν οὐ τελεῖ τὰ ([N26]; —NMT) δίδραχμα;
19 16b διδάσκαλε (+ἀγαθέ ς), τί ἀγαθὸν ποιήσω ⟨;⟩
22 16 διδάσκαλε, οἴδαμεν ὅτι ἀληθὴς εἶ
22 24 ⟨ἐπηρώτησαν αὐτὸν⟩ λέγοντες· διδάσκαλε, Μωϋσῆς εἶπεν
22 36 διδάσκαλε, ποία ἐντολὴ μεγάλη ἐν τῷ νόμῳ;
23 8a εἷς γάρ ἐστιν ὑμῶν ὁ διδάσκαλος (καθηγητὴς ὁ Χριστός ς)
26 18 εἴπατε αὐτῷ· ὁ διδάσκαλος λέγει

Mc 4 38 λέγουσιν αὐτῷ· διδάσκαλε, οὐ μέλει σοι ὅτι ἀπολλύμεθα;
5 35 τί ἔτι σκύλλεις τὸν διδάσκαλον;
9 17 διδάσκαλε, ἤνεγκα τὸν υἱόν μου πρός σέ
9 38 διδάσκαλε, εἴδομέν τινα ἐν τῷ ὀνόματί σου ἐκβάλλοντα δαιμόνια
10 17b διδάσκαλε ἀγαθέ, τί ποιήσω ⟨;⟩
10 20 διδάσκαλε, ταῦτα πάντα ἐφυλαξάμην ἐκ νεότητός μου
10 35 διδάσκαλε, θέλομεν ἵνα ὃ ἐὰν αἰτήσωμέν σε ποιήσῃς ἡμῖν
12 14 διδάσκαλε, οἴδαμεν ὅτι ἀληθὴς εἶ
12 19 ⟨ἐπηρώτων αὐτὸν λέγοντες⟩ διδάσκαλε, Μωϋσῆς ἔγραψεν ἡμῖν
12 32 εἶπεν αὐτῷ ὁ γραμματεύς· καλῶς, διδάσκαλε, ἐπ' ἀληθείας εἶπες
13 1 διδάσκαλε, ἴδε ποταποὶ λίθοι καὶ ποταπαὶ οἰκοδομαί
14 14 εἴπατε τῷ οἰκοδεσπότῃ ὅτι ὁ διδάσκαλος λέγει

Lc 2 46 εὗρον αὐτὸν ἐν τῷ ἱερῷ καθεζόμενον ἐν μέσῳ τῶν διδασκάλων
3 12d εἶπαν πρὸς αὐτόν· διδάσκαλε, τί ποιήσωμεν;
6 40a οὐκ ἔστιν μαθητὴς ὑπὲρ τὸν διδάσκαλον· ↔
6 40a κατηρτισμένος δὲ πᾶς ἔσται ὡς ὁ διδάσκαλος αὐτοῦ
7 40 Σίμων, ἔχω σοί τι εἰπεῖν. ὁ δέ· διδάσκαλε, εἰπέ, φησίν
8 49 μηκέτι σκύλλε τὸν διδάσκαλον
9 38 διδάσκαλε, δέομαί σου ἐπιβλέψαι (ἐπίβλεψαι ST; ἐπίβλεψον ς) ἐπὶ τὸν υἱόν μου
10 25 διδάσκαλε, τί ποιήσας ζωὴν αἰώνιον κληρονομήσω;
11 45 διδάσκαλε, ταῦτα λέγων καὶ ἡμᾶς ὑβρίζεις
12 13 διδάσκαλε, εἰπὲ τῷ ἀδελφῷ μου μερίσασθαι μετ' ἐμοῦ τὴν κληρονομίαν
18 18b διδάσκαλε ἀγαθέ, τί ποιήσας ζωὴν αἰώνιον κληρονομήσω;

Lc 19 39 διδάσκαλε, ἐπιτίμησον τοῖς μαθηταῖς σου
20 21 διδάσκαλε, οἴδαμεν ὅτι ὀρθῶς λέγεις
20 28 ⟨ἐπηρώτησαν αὐτὸν⟩ λέγοντες· διδάσκαλε, Μωϋσῆς ἔγραψεν ἡμῖν
20 39 διδάσκαλε, καλῶς εἶπας
21 7 διδάσκαλε, πότε οὖν ταῦτα ἔσται;
22 11 λέγει σοι ὁ διδάσκαλος· ποῦ ἐστιν τὸ κατάλυμα ⟨;⟩

Jo 1 38c ῥαββί, ὃ λέγεται μεθερμηνευόμενον (ἑρμ. Tς) διδάσκαλε, ποῦ μένεις;
3 2c ῥαββί, οἴδαμεν ὅτι ἀπὸ θεοῦ ἐλήλυθας διδάσκαλος
3 10 σὺ εἶ ὁ διδάσκαλος τοῦ Ἰσραὴλ καὶ ταῦτα οὐ γινώσκεις;
[8 4] διδάσκαλε, αὕτη ἡ γυνὴ κατείληπται (εἴληπται S; κατελήφθη ς) ἐπ' αὐτοφώρῳ μοιχευομένη
11 28 ὁ διδάσκαλος πάρεστιν καὶ φωνεῖ σε
13 13 ὑμεῖς φωνεῖτέ με· ὁ διδάσκαλος καὶ ὁ κύριος, καὶ καλῶς λέγετε
13 14 εἰ οὖν ἐγὼ ἔνιψα ὑμῶν τοὺς πόδας ὁ κύριος καὶ ὁ διδάσκαλος
20 16c ῥαββουνί, ὃ λέγεται διδάσκαλε

Ac 13 1 ἦσαν δὲ ἐν Ἀντιοχείᾳ κατὰ τὴν οὖσαν ἐκκλησίαν προφῆται καὶ διδάσκαλοι

Rm 2 20 ⟨πέποιθάς τε σεαυτὸν ὁδηγὸν εἶναι⟩ διδάσκαλον νηπίων ·
1 C 12 28 οὓς μὲν ἔθετο ὁ θεὸς ἐν τῇ ἐκκλησίᾳ πρῶτον ἀποστόλους, δεύτερον προφήτας, τρίτον διδασκάλους
12 29 μὴ πάντες ἀπόστολοι; μὴ πάντες προφῆται; μὴ πάντες διδάσκαλοι;

E 4 11 αὐτὸς ἔδωκεν τοὺς μὲν ἀποστόλους... τοὺς δὲ ποιμένας καὶ διδασκάλους

1Tm 2 7 εἰς ὃ ἐτέθην ἐγώ... διδάσκαλος ἐθνῶν ἐν πίστει καὶ ἀληθείᾳ

2Tm 1 11 εἰς ὃ ἐτέθην ἐγὼ κῆρυξ καὶ ἀπόστολος καὶ διδάσκαλος (+ἐθνῶν Vς)
4 3 κατὰ τὰς | ἰδίας ἐπιθυμίας (ἑ. τὰς ἰ. Sς) ἑαυτοῖς ἐπισωρεύσουσιν διδασκάλους κνηθόμενοι τὴν ἀκοὴν

Hb 5 12 ὀφείλοντες εἶναι διδάσκαλοι διὰ τὸν χρόνον, πάλιν χρείαν ἔχετε τοῦ διδάσκειν ὑμᾶς

Jc 3 1 μὴ πολλοὶ διδάσκαλοι γίνεσθε, ἀδελφοί μου

διδάσκω

a δ. et κηρύσσω
b δ. et εὐαγγελίζομαι
c δ. διδασκαλίας
d δ. ἐν τῷ ἱερῷ
e ἐδιδάχθην

Mt 4 23a περιῆγεν (+ὁ Ἰησοῦς MVBSς)... διδάσκων ἐν ταῖς συναγωγαῖς αὐτῶν καὶ κηρύσσων τὸ εὐαγγέλιον
5 2 ἀνοίξας τὸ στόμα αὐτοῦ ἐδίδασκεν αὐτούς
5 19 ὃς ἐὰν... διδάξῃ οὕτως τοὺς ἀνθρώπους
5 19 ὃς δ' ἂν ποιήσῃ καὶ διδάξῃ, οὗτος μέγας κληθήσεται
7 29 ἦν γὰρ διδάσκων αὐτοὺς ὡς ἐξουσίαν ἔχων
9 35a περιῆγεν ὁ Ἰησοῦς... διδάσκων ἐν ταῖς συναγωγαῖς αὐτῶν καὶ κηρύσσων τὸ εὐαγγέλιον
11 1a μετέβη ἐκεῖθεν τοῦ διδάσκειν καὶ κηρύσσειν ἐν ταῖς πόλεσιν αὐτῶν
13 54 ἐδίδασκεν αὐτοὺς ἐν τῇ συναγωγῇ αὐτῶν

Mt 15 9c μάτην δὲ σέβονταί με, διδάσκοντες διδασκαλίας ἐντάλματα ἀνθρώπων
21 23d ἐλθόντος αὐτοῦ εἰς τὸ ἱερὸν προσῆλθον αὐτῷ διδάσκοντι οἱ ἀρχιερεῖς
22 16 οἴδαμεν ὅτι... τὴν ὁδὸν τοῦ θεοῦ ἐν ἀληθείᾳ διδάσκεις
26 55d καθ' ἡμέραν (+πρὸς ὑμᾶς Vς) | ἐν τῷ ἱερῷ ἐκαθεζόμην διδάσκων (~ Vς)
28 15e οἱ δὲ λαβόντες τὰ (—NH) ἀργύρια ἐποίησαν ὡς ἐδιδάχθησαν
28 20 ⟨μαθητεύσατε πάντα τὰ ἔθνη, βαπτίζοντες αὐτούς⟩ διδάσκοντες αὐτοὺς τηρεῖν πάντα

Mc 1 21 καὶ εὐθὺς τοῖς σάββασιν εἰσελθὼν (—BST) | εἰς τὴν συναγωγὴν ἐδίδασκεν (~ BST)
1 22 ἦν γὰρ διδάσκων αὐτοὺς ὡς ἐξουσίαν ἔχων
2 13 πᾶς ὁ ὄχλος ἤρχετο πρὸς αὐτόν, καὶ ἐδίδασκεν αὐτούς
4 1 πάλιν ἤρξατο διδάσκειν παρὰ τὴν θάλασσαν
4 2 ἐδίδασκεν αὐτοὺς ἐν παραβολαῖς πολλά
6 2 γενομένου σαββάτου ἤρξατο | διδάσκειν ἐν τῇ συναγωγῇ (~ VSς)
6 6 περιῆγεν τὰς κώμας κύκλῳ διδάσκων
6 30 ἀπήγγειλαν αὐτῷ πάντα ὅσα ἐποίησαν καὶ ὅσα (—T) ἐδίδαξαν
6 34 ἤρξατο διδάσκειν αὐτοὺς πολλά
7 7c μάτην δὲ σέβονταί με, διδάσκοντες διδασκαλίας ἐντάλματα ἀνθρώπων
8 31 ἤρξατο διδάσκειν αὐτοὺς ὅτι δεῖ τὸν υἱὸν τοῦ ἀνθρώπου πολλὰ παθεῖν
9 31 ἐδίδασκεν γὰρ τοὺς μαθητὰς αὐτοῦ
10 1 ὡς εἰώθει πάλιν ἐδίδασκεν αὐτούς
11 17d ⟨εἰσελθὼν εἰς τὸ ἱερὸν⟩ ἐδίδασκεν καὶ ἔλεγεν αὐτοῖς (—H)
12 14 ἀλλ' ἐπ' ἀληθείας τὴν ὁδὸν τοῦ θεοῦ διδάσκεις
12 35d ἀποκριθεὶς ὁ Ἰησοῦς ἔλεγεν διδάσκων ἐν τῷ ἱερῷ
14 49d καθ' ἡμέραν ἤμην πρὸς ὑμᾶς ἐν τῷ ἱερῷ διδάσκων

Lc 4 15 αὐτὸς ἐδίδασκεν ἐν ταῖς συναγωγαῖς αὐτῶν
4 31 ἦν διδάσκων αὐτοὺς ἐν τοῖς σάββασιν
5 3 καθίσας δὲ | ἐκ τοῦ πλοίου ἐδίδασκεν (~ VBς; ἐν τῷ πλοίῳ ἐδ. T) τοὺς ὄχλους
5 17 καὶ ἐγένετο ἐν μιᾷ τῶν ἡμερῶν καὶ αὐτὸς ἦν διδάσκων
6 6 ἐγένετο δὲ... εἰσελθεῖν αὐτὸν εἰς τὴν συναγωγὴν καὶ διδάσκειν
11 1 κύριε, δίδαξον ἡμᾶς προσεύχεσθαι, ↔
11 1 καθὼς καὶ Ἰωάννης ἐδίδαξεν τοὺς μαθητὰς αὐτοῦ
12 12 τὸ γὰρ ἅγιον πνεῦμα διδάξει ὑμᾶς... ἃ δεῖ εἰπεῖν
13 10 ἦν δὲ διδάσκων ἐν μιᾷ τῶν συναγωγῶν ἐν τοῖς σάββασιν
13 22 διεπορεύετο κατὰ πόλεις καὶ κώμας διδάσκων
13 26 ἐν ταῖς πλατείαις ἡμῶν ἐδίδαξας
19 47d ἦν διδάσκων τὸ καθ' ἡμέραν ἐν τῷ ἱερῷ
20 1bd διδάσκοντος αὐτοῦ τὸν λαὸν ἐν τῷ ἱερῷ καὶ εὐαγγελιζομένου
20 21 οἴδαμεν ὅτι ὀρθῶς λέγεις καὶ διδάσκεις

Lc 20 21 ἀλλ' ἐπ' ἀληθείας τὴν ὁδὸν τοῦ
θεοῦ διδάσκεις
21 37ᵈ ἦν δὲ τὰς ἡμέρας ἐν τῷ ἱερῷ διδά-
σκων
23 5 ἀνασείει τὸν λαόν, διδάσκων καθ'
ὅλης τῆς Ἰουδαίας
Jo 6 59 ταῦτα εἶπεν ἐν συναγωγῇ διδά-
σκων ἐν Καφαρναούμ
7 14ᵈ τῆς ἑορτῆς μεσούσης ἀνέβη Ἰησοῦς
εἰς τὸ ἱερὸν καὶ ἐδίδασκεν
7 28ᵈ ἔκραξεν οὖν ἐν τῷ ἱερῷ διδάσκων
ὁ [H] Ἰησοῦς
7 35 μὴ εἰς τὴν διασπορὰν τῶν Ἑλλή-
νων μέλλει πορεύεσθαι καὶ διδά-
σκειν τοὺς Ἕλληνας;
[8 2]ᵈ παρεγένετο εἰς τὸ ἱερόν ... | καὶ
καθίσας ἐδίδασκεν αὐτούς [..H]
8 20ᵈ ταῦτα τὰ ῥήματα ἐλάλησεν ἐν τῷ
γαζοφυλακίῳ διδάσκων ἐν τῷ ἱερῷ
8 28 ἀλλὰ καθὼς ἐδίδαξέν με ὁ πατήρ,
ταῦτα λαλῶ
9 34 ἐν ἁμαρτίαις σὺ ἐγεννήθης ὅλος,
καὶ σὺ διδάσκεις ἡμᾶς;
14 26 ὁ δὲ παράκλητος ... ἐκεῖνος ὑμᾶς
διδάξει πάντα
18 20ᵈ ἐγὼ πάντοτε ἐδίδαξα ἐν συναγωγῇ
καὶ ἐν τῷ ἱερῷ
Ac 1 1 ὧν ἤρξατο ὁ (—H) Ἰησοῦς
ποιεῖν τε καὶ διδάσκειν
4 2 διαπονούμενοι διὰ τὸ διδάσκειν
αὐτοὺς τὸν λαόν
4 18 παρήγγειλαν τὸ (—NMTH) καθ-
όλου μὴ φθέγγεσθαι μηδὲ διδάσκειν
ἐπὶ τῷ ὀνόματι τοῦ [H] Ἰησοῦ
5 21ᵈ εἰσῆλθον ... εἰς τὸ ἱερὸν καὶ
ἐδίδασκον
5 25ᵈ οἱ ἄνδρες ... εἰσὶν ἐν τῷ ἱερῷ
ἑστῶτες καὶ διδάσκοντες τὸν λαόν
5 28 οὐ ([N²⁶]; —NVTH) παραγγελίᾳ
παρηγγείλαμεν ὑμῖν μὴ διδάσκειν
ἐπὶ τῷ ὀνόματι τούτῳ;
5 42ᵇᵈ ἐν τῷ ἱερῷ καὶ κατ' οἶκον οὐκ
ἐπαύοντο διδάσκοντες καὶ εὐαγ-
γελιζόμενοι τὸν χριστὸν Ἰησοῦν
11 26 ἐγένετο δὲ αὐτοῖς ... συναχθῆναι
ἐν τῇ ἐκκλησίᾳ καὶ διδάξαι ὄχλον
ἱκανόν
15 1 καί τινες κατελθόντες ἀπὸ τῆς
Ἰουδαίας ἐδίδασκον τοὺς ἀδελφούς
15 35ᵇ Παῦλος δὲ καὶ Βαρναβᾶς διέτριβον
ἐν Ἀντιοχείᾳ, διδάσκοντες καὶ
εὐαγγελιζόμενοι ... τὸν λόγον τοῦ
κυρίου
18 11 ἐκάθισεν δὲ ἐνιαυτὸν καὶ μῆνας ἓξ
διδάσκων ἐν αὐτοῖς τὸν λόγον
τοῦ θεοῦ
18 25 ζέων τῷ πνεύματι ἐλάλει καὶ
ἐδίδασκεν ἀκριβῶς τὰ περὶ τοῦ
Ἰησοῦ
20 20 ὡς οὐδὲν ὑπεστειλάμην τῶν συμ-
φερόντων τοῦ μὴ ἀναγγεῖλαι
ὑμῖν καὶ διδάξαι ὑμᾶς δημοσίᾳ
21 21 ἀποστασίαν διδάσκεις ἀπὸ Μωϋ-
σέως τοὺς κατὰ τὰ ἔθνη πάντας
Ἰουδαίους
21 28 οὗτός ἐστιν ὁ ἄνθρωπος ὁ κατὰ
τοῦ λαοῦ ... πάντας πανταχῇ
διδάσκων
28 31ᵃ ⟨ἀπεδέχετο πάντας⟩ κηρύσσων ...
καὶ διδάσκων τὰ περὶ τοῦ κυρίου ...
ἀκωλύτως
Rm 2 21 ὁ οὖν διδάσκων ἕτερον ↔
2 21 σεαυτὸν οὐ διδάσκεις;
12 7 ⟨ἔχοντες δὲ χαρίσματα ... διάφορα⟩
εἴτε ὁ διδάσκων, ἐν τῇ διδασκαλίᾳ

1 C 4 17 καθὼς πανταχοῦ ἐν πάσῃ ἐκκλησίᾳ
διδάσκω
11 14 οὐδὲ ἡ φύσις αὐτὴ διδάσκει ὑμᾶς
ὅτι ἀνὴρ μὲν ἐὰν κομᾷ ⟨;⟩
G 1 12ᵉ ⟨εὐαγγέλιον⟩ οὐδὲ γὰρ ἐγὼ παρὰ
ἀνθρώπου παρέλαβον αὐτὸ οὔτε
ἐδιδάχθην
E 4 21ᵉ εἴ γε αὐτὸν ἠκούσατε καὶ ἐν αὐτῷ
ἐδιδάχθητε καθώς ἐστιν ἀλήθεια ἐν
τῷ Ἰησοῦ
Cl 1 28 ὃν ἡμεῖς καταγγέλλομεν ... διδά-
σκοντες πάντα ἄνθρωπον ἐν πάσῃ
σοφίᾳ
2 7ᵉ βεβαιούμενοι (+ἐν M[V]Sϛ) τῇ
πίστει καθὼς ἐδιδάχθητε
3 16 ἐν πάσῃ σοφίᾳ διδάσκοντες καὶ
νουθετοῦντες ἑαυτούς
2 Th 2 15ᵉ κρατεῖτε τὰς παραδόσεις ἃς ἐδι-
δάχθητε εἴτε διὰ λόγου εἴτε δι'
ἐπιστολῆς ἡμῶν
1 Tm 2 12 διδάσκειν δὲ γυναικὶ οὐκ ἐπιτρέπω
4 11 παράγγελλε ταῦτα καὶ δίδασκε
6 2 ταῦτα δίδασκε καὶ παρακάλει
2 Tm 2 2 οἵτινες ἱκανοὶ ἔσονται καὶ ἑτέρους
διδάξαι
Tt 1 11 οἵτινες ὅλους οἴκους ἀνατρέπουσιν
διδάσκοντες ἃ μὴ δεῖ
Hb 5 12 πάλιν χρείαν ἔχετε τοῦ διδάσκειν
ὑμᾶς
8 11 καὶ οὐ μὴ διδάξωσιν ἕκαστος τὸν
πολίτην αὐτοῦ
1 Jo 2 27 οὐ χρείαν ἔχετε ἵνα τις διδάσκῃ
ὑμᾶς· ↔
2 27 ἀλλ' ὡς τὸ αὐτοῦ χρῖσμα διδάσκει
ὑμᾶς περὶ πάντων
2 27 καθὼς ἐδίδαξεν ὑμᾶς, μένετε ἐν αὐτῷ
Ap 2 14 Βαλαάμ, ὃς ἐδίδασκεν τῷ Βαλὰκ
βαλεῖν σκάνδαλον ἐνώπιον τῶν
υἱῶν Ἰσραήλ
2 20 ἀφεῖς τὴν γυναῖκα (+σου B)
Ἰεζάβελ, ἡ (τὴν ϛ) λέγουσα (-σαν
ϛ) ἑαυτὴν (αὐτὴν T) προφῆτιν,
| καὶ διδάσκει (διδάσκειν ϛ) καὶ
πλανᾷ (πλανᾶσθαι ϛ) τοὺς ἐμοὺς
δούλους

διδαχή
ᵃ δ. καινή
ᵇ διδαχαί
ᶜ ἐκπλήσσομαι ἐπὶ τῇ διδαχῇ
Mt 7 28ᶜ ἐξεπλήσσοντο οἱ ὄχλοι ἐπὶ τῇ
διδαχῇ αὐτοῦ
16 12 οὐκ εἶπεν προσέχειν ἀπὸ τῆς
ζύμης ... ἀλλὰ ἀπὸ τῆς διδαχῆς
τῶν Φαρισαίων
22 33ᶜ ἀκούσαντες οἱ ὄχλοι ἐξεπλήσσοντο
ἐπὶ τῇ διδαχῇ αὐτοῦ
Mc 1 22ᶜ ἐξεπλήσσοντο ἐπὶ τῇ διδαχῇ
αὐτοῦ
1 27ᵃ τί ἐστιν τοῦτο; | διδαχὴ καινὴ
κατ' ἐξουσίαν (τίς ἡ δ. ἡ καινὴ
αὕτη, ὅτι κατ' ἐξ. Vϛ)
4 2 ἔλεγεν αὐτοῖς ἐν τῇ διδαχῇ αὐτοῦ
11 18ᶜ πᾶς γὰρ ὁ ὄχλος ἐξεπλήσσετο
(-οντο T) ἐπὶ τῇ διδαχῇ αὐτοῦ
12 38 ἐν τῇ διδαχῇ αὐτοῦ ἔλεγεν
Lc 4 32ᶜ ἐξεπλήσσοντο ἐπὶ τῇ διδαχῇ
αὐτοῦ
Jo 7 16 ἡ ἐμὴ διδαχὴ οὐκ ἔστιν ἐμὴ ἀλλὰ
τοῦ πέμψαντός με
7 17 γνώσεται περὶ τῆς διδαχῆς, πότε-
ρον ἐκ τοῦ (—T) θεοῦ ἐστιν ἢ ἐγὼ
ἀπ' ἐμαυτοῦ λαλῶ
18 19 ὁ οὖν ἀρχιερεὺς ἠρώτησεν τὸν
Ἰησοῦν περὶ τῶν μαθητῶν αὐτοῦ
καὶ περὶ τῆς διδαχῆς αὐτοῦ

Ac 2 42 ἦσαν δὲ προσκαρτεροῦντες τῇ
διδαχῇ τῶν ἀποστόλων καὶ τῇ
κοινωνίᾳ
5 28 πεπληρώκατε τὴν Ἰερουσαλὴμ
τῆς διδαχῆς ὑμῶν
13 12ᶜ ἐπίστευσεν, ἐκπλησσόμενος ἐπὶ τῇ
διδαχῇ τοῦ κυρίου
17 19ᵃ δυνάμεθα γνῶναι τίς ἡ καινὴ αὕτη
ἡ [H] ὑπὸ σοῦ λαλουμένη διδαχή;
Rm 6 17 ὑπηκούσατε δὲ ἐκ καρδίας εἰς ὃν
παρεδόθητε τύπον διδαχῆς
16 17 σκοπεῖν τοὺς ... τὰ σκάνδαλα
παρὰ τὴν διδαχὴν ἣν ὑμεῖς
ἐμάθετε ποιοῦντας
1 C 14 6 ἐὰν μὴ ὑμῖν λαλήσω ... ἢ ἐν
προφητείᾳ ἢ ἐν (+[N²⁶] MVSHϛ)
διδαχῇ
14 26 ἕκαστος ψαλμὸν ἔχει, διδαχὴν
ἔχει, ἀποκάλυψιν ἔχει
2 Tm 4 2 ἐπιτίμησον, παρακάλεσον (~ BT),
ἐν πάσῃ μακροθυμίᾳ καὶ διδαχῇ
Tt 1 9 ⟨τὸν ἐπίσκοπον⟩ ἀντεχόμενον τοῦ
κατὰ τὴν διδαχὴν πιστοῦ λόγου
Hb 6 2 ⟨μὴ πάλιν θεμέλιον καταβαλλό-
μενοι⟩ βαπτισμῶν διδαχῆς (-χὴν H)
13 9ᵇ διδαχαῖς ποικίλαις καὶ ξέναις μὴ
παραφέρεσθε
2 Jo 9 πᾶς ὁ ... μὴ μένων ἐν τῇ διδαχῇ
τοῦ Χριστοῦ θεὸν οὐκ ἔχει· ↔
9 ὁ μένων ἐν τῇ διδαχῇ (+ τοῦ Χρι-
στοῦ ϛ), οὗτος καὶ τὸν πατέρα καὶ
τὸν υἱὸν ἔχει. ↔
10 εἴ τις ... ταύτην τὴν διδαχὴν οὐ
φέρει
Ap 2 14 ἔχεις ἐκεῖ κρατοῦντας τὴν διδαχὴν
Βαλαάμ
2 15 οὕτως ἔχεις καὶ σὺ κρατοῦντας τὴν
διδαχὴν τῶν ([N²⁶]; —H) Νικο-
λαϊτῶν ὁμοίως
2 24 ὅσοι οὐκ ἔχουσιν τὴν διδαχὴν
ταύτην

δίδραχμον
Mt 17 24 προσῆλθον οἱ τὰ δίδραχμα λαμ-
βάνοντες τῷ Πέτρῳ καὶ εἶπαν· ↔
17 24 ὁ διδάσκαλος ὑμῶν οὐ τελεῖ τὰ
([N²⁶]; —NMT) δίδραχμα;

Δίδυμος
Jo 11 16 εἶπεν οὖν Θωμᾶς ὁ λεγόμενος
Δίδυμος τοῖς συμμαθηταῖς
20 24 Θωμᾶς δὲ εἷς ἐκ τῶν δώδεκα, ὁ
λεγόμενος Δίδυμος
21 2 ἦσαν ὁμοῦ Σίμων Πέτρος καὶ
Θωμᾶς ὁ λεγόμενος Δίδυμος

δίδωμι, διδῶ

ἀνα-	ἀπο-	ἐπι-	παρα-
ἀνταπο-	δια-	μετα-	προ-

ᵃ ἐξουσίαν δ.
ᵇ δόξαν δ.
ᶜ ζωὴν δ.
ᵈ σημεῖον, -α δ.
ᵉ ἐντολήν, -ὰς δ.
ᶠ σοφίαν δ. et sim.
ᵍ τὴν ψυχήν, ἑαυτόν, -οὺς δ.
ʰ λόγον δ.
ʲ δ. et χάρις
ᵏ δ. πτωχοῖς
ˡ δ. et φαγεῖν, π(ι)εῖν
ᵐ abs.
Mt 4 9 ταῦτά σοι πάντα δώσω, ἐὰν
πεσὼν προσκυνήσῃς μοι
5 31 ὃς ἂν ἀπολύσῃ τὴν γυναῖκα
αὐτοῦ, δότω αὐτῇ ἀποστάσιον
5 42ᵐ τῷ αἰτοῦντί σε δός (δίδου ϛ)
6 11 τὸν ἄρτον ἡμῶν τὸν ἐπιούσιον δὸς
ἡμῖν σήμερον

Mt 7 6 μὴ δῶτε τὸ ἅγιον τοῖς κυσίν

7 7ᵐαἰτεῖτε, καὶ δοθήσεται ὑμῖν

7 11 εἰ οὖν ὑμεῖς πονηροὶ ὄντες οἴδατε δόματα ἀγαθὰ διδόναι τοῖς τέκνοις ὑμῶν, ↔

7 11 πόσῳ μᾶλλον ὁ πατὴρ ὑμῶν ... δώσει ἀγαθὰ τοῖς αἰτοῦσιν αὐτόν

9 8ᵃἐδόξασαν τὸν θεὸν τὸν δόντα ἐξουσίαν τοιαύτην τοῖς ἀνθρώποις

10 1ᵃἔδωκεν αὐτοῖς ἐξουσίαν [+κατὰ S] πνευμάτων ἀκαθάρτων

10 8ᵐδωρεὰν ἐλάβετε, δωρεὰν δότε

10 19 δοθήσεται γὰρ ὑμῖν ἐν ἐκείνῃ τῇ ὥρᾳ τί λαλήσητε

12 39ᵈσημεῖον οὐ δοθήσεται αὐτῇ εἰ μὴ τὸ σημεῖον Ἰωνᾶ τοῦ προφήτου

13 8 ἄλλα δὲ ἔπεσεν ἐπὶ τὴν γῆν τὴν καλὴν καὶ ἐδίδου καρπόν

13 11 ὑμῖν δέδοται γνῶναι τὰ μυστήρια τῆς βασιλείας τῶν οὐρανῶν, ↔

13 11 ἐκείνοις δὲ οὐ δέδοται. ↔

13 12ᵐὅστις γὰρ ἔχει, δοθήσεται αὐτῷ καὶ περισσευθήσεται

14 7 ὅθεν μεθ᾽ ὅρκου ὡμολόγησεν αὐτῇ δοῦναι ὃ ἐὰν αἰτήσηται

14 8 δός μοι ... τὴν κεφαλὴν Ἰωάννου τοῦ βαπτιστοῦ. ↔

14 9 καὶ λυπηθεὶς (ἐλυπήθη MVSϛ) ὁ βασιλεὺς διὰ (+δὲ MVSϛ) τοὺς ὅρκους ... ἐκέλευσεν δοθῆναι

14 11 ἠνέχθη ἡ κεφαλὴ αὐτοῦ ... καὶ ἐδόθη τῷ κορασίῳ

14 16¹ δότε αὐτοῖς ὑμεῖς φαγεῖν

14 19 εὐλόγησεν, καὶ κλάσας ἔδωκεν τοῖς μαθηταῖς τοὺς ἄρτους

15 36 ἔλαβεν (καὶ λαβὼν Vϛ) τοὺς ἑπτὰ ἄρτους... εὐχαριστήσας ἔκλασεν καὶ ἐδίδου (ἔδωκεν Vϛ) τοῖς μαθηταῖς (+αὐτοῦ Vϛ)

16 4ᵈσημεῖον οὐ δοθήσεται αὐτῇ εἰ μὴ τὸ σημεῖον Ἰωνᾶ (+τοῦ προφήτου [V]ϛ)

16 19 δώσω σοι τὰς κλεῖδας (κλεῖς VSϛ) τῆς βασιλείας τῶν οὐρανῶν

16 26 ἢ τί δώσει ἄνθρωπος ἀντάλλαγμα τῆς ψυχῆς αὐτοῦ;

17 27 ἐκεῖνον λαβὼν δὸς αὐτοῖς ἀντὶ ἐμοῦ καὶ σοῦ

19 7 τί οὖν Μωϋσῆς ἐνετείλατο δοῦναι βιβλίον ἀποστασίου καὶ ἀπολῦσαι αὐτήν ([N²⁶]MVSϛ);

19 11 οὐ πάντες χωροῦσιν τὸν λόγον τοῦτον ([N²⁶]; —H), ἀλλ᾽ οἷς δέδοται

19 21ᵏὕπαγε πώλησόν σου τὰ ὑπάρχοντα καὶ δὸς τοῖς (+[N²⁶H]B) πτωχοῖς

20 4 ὃ ἐὰν ᾖ δίκαιον δώσω ὑμῖν

20 14ᵐθέλω δὲ τούτῳ τῷ ἐσχάτῳ δοῦναι ὡς καὶ σοί

20 23 τὸ δὲ καθίσαι ἐκ δεξιῶν μου ... οὐκ ἔστιν ἐμὸν τοῦτο ([N²⁶]; —Hϛ) δοῦναι

20 28ᵍὁ υἱὸς τοῦ ἀνθρώπου οὐκ ἦλθεν διακονηθῆναι, ἀλλὰ διακονῆσαι καὶ δοῦναι τὴν ψυχὴν αὐτοῦ λύτρον ἀντὶ πολλῶν

21 23ᵃτίς σοι ἔδωκεν τὴν ἐξουσίαν ταύτην;

21 43 ἀρθήσεται ἀφ᾽ ὑμῶν ἡ βασιλεία τοῦ θεοῦ καὶ δοθήσεται ἔθνει

22 17 ἔξεστιν δοῦναι κῆνσον Καίσαρι ἢ οὔ;

24 24ᵈἐγερθήσονται γὰρ ψευδόχριστοι καὶ ψευδοπροφῆται, καὶ δώσουσιν σημεῖα μεγάλα καὶ τέρατα

Mt 24 29 ἡ σελήνη οὐ δώσει τὸ φέγγος αὐτῆς

24 45 κατέστησεν ... ἐπὶ τῆς οἰκετείας αὐτοῦ τοῦ δοῦναι (διδόναι ϛ) αὐτοῖς τὴν τροφὴν ἐν καιρῷ

25 8 δότε ἡμῖν ἐκ τοῦ ἐλαίου ὑμῶν

25 15 ᾧ μὲν ἔδωκεν πέντε τάλαντα

25 28 ἄρατε οὖν ἀπ᾽ αὐτοῦ τὸ τάλαντον καὶ δότε τῷ ἔχοντι τὰ δέκα τάλαντα· ↔

25 29ᵐτῷ γὰρ ἔχοντι παντὶ δοθήσεται καὶ περισσευθήσεται

25 35¹ ἐπείνασα γὰρ καὶ ἐδώκατέ μοι φαγεῖν

25 42¹ ἐπείνασα γὰρ καὶ οὐκ ἐδώκατέ μοι φαγεῖν

26 9ᵏἐδύνατο γὰρ τοῦτο πραθῆναι πολλοῦ καὶ δοθῆναι πτωχοῖς

26 15 τί θέλετέ μοι δοῦναι, κἀγὼ ὑμῖν παραδώσω αὐτόν;

26 26 λαβὼν ὁ Ἰησοῦς (+τὸν VSϛ) ἄρτον καὶ εὐλογήσας ἔκλασεν καὶ δούς (ἐδίδου ϛ) τοῖς μαθηταῖς

26 27 λαβὼν ποτήριον καὶ [H] εὐχαριστήσας ἔδωκεν αὐτοῖς

26 48ᵈὁ δὲ παραδιδοὺς αὐτὸν ἔδωκεν αὐτοῖς σημεῖον λέγων

27 10 ἔδωκαν αὐτὰ εἰς τὸν ἀγρὸν τοῦ κεραμέως

27 34¹ ἔδωκαν αὐτῷ πιεῖν οἶνον μετὰ χολῆς μεμιγμένον

28 12 συμβούλιόν τε λαβόντες ἀργύρια ἱκανὰ ἔδωκαν τοῖς στρατιώταις

28 18ᵃἐδόθη μοι πᾶσα ἐξουσία ἐν οὐρανῷ καὶ ἐπὶ τῆς ([N²⁶NH]; —rl) γῆς

Mc 2 26 πῶς [NH] ... τοὺς ἄρτους τῆς προθέσεως ἔφαγεν ... καὶ ἔδωκεν καὶ τοῖς σὺν αὐτῷ οὖσιν

3 6 ἐξελθόντες οἱ Φαρισαῖοι ... συμβούλιον ἐδίδουν (ἐποίησαν T; ἐποίουν ϛ) κατ᾽ αὐτοῦ

4 7 καρπὸν οὐκ ἔδωκεν. ↔

4 8 καὶ ἄλλα (ἄλλο VSϛ) ἔπεσεν εἰς τὴν γῆν τὴν καλὴν καὶ ἐδίδου καρπόν

4 11 ὑμῖν τὸ μυστήριον δέδοται τῆς βασιλείας τοῦ θεοῦ

4 25ᵐὃς γὰρ ἔχει, δοθήσεται αὐτῷ

5 43¹ εἶπεν δοθῆναι αὐτῇ φαγεῖν

6 2ᶠτίς ἡ σοφία ἡ δοθεῖσα τούτῳ (αὐτῷ Sϛ);

6 7ᵃἐδίδου αὐτοῖς ἐξουσίαν τῶν πνευμάτων τῶν ἀκαθάρτων

6 22 αἴτησόν με ὃ ἐὰν θέλῃς, καὶ δώσω σοι

6 23 δώσω σοι ἕως ἡμίσους τῆς βασιλείας μου

6 25 θέλω ἵνα ἐξαυτῆς δῷς μοι ... τὴν κεφαλὴν Ἰωάννου τοῦ βαπτιστοῦ

6 28 ἤνεγκεν τὴν κεφαλὴν αὐτοῦ ... καὶ ἔδωκεν αὐτὴν τῷ κορασίῳ, ↔

6 28 καὶ τὸ κοράσιον ἔδωκεν αὐτὴν τῇ μητρὶ αὐτῆς

6 37¹ δότε αὐτοῖς ὑμεῖς φαγεῖν

6 37¹ δώσομεν (-σωμεν MBST; δῶμεν ϛ) αὐτοῖς φαγεῖν;

6 41 εὐλόγησεν καὶ κατέκλασεν τοὺς ἄρτους καὶ ἐδίδου τοῖς μαθηταῖς αὐτοῦ ([N²⁶]; —NMVTH)

8 6 λαβὼν τοὺς ἑπτὰ ἄρτους εὐχαριστήσας ἔκλασεν καὶ ἐδίδου τοῖς μαθηταῖς αὐτοῦ

8 12ᵈεἰ δοθήσεται τῇ γενεᾷ ταύτῃ σημεῖον

8 37 τί γὰρ δοῖ (δώσει MVBϛ; δῷ S) ἄνθρωπος ἀντάλλαγμα τῆς ψυχῆς αὐτοῦ;

Mc 10 21ᵏὅσα ἔχεις πώλησον καὶ δὸς τοῖς ([N²⁶NH]; —V) πτωχοῖς

10 37 δὸς ἡμῖν ἵνα εἷς σου ἐκ δεξιῶν ... καθίσωμεν ἐν τῇ δόξῃ σου

10 40 τὸ δὲ καθίσαι ἐκ δεξιῶν μου ... οὐκ ἔστιν ἐμὸν δοῦναι

10 45ᵍὁ υἱὸς τοῦ ἀνθρώπου οὐκ ἦλθεν διακονηθῆναι ἀλλὰ διακονῆσαι καὶ δοῦναι τὴν ψυχὴν αὐτοῦ λύτρον ἀντὶ πολλῶν

11 28ᵃἢ τίς σοι ἔδωκεν τὴν ἐξουσίαν ταύτην (~Tϛ) ⟨;⟩

12 9 δώσει τὸν ἀμπελῶνα ἄλλοις

12 14 ἔξεστιν δοῦναι κῆνσον Καίσαρι (~STϛ) ἢ οὔ; ↔

12 14 δῶμεν ↔

12 14 ἢ μὴ δῶμεν;

13 11 ἀλλ᾽ ὃ ἐὰν δοθῇ ὑμῖν ἐν ἐκείνῃ τῇ ὥρᾳ, τοῦτο λαλεῖτε

13 22ᵈἐγερθήσονται γὰρ (δὲ NST) ψευδόχριστοι καὶ ψευδοπροφῆται καὶ δώσουσιν (ποιήσουσιν NBT) σημεῖα καὶ τέρατα

13 24 ἡ σελήνη οὐ δώσει τὸ φέγγος αὐτῆς

13 34ᵃὡς ἄνθρωπος ἀπόδημος ... δοὺς τοῖς δούλοις αὐτοῦ τὴν ἐξουσίαν

14 5ᵏἠδύνατο γὰρ τοῦτο | τὸ μύρον (—Vϛ) πραθῆναι ... καὶ δοθῆναι τοῖς πτωχοῖς

14 11 ἐπηγγείλαντο αὐτῷ ἀργύριον δοῦναι

14 22 λαβὼν (+ὁ Ἰησοῦς V[S]ϛ) ἄρτον εὐλογήσας ἔκλασεν καὶ ἔδωκεν αὐτοῖς

14 23 λαβὼν ποτήριον εὐχαριστήσας ἔδωκεν αὐτοῖς

14 44 δεδώκει δὲ ὁ παραδιδοὺς αὐτὸν σύσσημον αὐτοῖς λέγων

15 23 ἐδίδουν αὐτῷ ἐσμυρνισμένον οἶνον

Lc 1 32 δώσει αὐτῷ κύριος ὁ θεὸς τὸν θρόνον Δαυίδ

1 73 ὅρκον ὃν ὤμοσεν πρὸς Ἀβραὰμ τὸν πατέρα ἡμῶν, τοῦ δοῦναι ἡμῖν ⟨λατρεύειν αὐτῷ⟩

1 77 ⟨προπορεύσῃ ... ἑτοιμάσαι ὁδοὺς αὐτοῦ⟩ τοῦ δοῦναι γνῶσιν σωτηρίας τῷ λαῷ αὐτοῦ

2 24 ⟨ἀνήγαγον αὐτὸν⟩ τοῦ δοῦναι θυσίαν κατὰ τὸ εἰρημένον

4 6ᵃᵇσοὶ δώσω τὴν ἐξουσίαν ταύτην ἅπασαν καὶ τὴν δόξαν αὐτῶν, ↔

4 6ᵃᵇὅτι ἐμοὶ παραδέδοται καὶ ᾧ ἐὰν (ἂν H) θέλω δίδωμι αὐτήν

6 4 τοὺς ἄρτους τῆς προθέσεως λαβὼν (ἔλαβεν καὶ STϛ) ἔφαγεν καὶ ἔδωκεν (+καὶ Tϛ) τοῖς μετ᾽ αὐτοῦ

6 30ᵐπαντὶ (+δὲ τῷ Vϛ) αἰτοῦντί σε δίδου

6 38ᵐδίδοτε, ↔

6 38ᵐκαὶ δοθήσεται ὑμῖν· ↔

6 38 μέτρον καλὸν ... δώσουσιν εἰς τὸν κόλπον ὑμῶν

7 15 ἔδωκεν αὐτὸν τῇ μητρὶ αὐτοῦ

7 44 ὕδωρ μοι (μου T; —ϛ) ἐπὶ (+τοὺς MVB[S]Tϛ) πόδας (+μου ϛ) οὐκ ἔδωκας

7 45 φίλημά μοι οὐκ ἔδωκας

8 10 ὑμῖν δέδοται γνῶναι τὰ μυστήρια τῆς βασιλείας τοῦ θεοῦ

8 18ᵐὃς ἂν γὰρ ἔχῃ, δοθήσεται αὐτῷ

8 55¹ διέταξεν αὐτῇ δοθῆναι φαγεῖν

9 1ᵃἔδωκεν αὐτοῖς δύναμιν καὶ ἐξουσίαν ἐπὶ πάντα τὰ δαιμόνια

Lc 9 13¹ δότε αὐτοῖς | ὑμεῖς φαγεῖν (~ NM TH)

9 16 λαβὼν δὲ τοὺς πέντε ἄρτους ... εὐλόγησεν αὐτοὺς καὶ κατέκλασεν, καὶ ἐδίδου τοῖς μαθηταῖς

10 19ᵃ ἰδοὺ δέδωκα (δίδωμι Vς) ὑμῖν τὴν ἐξουσίαν τοῦ πατεῖν ἐπάνω ὄφεων

10 35 ἐκβαλὼν | ἔδωκεν δύο δηνάρια (N²⁶; ~ rl) τῷ πανδοχεῖ

11 3 τὸν ἄρτον ἡμῶν τὸν ἐπιούσιον δίδου ἡμῖν τὸ καθ᾽ ἡμέραν

11 7 οὐ δύναμαι ἀναστὰς δοῦναί σοι

11 8 εἰ καὶ οὐ δώσει αὐτῷ ἀναστὰς διὰ τὸ εἶναι φίλον αὐτοῦ, ↔

11 8 διά γε τὴν ἀναίδειαν αὐτοῦ ἐγερθεὶς δώσει αὐτῷ ὅσων χρῄζει

11 9ᵐ αἰτεῖτε, καὶ δοθήσεται ὑμῖν

11 13 εἰ οὖν ὑμεῖς πονηροὶ ὑπάρχοντες οἴδατε δόματα ἀγαθὰ διδόναι τοῖς τέκνοις ὑμῶν, ↔

11 13 πόσῳ μᾶλλον ὁ πατὴρ ὁ ([N²⁶H]; —S) ἐξ οὐρανοῦ δώσει πνεῦμα ἅγιον τοῖς αἰτοῦσιν αὐτόν

11 29ᵈ σημεῖον οὐ δοθήσεται αὐτῇ εἰ μὴ τὸ σημεῖον Ἰωνᾶ

11 41 πλὴν τὰ ἐνόντα δότε ἐλεημοσύνην

12 32 ὅτι εὐδόκησεν ὁ πατὴρ ὑμῶν δοῦναι ὑμῖν τὴν βασιλείαν. ↔

12 33 πωλήσατε τὰ ὑπάρχοντα ὑμῶν καὶ δότε ἐλεημοσύνην

12 42 ὃν καταστήσει ὁ κύριος ἐπὶ τῆς θεραπείας αὐτοῦ τοῦ διδόναι ἐν καιρῷ τὸ [N²⁶NH] σιτομέτριον

12 48 παντὶ δὲ ᾧ ἐδόθη πολύ

12 51 δοκεῖτε ὅτι εἰρήνην παρεγενόμην δοῦναι ἐν τῇ γῇ;

12 58 ἐν τῇ ὁδῷ δὸς ἐργασίαν ἀπηλλά-χθαι ἀπ᾽ [H] αὐτοῦ

14 9 δὸς τούτῳ τόπον

15 12 πάτερ, δός μοι τὸ ἐπιβάλλον μέρος τῆς οὐσίας

15 16 οὐδεὶς ἐδίδου αὐτῷ

15 22 δότε δακτύλιον εἰς τὴν χεῖρα αὐτοῦ καὶ ὑποδήματα εἰς τοὺς πόδας

15 29 ἐμοὶ οὐδέποτε ἔδωκας ἔριφον

16 12 τὸ ὑμέτερον (ἥμ. NH) τίς | ὑμῖν δώσει (N²⁶ς; ~ rl);

17 18ᵇ οὐχ εὑρέθησαν ὑποστρέψαντες δοῦ-ναι δόξαν τῷ θεῷ εἰ μὴ ὁ ἀλλογε-νὴς οὗτος;

18 43 πᾶς ὁ λαὸς ἰδὼν ἔδωκεν αἶνον τῷ θεῷ

19 8ᵏ τὰ ἡμίσιά (ἥμιση NVς) μου τῶν ὑπαρχόντων, κύριε, τοῖς [H] πτω-χοῖς δίδωμι

19 13 καλέσας δὲ δέκα δούλους ἑαυτοῦ ἔδωκεν αὐτοῖς δέκα μνᾶς

19 15 εἶπεν φωνηθῆναι αὐτῷ τοὺς δού-λους τούτους οἷς δεδώκει (ἔδωκε ς) τὸ ἀργύριον

19 23 διὰ τί οὐκ ἔδωκάς μου τὸ ἀργύριον ἐπὶ τράπεζαν;

19 24 ἄρατε ἀπ᾽ αὐτοῦ τὴν μνᾶν καὶ δότε τῷ τὰς δέκα μνᾶς ἔχοντι

19 26ᵐ παντὶ τῷ ἔχοντι δοθήσεται

20 2ᵃ εἰπὸν ἡμῖν ... τίς ἐστιν ὁ δούς σοι τὴν ἐξουσίαν ταύτην;

20 10 ἵνα ἀπὸ τοῦ καρποῦ τοῦ ἀμπε-λῶνος δώσουσιν (δῶσιν ς) αὐτῷ

20 16 δώσει τὸν ἀμπελῶνα ἄλλοις

20 22 ἔξεστιν ἡμᾶς Καίσαρι φόρον δοῦναι ἢ οὔ;

21 15ᶠ ἐγὼ γὰρ δώσω ὑμῖν στόμα καὶ σοφίαν

Lc 22 5 συνέθεντο αὐτῷ ἀργύριον δοῦναι

22 19 λαβὼν ἄρτον εὐχαριστήσας ἔκλα-σεν καὶ ἔδωκεν αὐτοῖς λέγων·

22 19 τοῦτό ἐστιν τὸ σῶμά μου | τὸ ὑπὲρ ὑμῶν διδόμενον [NH..]

23 2 τοῦτον εὕραμεν ... κωλύοντα φόρους Καίσαρι διδόναι

Jo 1 12ᵃ ὅσοι δὲ ἔλαβον αὐτόν, ἔδωκεν αὐτοῖς ἐξουσίαν τέκνα θεοῦ γενέ-σθαι

1 17 ὅτι ὁ νόμος διὰ Μωϋσέως ἐδόθη

1 22 ἵνα ἀπόκρισιν δῶμεν τοῖς πέμψα-σιν ἡμᾶς

3 16 ὥστε τὸν υἱὸν (+ αὐτοῦ MVBSς) τὸν μονογενῆ ἔδωκεν

3 27 οὐ δύναται ἄνθρωπος λαμβάνειν | οὐδὲ ἓν (N²⁶; οὐδὲν rl) ἐὰν μὴ ᾖ δεδομένον αὐτῷ ἐκ τοῦ οὐρανοῦ

3 34 οὐ γὰρ ἐκ μέτρου δίδωσιν (+ ὁ θεὸς Vς) τὸ πνεῦμα

3 35 πάντα δέδωκεν ἐν τῇ χειρὶ αὐτοῦ

4 5 πλησίον τοῦ χωρίου ὃ ἔδωκεν Ἰακὼβ τῷ [+ N²⁶NH] Ἰωσήφ

4 7¹ λέγει αὐτῇ ὁ Ἰησοῦς· δός μοι πεῖν

4 10¹ ὁ λέγων σοι· δός μοι πεῖν

4 10 ἔδωκεν ἄν σοι ὕδωρ ζῶν

4 12 τοῦ πατρὸς ἡμῶν Ἰακώβ, ὃς ἔδωκεν ἡμῖν τὸ φρέαρ

4 14 ὃς δ᾽ ἂν πίῃ ἐκ τοῦ ὕδατος οὗ ἐγὼ δώσω αὐτῷ

4 14 ἀλλὰ τὸ ὕδωρ ὃ (+ ἐγὼ T) δώσω αὐτῷ

4 15 κύριε, δός μοι τοῦτο τὸ ὕδωρ

5 22 ἀλλὰ τὴν κρίσιν πᾶσαν δέδωκεν τῷ υἱῷ

5 26 οὕτως καὶ τῷ υἱῷ ἔδωκεν ζωὴν ἔχειν ἐν ἑαυτῷ. ↔

5 27ᵃ καὶ ἐξουσίαν ἔδωκεν αὐτῷ κρίσιν ποιεῖν

5 36 τὰ γὰρ ἔργα ἃ δέδωκέν (ἔδωκέ ς) μοι ὁ πατὴρ

6 11 * ἔλαβεν οὖν τοὺς ἄρτους ὁ Ἰη-σοῦς καὶ | εὐχαρίστησεν καὶ ἔδωκεν (T; -ήσας δι- rl) τοῖς ἀνακειμένοις

6 27 τὴν βρῶσιν ... ἣν ὁ υἱὸς τοῦ ἀνθρώπου | ὑμῖν δώσει (δίδωσιν ὑ. BT)

6 31¹ ἄρτον ἐκ τοῦ οὐρανοῦ ἔδωκεν αὐτοῖς φαγεῖν

6 32 οὐ Μωϋσῆς δέδωκεν (ἔδωκεν H) ὑμῖν τὸν ἄρτον ἐκ τοῦ οὐρανοῦ, ↔

6 32 ἀλλ᾽ ὁ πατήρ μου δίδωσιν ὑμῖν τὸν ἄρτον ἐκ τοῦ οὐρανοῦ τὸν ἀληθινόν· ↔

6 33ᶜ ὁ γὰρ ἄρτος (+ ὁ T) τοῦ θεοῦ ἐστιν ὁ ... ζωὴν διδοὺς τῷ κόσμῳ

6 34 κύριε, πάντοτε δὸς ἡμῖν τὸν ἄρτον τοῦτον

6 37 πᾶν ὃ δίδωσίν μοι ὁ πατὴρ πρὸς ἐμὲ ἥξει

6 39 ἵνα πᾶν ὃ δέδωκέν μοι μὴ ἀπολέσω ἐξ αὐτοῦ

6 51 ὁ ἄρτος δὲ ὃν ἐγὼ δώσω ↔

6 51 *|| ἡ σάρξ μού ἐστιν | ἣν ἐγὼ δώσω (+ ς) ὑπὲρ τῆς τοῦ κόσμου ζωῆς ((~ T))

6 52¹ πῶς δύναται | οὗτος ἡμῖν (~ T) δοῦναι τὴν σάρκα αὐτοῦ [+ N²⁶H] φαγεῖν;

6 65 οὐδεὶς δύναται ἐλθεῖν πρός με (ἐμὲ T) ἐὰν μὴ ᾖ δεδομένον αὐτῷ ἐκ τοῦ πατρός (+ μου Vς)

7 19 οὐ Μωϋσῆς δέδωκεν (ἔδ. NH) ὑμῖν τὸν νόμον;

Jo 7 22 | διὰ τοῦτο (ὁ T) Μωϋσῆς δέδω-κεν ὑμῖν τὴν περιτομήν

9 24ᵇ δὸς δόξαν τῷ θεῷ

10 28ᶜ κἀγὼ | δίδωμι αὐτοῖς ζωὴν αἰώνιον (~ Sς)

10 29 ὁ πατήρ μου (—T) ὃ (ὃς MVBς) δέδωκέν μοι | πάντων μεῖζόν (π. μεῖζων MBS; μείζων π. Vς) ἐστιν

11 22 ὅσα ἂν αἰτήσῃ τὸν θεὸν δώσει σοι ὁ θεός

11 57ᵉ δεδώκεισαν δὲ οἱ ἀρχιερεῖς καὶ οἱ Φαρισαῖοι ἐντολάς

12 5ᵏ διὰ τί τοῦτο τὸ μύρον οὐκ ἐπράθη τριακοσίων δηναρίων καὶ ἐδόθη πτωχοῖς;

12 49ᵍ ὁ πέμψας με πατὴρ αὐτός μοι ἐντολὴν δέδωκεν (ἔδωκε ς)

13 3 εἰδὼς ὅτι πάντα ἔδωκεν (δέδ. Vς) αὐτῷ ὁ πατὴρ εἰς τὰς χεῖρας

13 15 ὑπόδειγμα γὰρ ἔδωκα (δέδ. T) ὑμῖν

13 26 ᾧ ἐγὼ || βάψω τὸ ψωμίον καὶ δώσω (ἐπι- VSς) αὐτῷ ((βάψας τ. ψ. ἐπι- ς)).

13 26 βάψας οὖν τὸ [NH] ψωμίον | λαμ-βάνει καὶ ([N²⁶]; —ς) δίδωσιν Ἰούδᾳ Σίμωνος Ἰσκαριώτου

13 29ᵏ ἀγόρασον ὧν χρείαν ἔχομεν εἰς τὴν ἑορτήν, ἢ τοῖς πτωχοῖς ἵνα τι δῷ

13 34ᵉ ἐντολὴν καινὴν δίδωμι ὑμῖν

14 16 ἄλλον παράκλητον δώσει ὑμῖν

14 27 εἰρήνην τὴν ἐμὴν δίδωμι ὑμῖν· ↔

14 27 οὐ καθὼς ὁ κόσμος δίδωσιν ↔

14 27 ἐγὼ δίδωμι ὑμῖν

14 31ᵉ * καθὼς | ἐντολὴν ἔδωκέν (H; ἐνετείλατό rl) μοι ὁ πατὴρ

15 16 ἵνα ὅ τι ἂν αἰτήσητε τὸν πατέρα ἐν τῷ ὀνόματί μου δῷ ὑμῖν

16 23 ἄν τι αἰτήσητε τὸν πατέρα | ἐν τῷ ὀνόματί μου δώσει ὑμῖν (N²⁶ς; ~ rl)

17 2ᵃ καθὼς ἔδωκας αὐτῷ ἐξουσίαν πάσης σαρκός, ↔

17 2 ἵνα πᾶν ὃ δέδωκας αὐτῷ ↔

17 2ᶜ δώσῃ (-σει MVBSH) αὐτοῖς ζωὴν αἰώνιον

17 4 τὸ ἔργον τελειώσας ὃ δέδωκάς μοι ἵνα ποιήσω

17 6 ἐφανέρωσά σου τὸ ὄνομα τοῖς ἀνθρώποις οὓς ἔδωκας (δέδωκάς Vς) μοι ἐκ τοῦ κόσμου. ↔

17 6 σοὶ ἦσαν κἀμοὶ αὐτοὺς ἔδωκας (δέδωκας ς)

17 7 πάντα ὅσα δέδωκάς (ἔδωκάς H) μοι παρὰ σοῦ εἰσιν· ↔

17 8 ὅτι τὰ ῥήματα ἃ ἔδωκάς (δέδ. VSς) μοι ↔

17 8 δέδωκα αὐτοῖς

17 9 οὐ περὶ τοῦ κόσμου ἐρωτῶ, ἀλλὰ περὶ ὧν δέδωκάς μοι

17 11 τήρησον αὐτοὺς ἐν τῷ ὀνόματί σου ᾧ (οὓς ς) δέδωκάς μοι

17 12 ἐγὼ ἐτήρουν αὐτοὺς ἐν τῷ ὀνόματί σου ᾧ (οὓς BSς) δέδωκάς μοι

17 14ʰ ἐγὼ δέδωκα αὐτοῖς τὸν λόγον σου

17 22ᵇ κἀγὼ τὴν δόξαν ἣν δέδωκάς μοι ↔

17 22ᵇ δέδωκα αὐτοῖς

17 24 ὃ (οὓς ς) δέδωκάς μοι, θέλω ἵνα ὅπου εἰμὶ ἐγὼ κἀκεῖνοι ὦσιν μετ᾽ ἐμοῦ,

17 24ᵇ ἵνα θεωρῶσιν τὴν δόξαν τὴν ἐμήν, ἣν δέδωκάς (ἔδωκάς ς) μοι

18 9 οὓς δέδωκάς μοι, οὐκ ἀπώλεσα ἐξ αὐτῶν οὐδένα

18 11 τὸ ποτήριον ὃ δέδωκέν μοι ὁ πατήρ, οὐ μὴ πίω αὐτό;

Jo 18 22 εἷς | παρεστηκὼς τῶν ὑπηρετῶν (~ Vς) ἔδωκεν ῥάπισμα τῷ Ἰησοῦ

19 3 ἐδίδοσαν αὐτῷ ῥαπίσματα

19 9 ὁ δὲ Ἰησοῦς ἀπόκρισιν οὐκ ἔδωκεν αὐτῷ

19 11ᵃ οὐκ εἶχες (ἔχεις BST) ἐξουσίαν κατ' ἐμοῦ οὐδεμίαν εἰ μὴ ἦν δεδομένον σοι ἄνωθεν

21 13 λαμβάνει τὸν ἄρτον καὶ δίδωσιν αὐτοῖς

Ac 1 26 ἔδωκαν κλήρους αὐτοῖς

2 4 καθὼς τὸ πνεῦμα ἐδίδου ἀποφθέγγεσθαι αὐτοῖς

2 19ᵈ δώσω τέρατα ἐν τῷ οὐρανῷ ἄνω καὶ σημεῖα ἐπὶ τῆς γῆς κάτω

2 27 οὐδὲ δώσεις τὸν ὅσιόν σου ἰδεῖν διαφθοράν

3 6 ὃ δὲ ἔχω, τοῦτό σοι δίδωμι

3 16 ἡ πίστις ἡ δι' αὐτοῦ ἔδωκεν αὐτῷ τὴν ὁλοκληρίαν ταύτην

4 12 οὐδὲ γὰρ ὄνομά ἐστιν ἕτερον ὑπὸ τὸν οὐρανὸν τὸ δεδομένον ἐν ἀνθρώποις

4 29 δὸς τοῖς δούλοις σου μετὰ παρρησίας πάσης λαλεῖν τὸν λόγον σου

5 31 τοῦτον ὁ θεὸς ... ὕψωσεν ... τοῦ ([N²⁶H]; —Vς) δοῦναι μετάνοιαν τῷ Ἰσραὴλ καὶ ἄφεσιν ἁμαρτιῶν

5 32 τὸ πνεῦμα τὸ ἅγιον ὃ ἔδωκεν ὁ θεὸς τοῖς πειθαρχοῦσιν αὐτῷ

7 5 οὐκ ἔδωκεν αὐτῷ κληρονομίαν ἐν αὐτῇ οὐδὲ βῆμα ποδός, ↔

7 5 καὶ ἐπηγγείλατο δοῦναι | αὐτῷ εἰς κατάσχεσιν αὐτήν (~ S)

7 8 ἔδωκεν αὐτῷ διαθήκην περιτομῆς

7 10ᶠʲ ἔδωκεν αὐτῷ χάριν καὶ σοφίαν ἐναντίον (ἔναντι Τ) Φαραὼ

7 25 ὁ θεὸς διὰ χειρὸς αὐτοῦ δίδωσιν σωτηρίαν αὐτοῖς

7 38 ὃς ἐδέξατο λόγια ζῶντα δοῦναι ἡμῖν (ὑμῖν NMH)

8 18 διὰ τῆς ἐπιθέσεως τῶν χειρῶν τῶν ἀποστόλων δίδοται τὸ πνεῦμα (+τὸ ἅγιον VBSς)

8 19ᵃ δότε κἀμοὶ τὴν ἐξουσίαν ταύτην

9 41 δοὺς δὲ αὐτῇ χεῖρα ἀνέστησεν αὐτήν

10 40 ὁ θεὸς ... ἔδωκεν αὐτὸν ἐμφανῆ γενέσθαι

11 17 εἰ οὖν τὴν ἴσην δωρεὰν ἔδωκεν αὐτοῖς ὁ θεὸς ὡς καὶ ἡμῖν

11 18 ἄρα καὶ τοῖς ἔθνεσιν ὁ θεὸς τὴν μετάνοιαν εἰς ζωὴν ἔδωκεν

12 23ᵇ ἐπάταξεν αὐτὸν ἄγγελος κυρίου ἀνθ' ὧν οὐκ ἔδωκεν τὴν δόξαν τῷ θεῷ

13 20 μετὰ ταῦτα ἔδωκεν κριτὰς ἕως Σαμουὴλ τοῦ ([N²⁶S]Vς; —rl) προφήτου. ↔

13 21 κἀκεῖθεν ᾐτήσαντο βασιλέα, καὶ ἔδωκεν αὐτοῖς ὁ θεὸς τὸν Σαοὺλ

13 34 δώσω ὑμῖν τὰ ὅσια Δαυὶδ τὰ πιστά

13 35 οὐ δώσεις τὸν ὅσιόν σου ἰδεῖν διαφθοράν

14 3 ἐπὶ τῷ κυρίῳ τῷ ... διδόντι (-τος Τ) σημεῖα καὶ τέρατα γίνεσθαι διὰ τῶν χειρῶν αὐτῶν

14 17 οὐρανόθεν ὑμῖν | ὑετοὺς διδοὺς (~ S) καὶ καιροὺς καρποφόρους

15 8 ὁ καρδιογνώστης θεὸς ἐμαρτύρησεν αὐτοῖς δοὺς (+αὐτοῖς M[VS]ς) τὸ πνεῦμα τὸ ἅγιον

17 25ᶜ αὐτὸς διδοὺς πᾶσι ζωὴν καὶ πνοὴν καὶ τὰ πάντα

Ac 19 31 τινὲς δὲ καὶ τῶν Ἀσιαρχῶν ... παρεκάλουν μὴ δοῦναι ἑαυτὸν εἰς τὸ θέατρον

20 32 τῷ λόγῳ ... τῷ δυναμένῳ οἰκοδομῆσαι καὶ δοῦναι τὴν κληρονομίαν ἐν τοῖς ἡγιασμένοις πᾶσιν

20 35ᵐ μακάριόν ἐστιν μᾶλλον διδόναι ἢ λαμβάνειν

24 26 ἐλπίζων ὅτι χρήματα δοθήσεται αὐτῷ [H] ὑπὸ τοῦ Παύλου

Rm 4 20ᵇ ἀλλὰ ἐνεδυναμώθη τῇ πίστει, δοὺς δόξαν τῷ θεῷ

5 5 ὅτι ἡ ἀγάπη τοῦ θεοῦ ἐκκέχυται ἐν ταῖς καρδίαις ἡμῶν διὰ πνεύματος ἁγίου τοῦ δοθέντος ἡμῖν

11 8 ἔδωκεν αὐτοῖς ὁ θεὸς πνεῦμα κατανύξεως

12 3ʲ λέγω γὰρ διὰ τῆς χάριτος τῆς δοθείσης μοι παντὶ τῷ ὄντι ἐν ὑμῖν

12 6ʲ ἔχοντες δὲ χαρίσματα κατὰ τὴν χάριν τὴν δοθεῖσαν ἡμῖν διάφορα

12 19 δότε τόπον τῇ ὀργῇ

14 12ʰ ἄρα οὖν [N²⁶NH] ἕκαστος ἡμῶν περὶ ἑαυτοῦ λόγον δώσει | τῷ θεῷ [N²⁶NH]

15 5 ὁ δὲ θεὸς τῆς ὑπομονῆς καὶ τῆς παρακλήσεως δῴη ὑμῖν τὸ αὐτὸ φρονεῖν ἐν ἀλλήλοις

15 15ʲ ὡς ἐπαναμιμνῄσκων ὑμᾶς διὰ τὴν χάριν τὴν δοθεῖσάν μοι ὑπὸ (ἀπὸ NBTH) τοῦ θεοῦ

1 C 1 4ʲ εὐχαριστῶ ... ἐπὶ τῇ χάριτι τοῦ θεοῦ τῇ δοθείσῃ ὑμῖν ἐν Χριστῷ Ἰησοῦ

3 5ᵐ καὶ ἑκάστῳ ὡς ὁ κύριος ἔδωκεν

3 10ʲ κατὰ τὴν χάριν τοῦ θεοῦ τὴν δοθεῖσάν μοι ... θεμέλιον ἔθηκα

7 25 γνώμην δὲ δίδωμι ὡς ἠλεημένος ὑπὸ κυρίου πιστὸς εἶναι

9 12 ἵνα μή τινα ἐγκοπὴν (ἐκ- Τ) δῶμεν τῷ εὐαγγελίῳ τοῦ Χριστοῦ

11 15 ἡ κόμη ἀντὶ περιβολαίου δέδοται αὐτῇ [N²⁶]

12 7 ἑκάστῳ δὲ δίδοται ἡ φανέρωσις τοῦ πνεύματος πρὸς τὸ συμφέρον. ↔

12 8ᶠʰ ᾧ μὲν γὰρ διὰ τοῦ πνεύματος δίδοται λόγος σοφίας

12 24 ὁ θεὸς συνεκέρασεν τὸ σῶμα, τῷ ὑστερουμένῳ περισσοτέραν δοὺς τιμήν

14 7 ὅμως τὰ ἄψυχα φωνὴν διδόντα, εἴτε αὐλὸς εἴτε κιθάρα, ↔

14 7 ἐὰν διαστολὴν τοῖς φθόγγοις μὴ δῷ

14 8 ἐὰν ἄδηλον σάλπιγξ φωνὴν δῷ

14 9ʰ καὶ ὑμεῖς διὰ τῆς γλώσσης ἐὰν μὴ εὔσημον λόγον δῶτε

15 38 ὁ δὲ θεὸς δίδωσιν αὐτῷ σῶμα καθὼς ἠθέλησεν

15 57 τῷ δὲ θεῷ χάρις τῷ διδόντι ἡμῖν τὸ νῖκος διὰ ... Χριστοῦ

2 C 1 22 ⟨θεὸς⟩ ὁ ([H]; —S) ... δοὺς τὸν ἀρραβῶνα τοῦ πνεύματος ἐν ταῖς καρδίαις ἡμῶν

5 5 θεός, ὁ δοὺς ἡμῖν τὸν ἀρραβῶνα τοῦ πνεύματος

5 12 ἀλλὰ ἀφορμὴν διδόντες ὑμῖν καυχήματος ὑπὲρ ἡμῶν

5 18 τὰ δὲ πάντα ἐκ τοῦ θεοῦ τοῦ ... δόντος ἡμῖν τὴν διακονίαν τῆς καταλλαγῆς

6 3 μηδεμίαν ἐν μηδενὶ διδόντες προσκοπήν

8 1ʲ τὴν χάριν τοῦ θεοῦ τὴν δεδομένην ἐν ταῖς ἐκκλησίαις τῆς Μακεδονίας

2 C 8 5ᵍ ἀλλ' ἑαυτοὺς ἔδωκαν πρῶτον τῷ κυρίῳ καὶ ἡμῖν διὰ θελήματος θεοῦ

8 10 καὶ γνώμην ἐν τούτῳ δίδωμι

8 16 χάρις δὲ τῷ θεῷ τῷ δόντι (N²⁶; διδ. rl) τὴν αὐτὴν σπουδὴν ... ἐν τῇ καρδίᾳ Τίτου

9 9ᵐ ἐσκόρπισεν, ἔδωκεν τοῖς πένησιν

10 8ᵃ περὶ τῆς ἐξουσίας ἡμῶν, ἧς ἔδωκεν ὁ κύριος εἰς οἰκοδομήν

12 7 διὸ (—Τς) ἵνα μὴ ὑπεραίρωμαι, ἐδόθη μοι σκόλοψ τῇ σαρκί

13 10ᵃ κατὰ τὴν ἐξουσίαν ἣν ὁ κύριος ἔδωκέν μοι εἰς οἰκοδομήν

G 1 4ᵍ ⟨Ἰησοῦ Χριστοῦ⟩ τοῦ δόντος ἑαυτὸν ὑπὲρ (περὶ BST) τῶν ἁμαρτιῶν ἡμῶν

2 9ʲ γνόντες τὴν χάριν τὴν δοθεῖσάν μοι

2 9 οἱ δοκοῦντες στῦλοι εἶναι, δεξιὰς ἔδωκαν ἐμοὶ καὶ Βαρναβᾷ κοινωνίας

3 21 εἰ γὰρ ἐδόθη νόμος ὁ δυνάμενος ζωοποιῆσαι

3 22 ἵνα ἡ ἐπαγγελία ἐκ πίστεως Ἰησοῦ Χριστοῦ δοθῇ τοῖς πιστεύουσιν

4 15 εἰ δυνατὸν τοὺς ὀφθαλμοὺς ὑμῶν ἐξορύξαντες ἐδώκατέ μοι

E 1 17ᶠ ἵνα ὁ θεὸς ... δῴη ὑμῖν πνεῦμα σοφίας

1 22 αὐτὸν ἔδωκεν κεφαλὴν ὑπὲρ πάντα τῇ ἐκκλησίᾳ

3 2ʲ εἴ γε ἠκούσατε τὴν οἰκονομίαν τῆς χάριτος τοῦ θεοῦ τῆς δοθείσης μοι εἰς ὑμᾶς

3 7ʲ κατὰ τὴν δωρεὰν τῆς χάριτος τοῦ θεοῦ | τῆς δοθείσης (τὴν δοθεῖσάν ς) μοι κατὰ τὴν ἐνέργειαν τῆς δυνάμεως αὐτοῦ. ↔

3 8ʲ ἐμοὶ τῷ ἐλαχιστοτέρῳ πάντων ἁγίων ἐδόθη ἡ χάρις αὕτη

3 16 ἵνα δῷ (δῴη ς) ὑμῖν κατὰ τὸ πλοῦτος τῆς δόξης αὐτοῦ δυνάμει κραταιωθῆναι

4 7ʲ ἑνὶ δὲ ἑκάστῳ ἡμῶν ἐδόθη ἡ [H] χάρις κατὰ τὸ μέτρον τῆς δωρεᾶς τοῦ Χριστοῦ

4 8 (+καὶ VBS[H]ς) ἔδωκεν δόματα τοῖς ἀνθρώποις

4 11 καὶ αὐτὸς ἔδωκεν τοὺς μὲν ἀποστόλους, τοὺς δὲ προφήτας ⟨πρὸς τὸν καταρτισμόν⟩

4 27ʲ μηδὲ δίδοτε τόπον τῷ διαβόλῳ

4 29ʲ ἵνα δῷ χάριν τοῖς ἀκούουσιν

6 19ʰ ἵνα μοι δοθῇ (-θείη ς) λόγος ἐν ἀνοίξει τοῦ στόματός μου

Cl 1 25 ἧς ἐγενόμην ἐγὼ διάκονος κατὰ τὴν οἰκονομίαν τοῦ θεοῦ τὴν δοθεῖσάν μοι εἰς ὑμᾶς πληρῶσαι τὸν λόγον

1Th 4 2 οἴδατε γὰρ τίνας παραγγελίας ἐδώκαμεν ὑμῖν διὰ τοῦ κυρίου Ἰησοῦ

4 8 οὐκ ἄνθρωπον ἀθετεῖ ἀλλὰ τὸν θεὸν τὸν καὶ ([N²⁶]; —H) διδόντα (δόντα VSς) τὸ πνεῦμα αὐτοῦ τὸ ἅγιον εἰς ὑμᾶς

2Th 1 8 ⟨Ἰησοῦ⟩ διδόντος ἐκδίκησιν τοῖς μὴ εἰδόσιν θεόν

2 16 θεὸς ὁ πατὴρ ἡμῶν, ὁ ἀγαπήσας ἡμᾶς καὶ δοὺς παράκλησιν αἰωνίαν

3 9ᵍ ἀλλ' ἵνα ἑαυτοὺς τύπον δῶμεν ὑμῖν εἰς τὸ μιμεῖσθαι ἡμᾶς

3 16 αὐτὸς δὲ ὁ κύριος τῆς εἰρήνης δῴη ὑμῖν τὴν εἰρήνην διὰ παντός

1Tm 2 6ᵍ ⟨Χριστὸς Ἰησοῦς⟩ ὁ δοὺς ἑαυτὸν ἀντίλυτρον ὑπὲρ πάντων

1Tm 4 14 μὴ ἀμέλει τοῦ ἐν σοὶ χαρίσματος, ὃ ἐδόθη σοι διὰ προφητείας

5 14 βούλομαι οὖν νεωτέρας ... μηδεμίαν ἀφορμὴν διδόναι τῷ ἀντικειμένῳ

2Tm 1 7 οὐ γὰρ ἔδωκεν ἡμῖν ὁ θεὸς πνεῦμα δειλίας

1 9ʲ κατὰ ἰδίαν πρόθεσιν καὶ χάριν, τὴν δοθεῖσαν ἡμῖν ἐν Χριστῷ Ἰησοῦ πρὸ χρόνων αἰωνίων

1 16 δῴη ἔλεος ὁ κύριος τῷ Ὀνησιφόρου οἴκῳ

1 18 δῴη αὐτῷ ὁ κύριος εὑρεῖν ἔλεος παρὰ κυρίου

2 7 δώσει (δῴη ς) γάρ σοι ὁ κύριος σύνεσιν ἐν πᾶσιν

2 25 ⟨δοῦλον⟩ παιδεύοντα τοὺς ἀντιδιατιθεμένους, μήποτε δῴη (δῷ Sς) αὐτοῖς ὁ θεὸς μετάνοιαν εἰς ἐπίγνωσιν ἀληθείας

Tt 2 14ᵍ ⟨Ἰησοῦ Χριστοῦ⟩ ὃς ἔδωκεν ἑαυτὸν ὑπὲρ ἡμῶν

Hb 2 13 ἰδοὺ ἐγὼ καὶ τὰ παιδία ἅ μοι ἔδωκεν ὁ θεός

7 4 ᾧ καὶ ([N²⁶]; —NH) δεκάτην Ἀβραὰμ ἔδωκεν ἐκ τῶν ἀκροθινίων ὁ πατριάρχης

8 10 διδοὺς νόμους μου εἰς τὴν διάνοιαν αὐτῶν

10 16 διδοὺς νόμους μου ἐπὶ καρδίας αὐτῶν

Jc 1 5ᵐ αἰτείτω παρὰ τοῦ διδόντος θεοῦ πᾶσιν ἁπλῶς καὶ μὴ ὀνειδίζοντος, ↔

1 5ᶠ καὶ δοθήσεται αὐτῷ

2 16 ⟨ἐὰν⟩ εἴπῃ δέ τις ... μὴ δῶτε δὲ αὐτοῖς τὰ ἐπιτήδεια τοῦ σώματος

4 6ʲ μείζονα δὲ δίδωσιν χάριν

4 6ʲ ὁ θεός ... ταπεινοῖς δὲ δίδωσιν χάριν

5 18 ὁ οὐρανὸς | ὑετὸν ἔδωκεν (~ T)

1Pt 1 21ᵇ εἰς θεὸν τὸν ἐγείραντα αὐτὸν ἐκ νεκρῶν καὶ δόξαν αὐτῷ δόντα

5 5ʲ ὅτι ὁ [N²⁶H] θεὸς ... ταπεινοῖς δὲ δίδωσιν χάριν

2Pt 3 15ᶠ καθὼς ... Παῦλος κατὰ τὴν δοθεῖσαν αὐτῷ σοφίαν ἔγραψεν ὑμῖν

1Jo 3 1 ἴδετε ποταπὴν ἀγάπην δέδωκεν ἡμῖν ὁ πατήρ

3 23ᵐ ἵνα ... ἀγαπῶμεν ἀλλήλους καθὼς ἔδωκεν ἐντολὴν ἡμῖν

3 24 ἐκ τοῦ πνεύματος οὗ ἡμῖν ἔδωκεν

4 13 ὅτι ἐκ τοῦ πνεύματος αὐτοῦ δέδωκεν ἡμῖν

5 11ᶜ ζωὴν αἰώνιον ἔδωκεν | ἡμῖν ὁ θεός (~ NBH)

5 16ᶜ ἐάν τις ἴδῃ τὸν ἀδελφὸν αὐτοῦ ἁμαρτάνοντα ... αἰτήσει, καὶ δώσει αὐτῷ ζωήν

5 20 ὁ υἱὸς τοῦ θεοῦ ἥκει, καὶ δέδωκεν ἡμῖν διάνοιαν

Ap 1 1 ἀποκάλυψις Ἰησοῦ Χριστοῦ, ἣν ἔδωκεν αὐτῷ ὁ θεός

2 7ⁱ τῷ νικῶντι δώσω αὐτῷ φαγεῖν ἐκ τοῦ ξύλου τῆς ζωῆς

2 10 δώσω σοι τὸν στέφανον τῆς ζωῆς

2 17ˡ τῷ νικῶντι δώσω αὐτῷ (+ φαγεῖν ἀπὸ ς) τοῦ μάννα τοῦ κεκρυμμένου, ↔

2 17 καὶ δώσω αὐτῷ ψῆφον λευκήν

2 21 ἔδωκα αὐτῇ χρόνον ἵνα μετανοήσῃ

2 23 δώσω ὑμῖν ἑκάστῳ κατὰ τὰ ἔργα ὑμῶν

2 26ᵃ δώσω αὐτῷ ἐξουσίαν ἐπὶ τῶν ἐθνῶν

Ap 2 28 δώσω αὐτῷ τὸν ἀστέρα τὸν πρωϊνόν

3 8 ἰδοὺ δέδωκα ἐνώπιόν σου θύραν ἠνεῳγμένην

3 9 ἰδοὺ διδῶ (δίδωμι BSς) ἐκ τῆς συναγωγῆς τοῦ σατανᾶ

3 21 ὁ νικῶν, δώσω αὐτῷ καθίσαι μετ' ἐμοῦ ἐν τῷ θρόνῳ μου

4 9ᵇ ὅταν δώσουσιν τὰ ζῷα δόξαν καὶ τιμὴν καὶ εὐχαριστίαν τῷ καθημένῳ

6 2 ἰδοὺ ἵππος λευκός ... καὶ ἐδόθη αὐτῷ στέφανος

6 4 τῷ καθημένῳ ἐπ' αὐτὸν ἐδόθη αὐτῷ [Η] λαβεῖν τὴν εἰρήνην

6 4 ἐδόθη αὐτῷ μάχαιρα μεγάλη

6 8ᵃ ἐδόθη αὐτοῖς ἐξουσία ἐπὶ τὸ τέταρτον τῆς γῆς

6 11 ἐδόθη (ἐδόθησαν ς) αὐτοῖς ἑκάστῳ | στολὴ λευκή (στολαὶ λευκαί ς)

7 2 τοῖς τέσσαρσιν ἀγγέλοις οἷς ἐδόθη αὐτοῖς ἀδικῆσαι τὴν γῆν

8 2 ἐδόθησαν αὐτοῖς ἑπτὰ σάλπιγγες

8 3 ἐδόθη αὐτῷ θυμιάματα πολλά, ↔

8 3 ἵνα δώσει (-σῃ Sς) ταῖς προσευχαῖς τῶν ἁγίων πάντων ἐπὶ τὸ θυσιαστήριον

9 1 ἐδόθη αὐτῷ ἡ κλεὶς τοῦ φρέατος τῆς ἀβύσσου

9 3ᵃ ἀκρίδες ... ἐδόθη αὐταῖς (αὐτοῖς ΝΤ) ἐξουσία

9 5 ἐδόθη αὐτοῖς (-ταῖς VBHς) ἵνα μὴ ἀποκτείνωσιν αὐτούς

10 9 λέγων αὐτῷ δοῦναί (δός ς) μοι τὸ βιβλαρίδιον

11 1 ἐδόθη μοι κάλαμος ὅμοιος ῥάβδῳ

11 2 τὴν αὐλὴν τὴν ἔξωθεν (ἔσωθεν S) τοῦ ναοῦ ἔκβαλε ... ὅτι ἐδόθη τοῖς ἔθνεσιν

11 3ᵐ δώσω τοῖς δυσὶν μάρτυσίν μου, καὶ προφητεύσουσιν

11 13ᵇ οἱ λοιποὶ ἔμφοβοι ἐγένοντο καὶ ἔδωκαν δόξαν τῷ θεῷ τοῦ οὐρανοῦ

11 18 ἦλθεν ... ὁ καιρὸς τῶν νεκρῶν κριθῆναι καὶ δοῦναι τὸν μισθὸν τοῖς δούλοις σου

12 14 ἐδόθησαν τῇ γυναικὶ αἱ δύο πτέρυγες τοῦ ἀετοῦ τοῦ μεγάλου

13 2ᵃ ἔδωκεν αὐτῷ ὁ δράκων τὴν δύναμιν αὐτοῦ ... καὶ ἐξουσίαν μεγάλην

13 4ᵃ | ὅτι ἔδωκεν τὴν ἐξουσίαν τῷ θηρίῳ (..—Β..)

13 5 ἐδόθη αὐτῷ στόμα λαλοῦν μεγάλα καὶ βλασφημίας (-αν S), ↔

13 5ᵃ καὶ ἐδόθη αὐτῷ ἐξουσία ποιῆσαι

13 7 | καὶ ἐδόθη αὐτῷ ποιῆσαι πόλεμον [Η..]

13 7ᵃ ἐδόθη αὐτῷ ἐξουσία ἐπὶ πᾶσαν φυλήν

13 14 διὰ τὰ σημεῖα ἃ ἐδόθη αὐτῷ ποιῆσαι ἐνώπιον τοῦ θηρίου

13 15 ἐδόθη αὐτῷ (αὐτῇ Η) ↔

13 15 δοῦναι πνεῦμα τῇ εἰκόνι τοῦ θηρίου

13 16 ἵνα δῶσιν (δώσῃ ς) αὐτοῖς χάραγμα ἐπὶ τῆς χειρὸς αὐτῶν

14 7ᵇ φοβήθητε τὸν θεὸν καὶ δότε αὐτῷ δόξαν

15 7 ἓν ἐκ τῶν τεσσάρων ζῴων ἔδωκεν τοῖς ἑπτὰ ἀγγέλοις ἑπτὰ φιάλας

16 6ⁱ αἷμα αὐτοῖς δέδωκας ([δ]έ. N²⁶; ἔδωκας VBSTς) πιεῖν

16 8 ἐδόθη αὐτῷ καυματίσαι τοὺς ἀνθρώπους ἐν πυρί

16 9ᵇ οὐ μετενόησαν δοῦναι αὐτῷ δόξαν

Ap 16 19 Βαβυλὼν ἡ μεγάλη ἐμνήσθη ἐνώπιον τοῦ θεοῦ δοῦναι αὐτῇ τὸ ποτήριον τοῦ οἴνου

17 13ᵃ τὴν δύναμιν καὶ τὴν (+[M]STς) ἐξουσίαν αὐτῶν τῷ θηρίῳ διδόασιν (διαδιδώσουσιν ς)

17 17 ὁ γὰρ θεὸς ἔδωκεν εἰς τὰς καρδίας αὐτῶν ποιῆσαι τὴν γνώμην αὐτοῦ, ↔

17 17 καὶ ποιῆσαι μίαν γνώμην καὶ δοῦναι τὴν βασιλείαν αὐτῶν τῷ θηρίῳ

18 7 τοσοῦτον δότε αὐτῇ βασανισμὸν καὶ πένθος

19 7ᵇ δώσωμεν (N²⁶; -σομεν ΝΗ; δῶμεν rl) τὴν δόξαν αὐτῷ

19 8 ἐδόθη αὐτῇ ἵνα περιβάληται βύσσινον λαμπρὸν καθαρόν

20 4 κρίμα ἐδόθη αὐτοῖς

20 13 ἔδωκεν ἡ θάλασσα τοὺς νεκροὺς τοὺς ἐν αὐτῇ, ↔

20 13 καὶ ὁ θάνατος καὶ ὁ ᾅδης ἔδωκαν τοὺς νεκροὺς τοὺς ἐν αὐτοῖς

21 6 ἐγὼ τῷ διψῶντι δώσω (+αὐτῷ V) ἐκ τῆς πηγῆς τοῦ ὕδατος τῆς ζωῆς δωρεάν

διεγείρω
→ ἐγείρω
ᵃ διεγερθείς

Mt 1 24ᵃ* διεγερθείς (Sς; ἐγ. rl) δὲ ὁ ([NH]; —ST) Ἰωσὴφ ἀπὸ τοῦ ὕπνου

Mc 4 38 * διεγείρουσιν (VSς; ἐγ. rl) αὐτὸν καὶ λέγουσιν αὐτῷ

4 39ᵃ διεγερθεὶς ἐπετίμησεν τῷ ἀνέμῳ

Lc 8 24 προσελθόντες δὲ διήγειραν αὐτὸν λέγοντες

8 24ᵃ ὁ δὲ διεγερθεὶς (ἐγερθεὶς ς) ἐπετίμησεν τῷ ἀνέμῳ

Jo 6 18 ἥ τε θάλασσα ἀνέμου μεγάλου πνέοντος διεγείρετο (N²⁶H; διηγ. rl)

2Pt 1 13 δίκαιον δὲ ἡγοῦμαι, ἐφ' ὅσον εἰμὶ ἐν τούτῳ τῷ σκηνώματι, διεγείρειν ὑμᾶς ἐν ὑπομνήσει

3 1 ἐν αἷς διεγείρω ὑμῶν ἐν ὑπομνήσει τὴν εἰλικρινῆ διάνοιαν

διελεύσομαι
→ διέρχομαι

διελήλυθα
→ διέρχομαι

διενθυμέομαι
→ ἀθυμέω

Ac 10 19 τοῦ δὲ Πέτρου διενθυμουμένου (ἐνθυμ. ς) περὶ τοῦ ὁράματος

διέξοδος
Mt 22 9 πορεύεσθε οὖν ἐπὶ τὰς διεξόδους τῶν ὁδῶν

διερμηνευτής
1 C 14 28 ἐὰν δὲ μὴ ᾖ διερμηνευτής, σιγάτω ἐν ἐκκλησίᾳ

διερμηνεύω
→ ἑρμηνεύω

Lc 24 27 διερμήνευσεν (διηρμήνευεν ς) αὐτοῖς ἐν πάσαις ταῖς γραφαῖς [+ τί ἦν S] τὰ περὶ ἑαυτοῦ

Ac 9 36 Ταβιθά, ἣ διερμηνευομένη λέγεται Δορκάς

1 C 12 30 μὴ πάντες διερμηνεύουσιν;

14 5 μείζων δὲ ὁ προφητεύων ... ἐκτὸς εἰ μὴ διερμηνεύῃ

14 13 ὁ λαλῶν γλώσσῃ προσευχέσθω ἵνα διερμηνεύῃ

14 27 εἴτε γλώσσῃ τις λαλεῖ ... καὶ εἷς διερμηνευέτω

διέρχομαι
→ ἔρχομαι
a δ. εἰς τὸ πέραν
b δ. διὰ μέσου, -ον
c met.
Mt 12 43 διέρχεται δι' ἀνύδρων τόπων ζητοῦν ἀνάπαυσιν
19 24 εὐκοπώτερόν ἐστιν κάμηλον διὰ τρυπήματος (τρήματος NH) ῥαφίδος διελθεῖν (εἰσ- NMSTH) ἢ πλούσιον εἰσελθεῖν (+N²⁶Bς)
Mc 4 35a διέλθωμεν εἰς τὸ πέραν
10 25 εὐκοπώτερόν ἐστιν κάμηλον διὰ τῆς ([N²⁶]; —H) τρυμαλιᾶς τῆς ([N²⁶]; —H) ῥαφίδος διελθεῖν (εἰσ- ς) ἢ πλούσιον ... εἰσελθεῖν
Lc 2 15 οἱ ποιμένες ἐλάλουν (εἶπον VSς) πρὸς ἀλλήλους· διέλθωμεν δὴ ἕως Βηθλέεμ
2 35 σοῦ δὲ ([N²⁶S]; —H) αὐτῆς τὴν ψυχὴν διελεύσεται ῥομφαία
4 30b αὐτὸς δὲ διελθὼν διὰ μέσου αὐτῶν ἐπορεύετο
5 15c διήρχετο δὲ μᾶλλον ὁ λόγος περὶ αὐτοῦ
8 22a διέλθωμεν εἰς τὸ πέραν τῆς λίμνης
9 6 ἐξερχόμενοι δὲ διήρχοντο κατὰ τὰς κώμας εὐαγγελιζόμενοι
11 24 διέρχεται δι' ἀνύδρων τόπων ζητοῦν ἀνάπαυσιν
17 11b αὐτὸς διήρχετο διὰ μέσον (μέσου Vς) Σαμαρείας καὶ Γαλιλαίας
19 1 εἰσελθὼν διήρχετο τὴν Ἰεριχώ
19 4 ἀνέβη ἐπὶ συκομορέαν... ὅτι ἐκείνης ἤμελλεν διέρχεσθαι
Jo 4 4 ἔδει δὲ αὐτὸν διέρχεσθαι διὰ τῆς Σαμαρείας
4 15 ἵνα μὴ διψῶ μηδὲ διέρχωμαι (ἔρχωμαι Vς; ἔρχομαι S) ἐνθάδε ἀντλεῖν
8 59b * ἐξῆλθεν ἐκ τοῦ ἱεροῦ | διελθὼν διὰ μέσου αὐτῶν, καὶ παρῆγεν οὕτως (+ς)
Ac 8 4 οἱ μὲν οὖν διασπαρέντες διῆλθον εὐαγγελιζόμενοι τὸν λόγον
8 40 διερχόμενος εὐηγγελίζετο τὰς πόλεις πάσας
9 32 ἐγένετο δὲ Πέτρον διερχόμενον διὰ πάντων κατελθεῖν
9 38 μὴ ὀκνήσῃς διελθεῖν ἕως ἡμῶν
10 38 ὃς διῆλθεν εὐεργετῶν καὶ ἰώμενος πάντας
11 19 οἱ μὲν οὖν διασπαρέντες ... διῆλθον ἕως Φοινίκης
11 22 ἐξαπέστειλαν Βαρναβᾶν διελθεῖν (+ [N²⁶S]ς) ἕως Ἀντιοχείας
12 10 διελθόντες δὲ πρώτην φυλακὴν καὶ δευτέραν ἦλθαν ἐπὶ τὴν πύλην
13 6 διελθόντες δὲ ὅλην τὴν νῆσον ἄχρι Πάφου εὗρον ἄνδρα τινὰ μάγον
13 14 αὐτοὶ δὲ διελθόντες ἀπὸ τῆς Πέργης παρεγένοντο εἰς Ἀντιόχειαν
14 24 διελθόντες τὴν Πισιδίαν ἦλθον εἰς τὴν Παμφυλίαν
15 3 οἱ μὲν οὖν προπεμφθέντες ... διήρχοντο τήν τε Φοινίκην καὶ Σαμάρειαν
15 41 διήρχετο δὲ τὴν Συρίαν καὶ τὴν [+N²⁶H] Κιλικίαν
16 6 διῆλθον (διελθόντες ς) δὲ τὴν Φρυγίαν καὶ Γαλατικὴν χώραν
17 23 διερχόμενος γὰρ καὶ ἀναθεωρῶν τὰ σεβάσματα ὑμῶν εὗρον καὶ βωμόν

Ac 18 23 ἐξῆλθεν, διερχόμενος καθεξῆς τὴν Γαλατικὴν χώραν καὶ Φρυγίαν
18 27 βουλομένου δὲ αὐτοῦ διελθεῖν εἰς τὴν Ἀχαΐαν
19 1 Παῦλον διελθόντα τὰ ἀνωτερικὰ μέρη κατελθεῖν (BST; [κατ]- N²⁶; ἐλθεῖν rl) εἰς Ἔφεσον
19 21 ἔθετο ὁ Παῦλος ἐν τῷ πνεύματι διελθὼν τὴν Μακεδονίαν καὶ Ἀχαΐαν πορεύεσθαι
20 2 διελθὼν δὲ τὰ μέρη ἐκεῖνα ... ἦλθεν εἰς τὴν Ἑλλάδα
20 25 οὐκέτι ὄψεσθε τὸ πρόσωπόν μου ὑμεῖς πάντες ἐν οἷς διῆλθον κηρύσσων τὴν βασιλείαν
Rm 5 12c οὕτως εἰς πάντας ἀνθρώπους ὁ θάνατος διῆλθεν
1 C 10 1 οἱ πατέρες ἡμῶν ... πάντες διὰ τῆς θαλάσσης διῆλθον
16 5 ἐλεύσομαι δὲ πρὸς ὑμᾶς ὅταν Μακεδονίαν διέλθω· ↔
16 5 Μακεδονίαν γὰρ διέρχομαι
2 C 1 16 ⟨ἐβουλόμην⟩ δι' ὑμῶν διελθεῖν εἰς Μακεδονίαν
Hb 4 14 ἔχοντες οὖν ἀρχιερέα μέγαν διεληλυθότα τοὺς οὐρανούς

διερωτάω
→ ἐρωτάω
Ac 10 17 οἱ ἄνδρες οἱ ἀπεσταλμένοι ... διερωτήσαντες τὴν οἰκίαν τοῦ Σίμωνος ἐπέστησαν

διετής
Mt 2 16 ἀνεῖλεν πάντας τοὺς παῖδας τοὺς ἐν Βηθλέεμ ... ἀπὸ διετοῦς καὶ κατωτέρω

διετία
Ac 24 27 διετίας δὲ πληρωθείσης ἔλαβεν διάδοχον ὁ Φῆλιξ Πόρκιον Φῆστον
28 30 ἐνέμεινεν δὲ διετίαν ὅλην ἐν ἰδίῳ μισθώματι

διηγέομαι
→ ἡγέομαι
a δ. τὴν γενεάν
Mc 5 16 διηγήσαντο αὐτοῖς οἱ ἰδόντες πῶς ἐγένετο τῷ δαιμονιζομένῳ
9 9 διεστείλατο αὐτοῖς ἵνα μηδενὶ ἃ εἶδον διηγήσωνται
Lc 8 39 ὑπόστρεφε ... καὶ διηγοῦ ὅσα σοι ἐποίησεν ὁ θεός
9 10 ὑποστρέψαντες οἱ ἀπόστολοι διηγήσαντο αὐτῷ ὅσα ἐποίησαν
Ac 8 33a τὴν (+δὲ MVSς) γενεὰν αὐτοῦ τίς διηγήσεται
9 27 διηγήσατο αὐτοῖς πῶς ἐν τῇ ὁδῷ εἶδεν τὸν κύριον καὶ ὅτι ἐλάλησεν αὐτῷ
12 17 διηγήσατο αὐτοῖς ([N²⁶]; —T) πῶς ὁ κύριος αὐτὸν ἐξήγαγεν ἐκ τῆς φυλακῆς
Hb 11 32 ἐπιλείψει | με γὰρ (~VSς) διηγούμενον ὁ χρόνος περὶ Γεδεών

διήγησις
Lc 1 1 ἐπειδήπερ πολλοὶ ἐπεχείρησαν ἀνατάξασθαι διήγησιν περὶ τῶν πεπληροφορημένων ἐν ἡμῖν πραγμάτων

διῆλθον
→ διέρχομαι
διήνεγκα
→ διαφέρω
διηνεκής
Hb 7 3 ⟨ὁ Μελχισέδεκ⟩ μένει ἱερεὺς εἰς τὸ διηνεκές
10 1 ὁ νόμος ... ταῖς αὐταῖς θυσίαις ἃς (αἷς T) προσφέρουσιν εἰς τὸ

διηνεκὲς οὐδέποτε δύναται (-νται SH)... τελειῶσαι
10 12 οὗτος δὲ ... εἰς τὸ διηνεκὲς ἐκάθισεν ἐν δεξιᾷ τοῦ θεοῦ
10 14 μιᾷ γὰρ προσφορᾷ τετελείωκεν εἰς τὸ διηνεκὲς τοὺς ἁγιαζομένους

διθάλασσος
Ac 27 41 περιπεσόντες δὲ εἰς τόπον διθάλασσον ἐπέκειλαν τὴν ναῦν

διϊκνέομαι
διικνέομαι H
→ ἀφικνέομαι
Hb 4 12 ζῶν γὰρ ὁ λόγος τοῦ θεοῦ ... καὶ διϊκνούμενος ἄχρι μερισμοῦ ψυχῆς καὶ πνεύματος

διΐστημι
→ ἵστημι
Lc 22 59 διαστάσης ὡσεὶ ὥρας μιᾶς ἄλλος τις διϊσχυρίζετο λέγων
24 51 ἐγένετο ἐν τῷ εὐλογεῖν αὐτὸν αὐτοὺς διέστη ἀπ' αὐτῶν
Ac 27 28 βραχὺ δὲ διαστήσαντες καὶ πάλιν βολίσαντες εὗρον ὀργυιὰς δεκαπέντε

διϊσχυρίζομαι
διισχυρίζομαι H
Lc 22 59 διαστάσης ὡσεὶ ὥρας μιᾶς ἄλλος τις διϊσχυρίζετο λέγων
Ac 12 15 ἡ δὲ διϊσχυρίζετο οὕτως ἔχειν

δικαιοκρισία
Rm 2 5 θησαυρίζεις σεαυτῷ ὀργὴν ἐν ἡμέρᾳ ὀργῆς καὶ ἀποκαλύψεως [+καὶ S] δικαιοκρισίας τοῦ θεοῦ

δίκαιος
→ δικαίως
a (οἱ) δίκαιοι subst.
b (τὸ) δίκαιον
c δικαία κρίσις
Mt 1 19 Ἰωσὴφ δὲ ὁ ἀνὴρ αὐτῆς, δίκαιος ὤν
5 45a ὅτι (ὃς S) ... βρέχει ἐπὶ δικαίους καὶ ἀδίκους
9 13a οὐ γὰρ ἦλθον καλέσαι δικαίους ἀλλὰ ἁμαρτωλούς (+εἰς μετάνοιαν ς)
10 41 ὁ δεχόμενος δίκαιον ↔
10 41 εἰς ὄνομα δικαίου ↔
10 41 μισθὸν δικαίου λήμψεται
13 17a πολλοὶ προφῆται καὶ δίκαιοι ἐπεθύμησαν ἰδεῖν ἃ βλέπετε
13 43a τότε οἱ δίκαιοι ἐκλάμψουσιν ὡς ὁ ἥλιος ἐν τῇ βασιλείᾳ τοῦ πατρὸς αὐτῶν
13 49a ἐξελεύσονται οἱ ἄγγελοι καὶ ἀφοριοῦσιν τοὺς πονηροὺς ἐκ μέσου τῶν δικαίων
20 4b καὶ ὃ ἐὰν ᾖ δίκαιον δώσω ὑμῖν
20 7b * | καὶ ὃ ἐὰν ᾖ δίκαιον λήψεσθε (+ς)
23 28 οὕτως καὶ ὑμεῖς ἔξωθεν μὲν φαίνεσθε τοῖς ἀνθρώποις δίκαιοι
23 29a οὐαὶ ὑμῖν ... ὅτι οἰκοδομεῖτε τοὺς τάφους τῶν προφητῶν καὶ κοσμεῖτε τὰ μνημεῖα τῶν δικαίων
23 35 ὅπως ἔλθῃ ἐφ' ὑμᾶς πᾶν αἷμα δίκαιον ἐκχυννόμενον ἐπὶ τῆς γῆς
23 35 ἀπὸ τοῦ αἵματος Ἄβελ τοῦ δικαίου ἕως τοῦ αἵματος Ζαχαρίου
25 37a τότε ἀποκριθήσονται αὐτῷ οἱ δίκαιοι λέγοντες
25 46a ἀπελεύσονται ... οἱ δὲ δίκαιοι εἰς ζωὴν αἰώνιον
27 4 * ἥμαρτον παραδοὺς αἷμα δίκαιον (H; ἀθῷον rl)
27 19 μηδὲν σοὶ καὶ τῷ δικαίῳ ἐκείνῳ

Mt 27 24 * ἀθῷός εἰμι ἀπὸ τοῦ αἵματος | τοῦ
δικαίου (+MVSϛ) τούτου

Mc 2 17ᵃ οὐκ ἦλθον καλέσαι δικαίους ἀλλὰ
ἁμαρτωλούς (+εἰς μετάνοιαν ϛ)

6 20 ἐφοβεῖτο τὸν Ἰωάννην, εἰδὼς
αὐτὸν ἄνδρα δίκαιον καὶ ἅγιον

Lc 1 6 ἦσαν δὲ δίκαιοι ἀμφότεροι ἐναντίον
τοῦ θεοῦ

1 17ᵃ ἐπιστρέψαι καρδίας πατέρων ἐπὶ
τέκνα καὶ ἀπειθεῖς ἐν φρονήσει
δικαίων

2 25 ὁ ἄνθρωπος οὗτος δίκαιος καὶ
εὐλαβής

5 32ᵃ οὐκ ἐλήλυθα καλέσαι δικαίους ἀλλὰ
ἁμαρτωλοὺς εἰς μετάνοιαν

12 57ᵇ τί δὲ καὶ ἀφ᾽ ἑαυτῶν οὐ κρίνετε τὸ
δίκαιον;

14 14ᵃ ἀνταποδοθήσεται γάρ (δέ T) σοι
ἐν τῇ ἀναστάσει τῶν δικαίων

15 7ᵃ οὕτως χαρὰ ... ἔσται ἐπὶ ἑνὶ
ἁμαρτωλῷ μετανοοῦντι ἢ ἐπὶ
ἐνενήκοντα ἐννέα δικαίοις

18 9 εἶπεν δὲ καὶ πρός τινας τοὺς πεποι-
θότας ἐφ᾽ ἑαυτοῖς ὅτι εἰσὶν δίκαιοι

20 20 ἀπέστειλαν ἐγκαθέτους ὑποκρινο-
μένους ἑαυτοὺς δικαίους εἶναι

23 47 ὄντως ὁ ἄνθρωπος οὗτος δίκαιος
ἦν

23 50 Ἰωσὴφ βουλευτὴς ὑπάρχων, καὶ
(+[N²⁶S]T) ἀνὴρ ἀγαθὸς καὶ
δίκαιος

Jo 5 30ᶜ ἡ κρίσις ἡ ἐμὴ δικαία ἐστίν

7 24ᶜ μὴ κρίνετε κατ᾽ ὄψιν, ἀλλὰ τὴν
δικαίαν κρίσιν κρίνετε (N²⁶H;-νατε
rl)

17 25 πάτερ (πατὴρ NMVBTH) δίκαιε,
καὶ ὁ κόσμος σε οὐκ ἔγνω

Ac 3 14 ὑμεῖς δὲ τὸν ἅγιον καὶ δίκαιον
ἠρνήσασθε

4 19ᵇ εἰ δίκαιόν ἐστιν ἐνώπιον τοῦ θεοῦ,
ὑμῶν ἀκούειν μᾶλλον ἢ τοῦ θεοῦ,
κρίνατε

7 52 ἀπέκτειναν τοὺς προκαταγγείλαν-
τας περὶ τῆς ἐλεύσεως τοῦ δικαίου

10 22 Κορνήλιος ἑκατοντάρχης, ἀνὴρ
δίκαιος καὶ φοβούμενος τὸν θεόν

22 14 προεχειρίσατό σε γνῶναι τὸ θέλη-
μα αὐτοῦ καὶ ἰδεῖν τὸν δίκαιον

24 15ᵃ ἀνάστασιν μέλλειν ἔσεσθαι δικαίων
τε καὶ ἀδίκων

Rm 1 17 ὁ δὲ δίκαιος ἐκ πίστεως ζήσεται

2 13 οὐ γὰρ οἱ ἀκροαταὶ νόμου δίκαιοι
παρὰ τῷ [N²⁶NH] θεῷ

3 10 οὐκ ἔστιν δίκαιος οὐδὲ εἷς

3 26 εἰς τὸ εἶναι αὐτὸν δίκαιον καὶ δικαι-
οῦντα τὸν ἐκ πίστεως Ἰησοῦ

5 7 μόλις γὰρ ὑπὲρ δικαίου τις ἀπο-
θανεῖται

5 19 οὕτως καὶ διὰ τῆς ὑπακοῆς τοῦ
ἑνὸς δίκαιοι κατασταθήσονται οἱ
πολλοί

7 12 ὥστε ὁ μὲν νόμος ἅγιος, καὶ ἡ
ἐντολὴ ἁγία καὶ δικαία καὶ ἀγαθή

G 3 11 ὁ δίκαιος ἐκ πίστεως ζήσεται

E 6 1ᵇ τὰ τέκνα, ὑπακούετε τοῖς γονεῦσιν
... τοῦτο γάρ ἐστιν δίκαιον

Ph 1 7ᵇ καθώς ἐστιν δίκαιον ἐμοὶ τοῦτο
φρονεῖν ὑπὲρ πάντων ὑμῶν

4 8 ὅσα ἐστὶν ἀληθῆ, ὅσα σεμνά, ὅσα
δίκαια, ὅσα ἁγνά ... ταῦτα λογί-
ζεσθε

Cl 4 1ᵇ οἱ κύριοι, τὸ δίκαιον καὶ τὴν ἰσότη-
τα τοῖς δούλοις παρέχεσθε

2Th 1 5ᶜ ἔνδειγμα τῆς δικαίας κρίσεως τοῦ
θεοῦ

2Th 1 6ᵇ εἴπερ δίκαιον παρὰ θεῷ ἀνταπο-
δοῦναι τοῖς θλίβουσιν ὑμᾶς θλῖψιν

1Tm 1 9 δικαίῳ νόμος οὐ κεῖται, ἀνόμοις δὲ
καὶ ἀνυποτάκτοις

2Tm 4 8 ὃν ἀποδώσει μοι ὁ κύριος ... ὁ
δίκαιος κριτής

Tt 1 8 ⟨δεῖ γὰρ τὸν ἐπίσκοπον ἀνέγκλη-
τον εἶναι⟩ σώφρονα, δίκαιον, ὅσιον

Hb 10 38 ὁ δὲ δίκαιός μου ([H]; —ϛ) ἐκ πίστε-
ως ζήσεται

11 4 δι᾽ ἧς ἐμαρτυρήθη εἶναι δίκαιος

12 23ᵃ ⟨προσεληλύθατε⟩ κριτῇ θεῷ πάν-
των, καὶ πνεύμασι δικαίων τετε-
λειωμένων

Jc 5 6 κατεδικάσατε, ἐφονεύσατε τὸν δί-
καιον

5 16 πολὺ ἰσχύει δέησις δικαίου ἐνεργου-
μένη

1Pt 3 12ᵃ ὅτι ὀφθαλμοὶ κυρίου ἐπὶ δικαίους

3 18 ὅτι καὶ Χριστός ... ἔπαθεν (ἀπέθα-
νεν NMBSTH), δίκαιος ὑπὲρ ἀδί-
κων

4 18 εἰ ὁ δίκαιος μόλις σῴζεται, ὁ
[+δὲ NH] ἀσεβὴς καὶ (+ὁ T) ἁμαρ-
τωλὸς ποῦ φανεῖται;

2Pt 1 13ᵇ δίκαιον δὲ ἡγοῦμαι ... διεγείρειν
ὑμᾶς ἐν ὑπομνήσει

2 7 δίκαιον Λὼτ καταπονούμενον ὑπὸ
τῆς τῶν ἀθέσμων ... ἀναστροφῆς
ἐρρύσατο· ↔

2 8 βλέμματι γὰρ καὶ ἀκοῇ ὁ(—H)
δίκαιος ἐγκατοικῶν ἐν αὐτοῖς ἡμέ-
ραν ἐξ ἡμέρας ↔

2 8 ψυχὴν δικαίαν ἀνόμοις ἔργοις
ἐβασάνιζεν

1Jo 1 9 πιστός ἐστιν καὶ δίκαιος, ἵνα
ἀφῇ ἡμῖν τὰς ἁμαρτίας

2 1 παράκλητον ἔχομεν πρὸς τὸν
πατέρα, Ἰησοῦν Χριστὸν δίκαιον

2 29 ἐὰν εἰδῆτε ὅτι δίκαιός ἐστιν

3 7 ὁ ποιῶν τὴν δικαιοσύνην δίκαιός
ἐστιν, ↔

3 7 καθὼς ἐκεῖνος δίκαιός ἐστιν

3 12 τὰ ἔργα αὐτοῦ πονηρὰ ἦν, τὰ δὲ
τοῦ ἀδελφοῦ αὐτοῦ δίκαια

Ap 15 3 δίκαιαι καὶ ἀληθιναὶ αἱ ὁδοί σου,
ὁ βασιλεὺς τῶν ἐθνῶν (αἰώνων
BH; ἁγίων ϛ)

16 5 δίκαιος εἶ, ὁ ὢν καὶ ὁ ἦν, ὁ [H]
ὅσιος

16 7ᶜ κύριε ὁ θεός ... ἀληθιναὶ καὶ δίκαιαι
αἱ κρίσεις σου

19 2ᶜ ὅτι ἀληθιναὶ καὶ δίκαιαι αἱ κρίσεις
αὐτοῦ

22 11 ὁ δίκαιος δικαιοσύνην ποιησάτω ἔτι

δικαιοσύνη

ᵃ δ. (ἐκ) θεοῦ
ᵇ δ. et νόμος
ᶜ δ. et πίστις
ᵈ ἐν δικαιοσύνη
ᵉ εἰς δικαιοσύνη
ᶠ δ. ποιεῖν, ἐργάζεσθαι

Mt 3 15 πρέπον ἐστὶν ἡμῖν πληρῶσαι πᾶ-
σαν δικαιοσύνην

5 6 μακάριοι οἱ πεινῶντες καὶ διψῶν-
τες τὴν δικαιοσύνην

5 10 μακάριοι οἱ δεδιωγμένοι ἕνεκεν
δικαιοσύνης

5 20 ἐὰν μὴ περισσεύσῃ ὑμῶν ἡ δικαιο-
σύνη πλεῖον τῶν γραμματέων καὶ
Φαρισαίων

6 1ᶠ προσέχετε δέ ([N²⁶H]; —ϛ) τὴν
δικαιοσύνην (ἐλεημοσύνην ϛ) ὑμῶν
μὴ ποιεῖν ἔμπροσθεν τῶν ἀνθρώ-
πων

Mt 6 33ᵃ ζητεῖτε δὲ πρῶτον τὴν βασιλείαν
| τοῦ θεοῦ ([N²⁶M];—NTH) καὶ
τὴν δικαιοσύνην αὐτοῦ

21 32 ἦλθεν γὰρ | Ἰωάννης πρὸς ὑμᾶς
(~Vϛ) ἐν ὁδῷ δικαιοσύνης

Lc 1 75ᵈ ⟨ἀφόβως ... λατρεύειν αὐτῷ⟩ ἐν
ὁσιότητι καὶ δικαιοσύνη ἐνώπιον
αὐτοῦ

Jo 16 8 ἐλέγξει τὸν κόσμον περὶ ἁμαρτίας
καὶ περὶ δικαιοσύνης καὶ περὶ κρί-
σεως

16 10 περὶ δικαιοσύνης δέ, ὅτι πρὸς τὸν
πατέρα (+μου Sϛ) ὑπάγω

Ac 10 35ᶠ ἀλλ᾽ ἐν παντὶ ἔθνει ὁ ... ἐργαζόμε-
νος δικαιοσύνην δεκτὸς αὐτῷ ἐστιν

13 10 υἱὲ διαβόλου, ἐχθρὲ πάσης δικαιο-
σύνης

17 31ᵈ ἐν ᾗ μέλλει κρίνειν τὴν οἰκουμένην
ἐν δικαιοσύνη

24 25 διαλεγομένου δὲ αὐτοῦ περὶ δικαιο-
σύνης καὶ ἐγκρατείας ... ὁ Φῆλιξ
ἀπεκρίθη

Rm 1 17ᵃᶜ δικαιοσύνη γὰρ θεοῦ ἐν αὐτῷ ἀπο-
καλύπτεται ἐκ πίστεως εἰς πίστιν

3 5ᵃ εἰ δὲ ἡ ἀδικία ἡμῶν θεοῦ δικαιοσύ-
νην συνίστησιν

3 21ᵃᵇ νυνὶ δὲ χωρὶς νόμου δικαιοσύνη
θεοῦ πεφανέρωται, μαρτυρουμένη
ὑπὸ τοῦ νόμου καὶ τῶν προφητῶν,
↔

3 22ᵃᶜ δικαιοσύνη δὲ θεοῦ διὰ πίστεως
Ἰησοῦ [NH] Χριστοῦ εἰς πάντας
(+καὶ ἐπὶ πάντας VB[S]ϛ) τοὺς
πιστεύοντας

3 25ᵃ ὃν προέθετο ὁ θεὸς ἱλαστήριον ...
εἰς ἔνδειξιν τῆς δικαιοσύνης αὐτοῦ

3 26ᵃ πρὸς τὴν ἔνδειξιν τῆς δικαιοσύνης
αὐτοῦ ἐν τῷ νῦν καιρῷ

4 3ᵉ ἐλογίσθη αὐτῷ εἰς δικαιοσύνην

4 5ᶜᵉ τῷ δὲ μὴ ἐργαζομένῳ, πιστεύοντι
δὲ ... λογίζεται ἡ πίστις αὐτοῦ
εἰς δικαιοσύνην

4 6 τοῦ ἀνθρώπου ᾧ ὁ θεὸς λογίζεται
δικαιοσύνην χωρὶς ἔργων

4 9ᶜᵉ ἐλογίσθη τῷ Ἀβραὰμ ἡ πίστις
εἰς δικαιοσύνην

4 11ᶜ σημεῖον ἔλαβεν περιτομῆς σφρα-
γῖδα τῆς δικαιοσύνης τῆς πίστεως

4 11 εἰς τὸ λογισθῆναι καὶ ([N²⁶MS];
—NTH) αὐτοῖς τὴν ([N²⁶NH];
—T) δικαιοσύνην

4 13ᶜ οὐ γὰρ διὰ νόμου ἡ ἐπαγγελία τῷ
Ἀβραὰμ ... ἀλλὰ διὰ δικαιοσύνης
πίστεως

4 22ᵉ διὸ καὶ [N²⁶NH] ἐλογίσθη αὐτῷ
εἰς δικαιοσύνην

5 17 οἱ τὴν περισσείαν τῆς χάριτος καὶ
| τῆς δωρεᾶς [H] τῆς δικαιοσύνης
λαμβάνοντες ἐν ζωῇ βασιλεύσουσιν

5 21 οὕτως καὶ ἡ χάρις βασιλεύσῃ διὰ
δικαιοσύνης εἰς ζωὴν αἰώνιον

6 13 παραστήσατε ... τὰ μέλη ὑμῶν
ὅπλα δικαιοσύνης τῷ θεῷ

6 18ᵉ δοῦλοι ἐστε ... ἤτοι ἁμαρτίας εἰς
θάνατον ἢ ὑπακοῆς εἰς δικαιοσύνην

6 18 ἐλευθερωθέντες δὲ ἀπὸ τῆς ἁμαρ-
τίας ἐδουλώθητε τῇ δικαιοσύνη

6 19 παραστήσατε τὰ μέλη ὑμῶν δοῦλα
τῇ δικαιοσύνη εἰς ἁγιασμόν. ↔

6 20 ὅτε γὰρ δοῦλοι ἦτε τῆς ἁμαρτίας,
ἐλεύθεροι ἦτε τῇ δικαιοσύνη

8 10 τὸ δὲ πνεῦμα ζωὴ διὰ δικαιοσύνην

9 28ᵈ * λόγον γὰρ συντελῶν καὶ συντέ-
μνων | ἐν δικαιοσύνη (+ϛ..) ποιήσει
κύριος

Rm 9 30 ἔθνη τὰ μὴ διώκοντα δικαιοσύνην ↔

9 30 κατέλαβεν δικαιοσύνην, ↔

9 30c δικαιοσύνην δὲ τὴν ἐκ πίστεως· ↔

9 31b Ἰσραὴλ δὲ διώκων νόμον δικαιοσύνης ↔

9 31b * εἰς νόμον δικαιοσύνης (+ς) οὐκ ἔφθασεν

10 3a ἀγνοοῦντες γὰρ τὴν τοῦ θεοῦ δικαιοσύνην,

10 3 καὶ τὴν ἰδίαν δικαιοσύνην (+[N26] BTς) ζητοῦντες στῆσαι, ↔

10 3a τῇ δικαιοσύνῃ τοῦ θεοῦ οὐχ ὑπετάγησαν. ↔

10 4e τέλος γὰρ νόμου Χριστὸς εἰς δικαιοσύνην παντὶ τῷ πιστεύοντι. ↔

10 5b Μωϋσῆς γὰρ γράφει (+ὅτι NSTH) τὴν δικαιοσύνην τὴν ἐκ τοῦ (+[N26]VBSς) νόμου ὅτι (—NS TH) ὁ ποιήσας αὐτὰ (+N26Bς) ἄνθρωπος ζήσεται ἐν αὐτοῖς (N26ς; αὐτῇ rl). ↔

10 6c ἡ δὲ ἐκ πίστεως δικαιοσύνη οὕτως λέγει

10 10e καρδίᾳ γὰρ πιστεύεται εἰς δικαιοσύνην

14 17 οὐ γάρ ἐστιν ἡ βασιλεία τοῦ θεοῦ βρῶσις καὶ πόσις, ἀλλὰ δικαιοσύνη καὶ εἰρήνη καὶ χαρά

1 C 1 30 ὃς ἐγενήθη σοφία ἡμῖν ἀπὸ θεοῦ, δικαιοσύνη τε καὶ ἁγιασμὸς καὶ ἀπολύτρωσις

2 C 3 9 πολλῷ μᾶλλον περισσεύει ἡ διακονία τῆς δικαιοσύνης (+ἐν [S]ς) δόξῃ

5 21a ἵνα ἡμεῖς γενώμεθα δικαιοσύνη θεοῦ ἐν αὐτῷ

6 7 ⟨συνιστάντες ἑαυτοὺς ὡς θεοῦ διάκονοι⟩ διὰ τῶν ὅπλων τῆς δικαιοσύνης τῶν δεξιῶν καὶ ἀριστερῶν

6 14 τίς γὰρ μετοχὴ δικαιοσύνῃ καὶ ἀνομίᾳ ⟨;⟩

9 9 ἡ δικαιοσύνη αὐτοῦ μένει εἰς τὸν αἰῶνα. ↔

9 10 ὁ δὲ ἐπιχορηγῶν σπόρον (N26B; σπέρμα rl) τῷ σπείροντι ... αὐξήσει τὰ γενήματα τῆς δικαιοσύνης ὑμῶν

11 15 εἰ καὶ οἱ διάκονοι αὐτοῦ μετασχηματίζονται ὡς διάκονοι δικαιοσύνης

G 2 21b εἰ γὰρ διὰ νόμου δικαιοσύνη

3 6e καὶ ἐλογίσθη αὐτῷ εἰς δικαιοσύνην

3 21b ὄντως ||: ἐκ νόμου (ἐν νόμῳ H) ἂν ἦν ((~ς VBST)) ἡ δικαιοσύνη

5 5e ἡμεῖς γὰρ πνεύματι ἐκ πίστεως ἐλπίδα δικαιοσύνης ἀπεκδεχόμεθα

E 4 24d ἐνδύσασθαι τὸν καινὸν ἄνθρωπον τὸν κατὰ θεὸν κτισθέντα ἐν δικαιοσύνῃ καὶ ὁσιότητι τῆς ἀληθείας

5 9d ὁ γὰρ καρπὸς τοῦ φωτὸς ἐν πάσῃ ἀγαθωσύνῃ καὶ δικαιοσύνῃ καὶ ἀληθείᾳ

6 14 στῆτε οὖν ... ἐνδυσάμενοι τὸν θώρακα τῆς δικαιοσύνης

Ph 1 11 πεπληρωμένοι | καρπὸν δικαιοσύνης τὸν (καρπῶν δ. τῶν ς) διὰ Ἰησοῦ Χριστοῦ

3 6b κατὰ δικαιοσύνην τὴν ἐν νόμῳ γενόμενος ἄμεμπτος

3 9bc μὴ ἔχων ἐμὴν δικαιοσύνην τὴν ἐκ νόμου, ἀλλὰ τὴν διὰ πίστεως Χριστοῦ, ↔

Ph 3 9ac τὴν ἐκ θεοῦ δικαιοσύνην ἐπὶ τῇ πίστει

1Tm 6 11c δίωκε δὲ δικαιοσύνην, εὐσέβειαν, πίστιν, ἀγάπην

2Tm 2 22c δίωκε δὲ δικαιοσύνην, πίστιν, ἀγάπην

3 16d πᾶσα γραφὴ θεόπνευστος καὶ ὠφέλιμος ... πρὸς παιδείαν τὴν ἐν δικαιοσύνῃ

4 8 ἀπόκειταί μοι ὁ τῆς δικαιοσύνης στέφανος

Tt 3 5d οὐκ ἐξ ἔργων τῶν ἐν δικαιοσύνῃ ἃ ἐποιήσαμεν ἡμεῖς

Hb 1 9 ἠγάπησας δικαιοσύνην καὶ ἐμίσησας ἀνομίαν (ἀδικίαν BST)

5 13 πᾶς γὰρ ὁ μετέχων γάλακτος ἄπειρος λόγου δικαιοσύνης, νήπιος γάρ ἐστιν

7 2 ⟨Μελχισέδεκ⟩ πρῶτον μὲν ἑρμηνευόμενος βασιλεὺς δικαιοσύνης

11 7c Νῶε ... τῆς κατὰ πίστιν δικαιοσύνης ἐγένετο κληρονόμος

11 33f οἳ διὰ πίστεως κατηγωνίσαντο βασιλείας, ἠργάσαντο δικαιοσύνην

12 11 ὕστερον δὲ καρπὸν εἰρηνικὸν τοῖς δι᾽ αὐτῆς γεγυμνασμένοις ἀποδίδωσιν δικαιοσύνης

Jc 1 20af ὀργὴ γὰρ ἀνδρὸς δικαιοσύνην θεοῦ οὐκ ἐργάζεται

2 23e καὶ ἐλογίσθη αὐτῷ εἰς δικαιοσύνην

3 18 καρπὸς δὲ (+τῆς ς) δικαιοσύνης ἐν εἰρήνῃ σπείρεται τοῖς ποιοῦσιν εἰρήνην

1Pt 2 24 ἵνα ταῖς ἁμαρτίαις ἀπογενόμενοι τῇ δικαιοσύνῃ ζήσωμεν

3 14 ἀλλ᾽ εἰ καὶ πάσχοιτε διὰ δικαιοσύνην, μακάριοι

2Pt 1 1acd Συμεὼν Πέτρος ... τοῖς ἰσότιμον ἡμῖν λαχοῦσιν πίστιν ἐν δικαιοσύνῃ τοῦ θεοῦ ἡμῶν

2 5 ἀλλὰ ὄγδοον Νῶε δικαιοσύνης κήρυκα ἐφύλαξεν

2 21 κρεῖττον γὰρ ἦν αὐτοῖς μὴ ἐπεγνωκέναι τὴν ὁδὸν τῆς δικαιοσύνης

3 13 καινοὺς δὲ οὐρανοὺς ... προσδοκῶμεν, ἐν οἷς δικαιοσύνη κατοικεῖ

1Jo 2 29f καιωθέντι (—Hς) πᾶς ὁ ποιῶν τὴν δικαιοσύνην ἐξ αὐτοῦ γεγέννηται

3 7f ὁ ποιῶν τὴν δικαιοσύνην δίκαιός ἐστιν

3 10f πᾶς ὁ μὴ ποιῶν δικαιοσύνην οὐκ ἔστιν ἐκ τοῦ θεοῦ

Ap 19 11d ἐν δικαιοσύνῃ κρίνει καὶ πολεμεῖ

22 11f ὁ δίκαιος | δικαιοσύνην ποιησάτω (δικαιωθήτω ς) ἔτι

δικαιόω
a δ. et ἔργα
b δ. et πίστις

Mt 11 19a ἐδικαιώθη ἡ σοφία ἀπὸ τῶν ἔργων (τέκνων Vς) αὐτῆς

12 37 ἐκ γὰρ τῶν λόγων σου δικαιωθήσῃ

Lc 7 29 πᾶς ὁ λαὸς ἀκούσας καὶ οἱ τελῶναι ἐδικαίωσαν τὸν θεόν

7 35 ἐδικαιώθη ἡ σοφία ἀπὸ | πάντων τῶν τέκνων αὐτῆς (~ VTς)

10 29 ὁ δὲ θέλων δικαιῶσαι (δικαιοῦν Vς) ἑαυτὸν εἶπεν πρὸς τὸν Ἰησοῦν

16 15 ὑμεῖς ἐστε οἱ δικαιοῦντες ἑαυτοὺς ἐνώπιον τῶν ἀνθρώπων

18 14 κατέβη οὗτος δεδικαιωμένος εἰς τὸν οἶκον αὐτοῦ | παρ᾽ ἐκεῖνον (ἢ γὰρ ἐκεῖνος T; ἢ ἐ. ς)

Ac 13 38 ἄφεσις ἁμαρτιῶν ... ἀπὸ πάντων ὧν οὐκ ἠδυνήθητε ἐν νόμῳ Μωϋσέως δικαιωθῆναι, ↔

Ac 13 39 ἐν τούτῳ πᾶς ὁ πιστεύων δικαιοῦται

Rm 2 13 ἀλλ᾽ οἱ ποιηταὶ νόμου δικαιωθήσονται

3 4 ὅπως ἂν δικαιωθῇς ἐν τοῖς λόγοις σου

3 20a διότι ἐξ ἔργων νόμου οὐ δικαιωθήσεται πᾶσα σὰρξ ἐνώπιον αὐτοῦ

3 24 ⟨ὑστεροῦνται τῆς δόξης τοῦ θεοῦ⟩ δικαιούμενοι δωρεὰν τῇ αὐτοῦ χάριτι

3 26b εἰς τὸ εἶναι αὐτὸν δίκαιον καὶ δικαιοῦντα τὸν ἐκ πίστεως Ἰησοῦ

3 28ab λογιζόμεθα γὰρ δικαιοῦσθαι πίστει ἄνθρωπον χωρὶς ἔργων νόμου

3 30 εἴπερ εἷς ὁ θεὸς ὃς δικαιώσει περιτομὴν ἐκ πίστεως

4 2a εἰ γὰρ Ἀβραὰμ ἐξ ἔργων ἐδικαιώθη

4 5b πιστεύοντι δὲ ἐπὶ τὸν δικαιοῦντα τὸν ἀσεβῆ, λογίζεται ἡ πίστις

5 1b δικαιωθέντες οὖν ἐκ πίστεως εἰρήνην ἔχομεν (-ωμεν MVBSTH) πρὸς τὸν θεόν

5 9 πολλῷ οὖν μᾶλλον δικαιωθέντες νῦν ἐν τῷ αἵματι αὐτοῦ σωθησόμεθα

6 7 ὁ γὰρ ἀποθανὼν δεδικαίωται ἀπὸ τῆς ἁμαρτίας

8 30 οὓς ἐκάλεσεν, τούτους καὶ ἐδικαίωσεν. ↔

8 30 οὓς δὲ ἐδικαίωσεν, τούτους καὶ ἐδόξασεν

8 33 τίς ἐγκαλέσει κατὰ ἐκλεκτῶν θεοῦ; θεὸς ὁ δικαιῶν

1 C 4 4 οὐδὲν γὰρ ἐμαυτῷ σύνοιδα, ἀλλ᾽ οὐκ ἐν τούτῳ δεδικαίωμαι

6 11 ἐδικαιώθητε ἐν τῷ ὀνόματι ... Χριστοῦ καὶ ἐν τῷ πνεύματι τοῦ θεοῦ ἡμῶν

G 2 16ab οὐ δικαιοῦται ἄνθρωπος ἐξ ἔργων νόμου ἐὰν μὴ διὰ πίστεως | Ἰησοῦ Χριστοῦ (~NTH), ↔

2 16ab καὶ ἡμεῖς ... ἐπιστεύσαμεν, ἵνα δικαιωθῶμεν ἐκ πίστεως Χριστοῦ καὶ οὐκ ἐξ ἔργων νόμου, ↔

2 16 ὅτι (διότι Vς) ἐξ ἔργων νόμου οὐ δικαιωθήσεται πᾶσα σάρξ. ↔

2 17 εἰ δὲ ζητοῦντες δικαιωθῆναι ἐν Χριστῷ εὑρέθημεν καὶ αὐτοὶ ἁμαρτωλοί

3 8b ἐκ πίστεως δικαιοῖ τὰ ἔθνη ὁ θεὸς

3 11 ὅτι δὲ ἐν νόμῳ οὐδεὶς δικαιοῦται παρὰ τῷ θεῷ δῆλον

3 24 ἵνα ἐκ πίστεως δικαιωθῶμεν

5 4 κατηργήθητε ἀπὸ Χριστοῦ οἵτινες ἐν νόμῳ δικαιοῦσθε

1Tm 3 16 ὃς ... ἐδικαιώθη ἐν πνεύματι

Tt 3 7 ἵνα δικαιωθέντες τῇ ἐκείνου χάριτι κληρονόμοι γενηθῶμεν

Jc 2 21a Ἀβραὰμ ὁ πατὴρ ἡμῶν οὐκ ἐξ ἔργων ἐδικαιώθη ⟨;⟩

2 24ab ἐξ ἔργων δικαιοῦται ἄνθρωπος καὶ οὐκ ἐκ πίστεως μόνον

2 25a Ῥαὰβ ἡ πόρνη οὐκ ἐξ ἔργων ἐδικαιώθη ⟨;⟩

Ap 22 11 * ὁ δίκαιος δικαιωθήτω (ς; δικαιοσύνην ποιησάτω rl) ἔτι

δικαίωμα
a δ. τοῦ θεοῦ, κυρίου
b δ. τοῦ νόμου

Lc 1 6a πορευόμενοι ἐν πάσαις ταῖς ἐντολαῖς καὶ δικαιώμασιν τοῦ κυρίου ἄμεμπτοι

Rm 1 32ᵃ οἵτινες τὸ δικαίωμα τοῦ θεοῦ ἐπιγνόντες
2 26ᵇ ἐὰν οὖν ἡ ἀκροβυστία τὰ δικαιώματα τοῦ νόμου φυλάσσῃ
5 16 τὸ δὲ χάρισμα ἐκ πολλῶν παραπτωμάτων εἰς δικαίωμα
5 18 οὕτως καὶ δι' ἑνὸς δικαιώματος εἰς πάντας ἀνθρώπους εἰς δικαίωσιν ζωῆς
8 4ᵇ ἵνα τὸ δικαίωμα τοῦ νόμου πληρωθῇ ἐν ἡμῖν
Hb 9 1 εἶχε μὲν οὖν καὶ [N²⁶H] ἡ πρώτη δικαιώματα λατρείας τό τε ἅγιον κοσμικόν
9 10 ἐπὶ ... βαπτισμοῖς, δικαιώματα (καὶ δικαιώμασιν ς) σαρκὸς μέχρι καιροῦ διορθώσεως ἐπικείμενα
Ap 15 4 ὅτι τὰ δικαιώματά σου ἐφανερώθησαν
19 8 τὸ γὰρ βύσσινον τὰ δικαιώματα τῶν ἁγίων ἐστίν

δικαίως
→ δίκαιος
Lc 23 41 καὶ ἡμεῖς μὲν δικαίως, ἄξια γὰρ ὧν ἐπράξαμεν ἀπολαμβάνομεν
1 C 15 34 ἐκνήψατε δικαίως καὶ μὴ ἁμαρτάνετε
1Th 2 10 ὡς ὁσίως καὶ δικαίως καὶ ἀμέμπτως ὑμῖν τοῖς πιστεύουσιν ἐγενήθημεν
Tt 2 12 ἵνα ... σωφρόνως καὶ δικαίως καὶ εὐσεβῶς ζήσωμεν ἐν τῷ νῦν αἰῶνι
1Pt 2 23 παρεδίδου δὲ τῷ κρίνοντι δικαίως

δικαίωσις
Rm 4 25 ὃς ... ἠγέρθη διὰ τὴν δικαίωσιν ἡμῶν
5 18 οὕτως καὶ δι' ἑνὸς δικαιώματος εἰς πάντας ἀνθρώπους εἰς δικαίωσιν ζωῆς

δικαστής
Lc 12 14 * τίς με κατέστησεν δικαστὴν (ς; κριτὴν rl) ἢ μεριστὴν ἐφ' ὑμᾶς;
Ac 7 27 τίς σε κατέστησεν ἄρχοντα καὶ δικαστὴν ἐφ' ἡμῶν;
7 35 τίς σε κατέστησεν ἄρχοντα καὶ δικαστήν;

δίκη
Ac 25 15 * περὶ οὗ ... ἐνεφάνισαν οἱ ἀρχιερεῖς ... αἰτούμενοι κατ' αὐτοῦ δίκην (ς; καταδίκην rl)
28 4 ὃν διασωθέντα ἐκ τῆς θαλάσσης ἡ δίκη ζῆν οὐκ εἴασεν
2Th 1 9 οἵτινες δίκην τίσουσιν ὄλεθρον αἰώνιον
Jd 7 ὡς Σόδομα καὶ Γόμορρα ... πρόκεινται δεῖγμα πυρὸς αἰωνίου δίκην ὑπέχουσαι

δίκτυον
Mt 4 20 οἱ δὲ εὐθέως ἀφέντες τὰ δίκτυα ἠκολούθησαν αὐτῷ
4 21 εἶδεν ἄλλους δύο ἀδελφούς ... καταρτίζοντας τὰ δίκτυα αὐτῶν
Mc 1 18 καὶ εὐθὺς ἀφέντες τὰ δίκτυα (+αὐτῶν Sς) ἠκολούθησαν αὐτῷ
1 19 εἶδεν ... αὐτοὺς ἐν τῷ πλοίῳ καταρτίζοντας τὰ δίκτυα
Lc 5 2 οἱ δὲ ἁλιεῖς ἀπ' αὐτῶν ἀποβάντες ἔπλυνον (ἀπέπλυναν VSς) τὰ δίκτυα
5 4 χαλάσατε τὰ δίκτυα ὑμῶν εἰς ἄγραν
5 5 ἐπὶ δὲ τῷ ῥήματί σου χαλάσω | τὰ δίκτυα (τὸ δίκτυον Sς)
5 6 διερρήσσετο (-ρρήγνυτο VSς) δὲ | τὰ δίκτυα (τὸ δίκτυον Sς) αὐτῶν

Jo 21 6 βάλετε εἰς τὰ δεξιὰ μέρη τοῦ πλοίου τὸ δίκτυον, καὶ εὑρήσετε
21 8 οἱ δὲ ἄλλοι μαθηταὶ τῷ πλοιαρίῳ ἦλθον ... σύροντες τὸ δίκτυον τῶν ἰχθύων
21 11 εἵλκυσεν τὸ δίκτυον εἰς τὴν γῆν μεστὸν ἰχθύων μεγάλων ἑκατὸν πεντήκοντα τριῶν· ↔
21 11 καὶ τοσούτων ὄντων οὐκ ἐσχίσθη τὸ δίκτυον

δίλογος
1Tm 3 8 διακόνους ὡσαύτως σεμνούς, μὴ διλόγους

διό
→ διόπερ
→ διότι
ᵃ διὸ καί
Mt 27 8 διὸ ἐκλήθη ὁ ἀγρὸς ἐκεῖνος ἀγρὸς αἵματος
Lc 1 35ᵃ διὸ καὶ τὸ γεννώμενον ἅγιον κληθήσεται υἱὸς θεοῦ
7 7 διὸ οὐδὲ ἐμαυτὸν ἠξίωσα πρὸς σὲ ἐλθεῖν
Ac 10 29ᵃ διὸ καὶ ἀναντιρρήτως ἦλθον μεταπεμφθείς
13 35ᵃ* διὸ (Sς; διότι rl) καὶ ἐν ἑτέρῳ λέγει
15 19 διὸ ἐγὼ κρίνω μὴ παρενοχλεῖν τοῖς ἀπὸ τῶν ἐθνῶν ἐπιστρέφουσιν
20 26 * διὸ (ς; διότι rl) μαρτύρομαι ὑμῖν ἐν τῇ σήμερον ἡμέρα
20 31 ⟨ἀναστήσονται ἄνδρες λαλοῦντες διεστραμμένα⟩ διὸ γρηγορεῖτε, μνημονεύοντες
24 26ᵃ διὸ καὶ πυκνότερον αὐτὸν μεταπεμπόμενος ὡμίλει αὐτῷ
25 26 περὶ οὗ ἀσφαλές τι γράψαι τῷ κυρίῳ οὐκ ἔχω· διὸ προήγαγον αὐτὸν ἐφ' ὑμῶν
26 3 διὸ δέομαι μακροθύμως ἀκοῦσαί μου
27 25 διὸ εὐθυμεῖτε, ἄνδρες
27 34 ⟨ἄσιτοι διατελεῖτε⟩ διὸ παρακαλῶ ὑμᾶς μεταλαβεῖν τροφῆς
Rm 1 24 διὸ παρέδωκεν αὐτοὺς ὁ θεὸς ἐν ταῖς ἐπιθυμίαις τῶν καρδιῶν αὐτῶν
2 1 διὸ ἀναπολόγητος εἶ, ὦ ἄνθρωπε πᾶς ὁ κρίνων
4 22ᵃ διὸ καὶ [N²⁶NH] ἐλογίσθη αὐτῷ εἰς δικαιοσύνην
13 5 διὸ ἀνάγκη ὑποτάσσεσθαι
15 7 διὸ προσλαμβάνεσθε ἀλλήλους
15 22ᵃ διὸ καὶ ἐνεκοπτόμην τὰ πολλὰ τοῦ ἐλθεῖν πρὸς ὑμᾶς
1 C 12 3 διὸ γνωρίζω ὑμῖν ὅτι οὐδεὶς ἐν πνεύματι θεοῦ λαλῶν λέγει
14 13 διὸ (-περ Sς) ὁ λαλῶν γλώσσῃ προσευχέσθω ἵνα διερμηνεύῃ
2 C 1 20ᵃ ἐν αὐτῷ τὸ ναί· | διὸ καὶ δι' αὐτοῦ (καὶ ἐν αὐτῷ ς) τὸ ἀμὴν τῷ θεῷ
2 8 διὸ παρακαλῶ ὑμᾶς κυρῶσαι εἰς αὐτὸν ἀγάπην
4 13ᵃ ἐπίστευσα, διὸ (+καὶ T) ἐλάλησα, ↔
4 13ᵃ καὶ ἡμεῖς πιστεύομεν, διὸ καὶ λαλοῦμεν
4 16 διὸ οὐκ ἐγκακοῦμεν, ἀλλ' εἰ καὶ ὁ ἔξω ἡμῶν ἄνθρωπος διαφθείρεται
5 9ᵃ διὸ καὶ φιλοτιμούμεθα ... εὐάρεστοι αὐτῷ εἶναι
6 17 διὸ ἐξέλθατε ἐκ μέσου αὐτῶν καὶ ἀφορίσθητε
12 7 διὸ (—Tς) ἵνα μὴ ὑπεραίρωμαι, ἐδόθη μοι σκόλοψ τῇ σαρκί
12 10 διὸ εὐδοκῶ ἐν ἀσθενείαις ... ὑπὲρ Χριστοῦ

G 4 31 διὸ (ἄρα ς), ἀδελφοί, οὐκ ἐσμὲν παιδίσκης τέκνα
E 2 11 διὸ μνημονεύετε ὅτι ποτὲ ὑμεῖς τὰ ἔθνη ἐν σαρκί
3 13 διὸ αἰτοῦμαι μὴ ἐγκακεῖν ἐν ταῖς θλίψεσίν μου ὑπὲρ ὑμῶν
4 8 διὸ λέγει
4 25 διὸ ἀποθέμενοι τὸ ψεῦδος λαλεῖτε ἀλήθειαν
5 14 διὸ λέγει
Ph 2 9ᵃ ⟨ἐταπείνωσεν ἑαυτόν⟩ διὸ καὶ ὁ θεὸς αὐτὸν ὑπερύψωσεν
1Th 2 18 * διὸ (ς; διότι rl) ἠθελήσαμεν ἐλθεῖν πρὸς ὑμᾶς
3 1 διὸ μηκέτι στέγοντες εὐδοκήσαμεν καταλειφθῆναι ἐν Ἀθήναις μόνοι
5 11 διὸ παρακαλεῖτε ἀλλήλους
Phm 8 διό, πολλὴν ἐν Χριστῷ παρρησίαν ἔχων ἐπιτάσσειν σοι τὸ ἀνῆκον ⟨μᾶλλον παρακαλῶ⟩
Hb 3 7 διό, καθὼς λέγει τὸ πνεῦμα τὸ ἅγιον
3 10 διὸ προσώχθισα τῇ γενεᾷ ταύτῃ
6 1 διὸ ἀφέντες τὸν τῆς ἀρχῆς τοῦ Χριστοῦ λόγον ἐπὶ τὴν τελειότητα φερώμεθα
10 5 διὸ εἰσερχόμενος εἰς τὸν κόσμον λέγει
11 12ᵃ διὸ καὶ ἀφ' ἑνὸς ἐγεννήθησαν (ἐγενήθησαν NMVBS), καὶ ταῦτα νενεκρωμένου
11 16 διὸ οὐκ ἐπαισχύνεται αὐτοὺς ὁ θεὸς θεὸς ἐπικαλεῖσθαι αὐτῶν
12 12 διὸ τὰς παρειμένας χεῖρας καὶ τὰ παραλελυμένα γόνατα ἀνορθώσατε
12 28 διὸ βασιλείαν ἀσάλευτον παραλαμβάνοντες ἔχωμεν (ἔχομεν S) χάριν
13 12ᵃ διὸ καὶ Ἰησοῦς ... ἔξω τῆς πύλης ἔπαθεν
Jc 1 21 διὸ ἀποθέμενοι πᾶσαν ῥυπαρίαν ... δέξασθε τὸν ἔμφυτον λόγον
4 6 διὸ λέγει
1Pt 1 13 διὸ ἀναζωσάμενοι τὰς ὀσφύας τῆς διανοίας ὑμῶν ... ἐλπίσατε
2 6ᵃ* | διὸ καὶ (ς; διότι rl) περιέχει ἐν γραφῇ
2Pt 1 10 διὸ μᾶλλον, ἀδελφοί, σπουδάσατε
1 12 διὸ μελλήσω ἀεὶ ὑμᾶς ὑπομιμνήσκειν περὶ τούτων
3 14 διό, ἀγαπητοί, ταῦτα προσδοκῶντες σπουδάσατε

διοδεύω
→ ὁδεύω
Lc 8 1 καὶ αὐτὸς διώδευεν κατὰ πόλιν καὶ κώμην κηρύσσων
Ac 17 1 διοδεύσαντες δὲ τὴν Ἀμφίπολιν καὶ Ἀπολλωνίαν ἦλθον εἰς Θεσσαλονίκην

Διονύσιος
Ac 17 34 τινὲς δὲ ἄνδρες κολληθέντες αὐτῷ ἐπίστευσαν, ἐν οἷς καὶ Διονύσιος ὁ [H] Ἀρεοπαγίτης

διόπερ
→ διό
1 C 8 13 διόπερ εἰ βρῶμα σκανδαλίζει τὸν ἀδελφόν μου
10 14 διόπερ, ἀγαπητοί μου, φεύγετε ἀπὸ τῆς εἰδωλολατρίας
14 13 *διόπερ (Sς; διὸ rl) ὁ λαλῶν γλώσσῃ προσευχέσθω ἵνα διερμηνεύῃ

διοπετής
Ac 19 35 τίς ... οὐ γινώσκει τὴν Ἐφεσίων πόλιν νεωκόρον οὖσαν τῆς μεγάλης Ἀρτέμιδος καὶ τοῦ διοπετοῦς;

διόρθωμα

Ac 24 2 διορθωμάτων (κατ- ς) γινομένων
τῷ ἔθνει τούτῳ διὰ τῆς σῆς προνοί-
ας

διόρθωσις

Hb 9 10 δικαιώματα σαρκὸς μέχρι καιροῦ
διορθώσεως ἐπικείμενα

διορύσσω

→ ὀρύσσω

Mt 6 19 ὅπου κλέπται διορύσσουσιν καὶ
κλέπτουσιν

6 20 ὅπου κλέπται οὐ διορύσσουσιν
οὐδὲ κλέπτουσιν

24 43 ἐγρηγόρησεν ἂν καὶ οὐκ ἂν εἴασεν
διορυχθῆναι (-ορυγῆναι ς) τὴν οἰ-
κίαν αὐτοῦ

Lc 12 39 | οὐκ ἂν (ἐγρηγόρησεν ἂν καὶ
οὐκ VBHς; [ἑ. ἂν κ.] οὐκ S) ἀφῆ-
κεν διορυχθῆναι (-ορυγῆναι ς) τὸν
οἶκον αὐτοῦ

Διόσκουροι

Ac 28 11 ἀνήχθημεν ἐν πλοίῳ ... Ἀλεξαν-
δρίνῳ, παρασήμῳ Διοσκούροις

διότι

→ διό
→ ὅτι

Lc 1 13 μὴ φοβοῦ, Ζαχαρία, διότι εἰσ-
ηκούσθη ἡ δέησίς σου

2 7 ἀνέκλινεν αὐτὸν ἐν (+ τῇ Vς)
φάτνῃ, διότι οὐκ ἦν αὐτοῖς τόπος
ἐν τῷ καταλύματι

21 28 ἐπάρατε τὰς κεφαλὰς ὑμῶν, διότι
ἐγγίζει ἡ ἀπολύτρωσις ὑμῶν

Ac 13 35 διότι (διὸ Sς) καὶ ἐν ἑτέρῳ λέγει

17 31 * ⟨παραγγέλλει ... μετανοεῖν⟩
διότι (ς; καθότι rl) ἔστησεν
ἡμέραν ἐν ᾗ μέλλει κρίνειν τὴν
οἰκουμένην

18 10 ⟨μὴ φοβοῦ⟩ διότι ἐγώ εἰμι μετὰ σοῦ
↔

18 10 καὶ οὐδεὶς ἐπιθήσεταί σοι τοῦ
κακῶσαί σε, διότι λαός ἐστί μοι
πολὺς ἐν τῇ πόλει ταύτῃ

20 26 διότι (διὸ ς) μαρτύρομαι ὑμῖν ἐν
τῇ σήμερον ἡμέρᾳ

22 18 ἔξελθε ἐν τάχει ἐξ Ἰερουσαλήμ,
διότι οὐ παραδέξονταί σου μαρτυ-
ρίαν περὶ ἐμοῦ

Rm 1 19 διότι τὸ γνωστὸν τοῦ θεοῦ φανε-
ρόν ἐστιν ἐν αὐτοῖς

1 21 ⟨εἰς τὸ εἶναι αὐτοὺς ἀναπολογή-
τους⟩ διότι γνόντες τὸν θεὸν οὐχ
ὡς θεὸν ἐδόξασαν

3 20 διότι ἐξ ἔργων νόμου οὐ δικαιωθή-
σεται πᾶσα σὰρξ ἐνώπιον αὐτοῦ

8 7 ⟨τὸ γὰρ φρόνημα τῆς σαρκὸς
θάνατος⟩ διότι τὸ φρόνημα τῆς
σαρκὸς ἔχθρα εἰς θεόν

8 21 * ⟨τῇ γὰρ ματαιότητι ἡ κτίσις
ὑπετάγη⟩ διότι (NT; ὅτι rl) καὶ
αὐτὴ ἡ κτίσις ἐλευθερωθήσεται
ἀπὸ τῆς δουλείας τῆς φθορᾶς

1 C 15 9 οὐκ εἰμὶ ἱκανὸς καλεῖσθαι ἀπόστο-
λος, διότι ἐδίωξα τὴν ἐκκλησίαν
τοῦ θεοῦ

G 2 16 * ἵνα δικαιωθῶμεν ... οὐκ ἐξ
ἔργων νόμου, διότι (Vς; ὅτι rl) ἐξ
ἔργων νόμου οὐ δικαιωθήσεται
πᾶσα σάρξ

Ph 2 26 ἦν ... ἀδημονῶν, διότι ἠκούσατε
ὅτι ἠσθένησεν

1Th 2 8 εὐδοκοῦμεν (ηὐδ. NBH) μεταδοῦναι
ὑμῖν ... τὰς ἑαυτῶν ψυχάς, διότι
ἀγαπητοὶ ἡμῖν ἐγενήθητε

1Th 2 18 διότι (διὸ ς) ἠθελήσαμεν ἐλθεῖν
πρὸς ὑμᾶς

4 6 τὸ μὴ ὑπερβαίνειν καὶ πλεονεκτεῖν
... τὸν ἀδελφὸν αὐτοῦ, διότι ἔκδι-
κος κύριος περὶ πάντων τούτων

Hb 11 5 οὐχ ηὑρίσκετο διότι μετέθηκεν αὐ-
τὸν ὁ θεός

11 23 ἐκρύβη τρίμηνον ὑπὸ τῶν πατέ-
ρων αὐτοῦ, διότι εἶδον ἀστεῖον τὸ
παιδίον

Jc 4 3 αἰτεῖτε καὶ οὐ λαμβάνετε, διότι
κακῶς αἰτεῖσθε

1Pt 1 16 διότι γέγραπται ὅτι [+N²⁶NH]
ἅγιοι ἔσεσθε (γίνεσθε Sς), ↔

1 16 * διότι (T; ὅτι rl) ἐγὼ ἅγιός εἰμι
([N²⁶M]; —NBTH)

1 24 διότι πᾶσα σὰρξ ὡς χόρτος

2 6 διότι (διὸ καὶ ς) περιέχει ἐν γραφῇ

Διοτρέφης

Διοτρεφής MVSTς

3 Jo 9 ἀλλ' ὁ φιλοπρωτεύων αὐτῶν Διο-
τρέφης οὐκ ἐπιδέχεται ἡμᾶς

διπλοῦς

ᵃ comp.

Mt 23 15ᵃ ποιεῖτε αὐτὸν υἱὸν γεέννης διπλό-
τερον ὑμῶν

1Tm 5 17 οἱ καλῶς προεστῶτες πρεσβύτε-
ροι διπλῆς τιμῆς ἀξιούσθωσαν

Ap 18 6 διπλώσατε τὰ ([H]; αὐτῇ ς)
διπλᾶ κατὰ τὰ ἔργα αὐτῆς· ↔

18 6 ἐν τῷ ποτηρίῳ ᾧ ἐκέρασεν κερά-
σατε αὐτῇ διπλοῦν

διπλόω

Ap 18 6 διπλώσατε τὰ ([H]; αὐτῇ ς) δι-
πλᾶ κατὰ τὰ ἔργα αὐτῆς

δίς

→ δισμυριάς
→ δισχίλιοι

ᵃ καὶ ἅπαξ καὶ δίς

Mc 14 30 πρὶν ἢ δὶς ἀλέκτορα φωνῆσαι τρίς
με ἀπαρνήσῃ

14 72 πρὶν ἀλέκτορα | φωνῆσαι δὶς
(∼NMBH) τρίς με ἀπαρνήσῃ

Lc 18 12 νηστεύω δὶς τοῦ σαββάτου

Ph 4 16ᵃ καὶ ἐν Θεσσαλονίκῃ καὶ ἅπαξ καὶ
δὶς εἰς τὴν χρείαν μοι ἐπέμψατε

1Th 2 18ᵃ ἠθελήσαμεν ἐλθεῖν πρὸς ὑμᾶς, ἐγὼ
μὲν Παῦλος καὶ ἅπαξ καὶ δίς

Jd 12 οὗτοί εἰσιν ... δένδρα φθινοπωρινὰ
ἄκαρπα δὶς ἀποθανόντα ἐκριζω-
θέντα

Ap 9 16 * ὁ ἀριθμὸς τῶν στρατευμάτων
τοῦ ἱππικοῦ | δὶς μυριάδες (H; δύο
μ. ς; δισμ. rl) μυριάδων

δισμυριάς

→ μυριάς

Ap 9 16 ὁ ἀριθμὸς τῶν στρατευμάτων τοῦ
ἱππικοῦ δισμυριάδες (δὶς μ. H; δύο
μ. ς) μυριάδων

διστάζω

Mt 14 31 ὀλιγόπιστε, εἰς τί ἐδίστασας;

28 17 οἱ δὲ ἐδίστασαν

δίστομος

Hb 4 12 ὁ λόγος τοῦ θεοῦ ... τομώτερος
ὑπὲρ πᾶσαν μάχαιραν δίστομον

Ap 1 16 ἐκ τοῦ στόματος αὐτοῦ ῥομφαία
δίστομος ὀξεῖα ἐκπορευομένη

2 12 τάδε λέγει ὁ ἔχων τὴν ῥομφαίαν
τὴν δίστομον τὴν ὀξεῖαν

δισχίλιοι

→ χίλιοι

Mc 5 13 ὥρμησεν ἡ ἀγέλη κατὰ τοῦ κρη-
μνοῦ εἰς τὴν θάλασσαν, ὡς δισχί-
λιοι, καὶ ἐπνίγοντο

διϋλίζω

διυλίζω H

Mt 23 24 ὁδηγοὶ τυφλοί, οἱ (—H) διϋλίζον-
τες τὸν κώνωπα

διχάζω

Mt 10 35 ἦλθον γὰρ διχάσαι ἄνθρωπον
κατὰ τοῦ πατρὸς αὐτοῦ

διχοστασία

Rm 16 17 παρακαλῶ ... σκοπεῖν τοὺς τὰς
διχοστασίας καὶ τὰ σκάνδαλα ...
ποιοῦντας

1 C 3 3 * ὅπου γὰρ ἐν ὑμῖν ζῆλος καὶ ἔρις
| καὶ διχοστασίαι (+ς), οὐχὶ σαρ-
κικοί ἐστε ⟨;⟩

G 5 20 ⟨φανερὰ δέ ἐστιν τὰ ἔργα τῆς σαρ-
κός⟩ ἐριθεῖαι, διχοστασίαι, αἱρέσεις

διχοτομέω

Mt 24 51 ⟨ἥξει ὁ κύριος τοῦ δούλου ἐκείνου⟩
καὶ διχοτομήσει αὐτόν

Lc 12 46 ἥξει ὁ κύριος τοῦ δούλου ἐκείνου
... καὶ διχοτομήσει αὐτόν

διψάω

ᵃ δ. et ποτίζω
ᵇ δ. et πεινάω

Mt 5 6ᵇ μακάριοι οἱ πεινῶντες καὶ διψῶν-
τες τὴν δικαιοσύνην

25 35ᵃᵇ ἐπείνασα γὰρ καὶ ἐδώκατέ μοι
φαγεῖν, ἐδίψησα καὶ ἐποτίσατέ με

25 37ᵃᵇ πότε σε εἴδομεν πεινῶντα καὶ
ἐθρέψαμεν, ἢ διψῶντα καὶ ἐποτί-
σαμεν;

25 42ᵃᵇ ἐπείνασα γὰρ καὶ οὐκ ἐδώκατέ
μοι φαγεῖν, [+καὶ H] ἐδίψησα καὶ
οὐκ ἐποτίσατέ με

25 44ᵇ πότε σε εἴδομεν πεινῶντα ἢ διψῶν-
τα ... καὶ οὐ διηκονήσαμέν σοι;

Jo 4 13 πᾶς ὁ πίνων ἐκ τοῦ ὕδατος τούτου
διψήσει πάλιν· ↔

4 14 ὃς δ' ἂν πίῃ ἐκ τοῦ ὕδατος ... οὐ
μὴ διψήσει (-σῃ ς) εἰς τὸν αἰῶνα

4 15 ἵνα μὴ διψῶ μηδὲ διέρχωμαι
(ἔρχωμαι Vς; ἔρχομαι S) ἐνθάδε
ἀντλεῖν

6 35ᵇ καὶ ὁ πιστεύων εἰς ἐμὲ οὐ μὴ διψή-
σει (-σῃ Sς) πώποτε

7 37 ἐάν τις διψᾷ, ἐρχέσθω | πρός με
(—T) καὶ πινέτω

19 28 ἵνα τελειωθῇ ἡ γραφή, λέγει· διψῶ

Rm 12 20ᵃᵇ ἐὰν πεινᾷ ὁ ἐχθρός σου, ψώμιζε
αὐτόν· ἐὰν διψᾷ, πότιζε αὐτόν

1 C 4 11ᵇ ἄχρι τῆς ἄρτι ὥρας καὶ πεινῶμεν
καὶ διψῶμεν καὶ γυμνιτεύομεν

Ap 7 16ᵇ οὐ πεινάσουσιν ἔτι οὐδὲ διψήσου-
σιν ἔτι

21 6 ἐγὼ τῷ διψῶντι δώσω (+αὐτῷ V)
ἐκ τῆς πηγῆς τοῦ ὕδατος τῆς ζωῆς
δωρεάν

22 17 ὁ διψῶν ἐρχέσθω

δίψος

2 C 11 27 ἐν λιμῷ καὶ δίψει, ἐν νηστείαις πολ-
λάκις

δίψυχος

Jc 1 8 ἀνὴρ δίψυχος, ἀκατάστατος ἐν
πάσαις ταῖς ὁδοῖς αὐτοῦ

4 8 ἁγνίσατε καρδίας, δίψυχοι

διωγμός

ᵃ plur.

Mt 13 21 γενομένης δὲ θλίψεως ἢ διωγμοῦ
διὰ τὸν λόγον εὐθὺς σκανδαλίζεται

Mc 4 17 εἶτα γενομένης θλίψεως ἢ διωγμοῦ
διὰ τὸν λόγον εὐθὺς σκανδαλίζον-
ται

10 30ᵃ ἐὰν μὴ λάβῃ ἑκατονταπλασίονα
νῦν ... τέκνα καὶ ἀγροὺς μετὰ
διωγμῶν

Column 1

Ac   8 1 ἐγένετο δὲ ἐν ἐκείνῃ τῇ ἡμέρᾳ διωγ-
μὸς μέγας ἐπὶ τὴν ἐκκλησίαν

13 50 οἱ δὲ Ἰουδαῖοι ... ἐπήγειραν διωγ-
μὸν ἐπὶ τὸν Παῦλον καὶ Βαρναβᾶν

Rm   8 35 τίς ἡμᾶς χωρίσει ... τοῦ Χριστοῦ;
θλῖψις ἢ στενοχωρία ἢ διωγμός ⟨;⟩

2 C 12 10ᵃ διὸ εὐδοκῶ ... ἐν ἀνάγκαις, ἐν
διωγμοῖς καὶ (ἐν VBSς) στενοχω-
ρίαις, ὑπὲρ Χριστοῦ

2 Th   1 4ᵃ ὥστε ... ἐγκαυχᾶσθαι ... ὑπὲρ τῆς
ὑπομονῆς ὑμῶν ... ἐν πᾶσιν τοῖς
διωγμοῖς ὑμῶν καὶ ταῖς θλίψεσιν
αἷς ἀνέχεσθε

2 Tm   3 11ᵃ (σὺ δὲ παρηκολούθησάς μου ...
τῇ ὑπομονῇ) τοῖς διωγμοῖς, τοῖς
παθήμασιν

3 11ᵃ οἵους διωγμοὺς ὑπήνεγκα, καὶ ἐκ
πάντων με ἐρρύσατο ὁ κύριος

διώκτης

1 Tm   1 13 ⟨πιστόν με ἡγήσατο θέμενος εἰς
διακονίαν⟩ τὸ πρότερον ὄντα
βλάσφημον καὶ διώκτην καὶ ὑβρι-
στήν

διώκω

ἐκ-   κατα·
ᵃ c. acc. rei
ᵇ pass.

Mt   5 10ᵇ μακάριοι οἱ δεδιωγμένοι ἕνεκεν
δικαιοσύνης

5 11 μακάριοί ἐστε ὅταν ὀνειδίσωσιν
ὑμᾶς καὶ διώξωσιν

5 12 οὕτως γὰρ ἐδίωξαν τοὺς προφήτας
τοὺς πρὸ ὑμῶν

5 44 προσεύχεσθε ὑπὲρ τῶν διωκόντων
ὑμᾶς

10 23 ὅταν δὲ διώκωσιν ὑμᾶς ἐν τῇ
πόλει ταύτῃ, φεύγετε εἰς τὴν
ἑτέραν· ↔

10 23 * | κἂν ἐν τῇ ἑτέρᾳ διώκωσιν ὑμᾶς,
φεύγετε εἰς τὴν ἄλλην (+B)

23 34 ἐξ αὐτῶν μαστιγώσετε ... καὶ
διώξετε ἀπὸ πόλεως εἰς πόλιν

Lc   11 49 ἐξ αὐτῶν ἀποκτενοῦσιν καὶ διώ-
ξουσιν (ἐκ- VBSTς)

17 23 μὴ | ἀπέλθητε μηδὲ [H] διώξητε

21 12 ἐπιβαλοῦσιν ἐφ' ὑμᾶς τὰς χεῖρας
αὐτῶν καὶ διώξουσιν

Jo   5 16 διὰ τοῦτο ἐδίωκον οἱ Ἰουδαῖοι τὸν
Ἰησοῦν

15 20 εἰ ἐμὲ ἐδίωξαν, ↔

15 20 καὶ ὑμᾶς διώξουσιν

Ac   7 52 τίνα τῶν προφητῶν οὐκ ἐδίωξαν
οἱ πατέρες ὑμῶν;

9 4 Σαούλ Σαούλ, τί με διώκεις;

9 5 ἐγώ εἰμι Ἰησοῦς ὃν σὺ διώκεις

22 4ᵃ ὃς ταύτην τὴν ὁδὸν ἐδίωξα ἄχρι
θανάτου

22 7 Σαοὺλ Σαούλ, τί με διώκεις;

22 8 ἐγώ εἰμι Ἰησοῦς ὁ Ναζωραῖος, ὃν
σὺ διώκεις

26 11 περισσῶς τε ἐμμαινόμενος αὐτοῖς
ἐδίωκον ἕως καὶ εἰς τὰς ἔξω πόλεις

26 14 Σαοὺλ Σαούλ, τί με διώκεις;

26 15 ἐγώ εἰμι Ἰησοῦς ὃν σὺ διώκεις

Rm   9 30ᵃ ἔθνη τὰ μὴ διώκοντα δικαιοσύνην
κατέλαβεν δικαιοσύνην

9 31ᵃ Ἰσραὴλ δὲ διώκων νόμον δικαιο-
σύνης εἰς νόμον οὐκ ἔφθασεν

12 13ᵃ τὴν φιλοξενίαν διώκοντες. ↔

12 14 εὐλογεῖτε τοὺς διώκοντας ὑμᾶς
([N²⁶]; —NH)

14 19ᵃ ἄρα οὖν τὰ τῆς εἰρήνης διώκωμεν
(-ομεν VT) καὶ τὰ τῆς οἰκοδομῆς
τῆς εἰς ἀλλήλους

Column 2

1 C   4 12ᵇ λοιδορούμενοι εὐλογοῦμεν, διω-
κόμενοι ἀνεχόμεθα

14 1ᵃ διώκετε τὴν ἀγάπην, ζηλοῦτε δὲ
τὰ πνευματικά

15 9ᵃ οὐκ εἰμὶ ἱκανὸς καλεῖσθαι ἀπόστο-
λος, διότι ἐδίωξα τὴν ἐκκλησίαν
τοῦ θεοῦ

2 C   4 9ᵇ διωκόμενοι ἀλλ' οὐκ ἐγκαταλειπό-
μενοι

G   1 13ᵃ ὅτι καθ' ὑπερβολὴν ἐδίωκον τὴν
ἐκκλησίαν τοῦ θεοῦ

1 23 ὁ διώκων ἡμᾶς ποτε νῦν εὐαγγελί-
ζεται τὴν πίστιν

4 29 ἀλλ' ὥσπερ τότε ὁ κατὰ σάρκα
γεννηθεὶς ἐδίωκεν τὸν κατὰ πνεῦμα

5 11ᵇ εἰ περιτομὴν ἔτι κηρύσσω, τί ἔτι
διώκομαι;

6 12ᵇ μόνον ἵνα τῷ σταυρῷ τοῦ Χριστοῦ
[+ Ἰησοῦ NH] μὴ διώκωνται
(-κονται T)

Ph   3 6ᵃ κατὰ ζῆλος (-λον VSς) διώκων
τὴν ἐκκλησίαν

3 12 διώκω δὲ εἰ καὶ (—T) καταλάβω

3 14 κατὰ σκοπὸν διώκω εἰς τὸ βραβεῖον
τῆς ἄνω κλήσεως

1 Th   5 15ᵃ ἀλλὰ πάντοτε τὸ ἀγαθὸν διώκετε
καὶ ([N²⁶S]; —NMTH) εἰς ἀλλή-
λους καὶ εἰς πάντας

1 Tm   6 11ᵃ δίωκε δὲ δικαιοσύνην, εὐσέβειαν

2 Tm   2 22ᵃ τὰς δὲ νεωτερικὰς ἐπιθυμίας φεῦγε,
δίωκε δὲ δικαιοσύνην

3 12ᵇ πάντες δὲ οἱ θέλοντες | εὐσεβῶς
ζῆν (N²⁶ς; ~rl) ἐν Χριστῷ Ἰησοῦ
διωχθήσονται

Hb   12 14ᵃ εἰρήνην διώκετε μετὰ πάντων, καὶ
τὸν ἁγιασμόν

1 Pt   3 11ᵃ ζητησάτω εἰρήνην καὶ διωξάτω
αὐτήν

Ap   12 13 ὁ δράκων ... ἐδίωξεν τὴν γυναῖκα
ἥτις ἔτεκεν τὸν ἄρσενα

δόγμα

Lc   2 1 ἐξῆλθεν δόγμα παρὰ Καίσαρος
Αὐγούστου ἀπογράφεσθαι πᾶσαν
τὴν οἰκουμένην

Ac   16 4 παρεδίδοσαν αὐτοῖς φυλάσσειν τὰ
δόγματα τὰ κεκριμένα ὑπὸ τῶν
ἀποστόλων

17 7 οὗτοι πάντες ἀπέναντι τῶν δογ-
μάτων Καίσαρος πράσσουσι

E   2 15 (ἐν τῇ σαρκὶ αὐτοῦ) τὸν νόμον
τῶν ἐντολῶν ἐν δόγμασιν καταρ-
γήσας

Cl   2 14 ἐξαλείψας τὸ καθ' ἡμῶν χειρό-
γραφον τοῖς δόγμασιν ὃ ἦν ὑπεναν-
τίον ἡμῖν

δογματίζω

Cl   2 20 εἰ ἀπεθάνετε σὺν Χριστῷ ... τί ὡς
ζῶντες ἐν κόσμῳ δογματίζεσθε ⟨;⟩

δοκέω

εὐ-   συνευ-
ᵃ δοκεῖ impers.
ᵇ ἔδοξε impers.
ᶜ οἱ δοκοῦντες
ᵈ τὸ δοκοῦν, τὰ δοκοῦντα

Mt   3 9 μὴ δόξητε λέγειν ἐν ἑαυτοῖς

6 7 δοκοῦσιν γὰρ ὅτι ἐν τῇ πολυλογίᾳ
αὐτῶν εἰσακουσθήσονται

17 25ᵃ τί σοι δοκεῖ, Σίμων;

18 12ᵃ τί ὑμῖν δοκεῖ;

21 28ᵃ τί δὲ ὑμῖν δοκεῖ;

22 17ᵃ εἰπὲ (εἰπὸν NTH) οὖν ἡμῖν, τί σοι
δοκεῖ;

22 42ᵃ τί ὑμῖν δοκεῖ περὶ τοῦ χριστοῦ;

24 44 ὅτι ᾗ οὐ δοκεῖτε ὥρᾳ ὁ υἱὸς τοῦ
ἀνθρώπου ἔρχεται

Column 3

Mt   26 53 ἢ δοκεῖς ὅτι οὐ δύναμαι παρακαλέ-
σαι τὸν πατέρα μου ⟨;⟩

26 66ᵃ τί ὑμῖν δοκεῖ;

Mc   6 49 οἱ δὲ ἰδόντες αὐτὸν ... ἔδοξαν | ὅτι
φάντασμά ἐστιν (φ. εἶναι VBSς)

10 42ᶜ οἱ δοκοῦντες ἄρχειν τῶν ἐθνῶν
κατακυριεύουσιν αὐτῶν

Lc   1 3ᵇ ἔδοξε κἀμοί ... καθεξῆς σοι γράψαι,
κράτιστε Θεόφιλε

8 18 καὶ ὃ δοκεῖ ἔχειν ἀρθήσεται ἀπ'
αὐτοῦ

10 36 τίς τούτων τῶν τριῶν πλησίον
δοκεῖ σοι γεγονέναι ⟨;⟩

12 40 ὅτι ᾗ ὥρᾳ οὐ δοκεῖτε ὁ υἱὸς τοῦ
ἀνθρώπου ἔρχεται

12 51 δοκεῖτε ὅτι εἰρήνην παρεγενόμην
δοῦναι ἐν τῇ γῇ;

13 2 δοκεῖτε ὅτι οἱ Γαλιλαῖοι οὗτοι
ἁμαρτωλοὶ παρὰ πάντας τοὺς
Γαλιλαίους ἐγένοντο ⟨;⟩

13 4 δοκεῖτε ὅτι αὐτοὶ ὀφειλέται ἐγέ-
νοντο παρὰ πάντας τοὺς ἀνθρώ-
πους ⟨;⟩

17 9 * μὴ ἔχει χάριν τῷ δούλῳ ὅτι
ἐποίησεν τὰ διαταχθέντα; | οὐ
δοκῶ (+Vς)

19 11 διὰ τὸ ... δοκεῖν αὐτοὺς ὅτι παρα-
χρῆμα μέλλει ἡ βασιλεία τοῦ θεοῦ
ἀναφαίνεσθαι

22 24 τὸ τίς αὐτῶν δοκεῖ εἶναι μείζων

24 37 ἔμφοβοι γενόμενοι ἐδόκουν πνεῦμα
θεωρεῖν

Jo   5 39 ὅτι ὑμεῖς δοκεῖτε ἐν αὐταῖς ζωὴν
αἰώνιον ἔχειν

5 45 μὴ δοκεῖτε ὅτι ἐγὼ κατηγορήσω
ὑμῶν πρὸς τὸν πατέρα

11 13 ἐκεῖνοι δὲ ἔδοξαν ὅτι περὶ τῆς
κοιμήσεως τοῦ ὕπνου λέγει

11 31 οἱ οὖν Ἰουδαῖοι ... ἠκολούθησαν
αὐτῇ, δόξαντες (λέγοντες ς) ὅτι
ὑπάγει εἰς τὸ μνημεῖον

11 56ᵃ τί δοκεῖ ὑμῖν; ὅτι οὐ μὴ ἔλθῃ εἰς τὴν
ἑορτήν;

13 29 τινὲς γὰρ ἐδόκουν ... ὅτι λέγει
αὐτῷ ὁ ([N²⁶]; —NTH) Ἰησοῦς

16 2 ἵνα πᾶς ὁ ἀποκτείνας ὑμᾶς [H]
δόξῃ λατρείαν προσφέρειν τῷ θεῷ

20 15 ἐκείνη δοκοῦσα ὅτι ὁ κηπουρός
ἐστιν

Ac   12 9 ἐδόκει δὲ ὅραμα βλέπειν

15 22ᵇ τότε ἔδοξε τοῖς ἀποστόλοις ...
ἐκλεξαμένους ἄνδρας ἐξ αὐτῶν
πέμψαι εἰς Ἀντιόχειαν

15 25ᵇ (ἐπειδὴ ἠκούσαμεν) ἔδοξεν ἡμῖν ...
ἐκλεξαμένοις (-νους NVBTς) ἄνδρας
πέμψαι πρὸς ὑμᾶς

15 28ᵇ ἔδοξεν γὰρ τῷ πνεύματι τῷ ἁγίῳ
καὶ ἡμῖν μηδὲν πλέον ἐπιτίθεσθαι
ὑμῖν βάρος

15 34ᵇ * | ἔδοξε δὲ τῷ Σίλᾳ ἐπιμεῖναι
αὐτοῦ (+ς)

17 18 ξένων δαιμονίων δοκεῖ καταγγε-
λεὺς εἶναι

25 27ᵃ ἄλογον γάρ μοι δοκεῖ πέμποντα
δέσμιον μὴ καὶ τὰς κατ' αὐτοῦ
αἰτίας σημᾶναι

26 9 ἐγὼ μὲν οὖν ἔδοξα ἐμαυτῷ ... δεῖν
πολλὰ ἐναντία πρᾶξαι

27 13 ὑποπνεύσαντος δὲ νότου δόξαντες
τῆς προθέσεως κεκρατηκέναι

1 C   3 18 εἴ τις δοκεῖ σοφὸς εἶναι ἐν ὑμῖν ἐν
τῷ αἰῶνι τούτῳ

4 9 δοκῶ γάρ, (+ ὅτι ς) ὁ θεὸς ἡμᾶς τοὺς
ἀποστόλους ἐσχάτους ἀπέδειξεν
ὡς ἐπιθανατίους

1 C 7 40 δοκῶ δὲ (γὰρ H) κἀγὼ πνεῦμα
θεοῦ ἔχειν

8 2 εἴ τις δοκεῖ ἐγνωκέναι τι

10 12 ὥστε ὁ δοκῶν ἑστάναι βλεπέτω
μὴ πέσῃ

11 16 εἰ δέ τις δοκεῖ φιλόνεικος εἶναι

12 22ᵈ πολλῷ μᾶλλον τὰ δοκοῦντα μέλη
τοῦ σώματος ἀσθενέστερα ὑπάρ-
χειν ἀναγκαῖά ἐστιν, ↔

12 23 καὶ ἃ δοκοῦμεν ἀτιμότερα εἶναι τοῦ
σώματος

14 37 εἴ τις δοκεῖ προφήτης εἶναι ἢ πνευ-
ματικός

2 C 10 9 ἵνα μὴ δόξω | ὡς ἂν (ὡσὰν N)
ἐκφοβεῖν ὑμᾶς διὰ τῶν ἐπιστολῶν

11 16 πάλιν λέγω, μή τίς με δόξῃ ἄφρονα
εἶναι

12 19 πάλαι (-λιν Vς) δοκεῖτε ὅτι ὑμῖν
ἀπολογούμεθα

G 2 2ᶜ ἀνεθέμην αὐτοῖς τὸ εὐαγγέλιον ...
κατ᾽ ἰδίαν δὲ τοῖς δοκοῦσιν, μή
πως εἰς κενὸν τρέχω

2 6ᵃ δοκῶ δὲ τῶν δοκούντων εἶναί τι

2 6ᶜ ἐμοὶ γὰρ οἱ δοκοῦντες οὐδὲν
προσανέθεντο

2 9ᶜ Ἰάκωβος καὶ Κηφᾶς καὶ Ἰωάννης,
οἱ δοκοῦντες στῦλοι εἶναι

6 3 εἰ γὰρ δοκεῖ τις εἶναί τι μηδὲν ὤν

Ph 3 4 εἴ τις δοκεῖ ἄλλος πεποιθέναι ἐν
σαρκί

Hb 4 1 φοβηθῶμεν οὖν μήποτε ... δοκῇ
τις ἐξ ὑμῶν ὑστερηκέναι

10 29 πόσῳ δοκεῖτε χείρονος ἀξιωθή-
σεται τιμωρίας ὁ τὸν υἱὸν τοῦ
θεοῦ καταπατήσας

12 10ᵈ οἱ μὲν γὰρ πρὸς ὀλίγας ἡμέρας
κατὰ τὸ δοκοῦν αὐτοῖς ἐπαίδευον

12 11 πᾶσα δὲ (μὲν NMBSTH) παιδεία
πρὸς μὲν τὸ παρὸν οὐ δοκεῖ χαρᾶς
εἶναι

Jc 1 26 εἴ τις δοκεῖ θρησκὸς εἶναι

4 5 ἢ δοκεῖτε ὅτι κενῶς ἡ γραφὴ λέγει
⟨;⟩

δοκιμάζω
ἀπο-
ᵃ pass.
ᵇ seq. inf.
ᶜ seq. interrogatio indirecta
ᵈ δ. ἑαυτόν, ἑαυτούς

Lc 12 56 ὑποκριταί, τὸ πρόσωπον τῆς γῆς
καὶ τοῦ οὐρανοῦ οἴδατε δοκιμά-
ζειν, ↔

12 56 τὸν | καιρὸν δὲ (~ VBSTς) τοῦτον
πῶς | οὐκ οἴδατε δοκιμάζειν (N²⁶H;
οὐ δοκιμάζετε rl)

14 19 ζεύγη βοῶν ἠγόρασα πέντε, καὶ
πορεύομαι δοκιμάσαι αὐτά

Rm 1 28ᵇ καθὼς οὐκ ἐδοκίμασαν τὸν θεὸν
ἔχειν ἐν ἐπιγνώσει

2 18 ⟨εἰ δὲ⟩ δοκιμάζεις τὰ διαφέροντα
κατηχούμενος ἐκ τοῦ νόμου

12 2ᶜ εἰς τὸ δοκιμάζειν ὑμᾶς τί τὸ θέλημα
τοῦ θεοῦ

14 22 μακάριος ὁ μὴ κρίνων ἑαυτὸν ἐν ᾧ
δοκιμάζει

1 C 3 13ᶜ ἑκάστου τὸ ἔργον ὁποῖόν ἐστιν τὸ
πῦρ αὐτὸ ([N²⁶]; — ς) δοκιμάσει

11 28ᵈ δοκιμαζέτω δὲ ἄνθρωπος ἑαυτόν

16 3 οὓς ἐὰν δοκιμάσητε, δι᾽ ἐπιστο-
λῶν τούτους πέμψω

2 C 8 8 οὐ κατ᾽ ἐπιταγὴν λέγω, ἀλλὰ ...
τὸ τῆς ὑμετέρας ἀγάπης γνήσιον
δοκιμάζων

2 C 8 22 τὸν ἀδελφὸν ἡμῶν, ὃν ἐδοκιμάσα-
μεν ἐν πολλοῖς πολλάκις σπου-
δαῖον ὄντα

13 5ᵈ ἑαυτοὺς πειράζετε εἰ ἐστὲ ἐν τῇ
πίστει, ἑαυτοὺς δοκιμάζετε

G 6 4 τὸ δὲ ἔργον ἑαυτοῦ δοκιμαζέτω
ἕκαστος [H]

E 5 10ᶜ ⟨ὡς τέκνα φωτὸς περιπατεῖτε⟩
δοκιμάζοντες τί ἐστιν εὐάρεστον
τῷ κυρίῳ

Ph 1 10 ⟨ἐν ἐπιγνώσει καὶ πάσῃ αἰσθήσει⟩
εἰς τὸ δοκιμάζειν ὑμᾶς τὰ διαφέρον-
τα

1 Th 2 4ᵃᵇ καθὼς δεδοκιμάσμεθα ὑπὸ τοῦ
θεοῦ πιστευθῆναι τὸ εὐαγγέλιον
οὕτως λαλοῦμεν, ↔

2 4 οὐχ ὡς ἀνθρώποις ἀρέσκοντες,
ἀλλὰ (+ τῷ V[S]ς) θεῷ τῷ δοκι-
μάζοντι τὰς καρδίας ἡμῶν

5 21 πάντα δὲ ([H]; — ς) δοκιμάζετε, τὸ
καλὸν κατέχετε

1 Tm 3 10ᵃ καὶ οὗτοι δὲ δοκιμαζέσθωσαν πρῶ-
τον

Hb 3 9 * οὗ ἐπείρασαν (+ με [S]ς) οἱ πατέ-
ρες ὑμῶν | ἐδοκίμασάν με (ς; ἐν
δοκιμασίᾳ rl)

1 Pt 1 7ᵃ πολυτιμότερον χρυσίου τοῦ ἀπολ-
λυμένου, διὰ πυρὸς δὲ δοκιμαζομέ-
νου

1 Jo 4 1ᶜ δοκιμάζετε τὰ πνεύματα εἰ ἐκ τοῦ
θεοῦ ἐστιν

δοκιμασία

Hb 3 9 οὗ ἐπείρασαν (+ με [S]ς) οἱ πατέ-
ρες ὑμῶν | ἐν δοκιμασίᾳ (ἐδοκίμα-
σάν με ς)

δοκιμή

Rm 5 4 ⟨ἡ θλῖψις ὑπομονὴν κατεργάζεται⟩
ἡ δὲ ὑπομονὴ δοκιμήν, ↔

5 4 ἡ δὲ δοκιμὴ ἐλπίδα

2 C 2 9 ἵνα γνῶ τὴν δοκιμὴν ὑμῶν, εἰ εἰς
πάντα ὑπήκοοί ἐστε

8 2 ὅτι ἐν πολλῇ δοκιμῇ θλίψεως ἡ
περισσεία τῆς χαρᾶς αὐτῶν ...
ἐπερίσσευσεν

9 13 διὰ τῆς δοκιμῆς τῆς διακονίας
ταύτης δοξάζοντες τὸν θεόν

13 3 ἐπεὶ δοκιμὴν ζητεῖτε τοῦ ἐν ἐμοὶ
λαλοῦντος Χριστοῦ

Ph 2 22 τὴν δὲ δοκιμὴν αὐτοῦ γινώσκετε,
ὅτι ... σὺν ἐμοὶ ἐδούλευσεν

δοκίμιον

Jc 1 3 τὸ δοκίμιον ὑμῶν τῆς πίστεως
κατεργάζεται ὑπομονήν

1 Pt 1 7 ἵνα τὸ δοκίμιον ὑμῶν τῆς πίστεως
πολυτιμότερον χρυσίου ... εὑρεθῇ

δόκιμος

Rm 14 18 ὁ γὰρ ἐν τούτῳ (-τοις Sς) δουλεύων
τῷ Χριστῷ εὐάρεστος τῷ θεῷ καὶ
δόκιμος τοῖς ἀνθρώποις

16 10 ἀσπάσασθε Ἀπελλῆν τὸν δόκιμον
ἐν Χριστῷ

1 C 11 19 ἵνα καὶ ([N²⁶NVH]; — STς) οἱ
δόκιμοι φανεροὶ γένωνται ἐν ὑμῖν

2 C 10 18 οὐ γὰρ ὁ ἑαυτὸν συνιστάνων,
ἐκεῖνός ἐστιν δόκιμος

13 7 οὐχ ἵνα ἡμεῖς δόκιμοι φανῶμεν

2 Tm 2 15 σπούδασον σεαυτὸν δόκιμον πα-
ραστῆσαι τῷ θεῷ

Jc 1 12 ὅτι δόκιμος γενόμενος λήμψεται
τὸν στέφανον τῆς ζωῆς

δοκός

Mt 7 3 τὴν δὲ ἐν τῷ σῷ ὀφθαλμῷ δοκὸν
οὐ κατανοεῖς

7 4 καὶ ἰδοὺ ἡ δοκὸς ἐν τῷ ὀφθαλμῷ
σου

Mt 7 5 ἔκβαλε πρῶτον ἐκ τοῦ ὀφθαλμοῦ
σου τὴν δοκόν

Lc 6 41 τὴν δὲ δοκὸν τὴν ἐν τῷ ἰδίῳ
ὀφθαλμῷ οὐ κατανοεῖς

6 42 αὐτὸς τὴν ἐν τῷ ὀφθαλμῷ σου
δοκὸν οὐ βλέπων

6 42 ἔκβαλε πρῶτον τὴν δοκὸν ἐκ τοῦ
ὀφθαλμοῦ σου

δόλιος

2 C 11 13 οἱ γὰρ τοιοῦτοι ψευδαπόστολοι,
ἐργάται δόλιοι, μετασχηματιζό-
μενοι εἰς ἀποστόλους Χριστοῦ

δολιόω

Rm 3 13 ταῖς γλώσσαις αὐτῶν ἐδολιοῦσαν

δόλος
ᵃ (ἐν) δόλῳ

Mt 26 4ᵃ συνεβουλεύσαντο ἵνα τὸν Ἰησοῦν
δόλῳ κρατήσωσιν καὶ ἀποκτείνω-
σιν

Mc 7 22 ⟨ἔσωθεν γὰρ ... οἱ διαλογισμοὶ οἱ
κακοὶ ἐκπορεύονται⟩ πονηρίαι,
δόλος, ἀσέλγεια

12 14ᵃ * ἐλθόντες | ἤρξαντο ἐρωτᾶν αὐτὸν
ἐν δόλῳ λέγοντες (S; λέγουσιν
αὐτῷ rl)

14 1ᵃ ἐζήτουν ... πῶς αὐτὸν ἐν δόλῳ
κρατήσαντες ἀποκτείνωσιν

Jo 1 47 ἴδε ἀληθῶς Ἰσραηλίτης, ἐν ᾧ
δόλος οὐκ ἔστιν

Ac 13 10 ὦ πλήρης παντὸς δόλου καὶ πάσης
ῥᾳδιουργίας

Rm 1 29 ⟨ποιεῖν τὰ μὴ καθήκοντα⟩ μεστοὺς
φθόνου φόνου ἔριδος δόλου κακο-
ηθείας

2 C 12 16ᵃ ἀλλὰ ὑπάρχων πανοῦργος δόλῳ
ὑμᾶς ἔλαβον

1 Th 2 3ᵃ ἡ γὰρ παράκλησις ἡμῶν οὐκ ἐκ
πλάνης οὐδὲ ἐξ ἀκαθαρσίας οὐδὲ
(οὔτε VSς) ἐν δόλῳ

1 Pt 2 1 ἀποθέμενοι οὖν πᾶσαν κακίαν καὶ
πάντα δόλον καὶ ὑποκρίσεις (ὑπό-
κρισιν H) καὶ φθόνους

2 22 ὃς ἁμαρτίαν οὐκ ἐποίησεν οὐδὲ
εὑρέθη δόλος ἐν τῷ στόματι αὐτοῦ

3 10 παυσάτω τὴν γλῶσσαν ἀπὸ
κακοῦ καὶ χείλη τοῦ μὴ λαλῆσαι
δόλον

Ap 14 5 * ἐν τῷ στόματι αὐτῶν οὐχ εὑρέθη
δόλος (ς; ψεῦδος rl)

δολόω

2 C 4 2 μὴ περιπατοῦντες ἐν πανουργίᾳ
μηδὲ δολοῦντες τὸν λόγον τοῦ
θεοῦ

δόμα

Mt 7 11 εἰ οὖν ὑμεῖς πονηροὶ ὄντες οἴδατε
δόματα ἀγαθὰ διδόναι τοῖς τέκνοις
ὑμῶν

Lc 11 13 εἰ οὖν ὑμεῖς πονηροὶ ὑπάρχοντες
οἴδατε δόματα ἀγαθὰ διδόναι τοῖς
τέκνοις ὑμῶν

E 4 8 ἔδωκεν δόματα τοῖς ἀνθρώποις

Ph 4 17 οὐχ ὅτι ἐπιζητῶ τὸ δόμα, ἀλλὰ
ἐπιζητῶ τὸν καρπόν

δόξα
ᵃ δ. et τιμή
ᵇ δ. et δύναμις
ᶜ δ. et κράτος
ᵈ δ. et ἔπαινος
ᵉ δ. et ἐξουσία
ᶠ δ. in saecula
ᵍ δόξαι

Mt 4 8 δείκνυσιν αὐτῷ πάσας τὰς βασι-
λείας τοῦ κόσμου καὶ τὴν δόξαν
αὐτῶν

Mt 6 13ᵇᶠ * | ὅτι σοῦ ἐστιν ἡ βασιλεία καὶ ἡ δύναμις καὶ ἡ δόξα εἰς τοὺς αἰῶνας· ἀμήν (+ς)

6 29 οὐδὲ Σολομὼν ἐν πάσῃ τῇ δόξῃ αὐτοῦ περιεβάλετο ὡς ἓν τούτων

16 27 μέλλει γὰρ ὁ υἱὸς τοῦ ἀνθρώπου ἔρχεσθαι ἐν τῇ δόξῃ τοῦ πατρὸς αὐτοῦ

19 28 ὅταν καθίσῃ ὁ υἱὸς τοῦ ἀνθρώπου ἐπὶ θρόνου δόξης αὐτοῦ

24 30ᵇὄψονται τὸν υἱὸν τοῦ ἀνθρώπου ἐρχόμενον ... μετὰ δυνάμεως καὶ δόξης πολλῆς

25 31 ὅταν δὲ ἔλθῃ ὁ υἱὸς τοῦ ἀνθρώπου ἐν τῇ δόξῃ αὐτοῦ

25 31 τότε καθίσει ἐπὶ θρόνου δόξης αὐτοῦ

Mc 8 38 ὅταν ἔλθῃ ἐν τῇ δόξῃ τοῦ πατρὸς αὐτοῦ

10 37 δὸς ἡμῖν ἵνα ... καθίσωμεν ἐν τῇ δόξῃ σου

13 26ᵇὄψονται τὸν υἱὸν τοῦ ἀνθρώπου ἐρχόμενον ... μετὰ δυνάμεως πολλῆς καὶ δόξης

Lc 2 9 δόξα κυρίου περιέλαμψεν αὐτούς

2 14 δόξα ἐν ὑψίστοις θεῷ καὶ ἐπὶ γῆς εἰρήνη

2 32 φῶς εἰς ἀποκάλυψιν ἐθνῶν καὶ δόξαν λαοῦ σου Ἰσραήλ

4 6ᵉσοὶ δώσω τὴν ἐξουσίαν ταύτην ἅπασαν καὶ τὴν δόξαν αὐτῶν

9 26 ὅταν ἔλθῃ ἐν τῇ δόξῃ αὐτοῦ καὶ τοῦ πατρὸς καὶ τῶν ἁγίων ἀγγέλων

9 31 οἳ ὀφθέντες ἐν δόξῃ ἔλεγον τὴν ἔξοδον αὐτοῦ

9 32 διαγρηγορήσαντες δὲ εἶδον τὴν δόξαν αὐτοῦ

12 27 οὐδὲ Σολομὼν ἐν πάσῃ τῇ δόξῃ αὐτοῦ περιεβάλετο ὡς ἓν τούτων

14 10 τότε ἔσται σοι δόξα ἐνώπιον πάντων τῶν συνανακειμένων σοι

17 18 οὐχ εὑρέθησαν ὑποστρέψαντες δοῦναι δόξαν τῷ θεῷ εἰ μὴ ὁ ἀλλογενὴς οὗτος;

19 38 ἐν οὐρανῷ εἰρήνη καὶ δόξα ἐν ὑψίστοις

21 27ᵇὄψονται τὸν υἱὸν τοῦ ἀνθρώπου ἐρχόμενον ... μετὰ δυνάμεως καὶ δόξης πολλῆς

24 26 οὐχὶ ταῦτα ἔδει παθεῖν τὸν χριστὸν καὶ εἰσελθεῖν εἰς τὴν δόξαν αὐτοῦ;

Jo 1 14 ἐθεασάμεθα τὴν δόξαν αὐτοῦ, ↔

1 14 δόξαν ὡς μονογενοῦς παρὰ πατρός

2 11 ἐφανέρωσεν τὴν δόξαν αὐτοῦ

5 41 δόξαν παρὰ ἀνθρώπων οὐ λαμβάνω

5 44 πῶς δύνασθε ὑμεῖς πιστεῦσαι, δόξαν παρὰ ἀλλήλων λαμβάνοντες, ↔

5 44 καὶ τὴν δόξαν τὴν παρὰ τοῦ μόνου θεοῦ [H] οὐ ζητεῖτε;

7 18 ὁ ἀφ' ἑαυτοῦ λαλῶν τὴν δόξαν τὴν ἰδίαν ζητεῖ· ↔

7 18 ὁ δὲ ζητῶν τὴν δόξαν τοῦ πέμψαντος αὐτόν

8 50 ἐγὼ δὲ οὐ ζητῶ τὴν δόξαν μου

8 54 ἐὰν ἐγὼ δοξάσω ἐμαυτόν, ἡ δόξα μου οὐδέν ἐστιν

9 24 δὸς δόξαν τῷ θεῷ

11 4 αὕτη ἡ ἀσθένεια οὐκ ἔστιν πρὸς θάνατον ἀλλ' ὑπὲρ τῆς δόξης τοῦ θεοῦ

11 40 ἐὰν πιστεύσῃς ὄψῃ τὴν δόξαν τοῦ θεοῦ

Jo 12 41 ταῦτα εἶπεν Ἠσαΐας ὅτι εἶδεν τὴν δόξαν αὐτοῦ

12 43 ἠγάπησαν γὰρ τὴν δόξαν τῶν ἀνθρώπων μᾶλλον ↔

12 43 ἤπερ τὴν δόξαν τοῦ θεοῦ

17 5 δόξασόν με σύ, πάτερ, παρὰ σεαυτῷ τῇ δόξῃ ᾗ εἶχον πρὸ τοῦ τὸν κόσμον εἶναι παρὰ σοί

17 22 κἀγὼ τὴν δόξαν ἣν δέδωκάς μοι δέδωκα αὐτοῖς

17 24 ἵνα θεωρῶσιν τὴν δόξαν τὴν ἐμήν, ἣν δέδωκάς μοι

Ac 7 2 ὁ θεὸς τῆς δόξης ὤφθη τῷ πατρὶ ἡμῶν Ἀβραάμ

7 55 ὑπάρχων δὲ πλήρης πνεύματος ἁγίου ἀτενίσας εἰς τὸν οὐρανὸν εἶδεν δόξαν θεοῦ

12 23 ἐπάταξεν αὐτὸν ἄγγελος κυρίου ἀνθ' ὧν οὐκ ἔδωκεν τὴν δόξαν τῷ θεῷ

22 11 ὡς δὲ οὐκ ἐνέβλεπον ἀπὸ τῆς δόξης τοῦ φωτὸς ἐκείνου

Rm 1 23 ἤλλαξαν τὴν δόξαν τοῦ ἀφθάρτου θεοῦ

2 7ᵃ⟨ἀποδώσει⟩ τοῖς μὲν ... δόξαν καὶ τιμὴν καὶ ἀφθαρσίαν ζητοῦσιν ζωὴν αἰώνιον

2 10ᵃδόξα δὲ καὶ τιμὴ καὶ εἰρήνη παντὶ τῷ ἐργαζομένῳ τὸ ἀγαθόν

3 7 εἰ δὲ (γὰρ VBSς) ἡ ἀλήθεια τοῦ θεοῦ ... ἐπερίσσευσεν εἰς τὴν δόξαν αὐτοῦ

3 23 πάντες γὰρ ἥμαρτον καὶ ὑστεροῦνται τῆς δόξης τοῦ θεοῦ

4 20 ⟨Ἀβραὰμ⟩ ἐνεδυναμώθη τῇ πίστει, δοὺς δόξαν τῷ θεῷ

5 2 καυχώμεθα ἐπ' ἐλπίδι τῆς δόξης τοῦ θεοῦ

6 4 ὥσπερ ἠγέρθη Χριστὸς ἐκ νεκρῶν διὰ τῆς δόξης τοῦ πατρός

8 18 οὐκ ἄξια τὰ παθήματα τοῦ νῦν καιροῦ πρὸς τὴν μέλλουσαν δόξαν ἀποκαλυφθῆναι εἰς ἡμᾶς

8 21 ἐλευθερωθήσεται ἀπὸ τῆς δουλείας τῆς φθορᾶς εἰς τὴν ἐλευθερίαν τῆς δόξης τῶν τέκνων τοῦ θεοῦ

9 4 οἵτινές εἰσιν Ἰσραηλῖται, ὧν ἡ υἱοθεσία καὶ ἡ δόξα καὶ αἱ διαθῆκαι

9 23 ἵνα γνωρίσῃ τὸν πλοῦτον τῆς δόξης αὐτοῦ ἐπὶ σκεύη ἐλέους, ↔

9 23 ἃ προητοίμασεν εἰς δόξαν

11 36ᶠ αὐτῷ ἡ δόξα εἰς τοὺς αἰῶνας· ἀμήν

15 7 καθὼς καὶ ὁ Χριστὸς προσελάβετο ὑμᾶς (ἡμ. NHς) εἰς δόξαν τοῦ θεοῦ

16 27ᶠ || ᾧ [H] ἡ δόξα εἰς τοὺς αἰῶνας | τῶν αἰώνων (—N²⁶Hς)· ἀμήν [[..N²⁶S]]

1 C 2 7 θεοῦ σοφίαν ... ἣν προώρισεν ὁ θεὸς πρὸ τῶν αἰώνων εἰς δόξαν ἡμῶν

2 8 εἰ γὰρ ἔγνωσαν, οὐκ ἂν τὸν κύριον τῆς δόξης ἐσταύρωσαν

10 31 πάντα εἰς δόξαν θεοῦ ποιεῖτε

11 7 ἀνὴρ μὲν γὰρ οὐκ ὀφείλει κατακαλύπτεσθαι τὴν κεφαλήν, εἰκὼν καὶ δόξα θεοῦ ὑπάρχων· ↔

11 7 ἡ γυνὴ δὲ δόξα ἀνδρός ἐστιν

11 15 γυνὴ δὲ ἐὰν κομᾷ, δόξα αὐτῇ ἐστιν

15 40 ἑτέρα μὲν ἡ τῶν ἐπουρανίων δόξα, ἑτέρα δὲ ἡ τῶν ἐπιγείων. ↔

15 41 ἄλλη δόξα ἡλίου,

15 41 καὶ ἄλλη δόξα σελήνης, ↔

15 41 καὶ ἄλλη δόξα ἀστέρων· ↔

15 41 ἀστὴρ γὰρ ἀστέρος διαφέρει ἐν δόξῃ

1 C 15 43ᵇσπείρεται ἐν ἀτιμίᾳ, ἐγείρεται ἐν δόξῃ

2 C 1 20 διὸ καὶ δι' αὐτοῦ τὸ ἀμὴν τῷ θεῷ πρὸς δόξαν δι' ἡμῶν

3 7 εἰ δὲ ἡ διακονία τοῦ θανάτου ... ἐγενήθη ἐν δόξῃ, ↔

3 7 ὥστε μὴ δύνασθαι ἀτενίσαι ... διὰ τὴν δόξαν τοῦ προσώπου αὐτοῦ τὴν καταργουμένην,

3 8 πῶς οὐχὶ μᾶλλον ἡ διακονία τοῦ πνεύματος ἔσται ἐν δόξῃ; ↔

3 9 εἰ γὰρ | τῇ διακονίᾳ (ἡ δ. NMVHς) τῆς κατακρίσεως δόξα,

3 9 πολλῷ μᾶλλον περισσεύει ἡ διακονία τῆς δικαιοσύνης (+ ἐν [S]ς) δόξῃ

3 10 οὐ δεδόξασται τὸ δεδοξασμένον ... εἵνεκεν τῆς ὑπερβαλλούσης δόξης. ↔

3 11 εἰ γὰρ τὸ καταργούμενον διὰ δόξης,

3 11 πολλῷ μᾶλλον τὸ μένον ἐν δόξῃ

3 18 ἡμεῖς δὲ πάντες ἀνακεκαλυμμένῳ προσώπῳ τὴν δόξαν κυρίου κατοπτριζόμενοι ↔

3 18 τὴν αὐτὴν εἰκόνα μεταμορφούμεθα ἀπὸ δόξης ↔

3 18 εἰς δόξαν

4 4 εἰς τὸ μὴ αὐγάσαι τὸν φωτισμὸν τοῦ εὐαγγελίου τῆς δόξης τοῦ Χριστοῦ

4 6 ὃς ἔλαμψεν ... πρὸς φωτισμὸν τῆς γνώσεως τῆς δόξης τοῦ θεοῦ

4 15 ἵνα ἡ χάρις πλεονάσασα ... τὴν εὐχαριστίαν περισσεύσῃ εἰς τὴν δόξαν τοῦ θεοῦ

4 17 τὸ γὰρ παραυτίκα ἐλαφρὸν τῆς θλίψεως ἡμῶν (—NH) ... αἰώνιον βάρος δόξης κατεργάζεται ἡμῖν

6 8 ⟨συνιστάντες ἑαυτοὺς ὡς θεοῦ διάκονοι⟩ διὰ δόξης καὶ ἀτιμίας, διὰ δυσφημίας καὶ εὐφημίας

8 19 χειροτονηθεὶς ... σὺν (ἐν NMVSH) τῇ χάριτι ταύτῃ τῇ διακονουμένῃ ὑφ' ἡμῶν πρὸς τὴν αὐτοῦ ([N²⁶]; —H) τοῦ κυρίου δόξαν καὶ προθυμίαν ἡμῶν

8 23 εἴτε ὑπὲρ Τίτου ... εἴτε ἀδελφοὶ ἡμῶν, ἀπόστολοι ἐκκλησιῶν, δόξα Χριστοῦ

G 1 5ᶠ ᾧ ἡ δόξα εἰς τοὺς αἰῶνας τῶν αἰώνων· ἀμήν

E 1 6ᵈ ⟨προορίσας ἡμᾶς εἰς υἱοθεσίαν⟩ εἰς ἔπαινον δόξης τῆς χάριτος αὐτοῦ

1 12ᵈ ⟨προορισθέντες⟩ εἰς τὸ εἶναι ἡμᾶς εἰς ἔπαινον (+τῆς ς) δόξης αὐτοῦ

1 14ᵈ ἀρραβὼν τῆς κληρονομίας ἡμῶν ... εἰς ἔπαινον τῆς δόξης αὐτοῦ

1 17 ἵνα ὁ θεὸς ... ὁ πατὴρ τῆς δόξης, δώῃ ὑμῖν πνεῦμα σοφίας

1 18 εἰς τὸ εἰδέναι ὑμᾶς ... τίς ὁ πλοῦτος τῆς δόξης τῆς κληρονομίας αὐτοῦ

3 13 μὴ ἐγκακεῖν ἐν ταῖς θλίψεσίν μου ὑπὲρ ὑμῶν, ἥτις ἐστὶν δόξα ὑμῶν

3 16ᵇἵνα δῷ ὑμῖν κατὰ τὸ πλοῦτος τῆς δόξης αὐτοῦ δυνάμει κραταιωθῆναι

3 21ᶠ αὐτῷ ἡ δόξα ἐν τῇ ἐκκλησίᾳ καὶ ἐν Χριστῷ Ἰησοῦ εἰς πάσας τὰς γενεὰς τοῦ αἰῶνος τῶν αἰώνων

Ph 1 11ᵈ ⟨ἵνα ἦτε⟩ πεπληρωμένοι καρπὸν δικαιοσύνης ... εἰς δόξαν καὶ ἔπαινον θεοῦ

2 11 πᾶσα γλῶσσα ἐξομολογήσεται (-σεται T) ὅτι κύριος Ἰησοῦς Χριστὸς εἰς δόξαν θεοῦ πατρός

Ph 3 19 ὧν ὁ θεὸς ἡ κοιλία καὶ ἡ δόξα ἐν τῇ αἰσχύνῃ αὐτῶν

3 21 ὃς μετασχηματίσει τὸ σῶμα τῆς ταπεινώσεως ἡμῶν σύμμορφον τῷ σώματι τῆς δόξης αὐτοῦ

4 19 ὁ δὲ θεός μου πληρώσει πᾶσαν χρείαν ὑμῶν κατὰ τὸ πλοῦτος αὐτοῦ ἐν δόξῃ ἐν Χριστῷ Ἰησοῦ. ↔

4 20[f] τῷ δὲ θεῷ καὶ πατρὶ ἡμῶν ἡ δόξα εἰς τοὺς αἰῶνας τῶν αἰώνων

Cl 1 11[b c] ἐν πάσῃ δυνάμει δυναμούμενοι κατὰ τὸ κράτος τῆς δόξης αὐτοῦ

1 27 οἷς ἠθέλησεν ὁ θεὸς γνωρίσαι τί τὸ πλοῦτος τῆς δόξης τοῦ μυστηρίου τούτου ἐν τοῖς ἔθνεσιν, ↔

1 27 ὅ (N²⁶BH; ὃς rl) ἐστιν Χριστὸς ἐν ὑμῖν, ἡ ἐλπὶς τῆς δόξης

3 4 τότε καὶ ὑμεῖς σὺν αὐτῷ φανερωθήσεσθε ἐν δόξῃ

1Th 2 6 οὔτε ζητοῦντες ἐξ ἀνθρώπων δόξαν

2 12 τοῦ θεοῦ τοῦ καλοῦντος ὑμᾶς εἰς τὴν ἑαυτοῦ βασιλείαν καὶ δόξαν

2 20 ὑμεῖς γάρ ἐστε ἡ δόξα ἡμῶν καὶ ἡ χαρά

2Th 1 9 οἵτινες δίκην τίσουσιν ὄλεθρον αἰώνιον ... ἀπὸ τῆς δόξης τῆς ἰσχύος αὐτοῦ

2 14 ⟨εἵλατο ὑμᾶς ὁ θεὸς⟩ εἰς περιποίησιν δόξης τοῦ κυρίου ἡμῶν Ἰησοῦ Χριστοῦ

1Tm 1 11 κατὰ τὸ εὐαγγέλιον τῆς δόξης τοῦ μακαρίου θεοῦ

1 17[a f] μόνῳ θεῷ, τιμὴ καὶ δόξα εἰς τοὺς αἰῶνας τῶν αἰώνων

3 16 ὃς ... ἀνελήμφθη ἐν δόξῃ

2Tm 2 10 ἵνα ... σωτηρίας τύχωσιν τῆς ἐν Χριστῷ Ἰησοῦ μετὰ δόξης αἰωνίου

4 18[f] ᾧ ἡ δόξα εἰς τοὺς αἰῶνας τῶν αἰώνων, ἀμήν

Tt 2 13 προσδεχόμενοι τὴν μακαρίαν ἐλπίδα καὶ ἐπιφάνειαν τῆς δόξης τοῦ μεγάλου θεοῦ

Hb 1 3 ὃς ὢν ἀπαύγασμα τῆς δόξης

2 7[a] δόξῃ καὶ τιμῇ ἐστεφάνωσας αὐτόν

2 9[a] βλέπομεν Ἰησοῦν διὰ τὸ πάθημα τοῦ θανάτου δόξῃ καὶ τιμῇ ἐστεφανωμένον

2 10 ἔπρεπεν ... πολλοὺς υἱοὺς εἰς δόξαν ἀγαγόντα τὸν ἀρχηγὸν τῆς σωτηρίας αὐτῶν διὰ παθημάτων τελειῶσαι

3 3 πλείονος γὰρ οὗτος δόξης παρὰ Μωϋσῆν ἠξίωται

9 5 ὑπεράνω δὲ αὐτῆς Χερουβὶν δόξης κατασκιάζοντα τὸ ἱλαστήριον

13 21[f] ᾧ ἡ δόξα εἰς τοὺς αἰῶνας | τῶν αἰώνων [N²⁶]· ἀμήν

Jc 2 1 μὴ ἐν προσωπολημψίαις ἔχετε τὴν πίστιν τοῦ κυρίου ἡμῶν Ἰησοῦ Χριστοῦ τῆς δόξης

1Pt 1 7[a d] ἵνα τὸ δοκίμιον ὑμῶν τῆς πίστεως πολυτιμότερον χρυσίου ... εὑρεθῇ εἰς ἔπαινον καὶ δόξαν καὶ τιμήν

1 11[g] προμαρτυρόμενον τὰ εἰς Χριστὸν παθήματα καὶ τὰς μετὰ ταῦτα δόξας

1 21 θεὸν τὸν ἐγείραντα αὐτὸν ἐκ νεκρῶν καὶ δόξαν αὐτῷ δόντα

1 24 πᾶσα δόξα αὐτῆς ὡς ἄνθος χόρτου

4 11[c f] ᾧ ἐστιν ἡ δόξα καὶ τὸ κράτος εἰς τοὺς αἰῶνας τῶν αἰώνων

4 13 ἵνα καὶ ἐν τῇ ἀποκαλύψει τῆς δόξης αὐτοῦ χαρῆτε ἀγαλλιώμενοι

1Pt 4 14[b] ὅτι τὸ τῆς δόξης (+καὶ δυνάμεως S) καὶ τὸ τοῦ θεοῦ πνεῦμα ἐφ᾽ ὑμᾶς ἀναπαύεται

5 1 ὁ καὶ τῆς μελλούσης ἀποκαλύπτεσθαι δόξης κοινωνός

5 4 φανερωθέντος τοῦ ἀρχιποίμενος κομιεῖσθε τὸν ἀμαράντινον τῆς δόξης στέφανον

5 10 ὁ δὲ θεός ... ὁ καλέσας ὑμᾶς εἰς τὴν αἰώνιον αὐτοῦ δόξαν ἐν Χριστῷ Ἰησοῦ ([N²⁶]VSς; —rl)

5 11[c f]* αὐτῷ | ἡ δόξα καὶ (+MVBSς) τὸ κράτος εἰς τοὺς αἰῶνας | τῶν αἰώνων (—N²⁶H)

2Pt 1 3 τοῦ καλέσαντος ἡμᾶς | ἰδίᾳ δόξῃ καὶ ἀρετῇ (διὰ δόξης καὶ ἀρετῆς Hς)

1 17[a] λαβὼν γὰρ παρὰ θεοῦ πατρὸς τιμὴν καὶ δόξαν ↔

1 17 φωνῆς ἐνεχθείσης αὐτῷ τοιᾶσδε ὑπὸ τῆς μεγαλοπρεποῦς δόξης

2 10[g] τολμηταὶ αὐθάδεις, δόξας οὐ τρέμουσιν βλασφημοῦντες

3 18[f] αὐτῷ ἡ δόξα καὶ νῦν καὶ εἰς ἡμέραν αἰῶνος

Jd 8[g] οὗτοι ἐνυπνιαζόμενοι σάρκα μὲν μιαίνουσιν ... δόξας δὲ βλασφημοῦσιν

24 τῷ δὲ δυναμένῳ ... στῆσαι κατενώπιον τῆς δόξης αὐτοῦ ἀμώμους ἐν ἀγαλλιάσει, ↔

25[c e f] μόνῳ θεῷ σωτῆρι ἡμῶν διὰ Ἰησοῦ Χριστοῦ τοῦ κυρίου ἡμῶν δόξα μεγαλωσύνη κράτος καὶ ἐξουσία ... εἰς πάντας τοὺς αἰῶνας

Ap 1 6[c f] αὐτῷ ἡ δόξα καὶ τὸ κράτος εἰς τοὺς αἰῶνας | τῶν αἰώνων ([N²⁶]; —H)

4 9[a f] ὅταν δώσουσιν τὰ ζῷα δόξαν καὶ τιμὴν καὶ εὐχαριστίαν τῷ καθημένῳ ἐπὶ | τῷ θρόνῳ (τοῦ -νου VBSHς)

4 11[a b] ἄξιος εἶ, ὁ κύριος ... λαβεῖν τὴν δόξαν καὶ τὴν τιμὴν καὶ τὴν δύναμιν

5 12[a b] ἄξιόν (ἄξιός NT) ἐστιν τὸ ἀρνίον τὸ ἐσφαγμένον λαβεῖν τὴν δύναμιν καὶ ... τιμὴν καὶ δόξαν

5 13[a c f] τῷ ἀρνίῳ ἡ εὐλογία καὶ ἡ τιμὴ καὶ ἡ δόξα καὶ τὸ κράτος εἰς τοὺς αἰῶνας τῶν αἰώνων

7 12[a b f] ἡ δόξα καὶ ἡ σοφία ... καὶ ἡ τιμὴ καὶ ἡ δύναμις ... τῷ θεῷ ἡμῶν εἰς τοὺς αἰῶνας τῶν αἰώνων

11 13 ἔδωκαν δόξαν τῷ θεῷ τοῦ οὐρανοῦ

14 7 φοβήθητε τὸν θεὸν καὶ δότε αὐτῷ δόξαν

15 8[b] ἐγεμίσθη ὁ ναὸς καπνοῦ ἐκ τῆς δόξης τοῦ θεοῦ καὶ ἐκ τῆς δυνάμεως αὐτοῦ

16 9 οὐ μετενόησαν δοῦναι αὐτῷ δόξαν

18 1 ἡ γῆ ἐφωτίσθη ἐκ τῆς δόξης αὐτοῦ

19 1[b] ἀλληλουϊά· ἡ σωτηρία καὶ ἡ δόξα καὶ ἡ δύναμις τοῦ θεοῦ ἡμῶν

19 7 δώσωμεν (N²⁶; -σομεν NH; δῶμεν rl) τὴν δόξαν αὐτῷ

21 11 ⟨ἔδειξέν μοι τὴν πόλιν⟩ ἔχουσαν τὴν δόξαν τοῦ θεοῦ

21 23 ἡ γὰρ δόξα τοῦ θεοῦ ἐφώτισεν αὐτήν

21 24[a] οἱ βασιλεῖς τῆς γῆς φέρουσιν τὴν δόξαν (+ καὶ τὴν τιμὴν ς) αὐτῶν εἰς αὐτήν

21 26[a] οἴσουσιν τὴν δόξαν καὶ τὴν τιμὴν τῶν ἐθνῶν εἰς αὐτήν

δοξάζω

ἐν-   συν-
[a] δ. τὸν θεόν
[b] τῇ δόξῃ δ.

Mt 5 16 ὅπως ... δοξάσωσιν τὸν πατέρα ὑμῶν τὸν ἐν τοῖς οὐρανοῖς

6 2 ὅπως δοξασθῶσιν ὑπὸ τῶν ἀνθρώπων

9 8[a] οἱ ὄχλοι ἐφοβήθησαν καὶ ἐδόξασαν τὸν θεὸν τὸν δόντα ἐξουσίαν τοιαύτην τοῖς ἀνθρώποις

15 31[a] ἐδόξασαν (-ζον T) τὸν θεὸν Ἰσραήλ

Mc 2 12[a] ὥστε ἐξίστασθαι πάντας καὶ δοξάζειν τὸν θεόν

Lc 2 20 ὑπέστρεψαν οἱ ποιμένες δοξάζοντες καὶ αἰνοῦντες τὸν θεόν

4 15 αὐτὸς ἐδίδασκεν ἐν ταῖς συναγωγαῖς αὐτῶν, δοξαζόμενος ὑπὸ πάντων

5 25[a] ἀπῆλθεν εἰς τὸν οἶκον αὐτοῦ δοξάζων τὸν θεόν

5 26[a] ἐδόξαζον τὸν θεόν, καὶ ἐπλήσθησαν φόβου

7 16[a] ἔλαβεν δὲ φόβος πάντας (ἅπ. BSTς), καὶ ἐδόξαζον τὸν θεὸν λέγοντες

13 13[a] παραχρῆμα ἀνωρθώθη, καὶ ἐδόξαζεν τὸν θεόν

17 15[a] ὑπέστρεψεν μετὰ φωνῆς μεγάλης δοξάζων τὸν θεόν

18 43[a] ἠκολούθει αὐτῷ δοξάζων τὸν θεόν

23 47[a] ἰδὼν δὲ ὁ ἑκατοντάρχης τὸ γενόμενον ἐδόξαζεν (-ασεν Vς) τὸν θεὸν λέγων

Jo 7 39 ὅτι Ἰησοῦς οὐδέπω (οὔπω H) ἐδοξάσθη

8 54 ἐὰν ἐγὼ δοξάσω ἐμαυτόν, ἡ δόξα μου οὐδέν ἐστιν· ↔

8 54 ἔστιν ὁ πατήρ μου ὁ δοξάζων με

11 4 ἵνα δοξασθῇ ὁ υἱὸς τοῦ θεοῦ δι᾽ αὐτῆς

12 16 ὅτε ἐδοξάσθη Ἰησοῦς, τότε ἐμνήσθησαν

12 23 ἐλήλυθεν ἡ ὥρα ἵνα δοξασθῇ ὁ υἱὸς τοῦ ἀνθρώπου

12 28 πάτερ, δόξασόν σου τὸ ὄνομα

12 28 καὶ ἐδόξασα ↔

12 28 καὶ πάλιν δοξάσω

13 31 νῦν ἐδοξάσθη ὁ υἱὸς τοῦ ἀνθρώπου, ↔

13 31 καὶ ὁ θεὸς ἐδοξάσθη ἐν αὐτῷ·

13 32 | εἰ ὁ θεὸς ἐδοξάσθη ἐν αὐτῷ, ([N²⁶S]; —H) ↔

13 32 καὶ ὁ θεὸς δοξάσει αὐτὸν ἐν αὐτῷ (ἑαυτῷ MVSς; αὐτῷ H), ↔

13 32 καὶ εὐθὺς δοξάσει αὐτόν

14 13 ἵνα δοξασθῇ ὁ πατὴρ ἐν τῷ υἱῷ

15 8 ἐν τούτῳ ἐδοξάσθη ὁ πατήρ μου

16 14 ἐκεῖνος ἐμὲ δοξάσει

17 1 πάτερ ... δόξασόν σου τὸν υἱόν, ↔

17 1 ἵνα ὁ υἱὸς (+σου V[S]ς) δοξάσῃ σέ

17 4 ἐγώ σε ἐδόξασα ἐπὶ τῆς γῆς

17 5[b] νῦν δόξασόν με σύ, πάτερ, παρὰ σεαυτῷ τῇ δόξῃ ᾗ εἶχον

17 10 δεδόξασμαι ἐν αὐτοῖς

21 19[a] τοῦτο δὲ εἶπεν σημαίνων ποίῳ θανάτῳ δοξάσει τὸν θεόν

Ac 3 13 ὁ θεὸς τῶν πατέρων ἡμῶν, ἐδόξασεν τὸν παῖδα αὐτοῦ Ἰησοῦν

4 21[a] πάντες ἐδόξαζον τὸν θεὸν ἐπὶ τῷ γεγονότι

11 18[a] ἐδόξασαν (-ζον ς) τὸν θεὸν λέγοντες

Ac 13 48 τὰ ἔθνη ἔχαιρον καὶ ἐδόξαζον τὸν
λόγον τοῦ κυρίου (θεοῦ H)
21 20a οἱ δὲ ἀκούσαντες ἐδόξαζον τὸν
θεόν
Rm 1 21a διότι γνόντες τὸν θεὸν οὐχ ὡς
θεὸν ἐδόξασαν
8 30 οὓς δὲ ἐδικαίωσεν, τούτους καὶ
ἐδόξασεν
11 13 ἐφ' ὅσον μὲν οὖν ([S]; — ς) εἰμι
ἐγὼ ἐθνῶν ἀπόστολος, τὴν δια-
κονίαν μου δοξάζω
15 6a ἵνα ὁμοθυμαδὸν ἐν ἑνὶ στόματι
δοξάζητε τὸν θεόν
15 9a τὰ δὲ ἔθνη ὑπὲρ ἐλέους δοξάσαι
τὸν θεόν
1 C 6 20a ἠγοράσθητε γὰρ τιμῆς· δοξάσατε
δὴ τὸν θεὸν ἐν τῷ σώματι ὑμῶν
12 26 εἴτε δοξάζεται ἓν (+[N26S] MVBς)
μέλος, συγχαίρει πάντα τὰ μέλη
2 C 3 10 καὶ γὰρ οὐ δεδόξασται ↔
3 10 τὸ δεδοξασμένον ἐν τούτῳ τῷ
μέρει εἵνεκεν τῆς ὑπερβαλλούσης
δόξης
9 13a διὰ τῆς δοκιμῆς τῆς διακονίας
ταύτης δοξάζοντες τὸν θεόν
G 1 24a ἐδόξαζον ἐν ἐμοὶ τὸν θεόν
2 Th 3 1 ἵνα ὁ λόγος τοῦ κυρίου τρέχῃ καὶ
δοξάζηται καθὼς καὶ πρὸς ὑμᾶς
Hb 5 5 οὕτως καὶ ὁ Χριστὸς οὐχ ἑαυτὸν
ἐδόξασεν γενηθῆναι ἀρχιερέα
1 Pt 1 8 εἰς ὃν ἄρτι μὴ ὁρῶντες πιστεύοντες
δὲ ἀγαλλιᾶσθε (-ᾶτε H) χαρᾷ
ἀνεκλαλήτῳ καὶ δεδοξασμένῃ
2 12a ἵνα ... ἐκ τῶν καλῶν ἔργων
ἐποπτεύοντες δοξάσωσιν τὸν θεὸν
ἐν ἡμέρᾳ ἐπισκοπῆς
4 11 ἵνα ἐν πᾶσιν δοξάζηται ὁ θεὸς διὰ
Ἰησοῦ Χριστοῦ
4 14 * | κατὰ μὲν αὐτοὺς βλασφημεῖται,
κατὰ δὲ ὑμᾶς δοξάζεται (+ς)
4 16a μὴ αἰσχυνέσθω, δοξαζέτω δὲ τὸν
θεὸν ἐν τῷ ὀνόματι τούτῳ
Ap 15 4 τίς οὐ μὴ φοβηθῇ, κύριε, καὶ δοξά-
σει (-σῃ Sς) τὸ ὄνομά σου;
18 7 ὅσα ἐδόξασεν αὐτὴν (αὐ-VBH; ἐ-
ς) καὶ ἐστρηνίασεν, τοσοῦτον δότε
αὐτῇ βασανισμόν

Δορκάς
Ac 9 36 Ταβιθά, ἣ διερμηνευομένη λέγεται
Δορκάς
9 39 ἐπιδεικνύμεναι χιτῶνας καὶ ἱμάτια,
ὅσα ἐποίει μετ' αὐτῶν οὖσα ἡ
Δορκάς

δόσις
Ph 4 15 οὐδεμία μοι ἐκκλησία ἐκοινώνησεν
εἰς λόγον δόσεως καὶ λήμψεως
Jc 1 17 πᾶσα δόσις ἀγαθὴ καὶ πᾶν
δώρημα τέλειον ἄνωθέν ἐστιν

δότης
2 C 9 7 ἱλαρὸν γὰρ δότην ἀγαπᾷ ὁ θεός

δουλαγωγέω
1 C 9 27 ὑπωπιάζω μου τὸ σῶμα καὶ δου-
λαγωγῶ

δουλεία
δουλία T
Rm 8 15 οὐ γὰρ ἐλάβετε πνεῦμα δουλείας
πάλιν εἰς φόβον
8 21 ὅτι (διότι NT) καὶ αὐτὴ ἡ κτίσις
ἐλευθερωθήσεται ἀπὸ τῆς δουλείας
τῆς φθορᾶς
G 4 24 αὗται γάρ εἰσιν δύο διαθῆκαι, μία
μὲν ἀπὸ ὄρους Σινᾶ, εἰς δουλείαν
γεννῶσα
5 1 στήκετε οὖν καὶ μὴ πάλιν ζυγῷ
δουλείας ἐνέχεσθε

Hb 2 15 ὅσοι φόβῳ θανάτου διὰ παντὸς
τοῦ ζῆν ἔνοχοι ἦσαν δουλείας

δουλεύω
a δ. θεῷ
b δ. τῷ κυρίῳ, Χριστῷ
c δ. τῇ ἁμαρτίᾳ, νόμῳ ἁμαρτίας
Mt 6 24 οὐδεὶς δύναται δυσὶ κυρίοις δουλ-
εύειν
6 24a οὐ δύνασθε θεῷ δουλεύειν καὶ μα-
μωνᾷ
Lc 15 29 ἰδοὺ τοσαῦτα ἔτη δουλεύω σοι
16 13 οὐδεὶς οἰκέτης δύναται δυσὶ κυρίοις
δουλεύειν
16 13a οὐ δύνασθε θεῷ δουλεύειν καὶ
μαμωνᾷ
Jo 8 33 σπέρμα Ἀβραάμ ἐσμεν, καὶ οὐδενὶ
δεδουλεύκαμεν πώποτε
Ac 7 7 τὸ ἔθνος ᾧ ἐὰν (ἂν H) δουλεύσου-
σιν (-σωσι ς) κρινῶ ἐγώ
20 19b ⟨μεθ' ὑμῶν ... ἐγενόμην⟩ δου-
λεύων τῷ κυρίῳ μετὰ πάσης
ταπεινοφροσύνης
Rm 6 6c τοῦ μηκέτι δουλεύειν ἡμᾶς τῇ
ἁμαρτίᾳ
7 6 ὥστε δουλεύειν ἡμᾶς [NH] ἐν
καινότητι πνεύματος
7 25c αὐτὸς ἐγὼ τῷ μὲν (—T) νοῒ δου-
λεύω νόμῳ θεοῦ, τῇ δὲ σαρκὶ
νόμῳ ἁμαρτίας
9 12 ὁ μείζων δουλεύσει τῷ ἐλάσσονι
12 11b τῷ κυρίῳ δουλεύοντες
14 18b ὁ γὰρ ἐν τούτῳ (-τοις Sς) δου-
λεύων τῷ Χριστῷ εὐάρεστος τῷ θεῷ
16 18b οἱ γὰρ τοιοῦτοι τῷ κυρίῳ ἡμῶν
Χριστῷ οὐ δουλεύουσιν ἀλλὰ τῇ
ἑαυτῶν κοιλίᾳ
G 4 8 οὐκ εἰδότες θεὸν ἐδουλεύσατε τοῖς
φύσει μὴ οὖσιν θεοῖς
4 9 πῶς ἐπιστρέφετε πάλιν ἐπὶ τὰ ...
στοιχεῖα, οἷς πάλιν ἄνωθεν δου-
λεύειν (δουλεῦσαι NTH) θέλετε;
4 25 συστοιχεῖ δὲ τῇ νῦν Ἰερουσαλήμ,
δουλεύει γὰρ μετὰ τῶν τέκνων
αὐτῆς
5 13 ἀλλὰ διὰ τῆς ἀγάπης δουλεύετε
ἀλλήλοις
E 6 7b ⟨ὡς δοῦλοι Χριστοῦ⟩ μετ' εὐνοίας
δουλεύοντες ὡς τῷ κυρίῳ καὶ οὐκ
ἀνθρώποις
Ph 2 22 ὡς πατρὶ τέκνον σὺν ἐμοὶ ἐδούλευ-
σεν εἰς τὸ εὐαγγέλιον
Cl 3 24b τῷ (+γὰρ Sς) κυρίῳ Χριστῷ
δουλεύετε
1 Th 1 9a πῶς ἐπεστρέψατε πρὸς τὸν θεὸν
ἀπὸ τῶν εἰδώλων δουλεύειν θεῷ
ζῶντι καὶ ἀληθινῷ
1 Tm 6 2 οἱ δὲ πιστοὺς ἔχοντες δεσπότας ...
μᾶλλον δουλευέτωσαν
Tt 3 3 ἦμεν γάρ ποτε ... πλανώμενοι,
δουλεύοντες ἐπιθυμίαις καὶ ἡδο-
ναῖς ποικίλαις

δούλη subst.
Lc 1 38 ἰδοὺ ἡ δούλη κυρίου· γένοιτό μοι
κατὰ τὸ ῥῆμά σου
1 48 ἐπέβλεψεν ἐπὶ τὴν ταπείνωσιν
τῆς δούλης αὐτοῦ
Ac 2 18 καί γε ἐπὶ τοὺς δούλους μου καὶ
ἐπὶ τὰς δούλας μου ... ἐκχεῶ ἀπὸ
τοῦ πνεύματός μου

δουλία
→ δουλεία

δοῦλος adj.
Rm 6 19 ὥσπερ γὰρ παρεστήσατε τὰ μέλη
ὑμῶν δοῦλα τῇ ἀκαθαρσίᾳ καὶ τῇ
ἀνομίᾳ | εἰς τὴν ἀνομίαν [H], ↔

Rm 6 19 οὕτως νῦν παραστήσατε τὰ μέλη
ὑμῶν δοῦλα τῇ δικαιοσύνῃ εἰς
ἁγιασμόν

δοῦλος subst.
a δ. et κύριος
b δ. et (οἰκο-)δεσπότης
c δ. (τοῦ) θεοῦ
d δ. Χριστοῦ, Ἰησοῦ, κυρίου
e δ. (τῆς) ἁμαρτίας
f δ. et (ἀπ-)ελεύθερος
Mt 8 9 ἔχων ὑπ' ἐμαυτὸν στρατιώτας, καὶ
λέγω τούτῳ ... καὶ τῷ δούλῳ μου
10 24a οὐκ ἔστιν ... δοῦλος ὑπὲρ τὸν κύρι-
ον αὐτοῦ. ↔
10 25a ἀρκετὸν ... ἵνα γένηται ... ὁ
δοῦλος ὡς ὁ κύριος αὐτοῦ
13 27ab προσελθόντες δὲ οἱ δοῦλοι τοῦ
οἰκοδεσπότου εἶπον αὐτῷ
13 28b οἱ δὲ δοῦλοι (— H) | λέγουσιν αὐτῷ
(~NMVBSH; εἶπον αὐτῷ ς)
18 23 ἀνθρώπῳ βασιλεῖ, ὃς ἠθέλησεν
συνᾶραι λόγον μετὰ τῶν δούλων
αὐτοῦ
18 26a πεσὼν οὖν ὁ δοῦλος (+ ἐκεῖνος BT)
προσεκύνει αὐτῷ
18 27a σπλαγχνισθεὶς δὲ ὁ κύριος τοῦ
δούλου ἐκείνου [H] ἀπέλυσεν αὐτόν
18 28a ἐξελθὼν δὲ ὁ δοῦλος ἐκεῖνος εὗρεν
ἕνα τῶν συνδούλων αὐτοῦ
18 32a προσκαλεσάμενος αὐτὸν ὁ κύριος
αὐτοῦ λέγει αὐτῷ· δοῦλε πονηρέ
20 27 ὃς ἂν (ἐὰν VSς) θέλῃ ἐν ὑμῖν εἶναι
πρῶτος, ἔσται ὑμῶν δοῦλος
21 34b ἀπέστειλεν τοὺς δούλους αὐτοῦ
πρὸς τοὺς γεωργοὺς λαβεῖν τοὺς
καρποὺς αὐτοῦ. ↔
21 35b καὶ λαβόντες οἱ γεωργοὶ τοὺς
δούλους αὐτοῦ
21 36b πάλιν ἀπέστειλεν ἄλλους δούλους
πλείονας τῶν πρώτων
22 3 ἀπέστειλεν τοὺς δούλους αὐτοῦ
καλέσαι τοὺς κεκλημένους εἰς τοὺς
γάμους
22 4 πάλιν ἀπέστειλεν ἄλλους δούλους
λέγων
22 6 οἱ δὲ λοιποὶ κρατήσαντες τοὺς
δούλους αὐτοῦ ὕβρισαν καὶ ἀπ-
έκτειναν
22 8 τότε λέγει τοῖς δούλοις αὐτοῦ
22 10 ἐξελθόντες οἱ δοῦλοι ἐκεῖνοι εἰς τὰς
ὁδοὺς συνήγαγον πάντας
24 45a τίς ἄρα ἐστὶν ὁ πιστὸς δοῦλος καὶ
φρόνιμος ὃν κατέστησεν ὁ κύριος
(+ αὐτοῦ Vς) ⟨;⟩
24 46a μακάριος ὁ δοῦλος ἐκεῖνος ὃν
ἐλθὼν ὁ κύριος αὐτοῦ εὑρήσει
| οὕτως ποιοῦντα (~Vς)
24 48a ἐὰν δὲ εἴπῃ ὁ κακὸς δοῦλος ἐκεῖνος
([S]; —T) ἐν τῇ καρδίᾳ αὐτοῦ
24 50a ἥξει ὁ κύριος τοῦ δούλου ἐκείνου
ἐν ἡμέρᾳ ᾗ οὐ προσδοκᾷ
25 14 ὥσπερ γὰρ ἄνθρωπος ἀποδημῶν
ἐκάλεσεν τοὺς ἰδίους δούλους
25 19a μετὰ δὲ πολὺν χρόνον ἔρχεται ὁ
κύριος τῶν δούλων ἐκείνων
25 21a ἔφη (+δὲ VSς) αὐτῷ ὁ κύριος
αὐτοῦ· εὖ, δοῦλε ἀγαθὲ καὶ πιστέ
25 23a ἔφη αὐτῷ ὁ κύριος αὐτοῦ· εὖ,
δοῦλε ἀγαθὲ καὶ πιστέ
25 26a ὁ κύριος αὐτοῦ εἶπεν αὐτῷ· πονηρὲ
δοῦλε καὶ ὀκνηρέ
25 30 τὸν ἀχρεῖον δοῦλον ἐκβάλετε εἰς
τὸ σκότος τὸ ἐξώτερον
26 51 πατάξας τὸν δοῦλον τοῦ ἀρχιερέως
ἀφεῖλεν αὐτοῦ τὸ ὠτίον

Mc 10 44 ὃς ἂν θέλῃ | ἐν ὑμῖν εἶναι (ὑμῶν γενέσθαι Τ$ς$) πρῶτος, ἔσται πάντων δοῦλος

12 2 ἀπέστειλεν πρὸς τοὺς γεωργοὺς τῷ καιρῷ δοῦλον

12 4 πάλιν ἀπέστειλεν πρὸς αὐτοὺς ἄλλον δοῦλον

13 34 ὡς ἄνθρωπος ἀπόδημος ... δοὺς τοῖς δούλοις αὐτοῦ τὴν ἐξουσίαν

14 47 ἔπαισεν τὸν δοῦλον τοῦ ἀρχιερέως καὶ ἀφεῖλεν αὐτοῦ τὸ ὠτάριον (ὠτίον V$ς$)

Lc 2 29 νῦν ἀπολύεις τὸν δοῦλόν σου, δέσποτα, κατὰ τὸ ῥῆμά σου ἐν εἰρήνῃ

7 2 ἑκατοντάρχου δέ τινος δοῦλος κακῶς ἔχων ἤμελλεν τελευτᾶν

7 3 ἐρωτῶν αὐτὸν ὅπως ἐλθὼν διασώσῃ τὸν δοῦλον αὐτοῦ

7 8 ἔχων ὑπ᾽ ἐμαυτὸν στρατιώτας, καὶ λέγω τούτῳ ... καὶ τῷ δούλῳ μου

7 10 ὑποστρέψαντες ... εὗρον τὸν (+ ἀσθενοῦντα V$ς$) δοῦλον ὑγιαίνοντα

12 37^a μακάριοι οἱ δοῦλοι ἐκεῖνοι, οὓς ἐλθὼν ὁ κύριος εὑρήσει γρηγοροῦντας

12 38 * μακάριοί εἰσιν | οἱ δοῦλοι (+ V$ς$) ἐκεῖνοι (— Τ)

12 43^a μακάριος ὁ δοῦλος ἐκεῖνος, ὃν ἐλθὼν ὁ κύριος αὐτοῦ εὑρήσει ποιοῦντα οὕτως

12 45^a ἐὰν δὲ εἴπῃ ὁ δοῦλος ἐκεῖνος ἐν τῇ καρδίᾳ αὐτοῦ

12 46^a ἥξει ὁ κύριος τοῦ δούλου ἐκείνου ἐν ἡμέρᾳ ᾗ οὐ προσδοκᾷ

12 47 ἐκεῖνος δὲ ὁ δοῦλος ὁ γνοὺς τὸ θέλημα τοῦ κυρίου αὐτοῦ

14 17 ἀπέστειλεν τὸν δοῦλον αὐτοῦ ... εἰπεῖν τοῖς κεκλημένοις

14 21^a παραγενόμενος ὁ δοῦλος ἀπήγγειλεν τῷ κυρίῳ αὐτοῦ ταῦτα. ↔

14 21^b τότε ὀργισθεὶς ὁ οἰκοδεσπότης εἶπεν τῷ δούλῳ αὐτοῦ

14 22^a εἶπεν ὁ δοῦλος· κύριε, γέγονεν ὃ ἐπέταξας, καὶ ἔτι τόπος ἐστίν. ↔

14 23^a καὶ εἶπεν ὁ κύριος πρὸς τὸν δοῦλον

15 22 εἶπεν δὲ ὁ πατὴρ πρὸς τοὺς δούλους αὐτοῦ

17 7 τίς δὲ ἐξ ὑμῶν δοῦλον ἔχων ἀροτριῶντα ... ἐρεῖ αὐτῷ ⟨;⟩

17 9 μὴ ἔχει χάριν τῷ δούλῳ ὅτι ἐποίησεν τὰ διαταχθέντα;

17 10 λέγετε ὅτι δοῦλοι ἀχρεῖοί ἐσμεν

19 13 καλέσας δὲ δέκα δούλους ἑαυτοῦ ἔδωκεν αὐτοῖς δέκα μνᾶς

19 15 εἶπεν φωνηθῆναι αὐτῷ τοὺς δούλους τούτους

19 17 εὖγε (εὖ V$ς$), ἀγαθὲ δοῦλε

19 22 ἐκ τοῦ στόματός σου κρινῶ (κρίνω ΒΗ) σε, πονηρὲ δοῦλε

20 10 (+ ἐν V$ς$) καιρῷ ἀπέστειλεν πρὸς τοὺς γεωργοὺς δοῦλον

20 11 προσέθετο ἕτερον πέμψαι δοῦλον

22 50 ἐπάταξεν εἷς τις ἐξ αὐτῶν τοῦ ἀρχιερέως τὸν δοῦλον καὶ ἀφεῖλεν τὸ οὖς αὐτοῦ

Jo 4 51 οἱ δοῦλοι αὐτοῦ (+ N²⁶ΒΗ$ς$) ὑπήντησαν αὐτῷ (+ καὶ ἀπήγγειλαν V$ς$; καὶ ἤγγ. Τ) λέγοντες (— Τ)

8 34^e πᾶς ὁ ποιῶν τὴν ἁμαρτίαν δοῦλός ἐστιν | τῆς ἁμαρτίας [Η]. ↔

8 35 ὁ δὲ δοῦλος οὐ μένει ἐν τῇ οἰκίᾳ εἰς τὸν αἰῶνα

Jo 13 16^a οὐκ ἔστιν δοῦλος μείζων τοῦ κυρίου αὐτοῦ

15 15 οὐκέτι λέγω ὑμᾶς δούλους, ↔

15 15^a ὅτι ὁ δοῦλος οὐκ οἶδεν τί ποιεῖ αὐτοῦ ὁ κύριος

15 20^a οὐκ ἔστιν δοῦλος μείζων τοῦ κυρίου αὐτοῦ

18 10 ἔπαισεν τὸν τοῦ ἀρχιερέως δοῦλον καὶ ἀπέκοψεν αὐτοῦ τὸ ὠτάριον (ὠτίον V$ς$) τὸ δεξιόν· ↔

18 10 ἦν δὲ ὄνομα τῷ δούλῳ Μάλχος

18 18 εἱστήκεισαν δὲ οἱ δοῦλοι καὶ οἱ ὑπηρέται ἀνθρακιὰν πεποιηκότες

18 26 λέγει εἷς ἐκ τῶν δούλων τοῦ ἀρχιερέως

Ac 2 18 καί γε ἐπὶ τοὺς δούλους μου καὶ ἐπὶ τὰς δούλας μου ... ἐκχεῶ ἀπὸ τοῦ πνεύματός μου

4 29^a κύριε ... δὸς τοῖς δούλοις σου μετὰ παρρησίας πάσης λαλεῖν τὸν λόγον σου

16 17^c οὗτοι οἱ ἄνθρωποι δοῦλοι τοῦ θεοῦ τοῦ (— Β) ὑψίστου εἰσίν

Rm 1 1^d Παῦλος δοῦλος | Χριστοῦ Ἰησοῦ (~ VBSH$ς$) ⟨πᾶσιν τοῖς οὖσιν ἐν Ῥώμῃ ἀγαπητοῖς θεοῦ⟩

6 16 ᾧ παριστάνετε ἑαυτοὺς δούλους εἰς ὑπακοήν, ↔

6 16^e δοῦλοί ἐστε ᾧ ὑπακούετε, ἤτοι ἁμαρτίας εἰς θάνατον

6 17^e χάρις δὲ τῷ θεῷ ὅτι ἦτε δοῦλοι τῆς ἁμαρτίας

6 20^{ef} ὅτε γὰρ δοῦλοι ἦτε τῆς ἁμαρτίας, ἐλεύθεροι ἦτε τῇ δικαιοσύνῃ

1 C 7 21^f δοῦλος ἐκλήθης; μή σοι μελέτω· ἀλλ᾽ εἰ καὶ δύνασαι ἐλεύθερος γενέσθαι, μᾶλλον χρῆσαι. ↔

7 22^a ὁ γὰρ ἐν κυρίῳ κληθεὶς δοῦλος ἀπελεύθερος κυρίου ἐστίν· ↔

7 22^{df} ὁμοίως (+ καὶ [S]$ς$) ὁ ἐλεύθερος κληθεὶς δοῦλός ἐστιν Χριστοῦ. ↔

7 23 τιμῆς ἠγοράσθητε· μὴ γίνεσθε δοῦλοι ἀνθρώπων

12 13^f ἡμεῖς πάντες εἰς ἓν σῶμα ἐβαπτίσθημεν ... εἴτε δοῦλοι εἴτε ἐλεύθεροι

2 C 4 5 οὐ γὰρ ἑαυτοὺς κηρύσσομεν ἀλλὰ ... κύριον, ἑαυτοὺς δὲ δούλους ὑμῶν διὰ Ἰησοῦν

G 1 10^d εἰ ἔτι ἀνθρώποις ἤρεσκον, Χριστοῦ δοῦλος οὐκ ἂν ἤμην

3 28^f οὐκ ἔνι δοῦλος οὐδὲ ἐλεύθερος

4 1^a οὐδὲν διαφέρει δούλου κύριος πάντων ὤν

4 7 ὥστε οὐκέτι εἶ δοῦλος, ἀλλὰ υἱός

E 6 5^a οἱ δοῦλοι, ὑπακούετε τοῖς | κατὰ σάρκα κυρίοις (~ S$ς$) μετὰ φόβου ... ὡς τῷ Χριστῷ, ↔

6 6^d μὴ κατ᾽ ὀφθαλμοδουλίαν ... ἀλλ᾽ ὡς δοῦλοι Χριστοῦ ποιοῦντες τὸ θέλημα τοῦ θεοῦ

6 8^f τοῦτο κομίσεται (-ιεῖται S$ς$) παρὰ κυρίου, εἴτε δοῦλος εἴτε ἐλεύθερος

Ph 1 1^d Παῦλος καὶ Τιμόθεος δοῦλοι Χριστοῦ Ἰησοῦ πᾶσιν τοῖς ἁγίοις ... ἐν Φιλίπποις

2 7 ἑαυτὸν ἐκένωσεν μορφὴν δούλου λαβών

Cl 3 11^f ὅπου οὐκ ἔνι ... βάρβαρος, Σκύθης, δοῦλος, ἐλεύθερος

3 22^a οἱ δοῦλοι, ὑπακούετε κατὰ πάντα τοῖς κατὰ σάρκα κυρίοις

4 1^a οἱ κύριοι, τὸ δίκαιον καὶ τὴν ἰσότητα τοῖς δούλοις παρέχεσθε

Cl 4 12^d ἀσπάζεται ὑμᾶς Ἐπαφρᾶς ὁ ἐξ ὑμῶν, δοῦλος Χριστοῦ Ἰησοῦ ([N²⁶]; —$ς$)

1 Tm 6 1^b ὅσοι εἰσὶν ὑπὸ ζυγὸν δοῦλοι, τοὺς ἰδίους δεσπότας πάσης τιμῆς ἀξίους ἡγείσθωσαν

2 Tm 2 24^d δοῦλον δὲ κυρίου οὐ δεῖ μάχεσθαι

Tt 1 1^c Παῦλος δοῦλος θεοῦ, ἀπόστολος δὲ Ἰησοῦ Χριστοῦ ⟨Τίτῳ γνησίῳ τέκνῳ⟩

2 9^b δούλους | ἰδίοις δεσπόταις (~ S) ὑποτάσσεσθαι ἐν πᾶσιν

Phm 16 ⟨ἵνα αἰώνιον αὐτὸν ἀπέχῃς⟩ οὐκέτι ὡς δοῦλον ↔

16 ἀλλ᾽ ὑπὲρ δοῦλον, ἀδελφὸν ἀγαπητόν

Jc 1 1^{cd} Ἰάκωβος θεοῦ καὶ κυρίου Ἰησοῦ Χριστοῦ δοῦλος ταῖς δώδεκα φυλαῖς ... χαίρειν

1 Pt 2 16^{ef} ὡς ἐλεύθεροι, καὶ μὴ ὡς ἐπικάλυμμα ἔχοντες τῆς κακίας τὴν ἐλευθερίαν, ἀλλ᾽ ὡς θεοῦ δοῦλοι

2 Pt 1 1^d Συμεὼν Πέτρος δοῦλος καὶ ἀπόστολος Ἰησοῦ Χριστοῦ τοῖς ἰσότιμον ἡμῖν λαχοῦσιν πίστιν

2 19 ἐλευθερίαν αὐτοῖς ἐπαγγελλόμενοι, αὐτοὶ δοῦλοι ὑπάρχοντες τῆς φθορᾶς

Jd 1^d Ἰούδας Ἰησοῦ Χριστοῦ δοῦλος, ἀδελφὸς δὲ Ἰακώβου, τοῖς ἐν θεῷ πατρὶ ἠγαπημένοις

Ap 1 1^d ἀποκάλυψις Ἰησοῦ Χριστοῦ, ἣν ἔδωκεν αὐτῷ ὁ θεός, δεῖξαι τοῖς δούλοις αὐτοῦ ἃ δεῖ γενέσθαι ἐν τάχει, ↔

1 1^d καὶ ἐσήμανεν ἀποστείλας ... τῷ δούλῳ αὐτοῦ Ἰωάννῃ

2 20^c διδάσκει καὶ πλανᾷ τοὺς ἐμοὺς δούλους πορνεῦσαι

6 15^f πᾶς δοῦλος καὶ ἐλεύθερος ἔκρυψαν ἑαυτοὺς εἰς τὰ σπήλαια

7 3^c ἄχρι σφραγίσωμεν τοὺς δούλους τοῦ θεοῦ ἡμῶν ἐπὶ τῶν μετώπων αὐτῶν

10 7^c ὡς εὐηγγέλισεν τοὺς (τοῖς $ς$) ἑαυτοῦ δούλους (-λοις $ς$) | τοὺς προφήτας (τοῖς -φήταις $ς$)

11 18^e δοῦναι τὸν μισθὸν τοῖς δούλοις σου τοῖς προφήταις

13 16^f ποιεῖ πάντας ... τοὺς ἐλευθέρους καὶ τοὺς δούλους, ἵνα δῶσιν αὐτοῖς

15 3^c ᾄδουσιν τὴν ᾠδὴν Μωϋσέως τοῦ (—$ς$) δούλου τοῦ θεοῦ

19 2^c ἐξεδίκησεν τὸ αἷμα τῶν δούλων αὐτοῦ ἐκ χειρὸς αὐτῆς

19 5^c αἰνεῖτε τῷ θεῷ ἡμῶν, πάντες οἱ δοῦλοι αὐτοῦ

19 18^f ἵνα φάγητε ... σάρκας πάντων ἐλευθέρων τε καὶ δούλων

22 3^c οἱ δοῦλοι αὐτοῦ λατρεύσουσιν αὐτῷ

22 6^c ὁ κύριος ὁ θεὸς ... ἀπέστειλεν τὸν ἄγγελον αὐτοῦ δεῖξαι τοῖς δούλοις αὐτοῦ ἃ δεῖ γενέσθαι

δουλόω

κατα-

^{a} δ. et ἐλευθερόω, ἐλεύθερος

Ac 7 6 ἔσται τὸ σπέρμα αὐτοῦ πάροικον ἐν γῇ ἀλλοτρίᾳ, καὶ δουλώσουσιν αὐτὸ καὶ κακώσουσιν ἔτη τετρακόσια

Rm 6 18^a ἐλευθερωθέντες δὲ ἀπὸ τῆς ἁμαρτίας ἐδουλώθητε τῇ δικαιοσύνῃ

6 22^a νυνὶ δὲ ἐλευθερωθέντες ἀπὸ τῆς ἁμαρτίας δουλωθέντες δὲ τῷ θεῷ

1 C 7 15 οὐ δεδούλωται ὁ ἀδελφὸς ἢ ἡ
ἀδελφὴ ἐν τοῖς τοιούτοις
9 19ᵃ ἐλεύθερος γὰρ ὢν ἐκ πάντων πᾶσιν
ἐμαυτὸν ἐδούλωσα

G 4 3 ὅτε ἦμεν νήπιοι, ὑπὸ τὰ στοιχεῖα
τοῦ κόσμου ἤμεθα δεδουλωμένοι

Tt 2 3 πρεσβύτιδας ... μὴ (N²⁶Tϛ; μηδὲ
rl) οἴνῳ πολλῷ δεδουλωμένας

2 Pt 2 19 ᾧ γάρ τις ἥττηται, τούτῳ (+ καὶ
MVBSϛ) δεδούλωται

δοχή

Lc 5 29 ἐποίησεν δοχὴν μεγάλην Λευὶς
αὐτῷ ἐν τῇ οἰκίᾳ αὐτοῦ
14 13 ἀλλ᾽ ὅταν | δοχὴν ποιῇς (~ BTϛ),
κάλει πτωχούς

δράκων

ᵃ δράκων (ὁ) μέγας

Ap 12 3ᵃ καὶ ἰδοὺ δράκων | μέγας πυρρός
(~ MVST), ἔχων κεφαλὰς ἑπτά
12 4 καὶ ὁ δράκων ἔστηκεν (ἔστ. BH)
ἐνώπιον τῆς γυναικός
12 7 ὁ Μιχαὴλ καὶ οἱ ἄγγελοι αὐτοῦ τοῦ
(—Tϛ) πολεμῆσαι μετὰ τοῦ δράκον-
τος. ↔
12 7 καὶ ὁ δράκων ἐπολέμησεν καὶ οἱ
ἄγγελοι αὐτοῦ
12 9ᵃ ἐβλήθη ὁ δράκων ὁ μέγας ... εἰς
τὴν γῆν
12 13 ὅτε εἶδεν ὁ δράκων ὅτι ἐβλήθη εἰς
τὴν γῆν
12 16 τὸν ποταμὸν ὃν ἔβαλεν ὁ δράκων
ἐκ τοῦ στόματος αὐτοῦ. ↔
12 17 καὶ ὠργίσθη ὁ δράκων ἐπὶ τῇ
γυναικί
13 2 ἔδωκεν αὐτῷ ὁ δράκων τὴν δύνα-
μιν αὐτοῦ καὶ τὸν θρόνον αὐτοῦ
13 4 ⟨ἐθαυμάσθη ὅλη ἡ γῆ ὀπίσω τοῦ
θηρίου⟩ καὶ προσεκύνησαν | τῷ
δράκοντι (τὸν -κοντα ϛ; —B..)
13 11 εἶδον ἄλλο θηρίον ... καὶ ἐλάλει
ὡς δράκων
16 13 εἶδον ἐκ τοῦ στόματος τοῦ δράκον-
τος ... πνεύματα τρία ἀκάθαρτα
ὡς βάτραχοι
20 2 ἐκράτησεν τὸν δράκοντα, | ὁ ὄφις ὁ
ἀρχαῖος (τὸν ὄφιν τὸν -ον MVBSϛ)

δράσσομαι

1 C 3 19 ὁ δρασσόμενος τοὺς σοφοὺς ἐν τῇ
πανουργίᾳ αὐτῶν

δραχμή

Lc 15 8 τίς γυνὴ δραχμὰς ἔχουσα δέκα, ↔
15 8 ἐὰν ἀπολέσῃ δραχμὴν μίαν, οὐχὶ
ἅπτει λύχνον ⟨;⟩
15 9 ὅτι εὗρον τὴν δραχμὴν ἣν ἀπ-
ώλεσα

δρέπανον

ᵃ δρέπανον ὀξύ

Mc 4 29 εὐθὺς ἀποστέλλει τὸ δρέπανον,
ὅτι παρέστηκεν ὁ θερισμός

Ap 14 14ᵃ ἔχων ... ἐν τῇ χειρὶ αὐτοῦ δρέπα-
νον ὀξύ
14 15 πέμψον τὸ δρέπανόν σου καὶ
θέρισον
14 16 ἔβαλεν ὁ καθήμενος ἐπὶ τῆς νεφέλης
τὸ δρέπανον αὐτοῦ ἐπὶ τὴν γῆν
14 17ᵃ ἔχων καὶ αὐτὸς δρέπανον ὀξύ
14 18ᵃ ἐφώνησεν φωνῇ (κραυγῇ VSϛ)
μεγάλῃ τῷ ἔχοντι τὸ δρέπανον τὸ
ὀξὺ λέγων· ↔
14 18ᵃ πέμψον σου τὸ δρέπανον τὸ ὀξύ
14 19 ἔβαλεν ὁ ἄγγελος τὸ δρέπανον
αὐτοῦ εἰς τὴν γῆν

δρόμος

Ac 13 25 ὡς δὲ ἐπλήρου Ἰωάννης τὸν
δρόμον, ἔλεγεν

Ac 20 24 ὡς τελειῶσαι (-ώσω NH) τὸν
δρόμον μου (+ μετὰ χαρᾶς [VS]ϛ)
καὶ τὴν διακονίαν

2 Tm 4 7 τὸν δρόμον τετέλεκα, τὴν πίστιν
τετήρηκα

Δρούσιλλα

Ac 24 24 παραγενόμενος ὁ Φῆλιξ σὺν Δρου-
σίλλῃ τῇ ἰδίᾳ γυναικὶ οὔσῃ Ἰου-
δαίᾳ

δύναμαι

ᵃ participium
ᵇ δ. et θέλω vel βούλομαι

Mt 3 9 δύναται ὁ θεὸς ἐκ τῶν λίθων τού-
των ἐγεῖραι τέκνα τῷ Ἀβραάμ
5 14 οὐ δύναται πόλις κρυβῆναι ἐπάνω
ὄρους κειμένη
5 36 ὅτι οὐ δύνασαι μίαν τρίχα λευκὴν
ποιῆσαι ἢ μέλαιναν
6 24 οὐδεὶς δύναται δυσὶ κυρίοις δου-
λεύειν
6 24 οὐ δύνασθε θεῷ δουλεύειν καὶ
μαμωνᾷ
6 27 τίς δὲ ἐξ ὑμῶν μεριμνῶν δύναται
προσθεῖναι ἐπὶ τὴν ἡλικίαν αὐτοῦ
πῆχυν ἕνα
7 18 οὐ δύναται δένδρον ἀγαθὸν καρ-
ποὺς πονηροὺς ποιεῖν (ἐνεγκεῖν
NMSTH)
8 2ᵇ κύριε, ἐὰν θέλῃς, δύνασαί με καθα-
ρίσαι
9 15 μὴ δύνανται οἱ υἱοὶ τοῦ νυμφῶνος
πενθεῖν ⟨;⟩
9 28 πιστεύετε ὅτι δύναμαι τοῦτο ποι-
ῆσαι;
10 28ᵃ μὴ φοβεῖσθε (-βηθῆτε MHϛ) ἀπὸ
τῶν ... τὴν δὲ ψυχὴν μὴ δυναμέ-
νων ἀποκτεῖναι· ↔
10 28ᵃ φοβεῖσθε (-βήθητε Sϛ) δὲ μᾶλλον
τὸν δυνάμενον καὶ ψυχὴν καὶ σῶμα
ἀπολέσαι ἐν γεέννῃ
12 29 πῶς δύναταί τις εἰσελθεῖν εἰς τὴν
οἰκίαν τοῦ ἰσχυροῦ ⟨;⟩
12 34 πῶς δύνασθε ἀγαθὰ λαλεῖν πονηροὶ
ὄντες;
16 3 | τὸ μὲν πρόσωπον τοῦ οὐρανοῦ
γινώσκετε διακρίνειν, τὰ δὲ σημεῖα
τῶν καιρῶν οὐ δύνασθε; [.. N²⁶N
STH]
17 16 οὐκ ἠδυνήθησαν αὐτὸν θεραπεῦσαι
17 19 διὰ τί ἡμεῖς οὐκ ἠδυνήθημεν ἐκβα-
λεῖν αὐτό;
19 12ᵃ ὁ δυνάμενος χωρεῖν χωρείτω
19 25 τίς ἄρα δύναται σωθῆναι;
20 22 δύνασθε πιεῖν τὸ ποτήριον ὃ ἐγὼ
μέλλω πίνειν; ↔
20 22 λέγουσιν αὐτῷ· δυνάμεθα
22 46 οὐδεὶς ἐδύνατο ἀποκριθῆναι αὐτῷ
λόγον
26 9 ἐδύνατο γὰρ τοῦτο πραθῆναι
πολλοῦ καὶ δοθῆναι πτωχοῖς
26 42 εἰ οὐ δύναται τοῦτο (+τὸ ποτή-
ριον Vϛ) παρελθεῖν
26 53 ἢ δοκεῖς ὅτι οὐ δύναμαι παρακαλέ-
σαι τὸν πατέρα μου ⟨;⟩
26 61 δύναμαι καταλῦσαι τὸν ναὸν τοῦ
θεοῦ
27 42 ἄλλους ἔσωσεν, ἑαυτὸν οὐ δύναται
σῶσαι

Mc 1 40ᵇ ἐὰν θέλῃς δύνασαί με καθαρίσαι
1 45 ὥστε μηκέτι αὐτὸν δύνασθαι | φα-
νερῶς εἰς πόλιν εἰσελθεῖν (~ ST)
2 4ᵃ μὴ δυνάμενοι προσενέγκαι (-εγγί-
σαι Sϛ) αὐτῷ διὰ τὸν ὄχλον
2 7 τίς δύναται ἀφιέναι ἁμαρτίας εἰ
μὴ εἷς ὁ θεός;

Mc 2 19 μὴ δύνανται οἱ υἱοὶ τοῦ νυμφῶνος
... νηστεύειν; ↔
2 19 ὅσον χρόνον ἔχουσιν τὸν νυμφίον
| μετ᾽ αὐτῶν (μεθ᾽ ἑαυτῶν Sϛ), οὐ
δύνανται νηστεύειν
3 20 ὥστε μὴ δύνασθαι αὐτοὺς μηδὲ
(μήτε Tϛ) ἄρτον φαγεῖν
3 23 πῶς δύναται σατανᾶς σατανᾶν
ἐκβάλλειν; ↔
3 24 καὶ ἐὰν βασιλεία ἐφ᾽ ἑαυτὴν
μερισθῇ, οὐ δύναται σταθῆναι ἡ
βασιλεία ἐκείνη· ↔
3 25 καὶ ἐὰν οἰκία ἐφ᾽ ἑαυτὴν μερισθῇ,
οὐ δυνήσεται (δύναται ϛ) ἡ οἰκία
ἐκείνη σταθῆναι (N²⁶Tϛ; στῆναι
rl). ↔
3 26 καὶ εἰ ὁ σατανᾶς ἀνέστη ἐφ᾽ ἑαυτὸν
... οὐ δύναται στῆναι ἀλλὰ τέλος
ἔχει. ↔
3 27 ἀλλ᾽ οὐ δύναται οὐδεὶς | εἰς τὴν
οἰκίαν τοῦ ἰσχυροῦ εἰσελθὼν τὰ
σκεύη (~ Sϛ) αὐτοῦ διαρπάσαι
4 32 ὥστε δύνασθαι ὑπὸ τὴν σκιὰν
αὐτοῦ τὰ πετεινὰ τοῦ οὐρανοῦ
κατασκηνοῦν
4 33 ἐλάλει αὐτοῖς τὸν λόγον, καθὼς
ἠδύναντο ἀκούειν
5 3 οὐδὲ ἁλύσει οὐκέτι οὐδεὶς ἐδύνατο
αὐτὸν δῆσαι
6 5 οὐκ ἐδύνατο ἐκεῖ | ποιῆσαι οὐδε-
μίαν δύναμιν (~ Sϛ)
6 19ᵇ ἤθελεν αὐτὸν ἀποκτεῖναι, καὶ οὐκ
ἠδύνατο
7 15 οὐδέν ἐστιν ἔξωθεν τοῦ ἀνθρώπου
εἰσπορευόμενον εἰς αὐτὸν ὃ δύνα-
ται | κοινῶσαι αὐτόν (~ Vϛ)
7 18 πᾶν τὸ ἔξωθεν εἰσπορευόμενον
εἰς τὸν ἄνθρωπον οὐ δύναται
αὐτὸν κοινῶσαι
7 24ᵇ οὐδένα ἤθελεν (ἠθέλησεν T) γνῶ-
ναι, καὶ οὐκ ἠδυνήθη (ἠδυνάσθη
NTH) λαθεῖν
8 4 πόθεν τούτους δυνήσεταί τις ὧδε
χορτάσαι ἄρτων ἐπ᾽ ἐρημίας;
9 3 οἷα γναφεὺς ἐπὶ τῆς γῆς οὐ δύναται
οὕτως λευκᾶναι
9 22 ἀλλ᾽ εἴ τι δύνῃ (δύνασαι ϛ),
βοήθησον ἡμῖν
9 23 τὸ εἰ δύνῃ (δύνασαι ϛ), πάντα
δυνατὰ τῷ πιστεύοντι
9 28 ὅτι ἡμεῖς οὐκ ἠδυνήθημεν ἐκβα-
λεῖν αὐτό;
9 29 τοῦτο τὸ γένος ἐν οὐδενὶ δύναται
ἐξελθεῖν εἰ μὴ ἐν προσευχῇ
9 39 οὐδεὶς γάρ ἐστιν ὃς ποιήσει
δύναμιν ... καὶ δυνήσεται ταχὺ
κακολογῆσαί με
10 26 καὶ τίς δύναται σωθῆναι;
10 38 δύνασθε πιεῖν τὸ ποτήριον ὃ ἐγὼ
πίνω ⟨;⟩
10 39 οἱ δὲ εἶπαν αὐτῷ [S]· δυνάμεθα
14 5 ἠδύνατο γὰρ τοῦτο | τὸ μύρον
(—Vϛ) πραθῆναι ... καὶ δοθῆναι
τοῖς πτωχοῖς
14 7ᵇ ὅταν θέλητε δύνασθε αὐτοῖς (αὐτοὺς
ϛ; —T; +πάντοτε [H]) εὖ ποιῆσαι
15 31 ἄλλους ἔσωσεν, ἑαυτὸν οὐ δύναται
σῶσαι

Lc 1 20ᵃ ἔσῃ σιωπῶν καὶ μὴ δυνάμενος
λαλῆσαι
1 22 ἐξελθὼν δὲ οὐκ ἐδύνατο λαλῆσαι
αὐτοῖς
3 8 δύναται ὁ θεὸς ἐκ τῶν λίθων
τούτων ἐγεῖραι τέκνα τῷ Ἀβραάμ

Lc 5 12ᵇ κύριε, ἐὰν θέλῃς, δύνασαί με καθαρίσαι

5 21 τίς δύναται ἁμαρτίας ἀφεῖναι (ἀφιέναι VBSϛ) εἰ μὴ μόνος ὁ θεός;

5 34 μὴ δύνασθε τοὺς υἱοὺς τοῦ νυμφῶνος ... ποιῆσαι νηστεῦσαι (-εύειν MVBSϛ);

6 39 μήτι δύναται τυφλὸς τυφλὸν ὁδηγεῖν;

6 42 (+ἢ VB[S]ϛ) πῶς δύνασαι λέγειν τῷ ἀδελφῷ σου ⟨;⟩

8 19 παρεγένετο (-νοντο VSϛ) ... ἡ μήτηρ (+αὐτοῦ T) καὶ οἱ ἀδελφοὶ αὐτοῦ, καὶ οὐκ ἠδύναντο συντυχεῖν αὐτῷ

9 40 ἐδεήθην τῶν μαθητῶν σου ἵνα ἐκβάλωσιν αὐτό, καὶ οὐκ ἠδυνήθησαν

11 7 οὐ δύναμαι ἀναστὰς δοῦναί σοι

12 25 τίς δὲ ἐξ ὑμῶν μεριμνῶν δύναται | ἐπὶ τὴν ἡλικίαν αὐτοῦ προσθεῖναι (~VBSTϛ) πῆχυν (+ἕνα Vϛ); ↔

12 26 εἰ οὖν οὐδὲ ἐλάχιστον δύνασθε

13 11ᵃ ἰδοὺ γυνὴ ... καὶ ἦν ... μὴ δυναμένη ἀνακύψαι εἰς τὸ παντελές

14 20 διὰ τοῦτο οὐ δύναμαι ἐλθεῖν

14 26 εἴ τις ἔρχεται πρός με καὶ οὐ μισεῖ τὸν πατέρα ἑαυτοῦ (N²⁶SHϛ; αὐτοῦ rl) ... οὐ δύναται | εἶναί μου μαθητής (~Sϛ V). ↔

14 27 ὅστις οὐ βαστάζει τὸν σταυρὸν ἑαυτοῦ ... οὐ δύναται εἶναί μου μαθητής

14 33 ὃς οὐκ ἀποτάσσεται πᾶσιν τοῖς ἑαυτοῦ ὑπάρχουσιν οὐ δύναται εἶναί μου μαθητής

16 2 οὐ γὰρ δύνῃ (δυνήσῃ ϛ) ἔτι οἰκονομεῖν

16 13 οὐδεὶς οἰκέτης δύναται δυσὶ κυρίοις δουλεύειν

16 13 οὐ δύνασθε θεῷ δουλεύειν καὶ μαμωνᾷ

16 26ᵇ ὅπως οἱ θέλοντες διαβῆναι ἔνθεν πρὸς ὑμᾶς μὴ δύνωνται

18 26 καὶ τίς δύναται σωθῆναι;

19 3 ἐζήτει ἰδεῖν τὸν Ἰησοῦν τίς ἐστιν, καὶ οὐκ ἠδύνατο ἀπὸ τοῦ ὄχλου

20 36 οὐδὲ (οὔτε Tϛ) γὰρ ἀποθανεῖν ἔτι δύνανται

21 15 ᾗ οὐ δυνήσονται ἀντιστῆναι ἢ ἀντειπεῖν ἅπαντες (πάντες MVBSϛ) οἱ ἀντικείμενοι ὑμῖν

Jo 1 46 ἐκ Ναζαρὲτ δύναταί τι ἀγαθὸν εἶναι;

3 2 οὐδεὶς γὰρ δύναται ταῦτα τὰ σημεῖα ποιεῖν

3 3 ἐὰν μή τις γεννηθῇ ἄνωθεν, οὐ δύναται ἰδεῖν τὴν βασιλείαν τοῦ θεοῦ

3 4 πῶς δύναται ἄνθρωπος γεννηθῆναι γέρων ὤν; ↔

3 4 μὴ δύναται εἰς τὴν κοιλίαν τῆς μητρὸς αὐτοῦ δεύτερον εἰσελθεῖν καὶ γεννηθῆναι;

3 5 οὐ δύναται εἰσελθεῖν εἰς τὴν βασιλείαν | τοῦ θεοῦ (τῶν οὐρανῶν T)

3 9 πῶς δύναται ταῦτα γενέσθαι;

3 27 οὐ δύναται ἄνθρωπος λαμβάνειν | οὐδὲ ἕν (N²⁶; οὐδέν rl)

5 19 οὐ δύναται ὁ υἱὸς ποιεῖν ἀφ᾽ ἑαυτοῦ οὐδέν

5 30 οὐ δύναμαι ἐγὼ ποιεῖν ἀπ᾽ ἐμαυτοῦ οὐδέν

5 44 πῶς δύνασθε ὑμεῖς πιστεῦσαι ⟨;⟩

Jo 6 44 οὐδεὶς δύναται ἐλθεῖν πρός με

6 52 πῶς δύναται | οὗτος ἡμῖν (~T) δοῦναι τὴν σάρκα αὐτοῦ ([N²⁶H]; — rl) φαγεῖν;

6 60 τίς δύναται αὐτοῦ ἀκούειν;

6 65 οὐδεὶς δύναται ἐλθεῖν πρός με (ἐμέ T)

7 7 οὐ δύναται ὁ κόσμος μισεῖν ὑμᾶς

7 34 ὅπου εἰμὶ (εἶμι V) ἐγὼ ὑμεῖς οὐ δύνασθε ἐλθεῖν

7 36 ὅπου εἰμὶ (εἶμι V) ἐγὼ ὑμεῖς οὐ δύνασθε ἐλθεῖν

8 21 ὅπου ἐγὼ ὑπάγω ὑμεῖς οὐ δύνασθε ἐλθεῖν

8 22 ὅπου ἐγὼ ὑπάγω ὑμεῖς οὐ δύνασθε ἐλθεῖν

8 43 ὅτι οὐ δύνασθε ἀκούειν τὸν λόγον τὸν ἐμόν

9 4 ἔρχεται νὺξ ὅτε οὐδεὶς δύναται ἐργάζεσθαι

9 16 πῶς δύναται ἄνθρωπος ἁμαρτωλὸς τοιαῦτα σημεῖα ποιεῖν;

9 33 εἰ μὴ ἦν οὗτος παρὰ θεοῦ, οὐκ ἠδύνατο ποιεῖν οὐδέν

10 21 μὴ δαιμόνιον δύναται τυφλῶν ὀφθαλμοὺς ἀνοῖξαι;

10 29 οὐδεὶς δύναται ἁρπάζειν ἐκ τῆς χειρὸς τοῦ πατρός (+μου MVB [S]ϛ)

10 35 εἰ ἐκείνους εἶπεν θεοὺς ... καὶ οὐ δύναται λυθῆναι ἡ γραφή

11 37 οὐκ ἐδύνατο οὗτος ... ποιῆσαι ἵνα καὶ οὗτος μὴ ἀποθάνῃ;

12 39 διὰ τοῦτο οὐκ ἠδύναντο πιστεύειν

13 33 ὅπου ἐγὼ ὑπάγω ὑμεῖς οὐ δύνασθε ἐλθεῖν

13 36 ὅπου (+ἐγὼ [S]T) ὑπάγω οὐ δύνασαί μοι νῦν ἀκολουθῆσαι

13 37 διὰ τί οὐ δύναμαί σοι ἀκολουθῆσαι (-θεῖν H) ἄρτι;

14 5 (+καὶ MVSTϛ) πῶς | δυνάμεθα τὴν ὁδὸν εἰδέναι (οἴδαμεν τ. ὁ. NBTH);

14 17 τὸ πνεῦμα τῆς ἀληθείας, ὃ ὁ κόσμος οὐ δύναται λαβεῖν

15 4 καθὼς τὸ κλῆμα οὐ δύναται καρπὸν φέρειν ἀφ᾽ ἑαυτοῦ

15 5 ὅτι χωρὶς ἐμοῦ οὐ δύνασθε ποιεῖν οὐδέν

16 12 ἀλλ᾽ οὐ δύνασθε βαστάζειν ἄρτι

Ac 4 16 ὅτι μὲν γὰρ γνωστὸν σημεῖον γέγονεν δι᾽ αὐτῶν ... καὶ οὐ δυνάμεθα ἀρνεῖσθαι

4 20 οὐ δυνάμεθα γὰρ ἡμεῖς ἃ εἴδαμεν καὶ ἠκούσαμεν μὴ λαλεῖν

5 39 εἰ δὲ ἐκ θεοῦ ἐστιν, οὐ δυνήσεσθε (δύνασθε ϛ) καταλῦσαι αὐτούς

8 31 πῶς γὰρ ἂν δυναίμην ἐὰν μή τις ὁδηγήσει με;

10 47 μήτι τὸ ὕδωρ δύναται κωλῦσαί τις τοῦ μὴ βαπτισθῆναι τούτους ⟨;⟩

13 38 ἀπὸ πάντων ὧν οὐκ ἠδυνήθητε ἐν νόμῳ Μωϋσέως δικαιωθῆναι

15 1 ἐὰν μὴ περιτμηθῆτε ... οὐ δύνασθε σωθῆναι

17 19ᵇ δυνάμεθα γνῶναι τίς ἡ καινὴ αὕτη ἡ [H] ὑπὸ σοῦ λαλουμένη διδαχή;

19 40 περὶ οὗ οὐ ([N²⁶]; —ϛ) δυνησόμεθα ἀποδοῦναι λόγον

20 32ᵃ τῷ λόγῳ τῆς χάριτος αὐτοῦ τῷ δυναμένῳ οἰκοδομῆσαι καὶ δοῦναι τὴν κληρονομίαν

21 34ᵃ μὴ δυναμένου (-νος ϛ) δὲ αὐτοῦ (—ϛ) γνῶναι τὸ ἀσφαλὲς διὰ τὸν θόρυβον

Ac 24 8 παρ᾽ οὗ δυνήσῃ αὐτὸς ἀνακρίνας ... ἐπιγνῶναι ὧν ἡμεῖς κατηγοροῦμεν αὐτοῦ

24 11ᵃ ⟨εὐθύμως τὰ περὶ ἐμαυτοῦ ἀπολογοῦμαι⟩ δυναμένου σου ἐπιγνῶναι

24 13 οὐδὲ παραστῆσαι δύνανταί σοι περὶ ὧν νυνὶ κατηγοροῦσίν μου

25 11 εἰ δὲ οὐδέν ἐστιν ὧν οὗτοι κατηγοροῦσίν μου, οὐδείς με δύναται αὐτοῖς χαρίσασθαι

26 32 ἀπολελύσθαι ἐδύνατο ὁ ἄνθρωπος οὗτος

27 12 εἴ πως δύναιντο καταντήσαντες εἰς Φοίνικα παραχειμάσαι

27 15ᵃ συναρπασθέντος δὲ τοῦ πλοίου καὶ μὴ δυναμένου ἀντοφθαλμεῖν τῷ ἀνέμῳ

27 31 ἐὰν μὴ οὗτοι μείνωσιν ἐν τῷ πλοίῳ, ὑμεῖς σωθῆναι οὐ δύνασθε

27 39 εἰς ὃν ἐβουλεύοντο εἰ δύναιντο ἐξῶσαι (ἐκσῶσαι H) τὸ πλοῖον

27 43ᵃ ἐκέλευσέν τε τοὺς δυναμένους κολυμβᾶν ... ἐξιέναι

Rm 8 7 τῷ γὰρ νόμῳ τοῦ θεοῦ οὐχ ὑποτάσσεται, οὐδὲ γὰρ δύναται· ↔

8 8 οἱ δὲ ἐν σαρκὶ ὄντες θεῷ ἀρέσαι οὐ δύνανται

8 39 οὔτε βάθος οὔτε τις κτίσις ἑτέρα δυνήσεται ἡμᾶς χωρίσαι ἀπὸ τῆς ἀγάπης τοῦ θεοῦ

15 14ᵃ πεπληρωμένοι πάσης τῆς ([N²⁶ VS]; —ϛ) γνώσεως, δυνάμενοι καὶ ἀλλήλους νουθετεῖν

16 25ᵃ | τῷ δὲ δυναμένῳ ὑμᾶς στηρίξαι κατὰ τὸ εὐαγγέλιόν μου [N²⁶S..]

1 C 2 14 ψυχικὸς δὲ ἄνθρωπος οὐ δέχεται τὰ τοῦ πνεύματος τοῦ θεοῦ ... καὶ οὐ δύναται γνῶναι

3 1 κἀγώ, ἀδελφοί, οὐκ ἠδυνήθην λαλῆσαι ὑμῖν ὡς πνευματικοῖς

3 2 γάλα ὑμᾶς ἐπότισα, οὐ βρῶμα· οὔπω γὰρ ἐδύνασθε. ↔

3 2 ἀλλ᾽ οὐδὲ ἔτι [NH] νῦν δύνασθε

3 11 θεμέλιον γὰρ ἄλλον οὐδεὶς δύναται θεῖναι παρὰ τὸν κείμενον

6 5 οὐκ ἔνι ἐν ὑμῖν οὐδεὶς σοφός, ὃς δυνήσεται διακρῖναι ἀνὰ μέσον τοῦ ἀδελφοῦ αὐτοῦ

7 21 εἰ καὶ δύνασαι ἐλεύθερος γενέσθαι, μᾶλλον χρῆσαι

10 13 ὃς οὐκ ἐάσει ὑμᾶς πειρασθῆναι ὑπὲρ ὃ δύνασθε, ↔

10 13 ἀλλὰ ποιήσει σὺν τῷ πειρασμῷ καὶ τὴν ἔκβασιν τοῦ δύνασθαι ὑπενεγκεῖν

10 21 οὐ δύνασθε ποτήριον κυρίου πίνειν καὶ ποτήριον δαιμονίων· ↔

10 21 οὐ δύνασθε τραπέζης κυρίου μετέχειν καὶ τραπέζης δαιμονίων

12 3 οὐδεὶς δύναται εἰπεῖν

12 21 οὐ δύναται δὲ [H] ὁ ὀφθαλμὸς εἰπεῖν τῇ χειρί

14 31 δύνασθε γὰρ καθ᾽ ἕνα πάντες προφητεύειν

15 50 σάρξ καὶ αἷμα βασιλείαν θεοῦ κληρονομῆσαι οὐ δύναται (-νται Sϛ)

2 C 1 4 ὁ παρακαλῶν ἡμᾶς ... εἰς τὸ δύνασθαι ἡμᾶς παρακαλεῖν

3 7 ὥστε μὴ δύνασθαι ἀτενίσαι τοὺς υἱοὺς Ἰσραὴλ εἰς τὸ πρόσωπον Μωϋσέως

13 8 οὐ γὰρ δυνάμεθά τι κατὰ τῆς ἀληθείας

G 3 21ᵃ εἰ γὰρ ἐδόθη νόμος ὁ δυνάμενος ζῳοποιῆσαι

E 3 4 πρὸς ὃ δύνασθε ἀναγινώσκοντες νοῆσαι τὴν σύνεσίν μου ἐν τῷ μυστηρίῳ τοῦ Χριστοῦ

3 20ᵃ τῷ δὲ δυναμένῳ ὑπὲρ πάντα ποιῆσαι ὑπερεκπερισσοῦ ὧν αἰτούμεθα

6 11 πρὸς τὸ δύνασθαι ὑμᾶς στῆναι πρὸς τὰς μεθοδείας τοῦ διαβόλου

6 13 ἵνα δυνηθῆτε ἀντιστῆναι ἐν τῇ ἡμέρᾳ τῇ πονηρᾷ

6 16 ἐν ᾧ δυνήσεσθε πάντα τὰ βέλη τοῦ πονηροῦ τὰ [N²⁶H] πεπυρωμένα σβέσαι

Ph 3 21 κατὰ τὴν ἐνέργειαν τοῦ δύνασθαι αὐτὸν καὶ ὑποτάξαι αὐτῷ (αὐτῷ Hς) τὰ πάντα

1Th 2 7ᵃ δυνάμενοι ἐν βάρει εἶναι ὡς Χριστοῦ ἀπόστολοι

3 9 τίνα γὰρ εὐχαριστίαν δυνάμεθα τῷ θεῷ ἀνταποδοῦναι περὶ ὑμῶν ⟨;⟩

1Tm 5 25 ὡσαύτως καὶ τὰ ἔργα τὰ καλὰ πρόδηλα, καὶ τὰ ἄλλως ἔχοντα κρυβῆναι οὐ δύνανται (-ναται Vς)

6 7 (+δῆλον Vς) ὅτι οὐδὲ ἐξενεγκεῖν τι δυνάμεθα

6 16 ὃν εἶδεν οὐδεὶς ἀνθρώπων οὐδὲ ἰδεῖν δύναται

2Tm 2 13 ἀρνήσασθαι γὰρ ἑαυτὸν οὐ δύναται

3 7ᵃ (οἱ ... αἰχμαλωτίζοντες γυναικάρια) μηδέποτε εἰς ἐπίγνωσιν ἀληθείας ἐλθεῖν δυνάμενα

3 15ᵃ τὰ ([N²⁶M]; —NBTH) ἱερὰ γράμματα οἶδας, τὰ δυνάμενά σε σοφίσαι εἰς σωτηρίαν

Hb 2 18 ἐν ᾧ γὰρ πέπονθεν αὐτὸς πειρασθείς, δύναται τοῖς πειραζομένοις βοηθῆσαι

3 19 βλέπομεν ὅτι οὐκ ἠδυνήθησαν εἰσελθεῖν δι' ἀπιστίαν

4 15ᵃ οὐ γὰρ ἔχομεν ἀρχιερέα μὴ δυνάμενον συμπαθῆσαι ταῖς ἀσθενείαις ἡμῶν

5 2ᵃ ⟨ἀρχιερεύς⟩ μετριοπαθεῖν δυνάμενος τοῖς ἀγνοοῦσιν καὶ πλανωμένοις

5 7ᵃ δεήσεις τε καὶ ἱκετηρίας πρὸς τὸν δυνάμενον σῴζειν αὐτὸν ... προσενέγκας

7 25 ὅθεν καὶ σῴζειν εἰς τὸ παντελὲς δύναται τοὺς προσερχομένους δι' αὐτοῦ τῷ θεῷ

9 9ᵃ θυσίαι προσφέρονται μὴ δυνάμεναι κατὰ συνείδησιν τελειῶσαι τὸν λατρεύοντα

10 1 σκιὰν γὰρ ἔχων ὁ νόμος ... ταῖς αὐταῖς θυσίαις ... οὐδέποτε δύναται (-νται SH) τοὺς προσερχομένους τελειῶσαι

10 11 θυσίας, αἵτινες οὐδέποτε δύνανται περιελεῖν ἁμαρτίας

Jc 1 21ᵃ δέξασθε τὸν ἔμφυτον λόγον τὸν δυνάμενον σῶσαι τὰς ψυχὰς ὑμῶν

2 14 μὴ δύναται ἡ πίστις σῶσαι αὐτόν;

3 8 τὴν δὲ γλῶσσαν οὐδεὶς | δαμάσαι δύναται ἀνθρώπων (~Tς VBS)

3 12 μὴ δύναται, ἀδελφοί μου, συκῆ ἐλαίας ποιῆσαι ⟨;⟩

4 2 φονεύετε καὶ ζηλοῦτε, καὶ οὐ δύνασθε ἐπιτυχεῖν

4 12ᵃ εἷς ἐστιν ὁ ([N²⁶]; —NH) νομοθέτης | καὶ κριτής (—ς), ὁ δυνάμενος σῶσαι καὶ ἀπολέσαι

1Jo 3 9 ἁμαρτίαν οὐ ποιεῖ ... καὶ οὐ δύναται ἁμαρτάνειν

4 20 τὸν θεὸν ὃν οὐχ ἑώρακεν οὐ δύναται ἀγαπᾶν

Jd 24ᵃ τῷ δὲ δυναμένῳ φυλάξαι ὑμᾶς ἀπταίστους ⟨μόνῳ θεῷ ... δόξα⟩

Ap 2 2 οἶδα...ὅτι οὐ δύνῃ βαστάσαι κακούς

3 8 ἣν οὐδεὶς δύναται κλεῖσαι αὐτήν

5 3 οὐδεὶς ἐδύνατο ... ἀνοῖξαι τὸ βιβλίον οὔτε βλέπειν αὐτό

6 17 τίς δύναται σταθῆναι;

7 9 ὄχλος πολύς, ὃν ἀριθμῆσαι αὐτὸν οὐδεὶς ἐδύνατο

9 20 τὰ εἴδωλα ... ἃ οὔτε βλέπειν δύνανται (δύναται ς) οὔτε ἀκούειν

13 4 τίς δύναται πολεμῆσαι μετ' αὐτοῦ;

13 17 ἵνα μὴ τις δύνηται ἀγοράσαι ἢ πωλῆσαι

14 3 οὐδεὶς ἐδύνατο μαθεῖν τὴν ᾠδήν

15 8 οὐδεὶς ἐδύνατο εἰσελθεῖν εἰς τὸν ναόν

δύναμις
ᵃ δ. (τοῦ) θεοῦ
ᵇ δ. (τοῦ) κυρίου, Χριστοῦ
ᶜ δ. (τοῦ) πνεύματος
ᵈ δ. et πνεῦμα
ᵉ δυνάμεις τῶν οὐρανῶν et sim.
ᶠ δ. et σημεῖα, τέρατα
ᵍ δ. et δόξα
ʰ δ. et ἐξουσία
ʲ δ. et σοφία
ᵏ δ. et βασιλεία
ˡ δ. et λόγος
ᵐ ἐν δυνάμει
ⁿ κατὰ δύναμιν

Mt 6 13ᵍᵏ* | ὅτι σοῦ ἐστιν ἡ βασιλεία καὶ ἡ δύναμις καὶ ἡ δόξα εἰς τοὺς αἰῶνας· ἀμήν (+ς)

7 22 οὐ ... τῷ σῷ ὀνόματι δυνάμεις πολλὰς ἐποιήσαμεν;

11 20 τὰς πόλεις ἐν αἷς ἐγένοντο αἱ πλεῖσται δυνάμεις αὐτοῦ

11 21 εἰ ἐν Τύρῳ καὶ Σιδῶνι ἐγένοντο αἱ δυνάμεις αἱ γενόμεναι ἐν ὑμῖν, πάλαι ἂν ... μετενόησαν

11 23 εἰ ἐν Σοδόμοις ἐγενήθησαν αἱ δυνάμεις αἱ γενόμεναι ἐν σοί, ἔμεινεν ἄν

13 54ʲ πόθεν τούτῳ ἡ σοφία αὕτη καὶ αἱ δυνάμεις;

13 58 οὐκ ἐποίησεν ἐκεῖ δυνάμεις πολλὰς διὰ τὴν ἀπιστίαν αὐτῶν

14 2 διὰ τοῦτο αἱ δυνάμεις ἐνεργοῦσιν ἐν αὐτῷ

22 29ᵃ πλανᾶσθε μὴ εἰδότες τὰς γραφὰς μηδὲ τὴν δύναμιν τοῦ θεοῦ

24 29ᵉ αἱ δυνάμεις τῶν οὐρανῶν σαλευθήσονται

24 30ᵍ ὄψονται τὸν υἱὸν τοῦ ἀνθρώπου ἐρχόμενον ... μετὰ δυνάμεως καὶ δόξης πολλῆς

25 15 ἔδωκεν ... ἑκάστῳ κατὰ τὴν ἰδίαν δύναμιν

26 64 ἀπ' ἄρτι ὄψεσθε τὸν υἱὸν τοῦ ἀνθρώπου καθήμενον ἐκ δεξιῶν τῆς δυνάμεως

Mc 5 30 ὁ Ἰησοῦς ἐπιγνοὺς ἐν ἑαυτῷ τὴν ἐξ αὐτοῦ δύναμιν ἐξελθοῦσαν

6 2ʲ αἱ (—BSTς) δυνάμεις τοιαῦται διὰ τῶν χειρῶν αὐτοῦ γινόμεναι (γίνονται BSTς);

6 5 οὐκ ἐδύνατο ἐκεῖ | ποιῆσαι οὐδεμίαν δύναμιν (~Sς)

Mc 6 14 διὰ τοῦτο ἐνεργοῦσιν αἱ δυνάμεις ἐν αὐτῷ

9 1ᵏᵐ ἕως ἂν ἴδωσιν τὴν βασιλείαν τοῦ θεοῦ ἐληλυθυῖαν ἐν δυνάμει

9 39 οὐδεὶς γάρ ἐστιν ὃς ποιήσει δύναμιν ἐπὶ τῷ ὀνόματί μου

12 24ᵃ οὐ διὰ τοῦτο πλανᾶσθε μὴ εἰδότες τὰς γραφὰς μηδὲ τὴν δύναμιν τοῦ θεοῦ;

13 25ᵉ αἱ δυνάμεις αἱ ἐν τοῖς οὐρανοῖς σαλευθήσονται

13 26ᵍ ὄψονται τὸν υἱὸν τοῦ ἀνθρώπου ἐρχόμενον ... μετὰ δυνάμεως πολλῆς καὶ δόξης

14 62 ὄψεσθε τὸν υἱὸν τοῦ ἀνθρώπου ἐκ δεξιῶν καθήμενον τῆς δυνάμεως

Lc 1 17ᵈᵐ αὐτὸς προελεύσεται ἐνώπιον αὐτοῦ ἐν πνεύματι καὶ δυνάμει Ἠλίου

1 35ᵈ πνεῦμα ἅγιον ἐπελεύσεται ἐπὶ σέ, καὶ δύναμις ὑψίστου ἐπισκιάσει σοι

4 14ᶜ ὑπέστρεψεν ὁ Ἰησοῦς ἐν τῇ δυνάμει τοῦ πνεύματος εἰς τὴν Γαλιλαίαν

4 36ʰᵐ ἐν ἐξουσίᾳ καὶ δυνάμει ἐπιτάσσει τοῖς ἀκαθάρτοις πνεύμασιν

5 17ᵇ δύναμις κυρίου ἦν εἰς τὸ ἰᾶσθαι αὐτόν (-τοὺς Vς)

6 19 ἐζήτουν ἅπτεσθαι αὐτοῦ, ὅτι δύναμις παρ' αὐτοῦ ἐξήρχετο καὶ ἰᾶτο πάντας

8 46 ἐγὼ γὰρ ἔγνων δύναμιν ἐξεληλυθυῖαν ἀπ' ἐμοῦ

9 1ʰ ἔδωκεν αὐτοῖς δύναμιν καὶ ἐξουσίαν ἐπὶ πάντα τὰ δαιμόνια καὶ νόσους θεραπεύειν

10 13 εἰ ἐν Τύρῳ καὶ Σιδῶνι ἐγενήθησαν αἱ δυνάμεις αἱ γενόμεναι ἐν ὑμῖν, πάλαι ἂν ... μετενόησαν

10 19ʰ δέδωκα (δίδωμι Vς) ὑμῖν τὴν ἐξουσίαν τοῦ πατεῖν ... ἐπὶ πᾶσαν τὴν δύναμιν τοῦ ἐχθροῦ

19 37 ἤρξαντο ... αἰνεῖν τὸν θεὸν ... περὶ πασῶν ὧν εἶδον δυνάμεων

21 26ᵉ αἱ γὰρ δυνάμεις τῶν οὐρανῶν σαλευθήσονται

21 27ᵍ ὄψονται τὸν υἱὸν τοῦ ἀνθρώπου ἐρχόμενον ... μετὰ δυνάμεως καὶ δόξης πολλῆς

22 69ᵃ ἀπὸ τοῦ νῦν δὲ ἔσται ὁ υἱὸς τοῦ ἀνθρώπου καθήμενος ἐκ δεξιῶν τῆς δυνάμεως τοῦ θεοῦ

24 49 ἕως οὗ ἐνδύσησθε (-σεσθε M) | ἐξ ὕψους δύναμιν (~Vς)

Ac 1 8ᵈ λήμψεσθε δύναμιν ἐπελθόντος τοῦ ἁγίου πνεύματος ἐφ' ὑμᾶς

2 22ᶠ Ἰησοῦν τὸν Ναζωραῖον, ἄνδρα ἀποδεδειγμένον ἀπὸ τοῦ θεοῦ εἰς ὑμᾶς δυνάμεσι καὶ τέρασι καὶ σημείοις

3 12 ἡμῖν τί ἀτενίζετε ὡς ἰδίᾳ δυνάμει ἢ εὐσεβείᾳ πεποιηκόσιν τοῦ περιπατεῖν αὐτόν;

4 7 ἐν ποίᾳ δυνάμει ἢ ἐν ποίῳ ὀνόματι | ἐποιήσατε τοῦτο (~T) ὑμεῖς;

4 33 | δυνάμει μεγάλῃ (~ς) ἀπεδίδουν τὸ μαρτύριον οἱ ἀπόστολοι

6 8ᶠ Στέφανος δὲ πλήρης χάριτος (πίστεως ς) καὶ δυνάμεως ἐποίει τέρατα καὶ σημεῖα μεγάλα

8 10ᵃ οὗτός ἐστιν ἡ δύναμις τοῦ θεοῦ ἡ καλουμένη μεγάλη

8 13ᶠ ὁ δὲ Σίμων... θεωρῶν τε σημεῖα καὶ δυνάμεις μεγάλας γινομένας ἐξίστατο

Ac 10 38d Ἰησοῦν ... ὡς ἔχρισεν αὐτὸν ὁ θεὸς πνεύματι ἁγίῳ καὶ δυνάμει
19 11 δυνάμεις τε οὐ τὰς τυχούσας ὁ θεὸς ἐποίει διὰ τῶν χειρῶν Παύλου
Rm 1 4dm τοῦ ὁρισθέντος υἱοῦ θεοῦ ἐν δυνάμει κατὰ πνεῦμα ἁγιωσύνης
1 16a τὸ εὐαγγέλιον· δύναμις γὰρ θεοῦ ἐστιν εἰς σωτηρίαν παντὶ τῷ πιστεύοντι
1 20a τὰ γὰρ ἀόρατα αὐτοῦ ... τοῖς ποιήμασιν νοούμενα καθορᾶται, ἥ τε ἀΐδιος αὐτοῦ δύναμις καὶ θειότης
8 38e πέπεισμαι γὰρ ὅτι ... οὔτε ἐνεστῶτα οὔτε μέλλοντα οὔτε δυνάμεις ⟨δυνήσεται ἡμᾶς χωρίσαι⟩
9 17 ὅπως ἐνδείξωμαι ἐν σοὶ τὴν δύναμίν μου
15 13cm εἰς τὸ περισσεύειν ὑμᾶς ἐν τῇ ἐλπίδι ἐν δυνάμει πνεύματος ἁγίου
15 19fm ⟨λαλεῖν ὧν οὐ κατειργάσατο Χριστὸς δι' ἐμοῦ⟩ ἐν δυνάμει σημείων καὶ τεράτων, ↔
15 19cm ἐν δυνάμει πνεύματος θεοῦ ([N26]; —N; ἁγίου [H])
1 C 1 18al ὁ λόγος γὰρ ὁ τοῦ σταυροῦ... τοῖς δὲ σῳζομένοις ἡμῖν δύναμις θεοῦ ἐστιν
1 24aj ⟨ἡμεῖς δὲ κηρύσσομεν⟩ τοῖς κλητοῖς ... Χριστὸν θεοῦ δύναμιν καὶ θεοῦ σοφίαν
2 4dj ὁ λόγος μου ... ἐν ἀποδείξει πνεύματος καὶ δυνάμεως, ↔
2 5ajm ἵνα ἡ πίστις ὑμῶν μὴ ᾖ ἐν σοφίᾳ ἀνθρώπων ἀλλ' ἐν δυνάμει θεοῦ
4 19l γνώσομαι οὐ τὸν λόγον τῶν πεφυσιωμένων ἀλλὰ τὴν δύναμιν· ↔
4 20lm οὐ γὰρ ἐν λόγῳ ἡ βασιλεία τοῦ θεοῦ, ἀλλ' ἐν δυνάμει
5 4bd συναχθέντων ὑμῶν καὶ τοῦ ἐμοῦ πνεύματος σὺν τῇ δυνάμει τοῦ κυρίου ἡμῶν Ἰησοῦ
6 14a ὁ δὲ θεὸς ... καὶ ἡμᾶς ἐξεγερεῖ διὰ τῆς δυνάμεως αὐτοῦ
12 10 ⟨ἑκάστῳ δὲ δίδοται⟩ ἄλλῳ δὲ ἐνεργήματα δυνάμεων
12 28 ἔθετο ὁ θεὸς ... πρῶτον ἀποστόλους ... ἔπειτα δυνάμεις, ἔπειτα χαρίσματα ἰαμάτων
12 29 μὴ πάντες διδάσκαλοι; μὴ πάντες δυνάμεις; ⟨μὴ πάντες χαρίσματα ἔχουσιν ἰαμάτων;⟩
14 11 ἐὰν οὖν μὴ εἰδῶ τὴν δύναμιν τῆς φωνῆς, ἔσομαι τῷ λαλοῦντι βάρβαρος
15 24h ὅταν καταργήσῃ πᾶσαν ἀρχὴν καὶ πᾶσαν ἐξουσίαν καὶ δύναμιν
15 43gm σπείρεται ἐν ἀτιμίᾳ, ἐγείρεται ἐν δόξῃ· σπείρεται ἐν ἀσθενείᾳ, ἐγείρεται ἐν δυνάμει
15 56 ἡ δὲ δύναμις τῆς ἁμαρτίας ὁ νόμος
2 C 1 8 ὅτι καθ' ὑπερβολὴν ὑπὲρ δύναμιν ἐβαρήθημεν
4 7 ἵνα ἡ ὑπερβολὴ τῆς δυνάμεως ᾖ τοῦ θεοῦ καὶ μὴ ἐξ ἡμῶν
6 7am ⟨συνιστάντες ἑαυτοὺς ὡς θεοῦ διάκονοι⟩ ἐν λόγῳ ἀληθείας, ἐν δυνάμει θεοῦ
8 3n ὅτι κατὰ δύναμιν, μαρτυρῶ, ↔
8 3 καὶ παρὰ (ὑπὲρ ς) δύναμιν, αὐθαίρετοι ⟨μετὰ πολλῆς παρακλήσεως δεόμενοι ἡμῶν⟩
12 9b ἡ γὰρ δύναμις (+μου [VS]ς) ἐν ἀσθενείᾳ τελεῖται

2 C 12 9b ἵνα ἐπισκηνώσῃ ἐπ' ἐμὲ ἡ δύναμις τοῦ Χριστοῦ
12 12f τὰ μὲν σημεῖα τοῦ ἀποστόλου κατειργάσθη ἐν ὑμῖν ἐν ... σημείοις τε ([H]; —ς) καὶ τέρασιν καὶ δυνάμεσιν
13 4a καὶ γὰρ (+ εἰ [S]ς) ἐσταυρώθη ἐξ ἀσθενείας, ἀλλὰ ζῇ ἐκ δυνάμεως θεοῦ
13 4a ἀλλὰ ζήσομεν (-μεθα VSς) σὺν αὐτῷ ἐκ δυνάμεως θεοῦ | εἰς ὑμᾶς [H]
G 3 5d ὁ οὖν ἐπιχορηγῶν ὑμῖν τὸ πνεῦμα καὶ ἐνεργῶν δυνάμεις ἐν ὑμῖν ἐξ ἔργων νόμου ἢ ἐξ ἀκοῆς πίστεως;
E 1 19a ⟨εἰς τὸ εἰδέναι ὑμᾶς⟩ τί τὸ ὑπερβάλλον μέγεθος τῆς δυνάμεως αὐτοῦ εἰς ἡμᾶς
1 21h ⟨καθίσας ἐν δεξιᾷ αὐτοῦ⟩ ὑπεράνω πάσης ἀρχῆς καὶ ἐξουσίας καὶ δυνάμεως καὶ κυριότητος
3 7a τῆς χάριτος τοῦ θεοῦ τῆς δοθείσης μοι κατὰ τὴν ἐνέργειαν τῆς δυνάμεως αὐτοῦ
3 16dg ἵνα δῷ ὑμῖν κατὰ τὸ πλοῦτος τῆς δόξης αὐτοῦ δυνάμει κραταιωθῆναι
3 20 τῷ δὲ δυναμένῳ ὑπὲρ πάντα ποιῆσαι ... κατὰ τὴν δύναμιν τὴν ἐνεργουμένην ἐν ἡμῖν
Ph 3 10 τοῦ γνῶναι αὐτὸν καὶ τὴν δύναμιν τῆς ἀναστάσεως αὐτοῦ
Cl 1 11gm ἐν πάσῃ δυνάμει δυναμούμενοι κατὰ τὸ κράτος τῆς δόξης αὐτοῦ
1 29m εἰς ὃ καὶ κοπιῶ ἀγωνιζόμενος κατὰ τὴν ἐνέργειαν αὐτοῦ τὴν ἐνεργουμένην ἐν ἐμοὶ ἐν δυνάμει
1 Th 1 5dlm τὸ εὐαγγέλιον ἡμῶν οὐκ ἐγενήθη εἰς ὑμᾶς ἐν λόγῳ μόνον, ἀλλὰ καὶ ἐν δυνάμει καὶ ἐν πνεύματι ἁγίῳ
2 Th 1 7b ἐν τῇ ἀποκαλύψει τοῦ κυρίου ... μετ' ἀγγέλων δυνάμεως αὐτοῦ
1 11m ἵνα ... πληρώσῃ πᾶσαν εὐδοκίαν ἀγαθωσύνης καὶ ἔργον πίστεως ἐν δυνάμει
2 9fm οὗ ἐστιν ἡ παρουσία κατ' ἐνέργειαν τοῦ σατανᾶ ἐν πάσῃ δυνάμει καὶ σημείοις καὶ τέρασιν ψεύδους
2 Tm 1 7d οὐ γὰρ ἔδωκεν ἡμῖν ὁ θεὸς πνεῦμα δειλίας, ἀλλὰ δυνάμεως καὶ ἀγάπης καὶ σωφρονισμοῦ
1 8an συγκακοπάθησον τῷ εὐαγγελίῳ κατὰ δύναμιν θεοῦ
3 5 ἔχοντες μόρφωσιν εὐσεβείας τὴν δὲ δύναμιν αὐτῆς ἠρνημένοι
Hb 1 3 φέρων τε τὰ πάντα τῷ ῥήματι τῆς δυνάμεως αὐτοῦ
2 4df συνεπιμαρτυροῦντος τοῦ θεοῦ σημείοις τε καὶ τέρασιν καὶ ποικίλαις δυνάμεσιν
6 5 ⟨ἀδύνατον γὰρ τοὺς⟩ καλὸν γευσαμένους θεοῦ ῥῆμα δυνάμεις τε μέλλοντος αἰῶνος ⟨πάλιν ἀνακαινίζειν⟩
7 16n ὃς οὐ κατὰ νόμον ἐντολῆς σαρκίνης γέγονεν ἀλλὰ κατὰ δύναμιν ζωῆς ἀκαταλύτου
11 11 πίστει καὶ αὐτὴ Σάρρα στεῖρα (+ N26) δύναμιν εἰς καταβολὴν σπέρματος ἔλαβεν
11 34 ⟨οἳ διὰ πίστεως⟩ ἔσβεσαν δύναμιν πυρός, ἔφυγον στόματα μαχαίρης
1 Pt 1 5am τοὺς ἐν δυνάμει θεοῦ φρουρουμένους διὰ πίστεως
3 22h ὑποταγέντων αὐτῷ ἀγγέλων καὶ ἐξουσιῶν καὶ δυνάμεων

1 Pt 4 14dg* ὅτι τὸ τῆς δόξης | καὶ δυνάμεως (+S) καὶ τὸ τοῦ θεοῦ πνεῦμα ἐφ' ὑμᾶς ἀναπαύεται
2 Pt 1 3b ὡς (+τὰ NVT) πάντα ἡμῖν τῆς θείας δυνάμεως αὐτοῦ τὰ πρὸς ζωὴν ... δεδωρημένης
1 16b οὐ γὰρ σεσοφισμένοις μύθοις ἐξακολουθήσαντες ἐγνωρίσαμεν ὑμῖν τὴν τοῦ κυρίου ... δύναμιν καὶ παρουσίαν
2 11 ὅπου ἄγγελοι ἰσχύϊ καὶ δυνάμει μείζονες ὄντες οὐ φέρουσιν ... βλάσφημον κρίσιν
Ap 1 16 ἡ ὄψις αὐτοῦ ὡς ὁ ἥλιος φαίνει ἐν τῇ δυνάμει αὐτοῦ
3 8 ὅτι μικρὰν ἔχεις δύναμιν
4 11g ἄξιος εἶ ... λαβεῖν τὴν δόξαν καὶ τὴν τιμὴν καὶ τὴν δύναμιν
5 12gj ἄξιόν (ἄξιός NT) ἐστιν τὸ ἀρνίον τὸ ἐσφαγμένον λαβεῖν τὴν δύναμιν καὶ πλοῦτον καὶ σοφίαν ... καὶ δόξαν
7 12gj ἀμήν, ἡ εὐλογία καὶ ἡ δόξα καὶ ἡ σοφία ... καὶ ἡ δύναμις καὶ ἡ ἰσχὺς τῷ θεῷ ἡμῶν εἰς τοὺς αἰῶνας
11 17a εὐχαριστοῦμέν σοι, κύριε ὁ θεὸς ... ὅτι εἴληφας (-φες H) τὴν δύναμίν σου τὴν μεγάλην
12 10hk ἄρτι ἐγένετο ἡ σωτηρία καὶ ἡ δύναμις καὶ ἡ βασιλεία τοῦ θεοῦ ἡμῶν καὶ ἡ ἐξουσία
13 2h ἔδωκεν αὐτῷ ὁ δράκων τὴν δύναμιν αὐτοῦ ... καὶ ἐξουσίαν μεγάλην
15 8ag ἐγεμίσθη ὁ ναὸς καπνοῦ ἐκ τῆς δόξης τοῦ θεοῦ καὶ ἐκ τῆς δυνάμεως αὐτοῦ
17 13h τὴν δύναμιν καὶ (+τὴν [M] STς) ἐξουσίαν αὐτῶν τῷ θηρίῳ διδόασιν
18 3 οἱ ἔμποροι τῆς γῆς ἐκ τῆς δυνάμεως τοῦ στρήνους αὐτῆς ἐπλούτησαν
19 1g ἀλληλουϊά· ἡ σωτηρία καὶ ἡ δόξα καὶ ἡ δύναμις τοῦ θεοῦ ἡμῶν

δυναμόω
ἐν-
Cl 1 11 ἐν πάσῃ δυνάμει δυναμούμενοι κατὰ τὸ κράτος τῆς δόξης αὐτοῦ
Hb 11 34 ⟨οἳ⟩ ἔφυγον στόματα μαχαίρης, ἐδυναμώθησαν (ἐν-VSς) ἀπὸ ἀσθενείας

δυνάστης
Lc 1 52 καθεῖλεν δυνάστας ἀπὸ θρόνων
Ac 8 27 ἰδοὺ ἀνὴρ Αἰθίοψ εὐνοῦχος δυνάστης Κανδάκης (+τῆς Vς) βασιλίσσης Αἰθιόπων
1 Tm 6 15 ἣν καιροῖς ἰδίοις δείξει ὁ μακάριος καὶ μόνος δυνάστης, ὁ βασιλεὺς τῶν βασιλευόντων

δυνατέω
ἀ-
Rm 14 4 | δυνατεῖ γὰρ (δυνατὸς γὰρ ἐστιν ς) ὁ κύριος στῆσαι αὐτόν
2 C 9 8 δυνατεῖ (-τὸς Sς) δὲ ὁ θεὸς πᾶσαν χάριν περισσεῦσαι εἰς ὑμᾶς
13 3 ὃς εἰς ὑμᾶς οὐκ ἀσθενεῖ ἀλλὰ δυνατεῖ ἐν ὑμῖν

δυνατός
a δυνατός (ἐστιν) seq. inf.
b δυνατόν ἐστιν, ἦν, εἴη
c τὸ δυνατόν
Mt 19 26 παρὰ ἀνθρώποις τοῦτο ἀδύνατόν ἐστιν, παρὰ δὲ θεῷ | πάντα δυνατά (~ T)
24 24 ὥστε πλανῆσαι (-νᾶσθαι BSH; -νηθῆναι T), εἰ δυνατόν, καὶ τοὺς ἐκλεκτούς

Mt 26 39ᵇ εἰ δυνατόν ἐστιν, παρελθάτω ἀπ᾽ ἐμοῦ τὸ ποτήριον τοῦτο

Mc 9 23 τὸ εἰ δύνῃ, πάντα δυνατὰ τῷ πιστεύοντι

10 27 πάντα γὰρ δυνατὰ παρὰ τῷ [H] θεῷ

13 22 πρὸς τὸ ἀποπλανᾶν, εἰ δυνατόν, τοὺς ἐκλεκτούς

14 35ᵇ προσηύχετο ἵνα εἰ δυνατόν ἐστιν παρέλθῃ ἀπ᾽ αὐτοῦ ἡ ὥρα

14 36 αββα ὁ πατήρ, πάντα δυνατά σοι

Lc 1 49 ὅτι ἐποίησέν μοι μεγάλα (-λεῖα VSς) ὁ δυνατός

14 31ᵃ οὐχὶ καθίσας πρῶτον βουλεύσεται (-εύεται Vς) εἰ δυνατός ἐστιν ἐν δέκα χιλιάσιν ὑπαντῆσαι ⟨;⟩

18 27 τὰ ἀδύνατα παρὰ ἀνθρώποις δυνατὰ παρὰ τῷ θεῷ ἐστιν

24 19 ὃς ἐγένετο ἀνὴρ προφήτης δυνατὸς ἐν ἔργῳ καὶ λόγῳ

Ac 2 24ᵇ καθότι οὐκ ἦν δυνατὸν κρατεῖσθαι αὐτὸν ὑπ᾽ αὐτοῦ

7 22 ἦν δὲ δυνατὸς ἐν λόγοις καὶ ἔργοις αὐτοῦ

11 17ᵃ ἐγὼ τίς ἤμην δυνατὸς κωλῦσαι τὸν θεόν;

18 24 Ἰουδαῖος δέ τις Ἀπολλῶς ὀνόματι ... δυνατὸς ὢν ἐν ταῖς γραφαῖς

20 16ᵇ ἔσπευδεν γάρ, εἰ δυνατὸν εἴη αὐτῷ ... γενέσθαι εἰς Ἱεροσόλυμα

25 5 οἱ οὖν ἐν ὑμῖν, φησίν, δυνατοὶ συγκαταβάντες ... κατηγορείτωσαν αὐτοῦ

Rm 4 21ᵃ ὃ ἐπήγγελται δυνατός ἐστιν καὶ ποιῆσαι

9 22ᶜ εἰ δὲ θέλων ὁ θεὸς ἐνδείξασθαι τὴν ὀργὴν καὶ γνωρίσαι τὸ δυνατὸν αὐτοῦ

11 23ᵃ δυνατὸς γάρ ἐστιν ὁ θεὸς πάλιν ἐγκεντρίσαι αὐτούς

12 18 εἰ δυνατόν, τὸ ἐξ ὑμῶν, μετὰ πάντων ἀνθρώπων εἰρηνεύοντες

14 4ᵃ * | δυνατὸς γάρ ἐστιν (ς; δυνατεῖ γὰρ rl) ὁ κύριος στῆσαι αὐτόν

15 1 ὀφείλομεν δὲ ἡμεῖς οἱ δυνατοὶ τὰ ἀσθενήματα τῶν ἀδυνάτων βαστάζειν

1 C 1 26 οὐ πολλοὶ σοφοὶ κατὰ σάρκα, οὐ πολλοὶ δυνατοί, οὐ πολλοὶ εὐγενεῖς

2 C 9 8ᵃ * δυνατὸς (Sς; -τεῖ rl) δὲ ὁ θεὸς πᾶσαν χάριν περισσεῦσαι εἰς ὑμᾶς

10 4 τὰ γὰρ ὅπλα τῆς στρατείας (-τίας VT) ἡμῶν οὐ σαρκικὰ ἀλλὰ δυνατὰ τῷ θεῷ πρὸς καθαίρεσιν ὀχυρωμάτων

12 10 ὅταν γὰρ ἀσθενῶ, τότε δυνατός εἰμι

13 9 χαίρομεν γὰρ ὅταν ἡμεῖς ἀσθενῶμεν, ὑμεῖς δὲ δυνατοὶ ἦτε

G 4 15 μαρτυρῶ γὰρ ὑμῖν ὅτι εἰ δυνατὸν τοὺς ὀφθαλμοὺς ὑμῶν ἐξορύξαντες ἐδώκατέ μοι

2 Tm 1 12ᵃ πέπεισμαι ὅτι δυνατός ἐστιν τὴν παραθήκην μου φυλάξαι

Tt 1 9ᵃ ἵνα δυνατὸς ᾖ καὶ παρακαλεῖν ἐν τῇ διδασκαλίᾳ τῇ ὑγιαινούσῃ

Hb 11 19ᵃ λογισάμενος ὅτι καὶ ἐκ νεκρῶν ἐγείρειν δυνατὸς ὁ θεός

Jc 3 2ᵃ οὗτος τέλειος ἀνήρ, δυνατὸς χαλιναγωγῆσαι καὶ ὅλον τὸ σῶμα

Ap 6 15 * οἱ πλούσιοι καὶ οἱ δυνατοὶ (ς; ἰσχυροὶ rl) καὶ πᾶς δοῦλος καὶ ἐλεύθερος ἔκρυψαν ἑαυτοὺς εἰς τὰ σπήλαια

δύνω, δύω

| ἀπεκ-
ἐκ- | ἐν-
ἐπεν- | ἐπι-
παρεισ- |

Mc 1 32 ὀψίας δὲ γενομένης, ὅτε ἔδυ (ἔδυσεν NMBH) ὁ ἥλιος

Lc 4 40 δύνοντος δὲ τοῦ ἡλίου

δύο

→ δεκαδύο

ᵃ τεσσεράκοντα (καὶ) δύο

ᵇ ἑβδομήκοντα δύο

ᶜ δύο μυριάδες

ᵈ εἰς δύο

ᵉ κατὰ δύο

ᶠ ἀνὰ δύο

ᵍ δύο δύο

ʰ οἱ δύο subst.

ʲ εἷς et δύο

ᵏ δύο et τρεῖς

Mt 4 18 περιπατῶν δὲ παρὰ τὴν θάλασσαν τῆς Γαλιλαίας εἶδεν δύο ἀδελφούς

4 21 καὶ προβὰς ἐκεῖθεν εἶδεν ἄλλους δύο ἀδελφούς

5 41ʲ ὅστις σε ἀγγαρεύσει μίλιον ἕν, ὕπαγε μετ᾽ αὐτοῦ δύο

6 24ʲ οὐδεὶς δύναται δυσὶ κυρίοις δουλεύειν· ἢ γὰρ τὸν ἕνα μισήσει

8 28 ἐλθόντος αὐτοῦ εἰς τὸ πέραν ... ὑπήντησαν αὐτῷ δύο δαιμονιζόμενοι

9 27 ἠκολούθησαν αὐτῷ ([N²⁶MS]; —NH) δύο τυφλοὶ κράζοντες

10 10 ⟨μὴ κτήσησθε χρυσὸν⟩ μηδὲ δύο χιτῶνας μηδὲ ὑποδήματα

10 29ʲ οὐχὶ δύο στρουθία ἀσσαρίου πωλεῖται;

11 2 * πέμψας δύο (ς; διὰ rl) τῶν μαθητῶν αὐτοῦ ⟨εἶπεν αὐτῷ⟩

14 17 οὐκ ἔχομεν ὧδε εἰ μὴ πέντε ἄρτους καὶ δύο ἰχθύας

14 19 λαβὼν τοὺς πέντε ἄρτους καὶ τοὺς δύο ἰχθύας

18 8 καλόν σοί ἐστιν εἰσελθεῖν εἰς τὴν ζωὴν | κυλλὸν ἢ χωλόν (~ Vς), ἢ δύο χεῖρας ↔

18 8 ἢ δύο πόδας ἔχοντα βληθῆναι εἰς τὸ πῦρ τὸ αἰώνιον

18 9 καλόν σοί ἐστιν μονόφθαλμον εἰς τὴν ζωὴν εἰσελθεῖν, ἢ δύο ὀφθαλμοὺς ἔχοντα βληθῆναι εἰς τὴν γέενναν

18 16ʲ παράλαβε μετὰ σοῦ (σεαυτοῦ BST) ἔτι ἕνα ἢ δύο, ↔

18 16ᵏ ἵνα ἐπὶ στόματος δύο μαρτύρων ἢ τριῶν σταθῇ πᾶν ῥῆμα

18 19 ἐὰν δύο συμφωνήσωσιν (-σουσιν T) ἐξ ὑμῶν ... περὶ παντὸς πράγματος

18 20ᵏ οὗ γάρ εἰσιν δύο ἢ τρεῖς συνηγμένοι εἰς τὸ ἐμὸν ὄνομα

19 5ʰʲ ἔσονται οἱ δύο εἰς σάρκα μίαν. ↔

19 6ʲ ὥστε οὐκέτι εἰσὶν δύο ἀλλὰ σὰρξ μία

20 21ʲ εἰπὲ ἵνα καθίσωσιν οὗτοι οἱ δύο υἱοί μου εἷς ἐκ δεξιῶν σου (—NMTH)

20 24 | καὶ ἀκούσαντες (ἀ. δὲ ST) οἱ δέκα ἠγανάκτησαν περὶ τῶν δύο ἀδελφῶν

20 30 καὶ ἰδοὺ δύο τυφλοὶ καθήμενοι παρὰ τὴν ὁδόν ... ἔκραξαν

21 1 τότε (+ ὁ VSς) Ἰησοῦς ἀπέστειλεν δύο μαθητάς

21 28 ἄνθρωπος εἶχεν τέκνα δύο

21 31ʰ τίς ἐκ τῶν δύο ἐποίησεν τὸ θέλημα τοῦ πατρός;

22 40 ἐν ταύταις ταῖς δυσὶν ἐντολαῖς ὅλος ὁ νόμος κρέμαται

Mt 24 40ʲ τότε | δύο ἔσονται (~ NMTH) ἐν τῷ ἀγρῷ, εἷς παραλαμβάνεται καὶ εἷς ἀφίεται· ↔

24 41ʲ δύο ἀλήθουσαι ἐν τῷ μύλῳ, μία παραλαμβάνεται καὶ μία ἀφίεται

25 15ʲ ᾧ μὲν ἔδωκεν πέντε τάλαντα, ᾧ δὲ δύο, ᾧ δὲ ἕν

25 17ʰʲ ὡσαύτως (+ καὶ MVBς) ὁ τὰ δύο ↔

25 17 ἐκέρδησεν (+ καὶ αὐτὸς MVSς) ἄλλα δύο

25 22 προσελθὼν δὲ ([N²⁶]; —NTH) καὶ ὁ τὰ δύο τάλαντα εἶπεν· ↔

25 22 κύριε, δύο τάλαντά μοι παρέδωκας· ↔

25 22 ἴδε ἄλλα δύο τάλαντα ἐκέρδησα (+ ἐπ᾽ αὐτοῖς Vς)

26 2 οἴδατε ὅτι μετὰ δύο ἡμέρας τὸ πάσχα γίνεται

26 37 παραλαβὼν τὸν Πέτρον καὶ τοὺς δύο υἱοὺς Ζεβεδαίου

26 60 ὕστερον δὲ προσελθόντες δύο ⟨εἶπαν⟩

27 21ʰ τίνα θέλετε ἀπὸ τῶν δύο ἀπολύσω ὑμῖν;

27 38ʲ τότε σταυροῦνται σὺν αὐτῷ δύο λῃσταί, εἷς ἐκ δεξιῶν καὶ εἷς ἐξ εὐωνύμων

27 51ᵈ τὸ καταπέτασμα τοῦ ναοῦ ἐσχίσθη || ἀπ᾽ ([NH]; —T) ἄνωθεν ἕως κάτω εἰς δύο ((~ Vς))

Mc 6 7ᵍ ἤρξατο αὐτοὺς ἀποστέλλειν δύο δύο

6 9 μὴ ἐνδύσησθε (-σασθαι H) δύο χιτῶνας

6 38 πόσους | ἄρτους ἔχετε (~ NH); ... λέγουσιν· πέντε, καὶ δύο ἰχθύας

6 41 λαβὼν τοὺς πέντε ἄρτους καὶ τοὺς δύο ἰχθύας

6 41 τοὺς δύο ἰχθύας ἐμέρισεν πᾶσιν

9 43 καλόν ἐστίν σε κυλλὸν εἰσελθεῖν εἰς τὴν ζωήν, ἢ τὰς δύο χεῖρας ἔχοντα ἀπελθεῖν εἰς τὴν γέενναν

9 45 καλόν ἐστίν σε εἰσελθεῖν εἰς τὴν ζωὴν χωλόν, ἢ τοὺς δύο πόδας ἔχοντα βληθῆναι εἰς τὴν γέενναν

9 47 καλόν σέ ἐστιν μονόφθαλμον εἰσελθεῖν εἰς τὴν βασιλείαν τοῦ θεοῦ, ἢ δύο ὀφθαλμοὺς ἔχοντα βληθῆναι εἰς τὴν [H] γέενναν

10 8ʰʲ ἔσονται οἱ δύο εἰς σάρκα μίαν· ↔

10 8ʲ ὥστε οὐκέτι εἰσὶν δύο ἀλλὰ μία σάρξ

10 35 * προσπορεύονται αὐτῷ Ἰάκωβος καὶ Ἰωάννης οἱ δύο [+ NH] υἱοὶ Ζεβεδαίου

11 1 ἀποστέλλει δύο τῶν μαθητῶν αὐτοῦ

12 42 ἐλθοῦσα μία χήρα πτωχὴ ἔβαλεν λεπτὰ δύο

14 1 ἦν δὲ τὸ πάσχα καὶ τὰ ἄζυμα μετὰ δύο ἡμέρας

14 13 ἀποστέλλει δύο τῶν μαθητῶν αὐτοῦ

15 27ʲ σὺν αὐτῷ σταυροῦσιν δύο λῃστάς, ἕνα ἐκ δεξιῶν καὶ ἕνα ἐξ εὐωνύμων αὐτοῦ

15 38ᵈ τὸ καταπέτασμα τοῦ ναοῦ ἐσχίσθη εἰς δύο ἀπ᾽ ἄνωθεν ἕως κάτω

[16 12] δυσὶν ἐξ αὐτῶν περιπατοῦσιν ἐφανερώθη

Lc 2 24 τοῦ δοῦναι θυσίαν ... ζεῦγος τρυγόνων ἢ δύο νοσσοὺς περιστερῶν

Lc 3 11 ὁ ἔχων δύο χιτῶνας μεταδότω τῷ μὴ ἔχοντι

5 2ʲ εἶδεν | δύο πλοῖα (~ MVH; πλοιά-ρια δύο BS; δύο πλοιάρια NT) ἑστῶτα παρὰ τὴν λίμνην

7 18 προσκαλεσάμενος δύο τινὰς τῶν μαθητῶν αὐτοῦ ὁ Ἰωάννης

7 41ʲ δύο χρεοφειλέται ἦσαν δανειστῇ τινι· ὁ εἷς ὤφειλεν ... ὁ δὲ ἕτερος

9 3ʳ μήτε ἀργύριον μήτε ἀνὰ ([N²⁶]; —SH) δύο χιτῶνας ἔχειν

9 13 οὐκ εἰσὶν ἡμῖν πλεῖον ἢ | ἄρτοι πέντε (~ VBSϛ) καὶ ἰχθύες δύο

9 16 λαβὼν δὲ τοὺς πέντε ἄρτους καὶ τοὺς δύο ἰχθύας

9 30 ἰδοὺ ἄνδρες δύο συνελάλουν αὐτῷ

9 32 διαγρηγορήσαντες δὲ εἶδον ... τοὺς δύο ἄνδρας τοὺς συνεστῶτας αὐτῷ

10 1ᵇ ἀνέδειξεν ὁ κύριος (+καὶ VBSTϛ) ἑτέρους ἑβδομήκοντα δύο ([N²⁶ NH] MB; —rl), ↔

10 1ᶠᵍ καὶ ἀπέστειλεν αὐτοὺς ἀνὰ δύο δύο (+[N²⁶H]B) πρὸ προσώπου αὐτοῦ

10 17ᵇ ὑπέστρεψαν δὲ οἱ ἑβδομήκοντα δύο ([N²⁶NH]MB; —rl) μετὰ χαρᾶς λέγοντες

10 35 ἐκβαλὼν | ἔδωκεν δύο δηνάρια (N²⁶; ~rl) τῷ πανδοχεῖ

12 6ʲ οὐχὶ πέντε στρουθία πωλοῦνται (πωλεῖται Vϛ) ἀσσαρίων δύο;

12 52ᵏ ἔσονται ... πέντε ἐν ἑνὶ οἴκῳ δια-μεμερισμένοι, τρεῖς ἐπὶ δυσὶν ↔

12 52ᵏ καὶ δύο ἐπὶ τρισίν ⟨διαμερισθήσον-ται⟩

15 11 ἄνθρωπός τις εἶχεν δύο υἱούς

16 13ʲ οὐδεὶς οἰκέτης δύναται δυσὶ κυ-ρίοις δουλεύειν· ἢ γὰρ τὸν ἕνα μισήσει

17 34ʲ λέγω ὑμῖν, ταύτῃ τῇ νυκτὶ ἔσονται δύο ἐπὶ κλίνης μιᾶς [H], ὁ (—T) εἷς παραλημφθήσεται

17 35ʲ ἔσονται δύο ἀλήθουσαι ἐπὶ τὸ αὐτό, ἡ μία παραλημφθήσεται

18 10ʲ ἄνθρωποι δύο ἀνέβησαν εἰς τὸ ἱερὸν προσεύξασθαι, ὁ (—H) εἷς Φαρισαῖος

19 29 ἀπέστειλεν δύο τῶν μαθητῶν

21 2 εἶδεν δέ τινα χήραν πενιχρὰν βάλλουσαν ἐκεῖ | λεπτὰ δύο (~ VSTϛ)

22 38 κύριε, ἰδοὺ μάχαιραι ὧδε δύο

23 32 ἤγοντο δὲ καὶ ἕτεροι | κακοῦργοι δύο (~ VBSTϛ) σὺν αὐτῷ ἀναιρε-θῆναι

24 4 ἰδοὺ ἄνδρες δύο ἐπέστησαν αὐταῖς

24 13 ἰδοὺ δύο ἐξ αὐτῶν | ἐν αὐτῇ τῇ ἡμέρᾳ ἦσαν πορευόμενοι (~ VBSϛ) εἰς κώμην

Jo 1 35 εἱστήκει ὁ (—H) Ἰωάννης καὶ ἐκ τῶν μαθητῶν αὐτοῦ δύο

1 37 ἤκουσαν | οἱ δύο μαθηταὶ αὐτοῦ (~ MVBSϛ) λαλοῦντος

1 40ʰʲ ἦν Ἀνδρέας ... εἷς ἐκ τῶν δύο τῶν ἀκουσάντων παρὰ Ἰωάννου

2 6ʳᵏ λίθιναι ὑδρίαι ἕξ ... χωροῦσαι ἀνὰ μετρητὰς δύο ἢ τρεῖς

4 40 ἔμεινεν ἐκεῖ δύο ἡμέρας

4 43 μετὰ δὲ τὰς δύο ἡμέρας ἐξῆλθεν ἐκεῖθεν

6 9 ὃς ἔχει πέντε ἄρτους κριθίνους καὶ δύο ὀψάρια

8 17 δύο ἀνθρώπων ἡ μαρτυρία ἀλη-θής ἐστιν

Jo 11 6 τότε μὲν ἔμεινεν ἐν ᾧ ἦν τόπῳ δύο ἡμέρας

19 18 ὅπου αὐτὸν ἐσταύρωσαν, καὶ μετ' αὐτοῦ ἄλλους δύο ἐντεῦθεν καὶ ἐντεῦθεν

20 4ʰ ἔτρεχον δὲ οἱ δύο ὁμοῦ

20 12ʲ θεωρεῖ δύο ἀγγέλους ἐν λευκοῖς καθεζομένους, ἕνα πρὸς τῇ κεφαλῇ

21 2 ἦσαν ὁμοῦ Σίμων Πέτρος ... καὶ ἄλλοι ἐκ τῶν μαθητῶν αὐτοῦ δύο

Ac 1 10 ἰδοὺ ἄνδρες δύο παρειστήκεισαν αὐτοῖς

1 23 ἔστησαν δύο, Ἰωσὴφ ... καὶ Μαθθίαν

1 24ʰʲ ἀνάδειξον ὃν ἐξελέξω ἐκ τούτων τῶν δύο ἕνα ⟨λαβεῖν τὸν τόπον τῆς διακονίας⟩

7 29 ἔφυγεν δὲ Μωϋσῆς ... ἐν γῇ Μαδιάμ, οὗ ἐγέννησεν υἱοὺς δύο

9 38 ἀπέστειλαν δύο ἄνδρας πρὸς αὐ-τὸν παρακαλοῦντες

10 7 φωνήσας δύο τῶν οἰκετῶν καὶ στρατιώτην

10 19 * ἰδοὺ ἄνδρες δύο (NH; —T; τρεῖς rl) ζητοῦντές (ζητοῦσίν MVBSϛ) σε

12 6 τῇ νυκτὶ ἐκείνῃ ἦν ὁ Πέτρος κοιμώμενος μεταξὺ δύο στρατιω-τῶν ↔

12 6 δεδεμένος ἁλύσεσιν δυσίν

19 10 τοῦτο δὲ ἐγένετο ἐπὶ ἔτη δύο

19 22 ἀποστείλας δὲ εἰς τὴν (—NMT) Μακεδονίαν δύο τῶν διακονούν-των αὐτῷ

19 34 φωνὴ ἐγένετο μία ἐκ πάντων, ὡς (ὡσεὶ H) ἐπὶ ὥρας δύο κραζόν-των (-τες NT)

21 33 ὁ χιλίαρχος... ἐκέλευσεν δεθῆναι ἁλύσεσι δυσί

23 23 προσκαλεσάμενος || δύο τινὰς [N²⁶] ((~NMSTH)) τῶν ἑκατον-ταρχῶν εἶπεν

1 C 6 16ʰʲ ἔσονται γάρ, φησίν, οἱ δύο εἰς σάρκα μίαν

14 27ᵉʲᵏ εἴτε γλώσσῃ τις λαλεῖ, κατὰ δύο ἢ τὸ πλεῖστον τρεῖς, καὶ ἀνὰ μέρος, καὶ εἷς διερμηνευέτω

14 29ᵏ προφῆται δὲ δύο ἢ τρεῖς λαλείτω-σαν

2 C 13 1ᵏ ἐπὶ στόματος δύο μαρτύρων καὶ τριῶν σταθήσεται πᾶν ῥῆμα

G 4 22ʲ γέγραπται γὰρ ὅτι Ἀβραὰμ δύο υἱοὺς ἔσχεν, ἕνα ἐκ τῆς παιδίσκης

4 24ʲ αὗται γάρ εἰσιν δύο διαθῆκαι, μία μὲν ἀπὸ ὄρους Σινᾶ

E 2 15ʰʲ ἵνα τοὺς δύο κτίσῃ ἐν αὐτῷ (αὑτῷ H; ἑ- ϛ) εἰς ἕνα καινὸν ἄνθρωπον

5 31ʰʲ καὶ ἔσονται οἱ δύο εἰς σάρκα μίαν

Ph 1 23ʰ συνέχομαι δὲ ἐκ τῶν δύο

1 Tm 5 19ᵏ κατηγορίαν μὴ παραδέχου, ἐκτὸς εἰ μὴ ἐπὶ δύο ἢ τριῶν μαρτύρων

Hb 6 18 ἵνα διὰ δύο πραγμάτων ἀμετα-θέτων ... παράκλησιν ἔχωμεν

10 28ᵏ ἐπὶ δυσὶν ἢ τρισὶν μάρτυσιν ἀποθνῄσκει

Ap 9 12ʲ ἰδοὺ ἔρχεται ἔτι δύο οὐαὶ μετὰ ταῦτα

9 16ᶜ * ὁ ἀριθμὸς τῶν στρατευμάτων τοῦ ἱππικοῦ | δύο μυριάδες (ϛ; δισμυριάδες rl) μυριάδων

11 2ᵃ τὴν πόλιν τὴν ἁγίαν πατήσουσιν μῆνας τεσσεράκοντα καὶ ([N²⁶NH]; —rl) δύο.

11 3 καὶ δώσω τοῖς δυσὶν μάρτυσίν μου

11 4 οὗτοί εἰσιν αἱ δύο ἐλαῖαι ↔

Ap 11 4 καὶ αἱ δύο λυχνίαι αἱ [H] ἐνώπιον τοῦ κυρίου τῆς γῆς ἑστῶτες

11 10 ὅτι οὗτοι οἱ δύο προφῆται ἐβασά-νισαν τοὺς κατοικοῦντας ἐπὶ τῆς γῆς

12 14 ἐδόθησαν τῇ γυναικὶ αἱ δύο πτέρυγες τοῦ ἀετοῦ τοῦ μεγάλου

13 5ᵃ ἐδόθη αὐτῷ ἐξουσία ποιῆσαι μῆνας τεσσεράκοντα καὶ ([N²⁶NH]B; —rl) δύο

13 11 ἄλλο θηρίον ... εἶχεν κέρατα δύο ὅμοια ἀρνίῳ

19 20ʰ ζῶντες ἐβλήθησαν οἱ δύο εἰς τὴν λίμνην τοῦ πυρός

δυσβάστακτος
Mt 23 4 δεσμεύουσιν δὲ φορτία βαρέα | καὶ δυσβάστακτα (+[N²⁶]MVBϛ)

Lc 11 46 ὅτι φορτίζετε τοὺς ἀνθρώπους φορτία δυσβάστακτα

δυσεντέριον
δυσεντερία ϛ

Ac 28 8 ἐγένετο δὲ τὸν πατέρα τοῦ Ποπλίου πυρετοῖς καὶ δυσεντερίῳ συνεχό-μενον κατακεῖσθαι

δυσερμήνευτος
Hb 5 11 περὶ οὗ πολὺς ἡμῖν ὁ λόγος καὶ δυσερμήνευτος λέγειν

δύσις
Mc [16 br] ὁ Ἰησοῦς ἀπὸ ἀνατολῆς καὶ ἄχρι δύσεως ἐξαπέστειλεν δι' αὐτῶν τὸ ... κήρυγμα

δύσκολος
Mc 10 24 πῶς δύσκολόν ἐστιν (+τοὺς πεποι-θότας ἐπὶ χρήμασιν MVB[S]ϛ) εἰς τὴν βασιλείαν τοῦ θεοῦ εἰσελ-θεῖν

δυσκόλως
Mt 19 23 πλούσιος δυσκόλως εἰσελεύσεται εἰς τὴν βασιλείαν τῶν οὐρανῶν

Mc 10 23 πῶς δυσκόλως οἱ τὰ χρήματα ἔχοντες εἰς τὴν βασιλείαν τοῦ θεοῦ εἰσελεύσονται

Lc 18 24 πῶς δυσκόλως οἱ τὰ χρήματα ἔχοντες εἰς τὴν βασιλείαν τοῦ θεοῦ εἰσπορεύονται

δυσμή
Mt 8 11 πολλοὶ ἀπὸ ἀνατολῶν καὶ δυσμῶν ἥξουσιν

24 27 ὥσπερ γὰρ ἡ ἀστραπὴ ἐξέρχεται ἀπὸ ἀνατολῶν καὶ φαίνεται ἕως δυσμῶν

Lc 12 54 ὅταν ἴδητε τὴν (+[N²⁶]ϛ) νεφέλην ἀνατέλλουσαν ἐπὶ δυσμῶν

13 29 ἥξουσιν ἀπὸ ἀνατολῶν καὶ δυσ-μῶν καὶ ἀπὸ (—VT) βορρᾶ καὶ νότου

Ap 21 13 ἀπὸ ἀνατολῆς πυλῶνες τρεῖς... καὶ ἀπὸ δυσμῶν πυλῶνες τρεῖς

δυσνόητος
2 Pt 3 16 ἐν πάσαις (+ ταῖς VBSTϛ) ἐπιστο-λαῖς... ἐν αἷς ἐστιν δυσνόητά τινα

δυσφημέω
1 C 4 13 ⟨διωκόμενοι ἀνεχόμεθα⟩ δυσ-φημούμενοι (βλασφ. ϛ) παρακα-λούμεν

δυσφημία
2 C 6 8 ⟨συνιστάντες ἑαυτοὺς ὡς θεοῦ διάκονοι⟩ διὰ δόξης καὶ ἀτιμίας, διὰ δυσφημίας καὶ εὐφημίας

δύω
→ δύνω

δώδεκα
→ δέκα
→ δεκαδύο

a οἱ δώδεκα
b δ. μαθηταί
c δ. ἀπόστολοι
d δ. χιλιάδες

Mt 9 20 γυνὴ αἱμορροοῦσα δώδεκα ἔτη
10 1b προσκαλεσάμενος τοὺς δώδεκα μαθητὰς αὐτοῦ
10 2c τῶν δὲ δώδεκα ἀποστόλων τὰ ὀνόματά ἐστιν ταῦτα
10 5a τούτους τοὺς δώδεκα ἀπέστειλεν ὁ Ἰησοῦς παραγγείλας αὐτοῖς
11 1b ἐγένετο ὅτε ἐτέλεσεν ὁ Ἰησοῦς διατάσσων τοῖς δώδεκα μαθηταῖς αὐτοῦ
14 20 ἦραν τὸ περισσεῦον τῶν κλασμάτων, δώδεκα κοφίνους πλήρεις
19 28 ὑμεῖς οἱ ἀκολουθήσαντές μοι... καθήσεσθε (καθίσεσθε STϛ) καὶ ὑμεῖς (αὐτοὶ NMVST) ἐπὶ δώδεκα θρόνους ↔
19 28 κρίνοντες τὰς δώδεκα φυλὰς τοῦ Ἰσραήλ
20 17ab παρέλαβεν τοὺς δώδεκα μαθητὰς ([N26H]; —NMT) κατ' ἰδίαν
26 14a τότε πορευθεὶς εἷς τῶν δώδεκα, ὁ λεγόμενος Ἰούδας Ἰσκαριώτης
26 20ab ὀψίας δὲ γενομένης ἀνέκειτο μετὰ τῶν δώδεκα (+μαθητῶν [NMH] ST)
26 47a Ἰούδας εἷς τῶν δώδεκα ἦλθεν
26 53 παραστήσει μοι ἄρτι πλείω (-ους MVSϛ) (+ἢ MV[S]ϛ) δώδεκα λεγιῶνας (-ώνων ST) ἀγγέλων

Mc 3 14 ἐποίησεν δώδεκα | οὓς καὶ ἀποστόλους ὠνόμασεν (+[N26]H) ἵνα ὦσιν μετ' αὐτοῦ
3 16a | καὶ ἐποίησεν τοὺς δώδεκα ([N26V]; —ϛ)
4 10a ἠρώτων αὐτὸν οἱ περὶ αὐτὸν σὺν τοῖς δώδεκα | τὰς παραβολάς (τὴν -ήν Sϛ)
5 25 γυνὴ (+τις VBSϛ) οὖσα ἐν ρύσει αἵματος δώδεκα ἔτη
5 42 ἦν γὰρ ἐτῶν δώδεκα
6 7a προσκαλεῖται τοὺς δώδεκα, καὶ ἤρξατο αὐτοὺς ἀποστέλλειν δύο δύο
6 43 ἦραν κλάσματα (-άτων Tϛ) δώδεκα κοφίνων πληρώματα
8 19 (+καὶ B[S]T) πόσους κοφίνους κλασμάτων πλήρεις ἤρατε; λέγουσιν αὐτῷ· δώδεκα
9 35a καθίσας ἐφώνησεν τοὺς δώδεκα
10 32a παραλαβὼν πάλιν τοὺς δώδεκα ἤρξατο αὐτοῖς λέγειν
11 11a ἐξῆλθεν εἰς Βηθανίαν μετὰ τῶν δώδεκα
14 10a καὶ (+ὁ [S]ϛ) Ἰούδας (+ὁ VSϛ) Ἰσκαριώθ, ὁ εἷς τῶν δώδεκα, ἀπῆλθεν πρὸς τοὺς ἀρχιερεῖς
14 17a ὀψίας γενομένης ἔρχεται μετὰ τῶν δώδεκα
14 20a ⟨παραδώσει με⟩ εἷς (+ἐκ [S]ϛ) τῶν δώδεκα, ὁ ἐμβαπτόμενος μετ' ἐμοῦ
14 43a παραγίνεται (+ὁ [NH]M) Ἰούδας (+ὁ Ἰσκαριώτης [S]T) εἷς τῶν δώδεκα

Lc 2 42 ὅτε ἐγένετο ἐτῶν δώδεκα
6 13 προσεφώνησεν τοὺς μαθητὰς αὐτοῦ, καὶ ἐκλεξάμενος ἀπ' αὐτῶν δώδεκα, οὓς καὶ ἀποστόλους ὠνόμασεν
8 1a αὐτὸς διώδευεν κατὰ πόλιν καὶ κώμην ... καὶ οἱ δώδεκα σὺν αὐτῷ

Lc 8 42 ὅτι θυγάτηρ μονογενὴς ἦν αὐτῷ ὡς ἐτῶν δώδεκα
8 43 γυνὴ οὖσα ἐν ρύσει αἵματος ἀπὸ ἐτῶν δώδεκα
9 1abc συγκαλεσάμενος δὲ τοὺς δώδεκα (+ἀποστόλους BS; +μαθητὰς αὐτοῦ ϛ)
9 12a προσελθόντες δὲ οἱ δώδεκα εἶπαν αὐτῷ
9 17 ἤρθη τὸ περισσεῦσαν αὐτοῖς κλασμάτων κόφινοι δώδεκα
18 31a παραλαβὼν δὲ τοὺς δώδεκα εἶπεν πρὸς αὐτούς
22 3a εἰσῆλθεν δὲ σατανᾶς εἰς Ἰούδαν ... ὄντα ἐκ τοῦ ἀριθμοῦ τῶν δώδεκα
22 14c * ἀνέπεσεν, καὶ οἱ δώδεκα (+Vϛ) ἀπόστολοι σὺν αὐτῷ
22 30 καθήσεσθε (καθῆσθε H; καθίσησθε ϛ) ἐπὶ θρόνων | τὰς δώδεκα φυλὰς κρίνοντες (~BTϛ) τοῦ Ἰσραήλ
22 47a ὁ λεγόμενος Ἰούδας εἷς τῶν δώδεκα προήρχετο αὐτούς

Jo 6 13 ἐγέμισαν δώδεκα κοφίνους κλασμάτων
6 67a εἶπεν οὖν ὁ Ἰησοῦς τοῖς δώδεκα
6 70a οὐκ ἐγὼ ὑμᾶς τοὺς δώδεκα ἐξελεξάμην;
6 71a οὗτος γὰρ ἔμελλεν | παραδιδόναι αὐτόν (~Tϛ), εἷς (+ὢν VSTϛ) ἐκ τῶν δώδεκα
11 9 οὐχὶ δώδεκα ὧραί εἰσιν τῆς ἡμέρας;
20 24a Θωμᾶς δὲ εἷς ἐκ τῶν δώδεκα ...οὐκ ἦν μετ' αὐτῶν

Ac 6 2a προσκαλεσάμενοι δὲ οἱ δώδεκα τὸ πλῆθος τῶν μαθητῶν
7 8 ἐγέννησεν ... τὸν Ἰακώβ, καὶ Ἰακὼβ τοὺς δώδεκα πατριάρχας
19 7 ἦσαν δὲ οἱ πάντες ἄνδρες ὡσεὶ δώδεκα (δεκαδύο ϛ)
24 11 οὐ πλείους εἰσίν μοι ἡμέραι δώδεκα (δεκαδύο ϛ) ἀφ' ἧς ἀνέβην

1 C 15 5a ⟨Χριστὸς⟩ ὤφθη Κηφᾷ, εἶτα (ἔπ- T) τοῖς δώδεκα

Jc 1 1 Ἰάκωβος θεοῦ καὶ κυρίου Ἰησοῦ Χριστοῦ δοῦλος ταῖς δώδεκα φυλαῖς ταῖς ἐν τῇ διασπορᾷ χαίρειν

Ap 7 5d ἐκ φυλῆς Ἰούδα δώδεκα (ιβ′ ϛ) χιλιάδες ἐσφραγισμένοι, ↔
7 5d ἐκ φυλῆς Ῥουβὴν δώδεκα (ιβ′ ϛ) χιλιάδες,
7 5d ἐκ φυλῆς Γὰδ δώδεκα (ιβ′ ϛ) χιλιάδες,
7 6d ἐκ φυλῆς Ἀσὴρ δώδεκα (ιβ′ ϛ) χιλιάδες, ↔
7 6d ἐκ φυλῆς Νεφθαλὶμ δώδεκα (ιβ′ ϛ) χιλιάδες, ↔
7 6d ἐκ φυλῆς Μανασσῆ δώδεκα (ιβ′ ϛ) χιλιάδες, ↔
7 7d ἐκ φυλῆς Συμεὼν δώδεκα (ιβ′ ϛ) χιλιάδες, ↔
7 7d ἐκ φυλῆς Λευὶ δώδεκα (ιβ′ ϛ) χιλιάδες, ↔
7 7d ἐκ φυλῆς Ἰσσαχὰρ δώδεκα (ιβ′ ϛ) χιλιάδες, ↔
7 8d ἐκ φυλῆς Ζαβουλὼν δώδεκα (ιβ′ ϛ) χιλιάδες, ↔
7 8d ἐκ φυλῆς Ἰωσὴφ δώδεκα (ιβ′ ϛ) χιλιάδες, ↔
7 8d ἐκ φυλῆς Βενιαμὶν δώδεκα (ιβ′ ϛ) χιλιάδες ἐσφραγισμένοι
12 1 γυνὴ ... καὶ ἐπὶ τῆς κεφαλῆς αὐτῆς στέφανος ἀστέρων δώδεκα
21 12 ⟨ἔδειξέν μοι τὴν πόλιν⟩ ἔχουσα πυλῶνας δώδεκα, ↔

Ap 21 12 καὶ ἐπὶ τοῖς πυλῶσιν ἀγγέλους δώδεκα, ↔
21 12 καὶ ὀνόματα ἐπιγεγραμμένα, ἅ ἐστιν | τὰ ὀνόματα [+N26] τῶν δώδεκα φυλῶν υἱῶν Ἰσραήλ
21 14 τὸ τεῖχος τῆς πόλεως ἔχων (ἔχον VBS) θεμελίους δώδεκα, ↔
21 14 καὶ ἐπ' αὐτῶν δώδεκα ὀνόματα ↔
21 14c τῶν δώδεκα ἀποστόλων τοῦ ἀρνίου
21 16d ἐμέτρησεν τὴν πόλιν τῷ καλάμῳ ἐπὶ σταδίων (-ους B) δώδεκα χιλιάδων
21 21 ⟨οἱ θεμέλιοι τοῦ τείχους ... λίθῳ τιμίῳ κεκοσμημένοι⟩ καὶ οἱ δώδεκα πυλῶνες ↔
21 21 δώδεκα μαργαρῖται
22 2 ξύλον ζωῆς ποιοῦν (ποιῶν T) καρποὺς δώδεκα

δωδέκατος

Ap 21 20 ⟨ὁ θεμέλιος ὁ πρῶτος ἴασπις⟩ ὁ ἑνδέκατος ὑάκινθος, ὁ δωδέκατος ἀμέθυστος

δωδεκάφυλον

Ac 26 7 ⟨ἐπαγγελίας⟩ εἰς ἣν τὸ δωδεκάφυλον ἡμῶν ἐν ἐκτενείᾳ ... λατρεῦον ἐλπίζει καταντῆσαι

δῶμα

Mt 10 27 ὁ εἰς τὸ οὖς ἀκούετε, κηρύξατε ἐπὶ τῶν δωμάτων
24 17 ὁ ἐπὶ τοῦ δώματος μὴ καταβάτω (-βαινέτω Sϛ) ἆραι τὰ ἐκ τῆς οἰκίας αὐτοῦ

Mc 13 15 ὁ δὲ ([N26]; —NMH) ἐπὶ τοῦ δώματος μὴ καταβάτω (+εἰς τὴν οἰκίαν VSϛ)

Lc 5 19 ἀναβάντες ἐπὶ τὸ δῶμα διὰ τῶν κεράμων καθῆκαν αὐτόν
12 3 ὁ πρὸς τὸ οὖς ἐλαλήσατε ἐν τοῖς ταμείοις κηρυχθήσεται ἐπὶ τῶν δωμάτων
17 31 ὃς ἔσται ἐπὶ τοῦ δώματος καὶ τὰ σκεύη αὐτοῦ ἐν τῇ οἰκίᾳ, μὴ καταβάτω ἆραι αὐτά

Ac 10 9 ἀνέβη Πέτρος ἐπὶ τὸ δῶμα προσεύξασθαι

δωρεά

a δ. τοῦ πνεύματος

Jo 4 10a εἰ ᾔδεις τὴν δωρεὰν τοῦ θεοῦ
Ac 2 38a λήμψεσθε τὴν δωρεὰν τοῦ ἁγίου πνεύματος
8 20 ὅτι τὴν δωρεὰν τοῦ θεοῦ ἐνόμισας διὰ χρημάτων κτᾶσθαι
10 45a ὅτι καὶ ἐπὶ τὰ ἔθνη ἡ δωρεὰ τοῦ | ἁγίου πνεύματος (π. τοῦ ἁγίου H) ἐκκέχυται
11 17 εἰ οὖν τὴν ἴσην δωρεὰν ἔδωκεν αὐτοῖς ὁ θεὸς ὡς καὶ ἡμῖν

Rm 5 15 πολλῷ μᾶλλον ἡ χάρις τοῦ θεοῦ καὶ ἡ δωρεὰ ἐν χάριτι ... εἰς τοὺς πολλοὺς ἐπερίσσευσεν
5 17 πολλῷ μᾶλλον οἱ τὴν περισσείαν τῆς χάριτος καὶ | τῆς δωρεᾶς [H] τῆς δικαιοσύνης λαμβάνοντες ἐν ζωῇ βασιλεύσουσιν

2 C 9 15 χάρις τῷ θεῷ ἐπὶ τῇ ἀνεκδιηγήτῳ αὐτοῦ δωρεᾷ

E 3 7 ⟨τοῦ εὐαγγελίου⟩ οὗ ἐγενήθην διάκονος κατὰ τὴν δωρεὰν τῆς χάριτος τοῦ θεοῦ
4 7 ἑνὶ δὲ ἑκάστῳ ἡμῶν ἐδόθη ἡ [H] χάρις κατὰ τὸ μέτρον τῆς δωρεᾶς τοῦ Χριστοῦ

Hb 6 4 ἀδύνατον γὰρ τοὺς ... γευσαμένους τε τῆς δωρεᾶς τῆς ἐπουρανίου ⟨πάλιν ἀνακαινίζειν⟩

δωρεάν

Mt   10 8   δωρεὰν ἐλάβετε, ↔
     10 8   δωρεὰν δότε

Jo   15 25   ἐμίσησάν με δωρεάν

Rm   3 24   ⟨πάντες γὰρ ἥμαρτον⟩ δικαιού-
μενοι δωρεὰν τῇ αὐτοῦ χάριτι διὰ
τῆς ἀπολυτρώσεως

2 C   11 7   ὅτι δωρεὰν τὸ τοῦ θεοῦ εὐαγγέλιον
εὐηγγελισάμην ὑμῖν

G   2 21   εἰ γὰρ διὰ νόμου δικαιοσύνη, ἄρα
Χριστὸς δωρεὰν ἀπέθανεν

2 Th   3 8   οὐδὲ δωρεὰν ἄρτον ἐφάγομεν παρά
τινος

Ap   21 6   ἐγὼ τῷ διψῶντι δώσω (+αὐτῷ
VT) ἐκ τῆς πηγῆς τοῦ ὕδατος τῆς
ζωῆς δωρεάν

     22 17   ὁ θέλων λαβέτω ὕδωρ ζωῆς
δωρεάν

δωρέομαι

Mc   15 45   γνοὺς ἀπὸ τοῦ κεντυρίωνος ἐδω-
ρήσατο τὸ πτῶμα τῷ Ἰωσήφ

2 Pt   1 3   ὡς (+τὰ NVT) πάντα ἡμῖν τῆς
θείας δυνάμεως αὐτοῦ τὰ πρὸς
ζωὴν καὶ εὐσέβειαν δεδωρημένης

     1 4   δι᾽ ὧν τὰ | τίμια καὶ μέγιστα
ἡμῖν ἐπαγγέλματα (~ςTS) δεδώ-
ρηται

δώρημα

Rm   5 16   καὶ οὐχ ὡς δι᾽ ἑνὸς ἁμαρτήσαντος
τὸ δώρημα

Jc   1 17   πᾶσα δόσις ἀγαθὴ καὶ πᾶν δώρη-
μα τέλειον ἄνωθέν ἐστιν καταβαῖ-
νον

δῶρον

ᵃ (τὰ) δῶρα
ᵇ δ. (τοῦ) θεοῦ

Mt   2 11ᵃ   προσήνεγκαν αὐτῷ δῶρα, χρυσὸν
καὶ λίβανον καὶ σμύρναν

     5 23   ἐὰν οὖν προσφέρῃς τὸ δῶρόν σου
ἐπὶ τὸ θυσιαστήριον

     5 24   ἄφες ἐκεῖ τὸ δῶρόν σου ἔμπροσθεν
τοῦ θυσιαστηρίου

     5 24   τότε ἐλθὼν πρόσφερε τὸ δῶρόν
σου

     8 4   προσένεγκον (-κε VSς) τὸ δῶρον ὃ
προσέταξεν Μωϋσῆς

     15 5   δῶρον ὃ ἐὰν ἐξ ἐμοῦ ὠφεληθῇς
(-λήθης N)

     23 18   ὃς δ᾽ ἂν ὁμόσῃ ἐν τῷ δώρῳ τῷ
ἐπάνω αὐτοῦ, ὀφείλει. ↔

     23 19   τυφλοί, τί γὰρ μεῖζον, τὸ δῶρον
↔

Mt   23 19   ἢ τὸ θυσιαστήριον τὸ ἁγιάζον τὸ
δῶρον;

Mc   7 11   κορβᾶν, ὅ ἐστιν δῶρον, ὃ ἐὰν ἐξ
ἐμοῦ ὠφεληθῇς (-λήθης N)

Lc   21 1ᵃ   εἶδεν τοὺς βάλλοντας εἰς τὸ γαζο-
φυλάκιον τὰ δῶρα αὐτῶν πλουσί-
ους

     21 4ᵃᵇ   πάντες (ἅπ. VBSTς) γὰρ οὗτοι
ἐκ τοῦ περισσεύοντος αὐτοῖς ἔβαλον
εἰς τὰ δῶρα (+τοῦ θεοῦ MVBSς)

E   2 8ᵇ   καὶ τοῦτο οὐκ ἐξ ὑμῶν, θεοῦ τὸ
δῶρον

Hb   5 1ᵃ   ἵνα προσφέρῃ δῶρά τε [H] καὶ
θυσίας ὑπὲρ ἁμαρτιῶν

     8 3ᵃ   πᾶς γὰρ ἀρχιερεὺς εἰς τὸ προσφέ-
ρειν δῶρά τε καὶ θυσίας καθίσταται

     8 4ᵃ   ὄντων τῶν προσφερόντων κατὰ
(+τὸν [MVS]ς) νόμον τὰ δῶρα

     9 9ᵃ   καθ᾽ ἣν δῶρά τε καὶ θυσίαι προσ-
φέρονται

     11 4ᵃ   μαρτυροῦντος ἐπὶ τοῖς δώροις
αὐτοῦ τοῦ θεοῦ

Ap   11 10ᵃ   οἱ κατοικοῦντες ἐπὶ τῆς γῆς ...
δῶρα πέμψουσιν (πέμπ. T) ἀλλή-
λοις

ἔα
→ ἐάω
Mc 1 24 * ⟨ἀνέκραξεν⟩ λέγων· ἔα (+[MS]
        Vꜱ), τί ἡμῖν καὶ σοί, Ἰησοῦ Ναζα-
        ρηνέ;
Lc 4 34 ⟨ἀνέκραξεν⟩ ἔα, τί ἡμῖν καὶ σοί,
        Ἰησοῦ Ναζαρηνέ;

ἐάν
→ ἄν
→ ἐάνπερ
→ κἄν
a ἐὰν (δέ, γὰρ) μή
b ἐὰν οὖν
c ἐὰν (δὲ) καί
d ἐάν τε
e ἐὰν μὴ ἵνα
f ὃς (καθὸ) ἐὰν (μή)
g ὅσος ἐὰν (μή)
h ὅστις ἐὰν (μή)
j ὅπου, οὗ ἐάν
k ἡνίκα, ὁσάκις, ὡς ἐάν
l ἄν loco ἐάν
m ἐάν c. indic.

Mt 4 9 ταῦτά σοι πάντα δώσω, ἐὰν πεσὼν
       προσκυνήσῃς μοι
   5 13 ἐὰν δὲ τὸ ἅλας μωρανθῇ, ἐν τίνι
       ἁλισθήσεται;
   5 19b ὃς ἐὰν οὖν λύσῃ μίαν τῶν ἐντολῶν
       τούτων τῶν ἐλαχίστων
   5 20a ἐὰν μὴ περισσεύσῃ ὑμῶν ἡ δικαιο-
       σύνη πλεῖον τῶν γραμματέων
   5 23b ἐὰν οὖν προσφέρῃς τὸ δῶρόν σου
       ἐπὶ τὸ θυσιαστήριον
   5 32f | καὶ ὃς ἐὰν ἀπολελυμένην γαμήσῃ,
       μοιχᾶται [H]
   5 46 ἐὰν γὰρ ἀγαπήσητε τοὺς ἀγαπῶν-
       τας ὑμᾶς
   5 47 ἐὰν ἀσπάσησθε τοὺς ἀδελφοὺς
       (φίλους VS) ὑμῶν μόνον
   6 14 ἐὰν γὰρ ἀφῆτε τοῖς ἀνθρώποις
       τὰ παραπτώματα αὐτῶν
   6 15a ἐὰν δὲ μὴ ἀφῆτε τοῖς ἀνθρώποις
       | τὰ παραπτώματα αὐτῶν (+
       [VH]Bꜱ)
   6 22b ἐὰν οὖν (−T) ᾖ ὁ ὀφθαλμός σου
       ἁπλοῦς
   6 23 ἐὰν δὲ ὁ ὀφθαλμός σου πονηρὸς ᾖ
   7 9f * τίς ἐστιν (−H) ἐξ ὑμῶν ἄνθρω-
       πος, ὃν | ἐὰν αἰτήσῃ (VSꜱ; αἰτή-
       σει rl) ὁ υἱὸς αὐτοῦ ἄρτον ⟨;⟩
   7 10 * | καὶ ἐὰν (VSꜱ; ἢ καὶ rl) ἰχθὺν
       αἰτήσῃ (VSꜱ; -σει rl), μὴ ὄφιν
       ἐπιδώσει αὐτῷ;
   7 12gl πάντα οὖν ὅσα ἐὰν (ἂν VSꜱ)
       θέλητε ἵνα ποιῶσιν ὑμῖν οἱ ἄνθρω-
       ποι
   8 2 κύριε, ἐὰν θέλῃς, δύνασαί με καθα-
       ρίσαι
   8 19j ἀκολουθήσω σοι ὅπου ἐὰν ἀπέρχῃ
   9 21 ἐὰν μόνον ἅψωμαι τοῦ ἱματίου
       αὐτοῦ, σωθήσομαι
   10 13 καὶ ἐὰν μὲν ᾖ ἡ οἰκία ἀξία, ἐλθάτω
       ἡ εἰρήνη ὑμῶν ἐπ᾽ αὐτήν· ↔
   10 13a ἐὰν δὲ μὴ ᾖ ἀξία, ἡ εἰρήνη ὑμῶν
       πρὸς (ἐφ᾽ H) ὑμᾶς ἐπιστραφήτω. ↔

Mt 10 14fl * καὶ ὃς ἐὰν (ꜱ; ἂν rl) μὴ δέξηται
       ὑμᾶς
   10 42fl * ὃς ἐὰν (ἂν N²⁶H) ποτίσῃ ἕνα τῶν
       μικρῶν τούτων
   11 6fl μακάριός ἐστιν ὃς ἐὰν (ἂν H) μὴ
       σκανδαλισθῇ ἐν ἐμοί
   11 27f ᾧ ἐὰν βούληται ὁ υἱὸς ἀποκαλύψαι
   12 11 ἐὰν ἐμπέσῃ τοῦτο τοῖς σάββασιν
       εἰς βόθυνον, οὐχὶ κρατήσει ⟨;⟩
   12 29a πῶς δύναταί τις εἰσελθεῖν ...
       ἐὰν μὴ πρῶτον δήσῃ τὸν ἰσχυρόν;
   12 32fl ὃς ἐὰν (ἂν ꜱ) εἴπῃ λόγον κατὰ τοῦ
       υἱοῦ τοῦ ἀνθρώπου
   12 36fm * πᾶν ῥῆμα ἀργὸν ὃ ἐὰν (+MVB
       Sꜱ) λαλήσουσιν (-σωσιν MVSꜱ) οἱ
       ἄνθρωποι
   14 7f ὡμολόγησεν αὐτῇ δοῦναι ὃ ἐὰν
       αἰτήσηται
   15 5fm δῶρον ὃ ἐὰν ἐξ ἐμοῦ ὠφεληθῇς
       (-ήθῃς N)
   15 14 τυφλὸς δὲ τυφλὸν ἐὰν ὁδηγῇ
   16 19f ὃ ἐὰν δήσῃς ἐπὶ τῆς γῆς ἔσται δεδε-
       μένον ἐν τοῖς οὐρανοῖς, ↔
   16 19f καὶ ὃ ἐὰν λύσῃς ἐπὶ τῆς γῆς ἔσται
       λελυμένον ἐν τοῖς οὐρανοῖς
   16 25fl ὃς γὰρ ἐὰν (ἂν ꜱ) θέλῃ τὴν ψυχὴν
       αὐτοῦ σῶσαι, ἀπολέσει αὐτήν
   16 26 τί γὰρ ὠφεληθήσεται ἄνθρωπος,
       ἐὰν τὸν κόσμον ὅλον κερδήσῃ ⟨;⟩
   17 20 ἐὰν ἔχητε πίστιν ὡς κόκκον σινά-
       πεως, ἐρεῖτε τῷ ὄρει τούτῳ
   18 3a ἐὰν μὴ στραφῆτε καὶ γένησθε ὡς
       τὰ παιδία, οὐ μὴ εἰσέλθητε
   18 5f ὃς ἐὰν δέξηται ἓν παιδίον τοιοῦτο
       ἐπὶ τῷ ὀνόματί μου
   18 12 ἐὰν γένηταί τινι ἀνθρώπῳ ἑκατὸν
       πρόβατα ... οὐχὶ ... πορευθεὶς
       ζητεῖ τὸ πλανώμενον; ↔
   18 13 καὶ ἐὰν γένηται εὑρεῖν αὐτό, ἀμὴν
       λέγω ὑμῖν ὅτι χαίρει
   18 15 ἐὰν δὲ ἁμαρτήσῃ | εἰς σὲ ([N²⁶S];
       −NTH) ὁ ἀδελφός σου, ὕπαγε
       ἔλεγξον αὐτόν
   18 15 ἐάν σου ἀκούσῃ, ἐκέρδησας τὸν
       ἀδελφόν σου· ↔
   18 16a ἐὰν δὲ μὴ ἀκούσῃ, παράλαβε μετὰ
       σοῦ (σεαυτοῦ BST) ἔτι ἕνα ἢ δύο
   18 17 ἐὰν δὲ παρακούσῃ αὐτῶν, εἰπὲ
       (εἶπον NMTH) τῇ ἐκκλησίᾳ· ↔
   18 17c ἐὰν δὲ καὶ τῆς ἐκκλησίας παρακού-
       σῃ, ἔστω σοι ὥσπερ ὁ ἐθνικὸς καὶ
       ὁ τελώνης
   18 18g ὅσα ἐὰν δήσητε ἐπὶ τῆς γῆς
       ἔσται δεδεμένα ἐν (+τῷ VSꜱ)
       οὐρανῷ, ↔
   18 18g καὶ ὅσα ἐὰν λύσητε ἐπὶ τῆς γῆς
       ἔσται λελυμένα ἐν (+τῷ VSꜱ)
       οὐρανῷ
   18 19m ἐὰν δύο συμφωνήσωσιν (-σουσιν
       T) ἐξ ὑμῶν ἐπὶ τῆς γῆς περὶ παν-
       τὸς πράγματος ↔
   18 19f οὗ ἐὰν αἰτήσωνται, γενήσεται
       αὐτοῖς παρὰ τοῦ πατρός μου
   18 35 οὕτως ... ποιήσει ὑμῖν, ἐὰν μὴ
       ἀφῆτε ἕκαστος τῷ ἀδελφῷ αὐτοῦ

Mt 20 4f ὃ ἐὰν ᾖ δίκαιον δώσω ὑμῖν
   20 7f * | καὶ ὃ ἐὰν ᾖ δίκαιον λήψεσθε
       (+ꜱ)
   20 26fl ὃς ἐὰν (ἂν H) θέλῃ ἐν ὑμῖν μέγας
       γενέσθαι, ἔσται ὑμῶν διάκονος, ↔
   20 27fl * καὶ ὃς ἐὰν (VSꜱ; ἂν rl) θέλῃ
       ἐν ὑμῖν εἶναι πρῶτος, ἔσται ὑμῶν
       δοῦλος
   21 3 ἐάν τις ὑμῖν εἴπῃ τι, ἐρεῖτε
   21 21 ἐὰν ἔχητε πίστιν καὶ μὴ διακρι-
       θῆτε, οὐ μόνον τὸ τῆς συκῆς
       ποιήσετε
   21 24f λόγον ἕνα, ὃν ἐὰν εἴπητέ μοι, κἀγὼ
       ὑμῖν ἐρῶ
   21 25 ἐὰν εἴπωμεν· ἐξ οὐρανοῦ, ἐρεῖ ἡμῖν
   21 26 ἐὰν δὲ εἴπωμεν· ἐξ ἀνθρώπων,
       φοβούμεθα τὸν ὄχλον
   22 9gl ὅσους ἐὰν (ἂν ꜱ) εὕρητε καλέσατε
       εἰς τοὺς γάμους
   22 24 ἐάν τις ἀποθάνῃ μὴ ἔχων τέκνα,
       ἐπιγαμβρεύσει ὁ ἀδελφὸς αὐτοῦ
   23 3gl πάντα οὖν ὅσα ἐὰν (ἂν ꜱ) εἴπωσιν
       ὑμῖν (+τηρεῖν [V]ꜱ)
   23 18fl * ὃς ἐὰν (ꜱ; ἂν rl) ὀμόσῃ ἐν τῷ
       θυσιαστηρίῳ, οὐδέν ἐστιν
   24 23 τότε ἐάν τις ὑμῖν εἴπῃ ... μὴ
       πιστεύσητε
   24 26b ἐὰν οὖν εἴπωσιν ὑμῖν ... μὴ ἐξέλ-
       θητε
   24 28j ὅπου (+γὰρ Sꜱ) ἐὰν ᾖ τὸ πτῶμα,
       ἐκεῖ συναχθήσονται οἱ ἀετοί
   24 48 ἐὰν δὲ εἴπῃ ὁ κακὸς δοῦλος ἐκεῖνος
       ([S]; −T) ἐν τῇ καρδίᾳ αὐτοῦ
   26 13j ὅπου ἐὰν κηρυχθῇ τὸ εὐαγγέλιον
       τοῦτο ... λαληθήσεται
   26 42el εἰ οὐ δύναται τοῦτο (+τὸ ποτή-
       ριον Vꜱ) παρελθεῖν ἐὰν μὴ αὐτὸ
       πίω
   26 48fl * ὃν ἐὰν (T; ἂν rl) φιλήσω αὐτός
       ἐστιν
   28 14 ἐὰν ἀκουσθῇ τοῦτο ἐπὶ τοῦ ἡγε-
       μόνος, ἡμεῖς πείσομεν αὐτόν (+
       [N²⁶S]MVꜱ)
Mc 1 40 ἐὰν θέλῃς δύνασαί με καθαρίσαι
   3 24 ἐὰν βασιλεία ἐφ᾽ ἑαυτὴν μερισθῇ,
       οὐ δύναται σταθῆναι ἡ βασιλεία
       ἐκείνη· ↔
   3 25 καὶ ἐὰν οἰκία ἐφ᾽ ἑαυτὴν μερισθῇ,
       οὐ δυνήσεται ἡ οἰκία ἐκείνη στα-
       θῆναι (N²⁶Tꜱ; στῆναι rl)
   3 27a οὐ δύναται οὐδεὶς ... διαρπάσαι,
       ἐὰν μὴ πρῶτον τὸν ἰσχυρὸν δήσῃ
   3 28gl πάντα ἀφεθήσεται ... ὅσα (ὅσας
       Vꜱ) ἐὰν (ἂν Tꜱ) βλασφημήσωσιν
   4 22el οὐ γὰρ ἔστιν (+τι NMVSTꜱ)
       κρυπτόν, ἐὰν μὴ ἵνα φανερωθῇ
   4 26k * ὡς ἐὰν (+[V]ꜱ) ἄνθρωπος βάλῃ
       τὸν σπόρον ἐπὶ τῆς γῆς
   5 28 | ἐὰν ἅψωμαι κἂν τῶν ἱματίων
       αὐτοῦ (κἂν τ. ἱμ. α. ἅψ. ꜱ), σωθή-
       σομαι
   6 10j ὅπου ἐὰν εἰσέλθητε εἰς οἰκίαν
   6 22f αἴτησόν με ὃ ἐὰν θέλῃς
   6 23fh | ὅ τι (N²⁶; ὅτι rl) (+ὃ NMVB[S]
       Tꜱ) ἐάν με (−N) αἰτήσῃς δώσω σοι

Mc 6 56 [jlm]* ὅπου ἐάν (T; ἄν rl) εἰσεπορεύετο
εἰς κώμας

7 3 [a] πάντες οἱ Ἰουδαῖοι ἐὰν μὴ πυγμῇ
(πυκνὰ T) νίψωνται τὰς χεῖρας
οὐκ ἐσθίουσιν

7 4 [a] ἀπ' ἀγορᾶς ἐὰν μὴ βαπτίσωνται
(ῥαντίσ. NMVH) οὐκ ἐσθίουσιν

7 11 ἐὰν εἴπῃ ἄνθρωπος τῷ πατρὶ ἢ
τῇ μητρί· κορβᾶν, ὅ ἐστιν δῶρον,
↔

7 11 [fm] ὃ ἐὰν ἐξ ἐμοῦ ὠφεληθῇς (-λήθῃς
N) ⟨οὐκέτι ἀφίετε αὐτόν⟩

8 3 ἐὰν ἀπολύσω αὐτοὺς νήστεις . . .
ἐκλυθήσονται ἐν τῇ ὁδῷ

8 35 [fl] ὃς γὰρ ἐὰν (ἂν ς) θέλῃ τὴν | ψυχὴν
αὐτοῦ (ἑαυτοῦ ψ. H) σῶσαι,
ἀπολέσει αὐτήν

8 36 * τί γὰρ ὠφελεῖ (-λήσει Vς) ἄνθρω-
πον | ἐὰν κερδήσῃ (ς; κερδῆσαι
rl) τὸν κόσμον ὅλον ⟨;⟩

8 38 [fl] ὃς γὰρ ἐὰν (ἂν ς) ἐπαισχυνθῇ με
καὶ τοὺς ἐμοὺς λόγους

9 18 [jl] ὅπου ἐὰν (ἂν Vς) αὐτὸν καταλά-
βῃ, ῥήσσει αὐτόν (—T)

9 37 [fl] * ὃς ἐὰν (ς; ἂν rl) ἓν [H] τῶν
| τοιούτων παιδίων (π. τούτων ST)
δέξηται ἐπὶ τῷ ὀνόματί μου, ἐμὲ
δέχεται· ↔

9 37 [fl] * καὶ ὃς ἐὰν (ς; ἂν rl) ἐμὲ δέχηται
(δέξηται Vς)

9 43 ἐὰν σκανδαλίζῃ (-σῃ NTH) σε ἡ
χείρ σου

9 45 ἐὰν ὁ πούς σου σκανδαλίζῃ σε

9 47 ἐὰν ὁ ὀφθαλμός σου σκανδαλίζῃ σε

9 50 ἐὰν δὲ τὸ ἅλας ἄναλον γένηται

10 11 [fl] * ὃς ἐὰν (ς; ἂν rl) ἀπολύσῃ τὴν
γυναῖκα αὐτοῦ καὶ γαμήσῃ ἄλλην,
μοιχᾶται ἐπ' αὐτήν· ↔

10 12 καὶ ἐὰν αὐτὴ (γυνὴ VBς) . . . | γα-
μήσῃ ἄλλον (-μηθῇ ἄλλῳ Vς),
μοιχᾶται

10 15 [fl] * ὃς ἐὰν (ς; ἂν rl) μὴ δέξηται τὴν
βασιλείαν τοῦ θεοῦ ὡς παιδίον

10 30 [a] ⟨οὐδείς ἐστιν ὃς ἀφῆκεν οἰκίαν⟩
ἐὰν μὴ λάβῃ ἑκατονταπλασίονα

10 35 [f] θέλομεν ἵνα ὃ ἐὰν αἰτήσωμέν σε
ποιήσῃς ἡμῖν

10 43 [fl] * ὃς ἐὰν (ς; ἂν rl) θέλῃ μέγας γενέ-
σθαι ἐν ὑμῖν

11 3 ἐάν τις ὑμῖν εἴπῃ

11 23 [f] * ὃς ἂν εἴπῃ τῷ ὄρει τούτῳ . . .
ἔσται αὐτῷ | ὃ ἐὰν εἴπῃ (+ς)

11 31 ἐὰν εἴπωμεν· ἐξ οὐρανοῦ, ἐρεῖ

11 32 * ἀλλὰ ἐὰν (+ς) εἴπωμεν· ἐξ
ἀνθρώπων;

12 19 ἐάν τινος ἀδελφὸς ἀποθάνῃ καὶ
καταλίπῃ γυναῖκα

13 11 [f] ὃ ἐὰν δοθῇ ὑμῖν ἐν ἐκείνῃ τῇ ὥρᾳ,
τοῦτο λαλεῖτε

13 21 τότε ἐάν τις ὑμῖν εἴπῃ . . . μὴ
πιστεύετε

14 9 [jl] ὅπου ἐὰν (ἂν ς) κηρυχθῇ τὸ
εὐαγγέλιον (+ τοῦτο Vς) . . . ὃ
ἐποίησεν αὐτη λαληθήσεται

14 14 [j] ὅπου ἐὰν εἰσέλθῃ εἴπατε τῷ οἰκο-
δεσπότῃ

14 31 ἐὰν | δέῃ με (~ VBSTς) συναπο-
θανεῖν σοι, οὐ μή σε ἀπαρνήσομαι
(-σωμαι T)

Lc 4 6 [fl] ᾧ ἐὰν (ἂν H) θέλω δίδωμι αὐτήν·
↔

4 7 σὺ οὖν ἐὰν προσκυνήσῃς ἐνώπιον
ἐμοῦ, ἔσται σοῦ πᾶσα

5 12 κύριε, ἐὰν θέλῃς, δύνασαί με καθα-
ρίσαι

Lc 6 33 καὶ γὰρ ([N26MH]; —VBSς) ἐὰν
ἀγαθοποιῆτε τοὺς ἀγαθοποιοῦν-
τας ὑμᾶς, ποία ὑμῖν χάρις ἐστίν;

6 34 ἐὰν δανίσητε παρ' ὧν ἐλπίζετε
λαβεῖν, ποία ὑμῖν χάρις ἐστίν
[N26NH];

7 23 [f] μακάριός ἐστιν ὃς ἐὰν μὴ σκανδα-
λισθῇ ἐν ἐμοί

9 24 [fl] * ὃς γὰρ ἐὰν (NMVT; ἂν rl) θέλῃ
τὴν ψυχὴν αὐτοῦ σῶσαι, ἀπολέσει
αὐτήν

9 48 [fl] ὃς ἐὰν (ἂν BSH) δέξηται τοῦτο
τὸ παιδίον ἐπὶ τῷ ὀνόματί μου,
ἐμὲ δέχεται· ↔

9 48 [fl] * καὶ ὃς ἐὰν (ς; ἂν rl) ἐμὲ δέξηται

9 57 [jl] ἀκολουθήσω σοι ὅπου ἐὰν (ἂν
Tς) ἀπέρχῃ (+ κύριε Vς)

10 6 ἐὰν | ἐκεῖ ᾖ (~ VBSTς) υἱὸς εἰρήνης

10 22 [fl] ᾧ ἐὰν (ἂν H) βούληται ὁ υἱὸς
ἀποκαλύψαι

11 12 * ἢ καὶ ἐὰν (+ς) αἰτήσῃ (ς;
-σει rl) ᾠόν, (+μὴ MVB[S]Tς)
ἐπιδώσει αὐτῷ σκορπίον;

12 45 ἐὰν δὲ εἴπῃ ὁ δοῦλος ἐκεῖνος ἐν τῇ
καρδίᾳ αὐτοῦ

13 3 [a] ἐὰν μὴ μετανοῆτε, πάντες ὁμοίως
ἀπολεῖσθε

13 5 [a] ἐὰν μὴ μετανοῆτε (-νοήσητε NMB
TH), πάντες ὡσαύτως ἀπολεῖσθε

14 34 [c] ἐὰν δὲ καὶ τὸ ἅλας μωρανθῇ

15 8 ἐὰν ἀπολέσῃ δραχμὴν μίαν

16 30 ἐάν τις ἀπὸ νεκρῶν πορευθῇ πρὸς
αὐτούς, μετανοήσουσιν

16 31 εἰ Μωϋσέως . . . οὐκ ἀκούουσιν, οὐδ'
ἐάν τις ἐκ νεκρῶν ἀναστῇ πεισθή-
σονται

17 3 ἐὰν ἁμάρτῃ ὁ ἀδελφός σου, ἐπιτί-
μησον αὐτῷ, ↔

17 3 καὶ ἐὰν μετανοήσῃ, ἄφες αὐτῷ. ↔

17 4 καὶ ἐὰν ἑπτάκις τῆς ἡμέρας ἁμαρ-
τήσῃ εἰς σὲ . . . ἀφήσεις αὐτῷ

17 33 [f] ὃς ἐὰν ζητήσῃ τὴν ψυχὴν αὐτοῦ
περιποιήσασθαι (σῶσαι Vς), ἀπο-
λέσει αὐτήν, ↔

17 33 [flm] * | καὶ ὃς ἐὰν (ὃς δ' ἂν N26H; καὶ
ὃς ἂν NM) ἀπολέσῃ (-σει NMTH),
ζῳογονήσει αὐτήν

18 17 [fl] * ὃς ἐὰν (Vς; ἂν rl) μὴ δέξηται
τὴν βασιλείαν τοῦ θεοῦ ὡς παιδίον

19 31 ἐάν τις ὑμᾶς ἐρωτᾷ

19 40 [m] λέγω ὑμῖν, (+ὅτι VBSTς) ἐὰν
οὗτοι σιωπήσουσιν (-σωσιν Sς),
οἱ λίθοι κράξουσιν

20 5 ἐὰν εἴπωμεν· ἐξ οὐρανοῦ, ἐρεῖ

20 6 ἐὰν δὲ εἴπωμεν· ἐξ ἀνθρώπων, ὁ
λαὸς ἅπας καταλιθάσει ἡμᾶς

20 28 ἐάν τινος ἀδελφὸς ἀποθάνῃ ἔχων
γυναῖκα

22 67 ἐὰν ὑμῖν εἴπω, οὐ μὴ πιστεύσητε·
↔

22 68 [c] ἐὰν δὲ (+καὶ VBς) ἐρωτήσω, οὐ
μὴ ἀποκριθῆτε (+μοι ἢ ἀπολύση-
τε Vς; +μοι B)

Jo 3 2 [a] οὐδεὶς γὰρ δύναται . . . ποιεῖν . . .
ἐὰν μὴ ᾖ ὁ θεὸς μετ' αὐτοῦ

3 3 [a] ἐὰν μή τις γεννηθῇ ἄνωθεν, οὐ
δύναται ἰδεῖν τὴν βασιλείαν τοῦ
θεοῦ

3 5 ἐὰν μή τις γεννηθῇ ἐξ ὕδατος καὶ
πνεύματος, οὐ δύναται εἰσελθεῖν

3 12 πῶς ἐὰν εἴπω ὑμῖν τὰ ἐπουράνια
πιστεύσετε;

3 27 [a] οὐ δύναται ἄνθρωπος λαμβάνειν
| οὐδὲ ἓν (N26; οὐδὲν rl) ἐὰν μὴ ᾖ
δεδομένον αὐτῷ ἐκ τοῦ οὐρανοῦ

Jo 4 48 [a] ἐὰν μὴ σημεῖα καὶ τέρατα ἴδητε,
οὐ μὴ πιστεύσητε

5 19 [al] οὐ δύναται ὁ υἱὸς ποιεῖν ἀφ'
ἑαυτοῦ οὐδέν, ἐὰν (N26BSς; ἂν rl)
μή τι βλέπῃ τὸν πατέρα ποιοῦντα

5 31 ἐὰν ἐγὼ μαρτυρῶ περὶ ἐμαυτοῦ, ἡ
μαρτυρία μου οὐκ ἔστιν ἀληθής

5 43 ἐὰν ἄλλος ἔλθῃ ἐν τῷ ὀνόματι τῷ
ἰδίῳ, ἐκεῖνον λήμψεσθε

6 44 οὐδεὶς δύναται ἐλθεῖν πρός με ἐὰν
μὴ ὁ πατήρ . . . ἑλκύσῃ αὐτόν

6 51 ἐάν τις φάγῃ ἐκ | τούτου τοῦ (τοῦ
ἐμοῦ T) ἄρτου, ζήσει

6 53 [a] ἐὰν μὴ φάγητε τὴν σάρκα . . . οὐκ
ἔχετε ζωὴν ἐν ἑαυτοῖς

6 62 [b] ἐὰν οὖν θεωρῆτε τὸν υἱὸν τοῦ
ἀνθρώπου ἀναβαίνοντα ⟨;⟩

6 65 [a] οὐδεὶς δύναται ἐλθεῖν πρός με (ἐμὲ
T) ἐὰν μὴ ᾖ δεδομένον αὐτῷ

7 17 ἐάν τις θέλῃ τὸ θέλημα αὐτοῦ ποι-
εῖν, γνώσεται

7 37 ἐάν τις διψᾷ, ἐρχέσθω | πρός
με (—T) καὶ πινέτω

7 51 [a] μὴ ὁ νόμος ἡμῶν κρίνει τὸν ἄνθρω-
πον ἐὰν μὴ ἀκούσῃ πρῶτον παρ'
αὐτοῦ ⟨;⟩

8 16 καὶ ἐὰν κρίνω δὲ ἐγώ, ἡ κρίσις ἡ
ἐμὴ ἀληθινή ἐστιν

8 24 [a] ἐὰν γὰρ μὴ πιστεύσητε ὅτι ἐγώ
εἰμι, ἀποθανεῖσθε

8 31 ἐὰν ὑμεῖς μείνητε ἐν τῷ λόγῳ τῷ
ἐμῷ, ἀληθῶς μαθηταί μού ἐστε

8 36 [b] ἐὰν οὖν ὁ υἱὸς ὑμᾶς ἐλευθερώσῃ,
ὄντως ἐλεύθεροι ἔσεσθε

8 51 ἐάν τις τὸν ἐμὸν λόγον τηρήσῃ,
θάνατον οὐ μὴ θεωρήσῃ

8 52 ἐάν τις τὸν λόγον μου τηρήσῃ, οὐ
μὴ γεύσηται θανάτου

8 54 ἐὰν ἐγὼ δοξάσω ἐμαυτόν, ἡ δόξα
μου οὐδέν ἐστιν

9 22 ἵνα ἐάν τις αὐτὸν ὁμολογήσῃ
χριστόν, ἀποσυνάγωγος γένηται

9 31 ἐάν τις θεοσεβὴς ᾖ . . . τούτου
ἀκούει

10 9 δι' ἐμοῦ ἐάν τις εἰσέλθῃ, σωθήσεται

11 9 ἐάν τις περιπατῇ ἐν τῇ ἡμέρᾳ, οὐ
προσκόπτει

11 10 ἐὰν δέ τις περιπατῇ ἐν τῇ νυκτί,
προσκόπτει

11 40 οὐκ εἶπόν σοι ὅτι ἐὰν πιστεύσῃς
ὄψῃ τὴν δόξαν τοῦ θεοῦ;

11 48 ἐὰν ἀφῶμεν αὐτὸν οὕτως, πάντες
πιστεύσουσιν εἰς αὐτόν

11 57 ἵνα ἐάν τις γνῷ ποῦ ἐστιν μηνύσῃ

12 24 [a] ἐὰν μὴ ὁ κόκκος τοῦ σίτου πεσὼν
εἰς τὴν γῆν ἀποθάνῃ, αὐτὸς μόνος
μένει· ↔

12 24 ἐὰν δὲ ἀποθάνῃ, πολὺν καρπὸν
φέρει

12 26 ἐὰν ἐμοὶ | τις διακονῇ (~ VSς),
ἐμοὶ ἀκολουθείτω

12 26 (+καὶ ς) ἐάν τις ἐμοὶ διακονῇ,
τιμήσει αὐτὸν ὁ πατήρ

12 32 [l] κἀγὼ ἐὰν (ἂν H) ὑψωθῶ ἐκ τῆς
γῆς, πάντας ἑλκύσω πρὸς ἐμαυτόν

12 47 ἐάν τίς μου ἀκούσῃ τῶν ῥημάτων
. . . ἐγὼ οὐ κρίνω αὐτόν

13 8 [a] ἐὰν μὴ νίψω σε, οὐκ ἔχεις μέρος μετ'
ἐμοῦ

13 17 εἰ ταῦτα οἴδατε, μακάριοί ἐστε
ἐὰν ποιῆτε αὐτά

13 20 [l] * ὁ λαμβάνων ἐάν (ς; ἂν rl) τινα
πέμψω ἐμὲ λαμβάνει

13 35 ἐν τούτῳ γνώσονται . . . ἐὰν ἀγά-
πην ἔχητε ἐν ἀλλήλοις

Jo 14 3 ἐὰν πορευθῶ καὶ ἑτοιμάσω | τόπον
        ὑμῖν (~ VSς)

   14 14 ἐάν τι αἰτήσητέ με ([H]; —ς) ἐν τῷ
        ὀνόματί μου

   14 15 ἐὰν ἀγαπᾶτέ με, τὰς ἐντολὰς τὰς
        ἐμὰς τηρήσετε (-σατε VSς)

   14 23 ἐάν τις ἀγαπᾷ με, τὸν λόγον μου
        τηρήσει

   15 4ᵃ οὐ δύναται καρπὸν φέρειν ἀφ'
        ἑαυτοῦ ἐὰν μὴ μένῃ ἐν τῇ ἀμπέλῳ,
        ↔

   15 4ᵃ οὕτως οὐδὲ ὑμεῖς ἐὰν μὴ ἐν ἐμοὶ
        μένητε

   15 6ᵃ ἐὰν μή τις μένῃ ἐν ἐμοί, ἐβλήθη ἔξω

   15 7 ἐὰν μείνητε ἐν ἐμοὶ καὶ τὰ ῥήματά
        μου ἐν ὑμῖν μείνῃ, ↔

   15 7ᶠ ὃ ἐὰν θέλητε αἰτήσασθε, καὶ
        γενήσεται ὑμῖν

   15 10 ἐὰν τὰς ἐντολάς μου τηρήσητε,
        μενεῖτε ἐν τῇ ἀγάπῃ μου

   15 14 ὑμεῖς φίλοι μού ἐστε, ἐὰν ποιῆτε ἃ
        (ὃ NH; ὅσα ς) ἐγὼ ἐντέλλομαι
        ὑμῖν

   16 7ᵃ ἐὰν γὰρ μὴ ἀπέλθω, ὁ παράκλητος
        | οὐκ ἐλεύσεται (οὐ μὴ ἔλθῃ NH)
        πρὸς ὑμᾶς· ↔

   16 7 ἐὰν δὲ πορευθῶ, πέμψω αὐτὸν
        πρὸς ὑμᾶς

   19 12 ἐὰν τοῦτον ἀπολύσῃς, οὐκ εἶ
        φίλος τοῦ Καίσαρος

   20 25ᵃ ἐὰν μὴ ἴδω ... τὸν τύπον τῶν
        ἥλων ... οὐ μὴ πιστεύσω

   21 22 ἐὰν αὐτὸν θέλω μένειν ἕως ἔρχομαι,
        τί πρὸς σέ;

   21 23 ἐὰν αὐτὸν θέλω μένειν ἕως ἔρχομαι,
        | τί πρὸς σέ; ([N²⁶]; —ST)

   21 25ʰ || ἅτινα ἐὰν γράφηται καθ' ἕν,
        οὐδ' αὐτὸν οἶμαι τὸν κόσμον
        χωρήσειν (χωρῆσαι VBSς)
        ((.. —T ..))

Ac 2 21ᶠˡ * πᾶς ὃς ἐὰν (ἂν N²⁶STς) ἐπικαλέ-
        σηται τὸ ὄνομα κυρίου σωθήσεται

   3 23ʰˡ πᾶσα ψυχὴ ἥτις ἐὰν (ἂν Hς) μὴ
        ἀκούσῃ ... ἐξολεθρευθήσεται ἐκ
        τοῦ λαοῦ

   5 38 ὅτι ἐὰν ᾖ ἐξ ἀνθρώπων ἡ βουλὴ
        αὕτη ... καταλυθήσεται

   7 7ᶠˡᵐ τὸ ἔθνος ᾧ ἐὰν (ἂν H) δουλεύ-
        σουσιν (-σωσι ς) κρινῶ ἐγώ

   8 19ᶠˡ ἵνα ᾧ ἐὰν (ἂν ς) ἐπιθῶ τὰς χεῖρας
        λαμβάνῃ πνεῦμα ἅγιον

   8 31ᵃᵐ πῶς γὰρ ἂν δυναίμην ἐὰν μή τις
        ὁδηγήσει (-σῃ ς) με;

   9 2ˡ ὅπως ἐὰν (ἂν T) τινας εὕρῃ | τῆς
        ὁδοῦ ὄντας (~ T) ... ἀγάγῃ εἰς
        Ἰερουσαλήμ

   13 41 ἔργον ὃ οὐ μὴ πιστεύσητε ἐάν τις
        ἐκδιηγῆται ὑμῖν

   15 1ᵃ ἐὰν μὴ περιτμηθῆτε ... οὐ δύνασθε
        σωθῆναι

   26 5 (ἴσασι πάντες Ἰουδαῖοι) ἐὰν
        θέλωσι μαρτυρεῖν

   27 31ᵃ ἐὰν μὴ οὗτοι μείνωσιν ἐν τῷ
        πλοίῳ, ὑμεῖς σωθῆναι οὐ δύνασθε

Rm 2 25 περιτομὴ μὲν γὰρ ὠφελεῖ ἐὰν
        νόμον πράσσῃς· ↔

   2 25 ἐὰν δὲ παραβάτης νόμου ᾖς, ἡ
        περιτομή σου ἀκροβυστία γέγο-
        νεν. ↔

   2 26ᵇ ἐὰν οὖν ἡ ἀκροβυστία τὰ δικαιώ-
        ματα τοῦ νόμου φυλάσσῃ

   7 2 ἐὰν δὲ ἀποθάνῃ ὁ ἀνήρ, κατήργη-
        ται ἀπὸ τοῦ νόμου τοῦ ἀνδρός. ↔

   7 3 ἄρα οὖν ... μοιχαλὶς χρηματίσει
        ἐὰν γένηται ἀνδρὶ ἑτέρῳ· ↔

Rm 7 3 ἐὰν δὲ ἀποθάνῃ ὁ ἀνήρ, ἐλευθέρα
        ἐστὶν ἀπὸ τοῦ νόμου

   9 27 ἐὰν ᾖ ὁ ἀριθμὸς τῶν υἱῶν Ἰσραὴλ
        ὡς ἡ ἄμμος τῆς θαλάσσης

   10 9 ὅτι ἐὰν ὁμολογήσῃς (+τὸ ῥῆμα
        H) ἐν τῷ στόματί σου | κύριον
        Ἰησοῦν (ὅτι κύριος Ἰησοῦς H) ...
        σωθήσῃ

   10 15ᵃ πῶς δὲ κηρύξωσιν ἐὰν μὴ ἀποστα-
        λῶσιν;

   11 22 ἐπὶ δὲ σὲ χρηστότης θεοῦ, ἐὰν
        ἐπιμένῃς (-μείνῃς MVSς) τῇ χρη-
        στότητι

   11 23ᵃ κἀκεῖνοι δέ, ἐὰν μὴ ἐπιμένωσιν
        (-μείνωσιν MVSς) τῇ ἀπιστίᾳ,
        ἐγκεντρισθήσονται

   12 20 ἐὰν πεινᾷ ὁ ἐχθρός σου, ψώμιζε
        αὐτόν·

   12 20 ἐὰν διψᾷ, πότιζε αὐτόν

   13 4 ἐὰν δὲ τὸ κακὸν ποιῇς, φοβοῦ

   14 8ᵈ ἐάν τε γὰρ ζῶμεν, τῷ κυρίῳ
        ζῶμεν, ↔

   14 8ᵈ ἐάν τε ἀποθνήσκωμεν, τῷ κυρίῳ
        ἀποθνήσκομεν. ↔

   14 8ᵇᵈ ἐάν τε οὖν ζῶμεν ↔

   14 8ᵈ ἐάν τε ἀποθνήσκωμεν, τοῦ κυρίου
        ἐσμέν

   14 23 ὁ δὲ διακρινόμενος ἐὰν φάγῃ κατα-
        κέκριται

   15 24ᵏˡ * ὡς ἐὰν (ς; ἂν rl) πορεύωμαι εἰς
        τὴν Σπανίαν· ↔

   15 24 ἐλπίζω ... ὑφ' ὑμῶν προπεμφθῆναι
        ἐκεῖ, ἐὰν ὑμῶν πρῶτον ἀπὸ μέρους
        ἐμπλησθῶ

1 C 4 15 ἐὰν γὰρ μυρίους παιδαγωγοὺς
        ἔχητε ἐν Χριστῷ

   4 19 ἐλεύσομαι δὲ ταχέως πρὸς ὑμᾶς,
        ἐὰν ὁ κύριος θελήσῃ

   5 11 μὴ συναναμίγνυσθαι ἐάν τις ἀδελ-
        φὸς ὀνομαζόμενος ᾖ πόρνος

   6 4 βιωτικὰ μὲν οὖν κριτήρια ἐὰν
        ἔχητε ... τούτους καθίζετε;

   6 18ᶠ πᾶν ἁμάρτημα ὃ ἐὰν ποιήσῃ
        ἄνθρωπος

   7 8 λέγω δὲ τοῖς ἀγάμοις ... καλὸν
        αὐτοῖς ἐὰν μείνωσιν ὡς κἀγώ

   7 11ᶜ ἐὰν δὲ καὶ χωρισθῇ, μενέτω ἄγαμος

   7 28ᶜ ἐὰν δὲ καὶ γαμήσῃς, οὐχ ἥμαρτες,
        ↔

   7 28 καὶ ἐὰν γήμῃ ἡ [H] παρθένος, οὐχ
        ἥμαρτεν

   7 36 εἰ δέ τις ἀσχημονεῖν ... νομίζει,
        ἐὰν ᾖ ὑπέρακμος

   7 39 ἐὰν δὲ κοιμηθῇ ὁ ἀνήρ, ἐλευθέρα
        ἐστίν

   7 40 μακαριωτέρα δέ ἐστιν ἐὰν οὕτως
        μείνῃ

   8 8ᵃ οὔτε (+γὰρ Vς) ἐὰν μὴ (—VTς)
        φάγωμεν ὑστερούμεθα (περισσεύο-
        μεν VTς), ↔

   8 8ᵃ οὔτε ἐὰν (+μὴ VTς) φάγωμεν
        περισσεύομεν (ὑστερούμεθα VTς)

   8 10 ἐὰν γάρ τις ἴδῃ σὲ [H] τὸν ἔχοντα
        γνῶσιν ἐν εἰδωλείῳ κατακείμε-

   9 16 ἐὰν γὰρ εὐαγγελίζωμαι, οὐκ ἔστιν
        μοι καύχημα

   9 16ᵃ οὐαὶ γάρ μοί ἐστιν ἐὰν μὴ εὐαγγε-
        λίσωμαι (-ζωμαι MVBSTς)

   10 28 ἐὰν δέ τις ὑμῖν εἴπῃ· τοῦτο ἱερόθυ-
        τόν ἐστιν, μὴ ἐσθίετε

   11 14 ἀνὴρ μὲν ἐὰν κομᾷ, ἀτιμία αὐτῷ
        ἐστιν, ↔

   11 15 γυνὴ δὲ ἐὰν κομᾷ, δόξα αὐτῇ ἐστιν

   11 25ᵏˡ τοῦτο ποιεῖτε, ὁσάκις ἐὰν (ἂν ς)
        πίνητε, εἰς τὴν ἐμὴν ἀνάμνησιν. ↔

1 C 11 26ᵏˡ ὁσάκις γὰρ ἐὰν (ἂν ς) ἐσθίητε τὸν
        ἄρτον τοῦτον ... καταγγέλλετε

   12 15 ἐὰν εἴπῃ ὁ πούς

   12 16 ἐὰν εἴπῃ τὸ οὖς

   13 1 ἐὰν ταῖς γλώσσαις τῶν ἀνθρώπων
        λαλῶ καὶ τῶν ἀγγέλων

   13 2 | καὶ ἐὰν (κἂν H) ἔχω προφητείαν
        καὶ εἰδῶ ... πᾶσαν τὴν γνῶσιν, ↔

   13 2 | καὶ ἐὰν (κἂν NH) ἔχω πᾶσαν
        τὴν πίστιν ... ἀγάπην δὲ μὴ ἔχω,
        οὐθέν εἰμι. ↔

   13 3 * | καὶ ἐὰν (κἂν N²⁶NSH) ψωμίσω
        πάντα τὰ ὑπάρχοντά μου, ↔

   13 3 | καὶ ἐὰν (κἂν H) παραδῶ τὸ
        σῶμά μου ... ἀγάπην δὲ μὴ ἔχω,
        οὐδὲν ὠφελοῦμαι

   14 6 νῦν δέ, ἀδελφοί, ἐὰν ἔλθω πρὸς
        ὑμᾶς γλώσσαις λαλῶν, τί ὑμᾶς
        ὠφελήσω, ↔

   14 6ᵃ ἐὰν μὴ ὑμῖν λαλήσω ἢ ἐν ἀποκαλύ-
        ψει ἢ ἐν γνώσει ⟨;⟩

   14 7ᵃ ὅμως τὰ ἄψυχα ... ἐὰν διαστολὴν
        τοῖς φθόγγοις μὴ δῷ

   14 8 καὶ γὰρ ἐὰν ἄδηλον σάλπιγξ
        φωνὴν δῷ, τίς παρασκευάσεται
        εἰς πόλεμον; ↔

   14 9ᵃ οὕτως καὶ ὑμεῖς διὰ τῆς γλώσσης
        ἐὰν μὴ εὔσημον λόγον δῶτε

   14 11ᵃᵇ ἐὰν οὖν μὴ εἰδῶ τὴν δύναμιν τῆς
        φωνῆς

   14 14 ἐὰν γὰρ [N²⁶H] προσεύχωμαι
        γλώσσῃ

   14 16 ἐπεὶ ἐὰν εὐλογῇς ἐν (+ [N²⁶NH]
        BS; τῷ ς) πνεύματι ... πῶς ἐρεῖ τὸ
        ἀμήν ⟨;⟩

   14 23ᵇ ἐὰν οὖν συνέλθῃ ἡ ἐκκλησία ὅλη
        ἐπὶ τὸ αὐτό

   14 24 ἐὰν δὲ πάντες προφητεύωσιν,
        εἰσέλθῃ δέ τις ἄπιστος

   14 28ᵃ ἐὰν δὲ μὴ ᾖ διερμηνευτής, σιγάτω
        ἐν ἐκκλησίᾳ

   14 30 ἐὰν δὲ ἄλλῳ ἀποκαλυφθῇ καθημέ-
        νῳ, ὁ πρῶτος σιγάτω

   15 36ᵃ σὺ ὃ σπείρεις, οὐ ζῳοποιεῖται
        ἐὰν μὴ ἀποθάνῃ

   16 2ʰˡ ἕκαστος ὑμῶν ... τιθέτω θησαυ-
        ρίζων ὅ τι ἐὰν (ἂν VBSTς)
        εὐοδῶται (-ωθῇ S)

   16 3ᶠ οὓς ἐὰν δοκιμάσητε, δι' ἐπιστο-
        λῶν τούτους πέμψω ἀπενεγκεῖν

   16 4 ἐὰν δὲ | ἄξιον ᾖ (~ Tς) τοῦ κἀμὲ
        πορεύεσθαι

   16 6ʲ ἵνα ὑμεῖς με προπέμψητε οὗ ἐὰν
        πορεύωμαι

   16 7 ἐλπίζω ... ἐπιμεῖναι πρὸς ὑμᾶς,
        ἐὰν ὁ κύριος ἐπιτρέψῃ

   16 10 ἐὰν δὲ ἔλθῃ Τιμόθεος, βλέπετε ἵνα
        ἀφόβως γένηται πρὸς ὑμᾶς

2 C 3 16ᵏˡ ἡνίκα δὲ ἐὰν (ἂν BSς) ἐπιστρέψῃ
        πρὸς κύριον

   5 1 ἐὰν ἡ ἐπίγειος ἡμῶν οἰκία τοῦ
        σκήνους καταλυθῇ

   8 12ᶠˡ εἰ γὰρ ἡ προθυμία πρόκειται,
        καθὸ ἐὰν (ἂν T) ἔχῃ εὐπρόσδεκτος

   9 4 μή πως ἐὰν ἔλθωσιν σὺν ἐμοὶ
        Μακεδόνες ... καταισχυνθῶμεν
        ἡμεῖς

   10 8ᵈᵐ ἐάν τε ([N²⁶]; —S) γὰρ περισσό-
        τερόν τι καυχήσωμαι (-σομαι T) ...
        οὐκ αἰσχυνθήσομαι

   12 6 ἐὰν γὰρ θελήσω καυχήσασθαι,
        οὐκ ἔσομαι ἄφρων

   13 2 ἐὰν ἔλθω εἰς τὸ πάλιν οὐ φείσομαι

G   1 8 ἀλλὰ καὶ ἐὰν ἡμεῖς ἢ ἄγγελος ἐξ οὐρανοῦ εὐαγγελίσηται (-ζηται MVBSϛ) … ἀνάθεμα ἔστω

2 16ᵃ οὐ δικαιοῦται ἄνθρωπος ἐξ ἔργων νόμου ἐὰν μὴ διὰ πίστεως

5 2 ἐὰν περιτέμνησθε Χριστὸς ὑμᾶς οὐδὲν ὠφελήσει

5 10ʰˡ ὁ δὲ ταράσσων ὑμᾶς βαστάσει τὸ κρίμα, ὅστις ἐὰν (ἂν ϛ) ᾖ

5 17ᶠˡ ἵνα μὴ ἃ ἐὰν (ἂν ϛ) θέλητε ταῦτα ποιῆτε

6 1ᶜ ἀδελφοί, ἐὰν καὶ προλημφθῇ ἄνθρωπος ἔν τινι παραπτώματι

6 7ʳ ὃ γὰρ ἐὰν σπείρῃ ἄνθρωπος, τοῦτο καὶ θερίσει

E   6 8ᶠ | ἕκαστος ἐάν τι (ἕ. ὃ ἐὰν S; ὃ ἐάν τι ἕ. ϛ) ποιήσῃ ἀγαθόν, τοῦτο κομίσεται (κομιεῖται Sϛ) παρὰ κυρίου

Cl   3 13 χαριζόμενοι ἑαυτοῖς, ἐάν τις πρός τινα ἔχῃ μομφήν

3 17ʰˡ πᾶν ὅ τι ἐὰν (ἂν BSTϛ) ποιῆτε ἐν λόγῳ

3 23ʳʰ ὃ (+τι ϛ) ἐὰν ποιῆτε, ἐκ ψυχῆς ἐργάζεσθε ὡς τῷ κυρίῳ

4 10 ἐὰν ἔλθῃ πρὸς ὑμᾶς, δέξασθε αὐτόν

1 Th 2 7ᵏˡ ὡς ἐὰν (ἂν ϛ) τροφὸς θάλπῃ τὰ ἑαυτῆς τέκνα

3 8ᵐ ὅτι νῦν ζῶμεν ἐὰν ὑμεῖς στήκετε (-κητε ϛ) ἐν κυρίῳ

2 Th 2 3ᵃ ὅτι ἐὰν μὴ ἔλθῃ ἡ ἀποστασία πρῶτον

1 Tm 1 8 καλὸς ὁ νόμος, ἐάν τις αὐτῷ νομίμως χρῆται

2 15 σωθήσεται δὲ … ἐὰν μείνωσιν ἐν πίστει καὶ ἀγάπῃ

3 15 ἐὰν δὲ βραδύνω, ἵνα εἰδῇς πῶς δεῖ ἐν οἴκῳ θεοῦ ἀναστρέφεσθαι

2 Tm 2 5ᶜ ἐὰν δὲ καὶ ἀθλῇ τις, οὐ στεφανοῦται ↔

2 5ᵃ ἐὰν μὴ νομίμως ἀθλήσῃ

2 21ᵇ ἐὰν οὖν τις ἐκκαθάρῃ ἑαυτὸν ἀπὸ τούτων

Hb   3 6 *οὗ οἶκός ἐσμεν ἡμεῖς, ἐὰν (ἐάνπερ Sϛ; ἐάν[περ] N²⁶MV) τὴν παρρησίαν … κατάσχωμεν

3 7 σήμερον ἐὰν τῆς φωνῆς αὐτοῦ ἀκούσητε, μὴ σκληρύνητε

3 15 σήμερον ἐὰν τῆς φωνῆς αὐτοῦ ἀκούσητε, μὴ σκληρύνητε

4 7 σήμερον ἐὰν τῆς φωνῆς αὐτοῦ ἀκούσητε, μὴ σκληρύνητε

10 38 ἐὰν ὑποστείληται, οὐκ εὐδοκεῖ ἡ ψυχή μου ἐν αὐτῷ

13 23ʳ μεθ᾽ οὗ ἐὰν τάχιον ἔρχηται ὄψομαι ὑμᾶς

Jc   2 2 ἐὰν γὰρ εἰσέλθῃ εἰς συναγωγὴν ὑμῶν ἀνὴρ χρυσοδακτύλιος

2 14 τί τὸ (—H) ὄφελος … ἐὰν πίστιν λέγῃ τις ἔχειν ἔργα δὲ μὴ ἔχῃ;

2 15 ἐὰν ἀδελφὸς ἢ ἀδελφὴ γυμνοὶ ὑπάρχωσιν ⟨εἴπῃ δέ τις⟩

2 17ᵃ οὕτως καὶ ἡ πίστις, ἐὰν μὴ ἔχῃ ἔργα, νεκρά ἐστιν καθ᾽ ἑαυτήν

4 4ᵇᶠˡ ὃς ἐὰν (ἂν ϛ) οὖν βουληθῇ φίλος εἶναι τοῦ κόσμου

4 15 ἐὰν ὁ κύριος θελήσῃ (θέλῃ H), καὶ ζήσομεν

5 19 ἐάν τις ἐν ὑμῖν πλανηθῇ ἀπὸ τῆς ἀληθείας

1 Pt 3 13 καὶ τίς ὁ κακώσων ὑμᾶς ἐὰν τοῦ ἀγαθοῦ ζηλωταὶ γένησθε;

1 Jo 1 6 ἐὰν εἴπωμεν ὅτι κοινωνίαν ἔχομεν μετ᾽ αὐτοῦ … ψευδόμεθα

1 7 ἐὰν δὲ ἐν τῷ φωτὶ περιπατῶμεν … κοινωνίαν ἔχομεν μετ᾽ ἀλλήλων

---

1 Jo 1 8 ἐὰν εἴπωμεν ὅτι ἁμαρτίαν οὐκ ἔχομεν

1 9 ἐὰν ὁμολογῶμεν τὰς ἁμαρτίας ἡμῶν, πιστός ἐστιν

1 10 ἐὰν εἴπωμεν ὅτι οὐχ ἡμαρτήκαμεν, ψεύστην ποιοῦμεν αὐτόν

2 1 καὶ ἐάν τις ἁμάρτῃ, παράκλητον ἔχομεν … Ἰησοῦν

2 3 ἐγνώκαμεν αὐτόν, ἐὰν τὰς ἐντολὰς αὐτοῦ τηρῶμεν

2 15 ἐάν τις ἀγαπᾷ τὸν κόσμον, οὐκ ἔστιν ἡ ἀγάπη τοῦ πατρὸς ἐν αὐτῷ

2 24 ἐὰν ἐν ὑμῖν μείνῃ ὃ ἀπ᾽ ἀρχῆς ἠκούσατε, καὶ ὑμεῖς … μενεῖτε

2 28 ἵνα ἐὰν (ὅταν ϛ) φανερωθῇ σχῶμεν παρρησίαν

2 29 ἐὰν εἰδῆτε ὅτι δίκαιός ἐστιν, γινώσκετε

3 2 ἐὰν φανερωθῇ ὅμοιοι αὐτῷ ἐσόμεθα

3 20 ⟨πείσομεν τὴν καρδίαν ἡμῶν⟩ ὅτι ἐὰν καταγινώσκῃ ἡμῶν ἡ καρδία

3 21ᵃ ἐὰν ἡ καρδία ἡμῶν (+[N²⁶]Tϛ) μὴ καταγινώσκῃ (+ἡμῶν Tϛ), παρρησίαν ἔχομεν πρὸς τὸν θεόν, ↔

3 22ᶠˡ καὶ ὃ ἐὰν (ἂν H) αἰτῶμεν λαμβάνομεν ἀπ᾽ αὐτοῦ

4 12 ἐὰν ἀγαπῶμεν ἀλλήλους, ὁ θεὸς ἐν ἡμῖν μένει

4 15ᶠˡ ὃς ἐὰν (ἂν STϛ) ὁμολογήσῃ … ὁ θεὸς ἐν αὐτῷ μένει

4 20 ἐάν τις εἴπῃ … ψεύστης ἐστίν

5 14 ὅτι ἐάν τι αἰτώμεθα κατὰ τὸ θέλημα αὐτοῦ ἀκούει ἡμῶν. ↔

5 15ᵐ καὶ ἐὰν οἴδαμεν ὅτι ἀκούει ἡμῶν ↔

5 15ᶠˡ ὃ ἐὰν (ἂν Sϛ) αἰτώμεθα, οἴδαμεν

5 16 ἐάν τις ἴδῃ τὸν ἀδελφὸν αὐτοῦ ἁμαρτάνοντα … αἰτήσει

3 Jo 5ᶠ πιστὸν ποιεῖς ὃ ἐὰν ἐργάσῃ εἰς τοὺς ἀδελφούς

10 διὰ τοῦτο, ἐὰν ἔλθω, ὑπομνήσω αὐτοῦ τὰ ἔργα

Ap   2 5ᵃ εἰ δὲ μή … κινήσω τὴν λυχνίαν σου … ἐὰν μὴ μετανοήσῃς

2 22ᵃᵐ βάλλω … εἰς θλῖψιν μεγάλην, ἐὰν μὴ μετανοήσωσιν (-σουσιν NMTH) ἐκ τῶν ἔργων αὐτῆς

3 3ᵃᵇ ἐὰν οὖν μὴ γρηγορήσῃς, ἥξω ὡς κλέπτης

3 19ᵍ ἐγὼ ὅσους ἐὰν φιλῶ ἐλέγχω καὶ παιδεύω

3 20 ἐάν τις ἀκούσῃ τῆς φωνῆς μου καὶ ἀνοίξῃ τὴν θύραν

11 6ᵏ πατάξαι τὴν γῆν ἐν πάσῃ πληγῇ ὁσάκις ἐὰν θελήσωσιν

13 15ᵍˡᵐ ἵνα ([N²⁶NMVSH]; —Tϛ) ὅσοι ἐὰν (ἂν ϛ) μὴ προσκυνήσωσιν (-σουσιν T) … (+ἵνα ϛ) ἀποκτανθῶσιν

22 18 ἐάν τις ἐπιθῇ ἐπ᾽ αὐτά, ἐπιθήσει | ὁ θεὸς ἐπ᾽ αὐτὸν (~VST) τὰς [+ἑπτὰ S] πληγάς

22 19 ἐάν τις ἀφέλῃ ἀπὸ τῶν λόγων τοῦ βιβλίου … ἀφελεῖ ὁ θεός

ἐάνπερ

Hb   3 6 οὗ οἶκός ἐσμεν ἡμεῖς, ἐάνπερ (Sϛ; ἐάν[περ] N²⁶MV; ἐὰν rl) τὴν παρρησίαν … κατάσχωμεν

3 14 μέτοχοι γὰρ τοῦ Χριστοῦ γεγόναμεν, ἐάνπερ τὴν ἀρχὴν τῆς ὑποστάσεως … βεβαίαν κατάσχωμεν

6 3 τοῦτο ποιήσομεν (-σωμεν S), ἐάνπερ ἐπιτρέπῃ ὁ θεός

ἑαυτοῦ, αὐτοῦ

a   τό, τὰ (παρ᾽, περὶ) ἑαυτοῦ

b   ἡμᾶς, ὑμᾶς ἑαυτοὺς et sim.

c   ἀφ᾽ ἑαυτοῦ

d   δι᾽ ἑαυτοῦ

e   εἰς ἑαυτόν

f   ἐν ἑαυτῷ

g   ἐξ ἑαυτῶν

h   ἐφ᾽ ἑαυτοῦ

j   ἐφ᾽ ἑαυτοῖς

k   ἐφ᾽ ἑαυτόν

l   καθ᾽ ἑαυτοῦ

m   καθ᾽ ἑαυτόν

n   μεθ᾽ ἑαυτοῦ

p   ὀπίσω ἑαυτῶν

q   παρ᾽ ἑαυτῆς

r   παρ᾽ ἑαυτῷ

s   περὶ ἑαυτοῦ

t   πρὸς ἑαυτόν

u   ὑπὲρ ἑαυτοῦ

Mt   3 9ᶠ μὴ δόξητε λέγειν ἐν ἑαυτοῖς

6 34ᵃ ἡ γὰρ αὔριον μεριμνήσει (+τὰ ϛ) ἑαυτῆς (αὑτῆς H)

8 22 ἄφες τοὺς νεκροὺς θάψαι τοὺς ἑαυτῶν νεκρούς

9 3ᶠ ἰδού τινες τῶν γραμματέων εἶπαν ἐν ἑαυτοῖς

9 21ᶠ ἔλεγεν γὰρ ἐν ἑαυτῇ

12 25ˡ πᾶσα βασιλεία μερισθεῖσα καθ᾽ ἑαυτῆς ἐρημοῦται, ↔

12 25ˡ καὶ πᾶσα πόλις ἢ οἰκία μερισθεῖσα καθ᾽ ἑαυτῆς οὐ σταθήσεται. ↔

12 26ᵏ καὶ εἰ ὁ σατανᾶς τὸν σατανᾶν ἐκβάλλει, ἐφ᾽ ἑαυτὸν ἐμερίσθη

12 45ⁿ παραλαμβάνει μεθ᾽ ἑαυτοῦ ἑπτὰ ἕτερα πνεύματα ↔

12 45 πονηρότερα ἑαυτοῦ

13 21ᶠ οὐκ ἔχει δὲ ῥίζαν ἐν ἑαυτῷ ἀλλὰ πρόσκαιρός ἐστιν

14 15 ἵνα ἀπελθόντες εἰς τὰς κώμας ἀγοράσωσιν ἑαυτοῖς βρώματα

15 30ⁿ προσῆλθον αὐτῷ ὄχλοι πολλοὶ ἔχοντες μεθ᾽ ἑαυτῶν | χωλούς, τυφλούς, κυλλούς, κωφούς (N²⁶; ~rl)

16 7ᶠ οἱ δὲ διελογίζοντο ἐν ἑαυτοῖς λέγοντες

16 8ᶠ τί διαλογίζεσθε ἐν ἑαυτοῖς, ὀλιγόπιστοι ⟨;⟩

16 24 εἴ τις θέλει ὀπίσω μου ἐλθεῖν, ἀπαρνησάσθω ἑαυτόν

18 4 ὅστις οὖν ταπεινώσει ἑαυτὸν ὡς τὸ παιδίον τοῦτο

18 31 ἐλθόντες διεσάφησαν τῷ κυρίῳ ἑαυτῶν (αὐτῶν ϛ) πάντα τὰ γενόμενα

19 12 εἰσὶν εὐνοῦχοι οἵτινες εὐνούχισαν ἑαυτοὺς διὰ τὴν βασιλείαν τῶν οὐρανῶν

21 8 ὁ δὲ πλεῖστος ὄχλος ἔστρωσαν ἑαυτῶν τὰ ἱμάτια ἐν τῇ ὁδῷ

21 25ᶠʳ οἱ δὲ διελογίζοντο ἐν (παρ᾽ VBS Tϛ) ἑαυτοῖς λέγοντες

21 38ᶠ οἱ δὲ γεωργοὶ ἰδόντες τὸν υἱὸν εἶπον ἐν ἑαυτοῖς

23 12 ὅστις δὲ ὑψώσει ἑαυτὸν ταπεινωθήσεται, ↔

23 12 καὶ ὅστις ταπεινώσει ἑαυτὸν ὑψωθήσεται

23 31 ὥστε μαρτυρεῖτε ἑαυτοῖς ὅτι υἱοί ἐστε

23 37 * ὃν τρόπον | ὄρνις ἐπισυνάγει (~Vϛ) τὰ νοσσία ἑαυτῆς (Vϛ; αὑτῆς [NH] rl) ὑπὸ τὰς πτέρυγας

Mt 25 1 δέκα παρθένοις, αἵτινες λαβοῦσαι τὰς λαμπάδας ἑαυτῶν (αὐτῶν VSTϛ) ἐξῆλθον

25 3 * αἱ γὰρ μωραὶ λαβοῦσαι τὰς λαμπάδας ἑαυτῶν (+ϛ; +αὐτῶν N²⁶MB[VSH]) ↔

25 3ⁿ οὐκ ἔλαβον μεθ᾽ ἑαυτῶν ἔλαιον. ↔

25 4 αἱ δὲ φρόνιμοι ἔλαβον ἔλαιον … μετὰ τῶν λαμπάδων ἑαυτῶν (αὐτῶν MVSϛ)

25 7 ἐκόσμησαν τὰς λαμπάδας ἑαυτῶν (αὐτῶν VSϛ)

25 9 πορεύεσθε μᾶλλον … καὶ ἀγοράσατε ἑαυταῖς

26 11ⁿ πάντοτε γὰρ τοὺς πτωχοὺς ἔχετε μεθ᾽ ἑαυτῶν

27 35 * | διεμερίσαντο τὰ ἱμάτιά μου ἑαυτοῖς (+ . . ϛ . .)

27 42 ἄλλους ἔσωσεν, ἑαυτὸν οὐ δύναται σῶσαι

Mc 1 27ᵗ ὥστε συζητεῖν | πρὸς ἑαυτοὺς (π. αὐτούς B; π. αὐτοὺς ϛ; αὐτοὺς NTH) λέγοντας

2 8ᶠ ἐπιγνοὺς … ὅτι οὕτως [H] (+ αὐτοὶ V) διαλογίζονται ἐν ἑαυτοῖς

2 19ⁿ * ὅσον χρόνον ἔχουσιν τὸν νυμφίον | μεθ᾽ ἑαυτῶν (Sϛ; μετ᾽ αὐτῶν rl)

3 24ᵏ ἐὰν βασιλεία ἐφ᾽ ἑαυτὴν μερισθῇ, οὐ δύναται σταθῆναι ἡ βασιλεία ἐκείνη · ↔

3 25ᵏ καὶ ἐὰν οἰκία ἐφ᾽ ἑαυτὴν μερισθῇ, οὐ δυνήσεται ἡ οἰκία ἐκείνη σταθῆναι (N²⁶Tϛ; στῆναι rl). ↔

3 26ᵏ καὶ εἰ ὁ σατανᾶς ἀνέστη ἐφ᾽ ἑαυτὸν … τέλος ἔχει

4 17ᶠ οὐκ ἔχουσιν ῥίζαν ἐν ἑαυτοῖς ἀλλὰ πρόσκαιροί εἰσιν

5 5 ἐν τοῖς ὄρεσιν ἦν κράζων καὶ κατακόπτων ἑαυτὸν λίθοις

5 26ᵃᑫ * ⟨γυνὴ⟩ δαπανήσασα τὰ παρ᾽ ἑαυτῆς (BSTϛ; αὐτῆς rl) πάντα

5 30ᶠ ὁ Ἰησοῦς ἐπιγνοὺς ἐν ἑαυτῷ τὴν ἐξ αὐτοῦ δύναμιν ἐξελθοῦσαν

6 4 * οὐκ ἔστιν προφήτης ἄτιμος εἰ μὴ ἐν τῇ πατρίδι ἑαυτοῦ (T; αὐτοῦ rl)

6 36 ἵνα ἀπελθόντες εἰς τοὺς κύκλῳ ἀγροὺς καὶ κώμας ἀγοράσωσιν ἑαυτοῖς τί φάγωσιν

6 51ᶠ καὶ λίαν | ἐκ περισσοῦ ([N²⁶]; —H) ἐν ἑαυτοῖς ἐξίσταντο

8 14ⁿ εἰ μὴ ἕνα ἄρτον οὐκ εἶχον μεθ᾽ ἑαυτῶν ἐν τῷ πλοίῳ

8 34 | εἴ τις (ὅστις Tϛ) θέλει ὀπίσω μου ἀκολουθεῖν (ἐλθεῖν NMHϛ), ἀπαρνησάσθω ἑαυτὸν

8 35 * ὃς γὰρ ἐὰν θέλῃ τὴν | ἑαυτοῦ ψυχὴν (H; ψ. αὐτοῦ rl) σῶσαι, ἀπολέσει αὐτήν· ↔

8 35 ὃς δ᾽ ἂν ἀπολέσει (-σῃ VSϛ) τὴν | ἑαυτοῦ ψυχὴν (VST; ψ. αὐτοῦ rl) … σώσει αὐτήν

9 8ⁿ οὐδένα εἶδον || ἀλλὰ (εἰ μὴ NH) τὸν Ἰησοῦν μόνον μεθ᾽ ἑαυτῶν ((~ H))

9 10ᵗ τὸν λόγον ἐκράτησαν πρὸς ἑαυτοὺς συζητοῦντες

9 33ᵗ * τί ἐν τῇ ὁδῷ | πρὸς ἑαυτοὺς (+ϛ) διελογίζεσθε;

9 50ᶠ ἔχετε ἐν ἑαυτοῖς ἅλα

10 26ᵗ οἱ δὲ περισσῶς ἐξεπλήσσοντο λέγοντες πρὸς ἑαυτούς (αὐτόν H)

11 31ᵗ διελογίζοντο (ἐλ. Sϛ) πρὸς ἑαυτοὺς λέγοντες

Mc 12 7ᵗ ἐκεῖνοι δὲ οἱ γεωργοὶ | πρὸς ἑαυτοὺς εἶπαν (~ Vϛ)

12 33 τὸ ἀγαπᾶν τὸν πλησίον ὡς ἑαυτὸν περισσότερόν ἐστιν πάντων τῶν ὁλοκαυτωμάτων

13 9 βλέπετε δὲ ὑμεῖς ἑαυτούς

14 4ᵗ ἦσαν δέ τινες ἀγανακτοῦντες πρὸς ἑαυτούς (+ καὶ λέγοντες Vϛ)

14 7ⁿ πάντοτε γὰρ τοὺς πτωχοὺς ἔχετε μεθ᾽ ἑαυτῶν

14 33ⁿ * παραλαμβάνει τὸν Πέτρον … μεθ᾽ ἑαυτοῦ (ϛ; αὐτοῦ rl)

15 31 ἄλλους ἔσωσεν, ἑαυτὸν οὐ δύναται σῶσαι

16 3ᵗ ἔλεγον πρὸς ἑαυτάς

Lc 1 24 περιέκρυβεν ἑαυτὴν μῆνας πέντε

2 3 ἐπορεύοντο πάντες ἀπογράφεσθαι, ἕκαστος εἰς τὴν ἑαυτοῦ (ἰδίαν Vϛ) πόλιν

2 39 ἐπέστρεψαν (ὑπ- MVBSϛ) … εἰς (+ τὴν MV[S]ϛ) πόλιν ἑαυτῶν (αὐ. ϛ) Ναζαρέθ

3 8ᶠ μὴ ἄρξησθε λέγειν ἐν ἑαυτοῖς

4 24 * οὐδεὶς προφήτης δεκτός ἐστιν ἐν τῇ πατρίδι ἑαυτοῦ (T; αὐτοῦ rl)

7 30ᵉ οἱ δὲ Φαρισαῖοι καὶ οἱ νομικοὶ τὴν βουλὴν τοῦ θεοῦ ἠθέτησαν εἰς ἑαυτούς

7 39ᶠ ἰδὼν δὲ ὁ Φαρισαῖος … εἶπεν ἐν ἑαυτῷ λέγων

7 49ᶠ ἤρξαντο οἱ συνανακείμενοι λέγειν ἐν ἑαυτοῖς

9 23 εἴ τις θέλει ὀπίσω μου ἔρχεσθαι, ἀρνησάσθω ἑαυτὸν

9 25 τί γὰρ ὠφελεῖται ἄνθρωπος κερδήσας τὸν κόσμον ὅλον ἑαυτὸν δὲ ἀπολέσας ⟨;⟩

9 47ᶠ ἐπιλαβόμενος παιδίον (-ίου VTϛ) ἔστησεν αὐτὸ παρ᾽ ἑαυτῷ

9 60 ἄφες τοὺς νεκροὺς θάψαι τοὺς ἑαυτῶν νεκρούς

10 29 ὁ δὲ θέλων δικαιῶσαι (δικαιοῦν Vϛ) ἑαυτὸν εἶπεν πρὸς τὸν Ἰησοῦν

11 17ᵏ πᾶσα βασιλεία | ἐφ᾽ ἑαυτὴν διαμερισθεῖσα (~ ST) ἐρημοῦται

11 18ᵏ εἰ δὲ καὶ ὁ σατανᾶς ἐφ᾽ ἑαυτὸν διεμερίσθη

11 21 ὅταν ὁ ἰσχυρὸς καθωπλισμένος φυλάσσῃ τὴν ἑαυτοῦ αὐλήν

11 26 παραλαμβάνει ἕτερα πνεύματα πονηρότερα ἑαυτοῦ ἑπτά

12 1 προσέχετε ἑαυτοῖς ἀπὸ τῆς ζύμης

12 17ᶠ διελογίζετο ἐν ἑαυτῷ (αὐτῷ H) λέγων

12 21 || οὕτως ὁ θησαυρίζων ἑαυτῷ (αὐτῷ NH; αὐτῷ T) καὶ μὴ εἰς θεὸν πλουτῶν [[H]]

12 33 ποιήσατε ἑαυτοῖς βαλλάντια μὴ παλαιούμενα

12 36 ὑμεῖς ὅμοιοι ἀνθρώποις προσδεχομένοις τὸν κύριον ἑαυτῶν

12 47 * ὁ δοῦλος ὁ γνοὺς τὸ θέλημα τοῦ κυρίου ἑαυτοῦ (ϛ; αὐτοῦ rl)

12 57ᶜ τί δὲ καὶ ἀφ᾽ ἑαυτῶν οὐ κρίνετε τὸ δίκαιον;

13 19 ὃν λαβὼν ἄνθρωπος ἔβαλεν εἰς κῆπον ἑαυτοῦ

13 34 ἠθέλησα ἐπισυνάξαι τὰ τέκνα σου ὃν τρόπον ὄρνις (ὄρνιξ T) τὴν ἑαυτῆς νοσσιὰν ὑπὸ τὰς πτέρυγας

14 11 ὅτι πᾶς ὁ ὑψῶν ἑαυτὸν ταπεινωθήσεται, ↔

14 11 καὶ ὁ ταπεινῶν ἑαυτὸν ὑψωθήσεται

Lc 14 26 εἴ τις ἔρχεται πρός με καὶ οὐ μισεῖ τὸν πατέρα ἑαυτοῦ (N²⁶SHϛ; αὐτοῦ rl) … καὶ τὰς ἀδελφάς, ↔

14 26 ἔτι τε (N²⁶NH; δὲ rl) καὶ τὴν | ψυχὴν ἑαυτοῦ (~ VBSTϛ), οὐ δύναται | εἶναί μου μαθητής (~ Vϛ S). ↔

14 27 (+ καὶ Vϛ) ὅστις οὐ βαστάζει τὸν σταυρὸν ἑαυτοῦ (αὐτοῦ ϛ)

14 33 πᾶς ἐξ ὑμῶν ὃς οὐκ ἀποτάσσεται πᾶσιν τοῖς ἑαυτοῦ ὑπάρχουσιν

15 5 * εὑρὼν ἐπιτίθησιν ἐπὶ τοὺς ὤμους ἑαυτοῦ (ϛ; αὐτοῦ rl) χαίρων

15 17ᶜ εἰς ἑαυτὸν δὲ ἐλθὼν ἔφη

15 20 ἀναστὰς ἦλθεν πρὸς τὸν πατέρα ἑαυτοῦ (αὐτοῦ BST)

16 3ᶠ εἶπεν δὲ ἐν ἑαυτῷ ὁ οἰκονόμος

16 4 * ἵνα … δέξωνταί με εἰς τοὺς οἴκους ἑαυτῶν (αὐτῶν N²⁶ϛ). ↔

16 5 καὶ προσκαλεσάμενος ἕνα ἕκαστον τῶν χρεοφειλετῶν τοῦ κυρίου ἑαυτοῦ ἔλεγεν

16 8 ὅτι οἱ υἱοὶ τοῦ αἰῶνος τούτου φρονιμώτεροι … εἰς τὴν γενεὰν τὴν ἑαυτῶν εἰσιν

16 9 | ἑαυτοῖς ποιήσατε (~ VBϛ) φίλους ἐκ τοῦ μαμωνᾶ τῆς ἀδικίας

16 15 ὑμεῖς ἐστε οἱ δικαιοῦντες ἑαυτοὺς ἐνώπιον τῶν ἀνθρώπων

17 3 προσέχετε ἑαυτοῖς

17 14 πορευθέντες ἐπιδείξατε ἑαυτοὺς τοῖς ἱερεῦσιν

18 4ᶠ μετὰ | δὲ ταῦτα (~ NMH) εἶπεν ἐν ἑαυτῷ

18 9ʲ εἶπεν δὲ καὶ πρός τινας τοὺς πεποιθότας ἐφ᾽ ἑαυτοῖς

18 11ᵗ ὁ Φαρισαῖος σταθεὶς ||: πρὸς ἑαυτὸν (—T) ταῦτα ((N²⁶ϛ; ~ rl)) προσηύχετο

18 13 * ὁ δὲ τελώνης … ἔτυπτεν τὸ στῆθος ἑαυτοῦ (H; αὐτοῦ rl)

18 14 ὅτι πᾶς ὁ ὑψῶν ἑαυτὸν ταπεινωθήσεται, ↔

18 14 ὁ δὲ ταπεινῶν ἑαυτὸν ὑψωθήσεται

19 12 ἄνθρωπός τις εὐγενὴς ἐπορεύθη … λαβεῖν ἑαυτῷ βασιλείαν

19 13 καλέσας δὲ δέκα δούλους ἑαυτοῦ

19 35 * ἐπιρίψαντες ἑαυτῶν (ϛ; αὐτῶν rl) τὰ ἱμάτια ἐπὶ τὸν πῶλον ἐπεβίβασαν τὸν Ἰησοῦν. ↔

19 36 * πορευομένου δὲ αὐτοῦ ὑπεστρώννυον τὰ ἱμάτια ἑαυτῶν (αὐτῶν N²⁶BSTϛ) ἐν τῇ ὁδῷ

20 5ᵗ οἱ δὲ συνελογίσαντο πρὸς ἑαυτοὺς λέγοντες

20 14ᵗ * ἰδόντες δὲ αὐτὸν οἱ γεωργοὶ διελογίζοντο πρὸς ἑαυτούς (ϛ; ἀλλήλους rl)

20 20 ἀπέστειλαν ἐγκαθέτους ὑποκρινομένους ἑαυτοὺς δικαίους εἶναι

21 30ᶜ βλέποντες ἀφ᾽ ἑαυτῶν γινώσκετε

21 34 προσέχετε δὲ ἑαυτοῖς

22 17ᵉ λάβετε τοῦτο καὶ διαμερίσατε | εἰς ἑαυτούς (ἑαυτοῖς ϛ)

22 23ᵗ αὐτοὶ ἤρξαντο συζητεῖν πρὸς ἑαυτούς

22 66 * ἀπήγαγον αὐτὸν εἰς τὸ συνέδριον ἑαυτῶν (ϛ; αὐτῶν rl)

23 2 τοῦτον εὕραμεν … λέγοντα ἑαυτὸν (αὐτὸν H) χριστὸν βασιλέα εἶναι

23 12ᵗ * προϋπῆρχον γὰρ ἐν ἔχθρᾳ ὄντες πρὸς ἑαυτούς (VSϛ; αὐ. N²⁶T; αὐ. rl)

23 28ᵏ πλὴν ἐφ᾽ ἑαυτὰς κλαίετε καὶ ἐπὶ τὰ τέκνα ὑμῶν

Lc 23 35 ἄλλους ἔσωσεν, σωσάτω ἑαυτόν

23 48 *πάντες οἱ συμπαραγενόμενοι ὄχλοι ... τύπτοντες ἑαυτῶν (+ς) τὰ στήθη ὑπέστρεφον

24 12ᵗ || καὶ ἀπῆλθεν πρὸς ἑαυτόν (αὐτὸν Η) θαυμάζων τὸ γεγονός (([. . VH]; . . —NT))

24 27ᵃˢ διερμήνευσεν αὐτοῖς ἐν πάσαις ταῖς γραφαῖς [+τί ἦν S] τὰ περὶ ἑαυτοῦ

Jo 2 24 * αὐτὸς δὲ (+ὁ MVBSς) 'Ιησοῦς οὐκ ἐπίστευεν αὐτὸν (ἑαυτὸν Sς; αὐτὸν N²⁶T) αὐτοῖς

5 18 ὅτι ... πατέρα ἴδιον ἔλεγεν τὸν θεόν, ἴσον ἑαυτὸν ποιῶν τῷ θεῷ

5 19ᶜ οὐ δύναται ὁ υἱὸς ποιεῖν ἀφ' ἑαυτοῦ οὐδέν

5 26ᶠ ὥσπερ γὰρ ὁ πατὴρ ἔχει ζωὴν ἐν ἑαυτῷ, ↔

5 26ᶠ οὕτως καὶ τῷ υἱῷ ἔδωκεν ζωὴν ἔχειν ἐν ἑαυτῷ

5 42ᶠ | τὴν ἀγάπην τοῦ θεοῦ οὐκ ἔχετε (~ T) ἐν ἑαυτοῖς

6 53ᶠ ἐὰν μὴ φάγητε τὴν σάρκα ... οὐκ ἔχετε ζωὴν ἐν ἑαυτοῖς

6 61ᶠ εἰδὼς δὲ ὁ 'Ιησοῦς ἐν ἑαυτῷ

7 18ᶜ ὁ ἀφ' ἑαυτοῦ λαλῶν τὴν δόξαν τὴν ἰδίαν ζητεῖ

7 35ᵗ εἶπον οὖν οἱ 'Ιουδαῖοι πρὸς ἑαυτούς

8 22 ἔλεγον οὖν οἱ 'Ιουδαῖοι· μήτι ἀποκτενεῖ ἑαυτόν ⟨;⟩

9 21ᵃ αὐτὸς περὶ ἑαυτοῦ (αὐτοῦ ς) λαλήσει

11 33 'Ιησοῦς ... ἐνεβριμήσατο τῷ πνεύματι καὶ ἐτάραξεν ἑαυτόν

11 38ᶠ 'Ιησοῦς οὖν πάλιν ἐμβριμώμενος ἐν ἑαυτῷ ἔρχεται εἰς τὸ μνημεῖον

11 51ᶜ τοῦτο δὲ ἀφ' ἑαυτοῦ οὐκ εἶπεν

11 55 ἀνέβησαν πολλοὶ εἰς 'Ιεροσόλυμα ... ἵνα ἁγνίσωσιν ἑαυτούς

12 8ⁿ τοὺς πτωχοὺς γὰρ πάντοτε ἔχετε μεθ' ἑαυτῶν

12 19ᵗ οἱ οὖν Φαρισαῖοι εἶπαν πρὸς ἑαυτούς

13 4 λαβὼν λέντιον διέζωσεν ἑαυτόν

13 32ᶠ * ὁ θεὸς δοξάσει αὐτὸν ἐν ἑαυτῷ (MVSς; αὐτῷ Η; αὐτῷ rl)

15 4ᶜ καθὼς τὸ κλῆμα οὐ δύναται καρπὸν φέρειν ἀφ' ἑαυτοῦ

16 13ᶜ οὐ γὰρ λαλήσει ἀφ' ἑαυτοῦ

17 13ᶠ ἵνα ἔχωσιν τὴν χαρὰν τὴν ἐμὴν πεπληρωμένην ἐν ἑαυτοῖς (αὐτοῖς Sς)

18 34ᶜ * | ἀφ' ἑαυτοῦ (NTς; ἀπὸ σεαυτοῦ rl) σὺ τοῦτο λέγεις ⟨;⟩

19 7 ὅτι υἱὸν θεοῦ ἑαυτὸν ἐποίησεν

19 12 πᾶς ὁ βασιλέα ἑαυτὸν (αὐτὸν ς) ποιῶν ἀντιλέγει τῷ Καίσαρι

19 17 βαστάζων || ἑαυτῷ (αὐτῷ Η) τὸν σταυρὸν ((τ. στ. αὐτοῦ Vς)) ἐξῆλθεν

19 24 διεμερίσαντο τὰ ἱμάτιά μου ἑαυτοῖς

20 10ᵗ * ἀπῆλθον οὖν πάλιν πρὸς ἑαυτοὺς (MVBSς; αὐτοὺς N²⁶T; αὐτ. NH) οἱ μαθηταί

21 1 ἐφανέρωσεν ἑαυτὸν πάλιν ὁ (—NTH) 'Ιησοῦς τοῖς μαθηταῖς

21 7 ἔβαλεν ἑαυτὸν εἰς τὴν θάλασσαν

Ac 1 3 οἷς καὶ παρέστησεν ἑαυτὸν ζῶντα

5 35 ἄνδρες 'Ισραηλῖται, προσέχετε ἑαυτοῖς ἐπὶ τοῖς ἀνθρώποις τούτοις

5 36 ἀνέστη Θευδᾶς, λέγων εἶναί τινα ἑαυτόν

Ac 7 21 ἀνείλατο αὐτὸν ἡ θυγάτηρ Φαραὼ καὶ ἀνεθρέψατο αὐτὸν ἑαυτῇ εἰς υἱόν

8 9 λέγων εἶναί τινα ἑαυτὸν μέγαν

8 34ˢ περὶ τίνος ὁ προφήτης λέγει τοῦτο; περὶ ἑαυτοῦ ἢ περὶ ἑτέρου τινός;

10 17ᶠ ὡς δὲ ἐν ἑαυτῷ διηπόρει ὁ Πέτρος

12 11ᶠ ὁ Πέτρος ἐν ἑαυτῷ γενόμενος εἶπεν

13 46 ἐπειδὴ ... οὐκ ἀξίους κρίνετε ἑαυτοὺς τῆς αἰωνίου ζωῆς

14 14 * διαρρήξαντες τὰ ἱμάτια ἑαυτῶν (NMVH; [ἑ]α. S; αὐτῶν rl) ἐξεπήδησαν εἰς τὸν ὄχλον

14 17 * καίτοι οὐκ ἀμάρτυρον ἑαυτὸν (BSς; αὐτ. N²⁶T; αὐτ. rl) ἀφῆκεν ἀγαθουργῶν

15 29 ἐξ ὧν διατηροῦντες ἑαυτοὺς εὖ πράξετε

16 27 σπασάμενος τὴν ([N²⁶]; —VSTς) μάχαιραν ἤμελλεν ἑαυτὸν ἀναιρεῖν

19 31 παρεκάλουν μὴ δοῦναι ἑαυτὸν εἰς τὸ θέατρον

20 28 προσέχετε ἑαυτοῖς καὶ παντὶ τῷ ποιμνίῳ

20 30ᵖ * ἀναστήσονται ἄνδρες ... τοῦ ἀποσπᾶν τοὺς μαθητὰς ὀπίσω ἑαυτῶν (NTH; αὐτῶν rl)

21 11 δήσας ἑαυτοῦ (τε αὐτοῦ ς) τοὺς πόδας καὶ τὰς χεῖρας εἶπεν

21 23ᶜʰ εἰσὶν ἡμῖν ἄνδρες τέσσαρες εὐχὴν ἔχοντες ἐφ' (ἀφ' Η) ἑαυτῶν

23 12 γενομένης δὲ ἡμέρας ποιήσαντες συστροφὴν οἱ 'Ιουδαῖοι ἀνεθεμάτισαν ἑαυτούς

23 14 ἀναθέματι ἀνεθεματίσαμεν ἑαυτοὺς μηδενὸς γεύσασθαι

23 21 οἵτινες ἀνεθεμάτισαν ἑαυτοὺς μήτε φαγεῖν

25 4 ἀπεκρίθη ... ἑαυτὸν δὲ μέλλειν ἐν τάχει ἐκπορεύεσθαι

28 16ᵐ || ἐπετράπη (+δὲ [VS]ς) τῷ Παύλῳ ((~ Vς)) μένειν καθ' ἑαυτόν

28 29ᶠ * | ἀπῆλθον οἱ 'Ιουδαῖοι πολλὴν ἔχοντες ἐν ἑαυτοῖς συζήτησιν (. . +ς)

Rm 1 24ᶠ * παρέδωκεν ... εἰς ἀκαθαρσίαν τοῦ ἀτιμάζεσθαι τὰ σώματα αὐτῶν ἐν αὐτοῖς (ς; αὐτοῖς rl)

1 27ᶠ τὴν ἀντιμισθίαν ἣν ἔδει τῆς πλάνης αὐτῶν ἐν ἑαυτοῖς (αὐ. Η) ἀπολαμβάνοντες

2 14 οὗτοι νόμον μὴ ἔχοντες ἑαυτοῖς εἰσιν νόμος

4 19 μὴ ἀσθενήσας τῇ πίστει κατενόησεν τὸ ἑαυτοῦ σῶμα ἤδη ([N²⁶ H]; —NT) νενεκρωμένον

5 8 συνίστησιν δὲ τὴν ἑαυτοῦ ἀγάπην εἰς ἡμᾶς ὁ θεός

6 11 οὕτως καὶ ὑμεῖς λογίζεσθε ἑαυτοὺς εἶναι [N²⁶] νεκροὺς μὲν τῇ ἁμαρτίᾳ

6 13 ἀλλὰ παραστήσατε ἑαυτοὺς τῷ θεῷ ὡσεὶ ἐκ νεκρῶν ζῶντας

6 16 ᾧ παριστάνετε ἑαυτοὺς δούλους εἰς ὑπακοήν

8 3 ὁ θεὸς τὸν ἑαυτοῦ υἱὸν πέμψας ... κατέκρινεν τὴν ἁμαρτίαν ἐν τῇ σαρκί

8 23ᶠ ἡμεῖς [NH] καὶ αὐτοὶ ἐν ἑαυτοῖς στενάζομεν

11 25ᶠ ἵνα μὴ ἦτε παρ' ([N²⁶]; ἐν NH) ἑαυτοῖς φρόνιμοι

12 16ᶠ μὴ γίνεσθε φρόνιμοι παρ' ἑαυτοῖς

12 19 μὴ ἑαυτοὺς ἐκδικοῦντες, ἀγαπητοί

Rm 13 2 οἱ δὲ ἀνθεστηκότες ἑαυτοῖς κρίμα λήμψονται

13 9 * ἀγαπήσεις τὸν πλησίον σου ὡς ἑαυτόν (ς; σεαυτόν rl)

14 7 οὐδεὶς γὰρ ἡμῶν ἑαυτῷ ζῇ, ↔

14 7 καὶ οὐδεὶς ἑαυτῷ ἀποθνῄσκει

14 12ˢ ἄρα οὖν [N²⁶NH] ἕκαστος ἡμῶν περὶ ἑαυτοῦ λόγον δώσει | τῷ θεῷ [N²⁶NH]

14 14ᵈ οἶδα καὶ πέπεισμαι ἐν κυρίῳ 'Ιησοῦ ὅτι οὐδὲν κοινὸν δι' ἑαυτοῦ

14 22 μακάριος ὁ μὴ κρίνων ἑαυτὸν ἐν ᾧ δοκιμάζει

15 1 ὀφείλομεν δὲ ἡμεῖς οἱ δυνατοὶ ... βαστάζειν, καὶ μὴ ἑαυτοῖς ἀρέσκειν

15 3 καὶ γὰρ ὁ Χριστὸς οὐχ ἑαυτῷ ἤρεσεν

16 4 οἵτινες ὑπὲρ τῆς ψυχῆς μου τὸν ἑαυτῶν τράχηλον ὑπέθηκαν

16 18 οἱ γὰρ τοιοῦτοι τῷ ... Χριστῷ οὐ δουλεύουσιν ἀλλὰ τῇ ἑαυτῶν κοιλίᾳ

1 C 3 18 μηδεὶς ἑαυτὸν ἐξαπατάτω

6 7ⁿ ὅτι κρίματα ἔχετε μεθ' ἑαυτῶν

6 19 ἢ οὐκ οἴδατε ὅτι ... οὐκ ἐστὲ ἑαυτῶν;

7 2 διὰ δὲ τὰς πορνείας ἕκαστος τὴν ἑαυτοῦ γυναῖκα ἐχέτω

7 37 καὶ τοῦτο κέκρικεν ... τηρεῖν τὴν ἑαυτοῦ παρθένον

7 38 ὥστε καὶ ὁ | γαμίζων τὴν ἑαυτοῦ παρθένον (ἐκγ. ς) καλῶς ποιεῖ

10 24ᵃ μηδεὶς τὸ ἑαυτοῦ ζητείτω ἀλλὰ τὸ τοῦ ἑτέρου

10 29 συνείδησιν δὲ λέγω οὐχὶ τὴν ἑαυτοῦ ἀλλὰ τὴν τοῦ ἑτέρου

11 28 δοκιμαζέτω δὲ ἄνθρωπος ἑαυτόν

11 29 ὁ γὰρ ἐσθίων καὶ πίνων κρίμα ἑαυτῷ ἐσθίει καὶ πίνει

11 31 εἰ δὲ ἑαυτοὺς διεκρίνομεν, οὐκ ἂν ἐκρινόμεθα

13 5ᵃ ⟨ἡ ἀγάπη⟩ οὐ ζητεῖ τὰ ἑαυτῆς

14 4 ὁ λαλῶν γλώσσῃ ἑαυτὸν οἰκοδομεῖ

14 28 ἐὰν δὲ μὴ ᾖ διερμηνευτής, σιγάτω ἐν ἐκκλησίᾳ, ἑαυτῷ δὲ λαλείτω καὶ τῷ θεῷ

16 2ᶠ κατὰ μίαν σαββάτου ἕκαστος ὑμῶν παρ' ἑαυτῷ τιθέτω θησαυρίζων

16 15 εἰς διακονίαν τοῖς ἁγίοις ἔταξαν ἑαυτούς

2 C 1 9ᶠ ἀλλὰ αὐτοὶ ἐν ἑαυτοῖς τὸ ἀπόκριμα τοῦ θανάτου ἐσχήκαμεν, ↔

1 9ʲ ἵνα μὴ πεποιθότες ὦμεν ἐφ' ἑαυτοῖς ἀλλ' ἐπὶ τῷ θεῷ

3 1 ἀρχόμεθα πάλιν ἑαυτοὺς συνιστάνειν;

3 5ᶜ οὐχ ὅτι ἀφ' ἑαυτῶν ἱκανοί ἐσμεν λογίσασθαί τι

3 5ᵍ ὡς ἐξ ἑαυτῶν (αὐτ. Η)

3 13 * οὐ καθάπερ Μωϋσῆς ἐτίθει κάλυμμα ἐπὶ τὸ πρόσωπον ἑαυτοῦ (Τς; αὐτ. rl)

4 2 συνιστάνοντες (-άντες T) ἑαυτοὺς πρὸς πᾶσαν συνείδησιν ἀνθρώπων ἐνώπιον τοῦ θεοῦ

4 5 οὐ γὰρ ἑαυτοὺς κηρύσσομεν ἀλλὰ | 'Ιησοῦν Χριστὸν (N²⁶B; ~rl) κύριον, ↔

4 5 ἑαυτοὺς δὲ δούλους ὑμῶν διὰ 'Ιησοῦν

5 12 οὐ (+γὰρ Τς) πάλιν ἑαυτοὺς συνιστάνομεν ὑμῖν

2 C 5 15 ἵνα οἱ ζῶντες μηκέτι ἑαυτοῖς
ζῶσιν ἀλλὰ τῷ ὑπὲρ αὐτῶν
ἀποθανόντι
5 18 τὰ δὲ πάντα ἐκ τοῦ θεοῦ τοῦ
καταλλάξαντος ἡμᾶς ἑαυτῷ διὰ
Χριστοῦ
5 19 ὡς ὅτι θεὸς ἦν ἐν Χριστῷ κόσμον
καταλλάσσων ἑαυτῷ
6 4 ἐν παντὶ συνιστάντες (N[26]T; -οντες
rl) ἑαυτοὺς ὡς θεοῦ διάκονοι
7 1 καθαρίσωμεν ἑαυτοὺς ἀπὸ παντὸς
μολυσμοῦ σαρκὸς καὶ πνεύματος
7 11 ἐν παντὶ συνεστήσατε ἑαυτοὺς
ἁγνοὺς εἶναι τῷ πράγματι
8 5 ἀλλ' ἑαυτοὺς ἔδωκαν πρῶτον τῷ
κυρίῳ καὶ ἡμῖν διὰ θελήματος θεοῦ
10 7 εἴ τις πέποιθεν ἑαυτῷ Χριστοῦ
εἶναι, ↔
10 7[ch] τοῦτο λογιζέσθω πάλιν ἐφ' (ἀφ' ς)
ἑαυτοῦ
10 12 οὐ γὰρ τολμῶμεν ἐγκρῖναι ἢ
συγκρῖναι ἑαυτούς τισιν ↔
10 12 τῶν ἑαυτοὺς συνιστανόντων· ↔
10 12[f] ἀλλὰ αὐτοὶ ἐν ἑαυτοῖς ↔
10 12 ἑαυτοὺς μετροῦντες ↔
10 12 καὶ συγκρίνοντες ἑαυτοὺς ↔
10 12 ἑαυτοῖς οὐ συνιᾶσιν
10 14 οὐ γὰρ ὡς μὴ ἐφικνούμενοι εἰς
ὑμᾶς ὑπερεκτείνομεν ἑαυτούς
10 18 οὐ γὰρ ὁ ἑαυτὸν συνιστάνων, ἐκεῖ-
νός ἐστιν δόκιμος
13 5 ἑαυτοὺς πειράζετε εἰ ἐστὲ ἐν τῇ
πίστει, ↔
13 5 ἑαυτοὺς δοκιμάζετε· ↔
13 5 ἢ οὐκ ἐπιγινώσκετε ἑαυτοὺς ὅτι
| Ἰησοῦς Χριστὸς (~ BST) ἐν ὑμῖν
(+ἐστιν MVSς);

G 1 4 (Ἰησοῦ Χριστοῦ) τοῦ δόντος
ἑαυτὸν ὑπὲρ (περὶ BST) τῶν
ἁμαρτιῶν ἡμῶν
2 12 ὑπέστελλεν καὶ ἀφώριζεν ἑαυτόν,
φοβούμενος τοὺς ἐκ περιτομῆς
2 20 ἐν πίστει ζῶ τῇ τοῦ ... παραδόν-
τος ἑαυτὸν ὑπὲρ ἐμοῦ
5 14 * ἀγαπήσεις τὸν πλησίον σου ὡς
ἑαυτόν (ς; σεαυτόν rl)
6 3 εἰ γὰρ δοκεῖ τις εἶναί τι μηδὲν ὤν,
φρεναπατᾷ ἑαυτόν. ↔
6 4 τὸ δὲ ἔργον ἑαυτοῦ δοκιμαζέτω
ἕκαστος [H], ↔
6 4[e] καὶ τότε εἰς ἑαυτὸν μόνον τὸ
καύχημα ἕξει
6 8 ὅτι ὁ σπείρων εἰς τὴν σάρκα ἑαυ-
τοῦ ἐκ τῆς σαρκὸς θερίσει φθοράν

E 2 15[f] * ἵνα τοὺς δύο κτίσῃ ἐν ἑαυτῷ
(ς; αὑτῷ H; αὐτῷ rl) εἰς ἕνα
καινὸν ἄνθρωπον
4 16 ἐξ οὗ πᾶν τὸ σῶμα ... τὴν αὔξησιν
τοῦ σώματος ποιεῖται εἰς οἰκοδο-
μὴν ἑαυτοῦ (αὐτοῦ T) ἐν ἀγάπῃ
4 19 οἵτινες ἀπηλγηκότες ἑαυτοὺς παρ-
έδωκαν τῇ ἀσελγείᾳ
4 32 γίνεσθε δὲ [N[26]H] ... εὔσπλαγχνοι,
χαριζόμενοι ἑαυτοῖς καθὼς καὶ ὁ
θεὸς ἐν Χριστῷ ἐχαρίσατο ὑμῖν
5 2 καθὼς καὶ ὁ Χριστὸς ... παρέδωκεν
ἑαυτὸν ὑπὲρ ἡμῶν (ὑμῶν H)
5 19 λαλοῦντες ἑαυτοῖς ἐν (+[N[26]S]
MB) ψαλμοῖς καὶ ὕμνοις καὶ ᾠδαῖς
πνευματικαῖς
5 25 * οἱ ἄνδρες, ἀγαπᾶτε τὰς γυναῖκας
ἑαυτῶν (+V[S]ς), ↔
5 25 καθὼς καὶ ὁ Χριστὸς ἠγάπησεν
τὴν ἐκκλησίαν καὶ ἑαυτὸν παρ-
έδωκεν ὑπὲρ αὐτῆς

E 5 27 ἵνα παραστήσῃ αὐτὸς ἑαυτῷ
ἔνδοξον τὴν ἐκκλησίαν
5 28 οὕτως ὀφείλουσιν καὶ ([N[26]N
VSH]; —Tς) οἱ ἄνδρες ἀγαπᾶν
τὰς ἑαυτῶν γυναῖκας
5 28 ὡς τὰ ἑαυτῶν σώματα. ↔
5 28 ὁ ἀγαπῶν τὴν ἑαυτοῦ γυναῖκα ↔
5 28 ἑαυτὸν ἀγαπᾷ· ↔
5 29 οὐδεὶς γάρ ποτε τὴν ἑαυτοῦ
σάρκα ἐμίσησεν
5 33 πλὴν καὶ ὑμεῖς οἱ καθ' ἕνα ἕκαστος
τὴν ἑαυτοῦ γυναῖκα οὕτως ἀγα-
πάτω ↔
5 33 ὡς ἑαυτόν

Ph 2 3 τῇ ταπεινοφροσύνῃ ἀλλήλους
ἡγούμενοι ὑπερέχοντας ἑαυτῶν, ↔
2 4[a] μὴ τὰ ἑαυτῶν ἕκαστος (-στοι
NMTH) σκοποῦντες, ἀλλὰ καὶ
[N[26]] τὰ ἑτέρων ἕκαστοι
2 7 ἑαυτὸν ἐκένωσεν μορφὴν δούλου
λαβών
2 8 (σχήματι εὑρεθεὶς ὡς ἄνθρωπος)
ἐταπείνωσεν ἑαυτόν
2 12 μετὰ φόβου καὶ τρόμου τὴν
ἑαυτῶν σωτηρίαν κατεργάζεσθε
2 21[a] οἱ πάντες γὰρ τὰ ἑαυτῶν ζητοῦσιν,
οὐ τὰ | Ἰησοῦ Χριστοῦ (N[26]BS;
τοῦ Χ. Ἰ. ς; ~ rl)
3 21 * κατὰ τὴν ἐνέργειαν τοῦ δύνασθαι
αὐτὸν καὶ ὑποτάξαι ἑαυτῷ (ς;
αὑτῷ H; αὐτῷ rl) τὰ πάντα

Cl 3 13 ἀνεχόμενοι ἀλλήλων καὶ χαριζό-
μενοι ἑαυτοῖς
3 16 ἐν πάσῃ σοφίᾳ διδάσκοντες καὶ
νουθετοῦντες ἑαυτούς

1Th 2 7 ὡς ἐὰν τροφὸς θάλπῃ τὰ ἑαυτῆς
τέκνα, ↔
2 8 οὕτως ὁμειρόμενοι ὑμῶν εὐδοκοῦ-
μεν (ηὐδ. NBH) μεταδοῦναι ὑμῖν ...
τὰς ἑαυτῶν ψυχάς
2 11 ὡς ἕνα ἕκαστον ὑμῶν ὡς πατὴρ
τέκνα ἑαυτοῦ (παρακαλοῦντες
ὑμᾶς)
2 12 τοῦ θεοῦ τοῦ καλοῦντος ὑμᾶς εἰς
τὴν ἑαυτοῦ βασιλείαν καὶ δόξαν
4 4 εἰδέναι ἕκαστον ὑμῶν τὸ ἑαυτοῦ
σκεῦος κτᾶσθαι ἐν ἁγιασμῷ
5 13[f] εἰρηνεύετε ἐν ἑαυτοῖς (αὐτοῖς T)

2Th 2 4 ἀποδεικνύντα ἑαυτὸν ὅτι ἐστὶν
θεός
2 6 εἰς τὸ ἀποκαλυφθῆναι αὐτὸν ἐν τῷ
ἑαυτοῦ (N[26]ς; αὐτοῦ rl) καιρῷ
3 9 ἀλλ' ἵνα ἑαυτοὺς τύπον δῶμεν
ὑμῖν εἰς τὸ μιμεῖσθαι ἡμᾶς
3 12 παρακαλοῦμεν ... ἵνα μετὰ ἡσυχί-
ας ἐργαζόμενοι τὸν ἑαυτῶν ἄρτον
ἐσθίωσιν

1Tm 2 6 ὁ δοὺς ἑαυτὸν ἀντίλυτρον ὑπὲρ
πάντων
2 9 γυναῖκας ... μετὰ αἰδοῦς καὶ σω-
φροσύνης κοσμεῖν ἑαυτάς
3 13 οἱ γὰρ καλῶς διακονήσαντες βαθ-
μὸν ἑαυτοῖς καλὸν περιποιοῦνται
6 10 ἑαυτοὺς περιέπειραν ὀδύναις πολ-
λαῖς
6 19 ἀποθησαυρίζοντας ἑαυτοῖς θεμέ-
λιον καλὸν εἰς τὸ μέλλον

2Tm 2 13 ἀρνήσασθαι γὰρ ἑαυτὸν οὐ δύνα-
ται
2 21 ἐὰν οὖν τις ἐκκαθάρῃ ἑαυτὸν ἀπὸ
τούτων
4 3 κατὰ τὰς | ἰδίας ἐπιθυμίας (ἐ. τὰς ἰ.
Sς) ἑαυτοῖς ἐπισωρεύσουσιν δι-
δασκάλους κνηθόμενοι τὴν ἀκοήν

Tt 2 14 ὃς ἔδωκεν ἑαυτὸν ὑπὲρ ἡμῶν ↔

Tt 2 14 ἵνα λυτρώσηται ἡμᾶς ... καὶ
καθαρίσῃ ἑαυτῷ λαὸν περιούσιον

Hb 1 3[d] * | δι' ἑαυτοῦ (+[S]ς) καθαρισμὸν
τῶν ἁμαρτιῶν (+ἡμῶν [S]ς)
ποιησάμενος
3 13 παρακαλεῖτε ἑαυτοὺς καθ' ἑκάστην
ἡμέραν
5 3[a] ὀφείλει ... καὶ περὶ ἑαυτοῦ προσ-
φέρειν περὶ ἁμαρτιῶν
5 4 οὐχ ἑαυτῷ τις λαμβάνει τὴν τιμήν
5 5 οὕτως καὶ ὁ Χριστὸς οὐχ ἑαυτὸν
ἐδόξασεν γενηθῆναι ἀρχιερέα
6 6 ἀνασταυροῦντας ἑαυτοῖς τὸν υἱὸν
τοῦ θεοῦ καὶ παραδειγματίζοντας
6 13[i] τῷ γὰρ Ἀβραὰμ ἐπαγγειλάμενος
ὁ θεός ... ὤμοσεν καθ' ἑαυτοῦ
7 27 τοῦτο γὰρ ἐποίησεν ἐφάπαξ ἑαυ-
τὸν ἀνενέγκας (προσ- T)
9 7[u] οὐ χωρὶς αἵματος ὃ προσφέρει
ὑπὲρ ἑαυτοῦ καὶ τῶν τοῦ λαοῦ
ἀγνοημάτων
9 14 ὃς διὰ πνεύματος αἰωνίου ἑαυτὸν
προσήνεγκεν ἄμωμον τῷ θεῷ
9 25 οὐδ' ἵνα πολλάκις προσφέρῃ ἑαυ-
τόν
10 25 μὴ ἐγκαταλείποντες τὴν ἐπισυν-
αγωγὴν ἑαυτῶν
10 34[f] γινώσκοντες ἔχειν ἑαυτοὺς (ἐν
ἑαυτοῖς ς) κρείττονα ὕπαρξιν καὶ
μένουσαν
12 3[e] ἀναλογίσασθε γὰρ τὸν τοιαύτην
ὑπομεμενηκότα ὑπὸ τῶν ἁμαρτω-
λῶν εἰς ἑαυτὸν (αὐτ. Sς; ἑ-οὺς H)
ἀντιλογίαν
12 16 ὃς ἀντὶ βρώσεως μιᾶς ἀπέδετο
(-οτο NMVBSTς) τὰ πρωτοτόκια
ἑαυτοῦ (αὐτ. Sς)

Jc 1 18 * ἀπεκύησεν ἡμᾶς ... εἰς τὸ εἶναι
ἡμᾶς ἀπαρχήν τινα τῶν ἑαυτοῦ
(S; αὐτοῦ rl) κτισμάτων
1 22 γίνεσθε δὲ ποιηταὶ λόγου, καὶ μὴ
| μόνον ἀκροαταὶ (~ NBH) παρα-
λογιζόμενοι ἑαυτούς
1 24 κατενόησεν γὰρ ἑαυτὸν καὶ ἀπ-
ελήλυθεν
1 26 * εἴ τις δοκεῖ θρησκὸς εἶναι, μὴ
χαλιναγωγῶν γλῶσσαν ἑαυτοῦ
(NH; αὐτοῦ rl) ↔
1 26 * ἀλλὰ ἀπατῶν καρδίαν ἑαυτοῦ
(NH; αὐτοῦ rl)
1 27 θρησκεία καθαρὰ ... αὕτη ἐστίν ...
ἄσπιλον ἑαυτὸν τηρεῖν ἀπὸ τοῦ
κόσμου
2 4[f] οὐ διεκρίθητε ἐν ἑαυτοῖς ⟨;⟩
2 17[m] οὕτως καὶ ἡ πίστις, ἐὰν μὴ ἔχῃ
ἔργα, νεκρά ἐστιν καθ' ἑαυτήν

1Pt 1 12[b] οὐχ ἑαυτοῖς ὑμῖν δὲ διηκόνουν
αὐτά
3 5 οὕτως γάρ ποτε καὶ αἱ ἅγιαι
γυναῖκες ... ἐκόσμουν ἑαυτάς
4 8[e] πρὸ πάντων τὴν εἰς ἑαυτοὺς ἀγά-
πην ἐκτενῆ ἔχοντες
4 10[e] εἰς ἑαυτοὺς αὐτὸ διακονοῦντες ὡς
καλοὶ οἰκονόμοι ποικίλης χάριτος
θεοῦ
4 19 * ὥστε καὶ οἱ πάσχοντες ... πιστῷ
κτίστῃ παρατιθέσθωσαν τὰς ψυχὰς
ἑαυτῶν (ς; —H; αὐτῶν rl) ἐν
ἀγαθοποιίᾳ (-αις S)

2Pt 2 1 ἐπάγοντες ἑαυτοῖς ταχινὴν ἀπώ-
λειαν

1Jo 1 8 ἐὰν εἴπωμεν ὅτι ἁμαρτίαν οὐκ
ἔχομεν, ἑαυτοὺς πλανῶμεν
3 3 πᾶς ὁ ἔχων τὴν ἐλπίδα ταύτην
ἐπ' αὐτῷ ἁγνίζει ἑαυτόν

1 Jo 3 15ʳ * πᾶς ἀνθρωποκτόνος οὐκ ἔχει
ζωὴν αἰώνιον ἐν ἑαυτῷ (MVST;
αὐτῷ rl) μένουσαν

5 10ʳ ὁ πιστεύων εἰς τὸν υἱὸν τοῦ θεοῦ
ἔχει τὴν μαρτυρίαν ἐν ἑαυτῷ
(N²⁶ς; αὐτῷ H; αὐτῷ rl)

5 18 * ὁ γεννηθεὶς ἐκ τοῦ θεοῦ τηρεῖ
ἑαυτόν (MVBS; αὐτόν rl)

5 21 τεκνία, φυλάξατε ἑαυτά (ἑαυτούς
ς) ἀπὸ τῶν εἰδώλων

2 Jo 8 βλέπετε ἑαυτούς, ἵνα μὴ ἀπολέσητε

Jd 6 ἀγγέλους τε τοὺς μὴ τηρήσαντας
τὴν ἑαυτῶν ἀρχὴν ... ὑπὸ ζόφον
τετήρηκεν

12 οὗτοί εἰσιν οἱ ... σπιλάδες συνευω-
χούμενοι ἀφόβως, ἑαυτοὺς ποιμαί-
νοντες

13 κύματα ἄγρια θαλάσσης ἐπαφρί-
ζοντα τὰς ἑαυτῶν αἰσχύνας

16 κατὰ τὰς ἐπιθυμίας ἑαυτῶν (N²⁶;
αὐτ. rl) πορευόμενοι

18 ἔσονται ἐμπαῖκται κατὰ τὰς ἑαυ-
τῶν ἐπιθυμίας πορευόμενοι τῶν
ἀσεβειῶν

20 ὑμεῖς δέ, ἀγαπητοί, ἐποικοδο-
μοῦντες ἑαυτοὺς τῇ ἁγιωτάτῃ
ὑμῶν πίστει

21 ἑαυτοὺς ἐν ἀγάπῃ θεοῦ τηρήσατε

Ap 2 2 ἐπείρασας τοὺς | λέγοντας ἑαυτοὺς
(φάσκοντας εἶναι ς) ἀποστόλους
(+εἶναι B[S])

2 9 οἶδά σου ... τὴν βλασφημίαν ἐκ
τῶν λεγόντων Ἰουδαίους εἶναι
ἑαυτούς

2 20 ἀφεῖς τὴν γυναῖκα (+σου B)
Ἰεζάβελ, ἡ λέγουσα ἑαυτὴν (αὐτὴν
T) προφῆτιν

3 9 τῶν λεγόντων ἑαυτοὺς Ἰουδαίους
εἶναι

4 8ᵐ * τὰ τέσσαρα ζῷα, ἓν καθ' ἑαυτὸ
(ς; ἐν αὐτῶν rl) ἔχων (ἔχον VBS)
ἀνὰ πτέρυγας ἓξ

6 15 καὶ οἱ βασιλεῖς τῆς γῆς ... ἔκρυψαν
ἑαυτοὺς εἰς τὰ σπήλαια

8 6 * οἱ ἑπτὰ ἄγγελοι ... ἡτοίμασαν
ἑαυτοὺς (αὐτ. NH; αὐτ. N²⁶T)
ἵνα σαλπίσωσιν

10 3 ἐλάλησαν αἱ ἑπτὰ βρονταὶ τὰς
ἑαυτῶν φωνάς

10 4 ὅτε ἐλάλησαν αἱ ἑπτὰ βρονταὶ
| τὰς φωνὰς ἑαυτῶν (+ς)

10 7 ὡς εὐηγγέλισεν τοὺς ἑαυτοῦ δού-
λους τοὺς προφήτας

17 13 * τὴν δύναμιν καὶ (+τὴν [M]
ST ς) ἐξουσίαν ἑαυτῶν (ς; αὐτῶν
rl) τῷ θηρίῳ διδόασιν

18 7 * ὅσα ἐδόξασεν ἑαυτὴν (ς; αὐ.
VBH; αὐ. rl) καὶ ἐστρηνίασεν

19 7 ἡ γυνὴ αὐτοῦ ἡτοίμασεν ἑαυτήν

ἐάω
→ ἔα
ᵃ ἐ. τινά sine inf.
ᵇ abs.
ᶜ term. techn. de re nautica
Mt 24 43 εἰ ᾔδει ὁ οἰκοδεσπότης ... οὐκ ἂν
εἴασεν διορυχθῆναι τὴν οἰκίαν
αὐτοῦ
Lc 4 41 ἐπιτιμῶν οὐκ εἴα αὐτὰ λαλεῖν
22 51ᵇ ἀποκριθεὶς δὲ ὁ [H] Ἰησοῦς εἶπεν·
ἐᾶτε ἕως τούτου
Ac 5 38ᵃ* ἀπόστητε ἀπὸ τῶν ἀνθρώπων
τούτων καὶ ἐάσατε (Sς; ἄφετε rl)
αὐτούς
14 16 ὃς ... εἴασεν πάντα τὰ ἔθνη πορεύ-
εσθαι ταῖς ὁδοῖς αὐτῶν

Ac 16 7 ἐπείραζον εἰς τὴν Βιθυνίαν πορευ-
θῆναι, καὶ οὐκ εἴασεν αὐτοὺς τὸ
πνεῦμα Ἰησοῦ

19 30 βουλομένου εἰσελθεῖν εἰς τὸν δῆμον
οὐκ εἴων αὐτὸν οἱ μαθηταί

23 32 τῇ δὲ ἐπαύριον ἐάσαντες τοὺς
ἱππεῖς ἀπέρχεσθαι σὺν αὐτῷ

27 32 τότε ἀπέκοψαν οἱ στρατιῶται τὰ
σχοινία τῆς σκάφης καὶ εἴασαν
αὐτὴν ἐκπεσεῖν

27 40ᶜ τὰς ἀγκύρας περιελόντες εἴων εἰς
τὴν θάλασσαν

28 4 ὃν διασωθέντα ἐκ τῆς θαλάσσης ἡ
δίκη ζῆν οὐκ εἴασεν

1 C 10 13 πιστὸς δὲ ὁ θεός, ὃς οὐκ ἐάσει ὑμᾶς
πειρασθῆναι ὑπὲρ ὃ δύνασθε

Ap 2 20ᵃ * ὅτι ἐᾷς (ς; ἀφεῖς rl) τὴν γυναῖκα
(+σου B) Ἰεζάβελ ... καὶ διδάσκει

ἑβδομήκοντα
ᵃ ἑβδομήκοντα δύο
ᵇ ἑβδομήκοντα πέντε
ᶜ ἑβδομήκοντα ἓξ
Lc 10 1ᵃ ἀνέδειξεν ὁ κύριος (+καὶ VBST ς)
ἑτέρους ἑβδομήκοντα (+δύο [N²⁶
NH]MB)
10 17ᵃ ὑπέστρεψαν δὲ οἱ ἑβδομήκοντα
(+δύο [N²⁶NH]MB) μετὰ χαρᾶς
λέγοντες
Ac 7 14ᵇ ἀποστείλας δὲ Ἰωσὴφ μετεκαλέ-
σατο Ἰακὼβ ... καὶ πᾶσαν τὴν
συγγένειαν ἐν ψυχαῖς ἑβδομήκοντα
πέντε
23 23 ἑτοιμάσατε στρατιώτας διακοσί-
ους ... καὶ ἱππεῖς ἑβδομήκοντα
καὶ δεξιολάβους διακοσίους
27 37ᶜ ἤμεθα (ἦμεν VS ς) δὲ αἱ πᾶσαι
ψυχαὶ ἐν τῷ πλοίῳ διακόσιαι
(ὡς H) ἑβδομήκοντα ἓξ

ἑβδομηκοντάκις
Mt 18 22 οὐ λέγω σοι ἕως ἑπτάκις, ἀλλὰ
ἕως ἑβδομηκοντάκις ἑπτά

ἕβδομος
Jo 4 52 ἐχθὲς ὥραν ἑβδόμην ἀφῆκεν αὐτὸν
ὁ πυρετός
Hb 4 4 εἴρηκεν γάρ που περὶ τῆς ἑβδόμης
οὕτως· ↔
4 4 καὶ κατέπαυσεν ὁ θεὸς ἐν τῇ ἡμέρᾳ
τῇ ἑβδόμῃ ἀπὸ πάντων τῶν
ἔργων αὐτοῦ
Jd 14 προεφήτευσεν δὲ καὶ τούτοις ἕβδο-
μος ἀπὸ Ἀδὰμ Ἑνὼχ λέγων
Ap 8 1 ὅταν ἤνοιξεν τὴν σφραγῖδα τὴν
ἑβδόμην
10 7 ἐν ταῖς ἡμέραις τῆς φωνῆς τοῦ
ἑβδόμου ἀγγέλου, ὅταν μέλλῃ
σαλπίζειν
11 15 ὁ ἕβδομος ἄγγελος ἐσάλπισεν
16 17 ὁ ἕβδομος ἐξέχεεν τὴν φιάλην αὐ-
τοῦ ἐπὶ τὸν ἀέρα
21 20 ⟨ὁ θεμέλιος⟩ ὁ ἕκτος σάρδιον, ὁ
ἕβδομος χρυσόλιθος, ὁ ὄγδοος
βήρυλλος

Ἕβερ
Ἕβερ ς
Lc 3 35 ⟨Ἰησοῦς ... ὢν υἱός⟩ τοῦ Φάλεκ
τοῦ Ἕβερ τοῦ Σαλά

ἑβραϊκός
Lc 23 38 * ἦν δὲ καὶ ἐπιγραφὴ (+γεγραμ-
μένη Vς) ἐπ' αὐτῷ | γράμμασιν
ἑλληνικοῖς καὶ ῥωμαϊκοῖς καὶ ἑβρα-
ϊκοῖς (+MVBS ς)

Ἑβραῖος
Ἑβραῖος H
Ac 6 1 ἐγένετο γογγυσμὸς τῶν Ἑλληνι-
στῶν πρὸς τοὺς Ἑβραίους

2 C 11 22 Ἑβραῖοί εἰσιν; κἀγώ. Ἰσραηλῖ-
ταί εἰσιν; κἀγώ
Ph 3 5 ⟨εἴ τις δοκεῖ ἄλλος πεποιθέναι ἐν
σαρκί, ἐγὼ μᾶλλον⟩ ἐκ γένους Ἰσ-
ραήλ, φυλῆς Βενιαμίν, Ἑβραῖος ↔
3 5 ἐξ Ἑβραίων, κατὰ νόμον Φαρισαῖ-
ος

Ἑβραΐς
Ἑβραΐς H
Ac 21 40 προσεφώνησεν τῇ Ἑβραΐδι διαλέ-
κτῳ λέγων
22 2 ἀκούσαντες δὲ ὅτι τῇ Ἑβραΐδι
διαλέκτῳ προσεφώνει αὐτοῖς
26 14 ἤκουσα φωνὴν | λέγουσαν πρός
με (λαλοῦσαν πρ. με καὶ λέγ. Sς)
τῇ Ἑβραΐδι διαλέκτῳ

Ἑβραϊστί
Ἑβραϊστί H
Jo 5 2 κολυμβήθρα, | ἡ ἐπιλεγομένη (τὸ
λεγόμενον T) Ἑβραϊστὶ Βηθζαθά
(Βηθεσδά MVBς)
19 13 ἐκάθισεν ἐπὶ βήματος εἰς τόπον
λεγόμενον Λιθόστρωτον, Ἑβραϊστὶ
δὲ Γαββαθά
19 17 ἐξῆλθεν εἰς τὸν λεγόμενον Κρανίου
Τόπον, ὃ (ὃς VSς) λέγεται Ἑβραϊ-
στὶ Γολγοθᾶ
19 20 ἦν γεγραμμένον Ἑβραϊστί, Ῥω-
μαϊστί, Ἑλληνιστί
20 16 στραφεῖσα ἐκείνη λέγει αὐτῷ Ἑ-
βραϊστί (—ς)· ῥαββουνί
Ap 9 11 (+ᾧ T) ὄνομα αὐτῷ Ἑβραϊστὶ
Ἀβαδδών, καὶ ἐν τῇ Ἑλληνικῇ
ὄνομα ἔχει Ἀπολλύων
16 16 συνήγαγεν αὐτοὺς εἰς τὸν τόπον
τὸν καλούμενον Ἑβραϊστὶ Ἁρμα-
γεδών

ἐγγίζω
προσ-
ᵃ ἤγγικεν ἡ βασιλεία
ᵇ abs. de tempore
ᶜ abs. de loco
ᵈ ἐ. εἰς
Mt 3 2ᵃ μετανοεῖτε· ἤγγικεν γὰρ ἡ βασι-
λεία τῶν οὐρανῶν
4 17ᵃ μετανοεῖτε· ἤγγικεν γὰρ ἡ βασι-
λεία τῶν οὐρανῶν
10 7ᵃ κηρύσσετε λέγοντες ὅτι ἤγγικεν
ἡ βασιλεία τῶν οὐρανῶν
15 8 * | ἐγγίζει μοι (+ς) ὁ λαὸς οὗτος
(+τῷ στόματι αὐτῶν, καὶ ς)
τοῖς χείλεσίν με τιμᾷ
21 1ᵈ ὅτε ἤγγισαν εἰς Ἱεροσόλυμα ...
τότε (+ὁ VSς) Ἰησοῦς ἀπέστει-
λεν δύο μαθητάς
21 34ᵇ ὅτε δὲ ἤγγισεν ὁ καιρὸς τῶν καρ-
πῶν
26 45ᵇ ἰδοὺ ἤγγικεν ἡ ὥρα καὶ ὁ υἱὸς τοῦ
ἀνθρώπου παραδίδοται
26 46ᶜ ἰδοὺ ἤγγικεν ὁ παραδιδούς με
Mc 1 15ᵃ ἤγγικεν ἡ βασιλεία τοῦ θεοῦ· μετα-
νοεῖτε
11 1ᵈ ὅτε ἐγγίζουσιν εἰς Ἱεροσόλυμα ...
ἀποστέλλει δύο τῶν μαθητῶν αὐ-
τοῦ
14 42ᶜ ἰδοὺ ὁ παραδιδούς με ἤγγικεν
(—σεν T)
Lc 7 12 ὡς δὲ ἤγγισεν τῇ πύλῃ τῆς πόλεως
10 9ᵃ ἤγγικεν ἐφ' ὑμᾶς ἡ βασιλεία τοῦ
θεοῦ
10 11ᵃ ἤγγικεν ἡ βασιλεία τοῦ θεοῦ
12 33ᶜ ποιήσατε ἑαυτοῖς ... θησαυρὸν
ἀνέκλειπτον ἐν τοῖς οὐρανοῖς,
ὅπου κλέπτης οὐκ ἐγγίζει

Lc 15 1 ἦσαν δὲ αὐτῷ ἐγγίζοντες πάντες οἱ τελῶναι καὶ οἱ ἁμαρτωλοὶ ἀκούειν αὐτοῦ

15 25 ὡς ἐρχόμενος ἤγγισεν τῇ οἰκίᾳ

18 35ᵈ ἐγένετο δὲ ἐν τῷ ἐγγίζειν αὐτὸν εἰς Ἰεριχώ

18 40ᶜ ἐγγίσαντος δὲ αὐτοῦ ἐπηρώτησεν αὐτόν

19 29ᵈ ἐγένετο ὡς ἤγγισεν εἰς Βηθφαγὴ ... ἀπέστειλεν δύο τῶν μαθητῶν

19 37 ἐγγίζοντος δὲ αὐτοῦ ἤδη πρὸς τῇ καταβάσει τοῦ ὄρους τῶν ἐλαιῶν ('Ε-ῶν BHς)

19 41ᶜ ὡς ἤγγισεν, ἰδὼν τὴν πόλιν ἔκλαυσεν ἐπ' αὐτήν

21 8ᵇ πολλοὶ γὰρ ἐλεύσονται ... λέγοντες· (+ ὅτι VSς) ἐγώ εἰμι, καί· ὁ καιρὸς ἤγγικεν

21 20ᵇ τότε γνῶτε ὅτι ἤγγικεν ἡ ἐρήμωσις αὐτῆς

21 28ᵇ διότι ἐγγίζει ἡ ἀπολύτρωσις ὑμῶν

22 1ᵇ ἤγγιζεν δὲ ἡ ἑορτὴ τῶν ἀζύμων ἡ λεγομένη πάσχα

22 47 Ἰούδας ... ἤγγισεν τῷ Ἰησοῦ φιλῆσαι αὐτόν

24 15ᶜ καὶ [H] αὐτὸς Ἰησοῦς ἐγγίσας συνεπορεύετο αὐτοῖς

24 28ᵈ ἤγγισαν εἰς τὴν κώμην οὗ ἐπορεύοντο

Ac 7 17ᵇ καθὼς δὲ ἤγγιζεν ὁ χρόνος τῆς ἐπαγγελίας

9 3 ἐν δὲ τῷ πορεύεσθαι ἐγένετο αὐτὸν ἐγγίζειν τῇ Δαμασκῷ

10 9 ὁδοιπορούντων ἐκείνων (αὐτῶν ST) καὶ τῇ πόλει ἐγγιζόντων ἀνέβη Πέτρος ... προσεύξασθαι

21 33ᶜ τότε ἐγγίσας ὁ χιλίαρχος ἐπελάβετο αὐτοῦ

22 6 ἐγένετο δέ μοι πορευομένῳ καὶ ἐγγίζοντι τῇ Δαμασκῷ

23 15ᶜ ἡμεῖς δὲ πρὸ τοῦ ἐγγίσαι αὐτὸν ἕτοιμοί ἐσμεν τοῦ ἀνελεῖν αὐτόν

Rm 13 12ᵇ ἡ νὺξ προέκοψεν, ἡ δὲ ἡμέρα ἤγγικεν

Ph 2 30 ὅτι διὰ τὸ ἔργον Χριστοῦ (κυρίου H) μέχρι θανάτου ἤγγισεν παραβολευσάμενος τῇ ψυχῇ

Hb 7 19 ἐπεισαγωγὴ δὲ κρείττονος ἐλπίδος, δι' ἧς ἐγγίζομεν τῷ θεῷ

10 25ᵇ τοσούτῳ μᾶλλον ὅσῳ βλέπετε ἐγγίζουσαν τὴν ἡμέραν

Jc 4 8 ἐγγίσατε τῷ θεῷ, ↔

4 8 καὶ ἐγγιεῖ (-γίσει NH) ὑμῖν

5 8ᵇ ὅτι ἡ παρουσία τοῦ κυρίου ἤγγικεν

1Pt 4 7ᵇ πάντων δὲ τὸ τέλος ἤγγικεν

ἐγγράφω
ἐνγράφω TH
→ γράφω

Lc 10 20 ὅτι τὰ ὀνόματα ὑμῶν ἐγγέγραπται (ἐγράφη ς) ἐν τοῖς οὐρανοῖς

2 C 3 2 ἡ ἐπιστολὴ ἡμῶν ὑμεῖς ἐστε, ἐγγεγραμμένη ἐν ταῖς καρδίαις ἡμῶν

3 3 ἐπιστολὴ Χριστοῦ ... ἐγγεγραμμένη οὐ μέλανι ἀλλὰ πνεύματι θεοῦ ζῶντος

ἔγγυος
Hb 7 22 κατὰ τοσοῦτο καὶ ([N²⁶]; —Sς) κρείττονος διαθήκης γέγονεν ἔγγυος Ἰησοῦς

ἐγγύς
a ἐγγύτερον
b de tempore
c ἐ. et μακράν

Mt 24 32ᵇ γινώσκετε ὅτι ἐγγὺς τὸ θέρος

Mt 24 33 γινώσκετε ὅτι ἐγγύς ἐστιν ἐπὶ θύραις

26 18ᵇ ὁ καιρός μου ἐγγύς ἐστιν

Mc 13 28ᵇ γινώσκετε ὅτι ἐγγὺς τὸ θέρος ἐστίν

13 29 γινώσκετε ὅτι ἐγγύς ἐστιν ἐπὶ θύραις

Lc 19 11 διὰ τὸ ἐγγὺς εἶναι Ἰερουσαλὴμ αὐτόν

21 30ᵇ γινώσκετε ὅτι ἤδη ἐγγὺς τὸ θέρος ἐστίν

21 31ᵇ γινώσκετε ὅτι ἐγγύς ἐστιν ἡ βασιλεία τοῦ θεοῦ

Jo 2 13ᵇ καὶ ἐγγὺς ἦν τὸ πάσχα τῶν Ἰουδαίων

3 23 ἦν δὲ καὶ ὁ (N²⁶[H]; —rl) Ἰωάννης βαπτίζων ἐν Αἰνὼν ἐγγὺς τοῦ Σαλείμ

6 4ᵇ ἦν δὲ ἐγγὺς τὸ πάσχα

6 19 θεωροῦσιν τὸν Ἰησοῦν ... ἐγγὺς τοῦ πλοίου γινόμενον

6 23 ἄλλα (ἀλλὰ H) ἦλθεν (-ον BST) πλοιάρια (πλοι[άρι]α N²⁶; πλοῖα H) ἐκ Τιβεριάδος ἐγγὺς τοῦ τόπου ὅπου ἔφαγον τὸν ἄρτον

7 2ᵇ ἦν δὲ ἐγγὺς ἡ ἑορτὴ τῶν Ἰουδαίων ἡ σκηνοπηγία

11 18 ἦν δὲ ἡ (—NTH) Βηθανία ἐγγὺς τῶν Ἰεροσολύμων

11 54 Ἰησοῦς ... ἀπῆλθεν ἐκεῖθεν εἰς τὴν χώραν ἐγγὺς τῆς ἐρήμου

11 55ᵇ ἦν δὲ ἐγγὺς τὸ πάσχα τῶν Ἰουδαίων

19 20 ἐγγὺς ἦν ὁ τόπος τῆς πόλεως ὅπου ἐσταυρώθη ὁ Ἰησοῦς

19 42 ὅτι ἐγγὺς ἦν τὸ μνημεῖον

Ac 1 12 ἀπὸ ὄρους τοῦ καλουμένου ἐλαιῶνος ('Ε. MBHς), ὅ ἐστιν ἐγγὺς Ἰερουσαλὴμ σαββάτου ἔχον ὁδόν

9 38 ἐγγὺς δὲ οὔσης Λύδδας τῇ Ἰόππῃ

27 8 ἤλθομεν εἰς τόπον τινὰ ... ᾧ ἐγγὺς | πόλις ἦν (N²⁶ST; ~rl) Λασαία

Rm 10 8 ἐγγύς σου τὸ ῥῆμά ἐστιν, ἐν τῷ στόματί σου

13 11ᵃᵇ νῦν γὰρ ἐγγύτερον ἡμῶν ἡ σωτηρία ἢ ὅτε ἐπιστεύσαμεν

E 2 13ᶜ νυνὶ δὲ ἐν Χριστῷ Ἰησοῦ ὑμεῖς οἵ ποτε ὄντες μακρὰν ἐγενήθητε ἐγγύς

2 17ᶜ ἐλθὼν εὐηγγελίσατο εἰρήνην ὑμῖν τοῖς μακρὰν καὶ εἰρήνην τοῖς ἐγγύς

Ph 4 5ᵇ τὸ ἐπιεικὲς ὑμῶν γνωσθήτω πᾶσιν ἀνθρώποις. ὁ κύριος ἐγγύς

Hb 6 8 ⟨γῆ⟩ ἐκφέρουσα δὲ ἀκάνθας καὶ τριβόλους ἀδόκιμος καὶ κατάρας ἐγγύς

8 13ᵇ τὸ δὲ παλαιούμενον καὶ γηράσκον ἐγγὺς ἀφανισμοῦ

Ap 1 3ᵇ ὁ γὰρ καιρὸς ἐγγύς

22 10ᵇ ὁ καιρὸς γὰρ ἐγγύς ἐστιν

ἐγείρω
di-   ἐξ-   ἐπ-   συν-
a ἐ. ἐκ (τῶν) νεκρῶν
b ἐ. ἀπὸ τῶν νεκρῶν
c νεκροὶ ἐγείρονται et sim.
d ἐ. (τοὺς) νεκρούς
e ἐγείρομαι ἐπί

Mt 1 24 ἐγερθεὶς (δι- Sς) δὲ ὁ ([NH]; —ST) Ἰωσὴφ ἀπὸ τοῦ ὕπνου ἐποίησεν

2 13 ἐγερθεὶς παράλαβε τὸ παιδίον καὶ τὴν μητέρα αὐτοῦ

2 14 ὁ δὲ ἐγερθεὶς παρέλαβεν τὸ παιδίον καὶ τὴν μητέρα αὐτοῦ νυκτὸς

2 20 ἐγερθεὶς παράλαβε τὸ παιδίον καὶ τὴν μητέρα αὐτοῦ

Mt 2 21 ὁ δὲ ἐγερθεὶς παρέλαβεν τὸ παιδίον καὶ τὴν μητέρα αὐτοῦ

3 9 δύναται ὁ θεὸς ἐκ τῶν λίθων τούτων ἐγεῖραι τέκνα τῷ Ἀβραάμ

8 15 ⟨τὴν πενθερὰν⟩ καὶ ἠγέρθη, καὶ διηκόνει αὐτῷ

8 25 προσελθόντες (+ οἱ μαθηταὶ VBS ς) ἤγειραν αὐτὸν λέγοντες

8 26 τότε ἐγερθεὶς ἐπετίμησεν τοῖς ἀνέμοις καὶ τῇ θαλάσσῃ

9 5 τί γάρ ἐστιν εὐκοπώτερον, εἰπεῖν ... ἔγειρε (-ραι ς) καὶ περιπάτει;

9 6 ἐγερθεὶς (ἔγειρε NH) ἆρόν σου τὴν κλίνην

9 7 ἐγερθεὶς ἀπῆλθεν εἰς τὸν οἶκον αὐτοῦ

9 19 ἐγερθεὶς ὁ Ἰησοῦς ἠκολούθησεν (-θει NTH) αὐτῷ

9 25 ἠγέρθη τὸ κοράσιον

10 8ᵈ ἀσθενοῦντας θεραπεύετε, νεκροὺς ἐγείρετε

11 5ᶜ νεκροὶ ἐγείρονται καὶ πτωχοὶ εὐαγγελίζονται

11 11 οὐκ ἐγήγερται ἐν γεννητοῖς γυναικῶν μείζων Ἰωάννου τοῦ βαπτιστοῦ

12 11 τίς ἔσται [H] ἐξ ὑμῶν ἄνθρωπος ὃς ἕξει πρόβατον ἕν, καὶ ... οὐχὶ κρατήσει αὐτὸ καὶ ἐγερεῖ;

12 42 βασίλισσα νότου ἐγερθήσεται ἐν τῇ κρίσει μετὰ τῆς γενεᾶς ταύτης

14 2ᵇ αὐτὸς ἠγέρθη ἀπὸ τῶν νεκρῶν

16 21 δεῖ αὐτὸν ... ἀποκτανθῆναι καὶ τῇ τρίτῃ ἡμέρᾳ ἐγερθῆναι

17 7 ἐγέρθητε καὶ μὴ φοβεῖσθε

17 9ᵃ ἕως οὗ ὁ υἱὸς τοῦ ἀνθρώπου ἐκ νεκρῶν ἐγερθῇ (ἀναστῇ MVBSς)

17 23 ἀποκτενοῦσιν αὐτόν, καὶ τῇ τρίτῃ ἡμέρᾳ ἐγερθήσεται

20 19 τῇ τρίτῃ ἡμέρᾳ ἐγερθήσεται (ἀναστήσεται ς)

24 7ᵉ ἐγερθήσεται γὰρ ἔθνος ἐπὶ ἔθνος καὶ βασιλεία ἐπὶ βασιλείαν

24 11 πολλοὶ ψευδοπροφῆται ἐγερθήσονται καὶ πλανήσουσιν πολλούς

24 24 ἐγερθήσονται γὰρ ψευδόχριστοι καὶ ψευδοπροφῆται

25 7 τότε ἠγέρθησαν πᾶσαι αἱ παρθένοι ἐκεῖναι

26 32 μετὰ δὲ τὸ ἐγερθῆναί με προάξω ὑμᾶς εἰς τὴν Γαλιλαίαν

26 46 ἐγείρεσθε, ἄγωμεν· ἰδοὺ ἤγγικεν ὁ παραδιδούς με

27 52 πολλὰ σώματα τῶν κεκοιμημένων ἁγίων ἠγέρθησαν (ἠγέρθη ς)

27 63 ἐκεῖνος ὁ πλάνος εἶπεν ἔτι ζῶν· μετὰ τρεῖς ἡμέρας ἐγείρομαι

27 64ᵇ μήποτε ... εἴπωσιν τῷ λαῷ· ἠγέρθη ἀπὸ τῶν νεκρῶν

28 6 οὐκ ἔστιν ὧδε· ἠγέρθη γὰρ καθὼς εἶπεν

28 7ᵇ εἴπατε τοῖς μαθηταῖς αὐτοῦ ὅτι ἠγέρθη ἀπὸ τῶν νεκρῶν

Mc 1 31 προσελθὼν ἤγειρεν αὐτὴν κρατήσας τῆς χειρός (+ αὐτῆς Vς)

2 9 τί ἐστιν εὐκοπώτερον, εἰπεῖν ... ἔγειρε (-ρου H; -ραι ς) καὶ [H] ἆρον | τὸν κράβαττόν σου (~ VSς)

2 11 σοὶ λέγω, ἔγειρε (-ραι καὶ ς) ἆρον τὸν κράβαττόν σου

2 12 ἠγέρθη καὶ εὐθὺς ἄρας τὸν κράβαττον ἐξῆλθεν

3 3 ἔγειρε (-ραι ς) εἰς τὸ μέσον

4 27 ⟨ὡς ἄνθρωπος βάλῃ τὸν σπόρον⟩ καὶ καθεύδῃ καὶ ἐγείρηται νύκτα καὶ ἡμέραν

Mc 4 38 | αὐτὸς ἦν (~ VBSTϚ) . . . καθεύδων. καὶ ἐγείρουσιν (δι- VSϚ) αὐτὸν καὶ λέγουσιν αὐτῷ

5 41 τὸ κοράσιον, σοί λέγω, ἔγειρε (-ραι Ϛ)

6 14ᵃ Ἰωάννης ὁ βαπτίζων ἐγήγερται (ἠγέρθη Ϛ) ἐκ νεκρῶν

6 16 ὃν ἐγὼ ἀπεκεφάλισα Ἰωάννην, οὗτος ἠγέρθη

9 27 ὁ δὲ Ἰησοῦς κρατήσας τῆς χειρὸς αὐτοῦ ἤγειρεν αὐτόν

10 49 φωνοῦσιν τὸν τυφλὸν λέγοντες αὐτῷ· θάρσει, ἔγειρε (-ραι Ϛ), φωνεῖ σε

12 26ᶜ περὶ δὲ τῶν νεκρῶν ὅτι ἐγείρονται, οὐκ ἀνέγνωτε ⟨;⟩

13 8ᵉ ἐγερθήσεται γὰρ ἔθνος ἐπ' ἔθνος καὶ βασιλεία ἐπὶ βασιλείαν

13 22 ἐγερθήσονται γὰρ (δὲ NST) ψευδόχριστοι καὶ ψευδοπροφῆται

14 28 μετὰ τὸ ἐγερθῆναί με προάξω ὑμᾶς εἰς τὴν Γαλιλαίαν

14 42 ἐγείρεσθε, ἄγωμεν· ἰδοὺ ὁ παραδιδούς με ἤγγικεν (-σεν Τ)

16 6 ἠγέρθη, οὐκ ἔστιν ὧδε

[16 14]ᵃ τοῖς θεασαμένοις αὐτὸν ἐγηγερμένον (+ἐκ νεκρῶν MBS[H]) οὐκ ἐπίστευσαν

Lc 1 69 ἤγειρεν κέρας σωτηρίας ἡμῖν ἐν οἴκῳ Δαυὶδ παιδὸς αὐτοῦ

3 8 δύναται ὁ θεὸς ἐκ τῶν λίθων τούτων ἐγεῖραι τέκνα τῷ Ἀβραάμ

5 23 τί ἐστιν εὐκοπώτερον, εἰπεῖν . . . ἔγειρε (-ραι Ϛ) καὶ περιπάτει;

5 24 σοὶ λέγω, ἔγειρε (-ραι Ϛ) καὶ ἄρας τὸ κλινίδιόν σου πορεύου

6 8 ἔγειρε (-ραι Ϛ) καὶ στῆθι εἰς τὸ μέσον

7 14 νεανίσκε, σοὶ λέγω, ἐγέρθητι

7 16 προφήτης μέγας ἠγέρθη (ἐγήγερται Ϛ) ἐν ἡμῖν

7 22ᶜ νεκροὶ ἐγείρονται, πτωχοὶ εὐαγγελίζονται

8 24 * ὁ δὲ ἐγερθεὶς (Ϛ; δι- rl) ἐπετίμησεν τῷ ἀνέμῳ καὶ τῷ κλύδωνι τοῦ ὕδατος

8 54 κρατήσας τῆς χειρὸς αὐτῆς ἐφώνησεν λέγων· ἡ παῖς, ἔγειρε (ἐγείρου ΤϚ)

9 7ᵃ Ἰωάννης ἠγέρθη (ἐγήγερται Ϛ) ἐκ νεκρῶν

9 22 δεῖ τὸν υἱὸν τοῦ ἀνθρώπου . . . ἀποκτανθῆναι καὶ τῇ τρίτῃ ἡμέρᾳ ἐγερθῆναι

11 8 διά γε τὴν ἀναίδειαν αὐτοῦ ἐγερθεὶς δώσει αὐτῷ

11 31 βασίλισσα νότου ἐγερθήσεται ἐν τῇ κρίσει μετὰ τῶν ἀνδρῶν τῆς γενεᾶς ταύτης

13 25 ἀφ' οὗ ἂν ἐγερθῇ ὁ οἰκοδεσπότης καὶ ἀποκλείσῃ τὴν θύραν

20 37ᶜ ὅτι δὲ ἐγείρονται οἱ νεκροί, καὶ Μωϋσῆς ἐμήνυσεν ἐπὶ τῆς βάτου

21 10ᵉ ἐγερθήσεται ἔθνος ἐπ' ἔθνος καὶ βασιλεία ἐπὶ βασιλείαν

24 6 | οὐκ ἔστιν ὧδε, ἀλλὰ ἠγέρθη [NVH]

24 34 | ὄντως ἠγέρθη ὁ κύριος (~ VϚ) καὶ ὤφθη Σίμωνι

Jo 2 19 λύσατε τὸν ναὸν τοῦτον, καὶ ἐν [H] τρισὶν ἡμέραις ἐγερῶ αὐτόν

2 20 σὺ ἐν τρισὶν ἡμέραις ἐγερεῖς αὐτόν;

2 22ᵃ ὅτε οὖν ἠγέρθη ἐκ νεκρῶν, ἐμνήσθησαν οἱ μαθηταὶ αὐτοῦ

Jo 5 8 ἔγειρε (ἔγειραι Ϛ) ἆρον τὸν κράβαττόν σου καὶ περιπάτει

5 21ᵈ ὥσπερ γὰρ ὁ πατὴρ ἐγείρει τοὺς νεκροὺς καὶ ζῳοποιεῖ

7 52 ἴδε ὅτι | ἐκ τῆς Γαλιλαίας προφήτης (~ ΤϚ) οὐκ ἐγείρεται (ἐγήγερται Ϛ)

11 29 ἐκείνη δὲ (—ΤϚ) ὡς ἤκουσεν, ἠγέρθη (ἐγείρεται ΝΜVΤϚ) ταχύ

12 1ᵃ Λάζαρος (+ὁ τεθνηκὼς V[S]Ϛ), ὃν ἤγειρεν ἐκ νεκρῶν (+ὁ MVB[S]) Ἰησοῦς ([S]; —Ϛ)

12 9ᵃ ἀλλ' ἵνα καὶ τὸν Λάζαρον ἴδωσιν ὃν ἤγειρεν ἐκ νεκρῶν

12 17ᵃ ὅτε (ὅτι Τ) τὸν Λάζαρον ἐφώνησεν ἐκ τοῦ μνημείου καὶ ἤγειρεν αὐτὸν ἐκ νεκρῶν

13 4 ἐγείρεται ἐκ τοῦ δείπνου καὶ τίθησιν τὰ ἱμάτια

14 31 ἐγείρεσθε, ἄγωμεν ἐντεῦθεν

21 14ᵃ τοῦτο ἤδη τρίτον ἐφανερώθη (+ὁ SϚ) Ἰησοῦς τοῖς μαθηταῖς ἐγερθεὶς ἐκ νεκρῶν

Ac 3 6 ἐν τῷ ὀνόματι Ἰησοῦ Χριστοῦ τοῦ Ναζωραίου || ἔγειρε (-ραι Ϛ) καὶ ((+[N²⁶S]VϚ)) περιπάτει. ↔

3 7 καὶ πιάσας αὐτὸν τῆς δεξιᾶς χειρὸς ἤγειρεν αὐτόν (—Ϛ)

3 15ᵃ τὸν δὲ ἀρχηγὸν τῆς ζωῆς ἀπεκτείνατε, ὃν ὁ θεὸς ἤγειρεν ἐκ νεκρῶν

4 10ᵃ ἐν τῷ ὀνόματι Ἰησοῦ Χριστοῦ . . . ὃν ὁ θεὸς ἤγειρεν ἐκ νεκρῶν

5 30 ὁ θεὸς τῶν πατέρων ἡμῶν ἤγειρεν Ἰησοῦν

9 8 ἠγέρθη δὲ Σαῦλος ἀπὸ τῆς γῆς

10 26 ὁ δὲ Πέτρος ἤγειρεν αὐτὸν λέγων· ἀνάστηθι

10 40 τοῦτον ὁ θεὸς ἤγειρεν ἐν ([N²⁶]; —VBSHϚ) τῇ τρίτῃ ἡμέρᾳ

12 7 πατάξας δὲ τὴν πλευρὰν τοῦ Πέτρου ἤγειρεν αὐτὸν λέγων

13 22 μεταστήσας αὐτὸν ἤγειρεν | τὸν Δαυὶδ αὐτοῖς (~ SϚ) εἰς βασιλέα

13 23 * τούτου ὁ θεὸς ἀπὸ τοῦ σπέρματος κατ' ἐπαγγελίαν ἤγειρε (Ϛ; ἤγαγεν rl) τῷ Ἰσραὴλ σωτῆρα Ἰησοῦν

13 30 ὁ δὲ θεὸς ἤγειρεν αὐτὸν ἐκ νεκρῶν

13 37 ὃν δὲ ὁ θεὸς ἤγειρεν, οὐκ εἶδεν διαφθοράν

26 8ᵈ τί ἄπιστον κρίνεται παρ' ὑμῖν εἰ ὁ θεὸς νεκροὺς ἐγείρει;

Rm 4 24ᵃ ⟨ἐγράφη⟩ καὶ δι' ἡμᾶς . . . τοῖς πιστεύουσιν ἐπὶ τὸν ἐγείραντα Ἰησοῦν . . . ἐκ νεκρῶν, ↔

4 25 ὃς παρεδόθη . . . καὶ ἠγέρθη διὰ τὴν δικαίωσιν ἡμῶν

6 4ᵃ ὥσπερ ἠγέρθη Χριστὸς ἐκ νεκρῶν διὰ τῆς δόξης τοῦ πατρός

6 9ᵃ Χριστὸς ἐγερθεὶς ἐκ νεκρῶν οὐκέτι ἀποθνῄσκει

7 4ᵃ ἐθανατώθητε τῷ νόμῳ . . . εἰς τὸ γενέσθαι ὑμᾶς ἑτέρῳ, τῷ ἐκ νεκρῶν ἐγερθέντι

8 11ᵃ εἰ δὲ τὸ πνεῦμα τοῦ ἐγείραντος τὸν ([VS]; —Ϛ) Ἰησοῦν ἐκ νεκρῶν οἰκεῖ ἐν ὑμῖν, ↔

8 11ᵇ ὁ ἐγείρας (+ τὸν Ϛ) || Χριστὸν (+ Ἰησοῦν N[MV]BTH) ἐκ νεκρῶν ((~NMSTH))

8 34ᵃ Χριστὸς Ἰησοῦς ([N²⁶H]; —Ϛ) ὁ ἀποθανών, μᾶλλον δὲ (+καὶ Ϛ) ἐγερθείς [+ἐκ νεκρῶν SH]

10 9ᵃ ἐὰν . . . πιστεύσῃς . . . ὅτι ὁ θεὸς αὐτὸν ἤγειρεν ἐκ νεκρῶν, σωθήσῃ

Rm 13 11 ὥρα ἤδη ὑμᾶς ἐξ ὕπνου ἐγερθῆναι

1 C 6 14 ὁ δὲ θεὸς καὶ τὸν κύριον ἤγειρεν καὶ ἡμᾶς ἐξεγερεῖ

15 4 ⟨ὅτι Χριστὸς ἀπέθανεν⟩ καὶ ὅτι ἐγήγερται τῇ ἡμέρᾳ τῇ τρίτῃ κατὰ τὰς γραφάς

15 12ᵃ εἰ δὲ Χριστὸς κηρύσσεται ὅτι | ἐκ νεκρῶν ἐγήγερται (~ Τ)

15 13 εἰ δὲ ἀνάστασις νεκρῶν οὐκ ἔστιν, οὐδὲ Χριστὸς ἐγήγερται· ↔

15 14 εἰ δὲ Χριστὸς οὐκ ἐγήγερται, κενὸν ἄρα καὶ ([N²⁶S]VBT; —rl) τὸ κήρυγμα ἡμῶν

15 15 ἐμαρτυρήσαμεν κατὰ τοῦ θεοῦ ὅτι ἤγειρεν τὸν Χριστόν, ↔

15 15ᵇ ὃν οὐκ ἤγειρεν ↔

15 15ᶜ εἴπερ ἄρα νεκροὶ οὐκ ἐγείρονται. ↔

15 16ᵃ εἰ γὰρ νεκροὶ οὐκ ἐγείρονται, ↔

15 16ᵇ οὐδὲ Χριστὸς ἐγήγερται· ↔

15 17 εἰ δὲ Χριστὸς οὐκ ἐγήγερται, ματαία ἡ πίστις ὑμῶν [+ἐστιν NH]

15 20ᵃ νυνὶ δὲ Χριστὸς ἐγήγερται ἐκ νεκρῶν

15 29ᶜ εἰ ὅλως νεκροὶ οὐκ ἐγείρονται, τί καὶ βαπτίζονται ⟨;⟩

15 32ᶜ εἰ νεκροὶ οὐκ ἐγείρονται, φάγωμεν καὶ πίωμεν

15 35ᶜ ἀλλὰ ἐρεῖ τις· πῶς ἐγείρονται οἱ νεκροί;

15 42 οὕτως καὶ ἡ ἀνάστασις τῶν νεκρῶν. σπείρεται ἐν φθορᾷ, ἐγείρεται ἐν ἀφθαρσίᾳ· ↔

15 43 σπείρεται ἐν ἀτιμίᾳ, ἐγείρεται ἐν δόξῃ· ↔

15 43ᵇ σπείρεται ἐν ἀσθενείᾳ, ἐγείρεται ἐν δυνάμει· ↔

15 44 σπείρεται σῶμα ψυχικόν, ἐγείρεται σῶμα πνευματικόν

15 52ᶜ σαλπίσει γάρ, καὶ οἱ νεκροὶ ἐγερθήσονται ἄφθαρτοι

2 C 1 9ᵈ ἐπὶ τῷ θεῷ τῷ ἐγείροντι τοὺς νεκρούς

4 14 εἰδότες ὅτι ὁ ἐγείρας τὸν κύριον [MH] Ἰησοῦν ↔

4 14ᵇ καὶ ἡμᾶς σὺν (διὰ Ϛ) Ἰησοῦ ἐγερεῖ καὶ παραστήσει σὺν ὑμῖν

5 15 ἵνα οἱ ζῶντες μηκέτι ἑαυτοῖς ζῶσιν ἀλλὰ τῷ ὑπὲρ αὐτῶν ἀποθανόντι καὶ ἐγερθέντι

G 1 1ᵃ διὰ Ἰησοῦ Χριστοῦ καὶ θεοῦ πατρὸς τοῦ ἐγείραντος αὐτὸν ἐκ νεκρῶν

E 1 20ᵃ ⟨τῆς ἰσχύος αὐτοῦ⟩ ἣν ἐνήργησεν (N²⁶Ϛ; -γηκεν rl) ἐν τῷ Χριστῷ ἐγείρας αὐτὸν ἐκ νεκρῶν

5 14 ἔγειρε, ὁ καθεύδων, καὶ ἀνάστα ἐκ τῶν νεκρῶν

Ph 1 17 οἱ δὲ ἐξ ἐριθείας . . . οἰόμενοι θλῖψιν ἐγείρειν (ἐπιφέρειν Ϛ) τοῖς δεσμοῖς μου

Cl 2 12ᵃ διὰ τῆς πίστεως τῆς ἐνεργείας τοῦ θεοῦ τοῦ ἐγείραντος αὐτὸν ἐκ νεκρῶν

1 Th 1 10ᵃ ἀναμένειν τὸν υἱὸν αὐτοῦ . . . ὃν ἤγειρεν ἐκ τῶν ([N²⁶H]; —Ϛ) νεκρῶν, Ἰησοῦν

2 Tm 2 8ᵃ μνημόνευε Ἰησοῦν Χριστὸν ἐγηγερμένον ἐκ νεκρῶν

Hb 11 19ᵃ λογισάμενος ὅτι καὶ ἐκ νεκρῶν ἐγείρειν δυνατὸς ὁ θεός

Jc 5 15 ἡ εὐχὴ τῆς πίστεως σώσει τὸν κάμνοντα, καὶ ἐγερεῖ αὐτὸν ὁ κύριος

1Pt 1 21ᵃ τοὺς δι' αὐτοῦ πιστοὺς (πιστεύοντας MVSς) εἰς θεὸν τὸν ἐγείραντα αὐτὸν ἐκ νεκρῶν

Ap 11 1 ἔγειρε καὶ μέτρησον τὸν ναὸν τοῦ θεοῦ

ἔγερσις

Mt 27 53 ἐξελθόντες ἐκ τῶν μνημείων μετὰ τὴν ἔγερσιν αὐτοῦ εἰσῆλθον εἰς τὴν ἁγίαν πόλιν

ἐγκάθετος
ἐνκάθετος TH

Lc 20 20 ἀπέστειλαν ἐγκαθέτους ὑποκρινομένους ἑαυτοὺς δικαίους εἶναι

ἐγκαίνια
ἐνκαίνια TH

Jo 10 22 ἐγένετο τότε (δὲ Tς) τὰ ἐγκαίνια ἐν τοῖς (—T) Ἱεροσολύμοις

ἐγκαινίζω
ἐνκαινίζω TH
→ ἀνακαινίζω

Hb 9 18 ὅθεν οὐδὲ ἡ πρώτη χωρὶς αἵματος ἐγκεκαίνισται

10 20 ⟨εἴσοδον τῶν ἁγίων⟩ ἣν ἐνεκαίνισεν ἡμῖν ὁδὸν πρόσφατον καὶ ζῶσαν

ἐγκακέω
ἐνκακέω (TH)
ἐκ-

Lc 18 1 πρὸς τὸ δεῖν πάντοτε προσεύχεσθαι αὐτοὺς καὶ μὴ ἐγκακεῖν (ἐκ- ς)

2 C 4 1 ἔχοντες τὴν διακονίαν ταύτην, καθὼς ἠλεήθημεν, οὐκ ἐγκακοῦμεν (ἐκ- ς) ⟨ἀλλὰ ἀπειπάμεθα⟩

4 16 διὸ οὐκ ἐγκακοῦμεν (ἐκ- ς), ἀλλ' εἰ καὶ ὁ ἔξω ἡμῶν ἄνθρωπος διαφθείρεται

G 6 9 τὸ δὲ καλὸν ποιοῦντες μὴ ἐγκακῶμεν (ἐκ- VSς)

E 3 13 διὸ αἰτοῦμαι μὴ ἐγκακεῖν (ἐκ- ς) ἐν ταῖς θλίψεσίν μου ὑπὲρ ὑμῶν

2Th 3 13 ὑμεῖς δέ, ἀδελφοί, μὴ ἐγκακήσητε (ἐκ- VSς) καλοποιοῦντες

ἐγκαλέω
→ καλέω

Ac 19 38 ἀγοραῖοι ἄγονται καὶ ἀνθύπατοί εἰσιν, ἐγκαλείτωσαν ἀλλήλοις

19 40 καὶ γὰρ κινδυνεύομεν ἐγκαλεῖσθαι στάσεως περὶ τῆς σήμερον

23 28 βουλόμενός τε ἐπιγνῶναι τὴν αἰτίαν δι' ἣν ἐνεκάλουν αὐτῷ

23 29 ὃν εὗρον ἐγκαλούμενον περὶ ζητημάτων τοῦ νόμου αὐτῶν

26 2 περὶ πάντων ὧν ἐγκαλοῦμαι ὑπὸ Ἰουδαίων ... ἥγημαι ἐμαυτὸν μακάριον ... ἀπολογεῖσθαι

26 7 περὶ ἧς ἐλπίδος ἐγκαλοῦμαι ὑπὸ Ἰουδαίων, βασιλεῦ

Rm 8 33 τίς ἐγκαλέσει κατὰ ἐκλεκτῶν θεοῦ;

ἐγκαταλείπω
ἐνκαταλείπω (TH)
→ καταλείπω, λείπω

Mt 27 46 θεέ μου θεέ μου, ἱνατί με ἐγκατέλιπες;

Mc 15 34 ὁ θεός μου | ὁ θεός μου [H], εἰς τί ἐγκατέλιπές με;

Ac 2 27 ὅτι οὐκ ἐγκαταλείψεις τὴν ψυχήν μου εἰς ᾅδην

2 31 οὔτε ἐγκατελείφθη (κατ- ς) εἰς ᾅδην

Rm 9 29 εἰ μὴ κύριος σαβαὼθ ἐγκατέλιπεν ἡμῖν σπέρμα

2 C 4 9 διωκόμενοι ἀλλ' οὐκ ἐγκαταλειπόμενοι

2Tm 4 10 Δημᾶς γάρ με ἐγκατέλιπεν (-λειπεν SH) ἀγαπήσας τὸν νῦν αἰῶνα

2Tm 4 16 οὐδείς μοι παρεγένετο (συμπαρVSς), ἀλλὰ πάντες με ἐγκατέλιπον (-λειπον H)

Hb 10 25 μὴ ἐγκαταλείποντες τὴν ἐπισυναγωγὴν ἑαυτῶν

13 5 οὐ μή σε ἀνῶ οὐδ' οὐ μή σε ἐγκαταλίπω (-λείπω BT)

ἐγκατοικέω
ἐνκατοικέω TH
→ κατοικέω, οἰκέω

2Pt 2 8 βλέμματι γὰρ καὶ ἀκοῇ ὁ (—H) δίκαιος ἐγκατοικῶν ἐν αὐτοῖς ... ψυχὴν δικαίαν ... ἐβασάνιζεν

ἐγκαυχάομαι
ἐνκαυχάομαι VTH
→ καυχάομαι

2Th 1 4 ὥστε αὐτοὺς ἡμᾶς ἐν ὑμῖν ἐγκαυχᾶσθαι (καυχ. ς) ἐν ταῖς ἐκκλησίαις τοῦ θεοῦ ὑπὲρ τῆς ὑπομονῆς ὑμῶν

ἐγκεντρίζω
ἐνκεντρίζω TH

Rm 11 17 εἰ δέ τινες τῶν κλάδων ἐξεκλάσθησαν, σὺ δὲ ἀγριέλαιος ὢν ἐνεκεντρίσθης ἐν αὐτοῖς

11 19 ἐξεκλάσθησαν κλάδοι ἵνα ἐγὼ ἐγκεντρισθῶ

11 23 κἀκεῖνοι δέ, ἐὰν μὴ ἐπιμένωσιν (-μείνωσιν MVSς) τῇ ἀπιστίᾳ, ἐγκεντρισθήσονται· ↔

11 23 δυνατὸς γάρ ἐστιν ὁ θεὸς πάλιν ἐγκεντρίσαι αὐτούς. ↔

11 24 εἰ γὰρ σὺ ... παρὰ φύσιν ἐνεκεντρίσθης εἰς καλλιέλαιον, ↔

11 24 πόσῳ μᾶλλον οὗτοι οἱ κατὰ φύσιν ἐγκεντρισθήσονται τῇ ἰδίᾳ ἐλαίᾳ

ἔγκλημα

Ac 23 29 μηδὲν δὲ ἄξιον θανάτου ἢ δεσμῶν ἔχοντα ἔγκλημα

25 16 πρὶν ἢ ὁ κατηγορούμενος ... τόπον τε ἀπολογίας λάβοι περὶ τοῦ ἐγκλήματος

ἐγκομβόομαι

1Pt 5 5 πάντες δὲ ἀλλήλοις τὴν ταπεινοφροσύνην ἐγκομβώσασθε

ἐγκοπή
ἐνκοπή H

1 C 9 12 πάντα στέγομεν ἵνα μή τινα ἐγκοπὴν (ἐκκοπὴν T) δῶμεν τῷ εὐαγγελίῳ τοῦ Χριστοῦ

ἐγκόπτω
ἐνκόπτω (V)T(H)
→ κόπτω

Ac 24 4 ἵνα δὲ μὴ ἐπὶ πλεῖόν σε ἐγκόπτω

Rm 15 22 διὸ καὶ ἐνεκοπτόμην τὰ πολλὰ τοῦ ἐλθεῖν πρὸς ὑμᾶς

G 5 7 τίς ὑμᾶς ἐνέκοψεν (ἀν- ς) τῇ ([N²⁶S]; —NTH) ἀληθείᾳ μὴ πείθεσθαι;

1Th 2 18 διότι ἠθελήσαμεν ἐλθεῖν πρὸς ὑμᾶς ... καὶ ἐνέκοψεν ἡμᾶς ὁ σατανᾶς

1Pt 3 7 ἀπονέμοντες τιμὴν ... εἰς τὸ μὴ ἐγκόπτεσθαι (ἐκ- ς) τὰς προσευχὰς ὑμῶν

ἐγκράτεια

Ac 24 25 διαλεγομένου δὲ αὐτοῦ περὶ δικαιοσύνης καὶ ἐγκρατείας καὶ τοῦ κρίματος τοῦ μέλλοντος

G 5 23 ⟨ὁ δὲ καρπὸς τοῦ πνεύματός ἐστιν⟩ πραΰτης, ἐγκράτεια

2Pt 1 6 ⟨ἐπιχορηγήσατε⟩ ἐν δὲ τῇ γνώσει τὴν ἐγκράτειαν, ↔

1 6 ἐν δὲ τῇ ἐγκρατείᾳ τὴν ὑπομονήν

ἐγκρατεύομαι

1 C 7 9 εἰ δὲ οὐκ ἐγκρατεύονται, γαμησάτωσαν

9 25 πᾶς δὲ ὁ ἀγωνιζόμενος πάντα ἐγκρατεύεται

ἐγκρατής

Tt 1 8 ⟨δεῖ γὰρ τὸν ἐπίσκοπον ἀνέγκλητον εἶναι⟩ σώφρονα, δίκαιον, ὅσιον, ἐγκρατῆ

ἐγκρίνω
ἐνκρίνω TH
→ κρίνω

2 C 10 12 οὐ γὰρ τολμῶμεν ἐγκρῖναι ἢ συγκρῖναι ἑαυτούς τισιν τῶν ἑαυτοὺς συνιστανόντων

ἐγκρύπτω
→ κρύπτω

Mt 13 33 ζύμῃ, ἣν λαβοῦσα γυνὴ ἐνέκρυψεν εἰς ἀλεύρου σάτα τρία

Lc 13 21 ζύμῃ, ἣν λαβοῦσα γυνὴ ἐνέκρυψεν ([ἐν]έκρ. N²⁶; ἔκρ. NMTH) εἰς ἀλεύρου σάτα τρία

ἔγκυος
ἔνκυος H

Lc 2 5 σὺν Μαριὰμ τῇ ἐμνηστευμένῃ (μεμνηστ. VSς) αὐτῷ (+γυναικί VBSς), οὔσῃ ἐγκύῳ

ἐγχρίω
→ χρίω

Ap 3 18 συμβουλεύω σοι ἀγοράσαι παρ' ἐμοῦ ... κολλούριον (κολλ[ο]ύρ. N²⁶; κολλύριον NBST) ἐγχρῖσαι (ἔγχρισαι T; ἔ-σον ς) τοὺς ὀφθαλμούς σου

ἐγώ
ἐμοῦ p. 283   μοι p. 290
μου p. 284   ἐμέ p. 292
ἐμοί p. 289   με p. 293
→ κἀγώ, ἡμεῖς
ᵃ ἰδοὺ ἐγώ
ᵇ ἐγώ εἰμι sine nomine praedicativo et sim.
ᶜ ἐγώ εἰμι cum nomine praedicativo et sim.
ᵈ ἐγώ μέν
ᵉ ἐγώ δέ
ᶠ καὶ ἐγώ, cf. etiam κἀγώ
ᵍ οὐδὲ ἐγώ

Mt 3 11ᵈ ἐγὼ μὲν ὑμᾶς βαπτίζω ἐν ὕδατι εἰς μετάνοιαν

3 14 ἐγὼ χρείαν ἔχω ὑπὸ σοῦ βαπτισθῆναι, καὶ σὺ ἔρχῃ πρός με;

5 22ᵉ ἐγὼ δὲ λέγω ὑμῖν

5 32ᵉ ἐγὼ δὲ λέγω ὑμῖν

5 34ᵉ ἐγὼ δὲ λέγω ὑμῖν μὴ ὀμόσαι ὅλως

5 39ᵉ ἐγὼ δὲ λέγω ὑμῖν μὴ ἀντιστῆναι τῷ πονηρῷ

5 44ᵉ ἐγὼ δὲ λέγω ὑμῖν

8 7 ἐγὼ ἐλθὼν θεραπεύσω αὐτόν

8 9ᶜᶠ καὶ γὰρ ἐγὼ ἄνθρωπός εἰμι ὑπὸ ἐξουσίαν (+τασσόμενος [H])

10 16ᵃ ἰδοὺ ἐγὼ ἀποστέλλω ὑμᾶς ὡς πρόβατα ἐν μέσῳ λύκων

11 10ᵃ ἰδοὺ ἐγὼ ἀποστέλλω τὸν ἄγγελόν μου πρὸ προσώπου σου

12 27 καὶ εἰ ἐγὼ ἐν Βεελζεβοὺλ ἐκβάλλω τὰ δαιμόνια

12 28 εἰ δὲ ἐν πνεύματι θεοῦ ἐγὼ ἐκβάλλω τὰ δαιμόνια

14 27ᵇ θαρσεῖτε, ἐγώ εἰμι· μὴ φοβεῖσθε

18 33ᶠ* οὐκ ἔδει καὶ σὲ ἐλεῆσαι τὸν σύνδουλόν σου, ὡς | καὶ ἐγὼ (Vς; κἀγὼ rl) σὲ ἠλέησα;

20 15ᶜ ἢ ὁ ὀφθαλμός σου πονηρός ἐστιν ὅτι ἐγὼ ἀγαθός εἰμι;

Mt 20 22 δύνασθε πιεῖν τὸ ποτήριον ὃ ἐγὼ μέλλω πίνειν; ↔

20 22 * | καὶ τὸ βάπτισμα ὃ ἐγὼ βαπτίζομαι βαπτισθῆναι; (+ς)

20 23 * | καὶ τὸ βάπτισμα ὃ ἐγὼ βαπτίζομαι βαπτισθήσεσθε (+ς)

21 27ᵍ οὐδὲ ἐγὼ λέγω ὑμῖν ἐν ποίᾳ ἐξουσίᾳ ταῦτα ποιῶ

21 29 * || ἐγώ (ὑπάγω MS) κύριε, καὶ οὐκ ἀπῆλθεν ((NMSH; οὐ θέλω, ὕστερον δὲ μεταμεληθεὶς ἀπῆλθεν N²⁶VBς; οὐ θ., ὑ. μ. ἀπ. T))

21 30 | ἐγώ, κύριε, καὶ οὐκ ἀπῆλθεν (οὐ θέλω, ὕστερον μεταμεληθεὶς ἀπῆλθεν NH; οὐ θ., ὕ. δὲ μ. ἀπ. MS)

22 32ᶜ ἐγώ εἰμι ὁ θεὸς Ἀβραὰμ καὶ ὁ θεὸς Ἰσαάκ

23 34ᵃ ἰδοὺ ἐγὼ ἀποστέλλω πρὸς ὑμᾶς προφήτας καὶ σοφούς

24 5ᶜ πολλοὶ γὰρ ἐλεύσονται ἐπὶ τῷ ὀνόματί μου λέγοντες· ἐγώ εἰμι ὁ χριστός

25 27 ἔδει σε οὖν βαλεῖν... καὶ ἐλθὼν ἐγὼ ἐκομισάμην ἂν τὸ ἐμὸν σὺν τόκῳ

26 15ᶠ * τί θέλετέ μοι δοῦναι, | καὶ ἐγὼ (BST; κἀγὼ rl) ὑμῖν παραδώσω αὐτόν;

26 22ᵇ (εἷς ἐξ ὑμῶν παραδώσει με) μήτι ἐγώ εἰμι, κύριε;

26 25ᵇ μήτι ἐγώ εἰμι, ῥαββί; λέγει αὐτῷ· σὺ εἶπας

26 33 εἰ πάντες σκανδαλισθήσονται ἐν σοί, ἐγὼ οὐδέποτε σκανδαλισθήσομαι

26 39 πλὴν οὐχ ὡς ἐγὼ θέλω ἀλλ᾽ ὡς σύ

28 20ᵃᶜ καὶ ἰδοὺ ἐγὼ μεθ᾽ ὑμῶν εἰμι πάσας τὰς ἡμέρας

Mc 1 2ᵃ * ἰδοὺ ἐγὼ (+MVSTς) ἀποστέλλω τὸν ἄγγελόν μου πρὸ προσώπου σου

1 8 ἐγὼ ἐβάπτισα ὑμᾶς (+ἐν [M]Sς) ὕδατι

6 16 ὃν ἐγὼ ἀπεκεφάλισα Ἰωάννην, οὗτος ἠγέρθη

6 50ᵇ θαρσεῖτε, ἐγώ εἰμι· μὴ φοβεῖσθε

9 25 τὸ ἄλαλον καὶ κωφὸν πνεῦμα, ἐγώ | ἐπιτάσσω σοι (∼Sς), ἔξελθε ἐξ αὐτοῦ

10 38 δύνασθε πιεῖν τὸ ποτήριον ὃ ἐγὼ πίνω, ↔

10 38 ἢ τὸ βάπτισμα ὃ ἐγὼ βαπτίζομαι βαπτισθῆναι;

10 39 τὸ ποτήριον ὃ ἐγὼ πίνω πίεσθε, ↔

10 39 καὶ τὸ βάπτισμα ὃ ἐγὼ βαπτίζομαι βαπτισθήσεσθε

11 33ᵍ οὐδὲ ἐγὼ λέγω ὑμῖν ἐν ποίᾳ ἐξουσίᾳ ταῦτα ποιῶ

12 26 ἐγὼ ὁ θεὸς Ἀβραὰμ καὶ ὁ (+[N²⁶] BTς) θεὸς Ἰσαάκ

13 6ᵇ πολλοὶ (+γὰρ Vς) ἐλεύσονται ἐπὶ τῷ ὀνόματί μου λέγοντες ὅτι ἐγώ εἰμι

14 19 (εἷς ἐξ ὑμῶν παραδώσει με) ἤρξαντο ... λέγειν αὐτῷ εἷς κατὰ εἷς· μήτι ἐγώ;

14 19 * | καὶ ἄλλος· μήτι ἐγώ; (+VBSς)

14 29 εἰ καὶ πάντες σκανδαλισθήσονται, ἀλλ᾽ οὐκ ἐγώ

14 36 ἀλλ᾽ οὐ τί ἐγὼ θέλω ἀλλὰ τί σύ

14 58 ἐγὼ καταλύσω τὸν ναὸν τοῦτον τὸν χειροποίητον

14 62ᵇ ὁ δὲ Ἰησοῦς εἶπεν· ἐγώ εἰμι

Lc 1 18ᶜ ἐγὼ γάρ εἰμι πρεσβύτης

Lc 1 19ᶜ ἐγώ εἰμι Γαβριὴλ ὁ παρεστηκὼς ἐνώπιον τοῦ θεοῦ

2 48ᶠ * ἰδοὺ ὁ πατήρ σου | καὶ ἐγὼ (BH; κἀγὼ rl) ὀδυνώμενοι ἐζητοῦμέν (ζητ. NH) σε

3 16ᵈ ἐγὼ μὲν ὕδατι βαπτίζω ὑμᾶς

7 8ᶜᶠ καὶ γὰρ ἐγὼ ἄνθρωπός εἰμι ὑπὸ ἐξουσίαν τασσόμενος

7 27ᵃ * ἰδοὺ ἐγώ (+ς) ἀποστέλλω τὸν ἄγγελόν μου πρὸ προσώπου σου

8 46 ἐγὼ γὰρ ἔγνων δύναμιν ἐξεληλυθυῖαν ἀπ᾽ ἐμοῦ

9 9 εἶπεν δὲ (+ὁ [NH] BSς) Ἡρῴδης· Ἰωάννην ἐγὼ ἀπεκεφάλισα· ↔

9 9 * τίς δέ ἐστιν οὗτος περὶ οὗ ἐγὼ (+Vς) ἀκούω τοιαῦτα;

10 3ᵃ * ἰδοὺ ἐγὼ (+Vς) ἀποστέλλω ὑμᾶς ὡς ἄρνας ἐν μέσῳ λύκων

10 35 ὅ τι (ὅτι H) ἂν προσδαπανήσῃς ἐγὼ ἐν τῷ ἐπανέρχεσθαί με ἀποδώσω σοι

11 19 εἰ δὲ ἐγὼ ἐν Βεελζεβοὺλ ἐκβάλλω τὰ δαιμόνια

11 20 εἰ δὲ ἐν δακτύλῳ θεοῦ ἐγὼ (+[N²⁶ NVH]M) ἐκβάλλω τὰ δαιμόνια

15 17ᶠ ἐγὼ δὲ λιμῷ ὧδε ἀπόλλυμαι

16 9ᶠ καὶ ἐγὼ ὑμῖν λέγω

19 22ᶜ ᾔδεις ὅτι ἐγὼ ἄνθρωπος αὐστηρός εἰμι (;)

19 23ᶠ * διὰ τί οὐκ ἔδωκάς μου τὸ ἀργύριον ἐπὶ τράπεζαν; | καὶ ἐγὼ (Vς; κἀγὼ rl) ἐλθὼν σὺν τόκῳ ἂν αὐτὸ ἔπραξα

20 8ᵍ οὐδὲ ἐγὼ λέγω ὑμῖν ἐν ποίᾳ ἐξουσίᾳ ταῦτα ποιῶ

21 8ᵇ πολλοὶ γὰρ ἐλεύσονται ἐπὶ τῷ ὀνόματί μου λέγοντες· (+ὅτι Vς) ἐγώ εἰμι

21 15 ἐγὼ γὰρ δώσω ὑμῖν στόμα καὶ σοφίαν

22 27ᶜᵉ ἐγὼ δὲ ἐν μέσῳ ὑμῶν εἰμι ὡς ὁ διακονῶν

22 32ᵉ ἐγὼ δὲ ἐδεήθην περὶ σοῦ ... καὶ σύ ποτε ἐπιστρέψας στήρισον

22 70ᵇ ὑμεῖς λέγετε ὅτι ἐγώ εἰμι

23 14ᵃ ἰδοὺ ἐγὼ ἐνώπιον ὑμῶν ἀνακρίνας οὐθὲν εὗρον ἐν τῷ ἀνθρώπῳ τούτῳ αἴτιον

24 39ᵇ ἴδετε ... ὅτι | ἐγώ εἰμι αὐτός (∼Vς)

24 49ᵃ || καὶ ἰδοὺ [N²⁶] ἐγὼ ((κἀγὼ ST)) ἀποστέλλω (N²⁶ς; ἐξαπο- rl) τὴν ἐπαγγελίαν τοῦ πατρός μου ἐφ᾽ ὑμᾶς

Jo 1 20ᶜ ὡμολόγησεν ὅτι ἐγὼ οὐκ εἰμὶ ὁ χριστός

1 23 ἔφη· ἐγὼ φωνὴ βοῶντος ἐν τῇ ἐρήμῳ

1 26 ἐγὼ βαπτίζω ἐν ὕδατι

1 27ᶜ οὗ οὐκ εἰμὶ ἐγὼ [N²⁶H] ἄξιος ἵνα λύσω αὐτοῦ τὸν ἱμάντα τοῦ ὑποδήματος

1 30 οὗτός ἐστιν ὑπὲρ (περὶ Vς) οὗ ἐγὼ εἶπον

1 31 διὰ τοῦτο ἦλθον ἐγὼ ἐν (+τῷ Sς) ὕδατι βαπτίζων

3 28 αὐτοὶ ὑμεῖς μοι μαρτυρεῖτε ὅτι εἶπον ἐγώ [+H] · ↔

3 28ᶜ ὅτι [+N²⁶] οὐκ εἰμὶ ἐγὼ ὁ χριστός

4 14 ὃς δ᾽ ἂν πίῃ ἐκ τοῦ ὕδατος οὗ ἐγὼ δώσω αὐτῷ

4 14 * ἀλλὰ τὸ ὕδωρ ὃ ἐγὼ (+T) δώσω αὐτῷ

4 26ᵇ ἐγώ εἰμι, ὁ λαλῶν σοι

4 32 ἐγὼ βρῶσιν ἔχω φαγεῖν ἣν ὑμεῖς οὐκ οἴδατε

Jo 4 38 ἐγὼ ἀπέστειλα (ἀπέσταλκα T) ὑμᾶς θερίζειν

5 7 ἐν ᾧ δὲ ἔρχομαι ἐγώ, ἄλλος πρὸ ἐμοῦ καταβαίνει

5 30 οὐ δύναμαι ἐγὼ ποιεῖν ἀπ᾽ ἐμαυτοῦ οὐδέν

5 31 ἐὰν ἐγὼ μαρτυρῶ περὶ ἐμαυτοῦ

5 34ᵉ ἐγὼ δὲ οὐ παρὰ ἀνθρώπου τὴν μαρτυρίαν λαμβάνω

5 36ᵉ ἐγὼ δὲ ἔχω τὴν μαρτυρίαν μείζω (μείζων S) τοῦ Ἰωάννου

5 36 * αὐτὰ τὰ ἔργα ἃ ἐγὼ (+ς) ποιῶ μαρτυρεῖ περὶ ἐμοῦ

5 43 ἐγὼ ἐλήλυθα ἐν τῷ ὀνόματι τοῦ πατρός μου

5 45 μὴ δοκεῖτε ὅτι ἐγὼ κατηγορήσω ὑμῶν πρὸς τὸν πατέρα

6 20ᵇ ὁ δὲ λέγει αὐτοῖς· ἐγώ εἰμι· μὴ φοβεῖσθε

6 35ᶜ ἐγώ εἰμι ὁ ἄρτος τῆς ζωῆς

6 40 ἀναστήσω αὐτὸν ἐγὼ ἐν ([N²⁶]; —SHς) τῇ ἐσχάτῃ ἡμέρᾳ

6 41ᶜ ἐγώ εἰμι ὁ ἄρτος ὁ καταβὰς ἐκ τοῦ οὐρανοῦ

6 44ᶠ * | καὶ ἐγὼ (ς; κἀγὼ rl) ἀναστήσω αὐτὸν ἐν τῇ ἐσχάτῃ ἡμέρᾳ

6 48ᶜ ἐγώ εἰμι ὁ ἄρτος τῆς ζωῆς

6 51ᶜ ἐγώ εἰμι ὁ ἄρτος ὁ ζῶν ὁ ἐκ τοῦ οὐρανοῦ καταβάς

6 51 ὁ ἄρτος δὲ ὃν ἐγὼ δώσω ↔

6 51 * || ἡ σάρξ μού ἐστιν | ἣν ἐγὼ δώσω (+ς) ὑπὲρ τῆς τοῦ κόσμου ζωῆς ((∼T))

6 54ᶠ * | καὶ ἐγὼ (ς; κἀγὼ rl) ἀναστήσω αὐτὸν (+ἐν VBS) τῇ ἐσχάτῃ ἡμέρᾳ

6 63 τὰ ῥήματα ἃ ἐγὼ λελάληκα ὑμῖν πνεῦμά ἐστιν

6 70 οὐκ ἐγὼ ὑμᾶς τοὺς δώδεκα ἐξελεξάμην;

7 7 ἐμὲ δὲ μισεῖ, ὅτι ἐγὼ μαρτυρῶ περὶ αὐτοῦ

7 8 ὑμεῖς ἀνάβητε εἰς τὴν ἑορτήν· ἐγὼ οὐκ (οὔπω MVHς) ἀναβαίνω εἰς τὴν ἑορτὴν ταύτην

7 17 γνώσεται ... πότερον ἐκ τοῦ (—T) θεοῦ ἐστιν ἢ ἐγὼ ἀπ᾽ ἐμαυτοῦ λαλῶ

7 29 ἐγὼ οἶδα αὐτόν

7 34ᶜ ὅπου εἰμὶ (εἰμι V) ἐγὼ ὑμεῖς οὐ δύνασθε ἐλθεῖν

7 36ᶜ ὅπου εἰμὶ (εἰμι V) ἐγὼ ὑμεῖς οὐ δύνασθε ἐλθεῖν

[8 11]ᵍ οὐδὲ ἐγὼ σὲ κατακρίνω

8 12ᶜ ἐγώ εἰμι τὸ φῶς τοῦ κόσμου

8 14 κἂν ἐγὼ μαρτυρῶ περὶ ἐμαυτοῦ

8 15 ὑμεῖς κατὰ τὴν σάρκα κρίνετε, ἐγὼ οὐ κρίνω οὐδένα. ↔

8 16 καὶ ἐὰν κρίνω δὲ ἐγώ, ἡ κρίσις ἡ ἐμὴ ἀληθινή ἐστιν, ↔

8 16 ὅτι μόνος οὐκ εἰμί, ἀλλ᾽ ἐγὼ καὶ ὁ πέμψας με πατήρ ([H]; —NT)

8 18ᶜ ἐγώ εἰμι ὁ μαρτυρῶν περὶ ἐμαυτοῦ

8 21 ἐγὼ ὑπάγω καὶ ζητήσετέ με

8 21 ὅπου ἐγὼ ὑπάγω ὑμεῖς οὐ δύνασθε ἐλθεῖν

8 22 ὅπου ἐγὼ ὑπάγω ὑμεῖς οὐ δύνασθε ἐλθεῖν

8 23ᶜ ὑμεῖς ἐκ τῶν κάτω ἐστέ, ἐγὼ ἐκ τῶν ἄνω εἰμί· ↔

8 23ᶜ ὑμεῖς ἐκ | τούτου τοῦ κόσμου (∼VBSTς) ἐστέ, ἐγὼ οὐκ εἰμὶ ἐκ τοῦ κόσμου τούτου

8 24ᵇ ἐὰν γὰρ μὴ πιστεύσητε ὅτι ἐγώ εἰμι, ἀποθανεῖσθε

Jo 8 28ᵇ τότε γνώσεσθε ὅτι ἐγώ εἰμι

8 29 ὅτι ἐγώ τὰ ἀρεστὰ αὐτῷ ποιῶ πάντοτε

8 38 | ἃ ἐγώ (ἑ. ὃ ς) ἑώρακα παρὰ τῷ πατρί λαλῶ

8 42 ἐγώ γὰρ ἐκ τοῦ θεοῦ ἐξῆλθον καὶ ἥκω

8 45ᵉ ἐγώ δὲ ὅτι τὴν ἀλήθειαν λέγω, οὐ πιστεύετέ μοι

8 49 ἐγώ δαιμόνιον οὐκ ἔχω

8 50ᵉ ἐγώ δὲ οὐ ζητῶ τὴν δόξαν μου

8 54 ἐὰν ἐγώ δοξάσω ἐμαυτόν, ἡ δόξα μου οὐδέν ἐστιν

8 55ᵉ οὐκ ἐγνώκατε αὐτόν, ἐγώ δὲ οἶδα αὐτόν

8 58ᵇ πρὶν Ἀβραὰμ γενέσθαι ἐγώ εἰμι

9 9ᵇ ἐκεῖνος [+ δὲ S] ἔλεγεν ὅτι ἐγώ εἰμι

9 39 εἰς κρίμα ἐγώ εἰς τὸν κόσμον τοῦτον ἦλθον

10 7ᶜ ἐγώ εἰμι ἡ θύρα τῶν προβάτων

10 9ᶜ ἐγώ εἰμι ἡ θύρα

10 10 ἐγώ ἦλθον ἵνα ζωὴν ἔχωσιν καὶ περισσὸν ἔχωσιν. ↔

10 11ᶜ ἐγώ εἰμι ὁ ποιμὴν ὁ καλός

10 14ᶜ ἐγώ εἰμι ὁ ποιμὴν ὁ καλός

10 17 διὰ τοῦτό με ὁ πατὴρ ἀγαπᾷ ὅτι ἐγώ τίθημι τὴν ψυχήν μου

10 18 ἀλλ' ἐγώ τίθημι αὐτὴν ἀπ' ἐμαυτοῦ

10 25 τὰ ἔργα ἃ ἐγώ ποιῶ ἐν τῷ ὀνόματι τοῦ πατρός μου

10 30 ἐγώ καὶ ὁ πατὴρ ἕν ἐσμεν

10 34 οὐκ ἔστιν γεγραμμένον ... ὅτι ἐγώ εἶπα· θεοί ἐστε;

11 25ᶜ ἐγώ εἰμι ἡ ἀνάστασις καὶ ἡ ζωή

11 27 ἐγώ πεπίστευκα ὅτι σὺ εἶ ὁ χριστός

11 42ᵉ ἐγώ δὲ ᾔδειν ὅτι πάντοτέ μου ἀκούεις

12 26ᶜ ὅπου εἰμὶ ἐγώ, ἐκεῖ καὶ ὁ διάκονος ὁ ἐμὸς ἔσται

12 46 ἐγώ φῶς εἰς τὸν κόσμον ἐλήλυθα

12 47 ἐγώ οὐ κρίνω αὐτόν

12 49 ὅτι ἐγώ ἐξ ἐμαυτοῦ οὐκ ἐλάλησα

12 50 ἃ οὖν | ἐγώ λαλῶ (~ Sς), καθὼς εἴρηκέν μοι ὁ πατήρ, οὕτως λαλῶ

13 7 ὃ ἐγώ ποιῶ σὺ οὐκ οἶδας ἄρτι

13 14 εἰ οὖν ἐγώ ἔνιψα ὑμῶν τοὺς πόδας ὁ κύριος καὶ ὁ διδάσκαλος

13 15 ἵνα καθὼς ἐγώ ἐποίησα ὑμῖν καὶ ὑμεῖς ποιῆτε

13 18 ἐγώ οἶδα τίνας ἐξελεξάμην

13 19ᵇ ἵνα πιστεύσητε (-εύητε NH) ὅταν γένηται ὅτι ἐγώ εἰμι

13 26 ἐκεῖνός ἐστιν ᾧ ἐγώ βάψω τὸ ψωμίον καὶ δώσω (ἐπι- VSς) αὐτῷ

13 33 ὅπου ἐγώ ὑπάγω ὑμεῖς οὐ δύνασθε ἐλθεῖν

13 36 * ὅπου ἐγώ (+ [S]T) ὑπάγω οὐ δύνασαί μοι νῦν ἀκολουθῆσαι

14 3ᶜ ἵνα ὅπου εἰμὶ ἐγώ καὶ ὑμεῖς ἦτε. ↔

14 4 καὶ ὅπου ἐγώ [N²⁶] ὑπάγω οἴδατε | τὴν ὁδόν (καὶ τ. ὁ. οἴδ. Vς)

14 6ᶜ ἐγώ εἰμι ἡ ὁδὸς καὶ ἡ ἀλήθεια καὶ ἡ ζωή

14 10 οὐ πιστεύεις ὅτι ἐγώ ἐν τῷ πατρὶ καὶ ὁ πατὴρ ἐν ἐμοί ἐστιν; ↔

14 10 τὰ ῥήματα ἃ ἐγώ λέγω (λαλῶ Sς) ὑμῖν ἀπ' ἐμαυτοῦ οὐ λαλῶ

14 11 πιστεύετέ μοι ὅτι ἐγώ ἐν τῷ πατρὶ

14 12 ὁ πιστεύων εἰς ἐμὲ τὰ ἔργα ἃ ἐγώ ποιῶ κἀκεῖνος ποιήσει

14 12 ὅτι ἐγώ πρὸς τὸν πατέρα πορεύομαι

Jo 14 14 ἐάν τι αἰτήσητέ με ([H]; — ς) ἐν τῷ ὀνόματί μου, ἐγώ (τοῦτο H) ποιήσω

14 16ᶠ * | καὶ ἐγώ (ς; κἀγώ rl) ἐρωτήσω τὸν πατέρα

14 19 ὅτι ἐγώ ζῶ καὶ ὑμεῖς ζήσετε (-σεσθε MVSς)

14 20 ἐγώ ἐν τῷ πατρί μου καὶ ὑμεῖς ἐν ἐμοί

14 21ᶠ * ἀγαπηθήσεται ὑπὸ τοῦ πατρός μου, | καὶ ἐγώ (ς; κἀγώ rl) ἀγαπήσω αὐτόν

14 26 ὑπομνήσει ὑμᾶς πάντα ἃ εἶπον ὑμῖν ἐγώ ([N²⁶]; —VBSTς)

14 27 οὐ καθὼς ὁ κόσμος δίδωσιν ἐγώ δίδωμι ὑμῖν

14 28 ἠκούσατε ὅτι ἐγώ εἶπον ὑμῖν

15 1ᶜ ἐγώ εἰμι ἡ ἄμπελος ἡ ἀληθινή

15 5ᶜ ἐγώ εἰμι ἡ ἄμπελος, ὑμεῖς τὰ κλήματα

15 10 καθὼς ἐγώ (κἀγώ T) || τὰς ἐντολὰς τοῦ πατρός μου (—H) ((N²⁶Vς; ~rl) τετήρηκα

15 14 ἐὰν ποιῆτε ἃ (ὃ NH; ὅσα ς) ἐγώ ἐντέλλομαι ὑμῖν

15 16 οὐχ ὑμεῖς με ἐξελέξασθε, ἀλλ' ἐγώ ἐξελεξάμην ὑμᾶς

15 19 ὅτι δὲ ἐκ τοῦ κόσμου οὐκ ἐστέ, ἀλλ' ἐγώ ἐξελεξάμην ὑμᾶς ἐκ τοῦ κόσμου

15 20 μνημονεύετε τοῦ λόγου οὗ ἐγώ εἶπον ὑμῖν

15 26 ὅταν (+ δὲ MVBSς) ἔλθῃ ὁ παράκλητος ὃν ἐγώ πέμψω ὑμῖν παρὰ τοῦ πατρός

16 4 ἵνα ... μνημονεύητε αὐτῶν, ὅτι ἐγώ εἶπον ὑμῖν

16 7 ἀλλ' ἐγώ τὴν ἀλήθειαν λέγω ὑμῖν, ↔

16 7 συμφέρει ὑμῖν ἵνα ἐγώ ἀπέλθω

16 16 * πάλιν μικρὸν καὶ ὄψεσθέ με || ὅτι ἐγώ (+ ς) ὑπάγω πρὸς τὸν πατέρα ((+ Vς))

16 17 * ὅτι ἐγώ (+ ς) ὑπάγω πρὸς τὸν πατέρα

16 26 ἐγώ ἐρωτήσω τὸν πατέρα περὶ ὑμῶν

16 27 πεπιστεύκατε ὅτι ἐγώ παρὰ τοῦ [N²⁶] θεοῦ (πατρὸς H) ἐξῆλθον

16 33 ἀλλὰ θαρσεῖτε, ἐγώ νενίκηκα τὸν κόσμον

17 4 ἐγώ σε ἐδόξασα ἐπὶ τῆς γῆς

17 9 ἐγώ περὶ αὐτῶν ἐρωτῶ

17 11ᶠ * | καὶ ἐγώ (ς; κἀγώ rl) πρὸς σὲ ἔρχομαι

17 12 ἐγώ ἐτήρουν αὐτοὺς ἐν τῷ ὀνόματί σου

17 14 ἐγώ δέδωκα αὐτοῖς τὸν λόγον σου

17 14ᶜ οὐκ εἰσὶν ἐκ τοῦ κόσμου καθὼς ἐγώ οὐκ εἰμὶ ἐκ τοῦ κόσμου

17 16ᶜ ἐκ τοῦ κόσμου οὐκ εἰσὶν καθὼς ἐγώ | οὐκ εἰμὶ ἐκ τοῦ κόσμου (~ VSς)

17 19 ὑπὲρ αὐτῶν ἐγώ ([NH]; —T) ἁγιάζω ἐμαυτόν

17 22ᶠ * | καὶ ἐγώ (ς; κἀγώ rl) τὴν δόξαν ἣν δέδωκάς μοι δέδωκα αὐτοῖς

17 23 ἐγώ ἐν αὐτοῖς καὶ σὺ ἐν ἐμοί, ἵνα ὦσιν τετελειωμένοι εἰς ἕν

17 24ᶜ ἵνα ὅπου εἰμὶ ἐγώ κἀκεῖνοι ὦσιν μετ' ἐμοῦ

17 25ᵉ ὁ κόσμος σε οὐκ ἔγνω, ἐγώ δέ σε ἔγνων

18 5ᵇ λέγει αὐτοῖς (+ ὁ Ἰησοῦς MVBSς; + Ἰησ. T)· ἐγώ εἰμι

Jo 18 6ᵇ ὡς οὖν εἶπεν αὐτοῖς· ἐγώ εἰμι, ἀπῆλθον εἰς τὰ ὀπίσω

18 8ᵇ εἶπον ὑμῖν ὅτι ἐγώ εἰμι

18 20 ἐγώ παρρησίᾳ λελάληκα τῷ κόσμῳ· ↔

18 20 ἐγώ πάντοτε ἐδίδαξα ἐν συναγωγῇ καὶ ἐν τῷ ἱερῷ

18 21 ἴδε οὗτοι οἴδασιν ἃ εἶπον ἐγώ

18 26 οὐκ ἐγώ σε εἶδον ἐν τῷ κήπῳ μετ' αὐτοῦ;

18 35ᶜ ἀπεκρίθη ὁ Πιλᾶτος· μήτι ἐγώ Ἰουδαῖός εἰμι;

18 37ᶜ * σὺ λέγεις ὅτι βασιλεύς εἰμι ἐγώ (+ [M]Vς). ↔

18 37 ἐγώ εἰς τοῦτο γεγέννημαι ... ἵνα μαρτυρήσω τῇ ἀληθείᾳ

18 38 ἐγώ οὐδεμίαν εὑρίσκω ἐν αὐτῷ αἰτίαν

19 6 ἐγώ γὰρ οὐχ εὑρίσκω ἐν αὐτῷ αἰτίαν

Ac 7 7 τὸ ἔθνος ᾧ ἐὰν (ἂν H) δουλεύσουσιν κρινῶ ἐγώ

7 32 ἐγώ ὁ θεὸς τῶν πατέρων σου

9 5ᶜ ἐγώ εἰμι Ἰησοῦς ὃν σὺ διώκεις

9 10ᵃ ὁ δὲ εἶπεν· ἰδοὺ ἐγώ, κύριε

9 16 ἐγώ γὰρ ὑποδείξω αὐτῷ ὅσα δεῖ αὐτὸν ... παθεῖν

10 20 ὅτι ἐγώ ἀπέσταλκα αὐτούς

10 21ᵃ ᶜ ἰδοὺ ἐγώ εἰμι ὃν ζητεῖτε

10 26ᶜ ᶠ | καὶ ἐγώ (κἀγώ ς) αὐτὸς ἄνθρωπός εἰμι

11 5 ἐγώ ἤμην ἐν πόλει Ἰόππῃ προσευχόμενος

11 17 ἐγώ τίς ἤμην δυνατὸς κωλῦσαι τὸν θεόν;

13 25ᶜ τί ἐμὲ ὑπονοεῖτε εἶναι, οὐκ εἰμὶ ἐγώ

13 33 υἱός μου εἶ σύ, ἐγώ σήμερον γεγέννηκά σε

13 41 ὅτι ἔργον ἐργάζομαι ἐγώ ἐν ταῖς ἡμέραις ὑμῶν

15 19 διὸ ἐγώ κρίνω μὴ παρενοχλεῖν τοῖς ἀπὸ τῶν ἐθνῶν ἐπιστρέφουσιν

17 3 οὗτός ἐστιν ... Ἰησοῦς, ὃν ἐγώ καταγγέλλω ὑμῖν

17 23 ὃ οὖν ἀγνοοῦντες εὐσεβεῖτε, τοῦτο ἐγώ καταγγέλλω ὑμῖν

18 6 καθαρὸς ἐγώ ἀπὸ τοῦ νῦν εἰς τὰ ἔθνη πορεύσομαι

18 10ᶜ (μὴ φοβοῦ) διότι ἐγώ εἰμι μετὰ σοῦ

18 15 κριτὴς (+ γὰρ [MS]Vς) ἐγώ τούτων οὐ βούλομαι εἶναι

20 22 καὶ νῦν ἰδοὺ δεδεμένος ἐγώ τῷ πνεύματι πορεύομαι εἰς Ἰερουσαλήμ

20 25ᵃ καὶ νῦν ἰδοὺ ἐγώ οἶδα ὅτι οὐκέτι ὄψεσθε τὸ πρόσωπόν μου

20 26 * καθαρὸς ἐγώ (ς; εἰμι rl) ἀπὸ τοῦ αἵματος πάντων

20 29 ἐγώ (+ γὰρ [VS]ς) οἶδα (+ τοῦτο [VS]ς) ὅτι εἰσελεύσονται ... λύκοι βαρεῖς εἰς ὑμᾶς

21 13 ἐγώ γὰρ οὐ μόνον δεθῆναι ἀλλὰ καὶ ἀποθανεῖν ... ἑτοίμως ἔχω

21 39ᶜ ἐγώ ἄνθρωπος μέν εἰμι Ἰουδαῖος

22 3ᶜ ᵈ ἐγώ (+ μέν [S]ς) εἰμι ἀνὴρ Ἰουδαῖος

22 8ᵉ ἐγώ δὲ ἀπεκρίθην· τίς εἶ, κύριε; ↔

22 8ᶜ εἶπέν τε πρός με (ἐμέ NTH)· ἐγώ εἰμι Ἰησοῦς ὁ Ναζωραῖος

22 19 ἐγώ ἤμην φυλακίζων καὶ δέρων ... τοὺς πιστεύοντας ἐπὶ σέ

22 21 πορεύου, ὅτι ἐγώ εἰς ἔθνη μακρὰν ἐξαποστελῶ σε

Ac 22 28 ἐγὼ πολλοῦ κεφαλαίου τὴν πολι-
τείαν ταύτην ἐκτησάμην. ↔
22 28ᵉ ὁ δὲ Παῦλος ἔφη· ἐγὼ δὲ καὶ γεγέν-
νημαι
23 1 ἐγὼ πάσῃ συνειδήσει ἀγαθῇ πεπο-
λίτευμαι τῷ θεῷ ἄχρι ταύτης τῆς
ἡμέρας
23 6ᶜ ἐγὼ Φαρισαῖός εἰμι, υἱὸς Φαρισαί-
ων· ↔
23 6 περὶ ἐλπίδος καὶ ἀναστάσεως
νεκρῶν ἐγὼ ([N²⁶]; —NSH) κρί-
νομαι
24 21 περὶ ἀναστάσεως νεκρῶν ἐγὼ
κρίνομαι σήμερον ἐφ᾽ ὑμῶν
25 18 οὐδεμίαν αἰτίαν ἔφερον ὧν ἐγὼ
ὑπενόουν πονηρῶν(-ράν MST;—ς)
25 20 ἀπορούμενος δὲ ἐγὼ τὴν περὶ
τούτων ζήτησιν ἔλεγον
25 25ᵉ ἐγὼ δὲ κατελαβόμην μηδὲν ἄξιον
αὐτὸν θανάτου πεπραχέναι
26 9ᵈ ἐγὼ μὲν οὖν ἔδοξα ἐμαυτῷ πρὸς τὸ
ὄνομα Ἰησοῦ τοῦ Ναζωραίου δεῖν
πολλὰ ἐναντία πρᾶξαι
26 10 πολλούς τε τῶν ἁγίων ἐγὼ ἐν
φυλακαῖς κατέκλεισα
26 15ᵉ ἐγὼ δὲ εἶπα· τίς εἶ, κύριε; ↔
26 15ᶜ ὁ δὲ κύριος ([V]; —ς) εἶπεν· ἐγώ
εἰμι Ἰησοῦς ὃν σὺ διώκεις
26 17 ἐξαιρούμενός σε ... ἐκ τῶν ἐθνῶν,
εἰς οὓς ἐγὼ (νῦν ς) ἀποστέλλω σε
26 29ᶜᶠ εὐξαίμην (εὐξάμην T) ἂν τῷ θεῷ
... πάντας τοὺς ἀκούοντάς μου
σήμερον γενέσθαι τοιούτους ὁποῖος
| καὶ ἐγὼ (κἀγὼ VSTς) εἰμι
27 23ᶜ παρέστη γάρ μοι ... τοῦ θεοῦ
οὗ εἰμι ἐγὼ (+[N²⁶]T) ... ἄγγελος
28 17 ἐγώ, ἄνδρες ἀδελφοί, οὐδὲν ἐναντί-
ον ποιήσας τῷ λαῷ ... δέσμιος ἐξ
Ἱεροσολύμων παρεδόθην

Rm 7 9ᵉ ἐγὼ δὲ ἔζων χωρὶς νόμου ποτέ· ↔
7 10ᵉ ⟨ἐλθούσης δὲ τῆς ἐντολῆς ἡ ἁμαρ-
τία ἀνέζησεν⟩ ἐγὼ δὲ ἀπέθανον
7 14ᶜᵉ ὁ νόμος πνευματικός ἐστιν· ἐγὼ
δὲ σάρκινός εἰμι
7 17 νυνὶ δὲ οὐκέτι ἐγὼ κατεργάζομαι
αὐτὸ ἀλλὰ ἡ οἰκοῦσα (ἐν- NTH;
[ἐν]οἰκ.S) ἐν ἐμοὶ ἁμαρτία
7 20 εἰ δὲ ὃ οὐ θέλω ἐγὼ ([N²⁶]; —H)
τοῦτο ποιῶ, ↔
7 20 οὐκέτι ἐγὼ κατεργάζομαι αὐτὸ
ἀλλὰ ἡ οἰκοῦσα ἐν ἐμοὶ ἁμαρτία
7 24 ταλαίπωρος ἐγὼ ἄνθρωπος
7 25 ἄρα οὖν αὐτὸς ἐγὼ τῷ μὲν (—T)
νοῒ δουλεύω νόμῳ θεοῦ
9 3 ηὐχόμην γὰρ ἀνάθεμα εἶναι αὐτὸς
ἐγὼ ἀπὸ τοῦ Χριστοῦ ὑπὲρ τῶν
ἀδελφῶν μου
10 19 ἐγὼ παραζηλώσω ὑμᾶς ἐπ᾽ οὐκ
ἔθνει
11 1ᶜᶠ καὶ γὰρ ἐγὼ Ἰσραηλίτης εἰμι
11 13ᶜ ἐφ᾽ ὅσον μὲν οὖν ([S]; —ς) εἰμι ἐγὼ
ἐθνῶν ἀπόστολος
11 19 ἐρεῖς οὖν· ἐξεκλάσθησαν κλάδοι
ἵνα ἐγὼ ἐγκεντρισθῶ
12 19 ἐμοὶ ἐκδίκησις, ἐγὼ ἀνταποδώσω,
λέγει κύριος
14 11 ζῶ ἐγώ, λέγει κύριος, ὅτι ἐμοὶ
κάμψει πᾶν γόνυ
15 14 πέπεισμαι δέ, ἀδελφοί μου, καὶ
αὐτὸς ἐγὼ περὶ ὑμῶν
16 4 οἷς οὐκ ἐγὼ μόνος εὐχαριστῶ
ἀλλὰ καὶ πᾶσαι αἱ ἐκκλησίαι τῶν
ἐθνῶν
16 22 ἀσπάζομαι ὑμᾶς ἐγὼ Τέρτιος ὁ
γράψας τὴν ἐπιστολὴν ἐν κυρίῳ

1C 1 12ᶜᵈ ἕκαστος ὑμῶν λέγει· ἐγὼ μέν εἰμι
Παύλου, ↔
1 12ᵉ ἐγὼ δὲ Ἀπολλῶ, ↔
1 12ᵉ ἐγὼ δὲ Κηφᾶ, ↔
1 12ᵉ ἐγὼ δὲ Χριστοῦ
2 3ᶠ * | καὶ ἐγὼ (ς; κἀγὼ rl) ἐν ἀσθε-
νείᾳ ... καὶ ἐν τρόμῳ πολλῷ
ἐγενόμην πρὸς ὑμᾶς
3 1ᶠ * | καὶ ἐγὼ (ς; κἀγὼ rl), ἀδελφοί,
οὐκ ἠδυνήθην λαλῆσαι ὑμῖν ὡς
πνευματικοῖς
3 4ᶜᵈ ὅταν γὰρ λέγῃ τις· ἐγὼ μέν εἰμι
Παύλου, ↔
3 4 ἕτερος δέ· ἐγὼ Ἀπολλῶ, οὐκ
ἄνθρωποί ἐστε;
3 6 ἐγὼ ἐφύτευσα, Ἀπολλῶς ἐπότι-
σεν, ἀλλὰ ὁ θεὸς ηὔξανεν
4 15 ἐν γὰρ Χριστῷ Ἰησοῦ διὰ τοῦ
εὐαγγελίου ἐγὼ ὑμᾶς ἐγέννησα
5 3ᵈ ἐγὼ μὲν γάρ, ἀπὼν τῷ σώματι,
παρὼν δὲ τῷ πνεύματι, ἤδη κέκρικα
6 12 πάντα μοι ἔξεστιν, ἀλλ᾽ οὐκ ἐγὼ
ἐξουσιασθήσομαι ὑπό τινος
7 10 τοῖς δὲ γεγαμηκόσιν παραγγέλλω,
οὐκ ἐγὼ ἀλλὰ ὁ κύριος
7 12 τοῖς δὲ λοιποῖς λέγω ἐγώ, οὐχ ὁ
κύριος
7 28ᵉ θλῖψιν δὲ τῇ σαρκὶ ἕξουσιν οἱ τοιοῦ-
τοι, ἐγὼ δὲ ὑμῶν φείδομαι
9 6 ἢ μόνος ἐγὼ καὶ Βαρναβᾶς οὐκ
ἔχομεν ἐξουσίαν μὴ ἐργάζεσθαι;
9 15ᵉ ἐγὼ δὲ οὐ (—Bς) κέχρημαι οὐδενὶ
τούτων
9 26 ἐγὼ τοίνυν οὕτως τρέχω ὡς οὐκ
ἀδήλως
10 30 εἰ ἐγὼ χάριτι μετέχω, ↔
10 30 τί βλασφημοῦμαι ὑπὲρ οὗ ἐγὼ
εὐχαριστῶ;
11 23 ἐγὼ γὰρ παρέλαβον ἀπὸ τοῦ
κυρίου
15 9ᵉ ἐγὼ γάρ εἰμι ὁ ἐλάχιστος τῶν
ἀποστόλων
15 10ᵉ ἀλλὰ περισσότερον αὐτῶν πάν-
των ἐκοπίασα, οὐκ ἐγὼ δὲ ἀλλὰ
ἡ χάρις τοῦ θεοῦ
15 11 εἴτε ἐγὼ εἴτε ἐκεῖνοι, οὕτως
κηρύσσομεν
16 10ᶠ * τὸ γὰρ ἔργον κυρίου ἐργάζεται
ὡς ἐγὼ (H; καὶ ἐγὼ ς; κἀγὼ rl)

2C 1 23ᵉ ἐγὼ δὲ μάρτυρα τὸν θεὸν ἐπικαλοῦ-
μαι ἐπὶ τὴν ἐμὴν ψυχήν
2 2 εἰ γὰρ ἐγὼ λυπῶ ὑμᾶς
2 10ᶠ * ᾧ δέ τι χαρίζεσθε, | καὶ ἐγὼ
(ς; κἀγὼ rl)· ↔
2 10ᶠ καὶ γὰρ ἐγὼ ὃ κεχάρισμαι ... δι᾽
ὑμᾶς ἐν προσώπῳ Χριστοῦ
10 1 αὐτὸς δὲ ἐγὼ Παῦλος παρακαλῶ
ὑμᾶς διὰ τῆς πραΰτητος
11 23 διάκονοι Χριστοῦ εἰσιν; παρα-
φρονῶν λαλῶ, ὑπὲρ (ὕπερ H) ἐγὼ
11 29 τίς σκανδαλίζεται, καὶ οὐκ ἐγὼ
πυροῦμαι;
12 11 ἐγὼ γὰρ ὤφειλον ὑφ᾽ ὑμῶν
συνίστασθαι
12 13 εἰ μὴ ὅτι αὐτὸς ἐγὼ οὐ κατενάρκη-
σα ὑμῶν
12 15ᵉ ἐγὼ δὲ ἥδιστα δαπανήσω καὶ
ἐκδαπανηθήσομαι ὑπὲρ τῶν ψυχῶν
ὑμῶν
12 16 ἔστω δέ, ἐγὼ οὐ κατεβάρησα
ὑμᾶς

G 1 12ᵍ ⟨εὐαγγέλιον⟩ οὐδὲ γὰρ ἐγὼ παρὰ
ἀνθρώπου παρέλαβον αὐτό
2 19 ἐγὼ γὰρ διὰ νόμου νόμῳ ἀπέθανον
ἵνα θεῷ ζήσω

G 2 20 ζῶ δὲ οὐκέτι ἐγώ, ζῇ δὲ ἐν ἐμοὶ
Χριστός
4 12 γίνεσθε ὡς ἐγώ
5 2 ἴδε ἐγὼ Παῦλος λέγω ὑμῖν
5 10 ἐγὼ πέποιθα εἰς ὑμᾶς ἐν κυρίῳ
ὅτι οὐδὲν ἄλλο φρονήσετε
5 11ᵉ ἐγὼ δέ, ἀδελφοί, εἰ περιτομὴν ἔτι
κηρύσσω
6 17 ἐγὼ γὰρ τὰ στίγματα τοῦ (+κυ-
ρίου [V]BSς) Ἰησοῦ ἐν τῷ σώματί
μου βαστάζω

E 3 1 τούτου χάριν ἐγὼ Παῦλος ὁ δέ-
σμιος τοῦ Χριστοῦ Ἰησοῦ ([N²⁶];
—T) ὑπὲρ ὑμῶν τῶν ἐθνῶν
4 1 παρακαλῶ οὖν ὑμᾶς ἐγὼ ὁ δέσμιος
ἐν κυρίῳ ἀξίως περιπατῆσαι τῆς
κλήσεως
5 32ᵉ ἐγὼ δὲ λέγω εἰς Χριστὸν καὶ εἰς
[NH] τὴν ἐκκλησίαν

Ph 3 4 καίπερ ἐγὼ ἔχων πεποίθησιν καὶ
ἐν σαρκί. ↔
3 4 εἴ τις δοκεῖ ἄλλος πεποιθέναι ἐν
σαρκί, ἐγὼ μᾶλλον
3 13 ἀδελφοί, ἐγὼ ἐμαυτὸν οὐ (N²⁶ς;
οὔπω rl) λογίζομαι κατειληφέναι
4 11 ἐγὼ γὰρ ἔμαθον ἐν οἷς εἰμι αὐτάρ-
κης εἶναι

Cl 1 23 τοῦ εὐαγγελίου ... οὗ ἐγενόμην
ἐγὼ Παῦλος διάκονος
1 25 ⟨ἡ ἐκκλησία⟩ ἧς ἐγενόμην ἐγὼ
διάκονος κατὰ τὴν οἰκονομίαν
τοῦ θεοῦ

1Th 2 18ᵈ διότι ἠθελήσαμεν ἐλθεῖν πρὸς
ὑμᾶς, ἐγὼ μὲν Παῦλος καὶ ἅπαξ
καὶ δίς

1Tm 1 11 κατὰ τὸ εὐαγγέλιον τῆς δόξης ...
ὃ ἐπιστεύθην ἐγώ
1 15ᶜ Χριστὸς Ἰησοῦς ἦλθεν εἰς τὸν κό-
σμον ἁμαρτωλοὺς σῶσαι· ὧν πρῶ-
τός εἰμι ἐγώ
2 7 εἰς ὃ ἐτέθην ἐγὼ κῆρυξ καὶ ἀπό-
στολος

2Tm 1 11 εἰς ὃ ἐτέθην ἐγὼ κῆρυξ καὶ ἀπό-
στολος καὶ διδάσκαλος
4 1 * διαμαρτύρομαι | οὖν ἐγὼ (+[S]
ς) ἐνώπιον τοῦ θεοῦ
4 6 ἐγὼ γὰρ ἤδη σπένδομαι

Tt 1 3 ὃ ἐπιστεύθην ἐγὼ κατ᾽ ἐπιταγὴν
τοῦ σωτῆρος ἡμῶν θεοῦ
1 5 ἵνα τὰ λείποντα ἐπιδιορθώσῃ ...
ὡς ἐγὼ σοι διεταξάμην

Phm 13 ὃν ἐγὼ ἐβουλόμην πρὸς ἐμαυτὸν
κατέχειν
19 ἐγὼ Παῦλος ἔγραψα τῇ ἐμῇ χειρί,
19 ἐγὼ ἀποτίσω
20 ναί, ἀδελφέ, ἐγώ σου ὀναίμην ἐν
κυρίῳ

Hb 1 5 υἱός μου εἶ σύ, ἐγὼ σήμερον γεγέν-
νηκά σε;
1 5 ἐγὼ ἔσομαι αὐτῷ εἰς πατέρα
2 13 ἐγὼ ἔσομαι πεποιθὼς ἐπ᾽ αὐτῷ· ↔
2 13ᵃ καὶ πάλιν· ἰδοὺ ἐγὼ καὶ τὰ παι-
δία ἅ μοι ἔδωκεν ὁ θεός
5 5 υἱός μου εἶ σύ, ἐγὼ σήμερον γεγέν-
νηκά σε
10 30 ἐμοὶ ἐκδίκησις, ἐγὼ ἀνταποδώσω
(+λέγει κύριος ς)
12 26 ἔτι ἅπαξ ἐγὼ σείσω (σείω Sς) οὐ
μόνον τὴν γῆν

1Pt 1 16ᶜ ἅγιοι ἔσεσθε (γίνεσθε Sς), ὅτι
(διότι T) ἐγὼ ἅγιός εἰμι ([N²⁶M];
—NBTH)

2Pt 1 17 || ὁ υἱός μου ὁ ἀγαπητός μου (—
MBSTς) οὗτός ἐστιν ((~MVBS
Tς)), εἰς ὃν ἐγὼ εὐδόκησα

2 Jo 1 οὓς ἐγὼ ἀγαπῶ ἐν ἀληθείᾳ, ↔
1 καὶ οὐκ ἐγὼ μόνος ἀλλὰ καὶ πάντες οἱ ἐγνωκότες τὴν ἀλήθειαν

3 Jo 1 ὃν ἐγὼ ἀγαπῶ ἐν ἀληθείᾳ

Ap 1 8ᶜἐγώ εἰμι τὸ ἄλφα καὶ τὸ ὦ, λέγει κύριος ὁ θεός
1 9 ἐγὼ Ἰωάννης, ὁ ἀδελφὸς ὑμῶν . . . ἐγενόμην ἐν τῇ νήσῳ τῇ καλουμένῃ Πάτμῳ
1 11ᶜ* ⟨σάλπιγγος⟩ λεγούσης· | ἐγώ εἰμι τὸ Α καὶ τὸ ω (+ς . .)
1 17ᶜἐγώ εἰμι ὁ πρῶτος καὶ ὁ ἔσχατος καὶ ὁ ζῶν
2 22ᵃ* ἰδοὺ ἐγὼ (+ς) βάλλω αὐτὴν εἰς κλίνην
2 23ᶜἐγώ εἰμι ὁ ἐραυνῶν νεφροὺς καὶ καρδίας
3 9 ἵνα . . . γνῶσιν ὅτι ἐγὼ ἠγάπησά σε
3 19 ἐγὼ ὅσους ἐὰν φιλῶ ἐλέγχω καὶ παιδεύω
5 4ᶠ* καὶ ἐγὼ ([Η]; —N²⁶NST) ἔκλαιον πολύ
17 7 ἐγώ | ἐρῶ σοι (~ STς) τὸ μυστήριον τῆς γυναικὸς καὶ τοῦ θηρίου
21 2ᶠ* καὶ | ἐγὼ Ἰωάννης (+ς) | εἶδον τὴν πόλιν τὴν ἁγίαν . . . καταβαίνουσαν (ς; ~ rl)
21 6ᶜἐγώ εἰμι (+[Ν²⁶]Βς) τὸ ἄλφα καὶ τὸ ὦ
21 6 ἐγὼ τῷ διψῶντι δώσω (+αὐτῷ VT) ἐκ τῆς πηγῆς τοῦ ὕδατος τῆς ζωῆς δωρεάν
22 8ᶠ* | καὶ ἐγὼ (ς; κἀγὼ rl) Ἰωάννης ὁ | ἀκούων καὶ βλέπων ταῦτα (~ BSTς)
22 13ᶜἐγὼ (+εἰμι ς) τὸ ἄλφα καὶ τὸ ὦ
22 16 ἐγὼ Ἰησοῦς ἔπεμψα τὸν ἄγγελόν μου μαρτυρῆσαι ὑμῖν ταῦτα
22 16ᶜἐγώ εἰμι ἡ ῥίζα καὶ τὸ γένος Δαυίδ
22 18 μαρτυρῶ ἐγὼ (γὰρ ς) παντὶ τῷ ἀκούοντι τοὺς λόγους τῆς προφητείας τοῦ βιβλίου τούτου

ἐμοῦ
ᵃ rectum a verbo
ᵇ τό, τὰ περὶ ἐμοῦ et sim.
ᶜ οἱ μετ᾽ ἐμοῦ
ᵈ gen. attrib.

Mt 5 11 μακάριοί ἐστε ὅταν ὀνειδίσωσιν ὑμᾶς . . . ἕνεκεν ἐμοῦ
7 23 ἀποχωρεῖτε ἀπ᾽ ἐμοῦ οἱ ἐργαζόμενοι τὴν ἀνομίαν
10 18 ἐπὶ ἡγεμόνας δὲ καὶ βασιλεῖς ἀχθήσεσθε ἕνεκεν ἐμοῦ
10 39 ὁ ἀπολέσας τὴν ψυχὴν αὐτοῦ ἕνεκεν ἐμοῦ εὑρήσει αὐτήν
11 29 μάθετε ἀπ᾽ ἐμοῦ, ὅτι πραΰς εἰμι καὶ ταπεινὸς τῇ καρδίᾳ
12 30 ὁ μὴ ὢν μετ᾽ ἐμοῦ ↔
12 30 κατ᾽ ἐμοῦ ἐστιν, ↔
12 30 καὶ ὁ μὴ συνάγων μετ᾽ ἐμοῦ σκορπίζει
15 5 ὃ ἐὰν ἐξ ἐμοῦ ὠφεληθῇς (-λήθης Ν)
15 8 ἡ δὲ καρδία αὐτῶν πόρρω ἀπέχει ἀπ᾽ ἐμοῦ
16 23ᵈ σκάνδαλον | εἶ ἐμοῦ (μου εἶ ς)
16 25 ὃς δ᾽ ἂν ἀπολέσῃ τὴν ψυχὴν αὐτοῦ ἕνεκεν ἐμοῦ
17 27 ἐκεῖνον λαβὼν δὸς αὐτοῖς ἀντὶ ἐμοῦ καὶ σοῦ
25 41 πορεύεσθε ἀπ᾽ ἐμοῦ οἱ (+[Ν²⁶VS] ΜΒς) κατηραμένοι εἰς τὸ πῦρ τὸ αἰώνιον
26 23 ὁ ἐμβάψας μετ᾽ ἐμοῦ τὴν χεῖρα ἐν τῷ τρυβλίῳ

Mt 26 38 μείνατε ὧδε καὶ γρηγορεῖτε μετ᾽ ἐμοῦ
26 39 παρελθάτω ἀπ᾽ ἐμοῦ τὸ ποτήριον τοῦτο
26 40 οὕτως οὐκ ἰσχύσατε μίαν ὥραν γρηγορῆσαι μετ᾽ ἐμοῦ;
26 42 *εἰ οὐ δύναται τοῦτο (+τὸ ποτήριον Vς) παρελθεῖν | ἀπ᾽ ἐμοῦ (+ς)

Mc 7 6 ἡ δὲ καρδία αὐτῶν πόρρω ἀπέχει ἀπ᾽ ἐμοῦ
7 11 κορβᾶν, ὅ ἐστιν δῶρον, ὃ ἐὰν ἐξ ἐμοῦ ὠφεληθῇς (-λήθης Ν)
8 35 ὃς δ᾽ ἂν ἀπολέσει (-σῃ VSς) τὴν | ψυχὴν αὐτοῦ (ἑαυτοῦ ψ. VST) ἕνεκεν | ἐμοῦ καὶ ([Η]; —Β) τοῦ εὐαγγελίου
10 29 ὃς ἀφῆκεν οἰκίαν . . . ἢ ἀγροὺς ἕνεκεν ἐμοῦ καὶ ἕνεκεν ([Η]; —ς) τοῦ εὐαγγελίου
13 9 ἐπὶ ἡγεμόνων καὶ βασιλέων σταθήσεσθε ἕνεκεν ἐμοῦ
14 18 εἷς ἐξ ὑμῶν παραδώσει με, ὁ ἐσθίων μετ᾽ ἐμοῦ
14 20 ὁ ἐμβαπτόμενος μετ᾽ ἐμοῦ εἰς τὸ [+ἐν ΝΗ] τρύβλιον
14 36 παρένεγκε (-έγκαι S) τὸ ποτήριον τοῦτο ἀπ᾽ ἐμοῦ

Lc 4 7 σὺ οὖν ἐὰν προσκυνήσῃς ἐνώπιον ἐμοῦ (μου ς)
5 8 ἔξελθε ἀπ᾽ ἐμοῦ
8 46 ἐγὼ γὰρ ἔγνων δύναμιν ἐξεληλυθυῖαν ἀπ᾽ ἐμοῦ
9 24 ὃς δ᾽ ἂν ἀπολέσῃ τὴν ψυχὴν αὐτοῦ ἕνεκεν ἐμοῦ
10 16ᵃὁ ἀκούων ὑμῶν ἐμοῦ ἀκούει
11 7 τὰ παιδία μου μετ᾽ ἐμοῦ εἰς τὴν κοίτην εἰσίν
11 23 ὁ μὴ ὢν μετ᾽ ἐμοῦ ↔
11 23 κατ᾽ ἐμοῦ ἐστιν, ↔
11 23 καὶ ὁ μὴ συνάγων μετ᾽ ἐμοῦ σκορπίζει [+με S]
12 13 εἰπὲ τῷ ἀδελφῷ μου μερίσασθαι μετ᾽ ἐμοῦ τὴν κληρονομίαν
13 27 ἀπόστητε ἀπ᾽ ἐμοῦ πάντες ἐργάται ἀδικίας
15 31 τέκνον, σὺ πάντοτε μετ᾽ ἐμοῦ εἶ
16 3 ὅτι ὁ κύριός μου ἀφαιρεῖται τὴν οἰκονομίαν ἀπ᾽ ἐμοῦ
22 21 ἡ χεὶρ τοῦ παραδιδόντος με μετ᾽ ἐμοῦ ἐπὶ τῆς τραπέζης
22 28 ὑμεῖς δέ ἐστε οἱ διαμεμενηκότες μετ᾽ ἐμοῦ ἐν τοῖς πειρασμοῖς μου
22 37ᵇκαὶ γὰρ τὸ (τὰ ς) περὶ ἐμοῦ τέλος ἔχει
22 42 εἰ βούλει παρένεγκε (-έγκαι Τ; -εγκεῖν Sς) τοῦτο τὸ ποτήριον ἀπ᾽ ἐμοῦ
23 43 σήμερον μετ᾽ ἐμοῦ ἔσῃ ἐν τῷ παραδείσῳ
24 44 δεῖ πληρωθῆναι πάντα τὰ γεγραμμένα ἐν τῷ νόμῳ . . . περὶ ἐμοῦ

Jo 4 9 πῶς σὺ Ἰουδαῖος ὢν παρ᾽ ἐμοῦ πεῖν αἰτεῖς ⟨;⟩
5 7 ἄλλος πρὸ ἐμοῦ καταβαίνει
5 32 ἄλλος ἐστὶν ὁ μαρτυρῶν περὶ ἐμοῦ, ↔
5 32 καὶ οἶδα (οἴδατε Τ) ὅτι ἀληθής ἐστιν ἡ μαρτυρία ἣν μαρτυρεῖ περὶ ἐμοῦ
5 36 αὐτὰ τὰ ἔργα ἃ ποιῶ μαρτυρεῖ περὶ ἐμοῦ
5 37 ἐκεῖνος (αὐτὸς ΜVSς) μεμαρτύρηκεν περὶ ἐμοῦ
5 39 ἐκεῖναί εἰσιν αἱ μαρτυροῦσαι περὶ ἐμοῦ

Jo 5 46 περὶ γὰρ ἐμοῦ ἐκεῖνος ἔγραψεν
8 18 μαρτυρεῖ περὶ ἐμοῦ ὁ πέμψας με πατήρ
8 29 ὁ πέμψας με μετ᾽ ἐμοῦ ἐστιν
10 8 πάντες ὅσοι ἦλθον | πρὸ ἐμοῦ ([Ν²⁶]; —Τ) κλέπται εἰσὶν καὶ λῃσταί
10 9 δι᾽ ἐμοῦ ἐάν τις εἰσέλθῃ, σωθήσεται
10 18 οὐδεὶς αἴρει (ἦρεν ΝΗ) αὐτὴν ἀπ᾽ ἐμοῦ
10 25 τὰ ἔργα ἃ ἐγὼ ποιῶ . . . ταῦτα μαρτυρεῖ περὶ ἐμοῦ
13 8 ἐὰν μὴ νίψω σε, οὐκ ἔχεις μέρος μετ᾽ ἐμοῦ
13 18ᵈ* ὁ τρώγων | μετ᾽ ἐμοῦ (VTς; ἄρτον μου S; μου rl) τὸν ἄρτον ἐπῆρεν (-ῆρκεν Τ) ἐπ᾽ ἐμὲ τὴν πτέρναν αὐτοῦ
13 38 τὴν ψυχήν σου ὑπὲρ ἐμοῦ θήσεις;
14 6 οὐδεὶς ἔρχεται πρὸς τὸν πατέρα εἰ μὴ δι᾽ ἐμοῦ
15 5 ὅτι χωρὶς ἐμοῦ οὐ δύνασθε ποιεῖν οὐδέν
15 26 ὁ παράκλητος . . . ἐκεῖνος μαρτυρήσει περὶ ἐμοῦ
15 27 ὅτι ἀπ᾽ ἀρχῆς μετ᾽ ἐμοῦ ἐστε
16 32 οὐκ εἰμὶ μόνος, ὅτι ὁ πατὴρ μετ᾽ ἐμοῦ ἐστιν
17 24 θέλω ἵνα ὅπου εἰμὶ ἐγὼ κἀκεῖνοι ὦσιν μετ᾽ ἐμοῦ
18 34 ἢ ἄλλοι | εἶπόν σοι (~ VBSTς) περὶ ἐμοῦ;
19 11 οὐκ εἶχες (ἔχεις BST) ἐξουσίαν κατ᾽ ἐμοῦ οὐδεμίαν

Ac 8 24 δεήθητε ὑμεῖς ὑπὲρ ἐμοῦ πρὸς τὸν κύριον
11 5 εἶδον . . . καταβαῖνον σκεῦός τι . . . καὶ ἦλθεν ἄχρι ἐμοῦ
20 34 ταῖς χρείαις μου καὶ τοῖς οὖσιν μετ᾽ ἐμοῦ ὑπηρέτησαν αἱ χεῖρες αὗται
22 18 διότι οὐ παραδέξονταί σου μαρτυρίαν περὶ ἐμοῦ
23 11ᵇὡς γὰρ διεμαρτύρω τὰ περὶ ἐμοῦ εἰς Ἰερουσαλήμ
25 9 θέλεις . . . ἐκεῖ περὶ τούτων κριθῆναι

Rm 1 12ᵈτοῦτο δέ ἐστιν συμπαρακληθῆναι ἐν ὑμῖν διὰ τῆς ἐν ἀλλήλοις πίστεως ὑμῶν τε καὶ ἐμοῦ
11 27 καὶ αὕτη αὐτοῖς ἡ παρ᾽ ἐμοῦ διαθήκη
15 18 ὧν οὐ κατειργάσατο Χριστὸς δι᾽ ἐμοῦ εἰς ὑπακοὴν ἐθνῶν
15 30 παρακαλῶ δὲ ὑμᾶς . . . συναγωνίσασθαί μοι ἐν ταῖς προσευχαῖς ὑπὲρ ἐμοῦ πρὸς τὸν θεόν
16 2ᵈκαὶ γὰρ αὐτὴ προστάτις πολλῶν ἐγενήθη καὶ ἐμοῦ αὐτοῦ
16 7 οἳ καὶ πρὸ ἐμοῦ γέγοναν (-νασιν VBSς) ἐν Χριστῷ
16 13ᵈἀσπάσασθε Ῥοῦφον . . . καὶ τὴν μητέρα αὐτοῦ καὶ ἐμοῦ

2 C 1 19 ὁ τοῦ θεοῦ γὰρ υἱός . . . δι᾽ ἡμῶν κηρυχθείς, δι᾽ ἐμοῦ καὶ Σιλουανοῦ
2 2 τίς (+ἐστιν [S]ς) ὁ εὐφραίνων με εἰ μὴ ὁ λυπούμενος ἐξ ἐμοῦ;
7 7 ἀναγγέλλων ἡμῖν . . . τὸν ὑμῶν ζῆλον ὑπὲρ ἐμοῦ
12 6 μή τις εἰς ἐμὲ λογίσηται ὑπὲρ ὃ βλέπει με ἢ ἀκούει τι (+[Ν²⁶]ς) ἐξ ἐμοῦ
12 8 ὑπὲρ τούτου τρὶς τὸν κύριον παρεκάλεσα, ἵνα ἀποστῇ ἀπ᾽ ἐμοῦ

G 1 11 τὸ εὐαγγέλιον τὸ εὐαγγελισθὲν ὑπ' ἐμοῦ

1 17 οὐδὲ ἀνῆλθον εἰς Ἱεροσόλυμα πρὸς τοὺς πρὸ ἐμοῦ ἀποστόλους

2 20 ἐν πίστει ζῶ τῇ τοῦ ... παραδόντος ἑαυτὸν ὑπὲρ ἐμοῦ

E 6 19 ⟨προσευχόμενοι⟩ καὶ ὑπὲρ ἐμοῦ, ἵνα μοι δοθῇ λόγος

Ph 4 10b ἐχάρην ... ὅτι ἤδη ποτὲ ἀνεθάλετε τὸ ὑπὲρ ἐμοῦ φρονεῖν

2 Tm 1 13 ὑποτύπωσιν ἔχε ὑγιαινόντων λόγων ὧν παρ' ἐμοῦ ἤκουσας

2 2 ἃ ἤκουσας παρ' ἐμοῦ διὰ πολλῶν μαρτύρων

4 11 Λουκᾶς ἐστιν μόνος μετ' ἐμοῦ

4 17 ἵνα δι' ἐμοῦ τὸ κήρυγμα πληροφορηθῇ καὶ ἀκούσωσιν πάντα τὰ ἔθνη

Tt 3 15c ἀσπάζονταί σε οἱ μετ' ἐμοῦ πάντες

Hb 10 7 ἐν κεφαλίδι βιβλίου γέγραπται περὶ ἐμοῦ

Ap 1 12 ἐπέστρεψα βλέπειν τὴν φωνὴν ἥτις ἐλάλει μετ' ἐμοῦ

3 4 περιπατήσουσιν μετ' ἐμοῦ ἐν λευκοῖς

3 18 συμβουλεύω σοι ἀγοράσαι παρ' ἐμοῦ χρυσίον πεπυρωμένον ἐκ πυρός

3 20 δειπνήσω μετ' αὐτοῦ καὶ αὐτὸς μετ' ἐμοῦ

3 21 δώσω αὐτῷ καθίσαι μετ' ἐμοῦ ἐν τῷ θρόνῳ μου

4 1 ὡς σάλπιγγος λαλούσης μετ' ἐμοῦ

10 8 ἡ φωνὴ ἣν ἤκουσα ... πάλιν λαλοῦσαν (-σα[ν]S; -σα ς') μετ' ἐμοῦ

17 1 εἷς ἐκ τῶν ἑπτὰ ἀγγέλων ... ἐλάλησεν μετ' ἐμοῦ λέγων

21 9 εἷς ἐκ τῶν ἑπτὰ ἀγγέλων ... ἐλάλησεν μετ' ἐμοῦ λέγων

21 15 ὁ λαλῶν μετ' ἐμοῦ εἶχεν μέτρον κάλαμον χρυσοῦν

22 12 ἰδοὺ ἔρχομαι ταχύ, καὶ ὁ μισθός μου μετ' ἐμοῦ

μου
a c. praep.
b rectum ab adj.
c substantivum praecedit
d gen. abs.
e rectum a verbo

Mt 2 6 ἐξελεύσεται ἡγούμενος, ὅστις ποιμανεῖ τὸν λαόν μου τὸν Ἰσραήλ

2 15 ἐξ Αἰγύπτου ἐκάλεσα τὸν υἱόν μου

3 11a ὁ δὲ ὀπίσω μου ἐρχόμενος ↔

3 11b ἰσχυρότερός μού ἐστιν

3 17 οὗτός ἐστιν ὁ υἱός μου ὁ ἀγαπητός

4 19a δεῦτε ὀπίσω μου

7 21 ὁ ποιῶν τὸ θέλημα τοῦ πατρός μου τοῦ ἐν τοῖς οὐρανοῖς

7 24ce πᾶς οὖν ὅστις ἀκούει μου τοὺς λόγους τούτους [H]

7 26ce πᾶς ὁ ἀκούων μου τοὺς λόγους τούτους

8 6 ὁ παῖς μου βέβληται ἐν τῇ οἰκίᾳ παραλυτικός

8 8c οὐκ εἰμὶ ἱκανὸς ἵνα μου ὑπὸ τὴν στέγην εἰσέλθῃς· ↔

8 8 ἀλλὰ μόνον εἰπὲ λόγῳ, καὶ ἰαθήσεται ὁ παῖς μου

8 9 λέγω τούτῳ ... καὶ τῷ δούλῳ μου

8 21 ἐπίτρεψόν μοι πρῶτον ἀπελθεῖν καὶ θάψαι τὸν πατέρα μου

9 18 ἡ θυγάτηρ μου ἄρτι ἐτελεύτησεν

Mt 10 22 ἔσεσθε μισούμενοι ὑπὸ πάντων διὰ τὸ ὄνομά μου

10 32 ὁμολογήσω κἀγὼ ἐν αὐτῷ ἔμπροσθεν τοῦ πατρός μου τοῦ ἐν τοῖς ([N26]; —VBSTς) οὐρανοῖς

10 33 ἀρνήσομαι | κἀγὼ αὐτὸν (∼Sς) ἔμπροσθεν τοῦ πατρός μου τοῦ ἐν τοῖς ([N26]; —VBSTς) οὐρανοῖς

10 37b ὁ φιλῶν πατέρα ἢ μητέρα ὑπὲρ ἐμὲ οὐκ ἔστιν μου ἄξιος· ↔

10 37b καὶ ὁ φιλῶν υἱὸν ἢ θυγατέρα ὑπὲρ ἐμὲ οὐκ ἔστιν μου ἄξιος· ↔

10 38a καὶ ὃς οὐ λαμβάνει τὸν σταυρὸν αὐτοῦ καὶ ἀκολουθεῖ ὀπίσω μου, ↔

10 38b οὐκ ἔστιν μου ἄξιος

11 10 ἰδοὺ ἐγὼ ἀποστέλλω τὸν ἄγγελόν μου πρὸ προσώπου σου

11 27 πάντα μοι παρεδόθη ὑπὸ τοῦ πατρός μου

11 29 ἄρατε τὸν ζυγόν μου ἐφ' ὑμᾶς

11 30 ὁ γὰρ ζυγός μου χρηστός ↔

11 30 καὶ τὸ φορτίον μου ἐλαφρόν ἐστιν

12 18 ἰδοὺ ὁ παῖς μου ὃν ᾑρέτισα, ↔

12 18 ὁ ἀγαπητός μου ↔

12 18 εἰς (—NMH) ὃν εὐδόκησεν ἡ ψυχή μου· ↔

12 18 θήσω τὸ πνεῦμά μου ἐπ' αὐτόν

12 44 εἰς τὸν οἶκόν μου ἐπιστρέψω ὅθεν ἐξῆλθον

12 48 τίς ἐστιν ἡ μήτηρ μου, ↔

12 48 καὶ τίνες εἰσὶν οἱ ἀδελφοί μου;

12 49 ἰδοὺ ἡ μήτηρ μου ↔

12 49 καὶ οἱ ἀδελφοί μου. ↔

12 50 ὅστις γὰρ ἂν ποιήσῃ (ποιῇ S) τὸ θέλημα τοῦ πατρός μου τοῦ ἐν οὐρανοῖς, ↔

12 50c αὐτός μου (+καὶ S) ἀδελφὸς καὶ ἀδελφὴ καὶ μήτηρ ἐστίν

13 30 τὸν δὲ σῖτον συναγάγετε (συνάγετε H) εἰς τὴν ἀποθήκην μου

13 35 ἀνοίξω ἐν παραβολαῖς τὸ στόμα μου

15 13 πᾶσα φυτεία ἣν οὐκ ἐφύτευσεν ὁ πατήρ μου ὁ οὐράνιος ἐκριζωθήσεται

15 22 ἡ θυγάτηρ μου κακῶς δαιμονίζεται

16 17 ὅτι σὰρξ καὶ αἷμα οὐκ ἀπεκάλυψέν σοι ἀλλ' ὁ πατήρ μου ὁ ἐν τοῖς [H] οὐρανοῖς

16 18c ἐπὶ ταύτῃ τῇ πέτρᾳ οἰκοδομήσω μου τὴν ἐκκλησίαν

16 23a ὕπαγε ὀπίσω μου, σατανᾶ· ↔

16 23 * σκάνδαλόν | μου εἶ (ς'; εἶ ἐμοῦ rl)

16 24a εἴ τις θέλει ὀπίσω μου ἐλθεῖν, ἀπαρνησάσθω ἑαυτόν

17 5 οὗτός ἐστιν ὁ υἱός μου ὁ ἀγαπητός, ἐν ᾧ εὐδόκησα

17 15c κύριε, ἐλέησόν μου τὸν υἱόν

18 5 ὃς ἐὰν δέξηται ἓν παιδίον τοιοῦτο ἐπὶ τῷ ὀνόματί μου

18 10 οἱ ἄγγελοι αὐτῶν ... βλέπουσι τὸ πρόσωπον τοῦ πατρός μου τοῦ ἐν οὐρανοῖς

18 14 * οὕτως οὐκ ἔστιν θέλημα ἔμπροσθεν τοῦ πατρός μου (H; ὑμῶν rl) τοῦ ἐν οὐρανοῖς

18 19 γενήσεται αὐτοῖς παρὰ τοῦ πατρός μου τοῦ ἐν οὐρανοῖς

18 21 ποσάκις ἁμαρτήσει | εἰς ἐμὲ ὁ ἀδελφός μου (∼VBS) καὶ ἀφήσω αὐτῷ;

18 35 οὕτως καὶ ὁ πατήρ μου ὁ οὐράνιος (ἐπ- Vς) ποιήσει ὑμῖν

19 20 * | πάντα ταῦτα (∼NH) ἐφύλαξα | ἐκ νεότητός μου (+ς')

Mt 19 29 πᾶς ὅστις ἀφῆκεν ... πατέρα ἢ μητέρα ... ἕνεκεν τοῦ | ὀνόματός μου (ἐμοῦ ὁ. NTH)

20 4 * ὑπάγετε καὶ ὑμεῖς εἰς τὸν ἀμπελῶνά μου (+MS)

20 21 εἰπὲ ἵνα καθίσωσιν οὗτοι οἱ δύο υἱοί μου ... ἐν τῇ βασιλείᾳ σου

20 23 τὸ μὲν ποτήριόν μου πίεσθε, ↔

20 23 τὸ δὲ καθίσαι ἐκ δεξιῶν μου

20 23 * καὶ (ἢ MS) ἐξ εὐωνύμων μου (+ς') οὐκ ἔστιν ἐμὸν τοῦτο ([N26]; —Hς) δοῦναι, ↔

20 23 ἀλλ' οἷς ἡτοίμασται ὑπὸ τοῦ πατρός μου

21 13 ὁ οἶκός μου οἶκος προσευχῆς κληθήσεται

21 28 * ὕπαγε σήμερον ἐργάζου ἐν τῷ ἀμπελῶνί μου (+Vς)

21 37 ἐντραπήσονται τὸν υἱόν μου

22 4 ἰδοὺ τὸ ἄριστόν μου ἡτοίμακα, ↔

22 4 οἱ ταῦροί μου καὶ τὰ σιτιστὰ τεθυμένα

22 44 εἶπεν (+ὁ MVB[S]ς) κύριος τῷ κυρίῳ μου· ↔

22 44 κάθου ἐκ δεξιῶν μου

24 5 πολλοὶ γὰρ ἐλεύσονται ἐπὶ τῷ ὀνόματί μου λέγοντες

24 9 ἔσεσθε μισούμενοι ὑπὸ πάντων τῶν ἐθνῶν διὰ τὸ ὄνομά μου

24 35 οἱ δὲ λόγοι μου οὐ μὴ παρέλθωσιν. ↔

24 36 * περὶ δὲ τῆς ἡμέρας ἐκείνης ... οὐδεὶς οἶδεν ... εἰ μὴ ὁ πατήρ μου (+[V]Sς) μόνος

24 48c χρονίζει | μου ὁ κύριος (ὁ κύριός μου ἐλθεῖν Vς)

25 27 ἔδει σε οὖν βαλεῖν | τὰ ἀργύριά (τὸ -όν VSς) μου τοῖς τραπεζίταις

25 34 δεῦτε οἱ εὐλογημένοι τοῦ πατρός μου

25 40 ἐφ' ὅσον ἐποιήσατε ἑνὶ τούτων τῶν ἀδελφῶν μου τῶν ἐλαχίστων

25 41 * εἰς τὸ πῦρ τὸ αἰώνιον | ὃ ἡτοίμασεν ὁ πατήρ μου (S; τὸ ἡτοιμασμένον rl) τῷ διαβόλῳ

26 12 βαλοῦσα γὰρ αὕτη τὸ μύρον τοῦτο ἐπὶ τοῦ σώματός μου

26 18 ὁ καιρός μου ἐγγύς ἐστιν· ↔

26 18 πρὸς σὲ ποιῶ τὸ πάσχα μετὰ τῶν μαθητῶν μου

26 26 τοῦτό ἐστιν τὸ σῶμά μου

26 28 τοῦτο γάρ ἐστιν τὸ αἷμά μου

26 29 ὅταν αὐτὸ πίνω | μεθ' ὑμῶν καινὸν (∼S) ἐν τῇ βασιλείᾳ τοῦ πατρός μου

26 38 περίλυπός ἐστιν ἡ ψυχή μου ἕως θανάτου

26 39 πάτερ μου (—T), εἰ δυνατόν ἐστιν, παρελθάτω ἀπ' ἐμοῦ τὸ ποτήριον τοῦτο

26 42 πάτερ μου, εἰ οὐ δύναται τοῦτο (+τὸ ποτήριον Vς) παρελθεῖν

26 53 ἢ δοκεῖς ὅτι οὐ δύναμαι παρακαλέσαι τὸν πατέρα μου ⟨;⟩

27 35 * | διεμερίσαντο τὰ ἱμάτιά μου ἑαυτοῖς (.. +ς' ..), ↔

27 35 * | καὶ ἐπὶ τὸν ἱματισμόν μου ἔβαλον κλῆρον (.. +ς')

27 46 θεέ μου ↔

27 46 θεέ μου, ἱνατί με ἐγκατέλιπες;

28 10 ὑπάγετε ἀπαγγείλατε τοῖς ἀδελφοῖς μου

Mc 1 2 ἰδοὺ (+ἐγὼ MVSTς) ἀποστέλλω τὸν ἄγγελόν μου πρὸ προσώπου σου

Mc 1 7ᵇ ἔρχεται ὁ ἰσχυρότερός μου ↔
1 7ᵃ ὀπίσω μου [NH]
1 11 σὺ εἶ ὁ υἱός μου ὁ ἀγαπητός
1 17ᵃ δεῦτε ὀπίσω μου
3 33 τίς ἐστιν ἡ μήτηρ μου ↔
3 33 καὶ (ἢ Sϛ) οἱ ἀδελφοί μου ([N²⁶]; —NH);
3 34 ἴδε ἡ μήτηρ μου ↔
3 34 καὶ οἱ ἀδελφοί μου. ↔
3 35 ὃς γὰρ ([N²⁶]; —NTH) ἂν ποιήσῃ τὸ θέλημα τοῦ θεοῦ, οὗτος ἀδελφός μου ↔
3 35 * καὶ ἀδελφή μου (+Vϛ) καὶ μήτηρ ἐστίν
5 23 τὸ θυγάτριόν μου ἐσχάτως ἔχει
5 30ᶜᵉ τίς μου ἥψατο τῶν ἱματίων;
5 31ᵉ τίς μου ἥψατο;
6 23 δώσω σοι ἕως ἡμίσους τῆς βασιλείας μου
7 14ᵉ ἀκούσατέ μου πάντες καὶ σύνετε
8 33ᵃ ὕπαγε ὀπίσω μου, σατανᾶ
8 34ᵃ | εἴ τις (ὅστις Tϛ) θέλει ὀπίσω μου ἀκολουθεῖν (ἐλθεῖν NMHϛ), ἀπαρνησάσθω ἑαυτόν
9 7 οὗτός ἐστιν ὁ υἱός μου ὁ ἀγαπητός
9 17 διδάσκαλε, ἤνεγκα τὸν υἱόν μου πρός σέ
9 24ᶜ βοήθει μου τῇ ἀπιστίᾳ
9 37 ὃς ἂν ἓν [H] τῶν | τοιούτων παιδίων (π. τούτων ST) δέξηται ἐπὶ τῷ ὀνόματί μου
9 39 οὐδεὶς γάρ ἐστιν ὃς ποιήσει δύναμιν ἐπὶ τῷ ὀνόματί μου
9 41 * ὃς γὰρ ἂν ποτίσῃ ὑμᾶς ποτήριον ὕδατος ἐν ὀνόματί μου (+Tϛ)
10 20 ταῦτα πάντα ἐφυλαξάμην ἐκ νεότητός μου
10 40 τὸ δὲ καθίσαι ἐκ δεξιῶν μου ↔
10 40 * ἢ ἐξ εὐωνύμων μου (+ϛ) οὐκ ἔστιν ἐμὸν δοῦναι
11 17 ὁ οἶκός μου οἶκος προσευχῆς κληθήσεται πᾶσιν τοῖς ἔθνεσιν
12 6 ἐντραπήσονται τὸν υἱόν μου
12 36 εἶπεν (+ὁ VBSTϛ) κύριος τῷ κυρίῳ μου·
12 36 κάθου ἐκ δεξιῶν μου
13 6 πολλοὶ (+γὰρ Vϛ) ἐλεύσονται ἐπὶ τῷ ὀνόματί μου λέγοντες
13 13 ἔσεσθε μισούμενοι ὑπὸ πάντων διὰ τὸ ὄνομά μου
13 31 οἱ δὲ λόγοι μου οὐ μὴ (—NH) παρελεύσονται
14 8ᶜ προέλαβεν μυρίσαι | τὸ σῶμά μου (~VSTϛ) εἰς τὸν ἐνταφιασμόν
14 14 ποῦ ἐστιν τὸ κατάλυμά μου (—ϛ), ↔
14 14 ὅπου τὸ πάσχα μετὰ τῶν μαθητῶν μου φάγω;
14 22 τοῦτό ἐστιν τὸ σῶμά μου
14 24 τοῦτό ἐστιν τὸ αἷμά μου
14 34 περίλυπός ἐστιν ἡ ψυχή μου ἕως θανάτου
15 34 ὁ θεός μου ↔
15 34 | ὁ θεός μου [H], εἰς τί ἐγκατέλιπές με;
[16 17] ἐν τῷ ὀνόματί μου δαιμόνια ἐκβαλοῦσιν

Lc 1 18 ἡ γυνή μου προβεβηκυῖα ἐν ταῖς ἡμέραις αὐτῆς
1 20 ἔσῃ σιωπῶν ... ἀνθ' ὧν οὐκ ἐπίστευσας τοῖς λόγοις μου
1 25 ἐν ἡμέραις αἷς ἐπεῖδεν ἀφελεῖν (+τὸ Vϛ) ὄνειδός μου ἐν ἀνθρώποις

Lc 1 43 πόθεν μοι τοῦτο ἵνα ἔλθῃ ἡ μήτηρ τοῦ κυρίου μου πρὸς ἐμέ (με VSϛ); ↔
1 44 ἰδοὺ γὰρ ὡς ἐγένετο ἡ φωνὴ τοῦ ἀσπασμοῦ σου εἰς τὰ ὦτά μου, ↔
1 44 ἐσκίρτησεν ἐν ἀγαλλιάσει τὸ βρέφος ἐν τῇ κοιλίᾳ μου
1 46 μεγαλύνει ἡ ψυχή μου τὸν κύριον, ↔
1 47 καὶ ἠγαλλίασεν τὸ πνεῦμά μου ↔
1 47 ἐπὶ τῷ θεῷ τῷ σωτῆρί μου
2 30 ὅτι εἶδον οἱ ὀφθαλμοί μου τὸ σωτήριόν σου
2 49 οὐκ ᾔδειτε ὅτι ἐν τοῖς τοῦ πατρός μου δεῖ εἶναί με;
3 16ᵇ ἔρχεται δὲ ὁ ἰσχυρότερός μου
3 22 σὺ εἶ ὁ υἱός μου ὁ ἀγαπητός
4 7ᵃ* σὺ οὖν ἐὰν προσκυνήσῃς ἐνώπιόν μου (ϛ; ἐμοῦ rl)
4 8ᵃ* ἀποκριθεὶς ὁ Ἰησοῦς εἶπεν αὐτῷ· | ὕπαγε ὀπίσω μου, σατανᾶ (+ϛ)
6 47ᶜᵉ πᾶς ὁ ... ἀκούων μου τῶν λόγων ⟨ὅμοιός ἐστιν ἀνθρώπῳ οἰκοδομοῦντι οἰκίαν⟩
7 6 οὐ γὰρ | ἱκανός εἰμι (~VSϛ) ἵνα ὑπὸ τὴν στέγην μου εἰσέλθῃς
7 7 ἀλλὰ εἰπὲ λόγῳ, καὶ ἰαθήτω (ἰαθήσεται Vϛ) ὁ παῖς μου
7 8 λέγω τούτῳ ... καὶ τῷ δούλῳ μου
7 27 ἰδοὺ ἀποστέλλω τὸν ἄγγελόν μου πρὸ προσώπου σου
7 44ᶜ* ὕδωρ μου (T; —ϛ; μοι rl) ἐπὶ (+τοὺς MVB[S]Tϛ) πόδας (+μου ϛ) οὐκ ἔδωκας· ↔
7 44ᶜ αὕτη δὲ τοῖς δάκρυσιν ἔβρεξέν μου τοὺς πόδας
7 45ᶜ αὕτη δὲ ... οὐ διέλιπεν (N²⁶Hϛ; -λειπεν rl) καταφιλοῦσά μου τοὺς πόδας. ↔
7 46 ἐλαίῳ τὴν κεφαλήν μου οὐκ ἤλειψας· ↔
7 46ᶜ αὕτη δὲ μύρῳ ἤλειψεν | τοὺς πόδας μου (~VBSTϛ)
8 21 μήτηρ μου ↔
8 21 καὶ ἀδελφοί μου οὗτοί εἰσιν οἱ τὸν λόγον τοῦ θεοῦ ἀκούοντες
8 45 τίς ὁ ἁψάμενός μου;
8 45ᵉ* οἱ ὄχλοι συνέχουσίν σε καὶ ἀποθλίβουσιν, | καὶ λέγεις, τίς ὁ ἁψάμενός μου; (+ϛ) ↔
8 46 ὁ δὲ Ἰησοῦς εἶπεν· ἥψατό μού τις
9 23ᵃ εἴ τις θέλει ὀπίσω μου ἔρχεσθαι, ἀρνησάσθω ἑαυτόν
9 35 οὗτός ἐστιν ὁ υἱός μου ὁ ἐκλελεγμένος
9 38 δέομαί σου ἐπιβλέψαι (ἐπίβ. ST; ἐπίβλεψον ϛ) ἐπὶ τὸν υἱόν μου
9 48 ὃς ἐὰν (ἂν BSH) δέξηται τοῦτο τὸ παιδίον ἐπὶ τῷ ὀνόματί μου
9 59 κύριε ([N²⁶]; —NTH), ἐπίτρεψόν μοι | ἀπελθόντι πρῶτον (N²⁶Sϛ; ~ rl) θάψαι τὸν πατέρα μου
9 61 πρῶτον δὲ ἐπίτρεψόν μοι ἀποτάξασθαι τοῖς εἰς τὸν οἶκόν μου
10 22 πάντα μοι παρεδόθη ὑπὸ τοῦ πατρός μου
10 29ᶜ καὶ τίς ἐστίν μου πλησίον;
10 40 οὐ μέλει σοι ὅτι ἡ ἀδελφή μου μόνην με κατέλιπεν (N²⁶Tϛ; -λειπεν rl) διακονεῖν;
11 6 ἐπειδὴ φίλος μου παρεγένετο ἐξ ὁδοῦ πρός με
11 7 τὰ παιδία μου μετ' ἐμοῦ εἰς τὴν κοίτην εἰσίν

Lc 11 24 ὑποστρέψω εἰς τὸν οἶκόν μου ὅθεν ἐξῆλθον
12 4 λέγω δὲ ὑμῖν τοῖς φίλοις μου
12 13 εἰπὲ τῷ ἀδελφῷ μου μερίσασθαι μετ' ἐμοῦ τὴν κληρονομίαν
12 17 ὅτι οὐκ ἔχω ποῦ συνάξω τοὺς καρπούς μου
12 18ᵉ καθελῶ μου τὰς ἀποθήκας καὶ μείζονας οἰκοδομήσω, ↔
12 18 * καὶ συνάξω ἐκεῖ πάντα | τὰ γενήματά μου (VBTϛ; τὰ γεν. S; τὸν σῖτον rl) ↔
12 18 καὶ τὰ ἀγαθά μου, ↔
12 19 καὶ ἐρῶ τῇ ψυχῇ μου
12 45 χρονίζει ὁ κύριός μου ἔρχεσθαι
14 23ᶜ ἵνα γεμισθῇ μου ὁ οἶκος
14 24ᶜ οὐδεὶς τῶν ἀνδρῶν ἐκείνων τῶν κεκλημένων γεύσεταί μου τοῦ δείπνου
14 26ᶜ οὐ δύναται | εἶναί μου μαθητής (~Vϛ S). ↔
14 27ᵃ καὶ (+Vϛ) ὅστις οὐ ... ἔρχεται ὀπίσω μου, ↔
14 27ᶜ οὐ δύναται εἶναί μου μαθητής
14 33ᶜ ὃς οὐκ ἀποτάσσεται πᾶσιν τοῖς ἑαυτοῦ ὑπάρχουσιν οὐ δύναται εἶναί μου μαθητής
15 6 ὅτι εὗρον τὸ πρόβατόν μου τὸ ἀπολωλός
15 17 πόσοι μίσθιοι τοῦ πατρός μου περισσεύονται (-εύουσιν VBSTϛ) ἄρτων
15 18 ἀναστὰς πορεύσομαι πρὸς τὸν πατέρα μου
15 24 ὅτι οὗτος ὁ υἱός μου νεκρὸς ἦν καὶ ἀνέζησεν
15 29 ἵνα μετὰ τῶν φίλων μου εὐφρανθῶ
16 3 ὅτι ὁ κύριός μου ἀφαιρεῖται τὴν οἰκονομίαν ἀπ' ἐμοῦ
16 5 πόσον ὀφείλεις τῷ κυρίῳ μου;
16 24 πέμψον Λάζαρον ἵνα ... καταψύξῃ τὴν γλῶσσάν μου
16 27 ἵνα πέμψῃς αὐτὸν εἰς τὸν οἶκον τοῦ πατρός μου
18 3 ἐκδίκησόν με ἀπὸ τοῦ ἀντιδίκου μου
18 21 * ταῦτα πάντα ἐφύλαξα ἐκ νεότητός μου (+MVBSϛ)
19 8ᶜ ἰδοὺ τὰ ἡμίσιά (ἡμίση NVSϛ) μου τῶν ὑπαρχόντων, κύριε, τοῖς [H] πτωχοῖς δίδωμι
19 23ᶜ διὰ τί οὐκ ἔδωκάς μου τὸ ἀργύριον ἐπὶ τράπεζαν
19 27 πλὴν τοὺς ἐχθρούς μου τούτους ... ἀγάγετε ὧδε ↔
19 27ᵃ καὶ κατασφάξατε αὐτοὺς ἔμπροσθέν μου
19 46 ἔσται ὁ οἶκός μου οἶκος προσευχῆς
20 13 πέμψω τὸν υἱόν μου τὸν ἀγαπητόν
20 42 εἶπεν (+ὁ VBSTϛ) κύριος τῷ κυρίῳ μου·
20 42 κάθου ἐκ δεξιῶν μου
21 8 πολλοὶ γὰρ ἐλεύσονται ἐπὶ τῷ ὀνόματί μου λέγοντες
21 12 ἀπαγομένους ἐπὶ βασιλεῖς καὶ ἡγεμόνας ἕνεκεν τοῦ ὀνόματός μου
21 17 ἔσεσθε μισούμενοι ὑπὸ πάντων διὰ τὸ ὄνομά μου
21 33 οἱ δὲ λόγοι μου οὐ μὴ παρελεύσονται
22 11 ποῦ ἐστιν τὸ κατάλυμα ὅπου τὸ πάσχα μετὰ τῶν μαθητῶν μου φάγω;
22 19 τοῦτό ἐστιν τὸ σῶμά μου

Lc
22 20 | τοῦτο τὸ ποτήριον ἡ καινὴ δια-
θήκη ἐν τῷ αἵματί μου [.. NH ..]
22 28 ὑμεῖς δέ ἐστε οἱ διαμεμενηκότες
μετ᾽ ἐμοῦ ἐν τοῖς πειρασμοῖς μου·
↔
22 29 κἀγὼ διατίθεμαι ὑμῖν καθὼς διέθετό
μοι ὁ πατήρ μου βασιλείαν, ↔
22 30 ἵνα ἔσθητε (ἐσθίητε VBSϛ) καὶ
πίνητε ἐπὶ τῆς τραπέζης μου ↔
22 30 ἐν τῇ βασιλείᾳ μου
22 42 πλὴν μὴ τὸ θέλημά μου ἀλλὰ τὸ
σὸν γινέσθω
22 53d καθ᾽ ἡμέραν ὄντος μου μεθ᾽ ὑμῶν
ἐν τῷ ἱερῷ
23 42e καὶ | ἔλεγεν· Ἰησοῦ, μνήσθητί μου
(ἐ. τῷ Ἰησοῦ· μν. μου, κύριε Vϛ)
23 46 πάτερ, εἰς χεῖράς σου παρατί-
θεμαι τὸ πνεῦμά μου
24 39 ἴδετε τὰς χεῖράς μου ↔
24 39 καὶ τοὺς πόδας μου [S]
24 44 οὗτοι οἱ λόγοι μου (—ϛ) οὓς
ἐλάλησα πρὸς ὑμᾶς
24 49 || καὶ ἰδοὺ [N26] ἐγὼ ((κἀγὼ ST))
ἀποστέλλω (N26ϛ; ἐξαπο- rl) τὴν
ἐπαγγελίαν τοῦ πατρός μου ἐφ᾽
ὑμᾶς

Jo
1 15a ὁ ὀπίσω μου ἐρχόμενος ↔
1 15a ἔμπροσθέν μου γέγονεν, ↔
1 15b ὅτι πρῶτός μου ἦν
1 27a ⟨μέσος ὑμῶν ἔστηκεν⟩ ὁ (—H)
ὀπίσω μου ἐρχόμενος ↔
1 27a * ὃς ἔμπροσθέν μου γέγονεν (+ϛ)
1 30a ὀπίσω μου ἔρχεται ἀνήρ ↔
1 30a ὃς ἔμπροσθέν μου γέγονεν, ↔
1 30b ὅτι πρῶτός μου ἦν
2 4 οὔπω ἥκει ἡ ὥρα μου
2 16 μὴ ποιεῖτε τὸν οἶκον τοῦ πατρός
μου οἶκον ἐμπορίου
4 49 κατάβηθι πρὶν ἀποθανεῖν τὸ παι-
δίον μου
5 17 ὁ πατήρ μου ἕως ἄρτι ἐργάζεται
5 24 ὁ τὸν λόγον μου ἀκούων ... ἔχει
ζωὴν αἰώνιον
5 31 ἐὰν ἐγὼ μαρτυρῶ περὶ ἐμαυτοῦ, ἡ
μαρτυρία μου οὐκ ἔστιν ἀληθής
5 43 ἐγὼ ἐλήλυθα ἐν τῷ ὀνόματι τοῦ
πατρός μου
6 32 ὁ πατήρ μου δίδωσιν ὑμῖν τὸν
ἄρτον ... τὸν ἀληθινόν
6 40 τοῦτο γάρ ἐστι τὸ θέλημα τοῦ
| πατρός μου (πέμψαντός με ϛ)
6 51 ὁ ἄρτος δὲ ὃν ἐγὼ δώσω | ἡ σάρξ
μού ἐστιν ὑπὲρ τῆς τοῦ κόσμου
ζωῆς (~T)
6 54c ὁ τρώγων μου τὴν σάρκα ↔
6 54c καὶ πίνων μου τὸ αἷμα ἔχει ζωὴν
αἰώνιον
6 55 ἡ γὰρ σάρξ μου ἀληθής ἐστιν
βρῶσις, ↔
6 55 καὶ τὸ αἷμά μου ἀληθής ἐστιν
πόσις. ↔
6 56c ὁ τρώγων μου τὴν σάρκα ↔
6 56c καὶ πίνων μου τὸ αἷμα ἐν ἐμοὶ
μένει
6 65 * ἐὰν μὴ ᾖ δεδομένον αὐτῷ ἐκ τοῦ
πατρός μου (+Vϛ)
8 14 κἂν ἐγὼ μαρτυρῶ περὶ ἐμαυτοῦ,
ἀληθής ἐστιν ἡ μαρτυρία μου
8 19 οὔτε ἐμὲ οἴδατε οὔτε τὸν πατέρα
μου·↔
8 19 εἰ ἐμὲ ᾔδειτε, καὶ τὸν πατέρα μου
ἂν ᾔδειτε
8 28 * καθὼς ἐδίδαξέν με ὁ πατήρ μου
(+ϛ)
8 31 ἀληθῶς μαθηταί μού ἐστε

Jo
8 38 * | ἃ ἐγὼ (ἐ. ἃ T; ἐ. ὃ ϛ) ἑώρακα
παρὰ τῷ πατρί μου (+ϛ) λαλῶ
8 49 ἐγὼ δαιμόνιον οὐκ ἔχω, ἀλλὰ
τιμῶ τὸν πατέρα μου
8 50 ἐγὼ δὲ οὐ ζητῶ τὴν δόξαν μου
8 52 ἐάν τις τὸν λόγον μου τηρήσῃ, οὐ
μὴ γεύσηται θανάτου
8 54 ἐὰν ἐγὼ δοξάσω ἐμαυτόν, ἡ δόξα
μου οὐδέν ἐστιν· ↔
8 54 ἔστιν ὁ πατήρ μου ὁ δοξάζων με
9 11c ὁ ἄνθρωπος ὁ λεγόμενος Ἰησοῦς
πηλὸν ἐποίησεν καὶ ἐπέχρισέν μου
τοὺς ὀφθαλμούς
9 15c πηλὸν ἐπέθηκέν μου ἐπὶ τοὺς
ὀφθαλμούς
9 30c ἤνοιξέν μου τοὺς ὀφθαλμούς
10 15 τὴν ψυχήν μου τίθημι ὑπὲρ τῶν
προβάτων
10 16 κἀκεῖνα δεῖ με ἀγαγεῖν, καὶ τῆς
φωνῆς μου ἀκούσουσιν (-σωσιν S)
10 17 διὰ τοῦτό με ὁ πατὴρ ἀγαπᾷ
ὅτι ἐγὼ τίθημι τὴν ψυχήν μου
10 18 ταύτην τὴν ἐντολὴν ἔλαβον παρὰ
τοῦ πατρός μου
10 25 τὰ ἔργα ἃ ἐγὼ ποιῶ ἐν τῷ ὀνόματι
τοῦ πατρός μου
10 27 τὰ πρόβατα τὰ ἐμὰ τῆς φωνῆς μου
ἀκούουσιν
10 28 οὐχ ἁρπάσει τις αὐτὰ ἐκ τῆς
χειρός μου. ↔
10 29 ὁ πατήρ μου (—T) ὃ (ὃς MVBϛ)
δέδωκέν μοι | πάντων μεῖζόν
(π. μεῖζων MBS; μεῖζων π. Vϛ)
ἐστιν, ↔
10 29 * καὶ οὐδεὶς δύναται ἁρπάζειν ἐκ
τῆς χειρὸς τοῦ πατρός μου (+MV
B[S]ϛ)
10 32 * πολλὰ | ἔργα καλὰ ἔδειξα ὑμῖν
(~ ϛ NMH) ἐκ τοῦ πατρός μου
(+Vϛ)
10 37 εἰ οὐ ποιῶ τὰ ἔργα τοῦ πατρός
μου, μὴ πιστεύετέ μοι
11 21 εἰ ἦς ὧδε, || οὐκ ἂν ἀπέθανεν
(ἐτεθνήκει Sϛ) ὁ ἀδελφός μου
((~ Sϛ))
11 32c εἰ ἦς ὧδε, οὐκ ἄν μου ἀπέθανεν ὁ
ἀδελφός
11 41e πάτερ, εὐχαριστῶ σοι ὅτι ἤκουσάς
μου. ↔
11 42e ἐγὼ δὲ ᾔδειν ὅτι πάντοτέ μου
ἀκούεις
12 7 ἄφες αὐτήν, ἵνα εἰς τὴν ἡμέραν
τοῦ ἐνταφιασμοῦ μου τηρήσῃ
αὐτό
12 27 νῦν ἡ ψυχή μου τετάρακται
12 47ce ἐάν τίς μου ἀκούσῃ τῶν ῥημάτων
καὶ μὴ φυλάξῃ
12 48 ὁ ... μὴ λαμβάνων τὰ ῥήματά
μου ἔχει τὸν κρίνοντα αὐτόν
13 6c κύριε, σύ μου νίπτεις τοὺς πόδας;
13 8c οὐ μὴ νίψῃς μου τοὺς πόδας εἰς
τὸν αἰῶνα
13 9 κύριε, μὴ τοὺς πόδας μου μόνον
13 18c ὁ τρώγων μου (ἐμοῦ S; μετ᾽ ἐμοῦ
VTϛ) τὸν ἄρτον ἐπῆρεν (-ἦρκεν
T) ἐπ᾽ ἐμὲ τὴν πτέρναν αὐτοῦ
13 37 τὴν ψυχήν μου ὑπὲρ σοῦ θήσω
14 2 ἐν τῇ οἰκίᾳ τοῦ πατρός μου
μοναὶ πολλαί εἰσιν
14 7 καὶ τὸν πατέρα μου γνώσεσθε (ἂν
ᾔδειτε NMVH; ἐγνώκειτε ἂν Sϛ)
14 12 * ὅτι ἐγὼ πρὸς τὸν πατέρα μου
(+ϛ) πορεύομαι
14 13 ὅ τι ἂν αἰτήσητε ἐν τῷ ὀνόματί
μου, τοῦτο ποιήσω

Jo
14 14 ἐάν τι αἰτήσητέ με ([H]; —ϛ) ἐν
τῷ ὀνόματί μου, ἐγὼ (τοῦτο H)
ποιήσω
14 20 ἐν ἐκείνῃ τῇ ἡμέρᾳ | γνώσεσθε
ὑμεῖς (~H) ὅτι ἐγὼ ἐν τῷ πατρί
μου
14 21 ὁ ἔχων τὰς ἐντολάς μου καὶ τηρῶν
αὐτάς, ἐκεῖνός ἐστιν ὁ ἀγαπῶν
με· ↔
14 21 ὁ δὲ ἀγαπῶν με ἀγαπηθήσεται
ὑπὸ τοῦ πατρός μου
14 23 ἐάν τις ἀγαπᾷ με, τὸν λόγον μου
τηρήσει, ↔
14 23 καὶ ὁ πατήρ μου ἀγαπήσει αὐτόν
14 24 ὁ μὴ ἀγαπῶν με τοὺς λόγους μου
οὐ τηρεῖ
14 26 τὸ πνεῦμα τὸ ἅγιον ὃ πέμψει ὁ
πατὴρ ἐν τῷ ὀνόματί μου
14 28 * ὅτι ὁ πατήρ μου (+ϛ) ↔
14 28b μείζων μού ἐστι
15 1 ἐγώ εἰμι ἡ ἄμπελος ἡ ἀληθινή, καὶ
ὁ πατήρ μου ὁ γεωργός ἐστιν
15 7 ἐὰν ... τὰ ῥήματά μου ἐν ὑμῖν
μείνῃ
15 8 ἐν τούτῳ ἐδοξάσθη ὁ πατήρ μου,
ἵνα καρπὸν πολὺν φέρητε
15 10 τὰς ἐντολάς μου τηρήσητε,
15 10 μενεῖτε ἐν τῇ ἀγάπῃ μου, ↔
15 10 καθὼς ἐγὼ (κἀγὼ T) || τὰς
ἐντολὰς τοῦ πατρός μου (—H)
((N26Vϛ; ~rl)) τετήρηκα
15 14 ὑμεῖς φίλοι μού ἐστε
15 15 ὅτι πάντα ἃ ἤκουσα παρὰ τοῦ
πατρός μου ἐγνώρισα ὑμῖν
15 16 ἵνα ὅ τι ἂν αἰτήσητε τὸν πατέρα
ἐν τῷ ὀνόματί μου δῷ ὑμῖν
15 20 εἰ τὸν λόγον μου ἐτήρησαν
15 21 ἀλλὰ ταῦτα πάντα ποιήσουσιν
εἰς ὑμᾶς διὰ τὸ ὄνομά μου
15 23 ὁ ἐμὲ μισῶν καὶ τὸν πατέρα μου
μισεῖ
15 24 μεμισήκασιν καὶ ἐμὲ καὶ τὸν πατέρα
μου
16 10 * ὅτι πρὸς τὸν πατέρα μου (+Sϛ)
ὑπάγω
16 23 ἄν τι αἰτήσητε τὸν πατέρα | ἐν τῷ
ὀνόματί μου δώσει ὑμῖν (N26ϛ;
~rl). ↔
16 24 ἕως ἄρτι οὐκ ᾐτήσατε οὐδὲν ἐν τῷ
ὀνόματί μου
16 26 ἐν ἐκείνῃ τῇ ἡμέρᾳ ἐν τῷ ὀνόματί
μου αἰτήσεσθε
18 37ce πᾶς ὁ ὢν ἐκ τῆς ἀληθείας ἀκούει
μου τῆς φωνῆς
19 24 διεμερίσαντο τὰ ἱμάτιά μου ἑαυ-
τοῖς ↔
19 24 καὶ ἐπὶ τὸν ἱματισμόν μου ἔβαλον
κλῆρον
20 13 ὅτι ἦραν τὸν κύριόν μου
20 17e μή μου ἅπτου, ↔
20 17 * οὔπω γὰρ ἀναβέβηκα πρὸς τὸν
πατέρα μου (+Vϛ)· ↔
20 17 πορεύου δὲ πρὸς τοὺς ἀδελφούς
μου καὶ εἰπὲ αὐτοῖς· ↔
20 17 ἀναβαίνω πρὸς τὸν πατέρα μου
καὶ πατέρα ὑμῶν ↔
20 17 καὶ θεόν μου καὶ θεὸν ὑμῶν
20 25e ἐὰν μὴ ... βάλω | τὸν δάκτυλόν
μου (~T) εἰς τὸν τύπον (τόπον
NMBT) τῶν ἥλων ↔
20 25c καὶ βάλω μου τὴν χεῖρα εἰς τὴν
πλευρὰν αὐτοῦ
20 27 ἴδε τὰς χεῖράς μου, ↔
20 27 καὶ φέρε τὴν χεῖρά σου καὶ βάλε
εἰς τὴν πλευράν μου

Jo 20 28 ἀπεκρίθη ὁ (+[S]ϛ) Θωμᾶς καὶ εἶπεν αὐτῷ· ὁ κύριός μου ↔

20 28 καὶ ὁ θεός μου

21 15 βόσκε τὰ ἀρνία μου

21 16 ποίμαινε τὰ πρόβατά (προβάτιά NTH) μου

21 17 βόσκε τὰ πρόβατά (προβάτιά NTH) μου

Ac 1 4ᵉ ἀλλὰ περιμένειν τὴν ἐπαγγελίαν τοῦ πατρὸς ἣν ἠκούσατέ μου

1 8ᶜ ἔσεσθέ μου (μοι ϛ) μάρτυρες ... ἕως ἐσχάτου τῆς γῆς

2 14 ἐνωτίσασθε τὰ ῥήματά μου

2 17 ἐκχεῶ ἀπὸ τοῦ πνεύματός μου ἐπὶ πᾶσαν σάρκα

2 18 καί γε ἐπὶ τοὺς δούλους μου ↔

2 18 καὶ ἐπὶ τὰς δούλας μου ↔

2 18 ἐν ταῖς ἡμέραις ἐκείναις ἐκχεῶ ἀπὸ τοῦ πνεύματός μου

2 25 * προορώμην τὸν κύριόν μου (+T) ↔

2 25ᵃ ἐνώπιόν μου διὰ παντός, ↔

2 25 ὅτι ἐκ δεξιῶν μού ἐστιν

2 26ᶜ διὰ τοῦτο ηὐφράνθη | ἡ καρδία μου (N²⁶ϛ; ~rl) ↔

2 26 καὶ ἠγαλλιάσατο ἡ γλῶσσά μου, ↔

2 26 ἔτι δὲ καὶ ἡ σάρξ μου κατασκηνώσει ἐπ' ἐλπίδι, ↔

2 27 ὅτι οὐκ ἐγκαταλείψεις τὴν ψυχήν μου εἰς ᾅδην

2 34 εἶπεν ὁ ([N²⁶]VSϛ; —rl) κύριος τῷ κυρίῳ μου· ↔

2 34 κάθου ἐκ δεξιῶν μου

7 34 ἰδὼν εἶδον τὴν κάκωσιν τοῦ λαοῦ μου τοῦ ἐν Αἰγύπτῳ

7 49 | ἡ δὲ (καὶ ἡ H) γῆ ὑποπόδιον τῶν ποδῶν μου

7 49 ἢ τίς τόπος τῆς καταπαύσεώς μου; ↔

7 50 οὐχὶ ἡ χείρ μου ἐποίησεν ταῦτα πάντα;

7 59 κύριε Ἰησοῦ, δέξαι τὸ πνεῦμά μου

9 15 ὅτι σκεῦος ἐκλογῆς ἐστίν μοι οὗτος τοῦ βαστάσαι τὸ ὄνομά μου ἐνώπιον ... βασιλέων

9 16 ἐγὼ γὰρ ὑποδείξω αὐτῷ ὅσα δεῖ αὐτὸν ὑπὲρ τοῦ ὀνόματός μου παθεῖν

10 30 ἀπὸ τετάρτης ἡμέρας ... ἤμην τὴν ἐνάτην προσευχόμενος ἐν τῷ οἴκῳ μου, ↔

10 30ᵃ καὶ ἰδοὺ ἀνὴρ ἔστη ἐνώπιόν μου ἐν ἐσθῆτι λαμπρᾷ

11 8 ὅτι κοινὸν ἢ ἀκάθαρτον οὐδέποτε εἰσῆλθεν εἰς τὸ στόμα μου

13 22 εὗρον Δαυὶδ ... ἄνδρα [H] κατὰ τὴν καρδίαν μου, ↔

13 22 ὃς ποιήσει πάντα τὰ θελήματά μου

13 33 υἱός μου εἶ σύ

15 7 ἐξελέξατο ὁ θεὸς διὰ τοῦ στόματός μου ἀκοῦσαι τὰ ἔθνη τὸν λόγον τοῦ εὐαγγελίου

15 13ᵃ ἄνδρες ἀδελφοί, ἀκούσατέ μου

15 17 πάντα τὰ ἔθνη ἐφ' οὓς ἐπικέκληται τὸ ὄνομά μου ἐπ' αὐτούς

16 15 εἰσελθόντες εἰς τὸν οἶκόν μου μένετε (μείνατε VSϛ)

20 24 * ἀλλ' οὐδενὸς λόγου (-ον ϛ) ποιοῦμαι | οὐδὲ ἔχω (+ ϛ) τὴν ψυχήν μου (+ϛ) τιμίαν ἐμαυτῷ

20 24 ὡς τελειῶσαι (-ώσω NH) τὸν δρόμον μου (+μετὰ χαρᾶς [VS]ϛ)

20 25 οὐκέτι ὄψεσθε τὸ πρόσωπόν μου ὑμεῖς πάντες

Ac 20 29 εἰσελεύσονται μετὰ τὴν ἄφιξίν μου λύκοι βαρεῖς εἰς ὑμᾶς

20 34 ταῖς χρείαις μου καὶ τοῖς οὖσιν μετ' ἐμοῦ ὑπηρέτησαν αἱ χεῖρες αὗται

21 13ᶜ τί ποιεῖτε κλαίοντες καὶ συνθρύπτοντές μου τὴν καρδίαν;

22 1ᶜᵉ ἀκούσατέ μου τῆς πρὸς ὑμᾶς νυνὶ ἀπολογίας

22 17ᵈ ἐγένετο δέ μοι ... προσευχομένου μου ἐν τῷ ἱερῷ

24 13ᵉ οὐδὲ παραστῆσαι δύνανταί σοι περὶ ὧν νυνὶ κατηγοροῦσίν μου

24 17 ἐλεημοσύνας ποιήσων εἰς τὸ ἔθνος μου παρεγενόμην

24 20ᵈ ἢ ... εἰπάτωσαν τί εὗρον ἀδίκημα στάντος μου ἐπὶ τοῦ συνεδρίου

25 11ᵉ εἰ δὲ οὐδέν ἐστιν ὧν οὗτοι κατηγοροῦσίν μου

25 15ᵈ περὶ οὗ γενομένου μου εἰς Ἱεροσόλυμα ἐνεφάνισαν οἱ ἀρχιερεῖς

26 3ᵉ διὸ δέομαι μακροθύμως ἀκοῦσαί μου. ↔

26 4 τὴν μὲν οὖν βίωσίν μου τὴν ([N²⁶S]; —NBH) ἐκ νεότητος ↔

26 4 τὴν ἀπ' ἀρχῆς γενομένην ἐν τῷ ἔθνει μου ... ἴσασι πάντες οἱ (+[N²⁶]Tϛ) Ἰουδαῖοι

26 29ᵉ εὐξαίμην (-ξάμην T) ἂν ... πάντας τοὺς ἀκούοντάς μου σήμερον γενέσθαι τοιούτους

28 19 οὐχ ὡς τοῦ ἔθνους μου ἔχων τι κατηγορεῖν (-ρῆσαι Sϛ)

Rm 1 8 πρῶτον μὲν εὐχαριστῶ τῷ θεῷ μου ... περὶ πάντων ὑμῶν

1 9 μάρτυς γάρ μού ἐστιν ὁ θεός, ↔

1 9 ᾧ λατρεύω ἐν τῷ πνεύματί μου

1 10 ⟨ὡς ἀδιαλείπτως μνείαν ὑμῶν ποιοῦμαι⟩ πάντοτε ἐπὶ τῶν προσευχῶν μου

2 16 ἐν | ἡμέρᾳ ὅτε (ἦ ἡμ. NH) κρίνει (-νεῖ MBTϛ) ὁ θεὸς τὰ κρυπτὰ ... κατὰ τὸ εὐαγγέλιόν μου

7 4 ὥστε, ἀδελφοί μου, καὶ ὑμεῖς ἐθανατώθητε τῷ νόμῳ

7 18 ἐν ἐμοί, τοῦτ' ἔστιν ἐν τῇ σαρκί μου

7 23 βλέπω δὲ ἕτερον νόμον ἐν τοῖς μέλεσίν μου ↔

7 23 ἀντιστρατευόμενον τῷ νόμῳ τοῦ νοός μου ↔

7 23 καὶ αἰχμαλωτίζοντά με ἐν ([H]; —ϛ) τῷ νόμῳ τῆς ἁμαρτίας τῷ ὄντι ἐν τοῖς μέλεσίν μου

9 1 ἀλήθειαν λέγω ... συμμαρτυρούσης μοι τῆς συνειδήσεώς μου ἐν πνεύματι ἁγίῳ, ↔

9 2 ὅτι λύπη μοί ἐστιν μεγάλη καὶ ἀδιάλειπτος ὀδύνη τῇ καρδίᾳ μου. ↔

9 3 ηὐχόμην γὰρ ἀνάθεμα εἶναι ... ὑπὲρ τῶν ἀδελφῶν μου ↔

9 3 τῶν συγγενῶν μου κατὰ σάρκα

9 17 ὅπως ἐνδείξωμαι ἐν σοὶ τὴν δύναμίν μου, ↔

9 17 καὶ ὅπως διαγγελῇ τὸ ὄνομά μου ἐν πάσῃ τῇ γῇ

9 25 καλέσω τὸν οὐ λαόν μου ↔

9 25 λαόν μου

9 26 ἔσται ἐν τῷ τόπῳ οὗ ἐρρέθη αὐτοῖς [NH]· οὐ λαός μου ὑμεῖς

10 21 ἐξεπέτασα τὰς χεῖράς μου πρὸς λαὸν ἀπειθοῦντα

11 3 κἀγὼ ὑπελείφθην μόνος καὶ ζητοῦσιν τὴν ψυχήν μου

11 13 τὴν διακονίαν μου δοξάζω, ↔

Rm 11 14ᶜ εἴ πως παραζηλώσω μου τὴν σάρκα

15 14 πέπεισμαι δέ, ἀδελφοί μου, καὶ αὐτὸς ἐγὼ περὶ ὑμῶν

15 31 ἵνα ... ἡ διακονία μου ἡ εἰς Ἱερουσαλὴμ εὐπρόσδεκτος τοῖς ἁγίοις γένηται

16 3 ἀσπάσασθε Πρίσκαν καὶ Ἀκύλαν τοὺς συνεργούς μου ἐν Χριστῷ Ἰησοῦ,

16 4 οἵτινες ὑπὲρ τῆς ψυχῆς μου τὸν ἑαυτῶν τράχηλον ὑπέθηκαν

16 5 ἀσπάσασθε Ἐπαίνετον τὸν ἀγαπητόν μου

16 7 ἀσπάσασθε Ἀνδρόνικον καὶ Ἰουνιᾶν τοὺς συγγενεῖς μου ↔

16 7 καὶ συναιχμαλώτους μου

16 8 ἀσπάσασθε Ἀμπλιᾶτον τὸν ἀγαπητόν μου ἐν κυρίῳ. ↔

16 9 ἀσπάσασθε ... Στάχυν τὸν ἀγαπητόν μου

16 11 ἀσπάσασθε Ἡρῳδίωνα τὸν συγγενῆ μου

16 21 ἀσπάζεται ὑμᾶς Τιμόθεος ὁ συνεργός μου [H], ↔

16 21 καὶ Λούκιος καὶ Ἰάσων καὶ Σωσίπατρος οἱ συγγενεῖς μου

16 23 ἀσπάζεται ὑμᾶς Γάϊος ὁ ξένος μου καὶ ὅλης τῆς ἐκκλησίας

16 25 | τῷ δὲ δυναμένῳ ὑμᾶς στηρίξαι κατὰ τὸ εὐαγγέλιόν μου [N²⁶S..]

1 C 1 4 εὐχαριστῶ τῷ θεῷ μου (—NH) πάντοτε περὶ ὑμῶν

1 11 ἐδηλώθη γάρ μοι περὶ ὑμῶν, ἀδελφοί μου, ὑπὸ τῶν Χλόης

2 4 ὁ λόγος μου ↔

2 4 καὶ τὸ κήρυγμά μου οὐκ ἐν πειθοῖς (-θοῖ[ς] N²⁶) σοφίας λόγοις [N²⁶]

4 14 ἀλλ' ὡς τέκνα μου ἀγαπητὰ νουθετῶν (-τῶ[ν] N²⁶; -τῶ Bϛ)

4 16 παρακαλῶ οὖν ὑμᾶς, μιμηταί μου γίνεσθε

4 17ᶜ Τιμόθεον, ὅς ἐστίν μου τέκνον ἀγαπητὸν καὶ πιστὸν ἐν κυρίῳ, ↔

4 17 ὃς ὑμᾶς ἀναμνήσει τὰς ὁδούς μου τὰς ἐν Χριστῷ

4 18ᵈ ὡς μὴ ἐρχομένου δέ μου πρὸς ὑμᾶς ἐφυσιώθησάν τινες

8 13 εἰ βρῶμα σκανδαλίζει τὸν ἀδελφόν μου

8 13 ἵνα μὴ τὸν ἀδελφόν μου σκανδαλίσω

9 1 οὐ τὸ ἔργον μου ὑμεῖς ἐστε ἐν κυρίῳ;

9 2ᶜ ἡ γὰρ σφραγίς | μου τῆς (τῆς ἐμῆς ϛ) ἀποστολῆς ὑμεῖς ἐστε ἐν κυρίῳ

9 15 ἢ τὸ καύχημά μου οὐδεὶς κενώσει

9 18ᶜ τίς οὖν μού (μοί ϛ) ἐστιν ὁ μισθός;

9 18 εἰς τὸ μὴ καταχρήσασθαι τῇ ἐξουσίᾳ μου ἐν τῷ εὐαγγελίῳ

9 27ᶜ ἀλλὰ ὑπωπιάζω μου τὸ σῶμα καὶ δουλαγωγῶ

10 14 διόπερ, ἀγαπητοί μου, φεύγετε ἀπὸ τῆς εἰδωλολατρίας

10 29 ἱνατί γὰρ ἡ ἐλευθερία μου κρίνεται ὑπὸ ἄλλης συνειδήσεως;

11 1 μιμηταί μου γίνεσθε, καθὼς κἀγὼ Χριστοῦ. ↔

11 2ᵉ μέμνησθε

11 24ᶜ τοῦτό μού ἐστιν τὸ σῶμα τὸ ὑπὲρ ὑμῶν (+κλώμενον [VS]ϛ)

11 33 ὥστε, ἀδελφοί μου, συνερχόμενοι εἰς τὸ φαγεῖν ἀλλήλους ἐκδέχεσθε

1 C 13 3 κἂν ψωμίσω πάντα τὰ ὑπάρχοντά μου, ↔

13 3 καὶ ἐὰν παραδῶ τὸ σῶμά μου ἵνα καυχήσωμαι (N²⁶H; καυθ. rl)

14 14 ἐὰν γὰρ [N²⁶H] προσεύχωμαι γλώσσῃ, τὸ πνεῦμά μου προσεύχεται, ↔

14 14 ὁ δὲ νοῦς μου ἄκαρπός ἐστιν

14 18 * εὐχαριστῶ τῷ θεῷ μου (+ς), πάντων ὑμῶν μᾶλλον γλώσσαις (-σῃ BT) λαλῶ·

14 19 ἀλλὰ ἐν ἐκκλησίᾳ θέλω πέντε λόγους | τῷ νοΐ (διὰ τοῦ νοός Sς) μου λαλῆσαι

14 21ᵉ οὐδ᾽ οὕτως εἰσακούσονταί μου, λέγει κύριος

14 39 ὥστε, ἀδελφοί μου ([N²⁶]; —ς), ζηλοῦτε τὸ προφητεύειν

15 58 ὥστε, ἀδελφοί μου ἀγαπητοί, ἑδραῖοι γίνεσθε

16 24 ἡ ἀγάπη μου μετὰ πάντων ὑμῶν ἐν Χριστῷ Ἰησοῦ (+ἀμήν [S]ς)

2 C 2 13 οὐκ ἔσχηκα ἄνεσιν τῷ πνεύματί μου ↔

2 13 τῷ μὴ εὑρεῖν με Τίτον τὸν ἀδελφόν μου

6 16ᵉ καὶ αὐτοὶ ἔσονταί μου (μοι Sς) λαός

11 1ᶜᵉ ὄφελον ἀνείχεσθέ μου μικρόν | τι ἀφροσύνης (τῇ ἀ-νῃ ς)· ↔

11 1ᵉ ἀλλὰ καὶ ἀνέχεσθέ μου

11 9 τὸ γὰρ ὑστέρημά μου προσανεπλήρωσαν οἱ ἀδελφοί

11 28 * χωρὶς τῶν παρεκτὸς ἡ | ἐπισύστασίς μου (ς; ἐπίστασίς μοι rl) ἡ καθ᾽ ἡμέραν

11 30 εἰ καυχᾶσθαι δεῖ, τὰ τῆς ἀσθενείας μου [H] καυχήσομαι

12 5 *ὑπὲρ δὲ ἐμαυτοῦ οὐ καυχήσομαι εἰ μὴ ἐν ταῖς ἀσθενείαις μου (+[M]VSTς)

12 9 ἀρκεῖ σοι ἡ χάρις μου· ↔

12 9 * ἡ γὰρ δύναμίς μου (+[VS]ς) ἐν ἀσθενείᾳ τελεῖται. ↔

12 9 ἥδιστα οὖν μᾶλλον καυχήσομαι ἐν ταῖς ἀσθενείαις μου (—NH)

12 21ᵈ μὴ πάλιν | ἐλθόντος μου (-ντα με ς) ↔

12 21 ταπεινώσῃ (-σει ST) με (—ς) ὁ θεός μου πρὸς ὑμᾶς

G 1 14 προέκοπτον ἐν τῷ Ἰουδαϊσμῷ ὑπὲρ πολλοὺς συνηλικιώτας ἐν τῷ γένει μου, ↔

1 14ᶜ περισσοτέρως ζηλωτὴς ὑπάρχων τῶν πατρικῶν μου παραδόσεων.↔

1 15 ὅτε δὲ εὐδόκησεν | ὁ θεός (+ [N²⁶H]VSς) ὁ ἀφορίσας με ἐκ κοιλίας μητρός μου

4 14 * τὸν πειρασμόν μου (ς; ὑμῶν rl) ↔

4 14 (+τὸν VSς) ἐν τῇ σαρκί μου οὐκ ἐξουθενήσατε

4 19 ⟨καλὸν δὲ ζηλοῦσθαι ... ἐν τῷ παρεῖναί με πρὸς ὑμᾶς⟩ τέκνα (τεκνία VBSHς) μου

4 20 ἤθελον δὲ παρεῖναι πρὸς ὑμᾶς ἄρτι καὶ ἀλλάξαι τὴν φωνήν μου

6 17 ἐγὼ γὰρ τὰ στίγματα τοῦ (+ κυρίου [V]BSς) Ἰησοῦ ἐν τῷ σώματί μου βαστάζω

E 1 16 οὐ παύομαι εὐχαριστῶν ὑπὲρ ὑμῶν μνείαν ποιούμενος ἐπὶ τῶν προσευχῶν μου

3 4 πρὸς ὃ δύνασθε ἀναγινώσκοντες νοῆσαι τὴν σύνεσίν μου

E 3 13 διὸ αἰτοῦμαι μὴ ἐγκακεῖν ἐν ταῖς θλίψεσίν μου ὑπὲρ ὑμῶν

3 14 τούτου χάριν κάμπτω τὰ γόνατά μου πρὸς τὸν πατέρα

6 10 * τοῦ λοιποῦ | ἀδελφοί μου (+ς), ἐνδυναμοῦσθε ἐν κυρίῳ

6 19 ⟨προσευχόμενοι⟩ ἵνα μοι δοθῇ λόγος ἐν ἀνοίξει τοῦ στόματός μου

Ph 1 3 εὐχαριστῶ τῷ θεῷ μου ἐπὶ πάσῃ τῇ μνείᾳ ὑμῶν, ↔

1 4 πάντοτε ἐν πάσῃ δεήσει μου ὑπὲρ πάντων ὑμῶν ... τὴν δέησιν ποιούμενος

1 7 ἔν τε τοῖς δεσμοῖς μου καὶ ἐν τῇ ἀπολογίᾳ ↔

1 7ᶜ καὶ βεβαιώσει τοῦ εὐαγγελίου συγκοινωνούς μου τῆς χάριτος πάντας ὑμᾶς ὄντας. ↔

1 8ᵉ μάρτυς γάρ μου (+ἐστιν ς) ὁ θεός

1 13 ὥστε τοὺς δεσμούς μου φανεροὺς ἐν Χριστῷ γενέσθαι ἐν ὅλῳ τῷ πραιτωρίῳ

1 14 τοὺς πλείονας τῶν ἀδελφῶν ἐν κυρίῳ πεποιθότας τοῖς δεσμοῖς μου περισσοτέρως τολμᾶν

1 17 οἰόμενοι θλῖψιν ἐγείρειν τοῖς δεσμοῖς μου

1 20 κατὰ τὴν ἀποκαραδοκίαν καὶ ἐλπίδα μου ὅτι ἐν οὐδενὶ αἰσχυνθήσομαι

1 20 μεγαλυνθήσεται Χριστὸς ἐν τῷ σώματί μου

2 2ᶜ πληρώσατέ μου τὴν χαρὰν ἵνα τὸ αὐτὸ φρονῆτε

2 12 ὥστε, ἀγαπητοί μου, καθὼς πάντοτε ὑπηκούσατε, ↔

2 12 μὴ ὡς [H] ἐν τῇ παρουσίᾳ μου μόνον ↔

2 12 ἀλλὰ νῦν πολλῷ μᾶλλον ἐν τῇ ἀπουσίᾳ μου

2 25 ἀναγκαῖον δὲ ἡγησάμην Ἐπαφρόδιτον τὸν ... συστρατιώτην μου, ↔

2 25 ὑμῶν δὲ ἀπόστολον καὶ λειτουργὸν τῆς χρείας μου, πέμψαι πρὸς ὑμᾶς

3 1 τὸ λοιπόν, ἀδελφοί μου, χαίρετε ἐν κυρίῳ

3 8 διὰ τὸ ὑπερέχον τῆς γνώσεως Χριστοῦ Ἰησοῦ τοῦ κυρίου μου

3 17 συμμιμηταί μου γίνεσθε, ἀδελφοί

4 1 ὥστε, ἀδελφοί μου ἀγαπητοὶ καὶ ἐπιπόθητοι, ↔

4 1 χαρὰ καὶ στέφανός μου, οὕτως στήκετε ἐν κυρίῳ

4 3 αἵτινες ... συνήθλησάν μοι μετὰ καὶ Κλήμεντος καὶ τῶν λοιπῶν συνεργῶν μου

4 14ᶜ πλὴν καλῶς ἐποιήσατε συγκοινωνήσαντές μου τῇ θλίψει

4 19 ὁ δὲ θεός μου πληρώσει πᾶσαν χρείαν ὑμῶν

Cl 1 24 *νῦν χαίρω ἐν τοῖς παθήμασίν μου (+ς) ὑπὲρ ὑμῶν, ↔

1 24 καὶ ἀνταναπληρῶ τὰ ὑστερήματα τῶν θλίψεων τοῦ Χριστοῦ ἐν τῇ σαρκί μου

2 1 καὶ ὅσοι οὐχ ἑόρακαν (ἑωράκασιν Sς) τὸ πρόσωπόν μου ἐν σαρκί

4 10 ἀσπάζεται ὑμᾶς Ἀρίσταρχος ὁ συναιχμάλωτός μου

4 18ᶜ μνημονεύετέ μου τῶν δεσμῶν

2 Tm 1 3 ὡς ἀδιάλειπτον ἔχω τὴν περὶ σοῦ μνείαν ἐν ταῖς δεήσεσίν μου

2 Tm 1 6 ὅ ἐστιν ἐν σοὶ διὰ τῆς ἐπιθέσεως τῶν χειρῶν μου

1 12 πέπεισμαι ὅτι δυνατός ἐστιν τὴν παραθήκην μου φυλάξαι

1 16 ὅτι ... τὴν ἅλυσίν μου οὐκ ἐπαισχύνθη

2 1 σὺ οὖν, τέκνον μου, ἐνδυναμοῦ ἐν τῇ χάριτι

2 8 μνημόνευε Ἰησοῦν Χριστὸν ... ἐκ σπέρματος Δαυίδ, κατὰ τὸ εὐαγγέλιόν μου

3 10ᶜ σὺ δὲ παρηκολούθησάς (-θηκάς Vς) μου τῇ διδασκαλίᾳ

4 6 ὁ καιρὸς τῆς | ἀναλύσεώς μου (ἐμῆς ἀναλύσεως ς) ἐφέστηκεν

4 16ᶜ ἐν τῇ πρώτῃ μου ἀπολογίᾳ οὐδείς μοι παρεγένετο (συμπαρ-VSς)

Phm 4 εὐχαριστῶ τῷ θεῷ μου πάντοτε ↔

4 μνείαν σου ποιούμενος ἐπὶ τῶν προσευχῶν μου

10 * ὃν ἐγέννησα ἐν τοῖς δεσμοῖς μου (+ς), Ὀνήσιμον

20ᶜ ἀνάπαυσόν μου τὰ σπλάγχνα ἐν Χριστῷ

23 ἀσπάζεταί σε Ἐπαφρᾶς ὁ συναιχμάλωτός μου ἐν Χριστῷ Ἰησοῦ, ↔

24 Μᾶρκος, Ἀρίσταρχος ... οἱ συνεργοί μου

Hb 1 5 υἱός μου εἶ σύ

1 13 κάθου ἐκ δεξιῶν μου

2 12 ἀπαγγελῶ τὸ ὄνομά σου τοῖς ἀδελφοῖς μου

3 9 καὶ εἶδον τὰ ἔργα μου ⟨τεσσεράκοντα ἔτη⟩

3 10 αὐτοὶ δὲ οὐκ ἔγνωσαν τὰς ὁδούς μου, ↔

3 11 ὡς ὤμοσα ἐν τῇ ὀργῇ μου· ↔

3 11 εἰ εἰσελεύσονται εἰς τὴν κατάπαυσίν μου

4 3 ὡς ὤμοσα ἐν τῇ ὀργῇ μου· ↔

4 3 εἰ εἰσελεύσονται εἰς τὴν κατάπαυσίν μου

4 5 εἰ εἰσελεύσονται εἰς τὴν κατάπαυσίν μου

5 5 υἱός μου εἶ σύ

8 9ᵈ ἐν ἡμέρᾳ ἐπιλαβομένου μου τῆς χειρὸς αὐτῶν ἐξαγαγεῖν αὐτοὺς ἐκ γῆς Αἰγύπτου, ↔

8 9 ὅτι αὐτοὶ οὐκ ἐνέμειναν ἐν τῇ διαθήκῃ μου

8 10 διδοὺς νόμους μου εἰς τὴν διάνοιαν αὐτῶν

10 16 διδοὺς νόμους μου ἐπὶ καρδίας αὐτῶν

10 34 * καὶ γὰρ τοῖς | δεσμοῖς μου (ς; δεσμίοις rl) συνεπαθήσατε

10 38 ὁ δὲ δίκαιός μου ([H]; —ς) ἐκ πίστεως ζήσεται·

10 38 καὶ ἐὰν ὑποστείληται, οὐκ εὐδοκεῖ ἡ ψυχή μου ἐν αὐτῷ

12 5 υἱέ μου, μὴ ὀλιγώρει παιδείας κυρίου

Jc 1 2 πᾶσαν χαρὰν ἡγήσασθε, ἀδελφοί μου

1 16 μὴ πλανᾶσθε, ἀδελφοί μου ἀγαπητοί

1 19 ἴστε, ἀδελφοί μου ἀγαπητοί

2 1 ἀδελφοί μου, μὴ ἐν προσωπολημψίαις ἔχετε τὴν πίστιν τοῦ κυρίου ἡμῶν

2 3 σὺ στῆθι | ἐκεῖ ἢ κάθου (∼H) ὑπὸ τὸ ὑποπόδιόν μου

2 5 ἀκούσατε, ἀδελφοί μου ἀγαπητοί

Column 1

Jo 2 14 τί τὸ (—Η) ὄφελος, ἀδελφοί μου ⟨;⟩

2 18 κἀγώ σοι δείξω ἐκ τῶν ἔργων μου ↔

2 18 * τὴν πίστιν μου (+ς)

3 1 μὴ πολλοὶ διδάσκαλοι γίνεσθε, ἀδελφοί μου

3 10 οὐ χρή, ἀδελφοί μου, ταῦτα οὕτως γίνεσθαι

3 12 μὴ δύναται, ἀδελφοί μου, συκῆ ἐλαίας ποιῆσαι ⟨;⟩

5 10 * ὑπόδειγμα λάβετε | τῆς κακοπαθίας, ἀδελφοί μου (ς; ά., τ. κ. rl)

5 12 πρὸ πάντων δέ, ἀδελφοί μου, μὴ ὀμνύετε

5 19 ἀδελφοί μου (—ς), ἐάν τις ἐν ὑμῖν πλανηθῇ ἀπὸ τῆς ἀληθείας

1Pt 5 13 ἀσπάζεται ὑμᾶς ... Μᾶρκος ὁ υἱός μου

2Pt 1 14 ταχινὴ ἐστιν ἡ ἀπόθεσις τοῦ σκηνώματός μου

1 17 ‖ ὁ υἱός μου ↔

1 17 ὁ ἀγαπητός μου (—MBSTς) οὗτός ἐστιν ((~ MVBSTς))

1Jo 2 1 τεκνία μου, ταῦτα γράφω ὑμῖν ἵνα μὴ ἁμάρτητε

3 13 * μὴ θαυμάζετε, ἀδελφοί μου (+ς), εἰ μισεῖ ὑμᾶς ὁ κόσμος

3 18 * τεκνία μου (+ς), μὴ ἀγαπῶμεν λόγῳ μηδὲ τῇ γλώσσῃ

Ap 1 10ᵃ ἤκουσα ὀπίσω μου φωνὴν μεγάλην ὡς σάλπιγγος

1 20 τὸ μυστήριον τῶν ἑπτὰ ἀστέρων οὓς εἶδες ἐπὶ τῆς δεξιᾶς μου

2 3 ἐβάστασας διὰ τὸ ὄνομά μου

2 7 * ὅ ἐστιν ἐν τῷ παραδείσῳ τοῦ θεοῦ μου (+B)

2 13 καὶ κρατεῖς τὸ ὄνομά μου, ↔

2 13 καὶ οὐκ ἠρνήσω τὴν πίστιν μου ↔

2 13 καὶ ([S]; —T) ἐν ταῖς ἡμέραις (+ἐν αἷς [S]ς; +αἷς V) Ἀντιπᾶς ὁ μάρτυς μου ↔

2 13 ὁ πιστός μου ([SH]; —ς), ὃς ἀπεκτάνθη παρ' ὑμῖν

2 16 πολεμήσω μετ' αὐτῶν ἐν τῇ ῥομφαίᾳ τοῦ στόματός μου

2 26 ὁ τηρῶν ἄχρι τέλους τὰ ἔργα μου

2 28 ὡς κἀγὼ εἴληφα παρὰ τοῦ πατρός μου

3 2 οὐ γὰρ εὕρηκά σου τὰ (—ΝΗ) ἔργα πεπληρωμένα ἐνώπιον τοῦ θεοῦ μου (—ς)

3 5 ὁμολογήσω τὸ ὄνομα αὐτοῦ ἐνώπιον τοῦ πατρός μου

3 8ᶜ ἐτήρησάς μου τὸν λόγον ↔

3 8 καὶ οὐκ ἠρνήσω τὸ ὄνομά μου

3 10 ὅτι ἐτήρησας τὸν λόγον τῆς ὑπομονῆς μου, κἀγώ σε τηρήσω

3 12 ποιήσω αὐτὸν στῦλον ἐν τῷ ναῷ τοῦ θεοῦ μου

3 12 γράψω ἐπ' αὐτὸν τὸ ὄνομα τοῦ θεοῦ μου ↔

3 12 καὶ τὸ ὄνομα τῆς πόλεως τοῦ θεοῦ μου, ↔

3 12 τῆς καινῆς Ἰερουσαλὴμ ἡ καταβαίνουσα ἐκ τοῦ οὐρανοῦ ἀπὸ τοῦ θεοῦ μου, ↔

3 12 καὶ τὸ ὄνομά μου τὸ καινόν

3 16 μέλλω σε ἐμέσαι ἐκ τοῦ στόματός μου

3 20 ἐάν τις ἀκούσῃ τῆς φωνῆς μου

3 21 δώσω αὐτῷ καθίσαι μετ' ἐμοῦ ἐν τῷ θρόνῳ μου, ↔

3 21 ὡς κἀγὼ ἐνίκησα καὶ ἐκάθισα μετὰ τοῦ πατρός μου ἐν τῷ θρόνῳ αὐτοῦ

Column 2

Ap 7 14 κύριέ μου (—ς), σὺ οἶδας

10 10 ἦν ἐν τῷ στόματί μου ὡς μέλι γλυκύ· ↔

10 10 καὶ ὅτε ἔφαγον αὐτό, ἐπικράνθη ἡ κοιλία μου

11 3 καὶ δώσω τοῖς δυσὶν μάρτυσίν μου

18 4 ἐξέλθατε (-θετε Sς) ὁ λαός μου ἐξ αὐτῆς

22 12 ἰδοὺ ἔρχομαι ταχύ, καὶ ὁ μισθός μου μετ' ἐμοῦ

22 16 ἐγὼ Ἰησοῦς ἔπεμψα τὸν ἄγγελόν μου μαρτυρῆσαι ὑμῖν ταῦτα

ἐμοί

→ κἀμοί

ᵃ τί ἐμοὶ καὶ σοί

ᵇ ἐμοί (ἐστιν, γίνεται)

ᶜ ὁ, οἱ σὺν ἐμοί subst.

Mt 10 32 πᾶς οὖν ὅστις ὁμολογήσει ἐν ἐμοὶ ἔμπροσθεν τῶν ἀνθρώπων

11 6 μακάριός ἐστιν ὃς ἐὰν (ἂν Η) μὴ σκανδαλισθῇ ἐν ἐμοί

18 26 μακροθύμησον ἐπ' ἐμοί

18 29 μακροθύμησον ἐπ' ἐμοί

25 40 ἐφ' ὅσον ἐποιήσατε ἑνὶ τούτων ... ἐμοὶ ἐποιήσατε

25 45 ἐφ' ὅσον οὐκ ἐποιήσατε ἑνὶ τούτων ... οὐδὲ ἐμοὶ ἐποιήσατε

26 31 πάντες ὑμεῖς σκανδαλισθήσεσθε ἐν ἐμοὶ ἐν τῇ νυκτὶ ταύτῃ

Mc 5 7ᵃ τί ἐμοὶ καὶ σοί, Ἰησοῦ ⟨;⟩

14 6 καλὸν ἔργον ἠργάσατο | ἐν ἐμοί (εἰς ἐμέ ς)

14 27 * πάντες σκανδαλισθήσεσθε | ἐν ἐμοὶ ἐν τῇ νυκτὶ ταύτῃ (+ς)

Lc 4 6 σοὶ δώσω τὴν ἐξουσίαν ταύτην ... ὅτι ἐμοὶ παραδέδοται

7 23 μακάριός ἐστιν ὃς ἐὰν μὴ σκανδαλισθῇ ἐν ἐμοί

8 28ᵃ τί ἐμοὶ καὶ σοί, Ἰησοῦ ⟨;⟩

12 8 πᾶς ὃς ἂν ὁμολογήσῃ (-σει Η) ἐν ἐμοὶ ἔμπροσθεν τῶν ἀνθρώπων

15 29 καὶ ἐμοὶ οὐδέποτε ἔδωκας ἔριφον

22 37 (+ἔτι V[S]ς) τοῦτο τὸ γεγραμμένον δεῖ τελεσθῆναι ἐν ἐμοί

Jo 2 4ᵃ τί ἐμοὶ καὶ σοί, γύναι;

5 46 εἰ γὰρ ἐπιστεύετε Μωϋσεῖ, ἐπιστεύετε ἂν ἐμοί

6 56 ὁ τρώγων μου τὴν σάρκα ... ἐν ἐμοὶ μένει κἀγὼ ἐν αὐτῷ

7 23 ἐμοὶ χολᾶτε ὅτι ὅλον ἄνθρωπον ὑγιῆ ἐποίησα ἐν σαββάτῳ;

8 12 ὁ ἀκολουθῶν ἐμοὶ (μοι ΝΜΗ) οὐ μὴ περιπατήσῃ ἐν τῇ σκοτίᾳ

10 38 κἂν ἐμοὶ μὴ πιστεύητε (-εύετε T), τοῖς ἔργοις πιστεύετε (-εύσατε Sς), ↔

10 38 ἵνα γνῶτε ... ὅτι ἐν ἐμοὶ ὁ πατὴρ κἀγὼ ἐν τῷ πατρί

12 26 ἐὰν ἐμοί | τις διακονῇ (~ VSς), ↔

12 26 ἐμοὶ ἀκολουθείτω

12 26 ἐάν τις ἐμοὶ διακονῇ, τιμήσει αὐτὸν ὁ πατήρ

14 10 οὐ πιστεύεις ὅτι ... ὁ πατὴρ ἐν ἐμοί ἐστιν;

14 10 ὁ δὲ πατὴρ (+ὁ MVSTς) ἐν ἐμοὶ μένων

14 11 πιστεύετέ μοι ὅτι ... ὁ πατὴρ ἐν ἐμοί

14 20 ἐγὼ ἐν τῷ πατρί μου καὶ ὑμεῖς ἐν ἐμοὶ κἀγὼ ἐν ὑμῖν

14 30 ἐν ἐμοὶ οὐκ ἔχει οὐδέν

15 2 πᾶν κλῆμα ἐν ἐμοὶ μὴ φέρον καρπόν, αἴρει αὐτό

15 4 μείνατε ἐν ἐμοί, κἀγὼ ἐν ὑμῖν

15 4 οὕτως οὐδὲ ὑμεῖς ἐὰν μὴ ἐν ἐμοὶ μένητε

Column 3

Jo 15 5 ὁ μένων ἐν ἐμοὶ κἀγὼ ἐν αὐτῷ

15 6 ἐὰν μή τις μένῃ ἐν ἐμοί, ἐβλήθη ἔξω ὡς τὸ κλῆμα

15 7 ἐὰν μείνητε ἐν ἐμοί ... ὃ ἐὰν θέλητε αἰτήσασθε

16 33 ἵνα ἐν ἐμοὶ εἰρήνην ἔχητε

17 6 * σοὶ ἦσαν | καὶ ἐμοὶ (VSTς; κἀμοὶ rl) αὐτοὺς ἔδωκας

17 21 ἵνα πάντες ἐν ὦσιν, καθὼς σύ, πάτερ (πατήρ ΝΜΒΤΗ), ἐν ἐμοὶ κἀγὼ ἐν σοί

17 23 ἐγὼ ἐν αὐτοῖς καὶ σὺ ἐν ἐμοί

18 35 τὸ ἔθνος τὸ σὸν καὶ οἱ ἀρχιερεῖς παρέδωκάν σε ἐμοί

19 10 ἐμοὶ οὐ λαλεῖς;

Ac 10 28 * | καὶ ἐμοὶ (ς; κἀμοὶ rl) | ὁ θεὸς ἔδειξεν (~ BT) μηδένα κοινὸν ἢ ἀκάθαρτον λέγειν ἄνθρωπον

11 12 ἦλθον δὲ σὺν ἐμοὶ καὶ οἱ ἓξ ἀδελφοὶ οὗτοι

20 22 * τὰ ἐν αὐτῇ συναντήσοντα ἐμοί (ΝΜΤΗ; μοι rl) μὴ εἰδώς

22 9 οἱ δὲ σὺν ἐμοὶ ὄντες τὸ μὲν φῶς ἐθεάσαντο

24 20 * ἢ αὐτοὶ οὗτοι εἰπάτωσαν τί εὗρον | ἐν ἐμοὶ (+ς) ἀδίκημα

26 13 εἶδον ... περιλάμψαν με φῶς καὶ τοὺς σὺν ἐμοὶ πορευομένους

28 18 ἐβούλοντο ἀπολῦσαι διὰ τὸ μηδεμίαν αἰτίαν θανάτου ὑπάρχειν ἐν ἐμοί

Rm 7 8 ἀφορμὴν δὲ λαβοῦσα ἡ ἁμαρτία ... κατειργάσατο ἐν ἐμοὶ πᾶσαν ἐπιθυμίαν

7 13ᵇ τὸ οὖν ἀγαθὸν ἐμοὶ ἐγένετο θάνατος;

7 17 οὐκέτι ἐγὼ κατεργάζομαι αὐτὸ ἀλλὰ ἡ οἰκοῦσα ([ἐν]- S; ἐν- ΝΤΗ) ἐν ἐμοὶ ἁμαρτία. ↔

7 18 οἶδα γὰρ ὅτι οὐκ οἰκεῖ ἐν ἐμοί, τοῦτ' ἔστιν ἐν τῇ σαρκί μου, ἀγαθόν

7 20 οὐκέτι ἐγὼ κατεργάζομαι αὐτὸ ἀλλὰ ἡ οἰκοῦσα ἐν ἐμοὶ ἁμαρτία. ↔

7 21 εὑρίσκω ἄρα τὸν νόμον τῷ θέλοντι ἐμοὶ ποιεῖν τὸ καλόν, ↔

7 21 ὅτι ἐμοὶ τὸ κακὸν παράκειται

12 19ᵇ ἐμοὶ ἐκδίκησις, ἐγὼ ἀνταποδώσω

14 11 ζῶ ἐγώ, λέγει κύριος, ὅτι ἐμοὶ κάμψει πᾶν γόνυ

1 C 4 3ᵇ ἐμοὶ δὲ εἰς ἐλάχιστόν ἐστιν ἵνα ὑφ' ὑμῶν ἀνακριθῶ

9 15 οὐκ ἔγραψα δὲ ταῦτα ἵνα οὕτως γένηται ἐν ἐμοί

14 11 ἔσομαι τῷ λαλοῦντι βάρβαρος καὶ ὁ λαλῶν ἐν ἐμοὶ βάρβαρος

15 10 οὐκ ἐγὼ δὲ ἀλλὰ ἡ χάρις τοῦ θεοῦ ἡ (+[Ν²⁶]VBSς) σὺν ἐμοί

16 4 ἐὰν δὲ | ἄξιον ᾖ (~ Tς) τοῦ κἀμὲ πορεύεσθαι, σὺν ἐμοὶ πορεύσονται

2 C 1 17 ἵνα ᾖ παρ' ἐμοὶ τὸ ναὶ ναὶ (—B) καὶ τὸ οὒ οὔ (—B)

9 4 μή πως ἐὰν ἔλθωσιν σὺν ἐμοὶ Μακεδόνες ... καταισχυνθῶμεν ἡμεῖς

11 10 ἔστιν ἀλήθεια Χριστοῦ ἐν ἐμοί

13 3 ἐπεὶ δοκιμὴν ζητεῖτε τοῦ ἐν ἐμοὶ λαλοῦντος Χριστοῦ

G 1 2ᶜ ⟨Παῦλος⟩ καὶ οἱ σὺν ἐμοὶ πάντες ἀδελφοί, ταῖς ἐκκλησίαις τῆς Γαλατίας

1 16 ⟨εὐδόκησεν⟩ ἀποκαλύψαι τὸν υἱὸν αὐτοῦ ἐν ἐμοί, ἵνα εὐαγγελίζωμαι αὐτόν

1 24 ἐδόξαζον ἐν ἐμοὶ τὸν θεόν

G 2 3ᶜ ἀλλ' οὐδὲ Τίτος ὁ σὺν ἐμοί ...
ἠναγκάσθη περιτμηθῆναι

2 6 ἐμοὶ γὰρ οἱ δοκοῦντες οὐδὲν
προσανέθεντο

2 8 ὁ γὰρ ἐνεργήσας Πέτρῳ ... ἐνήρ-
γησεν καὶ ἐμοὶ εἰς τὰ ἔθνη

2 9 δεξιὰς ἔδωκαν ἐμοὶ καὶ Βαρναβᾷ
κοινωνίας

2 20 ζῶ δὲ οὐκέτι ἐγώ, ζῇ δὲ ἐν ἐμοὶ
Χριστός

6 14ᵇ ἐμοὶ δὲ μὴ γένοιτο καυχᾶσθαι εἰ
μὴ ἐν τῷ σταυρῷ τοῦ ... Χριστοῦ,
↔

6 14 δι' οὗ ἐμοὶ κόσμος ἐσταύρωται
κἀγὼ κόσμῳ

E 3 8 ἐμοὶ τῷ ἐλαχιστοτέρῳ πάντων
ἁγίων ἐδόθη ἡ χάρις αὕτη

Ph 1 7ᵇ καθώς ἐστιν δίκαιον ἐμοὶ τοῦτο
φρονεῖν ὑπὲρ πάντων ὑμῶν

1 21ᵇ ἐμοὶ γὰρ τὸ ζῆν Χριστὸς καὶ τὸ
ἀποθανεῖν κέρδος

1 26 ἵνα τὸ καύχημα ὑμῶν περισσεύῃ ἐν
Χριστῷ Ἰησοῦ ἐν ἐμοὶ

1 30 τὸν αὐτὸν ἀγῶνα ἔχοντες οἷον
εἴδετε ἐν ἐμοὶ ↔

1 30 καὶ νῦν ἀκούετε ἐν ἐμοὶ

2 16 ⟨ἵνα γένησθε ἄμεμπτοι⟩ λόγον
ζωῆς ἐπέχοντες, εἰς καύχημα ἐμοὶ
εἰς ἡμέραν Χριστοῦ

2 22 ὅτι ὡς πατρὶ τέκνον σὺν ἐμοὶ
ἐδούλευσεν εἰς τὸ εὐαγγέλιον

3 1ᵇ τὰ αὐτὰ γράφειν ὑμῖν ἐμοὶ μὲν οὐκ
ὀκνηρόν

4 9 ἃ καὶ ἐμάθετε καὶ ... εἴδετε ἐν ἐμοί,
ταῦτα πράσσετε

4 21 ἀσπάζονται ὑμᾶς οἱ σὺν ἐμοὶ
ἀδελφοί

Cl 1 29 ἀγωνιζόμενος κατὰ τὴν ἐνέργειαν
αὐτοῦ τὴν ἐνεργουμένην ἐν ἐμοὶ
ἐν δυνάμει

1Tm 1 16 ἵνα ἐν ἐμοὶ πρώτῳ ἐνδείξηται
| Χριστὸς Ἰησοῦς (~ NMTς) τὴν
ἅπασαν μακροθυμίαν

2Tm 4 8 ὃν ἀποδώσει μοι ὁ κύριος ... οὐ
μόνον δὲ ἐμοὶ ἀλλὰ καὶ πᾶσι τοῖς
ἠγαπηκόσι

Phm 11 ⟨Ὀνήσιμον⟩ τόν ... νυνὶ δὲ καὶ
([N²⁶]; —Hς) σοὶ καὶ ἐμοὶ εὔχρη-
στον

16 ⟨ἵνα αἰώνιον αὐτὸν ἀπέχῃς⟩ ἀδελ-
φὸν ἀγαπητόν, μάλιστα ἐμοὶ

18 εἰ δέ τι ἠδίκησέν σε ἢ ὀφείλει, τοῦτο
ἐμοὶ ἐλλόγα (-ει Sς)

Hb 10 30ᵇ ἐμοὶ ἐκδίκησις, ἐγὼ ἀνταποδώσω

13 6ᵇ κύριος ἐμοὶ βοηθός, καὶ (+[N²⁶V]
Sς) οὐ φοβηθήσομαι

μοι

ᵃ μοι (ἐστίν, γίνεται)

Mt 2 8 ἐπὰν δὲ εὕρητε, ἀπαγγείλατέ μοι,
ὅπως κἀγὼ ἐλθὼν προσκυνήσω
αὐτῷ

4 9 ἐὰν πεσὼν προσκυνήσῃς μοι

7 21 οὐ πᾶς ὁ λέγων μοι· κύριε κύριε,
εἰσελεύσεται εἰς τὴν βασιλείαν
τῶν οὐρανῶν

7 22 πολλοὶ ἐροῦσίν μοι ἐν ἐκείνῃ τῇ
ἡμέρᾳ

8 21 ἐπίτρεψόν μοι πρῶτον ἀπελθεῖν
καὶ θάψαι τὸν πατέρα μου

8 22 ἀκολούθει μοι

9 9 ἀκολούθει μοι

11 27 πάντα μοι παρεδόθη ὑπὸ τοῦ
πατρός μου

14 8 δός μοι, φησίν, ὧδε ἐπὶ πίνακι τὴν
κεφαλὴν Ἰωάννου τοῦ βαπτιστοῦ

Mt 14 18 φέρετέ μοι ὧδε αὐτούς

15 8 * | ἐγγίζει μοι (+ς) ὁ λαὸς οὗτος
(+τῷ στόματι αὐτῶν, καὶ ς) τοῖς
χείλεσίν με τιμᾷ

15 25 κύριε, βοήθει μοι

15 32 σπλαγχνίζομαι ἐπὶ τὸν ὄχλον,
ὅτι ἤδη [H] ἡμέραι τρεῖς προσμέ-
νουσίν μοι

16 24 ἀράτω τὸν σταυρὸν αὐτοῦ, καὶ
ἀκολουθείτω μοι

17 17 φέρετέ μοι αὐτὸν ὧδε

18 28 * ἀπόδος μοι (+ς) εἴ τι ὀφείλεις

19 21 δεῦρο ἀκολούθει μοι

19 28 ὑμεῖς οἱ ἀκολουθήσαντές μοι

20 13 οὐχὶ δηναρίου συνεφώνησάς μοι;

20 15 ἢ ([N²⁶]; —NBH) οὐκ ἔξεστίν
μοι ὃ θέλω ποιῆσαι ἐν τοῖς ἐμοῖς;

21 2 λύσαντες ἀγάγετέ μοι

21 24 ἐρωτήσω ὑμᾶς κἀγὼ λόγον ἕνα,
ὃν ἐὰν εἴπητέ μοι

22 19 ἐπιδείξατέ μοι τὸ νόμισμα τοῦ
κήνσου

25 20 κύριε, πέντε τάλαντά μοι παρέδω-
κας

25 22 κύριε, δύο τάλαντά μοι παρέδωκας

25 35 ἐπείνασα γὰρ καὶ ἐδώκατέ μοι
φαγεῖν

25 42 ἐπείνασα γὰρ καὶ οὐκ ἐδώκατέ μοι
φαγεῖν

26 15 τί θέλετέ μοι δοῦναι ⟨;⟩

26 53 παραστήσει μοι ἄρτι πλείω (-ους
MVSς) (+ἢ MV[S]ς) δώδεκα
λεγιῶνας (-ώνων ST) ἀγγέλων

27 10 καθὰ συνέταξέν μοι κύριος

28 18 ἐδόθη μοι πᾶσα ἐξουσία ἐν οὐρανῷ
καὶ ἐπὶ τῆς ([N²⁶NH]; —rl) γῆς

Mc 2 14 ἀκολούθει μοι

5 9ᵃ λεγιών ὄνομά μοι, ὅτι πολλοί
ἐσμεν

6 25 θέλω ἵνα ἐξαυτῆς δῷς μοι ἐπὶ
πίνακι τὴν κεφαλὴν Ἰωάννου τοῦ
βαπτιστοῦ

8 2 σπλαγχνίζομαι ἐπὶ τὸν ὄχλον, ὅτι
ἤδη ἡμέραι τρεῖς προσμένουσίν μοι

8 34 ἀράτω τὸν σταυρὸν αὐτοῦ, καὶ
ἀκολουθείτω μοι

10 21 δεῦρο ἀκολούθει μοι (+ἄρας τὸν
σταυρόν MVBSς)

11 29 ἐπερωτήσω ὑμᾶς ἕνα λόγον, καὶ
ἀποκρίθητέ μοι

11 30 ἀποκρίθητέ μοι

12 15 φέρετέ μοι δηνάριον ἵνα ἴδω

Lc 1 25 οὕτως μοι πεποίηκεν (+ὁ VBSς)
κύριος

1 38ᵃ γένοιτό μοι κατὰ τὸ ῥῆμά σου

1 43ᵃ πόθεν μοι τοῦτο ἵνα ἔλθῃ ἡ μήτηρ
τοῦ κυρίου μου πρὸς ἐμέ (με VSς);

1 49 ὅτι ἐποίησέν μοι μεγάλα (-λεῖα
VSς) ὁ δυνατός

4 23 πάντως ἐρεῖτέ μοι τὴν παραβολὴν
ταύτην

5 27 ἀκολούθει μοι

7 44 ὕδωρ μοι (μου T; —ς) ἐπὶ (+τοὺς
MVB[S]Tς) πόδας (+μου ς) οὐκ
ἔδωκας

7 45 φίλημά μοι οὐκ ἔδωκας

9 23 ἀράτω τὸν σταυρὸν αὐτοῦ ... καὶ
ἀκολουθείτω μοι

9 38ᵃ ὅτι μονογενής μοί ἐστιν

9 59 ἀκολούθει μοι

9 59 κύριε ([N²⁶]; —NTH), ἐπίτρεψόν
μοι | ἀπελθόντι πρῶτον (~ NMVB
TH) θάψαι τὸν πατέρα μου

9 61 πρῶτον δὲ ἐπίτρεψόν μοι ἀποτά-
ξασθαι τοῖς εἰς τὸν οἶκόν μου

Lc 10 22 πάντα μοι παρεδόθη ὑπὸ τοῦ πα-
τρός μου

10 40 εἰπὲ (-ὸν NMTH) οὖν αὐτῇ ἵνα
μοι συναντιλάβηται

11 5 φίλε, χρῆσόν μοι τρεῖς ἄρτους

11 7 μή μοι κόπους πάρεχε

15 6 συγχάρητέ μοι, ὅτι εὗρον τὸ πρό-
βατόν μου τὸ ἀπολωλός

15 9 συγχάρητέ μοι, ὅτι εὗρον τὴν
δραχμήν

15 12 πάτερ, δός μοι τὸ ἐπιβάλλον μέρος
τῆς οὐσίας

17 8 περιζωσάμενος διακόνει μοι ἕως
φάγω καὶ πίω

18 5 διά γε τὸ παρέχειν μοι κόπον τὴν
χήραν ταύτην ἐκδικήσω αὐτήν

18 13 ὁ θεός, ἱλάσθητί μοι τῷ ἁμαρτωλῷ

18 22 δεῦρο ἀκολούθει μοι

20 3 ἐρωτήσω ὑμᾶς κἀγὼ λόγον, καὶ
εἴπατέ μοι

20 24 δείξατέ μοι δηνάριον

22 29 καθὼς διέθετό μοι ὁ πατήρ μου
βασιλείαν

22 68 * ἐὰν δὲ (+καὶ VBς) ἐρωτήσω,
οὐ μὴ ἀποκριθῆτέ μοι (+VBς) | ἢ
ἀπολύσητε (+Vς)

23 14 προσηνέγκατέ μοι τὸν ἄνθρωπον
τοῦτον ὡς ἀποστρέφοντα τὸν λαόν

Jo 1 33 ἐκεῖνός μοι εἶπεν

1 43 ἀκολούθει μοι

3 28 αὐτοὶ ὑμεῖς μοι μαρτυρεῖτε ὅτι
εἶπον [+ἐγώ H]

4 7 δός μοι πεῖν

4 10 δός μοι πεῖν

4 15 κύριε, δός μοι τοῦτο τὸ ὕδωρ

4 21 πίστευέ (πίστευσόν Sς) μοι, γύναι

4 29 δεῦτε ἴδετε ἄνθρωπον ὃς εἶπέν
μοι πάντα

4 39 ὅτι εἶπέν μοι πάντα ἃ (ὅσα Vς)
ἐποίησα

5 11 ὁ ποιήσας με ὑγιῆ, ἐκεῖνός μοι εἶπεν

5 36 τὰ γὰρ ἔργα ἃ δέδωκέν μοι ὁ πατὴρ

6 37 πᾶν ὃ δίδωσίν μοι ὁ πατὴρ πρὸς
ἐμὲ ἥξει

6 39 ἵνα πᾶν ὃ δέδωκέν μοι μὴ ἀπολέσω
ἐξ αὐτοῦ

8 12 * ὁ ἀκολουθῶν μοι (NMH; ἐμοί rl)
οὐ μὴ περιπατήσῃ ἐν τῇ σκοτίᾳ

8 45 ἐγὼ δὲ ὅτι τὴν ἀλήθειαν λέγω,
οὐ πιστεύετέ μοι

8 46 εἰ ἀλήθειαν λέγω, διὰ τί ὑμεῖς οὐ
πιστεύετέ μοι;

9 11 ὁ ἄνθρωπος ὁ λεγόμενος Ἰησοῦς
... εἶπέν μοι

10 27 κἀγὼ γινώσκω αὐτά, καὶ ἀκολου-
θοῦσίν μοι

10 29 ὁ πατήρ μου (—T) ὃ (ὃς MVBς)
δέδωκέν μοι | πάντων μεῖζόν
(π. μείζων MBS; μείζων π. Vς)
ἐστιν

10 37 εἰ οὐ ποιῶ τὰ ἔργα τοῦ πατρός
μου, μὴ πιστεύετέ μοι

12 49 ἀλλ' ὁ πέμψας με πατὴρ αὐτός
μοι ἐντολὴν δέδωκεν τί εἴπω

12 50 καθὼς εἴρηκέν μοι ὁ πατήρ, οὕτως
λαλῶ

13 36 ὅπου (+ἐγώ [S]T) ὑπάγω οὐ
δύνασαί μοι νῦν ἀκολουθῆσαι, ↔

13 36 * | ὕστερον δὲ ἀκολουθήσεις (ς;
~ rl) μοι (+ς)

14 11 πιστεύετέ μοι ὅτι ἐγὼ ἐν τῷ
πατρὶ καὶ ὁ πατὴρ ἐν ἐμοί· ↔

14 11 * εἰ δὲ μή, διὰ τὰ ἔργα αὐτὰ πι-
στεύετέ μοι (+Vς)

Jo 14 31 καθὼς ἐνετείλατό (ἐντολὴν ἔδωκέν Η) μοι ὁ πατήρ, οὕτως ποιῶ

17 4 τὸ ἔργον τελειώσας ὃ δέδωκάς μοι

17 6 τοῖς ἀνθρώποις οὓς ἔδωκάς (δέδωκάς VSϛ) μοι ἐκ τοῦ κόσμου

17 7 πάντα ὅσα δέδωκάς (ἔδωκάς Η) μοι παρὰ σοῦ εἰσιν· ↔

17 8 ὅτι τὰ ῥήματα ἃ ἔδωκάς (δέδωκάς VSϛ) μοι δέδωκα αὐτοῖς

17 9 οὐ περὶ τοῦ κόσμου ἐρωτῶ, ἀλλὰ περὶ ὧν δέδωκάς μοι

17 11 τήρησον αὐτοὺς ἐν τῷ ὀνόματί σου ᾧ δέδωκάς μοι

17 12 ἐγὼ ἐτήρουν αὐτοὺς ἐν τῷ ὀνόματί σου ᾧ (οὓς BSϛ) δέδωκάς μοι

17 22 κἀγὼ τὴν δόξαν ἣν δέδωκάς μοι δέδωκα αὐτοῖς

17 24 πάτερ (πατήρ NMBTH), ὃ δέδωκάς μοι, θέλω ἵνα . . . ὦσιν μετ' ἐμοῦ,

17 24 ἵνα θεωρῶσιν τὴν δόξαν τὴν ἐμήν, ἣν δέδωκάς μοι

18 9 οὓς δέδωκάς μοι, οὐκ ἀπώλεσα ἐξ αὐτῶν οὐδένα

18 11 τὸ ποτήριον ὃ δέδωκέν μοι ὁ πατήρ

20 15 εἰπέ μοι ποῦ ἔθηκας αὐτόν

21 19 ἀκολούθει μοι

21 22 σύ μοι ἀκολούθει

Ac 1 8ᵃ* ἔσεσθέ μοι (ϛ; μου rl) μάρτυρες

2 28 ἐγνώρισάς μοι ὁδοὺς ζωῆς

3 6 ἀργύριον καὶ χρυσίον οὐχ ὑπάρχει μοι

5 8 εἰπέ μοι, εἰ τοσούτου τὸ χωρίον ἀπέδοσθε;

7 7 λατρεύσουσίν μοι ἐν τῷ τόπῳ τούτῳ

7 42 μὴ σφάγια καὶ θυσίας προσηνέγκατέ μοι ⟨;⟩

7 49ᵃ ὁ οὐρανός μοι θρόνος

7 49 ποῖον οἶκον οἰκοδομήσετέ μοι, λέγει κύριος ⟨;⟩

9 15ᵃ ὅτι σκεῦος ἐκλογῆς ἐστίν μοι οὗτος

11 7 ἤκουσα δὲ καὶ φωνῆς λεγούσης μοι

11 9 * ἀπεκρίθη δέ μοι (+ϛ) | φωνὴ ἐκ δευτέρου (∼ NMH) ἐκ τοῦ οὐρανοῦ

11 12 εἶπεν δὲ | τὸ πνεῦμά μοι (∼ Sϛ) συνελθεῖν αὐτοῖς

12 8 περιβαλοῦ τὸ ἱμάτιόν σου καὶ ἀκολούθει μοι

13 2 ἀφορίσατε δή μοι τὸν Βαρναβᾶν καὶ Σαῦλον εἰς τὸ ἔργον

18 10ᵃ διότι λαός ἐστί μοι πολὺς ἐν τῇ πόλει ταύτῃ

20 19 δουλεύων τῷ κυρίῳ μετὰ . . . πειρασμῶν τῶν συμβάντων μοι ἐν ταῖς ἐπιβουλαῖς τῶν Ἰουδαίων

20 22 τὰ ἐν αὐτῇ συναντήσοντά μοι (ἐμοὶ NMTH) μὴ εἰδώς, ↔

20 23 πλὴν ὅτι τὸ πνεῦμα τὸ ἅγιον κατὰ πόλιν διαμαρτύρεταί μοι (—ϛ) λέγον

21 37 εἰ ἔξεστίν μοι εἰπεῖν τι πρὸς σέ;

21 39 ἐπίτρεψόν μοι λαλῆσαι πρὸς τὸν λαόν

22 5 ὡς καὶ ὁ ἀρχιερεὺς μαρτυρεῖ μοι καὶ πᾶν τὸ πρεσβυτέριον

22 6ᵃ ἐγένετο δέ μοι πορευομένῳ καὶ ἐγγίζοντι τῇ Δαμασκῷ

22 7 ἤκουσα φωνῆς λεγούσης μοι

22 9 τὴν δὲ φωνὴν οὐκ ἤκουσαν τοῦ λαλοῦντός μοι

22 11 χειραγωγούμενος ὑπὸ τῶν συνόντων μοι ἦλθον εἰς Δαμασκόν

22 13 ἐλθὼν πρός με (ἐμὲ NTH) καὶ ἐπιστὰς εἶπέν μοι

Ac 22 17ᵃ ἐγένετο δέ μοι ὑποστρέψαντι εἰς Ἰερουσαλὴμ . . . γενέσθαι με ἐν ἐκστάσει, ↔

22 18 καὶ ἰδεῖν (ἴδον Τ) αὐτὸν λέγοντά μοι

22 27 λέγε μοι, σὺ Ῥωμαῖος εἶ;

23 19 τί ἐστιν ὃ ἔχεις ἀπαγγεῖλαί μοι;

23 30 μηνυθείσης δέ μοι ἐπιβουλῆς εἰς τὸν ἄνδρα ἔσεσθαι

24 11ᵃ οὐ πλείους εἰσίν μοι ἡμέραι δώδεκα ἀφ' ἧς ἀνέβην

25 24 θεωρεῖτε τοῦτον περὶ οὗ ἅπαν τὸ πλῆθος τῶν Ἰουδαίων ἐνέτυχόν (-χέν Η) μοι

25 27 ἄλογον γάρ μοι δοκεῖ πέμποντα δέσμιον μὴ καὶ τὰς κατ' αὐτοῦ αἰτίας σημᾶναι

27 21 ἔδει . . . πειθαρχήσαντάς μοι μὴ ἀνάγεσθαι ἀπὸ τῆς Κρήτης

27 23 παρέστη γάρ μοι ταύτῃ τῇ νυκτὶ τοῦ θεοῦ . . . ἄγγελος

27 25 οὕτως ἔσται καθ' ὃν τρόπον λελάληταί μοι

Rm 7 10 εὑρέθη μοι ἡ ἐντολὴ ἡ εἰς ζωήν

7 13 ἀλλὰ ἡ ἁμαρτία . . . διὰ τοῦ ἀγαθοῦ μοι κατεργαζομένη θάνατον

7 18 τὸ γὰρ θέλειν παράκειταί μοι

9 1 οὐ ψεύδομαι, συμμαρτυρούσης μοι τῆς συνειδήσεώς μου ἐν πνεύματι ἁγίῳ,

9 2ᵃ ὅτι λύπη μοί ἐστιν μεγάλη

9 19 ἐρεῖς μοι οὖν· τί οὖν (+ [Ν²⁶]Β) ἔτι μέμφεται;

12 3 λέγω γὰρ διὰ τῆς χάριτος τῆς δοθείσης μοι παντὶ τῷ ὄντι ἐν ὑμῖν

15 15 διὰ τὴν χάριν τὴν δοθεῖσάν μοι ὑπὸ (ἀπὸ NBTH) τοῦ θεοῦ

15 30 παρακαλῶ δὲ ὑμᾶς . . . συναγωνίσασθαί μοι ἐν ταῖς προσευχαῖς ὑπὲρ ἐμοῦ πρὸς τὸν θεόν

1 C 1 11 ἐδηλώθη γάρ μοι περὶ ὑμῶν, ἀδελφοί μου

3 10 κατὰ τὴν χάριν τοῦ θεοῦ τὴν δοθεῖσάν μοι

5 12ᵃ τί γάρ μοι τοὺς ἔξω κρίνειν;

6 12 πάντα μοι ἔξεστιν, ἀλλ' οὐ πάντα συμφέρει. ↔

6 12 πάντα μοι ἔξεστιν, ἀλλ' οὐκ ἐγὼ ἐξουσιασθήσομαι ὑπό τινος

7 1 * περὶ δὲ ὧν ἐγράψατέ μοι (+ϛ)

9 15ᵃ καλὸν γάρ μοι μᾶλλον ἀποθανεῖν

9 16ᵃ ἐὰν γὰρ εὐαγγελίζωμαι, οὐκ ἔστιν μοι καύχημα· ↔

9 16 ἀνάγκη γάρ μοι ἐπίκειται· ↔

9 16ᵃ οὐαὶ γάρ μοί ἐστιν ἐὰν μὴ εὐαγγελίσωμαι (-ζωμαι MVBSTϛ)

9 18ᵃ * τίς οὖν μοί (ϛ; μού rl) ἐστιν ὁ μισθός;

10 23 * πάντα μοι (+ϛ) ἔξεστιν, ἀλλ' οὐ πάντα συμφέρει· ↔

10 23 * πάντα μοι (+ϛ) ἔξεστιν, ἀλλ' οὐ πάντα οἰκοδομεῖ

15 32ᵃ εἰ κατὰ ἄνθρωπον ἐθηριομάχησα ἐν Ἐφέσῳ, τί μοι τὸ ὄφελος;

16 9 θύρα γάρ μοι ἀνέῳγεν μεγάλη καὶ ἐνεργής

2 C 2 12 θύρας μοι ἀνεῳγμένης ἐν κυρίῳ

6 16ᵃ * αὐτοὶ ἔσονταί μοι (Sϛ; μου rl) λαός

6 18ᵃ ὑμεῖς ἔσεσθέ μοι εἰς υἱοὺς καὶ θυγατέρας

7 4ᵃ πολλή μοι παρρησία πρὸς ὑμᾶς, ↔

7 4ᵃ πολλή μοι καύχησις ὑπὲρ ὑμῶν

9 1ᵃ περὶ μὲν γὰρ τῆς διακονίας . . . περισσόν μοί ἐστιν τὸ γράφειν ὑμῖν

2 C 11 28ᵃ χωρὶς τῶν παρεκτὸς ἡ | ἐπίστασίς μοι (ἐπισύστασίς μου ϛ) ἡ καθ' ἡμέραν

12 1 * καυχᾶσθαι | δὴ οὐ συμφέρει μοι (ϛ; δεῖ, οὐ συμφέρον μέν rl)

12 7 διὸ (—Τϛ) ἵνα μὴ ὑπεραίρωμαι, ἐδόθη μοι σκόλοψ τῇ σαρκί

12 9 εἴρηκέν μοι· ἀρκεῖ σοι ἡ χάρις μου

12 13 χαρίσασθέ μοι τὴν ἀδικίαν ταύτην

13 10 κατὰ τὴν ἐξουσίαν ἣν ὁ κύριος ἔδωκέν μοι εἰς οἰκοδομήν

G 2 6 ὁποῖοί ποτε ἦσαν οὐδέν μοι διαφέρει

2 9 γνόντες τὴν χάριν τὴν δοθεῖσάν μοι

4 15 εἰ δυνατὸν τοὺς ὀφθαλμοὺς ὑμῶν ἐξορύξαντες ἐδώκατέ μοι

4 21 λέγετέ μοι, οἱ ὑπὸ νόμον θέλοντες εἶναι

6 17 τοῦ λοιποῦ κόπους μοι μηδεὶς παρεχέτω

E 3 2 εἴ γε ἠκούσατε τὴν οἰκονομίαν τῆς χάριτος τοῦ θεοῦ τῆς δοθείσης μοι εἰς ὑμᾶς, ↔

3 3 ὅτι [Ν²⁶Η] κατὰ ἀποκάλυψιν ἐγνωρίσθη μοι τὸ μυστήριον

3 7 κατὰ τὴν δωρεὰν τῆς χάριτος τοῦ θεοῦ | τῆς δοθείσης (τὴν -εῖσαν ϛ) μοι

6 19 ἵνα μοι δοθῇ λόγος ἐν ἀνοίξει τοῦ στόματός μου

Ph 1 19 τοῦτό μοι ἀποβήσεται εἰς σωτηρίαν διὰ τῆς ὑμῶν δεήσεως

1 22ᵃ τοῦτό μοι καρπὸς ἔργου

2 18 τὸ δὲ αὐτὸ καὶ ὑμεῖς χαίρετε καὶ συγχαίρετέ μοι

3 7ᵃ ἀλλὰ ([Ν²⁶]; —Τ) ἅτινα ἦν μοι κέρδη

4 3 αἵτινες ἐν τῷ εὐαγγελίῳ συνήθλησάν μοι μετὰ καὶ Κλήμεντος

4 15 οὐδεμία μοι ἐκκλησία ἐκοινώνησεν εἰς λόγον δόσεως . . . εἰ μὴ ὑμεῖς μόνοι, ↔

4 16 ὅτι καὶ ἐν Θεσσαλονίκῃ . . . εἰς τὴν χρείαν μοι ἐπέμψατε

Cl 1 25 κατὰ τὴν οἰκονομίαν τοῦ θεοῦ τὴν δοθεῖσάν μοι

4 11ᵃ οἵτινες ἐγενήθησάν μοι παρηγορία

2 Tm 3 11ᵃ ⟨παρηκολούθησάς μου⟩ τοῖς παθήμασιν, οἷά μοι ἐγένετο ἐν Ἀντιοχείᾳ

4 8 λοιπὸν ἀπόκειταί μοι ὁ τῆς δικαιοσύνης στέφανος, ↔

4 8 ὃν ἀποδώσει μοι ὁ κύριος ἐν ἐκείνῃ τῇ ἡμέρᾳ

4 11ᵃ ἔστιν γάρ μοι εὔχρηστος εἰς διακονίαν

4 14 Ἀλέξανδρος ὁ χαλκεὺς πολλά μοι κακὰ ἐνεδείξατο

4 16 ἐν τῇ πρώτῃ μου ἀπολογίᾳ οὐδείς μοι παρεγένετο (συμπαρ- VSϛ)

4 17 ὁ δὲ κύριός μοι παρέστη καὶ ἐνεδυνάμωσέν με

Phm 13 ἵνα ὑπὲρ σοῦ μοι διακονῇ ἐν τοῖς δεσμοῖς τοῦ εὐαγγελίου

19 ἵνα μὴ λέγω σοι ὅτι καὶ σεαυτόν μοι προσοφείλεις

22 ἅμα δὲ καὶ ἑτοίμαζέ μοι ξενίαν

Hb 1 5ᵃ καὶ αὐτὸς ἔσται μοι εἰς υἱόν

2 13 ἰδοὺ ἐγὼ καὶ τὰ παιδία ἃ μοι ἔδωκεν ὁ θεός

8 10ᵃ καὶ αὐτοὶ ἔσονταί μοι εἰς λαόν

10 5 σῶμα δὲ κατηρτίσω μοι

13 6 τί ποιήσει μοι ἄνθρωπος;

Jc 2 18 δεῖξόν μοι τὴν πίστιν σου χωρὶς τῶν ἔργων

2 Pt 1 14 καθὼς καὶ ὁ κύριος ἡμῶν Ἰησοῦς Χριστὸς ἐδήλωσέν μοι

Ap 1 17 * ἔθηκεν τὴν δεξιὰν αὐτοῦ ἐπ' ἐμὲ λέγων μοι (+ς)

    5 5 εἷς ἐκ τῶν πρεσβυτέρων λέγει μοι

    7 13 ἀπεκρίθη εἷς ἐκ τῶν πρεσβυτέρων λέγων μοι

    7 14 καὶ εἴπέν μοι

    10 4 * ἤκουσα φωνὴν ἐκ τοῦ οὐρανοῦ λέγουσάν μοι (+ς)

    10 9 λέγων αὐτῷ δοῦναί μοι τὸ βιβλαρίδιον. ↔

    10 9 καὶ λέγει μοι

    10 11 καὶ λέγουσίν μοι

    11 1 ἐδόθη μοι κάλαμος ὅμοιος ῥάβδῳ

    14 13 * ἤκουσα φωνῆς ἐκ τοῦ οὐρανοῦ λεγούσης μοι (+ς)

    17 1 * ἐλάλησεν μετ' ἐμοῦ λέγων μοι (+ς)

    17 7 εἴπέν μοι ὁ ἄγγελος

    17 15 καὶ λέγει μοι

    19 9 καὶ λέγει μοι

    19 9 καὶ λέγει μοι

    19 10 καὶ λέγει μοι

    21 5 * καὶ λέγει μοι (+BSς)

    21 6 καὶ εἴπέν μοι

    21 7ᵃ ἔσομαι αὐτῷ θεὸς καὶ αὐτὸς ἔσται μοι υἱός

    21 10 ἔδειξέν μοι τὴν πόλιν τὴν ἁγίαν Ἰερουσαλήμ

    22 1 ἔδειξέν μοι ποταμὸν ὕδατος ζωῆς λαμπρὸν ὡς κρύσταλλον

    22 6 καὶ εἴπέν μοι

    22 8 ἔπεσα προσκυνῆσαι ἔμπροσθεν τῶν ποδῶν τοῦ ἀγγέλου τοῦ δεικνύοντός (-νύντος BST) μοι ταῦτα. ↔

    22 9 καὶ λέγει μοι

    22 10 καὶ λέγει μοι

ἐμέ
→ κἀμέ
ᵃ τό, τὰ κατ' ἐμέ, περὶ ἐμέ

Mt 10 37 ὁ φιλῶν πατέρα ἢ μητέρα ὑπὲρ ἐμὲ οὐκ ἔστιν μου ἄξιος· ↔

    10 37 καὶ ὁ φιλῶν υἱὸν ἢ θυγατέρα ὑπὲρ ἐμὲ οὐκ ἔστιν μου ἄξιος

    10 40 ὁ δεχόμενος ὑμᾶς ἐμὲ δέχεται, ↔

    10 40 καὶ ὁ ἐμὲ δεχόμενος δέχεται τὸν ἀποστείλαντά με

    18 5 ὃς ἐὰν δέξηται ἓν παιδίον τοιοῦτο . . . ἐμὲ δέχεται· ↔

    18 6 ὃς δ' ἂν σκανδαλίσῃ ἕνα τῶν μικρῶν τούτων τῶν πιστευόντων εἰς ἐμέ

    18 21 ποσάκις ἁμαρτήσει | εἰς ἐμὲ ὁ ἀδελφός μου (~VBS) καὶ ἀφήσω αὐτῷ;

    19 14 * μὴ κωλύετε αὐτὰ ἐλθεῖν πρός με (T; με rl)

    26 10 ἔργον γὰρ καλὸν ἠργάσατο εἰς ἐμέ

    26 11 ἐμὲ δὲ οὐ πάντοτε ἔχετε

Mc 9 37 ὃς ἂν ἓν [H] τῶν | τοιούτων παιδίων (π. τούτων ST) δέξηται . . . ἐμὲ δέχεται· ↔

    9 37 καὶ ὃς ἂν ἐμὲ δέχηται (δέξηται Vς), ↔

    9 37 οὐκ ἐμὲ δέχεται ἀλλὰ τὸν ἀποστείλαντά με

    9 42 ὃς ἂν σκανδαλίσῃ ἕνα τῶν μικρῶν τούτων ([S]; -ς) τῶν πιστευόντων | εἰς ἐμέ ([N²⁶]; —NMSTH)

    14 6 * καλὸν ἔργον ἠργάσατο | εἰς ἐμέ (ς; ἐν ἐμοὶ rl)

    14 7 ἐμὲ δὲ οὐ πάντοτε ἔχετε

Lc 1 43 ἵνα ἔλθῃ ἡ μήτηρ τοῦ κυρίου μου πρὸς ἐμέ (με VSς)

Lc 4 18 πνεῦμα κυρίου ἐπ' ἐμέ

    9 48 ὃς ἐὰν (ἂν BSH) δέξηται τοῦτο τὸ παιδίον . . . ἐμὲ δέχεται· ↔

    9 48 καὶ ὃς ἂν ἐμὲ δέξηται, δέχεται τὸν ἀποστείλαντά με

    10 16 ὁ ἀθετῶν ὑμᾶς ἐμὲ ἀθετεῖ· ↔

    10 16 ὁ δὲ ἐμὲ ἀθετῶν ἀθετεῖ τὸν ἀποστείλαντά με

    22 53 οὐκ ἐξετείνατε τὰς χεῖρας ἐπ' ἐμέ

    23 28 θυγατέρες Ἰερουσαλήμ, μὴ κλαίετε ἐπ' ἐμέ

    24 39 ὅτι πνεῦμα σάρκα (-ας T) καὶ ὀστέα οὐκ ἔχει καθὼς ἐμὲ θεωρεῖτε ἔχοντα

Jo 3 30 ἐκεῖνον δεῖ αὐξάνειν, ἐμὲ δὲ ἐλαττοῦσθαι

    6 35 ὁ ἐρχόμενος πρὸς ἐμὲ (με BSς) οὐ μὴ πεινάσῃ, ↔

    6 35 καὶ ὁ πιστεύων εἰς ἐμὲ οὐ μὴ διψήσει (-σῃ Sς) πώποτε

    6 37 πᾶν ὃ δίδωσίν μοι ὁ πατὴρ πρὸς ἐμὲ ἥξει, ↔

    6 37 * καὶ τὸν ἐρχόμενον πρὸς ἐμὲ (T; με rl) οὐ μὴ ἐκβάλω ἔξω

    6 45 πᾶς ὁ . . . μαθὼν ἔρχεται πρὸς ἐμέ (με VSς)

    6 47 * ὁ πιστεύων | εἰς ἐμὲ (+Vς) ἔχει ζωὴν αἰώνιον

    6 57 ὁ τρώγων με κἀκεῖνος ζήσει δι' ἐμέ

    6 65 * οὐδεὶς δύναται ἐλθεῖν πρός με (T; με rl)

    7 7 οὐ δύναται ὁ κόσμος μισεῖν ὑμᾶς, ἐμὲ δὲ μισεῖ

    7 38 ὁ πιστεύων εἰς ἐμὲ . . . ποταμοὶ ἐκ τῆς κοιλίας αὐτοῦ ῥεύσουσιν ὕδατος ζῶντος

    8 19 οὔτε ἐμὲ οἴδατε οὔτε τὸν πατέρα μου· ↔

    8 19 εἰ ἐμὲ ᾔδειτε, καὶ τὸν πατέρα μου ἂν ᾔδειτε

    8 42 εἰ ὁ θεὸς πατὴρ ὑμῶν ἦν, ἠγαπᾶτε ἂν ἐμέ

    9 4 * ἐμὲ (Vς; ἡμᾶς rl) δεῖ ἐργάζεσθαι τὰ ἔργα τοῦ πέμψαντός με (ἡμᾶς T)

    10 32 διὰ ποῖον αὐτῶν ἔργον | ἐμὲ λιθάζετε (λ. με ς);

    11 25 ὁ πιστεύων εἰς ἐμὲ κἂν ἀποθάνῃ ζήσεται, ↔

    11 26 καὶ πᾶς ὁ ζῶν καὶ πιστεύων εἰς ἐμὲ οὐ μὴ ἀποθάνῃ εἰς τὸν αἰῶνα

    12 8 ἐμὲ δὲ οὐ πάντοτε ἔχετε

    12 30 οὐ δι' ἐμὲ ἡ φωνὴ αὕτη γέγονεν

    12 44 ὁ πιστεύων εἰς ἐμὲ ↔

    12 44 οὐ πιστεύει εἰς ἐμὲ ἀλλὰ εἰς τὸν πέμψαντά με, ↔

    12 45 καὶ ὁ θεωρῶν ἐμὲ θεωρεῖ τὸν πέμψαντά με

    12 46 ἵνα πᾶς ὁ πιστεύων εἰς ἐμὲ ἐν τῇ σκοτίᾳ μὴ μείνῃ

    12 48 ὁ ἀθετῶν ἐμὲ καὶ μὴ λαμβάνων τὰ ῥήματά μου

    13 18 ὁ τρώγων μου (ἐμοῦ S; μετ' ἐμοῦ VTς) τὸν ἄρτον ἐπῆρεν (-ῆρκεν T) ἐπ' ἐμὲ τὴν πτέρναν αὐτοῦ

    13 20 ὁ λαμβάνων ἄν τινα πέμψω ἐμὲ λαμβάνει, ↔

    13 20 ὁ δὲ ἐμὲ λαμβάνων λαμβάνει τὸν πέμψαντά με

    14 1 πιστεύετε εἰς τὸν θεόν, καὶ εἰς ἐμὲ πιστεύετε

    14 7 * εἰ ἐγνώκατε (-κειτε NMVSHς) ἐμέ (T; με rl)

    14 9 ὁ ἑωρακὼς ἐμὲ ἑώρακεν τὸν πατέρα

Jo 14 12 ὁ πιστεύων εἰς ἐμὲ τὰ ἔργα ἃ ἐγὼ ποιῶ κἀκεῖνος ποιήσει

    15 18 γινώσκετε ὅτι ἐμὲ πρῶτον ὑμῶν (—T) μεμίσηκεν

    15 20 εἰ ἐμὲ ἐδίωξαν, καὶ ὑμᾶς διώξουσιν

    15 23 ὁ ἐμὲ μισῶν καὶ τὸν πατέρα μου μισεῖ

    15 24 νῦν δὲ καὶ ἑωράκασιν καὶ μεμισήκασιν καὶ ἐμὲ καὶ τὸν πατέρα μου

    16 3 ὅτι οὐκ ἔγνωσαν τὸν πατέρα οὐδὲ ἐμέ

    16 9 ὅτι οὐ πιστεύουσιν εἰς ἐμέ

    16 14 ἐκεῖνος ἐμὲ δοξάσει

    16 23 ἐν ἐκείνῃ τῇ ἡμέρᾳ ἐμὲ οὐκ ἐρωτήσετε οὐδέν

    16 27 ὅτι ὑμεῖς ἐμὲ πεφιλήκατε

    16 32 * ἰδοὺ ἔρχεται ὥρα . . . ἵνα σκορπισθῆτε ἕκαστος εἰς τὰ ἴδια | καὶ ἐμὲ (ς; κἀμὲ rl) μόνον ἀφῆτε

    17 18 καθὼς ἐμὲ ἀπέστειλας εἰς τὸν κόσμον

    17 20 περὶ τῶν πιστευόντων διὰ τοῦ λόγου αὐτῶν εἰς ἐμέ

    17 23 ἠγάπησας αὐτοὺς καθὼς ἐμὲ ἠγάπησας

    18 8 εἰ οὖν ἐμὲ ζητεῖτε, ἄφετε τούτους ὑπάγειν

Ac 3 22 προφήτην ὑμῖν ἀναστήσει κύριος ὁ θεὸς ὑμῶν (N²⁶ς; —NH; ἡμῶν rl) ἐκ τῶν ἀδελφῶν ὑμῶν ὡς ἐμέ

    7 37 προφήτην ὑμῖν ἀναστήσει ὁ θεὸς ἐκ τῶν ἀδελφῶν ὑμῶν ὡς ἐμέ

    8 24 ὅπως μηδὲν ἐπέλθῃ ἐπ' ἐμὲ ὧν εἰρήκατε

    13 25 | τί ἐμὲ (τίνα με ς) ὑπονοεῖτε εἶναι, οὐκ εἰμὶ ἐγώ· ↔

    13 25 ἀλλ' ἰδοὺ ἔρχεται μετ' ἐμὲ οὗ οὐκ εἰμὶ ἄξιος τὸ ὑπόδημα τῶν ποδῶν λῦσαι

    22 6 ἐγένετο δέ μοι . . . περιαστράψαι φῶς ἱκανὸν περὶ ἐμέ

    22 8 * εἴπέν τε πρός με (NTH; με rl)

    22 13 ἐλθὼν πρός με (NTH; με rl) καὶ ἐπιστὰς εἴπέν μοι

    23 22 * ταῦτα ἐνεφάνισας πρός με (NVTH; με rl)

    24 19 οὓς ἔδει . . . κατηγορεῖν εἴ τι ἔχοιεν πρὸς ἐμέ (με Sς)

    26 18 τοῦ λαβεῖν αὐτοὺς . . . κλῆρον ἐν τοῖς ἡγιασμένοις πίστει τῇ εἰς ἐμέ

Rm 1 15ᵃ οὕτως τὸ κατ' ἐμὲ πρόθυμον καὶ ὑμῖν τοῖς ἐν Ῥώμῃ εὐαγγελίσασθαι

    10 20 εὑρέθην ἐν (+[N²⁶]B) τοῖς ἐμὲ μὴ ζητοῦσιν, ↔

    10 20 ἐμφανὴς ἐγενόμην (+ἐν B) τοῖς ἐμὲ μὴ ἐπερωτῶσιν

    15 3 οἱ ὀνειδισμοὶ τῶν ὀνειδιζόντων σε ἐπέπεσαν ἐπ' ἐμέ

1 C 9 3 ἡ ἐμὴ ἀπολογία τοῖς ἐμὲ ἀνακρίνουσίν ἐστιν αὕτη

    15 10 ἡ χάρις αὐτοῦ ἡ εἰς ἐμὲ οὐ κενὴ ἐγενήθη

2 C 2 5 εἰ δέ τις λελύπηκεν, οὐκ ἐμὲ λελύπηκεν

    11 10 ὅτι ἡ καύχησις αὕτη οὐ φραγήσεται εἰς ἐμὲ ἐν τοῖς κλίμασιν τῆς Ἀχαΐας

    12 6 μή τις εἰς ἐμὲ λογίσηται ὑπὲρ ὃ βλέπει με

    12 9 ἵνα ἐπισκηνώσῃ ἐπ' ἐμὲ ἡ δύναμις τοῦ Χριστοῦ

E 6 21ᵃ ἵνα δὲ | εἰδῆτε καὶ ὑμεῖς (~ST) τὰ κατ' ἐμέ, τί πράσσω

Ph 1 12ᵃ τὰ κατ' ἐμὲ μᾶλλον εἰς προκοπὴν τοῦ εὐαγγελίου ἐλήλυθεν

Ph 2 23ᵃ τοῦτον μὲν οὖν ἐλπίζω πέμψαι ὡς ἂν ἀφίδω τὰ περὶ ἐμὲ ἐξαυτῆς

2 27 ἀλλὰ ὁ θεὸς ἠλέησεν αὐτόν, οὐκ αὐτὸν δὲ μόνον ἀλλὰ καὶ ἐμέ

Cl 4 7ᵃ τὰ κατ' ἐμὲ πάντα γνωρίσει ὑμῖν Τύχικος

2 Tm 1 8 μὴ οὖν ἐπαισχυνθῇς τὸ μαρτύριον τοῦ κυρίου ἡμῶν μηδὲ ἐμὲ τὸν δέσμιον αὐτοῦ

Phm 17 * εἰ οὖν ἐμὲ (ς; με rl) ἔχεις κοινωνόν, ↔

17 προσλαβοῦ αὐτὸν ὡς ἐμέ

Ap 1 17 ἔθηκεν τὴν δεξιὰν αὐτοῦ ἐπ' ἐμὲ λέγων

με

ᵃ c. τὸ et inf.

Mt 3 14 ἐγὼ χρείαν ἔχω ὑπὸ σοῦ βαπτισθῆναι, καὶ σὺ ἔρχῃ πρός με;

8 2 ἐὰν θέλῃς, δύνασαί με καθαρίσαι

10 33 ὅστις | δ' ἂν (δὲ H) ἀρνήσηταί με ἔμπροσθεν τῶν ἀνθρώπων

10 40 ὁ ἐμὲ δεχόμενος δέχεται τὸν ἀποστείλαντά με

11 28 δεῦτε πρός με πάντες οἱ κοπιῶντες καὶ πεφορτισμένοι

14 28 κέλευσόν με | ἐλθεῖν πρός σε (~ Sς) ἐπὶ τὰ ὕδατα

14 30 κύριε, σῶσόν με

15 8 ὁ λαὸς οὗτος τοῖς χείλεσίν με τιμᾷ

15 9 μάτην δὲ σέβονταί με

15 22 ἐλέησόν με, κύριε υἱὸς (-ὲ VSς) Δαυίδ

16 13 * τίνα με (+ς) λέγουσιν οἱ ἄνθρωποι εἶναι τὸν υἱὸν τοῦ ἀνθρώπου;

16 15 ὑμεῖς δὲ τίνα με λέγετε εἶναι;

18 32 πᾶσαν τὴν ὀφειλὴν ἐκείνην ἀφῆκά σοι, ἐπεὶ παρεκάλεσάς με

19 14 μὴ κωλύετε αὐτὰ ἐλθεῖν πρός με (ἐμέ T)

19 17 τί με ἐρωτᾷς περὶ τοῦ ἀγαθοῦ;

22 18 τί με πειράζετε, ὑποκριταί;

23 39 οὐ μή με ἴδητε ἀπ' ἄρτι ἕως ἂν εἴπητε

25 35 ἐδίψησα καὶ ἐποτίσατέ με, ↔

25 35 ξένος ἤμην καὶ συνηγάγετέ με, ↔

25 36 γυμνὸς καὶ περιεβάλετέ με, ↔

25 36 ἠσθένησα καὶ ἐπεσκέψασθέ με, ↔

25 36 ἐν φυλακῇ ἤμην καὶ ἤλθατε πρός με

25 42 ἐδίψησα καὶ οὐκ ἐποτίσατέ με, ↔

25 43 ξένος ἤμην καὶ οὐ συνηγάγετέ με, ↔

25 43 γυμνὸς καὶ οὐ περιεβάλετέ με, ↔

25 43 ἀσθενὴς καὶ ἐν φυλακῇ καὶ οὐκ ἐπεσκέψασθέ με

26 12ᵃ βαλοῦσα γὰρ αὕτη τὸ μύρον τοῦτο ἐπὶ τοῦ σώματός μου πρὸς τὸ ἐνταφιάσαι με ἐποίησεν

26 21 εἷς ἐξ ὑμῶν παραδώσει με

26 23 ὁ ἐμβάψας μετ' ἐμοῦ τὴν χεῖρα ἐν τῷ τρυβλίῳ, οὗτός με παραδώσει

26 32ᵃ μετὰ δὲ τὸ ἐγερθῆναί με προάξω ὑμᾶς εἰς τὴν Γαλιλαίαν

26 34 ἐν ταύτῃ τῇ νυκτὶ ... τρίς ἀπαρνήσῃ με

26 35 κἂν δέῃ με σὺν σοὶ ἀποθανεῖν

26 46 ἰδοὺ ἤγγικεν ὁ παραδιδούς με

26 55 ὡς ἐπὶ λῃστὴν ἐξήλθατε μετὰ μαχαιρῶν καὶ ξύλων συλλαβεῖν με;

26 55 καὶ οὐκ ἐκρατήσατέ με

26 75 πρὶν ἀλέκτορα φωνῆσαι τρὶς ἀπαρνήσῃ με

27 46 θεέ μου θεέ μου, ἱνατί με ἐγκατέλιπες;

Mt 28 10 κἀκεῖ με ὄψονται

Mc 1 40 ἐὰν θέλῃς δύνασαί με καθαρίσαι

5 7 ὁρκίζω σε τὸν θεόν, μή με βασανίσῃς

6 22 αἴτησόν με ὃ ἐὰν θέλῃς

6 23 ὤμοσεν αὐτῇ πολλά [+ N²⁶] | ὅ τι (N²⁶; ὅτι rl) (+ ὃ NMVB[S]Tς) ἐάν με (—N) αἰτήσῃς δώσω σοι

7 6 οὗτος ὁ λαὸς τοῖς χείλεσίν με τιμᾷ

7 7 μάτην δὲ σέβονταί με

8 27 τίνα με λέγουσιν οἱ ἄνθρωποι εἶναι;

8 29 ὑμεῖς δὲ τίνα με λέγετε εἶναι;

8 38 ὃς γὰρ ἐὰν ἐπαισχυνθῇ με καὶ τοὺς ἐμοὺς λόγους

9 19 φέρετε αὐτὸν πρός με

9 37 ὃς ἂν ἐμὲ δέχηται (-ξηται Vς), οὐκ ἐμὲ δέχεται ἀλλὰ τὸν ἀποστείλαντά με

9 39 οὐδεὶς γάρ ἐστιν ὃς ... δυνήσεται ταχὺ κακολογῆσαί με

10 14 ἄφετε τὰ παιδία ἔρχεσθαι πρός με

10 18 τί με λέγεις ἀγαθόν;

10 36 τί θέλετέ || με ([N²⁶]; —BH) ποιήσω ((ποιῆσαί με MVSς)) ὑμῖν;

10 47 υἱὲ (ὁ υἱὸς Sς) Δαυὶδ Ἰησοῦ, ἐλέησόν με

10 48 υἱὲ Δαυίδ, ἐλέησόν με

12 15 τί με πειράζετε;

14 18 εἷς ἐξ ὑμῶν παραδώσει με

14 28ᵃ ἀλλὰ μετὰ τὸ ἐγερθῆναί με προάξω ὑμᾶς εἰς τὴν Γαλιλαίαν

14 30 πρὶν ἢ δὶς ἀλέκτορα φωνῆσαι τρίς με ἀπαρνήσῃ

14 31 ἐὰν | δέῃ με (~ VBSTς) συναποθανεῖν σοι

14 42 ἰδοὺ ὁ παραδιδούς με ἤγγικεν (-σεν T)

14 48 ὡς ἐπὶ λῃστὴν ἐξήλθατε μετὰ μαχαιρῶν καὶ ξύλων συλλαβεῖν με;

14 49 καὶ οὐκ ἐκρατήσατέ με

14 72 πρὶν ἀλέκτορα | φωνῆσαι δὶς (~ NMBH) τρίς με ἀπαρνήσῃ

15 34 ὁ θεός μου | ὁ θεός μου [H], εἰς τί ἐγκατέλιπές με;

Lc 1 43 * πόθεν μοι τοῦτο ἵνα ἔλθῃ ἡ μήτηρ τοῦ κυρίου μου πρός με (VSς; ἐμέ rl);

1 48 ἰδοὺ γὰρ ἀπὸ τοῦ νῦν μακαριοῦσίν με πᾶσαι αἱ γενεαί

2 49 τί ὅτι ἐζητεῖτέ με; ↔

2 49 οὐκ ᾔδειτε ὅτι ἐν τοῖς τοῦ πατρός μου δεῖ εἶναί με;

4 18 οὗ εἵνεκεν ἔχρισέν με εὐαγγελίσασθαι πτωχοῖς, ↔

4 18 ἀπέσταλκέν με, κηρύξαι αἰχμαλώτοις ἄφεσιν

4 43 καὶ ταῖς ἑτέραις πόλεσιν εὐαγγελίσασθαί με δεῖ τὴν βασιλείαν

5 12 ἐὰν θέλῃς, δύνασαί με καθαρίσαι

6 46 τί δέ με καλεῖτε· κύριε κύριε ⟨;⟩

6 47 πᾶς ὁ ἐρχόμενος πρός με καὶ ἀκούων μου τῶν λόγων

8 28 δέομαί σου, μή με βασανίσῃς

9 18 τίνα με | λέγουσιν οἱ ὄχλοι (N²⁶Vς; ~ rl) εἶναι;

9 20 ὑμεῖς δὲ τίνα με λέγετε εἶναι;

9 26 ὃς γὰρ ἂν ἐπαισχυνθῇ με καὶ τοὺς ἐμοὺς λόγους

9 48 ὃς ἂν ἐμὲ δέξηται, δέχεται τὸν ἀποστείλαντά με

10 16 ὁ δὲ ἐμὲ ἀθετῶν ἀθετεῖ τὸν ἀποστείλαντά με

Lc 10 35ᵃ ἐγὼ ἐν τῷ ἐπανέρχεσθαί με ἀποδώσω σοι

10 40 οὐ μέλει σοι ὅτι ἡ ἀδελφή μου μόνην με κατέλιπεν (N²⁶Tς; -λειπεν rl) διακονεῖν;

11 6 ἐπειδὴ φίλος μου παρεγένετο ἐξ ὁδοῦ πρός με

11 18 ὅτι λέγετε ἐν Βεελζεβοὺλ ἐκβάλλειν με τὰ δαιμόνια

11 23 * ὁ μὴ συνάγων μετ' ἐμοῦ σκορπίζει με [+ S]

12 9 ὁ δὲ ἀρνησάμενός με ἐνώπιον τῶν ἀνθρώπων

12 14 τίς με κατέστησεν κριτὴν ἢ μεριστὴν ἐφ' ὑμᾶς;

13 33 πλὴν δεῖ με σήμερον καὶ αὔριον ... πορεύεσθαι

13 35 οὐ μὴ | ἴδητέ με (~ Vς) ἕως (+ ἂν Vς) | ἥξει ὅτε ([N²⁶M]; —H) εἴπητε

14 18 ἔχε με παρῃτημένον

14 19 ἔχε με παρῃτημένον

14 26 εἴ τις ἔρχεται πρός με

15 19 ποίησόν με ὡς ἕνα τῶν μισθίων σου

15 21 * | ποίησόν με ὡς ἕνα τῶν μισθίων σου [+ H]

16 4 ἵνα ... δέξωνταί με εἰς τοὺς οἴκους αὐτῶν (N²⁶ς; ἑαυτῶν rl)

16 24 πάτερ Ἀβραάμ, ἐλέησόν με

18 3 ἐκδίκησόν με ἀπὸ τοῦ ἀντιδίκου μου

18 5 ἵνα μὴ εἰς τέλος ἐρχομένη ὑπωπιάζῃ με

18 16 ἄφετε τὰ παιδία ἔρχεσθαι πρός με

18 19 τί με λέγεις ἀγαθόν;

18 38 Ἰησοῦ υἱὲ Δαυίδ, ἐλέησόν με

18 39 υἱὲ Δαυίδ, ἐλέησόν με

19 5 σήμερον γὰρ ἐν τῷ οἴκῳ σου δεῖ με μεῖναι

19 27 τοὺς μὴ θελήσαντάς με βασιλεῦσαι ἐπ' αὐτοὺς ἀγάγετε ὧδε

20 23 * εἶπεν πρὸς αὐτούς· | τί με πειράζετε; (+ς)

22 15ᵃ ἐπιθυμίᾳ ἐπεθύμησα τοῦτο τὸ πάσχα φαγεῖν μεθ' ὑμῶν πρὸ τοῦ με παθεῖν

22 21 πλὴν ἰδοὺ ἡ χεὶρ τοῦ παραδιδόντος με μετ' ἐμοῦ ἐπὶ τῆς τραπέζης

22 34 ἕως τρὶς || με ἀπαρνήσῃ (+ μὴ NMVTς) εἰδέναι ((~ Tς))

22 61 πρὶν ἀλέκτορα φωνῆσαι σήμερον ἀπαρνήσῃ με τρίς

24 39 ψηλαφήσατέ με καὶ ἴδετε

Jo 1 33 ἀλλ' ὁ πέμψας με βαπτίζειν ἐν ὕδατι

1 48 λέγει αὐτῷ Ναθαναήλ· πόθεν με γινώσκεις;

2 17 ὁ ζῆλος τοῦ οἴκου σου καταφάγεταί με

4 34 ἵνα ποιήσω (ποιῶ NVTς) τὸ θέλημα τοῦ πέμψαντός με

5 7 ἵνα ... βάλῃ με εἰς τὴν κολυμβήθραν

5 11 ὁ ποιήσας με ὑγιῆ, ἐκεῖνός μοι εἶπεν

5 24 ὁ ... πιστεύων τῷ πέμψαντί με ἔχει ζωὴν αἰώνιον

5 30 ὅτι οὐ ζητῶ τὸ θέλημα τὸ ἐμὸν ἀλλὰ τὸ θέλημα τοῦ πέμψαντός με

5 36 μαρτυρεῖ ... ὅτι ὁ πατήρ με ἀπέσταλκεν.

5 37 καὶ ὁ πέμψας με πατήρ, ἐκεῖνος (αὐτὸς MVSς) μεμαρτύρηκεν

Jo 5 40 οὐ θέλετε ἐλθεῖν πρός με ἵνα ζωὴν ἔχητε

5 43 ἐγὼ ἐλήλυθα ἐν τῷ ὀνόματι τοῦ πατρός μου, καὶ οὐ λαμβάνετέ με

6 26 ζητεῖτέ με οὐχ ὅτι εἴδετε σημεῖα

6 35 * ὁ ἐρχόμενος πρός με (BSϛ; ἐμὲ rl) οὐ μὴ πεινάσῃ

6 36 ἀλλ' εἶπον ὑμῖν ὅτι καὶ ἑωράκατέ με ([N²⁶NH]; —T) καὶ οὐ πιστεύ-ετε

6 37 τὸν ἐρχόμενον πρός με (ἐμὲ T) οὐ μὴ ἐκβάλω ἔξω

6 38 ἵνα ποιῶ (-ήσω T) ... τὸ θέλημα τοῦ πέμψαντός με. ↔

6 39 τοῦτο δέ ἐστιν τὸ θέλημα τοῦ πέμψαντός με

6 40 * τοῦτο γάρ ἐστιν τὸ θέλημα τοῦ | πέμψαντός με (ϛ; πατρός μου rl)

6 44 οὐδεὶς δύναται ἐλθεῖν πρός με ↔

6 44 ἐὰν μὴ ὁ πατὴρ ὁ πέμψας με ἑλκύσῃ αὐτόν

6 45 * πᾶς ὁ ἀκούσας παρὰ τοῦ πατρὸς καὶ μαθὼν ἔρχεται πρός με (VSϛ; ἐμὲ rl)

6 57 καθὼς ἀπέστειλέν με ὁ ζῶν πατήρ

6 57 ὁ τρώγων με κἀκεῖνος ζήσει δι' ἐμέ

6 65 οὐδεὶς δύναται ἐλθεῖν πρός με (ἐμὲ T) ἐὰν μὴ ᾖ δεδομένον αὐτῷ

7 16 ἡ ἐμὴ διδαχὴ οὐκ ἔστιν ἐμὴ ἀλλὰ τοῦ πέμψαντός με

7 19 τί με ζητεῖτε ἀποκτεῖναι;

7 28 ἀλλ' ἔστιν ἀληθινὸς ὁ πέμψας με

7 29 ὅτι παρ' αὐτοῦ εἰμι κἀκεῖνός με ἀπέστειλεν (-έσταλκεν T)

7 33 ἔτι | χρόνον μικρὸν (~ Vϛ) ... καὶ ὑπάγω πρὸς τὸν πέμψαντά με. ↔

7 34 ζητήσετέ με ↔

7 34 καὶ οὐχ εὑρήσετέ με (+[N²⁶]BH)

7 36 ζητήσετέ με ↔

7 36 καὶ οὐχ εὑρήσετέ με (+[N²⁶]BH)

7 37 ἐάν τις διψᾷ, ἐρχέσθω | πρός με (—T) καὶ πινέτω

8 16 ὅτι μόνος οὐκ εἰμί, ἀλλ' ἐγὼ καὶ ὁ πέμψας με πατήρ ([H]; —NT)

8 18 μαρτυρεῖ περὶ ἐμοῦ ὁ πέμψας με πατήρ

8 21 ἐγὼ ὑπάγω καὶ ζητήσετέ με

8 26 ἀλλ' ὁ πέμψας με ἀληθής ἐστιν

8 28 καθὼς ἐδίδαξέν με ὁ πατήρ

8 29 ὁ πέμψας με μετ' ἐμοῦ ἐστιν· ↔

8 29 οὐκ ἀφῆκέν με μόνον

8 37 ἀλλὰ ζητεῖτέ με ἀποκτεῖναι

8 40 νῦν δὲ ζητεῖτέ με ἀποκτεῖναι

8 42 οὐδὲ γὰρ ἀπ' ἐμαυτοῦ ἐλήλυθα, ἀλλ' ἐκεῖνός με ἀπέστειλεν

8 46 τίς ἐξ ὑμῶν ἐλέγχει με περὶ ἁμαρτίας;

8 49 ὑμεῖς ἀτιμάζετέ με

8 54 ἔστιν ὁ πατήρ μου ὁ δοξάζων με

9 4 ἡμᾶς (ἐμὲ Vϛ) δεῖ ἐργάζεσθαι τὰ ἔργα τοῦ πέμψαντός με (ἡμᾶς T)

10 14 γινώσκω τὰ ἐμὰ καὶ | γινώσκουσί με τὰ ἐμά (γινώσκομαι ὑπὸ τῶν ἐμῶν VSϛ), ↔

10 15 καθὼς γινώσκει με ὁ πατὴρ κἀγὼ γινώσκω τὸν πατέρα

10 16 κἀκεῖνα δεῖ με ἀγαγεῖν

10 17 διὰ τοῦτό με ὁ πατὴρ ἀγαπᾷ

10 32 * διὰ ποῖον αὐτῶν ἔργον | λιθά-ζετέ με (ϛ; ἐμὲ λ. rl);

11 42 ἵνα πιστεύσωσιν ὅτι σύ με ἀπέστει-λας

12 27 πάτερ, σῶσόν με ἐκ τῆς ὥρας ταύτης

Jo 12 44 ὁ πιστεύων εἰς ἐμὲ οὐ πιστεύει εἰς ἐμὲ ἀλλὰ εἰς τὸν πέμψαντά με, ↔

12 45 καὶ ὁ θεωρῶν ἐμὲ θεωρεῖ τὸν πέμψαντά με

12 49 ὁ πέμψας με πατὴρ αὐτός μοι ἐντολὴν δέδωκεν τί εἴπω

13 13 ὑμεῖς φωνεῖτέ με· ὁ διδάσκαλος καὶ ὁ κύριος

13 20 ὁ δὲ ἐμὲ λαμβάνων λαμβάνει τὸν πέμψαντά με

13 21 εἷς ἐξ ὑμῶν παραδώσει με

13 33 ἔτι μικρὸν μεθ' ὑμῶν εἰμι· ζητήσετέ με

13 38 οὐ μὴ ἀλέκτωρ φωνήσῃ ἕως οὗ ἀρνήσῃ με τρίς

14 7 εἰ ἐγνώκατέ (-κειτέ NMVSHϛ) με (ἐμέ T)

14 9 | τοσούτῳ χρόνῳ (N²⁶T; τ-ον χ-ον rl) μεθ' ὑμῶν εἰμι καὶ οὐκ ἔγνωκάς με, Φίλιππε;

14 14 ἐάν τι αἰτήσητέ με ([H]; —ϛ) ἐν τῷ ὀνόματί μου

14 15 ἐὰν ἀγαπᾶτέ με, τὰς ἐντολὰς τὰς ἐμὰς τηρήσετε (-σατε VSϛ)

14 19 ἔτι μικρὸν καὶ ὁ κόσμος με οὐκέτι θεωρεῖ, ↔

14 19 ὑμεῖς δὲ θεωρεῖτέ με

14 21 ἐκεῖνός ἐστιν ὁ ἀγαπῶν με· ↔

14 21 ὁ δὲ ἀγαπῶν με ἀγαπηθήσεται ὑπὸ τοῦ πατρός μου

14 23 ἐάν τις ἀγαπᾷ με, τὸν λόγον μου τηρήσει

14 24 ὁ μὴ ἀγαπῶν με τοὺς λόγους μου οὐ τηρεῖ· ↔

14 24 καὶ ὁ λόγος ὃν ἀκούετε οὐκ ἔστιν ἐμὸς ἀλλὰ τοῦ πέμψαντός με πατρός

14 28 εἰ ἠγαπᾶτέ με, ἐχάρητε ἄν

15 9 καθὼς ἠγάπησέν με ὁ πατήρ, κἀγὼ | ὑμᾶς ἠγάπησα (~ VTϛ)

15 16 οὐχ ὑμεῖς με ἐξελέξασθε

15 21 ὅτι οὐκ οἴδασιν τὸν πέμψαντά με

15 25 ἐμίσησάν με δωρεάν

16 5 νῦν δὲ ὑπάγω πρὸς τὸν πέμψαντά με, ↔

16 5 καὶ οὐδεὶς ἐξ ὑμῶν ἐρωτᾷ με

16 10 οὐκέτι θεωρεῖτέ με

16 16 μικρὸν καὶ οὐκέτι (οὐ Vϛ) θεω-ρεῖτέ με, ↔

16 16 καὶ πάλιν μικρὸν καὶ ὄψεσθέ με

16 17 μικρὸν καὶ οὐ θεωρεῖτέ με, ↔

16 17 καὶ πάλιν μικρὸν καὶ ὄψεσθέ με

16 19 μικρὸν καὶ οὐ θεωρεῖτέ με, ↔

16 19 καὶ πάλιν μικρὸν καὶ ὄψεσθέ με

17 5 καὶ νῦν δόξασόν με σύ, πάτερ

17 8 ἐπίστευσαν ὅτι σύ με ἀπέστειλας

17 21 ἵνα ὁ κόσμος πιστεύῃ (-σῃ MVBSϛ) ὅτι σύ με ἀπέστειλας

17 23 ἵνα γινώσκῃ ὁ κόσμος ὅτι σύ με ἀπέστειλας

17 24 ὅτι ἠγάπησάς με πρὸ καταβολῆς κόσμου

17 25 οὗτοι ἔγνωσαν ὅτι σύ με ἀπέστει-λας

17 26 ἵνα ἡ ἀγάπη ἣν ἠγάπησάς με ἐν αὐτοῖς ᾖ

18 21 τί με ἐρωτᾷς (ἐπ- Sϛ);

18 23 τί με δέρεις;

19 11 διὰ τοῦτο ὁ παραδούς (παραδιδούς VSϛ) μέ σοι μείζονα ἁμαρτίαν ἔχει

20 21 καθὼς ἀπέσταλκέν με ὁ πατήρ, κἀγὼ πέμπω ὑμᾶς

20 29 ὅτι ἑώρακάς με, πεπίστευκας;

21 15 Σίμων Ἰωάννου, ἀγαπᾷς με πλέον τούτων;

21 16 Σίμων Ἰωάννου, ἀγαπᾷς με;

Jo 21 17 Σίμων Ἰωάννου, φιλεῖς με; ↔

21 17 ἐλυπήθη ὁ Πέτρος ὅτι | εἶπεν αὐτῷ (~ B) τὸ τρίτον· φιλεῖς με;

Ac 2 28 πληρώσεις με εὐφροσύνης μετὰ τοῦ προσώπου σου

7 28 μὴ ἀνελεῖν με σὺ θέλεις ὃν τρόπον ἀνεῖλες ἐχθὲς τὸν Αἰγύπτιον;

8 31 πῶς γὰρ ἂν δυναίμην ἐὰν μή τις ὁδηγήσει με

8 36 τί κωλύει με βαπτισθῆναι;

9 4 Σαοὺλ Σαούλ, τί με διώκεις;

9 6 * | κύριε, τί με θέλεις ποιῆσαι; (.. +ϛ ..)

9 17 Σαοὺλ ἀδελφέ, ὁ κύριος ἀπέσταλ-κέν με

10 29 πυνθάνομαι οὖν, τίνι λόγῳ μετ-επέμψασθέ με;

11 11 ἄνδρες ἐπέστησαν ... ἀπεσταλ-μένοι ἀπὸ Καισαρείας πρός με

11 15ᵃ ἐν δὲ τῷ ἄρξασθαί με λαλεῖν ἐπ-έπεσεν τὸ πνεῦμα τὸ ἅγιον ἐπ' αὐτούς

12 11 ἐξείλατό με ἐκ χειρὸς Ἡρῴδου

13 25 * | τίνα με (ϛ; τί ἐμὲ rl) ὑπονοεῖτε εἶναι, οὐκ εἰμὶ ἐγώ

16 15 εἰ κεκρίκατέ με πιστὴν τῷ κυρίῳ εἶναι

16 30 τί με δεῖ ποιεῖν ἵνα σωθῶ;

18 21 * | δεῖ με πάντως τὴν ἑορτὴν τὴν ἐρχομένην ποιῆσαι εἰς Ἱεροσόλυ-μα (+ϛ)

19 21ᵃ μετὰ τὸ γενέσθαι με ἐκεῖ ↔

19 21 δεῖ με καὶ Ῥώμην ἰδεῖν

20 23 δεσμὰ καὶ θλίψεις με μένουσιν

22 7 Σαοὺλ Σαούλ, τί με διώκεις;

22 8 εἶπέν τε πρός με (ἐμέ NTH)

22 10 ὁ δὲ κύριος εἶπεν πρός με

22 13 ἐλθὼν πρός με (ἐμὲ NTH) καὶ ἐπιστὰς εἶπέν μοι

22 17 ἐγένετο δέ μοι ... προσευχομένου μου ἐν τῷ ἱερῷ γενέσθαι με ἐν ἐκστάσει

22 21 καὶ εἶπεν πρός με

23 3 καὶ σὺ κάθῃ κρίνων με κατὰ τὸν νόμον, ↔

23 3 καὶ παρανομῶν κελεύεις με τύπτε-σθαι;

23 18 ὁ δέσμιος Παῦλος προσκαλεσάμε-νός με ἠρώτησεν

23 22 ταῦτα ἐνεφάνισας πρός με (ἐμέ NVTH)

24 12 οὔτε ἐν τῷ ἱερῷ εὗρόν με πρός τινα διαλεγόμενον

24 13 * οὐδὲ παραστῆσαί με (+ϛ) δύνανταί σοι (—ϛ) περὶ ὧν νυνὶ κατηγοροῦσίν μου

24 18 ἐν αἷς εὗρόν με ἡγνισμένον ἐν τῷ ἱερῷ

24 19 * οὓς ἔδει ... κατηγορεῖν εἴ τι ἔχοιεν πρός με (Sϛ; ἐμέ rl)

25 10 οὗ με δεῖ κρίνεσθαι

25 11 οὐδείς με δύναται αὐτοῖς χαρίσα-σθαι

26 5 ⟨ἴσασι πάντες οἱ Ἰουδαῖοι⟩ προ-γινώσκοντές με ἄνωθεν

26 13 εἶδον ... ὑπὲρ τὴν λαμπρότητα τοῦ ἡλίου περιλάμψαν με φῶς καὶ τοὺς σὺν ἐμοὶ πορευομένους

26 14 ἤκουσα φωνὴν | λέγουσαν πρός με (λαλοῦσαν π. με καὶ λέγ. Sϛ) τῇ Ἑβραΐδι διαλέκτῳ· ↔

26 14 Σαοὺλ Σαούλ, τί με διώκεις;

26 16 προχειρίσασθαί σε ὑπηρέτην καὶ μάρτυρα ὧν τε εἶδές με ([N²⁶]; —VSTϛ)

Ac 26 21 ἕνεκα τούτων με ᾿Ιουδαῖοι συλλα-
βόμενοι ὄντα ([N²⁶]; —NMVHς)
ἐν τῷ ἱερῷ ἐπειρῶντο διαχειρίσα-
σθαι

26 28 ἐν ὀλίγῳ με πείθεις Χριστιανὸν
ποιῆσαι

28 18 οἵτινες ἀνακρίναντές με ἐβούλοντο
ἀπολῦσαι

Rm 7 11 ἡ γὰρ ἁμαρτία . . . ἐξηπάτησέν
με

7 23 βλέπω δὲ ἕτερον νόμον . . . αἰχμα-
λωτίζοντά με ἐν ([H]; —ς) τῷ
νόμῳ τῆς ἁμαρτίας

7 24 τίς με ῥύσεται ἐκ τοῦ σώματος τοῦ
θανάτου τούτου;

8 2 * ὁ γὰρ νόμος τοῦ πνεύματος . . .
ἠλευθέρωσέν με (VBSς; σε rl)
ἀπὸ τοῦ νόμου τῆς ἁμαρτίας

9 20 μὴ ἐρεῖ τὸ πλάσμα τῷ πλάσαντι·
τί με ἐποίησας οὕτως;

15 16ᵃ εἰς τὸ εἶναί με λειτουργὸν Χριστοῦ
᾿Ιησοῦ εἰς τὰ ἔθνη

15 19 ὥστε με . . . πεπληρωκέναι τὸ
εὐαγγέλιον τοῦ Χριστοῦ

1C 1 17 οὐ γὰρ ἀπέστειλέν με Χριστὸς
βαπτίζειν

4 4 ὁ δὲ ἀνακρίνων με κύριός ἐστιν

16 6 ἵνα ὑμεῖς με προπέμψητε οὗ ἐὰν
πορεύωμαι

16 11 προπέμψατε δὲ αὐτὸν ἐν εἰρήνῃ,
ἵνα ἔλθῃ πρός με

2C 2 2 τίς ἐστιν (+[S]ς) ὁ εὐφραίνων με
εἰ μὴ ὁ λυπούμενος ἐξ ἐμοῦ;

2 3 ἵνα μὴ ἐλθὼν λύπην σχῶ ἀφ᾽ ὧν
ἔδει με χαίρειν

2 13ᵃ οὐκ ἔσχηκα ἄνεσιν τῷ πνεύματί μου
τῷ μὴ εὑρεῖν με Τίτον

7 7 ὥστε με μᾶλλον χαρῆναι

11 16 μή τίς με δόξῃ ἄφρονα εἶναι· ↔

11 16 εἰ δὲ μή γε, κἂν ὡς ἄφρονα δέξασθέ
με

11 32 ὁ ἐθνάρχης ᾿Αρέτα . . . ἐφρούρει
τὴν πόλιν Δαμασκηνῶν πιάσαι με
(+θέλων MVSς)

12 6 μή τις εἰς ἐμὲ λογίσηται ὑπὲρ ὃ βλέ-
πει με ἢ ἀκούει τι (+[N²⁶]ς) ἐξ ἐμοῦ

12 7 ἐδόθη μοι σκόλοψ τῇ σαρκί, ἄγγε-
λος σατανᾶ (σατᾶν VSς), ἵνα με
κολαφίζῃ

12 11 γέγονα ἄφρων· ὑμεῖς με ἠναγκά-
σατε

12 21 * μὴ πάλιν | ἐλθόντα με (ς; -ντος
μου rl) ↔

12 21 ταπεινώσῃ (-σει ST) με (—ς) ὁ
θεός μου πρὸς ὑμᾶς

G 1 15 ὁ ἀφορίσας με ἐκ κοιλίας μητρός
μου

2 20 τοῦ | υἱοῦ τοῦ θεοῦ (θεοῦ καὶ
Χριστοῦ Β) τοῦ ἀγαπήσαντός με

4 12 οὐδέν με ἠδικήσατε

4 14 ὡς ἄγγελον θεοῦ ἐδέξασθέ με, ὡς
Χριστὸν ᾿Ιησοῦν

4 18ᵃ καλὸν δὲ ζηλοῦσθαι . . . καὶ μὴ
μόνον ἐν τῷ παρεῖναί με πρὸς ὑμᾶς

E 6 20 ἵνα ἐν αὐτῷ παρρησιάσωμαι ὡς
δεῖ με λαλῆσαι

Ph 1 7ᵃ διὰ τὸ ἔχειν με ἐν τῇ καρδίᾳ ὑμᾶς

2 30 ἵνα ἀναπληρώσῃ τὸ ὑμῶν ὑστέ-
ρημα τῆς πρός με λειτουργίας

4 13 πάντα ἰσχύω ἐν τῷ ἐνδυναμοῦντί
με

Cl 4 4 ἵνα φανερώσω αὐτὸ ὡς δεῖ με
λαλῆσαι

1Tm 1 12 χάριν ἔχω τῷ ἐνδυναμώσαντί με
Χριστῷ ᾿Ιησοῦ τῷ κυρίῳ ἡμῶν, ↔

1Tm 1 12 ὅτι πιστόν με ἡγήσατο θέμενος εἰς
διακονίαν

2Tm 1 15 ὅτι ἀπεστράφησάν με πάντες οἱ ἐν
τῇ ᾿Ασίᾳ

1 16 ὅτι πολλάκις με ἀνέψυξεν καὶ τὴν
ἅλυσίν μου οὐκ ἐπαισχύνθη, ↔

1 17 ἀλλὰ γενόμενος ἐν ῾Ρώμῃ σπου-
δαίως ἐζήτησέν με καὶ εὗρεν

3 11 οἵους διωγμοὺς ὑπήνεγκα, καὶ ἐκ
πάντων με ἐρρύσατο ὁ κύριος

4 9 σπούδασον ἐλθεῖν πρός με ταχέως·
↔

4 10 Δημᾶς γάρ με ἐγκατέλιπεν (-λει-
πεν SH)

4 16 πάντες με ἐγκατέλιπον (-λειπον H)

4 17 ὁ δὲ κύριός μοι παρέστη καὶ ἐν-
εδυνάμωσέν με

4 18 ῥύσεταί με ὁ κύριος ἀπὸ παντὸς
ἔργου πονηροῦ

Tt 3 12 σπούδασον ἐλθεῖν πρός με εἰς
Νικόπολιν

Phm 17 εἰ οὖν με (ἐμὲ ς) ἔχεις κοινωνόν

Hb 3 9 * οὗ ἐπείρασάν με (+[S]ς) οἱ
πατέρες ὑμῶν ↔

3 9 * | ἐδοκίμασάν με (ς; ἐν δοκιμασίᾳ
rl)

8 11 ὅτι πάντες εἰδήσουσίν με

11 32 ἐπιλείψει | με γὰρ (~VSς) διη-
γούμενον ὁ χρόνος περὶ Γεδεὼν

Ap 17 3 ἀπήνεγκέν με εἰς ἔρημον ἐν πνεύ-
ματι

21 9 * ἦλθεν | πρός με (+ς) εἷς ἐκ τῶν
ἑπτὰ ἀγγέλων

21 10 ἀπήνεγκέν με ἐν πνεύματι ἐπὶ ὄρος
μέγα καὶ ὑψηλόν

ἐδαφίζω

Lc 19 44 ⟨οἱ ἐχθροί σου⟩ ἐδαφιοῦσίν σε καὶ
τὰ τέκνα σου ἐν σοί

ἔδαφος

Ac 22 7 ἔπεσά τε εἰς τὸ ἔδαφος

ἑδραῖος

1C 7 37 ὃς δὲ ἕστηκεν ἐν τῇ καρδίᾳ αὐτοῦ
ἑδραῖος

15 58 ὥστε, ἀδελφοί μου ἀγαπητοί,
ἑδραῖοι γίνεσθε, ἀμετακίνητοι

Cl 1 23 εἴ γε ἐπιμένετε τῇ πίστει τεθεμελι-
ωμένοι καὶ ἑδραῖοι καὶ μὴ μετακι-
νούμενοι

ἑδραίωμα

1Tm 3 15 ἥτις ἐστὶν ἐκκλησία θεοῦ ζῶντος,
στῦλος καὶ ἑδραίωμα τῆς ἀληθείας

῾Εζεκίας

῾Εζεκίας MVBSTς

Mt 1 9 ᾿Αχὰζ δὲ ἐγέννησεν τὸν ῾Εζεκίαν,

1 10 ῾Εζεκίας δὲ ἐγέννησεν τὸν Μανασσῆ

ἐθελοθρησκία

ἐθελοθρησκείᾳ ς

Cl 2 23 ἅτινά ἐστιν λόγον μὲν ἔχοντα σο-
φίας ἐν ἐθελοθρησκίᾳ καὶ ταπεινο-
φροσύνῃ

ἐθέλω

→ θέλω

ἐθίζω

Lc 2 27 τοῦ ποιῆσαι αὐτοὺς κατὰ τὸ εἰθι-
σμένον τοῦ νόμου περὶ αὐτοῦ

ἐθνάρχης

2C 11 32 ἐν Δαμασκῷ ὁ ἐθνάρχης ᾿Αρέτα
τοῦ βασιλέως ἐφρούρει τὴν πόλιν
Δαμασκηνῶν

ἐθνικός

Mt 5 47 οὐχὶ καὶ οἱ ἐθνικοὶ (τελῶναι ς) | τὸ
αὐτὸ (οὕτως Sς) ποιοῦσιν;

6 7 προσευχόμενοι δὲ μὴ βατταλογή-
σητε ὥσπερ οἱ ἐθνικοί

Mt 18 17 ἐὰν δὲ καὶ τῆς ἐκκλησίας παρακού-
σῃ, ἔστω σοι ὥσπερ ὁ ἐθνικὸς καὶ
ὁ τελώνης

3 Jo 7 ὑπὲρ γὰρ τοῦ ὀνόματος ἐξῆλθον
μηδὲν λαμβάνοντες ἀπὸ τῶν ἐθνι-
κῶν (ἐθνῶν ς)

ἐθνικῶς

G 2 14 εἰ σὺ ᾿Ιουδαῖος ὑπάρχων ἐθνικῶς
καὶ οὐχὶ (οὐκ NHς; οὐχ T) ᾿Ιου-
δαϊκῶς ζῇς

ἔθνος

ᵃ (τὰ) ἔθνη
ᵇ πάντα τὰ ἔθνη
ᶜ c. nom. gentis
ᵈ ἔθνος ἐπὶ ἔθνος
ᵉ ἔθνος μου
ᶠ ἔθνος et λαός

Mt 4 15ᵃᶠ γῆ Ζαβουλὼν καὶ γῆ Νεφθαλίμ
. . . Γαλιλαία τῶν ἐθνῶν

6 32ᵇ πάντα γὰρ ταῦτα τὰ ἔθνη ἐπιζη-
τοῦσιν (-τεῖ Vς)

10 5ᵃ εἰς ὁδὸν ἐθνῶν μὴ ἀπέλθητε

10 18ᵃ ἐπὶ . . . βασιλεῖς ἀχθήσεσθε ἕνεκεν
ἐμοῦ, εἰς μαρτύριον αὐτοῖς καὶ
τοῖς ἔθνεσιν

12 18ᵃ καὶ κρίσιν τοῖς ἔθνεσιν ἀπαγγελεῖ

12 21ᵃ καὶ τῷ ὀνόματι αὐτοῦ ἔθνη ἐλπιοῦ-
σιν

20 19ᵃ παραδώσουσιν αὐτὸν τοῖς ἔθνεσιν
εἰς τὸ ἐμπαῖξαι

20 25ᵃ οἱ ἄρχοντες τῶν ἐθνῶν κατακυρι-
εύουσιν αὐτῶν

21 43 ἀρθήσεται ἀφ᾽ ὑμῶν ἡ βασιλεία
τοῦ θεοῦ καὶ δοθήσεται ἔθνει ποι-
οῦντι τοὺς καρποὺς αὐτῆς

24 7ᵈ ἐγερθήσεται γὰρ ἔθνος ↔

24 7ᵈ ἐπὶ ἔθνος καὶ βασιλεία ἐπὶ βασιλεί-
αν

24 9ᵇ ἔσεσθε μισούμενοι ὑπὸ πάντων
τῶν ἐθνῶν διὰ τὸ ὄνομά μου

24 14ᵇ κηρυχθήσεται τοῦτο τὸ εὐαγγέ-
λιον . . . εἰς μαρτύριον πᾶσιν τοῖς
ἔθνεσιν

25 32ᵇ συναχθήσονται ἔμπροσθεν αὐτοῦ
πάντα τὰ ἔθνη

28 19ᵇ πορευθέντες οὖν (—T) μαθητεύ-
σατε πάντα τὰ ἔθνη

Mc 10 33ᵃ παραδώσουσιν αὐτὸν τοῖς ἔθνεσιν

10 42ᵃ οἱ δοκοῦντες ἄρχειν τῶν ἐθνῶν
κατακυριεύουσιν αὐτῶν

11 17ᵇ ὁ οἶκός μου οἶκος προσευχῆς κληθή-
σεται πᾶσιν τοῖς ἔθνεσιν

13 8ᵈ ἐγερθήσεται γὰρ ἔθνος ↔

13 8ᵈ ἐπ᾽ ἔθνος καὶ βασιλεία ἐπὶ βασι-
λείαν

13 10ᵇ καὶ εἰς πάντα τὰ ἔθνη | πρῶτον δεῖ
(~Vς) κηρυχθῆναι τὸ εὐαγγέλιον

Lc 2 32ᵃᶠ (τὸ σωτήριόν σου, ὃ ἡτοίμασας
κατὰ πρόσωπον πάντων τῶν
λαῶν) φῶς εἰς ἀποκάλυψιν ἐθνῶν

7 5 ἀγαπᾷ γὰρ τὸ ἔθνος ἡμῶν

12 30ᵇ ταῦτα γὰρ πάντα τὰ ἔθνη τοῦ
κόσμου ἐπιζητοῦσιν (-ζητεῖ Vς)

18 32ᵃ παραδοθήσεται γὰρ τοῖς ἔθνεσιν
καὶ ἐμπαιχθήσεται

21 10ᵈ ἐγερθήσεται ἔθνος ↔

21 10ᵈ ἐπ᾽ ἔθνος καὶ βασιλεία ἐπὶ βασι-
λείαν

21 24ᵇ αἰχμαλωτισθήσονται εἰς τὰ ἔθνη
πάντα, ↔

21 24ᵃ καὶ ᾿Ιερουσαλὴμ ἔσται πατουμένη
ὑπὸ ἐθνῶν, ↔

21 24ᵃ ἄχρι οὗ πληρωθῶσιν [+καὶ ἔσον-
ται H] καιροὶ [+καὶ ἔσονται και-
ροὶ S] ἐθνῶν. ↔

Lc 21 25ªκαὶ ἔσονται (ἔσται VSϛ) σημεῖα ἐν
ἡλίῳ ... καὶ ἐπὶ τῆς γῆς συνοχὴ
ἐθνῶν
22 25ªοἱ βασιλεῖς τῶν ἐθνῶν κυριεύουσιν
αὐτῶν
23 2 τοῦτον εὕραμεν διαστρέφοντα τὸ
ἔθνος ἡμῶν
24 47ᵇκηρυχθῆναι ... μετάνοιαν εἰς
(N²⁶NTH; καὶ rl) ἄφεσιν ἁμαρτι-
ῶν εἰς πάντα τὰ ἔθνη

Jo 11 48 ἐλεύσονται οἱ Ῥωμαῖοι καὶ ἀροῦσιν
ἡμῶν καὶ τὸν τόπον καὶ τὸ ἔθνος
11 50ᶠἵνα εἷς ἄνθρωπος ἀποθάνη ὑπὲρ
τοῦ λαοῦ καὶ μὴ ὅλον τὸ ἔθνος
ἀπόληται
11 51 ἔμελλεν Ἰησοῦς ἀποθνήσκειν ὑπὲρ
τοῦ ἔθνους, ↔
11 52 καὶ οὐχ ὑπὲρ τοῦ ἔθνους [+δὲ S]
μόνον
18 35 τὸ ἔθνος τὸ σὸν καὶ οἱ ἀρχιερεῖς
παρέδωκάν σε ἐμοί

Ac 2 5 ἦσαν δὲ εἰς (ἐν MVSHϛ) Ἰερουσα-
λήμ ... ἄνδρες εὐλαβεῖς ἀπὸ παν-
τὸς ἔθνους τῶν ὑπὸ τὸν οὐρανόν
4 25ªᶠἱνατί ἐφρύαξαν ἔθνη καὶ λαοὶ
ἐμελέτησαν κενά;
4 27ªᶠσυνήχθησαν γὰρ ... ἐπὶ ... Ἰη-
σοῦν ... Ἡρώδης τε καὶ Πόντιος
Πιλᾶτος σὺν ἔθνεσιν καὶ λαοῖς
Ἰσραήλ
7 7 τὸ ἔθνος ᾧ ἐὰν (ἂν H) δουλεύσου-
σιν κρινῶ ἐγώ
7 45ªἣν καὶ εἰσήγαγον ... ἐν τῇ κατα-
σχέσει τῶν ἐθνῶν
8 9ᶜἀνὴρ δέ τις ὀνόματι Σίμων προ-
ϋπῆρχεν ... ἐξιστάνων τὸ ἔθνος
τῆς Σαμαρείας
9 15ªτοῦ βαστάσαι τὸ ὄνομά μου ἐνώ-
πιον [+τῶν NH] ἐθνῶν τε καὶ
βασιλέων υἱῶν τε Ἰσραήλ
10 22ᶜμαρτυρούμενός τε ὑπὸ ὅλου τοῦ
ἔθνους τῶν Ἰουδαίων
10 35 ἀλλ' ἐν παντὶ ἔθνει ὁ φοβούμενος
αὐτὸν ... δεκτὸς αὐτῷ ἐστιν
10 45ªὅτι καὶ ἐπὶ τὰ ἔθνη ἡ δωρεὰ τοῦ
| ἁγίου πνεύματος (π. τοῦ ἁ. H)
ἐκκέχυται
11 1ªκαὶ τὰ ἔθνη ἐδέξαντο τὸν λόγον
τοῦ θεοῦ
11 18ªἄρα καὶ τοῖς ἔθνεσιν ὁ θεὸς τὴν
μετάνοιαν εἰς ζωὴν ἔδωκεν
13 19ªᶜκαθελὼν ἔθνη ἑπτὰ ἐν γῇ Χανάαν
κατεκληρονόμησεν τὴν γῆν αὐτῶν
13 42ª* ἐξιόντων δὲ αὐτῶν (ἐκ τῆς συν-
αγωγῆς τῶν Ἰουδαίων ϛ) παρεκά-
λουν | τὰ ἔθνη (+ϛ) ... λαληθῆναι
αὐτοῖς
13 46ªἰδοὺ στρεφόμεθα εἰς τὰ ἔθνη
13 47ªτέθεικά σε εἰς φῶς ἐθνῶν
13 48ªἀκούοντα δὲ τὰ ἔθνη ἔχαιρον
14 2ªἐκάκωσαν τὰς ψυχὰς τῶν ἐθνῶν
κατὰ τῶν ἀδελφῶν
14 5ªὡς δὲ ἐγένετο ὁρμὴ τῶν ἐθνῶν τε
καὶ Ἰουδαίων
14 16ᵇὃς ... εἴασεν πάντα τὰ ἔθνη πορεύ-
εσθαι ταῖς ὁδοῖς αὐτῶν
14 27ªἤνοιξεν τοῖς ἔθνεσιν θύραν πίστεως
15 3ªδιήρχοντο τήν τε Φοινίκην καὶ
Σαμάρειαν ἐκδιηγούμενοι τὴν ἐπι-
στροφὴν τῶν ἐθνῶν
15 7ªἐξελέξατο ὁ θεὸς ... ἀκοῦσαι
τὰ ἔθνη τὸν λόγον τοῦ εὐαγγελίου
15 12ªἐξηγουμένων ὅσα ἐποίησεν ὁ θεὸς
σημεῖα καὶ τέρατα ἐν τοῖς ἔθνεσιν
δι' αὐτῶν

Ac 15 14ªᶠκαθὼς πρῶτον ὁ θεὸς ἐπεσκέψατο
λαβεῖν ἐξ ἐθνῶν λαὸν τῷ ὀνόματι
αὐτοῦ
15 17ᵇὅπως ἂν ἐκζητήσωσιν οἱ κατάλοι-
ποι τῶν ἀνθρώπων τὸν κύριον,
καὶ πάντα τὰ ἔθνη
15 19ªμὴ παρενοχλεῖν τοῖς ἀπὸ τῶν
ἐθνῶν ἐπιστρέφουσιν ἐπὶ τὸν θεόν
15 23ªοἱ ἀπόστολοι ... τοῖς ... ἀδελφοῖς
τοῖς ἐξ ἐθνῶν χαίρειν
17 26 ἐποίησέν τε ἐξ ἑνὸς (+αἵματος ϛ)
πᾶν ἔθνος ἀνθρώπων κατοικεῖν
ἐπὶ | παντὸς προσώπου (πᾶν τὸ
πρόσωπον VSϛ) τῆς γῆς
18 6ªκαθαρὸς ἐγὼ ἀπὸ τοῦ νῦν εἰς τὰ
ἔθνη πορεύσομαι
21 11ªπαραδώσουσιν εἰς χεῖρας ἐθνῶν
21 19ªἐξηγεῖτο ... ὧν ἐποίησεν ὁ θεὸς ἐν
τοῖς ἔθνεσιν διὰ τῆς διακονίας αὐ-
τοῦ
21 21ªἀποστασίαν διδάσκεις ἀπὸ Μωϋ-
σέως τοὺς κατὰ τὰ ἔθνη πάντας
Ἰουδαίους
21 25ªπερὶ δὲ τῶν πεπιστευκότων ἐθνῶν
ἡμεῖς ἐπεστείλαμεν (ἀπ- H) κρίναν-
τες
22 21ªὅτι ἐγὼ εἰς ἔθνη μακρὰν ἐξαποστε-
λῶ σε
24 2 διορθωμάτων γινομένων τῷ ἔθνει
τούτῳ διὰ τῆς σῆς προνοίας
24 10 ἐκ πολλῶν ἐτῶν ὄντα σε κριτὴν τῷ
ἔθνει τούτῳ ἐπιστάμενος
24 17ᵉδι' ἐτῶν δὲ πλειόνων ἐλεημοσύνας
ποιήσων εἰς τὸ ἔθνος μου παρεγε-
νόμην
26 4ᵉτὴν μὲν οὖν βίωσίν μου ... τὴν
ἀπ' ἀρχῆς γενομένην ἐν τῷ ἔθνει
μου ... ἴσασι πάντες
26 17ªᶠἐξαιρούμενός σε ἐκ τοῦ λαοῦ καὶ
ἐκ τῶν ἐθνῶν
26 20ªτοῖς ἐν Δαμασκῷ ... καὶ τοῖς
ἔθνεσιν ἀπήγγελλον μετανοεῖν
26 23ªᶠφῶς μέλλει καταγγέλλειν τῷ τε
λαῷ καὶ τοῖς ἔθνεσιν
28 19ᵉἠναγκάσθην ... οὐχ ὡς τοῦ
ἔθνους μου ἔχων τι κατηγορεῖν
(-ρῆσαι Sϛ)
28 28ªτοῖς ἔθνεσιν ἀπεστάλη τοῦτο τὸ
σωτήριον τοῦ θεοῦ

Rm 1 5ᵇδι' οὗ ἐλάβομεν χάριν καὶ ἀποστο-
λὴν εἰς ὑπακοὴν πίστεως ἐν πᾶσιν
τοῖς ἔθνεσιν
1 13ªἵνα τινὰ καρπὸν σχῶ καὶ ἐν ὑμῖν
καθὼς καὶ ἐν τοῖς λοιποῖς ἔθνεσιν
2 14ªὅταν γὰρ ἔθνη τὰ μὴ νόμον ἔχοντα
φύσει τὰ τοῦ νόμου ποιῶσιν
2 24ªτὸ γὰρ ὄνομα τοῦ θεοῦ δι' ὑμᾶς
βλασφημεῖται ἐν τοῖς ἔθνεσιν
3 29ªἢ Ἰουδαίων ὁ θεὸς μόνον; οὐχὶ
καὶ ἐθνῶν; ↔
3 29ªναὶ καὶ ἐθνῶν
4 17ªπατέρα πολλῶν ἐθνῶν τέθεικά σε
4 18ªεἰς τὸ γενέσθαι αὐτὸν πατέρα
πολλῶν ἐθνῶν
9 24ªοὓς καὶ ἐκάλεσεν ἡμᾶς οὐ μόνον ἐξ
Ἰουδαίων ἀλλὰ καὶ ἐξ ἐθνῶν
9 30ªἔθνη τὰ μὴ διώκοντα δικαιοσύνην
κατέλαβεν δικαιοσύνην
10 19 ἐγὼ παραζηλώσω ὑμᾶς ἐπ' οὐκ
ἔθνει, ↔
10 19 ἐπ' ἔθνει ἀσυνέτῳ παροργιῶ ὑμᾶς
11 11ªἀλλὰ τῷ αὐτῶν παραπτώματι ἡ
σωτηρία τοῖς ἔθνεσιν
11 12ªεἰ δὲ ... τὸ ἥττημα αὐτῶν πλοῦτος
ἐθνῶν

Rm 11 13ªὑμῖν δὲ λέγω τοῖς ἔθνεσιν. ↔
11 13ªἐφ' ὅσον μὲν οὖν ([S]; —ϛ) εἰμι
ἐγὼ ἐθνῶν ἀπόστολος
11 25ªὅτι πώρωσις ... γέγονεν ἄχρι οὗ
τὸ πλήρωμα τῶν ἐθνῶν εἰσέλθῃ
15 9ªτὰ δὲ ἔθνη ὑπὲρ ἐλέους δοξάσαι
τὸν θεόν
15 9ªδιὰ τοῦτο ἐξομολογήσομαί σοι
ἐν ἔθνεσιν
15 10ªᶠεὐφράνθητε, ἔθνη, μετὰ τοῦ λαοῦ
αὐτοῦ
15 11ᵇᶠαἰνεῖτε, πάντα τὰ ἔθνη, τὸν
κύριον, καὶ ἐπαινεσάτωσαν αὐτὸν
πάντες οἱ λαοί
15 12ªἔσται ἡ ῥίζα τοῦ Ἰεσσαί, καὶ ὁ
ἀνιστάμενος ἄρχειν ἐθνῶν· ↔
15 12ªἐπ' αὐτῷ ἔθνη ἐλπιοῦσιν
15 16ªεἰς τὸ εἶναί με λειτουργὸν Χριστοῦ
Ἰησοῦ εἰς τὰ ἔθνη
15 16ªἵνα γένηται ἡ προσφορὰ τῶν
ἐθνῶν εὐπρόσδεκτος
15 18ªὧν οὐ κατειργάσατο Χριστὸς δι'
ἐμοῦ εἰς ὑπακοὴν ἐθνῶν
15 27ªεἰ γὰρ τοῖς πνευματικοῖς αὐτῶν
ἐκοινώνησαν τὰ ἔθνη
16 4ªοἷς οὐκ ἐγὼ μόνος εὐχαριστῶ
ἀλλὰ καὶ πᾶσαι αἱ ἐκκλησίαι τῶν
ἐθνῶν
16 26ᵇ| εἰς ὑπακοὴν πίστεως εἰς πάντα
τὰ ἔθνη γνωρισθέντος [.. N²⁶S ..]

1 C 1 23ªκηρύσσομεν Χριστὸν ἐσταυρωμέ-
νον, Ἰουδαίοις μὲν σκάνδαλον,
ἔθνεσιν (Ἕλλησι ϛ) δὲ μωρίαν
5 1ªκαὶ τοιαύτη πορνεία ἥτις οὐδὲ ἐν
τοῖς ἔθνεσιν (+ὀνομάζεται ϛ)
10 20ª* ἃ θύουσιν (θύει Vϛ) | τὰ ἔθνη
(+MVBS[H]ϛ), δαιμονίοις καὶ
οὐ θεῷ θύουσιν ([N²⁶]; θύει Vϛ)
12 2ªὅτε ἔθνη ἦτε πρὸς τὰ εἴδωλα τὰ
ἄφωνα ὡς ἂν ἤγεσθε ἀπαγόμενοι

2 C 11 26ªκινδύνοις ἐκ γένους, κινδύνοις ἐξ
ἐθνῶν

G 1 16ªἵνα εὐαγγελίζωμαι αὐτὸν ἐν τοῖς
ἔθνεσιν
2 2ªτὸ εὐαγγέλιον ὃ κηρύσσω ἐν τοῖς
ἔθνεσιν
2 8ªὁ γὰρ ἐνεργήσας Πέτρῳ εἰς ἀπο-
στολὴν τῆς περιτομῆς ἐνήργησεν
καὶ ἐμοὶ εἰς τὰ ἔθνη
2 9ªδεξιὰς ἔδωκαν ... κοινωνίας, ἵνα
ἡμεῖς εἰς τὰ ἔθνη, αὐτοὶ δὲ εἰς τὴν
περιτομήν
2 12ªπρὸ τοῦ γὰρ ἐλθεῖν τινας ἀπὸ
Ἰακώβου μετὰ τῶν ἐθνῶν συν-
ήσθιεν
2 14ªπῶς τὰ ἔθνη ἀναγκάζεις ἰουδαΐ-
ζειν; ↔
2 15ªἡμεῖς φύσει Ἰουδαῖοι καὶ οὐκ ἐξ
ἐθνῶν ἁμαρτωλοί
3 8ªἐκ πίστεως δικαιοῖ τὰ ἔθνη ὁ θεός
3 8ᵇἐνευλογηθήσονται ἐν σοὶ πάντα
τὰ ἔθνη
3 14ªἵνα εἰς τὰ ἔθνη ἡ εὐλογία τοῦ
Ἀβραὰμ γένηται

E 2 11ªδιὸ μνημονεύετε ὅτι ποτὲ ὑμεῖς τὰ
ἔθνη ἐν σαρκί
3 1ªτούτου χάριν ἐγὼ Παῦλος ὁ δέ-
σμιος τοῦ Χριστοῦ Ἰησοῦ ([N²⁶];
—T) ὑπὲρ ὑμῶν τῶν ἐθνῶν
3 6ªεἶναι τὰ ἔθνη συγκληρονόμα καὶ
σύσσωμα καὶ συμμέτοχα τῆς ἐπ-
αγγελίας ... διὰ τοῦ εὐαγγελίου
3 8ªτοῖς (ἐν τ. ϛ) ἔθνεσιν εὐαγγελίσα-
σθαι τὸ ἀνεξιχνίαστον πλοῦτος
τοῦ Χριστοῦ

E 4 17[a] μηκέτι ὑμᾶς περιπατεῖν καθὼς καὶ τὰ ἔθνη περιπατεῖ ἐν ματαιότητι τοῦ νοὸς αὐτῶν
Cl 1 27[a] τί τὸ πλοῦτος τῆς δόξης τοῦ μυστηρίου τούτου ἐν τοῖς ἔθνεσιν
1Th 2 16[a] ⟨Ἰουδαίων⟩ κωλυόντων ἡμᾶς τοῖς ἔθνεσιν λαλῆσαι ἵνα σωθῶσιν
4 5[a] καθάπερ καὶ τὰ ἔθνη τὰ μὴ εἰδότα τὸν θεόν
1Tm 2 7[a] εἰς ὃ ἐτέθην ἐγὼ ... διδάσκαλος ἐθνῶν ἐν πίστει καὶ ἀληθείᾳ
3 16[a] ὃς ... ἐκηρύχθη ἐν ἔθνεσιν
2Tm 1 11[a]* εἰς ὃ ἐτέθην ἐγὼ κῆρυξ καὶ ἀπόστολος καὶ διδάσκαλος ἐθνῶν (+Vς)
4 17[b] ἵνα δι᾽ ἐμοῦ τὸ κήρυγμα πληροφορηθῇ καὶ ἀκούσωσιν πάντα τὰ ἔθνη
1Pt 2 9[f] ὑμεῖς δὲ γένος ἐκλεκτόν, βασίλειον ἱεράτευμα, ἔθνος ἅγιον, λαὸς εἰς περιποίησιν
2 12[a] τὴν ἀναστροφὴν ὑμῶν ἐν τοῖς ἔθνεσιν ἔχοντες καλήν
4 3[a] ἀρκετὸς γὰρ ὁ παρεληλυθὼς χρόνος τὸ βούλημα τῶν ἐθνῶν κατειργάσθαι
3Jo 7[a]* ὑπὲρ γὰρ τοῦ ὀνόματος ἐξῆλθον μηδὲν λαμβάνοντες ἀπὸ τῶν ἐθνῶν (ς; ἐθνικῶν rl)
Ap 2 26[a] δώσω αὐτῷ ἐξουσίαν ἐπὶ τῶν ἐθνῶν
5 9[f] ἠγόρασας ... ἐν τῷ αἵματί σου ἐκ πάσης φυλῆς καὶ γλώσσης καὶ λαοῦ καὶ ἔθνους
7 9[f] καὶ ἰδοὺ ὄχλος πολύς ... ἐκ παντὸς ἔθνους καὶ φυλῶν καὶ λαῶν καὶ γλωσσῶν
10 11[af] δεῖ σε πάλιν προφητεῦσαι ἐπὶ λαοῖς καὶ (+ἐπὶ T) ἔθνεσιν | καὶ γλώσσαις (—M) καὶ βασιλεῦσιν πολλοῖς
11 2[a] τὴν αὐλὴν ... ἔκβαλε ... ὅτι ἐδόθη τοῖς ἔθνεσιν
11 9[af] βλέπουσιν ἐκ τῶν λαῶν καὶ φυλῶν καὶ γλωσσῶν καὶ ἐθνῶν τὸ πτῶμα αὐτῶν
11 18[a] καὶ τὰ ἔθνη ὠργίσθησαν
12 5[b] ὃς μέλλει ποιμαίνειν πάντα τὰ ἔθνη ἐν ῥάβδῳ σιδηρᾷ
13 7[f] ἐδόθη αὐτῷ ἐξουσία ἐπὶ πᾶσαν φυλὴν καὶ λαὸν καὶ γλῶσσαν καὶ ἔθνος
14 6[f] εὐαγγελίσαι ... ἐπὶ πᾶν ἔθνος καὶ φυλὴν καὶ γλῶσσαν καὶ λαόν
14 8[b] Βαβυλὼν ἡ μεγάλη, ἣ ἐκ τοῦ οἴνου τοῦ θυμοῦ τῆς πορνείας αὐτῆς πεπότικεν πάντα τὰ (—ς) ἔθνη
15 3[a] δίκαιαι καὶ ἀληθιναὶ αἱ ὁδοί σου, ὁ βασιλεὺς τῶν ἐθνῶν (αἰώνων BH; ἁγίων ς)
15 4[b] ὅτι πάντα τὰ ἔθνη ἥξουσιν καὶ προσκυνήσουσιν ἐνώπιόν σου
16 19[a] αἱ πόλεις τῶν ἐθνῶν ἔπεσαν
17 15[af] τὰ ὕδατα ... λαοὶ καὶ ὄχλοι εἰσὶν καὶ ἔθνη καὶ γλῶσσαι
18 3[b] ὅτι ἐκ | τοῦ οἴνου [H] τοῦ θυμοῦ τῆς πορνείας αὐτῆς πέπωκαν (-κε ς; πεπτώκασιν B; πέπτωκαν H) πάντα τὰ ἔθνη
18 23[b] ὅτι ἐν τῇ φαρμακείᾳ σου ἐπλανήθησαν πάντα τὰ ἔθνη
19 15[a] ἵνα ἐν αὐτῇ πατάξῃ τὰ ἔθνη
20 3[a] ἵνα μὴ πλανήσῃ ἔτι τὰ ἔθνη
Ap 20 8[a] ἐξελεύσεται πλανῆσαι τὰ ἔθνη τὰ ἐν ταῖς τέσσαρσιν γωνίαις τῆς γῆς
21 24[a] περιπατήσουσιν τὰ ἔθνη διὰ τοῦ φωτὸς αὐτῆς
21 26[a] οἴσουσιν τὴν δόξαν καὶ τὴν τιμὴν τῶν ἐθνῶν εἰς αὐτήν
22 2[a] ⟨ἔδειξέν μοι⟩ ξύλον ζωῆς .. καὶ τὰ φύλλα τοῦ ξύλου εἰς θεραπείαν τῶν ἐθνῶν

ἔθος

a τὰ ἔθη
b κατὰ τὸ ἔθος
Lc 1 9[b] κατὰ τὸ ἔθος τῆς ἱερατείας ἔλαχε τοῦ θυμιᾶσαι
2 42[b] ἀναβαινόντων αὐτῶν κατὰ τὸ ἔθος τῆς ἑορτῆς ⟨ὑπέμεινεν Ἰησοῦς⟩
22 39[b] ἐξελθὼν ἐπορεύθη κατὰ τὸ ἔθος εἰς τὸ ὄρος τῶν ἐλαιῶν
Jo 19 40 καθὼς ἔθος ἐστὶν τοῖς Ἰουδαίοις ἐνταφιάζειν
Ac 6 14[a] Ἰησοῦς ... ἀλλάξει τὰ ἔθη ἃ παρέδωκεν ἡμῖν Μωϋσῆς
15 1 ἐὰν μὴ περιτμηθῆτε τῷ ἔθει τῷ Μωϋσέως, οὐ δύνασθε σωθῆναι
16 21[a] καταγγέλλουσιν ἔθη ἃ οὐκ ἔξεστιν ἡμῖν παραδέχεσθαι
21 21[a] λέγων μὴ περιτέμνειν αὐτοὺς τὰ τέκνα μηδὲ τοῖς ἔθεσιν περιπατεῖν
25 16 οὐκ ἔστιν ἔθος Ῥωμαίοις χαρίζεσθαί τινα ἄνθρωπον
26 3[a] μάλιστα γνώστην | ὄντα σε (∼T) πάντων τῶν κατὰ Ἰουδαίους ἐθῶν τε καὶ ζητημάτων
28 17[a] οὐδὲν ἐναντίον ποιήσας τῷ λαῷ ἢ τοῖς ἔθεσι τοῖς πατρῴοις, δέσμιος ... παρεδόθην
Hb 10 25 μὴ ἐγκαταλείποντες τὴν ἐπισυναγωγὴν ἑαυτῶν, καθὼς ἔθος τισίν, ἀλλὰ παρακαλοῦντες

ἔθω

→ εἴωθα

εἰ

→ εἴπερ, εἴτε
a εἰ ἄρα
b εἰ γάρ
c εἴ γε, εἴγε
d εἰ δέ
e εἰ δὲ μή
f εἰ δὲ μή γε
g εἰ δέ τις, τι
h εἰ μέν
j εἰ μὲν οὖν
k εἰ μή
l εἰ μήτι, εἰ μή τι
m εἰ οὖν
n εἴ πως, εἴπως
p εἴ τις, τι, εἴτις
q εἰ μήν
r c. opt.
Mt 4 3 εἰ υἱὸς εἶ τοῦ θεοῦ
4 6 εἰ υἱὸς εἶ τοῦ θεοῦ
5 13[k] εἰς οὐδὲν ἰσχύει ἔτι εἰ μὴ βληθὲν ἔξω καταπατεῖσθαι ὑπὸ τῶν ἀνθρώπων
5 29[d] εἰ δὲ ὁ ὀφθαλμός σου ὁ δεξιὸς σκανδαλίζει σε
5 30 εἰ ἡ δεξιά σου χεὶρ σκανδαλίζει σε
6 1[f] εἰ δὲ μή γε, μισθὸν οὐκ ἔχετε παρὰ τῷ πατρὶ ὑμῶν
6 23[m] εἰ οὖν τὸ φῶς τὸ ἐν σοὶ σκότος ἐστίν
6 30[d] εἰ δὲ τὸν χόρτον τοῦ ἀγροῦ ... ὁ θεὸς οὕτως ἀμφιέννυσιν
7 11[m] εἰ οὖν ὑμεῖς πονηροὶ ὄντες οἴδατε δόματα ἀγαθὰ διδόναι τοῖς τέκνοις ὑμῶν
Mt 8 31 εἰ ἐκβάλλεις ἡμᾶς, ἀπόστειλον ἡμᾶς εἰς τὴν ἀγέλην τῶν χοίρων
9 17[f] οὐδὲ βάλλουσιν οἶνον νέον εἰς ἀσκοὺς παλαιούς· εἰ δὲ μή γε, ῥήγνυνται οἱ ἀσκοί
10 25 εἰ τὸν οἰκοδεσπότην Βεελζεβοὺλ ἐπεκάλεσαν
11 14 καὶ εἰ θέλετε δέξασθαι, αὐτός ἐστιν Ἠλίας
11 21 ὅτι εἰ ἐν Τύρῳ καὶ Σιδῶνι ἐγένοντο αἱ δυνάμεις ... πάλαι ἂν ἐν σάκκῳ καὶ σποδῷ μετενόησαν
11 23 ὅτι εἰ ἐν Σοδόμοις ἐγενήθησαν αἱ δυνάμεις ... ἔμεινεν ἂν μέχρι τῆς σήμερον
11 27[k] οὐδεὶς ἐπιγινώσκει τὸν υἱὸν εἰ μὴ ὁ πατήρ, ↔
11 27[k] οὐδὲ τὸν πατέρα τις ἐπιγινώσκει εἰ μὴ ὁ υἱός
12 4[k] ὃ (οὓς MVSς) οὐκ ἐξὸν ἦν αὐτῷ φαγεῖν ... εἰ μὴ τοῖς ἱερεῦσιν μόνοις
12 7[d] εἰ δὲ ἐγνώκειτε τί ἐστιν ... οὐκ ἂν κατεδικάσατε τοὺς ἀναιτίους
12 10 ἐπηρώτησαν αὐτὸν λέγοντες· εἰ ἔξεστιν τοῖς σάββασιν θεραπεῦσαι (-εύειν MVBSHς);
12 24[k] οὗτος οὐκ ἐκβάλλει τὰ δαιμόνια εἰ μὴ ἐν τῷ Βεελζεβοὺλ ἄρχοντι τῶν δαιμονίων
12 26 εἰ ὁ σατανᾶς τὸν σατανᾶν ἐκβάλλει, ἐφ᾽ ἑαυτὸν ἐμερίσθη
12 27 εἰ ἐγὼ ἐν Βεελζεβοὺλ ἐκβάλλω τὰ δαιμόνια
12 28[d] εἰ δὲ ἐν πνεύματι θεοῦ ἐγὼ ἐκβάλλω τὰ δαιμόνια
12 39[k] σημεῖον οὐ δοθήσεται αὐτῇ εἰ μὴ τὸ σημεῖον Ἰωνᾶ τοῦ προφήτου
13 57[k] οὐκ ἔστιν προφήτης ἄτιμος εἰ μὴ ἐν τῇ (+ἰδίᾳ VST) πατρίδι (+αὐτοῦ ς)
14 17[k] οὐκ ἔχομεν ὧδε εἰ μὴ πέντε ἄρτους καὶ δύο ἰχθύας
14 28 εἰ σὺ εἶ, κέλευσόν με | ἐλθεῖν πρός σε (∼Sς) ἐπὶ τὰ ὕδατα
15 24[k] οὐκ ἀπεστάλην εἰ μὴ εἰς τὰ πρόβατα τὰ ἀπολωλότα οἴκου Ἰσραήλ
16 4[k] σημεῖον οὐ δοθήσεται αὐτῇ εἰ μὴ τὸ σημεῖον Ἰωνᾶ (+τοῦ προφήτου [V]ς)
16 24[p] εἴ τις θέλει ὀπίσω μου ἐλθεῖν, ἀπαρνησάσθω ἑαυτόν
17 4 εἰ θέλεις, ποιήσω (-σωμεν Vς) ὧδε τρεῖς σκηνάς
17 8[k] οὐδένα εἶδον εἰ μὴ αὐτὸν (τὸν VSTς; [αὐ]τὸν M) Ἰησοῦν μόνον
17 21[k]* | τοῦτο δὲ τὸ γένος οὐκ ἐκπορεύεται, εἰ μὴ ἐν προσευχῇ καὶ νηστείᾳ (+[M]VBς)
18 8[d] εἰ δὲ ἡ χείρ σου ἢ ὁ πούς σου σκανδαλίζει σε, ἔκκοψον αὐτόν
18 9 εἰ ὁ ὀφθαλμός σου σκανδαλίζει σε, ἔξελε αὐτόν
18 28[p] ἀπόδος εἴ (ὅ ς) τι ὀφείλεις
19 3 εἰ ἔξεστιν ἀνθρώπῳ (—NBSTH) ἀπολῦσαι τὴν γυναῖκα αὐτοῦ ⟨;⟩
19 9[k]* ὃς ἂν ἀπολύσῃ τὴν γυναῖκα αὐτοῦ εἰ (+ς) μὴ ἐπὶ πορνείᾳ ... μοιχᾶται
19 10 εἰ οὕτως ἐστὶν ἡ αἰτία τοῦ ἀνθρώπου ... οὐ συμφέρει γαμῆσαι
19 17[k]* | οὐδεὶς ἀγαθὸς εἰ μὴ εἷς ὁ θεός (ς; εἷς ἐστιν ὁ ἀγαθός rl)· ↔
19 17[d] εἰ δὲ θέλεις εἰς τὴν ζωὴν εἰσελθεῖν, τήρησον (τήρει NH) τὰς ἐντολάς

Mt 19 21 εἰ θέλεις τέλειος εἶναι, ὕπαγε
πώλησόν σου τὰ ὑπάρχοντα

21 19ᵏ οὐδὲν εὗρεν ἐν αὐτῇ εἰ μὴ φύλλα
μόνον

22 45ᵐ εἰ οὖν Δαυὶδ καλεῖ αὐτὸν κύριον,
πῶς υἱὸς αὐτοῦ ἐστιν;

23 30 εἰ ἤμεθα ἐν ταῖς ἡμέραις τῶν
πατέρων ἡμῶν, οὐκ ἂν ἤμεθα

24 22ᵏ εἰ μὴ ἐκολοβώθησαν αἱ ἡμέραι
ἐκεῖναι, οὐκ ἂν ἐσώθη πᾶσα σάρξ

24 24 δώσουσιν σημεῖα ... ὥστε πλανῆ-
σαι (-νᾶσθαι BSH; -νηθῆναι Τ),
εἰ δυνατόν, καὶ τοὺς ἐκλεκτούς

24 36ᵏ περὶ δὲ τῆς ἡμέρας ἐκείνης καὶ ὥρας
οὐδεὶς οἶδεν ... εἰ μὴ ὁ πατὴρ
(+μου [V]Sς) μόνος

24 43 ἤδει ὁ οἰκοδεσπότης ποίᾳ
φυλακῇ ὁ κλέπτης ἔρχεται, ἐγρη-
γόρησεν ἄν

26 24 καλὸν ἦν αὐτῷ εἰ οὐκ ἐγεννήθη ὁ
ἄνθρωπος ἐκεῖνος

26 33 εἰ πάντες σκανδαλισθήσονται ἐν
σοί, ἐγὼ οὐδέποτε σκανδαλισθήσο-
μαι

26 39 εἰ δυνατόν ἐστιν, παρελθάτω ἀπ'
ἐμοῦ τὸ ποτήριον τοῦτο

26 42 εἰ οὐ δύναται τοῦτο (+τὸ ποτή-
ριον Vς) παρελθεῖν ... γενηθήτω
τὸ θέλημά σου

26 63 ἵνα ἡμῖν εἴπῃς εἰ σὺ εἶ ὁ χριστὸς ὁ
υἱὸς τοῦ θεοῦ

27 40 σῶσον σεαυτόν, εἰ υἱὸς εἶ τοῦ θεοῦ,
καὶ ([N²⁶]; — MVSHς) κατάβηθι

27 42 * εἰ (+ς) βασιλεὺς Ἰσραήλ ἐστιν,
καταβάτω νῦν ἀπὸ τοῦ σταυροῦ

27 43 ῥυσάσθω νῦν (+αὐτὸν Vς) εἰ
θέλει αὐτόν

27 49 ἄφες ἴδωμεν εἰ ἔρχεται Ἠλίας
σώσων αὐτόν

Mc 2 7ᵏ τίς δύναται ἀφιέναι ἁμαρτίας εἰ
μὴ εἷς ὁ θεός;

2 21ᵉ οὐδεὶς ἐπίβλημα ῥάκους ἀγνάφου
ἐπιράπτει ... εἰ δὲ μή, αἴρει τὸ
πλήρωμα

2 22ᵉ οὐδεὶς βάλλει οἶνον νέον ... εἰ δὲ
μή, ῥήξει ὁ οἶνος τοὺς ἀσκούς

2 26ᵏ οὓς οὐκ ἔξεστιν φαγεῖν εἰ μὴ | τοὺς
ἱερεῖς (τοῖς ἱερεῦσιν MVBSς)

3 2 παρετήρουν αὐτὸν εἰ (+ἐν ΒΤ)
τοῖς σάββασιν θεραπεύσει (-εύει Τ)
αὐτόν

3 26 εἰ ὁ σατανᾶς ἀνέστη ἐφ' ἑαυτὸν ...
οὐ δύναται στῆναι

4 23ᵖ | εἴ τις (εἴτις ς) ἔχει ὦτα ἀκούειν
ἀκουέτω

5 37ᵏ οὐκ ἀφῆκεν οὐδένα μετ' αὐτοῦ
συνακολουθῆσαι εἰ μὴ τὸν Πέτρον

6 4ᵏ οὐκ ἔστιν προφήτης ἄτιμος εἰ μὴ ἐν
τῇ πατρίδι αὐτοῦ (ἑαυ. Τ)

6 5ᵏ οὐκ ἐδύνατο ἐκεῖ | ποιῆσαι οὐδε-
μίαν δύναμιν (~Sς), εἰ μὴ ὀλίγοις
ἀρρώστοις ἐπιθεὶς τὰς χεῖρας
ἐθεράπευσεν

6 8ᵏ ἵνα μηδὲν αἴρωσιν (ἄρωσιν S) εἰς
ὁδὸν εἰ μὴ ῥάβδον μόνον

7 16ᵖ * || εἴ τις (εἴτις ς) ἔχει ὦτα ἀκούειν
ἀκουέτω ((+MVBSς))

8 12 ἀμὴν λέγω ὑμῖν (—Η), εἰ δοθήσεται
τῇ γενεᾷ ταύτῃ σημεῖον

8 14ᵏ ἐπελάθοντο λαβεῖν ἄρτους, καὶ
εἰ μὴ ἕνα ἄρτον οὐκ εἶχον μεθ'
ἑαυτῶν ἐν τῷ πλοίῳ

8 23ᵖ ἐπηρώτα αὐτόν· εἴ τι βλέπεις
(βλέπει VSTς);

Mc 8 34ᵖ | εἴ τις (ὅστις Τς) θέλει ὀπίσω μου
ἀκολουθεῖν (ἐλθεῖν ΝΜΗς), ἀπαρ-
νησάσθω ἑαυτόν

9 8ᵏ * οὐκέτι οὐδένα εἶδον ||: εἰ μὴ
(ΝΗ; ἀλλὰ rl) τὸν Ἰησοῦν μόνον
μεθ' ἑαυτῶν ((~Η))

9 9ᵏ ἵνα μηδενὶ ἃ εἶδον διηγήσωνται,
εἰ μὴ ὅταν ὁ υἱὸς τοῦ ἀνθρώπου ...
ἀναστῇ

9 22ᵖ ἀλλ' εἴ τι δύνῃ, βοήθησον ἡμῖν

9 23 τὸ εἰ δύνῃ, πάντα δυνατὰ τῷ
πιστεύοντι

9 29ᵏ τοῦτο τὸ γένος ἐν οὐδενὶ δύναται
ἐξελθεῖν εἰ μὴ ἐν προσευχῇ

9 35ᵖ εἴ τις θέλει πρῶτος εἶναι, ἔσται
πάντων ἔσχατος

9 42 καλόν ἐστιν αὐτῷ μᾶλλον εἰ
περίκειται μύλος ὀνικὸς περὶ τὸν
τράχηλον αὐτοῦ

10 2 ἐπηρώτων αὐτὸν εἰ ἔξεστιν ἀνδρὶ
γυναῖκα ἀπολῦσαι

10 18ᵏ οὐδεὶς ἀγαθὸς εἰ μὴ εἷς ὁ θεός

11 13ᵃ ἰδὼν συκῆν ... ἦλθεν εἰ ἄρα τι
εὑρήσει ἐν αὐτῇ, ↔

11 13ᵏ καὶ ἐλθὼν ἐπ' αὐτὴν οὐδὲν εὗρεν
εἰ μὴ φύλλα

11 25ᵖ ἀφίετε | εἴ τι (εἴτι ς) ἔχετε κατά τινος

11 26ᵈ * | εἰ δὲ ὑμεῖς οὐκ ἀφίετε, οὐδὲ ὁ
πατὴρ ὑμῶν ... ἀφήσει τὰ παρα-
πτώματα ὑμῶν (+VBς)

13 20ᵏ εἰ μὴ ἐκολόβωσεν κύριος τὰς
ἡμέρας, οὐκ ἂν ἐσώθη πᾶσα σάρξ

13 22 δώσουσιν (ποιήσουσιν ΝΒΤ)
σημεῖα ... πρὸς τὸ ἀποπλανᾶν, εἰ
δυνατόν, τοὺς ἐκλεκτούς

13 32ᵏ περὶ δὲ τῆς ἡμέρας ἐκείνης ἢ τῆς
ὥρας οὐδεὶς οἶδεν ... εἰ μὴ ὁ πατὴρ

14 21 καλὸν (+ἦν MVBSς) αὐτῷ εἰ
οὐκ ἐγεννήθη ὁ ἄνθρωπος ἐκεῖνος

14 29 εἰ καὶ πάντες σκανδαλισθήσονται,
ἀλλ' οὐκ ἐγώ

14 35 προσηύχετο ἵνα εἰ δυνατόν ἐστιν
παρέλθῃ ἀπ' αὐτοῦ ἡ ὥρα

15 36 ἄφετε ἴδωμεν εἰ ἔρχεται Ἠλίας
καθελεῖν αὐτόν

15 44 ὁ δὲ Πιλᾶτος ἐθαύμασεν (-ζεν Τ) εἰ
ἤδη τέθνηκεν

15 44 ἐπηρώτησεν αὐτὸν εἰ πάλαι (ἤδη
ΒΗ) ἀπέθανεν

Lc 4 3 εἰ υἱὸς εἶ τοῦ θεοῦ, εἰπὲ τῷ λίθῳ
τούτῳ

4 9 εἰ υἱὸς εἶ τοῦ θεοῦ, βάλε σεαυτὸν
ἐντεῦθεν κάτω

4 26ᵏ πρὸς οὐδεμίαν αὐτῶν ἐπέμφθη
Ἠλίας εἰ μὴ εἰς Σάρεπτα ... πρὸς
γυναῖκα χήραν

4 27ᵏ οὐδεὶς αὐτῶν ἐκαθαρίσθη εἰ μὴ
Ναιμὰν ὁ Σύρος

5 21ᵏ τίς δύναται ἁμαρτίας ἀφεῖναι
(ἀφιέναι VBSς) εἰ μὴ μόνος ὁ
θεός;

5 36ᵉ οὐδεὶς ἐπίβλημα ... ἐπιβάλλει ...
εἰ δὲ μή γε, καὶ τὸ καινὸν σχίσει

5 37ᵉ οὐδεὶς βάλλει οἶνον νέον εἰς ἀσκοὺς
παλαιούς· εἰ δὲ μή γε, ῥήξει ὁ οἶνος
ὁ νέος τοὺς ἀσκούς

6 4ᵏ οὓς οὐκ ἔξεστιν φαγεῖν εἰ μὴ μόνους
τοὺς ἱερεῖς

6 7 παρετηροῦντο δὲ αὐτὸν (—VST)
... εἰ ἐν τῷ σαββάτῳ θεραπεύει

6 9 ἐπερωτῶ (-τήσω Vς) ὑμᾶς εἰ (τί
VSς) ἔξεστιν τῷ σαββάτῳ ἀγα-
θοποιῆσαι

6 32 εἰ ἀγαπᾶτε τοὺς ἀγαπῶντας
ὑμᾶς, ποία ὑμῖν χάρις ἐστίν;

Lc 7 39 οὗτος εἰ ἦν [+ὁ ΝΗ] προφήτης,
ἐγίνωσκεν ἄν

8 51ᵏ οὐκ ἀφῆκεν εἰσελθεῖν τινα σὺν
αὐτῷ εἰ μὴ Πέτρον

9 13ˡ οὐκ εἰσὶν ἡμῖν πλεῖον ἢ | ἄρτοι
πέντε (~VBSς) καὶ ἰχθύες δύο,
εἰ μήτι πορευθέντες ἡμεῖς ἀγοράσω-
μεν ... βρώματα

9 23ᵖ εἴ τις θέλει ὀπίσω μου ἔρχεσθαι,
ἀρνησάσθω ἑαυτόν

10 6ʳ ἐπαναπαήσεται (-παύσεται VBSς)
ἐπ' αὐτὸν ἡ εἰρήνη ὑμῶν· εἰ δὲ μή
γε, ἐφ' ὑμᾶς ἀνακάμψει

10 13 ὅτι εἰ ἐν Τύρῳ καὶ Σιδῶνι ἐγενήθη-
σαν αἱ δυνάμεις ... πάλαι ἂν ...
μετενόησαν

10 22ᵏ οὐδεὶς γινώσκει τίς ἐστιν ὁ υἱὸς εἰ
μὴ ὁ πατήρ, ↔

10 22ᵏ καὶ τίς ἐστιν ὁ πατὴρ εἰ μὴ ὁ υἱός

11 8 εἰ καὶ οὐ δώσει αὐτῷ ἀναστὰς ...
ἐγερθεὶς δώσει αὐτῷ

11 11 * αἰτήσει | ὁ υἱὸς (—S) || ἄρτον,
μὴ λίθον ἐπιδώσει αὐτῷ; | εἰ καὶ
(ς; ἢ καὶ ΒΤ; ἢ MVS) ((—N²⁶ΝΗ))
ἰχθύν, καὶ (Ν²⁶; μὴ rl) ἀντὶ ἰχθύος
ὄφιν ⟨;⟩

11 13ᵐ εἰ οὖν ὑμεῖς πονηροὶ ὑπάρχοντες
οἴδατε δόματα ἀγαθὰ διδόναι

11 18ᵈ εἰ δὲ καὶ ὁ σατανᾶς ἐφ' ἑαυτὸν
διεμερίσθη

11 19ᵈ εἰ δὲ ἐγὼ ἐν Βεελζεβοὺλ ἐκβάλλω
τὰ δαιμόνια

11 20ᵈ εἰ δὲ ἐν δακτύλῳ θεοῦ ἐγὼ (+
[N²⁶ΝVΗ]Μ) ἐκβάλλω τὰ δαι-
μόνια

11 29ᵏ σημεῖον οὐ δοθήσεται αὐτῇ εἰ
μὴ τὸ σημεῖον Ἰωνᾶ (+τοῦ
προφήτου Vς)

11 36ᵐ εἰ οὖν τὸ σῶμά σου ὅλον φωτεινὸν

12 26ᵐ εἰ οὖν οὐδὲ ἐλάχιστον δύνασθε,
τί ... μεριμνᾶτε;

12 28ᵈ εἰ δὲ ἐν ἀγρῷ τὸν χόρτον ὄντα ...
ὁ θεὸς οὕτως ἀμφιέζει (ἀμφιέννυσιν
Vς)

12 39 εἰ ᾔδει ὁ οἰκοδεσπότης ποίᾳ ὥρᾳ ὁ
κλέπτης ἔρχεται, | ἐγρηγόρησεν
ἂν καὶ (+VB[S]Ης) οὐκ ἂν
(—VBSH) ἀφῆκεν

12 49 πῦρ ἦλθον βαλεῖν ἐπὶ τὴν γῆν,
καὶ τί θέλω εἰ ἤδη ἀνήφθη

13 9ʳ κἂν μὲν ποιήσῃ καρπὸν | εἰς τὸ
μέλλον· εἰ δὲ μή γε (~Μς),
ἐκκόψεις αὐτήν

13 23 εἶπεν δέ τις αὐτῷ· κύριε, εἰ ὀλίγοι
οἱ σωζόμενοι;

14 3 * λέγων· εἰ (+Vς) ἔξεστιν τῷ
σαββάτῳ θεραπεῦσαι ἢ οὔ;

14 26ᵖ | εἴ τις (εἴτις ς) ἔρχεται πρός με καὶ
οὐ μισεῖ τὸν πατέρα ἑαυτοῦ (αὐτ.
ΝΜVΒΤ)

14 28 τίς γὰρ ... θέλων πύργον οἰκοδο-
μῆσαι οὐχὶ ... ψηφίζει τὴν δαπά-
νην, εἰ ἔχει εἰς ἀπαρτισμόν;

14 31 ἢ τίς βασιλεὺς ... οὐχὶ ... βου-
λεύσεται (-εύεται Vς) εἰ δυνατός
ἐστιν ἐν δέκα χιλιάσιν ὑπαντῆσαι
τῷ ... ἐρχομένῳ ἐπ' αὐτόν; ↔

14 32ʳ εἰ δὲ μή γε ... πρεσβείαν ἀποστεί-
λας ἐρωτᾷ τὰ (—Η) πρὸς εἰρήνην

16 11ᵐ εἰ οὖν ἐν τῷ ἀδίκῳ μαμωνᾷ πιστοὶ
οὐκ ἐγένεσθε

16 12 εἰ ἐν τῷ ἀλλοτρίῳ πιστοὶ οὐκ
ἐγένεσθε

16 31 εἰ Μωϋσέως καὶ τῶν προφητῶν
οὐκ ἀκούουσιν

Lc 17 2 λυσιτελεῖ αὐτῷ εἰ λίθος μυλικὸς περίκειται περὶ τὸν τράχηλον αὐτοῦ

17 6 εἰ ἔχετε (εἴχ. ς) πίστιν ὡς κόκκον σινάπεως, ἐλέγετε ἂν τῇ συκαμίνῳ ταύτῃ ([Ν²⁶Η]; —S)

17 18ᵏ οὐχ εὑρέθησαν ὑποστρέψαντες δοῦναι δόξαν τῷ θεῷ εἰ μὴ ὁ ἀλλογενὴς οὗτος;

18 4 εἰ καὶ τὸν θεὸν οὐ φοβοῦμαι ⟨ἐκδικήσω αὐτήν⟩

18 19ᵏ οὐδεὶς ἀγαθὸς εἰ μὴ εἷς ὁ ([ΝΗ]; —Τ) θεός

19 8ᵖ εἴ τινός τι ἐσυκοφάντησα, ἀποδίδωμι τετραπλοῦν

19 42 εἰ ἔγνως | ἐν τῇ ἡμέρᾳ ταύτῃ καὶ σύ (~ Β; καὶ σὺ καίγε ἐν τῇ ἡ. σου τ. VΤς) τὰ πρὸς εἰρήνην (+ σου Τς)

22 42 πάτερ, εἰ βούλει παρένεγκε (-έγκαι Τ; -εγκεῖν Sς) τοῦτο τὸ ποτήριον ἀπ' ἐμοῦ

22 49 κύριε, εἰ πατάξομεν ἐν μαχαίρῃ;

22 67 εἰ σὺ εἶ ὁ χριστός, εἰπὸν (εἰπὲ VSς) ἡμῖν

23 6 ἐπηρώτησεν εἰ ὁ [Η] ἄνθρωπος Γαλιλαῖός ἐστιν

23 31 ὅτι εἰ ἐν τῷ (—ΝΗ) ὑγρῷ ξύλῳ ταῦτα ποιοῦσιν

23 35 σωσάτω ἑαυτόν, εἰ οὗτός ἐστιν ὁ χριστὸς τοῦ θεοῦ

23 37 εἰ σὺ εἶ ὁ βασιλεὺς τῶν Ἰουδαίων, σῶσον σεαυτόν

23 39 * | εἰ σὺ εἶ ὁ χριστός (ς; οὐχὶ σὺ ὁ χ.; r1), σῶσον σεαυτὸν καὶ ἡμᾶς

Jo 1 25 τί οὖν βαπτίζεις εἰ σὺ οὐκ εἶ ὁ χριστός ⟨;⟩

3 12 εἰ τὰ ἐπίγεια εἶπον ὑμῖν καὶ οὐ πιστεύετε

3 13ᵏ οὐδεὶς ἀναβέβηκεν εἰς τὸν οὐρανὸν εἰ μὴ ὁ ἐκ τοῦ οὐρανοῦ καταβάς

4 10 εἰ ᾔδεις τὴν δωρεὰν τοῦ θεοῦ ... σὺ ἂν ᾔτησας αὐτόν

5 46ᵇ εἰ γὰρ ἐπιστεύετε Μωϋσεῖ, ἐπιστεύετε ἂν ἐμοί

5 47ᵈ εἰ δὲ τοῖς ἐκείνου γράμμασιν οὐ πιστεύετε

6 22ᵏ πλοιάριον ἄλλο οὐκ ἦν ἐκεῖ εἰ μὴ ἕν

6 46ᵏ οὐχ ὅτι τὸν πατέρα ἑώρακέν τις, εἰ μὴ ὁ ὢν παρὰ τοῦ [Η] θεοῦ

7 4 εἰ ταῦτα ποιεῖς, φανέρωσον σεαυτὸν τῷ κόσμῳ

7 23 εἰ περιτομὴν λαμβάνει [+ὁ ΝΗ] ἄνθρωπος ἐν σαββάτῳ

8 19 εἰ ἐμὲ ᾔδειτε, καὶ τὸν πατέρα μου ἂν ᾔδειτε

8 39 εἰ τέκνα τοῦ Ἀβραάμ ἐστε (ἦτε Vς), τὰ ἔργα τοῦ Ἀβραὰμ ἐποιεῖτε (Ν²⁶ΒΤ; ἐ. ἂν MVSς; ποιεῖτε ΝΗ)

8 42 εἰ ὁ θεὸς πατὴρ ὑμῶν ἦν, ἠγαπᾶτε ἂν ἐμέ

8 46 εἰ ἀλήθειαν λέγω, διὰ τί ὑμεῖς οὐ πιστεύετέ μοι;

9 25 εἰ ἁμαρτωλός ἐστιν οὐκ οἶδα

9 33ᵏ εἰ μὴ ἦν οὗτος παρὰ θεοῦ, οὐκ ἠδύνατο ποιεῖν οὐδέν

9 41 εἰ τυφλοὶ ἦτε, οὐκ ἂν εἴχετε ἁμαρτίαν

10 10ᵏ ὁ κλέπτης οὐκ ἔρχεται εἰ μὴ ἵνα κλέψῃ

10 24 εἰ σὺ εἶ ὁ χριστός, εἰπὲ (εἰπὸν ΝΤΗ) ἡμῖν παρρησίᾳ

10 35 εἰ ἐκείνους εἶπεν θεοὺς πρὸς οὓς ὁ λόγος | τοῦ θεοῦ ἐγένετο (~Τ)

Jo 10 37 εἰ οὐ ποιῶ τὰ ἔργα τοῦ πατρός μου, μὴ πιστεύετέ μοι· ↔

10 38ᵈ εἰ δὲ ποιῶ ... τοῖς ἔργοις πιστεύετε (-τεύσατε Sς)

11 12 εἰ κεκοίμηται, σωθήσεται

11 21 εἰ ἦς ὧδε, || οὐκ ἂν ἀπέθανεν (ἐτεθνήκει Sς) ὁ ἀδελφός μου ((~ Sς))

11 32 εἰ ἦς ὧδε, οὐκ ἄν μου ἀπέθανεν ὁ ἀδελφός

13 10ᵏ ὁ λελουμένος | οὐκ ἔχει χρείαν (~Vς) || : εἰ μὴ (ἢ ς) τοὺς πόδας (([ΝΗ]; —Τ)) νίψασθαι

13 14ᵐ εἰ οὖν ἐγὼ ἔνιψα ὑμῶν τοὺς πόδας ὁ κύριος

13 17 εἰ ταῦτα οἴδατε, μακάριοί ἐστε ἐὰν ποιῆτε αὐτά

13 32 | εἰ ὁ θεὸς ἐδοξάσθη ἐν αὐτῷ ([Ν²⁶S]; —Η)

14 2ᵉ ἐν τῇ οἰκίᾳ τοῦ πατρός μου μοναὶ πολλαί εἰσιν· εἰ δὲ μή, εἶπον ἂν ὑμῖν

14 6ᵏ οὐδεὶς ἔρχεται πρὸς τὸν πατέρα εἰ μὴ δι' ἐμοῦ. ↔

14 7 εἰ ἐγνώκατέ (-κειτέ ΝMVSHς) με (ἐμέ Τ), καὶ τὸν πατέρα μου γνώσεσθε (ἂν ᾔδειτε ΝΜVΗ; ἐγνώκειτε ἂν Sς)

14 11ᵉ εἰ δὲ μή, διὰ τὰ ἔργα αὐτὰ πιστεύετε (+μοι Vς)

14 28 εἰ ἠγαπᾶτέ με, ἐχάρητε ἂν

15 18 εἰ ὁ κόσμος ὑμᾶς μισεῖ, γινώσκετε

15 19 εἰ ἐκ τοῦ κόσμου ἦτε, ὁ κόσμος ἂν τὸ ἴδιον ἐφίλει

15 20 εἰ ἐμὲ ἐδίωξαν, καὶ ὑμᾶς διώξουσιν· ↔

15 20 εἰ τὸν λόγον μου ἐτήρησαν, καὶ τὸν ὑμέτερον τηρήσουσιν

15 22ᵏ εἰ μὴ ἦλθον καὶ ἐλάλησα αὐτοῖς, ἁμαρτίαν οὐκ εἴχοσαν (εἶχον Vς)

15 24 εἰ τὰ ἔργα μὴ ἐποίησα ἐν αὐτοῖς ... ἁμαρτίαν οὐκ εἴχοσαν (εἶχον Vς)

17 12ᵏ οὐδεὶς ἐξ αὐτῶν ἀπώλετο εἰ μὴ ὁ υἱὸς τῆς ἀπωλείας

18 8ᵐ εἰ οὖν ἐμὲ ζητεῖτε, ἄφετε τούτους ὑπάγειν

18 23 εἰ κακῶς ἐλάλησα, μαρτύρησον περὶ τοῦ κακοῦ· ↔

18 23ᵈ εἰ δὲ καλῶς, τί με δέρεις;

18 30ᵏ εἰ μὴ ἦν οὗτος | κακὸν ποιῶν (κακοποιός Vς), οὐκ ἄν σοι παρεδώκαμεν αὐτόν

18 36 εἰ ἐκ τοῦ κόσμου τούτου ἦν ἡ | βασιλεία ἡ ἐμή (ἐ. β. S), οἱ ὑπηρέται || οἱ ἐμοὶ ἠγωνίζοντο ἂν [Ν²⁶] ((~ ΝΜVΤς))

19 11ᵏ οὐκ εἶχες (ἔχεις ΒST) ἐξουσίαν κατ' ἐμοῦ οὐδεμίαν εἰ μὴ ἦν δεδομένον σοι ἄνωθεν

19 15ᵏ οὐκ ἔχομεν βασιλέα εἰ μὴ Καίσαρα

20 15 εἰ σὺ ἐβάστασας αὐτόν, εἰπέ μοι ποῦ ἔθηκας αὐτόν

Ac 1 6 ἠρώτων αὐτὸν λέγοντες· κύριε, εἰ ἐν τῷ χρόνῳ τούτῳ ἀποκαθιστάνεις τὴν βασιλείαν τῷ Ἰσραήλ;

4 9 εἰ ἡμεῖς σήμερον ἀνακρινόμεθα ἐπὶ εὐεργεσίᾳ ἀνθρώπου ἀσθενοῦς

4 19 εἰ δίκαιόν ἐστιν ἐνώπιον τοῦ θεοῦ ... κρίνατε

5 8 εἰπέ μοι, εἰ τοσούτου τὸ χωρίον ἀπέδοσθε;

5 39ᵈ εἰ δὲ ἐκ θεοῦ ἐστιν, οὐ δυνήσεσθε καταλῦσαι αὐτούς

7 1 εἶπεν δὲ ὁ ἀρχιερεύς· εἰ ταῦτα οὕτως ἔχει;

8 22ᵃ δεήθητι τοῦ κυρίου εἰ ἄρα ἀφεθήσεταί σοι ἡ ἐπίνοια τῆς καρδίας σου

Ac 8 37 * | εἰ πιστεύεις ἐξ ὅλης τῆς καρδίας, ἔξεστιν (.. +ς ..)

10 18 φωνήσαντες ἐπυνθάνοντο (ἐπύθοντο Η) εἰ Σίμων ὁ ἐπικαλούμενος Πέτρος ἐνθάδε ξενίζεται

11 17ᵐ εἰ οὖν τὴν ἴσην δωρεὰν ἔδωκεν αὐτοῖς ὁ θεὸς ὡς καὶ ἡμῖν

11 19ᵏ μηδενὶ λαλοῦντες τὸν λόγον εἰ μὴ μόνον Ἰουδαίοις

13 15ᵖ εἴ τίς ἐστιν ἐν ὑμῖν λόγος παρακλήσεως ... λέγετε

16 15 εἰ κεκρίκατέ με πιστὴν τῷ κυρίῳ εἶναι, εἰσελθόντες ... μένετε (μείνατε VSς)

17 11ʳ τὸ ([ΝSΗ]; —Ν²⁶Τ) καθ' ἡμέραν ἀνακρίνοντες τὰς γραφὰς εἰ ἔχοι ταῦτα οὕτως

17 27ᵃʳ ζητεῖν τὸν θεόν, εἰ ἄρα γε ψηλαφήσειαν αὐτὸν καὶ εὕροιεν

18 14ʰ εἰ μὲν ἦν ἀδίκημά τι ... κατὰ λόγον ἂν ἀνεσχόμην ὑμῶν· ↔

18 15ᵈ εἰ δὲ ζητήματά ἐστιν περὶ λόγου ... ὄψεσθε αὐτοί

19 2 εἶπέν τε πρὸς αὐτούς· εἰ πνεῦμα ἅγιον ἐλάβετε πιστεύσαντες; ↔

19 2 οἱ δὲ πρὸς αὐτόν· ἀλλ' οὐδ' εἰ πνεῦμα ἅγιον ἔστιν ἠκούσαμεν

19 38ʲ εἰ μὲν οὖν Δημήτριος καὶ οἱ ... τεχνῖται ἔχουσι πρός τινα λόγον

19 39ᵍ εἰ δέ τι περαιτέρω (περὶ ἑτέρων Τς) ἐπιζητεῖτε, ἐν τῇ ἐννόμῳ ἐκκλησίᾳ ἐπιλυθήσεται

20 16ʳ εἰ δυνατὸν εἴη αὐτῷ ... γενέσθαι εἰς Ἱεροσόλυμα

21 25ᵏ κρίναντες | μηδὲν τοιοῦτον τηρεῖν αὐτοὺς εἰ μὴ (+ς) φυλάσσεσθαι αὐτούς

21 37 λέγει ... εἰ ἔξεστίν μοι εἰπεῖν τι πρὸς σέ;

22 25 εἶπεν ... εἰ ἄνθρωπον Ῥωμαῖον καὶ ἀκατάκριτον ἔξεστιν ὑμῖν μαστίζειν;

22 27 * λέγε μοι, εἰ (+ς) σὺ Ῥωμαῖος εἶ;

23 9ᵈ εἰ δὲ πνεῦμα ἐλάλησεν αὐτῷ ἢ ἄγγελος (+μὴ θεομαχῶμεν ς)

24 19ᵖʳ οὓς ἔδει... κατηγορεῖν εἴ τι ἔχοιεν πρὸς ἐμέ (με Sς). ↔

24 20ᵖ * ἢ αὐτοὶ οὗτοι εἰπάτωσαν | εἴ τι (ς; τί r1) εὗρον ἀδίκημα στάντος μου ἐπὶ τοῦ συνεδρίου

25 5ᵖ εἴ τί ἐστιν ἐν τῷ ἀνδρὶ ἄτοπον, κατηγορείτωσαν αὐτοῦ

25 11ʲ εἰ μὲν οὖν ἀδικῶ ... οὐ παραιτοῦμαι τὸ ἀποθανεῖν· ↔

25 11ᵃ εἰ δὲ οὐδέν ἐστιν ... οὐδείς με δύναται αὐτοῖς χαρίσασθαι

25 20ʳ ἔλεγον εἰ βούλοιτο πορεύεσθαι εἰς Ἱεροσόλυμα

26 8 τί ἄπιστον κρίνεται παρ' ὑμῖν εἰ ὁ θεὸς νεκροὺς ἐγείρει;

26 23 ⟨οὐδὲν ἐκτὸς λέγων ὧν τε οἱ προφῆται ἐλάλησαν⟩ εἰ παθητὸς ὁ χριστός, ↔

26 23 εἰ πρῶτος ἐξ ἀναστάσεως νεκρῶν φῶς μέλλει καταγγέλλειν ... τοῖς ἔθνεσιν

26 32ᵏ ἀπολελύσθαι ἐδύνατο ὁ ἄνθρωπος οὗτος εἰ μὴ ἐπεκέκλητο Καίσαρα

27 12ⁿʳ εἴ πως (εἴπως Τς) δύναιντο καταντήσαντες εἰς Φοίνικα παραχειμάσαι

27 39ʳ εἰς ὃν ἐβουλεύοντο εἰ δύναιντο ἐξῶσαι (ἐκσῶσαι Η) τὸ πλοῖον

Rm 1 10ⁿ δεόμενος εἴ πως (εἴπως Τς) ἤδη ποτὲ εὐοδωθήσομαι ... ἐλθεῖν πρὸς ὑμᾶς

Rm 2 17d | εἰ δὲ (ἴδε ς) σὺ Ἰουδαῖος ἐπονο-
μάζῃ καὶ ἐπαναπαύῃ νόμῳ

3 3 εἰ ἠπίστησάν τινες, μὴ ἡ ἀπιστία
αὐτῶν τὴν πίστιν τοῦ θεοῦ κατ-
αργήσει;

3 5d εἰ δὲ ἡ ἀδικία ἡμῶν θεοῦ δικαιοσύ-
νην συνίστησιν, τί ἐροῦμεν;

3 7bd εἰ δὲ (γὰρ VBSς) ἡ ἀλήθεια τοῦ
θεοῦ . . . ἐπερίσσευσεν εἰς τὴν δό-
ξαν αὐτοῦ

4 2b εἰ γὰρ Ἀβραὰμ ἐξ ἔργων ἐδικαιώ-
θη, ἔχει καύχημα

4 14b εἰ γὰρ οἱ ἐκ νόμου κληρονόμοι,
κεκένωται ἡ πίστις

5 6c * | εἴ γε (NH; ἔτι γὰρ rl) Χριστὸς
ὄντων ἡμῶν ἀσθενῶν . . . ὑπὲρ
ἀσεβῶν ἀπέθανεν

5 10b εἰ γὰρ ἐχθροὶ ὄντες κατηλλάγη-
μεν τῷ θεῷ

5 15b εἰ γὰρ τῷ τοῦ ἑνὸς παραπτώματι
οἱ πολλοὶ ἀπέθανον

5 17b εἰ γὰρ τῷ τοῦ ἑνὸς παραπτώματι
ὁ θάνατος ἐβασίλευσεν διὰ τοῦ
ἑνός

6 5b εἰ γὰρ σύμφυτοι γεγόναμεν τῷ
ὁμοιώματι τοῦ θανάτου αὐτοῦ

6 8d εἰ δὲ ἀπεθάνομεν σὺν Χριστῷ,
πιστεύομεν ὅτι καὶ συζήσομεν αὐ-
τῷ

7 7k ἀλλὰ τὴν ἁμαρτίαν οὐκ ἔγνων εἰ
μὴ διὰ νόμου · ↔

7 7k τήν τε γὰρ ἐπιθυμίαν οὐκ ᾔδειν εἰ
μὴ ὁ νόμος ἔλεγεν

7 16d εἰ δὲ ὃ οὐ θέλω τοῦτο ποιῶ, σύμ-
φημι τῷ νόμῳ

7 20d εἰ δὲ ὃ οὐ θέλω ἐγὼ ([N²⁶]; —H)
τοῦτο ποιῶ

8 9g εἰ δέ τις πνεῦμα Χριστοῦ οὐκ ἔχει,
οὗτος οὐκ ἔστιν αὐτοῦ. ↔

8 10d εἰ δὲ Χριστὸς ἐν ὑμῖν, τὸ μὲν σῶμα
νεκρὸν διὰ ἁμαρτίαν

8 11d εἰ δὲ τὸ πνεῦμα τοῦ ἐγείραντος τὸν
([VS]; —ς) Ἰησοῦν . . . οἰκεῖ ἐν
ὑμῖν

8 13b εἰ γὰρ κατὰ σάρκα ζῆτε, μέλλετε
ἀποθνῄσκειν· ↔

8 13d εἰ δὲ πνεύματι τὰς πράξεις τοῦ
σώματος θανατοῦτε, ζήσεσθε

8 17d ⟨ὅτι ἐσμὲν τέκνα θεοῦ⟩ εἰ δὲ τέκνα,
καὶ κληρονόμοι

8 25d εἰ δὲ ὃ οὐ βλέπομεν ἐλπίζομεν . . .
ἀπεκδεχόμεθα

8 31 εἰ ὁ θεὸς ὑπὲρ ἡμῶν, τίς καθ᾽ ἡμῶν;

9 22d εἰ δὲ θέλων ὁ θεὸς ἐνδείξασθαι
τὴν ὀργὴν . . . αὐτοῦ ἤνεγκεν ἐν
πολλῇ μακροθυμίᾳ

9 29k εἰ μὴ κύριος σαβαὼθ ἐγκατέλιπεν
ἡμῖν σπέρμα, ὡς Σόδομα ἂν ἐγε-
νήθημεν

11 6d ⟨λεῖμμα . . . χάριτος γέγονεν⟩ εἰ
δὲ χάριτι, οὐκέτι ἐξ ἔργων

11 6d * | εἰ δὲ ἐξ ἔργων, οὐκέτι ἐστὶν χά-
ρις (+[S]ς . .)

11 12d εἰ δὲ τὸ παράπτωμα αὐτῶν πλοῦ-
τος κόσμου . . . πόσῳ μᾶλλον τὸ
πλήρωμα αὐτῶν

11 14n ⟨τὴν διακονίαν μου δοξάζω⟩ | εἴ
πως (εἴπως T) παραζηλώσω μου
τὴν σάρκα

11 15b εἰ γὰρ ἡ ἀποβολὴ αὐτῶν καταλλα-
γὴ κόσμου, ↔

11 15k τίς ἡ πρόσλημψις εἰ μὴ ζωὴ ἐκ
νεκρῶν; ↔

11 16d εἰ δὲ ἡ ἀπαρχὴ ἁγία, καὶ τὸ φύρα-
μα· ↔

Rm 11 16 καὶ εἰ ἡ ῥίζα ἁγία, καὶ οἱ κλάδοι. ↔

11 17g εἰ δέ τινες τῶν κλάδων ἐξεκλάσθη-
σαν ⟨μὴ κατακαυχῶ τῶν κλάδων⟩·
↔

11 18d εἰ δὲ κατακαυχᾶσαι, οὐ σὺ τὴν
ῥίζαν βαστάζεις

11 21b εἰ γὰρ ὁ θεὸς τῶν κατὰ φύσιν
κλάδων οὐκ ἐφείσατο

11 24b εἰ γὰρ σὺ ἐκ τῆς κατὰ φύσιν ἐξ-
εκόπης ἀγριελαίου

12 18 εἰ δυνατόν, τὸ ἐξ ὑμῶν, μετὰ
πάντων ἀνθρώπων εἰρηνεύοντες

13 1k οὐ γὰρ ἔστιν ἐξουσία εἰ μὴ ὑπὸ
θεοῦ

13 8k μηδενὶ μηδὲν ὀφείλετε, εἰ μὴ τὸ
ἀλλήλους ἀγαπᾶν

13 9p καὶ εἴ τις ἑτέρα ἐντολή, ἐν τῷ λόγῳ
τούτῳ ἀνακεφαλαιοῦται

14 14k εἰ μὴ τῷ λογιζομένῳ τι κοινὸν
εἶναι, ἐκείνῳ κοινόν. ↔

14 15b εἰ γὰρ διὰ βρῶμα ὁ ἀδελφός σου
λυπεῖται, οὐκέτι κατὰ ἀγάπην
περιπατεῖς

15 27b εἰ γὰρ τοῖς πνευματικοῖς αὐτῶν
ἐκοινώνησαν τὰ ἔθνη

1 C 1 14k οὐδένα ὑμῶν ἐβάπτισα εἰ μὴ Κρί-
σπον καὶ Γάϊον

1 16p λοιπὸν οὐκ οἶδα εἴ τινα ἄλλον
ἐβάπτισα

2 2k οὐ γὰρ ἔκρινά | τι εἰδέναι (~ Tς)
ἐν ὑμῖν εἰ μὴ Ἰησοῦν Χριστόν

2 8b εἰ γὰρ ἔγνωσαν, οὐκ ἂν τὸν
κύριον τῆς δόξης ἐσταύρωσαν

2 11k τίς γὰρ οἶδεν ἀνθρώπων . . . εἰ μὴ
τὸ πνεῦμα τοῦ ἀνθρώπου ⟨;⟩

2 11k τὰ τοῦ θεοῦ οὐδεὶς ἔγνωκεν εἰ μὴ
τὸ πνεῦμα τοῦ θεοῦ

3 12g εἰ δέ τις ἐποικοδομεῖ ἐπὶ τὸν
θεμέλιον (+τοῦτον [MS]ς)

3 14p εἴ τινος τὸ ἔργον μενεῖ . . . μισθὸν
λήμψεται· ↔

3 15p εἴ τινος τὸ ἔργον κατακαήσεται,
ζημιωθήσεται

3 17p εἴ τις τὸν ναὸν τοῦ θεοῦ φθείρει,
φθερεῖ τοῦτον ὁ θεός

3 18p εἴ τις δοκεῖ σοφὸς εἶναι ἐν ὑμῖν . . .
μωρὸς γενέσθω

4 7d δὲ καὶ ἔλαβες, τί καυχᾶσαι ὡς
μὴ λαβών;

6 2 εἰ ἐν ὑμῖν κρίνεται ὁ κόσμος,
ἀνάξιοί ἐστε ⟨;⟩

7 5l μὴ ἀποστερεῖτε ἀλλήλους, εἰ μήτι
ἂν [H] ἐκ συμφώνου πρὸς καιρόν

7 9d εἰ δὲ οὐκ ἐγκρατεύονται, γαμη-
σάτωσαν

7 12p εἴ τις ἀδελφὸς γυναῖκα ἔχει ἄπιστον

7 13p καὶ γυνὴ | εἴ τις (ἥτις NMVSHς)
ἔχει ἄνδρα ἄπιστον

7 15d εἰ δὲ ὁ ἄπιστος χωρίζεται, χω-
ριζέσθω

7 16 τί γὰρ οἶδας, γύναι, εἰ τὸν ἄνδρα
σώσεις; ↔

7 16 ἢ τί οἶδας, ἄνερ, εἰ τὴν γυναῖκα
σώσεις; ↔

7 17k εἰ μὴ ἑκάστῳ ὡς ἐμέρισεν (μεμέρικεν
NTH) ὁ κύριος

7 21 ἀλλ᾽ εἰ καὶ δύνασαι ἐλεύθερος
γενέσθαι, μᾶλλον χρῆσαι

7 36g εἰ δέ τις ἀσχημονεῖν ἐπὶ τὴν
παρθένον αὐτοῦ νομίζει

8 2g εἴ (+δέ ς) τις δοκεῖ ἐγνωκέναι τι,
οὔπω ἔγνω καθὼς δεῖ γνῶναι· ↔

8 3g εἰ δέ τις ἀγαπᾷ τὸν θεόν, οὗτος
ἔγνωσται ὑπ᾽ αὐτοῦ

8 4k οὐδεὶς θεὸς (+ἕτερος ς) εἰ μὴ εἷς

---

1 C 8 13 διόπερ εἰ βρῶμα σκανδαλίζει τὸν
ἀδελφόν μου

9 2 εἰ ἄλλοις οὐκ εἰμὶ ἀπόστολος, ἀλλά
γε ὑμῖν εἰμι

9 11 εἰ ἡμεῖς ὑμῖν τὰ πνευματικὰ
ἐσπείραμεν, ↔

9 11 μέγα εἰ ἡμεῖς ὑμῶν τὰ σαρκικὰ
θερίσομεν; ↔

9 12 εἰ ἄλλοι τῆς ὑμῶν ἐξουσίας μετ-
έχουσιν, οὐ μᾶλλον ἡμεῖς;

9 17b εἰ γὰρ ἑκὼν τοῦτο πράσσω,
μισθὸν ἔχω· ↔

9 17d εἰ δὲ ἄκων, οἰκονομίαν πεπίστευμαι

10 13k πειρασμὸς ὑμᾶς οὐκ εἴληφεν εἰ μὴ
ἀνθρώπινος

10 27p εἴ τις καλεῖ ὑμᾶς τῶν ἀπίστων

10 30 εἰ ἐγὼ χάριτι μετέχω, τί βλασφη-
μοῦμαι ⟨;⟩

11 6b εἰ γὰρ οὐ κατακαλύπτεται γυνή,
καὶ κειράσθω· ↔

11 6d εἰ δὲ αἰσχρὸν γυναικὶ τὸ κείρασθαι
ἢ ξυρᾶσθαι, κατακαλυπτέσθω

11 16g εἰ δέ τις δοκεῖ φιλόνεικος εἶναι

11 31 bd εἰ δὲ (γὰρ ς) ἑαυτοὺς διεκρίνομεν,
οὐκ ἂν ἐκρινόμεθα

11 34 gp εἴ (+δέ ς) τις πεινᾷ, ἐν οἴκῳ
ἐσθιέτω

12 3k οὐδεὶς δύναται εἰπεῖν· κύριος
Ἰησοῦς, εἰ μὴ ἐν πνεύματι ἁγίῳ

12 17 εἰ ὅλον τὸ σῶμα ὀφθαλμός, ποῦ
ἡ ἀκοή; ↔

12 17 εἰ ὅλον ἀκοή, ποῦ ἡ ὄσφρησις;

12 19d εἰ δὲ ἦν τὰ [H] πάντα ἓν μέλος,
ποῦ τὸ σῶμα;

14 5k μείζων δὲ ὁ προφητεύων ἤ . . . ἐκτὸς
εἰ μὴ διερμηνεύῃ

14 10r τοσαῦτα εἰ τύχοι γένη φωνῶν
εἰσιν ἐν κόσμῳ

14 35g εἰ δέ τι μαθεῖν (μανθάνειν MSH)
θέλουσιν, ἐν οἴκῳ . . . ἐπερωτάτω-
σαν

14 37p εἴ τις δοκεῖ προφήτης εἶναι ἢ
πνευματικός, ἐπιγινωσκέτω

14 38g εἰ δέ τις ἀγνοεῖ, ἀγνοεῖται (-τω
Bς)

15 2 ⟨τὸ εὐαγγέλιον⟩ τίνι λόγῳ εὐ-
ηγγελισάμην ὑμῖν εἰ κατέχετε

15 2k ἐκτὸς εἰ μὴ εἰκῇ ἐπιστεύσατε

15 12d εἰ δὲ Χριστὸς κηρύσσεται ὅτι | ἐκ
νεκρῶν ἐγήγερται (~ T)

15 13d εἰ δὲ ἀνάστασις νεκρῶν οὐκ ἔστιν,
οὐδὲ Χριστὸς ἐγήγερται· ↔

15 14d εἰ δὲ Χριστὸς οὐκ ἐγήγερται,
κενὸν ἄρα καὶ ([N²⁶S]; —NMHς)
τὸ κήρυγμα ἡμῶν

15 16b εἰ γὰρ νεκροὶ οὐκ ἐγείρονται,
οὐδὲ Χριστὸς ἐγήγερται· ↔

15 17d εἰ δὲ Χριστὸς οὐκ ἐγήγερται,
ματαία ἡ πίστις ὑμῶν [+ἐστιν
NH]

15 19 εἰ ἐν τῇ ζωῇ ταύτῃ ἐν Χριστῷ
ἠλπικότες ἐσμὲν μόνον

15 29 εἰ ὅλως νεκροὶ οὐκ ἐγείρονται, τί
καὶ βαπτίζονται ⟨;⟩

15 32 εἰ κατὰ ἄνθρωπον ἐθηριομάχησα
ἐν Ἐφέσῳ, τί μοι τὸ ὄφελος; ↔

15 32 εἰ νεκροὶ οὐκ ἐγείρονται, φάγωμεν
καὶ πίωμεν ⟨;⟩

15 37r οὐ τὸ σῶμα . . . σπείρεις, ἀλλὰ
γυμνὸν κόκκον εἰ τύχοι σίτου ἢ
τινος τῶν λοιπῶν

15 44 εἰ (—ς) ἔστιν σῶμα ψυχικόν, ἔστιν
καὶ πνευματικόν

16 22p εἴ τις οὐ φιλεῖ τὸν κύριον, ἤτω
ἀνάθεμα

2 C 2 2[b]εἰ γὰρ ἐγὼ λυπῶ ὑμᾶς, ↔
2 2[k]καὶ τίς (+ἐστιν [S]ϛ) ὁ εὐφραίνων
με εἰ μὴ ὁ λυπούμενος ἐξ ἐμοῦ;
2 5[g]εἰ δέ τις λελύπηκεν, οὐκ ἐμὲ
λελύπηκεν
2 9 ἵνα γνῶ τὴν δοκιμὴν ὑμῶν, εἰ εἰς
πάντα ὑπήκοοί ἐστε
2 10[p]καὶ γὰρ ἐγὼ ὃ κεχάρισμαι, εἴ τι
κεχάρισμαι, δι' ὑμᾶς
3 1[k]* ἀρχόμεθα πάλιν ἑαυτοὺς συν-
ιστάνειν; εἰ (ϛ; ἢ rl) μὴ χρῄζομεν
... συστατικῶν ἐπιστολῶν πρὸς
ὑμᾶς ⟨;⟩
3 7[d]εἰ δὲ ἡ διακονία τοῦ θανάτου ἐν
γράμμασιν ... ἐγενήθη ἐν δόξῃ
3 9[b]εἰ γὰρ | τῇ διακονίᾳ (ἡ δ.
NMVHϛ) τῆς κατακρίσεως δόξα,
πολλῷ μᾶλλον περισσεύει
3 11[b]εἰ γὰρ τὸ καταργούμενον διὰ
δόξης, πολλῷ μᾶλλον τὸ μένον
4 3[d]εἰ δὲ καὶ ἔστιν κεκαλυμμένον τὸ
εὐαγγέλιον ἡμῶν
4 16 ἀλλ' εἰ καὶ ὁ ἔξω ἡμῶν ἄνθρωπος
διαφθείρεται
5 3[c]| εἴ γε (εἴγε T; εἴπερ B) καὶ ἐκδυσά-
μενοι (N[26]; ἐν- rl) οὐ γυμνοὶ εὑρε-
θησόμεθα
5 14 * εἰ (+ϛ) εἷς ὑπὲρ πάντων ἀπ-
έθανεν· ἄρα οἱ πάντες ἀπέθανον
5 16[d]εἰ (+δὲ ϛ) καὶ ἐγνώκαμεν κατὰ
σάρκα Χριστόν
5 17[p]ὥστε εἴ τις ἐν Χριστῷ, καινὴ
κτίσις
7 8 ὅτι εἰ καὶ ἐλύπησα ὑμᾶς ἐν τῇ
ἐπιστολῇ, οὐ μεταμέλομαι· ↔
7 8 εἰ καὶ μετεμελόμην, ↔
7 8 βλέπω (-ων B) γὰρ ([N[26]]; —NBH)
ὅτι ἡ ἐπιστολὴ ἐκείνη εἰ καὶ πρὸς
ὥραν ἐλύπησεν ὑμᾶς
7 12 ἄρα εἰ καὶ ἔγραψα ὑμῖν, οὐχ
ἕνεκεν τοῦ ἀδικήσαντος
7 14[p]ὅτι εἴ τι αὐτῷ ὑπὲρ ὑμῶν κε-
καύχημαι, οὐ κατῃσχύνθην
8 12[p]εἰ γὰρ ἡ προθυμία πρόκειται, καθὸ
ἐὰν (ἂν T) ἔχῃ εὐπρόσδεκτος
10 7[p]εἴ τις πέποιθεν ἑαυτῷ Χριστοῦ
εἶναι
11 4[h]εἰ μὲν γὰρ ὁ ἐρχόμενος ἄλλον
'Ἰησοῦν κηρύσσει
11 6[d]εἰ δὲ καὶ ἰδιώτης τῷ λόγῳ, ἀλλ'
οὐ τῇ γνώσει
11 15 οὐ μέγα οὖν εἰ καὶ οἱ διάκονοι
αὐτοῦ μετασχηματίζονται ὡς διά-
κονοι δικαιοσύνης
11 16[r]μή τίς με δόξῃ ἄφρονα εἶναι· εἰ δὲ
μή γε, κἂν ὡς ἄφρονα δέξασθέ με
11 20[p]ἀνέχεσθε γὰρ εἴ τις ὑμᾶς καταδου-
λοῖ, ↔
11 20[p]εἴ τις κατεσθίει, ↔
11 20[p]εἴ τις λαμβάνει, ↔
11 20[p]εἴ τις ἐπαίρεται, ↔
11 20[p]εἴ τις εἰς πρόσωπον ὑμᾶς δέρει
11 30 εἰ καυχᾶσθαι δεῖ, τὰ τῆς ἀσθενείας
μου [H] καυχήσομαι
12 5[k]ὑπὲρ δὲ ἐμαυτοῦ οὐ καυχήσομαι
εἰ μὴ ἐν ταῖς ἀσθενείαις (+μου
[M]VSTϛ)
12 11 οὐδὲν γὰρ ὑστέρησα τῶν ὑπερλίαν
ἀποστόλων, εἰ καὶ οὐδέν εἰμι
12 13[k]τί γάρ ἐστιν ὃ ἡσσώθητε (ἡττήθ.
VSϛ) ... εἰ μὴ ὅτι αὐτὸς ἐγὼ οὐ
κατενάρκησα ὑμῶν;
12 15 εἰ (+καὶ V[S]ϛ) περισσοτέρως
ὑμᾶς ἀγαπῶ (-πῶ[ν] N[26]; -πῶν
VBSϛ), ἧσσον ἀγαπῶμαι

2 C 13 4 * καὶ γὰρ εἰ (+[S]ϛ) ἐσταυρώθη
ἐξ ἀσθενείας, ἀλλὰ ζῇ
13 5 ἑαυτοὺς πειράζετε εἰ ἐστὲ ἐν τῇ
πίστει
13 5¹ εἰ μήτι ἀδόκιμοί ἐστε
G 1 7[k]ὃ οὐκ ἔστιν ἄλλο· εἰ μή τινές εἰσιν
οἱ ταράσσοντες ὑμᾶς
1 9[p]εἴ τις ὑμᾶς εὐαγγελίζεται παρ'
ὃ παρελάβετε, ἀνάθεμα ἔστω
1 10[b]εἰ (+γὰρ ϛ) ἔτι ἀνθρώποις ἤρεσκον,
Χριστοῦ δοῦλος οὐκ ἂν ἤμην
1 19[k]ἕτερον δὲ τῶν ἀποστόλων οὐκ
εἶδον, εἰ μὴ 'Ἰάκωβον
2 14 εἰ σὺ 'Ἰουδαῖος ὑπάρχων ἐθνικῶς
καὶ οὐχὶ (οὐκ NHϛ; οὐχ T)
'Ἰουδαϊκῶς ζῇς
2 17[d]εἰ δὲ ζητοῦντες δικαιωθῆναι ἐν
Χριστῷ εὑρέθημεν καὶ αὐτοὶ ἁμαρ-
τωλοί
2 18[b]εἰ γὰρ ἃ κατέλυσα ταῦτα πάλιν
οἰκοδομῶ
2 21[b]εἰ γὰρ διὰ νόμου δικαιοσύνη, ἄρα
Χριστὸς δωρεὰν ἀπέθανεν
3 4[c]τοσαῦτα ἐπάθετε εἰκῇ; εἴ γε (εἴγε
T) καὶ εἰκῇ
3 18[b]εἰ γὰρ ἐκ νόμου ἡ κληρονομία,
οὐκέτι ἐξ ἐπαγγελίας
3 21[b]εἰ γὰρ ἐδόθη νόμος ὁ δυνάμενος
ζῳοποιῆσαι
3 29[d]εἰ δὲ ὑμεῖς Χριστοῦ, ἄρα τοῦ
'Ἀβραὰμ σπέρμα ἐστέ
4 7[d]ὥστε οὐκέτι εἶ δοῦλος ἀλλὰ υἱός·
εἰ δὲ υἱός, καὶ κληρονόμος διὰ θεοῦ
4 15 εἰ δυνατὸν τοὺς ὀφθαλμοὺς ὑμῶν
ἐξορύξαντες ἐδώκατέ μοι
5 11 εἰ περιτομὴν ἔτι κηρύσσω, τί ἔτι
διώκομαι;
5 15[d]εἰ δὲ ἀλλήλους δάκνετε καὶ κατ-
εσθίετε
5 18[d]εἰ δὲ πνεύματι ἄγεσθε, οὐκ ἐστὲ ὑπὸ
νόμον
5 25 εἰ ζῶμεν πνεύματι, πνεύματι καὶ
στοιχῶμεν
6 3[b]εἰ γὰρ δοκεῖ τις εἶναί τι μηδὲν ὤν,
φρεναπατᾷ ἑαυτόν
6 14[k]ἐμοὶ δὲ μὴ γένοιτο καυχᾶσθαι εἰ
μὴ ἐν τῷ σταυρῷ τοῦ κυρίου ἡμῶν
E 3 2[c]| εἴ γε (εἴγε Tϛ) ἠκούσατε τὴν
οἰκονομίαν τῆς χάριτος τοῦ θεοῦ
4 9[k]τὸ δὲ ἀνέβη τί ἐστιν εἰ μὴ ὅτι
καὶ κατέβη ⟨;⟩
4 21[c]⟨ὑμεῖς δὲ οὐχ οὕτως ἐμάθετε τὸν
Χριστόν⟩ | εἴ γε (εἴγε STϛ) αὐτὸν
ἠκούσατε καὶ ἐν αὐτῷ ἐδιδάχθητε
4 29[p]πᾶς λόγος σαπρὸς ... μὴ ἐκ-
πορευέσθω, ἀλλὰ εἴ τις ἀγαθὸς
πρὸς οἰκοδομὴν τῆς χρείας
Ph 1 22[d]εἰ δὲ τὸ ζῆν ἐν σαρκί, τοῦτό μοι
καρπὸς ἔργου
2 1[p]εἴ τις οὖν παράκλησις ἐν Χριστῷ, ↔
2 1[p]εἴ τι παραμύθιον ἀγάπης, ↔
2 1[p]εἴ τις κοινωνία πνεύματος, ↔
2 1[p]εἴ τις σπλάγχνα καὶ οἰκτιρμοί,
⟨πληρώσατέ μου τὴν χαρὰν ἵνα
τὸ αὐτὸ φρονῆτε⟩
2 17 ἀλλὰ εἰ καὶ σπένδομαι ἐπὶ τῇ
θυσίᾳ
3 4[p]| εἴ τις (εἴτις ϛ) δοκεῖ ἄλλος πε-
ποιθέναι ἐν σαρκί, ἐγὼ μᾶλλον
3 11[n]εἴ πως (εἴπως T) καταντήσω εἰς
τὴν ἐξανάστασιν τὴν ἐκ νεκρῶν
3 12 διώκω δὲ εἰ καὶ (—T) καταλάβω
3 15[k]καὶ εἴ τι ἑτέρως φρονεῖτε, καὶ τοῦτο
ὁ θεὸς ὑμῖν ἀποκαλύψει
4 8[p]ὅσα ἐστὶν ἀληθῆ ... εἴ τις ἀρετή ↔

Ph 4 8[p]καὶ εἴ τις ἔπαινος, ταῦτα λογίζεσθε
4 15[k]οὐδεμία μοι ἐκκλησία ἐκοινώνησεν
εἰς λόγον δόσεως καὶ λήμψεως
εἰ μὴ ὑμεῖς μόνοι
Cl 1 23[c]⟨παραστῆσαι ὑμᾶς ἁγίους ...
κατενώπιον αὐτοῦ⟩ | εἴ γε (εἴγε Tϛ)
ἐπιμένετε τῇ πίστει τεθεμελιωμένοι
2 5[b]εἰ γὰρ καὶ τῇ σαρκὶ ἄπειμι, ἀλλὰ
τῷ πνεύματι σὺν ὑμῖν εἰμι
2 20[m]εἰ (+οὖν ϛ) ἀπεθάνετε σὺν Χριστῷ
ἀπὸ τῶν στοιχείων τοῦ κόσμου
3 1[m]εἰ οὖν συνηγέρθητε τῷ Χριστῷ, τὰ
ἄνω ζητεῖτε
1Th 4 14[b]εἰ γὰρ πιστεύομεν ὅτι 'Ἰησοῦς
ἀπέθανεν καὶ ἀνέστη
2Th 3 10[p]εἴ τις οὐ θέλει ἐργάζεσθαι, μηδὲ
ἐσθιέτω
3 14[g]εἰ δέ τις οὐχ ὑπακούει τῷ λόγῳ
ἡμῶν ... τοῦτον σημειοῦσθε
1Tm 1 10[p]⟨δικαίῳ νόμος οὐ κεῖται, ἀνόμοις
δὲ⟩ ἐπιόρκοις, καὶ εἴ τι ἕτερον τῇ
ὑγιαινούσῃ διδασκαλίᾳ ἀντίκειται
3 1[p]εἴ τις ἐπισκοπῆς ὀρέγεται, καλοῦ
ἔργου ἐπιθυμεῖ
3 5[g]εἰ δέ τις τοῦ ἰδίου οἴκου προστῆναι
οὐκ οἶδεν
5 4[g]εἰ δέ τις χήρα τέκνα ἢ ἔκγονα ἔχει
5 8[g]εἰ δέ τις τῶν ἰδίων καὶ μάλιστα
(+τῶν [V]ϛ) οἰκείων οὐ προνοεῖ
(-εῖται BT)
5 10 ⟨χήρα καταλεγέσθω⟩ εἰ ἐν ἔργοις
καλοῖς μαρτυρουμένη, εἰ ἐτεκνο-
τρόφησεν, ↔
5 10 εἰ ἐξενοδόχησεν, ↔
5 10 εἰ ἁγίων πόδας ἔνιψεν, ↔
5 10 εἰ θλιβομένοις ἐπήρκεσεν, ↔
5 10 εἰ παντὶ ἔργῳ ἀγαθῷ ἐπηκολού-
θησεν
5 16[p]εἴ τις πιστὴ ἔχει χήρας, ἐπαρκείτω
(-κείσθω BT) αὐταῖς
5 19[k]κατὰ πρεσβυτέρου κατηγορίαν
μὴ παραδέχου, ἐκτὸς εἰ μὴ ἐπὶ
δύο ἢ τριῶν μαρτύρων
6 3[p]εἴ τις ἑτεροδιδασκαλεῖ ⟨τετύφωται⟩
2Tm 2 11[b]εἰ γὰρ συναπεθάνομεν, καὶ συ-
ζήσομεν· ↔
2 12 εἰ ὑπομένομεν, καὶ συμβασιλεύ-
σομεν· ↔
2 12 εἰ ἀρνησόμεθα, κἀκεῖνος ἀρνήσεται
ἡμᾶς· ↔
2 13 εἰ ἀπιστοῦμεν, ἐκεῖνος πιστὸς μένει
Tt 1 6[p]⟨ἵνα ... καταστήσῃς ... πρεσβυτέ-
ρους⟩ εἴ τίς ἐστιν ἀνέγκλητος,
μιᾶς γυναικὸς ἀνήρ
Phm 17[m]εἰ οὖν με ἔχεις κοινωνόν, προσλαβοῦ
αὐτὸν ὡς ἐμέ. ↔
18[g]εἰ δέ τι ἠδίκησέν σε ... τοῦτο
ἐμοὶ ἐλλόγα (-λόγει Sϛ)
Hb 2 2[b]εἰ γὰρ ὁ δι' ἀγγέλων λαληθεὶς
λόγος ἐγένετο βέβαιος
3 11 ὡς ὤμοσα ἐν τῇ ὀργῇ μου· εἰ
εἰσελεύσονται εἰς τὴν κατάπαυσίν
μου
3 18[k]τίσιν δὲ ὤμοσεν ... εἰ μὴ τοῖς
ἀπειθήσασιν;
4 3 ὡς ὤμοσα ἐν τῇ ὀργῇ μου· εἰ εἰσ-
ελεύσονται εἰς τὴν κατάπαυσίν
μου
4 5 εἰ εἰσελεύσονται εἰς τὴν κατάπαυσίν
μου
4 8[b]εἰ γὰρ αὐτοὺς 'Ἰησοῦς κατέπαυσεν,
οὐκ ἂν περὶ ἄλλης ἐλάλει
6 9 πεπείσμεθα δὲ περὶ ὑμῶν ... εἰ καὶ
οὕτως λαλοῦμεν
6 14[q] εἰ μὴν (ἦ μὴν ϛ) εὐλογῶν
εὐλογήσω σε

Hb 7 11ʲ εἰ μὲν οὖν τελείωσις διὰ τῆς Λευιτικῆς ἱερωσύνης ἦν

7 15 κατάδηλόν ἐστιν, εἰ κατὰ τὴν ὁμοιότητα Μελχισέδεκ ἀνίσταται ἱερεὺς ἕτερος

8 4ʲ εἰ μὲν οὖν (γὰρ Sς) ἦν ἐπὶ γῆς, οὐδ' ἂν ἦν ἱερεύς

8 7ᵇ εἰ γὰρ ἡ πρώτη ἐκείνη ἦν ἄμεμπτος, οὐκ ἂν δευτέρας ἐζητεῖτο τόπος

9 13ᵇ εἰ γὰρ τὸ αἷμα τράγων καὶ ταύρων ... ἁγιάζει

11 15ʰ καὶ εἰ μὲν ἐκείνης ἐμνημόνευον (μνημονεύουσιν ST) ἀφ' ἧς ἐξέβησαν, εἶχον ἂν καιρὸν ἀνακάμψαι

12 7 * εἰ (ς; εἰς rl) παιδείαν ὑπομένετε· ὡς υἱοῖς ὑμῖν προσφέρεται ὁ θεός

12 8ᵈ εἰ δὲ χωρίς ἐστε παιδείας ... ἄρα νόθοι καὶ οὐχ υἱοί ἐστε

12 25ᵇ εἰ γὰρ ἐκεῖνοι οὐκ ἐξέφυγον ἐπὶ γῆς παραιτησάμενοι τὸν χρηματίζοντα

Jc 1 5ᵍ εἰ δέ τις ὑμῶν λείπεται σοφίας, αἰτείτω παρὰ τοῦ διδόντος θεοῦ

1 23ᵖ ὅτι εἴ τις ἀκροατὴς λόγου ἐστὶν ... οὗτος ἔοικεν ἀνδρί

1 26ᵖ εἴ τις δοκεῖ θρησκὸς εἶναι ... τούτου μάταιος ἡ θρησκεία

2 8 εἰ μέντοι νόμον τελεῖτε βασιλικὸν ... καλῶς ποιεῖτε· ↔

2 9ᵈ εἰ δὲ προσωπολημπτεῖτε, ἁμαρτίαν ἐργάζεσθε

2 11ᵈ εἰ δὲ οὐ μοιχεύεις, φονεύεις δέ, γέγονας παραβάτης νόμου

3 2ᵖ εἴ τις ἐν λόγῳ οὐ πταίει, οὗτος τέλειος ἀνήρ

3 3ᵈ | εἰ δὲ (ἰδοὺ ς) τῶν ἵππων τοὺς χαλινοὺς εἰς τὰ στόματα βάλλομεν

3 14ᵈ εἰ δὲ ζῆλον πικρὸν ἔχετε ... μὴ κατακαυχᾶσθε

4 11ᵈ εἰ δὲ νόμον κρίνεις, οὐκ εἶ ποιητὴς νόμου ἀλλὰ κριτής

1Pt 1 6 ὀλίγον ἄρτι εἰ δέον ἐστὶν ([N²⁶]; —NVBTH) λυπηθέντες ἐν ποικίλοις πειρασμοῖς

1 17 καὶ εἰ πατέρα ἐπικαλεῖσθε τὸν ἀπροσωπολήμπτως κρίνοντα κατὰ τὸ ἑκάστου ἔργον

2 3 ⟨ἵνα ἐν αὐτῷ αὐξηθῆτε⟩ εἰ (εἴπερ VSς) ἐγεύσασθε ὅτι χρηστὸς ὁ κύριος

2 19 τοῦτο γὰρ χάρις εἰ διὰ συνείδησιν θεοῦ ὑποφέρει τις λύπας

2 20 ποῖον γὰρ κλέος εἰ ἁμαρτάνοντες καὶ κολαφιζόμενοι ὑπομενεῖτε; ↔

2 20 ἀλλ' εἰ ἀγαθοποιοῦντες καὶ πάσχοντες ὑπομενεῖτε

3 1ᵖ ἵνα καὶ (—H) εἴ τινες ἀπειθοῦσιν τῷ λόγῳ ... κερδηθήσονται

3 14ʳ ἀλλ' εἰ καὶ πάσχοιτε διὰ δικαιοσύνην, μακάριοι

3 17ʳ κρεῖττον γὰρ ἀγαθοποιοῦντας, εἰ θέλοι τὸ θέλημα τοῦ θεοῦ, πάσχειν ἢ κακοποιοῦντας

4 11ᵖ εἴ τις λαλεῖ, ὡς λόγια θεοῦ· ↔

4 11ᵖ εἴ τις διακονεῖ, ὡς ἐξ ἰσχύος ἧς χορηγεῖ ὁ θεός

4 14 εἰ ὀνειδίζεσθε ἐν ὀνόματι Χριστοῦ, μακάριοι

4 16ᵈ ⟨μὴ γάρ τις ὑμῶν πασχέτω⟩ εἰ δὲ ὡς Χριστιανός, μὴ αἰσχυνέσθω

4 17ᵈ εἰ δὲ πρῶτον ἀφ' ἡμῶν, τί τὸ τέλος τῶν ἀπειθούντων τῷ τοῦ θεοῦ εὐαγγελίῳ; ↔

4 18 καὶ εἰ ὁ δίκαιος μόλις σῴζεται, ὁ ... ἁμαρτωλὸς ποῦ φανεῖται;

2Pt 2 4ᵇ εἰ γὰρ ὁ θεὸς ἀγγέλων ἁμαρτησάντων οὐκ ἐφείσατο

2 20ᵇ εἰ γὰρ ἀποφυγόντες τὰ μιάσματα τοῦ κόσμου ... ἡττῶνται

1Jo 2 19ᵇ εἰ γὰρ | ἐξ ἡμῶν ἦσαν (~ VSTς), μεμενήκεισαν ἂν μεθ' ἡμῶν

2 22ᵏ τίς ἐστιν ὁ ψεύστης εἰ μὴ ὁ ἀρνούμενος ⟨;⟩

3 13 καὶ (+[N²⁶]ST) μὴ θαυμάζετε, ἀδελφοί, εἰ μισεῖ ὑμᾶς ὁ κόσμος

4 1 ἀλλὰ δοκιμάζετε τὰ πνεύματα εἰ ἐκ τοῦ θεοῦ ἐστιν

4 11 εἰ οὕτως ὁ θεὸς ἠγάπησεν ἡμᾶς, καὶ ἡμεῖς ὀφείλομεν ἀλλήλους ἀγαπᾶν

5 5ᵏ τίς || δέ [N²⁶NH]; —VTς) ἐστιν ((~NH) ὁ νικῶν τὸν κόσμον εἰ μὴ ὁ πιστεύων

5 9 εἰ τὴν μαρτυρίαν τῶν ἀνθρώπων λαμβάνομεν

2Jo 10ᵖ εἴ τις ἔρχεται πρὸς ὑμᾶς ... μὴ λαμβάνετε αὐτὸν εἰς οἰκίαν

Ap 2 5ᵉ μετανόησον ... εἰ δὲ μή, ἔρχομαί σοι (+ταχύ B[S]ς)

2 16ᵉ μετανόησον οὖν (—Tς)· εἰ δὲ μή, ἔρχομαί σοι ταχύ

2 17ᵏ ὄνομα ... ὃ οὐδεὶς οἶδεν εἰ μὴ ὁ λαμβάνων

9 4ᵏ ἵνα μὴ ἀδικήσουσιν (-σωσιν Vς) τὸν χόρτον τῆς γῆς ... εἰ μὴ τοὺς ἀνθρώπους

11 5ᵖ καὶ εἴ τις αὐτοὺς θέλει (-λῃ ς) ἀδικῆσαι, πῦρ ἐκπορεύεται ἐκ τοῦ στόματος αὐτῶν

11 5ᵖ καὶ εἴ τις θελήσῃ (-σει B; -λῃ ς) αὐτοὺς ἀδικῆσαι, οὕτως δεῖ αὐτὸν ἀποκτανθῆναι

13 9ᵖ εἴ τις ἔχει οὖς ἀκουσάτω. ↔

13 10ᵖ εἴ τις εἰς αἰχμαλωσίαν, | εἰς αἰχμαλωσίαν [S] ὑπάγει· ↔

13 10ᵖ εἴ τις ἐν μαχαίρῃ ἀποκτανθῆναι (N²⁶; ἀποκτενεῖ rl), δεῖ (—N²⁶) αὐτόν ... ἀποκτανθῆναι

13 17ᵏ ἵνα μή τις δύνηται ἀγοράσαι ... εἰ μὴ ὁ ἔχων τὸ χάραγμα

14 3ᵏ οὐδεὶς ἐδύνατο μαθεῖν τὴν ᾠδὴν εἰ μὴ αἱ ἑκατὸν τεσσεράκοντα τέσσαρες χιλιάδες

14 9ᵖ εἴ τις προσκυνεῖ τὸ θηρίον ⟨καὶ αὐτὸς πίεται ἐκ τοῦ οἴνου τοῦ θυμοῦ⟩

14 11ᵖ οὐκ ἔχουσιν ἀνάπαυσιν ... οἱ προσκυνοῦντες ... καὶ εἴ τις λαμβάνει τὸ χάραγμα τοῦ ὀνόματος αὐτοῦ

19 12ᵏ ἔχων ὄνομα γεγραμμένον ὃ οὐδεὶς οἶδεν εἰ μὴ αὐτός

20 15ᵖ εἴ τις οὐχ εὑρέθη ἐν τῇ βίβλῳ ... γεγραμμένος, ἐβλήθη εἰς τὴν λίμνην

21 27ᵏ οὐ μὴ εἰσέλθῃ εἰς αὐτὴν πᾶν κοινὸν ... εἰ μὴ οἱ γεγραμμένοι ἐν τῷ βιβλίῳ τῆς ζωῆς τοῦ ἀρνίου

εἴγε

→ εἰ c → γε b

εἰδέα

ἰδέα ς

Mt 28 3 ἦν δὲ ἡ εἰδέα αὐτοῦ ὡς ἀστραπή

εἶδον

→ ὁράω

εἶδος

Lc 3 22 καταβῆναι τὸ πνεῦμα τὸ ἅγιον σωματικῷ εἴδει ὡς (ὡσεὶ Vς) περιστερὰν ἐπ' αὐτόν

9 29 ἐγένετο ἐν τῷ προσεύχεσθαι αὐτὸν τὸ εἶδος τοῦ προσώπου αὐτοῦ ἕτερον

Jo 5 37 οὔτε εἶδος αὐτοῦ ἑωράκατε

2C 5 7 διὰ πίστεως γὰρ περιπατοῦμεν, οὐ διὰ εἴδους

1Th 5 22 ἀπὸ παντὸς εἴδους πονηροῦ ἀπέχεσθε

εἰδωλεῖον

εἰδώλιον MVSTH

1C 8 10 ἐὰν γάρ τις ἴδῃ σὲ [H] τὸν ἔχοντα γνῶσιν ἐν εἰδωλείῳ κατακείμενον

εἰδωλόθυτος

ᵃ εἰδ. ἐσθίω

Ac 15 29 ἀπέχεσθαι εἰδωλοθύτων καὶ αἵματος καὶ πνικτῶν καὶ πορνείας

21 25 φυλάσσεσθαι αὐτοὺς τό τε εἰδωλόθυτον καὶ αἷμα καὶ πνικτὸν καὶ πορνείαν

1C 8 1 περὶ δὲ τῶν εἰδωλοθύτων, οἴδαμεν ὅτι πάντες γνῶσιν ἔχομεν

8 4 περὶ τῆς βρώσεως οὖν τῶν εἰδωλοθύτων οἴδαμεν ὅτι οὐδὲν εἴδωλον ἐν κόσμῳ

8 7ᵃ τινὲς δὲ τῇ συνηθείᾳ ... τοῦ εἰδώλου ὡς εἰδωλόθυτον ἐσθίουσιν

8 10ᵃ οὐχὶ ἡ συνείδησις αὐτοῦ ... οἰκοδομηθήσεται εἰς τὸ τὰ εἰδωλόθυτα ἐσθίειν

10 19 τί οὖν φημι; ὅτι εἰδωλόθυτόν (εἴδωλόν ς) τί ἐστιν; ↔

10 19 * ἢ ὅτι εἰδωλόθυτόν (ς; εἴδωλόν rl) τί ἐστιν;

10 28ᵃ * ἐὰν δέ τις ὑμῖν εἴπῃ· τοῦτο εἰδωλόθυτόν (ς; ἱερόθ. rl) ἐστιν, μὴ ἐσθίετε

Ap 2 14ᵃ ὃς ἐδίδασκεν τῷ Βαλὰκ βαλεῖν σκάνδαλον ... φαγεῖν εἰδωλόθυτα καὶ πορνεῦσαι

2 20ᵃ Ἰεζάβελ ... διδάσκει καὶ πλανᾷ τοὺς ἐμοὺς δούλους πορνεῦσαι καὶ φαγεῖν εἰδωλόθυτα

εἰδωλολατρεία

→ εἰδωλολατρία

εἰδωλολάτρης

1C 5 10 ⟨μὴ συναναμίγνυσθαι πόρνοις⟩ καὶ ἅρπαξιν ἢ εἰδωλολάτραις

5 11 μὴ συναναμίγνυσθαι ἐάν τις ἀδελφὸς ὀνομαζόμενος ἢ πόρνος ἢ πλεονέκτης ἢ εἰδωλολάτρης ἢ λοίδορος

6 9 οὔτε πόρνοι οὔτε εἰδωλολάτραι οὔτε μοιχοὶ ⟨βασιλείαν θεοῦ κληρονομήσουσιν⟩

10 7 μηδὲ εἰδωλολάτραι γίνεσθε, καθώς τινες αὐτῶν

E 5 5 πᾶς πόρνος ἢ ἀκάθαρτος ἢ πλεονέκτης, ὅ ἐστιν εἰδωλολάτρης, οὐκ ἔχει κληρονομίαν

Ap 21 8 τοῖς δὲ δειλοῖς ... καὶ φαρμάκοις καὶ εἰδωλολάτραις ... τὸ μέρος αὐτῶν ἐν τῇ λίμνῃ τῇ καιομένῃ

22 15 ἔξω ... οἱ πόρνοι καὶ οἱ φονεῖς καὶ οἱ εἰδωλολάτραι

εἰδωλολατρία

εἰδωλολατρεία (M)V(BS)Tς

1C 10 14 ἀγαπητοί μου, φεύγετε ἀπὸ τῆς εἰδωλολατρίας

G 5 20 ⟨φανερὰ δέ ἐστιν τὰ ἔργα τῆς σαρκός⟩ εἰδωλολατρία, φαρμακεία, ἔχθραι

Cl 3 5 νεκρώσατε οὖν τὰ μέλη ... καὶ τὴν πλεονεξίαν ἥτις ἐστὶν εἰδωλολατρία

1Pt 4 3 πεπορευμένους ἐν ἀσελγείαις ... πότοις καὶ ἀθεμίτοις εἰδωλολατρίαις

εἴδωλον
a sing.

Ac 7 41 ᵃ ἀνήγαγον θυσίαν τῷ εἰδώλῳ

15 20 τοῦ ἀπέχεσθαι (+ ἀπὸ [MV]Sς) τῶν ἀλισγημάτων τῶν εἰδώλων καὶ τῆς πορνείας

Rm 2 22 ὁ βδελυσσόμενος τὰ εἴδωλα ἱεροσυλεῖς;

1 C 8 4 ᵃ περὶ τῆς βρώσεως οὖν τῶν εἰδωλοθύτων οἴδαμεν ὅτι οὐδὲν εἴδωλον ἐν κόσμῳ

8 7 ᵃ τινὲς δὲ τῇ συνηθείᾳ ἕως ἄρτι τοῦ εἰδώλου ὡς εἰδωλόθυτον ἐσθίουσιν

10 19 ᵃ * τί οὖν φημι; ὅτι εἴδωλόν (ς; εἰδωλόθυτόν rl) τί ἐστιν; ↔

10 19 ᵃ ἢ ὅτι εἴδωλόν (εἰδωλόθυτόν ς) τί ἐστιν;

12 2 ὅτε ἔθνη ἦτε πρὸς τὰ εἴδωλα τὰ ἄφωνα ὡς ἂν ἤγεσθε ἀπαγόμενοι

2 C 6 16 τίς δὲ συγκατάθεσις ναῷ θεοῦ μετὰ εἰδώλων;

1 Th 1 9 ἀπαγγέλλουσιν . . . πῶς ἐπεστρέψατε πρὸς τὸν θεὸν ἀπὸ τῶν εἰδώλων

1 Jo 5 21 τεκνία, φυλάξατε ἑαυτὰ ἀπὸ τῶν εἰδώλων

Ap 9 20 ἵνα μὴ προσκυνήσουσιν (-σωσιν Sς) τὰ δαιμόνια καὶ τὰ εἴδωλα τὰ χρυσᾶ

εἰκῇ
εἰκῇ MVSH

Mt 5 22 * πᾶς ὁ ὀργιζόμενος τῷ ἀδελφῷ αὐτοῦ εἰκῇ (+[MV]ς) ἔνοχος ἔσται τῇ κρίσει

Rm 13 4 οὐ γὰρ εἰκῇ τὴν μάχαιραν φορεῖ

1 C 15 2 ἐκτὸς εἰ μὴ εἰκῇ ἐπιστεύσατε

G 3 4 τοσαῦτα ἐπάθετε εἰκῇ; ↔

3 4 εἴ γε καὶ εἰκῇ

4 11 φοβοῦμαι ὑμᾶς μή πως εἰκῇ κεκοπίακα εἰς ὑμᾶς

Cl 2 18 εἰκῇ φυσιούμενος ὑπὸ τοῦ νοὸς τῆς σαρκὸς αὐτοῦ

εἴκοσι
εἴκοσιν (ς)
a εἴκοσι τρεῖς
b εἴκοσι (καὶ) τέσσαρες
c εἴκοσι πέντε
d ἑκατὸν εἴκοσι

Lc 14 31 εἰ δυνατός ἐστιν ἐν δέκα χιλιάσιν ὑπαντῆσαι τῷ μετὰ εἴκοσι χιλιάδων ἐρχομένῳ ἐπ᾿ αὐτόν

Jo 6 19 ᶜ ἐληλακότες οὖν ὡς σταδίους (στάδια T) | εἴκοσι πέντε (εἰκοσιπέντε ς) ἢ τριάκοντα

Ac 1 15 ᵈ ἦν τε ὄχλος ὀνομάτων ἐπὶ τὸ αὐτὸ ὡσεὶ (ὡς Hς) ἑκατὸν εἴκοσι (-ιν ς)

27 28 βολίσαντες εὗρον ὀργυιὰς εἴκοσι

1 C 10 8 ᵃ ἔπεσαν (+ἐν MVSς) μιᾷ ἡμέρᾳ | εἴκοσι τρεῖς (εἰκοσιτρεῖς MVBSTς) χιλιάδες

Ap 4 4 ᵇ ⟨εἶδον⟩ κυκλόθεν τοῦ θρόνου θρόνους (N²⁶NT; θρόνοι rl) εἴκοσι (+καὶ ς) τέσσαρες (-ρας NT), ↔

4 4 ᵇ καὶ ἐπὶ τοὺς θρόνους (+τοὺς ς) εἴκοσι (+καὶ ς) τέσσαρας πρεσβυτέρους καθημένους

4 10 ᵇ πεσοῦνται οἱ εἴκοσι (+καὶ ς) τέσσαρες πρεσβύτεροι ἐνώπιον τοῦ καθημένου ἐπὶ τοῦ θρόνου

5 8 ᵇ οἱ | εἴκοσι τέσσαρες (εἰκοσιτέσσαρες ς) πρεσβύτεροι ἔπεσαν ἐνώπιον τοῦ ἀρνίου

5 14 ᵇ * καὶ οἱ εἰκοσιτέσσαρες (+ς) πρεσβύτεροι ἔπεσαν καὶ προσεκύνησαν

Ap 11 16 ᵇ οἱ εἴκοσι (+καὶ ς) τέσσαρες πρεσβύτεροι . . . ἔπεσαν . . . καὶ προσεκύνησαν τῷ θεῷ

19 4 ᵇ ἔπεσαν οἱ πρεσβύτεροι οἱ εἴκοσι (+καὶ ς) τέσσαρες . . . καὶ προσεκύνησαν τῷ θεῷ

εἰκοσιπέντε
→ εἴκοσι c

εἰκοσιτέσσαρες
→ εἴκοσι b

εἰκοσιτρεῖς
→ εἴκοσι a

εἴκω
ὑπ-

G 2 5 οἷς οὐδὲ πρὸς ὥραν εἴξαμεν τῇ ὑποταγῇ

εἰκών
a εἰκὼν et δόξα
b εἰκὼν et θηρίον

Mt 22 20 τίνος ἡ εἰκὼν αὕτη καὶ ἡ ἐπιγραφή;

Mc 12 16 τίνος ἡ εἰκὼν αὕτη καὶ ἡ ἐπιγραφή;

Lc 20 24 τίνος ἔχει εἰκόνα καὶ ἐπιγραφήν;

Rm 1 23 ᵃ ἤλλαξαν τὴν δόξαν τοῦ ἀφθάρτου θεοῦ ἐν ὁμοιώματι εἰκόνος φθαρτοῦ ἀνθρώπου

8 29 ὅτι οὓς προέγνω, καὶ προώρισεν συμμόρφους τῆς εἰκόνος τοῦ υἱοῦ αὐτοῦ

1 C 11 7 ᵃ ἀνὴρ μὲν γὰρ οὐκ ὀφείλει κατακαλύπτεσθαι τὴν κεφαλήν, εἰκὼν καὶ δόξα θεοῦ ὑπάρχων

15 49 καθὼς ἐφορέσαμεν τὴν εἰκόνα τοῦ χοϊκοῦ, ↔

15 49 φορέσομεν (-σωμεν VSTH) καὶ τὴν εἰκόνα τοῦ ἐπουρανίου

2 C 3 18 ᵃ τὴν δόξαν κυρίου κατοπτριζόμενοι τὴν αὐτὴν εἰκόνα μεταμορφούμεθα ἀπὸ δόξης εἰς δόξαν

4 4 ᵃ τοῦ εὐαγγελίου τῆς δόξης τοῦ Χριστοῦ, ὅς ἐστιν εἰκὼν τοῦ θεοῦ

Cl 1 15 ⟨τοῦ υἱοῦ τῆς ἀγάπης αὐτοῦ⟩ ὅς ἐστιν εἰκὼν τοῦ θεοῦ τοῦ ἀοράτου

3 10 ἐνδυσάμενοι τὸν νέον τὸν ἀνακαινούμενον εἰς ἐπίγνωσιν κατ᾿ εἰκόνα τοῦ κτίσαντος αὐτόν

Hb 10 1 σκιὰν γὰρ ἔχων ὁ νόμος . . . οὐκ αὐτὴν τὴν εἰκόνα τῶν πραγμάτων

Ap 13 14 ᵇ λέγων τοῖς κατοικοῦσιν ἐπὶ τῆς γῆς ποιῆσαι εἰκόνα τῷ θηρίῳ

13 15 ᵇ ἐδόθη αὐτῷ (-τῇ H) δοῦναι πνεῦμα τῇ εἰκόνι τοῦ θηρίου, ↔

13 15 ᵇ ἵνα καὶ λαλήσῃ ἡ εἰκὼν τοῦ θηρίου, ↔

13 15 ᵇ καὶ ποιήσῃ ἵνα ([N²⁶NMVSH]; —Tς) ὅσοι ἐὰν μὴ προσκυνήσωσιν (-σουσιν T) | τῇ εἰκόνι (τὴν εἰκόνα ς) τοῦ θηρίου ἀποκτανθῶσιν

14 9 ᵇ εἴ τις προσκυνεῖ τὸ θηρίον καὶ τὴν εἰκόνα αὐτοῦ

14 11 ᵇ οὐκ ἔχουσιν ἀνάπαυσιν . . . οἱ προσκυνοῦντες τὸ θηρίον καὶ τὴν εἰκόνα αὐτοῦ

15 2 ᵇ εἶδον . . . τοὺς νικῶντας ἐκ τοῦ θηρίου καὶ ἐκ τῆς εἰκόνος αὐτοῦ

16 2 ᵇ τοὺς ἔχοντας τὸ χάραγμα τοῦ θηρίου καὶ τοὺς προσκυνοῦντας τῇ εἰκόνι αὐτοῦ

19 20 ᵇ τοὺς λαβόντας τὸ χάραγμα τοῦ θηρίου καὶ τοὺς προσκυνοῦντας τῇ εἰκόνι αὐτοῦ

20 4 ᵇ οἵτινες οὐ προσεκύνησαν | τὸ θηρίον οὐδὲ τὴν εἰκόνα (τῷ -ίῳ οὔτε τῇ εἰκόνι ς) αὐτοῦ

εἰλικρίνεια
εἰλικρινία TH

1 C 5 8 ὥστε ἑορτάζωμεν μὴ ἐν ζύμῃ παλαιᾷ . . . ἀλλ᾿ ἐν ἀζύμοις εἰλικρινείας καὶ ἀληθείας

2 C 1 12 ὅτι ἐν ἁπλότητι (N²⁶ς; ἁγιότ. rl) καὶ εἰλικρινείᾳ τοῦ θεοῦ . . . ἀνεστράφημεν ἐν τῷ κόσμῳ

2 17 ἀλλ᾿ ὡς ἐξ εἰλικρινείας . . . ἐν Χριστῷ λαλοῦμεν

εἰλικρινής
Ph 1 10 ⟨προσεύχομαι⟩ εἰς τὸ δοκιμάζειν ὑμᾶς τὰ διαφέροντα, ἵνα ἦτε εἰλικρινεῖς καὶ ἀπρόσκοποι εἰς ἡμέραν Χριστοῦ

2 Pt 3 1 ἐν αἷς διεγείρω ὑμῶν ἐν ὑπομνήσει τὴν εἰλικρινῆ διάνοιαν

εἰλικρινία
→ εἰλικρίνεια

εἰλίσσω
→ ἑλίσσω

εἰλόμην
→ αἱρέομαι

εἰμί
→ ἔξεστιν

ἀπ-   ἐν-   παρ-
συμπαρ-   συν-

εἰμί p. 303	ὤ, ᾖς . . . p. 322
εἶ p. 304	εἴην, εἴης . . . p. 323
ἐστίν p. 305	ἴσθι, ἔστω . . . p. 323
ἐσμέν p. 313	εἶναι p. 323
ἐστέ p. 314	ἔσεσθαι p. 324
εἰσίν p. 314	ὤν, οὖσα . . . p. 324
ἤμην, ἦς . . . p. 316	ἐσόμενος, -η . . . p. 326
ἔσομαι, ἔσῃ . . . p. 320	

εἰμί
a c. part.
b c. ὁ et part.
c c. gen.
d οὐκ εἰμί sine nomine praedicativo
e εἰμί ἐκ
f εἰμί μετά
g εἰμί ἐν
h εἰμί παρά
j εἰμί σύν

Mt 3 11 οὗ οὐκ εἰμὶ ἱκανὸς τὰ ὑποδήματα βαστάσαι

8 8 οὐκ εἰμὶ ἱκανὸς ἵνα μου ὑπὸ τὴν στέγην εἰσέλθῃς

8 9 καὶ γὰρ ἐγὼ ἄνθρωπός εἰμι ὑπὸ ἐξουσίαν [+τασσόμενος H]

11 29 ὅτι πραΰς εἰμι καὶ ταπεινὸς τῇ καρδίᾳ

14 27 θαρσεῖτε, ἐγώ εἰμι· μὴ φοβεῖσθε

18 20 ᵇ ἐκεῖ εἰμι ἐν μέσῳ αὐτῶν

20 15 ἢ ὁ ὀφθαλμός σου πονηρός ἐστιν ὅτι ἐγὼ ἀγαθός εἰμι;

22 32 ἐγώ εἰμι ὁ θεὸς Ἀβραάμ

24 5 πολλοὶ γὰρ ἐλεύσονται . . . λέγοντες· ἐγώ εἰμι ὁ χριστός

26 22 μήτι ἐγώ εἰμι, κύριε;

26 25 μήτι ἐγώ εἰμι, ῥαββί;

27 24 ἀθῷός εἰμι ἀπὸ τοῦ αἵματος (+τοῦ δικαίου MVSς) τούτου

27 43 εἶπεν γὰρ ὅτι θεοῦ εἰμι υἱός

28 20 ʳ ἰδοὺ ἐγὼ μεθ᾿ ὑμῶν εἰμι πάσας τὰς ἡμέρας

Mc 1 7 οὗ οὐκ εἰμὶ ἱκανὸς κύψας λῦσαι τὸν ἱμάντα

6 50 θαρσεῖτε, ἐγώ εἰμι· μὴ φοβεῖσθε

13 6 πολλοὶ (+γὰρ Vς) ἐλεύσονται . . . λέγοντες ὅτι ἐγώ εἰμι

14 62 ὁ δὲ Ἰησοῦς εἶπεν· ἐγώ εἰμι

Lc 1 18 ἐγὼ γάρ εἰμι πρεσβύτης

Lc 1 19 ἐγώ εἰμι Γαβριὴλ ὁ παρεστηκὼς
          ἐνώπιον τοῦ θεοῦ
     3 16 οὗ οὐκ εἰμὶ ἱκανὸς λῦσαι τὸν ἱμάντα
     5 8 ἔξελθε ἀπ᾽ ἐμοῦ, ὅτι ἀνὴρ ἁμαρτω-
          λός εἰμι
     7 6 οὐ γὰρ | ἱκανός εἰμι (~ VSς) ἵνα
          ὑπὸ τὴν στέγην μου εἰσέλθῃς
     7 8 καὶ γὰρ ἐγὼ ἄνθρωπός εἰμι ὑπὸ
          ἐξουσίαν τασσόμενος
    15 19 οὐκέτι εἰμὶ ἄξιος κληθῆναι υἱός σου
    15 21 οὐκέτι εἰμὶ ἄξιος κληθῆναι υἱός σου
    18 11 οὐκ εἰμὶ ὥσπερ οἱ λοιποὶ τῶν
          ἀνθρώπων
    19 22 ᾔδεις ὅτι ἐγὼ ἄνθρωπος αὐστηρός
          εἰμι ⟨;⟩
    21 8 πολλοὶ γὰρ ἐλεύσονται . . . λέγον-
          τες· (+ ὅτι VSς) ἐγώ εἰμι
    22 27ᵍ ἐγὼ δὲ ἐν μέσῳ ὑμῶν εἰμι ὡς ὁ
          διακονῶν
    22 33 μετὰ σοῦ ἕτοιμός εἰμι καὶ εἰς φυλα-
          κὴν καὶ εἰς θάνατον πορεύεσθαι
    22 58ᵈ ὁ δὲ Πέτρος ἔφη· ἄνθρωπε, οὐκ εἰμί
    22 70 ὑμεῖς λέγετε ὅτι ἐγώ εἰμι
    24 39 ἴδετε τὰς χεῖράς μου . . . ὅτι | ἐγώ
          εἰμι αὐτός (~ Vς)

Jo 1 20 ὡμολόγησεν ὅτι ἐγὼ οὐκ εἰμὶ ὁ
          χριστός
     1 21ᵈ καὶ (—T) λέγει· οὐκ εἰμί
     1 27 οὗ οὐκ εἰμὶ ἐγὼ [N²⁶H] ἄξιος ἵνα
          λύσω αὐτοῦ τὸν ἱμάντα
     3 28 ὅτι [+ N²⁶] οὐκ εἰμὶ ἐγὼ ὁ χριστός,
          ↔
     3 28ᵃ ἀλλ᾽ ὅτι ἀπεσταλμένος εἰμὶ ἔμπρο-
          σθεν ἐκείνου
     4 26ᵇ ἐγώ εἰμι, ὁ λαλῶν σοι
     6 20 ἐγώ εἰμι· μὴ φοβεῖσθε
     6 35 ἐγώ εἰμι ὁ ἄρτος τῆς ζωῆς
     6 41 ἐγώ εἰμι ὁ ἄρτος ὁ καταβὰς ἐκ τοῦ
          οὐρανοῦ
     6 48 ἐγώ εἰμι ὁ ἄρτος τῆς ζωῆς
     6 51 ἐγώ εἰμι ὁ ἄρτος ὁ ζῶν ὁ ἐκ τοῦ
          οὐρανοῦ καταβάς
     7 28 κἀμὲ οἴδατε καὶ οἴδατε πόθεν εἰμί
     7 29ʰ ἐγὼ οἶδα αὐτόν, ὅτι παρ᾽ αὐτοῦ
          εἰμι
     7 33ᶠ ἔτι | χρόνον μικρὸν (~ Vς) μεθ᾽
          ὑμῶν εἰμι
     7 34 ὅπου εἰμὶ (εἶμι V) ἐγὼ ὑμεῖς οὐ
          δύνασθε ἐλθεῖν
     7 36 ὅπου εἰμὶ (εἶμι V) ἐγὼ ὑμεῖς οὐ
          δύνασθε ἐλθεῖν
     8 12 ἐγώ εἰμι τὸ φῶς τοῦ κόσμου
     8 16 ὅτι μόνος οὐκ εἰμί
     8 18ᵇ ἐγώ εἰμι ὁ μαρτυρῶν περὶ ἐμαυτοῦ
     8 23ᵉ ἐγὼ ἐκ τῶν ἄνω εἰμί
     8 23ᵉ ἐγὼ οὐκ εἰμὶ ἐκ τοῦ κόσμου τούτου
     8 24 ἐὰν γὰρ μὴ πιστεύσητε ὅτι ἐγώ
          εἰμι, ἀποθανεῖσθε
     8 28 τότε γνώσεσθε ὅτι ἐγώ εἰμι
     8 58 πρὶν Ἀβραὰμ γενέσθαι ἐγὼ εἰμί
     9 5 ὅταν ἐν τῷ κόσμῳ ὦ, φῶς εἰμι
          τοῦ κόσμου
     9 9 ἐκεῖνος [+ δὲ S] ἔλεγεν ὅτι ἐγώ εἰμι
    10 7 ἐγώ εἰμι ἡ θύρα τῶν προβάτων
    10 9 ἐγώ εἰμι ἡ θύρα
    10 11 ἐγώ εἰμι ὁ ποιμὴν ὁ καλός
    10 14 ἐγώ εἰμι ὁ ποιμὴν ὁ καλός
    10 36 υἱὸς τοῦ (—T) θεοῦ εἰμι
    11 25 ἐγώ εἰμι ἡ ἀνάστασις καὶ ἡ ζωή
    12 26 ὅπου εἰμὶ ἐγώ, ἐκεῖ καὶ ὁ διάκονος ὁ
          ἐμὸς ἔσται
    13 13 ὑμεῖς φωνεῖτέ με· ὁ διδάσκαλος καὶ
          ὁ κύριος, καὶ καλῶς λέγετε· εἰμὶ γάρ
    13 19 ἵνα πιστεύσητε (-εύητε NH) ὅταν
          γένηται ὅτι ἐγώ εἰμι

Jo 13 33ᶠ ἔτι μικρὸν μεθ᾽ ὑμῶν εἰμι
    14 3 ἵνα ὅπου εἰμὶ ἐγὼ καὶ ὑμεῖς ἦτε
    14 6 ἐγώ εἰμι ἡ ὁδὸς καὶ ἡ ἀλήθεια καὶ
          ἡ ζωή
    14 9ᶠ | τοσούτῳ χρόνῳ (N²⁶T; τ-ον
          χ-ον rl) μεθ᾽ ὑμῶν εἰμι
    15 1 ἐγώ εἰμι ἡ ἄμπελος ἡ ἀληθινή
    15 5 ἐγώ εἰμι ἡ ἄμπελος
    16 32 καὶ οὐκ εἰμὶ μόνος
    17 11ᵍ οὐκέτι εἰμὶ ἐν τῷ κόσμῳ
    17 14ᵉ καθὼς ἐγὼ οὐκ εἰμὶ ἐκ τοῦ κόσμου
    17 16ᵉ καθὼς ἐγὼ | οὐκ εἰμὶ ἐκ τοῦ κόσμου
          (~ VSς)
    17 24 ἵνα ὅπου εἰμὶ ἐγὼ κἀκεῖνοι ὦσιν
          μετ᾽ ἐμοῦ
    18 5 λέγει αὐτοῖς (+ ὁ Ἰησοῦς MVBSς;
          + Ἰησ. T). ἐγώ εἰμι
    18 6 ὡς οὖν εἶπεν αὐτοῖς· ἐγώ εἰμι,
          ἀπῆλθον εἰς τὰ ὀπίσω
    18 8 εἶπον ὑμῖν ὅτι ἐγώ εἰμι
    18 17ᵈ λέγει ἐκεῖνος· οὐκ εἰμί
    18 25ᵈ ἠρνήσατο ἐκεῖνος καὶ εἶπεν· οὐκ
          εἰμί
    18 35 μήτι ἐγὼ Ἰουδαῖός εἰμι;
    18 37 σὺ λέγεις ὅτι βασιλεύς εἰμι (+ ἐγώ
          [M]Vς)
    19 21 βασιλεύς | εἰμι τῶν Ἰουδαίων (~ H)

Ac 9 5 ἐγώ εἰμι Ἰησοῦς ὃν σὺ διώκεις
    10 21 ἰδοὺ ἐγώ εἰμι ὃν ζητεῖτε
    10 26 καὶ ἐγὼ αὐτὸς ἄνθρωπός εἰμι
    13 25ᵈ | τί ἐμὲ (τίνα με ς) ὑπονοεῖτε εἶναι,
          οὐκ εἰμὶ ἐγώ· ↔
    13 25 ἀλλ᾽ ἰδοὺ ἔρχεται μετ᾽ ἐμὲ οὗ οὐκ
          εἰμὶ ἄξιος τὸ ὑπόδημα τῶν ποδῶν
          λῦσαι
    18 10ᶠ διότι ἐγώ εἰμι μετὰ σοῦ
    20 26 καθαρός εἰμι (ἐγώ ς) ἀπὸ τοῦ
          αἵματος πάντων
    21 39 ἐγὼ ἄνθρωπος μέν εἰμι Ἰουδαῖος
    22 3 ἐγὼ (+ μέν [S]ς) εἰμι ἀνὴρ Ἰου-
          δαῖος
    22 8 ἐγώ εἰμι Ἰησοῦς ὁ Ναζωραῖος,
          ὃν σὺ διώκεις
    23 6 ἐγὼ Φαρισαῖός εἰμι, υἱὸς Φαρισαί-
          ων
    25 10ᵃ | ἐπὶ τοῦ βήματος Καίσαρος ἑστώς
          (~ NMTH) εἰμι
    26 15 ἐγώ εἰμι Ἰησοῦς ὃν σὺ διώκεις
    26 29 γενέσθαι τοιούτους ὁποῖος καὶ
          ἐγώ εἰμι
    27 23ᶜ παρέστη γάρ μοι . . . τοῦ θεοῦ οὗ
          εἰμι ἐγώ (+ [N²⁶]T), ᾧ καὶ λα-
          τρεύω, ἄγγελος

Rm 1 14 σοφοῖς τε καὶ ἀνοήτοις ὀφειλέτης
          εἰμί
     7 14 ἐγὼ δὲ σάρκινός εἰμι, πεπραμένος
          ὑπὸ τὴν ἁμαρτίαν
    11 1ᶜᵉ καὶ γὰρ ἐγὼ Ἰσραηλίτης εἰμί,
          ἐκ σπέρματος Ἀβραάμ, φυλῆς Βεν-
          ιαμίν
    11 13 ἐφ᾽ ὅσον μὲν οὖν ([S]; —ς) εἰμι
          ἐγὼ ἐθνῶν ἀπόστολος

1 C 1 12ᶜ ἐγὼ μέν εἰμι Παύλου, ἐγὼ δὲ Ἀπολ-
          λῶ
     3 4ᶜ ἐγὼ μέν εἰμι Παύλου, ἕτερος δέ·
          ἐγὼ Ἀπολλῶ
     9 1 οὐκ εἰμὶ ἐλεύθερος; ↔
     9 1 οὐκ εἰμὶ ἀπόστολος;
     9 2 εἰ ἄλλοις οὐκ εἰμὶ ἀπόστολος, ↔
     9 2 ἀλλά γε ὑμῖν εἰμι
    12 15 ἐὰν εἴπῃ ὁ πούς· ὅτι οὐκ εἰμὶ χείρ,
          ↔
    12 15ᵉ οὐκ εἰμὶ ἐκ τοῦ σώματος
    12 16 καὶ ἐὰν εἴπῃ τὸ οὖς· ὅτι οὐκ εἰμὶ
          ὀφθαλμός, ↔

1 C 12 16ᵉ οὐκ εἰμὶ ἐκ τοῦ σώματος
    13 2 ἐὰν ἔχω προφητείαν . . . ἀγάπην
          δὲ μὴ ἔχω, οὐθέν εἰμι
    15 9 ἐγὼ γάρ εἰμι ὁ ἐλάχιστος τῶν
          ἀποστόλων, ↔
    15 9 ὃς οὐκ εἰμὶ ἱκανὸς καλεῖσθαι ἀπό-
          στολος
    15 10 χάριτι δὲ θεοῦ εἰμι ↔
    15 10 ὅ εἰμι

2 C 12 10 ὅταν γὰρ ἀσθενῶ, τότε δυνατός
          εἰμι
    12 11 οὐδὲν γὰρ ὑστέρησα τῶν ὑπερλί-
          αν ἀποστόλων, εἰ καὶ οὐδέν εἰμι

Ph 4 11ᵍ ἐγὼ γὰρ ἔμαθον ἐν οἷς εἰμι αὐτάρ-
          κης εἶναι

Cl 2 5ʲ εἰ γὰρ καὶ τῇ σαρκὶ ἄπειμι, ἀλλὰ
          τῷ πνεύματι σὺν ὑμῖν εἰμι

1 Tm 1 15 Ἰησοῦς ἦλθεν . . . ἁμαρτωλοὺς
          σῶσαι· ὧν πρῶτός εἰμι ἐγώ

Hb 12 21 ἔκφοβός εἰμι καὶ ἔντρομος

1 Pt 1 16 ὅτι (διότι T) ἐγὼ ἅγιός εἰμι ([N²⁶
          M]; —NBTH)

2 Pt 1 13ᵍ ἐφ᾽ ὅσον εἰμὶ ἐν τούτῳ τῷ σκηνώ-
          ματι

Ap 1 8 ἐγώ εἰμι τὸ ἄλφα καὶ τὸ ὦ
     1 11 * | ἐγώ εἰμι τὸ Α καὶ τὸ Ω (+ ς . .)
     1 17ᵇ ἐγώ εἰμι ὁ πρῶτος καὶ ὁ ἔσχατος
          ⟨καὶ ὁ ζῶν⟩
     1 18ᵃ καὶ ἰδοὺ ζῶν εἰμι εἰς τοὺς αἰῶνας
          τῶν αἰώνων
     2 23ᵇ ἐγώ εἰμι ὁ ἐραυνῶν νεφροὺς καὶ
          καρδίας
     3 17 ὅτι λέγεις ὅτι πλούσιός εἰμι καὶ
          πεπλούτηκα
    18 7 λέγει ὅτι κάθημαι βασίλισσα καὶ
          χήρα οὐκ εἰμί
    19 10 ὅρα μή· σύνδουλός σού εἰμι καὶ
          τῶν ἀδελφῶν σου
    21 6 ἐγώ εἰμι (+ [N²⁶]Bς) τὸ ἄλφα καὶ
          τὸ ὦ
    22 9 ὅρα μή· σύνδουλός σού εἰμι καὶ
          τῶν ἀδελφῶν σου τῶν προφητῶν
    22 13 * ἐγώ εἰμι (+ ς) τὸ ἄλφα καὶ τὸ ὦ
    22 16 ἐγώ εἰμι ἡ ῥίζα καὶ τὸ γένος Δαυίδ

εἰ
    ᵃ c. part.
    ᵇ c. ὁ et part.
    ᶜ c. gen. vel dat.
    ᵈ εἰ ἐν
    ᵉ εἰ μετά
    ᶠ εἰ ἐκ

Mt 2 6 καὶ σὺ Βηθλέεμ . . . οὐδαμῶς
          ἐλαχίστη εἶ ἐν τοῖς ἡγεμόσιν
          Ἰούδα
     4 3 εἰ υἱὸς εἶ τοῦ θεοῦ
     4 6 εἰ υἱὸς εἶ τοῦ θεοῦ
     5 25ᵈᵉ ἕως ὅτου εἶ | μετ᾽ αὐτοῦ ἐν τῇ
          ὁδῷ (~ Vς)
    11 3ᵇ σὺ εἶ ὁ ἐρχόμενος, ἢ ἕτερον
          προσδοκῶμεν;
    14 28 κύριε, εἰ σὺ εἶ, κέλευσόν με | ἐλθεῖν
          πρός σε (~ Sς) ἐπὶ τὰ ὕδατα
    14 33 ἀληθῶς θεοῦ υἱὸς εἶ
    16 16 σὺ εἶ ὁ χριστὸς ὁ υἱὸς τοῦ θεοῦ τοῦ
          ζῶντος
    16 17 μακάριος εἶ, Σίμων Βαριωνᾶ
    16 18 κἀγὼ δέ σοι λέγω ὅτι σὺ εἶ Πέτρος
    16 23ᶜ ὕπαγε ὀπίσω μου, σατανᾶ· σκάν-
          δαλον εἶ ἐμοῦ
    22 16 διδάσκαλε, οἴδαμεν ὅτι ἀληθὴς εἶ
    25 24 ἔγνων σε ὅτι σκληρὸς εἶ ἄνθρωπος
    26 63 ἐξορκίζω σε . . . ἵνα ἡμῖν εἴπῃς εἰ
          σὺ εἶ ὁ χριστὸς ὁ υἱὸς τοῦ θεοῦ
    26 73ᶠ ἀληθῶς καὶ σὺ ἐξ αὐτῶν εἶ
    27 11 σὺ εἶ ὁ βασιλεὺς τῶν Ἰουδαίων;

Mt 27 40 εἰ υἱὸς εἶ τοῦ θεοῦ, καὶ ([N²⁶]; —MVSHϛ) κατάβηθι ἀπὸ τοῦ σταυροῦ

Mc 1 11 σὺ εἶ ὁ υἱός μου ὁ ἀγαπητός
1 24 οἶδά (οἴδαμέν ST) σε τίς εἶ, ὁ ἅγιος τοῦ θεοῦ
3 11 σὺ εἶ ὁ υἱὸς τοῦ θεοῦ
8 29 σὺ εἶ ὁ χριστός
12 14 οἴδαμεν ὅτι ἀληθὴς εἶ καὶ οὐ μέλει σοι περὶ οὐδενός
12 34 οὐ μακρὰν εἶ [H] ἀπὸ τῆς βασιλείας τοῦ θεοῦ
14 61 σὺ εἶ ὁ χριστὸς ὁ υἱὸς τοῦ εὐλογητοῦ·
14 70ᶠ ἀληθῶς ἐξ αὐτῶν εἶ· ↔
14 70 καὶ γὰρ Γαλιλαῖος εἶ
15 2 σὺ εἶ ὁ βασιλεὺς τῶν Ἰουδαίων;

Lc 3 22 σὺ εἶ ὁ υἱός μου ὁ ἀγαπητός
4 3 εἰ υἱὸς εἶ τοῦ θεοῦ
4 9 εἰ υἱὸς εἶ τοῦ θεοῦ
4 34 οἶδά σε τίς εἶ, ὁ ἅγιος τοῦ θεοῦ
4 41 σὺ εἶ ὁ υἱὸς τοῦ θεοῦ
7 19ᵇ σὺ εἶ ὁ ἐρχόμενος, ἢ ἄλλον (ἕτερον H) προσδοκῶμεν;
7 20ᵇ σὺ εἶ ὁ ἐρχόμενος, ἢ ἄλλον προσδοκῶμεν;
15 31ᵉ τέκνον, σὺ πάντοτε μετ᾽ ἐμοῦ εἶ
19 21 ἐφοβούμην γάρ σε, ὅτι ἄνθρωπος αὐστηρὸς εἶ
22 58ᶠ καὶ σὺ ἐξ αὐτῶν εἶ
22 67 εἰ σὺ εἶ ὁ χριστός
22 70 σὺ οὖν εἶ ὁ υἱὸς τοῦ θεοῦ;
23 3 σὺ εἶ ὁ βασιλεὺς τῶν Ἰουδαίων;
23 37 εἰ σὺ εἶ ὁ βασιλεὺς τῶν Ἰουδαίων
23 39 οὐχὶ σὺ εἶ ὁ χριστός;
23 40ᵈ οὐδὲ φοβῇ σὺ τὸν θεόν, ὅτι ἐν τῷ αὐτῷ κρίματι εἶ;

Jo 1 19 ἵνα ἐρωτήσωσιν αὐτόν· σὺ τίς εἶ;
1 21 τί οὖν; | σὺ Ἡλίας εἶ (N²⁶; Ἡ. εἶ T; [σὺ] Ἡ. εἶ H; ~rl);
1 21 ὁ προφήτης εἶ σύ;
1 22 εἶπαν οὖν αὐτῷ· τίς εἶ;
1 25 τί οὖν βαπτίζεις εἰ σὺ οὐκ εἶ ὁ χριστὸς οὐδὲ ... ὁ προφήτης;
1 42 σὺ εἶ Σίμων ὁ υἱὸς Ἰωάννου
1 49 ῥαββί, σὺ εἶ ὁ υἱὸς τοῦ θεοῦ, ↔
1 49 σὺ | βασιλεὺς εἶ (εἶ ὁ β. ϛ) τοῦ Ἰσραήλ
3 10 σὺ εἶ ὁ διδάσκαλος τοῦ Ἰσραὴλ καὶ ταῦτα οὐ γινώσκεις;
4 12 μὴ σὺ μείζων εἶ τοῦ πατρὸς ἡμῶν Ἰακώβ ⟨;⟩
4 19 θεωρῶ ὅτι προφήτης εἶ σύ
6 69 ἐγνώκαμεν ὅτι σὺ εἶ ὁ ἅγιος (Χριστὸς ὁ υἱὸς Vϛ) τοῦ θεοῦ
7 52ᶠ μὴ καὶ σὺ ἐκ τῆς Γαλιλαίας εἶ;
8 25 σὺ τίς εἶ;
8 48 οὐ καλῶς λέγομεν ἡμεῖς ὅτι Σαμαρίτης εἶ σύ ⟨;⟩
8 53 μὴ σὺ μείζων εἶ τοῦ πατρὸς ἡμῶν Ἀβραάμ ⟨;⟩
9 28 σὺ | μαθητὴς εἶ (~ϛ) ἐκείνου, ἡμεῖς δὲ τοῦ Μωϋσέως ἐσμὲν μαθηταί
10 24 εἰ σὺ εἶ ὁ χριστός, εἰπὲ (εἶπον NTH) ἡμῖν παρρησίᾳ
11 27 ἐγὼ πεπίστευκα ὅτι σὺ εἶ ὁ χριστὸς ὁ υἱὸς τοῦ θεοῦ
18 17ᶠ μὴ καὶ σὺ ἐκ τῶν μαθητῶν εἶ τοῦ ἀνθρώπου τούτου;
18 25ᶠ μὴ καὶ σὺ ἐκ τῶν μαθητῶν αὐτοῦ εἶ;
18 33 σὺ εἶ ὁ βασιλεὺς τῶν Ἰουδαίων;
18 37 οὐκοῦν βασιλεὺς εἶ σύ;
19 9 λέγει τῷ Ἰησοῦ· πόθεν εἶ σύ;

Jo 19 12 ἐὰν τοῦτον ἀπολύσῃς, οὐκ εἶ φίλος τοῦ Καίσαρος
21 12 σὺ τίς εἶ;

Ac 9 5 εἶπεν δέ· τίς εἶ, κύριε;
13 33 υἱός μου εἶ σύ
21 38 οὐκ ἄρα σὺ εἶ ὁ Αἰγύπτιος ὁ ... ἀναστατώσας ⟨;⟩
22 8 ἐγὼ δὲ ἀπεκρίθην· τίς εἶ, κύριε;
22 27 λέγε μοι, σὺ Ῥωμαῖος εἶ;
26 15 ἐγὼ δὲ εἶπα· τίς εἶ, κύριε;

Rm 2 1 διὸ ἀναπολόγητος εἶ, ὦ ἄνθρωπε πᾶς ὁ κρίνων
9 20ᵇ ὦ ἄνθρωπε, μενοῦνγε (~ Sϛ) σὺ τίς εἶ ὁ ἀνταποκρινόμενος τῷ θεῷ;
14 4ᵇ σὺ τίς εἶ ὁ κρίνων ἀλλότριον οἰκέτην;

G 4 7 ὥστε οὐκέτι εἶ δοῦλος ἀλλὰ υἱός

Hb 1 5 υἱός μου εἶ σύ
1 12 σὺ δὲ ὁ αὐτὸς εἶ
5 5 υἱός μου εἶ σύ

Jc 4 11 οὐκ εἶ ποιητὴς νόμου ἀλλὰ κριτής
4 12ᵇ σὺ δὲ τίς εἶ, | ὁ κρίνων (ὃς κρίνεις Sϛ) τὸν πλησίον;

Ap 2 9 οἶδά σου ... τὴν πτωχείαν, ἀλλὰ πλούσιος εἶ
3 1 ὅτι ὄνομα ἔχεις ὅτι ζῇς, καὶ νεκρὸς εἶ
3 15 ὅτι οὔτε ψυχρὸς εἶ οὔτε ζεστός
3 16 οὕτως ὅτι χλιαρὸς εἶ, καὶ οὔτε ζεστὸς οὔτε ψυχρός
3 17 οὐκ οἶδας ὅτι σὺ εἶ ὁ ταλαίπωρος καὶ (+ ὁ B) ἐλεεινὸς καὶ πτωχός
4 11 ἄξιος εἶ, || ὁ κύριος καὶ ὁ θεὸς ἡμῶν (+ὁ ἅγιος B[S] ((κύριε ϛ)), λαβεῖν τὴν δόξαν
5 9 ἄξιος εἶ λαβεῖν τὸ βιβλίον
16 5ᵇ δίκαιος εἶ, ὁ ὢν καὶ ὁ ἦν

ἐστίν, ἔστιν
→ ἔνι
ᵃ c. part.
ᵇ c. ὁ et part.
ᶜ c. gen. vel dat.
ᵈ c. subj. neutr. plur.
ᵉ impers.
ᶠ τοῦτ᾽ ἐστιν et sim.
ᵍ ὅ ἐστιν
ʰ c. ἐκ
ʲ c. μετά
ᵏ c. ὑπέρ
ˡ c. κατά
ᵐ c. ἐν
ⁿ c. εἰς
ᵖ c. ἐπί
q c. περί
ʳ c. ἀντιπέρα
ˢ c. ἐνώπιον, ἀπέναντι
ᵗ c. ἐντός, ἐκτός
ᵘ c. παρά
ᵛ c. πρός
ʷ c. ἐπάνω, ὑποκάτω
ˣ c. ἄχρι, ἕως
ʸ c. ὑπό
ᶻ c. πρό

Mt 1 20ʰ τὸ γὰρ ἐν αὐτῇ γεννηθὲν ἐκ πνεύματός ἐστιν ἁγίου
1 23ᵃᵍ καλέσουσιν ... Ἐμμανουήλ, ὅ ἐστιν μεθερμηνευόμενον μεθ᾽ ἡμῶν ὁ θεός
2 2 ποῦ ἐστιν ὁ τεχθεὶς βασιλεὺς τῶν Ἰουδαίων;
3 3ᵇ οὗτος γάρ ἐστιν ὁ ῥηθεὶς διὰ Ἠσαΐου τοῦ προφήτου λέγοντος
3 11 ὁ δὲ ὀπίσω μου ἐρχόμενος ἰσχυρότερός μού ἐστιν

Mt 3 15ᵃᵉ οὕτως γὰρ πρέπον ἐστὶν ἡμῖν πληρῶσαι πᾶσαν δικαιοσύνην
3 17 οὗτός ἐστιν ὁ υἱός μου ὁ ἀγαπητός
5 3ᶜ ὅτι αὐτῶν ἐστιν ἡ βασιλεία τῶν οὐρανῶν
5 10ᶜ ὅτι αὐτῶν ἐστιν ἡ βασιλεία τῶν οὐρανῶν
5 34 ὅτι θρόνος ἐστὶν τοῦ θεοῦ
5 35 ὅτι ὑποπόδιόν ἐστιν τῶν ποδῶν αὐτοῦ
5 35 ὅτι πόλις ἐστὶν τοῦ μεγάλου βασιλέως
5 37ʰ τὸ δὲ περισσὸν τούτων ἐκ τοῦ πονηροῦ ἐστιν
5 48 ἔσεσθε οὖν ὑμεῖς τέλειοι ὡς ὁ πατὴρ ὑμῶν ὁ οὐράνιος τέλειός ἐστιν
6 13ᶜ* | ὅτι σοῦ ἐστιν ἡ βασιλεία καὶ ἡ δύναμις καὶ ἡ δόξα (+ϛ ..)
6 21 ὅπου γάρ ἐστιν ὁ θησαυρός σου
6 22 ὁ λύχνος τοῦ σώματός ἐστιν ὁ ὀφθαλμός
6 23 εἰ οὖν τὸ φῶς τὸ ἐν σοὶ σκότος ἐστίν
6 25 οὐχὶ ἡ ψυχὴ πλεῖόν ἐστιν τῆς τροφῆς ⟨;⟩
7 9 ἢ τίς ἐστιν (—H) ἐξ ὑμῶν ἄνθρωπος ⟨;⟩
7 12 οὗτος γάρ ἐστιν ὁ νόμος καὶ οἱ προφῆται
8 27 ποταπός ἐστιν οὗτος ὅτι καὶ οἱ ἄνεμοι ... αὐτῷ ὑπακούουσιν;
9 5 τί γάρ ἐστιν εὐκοπώτερον, εἰπεῖν ... ἢ εἰπεῖν ⟨;⟩
9 13 πορευθέντες δὲ μάθετε τί ἐστιν· ἔλεος θέλω καὶ οὐ θυσίαν
9 15ʲ μὴ δύνανται οἱ υἱοὶ τοῦ νυμφῶνος πενθεῖν, ἐφ᾽ ὅσον μετ᾽ αὐτῶν ἐστιν ὁ νυμφίος;
10 2ᵈ τῶν δὲ δώδεκα ἀποστόλων τὰ ὀνόματά ἐστιν ταῦτα
10 10 * ἄξιος γὰρ ὁ ἐργάτης τῆς τροφῆς αὐτοῦ ἐστιν (+ϛ)
10 11 ἐξετάσατε τίς ἐν αὐτῇ ἄξιός ἐστιν
10 24ᵏ οὐκ ἔστιν μαθητὴς ὑπὲρ τὸν διδάσκαλον οὐδὲ δοῦλος ὑπὲρ τὸν κύριον αὐτοῦ
10 26ᵃ οὐδὲν γάρ ἐστιν κεκαλυμμένον ὃ οὐκ ἀποκαλυφθήσεται
10 37 ὁ φιλῶν πατέρα ἢ μητέρα ὑπὲρ ἐμὲ οὐκ ἔστιν μου ἄξιος· ↔
10 37 καὶ ὁ φιλῶν υἱὸν ἢ θυγατέρα ὑπὲρ ἐμὲ οὐκ ἔστιν μου ἄξιος· ↔
10 38 καὶ ὃς οὐ λαμβάνει ... καὶ ἀκολουθεῖ ὀπίσω μου, οὐκ ἔστιν μου ἄξιος
11 6 μακάριός ἐστιν ὃς ἐὰν (ἂν H) μὴ σκανδαλισθῇ ἐν ἐμοί
11 10 οὗτός (+ γὰρ VSϛ) ἐστιν περὶ οὗ γέγραπται
11 11 ὁ δὲ μικρότερος ἐν τῇ βασιλείᾳ τῶν οὐρανῶν μείζων αὐτοῦ ἐστιν
11 14 αὐτός ἐστιν Ἡλίας ὁ μέλλων ἔρχεσθαι
11 16 ὁμοία ἐστὶν παιδίοις καθημένοις ἐν ταῖς ἀγοραῖς
11 30 τὸ φορτίον μου ἐλαφρόν ἐστιν
12 6ᵉ τοῦ ἱεροῦ μεῖζόν (μείζων ϛ) ἐστιν ὧδε. ↔
12 7 εἰ δὲ ἐγνώκειτε τί ἐστιν· ἔλεος θέλω καὶ οὐ θυσίαν
12 8 κύριος γάρ ἐστιν τοῦ σαββάτου ὁ υἱὸς τοῦ ἀνθρώπου
12 23 μήτι οὗτός ἐστιν ὁ υἱὸς Δαυίδ;
12 30ˡ ὁ μὴ ὢν μετ᾽ ἐμοῦ κατ᾽ ἐμοῦ ἐστιν
12 48 τίς ἐστιν ἡ μήτηρ μου ⟨;⟩

Mt 12 50 αὐτός μου (+ καὶ S) ἀδελφός καὶ
ἀδελφὴ καὶ μήτηρ ἐστίν

13 19ᵇ οὗτός ἐστιν ὁ παρὰ τὴν ὁδὸν
σπαρείς

13 20ᵇ οὗτός ἐστιν ὁ τὸν λόγον ἀκούων
καὶ . . . λαμβάνων αὐτόν· ↔

13 21 οὐκ ἔχει δὲ ῥίζαν ἐν ἑαυτῷ ἀλλὰ
πρόσκαιρός ἐστιν

13 22ᵇ οὗτός ἐστιν ὁ τὸν λόγον ἀκούων

13 23ᵇ οὗτός ἐστιν ὁ τὸν λόγον ἀκούων
καὶ συνιείς (συνιών VSϛ)

13 31 ὁμοία ἐστὶν ἡ βασιλεία τῶν οὐρα-
νῶν κόκκῳ σινάπεως

13 32 ὃ μικρότερον μέν ἐστιν πάντων
τῶν σπερμάτων, ↔

13 32 ὅταν δὲ αὐξηθῇ, μεῖζον τῶν λαχά-
νων ἐστίν

13 33 ὁμοία ἐστὶν ἡ βασιλεία τῶν οὐρα-
νῶν ζύμη

13 37 ὁ σπείρων τὸ καλὸν σπέρμα ἐστὶν
ὁ υἱὸς τοῦ ἀνθρώπου· ↔

13 38 ὁ δὲ ἀγρός ἐστιν ὁ κόσμος

13 39 ὁ δὲ ἐχθρὸς ὁ σπείρας αὐτά ἐστιν ὁ
διάβολος· ↔

13 39 ὁ δὲ θερισμὸς συντέλεια (+ τοῦ Vϛ)
αἰῶνός ἐστιν

13 44 ὁμοία ἐστὶν ἡ βασιλεία τῶν οὐρα-
νῶν θησαυρῷ κεκρυμμένῳ ἐν τῷ
ἀγρῷ

13 45 ὁμοία ἐστὶν ἡ βασιλεία τῶν οὐ-
ρανῶν ἀνθρώπῳ ([S]; — NH) ἐμ-
πόρῳ

13 47 ὁμοία ἐστὶν ἡ βασιλεία τῶν οὐρα-
νῶν σαγήνῃ

13 52 πᾶς γραμματεὺς μαθητευθεὶς . . .
ὅμοιός ἐστιν ἀνθρώπῳ οἰκοδεσπότῃ

13 55 οὐχ οὗτός ἐστιν ὁ τοῦ τέκτονος
υἱός;

13 57 οὐκ ἔστιν προφήτης ἄτιμος εἰ μὴ
ἐν τῇ πατρίδι (ἰδίᾳ π. VST; π.
αὐτοῦ ϛ)

14 2 οὗτός ἐστιν Ἰωάννης ὁ βαπτιστής

14 15 ἔρημός ἐστιν ὁ τόπος

14 26 ἐταράχθησαν λέγοντες ὅτι φάντα-
σμά ἐστι

15 20ᵇᵈ ταῦτά ἐστιν τὰ κοινοῦντα τὸν
ἄνθρωπον

15 26ᵉ οὐκ | ἔστιν καλὸν (ἔξεστιν T)
λαβεῖν τὸν ἄρτον τῶν τέκνων

16 20 ἵνα μηδενὶ εἴπωσιν ὅτι αὐτός ἐστιν
(+ Ἰησοῦς Vϛ) ὁ χριστός

17 4ᵉ κύριε, καλόν ἐστιν ἡμᾶς ὧδε εἶναι

17 5 οὗτός ἐστιν ὁ υἱός μου ὁ ἀγαπητός

18 1 τίς ἄρα μείζων ἐστὶν ἐν τῇ βασιλείᾳ
τῶν οὐρανῶν;

18 4 οὗτός ἐστιν ὁ μείζων ἐν τῇ βασιλείᾳ
τῶν οὐρανῶν

18 7ᵉ* ἀνάγκη γάρ ἐστιν (+ Tϛ)
ἐλθεῖν τὰ σκάνδαλα

18 8ᵉ καλόν σοί ἐστιν εἰσελθεῖν εἰς τὴν
ζωὴν | κυλλὸν ἢ χωλόν (∼ Vϛ)

18 9ᵉ καλόν σοί ἐστιν μονόφθαλμον εἰς
τὴν ζωὴν εἰσελθεῖν

18 14ᵉ οὕτως οὐκ ἔστιν θέλημα ἔμπροσθεν
τοῦ πατρὸς ὑμῶν (μου H) τοῦ ἐν
οὐρανοῖς

19 10 εἰ οὕτως ἐστὶν ἡ αἰτία τοῦ ἀνθρώ-
που μετὰ τῆς γυναικός

19 14ᶜ τῶν γὰρ τοιούτων ἐστὶν ἡ βασι-
λεία τῶν οὐρανῶν

19 17 | εἷς ἐστιν ὁ ἀγαθός (οὐδεὶς ἀγαθὸς
εἰ μὴ εἷς ὁ θεός ϛ)

19 24 εὐκοπώτερόν ἐστιν κάμηλον διὰ
τρυπήματος (τρήματος NH) ῥαφί-
δος διελθεῖν (εἰσ- NMSTH)

Mt 19 26 παρὰ ἀνθρώποις τοῦτο ἀδύνατόν
ἐστιν, ↔

19 26ᵈ* παρὰ δὲ θεῷ | πάντα δυνατά
(∼ T) ἐστι (+ϛ)

20 1 ὁμοία γάρ ἐστιν ἡ βασιλεία τῶν
οὐρανῶν ἀνθρώπῳ οἰκοδεσπότῃ

20 15 ἢ ὁ ὀφθαλμός σου πονηρός ἐστιν
ὅτι ἐγὼ ἀγαθός εἰμι;

20 23ᵉ τὸ δὲ καθίσαι ἐκ δεξιῶν μου . . . οὐκ
ἔστιν ἐμὸν τοῦτο ([N²⁶]; — Hϛ)
δοῦναι

20 26ᵉᵐ* οὐχ οὕτως ἐστιν (NH; ἔσται rl)
ἐν ὑμῖν

21 10 τίς ἐστιν οὗτος;

21 11 οὗτός ἐστιν | ὁ προφήτης Ἰησοῦς
(∼ Vϛ)

21 38 οὗτός ἐστιν ὁ κληρονόμος

21 42 καὶ ἔστιν θαυμαστὴ ἐν ὀφθαλμοῖς
ἡμῶν

22 8 ὁ μὲν γάμος ἕτοιμός ἐστιν

22 32ᶜ οὐκ ἔστιν ὁ ([N²⁶NH]; —T) θεὸς
(+ θεὸς [M] VSϛ) νεκρῶν ἀλλὰ
ζώντων

22 38 αὕτη ἐστὶν ἡ μεγάλη καὶ πρώτη
ἐντολή

22 42 τί ὑμῖν δοκεῖ περὶ τοῦ χριστοῦ;
τίνος υἱός ἐστιν;

22 45 εἰ οὖν Δαυὶδ καλεῖ αὐτὸν κύριον,
πῶς υἱὸς αὐτοῦ ἐστιν;

23 8 εἷς γάρ ἐστιν ὑμῶν ὁ διδάσκαλος

23 9 εἷς γάρ ἐστιν ὑμῶν ὁ πατὴρ ὁ
οὐράνιος

23 10 ὅτι καθηγητὴς ὑμῶν ἐστιν εἷς ὁ
χριστός

23 16ᵉ ὃς ἂν ὀμόσῃ ἐν τῷ ναῷ, οὐδέν ἐστιν

23 17 τίς γὰρ μείζων ἐστίν, ὁ χρυσὸς ἢ ὁ
ναός ⟨;⟩

23 18ᵉ ὃς ἂν ὀμόσῃ ἐν τῷ θυσιαστηρίῳ,
οὐδέν ἐστιν

24 6 δεῖ γὰρ (+ πάντα [M]VSϛ) γενέ-
σθαι, ἀλλ᾽ οὔπω ἐστὶν τὸ τέλος

24 26ᵐ ἐὰν οὖν εἴπωσιν ὑμῖν· ἰδοὺ ἐν τῇ
ἐρήμῳ ἐστίν

24 33 γινώσκετε ὅτι ἐγγύς ἐστιν ἐπὶ
θύραις

24 45 τίς ἄρα ἐστὶν ὁ πιστὸς δοῦλος καὶ
φρόνιμος ⟨;⟩

26 18 ὁ καιρός μου ἐγγύς ἐστιν

26 26 τοῦτό ἐστιν τὸ σῶμά μου

26 28 τοῦτο γάρ ἐστιν τὸ αἷμά μου

26 38 περίλυπός ἐστιν ἡ ψυχή μου ἕως
θανάτου

26 39ᵉ πάτερ μου (—T), εἰ δυνατόν ἐστιν,
παρελθάτω ἀπ᾽ ἐμοῦ τὸ ποτήριον
τοῦτο

26 48 ὃν ἂν (ἐὰν T) φιλήσω αὐτός ἐστιν

26 66 οἱ δὲ ἀποκριθέντες εἶπαν· ἔνοχος
θανάτου ἐστίν

26 68ᵇ προφήτευσον ἡμῖν, χριστέ, τίς
ἐστιν ὁ παίσας σε;

27 6 οὐκ ἔξεστιν βαλεῖν αὐτὰ εἰς τὸν
κορβανᾶν, ἐπεὶ τιμὴ αἵματός ἐστιν

27 33ᵃᵍ ἐλθόντες εἰς . . . Γολγοθᾶ, ὅ ἐστιν
Κρανίου Τόπος λεγόμενος

27 37 οὗτός ἐστιν Ἰησοῦς ὁ βασιλεὺς
τῶν Ἰουδαίων

27 42 (+ εἰ ϛ) βασιλεὺς Ἰσραήλ ἐστιν,
καταβάτω νῦν ἀπὸ τοῦ σταυροῦ

27 46ᶠ τοῦτ᾽ ἔστιν· θεέ μου θεέ μου, ἱνατί
με ἐγκατέλιπες;

27 62ʲ τῇ δὲ ἐπαύριον, ἥτις ἐστιν μετὰ τὴν
παρασκευήν

28 6 ⟨οἶδα γὰρ ὅτι Ἰησοῦν . . . ζητεῖτε⟩
οὐκ ἔστιν ὧδε

Mc 1 27 λέγοντας· τί ἐστιν τοῦτο;

Mc 2 1ᵐⁿ ἠκούσθη ὅτι | ἐν οἴκῳ (εἰς οἶκόν
MVSϛ) ἐστιν

2 9 τί ἐστιν εὐκοπώτερον, εἰπεῖν . . . ἢ
εἰπεῖν ⟨;⟩

2 19ʲ μὴ δύνανται οἱ υἱοὶ τοῦ νυμφῶνος,
ἐν ᾧ ὁ νυμφίος μετ᾽ αὐτῶν ἐστιν,
νηστεύειν·

2 28 ὥστε κύριός ἐστιν ὁ υἱὸς τοῦ
ἀνθρώπου καὶ τοῦ σαββάτου

3 17ᵍ Βοανηργές, ὅ ἐστιν υἱοὶ βροντῆς

3 29 οὐκ ἔχει ἄφεσιν . . . ἀλλὰ ἔνοχός
ἐστιν (ἔσται T) αἰωνίου ἁμαρτήμα-
τος

3 33 τίς ἐστιν ἡ μήτηρ μου καὶ (ἢ Sϛ)
οἱ ἀδελφοί μου ([N²⁶]; —NH);

3 35 οὗτος ἀδελφός μου καὶ ἀδελφή
(+ μου Vϛ) καὶ μήτηρ ἐστίν

4 22ᵉ οὐ γάρ ἐστιν (+ τι NMVSTϛ)
κρυπτόν, ἐὰν μὴ ἵνα φανερωθῇ

4 26 οὕτως ἐστὶν ἡ βασιλεία τοῦ θεοῦ

4 31 * | μικρότερος πάντων τῶν σπερ-
μάτων ἐστίν (ϛ; μικρότερον ὂν π. τ.
σπ. rl) τῶν ἐπὶ τῆς γῆς

4 41 τίς ἄρα οὗτός ἐστιν, ὅτι καὶ ὁ
ἄνεμος . . . | ὑπακούει αὐτῷ (∼ ST)

5 14ᵇ ἦλθον ἰδεῖν τί ἐστιν τὸ γεγονός

5 41ᵃᵍ ταλιθα κουμ, ὅ ἐστιν μεθερμηνευό-
μενον

6 3 οὐχ οὗτός ἐστιν ὁ τέκτων, ὁ υἱὸς
τῆς Μαρίας ⟨;⟩

6 4 οὐκ ἔστιν προφήτης ἄτιμος εἰ μὴ
ἐν τῇ πατρίδι αὐτοῦ (ἑ. T)

6 15 ἄλλοι δὲ ἔλεγον ὅτι Ἠλίας ἐστίν·
↔

6 15 * ἄλλοι δὲ ἔλεγον ὅτι προφήτης
| ἐστίν, ἢ (+ϛ) ὡς εἷς τῶν προφη-
τῶν

6 16 * οὗτος | ἐστίν· αὐτὸς ἠγέρθη ἐκ
νεκρῶν (ϛ; ἠγέρθη rl)

6 35 ἔλεγον (λέγουσιν Vϛ) ὅτι ἔρημός
ἐστιν ὁ τόπος

6 49 ἔδοξαν | ὅτι φάντασμά ἐστιν (φ.
εἶναι VBSϛ)

6 55 ὅπου ἤκουον ὅτι (+ ἐκεῖ Vϛ) ἐστίν

7 2ᶠ κοιναῖς χερσίν, τοῦτ᾽ ἔστιν ἀνί-
πτοις, ἐσθίουσιν τοὺς ἄρτους

7 4ᵈ καὶ ἄλλα πολλά ἐστιν ἃ παρέλαβον
κρατεῖν

7 11ᵍ ἐὰν εἴπῃ ἄνθρωπος . . . κορβᾶν, ὅ
ἐστιν δῶρον

7 15ᵃ οὐδέν ἐστιν ἔξωθεν τοῦ ἀνθρώπου
εἰσπορευόμενον εἰς αὐτὸν ὃ δύναται
| κοινῶσαι αὐτόν (∼ Vϛ)· ↔

7 15ᵇᵈ ἀλλὰ τὰ ἐκ τοῦ ἀνθρώπου ἐκπο-
ρευόμενά ἐστιν τὰ κοινοῦντα τὸν
ἄνθρωπον

7 27ᵉ οὐ γάρ | ἐστιν καλὸν (∼ Sϛ)
λαβεῖν τὸν ἄρτον τῶν τέκνων

7 34ᵃ ἐφφαθα, ὅ ἐστιν διανοίχθητι

9 5ᵉ ῥαββί, καλόν ἐστιν ἡμᾶς ὧδε εἶναι

9 7 οὗτός ἐστιν ὁ υἱός μου ὁ ἀγαπητός

9 10 συζητοῦντες τί ἐστιν τὸ ἐκ νεκρῶν
ἀναστῆναι

9 21 πόσος χρόνος ἐστὶν ὡς (ἐξ οὗ S)
τοῦτο γέγονεν αὐτῷ;

9 39 οὐδεὶς γάρ ἐστιν ὃς ποιήσει δύνα-
μιν ἐπὶ τῷ ὀνόματί μου

9 40ˡ ὃς γὰρ οὐκ ἔστιν καθ᾽ ἡμῶν, ↔

9 40ᵏ ὑπὲρ ἡμῶν ἐστιν

9 42ᵉ καλόν ἐστιν αὐτῷ μᾶλλον εἰ περί-
κειται μύλος ὀνικὸς περὶ τὸν τράχη-
λον αὐτοῦ

9 43ᵉ καλόν ἐστιν σε κυλλὸν εἰσελθεῖν εἰς
τὴν ζωήν

Column 1

Mc 9 45e καλόν ἐστίν σε εἰσελθεῖν εἰς τὴν ζωὴν χωλόν

9 47e καλόν σέ ἐστιν μονόφθαλμον εἰσελθεῖν εἰς τὴν βασιλείαν τοῦ θεοῦ

10 14c τῶν γὰρ τοιούτων ἐστὶν ἡ βασιλεία τοῦ θεοῦ

10 24e πῶς δύσκολόν ἐστιν (+ τοὺς πεποιθότας ἐπὶ χρήμασιν MVB [S]ς) εἰς τὴν βασιλείαν τοῦ θεοῦ εἰσελθεῖν

10 25e εὐκοπώτερόν ἐστιν κάμηλον διὰ τῆς ([N²⁶]; —H) τρυμαλιᾶς τῆς ([N²⁶]; —H) ῥαφίδος διελθεῖν

10 27d * πάντα γὰρ δυνατά ἐστι (+ς) παρὰ τῷ [H] θεῷ

10 29 οὐδείς ἐστιν ὃς ἀφῆκεν οἰκίαν ἢ ἀδελφοὺς ... ἕνεκεν ἐμοῦ

10 40e τὸ δὲ καθίσαι ἐκ δεξιῶν μου ... οὐκ ἔστιν ἐμὸν δοῦναι

10 43em οὐχ οὕτως δέ ἐστιν (ἔσται ς) ἐν ὑμῖν

10 47 ἀκούσας ὅτι Ἰησοῦς ὁ Ναζαρηνός ἐστιν

12 7 οὗτός ἐστιν ὁ κληρονόμος

12 11 καὶ ἔστιν θαυμαστὴ ἐν ὀφθαλμοῖς ἡμῶν

12 27c οὐκ ἔστιν (+ ὁ Τς) θεὸς νεκρῶν ἀλλὰ (+ θεὸς [VS]ς) ζώντων

12 28 ποία ἐστὶν ἐντολὴ πρώτη πάντων; ↔

12 29 | ἀπεκρίθη ὁ Ἰησοῦς (ὁ δὲ Ἰ. ἀ. αὐτῷ Vς) ὅτι πρώτη (+πάντων τῶν ἐντολῶν V; πασῶν τ. ἐ. ς) ἐστίν (—ς)· ↔

12 29 ἄκουε, Ἰσραήλ, κύριος ὁ θεὸς ἡμῶν κύριος εἷς ἐστιν

12 31 μείζων τούτων ἄλλη ἐντολὴ οὐκ ἔστιν

12 32 διδάσκαλε, ἐπ᾽ ἀληθείας εἶπες ὅτι εἷς ἐστιν ↔

12 32 καὶ οὐκ ἔστιν ἄλλος πλὴν αὐτοῦ

12 33 τὸ ἀγαπᾶν τὸν πλησίον ὡς ἑαυτὸν περισσότερόν ἐστιν πάντων τῶν ὁλοκαυτωμάτων

12 35 ὁ χριστὸς υἱός | Δαυὶδ ἐστιν (~ VSς)

12 37 καὶ πόθεν αὐτοῦ ἐστιν υἱός;

12 42e ἔβαλεν λεπτὰ δύο, ὅ ἐστιν κοδράντης

13 28 γινώσκετε ὅτι ἐγγὺς τὸ θέρος ἐστίν

13 29p γινώσκετε ὅτι ἐγγύς ἐστιν ἐπὶ θύραις

13 33 οὐκ οἴδατε γὰρ πότε ὁ καιρός ἐστιν [H]

14 14 ποῦ ἐστιν τὸ κατάλυμά μου ⟨;⟩

14 22 τοῦτό ἐστιν τὸ σῶμά μου

14 24 τοῦτό ἐστιν τὸ αἷμά μου

14 34 περίλυπός ἐστιν ἡ ψυχή μου ἕως θανάτου

14 35e προσηύχετο ἵνα εἰ δυνατόν ἐστιν παρέλθῃ ἀπ᾽ αὐτοῦ ἡ ὥρα

14 44 ὃν ἂν φιλήσω αὐτός ἐστιν

14 69h οὗτος ἐξ αὐτῶν ἐστιν

15 16g ἀπήγαγον αὐτὸν ἔσω τῆς αὐλῆς, ὅ ἐστιν πραιτώριον

15 22ag ἐπὶ τὸν Γολγοθᾶν τόπον, ὅ ἐστιν μεθερμηνευόμενον (-νος NM VH) Κρανίου Τόπος

15 34ag ὅ ἐστιν μεθερμηνευόμενον· ὁ θεός μου | ὁ θεός μου [H], εἰς τί ἐγκατέλιπές με;

15 42g ἐπεὶ ἦν παρασκευή, ὅ ἐστιν προσάββατον

16 6 ἠγέρθη, οὐκ ἔστιν ὧδε

Lc 1 36c οὗτος μὴν ἕκτος ἐστὶν αὐτῇ τῇ καλουμένῃ στείρᾳ

Column 2

Lc 1 61 οὐδείς ἐστιν ἐκ τῆς συγγενείας σου ὃς καλεῖται τῷ ὀνόματι τούτῳ

1 63 Ἰωάννης ἐστιν (+ τὸ MVBTς) ὄνομα αὐτοῦ

2 11 ὅτι ἐτέχθη ... σωτήρ, ὅς ἐστιν χριστὸς κύριος

4 22 οὐχὶ υἱός ἐστιν Ἰωσὴφ οὗτος;

4 24 οὐδεὶς προφήτης δεκτός ἐστιν ἐν τῇ πατρίδι αὐτοῦ (ἑαυτοῦ T)

5 21 τίς ἐστιν οὗτος ὃς λαλεῖ βλασφημίας;

5 23 τί ἐστιν εὐκοπώτερον, εἰπεῖν ... ἢ εἰπεῖν ⟨;⟩

5 34j μὴ δύνασθε τοὺς υἱοὺς τοῦ νυμφῶνος, ἐν ᾧ ὁ νυμφίος μετ᾽ αὐτῶν ἐστιν, ποιῆσαι νηστεῦσαι (-εύειν MVBSς);

5 39 || λέγει γάρ· ὁ παλαιὸς χρηστός (-τότερος VSς) ἐστιν [[.. H]

6 5 κύριός ἐστιν | τοῦ σαββάτου ὁ υἱὸς τοῦ ἀνθρώπου (ὁ υἱὸς τ. ἀ. καὶ τ. σ. MVBSTς)

6 20 ὅτι ὑμετέρα ἐστὶν ἡ βασιλεία τοῦ θεοῦ

6 32c εἰ ἀγαπᾶτε τοὺς ἀγαπῶντας ὑμᾶς, ποία ὑμῖν χάρις ἐστίν;

6 33c ἐὰν ἀγαθοποιῆτε τοὺς ἀγαθοποιοῦντας ὑμᾶς, ποία ὑμῖν χάρις ἐστίν;

6 34c ἐὰν δανίσητε ... ποία ὑμῖν χάρις ἐστίν [N²⁶NH];

6 35 ὅτι αὐτὸς χρηστός ἐστιν ἐπὶ τοὺς ἀχαρίστους καὶ πονηρούς

6 36 καθὼς καὶ (+[N²⁶]VSς) ὁ πατὴρ ὑμῶν οἰκτίρμων ἐστίν

6 40k οὐκ ἔστιν μαθητὴς ὑπὲρ τὸν διδάσκαλον

6 43a οὐ γάρ ἐστιν δένδρον καλὸν ποιοῦν καρπὸν σαπρόν

6 47 ὑποδείξω ὑμῖν τίνι ἐστὶν ὅμοιος. ↔

6 48 ὅμοιός ἐστιν ἀνθρώπῳ οἰκοδομοῦντι οἰκίαν

6 49 ὁ δὲ ἀκούσας καὶ μὴ ποιήσας ὅμοιός ἐστιν ἀνθρώπῳ οἰκοδομήσαντι οἰκίαν ἐπὶ τὴν γῆν

7 4 ἄξιός ἐστιν ᾧ παρέξῃ τοῦτο

7 23 μακάριός ἐστιν ὃς ἐὰν μὴ σκανδαλισθῇ ἐν ἐμοί

7 27 οὗτός ἐστιν περὶ οὗ γέγραπται

7 28 μείζων ... (+ προφήτης BSTς) Ἰωάννου οὐδείς ἐστιν·

7 28 ὁ δὲ μικρότερος ἐν τῇ βασιλείᾳ τοῦ θεοῦ μείζων αὐτοῦ ἐστιν

7 39 ἐγίνωσκεν ἂν τίς ... ἡ γυνὴ ... ὅτι ἁμαρτωλός ἐστιν

7 49 τίς οὗτός ἐστιν, ὃς καὶ ἁμαρτίας ἀφίησιν;

8 11 ἔστιν δὲ αὕτη ἡ παραβολή. ↔

8 11 ὁ σπόρος ἐστὶν ὁ λόγος τοῦ θεοῦ

8 17e οὐ γάρ ἐστιν κρυπτὸν ὃ οὐ φανερὸν γενήσεται

8 25 * ποῦ ἐστιν (+ς) ἡ πίστις ὑμῶν;

8 25 τίς ἄρα οὗτός ἐστιν, ὅτι καὶ τοῖς ἀνέμοις ἐπιτάσσει ⟨;⟩

8 26r κατέπλευσαν εἰς τὴν χώραν ... ἥτις ἐστὶν ἀντιπέρα τῆς Γαλιλαίας

8 30c τί σοι ὄνομά ἐστιν;

9 9 τίς δέ ἐστιν οὗτος περὶ οὗ (+ἐγὼ Vς) ἀκούω τοιαῦτα;

9 33e ἐπιστάτα, καλόν ἐστιν ἡμᾶς ὧδε εἶναι

9 35 οὗτός ἐστιν ὁ υἱός μου ὁ ἐκλελεγμένος

9 38c ὅτι μονογενής μοί ἐστιν

Column 3

Lc 9 48 ὁ γὰρ μικρότερος ἐν πᾶσιν ὑμῖν ὑπάρχων, οὗτός ἐστιν (ἔσται ς) μέγας

9 50l * μὴ κωλύετε· | οὐ γάρ ἐστιν καθ᾽ ὑμῶν [+S] ↔

9 50l ὃς γὰρ οὐκ ἔστιν καθ᾽ ὑμῶν, ↔

9 50k ὑπὲρ ὑμῶν ἐστιν

9 62 οὐδεὶς ... βλέπων εἰς τὰ ὀπίσω εὔθετός ἐστιν τῇ βασιλείᾳ τοῦ θεοῦ

10 7 * ἄξιος γὰρ ὁ ἐργάτης τοῦ μισθοῦ αὐτοῦ ἐστι (+ς)

10 22 οὐδεὶς γινώσκει τίς ἐστιν ὁ υἱὸς εἰ μὴ ὁ πατήρ, ↔

10 22 καὶ τίς ἐστιν ὁ πατὴρ εἰ μὴ ὁ υἱός

10 29 τίς ἐστίν μου πλησίον;

10 42e ⟨μεριμνᾷς ... περὶ πολλά⟩ ἑνός (ὀλίγων NSH) δέ ἐστιν χρεία (+ἢ ἑνός NH)

11 21dm ἐν εἰρήνῃ ἐστὶν τὰ ὑπάρχοντα αὐτοῦ

11 23l ὁ μὴ ὢν μετ᾽ ἐμοῦ κατ᾽ ἐμοῦ ἐστιν

11 29 ἡ γενεὰ αὕτη γενεὰ πονηρά ἐστιν

11 34 ὁ λύχνος τοῦ σώματός ἐστιν ὁ ὀφθαλμός σου. ↔

11 34 ὅταν ὁ ὀφθαλμός σου ἁπλοῦς ᾖ, καὶ ὅλον τὸ σῶμά σου φωτεινόν ἐστιν

11 35 σκόπει οὖν μὴ τὸ φῶς τὸ ἐν σοὶ σκότος ἐστίν

11 41cd καὶ ἰδοὺ πάντα (ἅπ. S) καθαρὰ ὑμῖν ἐστιν

12 1 προσέχετε ἑαυτοῖς ἀπὸ τῆς ζύμης |, ἥτις ἐστὶν ὑπόκρισις, τῶν Φαρισαίων (~ VBTς). ↔

12 2a οὐδὲν δὲ συγκεκαλυμμένον ἐστὶν ὃ οὐκ ἀποκαλυφθήσεται

12 6a καὶ ἓν ἐξ αὐτῶν οὐκ ἔστιν ἐπιλελησμένον ἐνώπιον τοῦ θεοῦ

12 15hm ὅτι οὐκ ἐν τῷ περισσεύειν τινὶ ἡ ζωὴ αὐτοῦ ἐστιν ἐκ τῶν ὑπαρχόντων αὐτῷ

12 23 ἡ γὰρ (—Τς) ψυχὴ πλεῖόν ἐστιν τῆς τροφῆς

12 24c κατανοήσατε τοὺς κόρακας ... οἷς οὐκ ἔστιν ταμεῖον οὐδὲ ἀποθήκη

12 34 ὅπου γάρ ἐστιν ὁ θησαυρὸς ὑμῶν, ἐκεῖ καὶ ἡ καρδία ὑμῶν ἔσται

12 42 τίς ἄρα ἐστὶν ὁ πιστὸς οἰκονόμος ὁ φρόνιμος ⟨;⟩

13 18 τίνι ὁμοία ἐστὶν ἡ βασιλεία τοῦ θεοῦ ⟨;⟩

13 19 ὁμοία ἐστὶν κόκκῳ σινάπεως

13 21 ὁμοία ἐστὶν ζύμῃ

14 17e ἔρχεσθε (-σθαι S), ὅτι ἤδη ἕτοιμά ἐστιν (εἰσιν ST) (+πάντα Vς)

14 22 κύριε, γέγονεν ὃ ἐπέταξας, καὶ ἔτι τόπος ἐστιν

14 31 βουλεύσεται (-εύεται Vς) εἰ δυνατός ἐστιν ἐν δέκα χιλιάσιν ὑπαντῆσαι

14 35 οὔτε εἰς γῆν οὔτε εἰς κοπρίαν εὔθετόν ἐστιν

15 31d πάντα τὰ ἐμὰ σά ἐστιν

16 10 ὁ πιστὸς ἐν ἐλαχίστῳ καὶ ἐν πολλῷ πιστός ἐστιν

16 10 καὶ ὁ ἐν ἐλαχίστῳ ἄδικος καὶ ἐν πολλῷ ἄδικός ἐστιν

16 15s * ὅτι τὸ ἐν ἀνθρώποις ὑψηλὸν βδέλυγμα ἐνώπιον τοῦ θεοῦ ἐστιν (+ς)

16 17e εὐκοπώτερον δέ ἐστιν τὸν οὐρανὸν καὶ τὴν γῆν παρελθεῖν ἢ ... πεσεῖν

17 1e ἀνένδεκτόν ἐστιν τοῦ τὰ σκάνδαλα μὴ ἐλθεῖν

17 21t ἡ βασιλεία τοῦ θεοῦ ἐντὸς ὑμῶν ἐστιν

Lc 18 16c τῶν γὰρ τοιούτων ἐστίν ἡ βασιλεία τοῦ θεοῦ

18 25e εὐκοπώτερον γάρ ἐστιν κάμηλον διὰ τρήματος βελόνης εἰσελθεῖν

18 27du τὰ ἀδύνατα παρὰ ἀνθρώποις δυνατὰ παρὰ τῷ θεῷ ἐστιν

18 29 οὐδείς ἐστιν ὃς ἀφῆκεν οἰκίαν ⟨ὃς οὐχὶ μὴ ἀπολάβῃ πολλαπλασίονα⟩

19 3 ⟨Ζακχαῖος⟩ ἐζήτει ἰδεῖν τὸν Ἰησοῦν τίς ἐστι

19 9 καθότι καὶ αὐτὸς υἱὸς Ἀβραάμ ἐστιν ([NH]; —T)

19 46 * | ὁ οἶκός μου οἶκος προσευχῆς ἐστιν (ς; ἔσται ὁ οἶ. μ. οἶ. π. rl)

20 2b εἶπον (εἰπὲ Vς) ἡμῖν ... τίς ἐστιν ὁ δούς σοι τὴν ἐξουσίαν ταύτην;

20 6a πεπεισμένος γάρ ἐστιν Ἰωάννην προφήτην εἶναι

20 14 οὗτός ἐστιν ὁ κληρονόμος

20 17b τί οὖν ἐστιν τὸ γεγραμμένον τοῦτο ⟨;⟩

20 38c θεὸς δὲ οὐκ ἔστιν νεκρῶν ἀλλὰ ζώντων

20 44 καὶ πῶς | αὐτοῦ υἱός (~VBSς) ἐστιν;

21 30 γινώσκετε ὅτι ἤδη ἐγγὺς τὸ θέρος ἐστίν

21 31 γινώσκετε ὅτι ἐγγύς ἐστιν ἡ βασιλεία τοῦ θεοῦ

22 11 ποῦ ἐστιν τὸ κατάλυμα ὅπου τὸ πάσχα ... φάγω;

22 19 τοῦτό ἐστιν τὸ σῶμά μου

22 38e ὁ δὲ εἶπεν αὐτοῖς· ἱκανόν ἐστιν

22 53 ἀλλ᾽ αὕτη ἐστὶν ὑμῶν ἡ ὥρα

22 59 καὶ γὰρ Γαλιλαῖός ἐστιν

22 64b προφήτευσον, τίς ἐστιν ὁ παίσας σε;

23 6 ἐπηρώτησεν εἰ ὁ [H] ἄνθρωπος Γαλιλαῖός ἐστιν, ↔

23 7h καὶ ἐπιγνοὺς ὅτι ἐκ τῆς ἐξουσίας Ἡρῴδου ἐστίν

23 15a οὐδὲν ἄξιον θανάτου ἐστὶν πεπραγμένον αὐτῷ

23 35 σωσάτω ἑαυτόν, εἰ οὗτός ἐστιν ὁ χριστὸς τοῦ θεοῦ ὁ ἐκλεκτός

23 38 * | οὗτός ἐστιν ὁ βασιλεὺς τῶν Ἰουδαίων (Vς; ὁ β. τ. Ἰ. οὗτος rl)

24 6 | οὐκ ἔστιν ὧδε, ἀλλὰ ἠγέρθη [NVH]

24 21b ἡμεῖς δὲ ἠλπίζομεν ὅτι αὐτός ἐστιν ὁ μέλλων λυτροῦσθαι τὸν Ἰσραήλ

24 29ev μεῖνον μεθ᾽ ἡμῶν, ὅτι πρὸς ἑσπέραν ἐστίν

Jo 1 4m * ὃ γέγονεν ἐν αὐτῷ ζωὴ ἐστιν (T; ἦν rl)

1 19 καὶ αὕτη ἐστὶν ἡ μαρτυρία τοῦ Ἰωάννου

1 27b * | αὐτός ἐστιν (+ς) ὁ (—H) ὀπίσω μου ἐρχόμενος

1 30 οὗτός ἐστιν ὑπὲρ (περὶ Vς) οὗ ἐγὼ εἶπον

1 33b οὗτός ἐστιν ὁ βαπτίζων ἐν πνεύματι ἁγίῳ

1 34 μεμαρτύρηκα ὅτι οὗτός ἐστιν ὁ υἱὸς τοῦ θεοῦ

1 41ag εὑρήκαμεν τὸν Μεσσίαν ὅ ἐστιν μεθερμηνευόμενον χριστός

1 47m ἴδε ἀληθῶς Ἰσραηλίτης, ἐν ᾧ δόλος οὐκ ἔστιν

2 3 * | οἶνος οὐκ ἔστιν (T; οἶνον οὐκ ἔχουσιν rl)

2 9 καὶ οὐκ ᾔδει πόθεν ἐστίν

2 17ae ἐμνήσθησαν (+δὲ Vς) οἱ μαθηταὶ αὐτοῦ ὅτι γεγραμμένον ἐστίν

Jo 3 6 τὸ γεγεννημένον ἐκ τῆς σαρκὸς σάρξ ἐστιν, ↔

3 6 καὶ τὸ γεγεννημένον ἐκ τοῦ πνεύματος πνεῦμά ἐστιν

3 8 οὕτως ἐστὶν πᾶς ὁ γεγεννημένος ἐκ τοῦ πνεύματος

3 19 αὕτη δέ ἐστιν ἡ κρίσις

3 21ad ἵνα φανερωθῇ αὐτοῦ τὰ ἔργα ὅτι ἐν θεῷ ἐστιν εἰργασμένα

3 29 ὁ ἔχων τὴν νύμφην νυμφίος ἐστίν

3 31w ὁ ἄνωθεν ἐρχόμενος ἐπάνω πάντων ἐστίν· ↔

3 31h ὁ ὢν ἐκ τῆς γῆς ἐκ τῆς γῆς ἐστιν

3 31w ὁ ἐκ τοῦ οὐρανοῦ ἐρχόμενος | ἐπάνω πάντων ἐστίν ([N26S]; —T)

3 33 ὁ λαβὼν αὐτοῦ τὴν μαρτυρίαν ἐσφράγισεν ὅτι ὁ θεὸς ἀληθής ἐστιν

4 10b εἰ ᾔδεις ... τίς ἐστιν ὁ λέγων σοι

4 11 τὸ φρέαρ ἐστὶν βαθύ

4 18 καὶ νῦν ὃν ἔχεις οὐκ ἔστιν σου ἀνήρ

4 20m ἐν Ἱεροσολύμοις ἐστὶν ὁ τόπος ὅπου προσκυνεῖν δεῖ

4 22h ὅτι ἡ σωτηρία ἐκ τῶν Ἰουδαίων ἐστίν· ↔

4 23 ἀλλὰ ἔρχεται ὥρα καὶ νῦν ἐστιν, ὅτε ... προσκυνήσουσιν

4 29 μήτι οὗτός ἐστιν ὁ χριστός;

4 34 ἐμὸν βρῶμά ἐστιν ἵνα ποιήσω (ποιῶ NVTς) τὸ θέλημα τοῦ πέμψαντός με

4 35 οὐχ ὑμεῖς λέγετε ὅτι ἔτι τετράμηνός ἐστιν ⟨;⟩

4 37m ἐν γὰρ τούτῳ ὁ λόγος ἐστὶν (+ὁ ς) ἀληθινός ↔

4 37b ὅτι ἄλλος ἐστὶν ὁ σπείρων καὶ ἄλλος ὁ θερίζων

4 42 οὗτός ἐστιν ἀληθῶς ὁ σωτὴρ τοῦ κόσμου

5 2m ἔστιν δὲ ἐν τοῖς Ἱεροσολύμοις ἐπὶ τῇ προβατικῇ κολυμβήθρα

5 10 ἔλεγον οὖν οἱ Ἰουδαῖοι τῷ τεθεραπευμένῳ· σάββατόν ἐστιν

5 12 τίς ἐστιν ὁ ἄνθρωπος ὁ εἰπών σοι ⟨;⟩

5 13 ὁ δὲ ἰαθεὶς (ἀσθενῶν T) οὐκ ᾔδει τίς ἐστιν

5 15b Ἰησοῦς ἐστιν ὁ ποιήσας αὐτὸν ὑγιῆ

5 25 ἔρχεται ὥρα καὶ νῦν ἐστιν

5 27 ἐξουσίαν ἔδωκεν αὐτῷ κρίσιν ποιεῖν, ὅτι υἱὸς ἀνθρώπου ἐστίν

5 30 ἡ κρίσις ἡ ἐμὴ δικαία ἐστίν

5 31 ἐὰν ἐγὼ μαρτυρῶ περὶ ἐμαυτοῦ, ἡ μαρτυρία μου οὐκ ἔστιν ἀληθής· ↔

5 32b ἄλλος ἐστὶν ὁ μαρτυρῶν περὶ ἐμοῦ, ↔

5 32 καὶ οἶδα (οἴδατε T) ὅτι ἀληθής ἐστιν ἡ μαρτυρία

5 45b ἔστιν ὁ κατηγορῶν ὑμῶν Μωϋσῆς

6 9 ἔστιν παιδάριον (+ἓν Vς) ὧδε ὃς ἔχει πέντε ἄρτους

6 9dn ἀλλὰ ταῦτα τί ἐστιν εἰς τοσούτους;

6 14 οὗτός ἐστιν ἀληθῶς ὁ προφήτης

6 24 ὅτε οὖν εἶδεν ὁ ὄχλος ὅτι Ἰησοῦς οὐκ ἔστιν ἐκεῖ οὐδὲ οἱ μαθηταὶ αὐτοῦ

6 29 τοῦτό ἐστιν τὸ ἔργον τοῦ θεοῦ, ἵνα πιστεύητε

6 31ae οἱ πατέρες ἡμῶν τὸ μάννα ἔφαγον ... καθώς ἐστιν γεγραμμένον

Jo 6 33b ὁ γὰρ ἄρτος (+ὁ T) τοῦ θεοῦ ἐστιν ὁ καταβαίνων ἐκ τοῦ οὐρανοῦ

6 39 τοῦτο δέ ἐστιν τὸ θέλημα τοῦ πέμψαντός με

6 40 τοῦτο γάρ ἐστιν τὸ θέλημα τοῦ πατρός μου

6 42 οὐχ (οὐχὶ H) οὗτός ἐστιν Ἰησοῦς ὁ υἱὸς Ἰωσήφ ⟨;⟩

6 45ae ἔστιν γεγραμμένον ἐν τοῖς προφήταις

6 50 οὗτός ἐστιν ὁ ἄρτος ὁ ἐκ τοῦ οὐρανοῦ καταβαίνων

6 51 καὶ ὁ ἄρτος δὲ ... | ἡ σάρξ μού ἐστιν (+ἣν ἐγὼ δώσω ς) ὑπὲρ τῆς τοῦ κόσμου ζωῆς (~T)

6 55 ἡ γὰρ σάρξ μου ἀληθής ἐστιν βρῶσις, ↔

6 55 καὶ τὸ αἷμά μου ἀληθής ἐστιν πόσις

6 58 οὗτός ἐστιν ὁ ἄρτος ὁ ἐξ (ἐκ τοῦ BSς) οὐρανοῦ καταβάς

6 60 σκληρός ἐστιν ὁ λόγος οὗτος

6 63b τὸ πνεῦμά ἐστιν τὸ ζωοποιοῦν

6 63d τὰ ῥήματα ἃ ἐγὼ λελάληκα ὑμῖν πνεῦμά ἐστιν ↔

6 63d καὶ ζωή ἐστιν

6 64b ᾔδει γὰρ ἐξ ἀρχῆς ὁ Ἰησοῦς ... τίς ἐστιν ὁ παραδώσων αὐτόν

6 70 καὶ ἐξ ὑμῶν εἷς διάβολός ἐστιν

7 6 ὁ δὲ καιρὸς ὁ ὑμέτερος πάντοτέ ἐστιν ἕτοιμος

7 7d τὰ ἔργα αὐτοῦ πονηρά ἐστιν

7 11 ποῦ ἐστιν ἐκεῖνος;

7 12 οἱ μὲν ἔλεγον ὅτι ἀγαθός ἐστιν

7 16c ἡ ἐμὴ διδαχὴ οὐκ ἔστιν ἐμὴ ἀλλὰ τοῦ πέμψαντός με

7 17h γνώσεται περὶ τῆς διδαχῆς, πότερον ἐκ τοῦ (—T) θεοῦ ἐστιν ἢ ἐγὼ ἀπ᾽ ἐμαυτοῦ λαλῶ

7 18 ὁ δὲ ζητῶν τὴν δόξαν τοῦ πέμψαντος αὐτόν, οὗτος ἀληθής ἐστιν ↔

7 18m καὶ ἀδικία ἐν αὐτῷ οὐκ ἔστιν

7 22h οὐχ ὅτι ἐκ τοῦ Μωϋσέως ἐστὶν ἀλλ᾽ ἐκ τῶν πατέρων

7 25 οὐχ οὗτός ἐστιν ὃν ζητοῦσιν ἀποκτεῖναι;

7 26 μήποτε ἀληθῶς ἔγνωσαν ... ὅτι οὗτός ἐστιν ὁ χριστός; ↔

7 27 ἀλλὰ τοῦτον οἴδαμεν πόθεν ἐστίν· ↔

7 27 ὁ δὲ χριστὸς ὅταν ἔρχηται, οὐδεὶς γινώσκει πόθεν ἐστίν

7 28 ἀλλ᾽ ἔστιν ἀληθινὸς ὁ πέμψας με

7 36 τίς ἐστιν ὁ λόγος οὗτος ὃν εἶπεν ⟨;⟩

7 40 οὗτός ἐστιν ἀληθῶς ὁ προφήτης

7 41 οὗτός ἐστιν ὁ χριστός

8 13 ἡ μαρτυρία σου οὐκ ἔστιν ἀληθής

8 14 ἀληθής ἐστιν ἡ μαρτυρία μου

8 16 ἡ κρίσις ἡ ἐμὴ ἀληθινή ἐστιν

8 17a * ἐν τῷ νόμῳ δὲ τῷ ὑμετέρῳ | γεγραμμένον ἐστίν (T; γέγραπται rl) ↔

8 17 ὅτι δύο ἀνθρώπων ἡ μαρτυρία ἀληθής ἐστιν

8 19 ποῦ ἐστιν ὁ πατήρ σου;

8 26 ἀλλ᾽ ὁ πέμψας με ἀληθής ἐστιν

8 29 ὁ πέμψας με μετ᾽ ἐμοῦ ἐστιν

8 34 πᾶς ὁ ποιῶν τὴν ἁμαρτίαν δοῦλός ἐστιν | τῆς ἁμαρτίας [H]

8 39 ὁ πατὴρ ἡμῶν Ἀβραάμ ἐστιν

8 44m ὅτι οὐκ ἔστιν ἀλήθεια ἐν αὐτῷ

8 44 ὅτι ψεύστης ἐστὶν καὶ ὁ πατὴρ αὐτοῦ

8 50b ἐγὼ δὲ οὐ ζητῶ τὴν δόξαν μου· ἔστιν ὁ ζητῶν καὶ κρίνων

Jo 8 54 ἐὰν ἐγὼ δοξάσω ἐμαυτόν, ἡ δόξα μου οὐδέν ἐστιν· ↔

8 54b ἔστιν ὁ πατήρ μου ὁ δοξάζων με, ↔

8 54 ὃν ὑμεῖς λέγετε ὅτι θεὸς ἡμῶν (ὑμ. BSHς) ἐστιν

9 4 ἡμᾶς (ἐμὲ Vς) δεῖ ἐργάζεσθαι ... ἕως ἡμέρα ἐστίν

9 8b οὐχ οὗτός ἐστιν ὁ καθήμενος καὶ προσαιτῶν; ↔

9 9 ἄλλοι ἔλεγον ὅτι οὗτός ἐστιν

9 9 οὐχί, ἀλλὰ ὅμοιος αὐτῷ ἐστιν

9 12 ποῦ ἐστιν ἐκεῖνος;

9 16u οὐκ ἔστιν οὗτος παρὰ θεοῦ ὁ ἄνθρωπος

9 17 ὁ δὲ εἶπεν ὅτι προφήτης ἐστίν

9 19 οὗτός ἐστιν ὁ υἱὸς ὑμῶν ⟨;⟩

9 20 οἴδαμεν ὅτι οὗτός ἐστιν ὁ υἱὸς ἡμῶν

9 24 ἡμεῖς οἴδαμεν ὅτι | οὗτος ὁ ἄνθρωπος (~ Tς) ἁμαρτωλός ἐστιν

9 25 εἰ ἁμαρτωλός ἐστιν οὐκ οἶδα

9 29 τοῦτον δὲ οὐκ οἴδαμεν πόθεν ἐστίν

9 30em ἐν τούτῳ γὰρ τὸ (—ς) θαυμαστόν ἐστιν, ↔

9 30 ὅτι ὑμεῖς οὐκ οἴδατε πόθεν ἐστίν

9 36 καὶ τίς ἐστιν, κύριε, ἵνα πιστεύσω εἰς αὐτόν;

9 37 ὁ λαλῶν μετὰ σοῦ ἐκεῖνός ἐστιν

10 1 ὁ ... ἀναβαίνων ἀλλαχόθεν, ἐκεῖνος κλέπτης ἐστὶν καὶ λῃστής· ↔

10 2 ὁ δὲ εἰσερχόμενος διὰ τῆς θύρας ποιμήν ἐστιν τῶν προβάτων

10 12d ὁ μισθωτός ... οὗ οὐκ ἔστιν (εἰσὶ ς) τὰ πρόβατα ἴδια

10 13 (+ ὁ δὲ μισθωτὸς φεύγει Vς) ὅτι μισθωτός ἐστιν

10 16dh καὶ ἄλλα πρόβατα ἔχω ἃ οὐκ ἔστιν ἐκ τῆς αὐλῆς ταύτης

10 21cd ταῦτα τὰ ῥήματα οὐκ ἔστιν δαιμονιζομένου

10 29 ὁ πατήρ μου (—T) ὃ (ὃς MVBς) δέδωκέν μοι | πάντων μεῖζόν (π. μείζων MBS; μείζων π. Vς) ἐστιν

10 34ae οὐκ ἔστιν γεγραμμένον ἐν τῷ νόμῳ ὑμῶν ⟨;⟩

11 4kv αὕτη ἡ ἀσθένεια οὐκ ἔστιν πρὸς θάνατον ἀλλὰ ὑπὲρ τῆς δόξης τοῦ θεοῦ

11 10m προσκόπτει, ὅτι τὸ φῶς οὐκ ἔστιν ἐν αὐτῷ

11 39 κύριε, ἤδη ὄζει· τεταρταῖος γάρ ἐστιν

11 57 δεδώκεισαν ... ἐντολὰς ἵνα ἐάν τις γνῷ ποῦ ἐστιν μηνύσῃ

12 9 ἔγνω οὖν ὁ ([N26]; —ς) ὄχλος... ὅτι ἐκεῖ ἐστιν

12 14ae ἐκάθισεν ἐπ' αὐτό, καθώς ἐστιν γεγραμμένον

12 31 νῦν κρίσις ἐστιν τοῦ κόσμου τούτου

12 34 τίς ἐστιν οὗτος ὁ υἱὸς τοῦ ἀνθρώπου;

12 35jm ἔτι μικρὸν χρόνον τὸ φῶς | ἐν ὑμῖν (μεθ' ὑμῶν ς) ἐστιν

12 50 οἶδα ὅτι ἡ ἐντολὴ αὐτοῦ ζωὴ αἰώνιός ἐστιν

13 10 ἀλλ' ἔστιν καθαρὸς ὅλος

13 16 οὐκ ἔστιν δοῦλος μείζων τοῦ κυρίου αὐτοῦ

13 24 *| καὶ λέγει αὐτῷ· εἰπὲ τίς ἐστιν (πυθέσθαι τίς ἂν εἴη N26ς) περὶ οὗ λέγει

13 25 κύριε, τίς ἐστιν;

13 26 ἐκεῖνός ἐστιν ᾧ ἐγὼ βάψω τὸ ψωμίον καὶ δώσω (ἐπι- V`ς) αὐτῷ

Jo 14 10m οὐ πιστεύεις ὅτι ἐγὼ ἐν τῷ πατρὶ καὶ ὁ πατὴρ ἐν ἐμοί ἐστιν;

14 17m *ὅτι παρ' ὑμῖν μένει (-νεῖ V) καὶ ἐν ὑμῖν ἐστιν (H; ἔσται rl)

14 21b ὁ ἔχων τὰς ἐντολάς μου ... ἐκεῖνός ἐστιν ὁ ἀγαπῶν με

14 24c ὁ λόγος ὃν ἀκούετε οὐκ ἔστιν ἐμὸς ἀλλὰ τοῦ πέμψαντός με πατρός

14 28 ὅτι ὁ πατὴρ μείζων μού ἐστιν

15 1 ὁ πατήρ μου ὁ γεωργός ἐστιν

15 12 αὕτη ἐστὶν ἡ ἐντολὴ ἡ ἐμή, ἵνα ἀγαπᾶτε ἀλλήλους

15 20 οὐκ ἔστιν δοῦλος μείζων τοῦ κυρίου αὐτοῦ

16 15 πάντα ὅσα ἔχει ὁ πατὴρ ἐμά ἐστιν

16 17 τί ἐστιν τοῦτο ὃ λέγει ἡμῖν ⟨;⟩

16 18 | τί ἐστιν τοῦτο (N26BH; ~ rl) | ὃ λέγει ([N26]; —S) τὸ (—BH) μικρόν;

16 32j οὐκ εἰμὶ μόνος, ὅτι ὁ πατὴρ μετ' ἐμοῦ ἐστιν

17 3 αὕτη δέ ἐστιν ἡ αἰώνιος ζωή

17 7du *νῦν ἔγνωκαν ὅτι πάντα ὅσα δέδωκάς (ἔδωκάς H) μοι παρὰ σοῦ ἐστιν (ς; εἰσιν rl)

17 10d τὰ ἐμὰ πάντα σά ἐστιν καὶ τὰ σὰ ἐμά

17 17 ὁ λόγος ὁ σὸς ἀλήθειά ἐστιν

18 36h ἡ βασιλεία ἡ ἐμὴ οὐκ ἔστιν ἐκ τοῦ κόσμου τούτου

18 36 νῦν δὲ ἡ βασιλεία ἡ ἐμὴ οὐκ ἔστιν ἐντεῦθεν

18 38 τί ἐστιν ἀλήθεια;

18 39c ἔστιν δὲ συνήθεια ὑμῖν ἵνα ἕνα | ἀπολύσω ὑμῖν (~ Sς) ἐν [H] τῷ πάσχα

19 35 ἀληθινὴ αὐτοῦ ἐστιν ἡ μαρτυρία

19 40c καθὼς ἔθος ἐστιν τοῖς 'Ιουδαίοις ἐνταφιάζειν

20 14 οὐκ ᾔδει ὅτι 'Ιησοῦς ἐστιν

20 15 ἐκείνη δοκοῦσα ὅτι ὁ κηπουρός ἐστιν, λέγει αὐτῷ

20 30ad ἄλλα σημεῖα ... ἃ οὐκ ἔστιν γεγραμμένα ἐν τῷ βιβλίῳ τούτῳ

20 31 ἵνα πιστεύσητε (-[σ]ητε N26; -ητε NMBTH) ὅτι 'Ιησοῦς ἐστιν ὁ χριστός

21 4 οὐ μέντοι ᾔδεισαν οἱ μαθηταὶ ὅτι 'Ιησοῦς ἐστιν

21 7 ὁ κύριός ἐστιν

21 7 ἀκούσας ὅτι ὁ κύριός ἐστιν

21 12 εἰδότες ὅτι ὁ κύριός ἐστιν

21 20b κύριε, τίς ἐστιν ὁ παραδιδούς σε;

21 24 οὗτός ἐστιν ὁ μαθητὴς ὁ μαρτυρῶν περὶ τούτων

21 24 οἴδαμεν ὅτι ἀληθὴς | αὐτοῦ ἡ μαρτυρία ἐστίν (~ VBS). ↔

21 25d | ἔστιν δὲ καὶ ἄλλα πολλὰ ἃ ἐποίησεν ὁ 'Ιησοῦς (—T..)

Ac 1 7c οὐχ ὑμῶν ἐστιν γνῶναι χρόνους ἢ καιρούς

1 12 ἀπὸ ὄρους τοῦ καλουμένου ἐλαιῶνος, ὅ ἐστιν ἐγγὺς 'Ιερουσαλὴμ σαββάτου ἔχον ὁδόν

1 19r ὥστε κληθῆναι τὸ χωρίον ... 'Ακελδαμάχ, τοῦτ' ἔστιν χωρίον αἵματος

2 15 οὐ γὰρ ... μεθύουσιν, ἔστιν γὰρ ὥρα τρίτη τῆς ἡμέρας, ↔

2 16b ἀλλὰ τοῦτό ἐστιν τὸ εἰρημένον διὰ τοῦ προφήτου 'Ιωὴλ

2 25h ὅτι ἐκ δεξιῶν μού ἐστιν

2 29mx τὸ μνῆμα αὐτοῦ ἐστιν ἐν ἡμῖν ἄχρι τῆς ἡμέρας ταύτης

Ac 2 39c ὑμῖν γάρ ἐστιν ἡ ἐπαγγελία καὶ τοῖς τέκνοις ὑμῶν

4 11 οὗτός ἐστιν ὁ λίθος ὁ ἐξουθενηθεὶς ὑφ' ὑμῶν τῶν οἰκοδόμων

4 12m οὐκ ἔστιν ἐν ἄλλῳ οὐδενὶ ἡ σωτηρία· ↔

4 12v οὐδὲ γὰρ ὄνομά ἐστιν ἕτερον ὑπὸ τὸν οὐρανόν

4 19e εἰ δίκαιόν ἐστιν ἐνώπιον τοῦ θεοῦ, ὑμῶν ἀκούειν ... κρίνατε

4 36ag Βαρναβᾶς ... ὅ ἐστιν μεθερμηνευόμενον υἱὸς παρακλήσεως

5 39h εἰ δὲ ἐκ θεοῦ ἐστιν

6 2e οὐκ ἀρεστόν ἐστιν ἡμᾶς ... διακονεῖν τραπέζαις

7 33 ὁ γὰρ τόπος ἐφ' ᾧ ἕστηκας γῆ ἁγία ἐστίν

7 37 οὗτός ἐστιν ὁ Μωϋσῆς ὁ εἴπας (εἰπὼν Sς) τοῖς υἱοῖς 'Ισραήλ

7 38b οὗτός ἐστιν ὁ γενόμενος ἐν τῇ ἐκκλησίᾳ ... μετὰ τοῦ ἀγγέλου

8 10 οὗτός ἐστιν ἡ δύναμις τοῦ θεοῦ ἡ καλουμένη μεγάλη

8 21c οὐκ ἔστιν σοι μερὶς οὐδὲ κλῆρος ἐν τῷ λόγῳ τούτῳ· ↔

8 21 ἡ γὰρ καρδία σου οὐκ ἔστιν εὐθεῖα ἔναντι τοῦ θεοῦ

8 26 πορεύου ... ἐπὶ τὴν ὁδὸν τὴν ... εἰς Γάζαν· αὕτη ἐστιν ἔρημος

9 15c σκεῦος ἐκλογῆς ἐστίν μοι οὗτος

9 20 οὗτός ἐστιν ὁ υἱὸς τοῦ θεοῦ

9 21b οὐχ οὗτός ἐστιν ὁ πορθήσας ... τοὺς ἐπικαλουμένους τὸ ὄνομα τοῦτο ⟨;⟩

9 22 συμβιβάζων ὅτι οὗτός ἐστιν ὁ χριστός

9 26 μὴ πιστεύοντες ὅτι ἐστὶν μαθητής

9 38m ἀκούσαντες ὅτι Πέτρος ἐστὶν ἐν αὐτῇ

10 4 τί ἐστιν, κύριε;

10 6cu ᾧ ἐστιν οἰκία παρὰ θάλασσαν

10 28e ὑμεῖς ἐπίστασθε ὡς ἀθέμιτόν ἐστιν ἀνδρὶ 'Ιουδαίῳ ... προσέρχεσθαι ἀλλοφύλῳ

10 34 οὐκ ἔστιν προσωπολήμπτης ὁ θεός

10 35 ὁ φοβούμενος αὐτὸν ... δεκτὸς αὐτῷ ἐστιν

10 36 οὗτός ἐστιν πάντων κύριος

10 42b οὗτός (αὐτός Tς) ἐστιν ὁ ὡρισμένος ὑπὸ τοῦ θεοῦ κριτής

12 3e ἰδὼν δὲ ὅτι ἀρεστόν ἐστιν τοῖς 'Ιουδαίοις

12 9 οὐκ ᾔδει ὅτι ἀληθές ἐστιν τὸ γινόμενον διὰ τοῦ ἀγγέλου

12 15 ὁ ἄγγελός | ἐστιν αὐτοῦ (~ Sς)

13 15m εἴ τίς ἐστιν ἐν ὑμῖν λόγος παρακλήσεως

15 18d *⟨λέγει κύριος ποιῶν ταῦτα⟩ γνωστὰ ἀπ' αἰῶνός | ἐστι τῷ θεῷ πάντα τὰ ἔργα αὐτοῦ (+ς)

16 12 Φιλίππους, ἥτις ἐστὶν | πρώτης μερίδος τῆς (πρώτη[s] μ. τ. N26; πρώτη τ. μ. [τῆς] V; πρώτη τ. μ. τ. ς; πρώτη τ. μ. rl) Μακεδονίας πόλις, κολωνία

17 3 οὗτός ἐστιν ὁ (—T) χριστός, ὁ ([N26]; —VBSTς) 'Ιησοῦς

18 10cm διότι λαός ἐστί μοι πολὺς ἐν τῇ πόλει ταύτῃ

18 15d εἰ δὲ ζητήματά (ζήτημά ς) ἐστιν περὶ λόγου καὶ ὀνομάτων

19 2 ἀλλ' οὐδ' εἰ πνεῦμα ἅγιον ἔστιν ἠκούσαμεν

Ac 19 4f λέγων εἰς τὸν ἐρχόμενον μετ' αὐ-τὸν ἵνα πιστεύσωσιν, τοῦτ' ἔστιν εἰς τὸν Ἰησοῦν
19 25ch ἐκ ταύτης τῆς ἐργασίας ἡ εὐπορία ἡμῖν ἐστι
19 34 ἐπιγνόντες δὲ ὅτι Ἰουδαῖός ἐστι
19 35 τίς γάρ ἐστιν ἀνθρώπων ὃς οὐ γινώσκει ⟨;⟩
19 36e δέον ἐστὶν ὑμᾶς κατεσταλμένους ὑπάρχειν
20 10m ἡ γὰρ ψυχὴ αὐτοῦ ἐν αὐτῷ ἐστιν
20 35e μακάριόν ἐστιν μᾶλλον διδόναι ἢ λαμβάνειν
21 11c τὸν ἄνδρα οὗ ἔστιν ἡ ζώνη αὕτη οὕτως δήσουσιν ... οἱ Ἰουδαῖοι
21 22 τί οὖν ἐστιν;
21 24 γνώσονται πάντες ὅτι ὧν κατ-ήχηνται περὶ σοῦ οὐδέν ἐστιν
21 28 οὗτός ἐστιν ὁ ἄνθρωπος ὁ κατὰ τοῦ λαοῦ καὶ τοῦ νόμου ... δι-δάσκων
21 33a ἐπυνθάνετο τίς εἴη καὶ τί ἐστιν πεποιηκώς
22 26 ὁ γὰρ ἄνθρωπος οὗτος Ῥωμαῖός ἐστιν
22 29 ὁ χιλίαρχος δὲ ἐφοβήθη ἐπιγνοὺς ὅτι Ῥωμαῖός ἐστιν
23 5 οὐκ ᾔδειν, ἀδελφοί, ὅτι ἐστὶν ἀρχιερεύς
23 6c τὸ ἓν μέρος ἐστὶ Σαδδουκαίων τὸ δὲ ἕτερον Φαρισαίων
23 19 τί ἐστιν ὃ ἔχεις ἀπαγγεῖλαί μοι;
23 27 τὸν ἄνδρα τοῦτον ... ἐξειλάμην, μαθὼν ὅτι Ῥωμαῖός ἐστι
23 34h ἀναγνοὺς δὲ καὶ ἐπερωτήσας ἐκ ποίας ἐπαρχείας ἐστίν
25 5m εἴ τί ἐστιν ἐν τῷ ἀνδρὶ ἄτοπον (τούτῳ ς), κατηγορείτωσαν αὐτοῦ
25 11 εἰ δὲ οὐδέν ἐστιν ὧν οὗτοι κατ-ηγοροῦσίν μου
25 14a ἀνήρ τίς ἐστιν καταλελειμμένος ὑπὸ Φήλικος δέσμιος
25 16c οὐκ ἔστιν ἔθος Ῥωμαίοις χαρίζε-σθαί τινα ἄνθρωπον
26 26a οὐ γὰρ ἐστιν ἐν γωνίᾳ πεπραγ-μένον τοῦτο
28 4 πάντως φονεύς ἐστιν ὁ ἄνθρωπος οὗτος
28 22e περὶ μὲν γὰρ τῆς αἱρέσεως ταύτης γνωστὸν ἡμῖν ἐστιν ὅτι πανταχοῦ ἀντιλέγεται

Rm 1 9 μάρτυς γάρ μού ἐστιν ὁ θεός
1 12f (εἰς τὸ στηριχθῆναι ὑμᾶς) τοῦτο δέ ἐστιν συμπαρακληθῆναι ἐν ὑμῖν
1 16cn δύναμις γὰρ θεοῦ ἐστιν εἰς σω-τηρίαν παντὶ τῷ πιστεύοντι
1 19 διότι τὸ γνωστὸν τοῦ θεοῦ φανερόν ἐστιν ἐν αὐτοῖς
1 25 ὅς ἐστιν εὐλογητὸς εἰς τοὺς αἰῶνας
2 2lp τὸ κρίμα τοῦ θεοῦ ἐστιν κατὰ ἀλήθειαν ἐπὶ τοὺς ... πράσσοντας
2 11u οὐ γάρ ἐστιν προσωπολημψία παρὰ τῷ θεῷ
2 28 οὐ γὰρ ὁ ἐν τῷ φανερῷ Ἰουδαῖός ἐστιν
3 8 ὧν τὸ κρίμα ἔνδικόν ἐστιν, ↔
3 10 οὐκ ἔστιν δίκαιος οὐδὲ εἷς, ↔
3 11ab οὐκ ἔστιν ὁ (—H) συνίων, ↔
3 11ab οὐκ ἔστιν ὁ (—H) ἐκζητῶν τὸν θεόν
3 12ab οὐκ ἔστιν ὁ (—VSHς) ποιῶν χρηστότητα, ↔
3 12x | οὐκ ἔστιν ([N26]; —M) ἕως ἑνός
3 18s οὐκ ἔστιν φόβος θεοῦ ἀπέναντι τῶν ὀφθαλμῶν αὐτῶν

Rm 3 22 οὐ γάρ ἐστιν διαστολή
4 15 οὗ δὲ (γὰρ BSς) οὐκ ἔστιν νόμος, οὐδὲ παράβασις
4 16 ὅς ἐστιν πατὴρ πάντων ἡμῶν
4 21 ὃ ἐπήγγελται δυνατός ἐστιν καὶ ποιῆσαι
5 14 Ἀδάμ, ὅς ἐστιν τύπος τοῦ μέλλον-τος
7 3 ἐλευθέρα ἐστὶν ἀπὸ τοῦ νόμου
7 14 ὁ νόμος πνευματικός ἐστιν
7 18f οὐκ οἰκεῖ ἐν ἐμοί, τοῦτ' ἔστιν ἐν τῇ σαρκί μου, ἀγαθόν
8 9c εἰ δέ τις πνεῦμα Χριστοῦ οὐκ ἔχει, οὗτος οὐκ ἔστιν αὐτοῦ
8 24 ἐλπὶς δὲ βλεπομένη οὐκ ἔστιν ἐλπίς
8 34m Χριστὸς ... ὃς καὶ (—NTH) ἐστιν ἐν δεξιᾷ τοῦ θεοῦ
9 2c ὅτι λύπη μοί ἐστιν μεγάλη καὶ ἀδιάλειπτος ὀδύνη τῇ καρδίᾳ μου
9 8f τοῦτ' ἔστιν, οὐ τὰ τέκνα τῆς σαρκὸς ταῦτα τέκνα τοῦ θεοῦ
10 1kn * ἡ δέησις πρὸς τὸν θεὸν ὑπὲρ | τοῦ Ἰσραήλ ἐστιν (ς; αὐτῶν rl) εἰς σωτηρίαν
10 6f τίς ἀναβήσεται εἰς τὸν οὐρανόν; τοῦτ' ἔστιν Χριστὸν καταγαγεῖν· ↔
10 7f ἤ· τίς καταβήσεται εἰς τὴν ἄβυσ-σον; τοῦτ' ἔστιν Χριστὸν ἐκ νεκρῶν ἀναγαγεῖν
10 8m ἐγγύς σου τὸ ῥῆμά ἐστιν ... ἐν τῇ καρδίᾳ σου· ↔
10 8f τοῦτ' ἔστιν τὸ ῥῆμα τῆς πίστεως ὃ κηρύσσομεν
10 12 οὐ γάρ ἐστιν διαστολὴ Ἰουδαίου τε καὶ Ἕλληνος
11 6 * | εἰ δὲ ἐξ ἔργων, οὐκέτι ἐστὶν χάρις (+[S]ς. .), ↔
11 6 * | ἐπεὶ τὸ ἔργον οὐκέτι ἐστὶν ἔργον (. .+ [S]ς)
11 23 δυνατὸς γάρ ἐστιν ὁ θεὸς πάλιν ἐγκεντρίσαι αὐτούς
13 1y οὐ γάρ ἐστιν ἐξουσία εἰ μὴ ὑπὸ θεοῦ
13 4c θεοῦ γὰρ διάκονός ἐστιν σοὶ εἰς τὸ (—B) ἀγαθόν
13 4c θεοῦ γὰρ διάκονός ἐστιν ἔκδικος εἰς ὀργὴν τῷ τὸ κακὸν πράσσοντι
14 4 * | δυνατὸς γάρ ἐστιν (ς; δυνατεῖ γὰρ rl) ὁ κύριος στῆσαι αὐτόν
14 17 οὐ γάρ ἐστιν ἡ βασιλεία τοῦ θεοῦ βρῶσις καὶ πόσις
14 23 πᾶν δὲ ὃ οὐκ ἐκ πίστεως ἁμαρτία ἐστίν
16 5n Ἐπαίνετον ... ὅς ἐστιν ἀπαρχὴ τῆς Ἀσίας εἰς Χριστόν

1 C 1 18c ὁ λόγος γὰρ ὁ τοῦ σταυροῦ τοῖς μὲν ἀπολλυμένοις μωρία ἐστίν, ↔
1 18c τοῖς δὲ σῳζομένοις ἡμῖν δύναμις θεοῦ ἐστιν
1 25 ὅτι τὸ μωρὸν τοῦ θεοῦ σοφώτερον τῶν ἀνθρώπων ἐστίν, ↔
1 25 * καὶ τὸ ἀσθενὲς τοῦ θεοῦ ἰσχυρότε-ρον τῶν ἀνθρώπων ἐστί (+ς)
2 14c ψυχικὸς δὲ ἄνθρωπος οὐ δέχεται τὰ τοῦ πνεύματος τοῦ θεοῦ· μωρία γὰρ αὐτῷ ἐστιν
3 5 τί ἐστιν Ἀπολλῶς; ↔
3 5 τί δέ ἐστιν (—ς) Παῦλος;
3 7 ὥστε οὔτε ὁ φυτεύων ἐστίν τι οὔτε ὁ ποτίζων, ἀλλ' ὁ αὐξάνων θεός
3 11 θεμέλιον γὰρ ἄλλον οὐδεὶς δύναται θεῖναι παρὰ τὸν κείμενον, ὅς ἐστιν Ἰησοῦς Χριστός

1 C 3 13 ἑκάστου τὸ ἔργον ὁποῖόν ἐστιν τὸ πῦρ αὐτὸ ([N26]; —ς) δοκιμάσει
3 17 ὁ γὰρ ναὸς τοῦ θεοῦ ἅγιός ἐστιν
3 19u ἡ γὰρ σοφία τοῦ κόσμου τούτου μωρία παρὰ τῷ θεῷ ἐστιν
3 21cd ὥστε μηδεὶς καυχάσθω ἐν ἀνθρώ-ποις· πάντα γὰρ ὑμῶν ἐστιν, ↔
3 22cd * εἴτε Παῦλος ... εἴτε ἐνεστῶτα εἴτε μέλλοντα, πάντα ὑμῶν ἐστιν (+ς)
4 3cen ἐμοὶ δὲ εἰς ἐλάχιστόν ἐστιν ἵνα ὑφ' ὑμῶν ἀνακριθῶ
4 4b ὁ δὲ ἀνακρίνων με κύριός ἐστιν
4 17c ὅς ἐστίν μου τέκνον ἀγαπητόν
6 5m * οὕτως οὐκ ἔστιν (ς; ἔνι rl) ἐν ὑμῖν οὐδεὶς σοφός
6 7c ἤδη μὲν οὖν ([N26]; —T) ὅλως ἥττημα ὑμῖν ἐστιν ὅτι κρίματα ἔχετε μεθ' ἑαυτῶν
6 15d οὐκ οἴδατε ὅτι τὰ σώματα ὑμῶν μέλη Χριστοῦ ἐστιν;
6 16 ἢ [N26] οὐκ οἴδατε ὅτι ὁ κολλώ-μενος τῇ πόρνῃ ἓν σῶμά ἐστιν;
6 17 ὁ δὲ κολλώμενος τῷ κυρίῳ ἓν πνεῦμά ἐστιν
6 18t πᾶν ἁμάρτημα ὃ ἐὰν ποιήσῃ ἄνθρωπος ἐκτὸς τοῦ σώματός ἐστιν
6 19 ἢ οὐκ οἴδατε ὅτι τὸ σῶμα ὑμῶν ναὸς τοῦ ἐν ὑμῖν ἁγίου πνεύματός ἐστιν ⟨;⟩
6 20cd * ἐν τῷ σώματι ὑμῶν | καὶ ἐν τῷ πνεύματι ὑμῶν, ἅτινά ἐστι τοῦ θεοῦ (+ς)
7 8ee * καλὸν αὐτοῖς ἐστιν (+ς) ἐὰν μείνωσιν ὡς κἀγώ
7 9e κρεῖττον γάρ ἐστιν γαμῆσαι (-μεῖν NMVSTH) ἢ πυροῦσθαι
7 14d ἐπεὶ ἄρα τὰ τέκνα ὑμῶν ἀκάθαρτά ἐστιν, ↔
7 14d νῦν δὲ ἅγιά ἐστιν
7 19 ἡ περιτομὴ οὐδέν ἐστιν, ↔
7 19 καὶ ἡ ἀκροβυστία οὐδέν ἐστιν, ἀλλὰ τήρησις ἐντολῶν θεοῦ
7 22 ὁ γὰρ ἐν κυρίῳ κληθεὶς δοῦλος ἀπελεύθερος κυρίου ἐστίν· ↔
7 22 ὁμοίως καὶ (+[S]ς) ὁ ἐλεύθερος κληθεὶς δοῦλός ἐστιν Χριστοῦ
7 29a ὁ καιρὸς συνεσταλμένος ἐστίν (—ς)· ↔
7 29 * τὸ λοιπὸν ἐστιν (+ς) ἵνα καὶ οἱ ἔχοντες γυναῖκας ὡς μὴ ἔχοντες ὦσιν
7 39 ἐὰν δὲ κοιμηθῇ ὁ ἀνήρ, ἐλευθέρα ἐστιν ᾧ θέλει γαμηθῆναι
7 40 ⟨γυνὴ⟩ μακαριωτέρα δέ ἐστιν ἐὰν οὕτως μείνῃ
9 3 ἡ ἐμὴ ἀπολογία τοῖς ἐμὲ ἀνακρίνου-σίν ἐστιν αὕτη
9 16c ἐὰν γὰρ εὐαγγελίζωμαι, οὐκ ἔστιν μοι καύχημα
9 16ce οὐαὶ γάρ μοί ἐστιν ἐὰν μὴ εὐαγγελίσωμαι (-ζωμαι MVBSTς)
9 18c τίς οὖν μού (μοί ς) ἐστιν ὁ μισθός;
10 16 τὸ ποτήριον ... οὐχὶ κοινωνία | ἐστὶν τοῦ αἵματος τοῦ Χριστοῦ (~BTς); ↔
10 16 τὸν ἄρτον ... οὐχὶ κοινωνία τοῦ σώματος τοῦ Χριστοῦ ἐστιν;
10 19 τί οὖν φημι; ὅτι εἰδωλόθυτόν τί ἐστιν;
10 19 ἢ ὅτι εἴδωλόν τί ἐστιν;
10 28 τοῦτο ἱερόθυτόν ἐστιν
11 3 παντὸς ἀνδρὸς ἡ κεφαλὴ ὁ Χριστός ἐστιν

1 C 11 5ᶜ ἓν γὰρ ἔστιν καὶ τὸ αὐτὸ τῇ ἐξυρημένῃ

11 7 ἡ γυνὴ δὲ δόξα ἀνδρός ἐστιν. ↔

11 8ʰ οὐ γάρ ἐστιν ἀνὴρ ἐκ γυναικός

11 13ᵃᵉ πρέπον ἐστὶν γυναῖκα ἀκατακάλυπτον τῷ θεῷ προσεύχεσθαι;

11 14ᶜ ἀνὴρ μὲν ἐὰν κομᾷ, ἀτιμία αὐτῷ ἐστιν, ↔

11 15ᶜ γυνὴ δὲ ἐὰν κομᾷ, δόξα αὐτῇ ἐστιν

11 20 συνερχομένων οὖν ὑμῶν ... οὐκ ἔστιν κυριακὸν δεῖπνον φαγεῖν

11 24 τοῦτό μού ἐστιν τὸ σῶμα τὸ ὑπὲρ ὑμῶν (+κλώμενον [VS]ς)

11 25ᵐ τοῦτο τὸ ποτήριον ἡ καινὴ διαθήκη ἐστὶν ἐν τῷ ἐμῷ αἵματι

12 6 * | ὁ δὲ (καὶ ὁ H) αὐτός ἐστιν (+ [S]ς) θεὸς ὁ ἐνεργῶν τὰ πάντα ἐν πᾶσιν

12 12 καθάπερ γὰρ τὸ σῶμα ἓν ἔστιν καὶ μέλη πολλὰ ἔχει, ↔

12 12ᵈ πάντα δὲ τὰ μέλη τοῦ σώματος ... ἓν ἔστιν σῶμα

12 14 καὶ γὰρ τὸ σῶμα οὐκ ἔστιν ἓν μέλος ἀλλὰ πολλά. ↔

12 15ʰ ἐὰν εἴπῃ ὁ πούς ... οὐκ εἰμὶ ἐκ τοῦ σώματος, οὐ παρὰ τοῦτο οὐκ ἔστιν ἐκ τοῦ σώματος. ↔

12 16ʰ καὶ ἐὰν εἴπῃ τὸ οὖς ... οὐκ εἰμὶ ἐκ τοῦ σώματος, οὐ παρὰ τοῦτο οὐκ ἔστιν ἐκ τοῦ σώματος

12 22ᵈ τὰ δοκοῦντα μέλη τοῦ σώματος ἀσθενέστερα ὑπάρχειν ἀναγκαῖά ἐστιν

14 10ᵈᵐ * τοσαῦτα εἰ τύχοι γένη φωνῶν ἐστιν (ς; εἰσιν rl) ἐν κόσμῳ

14 14 τὸ πνεῦμά μου προσεύχεται, ὁ δὲ νοῦς μου ἄκαρπός ἐστιν. ↔

14 15 τί οὖν ἐστιν; προσεύξομαι τῷ πνεύματι

14 25ᵐ ἀπαγγέλλων ὅτι ὄντως ὁ (—T) θεὸς ἐν ὑμῖν ἐστιν. ↔

14 26 τί οὖν ἐστιν, ἀδελφοί;

14 33ᶜ οὐ γάρ ἐστιν ἀκαταστασίας ὁ θεὸς ἀλλὰ εἰρήνης

14 35ᵉ αἰσχρὸν γάρ ἐστιν γυναικὶ λαλεῖν ἐν ἐκκλησίᾳ

14 37ᶜ ἐπιγινωσκέτω ἃ γράφω ὑμῖν ὅτι κυρίου | ἐστὶν ἐντολή (εἰσὶν -λαί ς; ἐστίν T)

15 12 πῶς λέγουσιν ... ὅτι ἀνάστασις νεκρῶν οὐκ ἔστιν; ↔

15 13 εἰ δὲ ἀνάστασις νεκρῶν οὐκ ἔστιν

15 17 * εἰ δὲ Χριστὸς οὐκ ἐγήγερται, ματαία ἡ πίστις ὑμῶν ἐστιν [+NH]

15 44 εἰ ἔστιν σῶμα ψυχικόν, ↔

15 44 ἔστιν καὶ πνευματικόν

15 58 εἰδότες ὅτι ὁ κόπος ὑμῶν οὐκ ἔστιν κενὸς ἐν κυρίῳ

16 15 οἴδατε τὴν οἰκίαν Στεφανᾶ, ὅτι ἐστὶν ἀπαρχὴ τῆς Ἀχαΐας

2 C 1 12 ἡ γὰρ καύχησις ἡμῶν αὕτη ἐστίν

1 18 ὁ λόγος ἡμῶν ... οὐκ ἔστιν (ἐγένετο ς) ναὶ καὶ οὔ

2 2ᵇ * καὶ τίς ἐστιν (+[S]ς) ὁ εὐφραίνων με εἰ μὴ ὁ λυπούμενος ἐξ ἐμοῦ;

2 3ᶜ πεποιθὼς ... ὅτι ἡ ἐμὴ χαρὰ πάντων ὑμῶν ἐστιν

3 17 ὁ δὲ κύριος τὸ πνεῦμά ἐστιν

4 3ᵃ εἰ δὲ καὶ ἔστιν κεκαλυμμένον τὸ εὐαγγέλιον ἡμῶν, ↔

4 3ᵃ ἐν τοῖς ἀπολλυμένοις ἐστὶν κεκαλυμμένον

2 C 4 4 τοῦ Χριστοῦ, ὅς ἐστιν εἰκὼν τοῦ θεοῦ

7 15ᵈⁿ καὶ τὰ σπλάγχνα αὐτοῦ περισσοτέρως εἰς ὑμᾶς ἐστιν

9 1ᶜ περὶ μὲν γὰρ τῆς διακονίας ... περισσόν μοί ἐστιν τὸ γράφειν ὑμῖν

9 12ᵃ ὅτι ἡ διακονία ... οὐ μόνον ἐστὶν προσαναπληροῦσα τὰ ὑστερήματα τῶν ἁγίων

10 18 οὐ γὰρ ὁ ἑαυτὸν συνιστάνων, ἐκεῖνός ἐστιν δόκιμος

11 10ᵐ ἔστιν ἀλήθεια Χριστοῦ ἐν ἐμοί, ὅτι ... οὐ φραγήσεται

12 13 τί γάρ ἐστιν ὃ ἡσσώθητε (ἡττήθητε VSς) ὑπὲρ τὰς λοιπὰς ἐκκλησίας ⟨;⟩

13 5ᵐ * ἢ οὐκ ἐπιγινώσκετε ἑαυτοὺς ὅτι | Ἰησοῦς Χριστὸς (~BST) ἐν ὑμῖν ἐστιν (+MVSς);

G 1 7 ⟨μετατίθεσθε ... εἰς ἕτερον εὐαγγέλιον⟩ ὃ οὐκ ἔστιν ἄλλο

1 11ˡ γνωρίζω ... τὸ εὐαγγέλιον ... ὅτι οὐκ ἔστιν κατὰ ἄνθρωπον

3 12ʰ ὁ δὲ νόμος οὐκ ἔστιν ἐκ πίστεως

3 16 καὶ τῷ σπέρματί σου, ὅς ἐστιν Χριστός

3 20ᶜ ὁ δὲ μεσίτης ἑνὸς οὐκ ἔστιν, ↔

3 20 ὁ δὲ θεὸς εἷς ἐστιν

4 1 ἐφ' ὅσον χρόνον ὁ κληρονόμος νήπιός ἐστιν

4 2ˣʸ ἀλλὰ ὑπὸ ἐπιτρόπους ἐστὶν καὶ οἰκονόμους ἄχρι τῆς προθεσμίας τοῦ πατρός

4 24ᵃᵈ ἅτινά ἐστιν ἀλληγορούμενα

4 24 μία μὲν ... εἰς δουλείαν γεννῶσα, ἥτις ἐστὶν Ἁγάρ. ↔

4 25ᵐ τὸ δὲ (γὰρ VBSTς) Ἁγὰρ (—MVBT) Σινᾶ ὄρος ἐστὶν ἐν τῇ Ἀραβίᾳ

4 26 ἡ δὲ ἄνω Ἰερουσαλὴμ ἐλευθέρα ἐστίν, ↔

4 26 ἥτις ἐστὶν μήτηρ (+πάντων [S]ς) ἡμῶν

5 3 μαρτύρομαι ... παντὶ ἀνθρώπῳ περιτεμνομένῳ ὅτι ὀφειλέτης ἐστὶν ὅλον τὸν νόμον ποιῆσαι

5 19ᵈ φανερὰ δέ ἐστιν τὰ ἔργα τῆς σαρκός,

5 19ᵈ ἅτινά ἐστιν πορνεία, ἀκαθαρσία

5 22 ὁ δὲ καρπὸς τοῦ πνεύματός ἐστιν ἀγάπη

5 23ˡ κατὰ τῶν τοιούτων οὐκ ἔστιν νόμος

6 15 | οὔτε γὰρ περιτομή τί ἐστιν (ἐν γὰρ Χριστῷ Ἰησοῦ οὔτε περ. τι ἰσχύει ς) οὔτε ἀκροβυστία

E 1 14ᵍ ὃ (ὅς NMVTς) ἐστιν ἀρραβὼν τῆς κληρονομίας ἡμῶν

1 18 εἰς τὸ εἰδέναι ὑμᾶς τίς ἐστιν ἡ ἐλπὶς τῆς κλήσεως αὐτοῦ

1 23 ⟨τῇ ἐκκλησίᾳ⟩ ἥτις ἐστὶν τὸ σῶμα αὐτοῦ

2 14 αὐτὸς γάρ ἐστιν ἡ εἰρήνη ἡμῶν

3 13 ἥτις ἐστὶν δόξα ὑμῶν

4 9 τὸ δὲ ἀνέβη τί ἐστιν εἰ μὴ ὅτι καὶ κατέβη ⟨;⟩

4 10ᵇ ὁ καταβὰς αὐτός ἐστιν καὶ ὁ ἀναβὰς ὑπεράνω πάντων τῶν οὐρανῶν

4 15 ὅς ἐστιν ἡ κεφαλή, Χριστός

4 21ᵐ εἴ γε ... ἐν αὐτῷ ἐδιδάχθητε καθὼς ἐστιν ἀλήθεια ἐν τῷ Ἰησοῦ

5 5ᵍ πλεονέκτης, ὅ (ὅς ς) ἐστιν εἰδωλολάτρης

E 5 10 δοκιμάζοντες τί ἐστιν εὐάρεστον τῷ κυρίῳ

5 12ᵉ τὰ γὰρ κρυφῇ γινόμενα ὑπ' αὐτῶν αἰσχρόν ἐστιν καὶ λέγειν

5 14 πᾶν γὰρ τὸ φανερούμενον φῶς ἐστιν

5 18ᵐ μὴ μεθύσκεσθε οἴνῳ, ἐν ᾧ ἐστιν ἀσωτία

5 23 ὅτι ἀνήρ ἐστιν κεφαλὴ τῆς γυναικός

5 23 * | καὶ αὐτός ἐστι (ς; αὐτός rl) σωτὴρ τοῦ σώματος

5 32 τὸ μυστήριον τοῦτο μέγα ἐστίν

6 1 τὰ τέκνα, ὑπακούετε τοῖς γονεῦσιν ... τοῦτο γάρ ἐστιν δίκαιον

6 2 ἥτις ἐστὶν ἐντολὴ πρώτη ἐν ἐπαγγελίᾳ

6 9ᶜᵐ καὶ αὐτῶν καὶ ὑμῶν ὁ κύριός ἐστιν ἐν οὐρανοῖς, ↔

6 9ᵘ καὶ προσωπολημψία οὐκ ἔστιν παρ' αὐτῷ

6 12ᶜᵛ ὅτι οὐκ ἔστιν ἡμῖν ἡ πάλη πρὸς αἷμα καὶ σάρκα

6 17 τὴν μάχαιραν τοῦ πνεύματος, ὅ ἐστιν ῥῆμα θεοῦ

Ph 1 7ᶜᵉ καθώς ἐστιν δίκαιον ἐμοὶ τοῦτο φρονεῖν ὑπὲρ πάντων ὑμῶν

1 8 * μάρτυς γάρ μού ἐστιν (+ς) ὁ θεός

1 28ᶜ ἥτις ἐστὶν αὐτοῖς ἔνδειξις ἀπωλείας

2 13ᵇ θεὸς γάρ ἐστιν ὁ ἐνεργῶν ἐν ὑμῖν

4 8ᵈ ὅσα ἐστὶν ἀληθῆ ... ταῦτα λογίζεσθε

Cl 1 6ᵃ καθὼς καὶ ἐν παντὶ τῷ κόσμῳ ἐστὶν καρποφορούμενον καὶ αὐξανόμενον

1 7 ὅς ἐστιν πιστὸς ὑπὲρ ὑμῶν (ἡμῶν MBSH) διάκονος τοῦ Χριστοῦ

1 15 ὅς ἐστιν εἰκὼν τοῦ θεοῦ τοῦ ἀοράτου

1 17ᶻ καὶ αὐτός ἐστιν πρὸ πάντων

1 18 καὶ αὐτός ἐστιν ἡ κεφαλὴ τοῦ σώματος, τῆς ἐκκλησίας· ↔

1 18 ὅς ἐστιν (+ἡ B[H]) ἀρχή

1 24 ὑπὲρ τοῦ σώματος αὐτοῦ, ὅ ἐστιν ἡ ἐκκλησία

1 27ᵍ τοῦ μυστηρίου ... ὃ (ὅς NMVSTς) ἐστιν Χριστὸς ἐν ὑμῖν

2 10 ὅς ἐστιν ἡ κεφαλὴ πάσης ἀρχῆς καὶ ἐξουσίας

2 17ᵈ ἅ ἐστιν σκιὰ τῶν μελλόντων

2 22ᵈⁿ ἅ ἐστιν πάντα εἰς φθορὰν τῇ ἀποχρήσει

2 23ᵈ ἅτινά ἐστιν λόγον μὲν ἔχοντα σοφίας ἐν ἐθελοθρησκίᾳ

3 1ᵃ τὰ ἄνω ζητεῖτε, οὗ ὁ Χριστός ἐστιν ἐν δεξιᾷ τοῦ θεοῦ καθήμενος

3 5 τὴν πλεονεξίαν ἥτις ἐστὶν εἰδωλολατρία

3 14ᵍ ⟨ἐνδύσασθε⟩ τὴν ἀγάπην, ὃ (ἥτις Sς) ἐστιν σύνδεσμος τῆς τελειότητος

3 20 τοῦτο γὰρ εὐάρεστόν ἐστιν ἐν κυρίῳ

3 25 ὁ γὰρ ἀδικῶν κομίσεται ὃ ἠδίκησεν, καὶ οὐκ ἔστιν προσωπολημψία

4 9ʰ σὺν Ὀνησίμῳ τῷ ... ἀδελφῷ, ὅς ἐστιν ἐξ ὑμῶν

1 Th 2 13 ἐδέξασθε οὐ λόγον ἀνθρώπων ἀλλὰ καθώς | ἐστιν ἀληθῶς (~NH) λόγον θεοῦ

4 3 τοῦτο γάρ ἐστιν θέλημα τοῦ θεοῦ

2 Th 1 3ᵉ εὐχαριστεῖν ὀφείλομεν τῷ θεῷ πάντοτε ... καθὼς ἄξιόν ἐστιν

2 4 ἀποδεικνύντα ἑαυτὸν ὅτι ἐστὶν θεός

2Th 2 9^lm ⟨ἀποκαλυφθήσεται ὁ ἄνομος⟩ οὗ
ἔστιν ἡ παρουσία κατ' ἐνέργειαν
τοῦ σατανᾶ ἐν πάσῃ δυνάμει
3 3 πιστὸς δέ ἐστιν ὁ κύριος
3 17^g ὁ ἀσπασμὸς τῇ ἐμῇ χειρὶ Παύλου,
ὅ ἐστιν σημεῖον ἐν πάσῃ ἐπιστολῇ
1Tm 1 5 τὸ δὲ τέλος τῆς παραγγελίας ἐστὶν
ἀγάπη ἐκ καθαρᾶς καρδίας
1 20^c ⟨ἥν τινες ἀπωσάμενοι περὶ τὴν
πίστιν ἐναυάγησαν⟩ ὧν ἐστιν
Ὑμέναιος καὶ Ἀλέξανδρος
3 15 ἥτις ἐστὶν ἐκκλησία θεοῦ ζῶντος
3 16 καὶ ὁμολογουμένως μέγα ἐστὶν τὸ
τῆς εὐσεβείας μυστήριον
4 8 ἡ γὰρ σωματικὴ γυμνασία πρὸς
ὀλίγον ἐστὶν ὠφέλιμος· ↔
4 8 ἡ δὲ εὐσέβεια πρὸς πάντα ὠφέλιμός
ἐστιν
4 10 ὅς ἐστιν σωτὴρ πάντων ἀνθρώπων
5 4 τοῦτο γάρ ἐστιν ἀπόδεκτον ἐνώ-
πιον τοῦ θεοῦ
5 8 εἰ δέ τις ... οὐ προνοεῖ (-εῖται BT),
τὴν πίστιν ἤρνηται καὶ ἔστιν
ἀπίστου χείρων
6 6 ἔστιν δὲ πορισμὸς μέγας ἡ εὐσέβεια
μετὰ αὐταρκείας
6 10 ῥίζα γὰρ πάντων τῶν κακῶν ἐστιν
ἡ φιλαργυρία
2Tm 1 6 τὸ χάρισμα τοῦ θεοῦ, ὅ ἐστιν ἐν
σοὶ διὰ τῆς ἐπιθέσεως τῶν χειρῶν
μου
1 12 πέπεισμαι ὅτι δυνατός ἐστιν τὴν
παραθήκην μου φυλάξαι
1 15^c ἀπεστράφησάν με πάντες οἱ ἐν τῇ
Ἀσίᾳ, ὧν ἐστιν Φύγελος καὶ
Ἑρμογένης
2 17^c ὁ λόγος αὐτῶν ὡς γάγγραινα
νομὴν ἔξει· ὧν ἐστιν Ὑμέναιος καὶ
Φίλητος
2 20^dm ἐν μεγάλῃ δὲ οἰκίᾳ οὐκ ἔστιν μόνον
σκεύη χρυσᾶ καὶ ἀργυρᾶ
4 11^l Λουκᾶς ἐστιν μόνος μετ' ἐμοῦ
4 11^c ἔστιν γάρ μοι εὔχρηστος εἰς
διακονίαν
Tt 1 6 ⟨καταστήσῃς ... πρεσβυτέρους⟩
εἴ τίς ἐστιν ἀνέγκλητος, μιᾶς
γυναικὸς ἀνήρ
1 13 ἡ μαρτυρία αὕτη ἐστὶν ἀληθής
3 8^d ταῦτά ἐστιν (+τὰ ς) καλὰ καὶ
ὠφέλιμα τοῖς ἀνθρώποις
Phm 12^f ⟨Ὀνήσιμον⟩ ὃν ἀνέπεμψά σοι,
(+σὺ δὲ [MS]Vς) αὐτόν, τοῦτ'
ἔστιν τὰ ἐμὰ σπλάγχνα (+προσ-
λαβοῦ [M]Vς; +προσλάβου [S])
Hb 2 6 τί ἐστιν ἄνθρωπος ὅτι μιμνήσκῃ
αὐτοῦ;
2 14^f ἵνα ... καταργήσῃ τὸν τὸ κράτος
ἔχοντα τοῦ θανάτου, τοῦτ' ἔστιν
τὸν διάβολον
4 13^s οὐκ ἔστιν κτίσις ἀφανὴς ἐνώπιον
αὐτοῦ
5 13 πᾶς γὰρ ὁ μετέχων γάλακτος
ἄπειρος λόγου δικαιοσύνης, νήπιος
γάρ ἐστιν· ↔
5 14^c τελείων δέ ἐστιν ἡ στερεὰ τροφή
7 2^g βασιλεὺς Σαλήμ, ὅ ἐστιν βασιλεὺς
εἰρήνης
7 5^f ἐντολὴν ἔχουσιν ἀποδεκατοῦν τὸν
λαὸν ... τοῦτ' ἔστιν τοὺς ἀδελ-
φοὺς αὐτῶν
7 15^e καὶ περισσότερον ἔτι κατάδηλόν
ἐστιν
8 6 ὅσῳ καὶ κρείττονός ἐστιν διαθήκης
μεσίτης

Hb 9 5^e περὶ ὧν οὐκ ἔστιν νῦν λέγειν κατὰ
μέρος
9 11^f διὰ τῆς μείζονος καὶ τελειοτέρας
σκηνῆς οὐ χειροποιήτου, τοῦτ'
ἔστιν οὐ ταύτης τῆς κτίσεως
9 15 διὰ τοῦτο διαθήκης καινῆς μεσίτης
ἐστίν
10 20^f διὰ τοῦ καταπετάσματος, τοῦτ'
ἔστιν τῆς σαρκὸς αὐτοῦ
11 1 ἔστιν δὲ πίστις ἐλπιζομένων ὑπό-
στασις
11 6 πιστεῦσαι γὰρ δεῖ τὸν προσερχό-
μενον τῷ ([NVSH]; —T) θεῷ,
ὅτι ἔστιν
11 16^f νῦν δὲ κρείττονος ὀρέγονται, τοῦτ'
ἔστιν ἐπουρανίου
12 7 * τίς γάρ ἐστιν (+VSς) υἱὸς ὃν
οὐ παιδεύει πατήρ;
13 15^f ἀναφέρωμεν θυσίαν 'αἰνέσεως ...
τοῦτ' ἔστιν καρπὸν χειλέων ὁμολο-
γούντων
Jc 1 13 ὁ γὰρ θεὸς ἀπείραστός ἐστιν κακῶν
1 17^a πᾶν δώρημα τέλειον ἄνωθέν ἐστιν
καταβαῖνον ἀπὸ τοῦ πατρὸς τῶν
φώτων
1 23 ὅτι εἴ τις ἀκροατὴς λόγου ἐστὶν
καὶ οὐ ποιητής
1 27 θρησκεία καθαρὰ ... παρὰ τῷ
(—T) θεῷ καὶ πατρὶ αὕτη ἐστίν,
ἐπισκέπτεσθαι ὀρφανούς
2 17 οὕτως καὶ ἡ πίστις, ἐὰν μὴ ἔχῃ
ἔργα, νεκρά ἐστιν καθ' ἑαυτήν
2 19 σὺ πιστεύεις ὅτι || εἷς ἐστιν ὁ
(—H) θεός ((~ς SH));
2 20 ἡ πίστις χωρὶς τῶν ἔργων ἀργή
(νεκρά Sς) ἐστιν
2 26 ὥσπερ γὰρ (—H) τὸ σῶμα χωρὶς
πνεύματος νεκρόν ἐστιν, ↔
2 26 οὕτως καὶ ἡ πίστις χωρὶς ἔργων
νεκρά ἐστιν
3 5 οὕτως καὶ ἡ γλῶσσα μικρὸν μέλος
ἐστίν
3 15^a οὐκ ἔστιν αὕτη ἡ σοφία ἄνωθεν
κατερχομένη
3 17 ἡ δὲ ἄνωθεν σοφία πρῶτον μὲν
ἁγνή ἐστιν
4 4 ἡ φιλία τοῦ κόσμου ἔχθρα | τοῦ
θεοῦ ἐστιν (ἐστὶν τῷ θεῷ T)
4 12 εἷς ἐστιν ὁ ([N^26]); —NH) νομο-
θέτης καὶ κριτής
4 14 * ἀτμὶς γάρ ἐστιν (ς; ἐστε rl) ἡ
(—H) πρὸς ὀλίγον φαινομένη
4 16 πᾶσα καύχησις τοιαύτη πονηρά
ἐστιν. ↔
4 17^c εἰδότι οὖν καλὸν ποιεῖν καὶ μὴ
ποιοῦντι, ἁμαρτία αὐτῷ ἐστιν
5 11 πολύσπλαγχνός ἐστιν ὁ κύριος
καὶ οἰκτίρμων
1Pt 1 6^e ὀλίγον ἄρτι εἰ δέον ἐστὶν ([N^26];
—NVBTH) λυπηθέντες ἐν ποικί-
λοις πειρασμοῖς
1 25^f τοῦτο δέ ἐστιν τὸ ῥῆμα τὸ εὐαγγε-
λισθὲν εἰς ὑμᾶς
2 15 ὅτι οὕτως ἐστὶν τὸ θέλημα τοῦ
θεοῦ
3 4^g ὅ ἐστιν ἐνώπιον τοῦ θεοῦ πολυτε-
λές
3 20^f εἰς ἣν ὀλίγοι (ὀλίγαι Sς), τοῦτ'
ἔστιν ὀκτὼ ψυχαί, διεσώθησαν δι'
ὕδατος
3 22^m ⟨Ἰησοῦ Χριστοῦ⟩ ὅς ἐστιν ἐν
δεξιᾷ τοῦ ([N^26S]; —NMBTH)
θεοῦ
4 11^cn ᾧ ἐστιν ἡ δόξα καὶ τὸ κράτος εἰς
τοὺς αἰῶνας

2Pt 1 9 ᾧ γὰρ μὴ πάρεστιν ταῦτα, τυφλός
ἐστιν μυωπάζων
1 14 εἰδὼς ὅτι ταχινή ἐστιν ἡ ἀπόθεσις
τοῦ σκηνώματός μου
1 17 || ὁ υἱός μου ὁ ἀγαπητός μου
(—MBSTς) οὗτός ἐστιν ((~
MVBSTς))
3 4 ποῦ ἐστιν ἡ ἐπαγγελία τῆς παρου-
σίας αὐτοῦ;
3 16^dm ἐν αἷς ἐστιν δυσνόητά τινα, ἃ οἱ
ἀμαθεῖς ... στρεβλοῦσιν
1Jo 1 5 καὶ ἔστιν αὕτη ἡ ἀγγελία ἣν ...
ἀναγγέλλομεν ὑμῖν, ↔
1 5 ὅτι ὁ θεὸς φῶς ἐστιν ↔
1 5^m καὶ σκοτία | ἐν αὐτῷ οὐκ ἔστιν
(~H) οὐδεμία
1 7^m ἐὰν δὲ ἐν τῷ φωτὶ περιπατῶμεν ὡς
αὐτός ἐστιν ἐν τῷ φωτί
1 8^m ἡ ἀλήθεια οὐκ ἔστιν ἐν ἡμῖν. ↔
1 9 ἐὰν ὁμολογῶμεν τὰς ἁμαρτίας
ἡμῶν, πιστός ἐστιν καὶ δίκαιος
1 10^m ὁ λόγος αὐτοῦ οὐκ ἔστιν ἐν ἡμῖν
2 2 καὶ αὐτὸς ἱλασμός ἐστιν περὶ τῶν
ἁμαρτιῶν ἡμῶν
2 4 ὁ ... τὰς ἐντολὰς αὐτοῦ μὴ τηρῶν,
ψεύστης ἐστιν, ↔
2 4^m καὶ ἐν τούτῳ ἡ ἀλήθεια οὐκ ἔστιν
2 7 ἡ ἐντολὴ ἡ παλαιά ἐστιν ὁ λόγος ὃν
ἠκούσατε
2 8^m ὅ ἐστιν ἀληθὲς ἐν αὐτῷ καὶ ἐν ὑμῖν
2 9^mx ὁ ... τὸν ἀδελφὸν αὐτοῦ μισῶν
ἐν τῇ σκοτίᾳ ἐστὶν ἕως ἄρτι
2 10^m σκάνδαλον | ἐν αὐτῷ οὐκ ἔστιν
(~T)· ↔
2 11^m ὁ δὲ μισῶν τὸν ἀδελφὸν αὐτοῦ ἐν
τῇ σκοτίᾳ ἐστί
2 15^m ἐάν τις ἀγαπᾷ τὸν κόσμον, οὐκ
ἔστιν ἡ ἀγάπη τοῦ πατρὸς ἐν
αὐτῷ· ↔
2 16^h ὅτι πᾶν τὸ ἐν τῷ κόσμῳ ... οὐκ
ἔστιν ἐκ τοῦ πατρός, ↔
2 16^h ἀλλ' ἐκ τοῦ κόσμου ἐστίν
2 18 παιδία, ἐσχάτη ὥρα ἐστί
2 18 ὅθεν γινώσκομεν ὅτι ἐσχάτη ὥρα
ἐστί
2 21^h πᾶν ψεῦδος ἐκ τῆς ἀληθείας οὐκ
ἔστιν. ↔
2 22 τίς ἐστιν ὁ ψεύστης εἰ μὴ ὁ ἀρνού-
μενος ↔
2 22 ὅτι Ἰησοῦς οὐκ ἔστιν ὁ χριστός; ↔
2 22 οὗτός ἐστιν ὁ ἀντίχριστος, ὁ
ἀρνούμενος τὸν πατέρα καὶ τὸν
υἱόν
2 25 καὶ αὕτη ἐστιν ἡ ἐπαγγελία
2 27 τὸ αὐτοῦ χρῖσμα ... ἀληθές ἐστιν
2 27 καὶ οὐκ ἔστιν ψεῦδος
2 29 ἐὰν εἰδῆτε ὅτι δίκαιός ἐστιν
3 2 ὅτι ὀψόμεθα αὐτὸν καθώς ἐστιν
3 3 πᾶς ὁ ἔχων ... ἁγνίζει ἑαυτὸν
καθὼς ἐκεῖνος ἁγνός ἐστιν
3 4 ἡ ἁμαρτία ἐστὶν ἡ ἀνομία
3 5^m ἁμαρτία ἐν αὐτῷ οὐκ ἔστιν
3 7 ὁ ποιῶν τὴν δικαιοσύνην δίκαιός
ἐστιν, ↔
3 7 καθὼς ἐκεῖνος δίκαιός ἐστιν· ↔
3 8^h ὁ ποιῶν τὴν ἁμαρτίαν ἐκ τοῦ
διαβόλου ἐστιν
3 10^d ἐν τούτῳ φανερά ἐστιν τὰ τέκνα
τοῦ θεοῦ καὶ τὰ τέκνα τοῦ διαβό-
λου· ↔
3 10^h πᾶς ὁ μὴ ποιῶν δικαιοσύνην οὐκ
ἔστιν ἐκ τοῦ θεοῦ
3 11 ὅτι αὕτη ἐστὶν ἡ ἀγγελία
3 15 πᾶς ὁ μισῶν τὸν ἀδελφὸν αὐτοῦ
ἀνθρωποκτόνος ἐστίν

1 Jo 3 20 ὅτι μείζων ἐστὶν ὁ θεὸς τῆς καρδίας ἡμῶν

3 23 καὶ αὕτη ἐστὶν ἡ ἐντολὴ αὐτοῦ

4 1dh ἀλλὰ δοκιμάζετε τὰ πνεύματα εἰ ἐκ τοῦ θεοῦ ἐστιν

4 2h πᾶν πνεῦμα ὃ ὁμολογεῖ Ἰησοῦν Χριστὸν ... ἐκ τοῦ θεοῦ ἐστιν, ↔

4 3h καὶ πᾶν πνεῦμα ὃ μὴ ὁμολογεῖ ... ἐκ τοῦ θεοῦ οὐκ ἔστιν· ↔

4 3 καὶ τοῦτό ἐστιν τὸ τοῦ ἀντιχρίστου

4 3m καὶ νῦν ἐν τῷ κόσμῳ ἐστὶν ἤδη

4 4 ὅτι μείζων ἐστὶν ὁ ἐν ὑμῖν ἢ ὁ ἐν τῷ κόσμῳ

4 6h ὃς οὐκ ἔστιν ἐκ τοῦ θεοῦ οὐκ ἀκούει ἡμῶν

4 7h ὅτι ἡ ἀγάπη ἐκ τοῦ θεοῦ ἐστιν

4 8 ὅτι ὁ θεὸς ἀγάπη ἐστίν

4 10m ἐν τούτῳ ἐστὶν ἡ ἀγάπη ... ὅτι αὐτὸς ἠγάπησεν ἡμᾶς

4 12am ἐὰν ἀγαπῶμεν ἀλλήλους ... ἡ ἀγάπη αὐτοῦ | ἐν ἡμῖν τετελειωμένη ἐστίν (~ς NVTH)

4 15 ὃς ἐὰν (ἂν STς) ὁμολογήσῃ ὅτι Ἰησοῦς [+Χριστός H] ἐστιν ὁ υἱὸς τοῦ θεοῦ

4 16 ὁ θεὸς ἀγάπη ἐστίν

4 17 ὅτι καθὼς ἐκεῖνός ἐστιν καὶ ἡμεῖς ἐσμεν ἐν τῷ κόσμῳ τούτῳ. ↔

4 17m φόβος οὐκ ἔστιν ἐν τῇ ἀγάπῃ

4 20 ἐάν τις ... τὸν ἀδελφὸν αὐτοῦ μισῇ, ψεύστης ἐστίν

5 1 πᾶς ὁ πιστεύων ὅτι Ἰησοῦς ἐστιν ὁ χριστός

5 3 αὕτη γάρ ἐστιν ἡ ἀγάπη τοῦ θεοῦ

5 4 καὶ αὕτη ἐστὶν ἡ νίκη ἡ νικήσασα τὸν κόσμον

5 5b τίς || δέ ([N26NH]; —VTς) ἐστιν ((~NH)) ὁ νικῶν τὸν κόσμον εἰ μὴ ὁ πιστεύων ↔

5 5 ὅτι Ἰησοῦς ἐστιν ὁ υἱὸς τοῦ θεοῦ; ↔

5 6b οὗτός ἐστιν ὁ ἐλθὼν δι' ὕδατος καὶ αἵματος

5 6b καὶ τὸ πνεῦμά ἐστιν τὸ μαρτυροῦν, ↔

5 6 ὅτι τὸ πνεῦμά ἐστιν ἡ ἀλήθεια

5 9 ἡ μαρτυρία τοῦ θεοῦ μείζων ἐστίν, ↔

5 9 ὅτι αὕτη ἐστὶν ἡ μαρτυρία τοῦ θεοῦ

5 11 αὕτη ἐστὶν ἡ μαρτυρία, ὅτι ζωὴν αἰώνιον ἔδωκεν | ἡμῖν ὁ θεός (~NBH), ↔

5 11m καὶ αὕτη ἡ ζωὴ ἐν τῷ υἱῷ αὐτοῦ ἐστιν

5 14 καὶ αὕτη ἐστὶν ἡ παρρησία ἣν ἔχομεν πρὸς αὐτόν

5 16v ἔστιν ἁμαρτία πρὸς θάνατον

5 17 πᾶσα ἀδικία ἁμαρτία ἐστίν, ↔

5 17v ἔστιν ἁμαρτία οὐ πρὸς θάνατον

5 20 οὗτός ἐστιν ὁ ἀληθινὸς θεὸς καὶ ζωὴ αἰώνιος

2 Jo 6 καὶ αὕτη ἐστὶν ἡ ἀγάπη, ἵνα περιπατῶμεν κατὰ τὰς ἐντολὰς αὐτοῦ· ↔

6 αὕτη ἡ ἐντολή ἐστιν ... ἵνα ἐν αὐτῇ περιπατῆτε

7 οὗτός ἐστιν ὁ πλάνος καὶ ὁ ἀντίχριστος

3 Jo 11h ὁ ἀγαθοποιῶν ἐκ τοῦ θεοῦ ἐστιν

12 οἶδας ὅτι ἡ μαρτυρία ἡμῶν ἀληθής ἐστιν

Ap 1 4ds * χάρις ὑμῖν ... ἀπὸ τῶν ἑπτὰ πνευμάτων ἃ ἔστιν (+ς) ἐνώπιον τοῦ θρόνου αὐτοῦ

Ap 2 7m ἐκ τοῦ ξύλου τῆς ζωῆς, ὅ ἐστιν ἐν τῷ παραδείσῳ τοῦ θεοῦ (+μου B)

5 2 * τίς ἐστιν (+ς) ἄξιος ἀνοῖξαι τὸ βιβλίον ⟨;⟩

5 12 ἄξιόν (ἄξιός NT) ἐστιν τὸ ἀρνίον τὸ ἐσφαγμένον λαβεῖν τὴν δύναμιν

5 13mpw * πᾶν κτίσμα ὃ ἐστιν (+ς) ἐν τῷ οὐρανῷ καὶ | ἐπὶ τῆς γῆς (ἐν τῇ γῇ ς) καὶ ὑποκάτω τῆς γῆς ↔

5 13dp * καὶ ἐπὶ τῆς θαλάσσης (+ἃ ς) ἐστίν (+[NVH]MBSς)

9 19m ἡ γὰρ ἐξουσία τῶν ἵππων (αἱ γ. ἐ-αι αὐτῶν ς) ἐν τῷ στόματι αὐτῶν ἐστιν (εἰσιν ς)

13 10 ὧδέ ἐστιν ἡ ὑπομονὴ καὶ ἡ πίστις τῶν ἁγίων

13 18 ὧδε ἡ σοφία ἐστίν

13 18 ἀριθμὸς γὰρ ἀνθρώπου ἐστίν. ↔

13 18 * καὶ ὁ ἀριθμὸς αὐτοῦ ἐστιν (+BS) ἑξακόσιοι ἑξήκοντα ἕξ

14 12 ὧδε ἡ ὑπομονὴ τῶν ἁγίων ἐστίν

16 21 ὅτι μεγάλη ἐστὶν ἡ πληγὴ αὐτῆς σφόδρα

17 8 τὸ θηρίον ὃ εἶδες ἦν καὶ οὐκ ἔστιν

17 8 βλεπόντων τὸ θηρίον ὅτι (ὃ τι ς) ἦν καὶ οὐκ ἔστιν ↔

17 8 * | καίπερ ἐστίν (ς; καὶ παρέσται r1)

17 10 οἱ πέντε ἔπεσαν, ὁ εἷς ἐστιν, ὁ ἄλλος οὔπω ἦλθεν

17 11 καὶ τὸ θηρίον ὃ ἦν καὶ οὐκ ἔστιν, ↔

17 11 καὶ αὐτὸς ὄγδοός ἐστιν, ↔

17 11h καὶ ἐκ τῶν ἑπτά ἐστιν

17 14 ὅτι κύριος κυρίων ἐστὶν καὶ βασιλεὺς βασιλέων

17 18 ἡ γυνὴ ἣν εἶδες ἔστιν ἡ πόλις ἡ μεγάλη

19 8 τὸ γὰρ βύσσινον τὰ δικαιώματα τῶν ἁγίων ἐστίν

19 10 ἡ γὰρ μαρτυρία Ἰησοῦ ἐστιν τὸ πνεῦμα τῆς προφητείας

20 2g ἐκράτησεν τὸν δράκοντα, | ὁ ὄφις ὁ ἀρχαῖος (τὸν ὄφιν τὸν ἀρχαῖον MVBSς), ὅς (ὃ T) ἐστιν (+ὁ T) Διάβολος

20 12c ἄλλο βιβλίον ἠνοίχθη, ὅ ἐστιν τῆς ζωῆς

20 14 οὗτος ὁ θάνατος ὁ δεύτερός ἐστιν

21 1 ἡ θάλασσα οὐκ ἔστιν ἔτι

21 8g τοῖς δὲ ... ψευδέσιν τὸ μέρος αὐτῶν ἐν τῇ λίμνῃ ... ὅ ἐστιν ὁ θάνατος ὁ δεύτερος

21 12d ἔχουσα ... ὀνόματα ἐπιγεγραμμένα, ἃ ἐστιν | τὰ ὀνόματα [+N26] τῶν δώδεκα φυλῶν υἱῶν Ἰσραήλ

21 16 * τὸ μῆκος αὐτῆς | τοσοῦτόν ἐστ·ιν (+ς) ὅσον καὶ (+[N26]Bς) τὸ πλάτος

21 16d τὸ μῆκος καὶ τὸ πλάτος καὶ τὸ ὕψος αὐτῆς ἴσα ἐστίν

21 17cg ἐμέτρησεν τὸ τεῖχος αὐτῆς ... μέτρον ἀνθρώπου, ὅ ἐστιν ἀγγέλου

21 22 ὁ γὰρ κύριος ὁ θεὸς ... ναὸς αὐτῆς ἐστιν, καὶ τὸ ἀρνίον

22 10 ὁ καιρὸς γὰρ ἐγγύς ἐστιν

22 12 ἰδοὺ ἔρχομαι ... ἀποδοῦναι ἑκάστῳ ὡς τὸ ἔργον ἐστὶν (ἔσται VBς) αὐτοῦ

ἐσμέν

a c. part.
b c. gen. vel dat.
c c. ἐν
d c. ὑπό
e c. εἰς
f c. ἐκ

Mc 5 9 λεγιών ὄνομά μοι, ὅτι πολλοί ἐσμεν

Lc 9 12c ὅτι ὧδε ἐν ἐρήμῳ τόπῳ ἐσμέν

17 10 λέγετε ὅτι δοῦλοι ἀχρεῖοί ἐσμεν

Jo 8 33 σπέρμα Ἀβραάμ ἐσμεν

9 28 ἡμεῖς δὲ τοῦ Μωϋσέως ἐσμέν μαθηταί

9 40 μὴ καὶ ἡμεῖς τυφλοί ἐσμεν;

10 30 ἐγὼ καὶ ὁ πατὴρ ἕν ἐσμεν

17 22 * ἵνα ὦσιν ἓν καθὼς ἡμεῖς ἕν ἐσμεν (+ς)

Ac 2 32 τὸν Ἰησοῦν ... οὗ πάντες ἡμεῖς ἐσμεν μάρτυρες

3 15 ὃν ὁ θεὸς ἤγειρεν ... οὗ ἡμεῖς μάρτυρές ἐσμεν

5 32 καὶ ἡμεῖς ἐσμεν μάρτυρες τῶν ῥημάτων τούτων

10 39 * καὶ ἡμεῖς ἐσμεν (+ς) μάρτυρες πάντων ὧν ἐποίησεν

14 15 καὶ ἡμεῖς ὁμοιοπαθεῖς ἐσμεν ὑμῖν ἄνθρωποι

16 28 ἅπαντες γάρ ἐσμεν ἐνθάδε

17 28c ἐν αὐτῷ γὰρ ζῶμεν καὶ κινούμεθα καὶ ἐσμέν

17 28 τοῦ γὰρ καὶ γένος ἐσμέν

23 15 ἡμεῖς δὲ ... ἕτοιμοί ἐσμεν τοῦ ἀνελεῖν αὐτόν

Rm 6 15d ἁμαρτήσωμεν, ὅτι οὐκ ἐσμὲν ὑπὸ νόμον ἀλλὰ ὑπὸ χάριν;

8 12 ἄρα οὖν, ἀδελφοί, ὀφειλέται ἐσμέν

8 16 αὐτὸ τὸ πνεῦμα συμμαρτυρεῖ... ὅτι ἐσμὲν τέκνα θεοῦ

12 5 οὕτως οἱ πολλοὶ ἓν σῶμά ἐσμεν ἐν Χριστῷ

14 8b ἐάν τε οὖν ζῶμεν ἐάν τε ἀποθνήσκωμεν, τοῦ κυρίου ἐσμέν

1C 3 9 θεοῦ γάρ ἐσμεν συνεργοί

10 17 ὅτι εἷς ἄρτος, ἓν σῶμα οἱ πολλοὶ ἐσμεν

10 22 ἢ παραζηλοῦμεν τὸν κύριον; μὴ ἰσχυρότεροι αὐτοῦ ἐσμεν;

15 19a εἰ ἐν τῇ ζωῇ ταύτῃ ἐν Χριστῷ ἠλπικότες ἐσμὲν μόνον, ↔

15 19 ἐλεεινότεροι πάντων ἀνθρώπων ἐσμέν

2C 1 14 ὅτι καύχημα ὑμῶν ἐσμεν καθάπερ καὶ ὑμεῖς ἡμῶν

1 24 ἀλλὰ συνεργοί ἐσμεν τῆς χαρᾶς ὑμῶν

2 15b ὅτι Χριστοῦ εὐωδία ἐσμὲν τῷ θεῷ ἐν τοῖς σῳζομένοις

2 17a οὐ γάρ ἐσμεν ὡς οἱ πολλοὶ καπηλεύοντες τὸν λόγον τοῦ θεοῦ

3 5 οὐχ ὅτι ἀφ' ἑαυτῶν ἱκανοί ἐσμεν λογίσασθαί τι ὡς ἐξ ἑαυτῶν

6 16 ἡμεῖς (ὑμ. ς) γὰρ ναὸς θεοῦ ἐσμεν (ἐστε ς) ζῶντος

10 11 ὅτι οἷοί ἐσμεν τῷ λόγῳ δι' ἐπιστολῶν ἀπόντες

13 6 ἐλπίζω δὲ ὅτι γνώσεσθε ὅτι ἡμεῖς οὐκ ἐσμὲν ἀδόκιμοι

G 3 25d ἐλθούσης δὲ τῆς πίστεως οὐκέτι ὑπὸ παιδαγωγόν ἐσμεν

4 28 * ἡμεῖς (VHς; ὑμεῖς r1) δέ, ἀδελφοί, κατὰ Ἰσαὰκ ἐπαγγελίας τέκνα ἐσμέν (VHς; ἐστέ r1)

4 31 διό, ἀδελφοί, οὐκ ἐσμὲν παιδίσκης τέκνα ἀλλὰ τῆς ἐλευθέρας

E 2 10 αὐτοῦ γάρ ἐσμεν ποίημα

4 25 ὅτι ἐσμὲν ἀλλήλων μέλη

5 30 ὅτι μέλη ἐσμὲν τοῦ σώματος αὐτοῦ

Ph 3 3 ἡμεῖς γάρ ἐσμεν ἡ περιτομή

1Th 5 5b πάντες γὰρ ὑμεῖς υἱοὶ φωτός ἐστε ... οὐκ ἐσμὲν νυκτὸς οὐδὲ σκότους

Hb 3 6 οὗ οἶκός ἐσμεν ἡμεῖς

Hb 4 2ᵃ καὶ γὰρ ἐσμεν εὐηγγελισμένοι
καθάπερ κἀκεῖνοι

10 10ᵃ ἐν ᾧ θελήματι ἡγιασμένοι ἐσμὲν
διὰ τῆς προσφορᾶς τοῦ σώματος
Ἰησοῦ Χριστοῦ ἐφάπαξ

10 39ᵇᵉ ἡμεῖς δὲ οὐκ ἐσμὲν ὑποστολῆς εἰς
ἀπώλειαν

1 Jo 2 5ᵉ ἐν τούτῳ γινώσκομεν ὅτι ἐν
αὐτῷ ἐσμεν

3 1 ἵνα τέκνα θεοῦ κληθῶμεν, | καὶ
ἐσμέν (—ς)

3 2 ἀγαπητοί, νῦν τέκνα θεοῦ ἐσμεν

3 19ᶠ καὶ (+[N²⁶V]BSTς) ἐν τούτῳ
γνωσόμεθα ὅτι ἐκ τῆς ἀληθείας
ἐσμέν

4 6ᶠ ἡμεῖς ἐκ τοῦ θεοῦ ἐσμεν

4 17ᶜ ὅτι καθὼς ἐκεῖνός ἐστιν καὶ ἡμεῖς
ἐσμεν ἐν τῷ κόσμῳ τούτῳ

5 19ᶠ οἴδαμεν ὅτι ἐκ τοῦ θεοῦ ἐσμεν

5 20ᶜ καὶ ἐσμὲν ἐν τῷ ἀληθινῷ, ἐν τῷ
υἱῷ αὐτοῦ Ἰησοῦ Χριστῷ

ἐστέ

ᵃ c. part.
ᵇ c. ὁ et part.
ᶜ c. gen.
ᵈ c. ἐκ
ᵉ c. ἐν
ᶠ c. μετά
ᵍ c. ὑπό
ʰ c. ἀπό
ʲ c. εἰς
ᵏ c. χωρίς

Mt 5 11 μακάριοί ἐστε ὅταν ὀνειδίσωσιν
ὑμᾶς

5 13 ὑμεῖς ἐστε τὸ ἅλας τῆς γῆς

5 14 ὑμεῖς ἐστε τὸ φῶς τοῦ κόσμου

8 26 τί δειλοί ἐστε, ὀλιγόπιστοι;

10 20ᵇ οὐ γὰρ ὑμεῖς ἐστε οἱ λαλοῦντες

15 16 ἀκμὴν καὶ ὑμεῖς ἀσύνετοί ἐστε;

23 8 πάντες δὲ ὑμεῖς ἀδελφοί ἐστε

23 28 ἔσωθεν δέ ἐστε μεστοὶ ὑποκρίσεως
καὶ ἀνομίας

23 31 υἱοί ἐστε τῶν φονευσάντων τοὺς
προφήτας

Mc 4 40 τί δειλοί ἐστε (+οὕτως NMVSTς);

7 18 οὕτως καὶ ὑμεῖς ἀσύνετοί ἐστε;

9 41ᶜ ὃς γὰρ ἂν ποτίσῃ ὑμᾶς ... ἐν
ὀνόματι (+μου Tς), ὅτι Χριστοῦ
ἐστε

13 11ᵇ οὐ γὰρ ἐστε ὑμεῖς οἱ λαλοῦντες

Lc 6 22 μακάριοί ἐστε ὅταν μισήσωσιν
ὑμᾶς οἱ ἄνθρωποι

9 55ᶜ *ἐπετίμησεν αὐτοῖς | καὶ εἶπεν,
οὐκ οἴδατε οἵου πνεύματός ἐστε
ὑμεῖς (+ς..)

11 44 οὐαὶ ὑμῖν, ὅτι ἐστὲ ὡς τὰ μνημεῖα
τὰ ἄδηλα

11 48 ἄρα | μάρτυρές ἐστε (μαρτυρεῖτε ς)

13 25 οὐκ οἶδα ὑμᾶς πόθεν ἐστέ

13 27 οὐκ οἶδα ὑμᾶς (+[N²⁶]Tς) πόθεν
ἐστέ

16 15ᵇ ὑμεῖς ἐστε οἱ δικαιοῦντες ἑαυτοὺς
ἐνώπιον τῶν ἀνθρώπων

22 28ᵇ ὑμεῖς δέ ἐστε οἱ διαμεμενηκότες μετ᾽
ἐμοῦ ἐν τοῖς πειρασμοῖς μου

24 17 *τίνες οἱ λόγοι οὗτοι οὓς ἀντι-
βάλλετε | περιπατοῦντες | καὶ
ἐστε σκυθρωποί; (Vς; καὶ ἐστάθη-
σαν σκ. rl)

24 38ᵃ τί τεταραγμένοι ἐστέ ⟨;⟩

24 48 *ὑμεῖς ἐστε (MS; δέ ἐστε Vς; δὲ Β;
—rl) μάρτυρες τούτων

Jo 8 23ᵈ ὑμεῖς ἐκ τῶν κάτω ἐστέ

8 23ᵈ ὑμεῖς ἐκ | τούτου τοῦ κόσμου
(~VBSTς) ἐστέ

Jo 8 31 ἐὰν ὑμεῖς μείνητε ἐν τῷ λόγῳ τῷ
ἐμῷ, ἀληθῶς μαθηταί μού ἐστε

8 37 οἶδα ὅτι σπέρμα Ἀβραάμ ἐστε

8 39 εἰ τέκνα τοῦ Ἀβραάμ ἐστε (ἦτε
Vς)

8 44ᵈ ὑμεῖς ἐκ τοῦ πατρὸς τοῦ διαβόλου
ἐστέ

8 47ᵈ ὑμεῖς οὐκ ἀκούετε, ὅτι ἐκ τοῦ θεοῦ
οὐκ ἐστέ

10 26ᵈ οὐκ ἐστὲ ἐκ τῶν προβάτων τῶν
ἐμῶν

10 34 ἐγὼ εἶπα· θεοί ἐστε

13 10 καὶ ὑμεῖς καθαροί ἐστε, ἀλλ᾽ οὐχὶ
πάντες

13 11 διὰ τοῦτο εἶπεν ὅτι ([S]; —ς)
οὐχὶ πάντες καθαροί ἐστε

13 17 μακάριοί ἐστε ἐὰν ποιῆτε αὐτά

13 35 ἐν τούτῳ γνώσονται πάντες ὅτι
ἐμοὶ μαθηταί ἐστε

15 3 ἤδη ὑμεῖς καθαροί ἐστε

15 14 ὑμεῖς φίλοι μού ἐστε

15 19ᵈ ὅτι δὲ ἐκ τοῦ κόσμου οὐκ ἐστέ

15 27ᶠʰ καὶ ὑμεῖς δὲ μαρτυρεῖτε, ὅτι ἀπ᾽
ἀρχῆς μετ᾽ ἐμοῦ ἐστε

Ac 3 25 ὑμεῖς ἐστε οἱ υἱοὶ τῶν προφητῶν
καὶ τῆς διαθήκης

7 26 ἄνδρες, ἀδελφοί ἐστε

19 15 τὸν μὲν [+N²⁶NH] Ἰησοῦν γινώ-
σκω ... ὑμεῖς δὲ τίνες ἐστέ;

22 3 ζηλωτὴς ὑπάρχων τοῦ θεοῦ καθὼς
πάντες ὑμεῖς ἐστε σήμερον

Rm 1 6ᵉ ἐν οἷς ἐστε καὶ ὑμεῖς κλητοὶ Ἰησοῦ
Χριστοῦ

6 14ᵍ οὐ γὰρ ἐστε ὑπὸ νόμον ἀλλὰ ὑπὸ
χάριν

6 16 οὐκ οἴδατε ὅτι ... δοῦλοί ἐστε ᾧ
ὑπακούετε ⟨;⟩

8 9ᵉ ὑμεῖς δὲ οὐκ ἐστὲ ἐν σαρκὶ ἀλλὰ ἐν
πνεύματι

15 14 καὶ αὐτοὶ μεστοί ἐστε ἀγαθωσύνης,
πεπληρωμένοι πάσης τῆς ([N²⁶
VS]; —ς) γνώσεως

1C 1 30ᵈᵉ ἐξ αὐτοῦ δὲ ὑμεῖς ἐστε ἐν Χριστῷ
Ἰησοῦ

3 3 ἔτι γὰρ σαρκικοί ἐστε. ↔

3 3 ὅπου γὰρ ἐν ὑμῖν ζῆλος καὶ ἔρις,
οὐχὶ σαρκικοί ἐστε καὶ κατὰ
ἄνθρωπον περιπατεῖτε; ↔

3 4 ὅταν γὰρ λέγῃ τις· ἐγὼ μέν εἰμι ...
Ἀπολλῶ, οὐκ ἄνθρωποί ἐστε;

3 9 θεοῦ γεώργιον, θεοῦ οἰκοδομή ἐστε

3 16 οὐκ οἴδατε ὅτι ναὸς θεοῦ ἐστε ⟨;⟩

3 17 ὁ γὰρ ναὸς τοῦ θεοῦ ἅγιός ἐστιν,
οἵτινές ἐστε ὑμεῖς

4 8ᵃ ἤδη κεκορεσμένοι ἐστέ· ἤδη ἐπλου-
τήσατε

5 2ᵃ καὶ ὑμεῖς πεφυσιωμένοι ἐστέ

5 7 ἵνα ἦτε νέον φύραμα, καθώς ἐστε
ἄζυμοι

6 2 εἰ ἐν ὑμῖν κρίνεται ὁ κόσμος, ἀνάξι-
οί ἐστε κριτηρίων ἐλαχίστων;

6 19ᶜ ἢ οὐκ οἴδατε ὅτι ... οὐκ ἐστὲ
ἑαυτῶν;

9 1ᵉ οὐ τὸ ἔργον μου ὑμεῖς ἐστε ἐν
κυρίῳ;

9 2 ἡ γὰρ σφραγίς μου τῆς ἀποστολῆς
ὑμεῖς ἐστε ἐν κυρίῳ

12 27 ὑμεῖς δέ ἐστε σῶμα Χριστοῦ καὶ
μέλη ἐκ μέρους

14 12 οὕτως καὶ ὑμεῖς, ἐπεὶ ζηλωταί ἐστε
πνευμάτων

15 17ᵉ εἰ δὲ Χριστὸς οὐκ ἐγήγερται ...
ἔτι ἐστὲ ἐν ταῖς ἁμαρτίαις ὑμῶν

2C 1 7 εἰδότες ὅτι ὡς κοινωνοί ἐστε τῶν
παθημάτων

2C 2 9 ἵνα γνῶ ... εἰ εἰς πάντα ὑπήκοοί
ἐστε

3 2 ἡ ἐπιστολὴ ἡμῶν ὑμεῖς ἐστε,
ἐγγεγραμμένη ἐν ταῖς καρδίαις
ἡμῶν

3 3 φανερούμενοι ὅτι ἐστὲ ἐπιστολὴ
Χριστοῦ διακονηθεῖσα ὑφ᾽ ἡμῶν

6 16 *ὑμεῖς (ς; ἡμ. rl) γὰρ ναὸς θεοῦ
ἐστε (ς; ἐσμεν rl) ζῶντος

7 3ᵉʲ ἐν ταῖς καρδίαις ἡμῶν ἐστε εἰς τὸ
συναποθανεῖν καὶ συζῆν

13 5ᵉ ἑαυτοὺς πειράζετε εἰ ἐστὲ ἐν τῇ
πίστει

13 5 εἰ μήτι ἀδόκιμοί ἐστε

G 3 3 ⟨ὦ ἀνόητοι Γαλάται⟩ οὕτως ἀνόη-
τοί ἐστε;

3 26 πάντες γὰρ υἱοὶ θεοῦ ἐστε διὰ
τῆς πίστεως ἐν Χριστῷ Ἰησοῦ

3 28 πάντες (ἅπαντες Τ) γὰρ ὑμεῖς εἷς
ἐστε ἐν Χριστῷ Ἰησοῦ. ↔

3 29 εἰ δὲ ὑμεῖς Χριστοῦ, ἄρα τοῦ
Ἀβραὰμ σπέρμα ἐστέ

4 6 ὅτι δέ ἐστε υἱοί, ἐξαπέστειλεν ὁ
θεὸς τὸ πνεῦμα τοῦ υἱοῦ αὐτοῦ

4 28 ὑμεῖς (ἡμεῖς VHς) δέ, ἀδελφοί,
κατὰ Ἰσαὰκ ἐπαγγελίας τέκνα
ἐστέ (ἐσμεν VHς)

5 18ᵍ εἰ δὲ πνεύματι ἄγεσθε, οὐκ ἐστὲ
ὑπὸ νόμον

E 2 5ᵃ χάριτί ἐστε σεσῳσμένοι

2 8ᵃ τῇ γὰρ χάριτί ἐστε σεσῳσμένοι
διὰ πίστεως

2 19 ἄρα οὖν οὐκέτι ἐστὲ ξένοι καὶ
πάροικοι, ↔

2 19 ἀλλὰ ἐστὲ (—ς) συμπολῖται τῶν
ἁγίων καὶ οἰκεῖοι τοῦ θεοῦ

5 5ᵃ *τοῦτο γὰρ ἐστε (ς, ἴστε rl)
γινώσκοντες

Cl 2 10ᵃ καὶ ἐστε ἐν αὐτῷ πεπληρωμένοι

1Th 2 20 ὑμεῖς γὰρ ἐστε ἡ δόξα ἡμῶν καὶ ἡ
χαρά

4 9 αὐτοὶ γὰρ ὑμεῖς θεοδίδακτοί ἐστε
εἰς τὸ ἀγαπᾶν ἀλλήλους

5 4ᵉ ὑμεῖς δέ, ἀδελφοί, οὐκ ἐστὲ ἐν
σκότει

5 5 πάντες γὰρ ὑμεῖς υἱοὶ φωτός ἐστε
καὶ υἱοὶ ἡμέρας

Hb 12 8ᵏ εἰ δὲ χωρίς ἐστε παιδείας, ἧς μέτ-
οχοι γεγόνασιν πάντες, ↔

12 8 ἄρα νόθοι καὶ οὐχ υἱοί ἐστε

Jc 4 14 ἀτμὶς γὰρ ἐστε (ἐστιν ς) ἡ (—Η)
πρὸς ὀλίγον φαινομένη

1 Jo 2 14 ἰσχυροί ἐστε καὶ ὁ λόγος | τοῦ
θεοῦ [Η] ἐν ὑμῖν μένει

4 4ᵈ ὑμεῖς ἐκ τοῦ θεοῦ ἐστε, τεκνία, καὶ
νενικήκατε αὐτούς

εἰσίν

ᵃ c. part.
ᵇ c. ὁ et part.
ᶜ c. gen. vel dat.
ᵈ c. ἐν
ᵉ c. πρός
ᶠ c. ἀπό
ᵍ c. μετά
ʰ c. εἰς
ʲ c. παρά
ᵏ c. ἐκ
ˡ c. ὑπό
ᵐ c. ἐνώπιον
ⁿ c. διά

Mt 2 18 καὶ οὐκ ἤθελεν παρακληθῆναι, ὅτι
οὐκ εἰσίν

7 13ᵇ πολλοί εἰσιν οἱ εἰσερχόμενοι δι᾽
αὐτῆς

7 14ᵇ ὀλίγοι εἰσιν οἱ εὑρίσκοντες αὐτήν

Mt 7 15 ἔσωθεν δέ εἰσιν λύκοι ἅρπαγες

10 30ᵃ ὑμῶν δὲ καὶ αἱ τρίχες τῆς κεφαλῆς πᾶσαι ἠριθμημέναι εἰσίν

11 8ᵈ ἰδοὺ οἱ τὰ μαλακὰ φοροῦντες ἐν τοῖς οἴκοις τῶν βασιλέων εἰσίν ([S]; —NTH)

12 5 τοῖς σάββασιν οἱ ἱερεῖς ... τὸ σάββατον βεβηλοῦσιν καὶ ἀναίτιοί εἰσιν

12 48 τίνες εἰσιν οἱ ἀδελφοί μου;

13 38 τὸ δὲ καλὸν σπέρμα, οὗτοί εἰσιν οἱ υἱοὶ τῆς βασιλείας· ↔

13 38 τὰ δὲ ζιζάνιά εἰσιν οἱ υἱοὶ τοῦ πονηροῦ

13 39 οἱ δὲ θερισταὶ ἄγγελοί εἰσιν

13 56ᵉ καὶ αἱ ἀδελφαὶ αὐτοῦ οὐχὶ πᾶσαι πρὸς ἡμᾶς εἰσιν;

15 14 ἄφετε αὐτούς· | τυφλοί εἰσιν ὁδηγοί (~Tς) τυφλῶν ([N²⁶]; —H)

16 28 εἰσίν τινες τῶν ὧδε ἑστώτων οἵτινες οὐ μὴ γεύσωνται θανάτου

17 26 ἄρα γε ἐλεύθεροί εἰσιν οἱ υἱοί

18 20ᵃ οὗ γάρ εἰσιν δύο ἢ τρεῖς συνηγμένοι εἰς τὸ ἐμὸν ὄνομα

19 6 ὥστε οὐκέτι εἰσιν δύο ἀλλὰ σὰρξ μία

19 12 εἰσὶν γὰρ εὐνοῦχοι οἵτινες ἐκ κοιλίας μητρὸς ἐγεννήθησαν οὕτως, ↔

19 12 καὶ εἰσὶν εὐνοῦχοι οἵτινες εὐνουχίσθησαν ὑπὸ τῶν ἀνθρώπων, ↔

19 12 καὶ εἰσὶν εὐνοῦχοι οἵτινες εὐνούχισαν ἑαυτοὺς διὰ τὴν βασιλείαν τῶν οὐρανῶν

20 16 *| πολλοὶ γάρ εἰσι κλητοί, ὀλίγοι δὲ ἐκλεκτοί (+ς)

22 14 πολλοὶ γάρ εἰσιν κλητοί, ὀλίγοι δὲ ἐκλεκτοί

22 30ᵈ ἐν γὰρ τῇ ἀναστάσει ... ὡς ἄγγελοι (+τοῦ θεοῦ Vς; θεοῦ MST) ἐν τῷ οὐρανῷ εἰσιν

Mc 4 15 οὗτοι δέ εἰσιν οἱ παρὰ τὴν ὁδόν

4 16ᵇ οὗτοί εἰσιν (N²⁶; ὁμοίως εἰ. ST; εἰ. ὁμ. rl) οἱ ἐπὶ τὰ πετρώδη σπειρόμενοι

4 17 οὐκ ἔχουσιν ῥίζαν ἐν ἑαυτοῖς ἀλλὰ πρόσκαιροί εἰσιν

4 18ᵇ ἄλλοι εἰσὶν οἱ εἰς (ἐπὶ ST) τὰς ἀκάνθας σπειρόμενοι· ↔

4 18ᵇ οὗτοί εἰσιν οἱ τὸν λόγον ἀκούσαντες

4 20ᵇ ἐκεῖνοί εἰσιν οἱ ἐπὶ τὴν γῆν τὴν καλὴν σπαρέντες

6 3ᵉ οὐκ εἰσὶν αἱ ἀδελφαὶ αὐτοῦ ὧδε πρὸς ἡμᾶς;

8 3ᶠ *καί τινες αὐτῶν ἀπὸ μακρόθεν εἰσίν (NH; ἥκουσιν V; ἥκασιν rl)

9 1 εἰσίν τινες | ὧδε τῶν (~VBSς) ἑστηκότων οἵτινες οὐ μὴ γεύσωνται θανάτου

10 8 ὥστε οὐκέτι εἰσὶν δύο ἀλλὰ μία σάρξ

12 25 οὔτε γαμοῦσιν οὔτε γαμίζονται, ἀλλ' εἰσὶν ὡς ἄγγελοι ἐν τοῖς οὐρανοῖς

Lc 7 25ᵈ ἰδοὺ οἱ ἐν ἱματισμῷ ἐνδόξῳ καὶ τρυφῇ ὑπάρχοντες ἐν τοῖς βασιλείοις εἰσίν

7 31 τίνι εἰσιν ὅμοιοι;

7 32 ὁμοιοί εἰσιν παιδίοις τοῖς ἐν ἀγορᾷ καθημένοις

8 12ᵇ οἱ δὲ παρὰ τὴν ὁδόν εἰσιν οἱ ἀκούσαντες

8 14ᵇ οὗτοί εἰσιν οἱ ἀκούσαντες

8 15 οὗτοί εἰσιν οἵτινες ... ἀκούσαντες τὸν λόγον κατέχουσιν

Lc 8 21ᵇ μήτηρ μου καὶ ἀδελφοί μου οὗτοί εἰσιν οἱ τὸν λόγον τοῦ θεοῦ ἀκούοντες

9 13ᶜ οὐκ εἰσὶν ἡμῖν πλεῖον ἢ | ἄρτοι πέντε (~VBSς) καὶ ἰχθύες δύο

9 27 εἰσίν τινες τῶν αὐτοῦ ἑστηκότων οἳ οὐ μὴ γεύσωνται θανάτου

11 7ᵍʰ τὰ παιδία μου μετ' ἐμοῦ εἰς τὴν κοίτην εἰσίν

12 38 μακάριοί εἰσιν (+οἱ δοῦλοι Vς) ἐκεῖνοι (—T)

13 14 ἓξ ἡμέραι εἰσιν ἐν αἷς δεῖ ἐργάζεσθαι

13 30 καὶ ἰδοὺ εἰσιν ἔσχατοι οἳ ἔσονται πρῶτοι, ↔

13 30 καὶ εἰσιν πρῶτοι οἳ ἔσονται ἔσχατοι

14 17 *ἔρχεσθε (-σθαι S), ὅτι ἤδη ἕτοιμά εἰσιν (ST; ἐστιν rl) (+πάντα Vς)

16 8 ὅτι οἱ υἱοὶ τοῦ αἰῶνος τούτου φρονιμώτεροι ... εἰς τὴν γενεὰν τὴν ἑαυτῶν εἰσιν

18 9 εἶπεν δὲ καὶ πρός τινας τοὺς πεποιθότας ἐφ' ἑαυτοῖς ὅτι εἰσὶν δίκαιοι

20 36 ⟨οἱ δὲ καταξιωθέντες ... τῆς ἀναστάσεως ... οὔτε γαμοῦσιν οὔτε γαμίζονται⟩ ἰσάγγελοι γάρ εἰσιν, ↔

20 36 καὶ υἱοί εἰσιν (+τοῦ Vς) θεοῦ τῆς ἀναστάσεως υἱοὶ ὄντες

21 22 ὅτι ἡμέραι ἐκδικήσεως αὗταί εἰσιν τοῦ πλησθῆναι πάντα τὰ γεγραμμένα

Jo 4 35ᵉ ὅτι λευκαί εἰσιν πρὸς θερισμόν

5 39ᵇ ἐκεῖναί εἰσιν αἱ μαρτυροῦσαι περὶ ἐμοῦ

6 64 ἀλλ' εἰσὶν ἐξ ὑμῶν τινες οἳ οὐ πιστεύουσιν. ↔

6 64ᵇ ᾔδει γὰρ ἐξ ἀρχῆς ὁ Ἰησοῦς τίνες εἰσὶν οἱ μὴ πιστεύοντες

7 49 ἀλλὰ ὁ ὄχλος οὗτος ὁ μὴ γινώσκων τὸν νόμον ἐπάρατοί εἰσιν

[8 10] εἶπεν αὐτῇ· γύναι (ἡ γυνή Mς), ποῦ εἰσιν;

10 8 πάντες ὅσοι ἦλθον | πρὸ ἐμοῦ ([N²⁶]; —T) κλέπται εἰσιν καὶ λῃσταί

10 12ᶜ* ὁ μισθωτὸς ... οὗ οὐκ εἰσὶ (ς; ἐστιν rl) τὰ πρόβατα ἴδια

11 9ᶜ οὐχὶ δώδεκα ὧραί εἰσιν τῆς ἡμέρας;

14 2ᵈ ἐν τῇ οἰκίᾳ τοῦ πατρός μου μοναὶ πολλαί εἰσιν

17 7ʲ πάντα ὅσα δέδωκάς (ἔδωκάς H) μοι παρὰ σοῦ εἰσιν (ἐστιν ς)

17 9 οὐ περὶ τοῦ κόσμου ἐρωτῶ, ἀλλὰ περὶ ὧν δέδωκάς μοι, ὅτι σοί εἰσιν

17 11ᵈ αὐτοὶ (οὗτοι VBSς) ἐν τῷ κόσμῳ εἰσίν

17 14ᵏ ὁ κόσμος ἐμίσησεν αὐτούς, ὅτι οὐκ εἰσὶν ἐκ τοῦ κόσμου

17 16ᵏ ἐκ τοῦ κόσμου οὐκ εἰσὶν καθὼς ἐγὼ | οὐκ εἰμὶ ἐκ τοῦ κόσμου (~VSς)

Ac 2 7 οὐχ (οὐχὶ NBH) ἰδοὺ ἅπαντες (πάντες NVHς) οὗτοί εἰσιν οἱ λαλοῦντες Γαλιλαῖοι;

2 13ᵃ ἔλεγον ὅτι γλεύκους μεμεστωμένοι εἰσίν

4 13 καταλαβόμενοι ὅτι ἄνθρωποι ἀγράμματοί εἰσιν καὶ ἰδιῶται, ἐθαύμαζον

5 25ᵃᵈ οἱ ἄνδρες ... εἰσὶν ἐν τῷ ἱερῷ ἑστῶτες καὶ διδάσκοντες τὸν λαόν

Ac 13 31 οἵτινες νῦν ([N²⁶NH]; —ς) εἰσιν μάρτυρες αὐτοῦ πρὸς τὸν λαόν

16 17 οὗτοι οἱ ἄνθρωποι δοῦλοι τοῦ θεοῦ τοῦ (—B) ὑψίστου εἰσίν

16 38 ἐφοβήθησαν δὲ ἀκούσαντες ὅτι Ῥωμαῖοί εἰσιν

19 26 οὐκ εἰσὶν θεοὶ οἱ διὰ χειρῶν γινόμενοι

19 38 ἀγοραῖοι ἄγονται καὶ ἀνθύπατοί εἰσιν

21 20ᵈ θεωρεῖς, ἀδελφέ, πόσαι μυριάδες εἰσὶν | ἐν τοῖς Ἰουδαίοις (Ἰ-ων Vς; —T) τῶν πεπιστευκότων

21 23ᶜ εἰσὶν ἡμῖν ἄνδρες τέσσαρες εὐχὴν ἔχοντες ἐφ' (ἀφ' H) ἑαυτῶν

23 21 καὶ νῦν εἰσιν ἕτοιμοι προσδεχόμενοι τὴν ἀπὸ σοῦ ἐπαγγελίαν

24 11ᶜ δυναμένου σου ἐπιγνῶναι ὅτι οὐ πλείους εἰσίν μοι ἡμέραι δώδεκα ἀφ' ἧς ἀνέβην

Rm 1 32 ὅτι οἱ τὰ τοιαῦτα πράσσοντες ἄξιοι θανάτου εἰσίν

2 14ᶜ οὗτοι νόμον μὴ ἔχοντες ἑαυτοῖς εἰσιν νόμος

8 14 οὗτοι | υἱοὶ θεοῦ εἰσιν (~Vς NMT)

9 4 ⟨ὑπὲρ τῶν ἀδελφῶν μου⟩ οἵτινές εἰσιν Ἰσραηλῖται

9 7 οὐδ' ὅτι εἰσὶν σπέρμα Ἀβραάμ, πάντες τέκνα

13 1ᵃ αἱ δὲ οὖσαι ὑπὸ (+τοῦ [S]ς) θεοῦ τεταγμέναι εἰσίν

13 3 οἱ γὰρ ἄρχοντες οὐκ εἰσὶν φόβος τῷ ἀγαθῷ ἔργῳ ἀλλὰ τῷ κακῷ

13 6 λειτουργοὶ γὰρ θεοῦ εἰσιν εἰς αὐτὸ τοῦτο προσκαρτεροῦντες

15 27 ⟨Μακεδονία καὶ Ἀχαΐα⟩ εὐδόκησαν γάρ, καὶ ὀφειλέται εἰσὶν αὐτῶν

16 7 Ἀνδρόνικον καὶ Ἰουνιᾶν ... οἵτινές εἰσιν ἐπίσημοι ἐν τοῖς ἀποστόλοις

1C 1 11ᵈ ἐδηλώθη γάρ μοι περὶ ὑμῶν ... ὅτι ἔριδες ἐν ὑμῖν εἰσιν

3 8 ὁ φυτεύων δὲ καὶ ὁ ποτίζων ἓν εἰσιν

3 20 κύριος γινώσκει τοὺς διαλογισμοὺς τῶν σοφῶν, ὅτι εἰσὶν μάταιοι

8 5 καὶ γὰρ εἴπερ εἰσὶν λεγόμενοι θεοὶ εἴτε ἐν οὐρανῷ εἴτε ἐπὶ γῆς, ↔

8 5 ὥσπερ εἰσὶν θεοὶ πολλοὶ καὶ κύριοι πολλοί

10 18 οὐχ (οὐχὶ VBSς) οἱ ἐσθίοντες τὰς θυσίας κοινωνοὶ τοῦ θυσιαστηρίου εἰσίν;

12 4 διαιρέσεις δὲ χαρισμάτων εἰσίν, τὸ δὲ αὐτὸ πνεῦμα· ↔

12 5 καὶ διαιρέσεις διακονιῶν εἰσιν, καὶ ὁ αὐτὸς κύριος· ↔

12 6 καὶ διαιρέσεις ἐνεργημάτων εἰσίν, | ὁ δὲ (καὶ ὁ H) αὐτὸς (+ἐστιν [S]ς) θεός

14 10ᵈ τοσαῦτα εἰ τύχοι γένη φωνῶν εἰσιν (ἐστιν ς) ἐν κόσμῳ

14 22ʰ ὥστε αἱ γλῶσσαι εἰς σημεῖόν εἰσιν οὐ τοῖς πιστεύουσιν ἀλλὰ τοῖς ἀπίστοις

2C 11 22 Ἑβραῖοί εἰσιν; κἀγώ. ↔

11 22 Ἰσραηλῖταί εἰσιν; κἀγώ. ↔

11 22 σπέρμα Ἀβραάμ εἰσιν; κἀγώ.

11 23 διάκονοι Χριστοῦ εἰσιν; παραφρονῶν λαλῶ, ὑπὲρ ἐγώ

G 1 7ᵇ εἰ μή τινές εἰσιν οἱ ταράσσοντες ὑμᾶς καὶ θέλοντες

3 7 οἱ ἐκ πίστεως, οὗτοι | υἱοί εἰσιν (~Sς) Ἀβραάμ

G   3 10[k]ὅσοι γὰρ ἐξ ἔργων νόμου εἰσίν, ↔

     3 10[l]ὑπὸ κατάραν εἰσίν

     4 24 αὗται γάρ εἰσιν δύο διαθῆκαι

E   5 16 ὅτι αἱ ἡμέραι πονηραί εἰσιν

Cl   2 3[d]⟨Χριστοῦ⟩ ἐν ᾧ εἰσιν πάντες οἱ θησαυροὶ τῆς σοφίας καὶ γνώσεως ἀπόκρυφοι

1Tm 5 24 τινῶν ἀνθρώπων αἱ ἁμαρτίαι πρόδηλοί εἰσιν προάγουσαι εἰς κρίσιν

     6 1[l]ὅσοι εἰσὶν ὑπὸ ζυγὸν δοῦλοι, τοὺς ἰδίους δεσπότας πάσης τιμῆς ἀξίους ἡγείσθωσαν

     6 2 οἱ δὲ πιστοὺς ἔχοντες δεσπότας μὴ καταφρονείτωσαν, ὅτι ἀδελφοί εἰσιν, ↔

     6 2 ἀλλὰ μᾶλλον δουλευέτωσαν, ὅτι πιστοί εἰσιν

2Tm 3 6[k]ἐκ τούτων γάρ εἰσιν οἱ ἐνδύνοντες εἰς τὰς οἰκίας

Tt   1 10 εἰσὶν γὰρ πολλοὶ καὶ (+[N26] Vς) ἀνυπότακτοι

     3 9 μάχας νομικὰς περιΐστασο· εἰσὶν γὰρ ἀνωφελεῖς καὶ μάταιοι

Hb   1 10 καὶ ἔργα τῶν χειρῶν σού εἰσιν οἱ οὐρανοί

     1 14 οὐχὶ πάντες εἰσὶν λειτουργικὰ πνεύματα εἰς διακονίαν ἀποστελλόμενα ⟨;⟩

     7 20[a]οἱ μὲν γὰρ χωρὶς ὁρκωμοσίας εἰσὶν ἱερεῖς γεγονότες

     7 23[a]καὶ οἱ μὲν πλείονές εἰσιν γεγονότες ἱερεῖς

     11 13 ὁμολογήσαντες ὅτι ξένοι καὶ παρεπίδημοί εἰσιν ἐπὶ τῆς γῆς

2Pt   2 17 οὗτοί εἰσιν πηγαὶ ἄνυδροι

     3 7[a]οἱ δὲ νῦν οὐρανοὶ καὶ ἡ γῆ... τεθησαυρισμένοι εἰσὶν πυρί

1Jo   2 19[k]ἀλλ' ἵνα φανερωθῶσιν ὅτι οὐκ εἰσὶν πάντες ἐξ ἡμῶν

     4 5[k]αὐτοὶ ἐκ τοῦ κόσμου εἰσίν

     5 3 αἱ ἐντολαὶ αὐτοῦ βαρεῖαι οὐκ εἰσίν

     5 7[b]ὅτι τρεῖς εἰσιν οἱ μαρτυροῦντες, | ἐν τῷ οὐρανῷ, ὁ πατήρ, ὁ λόγος καὶ τὸ ἅγιον πνεῦμα· (+ς ..) ↔

     5 7 *|καὶ οὗτοι οἱ τρεῖς ἕν εἰσι (.. +ς ..). ↔

     5 8[b]*| καὶ τρεῖς εἰσιν οἱ μαρτυροῦντες ἐν τῇ γῇ (.. +ς), τὸ πνεῦμα καὶ τὸ ὕδωρ καὶ τὸ αἷμα, ↔

     5 8[h]καὶ οἱ τρεῖς εἰς τὸ ἕν εἰσιν

Jd   12 οὗτοί εἰσιν οἱ ἐν ταῖς ἀγάπαις ὑμῶν σπιλάδες συνευωχούμενοι ἀφόβως

     16 οὗτοί εἰσιν γογγυσταὶ μεμψίμοιροι

     19[b]οὗτοί εἰσιν οἱ ἀποδιορίζοντες, ψυχικοί, πνεῦμα μὴ ἔχοντες

Ap   1 19 γράψον οὖν ἃ εἶδες καὶ ἃ εἰσίν

     1 20 οἱ ἑπτὰ ἀστέρες ἄγγελοι τῶν ἑπτὰ ἐκκλησιῶν εἰσιν, ↔

     1 20 καὶ αἱ λυχνίαι αἱ ἑπτὰ ἑπτὰ ἐκκλησίαι εἰσιν

     2 2 ἐπείρασας τοὺς λέγοντας ἑαυτοὺς ἀποστόλους (+εἶναι B[S]ς) καὶ οὐκ εἰσίν

     2 9 οἶδά σου ... καὶ τὴν βλασφημίαν ἐκ τῶν λεγόντων Ἰουδαίους εἶναι ἑαυτούς, καὶ οὐκ εἰσίν

     3 4 περιπατήσουσιν μετ' ἐμοῦ ἐν λευκοῖς, ὅτι ἄξιοί εἰσιν

     3 9 τῶν λεγόντων ἑαυτοὺς Ἰουδαίους εἶναι, καὶ οὐκ εἰσίν

     4 5 ἅ εἰσιν τὰ ἑπτὰ πνεύματα τοῦ θεοῦ

     4 11[n]*καὶ διὰ τὸ θέλημά σου εἰσι (ς; ἦσαν rl) καὶ ἐκτίσθησαν

Ap   5 6 οἵ εἰσιν τὰ ἑπτὰ [N26H] πνεύματα τοῦ θεοῦ

     5 8 αἵ (ἃ B) εἰσιν αἱ προσευχαὶ τῶν ἁγίων

     7 13 οὗτοι οἱ περιβεβλημένοι τὰς στολὰς τὰς λευκὰς τίνες εἰσὶν ⟨;⟩

     7 14[b]οὗτοί εἰσιν οἱ ἐρχόμενοι ἐκ τῆς θλίψεως τῆς μεγάλης

     7 15[m]διὰ τοῦτό εἰσιν ἐνώπιον τοῦ θρόνου τοῦ θεοῦ

     9 19[d]* | αἱ γὰρ ἐξουσίαι (ς; ἡ γ. -ία rl) τῶν ἵππων ἐν τῷ στόματι αὐτῶν εἰσιν (ς; ἐστιν rl) καὶ ἐν ταῖς οὐραῖς αὐτῶν

     11 4 οὗτοί εἰσιν αἱ δύο ἐλαῖαι καὶ αἱ δύο λυχνίαι

     14 4 οὗτοί εἰσιν οἳ μετὰ γυναικῶν οὐκ ἐμολύνθησαν· ↔

     14 4 παρθένοι γάρ εἰσιν. ↔

     14 4[b]*οὗτοί εἰσιν (+ς) οἱ ἀκολουθοῦντες τῷ ἀρνίῳ

     14 5 ἐν τῷ στόματι αὐτῶν οὐχ εὑρέθη ψεῦδος· ἄμωμοί (+γάρ Τς) εἰσιν

     16 6 αἷμα αὐτοῖς δέδωκας ([δ]έ. N26; ἔδωκας VBSTς) πιεῖν· ἄξιοί εἰσιν

     16 14 εἰσὶν γὰρ πνεύματα δαιμονίων ποιοῦντα σημεῖα

     17 9 αἱ ἑπτὰ κεφαλαὶ ἑπτὰ ὄρη εἰσίν, ὅπου ἡ γυνὴ κάθηται ἐπ' αὐτῶν, ↔

     17 9 καὶ βασιλεῖς ἑπτά εἰσιν

     17 12 τὰ δέκα κέρατα ἃ εἶδες δέκα βασιλεῖς εἰσιν

     17 15 τὰ ὕδατα ἃ εἶδες ... λαοὶ καὶ ὄχλοι εἰσὶν καὶ ἔθνη καὶ γλῶσσαι

     19 9 οὗτοι οἱ λόγοι ἀληθινοὶ τοῦ θεοῦ εἰσιν

     21 5 γράψον, ὅτι οὗτοι οἱ λόγοι πιστοὶ καὶ ἀληθινοί εἰσιν

ἤμην, ἦς

[a] c. part. praes.

[b] c. part. perf. vel aor.

[c] c. gen. vel dat.

[d] ἦσθα, ἤμεθα

[e] c. ἐν

[f] c. παρά

[g] c. ἐκ

[h] c. μετά

[j] c. ἐπί

[k] c. μέσον, ἐν μέσῳ

[l] c. πρός

[m] c. κατά

[n] c. ἕως

[p] c. εἰς

[q] c. διά

[r] c. σύν

[s] c. ἔμπροσθεν

[t] c. ἀπό

[u] c. πέραν

[v] c. ὑπό, ὑπεναντίον

[w] c. χωρίς

[x] c. ἐγγύς

[y] c. adv. loci

[z] ὁ ἤν

Mt   1 18 τοῦ δὲ Ἰησοῦ [SH] Χριστοῦ ἡ γένεσις οὕτως ἦν

     2 9[y]ἕως ἐλθὼν ἐστάθη (ἔστη Vς) ἐπάνω οὗ ἦν τὸ παιδίον

     2 15[y]καὶ ἦν ἐκεῖ ἕως τῆς τελευτῆς Ἡρῴδου

     3 4[c]ἡ δὲ τροφὴ ἦν αὐτοῦ ἀκρίδες καὶ μέλι ἄγριον

     4 18 ἦσαν γὰρ ἁλιεῖς

     7 27 καὶ ἦν ἡ πτῶσις αὐτῆς μεγάλη

Mt   7 29[a]ἦν γὰρ διδάσκων αὐτοὺς ὡς ἐξουσίαν ἔχων

     8 30[a]ἦν δὲ μακρὰν ἀπ' αὐτῶν ἀγέλη χοίρων πολλῶν βοσκομένη

     9 36[b]ἐσπλαγχνίσθη περὶ αὐτῶν, ὅτι ἦσαν ἐσκυλμένοι καὶ ἐρριμμένοι

     12 4[a]ὃ (οὓς MVSς) οὐκ ἐξὸν ἦν αὐτῷ φαγεῖν ... εἰ μὴ τοῖς ἱερεῦσιν μόνοις

     12 10[a]*ἰδοὺ ἄνθρωπος ἦν (+ς) (+τὴν BSς) χεῖρα ἔχων ξηράν

     12 40[e]ὥσπερ γὰρ ἦν Ἰωνᾶς ἐν τῇ κοιλίᾳ τοῦ κήτους

     14 21 οἱ δὲ ἐσθίοντες ἦσαν ἄνδρες ὡσεὶ πεντακισχίλιοι

     14 23[y]ὀψίας δὲ γενομένης μόνος ἦν ἐκεῖ

     14 24[ak]*τὸ δὲ πλοῖον ἤδη | μέσον τῆς θαλάσσης ἦν (VBSTς; σταδίους πολλοὺς ἀπὸ τῆς γῆς ἀπεῖχεν rl), βασανιζόμενον ὑπὸ τῶν κυμάτων, ↔

     14 24 ἦν γὰρ ἐναντίος ὁ ἄνεμος

     15 38 οἱ δὲ ἐσθίοντες ἦσαν (+ὡς [M]S) τετρακισχίλιοι ἄνδρες

     19 22[a]ἀπῆλθεν λυπούμενος· ἦν γὰρ ἔχων κτήματα πολλά

     21 25[gy]τὸ βάπτισμα τὸ ([S]; —ς) Ἰωάννου πόθεν ἦν; ἐξ οὐρανοῦ ἢ ἐξ ἀνθρώπων;

     21 33 ἄνθρωπος ἦν οἰκοδεσπότης ὅστις ἐφύτευσεν ἀμπελῶνα

     22 8 οἱ δὲ κεκλημένοι οὐκ ἦσαν ἄξιοι

     22 25[f]ἦσαν δὲ παρ' ἡμῖν ἑπτὰ ἀδελφοί

     23 30[de]εἰ ἤμεθα (ἦμεν ς) ἐν ταῖς ἡμέραις τῶν πατέρων ἡμῶν, ↔

     23 30[d]οὐκ ἂν ἤμεθα (ἦμεν ς) | αὐτῶν κοινωνοὶ (∼ VTς) ἐν τῷ αἵματι τῶν προφητῶν

     24 38[a]ὡς γὰρ ἦσαν ἐν ταῖς ἡμέραις ἐκείναις [+N26NH] ταῖς πρὸ τοῦ κατακλυσμοῦ τρώγοντες καὶ πίνοντες

     25 2 πέντε δὲ ἐξ αὐτῶν ἦσαν μωραί

     25 21 εὖ, δοῦλε ἀγαθὲ καὶ πιστέ, ἐπὶ ὀλίγα ἦς πιστός

     25 23 εὖ, δοῦλε ἀγαθὲ καὶ πιστέ, ἐπὶ ὀλίγα ἦς πιστός

     25 35 ξένος ἤμην καὶ συνηγάγετέ με

     25 36[e]ἐν φυλακῇ ἤμην καὶ ἤλθατε πρός με

     25 43 ξένος ἤμην καὶ οὐ συνηγάγετέ με

     26 24[c]καλὸν ἦν αὐτῷ εἰ οὐκ ἐγεννήθη ὁ ἄνθρωπος ἐκεῖνος

     26 43[b]ἦσαν γὰρ αὐτῶν οἱ ὀφθαλμοὶ βεβαρημένοι

     26 69[dh]καὶ σὺ ἦσθα μετὰ Ἰησοῦ τοῦ Γαλιλαίου

     26 71[h](+καὶ Vς) οὗτος ἦν μετὰ Ἰησοῦ τοῦ Ναζωραίου

     27 54 ἀληθῶς θεοῦ υἱὸς ἦν οὗτος. ↔

     27 55[a]ἦσαν δὲ ἐκεῖ γυναῖκες πολλαὶ ἀπὸ μακρόθεν θεωροῦσαι

     27 56[e]ἐν αἷς ἦν Μαρία ἡ Μαγδαληνή

     27 61[y]ἦν δὲ ἐκεῖ Μαριὰμ ἡ Μαγδαληνὴ καὶ ἡ ἄλλη Μαρία

     28 3 ἦν δὲ ἡ εἰδέα αὐτοῦ ὡς ἀστραπή

Mc   1 6[b]| καὶ ἦν ὁ (ἦν δὲ Sς) Ἰωάννης ἐνδεδυμένος τρίχας καμήλου

     1 13[aey]ἦν (+ἐκεῖ ς) ἐν τῇ ἐρήμῳ τεσσεράκοντα ἡμέρας πειραζόμενος ὑπὸ τοῦ σατανᾶ, ↔

     1 13[h]καὶ ἦν μετὰ τῶν θηρίων

     1 16 ἦσαν γὰρ ἁλιεῖς

     1 22[a]ἦν γὰρ διδάσκων αὐτοὺς ὡς ἐξουσίαν ἔχων

Mc 1 23eκαὶ εὐθὺς ἦν ἐν τῇ συναγωγῇ
αὐτῶν ἄνθρωπος ἐν πνεύματι
ἀκαθάρτῳ

1 33bκαὶ | ἦν ὅλη ἡ πόλις ἐπισυνηγμένη
(~ S Vϛ) πρὸς τὴν θύραν

1 39a*| ἦν κηρύσσων ἐν ταῖς συναγω-
γαῖς αὐτῶν (ϛ; ἦλθεν κ. εἰς τὰς
σ-γὰς αὐ. rl) εἰς ὅλην τὴν Γαλιλαί-
αν

1 45ejγἀλλ᾿ ἔξω ἐπ᾿ (+ ἐν ϛ) ἐρήμοις
τόποις ἦν [H]

2 4γμὴ δυνάμενοι προσενέγκαι (προσ-
εγγίσαι Sϛ) αὐτῷ ... ἀπεστέγασαν
τὴν στέγην ὅπου ἦν

2 6aγἦσαν δέ τινες τῶν γραμματέων
ἐκεῖ καθήμενοι

2 15 ἦσαν γὰρ πολλοί

2 18aἦσαν οἱ μαθηταὶ Ἰωάννου καὶ
| οἱ Φαρισαῖοι (τῶν Φαρισαίων Sϛ)
νηστεύοντες

3 1aγἦν ἐκεῖ ἄνθρωπος ἐξηραμμένην
ἔχων τὴν χεῖρα

4 1jlπᾶς ὁ ὄχλος πρὸς τὴν θάλασσαν
ἐπὶ τῆς γῆς ἦσαν (ἦν ϛ)

4 36eἀφέντες τὸν ὄχλον παραλαμβά-
νουσιν αὐτὸν ὡς ἦν ἐν τῷ πλοίῳ,
↔

4 36hκαὶ ἄλλα (+ δὲ VTϛ) πλοῖα
(πλοιάρια Vϛ) ἦν (ἦσαν T) μετ᾿
αὐτοῦ

4 38aeκαὶ | αὐτὸς ἦν (~ VBSTϛ) ἐν (ἐπὶ
ϛ) τῇ πρύμνῃ ἐπὶ τὸ προσκεφάλαι-
ον καθεύδων

5 5aejἐν τοῖς μνήμασιν ... ἦν κράζων
καὶ κατακόπτων ἑαυτὸν λίθοις

5 11aιγἦν δὲ ἐκεῖ πρὸς τῷ ὄρει ἀγέλη
χοίρων μεγάλη βοσκομένη

5 13 *ὥρμησεν ἡ ἀγέλη ... εἰς τὴν
θάλασσαν, | ἦσαν δὲ (+ ϛ) ὡς
δισχίλιοι

5 21rκαὶ ἦν παρὰ τὴν θάλασσαν

5 40aγεἰσπορεύεται ὅπου ἦν τὸ παιδίον
(+ ἀνακείμενον [M]Vϛ)

5 42 ἦν γὰρ ἐτῶν δώδεκα

6 31 ἦσαν γὰρ οἱ ἐρχόμενοι καὶ οἱ
ὑπάγοντες πολλοί

6 34 ἐσπλαγχνίσθη ἐπ᾿ αὐτοὺς (αὐτοῖς
Vϛ) ὅτι ἦσαν ὡς πρόβατα μὴ
ἔχοντα ποιμένα

6 44 καὶ ἦσαν οἱ φαγόντες | τοὺς
ἄρτους [N26] (+ ὡσεὶ ϛ) πεντα-
κισχίλιοι ἄνδρες

6 47kὀψίας γενομένης ἦν [+ πάλαι S]
τὸ πλοῖον ἐν μέσῳ τῆς θαλάσσης

6 48 ἦν γὰρ ὁ ἄνεμος ἐναντίος αὐτοῖς

6 52bἀλλ᾿ ἦν (ἦν γὰρ Vϛ) αὐτῶν ἡ
καρδία πεπωρωμένη

7 26 ἡ δὲ γυνὴ ἦν Ἑλληνίς, Συροφοινί-
κισσα τῷ γένει

8 9 ἦσαν δὲ ὡς τετρακισχίλιοι

9 4aἦσαν συλλαλοῦντες τῷ Ἰησοῦ

9 6 *| ἦσαν γὰρ ἔκφοβοι (ϛ; ἔκφοβοι
γὰρ ἐγένοντο rl)

10 22aἀπῆλθεν λυπούμενος, ἦν γὰρ ἔχων
κτήματα πολλά

10 32aeἦσαν δὲ ἐν τῇ ὁδῷ ἀναβαίνοντες
εἰς Ἱεροσόλυμα, ↔

10 32aκαὶ ἦν προάγων αὐτοὺς ὁ Ἰησοῦς

11 13cὁ γὰρ καιρὸς οὐκ ἦν (~ Bϛ) σύ-
κων

11 30gτὸ βάπτισμα τὸ ([S]; —ϛ) Ἰω-
άννου ἐξ οὐρανοῦ ἦν ἢ ἐξ ἀνθρώ-
πων;

11 32 ἅπαντες γὰρ εἶχον τὸν Ἰωάννην
| ὄντως ὅτι (~ Vϛ) προφήτης ἦν

Mc 12 20 ἑπτὰ ἀδελφοὶ ἦσαν

14 1hἦν δὲ τὸ πάσχα καὶ τὰ ἄζυμα
μετὰ δύο ἡμέρας

14 4aἦσαν δέ τινες ἀγανακτοῦντες πρὸς
ἑαυτούς (+ καὶ λέγοντες Vϛ)

14 21cκαλὸν ἦν (+ MVBSϛ) αὐτῷ εἰ
οὐκ ἐγεννήθη ὁ ἄνθρωπος ἐκεῖνος

14 40aἦσαν γὰρ αὐτῶν οἱ ὀφθαλμοὶ
καταβαρυνόμενοι

14 49aelmκαθ᾿ ἡμέραν ἤμην πρὸς ὑμᾶς ἐν
τῷ ἱερῷ διδάσκων

14 54aἦν συγκαθήμενος μετὰ τῶν ὑπη-
ρετῶν καὶ θερμαινόμενος

14 56 καὶ ἴσαι αἱ μαρτυρίαι οὐκ ἦσαν

14 59 οὐδὲ οὕτως ἴση ἦν ἡ μαρτυρία
αὐτῶν

14 67dhκαὶ σὺ μετὰ τοῦ Ναζαρηνοῦ ἦσθα
τοῦ Ἰησοῦ

15 7bhἦν δὲ ὁ λεγόμενος Βαραββᾶς μετὰ
τῶν στασιαστῶν (συστασ. Vϛ)
δεδεμένος

15 25 ἦν δὲ ὥρα τρίτη καὶ ἐσταύρωσαν
αὐτόν

15 26bἦν ἡ ἐπιγραφὴ τῆς αἰτίας αὐτοῦ
ἐπιγεγραμμένη

15 39 ἀληθῶς οὗτος ὁ ἄνθρωπος υἱὸς
| θεοῦ ἦν (~ Tϛ). ↔

15 40aἦσαν δὲ καὶ γυναῖκες ἀπὸ μακρό-
θεν θεωροῦσαι, ↔

15 40eἐν αἷς ἦν (+ ϛ) καὶ Μαρία ἡ
Μαγδαληνή

15 41eαἳ ὅτε ἦν ἐν τῇ Γαλιλαίᾳ ἠκολού-
θουν αὐτῷ

15 42 ὀψίας γενομένης, ἐπεὶ ἦν παρα-
σκευή, ὅ ἐστιν προσάββατον

15 43aὃς καὶ αὐτὸς ἦν προσδεχόμενος
τὴν βασιλείαν τοῦ θεοῦ

15 46bἔθηκεν (κατ- NMVSTϛ) αὐτὸν ἐν
μνημείῳ (μνήματι NTH) ὃ ἦν
λελατομημένον ἐκ πέτρας

16 4 ὁ λίθος· ἦν γὰρ μέγας σφόδρα

Lc 1 6 ἦσαν δὲ δίκαιοι ἀμφότεροι ἐναν-
τίον τοῦ θεοῦ

1 7cοὐκ ἦν αὐτοῖς τέκνον, ↔

1 7 καθότι ἦν ἡ [H] Ἐλισάβετ στεῖρα,
↔

1 7bκαὶ ἀμφότεροι προβεβηκότες ἐν
ταῖς ἡμέραις αὐτῶν ἦσαν

1 10aπᾶν τὸ πλῆθος ἦν τοῦ λαοῦ προσ-
ευχόμενον ἔξω τῇ ὥρᾳ τοῦ θυμι-
άματος

1 21aἦν ὁ λαὸς προσδοκῶν τὸν Ζαχαρίαν

1 22aκαὶ αὐτὸς ἦν διανεύων αὐτοῖς

1 66hκαὶ γὰρ χεὶρ κυρίου ἦν μετ᾿ αὐτοῦ

1 80enτὸ δὲ παιδίον ... ἦν ἐν ταῖς
ἐρήμοις ἕως ἡμέρας ἀναδείξεως
αὐτοῦ πρὸς τὸν Ἰσραήλ

2 7cεδιότι οὐκ ἦν αὐτοῖς τόπος ἐν τῷ
καταλύματι. ↔

2 8aeκαὶ ποιμένες ἦσαν ἐν τῇ χώρᾳ τῇ
αὐτῇ ἀγραυλοῦντες καὶ φυλάσ-
σοντες

2 25eκαὶ ἰδοὺ | ἄνθρωπος ἦν (~ VBSϛ)
ἐν Ἰερουσαλὴμ ᾧ ὄνομα Συμεών

2 25jκαὶ πνεῦμα ἦν ἅγιον ἐπ᾿ αὐτόν· ↔

2 26bκαὶ ἦν αὐτῷ κεχρηματισμένον ...
μὴ ἰδεῖν θάνατον

2 33aἦν ὁ πατὴρ αὐτοῦ καὶ ἡ μήτηρ
(+ αὐτοῦ Tϛ) θαυμάζοντες ἐπὶ τοῖς
λαλουμένοις

2 36 καὶ ἦν Ἅννα προφῆτις ... ἐκ
φυλῆς Ἀσήρ

2 40jχάρις θεοῦ ἦν ἐπ᾿ αὐτό

2 51aἦλθεν εἰς Ναζαρέθ, καὶ ἦν ὑπο-
τασσόμενος αὐτοῖς

Lc 3 23aαὐτὸς ἦν Ἰησοῦς ἀρχόμενος ὡσεὶ
ἐτῶν τριάκοντα

4 16bἦλθεν εἰς (+ τὴν VSϛ) Ναζαρά,
οὗ ἦν τεθραμμένος (ἀνα- T)

4 17bεὗρεν τὸν ([NSH]; —T) τόπον
οὗ ἦν γεγραμμένον

4 20aπάντων οἱ ὀφθαλμοὶ ἐν τῇ συν-
αγωγῇ ἦσαν ἀτενίζοντες αὐτῷ

4 25eπολλαὶ χῆραι ἦσαν ἐν ταῖς ἡμέραις
Ἡλίου ἐν τῷ Ἰσραήλ

4 27ejπολλοὶ λεπροὶ ἦσαν ἐν τῷ
Ἰσραὴλ ἐπὶ Ἐλισαίου τοῦ προ-
φήτου

4 31aἦν διδάσκων αὐτοὺς ἐν τοῖς σάβ-
βασιν

4 32eὅτι ἐν ἐξουσίᾳ ἦν ὁ λόγος αὐτοῦ.
↔

4 33aeκαὶ ἐν τῇ συναγωγῇ ἦν ἄνθρωπος
ἔχων πνεῦμα δαιμονίου ἀκαθάρτου

4 38aπενθερὰ δὲ τοῦ Σίμωνος ἦν συν-
εχομένη πυρετῷ μεγάλῳ

4 44aκαὶ ἦν κηρύσσων | εἰς τὰς συναγω-
γάς (ἐν ταῖς -γαῖς VSϛ) τῆς Ἰου-
δαίας (Γαλιλαίας VTϛ)

5 1bκαὶ αὐτὸς ἦν ἑστὼς παρὰ τὴν
λίμνην Γεννησαρέτ

5 3eἐμβὰς δὲ εἰς ἓν τῶν πλοίων, ὃ ἦν
(+ τοῦ V[S]ϛ) Σίμωνος

5 10 ὁμοίως δὲ καὶ Ἰάκωβον καὶ Ἰω-
άννην ... οἳ ἦσαν κοινωνοὶ τῷ
Σίμωνι

5 16aαὐτὸς δὲ ἦν ὑποχωρῶν ἐν ταῖς
ἐρήμοις καὶ προσευχόμενος

5 17aἐγένετο ἐν μιᾷ τῶν ἡμερῶν καὶ
αὐτὸς ἦν διδάσκων,

5 17aκαὶ ἦσαν καθήμενοι Φαρισαῖοι καὶ
νομοδιδάσκαλοι ↔

5 17bοἳ ἦσαν ἐληλυθότες ἐκ πάσης κώ-
μης τῆς Γαλιλαίας καὶ Ἰουδαίας
καὶ Ἰερουσαλήμ· ↔

5 17pκαὶ δύναμις κυρίου ἦν εἰς τὸ ἰᾶσθαι
αὐτόν (-τοὺς Vϛ). ↔

5 18bκαὶ ἰδοὺ ἄνδρες φέροντες ἐπὶ κλίνης
ἄνθρωπον ὃς ἦν παραλελυμένος

5 29 καὶ ἦν ὄχλος πολὺς τελωνῶν καὶ
ἄλλων ↔

5 29ahοἳ ἦσαν μετ᾿ αὐτῶν κατακείμενοι

6 6 καὶ ἦν ἄνθρωπος ἐκεῖ ↔

6 6 καὶ ἡ χεὶρ αὐτοῦ ἡ δεξιὰ ἦν ξηρά

6 12aκαὶ ἦν διανυκτερεύων ἐν τῇ προσ-
ευχῇ τοῦ θεοῦ

7 2 ἑκατοντάρχου δέ τινος δοῦλος ...
ἤμελλεν τελευτᾶν, ὃς ἦν αὐτῷ
ἔντιμος

7 12 καὶ || αὐτὴ (αὕτη NMST) ἦν χήρα
((αὐτῇ χήρᾳ ϛ)), ↔

7 12rκαὶ ὄχλος τῆς πόλεως ἱκανὸς ἦν
σὺν αὐτῇ

7 37eἰδοὺ γυνὴ ἥτις ἦν ἐν τῇ πόλει
ἁμαρτωλός

7 39 οὗτος εἰ ἦν [+ ὁ NH] προφήτης,
ἐγίνωσκεν ἂν

7 41cδύο χρεοφειλέται ἦσαν δανειστῇ
τινι

8 2bγυναῖκές τινες αἳ ἦσαν τεθεραπευ-
μέναι ἀπὸ πνευμάτων πονηρῶν

8 32aἦν δὲ ἐκεῖ ἀγέλη χοίρων ἱκανῶν
βοσκομένη (-νων BSTϛ) ἐν τῷ
ὄρει

8 40aπάντες γὰρ πάντες προσδοκῶντες
αὐτόν

8 42cὅτι θυγάτηρ μονογενὴς ἦν αὐτῷ
ὡς ἐτῶν δώδεκα

9 14 ἦσαν γὰρ (δὲ T) ὡσεὶ ἄνδρες
πεντακισχίλιοι

Lc 9 30 οἵτινες ἦσαν Μωϋσῆς καὶ Ἠλίας

9 32ᵇ ὁ δὲ Πέτρος καὶ οἱ σὺν αὐτῷ ἦσαν βεβαρημένοι ὕπνῳ

9 45ᵇ ἦν παρακεκαλυμμένον ἀπ' αὐτῶν ἵνα μὴ αἴσθωνται αὐτό

9 53ᵃ ὅτι τὸ πρόσωπον αὐτοῦ ἦν πορευόμενον εἰς Ἰερουσαλήμ

10 39ᶜ καὶ τῇδε ἦν ἀδελφὴ καλουμένη Μαριάμ

11 14ᵃ καὶ ἦν ἐκβάλλων δαιμόνιον, ↔

11 14 | καὶ αὐτὸ ἦν ([N²⁶]; —SH) κωφόν

13 10ᵃ ἦν δὲ διδάσκων ἐν μιᾷ τῶν συναγωγῶν ἐν τοῖς σάββασιν. ↔

13 11ᵃ *καὶ ἰδοὺ γυνὴ ἦν (+ς) πνεῦμα ἔχουσα ἀσθενείας ἔτη δεκαοκτώ, ↔

13 11ᵃ καὶ ἦν συγκύπτουσα καὶ μὴ δυναμένη ἀνακύψαι εἰς τὸ παντελές

14 1ᵃ καὶ αὐτοὶ ἦσαν παρατηρούμενοι αὐτόν. ↔

14 2ˢ καὶ ἰδοὺ ἄνθρωπός τις ἦν ὑδρωπικὸς ἔμπροσθεν αὐτοῦ

15 1ᵃ ἦσαν δὲ αὐτῷ ἐγγίζοντες πάντες οἱ τελῶναι

15 24 ὅτι οὗτος ὁ υἱός μου νεκρὸς ἦν καὶ ἀνέζησεν, ↔

15 24ᵇ | ἦν ἀπολωλὼς (~VBς) καὶ εὑρέθη

15 25ᵉ ἦν δὲ ὁ υἱὸς αὐτοῦ ὁ πρεσβύτερος ἐν ἀγρῷ

15 32 ὅτι ὁ ἀδελφός σου οὗτος νεκρὸς ἦν καὶ ἔζησεν, ↔

15 32ᵇ *καὶ (—T) ἀπολωλὼς ἦν (+ς) καὶ εὑρέθη

16 1 ἄνθρωπός τις ἦν πλούσιος ὃς εἶχεν οἰκονόμον

16 19 ἄνθρωπος δέ τις ἦν πλούσιος

16 20 *πτωχὸς δέ τις ἦν (+ς) ὀνόματι Λάζαρος (+ὃς ς) ἐξέβλητο

17 16 καὶ αὐτὸς ἦν Σαμαρίτης

18 2ᵉ κριτής τις ἦν ἔν τινι πόλει τὸν θεὸν μὴ φοβούμενος

18 3ᵉ χήρα δὲ ἦν ἐν τῇ πόλει ἐκείνῃ, καὶ ἤρχετο πρὸς αὐτὸν λέγουσα

18 23 περίλυπος ἐγενήθη, ἦν γὰρ πλούσιος σφόδρα

18 34ᵇ ἦν τὸ ῥῆμα τοῦτο κεκρυμμένον ἀπ' αὐτῶν

19 2 ἰδοὺ ἀνὴρ ... Ζακχαῖος, καὶ αὐτὸς ἦν ἀρχιτελώνης, ↔

19 2 *καὶ αὐτὸς (οὗτος ς; —T) ἦν (+Tς) πλούσιος

19 3 ὅτι τῇ ἡλικίᾳ μικρὸς ἦν

19 47ᵃ ἦν διδάσκων τὸ καθ' ἡμέραν ἐν τῷ ἱερῷ

20 4ᵍ τὸ βάπτισμα (+τὸ T) Ἰωάννου ἐξ οὐρανοῦ ἦν ἢ ἐξ ἀνθρώπων;

20 29 ἑπτὰ οὖν ἀδελφοὶ ἦσαν

21 37ᵃᵉ ἦν δὲ τὰς ἡμέρας ἐν τῷ ἱερῷ διδάσκων

22 56ʳ καὶ οὗτος σὺν αὐτῷ ἦν

22 59ʰ ἐπ' ἀληθείας καὶ οὗτος μετ' αὐτοῦ ἦν

23 8ᵃ ἦν γὰρ ἐξ | ἱκανῶν χρόνων (ἱκανοῦ Sς) θέλων ἰδεῖν αὐτόν

23 19ᵇᵉ ὅστις ἦν διὰ στάσιν τινὰ ... καὶ φόνον | βληθεὶς ἐν τῇ φυλακῇ (βεβλημένος εἰς φυλακήν ς)

23 38ᵇ ἦν δὲ καὶ ἐπιγραφὴ (+γεγραμμένη Vς) ἐπ' αὐτῷ (+γράμμασιν ἑλληνικοῖς MVBSς..)

23 44 | καὶ ἦν ἤδη (καὶ ἦν [ἤδη] S; ἦν δὲ Vς) ὡσεὶ ὥρα ἕκτη

23 47 ὄντως ὁ ἄνθρωπος οὗτος δίκαιος ἦν

Lc 23 51ᵃᵇ οὗτος οὐκ ἦν συγκατατεθειμένος (-τιθέμενος ST) τῇ βουλῇ καὶ τῇ πράξει αὐτῶν

23 53ᵃ οὗ οὐκ ἦν οὐδεὶς οὔπω (οὐδέπω Tς) κείμενος. ↔

23 54 καὶ ἡμέρα ἦν παρασκευῆς

23 55ᵇ αἵτινες ἦσαν συνεληλυθυῖαι | ἐκ τῆς Γαλιλαίας αὐτῷ (~Vς)

24 10 ἦσαν δὲ ἡ Μαγδαληνὴ Μαρία καὶ Ἰωάννα

24 13ᵇ ἰδοὺ δύο ἐξ αὐτῶν | ἐν αὐτῇ τῇ ἡμέρᾳ ἦσαν πορευόμενοι (~VBSς) εἰς κώμην

24 27 *διερμήνευσεν αὐτοῖς ἐν πάσαις ταῖς γραφαῖς | τί ἦν [+S] τὰ περὶ ἑαυτοῦ

24 32ᵃ οὐχὶ ἡ καρδία ἡμῶν καιομένη ἦν | ἐν ἡμῖν ([N²⁶]; —H) ⟨;⟩

24 53ᵃᵉ καὶ ἦσαν διὰ παντὸς ἐν τῷ ἱερῷ (+αἰνοῦντες καὶ [M]Vς) εὐλογοῦντες (αἰνοῦντες T) τὸν θεόν

Jo 1 1ᵉ ἐν ἀρχῇ ἦν ὁ λόγος, ↔

1 1ˡ καὶ ὁ λόγος ἦν πρὸς τὸν θεόν, ↔

1 1 καὶ θεὸς ἦν ὁ λόγος.

1 2ᵉˡ οὗτος ἦν ἐν ἀρχῇ πρὸς τὸν θεόν

1 4ᵉ ⟨οὐδὲ | ἕν.⟩ ὃ γέγονεν (N²⁶VSH; ἐν ὃ γέγονεν. rl) ἐν αὐτῷ ζωὴ ἦν (ἐστιν T), ↔

1 4 καὶ ἡ ζωὴ ἦν τὸ φῶς τῶν ἀνθρώπων

1 8 οὐκ ἦν ἐκεῖνος τὸ φῶς

1 9 ἦν τὸ φῶς τὸ ἀληθινόν, ὃ φωτίζει πάντα ἄνθρωπον

1 10ᵉ ἐν τῷ κόσμῳ ἦν

1 15 οὗτος ἦν | ὃν εἶπον (ὁ εἰπών H)· ↔

1 15 ὁ ὀπίσω μου ἐρχόμενος ἔμπροσθέν μου γέγονεν, ὅτι πρῶτός μου ἦν

1 24ᵇᵍ καὶ (+οἱ[V]ς) ἀπεσταλμένοι ἦσαν ἐκ τῶν Φαρισαίων

1 28ᵃʸ ταῦτα ἐν Βηθανίᾳ ἐγένετο...ὅπου ἦν ὁ ([S]; —ς) Ἰωάννης βαπτίζων

1 30 ὃς ἔμπροσθέν μου γέγονεν, ὅτι πρῶτός μου ἦν

1 39 ὥρα ἦν ὡς δεκάτη. ↔

1 40 ἦν Ἀνδρέας ... εἷς ἐκ τῶν δύο τῶν ἀκουσάντων παρὰ Ἰωάννου

1 44ᵗ ἦν δὲ ὁ Φίλιππος ἀπὸ Βηθσαϊδά

2 1ʸ γάμος ἐγένετο ἐν Κανὰ ... καὶ ἦν ἡ μήτηρ τοῦ Ἰησοῦ ἐκεῖ

2 6ᵃ ἦσαν δὲ ἐκεῖ λίθιναι ὑδρίαι ἓξ ... κείμεναι

2 13ˣ καὶ ἐγγὺς ἦν τὸ πάσχα τῶν Ἰουδαίων

2 23ᵉ ὡς δὲ ἦν ἐν τοῖς Ἱεροσολύμοις ἐν τῷ πάσχα ἐν τῇ ἑορτῇ

2 25ᵉ αὐτὸς γὰρ ἐγίνωσκεν τί ἦν ἐν τῷ ἀνθρώπῳ. ↔

3 1ᵍ ἦν δὲ ἄνθρωπος ἐκ τῶν Φαρισαίων, Νικόδημος

3 19ᶜ ἦν γὰρ αὐτῶν πονηρὰ τὰ ἔργα

3 23ᵃᵉˣ ἦν δὲ καὶ ὁ (+N²⁶[H]) Ἰωάννης βαπτίζων ἐν Αἰνὼν ἐγγὺς τοῦ Σαλείμ, ↔

3 23 ὅτι ὕδατα πολλὰ ἦν ἐκεῖ

3 24ᵇ οὔπω γὰρ ἦν βεβλημένος εἰς τὴν φυλακὴν ὁ (—NTH) Ἰωάννης

3 26ʰᵘ ῥαββί, ὃς ἦν μετὰ σοῦ πέραν τοῦ Ἰορδάνου ... οὗτος βαπτίζει

4 6 ἦν δὲ ἐκεῖ πηγὴ τοῦ Ἰακώβ

4 6 ὥρα ἦν ὡς (ὡς δὲ T) ἕκτη

4 46 | καὶ ἦν (ἦν δέ T) τις βασιλικὸς οὗ ὁ υἱὸς ἠσθένει ἐν Καφαρναούμ

5 1 μετὰ ταῦτα ἦν (+ἡ BT[MVS]) ἑορτὴ τῶν Ἰουδαίων

Jo 5 5ᵃ ἦν δέ τις ἄνθρωπος ἐκεῖ τριάκοντα καὶ ([N²⁶H]; —ς) ὀκτὼ ἔτη ἔχων ἐν τῇ ἀσθενείᾳ αὐτοῦ

5 9 ἦν δὲ σάββατον ἐν ἐκείνῃ τῇ ἡμέρᾳ

5 35 ἐκεῖνος ἦν ὁ λύχνος ὁ καιόμενος καὶ φαίνων

6 4ˣ ἦν δὲ ἐγγὺς τὸ πάσχα

6 10 ἦν δὲ χόρτος πολὺς ἐν τῷ τόπῳ

6 22 πλοιάριον ἄλλο οὐκ ἦν ἐκεῖ εἰ μὴ ἕν

6 62ʸ ἐὰν οὖν θεωρῆτε τὸν υἱὸν τοῦ ἀνθρώπου ἀναβαίνοντα ὅπου ἦν τὸ πρότερον;

7 2ˣ ἦν δὲ ἐγγὺς ἡ ἑορτὴ τῶν Ἰουδαίων ἡ σκηνοπηγία

7 12ᵉ καὶ γογγυσμὸς | περὶ αὐτοῦ ἦν πολὺς (~ς BST) ἐν | τοῖς ὄχλοις (τῷ ὄχλῳ T)

7 39 οὔπω γὰρ ἦν πνεῦμα (+ἅγιον [V]Sς)

7 42ʸ ἀπὸ Βηθλέεμ τῆς κώμης ὅπου ἦν Δαυίδ

8 39 *εἰ τέκνα τοῦ Ἀβραάμ ἦτε (Vς; ἐστε rl), τὰ ἔργα τοῦ Ἀβραὰμ ἐποιεῖτε (N²⁶BT; ἐ. ἂν MVSς; ποιεῖτε rl)

8 42 εἰ ὁ θεὸς πατὴρ ὑμῶν ἦν, ἠγαπᾶτε ἂν ἐμέ

8 44ᵗ ἐκεῖνος ἀνθρωποκτόνος ἦν ἀπ' ἀρχῆς

9 8 οἱ θεωροῦντες αὐτὸν τὸ πρότερον, ὅτι προσαίτης ἦν, ἔλεγον

9 14 ἦν δὲ σάββατον | ἐν ᾗ ἡμέρᾳ (ὅτε Sς) τὸν πηλὸν ἐποίησεν ὁ Ἰησοῦς

9 16ᵉ καὶ σχίσμα ἦν ἐν αὐτοῖς

9 18 οὐκ ἐπίστευσαν ... ὅτι ἦν τυφλὸς καὶ ἀνέβλεψεν

9 24 ἐφώνησαν οὖν τὸν ἄνθρωπον ἐκ δευτέρου ὃς ἦν τυφλὸς

9 33ᶠ εἰ μὴ ἦν οὗτος παρὰ θεοῦ

9 41 εἰ τυφλοὶ ἦτε, οὐκ ἂν εἴχετε ἁμαρτίαν

10 6 ἐκεῖνοι δὲ οὐκ ἔγνωσαν τίνα ἦν ἃ ἐλάλει αὐτοῖς

10 22 χειμὼν ἦν

10 40ᵃʸ ὅπου ἦν Ἰωάννης τὸ πρῶτον βαπτίζων

10 41 πάντα δὲ ὅσα εἶπεν Ἰωάννης περὶ τούτου ἀληθῆ ἦν

11 1 ἦν δέ τις ἀσθενῶν, Λάζαρος ἀπὸ Βηθανίας

11 2 ἦν δὲ Μαριὰμ ἡ ἀλείψασα τὸν κύριον μύρῳ

11 6ᵉ τότε μὲν ἔμεινεν ἐν ᾧ ἦν τόπῳ δύο ἡμέρας

11 15ʸ ὅτι οὐκ ἤμην ἐκεῖ

11 18ˣ ἦν δὲ ἡ (—NTH) Βηθανία ἐγγὺς τῶν Ἱεροσολύμων ὡς ἀπὸ σταδίων δεκαπέντε

11 21ʸ κύριε, εἰ ἦς ὧδε, || οὐκ ἂν ἀπέθανεν (ἐτεθνήκει Sς) ὁ ἀδελφός μου ((~Sς))

11 30ᵉ ἀλλ' ἦν ἔτι (—Tς) ἐν τῷ τόπῳ ὅπου ὑπήντησεν αὐτῷ ἡ Μάρθα

11 32ʸ ἡ οὖν Μαριὰμ ὡς ἦλθεν ὅπου ἦν Ἰησοῦς

11 32ʸ κύριε, εἰ ἦς ὧδε, οὐκ ἄν μου ἀπέθανεν ὁ ἀδελφός

11 38 Ἰησοῦς ... ἔρχεται εἰς τὸ μνημεῖον· ἦν δὲ σπήλαιον

11 41ᵃ *ἦραν οὖν τὸν λίθον | οὗ ἦν ὁ τεθνηκὼς κείμενος (+ς)

Jo 11 55ˣ ἦν δὲ ἐγγὺς τὸ πάσχα τῶν Ἰου-
δαίων

12 1ʸ ὁ οὖν Ἰησοῦς ... ἦλθεν εἰς Βηθανί-
αν, ὅπου ἦν Λάζαρος (+ὁ τεθνη-
κώς V[S]ς)

12 2 ὁ δὲ Λάζαρος εἷς ἦν ἐκ (—VSς)
τῶν ἀνακειμένων σὺν αὐτῷ

12 6 εἶπεν δὲ τοῦτο ... ὅτι κλέπτης ἦν

12 16ᵇ τότε ἐμνήσθησαν ὅτι ταῦτα ἦν
ἐπ' αὐτῷ γεγραμμένα

12 20 ἦσαν δὲ Ἕλληνές τινες ἐκ τῶν
ἀναβαινόντων

13 5ᵇ ἤρξατο ... ἐκμάσσειν τῷ λεντίῳ
ᾧ ἦν διεζωσμένος

13 23ᵃ ἦν (+δὲ MV[S]ς) ἀνακείμενος
εἷς ἐκ τῶν μαθητῶν αὐτοῦ ἐν τῷ
κόλπῳ τοῦ Ἰησοῦ

13 30 ἦν δὲ νύξ

15 19ᵍ εἰ ἐκ τοῦ κόσμου ἦτε

16 4ʰ ταῦτα δὲ ὑμῖν ἐξ ἀρχῆς οὐκ εἶπον,
ὅτι μεθ' ὑμῶν ἤμην

17 6 σοὶ ἦσαν κἀμοὶ αὐτοὺς ἔδωκας

17 12ᵉʰ ὅτε ἤμην μετ' αὐτῶν (+ἐν τῷ
κόσμῳ ς), ἐγὼ ἐτήρουν αὐτοὺς ἐν
τῷ ὀνόματί σου

18 1 ἐξῆλθεν ... πέραν τοῦ χειμάρρου
| τοῦ Κεδρών (τῶν Κέδρ. VHς;
τοῦ Κέδρ. S; τοῦ Κέδρου T), ὅπου
ἦν κῆπος

18 10ᶜ ἦν δὲ ὄνομα τῷ δούλῳ Μάλχος

18 13 ἦν γὰρ πενθερὸς τοῦ Καϊάφα, ↔

18 13 ὃς ἦν ἀρχιερεὺς τοῦ ἐνιαυτοῦ
ἐκείνου· ↔

18 14 ἦν δὲ Καϊάφας ὁ συμβουλεύσας
τοῖς Ἰουδαίοις

18 15 ὁ δὲ μαθητὴς ἐκεῖνος ἦν γνωστὸς
τῷ ἀρχιερεῖ

18 16 *ἐξῆλθεν οὖν ὁ μαθητὴς ὁ ἄλλος
| ὃς ἦν γνωστὸς τῷ ἀρχιερεῖ
(ς; ὁ γν. τοῦ ἀρχιερέως rI)

18 18 εἱστήκεισαν ... οἱ ὑπηρέται ἀνθρα-
κιὰν πεποιηκότες, ὅτι ψῦχος ἦν,
καὶ ἐθερμαίνοντο· ↔

18 18ᵃᵇʰ ἦν δὲ καὶ ὁ Πέτρος μετ' αὐτῶν
ἑστὼς καὶ θερμαινόμενος

18 25ᵃᵇ ἦν δὲ Σίμων Πέτρος ἑστὼς καὶ
θερμαινόμενος

18 28 ἦν δὲ πρωΐ (-ΐα ς)

18 30ᵃ εἰ μὴ ἦν οὗτος | κακὸν ποιῶν
(κακοποιός Vς)

18 36ᵍ εἰ ἐκ τοῦ κόσμου τούτου ἦν ἡ | βα-
σιλεία ἡ ἐμή (ἐ. β. S)

18 40 ἦν δὲ ὁ Βαραββᾶς λῃστής

19 11ᵇ οὐκ εἶχες (ἔχεις BST) ἐξουσίαν ...
οὐδεμίαν εἰ μὴ ἦν δεδομένον σοι
ἄνωθεν

19 14 ἦν δὲ παρασκευὴ τοῦ πάσχα, ↔

19 14 ὥρα | ἦν ὡς (δὲ ὡσεὶ ς) ἕκτη

19 19ᵇ ἦν δὲ γεγραμμένον

19 20ˣ ὅτι ἐγγὺς ἦν ὁ τόπος τῆς πόλεως
ὅπου ἐσταυρώθη ὁ Ἰησοῦς· ↔

19 20ᵇ καὶ ἦν γεγραμμένον Ἑβραϊστί,
Ῥωμαϊστί, Ἑλληνιστί

19 23 ἦν δὲ ὁ χιτὼν ἄραφος

19 31 ἐπεὶ παρασκευὴ ἦν, ἵνα μὴ μείνῃ
... τὰ σώματα ἐν τῷ σαββάτῳ, ↔

19 31 ἦν γὰρ μεγάλη ἡ ἡμέρα ἐκείνου
τοῦ σαββάτου

19 41ᵉ ἦν δὲ ἐν τῷ τόπῳ ὅπου ἐσταυρώθη
κῆπος

19 41ᵇ μνημεῖον καινόν, ἐν ᾧ οὐδέπω οὐ-
δεὶς | ἦν τεθειμένος (ἐτέθη VTς)

19 42ˣ ὅτι ἐγγὺς ἦν τὸ μνημεῖον

20 7ʲ ⟨θεωρεῖ⟩ τὸ σουδάριον, ὃ ἦν
ἐπὶ τῆς κεφαλῆς αὐτοῦ, οὐ μετὰ

τῶν ὀθονίων κείμενον ἀλλὰ χωρὶς
ἐντετυλιγμένον

Jo 20 19ᵇʸ ὅπου ἦσαν οἱ μαθηταὶ (+συν-
ηγμένοι [V]Sς) διὰ τὸν φόβον
τῶν Ἰουδαίων

20 24ʰ Θωμᾶς δὲ εἷς ἐκ τῶν δώδεκα ...
οὐκ ἦν μετ' αὐτῶν

20 26ʰʸ καὶ μεθ' ἡμέρας ὀκτὼ πάλιν ἦσαν
ἔσω οἱ μαθηταὶ αὐτοῦ

21 2ʸ ἦσαν ὁμοῦ Σίμων Πέτρος καὶ Θω-
μᾶς

21 7 Σίμων οὖν Πέτρος ... τὸν ἐπενδύ-
την διεζώσατο, ἦν γὰρ γυμνός

21 8ʸ οὐ γὰρ ἦσαν μακρὰν ἀπὸ τῆς γῆς

21 18 ὅτε ἦς νεώτερος, ἐζώννυες σεαυτὸν
καὶ περιεπάτεις

Ac 1 10ᵃ ὡς ἀτενίζοντες ἦσαν εἰς τὸν οὐρα-
νὸν πορευομένου αὐτοῦ

1 13ᵃ εἰς τὸ ὑπερῷον ἀνέβησαν οὗ ἦσαν
καταμένοντες

1 14ᵃ οὗτοι πάντες ἦσαν προσκαρτε-
ροῦντες ὁμοθυμαδὸν τῇ προσευχῇ

1 15ʲ ἦν τε ὄχλος ὀνομάτων ἐπὶ τὸ αὐτὸ
ὡσεὶ (ὡς Hς) ἑκατὸν εἴκοσι

1 17ᵇ ⟨περὶ Ἰούδα⟩ ὅτι κατηριθμημένος
ἦν ἐν (σὺν ς) ἡμῖν

2 1ʸ ἦσαν πάντες ὁμοῦ (ὁμοθυμαδὸν
Vς) ἐπὶ τὸ αὐτό

2 2ᵃ ἐπλήρωσεν ὅλον τὸν οἶκον οὗ
ἦσαν καθήμενοι

2 5ᵃ ἦσαν δὲ εἰς (ἐν MVSHς) Ἱερουσα-
λὴμ κατοικοῦντες Ἰουδαῖοι

2 24 καθότι οὐκ ἦν δυνατὸν κρατεῖσθαι
αὐτὸν ὑπ' αὐτοῦ

2 42ᵃ ἦσαν δὲ προσκαρτεροῦντες τῇ
διδαχῇ τῶν ἀποστόλων

2 44ʲ φόβος τε ἦν μέγας ἐπὶ πάντας,
καὶ (..+ VB[S]T) ↔

2 44ʲ πάντες δὲ οἱ πιστεύοντες (N²⁶ς;
-σαντες rI) ἦσαν (—NH) ἐπὶ τὸ
αὐτὸ καὶ (—NH) εἶχον ἅπαντα
κοινά

3 10 αὐτὸς (N²⁶ST; οὗτος rI) ἦν ὁ πρὸς
τὴν ἐλεημοσύνην καθήμενος ἐπὶ
τῇ ὡραίᾳ πύλῃ τοῦ ἱεροῦ

4 3 ἦν γὰρ ἑσπέρα ἤδη

4 6ᵍ ⟨ἐγένετο ... συναχθῆναι αὐτῶν
τοὺς ἄρχοντας⟩ καὶ ὅσοι ἦσαν ἐκ
γένους ἀρχιερατικοῦ

4 13ᵇ θεωροῦντες ... ἐθαύμαζον ἐπεγί-
νωσκόν τε αὐτοὺς ὅτι σὺν τῷ
Ἰησοῦ ἦσαν

4 22 ἐτῶν γὰρ ἦν πλειόνων τεσσερά-
κοντα ὁ ἄνθρωπος

4 31ᵇ δεηθέντων αὐτῶν ἐσαλεύθη ὁ τόπος
ἐν ᾧ ἦσαν συνηγμένοι

4 32 τοῦ δὲ πλήθους τῶν πιστευσάν-
των ἦν (+ἡ V[S]ς) καρδία καὶ
(+ἡ V[S]ς) ψυχὴ μία

4 32ᵃ ἀλλ' ἦν αὐτοῖς ἅπαντα (πάντα
NMBH) κοινά

4 33ʲ χάρις τε μεγάλη ἦν ἐπὶ πάντας
αὐτούς. ↔

4 34ᵉ οὐδὲ γὰρ ἐνδεής τις ἦν (ὑπῆρχεν
ς) ἐν αὐτοῖς

5 12ᵉ ἦσαν ὁμοθυμαδὸν ἅπαντες (πάντες
NH) ἐν τῇ στοᾷ Σολομῶντος

7 9ʰ καὶ ἦν ὁ θεὸς μετ' αὐτοῦ

7 20 καὶ ἦν ἀστεῖος τῷ θεῷ

7 22 ἦν δὲ δυνατὸς ἐν λόγοις καὶ ἔργοις
αὐτοῦ

7 44 ᶜᵉ ἡ σκηνὴ τοῦ μαρτυρίου ἦν τοῖς
πατράσιν ἡμῶν ἐν τῇ ἐρήμῳ

8 1ᵃ Σαῦλος δὲ ἦν συνευδοκῶν τῇ
ἀναιρέσει αὐτοῦ

Ac 8 13ᵃ ὁ δὲ Σίμων ... βαπτισθεὶς ἦν προσ-
καρτερῶν τῷ Φιλίππῳ

8 16ᵇ οὐδέπω γὰρ ἦν ἐπ' οὐδενὶ αὐτῶν
ἐπιπεπτωκός

8 27ʲ ἀνὴρ Αἰθίοψ ... ὃς ἦν ἐπὶ πάσης
τῆς γάζης αὐτῆς

8 28ᵃ ἦν τε (δὲ NMH) ὑποστρέφων καὶ
καθήμενος ἐπὶ τοῦ ἅρματος αὐτοῦ

8 32 ἡ δὲ περιοχὴ τῆς γραφῆς ἦν ἀνεγί-
νωσκεν ἦν αὕτη

9 9ᵃ καὶ ἦν ἡμέρας τρεῖς μὴ βλέπων

9 10ᵉ ἦν δέ τις μαθητὴς ἐν Δαμασκῷ
ὀνόματι Ἀνανίας

9 28ᵃʰ ἦν μετ' αὐτῶν εἰσπορευόμενος
καὶ ἐκπορευόμενος εἰς Ἰερουσαλήμ

9 33ᵇ εὗρεν δὲ ἐκεῖ ἄνθρωπόν τινα ὀνό-
ματι Αἰνέαν ... ὃς ἦν παραλελυ-
μένος

9 36ᵉ ἐν Ἰόππῃ δέ τις ἦν μαθήτρια
ὀνόματι Ταβιθά

9 36 αὕτη ἦν πλήρης | ἔργων ἀγαθῶν
(~VSTς) καὶ ἐλεημοσυνῶν

10 1ᵉ *ἀνὴρ δέ τις ἦν (+ς) ἐν Καισαρείᾳ
ὀνόματι Κορνήλιος ⟨εἶδεν⟩

10 24ᵃ ὁ δὲ Κορνήλιος ἦν προσδοκῶν
αὐτούς

10 30ᵃ ἤμην τὴν ἐνάτην προσευχόμενος
ἐν τῷ οἴκῳ μου

10 38ʰ ὅτι ὁ θεὸς ἦν μετ' αὐτοῦ

11 5ᵃ ἐγὼ ἤμην ἐν πόλει Ἰόππῃ
προσευχόμενος

11 11ᵉ ἰδοὺ ἐξαυτῆς τρεῖς ἄνδρες ἐπέστη-
σαν ἐπὶ τὴν οἰκίαν ἐν ᾗ ἦμεν
(ἤμην BSς)

11 17 ἐγὼ τίς ἤμην δυνατὸς κωλῦσαι
τὸν θεόν;

11 20 ἦσαν δέ τινες ἐξ αὐτῶν ἄνδρες
Κύπριοι καὶ Κυρηναῖοι

11 21ʰ καὶ ἦν χεὶρ κυρίου μετ' αὐτῶν

11 24 ὅτι ἦν ἀνὴρ ἀγαθὸς καὶ πλήρης
πνεύματος ἁγίου καὶ πίστεως

12 3 ἦσαν δὲ αἱ (+[N²⁶S]V) ἡμέραι
τῶν ἀζύμων

12 5ᵃ προσευχὴ δὲ ἦν ἐκτενῶς (-νῆς Sς)
γινομένη ὑπὸ τῆς ἐκκλησίας ...
περὶ αὐτοῦ

12 6ᵃᵇ τῇ νυκτὶ ἐκείνῃ ἦν ὁ Πέτρος
κοιμώμενος ... δεδεμένος ἁλύσεσιν
δυσίν

12 12ᵃᵇ ἦλθεν ἐπὶ τὴν οἰκίαν τῆς ([S]; ς)
Μαρίας ... οὗ ἦσαν ἱκανοὶ συν-
ηθροισμένοι καὶ προσευχόμενοι

12 18ᵉ γενομένης δὲ ἡμέρας ἦν τάραχος
οὐκ ὀλίγος ἐν τοῖς στρατιώταις

12 20ᵃ ἦν δὲ (+ὁ Ἡρώδης ς) θυμομαχῶν
Τυρίοις καὶ Σιδωνίοις

13 1ᵉᵐ ἦσαν δὲ ἐν Ἀντιοχείᾳ κατὰ τὴν
οὖσαν ἐκκλησίαν προφῆται καὶ
διδάσκαλοι

13 7ʳ ⟨εὗρον ἄνδρα τινὰ μάγον⟩ ὃς ἦν
σὺν τῷ ἀνθυπάτῳ Σεργίῳ Παύλῳ

13 46 ὑμῖν ἦν ἀναγκαῖον πρῶτον λαλη-
θῆναι τὸν λόγον τοῦ θεοῦ

13 48ᵇ καὶ ἐπίστευσαν ὅσοι ἦσαν τεταγμέ-
νοι εἰς ζωὴν αἰώνιον

14 4ʳ οἱ μὲν ἦσαν σὺν τοῖς Ἰουδαίοις, οἱ
δὲ σὺν τοῖς ἀποστόλοις

14 7ᵃ ⟨κατέφυγον εἰς τὰς πόλεις τῆς
Λυκαονίας⟩ κἀκεῖ εὐαγγελιζόμενοι
ἦσαν

14 12 ἐκάλουν τε τὸν ... Παῦλον Ἑρμῆν,
ἐπειδὴ αὐτὸς ἦν ὁ ἡγούμενος τοῦ
λόγου

14 26ᵇ ὅθεν ἦσαν παραδεδομένοι τῇ χάρι-
τι τοῦ θεοῦ εἰς τὸ ἔργον

Ac 16 1 καὶ ἰδοὺ μαθητής τις ἦν ἐκεῖ ὀνό-
ματι Τιμόθεος

16 9ᵃᵇ ὅραμα ... τῷ Παύλῳ ὤφθη, ἀνὴρ
Μακεδών τις ἦν ἑστὼς καὶ παρα-
καλῶν αὐτόν

16 12ᵃᵉ ἦμεν δὲ ἐν ταύτῃ τῇ πόλει διατρί-
βοντες ἡμέρας τινάς

17 1 ἦλθον εἰς Θεσσαλονίκην, ὅπου ἦν
συναγωγὴ τῶν Ἰουδαίων

17 11 οὗτοι δὲ ἦσαν εὐγενέστεροι τῶν ἐν
Θεσσαλονίκῃ

18 3 ἦσαν γὰρ σκηνοποιοὶ τῇ τέχνῃ

18 7ᵃ οὗ ἡ οἰκία ἦν συνομοροῦσα τῇ
συναγωγῇ

18 14 εἰ μὲν ἦν ἀδίκημά τι ἢ ῥᾳδιούργη-
μα πονηρόν

18 25ᵇ οὗτος ἦν κατηχημένος τὴν ὁδὸν
τοῦ κυρίου

19 7 ἦσαν δὲ οἱ πάντες ἄνδρες ὡσεὶ
δώδεκα

19 14ᵃ ἦσαν δέ τινος (τινες VST; τινες
υἱοὶ ς) Σκευᾶ ... ἑπτὰ υἱοὶ (οἱ ς)
τοῦτο ποιοῦντες

19 16ᵉ ἐφαλόμενος (ἔφαλλ. VSς) ὁ ἄνθρω-
πος ... ἐν ᾧ ἦν τὸ πνεῦμα τὸ
πονηρόν

19 32ᵇ ἦν γὰρ ἡ ἐκκλησία συγκεχυμένη

20 8ᵉ ἦσαν δὲ λαμπάδες ἱκαναὶ ἐν τῷ
ὑπερῴῳ ↔

20 8ᵇ οὗ ἦμεν (ἦσαν ς) συνηγμένοι

20 13ᵇ οὕτως γὰρ διατεταγμένος ἦν,
μέλλων αὐτὸς πεζεύειν

20 16 * ἔσπευδεν γάρ, εἰ δυνατὸν ἦν (ς;
εἴη rl) αὐτῷ ... γενέσθαι εἰς
Ἱεροσόλυμα

21 3ᵃ ἐκεῖσε γὰρ τὸ πλοῖον ἦν ἀπο-
φορτιζόμενον τὸν γόμον

21 9ᶜ τούτῳ δὲ ἦσαν θυγατέρες τέσσαρες
παρθένοι προφητεύουσαι

21 29ᵇ ἦσαν γὰρ προεωρακότες Τρόφιμον
τὸν Ἐφέσιον ἐν τῇ πόλει σὺν αὐτῷ

22 19ᵃ ἐπίστανται ὅτι ἐγὼ ἤμην φυλακί-
ζων καὶ δέρων ... τοὺς πιστεύοντας
ἐπὶ σέ

22 20ᵃᵇ καὶ αὐτὸς ἤμην ἐφεστὼς καὶ
συνευδοκῶν καὶ φυλάσσων

22 29ᵇ ὁ χιλίαρχος δὲ ἐφοβήθη ἐπιγνοὺς
... ὅτι αὐτὸν ἦν δεδεκώς

23 13 ἦσαν δὲ πλείους τεσσεράκοντα οἱ
ταύτην τὴν συνωμοσίαν ποιησά-
μενοι

27 8 ἤλθομεν εἰς τόπον τινά ... ᾧ ἐγγὺς
| πόλις ἦν (N²⁶ST; ~rl) Λασαία

27 37ᵈ ἤμεθα (ἦμεν VSς) δὲ αἱ πᾶσαι
ψυχαὶ ἐν τῷ πλοίῳ διακόσιαι (ὡς
Η) ἑβδομήκοντα ἕξ

Rm 5 13ᵉ ἄχρι γὰρ νόμου ἁμαρτία ἦν ἐν
κόσμῳ

6 17 χάρις δὲ τῷ θεῷ ὅτι ἦτε δοῦλοι
τῆς ἁμαρτίας, ὑπηκούσατε

6 20 ὅτε γὰρ δοῦλοι ἦτε τῆς ἁμαρτίας,
↔

6 20 ἐλεύθεροι ἦτε τῇ δικαιοσύνῃ

7 5ᵉ ὅτε γὰρ ἦμεν ἐν τῇ σαρκί, τὰ
παθήματα ... ἐνηργεῖτο ἐν τοῖς
μέλεσιν ἡμῶν

1 C 6 11 ⟨οὐ μέθυσοι ... οὐχ ἅρπαγες
βασιλείαν θεοῦ κληρονομήσουσιν⟩
καὶ ταῦτά τινες ἦτε

10 1ᵛ οἱ πατέρες ἡμῶν πάντες ὑπὸ τὴν
νεφέλην ἦσαν

10 4 ἡ | πέτρα δὲ (~VSς) ἦν ὁ Χριστός

12 2 ὅτε ἔθνη ἦτε πρὸς τὰ εἴδωλα τὰ
ἄφωνα ὡς ἂν ἤγεσθε ἀπαγόμενοι

1 C 12 19 εἰ δὲ ἦν τὰ [Η] πάντα ἓν μέλος,
ποῦ τὸ σῶμα;

13 11 ὅτε ἤμην νήπιος, ἐλάλουν ὡς
νήπιος

16 12 πάντως οὐκ ἦν θέλημα ἵνα νῦν
ἔλθῃ

2 C 5 19ᵃᵉ ὡς ὅτι θεὸς ἦν ἐν Χριστῷ κόσμον
καταλλάσσων ἑαυτῷ

G 1 10 εἰ ἔτι ἀνθρώποις ἤρεσκον, Χριστοῦ
δοῦλος οὐκ ἂν ἤμην

1 22ᵃ ἤμην δὲ ἀγνοούμενος τῷ προσώ-
πῳ ταῖς ἐκκλησίαις τῆς Ἰουδαίας

1 23ᵃ μόνον δὲ ἀκούοντες ἦσαν ὅτι ὁ
διώκων ... νῦν εὐαγγελίζεται

2 6 ὁποῖοί ποτε ἦσαν οὐδέν μοι
διαφέρει

2 11ᵇ ὅτε δὲ ἦλθεν Κηφᾶς ... ἀντέστην,
ὅτι κατεγνωσμένος ἦν

3 21ᵉᵍ ὄντως ||: ἐκ νόμου (ἐν νόμῳ Η)
ἂν ἦν ((~ς VBST)) ἡ δικαιοσύνη

4 3 οὕτως καὶ ἡμεῖς, ὅτε ἦμεν νήπιοι,
↔

4 3ᵇᵈ ὑπὸ τὰ στοιχεῖα τοῦ κόσμου
ἤμεθα (ἦμεν ς) δεδουλωμένοι

4 15 * | τίς οὖν ἦν (ς; ποῦ οὖν rl) ὁ
μακαρισμὸς ὑμῶν;

E 2 3ᵈ καὶ ἤμεθα (ἦμεν ς) τέκνα φύσει
ὀργῆς ὡς καὶ οἱ λοιποί

2 12ʷ * ⟨μνημονεύετε⟩ ὅτι ἦτε τῷ καιρῷ
ἐκείνῳ χωρὶς Χριστοῦ

5 8 ἦτε γάρ ποτε σκότος, νῦν δὲ φῶς
ἐν κυρίῳ

Ph 2 26ᵃ ἐπειδὴ ἐπιποθῶν ἦν πάντας ὑμᾶς
(+ἰδεῖν S [Η])

3 7ᶜ ἀλλὰ ([Ν²⁶]; —Τ) ἅτινα ἦν μοι
κέρδη, ταῦτα ἥγημαι ... ζημίαν

Cl 2 14ᵛ ἐξαλείψας τὸ καθ᾽ ἡμῶν χειρό-
γραφον τοῖς δόγμασιν ὃ ἦν
ὑπεναντίον ἡμῖν

1 Th 3 4ᶦ ὅτε πρὸς ὑμᾶς ἦμεν, προελέγομεν
ὑμῖν

2 Th 3 10ᶦ ὅτε ἦμεν πρὸς ὑμᾶς, τοῦτο παρ-
ηγγέλλομεν ὑμῖν

Tt 3 3ᵃ ἦμεν γάρ ποτε καὶ ἡμεῖς ἀνόητοι,
ἀπειθεῖς, πλανώμενοι

Hb 2 15 ⟨ἵνα⟩ ἀπαλλάξῃ τούτους, ὅσοι ...
διὰ παντὸς τοῦ ζῆν ἔνοχοι ἦσαν
δουλείας

7 10ᵉ ἔτι γὰρ ἐν τῇ ὀσφύϊ τοῦ πατρὸς ἦν

7 11ᵠ εἰ μὲν οὖν τελείωσις διὰ τῆς
Λευιτικῆς ἱερωσύνης ἦν

8 4ᶦ εἰ μὲν οὖν (γὰρ Sς) ἦν ἐπὶ γῆς, ↔

8 4 οὐδ᾽ ἂν ἦν ἱερεύς

8 7 εἰ γὰρ (+μὲν S) ἡ πρώτη ἐκείνη
ἦν ἄμεμπτος

11 38 ⟨περιῆλθον ἐν μηλωταῖς ... κα-
κουχούμενοι⟩ ὧν οὐκ ἦν ἄξιος ὁ
κόσμος

12 21 καί, οὕτω φοβερὸν ἦν τὸ φαντα-
ζόμενον, Μωϋσῆς εἶπεν

Jc 1 24 ἀπελήλυθεν, καὶ εὐθέως ἐπελάθετο
ὁποῖος ἦν

5 17 Ἠλίας ἄνθρωπος ἦν ὁμοιοπαθὴς
ἡμῖν

1 Pt 2 25ᵃ ἦτε γὰρ ὡς πρόβατα πλανώμενοι

2 Pt 2 21ᶜ κρεῖττον γὰρ ἦν αὐτοῖς μὴ ἐπεγνω-
κέναι τὴν ὁδὸν τῆς δικαιοσύνης

3 5 οὐρανοὶ ἦσαν ἔκπαλαι καὶ γῆ ἐξ
ὕδατος

1 Jo 1 1ᵗ ὃ ἦν ἀπ᾽ ἀρχῆς

1 2ᶦ ἥτις ἦν πρὸς τὸν πατέρα

2 19ᵍ ἐξ ἡμῶν ἐξῆλθαν, ἀλλ᾽ οὐκ ἦσαν
ἐξ ἡμῶν· ↔

2 19ᵍ εἰ γὰρ |ἐξ ἡμῶν ἦσαν (~VSTς),
μεμενήκεισαν ἂν μεθ᾽ ἡμῶν

1 Jo 3 12ᵍ οὐ καθὼς Κάϊν ἐκ τοῦ πονηροῦ ἦν
καὶ ἔσφαξεν τὸν ἀδελφὸν αὐτοῦ

3 12 ὅτι τὰ ἔργα αὐτοῦ πονηρὰ ἦν

Ap 1 4ᶻ εἰρήνη ἀπὸ ὁ ὢν καὶ ὁ ἦν καὶ ὁ
ἐρχόμενος

1 8ᶻ ἐγώ εἰμι ... ὁ ὢν καὶ ὁ ἦν καὶ ὁ
ἐρχόμενος

3 15 ὄφελον ψυχρὸς ἧς (εἴης ς) ἢ ζεστός

4 3 * καὶ ὁ καθήμενος ἦν (+ς) ὅμοιος
ὁράσει λίθῳ ἰάσπιδι καὶ σαρδίῳ

4 8ᶻ ὁ παντοκράτωρ, ὁ ἦν καὶ ὁ ὢν καὶ
ὁ ἐρχόμενος

4 11 καὶ διὰ τὸ θέλημά σου ἦσαν (εἰσι ς)
καὶ ἐκτίσθησαν

5 11 καὶ ἦν ὁ ἀριθμὸς αὐτῶν μυριάδες
μυριάδων

9 8 οἱ ὀδόντες αὐτῶν ὡς λεόντων ἦσαν

9 10ᵉ * ἔχουσιν οὐρὰς ... καὶ κέντρα ἦν
(+ς), καὶ (—ς) ἐν ταῖς οὐραῖς
αὐτῶν (+καὶ ς) ἡ ἐξουσία αὐτῶν

10 10ᵉ ἦν ἐν τῷ στόματί μου ὡς μέλι γλυκύ

11 17ᶻ εὐχαριστοῦμέν σοι, κύριε ὁ θεὸς ὁ
παντοκράτωρ, ὁ ὢν καὶ ὁ ἦν

13 2 τὸ θηρίον ὃ εἶδον ἦν ὅμοιον
παρδάλει

16 5ᶻ δίκαιος εἶ, ὁ ὢν καὶ ὁ ἦν

17 4ᵇ ἡ γυνὴ ἦν (ἡ ς) περιβεβλημένη
πορφυροῦν καὶ κόκκινον

17 8 τὸ θηρίον ὃ εἶδες ἦν καὶ οὐκ ἔστιν

17 8 βλεπόντων τὸ θηρίον ὅτι ἦν καὶ
οὐκ ἔστιν καὶ παρέσται

17 11 τὸ θηρίον ὃ ἦν καὶ οὐκ ἔστιν, καὶ
αὐτὸς ὄγδοός ἐστιν

18 23 ὅτι οἱ [ΝΗ] ἔμποροί σου ἦσαν οἱ
μεγιστᾶνες τῆς γῆς

21 18 * καὶ ἦν (+[Μ]VBSς) ἡ (—S) ἐνδώ-
μησις τοῦ τείχους αὐτῆς ἴασπις

21 21ᵍ ἀνὰ εἷς ἕκαστος τῶν πυλώνων ἦν
ἐξ ἑνὸς μαργαρίτου

ἔσομαι, ἔσῃ

ᵃ c. part. praes.
ᵇ c. part. perf.
ᶜ c. gen. vel. dat.
ᵈ c. ἐν
ᵉ c. ἐκ
ᶠ c. μετά
ᵍ c. ἕως
ʰ c. εἰς
ᶦ c. κατά
ᵏ c. πρός
ˡ c. σύν
ᵐ c. ἐνώπιον
ⁿ c. ἐπί
ᵖ c. ἀπό

Mt 5 21 ὃς δ᾽ ἂν φονεύσῃ, ἔνοχος ἔσται τῇ
κρίσει

5 22 πᾶς ὁ ὀργιζόμενος τῷ ἀδελφῷ
αὐτοῦ (+εἰκῇ [MV]ς) ἔνοχος
ἔσται τῇ κρίσει· ↔

5 22 ὃς δ᾽ ἂν εἴπῃ τῷ ἀδελφῷ αὐτοῦ
ῥακά, ἔνοχος ἔσται τῷ συνεδρίῳ· ↔

5 22 ὃς δ᾽ ἂν εἴπῃ μωρέ, ἔνοχος ἔσται
εἰς τὴν γέενναν τοῦ πυρός

5 48 ἔσεσθε οὖν ὑμεῖς τέλειοι ὡς ὁ πατὴρ
ὑμῶν ὁ οὐράνιος

6 5 ὅταν προσεύχησθε (-χῃ ς), οὐκ
ἔσεσθε (ἔσῃ ς) ὡς οἱ ὑποκριταί

6 21 ἐκεῖ ἔσται καὶ [Η] ἡ καρδία σου

6 22 ὅλον τὸ σῶμά σου φωτεινὸν ἔσται

6 23 ὅλον τὸ σῶμά σου σκοτεινὸν ἔσται

8 12 ἐκεῖ ἔσται ὁ κλαυθμὸς καὶ ὁ βρυγμὸς
τῶν ὀδόντων

10 15ᶜᵈ ἀνεκτότερον ἔσται γῇ Σοδόμων
καὶ Γομόρρων ἐν ἡμέρᾳ κρίσεως

Mt 10 22ᵃ ἔσεσθε μισούμενοι ὑπὸ πάντων διὰ
τὸ ὄνομά μου

11 22ᶜᵈ Τύρῳ καὶ Σιδῶνι ἀνεκτότερον
ἔσται ἐν ἡμέρᾳ κρίσεως ἢ ὑμῖν

11 24ᶜᵈ γῆ Σοδόμων ἀνεκτότερον ἔσται
ἐν ἡμέρᾳ κρίσεως ἢ σοί

12 11 τίς ἔσται [Η] ἐξ ὑμῶν ἄνθρωπος
ὃς ἕξει πρόβατον ἓν ⟨;⟩

12 27 διὰ τοῦτο αὐτοὶ κριταὶ ἔσονται
ὑμῶν

12 40ᵈ οὕτως ἔσται ὁ υἱὸς τοῦ ἀνθρώπου
ἐν τῇ καρδίᾳ τῆς γῆς

12 45ᶜ οὕτως ἔσται καὶ τῇ γενεᾷ ταύτῃ
τῇ πονηρᾷ

13 40ᵈ οὕτως ἔσται ἐν τῇ συντελείᾳ τοῦ
αἰῶνος

13 42 ἐκεῖ ἔσται ὁ κλαυθμὸς καὶ ὁ βρυγ-
μὸς τῶν ὀδόντων

13 49ᵈ οὕτως ἔσται ἐν τῇ συντελείᾳ τοῦ
αἰῶνος

13 50 ἐκεῖ ἔσται ὁ κλαυθμὸς καὶ ὁ βρυγ-
μὸς τῶν ὀδόντων

16 19ᵇ ὃ ἐὰν δήσῃς ἐπὶ τῆς γῆς ἔσται
δεδεμένον ἐν τοῖς οὐρανοῖς, ↔

16 19ᵇ καὶ ὃ ἐὰν λύσῃς ἐπὶ τῆς γῆς ἔσται
λελυμένον ἐν τοῖς οὐρανοῖς

16 22ᶜ οὐ μὴ ἔσται σοι τοῦτο

17 17ᶠᵍ ὦ γενεὰ ἄπιστος καὶ διεστραμ-
μένη, ἕως πότε μεθ' ὑμῶν ἔσομαι;

18 18ᵇ ὅσα ἐὰν δήσητε ἐπὶ τῆς γῆς ἔσται
δεδεμένα ἐν (+τῷ VSς) οὐρανῷ,
↔

18 18ᵇ καὶ ὅσα ἐὰν λύσητε ἐπὶ τῆς γῆς
ἔσται λελυμένα ἐν (+τῷ VSς)
οὐρανῷ

19 5ʰ ἔσονται οἱ δύο εἰς σάρκα μίαν

19 27ᶜ τί ἄρα ἔσται ἡμῖν;

19 30 πολλοὶ δὲ ἔσονται πρῶτοι ἔσχατοι
καὶ ἔσχατοι πρῶτοι

20 16 οὕτως ἔσονται οἱ ἔσχατοι πρῶτοι
καὶ οἱ πρῶτοι ἔσχατοι

20 26ᵇ οὐχ οὕτως ἔσται (ἐστὶν ΝΗ) ἐν
ὑμῖν· ↔

20 26 ἀλλ' ὃς ἐὰν (ἂν Η) θέλῃ ἐν ὑμῖν
μέγας γενέσθαι, ἔσται (ἔστω ς)
ὑμῶν διάκονος, ↔

20 27 καὶ ὃς ἂν (ἐὰν VSς) θέλῃ ἐν ὑμῖν
εἶναι πρῶτος, ἔσται (ἔστω ς) ὑμῶν
δοῦλος

22 13 ἐκεῖ ἔσται ὁ κλαυθμὸς καὶ ὁ βρυγμὸς
τῶν ὀδόντων

22 28ᵈ ἐν τῇ ἀναστάσει οὖν τίνος τῶν
ἑπτὰ ἔσται γυνή;

23 11 ὁ δὲ μείζων ὑμῶν ἔσται ὑμῶν
διάκονος

24 3 εἰπὲ (εἰπὸν Η) ἡμῖν, πότε ταῦτα
ἔσται ⟨;⟩

24 7ʲ ἔσονται λιμοὶ (+καὶ λοιμοὶ MVς)
καὶ σεισμοὶ κατὰ τόπους

24 9ᵃ ἔσεσθε μισούμενοι ὑπὸ πάντων
τῶν ἐθνῶν διὰ τὸ ὄνομά μου

24 21 ἔσται γὰρ τότε θλῖψις μεγάλη

24 27 οὕτως ἔσται ἡ παρουσία τοῦ υἱοῦ
τοῦ ἀνθρώπου

24 37 οὕτως ἔσται (+καὶ Vς) ἡ παρου-
σία τοῦ υἱοῦ τοῦ ἀνθρώπου

24 39 οὕτως ἔσται καὶ ([Ν²⁶]; —Η) ἡ
παρουσία τοῦ υἱοῦ τοῦ ἀνθρώπου.
↔

24 40ᵈ τότε | δύο ἔσονται (~ΝΜΤΗ) ἐν
τῷ ἀγρῷ

24 51 ἐκεῖ ἔσται ὁ κλαυθμὸς καὶ ὁ βρυγμὸς
τῶν ὀδόντων

25 30 ἐκεῖ ἔσται ὁ κλαυθμὸς καὶ ὁ βρυγ-
μὸς τῶν ὀδόντων

Mt 27 64 καὶ ἔσται ἡ ἐσχάτη πλάνη χείρων
τῆς πρώτης

Mc 3 29 * ἀλλὰ ἔνοχος ἔσται (Τ; ἐστιν rl)
αἰωνίου ἁμαρτήματος

6 11ᶜᵈ * | ἀνεκτότερον ἔσται Σοδόμοις ἢ
Γομόρροις ἐν ἡμέρᾳ κρίσεως (..
+ς..)

9 19ᵍᵏ ὦ γενεὰ ἄπιστος, ἕως πότε πρὸς
ὑμᾶς ἔσομαι;

9 35 εἴ τις θέλει πρῶτος εἶναι, ἔσται
πάντων ἔσχατος

10 8ʰ καὶ ἔσονται οἱ δύο εἰς σάρκα μίαν

10 31 πολλοὶ δὲ ἔσονται πρῶτοι ἔσχατοι
καὶ οἱ [Ν²⁶ SH] ἔσχατοι πρῶτοι

10 43ᵈ * οὐχ οὕτως δὲ ἔσται (ς; ἐστιν rl)
ἐν ὑμῖν· ↔

10 43 ἀλλ' ὃς ἂν θέλῃ μέγας γενέσθαι ἐν
ὑμῖν, ἔσται (ἔστω S) ὑμῶν διά-
κονος, ↔

10 44 καὶ ὃς ἂν θέλῃ | ἐν ὑμῖν εἶναι (ὑμῶν
γενέσθαι Tς) πρῶτος, ἔσται πάν-
των δοῦλος

11 23ᶜ ὃς ἂν ... μὴ διακριθῇ ἐν τῇ καρδίᾳ
αὐτοῦ ... ἔσται αὐτῷ

11 24ᶜ πάντα ὅσα ... αἰτεῖσθε, πιστεύετε
ὅτι ἐλάβετε, καὶ ἔσται ὑμῖν

12 7ᶜ δεῦτε ἀποκτείνωμεν αὐτόν, καὶ
ἡμῶν ἔσται ἡ κληρονομία

12 23ᵈ ἐν τῇ ἀναστάσει ... τίνος αὐτῶν
ἔσται γυνή;

13 4 εἰπὸν ἡμῖν, πότε ταῦτα ἔσται ⟨;⟩

13 8ʲ ἔσονται σεισμοὶ κατὰ τόπους, ↔

13 8 ἔσονται λιμοί

13 13ᵃ καὶ ἔσεσθε μισούμενοι ὑπὸ πάντων
διὰ τὸ ὄνομά μου

13 19 ἔσονται γὰρ αἱ ἡμέραι ἐκεῖναι
θλῖψις

13 25ᵃ καὶ οἱ ἀστέρες | ἔσονται ἐκ τοῦ
οὐρανοῦ (τ. οὐρ. ἔσ. Vς) πίπτοντες
(ἐκ- VSς)

14 2 μὴ ἐν τῇ ἑορτῇ, μήποτε | ἔσται
θόρυβος (~Vς) τοῦ λαοῦ

Lc 1 14ᶜ καὶ ἔσται χαρά σοι καὶ ἀγαλλίασις

1 15ᵐ ἔσται γὰρ μέγας ἐνώπιον τοῦ
(+[Ν²⁶S]ς) κυρίου

1 20ᵃ ἰδοὺ ἔσῃ σιωπῶν καὶ μὴ δυνάμενος
λαλῆσαι

1 32 οὗτος ἔσται μέγας καὶ υἱὸς ὑψίστου
κληθήσεται

1 33 καὶ τῆς βασιλείας αὐτοῦ οὐκ ἔσται
τέλος

1 34 πῶς ἔσται τοῦτο, ἐπεὶ ἄνδρα οὐ
γινώσκω;

1 45ᶜ ἔσται τελείωσις τοῖς λελαλημένοις
αὐτῇ παρὰ κυρίου

1 66 τί ἄρα τὸ παιδίον τοῦτο ἔσται;

2 10ᶜ ἰδοὺ γὰρ εὐαγγελίζομαι ὑμῖν χαρὰν
μεγάλην, ἥτις ἔσται παντὶ τῷ λαῷ

3 5ʰ καὶ ἔσται τὰ σκολιὰ εἰς εὐθείαν
(-ας ΝΤΗ)

4 7ᶜ σὺ οὖν ἐὰν προσκυνήσῃς ἐνώπιον
ἐμοῦ, ἔσται σοῦ πᾶσα

5 10ᵃ ἀπὸ τοῦ νῦν ἀνθρώπους ἔσῃ
ζωγρῶν

6 35 ἔσται ὁ μισθὸς ὑμῶν πολύς, ↔

6 35 καὶ ἔσεσθε υἱοὶ ὑψίστου

6 40ᵇ κατηρτισμένος δὲ πᾶς ἔσται ὡς
ὁ διδάσκαλος αὐτοῦ

9 41ᵍᵏ ὦ γενεὰ ἄπιστος καὶ διεστραμ-
μένη, ἕως πότε ἔσομαι πρὸς ὑμᾶς
⟨;⟩

9 48 * ὁ γὰρ μικρότερος ἐν πᾶσιν ὑμῖν
ὑπάρχων, οὗτος ἔσται (ς; ἐστιν
rl) μέγας

Lc 10 12ᶜᵈ Σοδόμοις ἐν τῇ ἡμέρᾳ ἐκείνῃ
ἀνεκτότερον ἔσται ἢ τῇ πόλει
ἐκείνῃ

10 14ᶜᵈ πλὴν Τύρῳ καὶ Σιδῶνι ἀνεκτότε-
ρον ἔσται ἐν τῇ κρίσει ἢ ὑμῖν

11 19 διὰ τοῦτο | αὐτοὶ ὑμῶν κριταὶ
ἔσονται (~ΤΒSς)

11 30ᶜ οὕτως ἔσται καὶ ὁ υἱὸς τοῦ ἀν-
θρώπου τῇ γενεᾷ ταύτῃ

11 36 τὸ σῶμά σου ... ἔσται φωτεινὸν
ὅλον ὡς ὅταν ὁ λύχνος τῇ ἀστρα-
πῇ φωτίζῃ σε

12 20ᶜ ἃ δὲ ἡτοίμασας, τίνι ἔσται;

12 34 ἐκεῖ καὶ ἡ καρδία ὑμῶν ἔσται

12 52ᵇ ἔσονται γὰρ ἀπὸ τοῦ νῦν πέντε
ἐν ἑνὶ οἴκῳ διαμεμερισμένοι

12 55 λέγετε ὅτι (—S) καύσων ἔσται,
καὶ γίνεται

13 28 ἐκεῖ ἔσται ὁ κλαυθμὸς καὶ ὁ βρυγ-
μὸς τῶν ὀδόντων

13 30 ἰδοὺ εἰσὶν ἔσχατοι οἳ ἔσονται
πρῶτοι, ↔

13 30 καὶ εἰσὶν πρῶτοι οἳ ἔσονται ἔσχα-
τοι

14 10ᶜᵐ τότε ἔσται σοι δόξα ἐνώπιον
πάντων τῶν συνανακειμένων σοι

14 14 μακάριος ἔσῃ, ὅτι οὐκ ἔχουσιν
ἀνταποδοῦναί σοι

15 7ᵈⁿ οὕτως χαρὰ ἐν τῷ οὐρανῷ ἔσται
ἐπὶ ἑνὶ ἁμαρτωλῷ μετανοοῦντι

17 24ᵈ οὕτως ἔσται ὁ υἱὸς τοῦ ἀνθρώπου
| ἐν τῇ ἡμέρᾳ αὐτοῦ ([Ν²⁶]; —H)

17 26ᵈ οὕτως ἔσται καὶ ἐν ταῖς ἡμέραις
τοῦ υἱοῦ τοῦ ἀνθρώπου

17 30ʲ κατὰ τὰ αὐτὰ ἔσται ᾗ ἡμέρᾳ ὁ
υἱὸς τοῦ ἀνθρώπου ἀποκαλύπτε-
ται. ↔

17 31ⁿ ἐν ἐκείνῃ τῇ ἡμέρᾳ ὃς ἔσται ἐπὶ τοῦ
δώματος ... μὴ καταβάτω

17 34ⁿ ταύτῃ τῇ νυκτὶ ἔσονται δύο ἐπὶ
κλίνης μιᾶς [H]

17 35ᵃⁿ | ἔσονται δύο (~ς) ἀλήθουσαι ἐπὶ
τὸ αὐτό

19 46 | καὶ ἔσται (—ς) ὁ οἶκός μου οἶκος
προσευχῆς (+ἐστιν ς)

21 7 διδάσκαλε, πότε οὖν ταῦτα ἔσται;

21 11ʲ σεισμοί τε μεγάλοι καὶ κατὰ τόπους
| λιμοὶ καὶ λοιμοὶ (~ΝΗ) ἔσονται,
↔

21 11ᵖ φόβητρά τε καὶ | ἀπ' οὐρανοῦ
σημεῖα μεγάλα (~Τς BS) ἔσται

21 17ᵃ ἔσεσθε μισούμενοι ὑπὸ πάντων διὰ
τὸ ὄνομά μου

21 23ᵈⁿ ἔσται γὰρ ἀνάγκη μεγάλη ἐπὶ
τῆς γῆς καὶ ὀργὴ (+ἐν Vς) τῷ
λαῷ τούτῳ

21 24ᶜ Ἰερουσαλὴμ ἔσται πατουμένη ὑπὸ
ἐθνῶν, ↔

21 24 * ἄχρι οὗ πληρωθῶσιν || καιροὶ
| καὶ ἔσονται καιροὶ [+S] (([καὶ
ἔσ.] καιροὶ Η)) ἐθνῶν. ↔

21 25ᵈ καὶ ἔσονται (ἔσται VSς) σημεῖα ἐν
ἡλίῳ καὶ σελήνῃ καὶ ἄστροις

22 69ᵃ ἀπὸ τοῦ νῦν δὲ ἔσται ὁ υἱὸς τοῦ
ἀνθρώπου καθήμενος ἐκ δεξιῶν

23 43ᵈᶠ σήμερον μετ' ἐμοῦ ἔσῃ ἐν τῷ
παραδείσῳ

Jo 6 45 καὶ ἔσονται πάντες διδακτοὶ θεοῦ

8 36 ἐὰν οὖν ὁ υἱὸς ὑμᾶς ἐλευθερώσῃ,
ὄντως ἐλεύθεροι ἔσεσθε

8 55 ἔσομαι ὅμοιος ὑμῖν (-ων VSTς)
ψεύστης

12 26 ὅπου εἰμὶ ἐγώ, ἐκεῖ καὶ ὁ διάκονος
ὁ ἐμὸς ἔσται

Jo 14 17ᵈ ὅτι παρ' ὑμῖν μένει (-νεῖ V) καὶ ἐν ὑμῖν ἔσται (ἐστίν H)

19 24ᶜ μὴ σχίσωμεν αὐτόν, ἀλλὰ λάχωμεν περὶ αὐτοῦ τίνος ἔσται

Ac 1 8ᵈᵍ ἔσεσθέ μου μάρτυρες ἔν τε Ἰερουσαλήμ ... καὶ ἕως ἐσχάτου τῆς γῆς

2 17ᵈ καὶ ἔσται ἐν ταῖς ἐσχάταις ἡμέραις, λέγει ὁ θεός, ἐκχεῶ ἀπὸ τοῦ πνεύματός μου

2 21 καὶ ἔσται πᾶς ὃς ἂν (N²⁶STϛ; ἐὰν rl) ἐπικαλέσηται τὸ ὄνομα κυρίου σωθήσεται

3 23 ἔσται δὲ πᾶσα ψυχὴ ἥτις ἐὰν (ἂν Hϛ) μὴ ἀκούσῃ ... ἐξολεθρευθήσεται ἐκ τοῦ λαοῦ

7 6 ἔσται τὸ σπέρμα αὐτοῦ πάροικον ἐν γῇ ἀλλοτρίᾳ

13 11 ἔσῃ τυφλὸς μὴ βλέπων τὸν ἥλιον ἄχρι καιροῦ

22 15ᶜ ὅτι ἔσῃ μάρτυς αὐτῷ πρὸς πάντας ἀνθρώπους

27 22ᵉ ἀποβολὴ γὰρ ψυχῆς οὐδεμία ἔσται ἐξ ὑμῶν πλὴν τοῦ πλοίου

27 25 πιστεύω γὰρ τῷ θεῷ ὅτι οὕτως ἔσται

Rm 4 18 οὕτως ἔσται τὸ σπέρμα σου

6 5 εἰ γὰρ σύμφυτοι γεγόναμεν τῷ ὁμοιώματι τοῦ θανάτου αὐτοῦ, ἀλλὰ καὶ τῆς ἀναστάσεως ἐσόμεθα

9 9ᶜ κατὰ τὸν καιρὸν τοῦτον ἐλεύσομαι καὶ ἔσται τῇ Σάρρᾳ υἱός

9 26ᵈ καὶ ἔσται ἐν τῷ τόπῳ οὗ ἐρρέθη αὐτοῖς [NH]

15 12 ἔσται ἡ ῥίζα τοῦ Ἰεσσαί, καὶ ὁ ἀνιστάμενος ἄρχειν ἐθνῶν

1 C 6 16ʰ ἔσονται γάρ, φησίν, οἱ δύο εἰς σάρκα μίαν

11 27 ἔνοχος ἔσται τοῦ σώματος καὶ τοῦ αἵματος τοῦ κυρίου

14 9ᵃ ἔσεσθε γὰρ εἰς ἀέρα λαλοῦντες

14 11ᶜ ἐὰν οὖν μὴ εἰδῶ τὴν δύναμιν τῆς φωνῆς, ἔσομαι τῷ λαλοῦντι βάρβαρος

2 C 3 8ᵈ πῶς οὐχὶ μᾶλλον ἡ διακονία τοῦ πνεύματος ἔσται ἐν δόξῃ;

6 16ᶜ καὶ ἔσομαι αὐτῶν θεός, ↔

6 16ᶜ καὶ αὐτοὶ ἔσονταί μου (μοι Sϛ) λαός

6 18ᶜʰ καὶ ἔσομαι ὑμῖν εἰς πατέρα, ↔

6 18ᶜʰ καὶ ὑμεῖς ἔσεσθέ μοι εἰς υἱοὺς καὶ θυγατέρας

11 15ʲ ὧν τὸ τέλος ἔσται κατὰ τὰ ἔργα αὐτῶν

12 6 ἐὰν γὰρ θελήσω καυχήσασθαι, οὐκ ἔσομαι ἄφρων

13 11ᶠ ὁ θεὸς τῆς ἀγάπης καὶ εἰρήνης ἔσται μεθ' ὑμῶν

E 5 31ʰ καὶ ἔσονται οἱ δύο εἰς σάρκα μίαν

6 3ⁿ ἵνα εὖ σοι γένηται καὶ ἔσῃ μακροχρόνιος ἐπὶ τῆς γῆς

Ph 4 9ᶠ ὁ θεὸς τῆς εἰρήνης ἔσται μεθ' ὑμῶν

Cl 2 8 βλέπετε μή τις ὑμᾶς ἔσται ὁ συλαγωγῶν διὰ τῆς φιλοσοφίας

1 Th 4 17ˡ καὶ οὕτως πάντοτε σὺν κυρίῳ ἐσόμεθα

1Tm 4 6 ταῦτα ὑποτιθέμενος τοῖς ἀδελφοῖς καλὸς ἔσῃ διάκονος Χριστοῦ Ἰησοῦ

2Tm 2 2 οἵτινες ἱκανοὶ ἔσονται καὶ ἑτέρους διδάξαι

2 21ʰ ἐὰν οὖν τις ἐκκαθάρῃ ἑαυτὸν ἀπὸ τούτων, ἔσται σκεῦος εἰς τιμήν

3 2 ἔσονται γὰρ οἱ ἄνθρωποι φίλαυτοι

3 9ᶜ ἡ γὰρ ἄνοια αὐτῶν ἔκδηλος ἔσται πᾶσιν

2Tm 4 3 ἔσται γὰρ καιρὸς ὅτε τῆς ὑγιαινούσης διδασκαλίας οὐκ ἀνέξονται

Hb 1 5ᶜʰ ἐγὼ ἔσομαι αὐτῷ εἰς πατέρα, ↔

1 5ᶜʰ καὶ αὐτὸς ἔσται μοι εἰς υἱόν

2 13ᵇ ἐγὼ ἔσομαι πεποιθὼς ἐπ' αὐτῷ

3 12ᵈ βλέπετε, ἀδελφοί, μήποτε ἔσται ἔν τινι ὑμῶν καρδία πονηρὰ ἀπιστίας

8 10ᶜʰ καὶ ἔσομαι αὐτοῖς εἰς θεόν ↔

8 10ᶜʰ καὶ αὐτοὶ ἔσονταί μοι εἰς λαόν

8 12 ὅτι ἵλεως ἔσομαι ταῖς ἀδικίαις αὐτῶν

Jc 1 25ᵈ οὗτος μακάριος ἐν τῇ ποιήσει αὐτοῦ ἔσται

5 3ᶜʰ ὁ ἰὸς αὐτῶν εἰς μαρτύριον ὑμῖν ἔσται

1 Pt 1 16 διότι γέγραπται ὅτι [+N²⁶NH] ἅγιοι ἔσεσθε (γίνεσθε S; γέν. ϛ)

2 Pt 2 1ᵈ ὡς καὶ ἐν ὑμῖν ἔσονται ψευδοδιδάσκαλοι

1 Jo 3 2 οὔπω ἐφανερώθη τί ἐσόμεθα. ↔

3 2 οἴδαμεν ὅτι ἐὰν φανερωθῇ ὅμοιοι αὐτῷ ἐσόμεθα

2 Jo 2ᶠʰ καὶ μεθ' ἡμῶν ἔσται εἰς τὸν αἰῶνα. ↔

3ᶠ ἔσται μεθ' ἡμῶν χάρις ἔλεος εἰρήνη παρὰ θεοῦ πατρός

Jd 18ᵈⁿ ὅτι (+[N²⁶S]Vϛ) || ἐπ' ἐσχάτου τοῦ ([N²⁶]; —H) χρόνου ((ἐν ἐσχάτῳ χρόνῳ ϛ)) ἔσονται ἐμπαῖκται

Ap 10 6 ὅτι χρόνος οὐκέτι ἔσται

10 9ᵈ ἀλλ' ἐν τῷ στόματί σου ἔσται γλυκὺ ὡς μέλι

20 6 ἀλλ' ἔσονται ἱερεῖς τοῦ θεοῦ καὶ τοῦ Χριστοῦ

21 3 αὐτοὶ λαοὶ αὐτοῦ ἔσονται, ↔

21 3ᶠ καὶ αὐτὸς ὁ θεὸς | μετ' αὐτῶν ἔσται (~VSTϛ) | αὐτῶν θεός (+[N²⁶] Bϛ)

21 4 καὶ ὁ θάνατος οὐκ ἔσται ἔτι, ↔

21 4 οὔτε πένθος οὔτε κραυγὴ οὔτε πόνος οὐκ ἔσται ἔτι

21 7ᶜ ὁ νικῶν κληρονομήσει ταῦτα, καὶ ἔσομαι αὐτῷ θεός ↔

21 7ᶜ καὶ αὐτὸς ἔσται μοι (+ὁ ϛ) υἱός

21 25 νὺξ γὰρ οὐκ ἔσται ἐκεῖ

22 3 καὶ πᾶν κατάθεμα οὐκ ἔσται ἔτι. ↔

22 3ᵈ καὶ ὁ θρόνος τοῦ θεοῦ καὶ τοῦ ἀρνίου ἐν αὐτῇ ἔσται

22 5 νὺξ οὐκ ἔσται ἔτι

22 12ᶜ * ἰδοὺ ἔρχομαι ... ἀποδοῦναι ἑκάστῳ ὡς τὸ ἔργον ἔσται (VBϛ; ἐστὶν rl) αὐτοῦ

22 14ⁿ ἵνα ἔσται ἡ ἐξουσία αὐτῶν ἐπὶ τὸ (—M) ξύλον τῆς ζωῆς

ὦ, ᾖς

ᵃ c. part.
ᵇ c. gen.
ᶜ c. ἐν
ᵈ c. μετά
ᵉ c. εἰς
ᶠ c. ἐκ
ᵍ c. ἐπί
ʰ c. παρά
ʲ c. κατά

Mt 6 4ᶜ ὅπως | ᾖ σου ἡ ἐλεημοσύνη (~T) ἐν τῷ κρυπτῷ

6 22 ἐὰν οὖν (—T) ᾖ ὁ ὀφθαλμός σου ἁπλοῦς

6 23 ἐὰν δὲ ὁ ὀφθαλμός σου πονηρὸς ᾖ

10 13 ἐὰν μὲν ᾖ ἡ οἰκία ἀξία

10 13 ἐὰν δὲ μὴ ᾖ ἀξία

20 4 ὃ ἐὰν ᾖ δίκαιον δώσω ὑμῖν

20 7 * | καὶ ὃ ἐὰν ᾖ δίκαιον λήψεσθε (+ϛ)

Mt 24 28 ὅπου (+γὰρ Sϛ) ἐὰν ᾖ τὸ πτῶμα

Mc 3 14ᵈ ἐποίησεν δώδεκα | οὓς καὶ ἀποστόλους ὠνόμασεν (+[N²⁶]H) ἵνα ὦσιν μετ' αὐτοῦ

5 18ᵈ παρεκάλει αὐτὸν ὁ δαιμονισθεὶς ἵνα μετ' αὐτοῦ ᾖ

Lc 10 6 ἐὰν | ἐκεῖ ᾖ (~VBSTϛ) υἱὸς εἰρήνης

11 34 ὅταν ὁ ὀφθαλμός σου ἁπλοῦς ᾖ

11 34 ἐπὰν δὲ πονηρὸς ᾖ

14 8ᵃ μήποτε ἐντιμότερός σου ᾖ κεκλημένος ὑπ' αὐτοῦ

20 28 ἐάν τινος ἀδελφὸς ἀποθάνῃ ἔχων γυναῖκα, καὶ οὗτος ἄτεκνος ᾖ (ἀποθάνῃ ϛ)

Jo 3 2ᵈ ἐὰν μὴ ᾖ ὁ θεὸς μετ' αὐτοῦ

3 27ᵃ οὐ δύναται ἄνθρωπος ... ἐὰν μὴ ᾖ δεδομένον αὐτῷ ἐκ τοῦ οὐρανοῦ

6 65ᵃ ἐὰν μὴ ᾖ δεδομένον αὐτῷ ἐκ τοῦ πατρός (+μου Vϛ)

9 5ᶜ ὅταν ἐν τῷ κόσμῳ ὦ, φῶς εἰμι τοῦ κόσμου

9 31 ἀλλ' ἐάν τις θεοσεβὴς ᾖ καὶ τὸ θέλημα αὐτοῦ ποιῇ

14 3 ἵνα ὅπου εἰμὶ ἐγὼ καὶ ὑμεῖς ἦτε

14 16ᵈᵉ ἵνα || μεθ' ὑμῶν εἰς τὸν αἰῶνα ᾖ (μένῃ ϛ) ((N²⁶; ~rl))

15 11ᶜ ἵνα ἡ χαρὰ ἡ ἐμὴ ἐν ὑμῖν ᾖ (μείνῃ ϛ)

16 24ᵃ ἵνα ἡ χαρὰ ὑμῶν ᾖ πεπληρωμένη

17 11 ἵνα ὦσιν ἓν καθὼς ἡμεῖς

17 19ᵃ ἵνα ὦσιν καὶ αὐτοὶ ἡγιασμένοι ἐν ἀληθείᾳ

17 21 ἵνα πάντες ἓν ὦσιν

17 21ᶜ ἵνα καὶ αὐτοὶ ἐν ἡμῖν (+ἓν MVBSϛ) ὦσιν

17 22 ἵνα ὦσιν ἓν καθὼς ἡμεῖς ἕν

17 23ᵃ ἵνα ὦσιν τετελειωμένοι εἰς ἕν

17 24ᵈ θέλω ἵνα ὅπου εἰμὶ ἐγὼ κἀκεῖνοι ὦσιν μετ' ἐμοῦ

17 26ᶜ ἵνα ἡ ἀγάπη ἣν ἠγάπησάς με ἐν αὐτοῖς ᾖ κἀγὼ ἐν αὐτοῖς

Ac 5 38ᶠ ὅτι ἐὰν ᾖ ἐξ ἀνθρώπων ἡ βουλὴ αὕτη ἢ τὸ ἔργον τοῦτο, καταλυθήσεται

Rm 2 25 ἐὰν δὲ παραβάτης νόμου ᾖς, ἡ περιτομή σου ἀκροβυστία γέγονεν

9 27 ἐὰν ᾖ ὁ ἀριθμὸς τῶν υἱῶν Ἰσραὴλ ὡς ἡ ἄμμος τῆς θαλάσσης

11 25ᶜʰ ἵνα μὴ ᾖτε παρ' ([N²⁶]; ἐν NH) ἑαυτοῖς φρόνιμοι

1 C 1 10ᶜ ἵνα ... μὴ ᾖ ἐν ὑμῖν σχίσματα, ↔

1 10ᵃ ἦτε δὲ κατηρτισμένοι ἐν τῷ αὐτῷ νοῒ καὶ ἐν τῇ αὐτῇ γνώμῃ

2 5ᶜ ἵνα ἡ πίστις ὑμῶν μὴ ᾖ ἐν σοφίᾳ ἀνθρώπων

5 7 ἵνα ἦτε νέον φύραμα, καθώς ἐστε ἄζυμοι

5 11 μὴ συναναμίγνυσθαι ἐάν τις ἀδελφὸς ὀνομαζόμενος ᾖ πόρνος ἢ πλεονέκτης

7 5ᵍ ἵνα σχολάσητε τῇ προσευχῇ καὶ πάλιν ἐπὶ τὸ αὐτὸ ἦτε (συνέρχησθε ϛ)

7 29 ἵνα καὶ οἱ ἔχοντες γυναῖκας ὡς μὴ ἔχοντες ὦσιν

7 36 εἰ δέ τις ἀσχημονεῖν ... νομίζει, ἐὰν ᾖ ὑπέρακμος ... ὃ θέλει ποιείτω

12 25ᶜ ἵνα μὴ ᾖ σχίσμα (-ματα VT) ἐν τῷ σώματι

14 28 ἐὰν δὲ μὴ ᾖ διερμηνευτής, σιγάτω ἐν ἐκκλησίᾳ

15 28 ἵνα ᾖ ὁ θεὸς τὰ ([N²⁶S]; —NH) πάντα ἐν πᾶσιν

16 4 ἐὰν δὲ | ἄξιον ᾖ (~Tϛ) τοῦ κἀμὲ πορεύεσθαι

Column 1

2 C 1 9ᵃ ἵνα μὴ πεποιθότες ὦμεν ἐφ' ἑαυτοῖς
     ἀλλ' ἐπὶ τῷ θεῷ
1 17ʰ ἵνα ᾖ παρ' ἐμοὶ τὸ ναὶ ναί (—B)
     καὶ τὸ οὒ οὔ (—B)
4 7ᵇᶠ ἵνα ἡ ὑπερβολὴ τῆς δυνάμεως ᾖ
     τοῦ θεοῦ καὶ μὴ ἐξ ἡμῶν
9 3ᵃ ἵνα καθὼς ἔλεγον παρεσκευασμένοι
     ἦτε
13 7 ἀλλ' ἵνα ὑμεῖς τὸ καλὸν ποιῆτε,
     ἡμεῖς δὲ ὡς ἀδόκιμοι ὦμεν
13 9 χαίρομεν γὰρ ὅταν ἡμεῖς ἀσθενῶ-
     μεν, ὑμεῖς δὲ δυνατοὶ ἦτε
G 5 10 ὁ δὲ ταράσσων ὑμᾶς βαστάσει τὸ
     κρίμα, ὅστις ἐὰν ᾖ
E 4 14ᵃ ἵνα μηκέτι ὦμεν νήπιοι, κλυδωνι-
     ζόμενοι καὶ περιφερόμενοι
5 27 ἀλλ' ἵνα ᾖ ἁγία καὶ ἄμωμος
Ph 1 10ᵃ ⟨προσεύχομαι⟩ ἵνα ἦτε εἰλικρινεῖς
     καὶ ἀπρόσκοποι εἰς ἡμέραν Χρι-
     στοῦ ⟨πεπληρωμένοι καρπὸν δι-
     καιοσύνης⟩
2 28 ἵνα ἰδόντες αὐτὸν πάλιν χαρῆτε
     κἀγὼ ἀλυπότερος ὦ
1 Tm 4 15 ἵνα σου ἡ προκοπὴ φανερὰ ᾖ
     πᾶσιν
5 7 ταῦτα παράγγελλε, ἵνα ἀνεπίλημ-
     πτοι ὦσιν
2 Tm 3 17ᵈ ἵνα ἄρτιος ᾖ ὁ τοῦ θεοῦ ἄνθρωπος,
     πρὸς πᾶν ἔργον ἀγαθὸν ἐξηρτισμέ-
     νος
Tt 1 9 ἵνα δυνατὸς ᾖ καὶ παρακαλεῖν ἐν
     τῇ διδασκαλίᾳ τῇ ὑγιαινούσῃ
3 14 ἵνα μὴ ὦσιν ἄκαρποι
Phm 14ʲ ἵνα μὴ ὡς κατὰ ἀνάγκην τὸ ἀγα-
     θόν σου ᾖ ἀλλὰ κατὰ ἑκούσιον
Jc 1 4ᵃ ἵνα ἦτε τέλειοι καὶ ὁλόκληροι, ἐν
     μηδενὶ λειπόμενοι
2 15ᵃ * ἐὰν ἀδελφὸς ἢ ἀδελφὴ γυμνοὶ
     ὑπάρχωσιν καὶ λειπόμενοι ὦσι
     (+ς) τῆς ἐφημέρου τροφῆς
5 15ᵃ κἂν ἁμαρτίας ᾖ πεποιηκώς, ἀφε-
     θήσεται αὐτῷ
1 Jo 1 4ᵃ ἵνα ἡ χαρὰ ἡμῶν ᾖ πεπληρωμένη
2 Jo 12ᵃ ἵνα ἡ χαρὰ ἡμῶν (ὑμῶν H)
     | πεπληρωμένη ᾖ (~ MVSς)

εἴην, εἴης
     ᵃ c. dat.
     ᵇ c. εἰς
     ᶜ c. σύν
Lc 1 29 διελογίζετο ποταπὸς εἴη ὁ ἀσπα-
     σμὸς οὗτος
3 15 διαλογιζομένων πάντων ... περὶ
     τοῦ Ἰωάννου, μήποτε αὐτὸς εἴη ὁ
     χριστός
8 9 ἐπηρώτων δὲ αὐτὸν οἱ μαθηταὶ αὐ-
     τοῦ τίς αὕτη εἴη ἡ παραβολή
9 46 εἰσῆλθεν δὲ διαλογισμὸς ἐν αὐτοῖς,
     τὸ τίς ἂν εἴη μείζων αὐτῶν
15 26 ἐπυνθάνετο τί ἂν (—Tς) εἴη ταῦτα
18 36 ἐπυνθάνετο τί (+ἂν S) εἴη τοῦτο
22 23 ἤρξαντο συζητεῖν ... τὸ τίς ἄρα
     εἴη ἐξ αὐτῶν ὁ τοῦτο μέλλων
     πράσσειν
Jo 13 24 νεύει οὖν τούτῳ Σίμων Πέτρος
     | πυθέσθαι τίς ἂν εἴη (N²⁶ς; καὶ λέγει
     αὐτῷ· εἰπὲ τίς ἐστιν rl)
Ac 8 20ᵇᶜ τὸ ἀργύριόν σου σὺν σοὶ εἴη εἰς
     ἀπώλειαν
10 17 ὡς δὲ ἐν ἑαυτῷ διηπόρει ὁ Πέτρος
     τί ἂν εἴη τὸ ὅραμα ὃ εἶδεν
20 16ᵃ ἔσπευδεν γάρ, εἰ δυνατὸν εἴη (ἦν
     ς) ... γενέσθαι εἰς Ἱεροσόλυμα
21 33 ἐγγίσας ὁ χιλίαρχος ... ἐπυν-
     θάνετο τίς (+ἂν ς) εἴη καὶ τί ἐστιν
     πεποιηκώς

41*

Column 2

Ap 3 15 * ὄφελον ψυχρὸς εἴης (ς; ἦς rl) ἢ
     ζεστός

ἴσθι, ἔστω
     ᵃ c. part.
     ᵇ c. ὁ et part.
     ᶜ c. dat.
     ᵈ ἔστω δέ
     ᵉ ἤτω
     ᶠ c. ἐν
Mt 2 13 φεῦγε εἰς Αἴγυπτον, καὶ ἴσθι ἐκεῖ
     ἕως ἂν εἴπω σοι
5 25ᵃ ἴσθι εὐνοῶν τῷ ἀντιδίκῳ σου ταχύ
5 37ᵈ ἔστω δὲ ὁ λόγος ὑμῶν ναὶ ναί, οὒ
     οὔ
18 17ᶜ ἐὰν δὲ ... παρακούσῃ, ἔστω σοι
     ὥσπερ ὁ ἐθνικὸς καὶ ὁ τελώνης
20 26 * ἀλλ' ὃς ἐὰν (ἂν H) θέλῃ ἐν ὑμῖν
     μέγας γενέσθαι, ἔστω (ς; ἔσται rl)
     ὑμῶν διάκονος, ↔
20 27 * καὶ ὃς ἂν (ἐὰν VSς) θέλῃ ἐν ὑμῖν
     εἶναι πρῶτος, ἔστω (ς; ἔσται rl)
     ὑμῶν δοῦλος
Mc 5 34 ὕπαγε εἰς εἰρήνην, καὶ ἴσθι ὑγιὴς
     ἀπὸ τῆς μάστιγός σου
10 43 * ἀλλ' ὃς ἂν θέλῃ μέγας γενέσθαι
     ἐν ὑμῖν, ἔστω (S; ἔσται rl) ὑμῶν
     διάκονος
Lc 12 35ᵃ ἔστωσαν ὑμῶν αἱ ὀσφύες περιεζω-
     σμέναι καὶ οἱ λύχνοι καιόμενοι
19 17ᵃ ἴσθι ἐξουσίαν ἔχων ἐπάνω δέκα
     πόλεων
Ac 1 20ᵇ γενηθήτω ἡ ἔπαυλις αὐτοῦ ἔρημος
     καὶ μὴ ἔστω ὁ κατοικῶν ἐν αὐτῇ
2 14ᶜ ἄνδρες Ἰουδαῖοι ... τοῦτο ὑμῖν
     γνωστὸν ἔστω
4 10ᶜ γνωστὸν ἔστω πᾶσιν ὑμῖν καὶ
     παντὶ τῷ λαῷ Ἰσραήλ
13 38ᶜ γνωστὸν οὖν ἔστω ὑμῖν
28 28ᶜ γνωστὸν οὖν | ἔστω ὑμῖν (~ H)
1 C 16 22ᶜ εἴ τις οὐ φιλεῖ τὸν κύριον, ἤτω
     ἀνάθεμα
2 C 12 16ᵈ ἔστω δέ, ἐγὼ οὐ κατεβάρησα ὑμᾶς
G 1 8 ἀλλὰ καὶ ἐὰν ἡμεῖς ἢ ἄγγελος ἐξ
     οὐρανοῦ || εὐαγγελίσηται (-λίζη-
     ται MVBSς) ὑμῖν ([N²⁶NH]; —T)
     ((~ S)) παρ' ὃ εὐηγγελισάμεθα
     ὑμῖν, ἀνάθεμα ἔστω
1 9 εἴ τις ὑμᾶς εὐαγγελίζεται παρ' ὃ
     παρελάβετε, ἀνάθεμα ἔστω
1 Tm 3 12 διάκονοι ἔστωσαν μιᾶς γυναικὸς
     ἄνδρες
4 15ᶠ ταῦτα μελέτα, ἐν τούτοις ἴσθι
Jc 1 19ᵈ ἔστω δὲ (—Sς) πᾶς ἄνθρωπος
     ταχὺς εἰς τὸ ἀκοῦσαι
5 12ᵉ ἤτω δὲ ὑμῶν τὸ ναὶ ναί, καὶ τὸ οὒ
     οὔ
1 Pt 3 3 ὧν ἔστω οὐχ ὁ ἔξωθεν ἐμπλοκῆς
     τριχῶν ... ἢ ἐνδύσεως ἱματίων
     κόσμος

εἶναι
     ᵃ εἶναι et nom.
     ᵇ c. gen.
     ᶜ εἰς τὸ (μὴ) εἶναι
     ᵈ διὰ τὸ εἶναι
     ᵉ ἐν τῷ εἶναι
     ᶠ τοῦ (μὴ) εἶναι
     ᵍ c. part. praes.
     ʰ c. ἐν
     ⁱ c. εἰς
Mt 16 13 τίνα (+με ς) λέγουσιν οἱ ἄνθρω-
     ποι εἶναι τὸν υἱὸν τοῦ ἀνθρώπου;
16 15 ὑμεῖς δὲ τίνα με λέγετε εἶναι;
17 4 κύριε, καλόν ἐστιν ἡμᾶς ὧδε εἶναι
19 21ᵃ εἰ θέλεις τέλειος εἶναι

Column 3

Mt 20 27ᵃ ὃς ἂν (ἐὰν VSς) θέλῃ ἐν ὑμῖν εἶναι
     πρῶτος
22 23 προσῆλθον αὐτῷ Σαδδουκαῖοι,
     λέγοντες μὴ εἶναι ἀνάστασιν
Mc 1 34 * ὅτι ᾔδεισαν αὐτὸν | Χριστὸν
     εἶναι [+H]
6 49 * ἔδοξαν | φάντασμα εἶναι (VBSς;
     ὅτι φάντασμά ἐστιν rl)
8 27 τίνα με λέγουσιν οἱ ἄνθρωποι
     εἶναι;
8 29 ὑμεῖς δὲ τίνα με λέγετε εἶναι;
9 5 ῥαββί, καλόν ἐστιν ἡμᾶς ὧδε
     εἶναι
9 35ᵃ εἴ τις θέλει πρῶτος εἶναι
10 44ᵃ ὃς ἂν θέλῃ | ἐν ὑμῖν εἶναι (ὑμῶν
     γενέσθαι Tς) πρῶτος
12 18 ἔρχονται Σαδδουκαῖοι πρὸς αὐτόν,
     οἵτινες λέγουσιν ἀνάστασιν μὴ
     εἶναι
14 64 οἱ δὲ πάντες κατέκριναν αὐτὸν
     | ἔνοχον εἶναι (~ Vς) θανάτου
Lc 2 4ᵈ διὰ τὸ εἶναι αὐτὸν ἐξ οἴκου καὶ
     πατριᾶς Δαυίδ
2 6ᵉ ἐγένετο δὲ ἐν τῷ εἶναι αὐτοὺς ἐκεῖ
2 44ʰ νομίσαντες δὲ αὐτὸν εἶναι ἐν τῇ
     συνοδίᾳ
2 49ʰ οὐκ ᾔδειτε ὅτι ἐν τοῖς τοῦ πατρός
     μου δεῖ εἶναί με;
4 41 ὅτι ᾔδεισαν τὸν χριστὸν αὐτὸν
     εἶναι
5 12ᵉʰ ἐγένετο ἐν τῷ εἶναι αὐτὸν ἐν μιᾷ
     τῶν πόλεων
8 38 ἐδεῖτο δὲ αὐτοῦ ὁ ἀνὴρ ... εἶναι
     σὺν αὐτῷ
9 18ᵉᵍ ἐγένετο ἐν τῷ εἶναι αὐτὸν προσ-
     ευχόμενον κατὰ μόνας
9 18 τίνα με | λέγουσιν οἱ ὄχλοι
     (~ NMBSTH) εἶναι;
9 20 ὑμεῖς δὲ τίνα με λέγετε εἶναι;
9 33 ἐπιστάτα, καλόν ἐστιν ἡμᾶς ὧδε
     εἶναι
11 1ᵉᵍʰ ἐγένετο ἐν τῷ εἶναι αὐτὸν ἐν τό-
     πῳ τινὶ προσευχόμενον
11 8ᵈ εἰ καὶ οὐ δώσει αὐτῷ ἀναστὰς διὰ
     τὸ εἶναι φίλον αὐτοῦ
14 26ᵃ εἴ τις ... οὐ μισεῖ τὸν πατέρα
     ἑαυτοῦ (αὐτ. NMVBT) ... οὐ
     δύναται | εἶναί μου μαθητής (~ S
     Vς). ↔
14 27ᵃ (+καὶ Vς) ὅστις οὐ βαστάζει τὸν
     σταυρὸν ἑαυτοῦ ... οὐ δύναται
     εἶναί μου μαθητής
14 33ᵃ ὃς ἐξ ὑμῶν ὃς οὐκ ἀποτάσσεται
     πᾶσιν τοῖς ἑαυτοῦ ὑπάρχουσιν οὐ
     δύναται εἶναί μου μαθητής
19 11ᵈ διὰ τὸ ἐγγὺς εἶναι Ἰερουσαλὴμ
     αὐτὸν καὶ δοκεῖν αὐτούς
20 6 πεπεισμένος γάρ ἐστιν Ἰωάννην
     προφήτην εἶναι
20 20 ἀπέστειλαν ἐγκαθέτους ὑποκρινο-
     μένους ἑαυτοὺς δικαίους εἶναι
20 27 προσελθόντες δέ τινες τῶν Σαδ-
     δουκαίων, οἱ ἀντιλέγοντες ([ἀντι]λ.
     N²⁶; λέγ. H) ἀνάστασιν μὴ εἶναι
20 41 πῶς λέγουσιν τὸν χριστὸν εἶναι
     Δαυὶδ υἱόν;
22 24ᵃ ἐγένετο δὲ καὶ φιλονεικία ἐν αὐτοῖς,
     τὸ αὐτῶν δοκεῖ εἶναι μείζων
23 2 τοῦτον εὕραμεν ... λέγοντα ἑαυτὸν
     χριστὸν βασιλέα εἶναι
Jo 1 46ᵃ ἐκ Ναζαρὲτ δύναταί τι ἀγαθὸν
     εἶναι;
7 4ʰ οὐδεὶς γάρ τι ἐν κρυπτῷ ποιεῖ καὶ
     ζητεῖ αὐτὸς ἐν παρρησίᾳ εἶναι

Jo 17 5ʳ δόξασόν με ... τῇ δόξῃ ᾗ εἶχον πρὸ τοῦ τὸν κόσμον εἶναι παρὰ σοί

Ac 2 12ᵃ τί θέλει τοῦτο εἶναι;

4 32 οὐδὲ εἷς τι τῶν ὑπαρχόντων αὐτῷ ἔλεγεν ἴδιον εἶναι

5 36 ἀνέστη Θευδᾶς, λέγων εἶναί τινα ἑαυτόν

8 9 ἀνήρ ... Σίμων προϋπῆρχεν ... λέγων εἶναί τινα ἑαυτὸν μέγαν

8 37 * | πιστεύω τὸν υἱὸν τοῦ θεοῦ εἶναι τὸν Ἰησοῦν Χριστόν (.. +ς)

13 25 | τί ἐμὲ (τίνα με ς) ὑπονοεῖτε εἶναι, οὐκ εἰμὶ ἐγώ

13 47ᶠʲ τέθεικά σε εἰς φῶς ἐθνῶν τοῦ εἶναί σε εἰς σωτηρίαν ἕως ἐσχάτου τῆς γῆς

16 13ᵃ ἐξήλθομεν ... παρὰ ποταμὸν οὗ | ἐνομίζομεν προσευχὴν (ἐνομίζετο προσευχὴ Sς) εἶναι

16 15 εἰ κεκρίκατέ με πιστὴν τῷ κυρίῳ εἶναι

17 7 βασιλέα ἕτερον λέγοντες εἶναι Ἰησοῦν

17 18ᵃ ξένων δαιμονίων δοκεῖ καταγγελεὺς εἶναι

17 20ᵃ βουλόμεθα οὖν γνῶναι τίνα θέλει ταῦτα εἶναι

17 29 οὐκ ὀφείλομεν νομίζειν, χρυσῷ ἢ ἀργύρῳ ... τὸ θεῖον εἶναι ὅμοιον

18 3ᵈ διὰ τὸ ὁμότεχνον εἶναι ἔμενεν παρ' αὐτοῖς

18 5 διαμαρτυρόμενος τοῖς Ἰουδαίοις εἶναι (—ς) τὸν χριστὸν Ἰησοῦν

18 15ᵃ κριτὴς (+γὰρ [MS]Vς) ἐγὼ τούτων οὐ βούλομαι εἶναι

18 28 διακατηλέγχετο δημοσίᾳ ἐπιδεικνὺς διὰ τῶν γραφῶν εἶναι τὸν χριστὸν Ἰησοῦν

19 1ᵉʰ ἐγένετο δὲ ἐν τῷ τὸν Ἀπολλῶ εἶναι ἐν Κορίνθῳ

23 8 Σαδδουκαῖοι μὲν (—ΝΗ) γὰρ λέγουσιν μὴ εἶναι ἀνάστασιν μήτε ἄγγελον μήτε πνεῦμα

27 4ᵈ ὑπεπλεύσαμεν τὴν Κύπρον διὰ τὸ τοὺς ἀνέμους εἶναι ἐναντίους

28 6 μεταβαλόμενοι (μεταβαλλ. Τς) ἔλεγον αὐτὸν εἶναι θεόν

Rm 1 20ᶜ εἰς τὸ εἶναι αὐτοὺς ἀναπολογήτους

1 22ᵃ φάσκοντες εἶναι σοφοὶ ἐμωράνθησαν

2 19 πέποιθάς τε σεαυτὸν ὁδηγὸν εἶναι τυφλῶν

3 9 προῃτιασάμεθα γὰρ Ἰουδαίους τε καὶ Ἕλληνας πάντας ὑφ' ἁμαρτίαν εἶναι

3 26ᶜᵍ εἰς τὸ εἶναι αὐτὸν δίκαιον καὶ δικαιοῦντα τὸν ἐκ πίστεως Ἰησοῦ

4 11ᶜ εἰς τὸ εἶναι αὐτὸν πατέρα πάντων τῶν πιστευόντων δι' ἀκροβυστίας

4 13 οὐ γὰρ διὰ νόμου ἡ ἐπαγγελία τῷ Ἀβραάμ ... τὸ κληρονόμον αὐτὸν εἶναι κόσμου

4 16ᶜ εἰς τὸ εἶναι βεβαίαν τὴν ἐπαγγελίαν παντὶ τῷ σπέρματι

6 11 οὕτως καὶ ὑμεῖς λογίζεσθε ἑαυτοὺς εἶναι [Ν²⁶] νεκροὺς μὲν τῇ ἁμαρτίᾳ ζῶντας δὲ τῷ θεῷ

7 3ᶠ ἐλευθέρα ἐστὶν ἀπὸ τοῦ νόμου, τοῦ μὴ εἶναι αὐτὴν μοιχαλίδα γενομένην ἀνδρὶ ἑτέρῳ

8 29ᶜ συμμόρφους τῆς εἰκόνος τοῦ υἱοῦ αὐτοῦ, εἰς τὸ εἶναι αὐτὸν πρωτότοκον ἐν πολλοῖς ἀδελφοῖς

Rm 9 3ᵃ ηὐχόμην γὰρ ἀνάθεμα εἶναι αὐτὸς ἐγὼ ἀπὸ τοῦ Χριστοῦ ὑπὲρ τῶν ἀδελφῶν μου

14 14 εἰ μὴ τῷ λογιζομένῳ τι κοινὸν εἶναι, ἐκείνῳ κοινόν

15 16ᶜ ⟨τὴν χάριν τὴν δοθεῖσάν μοι⟩ εἰς τὸ εἶναί με λειτουργὸν Χριστοῦ Ἰησοῦ εἰς τὰ ἔθνη

16 19 θέλω δὲ ὑμᾶς σοφοὺς (+μὲν MVS [H]ς) εἶναι εἰς τὸ ἀγαθόν

1 C 3 18ᵃ εἴ τις δοκεῖ σοφὸς εἶναι ἐν ὑμῖν

7 7 θέλω δὲ πάντας ἀνθρώπους εἶναι ὡς καὶ ἐμαυτόν

7 25ᵃ γνώμην δὲ δίδωμι ὡς ἠλεημένος ὑπὸ κυρίου πιστὸς εἶναι

7 26 ὅτι καλὸν ἀνθρώπῳ τὸ οὕτως εἶναι

7 32 θέλω δὲ ὑμᾶς ἀμερίμνους εἶναι

10 6ᶜ ταῦτα δὲ τύποι ἡμῶν ἐγενήθησαν, εἰς τὸ μὴ εἶναι ἡμᾶς ἐπιθυμητὰς κακῶν

11 16ᵃ εἰ δέ τις δοκεῖ φιλόνεικος εἶναι

11 19 δεῖ γὰρ καὶ αἱρέσεις ἐν ὑμῖν εἶναι

12 23 ἃ δοκοῦμεν ἀτιμότερα εἶναι τοῦ σώματος

14 37ᵃ εἴ τις δοκεῖ προφήτης εἶναι ἢ πνευματικός

2 C 5 9ᵃ διὸ καὶ φιλοτιμούμεθα ... εὐάρεστοι αὐτῷ εἶναι

7 11 ἐν παντὶ συνεστήσατε ἑαυτοὺς ἁγνοὺς εἶναι τῷ πράγματι

9 5 ταύτην ἑτοίμην εἶναι οὕτως ὡς εὐλογίαν καὶ (—Τ) μὴ ὡς πλεονεξίαν

10 7ᵇ εἴ τις πέποιθεν ἑαυτῷ Χριστοῦ εἶναι, τοῦτο λογιζέσθω

11 16 μή τίς με δόξῃ ἄφρονα εἶναι

G 2 6ᵃ ἀπὸ δὲ τῶν δοκούντων εἶναί τι

2 9ᵃ Ἰάκωβος καὶ Κηφᾶς καὶ Ἰωάννης, οἱ δοκοῦντες στῦλοι εἶναι

4 21 λέγετέ μοι, οἱ ὑπὸ νόμον θέλοντες εἶναι

6 3ᵃ εἰ γὰρ δοκεῖ τις εἶναί τι μηδὲν ὤν, φρεναπατᾷ ἑαυτόν

E 1 4 καθὼς ἐξελέξατο ἡμᾶς ἐν αὐτῷ πρὸ καταβολῆς κόσμου, εἶναι ἡμᾶς ἁγίους καὶ ἀμώμους

1 12ᶜʲ ⟨ἐκληρώθημεν προορισθέντες⟩ εἰς τὸ εἶναι ἡμᾶς εἰς ἔπαινον δόξης αὐτοῦ

3 6 ⟨ἀπεκαλύφθη τοῖς ἁγίοις ἀποστόλοις⟩ εἶναι τὰ ἔθνη συγκληρονόμα καὶ σύσσωμα καὶ συμμέτοχα τῆς ἐπαγγελίας

Ph 1 23ᶜ συνέχομαι δὲ ... τὴν ἐπιθυμίαν ἔχων εἰς τὸ ἀναλῦσαι καὶ σὺν Χριστῷ εἶναι

2 6 ὃς ἐν μορφῇ θεοῦ ὑπάρχων οὐχ ἁρπαγμὸν ἡγήσατο τὸ εἶναι ἴσα θεῷ

3 8 ἡγοῦμαι πάντα ζημίαν εἶναι διὰ τὸ ὑπερέχον τῆς γνώσεως Χριστοῦ Ἰησοῦ

3 8 * ἡγοῦμαι σκύβαλα εἶναι (+[M] VSς) ἵνα Χριστὸν κερδήσω

4 11ᵃ ἐγὼ γὰρ ἔμαθον ἐν οἷς εἰμι αὐτάρκης εἶναι

1 Th 2 7ᵃʰ δυνάμενοι ἐν βάρει εἶναι ὡς Χριστοῦ ἀπόστολοι

1 Tm 1 7ᵃ ⟨ἐξετράπησαν εἰς ματαιολογίαν⟩ θέλοντες εἶναι νομοδιδάσκαλοι

2 12ʰ διδάσκειν δὲ γυναικὶ οὐκ ἐπιτρέπω ... ἀλλ' εἶναι ἐν ἡσυχίᾳ

3 2 δεῖ οὖν τὸν ἐπίσκοπον ἀνεπίλημπτον εἶναι, μιᾶς γυναικὸς ἄνδρα

1 Tm 6 5 νομιζόντων πορισμὸν εἶναι τὴν εὐσέβειαν

6 18 ⟨τοῖς πλουσίοις ... παράγγελλε⟩ ἀγαθοεργεῖν ... εὐμεταδότους εἶναι, κοινωνικούς

2 Tm 2 24 δοῦλον δὲ κυρίου οὐ δεῖ μάχεσθαι ἀλλὰ ἤπιον εἶναι πρὸς πάντας

Tt 1 7 δεῖ γὰρ τὸν ἐπίσκοπον ἀνέγκλητον εἶναι ὡς θεοῦ οἰκονόμον

2 2 πρεσβύτας νηφαλίους εἶναι, σεμνούς, σώφρονας

2 4 ἵνα σωφρονίζωσιν (-ουσιν Τ) τὰς νέας φιλάνδρους εἶναι

2 9 δούλους ... ὑποτάσσεσθαι ἐν πᾶσιν, εὐαρέστους εἶναι, μὴ ἀντιλέγοντας

3 1 ὑπομίμνῃσκε αὐτούς ... πειθαρχεῖν, πρὸς πᾶν ἔργον ἀγαθὸν ἑτοίμους εἶναι, ↔

3 2 μηδένα βλασφημεῖν, ἀμάχους εἶναι, ἐπιεικεῖς

Hb 5 12ᵃ καὶ γὰρ ὀφείλοντες εἶναι διδάσκαλοι διὰ τὸν χρόνον

11 4ᵃ πίστει πλείονα θυσίαν Ἄβελ ... προσήνεγκεν τῷ θεῷ, δι' ἧς ἐμαρτυρήθη εἶναι δίκαιος

12 11ᵇ πᾶσα δὲ (μὲν NMBSTH) παιδεία ... οὐ δοκεῖ χαρᾶς εἶναι ἀλλὰ λύπης

Jc 1 18ᶜ βουληθεὶς ἀπεκύησεν ἡμᾶς ... εἰς τὸ εἶναι ἡμᾶς ἀπαρχήν τινα τῶν αὐτοῦ (ἑαυτ. S) κτισμάτων

1 26ᵃ εἴ τις δοκεῖ θρησκὸς εἶναι

4 4ᵃ ὃς ἐὰν οὖν βουληθῇ φίλος εἶναι τοῦ κόσμου

1 Pt 1 21ʲ ὥστε τὴν πίστιν ὑμῶν καὶ ἐλπίδα εἶναι εἰς θεόν

5 12 δι' ὀλίγων ἔγραψα, παρακαλῶν καὶ ἐπιμαρτυρῶν ταύτην εἶναι ἀληθῆ χάριν τοῦ θεοῦ

1 Jo 2 9ʰ ὁ λέγων ἐν τῷ φωτὶ εἶναι καὶ τὸν ἀδελφὸν αὐτοῦ μισῶν

Ap 2 2 * ἐπείρασας τοὺς || λέγοντας ἑαυτοὺς ἀποστόλους εἶναι (+B[S]) ((φάσκοντας εἰ. ἀ. ς)) καὶ οὐκ εἰσίν

2 9 οἶδά σου ... καὶ τὴν βλασφημίαν ἐκ τῶν λεγόντων Ἰουδαίους εἶναι ἑαυτούς

3 9 ἰδοὺ διδῶ (δίδωμι BSς) ἐκ τῆς συναγωγῆς τοῦ σατανᾶ, τῶν λεγόντων ἑαυτοὺς Ἰουδαίους εἶναι

ἔσεσθαι

Ac 11 28 ἐσήμανεν (-μαινεν ΝΗ) ... λιμὸν μεγάλην μέλλειν ἔσεσθαι ἐφ' ὅλην τὴν οἰκουμένην

23 30 μηνυθείσης δέ μοι ἐπιβουλῆς εἰς τὸν ἄνδρα (+μέλλειν ς) ἔσεσθαι

24 15 ἐλπίδα ἔχων εἰς (πρὸς Τ) τὸν θεόν ... ἀνάστασιν μέλλειν ἔσεσθαι δικαίων τε καὶ ἀδίκων

24 25 * διαλεγομένου δὲ αὐτοῦ περὶ δικαιοσύνης ... καὶ τοῦ κρίματος τοῦ μέλλοντος ἔσεσθαι (+ς)

27 10 θεωρῶ ὅτι μετὰ ὕβρεως καὶ πολλῆς ζημίας ... μέλλειν ἔσεσθαι τὸν πλοῦν

ὤν, οὖσα, ὄν

ᵃ gen. abs.

ᵇ (τὰ) (μὴ) ὄντα

ᶜ c. gen.

ᵈ c. ἐν

ᵉ c. ἐκ

ᶠ c. εἰς

ᵍ c. σύν

ʰ c. ὑπό

^j c. παρά
^k c. μετά
^l c. κατά
^m c. πρό
ⁿ c. ἐπί
^p c. πρός
^q c. ἀπό

Mt 1 19 Ἰωσὴφ δὲ ὁ ἀνὴρ αὐτῆς, δίκαιος ὢν καὶ μὴ θέλων αὐτὴν δειγματίσαι (παρα- VSϛ)

6 30 εἰ δὲ τὸν χόρτον τοῦ ἀγροῦ σήμερον ὄντα ... ὁ θεὸς οὕτως ἀμφιέννυσιν

7 11 εἰ οὖν ὑμεῖς πονηροὶ ὄντες οἴδατε δόματα ἀγαθὰ διδόναι τοῖς τέκνοις ὑμῶν

12 30 ^kὁ μὴ ὢν μετ' ἐμοῦ κατ' ἐμοῦ ἐστιν

12 34 πῶς δύνασθε ἀγαθὰ λαλεῖν πονηροὶ ὄντες;

Mc 2 26 ^g⟨Δαυίδ⟩ πῶς [ΝΗ] εἰσῆλθεν ... καὶ τοὺς ἄρτους ... ἔφαγεν ... καὶ ἔδωκεν καὶ τοῖς σὺν αὐτῷ οὖσιν;

4 31 ὡς κόκκῳ (κόκκον VS) σινάπεως, ὃς ὅταν σπαρῇ ... | μικρότερον ὂν πάντων τῶν σπερμάτων (μικρότερος π. τ. σπ. ἐστὶ ϛ) τῶν ἐπὶ τῆς γῆς

5 25 ^dγυνὴ (+τις VBSϛ) οὖσα ἐν ῥύσει αἵματος δώδεκα ἔτη

8 1 ^aἐν ἐκείναις ταῖς ἡμέραις πάλιν πολλοῦ ὄχλου ὄντος

11 11 ^aὀψίας (Ν²⁶Vϛ; ὀψὲ rl) ἤδη οὔσης τῆς ὥρας, ἐξῆλθεν εἰς Βηθανίαν

13 16 ^f* καὶ ὁ εἰς τὸν ἀγρὸν ὢν (+ϛ) μὴ ἐπιστρεψάτω ... ἆραι τὸ ἱμάτιον αὐτοῦ

14 3 ^{ad}καὶ ὄντος αὐτοῦ ἐν Βηθανίᾳ ἐν τῇ οἰκίᾳ Σίμωνος τοῦ λεπροῦ ... ἦλθεν γυνή

14 43 * παραγίνεται (+ὁ [ΝΗ]Μ) Ἰούδας (+ὁ Ἰσκαριώτης [S]T) εἷς ὢν (+ϛ) τῶν δώδεκα

14 66 ^{ad}ὄντος τοῦ Πέτρου | κάτω ἐν τῇ αὐλῇ (~Vϛ) ἔρχεται μία τῶν παιδισκῶν τοῦ ἀρχιερέως

Lc 2 5 σὺν Μαριὰμ τῇ ἐμνηστευμένῃ (μεμν. VSϛ) αὐτῷ (+γυναικί VBSϛ), οὔσῃ ἐγκύῳ

3 23 καὶ αὐτὸς ἦν Ἰησοῦς ἀρχόμενος ὡσεὶ ἐτῶν τριάκοντα, ὢν υἱός, ὡς ἐνομίζετο, Ἰωσήφ

6 3 ^kὃ ἐποίησεν Δαυίδ, ὅτε (Ν²⁶Η; ὁπότε rl) ἐπείνασεν αὐτὸς καὶ οἱ μετ' αὐτοῦ ὄντες ([Ν²⁶]; —Η)

8 43 ^{dq}γυνὴ οὖσα ἐν ῥύσει αἵματος ἀπὸ ἐτῶν δώδεκα

11 23 ^kὁ μὴ ὢν μετ' ἐμοῦ κατ' ἐμοῦ ἐστιν

12 28 εἰ δὲ ἐν ἀγρῷ τὸν χόρτον ὄντα σήμερον ... ὁ θεὸς οὕτως ἀμφιέζει (-έννυσιν Vϛ)

13 16 ταύτην δὲ θυγατέρα Ἀβραὰμ οὖσαν ... οὐκ ἔδει λυθῆναι ⟨;⟩

14 32 ^aἔτι αὐτοῦ πόρρω ὄντος πρεσβείαν ἀποστείλας

20 36 υἱοί εἰσιν (+τοῦ Vϛ) θεοῦ τῆς ἀναστάσεως υἱοὶ ὄντες

22 3 ^eεἰσῆλθεν δὲ σατανᾶς εἰς Ἰούδαν ... ὄντα ἐκ τοῦ ἀριθμοῦ τῶν δώδεκα

22 53 ^{adkl}καθ' ἡμέραν ὄντος μου μεθ' ὑμῶν ἐν τῷ ἱερῷ οὐκ ἐξετείνατε

23 7 ^dἀνέπεμψεν αὐτὸν πρὸς Ἡρῴδην, ὄντα καὶ αὐτὸν ἐν Ἱεροσολύμοις

23 12 ^{dp}προϋπῆρχον γὰρ ἐν ἔχθρᾳ ὄντες πρὸς αὐτούς (Ν²⁶Τ; ἐ. VSϛ; αὐ. rl)

Lc 24 6 ^dμνήσθητε ὡς ἐλάλησεν ὑμῖν ἔτι ὢν ἐν τῇ Γαλιλαίᾳ

24 44 ^gοὗτοι οἱ λόγοι μου οὓς ἐλάλησα πρὸς ὑμᾶς ἔτι ὢν σὺν ὑμῖν

Jo 1 18 ^f(+ὁ VBSTϛ) μονογενὴς θεὸς (υἱὸς BSTϛ) ὁ ὢν εἰς τὸν κόλπον τοῦ πατρός

1 48 ^hπρὸ τοῦ σε Φίλιππον φωνῆσαι ὄντα ὑπὸ τὴν συκῆν εἶδόν σε

3 4 πῶς δύναται ἄνθρωπος γεννηθῆναι γέρων ὤν;

3 13 ^d* οὐδεὶς ἀναβέβηκεν ... εἰ μὴ ... ὁ υἱὸς τοῦ ἀνθρώπου | ὁ ὢν ἐν τῷ οὐρανῷ (+VBTϛ)

3 31 ^eὁ ὢν ἐκ τῆς γῆς ἐκ τῆς γῆς ἐστιν

4 9 πῶς σὺ Ἰουδαῖος ὢν παρ' ἐμοῦ πεῖν αἰτεῖς ↔

4 9 γυναικὸς Σαμαρίτιδος οὔσης;

5 13 ^{ad}ὁ γὰρ Ἰησοῦς ἐξένευσεν ὄχλου ὄντος ἐν τῷ τόπῳ

6 46 ^jοὐχ ὅτι τὸν πατέρα ἑώρακέν τις, εἰ μὴ ὁ ὢν παρὰ τοῦ [Η] θεοῦ

6 71 * οὗτος γὰρ ἔμελλεν | παραδιδόναι αὐτόν (~Τϛ), εἷς ὢν (+VSTϛ) ἐκ τῶν δώδεκα

7 50 λέγει Νικόδημος πρὸς αὐτούς ... εἷς ὢν ἐξ αὐτῶν

[8 9] ^dκατελείφθη μόνος (+ὁ Ἰησοῦς Μϛ), καὶ ἡ γυνὴ ἐν μέσῳ οὖσα (ἑστῶσα Μϛ)

8 47 ^eὁ ὢν ἐκ τοῦ θεοῦ τὰ ῥήματα τοῦ θεοῦ ἀκούει

9 25 ἓν οἶδα, ὅτι τυφλὸς ὢν ἄρτι βλέπω

9 40 ^kἤκουσαν ἐκ τῶν Φαρισαίων ταῦτα (—Τ) οἱ μετ' αὐτοῦ ὄντες

10 12 ὁ μισθωτὸς καὶ οὐκ ὢν ποιμήν ... ἀφίησιν τὰ πρόβατα

10 33 ὅτι σὺ ἄνθρωπος ὢν ποιεῖς σεαυτὸν θεόν

11 31 ^{dk}οἱ οὖν Ἰουδαῖοι οἱ ὄντες μετ' αὐτῆς ἐν τῇ οἰκίᾳ ... ἠκολούθησαν αὐτῇ

11 49 εἷς δέ τις ἐξ αὐτῶν Καϊάφας, ἀρχιερεὺς ὢν τοῦ ἐνιαυτοῦ ἐκείνου

11 51 τοῦτο δὲ ἀφ' ἑαυτοῦ οὐκ εἶπεν, ἀλλὰ ἀρχιερεὺς ὢν τοῦ ἐνιαυτοῦ ἐκείνου ἐπροφήτευσεν

12 17 ^kἐμαρτύρει οὖν ὁ ὄχλος ὁ ὢν μετ' αὐτοῦ

18 26 λέγει εἷς ἐκ τῶν δούλων τοῦ ἀρχιερέως, συγγενὴς ὢν οὗ ἀπέκοψεν Πέτρος τὸ ὠτίον

18 37 ^eπᾶς ὁ ὢν ἐκ τῆς ἀληθείας ἀκούει μου τῆς φωνῆς

19 38 ἠρώτησεν ... Ἰωσὴφ ὁ ([Ν²⁶S]; —ΝΗ) ἀπὸ Ἀριμαθαίας, ὢν μαθητὴς τοῦ [ΝΗ] Ἰησοῦ κεκρυμμένος δέ

20 1 ^aΜαρία ἡ Μαγδαληνὴ ἔρχεται πρωῒ σκοτίας ἔτι οὔσης εἰς τὸ μνημεῖον

20 19 ^aοὔσης οὖν ὀψίας τῇ ἡμέρᾳ ἐκείνῃ τῇ μιᾷ σαββάτων ... ἦλθεν ὁ Ἰησοῦς

21 11 ^aεἵλκυσεν τὸ δίκτυον ... μεστὸν ἰχθύων ... καὶ τοσούτων ὄντων οὐκ ἐσχίσθη τὸ δίκτυον

Ac 5 17 ἀναστὰς δὲ ὁ ἀρχιερεὺς καὶ πάντες οἱ σὺν αὐτῷ, ἡ οὖσα αἵρεσις τῶν Σαδδουκαίων

7 2 ^dὁ θεὸς ... ὤφθη τῷ πατρὶ ἡμῶν Ἀβραὰμ ὄντι ἐν τῇ Μεσοποταμίᾳ

7 5 ^aἐπηγγείλατο δοῦναι ... τῷ σπέρματι αὐτοῦ μετ' αὐτόν, οὐκ ὄντος αὐτῷ τέκνου

Ac 7 12 ^{df}ἀκούσας δὲ Ἰακὼβ ὄντα σιτία | εἰς Αἴγυπτον (ἐν Αἰγύπτῳ ϛ) ἐξαπέστειλεν τοὺς πατέρας ἡμῶν πρῶτον

8 23 ^fεἰς γὰρ χολὴν πικρίας καὶ σύνδεσμον ἀδικίας ὁρῶ σε ὄντα

9 2 ^cὅπως ἐάν (ἄν Τ) τινας εὕρῃ | τῆς ὁδοῦ ὄντας (~Τ) ... δεδεμένους ἀγάγῃ

9 38 ^aἐγγὺς δὲ οὔσης Λύδδας τῇ Ἰόππῃ οἱ μαθηταί ... ἀπέστειλαν

9 39 ^kἐπιδεικνύμεναι χιτῶνας καὶ ἱμάτια, ὅσα ἐποίει μετ' αὐτῶν οὖσα ἡ Δορκάς

11 1 ἤκουσαν δὲ οἱ ἀπόστολοι καὶ οἱ ἀδελφοὶ οἱ ὄντες κατὰ τὴν Ἰουδαίαν

11 22 ^dἠκούσθη δὲ ὁ λόγος εἰς τὰ ὦτα τῆς ἐκκλησίας τῆς οὔσης (—ϛ) ἐν Ἱερουσαλήμ

13 1 ἦσαν δὲ ἐν Ἀντιοχείᾳ κατὰ τὴν οὖσαν ἐκκλησίαν προφῆται καὶ διδάσκαλοι

14 13 ^mὅ τε ἱερεὺς τοῦ Διὸς τοῦ ὄντος πρὸ τῆς πόλεως ... ἤθελεν θύειν

15 32 Ἰούδας τε καὶ Σιλᾶς, καὶ αὐτοὶ προφῆται ὄντες ... παρεκάλεσαν

16 3 ^dπεριέτεμεν αὐτὸν διὰ τοὺς Ἰουδαίους τοὺς ὄντας ἐν τοῖς τόποις ἐκείνοις

16 21 καταγγέλλουσιν ἔθη ἃ οὐκ ἔξεστιν ἡμῖν παραδέχεσθαι οὐδὲ ποιεῖν Ῥωμαίοις οὖσιν

17 16 παρωξύνετο τὸ πνεῦμα αὐτοῦ ... θεωροῦντος κατείδωλον οὖσαν τὴν πόλιν

18 12 ^aΓαλλίωνος δὲ | ἀνθυπάτου ὄντος (ἀνθυπατεύοντος ϛ) τῆς Ἀχαΐας κατεπέστησαν

18 24 ^dἸουδαῖος δέ τις Ἀπολλῶς ὀνόματι ... δυνατὸς ὢν ἐν ταῖς γραφαῖς

19 31 τινὲς δὲ καὶ τῶν Ἀσιαρχῶν, ὄντες αὐτῷ φίλοι ... παρεκάλουν

19 35 τίς γάρ ἐστιν ἀνθρώπων ὃς οὐ γινώσκει τὴν Ἐφεσίων πόλιν νεωκόρον οὖσαν τῆς μεγάλης Ἀρτέμιδος ⟨;⟩

19 36 ^aἀναντιρρήτων οὖν ὄντων τούτων δέον ἐστίν

20 34 ^kταῖς χρείαις μου καὶ τοῖς οὖσιν μετ' ἐμοῦ ὑπηρέτησαν αἱ χεῖρες αὗται

21 8 ^eεἰσελθόντες εἰς τὸν οἶκον Φιλίππου τοῦ εὐαγγελιστοῦ (+τοῦ ϛ) ὄντος ἐκ τῶν ἑπτά

22 5 ἄξων καὶ τοὺς ἐκεῖσε ὄντας δεδεμένους ... ἵνα τιμωρηθῶσιν

22 9 ^gοἱ δὲ σὺν ἐμοὶ ὄντες τὸ μὲν φῶς ἐθεάσαντο

24 10 ^eἐκ πολλῶν ἐτῶν ὄντα σε κριτὴν ... ἐπιστάμενος εὐθύμως ... ἀπολογοῦμαι

24 24 παραγενόμενος ὁ Φῆλιξ σὺν Δρουσίλλῃ τῇ ἰδίᾳ γυναικὶ οὔσῃ Ἰουδαίᾳ μετεπέμψατο

25 23 ^j* εἰσελθόντων εἰς τὸ ἀκροατήριον σύν τε χιλιάρχοις καὶ ἀνδράσιν τοῖς κατ' ἐξοχὴν οὖσι (+ϛ) τῆς πόλεως

26 3 ⟨ἥγημαι ἐμαυτὸν μακάριον ἐπὶ σοῦ ... ἀπολογεῖσθαι⟩ μάλιστα γνώστην | ὄντα σε (~Τ) πάντων τῶν κατὰ Ἰουδαίους ... ζητημάτων

26 21 ^dἕνεκα τούτων με Ἰουδαῖοι συλλαβόμενοι ὄντα (+[Ν²⁶] BST) ἐν τῷ ἱερῷ ἐπειρῶντο διαχειρίσασθαι

Ac 27 2ᵃᵍ ἀνήχθημεν, ὄντος σὺν ἡμῖν Ἀρι-στάρχου Μακεδόνος Θεσσαλονικέ-ως

27 9ᵃ ὄντος ἤδη ἐπισφαλοῦς τοῦ πλοὸς ... παρῄνει ὁ Παῦλος

28 17 ἐγένετο δὲ ... συγκαλέσασθαι αὐτὸν τοὺς ὄντας τῶν Ἰουδαίων πρώτους

28 25ᵖ ἀσύμφωνοι δὲ (τε T) ὄντες πρὸς ἀλλήλους ἀπελύοντο

Rm 1 7ᵈ (Παῦλος) πᾶσιν τοῖς οὖσιν ἐν Ῥώμῃ ἀγαπητοῖς θεοῦ

4 10ᵈ ⟨ἡ πίστις⟩ πῶς οὖν ἐλογίσθη; ἐν περιτομῇ ὄντι ἢ ἐν ἀκροβυστίᾳ

4 17ᵇ κατέναντι οὗ ἐπίστευσεν θεοῦ τοῦ ζωοποιοῦντος τοὺς νεκροὺς καὶ καλοῦντος τὰ μὴ ὄντα ↔

4 17ᵇ ὡς ὄντα

5 6ᵃ | ἔτι γὰρ (εἴ γε NH) Χριστὸς ὄντων ἡμῶν ἀσθενῶν ∴ ὑπὲρ ἀσεβῶν ἀπέθανεν

5 8ᵃ ὅτι ἔτι ἁμαρτωλῶν ὄντων ἡμῶν Χριστὸς ὑπὲρ ἡμῶν ἀπέθανεν

5 10 εἰ γὰρ ἐχθροὶ ὄντες κατηλλάγημεν τῷ θεῷ διὰ τοῦ θανάτου τοῦ υἱοῦ αὐτοῦ

5 13ᵃ ἁμαρτία δὲ οὐκ ἐλλογεῖται μὴ ὄντος νόμου

7 23ᵈ νόμον ... αἰχμαλωτίζοντά με ἐν ([H]; —ς) τῷ νόμῳ τῆς ἁμαρτίας τῷ ὄντι ἐν τοῖς μέλεσίν μου

8 5ˡ οἱ γὰρ κατὰ σάρκα ὄντες τὰ τῆς σαρκὸς φρονοῦσιν

8 8ᵈ οἱ δὲ ἐν σαρκὶ ὄντες θεῷ ἀρέσαι οὐ δύνανται

8 28 πάντα συνεργεῖ [+ὁ θεὸς NH] εἰς ἀγαθόν, τοῖς κατὰ πρόθεσιν κλητοῖς οὖσιν

9 5ⁿ ὁ ὢν ἐπὶ πάντων θεὸς εὐλογητὸς εἰς τοὺς αἰῶνας

11 17 εἰ δέ τινες τῶν κλάδων ἐξεκλάσθη-σαν, σὺ δὲ ἀγριέλαιος ὢν ἐνε-κεντρίσθης ἐν αὐτοῖς

12 3ᵈ λέγω γὰρ ... παντὶ τῷ ὄντι ἐν ὑμῖν

13 1 αἱ δὲ οὖσαι (+ἐξουσίαι ς) ὑπὸ (+τοῦ [S]ς) θεοῦ τεταγμέναι εἰσίν

16 1 συνίστημι δὲ ὑμῖν Φοίβην ... οὖσαν καὶ ([N²⁶NSH]; —MVTς) διάκονον τῆς ἐκκλησίας

16 11ᵈ ἀσπάσασθε τοὺς ἐκ τῶν Ναρκίσσου τοὺς ὄντας ἐν κυρίῳ

1 C 1 2ᵈ ⟨Παῦλος⟩ τῇ ἐκκλησίᾳ τοῦ θεοῦ τῇ οὔσῃ ἐν Κορίνθῳ

1 28ᵇ τὰ ἐξουθενημένα ἐξελέξατο ὁ θεός, (+καὶ [MVSH]ς) τὰ μὴ ὄντα, ↔

1 28ᵇ ἵνα τὰ ὄντα καταργήσῃ

8 7 ἡ συνείδησις αὐτῶν ἀσθενὴς οὖσα μολύνεται

8 10 οὐχὶ ἡ συνείδησις αὐτοῦ ἀσθενοῦς ὄντος οἰκοδομηθήσεται ⟨;⟩

9 19 ἐλεύθερος γὰρ ὢν ἐκ πάντων πᾶσιν ἐμαυτὸν ἐδούλωσα

9 20ʰ ἐγενόμην ... ὡς ὑπὸ νόμον, | μὴ ὢν αὐτὸς ὑπὸ νόμον (—ς)

9 21 μὴ ὢν ἄνομος θεοῦ ἀλλ' ἔννομος Χριστοῦ

12 12 πάντα δὲ τὰ μέλη τοῦ σώματος πολλὰ ὄντα ἕν ἐστιν σῶμα

2 C 1 1ᵈ Παῦλος ... τῇ ἐκκλησίᾳ τοῦ θεοῦ τῇ οὔσῃ ἐν Κορίνθῳ ↔

1 1ᵈ σὺν τοῖς ἁγίοις πᾶσιν τοῖς οὖσιν ἐν ὅλῃ τῇ Ἀχαΐᾳ

2 C 5 4ᵈ καὶ γὰρ οἱ ὄντες ἐν τῷ σκήνει στενάζομεν βαρούμενοι

8 9 ὅτι δι' ὑμᾶς ἐπτώχευσεν πλούσιος ὤν

8 22 ὃν ἐδοκιμάσαμεν ἐν πολλοῖς πολλά-κις σπουδαῖον ὄντα

11 19 ἡδέως γὰρ ἀνέχεσθε τῶν ἀφρόνων φρόνιμοι ὄντες

11 31 ὁ θεὸς καὶ πατὴρ τοῦ κυρίου Ἰησοῦ οἶδεν, ὁ ὢν εὐλογητὸς εἰς τοὺς αἰῶνας, ὅτι οὐ ψεύδομαι

G 2 3 ἀλλ' οὐδὲ Τίτος ὁ σὺν ἐμοί, Ἕλλην ὤν, ἠναγκάσθη περιτμηθῆναι

4 1 ὁ κληρονόμος ... οὐδὲν διαφέρει δούλου κύριος πάντων ὤν

4 8 ἀλλὰ τότε μὲν ... ἐδουλεύσατε τοῖς φύσει μὴ οὖσιν θεοῖς

6 3 εἰ γὰρ δοκεῖ τις εἶναί τι μηδὲν ὤν, φρεναπατᾷ ἑαυτόν

E 1 1ᵈ Παῦλος ... τοῖς ἁγίοις τοῖς οὖσιν | ἐν Ἐφέσῳ [N²⁶NMVSTH] καὶ πιστοῖς

2 1 καὶ ὑμᾶς ὄντας νεκροὺς τοῖς παρα-πτώμασιν

2 4 ὁ δὲ θεὸς πλούσιος ὢν ἐν ἐλέει

2 5 καὶ ὄντας ἡμᾶς νεκροὺς τοῖς παραπτώμασιν συνεζωοποίησεν τῷ Χριστῷ

2 13 ὑμεῖς οἵ ποτε ὄντες μακρὰν ἐγενή-θητε ἐγγύς

2 20ᵃ ἐποικοδομηθέντες ἐπὶ τῷ θεμελίῳ τῶν ἀποστόλων ... ὄντος ἀκρο-γωνιαίου αὐτοῦ Χριστοῦ Ἰησοῦ

4 18 ⟨μηκέτι ὑμᾶς περιπατεῖν καθὼς καὶ τὰ ἔθνη⟩ ἐσκοτωμένοι (-τισμένοι Sς) τῇ διανοίᾳ ὄντες, ↔

4 18ᵈ ἀπηλλοτριωμένοι τῆς ζωῆς τοῦ θεοῦ, διὰ τὴν ἄγνοιαν τὴν οὖσαν ἐν αὐτοῖς

Ph 1 1ᵈ Παῦλος ... πᾶσιν τοῖς ἁγίοις ἐν Χριστῷ Ἰησοῦ τοῖς οὖσιν ἐν Φιλίπποις

1 7 διὰ τὸ ἔχειν με ἐν τῇ καρδίᾳ ὑμᾶς ... συγκοινωνούς μου τῆς χάριτος πάντας ὑμᾶς ὄντας

Cl 1 21 καὶ ὑμᾶς ποτε ὄντας ἀπηλλοτριω-μένους ⟨ἀποκατήλλαξεν⟩

2 13ᵈ καὶ ὑμᾶς νεκροὺς ὄντας ἐν (+[N²⁶] BSς) τοῖς παραπτώμασιν ... συνεζωοποίησεν

4 11ᵉ οἱ ὄντες ἐκ περιτομῆς οὗτοι μόνοι συνεργοὶ εἰς τὴν βασιλείαν τοῦ θεοῦ

1 Th 2 14ᵈ μιμηταὶ ἐγενήθητε, ἀδελφοί, τῶν ἐκκλησιῶν τοῦ θεοῦ τῶν οὐσῶν ἐν τῇ Ἰουδαίᾳ

5 8ᶜ ἡμεῖς δὲ ἡμέρας ὄντες νήφωμεν

2 Th 2 5ᵖ οὐ μνημονεύετε ὅτι ἔτι ὢν πρὸς ὑμᾶς ταῦτα ἔλεγον ὑμῖν;

1 Tm 1 13 ⟨πιστόν με ἡγήσατο⟩ τὸ (τὸν ς) πρότερον ὄντα βλάσφημον καὶ διώκτην

2 2ᵈ ⟨ποιεῖσθαι δεήσεις⟩ ὑπὲρ βασιλέων καὶ πάντων τῶν ἐν ὑπεροχῇ ὄντων

3 10 οὗτοι δὲ δοκιμαζέσθωσαν πρῶτον, εἶτα διακονείτωσαν ἀνέγκλητοι ὄντες

2 Tm 2 19ᶜ ἔγνω κύριος τοὺς ὄντας αὐτοῦ

Tt 1 16 θεὸν ὁμολογοῦσιν εἰδέναι, τοῖς δὲ ἔργοις ἀρνοῦνται, βδελυκτοὶ ὄντες καὶ ἀπειθεῖς

3 11 εἰδὼς ὅτι ἐξέστραπται ὁ τοιοῦτος καὶ ἁμαρτάνει ὢν αὐτοκατάκριτος

Phm 9 τοιοῦτος ὢν ὡς Παῦλος πρεσβύτης ⟨παρακαλῶ σε⟩

Hb 1 3 ὃς ὢν ἀπαύγασμα τῆς δόξης ... ἐκάθισεν ἐν δεξιᾷ τῆς μεγαλωσύνης

3 2 ⟨κατανοήσατε ... Ἰησοῦν⟩ πιστὸν ὄντα τῷ ποιήσαντι αὐτόν

5 8 ⟨εἰσακουσθεὶς ἀπὸ τῆς εὐλαβείας⟩ καίπερ ὢν υἱός, ἔμαθεν ἀφ' ὧν ἔπαθεν τὴν ὑπακοήν

8 4ᵃ οὐδ' ἂν ἦν ἱερεύς, ὄντων τῶν προσφερόντων κατὰ (+τὸν [MVS] ς) νόμον τὰ δῶρα

13 3ᵈ μιμνήσκεσθε ... τῶν κακουχου-μένων ὡς καὶ αὐτοὶ ὄντες ἐν σώματι

Jc 3 4 ἰδοὺ καὶ τὰ πλοῖα, τηλικαῦτα ὄντα ... μετάγεται ὑπὸ ἐλαχίστου πηδαλίου

2 Pt 1 18ᵈᵍ ἡμεῖς ἠκούσαμεν ... σὺν αὐτῷ ὄντες ἐν τῷ | ἁγίῳ ὄρει (ὁ. τῷ ἁ. MSTς)

2 11 ὅπου ἄγγελοι ἰσχύϊ καὶ δυνάμει μείζονες ὄντες οὐ φέρουσιν ... βλάσφημον κρίσιν

Ap 1 4 εἰρήνη ἀπὸ ὁ ὢν καὶ ὁ ἦν καὶ ὁ ἐρχόμενος

1 8 λέγει κύριος ὁ θεός, ὁ ὢν καὶ ὁ ἦν καὶ ὁ ἐρχόμενος

4 8 ὁ παντοκράτωρ, ὁ ἦν καὶ ὁ ὢν καὶ ὁ ἐρχόμενος

5 5ᵉ* ἰδοὺ ἐνίκησεν ὁ λέων ὁ ὢν (+ς) ἐκ τῆς φυλῆς Ἰούδα

11 17 εὐχαριστοῦμέν σοι ... ὁ παντοκρά-τωρ, ὁ ὢν καὶ ὁ ἦν

16 5 δίκαιος εἶ, ὁ ὢν καὶ ὁ ἦν

ἐσόμενος

Lc 22 49 ἰδόντες δὲ οἱ περὶ αὐτὸν τὸ ἐσόμε-νον εἶπαν

εἶμι

ἀπ-   ἐξ-   σύν-
εἰσ-   ἐπ-

Jo 7 34 * ὅπου εἶμι (V; εἰμὶ rl) ἐγὼ ὑμεῖς οὐ δύνασθε ἐλθεῖν

7 36 * ὅπου εἶμι (V; εἰμὶ rl) ἐγὼ ὑμεῖς οὐ δύνασθε ἐλθεῖν

εἵνεκεν
→ ἕνεκα

εἴπερ

Rm 3 30 ⟨ἢ Ἰουδαίων ὁ θεὸς μόνον; οὐχὶ καὶ ἐθνῶν; ναὶ καὶ ἐθνῶν⟩ εἴπερ (ἐπείπερ ς) εἷς ὁ θεός

8 9 ὑμεῖς δὲ οὐκ ἐστὲ ἐν σαρκὶ ἀλλὰ ἐν πνεύματι, εἴπερ πνεῦμα θεοῦ οἰκεῖ ἐν ὑμῖν

8 17 ⟨ἐσμὲν τέκνα θεοῦ⟩ κληρονόμοι μὲν θεοῦ, συγκληρονόμοι δὲ Χρι-στοῦ, εἴπερ συμπάσχομεν

1 C 8 5 καὶ γὰρ εἴπερ εἰσὶν λεγόμενοι θεοὶ εἴτε ἐν οὐρανῷ εἴτε ἐπὶ γῆς

15 15 ὃν οὐκ ἤγειρεν εἴπερ ἄρα νεκροὶ οὐκ ἐγείρονται

2 C 5 3 * εἴπερ (B; εἴ γε rl) καὶ ἐκδυσάμε-νοι (N²⁶; ἐν- rl) οὐ γυμνοὶ εὑρε-θησόμεθα

2 Th 1 6 εἴπερ δίκαιον παρὰ θεῷ ἀνταπο-δοῦναι τοῖς θλίβουσιν ὑμᾶς θλῖψιν

1 Pt 2 3 * εἴπερ (VSς; εἰ rl) ἐγεύσασθε ὅτι χρηστὸς ὁ κύριος

εἶπον
→ λέγω

εἴπως
→ εἰ n → πως

εἰρηνεύω

Mc 9 50 ἔχετε ἐν ἑαυτοῖς ἅλα καὶ εἰρηνεύετε ἐν ἀλλήλοις

Rm 12 18 εἰ δυνατόν, τὸ ἐξ ὑμῶν, μετὰ πάν-των ἀνθρώπων εἰρηνεύοντες

2 C 13 11 ἀδελφοί, χαίρετε, καταρτίζεσθε, παρακαλεῖσθε, τὸ αὐτὸ φρονεῖτε, εἰρηνεύετε

1 Th 5 13 εἰρηνεύετε ἐν ἑαυτοῖς (αὐτοῖς T)

εἰρήνη

a εἰρήνη et χάρις

b θεός, κύριος (τῆς) εἰρήνης

c εἰρήνη ὑμῖν, σοι

d (τὰ) πρὸς εἰρήνην, τὰ τῆς εἰρήνης

e ἐν εἰρήνῃ

f εἰς εἰρήνην

g μετ᾽ εἰρήνης

Mt 10 13 ἐλθάτω ἡ εἰρήνη ὑμῶν ἐπ᾽ αὐτήν

10 13 ἡ εἰρήνη ὑμῶν πρὸς (ἐφ᾽ H) ὑμᾶς ἐπιστραφήτω

10 34 μὴ νομίσητε ὅτι ἦλθον βαλεῖν εἰρήνην ἐπὶ τὴν γῆν· ↔

10 34 οὐκ ἦλθον βαλεῖν εἰρήνην ἀλλὰ μάχαιραν

Mc 5 34 f ἡ πίστις σου σέσωκέν σε· ὕπαγε εἰς εἰρήνην

Lc 1 79 τοῦ κατευθῦναι τοὺς πόδας ἡμῶν εἰς ὁδὸν εἰρήνης

2 14 δόξα ἐν ὑψίστοις θεῷ καὶ ἐπὶ γῆς εἰρήνη

2 29 e νῦν ἀπολύεις τὸν δοῦλόν σου, δέσποτα, κατὰ τὸ ῥῆμά σου ἐν εἰρήνῃ

7 50 f ἡ πίστις σου σέσωκέν σε· πορεύου εἰς εἰρήνην

8 48 f ἡ πίστις σου σέσωκέν σε· πορεύου εἰς εἰρήνην

10 5 πρῶτον λέγετε· εἰρήνη τῷ οἴκῳ τούτῳ. ↔

10 6 καὶ ἐὰν | ἐκεῖ ᾖ (~ VBSTς) υἱὸς εἰρήνης, ↔

10 6 ἐπαναπαήσεται (-παύσεται VBSς) ἐπ᾽ αὐτὸν ἡ εἰρήνη ὑμῶν

11 21 e ὅταν . . . φυλάσσῃ τὴν ἑαυτοῦ αὐλήν, ἐν εἰρήνῃ ἐστὶν τὰ ὑπάρχοντα αὐτοῦ

12 51 δοκεῖτε ὅτι εἰρήνην παρεγενόμην δοῦναι ἐν τῇ γῇ;

14 32 d εἰ δὲ μή γε . . . πρεσβείαν ἀποστείλας ἐρωτᾷ τὰ (—H) πρὸς εἰρήνην

19 38 ἐν οὐρανῷ εἰρήνη καὶ δόξα ἐν ὑψίστοις

19 42 d εἰ ἔγνως | ἐν τῇ ἡμέρᾳ ταύτῃ καὶ σὺ (~ B; κ. σὺ καίγε ἐν τῇ ἡ. σου τ.VTς) τὰ πρὸς εἰρήνην (+σου Tς)

24 36 c ἔστη ἐν μέσῳ αὐτῶν | καὶ λέγει αὐτοῖς· εἰρήνη ὑμῖν ([VSH; —NT)

Jo 14 27 εἰρήνην ἀφίημι ὑμῖν, ↔

14 27 εἰρήνην τὴν ἐμὴν δίδωμι ὑμῖν

16 33 ταῦτα λελάληκα ὑμῖν ἵνα ἐν ἐμοὶ εἰρήνην ἔχητε

20 19 c ἔστη εἰς τὸ μέσον, καὶ λέγει αὐτοῖς· εἰρήνη ὑμῖν

20 21 c εἶπεν οὖν αὐτοῖς | ὁ Ἰησοῦς ([N²⁶NH]; —BST) πάλιν· εἰρήνη ὑμῖν

20 26 c ἔστη εἰς τὸ μέσον καὶ εἶπεν· εἰρήνη ὑμῖν

Ac 7 26 f συνήλλασσεν αὐτοὺς εἰς εἰρήνην εἰπών

9 31 ἡ μὲν οὖν ἐκκλησία καθ᾽ ὅλης τῆς Ἰουδαίας . . . εἶχεν εἰρήνην οἰκοδομουμένη

10 36 τὸν λόγον ὃν ([N²⁶MV]; —H) ἀπέστειλεν τοῖς υἱοῖς Ἰσραὴλ εὐαγγελιζόμενος εἰρήνην διὰ Ἰησοῦ Χριστοῦ

12 20 πείσαντες Βλάστον τὸν ἐπὶ τοῦ κοιτῶνος τοῦ βασιλέως ᾐτοῦντο εἰρήνην

Ac 15 33 g ποιήσαντες δὲ χρόνον ἀπελύθησαν μετ᾽ εἰρήνης ἀπὸ τῶν ἀδελφῶν

16 36 e νῦν οὖν ἐξελθόντες πορεύεσθε ἐν εἰρήνῃ

24 2 πολλῆς εἰρήνης τυγχάνοντες διὰ σοῦ καὶ διορθωμάτων γινομένων ⟨ἀποδεχόμεθα⟩

Rm 1 7 a χάρις ὑμῖν καὶ εἰρήνη ἀπὸ θεοῦ πατρὸς ἡμῶν

2 10 δόξα δὲ καὶ τιμὴ καὶ εἰρήνη παντὶ τῷ ἐργαζομένῳ τὸ ἀγαθόν

3 17 καὶ ὁδὸν εἰρήνης οὐκ ἔγνωσαν

5 1 δικαιωθέντες οὖν ἐκ πίστεως εἰρήνην ἔχομεν (-ωμεν MVBSTH) πρὸς τὸν θεὸν διὰ . . . Ἰησοῦ Χριστοῦ

8 6 τὸ δὲ φρόνημα τοῦ πνεύματος ζωὴ καὶ εἰρήνη

10 15 * ὡς ὡραῖοι οἱ πόδες | τῶν εὐαγγελιζομένων εἰρήνην (+ς)

14 17 οὐ γάρ ἐστιν ἡ βασιλεία τοῦ θεοῦ βρῶσις καὶ πόσις, ἀλλὰ δικαιοσύνη καὶ εἰρήνη καὶ χαρά

14 19 d ἄρα οὖν τὰ τῆς εἰρήνης διώκωμεν (-ομεν VT)

15 13 ὁ δὲ θεὸς . . . πληρώσαι ὑμᾶς πάσης χαρᾶς καὶ εἰρήνης ἐν τῷ πιστεύειν

15 33 b ὁ δὲ θεὸς τῆς εἰρήνης μετὰ πάντων ὑμῶν· ἀμήν

16 20 b ὁ δὲ θεὸς τῆς εἰρήνης συντρίψει τὸν σατανᾶν ὑπὸ τοὺς πόδας ὑμῶν

1 C 1 3 a χάρις ὑμῖν καὶ εἰρήνη ἀπὸ θεοῦ πατρὸς ἡμῶν καὶ κυρίου Ἰησοῦ Χριστοῦ

7 15 e ἐν δὲ εἰρήνῃ κέκληκεν ὑμᾶς (ἡμᾶς MBς) ὁ θεός

14 33 b οὐ γάρ ἐστιν ἀκαταστασίας ὁ θεὸς ἀλλὰ εἰρήνης

16 11 e προπέμψατε δὲ αὐτὸν ἐν εἰρήνῃ, ἵνα ἔλθῃ πρός με

2 C 1 2 a χάρις ὑμῖν καὶ εἰρήνη ἀπὸ θεοῦ πατρὸς ἡμῶν καὶ κυρίου Ἰησοῦ Χριστοῦ

13 11 b ὁ θεὸς τῆς ἀγάπης καὶ εἰρήνης ἔσται μεθ᾽ ὑμῶν

G 1 3 a χάρις ὑμῖν καὶ εἰρήνη ἀπὸ θεοῦ πατρὸς | ἡμῶν καὶ κυρίου (~ BTς) Ἰησοῦ Χριστοῦ

5 22 ὁ δὲ καρπὸς τοῦ πνεύματός ἐστιν ἀγάπη, χαρά, εἰρήνη, μακροθυμία

6 16 ὅσοι τῷ κανόνι τούτῳ στοιχήσουσιν, εἰρήνη ἐπ᾽ αὐτοὺς καὶ ἔλεος

E 1 2 a χάρις ὑμῖν καὶ εἰρήνη ἀπὸ θεοῦ πατρὸς ἡμῶν καὶ κυρίου Ἰησοῦ Χριστοῦ

2 14 ⟨τοῦ Χριστοῦ⟩ αὐτὸς γάρ ἐστιν ἡ εἰρήνη ἡμῶν

2 15 ἵνα τοὺς δύο κτίσῃ . . . εἰς ἕνα καινὸν ἄνθρωπον ποιῶν εἰρήνην

2 17 καὶ ἐλθὼν εὐηγγελίσατο εἰρήνην ὑμῖν τοῖς μακράν ↔

2 17 καὶ εἰρήνην (—ς) τοῖς ἐγγύς

4 3 σπουδάζοντες τηρεῖν τὴν ἑνότητα τοῦ πνεύματος ἐν τῷ συνδέσμῳ τῆς εἰρήνης

6 15 ὑποδησάμενοι τοὺς πόδας ἐν ἑτοιμασίᾳ τοῦ εὐαγγελίου τῆς εἰρήνης

6 23 a εἰρήνη τοῖς ἀδελφοῖς καὶ ἀγάπη μετὰ πίστεως ἀπὸ θεοῦ πατρός ⟨ἡ χάρις μετὰ πάντων⟩

Ph 1 2 a χάρις ὑμῖν καὶ εἰρήνη ἀπὸ θεοῦ πατρὸς ἡμῶν καὶ κυρίου Ἰησοῦ Χριστοῦ

4 7 ἡ εἰρήνη τοῦ θεοῦ ἡ ὑπερέχουσα πάντα νοῦν φρουρήσει τὰς καρδίας ὑμῶν

Ph 4 9 b ὁ θεὸς τῆς εἰρήνης ἔσται μεθ᾽ ὑμῶν

Cl 1 2 a χάρις ὑμῖν καὶ εἰρήνη ἀπὸ θεοῦ πατρὸς ἡμῶν

3 15 ἡ εἰρήνη τοῦ Χριστοῦ βραβευέτω ἐν ταῖς καρδίαις ὑμῶν

1 Th 1 1 a Παῦλος . . . τῇ ἐκκλησίᾳ Θεσσαλονικέων ἐν θεῷ πατρὶ . . . χάρις ὑμῖν καὶ εἰρήνη

5 3 ὅταν (+δὲ MVBS; +γὰρ ς) λέγωσιν· εἰρήνη καὶ ἀσφάλεια

5 23 b αὐτὸς δὲ ὁ θεὸς τῆς εἰρήνης ἁγιάσαι ὑμᾶς ὁλοτελεῖς

2 Th 1 2 a χάρις ὑμῖν καὶ εἰρήνη ἀπὸ θεοῦ πατρὸς ἡμῶν (+[N²⁶]Tς) καὶ κυρίου Ἰησοῦ Χριστοῦ

3 16 b αὐτὸς δὲ ὁ κύριος τῆς εἰρήνης ↔

3 16 δώῃ ὑμῖν τὴν εἰρήνην διὰ παντὸς ἐν παντὶ τρόπῳ

1 Tm 1 2 a χάρις, ἔλεος, εἰρήνη ἀπὸ θεοῦ πατρὸς καὶ Χριστοῦ Ἰησοῦ

2 Tm 1 2 a χάρις, ἔλεος, εἰρήνη ἀπὸ θεοῦ πατρὸς καὶ Χριστοῦ Ἰησοῦ

2 22 δίωκε δὲ δικαιοσύνην, πίστιν, ἀγάπην, εἰρήνην

Tt 1 4 a χάρις καὶ (ἔλεος ς) εἰρήνη ἀπὸ θεοῦ πατρὸς καὶ Χριστοῦ Ἰησοῦ

Phm 3 a χάρις ὑμῖν καὶ εἰρήνη ἀπὸ θεοῦ πατρὸς ἡμῶν καὶ κυρίου Ἰησοῦ Χριστοῦ

Hb 7 2 ἑρμηνευόμενος . . . βασιλεὺς Σαλήμ, ὅ ἐστιν βασιλεὺς εἰρήνης

11 31 g οὐ συναπώλετο τοῖς ἀπειθήσασιν, δεξαμένη τοὺς κατασκόπους μετ᾽ εἰρήνης

12 14 εἰρήνην διώκετε μετὰ πάντων, καὶ τὸν ἁγιασμόν

13 20 b ὁ δὲ θεὸς τῆς εἰρήνης, ὁ ἀναγαγὼν ἐκ νεκρῶν τὸν ποιμένα . . . Ἰησοῦν ⟨καταρτίσαι ὑμᾶς⟩

Jc 2 16 e ὑπάγετε ἐν εἰρήνῃ, θερμαίνεσθε καὶ χορτάζεσθε

3 18 e καρπὸς δὲ δικαιοσύνης ἐν εἰρήνῃ σπείρεται ↔

3 18 τοῖς ποιοῦσιν εἰρήνην

1 Pt 1 2 a ⟨Πέτρος . . . ἐκλεκτοῖς παρεπιδήμοις διασπορᾶς Πόντου⟩ χάρις ὑμῖν καὶ εἰρήνη πληθυνθείη

3 11 ζητησάτω εἰρήνην καὶ διωξάτω αὐτήν

5 14 e εἰρήνη ὑμῖν πᾶσιν τοῖς ἐν Χριστῷ (+ Ἰησοῦ [S]ς)

2 Pt 1 2 a χάρις ὑμῖν καὶ εἰρήνη πληθυνθείη ἐν ἐπιγνώσει τοῦ θεοῦ

3 14 e σπουδάσατε ἄσπιλοι καὶ ἀμώμητοι αὐτῷ εὑρεθῆναι ἐν εἰρήνῃ

2 Jo 3 a ἔσται μεθ᾽ ἡμῶν χάρις ἔλεος εἰρήνη παρὰ θεοῦ πατρός

3 Jo 15 c εἰρήνη σοι. ἀσπάζονταί σε οἱ φίλοι

Jd 2 ἔλεος ὑμῖν καὶ εἰρήνη καὶ ἀγάπη πληθυνθείη

Ap 1 4 a χάρις ὑμῖν καὶ εἰρήνη ἀπὸ ὁ ὢν καὶ ὁ ἦν

6 4 τῷ καθημένῳ ἐπ᾽ αὐτὸν ἐδόθη αὐτῷ [H] λαβεῖν τὴν εἰρήνην ἐκ ([H]; ἀπὸ ς) τῆς γῆς

εἰρηνικός

Hb 12 11 ὕστερον δὲ καρπὸν εἰρηνικὸν τοῖς δι᾽ αὐτῆς γεγυμνασμένοις ἀποδίδωσιν δικαιοσύνης

Jc 3 17 ἡ δὲ ἄνωθεν σοφία πρῶτον μὲν ἁγνή ἐστιν, ἔπειτα εἰρηνική, ἐπιεικής, εὐπειθής

εἰρηνοποιέω

Cl 1 20 εἰρηνοποιήσας διὰ τοῦ αἵματος
τοῦ σταυροῦ αὐτοῦ ... τὰ ἐπὶ τῆς
γῆς

εἰρηνοποιός

Mt 5 9 μακάριοι οἱ εἰρηνοποιοί, ὅτι αὐτοὶ
([NVH]; —T) υἱοὶ θεοῦ κληθήσον-
ται

εἰς

a de tempore
b c. verbo compos. εἰσ-, παρεισ-, συνεισ-
c c. verbo compos. ἀνα-, ἐπανα-, συνανα-
d c. verbo compos. ἐν-
e εἰς τὸ (μή) seq. inf.
f εἰς (τό) seq. adj. neutrum sg.
g εἰς αὐτό, τοῦτο, ὅ, τί, οὐδέν
h εἰς praedicative
j εἰς et ἀπό
k εἰς et ἐκ, ἔξω
l εἰς et διά
m εἰς et ἐν
n εἰς et κατά, κατέναντι
p εἰς et ἐπί
q εἰς et πρός
r εἰς et μετά
s εἰς et ἕως, ἄχρι
t εἰς et ὑπό
u εἰς et ἀνά
v εἰς et περί
w εἰς et σύν, χωρίς, ἄνευ
x εἰς et ἔμπροσθεν, ἐνώπιον, πρό
y εἰς et ὑπέρ, πέραν
z εἰς et παρά

Mt 2 1j ἰδοὺ μάγοι ἀπὸ ἀνατολῶν παρε-
γένοντο εἰς Ἱεροσόλυμα
2 8 πέμψας αὐτοὺς εἰς Βηθλέεμ εἶπεν
2 11 ἐλθόντες εἰς τὴν οἰκίαν εἶδον τὸ
παιδίον μετὰ Μαρίας τῆς μητρὸς
αὐτοῦ
2 12cl δι' ἄλλης ὁδοῦ ἀνεχώρησαν εἰς
τὴν χώραν αὐτῶν
2 13 ἐγερθεὶς παράλαβε τὸ παιδίον ...
καὶ φεῦγε εἰς Αἴγυπτον
2 14c ὁ δὲ ἐγερθεὶς παρέλαβεν τὸ παιδίον
... καὶ ἀνεχώρησεν εἰς Αἴγυπτον
2 20 ἐγερθεὶς παράλαβε τὸ παιδίον ...
καὶ πορεύου εἰς γῆν Ἰσραήλ
2 21b ὁ δὲ ἐγερθεὶς παρέλαβεν τὸ παι-
δίον ... καὶ εἰσῆλθεν (ἦλ. ς) εἰς
γῆν Ἰσραήλ
2 22c χρηματισθεὶς δὲ κατ' ὄναρ ἀνε-
χώρησεν εἰς τὰ μέρη τῆς Γαλιλαίας,
↔
2 23 καὶ ἐλθὼν κατῴκησεν εἰς πόλιν
λεγομένην Ναζαρέτ
3 10 πᾶν οὖν δένδρον ... ἐκκόπτεται
καὶ εἰς πῦρ βάλλεται. ↔
3 11m ἐγὼ μὲν ὑμᾶς βαπτίζω ἐν ὕδατι
εἰς μετάνοιαν
3 12 συνάξει τὸν σῖτον αὐτοῦ εἰς τὴν
ἀποθήκην
4 1ct τότε ὁ [H] Ἰησοῦς ἀνήχθη εἰς
τὴν ἔρημον ὑπὸ τοῦ πνεύματος
4 5 τότε παραλαμβάνει αὐτὸν ὁ διά-
βολος εἰς τὴν ἁγίαν πόλιν
4 8 πάλιν παραλαμβάνει αὐτὸν ὁ
διάβολος εἰς ὄρος ὑψηλὸν λίαν
4 12c ἀκούσας δὲ ὅτι Ἰωάννης παρεδόθη
ἀνεχώρησεν εἰς τὴν Γαλιλαίαν
4 13m ἐλθὼν κατῴκησεν εἰς Καφαρναοὺμ
τὴν παραθαλασσίαν ἐν ὁρίοις
Ζαβουλών
4 18 εἶδεν ... Σίμωνα ... καὶ Ἀνδρέαν ...
βάλλοντας ἀμφίβληστρον εἰς τὴν
θάλασσαν

Mt 4 24 ἀπῆλθεν ἡ ἀκοὴ αὐτοῦ εἰς ὅλην
τὴν Συρίαν
5 1c ἰδὼν δὲ τοὺς ὄχλους ἀνέβη εἰς τὸ
ὄρος
5 13g τὸ ἅλας ... εἰς οὐδὲν ἰσχύει ἔτι
5 20b οὐ μὴ εἰσέλθητε εἰς τὴν βασιλείαν
τῶν οὐρανῶν
5 22 ἔνοχος ἔσται εἰς τὴν γέενναν τοῦ
πυρός
5 25 μήποτέ σε παραδῷ ὁ ἀντίδικος τῷ
κριτῇ ... καὶ εἰς φυλακὴν βληθήσῃ
5 29 ἵνα ... μὴ ὅλον τὸ σῶμά σου
βληθῇ εἰς γέενναν
5 30 ἵνα ... μὴ ὅλον τὸ σῶμά σου εἰς
γέενναν ἀπέλθῃ
5 35m ⟨μὴ ὀμόσαι ὅλως⟩ μήτε ἐν τῇ
γῇ ... μήτε εἰς Ἱεροσόλυμα
5 39 ἀλλ' ὅστις σε ῥαπίζει (-σει VSς)
εἰς (ἐπὶ Vς) τὴν δεξιὰν || σιαγόνα
σου ([N²⁶NH]; —T) ((~ VSς))
6 6b σὺ δὲ ὅταν προσεύχῃ, εἴσελθε
εἰς τὸ ταμεῖόν σου
6 13b μὴ εἰσενέγκῃς ἡμᾶς εἰς πειρασμόν
6 13a * | ὅτι σοῦ ἐστιν ἡ βασιλεία ... εἰς
τοὺς αἰῶνας. ἀμήν (+ς)
6 26d ἐμβλέψατε εἰς τὰ πετεινὰ τοῦ
οὐρανοῦ, ↔
6 26 ὅτι οὐ σπείρουσιν οὐδὲ θερίζουσιν
οὐδὲ συνάγουσιν εἰς ἀποθήκας
6 30 εἰ δὲ τὸν χόρτον τοῦ ἀγροῦ ...
αὔριον εἰς κλίβανον βαλλόμενον ὁ
θεὸς οὕτως ἀμφιέννυσιν
6 34a μὴ οὖν μεριμνήσητε εἰς τὴν αὔριον
7 13 ὅτι ... εὐρύχωρος ἡ ὁδὸς ἡ ἀπάγου-
σα εἰς τὴν ἀπώλειαν
7 14 τί (N²⁶MVS; ὅτι rl) ... τεθλιμμένη
ἡ ὁδὸς ἡ ἀπάγουσα εἰς τὴν ζωήν
7 19 πᾶν δένδρον ... ἐκκόπτεται καὶ εἰς
πῦρ βάλλεται
7 21b οὐ πᾶς ὁ λέγων μοι ... εἰσελεύσεται
εἰς τὴν βασιλείαν τῶν οὐρανῶν, ↔
7 21b * ἀλλ' ὁ ποιῶν τὸ θέλημα τοῦ
πατρός μου ... | οὗτος εἰσελεύσεται
εἰς τὴν βασιλείαν τῶν οὐρανῶν
(+B)
8 4 προσένεγκον (-κε VSς) τὸ δῶρον
ὃ προσέταξεν Μωϋσῆς, εἰς μαρτύ-
ριον αὐτοῖς.
8 5b εἰσελθόντος δὲ αὐτοῦ εἰς Καφαρνα-
οὺμ προσῆλθεν αὐτῷ ἑκατόνταρ-
χος
8 12 οἱ δὲ υἱοὶ τῆς βασιλείας ἐκβληθή-
σονται (ἐξελεύσονται T) εἰς τὸ σκό-
τος τὸ ἐξώτερον
8 14 ἐλθὼν ὁ Ἰησοῦς εἰς τὴν οἰκίαν
Πέτρου
8 18 ἰδὼν δὲ ὁ Ἰησοῦς ὄχλον (πολλοὺς
ὄχλους VBTς; ὄχλους S) περὶ αὐ-
τὸν ἐκέλευσεν ἀπελθεῖν εἰς τὸ πέραν
8 23d ἐμβάντι αὐτῷ εἰς τὸ ([MV]; —
BSH) πλοῖον
8 28 ἐλθόντος αὐτοῦ εἰς τὸ πέραν ↔
8 28 εἰς τὴν χώραν τῶν Γαδαρηνῶν
8 31 ἀπόστειλον ἡμᾶς εἰς τὴν ἀγέλην
τῶν χοίρων
8 32 οἱ δὲ ἐξελθόντες ἀπῆλθον εἰς τοὺς
χοίρους· ↔
8 32n καὶ ἰδοὺ ὥρμησεν πᾶσα ἡ ἀγέλη
(+τῶν χοίρων [S]ς) κατὰ τοῦ
κρημνοῦ εἰς τὴν θάλασσαν
8 33 οἱ δὲ βόσκοντες ... ἀπελθόντες εἰς
τὴν πόλιν ἀπήγγειλαν πάντα
8 34 καὶ ἰδοὺ πᾶσα ἡ πόλις ἐξῆλθεν εἰς
ὑπάντησιν (συν- VSς) τῷ (τοῦ T)
Ἰησοῦ

Mt 9 1d ἐμβὰς εἰς (+τὸ [V]ς) πλοῖον
διεπέρασεν, ↔
9 1 καὶ ἦλθεν εἰς τὴν ἰδίαν πόλιν
9 6 ἐγερθεὶς (ἔγειρε NH) ... ὕπαγε εἰς
τὸν οἶκόν σου. ↔
9 7 καὶ ἐγερθεὶς ἀπῆλθεν εἰς τὸν οἶκον
αὐτοῦ
9 13 * οὐ γὰρ ἦλθον καλέσαι δικαίους
ἀλλὰ ἁμαρτωλούς | εἰς μετάνοιαν
(+ς)
9 17 οὐδὲ βάλλουσιν οἶνον νέον εἰς
ἀσκοὺς παλαιούς
9 17 ἀλλὰ βάλλουσιν οἶνον νέον εἰς
ἀσκοὺς καινούς
9 23 ἐλθὼν ὁ Ἰησοῦς εἰς τὴν οἰκίαν τοῦ
ἄρχοντος ⟨ἔλεγεν⟩
9 26 ἐξῆλθεν ἡ φήμη αὕτη (αὐτῆς S)
εἰς ὅλην τὴν γῆν ἐκείνην
9 28 ἐλθόντι δὲ εἰς τὴν οἰκίαν προσῆλ-
θον αὐτῷ οἱ τυφλοὶ
9 38 ὅπως ἐκβάλῃ ἐργάτας εἰς τὸν
θερισμὸν αὐτοῦ
10 5 εἰς ὁδὸν ἐθνῶν μὴ ἀπέλθητε, ↔
10 5b καὶ εἰς πόλιν Σαμαριτῶν μὴ
εἰσέλθητε
10 9 μὴ κτήσησθε χρυσὸν μηδὲ ἄργυρον
μηδὲ χαλκὸν εἰς τὰς ζώνας ὑμῶν, ↔
10 10 μὴ πήραν εἰς ὁδὸν μηδὲ δύο χιτῶ-
νας
10 11b εἰς ἣν δ' ἂν πόλιν ἢ κώμην εἰσέλθητε
10 12b εἰσερχόμενοι δὲ εἰς τὴν οἰκίαν
ἀσπάσασθε αὐτήν
10 17 παραδώσουσιν γὰρ ὑμᾶς εἰς συν-
έδρια
10 18p ἐπὶ ἡγεμόνας δὲ ... ἀχθήσεσθε
ἕνεκεν ἐμοῦ, εἰς μαρτύριον αὐτοῖς
καὶ τοῖς ἔθνεσιν
10 21 παραδώσει δὲ ἀδελφὸς ἀδελφὸν εἰς
θάνατον καὶ πατὴρ τέκνον
10 22a ὁ δὲ ὑπομείνας εἰς τέλος, οὗτος
σωθήσεται. ↔
10 23 ὅταν δὲ διώκωσιν ὑμᾶς ἐν τῇ
πόλει ταύτῃ, φεύγετε εἰς τὴν
ἑτέραν, ↔
10 23 * | κἂν ἐν τῇ ἑτέρᾳ διώκωσιν ὑμᾶς,
φεύγετε εἰς τὴν ἄλλην (+B)
10 27 ὃ εἰς τὸ οὖς ἀκούετε, κηρύξατε
10 41 ὁ δεχόμενος προφήτην εἰς ὄνομα
προφήτου μισθὸν προφήτου λήμ-
ψεται, ↔
10 41 καὶ ὁ δεχόμενος δίκαιον εἰς ὄνομα
δικαίου μισθὸν δικαίου λήμψεται.
↔
10 42 καὶ ὃς ἂν (N²⁶H; ἐὰν rl) ποτίσῃ ἕνα
τῶν μικρῶν τούτων ... εἰς ὄνομα
μαθητοῦ
11 7 τί ἐξήλθατε εἰς τὴν ἔρημον θεά-
σασθαι;
12 4b πῶς εἰσῆλθεν εἰς τὸν οἶκον τοῦ
θεοῦ ⟨;⟩
12 9 μεταβὰς ἐκεῖθεν ἦλθεν εἰς τὴν
συναγωγὴν αὐτῶν
12 11d ἐὰν ἐμπέσῃ τοῦτο τοῖς σάββασιν
εἰς βόθυνον
12 18 ὁ ἀγαπητός μου εἰς (—NMH) ὃν
εὐδόκησεν ἡ ψυχή μου
12 20 ἕως ἂν ἐκβάλῃ εἰς νῖκος τὴν κρίσιν
12 29b ἢ πῶς δύναταί τις εἰσελθεῖν εἰς τὴν
οἰκίαν τοῦ ἰσχυροῦ ⟨;⟩
12 41 ὅτι μετενόησαν εἰς τὸ κήρυγμα
Ἰωνᾶ
12 44 εἰς τὸν οἶκόν μου ἐπιστρέψω ὅθεν
ἐξῆλθον
13 2d ὥστε αὐτὸν εἰς (+τὸ[V]ς) πλοῖον
ἐμβάντα καθῆσθαι

Mt 13 22 ὁ δὲ εἰς τὰς ἀκάνθας σπαρείς

13 30 δήσατε αὐτὰ εἰς [Η] δέσμας πρὸς τὸ κατακαῦσαι αὐτά, ↔

13 30 τὸν δὲ σῖτον συναγάγετε (συνάγετε Η) εἰς τὴν ἀποθήκην μου

13 33ᵈ ἣν λαβοῦσα γυνὴ ἐνέκρυψεν εἰς ἀλεύρου σάτα τρία

13 36 ἀφεὶς τοὺς ὄχλους ἦλθεν εἰς τὴν οἰκίαν

13 42 βαλοῦσιν αὐτοὺς εἰς τὴν κάμινον τοῦ πυρός

13 47 ὁμοία ἐστὶν ἡ βασιλεία τῶν οὐρανῶν σαγήνῃ βληθείσῃ εἰς τὴν θάλασσαν

13 48 ἣν ... ἀναβιβάσαντες ... καὶ καθίσαντες συνέλεξαν τὰ καλὰ εἰς ἄγγη

13 50 βαλοῦσιν αὐτοὺς εἰς τὴν κάμινον τοῦ πυρός

13 52 * πᾶς γραμματεὺς μαθητευθεὶς | εἰς τὴν βασιλείαν (ς; τῇ βασιλείᾳ rl) τῶν οὐρανῶν ὅμοιός ἐστιν

13 54 ἐλθὼν εἰς τὴν πατρίδα αὐτοῦ ἐδίδασκεν αὐτούς

14 13ᶜᵐⁿ ἀνεχώρησεν ἐκεῖθεν ἐν πλοίῳ εἰς ἔρημον τόπον κατ' ἰδίαν

14 15 ἵνα ἀπελθόντες εἰς τὰς κώμας ἀγοράσωσιν ἑαυτοῖς βρώματα

14 19ᶜ ἀναβλέψας εἰς τὸν οὐρανὸν εὐλόγησεν

14 22ᵈ καὶ εὐθέως ([ΝΗ]; —Τ) ἠνάγκασεν τοὺς μαθητὰς ἐμβῆναι εἰς τὸ (—ΒSΗ) πλοῖον ↔

14 22 καὶ προάγειν αὐτὸν εἰς τὸ πέραν

14 23ᶜⁿ ἀπολύσας τοὺς ὄχλους ἀνέβη εἰς τὸ ὄρος κατ' ἰδίαν προσεύξασθαι

14 31ᵍ ὀλιγόπιστε, εἰς τί ἐδίστασας; ↔

14 32ᶜᵈ καὶ ἀναβάντων (ἐμ- ς) αὐτῶν εἰς τὸ πλοῖον ἐκόπασεν ὁ ἄνεμος

14 34ᵖ διαπεράσαντες ἦλθον | ἐπὶ τὴν γῆν εἰς (εἰς τ. γ. Sς) Γεννησαρέτ.

14 35 καὶ ἐπιγνόντες αὐτὸν ... ἀπέστειλαν εἰς ὅλην τὴν περίχωρον ἐκείνην

15 11ᵇ οὐ τὸ εἰσερχόμενον εἰς τὸ στόμα κοινοῖ τὸν ἄνθρωπον

15 14 ἀμφότεροι | εἰς βόθυνον πεσοῦνται (~ S)

15 17ᵇ οὐ (οὔπω VSς) νοεῖτε ὅτι πᾶν τὸ εἰσπορευόμενον εἰς τὸ στόμα ↔

15 17 εἰς τὴν κοιλίαν χωρεῖ ↔

15 17 καὶ εἰς ἀφεδρῶνα ἐκβάλλεται;

15 21ᶜ ἐξελθὼν ἐκεῖθεν ὁ Ἰησοῦς ἀνεχώρησεν εἰς τὰ μέρη Τύρου καὶ Σιδῶνος

15 24 οὐκ ἀπεστάλην εἰ μὴ εἰς τὰ πρόβατα τὰ ἀπολωλότα οἴκου Ἰσραήλ

15 29ᶜ ἀναβὰς εἰς τὸ ὄρος ἐκάθητο ἐκεῖ

15 39ᵈ ἀπολύσας τοὺς ὄχλους ἐνέβη εἰς τὸ πλοῖον, ↔

15 39 καὶ ἦλθεν εἰς τὰ ὅρια Μαγαδάν (Μαγδαλά Vς)

16 5 ἐλθόντες οἱ μαθηταὶ εἰς τὸ πέραν ἐπελάθοντο ἄρτους λαβεῖν

16 13 ἐλθὼν δὲ ὁ Ἰησοῦς εἰς τὰ μέρη Καισαρείας τῆς Φιλίππου

16 21 δεῖ αὐτὸν εἰς Ἱεροσόλυμα ἀπελθεῖν

17 1ᶜⁿ ἀναφέρει αὐτοὺς εἰς ὄρος ὑψηλὸν κατ' ἰδίαν

17 15 πολλάκις γὰρ πίπτει εἰς τὸ πῦρ ↔

17 15 καὶ πολλάκις εἰς τὸ ὕδωρ

17 22 μέλλει ὁ υἱὸς τοῦ ἀνθρώπου παραδίδοσθαι εἰς χεῖρας ἀνθρώπων

17 24 ἐλθόντων δὲ αὐτῶν εἰς Καφαρναούμ

Mt 17 25ᵇ ἐλθόντα (εἰσ- Τ; ὅτε εἰσῆλθεν Vς) εἰς τὴν οἰκίαν προέφθασεν αὐτὸν ὁ Ἰησοῦς

17 27 πορευθεὶς εἰς (+τὴν Vς) θάλασσαν βάλε ἄγκιστρον

18 3ᵇ οὐ μὴ εἰσέλθητε εἰς τὴν βασιλείαν τῶν οὐρανῶν

18 6 ὃς δ' ἂν σκανδαλίσῃ ἕνα τῶν μικρῶν τούτων τῶν πιστευόντων εἰς ἐμέ, ↔

18 6 * συμφέρει αὐτῷ ἵνα κρεμασθῇ μύλος ὀνικὸς εἰς (S; ἐπὶ ς; περὶ rl) τὸν τράχηλον αὐτοῦ

18 8ᵇ καλόν σοί ἐστιν εἰσελθεῖν εἰς τὴν ζωὴν | κυλλὸν ἢ χωλόν (~ Vς), ↔

18 8 ἢ δύο χεῖρας ... ἔχοντα βληθῆναι εἰς τὸ πῦρ τὸ αἰώνιον

18 9ᵇ καλόν σοί ἐστιν μονόφθαλμον εἰς τὴν ζωὴν εἰσελθεῖν, ↔

18 9 ἢ δύο ὀφθαλμοὺς ἔχοντα βληθῆναι εἰς τὴν γέενναν τοῦ πυρός

18 15 ἐὰν δὲ ἁμαρτήσῃ | εἰς σὲ ([Ν²⁶S]; —ΝΤΗ) ὁ ἀδελφός σου, ὕπαγε ἔλεγξον αὐτόν

18 20 οὗ γάρ εἰσιν δύο ἢ τρεῖς συνηγμένοι εἰς τὸ ἐμὸν ὄνομα

18 21 ποσάκις ἁμαρτήσει | εἰς ἐμὲ ὁ ἀδελφός μου (~ VBS) καὶ ἀφήσω αὐτῷ;

18 29 * πεσὼν οὖν ὁ σύνδουλος αὐτοῦ | εἰς τοὺς πόδας αὐτοῦ (+ς)

18 30 ἀλλὰ ἀπελθὼν ἔβαλεν αὐτὸν εἰς φυλακήν

19 1ᴶʸ μετῆρεν ἀπὸ τῆς Γαλιλαίας καὶ ἦλθεν εἰς τὰ ὅρια τῆς Ἰουδαίας πέραν τοῦ Ἰορδάνου

19 5ᵇ ἔσονται οἱ δύο εἰς σάρκα μίαν

19 17ᵇ εἰ δὲ θέλεις εἰς τὴν ζωὴν εἰσελθεῖν

19 23ᵇ πλούσιος δυσκόλως εἰσελεύσεται¹ εἰς τὴν βασιλείαν τῶν οὐρανῶν

19 24ᵇ ἢ πλούσιον εἰσελθεῖν (+Ν²⁶Β) εἰς τὴν βασιλείαν | τοῦ θεοῦ (τῶν οὐρανῶν Τ)

20 1 ὅστις ἐξῆλθεν ... μισθώσασθαι ἐργάτας εἰς τὸν ἀμπελῶνα αὐτοῦ. ↔

20 2 συμφωνήσας δὲ μετὰ τῶν ἐργατῶν ... ἀπέστειλεν αὐτοὺς εἰς τὸν ἀμπελῶνα αὐτοῦ

20 4 ὑπάγετε καὶ ὑμεῖς εἰς τὸν ἀμπελῶνα (+μου MS)

20 7 ὑπάγετε καὶ ὑμεῖς εἰς τὸν ἀμπελῶνα

20 17ᶜ | καὶ ἀναβαίνων ὁ (μέλλων δὲ ἀναβαίνειν ΝΗ) Ἰησοῦς εἰς Ἱεροσόλυμα παρέλαβεν

20 18ᶜ ἰδοὺ ἀναβαίνομεν εἰς Ἱεροσόλυμα

20 18 * κατακρινοῦσιν αὐτὸν | εἰς θάνατον (θανάτῳ Ν²⁶VBS[Η]ς), ↔

20 19ᵉ καὶ παραδώσουσιν αὐτὸν τοῖς ἔθνεσιν εἰς τὸ ἐμπαῖξαι καὶ μαστιγῶσαι καὶ σταυρῶσαι

21 1 καὶ ὅτε ἤγγισαν εἰς Ἱεροσόλυμα ↔

21 1ᵃ καὶ ἦλθον εἰς Βηθφαγὴ ↔

21 1 εἰς (πρὸς MVSς) τὸ ὄρος τῶν ἐλαιῶν

21 2 πορεύεσθε (-θητε Sς) εἰς τὴν κώμην τὴν κατέναντι (ἀπέναντι VSς) ὑμῶν

21 10ᵇ εἰσελθόντος αὐτοῦ εἰς Ἱεροσόλυμα ἐσείσθη πᾶσα ἡ πόλις λέγουσα

21 12ᵇ εἰσῆλθεν Ἰησοῦς εἰς τὸ ἱερὸν (+τοῦ θεοῦ VBSTς)

21 17ᵏ καταλιπὼν αὐτοὺς ἐξῆλθεν ἔξω τῆς πόλεως εἰς Βηθανίαν

Mt 21 18ᶜ πρωῒ (πρωΐας MVSς) δὲ ἐπανάγων (ἐπαναγαγὼν ΝΤΗ) εἰς τὴν πόλιν ἐπείνασεν

21 19ᵃᵏ (+οὐ ΝΜΤΗ) μηκέτι ἐκ σοῦ καρπὸς γένηται εἰς τὸν αἰῶνα

21 21 ἄρθητι καὶ βλήθητι εἰς τὴν θάλασσαν

21 23 ἐλθόντος αὐτοῦ εἰς τὸ ἱερὸν προσῆλθον ... οἱ ἀρχιερεῖς

21 31 αἱ πόρναι προάγουσιν ὑμᾶς εἰς τὴν βασιλείαν τοῦ θεοῦ

21 42ʰ οὗτος ἐγενήθη εἰς κεφαλὴν γωνίας

21 46ʰ ἐπεὶ εἰς (ὡς Vς) προφήτην αὐτὸν εἶχον

22 3 ἀπέστειλεν τοὺς δούλους αὐτοῦ καλέσαι τοὺς κεκλημένους εἰς τοὺς γάμους

22 4 δεῦτε εἰς τοὺς γάμους. ↔

22 5 οἱ δὲ ἀμελήσαντες ἀπῆλθον, ὃς μὲν εἰς τὸν ἴδιον ἀγρόν, ↔

22 5 * ὃς δὲ εἰς (ς; ἐπὶ rl) τὴν ἐμπορίαν αὐτοῦ

22 9 ὅσους ἐὰν εὕρητε καλέσατε εἰς τοὺς γάμους. ↔

22 10 καὶ ἐξελθόντες οἱ δοῦλοι ἐκεῖνοι εἰς τὰς ὁδοὺς

22 13 ἐκβάλετε (βάλετε S) αὐτὸν εἰς τὸ σκότος τὸ ἐξώτερον

22 16 οὐ γὰρ βλέπεις εἰς πρόσωπον ἀνθρώπων

23 34ᴶ προφήτας καὶ σοφοὺς ... μαστιγώσετε ... καὶ διώξετε ἀπὸ πόλεως εἰς πόλιν

24 9 τότε παραδώσουσιν ὑμᾶς εἰς θλῖψιν

24 13ᵃ ὁ δὲ ὑπομείνας εἰς τέλος, οὗτος σωθήσεται. ↔

24 14ᵐ καὶ κηρυχθήσεται τοῦτο τὸ εὐαγγέλιον ... ἐν ὅλῃ τῇ οἰκουμένῃ εἰς μαρτύριον πᾶσιν τοῖς ἔθνεσιν

24 16ᵐ τότε οἱ ἐν τῇ Ἰουδαίᾳ φευγέτωσαν εἰς (ἐπὶ VBSTς) τὰ ὄρη

24 38ᵇ ἄχρι ἧς ἡμέρας εἰσῆλθεν Νῶε εἰς τὴν κιβωτόν

25 1 αἵτινες ... ἐξῆλθον εἰς ὑπάντησιν τοῦ νυμφίου

25 6 ἰδοὺ ὁ νυμφίος, ἐξέρχεσθε εἰς ἀπάντησιν αὐτοῦ (+[Ν²⁶S]MVς)

25 10ᵇʳ αἱ ἕτοιμοι εἰσῆλθον μετ' αὐτοῦ εἰς τοὺς γάμους

25 21ᵇ εἴσελθε εἰς τὴν χαρὰν τοῦ κυρίου σου

25 23ᵇ εἴσελθε εἰς τὴν χαρὰν τοῦ κυρίου σου

25 30 τὸν ἀχρεῖον δοῦλον ἐκβάλετε εἰς τὸ σκότος τὸ ἐξώτερον

25 41ᴶ πορεύεσθε ἀπ' ἐμοῦ οἱ ([Ν²⁶VS]; —ΝΤΗ) κατηραμένοι εἰς τὸ πῦρ τὸ αἰώνιον

25 46 ἀπελεύσονται οὗτοι εἰς κόλασιν αἰώνιον, ↔

25 46 οἱ δὲ δίκαιοι εἰς ζωὴν αἰώνιον

26 2ᵈ ὁ υἱὸς τοῦ ἀνθρώπου παραδίδοται εἰς τὸ σταυρωθῆναι. ↔

26 3 τότε συνήχθησαν ... οἱ πρεσβύτεροι τοῦ λαοῦ εἰς τὴν αὐλὴν τοῦ ἀρχιερέως

26 8ᵍ εἰς τί ἡ ἀπώλεια αὕτη;

26 10 ἔργον γὰρ καλὸν ἠργάσατο εἰς ἐμέ

26 13 λαληθήσεται καὶ ὃ ἐποίησεν αὕτη εἰς μνημόσυνον αὐτῆς

26 18ᵈ ὑπάγετε εἰς τὴν πόλιν πρὸς τὸν δεῖνα

26 28ᵛ τοῦτο γάρ ἐστιν τὸ αἷμά μου ... τὸ περὶ πολλῶν ἐκχυννόμενον εἰς ἄφεσιν ἁμαρτιῶν

Mt 26 30 καὶ ὑμνήσαντες ἐξῆλθον εἰς τὸ ὄρος τῶν ἐλαιῶν

26 32 μετὰ δὲ τὸ ἐγερθῆναί με προάξω ὑμᾶς εἰς τὴν Γαλιλαίαν

26 36ʳ τότε ἔρχεται μετ' αὐτῶν ὁ Ἰησοῦς εἰς χωρίον λεγόμενον Γεθσημανί

26 41ᵇ γρηγορεῖτε καὶ προσεύχεσθε, ἵνα μὴ εἰσέλθητε εἰς πειρασμόν

26 45 ὁ υἱὸς τοῦ ἀνθρώπου παραδίδοται εἰς χεῖρας ἁμαρτωλῶν

26 52 ἀπόστρεψον τὴν μάχαιράν σου εἰς τὸν τόπον αὐτῆς

26 67ᵈ τότε ἐνέπτυσαν εἰς τὸ πρόσωπον αὐτοῦ

26 71 ἐξελθόντα δὲ (+αὐτὸν B[S]Tϛ) εἰς τὸν πυλῶνα εἶδεν αὐτὸν ἄλλη

27 5 ῥίψας τὰ ἀργύρια | εἰς τὸν ναὸν (ἐν τῷ ναῷ ϛ) ἀνεχώρησεν

27 6 οὐκ ἔξεστιν βαλεῖν αὐτὰ εἰς τὸν κορβανᾶν

27 7ᵏ ἠγόρασαν ἐξ αὐτῶν τὸν ἀγρὸν τοῦ κεραμέως εἰς ταφὴν τοῖς ξένοις

27 10 ἔδωκαν αὐτὰ εἰς τὸν ἀγρὸν τοῦ κεραμέως

27 27 τότε οἱ στρατιῶται τοῦ ἡγεμόνος παραλαβόντες τὸν Ἰησοῦν εἰς τὸ πραιτώριον

27 30ᵈ ἐμπτύσαντες εἰς αὐτὸν ἔλαβον τὸν κάλαμον ↔

27 30 καὶ ἔτυπτον εἰς τὴν κεφαλὴν αὐτοῦ

27 31ᵉ ἀπήγαγον αὐτὸν εἰς τὸ σταυρῶσαι

27 33 ἐλθόντες εἰς τόπον λεγόμενον Γολγοθᾶ

27 51ʲˢ τὸ καταπέτασμα τοῦ ναοῦ ἐσχίσθη || ἀπ' ([NH]; —T) ἄνωθεν ἕως κάτω εἰς δύο ((~Vϛ))

27 53ᵏ ἐξελθόντες ἐκ τῶν μνημείων ... εἰσῆλθον εἰς τὴν ἁγίαν πόλιν

28 1ᵃ ὀψὲ δὲ σαββάτων, τῇ ἐπιφωσκούσῃ εἰς μίαν σαββάτων, ἦλθεν Μαριάμ

28 7 ἰδοὺ προάγει ὑμᾶς εἰς τὴν Γαλιλαίαν

28 10 ἀπαγγείλατε τοῖς ἀδελφοῖς μου ἵνα ἀπέλθωσιν εἰς τὴν Γαλιλαίαν

28 11 ἰδού τινες τῆς κουστωδίας ἐλθόντες εἰς τὴν πόλιν ἀπήγγειλαν (ἀν- BT)

28 16 οἱ δὲ ἕνδεκα μαθηταὶ ἐπορεύθησαν εἰς τὴν Γαλιλαίαν, ↔

28 16 εἰς τὸ ὄρος οὗ ἐτάξατο αὐτοῖς ὁ Ἰησοῦς

28 19 βαπτίζοντες αὐτοὺς εἰς τὸ ὄνομα τοῦ πατρὸς καὶ τοῦ υἱοῦ καὶ τοῦ ἁγίου πνεύματος

Mc 1 4 ἐγένετο Ἰωάννης ... κηρύσσων βάπτισμα μετανοίας εἰς ἄφεσιν ἁμαρτιῶν

1 9ᵗ ἐβαπτίσθη εἰς τὸν Ἰορδάνην ὑπὸ Ἰωάννου

1 10 εἶδεν ... τὸ πνεῦμα ὡς περιστερὰν καταβαῖνον εἰς (ἐπ' ϛ) αὐτόν

1 12 εὐθὺς τὸ πνεῦμα αὐτὸν ἐκβάλλει εἰς τὴν ἔρημον

1 14 ἦλθεν ὁ Ἰησοῦς εἰς τὴν Γαλιλαίαν κηρύσσων τὸ εὐαγγέλιον τοῦ θεοῦ

1 21ᵇ καὶ εἰσπορεύονται εἰς Καφαρναούμ· ↔

1 21ᵇ καὶ εὐθὺς τοῖς σάββασιν εἰσελθὼν (—BST) | εἰς τὴν συναγωγὴν ἐδίδασκεν (~BST)

1 28 | καὶ ἐξῆλθεν (ἐ. δὲ Sϛ) ἡ ἀκοὴ αὐτοῦ ... εἰς ὅλην τὴν περίχωρον τῆς Γαλιλαίας. ↔

Mc 1 29ᵏʳ καὶ εὐθὺς ἐκ τῆς συναγωγῆς | ἐξελθόντες ἦλθον (ἐξελθὼν ἦλθεν M) εἰς τὴν οἰκίαν Σίμωνος ... μετὰ Ἰακώβου

1 35 ἐξῆλθεν | καὶ ἀπῆλθεν [H] εἰς ἔρημον τόπον

1 38 ἄγωμεν ἀλλαχοῦ εἰς τὰς ἐχομένας κωμοπόλεις, ἵνα καὶ ἐκεῖ κηρύξω· ↔

1 38ᵍ εἰς τοῦτο γὰρ ἐξῆλθον. ↔

1 39 καὶ | ἦλθεν κηρύσσων εἰς τὰς συναγωγὰς (ἦν κ. ἐν ταῖς σ-γαῖς ϛ) αὐτῶν ↔

1 39 εἰς ὅλην τὴν Γαλιλαίαν

1 44ᵛ προσένεγκε περὶ τοῦ καθαρισμοῦ σου ἃ προσέταξεν Μωϋσῆς, εἰς μαρτύριον αὐτοῖς

1 45ᵇ ὥστε μηκέτι αὐτὸν δύνασθαι | φανερῶς εἰς πόλιν (~ST) εἰσελθεῖν

2 1ᵇˡ εἰσελθὼν πάλιν εἰς Καφαρναοὺμ δι' ἡμερῶν ↔

2 1 * ἠκούσθη ὅτι | εἰς οἶκόν (MVSϛ; ἐν οἴκῳ rl) ἐστιν

2 11 ἆρον τὸν κράβαττόν σου καὶ ὕπαγε εἰς τὸν οἶκόν σου

2 13 * ἐξῆλθεν πάλιν εἰς (T; παρὰ rl) τὴν θάλασσαν

2 17 * οὐκ ἦλθον καλέσαι δικαίους ἀλλὰ ἁμαρτωλούς | εἰς μετάνοιαν (+ϛ)

2 22 οὐδεὶς βάλλει οἶνον νέον εἰς ἀσκοὺς παλαιούς

2 22 | ἀλλὰ οἶνον νέον εἰς ἀσκοὺς καινούς ([NH]; —T) (+βλητέον Vϛ)

2 26ᵇ πῶς [NH] εἰσῆλθεν εἰς τὸν οἶκον τοῦ θεοῦ ἐπὶ Ἀβιαθὰρ ἀρχιερέως

3 1ᵇ εἰσῆλθεν πάλιν εἰς τὴν (—NTH) συναγωγήν

3 3ᶠ ἔγειρε εἰς τὸ μέσον

3 7ᶜʳ * ὁ Ἰησοῦς μετὰ τῶν μαθητῶν αὐτοῦ ἀνεχώρησεν εἰς (T; πρὸς rl) τὴν θάλασσαν

3 13ᶜ ἀναβαίνει εἰς τὸ ὄρος

3 20 ἔρχεται (ἔρχονται VSϛ) εἰς οἶκον

3 27ᵇ ἀλλ' οὐ δύναται οὐδεὶς | εἰς τὴν οἰκίαν τοῦ ἰσχυροῦ εἰσελθὼν τὰ σκεύη αὐτοῦ (~Sϛ) διαρπάσαι

3 29 ὃς δ' ἂν βλασφημήσῃ εἰς τὸ πνεῦμα τὸ ἅγιον, ↔

3 29ᵃ οὐκ ἔχει ἄφεσιν εἰς τὸν αἰῶνα

4 1ᵈ ὥστε αὐτὸν εἰς (+τὸ [V]ϛ) πλοῖον ἐμβάντα καθῆσθαι ἐν τῇ θαλάσσῃ

4 7 ἄλλο ἔπεσεν εἰς τὰς ἀκάνθας

4 8 ἄλλα (ἄλλο VSϛ) ἔπεσεν εἰς τὴν γῆν τὴν καλήν

4 8 * καὶ ἔφερεν εἰς (NMTH; εἷς S; ἐν rl) τριάκοντα

4 8 * καὶ εἰς (T; εἷς S; ἐν NMH; ἐν rl) ἑξήκοντα ↔

4 8 * καὶ εἰς (T; ἐν NMH; εἷς S; ἐν rl) ἑκατόν

4 15 αἴρει τὸν λόγον τὸν ἐσπαρμένον | εἰς αὐτούς (ἐν αὐτοῖς MVST; ἐν ταῖς καρδίαις αὐτῶν ϛ)

4 18 ἄλλοι εἰσὶν οἱ εἰς (ἐπὶ ST) τὰς ἀκάνθας σπειρόμενοι

4 22ᶠ οὐδὲ ἐγένετο ἀπόκρυφον, ἀλλ' ἵνα ἔλθῃ εἰς φανερόν

4 35 διέλθωμεν εἰς τὸ πέραν

4 37 τὰ κύματα ἐπέβαλλεν εἰς τὸ πλοῖον

5 1 ἦλθον (ἦλθεν S) εἰς τὸ πέραν τῆς θαλάσσης ↔

5 1 εἰς τὴν χώραν τῶν Γερασηνῶν (Γαδαρηνῶν Vϛ)

Mc 5 12 πέμψον ἡμᾶς εἰς τοὺς χοίρους, ↔

5 12ᵇ ἵνα εἰς αὐτοὺς εἰσέλθωμεν

5 13ᵇ ἐξελθόντα τὰ πνεύματα τὰ ἀκάθαρτα εἰσῆλθον εἰς τοὺς χοίρους, ↔

5 13ⁿ καὶ ὥρμησεν ἡ ἀγέλη κατὰ τοῦ κρημνοῦ εἰς τὴν θάλασσαν

5 14ᶜ οἱ βόσκοντες αὐτοὺς ἔφυγον καὶ ἀπήγγειλαν (ἀν- Sϛ) εἰς τὴν πόλιν ↔

5 14ᶜ καὶ εἰς τοὺς ἀγρούς

5 18ᵈ ἐμβαίνοντος αὐτοῦ εἰς τὸ πλοῖον παρεκάλει αὐτὸν ὁ δαιμονισθείς

5 19ᵍ ὕπαγε εἰς τὸν οἶκόν σου πρὸς τοὺς σούς

5 21ᵐ διαπεράσαντος τοῦ Ἰησοῦ | ἐν τῷ πλοίῳ [N²⁶] | πάλιν εἰς τὸ πέραν (~T) συνήχθη

5 26ᶠ ⟨γυνὴ⟩ μηδὲν ὠφεληθεῖσα ἀλλὰ μᾶλλον εἰς τὸ χεῖρον ἐλθοῦσα

5 34 ἡ πίστις σου σέσωκέν σε· ὕπαγε εἰς εἰρήνην

5 38 ἔρχονται εἰς τὸν οἶκον τοῦ ἀρχισυναγώγου

6 1 ἐξῆλθεν ἐκεῖθεν, καὶ ἔρχεται εἰς τὴν πατρίδα αὐτοῦ

6 8 παρήγγειλεν αὐτοῖς ἵνα μηδὲν αἴρωσιν (ἄρωσιν S) εἰς ὁδὸν εἰ μὴ ῥάβδον μόνον ... μὴ πήραν, ↔

6 8 μὴ εἰς τὴν ζώνην χαλκόν

6 10ᵇ ὅπου ἐὰν εἰσέλθητε εἰς οἰκίαν

6 11 ἐκπορευόμενοι ἐκεῖθεν ἐκτινάξατε τὸν χοῦν ... εἰς μαρτύριον αὐτοῖς

6 31ⁿ δεῦτε ὑμεῖς αὐτοὶ κατ' ἰδίαν εἰς ἔρημον τόπον

6 32ᵐⁿ ἀπῆλθον | ἐν τῷ πλοίῳ εἰς ἔρημον τόπον (εἰς ἔρ. τ. τῷ πλ. STϛ) κατ' ἰδίαν

6 36 ἵνα ἀπελθόντες εἰς τοὺς κύκλῳ ἀγροὺς καὶ κώμας ἀγοράσωσιν

6 41ᶜ ἀναβλέψας εἰς τὸν οὐρανὸν εὐλόγησεν

6 45ᵈ εὐθὺς ἠνάγκασεν τοὺς μαθητὰς αὐτοῦ ἐμβῆναι εἰς τὸ πλοῖον

6 45ᵍ καὶ προάγειν εἰς τὸ πέραν πρὸς Βηθσαϊδάν

6 46 ἀποταξάμενος αὐτοῖς ἀπῆλθεν εἰς τὸ ὄρος προσεύξασθαι

6 51ᶜᵍ ἀνέβη πρὸς αὐτοὺς εἰς τὸ πλοῖον

6 53ᵖ διαπεράσαντες | ἐπὶ τὴν γῆν ἦλθον (~ϛ) εἰς (—ϛ) Γεννησαρέτ

6 56ᵇ ὅπου ἂν (ἐὰν T) εἰσεπορεύετο εἰς κώμας ↔

6 56ᵇ ἢ εἰς (—ϛ) πόλεις ↔

6 56ᵇ ἢ εἰς (—ϛ) ἀγρούς, ἐν ταῖς ἀγοραῖς ἐτίθεσαν (ἐτίθουν Vϛ) τοὺς ἀσθενοῦντας

7 15ᵇ οὐδέν ἐστιν ἔξωθεν τοῦ ἀνθρώπου εἰσπορευόμενον εἰς αὐτὸν ὃ δύναται | κοινῶσαι αὐτόν (~Vϛ)

7 17ᵇ ʲ ὅτε εἰσῆλθεν εἰς (+ τὸν T) οἶκον ἀπὸ τοῦ ὄχλου

7 18ᵇ οὐ νοεῖτε ὅτι πᾶν τὸ ἔξωθεν εἰσπορευόμενον εἰς τὸν ἄνθρωπον οὐ δύναται αὐτὸν κοινῶσαι, ↔

7 19ᵇ ὅτι οὐκ εἰσπορεύεται αὐτοῦ εἰς τὴν καρδίαν ↔

7 19ᵇ ἀλλ' εἰς τὴν κοιλίαν, ↔

7 19 καὶ εἰς τὸν ἀφεδρῶνα ἐκπορεύεται ⟨;⟩

7 24 | ἐκεῖθεν δὲ (καὶ ἐ. Vϛ) ἀναστὰς ἀπῆλθεν εἰς τὰ ὅρια (μεθόρια VSϛ) Τύρου (+ καὶ Σιδῶνος MVBS [H]ϛ). ↔

Mc 7 24ᵇ καὶ εἰσελθὼν εἰς οἰκίαν οὐδένα
ἤθελεν (ἠθέλησεν Τ) γνῶναι

7 30 ἀπελθοῦσα εἰς τὸν οἶκον αὐτῆς
εὗρεν τὸ παιδίον βεβλημένον ἐπὶ
τὴν κλίνην

7 31ˡᵘ πάλιν ἐξελθὼν ... ἦλθεν διὰ
Σιδῶνος εἰς (πρὸς ς) τὴν θάλασσαν
τῆς Γαλιλαίας ἀνὰ μέσον τῶν
ὁρίων Δεκαπόλεως

7 33 ἔβαλεν τοὺς δακτύλους αὐτοῦ
(—Τ) εἰς τὰ ὦτα αὐτοῦ

7 34ᶜ ἀναβλέψας εἰς τὸν οὐρανὸν ἐστέ-
ναξεν

8 3 ἐὰν ἀπολύσω αὐτοὺς νήστεις εἰς
οἶκον αὐτῶν

8 10ᵈʳ εὐθὺς ἐμβὰς εἰς τὸ [S] πλοῖον
μετὰ τῶν μαθητῶν αὐτοῦ ↔

8 10 ἦλθεν εἰς τὰ μέρη Δαλμανουθά

8 13ᵈ * ἀφεὶς αὐτοὺς | πάλιν ἐμβὰς
(∼ Vς) | εἰς τὸ πλοῖον (+ς) ↔

8 13 ἀπῆλθεν εἰς τὸ πέραν

8 19 ⟨οὐ μνημονεύετε⟩ ὅτε τοὺς πέντε
ἄρτους ἔκλασα εἰς τοὺς πεντακισ-
χιλίους ⟨;⟩

8 20 ὅτε (+ δὲ VSς; + καὶ Τ) τοὺς
ἑπτὰ εἰς τοὺς τετρακισχιλίους,
πόσων σπυρίδων πληρώματα κλα-
σμάτων ἤρατε;

8 22 ἔρχονται εἰς Βηθσαϊδάν

8 23 πτύσας εἰς τὰ ὄμματα αὐτοῦ

8 26 ἀπέστειλεν αὐτὸν εἰς οἶκον αὐτοῦ
λέγων· ↔

8 26ᵇ μηδὲ (μὴ Τ) εἰς τὴν κώμην εἰσέλ-
θῃς

8 27 ἐξῆλθεν ὁ Ἰησοῦς ... εἰς τὰς
κώμας Καισαρείας τῆς Φιλίππου

9 2ᶜⁿ ἀναφέρει αὐτοὺς εἰς ὄρος ὑψηλὸν
κατ' ἰδίαν μόνους

9 22 πολλάκις καὶ εἰς πῦρ αὐτὸν ἔβαλεν

9 22 καὶ εἰς ὕδατα ἵνα ἀπολέσῃ αὐτόν

9 25ᵇᵏ ἔξελθε ἐξ αὐτοῦ καὶ μηκέτι εἰσ-
έλθῃς εἰς αὐτόν

9 28ᵇ εἰσελθόντος αὐτοῦ εἰς οἶκον

9 31 ὁ υἱὸς τοῦ ἀνθρώπου παραδίδο-
ται εἰς χεῖρας ἀνθρώπων

9 33 ἦλθον (ἦλθεν Sς) εἰς Καφαρναούμ

9 42 ὃς ἂν σκανδαλίσῃ ἕνα τῶν μικρῶν
τούτων ([S]; —ς) τῶν πιστευόν-
των | εἰς ἐμέ ([N²⁶]; —NMSTH),

9 42 καλόν ἐστιν αὐτῷ μᾶλλον εἰ περί-
κειται μύλος ... καὶ βέβληται εἰς
τὴν θάλασσαν

9 43ᵇ καλόν ἐστίν σε κυλλὸν εἰσελθεῖν
εἰς τὴν ζωήν, ↔

9 43 ἢ τὰς δύο χεῖρας ἔχοντα ἀπελθεῖν
εἰς τὴν γέενναν, ↔

9 43 εἰς τὸ πῦρ τὸ ἄσβεστον

9 45ᵇ καλόν ἐστίν σε εἰσελθεῖν εἰς τὴν
ζωὴν χωλόν, ↔

9 45 ἢ τοὺς δύο πόδας ἔχοντα βληθῆ-
ναι εἰς τὴν γέενναν ↔

9 45 * | εἰς τὸ πῦρ τὸ ἄσβεστον (+Vς)

9 47ᵇ καλόν σέ ἐστιν μονόφθαλμον εἰσελ-
θεῖν εἰς τὴν βασιλείαν τοῦ θεοῦ, ↔

9 47 ἢ δύο ὀφθαλμοὺς ἔχοντα βληθῆναι
εἰς τὴν (—Η) γέενναν (+ τοῦ
πυρὸς Vς)

10 1ˡʸ ἐκεῖθεν ἀναστὰς ἔρχεται εἰς τὰ
ὅρια τῆς Ἰουδαίας

10 8ʰ ἔσονται οἱ δύο εἰς σάρκα μίαν

10 10ᵛ καὶ | εἰς τὴν οἰκίαν (ἐν τῇ οἰκίᾳ ς)
πάλιν οἱ μαθηταὶ περὶ τούτου
ἐπηρώτων αὐτόν

Mc 10 15ᵇ ὃς ἂν μὴ δέξηται τὴν βασιλείαν
τοῦ θεοῦ ὡς παιδίον, οὐ μὴ εἰσ-
έλθῃ εἰς αὐτήν

10 17 ἐκπορευομένου αὐτοῦ εἰς ὁδὸν
προσδραμὼν εἷς ... ἐπηρώτα
αὐτόν

10 23ᵇ πῶς δυσκόλως οἱ τὰ χρήματα
ἔχοντες εἰς τὴν βασιλείαν τοῦ θεοῦ
εἰσελεύσονται

10 24ᵇ πῶς δύσκολόν ἐστιν | τοὺς πεποι-
θότας ἐπὶ χρήμασιν (+ MVB[S]ς)
εἰς τὴν βασιλείαν τοῦ θεοῦ εἰσελ-
θεῖν· ↔

10 25ᵇ εὐκοπώτερόν ἐστιν κάμηλον ...
διελθεῖν ἢ πλούσιον εἰς τὴν βασιλεί-
αν τοῦ θεοῦ εἰσελθεῖν

10 32ᶜᵐ ἦσαν δὲ ἐν τῇ ὁδῷ ἀναβαίνον-
τες εἰς Ἱεροσόλυμα

10 33ᶜ ἰδοὺ ἀναβαίνομεν εἰς Ἱεροσόλυμα

10 46 ἔρχονται εἰς Ἱεριχώ

11 1 ὅτε ἐγγίζουσιν εἰς Ἱεροσόλυμα ↔

11 1ᵃ | εἰς Βηθφαγὴ καὶ (καὶ εἰς ΒΤ)
Βηθανίαν πρὸς τὸ ὄρος τῶν ἐλαιῶν

11 2 ὑπάγετε εἰς τὴν κώμην τὴν κατ-
έναντι ὑμῶν, ↔

11 2ᵇ καὶ εὐθὺς εἰσπορευόμενοι εἰς αὐτὴν
εὑρήσετε πῶλον δεδεμένον

11 8 πολλοὶ τὰ ἱμάτια αὐτῶν ἔστρω-
σαν εἰς τὴν ὁδόν, ↔

11 8ᵏ * ἄλλοι δὲ στιβάδας ἔκοπτον
(ς; κόψαντες rl) ἐκ τῶν δένδρων
(ς; ἀγρῶν rl) | καὶ ἐστρώννυον
εἰς τὴν ὁδόν (+ς)

11 11ᵇ καὶ εἰσῆλθεν εἰς Ἱεροσόλυμα ↔

11 11ᵇ (+ ὁ Ἰησοῦς καὶ ς) εἰς τὸ ἱερόν

11 11ʳ ἐξῆλθεν εἰς Βηθανίαν μετὰ τῶν
δώδεκα

11 14ᵃᵏ μηκέτι εἰς τὸν αἰῶνα ἐκ σοῦ
μηδεὶς καρπὸν φάγοι

11 15 ἔρχονται εἰς Ἱεροσόλυμα. ↔

11 15ᵇ καὶ εἰσελθὼν εἰς τὸ ἱερὸν ἤρξατο
ἐκβάλλειν τοὺς πωλοῦντας

11 23 ὃς ἂν εἴπῃ τῷ ὄρει τούτῳ·
ἄρθητι καὶ βλήθητι εἰς τὴν θάλασ-
σαν

11 27 ἔρχονται πάλιν εἰς Ἱεροσόλυμα

12 10ʰ οὗτος ἐγενήθη εἰς κεφαλὴν γωνίας

12 14 οὐ γὰρ βλέπεις εἰς πρόσωπον
ἀνθρώπων

12 41 ἐθεώρει πῶς ὁ ὄχλος βάλλει χαλ-
κὸν εἰς τὸ γαζοφυλάκιον

12 43 ἡ χήρα αὕτη ... πλεῖον πάντων
ἔβαλεν (βέβληκεν VSTς) τῶν
βαλλόντων εἰς τὸ γαζοφυλάκιον

13 3ⁿ καθημένου αὐτοῦ εἰς τὸ ὄρος τῶν
ἐλαιῶν κατέναντι τοῦ ἱεροῦ, ἐπ-
ηρώτα αὐτόν

13 9 παραδώσουσιν (+ γὰρ Vς) ὑμᾶς
εἰς συνέδρια ↔

13 9 καὶ εἰς συναγωγὰς δαρήσεσθε

13 9ᵖ καὶ ἐπὶ ἡγεμόνων καὶ βασιλέων
σταθήσεσθε ἕνεκεν ἐμοῦ, εἰς μαρτύ-
ριον αὐτοῖς. ↔

13 10 καὶ εἰς πάντα τὰ ἔθνη | πρῶτον
δεῖ (∼ Vς) κηρυχθῆναι τὸ εὐαγγέ-
λιον

13 12 παραδώσει ἀδελφὸς ἀδελφὸν εἰς
θάνατον καὶ πατὴρ τέκνον

13 13ᵃ ὁ δὲ ὑπομείνας εἰς τέλος, οὗτος
σωθήσεται

13 14ᵐ τότε οἱ ἐν τῇ Ἰουδαίᾳ φευγέτω-
σαν εἰς τὰ ὄρη,

13 15ᵖ * ὁ δὲ (+ [N²⁶]VBSTς) ἐπὶ τοῦ
δώματος μὴ καταβάτω | εἰς τὴν
οἰκίαν (+VSς)

Mc 13 16 ὁ εἰς τὸν ἀγρὸν (+ ὢν ς) ↔

13 16 μὴ ἐπιστρεψάτω εἰς τὰ ὀπίσω
ἆραι τὸ ἱμάτιον αὐτοῦ

14 4ᵍ εἰς τί ἡ ἀπώλεια αὕτη τοῦ μύρου
γέγονεν;

14 6 * καλὸν ἔργον ἠργάσατο | εἰς
ἐμέ (ς; ἐν ἐμοί rl)

14 8 προέλαβεν μυρίσαι | τὸ σῶμά
μου (∼ VSTς) εἰς τὸν ἐνταφια-
σμόν

14 9 ὅπου ἐὰν κηρυχθῇ τὸ εὐαγγέλιον
(+ τοῦτο Vς) εἰς ὅλον τὸν κόσμον,
↔

14 9 καὶ ὃ ἐποίησεν αὕτη λαληθήσεται
εἰς μνημόσυνον αὐτῆς

14 13 ὑπάγετε εἰς τὴν πόλιν

14 16 ἐξῆλθον οἱ μαθηταὶ (+ αὐτοῦ V
[S]ς) καὶ ἦλθον εἰς τὴν πόλιν

14 20ᵈʳ ὁ ἐμβαπτόμενος μετ' ἐμοῦ εἰς τὸ
[+ ἓν ΝΗ] τρύβλιον

14 26 ὑμνήσαντες ἐξῆλθον εἰς τὸ ὄρος
τῶν ἐλαιῶν

14 28 ἀλλὰ μετὰ τὸ ἐγερθῆναί με προάξω
ὑμᾶς εἰς τὴν Γαλιλαίαν

14 32 ἔρχονται εἰς χωρίον οὗ τὸ ὄνομα
Γεθσημανί

14 38ᵇ γρηγορεῖτε καὶ προσεύχεσθε, ἵνα
μὴ ἔλθητε (εἰσ- Vς) εἰς πειρασμόν

14 41 ἰδοὺ παραδίδοται ὁ υἱὸς τοῦ
ἀνθρώπου εἰς τὰς χεῖρας τῶν
ἁμαρτωλῶν

14 54ʲˢ ὁ Πέτρος ἀπὸ μακρόθεν ἠκολού-
θησεν αὐτῷ ἕως ἔσω εἰς τὴν αὐλὴν
τοῦ ἀρχιερέως

14 55ᵉ οἱ δὲ ἀρχιερεῖς ... ἐζήτουν κατὰ
τοῦ Ἰησοῦ μαρτυρίαν εἰς τὸ
θανατῶσαι αὐτὸν

14 60ᶜᶠ ἀναστὰς ὁ ἀρχιερεὺς εἰς μέσον
ἐπηρώτησεν τὸν Ἰησοῦν λέγων

14 68ᵏ ἐξῆλθεν ἔξω εἰς τὸ προαύλιον | καὶ
ἀλέκτωρ ἐφώνησεν ([N²⁶]; —ΝΗ)

15 34ᵇ ὁ θεός μου | ὁ θεός μου [Η], εἰς
τί ἐγκατέλιπές με;

15 38ʲˢ τὸ καταπέτασμα τοῦ ναοῦ ἐσχί-
σθη εἰς δύο ἀπ' ἄνωθεν ἕως κάτω

15 41ᶜ καὶ ἄλλαι πολλαὶ αἱ συνανα-
βᾶσαι αὐτῷ εἰς Ἱεροσόλυμα

16 5ᵇ εἰσελθοῦσαι εἰς τὸ μνημεῖον εἶδον
νεανίσκον καθήμενον ἐν τοῖς δε-
ξιοῖς

16 7 εἴπατε τοῖς μαθηταῖς αὐτοῦ ...
ὅτι προάγει ὑμᾶς εἰς τὴν Γαλιλαίαν

[16 12] δυσὶν ἐξ αὐτῶν περιπατοῦσιν
ἐφανερώθη ἐν ἑτέρᾳ μορφῇ πορευ-
ομένοις εἰς ἀγρόν

[16 15] πορευθέντες εἰς τὸν κόσμον ἅπαντα
κηρύξατε τὸ εὐαγγέλιον

[16 19]ᶜ μετὰ τὸ λαλῆσαι αὐτοῖς ἀνελήμφθη
εἰς τὸν οὐρανόν

Lc 1 9ᵇ ἔλαχε τοῦ θυμιᾶσαι εἰσελθὼν εἰς
τὸν ναὸν τοῦ κυρίου

1 20ᵃ τοῖς λόγοις μου, οἵτινες πληρω-
θήσονται εἰς τὸν καιρὸν αὐτῶν

1 23 ἀπῆλθεν εἰς τὸν οἶκον αὐτοῦ

1 26ʲᵐᵗ ἀπεστάλη ὁ ἄγγελος Γαβριὴλ
ἀπὸ (ὑπὸ Vς) τοῦ θεοῦ εἰς πόλιν
τῆς Γαλιλαίας ⟨πρὸς παρθένον⟩

1 33ᵃ βασιλεύσει ἐπὶ τὸν οἶκον Ἰακὼβ
εἰς τοὺς αἰῶνας

1 39ʳ ἀναστᾶσα δὲ Μαριὰμ ... ἐπορεύ-
θη εἰς τὴν ὀρεινὴν μετὰ σπουδῆς ↔

1 39 εἰς πόλιν Ἰούδα,

1 40ᵇ καὶ εἰσῆλθεν εἰς τὸν οἶκον Ζαχαρίου

1 44 ἰδοὺ γὰρ ὡς ἐγένετο ἡ φωνὴ τοῦ
ἀσπασμοῦ σου εἰς τὰ ὦτά μου

Lc 1 50ᵃ τὸ ἔλεος αὐτοῦ εἰς γενεὰς καὶ γενεὰς τοῖς φοβουμένοις αὐτόν

1 55ᵃ ⟨μνησθῆναι ἐλέους⟩ τῷ Ἀβραὰμ καὶ τῷ σπέρματι αὐτοῦ | εἰς τὸν αἰῶνα (ἕως αἰῶνος S)

1 56 ὑπέστρεψεν εἰς τὸν οἶκον αὐτῆς

1 79 τοῦ κατευθῦναι τοὺς πόδας ἡμῶν εἰς ὁδὸν εἰρήνης

2 3 ἐπορεύοντο πάντες ἀπογράφεσθαι, ἕκαστος εἰς τὴν ἑαυτοῦ (ἰδίαν Vϛ) πόλιν. ↔

2 4ᶜʲᵏ ἀνέβη δὲ καὶ Ἰωσὴφ ἀπὸ τῆς Γαλιλαίας ἐκ πόλεως Ναζαρὲθ εἰς τὴν Ἰουδαίαν

2 4 εἰς πόλιν Δαυίδ

2 15ʲ ἐγένετο ὡς ἀπῆλθον ἀπ' αὐτῶν εἰς τὸν οὐρανὸν οἱ ἄγγελοι

2 22ᶜ ἀνήγαγον αὐτὸν εἰς Ἰεροσόλυμα παραστῆσαι τῷ κυρίῳ

2 27ᵐ ἦλθεν ἐν τῷ πνεύματι εἰς τὸ ἱερόν

2 28 αὐτὸς ἐδέξατο αὐτὸ εἰς τὰς ἀγκάλας (+αὐτοῦ Sϛ)

2 32 ⟨εἶδον ... τὸ σωτήριόν σου⟩ φῶς εἰς ἀποκάλυψιν ἐθνῶν

2 34 ἰδοὺ οὗτος κεῖται εἰς πτῶσιν καὶ ἀνάστασιν πολλῶν ἐν τῷ Ἰσραὴλ ↔

2 34 καὶ εἰς σημεῖον ἀντιλεγόμενον

2 39 ὡς ἐτέλεσαν πάντα (ἅπ. Vϛ) ... ἐπέστρεψαν (ὑπ- MVBSϛ) εἰς τὴν Γαλιλαίαν ↔

2 39 εἰς (+τὴν MV[S]ϛ) πόλιν ἑαυτῶν Ναζαρέθ

2 41ⁿ ἐπορεύοντο οἱ γονεῖς αὐτοῦ κατ' ἔτος εἰς Ἰερουσαλήμ

2 42ᶜⁿ* ἀναβαινόντων αὐτῶν | εἰς Ἰεροσόλυμα (+ϛ) κατὰ τὸ ἔθος τῆς ἑορτῆς

2 45 μὴ εὑρόντες ὑπέστρεψαν εἰς Ἰερουσαλὴμ ἀναζητοῦντες αὐτόν

2 51 ἦλθεν εἰς Ναζαρέθ

3 3 ἦλθεν εἰς πᾶσαν τὴν ([N²⁶]; —H) περίχωρον τοῦ Ἰορδάνου ↔

3 3 κηρύσσων βάπτισμα μετανοίας εἰς ἄφεσιν ἁμαρτιῶν

3 5ʰ ἔσται τὰ σκολιὰ εἰς εὐθείαν (-ας NTH) ↔

3 5ʰ καὶ αἱ τραχεῖαι εἰς ὁδοὺς λείας

3 9 πᾶν οὖν δένδρον ... ἐκκόπτεται καὶ εἰς πῦρ βάλλεται

3 17 συναγαγεῖν (-νάξει Vϛ) τὸν [+μὲν S] σῖτον εἰς τὴν ἀποθήκην αὐτοῦ

4 1ᵐ* ἤγετο ἐν τῷ πνεύματι | εἰς τὴν ἔρημον (ϛ; ἐν τῇ ἐρήμῳ rl)

4 5ᶜ* ἀναγαγὼν αὐτὸν | ὁ διάβολος εἰς ὄρος ὑψηλόν (+ϛ)

4 9 ἤγαγεν δὲ αὐτὸν εἰς Ἰερουσαλήμ

4 14ᵐ ὑπέστρεψεν ὁ Ἰησοῦς ἐν τῇ δυνάμει τοῦ πνεύματος εἰς τὴν Γαλιλαίαν

4 16 ἦλθεν εἰς (+τὴν Vϛ) Ναζαρά

4 16ᵇᵐⁿ εἰσῆλθεν κατὰ τὸ εἰωθὸς αὐτῷ ἐν τῇ ἡμέρᾳ τῶν σαββάτων εἰς τὴν συναγωγήν

4 23 ὅσα ἠκούσαμεν γενόμενα | εἰς τὴν Καφαρναοὺμ (ἐν τῇ Καπερναοὺμ ϛ)

4 26ᑫ πρὸς οὐδεμίαν αὐτῶν ἐπέμφθη Ἠλίας εἰ μὴ εἰς Σάρεπτα τῆς Σιδωνίας πρὸς γυναῖκα χήραν

4 29ᵉ* ἤγαγον αὐτὸν ἕως ὀφρύος ... | εἰς τὸ (ϛ; ὥστε rl) κατακρημνίσαι αὐτόν

4 31 κατῆλθεν εἰς Καφαρναοὺμ πόλιν τῆς Γαλιλαίας

Lc 4 35ᶠ ῥῖψαν αὐτὸν τὸ δαιμόνιον εἰς τὸ μέσον ἐξῆλθεν ἀπ' αὐτοῦ

4 37ᵛ ἐξεπορεύετο ἦχος περὶ αὐτοῦ εἰς πάντα τόπον τῆς περιχώρου. ↔

4 38ᵇʲᵏ ἀναστὰς δὲ ἀπὸ (ἐκ ϛ) τῆς συναγωγῆς εἰσῆλθεν εἰς τὴν οἰκίαν Σίμωνος

4 42 ἐξελθὼν ἐπορεύθη εἰς ἔρημον τόπον

4 43ᵍ* εὐαγγελίσασθαί με δεῖ ... ὅτι εἰς (ϛ; ἐπὶ rl) τοῦτο ἀπεστάλην (-έσταλμαι VSϛ), ↔

4 44 καὶ ἦν κηρύσσων | εἰς τὰς συναγωγὰς (ἐν ταῖς -γαῖς VSϛ) τῆς Ἰουδαίας (Γαλιλαίας VTϛ)

5 3ᵈ ἐμβὰς δὲ εἰς ἓν τῶν πλοίων

5 4ᶜ ἐπανάγαγε εἰς τὸ βάθος, ↔

5 4 καὶ χαλάσατε τὰ δίκτυα ὑμῶν εἰς ἄγραν

5 14ᵛ προσένεγκε περὶ τοῦ καθαρισμοῦ σου καθὼς προσέταξεν Μωϋσῆς, εἰς μαρτύριον αὐτοῖς

5 17ᵉ δύναμις κυρίου ἦν εἰς τὸ ἰᾶσθαι αὐτόν (-τοὺς Vϛ)

5 19ᶠʷˣ ἀναβάντες ... καθῆκαν αὐτὸν σὺν τῷ κλινιδίῳ εἰς τὸ μέσον ἔμπροσθεν τοῦ Ἰησοῦ

5 24 ἄρας τὸ κλινίδιόν σου πορεύου εἰς τὸν οἶκόν σου

5 25 ἄρας ... ἀπῆλθεν εἰς τὸν οἶκον αὐτοῦ δοξάζων τὸν θεόν

5 32 οὐκ ἐλήλυθα καλέσαι δικαίους ἀλλὰ ἁμαρτωλοὺς εἰς μετάνοιαν

5 37 οὐδεὶς βάλλει οἶνον νέον εἰς ἀσκοὺς παλαιούς

5 38 ἀλλὰ οἶνον νέον εἰς ἀσκοὺς καινοὺς βλητέον

6 4ᵇ ὡς [N²⁶H] εἰσῆλθεν εἰς τὸν οἶκον τοῦ θεοῦ

6 6ᵇᵐ ἐγένετο δὲ ἐν ἑτέρῳ σαββάτῳ εἰσελθεῖν αὐτὸν εἰς τὴν συναγωγὴν καὶ διδάσκειν

6 8ᶠ ἔγειρε καὶ στῆθι εἰς τὸ μέσον

6 12ᵐ ἐγένετο δὲ ἐν ταῖς ἡμέραις ταύταις ἐξελθεῖν αὐτὸν εἰς τὸ ὄρος προσεύξασθαι

6 20 ἐπάρας τοὺς ὀφθαλμοὺς αὐτοῦ εἰς τοὺς μαθητὰς αὐτοῦ

6 29* τῷ τύπτοντί σε εἰς (T; ἐπὶ rl) τὴν σιαγόνα πάρεχε καὶ τὴν ἄλλην

6 38 μέτρον καλὸν ... ὑπερεκχυννόμενον δώσουσιν εἰς τὸν κόλπον ὑμῶν

6 39ᵈ οὐχὶ ἀμφότεροι εἰς βόθυνον ἐμπεσοῦνται (πεσ. ϛ);

7 1 ἐπειδὴ ἐπλήρωσεν πάντα τὰ ῥήματα αὐτοῦ εἰς τὰς ἀκοὰς τοῦ λαοῦ, ↔

7 1ᵇ εἰσῆλθεν εἰς Καφαρναούμ

7 10 ὑποστρέψαντες εἰς τὸν οἶκον οἱ πεμφθέντες

7 11ᵐ ἐγένετο ἐν τῷ (τῇ Tϛ) ἑξῆς ἐπορεύθη εἰς πόλιν καλουμένην Ναΐν

7 24 τί ἐξήλθατε (ἐξεληλύθατε VBSTϛ) εἰς τὴν ἔρημον θεάσασθαι;

7 30 οἱ δὲ Φαρισαῖοι ... τὴν βουλὴν τοῦ θεοῦ ἠθέτησαν εἰς ἑαυτούς

7 36ᵇ εἰσελθὼν εἰς τὸν οἶκον τοῦ Φαρισαίου κατεκλίθη

7 44ᵇ εἰσῆλθόν σου εἰς τὴν οἰκίαν

7 50 ἡ πίστις σου σέσωκέν σε· πορεύου εἰς εἰρήνην

8 8 ἕτερον ἔπεσεν εἰς (ἐπὶ ϛ) τὴν γῆν τὴν ἀγαθήν

8 14 τὸ δὲ εἰς τὰς ἀκάνθας πεσόν

Lc 8 17ᶠ οὐ γάρ ἐστιν ... ἀπόκρυφον ὃ οὐ μὴ γνωσθῇ καὶ εἰς φανερὸν ἔλθῃ

8 22ᵈ καὶ αὐτὸς ἐνέβη εἰς πλοῖον καὶ οἱ μαθηταὶ αὐτοῦ

8 22 διέλθωμεν εἰς τὸ πέραν τῆς λίμνης

8 23 κατέβη λαῖλαψ ἀνέμου εἰς τὴν λίμνην

8 26 κατέπλευσαν εἰς τὴν χώραν τῶν Γερασηνῶν (Γαδαρηνῶν Vϛ; Γεργεσηνῶν MST)

8 29ʲᵗ διαρρήσσων τὰ δεσμὰ ἠλαύνετο ὑπὸ (ἀπὸ NMH) τοῦ δαιμονίου (δαίμονος Vϛ) εἰς τὰς ἐρήμους

8 30ᵇ ὅτι εἰσῆλθεν δαιμόνια πολλὰ εἰς αὐτόν

8 31 ἵνα μὴ ἐπιτάξῃ αὐτοῖς εἰς τὴν ἄβυσσον ἀπελθεῖν

8 32ᵇ παρεκάλεσαν αὐτὸν ἵνα ἐπιτρέψῃ αὐτοῖς εἰς ἐκείνους εἰσελθεῖν

8 33ᵇʲ ἐξελθόντα δὲ τὰ δαιμόνια ἀπὸ τοῦ ἀνθρώπου εἰσῆλθον εἰς τοὺς χοίρους, ↔

8 33ⁿ καὶ ὥρμησεν ἡ ἀγέλη κατὰ τοῦ κρημνοῦ εἰς τὴν λίμνην

8 34 ἰδόντες δὲ οἱ βόσκοντες ... ἔφυγον καὶ ἀπήγγειλαν εἰς τὴν πόλιν ↔

8 34 καὶ εἰς τοὺς ἀγρούς

8 37ᵈ αὐτὸς δὲ ἐμβὰς εἰς πλοῖον ὑπέστρεψεν

8 39 ὑπόστρεφε εἰς τὸν οἶκόν σου

8 41ᵇ παρεκάλει αὐτὸν εἰσελθεῖν εἰς τὸν οἶκον αὐτοῦ

8 43* γυνή ... ἥτις | εἰς ἰατροὺς προσαναλώσασα ὅλον τὸν βίον (ϛ; —NH; ἰατροῖς π. ὅ. τ. β. [N²⁶] rl) οὐκ ἴσχυσεν ... θεραπευθῆναι

8 48 ἡ πίστις σου σέσωκέν σε· πορεύου εἰς εἰρήνην

8 51ᵇ ἐλθὼν (εἰσ- ϛ) δὲ εἰς τὴν οἰκίαν οὐκ ἄφηκεν εἰσελθεῖν τινα σὺν αὐτῷ

9 3 μηδὲν αἴρετε εἰς τὴν ὁδόν

9 4ᵇ εἰς ἣν ἂν οἰκίαν εἰσέλθητε

9 5ʲᵖ τὸν κονιορτὸν ἀπὸ τῶν ποδῶν ὑμῶν ἀποτινάσσετε εἰς μαρτύριον ἐπ' αὐτούς

9 10ⁿ ὑπεχώρησεν κατ' ἰδίαν | εἰς πόλιν καλουμένην Βηθσαϊδά (εἰς τόπον ἔρημον πόλεως καλουμένης Β. Vϛ)

9 12 ἵνα πορευθέντες εἰς τὰς κύκλῳ κώμας καὶ (+τοὺς Vϛ) ἀγροὺς καταλύσωσιν

9 13 εἰ μήτι πορευθέντες ἡμεῖς ἀγοράσωμεν εἰς πάντα τὸν λαὸν τοῦτον βρώματα

9 16ᶜ ἀναβλέψας εἰς τὸν οὐρανὸν εὐλόγησεν αὐτούς

9 28ᶜ παραλαβὼν Πέτρον ... ἀνέβη εἰς τὸ ὄρος προσεύξασθαι

9 34ᵇ ἐφοβήθησαν δὲ ἐν τῷ | εἰσελθεῖν αὐτοὺς (ἐκείνους εἰσ. VBϛ) εἰς τὴν νεφέλην

9 44 θέσθε ὑμεῖς εἰς τὰ ὦτα ὑμῶν τοὺς λόγους τούτους· ↔

9 44 ὁ γὰρ υἱὸς τοῦ ἀνθρώπου μέλλει παραδίδοσθαι εἰς χεῖρας ἀνθρώπων

9 51 αὐτὸς τὸ πρόσωπον (+αὐτοῦ VTϛ) ἐστήρισεν (-ξεν Vϛ) τοῦ πορεύεσθαι εἰς Ἰερουσαλήμ

9 52ᵇ πορευθέντες εἰσῆλθον εἰς κώμην (πόλιν T) Σαμαριτῶν

9 53 ὅτι τὸ πρόσωπον αὐτοῦ ἦν πορευόμενον εἰς Ἰερουσαλήμ

9 56 ἐπορεύθησαν εἰς ἑτέραν κώμην

Lc 9 61 πρῶτον δὲ ἐπίτρεψόν μοι ἀποτά- ξασθαι τοῖς εἰς τὸν οἶκόν μου

9 62 οὐδεὶς ... βλέπων εἰς τὰ ὀπίσω ↔

9 62 * εὔθετός ἐστιν | εἰς τὴν βασιλείαν (ς; τῇ β-είᾳ rl) τοῦ θεοῦ

10 1ux ἀπέστειλεν αὐτοὺς ἀνὰ δύο δύο (+[N²⁶H]B) πρὸ προσώπου αὐ- τοῦ εἰς πᾶσαν πόλιν καὶ τόπον

10 2 δεήθητε οὖν ... ὅπως | ἐργάτας ἐκβάλῃ (~VSς) εἰς τὸν θερισμὸν αὐτοῦ

10 5ᵇ εἰς ἣν δ' ἂν εἰσέλθητε οἰκίαν

10 7ᵏ μὴ μεταβαίνετε ἐξ οἰκίας εἰς οἰκίαν

10 8ᵇ εἰς ἣν ἂν πόλιν εἰσέρχησθε καὶ δέχωνται ὑμᾶς

10 10ᵇ εἰς ἣν δ' ἂν πόλιν εἰσέλθητε καὶ μὴ δέχωνται ὑμᾶς, ↔

10 10 ἐξελθόντες εἰς τὰς πλατείας αὐτῆς εἴπατε· ↔

10 11ᵏ καὶ τὸν κονιορτὸν τὸν κολληθέντα ἡμῖν ἐκ τῆς πόλεως ὑμῶν | εἰς τοὺς πόδας (—ς; +ἡμῶν MVS) ἀπο- μασσόμεθα ὑμῖν

10 30ʲ ἄνθρωπός τις κατέβαινεν ἀπὸ Ἰερουσαλὴμ εἰς Ἰεριχώ

10 34 ἤγαγεν αὐτὸν εἰς πανδοχεῖον

10 36ᵈ τίς τούτων ... πλησίον δοκεῖ σοι γεγονέναι τοῦ ἐμπεσόντος εἰς τοὺς λῃστάς;

10 38ᵇ καὶ (+VTς) αὐτὸς εἰσῆλθεν εἰς κώμην τινά· ↔

10 38 * γυνὴ δέ τις ὀνόματι Μάρθα ὑπεδέξατο αὐτὸν | εἰς τὴν οἰκίαν (εἰς τὸν οἶκον αὐτῆς VBSς; —N²⁶)

11 4ᵇ μὴ εἰσενέγκῃς ἡμᾶς εἰς πειρασμόν

11 7ʳ ἤδη ... τὰ παιδία μου μετ' ἐμοῦ εἰς τὴν κοίτην εἰσίν

11 24 ὑποστρέψω εἰς τὸν οἶκόν μου ὅθεν ἐξῆλθον

11 32 ἄνδρες Νινευῖται ἀναστήσονται ... ὅτι μετενόησαν εἰς τὸ κήρυγμα Ἰωνᾶ

11 33ᵖᵗ οὐδεὶς λύχνον ἅψας εἰς κρύπτην τίθησιν | οὐδὲ ὑπὸ τὸν μόδιον [N²⁶], ἀλλ' ἐπὶ τὴν λυχνίαν

11 49 ἀποστελῶ εἰς αὐτοὺς προφήτας καὶ ἀποστόλους

12 5ᵈ φοβήθητε τὸν ... ἔχοντα ἐξουσίαν ἐμβαλεῖν εἰς τὴν γέενναν

12 10 πᾶς ὃς ἐρεῖ λόγον εἰς τὸν υἱὸν τοῦ ἀνθρώπου, ἀφεθήσεται αὐτῷ· ↔

12 10 τῷ δὲ εἰς τὸ ἅγιον πνεῦμα βλασφη- μήσαντι οὐκ ἀφεθήσεται

12 19ᵃ ψυχή, ἔχεις πολλὰ ἀγαθὰ | κείμενα εἰς ἔτη πολλά [H ..]

12 21 || οὕτως ὁ θησαυρίζων ἑαυτῷ (αὐτ. T) καὶ μὴ εἰς θεὸν πλουτῶν [[H]]

12 28 εἰ δὲ ... τὸν χόρτον ὄντα σήμερον καὶ αὔριον εἰς κλίβανον βαλλόμενον ὁ θεὸς οὕτως ἀμφιέζει (ἀμφιέννυσιν Vς)

12 49 * πῦρ ἦλθον βαλεῖν εἰς (ς; ἐπὶ rl) τὴν γῆν

12 58 καὶ ὁ πράκτωρ σε βαλεῖ εἰς φυλακήν

13 9ᵃ κἂν μὲν ποιήσῃ καρπὸν | εἰς τὸ μέλλον · εἰ δὲ μή γε (~Mς), ἐκ- κόψεις αὐτήν

13 11ᶜᶠ ἦν συγκύπτουσα καὶ μὴ δυναμένη ἀνακύψαι εἰς τὸ παντελές

13 19 ὃν λαβὼν ἄνθρωπος ἔβαλεν εἰς κῆπον ἑαυτοῦ

13 19ʰ καὶ ηὔξησεν καὶ ἐγένετο εἰς δένδρον (+μέγα MVBSς)

Lc 13 21ᵈ ἣν λαβοῦσα γυνὴ ἐνέκρυψεν ([ἐν]- N²⁶; ἔκρ. NMTH) εἰς ἀλεύρου σάτα τρία

13 22 διεπορεύετο ... διδάσκων καὶ πορείαν ποιούμενος εἰς Ἱεροσόλυμα

14 1 ἐγένετο ἐν τῷ ἐλθεῖν αὐτὸν εἰς οἶκόν τινος τῶν ἀρχόντων ... φαγεῖν ἄρτον

14 5ᵈ τίνος ὑμῶν υἱὸς (ὄνος Sς) ἢ βοῦς εἰς φρέαρ πεσεῖται (ἐμ- ς), καὶ οὐκ εὐθέως ἀνασπάσει ⟨;⟩

14 8ᵗ ὅταν κληθῇς ὑπό τινος εἰς γάμους, ↔

14 8 μὴ κατακλιθῇς εἰς τὴν πρωτοκλι- σίαν

14 10ᶜ πορευθεὶς ἀνάπεσε εἰς τὸν ἔσχατον τόπον

14 21 ἔξελθε ταχέως εἰς τὰς πλατείας καὶ ῥύμας τῆς πόλεως

14 23 ἔξελθε εἰς τὰς ὁδοὺς καὶ φραγμοὺς καὶ ἀνάγκασον εἰσελθεῖν

14 28 εἰ ἔχει εἰς (τὰ πρὸς ς) ἀπαρτισμόν

14 31 ἢ τίς βασιλεὺς πορευόμενος ἑτέρῳ βασιλεῖ συμβαλεῖν εἰς πόλεμον οὐχὶ ... βουλεύσεται (-εύεται Vς) ⟨;⟩

14 35 οὔτε εἰς γῆν ↔

14 35 οὔτε εἰς κοπρίαν εὔθετόν ἐστιν

15 6 ἐλθὼν εἰς τὸν οἶκον συγκαλεῖ τοὺς φίλους καὶ τοὺς γείτονας

15 13ʳ συναγαγὼν πάντα (ἅπ. MVBSTς) ὁ νεώτερος υἱὸς ἀπεδήμησεν εἰς χώραν μακράν

15 15 ἔπεμψεν αὐτὸν εἰς τοὺς ἀγροὺς αὐτοῦ βόσκειν χοίρους

15 17 εἰς ἑαυτὸν δὲ ἐλθὼν ἔφη

15 18ˣ πάτερ, ἥμαρτον εἰς τὸν οὐρανὸν καὶ ἐνώπιόν σου

15 21ˣ πάτερ, ἥμαρτον εἰς τὸν οὐρανὸν καὶ ἐνώπιόν σου

15 22 δότε δακτύλιον εἰς τὴν χεῖρα αὐτοῦ ↔

15 22 καὶ ὑποδήματα εἰς τοὺς πόδας

16 4 ἵνα ὅταν μετασταθῶ ... δέξωνταί με εἰς τοὺς οἴκους αὐτῶν (N²⁶ς; ἑαυτῶν rl)

16 8ʸ οἱ υἱοὶ τοῦ αἰῶνος τούτου φρονι- μώτεροι ὑπὲρ τοὺς υἱοὺς τοῦ φωτὸς εἰς τὴν γενεὰν τὴν ἑαυτῶν εἰσιν

16 9 ἵνα ὅταν ἐκλίπῃ δέξωνται ὑμᾶς εἰς τὰς αἰωνίους σκηνάς

16 16 ἡ βασιλεία τοῦ θεοῦ εὐαγγελίζε- ται καὶ πᾶς εἰς αὐτὴν βιάζεται

16 22ᵗ ἐγένετο ... ἀπενεχθῆναι αὐτὸν ὑπὸ τῶν ἀγγέλων εἰς τὸν κόλπον Ἀβραάμ

16 27 ἵνα πέμψῃς αὐτὸν εἰς τὸν οἶκον τοῦ πατρός μου

16 28 ἵνα μὴ καὶ αὐτοὶ ἔλθωσιν εἰς τὸν τόπον τοῦτον τῆς βασάνου

17 2 λυσιτελεῖ αὐτῷ εἰ ... ἔρριπται εἰς τὴν θάλασσαν

17 3 * ἐὰν ἁμάρτῃ | εἰς σὲ (+ς) ὁ ἀδελφός σου

17 4 ἐὰν ἑπτάκις τῆς ἡμέρας ἁμαρτή- σῃ εἰς σέ

17 11 ἐγένετο ἐν τῷ πορεύεσθαι (+αὐ- τὸν MVBSς) εἰς Ἱερουσαλήμ

17 12ᵇ εἰσερχομένου αὐτοῦ εἴς τινα κώμην

17 24ᵏ ὥσπερ γὰρ ἡ ἀστραπὴ ἀστρά- πτουσα ἐκ τῆς ὑπὸ τὸν οὐρανὸν εἰς τὴν ὑπ' οὐρανὸν λάμπει

17 27ᵇ ἄχρι ἧς ἡμέρας εἰσῆλθεν Νῶε εἰς τὴν κιβωτόν

Lc 17 31ᵐ ὁ ἐν ἀγρῷ ὁμοίως μὴ ἐπιστρεψά- τω εἰς τὰ ὀπίσω

18 5ᵃ ἵνα μὴ εἰς τέλος ἐρχομένη ὑπωπιά- ζῃ με

18 10ᶜ ἄνθρωποι δύο ἀνέβησαν εἰς τὸ ἱερὸν προσεύξασθαι

18 13 ὁ δὲ τελώνης ... οὐκ ἤθελεν οὐδὲ τοὺς ὀφθαλμοὺς ἐπᾶραι εἰς τὸν οὐρανόν, ↔

18 13 * ἀλλ' ἔτυπτεν εἰς (+ς) τὸ στῆ- θος αὐτοῦ (ἑαυτοῦ H) λέγων

18 14ᶻ κατέβη οὗτος δεδικαιωμένος εἰς τὸν οἶκον αὐτοῦ | παρ' ἐκεῖνον (ἢ γὰρ ἐκεῖνος T; ἢ ἐκεῖνος ς)

18 17ᵇ οὐ μὴ εἰσέλθῃ εἰς αὐτήν

18 24ᵇ πῶς δυσκόλως οἱ τὰ χρήματα ἔχοντες εἰς τὴν βασιλείαν τοῦ θεοῦ εἰσπορεύονται· ↔

18 25ᵇ εὐκοπώτερον γάρ ἐστιν κάμηλον ... εἰσελθεῖν ἢ πλούσιον εἰς τὴν βασιλείαν τοῦ θεοῦ εἰσελθεῖν

18 31ᶜ ἰδοὺ ἀναβαίνομεν εἰς Ἱερουσαλήμ

18 35 ἐγένετο δὲ ἐν τῷ ἐγγίζειν αὐτὸν εἰς Ἰεριχώ

19 4 προδραμὼν | εἰς τὸ (—ς) ἔμπροσ- θεν ἀνέβη ἐπὶ συκομορέαν

19 12 ἄνθρωπός τις εὐγενὴς ἐπορεύθη εἰς χώραν μακράν

19 28ᶜˣ ἐπορεύετο ἔμπροσθεν ἀναβαίνων εἰς Ἱεροσόλυμα. ↔

19 29ᵃ καὶ ἐγένετο ὡς ἤγγισεν εἰς Βηθφα- γὴ ... πρὸς τὸ ὄρος τὸ καλού- μενον Ἐλαιῶν (N²⁶BHς; ἐ-ῶν rl)

19 30 ὑπάγετε εἰς τὴν κατέναντι κώμην

19 45ᵇ εἰσελθὼν εἰς τὸ ἱερὸν ἤρξατο ἐκβάλλειν τοὺς πωλοῦντας

20 17ʰ οὗτος ἐγενήθη εἰς κεφαλὴν γωνίας

20 20ᵉ ἵνα ἐπιλάβωνται αὐτοῦ λόγου, | εἰς τὸ (ς; ὥστε rl) παραδοῦναι αὐτὸν τῇ ἀρχῇ

21 1 εἶδεν τοὺς βάλλοντας εἰς τὸ γαζοφυλάκιον τὰ δῶρα αὐτῶν πλουσίους

21 4ᵏ πάντες (ἅπ. VBSTς) γὰρ οὗτοι ἐκ τοῦ περισσεύοντος αὐτοῖς ἔβα- λον εἰς τὰ δῶρα (+τοῦ θεοῦ MVBSς)

21 12 διώξουσιν, παραδιδόντες εἰς τὰς (—VBSς) συναγωγὰς καὶ φυλακάς

21 13 ἀποβήσεται (+δὲ MVBSς) ὑμῖν εἰς μαρτύριον. ↔

21 14 * θέτε οὖν | εἰς τὰς καρδίας (ς; ἐν ταῖς καρδίαις rl) ὑμῶν μὴ προμελετᾶν ἀπολογηθῆναι

21 21ᵐ τότε οἱ ἐν τῇ Ἰουδαίᾳ φευγέτω- σαν εἰς τὰ ὄρη

21 21ᵇᵐ οἱ ἐν ταῖς χώραις μὴ εἰσερχέσθω- σαν εἰς αὐτήν

21 24 πεσοῦνται ... καὶ αἰχμαλωτι- σθήσονται εἰς τὰ ἔθνη πάντα

21 37 ἐξερχόμενος ηὐλίζετο εἰς τὸ ὄρος τὸ καλούμενον Ἐλαιῶν (N²⁶BHς; ἐ-ῶν rl)

22 3ᵇ εἰσῆλθεν δὲ σατανᾶς εἰς Ἰούδαν τὸν καλούμενον (ἐπι- Vς) Ἰσκα- ριώτην

22 10ᵇ ἰδοὺ εἰσελθόντων ὑμῶν εἰς τὴν πόλιν συναντήσει ὑμῖν ἄνθρωπος

22 10 ἀκολουθήσατε αὐτῷ εἰς τὴν οἰκίαν

22 10ᵇ | εἰς ἣν (οὗ ς) εἰσπορεύεται

22 17 λάβετε τοῦτο καὶ διαμερίσατε | εἰς ἑαυτούς (ἑαυτοῖς ς)

22 19 | τοῦτο ποιεῖτε εἰς τὴν ἐμὴν ἀνά- μνησιν [..NH..]

Lc 22 33ʳ μετὰ σοῦ ἕτοιμός εἰμι καὶ εἰς
φυλακήν ↔

22 33 καὶ εἰς θάνατον πορεύεσθαι

22 39ⁿ ἐξελθὼν ἐπορεύθη κατὰ τὸ ἔθος
εἰς τὸ ὄρος τῶν ἐλαιῶν

22 40ᵇ προσεύχεσθε μὴ εἰσελθεῖν εἰς πει-
ρασμόν

22 46ᵇ ἀναστάντες προσεύχεσθε, ἵνα μὴ
εἰσέλθητε εἰς πειρασμόν

22 54ᵇ συλλαβόντες δὲ αὐτὸν ἤγαγον καὶ
εἰσήγαγον εἰς τὴν οἰκίαν τοῦ
ἀρχιερέως

22 65 ἕτερα πολλὰ βλασφημοῦντες ἔλε-
γον εἰς αὐτόν

22 66ᶜ ἀπήγαγον (ἀν- ς) αὐτὸν εἰς τὸ
συνέδριον αὐτῶν

23 19¹ * ὅστις ἦν διὰ στάσιν τινὰ . . . καὶ
φόνον | βεβλημένος εἰς φυλακήν
(ς; βληθεὶς ἐν τῇ φυλακῇ rl)

23 25¹ ἀπέλυσεν δὲ τὸν διὰ στάσιν καὶ
φόνον βεβλημένον εἰς (+τὴν VSς)
φυλακήν

23 42 μνήσθητί μου (+κύριε Vς) ὅταν
ἔλθῃς | εἰς τὴν βασιλείαν (N²⁶NH;
ἐν τῇ β-είᾳ rl) σου

23 46 πάτερ, εἰς χεῖράς σου παρατίθε-
μαι τὸ πνεῦμά μου

24 5 ἐμφόβων δὲ γενομένων αὐτῶν καὶ
κλινουσῶν τὰ πρόσωπα εἰς τὴν
γῆν

24 7 | τὸν υἱὸν τοῦ ἀνθρώπου ὅτι δεῖ
(∼ Vς) παραδοθῆναι εἰς χεῖρας
ἀνθρώπων ἁμαρτωλῶν

24 13ᵐ ἰδοὺ δύο ἐξ αὐτῶν | ἐν αὐτῇ τῇ
ἡμέρᾳ ἦσαν πορευόμενοι (∼ VBS
ς) εἰς κώμην . . . ᾗ ὄνομα Ἐμμαοῦς

24 20 ὅπως τε παρέδωκαν αὐτὸν . . . οἱ
ἄρχοντες ἡμῶν εἰς κρίμα θανάτου

24 26ᵇ οὐχὶ ταῦτα ἔδει παθεῖν τὸν χρι-
στὸν καὶ εἰσελθεῖν εἰς τὴν δόξαν
αὐτοῦ;

24 28 ἤγγισαν εἰς τὴν κώμην οὗ ἐπορεύ-
οντο

24 33 ἀναστάντες αὐτῇ τῇ ὥρᾳ ὑπ-
έστρεψαν εἰς Ἰερουσαλήμ

24 47 κηρυχθῆναι ἐπὶ τῷ ὀνόματι αὐτοῦ
μετάνοιαν εἰς (N²⁶NTH; καὶ rl)
ἄφεσιν ἁμαρτιῶν →

24 47ᴿ εἰς πάντα τὰ ἔθνη

24 50ᵏˢ * ἐξήγαγεν δὲ αὐτοὺς ἔξω (+[N²⁶]
Vς) ἕως (—V) εἰς (Vς; πρὸς rl)
Βηθανίαν

24 51ᶜ διέστη ἀπ᾽ αὐτῶν | καὶ ἀνεφέρετο
εἰς τὸν οὐρανόν ([VSH]; —NT)

24 52ʳ αὐτοὶ | προσκυνήσαντες αὐτὸν
([VSH]; —NT) ὑπέστρεψαν εἰς
Ἰερουσαλὴμ μετὰ χαρᾶς μεγά-
λης

Jo 1 7 οὗτος ἦλθεν εἰς μαρτυρίαν

1 9 ἦν τὸ φῶς τὸ ἀληθινόν, ὃ φωτίζει
πάντα ἄνθρωπον, ἐρχόμενον εἰς
τὸν κόσμον

1 11 εἰς τὰ ἴδια ἦλθεν

1 12 ἔδωκεν αὐτοῖς ἐξουσίαν τέκνα θεοῦ
γενέσθαι, τοῖς πιστεύουσιν εἰς τὸ
ὄνομα αὐτοῦ

1 18 (+ὁ VBSTς) μονογενὴς θεὸς (υἱὸς
BSTς) ὁ ὢν εἰς τὸν κόλπον τοῦ
πατρός

1 43 τῇ ἐπαύριον ἠθέλησεν ἐξελθεῖν εἰς
τὴν Γαλιλαίαν

2 2 ἐκλήθη δὲ καὶ ὁ Ἰησοῦς καὶ οἱ
μαθηταὶ αὐτοῦ εἰς τὸν γάμον

2 11 ἐπίστευσαν εἰς αὐτὸν οἱ μαθηταὶ
αὐτοῦ. ↔

Jo 2 12ʳ μετὰ τοῦτο κατέβη εἰς Καφαρνα-
οὺμ αὐτὸς καὶ ἡ μήτηρ αὐτοῦ

2 13ᶜ καὶ ἀνέβη εἰς Ἰεροσόλυμα ὁ Ἰη-
σοῦς

2 23 πολλοὶ ἐπίστευσαν εἰς τὸ ὄνομα
αὐτοῦ

3 4ᵇ μὴ δύναται εἰς τὴν κοιλίαν τῆς
μητρὸς αὐτοῦ δεύτερον εἰσελθεῖν
καὶ γεννηθῆναι;

3 5ᵇ οὐ δύναται εἰσελθεῖν εἰς τὴν βασι-
λείαν | τοῦ θεοῦ (τῶν οὐρανῶν T)

3 13ᶜᵏ οὐδεὶς ἀναβέβηκεν εἰς τὸν οὐρανὸν
εἰ μὴ ὁ ἐκ τοῦ οὐρανοῦ καταβάς

3 15 * ἵνα πᾶς ὁ πιστεύων | εἰς αὐτὸν
(Sς; ἐν αὐτῷ rl) ἔχῃ ζωὴν
αἰώνιον

3 16 ἵνα πᾶς ὁ πιστεύων εἰς αὐτὸν μὴ
ἀπόληται

3 17 οὐ γὰρ ἀπέστειλεν ὁ θεὸς τὸν υἱὸν
(+αὐτοῦ Vς) εἰς τὸν κόσμον ἵνα
κρίνῃ

3 18 ὁ πιστεύων εἰς αὐτὸν οὐ κρίνεται

3 18 ὅτι μὴ πεπίστευκεν εἰς τὸ ὄνομα
τοῦ μονογενοῦς υἱοῦ τοῦ θεοῦ

3 19 ὅτι τὸ φῶς ἐλήλυθεν εἰς τὸν κόσμον

3 22ʳ μετὰ ταῦτα ἦλθεν ὁ Ἰησοῦς καὶ οἱ
μαθηταὶ αὐτοῦ εἰς τὴν Ἰουδαίαν
γῆν

3 24 οὔπω γὰρ ἦν βεβλημένος εἰς τὴν
φυλακὴν ὁ (—NTH) Ἰωάννης

3 36 ὁ πιστεύων εἰς τὸν υἱὸν ἔχει
ζωὴν αἰώνιον

4 3 ἀπῆλθεν πάλιν εἰς τὴν Γαλιλαίαν

4 5 ἔρχεται οὖν εἰς πόλιν τῆς Σαμα-
ρείας λεγομένην Συχάρ

4 8 οἱ γὰρ μαθηταὶ αὐτοῦ ἀπεληλύ-
θεισαν εἰς τὴν πόλιν

4 14ᵃ οὐ μὴ διψήσει εἰς τὸν αἰῶνα

4 14 γενήσεται ἐν αὐτῷ πηγὴ ὕδατος
ἁλλομένου εἰς ζωὴν αἰώνιον

4 28 ἀφῆκεν . . . ἡ γυνὴ καὶ ἀπῆλθεν εἰς
τὴν πόλιν

4 36 συνάγει καρπὸν εἰς ζωὴν αἰώνιον

4 38ᵇ ὑμεῖς εἰς τὸν κόπον αὐτῶν εἰσελη-
λύθατε. ↔

4 39¹ ἐκ δὲ τῆς πόλεως ἐκείνης πολλοὶ
ἐπίστευσαν εἰς αὐτὸν τῶν Σαμαρι-
τῶν διὰ τὸν λόγον τῆς γυναικός

4 43ᶠ ἐξῆλθεν ἐκεῖθεν (+καὶ ἀπῆλθεν Vς)
εἰς τὴν Γαλιλαίαν

4 45 ὅτε (ὡς T) οὖν ἦλθεν εἰς τὴν
Γαλιλαίαν

4 45 καὶ αὐτοὶ γὰρ ἦλθον εἰς τὴν
ἑορτήν. ↔

4 46 ἦλθεν οὖν πάλιν εἰς τὴν Κανὰ τῆς
Γαλιλαίας

4 47ᵏ οὗτος ἀκούσας ὅτι Ἰησοῦς ἥκει
ἐκ τῆς Ἰουδαίας εἰς τὴν Γαλιλαίαν

4 54ᵏ τοῦτο . . . δεύτερον σημεῖον ἐποίησεν
ὁ Ἰησοῦς ἐλθὼν ἐκ τῆς Ἰουδαίας
εἰς τὴν Γαλιλαίαν

5 1ᶜ καὶ ἀνέβη (+ὁ V[S]ς) Ἰησοῦς εἰς
Ἰεροσόλυμα

5 7 ἵνα . . . βάλῃ με εἰς τὴν κολυμβή-
θραν

5 24 ὁ τὸν λόγον μου ἀκούων καὶ πι-
στεύων . . . εἰς κρίσιν οὐκ ἔρχεται ↔

5 24ᵏ ἀλλὰ μεταβέβηκεν ἐκ τοῦ θανάτου
εἰς τὴν ζωήν

5 29 ἐκπορεύσονται οἱ τὰ ἀγαθὰ ποιή-
σαντες εἰς ἀνάστασιν ζωῆς, ↔

5 29 οἱ δὲ (—NMTH) τὰ φαῦλα
πράξαντες εἰς ἀνάστασιν κρίσεως

5 45 ἔστιν . . . Μωϋσῆς, εἰς ὃν ὑμεῖς
ἠλπίκατε

Jo 6 3ᶜ ἀνῆλθεν δὲ εἰς τὸ ὄρος (+ὁ
MVBSς) Ἰησοῦς

6 9 ἀλλὰ ταῦτα τί ἐστιν εἰς τοσούτους;

6 14 οὗτός ἐστιν ἀληθῶς ὁ προφήτης ὁ
| ἐρχόμενος εἰς τὸν κόσμον (∼ T) . ↔

6 15ᶜ Ἰησοῦς . . . ἀνεχώρησεν (φεύγει T)
πάλιν εἰς τὸ ὄρος αὐτὸς μόνος

6 17ᵈ ἐμβάντες εἰς πλοῖον ↔

6 17ᵞ ἤρχοντο πέραν τῆς θαλάσσης εἰς
Καφαρναούμ

6 21 ἤθελον οὖν λαβεῖν αὐτὸν εἰς τὸ
πλοῖον, ↔

6 21 καὶ εὐθέως ἐγένετο τὸ πλοῖον ἐπὶ
| τῆς γῆς (τὴν γῆν T) εἰς ἣν
ὑπῆγον

6 22ᵈ * ὁ ὄχλος . . . εἶδον ὅτι πλοιάριον
ἄλλο οὐκ ἦν ἐκεῖ εἰ μὴ ἓν | ἐκεῖνο
εἰς ὃ ἐνέβησαν οἱ μαθηταὶ αὐτοῦ
(+ς), ↔

6 22ᵇ καὶ ὅτι οὐ συνεισῆλθεν . . . ὁ Ἰησοῦς
εἰς τὸ πλοῖον

6 24ᵈ ὅτε οὖν εἶδεν ὁ ὄχλος . . . ἐνέβησαν
αὐτοὶ εἰς τὰ πλοιάρια ↔

6 24 καὶ ἦλθον εἰς Καφαρναοὺμ ζητοῦν-
τες τὸν Ἰησοῦν

6 27 ἐργάζεσθε . . . τὴν βρῶσιν τὴν
μένουσαν εἰς ζωὴν αἰώνιον

6 29 ἵνα πιστεύητε εἰς ὃν ἀπέστειλεν
ἐκεῖνος

6 35 ὁ πιστεύων εἰς ἐμὲ οὐ μὴ διψήσει
(-σῃ Sς) πώποτε

6 40 ἵνα πᾶς ὁ . . . πιστεύων εἰς αὐτὸν
ἔχῃ ζωὴν αἰώνιον

6 47 * ὁ πιστεύων | εἰς ἐμὲ (+Vς) ἔχει
ζωὴν αἰώνιον

6 51ᵃ ἐάν τις φάγῃ ἐκ | τούτου τοῦ (τοῦ
ἐμοῦ T) ἄρτου, ζήσει εἰς τὸν αἰῶνα

6 58ᵃ ὁ τρώγων τοῦτον τὸν ἄρτον ζήσει
εἰς τὸν αἰῶνα

6 66ᵏ ἐκ τούτου (+οὖν T) πολλοὶ ἐκ
(+[N²⁶]BH) τῶν μαθητῶν αὐτοῦ
ἀπῆλθον εἰς τὰ ὀπίσω

7 3 μετάβηθι ἐντεῦθεν καὶ ὕπαγε εἰς
τὴν Ἰουδαίαν

7 5 οὐδὲ γὰρ οἱ ἀδελφοὶ αὐτοῦ ἐπί-
στευον εἰς αὐτόν

7 8ᶜ ὑμεῖς ἀνάβητε εἰς τὴν ἑορτήν· ↔

7 8ᶜ ἐγὼ οὐκ (οὔπω MVHς) ἀναβαίνω
εἰς τὴν ἑορτὴν ταύτην

7 10ᶜ ὡς δὲ ἀνέβησαν οἱ ἀδελφοὶ αὐτοῦ
| εἰς τὴν ἑορτήν (—ς), τότε καὶ
αὐτὸς ἀνέβη (+εἰς τὴν ἑορτὴν ς)

7 14ᶜ ἤδη δὲ τῆς ἑορτῆς μεσούσης ἀνέβη
Ἰησοῦς εἰς τὸ ἱερόν

7 31 | ἐκ τοῦ ὄχλου δὲ πολλοὶ ἐπίστευ-
σαν (∼ Tς) εἰς αὐτόν

7 35 μὴ εἰς τὴν διασπορὰν τῶν Ἑλλή-
νων μέλλει πορεύεσθαι ⟨;⟩

7 38 ὁ πιστεύων εἰς ἐμέ . . . ποταμοὶ ἐκ
τῆς κοιλίας αὐτοῦ ῥεύσουσιν

7 39 ὃ (N²⁶; οὗ rl) ἔμελλον λαμβάνειν
οἱ πιστεύσαντες (-οντες MVBSTς)
εἰς αὐτόν

7 48 μή τις ἐκ τῶν ἀρχόντων ἐπίστευσεν
εἰς αὐτόν ⟨;⟩

[7 53] ἐπορεύθησαν ἕκαστος εἰς τὸν οἶκον
(τόπον MS) αὐτοῦ, ↔

[8 1] Ἰησοῦς δὲ ἐπορεύθη εἰς τὸ ὄρος
τῶν ἐλαιῶν. ↔

[8 2] ὄρθρου δὲ πάλιν παρεγένετο εἰς τὸ
ἱερόν

[8 6] ὁ δὲ Ἰησοῦς κάτω κύψας τῷ
δακτύλῳ κατέγραφεν εἰς τὴν γῆν

[8 8] καὶ πάλιν | κατακύψας (κάτω
κύψας MSς) ἔγραφεν εἰς τὴν γῆν

Jo	8 26	ταῦτα λαλῶ εἰς τὸν κόσμον
	8 30	ταῦτα αὐτοῦ λαλοῦντος πολλοὶ ἐπίστευσαν εἰς αὐτόν
	8 35ᵃᵐ	ὁ δὲ δοῦλος οὐ μένει ἐν τῇ οἰκίᾳ εἰς τὸν αἰῶνα· ↔
	8 35ᵇ	ὁ υἱὸς μένει εἰς τὸν αἰῶνα
	8 51ᵃ	θάνατον οὐ μὴ θεωρήσῃ εἰς τὸν αἰῶνα
	8 52ᵃ	οὐ μὴ γεύσηται θανάτου εἰς τὸν αἰῶνα
	9 7	ὕπαγε νίψαι εἰς τὴν κολυμβήθραν τοῦ Σιλωάμ
	9 11	ὕπαγε εἰς τὸν Σιλωὰμ καὶ νίψαι
	9 35	σὺ πιστεύεις εἰς τὸν υἱὸν τοῦ ἀνθρώπου (θεοῦ VBSϛ);
	9 36	τίς ἐστιν, κύριε, ἵνα πιστεύσω εἰς αὐτόν;
	9 39	εἰς κρίμα ↔
	9 39	ἐγὼ εἰς τὸν κόσμον τοῦτον ἦλθον
	10 1ᵇᶜ¹	ὁ μὴ εἰσερχόμενος διὰ τῆς θύρας εἰς τὴν αὐλὴν τῶν προβάτων ἀλλὰ ἀναβαίνων ἀλλαχόθεν
	10 28ᵃ	οὐ μὴ ἀπόλωνται εἰς τὸν αἰῶνα
	10 36	ὃν ὁ πατὴρ ... ἀπέστειλεν εἰς τὸν κόσμον ὑμεῖς λέγετε ὅτι βλασφημεῖς (;)
	10 40ʸ	ἀπῆλθεν πάλιν πέραν τοῦ Ἰορδάνου εἰς τὸν τόπον ὅπου ἦν Ἰωάννης τὸ πρῶτον βαπτίζων
	10 42	| πολλοὶ ἐπίστευσαν (~VSϛ) εἰς αὐτὸν ἐκεῖ
	11 7	ἄγωμεν εἰς τὴν Ἰουδαίαν πάλιν
	11 25	ὁ πιστεύων εἰς ἐμὲ κἂν ἀποθάνῃ ζήσεται, ↔
	11 26	καὶ πᾶς ὁ ζῶν καὶ πιστεύων εἰς ἐμὲ ↔
	11 26ᵃ	οὐ μὴ ἀποθάνῃ εἰς τὸν αἰῶνα
	11 27	ἐγὼ πεπίστευκα ὅτι σὺ εἶ ὁ χριστὸς ... ὁ εἰς τὸν κόσμον ἐρχόμενος
	11 30	οὔπω δὲ ἐληλύθει ὁ Ἰησοῦς εἰς τὴν κώμην
	11 31	δόξαντες ὅτι ὑπάγει εἰς τὸ μνημεῖον
	11 32	* ἰδοῦσα αὐτὸν ἔπεσεν αὐτοῦ εἰς (Sϛ; πρὸς r¹) τοὺς πόδας
	11 38	Ἰησοῦς οὖν πάλιν ἐμβριμώμενος (ἐμβριμούμ. T) ἐν ἑαυτῷ ἔρχεται εἰς τὸ μνημεῖον
	11 45	πολλοὶ οὖν ἐκ τῶν Ἰουδαίων ... ἐπίστευσαν εἰς αὐτόν
	11 48	ἐὰν ἀφῶμεν αὐτὸν οὕτως, πάντες πιστεύσουσιν εἰς αὐτόν
	11 52ᶠ	ἀλλ' ἵνα καὶ τὰ τέκνα τοῦ θεοῦ τὰ διεσκορπισμένα συναγάγῃ εἰς ἕν
	11 54	ἀπῆλθεν ἐκεῖθεν εἰς τὴν χώραν ἐγγὺς τῆς ἐρήμου, ↔
	11 54	εἰς Ἐφραὶμ λεγομένην πόλιν
	11 55ᶜᵏˣ	ἀνέβησαν πολλοὶ εἰς Ἱεροσόλυμα ἐκ τῆς χώρας πρὸ τοῦ πάσχα
	11 56	τί δοκεῖ ὑμῖν; ὅτι οὐ μὴ ἔλθῃ εἰς τὴν ἑορτήν;
	12 1ˣ	ὁ οὖν Ἰησοῦς πρὸ ἓξ ἡμερῶν τοῦ πάσχα ἦλθεν εἰς Βηθανίαν
	12 7ᵃ	ἵνα εἰς τὴν ἡμέραν τοῦ ἐνταφιασμοῦ μου τηρήσῃ αὐτό
	12 11	ὅτι πολλοὶ δι' αὐτὸν ὑπῆγον τῶν Ἰουδαίων καὶ ἐπίστευον εἰς τὸν Ἰησοῦν
	12 12	τῇ ἐπαύριον ὁ (—VSTϛ) ὄχλος πολὺς ὁ ἐλθὼν εἰς τὴν ἑορτήν, ↔
	12 12	ἀκούσαντες ὅτι ἔρχεται ὁ (+N²⁶ [S]ϛ) Ἰησοῦς εἰς Ἱεροσόλυμα, ↔
	12 13	ἔλαβον τὰ βαΐα τῶν φοινίκων καὶ ἐξῆλθον εἰς ὑπάντησιν αὐτῷ
Jo	12 24	ἐὰν μὴ ὁ κόκκος τοῦ σίτου πεσὼν εἰς τὴν γῆν ἀποθάνῃ
	12 25ᵐ	ὁ μισῶν τὴν ψυχὴν αὐτοῦ ἐν τῷ κόσμῳ τούτῳ εἰς ζωὴν αἰώνιον φυλάξει αὐτήν
	12 27¹	ἀλλὰ διὰ τοῦτο ἦλθον εἰς τὴν ὥραν ταύτην
	12 34ᵃ	ἡμεῖς ἠκούσαμεν ... ὅτι ὁ χριστὸς μένει εἰς τὸν αἰῶνα
	12 36	ὡς τὸ φῶς ἔχετε, πιστεύετε εἰς τὸ φῶς
	12 37	τοσαῦτα δὲ αὐτοῦ σημεῖα πεποιηκότος ... οὐκ ἐπίστευον εἰς αὐτόν
	12 42	ὅμως μέντοι καὶ ἐκ τῶν ἀρχόντων πολλοὶ ἐπίστευσαν εἰς αὐτόν
	12 44	ὁ πιστεύων εἰς ἐμὲ ↔
	12 44	οὐ πιστεύει εἰς ἐμὲ ↔
	12 44	ἀλλὰ εἰς τὸν πέμψαντά με
	12 46	ἐγὼ φῶς εἰς τὸν κόσμον ἐλήλυθα, ↔
	12 46	ἵνα πᾶς ὁ πιστεύων εἰς ἐμὲ ἐν τῇ σκοτίᾳ μὴ μείνῃ
	13 1ᵃ	εἰς τέλος ἠγάπησεν αὐτούς
	13 2	τοῦ διαβόλου ἤδη βεβληκότος εἰς τὴν καρδίαν ἵνα παραδοῖ (-δῷ VSϛ) αὐτὸν Ἰούδας
	13 3	εἰδὼς ὅτι πάντα ἔδωκεν (δέδ. Vϛ) αὐτῷ ὁ πατὴρ εἰς τὰς χεῖρας
	13 5	εἶτα βάλλει ὕδωρ εἰς τὸν νιπτῆρα
	13 8ᵃ	οὐ μὴ νίψῃς μου τοὺς πόδας εἰς τὸν αἰῶνα
	13 22	ἔβλεπον (+οὖν MVBSϛ) εἰς ἀλλήλους οἱ μαθηταί
	13 27ᵇʳ	μετὰ τὸ ψωμίον τότε εἰσῆλθεν εἰς ἐκεῖνον ὁ σατανᾶς
	13 29	ἀγόρασον ὧν χρείαν ἔχομεν εἰς τὴν ἑορτήν
	14 1	πιστεύετε εἰς τὸν θεόν, ↔
	14 1	καὶ εἰς ἐμὲ πιστεύετε
	14 12	ὁ πιστεύων εἰς ἐμὲ τὰ ἔργα ἃ ἐγὼ ποιῶ κἀκεῖνος ποιήσει
	14 16ᵃʳ	ἵνα | μεθ' ὑμῶν εἰς τὸν αἰῶνα ᾖ (N²⁶; μένῃ μ. ὑ. εἰς τ. αἰ. ϛ; ~r¹)
	15 6	συνάγουσιν αὐτὰ (αὐτὸ ST) καὶ εἰς τὸ πῦρ βάλλουσιν
	15 21¹	ἀλλὰ ταῦτα πάντα ποιήσουσιν | εἰς ὑμᾶς (ὑμῖν ϛ) διὰ τὸ ὄνομά μου
	16 9	περὶ ἁμαρτίας μέν, ὅτι οὐ πιστεύουσιν εἰς ἐμέ
	16 13	* ὁδηγήσει ὑμᾶς | εἰς τὴν ἀλήθειαν πᾶσαν (~Vϛ; ἐν τῇ ἀληθείᾳ πάσῃ N²⁶BST)
	16 20ᵈ	ἀλλ' ἡ λύπη ὑμῶν εἰς χαρὰν γενήσεται
	16 21	ὅτι ἐγεννήθη ἄνθρωπος εἰς τὸν κόσμον
	16 28ᵏᶻ	ἐξῆλθον παρὰ (N²⁶Vϛ; ἐκ r¹) τοῦ πατρὸς καὶ ἐλήλυθα εἰς τὸν κόσμον
	16 32ᶠ	ἰδοὺ ἔρχεται ὥρα ... ἵνα σκορπισθῆτε ἕκαστος εἰς τὰ ἴδια
	17 1	ἐπάρας τοὺς ὀφθαλμοὺς αὐτοῦ εἰς τὸν οὐρανὸν εἶπεν
	17 18	καθὼς ἐμὲ ἀπέστειλας εἰς τὸν κόσμον, ↔
	17 18	κἀγὼ ἀπέστειλα αὐτοὺς εἰς τὸν κόσμον
	17 20¹	ἀλλὰ καὶ περὶ τῶν πιστευόντων διὰ τοῦ λόγου αὐτῶν εἰς ἐμέ
	17 23ᶠ	ἵνα ὦσιν τετελειωμένοι εἰς ἕν
	18 1ᵇ	ὅπου ἦν κῆπος, εἰς ὃν εἰσῆλθεν αὐτὸς καὶ οἱ μαθηταὶ αὐτοῦ
	18 6	ἀπῆλθον εἰς τὰ ὀπίσω καὶ ἔπεσαν χαμαί
	18 11	βάλε τὴν μάχαιραν εἰς τὴν θήκην
	18 15ᵇ	συνεισῆλθεν τῷ Ἰησοῦ εἰς τὴν αὐλὴν τοῦ ἀρχιερέως
Jo	18 28ʲ	ἄγουσιν οὖν τὸν Ἰησοῦν ἀπὸ τοῦ Καϊάφα εἰς τὸ πραιτώριον
	18 28ᵇ	αὐτοὶ οὐκ εἰσῆλθον εἰς τὸ πραιτώριον
	18 33ᵇ	εἰσῆλθεν οὖν | πάλιν εἰς τὸ πραιτώριον (~Tϛ) ὁ Πιλᾶτος
	18 37ᵍ	ἐγὼ εἰς τοῦτο γεγέννημαι ↔
	18 37ᵍ	καὶ εἰς τοῦτο ἐλήλυθα ↔
	18 37	εἰς τὸν κόσμον
	19 9ᵇ	εἰσῆλθεν εἰς τὸ πραιτώριον πάλιν
	19 13ᵇ	ἐκάθισεν ἐπὶ βήματος εἰς τόπον λεγόμενον Λιθόστρωτον
	19 17	βαστάζων ἑαυτῷ (—Vϛ) τὸν σταυρὸν (+αὐτοῦ Vϛ) ἐξῆλθεν εἰς τὸν λεγόμενον Κρανίου Τόπον
	19 27ʲ	ἀπ' ἐκείνης τῆς ὥρας ἔλαβεν | ὁ μαθητὴς αὐτὴν (~Tϛ) εἰς τὰ ἴδια
	19 37	ὄψονται εἰς ὃν ἐξεκέντησαν
	20 1	Μαρία ἡ Μαγδαληνὴ ἔρχεται πρωῒ σκοτίας ἔτι οὔσης εἰς τὸ μνημεῖον
	20 3	ἐξῆλθεν οὖν ὁ Πέτρος ... καὶ ἤρχοντο εἰς τὸ μνημεῖον
	20 4	ὁ ἄλλος μαθητὴς προέδραμεν ... καὶ ἦλθεν πρῶτος εἰς τὸ μνημεῖον
	20 6ᵇ	ἔρχεται οὖν καὶ (—Tϛ) Σίμων Πέτρος ... καὶ εἰσῆλθεν εἰς τὸ μνημεῖον
	20 7ᵈʳʷ	(θεωρεῖ) τὸ σουδάριον ... οὐ μετὰ τῶν ὀθονίων κείμενον ἀλλὰ χωρὶς ἐντετυλιγμένον εἰς ἕνα τόπον. ↔
	20 8ᵇ	τότε οὖν εἰσῆλθεν καὶ ὁ ἄλλος μαθητὴς ὁ ἐλθὼν πρῶτος εἰς τὸ μνημεῖον
	20 11	ὡς οὖν ἔκλαιεν, παρέκυψεν εἰς τὸ μνημεῖον
	20 14	ταῦτα εἰποῦσα ἐστράφη εἰς τὰ ὀπίσω
	20 19ᶠ	ἦλθεν ὁ Ἰησοῦς καὶ ἔστη εἰς τὸ μέσον
	20 25	ἐὰν μὴ ... βάλω | τὸν δάκτυλόν μου (~T) εἰς τὸν τύπον (τόπον NMBT) τῶν ἥλων ↔
	20 25	καὶ βάλω μου τὴν χεῖρα εἰς τὴν πλευρὰν αὐτοῦ
	20 26ᶠ	ἔρχεται ὁ Ἰησοῦς ... καὶ ἔστη εἰς τὸ μέσον
	20 27	φέρε τὴν χεῖρά σου καὶ βάλε εἰς τὴν πλευράν μου
	21 3ᶜᵈ	ἐξῆλθον (+οὖν MVBS) καὶ ἐνέβησαν (ἀν- ϛ) εἰς τὸ πλοῖον
	21 4	ἔστη (+ὁ Vϛ) Ἰησοῦς εἰς (ἐπὶ BST) τὸν αἰγιαλόν
	21 6	βάλετε εἰς τὰ δεξιὰ μέρη τοῦ πλοίου τὸ δίκτυον
	21 7	ἔβαλεν ἑαυτὸν εἰς τὴν θάλασσαν
	21 9	ὡς οὖν ἀπέβησαν εἰς τὴν γῆν
	21 11	εἵλκυσεν τὸ δίκτυον | εἰς τὴν γῆν (ἐπὶ τῆς γῆς ϛ) μεστὸν ἰχθύων μεγάλων
	21 23	ἐξῆλθεν οὖν οὗτος ὁ λόγος εἰς τοὺς ἀδελφούς
Ac	1 10	ὡς ἀτενίζοντες ἦσαν εἰς τὸν οὐρανὸν πορευομένου αὐτοῦ
	1 11ᵈ	τί ἑστήκατε ἐμβλέποντες (BSϛ; [ἐμ]βλ. N²⁶; βλ. r¹) εἰς τὸν οὐρανόν; ↔
	1 11ᶜ	οὗτος ὁ Ἰησοῦς ὁ ἀναλημφθεὶς ἀφ' ὑμῶν εἰς τὸν οὐρανὸν
	1 11	οὕτως ἐλεύσεται ὃν τρόπον ἐθεάσασθε αὐτὸν πορευόμενον εἰς τὸν οὐρανόν. ↔
	1 12ʲ	τότε ὑπέστρεψαν εἰς Ἱερουσαλὴμ ἀπὸ ὄρους τοῦ καλουμένου ἐλαιῶνος

Ac 1 13ᶜ ὅτε εἰσῆλθον, εἰς τὸ ὑπερῷον ἀνέβησαν οὗ ἦσαν καταμένοντες

1 25ʲᵏ ἀφ' (ἐξ ς) ἧς παρέβη 'Ιούδας πορευθῆναι εἰς τὸν τόπον τὸν ἴδιον

2 5 ἦσαν δὲ εἰς (ἐν MVSHς) 'Ιερουσαλὴμ κατοικοῦντες 'Ιουδαῖοι

2 20 ὁ ἥλιος μεταστραφήσεται εἰς σκότος ↔

2 20 καὶ ἡ σελήνη εἰς αἷμα

2 22ʲ 'Ιησοῦν ... ἄνδρα ἀποδεδειγμένον ἀπὸ τοῦ θεοῦ εἰς ὑμᾶς δυνάμεσι καὶ τέρασι

2 25 Δαυὶδ γὰρ λέγει εἰς αὐτόν

2 27ᵈ ὅτι οὐκ ἐγκαταλείψεις τὴν ψυχήν μου εἰς ᾅδην

2 31ᵈ οὔτε ἐγκατελείφθη εἰς ᾅδην

2 34ᶜ οὐ γὰρ Δαυὶδ ἀνέβη εἰς τοὺς οὐρανούς

2 38ᵐᵖ βαπτισθήτω ἕκαστος ὑμῶν ἐπὶ (ἐν BH) τῷ ὀνόματι 'Ιησοῦ Χριστοῦ εἰς ἄφεσιν τῶν ἁμαρτιῶν ὑμῶν

2 39 ὑμῖν γάρ ἐστιν ἡ ἐπαγγελία ... καὶ πᾶσιν τοῖς εἰς μακράν

3 1ᶜᵖ Πέτρος δὲ καὶ 'Ιωάννης ἀνέβαινον εἰς τὸ ἱερὸν ἐπὶ τὴν ὥραν τῆς προσευχῆς

3 2ᵇ ὃν ἐτίθουν ... τοῦ αἰτεῖν ἐλεημοσύνην παρὰ τῶν εἰσπορευομένων εἰς τὸ ἱερόν· ↔

3 3ᵇ ὃς ἰδὼν Πέτρον ... μέλλοντας εἰσιέναι εἰς τὸ ἱερὸν ἠρώτα

3 4ʷ ἀτενίσας δὲ Πέτρος εἰς αὐτὸν σὺν τῷ 'Ιωάννῃ εἶπεν· ↔

3 4 βλέψον εἰς ἡμᾶς

3 8ᵇʷ εἰσῆλθεν σὺν αὐτοῖς εἰς τὸ ἱερὸν περιπατῶν

3 19ᵉ ἐπιστρέψατε εἰς (πρὸς NTH) τὸ ἐξαλειφθῆναι ὑμῶν τὰς ἁμαρτίας

4 3 ἔθεντο εἰς τήρησιν ↔

4 3ᵃ εἰς τὴν αὔριον

4 5ᵖ * ἐγένετο δὲ ἐπὶ τὴν αὔριον συναχθῆναι αὐτῶν τοὺς ἄρχοντας ... εἰς (Tς; ἐν rl) 'Ιερουσαλήμ

4 11ʰ οὗτός ἐστιν ὁ λίθος ὁ ἐξουθενηθεὶς ὑφ' ὑμῶν ... ὁ γενόμενος εἰς κεφαλὴν γωνίας

4 17ᵖ ἀλλ' ἵνα μὴ ἐπὶ πλεῖον διανεμηθῇ εἰς τὸν λαόν

4 30 ἐν τῷ τὴν χεῖρά σου ([N²⁶]; —NMH) ἐκτείνειν σε εἰς ἴασιν

5 15 ὥστε | καὶ εἰς (κατὰ ς) τὰς πλατείας ἐκφέρειν τοὺς ἀσθενεῖς

5 16 * συνήρχετο δὲ καὶ τὸ πλῆθος τῶν πέριξ πόλεων εἰς (+V[S]ς) 'Ιερουσαλήμ

5 21ᵇᵗ ἀκούσαντες δὲ εἰσῆλθον ὑπὸ τὸν ὄρθρον εἰς τὸ ἱερόν

5 21 ἀπέστειλαν εἰς τὸ δεσμωτήριον ἀχθῆναι αὐτούς

5 36ᵍʰ διελύθησαν καὶ ἐγένοντο εἰς οὐδέν

6 11 ἀκηκόαμεν αὐτοῦ λαλοῦντος ῥήματα βλάσφημα εἰς Μωϋσῆν καὶ τὸν θεόν

6 12 ἐπιστάντες συνήρπασαν αὐτὸν καὶ ἤγαγον εἰς τὸ συνέδριον

6 15 ἀτενίσαντες εἰς αὐτὸν πάντες οἱ καθεζόμενοι ἐν τῷ συνεδρίῳ

7 3 δεῦρο εἰς τὴν ([S]; —ς) γῆν ἣν ἂν σοι δείξω

7 4 μετῴκισεν αὐτὸν εἰς τὴν γῆν ταύτην ↔

7 4 εἰς ἣν ὑμεῖς νῦν κατοικεῖτε

7 5 ἐπηγγείλατο δοῦναι | αὐτῷ εἰς κατάσχεσιν αὐτήν (~S)

Ac 7 9 οἱ πατριάρχαι ζηλώσαντες τὸν 'Ιωσὴφ ἀπέδοντο εἰς Αἴγυπτον

7 12 ἀκούσας δὲ 'Ιακὼβ ὄντα | σιτία εἰς Αἴγυπτον (σῖτα ἐν Αἰγύπτῳ ς) ἐξαπέστειλεν

7 15 | καὶ κατέβη (κατέβη δὲ Hς) 'Ιακὼβ | εἰς Αἴγυπτον [H]

7 16 μετετέθησαν εἰς Συχέμ

7 19ᵉ τοῦ ποιεῖν | τὰ βρέφη ἔκθετα (~BSς) αὐτῶν εἰς τὸ μὴ ζῳογονεῖσθαι

7 21ᶜ ἀνεθρέψατο αὐτὸν ἑαυτῇ εἰς υἱόν

7 26 συνήλλασσεν αὐτοὺς εἰς εἰρήνην εἰπών

7 34 καὶ νῦν δεῦρο ἀποστείλω σε εἰς Αἴγυπτον

7 39ᵐ ἐστράφησαν ἐν (—ς) ταῖς καρδίαις αὐτῶν εἰς Αἴγυπτον

7 53 οἵτινες ἐλάβετε τὸν νόμον εἰς διαταγὰς ἀγγέλων

7 55 ἀτενίσας εἰς τὸν οὐρανὸν εἶδεν δόξαν θεοῦ

8 3 σύρων τε ἄνδρας καὶ γυναῖκας παρεδίδου εἰς φυλακήν

8 5 Φίλιππος δὲ κατελθὼν εἰς τὴν ([N²⁶]; —Sς) πόλιν τῆς Σαμαρείας

8 16 μόνον δὲ βεβαπτισμένοι ὑπῆρχον εἰς τὸ ὄνομα τοῦ κυρίου 'Ιησοῦ

8 20ʰʷ τὸ ἀργύριόν σου σὺν σοὶ εἴη εἰς ἀπώλειαν

8 23ʰ εἰς γὰρ χολὴν πικρίας καὶ σύνδεσμον ἀδικίας ὁρῶ σε ὄντα

8 25 οἱ μὲν οὖν ... ὑπέστρεφον εἰς 'Ιεροσόλυμα

8 26ʲ πορεύου ... ἐπὶ τὴν ὁδὸν τὴν καταβαίνουσαν ἀπὸ 'Ιερουσαλὴμ εἰς Γάζαν

8 27 ἰδοὺ ἀνὴρ Αἰθίοψ ... ὃς ([NH]; —T) ἐληλύθει προσκυνήσων εἰς 'Ιερουσαλήμ

8 38 κατέβησαν ἀμφότεροι εἰς τὸ ὕδωρ

8 40 Φίλιππος δὲ εὑρέθη εἰς "Αζωτον, ↔

8 40 καὶ διερχόμενος εὐηγγελίζετο ... ἕως τοῦ ἐλθεῖν αὐτὸν εἰς Καισάρειαν. ↔

9 1 ὁ δὲ Σαῦλος ἔτι ἐμπνέων ἀπειλῆς καὶ φόνου εἰς τοὺς μαθητὰς τοῦ κυρίου,

9 2ᵍ ⟨προσελθὼν τῷ ἀρχιερεῖ⟩ ᾐτήσατο ... ἐπιστολὰς εἰς Δαμασκὸν πρὸς τὰς συναγωγάς, ↔

9 2 ὅπως ἐάν (ἂν T) τινας εὕρῃ | τῆς ὁδοῦ ὄντας (~T) ... δεδεμένους ἀγάγῃ εἰς 'Ιερουσαλήμ

9 6ᵇ ἀνάστηθι καὶ εἴσελθε εἰς τὴν πόλιν

9 8ᵇ χειραγωγοῦντες δὲ αὐτὸν εἰσήγαγον εἰς Δαμασκόν

9 17ᵇ ἀπῆλθεν δὲ 'Ανανίας καὶ εἰσῆλθεν εἰς τὴν οἰκίαν

9 21 οὐχ οὗτός ἐστιν ὁ πορθήσας εἰς (ἐν MVBHς) 'Ιερουσαλὴμ τοὺς ἐπικαλουμένους τὸ ὄνομα τοῦτο, ↔

9 21ᵍ καὶ ὧδε εἰς τοῦτο ἐληλύθει ⟨;⟩

9 26 παραγενόμενος δὲ εἰς 'Ιερουσαλὴμ ἐπείραζεν κολλᾶσθαι τοῖς μαθηταῖς

9 28ᵇʳ ἦν μετ' αὐτῶν εἰσπορευόμενος καὶ ἐκπορευόμενος εἰς (ἐν ς) 'Ιερουσαλήμ

9 30 ἐπιγνόντες δὲ οἱ ἀδελφοὶ κατήγαγον αὐτὸν εἰς Καισάρειαν ↔

9 30 καὶ ἐξαπέστειλαν αὐτὸν εἰς Ταρσόν

9 39ᶜ ὃν παραγενόμενον ἀνήγαγον εἰς τὸ ὑπερῷον

Ac 10 4ᶜˣ αἱ ἐλεημόσυναι σου ἀνέβησαν εἰς μνημόσυνον ἔμπροσθεν (ἐνώπιον ς) τοῦ θεοῦ. ↔

10 5 καὶ νῦν πέμψον ἄνδρας εἰς 'Ιόππην

10 8 ἐξηγησάμενος ἅπαντα αὐτοῖς ἀπέστειλεν αὐτοὺς εἰς τὴν 'Ιόππην

10 16ᶜ εὐθὺς ἀνελήμφθη τὸ σκεῦος εἰς τὸν οὐρανόν

10 22 ἐχρηματίσθη ... μεταπέμψασθαί σε εἰς τὸν οἶκον αὐτοῦ

10 24ᵇ τῇ δὲ ἐπαύριον εἰσῆλθεν (-θον STς) εἰς τὴν Καισάρειαν

10 32 πέμψον οὖν εἰς 'Ιόππην

10 43 ἄφεσιν ἁμαρτιῶν λαβεῖν ... πάντα τὸν πιστεύοντα εἰς αὐτόν

11 2ᶜ ὅτε δὲ ἀνέβη Πέτρος εἰς 'Ιερουσαλήμ

11 6 ⟨εἶδον ... σκεῦός τι ὡς ὀθόνην⟩ εἰς ἣν ἀτενίσας κατενόουν

11 8ᵇ ὅτι κοινὸν ἢ ἀκάθαρτον οὐδέποτε εἰσῆλθεν εἰς τὸ στόμα μου

11 10ᶜ ἀνεσπάσθη πάλιν ἅπαντα εἰς τὸν οὐρανόν

11 12ᵇ εἰσήλθομεν εἰς τὸν οἶκον τοῦ ἀνδρός

11 13 ἀπόστειλον εἰς 'Ιόππην

11 18 ἄρα καὶ τοῖς ἔθνεσιν ὁ θεὸς τὴν μετάνοιαν εἰς ζωὴν ἔδωκεν

11 20ᵇ οἵτινες ἐλθόντες (εἰσ- ς) εἰς 'Αντιόχειαν ἐλάλουν καὶ πρὸς τοὺς 'Ελληνιστάς ("Ελληνας NMBT)

11 22ᵛ ἠκούσθη δὲ ὁ λόγος εἰς τὰ ὦτα τῆς ἐκκλησίας ... περὶ αὐτῶν

11 25 ἐξῆλθεν δὲ εἰς Ταρσὸν ἀναζητῆσαι Σαῦλον, ↔

11 26 καὶ εὑρὼν ἤγαγεν εἰς 'Αντιόχειαν

11 27ʲᵐ ἐν ταύταις δὲ ταῖς ἡμέραις κατῆλθον ἀπὸ 'Ιεροσολύμων προφῆται εἰς 'Αντιόχειαν

11 29 ὥρισαν ἕκαστος αὐτῶν εἰς διακονίαν πέμψαι τοῖς κατοικοῦσιν ἐν τῇ 'Ιουδαίᾳ ἀδελφοῖς

12 4 ὃν καὶ πιάσας ἔθετο εἰς φυλακήν

12 10 ἦλθαν ἐπὶ τὴν πύλην τὴν σιδηρᾶν τὴν φέρουσαν εἰς τὴν πόλιν

12 17 ἐξελθὼν ἐπορεύθη εἰς ἕτερον τόπον

12 19ʲ κατελθὼν ἀπὸ τῆς 'Ιουδαίας εἰς Καισάρειαν διέτριβεν

12 25 Βαρναβᾶς δὲ καὶ Σαῦλος ὑπέστρεψαν εἰς (N²⁶H; ἐξ rl) 'Ιερουσαλήμ

13 2 ἀφορίσατε δή μοι τὸν Βαρναβᾶν καὶ Σαῦλον εἰς τὸ ἔργον ὃ προσκέκλημαι αὐτούς

13 4 αὐτοὶ μὲν οὖν ἐκπεμφθέντες ὑπὸ τοῦ ἁγίου πνεύματος κατῆλθον εἰς Σελεύκειαν,

13 4 ἐκεῖθέν τε ἀπέπλευσαν εἰς Κύπρον

13 9 Σαῦλος δέ, ὁ καὶ Παῦλος ... ἀτενίσας εἰς αὐτὸν ⟨εἶπεν⟩

13 13ʲ ἀναχθέντες δὲ ἀπὸ τῆς Πάφου ... ἦλθον εἰς Πέργην τῆς Παμφυλίας· ↔

13 13ʲ 'Ιωάννης δὲ ἀποχωρήσας ἀπ' αὐτῶν ὑπέστρεψεν εἰς 'Ιεροσόλυμα

13 14ʲ διελθόντες ἀπὸ τῆς Πέργης παρεγένοντο εἰς 'Αντιόχειαν | τὴν Πισιδίαν (τῆς Πισιδίας VSς), ↔

13 14ᵇ καὶ εἰσελθόντες (Sς; [εἰσ]- N²⁶ ελθ. rl) εἰς τὴν συναγωγὴν ... ἐκάθισαν

13 22 μεταστήσας αὐτὸν ἤγειρεν | τὸν Δαυὶδ αὐτοῖς (~Sς) εἰς βασιλέα

13 29ʲ καθελόντες ἀπὸ τοῦ ξύλου ἔθηκαν εἰς μνημεῖον

Ac 13 31^{cj}ὃς ὤφθη ... τοῖς συναναβᾶσιν αὐτῷ ἀπὸ τῆς Γαλιλαίας εἰς Ἰερουσαλήμ

13 34 ὅτι δὲ ἀνέστησεν αὐτὸν ἐκ νεκρῶν μηκέτι μέλλοντα ὑποστρέφειν εἰς διαφθοράν

13 42ª παρεκάλουν εἰς τὸ μεταξὺ σάββατον λαληθῆναι αὐτοῖς τὰ ῥήματα ταῦτα

13 46 ἰδοὺ στρεφόμεθα εἰς τὰ ἔθνη

13 47 τέθεικά σε εἰς φῶς ἐθνῶν ↔

13 47^{hs}τοῦ εἶναί σε εἰς σωτηρίαν ἕως ἐσχάτου τῆς γῆς

13 48 ἐπίστευσαν ὅσοι ἦσαν τεταγμένοι εἰς ζωὴν αἰώνιον

13 51 οἱ δὲ ἐκτιναξάμενοι τὸν κονιορτὸν .. ἦλθον εἰς Ἰκόνιον

14 1^bἐγένετο δὲ ἐν Ἰκονίῳ ... εἰσελθεῖν αὐτοὺς εἰς τὴν συναγωγὴν τῶν Ἰουδαίων

14 6 συνιδόντες κατέφυγον εἰς τὰς πόλεις τῆς Λυκαονίας

14 14^bδιαρρήξαντες τὰ ἱμάτια αὐτῶν ([ἑ]αυτῶν S; ἑαυτῶν NMVH) ἐξεπήδησαν (εἰσ- ς) εἰς τὸν ὄχλον

14 20^bἀναστὰς εἰσῆλθεν εἰς τὴν πόλιν. ↔

14 20^wκαὶ τῇ ἐπαύριον ἐξῆλθεν σὺν τῷ Βαρναβᾷ εἰς Δέρβην

14 21 μαθητεύσαντες ἱκανοὺς ὑπέστρεψαν εἰς τὴν Λύστραν ↔

14 21 καὶ εἰς (—ς) Ἰκόνιον ↔

14 21 καὶ εἰς ([NH]; —ς) Ἀντιόχειαν

14 22^{bj}ὅτι διὰ πολλῶν θλίψεων δεῖ ἡμᾶς εἰσελθεῖν εἰς τὴν βασιλείαν τοῦ θεοῦ

14 23 προσευξάμενοι ... παρέθεντο αὐτοὺς τῷ κυρίῳ εἰς ὃν πεπιστεύκεισαν.

14 24 καὶ διελθόντες τὴν Πισιδίαν ἦλθον εἰς τὴν Παμφυλίαν,

14 25 * καὶ λαλήσαντες | εἰς τὴν Πέργην (NT; ἐν Πέργῃ rl) τὸν λόγον (+ τοῦ κυρίου [V]S) ↔

14 25 κατέβησαν εἰς Ἀττάλειαν, ↔

14 26 κἀκεῖθεν ἀπέπλευσαν εἰς Ἀντιόχειαν, ↔

14 26 ὅθεν ἦσαν παραδεδομένοι τῇ χάριτι τοῦ θεοῦ εἰς τὸ ἔργον ὃ ἐπλήρωσαν

15 2^{cq}ἔταξαν ἀναβαίνειν ... πρὸς τοὺς ἀποστόλους καὶ πρεσβυτέρους εἰς Ἰερουσαλήμ περὶ τοῦ ζητήματος τούτου

15 4 παραγενόμενοι δὲ εἰς Ἰερουσαλήμ (N²⁶Tς; Ἱεροσόλυμα rl) παρεδέχθησαν ἀπὸ (N²⁶NH; ὑπὸ rl) τῆς ἐκκλησίας

15 22^wτότε ἔδοξε τοῖς ἀποστόλοις ... ἐκλεξαμένους ἄνδρας ἐξ αὐτῶν πέμψαι εἰς Ἀντιόχειαν σὺν τῷ Παύλῳ

15 30 οἱ μὲν οὖν ἀπολυθέντες κατῆλθον εἰς Ἀντιόχειαν

15 38 ἠξίου, τὸν ... μὴ συνελθόντα αὐτοῖς εἰς τὸ ἔργον, μὴ συμπαραλαμβάνειν τοῦτον

15 39 τόν τε Βαρναβᾶν παραλαβόντα τὸν Μᾶρκον ἐκπλεῦσαι εἰς Κύπρον

16 1 κατήντησεν δὲ καὶ ([N²⁶]; —Tς) εἰς Δέρβην ↔

16 1 καὶ εἰς (—ς) Λύστραν

16 7ⁿἐλθόντες δὲ κατὰ τὴν Μυσίαν ἐπείραζον εἰς (κατὰ ς) τὴν Βιθυνίαν πορευθῆναι

16 8 παρελθόντες δὲ τὴν Μυσίαν κατέβησαν εἰς Τρῳάδα

Ac 16 9 διαβὰς εἰς Μακεδονίαν βοήθησον ἡμῖν

16 10 εὐθέως ἐζητήσαμεν ἐξελθεῖν εἰς Μακεδονίαν

16 11^jἀναχθέντες δὲ (οὖν VBSHς) ἀπὸ Τρῳάδος εὐθυδρομήσαμεν εἰς Σαμοθρᾴκην, ↔

16 11 τῇ δὲ ἐπιούσῃ εἰς Νέαν πόλιν, ↔

16 12 κἀκεῖθεν εἰς Φιλίππους

16 15^bεἰσελθόντες εἰς τὸν οἶκόν μου μένετε (μείνατε VSς)

16 16 ἐγένετο δὲ πορευομένων ἡμῶν εἰς τὴν προσευχήν

16 19^pἐπιλαβόμενοι τὸν Παῦλον ... εἵλκυσαν εἰς τὴν ἀγορὰν ἐπὶ τοὺς ἄρχοντας

16 23 πολλάς τε (δὲ NMH) ἐπιθέντες αὐτοῖς πληγὰς ἔβαλον εἰς φυλακήν

16 24 ὃς ... ἔβαλεν αὐτοὺς εἰς τὴν ἐσωτέραν φυλακήν ↔

16 24 καὶ τοὺς πόδας | ἠσφαλίσατο αὐτῶν (~ Sς) εἰς τὸ ξύλον

16 34^cἀναγαγών τε αὐτοὺς εἰς τὸν οἶκον παρέθηκεν τράπεζαν

16 37 δείραντες ἡμᾶς δημοσίᾳ ἀκατακρίτους ... ἔβαλαν εἰς φυλακήν

16 40^{bjk}* ἐξελθόντες δὲ ἀπὸ (ἐκ ς) τῆς φυλακῆς εἰσῆλθον εἰς (ς; πρὸς rl) τὴν Λυδίαν

17 1 διοδεύσαντες δὲ τὴν Ἀμφίπολιν ... ἦλθον εἰς Θεσσαλονίκην

17 5 ἐπιστάντες ... ἐζήτουν αὐτοὺς προαγαγεῖν εἰς τὸν δῆμον

17 10^lοἱ δὲ ἀδελφοὶ εὐθέως διὰ νυκτὸς ἐξέπεμψαν τόν τε Παῦλον καὶ τὸν Σιλᾶν εἰς Βέροιαν, ↔

17 10 οἵτινες παραγενόμενοι εἰς τὴν συναγωγὴν τῶν Ἰουδαίων ἀπήεσαν

17 20^bξενίζοντα γάρ τινα εἰσφέρεις εἰς τὰς ἀκοὰς ἡμῶν

17 21^f Ἀθηναῖοι δὲ ... εἰς οὐδὲν ἕτερον ηὐκαίρουν ἢ λέγειν τι ἢ ἀκούειν τι ([S]; —ς) καινότερον

18 1^kμετὰ ταῦτα χωρισθεὶς (+ ὁ Παῦλος [MS]Vς) ἐκ τῶν Ἀθηνῶν ἦλθεν εἰς Κόρινθον

18 6^jκαθαρὸς ἐγὼ ἀπὸ τοῦ νῦν εἰς τὰ ἔθνη πορεύσομαι.

18 7^bκαὶ μεταβὰς ἐκεῖθεν εἰσῆλθεν (ἦλ. NMVHς) εἰς οἰκίαν τινὸς ὀνόματι Τιτίου (Τίτου BS; —ς) Ἰούστου

18 18^wτοῖς ἀδελφοῖς ἀποταξάμενος ἐξέπλει εἰς τὴν Συρίαν, καὶ σὺν αὐτῷ Πρίσκιλλα

18 19 κατήντησαν δὲ εἰς Ἔφεσον

18 19^bαὐτὸς δὲ εἰσελθὼν εἰς τὴν συναγωγὴν διελέξατο (διελέχθη Sς) τοῖς Ἰουδαίοις

18 21 * | δεῖ με πάντως τὴν ἑορτὴν τὴν ἐρχομένην ποιῆσαι εἰς Ἱεροσόλυμα (+ς)

18 22^j⟨ἀνήχθη ἀπὸ τῆς Ἐφέσου⟩ καὶ κατελθὼν εἰς Καισάρειαν

18 22 κατέβη εἰς Ἀντιόχειαν

18 24 Ἰουδαῖος δέ τις Ἀπολλῶς ὀνόματι ... κατήντησεν εἰς Ἔφεσον

18 27 βουλομένου δὲ αὐτοῦ διελθεῖν εἰς τὴν Ἀχαΐαν

19 1 Παῦλον διελθόντα τὰ ἀνωτερικὰ μέρη κατελθεῖν (BST; [κατ]- N²⁶; ἐλθεῖν rl) εἰς Ἔφεσον

19 3^gεἰς τί οὖν ἐβαπτίσθητε; ↔

19 3 οἱ δὲ εἶπαν · εἰς τὸ Ἰωάννου βάπτισμα

Ac 19 4 τῷ λαῷ λέγων εἰς τὸν ἐρχόμενον μετ᾽ αὐτὸν ἵνα πιστεύσωσιν, ↔

19 4 τοῦτ᾽ ἔστιν εἰς τὸν Ἰησοῦν. ↔

19 5 ἀκούσαντες δὲ ἐβαπτίσθησαν εἰς τὸ ὄνομα τοῦ κυρίου Ἰησοῦ

19 8^bεἰσελθὼν δὲ εἰς τὴν συναγωγὴν ἐπαρρησιάζετο

19 21 ἔθετο ὁ Παῦλος ἐν τῷ πνεύματι ... πορεύεσθαι εἰς Ἱεροσόλυμα

19 22 ἀποστείλας δὲ εἰς τὴν (—NMT) Μακεδονίαν ... Τιμόθεον καὶ Ἔραστον, ↔

19 22 αὐτὸς ἐπέσχεν χρόνον εἰς τὴν Ἀσίαν

19 27 οὐ μόνον δὲ τοῦτο κινδυνεύει ἡμῖν τὸ μέρος εἰς ἀπελεγμὸν ἐλθεῖν, ↔

19 27 ἀλλὰ καὶ τὸ τῆς μεγάλης θεᾶς | Ἀρτέμιδος ἱερὸν (~ T) εἰς οὐθὲν λογισθῆναι

19 29 ὥρμησάν τε ὁμοθυμαδὸν εἰς τὸ θέατρον

19 30^b| Παύλου δὲ (τοῦ δὲ Π. VBSς) βουλομένου εἰσελθεῖν εἰς τὸν δῆμον

19 31 πέμψαντες πρὸς αὐτὸν παρεκάλουν μὴ δοῦναι ἑαυτὸν εἰς τὸ θέατρον

20 1 ἀσπασάμενος ἐξῆλθεν πορεύεσθαι εἰς Μακεδονίαν. ↔

20 2 διελθὼν δὲ τὰ μέρη ἐκεῖνα ... ἦλθεν εἰς τὴν Ἑλλάδα

20 3^cγενομένης ἐπιβουλῆς αὐτῷ ... μέλλοντι ἀνάγεσθαι εἰς τὴν Συρίαν

20 6^{jqs}ἡμεῖς δὲ ἐξεπλεύσαμεν ... ἀπὸ Φιλίππων, καὶ ἤλθομεν πρὸς αὐτοὺς εἰς τὴν Τρῳάδα ἄχρι ἡμερῶν πέντε

20 13^{cp}* προελθόντες (προ[σ]- M; προσ- S) ἐπὶ τὸ πλοῖον ἀνήχθημεν εἰς (ς; ἐπὶ rl) τὴν Ἆσσον,

20 14 ὡς δὲ συνέβαλλεν (-βαλεν VSς) ἡμῖν εἰς τὴν Ἆσσον, ↔

20 14 ἀναλαβόντες αὐτὸν ἤλθομεν εἰς Μιτυλήνην

20 15 τῇ δὲ ἑτέρᾳ παρεβάλομεν εἰς Σάμον, ↔

20 15 | καὶ μείναντες ἐν Τρωγυλλίῳ (+ [VS]Bς) τῇ δὲ ([VS]; —Bς) ἐχομένῃ ἤλθομεν εἰς Μίλητον

20 16 ἔσπευδεν γὰρ ... τὴν ἡμέραν τῆς πεντηκοστῆς γενέσθαι εἰς Ἱεροσόλυμα. ↔

20 17^jἀπὸ δὲ τῆς Μιλήτου πέμψας εἰς Ἔφεσον μετεκαλέσατο τοὺς πρεσβυτέρους

20 18 ὑμεῖς ἐπίστασθε, ἀπὸ πρώτης ἡμέρας ἀφ᾽ ἧς ἐπέβην εἰς τὴν Ἀσίαν

20 21 διαμαρτυρόμενος Ἰουδαίοις τε καὶ Ἕλλησιν τὴν εἰς θεὸν μετάνοιαν ↔

20 21 καὶ πίστιν (+τὴν ς) εἰς τὸν κύριον ἡμῶν Ἰησοῦν (+Χριστόν STς). ↔

20 22 καὶ νῦν ἰδοὺ δεδεμένος ἐγὼ τῷ πνεύματι πορεύομαι εἰς Ἱερουσαλήμ

20 29^{br}εἰσελεύσονται μετὰ τὴν ἄφιξίν μου λύκοι βαρεῖς εἰς ὑμᾶς

20 38 προέπεμπον δὲ αὐτὸν εἰς τὸ πλοῖον

21 1 εὐθυδρομήσαντες ἤλθομεν εἰς τὴν Κῶ, ↔

21 1 τῇ δὲ ἑξῆς εἰς τὴν Ῥόδον ↔

21 1 κἀκεῖθεν εἰς Πάταρα. ↔

21 2 καὶ εὑρόντες πλοῖον διαπερῶν εἰς Φοινίκην, ἐπιβάντες ἀνήχθημεν

21 3 καταλιπόντες αὐτὴν εὐώνυμον ἐπλέομεν εἰς Συρίαν, ↔

21 3 καὶ κατήλθομεν εἰς Τύρον

Ac 21 4ᶜ οἵτινες τῷ Παύλῳ ἔλεγον διὰ τοῦ πνεύματος μὴ ἐπιβαίνειν (ἀνα- ς) εἰς Ἱεροσόλυμα

21 6ᶜᵈ καὶ ἀνέβημεν (ἐν- NMH; ἐπ- ς) εἰς τὸ πλοῖον, ↔

21 6 ἐκεῖνοι δὲ ὑπέστρεψαν εἰς τὰ ἴδια. ↔

21 7ʲ ἡμεῖς δὲ ... ἀπὸ Τύρου κατηντήσαμεν εἰς Πτολεμαΐδα

21 8 τῇ δὲ ἐπαύριον ἐξελθόντες ἤλθομεν εἰς Καισάρειαν, ↔

21 8ᵇ καὶ εἰσελθόντες εἰς τὸν οἶκον Φιλίππου ... ἐμείναμεν παρ' αὐτῷ

21 11 τὸν ἄνδρα οὗ ἐστιν ἡ ζώνη αὕτη ... παραδώσουσιν εἰς χεῖρας ἐθνῶν

21 12ᶜ παρεκαλοῦμεν ... τοῦ μὴ ἀναβαίνειν αὐτὸν εἰς Ἱερουσαλήμ

21 13ʸ ἐγὼ γὰρ ... καὶ ἀποθανεῖν εἰς Ἱερουσαλὴμ ἑτοίμως ἔχω ὑπὲρ τοῦ ὀνόματος

21 15ᶜ μετὰ δὲ τὰς ἡμέρας ταύτας ἐπισκευασάμενοι ἀνεβαίνομεν εἰς Ἱεροσόλυμα

21 17 γενομένων δὲ ἡμῶν εἰς Ἱεροσόλυμα ἀσμένως ἀπεδέξαντο ἡμᾶς

21 26ᵇ τότε ὁ Παῦλος ... σὺν αὐτοῖς ἁγνισθεὶς εἰσῄει εἰς τὸ ἱερόν

21 28ᵇ ἔτι τε καὶ Ἕλληνας εἰσήγαγεν εἰς τὸ ἱερόν

21 29ᵇ Τρόφιμον ... ὃν ἐνόμιζον ὅτι εἰς τὸ ἱερὸν εἰσήγαγεν ὁ Παῦλος

21 34 ἐκέλευσεν ἄγεσθαι αὐτὸν εἰς τὴν παρεμβολήν

21 37ᵇ μέλλων τε εἰσάγεσθαι εἰς τὴν παρεμβολὴν ὁ Παῦλος λέγει τῷ χιλιάρχῳ

21 38 οὐκ ἄρα σὺ εἶ ὁ Αἰγύπτιος ὁ ... ἐξαγαγὼν εἰς τὴν ἔρημον τοὺς τετρακισχιλίους ἄνδρας ⟨;⟩

22 4 παραδιδοὺς εἰς φυλακὰς ἄνδρας τε καὶ γυναῖκας

22 5 παρ' ὧν καὶ ἐπιστολὰς δεξάμενος .. εἰς Δαμασκὸν ἐπορευόμην, ↔

22 5 ἄξων καὶ τοὺς ἐκεῖσε ὄντας δεδεμένους εἰς Ἱερουσαλήμ

22 7 ἔπεσά τε εἰς τὸ ἔδαφος

22 10 ἀναστὰς πορεύου εἰς Δαμασκόν

22 11 χειραγωγούμενος ὑπὸ τῶν συνόντων μοι ἦλθον εἰς Δαμασκόν

22 13ᶜ κἀγὼ αὐτῇ τῇ ὥρᾳ ἀνέβλεψα εἰς αὐτόν

22 17 ἐγένετο δέ μοι ὑποστρέψαντι εἰς Ἱερουσαλὴμ

22 21 πορεύου, ὅτι ἐγὼ εἰς ἔθνη μακρὰν ἐξαποστελῶ σε

22 23 κονιορτὸν βαλλόντων εἰς τὸν ἀέρα, ↔

22 24ᵇ ἐκέλευσεν ὁ χιλίαρχος εἰσάγεσθαι (ἄγ. ς) αὐτὸν εἰς τὴν παρεμβολήν

22 30 καταγαγὼν τὸν Παῦλον ἔστησεν εἰς αὐτούς

23 10ᵏ ἐκέλευσεν ... ἁρπάσαι αὐτὸν ἐκ μέσου αὐτῶν ἄγειν τε (—H) εἰς τὴν παρεμβολήν

23 11 ὡς γὰρ διεμαρτύρω τὰ περὶ ἐμοῦ εἰς Ἱερουσαλήμ, ↔

23 11 οὕτω σε δεῖ καὶ εἰς Ῥώμην μαρτυρῆσαι

23 15 ὅπως καταγάγῃ αὐτὸν εἰς (πρὸς VSς) ὑμᾶς

23 16ᵇ παραγενόμενος καὶ εἰσελθὼν εἰς τὴν παρεμβολὴν ἀπήγγειλεν τῷ Παύλῳ

23 20 ὅπως αὔριον τὸν Παῦλον καταγάγῃς εἰς τὸ συνέδριον

Ac 23 28 ‖ κατήγαγον (+αὐτὸν VSς) εἰς τὸ συνέδριον αὐτῶν ⟦H⟧

23 30ᵗ μηνυθείσης δέ μοι ἐπιβουλῆς εἰς τὸν ἄνδρα ἔσεσθαι (+ὑπὸ τῶν Ἰουδαίων ς)

23 31ˡ ἀναλαβόντες τὸν Παῦλον ἤγαγον διὰ νυκτὸς εἰς τὴν Ἀντιπατρίδα· ↔

23 32 τῇ δὲ ἐπαύριον ἐάσαντες ... ὑπέστρεψαν εἰς τὴν παρεμβολήν· ↔

23 33ᵇ οἵτινες εἰσελθόντες εἰς τὴν Καισάρειαν ... παρέστησαν

24 11ᶜ οὐ πλείους εἰσίν μοι ἡμέραι δώδεκα ἀφ' ἧς ἀνέβην προσκυνήσων εἰς (ἐν ς) Ἱερουσαλήμ

24 15 ⟨οὕτως λατρεύω⟩ ἐλπίδα ἔχων εἰς (πρὸς T) τὸν θεόν

24 17ˡ δι' ἐτῶν δὲ πλειόνων ἐλεημοσύνας ποιήσων εἰς τὸ ἔθνος μου παρεγενόμην

24 24 ἤκουσεν αὐτοῦ περὶ τῆς εἰς Χριστὸν Ἰησοῦν πίστεως

25 1ᶜʲʳ Φῆστος οὖν ἐπιβὰς ... μετὰ τρεῖς ἡμέρας ἀνέβη εἰς Ἱεροσόλυμα ἀπὸ Καισαρείας

25 3 αἰτούμενοι χάριν ... ὅπως μεταπέμψηται αὐτὸν εἰς Ἱερουσαλήμ

25 4 ὁ μὲν οὖν Φῆστος ἀπεκρίθη τηρεῖσθαι τὸν Παῦλον | εἰς Καισάρειαν (ἐν Καισαρείᾳ ς)

25 6 καταβὰς εἰς Καισάρειαν ... ἐκέλευσεν τὸν Παῦλον ἀχθῆναι

25 8 τοῦ Παύλου ἀπολογουμένου ὅτι οὔτε εἰς τὸν νόμον τῶν Ἰουδαίων ↔

25 8 οὔτε εἰς τὸ ἱερόν ↔

25 8 οὔτε εἰς Καίσαρά τι ἥμαρτον

25 9ᶜ θέλεις εἰς Ἱεροσόλυμα ἀναβὰς ἐκεῖ περὶ τούτων κριθῆναι ⟨;⟩

25 13 Ἀγρίππας ... καὶ Βερνίκη κατήντησαν εἰς Καισάρειαν

25 15 περὶ οὗ γενομένου μου εἰς Ἱεροσόλυμα ἐνεφάνισαν οἱ ἀρχιερεῖς

25 16 * οὐκ ἔστιν ἔθος Ῥωμαίοις χαρίζεσθαί τινα ἄνθρωπον | εἰς ἀπώλειαν (+ς)

25 20 * ἀπορούμενος δὲ ἐγὼ εἰς (+ς) τὴν περὶ τούτων ζήτησιν ἔλεγον↔

25 20 εἰ βούλοιτο πορεύεσθαι εἰς Ἱεροσόλυμα

25 21 τοῦ δὲ Παύλου ἐπικαλεσαμένου τηρηθῆναι αὐτὸν εἰς τὴν τοῦ Σεβαστοῦ διάγνωσιν

25 23ᵇʷ ἐλθόντος τοῦ Ἀγρίππα ... καὶ εἰσελθόντων εἰς τὸ ἀκροατήριον σύν τε χιλιάρχοις

26 6ᵗ νῦν ἐπ' ἐλπίδι τῆς εἰς (πρὸς ς) τοὺς πατέρας ἡμῶν ἐπαγγελίας γενομένης ὑπὸ τοῦ θεοῦ ἕστηκα κρινόμενος, ↔

26 7 εἰς ἣν τὸ δωδεκάφυλον ἡμῶν ἐν ἐκτενείᾳ ... λατρεῦον ἐλπίζει καταντῆσαι

26 11ˢ περισσῶς τε ἐμμαινόμενος αὐτοῖς ἐδίωκον ἕως καὶ εἰς τὰς ἔξω πόλεις. ↔

26 12ʳ ἐν οἷς (+καὶ Vς) πορευόμενος εἰς τὴν Δαμασκὸν μετ' ἐξουσίας

26 14 πάντων τε καταπεσόντων ἡμῶν εἰς τὴν γῆν ἤκουσα φωνὴν

26 16ᵍ εἰς τοῦτο γὰρ ὤφθην σοι

26 17 ἐξαιρούμενός σε ἐκ τοῦ λαοῦ καὶ ἐκ τῶν ἐθνῶν, εἰς οὓς ἐγὼ ἀποστέλλω σε

Ac 26 18ʲᵖ τοῦ ἐπιστρέψαι ἀπὸ σκότους εἰς φῶς καὶ τῆς ἐξουσίας τοῦ σατανᾶ ἐπὶ τὸν θεόν, ↔

26 18 τοῦ λαβεῖν αὐτοὺς ... κλῆρον ἐν τοῖς ἡγιασμένοις πίστει τῇ εἰς ἐμέ

26 20ᵐ* εἰς (+MVBSς) πᾶσάν τε τὴν χώραν τῆς Ἰουδαίας καὶ τοῖς ἔθνεσιν ἀπήγγελλον μετανοεῖν

26 24 τὰ πολλά σε γράμματα εἰς μανίαν περιτρέπει

27 1 ὡς δὲ ἐκρίθη τοῦ ἀποπλεῖν ἡμᾶς εἰς τὴν Ἰταλίαν

27 2 ἐπιβάντες δὲ πλοίῳ Ἀδραμυττηνῷ μέλλοντι πλεῖν εἰς (—ς) τοὺς κατὰ τὴν Ἀσίαν τόπους ἀνήχθημεν

27 3 τῇ τε ἑτέρᾳ κατήχθημεν εἰς Σιδῶνα

27 5 τό τε πέλαγος ... διαπλεύσαντες κατήλθομεν εἰς Μύρα τῆς Λυκίας. ↔

27 6 κἀκεῖ εὑρὼν ὁ ἑκατοντάρχης πλοῖον Ἀλεξανδρῖνον πλέον εἰς τὴν Ἰταλίαν ↔

27 6ᵈ ἐνεβίβασεν ἡμᾶς εἰς αὐτό

27 8 μόλις τε παραλεγόμενοι αὐτὴν ἤλθομεν εἰς τόπον τινὰ καλούμενον Καλοὺς λιμένας

27 12 εἴ πως δύναιντο καταντήσαντες εἰς Φοίνικα παραχειμάσαι

27 17 φοβούμενοί τε μὴ εἰς τὴν Σύρτιν ἐκπέσωσιν

27 26 εἰς νῆσον δέ τινα δεῖ ἡμᾶς ἐκπεσεῖν

27 29 * φοβούμενοί τε (δὲ BS) μή που εἰς (ς; κατὰ rl) τραχεῖς τόπους ἐκπέσωμεν

27 30 τῶν δὲ ναυτῶν ... χαλασάντων τὴν σκάφην εἰς τὴν θάλασσαν

27 38 ἐκούφιζον τὸ πλοῖον ἐκβαλλόμενοι τὸν σῖτον εἰς τὴν θάλασσαν

27 39 κόλπον δέ τινα κατενόουν ἔχοντα αἰγιαλόν, εἰς ὃν ἐβουλεύοντο ἐξῶσαι (ἐκσῶσαι H) τὸ πλοῖον. ...

27 40 καὶ τὰς ἀγκύρας περιελόντες εἴων εἰς τὴν θάλασσαν

27 40 ἐπάραντες τὸν ἀρτέμωνα τῇ πνεούσῃ κατεῖχον εἰς τὸν αἰγιαλόν. ↔

27 41 περιπεσόντες δὲ εἰς τόπον διθάλασσον ἐπέκειλαν τὴν ναῦν

28 5 ὁ μὲν οὖν ἀποτινάξας τὸ θηρίον εἰς τὸ πῦρ ἔπαθεν οὐδὲν κακόν

28 6 ἐπὶ πολὺ δὲ αὐτῶν προσδοκώντων καὶ θεωρούντων μηδὲν ἄτοπον εἰς αὐτὸν γινόμενον

28 12 καταχθέντες εἰς Συρακούσας ἐπεμείναμεν ἡμέρας τρεῖς, ↔

28 13 ὅθεν περιελόντες (N²⁶H; -ελθόντες rl) κατηντήσαμεν εἰς Ῥήγιον. ↔

28 13 καὶ μετὰ μίαν ἡμέραν ἐπιγενομένου νότου δευτεραῖοι ἤλθομεν εἰς Ποτιόλους

28 14 καὶ οὕτως εἰς τὴν Ῥώμην ἤλθαμεν. ↔

28 15ˢ κἀκεῖθεν οἱ ἀδελφοὶ ἀκούσαντες ἦλθαν (⟦ἐξ⟧ῆλθον S; ἐξῆλθον ς) εἰς ἀπάντησιν ἡμῖν ἄχρι Ἀππίου φόρου

28 16ᵇ ὅτε δὲ εἰσήλθομεν εἰς (+τὴν T) Ῥώμην

28 17ᵏ οὐδὲν ἐναντίον ποιήσας ... δέσμιος ἐξ Ἱεροσολύμων παρεδόθην εἰς τὰς χεῖρας τῶν Ῥωμαίων

28 23ᵠ ταξάμενοι δὲ αὐτῷ ἡμέραν ἦλθον (ἧκον VSς) πρὸς αὐτὸν εἰς τὴν ξενίαν πλείονες

Rm 1 1 Παῦλος ... κλητὸς ἀπόστολος ἀφωρισμένος εἰς εὐαγγέλιον θεοῦ

⟨πᾶσιν τοῖς οὖσιν ἐν Ῥώμῃ
ἀγαπητοῖς θεοῦ⟩

Rm 1 5¹ᵐ ᵧ δι' οὗ ἐλάβομεν χάριν καὶ
ἀποστολὴν εἰς ὑπακοὴν πίστεως
ἐν πᾶσιν τοῖς ἔθνεσιν ὑπὲρ τοῦ
ὀνόματος αὐτοῦ

1 11ᵉ ἵνα τι μεταδῶ χάρισμα ὑμῖν
πνευματικὸν εἰς τὸ στηριχθῆναι
ὑμᾶς

1 16 δύναμις γὰρ θεοῦ ἐστιν εἰς σωτη-
ρίαν παντὶ τῷ πιστεύοντι

1 17ᵏᵐ δικαιοσύνη γὰρ θεοῦ ἐν αὐτῷ
ἀποκαλύπτεται ἐκ πίστεως εἰς
πίστιν

1 20ᵉ τὰ γὰρ ἀόρατα αὐτοῦ ... καθορᾶ-
ται ... εἰς τὸ εἶναι αὐτοὺς ἀναπολο-
γήτους

1 24ᵐ διὸ παρέδωκεν αὐτοὺς ὁ θεὸς ἐν
ταῖς ἐπιθυμίαις ... εἰς ἀκαθαρσίαν

1 25ᵃ ὅς ἐστιν εὐλογητὸς εἰς τοὺς αἰῶνας

1 26ˡ διὰ τοῦτο παρέδωκεν αὐτοὺς ὁ
θεὸς εἰς πάθη ἀτιμίας· ↔

1 26 αἵ τε γὰρ θήλειαι αὐτῶν μετήλλα-
ξαν τὴν φυσικὴν χρῆσιν εἰς τὴν
παρὰ φύσιν, ↔

1 27ᵐ ὁμοίως τε καὶ οἱ ἄρσενες ...
ἐξεκαύθησαν ἐν τῇ ὀρέξει αὐτῶν
εἰς ἀλλήλους

1 28 παρέδωκεν αὐτοὺς ὁ θεὸς εἰς
ἀδόκιμον νοῦν

2 4 ἀγνοῶν ὅτι τὸ χρηστὸν τοῦ θεοῦ
εἰς μετάνοιάν σε ἄγει

2 26 οὐχ (οὐχὶ Sς) ἡ ἀκροβυστία
αὐτοῦ εἰς περιτομὴν λογισθήσεται;

3 7ᵐ εἰ δὲ (γὰρ VBSς) ἡ ἀλήθεια τοῦ
θεοῦ ἐν τῷ ἐμῷ ψεύσματι ἐπερίσ-
σευσεν εἰς τὴν δόξαν αὐτοῦ

3 22ˡᵖ δικαιοσύνη δὲ θεοῦ διὰ πίστεως
Ἰησοῦ [NH] Χριστοῦ, εἰς πάντας
(+καὶ ἐπὶ πάντας VB [S]ς) τοὺς
πιστεύοντας

3 25ᵃ ὃν προέθετο ὁ θεὸς ἱλαστήριον ...
εἰς ἔνδειξιν τῆς δικαιοσύνης αὐτοῦ
διὰ τὴν πάρεσιν τῶν προγεγονό-
των ἁμαρτημάτων

3 26ᵉ πρὸς τὴν ἔνδειξιν τῆς δικαιοσύνης
αὐτοῦ ἐν τῷ νῦν καιρῷ, εἰς τὸ εἶναι
αὐτὸν δίκαιον καὶ δικαιοῦντα

4 3 ἐλογίσθη αὐτῷ εἰς δικαιοσύνην

4 5 τῷ δὲ μὴ ἐργαζομένῳ, πιστεύοντι
δὲ ... λογίζεται ἡ πίστις αὐτοῦ
εἰς δικαιοσύνην

4 9 ἐλογίσθη τῷ Ἀβραὰμ ἡ πίστις
εἰς δικαιοσύνην

4 11ᵉ σημεῖον ἔλαβεν περιτομῆς ... εἰς τὸ
εἶναι αὐτὸν πατέρα πάντων τῶν
πιστευόντων δι' ἀκροβυστίας, ↔

4 11ᵉ εἰς τὸ λογισθῆναι καὶ (+[N²⁶MS]
VBς) αὐτοῖς τὴν ([N²⁶NH];—T)
δικαιοσύνην

4 16ᵉ διὰ τοῦτο ἐκ πίστεως ... εἰς τὸ
εἶναι βεβαίαν τὴν ἐπαγγελίαν
παντὶ τῷ σπέρματι

4 18ᵉ εἰς τὸ γενέσθαι αὐτὸν πατέρα πολ-
λῶν ἐθνῶν

4 20 εἰς δὲ τὴν ἐπαγγελίαν τοῦ θεοῦ οὐ
διεκρίθη τῇ ἀπιστίᾳ

4 22 διὸ καὶ [N²⁶NH] ἐλογίσθη αὐτῷ
εἰς δικαιοσύνην

5 2ˡ δι' οὗ καὶ τὴν προσαγωγὴν ἐσχή-
καμεν | τῇ πίστει [N²⁶NH] εἰς
τὴν χάριν ταύτην

5 8 συνίστησιν δὲ τὴν ἑαυτοῦ ἀγάπην
εἰς ἡμᾶς ὁ θεός

Rm 5 12ᵇˡ ὥσπερ δι' ἑνὸς ἀνθρώπου ἡ
ἁμαρτία εἰς τὸν κόσμον εἰσῆλθεν

5 12 καὶ οὕτως εἰς πάντας ἀνθρώπους
ὁ θάνατος διῆλθεν

5 15 πολλῷ μᾶλλον ... ἡ δωρεὰ ἐν
χάριτι τῇ τοῦ ἑνὸς ἀνθρώπου
Ἰησοῦ Χριστοῦ εἰς τοὺς πολλοὺς
ἐπερίσσευσεν

5 16ʰᵏ τὸ μὲν γὰρ κρίμα ἐξ ἑνὸς εἰς κατά-
κριμα, ↔

5 16ʰᵏ τὸ δὲ χάρισμα ἐκ πολλῶν παρα-
πτωμάτων εἰς δικαίωμα

5 18ˡ ἄρα οὖν ὡς δι' ἑνὸς παραπτώμα-
τος εἰς πάντας ἀνθρώπους ↔

5 18ᵏ εἰς κατάκριμα, ↔

5 18ˡ οὕτως καὶ δι' ἑνὸς δικαιώματος εἰς
πάντας ἀνθρώπους ↔

5 18ᵏ εἰς δικαίωσιν ζωῆς

5 21ˡ οὕτως καὶ ἡ χάρις βασιλεύσῃ
διὰ δικαιοσύνης εἰς ζωὴν αἰώνιον

6 3 ἢ ἀγνοεῖτε ὅτι ὅσοι ἐβαπτίσθημεν
εἰς Χριστὸν Ἰησοῦν [VH], ↔

6 3 εἰς τὸν θάνατον αὐτοῦ ἐβαπτίσθη-
μεν; ↔

6 4ˡ συνετάφημεν οὖν αὐτῷ διὰ τοῦ
βαπτίσματος εἰς τὸν θάνατον

6 12ᵉ μὴ οὖν βασιλευέτω ἡ ἁμαρτία
ἐν τῷ θνητῷ ὑμῶν σώματι εἰς τὸ
ὑπακούειν ταῖς ἐπιθυμίαις αὐτοῦ

6 16 οὐκ οἴδατε ὅτι ᾧ παριστάνετε
ἑαυτοὺς δούλους εἰς ὑπακοήν, ↔

6 16 δοῦλοί ἐστε ... ἤτοι ἁμαρτίας
εἰς θάνατον

6 16 ἢ ὑπακοῆς εἰς δικαιοσύνην;

6 17ᵏ ὑπηκούσατε δὲ ἐκ καρδίας εἰς ὃν
παρεδόθητε τύπον διδαχῆς

6 19 ὥσπερ γὰρ παρεστήσατε τὰ μέλη
ὑμῶν δοῦλα ... τῇ ἀνομίᾳ | εἰς
τὴν ἀνομίαν [H], ↔

6 19 οὕτως νῦν παραστήσατε τὰ μέλη
ὑμῶν δοῦλα τῇ δικαιοσύνῃ εἰς
ἁγιασμόν

6 22ʲ νυνὶ δὲ ἐλευθερωθέντες ἀπὸ τῆς
ἁμαρτίας ... ἔχετε τὸν καρπὸν
ὑμῶν εἰς ἁγιασμόν

7 4ᵉ ἐθανατώθητε τῷ νόμῳ ... εἰς τὸ
γενέσθαι ὑμᾶς ἑτέρῳ

7 5ᵉ τὰ παθήματα τῶν ἁμαρτιῶν ...
ἐνηργεῖτο ἐν τοῖς μέλεσιν ἡμῶν εἰς
τὸ καρποφορῆσαι τῷ θανάτῳ

7 10 εὑρέθη μοι ἡ ἐντολὴ ἡ εἰς ζωήν, ↔

7 10ʰ αὕτη εἰς θάνατον

8 7 διότι τὸ φρόνημα τῆς σαρκὸς
ἔχθρα εἰς θεόν

8 15 οὐ γὰρ ἐλάβετε πνεῦμα δουλείας
πάλιν εἰς φόβον

8 18 οὐκ ἄξια τὰ παθήματα τοῦ νῦν
καιροῦ πρὸς τὴν μέλλουσαν δόξαν
ἀποκαλυφθῆναι εἰς ἡμᾶς

8 21ʲ καὶ αὐτὴ ἡ κτίσις ἐλευθερωθήσεται
ἀπὸ τῆς δουλείας τῆς φθορᾶς εἰς
τὴν ἐλευθερίαν τῆς δόξης

8 28ᶠ τοῖς ἀγαπῶσιν τὸν θεὸν πάντα
συνεργεῖ [+ὁ θεὸς NH] εἰς ἀγαθόν

8 29ᵉ συμμόρφους τῆς εἰκόνος τοῦ υἱοῦ
αὐτοῦ, εἰς τὸ εἶναι αὐτὸν πρωτό-
τοκον ἐν πολλοῖς ἀδελφοῖς

9 5ᵃ ὁ ὢν ἐπὶ πάντων θεὸς εὐλογητὸς
εἰς τοὺς αἰῶνας, ἀμήν

9 8 τὰ τέκνα τῆς ἐπαγγελίας λογίζεται
εἰς σπέρμα

9 17ᵍ εἰς αὐτὸ τοῦτο ἐξήγειρά σε

9 21ᵏ ἢ οὐκ ἔχει ἐξουσίαν ὁ κεραμεύς ... ἐκ
τοῦ αὐτοῦ φυράματος ποιῆσαι ὃ
μὲν εἰς τιμὴν σκεῦος, ↔

Rm 9 21ᵏ ὃ δὲ εἰς ἀτιμίαν; ↔

9 22 εἰ δὲ θέλων ὁ θεὸς ἐνδείξασθαι ...
ἤνεγκεν ... σκεύη ὀργῆς κατηρτι-
σμένα εἰς ἀπώλειαν, ↔

9 23 καὶ (—H) ἵνα γνωρίσῃ τὸν πλοῦ-
τον ... ἐπὶ σκεύη ἐλέους, ἃ προ-
ητοίμασεν εἰς δόξαν

9 31 Ἰσραὴλ δὲ διώκων νόμον δικαιοσύ-
νης εἰς νόμον οὐκ ἔφθασεν

10 1ʰʸ ἡ μὲν εὐδοκία ... καὶ ἡ δέησις
πρὸς τὸν θεὸν ὑπὲρ αὐτῶν (τοῦ
Ἰσραήλ ἐστιν ς) εἰς σωτηρίαν

10 4 τέλος γὰρ νόμου Χριστὸς εἰς
δικαιοσύνην παντὶ τῷ πιστεύοντι

10 6ᶜ μὴ εἴπῃς ἐν τῇ καρδίᾳ σου· τίς
ἀναβήσεται εἰς τὸν οὐρανόν;

10 7 τίς καταβήσεται εἰς τὴν ἄβυσσον;

10 10 καρδίᾳ γὰρ πιστεύεται εἰς δικαιο-
σύνην, ↔

10 10 στόματι δὲ ὁμολογεῖται εἰς σωτη-
ρίαν

10 12 ὁ γὰρ αὐτὸς κύριος πάντων, πλου-
τῶν εἰς πάντας τοὺς ἐπικαλου-
μένους αὐτόν

10 14 πῶς οὖν ἐπικαλέσωνται εἰς ὃν
οὐκ ἐπίστευσαν;

10 18 εἰς πᾶσαν τὴν γῆν ἐξῆλθεν ὁ
φθόγγος αὐτῶν, ↔

10 18 καὶ εἰς τὰ πέρατα τῆς οἰκουμένης
τὰ ῥήματα αὐτῶν

11 9ʰ γενηθήτω ἡ τράπεζα αὐτῶν εἰς
παγίδα ↔

11 9ʰ καὶ εἰς θήραν ↔

11 9ʰ καὶ εἰς σκάνδαλον ↔

11 9ʰ καὶ εἰς ἀνταπόδομα αὐτοῖς

11 11ᵉ ἀλλὰ τῷ αὐτῶν παραπτώματι
ἡ σωτηρία τοῖς ἔθνεσιν, εἰς τὸ
παραζηλῶσαι αὐτούς

11 24ᵈᶻ εἰ γὰρ σὺ ... παρὰ φύσιν ἐνεκεν-
τρίσθης εἰς καλλιέλαιον

11 32 συνέκλεισεν γὰρ ὁ θεὸς τοὺς
πάντας εἰς ἀπείθειαν

11 36ᵏˡ ὅτι ἐξ αὐτοῦ καὶ δι' αὐτοῦ καὶ εἰς
αὐτὸν τὰ πάντα· ↔

11 36ᵃ αὐτῷ ἡ δόξα εἰς τοὺς αἰῶνας· ἀμήν

12 2ᵉ ἀλλὰ μεταμορφοῦσθε (-σθαι S) ...
εἰς τὸ δοκιμάζειν ὑμᾶς τί τὸ θέλημα
τοῦ θεοῦ

12 3ᵉᶻ λέγω γὰρ ... μὴ ὑπερφρονεῖν
παρ' ὃ δεῖ φρονεῖν, ἀλλὰ φρονεῖν
εἰς τὸ σωφρονεῖν

12 10 τῇ φιλαδελφίᾳ εἰς ἀλλήλους φιλό-
στοργοι

12 16 τὸ αὐτὸ εἰς ἀλλήλους φρονοῦντες

13 4ᶠ θεοῦ γὰρ διάκονός ἐστιν σοὶ εἰς
τὸ (—B) ἀγαθόν

13 4 θεοῦ γὰρ διάκονός ἐστιν ἔκδικος
εἰς ὀργὴν τῷ τὸ κακὸν πράσσοντι

13 6ᵍ λειτουργοὶ γὰρ θεοῦ εἰσιν εἰς
αὐτὸ τοῦτο προσκαρτεροῦντες

13 14 τῆς σαρκὸς πρόνοιαν μὴ ποιεῖσθε
εἰς ἐπιθυμίας.

14 1 τὸν δὲ ἀσθενοῦντα τῇ πίστει
προσλαμβάνεσθε, μὴ εἰς διακρίσεις
διαλογισμῶν

14 9ᵍ εἰς τοῦτο γὰρ Χριστὸς (+καὶ Vς)
ἀπέθανεν

14 19 ἄρα οὖν τὰ τῆς εἰρήνης διώκωμεν
(-κομεν VT) καὶ τὰ τῆς οἰκοδο-
μῆς τῆς εἰς ἀλλήλους

15 2ᶠ ἕκαστος ἡμῶν τῷ πλησίον ἀρε-
σκέτω εἰς τὸ ἀγαθὸν πρὸς οἰκοδο-
μήν

Rm 15 4 ὅσα γὰρ προεγράφη, [+πάντα H] εἰς τὴν ἡμετέραν διδασκαλίαν ἐγράφη

15 7 καθὼς καὶ ὁ Χριστὸς προσελάβετο ὑμᾶς (ἡμ. NHϛ) εἰς δόξαν τοῦ θεοῦ. ↔

15 8ᵉλέγω γὰρ Χριστὸν διάκονον γεγενῆσθαι περιτομῆς ... εἰς τὸ βεβαιῶσαι τὰς ἐπαγγελίας τῶν πατέρων

15 13ᵉᵐὁ δὲ θεὸς ... πληρώσαι ὑμᾶς ... ἐν τῷ πιστεύειν, εἰς τὸ περισσεύειν ὑμᾶς ἐν τῇ ἐλπίδι ἐν δυνάμει πνεύματος ἁγίου

15 16ᵉ⟨διὰ τὴν χάριν τὴν δοθεῖσάν μοι ὑπὸ τοῦ θεοῦ⟩ εἰς τὸ εἶναί με λειτουργὸν Χριστοῦ ᾽Ιησοῦ ↔

15 16 εἰς τὰ ἔθνη

15 18ˡ ὧν οὐ κατειργάσατο Χριστὸς δι᾽ ἐμοῦ εἰς ὑπακοὴν ἐθνῶν

15 24 ὡς ἂν πορεύωμαι εἰς τὴν Σπανίαν

15 25 νυνὶ δὲ πορεύομαι εἰς ᾽Ιερουσαλὴμ διακονῶν τοῖς ἁγίοις. ↔

15 26 εὐδόκησαν γὰρ ... κοινωνίαν τινὰ ποιήσασθαι εἰς τοὺς πτωχοὺς τῶν ἁγίων

15 28ˡτοῦτο οὖν ἐπιτελέσας ... ἀπελεύσομαι δι᾽ ὑμῶν εἰς Σπανίαν

15 31 ἵνα ... ἡ διακονία μου ἡ εἰς ᾽Ιερουσαλὴμ εὐπρόσδεκτος τοῖς ἁγίοις γένηται

16 5 ἀσπάσασθε ᾽Επαίνετον ... ὅς ἐστιν ἀπαρχὴ τῆς ᾽Ασίας εἰς Χριστόν. ↔

16 6 ἀσπάσασθε Μαρίαν, ἥτις πολλὰ κεόπίασεν εἰς ὑμᾶς

16 19 ἡ γὰρ ὑμῶν ὑπακοὴ εἰς πάντας ἀφίκετο

16 19ᶠ θέλω δὲ ὑμᾶς σοφοὺς (+μὲν MVS [H]ϛ) εἶναι εἰς τὸ ἀγαθόν, ↔

16 19ᶠἀκεραίους δὲ εἰς τὸ κακόν

16 26ˡⁿ φανερωθέντος δὲ νῦν διά τε γραφῶν προφητικῶν κατ᾽ ἐπιταγὴν τοῦ αἰωνίου θεοῦ εἰς ὑπακοὴν πίστεως [..N²⁶S..] ↔

16 26 | εἰς πάντα τὰ ἔθνη γνωρισθέντος, [..N²⁶S..] ↔

16 27ᵃ || μόνῳ σοφῷ θεῷ ... ᾧ [H] ἡ δόξα εἰς τοὺς αἰῶνας | τῶν αἰώνων (—N²⁶Hϛ)· ἀμήν [[..N²⁶S]]

1 C 1 9ˡ πιστὸς ὁ θεός, δι᾽ οὗ ἐκλήθητε εἰς κοινωνίαν τοῦ υἱοῦ αὐτοῦ

1 13 ἢ εἰς τὸ ὄνομα Παύλου ἐβαπτίσθητε;

1 15 ἵνα μή τις εἴπῃ ὅτι εἰς τὸ ἐμὸν ὄνομα ἐβαπτίσθητε

2 7ˣἣν προώρισεν ὁ θεὸς πρὸ τῶν αἰώνων εἰς δόξαν ἡμῶν

4 3ᶠʰἐμοὶ δὲ εἰς ἐλάχιστόν ἐστιν ἵνα ὑφ᾽ ὑμῶν ἀνακριθῶ

4 6ˡταῦτα δέ, ἀδελφοί, μετεσχημάτισα εἰς ἐμαυτὸν ... δι᾽ ὑμᾶς

5 5 ⟨κέκρικα⟩ παραδοῦναι τὸν τοιοῦτον τῷ σατανᾷ εἰς ὄλεθρον τῆς σαρκός

6 16ʰἔσονται γάρ, φησίν, οἱ δύο εἰς σάρκα μίαν

6 18 ὁ δὲ πορνεύων εἰς τὸ ἴδιον σῶμα ἁμαρτάνει

8 6ᵏεῖς θεὸς ὁ πατήρ, ἐξ οὗ τὰ πάντα καὶ ἡμεῖς εἰς αὐτόν

8 10ᵉοὐχὶ ἡ συνείδησις αὐτοῦ ... οἰκοδομηθήσεται εἰς τὸ τὰ εἰδωλόθυτα ἐσθίειν;

8 12 οὕτως δὲ ἁμαρτάνοντες εἰς τοὺς ἀδελφοὺς καὶ τύπτοντες αὐτῶν τὴν συνείδησιν ἀσθενοῦσαν ↔

1 C 8 12 εἰς Χριστὸν ἁμαρτάνετε

8 13ᵃοὐ μὴ φάγω κρέα εἰς τὸν αἰῶνα

9 18ᵉεἰς τὸ μὴ καταχρήσασθαι τῇ ἐξουσίᾳ μου ἐν τῷ εὐαγγελίῳ

10 2ᵐπάντες εἰς τὸν Μωϋσῆν ἐβαπτίσθησαν (-αντο NVHϛ) ἐν τῇ νεφέλῃ

10 6ᵉτύποι ἡμῶν ἐγενήθησαν, εἰς τὸ μὴ εἶναι ἡμᾶς ἐπιθυμητὰς κακῶν

10 11 ἐγράφη δὲ πρὸς νουθεσίαν ἡμῶν, εἰς οὓς τὰ τέλη τῶν αἰώνων κατήντηκεν

10 31 πάντα εἰς δόξαν θεοῦ ποιεῖτε

11 17ᶠ ὅτι οὐκ εἰς τὸ κρεῖσσον ↔

11 17ᶠ ἀλλὰ εἰς τὸ ἧσσον συνέρχεσθε

11 22ᵉμὴ γὰρ οἰκίας οὐκ ἔχετε εἰς τὸ ἐσθίειν καὶ πίνειν;

11 24 τοῦτο ποιεῖτε εἰς τὴν ἐμὴν ἀνάμνησιν

11 25 τοῦτο ποιεῖτε, ὁσάκις ἐὰν πίνητε, εἰς τὴν ἐμὴν ἀνάμνησιν

11 33ᵉσυνερχόμενοι εἰς τὸ φαγεῖν ἀλλήλους ἐκδέχεσθε

11 34 ἐν οἴκῳ ἐσθιέτω, ἵνα μὴ εἰς κρίμα συνέρχησθε

12 13ᵐκαὶ γὰρ ἐν ἑνὶ πνεύματι ἡμεῖς πάντες εἰς ἓν σῶμα ἐβαπτίσθημεν

12 13 * καὶ πάντες εἰς (+ϛ) ἓν πνεῦμα ἐποτίσθημεν

14 8 ἐὰν ἄδηλον σάλπιγξ φωνὴν δῷ, τίς παρασκευάσεται εἰς πόλεμον;

14 9 ἔσεσθε γὰρ εἰς ἀέρα λαλοῦντες

14 22ʰ ὥστε αἱ γλῶσσαι εἰς σημεῖόν εἰσιν ... τοῖς ἀπίστοις

14 36ʲ ἢ ἀφ᾽ ὑμῶν ὁ λόγος τοῦ θεοῦ ἐξῆλθεν, ἢ εἰς ὑμᾶς μόνους κατήντησεν;

15 10 ἡ χάρις αὐτοῦ ἡ εἰς ἐμὲ οὐ κενὴ ἐγενήθη

15 45ʰἐγένετο ὁ πρῶτος ἄνθρωπος ᾽Αδὰμ εἰς ψυχὴν ζῶσαν· ↔

15 45ʰὁ ἔσχατος ᾽Αδὰμ εἰς πνεῦμα ζῳοποιοῦν

15 54 κατεπόθη ὁ θάνατος εἰς νῖκος

16 1 περὶ δὲ τῆς λογείας τῆς εἰς τοὺς ἁγίους, ὥσπερ διέταξα ... οὕτως καὶ ὑμεῖς ποιήσατε

16 3 δι᾽ ἐπιστολῶν τούτους πέμψω ἀπενεγκεῖν τὴν χάριν ὑμῶν εἰς ᾽Ιερουσαλήμ

16 15 οἴδατε τὴν οἰκίαν Στεφανᾶ, ὅτι ... εἰς διακονίαν τοῖς ἁγίοις ἔταξαν ἑαυτούς

2 C 1 4ᵉ⟨εὐλογητὸς ὁ θεὸς⟩ ὁ παρακαλῶν ἡμᾶς ... εἰς τὸ δύνασθαι ἡμᾶς παρακαλεῖν τοὺς ἐν πάσῃ θλίψει

1 5 ὅτι καθὼς περισσεύει τὰ παθήματα τοῦ Χριστοῦ εἰς ἡμᾶς

1 10 ὃς ... ἐρρύσατο ἡμᾶς ... εἰς ὃν ἠλπίκαμεν ὅτι [N²⁶NH] καὶ ἔτι ῥύσεται

1 11 ἵνα ... τὸ εἰς ἡμᾶς χάρισμα διὰ πολλῶν εὐχαριστηθῇ ὑπὲρ ἡμῶν

1 16ˡ⟨ἐβουλόμην⟩ δι᾽ ὑμῶν διελθεῖν εἰς Μακεδονίαν, ↔

1 16ᵗκαὶ πάλιν ... ὑφ᾽ ὑμῶν προπεμφθῆναι εἰς τὴν ᾽Ιουδαίαν

1 21ʷὁ δὲ βεβαιῶν ἡμᾶς σὺν ὑμῖν εἰς Χριστὸν ... θεός

1 23 ὅτι φειδόμενος ὑμῶν οὐκέτι ἦλθον εἰς Κόρινθον

2 4 ἀλλὰ τὴν ἀγάπην ἵνα γνῶτε ἣν ἔχω περισσοτέρως εἰς ὑμᾶς

2 8 διὸ παρακαλῶ ὑμᾶς κυρῶσαι εἰς αὐτὸν ἀγάπην·

2 C 2 9ᵍεἰς τοῦτο γὰρ καὶ ἔγραψα, ἵνα γνῶ τὴν δοκιμὴν ὑμῶν, ↔

2 9 εἰ εἰς πάντα ὑπήκοοί ἐστε

2 12 ἐλθὼν δὲ εἰς τὴν Τρῳάδα ↔

2 12 εἰς τὸ εὐαγγέλιον τοῦ Χριστοῦ ⟨οὐκ ἔσχηκα ἄνεσιν⟩

2 13 ἀλλὰ ἀποταξάμενος αὐτοῖς ἐξῆλθον εἰς Μακεδονίαν

2 16ᵏ⟨ὅτι Χριστοῦ εὐωδία ἐσμὲν⟩ οἷς μὲν ὀσμὴ ἐκ θανάτου εἰς θάνατον, ↔

2 16ᵏοἷς δὲ ὀσμὴ ἐκ ζωῆς εἰς ζωήν

3 7ˡ ὥστε μὴ δύνασθαι ἀτενίσαι τοὺς υἱοὺς ᾽Ισραὴλ εἰς τὸ πρόσωπον Μωϋσέως διὰ τὴν δόξαν τοῦ προσώπου αὐτοῦ

3 13 πρὸς τὸ μὴ ἀτενίσαι τοὺς υἱοὺς ᾽Ισραὴλ εἰς τὸ τέλος τοῦ καταργουμένου

3 18ʲ τὴν αὐτὴν εἰκόνα μεταμορφούμεθα ἀπὸ δόξης εἰς δόξαν

4 4ᵉὁ θεὸς τοῦ αἰῶνος τούτου ἐτύφλωσεν τὰ νοήματα τῶν ἀπίστων εἰς τὸ μὴ αὐγάσαι τὸν φωτισμὸν τοῦ εὐαγγελίου

4 11ˡ ἀεὶ γὰρ ἡμεῖς οἱ ζῶντες εἰς θάνατον παραδιδόμεθα διὰ ᾽Ιησοῦν

4 15 ἵνα ἡ χάρις πλεονάσασα διὰ τῶν πλειόνων τὴν εὐχαριστίαν περισσεύσῃ εἰς τὴν δόξαν τοῦ θεοῦ

4 17ⁿκαθ᾽ ὑπερβολὴν εἰς ὑπερβολὴν αἰώνιον βάρος δόξης κατεργάζεται ἡμῖν

5 5ʰὁ δὲ κατεργασάμενος ἡμᾶς εἰς αὐτὸ τοῦτο θεός

6 1ᶠπαρακαλοῦμεν μὴ εἰς κενὸν τὴν χάριν τοῦ θεοῦ δέξασθαι ὑμᾶς

6 18ʰκαὶ ἔσομαι ὑμῖν εἰς πατέρα, ↔

6 18ʰκαὶ ὑμεῖς ἔσεσθέ μοι εἰς υἱοὺς καὶ θυγατέρας

7 3ᵉἐν ταῖς καρδίαις ἡμῶν ἐστε εἰς τὸ συναποθανεῖν καὶ συζῆν

7 5 ἐλθόντων ἡμῶν εἰς Μακεδονίαν οὐδεμίαν ἔσχηκεν ἄνεσιν ἡ σὰρξ ἡμῶν

7 9 ἀλλ᾽ ὅτι ἐλυπήθητε εἰς μετάνοιαν

7 10 ἡ γὰρ κατὰ θεὸν λύπη μετάνοιαν εἰς σωτηρίαν ἀμεταμέλητον ἐργάζεται

7 15 καὶ τὰ σπλάγχνα αὐτοῦ περισσοτέρως εἰς ὑμᾶς ἐστιν

8 2ᵐἡ κατὰ βάθους πτωχεία αὐτῶν ἐπερίσσευσεν εἰς τὸ πλοῦτος τῆς ἁπλότητος αὐτῶν

8 4 μετὰ πολλῆς παρακλήσεως δεόμενοι ἡμῶν ... τὴν κοινωνίαν τῆς διακονίας τῆς εἰς τοὺς ἁγίους

8 6ᵉ⟨ἑαυτοὺς ἔδωκαν πρῶτον τῷ κυρίῳ⟩ εἰς τὸ παρακαλέσαι ἡμᾶς Τίτον, ↔

8 6 ἵνα ... οὕτως καὶ ἐπιτελέσῃ εἰς ὑμᾶς καὶ τὴν χάριν ταύτην

8 14ʰᵏᵐ⟨ἀλλ᾽ ἐξ ἰσότητος⟩ ἐν τῷ νῦν καιρῷ τὸ ὑμῶν περίσσευμα εἰς ἐκείνων ὑστέρημα, ↔

8 14ʰἵνα καὶ τὸ ἐκείνων περίσσευμα γένηται εἰς τὸ ὑμῶν ὑστέρημα

8 22 ὃν ἐδοκιμάσαμεν ... σπουδαῖον ὄντα ... πεποιθήσει πολλῇ τῇ εἰς ὑμᾶς. ↔

8 23ʸεἴτε ὑπὲρ Τίτου, κοινωνὸς ἐμὸς καὶ εἰς ὑμᾶς συνεργός

8 24ᵈτὴν οὖν ἔνδειξιν τῆς ἀγάπης ὑμῶν ... εἰς αὐτοὺς ἐνδεικνύμενοι (-ξασθε MVBSHϛ) ↔

2 C 8 24 (+καὶ ς) εἰς πρόσωπον τῶν ἐκ-κλησιῶν. ↔

9 1 περὶ μὲν γὰρ τῆς διακονίας τῆς εἰς τοὺς ἁγίους περισσόν μοί ἐστιν τὸ γράφειν ὑμῖν

9 5 παρακαλέσαι τοὺς ἀδελφοὺς ἵνα προέλθωσιν εἰς ὑμᾶς

9 8 δυνατεῖ (δυνατὸς Sς) δὲ ὁ θεὸς πᾶσαν χάριν περισσεῦσαι εἰς ὑμᾶς, ↔

9 8m ἵνα ἐν παντὶ πάντοτε ... περισσεύητε εἰς πᾶν ἔργον ἀγαθόν

9 9a ἡ δικαιοσύνη αὐτοῦ μένει εἰς τὸν αἰῶνα. ↔

9 10 ὁ δὲ ἐπιχορηγῶν σπόρον (N26B; σπέρμα rl) τῷ σπείροντι καὶ ἄρτον εἰς βρῶσιν χορηγήσει

9 11m ἐν παντὶ πλουτιζόμενοι εἰς πᾶσαν ἁπλότητα

9 13 δοξάζοντες τὸν θεὸν ἐπὶ τῇ ὑποταγῇ τῆς ὁμολογίας ὑμῶν εἰς τὸ εὐαγγέλιον τοῦ Χριστοῦ ↔

9 13 καὶ ἁπλότητι τῆς κοινωνίας εἰς αὐτοὺς ↔

9 13 καὶ εἰς πάντας

10 1 ἀπὼν δὲ θαρρῶ εἰς ὑμᾶς

10 5 καὶ αἰχμαλωτίζοντες πᾶν νόημα εἰς τὴν ὑπακοὴν τοῦ Χριστοῦ

10 8 περὶ τῆς ἐξουσίας ἡμῶν, ἧς ἔδωκεν ὁ κύριος εἰς οἰκοδομὴν ↔

10 8 καὶ οὐκ εἰς καθαίρεσιν ὑμῶν

10 13n ἡμεῖς δὲ οὐκ εἰς τὰ ἄμετρα καυχησόμεθα, ἀλλὰ κατὰ τὸ μέτρον τοῦ κανόνος

10 14 οὐ γὰρ ὡς μὴ ἐφικνούμενοι εἰς ὑμᾶς ὑπερεκτείνομεν ἑαυτούς

10 15m οὐκ εἰς τὰ ἄμετρα καυχώμενοι ἐν ἀλλοτρίοις κόποις, ↔

10 15n ἐλπίδα δὲ ἔχοντες ... μεγαλυνθῆναι κατὰ τὸν κανόνα ἡμῶν εἰς περισσείαν, ↔

10 16 εἰς τὰ ὑπερέκεινα ὑμῶν εὐαγγελίσασθαι, ↔

10 16m οὐκ ἐν ἀλλοτρίῳ κανόνι εἰς τὰ ἕτοιμα καυχήσασθαι

11 3 φοβοῦμαι δὲ μή πως ... φθαρῇ τὰ νοήματα ὑμῶν ἀπὸ τῆς ἁπλότητος | καὶ τῆς ἁγνότητος ([N26 NH]; —Tς) τῆς εἰς τὸν ([S]; —NMT) Χριστόν

11 6m ἀλλ' ἐν παντὶ φανερώσαντες ἐν πᾶσιν εἰς ὑμᾶς

11 10m ἡ καύχησις αὕτη οὐ φραγήσεται εἰς ἐμὲ ἐν τοῖς κλίμασιν τῆς Ἀχαΐας

11 13 οἱ γὰρ τοιοῦτοι ψευδαπόστολοι... μετασχηματιζόμενοι εἰς ἀποστόλους Χριστοῦ

11 14 αὐτὸς γὰρ ὁ σατανᾶς μετασχηματίζεται εἰς ἄγγελον φωτός

11 20 ἀνέχεσθε γὰρ ... εἴ τις εἰς πρόσωπον ὑμᾶς δέρει

11 31a ὁ θεὸς ... οἶδεν, ὁ ὢν εὐλογητὸς εἰς τοὺς αἰῶνας

12 1 ἐλεύσομαι δὲ (γὰρ Sς) εἰς ὀπτασίας καὶ ἀποκαλύψεις κυρίου

12 4 (οἶδα τὸν τοιοῦτον ἄνθρωπον) ὅτι ἡρπάγη εἰς τὸν παράδεισον

12 6y φείδομαι δέ, μή τις εἰς ἐμὲ λογίσηται ὑπὲρ ὃ βλέπει με

13 2 ἐὰν ἔλθω εἰς τὸ πάλιν οὐ φείσομαι

13 3m ὃς εἰς ὑμᾶς οὐκ ἀσθενεῖ ἀλλὰ δυνατεῖ ἐν ὑμῖν

13 4kw ἀλλὰ ζήσομεν (-μεθα VSς) σὺν αὐτῷ ἐκ δυνάμεως θεοῦ | εἰς ὑμᾶς [H]

2 C 13 10 κατὰ τὴν ἐξουσίαν ἣν ὁ κύριος ἔδωκέν μοι εἰς οἰκοδομὴν ↔

13 10 καὶ οὐκ εἰς καθαίρεσιν

G 1 5a ᾧ ἡ δόξα εἰς τοὺς αἰῶνας τῶν αἰώνων· ἀμήν. ↔

1 6j θαυμάζω ὅτι ... μετατίθεσθε ἀπὸ τοῦ καλέσαντος ὑμᾶς ... Χριστοῦ [N26] εἰς ἕτερον εὐαγγέλιον

1 17cq οὐδὲ ἀνῆλθον εἰς Ἱεροσόλυμα πρὸς τοὺς πρὸ ἐμοῦ ἀποστόλους,

1 17 ἀλλὰ ἀπῆλθον εἰς Ἀραβίαν, ↔

1 17 καὶ πάλιν ὑπέστρεψα εἰς Δαμασκόν. ↔

1 18cr ἔπειτα μετὰ | ἔτη τρία (~ NMVS TH) ἀνῆλθον εἰς Ἱεροσόλυμα ἱστορῆσαι Κηφᾶν

1 21 ἔπειτα ἦλθον εἰς τὰ κλίματα τῆς Συρίας

2 1clr ἔπειτα διὰ δεκατεσσάρων ἐτῶν πάλιν ἀνέβην εἰς Ἱεροσόλυμα μετὰ Βαρναβᾶ

2 2t ἀνεθέμην αὐτοῖς τὸ εὐαγγέλιον ... κατ' ἰδίαν δὲ τοῖς δοκοῦσιν, μή πως εἰς κενὸν τρέχω ἢ ἔδραμον

2 8 ὁ γὰρ ἐνεργήσας Πέτρῳ εἰς ἀποστολὴν τῆς περιτομῆς ↔

2 8 ἐνήργησεν καὶ ἐμοὶ εἰς τὰ ἔθνη

2 9 δεξιὰς ἔδωκαν ἐμοὶ ... κοινωνίας, ἵνα ἡμεῖς εἰς τὰ ἔθνη, ↔

2 9 αὐτοὶ δὲ εἰς τὴν περιτομήν

2 11 ὅτε δὲ ἦλθεν Κηφᾶς εἰς Ἀντιόχειαν

2 16 καὶ ἡμεῖς εἰς Χριστὸν Ἰησοῦν ἐπιστεύσαμεν

3 6 καὶ ἐλογίσθη αὐτῷ εἰς δικαιοσύνην

3 14m ἵνα εἰς τὰ ἔθνη ἡ εὐλογία τοῦ Ἀβραὰμ γένηται ἐν | Χριστῷ Ἰησοῦ (~ NH)

3 17t * διαθήκην προκεκυρωμένην ὑπὸ τοῦ θεοῦ | εἰς Χριστὸν (+ς) ὁ μετὰ τετρακόσια ... ἔτη γεγονὼς νόμος οὐκ ἀκυροῖ, ↔

3 17e εἰς τὸ καταργῆσαι τὴν ἐπαγγελίαν

3 23 ὑπὸ νόμον ἐφρουρούμεθα συγκλειόμενοι (συγκεκλεισμένοι VSς) εἰς τὴν μέλλουσαν πίστιν ἀποκαλυφθῆναι.

3 24 ὥστε ὁ νόμος παιδαγωγὸς ἡμῶν γέγονεν εἰς Χριστόν

3 27 ὅσοι γὰρ εἰς Χριστὸν ἐβαπτίσθητε, Χριστὸν ἐνεδύσασθε

4 6 ἐξαπέστειλεν ὁ θεὸς τὸ πνεῦμα τοῦ υἱοῦ αὐτοῦ εἰς τὰς καρδίας ἡμῶν (ὑμ. Vς)

4 11 φοβοῦμαι ὑμᾶς μή πως εἰκῇ κεκοπίακα εἰς ὑμᾶς

4 24j αὗται γάρ εἰσιν δύο διαθῆκαι, μία μὲν ἀπὸ ὄρους Σινᾶ, εἰς δουλείαν γεννῶσα

5 10m ἐγὼ πέποιθα εἰς ὑμᾶς ἐν κυρίῳ

5 13 μόνον μὴ τὴν ἐλευθερίαν εἰς ἀφορμὴν τῇ σαρκί

6 4 τότε εἰς ἑαυτὸν μόνον τὸ καύχημα ἕξει ↔

6 4 καὶ οὐκ εἰς τὸν ἕτερον

6 8k ὅτι ὁ σπείρων εἰς τὴν σάρκα ἑαυτοῦ ἐκ τῆς σαρκὸς θερίσει φθοράν, ↔

6 8k ὁ δὲ σπείρων εἰς τὸ πνεῦμα ἐκ τοῦ πνεύματος θερίσει ζωὴν αἰώνιον

E 1 5l (εὐλογητὸς ὁ θεὸς ... ὁ) προορίσας ἡμᾶς εἰς υἱοθεσίαν διὰ Ἰησοῦ Χριστοῦ ↔

1 5n εἰς αὐτόν, κατὰ τὴν εὐδοκίαν τοῦ θελήματος αὐτοῦ, ↔

E 1 6 εἰς ἔπαινον δόξης τῆς χάριτος αὐτοῦ

1 8m (κατὰ τὸ πλοῦτος τῆς χάριτος αὐτοῦ) ἧς ἐπερίσσευσεν εἰς ἡμᾶς ἐν πάσῃ σοφίᾳ

1 10m (ἣν προέθετο ἐν αὐτῷ) εἰς οἰκονομίαν τοῦ πληρώματος τῶν καιρῶν

1 12e (ἐκληρώθημεν προορισθέντες κατὰ πρόθεσιν) εἰς τὸ εἶναι ἡμᾶς ↔

1 12h εἰς ἔπαινον δόξης αὐτοῦ

1 14 ὅ (ὃς NMVTς) ἐστιν ἀρραβὼν τῆς κληρονομίας ἡμῶν, εἰς ἀπολύτρωσιν τῆς περιποιήσεως, ↔

1 14 εἰς ἔπαινον τῆς δόξης αὐτοῦ

1 15 ἀκούσας τὴν καθ' ὑμᾶς πίστιν ... καὶ | τὴν ἀγάπην (—H) τὴν εἰς πάντας τοὺς ἁγίους

1 18e εἰς τὸ εἰδέναι ὑμᾶς τίς ἐστιν ἡ ἐλπὶς τῆς κλήσεως αὐτοῦ

1 19 τί τὸ ὑπερβάλλον μέγεθος τῆς δυνάμεως αὐτοῦ εἰς ἡμᾶς τοὺς πιστεύοντας κατὰ τὴν ἐνέργειαν

2 15m ἵνα τοὺς δύο κτίσῃ ἐν αὐτῷ (αὐτ. Hς) εἰς ἕνα καινὸν ἄνθρωπον

2 21m ἐν ᾧ πᾶσα οἰκοδομὴ συναρμολογουμένη αὔξει εἰς ναὸν ἅγιον ἐν κυρίῳ, ↔

2 22m ἐν ᾧ καὶ ὑμεῖς συνοικοδομεῖσθε εἰς κατοικητήριον τοῦ θεοῦ ἐν πνεύματι

3 2 εἴ γε ἠκούσατε τὴν οἰκονομίαν τῆς χάριτος ... τῆς δοθείσης μοι εἰς ὑμᾶς

3 16l ἵνα δῷ ὑμῖν ... δυνάμει κραταιωθῆναι διὰ τοῦ πνεύματος αὐτοῦ εἰς τὸν ἔσω ἄνθρωπον

3 19 ἵνα πληρωθῆτε εἰς πᾶν τὸ πλήρωμα τοῦ θεοῦ

3 21am αὐτῷ ἡ δόξα ἐν τῇ ἐκκλησίᾳ ... εἰς πάσας τὰς γενεὰς τοῦ αἰῶνος

4 8c ἀναβὰς εἰς ὕψος ᾐχμαλώτευσεν αἰχμαλωσίαν

4 9 καὶ κατέβη (+πρῶτον [VS]Bς) εἰς τὰ κατώτερα μέρη [N26] τῆς γῆς

4 12 (ἔδωκεν ... διδασκάλους) πρὸς τὸν καταρτισμὸν τῶν ἁγίων εἰς ἔργον διακονίας,

4 12 εἰς οἰκοδομὴν τοῦ σώματος τοῦ Χριστοῦ, ↔

4 13 μέχρι καταντήσωμεν οἱ πάντες εἰς τὴν ἑνότητα τῆς πίστεως καὶ τῆς ἐπιγνώσεως τοῦ υἱοῦ τοῦ θεοῦ, ↔

4 13 εἰς ἄνδρα τέλειον, ↔

4 13 εἰς μέτρον ἡλικίας τοῦ πληρώματος τοῦ Χριστοῦ

4 15 ἀληθεύοντες δὲ ἐν ἀγάπῃ αὐξήσωμεν εἰς αὐτὸν τὰ πάντα

4 16m ἐξ οὗ πᾶν τὸ σῶμα ... τὴν αὔξησιν τοῦ σώματος ποιεῖται εἰς οἰκοδομὴν ἑαυτοῦ (αὐτοῦ T) ἐν ἀγάπῃ

4 19 οἵτινες ἀπηλγηκότες ἑαυτοὺς παρέδωκαν τῇ ἀσελγείᾳ εἰς ἐργασίαν ἀκαθαρσίας πάσης ἐν πλεονεξίᾳ

4 30am μὴ λυπεῖτε τὸ πνεῦμα ... ἐν ᾧ ἐσφραγίσθητε εἰς ἡμέραν ἀπολυτρώσεως

4 32 γίνεσθε δὲ [N26H] εἰς ἀλλήλους χρηστοί, εὔσπλαγχνοι

5 2y καθὼς καὶ ὁ Χριστὸς ... παρέδωκεν ἑαυτὸν ὑπὲρ ἡμῶν (ὑ. H) προσφορὰν καὶ θυσίαν τῷ θεῷ εἰς ὀσμὴν εὐωδίας

5 31h καὶ ἔσονται οἱ δύο εἰς σάρκα μίαν. ↔

E

5 32 τὸ μυστήριον τοῦτο μέγα ἐστίν, ἐγὼ δὲ λέγω εἰς Χριστόν ↔

5 32 καὶ εἰς [NH] τὴν ἐκκλησίαν

6 18ᵍᵐᵛ προσευχόμενοι ... καὶ εἰς αὐτὸ (+τοῦτο ς) ἀγρυπνοῦντες ἐν πάσῃ προσκαρτερήσει ... περὶ πάντων τῶν ἁγίων

6 22ᵍᵠ ⟨Τύχικος⟩ ὃν ἔπεμψα πρὸς ὑμᾶς εἰς αὐτὸ τοῦτο

Ph

1 5ʲˢ ⟨εὐχαριστῶ τῷ θεῷ μου⟩ ἐπὶ τῇ κοινωνίᾳ ὑμῶν εἰς τὸ εὐαγγέλιον ἀπὸ τῆς (—Τς) πρώτης ἡμέρας ἄχρι τοῦ νῦν

1 10ᵉ ⟨προσεύχομαι, ἵνα ἡ ἀγάπη ὑμῶν ... περισσεύῃ⟩ εἰς τὸ δοκιμάζειν ὑμᾶς τὰ διαφέροντα, ↔

1 10ᵃ ἵνα ἦτε εἰλικρινεῖς καὶ ἀπρόσκοποι εἰς ἡμέραν Χριστοῦ, ↔

1 11 πεπληρωμένοι καρπὸν δικαιοσύνης ... εἰς δόξαν καὶ ἔπαινον θεοῦ

1 12 τὰ κατ' ἐμὲ μᾶλλον εἰς προκοπὴν τοῦ εὐαγγελίου ἐλήλυθεν

1 16 εἰδότες ὅτι εἰς ἀπολογίαν τοῦ εὐαγγελίου κεῖμαι

1 19ˡ τοῦτό μοι ἀποβήσεται εἰς σωτηρίαν διὰ τῆς ὑμῶν δεήσεως

1 23ᵉʷ τὴν ἐπιθυμίαν ἔχων εἰς τὸ ἀναλῦσαι καὶ σὺν Χριστῷ εἶναι

1 25 ὅτι ... παραμενῶ πᾶσιν ὑμῖν εἰς τὴν ὑμῶν προκοπὴν καὶ χαρὰν τῆς πίστεως

1 29 ὅτι ὑμῖν ἐχαρίσθη ... οὐ μόνον τὸ εἰς αὐτὸν πιστεύειν

2 11 ⟨ἵνα⟩ πᾶσα γλῶσσα ἐξομολογήσηται (-σεται Τ) ὅτι κύριος Ἰησοῦς Χριστὸς εἰς δόξαν θεοῦ πατρός

2 16 ⟨ἐν οἷς φαίνεσθε ὡς φωστῆρες⟩ λόγον ζωῆς ἐπέχοντες, εἰς καύχημα ἐμοὶ ↔

2 16ᵃ εἰς ἡμέραν Χριστοῦ, ↔

2 16ʳ ὅτι οὐκ εἰς κενὸν ἔδραμον ↔

2 16ʳ οὐδὲ εἰς κενὸν ἐκοπίασα

2 22ʷ ὡς πατρὶ τέκνον σὺν ἐμοὶ ἐδούλευσεν εἰς τὸ εὐαγγέλιον

3 11 εἴ πως καταντήσω εἰς τὴν ἐξανάστασιν τὴν ἐκ νεκρῶν

3 14ⁿ κατὰ σκοπὸν διώκω εἰς (ἐπὶ ς) τὸ βραβεῖον τῆς ἄνω κλήσεως τοῦ θεοῦ

3 16ᵍ πλὴν εἰς ὃ ἐφθάσαμεν, τῷ αὐτῷ στοιχεῖν

3 21ᵉ* ὃς μετασχηματίσει τὸ σῶμα τῆς ταπεινώσεως ἡμῶν | εἰς τὸ γενέσθαι αὐτὸ (+ς) σύμμορφον τῷ σώματι τῆς δόξης αὐτοῦ

4 15 οὐδεμία μοι ἐκκλησία ἐκοινώνησεν εἰς λόγον δόσεως καὶ λήμψεως εἰ μὴ ὑμεῖς μόνοι, ↔

4 16ᵐ ὅτι καὶ ἐν Θεσσαλονίκῃ καὶ ἅπαξ καὶ δὶς εἰς τὴν χρείαν μοι ἐπέμψατε

4 17 ἀλλὰ ἐπιζητῶ τὸν καρπὸν τὸν πλεονάζοντα εἰς λόγον ὑμῶν

4 20ᵃ τῷ δὲ θεῷ καὶ πατρὶ ἡμῶν ἡ δόξα εἰς τοὺς αἰῶνας τῶν αἰώνων· ἀμήν

Cl

1 4ˡ ἀκούσαντες ... τὴν ἀγάπην | ἣν ἔχετε ([H]; τὴν ς) εἰς πάντας τοὺς ἁγίους ⟨διὰ τὴν ἐλπίδα⟩

1 6 ⟨ἣν προηκούσατε ἐν τῷ λόγῳ τῆς ἀληθείας τοῦ εὐαγγελίου⟩ τοῦ παρόντος εἰς ὑμᾶς

1 10 ⟨οὐ παυόμεθα ... προσευχόμενοι⟩ περιπατῆσαι ἀξίως τοῦ κυρίου εἰς πᾶσαν ἀρεσκείαν, ↔

1 10ᵐ* ἐν παντὶ ἔργῳ ἀγαθῷ ... αὐξανόμενοι | εἰς τὴν ἐπίγνωσιν (ς; τῇ ἐπιγνώσει rl) τοῦ θεοῦ, ↔

Cl

1 11ᵐⁿ ἐν πάσῃ δυνάμει δυναμούμενοι κατὰ τὸ κράτος τῆς δόξης αὐτοῦ εἰς πᾶσαν ὑπομονὴν καὶ μακροθυμίαν, ↔

1 12ᵐ ⟨μετὰ χαρᾶς⟩ εὐχαριστοῦντες ... τῷ ἱκανώσαντι ὑμᾶς (ἡμ. MSς) εἰς τὴν μερίδα τοῦ κλήρου τῶν ἁγίων ἐν τῷ φωτί· ↔

1 13ᵏ ὃς ἐρρύσατο ἡμᾶς ἐκ τῆς ἐξουσίας τοῦ σκότους καὶ μετέστησεν εἰς τὴν βασιλείαν τοῦ υἱοῦ τῆς ἀγάπης αὐτοῦ

1 16ˡ τὰ πάντα δι' αὐτοῦ καὶ εἰς αὐτὸν ἔκτισται

1 20ˡ ⟨εὐδόκησεν⟩ δι' αὐτοῦ ἀποκαταλλάξαι τὰ πάντα εἰς αὐτόν

1 25 κατὰ τὴν οἰκονομίαν τοῦ θεοῦ τὴν δοθεῖσάν μοι εἰς ὑμᾶς πληρῶσαι τὸν λόγον τοῦ θεοῦ

1 29 εἰς ὃ καὶ κοπιῶ ἀγωνιζόμενος κατὰ τὴν ἐνέργειαν αὐτοῦ

2 2ᵐ ἵνα παρακληθῶσιν ... συμβιβασθέντες ἐν ἀγάπῃ καὶ εἰς πᾶν πλοῦτος τῆς πληροφορίας τῆς συνέσεως, ↔

2 2 εἰς ἐπίγνωσιν τοῦ μυστηρίου τοῦ θεοῦ

2 5 βλέπων ὑμῶν τὴν τάξιν καὶ τὸ στερέωμα τῆς εἰς Χριστὸν πίστεως ὑμῶν

2 22ʰ ⟨τί ... δογματίζεσθε⟩ ἅ ἐστιν πάντα εἰς φθορὰν τῇ ἀποχρήσει ⟨;⟩

3 9 μὴ ψεύδεσθε εἰς ἀλλήλους

3 10ⁿ ἐνδυσάμενοι τὸν νέον τὸν ἀνακαινούμενον εἰς ἐπίγνωσιν κατ' εἰκόνα τοῦ κτίσαντος αὐτόν

3 15ᵐ ἡ εἰρήνη ... εἰς ἣν καὶ ἐκλήθητε ἐν ἑνὶ [H] σώματι

4 8ᵍᵠ ὃν ἔπεμψα πρὸς ὑμᾶς εἰς αὐτὸ τοῦτο

4 11 οἱ ὄντες ἐκ περιτομῆς οὗτοι μόνοι συνεργοὶ εἰς τὴν βασιλείαν τοῦ θεοῦ

1Th

1 5ᵐ ὅτι τὸ εὐαγγέλιον ἡμῶν οὐκ ἐγενήθη εἰς ὑμᾶς ἐν λόγῳ μόνον

2 9 νυκτὸς καὶ ἡμέρας ἐργαζόμενοι ... ἐκηρύξαμεν εἰς ὑμᾶς τὸ εὐαγγέλιον τοῦ θεοῦ

2 12ᵉ παρακαλοῦντες ὑμᾶς ... καὶ μαρτυρόμενοι εἰς τὸ περιπατεῖν ὑμᾶς ἀξίως τοῦ θεοῦ ↔

2 12 τοῦ καλοῦντος ὑμᾶς εἰς τὴν ἑαυτοῦ βασιλείαν καὶ δόξαν

2 16ᵉ κωλυόντων ἡμᾶς ... λαλῆσαι ... εἰς τὸ ἀναπληρῶσαι αὐτῶν τὰς ἁμαρτίας πάντοτε. ↔

2 16ᵃᵖ ἔφθασεν δὲ ἐπ' αὐτοὺς ἡ ὀργὴ εἰς τέλος

3 2ᵉ ἐπέμψαμεν Τιμόθεον ... εἰς τὸ στηρίξαι ὑμᾶς

3 3ᵍ αὐτοὶ γὰρ οἴδατε ὅτι εἰς τοῦτο κείμεθα

3 5ᵉ διὰ τοῦτο κἀγὼ ... ἔπεμψα εἰς τὸ γνῶναι τὴν πίστιν ὑμῶν, ↔

3 5ʰʳ μή πως ... εἰς κενὸν γένηται ὁ κόπος ἡμῶν

3 10ᵉ νυκτὸς καὶ ἡμέρας ὑπερεκπερισσοῦ δεόμενοι εἰς τὸ ἰδεῖν ὑμῶν τὸ πρόσωπον

3 12 ὑμᾶς δὲ ὁ κύριος ... περισσεύσαι τῇ ἀγάπῃ εἰς ἀλλήλους ↔

3 12 καὶ εἰς πάντας, ↔

3 12 καθάπερ καὶ ἡμεῖς εἰς ὑμᾶς, ↔

3 13ᵉ εἰς τὸ στηρίξαι ὑμῶν τὰς καρδίας ἀμέμπτους ἐν ἁγιωσύνῃ ἔμπροσθεν τοῦ θεοῦ

1Th

4 8 τὸν θεὸν τὸν καὶ ([N²⁶]; —H) διδόντα (δόντα VSς) τὸ πνεῦμα αὐτοῦ τὸ ἅγιον εἰς ὑμᾶς

4 9ᵉ αὐτοὶ γὰρ ὑμεῖς θεοδίδακτοί ἐστε εἰς τὸ ἀγαπᾶν ἀλλήλους· ↔

4 10 καὶ γὰρ ποιεῖτε αὐτὸ εἰς πάντας τοὺς ἀδελφοὺς τοὺς ([N²⁶NH]; —BT) ἐν ὅλῃ τῇ Μακεδονίᾳ

4 15 ἡμεῖς οἱ ζῶντες οἱ περιλειπόμενοι εἰς τὴν παρουσίαν τοῦ κυρίου

4 17ᵐʷ ἔπειτα ἡμεῖς οἱ ζῶντες ... ἅμα σὺν αὐτοῖς ἁρπαγησόμεθα ἐν νεφέλαις εἰς ἀπάντησιν τοῦ κυρίου ↔

4 17 εἰς ἀέρα

5 9 ὅτι οὐκ ἔθετο ἡμᾶς ὁ θεὸς εἰς ὀργὴν ↔

5 9ˡ ἀλλὰ εἰς περιποίησιν σωτηρίας διὰ τοῦ κυρίου ἡμῶν

5 15 ἀλλὰ πάντοτε τὸ ἀγαθὸν διώκετε καὶ ([N²⁶S]; —NMTH) εἰς ἀλλήλους ↔

5 15 καὶ εἰς πάντας

5 18ᵐ τοῦτο γὰρ θέλημα θεοῦ ἐν Χριστῷ Ἰησοῦ εἰς ὑμᾶς

2Th

1 3 ὅτι ... πλεονάζει ἡ ἀγάπη ἑνὸς ἑκάστου πάντων ὑμῶν εἰς ἀλλήλους

1 5ᵉ εἰς τὸ καταξιωθῆναι ὑμᾶς τῆς βασιλείας τοῦ θεοῦ

1 11ᵍᵛ εἰς ὃ καὶ προσευχόμεθα πάντοτε περὶ ὑμῶν

2 2ᵉ ⟨ἐρωτῶμεν δὲ ὑμᾶς⟩ εἰς τὸ μὴ ταχέως σαλευθῆναι ὑμᾶς ἀπὸ τοῦ νοός

2 4 ὥστε αὐτὸν εἰς τὸν ναὸν τοῦ θεοῦ καθίσαι

2 6ᵉ εἰς τὸ ἀποκαλυφθῆναι αὐτὸν ἐν τῷ ἑαυτοῦ (N²⁶ς; αὐτ. rl) καιρῷ

2 10ᵉ ἀνθ' ὧν τὴν ἀγάπην τῆς ἀληθείας οὐκ ἐδέξαντο εἰς τὸ σωθῆναι αὐτούς

2 11ᵉ πέμπει αὐτοῖς ὁ θεὸς ἐνέργειαν πλάνης εἰς τὸ πιστεῦσαι αὐτοὺς τῷ ψεύδει

2 13ʲᵐ ὅτι εἵλατο ὑμᾶς ὁ θεὸς ἀπαρχὴν (ἀπ' ἀρχῆς VTHς) εἰς σωτηρίαν ἐν ἁγιασμῷ πνεύματος καὶ πίστει ἀληθείας, ↔

2 14ᵍˡ εἰς ὃ καὶ ([N²⁶]; —MHς) ἐκάλεσεν ὑμᾶς διὰ τοῦ εὐαγγελίου ἡμῶν, ↔

2 14 εἰς περιποίησιν δόξης τοῦ κυρίου ἡμῶν Ἰησοῦ Χριστοῦ

3 5 ὁ δὲ κύριος κατευθύναι ὑμῶν τὰς καρδίας εἰς τὴν ἀγάπην τοῦ θεοῦ

3 5 καὶ εἰς τὴν ὑπομονὴν τοῦ Χριστοῦ

3 9ᵉ ἀλλ' ἵνα ἑαυτοὺς τύπον δῶμεν ὑμῖν εἰς τὸ μιμεῖσθαι ἡμᾶς

1Tm

1 3 καθὼς παρεκάλεσά σε προσμεῖναι ἐν Ἐφέσῳ, πορευόμενος εἰς Μακεδονίαν

1 6 ὧν τινες ἀστοχήσαντες ἐξετράπησαν εἰς ματαιολογίαν

1 12 ὅτι πιστόν με ἡγήσατο θέμενος εἰς διακονίαν

1 15 Χριστὸς Ἰησοῦς ἦλθεν εἰς τὸν κόσμον ἁμαρτωλοὺς σῶσαι

1 16ᵖ πρὸς ὑποτύπωσιν τῶν μελλόντων πιστεύειν ἐπ' αὐτῷ εἰς ζωὴν αἰώνιον. ↔

1 17ᵃ τῷ δὲ βασιλεῖ τῶν αἰώνων ... τιμὴ καὶ δόξα εἰς τοὺς αἰῶνας

2 4 ὃς πάντας ἀνθρώπους θέλει σωθῆναι καὶ εἰς ἐπίγνωσιν ἀληθείας ἐλθεῖν

1Tm 2 7ᵍ εἰς ὃ ἐτέθην ἐγὼ κῆρυξ καὶ ἀπόστο-λος

3 6ᵈ ἵνα μὴ τυφωθεὶς εἰς κρίμα ἐμπέσῃ τοῦ διαβόλου. ↔

3 7ᵈ δεῖ δὲ καὶ μαρτυρίαν καλὴν ἔχειν ... ἵνα μὴ εἰς ὀνειδισμὸν ἐμπέσῃ καὶ παγίδα τοῦ διαβόλου

4 3ʳ ἀπέχεσθαι βρωμάτων, ἃ ὁ θεὸς ἔκτισεν εἰς μετάλημψιν μετὰ εὐχαρι-στίας τοῖς πιστοῖς

4 10ᵍ εἰς τοῦτο γὰρ κοπιῶμεν καὶ ἀγωνι-ζόμεθα (ὀνειδιζόμεθα Sς)

5 24 τινῶν ἀνθρώπων αἱ ἁμαρτίαι πρόδηλοί εἰσιν προάγουσαι εἰς κρίσιν

6 7ᵇ οὐδὲν γὰρ εἰσηνέγκαμεν εἰς τὸν κόσμον

6 9ᵈ οἱ δὲ βουλόμενοι πλουτεῖν ἐμπί-πτουσιν εἰς πειρασμὸν καὶ παγίδα καὶ ἐπιθυμίας ... βλαβεράς, ↔

6 9 αἵτινες βυθίζουσιν τοὺς ἀνθρώπους εἰς ὄλεθρον καὶ ἀπώλειαν

6 12 ἐπιλαβοῦ τῆς αἰωνίου ζωῆς, εἰς ἣν ἐκλήθης

6 17 ἠλπικέναι ... ἐπὶ (ἐν Sς) (+τῷ Μ VSς) θεῷ τῷ παρέχοντι ἡμῖν πάντα πλουσίως εἰς ἀπόλαυσιν

6 19ᵃ ἀποθησαυρίζοντας ἑαυτοῖς θεμέ-λιον καλὸν εἰς τὸ μέλλον

2Tm 1 11ᵍ ⟨τοῦ εὐαγγελίου⟩ εἰς ὃ ἐτέθην ἐγὼ κῆρυξ καὶ ἀπόστολος

1 12ᵃ δυνατός ἐστιν τὴν παραθήκην μου φυλάξαι εἰς ἐκείνην τὴν ἡμέραν

2 14 * διαμαρτυρόμενος ... μὴ λογο-μαχεῖν, εἰς (ς; ἐπ' rl) οὐδὲν χρήσιμον

2 20 οὐκ ἔστιν μόνον σκεύη ... ἀργυρᾶ, ἀλλὰ ... καὶ ὀστράκινα, καὶ ἃ μὲν εἰς τιμὴν ↔

2 20 ἃ δὲ εἰς ἀτιμίαν· ↔

2 21 ἐὰν οὖν τις ἐκκαθάρῃ ἑαυτὸν ... ἔσται σκεῦος εἰς τιμήν, ↔

2 21 ἡγιασμένον ... εἰς πᾶν ἔργον ἀγαθὸν ἡτοιμασμένον

2 25 μήποτε δώῃ (δῷ Sς) αὐτοῖς ὁ θεὸς μετάνοιαν εἰς ἐπίγνωσιν ἀλη-θείας, ↔

2 26ᵗ καὶ ἀνανήψωσιν ... ἐζωγρημένοι ὑπ' αὐτοῦ εἰς τὸ ἐκείνου θέλημα

3 6ᵈ ἐκ τούτων γάρ εἰσιν οἱ ἐνδύνοντες εἰς τὰς οἰκίας

3 7 μηδέποτε εἰς ἐπίγνωσιν ἀληθείας ἐλθεῖν δυνάμενα

3 15ˡ τὰ δυνάμενά σε σοφίσαι εἰς σωτη-ρίαν διὰ πίστεως

4 10 Δημᾶς ... ἐπορεύθη εἰς Θεσσαλονί-κην, ↔

4 10 Κρήσκης εἰς Γαλατίαν (Γαλλίαν ST), ↔

4 10 Τίτος εἰς Δαλματίαν

4 11 ἔστιν γάρ μοι εὔχρηστος εἰς διακονίαν. ↔

4 12 Τύχικον δὲ ἀπέστειλα εἰς Ἔφεσον

4 18ˡ ῥύσεταί με ὁ κύριος ἀπὸ παντὸς ἔργου πονηροῦ καὶ σώσει εἰς τὴν βασιλείαν αὐτοῦ τὴν ἐπουράνιον· ↔

4 18ᵃ ᾧ ἡ δόξα εἰς τοὺς αἰῶνας τῶν αἰώνων, ἀμήν

Tt 3 12ᵃ σπούδασον ἐλθεῖν πρός με εἰς Νικόπολιν

3 14 μανθανέτωσαν δὲ ... καλῶν ἔργων προΐστασθαι εἰς τὰς ἀναγκαίας χρείας

Phm 5 * ἀκούων σου ... τὴν πίστιν ἣν ἔχεις εἰς (Η; πρὸς rl) τὸν κύριον Ἰησοῦν ↔

5ᵃ καὶ εἰς πάντας τοὺς ἁγίους, ↔

6ᵐ ὅπως ... ἐνεργὴς γένηται ἐν ἐπιγνώσει παντὸς ἀγαθοῦ τοῦ [Η] ἐν ἡμῖν (ὑμ. MBSTς) εἰς Χριστόν (+Ἰησοῦν Vς)

Hb 1 5ʰ ἐγὼ ἔσομαι αὐτῷ εἰς πατέρα, ↔

1 5ʰ καὶ αὐτὸς ἔσται μοι εἰς υἱόν; ↔

1 6ᵇ ὅταν δὲ πάλιν εἰσαγάγῃ τὸν πρω-τότοκον εἰς τὴν οἰκουμένην

1 8ᵃ ὁ θρόνος σου ὁ θεὸς εἰς τὸν αἰῶνα | τοῦ αἰῶνος [Η]

1 14ˡ οὐχὶ πάντες εἰσιν λειτουργικὰ πνεύματα εἰς διακονίαν ἀποστελ-λόμενα ⟨;⟩

2 3ᵗ ἀμελήσαντες σωτηρίας; ἥτις ... ὑπὸ τῶν ἀκουσάντων εἰς ἡμᾶς ἐβε-βαιώθη

2 10 ἔπρεπεν γὰρ αὐτῷ ... πολλοὺς υἱοὺς εἰς δόξαν ἀγαγόντα τὸν ἀρχηγὸν ... διὰ παθημάτων τελειῶσαι

2 17ᵉ εἰς τὸ ἱλάσκεσθαι τὰς ἁμαρτίας τοῦ λαοῦ

3 5 Μωϋσῆς μὲν πιστὸς ... ὡς θερά-πων εἰς μαρτύριον τῶν λαληθησο-μένων

3 11ᵇ ὡς ὤμοσα ... εἰ εἰσελεύσονται εἰς τὴν κατάπαυσίν μου

3 18ᵇ τίσιν δὲ ὤμοσεν μὴ εἰσελεύσεσθαι εἰς τὴν κατάπαυσιν αὐτοῦ ⟨;⟩

4 1ᵇ μήποτε καταλειπομένης ἐπαγγε-λίας εἰσελθεῖν εἰς τὴν κατάπαυσιν αὐτοῦ δοκῇ τις ... ὑστερηκέναι

4 3ᵇ εἰσερχόμεθα γὰρ εἰς τὴν [N²⁶ΝΗ] κατάπαυσιν οἱ πιστεύσαντες

4 3ᵇ ὡς ὤμοσα ... εἰ εἰσελεύσονται εἰς τὴν κατάπαυσίν μου

4 5ᵇ εἰ εἰσελεύσονται εἰς τὴν κατάπαυ-σίν μου. ↔

4 6ᵇ ἐπεὶ οὖν ἀπολείπεται τινὰς εἰσελ-θεῖν εἰς αὐτήν

4 10ᵇ ὁ γὰρ εἰσελθὼν εἰς τὴν κατάπαυσιν αὐτοῦ ... κατέπαυσεν

4 11ᵇ σπουδάσωμεν οὖν εἰσελθεῖν εἰς ἐκείνην τὴν κατάπαυσιν

4 16 ἵνα ... χάριν εὕρωμεν εἰς εὔκαιρον βοήθειαν

5 6ᵃⁿ σὺ ἱερεὺς εἰς τὸν αἰῶνα κατὰ τὴν τάξιν Μελχισέδεκ

6 6ᶜ ⟨ἀδύνατον γὰρ τοὺς ἅπαξ φωτι-σθέντας⟩ καὶ παραπεσόντας, πάλιν ἀνακαινίζειν εἰς μετάνοιαν

6 8ʰ ⟨γῆ⟩ ἐκφέρουσα δὲ ἀκάνθας ... ἀδόκιμος ... ἧς τὸ τέλος εἰς καῦσιν

6 10ᵈ οὐ γὰρ ἄδικος ὁ θεὸς ἐπιλαθέσθαι ... τῆς ἀγάπης ἧς ἐνεδείξασθε εἰς τὸ ὄνομα αὐτοῦ

6 16 πάσης αὐτοῖς ἀντιλογίας πέρας εἰς βεβαίωσιν ὁ ὅρκος

6 19ᵇ ⟨ἐλπίδος⟩ ἣν ὡς ἄγκυραν ἔχομεν ... βεβαίαν καὶ εἰσερχομένην εἰς τὸ ἐσώτερον τοῦ καταπετάσμα-τος, ↔

6 20ᵃⁿ ὅπου ... εἰσῆλθεν Ἰησοῦς, κατὰ τὴν τάξιν Μελχισέδεκ ἀρχιερεὺς γενόμενος εἰς τὸν αἰῶνα

7 3ᵃᶠ ⟨οὗτος γὰρ ὁ Μελχισέδεκ⟩ μένει ἱερεὺς εἰς τὸ διηνεκές

7 14ᵛ εἰς ἣν φυλὴν περὶ ἱερέων οὐδὲν Μωϋσῆς ἐλάλησεν

7 17ᵃⁿ σὺ ἱερεὺς εἰς τὸν αἰῶνα κατὰ τὴν τάξιν Μελχισέδεκ

Hb 7 21ᵃⁿ σὺ ἱερεὺς εἰς τὸν αἰῶνα (+κατὰ τὴν τάξιν Μελχισεδέκ ς)

7 24ᵃ ὁ δὲ διὰ τὸ μένειν αὐτὸν εἰς τὸν αἰῶνα ἀπαράβατον ἔχει τὴν ἱερω-σύνην· ↔

7 25ᵍ ὅθεν καὶ σῴζειν εἰς τὸ παντελὲς δύναται τοὺς προσερχομένους ... τῷ θεῷ, ↔

7 25ᵉ πάντοτε ζῶν εἰς τὸ ἐντυγχάνειν ὑπὲρ αὐτῶν

7 28ᵉ καθίστησιν ... ὁ λόγος δὲ τῆς ὁρκωμοσίας ... υἱὸν εἰς τὸν αἰῶνα τετελειωμένον

8 3ᵉ πᾶς γὰρ ἀρχιερεὺς εἰς τὸ προσφέ-ρειν ... θυσίας καθίσταται

8 10 διδοὺς νόμους μου εἰς τὴν διάνοιαν αὐτῶν

8 10ʰ καὶ ἔσομαι αὐτοῖς εἰς θεόν ↔

8 10ʰ καὶ αὐτοὶ ἔσονταί μοι εἰς λαόν

9 6ᵇˡ εἰς μὲν τὴν πρώτην σκηνὴν διὰ παντὸς εἰσίασιν οἱ ἱερεῖς τὰς λατρείας ἐπιτελοῦντες, ↔

9 7ᵇ εἰς δὲ τὴν δευτέραν ... μόνος ὁ ἀρχιερεύς

9 9ᵃ ἥτις παραβολὴ εἰς τὸν καιρὸν τὸν ἐνεστηκότα

9 12ᵇˡ διὰ δὲ τοῦ ἰδίου αἵματος εἰσῆλθεν ἐφάπαξ εἰς τὰ ἅγια

9 14ᵉ καθαριεῖ τὴν συνείδησιν ἡμῶν (ὑμ. MVBSTς) ἀπὸ νεκρῶν ἔργων εἰς τὸ λατρεύειν θεῷ ζῶντι

9 15ʰ ὅπως θανάτου γενομένου εἰς ἀπο-λύτρωσιν τῶν ... παραβάσεων τὴν ἐπαγγελίαν λάβωσιν

9 24ᵇ οὐ γὰρ εἰς χειροποίητα εἰσῆλθεν ἅγια Χριστός, ἀντίτυπα τῶν ἀλη-θινῶν, ↔

9 24ᵇ ἀλλ' εἰς αὐτὸν τὸν οὐρανόν

9 25ᵇᵐⁿ ὥσπερ ὁ ἀρχιερεὺς εἰσέρχεται εἰς τὰ ἅγια κατ' ἐνιαυτὸν ἐν αἵματι ἀλλοτρίῳ

9 26ˡᵖ νυνὶ δὲ ἅπαξ ἐπὶ συντελείᾳ τῶν αἰώνων εἰς ἀθέτησιν τῆς ([Ν²⁶]; —Τς) ἁμαρτίας ... πεφανέρωται

9 28ᵉ ἅπαξ προσενεχθεὶς εἰς τὸ πολλῶν ἀνενεγκεῖν ἁμαρτίας, ↔

9 28ᵏʷ ἐκ δευτέρου ... ὀφθήσεται τοῖς αὐτὸν ἀπεκδεχομένοις εἰς σωτηρίαν

10 1ᵃᶠⁿ ὁ νόμος ... ταῖς αὐταῖς θυσίαις ἃς (αἷς Τ) προσφέρουσιν εἰς τὸ διηνεκὲς οὐδέποτε δύναται (-νται SH) ... τελειῶσαι

10 5ᵇ διὸ εἰσερχόμενος εἰς τὸν κόσμον λέγει

10 12ᵃᶠ μίαν ὑπὲρ ἁμαρτιῶν προσενέγκας θυσίαν εἰς τὸ διηνεκὲς ἐκάθισεν ἐν δεξιᾷ τοῦ θεοῦ

10 14ᵃᶠ μιᾷ γὰρ προσφορᾷ τετελείωκεν εἰς τὸ διηνεκὲς τοὺς ἁγιαζομένους

10 19ᵐ ἔχοντες ... παρρησίαν εἰς τὴν εἴσοδον τῶν ἁγίων ἐν τῷ αἵματι Ἰησοῦ

10 24 κατανοῶμεν ἀλλήλους εἰς παροξυ-σμὸν ἀγάπης

10 31ᵈ φοβερὸν τὸ ἐμπεσεῖν εἰς χεῖρας θεοῦ ζῶντος

10 39 ἡμεῖς δὲ οὐκ ἐσμὲν ὑποστολῆς εἰς ἀπώλειαν, ↔

10 39 ἀλλὰ πίστεως εἰς περιποίησιν ψυχῆς

11 3ᵉ κατηρτίσθαι τοὺς αἰῶνας ῥήματι θεοῦ, εἰς τὸ μὴ ἐκ φαινομένων τὸ βλεπόμενον γεγονέναι

Hb 11 7 Νῶε... εὐλαβηθεὶς κατεσκεύασεν κιβωτὸν εἰς σωτηρίαν τοῦ οἴκου αὐτοῦ

11 8 Ἀβραὰμ ὑπήκουσεν ἐξελθεῖν εἰς (+τὸν [S]ς) τόπον ↔

11 8 ὃν ἤμελλεν λαμβάνειν εἰς κληρονομίαν

11 9mr πίστει παρῴκησεν εἰς γῆν τῆς ἐπαγγελίας ὡς ἀλλοτρίαν

11 11z πίστει... Σάρρα στεῖρα (+N26) δύναμιν εἰς καταβολὴν σπέρματος ἔλαβεν καὶ παρὰ καιρὸν ἡλικίας

11 26 ἀπέβλεπεν γὰρ εἰς τὴν μισθαποδοσίαν

12 2 ἀφορῶντες εἰς τὸν τῆς πίστεως ἀρχηγὸν καὶ τελειωτὴν Ἰησοῦν

12 3t ἀναλογίσασθε γὰρ τὸν τοιαύτην ὑπομεμενηκότα ὑπὸ τῶν ἁμαρτωλῶν εἰς ἑαυτὸν (αὐτ. Sς; ἑαυτοὺς H) ἀντιλογίαν

12 7 εἰς (εἰ ς) παιδείαν ὑπομένετε· ὡς υἱοῖς ὑμῖν προσφέρεται ὁ θεός

12 10e ἐπαίδευον, ὁ δὲ ἐπὶ τὸ συμφέρον εἰς τὸ μεταλαβεῖν τῆς ἁγιότητος αὐτοῦ

13 8a Ἰησοῦς Χριστὸς ἐχθὲς καὶ σήμερον ὁ αὐτὸς καὶ εἰς τοὺς αἰῶνας

13 11bl νῶν γὰρ εἰσφέρεται ζῴων τὸ αἷμα περὶ ἁμαρτίας εἰς τὰ ἅγια διὰ τοῦ ἀρχιερέως

13 21e (ὁ δὲ θεὸς) καταρτίσαι ὑμᾶς ἐν παντὶ (+ἔργῳ Vς) ἀγαθῷ εἰς τὸ ποιῆσαι τὸ θέλημα αὐτοῦ

13 21a ᾧ ἡ δόξα εἰς τοὺς αἰῶνας | τῶν αἰῶνων [N26]· ἀμήν

Jc 1 18e ἀπεκύησεν ἡμᾶς... εἰς τὸ εἶναι ἡμᾶς ἀπαρχήν τινα τῶν αὐτοῦ (ἑαυ. S) κτισμάτων

1 19e ἔστω δὲ (—Sς) πᾶς ἄνθρωπος ταχὺς εἰς τὸ ἀκοῦσαι, ↔

1 19e βραδὺς εἰς τὸ λαλῆσαι, ↔

1 19 βραδὺς εἰς ὀργήν

1 25 ὁ δὲ παρακύψας εἰς νόμον τέλειον τὸν τῆς ἐλευθερίας

2 2bm ἐὰν γὰρ εἰσέλθῃ εἰς συναγωγὴν ὑμῶν ἀνὴρ χρυσοδακτύλιος ἐν ἐσθῆτι λαμπρᾷ

2 6 οὐχ οἱ πλούσιοι... αὐτοὶ ἕλκουσιν ὑμᾶς εἰς κριτήρια;

2 23 καὶ ἐλογίσθη αὐτῷ εἰς δικαιοσύνην

3 3 εἰ δὲ τῶν ἵππων τοὺς χαλινοὺς εἰς τὰ στόματα βάλλομεν ↔

3 3e εἰς (πρὸς Sς) τὸ πείθεσθαι αὐτοὺς ἡμῖν

4 9 ὁ γέλως ὑμῶν εἰς πένθος μετατραπήτω (-στραφήτω MVSTς) ↔

4 9 καὶ ἡ χαρὰ εἰς κατήφειαν

4 13 σήμερον ἢ αὔριον πορευσόμεθα εἰς τήνδε τὴν πόλιν

5 3h ὁ ἰὸς αὐτῶν εἰς μαρτύριον ὑμῖν ἔσται

5 4b αἱ βοαὶ τῶν θερισάντων εἰς τὰ ὦτα κυρίου σαβαὼθ εἰσεληλύθασιν (-θαν NBTH)

5 12 * ἵνα μὴ | εἰς [+S] ὑπὸ κρίσιν (εἰς ὑπόκρισιν ς) πέσητε

1Pt 1 2mn (Πέτρος... ἐκλεκτοῖς παρεπιδήμοις) εἰς ὑπακοὴν καὶ ῥαντισμὸν αἵματος Ἰησοῦ Χριστοῦ

1 3cln εὐλογητὸς ὁ θεὸς... ὁ... ἀναγεννήσας ἡμᾶς εἰς ἐλπίδα ζῶσαν δι' ἀναστάσεως Ἰησοῦ Χριστοῦ ἐκ νεκρῶν, ↔

1 4c εἰς κληρονομίαν ἄφθαρτον... καὶ ἀμάραντον, ↔

1Pt 1 4m τετηρημένην ἐν οὐρανοῖς εἰς ὑμᾶς ↔

1 5lm τοὺς ἐν δυνάμει θεοῦ φρουρουμένους διὰ πίστεως εἰς σωτηρίαν ἑτοίμην ἀποκαλυφθῆναι

1 7hm ἵνα τὸ δοκίμιον ὑμῶν τῆς πίστεως... εὑρεθῇ εἰς ἔπαινον καὶ δόξαν καὶ τιμὴν ἐν ἀποκαλύψει

1 8 εἰς ὃν ἄρτι μὴ ὁρῶντες πιστεύοντες δὲ ἀγαλλιᾶσθε (-ᾶτε H)

1 10 ἐξηραύνησαν προφῆται οἱ περὶ τῆς εἰς ὑμᾶς χάριτος προφητεύσαντες,

1 11a ἐραυνῶντες εἰς τίνα ἢ ποῖον καιρὸν ἐδήλου τὸ... πνεῦμα Χριστοῦ ↔

1 11 προμαρτυρόμενον τὰ εἰς Χριστὸν παθήματα

1 12 ἃ νῦν ἀνηγγέλη ὑμῖν... εἰς ἃ ἐπιθυμοῦσιν ἄγγελοι παρακύψαι

1 21 (φανερωθέντος... δι' ὑμᾶς) τοὺς δι' αὐτοῦ πιστοὺς (πιστεύοντας MVSς) εἰς θεὸν τὸν... δόξαν αὐτῷ δόντα, ↔

1 21 ὥστε τὴν πίστιν ὑμῶν καὶ ἐλπίδα εἶναι εἰς θεόν. ↔

1 22lm τὰς ψυχὰς ὑμῶν ἡγνικότες ἐν τῇ ὑπακοῇ τῆς ἀληθείας (+διὰ πνεύματος ς) εἰς φιλαδελφίαν ἀνυπόκριτον

1 23a* ἀναγεγεννημένοι... διὰ λόγου ζῶντος θεοῦ καὶ μένοντος | εἰς τὸν αἰῶνα (+ς)

1 25a τὸ δὲ ῥῆμα κυρίου μένει εἰς τὸν αἰῶνα. ↔

1 25 τοῦτο δέ ἐστιν τὸ ῥῆμα τὸ εὐαγγελισθὲν εἰς ὑμᾶς

2 2m ἵνα ἐν αὐτῷ αὐξηθῆτε | εἰς σωτηρίαν (—ς)

2 5 ὡς λίθοι ζῶντες οἰκοδομεῖσθε (ἐπ-ST) οἶκος πνευματικὸς εἰς (—ς) ἱεράτευμα ἅγιον

2 7h οὗτος ἐγενήθη εἰς κεφαλὴν γωνίας

2 8g οἳ προσκόπτουσιν τῷ λόγῳ ἀπειθοῦντες, εἰς ὃ καὶ ἐτέθησαν· ↔

2 9 ὑμεῖς δὲ... ἔθνος ἅγιον, λαὸς εἰς περιποίησιν,

2 9k ὅπως τὰς ἀρετὰς ἐξαγγείλητε τοῦ ἐκ σκότους ὑμᾶς καλέσαντος εἰς τὸ θαυμαστὸν αὐτοῦ φῶς

2 14l (ὑποτάγητε... εἴτε βασιλεῖ) εἴτε ἡγεμόσιν ὡς δι' αὐτοῦ πεμπομένοις εἰς ἐκδίκησιν κακοποιῶν

2 21g εἰς τοῦτο γὰρ ἐκλήθητε

3 5 οὕτως γάρ ποτε καὶ αἱ ἅγιαι γυναῖκες αἱ ἐλπίζουσαι εἰς (ἐπὶ ς) θεὸν ἐκόσμουν ἑαυτάς

3 7e ἀπονέμοντες τιμὴν ὡς καὶ συγκληρονόμοις (-μοι Hς)... εἰς τὸ μὴ ἐγκόπτεσθαι τὰς προσευχὰς ὑμῶν

3 9g ὅτι εἰς τοῦτο ἐκλήθητε

3 12 ὦτα αὐτοῦ εἰς δέησιν αὐτῶν

3 20l κατασκευαζομένης κιβωτοῦ, εἰς ἣν ὀλίγοι (-γαι Sς)... διεσώθησαν δι' ὕδατος. ↔

3 21 ὃ... νῦν σῴζει βάπτισμα... συνειδήσεως ἀγαθῆς ἐπερώτημα εἰς θεόν

3 22 ὅς ἐστιν ἐν δεξιᾷ τοῦ ([N26S]; —NMBTH) θεοῦ, πορευθεὶς εἰς οὐρανόν

4 2e (ὁ παθὼν σαρκὶ πέπαυται ἁμαρτίας) εἰς τὸ μηκέτι ἀνθρώπων ἐπιθυμίαις... βιῶσαι

1Pt 4 4 ἐν ᾧ ξενίζονται μὴ συντρεχόντων ὑμῶν εἰς τὴν αὐτὴν τῆς ἀσωτίας ἀνάχυσιν

4 6g εἰς τοῦτο γὰρ καὶ νεκροῖς εὐηγγελίσθη

4 7 σωφρονήσατε οὖν καὶ νήψατε εἰς προσευχάς· ↔

4 8 πρὸ πάντων τὴν εἰς ἑαυτοὺς ἀγάπην ἐκτενῆ ἔχοντες

4 9w φιλόξενοι εἰς ἀλλήλους ἄνευ γογγυσμοῦ· ↔

4 10 ἕκαστος καθὼς ἔλαβεν χάρισμα, εἰς ἑαυτοὺς αὐτὸ διακονοῦντες ὡς καλοὶ οἰκονόμοι

4 11a ᾧ ἐστιν ἡ δόξα καὶ τὸ κράτος εἰς τοὺς αἰῶνας

5 10m ὁ δὲ θεὸς... ὁ καλέσας ὑμᾶς εἰς τὴν αἰώνιον αὐτοῦ δόξαν ἐν Χριστῷ Ἰησοῦ (+[N26]Vς)

5 11a αὐτῷ | ἡ δόξα καὶ (+MVBSς) τὸ κράτος εἰς τοὺς αἰῶνας

5 12 διὰ Σιλουανοῦ... ἔγραψα... ἐπιμαρτυρῶν ταύτην εἶναι ἀληθῆ χάριν τοῦ θεοῦ, εἰς ἣν στῆτε

2 Pt 1 8 οὐδὲ ἀκάρπους καθίστησιν εἰς τὴν τοῦ κυρίου ἡμῶν... ἐπίγνωσιν

1 11 οὕτως γὰρ πλουσίως ἐπιχορηγηθήσεται ὑμῖν ἡ εἴσοδος εἰς τὴν αἰώνιον βασιλείαν τοῦ κυρίου ἡμῶν

1 17 || ὁ υἱός μου ὁ ἀγαπητός μου (—MBSTς) οὗτός ἐστιν ((~MVBSTς)), εἰς ὃν ἐγὼ εὐδόκησα

2 4 ἀλλὰ... ταρταρώσας παρέδωκεν εἰς κρίσιν τηρουμένους

2 9a ἀδίκους δὲ εἰς ἡμέραν κρίσεως κολαζομένους τηρεῖν

2 12h οὗτοι δέ, ὡς ἄλογα ζῷα γεγεννημένα (γεγενημ. T) φυσικὰ εἰς ἅλωσιν καὶ φθοράν

2 17a* οἷς ὁ ζόφος τοῦ σκότους | εἰς αἰῶνα (+Sς) τετήρηται

2 21cjk* κρεῖττον γὰρ... ἢ ἐπιγνοῦσιν | εἰς τὰ ὀπίσω (+VS) ὑποστρέψαι (ἐπι- ς; ἀνακάμψαι VS) ἐκ (ἀπὸ VS) τῆς... ἐντολῆς

2 22 ὗς λουσαμένη εἰς κυλισμὸν (-σμα Sς) βορβόρου

3 7a οἱ δὲ νῦν οὐρανοὶ... τεθησαυρισμένοι εἰσὶν πυρὶ τηρούμενοι εἰς ἡμέραν κρίσεως

3 9 ἀλλὰ μακροθυμεῖ εἰς (δι' T) ὑμᾶς, μὴ βουλόμενός τινας ἀπολέσθαι ↔

3 9 ἀλλὰ πάντας εἰς μετάνοιαν χωρῆσαι

3 18a αὐτῷ ἡ δόξα καὶ νῦν καὶ εἰς ἡμέραν αἰῶνος. ἀμήν (+[N26]MVBSς)

1 Jo 2 17a ὁ δὲ ποιῶν τὸ θέλημα τοῦ θεοῦ μένει εἰς τὸν αἰῶνα

3 8g εἰς τοῦτο ἐφανερώθη ὁ υἱὸς τοῦ θεοῦ

3 14k μεταβεβήκαμεν ἐκ τοῦ θανάτου εἰς τὴν ζωήν

4 1 ὅτι πολλοὶ ψευδοπροφῆται ἐξεληλύθασιν εἰς τὸν κόσμον

4 9 ὅτι τὸν υἱὸν αὐτοῦ τὸν μονογενῆ ἀπέσταλκεν ὁ θεὸς εἰς τὸν κόσμον

5 8h καὶ οἱ τρεῖς εἰς τὸ ἕν εἰσιν

5 10 ὁ πιστεύων εἰς τὸν υἱὸν τοῦ θεοῦ ἔχει τὴν μαρτυρίαν ἐν ἑαυτῷ (N26ς; αὐτ. H; αὐτ. rl)

5 10 ὅτι οὐ πεπίστευκεν εἰς τὴν μαρτυρίαν

5 13 τοῖς πιστεύουσιν εἰς τὸ ὄνομα τοῦ υἱοῦ τοῦ θεοῦ

1 Jo 5 13 * | καὶ ἵνα πιστεύητε εἰς τὸ ὄνομα
τοῦ υἱοῦ τοῦ θεοῦ (+ς)

2 Jo 2 ar καὶ μεθ' ἡμῶν ἔσται εἰς τὸν αἰῶνα
7 ὅτι πολλοὶ πλάνοι ἐξῆλθον εἰς
τὸν κόσμον
10 μὴ λαμβάνετε αὐτὸν εἰς οἰκίαν

3 Jo 5 πιστὸν ποιεῖς ὃ ἐὰν ἐργάσῃ εἰς
τοὺς ἀδελφούς ↔
5 * καὶ | εἰς τοὺς (ς; τοῦτο rl) ξένους

Jd 4 b παρεισέδυσαν (-δυησαν NH) ...
οἱ πάλαι προγεγραμμένοι εἰς τοῦτο
τὸ κρίμα, ἀσεβεῖς, ↔
4 τὴν τοῦ θεοῦ ἡμῶν χάριτα (-ριν
MSς) μετατιθέντες εἰς ἀσέλγειαν
6 ἀγγέλους τε ... ἀπολιπόντας τὸ
ἴδιον οἰκητήριον εἰς κρίσιν μεγά-
λης ἡμέρας ... τετήρηκεν
13 a οἷς ὁ ζόφος τοῦ σκότους εἰς (+τὸν
ς) αἰῶνα τετήρηται
21 προσδεχόμενοι τὸ ἔλεος τοῦ κυρίου
ἡμῶν Ἰησοῦ Χριστοῦ εἰς ζωὴν
αἰώνιον
25 ax μόνῳ θεῷ ... δόξα ... πρὸ παν-
τὸς τοῦ αἰῶνος καὶ νῦν καὶ εἰς πάν-
τας τοὺς αἰῶνας· ἀμήν

Ap 1 6 a αὐτῷ ἡ δόξα καὶ τὸ κράτος εἰς
τοὺς αἰῶνας | τῶν αἰώνων ([N26];
—H)
1 11 ὃ βλέπεις γράψον εἰς βιβλίον ↔
1 11 καὶ πέμψον ταῖς ἑπτὰ ἐκκλησίαις,
εἰς Ἔφεσον ↔
1 11 καὶ εἰς Σμύρναν ↔
1 11 καὶ εἰς Πέργαμον ↔
1 11 καὶ εἰς Θυάτειρα ↔
1 11 καὶ εἰς Σάρδεις ↔
1 11 καὶ εἰς Φιλαδέλφειαν
1 11 καὶ εἰς Λαοδίκειαν
1 18 a καὶ ἰδοὺ ζῶν εἰμι εἰς τοὺς αἰῶνας
τῶν αἰώνων
2 10 k ἰδοὺ μέλλει βάλλειν (βαλεῖν Tς)
ὁ διάβολος ἐξ ὑμῶν εἰς φυλακὴν
ἵνα πειρασθῆτε
2 22 ἰδοὺ βάλλω αὐτὴν εἰς κλίνην, ↔
2 22 r καὶ τοὺς μοιχεύοντας μετ' αὐτῆς εἰς
θλῖψιν μεγάλην
4 9 a ὅταν δώσουσιν τὰ ζῷα δόξαν ...
τῷ ζῶντι εἰς τοὺς αἰῶνας τῶν
αἰώνων ⟨πεσοῦνται⟩
4 10 a προσκυνήσουσιν τῷ ζῶντι εἰς
τοὺς αἰῶνας τῶν αἰώνων
5 6 οἵ εἰσιν τὰ ἑπτὰ [N26H] πνεύματα
τοῦ θεοῦ ἀπεσταλμένοι (-να BTς)
εἰς πᾶσαν τὴν γῆν
5 13 a τῷ ἀρνίῳ ... ἡ δόξα καὶ τὸ κράτος
εἰς τοὺς αἰῶνας τῶν αἰώνων
5 14 a * οἱ πρεσβύτεροι ἔπεσαν καὶ προσ-
εκύνησαν | ζῶντι εἰς τοὺς αἰῶνας
τῶν αἰώνων (+ς)
6 13 οἱ ἀστέρες τοῦ οὐρανοῦ ἔπεσαν εἰς
τὴν γῆν
6 15 οἱ βασιλεῖς τῆς γῆς ... ἔκρυψαν
ἑαυτοὺς εἰς τὰ σπήλαια ↔
6 15 καὶ εἰς τὰς πέτρας τῶν ὀρέων
7 12 a ἡ ἰσχὺς τῷ θεῷ ἡμῶν εἰς τοὺς
αἰῶνας τῶν αἰώνων
8 5 καὶ εἴληφεν ὁ ἄγγελος ... καὶ
ἔβαλεν εἰς τὴν γῆν
8 7 ἐγένετο χάλαζα καὶ πῦρ ... καὶ
ἐβλήθη εἰς τὴν γῆν
8 8 ὡς ὄρος μέγα ... ἐβλήθη εἰς τὴν
γῆν
8 11 h ἐγένετο τὸ τρίτον τῶν ὑδάτων εἰς
ἄψινθον
9 1 k εἶδον ἀστέρα ἐκ τοῦ οὐρανοῦ
πεπτωκότα εἰς τὴν γῆν

Ap 9 3 k ἐκ τοῦ καπνοῦ ἐξῆλθον ἀκρίδες εἰς
τὴν γῆν
9 7 τὰ ὁμοιώματα τῶν ἀκρίδων ὅμοια
(-οι NMT) ἵπποις ἡτοιμασμένοις
εἰς πόλεμον
9 9 ὡς φωνὴ ἁρμάτων ἵππων πολλῶν
τρεχόντων εἰς πόλεμον
9 15 a ἐλύθησαν οἱ τέσσαρες ἄγγελοι οἱ
ἡτοιμασμένοι εἰς τὴν ὥραν καὶ
ἡμέραν καὶ μῆνα καὶ ἐνιαυτόν
10 5 ὁ ἄγγελος ... ἦρεν τὴν χεῖρα
αὐτοῦ τὴν δεξιὰν εἰς τὸν οὐρανόν,
↔
10 6 a καὶ ὤμοσεν ἐν τῷ ζῶντι εἰς τοὺς
αἰῶνας τῶν αἰώνων
11 6 ἐξουσίαν ἔχουσιν ἐπὶ τῶν ὑδάτων
στρέφειν αὐτὰ εἰς αἷμα
11 9 τὰ πτώματα αὐτῶν οὐκ ἀφίουσιν
τεθῆναι εἰς μνῆμα
11 12 cm καὶ ἀνέβησαν εἰς τὸν οὐρανὸν ἐν
τῇ νεφέλῃ
11 15 a βασιλεύσει εἰς τοὺς αἰῶνας τῶν
αἰώνων
12 4 ἔβαλεν αὐτοὺς εἰς τὴν γῆν
12 6 ἡ γυνὴ ἔφυγεν εἰς τὴν ἔρημον
12 9 ὁ δράκων ὁ μέγας ... ἐβλήθη
εἰς τὴν γῆν
12 13 ὅτε εἶδεν ὁ δράκων ὅτι ἐβλήθη εἰς
τὴν γῆν
12 14 ἐδόθησαν τῇ γυναικὶ αἱ δύο πτέ-
ρυγες ... ἵνα πέτηται εἰς τὴν ἔρη-
μον ↔
12 14 εἰς τὸν τόπον αὐτῆς
13 3 (+εἶδον ς) μίαν ἐκ τῶν κεφαλῶν
αὐτοῦ ὡς ἐσφαγμένην εἰς θάνατον
13 6 ἤνοιξεν τὸ στόμα αὐτοῦ εἰς βλα-
σφημίας (-ίαν Sς) πρὸς τὸν θεόν
13 10 h εἴ τις | εἰς αἰχμαλωσίαν (αἰχ.
συνάγει ς), ↔
13 10 | εἰς αἰχμαλωσίαν [S] ὑπάγει
13 13 kx ἵνα καὶ πῦρ ποιῇ | ἐκ τοῦ οὐρανοῦ
καταβαίνειν (~ Tς) εἰς τὴν γῆν
ἐνώπιον τῶν ἀνθρώπων
14 11 ac ὁ καπνὸς τοῦ βασανισμοῦ αὐτῶν
εἰς αἰῶνας αἰώνων ἀναβαίνει
14 19 ἔβαλεν ὁ ἄγγελος τὸ δρέπανον
αὐτοῦ εἰς τὴν γῆν
14 19 ἔβαλεν εἰς τὴν ληνὸν τοῦ θυμοῦ
τοῦ θεοῦ τὸν μέγαν
15 7 a ἔδωκεν ... φιάλας χρυσᾶς γεμού-
σας τοῦ θυμοῦ τοῦ θεοῦ τοῦ ζῶντος
εἰς τοὺς αἰῶνας
15 8 b οὐδεὶς ἐδύνατο εἰσελθεῖν εἰς τὸν
ναόν
16 1 ἐκχέετε τὰς ἑπτὰ φιάλας τοῦ θυμοῦ
τοῦ θεοῦ εἰς τὴν γῆν
16 2 ἐξέχεεν τὴν φιάλην αὐτοῦ εἰς
(ἐπὶ ς) τὴν γῆν· ↔
16 2 * καὶ ἐγένετο ἕλκος κακὸν καὶ πο-
νηρὸν εἰς (ς; ἐπὶ rl) τοὺς ἀνθρώ-
πους
16 3 ὁ δεύτερος ἐξέχεεν τὴν φιάλην αὐ-
τοῦ εἰς τὴν θάλασσαν
16 4 ὁ τρίτος ἐξέχεεν τὴν φιάλην αὐτοῦ
εἰς τοὺς ποταμούς ↔
16 4 * καὶ εἰς (+ς) τὰς πηγὰς τῶν
ὑδάτων
16 14 συναγαγεῖν αὐτοὺς εἰς τὸν πόλεμον
τῆς || ἡμέρας (+ἐκείνης [S]ς) τῆς
μεγάλης ((μ. ἡ. B)) τοῦ θεοῦ
16 16 συνήγαγεν αὐτοὺς εἰς τὸν τόπον
τὸν καλούμενον Ἑβραϊστὶ Ἁρμα-
γεδών
16 17 * ὁ ἕβδομος ἐξέχεεν τὴν φιάλην
αὐτοῦ εἰς (ς; ἐπὶ rl) τὸν ἀέρα

Ap 16 19 h ἐγένετο ἡ πόλις ἡ μεγάλη εἰς
τρία μέρη
17 3 m ἀπήνεγκέν με εἰς ἔρημον ἐν
πνεύματι
17 8 k τὸ θηρίον ... μέλλει ἀναβαίνειν
ἐκ τῆς ἀβύσσου καὶ εἰς ἀπώλειαν
ὑπάγει (-γειν VBSTς)
17 11 τὸ θηρίον ... εἰς ἀπώλειαν ὑπάγει
17 17 ὁ γὰρ θεὸς ἔδωκεν εἰς τὰς καρδίας
αὐτῶν ποιῆσαι τὴν γνώμην αὐτοῦ
18 21 ἦρεν ... λίθον ... καὶ ἔβαλεν εἰς τὴν
θάλασσαν
19 3 ac ὁ καπνὸς αὐτῆς ἀναβαίνει εἰς τοὺς
αἰῶνας τῶν αἰώνων
19 9 μακάριοι οἱ εἰς τὸ δεῖπνον τοῦ
γάμου τοῦ ἀρνίου κεκλημένοι
19 17 δεῦτε συνάχθητε εἰς τὸ δεῖπνον τὸ
μέγα τοῦ θεοῦ
19 20 ζῶντες ἐβλήθησαν οἱ δύο εἰς τὴν
λίμνην τοῦ πυρός
20 3 ἔβαλεν αὐτὸν εἰς τὴν ἄβυσσον
20 8 ἐξελεύσεται ... συναγαγεῖν αὐτοὺς
εἰς τὸν πόλεμον
20 10 ὁ διάβολος ὁ πλανῶν αὐτοὺς
ἐβλήθη εἰς τὴν λίμνην τοῦ πυρὸς
καὶ (+τοῦ BT) θείου
20 10 a βασανισθήσονται ἡμέρας καὶ νυ-
κτὸς εἰς τοὺς αἰῶνας τῶν αἰώνων
20 14 ὁ θάνατος καὶ ὁ ᾅδης ἐβλήθησαν
εἰς τὴν λίμνην τοῦ πυρός
20 15 εἴ τις οὐχ εὑρέθη ... γεγραμμένος,
ἐβλήθη εἰς τὴν λίμνην τοῦ πυρός
21 24 οἱ βασιλεῖς τῆς γῆς φέρουσιν τὴν
δόξαν αὐτῶν εἰς αὐτήν ↔
21 26 οἴσουσιν τὴν δόξαν καὶ τὴν τιμὴν
τῶν ἐθνῶν εἰς αὐτήν. ↔
21 27 b καὶ οὐ μὴ εἰσέλθῃ εἰς αὐτὴν πᾶν
κοινόν
22 2 h τὰ φύλλα τοῦ ξύλου εἰς θεραπείαν
τῶν ἐθνῶν
22 5 a βασιλεύσουσιν εἰς τοὺς αἰῶνας τῶν
αἰώνων
22 14 b ἵνα ... τοῖς πυλῶσιν εἰσέλθωσιν
εἰς τὴν πόλιν

εἷς, μία, ἕν
a εἷς ἐκ (cf. c)
b εἷς ἕκαστος
c εἷς (ἐκ) τῶν δώδεκα
d εἷς (ὁ) θεός
e εἷς et οὐ, μή
f οὐδὲ εἷς
g εἷς τις
h εἷς et ἕτερος
j εἷς et πᾶς, πάντες, πολλοί
k εἷς et duo
l εἷς et tres
m εἷς et quattuor
n (τὸ) ἕν, εἰς (τὸ) ἕν, καθ' ἕν
p κατὰ εἷς, καθ' εἷς, καθ' ἕνα
q (ἐν) τῇ μιᾷ, κατὰ μίαν
r ἀπὸ μιᾶς

Mt 5 18 e ἰῶτα ἕν ↔
5 18 e ἢ μία κεραία οὐ μὴ παρέλθῃ ἀπὸ
τοῦ νόμου
5 19 ὃς ἐὰν οὖν λύσῃ μίαν τῶν ἐντολῶν
τούτων τῶν ἐλαχίστων
5 29 συμφέρει γάρ σοι ἵνα ἀπόληται ἓν
τῶν μελῶν σου
5 30 συμφέρει γάρ σοι ἵνα ἀπόληται ἓν
τῶν μελῶν σου
5 36 e ὅτι οὐ δύνασαι μίαν τρίχα λευκὴν
ποιῆσαι ἢ μέλαιναν
5 41 k ὅστις σε ἀγγαρεύσει μίλιον ἕν
6 24 hk ἢ γὰρ τὸν ἕνα μισήσει καὶ τὸν
ἕτερον ἀγαπήσει, ↔

Mt 6 24ʰᵏ ἢ ἑνὸς ἀνθέξεται καὶ τοῦ ἑτέρου καταφρονήσει

6 27 τίς δὲ ἐξ ὑμῶν μεριμνῶν δύναται προσθεῖναι ἐπὶ τὴν ἡλικίαν αὐτοῦ πῆχυν ἕνα;

6 29 οὐδὲ Σολομὼν ἐν πάσῃ τῇ δόξῃ αὐτοῦ περιεβάλετο ὡς ἓν τούτων

8 19 προσελθὼν εἷς γραμματεὺς εἶπεν αὐτῷ

9 18 ἰδοὺ ἄρχων εἷς ([NH]; τις S; —Tϛ) ἐλθὼν (προσ- NMVSH; εἰσ- T) προσεκύνει αὐτῷ λέγων

10 29ᵃᵉᵏ ἓν ἐξ αὐτῶν οὐ πεσεῖται ἐπὶ τὴν γῆν ἄνευ τοῦ πατρὸς ὑμῶν

10 42 ὃς ἂν (N²⁶H; ἐὰν rl) ποτίσῃ ἕνα τῶν μικρῶν τούτων ποτήριον ψυχροῦ

12 11 τίς ἔσται [H] ... ὃς ἕξει πρόβατον ἕν, καὶ ... οὐχὶ κρατήσει αὐτὸ καὶ ἐγερεῖ;

13 46ʲ εὑρὼν δὲ ἕνα πολύτιμον μαργαρίτην ἀπελθὼν πέπρακεν πάντα ὅσα εἶχεν

16 14 ⟨τίνα λέγουσιν⟩ οἱ μὲν Ἰωάννην ... ἕτεροι δὲ Ἰερεμίαν ἢ ἕνα τῶν προφητῶν

17 4ˡ εἰ θέλεις, ποιήσω (-σωμεν Vϛ) ὧδε τρεῖς σκηνάς, σοὶ μίαν ↔

17 4ˡ καὶ Μωϋσεῖ μίαν ↔

17 4ˡ καὶ Ἠλίᾳ μίαν

18 5 ὃς ἐὰν δέξηται ἓν παιδίον τοιοῦτο ἐπὶ τῷ ὀνόματί μου, ἐμὲ δέχεται· ↔

18 6 ὃς δ᾽ ἂν σκανδαλίσῃ ἕνα τῶν μικρῶν τούτων τῶν πιστευόντων εἰς ἐμέ

18 10ᵉ ὁρᾶτε μὴ καταφρονήσητε ἑνὸς τῶν μικρῶν τούτων

18 12ᵃ ἐὰν γένηται τινι ἀνθρώπῳ ἑκατὸν πρόβατα καὶ πλανηθῇ ἓν ἐξ αὐτῶν

18 14 οὕτως οὐκ ἔστιν θέλημα ... ἵνα ἀπόληται ἓν (εἷς Sϛ) τῶν μικρῶν τούτων

18 16ᵏ ἐὰν δὲ μὴ ἀκούσῃ, παράλαβε μετὰ σοῦ (σεαυτοῦ BST) ἔτι ἕνα ἢ δύο

18 24 προσηνέχθη (προσήχθη NH) | αὐτῷ εἷς (~ NSTH) ὀφειλέτης μυρίων ταλάντων

18 28 ἐξελθὼν δὲ ὁ δοῦλος ἐκεῖνος εὗρεν ἕνα τῶν συνδούλων αὐτοῦ

19 5ᵏ ἔσονται οἱ δύο εἰς σάρκα μίαν. ↔

19 6ᵏ ὥστε οὐκέτι εἰσὶν δύο ἀλλὰ σὰρξ μία

19 16 καὶ ἰδοὺ εἷς προσελθὼν αὐτῷ εἶπεν

19 17ᵈ εἷς ἐστιν ὁ ἀγαθός (οὐδεὶς ἀγαθὸς εἰ μὴ εἷς ὁ θεός ϛ)

20 12 οὗτοι οἱ ἔσχατοι μίαν ὥραν ἐποίησαν

20 13 ὁ δὲ ἀποκριθεὶς | ἑνὶ αὐτῶν εἶπεν (~ Vϛ)

20 21ᵏ εἰπὲ ἵνα καθίσωσιν οὗτοι οἱ δύο υἱοί μου εἷς ἐκ δεξιῶν σου (—NM TH) ↔

20 21ᵏ καὶ εἷς ἐξ εὐωνύμων σου ἐν τῇ βασιλείᾳ σου

21 19 ἰδὼν συκῆν μίαν ἐπὶ τῆς ὁδοῦ ἦλθεν ἐπ᾽ αὐτήν

21 24 ἐρωτήσω ὑμᾶς κἀγὼ λόγον ἕνα

22 35ᵃ ἐπηρώτησεν εἷς ἐξ αὐτῶν νομικὸς [N²⁶] πειράζων αὐτόν

23 8ʲ εἷς γάρ ἐστιν ὑμῶν ὁ διδάσκαλος, πάντες δὲ ὑμεῖς ἀδελφοί ἐστε

23 9 εἷς γάρ ἐστιν ὑμῶν ὁ πατὴρ ὁ οὐράνιος

Mt 23 10 ὅτι καθηγητὴς ὑμῶν ἐστιν εἷς ὁ Χριστός

23 15 ὅτι περιάγετε τὴν θάλασσαν καὶ τὴν ξηρὰν ποιῆσαι ἕνα προσήλυτον

24 40ᵏ τότε | δύο ἔσονται (~ NMTH) ἐν τῷ ἀγρῷ, (+ ὁ ϛ) εἷς παραλαμβάνεται ↔

24 40ᵏ καὶ (+ ὁ ϛ) εἷς ἀφίεται· ↔

24 41ᵏ δύο ἀλήθουσαι ἐν τῷ μύλῳ, μία παραλαμβάνεται ↔

24 41ᵏ καὶ μία ἀφίεται

25 15ᵏ ᾧ μὲν ἔδωκεν πέντε τάλαντα, ᾧ δὲ δύο, ᾧ δὲ ἕν

25 18 ὁ δὲ τὸ ἓν λαβὼν ἀπελθὼν ὤρυξεν γῆν

25 24 προσελθὼν δὲ καὶ ὁ τὸ ἓν τάλαντον εἰληφὼς εἶπεν

25 40 ἐφ᾽ ὅσον ἐποιήσατε ἑνὶ τούτων τῶν ἀδελφῶν μου τῶν ἐλαχίστων

25 45 ἐφ᾽ ὅσον οὐκ ἐποιήσατε ἑνὶ τούτων τῶν ἐλαχίστων

26 14ᶜ τότε πορευθεὶς εἷς τῶν δώδεκα, ὁ λεγόμενος Ἰούδας Ἰσκαριώτης

26 21ᵃ εἷς ἐξ ὑμῶν παραδώσει με. ↔

26 22ᵇ καὶ λυπούμενοι σφόδρα ἤρξαντο λέγειν αὐτῷ [S] εἷς (—ϛ) ἕκαστος (+ αὐτῶν [MS]Bϛ)

26 40ᵉ οὕτως οὐκ ἰσχύσατε μίαν ὥραν γρηγορῆσαι μετ᾽ ἐμοῦ;

26 47ᶜ ἰδοὺ Ἰούδας εἷς τῶν δώδεκα ἦλθεν

26 51 ἰδοὺ εἷς τῶν μετὰ Ἰησοῦ ἐκτείνας τὴν χεῖρα ἀπέσπασεν τὴν μάχαιραν αὐτοῦ

26 69 προσῆλθεν αὐτῷ μία παιδίσκη λέγουσα

27 14ᶠ οὐκ ἀπεκρίθη αὐτῷ πρὸς οὐδὲ ἓν ῥῆμα

27 15 κατὰ δὲ ἑορτὴν εἰώθει ὁ ἡγεμὼν ἀπολύειν ἕνα τῷ ὄχλῳ δέσμιον

27 38ᵏ τότε σταυροῦνται σὺν αὐτῷ δύο λῃσταί, εἷς ἐκ δεξιῶν ↔

27 38ᵏ καὶ εἷς ἐξ εὐωνύμων

27 48ᵃ εὐθέως δραμὼν εἷς ἐξ αὐτῶν ... ἐπότιζεν αὐτόν

28 1 ὀψὲ δὲ σαββάτων, τῇ ἐπιφωσκούσῃ εἰς μίαν σαββάτων, ἦλθεν Μαριὰμ ἡ Μαγδαληνή

Mc 2 7ᵈ τίς δύναται ἀφιέναι ἁμαρτίας εἰ μὴ εἷς ὁ θεός;

4 8 ἔφερεν ἓν (εἷς S; εἰς NMTH) τριάκοντα ↔

4 8 καὶ ἓν (ἐν NMH; εἷς S; εἰς T) ἑξήκοντα

4 8 καὶ ἓν (ἐν NMH; εἷς S; εἰς T) ἑκατόν

4 20 παραδέχονται καὶ καρποφοροῦσιν ἓν (ἐν NMSTH) τριάκοντα ↔

4 20 καὶ ἓν (ἐν NMST[H]) ἑξήκοντα ↔

4 20 καὶ ἓν (ἐν NMST[H]) ἑκατόν

5 22 ἔρχεται εἷς τῶν ἀρχισυναγώγων, ὀνόματι Ἰάϊρος

6 15 ἄλλοι δὲ ἔλεγον ὅτι προφήτης ὡς εἷς τῶν προφητῶν

8 14 καὶ εἰ μὴ ἕνα ἄρτον οὐκ εἶχον μεθ᾽ ἑαυτῶν ἐν τῷ πλοίῳ

8 28 ⟨τίνα με λέγουσιν⟩ ἄλλοι δὲ | ὅτι εἷς (ἕνα ϛ) τῶν προφητῶν

9 5ˡ ποιήσωμεν | τρεῖς σκηνάς (~ Sϛ), σοὶ μίαν ↔

9 5ˡ καὶ Μωϋσεῖ μίαν ↔

9 5ˡ καὶ Ἠλίᾳ μίαν

9 17ᵃ | ἀπεκρίθη αὐτῷ εἷς ἐκ τοῦ ὄχλου (ἀποκριθεὶς εἷς ἐκ τ. ὄ. εἶπεν Vϛ)

Mc 9 37 ὃς ἂν ἓν [H] τῶν | τοιούτων παιδίων (π. τούτων ST) δέξηται ἐπὶ τῷ ὀνόματί μου

9 42 ὃς ἂν σκανδαλίσῃ ἕνα τῶν μικρῶν τούτων ([S]; —ϛ)

10 8ᵏ ἔσονται οἱ δύο εἰς σάρκα μίαν· ↔

10 8ᵏ ὥστε οὐκέτι εἰσὶν δύο ἀλλὰ μία σάρξ

10 17 προσδραμὼν εἷς καὶ γονυπετήσας αὐτὸν ἐπηρώτα αὐτόν

10 18ᵈ οὐδεὶς ἀγαθὸς εἰ μὴ εἷς ὁ θεός

10 21ʲⁿ ἕν σε ὑστερεῖ

10 37ᵏ δὸς ἡμῖν ἵνα εἷς σου ἐκ δεξιῶν ↔

10 37ᵏ καὶ εἷς (+ σου VSTϛ) ἐξ ἀριστερῶν καθίσωμεν ἐν τῇ δόξῃ σου

11 29 ἐπερωτήσω ὑμᾶς ἕνα λόγον

12 6ˡ ἔτι | ἕνα εἶχεν, υἱὸν ἀγαπητόν (οὖν ἔ. υἱὸν ἔχων ἀ. αὐτοῦ Vϛ)

12 28 καὶ προσελθὼν εἷς τῶν γραμματέων ... ἐπηρώτησεν αὐτόν

12 29 ἄκουε, Ἰσραήλ, κύριος ὁ θεὸς ἡμῶν κύριος εἷς ἐστιν

12 32 ἐπ᾽ ἀληθείας εἶπες ὅτι εἷς ἐστιν

12 42ˡ ἐλθοῦσα μία χήρα πτωχὴ ἔβαλεν λεπτὰ δύο

13 1 ἐκπορευομένου αὐτοῦ ἐκ τοῦ ἱεροῦ λέγει αὐτῷ εἷς τῶν μαθητῶν αὐτοῦ

14 10ᶜ καὶ (+ ὁ [S]ϛ) Ἰούδας (+ ὁ VSϛ) Ἰσκαριώθ, ὁ (—ϛ) εἷς τῶν δώδεκα, ἀπῆλθεν

14 18ᵃ εἷς ἐξ ὑμῶν παραδώσει με

14 19 (+ οἱ δὲ Vϛ) ἤρξαντο λυπεῖσθαι καὶ λέγειν αὐτῷ εἷς ↔

14 19ᵖ κατὰ εἷς· μήτι ἐγώ; | καὶ ἄλλος· μήτι ἐγώ (+ VBSϛ); ↔

14 20ᶜ ὁ δὲ εἶπεν αὐτοῖς· εἷς (+ ἐκ [S]ϛ) τῶν δώδεκα, ↔

14 20 * ὁ ἐμβαπτόμενος μετ᾽ ἐμοῦ εἷς τὸ ἓν [+ NH] τρύβλιον

14 37ᵉ οὐκ ἴσχυσας μίαν ὥραν γρηγορῆσαι;

14 43ᶜ παραγίνεται (+ ὁ [NH]M) Ἰούδας (+ ὁ Ἰσκαριώτης [S]T) εἷς (+ ὢν ϛ) τῶν δώδεκα

14 47ᵍ εἷς δέ τις (N²⁶H] τῶν παρεστηκότων σπασάμενος τὴν [S] μάχαιραν ἔπαισεν

14 51ᵍ * καὶ | εἷς τις νεανίσκος (VBTϛ; ν. τ. rl) συνηκολούθει αὐτῷ

14 66 ἔρχεται μία τῶν παιδισκῶν τοῦ ἀρχιερέως

15 6 κατὰ δὲ ἑορτὴν ἀπέλυεν αὐτοῖς ἕνα δέσμιον | ὃν παρῃτοῦντο (ὅνπερ ᾐτοῦντο BSϛ)

15 27ᵏ σὺν αὐτῷ σταυροῦσιν δύο λῃστάς, ἕνα ἐκ δεξιῶν ↔

15 27ᵏ καὶ ἕνα ἐξ εὐωνύμων αὐτοῦ

15 36 * δραμὼν δὲ εἷς (ϛ; τις rl) καὶ ([N²⁶S]; —NH) γεμίσας σπόγγον ὄξους ... ἐπότιζεν αὐτόν

16 2ᵃ καὶ λίαν πρωῒ || τῇ [NH] μιᾷ ((τῆς μιᾶς Sϛ)) τῶν (—ϛ) σαββάτων ἔρχονται ἐπὶ τὸ μνημεῖον (μνῆμα NT)

Lc 4 40ᵇ ὁ δὲ ἑνὶ ἑκάστῳ αὐτῶν τὰς χεῖρας ἐπιτιθεὶς (ἐπιθεὶς Vϛ)

5 3ᵏ ἐμβὰς δὲ εἰς ἓν τῶν πλοίων, ὃ ἦν (+ τοῦ V[S]ϛ) Σίμωνος

5 12 ἐγένετο ἐν τῷ εἶναι αὐτὸν ἐν μιᾷ τῶν πόλεων

5 17 καὶ ἐγένετο ἐν μιᾷ τῶν ἡμερῶν καὶ αὐτὸς ἦν διδάσκων

7 41ʰᵏ δύο χρεοφειλέται ἦσαν δανειστῇ τινι· ὁ εἷς ὤφειλεν δηνάρια πεντακόσια, ὁ δὲ ἕτερος πεντήκοντα

Lc 8 22 ἐγένετο δὲ ἐν μιᾷ τῶν ἡμερῶν καὶ αὐτὸς ἐνέβη εἰς πλοῖον

9 8 * ὅτι προφήτης εἷς (ϛ; τις rl) τῶν ἀρχαίων ἀνέστη

9 33[l] ποιήσωμεν σκηνὰς τρεῖς, μίαν σοὶ ↔

9 33[l] καὶ μίαν Μωϋσεῖ ↔

9 33[l] καὶ μίαν Ἠλίᾳ

10 42[jn] ⟨μεριμνᾷς ... περὶ πολλά⟩ ἑνὸς (ὀλίγων NSH) δέ ἐστιν χρεία (+ ἢ ἑνός NH)

11 46[e] αὐτοὶ ἑνὶ τῶν δακτύλων ὑμῶν οὐ προσψαύετε τοῖς φορτίοις

12 6[ae] ἓν ἐξ αὐτῶν οὐκ ἔστιν ἐπιλελησμένον ἐνώπιον τοῦ θεοῦ

12 25 * τίς ... μεριμνῶν δύναται | ἐπὶ τὴν ἡλικίαν αὐτοῦ προσθεῖναι (~VBSTϛ) πῆχυν ἕνα (+Vϛ)

12 27 οὐδὲ Σολομὼν ἐν πάσῃ τῇ δόξῃ αὐτοῦ περιεβάλετο ὡς ἓν τούτων

12 52 ἔσονται γὰρ ἀπὸ τοῦ νῦν πέντε ἐν ἑνὶ οἴκῳ διαμεμερισμένοι

13 10 ἦν δὲ διδάσκων ἐν μιᾷ τῶν συναγωγῶν ἐν τοῖς σάββασιν

14 18[r] ἤρξαντο ἀπὸ μιᾶς πάντες παραιτεῖσθαι

15 4[a] τίς ... ἔχων ἑκατὸν πρόβατα καὶ ἀπολέσας ἐξ αὐτῶν ἓν οὐ καταλείπει ⟨;⟩

15 7 οὕτως χαρὰ ἐν τῷ οὐρανῷ ἔσται ἐπὶ ἑνὶ ἁμαρτωλῷ μετανοοῦντι

15 8 ἢ τίς γυνὴ δραχμὰς ἔχουσα δέκα, ἐὰν ἀπολέσῃ δραχμὴν μίαν, οὐχὶ ... ζητεῖ ⟨;⟩

15 10 οὕτως ... γίνεται χαρὰ ἐνώπιον τῶν ἀγγέλων τοῦ θεοῦ ἐπὶ ἑνὶ ἁμαρτωλῷ μετανοοῦντι

15 15 πορευθεὶς ἐκολλήθη ἑνὶ τῶν πολιτῶν τῆς χώρας ἐκείνης

15 19 ποίησόν με ὡς ἕνα τῶν μισθίων σου

15 21 * | ποίησόν με ὡς ἕνα τῶν μισθίων σου [+H]

15 26 προσκαλεσάμενος ἕνα τῶν παίδων ἐπυνθάνετο

16 5[b] προσκαλεσάμενος ἕνα ἕκαστον τῶν χρεοφειλετῶν τοῦ κυρίου ἑαυτοῦ

16 13[hk] ἢ γὰρ τὸν ἕνα μισήσει καὶ τὸν ἕτερον ἀγαπήσει, ↔

16 13[hk] ἢ ἑνὸς ἀνθέξεται καὶ τοῦ ἑτέρου καταφρονήσει

16 17 εὐκοπώτερον δέ ἐστιν τὸν οὐρανὸν ... παρελθεῖν ἢ τοῦ νόμου μίαν κεραίαν πεσεῖν

17 2 λυσιτελεῖ αὐτῷ ... ἢ ἵνα σκανδαλίσῃ τῶν μικρῶν τούτων ἕνα

17 15[a] εἷς δὲ ἐξ αὐτῶν, ἰδὼν ὅτι ἰάθη, ὑπέστρεψεν

17 22 ἐλεύσονται ἡμέραι ὅτε ἐπιθυμήσετε μίαν τῶν ἡμερῶν τοῦ υἱοῦ τοῦ ἀνθρώπου ἰδεῖν

17 34[k] ταύτῃ τῇ νυκτὶ ἔσονται δύο ἐπὶ κλίνης μιᾶς [H], ↔

17 34[hk] ὁ (—T) εἷς παραλημφθήσεται καὶ ὁ ἕτερος ἀφεθήσεται· ↔

17 35[hk] ἔσονται δύο ἀλήθουσαι ἐπὶ τὸ αὐτό, ἡ μία παραλημφθήσεται ἡ δὲ ἑτέρα ἀφεθήσεται

18 10[hk] ἄνθρωποι δύο ἀνέβησαν ... προσεύξασθαι, ὁ (—H) εἷς Φαρισαῖος καὶ ὁ ἕτερος τελώνης

18 19[d] οὐδεὶς ἀγαθὸς εἰ μὴ εἷς ὁ ([NH]; —T) θεός

18 22[jn] ἔτι ἕν σοι λείπει

20 1 ἐγένετο ἐν μιᾷ τῶν ἡμερῶν διδάσκοντος αὐτοῦ τὸν λαόν

Lc 20 3 * ἐρωτήσω ὑμᾶς κἀγὼ ἕνα (+ϛ) λόγον

22 47[c] ὁ λεγόμενος Ἰούδας εἷς τῶν δώδεκα προήρχετο αὐτούς

22 50[ag] ἐπάταξεν εἷς τις ἐξ αὐτῶν τοῦ ἀρχιερέως τὸν δοῦλον

22 59 καὶ διαστάσης ὡσεὶ ὥρας μιᾶς ἄλλος τις διϊσχυρίζετο λέγων

23 17 * | ἀνάγκην δὲ εἶχεν ἀπολύειν αὐτοῖς κατὰ ἑορτὴν ἕνα (+MVB [S]ϛ)

23 39[hk] εἷς δὲ τῶν κρεμασθέντων κακούργων ἐβλασφήμει αὐτὸν λέγων (—NTH)

24 1[a] τῇ δὲ μιᾷ τῶν σαββάτων ὄρθρου βαθέως ἐπὶ τὸ μνῆμα ἦλθον

24 18[k] ἀποκριθεὶς δὲ (+ὁ Vϛ) εἷς ὀνόματι (ᾧ ὄνομα VTϛ) Κλεοπᾶς εἶπεν πρὸς αὐτόν

Jo 1 3[fn] χωρὶς αὐτοῦ ἐγένετο οὐδὲ | ἕν. ὃ γέγονεν (N[26]VSH; ἓν ὃ γέγονεν. rl)

1 40[ak] ἦν Ἀνδρέας ... εἷς ἐκ τῶν δύο τῶν ἀκουσάντων παρὰ Ἰωάννου

3 27[fn] οὐ δύναται ἄνθρωπος λαμβάνειν | οὐδὲ ἕν (N[26]; οὐδὲν rl) ἐὰν μὴ ᾖ δεδομένον αὐτῷ

6 8[a] λέγει αὐτῷ εἷς ἐκ τῶν μαθητῶν αὐτοῦ, Ἀνδρέας

6 9 * ἔστιν παιδάριον ἓν (+Vϛ) ὧδε ὃς ἔχει πέντε ἄρτους κριθίνους

6 22 εἶδον ὅτι πλοιάριον ἄλλο οὐκ ἦν ἐκεῖ εἰ μὴ ἕν (+ἐκεῖνο ϛ ..)

6 70[a] καὶ ἐξ ὑμῶν εἷς διάβολός ἐστιν

6 71[c] οὗτος γὰρ ἔμελλεν | παραδιδόναι αὐτόν (~Tϛ), εἷς (+ὢν VSTϛ) ἐκ τῶν δώδεκα

7 21 ἓν ἔργον ἐποίησα καὶ πάντες θαυμάζετε

7 50[a] λέγει Νικόδημος ... εἷς ὢν ἐξ αὐτῶν

[8 9] οἱ δὲ ἀκούσαντες ἐξήρχοντο εἷς ↔

[8 9][p] | καθ' εἷς (καθεῖς ϛ)

8 41 ἕνα πατέρα ἔχομεν τὸν θεόν

9 25[b] ἓν οἶδα, ὅτι τυφλὸς ὢν ἄρτι βλέπω

10 16 καὶ γενήσονται (γενήσεται NVTϛ) μία ποίμνη, ↔

10 16 εἷς ποιμήν

10 30[b] ἐγὼ καὶ ὁ πατὴρ ἕν ἐσμεν

11 49[ag] εἷς δέ τις ἐξ αὐτῶν Καϊάφας ... εἶπεν αὐτοῖς

11 50 συμφέρει ὑμῖν (ἡμῖν Vϛ) ἵνα εἷς ἄνθρωπος ἀποθάνῃ ὑπὲρ τοῦ λαοῦ

11 52[n] ἀλλ' ἵνα καὶ τὰ τέκνα τοῦ θεοῦ τὰ διεσκορπισμένα συναγάγῃ εἰς ἕν

12 2[a] ὁ δὲ Λάζαρος εἷς ἦν ἐκ (—VSϛ) τῶν ἀνακειμένων σὺν αὐτῷ

12 4[a] λέγει δὲ ([H]; οὖν VBSϛ) || Ἰούδας ὁ Ἰσκαριώτης εἷς ἐκ ([N[26]]; —NH) τῶν μαθητῶν αὐτοῦ ((~Sϛ))

13 21[a] εἷς ἐξ ὑμῶν παραδώσει με

13 23[a] ἦν (+δὲ MV[S]ϛ) ἀνακείμενος εἷς ἐκ (—ϛ) τῶν μαθητῶν αὐτοῦ ἐν τῷ κόλπῳ τοῦ Ἰησοῦ

17 11 ἵνα ὦσιν ἓν καθὼς ἡμεῖς

17 21[jn] ἵνα πάντες ἓν ὦσιν

17 21[n] * ἵνα καὶ αὐτοὶ ἐν ἡμῖν ἓν (—N[26] NTH) ὦσιν

17 22[n] ἵνα ὦσιν ἓν ↔

17 22[n] καθὼς ἡμεῖς ἕν (+ἐσμεν ϛ)

17 23[n] ἵνα ὦσιν τετελειωμένοι εἰς ἕν

18 14 συμφέρει ἕνα ἄνθρωπον ἀποθανεῖν (ἀπολέσθαι Sϛ) ὑπὲρ τοῦ λαοῦ

18 22 εἷς | παρεστηκὼς τῶν ὑπηρετῶν (~Vϛ) ἔδωκεν ῥάπισμα τῷ Ἰησοῦ εἰπών

Jo 18 26[a] λέγει εἷς ἐκ τῶν δούλων τοῦ ἀρχιερέως

18 39 ἔστιν δὲ συνήθεια ὑμῖν ἵνα ἕνα | ἀπολύσω ὑμῖν (~Sϛ) ἐν [H] τῷ πάσχα

19 34 ἀλλ' εἷς τῶν στρατιωτῶν λόγχῃ αὐτοῦ τὴν πλευρὰν ἔνυξεν

20 1[a] τῇ δὲ μιᾷ τῶν σαββάτων Μαρία ἡ Μαγδαληνὴ ἔρχεται ... εἰς τὸ μνημεῖον

20 7 ⟨θεωρεῖ⟩ τὸ σουδάριον ... χωρὶς ἐντετυλιγμένον εἰς ἕνα τόπον

20 12[k] θεωρεῖ δύο ἀγγέλους ... καθεζομένους, ἕνα πρὸς τῇ κεφαλῇ ↔

20 12[k] καὶ ἕνα πρὸς τοῖς ποσίν

20 19[a] οὔσης οὖν ὀψίας τῇ ἡμέρᾳ ἐκείνῃ τῇ μιᾷ (+τῶν ϛ) σαββάτων

20 24[c] Θωμᾶς δὲ εἷς ἐκ τῶν δώδεκα ... οὐκ ἦν μετ' αὐτῶν

21 25[jn] ἔστιν δὲ καὶ ἄλλα πολλὰ ... ἅτινα ἐὰν γράφηται καθ' ἕν (—T ..)

Ac 1 22 ⟨δεῖ⟩ μάρτυρα τῆς ἀναστάσεως αὐτοῦ σὺν ἡμῖν γενέσθαι ἕνα τούτων

1 24[k] ἀνάδειξον ὃν ἐξελέξω ἐκ τούτων τῶν δύο ἕνα

2 3[b] | καὶ ἐκάθισεν (ἐκάθισέν τε VSϛ) ἐφ' ἕνα ἕκαστον αὐτῶν

2 6[b] ὅτι ἤκουον (-εν S; -σεν H) εἷς ἕκαστος τῇ ἰδίᾳ διαλέκτῳ λαλούντων αὐτῶν

4 32 τοῦ δὲ πλήθους τῶν πιστευσάντων ἦν (+ἡ V[S]ϛ) καρδία καὶ (+ἡ V[S]ϛ) ψυχὴ μία, ↔

4 32[f] καὶ οὐδὲ εἷς τι τῶν ὑπαρχόντων αὐτῷ ἔλεγεν ἴδιον εἶναι

11 28[a] ἀναστὰς δὲ εἷς ἐξ αὐτῶν ὀνόματι Ἄγαβος ἐσήμανεν

12 10 ἐξελθόντες προῆλθον ῥύμην μίαν

17 26[j] ἐποίησέν τε ἐξ ἑνὸς (+αἵματος ϛ) πᾶν ἔθνος ἀνθρώπων κατοικεῖν ἐπὶ | παντὸς προσώπου (πᾶν τὸ πρόσωπον Vϛ) τῆς γῆς

17 27[b] καί γε οὐ μακρὰν ἀπὸ ἑνὸς ἑκάστου ἡμῶν ὑπάρχοντα

19 34[j] φωνὴ ἐγένετο μία ἐκ πάντων

20 7[a] ἐν δὲ τῇ μιᾷ τῶν σαββάτων συνηγμένων ἡμῶν κλάσαι ἄρτον

20 31[b] τριετίαν ... οὐκ ἐπαυσάμην μετὰ δακρύων νουθετῶν ἕνα ἕκαστον

21 7 ἀσπασάμενοι τοὺς ἀδελφοὺς ἐμείναμεν ἡμέραν μίαν παρ' αὐτοῖς

21 19[bn] ἐξηγεῖτο καθ' ἓν ἕκαστον ὧν ἐποίησεν ὁ θεὸς ἐν τοῖς ἔθνεσιν

21 26[b] ἕως οὗ προσηνέχθη ὑπὲρ ἑνὸς ἑκάστου αὐτῶν ἡ προσφορά

23 6[b] γνοὺς δὲ ὁ Παῦλος ὅτι τὸ ἓν μέρος ἐστὶν Σαδδουκαίων τὸ δὲ ἕτερον Φαρισαίων

23 17 προσκαλεσάμενος δὲ ὁ Παῦλος ἕνα τῶν ἑκατονταρχῶν ἔφη

24 21 ⟨ἢ ... εἰπάτωσαν τί εὗρον ἀδίκημα⟩ ἢ περὶ μιᾶς ταύτης φωνῆς ἧς ἐκέκραξα ἐν αὐτοῖς ἑστώς

28 13 μετὰ μίαν ἡμέραν ἐπιγενομένου νότου δευτεραῖοι ἤλθομεν εἰς Ποτιόλους

28 25 ἀσύμφωνοι δὲ (τε T) ὄντες ... ἀπελύοντο, εἰπόντος τοῦ Παύλου ῥῆμα ἕν

Rm 3 10[f] οὐκ ἔστιν δίκαιος οὐδὲ εἷς

3 12[e] οὐκ ἔστιν ὁ (—VSHϛ) ποιῶν χρηστότητα, | οὐκ ἔστιν ([N[26]]; —M) ἕως ἑνός

Rm 3 30^d εἴπερ εἷς ὁ θεὸς ὃς δικαιώσει περιτομὴν ἐκ πίστεως

5 12^j ὥσπερ δι' ἑνὸς ἀνθρώπου ἡ ἁμαρτία εἰς τὸν κόσμον εἰσῆλθεν

5 15^i εἰ γὰρ τῷ τοῦ ἑνὸς παραπτώματι οἱ πολλοὶ ἀπέθανον, ↔

5 15^j πολλῷ μᾶλλον ἡ χάρις τοῦ θεοῦ ... τῇ τοῦ ἑνὸς ἀνθρώπου Ἰησοῦ Χριστοῦ εἰς τοὺς πολλοὺς ἐπερίσσευσεν. ↔

5 16 καὶ οὐχ ὡς δι' ἑνὸς ἁμαρτήσαντος τὸ δώρημα· ↔

5 16^j τὸ μὲν γὰρ κρίμα ἐξ ἑνὸς εἰς κατάκριμα, τὸ δὲ χάρισμα ἐκ πολλῶν παραπτωμάτων εἰς δικαίωμα. ↔

5 17 εἰ γὰρ τῷ τοῦ ἑνὸς παραπτώματι ↔

5 17 ὁ θάνατος ἐβασίλευσεν διὰ τοῦ ἑνός, ↔

5 17 πολλῷ μᾶλλον οἱ τὴν περισσείαν τῆς χάριτος ... λαμβάνοντες ... βασιλεύσουσιν διὰ τοῦ ἑνὸς Ἰησοῦ Χριστοῦ. ↔

5 18^j ἄρα οὖν ὡς δι' ἑνὸς παραπτώματος εἰς πάντας ἀνθρώπους εἰς κατάκριμα, ↔

5 18^j οὕτως καὶ δι' ἑνὸς δικαιώματος εἰς πάντας ἀνθρώπους εἰς δικαίωσιν ζωῆς· ↔

5 19^j ὥσπερ γὰρ διὰ τῆς παρακοῆς τοῦ ἑνὸς ἀνθρώπου ἁμαρτωλοὶ κατεστάθησαν οἱ πολλοί, ↔

5 19^j οὕτως καὶ διὰ τῆς ὑπακοῆς τοῦ ἑνὸς δίκαιοι κατασταθήσονται οἱ πολλοί

9 10 οὐ μόνον δέ, ἀλλὰ καὶ Ῥεβέκκα ἐξ ἑνὸς κοίτην ἔχουσα

12 4^j καθάπερ γὰρ ἐν ἑνὶ σώματι πολλὰ μέλη ἔχομεν

12 5^j οὕτως οἱ πολλοὶ ἓν σῶμά ἐσμεν ἐν Χριστῷ, ↔

12 5^p τὸ (ὁ ς) δὲ | καθ' εἷς (καθεῖς ς) ἀλλήλων μέλη

15 6 ἵνα ὁμοθυμαδὸν ἐν ἑνὶ στόματι δοξάζητε τὸν θεόν

1 C 3 8^n ὁ φυτεύων δὲ καὶ ὁ ποτίζων ἕν εἰσιν

4 6 ἵνα μὴ εἷς ↔

4 6^h ὑπὲρ τοῦ ἑνὸς φυσιοῦσθε κατὰ τοῦ ἑτέρου

6 5^f * οὕτως οὐκ ἔνι ἐν ὑμῖν | σοφὸς οὐδὲ εἷς (ς; οὐδεὶς σ. rl)

6 16 ἢ [N^26] οὐκ οἴδατε ὅτι ὁ κολλώμενος τῇ πόρνῃ ἓν σῶμά ἐστιν; ↔

6 16^k ἔσονται γάρ, φησίν, οἱ δύο εἰς σάρκα μίαν. ↔

6 17 ὁ δὲ κολλώμενος τῷ κυρίῳ ἓν πνεῦμά ἐστιν

8 4^dh οἴδαμεν ... ὅτι οὐδεὶς θεὸς (+ ἕτερος ς) εἰ μὴ εἷς

8 6^dj ἀλλ' [H] ἡμῖν εἷς θεὸς ὁ πατήρ

8 6^j καὶ εἷς κύριος Ἰησοῦς Χριστός

9 24^j πάντες μὲν τρέχουσιν, εἷς δὲ λαμβάνει τὸ βραβεῖον

10 8 ἔπεσαν (+ ἐν MVSς) μιᾷ ἡμέρᾳ εἴκοσι τρεῖς χιλιάδες

10 17^j ὅτι εἷς ἄρτος, ↔

10 17^j ἓν σῶμα οἱ πολλοί ἐσμεν· ↔

10 17^j οἱ γὰρ πάντες ἐκ τοῦ ἑνὸς ἄρτου μετέχομεν

11 5^n ἓν γάρ ἐστιν καὶ τὸ αὐτὸ τῇ ἐξυρημένῃ

12 9 ⟨δίδοται⟩ ἄλλῳ δὲ χαρίσματα ἰαμάτων ἐν τῷ ἑνὶ (αὐτῷ ς) πνεύματι

1 C 12 11^j πάντα δὲ ταῦτα ἐνεργεῖ τὸ ἓν καὶ τὸ αὐτὸ πνεῦμα

12 12^j καθάπερ γὰρ τὸ σῶμα ἕν ἐστιν καὶ μέλη πολλὰ ἔχει,

12 12^j * πάντα δὲ τὰ μέλη τοῦ σώματος | τοῦ ἑνὸς (+ ς) πολλὰ ὄντα ↔

12 12^j ἓν ἐστιν σῶμα, οὕτως καὶ ὁ Χριστός· ↔

12 13^j καὶ γὰρ ἐν ἑνὶ πνεύματι ἡμεῖς πάντες ↔

12 13^j εἰς ἓν σῶμα ἐβαπτίσθημεν

12 13^j καὶ πάντες (+ εἰς ς) ἓν πνεῦμα ἐποτίσθημεν. ↔

12 14^j καὶ γὰρ τὸ σῶμα οὐκ ἔστιν ἓν μέλος ἀλλὰ πολλά

12 18^b νυνὶ (νῦν NH) δὲ ὁ θεὸς ἔθετο τὰ μέλη, ἓν ἕκαστον αὐτῶν ἐν τῷ σώματι καθὼς ἠθέλησεν. ↔

12 19^j εἰ δὲ ἦν τὰ [H] πάντα ἓν μέλος, ποῦ τὸ σῶμα; ↔

12 20^j νῦν δὲ πολλὰ μὲν (—H) μέλη, ἓν δὲ σῶμα

12 26^j εἴτε πάσχει ἓν μέλος, συμπάσχει πάντα τὰ μέλη· ↔

12 26^j εἴτε δοξάζεται ἓν (+[N^26S] MVBς) μέλος, συγχαίρει πάντα τὰ μέλη

14 27 εἴτε γλώσσῃ τις λαλεῖ ... ἀνὰ μέρος, καὶ εἷς διερμηνευέτω

14 31^jp δύνασθε γὰρ καθ' ἕνα πάντες προφητεύειν

16 2^q κατὰ μίαν σαββάτου (-των ς) ἕκαστος ὑμῶν παρ' ἑαυτῷ τιθέτω θησαυρίζων

2 C 5 14^j εἷς ὑπὲρ πάντων ἀπέθανεν· ἄρα οἱ πάντες ἀπέθανον

11 2 ἡρμοσάμην γὰρ ὑμᾶς ἑνὶ ἀνδρὶ παρθένον ἁγνὴν παραστῆσαι τῷ Χριστῷ

11 24 ὑπὸ Ἰουδαίων πεντάκις τεσσεράκοντα παρὰ μίαν ἔλαβον

G 3 16^j οὐ λέγει ... ὡς ἐπὶ πολλῶν, ἀλλ' ὡς ἐφ' ἑνός·

3 20 ὁ δὲ μεσίτης ἑνὸς οὐκ ἔστιν, ↔

3 20 ὁ δὲ θεὸς εἷς ἐστιν

3 28^j πάντες (ἅπαντες T) γὰρ ὑμεῖς εἷς ἐστε ἐν Χριστῷ Ἰησοῦ

4 22^k Ἀβραὰμ δύο υἱοὺς ἔσχεν, ἕνα ἐκ τῆς παιδίσκης ↔

4 22^k καὶ ἕνα ἐκ τῆς ἐλευθέρας

4 24^k αὗται γάρ εἰσιν δύο διαθῆκαι, μία μὲν ἀπὸ ὄρους Σινᾶ

5 14 ὁ γὰρ πᾶς νόμος ἐν ἑνὶ λόγῳ πεπλήρωται

E 2 14^kn αὐτὸς γάρ ἐστιν ἡ εἰρήνη ἡμῶν, ὁ ποιήσας τὰ ἀμφότερα ἓν

2 15^k ἵνα τοὺς δύο κτίσῃ ἐν αὐτῷ (αὐτ. H; ἑαυτ. ς) εἰς ἕνα καινὸν ἄνθρωπον ποιῶν εἰρήνην, ↔

2 16^k καὶ ἀποκαταλλάξῃ τοὺς ἀμφοτέρους ἐν ἑνὶ σώματι τῷ θεῷ διὰ τοῦ σταυροῦ

2 18^k ὅτι δι' αὐτοῦ ἔχομεν τὴν προσαγωγὴν οἱ ἀμφότεροι ἐν ἑνὶ πνεύματι πρὸς τὸν πατέρα

4 4 ⟨σπουδάζοντες τηρεῖν τὴν ἑνότητα τοῦ πνεύματος⟩ ἓν σῶμα

4 4 καὶ ἓν πνεῦμα,

4 4 καθὼς καὶ [H] ἐκλήθητε ἐν μιᾷ ἐλπίδι τῆς κλήσεως ὑμῶν· ↔

4 5 εἷς κύριος, ↔

4 5 μία πίστις, ↔

4 5 ἓν βάπτισμα· ↔

4 6^dj εἷς θεὸς καὶ πατὴρ πάντων

4 7^b ἑνὶ δὲ ἑκάστῳ ἡμῶν ἐδόθη ἡ [H] χάρις

E 4 16^bj ἐξ οὗ πᾶν τὸ σῶμα συναρμολογούμενον ... διὰ πάσης ἁφῆς τῆς ἐπιχορηγίας κατ' ἐνέργειαν ἐν μέτρῳ ἑνὸς ἑκάστου μέρους τὴν αὔξησιν ... ποιεῖται

5 31^k ἔσονται οἱ δύο εἰς σάρκα μίαν

5 33^p πλὴν καὶ ὑμεῖς οἱ καθ' ἕνα ἕκαστος τὴν ἑαυτοῦ γυναῖκα οὕτως ἀγαπάτω ὡς ἑαυτόν

Ph 1 27 ἵνα ... ἀκούω (ἀκούσω VSς) ... ὅτι στήκετε ἐν ἑνὶ πνεύματι,

1 27 μιᾷ ψυχῇ συναθλοῦντες τῇ πίστει τοῦ εὐαγγελίου

2 2^n πληρώσατέ μου τὴν χαρὰν ... σύμψυχοι, τὸ ἓν φρονοῦντες

3 13^n οὐ (N^26ς; οὔπω rl) λογίζομαι κατειληφέναι· ἓν δέ, τὰ μὲν ὀπίσω ἐπιλανθανόμενος ⟨κατὰ σκοπὸν διώκω⟩

Cl 3 15 ἡ εἰρήνη ... βραβευέτω ... εἰς ἣν καὶ ἐκλήθητε ἐν ἑνὶ [H] σώματι

4 6^b εἰδέναι πῶς δεῖ ὑμᾶς ἑνὶ ἑκάστῳ ἀποκρίνεσθαι

1 Th 2 11^b καθάπερ οἴδατε ὡς ἕνα ἕκαστον ὑμῶν ὡς πατὴρ τέκνα ἑαυτοῦ ⟨παρακαλοῦντες ὑμᾶς⟩

5 11 διὸ ... οἰκοδομεῖτε εἰς ↔

5 11 τὸν ἕνα, καθὼς καὶ ποιεῖτε

2 Th 1 3^bj ὅτι ... πλεονάζει ἡ ἀγάπη ἑνὸς ἑκάστου πάντων ὑμῶν εἰς ἀλλήλους

1 Tm 2 5^d εἷς γὰρ θεός, ↔

2 5 εἷς καὶ μεσίτης θεοῦ καὶ ἀνθρώπων, ἄνθρωπος Χριστὸς Ἰησοῦς

3 2 δεῖ οὖν τὸν ἐπίσκοπον ἀνεπίλημπτον εἶναι, μιᾶς γυναικὸς ἄνδρα

3 12 διάκονοι ἔστωσαν μιᾶς γυναικὸς ἄνδρες

5 9 χήρα καταλεγέσθω ... ἑνὸς ἀνδρὸς γυνή

Tt 1 6 ⟨πρεσβυτέρους⟩ εἴ τίς ἐστιν ἀνέγκλητος, μιᾶς γυναικὸς ἀνήρ

3 10^k αἱρετικὸν ἄνθρωπον μετὰ μίαν καὶ δευτέραν νουθεσίαν παραιτοῦ

Hb 2 11^j ὅ τε γὰρ ἁγιάζων καὶ οἱ ἁγιαζόμενοι ἐξ ἑνὸς πάντες

10 12 οὗτος δὲ μίαν ὑπὲρ ἁμαρτιῶν προσενέγκας θυσίαν εἰς τὸ διηνεκές

10 14 μιᾷ γὰρ προσφορᾷ τετελείωκεν εἰς τὸ διηνεκὲς τοὺς ἁγιαζομένους

11 12 διὸ καὶ ἀφ' ἑνὸς ἐγεννήθησαν (ἐγενή. NMVBS), καὶ ταῦτα νενεκρωμένου

12 16 ὃς ἀντὶ βρώσεως μιᾶς ἀπέδετο (-οτο NMVBSτς) τὰ πρωτοτόκια ἑαυτοῦ (αὐτ. Sς)

Jc 2 10^jn ὅστις γὰρ ὅλον τὸν νόμον τηρήσῃ (-σει Sς), πταίσῃ (-σει Sς) δὲ ἐν ἑνί

2 19^d σὺ πιστεύεις ὅτι || εἷς ἐστιν ὁ (—H) θεός ((~ς HS));

4 12 εἷς ἐστιν ὁ ([N^26]; —NH) νομοθέτης καὶ κριτής

4 13 * ποιήσομεν (-σωμεν Sς) ἐκεῖ ἐνιαυτὸν ἕνα (+ Sς)

2 Pt 3 8^n ἓν δὲ τοῦτο μὴ λανθανέτω ὑμᾶς, ἀγαπητοί, ↔

3 8 ὅτι μία ἡμέρα παρὰ κυρίῳ ὡς χίλια ἔτη ↔

3 8 καὶ χίλια ἔτη ὡς ἡμέρα μία

1 Jo 5 7^jn * | καὶ οὗτοι οἱ τρεῖς ἕν εἰσι (.. + ς ..)

5 8^jn καὶ οἱ τρεῖς εἰς τὸ ἕν εἰσιν

Ap 4 8^m καὶ τὰ τέσσαρα ζῷα, ἓν ↔

Ap 4 8ⁿ καθ' | ἐν αὐτῶν (ἑαυτὸ ς) ἔχων
(-ον VBS; εἶχον ς) ἀνὰ πτέρυγας
ἕξ

5 5ᵃ εἷς ἐκ τῶν πρεσβυτέρων λέγει μοι

6 1ᵃ εἶδον ὅτε ἤνοιξεν τὸ ἀρνίον μίαν
ἐκ τῶν ἑπτὰ σφραγίδων, ↔

6 1ᵃᵐ καὶ ἤκουσα ἑνὸς ἐκ τῶν τεσσάρων
ζῴων λέγοντος ὡς φωνὴ (N²⁶T;
φωνῆς ς; φωνῇ rl) βροντῆς

7 13ᵃ ἀπεκρίθη εἷς ἐκ τῶν πρεσβυτέρων
λέγων μοι

8 13 ἤκουσα ἑνὸς ἀετοῦ πετομένου . . .
λέγοντος φωνῇ μεγάλῃ

9 12ᵏ ἡ οὐαὶ ἡ μία ἀπῆλθεν· ἰδοὺ ἔρχεται
ἔτι δύο οὐαὶ μετὰ ταῦτα

9 13ᵐ ἤκουσα φωνὴν μίαν ἐκ τῶν τεσ-
σάρων ([N²⁶]; —MH) κεράτων τοῦ
θυσιαστηρίου

13 3ᵃ ⟨εἶδον⟩ μίαν ἐκ τῶν κεφαλῶν αὐτοῦ
ὡς ἐσφαγμένην εἰς θάνατον

15 7ᵃᵐ ἓν ἐκ τῶν τεσσάρων ζῴων ἔδω-
κεν . . . ἑπτὰ φιάλας χρυσᾶς

17 1ᵃ ἦλθεν εἷς ἐκ τῶν ἑπτὰ ἀγγέλων

17 10 οἱ πέντε ἔπεσαν, ὁ εἷς ἔστιν, ὁ
ἄλλος οὔπω ἦλθεν

17 12 ἀλλὰ ἐξουσίαν ὡς βασιλεῖς μίαν
ὥραν λαμβάνουσιν μετὰ τοῦ θηρί-
ου. ↔

17 13 οὗτοι μίαν γνώμην ἔχουσιν

17 17 ὁ γὰρ θεὸς ἔδωκεν εἰς τὰς καρδίας
αὐτῶν . . . ποιῆσαι μίαν γνώμην

18 8 διὰ τοῦτο ἐν μιᾷ ἡμέρᾳ ἥξουσιν
αἱ πληγαὶ αὐτῆς

18 10 | μιᾷ ὥρᾳ (μίαν ὥραν B) ἦλθεν
ἡ κρίσις σου

18 17 ὅτι μιᾷ ὥρᾳ ἠρημώθη ὁ τοσοῦτος
πλοῦτος

18 19 ὅτι μιᾷ ὥρᾳ ἠρημώθη

18 21 ἦρεν εἷς ἄγγελος ἰσχυρὸς λίθον ὡς
μύλινον (μύλον MVBSTς) μέγαν

19 17 εἶδον ἕνα ἄγγελον ἑστῶτα ἐν τῷ
ἡλίῳ

21 9ᵃ ἦλθεν εἷς ἐκ (—ς) τῶν ἑπτὰ ἀγγέ-
λων τῶν ἐχόντων τὰς ἑπτὰ φιάλας

21 21ᵇ ἀνὰ εἷς ἕκαστος τῶν πυλώνων ↔

21 21 ἦν ἐξ ἑνὸς μαργαρίτου

22 2ᵇ * ξύλον ζωῆς . . . κατὰ μῆνα ἕνα
(+ς) ἕκαστον ἀποδιδοῦν (-δοὺς
ST) τὸν καρπὸν αὐτοῦ

εἰσάγω
→ ἄγω

Lc 2 27 ἐν τῷ εἰσαγαγεῖν τοὺς γονεῖς τὸ
παιδίον Ἰησοῦν

14 21 ἔξελθε . . . καὶ τοὺς πτωχοὺς καὶ
ἀναπείρους καὶ τυφλοὺς καὶ χωλοὺς
εἰσάγαγε ὧδε

22 54 συλλαβόντες δὲ αὐτὸν ἤγαγον καὶ
εἰσήγαγον εἰς τὴν οἰκίαν τοῦ
ἀρχιερέως

Jo 18 16 ἐξῆλθεν οὖν ὁ μαθητὴς ὁ ἄλλος . . .
καὶ εἰσήγαγεν τὸν Πέτρον

Ac 7 45 ἣν καὶ εἰσήγαγον διαδεξάμενοι οἱ
πατέρες ἡμῶν μετὰ Ἰησοῦ

9 8 χειραγωγοῦντες δὲ αὐτὸν εἰσήγα-
γον εἰς Δαμασκόν

21 28 ἔτι τε καὶ Ἕλληνας εἰσήγαγεν εἰς
τὸ ἱερόν

21 29 ὃν ἐνόμιζον ὅτι εἰς τὸ ἱερὸν εἰσή-
γαγεν ὁ Παῦλος

21 37 μέλλων τε εἰσάγεσθαι εἰς τὴν
παρεμβολὴν ὁ Παῦλος λέγει τῷ
χιλιάρχῳ

22 24 ἐκέλευσεν ὁ χιλίαρχος εἰσάγεσθαι
(ἄγεσθαι ς) αὐτὸν εἰς τὴν παρεμ-
βολήν

Hb 1 6 ὅταν δὲ πάλιν εἰσαγάγῃ τὸν
πρωτότοκον εἰς τὴν οἰκουμένην,
λέγει

εἰσακούω
→ ἀκούω

Mt 6 7 δοκοῦσιν γὰρ ὅτι ἐν τῇ πολυλογίᾳ
αὐτῶν εἰσακουσθήσονται

Lc 1 13 μὴ φοβοῦ, Ζαχαρία, διότι εἰσηκού-
σθη ἡ δέησίς σου

Ac 10 31 Κορνήλιε, εἰσηκούσθη σου ἡ προσ-
ευχή

1 C 14 21 ἐν ἑτερογλώσσοις καὶ ἐν χείλεσιν
ἑτέρων λαλήσω τῷ λαῷ τούτῳ,
καὶ οὐδ' οὕτως εἰσακούσονταί μου

Hb 5 7 ἱκετηρίας . . . προσενέγκας καὶ
εἰσακουσθεὶς ἀπὸ τῆς εὐλαβείας

εἰσδέχομαι
→ δέχομαι

2 C 6 17 ἀκαθάρτου μὴ ἅπτεσθε· κἀγὼ
εἰσδέξομαι ὑμᾶς

εἴσειμι
→ εἶμι

Ac 3 3 ὃς ἰδὼν Πέτρον καὶ Ἰωάννην
μέλλοντας εἰσιέναι εἰς τὸ ἱερὸν
ἠρώτα

21 18 τῇ δὲ (τε T) ἐπιούσῃ εἰσῄει ὁ
Παῦλος σὺν ἡμῖν πρὸς Ἰάκωβον

21 26 τότε ὁ Παῦλος . . . σὺν αὐτοῖς
ἁγνισθεὶς εἰσῄει εἰς τὸ ἱερόν

Hb 9 6 εἰς μὲν τὴν πρώτην σκηνὴν διὰ
παντὸς εἰσίασιν οἱ ἱερεῖς

εἰσελεύσομαι
→ εἰσέρχομαι

εἰσελήλυθα
→ εἰσέρχομαι

εἰσέρχομαι
→ ἔρχομαι

ᵃ εἰσ. εἰς (τὴν) οἰκίαν, (τὸν) οἶκον
ᵇ εἰσ. εἰς τὴν βασιλείαν
ᶜ εἰσ. εἰς τὴν ζωήν
ᵈ εἰσ. εἰς τὴν κατάπαυσιν
ᵉ εἰσ. seq. τοῦ et inf.
ᶠ εἰσ. et ἐξέρχομαι
ᵍ εἰσ. διά τινος
ʰ εἰσ. πρός τινα
ʲ εἰσ. ἐπί τινα
ᵏ εἰσ. ὑπό τινα
ˡ εἰσ. ἔν τινι
ᵐ εἰσ. ἔκ τινος

Mt 2 21 ὁ δὲ ἐγερθεὶς . . . εἰσῆλθεν (ἦλθεν ς)
εἰς γῆν Ἰσραήλ

5 20ᵇ οὐ μὴ εἰσέλθητε εἰς τὴν βασιλείαν
τῶν οὐρανῶν

6 6 σὺ δὲ ὅταν προσεύχῃ, εἴσελθε εἰς
τὸ ταμεῖόν σου

7 13ᵍ εἰσέλθατε διὰ τῆς στενῆς πύλης

7 13ᵖ πολλοί εἰσιν οἱ εἰσερχόμενοι δι'
αὐτῆς

7 21ᵇ οὐ πᾶς ὁ λέγων μοι . . . εἰσελεύσε-
ται εἰς τὴν βασιλείαν τῶν οὐρανῶν

7 21ᵇ * οὗτος εἰσελεύσεται εἰς τὴν βασι-
λείαν τῶν οὐρανῶν (+B)

8 5 | εἰσελθόντος δὲ αὐτοῦ (εἰσελθόντι
δὲ τῷ Ἰησοῦ ς) εἰς Καφαρναούμ

8 8ᵏ οὐκ εἰμὶ ἱκανὸς ἵνα μου ὑπὸ τὴν
στέγην εἰσέλθῃς

9 18 * ἰδοὺ ἄρχων εἷς ([NH]; τις S;
—Tς) εἰσελθὼν (T; ἐλθ. N²⁶Bς;
προσ- rl) προσεκύνει αὐτῷ λέγων

9 25 ὅτε δὲ ἐξεβλήθη ὁ ὄχλος, εἰσελθὼν
ἐκράτησεν τῆς χειρὸς αὐτῆς

10 5 εἰς πόλιν Σαμαριτῶν μὴ εἰσέλθητε

10 11ᶠ εἰς ἣν δ' ἂν πόλιν ἢ κώμην εἰσέλ-
θητε . . . μείνατε, ἕως ἂν ἐξέλθητε

Mt 10 12ᵃ εἰσερχόμενοι δὲ εἰς τὴν οἰκίαν
ἀσπάσασθε αὐτήν

12 4ᵃ ⟨οὐκ ἀνέγνωτε τί ἐποίησεν Δαυίδ⟩
πῶς εἰσῆλθεν εἰς τὸν οἶκον τοῦ θεοῦ
⟨;⟩

12 29ᵃ ἢ πῶς δύναταί τις εἰσελθεῖν εἰς τὴν
οἰκίαν τοῦ ἰσχυροῦ ⟨;⟩

12 45ᶠ παραλαμβάνει . . . ἑπτὰ ἕτερα
πνεύματα . . . καὶ εἰσελθόντα κατ-
οικεῖ ἐκεῖ

15 11 οὐ τὸ εἰσερχόμενον εἰς τὸ στόμα
κοινοῖ τὸν ἄνθρωπον

17 25ᵃ * καὶ | ὅτε εἰσῆλθεν (Vς; εἰσελθόν-
τα T; ἐλθόντα rl) εἰς τὴν οἰκίαν
προέφθασεν αὐτὸν ὁ Ἰησοῦς

18 3ᵇ οὐ μὴ εἰσέλθητε εἰς τὴν βασιλείαν
τῶν οὐρανῶν

18 8ᶜ καλόν σοί ἐστιν εἰσελθεῖν εἰς τὴν
ζωὴν | κυλλὸν ἢ χωλόν (∼ Vς)

18 9ᶜ καλόν σοί ἐστιν μονόφθαλμον εἰς
τὴν ζωὴν εἰσελθεῖν

19 17ᶜ εἰ δὲ θέλεις εἰς τὴν ζωὴν εἰσελθεῖν,
τήρησον (τήρει NH) τὰς ἐντολάς

19 23ᵇ πλούσιος δυσκόλως εἰσελεύσεται
εἰς τὴν βασιλείαν τῶν οὐρανῶν

19 24ᵍ * εὐκοπώτερόν ἐστιν κάμηλον
διὰ τρυπήματος (τρήματος NH)
ῥαφίδος εἰσελθεῖν (δι- N²⁶VBς) ↔

19 24ᵇ ἢ πλούσιον εἰσελθεῖν (+N²⁶B) εἰς
τὴν βασιλείαν | τοῦ θεοῦ (τῶν
οὐρανῶν T) (+εἰσελθεῖν Vς)

21 10 εἰσελθόντος αὐτοῦ εἰς Ἱεροσόλυμα
ἐσείσθη πᾶσα ἡ πόλις

21 12 εἰσῆλθεν Ἰησοῦς εἰς τὸ ἱερόν (+
τοῦ θεοῦ VBSTς)

22 11 εἰσελθὼν δὲ ὁ βασιλεὺς θεάσασθαι
τοὺς ἀνακειμένους

22 12 ἑταῖρε, πῶς εἰσῆλθες ὧδε μὴ ἔχων
ἔνδυμα γάμου;

23 13 ὑμεῖς γὰρ οὐκ εἰσέρχεσθε, ↔

23 13 οὐδὲ τοὺς εἰσερχομένους ↔

23 13 ἀφίετε εἰσελθεῖν

24 38 ἄχρι ἧς ἡμέρας εἰσῆλθεν Νῶε εἰς
τὴν κιβωτόν

25 10 αἱ ἕτοιμοι εἰσῆλθον μετ' αὐτοῦ
εἰς τοὺς γάμους

25 21 εἴσελθε εἰς τὴν χαρὰν τοῦ κυρίου
σου

25 23 εἴσελθε εἰς τὴν χαρὰν τοῦ κυρίου
σου

26 41 γρηγορεῖτε καὶ προσεύχεσθε, ἵνα
μὴ εἰσέλθητε εἰς πειρασμόν

26 58 εἰσελθὼν ἔσω ἐκάθητο μετὰ τῶν
ὑπηρετῶν ἰδεῖν τὸ τέλος

27 53ᶠ ἐξελθόντες ἐκ τῶν μνημείων . . .
εἰσῆλθον εἰς τὴν ἁγίαν πόλιν

Mc 1 21 καὶ εὐθὺς τοῖς σάββασιν εἰσελθὼν
(—BST) | εἰς τὴν συναγωγὴν
ἐδίδασκεν (∼ BST)

1 45 ὥστε μηκέτι αὐτὸν δύνασθαι | φα-
νερῶς εἰς πόλιν (∼ ST) εἰσελθεῖν

2 1 | εἰσελθὼν πάλιν εἰς Καφαρναοὺμ
δι' ἡμερῶν ἠκούσθη (π. εἰσῆλθεν
εἰς Κ. δι' ἡ. καὶ ἠ. ς)

2 26ᵃ ⟨οὐδέποτε ἀνέγνωτε⟩ πῶς [NH]
εἰσῆλθεν εἰς τὸν οἶκον τοῦ θεοῦ ⟨;⟩

3 1 καὶ εἰσῆλθεν πάλιν εἰς τὴν (—N
TH) συναγωγήν

3 27ᵃ ἀλλ' οὐ δύναται οὐδεὶς | εἰς τὴν
οἰκίαν τοῦ ἰσχυροῦ εἰσελθὼν τὰ
σκεύη αὐτοῦ (∼ Sς) διαρπάσαι

5 12 πέμψον ἡμᾶς εἰς τοὺς χοίρους, ἵνα
εἰς αὐτοὺς εἰσέλθωμεν

5 13ᶠ ἐξελθόντα τὰ πνεύματα . . . εἰσ-
ῆλθον εἰς τοὺς χοίρους

Mc 5 39 ⟨ἔρχονται εἰς τὸν οἶκον⟩ καὶ εἰσελθὼν λέγει αὐτοῖς

6 10ᵃᶠὅπου ἐὰν εἰσέλθητε εἰς οἰκίαν, ἐκεῖ μένετε ἕως ἂν ἐξέλθητε ἐκεῖθεν

6 22 εἰσελθούσης τῆς θυγατρὸς αὐτοῦ (N²⁶H; αὐτῆς τῆς rl) Ἡρωδιάδος . . . ἤρεσεν (καὶ ἀρεσάσης VBSϛ) τῷ Ἡρῴδῃ

6 25ᶠʰεἰσελθοῦσα εὐθὺς μετὰ σπουδῆς πρὸς τὸν βασιλέα ᾐτήσατο λέγουσα

7 17ᵃὅτε εἰσῆλθεν εἰς (+τὸν T) οἶκον ἀπὸ τοῦ ὄχλου

7 24ᵃεἰσελθὼν εἰς οἰκίαν οὐδένα ἤθελεν (ἠθέλησεν T) γνῶναι

7 25 * | ἀλλ᾽ εὐθὺς ἀκούσασα (ἀκ. γὰρ Sϛ) γυνὴ . . . εἰσελθοῦσα (ST; ἐλθ. rl) προσέπεσεν πρὸς τοὺς πόδας αὐτοῦ

8 26 μηδὲ (μὴ T) εἰς τὴν κώμην εἰσέλθῃς (+μηδὲ εἴπῃς τινὶ ἐν τῇ κώμῃ Vϛ)

9 25ᶠ τὸ ἄλαλον καὶ κωφὸν πνεῦμα . . . ἔξελθε ἐξ αὐτοῦ καὶ μηκέτι εἰσέλθῃς εἰς αὐτόν

9 28ᵃ| εἰσελθόντος αὐτοῦ (-θόντα αὐτὸν ϛ) εἰς οἶκον οἱ μαθηταὶ αὐτοῦ . . . ἐπηρώτων αὐτόν

9 43ᶜκαλόν ἐστίν σε κυλλὸν εἰσελθεῖν εἰς τὴν ζωήν

9 45ᶜκαλόν ἐστίν σε εἰσελθεῖν εἰς τὴν ζωὴν χωλόν

9 47ᵇκαλόν σέ ἐστιν μονόφθαλμον εἰσελθεῖν εἰς τὴν βασιλείαν τοῦ θεοῦ

10 15ᵇὃς ἂν μὴ δέξηται τὴν βασιλείαν τοῦ θεοῦ ὡς παιδίον, οὐ μὴ εἰσέλθῃ εἰς αὐτήν

10 23ᵇπῶς δυσκόλως οἱ τὰ χρήματα ἔχοντες εἰς τὴν βασιλείαν τοῦ θεοῦ εἰσελεύσονται

10 24ᵇπῶς δύσκολόν ἐστιν (+τοὺς πεποιθότας ἐπὶ χρήμασιν MVB[S]ϛ) εἰς τὴν βασιλείαν τοῦ θεοῦ εἰσελθεῖν· ↔

10 25ᵍ* εὐκοπώτερόν ἐστιν κάμηλον διὰ τῆς ([N²⁶]; —H) τρυμαλιᾶς τῆς ([N²⁶]; —H) ῥαφίδος εἰσελθεῖν (ϛ; δι- rl)

10 25ᵇἢ πλούσιον εἰς τὴν βασιλείαν τοῦ θεοῦ εἰσελθεῖν

11 11ᶠεἰσῆλθεν εἰς Ἱεροσόλυμα εἰς τὸ ἱερὸν καὶ . . . ἐξῆλθεν εἰς Βηθανίαν

11 15 εἰσελθὼν εἰς τὸ ἱερὸν ἤρξατο ἐκβάλλειν τοὺς πωλοῦντας

13 15 μηδὲ εἰσελθάτω | ἆραί τι (~NM VSH) ἐκ τῆς οἰκίας αὐτοῦ

14 14 ὅπου ἐὰν εἰσέλθῃ εἴπατε τῷ οἰκοδεσπότῃ

14 38 * γρηγορεῖτε καὶ προσεύχεσθε, ἵνα μὴ εἰσέλθητε (Vϛ; ἔλθητε rl) εἰς πειρασμόν

15 43ʰἐλθὼν Ἰωσὴφ ὁ ([N²⁶]; —H) ἀπὸ Ἀριμαθαίας . . . τολμήσας εἰσῆλθεν πρὸς τὸν ([S]; —ϛ) Πιλᾶτον

16 5ᶠεἰσελθοῦσαι εἰς τὸ μνημεῖον εἶδον νεανίσκον καθήμενον

Lc 1 9 ἔλαχε τοῦ θυμιᾶσαι εἰσελθὼν εἰς τὸν ναὸν τοῦ κυρίου

1 28ʰεἰσελθὼν (+ὁ ἄγγελος Vϛ ~T) πρὸς αὐτὴν εἶπεν

1 40ᵃ⟨Μαριὰμ⟩ εἰσῆλθεν εἰς τὸν οἶκον Ζαχαρίου

4 16 εἰσῆλθεν κατὰ τὸ εἰωθὸς αὐτῷ . . . εἰς τὴν συναγωγήν

4 38ᵃἀναστὰς δὲ ἀπὸ τῆς συναγωγῆς εἰσῆλθεν εἰς τὴν οἰκίαν Σίμωνος

Lc 6 4ᵃ⟨οὐδὲ τοῦτο ἀνέγνωτε ὃ ἐποίησεν Δαυίδ⟩ ὡς [N²⁶H] εἰσῆλθεν εἰς τὸν οἶκον τοῦ θεοῦ ⟨;⟩

6 6 ἐγένετο δὲ ἐν ἑτέρῳ σαββάτῳ εἰσελθεῖν αὐτὸν εἰς τὴν συναγωγήν

7 1 ἐπειδὴ ἐπλήρωσεν πάντα τὰ ῥήματα αὐτοῦ . . . εἰσῆλθεν εἰς Καφαρναούμ

7 6ᵏοὐ γὰρ | ἱκανός εἰμι (~Vϛ) ἵνα ὑπὸ τὴν στέγην μου εἰσέλθῃς

7 36ᵃεἰσελθὼν εἰς τὸν οἶκον τοῦ Φαρισαίου κατεκλίθη

7 44ᵃεἰσῆλθόν σου εἰς τὴν οἰκίαν

7 45 αὕτη δὲ ἀφ᾽ ἧς εἰσῆλθον οὐ διέλιπεν (N²⁶Hϛ; -λειπεν rl) καταφιλοῦσά μου τοὺς πόδας

8 30 λεγιών, ὅτι εἰσῆλθεν δαιμόνια πολλὰ εἰς αὐτόν

8 32 παρεκάλεσαν αὐτὸν ἵνα ἐπιτρέψῃ αὐτοῖς εἰς ἐκείνους εἰσελθεῖν

8 33ᶠἐξελθόντα δὲ τὰ δαιμόνια ἀπὸ τοῦ ἀνθρώπου εἰσῆλθον (-θεν ϛ) εἰς τοὺς χοίρους

8 41ᵃπαρεκάλει αὐτὸν εἰσελθεῖν εἰς τὸν οἶκον αὐτοῦ

8 51ᵃ* εἰσελθὼν (ϛ; ἐλθὼν rl) δὲ εἰς τὴν οἰκίαν ↔

8 51 οὐκ ἀφῆκεν εἰσελθεῖν τινα σὺν αὐτῷ

9 4ᵃᶠεἰς ἣν ἂν οἰκίαν εἰσέλθητε, ἐκεῖ μένετε καὶ ἐκεῖθεν ἐξέρχεσθε

9 34 ἐφοβήθησαν δὲ ἐν τῷ | εἰσελθεῖν αὐτοὺς (ἐκείνους εἰσ. VBϛ) εἰς τὴν νεφέλην

9 46ᵗεἰσῆλθεν δὲ διαλογισμὸς ἐν αὐτοῖς, τὸ τίς ἂν εἴη μείζων αὐτῶν

9 52 πορευθέντες εἰσῆλθον εἰς κώμην (πόλιν T) Σαμαριτῶν

10 5ᵃεἰς ἣν δ᾽ ἂν | εἰσέλθητε οἰκίαν (οἰκ. εἰσέρχησθε ϛ)

10 8 εἰς ἣν ἂν πόλιν εἰσέρχησθε καὶ δέχωνται ὑμᾶς

10 10ᶠεἰς ἣν δ᾽ ἂν πόλιν εἰσέλθητε (-έρχησθε ϛ) καὶ μὴ δέχωνται ὑμᾶς, ἐξελθόντες

10 38 (+καὶ VTϛ) αὐτὸς εἰσῆλθεν εἰς κώμην τινά

11 26ᶠπαραλαμβάνει ἕτερα πνεύματα . . . καὶ εἰσελθόντα κατοικεῖ ἐκεῖ

11 37 εἰσελθὼν δὲ ἀνέπεσεν

11 52 αὐτοὶ οὐκ εἰσήλθατε ↔

11 52 καὶ τοὺς εἰσερχομένους ἐκωλύσατε

13 24ᵍἀγωνίζεσθε εἰσελθεῖν διὰ τῆς στενῆς θύρας,

13 24 ὅτι πολλοί, λέγω ὑμῖν, ζητήσουσιν εἰσελθεῖν καὶ οὐκ ἰσχύσουσιν

14 23ᶠἔξελθε εἰς τὰς ὁδοὺς καὶ φραγμοὺς καὶ ἀνάγκασον εἰσελθεῖν

15 28ᶠὠργίσθη δὲ καὶ οὐκ ἤθελεν εἰσελθεῖν

17 7ᵐτίς δὲ ἐξ ὑμῶν δοῦλον ἔχων . . . ὃς εἰσελθόντι ἐκ τοῦ ἀγροῦ ἐρεῖ αὐτῷ ⟨;⟩

17 12 εἰσερχομένου αὐτοῦ εἴς τινα κώμην

17 27 ἄχρι ἧς ἡμέρας εἰσῆλθεν Νῶε εἰς τὴν κιβωτόν

18 17ᵇὃς ἂν (ἐὰν Vϛ) μὴ δέξηται τὴν βασιλείαν τοῦ θεοῦ ὡς παιδίον, οὐ μὴ εἰσέλθῃ εἰς αὐτήν

18 24ᵇ* πῶς δυσκόλως οἱ τὰ χρήματα ἔχοντες εἰς τὴν βασιλείαν τοῦ θεοῦ εἰσελεύσονται (ϛ; εἰσπορεύονται rl)· ↔

18 25ᵍεὐκοπώτερον γάρ ἐστιν κάμηλον διὰ τρήματος βελόνης εἰσελθεῖν ↔

Lc 18 25ᵇἢ πλούσιον εἰς τὴν βασιλείαν τοῦ θεοῦ εἰσελθεῖν

19 1 εἰσελθὼν διήρχετο τὴν Ἰεριχώ

19 7 παρὰ ἁμαρτωλῷ ἀνδρὶ εἰσῆλθεν καταλῦσαι

19 45 εἰσελθὼν εἰς τὸ ἱερὸν ἤρξατο ἐκβάλλειν τοὺς πωλοῦντας

21 21 οἱ ἐν ταῖς χώραις μὴ εἰσερχέσθωσαν εἰς αὐτήν

22 3 εἰσῆλθεν δὲ σατανᾶς εἰς Ἰούδαν . . . Ἰσκαριώτην

22 10 ἰδοὺ εἰσελθόντων ὑμῶν εἰς τὴν πόλιν συναντήσει ὑμῖν ἄνθρωπος

22 40 προσεύχεσθε μὴ εἰσελθεῖν εἰς πειρασμόν

22 46 ἀναστάντες προσεύχεσθε, ἵνα μὴ εἰσέλθητε εἰς πειρασμόν

24 3 εἰσελθοῦσαι δὲ οὐχ εὗρον τὸ σῶμα | τοῦ κυρίου Ἰησοῦ [VH]

24 26 οὐχὶ ταῦτα ἔδει παθεῖν τὸν χριστὸν καὶ εἰσελθεῖν εἰς τὴν δόξαν αὐτοῦ;

24 29ᵉεἰσῆλθεν τοῦ μεῖναι σὺν αὐτοῖς

Jo 3 4 μὴ δύναται εἰς τὴν κοιλίαν τῆς μητρὸς αὐτοῦ δεύτερον εἰσελθεῖν καὶ γεννηθῆναι;

3 5ᵇοὐ δύναται εἰσελθεῖν εἰς τὴν βασιλείαν | τοῦ θεοῦ (τῶν οὐρανῶν T)

4 38 ἄλλοι κεκοπιάκασιν, καὶ ὑμεῖς εἰς τὸν κόπον αὐτῶν εἰσεληλύθατε

10 1ᵍὁ μὴ εἰσερχόμενος διὰ τῆς θύρας εἰς τὴν αὐλὴν τῶν προβάτων

10 2ᵍὁ δὲ εἰσερχόμενος διὰ τῆς θύρας ποιμήν ἐστιν τῶν προβάτων

10 9ᵍδι᾽ ἐμοῦ ἐάν τις εἰσέλθῃ, σωθήσεται, ↔

10 9ᶠκαὶ εἰσελεύσεται καὶ ἐξελεύσεται καὶ νομὴν εὑρήσει

13 27 μετὰ τὸ ψωμίον τότε εἰσῆλθεν εἰς ἐκεῖνον ὁ σατανᾶς

18 1ᶠἐξῆλθεν . . . ὅπου ἦν κῆπος, εἰς ὃν εἰσῆλθεν αὐτὸς καὶ οἱ μαθηταὶ αὐτοῦ

18 28 αὐτοὶ οὐκ εἰσῆλθον εἰς τὸ πραιτώριον

18 33ᵇ⟨ἐξῆλθεν οὖν ὁ Πιλᾶτος⟩ εἰσῆλθεν οὖν | πάλιν εἰς τὸ πραιτώριον (~Tϛ) ὁ Πιλᾶτος

19 9ᶠ⟨ἐξῆλθεν πάλιν ἔξω ὁ Πιλᾶτος⟩ εἰσῆλθεν εἰς τὸ πραιτώριον πάλιν

20 5 παρακύψας βλέπει κείμενα τὰ ὀθόνια, οὐ μέντοι [+γὲ S] εἰσῆλθεν. ↔

20 6 ἔρχεται οὖν καὶ (—Tϛ) Σίμων Πέτρος . . . καὶ εἰσῆλθεν εἰς τὸ μνημεῖον

20 8 τότε οὖν εἰσῆλθεν καὶ ὁ ἄλλος μαθητὴς ὁ ἐλθὼν πρῶτος εἰς τὸ μνημεῖον

Ac 1 13 ὅτε εἰσῆλθον, εἰς τὸ ὑπερῷον ἀνέβησαν

1 21ᶠʲἐν παντὶ χρόνῳ ᾧ εἰσῆλθεν καὶ ἐξῆλθεν ἐφ᾽ ἡμᾶς ὁ κύριος Ἰησοῦς

3 8 εἰσῆλθεν σὺν αὐτοῖς εἰς τὸ ἱερὸν περιπατῶν

5 7 ἐγένετο δὲ . . . καὶ ἡ γυνὴ αὐτοῦ μὴ εἰδυῖα τὸ γεγονὸς εἰσῆλθεν

5 10 εἰσελθόντες δὲ οἱ νεανίσκοι εὗρον αὐτὴν νεκράν

5 21 ἀκούσαντες δὲ εἰσῆλθον ὑπὸ τὸν ὄρθρον εἰς τὸ ἱερόν

9 6 ἀλλὰ ἀνάστηθι καὶ εἴσελθε εἰς τὴν πόλιν

Ac 9 12 εἶδεν | ἄνδρα ἐν ὁράματι (~MVB
Sϛ; ἄ. [ἐν ὁρ.] N²⁶ΝΗ; ἄνδρα Τ)
'Ανανίαν ὀνόματι εἰσελθόντα

9 17ᵃ ἀπῆλθεν δὲ 'Ανανίας καὶ εἰσῆλθεν
εἰς τὴν οἰκίαν

10 3ʰ εἶδεν ἐν ὁράματι ... ἄγγελον τοῦ
θεοῦ εἰσελθόντα πρὸς αὐτόν

10 24ᶠ τῇ δὲ ἐπαύριον εἰσῆλθεν (-θον Sϛ;
-θαν Τ) εἰς τὴν Καισάρειαν

10 25 ὡς δὲ ἐγένετο τοῦ εἰσελθεῖν τὸν
Πέτρον

10 27 συνομιλῶν αὐτῷ εἰσῆλθεν

11 3ʰ εἰσῆλθες (-εν ΒΗ) πρὸς ἄνδρας
ἀκροβυστίαν ἔχοντας

11 8 ὅτι κοινὸν ἢ ἀκάθαρτον οὐδέποτε
εἰσῆλθεν εἰς τὸ στόμα μου

11 12ᵃ εἰσήλθομεν εἰς τὸν οἶκον τοῦ
ἀνδρός

11 20 * οἵτινες εἰσελθόντες (ϛ; ἐλθόντες rl)
εἰς 'Αντιόχειαν ἐλάλουν καὶ πρὸς
τοὺς 'Ελληνιστάς ("Ελληνας
ΝΜΒΤ)

13 14 εἰσελθόντες (Sϛ; [εἰσ]ελθ. N²⁶; ἐλθ.
rl) εἰς τὴν συναγωγὴν ... ἐκά-
θισαν

14 1 ἐγένετο δὲ ἐν 'Ικονίῳ ... εἰσελθεῖν
αὐτοὺς εἰς τὴν συναγωγὴν τῶν
'Ιουδαίων

14 20ᶠ ἀναστὰς εἰσῆλθεν εἰς τὴν πόλιν

14 22ᵇᵍ διὰ πολλῶν θλίψεων δεῖ ἡμᾶς
εἰσελθεῖν εἰς τὴν βασιλείαν τοῦ
θεοῦ

16 15ᵃ εἰσελθόντες εἰς τὸν οἶκόν μου
μένετε (μείνατε VSϛ)

16 40ᶠʰ ἐξελθόντες δὲ ἀπὸ τῆς φυλακῆς
εἰσῆλθον πρὸς (εἰς ϛ) τὴν Λυδίαν

17 2ʰ κατὰ δὲ τὸ εἰωθὸς τῷ Παύλῳ
εἰσῆλθεν πρὸς αὐτούς

18 7ᵃ μεταβὰς ἐκεῖθεν εἰσῆλθεν (ἦλ.
ΝΜVΗϛ) εἰς οἰκίαν τινὸς ὀνόματι
Τιτίου (Τίτου ΒS; —ϛ) 'Ιούστου

18 19 αὐτὸς δὲ εἰσελθὼν εἰς τὴν συναγω-
γὴν διελέξατο (διελέχθη Sϛ) τοῖς
'Ιουδαίοις

19 8 εἰσελθὼν δὲ εἰς τὴν συναγωγὴν
ἐπαρρησιάζετο

19 30 | Παύλου δὲ (τοῦ δὲ Π. VBSϛ)
βουλομένου εἰσελθεῖν εἰς τὸν δῆμον

20 29 εἰσελεύσονται μετὰ τὴν ἄφιξίν μου
λύκοι βαρεῖς εἰς ὑμᾶς

21 8ᵃᶠ ἐξελθόντες ... καὶ εἰσελθόντες εἰς
τὸν οἶκον Φιλίππου ... ἐμείναμεν
παρ' αὐτῷ

23 16 εἰσελθὼν εἰς τὴν παρεμβολὴν
ἀπήγγειλεν τῷ Παύλῳ

23 33 οἵτινες εἰσελθόντες εἰς τὴν Καισά-
ρειαν .. παρέστησαν καὶ τὸν
Παῦλον αὐτῷ

25 23 ἐλθόντος τοῦ 'Αγρίππα καὶ τῆς
Βερνίκης ... καὶ εἰσελθόντων εἰς τὸ
ἀκροατήριον

28 8ʰ πρὸς ὃν ὁ Παῦλος εἰσελθὼν καὶ
προσευξάμενος ... ἰάσατο αὐτόν

28 16 ὅτε δὲ εἰσήλθομεν (ἤλθομεν ϛ) εἰς
(+τὴν Τ) 'Ρώμην

Rm 5 12ᵍ ὥσπερ δι' ἑνὸς ἀνθρώπου ἡ ἁμαρ-
τία εἰς τὸν κόσμον εἰσῆλθεν

11 25 ὅτι πώρωσις ... γέγονεν ἄχρι οὗ
τὸ πλήρωμα τῶν ἐθνῶν εἰσέλθῃ

1 C 14 23 ἐὰν ... πάντες λαλῶσιν γλώσσαις,
εἰσέλθωσιν δὲ ἰδιῶται ἢ ἄπιστοι

14 24 ἐὰν δὲ πάντες προφητεύωσιν,
εἰσέλθῃ δέ τις ἄπιστος ἢ ἰδιώτης

Hb 3 11ᵈ ὡς ὤμοσα ... εἰ εἰσελεύσονται εἰς
τὴν κατάπαυσίν μου

Hb 3 18ᵈ τίσιν δὲ ὤμοσεν μὴ εἰσελεύσεσθαι
εἰς τὴν κατάπαυσιν αὐτοῦ ⟨;⟩

3 19 βλέπομεν ὅτι οὐκ ἠδυνήθησαν
εἰσελθεῖν δι' ἀπιστίαν. ↔

4 1ᵈ φοβηθῶμεν οὖν μήποτε καταλει-
πομένης ἐπαγγελίας εἰσελθεῖν εἰς
τὴν κατάπαυσιν αὐτοῦ

4 3ᵈ εἰσερχόμεθα γὰρ εἰς τὴν [N²⁶ΝΗ]
κατάπαυσιν οἱ πιστεύσαντες, καθ-
ὼς εἴρηκεν· ↔

4 3ᵈ ὡς ὤμοσα ... εἰ εἰσελεύσονται εἰς
τὴν κατάπαυσίν μου

4 5ᵈ εἰ εἰσελεύσονται εἰς τὴν κατάπαυ-
σίν μου. ↔

4 6 ἐπεὶ οὖν ἀπολείπεται τινὰς εἰσελ-
θεῖν εἰς αὐτήν, ↔

4 6 καὶ οἱ πρότερον εὐαγγελισθέντες
οὐκ εἰσῆλθον δι' ἀπείθειαν

4 10ᵈ ὁ γὰρ εἰσελθὼν εἰς τὴν κατάπαυσιν
αὐτοῦ καὶ αὐτὸς κατέπαυσεν

4 11ᵈ σπουδάσωμεν οὖν εἰσελθεῖν εἰς
ἐκείνην τὴν κατάπαυσιν

6 19 ἣν ὡς ἄγκυραν ἔχομεν τῆς ψυχῆς ...
εἰσερχομένην εἰς τὸ ἐσώτερον τοῦ
καταπετάσματος, ↔

6 20 ὅπου πρόδρομος ὑπὲρ ἡμῶν εἰσῆλ-
θεν 'Ιησοῦς

9 12ᵍ διὰ δὲ τοῦ ἰδίου αἵματος εἰσῆλθεν
ἐφάπαξ εἰς τὰ ἅγια

9 24 οὐ γὰρ εἰς χειροποίητα εἰσῆλθεν
ἅγια Χριστός ... ἀλλ' εἰς αὐτὸν τὸν
οὐρανόν

9 25 ὥσπερ ὁ ἀρχιερεὺς εἰσέρχεται εἰς
τὰ ἅγια κατ' ἐνιαυτὸν ἐν αἵματι
ἀλλοτρίῳ

10 5 διὸ εἰσερχόμενος εἰς τὸν κόσμον
λέγει

Jc 2 2 ἐὰν γὰρ εἰσέλθῃ εἰς συναγωγὴν
ὑμῶν ἀνὴρ χρυσοδακτύλιος ἐν
ἐσθῆτι λαμπρᾷ, ↔

2 2 εἰσέλθῃ δὲ καὶ πτωχὸς ἐν ῥυπαρᾷ
ἐσθῆτι

5 4 αἱ βοαὶ τῶν θερισάντων εἰς τὰ
ὦτα κυρίου σαβαὼθ εἰσεληλύθασιν
(-θαν ΝΒΤΗ)

2 Jo 7 * ὅτι πολλοὶ πλάνοι εἰσῆλθον (ϛ;
ἐξῆλθον rl) εἰς τὸν κόσμον

Ap 3 20ʰ ἐάν τις ... ἀνοίξῃ τὴν θύραν, καὶ
([N²⁶]ΒΤ; —rl) εἰσελεύσομαι πρὸς
αὐτὸν καὶ δειπνήσω μετ' αὐτοῦ

11 11ʲˡᵐ πνεῦμα ζωῆς ἐκ τοῦ θεοῦ εἰσῆλθεν
| ἐν αὐτοῖς ([ἐν] αὐ. Η; αὐ. VS;
ἐπ' αὐτούς ϛ)

15 8 οὐδεὶς ἐδύνατο εἰσελθεῖν εἰς τὸν
ναόν

21 27 οὐ μὴ εἰσέλθῃ εἰς αὐτὴν πᾶν κοινόν

22 14 ἵνα ... τοῖς πυλῶσιν εἰσέλθωσιν εἰς
τὴν πόλιν

εἰσῆλθον
→ εἰσέρχομαι

εἰσήνεγκα
→ εἰσφέρω

εἰσκαλέομαι
→ καλέω

Ac 10 23 εἰσκαλεσάμενος οὖν αὐτοὺς ἐξένισεν

εἴσοδος

Ac 13 24 προκηρύξαντος 'Ιωάννου πρὸ
προσώπου τῆς εἰσόδου αὐτοῦ
βάπτισμα μετανοίας

1Th 1 9 αὐτοὶ γὰρ ... ἀπαγγέλλουσιν
ὁποίαν εἴσοδον ἔσχομεν πρὸς
ὑμᾶς

2 1 αὐτοὶ γὰρ οἴδατε, ἀδελφοί, τὴν
εἴσοδον ἡμῶν τὴν πρὸς ὑμᾶς, ὅτι
οὐ κενὴ γέγονεν

Hb 10 19 ἔχοντες οὖν, ἀδελφοί, παρρησίαν
εἰς τὴν εἴσοδον τῶν ἁγίων ἐν τῷ
αἵματι 'Ιησοῦ

2 Pt 1 11 οὕτως γὰρ πλουσίως ἐπιχορηγη-
θήσεται ὑμῖν ἡ εἴσοδος εἰς τὴν
αἰώνιον βασιλείαν τοῦ κυρίου
ἡμῶν

εἰσπηδάω
→ ἀναπηδάω

Ac 14 14 * ἀκούσαντες δὲ οἱ ἀπόστολοι ...
εἰσεπήδησαν (ϛ; ἐξεπ. rl) εἰς τὸν
ὄχλον

16 29 αἰτήσας δὲ φῶτα εἰσεπήδησεν

εἰσπορεύομαι
→ πορεύομαι
ᵃ οἱ εἰσπορευόμενοι
ᵇ (τὸ) εἰσπορευόμενον

Mt 15 17ᵇ οὐ (οὔπω VSϛ) νοεῖτε ὅτι πᾶν τὸ
εἰσπορευόμενον εἰς τὸ στόμα εἰς
τὴν κοιλίαν χωρεῖ ⟨;⟩

Mc 1 21 καὶ εἰσπορεύονται εἰς Καφαρναούμ

4 19 αἱ περὶ τὰ λοιπὰ ἐπιθυμίαι εἰσπο-
ρευόμεναι συμπνίγουσιν τὸν λόγον

5 40 εἰσπορεύεται ὅπου ἦν τὸ παιδίον
(+ἀνακείμενον [Μ]VSϛ)

6 56 ὅπου ἂν (ἐὰν Τ) εἰσεπορεύετο εἰς
κώμας ἢ εἰς πόλεις ἢ εἰς ἀγρούς

7 15ᵇ οὐδέν ἐστιν ἔξωθεν τοῦ ἀνθρώπου
εἰσπορευόμενον εἰς αὐτὸν ὃ δύναται
| κοινῶσαι αὐτόν (~Vϛ)

7 18ᵇ οὐ νοεῖτε ὅτι πᾶν τὸ ἔξωθεν
εἰσπορευόμενον εἰς τὸν ἄνθρωπον
οὐ δύναται αὐτὸν κοινῶσαι, ↔

7 19 ὅτι οὐκ εἰσπορεύεται αὐτοῦ εἰς τὴν
καρδίαν ἀλλ' εἰς τὴν κοιλίαν ⟨;⟩

11 2 καὶ εὐθὺς εἰσπορευόμενοι εἰς αὐτὴν
εὑρήσετε πῶλον δεδεμένον

Lc 8 16ᵃ ἵνα οἱ εἰσπορευόμενοι βλέπωσιν τὸ
φῶς

11 33ᵃ ἵνα οἱ εἰσπορευόμενοι τὸ φῶς
(N²⁶H; φέγγος rl) βλέπωσιν

18 24 πῶς δυσκόλως οἱ τὰ χρήματα
ἔχοντες εἰς τὴν βασιλείαν τοῦ
θεοῦ εἰσπορεύονται (εἰσελεύσονται
ϛ)

19 30 κώμην, ἐν ᾗ εἰσπορευόμενοι εὑρή-
σετε πῶλον δεδεμένον

22 10 ἀκολουθήσατε αὐτῷ εἰς τὴν οἰκίαν
| εἰς ἣν (οὗ ϛ) εἰσπορεύεται

Ac 3 2ᵃ ὃν ἐτίθουν ... τοῦ αἰτεῖν ἐλεημο-
σύνην παρὰ τῶν εἰσπορευομένων
εἰς τὸ ἱερόν

8 3 Σαῦλος δὲ ἐλυμαίνετο τὴν ἐκκλησίαν
κατὰ τοὺς οἴκους εἰσπορευόμενος

9 28 ἦν μετ' αὐτῶν εἰσπορευόμενος καὶ
ἐκπορευόμενος εἰς (ἐν ϛ) 'Ιερουσαλήμ

28 30ᵃ ἀπεδέχετο πάντας τοὺς εἰσπορευο-
μένους πρὸς αὐτόν

εἰστρέχω
→ τρέχω

Ac 12 14 εἰσδραμοῦσα δὲ ἀπήγγειλεν ἑστά-
ναι τὸν Πέτρον πρὸ τοῦ πυλῶνος

εἰσφέρω
→ φέρω
ᵃ met.

Mt 6 13ᵃ μὴ εἰσενέγκῃς ἡμᾶς εἰς πειρασμόν

Lc 5 18 ἐζήτουν αὐτὸν εἰσενεγκεῖν καὶ
θεῖναι αὐτὸν ([N²⁶ΝΗ]; —rl)
ἐνώπιον αὐτοῦ. ↔

5 19 καὶ μὴ εὑρόντες ποίας εἰσενέγκωσιν
αὐτὸν διὰ τὸν ὄχλον

11 4ᵃ μὴ εἰσενέγκῃς ἡμᾶς εἰς πειρασμόν

12 11 ὅταν δὲ εἰσφέρωσιν (προσ- ϛ) ὑμᾶς
ἐπὶ τὰς συναγωγὰς καὶ τὰς ἀρχὰς
καὶ τὰς ἐξουσίας

Ac 17 20ᵃ ξενίζοντα γάρ τινα εἰσφέρεις εἰς τὰς ἀκοὰς ἡμῶν

1Tm 6 7 οὐδὲν γὰρ εἰσηνέγκαμεν εἰς τὸν κόσμον

Hb 13 11 ὧν γὰρ εἰσφέρεται ζῴων τὸ αἷμα περὶ ἁμαρτίας εἰς τὰ ἅγια διὰ τοῦ ἀρχιερέως

εἶτα, εἶτεν

ᵃ in enumerando

Mc 4 17 εἶτα γενομένης θλίψεως ἢ διωγμοῦ διὰ τὸν λόγον εὐθὺς σκανδαλίζονται

4 28ᵃ ἡ γῆ καρποφορεῖ, πρῶτον χόρτον, εἶτα (εἶτεν NMTH) στάχυν, ↔

4 28ᵃ εἶτα (εἶτεν NMTH) | πλήρης σῖτον (πλήρη[ς] σῖτον N²⁶; πλήρης σῖτος NT; πλήρη σῖτον rl) ἐν τῷ στάχυϊ

8 25 εἶτα πάλιν ἐπέθηκεν (ἔθηκεν H) τὰς χεῖρας ἐπὶ τοὺς ὀφθαλμοὺς αὐτοῦ

Lc 8 12 εἶτα ἔρχεται ὁ διάβολος

Jo 2 3 * καὶ | οἶνον οὐκ εἶχον, ὅτι συνετελέσθη ὁ οἶνος τοῦ γάμου. εἶτα (T; ὑστερήσαντος οἴνου rl) λέγει ἡ μήτηρ τοῦ Ἰησοῦ πρὸς αὐτόν

13 5 εἶτα βάλλει ὕδωρ εἰς τὸν νιπτῆρα

19 27 εἶτα λέγει τῷ μαθητῇ

20 27 εἶτα λέγει τῷ Θωμᾷ

1C 12 28ᵃ * καὶ οὓς μὲν ἔθετο ὁ θεὸς ... πρῶτον ἀποστόλους ... ἔπειτα δυνάμεις, εἶτα (ς; ἔπειτα rl) χαρίσματα ἰαμάτων

15 5ᵃ ⟨παρέδωκα γὰρ ὑμῖν ... ὅτι Χριστὸς⟩ ὤφθη Κηφᾷ, εἶτα (ἔπειτα T) τοῖς δώδεκα

15 7ᵃ ἔπειτα ὤφθη Ἰακώβῳ, εἶτα (ἔπειτα T) τοῖς ἀποστόλοις πᾶσιν ⟨ἔσχατον δὲ πάντων ... κἀμοί⟩

15 24 ⟨ἀπαρχὴ Χριστός, ἔπειτα οἱ τοῦ Χριστοῦ ἐν τῇ παρουσίᾳ αὐτοῦ⟩ εἶτα τὸ τέλος, ὅταν παραδιδῷ (-διδοῖ NT; παραδῷ ς) τὴν βασιλείαν τῷ θεῷ

1Tm 2 13ᵃ Ἀδὰμ γὰρ πρῶτος ἐπλάσθη, εἶτα Εὕα

3 10ᵃ οὗτοι δὲ δοκιμαζέσθωσαν πρῶτον, εἶτα διακονείτωσαν ἀνέγκλητοι ὄντες

Hb 12 9 εἶτα τοὺς μὲν τῆς σαρκὸς ἡμῶν πατέρας εἴχομεν παιδευτὰς

Jc 1 15 εἶτα ἡ ἐπιθυμία συλλαβοῦσα τίκτει ἁμαρτίαν

εἴτε

ᵃ semel tantum

Rm 12 6 ἔχοντες δὲ χαρίσματα ... διάφορα, εἴτε προφητείαν, κατὰ τὴν ἀναλογίαν τῆς πίστεως· ↔

12 7 εἴτε διακονίαν, ἐν τῇ διακονίᾳ· ↔

12 7 εἴτε ὁ διδάσκων, ἐν τῇ διδασκαλίᾳ· ↔

12 8 εἴτε ὁ παρακαλῶν, ἐν τῇ παρακλήσει

1C 3 22 ⟨πάντα γὰρ ὑμῶν ἐστιν⟩ εἴτε Παῦλος

3 22 εἴτε Ἀπολλῶς ↔

3 22 εἴτε Κηφᾶς, ↔

3 22 εἴτε κόσμος ↔

3 22 εἴτε ζωὴ ↔

3 22 εἴτε θάνατος, ↔

3 22 εἴτε ἐνεστῶτα ↔

3 22 εἴτε μέλλοντα, πάντα ὑμῶν

8 5 καὶ γὰρ εἴπερ εἰσὶν λεγόμενοι θεοὶ εἴτε ἐν οὐρανῷ ↔

8 5 εἴτε ἐπὶ γῆς

10 31 εἴτε οὖν ἐσθίετε ↔

10 31 εἴτε πίνετε ↔

1C 10 31 εἴτε τι ποιεῖτε, πάντα εἰς δόξαν θεοῦ ποιεῖτε

12 13 καὶ γὰρ ... ἡμεῖς πάντες εἰς ἓν σῶμα ἐβαπτίσθημεν, εἴτε Ἰουδαῖοι ↔

12 13 εἴτε Ἕλληνες, ↔

12 13 εἴτε δοῦλοι ↔

12 13 εἴτε ἐλεύθεροι

12 26 καὶ εἴτε πάσχει ἓν μέλος, συμπάσχει πάντα τὰ μέλη· ↔

12 26 εἴτε δοξάζεται ἓν (+[N²⁶S]MVBς) μέλος, συγχαίρει πάντα τὰ μέλη

13 8 ἡ ἀγάπη οὐδέποτε πίπτει (ἐκ- Vς; [ἐκ]- S)· εἴτε δὲ προφητεῖαι, καταργηθήσονται· ↔

13 8 εἴτε γλῶσσαι, παύσονται· ↔

13 8 εἴτε γνῶσις, καταργηθήσεται

14 7 ὅμως τὰ ἄψυχα φωνὴν διδόντα, εἴτε αὐλός,

14 7 εἴτε κιθάρα

14 27ᵃ εἴτε γλώσσῃ τις λαλεῖ, κατὰ δύο ἢ τὸ πλεῖστον τρεῖς

15 11 εἴτε οὖν ἐγὼ ↔

15 11 εἴτε ἐκεῖνοι, οὕτως κηρύσσομεν

2C 1 6 εἴτε δὲ θλιβόμεθα, ὑπὲρ τῆς ὑμῶν παρακλήσεως καὶ σωτηρίας· ↔

1 6 εἴτε παρακαλούμεθα, ὑπὲρ τῆς ὑμῶν παρακλήσεως

5 9 διὸ καὶ φιλοτιμούμεθα, εἴτε ἐνδημοῦντες ↔

5 9 εἴτε ἐκδημοῦντες, εὐάρεστοι αὐτῷ εἶναι

5 10 ἵνα κομίσηται ἕκαστος τὰ ... πρὸς ἃ ἔπραξεν, εἴτε ἀγαθὸν ↔

5 10 εἴτε φαῦλον

5 13 εἴτε γὰρ ἐξέστημεν, θεῷ· ↔

5 13 εἴτε σωφρονοῦμεν, ὑμῖν

8 23 εἴτε ὑπὲρ Τίτου, κοινωνὸς ἐμὸς καὶ εἰς ὑμᾶς συνεργός· ↔

8 23 εἴτε ἀδελφοὶ ἡμῶν, ἀπόστολοι ἐκκλησιῶν

12 2 οἶδα ἄνθρωπον ἐν Χριστῷ ... εἴτε ἐν σώματι οὐκ οἶδα, ↔

12 2 εἴτε ἐκτὸς τοῦ σώματος οὐκ οἶδα ↔

12 3 καὶ οἶδα τὸν τοιοῦτον ἄνθρωπον εἴτε ἐν σώματι ↔

12 3 εἴτε χωρὶς (ἐκτὸς Sς) τοῦ σώματος | οὐκ οἶδα [NH]

E 6 8 τοῦτο κομίσεται (-ιεῖται Sς) παρὰ κυρίου, εἴτε δοῦλος ↔

6 8 εἴτε ἐλεύθερος

Ph 1 18 τί γάρ; πλὴν ὅτι παντὶ τρόπῳ, εἴτε προφάσει ↔

1 18 εἴτε ἀληθείᾳ, Χριστὸς καταγγέλλεται

1 20 μεγαλυνθήσεται Χριστὸς ἐν τῷ σώματί μου, εἴτε διὰ ζωῆς ↔

1 20 εἴτε διὰ θανάτου

1 27 ἵνα εἴτε ἐλθὼν καὶ ἰδὼν ὑμᾶς ↔

1 27 εἴτε ἀπὼν ἀκούω (ἀκούσω Vς) τὰ περὶ ὑμῶν

Cl 1 16 ὅτι ἐν αὐτῷ ἐκτίσθη ... τὰ ὁρατὰ καὶ τὰ ἀόρατα, εἴτε θρόνοι ↔

1 16 εἴτε κυριότητες ↔

1 16 εἴτε ἀρχαὶ ↔

1 16 εἴτε ἐξουσίαι· τὰ πάντα δι' αὐτοῦ καὶ εἰς αὐτὸν ἔκτισται

1 20 ⟨εὐδόκησεν⟩ ἀποκαταλλάξαι τὰ πάντα εἰς αὐτόν, εἰρηνοποιήσας ... | δι' αὐτοῦ [N²⁶H] εἴτε τὰ ἐπὶ τῆς γῆς ↔

1 20 εἴτε τὰ ἐν τοῖς οὐρανοῖς

1Th 5 10 τοῦ ἀποθανόντος ὑπὲρ (περὶ NMTH) ἡμῶν, ἵνα εἴτε γρηγορῶμεν ↔

1Th 5 10 εἴτε καθεύδωμεν ἅμα σὺν αὐτῷ ζήσωμεν

2Th 2 15 κρατεῖτε τὰς παραδόσεις ἃς ἐδιδάχθητε εἴτε διὰ λόγου ↔

2 15 εἴτε δι' ἐπιστολῆς ἡμῶν

1Pt 2 13 ὑποτάγητε πάσῃ ἀνθρωπίνῃ κτίσει διὰ τὸν κύριον· εἴτε βασιλεῖ ὡς ὑπερέχοντι, ↔

2 14 εἴτε ἡγεμόσιν ὡς δι' αὐτοῦ πεμπομένοις εἰς ἐκδίκησιν κακοποιῶν

εἶτεν

→ εἶτα

εἴωθα

Mt 27 15 κατὰ δὲ ἑορτὴν εἰώθει ὁ ἡγεμὼν ἀπολύειν ἕνα τῷ ὄχλῳ δέσμιον

Mc 10 1 ὡς εἰώθει πάλιν ἐδίδασκεν αὐτούς

Lc 4 16 εἰσῆλθεν κατὰ τὸ εἰωθὸς αὐτῷ ἐν τῇ ἡμέρᾳ τῶν σαββάτων εἰς τὴν συναγωγήν

Ac 17 2 κατὰ δὲ τὸ εἰωθὸς τῷ Παύλῳ εἰσῆλθεν πρὸς αὐτούς

ἐκ, ἐξ

ᵃ de tempore
ᵇ c. verbo comp. ἐκ-
ᶜ c. verbo comp. συν-
ᵈ c. verbo comp. κατα-
ᵉ c. verbo comp. ἀπο-, ἀνα-
ᶠ ὁ, ἡ, τὸ ἐκ
ᵍ ἐκ ... adverbii loco
ʰ ἐκ τοῦ et inf.
ʲ ἐκ et εἰς
ᵏ ἐκ et ἐν, ἐνώπιον
ˡ ἐκ et ἀπό
ᵐ ἐκ et ἕως, ἄχρι
ⁿ ἐκ et μετά
ᵖ ἐκ et διά
ۿ ἐκ et ἐπί
ʳ ἐκ et πρός
ˢ ἐκ et περί
ᵗ ἐκ et πρό, ὀπίσω
ᵘ ἐκ et κατά, κατέναντι
ᵛ ἐκ et σύν, χωρίς
ʷ ἐκ et ὑπό
ˣ ἐκ et ὑπέρ

Mt 1 3 Ἰούδας δὲ ἐγέννησεν τὸν Φάρες καὶ τὸν Ζάρα ἐκ τῆς Θαμάρ

1 5 Σαλμὼν δὲ ἐγέννησεν τὸν Βόες ἐκ τῆς Ῥαχάβ, ↔

1 5 Βόες δὲ ἐγέννησεν τὸν Ἰωβὴδ ἐκ τῆς Ῥούθ

1 6 Δαυὶδ δὲ (+ὁ βασιλεὺς Vς) ἐγέννησεν τὸν Σολομῶνα ἐκ τῆς τοῦ Οὐρίου

1 16 Ἰακὼβ δὲ ἐγέννησεν τὸν Ἰωσὴφ | τὸν ἄνδρα Μαρίας, ἐξ ἧς ἐγεννήθη Ἰησοῦς (Ἰωσὴφ δέ, ᾧ ἐμνηστεύθη παρθένος Μαριάμ, ἐγέννησεν Ἰησοῦν S)

1 18ᵏ πρὶν ἢ συνελθεῖν αὐτοὺς εὑρέθη ἐν γαστρὶ ἔχουσα ἐκ πνεύματος ἁγίου

1 20ᵏ τὸ γὰρ ἐν αὐτῇ γεννηθὲν ἐκ πνεύματός ἐστιν ἁγίου

2 6ᵇ καὶ σὺ Βηθλέεμ, γῆ Ἰούδα ... ἐκ σοῦ γὰρ ἐξελεύσεται ἡγούμενος

2 15 ἐξ Αἰγύπτου ἐκάλεσα τὸν υἱόν μου

3 9 δύναται ὁ θεὸς ἐκ τῶν λίθων τούτων ἐγεῖραι τέκνα τῷ Ἀβραάμ

3 17 καὶ ἰδοὺ φωνὴ ἐκ τῶν οὐρανῶν λέγουσα

5 37 τὸ δὲ περισσὸν τούτων ἐκ τοῦ πονηροῦ ἐστιν

6 27 τίς δὲ ἐξ ὑμῶν μεριμνῶν δύναται προσθεῖναι ... πῆχυν ἕνα;

7 4ᵇ ἄφες ἐκβάλω τὸ κάρφος ἐκ (ἀπὸ Vς) τοῦ ὀφθαλμοῦ σου

Mt 7 5^bὑποκριτά, ἔκβαλε πρῶτον ἐκ τοῦ
ὀφθαλμοῦ σοῦ τὴν δοκόν, ↔

7 5^bκαὶ τότε διαβλέψεις ἐκβαλεῖν τὸ
κάρφος ἐκ τοῦ ὀφθαλμοῦ τοῦ
ἀδελφοῦ σου

7 9 ἢ τίς ἐστιν (—H) ἐξ ὑμῶν ἄνθρω-
πος ⟨;⟩

8 28^bὑπήντησαν αὐτῷ δύο δαιμονιζό-
μενοι ἐκ τῶν μνημείων ἐξερχόμενοι

10 14^b* ἐξερχόμενοι ἔξω τῆς οἰκίας ἢ τῆς
πόλεως ἐκείνης ἐκτινάξατε τὸν
κονιορτὸν ἐκ (+MVBST) τῶν
ποδῶν ὑμῶν

10 29 ἓν ἐξ αὐτῶν οὐ πεσεῖται ἐπὶ τὴν
γῆν ἄνευ τοῦ πατρὸς ὑμῶν

12 11 τίς ἔσται [H] ἐξ ὑμῶν ἄνθρωπος
ὃς ἕξει πρόβατον ἕν

12 33 ἐκ γὰρ τοῦ καρποῦ τὸ δένδρον
γινώσκεται

12 34 ἐκ γὰρ τοῦ περισσεύματος τῆς
καρδίας τὸ στόμα λαλεῖ. ↔

12 35^bὁ ἀγαθὸς ἄνθρωπος ἐκ τοῦ ἀγαθοῦ
θησαυροῦ ἐκβάλλει (+τὰ STϚ)
ἀγαθά,

12 35^bκαὶ ὁ πονηρὸς ἄνθρωπος ἐκ τοῦ
πονηροῦ θησαυροῦ ἐκβάλλει πονη-
ρά

12 37 ἐκ γὰρ τῶν λόγων σου δικαιωθή-
σῃ, ↔

12 37^dκαὶ ἐκ τῶν λόγων σου καταδικα-
σθήσῃ

12 42 ὅτι ἦλθεν ἐκ τῶν περάτων τῆς γῆς
ἀκοῦσαι τὴν σοφίαν Σολομῶνος

13 1^b* ἐξελθὼν ὁ Ἰησοῦς ἐκ (T; ἀπὸ
[M]VϚ; —rl) τῆς οἰκίας ἐκάθητο
παρὰ τὴν θάλασσαν

13 41^cσυλλέξουσιν ἐκ τῆς βασιλείας
αὐτοῦ πάντα τὰ σκάνδαλα καὶ
τοὺς ποιοῦντας τὴν ἀνομίαν

13 47^cὁμοία ἐστὶν . . . σαγήνη βληθείσῃ
εἰς τὴν θάλασσαν καὶ ἐκ παντὸς
γένους συναγαγούσῃ

13 49^eἀφοριοῦσιν τοὺς πονηροὺς ἐκ μέ-
σου τῶν δικαίων

13 52^bὅστις ἐκβάλλει ἐκ τοῦ θησαυροῦ
αὐτοῦ καινὰ καὶ παλαιά

15 5 ὃς ἂν εἴπῃ τῷ πατρὶ . . . δῶρον
ὃ ἐὰν ἐξ ἐμοῦ ὠφεληθῇς (-λήθης N)

15 11^{bj}ἀλλὰ τὸ ἐκπορευόμενον ἐκ τοῦ
στόματος, τοῦτο κοινοῖ τὸν ἄν-
θρωπον

15 18^{bj}τὰ δὲ ἐκπορευόμενα ἐκ τοῦ στό-
ματος ↔

15 18^bἐκ τῆς καρδίας ἐξέρχεται

15 19^bἐκ γὰρ τῆς καρδίας ἐξέρχονται
διαλογισμοὶ πονηροί

16 1 ἐπηρώτησαν (ἐπηρώτων T) αὐ-
τὸν σημεῖον ἐκ τοῦ οὐρανοῦ
ἐπιδεῖξαι αὐτοῖς

17 5 καὶ ἰδοὺ φωνὴ ἐκ τῆς νεφέλης
λέγουσα

17 9^dκαταβαινόντων αὐτῶν ἐκ (ἀπὸ Ϛ)
τοῦ ὄρους ἐνετείλατο αὐτοῖς ὁ
Ἰησοῦς λέγων· ↔

17 9^eμηδενὶ εἴπητε τὸ ὅραμα ἕως οὗ
ὁ υἱὸς τοῦ ἀνθρώπου ἐκ νεκρῶν
ἐγερθῇ (ἀναστῇ MVBSϚ)

18 12 ἐὰν γένηται τινι ἀνθρώπῳ ἑκατὸν
πρόβατα καὶ πλανηθῇ ἓν ἐξ

18 19 ἐὰν δύο συμφωνήσωσιν (-σουσιν
T) ἐξ (—Ϛ) ὑμῶν . . . περὶ παντὸς
πράγματος

19 12 εἰσὶν γὰρ εὐνοῦχοι οἵτινες ἐκ κοι-
λίας μητρὸς ἐγεννήθησαν οὕτως

Mt 19 20^a* | πάντα ταῦτα (∼ NH) ἐφύλαξα
| ἐκ νεότητός μου (+Ϛ)

20 2^{gn}συμφωνήσας δὲ μετὰ τῶν ἐργα-
τῶν ἐκ δηναρίου τὴν ἡμέραν
ἀπέστειλεν

20 21 εἰπὲ ἵνα καθίσωσιν οὗτοι . . . εἷς
ἐκ δεξιῶν σου (—NMTH) ↔

20 21^kκαὶ εἷς ἐξ εὐωνύμων σου (—Ϛ) ἐν
τῇ βασιλείᾳ σου

20 23 τὸ δὲ καθίσαι ἐκ δεξιῶν μου ↔

20 23 καὶ (ἢ MS) ἐξ εὐωνύμων οὐκ ἔστιν
ἐμὸν τοῦτο ([N²⁶]; —HϚ) δοῦναι

21 16^dἐκ στόματος νηπίων καὶ θηλαζόν-
των κατηρτίσω αἶνον

21 19 (+οὐ NMTH) μηκέτι ἐκ σοῦ καρ-
πὸς γένηται εἰς τὸν αἰῶνα

21 25 τὸ βάπτισμα τὸ ([S]; —Ϛ) Ἰωάν-
νου πόθεν ἦν; ἐξ οὐρανοῦ ↔

21 25 ἢ ἐξ ἀνθρώπων;

21 25 ἐὰν εἴπωμεν· ἐξ οὐρανοῦ, ἐρεῖ
ἡμῖν

21 26 ἐὰν δὲ εἴπωμεν· ἐξ ἀνθρώπων, φο-
βούμεθα τὸν ὄχλον

21 31 τίς ἐκ τῶν δύο ἐποίησεν τὸ θέλημα
τοῦ πατρός;

22 35 ἐπηρώτησεν εἷς ἐξ αὐτῶν νομικὸς
[N²⁶] πειράζων αὐτόν

22 44^mκάθου ἐκ δεξιῶν μου ἕως ἂν θῶ
τοὺς ἐχθρούς σου

23 25 ἔσωθεν δὲ γέμουσιν ἐξ ἁρπαγῆς
καὶ ἀκρασίας

23 34 (+καὶ VϚ) ἐξ αὐτῶν ἀποκτενεῖτε
καὶ σταυρώσετε, ↔

23 34^kκαὶ ἐξ αὐτῶν μαστιγώσετε ἐν
ταῖς συναγωγαῖς ὑμῶν

24 17^fμὴ καταβάτω (καταβαινέτω SϚ)
ἆραι τὰ (τι Ϛ) ἐκ τῆς οἰκίας αὐτοῦ

24 29 * οἱ ἀστέρες πεσοῦνται ἐκ (T;
ἀπὸ rl) τοῦ οὐρανοῦ

24 31^{clm}ἐπισυνάξουσιν τοὺς ἐκλεκτοὺς αὐ-
τοῦ ἐκ τῶν τεσσάρων ἀνέμων

25 2 πέντε δὲ ἐξ αὐτῶν ἦσαν μωραὶ καὶ
πέντε φρόνιμοι

25 8 δότε ἡμῖν ἐκ τοῦ ἐλαίου ὑμῶν

25 33 στήσει τὰ μὲν πρόβατα ἐκ δεξιῶν
αὐτοῦ, ↔

25 33 τὰ δὲ ἐρίφια ἐξ εὐωνύμων. ↔

25 34^fτότε ἐρεῖ ὁ βασιλεὺς τοῖς ἐκ δε-
ξιῶν αὐτοῦ

25 41^fτότε ἐρεῖ καὶ τοῖς ἐξ εὐωνύμων

26 21 εἷς ἐξ ὑμῶν παραδώσει με

26 27 πίετε ἐξ αὐτοῦ πάντες

26 29^{lm}οὐ μὴ πίω ἀπ' ἄρτι ἐκ τούτου τοῦ
γενήματος τῆς ἀμπέλου ἕως τῆς
ἡμέρας

26 42^gπάλιν ἐκ δευτέρου ἀπελθὼν προσ-
ηύξατο λέγων [H]

26 44^gἀφεὶς αὐτοὺς πάλιν ἀπελθὼν προσ-
ηύξατο ἐκ τρίτου

26 64 ἀπ' ἄρτι ὄψεσθε τὸν υἱὸν τοῦ
ἀνθρώπου καθήμενον ἐκ δεξιῶν
τῆς δυνάμεως

26 73 ἀληθῶς καὶ σὺ ἐξ αὐτῶν εἶ

27 7 συμβούλιον δὲ λαβόντες ἠγόρα-
σαν ἐξ αὐτῶν τὸν ἀγρὸν τοῦ
κεραμέως εἰς ταφὴν τοῖς ξένοις

27 29 πλέξαντες στέφανον ἐξ ἀκανθῶν
ἐπέθηκαν ἐπὶ τῆς κεφαλῆς αὐτοῦ

27 38 τότε σταυροῦνται σὺν αὐτῷ δύο
λῃσταί, εἷς ἐκ δεξιῶν ↔

27 38 καὶ εἷς ἐξ εὐωνύμων

27 48 εὐθέως δραμὼν εἷς ἐξ αὐτῶν καὶ
λαβὼν σπόγγον . . . ἐπότιζεν
αὐτόν

Mt 27 53^{bn}ἐξελθόντες ἐκ τῶν μνημείων μετὰ
τὴν ἔγερσιν αὐτοῦ εἰσῆλθον εἰς
τὴν ἁγίαν πόλιν

28 2^dἄγγελος γὰρ κυρίου καταβὰς ἐξ
οὐρανοῦ . . . ἀπεκύλισεν τὸν λί-
θον

Mc 1 10^eεὐθὺς ἀναβαίνων ἐκ (ἀπὸ Ϛ) τοῦ
ὕδατος εἶδεν σχιζομένους τοὺς
οὐρανούς

1 11 φωνὴ ἐγένετο ([NH]; —T) ἐκ τῶν
οὐρανῶν

1 25^bφιμώθητι καὶ ἔξελθε ἐξ αὐτοῦ

1 26^bφωνῆσαν φωνῇ μεγάλῃ ἐξῆλθεν
ἐξ αὐτοῦ

1 29^{bjn}εὐθὺς ἐκ τῆς συναγωγῆς | ἐξ-
ελθόντες ἦλθον (ἐξελθὼν ἦλθεν M)
εἰς τὴν οἰκίαν Σίμωνος

5 2^bἐξελθόντος αὐτοῦ ἐκ τοῦ πλοίου,
↔

5 2^eεὐθὺς [NH] ὑπήντησεν (ἀπ- SϚ)
αὐτῷ ἐκ τῶν μνημείων ἄνθρωπος
ἐν πνεύματι ἀκαθάρτῳ

5 8^bἔξελθε τὸ πνεῦμα τὸ ἀκάθαρτον ἐκ
τοῦ ἀνθρώπου

5 30^bὁ Ἰησοῦς ἐπιγνοὺς ἐν ἑαυτῷ τὴν
ἐξ αὐτοῦ δύναμιν ἐξελθοῦσαν

6 14 Ἰωάννης ὁ βαπτίζων ἐγήγερται
ἐκ νεκρῶν

6 16 * οὗτος | ἐστιν· αὐτὸς ἠγέρθη ἐκ
νεκρῶν (Ϛ; ἠγέρθη rl)

6 51^gλίαν | ἐκ περισσοῦ ([N²⁶]; —H) ἐν
ἑαυτοῖς ἐξίσταντο

6 54^eἐξελθόντων αὐτῶν ἐκ τοῦ πλοίου
εὐθὺς ἐπιγνόντες αὐτὸν ⟨περι-
έδραμον⟩

7 11 ἐὰν εἴπῃ ἄνθρωπος τῷ πατρὶ . . .
κορβᾶν, ὅ ἐστιν δῶρον, ὃ ἐὰν
ἐξ ἐμοῦ ὠφεληθῇς (-λήθης N)

7 15^bἀλλὰ τὰ | ἐκ τοῦ ἀνθρώπου ἐκπο-
ρευόμενά (ἐκπ. ἀπ' αὐτοῦ, ἐκεῖνά Ϛ)
ἐστιν τὰ κοινοῦντα τὸν ἄνθρωπον

7 20^{bj}τὸ ἐκ τοῦ ἀνθρώπου ἐκπορευόμε-
νον, ἐκεῖνο κοινοῖ τὸν ἄνθρωπον. ↔

7 21^bἔσωθεν γὰρ ἐκ τῆς καρδίας τῶν
ἀνθρώπων οἱ διαλογισμοὶ οἱ κα-
κοὶ ἐκπορεύονται

7 26^bἠρώτα αὐτὸν ἵνα τὸ δαιμόνιον
ἐκβάλῃ ἐκ τῆς θυγατρὸς αὐτῆς

7 29^bἐξελήλυθεν ἐκ τῆς θυγατρός σου τὸ
δαιμόνιον

7 31^{bjr}πάλιν ἐξελθὼν ἐκ τῶν ὁρίων
Τύρου ἦλθεν διὰ Σιδῶνος εἰς τὴν
θάλασσαν τῆς Γαλιλαίας

9 7 ἐγένετο (ἦλθεν BSϚ) φωνὴ ἐκ τῆς
νεφέλης

9 9^d| καὶ καταβαινόντων (καταβ. δὲ
SϚ) αὐτῶν ἐκ (ἀπὸ VBSTϚ) τοῦ
ὄρους διεστείλατο αὐτοῖς

9 9 εἰ μὴ ὅταν ὁ υἱὸς τοῦ ἀνθρώπου ἐκ
νεκρῶν ἀναστῇ

9 10 συζητοῦντες τί ἐστιν τὸ ἐκ νεκρῶν
ἀναστῆναι

9 17 | ἀπεκρίθη αὐτῷ εἷς ἐκ τοῦ ὄχλου
(ἀποκριθεὶς εἷς ἐκ τ. ὄ. εἶπεν VϚ)

9 21^a* πόσος χρόνος ἐστὶν | ἐξ οὗ (S;
ὡς rl) τοῦτο γέγονεν αὐτῷ; ↔

9 21^aὁ δὲ εἶπεν· ἐκ (—Ϛ) παιδιόθεν

9 25^bἔξελθε ἐξ αὐτοῦ καὶ μηκέτι εἰσέλθῃς

10 20^aταῦτα πάντα ἐφυλαξάμην ἐκ νεό-
τητός μου

10 37 δὸς ἡμῖν ἵνα εἷς σου ἐκ δεξιῶν ↔

10 37^kκαὶ εἷς (+σου VSTϚ) ἐξ ἀριστε-
ρῶν καθίσωμεν ἐν τῇ δόξῃ σου

10 40 τὸ δὲ καθίσαι ἐκ δεξιῶν μου ↔

Mc 10 40 ἢ ἐξ εὐωνύμων οὐκ ἔστιν ἐμὸν δοῦναι

11 8ʲ πολλοὶ τὰ ἱμάτια αὐτῶν ἔστρωσαν εἰς τὴν ὁδόν, ἄλλοι δὲ στιβάδας, κόψαντες ἐκ τῶν ἀγρῶν

11 14ʲ μηκέτι εἰς τὸν αἰῶνα ἐκ σοῦ μηδεὶς καρπὸν φάγοι

11 20 παραπορευόμενοι πρωὶ εἶδον τὴν συκῆν ἐξηραμμένην ἐκ ῥιζῶν

11 30 τὸ βάπτισμα τὸ ([S]; —ς) Ἰωάννου ἐξ οὐρανοῦ ἦν ↔

11 30 ἢ ἐξ ἀνθρώπων·

11 31 ἐὰν εἴπωμεν· ἐξ οὐρανοῦ, ἐρεῖ

11 32 ἀλλὰ εἴπωμεν· ἐξ ἀνθρώπων;

12 25ᵉ ὅταν γὰρ ἐκ νεκρῶν ἀναστῶσιν

12 30 ἀγαπήσεις κύριον τὸν θεόν σου ἐξ ὅλης τῆς (—H) καρδίας σου ↔

12 30 καὶ ἐξ ὅλης τῆς ψυχῆς σου ↔

12 30 καὶ ἐξ ὅλης τῆς διανοίας σου ↔

12 30 καὶ ἐξ ὅλης τῆς ἰσχύος σου

12 33 τὸ ἀγαπᾶν αὐτὸν ἐξ ὅλης τῆς (—H) καρδίας ↔

12 33 καὶ ἐξ ὅλης τῆς συνέσεως ↔

12 33 * | καὶ ἐξ ὅλης τῆς ψυχῆς (+Vς) ↔

12 33 καὶ ἐξ ὅλης τῆς ἰσχύος ... περισσότερόν ἐστιν πάντων τῶν ὁλοκαυτωμάτων

12 36ᵐ κάθου ἐκ δεξιῶν μου ἕως ἂν θῶ τοὺς ἐχθρούς σου

12 44 πάντες γὰρ ἐκ τοῦ περισσεύοντος αὐτοῖς ἔβαλον, ↔

12 44 αὕτη δὲ ἐκ τῆς ὑστερήσεως αὐτῆς πάντα ὅσα εἶχεν ἔβαλεν

13 1ᵇ ἐκπορευομένου αὐτοῦ ἐκ τοῦ ἱεροῦ λέγει αὐτῷ εἷς τῶν μαθητῶν αὐτοῦ

13 15 μηδὲ εἰσελθάτω | ἆραί τι (~NM VSH) ἐκ τῆς οἰκίας αὐτοῦ

13 25ᵇ οἱ ἀστέρες | ἔσονται ἐκ τοῦ οὐρανοῦ (τ. οὐρ. ἐσ. Vς) πίπτοντες (ἐκ-VSς)

13 27ᶜˡᵐ ἐπισυνάξει τοὺς ἐκλεκτοὺς αὐτοῦ ([N²⁶NH]; —BST) ἐκ τῶν τεσσάρων ἀνέμων ἀπ' ἄκρου γῆς ἕως ἄκρου οὐρανοῦ

14 18 εἷς ἐξ ὑμῶν παραδώσει με

14 20 * ὁ δὲ εἶπεν αὐτοῖς· εἷς ἐκ (+[S]ς) τῶν δώδεκα

14 23 ἔπιον ἐξ αὐτοῦ πάντες

14 25ᵐ οὐκέτι οὐ μὴ πίω ἐκ τοῦ γενήματος τῆς ἀμπέλου ἕως τῆς ἡμέρας

14 31ᵍ * ὁ δὲ | ἐκ περισσοῦ (ς; ἐκπερισσῶς rl) ἐλάλει

14 62 ὄψεσθε τὸν υἱὸν τοῦ ἀνθρώπου ἐκ δεξιῶν καθήμενον τῆς δυνάμεως

14 69 οὗτος ἐξ αὐτῶν ἐστιν

14 70 ἀληθῶς ἐξ αὐτῶν εἶ

14 72ᵍ εὐθὺς (—Sς) ἐκ δευτέρου ἀλέκτωρ ἐφώνησεν

15 27 σὺν αὐτῷ σταυροῦσιν δύο λῃστάς, ἕνα ἐκ δεξιῶν ↔

15 27 καὶ ἕνα ἐξ εὐωνύμων αὐτοῦ

15 39 ἰδὼν δὲ ὁ κεντυρίων ὁ παρεστηκὼς ἐξ ἐναντίας αὐτοῦ

15 46 ἔθηκεν (κατ- NMVSTς) αὐτὸν ἐν μνημείῳ (μνήματι NTH) ὃ ἦν λελατομημένον ἐκ πέτρας

16 3ᵉ τίς ἀποκυλίσει ἡμῖν τὸν λίθον ἐκ τῆς θύρας τοῦ μνημείου;

[16 12] μετὰ δὲ ταῦτα δυσὶν ἐξ αὐτῶν περιπατοῦσιν ἐφανερώθη ἐν ἑτέρᾳ μορφῇ

[16 14] * ὅτι τοῖς θεασαμένοις αὐτὸν ἐγηγερμένον | ἐκ νεκρῶν (+MBS [H]) οὐκ ἐπίστευσαν

[16 19] * ὁ μὲν οὖν κύριος ... ἐκάθισεν ἐκ δεξιῶν τοῦ θεοῦ

Lc 1 5 ἐγένετο ... ἱερεύς τις ὀνόματι Ζαχαρίας ἐξ ἐφημερίας Ἀβιά, ↔

1 5 καὶ γυνὴ αὐτῷ ἐκ τῶν θυγατέρων Ἀαρών

1 11 ὤφθη δὲ αὐτῷ ἄγγελος κυρίου ἑστὼς ἐκ δεξιῶν τοῦ θυσιαστηρίου

1 15ᵃ πνεύματος ἁγίου πλησθήσεται ἔτι ἐκ κοιλίας μητρὸς αὐτοῦ

1 27 πρὸς παρθένον ἐμνηστευμένην (μεμνηστ. VSς) ἀνδρὶ ᾧ ὄνομα Ἰωσήφ, ἐξ οἴκου Δαυίδ

1 61 οὐδείς ἐστιν | ἐκ τῆς συγγενείας (ἐν τῇ συγγενείᾳ ς) σου ὃς καλεῖται τῷ ὀνόματι τούτῳ

1 71 ⟨καθὼς ἐλάλησεν διὰ στόματος τῶν ... προφητῶν αὐτοῦ⟩ σωτηρίαν ἐξ ἐχθρῶν ἡμῶν ↔

1 71 καὶ ἐκ χειρὸς πάντων τῶν μισούντων ἡμᾶς

1 74 ⟨τοῦ δοῦναι ἡμῖν⟩ ἀφόβως ἐκ χειρὸς ἐχθρῶν ῥυσθέντας λατρεύειν αὐτῷ

1 78 ἐν οἷς ἐπισκέψεται (ἐπεσκέψατο VSTς) ἡμᾶς ἀνατολὴ ἐξ ὕψους

2 4ᵉʲ ἀνέβη δὲ καὶ Ἰωσὴφ ἀπὸ τῆς Γαλιλαίας ἐκ πόλεως Ναζαρὲθ εἰς τὴν Ἰουδαίαν

2 4 διὰ τὸ εἶναι αὐτὸν ἐξ οἴκου καὶ πατριᾶς Δαυίδ

2 35ᵉ ὅπως ἂν ἀποκαλυφθῶσιν ἐκ πολλῶν καρδιῶν διαλογισμοί

2 36 ἦν Ἄννα προφῆτις, θυγάτηρ Φανουήλ, ἐκ φυλῆς Ἀσήρ

3 8 δύναται ὁ θεὸς ἐκ τῶν λίθων τούτων ἐγεῖραι τέκνα τῷ Ἀβραάμ

3 22 ⟨ἐγένετο δὲ⟩ φωνὴν ἐξ οὐρανοῦ γενέσθαι

4 22ᵇ ἐθαύμαζον ἐπὶ τοῖς λόγοις τῆς χάριτος τοῖς ἐκπορευομένοις ἐκ τοῦ στόματος αὐτοῦ

4 35ᵇ * φιμώθητι καὶ ἔξελθε ἐξ (ς; ἀπ' rl) αὐτοῦ

4 38ᵉʲ * ἀναστὰς δὲ ἐκ (ς; ἀπὸ rl) τῆς συναγωγῆς εἰσῆλθεν εἰς τὴν οἰκίαν Σίμωνος

5 3 καθίσας δὲ | ἐκ τοῦ πλοίου ἐδίδασκεν (~VBς; ἐν τῷ πλοίῳ ἐδ. T) τοὺς ὄχλους

5 17 Φαρισαῖοι καὶ νομοδιδάσκαλοι οἳ ἦσαν ἐληλυθότες ἐκ πάσης κώμης τῆς Γαλιλαίας

6 42ᵇ ὑποκριτά, ἔκβαλε πρῶτον τὴν δοκὸν ἐκ τοῦ ὀφθαλμοῦ σου

6 44 ἕκαστον γὰρ δένδρον ἐκ τοῦ ἰδίου καρποῦ γινώσκεται· ↔

6 44ᶜ οὐ γὰρ ἐξ ἀκανθῶν συλλέγουσιν σῦκα, ↔

6 44 οὐδὲ ἐκ βάτου σταφυλὴν τρυγῶσιν. ↔

6 45 ὁ ἀγαθὸς ἄνθρωπος ἐκ τοῦ ἀγαθοῦ θησαυροῦ τῆς καρδίας (+αὐτοῦ MVB[S]ς) προφέρει τὸ ἀγαθόν, ↔

6 45 καὶ ὁ πονηρὸς ἐκ τοῦ πονηροῦ προφέρει τὸ πονηρόν· ↔

6 45 ἐκ γὰρ περισσεύματος καρδίας λαλεῖ τὸ στόμα αὐτοῦ

8 3 αἵτινες διηκόνουν αὐτοῖς (αὐτῷ Sς) ἐκ (ἀπὸ ς) τῶν ὑπαρχόντων αὐταῖς

8 27ᵃ ἐξελθόντι δὲ αὐτῷ ἐπὶ τὴν γῆν ὑπήντησεν ἀνήρ τις ἐκ τῆς πόλεως

8 27ᵃ | ὃς εἶχε δαιμόνια ἐκ χρόνων ἱκανῶν, καὶ ἱμάτιον οὐκ ἐνεδιδύσκετο (ς; ἔχων δαιμόνια, καὶ χ-ῳ ἱ-ῷ οὐκ ἐνεδύσατο ἱμ. rl)

Lc 9 7 διηπόρει διὰ τὸ λέγεσθαι ... ὅτι Ἰωάννης ἠγέρθη ἐκ νεκρῶν

9 35 φωνὴ ἐγένετο ἐκ τῆς νεφέλης λέγουσα

10 7ʲ μὴ μεταβαίνετε ἐξ οἰκίας εἰς οἰκίαν

10 11ʲ τὸν κονιορτὸν τὸν κολληθέντα ἡμῖν ἐκ τῆς πόλεως ὑμῶν εἰς τοὺς πόδας (+ἡμῶν MVS) ἀπομασσόμεθα ὑμῖν

10 18 ἐθεώρουν τὸν σατανᾶν ὡς ἀστραπὴν ἐκ τοῦ οὐρανοῦ πεσόντα

10 27 ἀγαπήσεις κύριον τὸν θεόν σου ἐξ ὅλης τῆς ([N²⁶]; —H) καρδίας σου ↔

10 27 * καὶ | ἐξ ὅλης τῆς ψυχῆς (Vς; ἐν ὅλῃ τῇ ψυχῇ rl) σου ↔

10 27 * καὶ | ἐξ ὅλης τῆς ἰσχύος (Vς; ἐν ὅλῃ τῇ ἰσχύϊ rl) σου ↔

10 27 * καὶ | ἐξ ὅλης τῆς διανοίας (Vς; ἐν ὅλῃ τῇ διανοίᾳ rl) σου

11 5 τίς ἐξ ὑμῶν ἕξει φίλον ... καὶ εἴπῃ αὐτῷ

11 6ʳ ἐπειδὴ φίλος μου παρεγένετο ἐξ ὁδοῦ πρός με

11 11 τίνα (τίς S) δὲ ἐξ (—ς) ὑμῶν τὸν πατέρα αἰτήσει | ὁ υἱὸς (—S) || ἄρτον, μὴ λίθον ἐπιδώσει αὐτῷ; ἢ (ἢ καὶ BT; εἰ καὶ ς) ((+MVBSTς)) ἰχθύν

11 13 πόσῳ μᾶλλον ὁ πατὴρ ὁ ([N²⁶H]; —S) ἐξ οὐρανοῦ δώσει ... τοῖς αἰτοῦσιν αὐτόν

11 15 τινὲς δὲ ἐξ αὐτῶν εἶπον

11 16 ἕτεροι δὲ πειράζοντες σημεῖον ἐξ οὐρανοῦ ἐζήτουν παρ' αὐτοῦ

11 27 ἐπάρασά τις | φωνὴ γυνὴ (~V BSς) ἐκ τοῦ ὄχλου εἶπεν αὐτῷ

11 31 ὅτι ἦλθεν ἐκ τῶν περάτων τῆς γῆς ἀκοῦσαι τὴν σοφίαν Σολομῶνος

11 49ᵇᵉ ἐξ αὐτῶν ἀποκτενοῦσιν καὶ διώξουσιν (ἐκ- VBSTς)

11 54 ἐνεδρεύοντες αὐτὸν (—T) (+ζητοῦντες Vς) θηρεῦσαί τι ἐκ τοῦ στόματος αὐτοῦ

12 6 ἓν ἐξ αὐτῶν οὐκ ἔστιν ἐπιλελησμένον ἐνώπιον τοῦ θεοῦ

12 13 εἶπεν δέ τις ἐκ τοῦ ὄχλου αὐτῷ

12 15ᵏ ὅτι οὐκ ἐν τῷ περισσεύειν τινὶ ἡ ζωὴ αὐτοῦ ἐστιν ἐκ τῶν ὑπαρχόντων αὐτῷ

12 25 τίς δὲ ἐξ ὑμῶν μεριμνῶν δύναται | ἐπὶ τὴν ἡλικίαν αὐτοῦ προσθεῖναι (~VBSTς) πῆχυν (+ἕνα Vς)

12 36ᵉ προσδεχομένοις τὸν κύριον ἑαυτῶν, πότε ἀναλύσῃ ἐκ τῶν γάμων

14 28 τίς γὰρ ἐξ ὑμῶν θέλων πύργον οἰκοδομῆσαι οὐχὶ ... ψηφίζει ⟨;⟩

14 33 οὕτως οὖν πᾶς ἐξ ὑμῶν ὃς οὐκ ἀποτάσσεται πᾶσιν τοῖς ἑαυτοῦ ὑπάρχουσιν οὐ δύναται

15 4 τίς ἄνθρωπος ἐξ ὑμῶν ἔχων ἑκατὸν πρόβατα ↔

15 4ᵉ καὶ ἀπολέσας ἐξ αὐτῶν ἓν οὐ καταλείπει ... καὶ πορεύεται ἐπὶ τὸ ἀπολωλός ⟨;⟩

15 16 ἐπεθύμει χορτασθῆναι (N²⁶H; γεμίσαι τὴν κοιλίαν αὐτοῦ rl) ἐκ (ἀπὸ VBTς) τῶν κερατίων

16 4ʲ ἵνα ὅταν μετασταθῶ ἐκ (—ς) τῆς οἰκονομίας δέξωνταί με εἰς τοὺς (N²⁶; ἑαυ. rl)

16 9 | ἑαυτοῖς ποιήσατε (~VBς) φίλους ἐκ τοῦ μαμωνᾶ τῆς ἀδικίας

16 31ᵉ οὐδ' ἐάν τις ἐκ νεκρῶν ἀναστῇ πεισθήσονται

Lc 17 7 τίς δὲ ἐξ ὑμῶν δοῦλον ἔχων ἀροτριῶντα ἢ ποιμαίνοντα, ↔

17 7 ὃς εἰσελθόντι ἐκ τοῦ ἀγροῦ ἐρεῖ αὐτῷ ⟨ ; ⟩

17 15 εἷς δὲ ἐξ αὐτῶν . . . ὑπέστρεψεν . . . δοξάζων τὸν θεόν

17 24 ʲ ὥσπερ γὰρ ἡ ἀστραπὴ ἀστράπτουσα ἐκ τῆς ὑπὸ τὸν οὐρανὸν εἰς τὴν ὑπ᾽ οὐρανὸν λάμπει

18 21 ᵃ ταῦτα πάντα ἐφύλαξα ἐκ νεότητος (+μου MVBSϛ)

19 22 ἐκ τοῦ στόματός σου κρινῶ (κρίνω ΒΗ) σε, πονηρὲ δοῦλε

20 4 τὸ βάπτισμα (+τὸ T) Ἰωάννου ἐξ οὐρανοῦ ἦν ↔

20 4 ἢ ἐξ ἀνθρώπων;

20 5 ἐὰν εἴπωμεν· ἐξ οὐρανοῦ, ἐρεῖ

20 6 ἐὰν δὲ εἴπωμεν· ἐξ ἀνθρώπων, ὁ λαὸς ἅπας καταλιθάσει ἡμᾶς

20 35 οἱ δὲ καταξιωθέντες τοῦ αἰῶνος ἐκείνου τυχεῖν καὶ τῆς ἀναστάσεως τῆς ἐκ νεκρῶν οὔτε γαμοῦσιν

20 42 ᵐ κάθου ἐκ δεξιῶν μου ⟨ἕως ἂν θῶ τοὺς ἐχθρούς σου⟩

21 4 ʲ πάντες (ἅπ. VBSTϛ) γὰρ οὗτοι ἐκ τοῦ περισσεύοντος αὐτοῖς ἔβαλον εἰς τὰ δῶρα (+τοῦ θεοῦ MVBSϛ), ↔

21 4 αὕτη δὲ ἐκ τοῦ ὑστερήματος αὐτῆς πάντα (ἅπ. VSTϛ) τὸν βίον ὃν εἶχεν ἔβαλεν

21 16 παραδοθήσεσθε δὲ καὶ ὑπὸ . . . φίλων, καὶ θανατώσουσιν ἐξ ὑμῶν

21 18 ᵉ θρὶξ ἐκ τῆς κεφαλῆς ὑμῶν οὐ μὴ ἀπόληται

22 3 εἰσῆλθεν δὲ σατανᾶς εἰς Ἰούδαν . . . ὄντα ἐκ τοῦ ἀριθμοῦ τῶν δώδεκα

22 16 ᵐ * (+οὐκέτι NMVTϛ) οὐ μὴ φάγω | ἐξ αὐτοῦ (ϛ; αὐτὸ rl) ἕως ὅτου πληρωθῇ

22 23 ἤρξαντο συζητεῖν . . . τὸ τίς ἄρα εἴη ἐξ αὐτῶν

22 50 ἐπάταξεν εἷς τις ἐξ αὐτῶν τοῦ ἀρχιερέως τὸν δοῦλον

22 58 καὶ σὺ ἐξ αὐτῶν εἶ

22 69 ἀπὸ τοῦ νῦν δὲ ἔσται ὁ υἱὸς τοῦ ἀνθρώπου καθήμενος ἐκ δεξιῶν τῆς δυνάμεως τοῦ θεοῦ

23 7 ἐπιγνοὺς ὅτι ἐκ τῆς ἐξουσίας Ἡρῴδου ἐστίν

23 8 ᵃᵍ ἦν γὰρ ἐξ | ἱκανῶν χρόνων (ἱκανοῦ Sϛ) θέλων ἰδεῖν αὐτόν

23 33 ἐκεῖ ἐσταύρωσαν αὐτὸν καὶ τοὺς κακούργους, ὃν μὲν ἐκ δεξιῶν ↔

23 33 ὃν δὲ ἐξ ἀριστερῶν

23 55 ᶜ αἵτινες ἦσαν συνεληλυθυῖαι | ἐκ τῆς Γαλιλαίας αὐτῷ (~ Vϛ)

24 13 ἰδοὺ δύο ἐξ αὐτῶν | ἐν αὐτῇ τῇ ἡμέρᾳ ἦσαν πορευόμενοι (~ VBS ϛ) εἰς κώμην

24 22 ἀλλὰ καὶ γυναῖκές τινες ἐξ ἡμῶν ἐξέστησαν ἡμᾶς

24 46 ᵉ οὕτως γέγραπται | καὶ οὕτως ἔδει (+Vϛ) παθεῖν τὸν χριστὸν καὶ ἀναστῆναι ἐκ νεκρῶν τῇ τρίτῃ ἡμέρᾳ

24 49 ὑμεῖς δὲ καθίσατε . . . ἕως οὗ ἐνδύσησθε (-σεσθε Μ) | ἐξ ὕψους δύναμιν (~ Vϛ)

Jo 1 13 οἳ οὐκ ἐξ αἱμάτων ↔

1 13 οὐδὲ ἐκ θελήματος σαρκὸς ↔

1 13 οὐδὲ ἐκ θελήματος ἀνδρὸς ↔

1 13 ἀλλ᾽ ἐκ θεοῦ ἐγεννήθησαν

1 16 ὅτι ἐκ τοῦ πληρώματος αὐτοῦ ἡμεῖς πάντες ἐλάβομεν

Jo 1 19 ᵉʳ ὅτε ἀπέστειλαν | πρὸς αὐτὸν ([Ν²⁶]; —Tϛ) οἱ Ἰουδαῖοι ἐξ Ἱεροσολύμων ἱερεῖς

1 24 ᵉ καὶ (+οἱ [V]ϛ) ἀπεσταλμένοι ἦσαν ἐκ τῶν Φαρισαίων

1 32 ᵈ τεθέαμαι τὸ πνεῦμα καταβαῖνον ὡς περιστερὰν ἐξ οὐρανοῦ

1 35 τῇ ἐπαύριον πάλιν εἱστήκει ὁ (—Η) Ἰωάννης καὶ ἐκ τῶν μαθητῶν αὐτοῦ δύο

1 40 ἦν Ἀνδρέας . . . εἷς ἐκ τῶν δύο τῶν ἀκουσάντων παρὰ Ἰωάννου

1 44 ˡ ἦν δὲ ὁ Φίλιππος ἀπὸ Βηθσαϊδά, ἐκ τῆς πόλεως Ἀνδρέου καὶ Πέτρου

1 46 ἐκ Ναζαρὲτ δύναταί τι ἀγαθὸν εἶναι;

2 15 ποιήσας φραγέλλιον ἐκ σχοινίων ↔

2 15 ᵇ πάντας ἐξέβαλεν ἐκ τοῦ ἱεροῦ, τά τε πρόβατα καὶ τοὺς βόας

2 22 ὅτε οὖν ἠγέρθη ἐκ νεκρῶν

3 1 ἦν δὲ ἄνθρωπος ἐκ τῶν Φαρισαίων, Νικόδημος ὄνομα αὐτῷ

3 5 ἐὰν μή τις γεννηθῇ ἐξ ὕδατος καὶ πνεύματος

3 6 τὸ γεγεννημένον ἐκ τῆς σαρκὸς σάρξ ἐστιν, ↔

3 6 καὶ τὸ γεγεννημένον ἐκ τοῦ πνεύματος πνεῦμά ἐστιν

3 8 οὕτως ἐστὶν πᾶς ὁ γεγεννημένος ἐκ τοῦ πνεύματος

3 13 ᵈ ʲ οὐδεὶς ἀναβέβηκεν εἰς τὸν οὐρανὸν εἰ μὴ ὁ ἐκ τοῦ οὐρανοῦ καταβάς

3 25 ⁿˢ ἐγένετο οὖν ζήτησις ἐκ τῶν μαθητῶν Ἰωάννου μετὰ Ἰουδαίου περὶ καθαρισμοῦ

3 27 οὐ δύναται ἄνθρωπος λαμβάνειν | οὐδὲ ἓν (Ν²⁶; οὐδὲν rl) ἐὰν μὴ ᾖ δεδομένον αὐτῷ ἐκ τοῦ οὐρανοῦ

3 31 ὁ ὢν ἐκ τῆς γῆς ↔

3 31 ἐκ τῆς γῆς ἐστιν

3 31 καὶ ἐκ τῆς γῆς λαλεῖ. ↔

3 31 ὁ ἐκ τοῦ οὐρανοῦ ἐρχόμενος | ἐπάνω πάντων ἐστίν ([Ν²⁶S]; —T)

3 34 ᵍ οὐ γὰρ ἐκ μέτρου δίδωσιν (+ὁ θεὸς Vϛ) τὸ πνεῦμα

4 6 ὁ οὖν Ἰησοῦς κεκοπιακὼς ἐκ τῆς ὁδοιπορίας ἐκαθέζετο οὕτως ἐπὶ τῇ πηγῇ

4 7 ἔρχεται γυνὴ ἐκ τῆς Σαμαρείας ἀντλῆσαι ὕδωρ

4 12 καὶ αὐτὸς ἐξ αὐτοῦ ἔπιεν καὶ οἱ υἱοὶ αὐτοῦ

4 13 πᾶς ὁ πίνων ἐκ τοῦ ὕδατος τούτου διψήσει πάλιν· ↔

4 14 ὃς δ᾽ ἂν πίῃ ἐκ τοῦ ὕδατος οὗ ἐγὼ δώσω αὐτῷ, οὐ μὴ διψήσει

4 22 ὅτι ἡ σωτηρία ἐκ τῶν Ἰουδαίων ἐστίν

4 30 ᵇʳ ἐξῆλθον ἐκ τῆς πόλεως καὶ ἤρχοντο πρὸς αὐτόν

4 39 ἐκ δὲ τῆς πόλεως ἐκείνης πολλοὶ ἐπίστευσαν εἰς αὐτὸν

4 47 ʲ οὗτος ἀκούσας ὅτι Ἰησοῦς ἥκει ἐκ τῆς Ἰουδαίας εἰς τὴν Γαλιλαίαν

4 54 ʲ δεύτερον σημεῖον ἐποίησεν ὁ Ἰησοῦς ἐλθὼν ἐκ τῆς Ἰουδαίας εἰς τὴν Γαλιλαίαν

5 24 ʲ ἀλλὰ μεταβέβηκεν ἐκ τοῦ θανάτου εἰς τὴν ζωὴν

6 8 λέγει αὐτῷ εἷς ἐκ τῶν μαθητῶν αὐτοῦ

6 11 | εὐχαριστήσας διέδωκεν (εὐχαρίστησεν καὶ ἔδωκεν T) τοῖς ἀνακειμένοις, ὁμοίως καὶ ἐκ τῶν ὀψαρίων ὅσον ἤθελον

Jo 6 13 ἐγέμισαν δώδεκα κοφίνους κλασμάτων ἐκ τῶν πέντε ἄρτων τῶν κριθίνων ἃ ἐπερίσσευσαν (-σεν Vϛ)

6 23 ἄλλα (ἀλλὰ Η) ἦλθεν (-θον BST) πλοιάρια (πλοιά[ρια] Ν²⁶; πλοῖα Η) ἐκ Τιβεριάδος

6 26 ἀλλ᾽ ὅτι ἐφάγετε ἐκ τῶν ἄρτων καὶ ἐχορτάσθητε

6 31 ἄρτον ἐκ τοῦ οὐρανοῦ ἔδωκεν αὐτοῖς φαγεῖν

6 32 οὐ Μωϋσῆς δέδωκεν (ἔδωκεν Η) ὑμῖν τὸν ἄρτον ἐκ τοῦ οὐρανοῦ, ↔

6 32 ἀλλ᾽ ὁ πατήρ μου δίδωσιν ὑμῖν τὸν ἄρτον ἐκ τοῦ οὐρανοῦ τὸν ἀληθινόν· ↔

6 33 ᵈ ὁ γὰρ ἄρτος (+ὁ T) τοῦ θεοῦ ἐστιν ὁ καταβαίνων ἐκ τοῦ οὐρανοῦ

6 38 ᵈ * ὅτι καταβέβηκα ἐκ (ϛ; ἀπὸ rl) τοῦ οὐρανοῦ οὐχ ἵνα ποιῶ (ποιήσω T) τὸ θέλημα τὸ ἐμὸν

6 39 ἵνα πᾶν ὃ δέδωκέν μοι μὴ ἀπολέσω ἐξ αὐτοῦ

6 41 ᵈ ἐγώ εἰμι ὁ ἄρτος ὁ καταβὰς ἐκ τοῦ οὐρανοῦ

6 42 ᵈ πῶς νῦν λέγει (+οὗτος VTϛ) ὅτι ἐκ τοῦ οὐρανοῦ καταβέβηκα;

6 50 ᵈ οὗτός ἐστιν ὁ ἄρτος ὁ ἐκ τοῦ οὐρανοῦ καταβαίνων, ↔

6 50 ἵνα τις ἐξ αὐτοῦ φάγῃ καὶ μὴ ἀποθάνῃ. ↔

6 51 ᵈ ἐγώ εἰμι ὁ ἄρτος ὁ ζῶν ὁ ἐκ τοῦ οὐρανοῦ καταβάς· ↔

6 51 ἐάν τις φάγῃ ἐκ | τούτου τοῦ (τοῦ ἐμοῦ T) ἄρτου

6 58 ᵈ οὗτός ἐστιν ὁ ἄρτος ὁ ἐξ (ἐκ τοῦ BSϛ) οὐρανοῦ καταβάς

6 60 πολλοὶ οὖν ἀκούσαντες ἐκ τῶν μαθητῶν αὐτοῦ εἶπαν

6 64 ἀλλ᾽ εἰσὶν ἐξ ὑμῶν τινες οἳ οὐ πιστεύουσιν. ↔

6 64 ᵃ ᾔδει γὰρ ἐξ ἀρχῆς ὁ Ἰησοῦς τίνες εἰσὶν οἱ μὴ πιστεύοντες

6 65 ἐὰν μὴ ᾖ δεδομένον αὐτῷ ἐκ τοῦ πατρός (+μου Vϛ). ↔

6 66 ᵃ ἐκ τούτου (+οὖν T) ↔

6 66 πολλοὶ ἐκ (+[Ν²⁶]ΒΗ) τῶν μαθητῶν αὐτοῦ ἀπῆλθον εἰς τὰ ὀπίσω

6 70 καὶ ἐξ ὑμῶν εἷς διάβολός ἐστιν. ↔

6 71 ἔλεγεν δὲ τὸν Ἰούδαν . . . εἷς (+ὢν VSTϛ) ἐκ τῶν δώδεκα

7 17 ˡ γνώσεται . . . πότερον ἐκ τοῦ (—T) θεοῦ ἐστιν ἢ ἐγὼ ἀπ᾽ ἐμαυτοῦ λαλῶ

7 19 οὐδεὶς ἐξ ὑμῶν ποιεῖ τὸν νόμον

7 22 οὐχ ὅτι ἐκ τοῦ Μωϋσέως ἐστὶν ↔

7 22 ἀλλ᾽ ἐκ τῶν πατέρων

7 25 ἔλεγον οὖν τινες ἐκ τῶν Ἱεροσολυμιτῶν

7 31 | ἐκ τοῦ ὄχλου δὲ πολλοὶ ἐπίστευσαν (~ Tϛ) εἰς αὐτὸν

7 38 ποταμοὶ ἐκ τῆς κοιλίας αὐτοῦ ῥεύσουσιν ὕδατος ζῶντος

7 40 | ἐκ τοῦ ὄχλου οὖν (πολλοὶ οὖν ἐκ τ. ὀ. ϛ) ἀκούσαντες τῶν λόγων τούτων ἔλεγον

7 41 μὴ γὰρ ἐκ τῆς Γαλιλαίας ὁ χριστὸς ἔρχεται;

7 42 ˡ ἐκ τοῦ σπέρματος Δαυὶδ, καὶ ἀπὸ Βηθλέεμ . . . | ἔρχεται ὁ χριστός (~ Tϛ);

7 44 τινὲς δὲ ἤθελον ἐξ αὐτῶν πιάσαι αὐτόν

7 48 μή τις ἐκ τῶν ἀρχόντων ἐπίστευσεν εἰς αὐτὸν ↔

7 48 ἢ ἐκ τῶν Φαρισαίων;

Jo 7 50 λέγει Νικόδημος ... εἷς ὢν ἐξ αὐτῶν

7 52 μὴ καὶ σὺ ἐκ τῆς Γαλιλαίας εἶ; ↔

7 52 ἐραύνησον καὶ ἴδε ὅτι | ἐκ τῆς Γαλιλαίας προφήτης (~Τς) οὐκ ἐγείρεται

8 23 ὑμεῖς ἐκ τῶν κάτω ἐστέ, ↔

8 23 ἐγὼ ἐκ τῶν ἄνω εἰμί· ↔

8 23 ὑμεῖς ἐκ | τούτου τοῦ κόσμου (~VBSTς) ἐστέ, ↔

8 23 ἐγὼ οὐκ εἰμὶ ἐκ τοῦ κόσμου τούτου

8 41 ἡμεῖς ἐκ πορνείας οὐ γεγεννήμεθα (ἐγεννήθημεν NSH)

8 42b ἐγὼ γὰρ ἐκ τοῦ θεοῦ ἐξῆλθον καὶ ἥκω

8 44 ὑμεῖς ἐκ τοῦ πατρὸς τοῦ διαβόλου ἐστέ

8 44 ὅταν λαλῇ τὸ ψεῦδος, ἐκ τῶν ἰδίων λαλεῖ

8 46 τίς ἐξ ὑμῶν ἐλέγχει με περὶ ἁμαρτίας;

8 47 ὁ ὢν ἐκ τοῦ θεοῦ τὰ ῥήματα τοῦ θεοῦ ἀκούει· ↔

8 47 διὰ τοῦτο ὑμεῖς οὐκ ἀκούετε, ὅτι ἐκ τοῦ θεοῦ οὐκ ἐστέ

8 59b Ἰησοῦς δὲ ἐκρύβη καὶ ἐξῆλθεν ἐκ τοῦ ἱεροῦ

9 1a παράγων εἶδεν ἄνθρωπον τυφλὸν ἐκ γενετῆς

9 6 ἐποίησεν πηλὸν ἐκ τοῦ πτύσματος

9 16 ἔλεγον οὖν ἐκ τῶν Φαρισαίων τινές

9 24g ἐφώνησαν οὖν τὸν ἄνθρωπον ἐκ δευτέρου ὃς ἦν τυφλός

9 32a ἐκ τοῦ αἰῶνος οὐκ ἠκούσθη ὅτι ἠνέῳξέν (ἤνοιξεν VBSTς) τις ὀφθαλμοὺς τυφλοῦ γεγεννημένου

9 40 ἤκουσαν ἐκ τῶν Φαρισαίων ταῦτα (—Τ) οἱ μετ' αὐτοῦ ὄντες

10 16 ἄλλα πρόβατα ἔχω ἃ οὐκ ἔστιν ἐκ τῆς αὐλῆς ταύτης

10 20 ἔλεγον δὲ (οὖν Τ) πολλοὶ ἐξ αὐτῶν

10 26 ὑμεῖς οὐ πιστεύετε, ὅτι οὐκ ἐστὲ ἐκ τῶν προβάτων τῶν ἐμῶν

10 28 οὐχ ἁρπάσει τις αὐτὰ ἐκ τῆς χειρός μου

10 29 οὐδεὶς δύναται ἁρπάζειν ἐκ τῆς χειρὸς τοῦ πατρός (+μου MVB[S]ς)

10 32 πολλὰ ἔργα | καλὰ ἔδειξα ὑμῖν (~NMH) ἐκ τοῦ πατρός (+μου Vς)

10 39b ἐξῆλθεν ἐκ τῆς χειρὸς αὐτῶν

11 1 ἦν ... Λάζαρος ἀπὸ Βηθανίας, ἐκ τῆς κώμης (+τῆς Τ) Μαρίας

11 19 πολλοὶ δὲ ἐκ τῶν Ἰουδαίων ἐληλύθεισαν πρὸς τὴν (τὰς περὶ MVSTς) Μάρθαν

11 37 τινὲς δὲ ἐξ αὐτῶν εἶπαν

11 45 πολλοὶ οὖν ἐκ τῶν Ἰουδαίων, οἱ ἐλθόντες πρὸς τὴν Μαριὰμ ... ἐπίστευσαν εἰς αὐτόν· ↔

11 46 τινὲς δὲ ἐξ αὐτῶν ἀπῆλθον πρὸς τοὺς Φαρισαίους

11 49 εἷς δέ τις ἐξ αὐτῶν Καϊάφας ... εἶπεν αὐτοῖς

11 55ejt ἀνέβησαν πολλοὶ εἰς Ἱεροσόλυμα ἐκ τῆς χώρας πρὸ τοῦ πάσχα

12 1 ὃν ἤγειρεν ἐκ νεκρῶν (+ὁ MVB[S]) Ἰησοῦς ([S]; —ς)

12 2 ὁ δὲ Λάζαρος εἷς ἦν ἐκ (—VSς) τῶν ἀνακειμένων σὺν αὐτῷ

12 3 ἡ δὲ οἰκία ἐπληρώθη ἐκ τῆς ὀσμῆς τοῦ μύρου. ↔

Jo 12 4 λέγει δὲ ([Η]; οὖν VBSς) || Ἰούδας ὁ Ἰσκαριώτης εἷς ἐκ ([N26]; —NH) τῶν μαθητῶν αὐτοῦ ((~Sς))

12 9 ἔγνω οὖν ὁ ([N26]; —ς) ὄχλος πολὺς ἐκ τῶν Ἰουδαίων ὅτι ἐκεῖ ἐστιν

12 9 ἀλλ' ἵνα καὶ τὸν Λάζαρον ἴδωσιν ὃν ἤγειρεν ἐκ νεκρῶν

12 17 ὅτε (ὅτι Τ) τὸν Λάζαρον ἐφώνησεν ἐκ τοῦ μνημείου ↔

12 17 καὶ ἤγειρεν αὐτὸν ἐκ νεκρῶν

12 20 ἦσαν δὲ Ἕλληνές τινες ἐκ τῶν ἀναβαινόντων

12 27 πάτερ, σῶσόν με ἐκ τῆς ὥρας ταύτης

12 28 ἦλθεν οὖν φωνὴ ἐκ τοῦ οὐρανοῦ

12 32 κἀγὼ ἐὰν (ἂν Η) ὑψωθῶ ἐκ τῆς γῆς

12 34 ἡμεῖς ἠκούσαμεν ἐκ τοῦ νόμου ὅτι ὁ χριστὸς μένει εἰς τὸν αἰῶνα

12 42 ὅμως μέντοι καὶ ἐκ τῶν ἀρχόντων πολλοὶ ἐπίστευσαν εἰς αὐτόν

12 49 ὅτι ἐγὼ ἐξ ἐμαυτοῦ οὐκ ἐλάλησα

13 1 ἵνα μεταβῇ ἐκ τοῦ κόσμου τούτου πρὸς τὸν πατέρα

13 4 ἐγείρεται ἐκ τοῦ δείπνου καὶ τίθησιν τὰ ἱμάτια

13 21 εἷς ἐξ ὑμῶν παραδώσει με

13 23 ἦν (+δὲ MV[S]ς) ἀνακείμενος εἷς ἐκ (—ς) τῶν μαθητῶν αὐτοῦ ἐν τῷ κόλπῳ τοῦ Ἰησοῦ

15 19 εἰ ἐκ τοῦ κόσμου ἦτε, ὁ κόσμος ἂν τὸ ἴδιον ἐφίλει· ↔

15 19 ὅτι δὲ ἐκ τοῦ κόσμου οὐκ ἐστέ, ↔

15 19b ἀλλ' ἐγὼ ἐξελεξάμην ὑμᾶς ἐκ τοῦ κόσμου

16 4a ταῦτα δὲ ὑμῖν ἐξ ἀρχῆς οὐκ εἶπον

16 5 οὐδεὶς ἐξ ὑμῶν ἐρωτᾷ με

16 14 ἐκεῖνος ἐμὲ δοξάσει, ὅτι ἐκ τοῦ ἐμοῦ λήμψεται

16 15 διὰ τοῦτο εἶπον ὅτι ἐκ τοῦ ἐμοῦ λαμβάνει

16 17 εἶπαν οὖν ἐκ τῶν μαθητῶν αὐτοῦ πρὸς ἀλλήλους

16 28bj ἐξῆλθον ἐκ (παρὰ N26Vς) τοῦ πατρὸς καὶ ἐλήλυθα εἰς τὸν κόσμον

17 6 τοῖς ἀνθρώποις οὓς ἔδωκάς (δέδωκάς VSς) μοι ἐκ τοῦ κόσμου

17 12e οὐδεὶς ἐξ αὐτῶν ἀπώλετο εἰ μὴ ὁ υἱὸς τῆς ἀπωλείας

17 14 ὅτι οὐκ εἰσὶν ἐκ τοῦ κόσμου ↔

17 14 καθὼς ἐγὼ οὐκ εἰμὶ ἐκ τοῦ κόσμου. ↔

17 15 οὐκ ἐρωτῶ ἵνα ἄρῃς αὐτοὺς ἐκ τοῦ κόσμου, ↔

17 15 ἀλλ' ἵνα τηρήσῃς αὐτοὺς ἐκ τοῦ πονηροῦ. ↔

17 16 ἐκ τοῦ κόσμου οὐκ εἰσὶν ↔

17 16 καθὼς ἐγὼ | οὐκ εἰμὶ ἐκ τοῦ κόσμου (~VSς)

18 3 ὁ οὖν Ἰούδας λαβὼν τὴν σπεῖραν καὶ ἐκ τῶν ἀρχιερέων ↔

18 3 καὶ | ἐκ τῶν ([S]; [ἐκ] τ. NH; —ς) Φαρισαίων ὑπηρέτας ἔρχεται ἐκεῖ μετὰ φανῶν

18 9 οὐκ ἀπώλεσα ἐξ αὐτῶν οὐδένα

18 17 μὴ καὶ σὺ ἐκ τῶν μαθητῶν εἶ τοῦ ἀνθρώπου τούτου;

18 25 μὴ καὶ σὺ ἐκ τῶν μαθητῶν αὐτοῦ εἶ;

18 26 λέγει εἷς ἐκ τῶν δούλων τοῦ ἀρχιερέως

18 36 ἡ βασιλεία ἡ ἐμὴ οὐκ ἔστιν ἐκ τοῦ κόσμου τούτου· ↔

18 36 εἰ ἐκ τοῦ κόσμου τούτου ἦν ἡ | βασιλεία ἡ ἐμή (ἐ. β. S)

Jo 18 37 πᾶς ὁ ὢν ἐκ τῆς ἀληθείας ἀκούει μου τῆς φωνῆς

19 2 οἱ στρατιῶται πλέξαντες στέφανον ἐξ ἀκανθῶν ἐπέθηκαν αὐτοῦ τῇ κεφαλῇ

19 12a ἐκ τούτου ὁ Πιλᾶτος ἐζήτει ἀπολῦσαι αὐτόν

19 23p ἦν δὲ ὁ χιτὼν ἄραφος, ἐκ τῶν ἄνωθεν ὑφαντὸς δι' ὅλου

20 1 βλέπει τὸν λίθον ἠρμένον ἐκ τοῦ μνημείου

20 2 ἦραν τὸν κύριον ἐκ τοῦ μνημείου

20 9e δεῖ αὐτὸν ἐκ νεκρῶν ἀναστῆναι

20 24 Θωμᾶς δὲ εἷς ἐκ τῶν δώδεκα ... οὐκ ἦν μετ' αὐτῶν

21 2 ἦσαν ὁμοῦ Σίμων Πέτρος ... καὶ ἄλλοι ἐκ τῶν μαθητῶν αὐτοῦ δύο

21 14 τοῦτο ἤδη τρίτον ἐφανερώθη (+ὁ Sς) Ἰησοῦς τοῖς μαθηταῖς ἐγερθεὶς ἐκ νεκρῶν

Ac 1 18 οὗτος μὲν οὖν ἐκτήσατο χωρίον ἐκ μισθοῦ τῆς ἀδικίας

1 24e ἀνάδειξον | ὃν ἐξελέξω ἐκ τούτων τῶν δύο ἕνα (~ς) ↔

1 25 *λαβεῖν τὸν τόπον τῆς ... ἀποστολῆς, ἐξ (ς; ἀφ' rl) ἧς παρέβη Ἰούδας

2 2 ἐγένετο ἄφνω ἐκ τοῦ οὐρανοῦ ἦχος ὥσπερ φερομένης πνοῆς βιαίας

2 25 ὅτι ἐκ δεξιῶν μού ἐστιν

2 30e ὅρκῳ ὤμοσεν αὐτῷ ὁ θεὸς ἐκ καρποῦ τῆς ὀσφύος αὐτοῦ (+τὸ κατὰ σάρκα ἀναστήσειν τὸν Χριστὸν [VS]ς) καθίσαι ἐπὶ τὸν θρόνον αὐτοῦ

2 34m εἶπεν (+ὁ [N26]VSς) κύριος τῷ κυρίῳ μου· κάθου ἐκ δεξιῶν μου

3 2a καί τις ἀνὴρ χωλὸς ἐκ κοιλίας μητρὸς αὐτοῦ ὑπάρχων ἐβαστάζετο

3 15 ὃν ὁ θεὸς ἤγειρεν ἐκ νεκρῶν

3 22e προφήτην ὑμῖν ἀναστήσει κύριος ὁ θεὸς ὑμῶν (ἡ. MVBST; —NH) ἐκ τῶν ἀδελφῶν ὑμῶν

3 23b ἔσται δὲ πᾶσα ψυχὴ ἥτις ἐὰν (ἂν Ης) μὴ ἀκούσῃ τοῦ προφήτου ἐκείνου ἐξολεθρευθήσεται ἐκ τοῦ λαοῦ

4 2 διὰ τὸ ... καταγγέλλειν ἐν τῷ Ἰησοῦ τὴν ἀνάστασιν τὴν ἐκ νεκρῶν

4 6 ⟨ἐγένετο δὲ ... συναχθῆναι αὐτῶν τοὺς ἄρχοντας⟩ καὶ ὅσοι ἦσαν ἐκ γένους ἀρχιερατικοῦ

4 10 ἐν τῷ ὀνόματι Ἰησοῦ Χριστοῦ ... ὃν ὁ θεὸς ἤγειρεν ἐκ νεκρῶν

5 38 ὅτι ἐὰν ᾖ ἐξ ἀνθρώπων ἡ βουλὴ αὕτη ... καταλυθήσεται· ↔

5 39 εἰ δὲ ἐκ θεοῦ ἐστιν, οὐ δυνήσεσθε καταλῦσαι αὐτούς

6 3 ἐπισκέψασθε δέ (οὖν VBSς), ἀδελφοί, ἄνδρας ἐξ ὑμῶν μαρτυρουμένους ἑπτὰ πλήρεις πνεύματος (+ἁγίου [V]ς)

6 9f ἀνέστησαν δέ τινες τῶν ἐκ τῆς συναγωγῆς ... Λιβερτίνων

7 3bj ἔξελθε ἐκ τῆς γῆς σου ↔

7 3bj καὶ ἐκ ([N26]; —NH) τῆς συγγενείας σου

7 4bk τότε ἐξελθὼν ἐκ γῆς Χαλδαίων κατῴκησεν ἐν Χαρράν

7 10b ἐξείλατο αὐτὸν ἐκ πασῶν τῶν θλίψεων αὐτοῦ

7 37e προφήτην ὑμῖν ἀναστήσει ὁ θεὸς ἐκ τῶν ἀδελφῶν ὑμῶν ὡς ἐμέ

Ac   7 40ᵇ ὁ γὰρ Μωϋσῆς οὗτος, ὃς ἐξήγαγεν ἡμᾶς ἐκ γῆς Αἰγύπτου

7 55 εἶδεν ... Ἰησοῦν ἑστῶτα ἐκ δεξιῶν τοῦ θεοῦ

7 56 ἰδοὺ θεωρῶ ... τὸν υἱὸν τοῦ ἀνθρώπου ἐκ δεξιῶν ἑστῶτα τοῦ θεοῦ

8 37 * | εἰ πιστεύεις ἐξ ὅλης τῆς καρδίας ἔξεστιν (.. +ς ..)

8 39ᵉ ὅτε δὲ ἀνέβησαν ἐκ τοῦ ὕδατος

9 3 ἐξαίφνης τε αὐτὸν περιήστραψεν φῶς ἐκ (ἀπό ς) τοῦ οὐρανοῦ

9 33ᵃᵠ εὗρεν δὲ ἐκεῖ ἄνθρωπόν τινα ... ἐξ ἐτῶν ὀκτὼ κατακείμενον ἐπὶ κραβάττου

10 1 ἀνὴρ δέ τις ... ὀνόματι Κορνήλιος, ἑκατοντάρχης ἐκ σπείρης τῆς καλουμένης Ἰταλικῆς

10 15ᵍʳ καὶ φωνὴ πάλιν ἐκ δευτέρου πρὸς αὐτόν

10 41ᵉ οἵτινες συνεφάγομεν ... αὐτῷ μετὰ τὸ ἀναστῆναι αὐτὸν ἐκ νεκρῶν

10 45 καὶ ἐξέστησαν οἱ ἐκ περιτομῆς πιστοί

11 2ᶠ διεκρίνοντο πρὸς αὐτὸν οἱ ἐκ περιτομῆς

11 5ᵈ εἶδον ... καταβαῖνον σκεῦός τι ὡς ὀθόνην μεγάλην ... καθιεμένην ἐκ τοῦ οὐρανοῦ

11 9ᵍ ἀπεκρίθη δὲ | φωνὴ ἐκ δευτέρου (~ NMH) ↔

11 9ᵉ ἐκ τοῦ οὐρανοῦ

11 20 ἦσαν δέ τινες ἐξ αὐτῶν ἄνδρες Κύπριοι καὶ Κυρηναῖοι

11 28 ἀναστὰς δὲ εἷς ἐξ αὐτῶν ὀνόματι Ἄγαβος ἐσήμανεν

12 7ᵇ ἐξέπεσαν αὐτοῦ αἱ ἁλύσεις ἐκ τῶν χειρῶν

12 11ᵇ ἐξαπέστειλεν ὁ ([N²⁶V]; —STς) κύριος ... καὶ ἐξείλατό με ἐκ χειρὸς Ἡρῴδου καὶ πάσης τῆς προσδοκίας

12 17ᵇ διηγήσατο αὐτοῖς ([N²⁶]; —T) πῶς ὁ κύριος αὐτὸν ἐξήγαγεν ἐκ τῆς φυλακῆς

12 25 * Βαρναβᾶς δὲ καὶ Σαῦλος ὑπέστρεψαν ἐξ (εἰς N²⁶H) Ἰερουσαλήμ

13 17ᵇ ὁ θεὸς ... μετὰ βραχίονος ὑψηλοῦ ἐξήγαγεν αὐτοὺς ἐξ αὐτῆς

13 21 ἔδωκεν αὐτοῖς ὁ θεὸς τὸν Σαοὺλ ... ἄνδρα ἐκ φυλῆς Βενιαμίν

13 30 ὁ δὲ θεὸς ἤγειρεν αὐτὸν ἐκ νεκρῶν

13 34ᵉʲ ὅτι δὲ ἀνέστησεν αὐτὸν ἐκ νεκρῶν μηκέτι μέλλοντα ὑποστρέφειν εἰς διαφθοράν

13 42ᵇ ἐξιόντων δὲ | ἐκ τῆς συναγωγῆς τῶν Ἰουδαίων (ς; αὐτῶν rl) παρεκάλουν ... λαληθῆναι αὐτοῖς

14 8ᵃ καὶ τις ἀνήρ ... τοῖς ποσὶν ἐκάθητο, χωλὸς ἐκ κοιλίας μητρὸς αὐτοῦ (+ ὑπάρχων ς)

15 2 ἔταξαν ἀναβαίνειν Παῦλον ... καὶ τινας ἄλλους ἐξ αὐτῶν πρὸς τοὺς ἀποστόλους

15 14ᵃ καθὼς πρῶτον ὁ θεὸς ἐπεσκέψατο λαβεῖν ἐξ ἐθνῶν λαὸν (+ἐπὶ ς) τῷ ὀνόματι αὐτοῦ

15 21ᵃᵏᵘ Μωϋσῆς γὰρ ἐκ γενεῶν ἀρχαίων κατὰ πόλιν τοὺς κηρύσσοντας αὐτὸν ἔχει ἐν ταῖς συναγωγαῖς

15 22ᵇʲ τότε ἔδοξε τοῖς ἀποστόλοις ... ἐκλεξαμένους ἄνδρας ἐξ αὐτῶν πέμψαι εἰς Ἀντιόχειαν

15 23ᶠ οἱ ἀπόστολοι ... τοῖς κατὰ τὴν ... Κιλικίαν ἀδελφοῖς τοῖς ἐξ ἐθνῶν χαίρειν

Ac   15 24ᵇ τινὲς ἐξ ἡμῶν ἐξελθόντες ([N²⁶]; —NH) ἐτάραξαν ὑμᾶς

15 29 ἐξ ὧν διατηροῦντες ἑαυτοὺς εὖ πράξετε

16 40ᵇʲ * ἐξελθόντες δὲ ἐκ (ς; ἀπὸ rl) τῆς φυλακῆς εἰσῆλθον πρὸς (εἰς ς) τὴν Λυδίαν

17 3ᵉ τὸν χριστὸν ἔδει παθεῖν καὶ ἀναστῆναι ἐκ νεκρῶν

17 4 καί τινες ἐξ αὐτῶν ἐπείσθησαν

17 12 πολλοὶ μὲν οὖν ἐξ αὐτῶν ἐπίστευσαν

17 26 ἐποίησέν τε ἐξ ἑνὸς πᾶν ἔθνος ἀνθρώπων κατοικεῖν ἐπὶ | παντὸς προσώπου (πᾶν τὸ πρόσωπον VSς) τῆς γῆς

17 31ᵉ κρίνειν τὴν οἰκουμένην ... ἐν ἀνδρὶ ᾧ ὥρισεν ... ἀναστήσας αὐτὸν ἐκ νεκρῶν

17 33ᵇ οὕτως ὁ Παῦλος ἐξῆλθεν ἐκ μέσου αὐτῶν

18 1ʲ μετὰ ταῦτα χωρισθεὶς (+ὁ Παῦλος [MS]Vς) ἐκ τῶν Ἀθηνῶν ἦλθεν εἰς Κόρινθον

18 2 * διὰ τὸ διατετάχεναι (τεταχ. T) Κλαύδιον χωρίζεσθαι πάντας τοὺς Ἰουδαίους ἐκ (ς; ἀπὸ rl) τῆς Ῥώμης

19 16ᵇ ὥστε γυμνοὺς καὶ τετραυματισμένους ἐκφυγεῖν ἐκ τοῦ οἴκου ἐκείνου

19 25 ἐκ ταύτης τῆς ἐργασίας ἡ εὐπορία ἡμῖν ἐστιν

19 33ᵉ ἐκ δὲ τοῦ ὄχλου συνεβίβασαν Ἀλέξανδρον

19 34 φωνὴ ἐγένετο μία ἐκ πάντων

20 30ᵉ ἐξ ὑμῶν αὐτῶν [H] ἀναστήσονται ἄνδρες λαλοῦντες διεστραμμένα

21 8 εἰσελθόντες εἰς τὸν οἶκον Φιλίππου τοῦ εὐαγγελιστοῦ ὄντος ἐκ τῶν ἑπτὰ

22 6ᵉ ἐγένετο ... ἐξαίφνης ἐκ τοῦ οὐρανοῦ περιαστράψαι φῶς ἱκανὸν περὶ ἐμέ

22 14 ὁ θεὸς ... προεχειρίσατό σε ... ἀκοῦσαι φωνὴν ἐκ τοῦ στόματος αὐτοῦ

22 18ᵇᵏ σπεῦσον καὶ ἔξελθε ἐν τάχει ἐξ Ἰερουσαλήμ

23 10 ἐκέλευσεν τὸ στράτευμα καταβὰν ἁρπάσαι αὐτὸν ἐκ μέσου αὐτῶν

23 21 ἐνεδρεύουσιν γὰρ αὐτὸν ἐξ αὐτῶν ἄνδρες πλείους τεσσεράκοντα

23 30ʳ * | ἐξ αὐτῶν (BST; ἐξαυτῆς rl) ἔπεμψα πρὸς σέ

23 34 ἀναγνοὺς δὲ καὶ ἐπερωτήσας ἐκ ποίας ἐπαρχείας ἐστίν

24 7ᵉⁿ * | παρελθὼν δὲ Λυσίας ὁ χιλίαρχος μετὰ πολλῆς βίας ἐκ τῶν χειρῶν ἡμῶν ἀπήγαγε (.. +ς ..)

24 10ᵃ ἐκ πολλῶν ἐτῶν ὄντα σε κριτὴν ... ἐπιστάμενος εὐθύμως ... ἀπολογοῦμαι

26 4ᵃʲ τὴν μὲν οὖν βίωσίν μου τὴν ([N²⁶S]; —NBH) ἐκ νεότητος τὴν ἀπ' ἀρχῆς γενομένην ... ἴσασι πάντες (+οἱ [N²⁶]Tς) Ἰουδαῖοι

26 17ᵇ ⟨προχειρίσασθαί σε ὑπηρέτην⟩ ἐξαιρούμενός σε ἐκ τοῦ λαοῦ ↔

26 17ᵇ καὶ ἐκ (—ς) τῶν ἐθνῶν

26 23 εἰ πρῶτος ἐξ ἀναστάσεως νεκρῶν φῶς μέλλει καταγγέλλειν

27 22 ἀποβολὴ γὰρ ψυχῆς οὐδεμία ἔσται ἐξ ὑμῶν πλὴν τοῦ πλοίου

27 29 ἐκ πρύμνης ῥίψαντες ἀγκύρας τέσσαρας ηὔχοντο ἡμέραν γενέσθαι. ↔

Ac   27 30 τῶν δὲ ναυτῶν ζητούντων φυγεῖν ἐκ τοῦ πλοίου ↔

27 30ᵇ καὶ χαλασάντων τὴν σκάφην ... προφάσει ὡς ἐκ πρῴρης ἀγκύρας μελλόντων ἐκτείνειν

27 34 * οὐδενὸς γὰρ ὑμῶν θρὶξ ἐκ (ς; ἀπὸ rl) τῆς κεφαλῆς πεσεῖται (ς; ἀπολεῖται rl)

28 3ᵇ ἔχιδνα ἐκ (ς; ἀπὸ rl) τῆς θέρμης ἐξελθοῦσα καθῆψεν τῆς χειρὸς αὐτοῦ. ↔

28 4 ὡς δὲ εἶδον οἱ βάρβαροι κρεμάμενον τὸ θηρίον ἐκ τῆς χειρὸς αὐτοῦ

28 4 ὃν διασωθέντα ἐκ τῆς θαλάσσης ἡ δίκη ζῆν οὐκ εἴασεν

28 17ʲ οὐδὲν ἐναντίον ποιήσας ... δέσμιος ἐξ Ἱεροσολύμων παρεδόθην εἰς τὰς χεῖρας τῶν Ῥωμαίων

Rm   1 3ᵘ ⟨ὃ προεπηγγείλατο⟩ περὶ τοῦ υἱοῦ αὐτοῦ τοῦ γενομένου ἐκ σπέρματος Δαυὶδ κατὰ σάρκα, ↔

1 4ᵏᵘ τοῦ ὁρισθέντος υἱοῦ θεοῦ ἐν δυνάμει κατὰ πνεῦμα ἁγιωσύνης ἐξ ἀναστάσεως νεκρῶν

1 17ᵉʲᵏ δικαιοσύνη γὰρ θεοῦ ἐν αὐτῷ ἀποκαλύπτεται ἐκ πίστεως εἰς πίστιν

1 17 ὁ δὲ δίκαιος ἐκ πίστεως ζήσεται

2 8ᶠ τοῖς δὲ ἐξ ἐριθείας ... πειθομένοις δὲ τῇ ἀδικίᾳ, ὀργὴ καὶ θυμός

2 18 ⟨εἰ δὲ σὺ Ἰουδαῖος ἐπονομάζῃ⟩ καὶ δοκιμάζεις τὰ διαφέροντα κατηχούμενος ἐκ τοῦ νόμου

2 27 κρινεῖ ἡ ἐκ φύσεως ἀκροβυστία τὸν νόμον τελοῦσα σὲ τὸν ... παραβάτην νόμου

2 29 οὗ ὁ ἔπαινος οὐκ ἐξ ἀνθρώπων ↔

2 29 ἀλλ' ἐκ τοῦ θεοῦ

3 20ᵏ διότι ἐξ ἔργων νόμου οὐ δικαιωθήσεται πᾶσα σὰρξ ἐνώπιον αὐτοῦ

3 26ᵉ εἰς τὸ εἶναι αὐτὸν δίκαιον καὶ δικαιοῦντα τὸν ἐκ πίστεως Ἰησοῦ

3 30ᵉ εἴπερ εἷς ὁ θεὸς ὃς δικαιώσει περιτομὴν ἐκ πίστεως καὶ ἀκροβυστίαν διὰ τῆς πίστεως

4 2 εἰ γὰρ Ἀβραὰμ ἐξ ἔργων ἐδικαιώθη

4 12ᶠ ⟨εἰς τὸ εἶναι αὐτὸν⟩ πατέρα περιτομῆς τοῖς οὐκ ἐκ περιτομῆς μόνον

4 14ᶠ εἰ γὰρ οἱ ἐκ νόμου κληρονόμοι, κεκένωται ἡ πίστις

4 16ᵘ διὰ τοῦτο ἐκ πίστεως, ἵνα κατὰ χάριν, εἰς τὸ εἶναι βεβαίαν τὴν ἐπαγγελίαν παντὶ τῷ σπέρματι, ↔

4 16ᶠ οὐ τῷ ἐκ τοῦ νόμου μόνον ↔

4 16ᶠ ἀλλὰ καὶ τῷ ἐκ πίστεως Ἀβραάμ

4 24 τοῖς πιστεύουσιν ἐπὶ τὸν ἐγείραντα Ἰησοῦν τὸν κύριον ἡμῶν ἐκ νεκρῶν

5 1 δικαιωθέντες οὖν ἐκ πίστεως εἰρήνην ἔχομεν (-ωμεν MVBSTH) πρὸς τὸν θεόν

5 16ʲ τὸ μὲν γὰρ κρίμα ἐξ ἑνὸς εἰς κατάκριμα, ↔

5 16ʲ τὸ δὲ χάρισμα ἐκ πολλῶν παραπτωμάτων εἰς δικαίωμα

6 4ᵖ ὥσπερ ἠγέρθη Χριστὸς ἐκ νεκρῶν διὰ τῆς δόξης τοῦ πατρός

6 9 εἰδότες ὅτι Χριστὸς ἐγερθεὶς ἐκ νεκρῶν οὐκέτι ἀποθνήσκει

6 13 ἀλλὰ παραστήσατε ἑαυτοὺς τῷ θεῷ ὡσεὶ ἐκ νεκρῶν ζῶντας

6 17ʲ ὑπηκούσατε δὲ ἐκ καρδίας εἰς ὃν παρεδόθητε τύπον διδαχῆς

Rm 7 4 καὶ ὑμεῖς ἐθανατώθητε τῷ νόμῳ
... εἰς τὸ γενέσθαι ὑμᾶς ἑτέρῳ,
τῷ ἐκ νεκρῶν ἐγερθέντι

7 24 τίς με ῥύσεται ἐκ τοῦ σώματος τοῦ
θανάτου τούτου;

8 11 εἰ δὲ τὸ πνεῦμα τοῦ ἐγείραντος
τὸν ([VS]; —ς) Ἰησοῦν ἐκ νε-
κρῶν οἰκεῖ ἐν ὑμῖν, ↔

8 11 ὁ ἐγείρας || Χριστὸν (+ Ἰησοῦν
N[MV]BTH) ἐκ νεκρῶν ((~ NMS
TH)) ζωοποιήσει

8 34 * Χριστὸς Ἰησοῦς ([N²⁶H]; —ς) ὁ
ἀποθανών, μᾶλλον δὲ ἐγερθεὶς
| ἐκ νεκρῶν [+ SH]

9 5 ⟨οἵτινές εἰσιν Ἰσραηλῖται⟩ καὶ ἐξ
ὧν ὁ Χριστὸς τὸ κατὰ σάρκα

9 6ᶠ οὐ γὰρ πάντες οἱ ἐξ Ἰσραήλ,
οὗτοι Ἰσραήλ

9 10 οὐ μόνον δέ, ἀλλὰ καὶ Ῥεβέκκα
ἐξ ἑνὸς κοίτην ἔχουσα

9 12 ⟨ἵνα ἡ ... πρόθεσις τοῦ θεοῦ
μένῃ⟩ οὐκ ἐξ ἔργων ↔

9 12 ἀλλ' ἐκ τοῦ καλοῦντος

9 21ʲ ἢ οὐκ ἔχει ἐξουσίαν ὁ κεραμεὺς
τοῦ πηλοῦ ἐκ τοῦ αὐτοῦ φυράμα-
τος ποιῆσαι ὃ μὲν εἰς τιμὴν σκεῦος
⟨;⟩

9 24 οὓς καὶ ἐκάλεσεν ἡμᾶς οὐ μόνον
ἐξ Ἰουδαίων ↔

9 24 ἀλλὰ καὶ ἐξ ἐθνῶν

9 30 ἔθνη ... κατέλαβεν δικαιοσύνην,
δικαιοσύνην δὲ τὴν ἐκ πίστεως· ↔

9 32 ⟨Ἰσραὴλ δὲ ... εἰς νόμον οὐκ
ἔφθασεν⟩ διὰ τί; ὅτι οὐκ ἐκ πί-
στεως ↔

9 32 ἀλλ' ὡς ἐξ ἔργων

10 5 Μωϋσῆς γὰρ γράφει || τὴν δικαιο-
σύνην τὴν ἐκ τοῦ (+ [N²⁶]VBSς)
νόμου ὅτι ((~ NSTH)) ... ζήσεται
ἐν αὐτοῖς (N²⁶ς; αὐτῇ rl). ↔

10 6 ἡ δὲ ἐκ πίστεως δικαιοσύνη
οὕτως λέγει

10 7ᵉ ⟨μὴ εἴπῃς⟩ τίς καταβήσεται εἰς
τὴν ἄβυσσον; τοῦτ' ἔστιν Χριστὸν
ἐκ νεκρῶν ἀναγαγεῖν

10 9 ὁ θεὸς αὐτὸν ἤγειρεν ἐκ νεκρῶν

10 17ᵖ ⟨τίς ἐπίστευσεν τῇ ἀκοῇ ἡμῶν;⟩
ἄρα ἡ πίστις ἐξ ἀκοῆς, ἡ δὲ ἀκοὴ
διὰ ῥήματος Χριστοῦ

11 1 καὶ γὰρ ἐγὼ Ἰσραηλίτης εἰμί,
ἐκ σπέρματος Ἀβραάμ, φυλῆς
Βενιαμίν

11 6 ⟨λεῖμμα κατ' ἐκλογὴν χάριτος γέ-
γονεν⟩ εἰ δὲ χάριτι, οὐκέτι ἐξ ἔργων

11 6 * | εἰ δὲ ἐξ ἔργων, οὐκέτι ἐστὶν
χάρις (+ [S]ς ..)

11 14 εἴ πως παραζηλώσω μου τὴν
σάρκα καὶ σώσω τινὰς ἐξ αὐτῶν

11 15 τίς ἡ πρόσλημψις εἰ μὴ ζωὴ ἐκ
νεκρῶν;

11 24ᵇ εἰ γὰρ σὺ ἐκ τῆς κατὰ φύσιν
ἐξεκόπης ἀγριελαίου

11 26 ἥξει ἐκ Σιὼν ὁ ῥυόμενος

11 36ʲᵖ ὅτι ἐξ αὐτοῦ καὶ δι' αὐτοῦ καὶ εἰς
αὐτὸν τὰ πάντα

12 18ᶠ εἰ δυνατόν, τὸ ἐξ ὑμῶν, μετὰ
πάντων ἀνθρώπων εἰρηνεύοντες

13 3 τὸ ἀγαθὸν ποίει, καὶ ἕξεις ἔπαινον
ἐξ αὐτῆς

13 11 ὅτι ὥρα ἤδη ὑμᾶς ἐξ ὕπνου ἐγερ-
θῆναι

14 23 ὁ δὲ διακρινόμενος ἐὰν φάγῃ κατα-
κέκριται, ὅτι οὐκ ἐκ πίστεως· ↔

14 23 πᾶν δὲ ὃ οὐκ ἐκ πίστεως ἁμαρτία
ἐστίν

Rm 16 10ᶠ ἀσπάσασθε τοὺς ἐκ τῶν Ἀριστο-
βούλου

16 11ᶠ ἀσπάσασθε τοὺς ἐκ τῶν Ναρκίσ-
σου τοὺς ὄντας ἐν κυρίῳ

1 C 1 30 ἐξ αὐτοῦ δὲ ὑμεῖς ἐστε ἐν Χριστῷ
Ἰησοῦ

2 12 ἡμεῖς δὲ οὐ τὸ πνεῦμα τοῦ κόσμου
ἐλάβομεν ἀλλὰ τὸ πνεῦμα τὸ ἐκ
τοῦ θεοῦ

5 2 ἵνα ἀρθῇ ἐκ μέσου ὑμῶν ὁ τὸ ἔργον
τοῦτο πράξας

5 10ᵇ ἐπεὶ ὠφείλετε ἄρα ἐκ τοῦ κόσμου
ἐξελθεῖν

5 13ᵇ ἐξάρατε τὸν πονηρὸν ἐξ ὑμῶν
αὐτῶν

7 5ᵍʳ μὴ ἀποστερεῖτε ἀλλήλους, εἰ μήτι
ἂν [H] ἐκ συμφώνου πρὸς καιρὸν
ἵνα σχολάσητε τῇ προσευχῇ

7 7 ἀλλὰ ἕκαστος ἴδιον ἔχει χάρισμα
ἐκ θεοῦ

8 6ʲ ἀλλ' [H] ἡμῖν εἷς θεὸς ὁ πατήρ,
ἐξ οὗ τὰ πάντα καὶ ἡμεῖς εἰς αὐτόν

9 7 * τίς φυτεύει ἀμπελῶνα καὶ | ἐκ
τοῦ καρποῦ (ς; τὸν καρπὸν rl)
αὐτοῦ οὐκ ἐσθίει; ↔

9 7 ἢ [H] τίς ποιμαίνει ποίμνην καὶ
ἐκ τοῦ γάλακτος ... οὐκ ἐσθίει;

9 13ᶠ οὐκ οἴδατε ὅτι οἱ τὰ ἱερὰ ἐργαζό-
μενοι τὰ ([N²⁶]; —ς) ἐκ τοῦ ἱεροῦ
ἐσθίουσιν ⟨;⟩

9 14 οὕτως καὶ ὁ κύριος διέταξεν τοῖς
τὸ εὐαγγέλιον καταγγέλλουσιν
ἐκ τοῦ εὐαγγελίου ζῆν

9 19 ἐλεύθερος γὰρ ὢν ἐκ πάντων πᾶ-
σιν ἐμαυτὸν ἐδούλωσα

10 4 ἔπινον γὰρ ἐκ πνευματικῆς ἀκολου-
θούσης πέτρας

10 17 οἱ γὰρ πάντες ἐκ τοῦ ἑνὸς ἄρτου
μετέχομεν

11 8 οὐ γάρ ἐστιν ἀνὴρ ἐκ γυναικός, ↔

11 8 ἀλλὰ γυνὴ ἐξ ἀνδρός

11 12ᵖ ὥσπερ γὰρ ἡ γυνὴ ἐκ τοῦ ἀνδρός,
οὕτως καὶ ὁ ἀνὴρ διὰ τῆς γυναι-
κός· ↔

11 12 τὰ δὲ πάντα ἐκ τοῦ θεοῦ

11 28 οὕτως ἐκ τοῦ ἄρτου ἐσθιέτω ↔

11 28 καὶ ἐκ τοῦ ποτηρίου πινέτω

12 15 ἐὰν εἴπῃ ὁ πούς· ὅτι οὐκ εἰμὶ χείρ,
οὐκ εἰμὶ ἐκ τοῦ σώματος, ↔

12 15 οὐ παρὰ τοῦτο οὐκ ἔστιν ἐκ τοῦ
σώματος. ↔

12 16 καὶ ἐὰν εἴπῃ τὸ οὖς ... οὐκ εἰμὶ
ἐκ τοῦ σώματος, ↔

12 16 οὐ παρὰ τοῦτο οὐκ ἔστιν ἐκ τοῦ
σώματος

12 27ᵍ ὑμεῖς δέ ἐστε σῶμα Χριστοῦ καὶ
μέλη ἐκ μέρους

13 9ᵍ ἐκ μέρους γὰρ γινώσκομεν ↔

13 9ᵍ καὶ ἐκ μέρους προφητεύομεν· ↔

13 10ᶠᵍ ὅταν δὲ ἔλθῃ τὸ τέλειον, τὸ ἐκ
μέρους καταργηθήσεται

13 12ᵍ ἄρτι γινώσκω ἐκ μέρους, τότε δὲ
ἐπιγνώσομαι

15 6ᵐ ἔπειτα ὤφθη ἐπάνω πεντακοσίοις
ἀδελφοῖς ἐφάπαξ, ἐξ ὧν οἱ πλεί-
ονες μένουσιν ἕως ἄρτι

15 12 εἰ δὲ Χριστὸς κηρύσσεται ὅτι | ἐκ
νεκρῶν ἐγήγερται (~ T)

15 20 νυνὶ δὲ Χριστὸς ἐγήγερται ἐκ
νεκρῶν

15 47 ὁ πρῶτος ἄνθρωπος ἐκ γῆς χοϊκός,

15 47 ὁ δεύτερος ἄνθρωπος ἐξ οὐρανοῦ

2 C 1 10 ὃς ἐκ τηλικούτου θανάτου ἐρρύ-
σατο ἡμᾶς καὶ ῥύσεται

2 C 1 11 ἵνα ἐκ πολλῶν προσώπων τὸ εἰς
ἡμᾶς χάρισμα ... εὐχαριστηθῇ
ὑπὲρ ἡμῶν

2 2 τίς (+ ἔστιν[S]ς) ὁ εὐφραίνων με
εἰ μὴ ὁ λυπούμενος ἐξ ἐμοῦ;

2 4ᵖ ἐκ γὰρ πολλῆς θλίψεως καὶ συν-
οχῆς καρδίας ἔγραψα ὑμῖν διὰ πολ-
λῶν δακρύων

2 16ʲ οἷς μὲν ὀσμὴ ἐκ (—ς) θανάτου εἰς
θάνατον, ↔

2 16ʲ οἷς δὲ ὀσμὴ ἐκ (—ς) ζωῆς εἰς ζωήν

2 17 οὐ γάρ ἐσμεν ὡς ... ἀλλ' ὡς ἐξ
εἰλικρινείας, ↔

2 17ᵏᵘ ἀλλ' ὡς ἐκ θεοῦ κατέναντι (κατ-
ενώπιον τοῦ ς) θεοῦ ἐν Χριστῷ λα-
λοῦμεν

3 1ʳ ἢ μὴ χρῄζομεν ... συστατικῶν
ἐπιστολῶν πρὸς ὑμᾶς ἢ ἐξ ὑμῶν;

3 5 οὐχ ὅτι ... ἱκανοί ἐσμεν λογίσασθαί
τι ὡς ἐξ ἑαυτῶν (αὐτ. H), ↔

3 5 ἀλλ' ἡ ἱκανότης ἡμῶν ἐκ τοῦ θεοῦ

4 6 ἐκ σκότους φῶς λάμψει (-αι MSς)

4 7 ἵνα ἡ ὑπερβολὴ τῆς δυνάμεως ᾖ
τοῦ θεοῦ καὶ μὴ ἐξ ἡμῶν

5 1 οἰκοδομὴν ἐκ θεοῦ ἔχομεν

5 2 τὸ οἰκητήριον ἡμῶν τὸ ἐξ οὐρανοῦ
ἐπενδύσασθαι ἐπιποθοῦντες

5 8ᵇ θαρροῦμεν δὲ καὶ εὐδοκοῦμεν μᾶλ-
λον ἐκδημῆσαι ἐκ τοῦ σώματος

5 18 τὰ δὲ πάντα ἐκ τοῦ θεοῦ τοῦ κατα-
λάξαντος ἡμᾶς ἑαυτῷ διὰ Χριστοῦ

6 17ᵇᵉ διὸ ἐξέλθατε ἐκ μέσου αὐτῶν καὶ
ἀφορίσθητε

7 9ᵏ ἵνα ἐν μηδενὶ ζημιωθῆτε ἐξ ἡμῶν

8 7ᵏ ἀλλ' ὥσπερ ἐν παντὶ περισσεύετε,
πίστει ... καὶ πάσῃ σπουδῇ καὶ
τῇ ἐξ | ἡμῶν ἐν ὑμῖν (ὑμ. ἐν ἡμ.
VBTς) ἀγάπῃ

8 11ʰ οὕτως καὶ τὸ ἐπιτελέσαι ἐκ τοῦ
ἔχειν

8 13 οὐ γὰρ ἵνα ἄλλοις ἄνεσις, ὑμῖν
(+ δὲ [VS]ς) θλῖψις, ἀλλ' ἐξ
ἰσότητος

9 2 * τὸ (ὁ VBSς) ἐξ (+ ς) ὑμῶν
ζῆλος ἠρέθισεν τοὺς πλείονας

9 7 ἕκαστος καθὼς προῄρηται τῇ
καρδίᾳ, μὴ ἐκ λύπης ↔

9 7 ἢ ἐξ ἀνάγκης

11 26 κινδύνοις ἐκ γένους, ↔

11 26ᵏ κινδύνοις ἐξ ἐθνῶν, κινδύνοις ἐν
πόλει

12 6 μή τις ... λογίσηται ὑπὲρ ὃ
βλέπει με ἢ ἀκούει τι (+ [N²⁶]ς)
ἐξ ἐμοῦ

13 4 καὶ γὰρ (+ εἰ [S]ς) ἐσταυρώθη ἐξ
ἀσθενείας, ↔

13 4 ἀλλὰ ζῇ ἐκ δυνάμεως θεοῦ

13 4ʲᵛ ἀλλὰ ζήσομεν (ζησόμεθα VSς)
σὺν αὐτῷ ἐκ δυνάμεως θεοῦ | εἰς
ὑμᾶς [H]

G 1 1 Παῦλος ἀπόστολος ... διὰ Ἰη-
σοῦ Χριστοῦ καὶ θεοῦ πατρὸς τοῦ
ἐγείραντος αὐτὸν ἐκ νεκρῶν

1 4ᵇᵘ ὅπως ἐξέληται ἡμᾶς ἐκ τοῦ αἰῶνος
τοῦ ἐνεστῶτος πονηροῦ

1 8 ἀλλὰ καὶ ἐὰν ἡμεῖς ἢ ἄγγελος ἐξ
οὐρανοῦ || εὐαγγελίσηται (-λί-
ζηται MVBSς) ὑμῖν ([N²⁶NH];
—T) ((~ S)) παρ' ὃ εὐηγγελισά-
μεθα ὑμῖν

1 15ᵃᵉ ὅτε δὲ εὐδόκησεν | ὁ θεὸς (+ [N²⁶
H]VSς) ὁ ἀφορίσας με ἐκ κοιλίας
μητρός μου

2 12ᶠ ἀφώριζεν ἑαυτόν, φοβούμενος τοὺς
ἐκ περιτομῆς

G 2 15 ἡμεῖς φύσει Ἰουδαῖοι καὶ οὐκ ἐξ ἐθνῶν ἁμαρτωλοί, ↔
2 16 εἰδότες δὲ ([N²⁶]; —ς) ὅτι οὐ δικαιοῦται ἄνθρωπος ἐξ ἔργων νόμου
2 16 ἵνα δικαιωθῶμεν ἐκ πίστεως Χριστοῦ ↔
2 16 καὶ οὐκ ἐξ ἔργων νόμου, ↔
2 16 ὅτι (διότι Vς) ἐξ ἔργων νόμου οὐ δικαιωθήσεται πᾶσα σάρξ
3 2 ἐξ ἔργων νόμου τὸ πνεῦμα ἐλάβετε ↔
3 2 ἢ ἐξ ἀκοῆς πίστεως;
3 5ᵏ ὁ οὖν ... ἐνεργῶν δυνάμεις ἐν ὑμῖν ἐξ ἔργων νόμου ↔
3 5 ἢ ἐξ ἀκοῆς πίστεως;
3 7ᶠ οἱ ἐκ πίστεως, οὗτοι | υἱοί εἰσιν (~ Sς) Ἀβραάμ. ↔
3 8 προϊδοῦσα δὲ ἡ γραφὴ ὅτι ἐκ πίστεως δικαιοῖ τὰ ἔθνη ὁ θεός
3 9ᶠ ὥστε οἱ ἐκ πίστεως εὐλογοῦνται σὺν τῷ πιστῷ Ἀβραάμ. ↔
3 10ʷ ὅσοι γὰρ ἐξ ἔργων νόμου εἰσίν, ὑπὸ κατάραν εἰσίν
3 11 ὅτι ὁ δίκαιος ἐκ πίστεως ζήσεται· ↔
3 12 ὁ δὲ νόμος οὐκ ἔστιν ἐκ πίστεως
3 13ᵇ Χριστὸς ἡμᾶς ἐξηγόρασεν ἐκ τῆς κατάρας τοῦ νόμου
3 18 εἰ γὰρ ἐκ νόμου ἡ κληρονομία, ↔
3 18 οὐκέτι ἐξ ἐπαγγελίας
3 21 εἰ γὰρ ἐδόθη νόμος ... ὄντως ||: ἐκ νόμου (ἐν νόμῳ H) ἂν ἦν ((~ς VBST)) ἡ δικαιοσύνη
3 22 ἵνα ἡ ἐπαγγελία ἐκ πίστεως Ἰησοῦ Χριστοῦ δοθῇ τοῖς πιστεύουσιν
3 24 ἵνα ἐκ πίστεως δικαιωθῶμεν
4 4ʷ ἐξαπέστειλεν ὁ θεὸς τὸν υἱὸν αὐτοῦ, γενόμενον ἐκ γυναικός, γενόμενον ὑπὸ νόμον
4 22 Ἀβραὰμ δύο υἱοὺς ἔσχεν, ἕνα ἐκ τῆς παιδίσκης ↔
4 22 καὶ ἕνα ἐκ τῆς ἐλευθέρας. ↔
4 23ᵇ ἀλλ' ὁ μὲν [NH] ἐκ τῆς παιδίσκης κατὰ σάρκα γεγέννηται, ↔
4 23ᵇ ὁ δὲ ἐκ τῆς ἐλευθέρας δι' (N²⁶H; διὰ τῆς rl) ἐπαγγελίας
5 5ᵇᵉ ἡμεῖς γὰρ πνεύματι ἐκ πίστεως ἐλπίδα δικαιοσύνης ἀπεκδεχόμεθα
5 8 ἡ πεισμονὴ οὐκ ἐκ τοῦ καλοῦντος ὑμᾶς
6 8ʲ ὅτι ὁ σπείρων εἰς τὴν σάρκα ἑαυτοῦ ἐκ τῆς σαρκὸς θερίσει φθοράν, ↔
6 8ʲ ὁ δὲ σπείρων εἰς τὸ πνεῦμα ἐκ τοῦ πνεύματος θερίσει ζωὴν αἰώνιον

E 1 20 ἣν ἐνήργησεν (N²⁶ς; -γηκεν rl) ἐν τῷ Χριστῷ ἐγείρας αὐτὸν ἐκ νεκρῶν
2 8 τῇ γὰρ χάριτί ἐστε σεσῳσμένοι ... καὶ τοῦτο οὐκ ἐξ ὑμῶν, θεοῦ τὸ δῶρον· ↔
2 9 οὐκ ἐξ ἔργων, ἵνα μή τις καυχήσηται
3 15 ⟨κάμπτω τὰ γόνατά μου πρὸς τὸν πατέρα⟩ ἐξ οὗ πᾶσα πατριὰ ἐν οὐρανοῖς ... ὀνομάζεται
4 16 ⟨Χριστός⟩ ἐξ οὗ πᾶν τὸ σῶμα συναρμολογούμενον ... τὴν αὔξησιν τοῦ σώματος ποιεῖται
4 29ᵇ πᾶς λόγος σαπρὸς ἐκ τοῦ στόματος ὑμῶν μὴ ἐκπορευέσθω
5 14ᵉ ἔγειρε, ὁ καθεύδων, καὶ ἀνάστα ἐκ τῶν νεκρῶν
5 30 * ὅτι μέλη ἐσμὲν τοῦ σώματος αὐτοῦ | ἐκ τῆς σαρκὸς αὐτοῦ (+[S]ς ..) ↔

E 5 30 * | καὶ ἐκ τῶν ὀστέων αὐτοῦ (+ .. [S]ς)
6 6 ἀλλ' ὡς δοῦλοι Χριστοῦ ποιοῦντες τὸ θέλημα τοῦ θεοῦ ἐκ ψυχῆς

Ph 1 16 ⟨τὸν Χριστὸν κηρύσσουσιν⟩ οἱ μὲν ἐξ ἀγάπης, εἰδότες ὅτι εἰς ἀπολογίαν τοῦ εὐαγγελίου κεῖμαι, ↔
1 17 οἱ δὲ ἐξ ἐριθείας τὸν Χριστὸν καταγγέλλουσιν
1 23ᶜ συνέχομαι δὲ ἐκ τῶν δύο
3 5 ⟨εἴ τις δοκεῖ ἄλλος πεποιθέναι ἐν σαρκί, ἐγὼ μᾶλλον⟩ περιτομῇ ὀκταήμερος, ἐκ γένους Ἰσραήλ, ↔
3 5 φυλῆς Βενιαμίν, Ἑβραῖος ἐξ Ἑβραίων
3 9ᵖ ⟨ἵνα⟩ εὑρεθῶ ἐν αὐτῷ, μὴ ἔχων ἐμὴν δικαιοσύνην τὴν ἐκ νόμου, ↔
3 9ᵍ ἀλλὰ τὴν διὰ πίστεως Χριστοῦ, τὴν ἐκ θεοῦ δικαιοσύνην ἐπὶ τῇ πίστει
3 11 εἴ πως καταντήσω εἰς τὴν ἐξανάστασιν | τὴν ἐκ (τῶν ς) νεκρῶν
3 20ᵇᵉ ἐξ οὗ καὶ σωτῆρα ἀπεκδεχόμεθα κύριον Ἰησοῦν Χριστόν
4 22ᶠ ἀσπάζονται ὑμᾶς πάντες οἱ ἅγιοι, μάλιστα δὲ οἱ ἐκ τῆς Καίσαρος οἰκίας

Cl 1 13ʲ ὃς ἐρρύσατο ἡμᾶς ἐκ τῆς ἐξουσίας τοῦ σκότους
1 18 ὅς ἐστιν (+ἡ B[H]) ἀρχή, πρωτότοκος ἐκ τῶν νεκρῶν
2 12 τοῦ θεοῦ τοῦ ἐγείραντος αὐτὸν ἐκ νεκρῶν
2 14 καὶ αὐτὸ ἦρκεν ἐκ τοῦ μέσου
2 19 ἐξ οὗ πᾶν τὸ σῶμα ... αὔξει τὴν αὔξησιν τοῦ θεοῦ
3 8ᵉ νυνὶ δὲ ἀπόθεσθε καὶ ὑμεῖς ... βλασφημίαν, αἰσχρολογίαν ἐκ τοῦ στόματος ὑμῶν
3 23 ὃ ἐὰν ποιῆτε, ἐκ ψυχῆς ἐργάζεσθε ὡς τῷ κυρίῳ καὶ οὐκ ἀνθρώποις
4 9 ⟨ὃν ἔπεμψα⟩ σὺν Ὀνησίμῳ τῷ ... ἀγαπητῷ ἀδελφῷ, ὅς ἐστιν ἐξ ὑμῶν
4 11 ⟨ἀσπάζεται ὑμᾶς Ἀρίσταρχος⟩ καὶ Ἰησοῦς ὁ λεγόμενος Ἰοῦστος, οἱ ὄντες ἐκ περιτομῆς
4 12ᶠ ἀσπάζεται ὑμᾶς Ἐπαφρᾶς ὁ ἐξ ὑμῶν
4 16ᵉ ὅταν ἀναγνωσθῇ ... ἡ ἐπιστολή, ποιήσατε ... καὶ τὴν ἐκ Λαοδικείας ἵνα καὶ ὑμεῖς ἀναγνῶτε

1Th 1 10ᵃ ἀναμένειν τὸν υἱὸν αὐτοῦ ἐκ τῶν οὐρανῶν, ↔
1 10 ὃν ἤγειρεν ἐκ τῶν ([N²⁶H]; —ς) νεκρῶν, ↔
1 10 Ἰησοῦν τὸν ῥυόμενον ἡμᾶς ἐκ (ἀπὸ ς) τῆς ὀργῆς τῆς ἐρχομένης
2 3 ἡ γὰρ παράκλησις ἡμῶν οὐκ ἐκ πλάνης ↔
2 3ᵏ οὐδὲ ἐξ ἀκαθαρσίας οὐδὲ (οὔτε Vς) ἐν δόλῳ
2 6ⁱ οὔτε ζητοῦντες ἐξ ἀνθρώπων δόξαν, οὔτε ἀφ' ὑμῶν

2Th 2 7 μόνον ὁ κατέχων ἄρτι ἕως ἐκ μέσου γένηται

1Tm 1 5 τὸ δὲ τέλος τῆς παραγγελίας ἐστὶν ἀγάπη ἐκ καθαρᾶς καρδίας
6 4 ἀλλὰ νοσῶν περὶ ζητήσεις καὶ λογομαχίας, ἐξ ὧν γίνεται φθόνος, ἔρις, βλασφημίαι

2Tm 2 8 μνημόνευε Ἰησοῦν Χριστὸν ἐγηγερμένον ἐκ νεκρῶν ↔
2 8ᵘ ἐκ σπέρματος Δαυίδ, κατὰ τὸ εὐαγγέλιόν μου

2Tm 2 22 δίωκε δὲ ... εἰρήνην μετὰ τῶν ἐπικαλουμένων τὸν κύριον ἐκ καθαρᾶς καρδίας
2 26ᵉ ⟨μήποτε⟩ ἀνανήψωσιν ἐκ τῆς τοῦ διαβόλου παγίδος
3 6ʲ ἐκ τούτων γάρ εἰσιν οἱ ἐνδύνοντες εἰς τὰς οἰκίας
3 11 οἵους διωγμοὺς ὑπήνεγκα, καὶ ἐκ πάντων με ἐρρύσατο ὁ κύριος
4 17 ἐρρύσθην ἐκ στόματος λέοντος

Tt 1 10ᶠ εἰσίν ... φρεναπάται, μάλιστα οἱ ἐκ τῆς ([V]; —ς) περιτομῆς
1 12 εἶπέν τις ἐξ αὐτῶν ἴδιος αὐτῶν προφήτης
2 8ᶠ ἵνα ὁ ἐξ ἐναντίας ἐντραπῇ μηδὲν ἔχων λέγειν ... φαῦλον
3 5ᵘ οὐκ ἐξ ἔργων τῶν ἐν δικαιοσύνῃ ἃ ἐποιήσαμεν ἡμεῖς, ἀλλὰ κατὰ τὸ αὐτοῦ ἔλεος ἔσωσεν ἡμᾶς

Hb 1 13ᵐ κάθου ἐκ δεξιῶν μου ἕως ἂν θῶ τοὺς ἐχθρούς σου
2 11 ὅ τε γὰρ ἁγιάζων καὶ οἱ ἁγιαζόμενοι ἐξ ἑνὸς πάντες
3 13 ἵνα μὴ σκληρυνθῇ τις ἐξ ὑμῶν ἀπάτῃ τῆς ἁμαρτίας
3 16ᵇᵖ ἀλλ' οὐ πάντες οἱ ἐξελθόντες ἐξ Αἰγύπτου διὰ Μωϋσέως;
4 1 μήποτε καταλειπομένης ἐπαγγελίας ... δοκῇ τις ἐξ ὑμῶν ὑστερηκέναι
5 1ˣ πᾶς γὰρ ἀρχιερεὺς ἐξ ἀνθρώπων λαμβανόμενος ὑπὲρ ἀνθρώπων καθίσταται
5 7 ὅς ... ἱκετηρίας πρὸς τὸν δυνάμενον σῴζειν αὐτὸν ἐκ θανάτου ... προσενέγκας
7 4 ᾧ καὶ ([N²⁶]; —NH) δεκάτην Ἀβραὰμ ἔδωκεν ἐκ τῶν ἀκροθινίων ὁ πατριάρχης. ↔
7 5ᶠ καὶ οἱ μὲν ἐκ τῶν υἱῶν Λευὶ τὴν ἱερατείαν λαμβάνοντες
7 5ᵇ καίπερ ἐξεληλυθότας ἐκ τῆς ὀσφύος Ἀβραάμ· ↔
7 6 ὁ δὲ μὴ γενεαλογούμενος ἐξ αὐτῶν δεδεκάτωκεν (+τὸνV[S]ς) Ἀβραάμ
7 12 μετατιθεμένης γὰρ τῆς ἱερωσύνης ἐξ ἀνάγκης καὶ νόμου μετάθεσις γίνεται
7 14ᵉ πρόδηλον γὰρ ὅτι ἐξ Ἰούδα ἀνατέταλκεν ὁ κύριος ἡμῶν
8 9ᵇ ἐν ἡμέρᾳ ἐπιλαβομένου μου τῆς χειρὸς αὐτῶν ἐξαγαγεῖν αὐτοὺς ἐκ γῆς Αἰγύπτου
9 28ᵍᵛ ἅπαξ προσενεχθεὶς ... ἐκ δευτέρου χωρὶς ἁμαρτίας ὀφθήσεται
10 38 ὁ δὲ δίκαιός μου ([H]; —ς) ἐκ πίστεως ζήσεται
11 3 εἰς τὸ μὴ ἐκ φαινομένων τὸ βλεπόμενον γεγονέναι
11 19 λογισάμενος ὅτι καὶ ἐκ νεκρῶν ἐγείρειν δυνατὸς ὁ θεός
11 35 ἔλαβον γυναῖκες ἐξ ἀναστάσεως τοὺς νεκροὺς αὐτῶν
13 10 ἔχομεν θυσιαστήριον ἐξ οὗ φαγεῖν οὐκ ἔχουσιν ἐξουσίαν [H] οἱ τῇ σκηνῇ λατρεύοντες
13 20ᵉ ὁ δὲ θεὸς ... ὁ ἀναγαγὼν ἐκ νεκρῶν τὸν ποιμένα τῶν προβάτων τὸν μέγαν

Jc 2 16 ⟨ἐὰν⟩ εἴπῃ δέ τις αὐτοῖς ἐξ ὑμῶν
2 18 * δεῖξόν μοι τὴν πίστιν σου ἐκ (ς; χωρὶς rl) τῶν ἔργων (+σου ς), ↔
2 18 κἀγώ σοι δείξω ἐκ τῶν ἔργων μου τὴν πίστιν

Jc 2 21 Ἀβραὰμ ὁ πατὴρ ἡμῶν οὐκ ἐξ
ἔργων ἐδικαιώθη ⟨;⟩

2 22 καὶ ἐκ τῶν ἔργων ἡ πίστις ἐτελειώ-
θη

2 24 ὁρᾶτε ὅτι ἐξ ἔργων δικαιοῦται
ἄνθρωπος ↔

2 24 καὶ οὐκ ἐκ πίστεως μόνον. ↔

2 25 ὁμοίως δὲ καὶ Ῥαὰβ ἡ πόρνη οὐκ
ἐξ ἔργων ἐδικαιώθη ⟨;⟩

3 10ᵇ ἐκ τοῦ αὐτοῦ στόματος ἐξέρχεται
εὐλογία καὶ κατάρα

3 11 μήτι ἡ πηγὴ ἐκ τῆς αὐτῆς ὀπῆς
βρύει τὸ γλυκὺ καὶ τὸ πικρόν;

3 13ᵏ δειξάτω ἐκ τῆς καλῆς ἀναστροφῆς
τὰ ἔργα αὐτοῦ ἐν πραΰτητι σοφίας

4 1ᵏ πόθεν μάχαι ἐν ὑμῖν; οὐκ ἐντεῦθεν,
ἐκ τῶν ἡδονῶν ὑμῶν τῶν στρα-
τευομένων ἐν τοῖς μέλεσιν ὑμῶν;

5 20 ὁ ἐπιστρέψας ἁμαρτωλὸν ἐκ πλά-
νης ὁδοῦ αὐτοῦ ↔

5 20 σώσει ψυχὴν αὐτοῦ ἐκ θανάτου

1 Pt 1 3 ὁ ... ἀναγεννήσας ἡμᾶς ... δι᾽ ἀνα-
στάσεως Ἰησοῦ Χριστοῦ ἐκ νεκρῶν

1 18 οὐ φθαρτοῖς ... ἐλυτρώθητε ἐκ τῆς
ματαίας ὑμῶν ἀναστροφῆς

1 21 εἰς θεὸν τὸν ἐγείραντα αὐτὸν ἐκ
νεκρῶν

1 22 ἐκ καθαρᾶς ([N²⁶]; —NBTH)
καρδίας ἀλλήλους ἀγαπήσατε ἐκ-
τενῶς, ↔

1 23ᵉᵖ ἀναγεγεννημένοι οὐκ ἐκ σπορᾶς
φθαρτῆς ἀλλὰ ἀφθάρτου διὰ λόγου
ζῶντος θεοῦ

2 9ʲ ὅπως τὰς ἀρετὰς ἐξαγγείλητε τοῦ
ἐκ σκότους ὑμᾶς καλέσαντος εἰς τὸ
θαυμαστὸν αὐτοῦ φῶς

2 12 ἵνα ... ἐκ τῶν καλῶν ἔργων ἐπ-
οπτεύοντες δοξάσωσιν τὸν θεὸν

4 11 εἴ τις διακονεῖ, ὡς ἐξ ἰσχύος ἧς
χορηγεῖ ὁ θεός

2 Pt 1 18 ταύτην τὴν φωνὴν ἡμεῖς ἠκούσα-
μεν ἐξ οὐρανοῦ ἐνεχθεῖσαν

2 8ᵃ βλέμματι γὰρ ... ὁ (—H) δίκαιος
ἐγκατοικῶν ἐν αὐτοῖς ἡμέραν ἐξ
ἡμέρας ψυχὴν δικαίαν ... ἐβασάνι-
ζεν· ↔

2 9ʲ οἶδεν κύριος εὐσεβεῖς ἐκ πειρασμοῦ
(-σμῶν T) ῥύεσθαι

2 21ᵉʲ ἢ ἐπιγνοῦσιν (+εἰς τὰ ὀπίσω VS)
ὑποστρέψαι (ἐπι- ς; ἀνακάμψαι
VS) ἐκ (ἀπὸ VS) τῆς παραδοθείσης
αὐτοῖς ἁγίας ἐντολῆς

3 5ᶜᵖ ὅτι οὐρανοὶ ἦσαν ἔκπαλαι καὶ γῆ
ἐξ ὕδατος καὶ δι᾽ ὕδατος συν-
εστῶσα τῷ τοῦ θεοῦ λόγῳ

1 Jo 2 16ᵏ ὅτι πᾶν τὸ ἐν τῷ κόσμῳ ... οὐκ
ἔστιν ἐκ τοῦ πατρός, ↔

2 16ᵏ ἀλλ᾽ ἐκ τοῦ κόσμου ἐστίν

2 19ᵇ ἐξ ἡμῶν ἐξῆλθαν, ↔

2 19 ἀλλ᾽ οὐκ ἦσαν ἐξ ἡμῶν· ↔

2 19ⁿ εἰ γὰρ | ἐξ ἡμῶν ἦσαν (∼VSTς),
μεμενήκεισαν ἂν μεθ᾽ ἡμῶν· ↔

2 19 ἀλλ᾽ ἵνα φανερωθῶσιν ὅτι οὐκ
εἰσὶν πάντες ἐξ ἡμῶν

2 21 ὅτι πᾶν ψεῦδος ἐκ τῆς ἀληθείας οὐκ
ἔστιν

2 29 γινώσκετε ὅτι καὶ (—Hς) πᾶς ὁ
ποιῶν τὴν δικαιοσύνην ἐξ αὐτοῦ
γεγέννηται

3 8 ὁ ποιῶν τὴν ἁμαρτίαν ἐκ τοῦ
διαβόλου ἐστίν

3 9 πᾶς ὁ γεγεννημένος ἐκ τοῦ θεοῦ
ἁμαρτίαν οὐ ποιεῖ

3 9 καὶ οὐ δύναται ἁμαρτάνειν, ὅτι ἐκ
τοῦ θεοῦ γεγέννηται

1 Jo 3 10 πᾶς ὁ μὴ ποιῶν δικαιοσύνην οὐκ
ἔστιν ἐκ τοῦ θεοῦ

3 12 οὐ καθὼς Κάϊν ἐκ τοῦ πονηροῦ ἦν

3 14ʲ μεταβεβήκαμεν ἐκ τοῦ θανάτου
εἰς τὴν ζωήν

3 19 ἐκ τῆς ἀληθείας ἐσμέν

3 24ᵏ ἐν τούτῳ γινώσκομεν ὅτι μένει ἐν
ἡμῖν, ἐκ τοῦ πνεύματος οὗ ἡμῖν
ἔδωκεν

4 1 ἀλλὰ δοκιμάζετε τὰ πνεύματα εἰ ἐκ
τοῦ θεοῦ ἐστιν

4 2 πᾶν πνεῦμα ὃ ὁμολογεῖ Ἰησοῦν
Χριστὸν ἐν σαρκὶ ἐληλυθότα ἐκ τοῦ
θεοῦ ἐστιν,

4 3 καὶ πᾶν πνεῦμα ὃ μὴ ὁμολογεῖ ...
ἐκ τοῦ θεοῦ οὐκ ἔστιν

4 4 ὑμεῖς ἐκ τοῦ θεοῦ ἐστε, τεκνία

4 5 αὐτοὶ ἐκ τοῦ κόσμου εἰσίν· ↔

4 5ᵖ διὰ τοῦτο ἐκ τοῦ κόσμου λαλοῦσιν

4 6 ἡμεῖς ἐκ τοῦ θεοῦ ἐσμεν

4 6 ὃς οὐκ ἔστιν ἐκ τοῦ θεοῦ οὐκ ἀκούει
ἡμῶν. ↔

4 6 ἐκ τούτου γινώσκομεν τὸ πνεῦμα
τῆς ἀληθείας

4 7 ἀγαπῶμεν ἀλλήλους, ὅτι ἡ ἀγάπη
ἐκ τοῦ θεοῦ ἐστιν, ↔

4 7 καὶ πᾶς ὁ ἀγαπῶν ἐκ τοῦ θεοῦ
γεγέννηται

4 13 ὅτι ἐκ τοῦ πνεύματος αὐτοῦ
δέδωκεν ἡμῖν

5 1 πᾶς ὁ πιστεύων ὅτι Ἰησοῦς ἐστιν
ὁ χριστὸς ἐκ τοῦ θεοῦ γεγέννηται,
↔

5 1 καὶ πᾶς ὁ ἀγαπῶν τὸν γεννήσαντα
ἀγαπᾷ καὶ ([N²⁶]; —NH) τὸν
γεγεννημένον ἐξ αὐτοῦ

5 4 ὅτι πᾶν τὸ γεγεννημένον ἐκ τοῦ
θεοῦ νικᾷ τὸν κόσμον

5 18 πᾶς ὁ γεγεννημένος ἐκ τοῦ θεοῦ
οὐχ ἁμαρτάνει, ↔

5 18 ἀλλ᾽ ὁ γεννηθεὶς ἐκ τοῦ θεοῦ τηρεῖ
αὐτόν (ἑαυ. MVBSς)

5 19 οἴδαμεν ὅτι ἐκ τοῦ θεοῦ ἐσμεν

2 Jo 4 ὅτι εὕρηκα ἐκ τῶν τέκνων σου
περιπατοῦντας ἐν ἀληθείᾳ

3 Jo 10ᵇ τοὺς βουλομένους κωλύει καὶ ἐκ
(—T) τῆς ἐκκλησίας ἐκβάλλει

11 ὁ ἀγαθοποιῶν ἐκ τοῦ θεοῦ ἐστιν

Jd 5 εἰδότας ὑμᾶς (+[N²⁶]ς) || πάντα,
ὅτι ὁ (+[N²⁶M]VSς) κύριος (Ἰη-
σοῦς B) ἅπαξ ((N²⁶; ∼rl)) λαὸν
ἐκ γῆς (τῆς M) Αἰγύπτου σώσας

23 | οὓς δὲ (—NVSH) σῴζετε ἐκ
πυρὸς ἁρπάζοντες

Ap 1 5 * ⟨χάρις ὑμῖν⟩ ἀπὸ Ἰησοῦ Χρι-
στοῦ ... ὁ πρωτότοκος ἐκ (+ς) τῶν
νεκρῶν

1 5ᵏ τῷ ἀγαπῶντι ἡμᾶς καὶ λύσαντι
(λούσαντι ς) ἡμᾶς ἐκ (ἀπὸ ς) τῶν
ἁμαρτιῶν ἡμῶν [H] ἐν τῷ αἵματι
αὐτοῦ

1 16ᵇ ἐκ τοῦ στόματος αὐτοῦ ῥομφαία
δίστομος ὀξεῖα ἐκπορευομένη

2 5 κινήσω τὴν λυχνίαν σου ἐκ τοῦ
τόπου αὐτῆς, ἐὰν μὴ μετανοήσῃς

2 7 τῷ νικῶντι δώσω αὐτῷ φαγεῖν ἐκ
τοῦ ξύλου τῆς ζωῆς

2 9 οἶδά σου (+τὰ ἔργα καὶ [S]ς) τὴν
θλῖψιν ... καὶ τὴν βλασφημίαν ἐκ
(—ς) τῶν λεγόντων Ἰουδαίους
εἶναι ἑαυτούς

2 10ʲ ἰδοὺ μέλλει βάλλειν (βαλεῖν Tς) ὁ
διάβολος ἐξ ὑμῶν εἰς φυλακὴν ἵνα
πειρασθῆτε

Ap 2 11 ὁ νικῶν οὐ μὴ ἀδικηθῇ ἐκ τοῦ
θανάτου τοῦ δευτέρου

2 21 οὐ θέλει μετανοῆσαι ἐκ τῆς πορνεί-
ας αὐτῆς

2 22 ἐὰν μὴ μετανοήσωσιν (-σουσιν
NMTH) ἐκ τῶν ἔργων αὐτῆς

3 5ᵇ οὐ μὴ ἐξαλείψω τὸ ὄνομα αὐτοῦ
ἐκ τῆς βίβλου τῆς ζωῆς

3 9 ἰδοὺ διδῶ (δίδωμι BSς) ἐκ τῆς
συναγωγῆς τοῦ σατανᾶ

3 10 κἀγώ σε τηρήσω ἐκ τῆς ὥρας τοῦ
πειρασμοῦ τῆς μελλούσης ἔρχεσθαι

3 12ᵈˡ τῆς καινῆς Ἰερουσαλὴμ ἡ καταβαί-
νουσα ἐκ τοῦ οὐρανοῦ ἀπὸ τοῦ
θεοῦ μου

3 16 μέλλω σε ἐμέσαι ἐκ τοῦ στόματός
μου

3 18 συμβουλεύω σοι ἀγοράσαι παρ᾽
ἐμοῦ χρυσίον πεπυρωμένον ἐκ
πυρὸς ἵνα πλουτήσῃς

4 5ᵇ ἐκ τοῦ θρόνου ἐκπορεύονται ἀστρα-
παὶ καὶ φωναὶ καὶ βρονταί

5 5 εἷς ἐκ τῶν πρεσβυτέρων λέγει μοι·
μὴ κλαῖε· ↔

5 5ᶠ ἰδοὺ ἐνίκησεν ὁ λέων ὁ (+ὢν ς) ἐκ
τῆς φυλῆς Ἰούδα

5 7 εἴληφεν ἐκ τῆς δεξιᾶς τοῦ καθημένου
ἐπὶ τοῦ θρόνου

5 9ᵏ ὅτι ... ἠγόρασας τῷ θεῷ (+ἡμᾶς
[M]VBSς) ἐν τῷ αἵματί σου ἐκ
πάσης φυλῆς καὶ γλώσσης

6 1 ὅτε ἤνοιξεν τὸ ἀρνίον μίαν ἐκ τῶν
ἑπτὰ σφραγίδων, ↔

6 1 καὶ ἤκουσα ἑνὸς ἐκ τῶν τεσσάρων
ζῴων λέγοντος

6 4 ἐδόθη αὐτῷ [H] λαβεῖν τὴν εἰρήνην
ἐκ ([H]; ἀπὸ ς) τῆς γῆς

6 10ᵇ ἕως πότε ... οὐ κρίνεις καὶ ἐκδικεῖς
τὸ αἷμα ἡμῶν ἐκ (ἀπὸ ς) τῶν
κατοικούντων ἐπὶ τῆς γῆς;

6 14 πᾶν ὄρος καὶ νῆσος ἐκ τῶν τόπων
αὐτῶν ἐκινήθησαν

7 4 ἑκατὸν τεσσεράκοντα τέσσαρες χι-
λιάδες ἐσφραγισμένοι ἐκ πάσης
φυλῆς υἱῶν Ἰσραήλ· ↔

7 5 ἐκ φυλῆς Ἰούδα δώδεκα χιλιάδες
ἐσφραγισμένοι, ↔

7 5 ἐκ φυλῆς Ῥουβὴν δώδεκα χιλιάδες,
↔

7 5 ἐκ φυλῆς Γὰδ δώδεκα χιλιάδες, ↔

7 6 ἐκ φυλῆς Ἀσὴρ δώδεκα χιλιάδες, ↔

7 6 ἐκ φυλῆς Νεφθαλὶμ δώδεκα χιλιά-
δες, ↔

7 6 ἐκ φυλῆς Μανασσῆ δώδεκα χιλιά-
δες, ↔

7 7 ἐκ φυλῆς Συμεὼν δώδεκα χιλιάδες, ↔

7 7 ἐκ φυλῆς Λευὶ δώδεκα χιλιάδες, ↔

7 7 ἐκ φυλῆς Ἰσσαχὰρ δώδεκα χιλιά-
δες, ↔

7 8 ἐκ φυλῆς Ζαβουλὼν δώδεκα χιλιά-
δες, ↔

7 8 ἐκ φυλῆς Ἰωσὴφ δώδεκα χιλιάδες, ↔

7 8 ἐκ φυλῆς Βενιαμὶν δώδεκα χιλιάδες
ἐσφραγισμένοι

7 9 εἶδον, καὶ ἰδοὺ ὄχλος ... ἐκ παντὸς
ἔθνους καὶ φυλῶν

7 13 ἀπεκρίθη εἷς ἐκ τῶν πρεσβυτέρων
λέγων μοι

7 14 οὗτοί εἰσιν οἱ ἐρχόμενοι ἐκ τῆς
θλίψεως τῆς μεγάλης

7 17ᵇ ἐξαλείψει ὁ θεὸς πᾶν δάκρυον ἐκ
(ἀπὸ ς) τῶν ὀφθαλμῶν αὐτῶν

8 4ᵉᵏ ἀνέβη ὁ καπνὸς τῶν θυμιαμάτων
... ἐκ χειρὸς τοῦ ἀγγέλου ἐνώπιον
τοῦ θεοῦ

Ap 8 5ʲ ἐγέμισεν αὐτὸν ἐκ τοῦ πυρὸς τοῦ θυσιαστηρίου καὶ ἔβαλεν εἰς τὴν γῆν

8 10 ἔπεσεν ἐκ τοῦ οὐρανοῦ ἀστὴρ μέγας καιόμενος ὡς λαμπάς

8 11ᵉ πολλοὶ τῶν ἀνθρώπων ἀπέθανον ἐκ τῶν ὑδάτων ὅτι ἐπικράνθησαν

8 13 οὐαὶ τοὺς κατοικοῦντας ἐπὶ τῆς γῆς ἐκ τῶν λοιπῶν φωνῶν τῆς σάλπιγγος

9 1ʲ εἶδον ἀστέρα ἐκ τοῦ οὐρανοῦ πεπτωκότα εἰς τὴν γῆν

9 2ᵉ ἀνέβη καπνὸς ἐκ τοῦ φρέατος ὡς καπνὸς καμίνου μεγάλης, ↔

9 2 καὶ ἐσκοτώθη (-τίσθη VSϛ) ὁ ἥλιος καὶ ὁ ἀὴρ ἐκ τοῦ καπνοῦ τοῦ φρέατος. ↔

9 3ᵇʲ καὶ ἐκ τοῦ καπνοῦ ἐξῆλθον ἀκρίδες εἰς τὴν γῆν

9 13 ἤκουσα φωνὴν μίαν ἐκ τῶν τεσσά- ρων ([N²⁶]; —MH) κεράτων τοῦ θυσιαστηρίου

9 17ᵇ ἐκ τῶν στομάτων αὐτῶν ἐκπορεύε- ται πῦρ καὶ καπνὸς καὶ θεῖον. ↔

9 18ᵉˡʷ ἀπὸ (ὑπὸ ϛ) τῶν τριῶν πληγῶν τούτων ἀπεκτάνθησαν τὸ τρίτον τῶν ἀνθρώπων, ἐκ τοῦ πυρός ↔

9 18ᵉˡʷ * καὶ ἐκ (+ϛ) τοῦ καπνοῦ ↔

9 18ᵉˡʷ * καὶ ἐκ (+ϛ) τοῦ θείου ↔

9 18ᵇ τοῦ ἐκπορευομένου ἐκ τῶν στομά- των αὐτῶν

9 20 οὐδὲ (οὔτε VSϛ; οὐ MBH) μετενόη- σαν ἐκ τῶν ἔργων τῶν χειρῶν αὐτῶν

9 21 οὐ μετενόησαν ἐκ τῶν φόνων αὐτῶν ↔

9 21 οὔτε ἐκ τῶν φαρμάκων (-κῶν S; -κειῶν NMVTϛ) αὐτῶν ↔

9 21 οὔτε ἐκ τῆς πορνείας αὐτῶν ↔

9 21 οὔτε ἐκ τῶν κλεμμάτων αὐτῶν

10 1ᵈ εἶδον ἄλλον ἄγγελον ἰσχυρὸν καταβαίνοντα ἐκ τοῦ οὐρανοῦ

10 4 ἤκουσα φωνὴν ἐκ τοῦ οὐρανοῦ λέγουσαν

10 8 ἡ φωνὴ ἥν ἤκουσα ἐκ τοῦ οὐρανοῦ

10 10 ἔλαβον τὸ βιβλαρίδιον ἐκ τῆς χειρὸς τοῦ ἀγγέλου

11 5ᵇ πῦρ ἐκπορεύεται ἐκ τοῦ στόματος αὐτῶν

11 7ᵉ τὸ θηρίον τὸ ἀναβαῖνον ἐκ τῆς ἀβύσσου ποιήσει μετ' αὐτῶν πόλεμον

11 9 βλέπουσιν ἐκ τῶν λαῶν καὶ φυλῶν ... τὸ πτῶμα αὐτῶν

11 11ᵏᵃ πνεῦμα ζωῆς ἐκ τοῦ θεοῦ εἰσῆλθεν | ἐν αὐτοῖς (αὐτοῖς VS; [ἐν] αὐτ. · H; ἐπ' αὐτούς ϛ)

11 12 ἤκουσαν (-σα B; -σα[ν] S) | φω- νῆς μεγάλης ἐκ τοῦ οὐρανοῦ λεγού- σης (-νὴν μ-λην ἐκ τ. οὐ. λ-σαν Tϛ) αὐτοῖς

12 15ᵗ ἔβαλεν ὁ ὄφις ἐκ τοῦ στόματος αὐτοῦ ὀπίσω τῆς γυναικὸς ὕδωρ ὡς ποταμόν

12 16 τὸν ποταμὸν ὅν ἔβαλεν ὁ δράκων ἐκ τοῦ στόματος αὐτοῦ

13 1ᵉ εἶδον ἐκ τῆς θαλάσσης θηρίον ἀναβαῖνον

13 3 μίαν ἐκ (—ϛ) τῶν κεφαλῶν αὐτοῦ ὡς ἐσφαγμένην εἰς θάνατον

13 11ᵉ ἄλλο θηρίον ἀναβαῖνον ἐκ τῆς γῆς

13 13ᵈʲᵏ ἵνα καὶ πῦρ ποιῇ | ἐκ τοῦ οὐρανοῦ καταβαίνειν (~ Tϛ) εἰς τὴν γῆν ἐνώπιον τῶν ἀνθρώπων

Ap 14 2 ἤκουσα φωνὴν ἐκ τοῦ οὐρανοῦ ὡς φωνὴν ὑδάτων πολλῶν

14 8 ἡ ἐκ τοῦ οἴνου τοῦ θυμοῦ τῆς πορνείας αὐτῆς πεπότικεν πάντα τὰ ἔθνη

14 10 αὐτὸς πίεται ἐκ τοῦ οἴνου τοῦ θυμοῦ τοῦ θεοῦ

14 13 ἤκουσα φωνῆς ἐκ τοῦ οὐρανοῦ λεγούσης

14 13ᵉ ἵνα ἀναπαήσονται (-παύσωνται Sϛ) ἐκ τῶν κόπων αὐτῶν

14 15ᵇ ἄλλος ἄγγελος ἐξῆλθεν ἐκ τοῦ ναοῦ

14 17ᵇ ἄλλος ἄγγελος ἐξῆλθεν ἐκ τοῦ ναοῦ τοῦ ἐν τῷ οὐρανῷ

14 18ᵇ ἄλλος ἄγγελος ἐξῆλθεν [N²⁶H] ἐκ τοῦ θυσιαστηρίου

14 20ᵇˡᵐ ἐξῆλθεν αἷμα ἐκ τῆς ληνοῦ ἄχρι τῶν χαλινῶν τῶν ἵππων

15 2 εἶδον ... τοὺς νικῶντας ἐκ τοῦ θηρίου ↔

15 2 καὶ ἐκ τῆς εἰκόνος αὐτοῦ ↔

15 2 * καὶ | ἐκ τοῦ χαράγματος αὐτοῦ, (+ϛ) ↔

15 2 ἐκ τοῦ ἀριθμοῦ τοῦ ὀνόματος αὐ- τοῦ ἑστῶτας ἐπὶ τὴν θάλασσαν τὴν ὑαλίνην

15 6ᵇ ἐξῆλθον οἱ ἑπτὰ ἄγγελοι ... ἐκ τοῦ ναοῦ

15 7 ἕν ἐκ τῶν τεσσάρων ζῴων ἔδωκεν ... ἑπτὰ φιάλας χρυσᾶς

15 8 ἐγεμίσθη ὁ ναὸς καπνοῦ ἐκ τῆς δόξης τοῦ θεοῦ ↔

15 8 καὶ ἐκ τῆς δυνάμεως αὐτοῦ

16 1 ἤκουσα μεγάλης φωνῆς ἐκ τοῦ ναοῦ λεγούσης τοῖς ἑπτὰ ἀγγέλοις

16 7 * καὶ ἤκουσα | ἄλλου ἐκ (+ϛ) τοῦ θυσιαστηρίου λέγοντος

16 10 ἐμασῶντο τὰς γλώσσας αὐτῶν ἐκ τοῦ πόνου, ↔

16 11 καὶ ἐβλασφήμησαν τὸν θεὸν τοῦ οὐρανοῦ ἐκ τῶν πόνων αὐτῶν ↔

16 11 καὶ ἐκ τῶν ἑλκῶν αὐτῶν, ↔

16 11 καὶ οὐ μετενόησαν ἐκ τῶν ἔργων αὐτῶν

16 13 εἶδον ἐκ τοῦ στόματος τοῦ δρά- κοντος ↔

16 13 καὶ ἐκ τοῦ στόματος τοῦ θηρίου ↔

16 13 καὶ ἐκ τοῦ στόματος τοῦ ψευδο- προφήτου πνεύματα τρία ἀκά- θαρτα ὡς βάτραχοι

16 17ᵇˡ ἐξῆλθεν φωνὴ μεγάλη ἐκ (ἀπὸ ϛ) τοῦ ναοῦ (+τοῦ οὐρανοῦ [M]Sϛ) ἀπὸ τοῦ θρόνου λέγουσα

16 21ᵈᵃ χάλαζα μεγάλη ... καταβαίνει ἐκ τοῦ οὐρανοῦ ἐπὶ τοὺς ἀνθρώπους· ↔

16 21 καὶ ἐβλασφήμησαν οἱ ἄνθρωποι τὸν θεὸν ἐκ τῆς πληγῆς τῆς χαλά- ζης

17 1 ἦλθεν εἷς ἐκ τῶν ἑπτὰ ἀγγέλων τῶν ἐχόντων τὰς ἑπτὰ φιάλας

17 2 ἐμεθύσθησαν οἱ κατοικοῦντες τὴν γῆν ἐκ τοῦ οἴνου τῆς πορνείας αὐτῆς

17 6 εἶδον τὴν γυναῖκα μεθύουσαν ἐκ [S] τοῦ αἵματος τῶν ἁγίων ↔

17 6 καὶ ἐκ τοῦ αἵματος τῶν μαρτύρων Ἰησοῦ

17 8ᵉʲ τὸ θηρίον ... μέλλει ἀναβαίνειν ἐκ τῆς ἀβύσσου καὶ εἰς ἀπώλειαν ὑπάγει (-ειν VBSTϛ)

17 11ʲ τὸ θηρίον ὅ ἦν καὶ οὐκ ἔστιν ... ἐκ τῶν ἑπτὰ ἐστιν, καὶ εἰς ἀπώλειαν ὑπάγει

Ap 18 1ᵈ εἶδον ἄλλον ἄγγελον καταβαίνον- τα ἐκ τοῦ οὐρανοῦ

18 1 ἡ γῆ ἐφωτίσθη ἐκ τῆς δόξης αὐτοῦ

18 3 ὅτι ἐκ | τοῦ οἴνου [H] τοῦ θυμοῦ τῆς πορνείας αὐτῆς πέπωκαν (πεπτώκασιν B; πέπτωκαν H; πέπωκε ϛ) πάντα τὰ ἔθνη

18 3 οἱ ἔμποροι τῆς γῆς ἐκ τῆς δυνά- μεως τοῦ στρήνους αὐτῆς ἐπλού- τησαν

18 4 ἤκουσα ἄλλην φωνὴν ἐκ τοῦ οὐρανοῦ λέγουσαν· ↔

18 4ᵇ ἐξέλθατε (-θετε Sϛ) ὁ λαός μου ἐξ αὐτῆς, ↔

18 4 ἵνα μὴ συγκοινωνήσητε ... καὶ ἐκ τῶν πληγῶν αὐτῆς ἵνα μὴ λάβητε

18 12 ⟨οὐδεὶς ἀγοράζει⟩ πᾶν σκεῦος ἐκ ξύλου τιμιωτάτου καὶ χαλκοῦ

18 19ᵏ ἡ πόλις ἡ μεγάλη, ἐν ᾗ ἐπλούτησαν πάντες οἱ ἔχοντες τὰ πλοῖα ἐν τῇ θαλάσσῃ ἐκ τῆς τιμιότητος αὐτῆς

18 20 ὅτι ἔκρινεν ὁ θεὸς τὸ κρίμα ὑμῶν ἐξ αὐτῆς

19 2ᵇ ἐξεδίκησεν τὸ αἷμα τῶν δούλων αὐτοῦ ἐκ χειρὸς αὐτῆς

19 5ᵇ * φωνὴ ἐκ (Tϛ; ἀπὸ rl) τοῦ θρόνου ἐξῆλθεν λέγουσα

19 15ᵇ ἐκ τοῦ στόματος αὐτοῦ ἐκπορεύε- ται ῥομφαία ὀξεῖα

19 21ᵇ οἱ λοιποὶ ἀπεκτάνθησαν ἐν τῇ ῥομφαίᾳ ... τῇ ἐξελθούσῃ (ἐκπο- ρευομένῃ ϛ) ἐκ τοῦ στόματος αὐ- τοῦ, ↔

19 21 καὶ πάντα τὰ ὄρνεα ἐχορτάσθησαν ἐκ τῶν σαρκῶν αὐτῶν

20 1ᵈ εἶδον ἄγγελον καταβαίνοντα ἐκ τοῦ οὐρανοῦ

20 7 λυθήσεται ὁ σατανᾶς ἐκ τῆς φυλακῆς αὐτοῦ

20 9ᵈˡ κατέβη πῦρ (+ἀπὸ τοῦ θεοῦ MVϛ) ἐκ τοῦ οὐρανοῦ

20 12ᵘ ἐκρίθησαν οἱ νεκροὶ ἐκ τῶν γεγραμ- μένων ἐν τοῖς βιβλίοις κατὰ τὰ ἔργα αὐτῶν

21 2ᵈˡ τὴν πόλιν ... Ἰερουσαλὴμ καινὴν εἶδον καταβαίνουσαν ἐκ τοῦ οὐρα- νοῦ ἀπὸ (—V) τοῦ θεοῦ

21 3 ἤκουσα φωνῆς μεγάλης ἐκ τοῦ θρόνου (οὐρανοῦ Sϛ) λεγούσης

21 4ᵇ ⟨αὐτὸς ὁ θεὸς⟩ ἐξαλείψει πᾶν δάκρυον ἐκ (ἀπὸ Sϛ) τῶν ὀφθαλ- μῶν αὐτῶν

21 6 ἐγὼ τῷ διψῶντι δώσω (+αὐτῷ VT) ἐκ τῆς πηγῆς τοῦ ὕδατος τῆς ζωῆς δωρεάν

21 9 ἦλθεν εἷς ἐκ (—ϛ) τῶν ἑπτὰ ἀγγέ- λων τῶν ἐχόντων τὰς ἑπτὰ φιάλας

21 10ᵈˡ ἔδειξέν μοι τὴν πόλιν ... Ἰερουσα- λὴμ καταβαίνουσαν ἐκ τοῦ οὐρα- νοῦ ἀπὸ τοῦ θεοῦ

21 21 ἀνὰ εἷς ἕκαστος τῶν πυλώνων ἦν ἐξ ἑνὸς μαργαρίτου

22 1ᵇ ἔδειξέν μοι ποταμὸν ... ἐκπορευό- μενον ἐκ τοῦ θρόνου τοῦ θεοῦ καὶ τοῦ ἀρνίου

22 19ᵉˡ ἀφελεῖ ὁ θεὸς τὸ μέρος αὐτοῦ ἀπὸ τοῦ ξύλου τῆς ζωῆς καὶ ἐκ τῆς πό- λεως τῆς ἁγίας

ἕκαστος
a adj.
b ἕ. et ἴδιος
c εἷς ἕκαστος
d ἀνὰ εἷς ἕκαστος
e καθ' ἕνα (ἕν) ἕκαστος (-ον)
f ἕκαστοι

Mt 16 27 τότε ἀποδώσει ἑκάστῳ κατὰ τὴν
πρᾶξιν αὐτοῦ

18 35 ἐὰν μὴ ἀφῆτε ἕκαστος τῷ ἀδελφῷ
αὐτοῦ ἀπὸ τῶν καρδιῶν ὑμῶν

25 15b ᾧ μὲν ἔδωκεν πέντε τάλαντα …
ἑκάστῳ κατὰ τὴν ἰδίαν δύναμιν

26 22c λυπούμενοι σφόδρα ἤρξαντο λέγειν
αὐτῷ [S] εἷς (—ς) ἕκαστος (+αὐ-
τῶν [MS]Bς)

Mc 13 34 δοὺς τοῖς δούλοις αὐτοῦ τὴν
ἐξουσίαν, ἑκάστῳ τὸ ἔργον αὐτοῦ

Lc 2 3b ἐπορεύοντο πάντες ἀπογράφεσθαι,
ἕκαστος εἰς τὴν ἑαυτοῦ (ἰδίαν Vς)
πόλιν

4 40c δὲ ἑνὶ ἑκάστῳ αὐτῶν τὰς χεῖρας
ἐπιτιθεὶς (ἐπιθεὶς Vς) ἐθεράπευεν
(-πευσεν Vς) αὐτούς

6 44ab ἕκαστον γὰρ δένδρον ἐκ τοῦ ἰδίου
καρποῦ γινώσκεται

13 15 ὑποκριταί, ἕκαστος ὑμῶν τῷ σαβ-
βάτῳ οὐ λύει τὸν βοῦν αὐτοῦ ⟨;⟩

16 5c προσκαλεσάμενος ἕνα ἕκαστον τῶν
χρεοφειλετῶν τοῦ κυρίου ἑαυτοῦ
ἔλεγεν

Jo 6 7 διακοσίων δηναρίων ἄρτοι οὐκ
ἀρκοῦσιν αὐτοῖς, ἵνα ἕκαστος
βραχύ τι ([N26]; —H) λάβῃ

[7 53] καὶ ἐπορεύθησαν (-θη ς) ἕκαστος
εἰς τὸν οἶκον (τόπον MS) αὐτοῦ

16 32b ἰδοὺ ἔρχεται ὥρα … ἵνα σκορπι-
σθῆτε ἕκαστος εἰς τὰ ἴδια

19 23a ἐποίησαν τέσσαρα μέρη, ἑκάστῳ
στρατιώτῃ μέρος

Ac 2 3c ὤφθησαν … γλῶσσαι ὡσεὶ πυρός,
| καὶ ἐκάθισεν (ἐκάθισέν τε VSς)
ἐφ' ἕνα ἕκαστον αὐτῶν

2 6bc ὅτι ἤκουον (-εν S; -σεν H) εἷς
ἕκαστος τῇ ἰδίᾳ διαλέκτῳ λαλούν-
των αὐτῶν

2 8b πῶς ἡμεῖς ἀκούομεν ἕκαστος τῇ
ἰδίᾳ διαλέκτῳ ἡμῶν ⟨;⟩

2 38 βαπτισθήτω ἕκαστος ὑμῶν ἐπὶ
(ἐν BH) τῷ ὀνόματι Ἰησοῦ
Χριστοῦ

3 26 εὐλογοῦντα ὑμᾶς ἐν τῷ ἀποστρέ-
φειν ἕκαστον ἀπὸ τῶν πονηριῶν
ὑμῶν [H]

4 35 διεδίδετο (-δοτο NBς) δὲ ἑκάστῳ
καθότι ἄν τις χρείαν εἶχεν

11 29 ὥρισαν ἕκαστος αὐτῶν εἰς διακο-
νίαν πέμψαι τοῖς … ἀδελφοῖς

17 27c καί γε οὐ μακρὰν ἀπὸ ἑνὸς ἑκάστου
ἡμῶν ὑπάρχοντα

20 31c οὐκ ἐπαυσάμην μετὰ δακρύων
νουθετῶν ἕνα ἕκαστον

21 19e ἐξηγεῖτο καθ' ἓν ἕκαστον ὧν
ἐποίησεν ὁ θεὸς ἐν τοῖς ἔθνεσιν

21 26c ἕως οὗ προσηνέχθη ὑπὲρ ἑνὸς
ἑκάστου αὐτῶν ἡ προσφορά

Rm 2 6 ὃς ἀποδώσει ἑκάστῳ κατὰ τὰ ἔργα
αὐτοῦ

12 3 λέγω γὰρ … παντὶ τῷ ὄντι ἐν
ὑμῖν … ἑκάστῳ ὡς ὁ θεὸς ἐμέρισεν
μέτρον πίστεως

14 5b ἕκαστος ἐν τῷ ἰδίῳ νοῒ πληρο-
φορείσθω

14 12 ἄρα οὖν [N26NH] ἕκαστος ἡμῶν
περὶ ἑαυτοῦ λόγον δώσει | τῷ
θεῷ [N26NH]

15 2 ἕκαστος ἡμῶν τῷ πλησίον ἀρεσκέ-
τω εἰς τὸ ἀγαθὸν πρὸς οἰκοδομήν

1 C 1 12 ὅτι ἕκαστος ὑμῶν λέγει· ἐγὼ μὲν
εἰμι Παύλου

3 5 καὶ ἑκάστῳ ὡς ὁ κύριος ἔδωκεν

1 C 3 8b ἕκαστος δὲ τὸν ἴδιον μισθὸν
λήμψεται κατὰ τὸν ἴδιον κόπον

3 10 ἕκαστος δὲ βλεπέτω πῶς ἐποικο-
δομεῖ

3 13 ἑκάστου τὸ ἔργον φανερὸν γενήσε-
ται

3 13 ἑκάστου τὸ ἔργον ὁποῖόν ἐστιν τὸ
πῦρ αὐτὸ ([N26]; —ς) δοκιμάσει

4 5 τότε ὁ ἔπαινος γενήσεται ἑκάστῳ
ἀπὸ τοῦ θεοῦ

7 2 διὰ δὲ τὰς πορνείας ἕκαστος τὴν
ἑαυτοῦ γυναῖκα ἐχέτω, ↔

7 2b καὶ ἑκάστη τὸν ἴδιον ἄνδρα ἐχέτω

7 7b ἀλλὰ ἕκαστος ἴδιον ἔχει χάρισμα
ἐκ θεοῦ

7 17 εἰ μὴ ἑκάστῳ ὡς ἐμέρισεν (μεμέρι-
κεν NTH) ὁ κύριος, ↔

7 17 ἕκαστον ὡς κέκληκεν ὁ θεός, οὕτως
περιπατείτω

7 20 ἕκαστος ἐν τῇ κλήσει ᾗ ἐκλήθη, ἐν
ταύτῃ μενέτω

7 24 ἕκαστος ἐν ᾧ ἐκλήθη, ἀδελφοί, ἐν
τούτῳ μενέτω παρὰ θεῷ

10 24 * μηδεὶς τὸ ἑαυτοῦ ζητείτω ἀλλὰ
τὸ τοῦ ἑτέρου ἕκαστος (+ς)

11 21b ἕκαστος γὰρ τὸ ἴδιον δεῖπνον
προλαμβάνει ἐν τῷ φαγεῖν

12 7 ἑκάστῳ δὲ δίδοται ἡ φανέρωσις
τοῦ πνεύματος πρὸς τὸ συμφέρον

12 11b πάντα δὲ ταῦτα ἐνεργεῖ τὸ ἓν καὶ
τὸ αὐτὸ πνεῦμα, διαιροῦν ἰδίᾳ
ἑκάστῳ καθὼς βούλεται

12 18c ὁ θεὸς ἔθετο τὰ μέλη, ἓν ἕκαστον
αὐτῶν ἐν τῷ σώματι καθὼς
ἠθέλησεν

14 26 ὅταν συνέρχησθε, ἕκαστος (+ὑμῶν
ς) ψαλμὸν ἔχει

15 23b ἕκαστος δὲ ἐν τῷ ἰδίῳ τάγματι

15 38b ὁ δὲ θεὸς δίδωσιν αὐτῷ σῶμα
καθὼς ἠθέλησεν, καὶ ἑκάστῳ τῶν
σπερμάτων ἴδιον σῶμα

16 2 κατὰ μίαν σαββάτου ἕκαστος
ὑμῶν παρ' ἑαυτῷ τιθέτω θησαυ-
ρίζων

2 C 5 10 ἵνα κομίσηται ἕκαστος τὰ διὰ τοῦ
σώματος πρὸς ἃ ἔπραξεν

9 7 ἕκαστος καθὼς προῄρηται τῇ
καρδίᾳ, μὴ ἐκ λύπης ἢ ἐξ ἀνάγκης

G 6 4 τὸ δὲ ἔργον ἑαυτοῦ δοκιμαζέτω
ἕκαστος [H]

6 5b ἕκαστος γὰρ τὸ ἴδιον φορτίον
βαστάσει

E 4 7c ἑνὶ δὲ ἑκάστῳ ἡμῶν ἐδόθη ἡ [H]
χάρις κατὰ τὸ μέτρον τῆς δωρεᾶς
τοῦ Χριστοῦ

4 16ac ἐξ οὗ πᾶν τὸ σῶμα συναρμολογού-
μενον … κατ' ἐνέργειαν ἐν μέτρῳ
ἑνὸς ἑκάστου μέρους τὴν αὔξησιν
τοῦ σώματος ποιεῖται

4 25 διὸ ἀποθέμενοι τὸ ψεῦδος λαλεῖτε
ἀλήθειαν ἕκαστος μετὰ τοῦ πλη-
σίον αὐτοῦ

5 33e ὑμεῖς οἱ καθ' ἕνα ἕκαστος τὴν
ἑαυτοῦ γυναῖκα οὕτως ἀγαπάτω
ὡς ἑαυτόν

6 8 εἰδότες ὅτι ἕκαστος | ἐάν τι (ὃ ἐὰν
S; ὃ ἐάν τι ς) ποιήσῃ ἀγαθόν

Ph 2 4f μὴ τὰ ἑαυτῶν ἕκαστος (-στοι
NMTH) σκοποῦντες, ↔

2 4f ἀλλὰ καὶ [N26] τὰ ἑτέρων ἕκαστοι
(-στος ς)

Cl 4 6c εἰδέναι πῶς δεῖ ὑμᾶς ἑνὶ ἑκάστῳ
ἀποκρίνεσθαι

1 Th 2 11c καθάπερ οἴδατε ὡς ἕνα ἕκαστον
ὑμῶν ὡς πατὴρ τέκνα ἑαυτοῦ
⟨παρακαλοῦντες ὑμᾶς⟩

4 4 εἰδέναι ἕκαστον ὑμῶν τὸ ἑαυτοῦ
σκεῦος κτᾶσθαι ἐν ἁγιασμῷ καὶ
τιμῇ

2 Th 1 3c ὅτι … πλεονάζει ἡ ἀγάπη ἑνὸς
ἑκάστου πάντων ὑμῶν εἰς ἀλλή-
λους

Hb 3 13a ἀλλὰ παρακαλεῖτε ἑαυτοὺς καθ'
ἑκάστην ἡμέραν

6 11 ἐπιθυμοῦμεν δὲ ἕκαστον ὑμῶν τὴν
αὐτὴν ἐνδείκνυσθαι σπουδήν

8 11 οὐ μὴ διδάξωσιν ἕκαστος τὸν
πολίτην αὐτοῦ ↔

8 11 καὶ ἕκαστος τὸν ἀδελφὸν αὐτοῦ,
λέγων

11 21 πίστει Ἰακὼβ ἀποθνῄσκων ἕκα-
στον τῶν υἱῶν Ἰωσὴφ εὐλόγησεν

Jc 1 14b ἕκαστος δὲ πειράζεται ὑπὸ τῆς
ἰδίας ἐπιθυμίας ἐξελκόμενος

1 Pt 1 17 εἰ πατέρα ἐπικαλεῖσθε τὸν ἀπροσ-
ωπολήμπτως κρίνοντα κατὰ τὸ
ἑκάστου ἔργον

4 10 ἕκαστος καθὼς ἔλαβεν χάρισμα, εἰς
ἑαυτοὺς αὐτὸ διακονοῦντες

Ap 2 23 δώσω ὑμῖν ἑκάστῳ κατὰ τὰ ἔργα
ὑμῶν

5 8 οἱ εἴκοσι τέσσαρες πρεσβύτεροι
ἔπεσαν ἐνώπιον τοῦ ἀρνίου, ἔχον-
τες ἕκαστος κιθάραν

6 11f ἐδόθη | αὐτοῖς ἑκάστῳ (ἑκάστοις ς)
στολὴ λευκή

20 13 ἐκρίθησαν ἕκαστος κατὰ τὰ ἔργα
αὐτῶν

21 21d ἀνὰ εἷς ἕκαστος τῶν πυλώνων ἦν
ἐξ ἑνὸς μαργαρίτου

22 2ac κατὰ μῆνα (+ἕνα ς) ἕκαστον
ἀποδιδοῦν (-δοὺς ST) τὸν καρπὸν
αὐτοῦ

22 12 ὁ μισθός μου μετ' ἐμοῦ, ἀποδοῦναι
ἑκάστῳ ὡς τὸ ἔργον ἐστὶν (ἔσται
VBς) αὐτοῦ

ἑκάστοτε

2 Pt 1 15 σπουδάσω δὲ καὶ ἑκάστοτε ἔχειν
ὑμᾶς … τὴν τούτων μνήμην
ποιεῖσθαι

ἑκατόν

a κατά, ἀνά, ἐν, εἰς ἑ.
b ἓν ἑκατόν
c ἑκατὸν εἴκοσι
d ἑκατὸν τεσσεράκοντα τέσσαρες
e ἑκατὸν πεντήκοντα τρεῖς
f ἑκατὸν ἑξήκοντα

Mt 13 8 ἐδίδου καρπόν, ὃ μὲν ἑκατόν, ὃ δὲ
ἑξήκοντα, ὃ δὲ τριάκοντα

13 23 ὃς δὴ καρποφορεῖ καὶ ποιεῖ ὃ μὲν
ἑκατόν, ὃ δὲ ἑξήκοντα, ὃ δὲ τριά-
κοντα

18 12 ἐὰν γένηταί τινι ἀνθρώπῳ ἑκατὸν
πρόβατα καὶ πλανηθῇ ἓν ἐξ αὐτῶν

18 28 εὗρεν ἕνα τῶν συνδούλων αὐτοῦ,
ὃς ὤφειλεν αὐτῷ ἑκατὸν δηνάρια

Mc 4 8ab ἐδίδου καρπόν … καὶ ἔφερεν ἓν
(N26VBς; εἰς S; εἰς rl) τριάκοντα
καὶ ἓν (ἐν NMH; εἰς S; εἰς T) ἑξή-
κοντα καὶ ἓν (ἐν NMH; εἰς S; εἰς T)
ἑκατόν

4 20ab οἵτινες … καρποφοροῦσιν ἓν (ἐν
NMSTH) τριάκοντα καὶ ἓν (ἐν
NMST[H]) ἑξήκοντα καὶ ἓν (ἐν
NMST[H]) ἑκατόν

6 40a ἀνέπεσαν πρασιαὶ πρασιαὶ κατὰ
(ἀνὰ Vς) ἑκατὸν καὶ κατὰ (ἀνὰ Vς)
πεντήκοντα

Lc 15 4 τίς ἄνθρωπος ἐξ ὑμῶν ἔχων ἑκατὸν
πρόβατα καὶ ἀπολέσας ἐξ αὐτῶν
ἓν οὐ καταλείπει ⟨;⟩
16 6 ⟨πόσον ὀφείλεις τῷ κυρίῳ μου;⟩
ὁ δὲ εἶπεν· ἑκατὸν βάτους ἐλαίου
16 7 σὺ δὲ πόσον ὀφείλεις; ὁ δὲ εἶπεν·
ἑκατὸν κόρους σίτου
24 13ʳ * εἰς κώμην ἀπέχουσαν σταδίους
ἑκατὸν (+M) ἑξήκοντα ἀπὸ Ἰε-
ρουσαλήμ
Jo 19 39 φέρων μίγμα (ἕλιγμα H) σμύρνης
καὶ ἀλόης ὡς λίτρας ἑκατόν
21 11ᵉ εἵλκυσεν τὸ δίκτυον ... μεστὸν
ἰχθύων μεγάλων ἑκατὸν πεντή-
κοντα τριῶν
Ac 1 15ᶜ ἦν τε ὄχλος ὀνομάτων ἐπὶ τὸ αὐτὸ
ὡσεὶ (ὡς Hς) ἑκατὸν εἴκοσι
Ap 7 4ᵈ ἤκουσα τὸν ἀριθμὸν τῶν ἐσφρα-
γισμένων, | ἑκατὸν τεσσεράκοντα
τέσσαρες (ρμδ´ ς) χιλιάδες ἐσφρα-
γισμένοι
14 1ᵈ τὸ ἀρνίον ἑστὸς ... καὶ μετ' αὐτοῦ
ἑκατὸν τεσσεράκοντα τέσσαρες χι-
λιάδες
14 3ᵈ οὐδεὶς ἐδύνατο μαθεῖν τὴν ᾠδὴν εἰ
μὴ αἱ ἑκατὸν τεσσεράκοντα τέσσα-
ρες χιλιάδες
21 17ᵈ ἐμέτρησεν τὸ τεῖχος αὐτῆς ἑκατὸν
τεσσεράκοντα τεσσάρων πηχῶν,
μέτρον ἀνθρώπου

ἑκατονταετής
ἑκατονταέτης NMVBSTς
Rm 4 19 κατενόησεν τὸ ἑαυτοῦ σῶμα ἤδη
([N²⁶H]; —NT) νενεκρωμένον,
ἑκατονταετής που ὑπάρχων

ἑκατονταπλασίων
Mt 19 29 πᾶς ὅστις ἀφῆκεν ... πατέρα ἢ
μητέρα ... ἕνεκεν τοῦ | ὀνόματός
μου (ἐμοῦ ὁ. NTH) ἑκατοντα-
πλασίονα (πολλαπλασ. NTH)
λήμψεται
Mc 10 30 ⟨οὐδείς ἐστιν ὃς ἀφῆκεν οἰκίαν ... ἢ
ἀγροὺς ἕνεκεν ἐμοῦ⟩ ἐὰν μὴ λάβῃ
ἑκατονταπλασίονα νῦν ἐν τῷ
καιρῷ τούτῳ οἰκίας
Lc 8 8 φυὲν ἐποίησεν καρπὸν ἑκατοντα-
πλασίονα

ἑκατοντάρχης, ἑκατόνταρχος
ἑκατόνταρχος (S)
ᵃ plur.
Mt 8 5 προσῆλθεν αὐτῷ ἑκατόνταρχος
(-άρχης T) παρακαλῶν αὐτὸν
8 8 | καὶ ἀποκριθεὶς (ἀ. δὲ NMTH) ὁ
ἑκατόνταρχος (-άρχης T) ἔφη
8 13 εἶπεν ὁ Ἰησοῦς τῷ ἑκατοντάρχῃ
(-άρχῳ T)
27 54 ὁ δὲ ἑκατόνταρχος (-άρχης T) καὶ
οἱ μετ' αὐτοῦ τηροῦντες τὸν
Ἰησοῦν ... ἐφοβήθησαν σφόδρα
Lc 7 2 ἑκατοντάρχου δέ τινος δοῦλος
κακῶς ἔχων ἤμελλεν τελευτᾶν
7 6 ἔπεμψεν (+πρὸς αὐτὸν VBς)
φίλους ὁ ἑκατοντάρχης (-χος VBSς)
λέγων αὐτῷ (—T)
23 47 ἰδὼν δὲ ὁ ἑκατοντάρχης (-χος Sς)
τὸ γενόμενον ἐδόξαζεν (-ασεν Vς)
τὸν θεόν
Ac 10 1 ἀνὴρ δέ τις ... ὀνόματι Κορνήλιος,
ἑκατοντάρχης ἐκ σπείρης τῆς κα-
λουμένης Ἰταλικῆς
10 22 Κορνήλιος ἑκατοντάρχης, ἀνὴρ
δίκαιος ... ἐχρηματίσθη ὑπὸ ἀγγέ-
λου ἁγίου μεταπέμψασθαί σε

Ac 21 32ᵃ ὃς ἐξαυτῆς παραλαβὼν στρατιώ-
τας καὶ ἑκατοντάρχας (-χους Sς)
κατέδραμεν ἐπ' αὐτούς
22 25 εἶπεν πρὸς τὸν ἑστῶτα ἑκατόνταρ-
χον ὁ Παῦλος
22 26 ἀκούσας δὲ ὁ ἑκατοντάρχης (-χος
MVSς) προσελθὼν τῷ χιλιάρχῳ
ἀπήγγειλεν λέγων
23 17ᵃ προσκαλεσάμενος δὲ ὁ Παῦλος
ἕνα τῶν ἑκατονταρχῶν (-άρχων
VSς) ἔφη
23 23ᵃ προσκαλεσάμενος || δύο τινὰς [N²⁶]
((~NMSTH)) τῶν ἑκατονταρχῶν
(-άρχων VSς) εἶπεν
24 23 διαταξάμενος τῷ ἑκατοντάρχῃ
τηρεῖσθαι αὐτὸν ἔχειν τε ἄνεσιν
27 1 παρεδίδουν τόν τε Παῦλον καὶ
τινας ἑτέρους δεσμώτας ἑκατοντάρ-
χῃ ὀνόματι Ἰουλίῳ σπείρης Σε-
βαστῆς
27 6 κἀκεῖ εὑρὼν ὁ ἑκατοντάρχης (-αρχος
ς) πλοῖον ... ἐνεβίβασεν ἡμᾶς εἰς
αὐτό
27 11 ὁ δὲ ἑκατοντάρχης (-αρχος ς) τῷ
κυβερνήτῃ καὶ τῷ ναυκλήρῳ μᾶλ-
λον ἐπείθετο
27 31 εἶπεν ὁ Παῦλος τῷ ἑκατοντάρχῃ
καὶ τοῖς στρατιώταις
27 43 ὁ δὲ ἑκατοντάρχης (-αρχος ς)
βουλόμενος διασῶσαι τὸν Παῦλον
ἐκώλυσεν αὐτοὺς τοῦ βουλήματος
28 16 * ὅτε δὲ εἰσήλθομεν εἰς (+τὴν T)
Ῥώμην | ὁ ἑκατόνταρχος παρέδω-
κεν τοὺς δεσμίους τῷ στρατο-
πεδάρχῳ (+[VS]ς)

ἐκβαίνω
→ ἀναβαίνω
Hb 11 15 καὶ εἰ μὲν ἐκείνης ἐμνημόνευον
(μνημονεύουσιν ST) ἀφ' ἧς ἐξέβη-
σαν (ἐξῆλθον ς)

ἐκβάλλω
→ βάλλω
ᵃ ἐκβάλλω ἐκ
ᵇ ἐκβάλλω ἀπό
ᶜ ἐκβάλλω εἰς
ᵈ ἐκβάλλω ἔξω
ᵉ ἐκβάλλω ἔξωθεν
ᶠ ἐκβάλλω τὸ ὄνομα
Mt 7 4ᵃᵇ ἄφες ἐκβάλω τὸ κάρφος ἐκ (ἀπὸ
VSς) τοῦ ὀφθαλμοῦ σου
7 5ᵃ ὑποκριτά, ἔκβαλε πρῶτον ἐκ τοῦ
ὀφθαλμοῦ σοῦ τὴν δοκόν, ↔
7 5ᵃ καὶ τότε διαβλέψεις ἐκβαλεῖν τὸ
κάρφος ἐκ τοῦ ὀφθαλμοῦ τοῦ
ἀδελφοῦ σου
7 22 οὐ ... τῷ σῷ ὀνόματι δαιμόνια
ἐξεβάλομεν ⟨;⟩
8 12ᶜ οἱ δὲ υἱοὶ τῆς βασιλείας ἐκβληθή-
σονται (ἐξελεύσονται T) εἰς τὸ
σκότος τὸ ἐξώτερον
8 16 ἐξέβαλεν τὰ πνεύματα λόγῳ
8 31 εἰ ἐκβάλλεις ἡμᾶς, ἀπόστειλον
ἡμᾶς εἰς τὴν ἀγέλην τῶν χοίρων
9 25 ὅτε δὲ ἐξεβλήθη ὁ ὄχλος
9 33 ἐκβληθέντος τοῦ δαιμονίου ἐλάλη-
σεν ὁ κωφός
9 34 | ἐν τῷ ἄρχοντι τῶν δαιμονίων
ἐκβάλλει τὰ δαιμόνια [.. H]
9 38ᶜ δεήθητε οὖν ... ὅπως ἐκβάλῃ
ἐργάτας εἰς τὸν θερισμὸν αὐτοῦ
10 1 ἔδωκεν αὐτοῖς ἐξουσίαν [+κατὰ S]
πνευμάτων ἀκαθάρτων ὥστε ἐκ-
βάλλειν αὐτά
10 8 ἀσθενοῦντας θεραπεύετε ... δαι-
μόνια ἐκβάλλετε

Mt 12 20ᶜ ἕως ἂν ἐκβάλῃ εἰς νῖκος τὴν κρίσιν
12 24 οὗτος οὐκ ἐκβάλλει τὰ δαιμόνια εἰ
μὴ ἐν τῷ Βεελζεβούλ
12 26 εἰ ὁ σατανᾶς τὸν σατανᾶν ἐκβάλλει,
ἐφ' ἑαυτὸν ἐμερίσθη
12 27 εἰ ἐγὼ ἐν Βεελζεβοὺλ ἐκβάλλω τὰ
δαιμόνια, ↔
12 27 οἱ υἱοὶ ὑμῶν ἐν τίνι ἐκβάλλουσιν;
12 28 εἰ δὲ ἐν πνεύματι θεοῦ ἐγὼ ἐκβάλλω
τὰ δαιμόνια
12 35ᵃ ὁ ἀγαθὸς ἄνθρωπος ἐκ τοῦ ἀγαθοῦ
θησαυροῦ ἐκβάλλει (+τὰ STς)
ἀγαθά, ↔
12 35ᵃ καὶ ὁ πονηρὸς ἄνθρωπος ἐκ τοῦ
πονηροῦ θησαυροῦ ἐκβάλλει πονη-
ρά
13 52ᵃ ὅστις ἐκβάλλει ἐκ τοῦ θησαυροῦ
αὐτοῦ καινὰ καὶ παλαιά
15 17ᶜ οὐ (οὔπω VSς) νοεῖτε ὅτι πᾶν τὸ
εἰσπορευόμενον εἰς τὸ στόμα ...
εἰς ἀφεδρῶνα ἐκβάλλεται;
17 19 διὰ τί ἡμεῖς οὐκ ἠδυνήθημεν ἐκ-
βαλεῖν αὐτό;
21 12 ἐξέβαλεν πάντας τοὺς πωλοῦντας
καὶ ἀγοράζοντας ἐν τῷ ἱερῷ
21 39ᵈ λαβόντες αὐτὸν ἐξέβαλον ἔξω τοῦ
ἀμπελῶνος
22 13ᵉ | δήσαντες αὐτοῦ πόδας καὶ χεῖρας
ἐκβάλετε αὐτὸν (δ. αὐ. π. κ. χ.
ἄρατε αὐτὸν καὶ ἐκβάλετε ς· ἄρατε
αὐτὸν ποδῶν καὶ χειρῶν καὶ βάλετε
αὐτὸν S) εἰς τὸ σκότος τὸ ἐξώτερον
25 30ᶜ τὸν ἀχρεῖον δοῦλον ἐκβάλετε (ἐκ-
βάλλετε ς) εἰς τὸ σκότος τὸ ἐξώτε-
ρον
Mc 1 12ᶜ εὐθὺς τὸ πνεῦμα αὐτὸν ἐκβάλλει εἰς
τὴν ἔρημον
1 34 καὶ δαιμόνια πολλὰ ἐξέβαλεν
1 39 ἦλθεν κηρύσσων εἰς τὰς συναγωγὰς
αὐτῶν ... καὶ τὰ δαιμόνια ἐκβάλ-
λων
1 43 ἐμβριμησάμενος αὐτῷ εὐθὺς ἐξέβα-
λεν αὐτόν
3 15 ⟨ἵνα ἀποστέλλῃ αὐτοὺς κηρύσσειν⟩
καὶ ἔχειν ἐξουσίαν ἐκβάλλειν τὰ
δαιμόνια
3 22 ἐν τῷ ἄρχοντι τῶν δαιμονίων
ἐκβάλλει τὰ δαιμόνια
3 23 πῶς δύναται σατανᾶς σατανᾶν
ἐκβάλλειν;
5 40 αὐτὸς (ὁ VSς) δὲ ἐκβαλὼν πάντας
παραλαμβάνει τὸν πατέρα τοῦ
παιδίου
6 13 ⟨ἐξελθόντες ἐκήρυξαν⟩ καὶ δαι-
μόνια πολλὰ ἐξέβαλλον
7 26ᵃ ἠρώτα αὐτὸν ἵνα τὸ δαιμόνιον
ἐκβάλῃ (ἐκβάλλῃ ς) ἐκ τῆς θυγα-
τρὸς αὐτῆς
9 18 εἶπα (εἶπον Vς) τοῖς μαθηταῖς σου
ἵνα αὐτὸ ἐκβάλωσιν
9 28 ὅτι ἡμεῖς οὐκ ἠδυνήθημεν ἐκβαλεῖν
αὐτό;
9 38 εἴδομέν τινα ἐν τῷ ὀνόματί σου
ἐκβάλλοντα δαιμόνια
9 47 ἐὰν ὁ ὀφθαλμός σου σκανδαλίζῃ σε,
ἔκβαλε αὐτόν
11 15 εἰσελθὼν εἰς τὸ ἱερὸν ἤρξατο ἐκ-
βάλλειν τοὺς πωλοῦντας καὶ τοὺς
ἀγοράζοντας ἐν τῷ ἱερῷ
12 8ᵈ ἐξέβαλον αὐτὸν (—Vς) ἔξω τοῦ
ἀμπελῶνος
[16 9]ᵇ Μαρίᾳ τῇ Μαγδαληνῇ, παρ' (ἀφ'
Tς) ἧς ἐκβεβλήκει ἑπτὰ δαιμόνια
[16 17] ἐν τῷ ὀνόματί μου δαιμόνια ἐκβα-
λοῦσιν

Lc 4 29ᵈ ἀναστάντες ἐξέβαλον αὐτὸν ἔξω
τῆς πόλεως

6 22ᶠ μακάριοί ἐστε ὅταν . . . ἐκβάλωσιν
τὸ ὄνομα ὑμῶν ὡς πονηρὸν ἕνεκα
τοῦ υἱοῦ τοῦ ἀνθρώπου

6 42 ἄφες ἐκβάλω τὸ κάρφος τὸ ἐν τῷ
ὀφθαλμῷ σου

6 42ᵃ ὑποκριτά, ἔκβαλε πρῶτον τὴν
δοκὸν ἐκ τοῦ ὀφθαλμοῦ σου, ↔

6 42 καὶ τότε διαβλέψεις τὸ κάρφος τὸ
ἐν τῷ ὀφθαλμῷ τοῦ ἀδελφοῦ σου
ἐκβαλεῖν

8 54ᵈ * αὐτὸς δὲ | ἐκβαλὼν ἔξω πάντας,
καὶ (+ς) κρατήσας τῆς χειρὸς
αὐτῆς ἐφώνησεν λέγων

9 40 ἐδεήθην τῶν μαθητῶν σου ἵνα
ἐκβάλωσιν (ἐκβάλλ. ς) αὐτό

9 49 εἴδομέν τινα ἐν (ἐπὶ Tς) τῷ ὀνό-
ματί σου ἐκβάλλοντα δαιμόνια

10 2ᶜ δεήθητε οὖν . . . ὅπως || ἐργάτας
ἐκβάλῃ (ἐκβάλλῃ ς) ((~ VSς))
εἰς τὸν θερισμὸν αὐτοῦ

10 35 ἐπὶ τὴν αὔριον ἐκβαλὼν | ἔδωκεν δύο
δηνάρια (N²⁶; ~ rl) τῷ πανδοχεῖ

11 14 ἦν ἐκβάλλων δαιμόνιον |, καὶ
αὐτὸ ἦν ([N²⁶]; —SH) κωφόν

11 15 ἐν Βεελζεβοὺλ τῷ ἄρχοντι τῶν
δαιμονίων ἐκβάλλει τὰ δαιμόνια

11 18 ὅτι λέγετε ἐν Βεελζεβοὺλ ἐκβάλλειν
με τὰ δαιμόνια. ↔

11 19 εἰ δὲ ἐγὼ ἐν Βεελζεβοὺλ ἐκβάλλω
τὰ δαιμόνια, ↔

11 19 οἱ υἱοὶ ὑμῶν ἐν τίνι ἐκβάλλουσιν;

11 20 εἰ δὲ ἐν δακτύλῳ θεοῦ ἐγὼ (+[N²⁶
NVH]M) ἐκβάλλω τὰ δαιμόνια

13 28ᵈ ὅταν ὄψησθε (ὄψεσθε T) Ἀβραὰμ
. . . ἐν τῇ βασιλείᾳ τοῦ θεοῦ,
ὑμᾶς δὲ ἐκβαλλομένους ἔξω

13 32 ἰδοὺ ἐκβάλλω δαιμόνια καὶ ἰάσεις
ἀποτελῶ σήμερον καὶ αὔριον

19 45 εἰσελθὼν εἰς τὸ ἱερὸν ἤρξατο ἐκβάλ-
λειν τοὺς πωλοῦντας

20 12 οἱ δὲ καὶ τοῦτον τραυματίσαντες
ἐξέβαλον

20 15ᵈ ἐκβαλόντες αὐτὸν ἔξω τοῦ ἀμπε-
λῶνος ἀπέκτειναν

Jo 2 15ᵃ ποιήσας φραγέλλιον ἐκ σχοινίων
πάντας ἐξέβαλεν ἐκ τοῦ ἱεροῦ

6 37ᵈ τὸν ἐρχόμενον πρός με (ἐμὲ T) οὐ
μὴ ἐκβάλω ἔξω

9 34ᵈ εἶπαν αὐτῷ . . . σὺ διδάσκεις
ἡμᾶς; καὶ ἐξέβαλον αὐτὸν ἔξω. ↔

9 35ᵃ ἤκουσεν (+ὁ VBSς) Ἰησοῦς ὅτι
ἐξέβαλον αὐτὸν ἔξω

10 4 ὅταν τὰ ἴδια πάντα ἐκβάλῃ,
ἔμπροσθεν αὐτῶν πορεύεται

12 31ᵈ νῦν ὁ ἄρχων τοῦ κόσμου τούτου
ἐκβληθήσεται ἔξω

Ac 7 58ᵈ ἐκβαλόντες ἔξω τῆς πόλεως ἐλιθο-
βόλουν

9 40ᵈ ἐκβαλὼν δὲ ἔξω πάντας ὁ Πέτρος
καὶ θεὶς τὰ γόνατα προσηύξατο

13 50ᵇ οἱ δὲ Ἰουδαῖοι . . . ἐξέβαλον αὐ-
τοὺς ἀπὸ τῶν ὁρίων αὐτῶν

16 37 καὶ νῦν λάθρα ἡμᾶς ἐκβάλλουσιν;

27 38ᶜ ἐκούφιζον τὸ πλοῖον ἐκβαλλόμενοι
τὸν σῖτον εἰς τὴν θάλασσαν

G 4 30 ἔκβαλε τὴν παιδίσκην καὶ τὸν υἱὸν
αὐτῆς

Jc 2 25 Ῥαὰβ . . . ὑποδεξαμένη τοὺς ἀγγέ-
λους καὶ ἑτέρᾳ ὁδῷ ἐκβαλοῦσα

3 Jo 10ᵃ τοὺς βουλομένους κωλύει καὶ ἐκ
(—T) τῆς ἐκκλησίας ἐκβάλλει

Ap 11 2ᵈᵉ τὴν αὐλὴν τὴν ἔξωθεν (ἔσωθεν S)
τοῦ ναοῦ ἔκβαλε ἔξωθεν (ἔξω ς)

ἔκβασις

1 C 10 13 ἀλλὰ ποιήσει σὺν τῷ πειρασμῷ
καὶ τὴν ἔκβασιν τοῦ δύνασθαι
ὑπενεγκεῖν

Hb 13 7 ὧν ἀναθεωροῦντες τὴν ἔκβασιν
τῆς ἀναστροφῆς μιμεῖσθε τὴν πί-
στιν

ἐκβλαστάνω

→ βλαστάνω

Mc 4 5 * εὐθὺς ἐξεβλάστησεν (S; ἐξανέ-
τειλεν rl) διὰ τὸ μὴ ἔχειν βάθος
γῆς

ἐκβολή

Ac 27 18 σφοδρῶς δὲ χειμαζομένων ἡμῶν
τῇ ἑξῆς ἐκβολὴν ἐποιοῦντο

ἐκγαμίζω

→ γαμίζω

Mt 22 30 * ἐν γὰρ τῇ ἀναστάσει οὔτε γα-
μοῦσιν οὔτε ἐκγαμίζονται (Vς;
γαμίζονται rl)

24 38 * ὡς γὰρ ἦσαν . . . γαμοῦντες καὶ
ἐκγαμίζοντες (γαμίζοντες N²⁶NTH)

Lc 17 27 * ἤσθιον, ἔπινον, ἐγάμουν, ἐξεγα-
μίζοντο (ς; ἐγαμ. rl)

1 C 7 38 * ὥστε καὶ ὁ ἐκγαμίζων (ς;
γαμίζων τὴν ἑαυτοῦ παρθένον
rl) καλῶς ποιεῖ, ↔

7 38 * καὶ ὁ μὴ ἐκγαμίζων (ς; γαμ.
rl) κρεῖσσον ποιήσει

ἐκγαμίσκω

→ γαμίσκω

Lc 20 34 * οἱ υἱοὶ τοῦ αἰῶνος τούτου γαμοῦ-
σιν καὶ ἐκγαμίσκονται (ς; γαμ.
rl), ↔

20 35 * οἱ δὲ καταξιωθέντες τοῦ αἰῶνος
ἐκείνου τυχεῖν . . . οὔτε γαμοῦσιν
οὔτε ἐκγαμίσκονται (ς; γαμίζον-
ται rl)

ἔκγονος

1 Tm 5 4 εἰ δέ τις χήρα τέκνα ἢ ἔκγονα ἔχει

ἐκδαπανάω

→ δαπανάω

2 C 12 15 ἐγὼ δὲ ἥδιστα δαπανήσω καὶ
ἐκδαπανηθήσομαι ὑπὲρ τῶν ψυ-
χῶν ὑμῶν

ἐκδέχομαι

→ δέχομαι
ᵃ ἐκδέχομαι ἕως

Jo 5 3 * κατέκειτο πλῆθος (+πολὺ Vς)
τῶν ἀσθενούντων . . . ξηρῶν | ἐκ-
δεχομένων τὴν τοῦ ὕδατος κίνησιν
(+MVBς . .)

Ac 17 16 ἐν δὲ ταῖς Ἀθήναις ἐκδεχομένου
αὐτοὺς τοῦ Παύλου

1 C 11 33 συνερχόμενοι εἰς τὸ φαγεῖν ἀλλή-
λους ἐκδέχεσθε

16 11 ἐκδέχομαι γὰρ αὐτὸν μετὰ τῶν
ἀδελφῶν

Hb 10 13ᵃ τὸ λοιπὸν ἐκδεχόμενος ἕως τεθῶσιν
οἱ ἐχθροὶ αὐτοῦ ὑποπόδιον τῶν
ποδῶν αὐτοῦ

11 10 ⟨Ἀβραὰμ⟩ ἐξεδέχετο γὰρ τὴν τοὺς
θεμελίους ἔχουσαν πόλιν

Jc 5 7 ἰδοὺ ὁ γεωργὸς ἐκδέχεται τὸν τί-
μιον καρπὸν τῆς γῆς

1 Pt 3 20 * ὅτε | ἅπαξ ἐξεδέχετο (ς; ἀπεξ-
rl) ἡ τοῦ θεοῦ μακροθυμία ἐν
ἡμέραις Νῶε

ἔκδηλος

2 Tm 3 9 ἡ γὰρ ἄνοια αὐτῶν ἔκδηλος
ἔσται πᾶσιν

ἐκδημέω

→ ἀποδημέω

2 C 5 6 εἰδότες ὅτι ἐνδημοῦντες ἐν τῷ
σώματι ἐκδημοῦμεν ἀπὸ τοῦ κυ-
ρίου

2 C 5 8 θαρροῦμεν δὲ καὶ εὐδοκοῦμεν μᾶλ-
λον ἐκδημῆσαι ἐκ τοῦ σώματος καὶ
ἐνδημῆσαι πρὸς τὸν κύριον

5 9 διὸ καὶ φιλοτιμούμεθα, εἴτε ἐνδη-
μοῦντες εἴτε ἐκδημοῦντες, εὐάρεστοι
αὐτῷ εἶναι

ἐκδίδομαι

→ δίδωμι

Mt 21 33 ὅστις ἐφύτευσεν ἀμπελῶνα . . . καὶ
ἐξέδετο (N²⁶TH; -δοτο rl) αὐτὸν
γεωργοῖς

21 41 τὸν ἀμπελῶνα ἐκδώσεται ἄλλοις
γεωργοῖς

Mc 12 1 ἀμπελῶνα | ἄνθρωπος ἐφύτευσεν
(~ Vς) . . . καὶ ἐξέδετο (N²⁶TH;
-δοτο rl) αὐτὸν γεωργοῖς

Lc 20 9 ἄνθρωπός τις (+[N²⁶]ς) ἐφύτευσεν
ἀμπελῶνα, καὶ ἐξέδετο (-δοτο
NVBς) αὐτὸν γεωργοῖς

ἐκδιηγέομαι

→ διηγέομαι

Ac 13 41 ἔργον ὃ οὐ μὴ πιστεύσητε ἐάν τις
ἐκδιηγῆται ὑμῖν

15 3 διήρχοντο τήν τε Φοινίκην καὶ
Σαμάρειαν ἐκδιηγούμενοι τὴν ἐπι-
στροφὴν τῶν ἐθνῶν

ἐκδικέω

→ ἀδικέω

Lc 18 3 ἐκδίκησόν με ἀπὸ τοῦ ἀντιδίκου
μου

18 5 διά γε τὸ παρέχειν μοι κόπον τὴν
χήραν ταύτην ἐκδικήσω αὐτήν

Rm 12 19 ⟨μετὰ πάντων ἀνθρώπων εἰρη-
νεύοντες⟩ μὴ ἑαυτοὺς ἐκδικοῦντες,
ἀγαπητοί

2 C 10 6 καὶ ἐν ἑτοίμῳ ἔχοντες ἐκδικῆσαι
πᾶσαν παρακοήν

Ap 6 10 ἕως πότε . . . οὐ κρίνεις καὶ ἐκδι-
κεῖς τὸ αἷμα ἡμῶν ἐκ (ἀπὸ ς) τῶν
κατοικούντων ἐπὶ τῆς γῆς;

19 2 ὅτι ἔκρινεν τὴν πόρνην . . . καὶ
ἐξεδίκησεν τὸ αἷμα τῶν δούλων
αὐτοῦ ἐκ χειρὸς αὐτῆς

ἐκδίκησις

ᵃ ἐκδίκησιν ποιέω

Lc 18 7ᵃ ὁ δὲ θεὸς οὐ μὴ ποιήσῃ τὴν ἐκ-
δίκησιν τῶν ἐκλεκτῶν αὐτοῦ . . .
καὶ μακροθυμεῖ ἐπ᾽ αὐτοῖς; ↔

18 8ᵃ λέγω ὑμῖν ὅτι ποιήσει τὴν ἐκδίκη-
σιν αὐτῶν ἐν τάχει

21 22 ὅτι ἡμέραι ἐκδικήσεως αὗταί εἰσιν
τοῦ πλησθῆναι πάντα τὰ γεγραμ-
μένα

Ac 7 24ᵃ ἐποίησεν ἐκδίκησιν τῷ καταπο-
νουμένῳ πατάξας τὸν Αἰγύπτιον

Rm 12 19 ἐμοὶ ἐκδίκησις, ἐγὼ ἀνταποδώσω,
λέγει κύριος

2 C 7 11 τὸ κατὰ θεὸν λυπηθῆναι πόσην
κατηργάσατο ὑμῖν σπουδήν, ἀλλὰ
ἀπολογίαν . . . ἀλλὰ ζῆλον, ἀλλὰ
ἐκδίκησιν

2 Th 1 8 ⟨ἐν τῇ ἀποκαλύψει τοῦ κυρίου⟩
διδόντος ἐκδίκησιν τοῖς μὴ εἰδόσι
θεόν

Hb 10 30 ἐμοὶ ἐκδίκησις, ἐγὼ ἀνταποδώσω
(+λέγει κύριος ς)

1 Pt 2 14 ⟨ὑποτάγητε . . . εἴτε βασιλεῖ⟩ εἴτε
ἡγεμόσιν ὡς δι᾽ αὐτοῦ πεμπομέ-
νοις εἰς ἐκδίκησιν κακοποιῶν

ἔκδικος

Rm 13 4 θεοῦ γὰρ διάκονός ἐστιν ἔκδικος
εἰς ὀργὴν τῷ τὸ κακὸν πράσσοντι

1 Th 4 6 διότι ἔκδικος κύριος περὶ πάντων
τούτων

ἐκδιώκω
→ διώκω
Lc 11 49 * ἀποστελῶ εἰς αὐτοὺς προφήτας καὶ ἀποστόλους, καὶ ἐξ αὐτῶν ἀποκτενοῦσιν καὶ ἐκδιώξουσιν (δι-ώξ. N²⁶NMH)
1Th 2 15 ⟨’Ιουδαίων⟩ τῶν καὶ τὸν κύριον ἀποκτεινάντων . . . καὶ ἡμᾶς ἐκδιω-ξάντων

ἔκδοτος
Ac 2 23 ⟨’Ιησοῦν⟩ τοῦτον τῇ ὡρισμένῃ βουλῇ καὶ προγνώσει τοῦ θεοῦ ἔκ-δοτον . . . ἀνείλατε

ἐκδοχή
Hb 10 27 ⟨οὐκέτι . . . ἀπολείπεται θυσία⟩ φοβερὰ δέ τις ἐκδοχὴ κρίσεως

ἐκδύω
→ δύνω, δύω
Mt 27 28 ἐκδύσαντες αὐτὸν χλαμύδα κοκ-κίνην περιέθηκαν αὐτῷ
27 31 ἐξέδυσαν (ἐκδύσαντες T) αὐτὸν τὴν χλαμύδα καὶ (—T) ἐνέδυσαν αὐτὸν τὰ ἱμάτια αὐτοῦ
Mc 15 20 ἐξέδυσαν αὐτὸν τὴν πορφύραν καὶ ἐνέδυσαν αὐτὸν τὰ | ἱμάτια αὐτοῦ (ἰ. τὰ ἴδια VSς; ἴδια ἰ. αὐτοῦ T)
Lc 10 30 οἳ καὶ ἐκδύσαντες αὐτὸν καὶ πλη-γὰς ἐπιθέντες ἀπῆλθον ἀφέντες ἡμιθανῆ (+τυγχάνοντα Vς)
2C 5 3 εἴ γε (εἴπερ B) καὶ ἐκδυσάμενοι (N²⁶; ἐν- rl) οὐ γυμνοὶ εὑρεθησόμεθα
5 4 ἐφ’ ᾧ οὐ θέλομεν ἐκδύσασθαι ἀλλ’ ἐπενδύσασθαι

ἐκεῖ
→ κἀκεῖ
ᵃ ὅπου, οὗ et ἐκεῖ
ᵇ ὧδε et ἐκεῖ
ᶜ οἱ ἐκεῖ
Mt 2 13 φεῦγε εἰς Αἴγυπτον, καὶ ἴσθι ἐκεῖ ἕως ἂν εἴπω σοι
2 15 ⟨ἀνεχώρησεν εἰς Αἴγυπτον⟩ καὶ ἦν ἐκεῖ ἕως τῆς τελευτῆς Ἡρῴδου
2 22 ἀκούσας δὲ ὅτι Ἀρχέλαος βασι-λεύει τῆς Ἰουδαίας . . . ἐφοβήθη ἐκεῖ ἀπελθεῖν
5 24 ἄφες ἐκεῖ τὸ δῶρόν σου ἔμπροσθεν τοῦ θυσιαστηρίου
6 21ᵃ ὅπου γάρ ἐστιν ὁ θησαυρός σου, ἐκεῖ ἔσται καὶ [H] ἡ καρδία σου
8 12 ἐκεῖ ἔσται ὁ κλαυθμὸς καὶ ὁ βρυγ-μὸς τῶν ὀδόντων
12 45 τότε πορεύεται . . . καὶ εἰσελθόντα κατοικεῖ ἐκεῖ
13 42 ἐκεῖ ἔσται ὁ κλαυθμὸς καὶ ὁ βρυγ-μὸς τῶν ὀδόντων
13 50 ἐκεῖ ἔσται ὁ κλαυθμὸς καὶ ὁ βρυγ-μὸς τῶν ὀδόντων
13 58 οὐκ ἐποίησεν ἐκεῖ δυνάμεις πολλὰς διὰ τὴν ἀπιστίαν αὐτῶν
14 23 ὀψίας δὲ γενομένης μόνος ἦν ἐκεῖ
15 29 ἀναβὰς εἰς τὸ ὄρος ἐκάθητο ἐκεῖ
17 20 | μετάβα ἔνθεν (μετάβηθι ἐντεῦθεν Vς) ἐκεῖ
18 20ᵃ οὗ γάρ εἰσιν δύο ἢ τρεῖς συνηγ-μένοι εἰς τὸ ἐμὸν ὄνομα, ἐκεῖ εἰμι ἐν μέσῳ αὐτῶν
19 2 ἐθεράπευσεν αὐτοὺς ἐκεῖ
21 17 ἐξῆλθεν ἔξω τῆς πόλεως εἰς Βηθα-νίαν, καὶ ηὐλίσθη ἐκεῖ
22 11 εἶδεν ἐκεῖ ἄνθρωπον οὐκ ἐνδεδυ-μένον ἔνδυμα γάμου
22 13 ἐκεῖ ἔσται ὁ κλαυθμὸς καὶ ὁ βρυγ-μὸς τῶν ὀδόντων
24 28ᵃ ὅπου (+ γὰρ Sς) ἐὰν ᾖ τὸ πτῶ-μα, ἐκεῖ συναχθήσονται οἱ ἀετοί

Mt 24 51 ἐκεῖ ἔσται ὁ κλαυθμὸς καὶ ὁ βρυγ-μὸς τῶν ὀδόντων
25 30 ἐκεῖ ἔσται ὁ κλαυθμὸς καὶ ὁ βρυγ-μὸς τῶν ὀδόντων
26 36 καθίσατε αὐτοῦ ἕως οὗ [N²⁶H] ἀπελθὼν ἐκεῖ προσεύξωμαι
26 71ᶜ εἶδεν αὐτὸν ἄλλη καὶ λέγει τοῖς ([αὐ]τοῖς S) ἐκεῖ
27 36 καθήμενοι ἐτήρουν αὐτὸν ἐκεῖ
27 47 τινὲς δὲ τῶν ἐκεῖ ἑστηκότων ἀκού-σαντες ἔλεγον
27 55 ἦσαν δὲ ἐκεῖ γυναῖκες πολλαὶ ἀπὸ μακρόθεν θεωροῦσαι
27 61 ἦν δὲ ἐκεῖ Μαριὰμ ἡ Μαγδαληνὴ καὶ ἡ ἄλλη Μαρία
28 7 ἰδοὺ προάγει ὑμᾶς εἰς τὴν Γαλιλαί-αν, ἐκεῖ αὐτὸν ὄψεσθε
28 10 * ἵνα ἀπέλθωσιν εἰς τὴν Γαλιλαίαν, | καὶ ἐκεῖ (T; κἀκεῖ rl) με ὄψονται
Mc 1 13 * ἦν ἐκεῖ (+ς) ἐν τῇ ἐρήμῳ τεσσεράκοντα ἡμέρας πειραζόμενος ὑπὸ τοῦ σατανᾶ
1 38 ἄγωμεν ἀλλαχοῦ εἰς τὰς ἐχομένας κωμοπόλεις, ἵνα | καὶ ἐκεῖ (κἀκεῖ STς) κηρύξω
2 6 ἦσαν δέ τινες τῶν γραμματέων ἐκεῖ καθήμενοι
3 1 ἦν ἐκεῖ ἄνθρωπος ἐξηραμμένην ἔχων τὴν χεῖρα
5 11 ἦν δὲ ἐκεῖ πρὸς τῷ ὄρει ἀγέλη χοίρων μεγάλη βοσκομένη
6 5 οὐκ ἐδύνατο ἐκεῖ | ποιῆσαι οὐδεμίαν δύναμιν (∼ Sς)
6 10ᵃ ὅπου ἐὰν εἰσέλθητε εἰς οἰκίαν, ἐκεῖ μένετε ἕως ἂν ἐξέλθητε ἐκεῖθεν
6 33 πεζῇ ἀπὸ πασῶν τῶν πόλεων συνέδραμον ἐκεῖ
6 55ᵃ * ἤρξαντο . . . τοὺς κακῶς ἔχον-τας περιφέρειν, ὅπου ἤκουον ὅτι ἐκεῖ (+Vς) ἐστίν
11 5 καί τινες τῶν ἐκεῖ ἑστηκότων ἔλεγον αὐτοῖς
13 21ᵇ τότε ἐάν τις ὑμῖν εἴπῃ· ἴδε ὧδε ὁ χριστός, ἴδε ἐκεῖ, μὴ πιστεύετε
14 15 αὐτὸς ὑμῖν δείξει ἀνάγαιον μέγα ἐστρωμένον ἕτοιμον· | καὶ ἐκεῖ (κἀκεῖ T; ἐκεῖ ς) ἑτοιμάσατε ἡμῖν
16 7 προάγει ὑμᾶς εἰς τὴν Γαλιλαίαν· ἐκεῖ αὐτὸν ὄψεσθε, καθὼς εἶπεν ὑμῖν
Lc 2 6 ἐγένετο δὲ ἐν τῷ εἶναι αὐτοὺς ἐκεῖ
6 6 ἦν ἄνθρωπος ἐκεῖ καὶ ἡ χεὶρ αὐτοῦ ἡ δεξιὰ ἦν ξηρά
8 32 ἦν δὲ ἐκεῖ ἀγέλη χοίρων ἱκανῶν βοσκομένη (-νων BSTς) ἐν τῷ ὄρει
9 4 εἰς ἣν ἂν οἰκίαν εἰσέλθητε, ἐκεῖ μένετε καὶ ἐκεῖθεν ἐξέρχεσθε
10 6 ⟨εἰς ἣν δ’ ἂν εἰσέλθητε οἰκίαν⟩ καὶ ἐὰν | ἐκεῖ ᾖ (∼ VBSTς) υἱὸς εἰρήνης
11 26 τότε πορεύεται . . . καὶ εἰσελθόντα κατοικεῖ ἐκεῖ
12 18 συνάξω ἐκεῖ πάντα | τὸν σῖτον (τὰ γενήματά μου VBTς; τὰ γεν. S)
12 34ᵃ ὅπου γάρ ἐστιν ὁ θησαυρὸς ὑμῶν, ἐκεῖ καὶ ἡ καρδία ὑμῶν ἔσται
13 28 ἐκεῖ ἔσται ὁ κλαυθμὸς καὶ ὁ βρυγ-μὸς τῶν ὀδόντων
15 13 ἐκεῖ διεσκόρπισεν τὴν οὐσίαν αὐ-τοῦ ζῶν ἀσώτως
17 21ᵇ οὐδὲ ἐροῦσιν· ἰδοὺ ὧδε ἤ· (+ ἰδοὺ Vς) ἐκεῖ
17 23ᵇ ἐροῦσιν ὑμῖν· ἰδοὺ ἐκεῖ ἤ, ([N²⁶ VS]; —NT) ἰδοὺ ὧδε
17 37ᵃ ὅπου τὸ σῶμα, ἐκεῖ καὶ οἱ ἀετοὶ ἐπισυναχθήσονται

Lc 21 2 εἶδεν δέ τινα χήραν πενιχρὰν βάλλουσαν ἐκεῖ | λεπτὰ δύο (∼ VSTς)
22 12 κἀκεῖνος ὑμῖν δείξει ἀνάγαιον μέγα ἐστρωμένον· ἐκεῖ ἑτοιμάσατε
23 33 ἐκεῖ ἐσταύρωσαν αὐτὸν καὶ τοὺς κακούργους
Jo 2 1 καὶ ἦν ἡ μήτηρ τοῦ Ἰησοῦ ἐκεῖ
2 6 ἦσαν δὲ ἐκεῖ λίθιναι ὑδρίαι ἓξ . . . κείμεναι
2 12 κατέβη εἰς Καφαρναοὺμ . . . καὶ ἐκεῖ ἔμειναν οὐ πολλὰς ἡμέρας
3 22 ἦλθεν . . . εἰς τὴν Ἰουδαίαν γῆν, καὶ ἐκεῖ διέτριβεν μετ’ αὐτῶν καὶ ἐβάπτιζεν
3 23 ὅτι ὕδατα πολλὰ ἦν ἐκεῖ
4 6 ἦν δὲ ἐκεῖ πηγὴ τοῦ Ἰακώβ
4 40 ἔμεινεν ἐκεῖ δύο ἡμέρας
5 5 ἦν δέ τις ἄνθρωπος ἐκεῖ τριάκοντα καὶ ([N²⁶H]; —ς) ὀκτὼ ἔτη ἔχων ἐν τῇ ἀσθενείᾳ αὐτοῦ
6 3 ἀνῆλθεν δὲ εἰς τὸ ὄρος (+ ὁ MVBSς) Ἰησοῦς, καὶ ἐκεῖ ἐκάθητο (-θέζετο T) μετὰ τῶν μαθητῶν αὐτοῦ
6 22 ὁ ὄχλος . . . εἶδον ὅτι πλοιάριον ἄλλο οὐκ ἦν ἐκεῖ εἰ μὴ ἕν
6 24 ὅτε οὖν εἶδεν ὁ ὄχλος ὅτι Ἰησοῦς οὐκ ἔστιν ἐκεῖ οὐδὲ οἱ μαθηταὶ αὐτοῦ
10 40 ἀπῆλθεν πάλιν πέραν τοῦ Ἰορ-δάνου . . . καὶ ἔμεινεν (ἔμενεν NH) ἐκεῖ
10 42 | πολλοὶ ἐπίστευσαν (∼ VSς) εἰς αὐτὸν ἐκεῖ
11 8 ῥαββί, νῦν ἐζήτουν σε λιθάσαι οἱ Ἰουδαῖοι, καὶ πάλιν ὑπάγεις ἐκεῖ;
11 15 χαίρω δι’ ὑμᾶς, ἵνα πιστεύσητε, ὅτι οὐκ ἤμην ἐκεῖ
11 31 δόξαντες ὅτι ὑπάγει εἰς τὸ μνημεῖον ἵνα κλαύσῃ ἐκεῖ
11 54 * ἀπῆλθεν ἐκεῖθεν εἰς τὴν χώραν . . . | καὶ ἐκεῖ (S; κἀκεῖ rl) ἔμεινεν (N²⁶NH; διέτριβεν rl) μετὰ τῶν μαθητῶν
12 2 ἐποίησαν οὖν αὐτῷ δεῖπνον ἐκεῖ
12 9 ἔγνω οὖν ὁ ([N²⁶]; —ς) ὄχλος πολὺς . . . ὅτι ἐκεῖ ἐστιν
12 26ᵃ εἰμὶ ἐγώ, ἐκεῖ καὶ ὁ διάκονος ὁ ἐμὸς ἔσται
18 2 πολλάκις συνήχθη (+ ὁ MVBSς) Ἰησοῦς ἐκεῖ μετὰ τῶν μαθητῶν αὐτοῦ. ↔
18 3 ὁ οὖν Ἰούδας λαβὼν τὴν σπεῖραν καὶ . . . ὑπηρέτας ἔρχεται ἐκεῖ μετὰ φανῶν
19 42 ἐκεῖ οὖν διὰ τὴν παρασκευὴν τῶν Ἰουδαίων . . . ἔθηκαν τὸν Ἰησοῦν
Ac 9 33 εὗρεν δὲ ἐκεῖ ἄνθρωπόν τινα ὀνό-ματι Αἰνέαν
14 28 * διέτριβον δὲ ἐκεῖ (+ς) χρόνον οὐκ ὀλίγον σὺν τοῖς μαθηταῖς
16 1 καὶ ἰδοὺ μαθητής τις ἦν ἐκεῖ ὀνό-ματι Τιμόθεος
17 14 ὑπέμεινάν τε ὅ τε Σιλᾶς καὶ ὁ Τιμόθεος ἐκεῖ
19 21 μετὰ τὸ γενέσθαι με ἐκεῖ δεῖ με καὶ Ῥώμην ἰδεῖν
25 9 θέλεις εἰς Ἱεροσόλυμα ἀναβὰς ἐκεῖ περὶ τούτων κριθῆναι ἐπ’ ἐμοῦ;
25 14 ὡς δὲ πλείους ἡμέρας διέτριβον ἐκεῖ
Rm 9 26ᵃ ἐν τῷ τόπῳ οὗ ἐρρέθη . . . ἐκεῖ κληθήσονται υἱοὶ θεοῦ ζῶντος
15 24 ἐλπίζω γὰρ . . . ὑφ’ ὑμῶν προ-πεμφθῆναι ἐκεῖ

2 C   3 17ᵃ* οὗ δὲ τὸ πνεῦμα κυρίου, ἐκεῖ (+ς) ἐλευθερία

Tt   3 12 σπούδασον ἐλθεῖν πρός με εἰς Νικόπολιν· ἐκεῖ γὰρ κέκρικα παραχειμάσαι

Hb   7 8ᵇ ὧδε μὲν δεκάτας . . . λαμβάνουσιν, ἐκεῖ δὲ μαρτυρούμενος ὅτι ζῇ

Jc   2 3ᵇ σὺ κάθου ὧδε καλῶς . . . σὺ στῆθι | ἐκεῖ ἢ κάθου (∼ H) (+ ὧδε ς) ὑπὸ τὸ ὑποπόδιόν μου

      3 16ᵃ ὅπου γὰρ ζῆλος καὶ ἐριθεία, ἐκεῖ ἀκαταστασία καὶ πᾶν φαῦλον πρᾶγμα

      4 13 πορευσόμεθα εἰς τήνδε τὴν πόλιν καὶ ποιήσομεν (-σωμεν Sς) ἐκεῖ ἐνιαυτὸν (+ ἕνα Sς)

Ap   2 14 ὅτι ἔχεις ἐκεῖ κρατοῦντας τὴν διδαχὴν Βαλαάμ

    12 6ᵃ ἡ γυνὴ ἔφυγεν εἰς τὴν ἔρημον, ὅπου ἔχει ἐκεῖ (—ς) τόπον ἡτοιμασμένον ἀπὸ τοῦ θεοῦ, ↔

    12 6 ἵνα ἐκεῖ τρέφωσιν (-φουσιν T) αὐτὴν ἡμέρας χιλίας διακοσίας ἑξήκοντα

    12 14ᵃ εἰς τὴν ἔρημον . . . ὅπου τρέφεται ἐκεῖ καιρὸν καὶ καιροὺς . . . ἀπὸ προσώπου τοῦ ὄφεως

    21 25 νὺξ γὰρ οὐκ ἔσται ἐκεῖ

    22 5 * νὺξ οὐκ ἔσται ἐκεῖ (ς; ἔτι rl)

ἐκεῖθεν

→ κἀκεῖθεν
ᵃ ἐξέρχομαι ἐκεῖθεν
ᵇ ἐκπορεύομαι ἐκεῖθεν
ᶜ ἐκεῖθεν et ἐκεῖ
ᵈ οἱ ἐκεῖθεν

Mt   4 21 προβὰς ἐκεῖθεν εἶδεν ἄλλους δύο ἀδελφούς

     5 26ᵃ οὐ μὴ ἐξέλθῃς ἐκεῖθεν ἕως ἂν ἀποδῷς τὸν ἔσχατον κοδράντην

     9 9 παράγων ὁ Ἰησοῦς ἐκεῖθεν εἶδεν ἄνθρωπον καθήμενον ἐπὶ τὸ τελώνιον

     9 27 παράγοντι ἐκεῖθεν τῷ Ἰησοῦ ἠκολούθησαν αὐτῷ ([N²⁶MS]; — NH) δύο τυφλοί

   11 1 μετέβη ἐκεῖθεν τοῦ διδάσκειν καὶ κηρύσσειν ἐν ταῖς πόλεσιν αὐτῶν

   12 9 μεταβὰς ἐκεῖθεν ἦλθεν εἰς τὴν συναγωγὴν αὐτῶν

   12 15 ὁ δὲ Ἰησοῦς γνοὺς ἀνεχώρησεν ἐκεῖθεν

   13 53 ἐγένετο ὅτε ἐτέλεσεν ὁ Ἰησοῦς τὰς παραβολὰς ταύτας, μετῆρεν ἐκεῖθεν

   14 13 ἀνεχώρησεν ἐκεῖθεν ἐν πλοίῳ εἰς ἔρημον τόπον κατ' ἰδίαν

   15 21ᵃ ἐξελθὼν ἐκεῖθεν ὁ Ἰησοῦς ἀνεχώρησεν εἰς τὰ μέρη Τύρου

   15 29 μεταβὰς ἐκεῖθεν ὁ Ἰησοῦς ἦλθεν παρὰ τὴν θάλασσαν τῆς Γαλιλαίας

   19 15 ἐπιθεὶς τὰς χεῖρας αὐτοῖς ἐπορεύθη ἐκεῖθεν

Mc   1 19 * προβὰς ἐκεῖθεν (+ς) ὀλίγον εἶδεν Ἰάκωβον

     6 1ᵃ ἐξῆλθεν ἐκεῖθεν, καὶ ἔρχεται εἰς τὴν πατρίδα αὐτοῦ

     6 10ᵃᶜ ἐκεῖ μένετε ἕως ἂν ἐξέλθητε ἐκεῖθεν

     6 11ᵇ ἐκπορευόμενοι ἐκεῖθεν ἐκτινάξατε τὸν χοῦν . . . εἰς μαρτύριον αὐτοῖς

     7 24 | ἐκεῖθεν δὲ (καὶ ἐ. Vς) ἀναστὰς ἀπῆλθεν εἰς τὰ ὅρια (μεθόρια VSς) Τύρου

     9 30ᵃ * | καὶ ἐκεῖθεν (Vς; κἀκεῖθεν rl) ἐξελθόντες παρεπορεύοντο (ἐπορ. H) διὰ τῆς Γαλιλαίας

    10 1 | καὶ ἐκεῖθεν (κἀκεῖθεν ς) ἀναστὰς ἔρχεται εἰς τὰ ὅρια τῆς Ἰουδαίας

Lc   9 4ᵃᶜ ἐκεῖ μένετε καὶ ἐκεῖθεν ἐξέρχεσθε

   12 59ᵃ οὐ μὴ ἐξέλθῃς ἐκεῖθεν ἕως καὶ τὸ ἔσχατον λεπτὸν ἀποδῷς

   16 26ᵈ ὅπως οἱ θέλοντες διαβῆναι ἔνθεν πρὸς ὑμᾶς μὴ δύνωνται, μηδὲ (+ οἱ [M]VSTς) ἐκεῖθεν πρὸς ἡμᾶς διαπερῶσιν

Jo   4 43ᵇ ἐξῆλθεν ἐκεῖθεν (+ καὶ ἀπῆλθεν Vς) εἰς τὴν Γαλιλαίαν

   11 54ᶜ ἀλλὰ ἀπῆλθεν ἐκεῖθεν εἰς τὴν χώραν ἐγγὺς τῆς ἐρήμου

Ac   13 4 κατῆλθον εἰς Σελεύκειαν, ἐκεῖθέν τε ἀπέπλευσαν εἰς Κύπρον

   16 12 * ⟨εὐθυδρομήσαμεν . . . εἰς Νέαν πόλιν⟩ | ἐκεῖθέν τε (ς; κἀκεῖθεν rl) εἰς Φιλίππους

   18 7 μεταβὰς ἐκεῖθεν εἰσῆλθεν (ἦλ. NM VHς) εἰς οἰκίαν τινός

   20 13 ἀνήχθημεν ἐπὶ τὴν Ἄσσον, ἐκεῖθεν μέλλοντες ἀναλαμβάνειν τὸν Παῦλον

   27 12 οἱ πλείονες ἔθεντο βουλὴν ἀναχθῆναι ἐκεῖθεν (κἀκεῖθεν ς)

Ap   22 2 ⟨ἔδειξέν μοι⟩ ἐν μέσῳ . . . τοῦ ποταμοῦ ἐντεῦθεν καὶ ἐκεῖθεν (ἐντεῦθεν ς) ξύλον ζωῆς

ἐκεῖνος

→ κἀκεῖνος
ᵃ nomine praeposito
ᵇ nomine postposito
ᶜ ἐκεῖνος et οὗτος
ᵈ ἐκεῖνος et ἄλλος
ᵉ ἐκεῖνος et ἐγώ, ἡμεῖς, ὑμεῖς et sim.

Mt   3 1ᵃ ἐν δὲ (—S) ταῖς ἡμέραις ἐκείναις παραγίνεται Ἰωάννης ὁ βαπτιστὴς κηρύσσων

    7 22ᵇ πολλοὶ ἐροῦσίν μοι ἐν ἐκείνῃ τῇ ἡμέρᾳ

    7 25ᵃ ἔπνευσαν οἱ ἄνεμοι καὶ προσέπεσαν τῇ οἰκίᾳ ἐκείνῃ

    7 27ᵃ ἔπνευσαν οἱ ἄνεμοι καὶ προσέκοψαν τῇ οἰκίᾳ ἐκείνῃ

    8 13ᵃ ἰάθη ὁ παῖς αὐτοῦ (+[N²⁶]ς) ἐν τῇ ὥρᾳ ἐκείνῃ

    8 28ᵃ ὥστε μὴ ἰσχύειν τινὰ παρελθεῖν διὰ τῆς ὁδοῦ ἐκείνης

    9 22ᵃ ἐσώθη ἡ γυνὴ ἀπὸ τῆς ὥρας ἐκείνης

    9 26ᵃ ἐξῆλθεν ἡ φήμη αὕτη (αὐτῆς S) εἰς ὅλην τὴν γῆν ἐκείνην

    9 31ᵃ οἱ δὲ ἐξελθόντες διεφήμισαν αὐτὸν ἐν ὅλῃ τῇ γῇ ἐκείνῃ

   10 14ᵃ ἐξερχόμενοι ἔξω τῆς οἰκίας ἢ τῆς πόλεως ἐκείνης ἐκτινάξατε

   10 15ᵃ ἀνεκτότερον ἔσται γῇ Σοδόμων καὶ Γομόρρων ἐν ἡμέρᾳ κρίσεως ἢ τῇ πόλει ἐκείνῃ

   10 19ᵇ δοθήσεται γὰρ ὑμῖν ἐν ἐκείνῃ τῇ ὥρᾳ τί λαλήσητε

   11 25ᵇ ἐν ἐκείνῳ τῷ καιρῷ ἀποκριθεὶς ὁ Ἰησοῦς εἶπεν

   12 1ᵇ ἐν ἐκείνῳ τῷ καιρῷ ἐπορεύθη ὁ Ἰησοῦς τοῖς σάββασιν διὰ τῶν σπορίμων

   12 45ᵃ γίνεται τὰ ἔσχατα τοῦ ἀνθρώπου ἐκείνου χείρονα τῶν πρώτων

   13 1ᵃ ἐν τῇ ἡμέρᾳ ἐκείνῃ ἐξελθὼν ὁ Ἰησοῦς (+ ἀπὸ [M]Vς; + ἐκ T) τῆς οἰκίας

   13 11ᵉ ὅτι ὑμῖν δέδοται γνῶναι τὰ μυστήρια . . . ἐκείνοις δὲ οὐ δέδοται

   13 44ᵃ ἀπὸ τῆς χαρᾶς αὐτοῦ . . . πωλεῖ πάντα (—NH) ὅσα ἔχει καὶ ἀγοράζει τὸν ἀγρὸν ἐκεῖνον

   14 1ᵇ ἐν ἐκείνῳ τῷ καιρῷ ἤκουσεν Ἡρῴδης . . . τὴν ἀκοὴν Ἰησοῦ

Mt   14 35ᵃ ἐπιγνόντες αὐτὸν οἱ ἄνδρες τοῦ τόπου ἐκείνου ↔

   14 35ᵃ ἀπέστειλαν εἰς ὅλην τὴν περίχωρον ἐκείνην

   15 22ᵃ ἰδοὺ γυνὴ Χαναναία ἀπὸ τῶν ὁρίων ἐκείνων ἐξελθοῦσα ἔκραζεν (-ξεν T; ἐκραύγασεν Vς)

   15 28ᵃ ἰάθη ἡ θυγάτηρ αὐτῆς ἀπὸ τῆς ὥρας ἐκείνης

   17 18ᵃ ἐθεραπεύθη ὁ παῖς ἀπὸ τῆς ὥρας ἐκείνης

   17 27 εὑρήσεις στατῆρα· ἐκεῖνον λαβὼν δὸς αὐτοῖς ἀντὶ ἐμοῦ καὶ σοῦ. ↔

   18 1ᵇ ἐν ἐκείνῃ τῇ ὥρᾳ προσῆλθον οἱ μαθηταὶ τῷ Ἰησοῦ λέγοντες

   18 7ᵃ * πλὴν οὐαὶ τῷ ἀνθρώπῳ ἐκείνῳ (+ς) δι' οὗ τὸ σκάνδαλον ἔρχεται

   18 26ᵃ * πεσὼν οὖν ὁ δοῦλος ἐκεῖνος (+ BT) προσεκύνει αὐτῷ λέγων

   18 27ᵃ σπλαγχνισθεὶς δὲ ὁ κύριος τοῦ δούλου ἐκείνου [H] ἀπέλυσεν αὐτόν

   18 28ᵃ ἐξελθὼν δὲ ὁ δοῦλος ἐκεῖνος εὗρεν ἕνα τῶν συνδούλων αὐτοῦ

   18 32ᵃ δοῦλε πονηρέ, πᾶσαν τὴν ὀφειλὴν ἐκείνην ἀφῆκά σοι

   20 4ᵈ ⟨εἶδεν ἄλλους ἑστῶτας ἐν τῇ ἀγορᾷ ἀργούς⟩ | καὶ ἐκείνοις (κἀκείνοις Sς) εἶπεν

   21 40ᵃᵈ τί ποιήσει τοῖς γεωργοῖς ἐκείνοις;

   22 7ᵃ * | καὶ ἀκούσας ὁ βασιλεὺς ἐκεῖνος (V; ἀ. δὲ ὁ β. ς; ὁ δὲ β. rl) ὠργίσθη, ↔

   22 7ᵃ καὶ πέμψας τὰ στρατεύματα αὐτοῦ ἀπώλεσεν τοὺς φονεῖς ἐκείνους

   22 10ᵃ ἐξελθόντες οἱ δοῦλοι ἐκεῖνοι εἰς τὰς ὁδούς

   22 23ᵇ ἐν ἐκείνῃ τῇ ἡμέρᾳ προσῆλθον αὐτῷ Σαδδουκαῖοι

   22 46ᵇ οὐδὲ ἐτόλμησέν τις ἀπ' ἐκείνης τῆς ἡμέρας ἐπερωτῆσαι αὐτὸν οὐκέτι

   24 19ᵇ οὐαὶ δὲ . . . ταῖς θηλαζούσαις ἐν ἐκείναις ταῖς ἡμέραις

   24 22ᵃ εἰ μὴ ἐκολοβώθησαν αἱ ἡμέραι ἐκεῖναι

   24 22ᵃ διὰ δὲ τοὺς ἐκλεκτοὺς κολοβωθήσονται αἱ ἡμέραι ἐκεῖναι

   24 29ᵃ εὐθέως δὲ μετὰ τὴν θλῖψιν τῶν ἡμερῶν ἐκείνων ὁ ἥλιος σκοτισθήσεται

   24 36ᵃ περὶ δὲ τῆς ἡμέρας ἐκείνης καὶ ὥρας οὐδεὶς οἶδεν

   24 38ᵃ ὡς γὰρ ἦσαν ἐν ταῖς ἡμέραις ἐκείναις [+ N²⁶NH] ταῖς πρὸ τοῦ κατακλυσμοῦ τρώγοντες

   24 43 ἐκεῖνο δὲ γινώσκετε ὅτι εἰ ᾔδει ὁ οἰκοδεσπότης

   24 46ᵃ μακάριος ὁ δοῦλος ἐκεῖνος ὃν ἐλθὼν ὁ κύριος αὐτοῦ εὑρήσει | οὕτως ποιοῦντα (∼ Vς)

   24 48ᵃ ἐὰν δὲ εἴπῃ ὁ κακὸς δοῦλος ἐκεῖνος ([S]; —T) ἐν τῇ καρδίᾳ αὐτοῦ

   24 50ᵃ ἥξει ὁ κύριος τοῦ δούλου ἐκείνου ἐν ἡμέρᾳ ᾗ οὐ προσδοκᾷ

   25 7ᵃ τότε ἠγέρθησαν πᾶσαι αἱ παρθένοι ἐκεῖναι

   25 19ᵃ μετὰ δὲ πολὺν χρόνον ἔρχεται ὁ κύριος τῶν δούλων ἐκείνων

   26 24ᵃ οὐαὶ δὲ τῷ ἀνθρώπῳ ἐκείνῳ δι' οὗ ὁ υἱὸς τοῦ ἀνθρώπου παραδίδοται ↔

   26 24ᵃ καλὸν ἦν αὐτῷ εἰ οὐκ ἐγεννήθη ὁ ἄνθρωπος ἐκεῖνος

Mt 26 29ᵃ οὐ μὴ πίω ἀπ' ἄρτι ἐκ τούτου τοῦ γενήματος τῆς ἀμπέλου ἕως τῆς ἡμέρας ἐκείνης
26 55ᵇ ἐν ἐκείνῃ τῇ ὥρᾳ εἶπεν ὁ Ἰησοῦς τοῖς ὄχλοις
27 8ᵃ διὸ ἐκλήθη ὁ ἀγρὸς ἐκεῖνος ἀγρὸς αἵματος ἕως τῆς σήμερον
27 19ᵃᵉ μηδὲν σοὶ καὶ τῷ δικαίῳ ἐκείνῳ
27 63ᵇ κύριε, ἐμνήσθημεν ὅτι ἐκεῖνος ὁ πλάνος εἶπεν ἔτι ζῶν

Mc 1 9ᵇ ἐγένετο ἐν ἐκείναις ταῖς ἡμέραις ἦλθεν Ἰησοῦς
2 20ᵇ τότε νηστεύσουσιν ἐν | ἐκείνῃ τῇ ἡμέρᾳ (ἐ-ναις ταῖς ἡ-ραις ς)
3 24ᵃ οὐ δύναται σταθῆναι ἡ βασιλεία ἐκείνη
3 25ᵃ οὐ δυνήσεται ἡ οἰκία ἐκείνη σταθῆναι (Ν²⁶Τς; στῆναι rl)
4 11ᵉ ἐκείνοις δὲ τοῖς ἔξω ἐν παραβολαῖς τὰ (—ΒΤ) πάντα γίνεται
4 20ᶜᵈ καὶ ἐκεῖνοί (οὗτοί ς) εἰσιν οἱ ἐπὶ τὴν γῆν τὴν καλὴν σπαρέντες
4 35ᵇ λέγει αὐτοῖς ἐν ἐκείνῃ τῇ ἡμέρᾳ ὀψίας γενομένης
6 11ᵃ * ἀνεκτότερον ἔσται Σοδόμοις ἢ Γομόρροις ἐν ἡμέρᾳ κρίσεως ἢ τῇ πόλει ἐκείνῃ (.. +ς)
6 55 περιέδραμον ὅλην τὴν χώραν ἐκείνην
7 15 * ἀλλὰ τὰ | ἐκπορευόμενα ἀπ' αὐτοῦ, ἐκεῖνά (ς; ἐκ τοῦ ἀνθρώπου ἐκπ. rl) ἐστιν τὰ κοινοῦντα τὸν ἄνθρωπον
7 20 τὸ ἐκ τοῦ ἀνθρώπου ἐκπορευόμενον, ἐκεῖνο κοινοῖ τὸν ἄνθρωπον
8 1ᵇ ἐν ἐκείναις ταῖς ἡμέραις πάλιν πολλοῦ ὄχλου ὄντος
12 7ᵇ ἐκεῖνοι δὲ οἱ γεωργοὶ | πρὸς ἑαυτοὺς εἶπαν (~ Vς)
13 11ᵇ ἀλλ' ὃ ἐὰν δοθῇ ὑμῖν ἐν ἐκείνῃ τῇ ὥρᾳ, τοῦτο λαλεῖτε
13 17ᵇ οὐαὶ δὲ ... ταῖς θηλαζούσαις ἐν ἐκείναις ταῖς ἡμέραις
13 19ᵃ ἔσονται γὰρ αἱ ἡμέραι ἐκεῖναι θλῖψις
13 24ᵃ ἀλλὰ ἐν ἐκείναις ταῖς ἡμέραις ↔
13 24ᵃ μετὰ τὴν θλῖψιν ἐκείνην ὁ ἥλιος σκοτισθήσεται
13 32ᵃ περὶ δὲ τῆς ἡμέρας ἐκείνης ἢ τῆς ὥρας οὐδεὶς οἶδεν
14 21ᵃ οὐαὶ δὲ τῷ ἀνθρώπῳ ἐκείνῳ δι' οὗ ὁ υἱὸς τοῦ ἀνθρώπου παραδίδοται· ↔
14 21ᵃ καλὸν (+ἦν ΜVΒSς) αὐτῷ εἰ οὐκ ἐγεννήθη ὁ ἄνθρωπος ἐκεῖνος
14 25ᵃ οὐκέτι οὐ μὴ πίω ἐκ τοῦ γενήματος τῆς ἀμπέλου ἕως τῆς ἡμέρας ἐκείνης
[16 10] ἐκείνη πορευθεῖσα ἀπήγγειλεν τοῖς μετ' αὐτοῦ γενομένοις πενθοῦσιν καὶ κλαίουσιν
[16 13] κἀκεῖνοι ἀπελθόντες ἀπήγγειλαν τοῖς λοιποῖς· οὐδὲ ἐκείνοις ἐπίστευσαν
[16 20] ἐκεῖνοι δὲ ἐξελθόντες ἐκήρυξαν πανταχοῦ

Lc 2 1ᵃ ἐγένετο δὲ ἐν ταῖς ἡμέραις ἐκείναις ἐξῆλθεν δόγμα
4 2ᵃ οὐκ ἔφαγεν οὐδὲν ἐν ταῖς ἡμέραις ἐκείναις
5 35ᵇ τότε νηστεύσουσιν ἐν ἐκείναις ταῖς ἡμέραις
6 23ᵇ χάρητε ἐν ἐκείνῃ τῇ ἡμέρᾳ καὶ σκιρτήσατε
6 48ᵃ πλημμύρης δὲ γενομένης προσέρηξεν ὁ ποταμὸς τῇ οἰκίᾳ ἐκείνῃ

Lc 6 49ᵃ ἐγένετο τὸ ῥῆγμα τῆς οἰκίας ἐκείνης μέγα
7 21ᵇ ἐν ἐκείνῃ (αὐτῇ δὲ ς) τῇ ὥρᾳ ἐθεράπευσεν πολλοὺς ἀπὸ νόσων
8 32 παρεκάλεσαν αὐτὸν ἵνα ἐπιτρέψῃ αὐτοῖς εἰς ἐκείνους εἰσελθεῖν
9 5ᵃ ἐξερχόμενοι ἀπὸ τῆς πόλεως ἐκείνης (+καὶ VΤς) τὸν κονιορτὸν ... ἀποτινάσσετε
9 34 * ἐφοβήθησαν δὲ ἐν τῷ | ἐκείνους εἰσελθεῖν (VΒς; εἰσελθ. αὐτοὺς rl) εἰς τὴν νεφέλην
9 36ᵇ οὐδενὶ ἀπήγγειλαν ἐν ἐκείναις ταῖς ἡμέραις οὐδέν
10 12ᵃ Σοδόμοις ἐν τῇ ἡμέρᾳ ἐκείνῃ ἀνεκτότερον ἔσται ↔
10 12ᵃ ἢ τῇ πόλει ἐκείνῃ
10 31ᵃ κατὰ συγκυρίαν δὲ ἱερεύς τις κατέβαινεν ἐν [Η] τῇ ὁδῷ ἐκείνῃ
11 26ᵃ γίνεται τὰ ἔσχατα τοῦ ἀνθρώπου ἐκείνου χείρονα τῶν πρώτων
12 37ᵃ μακάριοι οἱ δοῦλοι ἐκεῖνοι, οὓς ἐλθὼν ὁ κύριος εὑρήσει γρηγοροῦντας
12 38ᵃ κἂν ἐν τῇ τρίτῃ φυλακῇ ἔλθῃ καὶ εὕρῃ οὕτως, μακάριοί εἰσιν (+οἱ δοῦλοι Vς) ἐκεῖνοι (—Τ)
12 43ᵃ μακάριος ὁ δοῦλος ἐκεῖνος, ὃν ἐλθὼν ὁ κύριος αὐτοῦ εὑρήσει ποιοῦντα οὕτως
12 45ᵃ ἐὰν δὲ εἴπῃ ὁ δοῦλος ἐκεῖνος ἐν τῇ καρδίᾳ αὐτοῦ
12 46ᵃ ἥξει ὁ κύριος τοῦ δούλου ἐκείνου ἐν ἡμέρᾳ ᾗ οὐ προσδοκᾷ
12 47ᵃ ἐκεῖνος δὲ ὁ δοῦλος ὁ γνοὺς τὸ θέλημα τοῦ κυρίου αὐτοῦ ... δαρήσεται πολλάς
13 4ᵇ ἢ ἐκεῖνοι οἱ δεκαοκτὼ ἐφ' οὓς ἔπεσεν ὁ πύργος ... δοκεῖτε ὅτι αὐτοὶ ὀφειλέται ἐγένοντο⟨;⟩
14 21ᵃ * παραγενόμενος ὁ δοῦλος ἐκεῖνος (+ς) ἀπήγγειλεν τῷ κυρίῳ αὐτοῦ ταῦτα
14 24ᵃ οὐδεὶς τῶν ἀνδρῶν ἐκείνων τῶν κεκλημένων γεύσεταί μου τοῦ δείπνου
15 14ᵃ ἐγένετο λιμὸς ἰσχυρὰ κατὰ τὴν χώραν ἐκείνην
15 15ᵃ πορευθεὶς ἐκολλήθη ἑνὶ τῶν πολιτῶν τῆς χώρας ἐκείνης
17 9ᵃ * μὴ ἔχει χάριν τῷ δούλῳ ἐκείνῳ (+ς) ὅτι ἐποίησεν τὰ διαταχθέντα;
17 31ᵇ ἐν ἐκείνῃ τῇ ἡμέρᾳ ὃς ἔσται ἐπὶ τοῦ δώματος ... μὴ καταβάτω
18 3ᵃ χήρα δὲ ἦν ἐν τῇ πόλει ἐκείνῃ
18 14ᶜ κατέβη οὗτος δεδικαιωμένος εἰς τὸν οἶκον αὐτοῦ | παρ' ἐκεῖνον (ἢ γὰρ ἐκεῖνος Τ; ἢ ἐκεῖνος ς)
19 4 ἀνέβη ἐπὶ συκομορέαν ... ὅτι (+δι' ς) ἐκείνης ἤμελλεν διέρχεσθαι
19 27ᵃ * πλὴν τοὺς ἐχθρούς μου ἐκείνους (ς; τούτους rl) ... ἀγάγετε ὧδε
20 1ᵃ * ἐγένετο ἐν μιᾷ τῶν ἡμερῶν ἐκείνων (+ς) διδάσκοντος αὐτοῦ τὸν λαὸν ἐν τῷ ἱερῷ
20 18ᵇ πᾶς ὁ πεσὼν ἐπ' ἐκεῖνον τὸν λίθον συνθλασθήσεται
20 35ᵃᶜ οἱ δὲ καταξιωθέντες τοῦ αἰῶνος ἐκείνου τυχεῖν
21 23ᵇ οὐαὶ (+δὲ Vς) ... ταῖς θηλαζούσαις ἐν ἐκείναις ταῖς ἡμέραις
21 34ᵃ μήποτε ... ἐπιστῇ ἐφ' ὑμᾶς αἰφνίδιος ἡ ἡμέρα ἐκείνη
22 22ᵃ πλὴν οὐαὶ τῷ ἀνθρώπῳ ἐκείνῳ δι' οὗ παραδίδοται

Jo 1 8ᶜ ⟨οὗτος ἦλθεν εἰς μαρτυρίαν⟩ οὐκ ἦν ἐκεῖνος τὸ φῶς
1 18 (+ὁ VΒSΤς) μονογενὴς θεὸς (υἱὸς ΒSΤς) ... ἐκεῖνος ἐξηγήσατο
1 33 ἀλλ' ὁ πέμψας με βαπτίζειν ἐν ὕδατι, ἐκεῖνός μοι εἶπεν
1 39ᵃ παρ' αὐτῷ ἔμειναν τὴν ἡμέραν ἐκείνην
2 21 ἐκεῖνος δὲ ἔλεγεν περὶ τοῦ ναοῦ τοῦ σώματος αὐτοῦ
3 28 ἀπεσταλμένος εἰμὶ ἔμπροσθεν ἐκείνου
3 30ᵉ ἐκεῖνον δεῖ αὐξάνειν, ἐμὲ δὲ ἐλαττοῦσθαι
4 25 ὅταν ἔλθῃ ἐκεῖνος, ἀναγγελεῖ ἡμῖν ἅπαντα (πάντα VSς)
4 39ᵃ ἐκ δὲ τῆς πόλεως ἐκείνης πολλοὶ ἐπίστευσαν εἰς αὐτὸν τῶν Σαμαριτῶν
4 53ᵇ ἔγνω οὖν ὁ πατὴρ ὅτι ἐν (+[Ν²⁶]ς) ἐκείνῃ τῇ ὥρᾳ ἐν ᾗ εἶπεν αὐτῷ ὁ Ἰησοῦς
5 9ᵇ ἦν δὲ σάββατον ἐν ἐκείνῃ τῇ ἡμέρᾳ
5 11 ὁ ποιήσας με ὑγιῆ, ἐκεῖνός μοι εἶπεν
5 19 ἃ γὰρ ἂν ἐκεῖνος ποιῇ, ταῦτα καὶ ὁ υἱὸς | ὁμοίως ποιεῖ (~ Τ)
5 35ᵉ ἐκεῖνος ἦν ὁ λύχνος ὁ καιόμενος καὶ φαίνων
5 37 ὁ πέμψας με πατήρ, ἐκεῖνος (αὐτὸς ΜVSς) μεμαρτύρηκεν περὶ ἐμοῦ
5 38ᵉ ὅτι ὃν ἀπέστειλεν ἐκεῖνος, τούτῳ ὑμεῖς οὐ πιστεύετε
5 39 ἐκεῖναί εἰσιν αἱ μαρτυροῦσαι περὶ ἐμοῦ
5 43ᵈ ἐὰν ἄλλος ἔλθῃ ἐν τῷ ὀνόματι τῷ ἰδίῳ, ἐκεῖνον λήμψεσθε
5 46ᵉ περὶ γὰρ ἐμοῦ ἐκεῖνος ἔγραψεν. ↔
5 47ᵉ εἰ δὲ τοῖς ἐκείνου γράμμασιν οὐ πιστεύετε, πῶς τοῖς ἐμοῖς ῥήμασιν πιστεύσετε;
6 22ᵈ * πλοιάριον ἄλλο οὐκ ἦν ἐκεῖ εἰ μὴ ἕν | ἐκεῖνο εἰς ὃ ἐνέβησαν οἱ μαθηταὶ αὐτοῦ (+ς)
6 29 ἵνα πιστεύητε εἰς ὃν ἀπέστειλεν ἐκεῖνος
7 11 οἱ οὖν Ἰουδαῖοι ἐζήτουν αὐτὸν ... καὶ ἔλεγον· ποῦ ἐστιν ἐκεῖνος;
7 45 ἦλθον οὖν οἱ ὑπηρέται πρὸς τοὺς ἀρχιερεῖς ... καὶ εἶπον αὐτοῖς ἐκεῖνοι
[8 10]ᵇ * εἶπεν | αὐτῇ γύναι (αὐτῇ· ἡ γυνὴ Μς), ποῦ εἰσιν | ἐκεῖνοι οἱ κατήγοροί σου (+ς);
8 42ᵉ οὐδὲ γὰρ ἀπ' ἐμαυτοῦ ἐλήλυθα, ἀλλ' ἐκεῖνός με ἀπέστειλεν
8 44ᵉ ἐκεῖνος ἀνθρωποκτόνος ἦν ἀπ' ἀρχῆς
9 9ᵈ ἄλλοι ἔλεγον ... ἐκεῖνος [+δὲ S] ἔλεγεν ὅτι ἐγώ εἰμι
9 11 ⟨ἔλεγον οὖν αὐτῷ⟩ ἀπεκρίθη ἐκεῖνος
9 12 καὶ (—Τς) εἶπαν (εἶπον VSς) αὐτῷ· ποῦ ἐστιν ἐκεῖνος;
9 25 ἀπεκρίθη οὖν ἐκεῖνος
9 28ᵉ σὺ μαθητὴς εἶ ἐκείνου, ἡμεῖς δὲ τοῦ Μωϋσέως ἐσμὲν μαθηταί
9 36 ἀπεκρίθη ἐκεῖνος | καὶ εἶπεν [Η]
9 37 ὁ λαλῶν μετὰ σοῦ ἐκεῖνός ἐστιν
10 1 ὁ μὴ εἰσερχόμενος διὰ τῆς θύρας ... ἐκεῖνος κλέπτης ἐστὶν καὶ λῃστής
10 6 ἐκεῖνοι δὲ οὐκ ἔγνωσαν τίνα ἦν ἃ ἐλάλει αὐτοῖς
10 35 εἰ ἐκείνους εἶπεν θεοὺς πρὸς οὓς ὁ λόγος | τοῦ θεοῦ ἐγένετο (~ Τ)

Jo 11 13 ἐκεῖνοι δὲ ἔδοξαν ὅτι περὶ τῆς κοι-
μήσεως τοῦ ὕπνου λέγει

11 29 ἐκείνη δὲ (—Tϛ) ὡς ἤκουσεν,
ἠγέρθη (ἐγείρεται NMVTϛ) ταχύ

11 49ᵃ εἷς δέ τις ἐξ αὐτῶν Καϊάφας, ἀρχ-
ιερεὺς ὢν τοῦ ἐνιαυτοῦ ἐκείνου

11 51ᵃ ἀλλὰ ἀρχιερεὺς ὢν τοῦ ἐνιαυτοῦ
ἐκείνου ἐπροφήτευσεν

11 53ᵇ ἀπ᾽ ἐκείνης οὖν τῆς ἡμέρας ἐβουλεύ-
σαντο (συν- VSϛ) ἵνα ἀποκτείνω-
σιν αὐτόν

12 48 ὁ λόγος ὃν ἐλάλησα, ἐκεῖνος κρινεῖ
αὐτὸν ἐν (—T) τῇ ἐσχάτῃ ἡμέρᾳ

13 6 * ἔρχεται οὖν πρὸς Σίμωνα Πέτρον·
(+καὶ MVSϛ) λέγει αὐτῷ ἐκεῖνος
(+MVSϛ)

13 25 ἀναπεσὼν (ἐπι- STϛ) οὖν (—N
MH; δὲ Sϛ) ἐκεῖνος οὕτως ἐπὶ τὸ
στῆθος τοῦ Ἰησοῦ λέγει αὐτῷ

13 26ᵉ ἐκεῖνός ἐστιν ᾧ ἐγὼ βάψω τὸ
ψωμίον

13 27 μετὰ τὸ ψωμίον τότε εἰσῆλθεν εἰς
ἐκεῖνον ὁ σατανᾶς

13 30 λαβὼν οὖν τὸ ψωμίον ἐκεῖνος
ἐξῆλθεν εὐθύς

14 20ᵇ ἐν ἐκείνῃ τῇ ἡμέρᾳ | γνώσεσθε
ὑμεῖς (~ H)

14 21 ὁ ἔχων τὰς ἐντολάς μου . . .
ἐκεῖνός ἐστιν ὁ ἀγαπῶν με

14 26ᵉ ὁ δὲ παράκλητος . . . ἐκεῖνος ὑμᾶς
διδάξει πάντα

15 26ᵉ ὅταν (+δὲ MVBSϛ) ἔλθῃ ὁ παρά-
κλητος . . . ἐκεῖνος μαρτυρήσει περὶ
ἐμοῦ

16 8 ἐλθὼν ἐκεῖνος ἐλέγξει τὸν κόσμον
περὶ ἁμαρτίας

16 13ᵇ ὅταν δὲ ἔλθῃ ἐκεῖνος, τὸ πνεῦμα
τῆς ἀληθείας, ὁδηγήσει ὑμᾶς

16 14ᵉ ἐκεῖνος ἐμὲ δοξάσει

16 23ᵇ ἐν ἐκείνῃ τῇ ἡμέρᾳ ἐμὲ οὐκ ἐρωτή-
σετε οὐδέν

16 26ᵇ ἐν ἐκείνῃ τῇ ἡμέρᾳ ἐν τῷ ὀνόματί
μου αἰτήσεσθε

18 13ᵃ τοῦ Καϊάφα, ὃς ἦν ἀρχιερεὺς τοῦ
ἐνιαυτοῦ ἐκείνου

18 15ᵃᵈ ὁ δὲ μαθητὴς ἐκεῖνος ἦν γνωστὸς
τῷ ἀρχιερεῖ

18 17 λέγει ἐκεῖνος· οὐκ εἰμί

18 25 ἠρνήσατο ἐκεῖνος καὶ εἶπεν

19 15 | ἐκραύγασαν οὖν ἐκεῖνοι (οἱ δὲ
ἐκραύγασαν ϛ)

19 21 μὴ γράφε· ὁ βασιλεὺς τῶν Ἰουδαί-
ων, ἀλλ᾽ ὅτι ἐκεῖνος εἶπεν· βασι-
λεύς | εἰμι τῶν Ἰουδαίων (~ H)

19 27ᵇ ἀπ᾽ ἐκείνης τῆς ὥρας ἔλαβεν | ὁ
μαθητὴς αὐτὴν (~ Tϛ) εἰς τὰ ἴδια

19 31ᵇ ἦν γὰρ μεγάλη ἡ ἡμέρα ἐκείνου
τοῦ σαββάτου

19 35ᵉ | καὶ ἐκεῖνος (κἀκεῖνος VSTϛ)
οἶδεν ὅτι ἀληθῆ λέγει, ἵνα καὶ
ὑμεῖς πιστεύσητε (-[σ]ητε N²⁶S;
-ητε NMTH)

20 13 λέγουσιν αὐτῇ ἐκεῖνοι

20 15 ἐκείνη δοκοῦσα ὅτι ὁ κηπουρός
ἐστιν, λέγει αὐτῷ

20 16 στραφεῖσα ἐκείνη λέγει αὐτῷ
Ἑβραϊστί

20 19ᵃ οὔσης οὖν ὀψίας τῇ ἡμέρᾳ ἐκείνῃ
τῇ μιᾷ σαββάτων

21 3ᵇ ἐν ἐκείνῃ τῇ νυκτὶ ἐπίασαν οὐδέν

21 7ᵃ λέγει οὖν ὁ μαθητὴς ἐκεῖνος ὃν
ἠγάπα ὁ Ἰησοῦς τῷ Πέτρῳ

21 23ᵃ ὅτι ὁ μαθητὴς ἐκεῖνος οὐκ ἀποθνή-
σκει

Ac 1 19ᵃ ὥστε κληθῆναι τὸ χωρίον ἐκεῖνο
. . . Ἀκελδαμάχ

2 18ᵃ ἐν ταῖς ἡμέραις ἐκείναις ἐκχεῶ ἀπὸ
τοῦ πνεύματός μου

2 41ᵃ προσετέθησαν ἐν τῇ ἡμέρᾳ ἐκείνῃ
ψυχαὶ ὡσεὶ τρισχίλιαι

3 13 ὃν ὑμεῖς . . . ἠρνήσασθε κατὰ πρόσ-
ωπον Πιλάτου, κρίναντος ἐκείνου
ἀπολύειν

3 23ᵃ ἔσται δὲ πᾶσα ψυχὴ ἥτις ἐὰν
(ἂν Hϛ) μὴ ἀκούσῃ τοῦ προφήτου
ἐκείνου ἐξολεθρευθήσεται

7 41ᵃ ἐμοσχοποίησαν ἐν ταῖς ἡμέραις
ἐκείναις

8 1ᵇ ἐγένετο δὲ ἐν ἐκείνῃ τῇ ἡμέρᾳ
διωγμὸς μέγας ἐπὶ τὴν ἐκκλησίαν

8 8ᵃ ἐγένετο δὲ πολλὴ χαρὰ ἐν τῇ πόλει
ἐκείνῃ

9 37ᵃ ἐγένετο δὲ ἐν ταῖς ἡμέραις ἐκείναις
ἀσθενήσασαν αὐτὴν ἀποθανεῖν

10 9 τῇ δὲ ἐπαύριον ὁδοιπορούντων
ἐκείνων (αὐτῶν ST) καὶ τῇ πόλει
ἐγγιζόντων ἀνέβη Πέτρος

10 10 * παρασκευαζόντων δὲ ἐκείνων
(ϛ; αὐτῶν rl) ἐγένετο ἐπ᾽ αὐτὸν
ἔκστασις

12 1ᵇ κατ᾽ ἐκεῖνον δὲ τὸν καιρὸν ἐπέβαλεν
| Ἡρῴδης ὁ βασιλεὺς (~T) τὰς
χεῖρας

12 6ᵃ τῇ νυκτὶ ἐκείνῃ ἦν ὁ Πέτρος κοι-
μώμενος μεταξὺ δύο στρατιωτῶν

14 21ᵃ εὐαγγελισάμενοι (-ζόμενοί NT)
τε τὴν πόλιν ἐκείνην . . . ὑπέστρε-
ψαν εἰς τὴν Λύστραν

16 3ᵃ περιέτεμεν αὐτὸν διὰ τοὺς Ἰουδαί-
ους τοὺς ὄντας ἐν τοῖς τόποις
ἐκείνοις

16 33ᵇ παραλαβὼν αὐτοὺς ἐν ἐκείνῃ τῇ
ὥρᾳ τῆς νυκτὸς ἔλουσεν ἀπὸ
τῶν πληγῶν

16 35ᵃ ἀπόλυσον τοὺς ἀνθρώπους ἐκεί-
νους

19 16ᵃ ὥστε γυμνοὺς . . . ἐκφυγεῖν ἐκ τοῦ
οἴκου ἐκείνου

19 23ᵃ ἐγένετο δὲ κατὰ τὸν καιρὸν ἐκεῖνον
τάραχος οὐκ ὀλίγος περὶ τῆς ὁδοῦ

20 2ᵃ διελθὼν δὲ τὰ μέρη ἐκεῖνα . . . ἦλ-
θεν εἰς τὴν Ἑλλάδα

21 6ᵃ ἀνέβημεν (ἐν- NMH; ἐπ- ϛ) εἰς
τὸ πλοῖον, ἐκεῖνοι δὲ ὑπέστρεψαν
εἰς τὰ ἴδια

22 11ᵃ ὡς δὲ οὐκ ἐνέβλεπον ἀπὸ τῆς δόξης
τοῦ φωτὸς ἐκείνου

28 7ᵃ ἐν δὲ τοῖς περὶ τὸν τόπον ἐκεῖνον
ὑπῆρχεν χωρία τῷ πρώτῳ τῆς
νήσου

Rm 6 21 τίνα οὖν καρπὸν εἴχετε τότε; . . .
τὸ γὰρ τέλος ἐκείνων θάνατος

14 14 εἰ μὴ τῷ λογιζομένῳ τι κοινὸν
εἶναι, ἐκείνῳ κοινόν

14 15 μὴ τῷ βρώματί σου ἐκεῖνον ἀπόλ-
λυε

1 C 9 25ᵉ ἐκεῖνοι μὲν οὖν ἵνα φθαρτὸν στέ-
φανον λάβωσιν, ἡμεῖς δὲ ἄφθαρτον

10 11ᵉ ταῦτα δὲ (+πάντα MVBSϛ) τυ-
πικῶς συνέβαινεν ἐκείνοις, ἐγράφη
δὲ πρὸς νουθεσίαν ἡμῶν

10 28 μὴ ἐσθίετε δι᾽ ἐκεῖνον τὸν μηνύσαν-
τα καὶ τὴν συνείδησιν

15 11ᵉ εἴτε οὖν ἐγὼ εἴτε ἐκεῖνοι, οὕτως
κηρύσσομεν καὶ οὕτως ἐπιστεύ-
σατε

2 C 7 8ᵃ ἡ ἐπιστολὴ ἐκείνη εἰ καὶ πρὸς
ὥραν ἐλύπησεν ὑμᾶς

2 C 8 9ᵉ ἵνα ὑμεῖς τῇ ἐκείνου πτωχείᾳ πλου-
τήσητε

8 14ᵉ (ἀλλ᾽ ἐξ ἰσότητος) ἐν τῷ νῦν καιρῷ
τὸ ὑμῶν περίσσευμα εἰς τὸ ἐκείνων
ὑστέρημα, ↔

8 14ᵉ ἵνα καὶ τὸ ἐκείνων περίσσευμα
γένηται εἰς τὸ ὑμῶν ὑστέρημα

10 18 οὐ γὰρ ὁ ἑαυτὸν συνιστάνων,
ἐκεῖνός ἐστιν δόκιμος

E 2 12ᵃ ὅτι ἦτε τῷ καιρῷ ἐκείνῳ χωρὶς
Χριστοῦ

2 Th 1 10ᵃ ὅταν ἔλθῃ ἐνδοξασθῆναι ἐν τοῖς
ἁγίοις αὐτοῦ . . . ἐν τῇ ἡμέρᾳ ἐκείνῃ

2 Tm 1 12ᵇ πέπεισμαι ὅτι δυνατός ἐστιν τὴν
παραθήκην μου φυλάξαι εἰς ἐκείνην
τὴν ἡμέραν

1 18ᵇ δῴη αὐτῷ ὁ κύριος εὑρεῖν ἔλεος
παρὰ κυρίου ἐν ἐκείνῃ τῇ ἡμέρᾳ

2 13ᵉ εἰ ἀπιστοῦμεν, ἐκεῖνος πιστὸς μένει

2 26 ἐζωγρημένοι ὑπ᾽ αὐτοῦ εἰς τὸ
ἐκείνου θέλημα

3 9 ἡ γὰρ ἄνοια αὐτῶν ἔκδηλος ἔσται
πᾶσιν, ὡς καὶ ἡ ἐκείνων ἐγένετο

4 8ᵇ ὃν ἀποδώσει μοι ὁ κύριος ἐν ἐκείνῃ
τῇ ἡμέρᾳ

Tt 3 7 ἵνα δικαιωθέντες τῇ ἐκείνου χάριτι
κληρονόμοι γενηθῶμεν . . . ζωῆς
αἰωνίου

Hb 3 10ᵃ * διὸ προσώχθισα τῇ γενεᾷ ἐκείνῃ
(ϛ; ταύτῃ rl)

4 2 ἀλλ᾽ οὐκ ὠφέλησεν ὁ λόγος τῆς
ἀκοῆς ἐκείνους μὴ συγκεκερασμέ-
νους (-ος NBT; -κεκραμένος ϛ)
τῇ πίστει

4 11ᵇ σπουδάσωμεν οὖν εἰσελθεῖν εἰς
ἐκείνην τὴν κατάπαυσιν

6 7 γῆ γὰρ ἡ . . . τίκτουσα βοτάνην
εὔθετον ἐκείνοις δι᾽ οὓς καὶ γεωρ-
γεῖται

8 7 εἰ γὰρ (+μὲν S) ἡ πρώτη ἐκείνη
ἦν ἄμεμπτος

8 10ᵃ ὅτι αὕτη ἡ διαθήκη ἣν δια-
θήσομαι τῷ οἴκῳ Ἰσραὴλ μετὰ
τὰς ἡμέρας ἐκείνας

10 16ᵃ αὕτη ἡ διαθήκη ἣν διαθήσομαι
πρὸς αὐτοὺς μετὰ τὰς ἡμέρας ἐκεί-
νας

11 15 (πατρίδα ἐπιζητοῦσιν) καὶ εἰ
μὲν ἐκείνης ἐμνημόνευον (μνημονεύ-
ουσιν ST) ἀφ᾽ ἧς ἐξέβησαν

12 25 εἰ γὰρ ἐκεῖνοι οὐκ ἐξέφυγον ἐπὶ
γῆς παραιτησάμενοι τὸν χρηματί-
ζοντα

Jc 1 7ᵃ μὴ γὰρ οἰέσθω ὁ ἄνθρωπος ἐκεῖνος

4 15ᵉ ἐὰν ὁ κύριος θελήσῃ (θέλῃ H) . . .
καὶ ποιήσομεν τοῦτο ἢ ἐκεῖνο

2 Pt 1 16 ἀλλ᾽ ἐπόπται γενηθέντες τῆς ἐκεί-
νου μεγαλειότητος

1 Jo 2 6 ὁ λέγων ἐν αὐτῷ μένειν ὀφείλει
καθὼς ἐκεῖνος περιεπάτησεν καὶ
αὐτὸς οὕτως ([N²⁶];—H) περιπα-
τεῖν

3 3 πᾶς ὁ ἔχων τὴν ἐλπίδα ταύτην . . .
ἁγνίζει ἑαυτὸν καθὼς ἐκεῖνος ἁγνός
ἐστιν

3 5 οἴδατε ὅτι ἐκεῖνος ἐφανερώθη ἵνα
τὰς ἁμαρτίας (+ἡμῶν [S]ϛ) ἄρῃ

3 7 δίκαιός ἐστιν, καθὼς ἐκεῖνος δίκαιός
ἐστιν

3 16ᵉ ὅτι ἐκεῖνος ὑπὲρ ἡμῶν τὴν ψυχὴν
αὐτοῦ ἔθηκεν

4 17ᵉ ὅτι καθὼς ἐκεῖνός ἐστιν καὶ ἡμεῖς
ἐσμεν ἐν τῷ κόσμῳ τούτῳ

5 16 ἔστιν ἁμαρτία πρὸς θάνατον· οὐ
περὶ ἐκείνης λέγω ἵνα ἐρωτήσῃ

Ap 9 6ᵃἐν ταῖς ἡμέραις ἐκείναις ζητήσουσιν
οἱ ἄνθρωποι τὸν θάνατον

11 13ᵇἐν ἐκείνῃ τῇ ὥρᾳ ἐγένετο σεισμὸς
μέγας

16 14ᵃ* συναγαγεῖν αὐτοὺς εἰς τὸν
πόλεμον τῆς ‖ ἡμέρας ἐκείνης (+
[S]ς) τῆς μεγάλης ((μεγ. ἡμ. Β))
τοῦ θεοῦ

ἐκεῖσε

Ac 21 3 κατήλθομεν εἰς Τύρον· ἐκεῖσε γὰρ
τὸ πλοῖον ἦν ἀποφορτιζόμενον τὸν
γόμον

22 5 ἄξων καὶ τοὺς ἐκεῖσε ὄντας δεδεμέ-
νους εἰς Ἰερουσαλήμ

ἐκζητέω
→ ζητέω

Lc 11 50 ἵνα ἐκζητηθῇ τὸ αἷμα πάντων τῶν
προφητῶν . . . ἀπὸ τῆς γενεᾶς ταύ-
της

11 51 ἐκζητηθήσεται ἀπὸ τῆς γενεᾶς
ταύτης

Ac 15 17 ὅπως ἂν ἐκζητήσωσιν οἱ κατάλοι-
ποι τῶν ἀνθρώπων τὸν κύριον

Rm 3 11 οὐκ ἔστιν ὁ(—Η) ἐκζητῶν τὸν θεόν

Hb 11 6 πιστεῦσαι γὰρ δεῖ . . . ὅτι ἔστιν
καὶ τοῖς ἐκζητοῦσιν αὐτὸν μισθ-
αποδότης γίνεται

12 17 μετανοίας γὰρ τόπον οὐχ εὗρεν,
καίπερ μετὰ δακρύων ἐκζητήσας
αὐτήν

1Pt 1 10 περὶ ἧς σωτηρίας ἐξεζήτησαν καὶ
ἐξηραύνησαν προφῆται

ἐκζήτησις

1Tm 1 4 αἵτινες ἐκζητήσεις (ζητήσεις ς)
παρέχουσιν μᾶλλον ἢ οἰκονομίαν
θεοῦ

ἐκθαμβέω
→ θαμβέω

Mc 9 15 εὐθὺς πᾶς ὁ ὄχλος ἰδόντες (ἰδὼν ς)
αὐτὸν ἐξεθαμβήθησαν (-βήθη ς)

14 33 ἤρξατο ἐκθαμβεῖσθαι καὶ ἀδημο-
νεῖν

16 5 εἰσελθοῦσαι . . . εἶδον νεανίσκον
καθήμενον ἐν τοῖς δεξιοῖς . . . καὶ
ἐξεθαμβήθησαν. ↔

16 6 ὁ δὲ λέγει αὐταῖς· μὴ ἐκθαμβεῖσθε

ἔκθαμβος

Ac 3 11 συνέδραμεν πᾶς ὁ λαὸς πρὸς αὐ-
τοὺς ἐπὶ τῇ στοᾷ τῇ καλουμένῃ
Σολομῶντος ἔκθαμβοι

ἐκθαυμάζω
→ θαυμάζω

Mc 12 17 καὶ ἐξεθαύμαζον (ἐθαύμασαν ς) ἐπ’
αὐτῷ

ἔκθετος

Ac 7 19 τοῦ ποιεῖν ‖ τὰ βρέφη ἔκθετα (~ Β
Sς) αὐτῶν εἰς τὸ μὴ ζῳογονεῖσθαι

ἐκκαθαίρω
→ καθαίρω

1 C 5 7 ἐκκαθάρατε (+οὖν Sς) τὴν παλαι-
ὰν ζύμην, ἵνα ἦτε νέον φύραμα

2Tm 2 21 ἐὰν οὖν τις ἐκκαθάρῃ ἑαυτὸν ἀπὸ
τούτων

ἐκκαίω
→ καίω

Rm 1 27 ὁμοίως τε καὶ οἱ ἄρσενες . . . ἐξεκαύ-
θησαν ἐν τῇ ὀρέξει αὐτῶν εἰς
ἀλλήλους

ἐκκακέω
→ ἐγκακέω

G 6 9 * τὸ δὲ καλὸν ποιοῦντες μὴ ἐκκα-
κῶμεν (VSς; ἐγ- rl)

2Th 3 13 * ὑμεῖς δέ, ἀδελφοί, μὴ ἐκκακήσητε
(VSς; ἐγ- rl) καλοποιοῦντες

ἐκκεντέω

Jo 19 37 ὄψονται εἰς ὃν ἐξεκέντησαν

Ap 1 7 ὄψεται αὐτὸν πᾶς ὀφθαλμὸς καὶ
οἵτινες αὐτὸν ἐξεκέντησαν

ἐκκλάω
→ κλάω

Rm 11 17 εἰ δέ τινες τῶν κλάδων ἐξεκλάσθη-
σαν

11 19 ἐξεκλάσθησαν κλάδοι ἵνα ἐγὼ ἐγ-
κεντρισθῶ. ↔

11 20 καλῶς· τῇ ἀπιστίᾳ ἐξεκλάσθησαν

ἐκκλείω
→ κλείω

Rm 3 27 ποῦ οὖν ἡ καύχησις; ἐξεκλείσθη.
διὰ ποίου νόμου;

G 4 17 ζηλοῦσιν ὑμᾶς οὐ καλῶς, ἀλλὰ
ἐκκλεῖσαι ὑμᾶς θέλουσιν, ἵνα αὐτοὺς
ζηλοῦτε

ἐκκλησία

ᵃ c. nomine loci
ᵇ πᾶσα, ὅλη ἡ ἐκκλ.
ᶜ πᾶσαι αἱ ἐκκλησίαι
ᵈ ἐκκλησίαι τῶν ἐθνῶν
ᵉ ἐκκλ. τῶν ἁγίων
ᶠ (αἱ) ἐκκλησίαι
ᵍ ἐκκλ. (τοῦ) θεοῦ, κυρίου, χριστοῦ
ʰ ἡ κατ’ οἶκον (αὐτ., σου) ἐκκλ.

Mt 16 18 ἐπὶ ταύτῃ τῇ πέτρᾳ οἰκοδομήσω
μου τὴν ἐκκλησίαν

18 17 ἐὰν δὲ παρακούσῃ αὐτῶν, εἰπὲ
(εἰπὸν NMTH) τῇ ἐκκλησίᾳ· ↔

18 17 ἐὰν δὲ καὶ τῆς ἐκκλησίας παρακού-
σῃ, ἔστω σοι ὥσπερ ὁ ἐθνικὸς καὶ
ὁ τελώνης

Ac 2 47 * ὁ δὲ κύριος προσετίθει τοὺς
σῳζομένους καθ’ ἡμέραν ‖ τῇ
ἐκκλησίᾳ (+[VS]ς) ἐπὶ τὸ αὐτό

5 11ᵇἐγένετο φόβος μέγας ἐφ’ ὅλην τὴν
ἐκκλησίαν

7 38 οὗτός ἐστιν ὁ γενόμενος ἐν τῇ
ἐκκλησίᾳ ἐν τῇ ἐρήμῳ μετὰ τοῦ
ἀγγέλου

8 1ᵃἐγένετο δὲ . . . διωγμὸς μέγας ἐπὶ
τὴν ἐκκλησίαν τὴν ἐν Ἱεροσολύ-
μοις

8 3 Σαῦλος δὲ ἐλυμαίνετο τὴν ἐκκλησί-
αν κατὰ τοὺς οἴκους εἰσπορευό-
μενος

9 31ᵃᶠἡ (αἱ ς) μὲν οὖν ἐκκλησία (-αι ς)
καθ’ ὅλης τῆς Ἰουδαίας . . .
εἶχεν (-χον ς) εἰρήνην οἰκοδομου-
μένη (-μούμεναι ς)

11 22ᵃἠκούσθη δὲ ὁ λόγος εἰς τὰ ὦτα τῆς
ἐκκλησίας τῆς οὔσης (—ς) ἐν Ἰερου-
σαλὴμ περὶ αὐτῶν

11 26 ἐγένετο δὲ αὐτοῖς καὶ ἐνιαυτὸν
ὅλον συναχθῆναι ἐν τῇ ἐκκλησίᾳ

12 1 ἐπέβαλεν ‖ Ἡρῴδης ὁ βασιλεὺς
(~ Τ) τὰς χεῖρας κακῶσαί τινας
τῶν ἀπὸ τῆς ἐκκλησίας

12 5 προσευχὴ δὲ ἦν ἐκτενῶς (-νῆς Sς)
γινομένη ὑπὸ τῆς ἐκκλησίας πρὸς
τὸν θεὸν περὶ αὐτοῦ

13 1ᵃἦσαν δὲ ἐν Ἀντιοχείᾳ κατὰ τὴν
οὖσαν ἐκκλησίαν προφῆται καὶ
διδάσκαλοι

14 23 χειροτονήσαντες δὲ αὐτοῖς κατ’
ἐκκλησίαν πρεσβυτέρους

14 27 παραγενόμενοι δὲ καὶ συναγαγόν-
τες τὴν ἐκκλησίαν, ἀνήγγελλον

15 3 οἱ μὲν οὖν προπεμφθέντες ὑπὸ τῆς
ἐκκλησίας διήρχοντο τήν τε Φοι-
νίκην καὶ Σαμάρειαν

15 4 παραγενόμενοι δὲ εἰς Ἰερουσαλὴμ
(Ἱεροσόλυμα NMVBSH) παρ-

ἐδέχθησαν ἀπὸ (Ν²⁶ΝΗ; ὑπὸ rl)
τῆς ἐκκλησίας καὶ τῶν ἀποστόλων
καὶ τῶν πρεσβυτέρων

Ac 15 22ᵇτότε ἔδοξε τοῖς ἀποστόλοις καὶ τοῖς
πρεσβυτέροις σὺν ὅλῃ τῇ ἐκκλησίᾳ
. . . πέμψαι

15 41ᶠ διήρχετο δὲ τὴν Συρίαν καὶ τὴν
(+Ν²⁶Η] Κιλικίαν ἐπιστηρίζων
τὰς ἐκκλησίας

16 5ᶠαἱ μὲν οὖν ἐκκλησίαι ἐστερεοῦντο
τῇ πίστει

18 22 κατελθὼν εἰς Καισάρειαν, ἀναβὰς
καὶ ἀσπασάμενος τὴν ἐκκλησίαν,
κατέβη εἰς Ἀντιόχειαν

19 32 ἦν γὰρ ἡ ἐκκλησία συγκεχυμένη

19 39 ἐν τῇ ἐννόμῳ ἐκκλησίᾳ ἐπιλυθήσε-
ται

19 40 ταῦτα εἰπὼν ἀπέλυσεν τὴν ἐκκλη-
σίαν

20 17 πέμψας εἰς Ἔφεσον μετεκαλέσατο
τοὺς πρεσβυτέρους τῆς ἐκκλησίας

20 28ᵍἔθετο ἐπισκόπους, ποιμαίνειν τὴν
ἐκκλησίαν τοῦ θεοῦ (κυρίου ST)

Rm 16 1ᵃΦοίβην . . . οὖσαν καὶ (+[Ν²⁶
NSH]Β) διάκονον τῆς ἐκκλησίας
τῆς ἐν Κεγχρεαῖς

16 4ᶜᵈ(Πρίσκαν καὶ Ἀκύλαν) οἷς οὐκ
ἐγὼ μόνος εὐχαριστῶ ἀλλὰ καὶ
πᾶσαι αἱ ἐκκλησίαι τῶν ἐθνῶν, ↔

16 5ʰκαὶ τὴν κατ’ οἶκον αὐτῶν ἐκκλησί-
αν

16 16ᶜᶠᵍἀσπάζονται ὑμᾶς αἱ ἐκκλησίαι
πᾶσαι (—ς) τοῦ Χριστοῦ

16 23ᵇἀσπάζεται ὑμᾶς Γάϊος ὁ ξένος μου
καὶ ὅλης τῆς ἐκκλησίας

1 C 1 2ᵃᵍ(Παῦλος) τῇ ἐκκλησίᾳ τοῦ θεοῦ
τῇ οὔσῃ ἐν Κορίνθῳ

4 17ᵇκαθὼς πανταχοῦ ἐν πάσῃ ἐκκλησίᾳ
διδάσκω

6 4 τοὺς ἐξουθενημένους ἐν τῇ ἐκκλη-
σίᾳ, τούτους καθίζετε;

7 17ᶜοὕτως ἐν ταῖς ἐκκλησίαις πάσαις
διατάσσομαι

10 32ᵍἀπρόσκοποι καὶ Ἰουδαίοις γίνεσθε
καὶ Ἕλλησιν καὶ τῇ ἐκκλησίᾳ τοῦ
θεοῦ

11 16ᶠᵍἡμεῖς τοιαύτην συνήθειαν οὐκ
ἔχομεν, οὐδὲ αἱ ἐκκλησίαι τοῦ θεοῦ

11 18 συνερχομένων ὑμῶν ἐν (+τῇ ς)
ἐκκλησίᾳ ἀκούω σχίσματα ἐν
ὑμῖν ὑπάρχειν

11 22ᵍἢ τῆς ἐκκλησίας τοῦ θεοῦ καταφρο-
νεῖτε ⟨;⟩

12 28 καὶ οὓς μὲν ἔθετο ὁ θεὸς ἐν τῇ
ἐκκλησίᾳ πρῶτον ἀποστόλους

14 4 ὁ δὲ προφητεύων ἐκκλησίαν οἰκο-
δομεῖ

14 5 ἵνα ἡ ἐκκλησία οἰκοδομὴν λάβῃ

14 12 πρὸς τὴν οἰκοδομὴν τῆς ἐκκλη-
σίας ζητεῖτε ἵνα περισσεύητε

14 19 ἀλλὰ ἐν ἐκκλησίᾳ θέλω πέντε
λόγους ‖ τῷ νοΐ (διὰ τοῦ νοός Sς)
μου λαλῆσαι

14 23ᵇἐὰν οὖν συνέλθῃ ἡ ἐκκλησία ὅλη
ἐπὶ τὸ αὐτό

14 28 ἐὰν δὲ μὴ ᾖ διερμηνευτής, σιγάτω
ἐν ἐκκλησίᾳ

14 33ᶜᵉἐν πάσαις ταῖς ἐκκλησίαις τῶν
ἁγίων, ↔

14 34ᶠαἱ γυναῖκες (+ὑμῶν Sς) ἐν ταῖς
ἐκκλησίαις σιγάτωσαν

14 35 αἰσχρὸν γάρ ἐστιν γυναικὶ λαλεῖν
ἐν ἐκκλησίᾳ

15 9ᵍδιότι ἐδίωξα τὴν ἐκκλησίαν τοῦ
θεοῦ

1 C 16 1ᵃᶠ ὥσπερ διέταξα ταῖς ἐκκλησίαις τῆς Γαλατίας, οὕτως καὶ ὑμεῖς ποιήσατε
16 19ᵃᶠ ἀσπάζονται ὑμᾶς αἱ ἐκκλησίαι τῆς Ἀσίας. ↔
16 19ʰ ἀσπάζεται ὑμᾶς ... Ἀκύλας καὶ Πρίσκα σὺν τῇ κατ' οἶκον αὐτῶν ἐκκλησίᾳ

2 C 1 1ᵃᵍ Παῦλος ἀπόστολος Χριστοῦ Ἰησοῦ ... τῇ ἐκκλησίᾳ τοῦ θεοῦ τῇ οὔσῃ ἐν Κορίνθῳ
8 1ᵃᶠ γνωρίζομεν ... τὴν χάριν τοῦ θεοῦ τὴν δεδομένην ἐν ταῖς ἐκκλησίαις τῆς Μακεδονίας
8 18ᶜ οὗ ὁ ἔπαινος ἐν τῷ εὐαγγελίῳ διὰ πασῶν τῶν ἐκκλησιῶν, ↔
8 19ᶠ οὐ μόνον δὲ ἀλλὰ καὶ χειροτονηθεὶς ὑπὸ τῶν ἐκκλησιῶν συνέκδημος ἡμῶν σὺν (N²⁶BTς; ἐν rl) τῇ χάριτι ταύτῃ
8 23ᶠ εἴτε ἀδελφοὶ ἡμῶν, ἀπόστολοι ἐκκλησιῶν, δόξα Χριστοῦ. ↔
8 24ᶠ τὴν οὖν ἔνδειξιν τῆς ἀγάπης ὑμῶν ... εἰς αὐτοὺς ἐνδεικνύμενοι (-ξασθε MVBSHς) εἰς πρόσωπον τῶν ἐκκλησιῶν
11 8ᶠ ἄλλας ἐκκλησίας ἐσύλησα λαβὼν ὀψώνιον πρὸς τὴν ὑμῶν διακονίαν
11 28ᶜ χωρὶς τῶν παρεκτὸς ἡ ἐπίστασίς μοι ... ἡ μέριμνα πασῶν τῶν ἐκκλησιῶν
12 13ᶠ τί γάρ ἐστιν ὃ ἡσσώθητε (ἡττήθητε VSς) ὑπὲρ τὰς λοιπὰς ἐκκλησίας ⟨;⟩

G 1 2ᵃᶠ ⟨Παῦλος ἀπόστολος⟩ καὶ οἱ σὺν ἐμοὶ ... ταῖς ἐκκλησίαις τῆς Γαλατίας
1 13ᵍ ὅτι καθ' ὑπερβολὴν ἐδίωκον τὴν ἐκκλησίαν τοῦ θεοῦ καὶ ἐπόρθουν αὐτήν
1 22ᵃᶠ ἤμην δὲ ἀγνοούμενος τῷ προσώπῳ ταῖς ἐκκλησίαις τῆς Ἰουδαίας ταῖς ἐν Χριστῷ

E 1 22 αὐτὸν ἔδωκεν κεφαλὴν ὑπὲρ πάντα τῇ ἐκκλησίᾳ ⟨ἥτις ἐστὶν τὸ σῶμα αὐτοῦ⟩
3 10 ἵνα γνωρισθῇ νῦν ταῖς ἀρχαῖς ... διὰ τῆς ἐκκλησίας ἡ πολυποίκιλος σοφία τοῦ θεοῦ
3 21 αὐτῷ ἡ δόξα ἐν τῇ ἐκκλησίᾳ καὶ ἐν Χριστῷ Ἰησοῦ
5 23 ἀνήρ ἐστιν κεφαλὴ τῆς γυναικὸς ὡς καὶ ὁ Χριστὸς κεφαλὴ τῆς ἐκκλησίας
5 24 ἀλλὰ ὡς ἡ ἐκκλησία ὑποτάσσεται τῷ Χριστῷ, οὕτως καὶ αἱ γυναῖκες τοῖς ἀνδράσιν
5 25 καθὼς καὶ ὁ Χριστὸς ἠγάπησεν τὴν ἐκκλησίαν
5 27 ἵνα παραστήσῃ αὐτὸς ἑαυτῷ ἔνδοξον τὴν ἐκκλησίαν
5 29 ἀλλὰ ἐκτρέφει καὶ θάλπει αὐτήν, καθὼς καὶ ὁ Χριστὸς (κύριος Sς) τὴν ἐκκλησίαν
5 32 τὸ μυστήριον τοῦτο μέγα ἐστίν, ἐγὼ δὲ λέγω εἰς Χριστὸν καὶ εἰς [NH] τὴν ἐκκλησίαν

Ph 3 6 κατὰ ζῆλος (-λον VSς) διώκων τὴν ἐκκλησίαν
4 15 οὐδεμία μοι ἐκκλησία ἐκοινώνησεν εἰς λόγον δόσεως καὶ λήμψεως εἰ μὴ ὑμεῖς μόνοι

Cl 1 18 αὐτός ἐστιν ἡ κεφαλὴ τοῦ σώματος, τῆς ἐκκλησίας

Cl 1 24 ἀνταναπληρῶ τὰ ὑστερήματα ... ἐν τῇ σαρκί μου ὑπὲρ τοῦ σώματος αὐτοῦ, ὅ ἐστιν ἡ ἐκκλησία
4 15ʰ ἀσπάσασθε ... Νύμφαν καὶ τὴν κατ' οἶκον αὐτῆς (αὐτοῦ MVBSς; αὐτῶν T) ἐκκλησίαν
4 16ᵃ ποιήσατε ἵνα καὶ ἐν τῇ Λαοδικέων ἐκκλησίᾳ ἀναγνωσθῇ

1 Th 1 1ᵃ Παῦλος ... τῇ ἐκκλησίᾳ Θεσσαλονικέων ἐν θεῷ πατρὶ καὶ κυρίῳ Ἰησοῦ Χριστῷ
2 14ᵃᶠᵍ ὑμεῖς γὰρ μιμηταὶ ἐγενήθητε, ἀδελφοί, τῶν ἐκκλησιῶν τοῦ θεοῦ τῶν οὐσῶν ἐν τῇ Ἰουδαίᾳ ἐν Χριστῷ Ἰησοῦ

2 Th 1 1ᵃ Παῦλος καὶ Σιλουανὸς καὶ Τιμόθεος τῇ ἐκκλησίᾳ Θεσσαλονικέων ἐν θεῷ πατρὶ ἡμῶν
1 4ᶠᵍ ὥστε αὐτοὺς ἡμᾶς ἐν ὑμῖν ἐγκαυχᾶσθαι ἐν ταῖς ἐκκλησίαις τοῦ θεοῦ

1 Tm 3 5ᵍ πῶς ἐκκλησίας θεοῦ ἐπιμελήσεται;
3 15ᵍ ἵνα εἰδῇς πῶς δεῖ ἐν οἴκῳ θεοῦ ἀναστρέφεσθαι, ἥτις ἐστὶν ἐκκλησία θεοῦ ζῶντος
5 16 ἐπαρκείτω (-κείσθω BT) αὐταῖς, καὶ μὴ βαρείσθω ἡ ἐκκλησία

Phm 2ʰ ⟨Παῦλος ... Φιλήμονι⟩ καὶ τῇ κατ' οἶκόν σου ἐκκλησίᾳ

Hb 2 12 ἐν μέσῳ ἐκκλησίας ὑμνήσω σε
12 23 ⟨ἀλλὰ προσεληλύθατε Σιὼν ὄρει⟩ καὶ ἐκκλησίᾳ πρωτοτόκων | ἀπογεγραμμένων ἐν οὐρανοῖς (∼ Sς)

Jc 5 14 προσκαλεσάσθω τοὺς πρεσβυτέρους τῆς ἐκκλησίας

3 Jo 6 οἳ ἐμαρτύρησάν σου τῇ ἀγάπῃ ἐνώπιον ἐκκλησίας
9 ἔγραψά τι τῇ ἐκκλησίᾳ
10 ⟨Διοτρέφης⟩ τοὺς βουλομένους κωλύει καὶ ἐκ (—T) τῆς ἐκκλησίας ἐκβάλλει

Ap 1 4ᵃᶠ Ἰωάννης ταῖς ἑπτὰ ἐκκλησίαις ταῖς ἐν τῇ Ἀσίᾳ· χάρις ὑμῖν καὶ εἰρήνη
1 11ᵃᶠ γράψον εἰς βιβλίον καὶ πέμψον ταῖς ἑπτὰ ἐκκλησίαις (+ταῖς ἐν Ἀσίᾳ ς), εἰς Ἔφεσον καὶ εἰς Σμύρναν
1 20ᶠ οἱ ἑπτὰ ἀστέρες ἄγγελοι τῶν ἑπτὰ ἐκκλησιῶν εἰσιν, ↔
1 20ᶠ καὶ αἱ λυχνίαι αἱ ἑπτὰ ἑπτὰ ἐκκλησίαι εἰσίν. ↔
2 1ᵃ τῷ ἀγγέλῳ τῆς (τῷ H) ἐν Ἐφέσῳ ἐκκλησίας γράψον
2 7ᶠ ὁ ἔχων οὖς ἀκουσάτω τί τὸ πνεῦμα λέγει ταῖς ἐκκλησίαις
2 8ᵃ τῷ ἀγγέλῳ τῆς (τῷ H) ἐν Σμύρνῃ ἐκκλησίας γράψον
2 11ᶠ ὁ ἔχων οὖς ἀκουσάτω τί τὸ πνεῦμα λέγει ταῖς ἐκκλησίαις
2 12ᵃ τῷ ἀγγέλῳ τῆς ἐν Περγάμῳ ἐκκλησίας γράψον
2 17ᶠ ὁ ἔχων οὖς ἀκουσάτω τί τὸ πνεῦμα λέγει ταῖς ἐκκλησίαις
2 18ᵃ τῷ ἀγγέλῳ τῆς (τῷ H) ἐν Θυατείροις ἐκκλησίας γράψον
2 23ᶜ γνώσονται πᾶσαι αἱ ἐκκλησίαι ὅτι ἐγώ εἰμι ὁ ἐραυνῶν νεφροὺς καὶ καρδίας
2 29ᶠ ὁ ἔχων οὖς ἀκουσάτω τί τὸ πνεῦμα λέγει ταῖς ἐκκλησίαις
3 1ᵃ τῷ ἀγγέλῳ τῆς ἐν Σάρδεσιν ἐκκλησίας γράψον
3 6ᶠ ὁ ἔχων οὖς ἀκουσάτω τί τὸ πνεῦμα λέγει ταῖς ἐκκλησίαις
3 7ᵃ τῷ ἀγγέλῳ τῆς ἐν Φιλαδελφείᾳ ἐκκλησίας γράψον

Ap 3 13ᶠ ὁ ἔχων οὖς ἀκουσάτω τί τὸ πνεῦμα λέγει ταῖς ἐκκλησίαις
3 14ᵃ τῷ ἀγγέλῳ τῆς ἐν Λαοδικείᾳ ἐκκλησίας γράψον
3 22ᶠ ὁ ἔχων οὖς ἀκουσάτω τί τὸ πνεῦμα λέγει ταῖς ἐκκλησίαις
22 16ᶠ ἐγὼ Ἰησοῦς ἔπεμψα τὸν ἄγγελόν μου μαρτυρῆσαι ὑμῖν ταῦτα ἐπὶ (ἐν B) ταῖς ἐκκλησίαις

ἐκκλίνω
→ κλίνω
Rm 3 12 πάντες ἐξέκλιναν, ἅμα ἠχρεώθησαν
16 17 παρακαλῶ δὲ ... σκοπεῖν τοὺς τὰς διχοστασίας καὶ τὰ σκάνδαλα ... ποιοῦντας, καὶ ἐκκλίνετε (-ατε VBSς) ἀπ' αὐτῶν
1 Pt 3 11 ἐκκλινάτω δὲ (—Tς) ἀπὸ κακοῦ καὶ ποιησάτω ἀγαθόν

ἐκκολυμβάω
→ κολυμβάω
Ac 27 42 ἵνα τοὺς δεσμώτας ἀποκτείνωσιν, μή τις ἐκκολυμβήσας διαφύγῃ

ἐκκομίζω
→ κομίζω
Lc 7 12 ἰδοὺ ἐξεκομίζετο τεθνηκὼς | μονογενὴς υἱὸς (∼ Sς) τῇ μητρὶ αὐτοῦ

ἐκκοπή
1 C 9 12 * πάντα στέγομεν ἵνα μή τινα ἐκκοπὴν (T; ἐγκοπὴν rl) δῶμεν τῷ εὐαγγελίῳ τοῦ Χριστοῦ

ἐκκόπτω
→ κόπτω
ᵃ met.
Mt 3 10 πᾶν οὖν δένδρον μὴ ποιοῦν καρπὸν καλὸν ἐκκόπτεται καὶ εἰς πῦρ βάλλεται
5 30 εἰ ἡ δεξιά σου χεὶρ σκανδαλίζει σε, ἔκκοψον αὐτὴν καὶ βάλε ἀπὸ σοῦ
7 19 πᾶν δένδρον μὴ ποιοῦν καρπὸν καλὸν ἐκκόπτεται καὶ εἰς πῦρ βάλλεται
18 8 εἰ δὲ ἡ χείρ σου ἢ ὁ πούς σου σκανδαλίζει σε, ἔκκοψον αὐτὸν καὶ βάλε ἀπὸ σοῦ
Lc 3 9 πᾶν οὖν δένδρον μὴ ποιοῦν καρπὸν καλὸν [H] ἐκκόπτεται καὶ εἰς πῦρ βάλλεται
13 7 ζητῶν καρπὸν ἐν τῇ συκῇ ταύτῃ ... ἔκκοψον οὖν (+[N²⁶]S) αὐτήν
13 9 κἂν μὲν ποιήσῃ καρπὸν | εἰς τὸ μέλλον· εἰ δὲ μή γε (∼ Mς), ἐκκόψεις αὐτήν
Rm 11 22 ἐπεὶ καὶ σὺ ἐκκοπήσῃ
11 24 εἰ γὰρ σὺ ἐκ τῆς κατὰ φύσιν ἐξεκόπης ἀγριελαίου
2 C 11 12ᵃ ἵνα ἐκκόψω τὴν ἀφορμὴν τῶν θελόντων ἀφορμήν

ἐκκρεμάννυμι
→ κρεμάννυμι
Lc 19 48 ὁ λαὸς γὰρ ἅπας ἐξεκρέματο (-μετο MTH) αὐτοῦ ἀκούων

ἐκλαλέω
→ λαλέω
Ac 23 22 παραγγείλας μηδενὶ ἐκλαλῆσαι ὅτι ταῦτα ἐνεφάνισας πρός με (ἐμὲ NVTH)

ἐκλάμπω
→ λάμπω
Mt 13 43 τότε οἱ δίκαιοι ἐκλάμψουσιν ὡς ὁ ἥλιος ἐν τῇ βασιλείᾳ τοῦ πατρὸς αὐτῶν

ἐκλανθάνομαι
→ λανθάνω
Hb 12 5 ἐκλέλησθε τῆς παρακλήσεως, ἥτις ὑμῖν ὡς υἱοῖς διαλέγεται

ἐκλέγομαι
→ λέγω
a seq. inf.
b seq. ἵνα
c ἐκλελεγμένος
d ἐκλεκτοὺς ἐκλέγομαι
Mc 13 20 d ἀλλὰ διὰ τοὺς ἐκλεκτοὺς οὓς ἐξελέξατο ἐκολόβωσεν τὰς ἡμέρας
Lc 6 13 ἐκλεξάμενος ἀπ' αὐτῶν δώδεκα ⟨καταβὰς . . . ἔστη ἐπὶ τόπου πεδινοῦ⟩
9 35 c οὗτός ἐστιν ὁ υἱός μου ὁ ἐκλελεγμένος (ἀγαπητός ϛ)
10 42 Μαριὰμ γὰρ τὴν ἀγαθὴν μερίδα ἐξελέξατο
14 7 ἐπέχων πῶς τὰς πρωτοκλισίας ἐξελέγοντο
Jo 6 70 οὐκ ἐγὼ ὑμᾶς τοὺς δώδεκα ἐξελεξάμην;
13 18 ἐγὼ οἶδα τίνας ἐξελεξάμην
15 16 οὐχ ὑμεῖς με ἐξελέξασθε, ↔
15 16 ἀλλ' ἐγὼ ἐξελεξάμην ὑμᾶς
15 19 ἀλλ' ἐγὼ ἐξελεξάμην ὑμᾶς ἐκ τοῦ κόσμου
Ac 1 2 ἄχρι ἧς ἡμέρας ἐντειλάμενος τοῖς ἀποστόλοις διὰ πνεύματος ἁγίου οὓς ἐξελέξατο ἀνελήμφθη
1 24 a σὺ κύριε . . . ἀνάδειξον ὃν ἐξελέξω ἐκ τούτων τῶν δύο ἕνα ⟨λαβεῖν τὸν τόπον τῆς διακονίας⟩
6 5 ἐξελέξαντο Στέφανον, ἄνδρα πλήρης (N²⁶S; πλήρη rl) πίστεως
13 17 ὁ θεὸς τοῦ λαοῦ τούτου Ἰσραὴλ ἐξελέξατο τοὺς πατέρας ἡμῶν
15 7 a ἐν ὑμῖν ἐξελέξατο ὁ θεὸς διὰ τοῦ στόματός μου ἀκοῦσαι τὰ ἔθνη τὸν λόγον τοῦ εὐαγγελίου
15 22 τότε ἔδοξε τοῖς ἀποστόλοις . . . ἐκλεξαμένους ἄνδρας ἐξ αὐτῶν πέμψαι εἰς Ἀντιόχειαν
15 25 ἔδοξεν ἡμῖν γενομένοις ὁμοθυμαδόν, ἐκλεξαμένοις (-νους NVBTϛ) ἄνδρας πέμψαι πρὸς ὑμᾶς
1 C 1 27 b ἀλλὰ τὰ μωρὰ τοῦ κόσμου ἐξελέξατο ὁ θεὸς ἵνα καταισχύνῃ τοὺς σοφούς, ↔
1 27 b καὶ τὰ ἀσθενῆ τοῦ κόσμου ἐξελέξατο ὁ θεὸς ἵνα καταισχύνῃ τὰ ἰσχυρά, ↔
1 28 b καὶ τὰ ἀγενῆ τοῦ κόσμου καὶ τὰ ἐξουθενημένα ἐξελέξατο ὁ θεός . . . ἵνα τὰ ὄντα καταργήσῃ
E 1 4 a καθὼς ἐξελέξατο ἡμᾶς ἐν αὐτῷ . . . εἶναι ἡμᾶς ἁγίους καὶ ἀμώμους κατενώπιον αὐτοῦ
Jc 2 5 οὐχ ὁ θεὸς ἐξελέξατο τοὺς πτωχοὺς τῷ κόσμῳ πλουσίους ἐν πίστει ⟨;⟩

ἐκλείπω
→ λείπω
Lc 16 9 ἵνα ὅταν ἐκλίπῃ (-πητε ϛ) δέξωνται ὑμᾶς εἰς τὰς αἰωνίους σκηνάς
22 32 ἐγὼ δὲ ἐδεήθην περὶ σοῦ ἵνα μὴ ἐκλίπῃ (ἐκλείπῃ ϛ) ἡ πίστις σου
23 45 ⟨σκότος ἐγένετο⟩ || τοῦ ἡλίου ἐκλιπόντος (ἐκλείπ. H) ((καὶ ἐσκοτίσθη ὁ ἥλιος ϛ))
Hb 1 12 σὺ δὲ ὁ αὐτὸς εἶ καὶ τὰ ἔτη σου οὐκ ἐκλείψουσιν

ἐκλεκτός
Mt 20 16 * | πολλοὶ γάρ εἰσι κλητοί, ὀλίγοι δὲ ἐκλεκτοί (+ϛ)
22 14 πολλοὶ γάρ εἰσιν κλητοί, ὀλίγοι δὲ ἐκλεκτοί
24 22 διὰ δὲ τοὺς ἐκλεκτοὺς κολοβωθήσονται αἱ ἡμέραι ἐκεῖναι

Mt 24 24 ὥστε πλανῆσαι (-νᾶσθαι BSH; -νηθῆναι T), εἰ δυνατόν, καὶ τοὺς ἐκλεκτούς
24 31 ἐπισυνάξουσιν τοὺς ἐκλεκτοὺς αὐτοῦ ἐκ τῶν τεσσάρων ἀνέμων
Mc 13 20 διὰ τοὺς ἐκλεκτοὺς οὓς ἐξελέξατο ἐκολόβωσεν τὰς ἡμέρας
13 22 πρὸς τὸ ἀποπλανᾶν, εἰ δυνατόν, τοὺς ἐκλεκτούς
13 27 ἐπισυνάξει τοὺς ἐκλεκτοὺς αὐτοῦ ([N²⁶NH]; —BST) ἐκ τῶν τεσσάρων ἀνέμων
Lc 18 7 ὁ δὲ θεὸς οὐ μὴ ποιήσῃ τὴν ἐκδίκησιν τῶν ἐκλεκτῶν αὐτοῦ ⟨;⟩
23 35 σωσάτω ἑαυτόν, εἰ οὗτός ἐστιν ὁ χριστὸς τοῦ θεοῦ ὁ ἐκλεκτός
Rm 8 33 τίς ἐγκαλέσει κατὰ ἐκλεκτῶν θεοῦ;
16 13 ἀσπάσασθε Ῥοῦφον τὸν ἐκλεκτὸν ἐν κυρίῳ
Cl 3 12 ἐνδύσασθε οὖν, ὡς ἐκλεκτοὶ τοῦ θεοῦ ἅγιοι καὶ ἠγαπημένοι, σπλάγχνα οἰκτιρμοῦ
1 Tm 5 21 διαμαρτύρομαι ἐνώπιον τοῦ θεοῦ καὶ | Χριστοῦ Ἰησοῦ (κυρίου Ἰ. Χ. Sϛ) καὶ τῶν ἐκλεκτῶν ἀγγέλων
2 Tm 2 10 διὰ τοῦτο πάντα ὑπομένω διὰ τοὺς ἐκλεκτούς
Tt 1 1 Παῦλος δοῦλος θεοῦ, ἀπόστολος δὲ Ἰησοῦ Χριστοῦ κατὰ πίστιν ἐκλεκτῶν θεοῦ
1 Pt 1 1 Πέτρος ἀπόστολος Ἰησοῦ Χριστοῦ ἐκλεκτοῖς παρεπιδήμοις διασπορᾶς Πόντου . . . καὶ Βιθυνίας
2 4 λίθον ζῶντα, ὑπὸ ἀνθρώπων μὲν ἀποδεδοκιμασμένον παρὰ δὲ θεῷ ἐκλεκτὸν ἔντιμον
2 6 ἰδοὺ τίθημι ἐν Σιὼν λίθον | ἀκρογωνιαῖον ἐκλεκτὸν (∼ NH) ἔντιμον
2 9 ὑμεῖς δὲ γένος ἐκλεκτόν, βασίλειον ἱεράτευμα
2 Jo 1 ὁ πρεσβύτερος ἐκλεκτῇ κυρίᾳ καὶ τοῖς τέκνοις αὐτῆς
13 ἀσπάζεταί σε τὰ τέκνα τῆς ἀδελφῆς σου τῆς ἐκλεκτῆς
Ap 17 14 ὅτι κύριος κυρίων ἐστὶν . . . καὶ οἱ μετ' αὐτοῦ κλητοὶ καὶ ἐκλεκτοὶ καὶ πιστοί

ἐκλογή
Ac 9 15 ὅτι σκεῦος ἐκλογῆς ἐστίν μοι οὗτος
Rm 9 11 ἵνα ἡ κατ' ἐκλογὴν πρόθεσις τοῦ θεοῦ μένῃ
11 5 οὕτως οὖν καὶ ἐν τῷ νῦν καιρῷ λεῖμμα κατ' ἐκλογὴν χάριτος γέγονεν
11 7 ὃ ἐπιζητεῖ Ἰσραήλ, τοῦτο οὐκ ἐπέτυχεν, ἡ δὲ ἐκλογὴ ἐπέτυχεν
11 28 κατὰ μὲν τὸ εὐαγγέλιον . . . κατὰ δὲ τὴν ἐκλογὴν ἀγαπητοὶ διὰ τοὺς πατέρας
1 Th 1 4 (εὐχαριστοῦμεν τῷ θεῷ πάντοτε) εἰδότες, ἀδελφοὶ ἠγαπημένοι . . . τὴν ἐκλογὴν ὑμῶν
2 Pt 1 10 σπουδάσατε (+ἵνα διὰ τῶν καλῶν ἔργων S) βεβαίαν ὑμῶν τὴν κλῆσιν καὶ ἐκλογὴν ποιεῖσθαι (-ῆσθε S)

ἐκλύομαι
→ λύω
Mt 9 36 * ὅτι ἦσαν ἐκλελυμένοι (ϛ; ἐσκυλμένοι rl) καὶ ἐρριμμένοι ὡσεὶ πρόβατα μὴ ἔχοντα ποιμένα
15 32 ἀπολῦσαι αὐτοὺς νήστεις οὐ θέλω, μήποτε ἐκλυθῶσιν ἐν τῇ ὁδῷ
Mc 8 3 ἐὰν ἀπολύσω αὐτοὺς νήστεις εἰς οἶκον αὐτῶν, ἐκλυθήσονται ἐν τῇ ὁδῷ

G 6 9 καιρῷ γὰρ ἰδίῳ θερίσομεν μὴ ἐκλυόμενοι
Hb 12 3 ἵνα μὴ κάμητε ταῖς ψυχαῖς ὑμῶν ἐκλυόμενοι
12 5 υἱέ μου, μὴ ὀλιγώρει παιδείας κυρίου, μηδὲ ἐκλύου ὑπ' αὐτοῦ ἐλεγχόμενος

ἐκμάσσω
→ ἀπομάσσομαι
Lc 7 38 ἤρξατο βρέχειν τοὺς πόδας αὐτοῦ, καὶ ταῖς θριξὶν τῆς κεφαλῆς αὐτῆς ἐξέμασσεν (-μαξεν T)
7 44 αὕτη δὲ τοῖς δάκρυσιν ἔβρεξέν μου τοὺς πόδας καὶ ταῖς θριξὶν αὐτῆς ἐξέμαξεν
Jo 11 2 ἦν δὲ Μαριὰμ ἡ ἀλείψασα . . . καὶ ἐκμάξασα τοὺς πόδας αὐτοῦ ταῖς θριξὶν αὐτῆς
12 3 ἡ οὖν Μαριὰμ . . . ἐξέμαξεν ταῖς θριξὶν αὐτῆς τοὺς πόδας αὐτοῦ
13 5 ἤρξατο νίπτειν τοὺς πόδας τῶν μαθητῶν καὶ ἐκμάσσειν τῷ λεντίῳ

ἐκμυκτηρίζω
→ μυκτηρίζω
Lc 16 14 ἤκουον δὲ ταῦτα πάντα . . . καὶ ἐξεμυκτήριζον αὐτόν
23 35 ἐξεμυκτήριζον δὲ καὶ (—T) οἱ ἄρχοντες (+σὺν αὐτοῖς Vϛ) λέγοντες

ἐκνεύω
→ νεύω
Jo 5 13 ὁ γὰρ Ἰησοῦς ἐξένευσεν ὄχλου ὄντος ἐν τῷ τόπῳ

ἐκνήφω
→ νήφω
1 C 15 34 ἐκνήψατε δικαίως καὶ μὴ ἁμαρτάνετε

ἑκούσιος
Phm 14 ἵνα μὴ ὡς κατὰ ἀνάγκην τὸ ἀγαθόν σου ᾖ ἀλλὰ κατὰ ἑκούσιον

ἑκουσίως
Hb 10 26 ἑκουσίως γὰρ ἁμαρτανόντων ἡμῶν μετὰ τὸ λαβεῖν τὴν ἐπίγνωσιν τῆς ἀληθείας
1 Pt 5 2 ποιμάνατε τὸ ἐν ὑμῖν ποίμνιον τοῦ θεοῦ, ἐπισκοποῦντες ([N²⁶]; — NTH) μὴ ἀναγκαστῶς ἀλλὰ ἑκουσίως | κατὰ θεόν (—Hϛ)

ἔκπαλαι
2 Pt 2 3 οἷς τὸ κρίμα ἔκπαλαι οὐκ ἀργεῖ
3 5 οὐρανοὶ ἦσαν ἔκπαλαι καὶ γῆ

ἐκπειράζω
→ πειράζω
Mt 4 7 οὐκ ἐκπειράσεις κύριον τὸν θεόν σου
Lc 4 12 οὐκ ἐκπειράσεις κύριον τὸν θεόν σου
10 25 νομικός τις ἀνέστη ἐκπειράζων αὐτὸν λέγων
1 C 10 9 μηδὲ ἐκπειράζωμεν τὸν Χριστόν (N²⁶ϛ; κύριον rl), ↔
10 9 * καθὼς τινες αὐτῶν ἐξεπείρασαν (MBST; ἐπ. rl)

ἐκπέμπω
→ πέμπω
Ac 13 4 αὐτοὶ μὲν οὖν ἐκπεμφθέντες ὑπὸ τοῦ ἁγίου πνεύματος κατῆλθον εἰς Σελεύκειαν
17 10 οἱ δὲ ἀδελφοὶ εὐθέως διὰ νυκτὸς ἐξέπεμψαν τόν τε Παῦλον καὶ τὸν Σιλᾶν εἰς Βέροιαν

ἐκπερισσῶς
Mc 14 31 ὁ δὲ ἐκπερισσῶς (ἐκ περισσοῦ ϛ) ἐλάλει

ἐκπετάννυμι

Rm 10 21 ὅλην τὴν ἡμέραν ἐξεπέτασα τὰς χεῖράς μου πρὸς λαὸν ἀπειθοῦντα καὶ ἀντιλέγοντα

ἐκπηδάω
→ ἀναπηδάω

Ac 14 14 ἀκούσαντες δὲ οἱ ἀπόστολοι ... ἐξεπήδησαν (εἰσ- ς) εἰς τὸν ὄχλον

ἐκπίπτω
→ πίπτω
a term. techn. de re nautica
b met.

Mc 13 25 * οἱ ἀστέρες | ἔσονται ἐκ τοῦ οὐρανοῦ (τ. οὐρ. ἔσ. Vς) ἐκπίπτοντες (VSς; πίπτ. rl)

Ac 12 7 ἐξέπεσαν αὐτοῦ αἱ ἁλύσεις ἐκ τῶν χειρῶν

27 17a φοβούμενοί τε μὴ εἰς τὴν Σύρτιν ἐκπέσωσιν, χαλάσαντες τὸ σκεῦος

27 26a εἰς νῆσον δέ τινα δεῖ ἡμᾶς ἐκπεσεῖν

27 29a φοβούμενοί τε (δὲ BS) μή που κατὰ τραχεῖς τόπους ἐκπέσωμεν (-σωσιν ς)

27 32 τότε ἀπέκοψαν οἱ στρατιῶται τὰ σχοινία τῆς σκάφης καὶ εἴασαν αὐτὴν ἐκπεσεῖν

Rm 9 6b οὐχ οἷον δὲ ὅτι ἐκπέπτωκεν ὁ λόγος τοῦ θεοῦ

1 C 13 8b * ἡ ἀγάπη οὐδέποτε ἐκπίπτει (Vς; [ἐκ]- S; πίπτει rl)

G 5 4b οἵτινες ἐν νόμῳ δικαιοῦσθε, τῆς χάριτος ἐξεπέσατε

Jc 1 11 ἐξήρανεν τὸν χόρτον, καὶ τὸ ἄνθος αὐτοῦ ἐξέπεσεν

1 Pt 1 24 ἐξηράνθη ὁ χόρτος, καὶ τὸ ἄνθος ἐξέπεσεν

2 Pt 3 17b ἵνα μὴ τῇ τῶν ἀθέσμων πλάνῃ συναπαχθέντες ἐκπέσητε τοῦ ἰδίου στηριγμοῦ

Ap 2 5b * μνημόνευε οὖν πόθεν ἐκπέπτωκας (ς; πέπτ. rl)

ἐκπλέω
→ πλέω

Ac 15 39 ὥστε ἀποχωρισθῆναι αὐτοὺς ἀπ' ἀλλήλων, τόν τε Βαρναβᾶν παραλαβόντα τὸν Μᾶρκον ἐκπλεῦσαι εἰς Κύπρον

18 18 ὁ δὲ Παῦλος ... τοῖς ἀδελφοῖς ἀποταξάμενος ἐξέπλει εἰς τὴν Συρίαν

20 6 ἡμεῖς δὲ ἐξεπλεύσαμεν μετὰ τὰς ἡμέρας τῶν ἀζύμων ἀπὸ Φιλίππων

ἐκπληρόω
→ πληρόω

Ac 13 33 ⟨τὴν ... ἐπαγγελίαν⟩ ὅτι ταύτην ὁ θεὸς ἐκπεπλήρωκεν τοῖς τέκνοις || αὐτῶν [N²⁶] ἡμῖν ((ἡμῶν VTH; ἡμῖν N))

ἐκπλήρωσις

Ac 21 26 διαγγέλλων τὴν ἐκπλήρωσιν τῶν ἡμερῶν τοῦ ἁγνισμοῦ

ἐκπλήσσομαι
ἐκπλήττομαι (Hς)
→ πλήσσω
a ἐκπλ. ἐπί

Mt 7 28a ἐξεπλήσσοντο οἱ ὄχλοι ἐπὶ τῇ διδαχῇ αὐτοῦ

13 54 ἐδίδασκεν αὐτοὺς ... ὥστε ἐκπλήσσεσθαι (-ττ- ς) αὐτοὺς καὶ λέγειν

19 25 ἀκούσαντες δὲ οἱ μαθηταὶ ἐξεπλήσσοντο σφόδρα λέγοντες

22 33a ἀκούσαντες οἱ ὄχλοι ἐξεπλήσσοντο ἐπὶ τῇ διδαχῇ αὐτοῦ

Mc 1 22a ἐξεπλήσσοντο ἐπὶ τῇ διδαχῇ αὐτοῦ

6 2 καὶ (+οἱ NMBSTH) πολλοὶ ἀκούοντες ἐξεπλήσσοντο λέγοντες

7 37 ὑπερπερισσῶς ἐξεπλήσσοντο λέγοντες

10 26 οἱ δὲ περισσῶς ἐξεπλήσσοντο λέγοντες πρὸς ἑαυτούς (αὐτόν H)

11 18a πᾶς γὰρ ὁ ὄχλος ἐξεπλήσσετο (-οντο T) ἐπὶ τῇ διδαχῇ αὐτοῦ

Lc 2 48 ἰδόντες αὐτὸν ἐξεπλάγησαν

4 32a ἐξεπλήσσοντο ἐπὶ τῇ διδαχῇ αὐτοῦ

9 43a ἐξεπλήσσοντο δὲ πάντες ἐπὶ τῇ μεγαλειότητι τοῦ θεοῦ

Ac 13 12a ἐπίστευσεν, ἐκπλησσόμενος (-ττ- H) ἐπὶ τῇ διδαχῇ τοῦ κυρίου

ἐκπνέω
→ πνέω

Mc 15 37 ὁ δὲ Ἰησοῦς ἀφεὶς φωνὴν μεγάλην ἐξέπνευσεν

15 39 ἰδὼν δὲ ὁ κεντυρίων ... ὅτι οὕτως ἐξέπνευσεν, εἶπεν

Lc 23 46 τοῦτο δὲ εἰπὼν ἐξέπνευσεν

ἐκπορεύομαι
→ πορεύομαι
a abs.
b τὸ ἐκπορευόμενον, τὰ ἐ-μενα

Mt 3 5 τότε ἐξεπορεύετο πρὸς αὐτὸν Ἱεροσόλυμα καὶ πᾶσα ἡ Ἰουδαία

4 4 οὐκ ἐπ' ἄρτῳ μόνῳ ζήσεται ὁ ἄνθρωπος, ἀλλ' ἐπὶ παντὶ ῥήματι ἐκπορευομένῳ διὰ στόματος θεοῦ

15 11b οὐ τὸ εἰσερχόμενον ... ἀλλὰ τὸ ἐκπορευόμενον ἐκ τοῦ στόματος, τοῦτο κοινοῖ τὸν ἄνθρωπον

15 18b τὰ δὲ ἐκπορευόμενα ἐκ τοῦ στόματος ἐκ τῆς καρδίας ἐξέρχεται

17 21a * | τοῦτο δὲ τὸ γένος οὐκ ἐκπορεύεται, εἰ μὴ ἐν προσευχῇ καὶ νηστείᾳ (+[M]VBς)

20 29 ἐκπορευομένων αὐτῶν ἀπὸ Ἱεριχὼ ἠκολούθησεν αὐτῷ ὄχλος πολύς (—S)

Mc 1 5 ἐξεπορεύετο πρὸς αὐτὸν πᾶσα ἡ Ἰουδαία χώρα καὶ οἱ Ἱεροσολυμῖται πάντες

6 11 ἐκπορευόμενοι ἐκεῖθεν ἐκτινάξατε τὸν χοῦν τὸν ὑποκάτω τῶν ποδῶν ὑμῶν

7 15b ἀλλὰ τὰ ἐκ τοῦ ἀνθρώπου ἐκπορευόμενά ἐστιν τὰ κοινοῦντα τὸν ἄνθρωπον

7 19 ὅτι οὐκ εἰσπορεύεται αὐτοῦ εἰς τὴν καρδίαν ἀλλ' ... εἰς τὸν ἀφεδρῶνα ἐκπορεύεται

7 20b τὸ ἐκ τοῦ ἀνθρώπου ἐκπορευόμενον, ἐκεῖνο κοινοῖ τὸν ἄνθρωπον. ↔

7 21 ἔσωθεν γὰρ ἐκ τῆς καρδίας τῶν ἀνθρώπων οἱ διαλογισμοὶ οἱ κακοὶ ἐκπορεύονται

7 23 πάντα ταῦτα τὰ πονηρὰ ἔσωθεν ἐκπορεύεται καὶ κοινοῖ τὸν ἄνθρωπον

10 17 ἐκπορευομένου αὐτοῦ εἰς ὁδὸν προσδραμὼν εἷς ... ἐπηρώτα αὐτόν

10 46 ἐκπορευομένου αὐτοῦ ἀπὸ Ἱεριχὼ καὶ τῶν μαθητῶν αὐτοῦ καὶ ὄχλου ἱκανοῦ

11 19 ὅταν ὀψὲ ἐγένετο, ἐξεπορεύοντο (-ρεύετο VBSTς) ἔξω τῆς πόλεως

13 1 ἐκπορευομένου αὐτοῦ ἐκ τοῦ ἱεροῦ λέγει αὐτῷ εἷς τῶν μαθητῶν αὐτοῦ

Lc 3 7 ἔλεγεν οὖν τοῖς ἐκπορευομένοις ὄχλοις βαπτισθῆναι ὑπ' αὐτοῦ

4 22 ἐθαύμαζον ἐπὶ τοῖς λόγοις τῆς χάριτος τοῖς ἐκπορευομένοις ἐκ τοῦ στόματος αὐτοῦ

4 37 ἐξεπορεύετο ἦχος περὶ αὐτοῦ εἰς πάντα τόπον τῆς περιχώρου

Jo 5 29 ἐκπορεύσονται οἱ τὰ ἀγαθὰ ποιήσαντες εἰς ἀνάστασιν ζωῆς

15 26 τὸ πνεῦμα τῆς ἀληθείας ὃ παρὰ τοῦ πατρὸς ἐκπορεύεται

Ac 9 28 ἦν μετ' αὐτῶν εἰσπορευόμενος καὶ ἐκπορευόμενος εἰς Ἰερουσαλήμ

19 12a ὥστε ... τά τε πνεύματα τὰ πονηρὰ ἐκπορεύεσθαι (ἐξέρχεσθαι ἀπ' αὐτῶν ς)

25 4a ἑαυτὸν δὲ μέλλειν ἐν τάχει ἐκπορεύεσθαι

E 4 29 πᾶς λόγος σαπρὸς ἐκ τοῦ στόματος ὑμῶν μὴ ἐκπορευέσθω

Ap 1 16 ἐκ τοῦ στόματος αὐτοῦ ῥομφαία δίστομος ὀξεῖα ἐκπορευομένη

4 5 ἐκ τοῦ θρόνου ἐκπορεύονται ἀστραπαὶ καὶ φωναὶ καὶ βρονταί

9 17 ἐκ τῶν στομάτων αὐτῶν ἐκπορεύεται πῦρ καὶ καπνὸς καὶ θεῖον

9 18 ἀπεκτάνθησαν ... ἐκ τοῦ πυρὸς καὶ τοῦ καπνοῦ καὶ τοῦ θείου τοῦ ἐκπορευομένου ἐκ τῶν στομάτων αὐτῶν

11 5 πῦρ ἐκπορεύεται ἐκ τοῦ στόματος αὐτῶν

16 14 ποιοῦντα σημεῖα |, ἃ ἐκπορεύεται (·ἐκπορεύεσθαι ς) ἐπὶ τοὺς βασιλεῖς τῆς οἰκουμένης ὅλης

19 15 ἐκ τοῦ στόματος αὐτοῦ ἐκπορεύεται ῥομφαία ὀξεῖα

19 21 * ἀπεκτάνθησαν ἐν τῇ ῥομφαίᾳ ... τῇ ἐκπορευομένῃ (ς; ἐξελθούσῃ rl) ἐκ τοῦ στόματος αὐτοῦ

22 1 ἔδειξέν μοι ποταμὸν ὕδατος ζωῆς ... ἐκπορευόμενον ἐκ τοῦ θρόνου τοῦ θεοῦ

ἐκπορνεύω
→ πορνεύω

Jd 7 ὡς Σόδομα ... καὶ αἱ περὶ αὐτὰς πόλεις, τὸν ὅμοιον τρόπον τούτοις ἐκπορνεύσασαι

ἐκπτύω
→ πτύω

G 4 14 τὸν πειρασμὸν ὑμῶν (+τὸν VSς) ἐν τῇ σαρκί μου οὐκ ἐξουθενήσατε οὐδὲ ἐξεπτύσατε

ἐκριζόω
→ ῥιζόω

Mt 13 29 οὔ, μήποτε συλλέγοντες τὰ ζιζάνια ἐκριζώσητε ἅμα αὐτοῖς τὸν σῖτον

15 13 πᾶσα φυτεία ἣν οὐκ ἐφύτευσεν ὁ πατήρ μου ... ἐκριζωθήσεται

Lc 17 6 ἐλέγετε ἂν τῇ συκαμίνῳ ταύτῃ ([N²⁶H]; —S)· ἐκριζώθητι καὶ φυτεύθητι ἐν τῇ θαλάσσῃ

Jd 12 οὗτοί εἰσιν ... δένδρα φθινοπωρινὰ ἄκαρπα δὶς ἀποθανόντα ἐκριζωθέντα

ἔκστασις
a ἐξίστημι ἐκστάσει

Mc 5 42a ἐξέστησαν εὐθὺς ([N²⁶]; —ς) ἐκστάσει μεγάλῃ

16 8 εἶχεν γὰρ αὐτὰς τρόμος καὶ ἔκστασις

Lc 5 26 ἔκστασις ἔλαβεν ἅπαντας

Ac 3 10 ἐπλήσθησαν θάμβους καὶ ἐκστάσεως ἐπὶ τῷ συμβεβηκότι αὐτῷ

Ac 10 10 παρασκευαζόντων δὲ αὐτῶν ἐγέ-
νετο ἐπ' αὐτὸν ἔκστασις ⟨καὶ θεω-
ρεῖ τὸν οὐρανόν⟩

11 5 εἶδον ἐν ἐκστάσει ὅραμα

22 17 ἐγένετο δέ μοι ... προσευχομένου
μου ἐν τῷ ἱερῷ γενέσθαι με ἐν
ἐκστάσει

ἐκστρέφω
→ στρέφω

Tt 3 11 ⟨αἱρετικὸν ἄνθρωπον ... παρ-
αιτοῦ⟩ εἰδὼς ὅτι ἐξέστραπται ὁ
τοιοῦτος

ἐκσῴζω
→ σῴζω

Ac 27 39 * εἰς ὃν ἐβουλεύοντο εἰ δύναιντο
ἐκσῶσαι (H; ἐξῶσαι rl) τὸ πλοῖον

ἐκταράσσω
→ ταράσσω

Ac 16 20 οὗτοι οἱ ἄνθρωποι ἐκταράσσουσιν
ἡμῶν τὴν πόλιν

ἐκτείνω
ἐπεκ- προ-
παρα- ὑπερεκ-

a ἀγκύρας ἐ.

Mt 8 3 ἐκτείνας τὴν χεῖρα ἥψατο αὐτοῦ
λέγων

12 13 ἔκτεινόν σου τὴν χεῖρα. ↔

12 13 καὶ ἐξέτεινεν, καὶ ἀπεκατεστάθη
ὑγιὴς ὡς ἡ ἄλλη

12 49 ἐκτείνας τὴν χεῖρα αὐτοῦ ([NH];
—T) ἐπὶ τοὺς μαθητὰς αὐτοῦ
εἶπεν

14 31 εὐθέως δὲ ὁ Ἰησοῦς ἐκτείνας τὴν
χεῖρα ἐπελάβετο αὐτοῦ

26 51 εἷς τῶν μετὰ Ἰησοῦ ἐκτείνας τὴν
χεῖρα ἀπέσπασεν τὴν μάχαιραν
αὐτοῦ

Mc 1 41 καὶ (ὁ δὲ Ἰησοῦς VSς) σπλαγχνι-
σθεὶς ἐκτείνας τὴν χεῖρα αὐτοῦ (—ς)
ἥψατο (+αὐτοῦ Bς)

3 5 ἔκτεινον τὴν χεῖρα (+σου BHς). ↔

3 5 καὶ ἐξέτεινεν, καὶ ἀπεκατεστάθη ἡ
χεὶρ αὐτοῦ

Lc 5 13 ἐκτείνας τὴν χεῖρα ἥψατο αὐτοῦ
λέγων (εἰπὼν VSTς)

6 10 ἔκτεινον τὴν χεῖρά σου

22 53 καθ' ἡμέραν ὄντος μου μεθ' ὑμῶν
ἐν τῷ ἱερῷ οὐκ ἐξετείνατε τὰς χεῖ-
ρας ἐπ' ἐμέ

Jo 21 18 ὅταν δὲ γηράσῃς, ἐκτενεῖς τὰς
χεῖράς σου

Ac 4 30 ⟨δὸς ... λαλεῖν τὸν λόγον σου⟩ ἐν
τῷ τὴν χεῖρά σου ([N²⁶]; —NMH)
ἐκτείνειν σε εἰς ἴασιν

26 1 τότε ὁ Παῦλος ἐκτείνας τὴν χεῖρα
ἀπελογεῖτο

27 30 a χαλασάντων τὴν σκάφην ...
προφάσει ὡς ἐκ πρῴρης ἀγκύρας
μελλόντων ἐκτείνειν

ἐκτελέω
→ τελέω

Lc 14 29 ἵνα μήποτε θέντος αὐτοῦ θεμέλιον
καὶ μὴ ἰσχύοντος ἐκτελέσαι

14 30 οὗτος ὁ ἄνθρωπος ἤρξατο οἰκοδο-
μεῖν καὶ οὐκ ἴσχυσεν ἐκτελέσαι

ἐκτένεια

Ac 26 7 εἰς ἣν τὸ δωδεκάφυλον ἡμῶν ἐν
ἐκτενείᾳ νύκτα καὶ ἡμέραν λατρεῦ-
ον ἐλπίζει καταντῆσαι

ἐκτενής

Ac 12 5 * προσευχὴ δὲ ἦν ἐκτενὴς (Sς;
-νῶς rl) γινομένη ὑπὸ τῆς ἐκκλη-
σίας πρὸς τὸν θεὸν περὶ αὐτοῦ

1Pt 4 8 πρὸ πάντων τὴν εἰς ἑαυτοὺς ἀγά-
πην ἐκτενῆ ἔχοντες

ἐκτενῶς

a ἐκτενέστερον

Lc 22 44 a | καὶ γενόμενος ἐν ἀγωνίᾳ ἐκτενέ-
στερον προσηύχετο [..N²⁶NSH..]

Ac 12 5 προσευχὴ δὲ ἦν ἐκτενῶς (-νὴς Sς)
γινομένη ὑπὸ τῆς ἐκκλησίας πρὸς
τὸν θεὸν περὶ αὐτοῦ

1Pt 1 22 ἐκ καθαρᾶς ([N²⁶]; —NBTH) καρ-
δίας ἀλλήλους ἀγαπήσατε ἐκτενῶς

ἐκτίθημι
→ τίθημι

Ac 7 21 ἐκτεθέντος (-τα ς) δὲ αὐτοῦ (αὐ-
τὸν ς) ἀνείλατο αὐτὸν ἡ θυγάτηρ
Φαραὼ

11 4 ἀρξάμενος δὲ Πέτρος ἐξετίθετο
αὐτοῖς καθεξῆς λέγων

18 26 ἀκούσαντες δὲ αὐτοῦ ... ἀκριβέ-
στερον αὐτῷ ἐξέθεντο τὴν ὁδὸν
| τοῦ θεοῦ [N²⁶]

28 23 οἷς ἐξετίθετο διαμαρτυρόμενος τὴν
βασιλείαν τοῦ θεοῦ

ἐκτινάσσω
→ ἀποτινάσσω

Mt 10 14 ἐξερχόμενοι ... ἐκτινάξατε τὸν
κονιορτὸν (+ἐκ MVBST) τῶν
ποδῶν ὑμῶν

Mc 6 11 ἐκπορευόμενοι ἐκεῖθεν ἐκτινάξατε
τὸν χοῦν τὸν ὑποκάτω τῶν ποδῶν
ὑμῶν

Ac 13 51 οἱ δὲ ἐκτιναξάμενοι τὸν κονιορτὸν
τῶν ποδῶν ἐπ' αὐτοὺς ἦλθον εἰς
Ἰκόνιον

18 6 ἀντιτασσομένων δὲ αὐτῶν καὶ
βλασφημούντων ἐκτιναξάμενος τὰ
ἱμάτια εἶπεν πρὸς αὐτούς

ἕκτος

a ἕ. ὥρα

Mt 20 5 a πάλιν δὲ ([N²⁶NH]; —ς) ἐξελθὼν
περὶ ἕκτην καὶ ἐνάτην ὥραν ἐποίη-
σεν ὡσαύτως

27 45 a ἀπὸ δὲ ἕκτης ὥρας σκότος ἐγένετο
ἐπὶ πᾶσαν τὴν γῆν

Mc 15 33 a γενομένης ὥρας ἕκτης σκότος
ἐγένετο ἐφ' ὅλην τὴν γῆν

Lc 1 26 ἐν δὲ τῷ μηνὶ τῷ ἕκτῳ ἀπεστάλη ὁ
ἄγγελος Γαβριὴλ ... εἰς πόλιν ...
Ναζαρὲθ

1 36 οὗτος μὴν ἕκτος ἐστὶν αὐτῇ τῇ
καλουμένῃ στείρᾳ

23 44 a | καὶ ἦν ἤδη (κ. ἦν [ἤδη] S; ἦν δὲ
Vς) ὡσεὶ ὥρα ἕκτη καὶ σκότος
ἐγένετο ἐφ' ὅλην τὴν γῆν

Jo 4 6 a ὥρα ἦν ὡς (ὡσεὶ Vς) ἕκτη

19 14 a ἦν δὲ παρασκευὴ τοῦ πάσχα, ὥρα
| ἦν ὡς (δὲ ὡσεὶ ς) ἕκτη

Ac 10 9 a ἀνέβη Πέτρος ἐπὶ τὸ δῶμα προσ-
εύξασθαι περὶ ὥραν ἕκτην

Ap 6 12 ὅτε ἤνοιξεν τὴν σφραγῖδα τὴν
ἕκτην

9 13 ὁ ἕκτος ἄγγελος ἐσάλπισεν

9 14 ⟨ἤκουσα⟩ λέγοντα τῷ ἕκτῳ ἀγγέ-
λῳ, ὁ ἔχων τὴν σάλπιγγα

16 12 ὁ ἕκτος ἐξέχεεν τὴν φιάλην αὐτοῦ
ἐπὶ τὸν ποταμὸν ... Εὐφράτην

21 20 ⟨οἱ θεμέλιοι τοῦ τείχους τῆς
πόλεως παντὶ λίθῳ τιμίῳ κεκοσμη-
μένοι⟩ ὁ πέμπτος σαρδόνυξ, ὁ ἕκ-
τος σάρδιον, ὁ ἕβδομος χρυσόλιθος

ἐκτός

a ἐκτὸς εἰ μή

b τὸ ἐ.

Mt 23 26 b καθάρισον πρῶτον τὸ ἐντὸς τοῦ
ποτηρίου (+καὶ τῆς παροψίδος
V[H]ς) ἵνα γένηται καὶ τὸ ἐκτὸς
αὐτοῦ (αὐτῶν VSς) καθαρόν

Ac 26 22 οὐδὲν ἐκτὸς λέγων ὧν τε οἱ
προφῆται ἐλάλησαν μελλόντων
γίνεσθαι

1 C 6 18 πᾶν ἁμάρτημα ὃ ἐὰν ποιήσῃ ἄν-
θρωπος ἐκτὸς τοῦ σώματός ἐστιν

14 5 a μείζων δὲ ὁ προφητεύων ἢ ὁ λαλῶν
γλώσσαις, ἐκτὸς εἰ μὴ διερμηνεύῃ

15 2 a ⟨τὸ εὐαγγέλιον⟩ εἰ κατέχετε, ἐκτὸς
εἰ μὴ εἰκῆ ἐπιστεύσατε

15 27 ὅταν δὲ εἴπῃ ὅτι πάντα ὑποτέτα-
κται, δῆλον ὅτι ἐκτὸς τοῦ ὑποτά-
ξαντος αὐτῷ τὰ πάντα

2 C 12 2 εἴτε ἐν σώματι οὐκ οἶδα, εἴτε ἐκτὸς
τοῦ σώματος οὐκ οἶδα

12 3 * εἴτε ἐν σώματι εἴτε ἐκτὸς (Sς;
χωρὶς rl) τοῦ σώματος | οὐκ οἶδα
[NH]

1Tm 5 19 a κατὰ πρεσβυτέρου κατηγορίαν
μὴ παραδέχου, ἐκτὸς εἰ μὴ ἐπὶ δύο
ἢ τριῶν μαρτύρων

ἐκτρέπομαι
→ ἀνατρέπω

1Tm 1 6 ὧν τινες ἀστοχήσαντες ἐξετράπη-
σαν εἰς ματαιολογίαν

5 15 ἤδη γάρ τινες ἐξετράπησαν ὀπίσω
τοῦ σατανᾶ

6 20 τὴν παραθήκην φύλαξον, ἐκτρεπό-
μενος τὰς βεβήλους κενοφωνίας
καὶ ἀντιθέσεις τῆς ψευδωνύμου
γνώσεως

2Tm 4 4 ἐπὶ δὲ τοὺς μύθους ἐκτραπήσονται

Hb 12 13 τροχιὰς ὀρθὰς ποιεῖτε (ποιήσατε
MVSς) ... ἵνα μὴ τὸ χωλὸν ἐκ-
τραπῇ, ἰαθῇ δὲ μᾶλλον

ἐκτρέφω
→ τρέφω

E 5 29 οὐδεὶς ... τὴν ἑαυτοῦ σάρκα
ἐμίσησεν, ἀλλὰ ἐκτρέφει καὶ θάλπει
αὐτήν

6 4 οἱ πατέρες, μὴ παροργίζετε τὰ
τέκνα ὑμῶν, ἀλλὰ ἐκτρέφετε αὐτὰ
ἐν παιδείᾳ καὶ νουθεσίᾳ κυρίου

ἔκτρωμα

1 C 15 8 ἔσχατον δὲ πάντων ὡσπερεὶ τῷ
ἐκτρώματι ὤφθη κἀμοί

ἐκφέρω
→ φέρω

Mc 8 23 ἐπιλαβόμενος τῆς χειρὸς τοῦ τυ-
φλοῦ ἐξήνεγκεν (ἐξήγαγεν ς) αὐτὸν
ἔξω τῆς κώμης

Lc 15 22 ταχὺ (—Tς) ἐξενέγκατε στολὴν
τὴν πρώτην καὶ ἐνδύσατε αὐτόν

Ac 5 6 ἀναστάντες δὲ οἱ νεώτεροι συν-
έστειλαν αὐτὸν καὶ ἐξενέγκαντες
ἔθαψαν

5 9 ἰδοὺ οἱ πόδες τῶν θαψάντων τὸν
ἄνδρα σου ἐπὶ τῇ θύρᾳ καὶ
ἐξοίσουσίν σε

5 10 οἱ νεανίσκοι ... ἐξενέγκαντες ἔθα-
ψαν πρὸς τὸν ἄνδρα αὐτῆς

5 15 ὥστε | καὶ εἰς (κατὰ ς) τὰς πλατείας
ἐκφέρειν τοὺς ἀσθενεῖς

1Tm 6 7 (+ δῆλον Vς) ὅτι οὐδὲ ἐξενεγκεῖν
τι δυνάμεθα

Hb 6 8 ⟨γῆ γὰρ ... τίκτουσα βοτάνην⟩
ἐκφέρουσα δὲ ἀκάνθας καὶ τριβό-
λους ἀδόκιμος

ἐκφεύγω
→ φεύγω

Lc 21 36 δεόμενοι ἵνα κατισχύσητε (κατ-
αξιωθῆτε Vς) ἐκφυγεῖν ταῦτα πάν-
τα τὰ μέλλοντα γίνεσθαι

Ac 16 27 νομίζων ἐκπεφευγέναι τοὺς δεσμί-
ους

Ac 19 16 ὥστε γυμνοὺς καὶ τετραυματισμένους ἐκφυγεῖν ἐκ τοῦ οἴκου ἐκείνου

Rm 2 3 λογίζῃ δὲ τοῦτο . . . ὅτι σὺ ἐκφεύξῃ τὸ κρίμα τοῦ θεοῦ;

2 C 11 33 ἐν σαργάνῃ ἐχαλάσθην διὰ τοῦ τείχους καὶ ἐξέφυγον τὰς χεῖρας αὐτοῦ

1 Th 5 3 αὐτοῖς ἐφίσταται ὄλεθρος . . . καὶ οὐ μὴ ἐκφύγωσιν

Hb 2 3 πῶς ἡμεῖς ἐκφευξόμεθα τηλικαύτης ἀμελήσαντες σωτηρίας;

12 25 εἰ γὰρ ἐκεῖνοι οὐκ ἐξέφυγον (ἔφ.ς) ἐπὶ γῆς παραιτησάμενοι τὸν χρηματίζοντα

ἐκφοβέω
→ φοβέομαι

2 C 10 9 ἵνα μὴ δόξω | ὡς ἂν (ὡσὰν N) ἐκφοβεῖν ὑμᾶς διὰ τῶν ἐπιστολῶν

ἔκφοβος

Mc 9 6 | ἔκφοβοι γὰρ ἐγένοντο (ἦσαν γὰρ ἔκφοβοι ς)

Hb 12 21 Μωϋσῆς εἶπεν· ἔκφοβός εἰμι καὶ ἔντρομος

ἐκφύω
→ φύω

Mt 24 32 ὅταν ἤδη ὁ κλάδος αὐτῆς γένηται ἁπαλὸς καὶ τὰ φύλλα ἐκφύῃ

Mc 13 28 ὅταν | ἤδη ὁ κλάδος αὐτῆς (~ VS Τς) ἁπαλὸς γένηται καὶ ἐκφύῃ (-φυῇ ς) τὰ φύλλα

ἐκχέω, ἐκχύν(ν)ω
ἐκχύνω ς
ἐπι-   κατα-   συγ-
a c. (ἅγιον) πνεῦμα
b c. αἷμα

Mt 9 17 εἰ δὲ μή γε . . . ὁ οἶνος ἐκχεῖται καὶ οἱ ἀσκοὶ ἀπόλλυνται

23 35b ὅπως ἔλθῃ ἐφ' ὑμᾶς πᾶν αἷμα δίκαιον ἐκχυννόμενον ἐπὶ τῆς γῆς

26 28b τοῦτο γάρ ἐστιν τὸ αἷμά μου (+ τὸ [V]Sς) τῆς (+καινῆς [V]Sς) διαθήκης τὸ περὶ πολλῶν ἐκχυννόμενον

Mc 2 22 *εἰ δὲ μή . . . ὁ οἶνος | ἐκχεῖται καὶ οἱ ἀσκοὶ ἀπολοῦνται (Vς; ἀπόλλυται καὶ οἱ ἀ. rl)

14 24b τοῦτό ἐστιν τὸ αἷμά μου (+τὸ Vς) τῆς (+καινῆς [V]ς) διαθήκης τὸ | ἐκχυννόμενον ὑπὲρ πολλῶν (περὶ π. ἐκχ. Vς)

Lc 5 37 εἰ δὲ μή γε, ῥήξει ὁ οἶνος . . . τοὺς ἀσκούς, καὶ αὐτὸς ἐκχυθήσεται

11 50b ἵνα ἐκζητηθῇ τὸ αἷμα πάντων τῶν προφητῶν τὸ ἐκκεχυμένον (ἐκχυννόμενον Τς) ἀπὸ καταβολῆς κόσμου

22 20b | τοῦτο τὸ ποτήριον ἡ καινὴ διαθήκη ἐν τῷ αἵματί μου, τὸ ὑπὲρ ὑμῶν ἐκχυννόμενον [. . ΝΗ]

Jo 2 15 τῶν κολλυβιστῶν ἐξέχεεν | τὸ κέρμα (τὰ κέρματα ΝΗ)

Ac 1 18 ἐξεχύθη πάντα τὰ σπλάγχνα αὐτοῦ

2 17a ἐκχεῶ ἀπὸ τοῦ πνεύματός μου ἐπὶ πᾶσαν σάρκα

2 18a καί γε ἐπὶ τοὺς δούλους μου . . . ἐν ταῖς ἡμέραις ἐκείναις ἐκχεῶ ἀπὸ τοῦ πνεύματός μου

2 33a ἐξέχεεν τοῦτο ὃ ὑμεῖς καὶ ([Ν26 VH]; —ς) βλέπετε καὶ ἀκούετε

10 45a ὅτι καὶ ἐπὶ τὰ ἔθνη ἡ δωρεὰ τοῦ | ἁγίου πνεύματος (π. τοῦ ἁ. H) ἐκκέχυται

22 20b ὅτε ἐξεχύννετο (-εχεῖτο VSς) τὸ αἷμα Στεφάνου τοῦ μάρτυρός σου

Rm 3 15b ὀξεῖς οἱ πόδες αὐτῶν ἐκχέαι αἷμα

5 5a ὅτι ἡ ἀγάπη τοῦ θεοῦ ἐκκέχυται ἐν ταῖς καρδίαις ἡμῶν διὰ πνεύματος ἁγίου

Tt 3 6a ⟨ἔσωσεν ἡμᾶς διὰ λουτροῦ . . . ἀνακαινώσεως πνεύματος ἁγίου⟩ οὗ ἐξέχεεν ἐφ' ἡμᾶς πλουσίως

Jd 11 οὐαὶ αὐτοῖς, ὅτι . . . τῇ πλάνῃ τοῦ Βαλαὰμ μισθοῦ ἐξεχύθησαν

Ap 16 1 ὑπάγετε καὶ ἐκχέετε (-ατε ς) τὰς ἑπτὰ φιάλας . . . εἰς τὴν γῆν. ↔

16 2 καὶ ἀπῆλθεν ὁ πρῶτος καὶ ἐξέχεεν τὴν φιάλην αὐτοῦ εἰς τὴν γῆν

16 3 ὁ δεύτερος ἐξέχεεν τὴν φιάλην αὐτοῦ εἰς τὴν θάλασσαν

16 4 ὁ τρίτος ἐξέχεεν τὴν φιάλην αὐτοῦ εἰς τοὺς ποταμούς

16 6b ὅτι αἷμα (αἵματα Τ) ἁγίων καὶ προφητῶν ἐξέχεαν

16 8 ὁ τέταρτος ἐξέχεεν τὴν φιάλην αὐτοῦ ἐπὶ τὸν ἥλιον

16 10 ὁ πέμπτος ἐξέχεεν τὴν φιάλην αὐτοῦ ἐπὶ τὸν θρόνον τοῦ θηρίου

16 12 ὁ ἕκτος ἐξέχεεν τὴν φιάλην αὐτοῦ ἐπὶ τὸν ποταμὸν . . . Εὐφράτην

16 17 ὁ ἕβδομος ἐξέχεεν τὴν φιάλην αὐτοῦ ἐπὶ τὸν ἀέρα

ἐκχύν(ν)ω
→ ἐκχέω, ἐκχύν(ν)ω

ἐκχωρέω
→ χωρέω

Lc 21 21 τότε . . . οἱ ἐν μέσῳ αὐτῆς ἐκχωρείτωσαν

ἐκψύχω
→ ψύχω

Ac 5 5 ἀκούων δὲ ὁ Ἁνανίας τοὺς λόγους τούτους πεσὼν ἐξέψυξεν

5 10 ἔπεσεν δὲ παραχρῆμα πρὸς τοὺς πόδας αὐτοῦ καὶ ἐξέψυξεν

12 23 παραχρῆμα δὲ ἐπάταξεν αὐτὸν ἄγγελος . . . καὶ γενόμενος σκωληκόβρωτος ἐξέψυξεν

ἑκών

Rm 8 20 τῇ γὰρ ματαιότητι ἡ κτίσις ὑπετάγη, οὐχ ἑκοῦσα, ἀλλὰ διὰ τὸν ὑποτάξαντα

1 C 9 17 εἰ γὰρ ἑκὼν τοῦτο πράσσω, μισθὸν ἔχω

ἐλαία
a sing.

Mt 21 1 ὅτε . . . ἦλθον εἰς Βηθφαγὴ εἰς (πρὸς MVSς) τὸ ὄρος ("Ο. H) τῶν ἐλαιῶν ('Ε. ΜΒΗ)

24 3 καθημένου δὲ αὐτοῦ ἐπὶ τοῦ ὄρους ("Ο. H) τῶν ἐλαιῶν ('Ε. ΜΒΗ)

26 30 ὑμνήσαντες ἐξῆλθον εἰς τὸ ὄρος ("Ο. H) τῶν ἐλαιῶν ('Ε. ΜΒΗ)

Mc 11 1 ὅτε ἐγγίζουσιν εἰς Ἱεροσόλυμα . . . πρὸς τὸ ὄρος ("Ο. H) τῶν ἐλαιῶν ('Ε. ΒΗς)

13 3 καθημένου αὐτοῦ εἰς τὸ ὄρος ("Ο. H) τῶν ἐλαιῶν ('Ε. ΒΗς) κατέναντι τοῦ ἱεροῦ

14 26 ὑμνήσαντες ἐξῆλθον εἰς τὸ ὄρος ("Ο. H) τῶν ἐλαιῶν ('Ε. ΒΗς)

Lc 19 29 ὡς ἤγγισεν εἰς Βηθφαγὴ . . . πρὸς τὸ ὄρος τὸ καλούμενον Ἐλαιῶν (Ν26 ΒΗς; -ῶν rl)

19 37 ἐγγίζοντος δὲ αὐτοῦ ἤδη πρὸς τῇ καταβάσει τοῦ ὄρους ("Ο. H) τῶν ἐλαιῶν ('Ε. ΒΗς)

21 37 ἐξερχόμενος ηὐλίζετο εἰς τὸ ὄρος τὸ καλούμενον Ἐλαιῶν (Ν26 ΒΗς; -ῶν rl)

Lc 22 39 ἐπορεύθη κατὰ τὸ ἔθος εἰς τὸ ὄρος ("Ο. H) τῶν ἐλαιῶν ('Ε. ΒΗς)

Jo [8 1] Ἰησοῦς δὲ ἐπορεύθη εἰς τὸ ὄρος ("Ο. H) τῶν ἐλαιῶν ('Ε. Ης)

Rm 11 17a εἰ . . . σὺ δὲ . . . συγκοινωνὸς τῆς ῥίζης (+καὶ MVBSς) τῆς πιότητος τῆς ἐλαίας ἐγένου

11 24a πόσῳ μᾶλλον οὗτοι οἱ κατὰ φύσιν ἐγκεντρισθήσονται τῇ ἰδίᾳ ἐλαίᾳ

Jc 3 12 μὴ δύναται . . . συκῆ ἐλαίας ποιῆσαι ἢ ἄμπελος σῦκα;

Ap 11 4 οὗτοί εἰσιν αἱ δύο ἐλαῖαι καὶ αἱ δύο λυχνίαι

ἔλαιον
a c. ἀλείφω vel χρίω

Mt 25 3 αἱ γὰρ μωραὶ . . . οὐκ ἔλαβον μεθ' ἑαυτῶν ἔλαιον. ↔

25 4 αἱ δὲ φρόνιμοι ἔλαβον ἔλαιον ἐν τοῖς ἀγγείοις

25 8 δότε ἡμῖν ἐκ τοῦ ἐλαίου ὑμῶν

Mc 6 13a ἤλειφον ἐλαίῳ πολλοὺς ἀρρώστους καὶ ἐθεράπευον

Lc 7 46a ἐλαίῳ τὴν κεφαλήν μου οὐκ ἤλειψας

10 34 προσελθὼν κατέδησεν τὰ τραύματα αὐτοῦ ἐπιχέων ἔλαιον καὶ οἶνον

16 6 ⟨πόσον ὀφείλεις τῷ κυρίῳ μου;⟩ ὁ δὲ εἶπεν· ἑκατὸν βάτους ἐλαίου

Hb 1 9a διὰ τοῦτο ἔχρισέν σε . . . ὁ θεός σου ἔλαιον ἀγαλλιάσεως παρὰ τοὺς μετόχους σου

Jc 5 14a προσευξάσθωσαν ἐπ' αὐτὸν ἀλείψαντες αὐτὸν ([Ν26]; —ΝΒΤΗ) ἐλαίῳ ἐν τῷ ὀνόματι | τοῦ κυρίου [H]

Ap 6 6 καὶ τὸ ἔλαιον καὶ τὸν οἶνον μὴ ἀδικήσῃς

18 13 ⟨τὸν γόμον αὐτῶν οὐδεὶς ἀγοράζει οὐκέτι⟩ καὶ οἶνον καὶ ἔλαιον καὶ σεμίδαλιν

ἐλαιών

Lc 19 29 * ὡς ἤγγισεν εἰς Βηθφαγὴ . . . πρὸς τὸ ὄρος τὸ καλούμενον ἐλαιῶν ('Ε. Μ; -ῶν Ν26ΒΗς)

21 37 * ἐξερχόμενος ηὐλίζετο εἰς τὸ ὄρος τὸ καλούμενον ἐλαιῶν ('Ε. Μ; -ῶν Ν26ΒΗς)

Ac 1 12 τότε ὑπέστρεψαν εἰς Ἱερουσαλὴμ ἀπὸ ὄρους τοῦ καλουμένου ἐλαιῶνος ('Ε. ΜΒΗς)

Ἐλαμίτης
Ἐλαμείτης STH

Ac 2 9 Πάρθοι καὶ Μῆδοι καὶ Ἐλαμῖται ⟨ἀκούομεν λαλούντων αὐτῶν ταῖς ἡμετέραις γλώσσαις τὰ μεγαλεῖα τοῦ θεοῦ⟩

ἐλάσσων, ἐλάττων
a adv.

Jo 2 10 πᾶς ἄνθρωπος πρῶτον τὸν καλὸν οἶνον τίθησιν, καὶ ὅταν μεθυσθῶσιν τότε (—Ν26ΝΤΗ) τὸν ἐλάσσω

Rm 9 12 ἐρρέθη αὐτῇ ὅτι ὁ μείζων δουλεύσει τῷ ἐλάσσονι

1 Tm 5 9a χήρα καταλεγέσθω μὴ ἔλαττον ἐτῶν ἑξήκοντα γεγονυῖα

Hb 7 7 χωρὶς δὲ πάσης ἀντιλογίας τὸ ἔλαττον ὑπὸ τοῦ κρείττονος εὐλογεῖται

ἐλαττονέω

2 C 8 15 ὁ τὸ πολὺ οὐκ ἐπλεόνασεν, καὶ ὁ τὸ ὀλίγον οὐκ ἠλαττόνησεν

ἐλαττόω

Jo 3 30 ἐκεῖνον δεῖ αὐξάνειν, ἐμὲ δὲ ἐλαττοῦσθαι

Hb 2 7 ἠλάττωσας αὐτὸν βραχύ τι παρ' ἀγγέλους

Hb 2 9 τὸν δὲ βραχύ τι παρ' ἀγγέλους ἠλαττωμένον βλέπομεν Ἰησοῦν ... ἐστεφανωμένον

ἐλάττων
→ ἐλάσσων, ἐλάττων

ἐλαύνω
ἀπ-   συν-

Mc 6 48 ἰδὼν (εἶδεν Vς) αὐτοὺς βασανιζομένους ἐν τῷ ἐλαύνειν, ἦν γὰρ ὁ ἄνεμος ἐναντίος αὐτοῖς

Lc 8 29 διαρρήσσων τὰ δεσμὰ ἠλαύνετο ὑπὸ (ἀπὸ NMH) τοῦ δαιμονίου (δαίμονος Vς) εἰς τὰς ἐρήμους

Jo 6 19 ἐληλακότες οὖν ὡς σταδίους (στάδια T) εἴκοσι πέντε ... θεωροῦσιν τὸν Ἰησοῦν

Jc 3 4 ἰδοὺ καὶ τὰ πλοῖα, τηλικαῦτα ὄντα καὶ ὑπὸ ἀνέμων σκληρῶν ἐλαυνόμενα, μετάγεται

2Pt 2 17 οὗτοί εἰσιν ... ὁμίχλαι ὑπὸ λαίλαπος ἐλαυνόμεναι

ἐλαφρία
2C 1 17 τοῦτο οὖν βουλόμενος μήτι ἄρα τῇ ἐλαφρίᾳ ἐχρησάμην;

ἐλαφρός
Mt 11 30 ὁ γὰρ ζυγός μου χρηστὸς καὶ τὸ φορτίον μου ἐλαφρόν ἐστιν

2C 4 17 τὸ γὰρ παραυτίκα ἐλαφρὸν τῆς θλίψεως ἡμῶν (—NH) ... αἰώνιον βάρος δόξης κατεργάζεται ἡμῖν

ἐλάχιστος
ᵃ ἐλαχιστότερος
ᵇ εἰς ἐλάχιστόν ἐστιν

Mt 2 6 καὶ σὺ Βηθλέεμ, γῆ Ἰούδα, οὐδαμῶς ἐλαχίστη εἶ ἐν τοῖς ἡγεμόσιν Ἰούδα

    5 19 ὃς ἐὰν οὖν λύσῃ μίαν τῶν ἐντολῶν τούτων τῶν ἐλαχίστων καὶ διδάξῃ οὕτως τοὺς ἀνθρώπους, ↔

    5 19 ἐλάχιστος κληθήσεται ἐν τῇ βασιλείᾳ τῶν οὐρανῶν

    25 40 ἐφ' ὅσον ἐποιήσατε ἑνὶ τούτων τῶν ἀδελφῶν μου τῶν ἐλαχίστων

    25 45 ἐφ' ὅσον οὐκ ἐποιήσατε ἑνὶ τούτων τῶν ἐλαχίστων

Lc 12 26 ⟨τίς ... μεριμνῶν δύναται ... προσθεῖναι πῆχυν⟩ εἰ οὖν οὐδὲ ἐλάχιστον δύνασθε

    16 10 ὁ πιστὸς ἐν ἐλαχίστῳ καὶ ἐν πολλῷ πιστός ἐστιν, ↔

    16 10 καὶ ὁ ἐν ἐλαχίστῳ ἄδικος καὶ ἐν πολλῷ ἄδικός ἐστιν

    19 17 εὖγε (εὖ Vς), ἀγαθὲ δοῦλε, ὅτι ἐν ἐλαχίστῳ πιστὸς ἐγένου

1C 4 3ᵇἐμοὶ δὲ εἰς ἐλάχιστόν ἐστιν ἵνα ὑφ' ὑμῶν ἀνακριθῶ

    6 2 εἰ ἐν ὑμῖν κρίνεται ὁ κόσμος, ἀνάξιοί ἐστε κριτηρίων ἐλαχίστων;

    15 9 ἐγὼ γάρ εἰμι ὁ ἐλάχιστος τῶν ἀποστόλων

E 3 8ᵃἐμοὶ τῷ ἐλαχιστοτέρῳ πάντων ἁγίων ἐδόθη ἡ χάρις αὕτη

Jc 3 4 ἰδοὺ καὶ τὰ πλοῖα ... ὑπὸ ἀνέμων σκληρῶν ἐλαυνόμενα, μετάγεται ὑπὸ ἐλαχίστου πηδαλίου

Ἐλεάζαρ
Ἐλεαζάρ N

Mt 1 15 Ἐλιοὺδ δὲ ἐγέννησεν τὸν Ἐλεάζαρ, ↔

    1 15 Ἐλεάζαρ δὲ ἐγέννησεν τὸν Ματθάν

ἐλεάω
→ ἐλεέω

Rm 9 16 ἄρα οὖν οὐ τοῦ θέλοντος ... ἀλλὰ τοῦ ἐλεῶντος (ἐλεοῦντος Vς) θεοῦ

Jd 22 καὶ οὓς μὲν ἐλεᾶτε (-εεῖτε ς; ἐλέγχετε MBT) διακρινομένους, ↔

    23 |οὓς δὲ (—NVSHς) σῴζετε ἐκ πυρὸς ἁρπάζοντες, οὓς δὲ ἐλεᾶτε (—ς) ἐν φόβῳ

ἐλεγμός
2Tm 3 16 πᾶσα γραφὴ θεόπνευστος καὶ ὠφέλιμος πρὸς διδασκαλίαν, πρὸς ἐλεγμόν (ἔλεγχον ς), πρὸς ἐπανόρθωσιν

ἔλεγξις
2Pt 2 16 ἔλεγξιν δὲ ἔσχεν ἰδίας παρανομίας

ἔλεγχος
2Tm 3 16 * πᾶσα γραφὴ θεόπνευστος καὶ ὠφέλιμος πρὸς διδασκαλίαν, πρὸς ἔλεγχον (ς; ἐλεγμόν rl), πρὸς ἐπανόρθωσιν

Hb 11 1 ἔστιν δὲ πίστις ἐλπιζομένων ὑπόστασις, πραγμάτων ἔλεγχος οὐ βλεπομένων

ἐλέγχω
διακατ-   ἐξ-
ᵃ pass.
ᵇ abs.

Mt 18 15 ἐὰν δὲ ἁμαρτήσῃ | εἰς σὲ ([N²⁶S]; —NTH) ὁ ἀδελφός σου, ὕπαγε ἔλεγξον αὐτόν

Lc 3 19ᵃὁ δὲ Ἡρῴδης ὁ τετραάρχης, ἐλεγχόμενος ὑπ' αὐτοῦ περὶ Ἡρῳδιάδος ... καὶ περὶ πάντων ὧν ἐποίησεν πονηρῶν

Jo 3 20ᵃπᾶς γὰρ ὁ φαῦλα πράσσων μισεῖ τὸ φῶς ... ἵνα μὴ ἐλεγχθῇ τὰ ἔργα αὐτοῦ

  [8 9]ᵃ* οἱ δὲ ἀκούσαντες | καὶ ὑπὸ τῆς συνειδήσεως ἐλεγχόμενοι (+ς) ἐξήρχοντο εἷς καθ' εἷς

    8 46 τίς ἐξ ὑμῶν ἐλέγχει με περὶ ἁμαρτίας;

    16 8 ἐλθὼν ἐκεῖνος ἐλέγξει τὸν κόσμον περὶ ἁμαρτίας καὶ περὶ δικαιοσύνης καὶ περὶ κρίσεως

1C 14 24ᵃἐὰν δὲ πάντες προφητεύωσιν, εἰσέλθῃ δέ τις ἄπιστος ... ἐλέγχεται ὑπὸ πάντων

E 5 11ᵇμὴ συγκοινωνεῖτε τοῖς ἔργοις ... τοῦ σκότους, μᾶλλον δὲ καὶ ἐλέγχετε

    5 13ᵃτὰ δὲ πάντα ἐλεγχόμενα ὑπὸ τοῦ φωτὸς φανεροῦται

1Tm 5 20 τοὺς [+δὲ H] ἁμαρτάνοντας ἐνώπιον πάντων ἔλεγχε

2Tm 4 2ᵇκήρυξον τὸν λόγον ... ἔλεγξον, |ἐπιτίμησον, παρακάλεσον (~BT), ἐν πάσῃ μακροθυμίᾳ καὶ διδαχῇ

Tt 1 9 ἵνα δυνατὸς ᾖ καὶ παρακαλεῖν ... καὶ τοὺς ἀντιλέγοντας ἐλέγχειν

    1 13 δι' ἣν αἰτίαν ἔλεγχε αὐτοὺς ἀποτόμως

    2 15 ταῦτα λάλει καὶ παρακάλει καὶ ἔλεγχε μετὰ πάσης ἐπιταγῆς

Hb 12 5ᵃυἱέ μου, μὴ ὀλιγώρει παιδείας κυρίου, μηδὲ ἐκλύου ὑπ' αὐτοῦ ἐλεγχόμενος

Jc 2 9ᵃἁμαρτίαν ἐργάζεσθε, ἐλεγχόμενοι ὑπὸ (ἀπὸ B) τοῦ νόμου ὡς παραβάται

Jd 15 ποιῆσαι κρίσιν ... καὶ ἐλέγξαι (ἐξ- ς) | πᾶσαν ψυχὴν (N²⁶ πάντας τοὺς ἀσεβεῖς rl) (+αὐτῶν Tς) περὶ πάντων τῶν ἔργων ἀσεβείας αὐτῶν

    22 * οὓς μὲν ἐλέγχετε (MBT; ἐλεεῖτε ς; ἐλεᾶτε rl) διακρινομένους

Ap 3 19 ἐγὼ ὅσους ἐὰν φιλῶ ἐλέγχω καὶ παιδεύω

ἐλεεινός
ᵃ comp.

1C 15 19ᵃεἰ ἐν τῇ ζωῇ ταύτῃ ἐν Χριστῷ ἠλπικότες ἐσμὲν μόνον, ἐλεεινότεροι πάντων ἀνθρώπων ἐσμέν

Ap 3 17 οὐκ οἶδας ὅτι σὺ εἶ ὁ ταλαίπωρος καὶ (+ ὁ B) ἐλεεινός

ἐλεέω
ᵃ pass.
ᵇ ἐλέησον
ᶜ ἠλεημένος

Mt 5 7ᵃμακάριοι οἱ ἐλεήμονες, ὅτι αὐτοὶ ἐλεηθήσονται

    9 27ᵇἐλέησον ἡμᾶς, υἱός (υἱὲ BSHς) Δαυίδ

    15 22ᵇἐλέησόν με, κύριε υἱός (υἱὲ VSς) Δαυίδ

    17 15ᵇκύριε, ἐλέησόν μου τὸν υἱόν, ὅτι σεληνιάζεται

    18 33 οὐκ ἔδει καὶ σὲ ἐλεῆσαι τὸν σύνδουλόν σου, ↔

    18 33 ὡς κἀγὼ σὲ ἠλέησα;

    20 30ᵇ|| ἐλέησον ἡμᾶς κύριε ([N²⁶]; —T) ((N²⁶Tς; ~rl)), υἱός (υἱὲ ST) Δαυίδ

    20 31ᵇ| ἐλέησον ἡμᾶς, κύριε (N²⁶ς; ~rl), υἱός (υἱὲ ST) Δαυίδ

Mc 5 19 ἀπάγγειλον αὐτοῖς ὅσα | ὁ κύριός σοι (~VSς) πεποίηκεν καὶ ἠλέησέν σε

    10 47ᵇυἱὲ (ὁ υἱὸς Sς) Δαυὶδ Ἰησοῦ, ἐλέησόν με

    10 48ᵇυἱὲ Δαυίδ, ἐλέησόν με

Lc 16 24ᵇπάτερ Ἀβραάμ, ἐλέησόν με καὶ πέμψον Λάζαρον

    17 13ᵇἸησοῦ ἐπιστάτα, ἐλέησον ἡμᾶς

    18 38ᵇἸησοῦ υἱὲ Δαυίδ, ἐλέησόν με

    18 39ᵇυἱὲ Δαυίδ, ἐλέησόν με

Rm 9 15 τῷ Μωϋσεῖ γὰρ λέγει· ἐλεήσω ↔

    9 15 ὃν ἂν ἐλεῶ, καὶ οἰκτιρήσω ὃν ἂν οἰκτίρω. ↔

    9 16 * ἄρα οὖν οὐ τοῦ θέλοντος ... ἀλλὰ τοῦ ἐλεοῦντος (VSς; ἐλεῶντος rl) θεοῦ

    9 18 ἄρα οὖν ὃν θέλει ἐλεεῖ

    11 30ᵃνῦν δὲ ἠλεήθητε τῇ τούτων ἀπειθείᾳ

    11 31ᵃἵνα καὶ αὐτοὶ νῦν ([N²⁶M]; —ς) ἐλεηθῶσιν. ↔

    11 32 συνέκλεισεν γὰρ ὁ θεὸς ... εἰς ἀπείθειαν ἵνα τοὺς πάντας ἐλεήσῃ

    12 8 ⟨ἔχοντες δὲ χαρίσματα ... διάφορα⟩ ὁ προϊστάμενος ἐν σπουδῇ, ὁ ἐλεῶν ἐν ἱλαρότητι

1C 7 25ᶜγνώμην δὲ δίδωμι ὡς ἠλεημένος ὑπὸ κυρίου πιστὸς εἶναι

2C 4 1ᵃἔχοντες τὴν διακονίαν ταύτην, καθὼς ἠλεήθημεν, οὐκ ἐγκακοῦμεν

Ph 2 27 καὶ γὰρ ἠσθένησεν παραπλήσιον θανάτῳ (-του H)· ἀλλὰ ὁ θεὸς ἠλέησεν αὐτόν

1Tm 1 13ᵃἀλλὰ ἠλεήθην, ὅτι ἀγνοῶν ἐποίησα ἐν ἀπιστίᾳ

    1 16ᵃἀλλὰ διὰ τοῦτο ἠλεήθην, ἵνα ἐν ἐμοὶ πρώτῳ ἐνδείξηται Χριστὸς Ἰησοῦς (~NMTς) τὴν ἅπασαν μακροθυμίαν

1Pt 2 10ᶜ⟨ὑμεῖς⟩ οἱ οὐκ ἠλεημένοι, ↔

    2 10ᵃνῦν δὲ ἐλεηθέντες

Jd 22 * καὶ οὓς μὲν ἐλεεῖτε (ς; ἐλεᾶτε N²⁶NVSH; ἐλέγχετε rl) διακρινομένους

ἐλεημοσύνη

a ἐ. ποιέω
b ἐ. δίδωμι
c plur.

Mt 6 1ᵃ* προσέχετε δὲ ([N²⁶H]; —ς) τὴν
      ἐλεημοσύνην (ς; δικαιοσύνην rl)
      ὑμῶν μὴ ποιεῖν ἔμπροσθεν τῶν
      ἀνθρώπων
    6 2ᵃὅταν οὖν ποιῇς ἐλεημοσύνην, μὴ
      σαλπίσῃς ἔμπροσθέν σου
    6 3ᵃσοῦ δὲ ποιοῦντος ἐλεημοσύνην μὴ
      γνώτω ἡ ἀριστερά σου τί ποιεῖ
      ἡ δεξιά σου, ↔
    6 4 ὅπως | ᾖ σου ἡ ἐλεημοσύνη (~ T)
      ἐν τῷ κρυπτῷ

Lc 11 41ᵇπλὴν τὰ ἐνόντα δότε ἐλεημοσύνην
   12 33ᵇπωλήσατε τὰ ὑπάρχοντα ὑμῶν
      καὶ δότε ἐλεημοσύνην

Ac 3 2 ὃν ἐτίθουν . . . τοῦ αἰτεῖν ἐλεημο-
      σύνην παρὰ τῶν εἰσπορευομένων
      εἰς τὸ ἱερόν· ↔
    3 3 ὃς ἰδὼν Πέτρον . . . μέλλοντας εἰσ-
      ιέναι εἰς τὸ ἱερὸν ἠρώτα ἐλεημοσύ-
      νην λαβεῖν
    3 10 αὐτὸς (N²⁶ST; οὗτος rl) ἦν ὁ
      πρὸς τὴν ἐλεημοσύνην καθήμενος
    9 36ᵃᶜαὕτη ἦν πλήρης | ἔργων ἀγαθῶν
      (~ VSTς) καὶ ἐλεημοσυνῶν ὧν
      ἐποίει
   10 2ᵃᶜ⟨ἀνήρ δέ τις . . . Κορνήλιος⟩
      εὐσεβὴς . . . ποιῶν ἐλεημοσύνας
      πολλὰς τῷ λαῷ
   10 4ᵃαἱ προσευχαί σου καὶ αἱ ἐλεημοσύ-
      ναι σου ἀνέβησαν εἰς μνημόσυνον
      ἔμπροσθεν τοῦ θεοῦ
   10 31ᶜΚορνήλιε . . . αἱ ἐλεημοσύναι σου
      ἐμνήσθησαν ἐνώπιον τοῦ θεοῦ
   24 17ᵃᶜδι' ἐτῶν δὲ πλειόνων ἐλεημοσύνας
      ποιήσων εἰς τὸ ἔθνος μου παρεγε-
      νόμην καὶ προσφοράς

ἐλεήμων

Mt 5 7 μακάριοι οἱ ἐλεήμονες, ὅτι αὐτοὶ
      ἐλεηθήσονται

Hb 2 17 ἵνα ἐλεήμων γένηται καὶ πιστὸς
      ἀρχιερεὺς τὰ πρὸς τὸν θεόν

᾿Ελεισάβετ

→ ᾿Ελισάβετ

ἔλεος (τό, ὁ)

a ἔλεον
b ἔ. ποιέω, δίδωμι
c ἔ. c. χάρις
d ἔ. c. κρίσις

Mt 9 13ᵃἔλεος (-ον ς) θέλω καὶ οὐ θυσίαν
   12 7ᵃἔλεος (-ον ς) θέλω καὶ οὐ θυσίαν
   23 23ᵃᵈἀφήκατε τὰ βαρύτερα τοῦ νόμου,
      τὴν κρίσιν καὶ | τὸ ἔλεος (τὸν
      ἔλεον ς) καὶ τὴν πίστιν

Lc 1 50 τὸ ἔλεος αὐτοῦ εἰς γενεὰς καὶ
      γενεὰς τοῖς φοβουμένοις αὐτόν
    1 54 ἀντελάβετο ᾿Ισραὴλ παιδὸς αὐτοῦ,
      μνησθῆναι ἐλέους
    1 58 ὅτι ἐμεγάλυνεν κύριος τὸ ἔλεος
      αὐτοῦ μετ' αὐτῆς
    1 72ᵇποιῆσαι ἔλεος μετὰ τῶν πατέρων
      ἡμῶν
    1 78 ⟨τοῦ δοῦναι γνῶσιν σωτηρίας⟩
      διὰ σπλάγχνα ἐλέους θεοῦ ἡμῶν
   10 37ᵇᵈὁ ποιήσας τὸ ἔλεος μετ' αὐτοῦ

Rm 9 23 ἵνα γνωρίσῃ τὸν πλοῦτον τῆς
      δόξης αὐτοῦ ἐπὶ σκεύη ἐλέους, ἃ
      προητοίμασεν εἰς δόξαν
   11 31 οὕτως καὶ οὗτοι νῦν (—S) ἠπείθη-
      σαν τῷ ὑμετέρῳ ἐλέει ἵνα καὶ
      αὐτοὶ νῦν ([N²⁶M]; —ς) ἐλεηθῶσιν

Rm 15 9 τὰ δὲ ἔθνη ὑπὲρ ἐλέους δοξάσαι
      τὸν θεόν

G   6 16 ὅσοι τῷ κανόνι τούτῳ στοιχήσου-
      σιν, εἰρήνη ἐπ' αὐτοὺς καὶ ἔλεος

E   2 4 ὁ δὲ θεὸς πλούσιος ὢν ἐν ἐλέει
      ⟨συνεζωοποίησεν τῷ Χριστῷ⟩

1Tm 1 2ᶜ⟨Παῦλος⟩ Τιμοθέῳ γνησίῳ τέ-
      κνῳ . . . χάρις, ἔλεος, εἰρήνη ἀπὸ
      θεοῦ πατρὸς καὶ Χριστοῦ ᾿Ιησοῦ

2Tm 1 2ᶜ⟨Παῦλος⟩ Τιμοθέῳ ἀγαπητῷ τέ-
      κνῳ· χάρις, ἔλεος, εἰρήνη ἀπὸ θεοῦ
      πατρὸς καὶ Χριστοῦ ᾿Ιησοῦ
    1 16ᵇδῴη ἔλεος ὁ κύριος τῷ ᾿Ονησιφό-
      ρου οἴκῳ
    1 18 δῴη αὐτῷ ὁ κύριος εὑρεῖν ἔλεος
      παρὰ κυρίου ἐν ἐκείνῃ τῇ ἡμέρᾳ

Tt 1 4ᶜ*⟨Παῦλος⟩ Τίτῳ γνησίῳ τέκνῳ . . .
      χάρις ἔλεος (ς; καὶ rl) εἰρήνη ἀπὸ
      θεοῦ πατρὸς καὶ Χριστοῦ ᾿Ιησοῦ
    3 5ᵃἀλλὰ κατὰ τὸ (τὸν ς) αὐτοῦ ἔλεος
      (-ον ς) ἔσωσεν ἡμᾶς διὰ λουτροῦ
      παλιγγενεσίας

Hb 4 16ᵃᶜἵνα λάβωμεν ἔλεος (ἔλεον ς) καὶ
      χάριν εὕρωμεν εἰς εὔκαιρον βοήθειαν

Jc 2 13ᵇᵈἡ γὰρ κρίσις ἀνέλεος τῷ μὴ ποιή-
      σαντι ἔλεος·
    2 13ᵈκατακαυχᾶται ἔλεος κρίσεως
    3 17 ἡ δὲ ἄνωθεν σοφία πρῶτον μὲν
      ἁγνή ἐστιν, ἔπειτα . . . μεστὴ
      ἐλέους καὶ καρπῶν ἀγαθῶν

1 Pt 1 3 εὐλογητὸς ὁ θεὸς . . . ὁ κατὰ τὸ
      πολὺ αὐτοῦ ἔλεος ἀναγεννήσας
      ἡμᾶς εἰς ἐλπίδα ζῶσαν

2 Jo 3ᶜἔσται μεθ' ἡμῶν χάρις ἔλεος εἰρήνη
      παρὰ θεοῦ πατρός

Jd   2 ἔλεος ὑμῖν καὶ εἰρήνη καὶ ἀγάπη
      πληθυνθείη
    21 προσδεχόμενοι τὸ ἔλεος τοῦ κυρίου
      ἡμῶν ᾿Ιησοῦ Χριστοῦ εἰς ζωὴν
      αἰώνιον

ἐλευθερία

a νόμος ἐλευθερίας
b ἐλευθερόω ἐλευθερίᾳ
c ἐ. c. δουλεία, δοῦλος et sim.

Rm 8 21ᶜὅτι (διότι NT) καὶ αὐτὴ ἡ κτίσις
      ἐλευθερωθήσεται ἀπὸ τῆς δου-
      λείας τῆς φθορᾶς εἰς τὴν ἐλευθερίαν
      τῆς δόξης τῶν τέκνων τοῦ θεοῦ

1 C 10 29 ἱνατί γὰρ ἡ ἐλευθερία μου κρίνεται
      ὑπὸ ἄλλης συνειδήσεως;

2 C 3 17 οὗ δὲ τὸ πνεῦμα κυρίου, ἐλευθερία

G   2 4ᶜοἵτινες παρεισῆλθον κατασκοπῆ-
      σαι τὴν ἐλευθερίαν ἡμῶν ἣν ἔχομεν
      ἐν Χριστῷ ᾿Ιησοῦ
    5 1ᵇᶜτῇ ἐλευθερίᾳ ἡμᾶς Χριστὸς ἠλευ-
      θέρωσεν
    5 13 ὑμεῖς γὰρ ἐπ' ἐλευθερίᾳ ἐκλήθητε,
      ἀδελφοί·
    5 13ᶜμόνον μὴ τὴν ἐλευθερίαν εἰς ἀφ-
      ορμὴν τῇ σαρκί, ἀλλὰ . . . δουλεύ-
      ετε ἀλλήλοις

Jc 1 25ᵃὁ δὲ παρακύψας εἰς νόμον τέλειον
      τὸν τῆς ἐλευθερίας καὶ παραμείνας
    2 12ᵃοὕτως ποιεῖτε ὡς διὰ νόμου
      ἐλευθερίας μέλλοντες κρίνεσθαι

1 Pt 2 16ᶜὡς ἐλεύθεροι, καὶ μὴ ὡς ἐπικάλυμ-
      μα ἔχοντες τῆς κακίας τὴν ἐλευθερί-
      αν, ἀλλ' ὡς θεοῦ δοῦλοι

2 Pt 2 19ᶜ⟨δελεάζουσιν⟩ ἐλευθερίαν αὐτοῖς
      ἐπαγγελλόμενοι, αὐτοὶ δοῦλοι
      ὑπάρχοντες τῆς φθορᾶς

ἐλεύθερος

a ἐ. et δοῦλος, δουλεύω, δουλόω
b ἐ. et παιδίσκη

Mt 17 26 ἄρα γε ἐλεύθεροί εἰσιν οἱ υἱοί

Jo 8 33ᵃπῶς σὺ λέγεις ὅτι ἐλεύθεροι γενή-
      σεσθε;
    8 36ᵃἐὰν οὖν ὁ υἱὸς ὑμᾶς ἐλευθερώσῃ,
      ὄντως ἐλεύθεροι ἔσεσθε

Rm 6 20ᵃὅτε γὰρ δοῦλοι ἦτε τῆς ἁμαρτίας,
      ἐλεύθεροι ἦτε τῇ δικαιοσύνῃ
    7 3 ἐὰν δὲ ἀποθάνῃ ὁ ἀνήρ, ἐλευθέρα
      ἐστὶν ἀπὸ τοῦ νόμου

1 C 7 21ᵃδοῦλος ἐκλήθης; . . . ἀλλ' εἰ καὶ
      δύνασαι ἐλεύθερος γενέσθαι, μᾶλλον
      χρῆσαι
    7 22ᵇὁμοίως (+καὶ [S]ς) ὁ ἐλεύθερος
      κληθεὶς δοῦλός ἐστιν Χριστοῦ
    7 39 ἐὰν δὲ κοιμηθῇ ὁ ἀνήρ, ἐλευθέρα
      ἐστὶν ᾧ θέλει γαμηθῆναι
    9 1 οὐκ εἰμὶ ἐλεύθερος; οὐκ εἰμὶ ἀπό-
      στολος;
    9 19ᵃἐλεύθερος γὰρ ὢν ἐκ πάντων πᾶσιν
      ἐμαυτὸν ἐδούλωσα
   12 13ᵃκαὶ γὰρ . . . ἡμεῖς πάντες εἰς ἓν
      σῶμα ἐβαπτίσθημεν . . . εἴτε δοῦλοι
      εἴτε ἐλεύθεροι

G   3 28ᵃοὐκ ἔνι δοῦλος οὐδὲ ἐλεύθερος
    4 22ᵇ᾿Αβραὰμ δύο υἱοὺς ἔσχεν, ἕνα ἐκ
      τῆς παιδίσκης καὶ ἕνα ἐκ τῆς
      ἐλευθέρας. ↔
    4 23ᵇἀλλ' ὁ μὲν [NH] ἐκ τῆς παιδίσκης
      κατὰ σάρκα γεγέννηται, ὁ δὲ ἐκ
      τῆς ἐλευθέρας δι' (N²⁶H; διὰ τῆς
      rl) ἐπαγγελίας
    4 26ᵃἡ δὲ ἄνω ᾿Ιερουσαλὴμ ἐλευθέρα
      ἐστίν
    4 30ᵇοὐ γὰρ μὴ κληρονομήσει (-σῃ Sς)
      ὁ υἱὸς τῆς παιδίσκης μετὰ τοῦ
      υἱοῦ τῆς ἐλευθέρας. ↔
    4 31ᵇδιό, ἀδελφοί, οὐκ ἐσμὲν παιδίσκης
      τέκνα ἀλλὰ τῆς ἐλευθέρας

E   6 8ᵃτοῦτο κομίσεται (-ιεῖται Sς) παρὰ
      κυρίου, εἴτε δοῦλος εἴτε ἐλεύθερος

Cl 3 11ᵃὅπου οὐκ ἔνι ῞Ελλην καὶ ᾿Ιουδαῖος
      . . . δοῦλος, ἐλεύθερος

1 Pt 2 16ᵃὡς ἐλεύθεροι, καὶ μὴ ὡς ἐπικάλυμ-
      μα ἔχοντες τῆς κακίας τὴν ἐλευθε-
      ρίαν, ἀλλ' ὡς θεοῦ δοῦλοι

Ap 6 15ᵃπᾶς δοῦλος καὶ ἐλεύθερος ἔκρυψαν
      ἑαυτοὺς εἰς τὰ σπήλαια
   13 16ᵃποιεῖ πάντας . . . τοὺς ἐλευθέρους
      καὶ τοὺς δούλους, ἵνα δῶσιν αὐτοῖς
      χάραγμα
   19 18ᵃἵνα φάγητε . . . σάρκας πάντων
      ἐλευθέρων τε καὶ δούλων καὶ μικρῶν
      καὶ μεγάλων

ἐλευθερόω

a ἐ. c. ἁμαρτία

Jo 8 32 ἡ ἀλήθεια ἐλευθερώσει ὑμᾶς
    8 36 ἐὰν οὖν ὁ υἱὸς ὑμᾶς ἐλευθερώσῃ,
      ὄντως ἐλεύθεροι ἔσεσθε

Rm 6 18ᵃἐλευθερωθέντες δὲ ἀπὸ τῆς ἁμαρτίας
      ἐδουλώθητε τῇ δικαιοσύνῃ
    6 22ᵃνυνὶ δὲ ἐλευθερωθέντες ἀπὸ τῆς
      ἁμαρτίας δουλωθέντες δὲ τῷ θεῷ
    8 2ᵃὁ γὰρ νόμος τοῦ πνεύματος . . .
      ἠλευθέρωσέν σε (με VBSς) ἀπὸ
      τοῦ νόμου τῆς ἁμαρτίας καὶ τοῦ
      θανάτου
    8 21 ὅτι (διότι NT) καὶ αὐτὴ ἡ κτίσις
      ἐλευθερωθήσεται ἀπὸ τῆς δουλείας
      τῆς φθορᾶς εἰς τὴν ἐλευθερίαν

G   5 1 τῇ ἐλευθερίᾳ ἡμᾶς Χριστὸς ἠλευ-
      θέρωσεν

ἔλευσις

Ac 7 52 ἀπέκτειναν τοὺς προκαταγγείλαν-
      τας περὶ τῆς ἐλεύσεως τοῦ δικαίου

ἐλεύσομαι

→ ἔρχομαι

ἐλεφάντινος
Ap 18 12 ⟨οὐδεὶς ἀγοράζει⟩ γόμον χρυσοῦ καὶ ἀργύρου ... καὶ πᾶν σκεῦος ἐλεφάντινον

ἐλήλυθα
→ ἔρχομαι

᾿Ελιακίμ
᾿Ελιακείμ (V)STHς
Mt 1 13 ᾿Αβιοὺδ δὲ ἐγέννησεν τὸν ᾿Ελιακίμ, ↔
1 13 ᾿Ελιακὶμ δὲ ἐγέννησεν τὸν ᾿Αζώρ
Lc 3 30 ⟨καὶ αὐτὸς ἦν ᾿Ιησοῦς ... ὢν υἱός, ὡς ἐνομίζετο⟩ τοῦ ᾿Ιωνὰμ τοῦ ᾿Ελιακίμ

ἔλιγμα
Jo 19 39 * ἦλθεν δὲ καὶ Νικόδημος ... φέρων ἔλιγμα (H; μίγμα rl) σμύρνης καὶ ἀλόης ὡς λίτρας ἑκατόν

᾿Ελιέζερ
Lc 3 29 ⟨καὶ αὐτὸς ἦν ᾿Ιησοῦς ... ὢν υἱός, ὡς ἐνομίζετο⟩ τοῦ ᾿Ιησοῦ τοῦ ᾿Ελιέζερ τοῦ ᾿Ιωρίμ

᾿Ελιούδ
Mt 1 14 ᾿Αχὶμ δὲ ἐγέννησεν τὸν ᾿Ελιούδ, ↔
1 15 ᾿Ελιοὺδ δὲ ἐγέννησεν τὸν ᾿Ελεάζαρ

᾿Ελισάβετ
᾿Ελεισάβετ H
Lc 1 5 ἐγένετο ... ἱερεύς τις ... καὶ γυνὴ αὐτῷ ἐκ τῶν θυγατέρων ᾿Ααρών, καὶ τὸ ὄνομα αὐτῆς ᾿Ελισάβετ
1 7 καθότι ἦν ἡ [H] ᾿Ελισάβετ στεῖρα
1 13 ἡ γυνή σου ᾿Ελισάβετ γεννήσει υἱόν σοι
1 24 μετὰ δὲ ταύτας τὰς ἡμέρας συνέλαβεν ᾿Ελισάβετ ἡ γυνὴ αὐτοῦ
1 36 ἰδοὺ ᾿Ελισάβετ ἡ συγγενίς σου καὶ αὐτὴ συνείληφεν (συνειληφυῖα VBSTς) υἱὸν ἐν γήρει αὐτῆς
1 40 εἰσῆλθεν εἰς τὸν οἶκον Ζαχαρίου καὶ ἠσπάσατο τὴν ᾿Ελισάβετ. ↔
1 41 καὶ ἐγένετο ὡς ἤκουσεν τὸν ἀσπασμὸν τῆς Μαρίας ἡ ᾿Ελισάβετ
1 41 ἐπλήσθη πνεύματος ἁγίου ἡ ᾿Ελισάβετ
1 57 τῇ δὲ ᾿Ελισάβετ ἐπλήσθη ὁ χρόνος τοῦ τεκεῖν αὐτήν, καὶ ἐγέννησεν υἱόν

᾿Ελισαῖος
᾿Ελισαῖος VST
᾿Ελισσαῖος ς
Lc 4 27 πολλοὶ λεπροὶ ἦσαν ἐν τῷ ᾿Ισραὴλ ἐπὶ ᾿Ελισαίου τοῦ προφήτου

ἑλίσσω
Hb 1 12 καὶ ὡσεὶ περιβόλαιον ἑλίξεις (ἀλλάξεις T) αὐτούς
Ap 6 14 ὁ οὐρανὸς ἀπεχωρίσθη ὡς βιβλίον ἑλισσόμενον (εἰλ. ς)

ἕλκος
Lc 16 21 ἀλλὰ καὶ οἱ κύνες ἐρχόμενοι ἐπέλειχον τὰ ἕλκη αὐτοῦ
Ap 16 2 ἐγένετο ἕλκος κακὸν καὶ πονηρὸν ἐπὶ τοὺς ἀνθρώπους
16 11 ἐβλασφήμησαν τὸν θεὸν τοῦ οὐρανοῦ ἐκ τῶν πόνων αὐτῶν καὶ ἐκ τῶν ἑλκῶν αὐτῶν

ἑλκόω
Lc 16 20 πτωχὸς δέ τις ὀνόματι Λάζαρος ἐβέβλητο πρὸς τὸν πυλῶνα αὐτοῦ εἱλκωμένος

ἕλκω
ἐξ-
a met.
Jo 6 44 οὐδεὶς δύναται ἐλθεῖν πρός με ἐὰν μὴ ὁ πατὴρ ὁ πέμψας με ἑλκύσῃ αὐτόν

Jo 12 32 κἀγὼ ἐὰν (ἂν H) ὑψωθῶ ἐκ τῆς γῆς, πάντας ἑλκύσω πρὸς ἐμαυτόν
18 10 Σίμων οὖν Πέτρος ἔχων μάχαιραν εἵλκυσεν αὐτήν
21 6 οὐκέτι αὐτὸ ἑλκύσαι ἴσχυον ἀπὸ τοῦ πλήθους τῶν ἰχθύων
21 11 εἵλκυσεν τὸ δίκτυον εἰς τὴν γῆν μεστὸν ἰχθύων μεγάλων
Ac 16 19 ἐπιλαβόμενοι τὸν Παῦλον καὶ τὸν Σιλᾶν εἵλκυσαν εἰς τὴν ἀγορὰν ἐπὶ τοὺς ἄρχοντας
21 30 ἐπιλαβόμενοι τοῦ Παύλου εἷλκον αὐτὸν ἔξω τοῦ ἱεροῦ
Jc 2 6 οὐχ οἱ πλούσιοι καταδυναστεύουσιν ὑμῶν (-ᾶς T), καὶ αὐτοὶ ἕλκουσιν ὑμᾶς εἰς κριτήρια;

῾Ελλάς
Ac 20 2 διελθὼν δὲ τὰ μέρη ἐκεῖνα ... ἦλθεν εἰς τὴν ῾Ελλάδα

῞Ελλην
a ᾿Ιουδαῖος et ῞Ελλην
b ᾿Ιουδαῖοι et ῞Ελληνες
Jo 7 35 μὴ εἰς τὴν διασπορὰν τῶν ῾Ελλήνων μέλλει πορεύεσθαι ↔
7 35 καὶ διδάσκειν τοὺς ῞Ελληνας;
12 20 ἦσαν δὲ ῞Ελληνές τινες ἐκ τῶν ἀναβαινόντων
Ac 11 20 * οἵτινες ἐλθόντες εἰς ᾿Αντιόχειαν ἐλάλουν καὶ πρὸς τοὺς ῞Ελληνας (NMBT; ῾Ελληνιστάς rl)
14 1 ὥστε πιστεῦσαι ᾿Ιουδαίων τε καὶ ῾Ελλήνων πολὺ πλῆθος
16 1 μαθητής τις ἦν ἐκεῖ ὀνόματι Τιμόθεος, υἱὸς γυναικὸς ᾿Ιουδαίας πιστῆς πατρὸς δὲ ῞Ελληνος
16 3 ᾔδεισαν γὰρ ἅπαντες | ὅτι ῞Ελλην ὁ πατὴρ αὐτοῦ (τὸν πατέρα αὐτοῦ ὅτι ῞Ε. Tς) ὑπῆρχεν
17 4 προσεκληρώθησαν τῷ Παύλῳ ... τῶν τε σεβομένων ῾Ελλήνων πλῆθος πολύ, γυναικῶν τε τῶν πρώτων οὐκ ὀλίγαι
18 4 διελέγετο δὲ ἐν τῇ συναγωγῇ ... ἔπειθέν τε ᾿Ιουδαίους καὶ ῞Ελληνας
18 17 * ἐπιλαβόμενοι δὲ πάντες | οἱ ῞Ελληνες (+M[VS]ς) Σωσθένην ... ἔτυπτον ἔμπροσθεν τοῦ βήματος
19 10 ὥστε πάντας τοὺς κατοικοῦντας τὴν ᾿Ασίαν ἀκοῦσαι τὸν λόγον τοῦ κυρίου, ᾿Ιουδαίους τε καὶ ῞Ελληνας
19 17 τοῦτο δὲ ἐγένετο γνωστὸν πᾶσιν ᾿Ιουδαίοις τε καὶ ῞Ελλησιν τοῖς κατοικοῦσιν τὴν ῎Εφεσον
20 21 διαμαρτυρόμενος ᾿Ιουδαίοις τε καὶ ῞Ελλησιν τὴν εἰς θεὸν μετάνοιαν
21 28 ἔτι τε καὶ ῞Ελληνας εἰσήγαγεν εἰς τὸ ἱερόν
Rm 1 14 ῞Ελλησίν τε καὶ βαρβάροις, σοφοῖς τε καὶ ἀνοήτοις ὀφειλέτης εἰμί
1 16 δύναμις γὰρ θεοῦ ἐστιν εἰς σωτηρίαν παντὶ τῷ πιστεύοντι, ᾿Ιουδαίῳ τε πρῶτον [H] καὶ ῞Ελληνι
2 9 θλῖψις καὶ στενοχωρία ἐπὶ πᾶσαν ψυχὴν ἀνθρώπου ... ᾿Ιουδαίου τε πρῶτον καὶ ῞Ελληνος· ↔
2 10 δόξα δὲ ... καὶ εἰρήνη παντὶ τῷ ἐργαζομένῳ τὸ ἀγαθόν, ᾿Ιουδαίῳ τε πρῶτον καὶ ῞Ελληνι
3 9 προῃτιασάμεθα γὰρ ᾿Ιουδαίους τε καὶ ῞Ελληνας πάντας ὑφ' ἁμαρτίαν εἶναι
10 12 οὐ γάρ ἐστιν διαστολὴ ᾿Ιουδαίου τε καὶ ῞Ελληνος

1 C 1 22 ἐπειδὴ καὶ ᾿Ιουδαῖοι σημεῖα αἰτοῦσιν καὶ ῞Ελληνες σοφίαν ζητοῦσιν, ↔
1 23 * ἡμεῖς δὲ κηρύσσομεν Χριστὸν ἐσταυρωμένον, ᾿Ιουδαίοις μὲν σκάνδαλον, ῞Ελλησιν (ς; ἔθνεσιν rl) δὲ μωρίαν, ↔
1 24 αὐτοῖς δὲ τοῖς κλητοῖς, ᾿Ιουδαίοις τε καὶ ῞Ελλησιν, Χριστὸν ... θεοῦ σοφίαν
10 32 ἀπρόσκοποι καὶ ᾿Ιουδαίοις γίνεσθε καὶ ῞Ελλησιν καὶ τῇ ἐκκλησίᾳ τοῦ θεοῦ
12 13 καὶ γὰρ ... ἡμεῖς πάντες εἰς ἓν σῶμα ἐβαπτίσθημεν, εἴτε ᾿Ιουδαῖοι εἴτε ῞Ελληνες
G 2 3 ἀλλ' οὐδὲ Τίτος ὁ σὺν ἐμοί, ῞Ελλην ὤν, ἠναγκάσθη περιτμηθῆναι
3 28 οὐκ ἔνι ᾿Ιουδαῖος οὐδὲ ῞Ελλην ... πάντες (ἅπ. T) γὰρ ὑμεῖς εἷς ἐστε ἐν Χριστῷ ᾿Ιησοῦ
Cl 3 11 ὅπου οὐκ ἔνι ῞Ελλην καὶ ᾿Ιουδαῖος ... ἀλλὰ τὰ ([N²⁶VS]; —NH) πάντα καὶ ἐν πᾶσιν Χριστός

ἑλληνικός
Lc 23 38 * ἦν δὲ καὶ ἐπιγραφὴ (+γεγραμμένη Vς) ἐπ' αὐτῷ | γράμμασιν ἑλληνικοῖς καὶ ῥωμαϊκοῖς καὶ ἑβραϊκοῖς (+MVBSς)
Ap 9 11 ἐν τῇ ῾Ελληνικῇ ὄνομα ἔχει ᾿Απολλύων

῾Ελληνίς
Mc 7 26 ἡ δὲ γυνὴ ἦν ῾Ελληνίς, Συροφοινίκισσα τῷ γένει
Ac 17 12 πολλοὶ ... ἐπίστευσαν, καὶ τῶν ῾Ελληνίδων γυναικῶν τῶν εὐσχημόνων καὶ ἀνδρῶν οὐκ ὀλίγοι

῾Ελληνιστής
Ac 6 1 πληθυνόντων τῶν μαθητῶν ἐγένετο γογγυσμὸς τῶν ῾Ελληνιστῶν πρὸς τοὺς ῾Εβραίους
9 29 ἐλάλει τε καὶ συνεζήτει πρὸς τοὺς ῾Ελληνιστάς
11 20 οἵτινες ἐλθόντες εἰς ᾿Αντιόχειαν ἐλάλουν καὶ πρὸς τοὺς ῾Ελληνιστάς (῞Ελληνας NMBT)

῾Ελληνιστί
Jo 19 20 ἦν γεγραμμένον ῾Εβραϊστί, | ῾Ρωμαϊστί, ῾Ελληνιστί (~ς)
Ac 21 37 ὁ δὲ ἔφη· ῾Ελληνιστὶ γινώσκεις;

ἐλλογέω, ἐλλογάω
Rm 5 13 ἁμαρτία δὲ οὐκ ἐλλογεῖται (-ᾶται H) μὴ ὄντος νόμου
Phm 18 εἰ δέ τι ἠδίκησέν σε ἢ ὀφείλει, τοῦτο ἐμοὶ ἐλλόγα (-λόγει Sς)

᾿Ελμαδάμ
᾿Ελμωδάμ Sς
Lc 3 28 ⟨καὶ αὐτὸς ἦν ᾿Ιησοῦς ... ὢν υἱός, ὡς ἐνομίζετο⟩ τοῦ Κωσὰμ τοῦ ᾿Ελμαδὰμ τοῦ ῍Ηρ

ἐλπίζω
ἀπ-   προ-
a seq. inf.
b seq. ὅτι
c (τὰ) ἐλπιζόμενα
Mt 12 21 τῷ ὀνόματι αὐτοῦ ἔθνη ἐλπιοῦσιν
Lc 6 34 ἐὰν δανίσητε παρ' ὧν ἐλπίζετε λαβεῖν
23 8 ἤλπιζέν τι σημεῖον ἰδεῖν ὑπ' αὐτοῦ γινόμενον
24 21 ἡμεῖς δὲ ἠλπίζομεν ὅτι αὐτός ἐστιν ὁ μέλλων λυτροῦσθαι τὸν ᾿Ισραήλ
Jo 5 45 ἔστιν ὁ κατηγορῶν ὑμῶν Μωϋσῆς, εἰς ὃν ὑμεῖς ἠλπίκατε

Ac 24 26ᵇ ⟨καιρὸν δὲ μεταλαβὼν μετακαλέσο-
　　μαί σε⟩ ἅμα καὶ ἐλπίζων ὅτι
　　χρήματα δοθήσεται αὐτῷ [H]
　　ὑπὸ τοῦ Παύλου

26 7ᵃ εἰς ἣν τὸ δωδεκάφυλον ἡμῶν ἐν
　　ἐκτενείᾳ . . . λατρεῦον ἐλπίζει
　　καταντῆσαι

Rm 8 24 ὃ γὰρ βλέπει, τίς (N²⁶H; τις, τί
　　καὶ rl) ἐλπίζει; ↔

8 25 εἰ δὲ ὃ οὐ βλέπομεν ἐλπίζομεν, δι'
　　ὑπομονῆς ἀπεκδεχόμεθα

15 12 ἐπ' αὐτῷ ἔθνη ἐλπιοῦσιν

15 24ᵃ ὡς ἂν πορεύωμαι εἰς τὴν Σπανίαν·
　　ἐλπίζω γὰρ διαπορευόμενος θεά-
　　σασθαι ὑμᾶς

1 C 13 7 ⟨ἡ ἀγάπη⟩ πάντα πιστεύει, πάντα
　　ἐλπίζει, πάντα ὑπομένει

15 19 εἰ ἐν τῇ ζωῇ ταύτῃ ἐν Χριστῷ
　　ἠλπικότες ἐσμὲν μόνον

16 7ᵃ ἐλπίζω γὰρ χρόνον τινὰ ἐπιμεῖναι
　　πρὸς ὑμᾶς

2 C 1 10ᵇ εἰς ὃν ἠλπίκαμεν ὅτι [N²⁶NH] καὶ
　　ἔτι ῥύσεται

1 13ᵇ ἐλπίζω δὲ ὅτι ἕως τέλους ἐπιγνώ-
　　σεσθε

5 11ᵃ ἐλπίζω δὲ καὶ ἐν ταῖς συνειδήσεσιν
　　ὑμῶν πεφανερῶσθαι

8 5 καὶ οὐ καθὼς ἠλπίσαμεν, ἀλλ'
　　ἑαυτοὺς ἔδωκαν πρῶτον τῷ κυ-
　　ρίῳ

13 6ᵇ ἐλπίζω δὲ ὅτι γνώσεσθε ὅτι ἡμεῖς
　　οὐκ ἐσμὲν ἀδόκιμοι

Ph 2 19ᵃ ἐλπίζω δὲ ἐν κυρίῳ Ἰησοῦ Τιμό-
　　θεον ταχέως πέμψαι ὑμῖν

2 23ᵃ τοῦτον μὲν οὖν ἐλπίζω πέμψαι
　　ὡς ἂν ἀφίδω (ἀπίδω VBSϛ) τὰ
　　περὶ ἐμὲ ἐξαυτῆς

1Tm 3 14ᵃ ταῦτά σοι γράφω ἐλπίζων ἐλθεῖν
　　| πρὸς σὲ [H] | ἐν τάχει (τάχιον
　　NMVTϛ)

4 10 ὅτι ἠλπίκαμεν ἐπὶ θεῷ ζῶντι

5 5 ἡ δὲ ὄντως χήρα καὶ μεμονωμένη
　　ἤλπικεν ἐπὶ (+τὸν V[SH]ϛ) θεὸν

6 17 τοῖς πλουσίοις . . . παράγγελλε
　　μὴ ὑψηλοφρονεῖν (ὑψηλὰ φρονεῖν
　　T), μηδὲ ἠλπικέναι ἐπὶ πλούτου
　　ἀδηλότητι ἀλλ' ἐπὶ (ἐν Sϛ; +τῷ
　　MVSϛ) θεῷ

Phm 22ᵇ ἐλπίζω γὰρ ὅτι διὰ τῶν προσευ-
　　χῶν ὑμῶν χαρισθήσομαι ὑμῖν

Hb 11 1ᶜ ἔστιν δὲ πίστις ἐλπιζομένων ὑπό-
　　στασις

1 Pt 1 13 τελείως ἐλπίσατε ἐπὶ τὴν φερο-
　　μένην ὑμῖν χάριν

3 5 οὕτως γάρ ποτε καὶ αἱ ἅγιαι
　　γυναῖκες αἱ ἐλπίζουσαι εἰς (ἐπὶ τὸν
　　ϛ) θεὸν ἐκόσμουν ἑαυτάς

2 Jo 12ᵃ ἀλλὰ ἐλπίζω γενέσθαι πρὸς ὑμᾶς
　　καὶ στόμα πρὸς στόμα λαλῆσαι

3 Jo 14ᵃ ἐλπίζω δὲ εὐθέως | σε ἰδεῖν (~ Sϛ)

ἐλπίς

ἐλπίς (N²⁶NBTH)
ᵃ ἐλπίδα ἔχω
ᵇ c. gen. obiectivo
ᶜ ἐπ' ἐλπίδι
ᵈ περί, ἕνεκεν (τῆς) ἐλπίδος

Ac 2 26ᶜ ἔτι δὲ καὶ ἡ σάρξ μου κατασκηνώ-
　　σει ἐπ' ἐλπίδι (ἐφ' ἐ. T)

16 19ᵇ ἐξῆλθεν ἡ ἐλπὶς τῆς ἐργασίας
　　αὐτῶν

23 6ᵈ περὶ ἐλπίδος καὶ ἀναστάσεως νε-
　　κρῶν ἐγώ ([N²⁶]; —NSH) κρίνομαι

24 15ᵃ ⟨λατρεύω τῷ πατρῴῳ θεῷ⟩ ἐλπί-
　　δα ἔχων εἰς (πρὸς T) τὸν θεόν, ἣν
　　καὶ αὐτοὶ οὗτοι προσδέχονται

Ac 26 6ᵇᶜ καὶ νῦν ἐπ' ἐλπίδι τῆς εἰς τοὺς
　　πατέρας ἡμῶν ἐπαγγελίας . . .
　　ἕστηκα κρινόμενος

26 7ᵈ περὶ ἧς ἐλπίδος ἐγκαλοῦμαι ὑπὸ
　　Ἰουδαίων, βασιλεῦ

27 20ᵇ μήτε ἄστρων ἐπιφαινόντων . . .
　　λοιπὸν περιῃρεῖτο ἐλπὶς πᾶσα τοῦ
　　σῴζεσθαι ἡμᾶς

28 20ᵈ ἕνεκεν γὰρ τῆς ἐλπίδος τοῦ Ἰσραὴλ
　　τὴν ἅλυσιν ταύτην περίκειμαι

Rm 4 18 ⟨τῷ ἐκ πίστεως Ἀβραάμ⟩ ὃς παρ'
　　ἐλπίδα ↔

4 18ᶜ ἐπ' ἐλπίδι ἐπίστευσεν

5 2ᵇᶜ καυχώμεθα ἐπ' ἐλπίδι τῆς δόξης
　　τοῦ θεοῦ

5 4 ⟨ἡ θλῖψις ὑπομονὴν κατεργάζεται⟩
　　ἡ δὲ ὑπομονὴ δοκιμήν, ἡ δὲ δοκιμὴ
　　ἐλπίδα· ↔

5 5 ἡ δὲ ἐλπὶς οὐ καταισχύνει

8 20ᶜ τῇ γὰρ ματαιότητι ἡ κτίσις
　　ὑπετάγη . . . διὰ τὸν ὑποτάξαντα,
　　| ἐφ' ἐλπίδι (ἐπ' ἐ. MVSϛ)

8 24 τῇ γὰρ ἐλπίδι ἐσώθημεν· ↔

8 24 ἐλπὶς δὲ βλεπομένη ↔

8 24 οὐκ ἔστιν ἐλπίς

12 12 τῇ ἐλπίδι χαίροντες, τῇ θλίψει
　　ὑπομένοντες

15 4ᵃ ἵνα διὰ τῆς ὑπομονῆς καὶ διὰ τῆς
　　παρακλήσεως τῶν γραφῶν τὴν
　　ἐλπίδα ἔχωμεν

15 13 ὁ δὲ θεὸς τῆς ἐλπίδος πληρώσαι
　　ὑμᾶς πάσης χαρᾶς καὶ εἰρήνης ἐν
　　τῷ πιστεύειν, ↔

15 13 εἰς τὸ περισσεύειν ὑμᾶς ἐν τῇ
　　ἐλπίδι ἐν δυνάμει πνεύματος ἁγίου

1 C 9 10ᶜ ὅτι ὀφείλει ἐπ' ἐλπίδι ὁ ἀροτριῶν
　　ἀροτριᾶν, ↔

9 10 * καὶ ὁ ἀλοῶν | τῆς ἐλπίδος αὐτοῦ
　　(+ϛ) ↔

9 10ᵇᶜ | ἐπ' ἐλπίδι τοῦ μετέχειν (μ. ἐπ' ἐ. ϛ)

13 13 νυνὶ δὲ μένει πίστις, ἐλπίς, ἀγάπη,
　　τὰ τρία ταῦτα

2 C 1 7 ἡ ἐλπὶς ἡμῶν βεβαία ὑπὲρ ὑμῶν

3 12ᵃ ἔχοντες οὖν τοιαύτην ἐλπίδα πολ-
　　λῇ παρρησίᾳ χρώμεθα

10 15ᵃ οὐκ εἰς τὰ ἄμετρα καυχώμενοι ἐν
　　ἀλλοτρίοις κόποις, ἐλπίδα δὲ ἔχον-
　　τες . . . μεγαλυνθῆναι κατὰ τὸν
　　κανόνα ἡμῶν εἰς περισσείαν

G 5 5ᵇ ἡμεῖς γὰρ πνεύματι ἐκ πίστεως
　　ἐλπίδα δικαιοσύνης ἀπεκδεχόμεθα

E 1 18ᵇ εἰς τὸ εἰδέναι ὑμᾶς τίς ἐστιν ἡ ἐλπὶς
　　τῆς κλήσεως αὐτοῦ

2 12ᵃ ὅτι ἦτε . . . χωρὶς Χριστοῦ . . .
　　ἐλπίδα μὴ ἔχοντες καὶ ἄθεοι ἐν τῷ
　　κόσμῳ

4 4ᵇ καθὼς καὶ [H] ἐκλήθητε ἐν μιᾷ
　　ἐλπίδι τῆς κλήσεως ὑμῶν

Ph 1 20 ⟨τοῦτό μοι ἀποβήσεται εἰς σωτη-
　　ρίαν⟩ κατὰ τὴν ἀποκαραδοκίαν
　　καὶ ἐλπίδα μου ὅτι ἐν οὐδενὶ
　　αἰσχυνθήσομαι

Cl 1 5 ⟨εὐχαριστοῦμεν τῷ θεῷ . . . περὶ
　　ὑμῶν προσευχόμενοι⟩ διὰ τὴν
　　ἐλπίδα τὴν ἀποκειμένην ὑμῖν ἐν
　　τοῖς οὐρανοῖς

1 23ᵇ εἴ γε ἐπιμένετε τῇ πίστει . . . ἑδραῖ-
　　οι καὶ μὴ μετακινούμενοι ἀπὸ τῆς
　　ἐλπίδος τοῦ εὐαγγελίου

1 27ᵇ δ (N²⁶BH; ὅς rl) ἐστιν Χριστὸς ἐν
　　ὑμῖν, ἡ ἐλπὶς τῆς δόξης

1Th 1 3 ⟨εὐχαριστοῦμεν τῷ θεῷ⟩ μνημο-
　　νεύοντες ὑμῶν . . . τῆς ὑπομονῆς
　　τῆς ἐλπίδος τοῦ κυρίου ἡμῶν . . .
　　ἔμπροσθεν τοῦ θεοῦ

1Th 2 19 τίς γὰρ ἡμῶν ἐλπὶς ἢ χαρὰ . . . ἢ
　　οὐχὶ καὶ ὑμεῖς ἔμπροσθεν τοῦ κυρίου
　　ἡμῶν Ἰησοῦ ⟨;⟩

4 13ᵃ ἵνα μὴ λυπῆσθε καθὼς καὶ οἱ λοι-
　　ποὶ οἱ μὴ ἔχοντες ἐλπίδα

5 8ᵇ ἐνδυσάμενοι θώρακα πίστεως καὶ
　　ἀγάπης καὶ περικεφαλαίαν ἐλπίδα
　　σωτηρίας

2Th 2 16 αὐτὸς δὲ ὁ κύριος ἡμῶν . . . ὁ . . .
　　δοὺς παράκλησιν αἰωνίαν καὶ
　　ἐλπίδα ἀγαθὴν ἐν χάριτι ⟨παρα-
　　καλέσαι ὑμῶν τὰς καρδίας⟩

1Tm 1 1 Παῦλος ἀπόστολος . . . κατ' ἐπι-
　　ταγὴν . . . Χριστοῦ Ἰησοῦ τῆς
　　ἐλπίδος ἡμῶν ⟨Τιμοθέῳ γνησίῳ
　　τέκνῳ⟩

Tt 1 2ᵇᶜ ⟨Παῦλος δοῦλος θεοῦ⟩ ἐπ' ἐλπίδι
　　ζωῆς αἰωνίου ⟨Τίτῳ γνησίῳ τέ-
　　κνῳ⟩

2 13 προσδεχόμενοι τὴν μακαρίαν ἐλ-
　　πίδα καὶ ἐπιφάνειαν τῆς δόξης τοῦ
　　μεγάλου θεοῦ

3 7ᵇ ἵνα δικαιωθέντες . . . κληρονόμοι
　　γενηθῶμεν κατ' ἐλπίδα ζωῆς
　　αἰωνίου

Hb 3 6 ἐάνπερ (Sϛ; ἐάν[περ] N²⁶MV; ἐὰν
　　rl) τὴν παρρησίαν καὶ τὸ καύχημα
　　τῆς ἐλπίδος (+μέχρι τέλους βε-
　　βαίαν [NMVH]BSTϛ) κατάσχωμεν

6 11 τὴν αὐτὴν ἐνδείκνυσθαι σπουδὴν
　　πρὸς τὴν πληροφορίαν τῆς ἐλπίδος
　　ἄχρι τέλους

6 18 ἵνα . . . ἰσχυρὰν παράκλησιν ἔχω-
　　μεν οἱ καταφυγόντες κρατῆσαι τῆς
　　προκειμένης ἐλπίδος

7 19 ἐπεισαγωγὴ δὲ κρείττονος ἐλπίδος,
　　δι' ἧς ἐγγίζομεν τῷ θεῷ

10 23 κατέχωμεν τὴν ὁμολογίαν τῆς
　　ἐλπίδος ἀκλινῆ

1 Pt 1 3 εὐλογητὸς ὁ θεὸς . . . ὁ . . . ἀναγεν-
　　νήσας ἡμᾶς εἰς ἐλπίδα ζῶσαν

1 21 ὥστε τὴν πίστιν ὑμῶν καὶ ἐλπίδα
　　εἶναι εἰς θεόν

3 15ᵈ ἕτοιμοι ἀεὶ πρὸς ἀπολογίαν παντὶ
　　τῷ αἰτοῦντι ὑμᾶς λόγον περὶ τῆς
　　ἐν ὑμῖν ἐλπίδος

1 Jo 3 3ᵃ πᾶς ὁ ἔχων τὴν ἐλπίδα ταύτην ἐπ'
　　αὐτῷ ἁγνίζει ἑαυτόν

Ἐλύμας

Ac 13 8 ἀνθίστατο δὲ αὐτοῖς Ἐλύμας ὁ
　　μάγος

ελωι

ελωί NMVBSϛ
ελωί T
ελωΐ H
ᵃ ελωι ελωι

Mt 27 46ᵃ * | ἐλωΐ ἐλωΐ (H; ηλι ηλι rl) λεμα
　　σαβαχθανι

Mc 15 34 ἐβόησεν ὁ Ἰησοῦς φωνῇ μεγάλῃ·
　　ελωι ελωι λεμα σαβαχθανι;

ἐμαυτοῦ

ᵃ ἀπ' ἐμαυτοῦ
ᵇ ἐξ ἐμαυτοῦ

Mt 8 9 ἔχων ὑπ' ἐμαυτὸν στρατιώτας

Lc 7 7 διὸ οὐδὲ ἐμαυτὸν ἠξίωσα πρὸς
　　σὲ ἐλθεῖν

7 8 ἔχων ὑπ' ἐμαυτὸν στρατιώτας

Jo 5 30ᵃ οὐ δύναμαι ἐγὼ ποιεῖν ἀπ' ἐμαυ-
　　τοῦ οὐδέν

5 31 ἐὰν ἐγὼ μαρτυρῶ περὶ ἐμαυτοῦ

7 17ᵃ γνώσεται . . . πότερον ἐκ τοῦ (—T)
　　θεοῦ ἐστιν ἢ ἐγὼ ἀπ' ἐμαυτοῦ λα-
　　λῶ

7 28ᵃ ἀπ' ἐμαυτοῦ οὐκ ἐλήλυθα

8 14 κἂν ἐγὼ μαρτυρῶ περὶ ἐμαυτοῦ

Jo 8 18 ἐγώ εἰμι ὁ μαρτυρῶν περὶ ἐμαυτοῦ
8 28ᵃ ἀπ' ἐμαυτοῦ ποιῶ οὐδέν
8 42ᵃ οὐδὲ γὰρ ἀπ' ἐμαυτοῦ ἐλήλυθα
8 54 ἐὰν ἐγὼ δοξάσω ἐμαυτόν, ἡ δόξα
μου οὐδέν ἐστιν
10 18ᵃ ⟨τὴν ψυχήν μου⟩ ἀλλ' ἐγὼ τίθημι
αὐτὴν ἀπ' ἐμαυτοῦ
12 32 κἀγὼ ἐὰν (ἂν H) ὑψωθῶ ἐκ τῆς
γῆς, πάντας ἑλκύσω πρὸς ἐμαυτόν
12 49ᵇ ὅτι ἐγὼ ἐξ ἐμαυτοῦ οὐκ ἐλάλησα
14 3 πάλιν ἔρχομαι καὶ παραλήμψομαι
ὑμᾶς πρὸς ἐμαυτόν
14 10ᵃ τὰ ῥήματα ἃ ἐγὼ λέγω (λαλῶ Sϛ)
ὑμῖν ἀπ' ἐμαυτοῦ οὐ λαλῶ
14 21 κἀγὼ ἀγαπήσω αὐτὸν καὶ ἐμφα-
νίσω αὐτῷ ἐμαυτόν
17 19 ὑπὲρ αὐτῶν ἐγὼ ([NH]; —T)
ἁγιάζω ἐμαυτόν
Ac 20 24 ἀλλ' οὐδενὸς λόγου ποιοῦμαι τὴν
ψυχὴν τιμίαν ἐμαυτῷ
24 10 ἐκ πολλῶν ἐτῶν ὄντα σε κριτὴν
. . . ἐπιστάμενος εὐθύμως τὰ περὶ
ἐμαυτοῦ ἀπολογοῦμαι
26 2 περὶ πάντων ὧν ἐγκαλοῦμαι . . .
ἥγημαι ἐμαυτὸν μακάριον
26 9 ἐγὼ μὲν οὖν ἔδοξα ἐμαυτῷ πρὸς τὸ
ὄνομα Ἰησοῦ . . . δεῖν πολλὰ
ἐναντία πρᾶξαι
Rm 11 4 κατέλιπον (-έλειπον S) ἐμαυτῷ
ἑπτακισχιλίους ἄνδρας
1 C 4 3 ἀλλ' οὐδὲ ἐμαυτὸν ἀνακρίνω· ↔
4 4 οὐδὲν γὰρ ἐμαυτῷ σύνοιδα
4 6 ταῦτα δέ, ἀδελφοί, μετεσχημάτισα
εἰς ἐμαυτόν
7 7 θέλω δὲ πάντας ἀνθρώπους εἶναι
ὡς καὶ ἐμαυτόν
9 19 ἐλεύθερος γὰρ ὢν ἐκ πάντων πᾶσιν
ἐμαυτὸν ἐδούλωσα
10 33 μὴ ζητῶν τὸ ἐμαυτοῦ σύμφορον
ἀλλὰ τὸ τῶν πολλῶν
2 C 2 1 ἔκρινα γὰρ (δὲ NMVSTϛ) ἐμαυτῷ
τοῦτο
11 7 ἢ ἁμαρτίαν ἐποίησα ἐμαυτὸν τα-
πεινῶν ἵνα ὑμεῖς ὑψωθῆτε ⟨;⟩
11 9 ἐν παντὶ ἀβαρῆ ἐμαυτὸν ὑμῖν
ἐτήρησα καὶ τηρήσω
12 5 ὑπὲρ τοῦ τοιούτου καυχήσομαι,
ὑπὲρ δὲ ἐμαυτοῦ οὐ καυχήσομαι
εἰ μὴ ἐν ταῖς ἀσθενείαις (+ μου
[M]VSTϛ)
G 2 18 εἰ γὰρ ἃ κατέλυσα . . . οἰκοδομῶ,
παραβάτην ἐμαυτὸν συνιστάνω
Ph 3 13 ἀδελφοί, ἐγὼ ἐμαυτὸν οὐ (N²⁶ϛ;
οὔπω rl) λογίζομαι κατειληφέναι
Phm 13 ὃν ἐγὼ ἐβουλόμην πρὸς ἐμαυτὸν
κατέχειν

ἐμβαίνω
→ ἀναβαίνω
Mt 8 23 ἐμβάντι αὐτῷ εἰς τὸ ([MV]; —BS
H) πλοῖον, ἠκολούθησαν αὐτῷ οἱ
μαθηταὶ αὐτοῦ
9 1 ἐμβὰς εἰς (+ τὸ [V]ϛ) πλοῖον δι-
επέρασεν
13 2 ὥστε αὐτὸν εἰς (+τὸ [V]ϛ) πλοῖον
ἐμβάντα καθῆσθαι
14 22 εὐθέως ([NH]; —T) ἠνάγκασεν
τοὺς μαθητὰς ἐμβῆναι εἰς τὸ (—B
SH) πλοῖον
14 32 * ἐμβάντων (ϛ; ἀνα- rl) αὐτῶν εἰς
τὸ πλοῖον ἐκόπασεν ὁ ἄνεμος
15 39 ἀπολύσας τοὺς ὄχλους ἐνέβη εἰς
τὸ πλοῖον
Mc 4 1 ὥστε αὐτὸν εἰς (+τὸ [V]ϛ) πλοῖον
ἐμβάντα καθῆσθαι ἐν τῇ θαλάσσῃ

Mc 5 18 ἐμβαίνοντος (ἐμβάντος ϛ) αὐτοῦ
εἰς τὸ πλοῖον παρεκάλει αὐτόν
6 45 εὐθὺς ἠνάγκασεν τοὺς μαθητὰς
αὐτοῦ ἐμβῆναι εἰς τὸ πλοῖον
8 10 εὐθὺς ἐμβὰς εἰς τὸ [S] πλοῖον μετὰ
τῶν μαθητῶν αὐτοῦ ἦλθεν εἰς τὰ
μέρη Δαλμανουθά
8 13 ἀφεὶς αὐτούς | πάλιν ἐμβὰς (~ Vϛ)
(+εἰς τὸ πλοῖον ϛ) ἀπῆλθεν εἰς τὸ
πέραν
Lc 5 3 ἐμβὰς δὲ εἰς ἓν τῶν πλοίων . . .
ἠρώτησεν αὐτὸν ἀπὸ τῆς γῆς
ἐπαναγαγεῖν ὀλίγον
8 22 ἐγένετο δὲ ἐν μιᾷ τῶν ἡμερῶν καὶ
αὐτὸς ἐνέβη εἰς πλοῖον καὶ οἱ μαθη-
ταὶ αὐτοῦ
8 37 αὐτὸς δὲ ἐμβὰς εἰς πλοῖον ὑπ-
έστρεψεν
Jo 5 4 * | ὁ οὖν πρῶτος ἐμβὰς μετὰ τὴν
ταραχὴν τοῦ ὕδατος ὑγιὴς ἐγίνετο
(. . +MVBϛ . .)
6 17 ἐμβάντες εἰς πλοῖον ἤρχοντο πέραν
τῆς θαλάσσης εἰς Καφαρναούμ
6 22 * πλοιάριον ἄλλο οὐκ ἦν ἐκεῖ εἰ μὴ
ἓν | ἐκεῖνο εἰς ὃ ἐνέβησαν οἱ μαθηταὶ
αὐτοῦ (+ϛ)
6 24 ὅτε οὖν εἶδεν ὁ ὄχλος . . . ἐνέβησαν
αὐτοὶ εἰς τὰ πλοιάρια καὶ ἦλθον
εἰς Καφαρναούμ
21 3 ἐξῆλθον (+οὖν MVBS) καὶ ἐνέβη-
σαν (ἀν- ϛ) εἰς τὸ πλοῖον
Ac 21 6 * ἀπησπασάμεθα ἀλλήλους, καὶ
ἐνέβημεν (NMH; ἐπ- ϛ; ἀν- rl) εἰς
τὸ πλοῖον

ἐμβάλλω
→ βάλλω
Lc 12 5 φοβήθητε τὸν . . . ἔχοντα ἐξουσίαν
ἐμβαλεῖν εἰς τὴν γέενναν

ἐμβάπτω
→ βάπτω
Mt 26 23 ὁ ἐμβάψας μετ' ἐμοῦ τὴν χεῖρα ἐν
τῷ τρυβλίῳ
Mc 14 20 ὁ ἐμβαπτόμενος μετ' ἐμοῦ εἰς τὸ
[+ἐν NH] τρύβλιον
Jo 13 26 * | καὶ ἐμβάψας (ϛ; βάψας οὖν rl)
τὸ [NH] ψωμίον | λαμβάνει καὶ
([N²⁶]; —ϛ) δίδωσιν Ἰούδᾳ Σίμω-
νος Ἰσκαριώτου

ἐμβατεύω
Cl 2 18 μηδεὶς ὑμᾶς καταβραβευέτω θέλων
ἐν . . . θρησκείᾳ τῶν ἀγγέλων, ἃ
ἑόρακεν ἐμβατεύων

ἐμβιβάζω
→ ἀναβιβάζω
Ac 27 6 κἀκεῖ εὑρὼν ὁ ἑκατοντάρχης πλοῖον
Ἀλεξανδρῖνον . . . ἐνεβίβασεν ἡμᾶς
εἰς αὐτό

ἐμβλέπω
→ βλέπω
ᵃ ἐμβλέπω εἰς
Mt 6 26ᵃ ἐμβλέψατε εἰς τὰ πετεινὰ τοῦ οὐρα-
νοῦ
19 26 ἐμβλέψας δὲ ὁ Ἰησοῦς εἶπεν αὐτοῖς
Mc 8 25 διέβλεψεν καὶ ἀπεκατέστη, καὶ
ἐνέβλεπεν (-ψεν ϛ) τηλαυγῶς (δηλ.
T) ἅπαντα
10 21 ὁ δὲ Ἰησοῦς ἐμβλέψας αὐτῷ ἠγά-
πησεν αὐτόν
10 27 ἐμβλέψας (+δὲ Vϛ) αὐτοῖς ὁ Ἰη-
σοῦς λέγει
14 67 ἰδοῦσα τὸν Πέτρον θερμαινόμενον
ἐμβλέψασα αὐτῷ λέγει
Lc 20 17 ὁ δὲ ἐμβλέψας αὐτοῖς εἶπεν
22 61 στραφεὶς ὁ κύριος ἐνέβλεψεν τῷ
Πέτρῳ

Jo 1 36 ἐμβλέψας τῷ Ἰησοῦ περιπατοῦντι
λέγει
1 42 ἐμβλέψας αὐτῷ ὁ Ἰησοῦς εἶπεν
Ac 1 11ᵃ ἄνδρες Γαλιλαῖοι, τί ἑστήκατε ἐμ-
βλέποντες (BSϛ; [ἐμ]- N²⁶; βλ. rl)
εἰς τὸν οὐρανόν;
22 11 ὡς δὲ οὐκ ἐνέβλεπον ἀπὸ τῆς δόξης
τοῦ φωτὸς ἐκείνου

ἐμβριμάομαι, ἐμβριμόομαι
Mt 9 30 ἐνεβριμήθη (-μήσατο ϛ) αὐτοῖς ὁ
Ἰησοῦς λέγων
Mc 1 43 ἐμβριμησάμενος αὐτῷ εὐθὺς ἐξέβα-
λεν αὐτόν
14 5 ⟨ἦσαν δέ τινες ἀγανακτοῦντες
πρὸς ἑαυτούς⟩ καὶ ἐνεβριμῶντο
(-μοῦντο T) αὐτῇ
Jo 11 33 Ἰησοῦς . . . ἐνεβριμήσατο τῷ
πνεύματι καὶ ἐτάραξεν ἑαυτόν
11 38 Ἰησοῦς οὖν πάλιν ἐμβριμώμενος
(-ούμενος T) ἐν ἑαυτῷ ἔρχεται εἰς
τὸ μνημεῖον

ἐμέ
→ ἐγώ

ἐμέω
Ap 3 16 οὕτως ὅτι χλιαρὸς εἶ . . . μέλλω σε
ἐμέσαι ἐκ τοῦ στόματός μου

ἐμμαίνομαι
→ μαίνομαι
Ac 26 11 περισσῶς τε ἐμμαινόμενος αὐτοῖς
ἐδίωκον ἕως καὶ εἰς τὰς ἔξω πόλεις

Ἐμμανουήλ
Mt 1 23 καὶ καλέσουσιν τὸ ὄνομα αὐτοῦ
Ἐμμανουήλ

Ἐμμαοῦς
Ἐμμαοῦς MVBSTHϛ
Lc 24 13 δύο ἐξ αὐτῶν | ἐν αὐτῇ τῇ ἡμέρᾳ
ἦσαν πορευόμενοι (~ VBSϛ) εἰς
κώμην . . . ᾗ ὄνομα Ἐμμαοῦς

ἐμμένω
→ μένω
Ac 14 22 ἐπιστηρίζοντες τὰς ψυχὰς τῶν
μαθητῶν, παρακαλοῦντες ἐμμένειν
τῇ πίστει
28 30 ἐνέμεινεν (ἔμεινε ϛ) δὲ διετίαν ὅλην
ἐν ἰδίῳ μισθώματι
G 3 10 ἐπικατάρατος πᾶς ὃς οὐκ ἐμμένει
πᾶσιν τοῖς γεγραμμένοις ἐν τῷ
βιβλίῳ τοῦ νόμου
Hb 8 9 ὅτι αὐτοὶ οὐκ ἐνέμειναν ἐν τῇ δια-
θήκῃ μου

Ἐμμώρ
Ἐμμώρ NMVBST
Ἐμμόρ ϛ
Ac 7 16 ἐτέθησαν ἐν τῷ μνήματι ᾧ ὠνήσα-
το Ἀβραὰμ . . . παρὰ τῶν υἱῶν
Ἐμμὼρ ἐν (τοῦ Vϛ) Συχέμ

ἐμοί
→ ἐγώ

ἐμός
ᵃ subst. praeposito
ᵇ (τὸ) ἐμόν
ᶜ (τὰ) ἐμά
Mt 18 20 οὗ γάρ εἰσιν δύο ἢ τρεῖς συνηγμέ-
νοι εἰς τὸ ἐμὸν ὄνομα
19 29 * πᾶς ὅστις ἀφῆκεν . . . πατέρα ἢ
μητέρα . . . ἕνεκεν τοῦ | ἐμοῦ
ὀνόματος (NTH; ὀνόματός μου
rl)
20 15ᶜ ἢ (+[N²⁶]MVSTϛ) οὐκ ἔξεστίν μοι
ὃ θέλω ποιῆσαι ἐν τοῖς ἐμοῖς;
20 23ᵇ τὸ δὲ καθίσαι ἐκ δεξιῶν μου . . .
οὐκ ἔστιν ἐμὸν τοῦτο ([N²⁶]; —Hϛ)
δοῦναι
25 27ᵇ ἐλθὼν ἐγὼ ἐκομισάμην ἂν τὸ
ἐμὸν σὺν τόκῳ

Mc 8 38 ὃς γὰρ ἐὰν ἐπαισχυνθῇ με καὶ
τοὺς ἐμοὺς λόγους ἐν τῇ γενεᾷ ταύ-
τῃ
10 40b τὸ δὲ καθίσαι ἐκ δεξιῶν μου ...
οὐκ ἔστιν ἐμὸν δοῦναι
Lc 9 26 ὃς γὰρ ἂν ἐπαισχυνθῇ με καὶ τοὺς
ἐμοὺς λόγους
15 31c πάντα τὰ ἐμὰ σά ἐστιν
22 19 | τοῦτο ποιεῖτε εἰς τὴν ἐμὴν ἀνά-
μνησιν [.. NH ..]
Jo 3 29a αὕτη οὖν ἡ χαρὰ ἡ ἐμὴ πεπλήρω-
ται
4 34 ἐμὸν βρῶμά ἐστιν ἵνα ποιήσω
(ποιῶ NVTς) τὸ θέλημα τοῦ
πέμψαντός με
5 30a ἡ κρίσις ἡ ἐμὴ δικαία ἐστίν, ↔
5 30a ὅτι οὐ ζητῶ τὸ θέλημα τὸ ἐμόν
5 47 πῶς τοῖς ἐμοῖς ῥήμασιν πιστεύ-
σετε;
6 38a ὅτι καταβέβηκα ... οὐχ ἵνα ποιῶ
(ποιήσω T) τὸ θέλημα τὸ ἐμόν
6 51 * ἐάν τις φάγῃ ἐκ | τοῦ ἐμοῦ (T;
τούτου τοῦ rl) ἄρτου
7 6a ὁ καιρὸς ὁ ἐμὸς οὔπω πάρεστιν
7 8 ὅτι ὁ ἐμὸς καιρὸς οὔπω πεπλήρω-
ται
7 16 ἡ ἐμὴ διδαχὴ ↔
7 16 οὐκ ἔστιν ἐμὴ ἀλλὰ τοῦ πέμψαν-
τός με
8 16a ἡ κρίσις ἡ ἐμὴ ἀληθινή ἐστιν
8 31a ἐὰν ὑμεῖς μείνητε ἐν τῷ λόγῳ τῷ
ἐμῷ
8 37a ὅτι ὁ λόγος ὁ ἐμὸς οὐ χωρεῖ ἐν ὑμῖν
8 43a διὰ τί τὴν λαλιὰν τὴν ἐμὴν οὐ
γινώσκετε; ↔
8 43a ὅτι οὐ δύνασθε ἀκούειν τὸν λόγον
τὸν ἐμόν
8 51 ἐάν τις τὸν | ἐμὸν λόγον (λ. τὸν ἐ.
ς) τηρήσῃ
8 56a Ἀβραὰμ ... ἠγαλλιάσατο ἵνα
ἴδῃ τὴν ἡμέραν τὴν ἐμήν
10 14 ἐγώ εἰμι ὁ ποιμὴν ὁ καλός, καὶ
γινώσκω τὰ ἐμά ↔
10 14 καὶ | γινώσκουσί με τὰ ἐμά (γινώ-
σκομαι ὑπὸ τῶν ἐμῶν VSς)
10 26a ὅτι οὐκ ἐστὲ ἐκ τῶν προβάτων τῶν
ἐμῶν. ↔
10 27a τὰ πρόβατα τὰ ἐμὰ τῆς φωνῆς μου
ἀκούουσιν
12 26a ὅπου εἰμὶ ἐγώ, ἐκεῖ καὶ ὁ διάκονος
ὁ ἐμὸς ἔσται
13 35 ἐν τούτῳ γνώσονται πάντες ὅτι
ἐμοὶ μαθηταί ἐστε
14 15a τὰς ἐντολὰς τὰς ἐμὰς τηρήσετε
(-σατε VSς)
14 24 ὁ λόγος ὃν ἀκούετε οὐκ ἔστιν ἐμὸς
ἀλλὰ τοῦ πέμψαντός με πατρός
14 27a εἰρήνην τὴν ἐμὴν δίδωμι ὑμῖν
15 8 ἵνα ... γένησθε (N26H; γενήσεσθε
rl) ἐμοὶ μαθηταί
15 9a μείνατε ἐν τῇ ἀγάπῃ τῇ ἐμῇ
15 11a ταῦτα λελάληκα ὑμῖν ἵνα ἡ χαρὰ
ἡ ἐμὴ ἐν ὑμῖν ᾖ
15 12a αὕτη ἐστὶν ἡ ἐντολὴ ἡ ἐμή
16 14b ἐκεῖνος ἐμὲ δοξάσει, ὅτι ἐκ τοῦ ἐμοῦ
λήμψεται
16 15 πάντα ὅσα ἔχει ὁ πατὴρ ἐμά ἐστιν·
↔
16 15b διὰ τοῦτο εἶπον ὅτι ἐκ τοῦ ἐμοῦ
λαμβάνει
17 10c τὰ ἐμὰ πάντα σά ἐστιν ↔
17 10 καὶ τὰ σὰ ἐμά
17 13a ἵνα ἔχωσιν τὴν χαρὰν τὴν ἐμὴν
πεπληρωμένην ἐν ἑαυτοῖς (αὐτοῖς
Sς)

Jo 17 24a ἵνα θεωρῶσιν τὴν δόξαν τὴν ἐμήν
18 36a ἡ βασιλεία ἡ ἐμὴ οὐκ ἔστιν ἐκ τοῦ
κόσμου τούτου· ↔
18 36a εἰ ἐκ τοῦ κόσμου τούτου ἦν ἡ
| βασιλεία ἡ ἐμή (ἐ. β. S), ↔
18 36a οἱ ὑπηρέται || οἱ ἐμοὶ ἠγωνίζοντο
ἄν [N26] ((~ NMVTς))
18 36a νῦν δὲ ἡ βασιλεία ἡ ἐμὴ οὐκ ἔστιν
ἐντεῦθεν
Rm 3 7 εἰ δὲ (γὰρ VBSς) ἡ ἀλήθεια τοῦ
θεοῦ ἐν τῷ ἐμῷ ψεύσματι ἐπερίσ-
σευσεν εἰς τὴν δόξαν αὐτοῦ
10 1 ἡ μὲν εὐδοκία τῆς ἐμῆς καρδίας ...
ὑπὲρ αὐτῶν εἰς σωτηρίαν
1 C 1 15 ἵνα μή τις εἴπῃ ὅτι εἰς τὸ ἐμὸν ὄνο-
μα ἐβαπτίσθητε
5 4 ⟨κέκρικα⟩ συναχθέντων ὑμῶν καὶ
τοῦ ἐμοῦ πνεύματος σὺν τῇ
δυνάμει τοῦ κυρίου ἡμῶν Ἰησοῦ
7 40 μακαριωτέρα δέ ἐστιν ἐὰν οὕτως
μείνῃ, κατὰ τὴν ἐμὴν γνώμην
9 2 * ἡ γὰρ σφραγὶς | τῆς ἐμῆς (ς; μου
τῆς rl) ἀποστολῆς ὑμεῖς ἐστε ἐν κυ-
ρίῳ. ↔
9 3 ἡ ἐμὴ ἀπολογία τοῖς ἐμὲ ἀνακρί-
νουσίν ἐστιν αὕτη
11 24 τοῦτο ποιεῖτε εἰς τὴν ἐμὴν ἀνάμνη-
σιν
11 25 τοῦτο τὸ ποτήριον ἡ καινὴ δια-
θήκη ἐστὶν ἐν τῷ ἐμῷ αἵματι· ↔
11 25 τοῦτο ποιεῖτε, ὁσάκις ἐὰν πίνητε,
εἰς τὴν ἐμὴν ἀνάμνησιν
16 18 ἀνέπαυσαν γὰρ τὸ ἐμὸν πνεῦμα
καὶ τὸ ὑμῶν
16 21 ὁ ἀσπασμὸς τῇ ἐμῇ χειρὶ Παύλου
2 C 1 23 ἐγὼ δὲ μάρτυρα τὸν θεὸν ἐπικα-
λοῦμαι ἐπὶ τὴν ἐμὴν ψυχήν
2 3 πεποιθὼς ... ὅτι ἡ ἐμὴ χαρὰ πάν-
των ὑμῶν ἐστιν
8 23a εἴτε ὑπὲρ Τίτου, κοινωνὸς ἐμὸς
καὶ εἰς ὑμᾶς συνεργός
G 1 13 ἠκούσατε γὰρ τὴν ἐμὴν ἀναστρο-
φήν ποτε ἐν τῷ Ἰουδαϊσμῷ
6 11 ἴδετε πηλίκοις ὑμῖν γράμμασιν
ἔγραψα τῇ ἐμῇ χειρί
Ph 1 26 ἵνα τὸ καύχημα ὑμῶν περισσεύῃ
ἐν Χριστῷ Ἰησοῦ ἐν ἐμοὶ διὰ τῆς
ἐμῆς παρουσίας πάλιν πρὸς ὑμᾶς
3 9 μὴ ἔχων ἐμὴν δικαιοσύνην τὴν
ἐκ νόμου
Cl 4 18 ὁ ἀσπασμὸς τῇ ἐμῇ χειρὶ Παύλου
2 Th 3 17 ὁ ἀσπασμὸς τῇ ἐμῇ χειρὶ Παύλου
2 Tm 4 6 * ὁ καιρὸς τῆς | ἐμῆς ἀναλύσεως
(ς; ἀναλύσεώς μου rl) ἐφέστηκεν
Phm 10 παρακαλῶ σε περὶ τοῦ ἐμοῦ
τέκνου
12 | σὺ δὲ (+[MS]Vς) αὐτόν, τοῦτ'
ἔστιν τὰ ἐμὰ σπλάγχνα | προσλα-
βοῦ (+[M]Vς; +προσλάβου [S])
19 ἐγὼ Παῦλος ἔγραψα τῇ ἐμῇ
χειρί
2 Pt 1 15 σπουδάσω δὲ ... ἔχειν ὑμᾶς μετὰ
τὴν ἐμὴν ἔξοδον ... μνήμην ποιεῖ-
σθαι
3 Jo 4 ἵνα ἀκούω τὰ ἐμὰ τέκνα ἐν τῇ ἀλη-
θείᾳ περιπατοῦντα
Ap 2 20 διδάσκει καὶ πλανᾷ τοὺς (—ς) ἐμοὺς
δούλους πορνεῦσαι

ἐμοῦ
→ ἐγώ

ἐμπαιγμονή
2 Pt 3 3 ὅτι ἐλεύσονται ἐπ' ἐσχάτων τῶν
ἡμερῶν || ἐν [N26] ἐμπαιγμονῇ
((—ς)) ἐμπαῖκται

ἐμπαιγμός
Hb 11 36 ἕτεροι δὲ ἐμπαιγμῶν καὶ μαστίγων
πεῖραν ἔλαβον

ἐμπαίζω
→ παίζω
a pass.
Mt 2 16a τότε Ἡρῴδης ἰδὼν ὅτι ἐνεπαίχθη
ὑπὸ τῶν μάγων ἐθυμώθη λίαν
20 19 παραδώσουσιν αὐτὸν τοῖς ἔθνεσιν
εἰς τὸ ἐμπαῖξαι καὶ μαστιγῶσαι
καὶ σταυρῶσαι
27 29 γονυπετήσαντες ἔμπροσθεν αὐτοῦ
ἐνέπαιξαν (-ζον VBSς) αὐτῷ λέ-
γοντες
27 31 ὅτε ἐνέπαιξαν αὐτῷ, ἐξέδυσαν
(ἐκδύσαντες T) αὐτὸν τὴν χλαμύδα
27 41 ὁμοίως καὶ ([NH]; —T) οἱ ἀρχιε-
ρεῖς ἐμπαίζοντες μετὰ τῶν ...
πρεσβυτέρων ἔλεγον
Mc 10 34 ⟨ὁ υἱὸς τοῦ ἀνθρώπου παραδοθή-
σεται⟩ καὶ ἐμπαίξουσιν αὐτῷ
καὶ ἐμπτύσουσιν αὐτῷ
15 20 ὅτε ἐνέπαιξαν αὐτῷ, ἐξέδυσαν αὐ-
τὸν τὴν πορφύραν
15 31 ὁμοίως καὶ οἱ ἀρχιερεῖς ἐμπαίζον-
τες πρὸς ἀλλήλους μετὰ τῶν γραμ-
ματέων ἔλεγον
Lc 14 29 ἵνα μήποτε ... μὴ ἰσχύοντος ἐκτε-
λέσαι πάντες οἱ θεωροῦντες ἄρ-
ξωνται αὐτῷ ἐμπαίζειν
18 32a παραδοθήσεται γὰρ τοῖς ἔθνεσιν
καὶ ἐμπαιχθήσεται
22 63 οἱ ἄνδρες οἱ συνέχοντες αὐτὸν
ἐνέπαιζον αὐτῷ δέροντες
23 11 ἐξουθενήσας δὲ αὐτὸν καὶ (+
[N26]BST) ὁ Ἡρῴδης ... καὶ ἐμ-
παίξας, περιβαλὼν ἐσθῆτα λαμ-
πρὰν ἀνέπεμψεν
23 36 ἐνέπαιξαν (-ζον VBSς) δὲ αὐτῷ
καὶ οἱ στρατιῶται προσερχόμενοι

ἐμπαίκτης
2 Pt 3 3 ὅτι ἐλεύσονται ἐπ' ἐσχάτων τῶν
ἡμερῶν || ἐν [N26] ἐμπαιγμονῇ
((—ς)) ἐμπαῖκται
Jd 18 ἐπ' ἐσχάτου τοῦ ([N26]; —Hς)
χρόνου ἔσονται ἐμπαῖκται κατὰ
τὰς ἑαυτῶν ἐπιθυμίας πορευόμενοι
τῶν ἀσεβειῶν

ἐμπεριπατέω
ἐνπεριπατέω TH
→ πατέω
2 C 6 16 ἐνοικήσω ἐν αὐτοῖς καὶ ἐμπεριπα-
τήσω

ἐμπίμπλημι, ἐμπιπλάω
→ πίμπλημι
Lc 1 53 πεινῶντας ἐνέπλησεν ἀγαθῶν καὶ
πλουτοῦντας ἐξαπέστειλεν κενούς
6 25 οὐαὶ ὑμῖν, οἱ ἐμπεπλησμένοι νῦν,
ὅτι πεινάσετε
Jo 6 12 ὡς δὲ ἐνεπλήσθησαν, λέγει τοῖς
μαθηταῖς αὐτοῦ
Ac 14 17 οὐκ ἀμάρτυρον αὐτὸν (ἑ. BSς;
αὑ. NMVH) ἀφῆκεν ... ἐμπιπλῶν
τροφῆς καὶ εὐφροσύνης τὰς καρ-
δίας ὑμῶν
Rm 15 24 ἐλπίζω γὰρ ... ὑφ' ὑμῶν προπεμ-
φθῆναι ἐκεῖ, ἐὰν ὑμῶν πρῶτον ἀπὸ
μέρους ἐμπλησθῶ

ἐμπίμπρημι, ἐμπιπράω
→ πίμπρημι
Mt 22 7 πέμψας τὰ στρατεύματα αὐτοῦ ...
τὴν πόλιν αὐτῶν ἐνέπρησεν
Ac 28 6 * οἱ δὲ προσεδόκων αὐτὸν μέλλειν
ἐμπίπρασθαι (T; πίμπρασθαι rl)
ἢ καταπίπτειν

ἐμπιπλάω
→ ἐμπίμπλημι

ἐμπιπράω
→ ἐμπίμπρημι

ἐμπίπτω
→ πίπτω

Mt 12 11 ἐὰν ἐμπέσῃ τοῦτο τοῖς σάββασιν εἰς βόθυνον

Lc 6 39 οὐχὶ ἀμφότεροι εἰς βόθυνον ἐμπεσοῦνται (πεσοῦνται ς);

10 36 τίς τούτων ... πλησίον δοκεῖ σοι γεγονέναι τοῦ ἐμπεσόντος εἰς τοὺς λῃστάς;

14 5 * τίνος ὑμῶν υἱὸς (ὄνος Sς) ἢ βοῦς εἰς φρέαρ ἐμπεσεῖται (ς; πεσεῖται rl)

1Tm 3 6 ἵνα μὴ τυφωθεὶς εἰς κρίμα ἐμπέσῃ τοῦ διαβόλου

3 7 ἵνα μὴ εἰς ὀνειδισμὸν ἐμπέσῃ καὶ παγίδα τοῦ διαβόλου

6 9 οἱ δὲ βουλόμενοι πλουτεῖν ἐμπίπτουσιν εἰς πειρασμὸν καὶ παγίδα καὶ ἐπιθυμίας πολλάς

Hb 10 31 φοβερὸν τὸ ἐμπεσεῖν εἰς χεῖρας θεοῦ ζῶντος

ἐμπλέκω
→ πλέκω

2Tm 2 4 οὐδεὶς στρατευόμενος ἐμπλέκεται ταῖς τοῦ βίου πραγματείαις

2Pt 2 20 εἰ γὰρ ἀποφυγόντες τὰ μιάσματα τοῦ κόσμου ... τούτοις δὲ πάλιν ἐμπλακέντες ἡττῶνται

ἐμπλοκή

1Pt 3 3 ὧν ἔστω οὐχ ὁ ἔξωθεν ἐμπλοκῆς τριχῶν καὶ περιθέσεως χρυσίων ... κόσμος

ἐμπνέω
ἐνπνέω TH
→ πνέω

Ac 9 1 ὁ δὲ Σαῦλος ἔτι ἐμπνέων ἀπειλῆς καὶ φόνου εἰς τοὺς μαθητὰς τοῦ κυρίου ⟨ᾐτήσατο⟩

ἐμπορεύομαι
→ πορεύομαι

Jc 4 13 πορευσόμεθα εἰς τήνδε τὴν πόλιν ... καὶ ἐμπορευσόμεθα (-σώμεθα ς) καὶ κερδήσομεν

2Pt 2 3 καὶ ἐν πλεονεξίᾳ πλαστοῖς λόγοις ὑμᾶς ἐμπορεύσονται

ἐμπορία

Mt 22 5 οἱ δὲ ἀμελήσαντες ἀπῆλθον ... ὃς δὲ ἐπὶ τὴν ἐμπορίαν αὐτοῦ

ἐμπόριον

Jo 2 16 μὴ ποιεῖτε τὸν οἶκον τοῦ πατρός μου οἶκον ἐμπορίου

ἔμπορος

Mt 13 45 ὁμοία ἐστὶν ἡ βασιλεία τῶν οὐρανῶν ἀνθρώπῳ ([S]; —NH) ἐμπόρῳ ζητοῦντι καλοὺς μαργαρίτας

Ap 18 3 οἱ ἔμποροι τῆς γῆς ἐκ τῆς δυνάμεως τοῦ στρήνους αὐτῆς ἐπλούτησαν

18 11 οἱ ἔμποροι τῆς γῆς κλαίουσιν καὶ πενθοῦσιν ἐπ' αὐτήν

18 15 οἱ ἔμποροι τούτων ... ἀπὸ μακρόθεν στήσονται διὰ τὸν φόβον τοῦ βασανισμοῦ αὐτῆς κλαίοντες

18 23 ὅτι οἱ [NH] ἔμποροί σου ἦσαν οἱ μεγιστᾶνες τῆς γῆς

ἔμπροσθεν
ἐνπροσθεν (T)
a ἔ. τῶν ἀνθρώπων
b adv.
c ἔ. et ὀπίσω, ὄπισθεν

Mt 5 16 a οὕτως λαμψάτω τὸ φῶς ὑμῶν ἔμπροσθεν τῶν ἀνθρώπων

Mt 5 24 ἄφες ἐκεῖ τὸ δῶρόν σου ἔμπροσθεν τοῦ θυσιαστηρίου

6 1 a προσέχετε δὲ ([N²⁶H]; —ς) τὴν δικαιοσύνην, ὑμῶν μὴ ποιεῖν ἔμπροσθεν τῶν ἀνθρώπων

6 2 ὅταν οὖν ποιῇς ἐλεημοσύνην, μὴ σαλπίσῃς ἔμπροσθέν σου

7 6 μηδὲ βάλητε τοὺς μαργαρίτας ὑμῶν ἔμπροσθεν τῶν χοίρων

10 32 a πᾶς οὖν ὅστις ὁμολογήσει ἐν ἐμοὶ ἔμπροσθεν τῶν ἀνθρώπων, ↔

10 32 ὁμολογήσω κἀγὼ ἐν αὐτῷ ἔμπροσθεν τοῦ πατρός μου τοῦ ἐν τοῖς ([N²⁶]; —VBSTς) οὐρανοῖς· ↔

10 33 a ὅστις | δ' ἂν (δὲ H) ἀρνήσηταί με ἔμπροσθεν τῶν ἀνθρώπων, ↔

10 33 ἀρνήσομαι | κἀγὼ αὐτὸν (~ Sς) ἔμπροσθεν τοῦ πατρός μου τοῦ ἐν τοῖς ([N²⁶]; —VBSTς) οὐρανοῖς

11 10 ὃς κατασκευάσει τὴν ὁδόν σου ἔμπροσθέν σου

11 26 ναί, ὁ πατήρ, ὅτι οὕτως εὐδοκία ἐγένετο ἔμπροσθέν σου

17 2 μετεμορφώθη ἔμπροσθεν αὐτῶν

18 14 οὕτως οὐκ ἔστιν θέλημα ἔμπροσθεν τοῦ πατρὸς ὑμῶν (μου H) τοῦ ἐν οὐρανοῖς

23 13 a ὅτι κλείετε τὴν βασιλείαν τῶν οὐρανῶν ἔμπροσθεν τῶν ἀνθρώπων

25 32 συναχθήσονται ἔμπροσθεν αὐτοῦ πάντα τὰ ἔθνη

26 70 ὁ δὲ ἠρνήσατο ἔμπροσθεν πάντων λέγων

27 11 ὁ δὲ Ἰησοῦς ἐστάθη ἔμπροσθεν τοῦ ἡγεμόνος

27 29 γονυπετήσαντες ἔμπροσθεν αὐτοῦ ἐνέπαιξαν (-ζον VBSς) αὐτῷ λέγοντες

Mc 1 2 * ὃς κατασκευάσει τὴν ὁδόν σου | ἔμπροσθέν σου (+ς)

2 12 εὐθὺς ἄρας τὸν κράβαττον ἐξῆλθεν ἔμπροσθεν (ἐναντίον VSς) πάντων

9 2 μετεμορφώθη ἔμπροσθεν αὐτῶν

Lc 5 19 διὰ τῶν κεράμων καθῆκαν αὐτὸν ... εἰς τὸ μέσον ἔμπροσθεν τοῦ Ἰησοῦ

7 27 ὃς κατασκευάσει τὴν ὁδόν σου ἔμπροσθέν σου

10 21 ναί, ὁ πατήρ, ὅτι οὕτως | εὐδοκία ἐγένετο (~ BSTς) ἔμπροσθέν σου

12 8 a πᾶς ὃς ἂν ὁμολογήσῃ (-σει H) ἐν ἐμοὶ ἔμπροσθεν τῶν ἀνθρώπων, ↔

12 8 καὶ ὁ υἱὸς τοῦ ἀνθρώπου ὁμολογήσει ἐν αὐτῷ ἔμπροσθεν τῶν ἀγγέλων τοῦ θεοῦ

14 2 ἄνθρωπός τις ἦν ὑδρωπικὸς ἔμπροσθεν αὐτοῦ

19 4 b προδραμὼν εἰς τὸ ἔμπροσθεν ἀνέβη ἐπὶ συκομορέαν

19 27 πλὴν τοὺς ἐχθρούς μου τούτους ... κατασφάξατε αὐτοὺς ἔμπροσθέν μου. ↔

19 28 b καὶ εἰπὼν ταῦτα ἐπορεύετο ἔμπροσθεν ἀναβαίνων εἰς Ἱεροσόλυμα

21 36 ἵνα κατισχύσητε (καταξιωθῆτε Vς) ... σταθῆναι ἔμπροσθεν τοῦ υἱοῦ τοῦ ἀνθρώπου

Jo 1 15 c ὁ ὀπίσω μου ἐρχόμενος ἔμπροσθέν μου γέγονεν

1 27 c * ⟨μέσος ὑμῶν ἔστηκεν⟩ ὁ (—H) ὀπίσω μου ἐρχόμενος | ὃς ἔμπροσθέν μου γέγονεν (+ς)

1 30 c ὀπίσω μου ἔρχεται ἀνὴρ ὃς ἔμπροσθέν μου γέγονεν

Jo 3 28 ἀπεσταλμένος εἰμὶ ἔμπροσθεν ἐκείνου

10 4 ὅταν τὰ ἴδια πάντα ἐκβάλῃ, ἔμπροσθεν αὐτῶν πορεύεται, καὶ τὰ πρόβατα αὐτῷ ἀκολουθεῖ

12 37 τοσαῦτα δὲ αὐτοῦ σημεῖα πεποιηκότος ἔμπροσθεν αὐτῶν οὐκ ἐπίστευον

Ac 10 4 αἱ προσευχαί σου ... ἀνέβησαν εἰς μνημόσυνον ἔμπροσθεν (ἐνώπιον ς) τοῦ θεοῦ

18 17 ἐπιλαβόμενοι δὲ ... τὸν ἀρχισυνάγωγον ἔτυπτον ἔμπροσθεν τοῦ βήματος

2 C 5 10 τοὺς γὰρ πάντας ἡμᾶς φανερωθῆναι δεῖ ἔμπροσθεν τοῦ βήματος τοῦ Χριστοῦ

G 2 14 εἶπον τῷ Κηφᾷ ἔμπροσθεν πάντων

Ph 3 13 bc τὰ μὲν ὀπίσω ἐπιλανθανόμενος τοῖς δὲ ἔμπροσθεν ἐπεκτεινόμενος

1 Th 1 3 μνημονεύοντες ὑμῶν τοῦ ἔργου τῆς πίστεως ... καὶ τῆς ὑπομονῆς τῆς ἐλπίδος τοῦ κυρίου ἡμῶν ... ἔμπροσθεν τοῦ θεοῦ καὶ πατρὸς ἡμῶν

2 19 τίς γὰρ ἡμῶν ἐλπὶς ... ἢ οὐχὶ καὶ ὑμεῖς ἔμπροσθεν τοῦ κυρίου ἡμῶν ⟨;⟩

3 9 τίνα γὰρ εὐχαριστίαν δυνάμεθα ... ἀνταποδοῦναι ... ἐπὶ πάσῃ τῇ χαρᾷ ᾗ χαίρομεν δι' ὑμᾶς ἔμπροσθεν τοῦ θεοῦ ἡμῶν ⟨;⟩

3 13 εἰς τὸ στηρίξαι ὑμῶν τὰς καρδίας ἀμέμπτους ἐν ἁγιωσύνῃ ἔμπροσθεν τοῦ θεοῦ καὶ πατρὸς ἡμῶν

1 Jo 3 19 ἔμπροσθεν αὐτοῦ πείσομεν | τὴν καρδίαν (τὰς καρδίας BSTς) ἡμῶν

Ap 4 6 bc ⟨εἶδον⟩ κύκλῳ τοῦ θρόνου τέσσαρα ζῷα γέμοντα ὀφθαλμῶν ἔμπροσθεν (ἐν- T) καὶ ὄπισθεν

19 10 ἔπεσα ἔμπροσθεν τῶν ποδῶν αὐτοῦ προσκυνῆσαι αὐτῷ

22 8 κἀγὼ Ἰωάννης ... ἔπεσα προσκυνῆσαι ἔμπροσθεν τῶν ποδῶν τοῦ ἀγγέλου

ἐμπτύω
→ πτύω

Mt 26 67 τότε ἐνέπτυσαν εἰς τὸ πρόσωπον αὐτοῦ καὶ ἐκολάφισαν αὐτόν

27 30 ἐμπτύσαντες εἰς αὐτὸν ἔλαβον τὸν κάλαμον

Mc 10 34 ἐμπτύσουσιν αὐτῷ καὶ μαστιγώσουσιν αὐτόν

14 65 ἤρξαντό τινες ἐμπτύειν αὐτῷ

15 19 ἔτυπτον αὐτοῦ τὴν κεφαλὴν καλάμῳ καὶ ἐνέπτυον αὐτῷ

Lc 18 32 ἐμπαιχθήσεται καὶ ὑβρισθήσεται καὶ ἐμπτυσθήσεται

ἐμφανής

Ac 10 40 τοῦτον ὁ θεὸς ἤγειρεν ... καὶ ἔδωκεν αὐτὸν ἐμφανῆ γενέσθαι ⟨μάρτυσιν⟩

Rm 10 20 ἐμφανὴς ἐγενόμην (+ἐν B) τοῖς ἐμὲ μὴ ἐπερωτῶσιν

ἐμφανίζω
a ἐ. ἐμαυτόν, σεαυτόν

Mt 27 53 ⟨πολλὰ σώματα τῶν κεκοιμημένων ἁγίων ἠγέρθησαν⟩ καὶ ἐνεφανίσθησαν πολλοῖς

Jo 14 21 a κἀγὼ ἀγαπήσω αὐτὸν καὶ ἐμφανίσω αὐτῷ ἐμαυτόν

14 22 a κύριε, καὶ ([N²⁶]; —Hς) τί γέγονεν ὅτι ἡμῖν μέλλεις ἐμφανίζειν σεαυτὸν καὶ οὐχὶ τῷ κόσμῳ;

Ac 23 15 νῦν οὖν ὑμεῖς ἐμφανίσατε τῷ χιλι-
άρχῳ σὺν τῷ συνεδρίῳ

23 22 παραγγείλας μηδενὶ ἐκλαλῆσαι ὅτι
ταῦτα ἐνεφάνισας πρός με (ἐμέ
NVTH)

24 1 οἵτινες ἐνεφάνισαν τῷ ἡγεμόνι κατὰ
τοῦ Παύλου

25 2 ἐνεφάνισάν τε αὐτῷ οἱ ἀρχιερεῖς . . .
κατὰ τοῦ Παύλου

25 15 περὶ οὗ . . . ἐνεφάνισαν οἱ ἀρχιερεῖς
καὶ οἱ πρεσβύτεροι

Hb 9 24 εἰσῆλθεν . . . εἰς αὐτὸν τὸν οὐρανόν,
νῦν ἐμφανισθῆναι τῷ προσώπῳ
τοῦ θεοῦ ὑπὲρ ἡμῶν

11 14 οἱ γὰρ τοιαῦτα λέγοντες ἐμφανί-
ζουσιν ὅτι πατρίδα ἐπιζητοῦσιν

ἔμφοβος

Lc 24 5 ἐμφόβων δὲ γενομένων αὐτῶν καὶ
κλινουσῶν τὰ πρόσωπα . . . εἶπαν
πρὸς αὐτάς

24 37 πτοηθέντες δὲ καὶ ἔμφοβοι γενό-
μενοι ἐδόκουν πνεῦμα θεωρεῖν

Ac 10 4 ὁ δὲ ἀτενίσας αὐτῷ καὶ ἔμφοβος
γενόμενος εἶπεν

22 9 * οἱ δὲ σὺν ἐμοὶ ὄντες τὸ μὲν φῶς
ἐθεάσαντο | καὶ ἔμφοβοι ἐγένοντο
(+ς)

24 25 διαλεγομένου δὲ αὐτοῦ περὶ . . .
τοῦ κρίματος τοῦ μέλλοντος ἔμφο-
βος γενόμενος ὁ Φῆλιξ ἀπεκρίθη

Ap 11 13 οἱ λοιποὶ ἔμφοβοι ἐγένοντο καὶ
ἔδωκαν δόξαν τῷ θεῷ

ἐμφυσάω

Jo 20 22 τοῦτο εἰπὼν ἐνεφύσησεν καὶ λέγει
αὐτοῖς

ἔμφυτος

Jc 1 21 διὸ ἀποθέμενοι πᾶσαν ῥυπαρίαν . . .
ἐν πραΰτητι δέξασθε τὸν ἔμφυτον
λόγον

ἐν

a de tempore
b ἐν ᾧ, οἷς de tempore
c ἐν (τῷ) Χριστῷ (᾽Ιησοῦ), κυρίῳ
d de locis scripturae
e ὁ, ἡ, τὸ ἐν subst.
f c. verbo comp. ἐν-
g ἐν τῷ seq. inf.
h ἐν et κατά
j ἐν et ὑπό, ὑποκάτω, ὀπίσω
k ἐν et εἰς
l ἐν et μετά
m ἐν et ἐκ
n ἐν et περί, ἕνεκα, χάριν
p ἐν et ἐπί
q ἐν et πρός, ἔμπροσθεν
r ἐν et ἀπό
s ἐν et παρά
t ἐν et (κατ)έναντι, ἐναντίον, (κατ)ἐνώπιον
u ἐν et διά
v ἐν et πρό, ἕως, μέχρι
w ἐν et μεταξύ, πέραν
x ἐν et ἐγγύς, ἄχρι(ς)
y ἐν et σύν, χωρίς, (παρ)εκτός
z ἐν et ὑπέρ, ὑπεράνω

Mt 1 18ᵐ πρὶν ἢ συνελθεῖν αὐτοὺς εὑρέθη ἐν
γαστρὶ ἔχουσα ἐκ πνεύματος ἁγίου

1 20ᵐ τὸ γὰρ ἐν αὐτῇ γεννηθὲν ἐκ πνεύ-
ματός ἐστιν ἁγίου

1 23 ἰδοὺ ἡ παρθένος ἐν γαστρὶ ἕξει

2 1 τοῦ δὲ ᾽Ιησοῦ γεννηθέντος ἐν
Βηθλέεμ τῆς ᾽Ιουδαίας ↔

2 1ᵃ ἐν ἡμέραις ῾Ηρῴδου τοῦ βασιλέως

2 2 εἴδομεν γὰρ αὐτοῦ τὸν ἀστέρα ἐν
τῇ ἀνατολῇ

Mt 2 5 ⟨ἐπυνθάνετο . . . ποῦ ὁ χριστὸς
γεννᾶται⟩ οἱ δὲ εἶπαν αὐτῷ· ἐν
Βηθλέεμ τῆς ᾽Ιουδαίας

2 6 καὶ σὺ Βηθλέεμ . . . οὐδαμῶς ἐλα-
χίστη εἶ ἐν τοῖς ἡγεμόσιν ᾽Ιουδα

2 9 καὶ ἰδοὺ ὁ ἀστήρ, ὃν εἶδον ἐν τῇ
ἀνατολῇ, προῆγεν αὐτούς

2 16 ἀποστείλας ἀνεῖλεν πάντας τοὺς
παῖδας τοὺς ἐν Βηθλέεμ ↔

2 16ʳ καὶ ἐν πᾶσι τοῖς ὁρίοις αὐτῆς ἀπὸ
διετοῦς καὶ κατωτέρω

2 18 φωνὴ ἐν ῾Ραμὰ ἠκούσθη

2 19ʰ ἰδοὺ ἄγγελος κυρίου | φαίνεται
κατ᾽ ὄναρ (~ Vς) τῷ ᾽Ιωσὴφ ἐν
Αἰγύπτῳ

3 1ᵃ ἐν δὲ (—S) ταῖς ἡμέραις ἐκείναις
παραγίνεται ᾽Ιωάννης ὁ βαπτιστὴς
↔

3 1 κηρύσσων ἐν τῇ ἐρήμῳ τῆς ᾽Ιου-
δαίας

3 3 φωνὴ βοῶντος ἐν τῇ ἐρήμῳ

3 6ʲ ἐβαπτίζοντο ἐν τῷ ᾽Ιορδάνῃ πο-
ταμῷ (—Sς) ὑπ᾽ αὐτοῦ

3 9 μὴ δόξητε λέγειν ἐν ἑαυτοῖς

3 11ᵏ ἐγὼ μὲν ὑμᾶς βαπτίζω ἐν ὕδατι
εἰς μετάνοιαν

3 11 αὐτὸς ὑμᾶς βαπτίσει ἐν πνεύματι
ἁγίῳ καὶ πυρί· ↔

3 12 οὗ τὸ πτύον ἐν τῇ χειρὶ αὐτοῦ

3 17 οὗτός ἐστιν ὁ υἱός μου ὁ ἀγαπητός,
ἐν ᾧ εὐδόκησα

4 13ᵏ κατῴκησεν εἰς Καφαρναοὺμ τὴν
παραθαλασσίαν ἐν ὁρίοις Ζαβου-
λὼν καὶ Νεφθαλίμ

4 16 ὁ λαὸς ὁ καθήμενος ἐν σκότει (-τίᾳ
NH) φῶς εἶδεν μέγα, ↔

4 16 καὶ τοῖς καθημένοις ἐν χώρᾳ καὶ
σκιᾷ θανάτου, φῶς ἀνέτειλεν αὐτοῖς

4 21ˡ εἶδεν . . . ᾽Ιάκωβον . . . καὶ ᾽Ιωάν-
νην τὸν ἀδελφὸν αὐτοῦ, ἐν τῷ
πλοίῳ μετὰ Ζεβεδαίου τοῦ πατρὸς
αὐτῶν καταρτίζοντας

4 23 περιῆγεν (+ ὁ ᾽Ιησοῦς MVBSς)
| ἐν ὅλῃ τῇ Γαλιλαίᾳ (ὅλην τὴν
Γ-αν MVSς), ↔

4 23 διδάσκων ἐν ταῖς συναγωγαῖς
αὐτῶν καὶ κηρύσσων τὸ εὐαγγέ-
λιον τῆς βασιλείας ↔

4 23 καὶ θεραπεύων . . . πᾶσαν μαλα-
κίαν ἐν τῷ λαῷ

5 12 ὁ μισθὸς ὑμῶν πολὺς ἐν τοῖς
οὐρανοῖς

5 13 ἐὰν δὲ τὸ ἅλας μωρανθῇ, ἐν τίνι
ἁλισθήσεται;

5 15ᵉ καὶ λάμπει πᾶσιν τοῖς ἐν τῇ οἰκίᾳ

5 16ᵉ ὅπως . . . δοξάσωσιν τὸν πατέρα
ὑμῶν τὸν ἐν τοῖς οὐρανοῖς

5 19 ἐλάχιστος κληθήσεται ἐν τῇ βασι-
λείᾳ τῶν οὐρανῶν

5 19 οὗτος μέγας κληθήσεται ἐν τῇ βα-
σιλείᾳ τῶν οὐρανῶν

5 25ˡᵛ ἴσθι εὐνοῶν τῷ ἀντιδίκῳ σου ταχὺ
ἕως ὅτου εἶ | μετ᾽ αὐτοῦ ἐν τῇ ὁδῷ
(~ Vς)

5 28 ἤδη ἐμοίχευσεν αὐτὴν ἐν τῇ καρδίᾳ
αὐτοῦ

5 34 μὴ ὀμόσαι ὅλως· μήτε ἐν τῷ
οὐρανῷ, ὅτι θρόνος ἐστὶν τοῦ
θεοῦ· ↔

5 35ᵏ μήτε ἐν τῇ γῇ . . . μήτε εἰς ῾Ιεροσό-
λυμα

5 36 μήτε ἐν τῇ κεφαλῇ σου ὀμόσῃς

5 45ᵉ ὅπως γένησθε υἱοὶ τοῦ πατρὸς
ὑμῶν τοῦ ἐν οὐρανοῖς

Mt 5 48ᵉ* ἔσεσθε . . . τέλειοι ὡς ὁ πατὴρ
ὑμῶν ὁ | ἐν τοῖς οὐρανοῖς (ς;
οὐράνιος rl) τέλειός ἐστιν

6 1ᵉ μισθὸν οὐκ ἔχετε παρὰ τῷ πατρὶ
ὑμῶν τῷ ἐν τοῖς (—T) οὐρανοῖς

6 2 ὥσπερ οἱ ὑποκριταὶ ποιοῦσιν ἐν
ταῖς συναγωγαῖς ↔

6 2 καὶ ἐν ταῖς ῥύμαις

6 4 ὅπως | ᾖ σου ἡ ἐλεημοσύνη (~ T)
ἐν τῷ κρυπτῷ· ↔

6 4 ὁ πατήρ σου ὁ βλέπων ἐν τῷ
κρυπτῷ ↔

6 4 * (+ αὐτὸς [S]ς) ἀποδώσει σοι | ἐν
τῷ φανερῷ (+ς)

6 5 ὅτι φιλοῦσιν ἐν ταῖς συναγωγαῖς ↔

6 5 καὶ ἐν ταῖς γωνίαις τῶν πλατειῶν
ἑστῶτες προσεύχεσθαι

6 6ᵉ πρόσευξαι τῷ πατρί σου τῷ ἐν τῷ
κρυπτῷ· ↔

6 6 ὁ πατήρ σου ὁ βλέπων ἐν τῷ
κρυπτῷ ↔

6 6 * ἀποδώσει σοι | ἐν τῷ φανερῷ
(+ς)

6 7 δοκοῦσιν γὰρ ὅτι ἐν τῇ πολυλογίᾳ
αὐτῶν εἰσακουσθήσονται

6 9ᵉ πάτερ ἡμῶν ὁ ἐν τοῖς οὐρανοῖς

6 10ᵖ γενηθήτω τὸ θέλημά σου, ὡς ἐν
οὐρανῷ καὶ ἐπὶ (+ τῆς Vς) γῆς

6 18ᵉ ὅπως μὴ φανῇς τοῖς ἀνθρώποις
νηστεύων ἀλλὰ τῷ πατρί σου τῷ
ἐν τῷ κρυφαίῳ· ↔

6 18 καὶ ὁ πατήρ σου ὁ βλέπων ἐν τῷ
κρυφαίῳ ↔

6 18 * ἀποδώσει σοι | ἐν τῷ φανερῷ
(+ς)

6 20 θησαυρίζετε δὲ ὑμῖν θησαυροὺς ἐν
οὐρανῷ

6 23ᵉ εἰ οὖν τὸ φῶς τὸ ἐν σοὶ σκότος
ἐστίν

6 29 οὐδὲ Σολομὼν ἐν πάσῃ τῇ δόξῃ
αὐτοῦ περιεβάλετο ὡς ἐν τούτων

7 2 ἐν ᾧ γὰρ κρίματι κρίνετε κριθήσε-
σθε, ↔

7 2 καὶ ἐν ᾧ μέτρῳ μετρεῖτε μετρηθή-
σεται ὑμῖν. ↔

7 3ᵉ τί δὲ βλέπεις τὸ κάρφος τὸ ἐν τῷ
ὀφθαλμῷ τοῦ ἀδελφοῦ σου, ↔

7 3 τὴν δὲ ἐν τῷ σῷ ὀφθαλμῷ δοκὸν
οὐ κατανοεῖς;

7 4 ἄφες ἐκβάλω τὸ κάρφος . . . καὶ
ἰδοὺ ἡ δοκὸς ἐν τῷ ὀφθαλμῷ σοῦ
(σοῦ NMVBSς)

7 6 μήποτε καταπατήσουσιν (-σωσιν
MVSς) αὐτοὺς ἐν τοῖς ποσὶν
αὐτῶν

7 11ᵉ πόσῳ μᾶλλον ὁ πατὴρ ὑμῶν ὁ ἐν
τοῖς οὐρανοῖς δώσει ἀγαθὰ τοῖς
αἰτοῦσιν αὐτόν

7 15ᵍ οἵτινες ἔρχονται πρὸς ὑμᾶς ἐν
ἐνδύμασι προβάτων

7 21ᵉ ἀλλ᾽ ὁ ποιῶν τὸ θέλημα τοῦ
πατρός μου τοῦ ἐν τοῖς οὐρανοῖς

7 22ᵃ πολλοὶ ἐροῦσίν μοι ἐν ἐκείνῃ τῇ
ἡμέρᾳ

8 6 ὁ παῖς μου βέβληται ἐν τῇ οἰκίᾳ
παραλυτικός

8 10ˢ | παρ᾽ οὐδενὶ (οὐδὲ VTς) τοσαύ-
την πίστιν ἐν τῷ ᾽Ισραὴλ (~ VTς)
εὗρον

8 11ˡ πολλοὶ . . . ἀνακλιθήσονται μετὰ
᾽Αβραὰμ . . . ἐν τῇ βασιλείᾳ τῶν
οὐρανῶν

8 13ˡ ἰάθη ὁ παῖς αὐτοῦ (+ [N²⁶]ς) ἐν τῇ
ὥρᾳ ἐκείνῃ

Mt 8 24 σεισμὸς μέγας ἐγένετο ἐν τῇ θαλάσ-
σῃ

8 32 ἀπέθανον ἐν τοῖς ὕδασιν

9 3 ἰδού τινες τῶν γραμματέων εἶπαν
ἐν ἑαυτοῖς

9 4ʳ ἱνατί (+ὑμεῖς VSϛ) ἐνθυμεῖσθε
πονηρὰ ἐν ταῖς καρδίαις ὑμῶν;

9 10 ἐγένετο αὐτοῦ ἀνακειμένου ἐν τῇ
οἰκίᾳ

9 21 ἔλεγεν γὰρ ἐν ἑαυτῇ

9 31 οἱ δὲ ἐξελθόντες διεφήμισαν αὐτὸν
ἐν ὅλῃ τῇ γῇ ἐκείνῃ

9 33 οὐδέποτε ἐφάνη οὕτως ἐν τῷ
Ἰσραήλ

9 34 | ἐν τῷ ἄρχοντι τῶν δαιμονίων
ἐκβάλλει τὰ δαιμόνια [.. H]

9 35 περιῆγεν ... τὰς πόλεις ... δι-
δάσκων ἐν ταῖς συναγωγαῖς αὐ-
τῶν ↔

9 35 * καὶ ... θεραπεύων πᾶσαν
νόσον καὶ πᾶσαν μαλακίαν | ἐν τῷ
λαῷ (+ϛ)

10 11 εἰς ἣν δ' ἂν πόλιν ... εἰσέλθητε,
ἐξετάσατε τίς ἐν αὐτῇ ἄξιός ἐστιν

10 15ᵃ ἀνεκτότερον ἔσται γῇ Σοδόμων ...
ἐν ἡμέρᾳ κρίσεως ἢ τῇ πόλει
ἐκείνῃ. ↔

10 16 ἰδοὺ ἐγὼ ἀποστέλλω ὑμᾶς ὡς
πρόβατα ἐν μέσῳ λύκων

10 17 ἐν ταῖς συναγωγαῖς αὐτῶν μαστι-
γώσουσιν ὑμᾶς

10 19ᵃ δοθήσεται γὰρ ὑμῖν ἐν ἐκείνῃ τῇ
ὥρᾳ τί λαλήσητε

10 20 ἀλλὰ τὸ πνεῦμα τοῦ πατρὸς ὑμῶν
τὸ λαλοῦν ἐν ὑμῖν

10 23 ὅταν δὲ διώκωσιν ὑμᾶς ἐν τῇ πόλει
ταύτῃ, φεύγετε εἰς τὴν ἑτέραν· ·

10 23 * | κἂν ἐν τῇ ἑτέρᾳ διώκωσιν ὑμᾶς,
φεύγετε εἰς τὴν ἄλλην (+B)

10 27 ὃ λέγω ὑμῖν ἐν τῇ σκοτίᾳ, ↔

10 27 εἴπατε ἐν τῷ φωτί

10 28 φοβεῖσθε (φοβήθητε Sϛ) δὲ μᾶλλον
τὸν δυνάμενον καὶ ψυχὴν καὶ σῶμα
ἀπολέσαι ἐν γεέννῃ

10 32ᵃ πᾶς οὖν ὅστις ὁμολογήσει ἐν ἐμοὶ
ἔμπροσθεν τῶν ἀνθρώπων, ↔

10 32ᵃ ὁμολογήσω κἀγὼ ἐν αὐτῷ ἔμ-
προσθεν τοῦ πατρός μου ↔

10 32ᵉ τοῦ ἐν τοῖς (+[N²⁶]NMH) οὐρα-
νοῖς

10 33ᵉ ἀρνήσομαι | κἀγὼ αὐτὸν (~Sϛ)
ἔμπροσθεν τοῦ πατρός μου τοῦ ἐν
τοῖς (+[N²⁶]NMH) οὐρανοῖς

11 1 μετέβη ἐκεῖθεν τοῦ διδάσκειν καὶ
κηρύσσειν ἐν ταῖς πόλεσιν αὐτῶν

11 2 ὁ δὲ Ἰωάννης ἀκούσας ἐν τῷ
δεσμωτηρίῳ τὰ ἔργα τοῦ Χριστοῦ

11 6 μακάριός ἐστιν ὃς ἐὰν (ἂν H) μὴ
σκανδαλισθῇ ἐν ἐμοί

11 8 τί ἐξήλθατε ἰδεῖν; ἄνθρωπον ἐν
μαλακοῖς (+ἱματίοις Vϛ) ἠμφι-
εσμένον; ↔

11 8 ἰδοὺ οἱ τὰ μαλακὰ φοροῦντες ἐν
τοῖς οἴκοις τῶν βασιλέων εἰσίν
([S]; —NTH)

11 11 οὐκ ἐγήγερται ἐν γεννητοῖς γυναι-
κῶν μείζων Ἰωάννου τοῦ βαπτι-
στοῦ· ↔

11 11 ὁ δὲ μικρότερος ἐν τῇ βασιλείᾳ
τῶν οὐρανῶν μείζων αὐτοῦ ἐστιν

11 16 ὁμοία ἐστὶν παιδίοις καθημένοις
ἐν ταῖς ἀγοραῖς

11 20 ἤρξατο ὀνειδίζειν τὰς πόλεις ἐν
αἷς ἐγένοντο αἱ πλεῖσται δυνάμεις
αὐτοῦ

Mt 11 21 ὅτι εἰ ἐν Τύρῳ καὶ Σιδῶνι ἐγένοντο
αἱ δυνάμεις ↔

11 21 αἱ γενόμεναι ἐν ὑμῖν, ↔

11 21 πάλαι ἂν ἐν σάκκῳ καὶ σποδῷ
μετενόησαν

11 22ᵃ Τύρῳ καὶ Σιδῶνι ἀνεκτότερον
ἔσται ἐν ἡμέρᾳ κρίσεως ἢ ὑμῖν

11 23 ὅτι εἰ ἐν Σοδόμοις ἐγενήθησαν αἱ
δυνάμεις ↔

11 23 αἱ γενόμεναι ἐν σοί, ἔμεινεν ἂν
μέχρι τῆς σήμερον

11 24ᵃ γῇ Σοδόμων ἀνεκτότερον ἔσται
ἐν ἡμέρᾳ κρίσεως ἢ σοί. ↔

11 25ᵃ ἐν ἐκείνῳ τῷ καιρῷ ἀποκριθεὶς ὁ
Ἰησοῦς εἶπεν

12 1ᵃᵘ ἐν ἐκείνῳ τῷ καιρῷ ἐπορεύθη ὁ
Ἰησοῦς τοῖς σάββασιν διὰ τῶν
σπορίμων

12 2ᵃ οἱ μαθηταί σου ποιοῦσιν ὃ οὐκ
ἔξεστιν ποιεῖν ἐν σαββάτῳ

12 5ᵈ ἢ οὐκ ἀνέγνωτε ἐν τῷ νόμῳ ↔

12 5 ὅτι τοῖς σάββασιν οἱ ἱερεῖς ἐν τῷ
ἱερῷ τὸ σάββατον βεβηλοῦσιν ⟨;⟩

12 19 οὐδὲ ἀκούσει τις ἐν ταῖς πλατείαις
τὴν φωνὴν αὐτοῦ

12 21 * καὶ ἐν (+ϛ) τῷ ὀνόματι αὐτοῦ
ἔθνη ἐλπιοῦσιν

12 24 οὗτος οὐκ ἐκβάλλει τὰ δαιμόνια
εἰ μὴ ἐν τῷ Βεελζεβούλ

12 27 εἰ ἐγὼ ἐν Βεελζεβοὺλ ἐκβάλλω τὰ
δαιμόνια, ↔

12 27 οἱ υἱοὶ ὑμῶν ἐν τίνι ἐκβάλλουσιν;

12 28 εἰ δὲ ἐν πνεύματι θεοῦ ἐγὼ ἐκβάλ-
λω τὰ δαιμόνια

12 32ᵃ οὐκ ἀφεθήσεται αὐτῷ οὔτε ἐν
τούτῳ τῷ αἰῶνι ↔

12 32ᵃ οὔτε ἐν τῷ μέλλοντι

12 36ᵃ ἀποδώσουσιν περὶ αὐτοῦ λόγον
ἐν ἡμέρᾳ κρίσεως

12 40 ὥσπερ γὰρ ἦν Ἰωνᾶς ἐν τῇ κοι-
λίᾳ τοῦ κήτους τρεῖς ἡμέρας καὶ
τρεῖς νύκτας, ↔

12 40 οὕτως ἔσται ὁ υἱὸς τοῦ ἀνθρώπου
ἐν τῇ καρδίᾳ τῆς γῆς τρεῖς ἡμέρας
καὶ τρεῖς νύκτας. ↔

12 41ᵃ ἄνδρες Νινευῖται ἀναστήσονται ἐν
τῇ κρίσει μετὰ τῆς γενεᾶς ταύτης

12 42ᵃ βασίλισσα νότου ἐγερθήσεται ἐν
τῇ κρίσει μετὰ τῆς γενεᾶς ταύτης

12 50ᵉ ὅστις γὰρ ἂν ποιήσῃ (ποιῇ S) τὸ
θέλημα τοῦ πατρός μου τοῦ ἐν
οὐρανοῖς

13 1ᵃᵐʳ ἐν τῇ ἡμέρᾳ ἐκείνῃ ἐξελθὼν ὁ
Ἰησοῦς (+ἀπὸ [M]Vϛ; +ἐκ T) τῆς
οἰκίας

13 3 ἐλάλησεν αὐτοῖς πολλὰ ἐν παρα-
βολαῖς λέγων

13 4ᵃ ἐν τῷ σπείρειν αὐτὸν ἃ μὲν ἔπεσεν
παρὰ τὴν ὁδόν

13 10 διὰ τί ἐν παραβολαῖς λαλεῖς αὐ-
τοῖς;

13 13 διὰ τοῦτο ἐν παραβολαῖς αὐτοῖς
λαλῶ

13 19 ἁρπάζει τὸ ἐσπαρμένον ἐν τῇ
καρδίᾳ αὐτοῦ

13 21 οὐκ ἔχει δὲ ῥίζαν ἐν ἑαυτῷ ἀλλὰ
πρόσκαιρός ἐστιν

13 24 ὡμοιώθη ἡ βασιλεία ... ἀνθρώπῳ
σπείραντι καλὸν σπέρμα ἐν τῷ
ἀγρῷ αὐτοῦ. ↔

13 25ᵃ ἐν δὲ τῷ καθεύδειν τοὺς ἀνθρώπους
ἦλθεν αὐτοῦ ὁ ἐχθρὸς

13 27 οὐχὶ καλὸν σπέρμα ἔσπειρας ἐν
τῷ σῷ ἀγρῷ;

Mt 13 30ᵃ ἐν (+τῷ Sϛ) καιρῷ τοῦ θερισμοῦ
ἐρῶ τοῖς θερισταῖς

13 31 κόκκῳ σινάπεως, ὃν λαβὼν ἄν-
θρωπος ἔσπειρεν ἐν τῷ ἀγρῷ αὐτοῦ

13 32 ὥστε ἐλθεῖν τὰ πετεινὰ τοῦ οὐρα-
νοῦ καὶ κατασκηνοῦν ἐν τοῖς
κλάδοις αὐτοῦ

13 34 ταῦτα πάντα ἐλάλησεν ὁ Ἰησοῦς
ἐν παραβολαῖς τοῖς ὄχλοις

13 35 ἀνοίξω ἐν παραβολαῖς τὸ στόμα μου

13 40ᵃ οὕτως ἔσται ἐν τῇ συντελείᾳ τοῦ
αἰῶνος

13 43 τότε οἱ δίκαιοι ἐκλάμψουσιν ὡς
ὁ ἥλιος ἐν τῇ βασιλείᾳ τοῦ πατρὸς
αὐτῶν

13 44 ὁμοία ἐστὶν ἡ βασιλεία ... θησαυ-
ρῷ κεκρυμμένῳ ἐν τῷ ἀγρῷ

13 49ᵃ οὕτως ἔσται ἐν τῇ συντελείᾳ τοῦ
αἰῶνος

13 54 ἐδίδασκεν αὐτοὺς ἐν τῇ συναγωγῇ
αὐτῶν

13 57 ἐσκανδαλίζοντο ἐν αὐτῷ

13 57 οὐκ ἔστιν προφήτης ἄτιμος εἰ μὴ ἐν
τῇ (+ἰδίᾳ VST) πατρίδι (+αὐ-
τοῦ ϛ)

13 57 καὶ ἐν τῇ οἰκίᾳ αὐτοῦ

14 1ᵃ ἐν ἐκείνῳ τῷ καιρῷ ἤκουσεν Ἡρῴ-
δης ... τὴν ἀκοὴν Ἰησοῦ

14 2ʳᵘ διὰ τοῦτο αἱ δυνάμεις ἐνεργοῦσιν
ἐν αὐτῷ

14 3ᵘ ἐν (+τῇ B[S]) φυλακῇ ἀπέθετο
διὰ Ἡρῳδιάδα τὴν γυναῖκα Φιλίπ-
που [T] τοῦ ἀδελφοῦ αὐτοῦ

14 6 ὠρχήσατο ἡ θυγάτηρ τῆς Ἡρῳ-
διάδος ἐν τῷ μέσῳ

14 10 πέμψας ἀπεκεφάλισεν τὸν ([N²⁶];
—NMTH) Ἰωάννην ἐν τῇ φυλα-
κῇ. ↔

14 11 * καὶ ἠνέχθη ἡ κεφαλὴ αὐτοῦ ἐν
(S; ἐπὶ rl) (+τῷ BS) πίνακι

14 13ʰᵏ ἀκούσας δὲ ὁ Ἰησοῦς ἀνεχώρησεν
ἐκεῖθεν ἐν πλοίῳ εἰς ἔρημον τόπον
κατ' ἰδίαν

14 33ᵉ οἱ δὲ ἐν τῷ πλοίῳ (+ἐλθόντες ϛ)
προσεκύνησαν αὐτῷ λέγοντες

15 32 μήποτε ἐκλυθῶσιν ἐν τῇ ὁδῷ

15 33 πόθεν ἡμῖν ἐν ἐρημίᾳ ἄρτοι τοσοῦ-
τοι ⟨;⟩

16 7 οἱ δὲ διελογίζοντο ἐν ἑαυτοῖς
λέγοντες

16 8 τί διαλογίζεσθε ἐν ἑαυτοῖς, ὀλιγό-
πιστοι ⟨;⟩

16 17ᵉ ὅτι σὰρξ ... οὐκ ἀπεκάλυψέν σοι
ἀλλ' ὁ πατήρ μου ὁ ἐν τοῖς [H]
οὐρανοῖς

16 19 ὃ ἐὰν δήσῃς ἐπὶ τῆς γῆς ἔσται δεδε-
μένον ἐν τοῖς οὐρανοῖς, ↔

16 19 καὶ ὃ ἐὰν λύσῃς ἐπὶ τῆς γῆς ἔσται
λελυμένον ἐν τοῖς οὐρανοῖς

16 27ᵃ μέλλει γὰρ ὁ υἱὸς τοῦ ἀνθρώπου
ἔρχεσθαι ἐν τῇ δόξῃ τοῦ πατρὸς
αὐτοῦ μετὰ τῶν ἀγγέλων αὐτοῦ

16 28 ἕως ἂν ἴδωσιν τὸν υἱὸν τοῦ ἀνθρώ-
που ἐρχόμενον ἐν τῇ βασιλείᾳ αὐ-
τοῦ

17 5 οὗτός ἐστιν ὁ υἱός μου ὁ ἀγαπη-
τός, ἐν ᾧ εὐδόκησα

17 12 ἀλλὰ ἐποίησαν ἐν αὐτῷ ὅσα ἠθέ-
λησαν

17 21 * τοῦτο δὲ τὸ γένος οὐκ ἐκπορεύε-
ται, εἰ μὴ ἐν προσευχῇ καὶ νηστείᾳ
(+[M]VBϛ). ↔

17 22 συστρεφομένων (ἀνα- VBSϛ) δὲ
αὐτῶν ἐν τῇ Γαλιλαίᾳ εἶπεν αὐτοῖς
ὁ Ἰησοῦς

Mt 18 1ᵃ ἐν ἐκείνῃ τῇ ὥρᾳ προσῆλθον οἱ μαθηταὶ τῷ Ἰησοῦ λέγοντες· ↔

18 1 τίς ἄρα μείζων ἐστὶν ἐν τῇ βασιλείᾳ τῶν οὐρανῶν; ↔

18 2 καὶ προσκαλεσάμενος παιδίον ἔστησεν αὐτὸ ἐν μέσῳ αὐτῶν

18 4 οὗτός ἐστιν ὁ μείζων ἐν τῇ βασιλείᾳ τῶν οὐρανῶν

18 6 συμφέρει αὐτῷ ἵνα ... καταποντισθῇ ἐν τῷ πελάγει τῆς θαλάσσης

18 10ᵘ οἱ ἄγγελοι αὐτῶν ἐν οὐρανοῖς ↔

18 10ᵉ διὰ παντὸς βλέπουσι τὸ πρόσωπον τοῦ πατρός μου τοῦ ἐν οὐρανοῖς

18 14ᵉ οὕτως οὐκ ἔστιν θέλημα ἔμπροσθεν τοῦ πατρὸς ὑμῶν (μου H) τοῦ ἐν οὐρανοῖς

18 18 ὅσα ἐὰν δήσητε ἐπὶ τῆς γῆς ἔσται δεδεμένα ἐν (+ τῷ VSϛ) οὐρανῷ, ↔

18 18 καὶ ὅσα ἐὰν λύσητε ἐπὶ τῆς γῆς ἔσται λελυμένα ἐν (+ τῷ VSϛ) οὐρανῷ

18 19ᵉ γενήσεται αὐτοῖς παρὰ τοῦ πατρός μου τοῦ ἐν οὐρανοῖς. ↔

18 20 οὗ γάρ εἰσιν δύο ... συνηγμένοι εἰς τὸ ἐμὸν ὄνομα, ἐκεῖ εἰμι ἐν μέσῳ αὐτῶν

19 21 ἕξεις θησαυρὸν ἐν οὐρανοῖς (οὐρανῷ MVSTϛ)

19 28ᵖ ὑμεῖς οἱ ἀκολουθήσαντές μοι, ἐν τῇ παλιγγενεσίᾳ ... καθήσεσθε (καθίσ. STϛ) καὶ ὑμεῖς (αὐτοὶ NMVS T) ἐπὶ δώδεκα θρόνους

20 3 εἶδεν ἄλλους ἑστῶτας ἐν τῇ ἀγορᾷ ἀργούς

20 15 ἢ (+ [N²⁶] MVSTϛ) οὐκ ἔξεστίν μοι ὃ θέλω ποιῆσαι ἐν τοῖς ἐμοῖς;

20 17 ἐν τῇ ὁδῷ εἶπεν αὐτοῖς

20 21ᵐ εἰπὲ ἵνα καθίσωσιν οὗτοι ... εἷς ἐκ δεξιῶν σου (+ N²⁶VBSϛ) ... ἐν τῇ βασιλείᾳ σου

20 26 οὐχ οὕτως ἔσται (ἐστὶν NH) ἐν ὑμῖν· ↔

20 26 ἀλλ' ὃς ἐὰν (ἂν H) θέλῃ ἐν ὑμῖν μέγας γενέσθαι, ἔσται ὑμῶν διάκονος, ↔

20 27 καὶ ὃς ἐὰν (ἂν VSϛ) θέλῃ ἐν ὑμῖν εἶναι πρῶτος, ἔσται ὑμῶν δοῦλος

21 8 ὁ δὲ πλεῖστος ὄχλος ἔστρωσαν ἑαυτῶν τὰ ἱμάτια ἐν τῇ ὁδῷ, ↔

21 8 ἄλλοι δὲ ἔκοπτον κλάδους ... καὶ ἐστρώννυον (ἔστρωσαν T) ἐν τῇ ὁδῷ

21 9 εὐλογημένος ὁ ἐρχόμενος ἐν ὀνόματι κυρίου· ↔

21 9 ὡσαννὰ ἐν τοῖς ὑψίστοις

21 12 ἐξέβαλεν πάντας τοὺς πωλοῦντας καὶ ἀγοράζοντας ἐν τῷ ἱερῷ

21 14 προσῆλθον αὐτῷ τυφλοὶ καὶ χωλοὶ ἐν τῷ ἱερῷ

21 15 ἰδόντες δὲ οἱ ἀρχιερεῖς ... τοὺς παῖδας τοὺς κράζοντας ἐν τῷ ἱερῷ

21 19 οὐδὲν εὗρεν ἐν αὐτῇ εἰ μὴ φύλλα μόνον

21 22 πάντα ὅσα ἂν αἰτήσητε ἐν τῇ προσευχῇ πιστεύοντες λήμψεσθε

21 23 ἐν ποίᾳ ἐξουσίᾳ ταῦτα ποιεῖς;

21 24 κἀγὼ ὑμῖν ἐρῶ ἐν ποίᾳ ἐξουσίᾳ ταῦτα ποιῶ

21 25 οἱ δὲ διελογίζοντο ἐν (παρ' VB STϛ) ἑαυτοῖς λέγοντες

21 27 οὐδὲ ἐγὼ λέγω ὑμῖν ἐν ποίᾳ ἐξουσίᾳ ταῦτα ποιῶ

21 28 τέκνον, ὕπαγε σήμερον ἐργάζου ἐν τῷ ἀμπελῶνι (+ μου Vϛ)

Mt 21 32ᵃ ἦλθεν γὰρ | Ἰωάννης πρὸς ὑμᾶς (~ Vϛ) ἐν ὁδῷ δικαιοσύνης

21 33 ἐφύτευσεν ἀμπελῶνα ... καὶ ὤρυξεν ἐν αὐτῷ ληνόν

21 38 οἱ δὲ γεωργοὶ ἰδόντες τὸν υἱὸν εἶπον ἐν ἑαυτοῖς

21 41ᵃ οἵτινες ἀποδώσουσιν αὐτῷ τοὺς καρποὺς ἐν τοῖς καιροῖς αὐτῶν

21 42ᵈ οὐδέποτε ἀνέγνωτε ἐν ταῖς γραφαῖς ⟨;⟩

21 42 καὶ ἔστιν θαυμαστὴ ἐν ὀφθαλμοῖς ἡμῶν

22 1 ἀποκριθεὶς ὁ Ἰησοῦς πάλιν εἶπεν ἐν παραβολαῖς αὐτοῖς λέγων

22 15 συμβούλιον ἔλαβον ὅπως αὐτὸν παγιδεύσωσιν ἐν λόγῳ

22 16 οἴδαμεν ὅτι ... τὴν ὁδὸν τοῦ θεοῦ ἐν ἀληθείᾳ διδάσκεις

22 23ᵃ ἐν ἐκείνῃ τῇ ἡμέρᾳ προσῆλθον αὐτῷ Σαδδουκαῖοι

22 28 ἐν τῇ ἀναστάσει οὖν τίνος τῶν ἑπτὰ ἔσται γυνή;

22 30 ἐν γὰρ τῇ ἀναστάσει οὔτε γαμοῦσιν οὔτε γαμίζονται (ἐκ- Vϛ), ↔

22 30 ἀλλ' ὡς ἄγγελοι (+ τοῦ θεοῦ Vϛ; + θεοῦ MST) ἐν τῷ οὐρανῷ εἰσιν

22 36ᵈ διδάσκαλε, ποία ἐντολὴ μεγάλη ἐν τῷ νόμῳ;

22 37 ἀγαπήσεις κύριον τὸν θεόν σου ἐν ὅλῃ τῇ (—H) καρδίᾳ σου ↔

22 37 καὶ ἐν ὅλῃ τῇ ψυχῇ σου ↔

22 37 καὶ ἐν ὅλῃ τῇ διανοίᾳ σου

22 40 ἐν ταύταις ταῖς δυσὶν ἐντολαῖς ὅλος ὁ νόμος κρέμαται καὶ οἱ προφῆται

22 43 πῶς οὖν Δαυὶδ ἐν πνεύματι | καλεῖ αὐτὸν κύριον (~ T VSϛ) λέγων

23 6 φιλοῦσιν δὲ τὴν πρωτοκλισίαν ἐν τοῖς δείπνοις ↔

23 6 καὶ τὰς πρωτοκαθεδρίας ἐν ταῖς συναγωγαῖς ↔

23 7 καὶ τοὺς ἀσπασμοὺς ἐν ταῖς ἀγοραῖς

23 9ᵉ εἷς γάρ ἐστιν ὑμῶν ὁ πατὴρ ὁ | ἐν τοῖς οὐρανοῖς (ϛ; οὐράνιος rl)

23 16 ὃς ἂν ὀμόσῃ ἐν τῷ ναῷ, οὐδέν ἐστιν· ↔

23 16 ὃς δ' ἂν ὀμόσῃ ἐν τῷ χρυσῷ τοῦ ναοῦ, ὀφείλει

23 18 ὃς ἂν ὀμόσῃ ἐν τῷ θυσιαστηρίῳ, οὐδέν ἐστιν· ↔

23 18 ὃς δ' ἂν ὀμόσῃ ἐν τῷ δώρῳ τῷ ἐπάνω αὐτοῦ, ὀφείλει

23 20 ὁ οὖν ὀμόσας ἐν τῷ θυσιαστηρίῳ ↔

23 20 ὀμνύει ἐν αὐτῷ ↔

23 20 καὶ ἐν πᾶσι τοῖς ἐπάνω αὐτοῦ· ↔

23 21 καὶ ὁ ὀμόσας ἐν τῷ ναῷ ↔

23 21 ὀμνύει ἐν αὐτῷ ↔

23 21 καὶ ἐν τῷ κατοικοῦντι (-κήσαντι VBS) αὐτόν· ↔

23 22 καὶ ὁ ὀμόσας ἐν τῷ οὐρανῷ ↔

23 22 ὀμνύει ἐν τῷ θρόνῳ τοῦ θεοῦ ↔

23 22 καὶ ἐν τῷ καθημένῳ ἐπάνω αὐτοῦ

23 30ᵃ εἰ ἤμεθα ἐν ταῖς ἡμέραις τῶν πατέρων ἡμῶν, ↔

23 30 οὐκ ἂν ἤμεθα | αὐτῶν κοινωνοὶ (~ VTϛ) ἐν τῷ αἵματι τῶν προφητῶν

23 34ᵐ ἐξ αὐτῶν μαστιγώσετε ἐν ταῖς συναγωγαῖς ὑμῶν

23 39 εὐλογημένος ὁ ἐρχόμενος ἐν ὀνόματι κυρίου

24 14ᵏ κηρυχθήσεται τοῦτο τὸ εὐαγγέλιον τῆς βασιλείας ἐν ὅλῃ τῇ οἰκουμένῃ εἰς μαρτύριον πᾶσιν τοῖς ἔθνεσιν

Mt 24 15 ὅταν οὖν ἴδητε τὸ βδέλυγμα τῆς ἐρημώσεως ... ἑστὸς ἐν τόπῳ ἁγίῳ

24 16ᵉᵏ ρ τότε οἱ ἐν τῇ Ἰουδαίᾳ φευγέτωσαν εἰς (ἐπὶ VBSTϛ) τὰ ὄρη

24 18ᵉ ὁ ἐν τῷ ἀγρῷ μὴ ἐπιστρεψάτω ὀπίσω ἆραι | τὸ ἱμάτιον (τὰ ἱ-τια Sϛ) αὐτοῦ. ↔

24 19 οὐαὶ δὲ ταῖς ἐν γαστρὶ ἐχούσαις καὶ ταῖς θηλαζούσαις ↔

24 19ᵃ ἐν ἐκείναις ταῖς ἡμέραις. ↔

24 20ᵃ * προσεύχεσθε δὲ ἵνα μὴ γένηται ἡ φυγὴ ὑμῶν χειμῶνος μηδὲ ἐν (+ ϛ) σαββάτῳ

24 26 ἰδοὺ ἐν τῇ ἐρήμῳ ἐστίν, μὴ ἐξέλθητε· ↔

24 26 ἰδοὺ ἐν τοῖς ταμείοις, μὴ πιστεύσητε

24 30 τότε φανήσεται τὸ σημεῖον τοῦ υἱοῦ τοῦ ἀνθρώπου ἐν (+ τῷ MVSϛ) οὐρανῷ

24 38ᵃⁿ ὡς γὰρ ἦσαν ἐν ταῖς ἡμέραις ἐκείναις [+ N²⁶NH] ταῖς πρὸ τοῦ κατακλυσμοῦ τρώγοντες καὶ πίνοντες

24 40 τότε | δύο ἔσονται (~ NMTH) ἐν τῷ ἀγρῷ

24 41 δύο ἀλήθουσαι ἐν τῷ μύλῳ

24 45ᵃ ὃν κατέστησεν ... τοῦ δοῦναι αὐτοῖς τὴν τροφὴν ἐν καιρῷ

24 48 ἐὰν δὲ εἴπῃ ὁ κακὸς δοῦλος ἐκεῖνος ([S]; —T) ἐν τῇ καρδίᾳ αὐτοῦ

24 50ᵃ ἥξει ὁ κύριος τοῦ δούλου ἐκείνου ἐν ἡμέρᾳ ᾗ οὐ προσδοκᾷ ↔

24 50ᵃ καὶ ἐν ὥρᾳ ᾗ οὐ γινώσκει

25 4¹ αἱ δὲ φρόνιμοι ἔλαβον ἔλαιον ἐν τοῖς ἀγγείοις μετὰ τῶν λαμπάδων ἑαυτῶν (αὐ. MVSϛ)

25 13ᵃ * ὅτι οὐκ οἴδατε τὴν ἡμέραν οὐδὲ τὴν ὥραν | ἐν ᾗ ὁ υἱὸς τοῦ ἀνθρώπου ἔρχεται (+ ϛ)

25 16 πορευθεὶς (+ δὲ Vϛ) ὁ τὰ πέντε τάλαντα λαβὼν ἠργάσατο ἐν αὐτοῖς

25 18 * ὁ δὲ τὸ ἓν λαβὼν ἀπελθὼν ὤρυξεν | ἐν τῇ γῇ (ϛ; γῆν rl)

25 25 ἀπελθὼν ἔκρυψα τὸ τάλαντόν σου ἐν τῇ γῇ

25 31 ὅταν δὲ ἔλθῃ ὁ υἱὸς τοῦ ἀνθρώπου ἐν τῇ δόξῃ αὐτοῦ

25 36 ἐν φυλακῇ ἤμην καὶ ἤλθατε πρός με

25 39 πότε δέ σε εἴδομεν ... ἐν φυλακῇ καὶ ἤλθομεν πρός σε;

25 43 ξένος ἤμην ... ἀσθενὴς καὶ ἐν φυλακῇ καὶ οὐκ ἐπεσκέψασθέ με

25 44 πότε σε εἴδομεν ... ἐν φυλακῇ καὶ οὐ διηκονήσαμέν σοι

26 5 ⟨συνεβουλεύσαντο ἵνα τὸν Ἰησοῦν ... ἀποκτείνωσιν⟩ ἔλεγον δέ· μὴ ἐν τῇ ἑορτῇ, ↔

26 5 ἵνα μὴ θόρυβος γένηται ἐν τῷ λαῷ. ↔

26 6 τοῦ δὲ Ἰησοῦ γενομένου ἐν Βηθανίᾳ ↔

26 6 ἐν οἰκίᾳ Σίμωνος τοῦ λεπροῦ

26 13 ὅπου ἐὰν κηρυχθῇ τὸ εὐαγγέλιον τοῦτο ἐν ὅλῳ τῷ κόσμῳ

26 23ⁿ ὁ ἐμβάψας μετ' ἐμοῦ τὴν χεῖρα ἐν τῷ τρυβλίῳ

26 29¹ ὅταν αὐτὸ πίνω | μεθ' ὑμῶν καινὸν (~ S) ἐν τῇ βασιλείᾳ τοῦ πατρός μου

26 31 πάντες ὑμεῖς σκανδαλισθήσεσθε ἐν ἐμοὶ ↔

26 31ᵃ ἐν τῇ νυκτὶ ταύτῃ

Mt 26 33 εἰ πάντες σκανδαλισθήσονται ἐν σοί
26 34a ἐν ταύτῃ τῇ νυκτί ... τρὶς ἀπαρνήσῃ με
26 52 πάντες γὰρ οἱ λαβόντες μάχαιραν ἐν μαχαίρῃ ἀπολοῦνται
26 55a ἐν ἐκείνῃ τῇ ὥρᾳ εἶπεν ὁ Ἰησοῦς τοῖς ὄχλοις
26 55ha καθ' ἡμέραν (+πρὸς ὑμᾶς Vς) | ἐν τῷ ἱερῷ ἐκαθεζόμην διδάσκων (~Vς)
26 69 ὁ δὲ Πέτρος ἐκάθητο ἔξω ἐν τῇ αὐλῇ
27 5 * ῥίψας τὰ ἀργύρια | ἐν τῷ ναῷ (ς; εἰς τὸν ναὸν rl) ἀνεχώρησεν
27 12g ἐν τῷ κατηγορεῖσθαι αὐτὸν ὑπὸ τῶν ἀρχιερέων ... οὐδὲν ἀπεκρίνατο
27 29p πλέξαντες στέφανον ... ἐπέθηκαν ἐπὶ τῆς κεφαλῆς αὐτοῦ καὶ κάλαμον | ἐν τῇ δεξιᾷ (ἐπὶ τὴν δ-ιὰν ς) αὐτοῦ
27 40a ὁ καταλύων τὸν ναὸν καὶ ἐν τρισὶν ἡμέραις οἰκοδομῶν, σῶσον σεαυτόν
27 56 ⟨ἦσαν δὲ ἐκεῖ γυναῖκες⟩ ἐν αἷς ἦν Μαρία ἡ Μαγδαληνή
27 59f λαβὼν τὸ σῶμα ὁ Ἰωσὴφ ἐνετύλιξεν αὐτὸ ἐν (+[N26NH]B) σινδόνι καθαρᾷ, ↔
27 60 καὶ ἔθηκεν αὐτὸ (—S) ἐν τῷ καινῷ αὐτοῦ μνημείῳ ↔
27 60 ὃ ἐλατόμησεν ἐν τῇ πέτρᾳ
28 18p ἐδόθη μοι πᾶσα ἐξουσία ἐν οὐρανῷ καὶ ἐπὶ τῆς [+N26NH] γῆς

Mc 1 2d καθὼς γέγραπται ἐν | τῷ Ἠσαΐᾳ τῷ προφήτῃ (τοῖς προφήταις ς)
1 3 φωνὴ βοῶντος ἐν τῇ ἐρήμῳ
1 4 ἐγένετο Ἰωάννης ὁ ([N26]; —MS ς) βαπτίζων ἐν τῇ ἐρήμῳ
1 5j ἐβαπτίζοντο ὑπ' αὐτοῦ ἐν τῷ Ἰορδάνῃ ποταμῷ
1 8 * ἐγὼ ἐβάπτισα ὑμᾶς ἐν (+[M] Sς) ὕδατι, ↔
1 8 αὐτὸς δὲ βαπτίσει ὑμᾶς ἐν (—NH) πνεύματι ἁγίῳ. ↔
1 9ar καὶ ἐγένετο ἐν ἐκείναις ταῖς ἡμέραις ἦλθεν Ἰησοῦς ἀπὸ Ναζαρέτ
1 11 σὺ εἶ ὁ υἱός μου ὁ ἀγαπητός, ἐν σοὶ (ᾧ ς) εὐδόκησα
1 13 ἦν (+ἐκεῖ ς) ἐν τῇ ἐρήμῳ τεσσεράκοντα ἡμέρας πειραζόμενος ὑπὸ τοῦ σατανᾶ
1 15 μετανοεῖτε καὶ πιστεύετε ἐν τῷ εὐαγγελίῳ
1 16 εἶδεν Σίμωνα καὶ Ἀνδρέαν ... ἀμφιβάλλοντας ἐν τῇ θαλάσσῃ
1 19 εἶδεν Ἰάκωβον ... καὶ Ἰωάννην ... καὶ αὐτοὺς ἐν τῷ πλοίῳ καταρτίζοντας τὰ δίκτυα
1 20l ἀφέντες τὸν πατέρα αὐτῶν Ζεβεδαῖον ἐν τῷ πλοίῳ μετὰ τῶν μισθωτῶν ἀπῆλθον ὀπίσω αὐτοῦ
1 23 καὶ εὐθὺς ἦν ἐν τῇ συναγωγῇ αὐτῶν ἄνθρωπος ↔
1 23 ἐν πνεύματι ἀκαθάρτῳ, καὶ ἀνέκραξεν
1 39k * | ἦν κηρύσσων ἐν ταῖς συναγωγαῖς (ς; ἦλθεν κ. εἰς τὰς σ-γὰς rl) αὐτῶν
1 45 * ἀλλ' ἔξω ἐν (ς; ἐπ' rl) ἐρήμοις τόποις ἦν [H]
2 1 ἠκούσθη ὅτι | ἐν οἴκῳ (εἰς οἶκόν MVSς) ἐστίν
2 6 ἦσαν δέ τινες τῶν γραμματέων ἐκεῖ ... διαλογιζόμενοι ἐν ταῖς καρδίαις αὐτῶν

Mc 2 8 ἐπιγνοὺς ... ὅτι οὕτως [H] (+αὐτοὶ V) διαλογίζονται ἐν ἑαυτοῖς, λέγει αὐτοῖς [H]· ↔
2 8 τί ταῦτα διαλογίζεσθε ἐν ταῖς καρδίαις ὑμῶν;
2 15g * | ἐγένετο ἐν τῷ (ς; γίνεται rl) κατακεῖσθαι αὐτὸν ↔
2 15 ἐν τῇ οἰκίᾳ αὐτοῦ
2 19b μὴ δύνανται οἱ υἱοὶ τοῦ νυμφῶνος, ἐν ᾧ ὁ νυμφίος μετ' αὐτῶν ἐστιν, νηστεύειν;
2 20a τότε νηστεύσουσιν ἐν | ἐκείνῃ τῇ ἡμέρᾳ (-ναις ταῖς -ραις ς)
2 23au ἐγένετο αὐτὸν ἐν τοῖς σάββασιν παραπορεύεσθαι (δια- H) διὰ τῶν σπορίμων
2 24a * ἴδε τί ποιοῦσιν ἐν (+ς) τοῖς σάββασιν ὃ οὐκ ἔξεστιν;
3 2a * παρετήρουν αὐτὸν εἰ ἐν (+BT) τοῖς σάββασιν θεραπεύσει (-εύει T) αὐτόν
3 22 ἐν τῷ ἄρχοντι τῶν δαιμονίων ἐκβάλλει τὰ δαιμόνια. ↔
3 23 καὶ προσκαλεσάμενος αὐτοὺς ἐν παραβολαῖς ἔλεγεν αὐτοῖς
4 1 ὥστε αὐτὸν εἰς (+τὸ [V]ς) πλοῖον ἐμβάντα καθῆσθαι ἐν τῇ θαλάσσῃ
4 2 ἐδίδασκεν αὐτοὺς ἐν παραβολαῖς πολλά,
4 2 καὶ ἔλεγεν αὐτοῖς ἐν τῇ διδαχῇ αὐτοῦ
4 4g καὶ ἐγένετο ἐν τῷ σπείρειν ὃ μὲν ἔπεσεν παρὰ τὴν ὁδόν
4 8k * ἔφερεν ἐν (εἰς S; εἰς NMTH) τριάκοντα καὶ ἐν (NMH; εἰς S; εἰς T; ἐν rl) ἑξήκοντα ↔
4 8 * καὶ ἐν (NMH; εἰς S; εἰς T; ἐν rl) ἑκατόν
4 11 ἐκείνοις δὲ τοῖς ἔξω ἐν παραβολαῖς τὰ (—BT) πάντα γίνεται
4 15 * αἴρει τὸν λόγον τὸν ἐσπαρμένον | ἐν αὐτοῖς (MVST; ἐν ταῖς καρδίαις αὐτῶν ς; εἰς αὐτούς rl)
4 17 οὐκ ἔχουσιν ῥίζαν ἐν ἑαυτοῖς
4 20 * παραδέχονται καὶ καρποφοροῦσιν ἐν (ἐν N26VBς) τριάκοντα ↔
4 20 * καὶ ἐν ([H]; ἐν N26VBς) ἑξήκοντα ↔
4 20 * καὶ ἐν ([H]; ἐν N26VBς) ἑκατόν
4 24 ἐν ᾧ μέτρῳ μετρεῖτε μετρηθήσεται ὑμῖν
4 28 καρποφορεῖ, πρῶτον χόρτον ... εἶτα | πλήρης σῖτον (πλήρη[ς] σῖτον N26; πλήρης σῖτος NT; πλήρη σῖτον rl) ἐν τῷ στάχυϊ
4 30 ἢ ἐν τίνι αὐτὴν παραβολῇ θῶμεν;
4 35a λέγει αὐτοῖς ἐν ἐκείνῃ τῇ ἡμέρᾳ ὀψίας γενομένης
4 36 παραλαμβάνουσιν αὐτὸν ὡς ἦν ἐν τῷ πλοίῳ
4 38p | αὐτὸς ἦν (~VBSTς) ἐν (ἐπὶ ς) τῇ πρύμνῃ ἐπὶ τὸ προσκεφάλαιον καθεύδων
5 2 ὑπήντησεν (ἀπ- Sς) αὐτῷ ἐκ τῶν μνημείων ἄνθρωπος ἐν πνεύματι ἀκαθάρτῳ, ↔
5 3 ὃς τὴν κατοίκησιν εἶχεν ἐν τοῖς μνήμασιν
5 5u διὰ παντὸς νυκτὸς καὶ ἡμέρας ἐν τοῖς μνήμασιν ↔
5 5 καὶ ἐν τοῖς ὄρεσιν ἦν κράζων
5 13 ἐπνίγοντο ἐν τῇ θαλάσσῃ
5 20 ἀπῆλθεν καὶ ἤρξατο κηρύσσειν ἐν τῇ Δεκαπόλει

Mc 5 21k διαπεράσαντος τοῦ Ἰησοῦ | ἐν τῷ πλοίῳ [N26] | πάλιν εἰς τὸ πέραν (~T)
5 25 γυνὴ (+τις VBSς) οὖσα ἐν ῥύσει αἵματος δώδεκα ἔτη
5 27 ἐλθοῦσα ἐν τῷ ὄχλῳ ὄπισθεν ἥψατο τοῦ ἱματίου αὐτοῦ
5 30 εὐθὺς ὁ Ἰησοῦς ἐπιγνοὺς ἐν ἑαυτῷ τὴν ἐξ αὐτοῦ δύναμιν ἐξελθοῦσαν, ↔
5 30 ἐπιστραφεὶς ἐν τῷ ὄχλῳ ἔλεγεν
6 2 γενομένου σαββάτου ἤρξατο | διδάσκειν ἐν τῇ συναγωγῇ (~VSς)
6 3 καὶ ἐσκανδαλίζοντο ἐν αὐτῷ
6 4 οὐκ ἔστιν προφήτης ἄτιμος εἰ μὴ ἐν τῇ πατρίδι αὐτοῦ (ἑαυτοῦ T) ↔
6 4 καὶ ἐν τοῖς συγγενεῦσιν αὐτοῦ
6 4 καὶ ἐν τῇ οἰκίᾳ αὐτοῦ
6 11a * | ἀνεκτότερον ἔσται Σοδόμοις ἢ Γομόρροις ἐν ἡμέρᾳ κρίσεως (.. +ς..)
6 14f διὰ τοῦτο ἐνεργοῦσιν αἱ δυνάμεις ἐν αὐτῷ
6 17u αὐτὸς γὰρ ὁ Ἡρῴδης ... ἔδησεν αὐτὸν ἐν φυλακῇ διὰ Ἡρῳδιάδα
6 27 ἀπελθὼν ἀπεκεφάλισεν αὐτὸν ἐν τῇ φυλακῇ
6 29 ἦραν τὸ πτῶμα αὐτοῦ καὶ ἔθηκαν αὐτὸ (αὐτὸν T) ἐν μνημείῳ
6 32hk ἀπῆλθον | ἐν τῷ πλοίῳ εἰς ἔρημον τόπον (εἰς ἔρ. τ. τῷ πλ. STς) κατ' ἰδίαν
6 47 ὀψίας γενομένης ἦν [+πάλαι S] τὸ πλοῖον ἐν μέσῳ τῆς θαλάσσης
6 48f ἰδὼν (εἶδεν Vς) αὐτοὺς βασανιζομένους ἐν τῷ ἐλαύνειν ... ἔρχεται
6 51m καὶ λίαν | ἐκ περισσοῦ ([N26]; —H) ἐν ἑαυτοῖς ἐξίσταντο
6 56 ὅπου ἂν (ἐὰν T) εἰσεπορεύετο ... ἐν ταῖς ἀγοραῖς ἐτίθεσαν (ἐτίθουν Vς) τοὺς ἀσθενοῦντας
8 1a ἐν ἐκείναις ταῖς ἡμέραις πάλιν πολλοῦ ὄχλου ὄντος καὶ μὴ ἐχόντων τί φάγωσιν
8 3 ἐὰν ἀπολύσω αὐτοὺς νήστεις ... ἐκλυθήσονται ἐν τῇ ὁδῷ
8 14l καὶ εἰ μὴ ἕνα ἄρτον οὐκ εἶχον μεθ' ἑαυτῶν ἐν τῷ πλοίῳ
8 26 * μηδὲ (μὴ T) εἰς τὴν κώμην εἰσέλθῃς | μηδὲ εἴπῃς τινὶ ἐν τῇ κώμῃ (+Vς)
8 27 ἐν τῇ ὁδῷ ἐπηρώτα τοὺς μαθητὰς αὐτοῦ λέγων αὐτοῖς
8 38 ὃς γὰρ ἐὰν ἐπαισχυνθῇ με καὶ τοὺς ἐμοὺς λόγους ἐν τῇ γενεᾷ ταύτῃ τῇ ... ἁμαρτωλῷ, ↔
8 38l καὶ ὁ υἱὸς τοῦ ἀνθρώπου ἐπαισχυνθήσεται αὐτόν, ὅταν ἔλθῃ ἐν τῇ δόξῃ τοῦ πατρὸς αὐτοῦ μετὰ τῶν ἀγγέλων
9 1 ἕως ἂν ἴδωσιν τὴν βασιλείαν τοῦ θεοῦ ἐληλυθυῖαν ἐν δυνάμει
9 29 τοῦτο τὸ γένος ἐν οὐδενὶ δύναται ἐξελθεῖν
9 29 εἰ μὴ ἐν προσευχῇ (+καὶ νηστείᾳ [M]VBSς)
9 33 ἐν τῇ οἰκίᾳ γενόμενος ἐπηρώτα αὐτούς· ↔
9 33q τί ἐν τῇ ὁδῷ (+πρὸς ἑαυτοὺς ς) διελογίζεσθε;
9 34a πρὸς ἀλλήλους γὰρ διελέχθησαν ἐν τῇ ὁδῷ τίς μείζων
9 36 λαβὼν παιδίον ἔστησεν αὐτὸ ἐν μέσῳ αὐτῶν

Mc 9 38 εἴδομέν τινα ἐν (—ς) τῷ ὀνόματί
σου ἐκβάλλοντα δαιμόνια

9 41 ὃς γὰρ ἂν ποτίσῃ ὑμᾶς ποτήριον
ὕδατος ἐν ὀνόματι (+μου Τς)

9 50 ἐὰν δὲ τὸ ἅλας ἄναλον γένηται, ἐν
τίνι αὐτὸ ἀρτύσετε; ↔

9 50 ἔχετε ἐν ἑαυτοῖς ἅλα

9 50 καὶ εἰρηνεύετε ἐν ἀλλήλοις

10 10ⁿ* | ἐν τῇ οἰκίᾳ (ς; εἰς τὴν -αν rl)
πάλιν οἱ μαθηταὶ περὶ τούτου
ἐπηρώτων αὐτόν

10 21 ἕξεις θησαυρὸν ἐν οὐρανῷ

10 30ᵃˡ ⟨οὐδείς ἐστιν, ὃς ἀφῆκεν οἰκίαν ...
ἕνεκεν ἐμοῦ⟩ ἐὰν μὴ λάβῃ ἑκατον-
ταπλασίονα νῦν ἐν τῷ καιρῷ τού-
τῳ οἰκίας ... καὶ ἀγροὺς μετὰ
διωγμῶν, ↔

10 30ᵃ καὶ ἐν τῷ αἰῶνι τῷ ἐρχομένῳ ζωὴν
αἰώνιον

10 32ᵏ ἦσαν δὲ ἐν τῇ ὁδῷ ἀναβαίνοντες
εἰς Ἱεροσόλυμα

10 37ᵐ δὸς ἡμῖν ἵνα εἷς σου ἐκ δεξιῶν ...
καθίσωμεν ἐν τῇ δόξῃ σου

10 43 οὐχ οὕτως δέ ἐστιν ἐν ὑμῖν· ↔

10 43 ἀλλ' ὃς ἂν θέλῃ μέγας γενέσθαι ἐν
ὑμῖν, ἔσται (ἔστω S) ὑμῶν διάκο-
νος, ↔

10 44 καὶ ὃς ἂν θέλῃ | ἐν ὑμῖν εἶναι
(ὑμῶν γενέσθαι Τς) πρῶτος, ἔσται
πάντων δοῦλος

10 52 ἠκολούθει αὐτῷ (τῷ Ἰησοῦ Sς)
ἐν τῇ ὁδῷ

11 9 εὐλογημένος ὁ ἐρχόμενος ἐν ὀνόματι
κυρίου· ↔

11 10 * εὐλογημένη ἡ ἐρχομένη βασιλεία
| ἐν ὀνόματι κυρίου (+ς) τοῦ
πατρὸς ἡμῶν Δαυίδ· ↔

11 10 ὡσαννὰ ἐν τοῖς ὑψίστοις

11 13 ἰδὼν συκῆν ... ἦλθεν εἰ ἄρα τι
εὑρήσει ἐν αὐτῇ

11 15 ἤρξατο ἐκβάλλειν τοὺς πωλοῦντας
καὶ τοὺς ἀγοράζοντας ἐν τῷ ἱερῷ

11 23 ὃς ἂν ... μὴ διακριθῇ ἐν τῇ καρδίᾳ
αὐτοῦ

11 25ᵉ ἵνα καὶ ὁ πατὴρ ὑμῶν ὁ ἐν τοῖς
οὐρανοῖς ἀφῇ ὑμῖν τὰ παραπτώ-
ματα ὑμῶν

11 26ᵉ* | οὐδὲ ὁ πατὴρ ὑμῶν ὁ ἐν τοῖς
οὐρανοῖς ἀφήσει τὰ παραπτώματα
ὑμῶν (.. +VBς)

11 27 ἐν τῷ ἱερῷ περιπατοῦντος αὐτοῦ
ἔρχονται πρὸς αὐτόν

11 28 ἐν ποίᾳ ἐξουσίᾳ ταῦτα ποιεῖς;

11 29 ἐρῶ ὑμῖν ἐν ποίᾳ ἐξουσίᾳ ταῦτα
ποιῶ

11 33 οὐδὲ ἐγὼ λέγω ὑμῖν ἐν ποίᾳ ἐξουσίᾳ
ταῦτα ποιῶ. ↔

12 1 καὶ ἤρξατο αὐτοῖς ἐν παραβολαῖς
λαλεῖν

12 11 ἔστιν θαυμαστὴ ἐν ὀφθαλμοῖς
ἡμῶν

12 14 * καὶ (οἱ δὲ VSς) ἐλθόντες | ἤρξαν-
το ἐρωτᾶν αὐτὸν ἐν δόλῳ λέγοντες
(S; λέγουσιν αὐτῷ rl)

12 23 ἐν τῇ ἀναστάσει ... τίνος αὐτῶν
ἔσται γυνή

12 25ᵉ οὔτε γαμοῦσιν οὔτε γαμίζονται,
ἀλλ' εἰσὶν ὡς ἄγγελοι (+οἱ ς) ἐν
τοῖς οὐρανοῖς

12 26ᵈⁿ οὐκ ἀνέγνωτε ἐν τῇ βίβλῳ
Μωϋσέως ⟨;⟩

12 35 ἀποκριθεὶς ὁ Ἰησοῦς ἔλεγεν δι-
δάσκων ἐν τῷ ἱερῷ

12 36 αὐτὸς (+γὰρ Vς) Δαυὶδ εἶπεν ἐν
τῷ πνεύματι τῷ ἁγίῳ

Mc 12 38 ἐν τῇ διδαχῇ αὐτοῦ ἔλεγεν· ↔

12 38 βλέπετε ἀπὸ τῶν γραμματέων τῶν
θελόντων ἐν στολαῖς περιπατεῖν ↔

12 38 καὶ ἀσπασμοὺς ἐν ταῖς ἀγοραῖς ↔

12 39 καὶ πρωτοκαθεδρίας ἐν ταῖς συν-
αγωγαῖς ↔

12 39 καὶ πρωτοκλισίας ἐν τοῖς δείπνοις

13 11ᵃ ἀλλ' ὃ ἐὰν δοθῇ ὑμῖν ἐν ἐκείνῃ τῇ
ὥρᾳ, τοῦτο λαλεῖτε

13 14ᵉᵏ τότε οἱ ἐν τῇ Ἰουδαίᾳ φευγέτω-
σαν εἰς τὰ ὄρη

13 17 οὐαὶ δὲ ταῖς ἐν γαστρὶ ἐχούσαις ↔

13 17ᵃ καὶ ταῖς θηλαζούσαις ἐν ἐκείναις
ταῖς ἡμέραις

13 24ᵃˡ ἀλλὰ ἐν ἐκείναις ταῖς ἡμέραις μετὰ
τὴν θλῖψιν ἐκείνην ὁ ἥλιος σκοτι-
σθήσεται

13 25ᵉ αἱ δυνάμεις αἱ ἐν τοῖς οὐρανοῖς
σαλευθήσονται. ↔

13 26ˡ καὶ τότε ὄψονται τὸν υἱὸν τοῦ
ἀνθρώπου ἐρχόμενον ἐν νεφέλαις
μετὰ δυνάμεως πολλῆς

13 32ᵉ περὶ δὲ τῆς ἡμέρας ἐκείνης ...
οὐδεὶς οἶδεν, οὐδὲ οἱ ἄγγελοι (+οἱ
Vς) ἐν οὐρανῷ

14 1 ἐζήτουν ... πῶς αὐτὸν ἐν δόλῳ
κρατήσαντες ἀποκτείνωσιν

14 2 μὴ ἐν τῇ ἑορτῇ, μήποτε | ἔσται
θόρυβος (~ Vς) τοῦ λαοῦ. ↔

14 3 καὶ ὄντος αὐτοῦ ἐν Βηθανίᾳ ↔

14 3 ἐν τῇ οἰκίᾳ Σίμωνος τοῦ λεπροῦ ...
ἦλθεν γυνή

14 6 καλὸν ἔργον ἠργάσατο | ἐν ἐμοί
(εἰς ἐμέ ς)

14 25 ὅταν αὐτὸ πίνω καινὸν ἐν τῇ
βασιλείᾳ τοῦ θεοῦ

14 27 * πάντες σκανδαλισθήσεσθε | ἐν
ἐμοὶ (+ς ..) ↔

14 27ᵃ * | ἐν τῇ νυκτὶ ταύτῃ (.. +ς)

14 30ᵃ * σὺ σήμερον | ἐν τῇ νυκτὶ ταύτῃ
(ς; ταύτῃ τῇ ν. rl) ... τρίς με
ἀπαρνήσῃ

14 49ʰᵃ καθ' ἡμέραν ἤμην πρὸς ὑμᾶς ἐν
τῷ ἱερῷ διδάσκων

14 66 ὄντος τοῦ Πέτρου | κάτω ἐν τῇ αὐ-
λῇ (~Vς)

15 7 οἵτινες ἐν τῇ στάσει φόνον πεποιή-
κεισαν

15 29ᵃ οὐὰ ὁ καταλύων τὸν ναὸν καὶ
οἰκοδομῶν ἐν ([NH]; —T) τρισὶν
ἡμέραις

15 40 ἦσαν δὲ καὶ γυναῖκες ἀπὸ μακρόθεν
θεωροῦσαι, ἐν αἷς καὶ Μαρία ἡ
Μαγδαληνή ... καὶ Σαλώμη, ↔

15 41 αἳ ὅτε ἦν ἐν τῇ Γαλιλαίᾳ ἠκολού-
θουν αὐτῷ

15 46 καθελὼν ... ἔθηκεν (N²⁶BH; κατ-
rl) αὐτὸν ἐν μνημείῳ (-ματι NTH)

16 5 εἶδον νεανίσκον καθήμενον ἐν τοῖς
δεξιοῖς περιβεβλημένον στολὴν λευ-
κήν

[16 12]ˡ μετὰ δὲ ταῦτα δυσὶν ἐξ αὐτῶν
περιπατοῦσιν ἐφανερώθη ἐν ἑτέρᾳ
μορφῇ πορευομένοις εἰς ἀγρόν

[16 17] ἐν τῷ ὀνόματί μου δαιμόνια ἐκβα-
λοῦσιν

[16 18] | καὶ ἐν ταῖς χερσὶν (+[N²⁶H]BS)
ὄφεις ἀροῦσιν

Lc 1 1 ἀνατάξασθαι διήγησιν περὶ τῶν
πεπληροφορημένων ἐν ἡμῖν πραγ-
μάτων

1 5ᵃ ἐγένετο ἐν ταῖς ἡμέραις Ἡρῴδου
... ἱερεύς τις

Lc 1 6ᵗ ἦσαν δὲ δίκαιοι ... πορευόμενοι ἐν
πάσαις ταῖς ἐντολαῖς καὶ δικαιώμα-
σιν τοῦ κυρίου ἄμεμπτοι

1 7ᵃ ἀμφότεροι προβεβηκότες ἐν ταῖς
ἡμέραις αὐτῶν ἦσαν. ↔

1 8ᵍ ἐγένετο δὲ ἐν τῷ ἱερατεύειν αὐτὸν

1 8ᵗ ἐν τῇ τάξει τῆς ἐφημερίας αὐτοῦ
ἔναντι τοῦ θεοῦ

1 17ᵗ αὐτὸς προελεύσεται ἐνώπιον αὐτοῦ
ἐν πνεύματι καὶ δυνάμει Ἠλίου, ↔

1 17ᵖ ἐπιστρέψαι καρδίας πατέρων ἐπὶ
τέκνα καὶ ἀπειθεῖς ἐν φρονήσει
δικαίων

1 18ᵃ ἡ γυνή μου προβεβηκυῖα ἐν ταῖς
ἡμέραις αὐτῆς

1 21ᵍ ἐθαύμαζον ἐν τῷ χρονίζειν ↔

1 21 | ἐν τῷ ναῷ αὐτόν (~ VBSTς)

1 22 ἐπέγνωσαν ὅτι ὀπτασίαν ἑώρακεν
ἐν τῷ ναῷ

1 25ᵃ οὕτως μοι πεποίηκεν (+ὁ VBSς)
κύριος ἐν ἡμέραις ↔

1 25 αἷς ἐπεῖδεν ἀφελεῖν (+τὸ Vς)
ὄνειδός μου ἐν ἀνθρώποις. ↔

1 26ᵃʲᵏᵃʳ ἐν δὲ τῷ μηνὶ τῷ ἕκτῳ ἀπεστά-
λη ὁ ἄγγελος Γαβριὴλ ἀπὸ (ὑπὸ
Vς) τοῦ θεοῦ εἰς πόλιν τῆς Γαλι-
λαίας

1 28 * χαῖρε, κεχαριτωμένη ... | εὐλο-
γημένη σὺ ἐν γυναιξίν (+[M]Bς)

1 31 καὶ ἰδοὺ συλλήμψῃ ἐν γαστρὶ

1 36ᵃ Ἐλισάβετ ... συνείληφεν (-φυῖα
VBSTς) υἱὸν ἐν γήρει αὐτῆς

1 39ᵃ ἀναστᾶσα δὲ Μαριὰμ ἐν ταῖς
ἡμέραις ταύταις ἐπορεύθη εἰς τὴν
ὀρεινήν

1 41 ἐσκίρτησεν τὸ βρέφος ἐν τῇ κοιλίᾳ
αὐτῆς

1 42 εὐλογημένη σὺ ἐν γυναιξίν

1 44 ἐσκίρτησεν ἐν ἀγαλλιάσει τὸ βρέ-
φος ↔

1 44 ἐν τῇ κοιλίᾳ μου

1 51 ἐποίησεν κράτος ἐν βραχίονι αὐτοῦ

1 59ᵃ ἐγένετο ἐν τῇ | ἡμέρᾳ τῇ ὀγδόῃ
(ὁ. ἡ. Vς) ἦλθον περιτεμεῖν τὸ
παιδίον

1 61 * οὐδείς ἐστιν | ἐν τῇ συγγενείᾳ
(ς; ἐκ τῆς σ-νείας rl) σου ὃς καλεῖται

1 65 ἐν ὅλῃ τῇ ὀρεινῇ τῆς Ἰουδαίας
διελαλεῖτο πάντα τὰ ῥήματα ταῦ-
τα, ↔

1 66 καὶ ἔθεντο πάντες οἱ ἀκούσαντες ἐν
τῇ καρδίᾳ αὐτῶν, λέγοντες

1 69 ἤγειρεν κέρας σωτηρίας ἡμῖν ἐν
οἴκῳ Δαυὶδ (+τοῦ Sς) παιδὸς
αὐτοῦ

1 75ᵗ ⟨λατρεύειν αὐτῷ⟩ ἐν ὁσιότητι καὶ
δικαιοσύνῃ ἐνώπιον αὐτοῦ

1 77ᵘ τοῦ δοῦναι γνῶσιν σωτηρίας τῷ
λαῷ αὐτοῦ ἐν ἀφέσει ἁμαρτιῶν
αὐτῶν, ↔

1 78 διὰ σπλάγχνα ἐλέους θεοῦ ἡμῶν,
ἐν οἷς ἐπισκέψεται (ἐπεσκέψατο
VSTς) ἡμᾶς ἀνατολὴ ἐξ ὕψους,

1 79 ἐπιφᾶναι τοῖς ἐν σκότει καὶ σκιᾷ
θανάτου καθημένοις

1 80ᵛ τὸ δὲ παιδίον ηὔξανεν ... καὶ ἦν
ἐν ταῖς ἐρήμοις ἕως ἡμέρας

2 1ᵃ ἐγένετο δὲ ἐν ταῖς ἡμέραις ἐκείναις
ἐξῆλθεν δόγμα

2 6ᵍ ἐγένετο δὲ ἐν τῷ εἶναι αὐτοὺς ἐκεῖ

2 7 ἀνέκλινεν αὐτὸν ἐν (+τῇ Vς)
φάτνῃ, ↔

2 7 διότι οὐκ ἦν αὐτοῖς τόπος ἐν τῷ
καταλύματι. ↔

Lc 2 8 καὶ ποιμένες ἦσαν ἐν τῇ χώρᾳ τῇ αὐτῇ ἀγραυλοῦντες

2 11 ὅτι ἐτέχθη ὑμῖν σήμερον σωτήρ... ἐν πόλει Δαυίδ

2 12 εὑρήσετε βρέφος ἐσπαργανωμένον || καὶ (—ς) κείμενον ((—T)) ἐν φάτνῃ

2 14ᵖ δόξα ἐν ὑψίστοις θεῷ καὶ ἐπὶ γῆς εἰρήνη

2 14 ἐν ἀνθρώποις εὐδοκίας (-κία[ς] V; -κία ς)

2 16 ἀνεῦραν τήν τε Μαριὰμ... καὶ τὸ βρέφος κείμενον ἐν τῇ φάτνῃ

2 19 πάντα συνετήρει τὰ ῥήματα ταῦτα συμβάλλουσα ἐν τῇ καρδίᾳ αὐτῆς

2 21 ἐκλήθη τὸ ὄνομα... τὸ κληθὲν... πρὸ τοῦ συλλημφθῆναι αὐτὸν ἐν τῇ κοιλίᾳ

2 23ᵈ καθὼς γέγραπται ἐν νόμῳ κυρίου

2 24ᵈ τοῦ δοῦναι θυσίαν κατὰ τὸ εἰρημένον ἐν τῷ νόμῳ κυρίου

2 25 καὶ ἰδοὺ | ἄνθρωπος ἦν (~VBS) ἐν Ἰερουσαλὴμ ᾧ ὄνομα Συμεών

2 27ᵏ ἦλθεν ἐν τῷ πνεύματι εἰς τὸ ἱερόν· ↔

2 27ᵍ καὶ ἐν τῷ εἰσαγαγεῖν τοὺς γονεῖς τὸ παιδίον Ἰησοῦν

2 29ʰ νῦν ἀπολύεις τὸν δοῦλόν σου, δέσποτα, κατὰ τὸ ῥῆμά σου ἐν εἰρήνῃ

2 34 ἰδοὺ οὗτος κεῖται εἰς πτῶσιν καὶ ἀνάστασιν πολλῶν ἐν τῷ Ἰσραήλ

2 36ᵃ ἦν Ἅννα προφῆτις... αὕτη προβεβηκυῖα ἐν ἡμέραις πολλαῖς

2 38 * ἐλάλει περὶ αὐτοῦ πᾶσιν τοῖς προσδεχομένοις λύτρωσιν ἐν (+ς) Ἰερουσαλήμ

2 43ᵍ ἐν τῷ ὑποστρέφειν αὐτούς ↔

2 43 ὑπέμεινεν Ἰησοῦς ὁ παῖς ἐν Ἰερουσαλήμ

2 44 νομίσαντες δὲ αὐτὸν εἶναι ἐν τῇ συνοδίᾳ ἦλθον ἡμέρας ὁδὸν ↔

2 44 καὶ ἀνεζήτουν αὐτὸν ἐν τοῖς συγγενεῦσιν (-έσιν Tς) ↔

2 44 *καὶ ἐν (+ς) τοῖς γνωστοῖς

2 46ˡ μετὰ ἡμέρας τρεῖς εὗρον αὐτὸν ἐν τῷ ἱερῷ ↔

2 46 καθεζόμενον ἐν μέσῳ τῶν διδασκάλων

2 49 οὐκ ᾔδειτε ὅτι ἐν τοῖς τοῦ πατρός μου δεῖ εἶναί με;

2 51 ἡ μήτηρ αὐτοῦ διετήρει | πάντα τὰ ῥήματα (τ. ῥ. ἅπαντα S) (+ ταῦτα Vς) ἐν τῇ καρδίᾳ αὐτῆς.

2 52ˢ καὶ Ἰησοῦς προέκοπτεν | ἐν τῇ ([Ν²⁶]; τῇ Η; —VBSς) σοφίᾳ καὶ ἡλικίᾳ καὶ χάριτι παρὰ θεῷ

3 1ᵃᵖ ἐν ἔτει δὲ πεντεκαιδεκάτῳ τῆς ἡγεμονίας Τιβερίου Καίσαρος ⟨ἐπὶ ἀρχιερέως Ἅννα⟩

3 2ᵖ ἐγένετο ῥῆμα θεοῦ ἐπὶ Ἰωάννην τὸν Ζαχαρίου υἱὸν ἐν τῇ ἐρήμῳ

3 4ᵈ ὡς γέγραπται ἐν βίβλῳ λόγων Ἠσαΐου τοῦ προφήτου· ↔

3 4 φωνὴ βοῶντος ἐν τῇ ἐρήμῳ

3 8 μὴ ἄρξησθε λέγειν ἐν ἑαυτοῖς

3 15ⁿ διαλογιζομένων πάντων ἐν ταῖς καρδίαις αὐτῶν περὶ τοῦ Ἰωάννου

3 16 αὐτὸς ὑμᾶς βαπτίσει ἐν πνεύματι ἁγίῳ καὶ πυρί· ↔

3 17 οὗ τὸ πτύον ἐν τῇ χειρὶ αὐτοῦ

3 20 καὶ (+[Ν²⁶]Vς) κατέκλεισεν τὸν Ἰωάννην ἐν φυλακῇ. ↔

3 21ᵍ ἐγένετο δὲ ἐν τῷ βαπτισθῆναι ἅπαντα τὸν λαόν

Lc 3 22 σὺ εἶ ὁ υἱός μου ὁ ἀγαπητός, ἐν σοὶ εὐδόκησα

4 1 Ἰησοῦς δὲ... ἤγετο ἐν τῷ πνεύματι ↔

4 1 | ἐν τῇ ἐρήμῳ (εἰς τὴν ἔ-μον ς) ⟨πειραζόμενος ὑπὸ τοῦ διαβόλου⟩

4 2ᵃ οὐκ ἔφαγεν οὐδὲν ἐν ταῖς ἡμέραις ἐκείναις

4 5ᵃ ἔδειξεν αὐτῷ πάσας τὰς βασιλείας τῆς οἰκουμένης ἐν στιγμῇ χρόνου

4 14ᵏ ὑπέστρεψεν ὁ Ἰησοῦς ἐν τῇ δυνάμει τοῦ πνεύματος εἰς τὴν Γαλιλαίαν

4 15 αὐτὸς ἐδίδασκεν ἐν ταῖς συναγωγαῖς αὐτῶν

4 16ᵃʰᵏ εἰσῆλθεν κατὰ τὸ εἰωθὸς αὐτῷ ἐν τῇ ἡμέρᾳ τῶν σαββάτων εἰς τὴν συναγωγήν

4 18 ἀποστεῖλαι τεθραυσμένους ἐν ἀφέσει

4 20 πάντων οἱ ὀφθαλμοὶ ἐν τῇ συναγωγῇ ἦσαν ἀτενίζοντες αὐτῷ

4 21 σήμερον πεπλήρωται ἡ γραφὴ αὕτη ἐν τοῖς ὠσὶν ὑμῶν

4 23 * ὅσα ἠκούσαμεν γενόμενα | ἐν τῇ Καπερναούμ (ς; εἰς τὴν Καφαρναούμ rl), ↔

4 23 ποίησον καὶ ὧδε ἐν τῇ πατρίδι σου

4 24 οὐδεὶς προφήτης δεκτός ἐστιν ἐν τῇ πατρίδι αὐτοῦ (ἑαυτοῦ Τ)

4 25ᵃ πολλαὶ χῆραι ἦσαν ἐν ταῖς ἡμέραις Ἠλίου ↔

4 25 ἐν τῷ Ἰσραήλ

4 27ᵖ πολλοὶ λεπροὶ ἦσαν ἐν τῷ Ἰσραὴλ ἐπὶ Ἐλισαίου τοῦ προφήτου

4 28 ἐπλήσθησαν πάντες θυμοῦ ἐν τῇ συναγωγῇ ἀκούοντες ταῦτα

4 31ᵃ ἦν διδάσκων αὐτοὺς ἐν τοῖς σάββασιν

4 32 ὅτι ἐν ἐξουσίᾳ ἦν ὁ λόγος αὐτοῦ. ↔

4 33 καὶ ἐν τῇ συναγωγῇ ἦν ἄνθρωπος ἔχων πνεῦμα δαιμονίου ἀκαθάρτου

4 36 ὅτι ἐν ἐξουσίᾳ καὶ δυνάμει ἐπιτάσσει τοῖς ἀκαθάρτοις πνεύμασιν

4 44 *ἦν κηρύσσων | ἐν ταῖς συναγωγαῖς (VSς; εἰς τὰς -γὰς rl) τῆς Ἰουδαίας (Γαλιλαίας VΤ). ↔

5 1ᵍ ἐγένετο δὲ ἐν τῷ τὸν ὄχλον ἐπικεῖσθαι αὐτῷ

5 3 * καθίσας δὲ | ἐν τῷ πλοίῳ ἐδίδασκεν (Τ; ἐδ. ἐκ τοῦ πλοίου VBς; ἐκ τοῦ πλοίου ἐδ. rl) τοὺς ὄχλους

5 7ᵉ κατένευσαν τοῖς μετόχοις (+τοῖς V[S]ς) ἐν τῷ ἑτέρῳ πλοίῳ τοῦ ἐλθόντας συλλαβέσθαι αὐτοῖς

5 12ᵍ ἐγένετο ἐν τῷ εἶναι αὐτὸν ↔

5 12 ἐν μιᾷ τῶν πόλεων

5 16 αὐτὸς δὲ ἦν ὑποχωρῶν ἐν ταῖς ἐρήμοις

5 17ᵍ ἐγένετο ἐν μιᾷ τῶν ἡμερῶν καὶ αὐτὸς ἦν διδάσκων

5 22 τί διαλογίζεσθε ἐν ταῖς καρδίαις ὑμῶν;

5 29 ἐποίησεν δοχὴν μεγάλην Λευὶς αὐτῷ ἐν τῇ οἰκίᾳ αὐτοῦ

5 34ᵇ μὴ δύνασθε τοὺς υἱοὺς τοῦ νυμφῶνος, ἐν ᾧ ὁ νυμφίος μετ᾽ αὐτῶν ἐστιν, ποιῆσαι νηστεῦσαι (-εύειν MVBSς);

5 35ᵃ τότε νηστεύσουσιν ἐν ἐκείναις ταῖς ἡμέραις

6 1ᵃⁿ ἐγένετο δὲ ἐν σαββάτῳ (+δευτεροπρώτῳ VB[S]Τς) διαπορεύεσθαι αὐτὸν διὰ σπορίμων

Lc 6 2ᵃ * τί ποιεῖτε ὃ οὐκ ἔξεστιν (+ποιεῖν MVSΤς) ἐν (+ς) τοῖς σάββασιν;

6 6ᵃᵏ ἐγένετο δὲ ἐν ἑτέρῳ σαββάτῳ εἰσελθεῖν αὐτὸν εἰς τὴν συναγωγήν

6 7ᵃ παρετηροῦντο δὲ αὐτὸν (—VSΤ)... οἱ Φαρισαῖοι εἰ ἐν τῷ σαββάτῳ θεραπεύει

6 10 * περιβλεψάμενος πάντας αὐτοὺς | ἐν ὀργῇ (+S) εἶπεν αὐτῷ

6 12ᵃᵏ ἐγένετο δὲ ἐν ταῖς ἡμέραις ταύταις ἐξελθεῖν αὐτὸν εἰς τὸ ὄρος προσεύξασθαι, ↔

6 12 καὶ ἦν διανυκτερεύων ἐν τῇ προσευχῇ τοῦ θεοῦ

6 23ᵃ χάρητε ἐν ἐκείνῃ τῇ ἡμέρᾳ καὶ σκιρτήσατε· ↔

6 23 ἰδοὺ γὰρ ὁ μισθὸς ὑμῶν πολὺς ἐν τῷ οὐρανῷ

6 41ᵉ τί δὲ βλέπεις τὸ κάρφος τὸ ἐν τῷ ὀφθαλμῷ τοῦ ἀδελφοῦ σου, ↔

6 41ᵉ τὴν δὲ δοκὸν τὴν ἐν τῷ ἰδίῳ ὀφθαλμῷ οὐ κατανοεῖς;

6 42ᵉ ἄφες ἐκβάλω τὸ κάρφος τὸ ἐν τῷ ὀφθαλμῷ σου, ↔

6 42 αὐτὸς τὴν ἐν τῷ ὀφθαλμῷ σου δοκὸν οὐ βλέπων

6 42ᵉ τότε διαβλέψεις τὸ κάρφος τὸ ἐν τῷ ὀφθαλμῷ τοῦ ἀδελφοῦ σου ἐκβαλεῖν

7 9 οὐδὲ ἐν τῷ Ἰσραὴλ τοσαύτην πίστιν εὗρον

7 11ᵃᵏ ἐγένετο ἐν τῷ (τῇ Τς) ἑξῆς ἐπορεύθη εἰς πόλιν

7 16 προφήτης μέγας ἠγέρθη ἐν ἡμῖν

7 17ⁿ ἐξῆλθεν ὁ λόγος οὗτος ἐν ὅλῃ τῇ Ἰουδαίᾳ περὶ αὐτοῦ ↔

7 17 * καὶ ἐν (+ς) πάσῃ τῇ περιχώρῳ

7 21ᵃʳ ἐν ἐκείνῃ τῇ ὥρᾳ ἐθεράπευσεν πολλοὺς ἀπὸ... πνευμάτων πονηρῶν

7 23 μακάριός ἐστιν ὃς ἐὰν μὴ σκανδαλισθῇ ἐν ἐμοί

7 25 ἄνθρωπον ἐν μαλακοῖς ἱματίοις ἠμφιεσμένον; ↔

7 25 ἰδοὺ οἱ ἐν ἱματισμῷ ἐνδόξῳ καὶ τρυφῇ ὑπάρχοντες ↔

7 25 ἐν τοῖς βασιλείοις εἰσίν

7 28 μείζων ἐν γεννητοῖς γυναικῶν (+προφήτης BSΤς) Ἰωάννου οὐδείς ἐστιν· ↔

7 28 ὁ δὲ μικρότερος ἐν τῇ βασιλείᾳ τοῦ θεοῦ μείζων αὐτοῦ ἐστιν

7 32 ὅμοιοί εἰσιν παιδίοις τοῖς ἐν ἀγορᾷ καθημένοις

7 37 ἰδοὺ γυνὴ ἥτις ἦν ἐν τῇ πόλει ἁμαρτωλός, ↔

7 37 καὶ ἐπιγνοῦσα ὅτι κατάκειται ἐν τῇ οἰκίᾳ τοῦ Φαρισαίου

7 39 ἰδὼν δὲ ὁ Φαρισαῖος... εἶπεν ἐν ἑαυτῷ λέγων

7 49 ἤρξαντο οἱ συνανακείμενοι λέγειν ἐν ἑαυτοῖς

8 1ᵃʰ ἐγένετο ἐν τῷ καθεξῆς καὶ αὐτὸς διώδευεν κατὰ πόλιν

8 5ᵍ καὶ ἐν τῷ σπείρειν αὐτὸν ὃ μὲν ἔπεσεν παρὰ τὴν ὁδόν

8 7 ἕτερον ἔπεσεν ἐν μέσῳ τῶν ἀκανθῶν

8 10 ὑμῖν δέδοται γνῶναι τὰ μυστήρια τῆς βασιλείας τοῦ θεοῦ, τοῖς δὲ λοιποῖς ἐν παραβολαῖς

8 13ᵃ οἳ... ἐν καιρῷ πειρασμοῦ ἀφίστανται

8 15ᵉ τὸ δὲ ἐν τῇ καλῇ γῇ, ↔

49*

Column 1

Lc 8 15 οὗτοί εἰσιν οἵτινες ἐν καρδίᾳ καλῇ ... ἀκούσαντες τὸν λόγον κατέχουσιν ↔

8 15 καὶ καρποφοροῦσιν ἐν ὑπομονῇ

8 22[ak]ἐγένετο δὲ ἐν μιᾷ τῶν ἡμερῶν καὶ αὐτὸς ἐνέβη εἰς πλοῖον

8 27 ἐν οἰκίᾳ οὐκ ἔμενεν ↔

8 27 ἀλλ᾽ ἐν τοῖς μνήμασιν

8 32 ἦν δὲ ἐκεῖ ἀγέλη χοίρων ἱκανῶν βοσκομένη (-νων BSTϛ) ἐν τῷ ὄρει

8 40[g] | ἐν δὲ (ἐγένετο δὲ ἐν VBTϛ) τῷ ὑποστρέφειν τὸν Ἰησοῦν ἀπεδέξατο αὐτὸν ὁ ὄχλος

8 42[g]ἐν δὲ τῷ ὑπάγειν αὐτὸν οἱ ὄχλοι συνέπνιγον αὐτόν. ↔

8 43[r] καὶ γυνὴ οὖσα ἐν ῥύσει αἵματος ἀπὸ ἐτῶν δώδεκα ⟨ἥψατο τοῦ κρασπέδου τοῦ ἱματίου αὐτοῦ⟩

9 12 ὅτι ὧδε ἐν ἐρήμῳ τόπῳ ἐσμέν

9 18[g]ἐγένετο ἐν τῷ εἶναι αὐτὸν προσευχόμενον κατὰ μόνας

9 26 τοῦτον ὁ υἱὸς τοῦ ἀνθρώπου ἐπαισχυνθήσεται, ὅταν ἔλθῃ ἐν τῇ δόξῃ αὐτοῦ

9 29[g]ἐγένετο ἐν τῷ προσεύχεσθαι αὐτὸν τὸ εἶδος τοῦ προσώπου αὐτοῦ ἕτερον

9 31 οἳ ὀφθέντες ἐν δόξῃ ἔλεγον τὴν ἔξοδον αὐτοῦ, ↔

9 31 ἣν ἤμελλεν πληροῦν ἐν Ἰερουσαλήμ

9 33[g]ἐγένετο ἐν τῷ διαχωρίζεσθαι αὐτοὺς ἀπ᾽ αὐτοῦ εἶπεν ὁ Πέτρος

9 34[g]ἐφοβήθησαν δὲ ἐν τῷ | εἰσελθεῖν αὐτοὺς (ἐκείνους εἰσ. VBϛ) εἰς τὴν νεφέλην

9 36[g]ἐν τῷ γενέσθαι τὴν φωνὴν εὑρέθη Ἰησοῦς μόνος

9 36[a]οὐδενὶ ἀπήγγειλαν ἐν ἐκείναις ταῖς ἡμέραις οὐδὲν ὧν ἑώρακαν (-κασιν VSϛ). ↔

9 37[ar]* ἐγένετο δὲ ἐν (+ϛ) τῇ ἑξῆς ἡμέρᾳ κατελθόντων αὐτῶν ἀπὸ τοῦ ὄρους συνήντησεν αὐτῷ ὄχλος πολύς

9 46 εἰσῆλθεν δὲ διαλογισμὸς ἐν αὐτοῖς

9 48 ὁ γὰρ μικρότερος ἐν πᾶσιν ὑμῖν ὑπάρχων, οὗτός ἐστιν μέγας

9 49 εἴδομέν τινα ἐν (ἐπὶ Tϛ) τῷ ὀνόματί σου ἐκβάλλοντα δαιμόνια

9 51[g]ἐγένετο δὲ ἐν τῷ συμπληροῦσθαι τὰς ἡμέρας τῆς ἀναλήμψεως αὐτοῦ

9 57 πορευομένων αὐτῶν ἐν τῇ ὁδῷ εἶπέν τις πρὸς αὐτόν

10 3 ἰδοὺ (+ἐγὼ Vϛ) ἀποστέλλω ὑμᾶς ὡς ἄρνας ἐν μέσῳ λύκων

10 7 ἐν αὐτῇ δὲ τῇ οἰκίᾳ μένετε

10 9 θεραπεύετε τοὺς ἐν αὐτῇ ἀσθενεῖς

10 12[a]Σοδόμοις ἐν τῇ ἡμέρᾳ ἐκείνῃ ἀνεκτότερον ἔσται ἢ τῇ πόλει ἐκείνῃ

10 13 ὅτι εἰ ἐν Τύρῳ καὶ Σιδῶνι ἐγενήθησαν αἱ δυνάμεις ↔

10 13 αἱ γενόμεναι ἐν ὑμῖν, ↔

10 13 πάλαι ἂν ἐν σάκκῳ καὶ σποδῷ καθήμενοι μετενόησαν ↔

10 14 πλὴν Τύρῳ καὶ Σιδῶνι ἀνεκτότερον ἔσται ἐν τῇ κρίσει ἢ ὑμῖν

10 17 κύριε, καὶ τὰ δαιμόνια ὑποτάσσεται ἡμῖν ἐν τῷ ὀνόματί σου

10 20 πλὴν ἐν τούτῳ μὴ χαίρετε ὅτι τὰ πνεύματα ὑμῖν ὑποτάσσεται, ↔

10 20[r] χαίρετε δὲ ὅτι τὰ ὀνόματα ὑμῶν ἐγγέγραπται ἐν τοῖς οὐρανοῖς. ↔

10 21[a]ἐν αὐτῇ τῇ ὥρᾳ ↔

Column 2

Lc 10 21 ἠγαλλιάσατο ἐν (+[N26]BST) τῷ πνεύματι τῷ ἁγίῳ καὶ εἶπεν

10 26[d]ἐν τῷ νόμῳ τί γέγραπται;

10 27[m]ἀγαπήσεις κύριον ... | ἐν ὅλῃ τῇ ψυχῇ (ἐξ ὅλης τῆς ψυχῆς Vϛ) σου ↔

10 27 καὶ | ἐν ὅλῃ τῇ ἰσχύϊ (ἐξ ὅλης τῆς ἰσχύος Vϛ) σου ↔

10 27 καὶ | ἐν ὅλῃ τῇ διανοίᾳ (ἐξ ὅλης τῆς διανοίας Vϛ) σου

10 31[h]κατὰ συγκυρίαν δὲ ἱερεύς τις κατέβαινεν ἐν [H] τῇ ὁδῷ ἐκείνῃ

10 35[g] ὅ τι (ὅτι H) ἂν προσδαπανήσῃς ἐγὼ ἐν τῷ ἐπανέρχεσθαί με ἀποδώσω σοι

10 38[g] | ἐν δὲ (ἐγένετο δὲ ἐν VTϛ) τῷ πορεύεσθαι αὐτοὺς (+καὶ VTϛ) αὐτὸς εἰσῆλθεν εἰς κώμην τινὰ

11 1[g]καὶ ἐγένετο ἐν τῷ εἶναι αὐτὸν ↔

11 1 ἐν τόπῳ τινὶ προσευχόμενον

11 2[e]* Πάτερ | ἡμῶν ὁ ἐν τοῖς οὐρανοῖς (+ϛ)

11 2[p]*| ἣ γενηθήτω τὸ θέλημά σου, ὡς ἐν οὐρανῷ, καὶ ἐπὶ τῆς γῆς (+ϛ)

11 15 ἐν Βεελζεβοὺλ τῷ ἄρχοντι τῶν δαιμονίων ἐκβάλλει τὰ δαιμόνια

11 18 ὅτι λέγετε ἐν Βεελζεβοὺλ ἐκβάλλειν με τὰ δαιμόνια. ↔

11 19 εἰ δὲ ἐγὼ ἐν Βεελζεβοὺλ ἐκβάλλω τὰ δαιμόνια, ↔

11 19 οἱ υἱοὶ ὑμῶν ἐν τίνι ἐκβάλλουσιν;

11 20 εἰ δὲ ἐν δακτύλῳ θεοῦ ἐγὼ (+ [N26NVH]M) ἐκβάλλω τὰ δαιμόνια

11 21 ἐν εἰρήνῃ ἐστὶν τὰ ὑπάρχοντα αὐτοῦ

11 27[g]ἐγένετο δὲ ἐν τῷ λέγειν αὐτὸν ταῦτα

11 31[l]βασίλισσα νότου ἐγερθήσεται ἐν τῇ κρίσει μετὰ τῶν ἀνδρῶν τῆς γενεᾶς ταύτης

11 32[l]ἄνδρες Νινευῖται ἀναστήσονται ἐν τῇ κρίσει μετὰ τῆς γενεᾶς ταύτης

11 35[e]σκόπει οὖν μὴ τὸ φῶς τὸ ἐν σοὶ σκότος ἐστίν

11 37[g]ἐν δὲ τῷ λαλῆσαι ἐρωτᾷ αὐτὸν Φαρισαῖος

11 43 οὐαὶ ὑμῖν τοῖς Φαρισαίοις, ὅτι ἀγαπᾶτε τὴν πρωτοκαθεδρίαν ἐν ταῖς συναγωγαῖς ↔

11 43 καὶ τοὺς ἀσπασμοὺς ἐν ταῖς ἀγοραῖς

12 1[b]ἐν οἷς ἐπισυναχθεισῶν τῶν μυριάδων τοῦ ὄχλου ... ἤρξατο λέγειν

12 3 ἀνθ᾽ ὧν ὅσα ἐν τῇ σκοτίᾳ εἴπατε ↔

12 3 ἐν τῷ φωτὶ ἀκουσθήσεται.

12 3 καὶ ὃ πρὸς τὸ οὖς ἐλαλήσατε ἐν τοῖς ταμείοις κηρυχθήσεται

12 8[q]πᾶς ὃς ἂν ὁμολογήσῃ (-σει H) ἐν ἐμοὶ ἔμπροσθεν τῶν ἀνθρώπων, ↔

12 8[q]καὶ ὁ υἱὸς τοῦ ἀνθρώπου ὁμολογήσει ἐν αὐτῷ ἔμπροσθεν τῶν ἀγγέλων τοῦ θεοῦ

12 12[a]τὸ γὰρ ἅγιον πνεῦμα διδάξει ὑμᾶς ἐν αὐτῇ τῇ ὥρᾳ

12 15[g]ὅτι οὐκ ἐν τῷ περισσεύειν τινὶ ἡ ζωὴ αὐτοῦ ἐστιν ἐκ τῶν ὑπαρχόντων αὐτῷ

12 17 διελογίζετο ἐν ἑαυτῷ (αὐ. H) λέγων

12 27 οὐδὲ Σολομὼν ἐν πάσῃ τῇ δόξῃ αὐτοῦ περιεβάλετο ὡς ἓν τούτων. ↔

12 28 εἰ δὲ ἐν ἀγρῷ τὸν χόρτον ὄντα σήμερον ... ὁ θεὸς οὕτως ἀμφιέζει (ἀμφιέννυσιν Vϛ)

Column 3

Lc 12 33 ποιήσατε ἑαυτοῖς ... θησαυρὸν ἀνέκλειπτον ἐν τοῖς οὐρανοῖς

12 38[a]κἂν ἐν τῇ δευτέρᾳ ↔

12 38[a]κἂν ἐν τῇ τρίτῃ φυλακῇ ἔλθῃ καὶ εὕρῃ οὕτως

12 42[a]ὃν καταστήσει ὁ κύριος ... τοῦ διδόναι ἐν καιρῷ τὸ [N26NH] σιτομέτριον

12 45 ἐὰν δὲ εἴπῃ ὁ δοῦλος ἐκεῖνος ἐν τῇ καρδίᾳ αὐτοῦ

12 46 ἥξει ὁ κύριος τοῦ δούλου ἐκείνου ἐν ἡμέρᾳ ᾗ οὐ προσδοκᾷ ↔

12 46 καὶ ἐν ὥρᾳ ᾗ οὐ γινώσκει

12 51 δοκεῖτε ὅτι εἰρήνην παρεγενόμην δοῦναι ἐν τῇ γῇ;

12 52[pr]ἔσονται γὰρ ἀπὸ τοῦ νῦν πέντε ἐν ἑνὶ οἴκῳ διαμεμερισμένοι

12 58[r]ἐν τῇ ὁδῷ δὸς ἐργασίαν ἀπηλλάχθαι ἀπ᾽ [H] αὐτοῦ

13 1[an] παρῆσαν δέ τινες ἐν αὐτῷ τῷ καιρῷ ἀπαγγέλλοντες αὐτῷ περὶ τῶν Γαλιλαίων

13 4[p]ἢ ἐκεῖνοι ... ἐφ᾽ οὓς ἔπεσεν ὁ πύργος ἐν τῷ Σιλωὰμ καὶ ἀπέκτεινεν αὐτούς, ↔

13 4 * δοκεῖτε ὅτι αὐτοὶ ὀφειλέται ἐγένοντο παρὰ πάντας τοὺς ἀνθρώπους τοὺς κατοικοῦντας ἐν (+Tϛ) Ἰερουσαλήμ;

13 6 συκῆν εἶχέν τις πεφυτευμένην ἐν τῷ ἀμπελῶνι αὐτοῦ, ↔

13 6 καὶ ἦλθεν ζητῶν καρπὸν ἐν αὐτῇ καὶ οὐχ εὗρεν

13 7[r]ἰδοὺ τρία ἔτη | ἀφ᾽ οὗ (—ϛ) ἔρχομαι ζητῶν καρπὸν ἐν τῇ συκῇ ταύτῃ

13 10 ἦν δὲ διδάσκων ἐν μιᾷ τῶν συναγωγῶν ↔

13 10[a]ἐν τοῖς σάββασιν

13 14[a]ἔλεγεν τῷ ὄχλῳ ὅτι ἓξ ἡμέραι εἰσὶν ἐν αἷς δεῖ ἐργάζεσθαι· ↔

13 14[a]ἐν αὐταῖς οὖν ἐρχόμενοι θεραπεύεσθε καὶ μὴ τῇ ἡμέρᾳ τοῦ σαββάτου

13 19 τὰ πετεινὰ τοῦ οὐρανοῦ κατεσκήνωσεν ἐν τοῖς κλάδοις αὐτοῦ

13 26 ἐν ταῖς πλατείαις ἡμῶν ἐδίδαξας

13 28 ὅταν ὄψησθε (ὄψεσθε T) Ἀβραὰμ ... ἐν τῇ βασιλείᾳ τοῦ θεοῦ

13 29 ἥξουσιν ἀπὸ ἀνατολῶν ... καὶ ἀνακλιθήσονται ἐν τῇ βασιλείᾳ τοῦ θεοῦ

13 31[a]ἐν αὐτῇ τῇ ὥρᾳ (ἡμέρᾳ Vϛ) προσῆλθάν τινες Φαρισαῖοι λέγοντες αὐτῷ

13 35 εὐλογημένος ὁ ἐρχόμενος ἐν ὀνόματι κυρίου

14 1[g]ἐγένετο ἐν τῷ ἐλθεῖν αὐτὸν εἰς οἶκόν τινος τῶν ἀρχόντων

14 5[a]οὐκ εὐθέως ἀνασπάσει αὐτὸν ἐν (+τῇ VB[S]ϛ) ἡμέρᾳ τοῦ σαββάτου;

14 14 ἀνταποδοθήσεται γάρ (δέ T) σοι ἐν τῇ ἀναστάσει τῶν δικαίων

14 15 μακάριος ὅστις φάγεται ἄρτον ἐν τῇ βασιλείᾳ τοῦ θεοῦ

14 31 οὐχὶ ... βουλεύσεται (βουλεύεται Vϛ) εἰ δυνατός ἐστιν ἐν δέκα χιλιάσιν ὑπαντῆσαι τῷ ... ἐρχομένῳ ἐπ᾽ αὐτόν;

14 34 ἐὰν δὲ καὶ τὸ ἅλας μωρανθῇ, ἐν τίνι ἀρτυθήσεται;

15 4 τίς ἄνθρωπος ... οὐ καταλείπει τὰ ἐνενήκοντα ἐννέα ἐν τῇ ἐρήμῳ ⟨;⟩

15 7[p]οὕτως χαρὰ ἐν τῷ οὐρανῷ ἔσται ἐπὶ ἑνὶ ἁμαρτωλῷ μετανοοῦντι

15 25 ἦν δὲ ὁ υἱὸς αὐτοῦ ὁ πρεσβύτερος ἐν ἀγρῷ

Lc 16 3 εἶπεν δὲ ἐν ἑαυτῷ ὁ οἰκονόμος

16 10 ὁ πιστὸς ἐν ἐλαχίστῳ ↔

16 10 καὶ ἐν πολλῷ πιστός ἐστιν, ↔

16 10 καὶ ὁ ἐν ἐλαχίστῳ ἄδικος ↔

16 10 καὶ ἐν πολλῷ ἄδικός ἐστιν. ↔

16 11 εἰ οὖν ἐν τῷ ἀδίκῳ μαμωνᾷ πιστοὶ οὐκ ἐγένεσθε

16 12 εἰ ἐν τῷ ἀλλοτρίῳ πιστοὶ οὐκ ἐγένεσθε

16 15ᵗ ὅτι τὸ ἐν ἀνθρώποις ὑψηλὸν βδέλυγμα ἐνώπιον τοῦ θεοῦ

16 23 ἐν τῷ ᾅδῃ ἐπάρας τοὺς ὀφθαλμοὺς αὐτοῦ, ↔

16 23 ὑπάρχων ἐν βασάνοις, ὁρᾷ Ἀβραὰμ ἀπὸ μακρόθεν ↔

16 23ʳ καὶ Λάζαρον ἐν τοῖς κόλποις αὐτοῦ

16 24 ὅτι ὀδυνῶμαι ἐν τῇ φλογὶ ταύτῃ

16 25 μνήσθητι ὅτι ἀπέλαβες τὰ ἀγαθά σου ἐν τῇ ζωῇ σου

16 26ʷ ἐν (ἐπὶ VBς) πᾶσι τούτοις μεταξὺ ἡμῶν καὶ ὑμῶν χάσμα μέγα ἐστήρικται

17 6 ἐκριζώθητι καὶ φυτεύθητι ἐν τῇ θαλάσσῃ

17 11ᵍ ἐγένετο ἐν τῷ πορεύεσθαι (+αὐτὸν MVBSς) εἰς Ἱερουσαλήμ

17 14ᵍ ἐγένετο ἐν τῷ ὑπάγειν αὐτοὺς ἐκαθαρίσθησαν

17 24ᵃ οὕτως ἔσται ὁ υἱὸς τοῦ ἀνθρώπου | ἐν τῇ ἡμέρᾳ αὐτοῦ ([N²⁶]; —H)

17 26ᵃ καθὼς ἐγένετο ἐν ταῖς ἡμέραις Νῶε, ↔

17 26ᵃ οὕτως ἔσται καὶ ἐν ταῖς ἡμέραις τοῦ υἱοῦ τοῦ ἀνθρώπου

17 28ᵃ ὁμοίως καθὼς ἐγένετο ἐν ταῖς ἡμέραις Λώτ

17 31ᵃ ἐν ἐκείνῃ τῇ ἡμέρᾳ ὃς ἔσται ἐπὶ τοῦ δώματος ↔

17 31 καὶ τὰ σκεύη αὐτοῦ ἐν τῇ οἰκίᾳ, μὴ καταβάτω ἆραι αὐτά, ↔

17 31ᵉᵏ καὶ ὁ ἐν ἀγρῷ ὁμοίως μὴ ἐπιστρεψάτω εἰς τὰ ὀπίσω

18 2 κριτής τις ἦν ἔν τινι πόλει τὸν θεὸν μὴ φοβούμενος

18 3 χήρα δὲ ἦν ἐν τῇ πόλει ἐκείνῃ

18 4¹ μετὰ | δὲ ταῦτα (~NMH) εἶπεν ἐν ἑαυτῷ

18 8 ποιήσει τὴν ἐκδίκησιν αὐτῶν ἐν τάχει

18 22 ἕξεις θησαυρὸν ἐν τοῖς (+[N²⁶NH] M) οὐρανοῖς

18 30ᵃ ὃς οὐχὶ μὴ ἀπολάβῃ (λάβῃ NMH; [ἀπο]- N²⁶) πολλαπλασίονα ἐν τῷ καιρῷ τούτῳ ↔

18 30ᵃ καὶ ἐν τῷ αἰῶνι τῷ ἐρχομένῳ ζωὴν αἰώνιον

18 35ᵍ ἐγένετο δὲ ἐν τῷ ἐγγίζειν αὐτὸν εἰς Ἱεριχὼ

19 5 σήμερον γὰρ ἐν τῷ οἴκῳ σου δεῖ με μεῖναι

19 13ᵇ πραγματεύσασθε (-σασθαι H) | ἐν ᾧ (ἕως ς) ἔρχομαι

19 15ᵍ ἐγένετο ἐν τῷ ἐπανελθεῖν αὐτὸν λαβόντα τὴν βασιλείαν

19 17 εὖγε (εὖ γε NB; εὖ Vς), ἀγαθὲ δοῦλε, ὅτι ἐν ἐλαχίστῳ πιστὸς ἐγένου

19 20 ἰδοὺ ἡ μνᾶ σου, ἣν εἶχον ἀποκειμένην ἐν σουδαρίῳ

19 30 κώμην, ἐν ᾗ εἰσπορευόμενοι εὑρήσετε πῶλον δεδεμένον

19 36 πορευομένου δὲ αὐτοῦ ὑπεστρώννυον τὰ ἱμάτια αὐτῶν (ἑαυτῶν NMVH) ἐν τῇ ὁδῷ

Lc 19 38 εὐλογημένος ὁ | ἐρχόμενος ὁ (ἐρχ. VBSς; —T) βασιλεὺς ἐν ὀνόματι κυρίου· ↔

19 38 ἐν οὐρανῷ εἰρήνη ↔

19 38 καὶ δόξα ἐν ὑψίστοις

19 42ᵃ εἰ ἔγνως | ἐν τῇ ἡμέρᾳ ταύτῃ καὶ σὺ (~B; καὶ σὺ καίγε ἐν τῇ ἡ. σου ταύτῃ VTς) τὰ πρὸς εἰρήνην (+σου Tς)

19 44 ἐδαφιοῦσίν σε καὶ τὰ τέκνα σου ἐν σοί, ↔

19 44ᵖ καὶ οὐκ ἀφήσουσιν λίθον ἐπὶ λίθον ἐν σοί

19 45 * εἰσελθὼν εἰς τὸ ἱερὸν ἤρξατο ἐκβάλλειν τοὺς πωλοῦντας | ἐν αὐτῷ καὶ ἀγοράζοντας (+ς)

19 47 ἦν διδάσκων τὸ καθ' ἡμέραν ἐν τῷ ἱερῷ

20 1ᵃ ἐγένετο ἐν μιᾷ τῶν ἡμερῶν ↔

20 1 διδάσκοντος αὐτοῦ τὸν λαὸν ἐν τῷ ἱερῷ

20 2 εἰπόν (εἰπὲ Vς) ἡμῖν ἐν ποίᾳ ἐξουσίᾳ ταῦτα ποιεῖς ⟨;⟩

20 8 οὐδὲ ἐγὼ λέγω ὑμῖν ἐν ποίᾳ ἐξουσίᾳ ταῦτα ποιῶ

20 10ᵃ * ἐν (+Vς) καιρῷ ἀπέστειλεν πρὸς τοὺς γεωργοὺς δοῦλον

20 19ᵃ ἐζήτησαν . . . οἱ ἀρχιερεῖς ἐπιβαλεῖν ἐπ' αὐτὸν τὰς χεῖρας ἐν αὐτῇ τῇ ὥρᾳ

20 33 | ἡ γυνὴ οὖν ἐν τῇ ἀναστάσει (ἐν τῇ οὖν ἀ. Vς) τίνος αὐτῶν γίνεται γυνή;

20 42ᵈ αὐτὸς γὰρ (καὶ αὐτ. Sς) Δαυὶδ λέγει ἐν βίβλῳ ψαλμῶν

20 46 προσέχετε ἀπὸ τῶν γραμματέων τῶν θελόντων περιπατεῖν ἐν στολαῖς ↔

20 46 καὶ φιλούντων ἀσπασμοὺς ἐν ταῖς ἀγοραῖς ↔

20 46 καὶ πρωτοκαθεδρίας ἐν ταῖς συναγωγαῖς ↔

20 46 καὶ πρωτοκλισίας ἐν τοῖς δείπνοις

21 6ᵃ ἐλεύσονται ἡμέραι ἐν αἷς οὐκ ἀφεθήσεται λίθος ἐπὶ λίθῳ

21 14 θέτε οὖν | ἐν ταῖς καρδίαις (εἰς τὰς καρδίας ς) ὑμῶν μὴ προμελετᾶν ἀπολογηθῆναι

21 19 ἐν τῇ ὑπομονῇ ὑμῶν κτήσασθε (-σεσθε NMBH) τὰς ψυχὰς ὑμῶν

21 21ᵉᵏ τότε οἱ ἐν τῇ Ἰουδαίᾳ φευγέτωσαν εἰς τὰ ὄρη, ↔

21 21ᵉ καὶ οἱ ἐν μέσῳ αὐτῆς ἐκχωρείτωσαν, ↔

21 21ᵉᵏ καὶ οἱ ἐν ταῖς χώραις μὴ εἰσερχέσθωσαν εἰς αὐτήν

21 23 οὐαὶ (+δὲ Vς) ταῖς ἐν γαστρὶ ἐχούσαις ↔

21 23ᵃ καὶ ταῖς θηλαζούσαις ἐν ἐκείναις ταῖς ἡμέραις· ↔

21 23ᵖ * ἔσται γὰρ ἀνάγκη μεγάλη ἐπὶ τῆς γῆς καὶ ὀργὴ ἐν (+Vς) τῷ λαῷ τούτῳ

21 25 ἔσονται (ἔσται VSς) σημεῖα ἐν ἡλίῳ καὶ σελήνῃ καὶ ἄστροις, ↔

21 25ᵖ καὶ ἐπὶ τῆς γῆς συνοχὴ ἐθνῶν ἐν ἀπορίᾳ ἤχους (ἠχοῦς H; ἠχούσης ς) θαλάσσης καὶ σάλου

21 27¹ τότε ὄψονται τὸν υἱὸν τοῦ ἀνθρώπου ἐρχόμενον ἐν νεφέλῃ μετὰ δυνάμεως καὶ δόξης πολλῆς

21 34 προσέχετε δὲ ἑαυτοῖς μήποτε βαρηθῶσιν | ὑμῶν αἱ καρδίαι (~H) ἐν κραιπάλῃ καὶ μέθῃ

Lc 21 36ᵃ ἀγρυπνεῖτε δὲ (οὖν Vς) ἐν παντὶ καιρῷ δεόμενοι

21 37 ἦν δὲ τὰς ἡμέρας ἐν τῷ ἱερῷ διδάσκων

21 38ᵃ πᾶς ὁ λαὸς ὤρθριζεν πρὸς αὐτὸν ἐν τῷ ἱερῷ ἀκούειν αὐτοῦ

22 7ᵃ ἦλθεν δὲ ἡ ἡμέρα τῶν ἀζύμων, ἐν (+[N²⁶]Tς) ᾗ ἔδει θύεσθαι τὸ πάσχα

22 16 (+οὐκέτι NMVTς) οὐ μὴ φάγω αὐτὸ ἕως ὅτου πληρωθῇ ἐν τῇ βασιλείᾳ τοῦ θεοῦ

22 20 | τοῦτο τὸ ποτήριον ἡ καινὴ διαθήκη ἐν τῷ αἵματί μου [..NH..]

22 24 ἐγένετο δὲ καὶ φιλονεικία ἐν αὐτοῖς

22 26 ἀλλ' ὁ μείζων ἐν ὑμῖν γινέσθω ὡς ὁ νεώτερος

22 27 ἐγὼ δὲ ἐν μέσῳ ὑμῶν εἰμι ὡς ὁ διακονῶν. ↔

22 28¹ ὑμεῖς δέ ἐστε οἱ διαμεμενηκότες μετ' ἐμοῦ ἐν τοῖς πειρασμοῖς μου

22 30ᵖ ἵνα ἔσθητε (ἐσθίητε VBSς) . . . ἐπὶ τῆς τραπέζης μου ἐν τῇ βασιλείᾳ μου

22 37 (+ἔτι V[S]ς) τοῦτο τὸ γεγραμμένον δεῖ τελεσθῆναι ἐν ἐμοί

22 44 | καὶ γενόμενος ἐν ἀγωνίᾳ ἐκτενέστερον προσηύχετο [..N²⁶NSH..]

22 49 κύριε, εἰ πατάξομεν ἐν μαχαίρῃ;

22 53ʰ¹ καθ' ἡμέραν ὄντος μου μεθ' ὑμῶν ἐν τῷ ἱερῷ

22 55 περιαψάντων δὲ πῦρ ἐν μέσῳ τῆς αὐλῆς καὶ συγκαθισάντων ↔

22 55 * ἐκάθητο ὁ Πέτρος | ἐν μέσῳ (ς; μέσος rl) αὐτῶν

23 4 οὐδὲν εὑρίσκω αἴτιον ἐν τῷ ἀνθρώπῳ τούτῳ

23 7 ἀνέπεμψεν αὐτὸν πρὸς Ἡρῴδην, ὄντα καὶ αὐτὸν ἐν Ἱεροσολύμοις ↔

23 7ᵃ ἐν ταύταις ταῖς ἡμέραις

23 9 ἐπηρώτα δὲ αὐτὸν ἐν λόγοις ἱκανοῖς

23 12ᵃ¹ ἐγένοντο δὲ φίλοι . . . ἐν αὐτῇ τῇ ἡμέρᾳ μετ' ἀλλήλων· ↔

23 12ᵃ προϋπῆρχον γὰρ ἐν ἔχθρᾳ ὄντες πρὸς αὐτούς (N²⁶T; ἐ- rl)

23 14 οὐθὲν εὗρον ἐν τῷ ἀνθρώπῳ τούτῳ αἴτιον ὧν κατηγορεῖτε

23 19 ὅστις ἦν διὰ στάσιν τινὰ γενομένην ἐν τῇ πόλει καὶ φόνον ↔

23 19 | βληθεὶς ἐν τῇ φυλακῇ (βεβλημένος εἰς φυλακὴν ς)

23 22 οὐδὲν αἴτιον θανάτου εὗρον ἐν αὐτῷ

23 29ᵃ ὅτι ἰδοὺ | ἔρχονται ἡμέραι (~S) ἐν αἷς ἐροῦσιν

23 31 ὅτι εἰ ἐν τῷ (—NH) ὑγρῷ ξύλῳ ταῦτα ποιοῦσιν, ↔

23 31 ἐν τῷ ξηρῷ τί γένηται;

23 40 ὅτι ἐν τῷ αὐτῷ κρίματι εἶ

23 42 * μνήσθητί μου (+κύριε Vς) ὅταν ἔλθῃς | ἐν τῇ βασιλείᾳ (εἰς τὴν β-είαν N²⁶NH) σου

23 43¹ σήμερον μετ' ἐμοῦ ἔσῃ ἐν τῷ παραδείσῳ

23 53 ⟨ᾐτήσατο τὸ σῶμα τοῦ Ἰησοῦ⟩ καὶ ἔθηκεν αὐτὸν ἐν μνήματι λαξευτῷ

24 4ᵍ ἐγένετο ἐν τῷ ἀπορεῖσθαι (δι- Vς) αὐτὰς περὶ τούτου ↔

24 4 καὶ ἰδοὺ ἄνδρες δύο ἐπέστησαν αὐταῖς ἐν | ἐσθῆτι ἀστραπτούσῃ (ἐσθήσεσιν ἀ-σαις VSς)

24 6 μνήσθητε ὡς ἐλάλησεν ὑμῖν ἔτι ὢν ἐν τῇ Γαλιλαίᾳ

Lc 24 13^ak καὶ ἰδοὺ δύο ἐξ αὐτῶν | ἐν αὐτῇ τῇ ἡμέρᾳ ἦσαν πορευόμενοι (~ VB Sς) εἰς κώμην

24 15^g ἐγένετο ἐν τῷ ὁμιλεῖν αὐτοὺς καὶ συζητεῖν

24 18 * σὺ μόνος παροικεῖς ἐν (+ς) Ἰερουσαλήμ ↔

24 18 καὶ οὐκ ἔγνως τὰ γενόμενα ἐν αὐτῇ ↔

24 18^a ἐν ταῖς ἡμέραις ταύταις;

24 19^t τὰ περὶ Ἰησοῦ ... ὃς ἐγένετο ἀνὴρ προφήτης δυνατὸς ἐν ἔργῳ καὶ λόγῳ ἐναντίον τοῦ θεοῦ

24 27^d διερμήνευσεν αὐτοῖς ἐν πάσαις ταῖς γραφαῖς [+τί ἦν S] τὰ περὶ ἑαυτοῦ

24 30^g ἐγένετο ἐν τῷ κατακλιθῆναι αὐτὸν μετ' αὐτῶν

24 32 οὐχὶ ἡ καρδία ἡμῶν καιομένη ἦν | ἐν ἡμῖν ([N^26]; —H), ↔

24 32 ὡς ἐλάλει ἡμῖν ἐν τῇ ὁδῷ ⟨;⟩

24 35^e αὐτοὶ ἐξηγοῦντο τὰ ἐν τῇ ὁδῷ ↔

24 35 καὶ ὡς ἐγνώσθη αὐτοῖς ἐν τῇ κλάσει τοῦ ἄρτου. ↔

24 36 ταῦτα δὲ αὐτῶν λαλούντων αὐτὸς (+ὁ Ἰησοῦς Vς) ἔστη ἐν μέσῳ αὐτῶν

24 38 διὰ τί διαλογισμοὶ ἀναβαίνουσιν ἐν | τῇ καρδίᾳ (ταῖς καρδίαις MVBS) ὑμῶν;

24 44^dn ὅτι δεῖ πληρωθῆναι πάντα τὰ γεγραμμένα ἐν τῷ νόμῳ Μωϋσέως ... περὶ ἐμοῦ

24 49^v ὑμεῖς δὲ καθίσατε ἐν τῇ πόλει (+Ἰερουσαλήμ Vς) ἕως οὗ ἐνδύσησθε (-σεσθε M)

24 51^g ἐγένετο ἐν τῷ εὐλογεῖν αὐτὸν αὐτοὺς διέστη ἀπ' αὐτῶν

24 53^u ἦσαν διὰ παντὸς ἐν τῷ ἱερῷ (+αἰνοῦντες καὶ [M]Vς) εὐλογοῦντες (αἰνοῦντες T) τὸν θεόν

Jo 1 1 ἐν ἀρχῇ ἦν ὁ λόγος

1 2^q οὗτος ἦν ἐν ἀρχῇ πρὸς τὸν θεόν

1 4 ⟨χωρὶς αὐτοῦ ἐγένετο οὐδὲ ἕν. ὃ γέγονεν⟩ ἐν αὐτῷ ζωὴ ἦν (ἔστιν T)

1 5 τὸ φῶς ἐν τῇ σκοτίᾳ φαίνει

1 10 ἐν τῷ κόσμῳ ἦν

1 14 ὁ λόγος σὰρξ ἐγένετο καὶ ἐσκήνωσεν ἐν ἡμῖν

1 23 ἐγὼ φωνὴ βοῶντος ἐν τῇ ἐρήμῳ

1 26 ἐγὼ βαπτίζω ἐν ὕδατι

1 28^w ταῦτα ἐν Βηθανίᾳ ἐγένετο πέραν τοῦ Ἰορδάνου

1 31^u διὰ τοῦτο ἦλθον ἐγὼ ἐν (+τῷ Sς) ὕδατι βαπτίζων

1 33 ἀλλ' ὁ πέμψας με βαπτίζειν ἐν ὕδατι, ἐκεῖνός μοι εἶπεν

1 33 οὗτός ἐστιν ὁ βαπτίζων ἐν πνεύματι ἁγίῳ

1 45^d ὃν ἔγραψεν Μωϋσῆς ἐν τῷ νόμῳ καὶ οἱ προφῆται εὑρήκαμεν

1 47 ἴδε ἀληθῶς Ἰσραηλίτης, ἐν ᾧ δόλος οὐκ ἔστιν

2 1 γάμος ἐγένετο ἐν Κανὰ τῆς Γαλιλαίας

2 11 ταύτην ἐποίησεν ἀρχὴν τῶν σημείων ὁ Ἰησοῦς ἐν Κανὰ τῆς Γαλιλαίας

2 14 εὗρεν ἐν τῷ ἱερῷ τοὺς πωλοῦντας βόας καὶ πρόβατα

2 19^t λύσατε τὸν ναὸν τοῦτον, καὶ ἐν [H] τρισὶν ἡμέραις ἐγερῶ αὐτόν

2 20^a καὶ σὺ ἐν τρισὶν ἡμέραις ἐγερεῖς αὐτόν;

Jo 2 23 ὡς δὲ ἦν ἐν τοῖς Ἱεροσολύμοις ↔

2 23 ἐν τῷ πάσχα ↔

2 23 ἐν τῇ ἑορτῇ, πολλοὶ ἐπίστευσαν εἰς τὸ ὄνομα αὐτοῦ

2 25 αὐτὸς γὰρ ἐγίνωσκεν τί ἦν ἐν τῷ ἀνθρώπῳ

3 13 * εἰ μὴ ... ὁ υἱὸς τοῦ ἀνθρώπου | ὁ ὢν ἐν τῷ οὐρανῷ (+VBTς). ↔

3 14 καὶ καθὼς Μωϋσῆς ὕψωσεν τὸν ὄφιν ἐν τῇ ἐρήμῳ

3 15 ἵνα πᾶς ὁ πιστεύων | ἐν αὐτῷ (εἰς αὐτὸν Sς) ἔχῃ ζωὴν αἰώνιον

3 21 ἵνα φανερωθῇ αὐτοῦ τὰ ἔργα ὅτι ἐν θεῷ ἐστιν εἰργασμένα

3 23^x ἦν δὲ καὶ ὁ (+N^26[H]) Ἰωάννης βαπτίζων ἐν Αἰνὼν ἐγγὺς τοῦ Σαλείμ

3 35 πάντα δέδωκεν ἐν τῇ χειρὶ αὐτοῦ

4 14^k ἀλλὰ τὸ ὕδωρ ... γενήσεται ἐν αὐτῷ πηγὴ ὕδατος ἁλλομένου εἰς ζωὴν αἰώνιον

4 20 οἱ πατέρες ἡμῶν ἐν τῷ ὄρει τούτῳ προσεκύνησαν· ↔

4 20 καὶ ὑμεῖς λέγετε ὅτι ἐν Ἱεροσολύμοις ἐστὶν ὁ τόπος

4 21 ὅτε οὔτε ἐν τῷ ὄρει τούτῳ ↔

4 21 οὔτε ἐν Ἱεροσολύμοις προσκυνήσετε τῷ πατρί

4 23 ὅτε ... προσκυνήσουσιν τῷ πατρὶ ἐν πνεύματι καὶ ἀληθείᾳ

4 24 τοὺς προσκυνοῦντας αὐτὸν (—NT) ἐν πνεύματι καὶ ἀληθείᾳ | δεῖ προσκυνεῖν (~ T)

4 31^a ἐν τῷ μεταξὺ ἠρώτων αὐτὸν οἱ μαθηταὶ λέγοντες

4 37 ἐν γὰρ τούτῳ ὁ λόγος ἐστὶν ἀληθινός

4 44 ἐμαρτύρησεν ὅτι προφήτης ἐν τῇ ἰδίᾳ πατρίδι τιμὴν οὐκ ἔχει

4 45 πάντα ἑωρακότες ὅσα (ἃ Tς) ἐποίησεν ἐν Ἱεροσολύμοις ↔

4 45 ἐν τῇ ἑορτῇ

4 46 | καὶ ἦν (ἦν δέ T) τις βασιλικὸς οὗ ὁ υἱὸς ἠσθένει ἐν Καφαρναούμ

4 52^a ἐπύθετο οὖν τὴν ὥραν παρ' αὐτῶν ἐν ᾗ κομψότερον ἔσχεν

4 53^a ἔγνω οὖν ὁ πατὴρ ὅτι ἐν (+ [N^26]ς) ἐκείνῃ τῇ ὥρᾳ ↔

4 53^a ἐν ᾗ εἶπεν αὐτῷ ὁ Ἰησοῦς

5 2^p ἔστιν δὲ ἐν τοῖς Ἱεροσολύμοις ἐπὶ τῇ προβατικῇ κολυμβήθρα

5 3 ἐν ταύταις κατέκειτο πλῆθος (+πολὺ Vς) τῶν ἀσθενούντων

5 4^h * || ἄγγελος γὰρ κυρίου ([V]; —Mς) κατὰ καιρὸν κατέβαινεν ἐν τῇ κολυμβήθρα ((.. +MVBς..))

5 5 ἦν δέ τις ἄνθρωπος ἐκεῖ τριάκοντα καὶ ([N^26H]; —ς) ὀκτὼ ἔτη ἔχων ἐν τῇ ἀσθενείᾳ αὐτοῦ

5 7^b ἐν ᾧ δὲ ἔρχομαι ἐγώ, ἄλλος πρὸ ἐμοῦ καταβαίνει

5 9^a ἦν δὲ σάββατον ἐν ἐκείνῃ τῇ ἡμέρᾳ

5 13 ὁ γὰρ Ἰησοῦς ἐξένευσεν ὄχλου ὄντος ἐν τῷ τόπῳ.

5 14^l μετὰ ταῦτα εὑρίσκει αὐτὸν ὁ [H] Ἰησοῦς ἐν τῷ ἱερῷ

5 16^l ὅτι ταῦτα ἐποίει ἐν σαββάτῳ

5 26 ὥσπερ γὰρ ὁ πατὴρ ἔχει ζωὴν ἐν ἑαυτῷ, ↔

5 26 οὕτως καὶ τῷ υἱῷ ἔδωκεν ζωὴν ἔχειν ἐν ἑαυτῷ

5 28^a ὅτι ἔρχεται ὥρα ἐν ᾗ ↔

5 28^a πάντες οἱ ἐν τοῖς μνημείοις ἀκούσουσιν (-σονται Vς; -σωσι S) τῆς φωνῆς αὐτοῦ

Jo 5 35^q ὑμεῖς δὲ ἠθελήσατε ἀγαλλιαθῆναι πρὸς ὥραν ἐν τῷ φωτὶ αὐτοῦ

5 38 τὸν λόγον αὐτοῦ οὐκ ἔχετε ἐν ὑμῖν μένοντα

5 39 ὅτι ὑμεῖς δοκεῖτε ἐν αὐταῖς ζωὴν αἰώνιον ἔχειν

5 42 | τὴν ἀγάπην τοῦ θεοῦ οὐκ ἔχετε (~ T) ἐν ἑαυτοῖς.

5 43 ἐγὼ ἐλήλυθα ἐν τῷ ὀνόματι τοῦ πατρός μου

5 43 ἐὰν ἄλλος ἔλθῃ ἐν τῷ ὀνόματι τῷ ἰδίῳ, ἐκεῖνον λήμψεσθε

6 10 ἦν δὲ χόρτος πολὺς ἐν τῷ τόπῳ

6 31 οἱ πατέρες ἡμῶν τὸ μάννα ἔφαγον ἐν τῇ ἐρήμῳ

6 39^a ἀλλὰ ἀναστήσω αὐτὸ ἐν ([N^26]; —SH) τῇ ἐσχάτῃ ἡμέρᾳ

6 40^a ἀναστήσω αὐτὸν ἐγὼ ἐν ([N^26]; —SHς) τῇ ἐσχάτῃ ἡμέρᾳ

6 44^a κἀγὼ ἀναστήσω αὐτὸν ἐν (—ς) τῇ ἐσχάτῃ ἡμέρᾳ. ↔

6 45^d ἔστιν γεγραμμένον ἐν τοῖς προφήταις

6 49 οἱ πατέρες ὑμῶν ἔφαγον | ἐν τῇ ἐρήμῳ τὸ μάννα (~ Vς) καὶ ἀπέθανον

6 53 ἐὰν μὴ φάγητε τὴν σάρκα τοῦ υἱοῦ τοῦ ἀνθρώπου ... οὐκ ἔχετε ζωὴν ἐν ἑαυτοῖς

6 54^a * κἀγὼ ἀναστήσω αὐτὸν ἐν (+ VBS) τῇ ἐσχάτῃ ἡμέρᾳ

6 56 ὁ ... πίνων μου τὸ αἷμα ἐν ἐμοὶ μένει ↔

6 56 κἀγὼ ἐν αὐτῷ

6 59 ταῦτα εἶπεν ἐν συναγωγῇ διδάσκων ↔

6 59 ἐν Καφαρναούμ

6 61 εἰδὼς δὲ ὁ Ἰησοῦς ἐν ἑαυτῷ ὅτι γογγύζουσιν περὶ τούτου

7 1^l μετὰ ταῦτα περιεπάτει ὁ [H] Ἰησοῦς ἐν τῇ Γαλιλαίᾳ· ↔

7 1 οὐ γὰρ ἤθελεν ἐν τῇ Ἰουδαίᾳ περιπατεῖν

7 4 οὐδεὶς γάρ τι ἐν κρυπτῷ ποιεῖ ↔

7 4 καὶ ζητεῖ αὐτὸς ἐν παρρησίᾳ εἶναι

7 9 ταῦτα δὲ (—BT) εἰπὼν αὐτὸς (αὐτοῖς NMVHς) ἔμεινεν ἐν τῇ Γαλιλαίᾳ

7 10 τότε καὶ αὐτὸς ἀνέβη (εἰς τὴν ἑορτήν ς), οὐ φανερῶς ἀλλὰ ὡς ([N^26]; —BT) ἐν κρυπτῷ.

7 11 οἱ οὖν Ἰουδαῖοι ἐζήτουν αὐτὸν ἐν τῇ ἑορτῇ

7 12^n γογγυσμὸς | περὶ αὐτοῦ ἦν πολὺς (~ ς BST) ἐν | τοῖς ὄχλοις (τῷ ὄχλῳ T)

7 18 ἀδικία ἐν αὐτῷ οὐκ ἔστιν

7 22^a ἐν [H] σαββάτῳ περιτέμνετε ἄνθρωπον. ↔

7 23^a εἰ περιτομὴν λαμβάνει [+ὁ NH] ἄνθρωπος ἐν σαββάτῳ

7 23^a ἐμοὶ χολᾶτε ὅτι ὅλον ἄνθρωπον ὑγιῆ ἐποίησα ἐν σαββάτῳ;

7 28 ἔκραξεν οὖν ἐν τῷ ἱερῷ διδάσκων ὁ [H] Ἰησοῦς

7 37^a ἐν δὲ τῇ ἐσχάτῃ ἡμέρᾳ τῇ μεγάλῃ τῆς ἑορτῆς εἱστήκει ὁ Ἰησοῦς

7 43 σχίσμα οὖν ἐγένετο ἐν τῷ ὄχλῳ δι' αὐτόν

[8 3] * ἄγουσιν δὲ ... οἱ Φαρισαῖοι γυναῖκα ἐν (ς; ἐπὶ rl) μοιχείᾳ κατειλημμένην, ↔

[8 3] καὶ στήσαντες αὐτὴν ἐν μέσῳ ⟨λέγουσιν αὐτῷ⟩

Jo [8 5]ᵈᵗ ἐν δὲ τῷ νόμῳ ἡμῖν [H] Μωϋσῆς
ἐνετείλατο (διακελεύει S) τὰς τοι-
αύτας λιθάζειν

[8 9] κατελείφθη μόνος (+ὁ ᾽Ιησοῦς
Μϛ), καὶ ἡ γυνὴ ἐν μέσῳ οὖσα
(ἑστῶσα Μϛ)

8 12 ὁ ἀκολουθῶν ἐμοὶ (μοι ΝΜΗ) οὐ
μὴ περιπατήσῃ ἐν τῇ σκοτίᾳ

8 17ᵈ ἐν τῷ νόμῳ δὲ τῷ ὑμετέρῳ γέγρα-
πται (-μμένον ἐστίν Τ)

8 20 ταῦτα τὰ ῥήματα ἐλάλησεν ἐν τῷ
γαζοφυλακίῳ ↔

8 20 διδάσκων ἐν τῷ ἱερῷ

8 21 ζητήσετέ με, καὶ ἐν τῇ ἁμαρτίᾳ
ὑμῶν ἀποθανεῖσθε

8 24 εἶπον οὖν ὑμῖν ὅτι ἀποθανεῖσθε ἐν
ταῖς ἁμαρτίαις ὑμῶν· ↔

8 24 ἐὰν γὰρ μὴ πιστεύσητε . . . ἀπο-
θανεῖσθε ἐν ταῖς ἁμαρτίαις ὑμῶν

8 31 ἐὰν ὑμεῖς μείνητε ἐν τῷ λόγῳ τῷ
ἐμῷ

8 35ᵏ ὁ δὲ δοῦλος οὐ μένει ἐν τῇ οἰκίᾳ
εἰς τὸν αἰῶνα

8 37 ὅτι ὁ λόγος ὁ ἐμὸς οὐ χωρεῖ ἐν
ὑμῖν

8 44 ἐκεῖνος ἀνθρωποκτόνος ἦν . . . καὶ
ἐν τῇ ἀληθείᾳ οὐκ ἔστηκεν (ἕ.
STϛ), ↔

8 44 ὅτι οὐκ ἔστιν ἀλήθεια ἐν αὐτῷ

9 3 ἀλλ᾽ ἵνα φανερωθῇ τὰ ἔργα τοῦ
θεοῦ ἐν αὐτῷ

9 5 ὅταν ἐν τῷ κόσμῳ ὦ

9 14ᵃ ἦν δὲ σάββατον | ἐν ᾗ ἡμέρᾳ (ὅτε
Sϛ) τὸν πηλὸν ἐποίησεν ὁ ᾽Ιησοῦς

9 16 σχίσμα ἦν ἐν αὐτοῖς

9 30 ἐν | τούτῳ γὰρ (∼ϛ) τὸ θαυμαστόν
ἐστιν

9 34 ἐν ἁμαρτίαις σὺ ἐγεννήθης ὅλος

10 19ᵘ σχίσμα πάλιν ἐγένετο ἐν τοῖς
᾽Ιουδαίοις διὰ τοὺς λόγους τούτους

10 22 ἐγένετο τότε (δὲ Τϛ) τὰ ἐγκαίνια
ἐν τοῖς (—Τ) ᾽Ιεροσολύμοις χει-
μὼν ἦν·

10 23 καὶ περιεπάτει ὁ [H] ᾽Ιησοῦς ἐν τῷ
ἱερῷ ↔

10 23 ἐν τῇ στοᾷ τοῦ (—Τ) Σολομῶνος

10 25 τὰ ἔργα ἃ ἐγὼ ποιῶ ἐν τῷ ὀνόματι
τοῦ πατρός μου

10 34ᵈ οὐκ ἔστιν γεγραμμένον ἐν τῷ νό-
μῳ ὑμῶν ⟨;⟩

10 38 ἵνα . . . γινώσκητε ὅτι ἐν ἐμοὶ ὁ
πατήρ ↔

10 38 κἀγὼ ἐν | τῷ πατρί (αὐτῷ ϛ)

11 6 τότε μὲν ἔμεινεν ἐν ᾧ ἦν τόπῳ δύο
ἡμέρας

11 9ᵃ ἐάν τις περιπατῇ ἐν τῇ ἡμέρᾳ, οὐ
προσκόπτει

11 10ᵃ ἐὰν δέ τις περιπατῇ ἐν τῇ νυκτί,
προσκόπτει, ↔

11 10 ὅτι τὸ φῶς οὐκ ἔστιν ἐν αὐτῷ

11 17 εὗρεν αὐτὸν τέσσαρας ‖ ἤδη (—Τ)
ἡμέρας ((∼Vϛ)) ἔχοντα ἐν τῷ
μνημείῳ

11 20 Μαριὰμ δὲ ἐν τῷ οἴκῳ ἐκαθέζετο

11 24 οἶδα ὅτι ἀναστήσεται ἐν τῇ ἀνα-
στάσει

11 24ᵃ ἐν τῇ ἐσχάτῃ ἡμέρᾳ

11 30 ἀλλ᾽ ἦν ἔτι (—Τϛ) ἐν τῷ τόπῳ
ὅπου ὑπήντησεν αὐτῷ ἡ Μάρθα.
↔

11 31¹ οἱ οὖν ᾽Ιουδαῖοι οἱ ὄντες μετ᾽ αὐ-
τῆς ἐν τῇ οἰκίᾳ καὶ παραμυθού-
μενοι αὐτήν

11 38 ᾽Ιησοῦς οὖν πάλιν ἐμβριμώμενος
ἐν ἑαυτῷ ἔρχεται εἰς τὸ μνημεῖον

Jo 11 54 | ὁ οὖν ᾽Ιησοῦς (᾽Ι. οὖν Τϛ) οὐκέτι
παρρησίᾳ περιεπάτει ἐν τοῖς ᾽Ιου-
δαίοις

11 56¹ ἔλεγον μετ᾽ ἀλλήλων ἐν τῷ ἱερῷ
ἑστηκότες

12 13 ὡσαννά, εὐλογημένος ὁ ἐρχόμενος
ἐν ὀνόματι κυρίου

12 20 ἦσαν δὲ ῞Ελληνές τινες ἐκ τῶν
ἀναβαινόντων ἵνα προσκυνήσωσιν
ἐν τῇ ἑορτῇ

12 25 ὁ μισῶν τὴν ψυχὴν αὐτοῦ ἐν τῷ
κόσμῳ τούτῳ

12 35 ἔτι μικρὸν χρόνον τὸ φῶς | ἐν
ὑμῖν (μεθ᾽ ὑμῶν ϛ) ἐστιν

12 35 ὁ περιπατῶν ἐν τῇ σκοτίᾳ οὐκ
οἶδεν ποῦ ὑπάγει

12 46 ἵνα πᾶς ὁ πιστεύων εἰς ἐμὲ ἐν τῇ
σκοτίᾳ μὴ μείνῃ

12 48ᵈ ὁ λόγος ὃν ἐλάλησα, ἐκεῖνος
κρινεῖ αὐτὸν ἐν (—Τ) τῇ ἐσχάτῃ
ἡμέρᾳ

13 1ᵉ ἀγαπήσας τοὺς ἰδίους τοὺς ἐν τῷ
κόσμῳ

13 23 ἦν (+δὲ MV[S]ϛ) ἀνακείμενος εἷς
ἐκ τῶν μαθητῶν αὐτοῦ ἐν τῷ
κόλπῳ τοῦ ᾽Ιησοῦ

13 31 ὁ θεὸς ἐδοξάσθη ἐν αὐτῷ· ↔

13 32 | εἰ ὁ θεὸς ἐδοξάσθη ἐν αὐτῷ
([Ν²⁶S] ; —Η), ↔

13 32 καὶ ὁ θεὸς δοξάσει αὐτὸν ἐν αὐτῷ
(ἑαυτῷ MVSϛ ; αὐτῷ Η)

13 35 ἐν τούτῳ γνώσονται πάντες ὅτι
ἐμοὶ μαθηταί ἐστε, ↔

13 35 ἐὰν ἀγάπην ἔχητε ἐν ἀλλήλοις

14 2 ἐν τῇ οἰκίᾳ τοῦ πατρός μου μοναὶ
πολλαί εἰσιν

14 10 οὐ πιστεύεις ὅτι ἐγὼ ἐν τῷ πατρὶ
↔

14 10 καὶ ὁ πατὴρ ἐν ἐμοί ἐστιν;

14 10 ὁ δὲ πατὴρ (+ὁ MVSTϛ) ἐν ἐμοὶ
μένων ‖ ποιεῖ τὰ ἔργα αὐτοῦ
(αὐτὸς MVSϛ) ((∼Vϛ)). ↔

14 11 πιστεύετέ μοι ὅτι ἐγὼ ἐν τῷ πατρὶ
↔

14 11 καὶ ὁ πατὴρ ἐν ἐμοί

14 13 | ὅ τι (ὅτι Η) ἂν αἰτήσητε ἐν τῷ
ὀνόματί μου, τοῦτο ποιήσω, ↔

14 13 ἵνα δοξασθῇ ὁ πατὴρ ἐν τῷ υἱῷ. ↔

14 14 ἐάν τι αἰτήσητέ με ([Η] ; —ϛ) ἐν
τῷ ὀνόματί μου, ἐγὼ (τοῦτο Η)
ποιήσω

14 17ᵃ ὅτι παρ᾽ ὑμῖν μένει (μενεῖ V) καὶ
ἐν ὑμῖν ἔσται (ἐστίν Η)

14 20ᵃ ἐν ἐκείνῃ τῇ ἡμέρᾳ | γνώσεσθε
ὑμεῖς (∼Η) ↔

14 20 ὅτι ἐγὼ ἐν τῷ πατρί μου ↔

14 20 καὶ ὑμεῖς ἐν ἐμοί ↔

14 20 κἀγὼ ἐν ὑμῖν

14 26 τὸ πνεῦμα τὸ ἅγιον ὃ πέμψει ὁ
πατὴρ ἐν τῷ ὀνόματί μου

14 30 ἐν ἐμοὶ οὐκ ἔχει οὐδέν

15 2 πᾶν κλῆμα ἐν ἐμοὶ μὴ φέρον καρ-
πόν, αἴρει αὐτό

15 4 μείνατε ἐν ἐμοί. ↔

15 4 κἀγὼ ἐν ὑμῖν. ↔

15 4 καθὼς τὸ κλῆμα οὐ δύναται καρ-
πὸν φέρειν ἀφ᾽ ἑαυτοῦ ἐὰν μὴ μένῃ
ἐν τῇ ἀμπέλῳ, ↔

15 4 οὕτως οὐδὲ ὑμεῖς ἐὰν μὴ ἐν ἐμοὶ
μένητε

15 5 ὁ μένων ἐν ἐμοὶ

15 5 κἀγὼ ἐν αὐτῷ, οὗτος φέρει καρπὸν
πολύν

15 6 ἐὰν μή τις μένῃ ἐν ἐμοί, ἐβλήθη
ἔξω

Jo 15 7 ἐὰν μείνητε ἐν ἐμοί ↔

15 7 καὶ τὰ ῥήματά μου ἐν ὑμῖν μείνῃ

15 8 ἐν τούτῳ ἐδοξάσθη ὁ πατήρ μου

15 9 μείνατε ἐν τῇ ἀγάπῃ τῇ ἐμῇ. ↔

15 10 ἐὰν τὰς ἐντολάς μου τηρήσητε,
μενεῖτε ἐν τῇ ἀγάπῃ μου,

15 10 καθὼς ἐγὼ (κἀγὼ Τ) . . . μένω
αὐτοῦ ἐν τῇ ἀγάπῃ

15 11 ἵνα ἡ χαρὰ ἡ ἐμὴ ἐν ὑμῖν ᾖ

15 16 ἵνα | ὅ τι (ὅτι Η) ἂν αἰτήσητε τὸν
πατέρα ἐν τῷ ὀνόματί μου δῷ
ὑμῖν

15 24 εἰ τὰ ἔργα μὴ ἐποίησα ἐν αὐτοῖς ἃ
οὐδεὶς ἄλλος ἐποίησεν

15 25ᵈ ἀλλ᾽ ἵνα πληρωθῇ ὁ λόγος ὁ ἐν
τῷ νόμῳ αὐτῶν γεγραμμένος

16 13 ὁδηγήσει ὑμᾶς | ἐν τῇ ἀληθείᾳ
πάσῃ (εἰς τὴν ἀ-αν πᾶσαν ΝΜΗ;
εἰς π. τὴν ἀ. Vϛ)

16 23ᵃ ἐν ἐκείνῃ τῇ ἡμέρᾳ ἐμὲ οὐκ ἐρωτή-
σετε οὐδέν

16 23 ἄν τι αἰτήσητε τὸν πατέρα | ἐν τῷ
ὀνόματί μου δώσει ὑμῖν (Ν²⁶ϛ;
∼rl). ↔

16 24ᵛ ἕως ἄρτι οὐκ ᾐτήσατε οὐδὲν ἐν
τῷ ὀνόματί μου

16 25 ταῦτα ἐν παροιμίαις λελάληκα
ὑμῖν· ↔

16 25 ἔρχεται ὥρα ὅτε οὐκέτι ἐν παροι-
μίαις λαλήσω ὑμῖν

16 26ᵃ ἐν ἐκείνῃ τῇ ἡμέρᾳ ↔

16 26 ἐν τῷ ὀνόματί μου αἰτήσεσθε

16 29 ἴδε νῦν ἐν ([V] ; —ϛ) παρρησίᾳ
λαλεῖς

16 30 ἐν τούτῳ πιστεύομεν ὅτι ἀπὸ
θεοῦ ἐξῆλθες

16 33 ταῦτα λελάληκα ὑμῖν ἵνα ἐν ἐμοὶ
εἰρήνην ἔχητε. ↔

16 33 ἐν τῷ κόσμῳ θλῖψιν ἔχετε ἀλλὰ
θαρσεῖτε

17 10 δεδόξασμαι ἐν αὐτοῖς. ↔

17 11 καὶ οὐκέτι εἰμὶ ἐν τῷ κόσμῳ, ↔

17 11 καὶ αὐτοὶ (οὗτοι VBSϛ) ἐν τῷ
κόσμῳ εἰσίν

17 11 πάτερ ἅγιε, τήρησον αὐτοὺς ἐν τῷ
ὀνόματί σου

17 12¹ * ὅτε ἤμην μετ᾽ αὐτῶν | ἐν τῷ
κόσμῳ (+ϛ), ↔

17 12 ἐγὼ ἐτήρουν αὐτοὺς ἐν τῷ ὀνόματί
σου

17 13 ταῦτα λαλῶ ἐν τῷ κόσμῳ ↔

17 13 ἵνα ἔχωσιν τὴν χαρὰν τὴν ἐμὴν
πεπληρωμένην ἐν ἑαυτοῖς (αὐτοῖς
Sϛ)

17 17 ἁγίασον αὐτοὺς ἐν τῇ ἀληθείᾳ
(+σου Sϛ)

17 19 ἵνα ὦσιν καὶ αὐτοὶ ἡγιασμένοι ἐν
ἀληθείᾳ

17 21 ἵνα πάντες ἓν ὦσιν, καθὼς σύ,
πάτερ (πατὴρ ΝΜΒΤΗ), ἐν ἐμοί ↔

17 21 κἀγὼ ἐν σοί, ↔

17 21 ἵνα καὶ αὐτοὶ ἐν ἡμῖν (+ἓν
MVBSϛ) ὦσιν

17 23 καὶ σὺ ἐν ἐμοί, ἵνα ὦσιν τετελειω-
μένοι εἰς ἕν

17 26 ἵνα ἡ ἀγάπη ἣν ἠγάπησάς με ἐν
αὐτοῖς ᾖ ↔

17 26 κἀγὼ ἐν αὐτοῖς

18 20 ἐγὼ πάντοτε ἐδίδαξα ἐν (+τῇ ϛ)
συναγωγῇ ↔

18 20 καὶ ἐν τῷ ἱερῷ

18 20 ἐν κρυπτῷ ἐλάλησα οὐδέν

18 26¹ οὐκ ἐγώ σε εἶδον ἐν τῷ κήπῳ μετ᾽
αὐτοῦ;

Jo 18 38 ἐγὼ οὐδεμίαν εὑρίσκω ἐν αὐτῷ αἰτίαν

18 39 ἵνα ἕνα | ἀπολύσω ὑμῖν (~ Sϛ) ἐν [H] τῷ πάσχα

19 4 ἵνα γνῶτε ὅτι | οὐδεμίαν αἰτίαν εὑρίσκω ἐν αὐτῷ (αἰ. οὐχ εὑ. T)

19 6 ἐγὼ γὰρ οὐχ εὑρίσκω ἐν αὐτῷ αἰτίαν

19 31ap ἵνα μὴ μείνῃ ἐπὶ τοῦ σταυροῦ τὰ σώματα ἐν τῷ σαββάτῳ

19 41 ἦν δὲ ἐν τῷ τόπῳ ὅπου ἐσταυρώθη κῆπος, ↔

19 41 καὶ ἐν τῷ κήπῳ μνημεῖον καινόν, ↔

19 41 ἐν ᾧ οὐδέπω οὐδεὶς | ἦν τεθειμένος (ἐτέθη VTϛ)

20 12 θεωρεῖ δύο ἀγγέλους ἐν λευκοῖς καθεζομένους

20 25 ἐὰν μὴ ἴδω ἐν ταῖς χερσὶν αὐτοῦ τὸν τύπον τῶν ἥλων

20 30d ἃ οὐκ ἔστιν γεγραμμένα ἐν τῷ βιβλίῳ τούτῳ

20 31 ἵνα πιστεύοντες ζωὴν ἔχητε ἐν τῷ ὀνόματι αὐτοῦ

21 3a ἐν ἐκείνῃ τῇ νυκτὶ ἐπίασαν οὐδέν

21 20p τὸν μαθητὴν . . . ὃς καὶ ἀνέπεσεν ἐν τῷ δείπνῳ ἐπὶ τὸ στῆθος αὐτοῦ

Ac 1 3l οἷς καὶ παρέστησεν ἑαυτὸν ζῶντα μετὰ τὸ παθεῖν αὐτὸν ἐν πολλοῖς τεκμηρίοις

1 5l ὑμεῖς δὲ ἐν πνεύματι βαπτισθήσεσθε ἁγίῳ οὐ μετὰ πολλὰς ταύτας ἡμέρας

1 6a κύριε, εἰ ἐν τῷ χρόνῳ τούτῳ ἀποκαθιστάνεις τὴν βασιλείαν τῷ Ἰσραήλ;

1 7 οὐχ ὑμῶν ἐστιν γνῶναι χρόνους . . . οὓς ὁ πατὴρ ἔθετο ἐν τῇ ἰδίᾳ ἐξουσίᾳ

1 8 ἔσεσθέ μου μάρτυρες ἔν τε Ἱερουσαλὴμ

1 8v καὶ ἐν [N26H] πάσῃ τῇ Ἰουδαίᾳ καὶ Σαμαρείᾳ καὶ ἕως ἐσχάτου τῆς γῆς

1 10 ἰδοὺ ἄνδρες δύο παρειστήκεισαν αὐτοῖς ἐν | ἐσθήσεσι λευκαῖς (ἐσθῆτι λευκῇ ϛ)

1 15a ἐν ταῖς ἡμέραις ταύταις ἀναστὰς Πέτρος ↔

1 15 ἐν μέσῳ τῶν ἀδελφῶν εἶπεν

1 17 ὅτι κατηριθμημένος ἦν ἐν (σὺν ϛ) ἡμῖν

1 20d γέγραπται γὰρ ἐν βίβλῳ ψαλμῶν

1 20 μὴ ἔστω ὁ κατοικῶν ἐν αὐτῇ

1 21a δεῖ οὖν τῶν συνελθόντων ἡμῖν ἀνδρῶν ἐν παντὶ χρόνῳ ↔

1 21ap ἐν (+ϛ) ᾧ εἰσῆλθεν καὶ ἐξῆλθεν ἐφ' ἡμᾶς ὁ κύριος Ἰησοῦς

2 1g ἐν τῷ συμπληροῦσθαι τὴν ἡμέραν τῆς πεντηκοστῆς ἦσαν πάντες ὁμοῦ (ὁμοθυμαδὸν Vϛ) ἐπὶ τὸ αὐτό

2 5 * ἦσαν δὲ ἐν (εἰς N26NBT) Ἱερουσαλὴμ κατοικοῦντες Ἰουδαῖοι

2 8 πῶς ἡμεῖς ἀκούομεν ἕκαστος τῇ ἰδίᾳ διαλέκτῳ ἡμῶν ἐν ᾗ ἐγεννήθημεν

2 17apr ἔσται ἐν ταῖς ἐσχάταις ἡμέραις . . . ἐκχεῶ ἀπὸ τοῦ πνεύματός μου

2 18apr καί γε ἐπὶ τοὺς δούλους μου . . . ἐν ταῖς ἡμέραις ἐκείναις ἐκχεῶ ἀπὸ τοῦ πνεύματός μου

2 19p καὶ δώσω τέρατα ἐν τῷ οὐρανῷ ἄνω καὶ σημεῖα ἐπὶ τῆς γῆς κάτω

2 22u σημείοις, οἷς ἐποίησεν δι' αὐτοῦ ὁ θεὸς ἐν μέσῳ ὑμῶν

2 29x τὸ μνῆμα αὐτοῦ ἐστιν ἐν ἡμῖν ἄχρι τῆς ἡμέρας ταύτης

Ac 2 38k * βαπτισθήτω ἕκαστος ὑμῶν ἐν (BH; ἐπὶ rl) τῷ ὀνόματι Ἰησοῦ Χριστοῦ εἰς ἄφεσιν τῶν ἁμαρτιῶν ὑμῶν

2 41a προσετέθησαν ἐν (—ϛ) τῇ ἡμέρᾳ ἐκείνῃ ψυχαὶ ὡσεὶ τρισχίλιαι

2 43u * πολλά τε (δὲ NMVBTH) . . . σημεῖα διὰ τῶν ἀποστόλων ἐγίνετο | ἐν Ἱερουσαλήμ (+VB[S]T. .)

2 46h καθ' ἡμέραν τε προσκαρτεροῦντες ὁμοθυμαδὸν ἐν τῷ ἱερῷ

2 46 μετελάμβανον τροφῆς ἐν ἀγαλλιάσει καὶ ἀφελότητι καρδίας

3 6 ἐν τῷ ὀνόματι Ἰησοῦ Χριστοῦ τοῦ Ναζωραίου || ἔγειρε (-ραι ϛ) καὶ (([N26S]Vϛ; —rl)) περιπάτει

3 25t καὶ ἐν (—ϛ) τῷ σπέρματί σου ἐνευλογηθήσονται ([ἐν]- N26; εὐλ. H) πᾶσαι αἱ πατριαὶ τῆς γῆς

3 26g ἀπέστειλεν αὐτὸν εὐλογοῦντα ὑμᾶς ἐν τῷ ἀποστρέφειν ἕκαστον ἀπὸ τῶν πονηριῶν ὑμῶν [H]

4 2c διαπονούμενοι διὰ τὸ . . . καταγγέλλειν ἐν τῷ Ἰησοῦ τὴν ἀνάστασιν τὴν ἐκ νεκρῶν

4 5p ἐγένετο δὲ ἐπὶ τὴν αὔριον συναχθῆναι αὐτῶν τοὺς ἄρχοντας . . . ἐν (εἰς Tϛ) Ἱερουσαλήμ

4 7 στήσαντες αὐτοὺς ἐν τῷ μέσῳ ἐπυνθάνοντο· ↔

4 7 ἐν ποίᾳ δυνάμει ↔

4 7 ἢ ἐν ποίῳ ὀνόματι | ἐποιήσατε τοῦτο (~ T) ὑμεῖς;

4 9 εἰ ἡμεῖς σήμερον ἀνακρινόμεθα . . . ἐν τίνι οὗτος σέσωται, ↔

4 10 γνωστὸν ἔστω . . . ὅτι ἐν τῷ ὀνόματι Ἰησοῦ Χριστοῦ . . . ὃν ὁ θεὸς ἤγειρεν ἐκ νεκρῶν, ↔

4 10t ἐν τούτῳ οὗτος παρέστηκεν ἐνώπιον ὑμῶν ὑγιής

4 12 οὐκ ἔστιν ἐν ἄλλῳ οὐδενὶ ἡ σωτηρία· ↔

4 12 οὐδὲ γὰρ ὄνομά ἐστιν ἕτερον ὑπὸ τὸν οὐρανὸν τὸ δεδομένον ἐν ἀνθρώποις ↔

4 12 ἐν ᾧ δεῖ σωθῆναι ἡμᾶς

4 24c σὺ (+ ὁ θεὸς [VS]Bϛ) ὁ ποιήσας τὸν οὐρανὸν καὶ τὴν γῆν . . . καὶ πάντα τὰ ἐν αὐτοῖς

4 27ry συνήχθησαν γὰρ ἐπ' ἀληθείας | ἐν τῇ πόλει ταύτῃ (—ϛ) ἐπὶ τὸν ἅγιον παῖδά σου Ἰησοῦν

4 30g ⟨δὸς . . . λαλεῖν τὸν λόγον σου⟩ ἐν τῷ τὴν χεῖρά σου ([N26]; —NM H) ἐκτείνειν σε εἰς ἴασιν

4 31 δεηθέντων αὐτῶν ἐσαλεύθη ὁ τόπος ἐν ᾧ ἦσαν συνηγμένοι

4 34 οὐδὲ γὰρ ἐνδεής τις ἦν (ὑπῆρχεν ϛ) ἐν αὐτοῖς

5 4 οὐχὶ . . . πραθὲν ἐν τῇ σῇ ἐξουσίᾳ ὑπῆρχεν; ↔

5 4 τί ὅτι ἔθου ἐν τῇ καρδίᾳ σου τὸ πρᾶγμα τοῦτο;

5 12u διὰ δὲ τῶν χειρῶν τῶν ἀποστόλων ἐγίνετο σημεῖα καὶ τέρατα | πολλὰ ἐν τῷ λαῷ (~ϛ)· ↔

5 12 καὶ ἦσαν ὁμοθυμαδὸν ἅπαντες (πάντες NH) ἐν τῇ στοᾷ Σολομῶντος

5 18 ἔθεντο αὐτοὺς ἐν τηρήσει δημοσίᾳ

5 20 σταθέντες λαλεῖτε ἐν τῷ ἱερῷ τῷ λαῷ πάντα τὰ ῥήματα

5 22 οἱ δὲ παραγενόμενοι ὑπηρέται οὐχ εὗρον αὐτοὺς ἐν τῇ φυλακῇ

Ac 5 23 τὸ (+μὲν MV[S]ϛ) δεσμωτήριον εὕρομεν κεκλεισμένον ἐν πάσῃ ἀσφαλείᾳ

5 25 ἰδοὺ οἱ ἄνδρες, οὓς ἔθεσθε ἐν τῇ φυλακῇ, ↔

5 25 εἰσὶν ἐν τῷ ἱερῷ ἑστῶτες καὶ διδάσκοντες τὸν λαὸν

5 27 ἀγαγόντες δὲ αὐτοὺς ἔστησαν ἐν τῷ συνεδρίῳ

5 34 ἀναστὰς δέ τις ἐν τῷ συνεδρίῳ Φαρισαῖος ὀνόματι Γαμαλιήλ

5 37al μετὰ τοῦτον ἀνέστη Ἰούδας ὁ Γαλιλαῖος ἐν ταῖς ἡμέραις τῆς ἀπογραφῆς

5 42h πᾶσάν τε ἡμέραν ἐν τῷ ἱερῷ καὶ κατ' οἶκον οὐκ ἐπαύοντο διδάσκοντες

6 1aq ἐν δὲ ταῖς ἡμέραις ταύταις . . . ἐγένετο γογγυσμὸς τῶν Ἑλληνιστῶν πρὸς τοὺς Ἑβραίους, ↔

6 1 ὅτι παρεθεωροῦντο ἐν τῇ διακονίᾳ τῇ καθημερινῇ αἱ χῆραι αὐτῶν

6 7 ἐπληθύνετο ὁ ἀριθμὸς τῶν μαθητῶν ἐν Ἱερουσαλὴμ σφόδρα

6 8 Στέφανος δὲ . . . ἐποίει τέρατα καὶ σημεῖα μεγάλα ἐν τῷ λαῷ

6 15 ἀτενίσαντες εἰς αὐτὸν πάντες οἱ καθεζόμενοι ἐν τῷ συνεδρίῳ

7 2 ὁ θεὸς τῆς δόξης ὤφθη τῷ πατρὶ ἡμῶν Ἀβραὰμ ὄντι ἐν τῇ Μεσοποταμίᾳ

7 2 πρὶν ἢ κατοικῆσαι αὐτὸν ἐν Χαρράν

7 4 τότε ἐξελθὼν ἐκ γῆς Χαλδαίων κατῴκησεν ἐν Χαρράν

7 5 οὐκ ἔδωκεν αὐτῷ κληρονομίαν ἐν αὐτῇ οὐδὲ βῆμα ποδός·

7 6 ἔσται τὸ σπέρμα αὐτοῦ πάροικον ἐν γῇ ἀλλοτρίᾳ

7 7l μετὰ ταῦτα ἐξελεύσονται καὶ λατρεύσουσίν μοι ἐν τῷ τόπῳ τούτῳ

7 12 * ἀκούσας δὲ Ἰακὼβ ὄντα | σῖτα ἐν Αἰγύπτῳ (ϛ; σιτία εἰς Αἴγυπτον rl) ἐξαπέστειλεν τοὺς πατέρας ἡμῶν πρῶτον· ↔

7 13a καὶ ἐν τῷ δευτέρῳ ἀνεγνωρίσθη (ἐγν. NH) Ἰωσὴφ τοῖς ἀδελφοῖς αὐτοῦ

7 14 ἀποστείλας δὲ Ἰωσὴφ μετεκαλέσατο . . . πᾶσαν τὴν συγγένειαν ἐν ψυχαῖς ἑβδομήκοντα πέντε

7 16 ἐτέθησαν ἐν τῷ μνήματι ᾧ ὠνήσατο Ἀβραὰμ τιμῆς ἀργυρίου

7 16a παρὰ τῶν υἱῶν Ἑμμὼρ ἐν (τοῦ Vϛ) Συχέμ

7 17x ηὔξησεν ὁ λαὸς καὶ ἐπληθύνθη ἐν Αἰγύπτῳ ⟨ἄχρι οὗ ἀνέστη βασιλεὺς ἕτερος⟩

7 20a ἐν ᾧ καιρῷ ἐγεννήθη Μωϋσῆς

7 20 ὃς ἀνετράφη μῆνας τρεῖς ἐν τῷ οἴκῳ τοῦ πατρός

7 22 ἐπαιδεύθη Μωϋσῆς ἐν (+[N26]T) πάσῃ σοφίᾳ Αἰγυπτίων, ↔

7 22 ἦν δὲ δυνατὸς ἐν λόγοις

7 22 * καὶ ἐν (+ϛ) ἔργοις αὐτοῦ (—ϛ)

7 29 ἔφυγεν δὲ Μωϋσῆς ἐν τῷ λόγῳ τούτῳ, ↔

7 29 καὶ ἐγένετο πάροικος ἐν γῇ Μαδιάμ

7 30 ὤφθη αὐτῷ ἐν τῇ ἐρήμῳ τοῦ ὄρους Σινᾶ ἄγγελος (+κυρίου [S]ϛ)

7 30 ἐν φλογὶ πυρὸς βάτου

7 33 * ὁ γὰρ τόπος ἐν (ϛ; ἐφ' rl) ᾧ ἕστηκας γῆ ἁγία ἐστίν. ↔

7 34e ἰδὼν εἶδον τὴν κάκωσιν τοῦ λαοῦ μου τοῦ ἐν Αἰγύπτῳ

Ac 7 35 * τοῦτον ὁ θεὸς ... λυτρωτὴν ἀπέσταλκεν ἐν (ς; σὺν rl) χειρὶ ἀγγέλου ↔
7 35 τοῦ ὀφθέντος αὐτῷ ἐν τῇ βάτῳ. ↔
7 36 οὗτος ἐξήγαγεν αὐτοὺς ποιήσας τέρατα καὶ σημεῖα ἐν γῇ (τῇ H) Αἰγύπτῳ ↔
7 36 καὶ ἐν ἐρυθρᾷ θαλάσσῃ ↔
7 36 καὶ ἐν τῇ ἐρήμῳ ἔτη τεσσεράκοντα
7 38 οὗτός ἐστιν ὁ γενόμενος ἐν τῇ ἐκκλησίᾳ ↔
7 38[1] ἐν τῇ ἐρήμῳ ↔
7 38 μετὰ τοῦ ἀγγέλου τοῦ λαλοῦντος αὐτῷ ἐν τῷ ὄρει Σινᾶ καὶ τῶν πατέρων ἡμῶν
7 39[k] ἐστράφησαν ἐν (—ς) ταῖς καρδίαις αὐτῶν εἰς Αἴγυπτον
7 41[a] ἐμοσχοποίησαν ἐν ταῖς ἡμέραις ἐκείναις
7 41 εὐφραίνοντο ἐν τοῖς ἔργοις τῶν χειρῶν αὐτῶν
7 42[d] καθὼς γέγραπται ἐν βίβλῳ τῶν προφητῶν· ↔
7 42 μὴ σφάγια καὶ θυσίας προσηνέγκατέ μοι ἔτη τεσσεράκοντα ἐν τῇ ἐρήμῳ, οἶκος Ἰσραήλ ⟨;⟩
7 44 * ἡ σκηνὴ τοῦ μαρτυρίου ἦν ἐν (+ς) τοῖς πατράσιν ἡμῶν ↔
7 44 ἐν τῇ ἐρήμῳ
7 45[l] ἣν καὶ εἰσήγαγον ... μετὰ Ἰησοῦ ἐν τῇ κατασχέσει τῶν ἐθνῶν
7 48 ἀλλ᾿ οὐχ ὁ ὕψιστος ἐν χειροποιήτοις (+ναοῖς ς) κατοικεῖ
8 1[ap] ἐγένετο δὲ ἐν ἐκείνῃ τῇ ἡμέρᾳ διωγμὸς μέγας ἐπὶ τὴν ἐκκλησίαν ↔
8 1[e] τὴν ἐν Ἱεροσολύμοις
8 6[g] προσεῖχον δὲ οἱ ὄχλοι τοῖς λεγομένοις ὑπὸ τοῦ (—B) Φιλίππου ὁμοθυμαδὸν ἐν τῷ ἀκούειν αὐτοὺς
8 8 ἐγένετο δὲ πολλὴ χαρὰ ἐν τῇ πόλει ἐκείνῃ. ↔
8 9 ἀνὴρ δέ τις ὀνόματι Σίμων προϋπῆρχεν ἐν τῇ πόλει μαγεύων
8 14 ἀκούσαντες δὲ οἱ ἐν Ἱεροσολύμοις ἀπόστολοι
8 21 οὐκ ἔστιν σοι μερὶς οὐδὲ κλῆρος ἐν τῷ λόγῳ τούτῳ
8 33 ἐν τῇ ταπεινώσει αὐτοῦ ([N^{26}]; —NBTH) ἡ κρίσις αὐτοῦ ἤρθη
9 3[g] ἐν δὲ τῷ πορεύεσθαι ἐγένετο αὐτὸν ἐγγίζειν τῇ Δαμασκῷ
9 10 ἦν δέ τις μαθητὴς ἐν Δαμασκῷ ὀνόματι Ἁνανίας, ↔
9 10[q] καὶ εἶπεν πρὸς αὐτὸν ἐν ὁράματι ὁ κύριος
9 11 ζήτησον ἐν οἰκίᾳ Ἰούδα Σαῦλον ὀνόματι Ταρσέα
9 12 εἶδεν | ἄνδρα ἐν ὁράματι (ἄ. [ἐν ὁρ.] N^{26}NH; ἄνδρα T; ~rl) ... εἰσελθόντα
9 13 ὅσα κακὰ τοῖς ἁγίοις σου ἐποίησεν ἐν Ἰερουσαλήμ
9 17 Ἰησοῦς ὁ ὀφθείς σοι ἐν τῇ ὁδῷ ᾗ ἤρχου
9 19 ἐγένετο δὲ μετὰ τῶν ἐν Δαμασκῷ μαθητῶν ἡμέρας τινάς, ↔
9 20 καὶ εὐθέως ἐν ταῖς συναγωγαῖς ἐκήρυσσεν τὸν Ἰησοῦν
9 21 * οὐχ οὗτός ἐστιν ὁ πορθήσας ἐν (εἰς N^{26}NST) Ἰερουσαλὴμ τοὺς ἐπικαλουμένους τὸ ὄνομα τοῦτο⟨;⟩
9 22 Σαῦλος δὲ μᾶλλον ... συνέχυννεν τοὺς ([N^{26}]; —NTH) Ἰουδαίους τοὺς κατοικοῦντας ἐν Δαμασκῷ

Ac 9 25[u] διὰ τοῦ τείχους καθῆκαν αὐτὸν (—Vς) χαλάσαντες ἐν σπυρίδι
9 27 διηγήσατο αὐτοῖς πῶς ἐν τῇ ὁδῷ εἶδεν τὸν κύριον καὶ ὅτι ἐλάλησεν αὐτῷ, ↔
9 27 καὶ πῶς ἐν Δαμασκῷ ἐπαρρησιάσατο ↔
9 27 ἐν τῷ ὀνόματι τοῦ ([V]; —NMTH) Ἰησοῦ. ↔
9 28[l] * καὶ ἦν μετ᾿ αὐτῶν εἰσπορευόμενος καὶ ἐκπορευόμενος ἐν (ς; εἰς rl) Ἰερουσαλήμ, ↔
9 28 παρρησιαζόμενος ἐν τῷ ὀνόματι τοῦ κυρίου
9 36 ἐν Ἰόππῃ δέ τις ἦν μαθήτρια ὀνόματι Ταβιθά
9 37[a] ἐγένετο δὲ ἐν ταῖς ἡμέραις ἐκείναις ἀσθενήσασαν αὐτὴν ἀποθανεῖν· ↔
9 37 λούσαντες δὲ || ἔθηκαν αὐτὴν ([N^{26}]; —NH) ((~MVBSς)) ἐν ὑπερῴῳ
9 38 ἀκούσαντες ὅτι Πέτρος ἐστὶν ἐν αὐτῇ
9 43[s] ἐγένετο δὲ (+αὐτὸν M[S]) ἡμέρας ἱκανὰς μεῖναι (+αὐτὸν Vς) ἐν Ἰόππῃ παρά τινι Σίμωνι
10 1 ἀνὴρ δέ τις ἐν Καισαρείᾳ ὀνόματι Κορνήλιος, ἑκατοντάρχης ἐκ σπείρης τῆς καλουμένης Ἰταλικῆς
10 3[n] εἶδεν ἐν ὁράματι φανερῶς, ὡσεὶ περὶ ὥραν ἐνάτην τῆς ἡμέρας, ἄγγελον τοῦ θεοῦ
10 12 ἐν ᾧ ὑπῆρχεν πάντα τὰ τετράποδα καὶ ἑρπετὰ τῆς γῆς
10 17 ὡς δὲ ἐν ἑαυτῷ διηπόρει ὁ Πέτρος
10 30[rv] ἀπὸ τετάρτης ἡμέρας μέχρι ταύτης τῆς ὥρας ἤμην τὴν ἐνάτην προσευχόμενος ἐν τῷ οἴκῳ μου, ↔
10 30[t] καὶ ἰδοὺ ἀνὴρ ἔστη ἐνώπιόν μου ἐν ἐσθῆτι λαμπρᾷ
10 32[s] οὗτος ξενίζεται ἐν οἰκίᾳ Σίμωνος βυρσέως παρὰ θάλασσαν
10 35 ἀλλ᾿ ἐν παντὶ ἔθνει ὁ φοβούμενος αὐτὸν ... δεκτὸς αὐτῷ ἐστιν
10 39 ἡμεῖς μάρτυρες πάντων ὧν ἐποίησεν ἔν τε τῇ χώρᾳ τῶν Ἰουδαίων ↔
10 39 καὶ ἐν ([N^{26}]; —NMVH) Ἰερουσαλήμ
10 40[a] τοῦτον ὁ θεὸς ἤγειρεν ἐν ([N^{26}]; —VBSHς) τῇ τρίτῃ ἡμέρᾳ
10 48 προσέταξεν δὲ αὐτοὺς (αὐτοῖς T) ἐν τῷ ὀνόματι Ἰησοῦ Χριστοῦ βαπτισθῆναι
11 5 ἐγὼ ἤμην ἐν πόλει Ἰόππῃ προσευχόμενος, ↔
11 5 καὶ εἶδον ἐν ἐκστάσει ὅραμα
11 11 ἰδοὺ ἐξαυτῆς τρεῖς ἄνδρες ἐπέστησαν ἐπὶ τὴν οἰκίαν ἐν ᾗ ἦμεν (ἤμην BSς)
11 13 πῶς εἶδεν τὸν [N^{26}] ἄγγελον ἐν τῷ οἴκῳ αὐτοῦ σταθέντα
11 14 ὃς λαλήσει ῥήματα πρὸς σὲ ἐν οἷς σωθήσῃ σύ
11 15[g] ἐν δὲ τῷ ἄρξασθαί με λαλεῖν ἐπέπεσεν τὸ πνεῦμα τὸ ἅγιον ἐπ᾿ αὐτοὺς ↔
11 15[p] ὥσπερ καὶ ἐφ᾿ ἡμᾶς ἐν ἀρχῇ
11 16 ὑμεῖς δὲ βαπτισθήσεσθε ἐν πνεύματι ἁγίῳ
11 22 ἠκούσθη δὲ ὁ λόγος εἰς τὰ ὦτα τῆς ἐκκλησίας τῆς οὔσης (—ς) ἐν Ἰερουσαλὴμ περὶ αὐτῶν
11 23[c] * παρεκάλει πάντας τῇ προθέσει ... προσμένειν ἐν [+H] τῷ κυρίῳ

Ac 11 26 ἐγένετο δὲ αὐτοῖς καὶ ἐνιαυτὸν ὅλον συναχθῆναι ἐν τῇ ἐκκλησίᾳ
11 26 χρηματίσαι τε πρώτως ἐν Ἀντιοχείᾳ τοὺς μαθητὰς Χριστιανούς. ↔
11 27[akr] ἐν ταύταις δὲ ταῖς ἡμέραις κατῆλθον ἀπὸ Ἱεροσολύμων προφῆται εἰς Ἀντιόχειαν
11 29 ὥρισαν ... εἰς διακονίαν πέμψαι τοῖς κατοικοῦσιν ἐν τῇ Ἰουδαίᾳ ἀδελφοῖς
12 5 ὁ μὲν οὖν Πέτρος ἐτηρεῖτο ἐν τῇ φυλακῇ
12 7 φῶς ἔλαμψεν ἐν τῷ οἰκήματι
12 7 ἀνάστα ἐν τάχει
12 11 ὁ Πέτρος ἐν ἑαυτῷ γενόμενος εἶπεν
12 18 γενομένης δὲ ἡμέρας ἦν τάραχος οὐκ ὀλίγος ἐν τοῖς στρατιώταις
13 1[h] ἦσαν δὲ (+τινες ς) ἐν Ἀντιοχείᾳ κατὰ τὴν οὖσαν ἐκκλησίαν προφῆται καὶ διδάσκαλοι
13 5 γενόμενοι ἐν Σαλαμῖνι κατήγγελλον τὸν λόγον τοῦ θεοῦ ↔
13 5 ἐν ταῖς συναγωγαῖς τῶν Ἰουδαίων
13 15 εἴ τίς ἐστιν ἐν ὑμῖν λόγος παρακλήσεως πρὸς τὸν λαόν, λέγετε
13 17 ὁ θεὸς ... τὸν λαὸν ὕψωσεν ἐν τῇ παροικίᾳ ↔
13 17 ἐν γῇ Αἰγύπτου (-τῳ Tς)
13 18 ὡς τεσσερακονταετῆ χρόνον ἐτροποφόρησεν (ἐτροφοφ. T) αὐτοὺς ἐν τῇ ἐρήμῳ, ↔
13 19 καὶ (—H) καθελὼν ἔθνη ἑπτὰ ἐν γῇ Χανάαν κατεκληρονόμησεν τὴν γῆν αὐτῶν
13 26 ἄνδρες ἀδελφοί, υἱοὶ γένους Ἀβραὰμ καὶ οἱ ἐν ὑμῖν φοβούμενοι τὸν θεόν
13 27 οἱ γὰρ κατοικοῦντες ἐν Ἰερουσαλὴμ ... τὰς φωνὰς τῶν προφητῶν ... κρίναντες ἐπλήρωσαν
13 33[d] ὡς καὶ ἐν τῷ | ψαλμῷ γέγραπται τῷ δευτέρῳ (πρώτῳ ψ. γ. T)
13 35[d] διότι (διὸ Sς) καὶ ἐν ἑτέρῳ λέγει
13 38 ἄφεσις ... ἀπὸ πάντων ὧν οὐκ ἠδυνήθητε ἐν νόμῳ Μωϋσέως δικαιωθῆναι, ↔
13 39 ἐν τούτῳ πᾶς ὁ πιστεύων δικαιοῦται. ↔
13 40[d] βλέπετε οὖν μὴ ἐπέλθῃ (+ἐφ᾿ ὑμᾶς MV[S]ς) τὸ εἰρημένον ἐν τοῖς προφήταις
13 41[a] ὅτι ἔργον ἐργάζομαι ἐγὼ ἐν ταῖς ἡμέραις ὑμῶν
14 1[h] ἐγένετο δὲ ἐν Ἰκονίῳ κατὰ τὸ αὐτὸ εἰσελθεῖν αὐτοὺς εἰς τὴν συναγωγὴν τῶν Ἰουδαίων
14 8 καί τις ἀνὴρ | ἀδύνατος ἐν Λύστροις (~VSTς) τοῖς ποσὶν ἐκάθητο
14 15[e] ὃς ἐποίησεν τὸν οὐρανὸν καὶ τὴν γῆν ... καὶ πάντα τὰ ἐν αὐτοῖς· ↔
14 16 ὃς ἐν ταῖς παρῳχημέναις γενεαῖς εἴασεν πάντα τὰ ἔθνη πορεύεσθαι ταῖς ὁδοῖς αὐτῶν
14 25 λαλήσαντες | ἐν Πέργῃ (εἰς τὴν Πέργην NT) τὸν λόγον (+τοῦ κυρίου [V]S)
15 7[ru] ἀφ᾿ ἡμερῶν ἀρχαίων ἐν ὑμῖν ἐξελέξατο ὁ θεὸς διὰ τοῦ στόματός μου ἀκοῦσαι τὰ ἔθνη
15 12[u] ὅσα ἐποίησεν ὁ θεὸς σημεῖα καὶ τέρατα ἐν τοῖς ἔθνεσιν δι᾿ αὐτῶν
15 21[hm] Μωϋσῆς γὰρ ... τοὺς κηρύσσοντας αὐτὸν ἔχει ἐν ταῖς συναγωγαῖς κατὰ πᾶν σάββατον ἀναγινωσκόμενος

Ac 15 22 πέμψαι εἰς Ἀντιόχειαν ... Ἰού-
δαν ... καὶ Σιλᾶν, ἄνδρας ἡγου-
μένους ἐν τοῖς ἀδελφοῖς

15 35 Παῦλος δὲ καὶ Βαρναβᾶς διέτριβον
ἐν Ἀντιοχείᾳ

15 36 ἐπισκεψώμεθα τοὺς ἀδελφοὺς κατὰ
πόλιν πᾶσαν ἐν αἷς κατηγγείλαμεν
τὸν λόγον τοῦ κυρίου

16 2 ὃς ἐμαρτυρεῖτο ὑπὸ τῶν ἐν Λύ-
στροις καὶ Ἰκονίῳ ἀδελφῶν

16 3 περιέτεμεν αὐτὸν διὰ τοὺς Ἰουδαί-
ους τοὺς ὄντας ἐν τοῖς τόποις
ἐκείνοις

16 4e φυλάσσειν τὰ δόγματα τὰ κε-
κριμένα ὑπὸ τῶν ἀποστόλων καὶ
πρεσβυτέρων τῶν ἐν Ἱεροσολύ-
μοις

16 6 διῆλθον δὲ τὴν Φρυγίαν ... κωλυ-
θέντες ... λαλῆσαι τὸν λόγον ἐν
τῇ Ἀσίᾳ

16 12 ἦμεν δὲ ἐν ταύτῃ τῇ πόλει διατρί-
βοντες ἡμέρας τινάς

16 18 παραγγέλλω σοι ἐν ὀνόματι Ἰησοῦ
Χριστοῦ ἐξελθεῖν ἀπ᾿ αὐτῆς

16 32e ἐλάλησαν αὐτῷ τὸν λόγον τοῦ
κυρίου (θεοῦ NH) σὺν πᾶσιν τοῖς
ἐν τῇ οἰκίᾳ αὐτοῦ. ↔

16 33a καὶ παραλαβὼν αὐτοὺς ἐν ἐκείνῃ
τῇ ὥρᾳ τῆς νυκτὸς ἔλουσεν ἀπὸ
τῶν πληγῶν

16 36 νῦν οὖν ἐξελθόντες πορεύεσθε ἐν
εἰρήνῃ

17 11e οὗτοι δὲ ἦσαν εὐγενέστεροι τῶν
ἐν Θεσσαλονίκῃ

17 13j καὶ ἐν τῇ Βεροίᾳ κατηγγέλη ὑπὸ
τοῦ Παύλου ὁ (—M) λόγος τοῦ θεοῦ

17 16 ἐν δὲ ταῖς Ἀθήναις ἐκδεχομένου
αὐτοὺς τοῦ Παύλου, ↔

17 16 παρωξύνετο τὸ πνεῦμα αὐτοῦ ἐν
αὐτῷ

17 17 διελέγετο μὲν οὖν ἐν τῇ συναγωγῇ
τοῖς Ἰουδαίοις καὶ τοῖς σεβομένοις
↔

17 17h καὶ ἐν τῇ ἀγορᾷ κατὰ πᾶσαν ἡμέ-
ραν πρὸς τοὺς παρατυγχάνοντας

17 22 σταθεὶς δὲ ὁ ([N26]; —NTH)
Παῦλος ἐν μέσῳ τοῦ Ἀρείου πά-
γου ἔφη

17 23 εὗρον καὶ βωμὸν ἐν ᾧ ἐπεγέγρα-
πτο

17 24e ὁ θεὸς ὁ ποιήσας τὸν κόσμον καὶ
πάντα τὰ ἐν αὐτῷ,

17 24 οὗτος οὐρανοῦ καὶ γῆς ὑπάρχων
κύριος οὐκ ἐν χειροποιήτοις ναοῖς
κατοικεῖ

17 28 ἐν αὐτῷ γὰρ ζῶμεν καὶ κινούμεθα
καὶ ἐσμέν

17 31a καθότι ἔστησεν ἡμέραν ἐν ᾗ μέλλει
κρίνειν τὴν οἰκουμένην ↔

17 31 ἐν δικαιοσύνῃ, ↔

17 31 ἐν ἀνδρὶ ᾧ ὥρισεν

17 34 τινὲς δὲ ... ἐπίστευσαν, ἐν οἷς καὶ
Διονύσιος ὁ [H] Ἀρεοπαγίτης

18 4h διελέγετο δὲ ἐν τῇ συναγωγῇ κατὰ
πᾶν σάββατον

18 9au εἶπεν δὲ ὁ κύριος ἐν νυκτὶ δι᾿ ὁρά-
ματος τῷ Παύλῳ

18 10 διότι λαός ἐστί μοι πολὺς ἐν τῇ
πόλει ταύτῃ. ↔

18 11 ἐκάθισεν δὲ ἐνιαυτὸν ... διδάσκων
ἐν αὐτοῖς τὸν λόγον τοῦ θεοῦ

18 18 ὁ δὲ Παῦλος ... ἐξέπλει εἰς τὴν
Συρίαν, καὶ σὺν αὐτῷ Πρίσκιλλα
καὶ Ἀκύλας, κειράμενος ἐν Κεγχρε-
αῖς τὴν κεφαλήν

Ac 18 24 Ἰουδαῖος δέ τις Ἀπολλῶς ... δυνα-
τὸς ὢν ἐν ταῖς γραφαῖς

18 26 οὗτός τε ἤρξατο παρρησιάζεσθαι
ἐν τῇ συναγωγῇ

19 1g ἐγένετο δὲ ἐν τῷ τὸν Ἀπολλῶ
εἶναι ↔

19 1 ἐν Κορίνθῳ

19 9h καθ᾿ ἡμέραν διαλεγόμενος ἐν τῇ
σχολῇ Τυράννου (+τινός [M]VSϛ)

19 16 ἐφαλόμενος (ἐφαλλ. VSϛ) ὁ ἄνθρω-
πος ἐπ᾿ αὐτούς, ἐν ᾧ ἦν τὸ πνεῦμα
τὸ πονηρόν

19 21 ἔθετο ὁ Παῦλος ἐν τῷ πνεύματι ...
πορεύεσθαι εἰς Ἱεροσόλυμα

19 39 ἐν τῇ ἐννόμῳ ἐκκλησίᾳ ἐπιλυθή-
σεται

20 5 οὗτοι δὲ προελθόντες (προσ- SH)
ἔμενον ἡμᾶς ἐν Τρῳάδι

20 7a ἐν δὲ τῇ μιᾷ τῶν σαββάτων συν-
ηγμένων ἡμῶν κλάσαι ἄρτον

20 8 ἦσαν δὲ λαμπάδες ἱκαναὶ ἐν τῷ
ὑπερῴῳ οὗ ἦμεν συνηγμένοι

20 10 ἡ γὰρ ψυχὴ αὐτοῦ ἐν αὐτῷ ἐστιν

20 15 * | καὶ μείναντες ἐν Τρωγυλίῳ
(+[VS]Bϛ) ... ἤλθομεν εἰς Μίλη-
τον

20 16 ὅπως μὴ γένηται αὐτῷ χρονοτρι-
βῆσαι ἐν τῇ Ἀσίᾳ

20 19 δουλεύων τῷ κυρίῳ μετὰ ... πειρα-
σμῶν τῶν συμβάντων μοι ἐν ταῖς
ἐπιβουλαῖς τῶν Ἰουδαίων

20 22 πορεύομαι εἰς Ἱερουσαλήμ, τὰ ἐν
αὐτῇ συναντήσοντά μοι (ἐμοὶ
NMTH) μὴ εἰδώς

20 25 οὐκέτι ὄψεσθε τὸ πρόσωπόν μου
ὑμεῖς πάντες ἐν οἷς διῆλθον κηρύσ-
σων τὴν βασιλείαν. ↔

20 26a διότι μαρτύρομαι ὑμῖν ἐν τῇ
σήμερον ἡμέρᾳ

20 28 προσέχετε ... τῷ ποιμνίῳ, ἐν ᾧ
ὑμᾶς τὸ πνεῦμα τὸ ἅγιον ἔθετο
ἐπισκόπους

20 32 δυναμένῳ οἰκοδομῆσαι καὶ δοῦναι
τὴν κληρονομίαν ἐν τοῖς ἡγιασμέ-
νοις πᾶσιν

21 11 τὸν ἄνδρα ... οὕτως δήσουσιν ἐν
Ἱερουσαλὴμ οἱ Ἰουδαῖοι

21 19u ἐξηγεῖτο ... ὧν ἐποίησεν ὁ θεὸς ἐν
τοῖς ἔθνεσιν διὰ τῆς διακονίας αὐ-
τοῦ

21 20 θεωρεῖς, ἀδελφέ, πόσαι μυριάδες
εἰσὶν | ἐν τοῖς Ἰουδαίοις (Ἰ-ων
Vϛ; —T) τῶν πεπιστευκότων

21 27 θεασάμενοι αὐτὸν ἐν τῷ ἱερῷ
συνέχεον πάντα τὸν ὄχλον

21 29y ἦσαν γὰρ προεωρακότες Τρόφιμον
τὸν Ἐφέσιον ἐν τῇ πόλει σὺν αὐτῷ

21 34 ἄλλοι δὲ ἄλλο τι ἐπεφώνουν ἐν τῷ
ὄχλῳ

22 3 ἐγώ (+μέν [S]ϛ) εἰμι ἀνὴρ Ἰουδαῖ-
ος, γεγεννημένος ἐν Ταρσῷ τῆς Κι-
λικίας, ↔

22 3 ἀνατεθραμμένος δὲ ἐν τῇ πόλει
ταύτῃ

22 17 ἐγένετο δέ μοι ... προσευχομένου
μου ἐν τῷ ἱερῷ ↔

22 17 γενέσθαι με ἐν ἐκστάσει

22 18m ἔξελθε ἐν τάχει ἐξ Ἱερουσαλήμ

23 6 γνοὺς δὲ ὁ Παῦλος ... ἔκραζεν ἐν
τῷ συνεδρίῳ

23 9 οὐδὲν κακὸν εὑρίσκομεν ἐν τῷ
ἀνθρώπῳ τούτῳ

23 35 κελεύσας ἐν τῷ πραιτωρίῳ τοῦ
(—S) Ἡρῴδου φυλάσσεσθαι αὐ-
τόν

Ac 24 11 * ἀφ᾿ ἧς ἀνέβην προσκυνήσων ἐν
(ϛ; εἰς rl) Ἱερουσαλήμ. ↔

24 12 καὶ οὔτε ἐν τῷ ἱερῷ εὗρόν με ...
ἐπίστασιν ποιοῦντα ὄχλου, ↔

24 12h οὔτε ἐν ταῖς συναγωγαῖς οὔτε
κατὰ τὴν πόλιν

24 14dh πιστεύων πᾶσι τοῖς κατὰ τὸν
νόμον καὶ τοῖς | ἐν τοῖς (—ϛ) προ-
φήταις γεγραμμένοις

24 16 ἐν τούτῳ καὶ αὐτὸς ἀσκῶ ἀπρόσ-
κοπον συνείδησιν ἔχειν πρὸς τὸν
θεόν ... διὰ παντός

24 18 ⟨προσφοράς⟩ ἐν αἷς (οἷς ϛ) εὗρόν
με ἡγνισμένον ↔

24 18l ἐν τῷ ἱερῷ, οὐ μετὰ ὄχλου οὐδὲ
μετὰ θορύβου

24 20 * ἢ αὐτοὶ οὗτοι εἰπάτωσαν τί
εὗρον | ἐν ἐμοὶ (+ϛ) ἀδίκημα

24 21 ἢ περὶ μιᾶς ταύτης φωνῆς ἧς
ἐκέκραξα ἐν αὐτοῖς ἑστώς

25 4 * ὁ μὲν οὖν Φῆστος ἀπεκρίθη
τηρεῖσθαι τὸν Παῦλον | ἐν Καισα-
ρείᾳ (ϛ; εἰς Καισάρειαν rl), ↔

25 4 ἑαυτὸν δὲ μέλλειν ἐν τάχει ἐκπο-
ρεύεσθαι· ↔

25 5 οἱ οὖν ἐν ὑμῖν, φησίν, δυνατοὶ συγ-
καταβάντες, ↔

25 5 εἴ τί ἐστιν ἐν τῷ ἀνδρὶ ἄτοπον,
κατηγορείτωσαν αὐτοῦ. ↔

25 6 διατρίψας δὲ ἐν αὐτοῖς ἡμέρας οὐ
πλείους ὀκτὼ ἢ δέκα

25 24f περὶ οὗ ἅπαν τὸ πλῆθος τῶν
Ἰουδαίων ἐνέτυχόν (-χέν H) μοι
ἔν τε Ἱεροσολύμοις καὶ ἐνθάδε

26 4r τὴν μὲν οὖν βίωσίν μου ... τὴν
ἀπ᾿ ἀρχῆς γενομένην ἐν τῷ ἔθνει
μου ↔

26 4 ἔν τε Ἱεροσολύμοις ἴσασι πάντες
οἱ (+ [N26]Tϛ) Ἰουδαῖοι

26 7 εἰς ἣν τὸ δωδεκάφυλον ἡμῶν ἐν
ἐκτενείᾳ νύκτα καὶ ἡμέραν λατρεῦον
ἐλπίζει καταντῆσαι

26 10 ὃ καὶ ἐποίησα ἐν Ἱεροσολύμοις, ↔

26 10 καὶ πολλούς τε τῶν ἁγίων ἐγὼ
(—ϛ) φυλακαῖς κατέκλεισα

26 12kl ἐν οἷς (+καὶ Vϛ) πορευόμενος εἰς
τὴν Δαμασκὸν μετ᾿ ἐξουσίας

26 18 τοῦ λαβεῖν αὐτοὺς ... κλῆρον ἐν
τοῖς ἡγιασμένοις

26 20e ἀλλὰ τοῖς ἐν Δαμασκῷ πρῶτόν τε
καὶ Ἱεροσολύμοις ... ἀπήγγελλον
μετανοεῖν

26 21n ἕνεκα τούτων με Ἰουδαῖοι συλλαβό-
μενοι ὄντα (+[N26]BST) ἐν τῷ ἱερῷ

26 26 οὐ γάρ ἐστιν ἐν γωνίᾳ πεπραγ-
μένον τοῦτο

26 28 ἐν ὀλίγῳ με πείθεις Χριστιανὸν
ποιῆσαι

26 29 εὐξαίμην (-ξάμην T) ἂν τῷ θεῷ καὶ
ἐν ὀλίγῳ

26 29y καὶ ἐν μεγάλῳ ... σήμερον γενέ-
σθαι τοιούτους ὁποῖος καὶ ἐγώ εἰμι,
παρεκτὸς τῶν δεσμῶν τούτων

27 7a ἐν ἱκαναῖς δὲ ἡμέραις βραδυπλο-
οῦντες ... ὑπεπλεύσαμεν τὴν
Κρήτην

27 21 τότε σταθεὶς ὁ Παῦλος ἐν μέσῳ
αὐτῶν εἶπεν

27 27 ὡς δὲ τεσσαρεσκαιδεκάτη νὺξ
ἐγένετο διαφερομένων ἡμῶν ἐν
τῷ Ἀδρίᾳ

27 31 ἐὰν μὴ οὗτοι μείνωσιν ἐν τῷ πλοίῳ

27 37 ἤμεθα (ἤμεν VSϛ) δὲ αἱ πᾶσαι
ψυχαὶ ἐν τῷ πλοίῳ διακόσιαι (ὡς
H) ἑβδομήκοντα ἕξ

Ac 28 7 ἐν δὲ τοῖς περὶ τὸν τόπον ἐκεῖνον ὑπῆρχεν χωρία τῷ πρώτῳ τῆς νήσου

28 9 καὶ [H] οἱ λοιποὶ οἱ ἐν τῇ νήσῳ ἔχοντες ἀσθενείας προσήρχοντο

28 11¹ μετὰ δὲ τρεῖς μῆνας ἀνήχθημεν ἐν πλοίῳ

28 11 παρακεχειμακότι ἐν τῇ νήσῳ

28 18 ἐβούλοντο ἀπολῦσαι διὰ τὸ μηδεμίαν αἰτίαν θανάτου ὑπάρχειν ἐν ἐμοί

28 29 *| ἀπῆλθον οἱ Ἰουδαῖοι πολλὴν ἔχοντες ἐν ἑαυτοῖς συζήτησιν (. . +ς). ↔

28 30ʳ ἐνέμεινεν (ἔμεινε ς) δὲ διετίαν ὅλην ἐν ἰδίῳ μισθώματι

Rm 1 2ᵈⁿᵘ⟨εἰς εὐαγγέλιον θεοῦ⟩ ὃ προεπηγγείλατο διὰ τῶν προφητῶν αὐτοῦ ἐν γραφαῖς ἁγίαις

1 4ʰᵐ τοῦ ὁρισθέντος υἱοῦ θεοῦ ἐν δυνάμει κατὰ πνεῦμα ἁγιωσύνης

1 5ᶻ δι' οὗ ἐλάβομεν . . . ἀποστολὴν εἰς ὑπακοὴν πίστεως ἐν πᾶσιν τοῖς ἔθνεσιν ὑπὲρ τοῦ ὀνόματος αὐτοῦ, ↔

1 6 ἐν οἷς ἐστε καὶ ὑμεῖς κλητοὶ Ἰησοῦ Χριστοῦ, ↔

1 7 πᾶσιν τοῖς οὖσιν ἐν Ῥώμῃ ἀγαπητοῖς θεοῦ

1 8 ὅτι ἡ πίστις ὑμῶν καταγγέλλεται ἐν ὅλῳ τῷ κόσμῳ

1 9 ὁ θεός, ᾧ λατρεύω ἐν τῷ πνεύματί μου ↔

1 9 ἐν τῷ εὐαγγελίῳ τοῦ υἱοῦ αὐτοῦ

1 10ᵃ δεόμενος εἴ πως ἤδη ποτὲ εὐοδωθήσομαι ἐν τῷ θελήματι τοῦ θεοῦ ἐλθεῖν πρὸς ὑμᾶς

1 12ᵘ τοῦτο δέ ἐστιν συμπαρακληθῆναι ἐν ὑμῖν ↔

1 12 διὰ τῆς ἐν ἀλλήλοις πίστεως ὑμῶν τε καὶ ἐμοῦ

1 13 ἵνα τινὰ καρπὸν σχῶ καὶ ἐν ὑμῖν ↔

1 13 καθὼς καὶ ἐν τοῖς λοιποῖς ἔθνεσιν

1 15ᵉ καὶ ὑμῖν τοῖς ἐν Ῥώμῃ εὐαγγελίσασθαι

1 17ᵏᵐ δικαιοσύνη γὰρ θεοῦ ἐν αὐτῷ ἀποκαλύπτεται ἐκ πίστεως εἰς πίστιν

1 18 ἐπὶ πᾶσαν . . . ἀδικίαν ἀνθρώπων τῶν τὴν ἀλήθειαν ἐν ἀδικίᾳ κατεχόντων, ↔

1 19 διότι τὸ γνωστὸν τοῦ θεοῦ φανερόν ἐστιν ἐν αὐτοῖς

1 21 ἀλλὰ ἐματαιώθησαν ἐν τοῖς διαλογισμοῖς αὐτῶν

1 23 ἤλλαξαν τὴν δόξαν τοῦ ἀφθάρτου θεοῦ ἐν ὁμοιώματι εἰκόνος φθαρτοῦ ἀνθρώπου

1 24ᵏ διὸ παρέδωκεν αὐτοὺς ὁ θεὸς ἐν ταῖς ἐπιθυμίαις τῶν καρδιῶν αὐτῶν εἰς ἀκαθαρσίαν ↔

1 24 τοῦ ἀτιμάζεσθαι τὰ σώματα αὐτῶν ἐν αὐτοῖς.

1 25 οἵτινες μετήλλαξαν τὴν ἀλήθειαν τοῦ θεοῦ ἐν τῷ ψεύδει

1 27ᵏ ὁμοίως τε καὶ οἱ ἄρσενες . . . ἐξεκαύθησαν ἐν τῇ ὀρέξει αὐτῶν εἰς ἀλλήλους, ↔

1 27 ἄρσενες ἐν ἄρσεσιν τὴν ἀσχημοσύνην κατεργαζόμενοι ↔

1 27 καὶ τὴν ἀντιμισθίαν ἣν ἔδει τῆς πλάνης αὐτῶν ἐν ἑαυτοῖς ἀπολαμβάνοντες. ↔

1 28 καὶ καθὼς οὐκ ἐδοκίμασαν τὸν θεὸν ἔχειν ἐν ἐπιγνώσει

Rm 2 1ᵇ ἐν ᾧ γὰρ κρίνεις τὸν ἕτερον, σεαυτὸν κατακρίνεις

2 5ᵃʰ κατὰ δὲ τὴν σκληρότητά σου . . . θησαυρίζεις σεαυτῷ ὀργὴν ἐν ἡμέρᾳ ὀργῆς

2 12 ὅσοι ἐν νόμῳ ἥμαρτον

2 15 οἵτινες ἐνδείκνυνται τὸ ἔργον τοῦ νόμου γραπτὸν ἐν ταῖς καρδίαις αὐτῶν

2 16ᵃʰᵘ ἐν | ἡμέρᾳ ὅτε (ᾗ ἡμ. NH) κρίνει (-νεῖ MBTς) ὁ θεὸς τὰ κρυπτὰ τῶν ἀνθρώπων κατὰ τὸ εὐαγγέλιόν μου

2 17 εἰ δὲ σὺ . . . καυχᾶσαι ἐν θεῷ

2 19ᵉ πέποιθάς τε σεαυτὸν ὁδηγὸν εἶναι τυφλῶν, φῶς τῶν ἐν σκότει

2 20 ἔχοντα τὴν μόρφωσιν τῆς γνώσεως καὶ τῆς ἀληθείας ἐν τῷ νόμῳ

2 23 ὃς ἐν νόμῳ καυχᾶσαι, διὰ τῆς παραβάσεως τοῦ νόμου τὸν θεὸν ἀτιμάζεις;

2 24ᵘ τὸ γὰρ ὄνομα τοῦ θεοῦ δι' ὑμᾶς βλασφημεῖται ἐν τοῖς ἔθνεσιν

2 28ᵉ οὐ γὰρ ὁ ἐν τῷ φανερῷ Ἰουδαῖός ἐστιν, ↔

2 28ᵉ οὐδὲ ἡ ἐν τῷ φανερῷ ↔

2 28 ἐν σαρκὶ περιτομή· ↔

2 29ᵉ ἀλλ' ὁ ἐν τῷ κρυπτῷ Ἰουδαῖος, ↔

2 29 καὶ περιτομὴ καρδίας ἐν πνεύματι οὐ γράμματι

3 4 ὅπως ἂν δικαιωθῇς ἐν τοῖς λόγοις σου ↔

3 4ᵍ καὶ νικήσεις (-σῃς MVBSς) ἐν τῷ κρίνεσθαί σε

3 7ᵏ εἰ δὲ (γὰρ VBSς) ἡ ἀλήθεια τοῦ θεοῦ ἐν τῷ ἐμῷ ψεύσματι ἐπερίσσευσεν εἰς τὴν δόξαν αὐτοῦ

3 16 σύντριμμα καὶ ταλαιπωρία ἐν ταῖς ὁδοῖς αὐτῶν

3 19ᵉ οἴδαμεν δὲ ὅτι ὅσα ὁ νόμος λέγει τοῖς ἐν τῷ νόμῳ λαλεῖ

3 24ᶜᵉ δικαιούμενοι δωρεὰν . . . διὰ τῆς ἀπολυτρώσεως τῆς ἐν Χριστῷ Ἰησοῦ· ↔

3 25ᵏᵘ ὃν προέθετο ὁ θεὸς ἱλαστήριον διὰ τῆς ([N²⁶]; —NMTH) πίστεως ἐν τῷ αὐτοῦ αἵματι

3 26 ἐν τῇ ἀνοχῇ τοῦ θεοῦ,

3 26ᵃq πρὸς τὴν ἔνδειξιν τῆς δικαιοσύνης αὐτοῦ ἐν τῷ νῦν καιρῷ

4 10 ⟨ἡ πίστις⟩ πῶς οὖν ἐλογίσθη; ἐν περιτομῇ ὄντι ↔

4 10 ἢ ἐν ἀκροβυστίᾳ; ↔

4 10 οὐκ ἐν περιτομῇ ↔

4 10 ἀλλ' ἐν ἀκροβυστίᾳ· ↔

4 11ᵉ καὶ σημεῖον ἔλαβεν περιτομῆς σφραγῖδα τῆς δικαιοσύνης τῆς πίστεως τῆς ἐν τῇ ἀκροβυστίᾳ

4 12 πατέρα περιτομῆς . . . τοῖς στοιχοῦσιν τοῖς ἴχνεσιν τῆς ἐν ἀκροβυστίᾳ πίστεως τοῦ . . . Ἀβραάμ

5 2 δι' οὗ καὶ τὴν προσαγωγὴν ἐσχήκαμεν . . . εἰς τὴν χάριν ταύτην ἐν ᾗ ἑστήκαμεν

5 3 οὐ μόνον δέ, ἀλλὰ καὶ καυχώμεθα ἐν ταῖς θλίψεσιν

5 5ᵘ ὅτι ἡ ἀγάπη τοῦ θεοῦ ἐκκέχυται ἐν ταῖς καρδίαις ἡμῶν διὰ πνεύματος ἁγίου

5 9 πολλῷ οὖν μᾶλλον δικαιωθέντες νῦν ἐν τῷ αἵματι αὐτοῦ σωθησόμεθα δι' αὐτοῦ

5 10 πολλῷ μᾶλλον καταλλαγέντες σωθησόμεθα ἐν τῇ ζωῇ αὐτοῦ· ↔

Rm 5 11ᵘ οὐ μόνον δέ, ἀλλὰ καὶ καυχώμενοι ἐν τῷ θεῷ διὰ τοῦ κυρίου ἡμῶν

5 13ˣ ἄχρι γὰρ νόμου ἁμαρτία ἦν ἐν κόσμῳ

5 15ᵏ πολλῷ μᾶλλον . . . ἡ δωρεὰ ἐν χάριτι τῇ τοῦ . . . Χριστοῦ εἰς τοὺς πολλοὺς ἐπερίσσευσεν

5 17ᵘ πολλῷ μᾶλλον οἱ τὴν περισσείαν τῆς χάριτος . . . λαμβάνοντες ἐν ζωῇ βασιλεύσουσιν διὰ . . . Χριστοῦ

5 21 ὥσπερ ἐβασίλευσεν ἡ ἁμαρτία ἐν τῷ θανάτῳ

6 2 οἵτινες ἀπεθάνομεν τῇ ἁμαρτίᾳ, πῶς ἔτι ζήσομεν (-σωμεν S) ἐν αὐτῇ;

6 4 ἵνα . . . οὕτως καὶ ἡμεῖς ἐν καινότητι ζωῆς περιπατήσωμεν

6 11ᵉ λογίζεσθε ἑαυτοὺς εἶναι [N²⁶] . . . ζῶντας δὲ τῷ θεῷ ἐν Χριστῷ Ἰησοῦ | τῷ κυρίῳ ἡμῶν (+[V] Sς). ↔

6 12ᵏ μὴ οὖν βασιλευέτω ἡ ἁμαρτία ἐν τῷ θνητῷ ὑμῶν σώματι ↔

6 12 * εἰς τὸ ὑπακούειν | αὐτῇ ἐν (+ς) ταῖς ἐπιθυμίαις αὐτοῦ

6 23ᵉ τὸ δὲ χάρισμα τοῦ θεοῦ ζωὴ αἰώνιος ἐν Χριστῷ Ἰησοῦ

7 5 ὅτε γὰρ ἦμεν ἐν τῇ σαρκί, ↔

7 5ʳ τὰ παθήματα τῶν ἁμαρτιῶν . . . ἐνηργεῖτο ἐν τοῖς μέλεσιν ἡμῶν

7 6 νυνὶ δὲ κατηργήθημεν ἀπὸ τοῦ νόμου, ἀποθανόντες ἐν ᾧ κατειχόμεθα, ↔

7 6 ὥστε δουλεύειν ἡμᾶς [NH] ἐν καινότητι πνεύματος καὶ οὐ παλαιότητι γράμματος

7 8ᵘ ἀφορμὴν δὲ λαβοῦσα ἡ ἁμαρτία διὰ τῆς ἐντολῆς κατειργάσατο ἐν ἐμοὶ πᾶσαν ἐπιθυμίαν

7 17ʳ οὐκέτι ἐγὼ κατεργάζομαι αὐτὸ ἀλλὰ ἡ οἰκοῦσα (ἐν- NTH; [ἐν]- S) ἐν ἐμοὶ ἁμαρτία.

7 18 οἶδα γὰρ ὅτι οὐκ οἰκεῖ ἐν ἐμοί, ↔

7 18 τοῦτ' ἐστιν ἐν τῇ σαρκί μου, ἀγαθόν

7 20 οὐκέτι ἐγὼ κατεργάζομαι αὐτὸ ἀλλὰ ἡ οἰκοῦσα ἐν ἐμοὶ ἁμαρτία

7 23 βλέπω δὲ ἕτερον νόμον ἐν τοῖς μέλεσίν μου ἀντιστρατευόμενον τῷ νόμῳ τοῦ νοός μου

7 23 καὶ αἰχμαλωτίζοντά με ἐν ([H]; —ς) τῷ νόμῳ τῆς ἁμαρτίας

7 23 τῷ ὄντι ἐν τοῖς μέλεσίν μου

8 1ᵉᵉʰ οὐδὲν ἄρα νῦν κατάκριμα τοῖς ἐν Χριστῷ Ἰησοῦ (+μὴ κατὰ σάρκα περιπατοῦσιν ς. .). ↔

8 2ᵉʳ ὁ γὰρ νόμος τοῦ πνεύματος τῆς ζωῆς ἐν Χριστῷ Ἰησοῦ ἠλευθέρωσέν σε (με VBSς) ἀπὸ . . . τοῦ θανάτου. ↔

8 3ᵘ τὸ γὰρ ἀδύνατον τοῦ νόμου, ἐν ᾧ ἠσθένει διὰ τῆς σαρκός,

8 3ⁿ ὁ θεὸς τὸν ἑαυτοῦ υἱὸν πέμψας ἐν ὁμοιώματι σαρκὸς ἁμαρτίας καὶ περὶ ἁμαρτίας

8 3 κατέκρινεν τὴν ἁμαρτίαν ἐν τῇ σαρκί, ↔

8 4 ἵνα τὸ δικαίωμα τοῦ νόμου πληρωθῇ ἐν ἡμῖν τοῖς μὴ κατὰ σάρκα περιπατοῦσιν

8 5 οἱ δὲ ἐν σαρκὶ ὄντες θεῷ ἀρέσαι οὐ δύνανται. ↔

8 9 ὑμεῖς δὲ οὐκ ἐστὲ ἐν σαρκὶ ↔

8 9 ἀλλὰ ἐν πνεύματι, ↔

8 9 εἴπερ πνεῦμα θεοῦ οἰκεῖ ἐν ὑμῖν

Rm 8 10 εἰ δὲ Χριστὸς ἐν ὑμῖν, τὸ μὲν σῶμα νεκρὸν διὰ ἁμαρτίαν

8 11 εἰ δὲ τὸ πνεῦμα τοῦ ἐγείραντος τὸν ([VS]; —ς) Ἰησοῦν ... οἰκεῖ ἐν ὑμῖν

8 11f ζωοποιήσει καὶ [H] τὰ θνητὰ σώματα ὑμῶν διὰ τοῦ ἐνοικοῦντος αὐτοῦ πνεύματος ἐν ὑμῖν

8 15 ἀλλὰ ἐλάβετε πνεῦμα υἱοθεσίας, ἐν ᾧ κράζομεν

8 23 ἡμεῖς [NH] καὶ αὐτοὶ ἐν ἑαυτοῖς στενάζομεν υἱοθεσίαν ἀπεκδεχόμενοι

8 29 εἰς τὸ εἶναι αὐτὸν πρωτότοκον ἐν πολλοῖς ἀδελφοῖς

8 34 Χριστὸς ... ὃς καὶ (—NTH) ἐστιν ἐν δεξιᾷ τοῦ θεοῦ

8 37u ἀλλ' ἐν τούτοις πᾶσιν ὑπερνικῶμεν διὰ τοῦ ἀγαπήσαντος ἡμᾶς

8 39ee οὔτε τις κτίσις ἑτέρα δυνήσεται ἡμᾶς χωρίσαι ἀπὸ τῆς ἀγάπης τοῦ θεοῦ τῆς ἐν Χριστῷ Ἰησοῦ

9 1c ἀλήθειαν λέγω ἐν Χριστῷ, οὐ ψεύδομαι, ↔

9 1 συμμαρτυρούσης μοι τῆς συνειδήσεώς μου ἐν πνεύματι ἁγίῳ

9 7 ἐν Ἰσαὰκ κληθήσεταί σοι σπέρμα

9 17f ὅπως ἐνδείξωμαι ἐν σοὶ τὴν δύναμίν μου, ↔

9 17 καὶ ὅπως διαγγελῇ τὸ ὄνομά μου ἐν πάσῃ τῇ γῇ

9 22 εἰ δὲ ... ἤνεγκεν ἐν πολλῇ μακροθυμίᾳ σκεύη ὀργῆς

9 25d ὡς καὶ ἐν τῷ Ὡσῆε λέγει

9 26 καὶ ἔσται ἐν τῷ τόπῳ οὗ ἐρρέθη αὐτοῖς [NH]

9 28 * λόγον γὰρ συντελῶν καὶ συντέμνων | ἐν δικαιοσύνῃ· ὅτι λόγον συντετμημένον (+ς) ποιήσει κύριος ἐπὶ τῆς γῆς

9 33 ἰδοὺ τίθημι ἐν Σιὼν λίθον προσκόμματος

10 5 ὁ ποιήσας αὐτὰ (+N26Bς) ἄνθρωπος ζήσεται ἐν αὐτοῖς (N26ς; αὐτῇ rl)

10 6 μὴ εἴπῃς ἐν τῇ καρδίᾳ σου

10 8 ἐγγύς σου τὸ ῥῆμά ἐστιν, ἐν τῷ στόματί σου ↔

10 8 καὶ ἐν τῇ καρδίᾳ σου

10 9 ὅτι ἐὰν ὁμολογήσῃς (+τὸ ῥῆμα H) ἐν τῷ στόματί σου | κύριον Ἰησοῦν (ὅτι κ-ς Ἰ-ς H), ↔

10 9 καὶ πιστεύσῃς ἐν τῇ καρδίᾳ σου

10 20 εὑρέθην ἐν (+[N26]B) τοῖς ἐμὲ μὴ ζητοῦσιν, ↔

10 20 * ἐμφανὴς ἐγενόμην ἐν (+B) τοῖς ἐμὲ μὴ ἐπερωτῶσιν

11 2d ἢ οὐκ οἴδατε ἐν Ἠλίᾳ τί λέγει ἡ γραφή ⟨;⟩

11 5ah οὕτως οὖν καὶ ἐν τῷ νῦν καιρῷ λεῖμμα κατ' ἐκλογὴν χάριτος γέγονεν

11 17f εἰ ... σὺ δὲ ἀγριέλαιος ὢν ἐνεκεντρίσθης ἐν αὐτοῖς

11 25 * ἵνα μὴ ἦτε ἐν (παρ' [N26] MVBSTς) ἑαυτοῖς φρόνιμοι

12 3 λέγω γὰρ διὰ τῆς χάριτος ... παντὶ τῷ ὄντι ἐν ὑμῖν

12 4 καθάπερ γὰρ ἐν ἑνὶ σώματι πολλὰ μέλη ἔχομεν

12 5c οὕτως οἱ πολλοὶ ἓν σῶμά ἐσμεν ἐν Χριστῷ

12 7 ⟨ἔχοντες δὲ χαρίσματα ... διάφορα⟩ εἴτε διακονίαν, ἐν τῇ διακονίᾳ· ↔

Rm 12 7 εἴτε ὁ διδάσκων, ἐν τῇ διδασκαλίᾳ· ↔

12 8 εἴτε ὁ παρακαλῶν, ἐν τῇ παρακλήσει· ↔

12 8 ὁ μεταδιδοὺς ἐν ἁπλότητι, ↔

12 8 ὁ προϊστάμενος ἐν σπουδῇ, ↔

12 8 ὁ ἐλεῶν ἐν ἱλαρότητι

12 21 ἀλλὰ νίκα ἐν τῷ ἀγαθῷ τὸ κακόν

13 9d τὸ γὰρ οὐ μοιχεύσεις ... ἐν τῷ λόγῳ τούτῳ ἀνακεφαλαιοῦται, ↔

13 9d | ἐν τῷ [N26NH]· ἀγαπήσεις τὸν πλησίον σου ὡς σεαυτόν

13 13a ὡς ἐν ἡμέρᾳ εὐσχημόνως περιπατήσωμεν

14 5 ἕκαστος ἐν τῷ ἰδίῳ νοῒ πληροφορείσθω

14 14c πέπεισμαι ἐν κυρίῳ Ἰησοῦ

14 17 οὐ γάρ ἐστιν ἡ βασιλεία τοῦ θεοῦ βρῶσις ... ἀλλὰ ... χαρὰ ἐν πνεύματι ἁγίῳ· ↔

14 18 ὁ γὰρ ἐν τούτῳ (-τοις Sς) δουλεύων τῷ Χριστῷ εὐάρεστος τῷ θεῷ

14 21 καλὸν τὸ μὴ φαγεῖν κρέα ... μηδὲ ἐν ᾧ ὁ ἀδελφός σου προσκόπτει

14 22 μακάριος ὁ μὴ κρίνων ἑαυτὸν ἐν ᾧ δοκιμάζει

15 5h δῴη ὑμῖν τὸ αὐτὸ φρονεῖν ἐν ἀλλήλοις κατὰ Χριστὸν Ἰησοῦν, ↔

15 6 ἵνα ὁμοθυμαδὸν ἐν ἑνὶ στόματι δοξάζητε τὸν θεόν

15 9u διὰ τοῦτο ἐξομολογήσομαί σοι ἐν ἔθνεσιν

15 13gk ὁ δὲ θεὸς ... πληρώσαι ὑμᾶς πάσης χαρᾶς καὶ εἰρήνης ἐν τῷ πιστεύειν, ↔

15 13 εἰς τὸ περισσεύειν ὑμᾶς ἐν τῇ ἐλπίδι ↔

15 13 ἐν δυνάμει πνεύματος ἁγίου

15 16 ἵνα γένηται ἡ προσφορὰ τῶν ἐθνῶν εὐπρόσδεκτος, ἡγιασμένη ἐν πνεύματι ἁγίῳ. ↔

15 17cq ἔχω οὖν τὴν ([N26H]; —VSς) καύχησιν ἐν Χριστῷ Ἰησοῦ τὰ πρὸς τὸν θεόν

15 19ku ⟨οὐ γὰρ τολμήσω τι λαλεῖν ὧν οὐ κατειργάσατο Χριστὸς δι' ἐμοῦ⟩ ἐν δυνάμει σημείων καὶ τεράτων, ↔

15 19 ἐν δυνάμει πνεύματος θεοῦ ([N26]; ἁγίου [H]; —N)

15 23 νυνὶ δὲ μηκέτι τόπον ἔχων ἐν τοῖς κλίμασι τούτοις

15 26c εὐδόκησαν γὰρ ... κοινωνίαν τινὰ ποιήσασθαι εἰς τοὺς πτωχοὺς τῶν ἁγίων τῶν ἐν Ἰερουσαλήμ

15 27 ὀφείλουσιν καὶ ἐν τοῖς σαρκικοῖς λειτουργῆσαι αὐτοῖς

15 29q οἶδα δὲ ὅτι ἐρχόμενος πρὸς ὑμᾶς ἐν πληρώματι εὐλογίας Χριστοῦ ἐλεύσομαι. ↔

15 30qu παρακαλῶ δὲ ὑμᾶς ... συναγωνίσασθαί μοι ἐν ταῖς προσευχαῖς ... πρὸς τὸν θεόν,

15 31 ἵνα ῥυσθῶ ἀπὸ τῶν ἀπειθούντων ἐν τῇ Ἰουδαίᾳ

15 32qu ἵνα | ἐν χαρᾷ ἐλθὼν (~T) πρὸς ὑμᾶς ... συναναπαύσωμαι ὑμῖν

16 1e Φοίβην ... οὖσαν καὶ (+[N26N SH]B) διάκονον τῆς ἐκκλησίας τῆς ἐν Κεγχρεαῖς, ↔

16 2c ἵνα | αὐτὴν προσδέξησθε (~H) ἐν κυρίῳ ἀξίως τῶν ἁγίων, ↔

16 2 καὶ παραστῆτε αὐτῇ ἐν ᾧ ἂν ὑμῶν χρῄζῃ πράγματι

Rm 16 3c ἀσπάσασθε Πρίσκαν καὶ Ἀκύλαν τοὺς συνεργούς μου ἐν Χριστῷ Ἰησοῦ

16 7 οἵτινές εἰσιν ἐπίσημοι ἐν τοῖς ἀποστόλοις,

16 7cv οἳ καὶ πρὸ ἐμοῦ γέγοναν (-νασιν VBSς) ἐν Χριστῷ.

16 8c ἀσπάσασθε Ἀμπλιᾶτον τὸν ἀγαπητόν μου ἐν κυρίῳ. ↔

16 9c ἀσπάσασθε Οὐρβανὸν τὸν συνεργὸν ἡμῶν ἐν Χριστῷ

16 10c ἀσπάσασθε Ἀπελλῆν τὸν δόκιμον ἐν Χριστῷ

16 11c ἀσπάσασθε τοὺς ἐκ τῶν Ναρκίσσου τοὺς ὄντας ἐν κυρίῳ. ↔

16 12c ἀσπάσασθε Τρύφαιναν καὶ Τρυφῶσαν τὰς κοπιώσας ἐν κυρίῳ. ↔

16 12c ἀσπάσασθε Περσίδα τὴν ἀγαπητήν, ἥτις πολλὰ ἐκοπίασεν ἐν κυρίῳ.

16 13c ἀσπάσασθε Ῥοῦφον τὸν ἐκλεκτὸν ἐν κυρίῳ

16 16 ἀσπάσασθε ἀλλήλους ἐν φιλήματι ἁγίῳ

16 20j ὁ δὲ θεὸς ... συντρίψει τὸν σατανᾶν ὑπὸ τοὺς πόδας ὑμῶν ἐν τάχει

16 22c ἀσπάζομαι ὑμᾶς ἐγὼ Τέρτιος ὁ γράψας τὴν ἐπιστολὴν ἐν κυρίῳ

1 C 1 2 ⟨Παῦλος κλητὸς ἀπόστολος⟩ τῇ ἐκκλησίᾳ τοῦ θεοῦ τῇ οὔσῃ ἐν Κορίνθῳ,

1 2c ἡγιασμένοις ἐν Χριστῷ Ἰησοῦ, κλητοῖς ἁγίοις, ↔

1 2 σὺν πᾶσιν τοῖς ἐπικαλουμένοις τὸ ὄνομα τοῦ κυρίου ἡμῶν ... ἐν παντὶ τόπῳ

1 4c εὐχαριστῶ τῷ θεῷ μου (—NH) ... ἐπὶ τῇ χάριτι τοῦ θεοῦ τῇ δοθείσῃ ὑμῖν ἐν Χριστῷ Ἰησοῦ, ↔

1 5 ὅτι ἐν παντὶ ἐπλουτίσθητε ↔

1 5 ἐν αὐτῷ, ↔

1 5 ἐν παντὶ λόγῳ καὶ πάσῃ γνώσει, ↔

1 6 καθὼς τὸ μαρτύριον τοῦ Χριστοῦ ἐβεβαιώθη ἐν ὑμῖν, ↔

1 7 ὥστε ὑμᾶς μὴ ὑστερεῖσθαι ἐν μηδενὶ χαρίσματι

1 8av ὃς καὶ βεβαιώσει ὑμᾶς ἕως τέλους ἀνεγκλήτους ἐν τῇ ἡμέρᾳ τοῦ κυρίου ἡμῶν

1 10 παρακαλῶ δὲ ὑμᾶς ... ἵνα ... μὴ ᾖ ἐν ὑμῖν σχίσματα, ↔

1 10 ἦτε δὲ κατηρτισμένοι ἐν τῷ αὐτῷ νοῒ

1 10 καὶ ἐν τῇ αὐτῇ γνώμῃ. ↔

1 11 ἐδηλώθη γάρ μοι ... ὅτι ἔριδες ἐν ὑμῖν εἰσιν

1 17 ἀπέστειλέν με Χριστὸς ... εὐαγγελίζεσθαι, οὐκ ἐν σοφίᾳ λόγου

1 21u ἐπειδὴ γὰρ ἐν τῇ σοφίᾳ τοῦ θεοῦ οὐκ ἔγνω ὁ κόσμος διὰ τῆς σοφίας τὸν θεόν

1 30c ἐξ αὐτοῦ δὲ ὑμεῖς ἐστε ἐν Χριστῷ Ἰησοῦ

1 31c ὁ καυχώμενος ἐν κυρίῳ καυχάσθω

2 2 οὐ γὰρ ἔκρινά | τι εἰδέναι (~Tς) ἐν ὑμῖν εἰ μὴ Ἰησοῦν ... ἐσταυρωμένον. ↔

2 3 κἀγὼ ἐν ἀσθενείᾳ ↔

2 3 καὶ ἐν φόβῳ ↔

2 3a καὶ ἐν τρόμῳ πολλῷ ἐγενόμην πρὸς ὑμᾶς, ↔

2 4 καὶ ὁ λόγος μου ... οὐκ ἐν πειθοῖς (-θοῖ[ς] N26) σοφίας λόγοις [N26], ↔

2 4 ἀλλ' ἐν ἀποδείξει πνεύματος καὶ δυνάμεως,

1 C 2 5 ἵνα ἡ πίστις ὑμῶν μὴ ᾖ ἐν σοφίᾳ
ἀνθρώπων ↔

2 5 ἀλλ' ἐν δυνάμει θεοῦ. ↔

2 6 σοφίαν δὲ λαλοῦμεν ἐν τοῖς τελείοις

2 7 ἀλλὰ λαλοῦμεν θεοῦ σοφίαν ἐν
μυστηρίῳ, τὴν ἀποκεκρυμμένην

2 11e τίς γὰρ οἶδεν ... εἰ μὴ τὸ πνεῦμα
τοῦ ἀνθρώπου τὸ ἐν αὐτῷ·

2 13 ἃ καὶ λαλοῦμεν οὐκ ἐν διδακτοῖς
ἀνθρωπίνης σοφίας λόγοις, ↔

2 13 ἀλλ' ἐν διδακτοῖς πνεύματος

3 1c οὐκ ἠδυνήθην λαλῆσαι ὑμῖν ὡς
πνευματικοῖς ἀλλ' ... ὡς νηπίοις
ἐν Χριστῷ

3 3 ὅπου γὰρ ἐν ὑμῖν ζῆλος καὶ ἔρις,
οὐχὶ σαρκικοί ἐστε ⟨;⟩

3 13 ἡ γὰρ ἡμέρα δηλώσει, ὅτι ἐν
πυρὶ ἀποκαλύπτεται

3 16 οὐκ οἴδατε ὅτι ... τὸ πνεῦμα τοῦ
θεοῦ | οἰκεῖ ἐν ὑμῖν (~NSH);

3 18 εἴ τις δοκεῖ σοφὸς εἶναι ἐν ὑμῖν ↔

3 18a ἐν τῷ αἰῶνι τούτῳ, μωρὸς γενέσθω

3 19 ὁ δρασσόμενος τοὺς σοφοὺς ἐν τῇ
πανουργίᾳ αὐτῶν

3 21 ὥστε μηδεὶς καυχάσθω ἐν ἀνθρώ-
ποις

4 2 ὧδε λοιπὸν ζητεῖται (-εῖτε BS) ἐν
τοῖς οἰκονόμοις

4 4 ἀλλ' οὐκ ἐν τούτῳ δεδικαίωμαι

4 6 ἵνα ἐν ἡμῖν μάθητε τὸ μὴ ὑπὲρ ἃ
γέγραπται

4 10 ὑμεῖς δὲ φρόνιμοι ἐν Χριστῷ

4 15c ἐὰν γὰρ μυρίους παιδαγωγοὺς
ἔχητε ἐν Χριστῷ, ἀλλ' οὐ πολλοὺς
πατέρας· ↔

4 15cu ἐν γὰρ Χριστῷ Ἰησοῦ διὰ τοῦ
εὐαγγελίου ἐγὼ ὑμᾶς ἐγέννησα

4 17c ὅς ἐστίν μου τέκνον ἀγαπητὸν καὶ
πιστὸν ἐν κυρίῳ, ↔

4 17ce ὃς ὑμᾶς ἀναμνήσει τὰς ὁδούς μου
τὰς ἐν Χριστῷ Ἰησοῦ ([N26NH];
—MVς), ↔

4 17 καθὼς πανταχοῦ ἐν πάσῃ ἐκκλησίᾳ
διδάσκω

4 20 οὐ γὰρ ἐν λόγῳ ἡ βασιλεία τοῦ
θεοῦ, ↔

4 20 ἀλλ' ἐν δυνάμει

4 21q ἐν ῥάβδῳ ἔλθω πρὸς ὑμᾶς, ↔

4 21 ἢ ἐν ἀγάπῃ πνεύματί τε πραΰτη-
τος; ↔

5 1 ὅλως ἀκούεται ἐν ὑμῖν πορνεία, ↔

5 1 καὶ τοιαύτη πορνεία ἥτις οὐδὲ
ἐν τοῖς ἔθνεσιν

5 4 ⟨ἤδη κέκρικα⟩ ἐν τῷ ὀνόματι τοῦ
κυρίου ἡμῶν (+ [N26VSH]MBς)
⟨παραδοῦναι ... τῷ σατανᾷ⟩

5 5a ἵνα τὸ πνεῦμα σωθῇ ἐν τῇ ἡμέρᾳ
τοῦ κυρίου (+ Ἰησοῦ [M]VBSTς)

5 8 ὥστε ἑορτάζωμεν μὴ ἐν ζύμῃ
παλαιᾷ ↔

5 8 μηδὲ ἐν ζύμῃ κακίας καὶ πονηρίας, ↔

5 8 ἀλλ' ἐν ἀζύμοις εἰλικρινείας καὶ
ἀληθείας. ↔

5 9 ἔγραψα ὑμῖν ἐν τῇ ἐπιστολῇ μὴ
συναναμίγνυσθαι πόρνοις

6 2 καὶ εἰ ἐν ὑμῖν κρίνεται ὁ κόσμος

6 4 τοὺς ἐξουθενημένους ἐν τῇ ἐκκλη-
σίᾳ, τούτους καθίζετε;

6 5 οὕτως οὐκ ἔνι ἐν ὑμῖν οὐδεὶς σοφὸς
⟨;⟩

6 7 * ἤδη μὲν οὖν ([N26]; —T) ὅλως
ἥττημα ἐν (+ς) ὑμῖν ἐστιν

6 11 ἀλλὰ ἐδικαιώθητε ἐν τῷ ὀνόματι
τοῦ κυρίου (+ἡμῶν [MVH]BS)
Ἰησοῦ Χριστοῦ ↔

1 C 6 11 καὶ ἐν τῷ πνεύματι τοῦ θεοῦ ἡμῶν

6 19 τὸ σῶμα ὑμῶν ναὸς τοῦ ἐν ὑμῖν
ἁγίου πνεύματός ἐστιν

6 20 δοξάσατε δὴ τὸν θεὸν ἐν τῷ
σώματι ὑμῶν ↔

6 20 * | καὶ ἐν τῷ πνεύματι ὑμῶν, ἅτινά
ἐστι τοῦ θεοῦ (+ς)

7 14 ἡγίασται γὰρ ὁ ἀνὴρ ὁ ἄπιστος ἐν
τῇ γυναικί,

7 14 καὶ ἡγίασται ἡ γυνὴ ἡ ἄπιστος ἐν
τῷ ἀδελφῷ

7 15 οὐ δεδούλωται ὁ ἀδελφὸς ἢ ἡ ἀδελ-
φὴ ἐν τοῖς τοιούτοις· ↔

7 15 ἐν δὲ εἰρήνῃ κέκληκεν ὑμᾶς (ἡμᾶς
MBς) ὁ θεός

7 17 οὕτως ἐν ταῖς ἐκκλησίαις πάσαις
διατάσσομαι

7 18 ἐν ἀκροβυστίᾳ κέκληταί τις; μὴ
περιτεμνέσθω

7 20 ἕκαστος ἐν τῇ κλήσει ᾗ ἐκλήθη, ↔

7 20 ἐν ταύτῃ μενέτω

7 22c ὁ γὰρ ἐν κυρίῳ κληθεὶς δοῦλος
ἀπελεύθερος κυρίου ἐστίν

7 24 ἕκαστος ἐν ᾧ ἐκλήθη, ἀδελφοί, ↔

7 24s τούτῳ μενέτω παρὰ θεῷ

7 37 ὃς δὲ ἕστηκεν ἐν τῇ καρδίᾳ αὐτοῦ
ἑδραῖος

7 37 καὶ τοῦτο κέκρικεν ἐν τῇ ἰδίᾳ
καρδίᾳ

7 39c ἐλευθέρα ἐστὶν ᾧ θέλει γαμηθῆναι,
μόνον ἐν κυρίῳ

8 4 οἴδαμεν ὅτι οὐδὲν εἴδωλον ἐν κό-
σμῳ

8 5p καὶ γὰρ εἴπερ εἰσὶν λεγόμενοι θεοὶ
εἴτε ἐν οὐρανῷ εἴτε ἐπὶ γῆς

8 7 ἀλλ' οὐκ ἐν πᾶσιν ἡ γνῶσις

8 10 ἐὰν γάρ τις ἴδῃ σὲ [H] τὸν ἔχοντα
γνῶσιν ἐν εἰδωλείῳ κατακείμενον

8 11 | ἀπόλλυται γὰρ (καὶ ἀ. B; κ.
ἀπολεῖται ς) ὁ ἀσθενῶν ἐν (ἐπὶ ς)
τῇ σῇ γνώσει

9 1c οὐ τὸ ἔργον μου ὑμεῖς ἐστε ἐν
κυρίῳ;

9 2c ἡ γὰρ σφραγίς μου τῆς ἀποστολῆς
ὑμεῖς ἐστε ἐν κυρίῳ

9 9q ἐν γὰρ τῷ Μωϋσέως νόμῳ γέγρα-
πται

9 15 οὐκ ἔγραψα δὲ ταῦτα ἵνα οὕτως
γένηται ἐν ἐμοί

9 18 εἰς τὸ μὴ καταχρήσασθαι τῇ ἐξου-
σίᾳ μου ἐν τῷ εὐαγγελίῳ

9 24 οἱ ἐν σταδίῳ τρέχοντες πάντες μὲν
τρέχουσιν

10 2k καὶ πάντες εἰς τὸν Μωϋσῆν
ἐβαπτίσθησαν (-ίσαντο NVHς)
ἐν τῇ νεφέλῃ

10 2 καὶ ἐν τῇ θαλάσσῃ

10 5 ἀλλ' οὐκ ἐν τοῖς πλείοσιν αὐτῶν
εὐδόκησεν ὁ θεός· ↔

10 5 κατεστρώθησαν γὰρ ἐν τῇ ἐρήμῳ

10 8a * ἔπεσαν ἐν (+MVSς) μιᾷ ἡμέρᾳ
εἴκοσι τρεῖς χιλιάδες

10 25 πᾶν τὸ ἐν μακέλλῳ πωλούμενον
ἐσθίετε

11 11cy πλὴν ... οὔτε ἀνὴρ χωρὶς γυναι-
κὸς ἐν κυρίῳ

11 13 ἐν ὑμῖν αὐτοῖς κρίνατε

11 18 πρῶτον μὲν γὰρ συνερχομένων
ὑμῶν ἐν ἐκκλησίᾳ

11 18 ἀκούω σχίσματα ἐν ὑμῖν ὑπάρχειν,
καὶ μέρος τι πιστεύω.

11 19 δεῖ γὰρ καὶ αἱρέσεις ἐν ὑμῖν εἶναι,

11 19 ἵνα καὶ (+[N26NVH]MB) οἱ δόκι-
μοι φανεροὶ γένωνται ἐν ὑμῖν

1 C 11 21g ἕκαστος γὰρ τὸ ἴδιον δεῖπνον
προλαμβάνει ἐν τῷ φαγεῖν

11 22 ἐν τούτῳ οὐκ ἐπαινῶ

11 23a ὅτι ὁ κύριος Ἰησοῦς ἐν τῇ νυκτὶ
ᾗ παρεδίδετο ἔλαβεν ἄρτον

11 25 τοῦτο τὸ ποτήριον ἡ καινὴ δια-
θήκη ἐστὶν ἐν τῷ ἐμῷ αἵματι

11 30u διὰ τοῦτο ἐν ὑμῖν πολλοὶ ἀσθενεῖς
καὶ ἄρρωστοι

11 34 εἴ τις πεινᾷ, ἐν οἴκῳ ἐσθιέτω

12 3 οὐδεὶς ἐν πνεύματι θεοῦ λαλῶν
λέγει· ἀνάθεμα Ἰησοῦς, ↔

12 3 καὶ οὐδεὶς δύναται εἰπεῖν· κύριος
Ἰησοῦς, εἰ μὴ ἐν πνεύματι ἁγίῳ

12 6f | ὁ δὲ (καὶ ὁ H) αὐτὸς (+ἐστιν
[S]ς) θεὸς ὁ ἐνεργῶν τὰ πάντα ἐν
πᾶσιν

12 9hu ⟨ᾧ μὲν γὰρ ... δίδοται λόγος
σοφίας⟩ ἑτέρῳ (+δὲ MVSς) πί-
στις ἐν τῷ αὐτῷ πνεύματι, ↔

12 9 ἄλλῳ δὲ χαρίσματα ἰαμάτων ἐν
τῷ ἑνὶ πνεύματι

12 13k καὶ γὰρ ἐν ἑνὶ πνεύματι ἡμεῖς
πάντες εἰς ἓν σῶμα ἐβαπτίσθημεν

12 18 ὁ θεὸς ἔθετο τὰ μέλη, ἓν ἕκαστον
αὐτῶν ἐν τῷ σώματι καθὼς ἠθέλη-
σεν

12 25 ἵνα μὴ ᾖ σχίσμα (-ματα VT) ἐν
τῷ σώματι

12 28 οὓς μὲν ἔθετο ὁ θεὸς ἐν τῇ ἐκκλησίᾳ
πρῶτον ἀποστόλους

13 12u βλέπομεν γὰρ ἄρτι δι' ἐσόπτρου
ἐν αἰνίγματι

14 6 τί ὑμᾶς ὠφελήσω, ἐὰν μὴ ὑμῖν
λαλήσω ἢ ἐν ἀποκαλύψει ↔

14 6 ἢ ἐν γνώσει ↔

14 6 ἢ ἐν προφητείᾳ ↔

14 6 ἢ ἐν (+[N26]MVSHς) διδαχῇ;

14 10 τοσαῦτα εἰ τύχοι γένη φωνῶν
εἰσιν ἐν κόσμῳ

14 11 ἔσομαι τῷ λαλοῦντι βάρβαρος
καὶ ὁ λαλῶν ἐν ἐμοὶ βάρβαρος

14 16 ἐπεὶ ἐὰν εὐλογῇς ἐν (+[N26NH]
BS; τῷ ς) πνεύματι

14 19u ἀλλὰ ἐν ἐκκλησίᾳ θέλω πέντε
λόγους | τῷ νοΐ (διὰ τοῦ νοός Sς)
μου λαλῆσαι, ↔

14 19 ἵνα καὶ ἄλλους κατηχήσω, ἢ μυ-
ρίους λόγους ἐν γλώσσῃ

14 21c ἐν τῷ νόμῳ γέγραπται

14 21 ὅτι ἐν ἑτερογλώσσοις ↔

14 21 καὶ ἐν χείλεσιν ἑτέρων λαλήσω τῷ
λαῷ τούτῳ

14 25 ἀπαγγέλλων ὅτι ὄντως ὁ (—T)
θεὸς ἐν ὑμῖν ἐστιν

14 28 ἐὰν δὲ μὴ ᾖ διερμηνευτής, σιγάτω
ἐν ἐκκλησίᾳ

14 33 ὡς ἐν πάσαις ταῖς ἐκκλησίαις τῶν
ἁγίων, ↔

14 34 αἱ γυναῖκες (+ὑμῶν Sς) ἐν ταῖς
ἐκκλησίαις σιγάτωσαν

14 35 εἰ δέ τι μαθεῖν (μανθάνειν MSH)
θέλουσιν, ἐν οἴκῳ τοὺς ἰδίους ἄν-
δρας ἐπερωτάτωσαν· ↔

14 35 αἰσχρὸν γάρ ἐστιν γυναικὶ λαλεῖν
ἐν ἐκκλησίᾳ

14 39 * τὸ λαλεῖν μὴ κωλύετε ἐν (+B)
γλώσσαις

15 1u τὸ εὐαγγέλιον ... ὃ καὶ παρελά-
βετε, ἐν ᾧ καὶ ἑστήκατε

15 3 παρέδωκα γὰρ ὑμῖν ἐν πρώτοις

15 12 πῶς λέγουσιν ἐν ὑμῖν τινες ⟨;⟩

15 17 εἰ δὲ Χριστὸς οὐκ ἐγήγερται ...
ἔτι ἐστὲ ἐν ταῖς ἁμαρτίαις ὑμῶν.

1 C 15 18ᵉ ἄρα καὶ οἱ κοιμηθέντες ἐν Χριστῷ ἀπώλοντο. ↔

15 19 εἰ ἐν τῇ ζωῇ ταύτῃ ↔

15 19ᶜ ἐν Χριστῷ ἠλπικότες ἐσμὲν μόνον

15 22 ὥσπερ γὰρ ἐν τῷ Ἀδὰμ πάντες ἀποθνήσκουσιν, ↔

15 22ᶜ οὕτως καὶ ἐν τῷ Χριστῷ πάντες ζῳοποιηθήσονται. ↔

15 23 ἕκαστος δὲ ἐν τῷ ἰδίῳ τάγματι· ↔

15 23 ἀπαρχὴ Χριστός, ἔπειτα οἱ τοῦ Χριστοῦ ἐν τῇ παρουσίᾳ αὐτοῦ

15 28 ἵνα ᾖ ὁ θεὸς τὰ (+[N²⁶S]; —NH) πάντα ἐν πᾶσιν

15 31ᶜ τὴν ὑμετέραν καύχησιν, ἀδελφοί ([N²⁶]; —ς), ἣν ἔχω ἐν Χριστῷ Ἰησοῦ τῷ κυρίῳ ἡμῶν. ↔

15 32ʰ εἰ κατὰ ἄνθρωπον ἐθηριομάχησα ἐν Ἐφέσῳ

15 41 ἀστὴρ γὰρ ἀστέρος διαφέρει ἐν δόξῃ. ↔

15 42 οὕτως καὶ ἡ ἀνάστασις τῶν νεκρῶν. σπείρεται ἐν φθορᾷ, ↔

15 42 ἐγείρεται ἐν ἀφθαρσίᾳ· ↔

15 43 σπείρεται ἐν ἀτιμίᾳ, ↔

15 43 ἐγείρεται ἐν δόξῃ· ↔

15 43 σπείρεται ἐν ἀσθενείᾳ, ↔

15 43 ἐγείρεται ἐν δυνάμει

15 52 ⟨πάντες δὲ ἀλλαγησόμεθα⟩ ἐν ἀτόμῳ, ↔

15 52 ἐν ῥιπῇ ὀφθαλμοῦ, ↔

15 52 ἐν τῇ ἐσχάτῃ σάλπιγγι

15 58 περισσεύοντες ἐν τῷ ἔργῳ τοῦ κυρίου πάντοτε, ↔

15 58ᵉ εἰδότες ὅτι ὁ κόπος ὑμῶν οὐκ ἔστιν κενὸς ἐν κυρίῳ

16 7 οὐ θέλω γὰρ ὑμᾶς ἄρτι ἐν παρόδῳ ἰδεῖν

16 8ᵛ ἐπιμενῶ (-μένω H) δὲ ἐν Ἐφέσῳ ἕως τῆς πεντηκοστῆς

16 11 προπέμψατε δὲ αὐτὸν ἐν εἰρήνῃ

16 13 γρηγορεῖτε, στήκετε ἐν τῇ πίστει

16 14 πάντα ὑμῶν ἐν ἀγάπῃ γινέσθω

16 19ᶜᵛ ἀσπάζεται ὑμᾶς ἐν κυρίῳ πολλὰ Ἀκύλας καὶ Πρίσκα

16 20 ἀσπάσασθε ἀλλήλους ἐν φιλήματι ἁγίῳ

16 24ᶜˡ ἡ ἀγάπη μου μετὰ πάντων ὑμῶν ἐν Χριστῷ Ἰησοῦ (+ἀμήν [S]ς)

2 C 1 1 Παῦλος ἀπόστολος ... τῇ ἐκκλησίᾳ τοῦ θεοῦ τῇ οὔσῃ ἐν Κορίνθῳ ↔

1 1 σὺν τοῖς ἁγίοις πᾶσιν τοῖς οὖσιν ἐν ὅλῃ τῇ Ἀχαΐᾳ

1 4ᵉ εἰς τὸ δύνασθαι ἡμᾶς παρακαλεῖν τοὺς ἐν πάσῃ θλίψει

1 6ᶠ ὑπὲρ τῆς ὑμῶν παρακλήσεως τῆς ἐνεργουμένης ἐν ὑπομονῇ τῶν αὐτῶν παθημάτων

1 8 ὑπὲρ (περὶ BST) τῆς θλίψεως ἡμῶν τῆς γενομένης ἐν τῇ Ἀσίᾳ

1 9 ἀλλὰ αὐτοὶ ἐν ἑαυτοῖς τὸ ἀπόκριμα τοῦ θανάτου ἐσχήκαμεν

1 12 ὅτι ἐν ἁπλότητι (N²⁶ς; ἁγιότητι rl) καὶ εἰλικρινείᾳ τοῦ θεοῦ, ↔

1 12 καὶ (+[N²⁶H]BS) οὐκ ἐν σοφίᾳ σαρκικῇ

1 12 ἀλλ' ἐν χάριτι θεοῦ, ↔

1 12ᵈ ἀνεστράφημεν ἐν τῷ κόσμῳ, περισσοτέρως δὲ πρὸς ὑμᾶς

1 14ᵃ ὅτι καύχημα ὑμῶν ἐσμεν καθάπερ καὶ ὑμεῖς ἡμῶν ἐν τῇ ἡμέρᾳ τοῦ κυρίου ἡμῶν ([N²⁶]; —ς) Ἰησοῦ

1 19ᵘ ὁ τοῦ θεοῦ γὰρ υἱός ... ὁ ἐν ὑμῖν δι' ἡμῶν κηρυχθείς ... οὐκ ἐγένετο ναὶ καὶ οὔ, ↔

2 C 1 19 ἀλλὰ ναὶ ἐν αὐτῷ γέγονεν. ↔

1 20 ὅσαι γὰρ ἐπαγγελίαι θεοῦ, ἐν αὐτῷ τὸ ναί· ↔

1 20ᵃᵘ * | καὶ ἐν αὐτῷ (ς; διὸ κ. δι' αὐτοῦ rl) τὸ ἀμὴν τῷ θεῷ πρὸς δόξαν δι' ἡμῶν

1 22 ⟨ὁ δὲ βεβαιῶν ἡμᾶς ... θεός⟩ ὁ ([H]; —S) ... δοὺς τὸν ἀρραβῶνα τοῦ πνεύματος ἐν ταῖς καρδίαις ἡμῶν

2 1ᵃ τὸ μὴ πάλιν ἐν λύπῃ πρὸς ὑμᾶς ἐλθεῖν

2 10ᵘ εἴ τι κεχάρισμαι, δι' ὑμᾶς ἐν προσώπῳ Χριστοῦ

2 12ᶜ καὶ θύρας μοι ἀνεῳγμένης ἐν κυρίῳ ⟨οὐκ ἔσχηκα ἄνεσιν⟩

2 14ᶜ τῷ δὲ θεῷ χάρις τῷ πάντοτε θριαμβεύοντι ἡμᾶς ἐν τῷ Χριστῷ ↔

2 14ᵘ καὶ τὴν ὀσμὴν τῆς γνώσεως αὐτοῦ φανεροῦντι δι' ἡμῶν ἐν παντὶ τόπῳ· ↔

2 15 ὅτι Χριστοῦ εὐωδία ἐσμὲν τῷ θεῷ ἐν τοῖς σῳζομένοις ↔

2 15 καὶ ἐν τοῖς ἀπολλυμένοις

2 17ᶜʰᵐᵗ ἀλλ' ὡς ἐκ θεοῦ κατέναντι (κατενώπιον τοῦ ς) θεοῦ ἐν Χριστῷ λαλοῦμεν

3 2ᶠ ἡ ἐπιστολὴ ἡμῶν ὑμεῖς ἐστε, ἐγγεγραμμένη ἐν ταῖς καρδίαις ἡμῶν

3 3ᶠ ὅτι ἐστὲ ἐπιστολὴ Χριστοῦ ... ἐγγεγραμμένη ... οὐκ ἐν πλαξὶν λιθίναις

3 3ᶠ ἀλλ' ἐν πλαξὶν καρδίαις σαρκίναις

3 7ᶠ εἰ δὲ ἡ διακονία τοῦ θανάτου ἐν γράμμασιν ↔

3 7ᶠ * ἐντετυπωμένη ἐν (+ς) λίθοις ↔

3 7 ἐγενήθη ἐν δόξῃ

3 8 πῶς οὐχὶ μᾶλλον ἡ διακονία τοῦ πνεύματος ἔσται ἐν δόξῃ;

3 9 * πολλῷ μᾶλλον περισσεύει ἡ διακονία τῆς δικαιοσύνης ἐν (+[S] ς) δόξῃ. ↔

3 10ⁿ καὶ γὰρ οὐ δεδόξασται τὸ δεδοξασμένον ἐν τούτῳ τῷ μέρει εἵνεκεν τῆς ὑπερβαλλούσης δόξης. ↔

3 11ᵘ εἰ γὰρ τὸ καταργούμενον διὰ δόξης, πολλῷ μᾶλλον τὸ μένον ἐν δόξῃ

3 14ᵉ μὴ ἀνακαλυπτόμενον ὅτι ἐν Χριστῷ καταργεῖται

4 2 ἀλλὰ ἀπειπάμεθα τὰ κρυπτὰ τῆς αἰσχύνης, μὴ περιπατοῦντες ἐν πανουργίᾳ

4 3 ἐν τοῖς ἀπολλυμένοις ἐστὶν κεκαλυμμένον, ↔

4 4ᵏ οἷς ὁ θεὸς τοῦ αἰῶνος τούτου ἐτύφλωσεν τὰ νοήματα τῶν ἀπίστων

4 6ᵃ ὃς ἔλαμψεν ἐν ταῖς καρδίαις ἡμῶν ↔

4 6 πρὸς φωτισμὸν τῆς γνώσεως τῆς δόξης τοῦ θεοῦ ἐν προσώπῳ || Ἰησοῦ (+[N²⁶M]VBSς) Χριστοῦ ((~B)). ↔

4 7 ἔχομεν δὲ τὸν θησαυρὸν τοῦτον ἐν ὀστρακίνοις σκεύεσιν

4 8 ἐν παντὶ θλιβόμενοι ἀλλ' οὐ στενοχωρούμενοι

4 10 πάντοτε τὴν νέκρωσιν τοῦ Ἰησοῦ ἐν τῷ σώματι περιφέροντες, ↔

4 10 ἵνα καὶ ἡ ζωὴ τοῦ Ἰησοῦ ἐν | τῷ σώματι (τοῖς σώμασιν T) ἡμῶν φανερωθῇ

4 11 ἵνα καὶ ἡ ζωὴ τοῦ Ἰησοῦ φανερωθῇ ἐν τῇ θνητῇ σαρκὶ ἡμῶν. ↔

2 C 4 12ᶠ ὥστε ὁ θάνατος ἐν ἡμῖν ἐνεργεῖται, ↔

4 12ᶠ ἡ δὲ ζωὴ ἐν ὑμῖν

5 1ᵐ οἰκοδομὴν ἐκ θεοῦ ἔχομεν, οἰκίαν ἀχειροποίητον αἰώνιον ἐν τοῖς οὐρανοῖς. ↔

5 2 καὶ γὰρ ἐν τούτῳ στενάζομεν

5 4 καὶ γὰρ οἱ ὄντες ἐν τῷ σκήνει στενάζομεν βαρούμενοι

5 6ᶠ εἰδότες ὅτι ἐνδημοῦντες ἐν τῷ σώματι ἐκδημοῦμεν ἀπὸ τοῦ κυρίου

5 11 ἐλπίζω δὲ καὶ ἐν ταῖς συνειδήσεσιν ὑμῶν πεφανερῶσθαι

5 12 ἵνα ἔχητε πρὸς τοὺς ἐν προσώπῳ καυχωμένους ↔

5 12 καὶ | μὴ ἐν (οὐ ς) καρδίᾳ

5 17ᶜ ὥστε εἴ τις ἐν Χριστῷ, καινὴ κτίσις

5 19ᶜ ὡς ὅτι θεὸς ἦν ἐν Χριστῷ κόσμον καταλλάσσων ἑαυτῷ

5 19 καὶ θέμενος ἐν ἡμῖν τὸν λόγον τῆς καταλλαγῆς

5 21 ἵνα ἡμεῖς γενώμεθα δικαιοσύνη θεοῦ ἐν αὐτῷ

6 2ᵃ ἐν ἡμέρᾳ σωτηρίας ἐβοήθησά σοι

6 3 μηδεμίαν ἐν μηδενὶ διδόντες προσκοπήν

6 4 ἀλλ' ἐν παντὶ συνιστάντες (N²⁶T; -στῶντες ς; -στάνοντες rl) ἑαυτοὺς ὡς θεοῦ διάκονοι, ↔

6 4 ἐν ὑπομονῇ πολλῇ, ↔

6 4 ἐν θλίψεσιν, ↔

6 4 ἐν ἀνάγκαις, ↔

6 4 ἐν στενοχωρίαις, ↔

6 5 ἐν πληγαῖς, ↔

6 5 ἐν φυλακαῖς, ↔

6 5 ἐν ἀκαταστασίαις, ↔

6 5 ἐν κόποις, ↔

6 5 ἐν ἀγρυπνίαις, ↔

6 5 ἐν νηστείαις, ↔

6 6 ἐν ἁγνότητι, ↔

6 6 ἐν γνώσει, ↔

6 6 ἐν μακροθυμίᾳ, ↔

6 6 ἐν χρηστότητι, ↔

6 6 ἐν πνεύματι ἁγίῳ, ↔

6 6 ἐν ἀγάπῃ ἀνυποκρίτῳ, ↔

6 7 ἐν λόγῳ ἀληθείας, ↔

6 7ᵘ ἐν δυνάμει θεοῦ· διὰ τῶν ὅπλων τῆς δικαιοσύνης

6 12 οὐ στενοχωρεῖσθε ἐν ἡμῖν, ↔

6 12 στενοχωρεῖσθε δὲ ἐν τοῖς σπλάγχνοις ὑμῶν

6 16ᵉ ἐνοικήσω ἐν αὐτοῖς καὶ ἐμπεριπατήσω

7 1 ἐπιτελοῦντες ἁγιωσύνην ἐν φόβῳ θεοῦ

7 3ᵏ προείρηκα γὰρ ὅτι ἐν ταῖς καρδίαις ἡμῶν ἐστε εἰς τὸ συναποθανεῖν

7 5 οὐδεμίαν ἔσχηκεν ἄνεσιν ἡ σὰρξ ἡμῶν, ἀλλ' ἐν παντὶ θλιβόμενοι

7 6 ἀλλ' ὁ παρακαλῶν ... παρεκάλεσεν ἡμᾶς ὁ θεὸς ἐν τῇ παρουσίᾳ Τίτου· ↔

7 7 οὐ μόνον δὲ ἐν τῇ παρουσίᾳ αὐτοῦ, ↔

7 7 ἀλλὰ καὶ ἐν τῇ παρακλήσει παρεκλήθη ἐφ' ὑμῖν

7 8 ὅτι εἰ καὶ ἐλύπησα ὑμᾶς ἐν τῇ ἐπιστολῇ, οὐ μεταμέλομαι

7 9ᵐ ἵνα ἐν μηδενὶ ζημιωθῆτε ἐξ ἡμῶν

7 11 ἐν παντὶ συνεστήσατε ἑαυτούς ↔

7 11 * ἁγνοὺς εἶναι ἐν (+ς) τῷ πράγματι

7 14 ἀλλ' ὡς πάντα ἐν ἀληθείᾳ ἐλαλήσαμεν ὑμῖν

7 16 χαίρω ὅτι ἐν παντὶ θαρρῶ ↔

2 C 7 16 ἐν ὑμῖν. ↔

8 1 γνωρίζομεν ... τὴν χάριν τοῦ θεοῦ
τὴν δεδομένην ἐν ταῖς ἐκκλησίαις
τῆς Μακεδονίας, ↔

8 2ᵏὅτι ἐν πολλῇ δοκιμῇ θλίψεως ἡ
περισσεία τῆς χαρᾶς αὐτῶν ...
ἐπερίσσευσεν εἰς τὸ πλοῦτος

8 7 ἀλλ᾽ ὥσπερ ἐν παντὶ περισσεύετε,
↔

8 7ᵐπίστει καὶ λόγῳ ... καὶ τῇ ἐξ
| ἡμῶν ἐν ὑμῖν (ὑμ. ἐν ἡμ. VBTϛ)
ἀγάπῃ, ↔

8 7 ἵνα καὶ ἐν ταύτῃ τῇ χάριτι περισ-
σεύητε

8 10 γνώμην ἐν τούτῳ δίδωμι

8 14ᵃᵏᵐ⟨ἐξ ἰσότητος⟩ ἐν τῷ νῦν καιρῷ
τὸ ὑμῶν περίσσευμα εἰς τὸ ἐκείνων
ὑστέρημα

8 16ᶻτῷ δόντι (N²⁶; διδ. rl) τὴν αὐτὴν
σπουδὴν ὑπὲρ ὑμῶν ἐν τῇ καρδίᾳ
Τίτου

8 18ᵘοὗ ὁ ἔπαινος ἐν τῷ εὐαγγελίῳ διὰ
πασῶν τῶν ἐκκλησιῶν, ↔

8 19 * οὐ μόνον δὲ ἀλλὰ καὶ χειροτο-
νηθεὶς ὑπὸ τῶν ἐκκλησιῶν συνέκ-
δημος ἡμῶν ἐν (NMVSH; σὺν
rl) τῇ χάριτι ταύτῃ

8 20 μή τις ἡμᾶς μωμήσηται ἐν τῇ
ἁδρότητι ταύτῃ

8 22 ὃν ἐδοκιμάσαμεν ἐν πολλοῖς πολ-
λάκις σπουδαῖον ὄντα

9 3 ἵνα μὴ τὸ καύχημα ἡμῶν ... κε-
νωθῇ ἐν τῷ μέρει τούτῳ

9 4 μή πως ... καταισχυνθῶμεν ἡμεῖς,
ἵνα μὴ λέγω (N²⁶; -ωμεν rl) ὑμεῖς,
ἐν τῇ ὑποστάσει ταύτῃ

9 8ᵏἵνα ἐν παντὶ πάντοτε πᾶσαν
αὐτάρκειαν ἔχοντες περισσεύητε εἰς
πᾶν ἔργον ἀγαθόν

9 11ᵏἐν παντὶ πλουτιζόμενοι εἰς πᾶσαν
ἁπλότητα

10 1ʰὃς κατὰ πρόσωπον μὲν ταπεινὸς
ἐν ὑμῖν

10 3 ἐν σαρκὶ γὰρ περιπατοῦντες οὐ
κατὰ σάρκα στρατευόμεθα

10 6 ἐν ἑτοίμῳ ἔχοντες ἐκδικῆσαι πᾶ-
σαν παρακοήν

10 12 ἀλλὰ αὐτοὶ ἐν ἑαυτοῖς ἑαυτοὺς
μετροῦντες ... οὐ συνιᾶσιν

10 14ˣἄχρι γὰρ καὶ ὑμῶν ἐφθάσαμεν ἐν
τῷ εὐαγγελίῳ τοῦ Χριστοῦ, ↔

10 15ᵏοὐκ εἰς τὰ ἄμετρα καυχώμενοι ἐν
ἀλλοτρίοις κόποις, ↔

10 15ʰᵏἐλπίδα δὲ ἔχοντες ... ἐν ὑμῖν
μεγαλυνθῆναι κατὰ τὸν κανόνα
ἡμῶν εἰς περισσείαν,

10 16ᵏεἰς τὰ ὑπερέκεινα ὑμῶν εὐαγγελί-
σασθαι, οὐκ ἐν ἀλλοτρίῳ κανόνι
εἰς τὰ ἕτοιμα καυχήσασθαι. ↔

10 17ᶜὁ δὲ καυχώμενος ἐν κυρίῳ καυχά-
σθω

11 3 ὡς ὁ ὄφις ἐξηπάτησεν Εὔαν ἐν τῇ
πανουργίᾳ αὐτοῦ

11 6 ἀλλ᾽ ἐν παντὶ φανερώσαντες ↔

11 6ᵏἐν πᾶσιν εἰς ὑμᾶς

11 9 ἐν παντὶ ἀβαρῆ ἐμαυτὸν ὑμῖν
ἐτήρησα καὶ τηρήσω.

11 10 ἔστιν ἀλήθεια Χριστοῦ ἐν ἐμοί, ↔

11 10ᵏὅτι ἡ καύχησις αὕτη οὐ φραγή-
σεται εἰς ἐμὲ ἐν τοῖς κλίμασιν τῆς
Ἀχαΐας

11 12 ἵνα ἐν ᾧ καυχῶνται εὑρεθῶσιν καθ-
ὼς καὶ ἡμεῖς

11 17ʰὃ λαλῶ, οὐ κατὰ κύριον λαλῶ,
ἀλλ᾽ ὡς ἐν ἀφροσύνῃ,

2 C 11 17 ἐν ταύτῃ τῇ ὑποστάσει τῆς καυχή-
σεως

11 21ᵇἐν ᾧ δ᾽ ἄν τις τολμᾷ, ↔

11 21 ἐν ἀφροσύνῃ λέγω, τολμῶ κἀγώ

11 23 διάκονοι Χριστοῦ εἰσιν; ... ὑπὲρ
ἐγώ· ἐν κόποις περισσοτέρως, ↔

11 23 ἐν φυλακαῖς (πληγαῖς Tϛ) περισσο-
τέρως (ὑπερβαλλόντως ϛ), ↔

11 23 ἐν πληγαῖς (φυλακαῖς Tϛ) ὑπερ-
βαλλόντως (περισσοτέρως ϛ), ↔

11 23 ἐν θανάτοις πολλάκις

11 25 νυχθήμερον ἐν τῷ βυθῷ πεποίηκα·

11 26ᵐὁδοιπορίαις πολλάκις ... κινδύνοις
ἐξ ἐθνῶν, κινδύνοις ἐν πόλει, ↔

11 26 κινδύνοις ἐν ἐρημίᾳ, ↔

11 26 κινδύνοις ἐν θαλάσσῃ, ↔

11 26 κινδύνοις ἐν ψευδαδέλφοις, ↔

11 27 * ἐν (+MV[S]ϛ) κόπῳ καὶ μόχθῳ,
↔

11 27 ἐν ἀγρυπνίαις πολλάκις, ↔

11 27 ἐν λιμῷ καὶ δίψει, ↔

11 27 ἐν νηστείαις πολλάκις, ↔

11 27 ἐν ψύχει καὶ γυμνότητι

11 32 ἐν Δαμασκῷ ὁ ἐθνάρχης Ἀρέτα ...
ἐφρούρει τὴν πόλιν Δαμασκηνῶν
πιάσαι με (+θέλων MVSϛ), ↔

11 33ᵘκαὶ διὰ θυρίδος ἐν σαργάνῃ ἐχα-
λάσθην διὰ τοῦ τείχους

12 2ᶜᵛοἶδα ἄνθρωπον ἐν Χριστῷ πρὸ
ἐτῶν δεκατεσσάρων, ↔

12 2ʸεἴτε ἐν σώματι οὐκ οἶδα, εἴτε ἐκτὸς
τοῦ σώματος οὐκ οἶδα

12 3ʸεἴτε ἐν σώματι εἴτε χωρὶς (ἐκτὸς Sϛ)
τοῦ σώματος | οὐκ οἶδα [NH]

12 5ᶻὑπὲρ δὲ ἐμαυτοῦ οὐ καυχήσομαι εἰ
μὴ ἐν ταῖς ἀσθενείαις (+μου [M]
VSTϛ)

12 9 ἡ γὰρ δύναμις (+μου [VS]ϛ) ἐν
ἀσθενείᾳ τελεῖται. ↔

12 9 ἥδιστα οὖν μᾶλλον καυχήσομαι ἐν
ταῖς ἀσθενείαις μου (—NH)

12 10 διὸ εὐδοκῶ ἐν ἀσθενείαις, ↔

12 10 ἐν ὕβρεσιν, ↔

12 10 ἐν ἀνάγκαις, ↔

12 10ᶻἐν διωγμοῖς, ↔

12 10ᶻ* ἐν (VBSϛ; καὶ rl) στενοχωρί-
αις, ὑπὲρ Χριστοῦ

12 12 τὰ μὲν σημεῖα τοῦ ἀποστόλου
κατειργάσθη ἐν ὑμῖν ↔

12 12 ἐν πάσῃ ὑπομονῇ, ↔

12 12 * ἐν (+ϛ) σημείοις τε ([H]; —ϛ)
καὶ τέρασιν καὶ δυνάμεσιν

12 19ᶜᵗκατέναντι (κατενώπιον τοῦ ϛ) θεοῦ
ἐν Χριστῷ λαλοῦμεν

13 3 ἐπεὶ δοκιμὴν ζητεῖτε τοῦ ἐν ἐμοὶ
λαλοῦντος Χριστοῦ, ↔

13 3ᵏὃς εἰς ὑμᾶς οὐκ ἀσθενεῖ ἀλλὰ δυνα-
τεῖ ἐν ὑμῖν

13 4 καὶ γὰρ ἡμεῖς ἀσθενοῦμεν ἐν αὐτῷ

13 5 ἑαυτοὺς πειράζετε εἰ ἐστὲ ἐν τῇ
πίστει

13 5 ὅτι | Ἰησοῦς Χριστὸς (~BST) ἐν
ὑμῖν (+ἐστιν MVSϛ)

13 12 ἀσπάσασθε ἀλλήλους ἐν ἁγίῳ φι-
λήματι

G 1 6ᵏοὕτως ταχέως μετατίθεσθε ἀπὸ
τοῦ καλέσαντος ὑμᾶς ἐν χάριτι Χρι-
στοῦ [N²⁶] εἰς ἕτερον εὐαγγέλιον

1 13 ἠκούσατε γὰρ τὴν ἐμὴν ἀναστρο-
φήν ποτε ἐν τῷ Ἰουδαϊσμῷ

1 14ᶻπροέκοπτον ἐν τῷ Ἰουδαϊσμῷ
ὑπὲρ πολλοὺς συνηλικιώτας ↔

1 14 ἐν τῷ γένει μου

G 1 16 ⟨ὅτε δὲ εὐδόκησεν ὁ θεὸς⟩ ἀποκα-
λύψαι τὸν υἱὸν αὐτοῦ ἐν ἐμοί, ↔

1 16 ἵνα εὐαγγελίζωμαι αὐτὸν ἐν τοῖς
ἔθνεσιν

1 22ᶜᵉἤμην δὲ ἀγνοούμενος ... ταῖς
ἐκκλησίαις τῆς Ἰουδαίας ταῖς ἐν
Χριστῷ

1 24 (ἀκούοντες ἦσαν) καὶ ἐδόξαζον ἐν
ἐμοὶ τὸν θεόν

2 2 ἀνεθέμην αὐτοῖς τὸ εὐαγγέλιον ὃ
κηρύσσω ἐν τοῖς ἔθνεσιν

2 4ᶜκατασκοπῆσαι τὴν ἐλευθερίαν
ἡμῶν ἣν ἔχομεν ἐν Χριστῷ Ἰησοῦ

2 17ᶜεἰ δὲ ζητοῦντες δικαιωθῆναι ἐν
Χριστῷ εὑρέθημεν καὶ αὐτοὶ ἁμαρ-
τωλοί

2 20 ζῇ δὲ ἐν ἐμοὶ Χριστός· ↔

2 20 ὃ δὲ νῦν ζῶ ἐν σαρκί, ↔

2 20 ἐν πίστει ζῶ τῇ τοῦ | υἱοῦ τοῦ
θεοῦ (θ. καὶ Χριστοῦ B)

3 1ʰοἷς κατ᾽ ὀφθαλμοὺς Ἰησοῦς Χρι-
στὸς προεγράφη | ἐν ὑμῖν (+[S]ϛ)
ἐσταυρωμένος

3 5ᵗᵐὁ οὖν ... ἐνεργῶν δυνάμεις ἐν ὑμῖν
ἐξ ἔργων νόμου ⟨;⟩

3 8ᶠἐνευλογηθήσονται ἐν σοὶ πάντα τὰ
ἔθνη

3 10ᶠ* ἐπικατάρατος πᾶς ὃς οὐκ ἐμμένει
ἐν (+ϛ) πᾶσιν τοῖς γεγραμμένοις ↔

3 10ᵈἐν τῷ βιβλίῳ τοῦ νόμου τοῦ ποιῆ-
σαι αὐτά.

3 11ˢὅτι δὲ ἐν νόμῳ οὐδεὶς δικαιοῦται
παρὰ τῷ θεῷ δῆλον

3 12 ἀλλ᾽ ὁ ποιήσας αὐτὰ ζήσεται ἐν
αὐτοῖς

3 14ᶜᵏἵνα εἰς τὰ ἔθνη ἡ εὐλογία τοῦ Ἀ-
βραὰμ γένηται ἐν | Χριστῷ Ἰησοῦ
(~NH)

3 19ᵘδιαταγεὶς δι᾽ ἀγγέλων, ἐν χειρὶ
μεσίτου

3 21 * ὄντως ||: ἐν νόμῳ (H; ἐκ νόμου
rl) ἂν ἦν ((~ϛ VBST)) ἡ δικαιο-
σύνη

3 26ᶜᵘπάντες γὰρ υἱοὶ θεοῦ ἐστε διὰ
τῆς πίστεως ἐν Χριστῷ Ἰησοῦ

3 28ᶜπάντες (ἅπ. T) γὰρ ὑμεῖς εἷς ἐστε
ἐν Χριστῷ Ἰησοῦ

4 14ᵉτὸν πειρασμὸν ὑμῶν (+τὸν VSϛ)
ἐν τῇ σαρκί μου οὐκ ἐξουθενήσατε

4 18 καλὸν δὲ ζηλοῦσθαι ἐν καλῷ πάν-
τοτε, ↔

4 18ᵏκαὶ μὴ μόνον ἐν τῷ παρεῖναί με
πρὸς ὑμᾶς,

4 19 τέκνα (τεκνία VBSHϛ) μου, οὓς
πάλιν ὠδίνω μέχρις οὗ μορφωθῇ
Χριστὸς ἐν ὑμῖν

4 20 ὅτι ἀποροῦμαι ἐν ὑμῖν

4 25 τὸ δὲ (γὰρ VBSTϛ) Ἁγὰρ (—M
VBT) Σινᾶ ὄρος ἐστὶν ἐν τῇ Ἀρα-
βίᾳ

5 4 κατηργήθητε ἀπὸ Χριστοῦ οἵτινες
ἐν νόμῳ δικαιοῦσθε

5 6ᵉἐν γὰρ Χριστῷ Ἰησοῦ [H] οὔτε
περιτομή τι ἰσχύει οὔτε ἀκροβυ-
στία

5 10ᶜᵏἐγὼ πέποιθα εἰς ὑμᾶς ἐν κυρίῳ

5 14ᵈὁ γὰρ πᾶς νόμος ἐν ἑνὶ λόγῳ πε-
πλήρωται, ↔

5 14ᵈἐν τῷ· ἀγαπήσεις τὸν πλησίον σου
ὡς σεαυτόν

6 1 ἐὰν καὶ προλημφθῇ ἄνθρωπος ἐν
τινι παραπτώματι, ↔

6 1 ὑμεῖς οἱ πνευματικοὶ καταρτίζετε
τὸν τοιοῦτον ἐν πνεύματι πραΰτη-
τος

G   6 6 κοινωνείτω δὲ ὁ κατηχούμενος τὸν λόγον τῷ κατηχοῦντι ἐν πᾶσιν ἀγαθοῖς

6 12 ὅσοι θέλουσιν εὐπροσωπῆσαι ἐν σαρκί

6 13 ἵνα ἐν τῇ ὑμετέρᾳ σαρκὶ καυχήσωνται.

6 14 ἐμοὶ δὲ μὴ γένοιτο καυχᾶσθαι εἰ μὴ ἐν τῷ σταυρῷ τοῦ ... Χριστοῦ

6 15ᶜ * | ἐν γὰρ Χριστῷ Ἰησοῦ οὔτε περιτομή τι ἰσχύει (ς; οὔτε γὰρ π. τί ἐστιν rl) οὔτε ἀκροβυστία

6 17 ἐγὼ γὰρ τὰ στίγματα τοῦ (+ κυρίου [V]BSς) Ἰησοῦ ἐν τῷ σώματί μου βαστάζω

E   1 1 Παῦλος ἀπόστολος ... τοῖς ἁγίοις τοῖς οὖσιν | ἐν Ἐφέσῳ [N²⁶NMV STH] ↔

1 1ᶜκαὶ πιστοῖς ἐν Χριστῷ Ἰησοῦ

1 3 ὁ εὐλογήσας ἡμᾶς ἐν πάσῃ εὐλογίᾳ πνευματικῇ ↔

1 3 ἐν τοῖς ἐπουρανίοις ↔

1 3ᶜἐν Χριστῷ, ↔

1 4ᵛκαθὼς ἐξελέξατο ἡμᾶς ἐν αὐτῷ πρὸ καταβολῆς κόσμου

1 4ᵏᵗᵘἐν ἀγάπῃ ⟨προορίσας ἡμᾶς εἰς υἱοθεσίαν διὰ Ἰησοῦ Χριστοῦ⟩

1 6ᵏ* εἰς ἔπαινον δόξης τῆς χάριτος αὐτοῦ, | ἐν ᾗ (ς; ἧς rl) ἐχαρίτωσεν ἡμᾶς ↔

1 6 ἐν τῷ ἠγαπημένῳ, ↔

1 7ᵘἐν ᾧ ἔχομεν τὴν ἀπολύτρωσιν διὰ τοῦ αἵματος αὐτοῦ

1 8ᵏ⟨τῆς χάριτος αὐτοῦ⟩ ἧς ἐπερίσσευσεν εἰς ἡμᾶς ἐν πάσῃ σοφίᾳ καὶ φρονήσει

1 9ᵏκατὰ τὴν εὐδοκίαν αὐτοῦ, ἣν προέθετο ἐν αὐτῷ ⟨εἰς οἰκονομίαν⟩

1 10ᶜἀνακεφαλαιώσασθαι τὰ πάντα ἐν τῷ Χριστῷ, ↔

1 10ᶜᵖ*τὰ | τε ἐν (ς; ἐπὶ rl) τοῖς οὐρανοῖς καὶ τὰ ἐπὶ τῆς γῆς· ↔

1 10 ἐν αὐτῷ, ↔

1 11ʰἐν ᾧ καὶ ἐκληρώθημεν προορισθέντες κατὰ πρόθεσιν τοῦ ... ἐνεργοῦντος κατὰ τὴν βουλὴν τοῦ θελήματος αὐτοῦ, ↔

1 12ᶜεἰς τὸ εἶναι ἡμᾶς εἰς ἔπαινον ... τοὺς προηλπικότας ἐν τῷ Χριστῷ· ↔

1 13 ἐν ᾧ καὶ ὑμεῖς, ἀκούσαντες ... τὸ εὐαγγέλιον τῆς σωτηρίας ὑμῶν, ↔

1 13 ἐν ᾧ καὶ πιστεύσαντες ἐσφραγίσθητε τῷ πνεύματι τῆς ἐπαγγελίας τῷ ἁγίῳ

1 15ᶜʰδιὰ τοῦτο κἀγώ, ἀκούσας τὴν καθ᾽ ὑμᾶς πίστιν ἐν τῷ κυρίῳ Ἰησοῦ

1 17 ἵνα ὁ θεὸς ... δώῃ (N²⁶; δῴη rl) ὑμῖν πνεῦμα σοφίας καὶ ἀποκαλύψεως ἐν ἐπιγνώσει αὐτοῦ

1 18 εἰς τὸ εἰδέναι ὑμᾶς ... τίς ὁ πλοῦτος τῆς δόξης τῆς κληρονομίας αὐτοῦ ἐν τοῖς ἁγίοις

1 20ᶜᶠ⟨τῆς ἰσχύος αὐτοῦ⟩ ἣν ἐνήργησεν (N²⁶ς; -γηκεν rl) ἐν τῷ Χριστῷ ἐγείρας αὐτὸν ἐκ νεκρῶν, ↔

1 20 καὶ καθίσας (+αὐτὸν ST) ἐν δεξιᾷ αὐτοῦ ↔

1 20ᶻἐν τοῖς ἐπουρανίοις ↔

1 21ᵃὑπεράνω ... παντὸς ὀνόματος ὀνομαζομένου οὐ μόνον ἐν τῷ αἰῶνι τούτῳ ↔

1 21ᵃἀλλὰ καὶ ἐν τῷ μέλλοντι

E   1 23 ⟨τῇ ἐκκλησίᾳ⟩ ἥτις ἐστὶν ... τὸ πλήρωμα τοῦ τὰ πάντα ἐν πᾶσιν πληρουμένου

2 2ʰ⟨ταῖς ἁμαρτίαις ὑμῶν⟩ ἐν αἷς ποτε περιεπατήσατε κατὰ τὸν αἰῶνα τοῦ κόσμου τούτου

2 2ᶠτοῦ πνεύματος τοῦ νῦν ἐνεργοῦντος ἐν τοῖς υἱοῖς τῆς ἀπειθείας· ↔

2 3 ἐν οἷς καὶ ἡμεῖς πάντες ἀνεστράφημέν ποτε ↔

2 3 ἐν ταῖς ἐπιθυμίαις τῆς σαρκὸς ἡμῶν

2 4 ὁ δὲ θεὸς πλούσιος ὢν ἐν ἐλέει ⟨συνεζωοποίησεν τῷ Χριστῷ⟩

2 6 συνεκάθισεν ἐν τοῖς ἐπουρανίοις ↔

2 6ᶜἐν Χριστῷ Ἰησοῦ, ↔

2 7ᶠἵνα ἐνδείξηται ἐν τοῖς αἰῶσιν τοῖς ἐπερχομένοις τὸ ὑπερβάλλον πλοῦτος τῆς χάριτος αὐτοῦ ↔

2 7ᶠᵖἐν χρηστότητι ἐφ᾽ ἡμᾶς ↔

2 7ᶜἐν Χριστῷ Ἰησοῦ

2 10ᶜᵖκτισθέντες ἐν Χριστῷ Ἰησοῦ ἐπὶ ἔργοις ἀγαθοῖς, ↔

2 10 οἷς προητοίμασεν ὁ θεὸς ἵνα ἐν αὐτοῖς περιπατήσωμεν. ↔

2 11 διὸ μνημονεύετε ὅτι ποτὲ ὑμεῖς τὰ ἔθνη ἐν σαρκί, ↔

2 11 οἱ λεγόμενοι ἀκροβυστία ὑπὸ τῆς λεγομένης περιτομῆς ἐν σαρκὶ χειροποιήτου,

2 12ᵃʸ*ὅτι ἦτε ἐν (+ς) τῷ καιρῷ ἐκείνῳ χωρὶς Χριστοῦ

2 12 ἐλπίδα μὴ ἔχοντες καὶ ἄθεοι ἐν τῷ κόσμῳ· ↔

2 13ᶜνυνὶ δὲ ἐν Χριστῷ Ἰησοῦ ὑμεῖς οἵ ποτε ὄντες μακρὰν ἐγενήθητε ἐγγὺς ↔

2 13 ἐν τῷ αἵματι τοῦ Χριστοῦ. ↔

2 14 αὐτὸς γάρ ἐστιν ... ὁ ... τὸ μεσότοιχον τοῦ φραγμοῦ λύσας, τὴν ἔχθραν, ἐν τῇ σαρκὶ αὐτοῦ ↔

2 15 τὸν νόμον τῶν ἐντολῶν ἐν δόγμασιν καταργήσας,

2 15ᵏἵνα τοὺς δύο κτίσῃ ἐν αὐτῷ (αὐ. Η; ἑαυ. ς) εἰς ἕνα καινὸν ἄνθρωπον

2 16ᵘἀποκαταλλάξῃ τοὺς ἀμφοτέρους ἐν ἑνὶ σώματι τῷ θεῷ διὰ τοῦ σταυροῦ, ↔

2 16 ἀποκτείνας τὴν ἔχθραν ἐν αὐτῷ

2 18ᵠᵘὅτι δι᾽ αὐτοῦ ἔχομεν τὴν προσαγωγὴν οἱ ἀμφότεροι ἐν ἑνὶ πνεύματι πρὸς τὸν πατέρα

2 21 ⟨Χριστοῦ Ἰησοῦ⟩ ἐν ᾧ πᾶσα οἰκοδομὴ συναρμολογουμένη ↔

2 21ᶜᵏαὔξει εἰς ναὸν ἅγιον ἐν κυρίῳ, ↔

2 22 ἐν ᾧ καὶ ὑμεῖς συνοικοδομεῖσθε ↔

2 22ᵏεἰς κατοικητήριον τοῦ θεοῦ ἐν πνεύματι

3 3 καθὼς προέγραψα ἐν ὀλίγῳ, ↔

3 4ᵠπρὸς ὃ δύνασθε ἀναγινώσκοντες νοῆσαι τὴν σύνεσίν μου ἐν τῷ μυστηρίῳ τοῦ Χριστοῦ, ↔

3 5 * ὃ ἐν (+ς) ἑτέραις γενεαῖς οὐκ ἐγνωρίσθη τοῖς υἱοῖς τῶν ἀνθρώπων ↔

3 5 ὡς νῦν ἀπεκαλύφθη τοῖς ἁγίοις ἀποστόλοις αὐτοῦ καὶ προφήταις ἐν πνεύματι, ↔

3 6ᶜᵘεἶναι τὰ ἔθνη ... συμμέτοχα τῆς ἐπαγγελίας (+αὐτοῦ [S]ς) ἐν Χριστῷ Ἰησοῦ διὰ τοῦ εὐαγγελίου

3 8 *ἐν (+ς) τοῖς ἔθνεσιν εὐαγγελίσασθαι τὸ ἀνεξιχνίαστον πλοῦτος τοῦ Χριστοῦ, ↔

E   3 9ᶠκαὶ φωτίσαι πάντας ([N²⁶]; — NTH) τίς ἡ οἰκονομία τοῦ μυστηρίου τοῦ ἀποκεκρυμμένου ἀπὸ τῶν αἰώνων ἐν τῷ θεῷ

3 10ᵘἵνα γνωρισθῇ νῦν ταῖς ἀρχαῖς καὶ ταῖς ἐξουσίαις ἐν τοῖς ἐπουρανίοις ... ἡ πολυποίκιλος σοφία τοῦ θεοῦ,

3 11ᶜʰκατὰ πρόθεσιν τῶν αἰώνων ἣν ἐποίησεν ἐν τῷ Χριστῷ Ἰησοῦ τῷ κυρίῳ ἡμῶν,

3 12 ἐν ᾧ ἔχομεν τὴν παρρησίαν ↔

3 12ᵘκαὶ προσαγωγὴν ἐν πεποιθήσει διὰ τῆς πίστεως αὐτοῦ. ↔

3 13ᶠᶻδιὸ αἰτοῦμαι μὴ ἐγκακεῖν ἐν ταῖς θλίψεσίν μου ὑπὲρ ὑμῶν

3 15ᵖἐξ οὗ πᾶσα πατριὰ ἐν οὐρανοῖς καὶ ἐπὶ γῆς ὀνομάζεται

3 17ᵘκατοικῆσαι τὸν Χριστὸν διὰ τῆς πίστεως ἐν ταῖς καρδίαις ὑμῶν,

3 17 ἐν ἀγάπῃ ἐρριζωμένοι καὶ τεθεμελιωμένοι

3 20ᶠκατὰ τὴν δύναμιν τὴν ἐνεργουμένην ἐν ἡμῖν, ↔

3 21 αὐτῷ ἡ δόξα ἐν τῇ ἐκκλησίᾳ ↔

3 21ᶜᵏκαὶ ἐν Χριστῷ Ἰησοῦ εἰς πάσας τὰς γενεάς

4 1ᶜπαρακαλῶ οὖν ὑμᾶς ἐγὼ ὁ δέσμιος ἐν κυρίῳ ἀξίως περιπατῆσαι

4 2 μετὰ μακροθυμίας, ἀνεχόμενοι ἀλλήλων ἐν ἀγάπῃ, ↔

4 3 σπουδάζοντες τηρεῖν τὴν ἑνότητα τοῦ πνεύματος ἐν τῷ συνδέσμῳ τῆς εἰρήνης

4 4 καθὼς καὶ [Η] ἐκλήθητε ἐν μιᾷ ἐλπίδι τῆς κλήσεως ὑμῶν

4 6ᵖᵘεἷς θεὸς ... ὁ ἐπὶ πάντων καὶ διὰ πάντων καὶ ἐν πᾶσιν

4 14 ἵνα μηκέτι ὦμεν ... περιφερόμενοι παντὶ ἀνέμῳ τῆς διδασκαλίας ἐν τῇ κυβείᾳ τῶν ἀνθρώπων, ↔

4 14ᵠἐν πανουργίᾳ πρὸς τὴν μεθοδείαν τῆς πλάνης, ↔

4 15ᵏἀληθεύοντες δὲ ἐν ἀγάπῃ αὐξήσωμεν εἰς αὐτὸν τὰ πάντα

4 16ʰᵘἐξ οὗ πᾶν τὸ σῶμα ... ἐν μέτρῳ ἑνὸς ἑκάστου μέρους τὴν αὔξησιν τοῦ σώματος ποιεῖται ↔

4 16ᵏεἰς οἰκοδομὴν ἑαυτοῦ (αὐτοῦ Τ) ἐν ἀγάπῃ. ↔

4 17ᶜτοῦτο οὖν λέγω καὶ μαρτύρομαι ἐν κυρίῳ, ↔

4 17 μηκέτι ὑμᾶς περιπατεῖν καθὼς καὶ τὰ ἔθνη περιπατεῖ ἐν ματαιότητι τοῦ νοὸς αὐτῶν

4 18 διὰ τὴν ἄγνοιαν τὴν οὖσαν ἐν αὐτοῖς

4 19ᵏπαρέδωκαν τῇ ἀσελγείᾳ εἰς ἐργασίαν ἀκαθαρσίας πάσης ἐν πλεονεξίᾳ

4 21 εἴ γε αὐτὸν ἠκούσατε καὶ ἐν αὐτῷ ἐδιδάχθητε ↔

4 21ᶜκαθώς ἐστιν ἀλήθεια ἐν τῷ Ἰησοῦ

4 24ʰἐνδύσασθαι τὸν καινὸν ἄνθρωπον τὸν κατὰ θεὸν κτισθέντα ἐν δικαιοσύνῃ καὶ ὁσιότητι τῆς ἀληθείας

4 30ᵏτὸ πνεῦμα τὸ ἅγιον τοῦ θεοῦ, ἐν ᾧ ἐσφραγίσθητε εἰς ἡμέραν ἀπολυτρώσεως

4 32ᶜκαθὼς καὶ ὁ θεὸς ἐν Χριστῷ ἐχαρίσατο ὑμῖν

5 2 περιπατεῖτε ἐν ἀγάπῃ

5 3 πορνεία δὲ καὶ ἀκαθαρσία πᾶσα ἢ πλεονεξία μηδὲ ὀνομαζέσθω ἐν ὑμῖν

E 5 5 πᾶς πόρνος ... οὐκ ἔχει κληρονο-
μίαν ἐν τῇ βασιλείᾳ τοῦ Χριστοῦ

5 8ᶜἦτε γάρ ποτε σκότος, νῦν δὲ φῶς
ἐν κυρίῳ

5 9 ὁ γὰρ καρπὸς τοῦ φωτὸς ἐν πάσῃ
ἀγαθωσύνῃ καὶ δικαιοσύνῃ καὶ
ἀληθείᾳ

5 18 μὴ μεθύσκεσθε οἴνῳ, ἐν ᾧ ἐστιν
ἀσωτία, ↔

5 18 ἀλλὰ πληροῦσθε ἐν πνεύματι, ↔

5 19 λαλοῦντες ἑαυτοῖς ἐν (+[N²⁶S]
MB) ψαλμοῖς καὶ ὕμνοις καὶ ᾠδαῖς
πνευματικαῖς, ↔

5 19 * ᾄδοντες καὶ ψάλλοντες ἐν (+
MVB[S]ς) τῇ καρδίᾳ ὑμῶν τῷ
κυρίῳ, ↔

5 20ᶻεὐχαριστοῦντες πάντοτε ὑπὲρ πάν-
των ἐν ὀνόματι τοῦ κυρίου ἡμῶν

5 21 ὑποτασσόμενοι ἀλλήλοις ἐν φόβῳ
Χριστοῦ

5 24 ἀλλὰ ὡς ἡ ἐκκλησία ὑποτάσσεται
τῷ Χριστῷ, οὕτως καὶ αἱ γυναῖκες
τοῖς ἀνδράσιν ἐν παντί

5 26 ἵνα αὐτὴν ἁγιάσῃ καθαρίσας τῷ
λουτρῷ τοῦ ὕδατος ἐν ῥήματι

6 1ᶜτὰ τέκνα, ὑπακούετε τοῖς γονεῦσιν
ὑμῶν | ἐν κυρίῳ [N²⁶NH]

6 2 ἥτις ἐστὶν ἐντολὴ πρώτη ἐν ἐπαγ-
γελίᾳ

6 4 ἀλλὰ ἐκτρέφετε αὐτὰ ἐν παιδείᾳ
καὶ νουθεσίᾳ κυρίου

6 5¹ ὑπακούετε ... μετὰ φόβου καὶ
τρόμου ἐν ἁπλότητι τῆς (—T)
καρδίας ὑμῶν

6 9 εἰδότες ὅτι καὶ αὐτῶν καὶ ὑμῶν
ὁ κύριός ἐστιν ἐν οὐρανοῖς

6 10ᶜᶠτοῦ λοιποῦ, ἐνδυναμοῦσθε ἐν
κυρίῳ ↔

6 10ᶠ καὶ ἐν τῷ κράτει τῆς ἰσχύος αὐτοῦ

6 12ᵃἡ πάλη ... πρὸς τὰ πνευματικὰ
τῆς πονηρίας ἐν τοῖς ἐπουρανίοις

6 13ᵃἵνα δυνηθῆτε ἀντιστῆναι ἐν τῇ
ἡμέρᾳ τῇ πονηρᾷ

6 14 στῆτε οὖν περιζωσάμενοι τὴν
ὀσφὺν ὑμῶν ἐν ἀληθείᾳ

6 15 ὑποδησάμενοι τοὺς πόδας ἐν ἑτοι-
μασίᾳ τοῦ εὐαγγελίου τῆς εἰρήνης,
↔

6 16 ἐν (ἐπὶ Vς) πᾶσιν ἀναλαβόντες τὸν
θυρεὸν τῆς πίστεως, ↔

6 16 ἐν ᾧ δυνήσεσθε πάντα τὰ βέλη
τοῦ πονηροῦ ... σβέσαι

6 18ᵃᵘδιὰ πάσης προσευχῆς καὶ δεήσεως,
προσευχόμενοι ἐν παντὶ καιρῷ ↔

6 18 ἐν πνεύματι, ↔

6 18ᵏⁿκαὶ εἰς αὐτὸ ἀγρυπνοῦντες ἐν
πάσῃ προσκαρτερήσει καὶ δεήσει
περὶ πάντων τῶν ἁγίων

6 19 ἵνα μοι δοθῇ λόγος ἐν ἀνοίξει τοῦ
στόματός μου, ↔

6 19 ἐν παρρησίᾳ γνωρίσαι τὸ μυστή-
ριον | τοῦ εὐαγγελίου [H], ↔

6 20ᶻὑπὲρ οὗ πρεσβεύω ἐν ἁλύσει, ↔

6 20 ἵνα ἐν αὐτῷ παρρησιάσωμαι ὡς
δεῖ με λαλῆσαι

6 21ᶜπάντα | γνωρίσει ὑμῖν (~Sς)
Τύχικος ὁ ... πιστὸς διάκονος
ἐν κυρίῳ

6 24¹ ἡ χάρις μετὰ πάντων τῶν ἀγαπών-
των τὸν κύριον ἡμῶν ... ἐν ἀ-
φθαρσίᾳ

Ph 1 1ᶜΠαῦλος καὶ Τιμόθεος ... πᾶσιν τοῖς
ἁγίοις ἐν Χριστῷ Ἰησοῦ ↔

1 1ʸτοῖς οὖσιν ἐν Φιλίπποις σὺν
ἐπισκόποις καὶ διακόνοις

Ph 1 4¹ᶻ⟨εὐχαριστῶ τῷ θεῷ μου⟩ πάντοτε
ἐν πάσῃ δεήσει μου ὑπὲρ πάντων
ὑμῶν μετὰ χαρᾶς τὴν δέησιν ποιού-
μενος

1 6ᶠὅτι ὁ ἐναρξάμενος ἐν ὑμῖν ἔργον
ἀγαθὸν ἐπιτελέσει

1 7 διὰ τὸ ἔχειν με ἐν τῇ καρδίᾳ ὑμᾶς,
↔

1 7 ἔν τε τοῖς δεσμοῖς μου ↔

1 7 καὶ ἐν (—ς) τῇ ἀπολογίᾳ καὶ
βεβαιώσει τοῦ εὐαγγελίου συγκοι-
νωνούς μου τῆς χάριτος πάντας
ὑμᾶς ὄντας

1 8 ὡς ἐπιποθῶ πάντας ὑμᾶς ἐν
σπλάγχνοις Χριστοῦ Ἰησοῦ

1 9ᵏἵνα ἡ ἀγάπη ὑμῶν ἔτι μᾶλλον ...
περισσεύῃ ἐν ἐπιγνώσει καὶ πάσῃ
αἰσθήσει

1 13ᶜὥστε τοὺς δεσμούς μου φανεροὺς ἐν
Χριστῷ γενέσθαι ↔

1 13 ἐν ὅλῳ τῷ πραιτωρίῳ καὶ τοῖς
λοιποῖς πᾶσιν, ↔

1 14ᶜκαὶ τοὺς πλείονας τῶν ἀδελφῶν
ἐν κυρίῳ πεποιθότας τοῖς δεσμοῖς
μου περισσοτέρως τολμᾶν

1 18 πλὴν ὅτι ... Χριστὸς καταγγέλλε-
ται, καὶ ἐν τούτῳ χαίρω

1 20 ὅτι ἐν οὐδενὶ αἰσχυνθήσομαι, ↔

1 20 ἀλλ' ἐν πάσῃ παρρησίᾳ ὡς
πάντοτε καὶ νῦν ↔

1 20ᵘμεγαλυνθήσεται Χριστὸς ἐν τῷ
σώματί μου, εἴτε διὰ ζωῆς

1 22 εἰ δὲ τὸ ζῆν ἐν σαρκί, τοῦτό μοι
καρπὸς ἔργου

1 24 τὸ δὲ ἐπιμένειν ἐν (+[N²⁶]Bς) τῇ
σαρκὶ ἀναγκαιότερον δι' ὑμᾶς

1 26ᶜἵνα τὸ καύχημα ὑμῶν περισσεύῃ
ἐν Χριστῷ Ἰησοῦ ↔

1 26ᵘἐν ἐμοὶ διὰ τῆς ἐμῆς παρουσίας
πάλιν πρὸς ὑμᾶς

1 27 ἵνα ... ἀκούω (-σω VSς) ... ὅτι
στήκετε ἐν ἑνὶ πνεύματι

1 28ʲμὴ πτυρόμενοι ἐν μηδενὶ ὑπὸ τῶν
ἀντικειμένων

1 30 τὸν αὐτὸν ἀγῶνα ἔχοντες οἷον
εἴδετε ἐν ἐμοὶ ↔

1 30 καὶ νῦν ἀκούετε ἐν ἐμοί. ↔

2 1ᶜεἴ τις οὖν παράκλησις ἐν Χριστῷ

2 5 τοῦτο φρονεῖτε (-νείσθω Sς) ἐν
ὑμῖν ↔

2 5ᵖὃ καὶ ἐν Χριστῷ Ἰησοῦ, ↔

2 6 ὃς ἐν μορφῇ θεοῦ ὑπάρχων οὐχ
ἁρπαγμὸν ἡγήσατο

2 7 ἐν ὁμοιώματι ἀνθρώπων γενόμενος

2 10 ἵνα ἐν τῷ ὀνόματι Ἰησοῦ πᾶν
γόνυ κάμψῃ

2 12 καθὼς πάντοτε ὑπηκούσατε, μὴ
ὡς [H] ἐν τῇ παρουσίᾳ μου μόνον
↔

2 12 ἀλλὰ νῦν πολλῷ μᾶλλον ἐν τῇ
ἀπουσίᾳ μου

2 13ᶠθεὸς γάρ ἐστιν ὁ ἐνεργῶν ἐν ὑμῖν
καὶ τὸ θέλειν

2 15 *ἵνα γένησθε ... τέκνα θεοῦ ἄμωμα
(-μητα Sς) | ἐν μέσῳ (ς; μέσον rI)
γενεᾶς σκολιᾶς καὶ διεστραμμένης,
↔

2 15 ἐν οἷς φαίνεσθε ὡς φωστῆρες ↔

2 15 ἐν κόσμῳ

2 19ᶜἐλπίζω δὲ ἐν κυρίῳ Ἰησοῦ Τιμό-
θεον ταχέως πέμψαι ὑμῖν

2 24ᶜπέποιθα δὲ ἐν κυρίῳ ὅτι καὶ αὐτὸς
ταχέως ἐλεύσομαι

2 29ᶜˡπροσδέχεσθε οὖν αὐτὸν ἐν κυρίῳ
μετὰ πάσης χαρᾶς

Ph 3 1ᶜτὸ λοιπόν, ἀδελφοί μου, χαίρετε ἐν
κυρίῳ

3 3ᶜἡμεῖς γάρ ἐσμεν ... οἱ ... καυχώ-
μενοι ἐν Χριστῷ Ἰησοῦ ↔

3 3 καὶ οὐκ ἐν σαρκὶ πεποιθότες, ↔

3 4 καίπερ ἐγὼ ἔχων πεποίθησιν καὶ
ἐν σαρκί.

3 4 εἴ τις δοκεῖ ἄλλος πεποιθέναι ἐν
σαρκί, ἐγὼ μᾶλλον

3 6ᶜκατὰ δικαιοσύνην τὴν ἐν νόμῳ
γενόμενος ἄμεμπτος

3 9 ⟨ἵνα Χριστὸν κερδήσω⟩ καὶ εὑ-
ρεθῶ ἐν αὐτῷ

3 14ᶜκατὰ σκοπὸν διώκω εἰς τὸ βραβεῖ-
ον τῆς ἄνω κλήσεως τοῦ θεοῦ ἐν
Χριστῷ Ἰησοῦ

3 19 ⟨τοὺς ἐχθροὺς τοῦ σταυροῦ⟩ ὧν
... ἡ δόξα ἐν τῇ αἰσχύνῃ αὐτῶν

3 20 ἡμῶν γὰρ τὸ πολίτευμα ἐν οὐρα-
νοῖς ὑπάρχει

4 1ᶜοὕτως στήκετε ἐν κυρίῳ, ἀγαπη-
τοί.

4 2ᶜΕὐοδίαν παρακαλῶ ... τὸ αὐτὸ
φρονεῖν ἐν κυρίῳ

4 3¹ αἵτινες ἐν τῷ εὐαγγελίῳ συνήθλη-
σάν μοι μετὰ ... τῶν λοιπῶν συνερ-
γῶν μου, ↔

4 3 ὧν τὰ ὀνόματα ἐν βίβλῳ ζωῆς. ↔

4 4ᶜχαίρετε ἐν κυρίῳ πάντοτε

4 6¹ᵃἀλλ' ἐν παντὶ τῇ προσευχῇ καὶ
τῇ δεήσει μετὰ εὐχαριστίας τὰ
αἰτήματα ὑμῶν γνωριζέσθω πρὸς
τὸν θεόν. ↔

4 7ᶜκαὶ ἡ εἰρήνη τοῦ θεοῦ ... φρουρή-
σει ... τὰ νοήματα ὑμῶν ἐν Χρι-
στῷ Ἰησοῦ

4 9 ἃ ... ἠκούσατε καὶ εἴδετε ἐν ἐμοί,
ταῦτα πράσσετε

4 10ᶜἐχάρην δὲ ἐν κυρίῳ μεγάλως

4 11 ἐγὼ γὰρ ἔμαθον ἐν οἷς εἰμι αὐτάρ-
κης εἶναι

4 12 ἐν παντὶ ↔

4 12 καὶ ἐν πᾶσιν μεμύημαι

4 13 πάντα ἰσχύω ἐν τῷ ἐνδυναμοῦντί με

4 15ᵏὅτι ἐν ἀρχῇ τοῦ εὐαγγελίου ...
οὐδεμία μοι ἐκκλησία ἐκοινώνησεν
εἰς λόγον δόσεως

4 16ᵏὅτι καὶ ἐν Θεσσαλονίκῃ ... εἰς τὴν
χρείαν μοι ἐπέμψατε

4 19ʰὁ δὲ θεός μου πληρώσει πᾶσαν
χρείαν ὑμῶν κατὰ τὸ πλοῦτος
αὐτοῦ ἐν δόξῃ

4 19ᶜἐν Χριστῷ Ἰησοῦ

4 21ᶜἀσπάσασθε πάντα ἅγιον ἐν Χρι-
στῷ Ἰησοῦ

Cl 1 2 ⟨Παῦλος ... καὶ Τιμόθεος ὁ ἀδελ-
φός⟩ τοῖς ἐν Κολοσσαῖς ἁγίοις ↔

1 2ᶜκαὶ πιστοῖς ἀδελφοῖς ἐν Χριστῷ·
χάρις ὑμῖν καὶ εἰρήνη

1 4ᶜ⟨εὐχαριστοῦμεν τῷ θεῷ⟩ ἀκού-
σαντες τὴν πίστιν ὑμῶν ἐν Χρι-
στῷ Ἰησοῦ

1 5 διὰ τὴν ἐλπίδα τὴν ἀποκειμένην
ὑμῖν ἐν τοῖς οὐρανοῖς, ↔

1 5 ἣν προηκούσατε ἐν τῷ λόγῳ τῆς
ἀληθείας τοῦ εὐαγγελίου

1 6 καθὼς καὶ ἐν παντὶ τῷ κόσμῳ ἐστὶν
καρποφορούμενον καὶ αὐξανόμε-
νον ↔

1 6ʳκαθὼς καὶ ἐν ὑμῖν, ↔

1 6 ἀφ' ἧς ἡμέρας ἠκούσατε καὶ ἐπ-
έγνωτε τὴν χάριν τοῦ θεοῦ ἐν
ἀληθείᾳ

1 8 ⟨ἀπὸ Ἐπαφρᾶ⟩ ὁ καὶ δηλώσας
ἡμῖν τὴν ὑμῶν ἀγάπην ἐν πνεύματι

Cl 1 9 ἵνα πληρωθῆτε τὴν ἐπίγνωσιν τοῦ θελήματος αὐτοῦ ἐν πάσῃ σοφίᾳ καὶ συνέσει πνευματικῇ

1 10ᵏπεριπατῆσαι ἀξίως τοῦ κυρίου εἰς πᾶσαν ἀρεσκείαν, ἐν παντὶ ἔργῳ ἀγαθῷ καρποφοροῦντες

1 11ʰᵏἐν πάσῃ δυνάμει δυναμούμενοι κατὰ τὸ κράτος τῆς δόξης αὐτοῦ

1 12ʰτῷ ἱκανώσαντι ὑμᾶς (ἡ. MSϛ) εἰς τὴν μερίδα τοῦ κλήρου τῶν ἁγίων ἐν τῷ φωτί

1 14 ἐν ᾧ ἔχομεν τὴν ἀπολύτρωσιν, τὴν ἄφεσιν τῶν ἁμαρτιῶν

1 16 ὅτι ἐν αὐτῷ ἐκτίσθη τὰ πάντα ↔

1 16ᵉᵖ(+τὰ MVSϛ) ἐν τοῖς οὐρανοῖς καὶ (+τὰ MVSϛ) ἐπὶ τῆς γῆς

1 17 τὰ πάντα ἐν αὐτῷ συνέστηκεν

1 18 ἵνα γένηται ἐν πᾶσιν αὐτὸς πρωτεύων, ↔

1 19 ὅτι ἐν αὐτῷ εὐδόκησεν πᾶν τὸ πλήρωμα κατοικῆσαι

1 20ᵉᵈεἰρηνοποιήσας ... | δι’ αὐτοῦ [N²⁶H] εἴτε τὰ ἐπὶ τῆς γῆς εἴτε τὰ ἐν τοῖς οὐρανοῖς. ↔

1 21 καὶ ὑμᾶς ποτε ὄντας ... ἐχθροὺς τῇ διανοίᾳ ἐν τοῖς ἔργοις τοῖς πονηροῖς, ↔

1 22ᵘνυνὶ δὲ ἀποκατήλλαξεν ἐν τῷ σώματι τῆς σαρκὸς αὐτοῦ διὰ τοῦ θανάτου (+αὐτοῦ S)

1 23 τοῦ κηρυχθέντος ἐν πάσῃ κτίσει τῇ ὑπὸ τὸν οὐρανόν

1 24ᶻνῦν χαίρω ἐν τοῖς παθήμασιν ὑπὲρ ὑμῶν, ↔

1 24ᶻκαὶ ἀνταναπληρῶ τὰ ὑστερήματα τῶν θλίψεων τοῦ Χριστοῦ ἐν τῇ σαρκί μου ὑπὲρ τοῦ σώματος αὐτοῦ

1 27 οἷς ἠθέλησεν ὁ θεὸς γνωρίσαι τί τὸ πλοῦτος τῆς δόξης τοῦ μυστηρίου τούτου ἐν τοῖς ἔθνεσιν, ↔

1 27 ὅ (ὅς NMVSTϛ) ἐστιν Χριστὸς ἐν ὑμῖν

1 28 διδάσκοντες πάντα ἄνθρωπον ἐν πάσῃ σοφίᾳ, ↔

1 28ᶜἵνα παραστήσωμεν πάντα ἄνθρωπον τέλειον ἐν Χριστῷ· ↔

1 29ᶠεἰς ὃ καὶ κοπιῶ ἀγωνιζόμενος κατὰ τὴν ἐνέργειαν αὐτοῦ τὴν ἐνεργουμένην ἐν ἐμοί ↔

1 29ᶠἐν δυνάμει

2 1ᵉεἰδέναι ἡλίκον ἀγῶνα ἔχω ὑπὲρ ὑμῶν καὶ τῶν ἐν Λαοδικείᾳ ↔

2 1 καὶ ὅσοι οὐχ ἑόρακαν (ἑωράκασιν Sϛ) τὸ πρόσωπόν μου ἐν σαρκί, ↔

2 2ᵏἵνα παρακληθῶσιν ... συμβιβασθέντες ἐν ἀγάπῃ καὶ εἰς πᾶν πλοῦτος

2 3 ἐν ᾧ εἰσιν πάντες οἱ θησαυροὶ τῆς σοφίας καὶ γνώσεως ἀπόκρυφοι

2 4 ἵνα μηδεὶς ὑμᾶς παραλογίζηται ἐν πιθανολογίᾳ

2 6 ὡς οὖν παρελάβετε ... τὸν κύριον, ἐν αὐτῷ περιπατεῖτε,

2 7 ἐρριζωμένοι καὶ ἐποικοδομούμενοι ἐν αὐτῷ ↔

2 7 * καὶ βεβαιούμενοι ἐν (+M[V]Sϛ) τῇ πίστει καθὼς ἐδιδάχθητε,

2 7 * περισσεύοντες | ἐν αὐτῇ (+[SH] ϛ) ↔

2 7 ἐν εὐχαριστίᾳ

2 9 ὅτι ἐν αὐτῷ κατοικεῖ πᾶν τὸ πλήρωμα τῆς θεότητος σωματικῶς, ↔

2 10 καὶ ἐστὲ ἐν αὐτῷ πεπληρωμένοι

Cl 2 11 ἐν ᾧ καὶ περιετμήθητε περιτομῇ ἀχειροποιήτῳ ↔

2 11 ἐν τῇ ἀπεκδύσει τοῦ σώματος τῆς σαρκός, ↔

2 11 ἐν τῇ περιτομῇ τοῦ Χριστοῦ, ↔

2 12 συνταφέντες αὐτῷ ἐν τῷ βαπτισμῷ (N²⁶; -ματι rl),

2 12ᵘἐν ᾧ καὶ συνηγέρθητε διὰ τῆς πίστεως τῆς ἐνεργείας τοῦ θεοῦ

2 13 καὶ ὑμᾶς νεκροὺς ὄντας ἐν (+ [N²⁶]BSϛ) τοῖς παραπτώμασιν καὶ τῇ ἀκροβυστίᾳ

2 15 ἀπεκδυσάμενος τὰς ἀρχὰς καὶ τὰς ἐξουσίας ἐδειγμάτισεν ἐν παρρησίᾳ, ↔

2 15 θριαμβεύσας αὐτοὺς ἐν αὐτῷ. ↔

2 16 μὴ οὖν τις ὑμᾶς κρινέτω ἐν βρώσει ↔

2 16 καὶ (ἢ MVTϛ) ἐν πόσει ↔

2 16 ἢ ἐν μέρει ἑορτῆς ἢ νεομηνίας ἢ σαββάτων

2 18 μηδεὶς ὑμᾶς καταβραβευέτω θέλων ἐν ταπεινοφροσύνῃ καὶ θρησκείᾳ τῶν ἀγγέλων

2 20 τί ὡς ζῶντες ἐν κόσμῳ δογματίζεσθε ⟨;⟩

2 23 ἅτινά ἐστιν λόγον μὲν ἔχοντα σοφίας ἐν ἐθελοθρησκίᾳ καὶ ταπεινοφροσύνῃ καὶ [N²⁶H] ἀφειδίᾳ σώματος, ↔

2 23ᵠοὐκ ἐν τιμῇ τινι πρὸς πλησμονὴν τῆς σαρκός

3 1 οὗ ὁ Χριστός ἐστιν ἐν δεξιᾷ τοῦ θεοῦ καθήμενος

3 3ʸἡ ζωὴ ὑμῶν κέκρυπται σὺν τῷ Χριστῷ ἐν τῷ θεῷ

3 4ʸτότε καὶ ὑμεῖς σὺν αὐτῷ φανερωθήσεσθε ἐν δόξῃ

3 7 ἐν οἷς καὶ ὑμεῖς περιεπατήσατέ ποτε, ↔

3 7 ὅτε ἐζῆτε ἐν τούτοις (αὐτοῖς ϛ)

3 11 ὅπου οὐκ ἔνι Ἕλλην ... ἀλλὰ τὰ ([N²⁶VS]; —NH) πάντα καὶ ἐν πᾶσιν Χριστός

3 15 ἡ εἰρήνη τοῦ Χριστοῦ βραβευέτω ἐν ταῖς καρδίαις ὑμῶν, ↔

3 15ᵏεἰς ἣν καὶ ἐκλήθητε ἐν ἑνὶ [H] σώματι

3 16ᶠὁ λόγος τοῦ Χριστοῦ ἐνοικείτω ἐν ὑμῖν πλουσίως, ↔

3 16 ἐν πάσῃ σοφίᾳ διδάσκοντες καὶ νουθετοῦντες ἑαυτούς, ↔

3 16 ψαλμοῖς ὕμνοις ᾠδαῖς πνευματικαῖς ἐν τῇ ([N²⁶]; —MVSHϛ) χάριτι ᾄδοντες

3 16 ἐν ταῖς καρδίαις ὑμῶν τῷ θεῷ· ↔

3 17 καὶ πᾶν | ὅ τι (ὅτι H) ἐὰν (ἂν BSTϛ) ποιῆτε ἐν λόγῳ ↔

3 17 ἢ ἐν ἔργῳ, ↔

3 17 πάντα ἐν ὀνόματι κυρίου Ἰησοῦ

3 18ᶜὑποτάσσεσθε τοῖς ἀνδράσιν, ὡς ἀνῆκεν ἐν κυρίῳ

3 20ᶜτοῦτο γὰρ εὐάρεστόν ἐστιν ἐν (τῷ ϛ) κυρίῳ

3 22ʰὑπακούετε ... μὴ ἐν ὀφθαλμοδουλίᾳ (N²⁶; -λίαις rl) ὡς ἀνθρωπάρεσκοι, ↔

3 22 ἀλλ’ ἐν ἁπλότητι καρδίας φοβούμενοι τὸν κύριον

4 1 εἰδότες ὅτι καὶ ὑμεῖς ἔχετε κύριον ἐν οὐρανῷ. ↔

4 2 τῇ προσευχῇ προσκαρτερεῖτε, γρηγοροῦντες ἐν αὐτῇ ↔

4 2 ἐν εὐχαριστίᾳ

Cl 4 5ᵠἐν σοφίᾳ περιπατεῖτε πρὸς τοὺς ἔξω

4 6 ὁ λόγος ὑμῶν πάντοτε ἐν χάριτι, ἅλατι ἠρτυμένος

4 7ᶜτὰ κατ’ ἐμὲ πάντα γνωρίσει ὑμῖν Τύχικος ὁ ... σύνδουλος ἐν κυρίῳ

4 12ᶻἀσπάζεται ὑμᾶς Ἐπαφρᾶς ... πάντοτε ἀγωνιζόμενος ὑπὲρ ὑμῶν ἐν ταῖς προσευχαῖς,

4 12 ἵνα σταθῆτε (στ[αθ]ῆτε S; στῆτε Vϛ) τέλειοι καὶ πεπληροφορημένοι ἐν παντὶ θελήματι τοῦ θεοῦ. ↔

4 13ᵉμαρτυρῶ γὰρ αὐτῷ ὅτι ἔχει πολὺν πόνον ὑπὲρ ὑμῶν καὶ τῶν ἐν Λαοδικείᾳ ↔

4 13ᵉκαὶ τῶν ἐν Ἱεραπόλει

4 15 ἀσπάσασθε τοὺς ἐν Λαοδικείᾳ ἀδελφοὺς καὶ Νύμφαν

4 16 ποιήσατε ἵνα καὶ ἐν τῇ Λαοδικέων ἐκκλησίᾳ ἀναγνωσθῇ

4 17ᶜβλέπε τὴν διακονίαν ἣν παρέλαβες ἐν κυρίῳ

1 Th 1 1ᶜΠαῦλος ... καὶ Τιμόθεος τῇ ἐκκλησίᾳ Θεσσαλονικέων ἐν θεῷ πατρὶ καὶ κυρίῳ Ἰησοῦ Χριστῷ· χάρις ὑμῖν

1 5ᵏ⟨εἰδότες⟩ ὅτι τὸ εὐαγγέλιον ἡμῶν οὐκ ἐγενήθη εἰς ὑμᾶς ἐν λόγῳ μόνον, ↔

1 5 ἀλλὰ καὶ ἐν δυνάμει ↔

1 5 καὶ ἐν πνεύματι ἁγίῳ ↔

1 5 καὶ ἐν ([N²⁶V]; —NTH) πληροφορίᾳ πολλῇ, ↔

1 5ᵘκαθὼς οἴδατε οἷοι ἐγενήθημεν ἐν ([N²⁶]; —H) ὑμῖν δι’ ὑμᾶς

1 6ˡδεξάμενοι τὸν λόγον ἐν θλίψει πολλῇ μετὰ χαρᾶς πνεύματος ἁγίου, ↔

1 7 ὥστε γενέσθαι ὑμᾶς τύπον (-πους Sϛ) πᾶσιν τοῖς πιστεύουσιν ἐν τῇ Μακεδονίᾳ ↔

1 7 καὶ ἐν (—ϛ) τῇ Ἀχαΐᾳ. ↔

1 8ʳἀφ’ ὑμῶν γὰρ ἐξήχηται ὁ λόγος τοῦ κυρίου οὐ μόνον ἐν τῇ Μακεδονίᾳ ↔

1 8 καὶ | ἐν τῇ (+[N²⁶S]T) Ἀχαΐᾳ, ↔

1 8ᵠἀλλ’ ἐν παντὶ τόπῳ ἡ πίστις ὑμῶν ἡ πρὸς τὸν θεὸν ἐξελήλυθεν

2 2 ἀλλὰ προπαθόντες καὶ ὑβρισθέντες καθὼς οἴδατε ἐν Φιλίπποις

2 2 ἐπαρρησιασάμεθα ἐν τῷ θεῷ ἡμῶν ↔

2 2ᵠλαλῆσαι πρὸς ὑμᾶς τὸ εὐαγγέλιον τοῦ θεοῦ ἐν πολλῷ ἀγῶνι. ↔

2 3ᵐἡ γὰρ παράκλησις ἡμῶν οὐκ ἐκ πλάνης ... οὐδὲ (οὔτε VSϛ) ἐν δόλῳ

2 5 οὔτε γάρ ποτε ἐν λόγῳ κολακείας ἐγενήθημεν, καθὼς οἴδατε, ↔

2 5 οὔτε ἐν ([S]; —H) προφάσει πλεονεξίας

2 7 δυνάμενοι ἐν βάρει εἶναι ὡς Χριστοῦ ἀπόστολοι, ↔

2 7 ἀλλὰ ἐγενήθημεν νήπιοι (N²⁶BH; ἤπιοι rl) ἐν μέσῳ ὑμῶν

2 13ᶠὃς καὶ ἐνεργεῖται ἐν ὑμῖν τοῖς πιστεύουσιν

2 14 μιμηταὶ ἐγενήθητε, ἀδελφοί, τῶν ἐκκλησιῶν τοῦ θεοῦ τῶν οὐσῶν ἐν τῇ Ἰουδαίᾳ ↔

2 14ᶜἐν Χριστῷ Ἰησοῦ

2 17 περισσοτέρως ἐσπουδάσαμεν τὸ πρόσωπον ὑμῶν ἰδεῖν ἐν πολλῇ ἐπιθυμίᾳ

1 Th 2 19ᵃ τίς γὰρ ἡμῶν ἐλπὶς . . . ἢ οὐχὶ καὶ ὑμεῖς ἔμπροσθεν τοῦ κυρίου ἡμῶν Ἰησοῦ ἐν τῇ αὐτοῦ παρουσίᾳ;

3 1 διὸ . . . εὐδοκήσαμεν καταλειφθῆναι ἐν Ἀθήναις μόνοι, ↔

3 2 καὶ ἐπέμψαμεν Τιμόθεον, τὸν . . . συνεργὸν (διάκονον MVSTHϛ) τοῦ θεοῦ ἐν τῷ εὐαγγελίῳ τοῦ Χριστοῦ

3 3 τὸ μηδένα σαίνεσθαι ἐν ταῖς θλίψεσιν ταύταις

3 8ᶜ ὅτι νῦν ζῶμεν ἐὰν ὑμεῖς στήκετε ἐν κυρίῳ

3 13ᵃ εἰς τὸ στηρίξαι ὑμῶν τὰς καρδίας ἀμέμπτους ἐν ἁγιωσύνῃ ἔμπροσθεν τοῦ θεοῦ καὶ πατρὸς ἡμῶν ↔

3 13ˡ ἐν τῇ παρουσίᾳ τοῦ κυρίου ἡμῶν Ἰησοῦ μετὰ πάντων τῶν ἁγίων αὐτοῦ

4 1ᶜ ἐρωτῶμεν ὑμᾶς καὶ παρακαλοῦμεν ἐν κυρίῳ Ἰησοῦ

4 4 εἰδέναι ἕκαστον ὑμῶν τὸ ἑαυτοῦ σκεῦος κτᾶσθαι ἐν ἁγιασμῷ καὶ τιμῇ, ↔

4 5 μὴ ἐν πάθει ἐπιθυμίας καθάπερ καὶ τὰ ἔθνη

4 6 τὸ μὴ ὑπερβαίνειν καὶ πλεονεκτεῖν ἐν τῷ πράγματι τὸν ἀδελφὸν αὐτοῦ

4 7ᵖ οὐ γὰρ ἐκάλεσεν ἡμᾶς ὁ θεὸς ἐπὶ ἀκαθαρσίᾳ ἀλλ' ἐν ἁγιασμῷ

4 10ᵉᵏ καὶ γὰρ ποιεῖτε αὐτὸ εἰς πάντας τοὺς ἀδελφοὺς τοὺς ([N²⁶NH]; —BT) ἐν ὅλῃ τῇ Μακεδονίᾳ

4 15 τοῦτο γὰρ ὑμῖν λέγομεν ἐν λόγῳ κυρίου

4 16 ὅτι αὐτὸς ὁ κύριος ἐν κελεύσματι, ↔

4 16 ἐν φωνῇ ἀρχαγγέλου ↔

4 16ʳ καὶ ἐν σάλπιγγι θεοῦ, καταβήσεται ἀπ' οὐρανοῦ, ↔

4 16ᵉ καὶ οἱ νεκροὶ ἐν Χριστῷ ἀναστήσονται πρῶτον, ↔

4 17ᵏʸ ἔπειτα ἡμεῖς οἱ ζῶντες . . . ἅμα σὺν αὐτοῖς ἁρπαγησόμεθα ἐν νεφέλαις εἰς ἀπάντησιν τοῦ κυρίου εἰς ἀέρα

4 18 ὥστε παρακαλεῖτε ἀλλήλους ἐν τοῖς λόγοις τούτοις

5 2ᵃ οἴδατε ὅτι (+ἡ MV[S]ϛ) ἡμέρα κυρίου ὡς κλέπτης ἐν νυκτὶ οὕτως ἔρχεται

5 3 ὥσπερ ἡ ὠδὶν τῇ ἐν γαστρὶ ἐχούσῃ

5 4 ὑμεῖς δέ, ἀδελφοί, οὐκ ἐστὲ ἐν σκότει

5 12 ἐρωτῶμεν δὲ ὑμᾶς, ἀδελφοί, εἰδέναι τοὺς κοπιῶντας ἐν ὑμῖν ↔

5 12ᶜ καὶ προϊσταμένους ὑμῶν ἐν κυρίῳ καὶ νουθετοῦντας ὑμᾶς, ↔

5 13ᵘ καὶ ἡγεῖσθαι αὐτοὺς ὑπερεκπερισσοῦ ἐν ἀγάπῃ διὰ τὸ ἔργον αὐτῶν. ↔

5 13 εἰρηνεύετε ἐν ἑαυτοῖς (αὐτοῖς T)

5 18 ἐν παντὶ εὐχαριστεῖτε· ↔

5 18ᵉᵏ τοῦτο γὰρ θέλημα θεοῦ ἐν Χριστῷ Ἰησοῦ εἰς ὑμᾶς

5 23 ὁλόκληρον ὑμῶν τὸ πνεῦμα . . . ἀμέμπτως ἐν τῇ παρουσίᾳ τοῦ κυρίου ἡμῶν . . . τηρηθείη

5 26 ἀσπάσασθε τοὺς ἀδελφοὺς πάντας ἐν φιλήματι ἁγίῳ

2 Th 1 1ᶜ Παῦλος . . . καὶ Τιμόθεος τῇ ἐκκλησίᾳ Θεσσαλονικέων ἐν θεῷ πατρὶ ἡμῶν καὶ κυρίῳ Ἰησοῦ Χριστῷ· χάρις ὑμῖν

1 4ᶠ ὥστε αὐτοὺς ἡμᾶς ἐν ὑμῖν ἐγκαυχᾶσθαι (καυ- ϛ) ↔

2 Th 1 4ᶻ ἐν ταῖς ἐκκλησίαις τοῦ θεοῦ ὑπὲρ τῆς ὑπομονῆς ὑμῶν καὶ πίστεως ↔

1 4 ἐν πᾶσιν τοῖς διωγμοῖς ὑμῶν καὶ ταῖς θλίψεσιν αἷς ἀνέχεσθε

1 7ˡʳ ἐν τῇ ἀποκαλύψει τοῦ κυρίου Ἰησοῦ ἀπ' οὐρανοῦ μετ' ἀγγέλων δυνάμεως αὐτοῦ ↔

1 8ˡʳ ἐν πυρὶ φλογός

1 10ᶠ ὅταν ἔλθῃ ἐνδοξασθῆναι ἐν τοῖς ἁγίοις αὐτοῦ ↔

1 10 καὶ θαυμασθῆναι ἐν πᾶσιν τοῖς πιστεύσασιν, ↔

1 10ᵃ ὅτι ἐπιστεύθη τὸ μαρτύριον ἡμῶν ἐφ' ὑμᾶς, ἐν τῇ ἡμέρᾳ ἐκείνῃ

1 11 ἵνα . . . πληρώσῃ πᾶσαν εὐδοκίαν ἀγαθωσύνης καὶ ἔργον πίστεως ἐν δυνάμει, ↔

1 12ᶠ ὅπως ἐνδοξασθῇ τὸ ὄνομα τοῦ κυρίου ἡμῶν Ἰησοῦ ἐν ὑμῖν ↔

1 12ʰ καὶ ὑμεῖς ἐν αὐτῷ, κατὰ τὴν χάριν τοῦ θεοῦ ἡμῶν

2 6ᵃ εἰς τὸ ἀποκαλυφθῆναι αὐτὸν ἐν τῷ ἑαυτοῦ (N²⁶ϛ; αὐτοῦ rl) καιρῷ

2 9ʰ οὗ ἐστιν ἡ παρουσία κατ' ἐνέργειαν τοῦ σατανᾶ ἐν πάσῃ δυνάμει καὶ σημείοις καὶ τέρασιν ψεύδους ↔

2 10 καὶ ἐν πάσῃ ἀπάτῃ ἀδικίας ↔

2 10 * ἐν (+ϛ) τοῖς ἀπολλυμένοις

2 12 * ἵνα κριθῶσιν πάντες (ἅ. MVBST) οἱ μὴ πιστεύσαντες τῇ ἀληθείᾳ ἀλλὰ εὐδοκήσαντες ἐν (+ϛ) τῇ ἀδικίᾳ

2 13ᵏ ὅτι εἵλατο ὑμᾶς ὁ θεὸς ἀπαρχὴν (ἀπ' ἀρχῆς VTHϛ) εἰς σωτηρίαν ἐν ἁγιασμῷ πνεύματος καὶ πίστει ἀληθείας

2 16 αὐτὸς δὲ ὁ κύριος ἡμῶν . . . ὁ . . . δοὺς παράκλησιν αἰωνίαν καὶ ἐλπίδα ἀγαθὴν ἐν χάριτι, ↔

2 17 παρακαλέσαι ὑμῶν τὰς καρδίας καὶ στηρίξαι ἐν παντὶ ἔργῳ καὶ λόγῳ ἀγαθῷ

3 4ᶜᵖ πεποίθαμεν δὲ ἐν κυρίῳ ἐφ' ὑμᾶς

3 6 παραγγέλλομεν δὲ ὑμῖν, ἀδελφοί, ἐν ὀνόματι τοῦ κυρίου ἡμῶν ([N²⁶]; —NH)

3 7 ὅτι οὐκ ἠτακτήσαμεν ἐν ὑμῖν

3 8ᵃ ἀλλ' ἐν κόπῳ καὶ μόχθῳ . . . ἐργαζόμενοι πρὸς τὸ μὴ ἐπιβαρῆσαί τινα ὑμῶν

3 11 ἀκούομεν γὰρ τινας περιπατοῦντας ἐν ὑμῖν ἀτάκτως

3 12ᶜ τοῖς δὲ τοιούτοις . . . παρακαλοῦμεν ἐν κυρίῳ Ἰησοῦ Χριστῷ (διὰ τοῦ κυρίου ἡμῶν Ἰησοῦ Χριστοῦ ϛ)

3 16ᵘ αὐτὸς δὲ ὁ κύριος . . . δῴη ὑμῖν τὴν εἰρήνην διὰ παντὸς ἐν παντὶ τρόπῳ

3 17 ὅ ἐστιν σημεῖον ἐν πάσῃ ἐπιστολῇ

1 Tm 1 2 ⟨Παῦλος ἀπόστολος⟩ Τιμοθέῳ γνησίῳ τέκνῳ ἐν πίστει· χάρις, ἔλεος

1 3 καθὼς παρεκάλεσά σε προσμεῖναι ἐν Ἐφέσῳ

1 4ᵉ αἵτινες ἐκζητήσεις παρέχουσιν μᾶλλον ἢ οἰκονομίαν θεοῦ τὴν ἐν πίστει

1 13 ὅτι ἀγνοῶν ἐποίησα ἐν ἀπιστίᾳ, ↔

1 14ᶜᵉ ὑπερεπλεόνασεν δὲ ἡ χάρις τοῦ κυρίου ἡμῶν μετὰ πίστεως καὶ ἀγάπης τῆς ἐν Χριστῷ Ἰησοῦ

1 16ᶠᵃ ἵνα ἐν ἐμοὶ πρώτῳ ἐνδείξηται . . . τὴν ἅπασαν μακροθυμίαν

1 18 ἵνα στρατεύῃ (-τεύ[σ]ῃ S; -σῃ T) ἐν αὐταῖς τὴν καλὴν στρατείαν

1 Tm 2 2 ⟨ποιεῖσθαι δεήσεις⟩ ὑπὲρ βασιλέων καὶ πάντων τῶν ἐν ὑπεροχῇ ὄντων, ↔

2 2 ἵνα ἤρεμον καὶ ἡσύχιον βίον διάγωμεν ἐν πάσῃ εὐσεβείᾳ καὶ σεμνότητι

2 7ᵒ * εἰς ὃ ἐτέθην ἐγώ . . . ἀλήθειαν λέγω | ἐν Χριστῷ (+ϛ), οὐ ψεύδομαι, ↔

2 7 διδάσκαλος ἐθνῶν ἐν πίστει καὶ ἀληθείᾳ. ↔

2 8ʸ βούλομαι οὖν προσεύχεσθαι τοὺς ἄνδρας ἐν παντὶ τόπῳ . . . χωρὶς ὀργῆς καὶ διαλογισμοῦ (-ῶν H). ↔

2 9ˡ ὡσαύτως καὶ (+[N²⁶]Tϛ) γυναῖκας ἐν καταστολῇ κοσμίῳ, μετὰ αἰδοῦς καὶ σωφροσύνης κοσμεῖν ἑαυτάς, ↔

2 9ᵘ μὴ ἐν πλέγμασιν καὶ χρυσίῳ (χρυσῷ Tϛ) ⟨ἀλλ' . . . δι' ἔργων ἀγαθῶν⟩

2 11 γυνὴ ἐν ἡσυχίᾳ μανθανέτω ↔

2 11 ἐν πάσῃ ὑποταγῇ· ↔

2 12 διδάσκειν δὲ γυναικὶ οὐκ ἐπιτρέπω . . . ἀλλ' εἶναι ἐν ἡσυχίᾳ

2 14 ἡ δὲ γυνὴ ἐξαπατηθεῖσα ἐν παραβάσει γέγονεν

2 15ˡ ἐὰν μείνωσιν ἐν πίστει καὶ ἀγάπῃ καὶ ἁγιασμῷ μετὰ σωφροσύνης

3 4ˡ ⟨δεῖ οὖν τὸν ἐπίσκοπον ἀνεπίλημπτον εἶναι⟩ τέκνα ἔχοντα ἐν ὑποταγῇ μετὰ πάσης σεμνότητος

3 9 ⟨διακόνους ὡσαύτως⟩ ἔχοντας τὸ μυστήριον τῆς πίστεως ἐν καθαρᾷ συνειδήσει

3 11 γυναῖκας ὡσαύτως . . . νηφαλίους, πιστὰς ἐν πᾶσιν

3 13 βαθμὸν ἑαυτοῖς καλὸν περιποιοῦνται καὶ πολλὴν παρρησίαν ἐν πίστει ↔

3 13ᶜᵉ τῇ ἐν Χριστῷ Ἰησοῦ. ↔

3 14ᵃ ταῦτά σοι γράφω ἐλπίζων ἐλθεῖν | πρὸς σὲ [H] | ἐν τάχει (N²⁶BSH; τάχιον rl)

3 15 ἵνα εἰδῇς πῶς δεῖ ἐν οἴκῳ θεοῦ ἀναστρέφεσθαι

3 16 ὃς ἐφανερώθη ἐν σαρκί, ↔

3 16 ἐδικαιώθη ἐν πνεύματι, ↔

3 16 ὤφθη ἀγγέλοις, ἐκηρύχθη ἐν ἔθνεσιν, ↔

3 16 ἐπιστεύθη ἐν κόσμῳ, ↔

3 16 ἀνελήμφθη ἐν δόξῃ

4 1ᵃ ἐν ὑστέροις καιροῖς ἀποστήσονταί τινες τῆς πίστεως

4 2 ἐν ὑποκρίσει ψευδολόγων

4 12 μηδείς σου τῆς νεότητος καταφρονείτω, ἀλλὰ τύπος γίνου τῶν πιστῶν ἐν λόγῳ, ↔

4 12 ἐν ἀναστροφῇ, ↔

4 12 ἐν ἀγάπῃ, ↔

4 12 * | ἐν πνεύματι (+ϛ), ↔

4 12 ἐν πίστει, ↔

4 12 ἐν ἁγνείᾳ

4 14 μὴ ἀμέλει τοῦ ἐν σοὶ χαρίσματος

4 15 ἐν τούτοις ἴσθι, ↔

4 15 * ἵνα σου ἡ προκοπὴ φανερὰ ᾖ ἐν (+ϛ) πᾶσιν

5 2 ⟨παρακάλει⟩ νεωτέρας ὡς ἀδελφὰς ἐν πάσῃ ἁγνείᾳ

5 10 ⟨χήρα καταλεγέσθω⟩ ἐν ἔργοις καλοῖς μαρτυρουμένη

5 17 οἱ καλῶς προεστῶτες πρεσβύτεροι διπλῆς τιμῆς ἀξιούσθωσαν, μάλιστα οἱ κοπιῶντες ἐν λόγῳ καὶ διδασκαλίᾳ

1 Tm 6 17[a] τοῖς πλουσίοις ἐν τῷ νῦν αἰῶνι παράγγελλε μὴ ὑψηλοφρονεῖν (ὑψηλὰ φρονεῖν T), ↔

6 17[p]* μηδὲ ἠλπικέναι ἐπὶ πλούτου ἀδηλότητι, ἀλλ᾽ | ἐν τῷ (Sϛ; ἐπὶ τῷ MV; ἐπὶ rl) θεῷ

6 18 ἀγαθοεργεῖν, πλουτεῖν ἐν ἔργοις καλοῖς

2 Tm 1 1[ce] Παῦλος ἀπόστολος ... κατ᾽ ἐπαγγελίαν ζωῆς τῆς ἐν Χριστῷ Ἰησοῦ

1 3[r] τῷ θεῷ, ᾧ λατρεύω ἀπὸ προγόνων ἐν καθαρᾷ συνειδήσει, ↔

1 3 ὡς ἀδιάλειπτον ἔχω τὴν περὶ σοῦ μνείαν ἐν ταῖς δεήσεσίν μου

1 5 ὑπόμνησιν λαβὼν τῆς ἐν σοὶ ἀνυποκρίτου πίστεως, ↔

1 5[f] ἥτις ἐνῴκησεν πρῶτον ἐν τῇ μάμμῃ σου Λωΐδι καὶ τῇ μητρί σου Εὐνίκῃ, ↔

1 5 πέπεισμαι δὲ ὅτι καὶ ἐν σοί

1 6[u] ὅ ἐστιν ἐν σοὶ διὰ τῆς ἐπιθέσεως τῶν χειρῶν μου

1 9[cv] τὴν δοθεῖσαν ἡμῖν ἐν Χριστῷ Ἰησοῦ πρὸ χρόνων αἰωνίων

1 13[s] ὑποτύπωσιν ἔχε ὑγιαινόντων λόγων ὧν παρ᾽ ἐμοῦ ἤκουσας ἐν πίστει καὶ ἀγάπῃ ↔

1 13[ce] τῇ ἐν Χριστῷ Ἰησοῦ· ↔

1 14[f] τὴν καλὴν παραθήκην φύλαξον διὰ πνεύματος ἁγίου τοῦ ἐνοικοῦντος ἐν ἡμῖν

1 15[e] ἀπεστράφησάν με πάντες οἱ ἐν τῇ Ἀσίᾳ

1 17 ἀλλὰ γενόμενος ἐν Ῥώμῃ σπουδαίως ἐζήτησέν με

1 18[as] δῴη αὐτῷ ὁ κύριος εὑρεῖν ἔλεος παρὰ κυρίου ἐν ἐκείνῃ τῇ ἡμέρᾳ· ↔

1 18 καὶ ὅσα ἐν Ἐφέσῳ διηκόνησεν

2 1[f] σὺ οὖν, τέκνον μου, ἐνδυναμοῦ ἐν τῇ χάριτι ↔

2 1[ce] τῇ ἐν Χριστῷ Ἰησοῦ

2 7 δώσει γάρ σοι ὁ κύριος σύνεσιν ἐν πᾶσιν

2 9[v] ⟨τὸ εὐαγγέλιόν μου⟩ ἐν ᾧ κακοπαθῶ μέχρι δεσμῶν ὡς κακοῦργος

2 10[cel] ἵνα καὶ αὐτοὶ σωτηρίας τύχωσιν τῆς ἐν Χριστῷ Ἰησοῦ μετὰ δόξης

2 20 ἐν μεγάλῃ δὲ οἰκίᾳ οὐκ ἔστιν μόνον σκεύη χρυσᾶ καὶ ἀργυρᾶ

2 25 ⟨οὐ δεῖ μάχεσθαι ἀλλὰ ἤπιον εἶναι⟩ ἐν πραΰτητι παιδεύοντα τοὺς ἀντιδιατιθεμένους

3 1[af] ἐν ἐσχάταις ἡμέραις ἐνστήσονται καιροὶ χαλεποί

3 11 τοῖς παθήμασιν, οἷά μοι ἐγένετο ἐν Ἀντιοχείᾳ, ↔

3 11 ἐν Ἰκονίῳ, ↔

3 11 ἐν Λύστροις

3 12[c] καὶ πάντες δὲ οἱ θέλοντες | εὐσεβῶς ζῆν (N²⁶ϛ; ~rl) ἐν Χριστῷ Ἰησοῦ διωχθήσονται

3 14 σὺ δὲ μένε ἐν οἷς ἔμαθες καὶ ἐπιστώθης

3 15[ce] τὰ δυνάμενά σε σοφίσαι εἰς σωτηρίαν διὰ πίστεως τῆς ἐν Χριστῷ Ἰησοῦ. ↔

3 16[e] πᾶσα γραφὴ θεόπνευστος καὶ ὠφέλιμος ... πρὸς παιδείαν τὴν ἐν δικαιοσύνῃ

4 2 ἔλεγξον, | ἐπιτίμησον, παρακάλεσον (~BT), ἐν πάσῃ μακροθυμίᾳ καὶ διδαχῇ

4 5 σὺ δὲ νῆφε ἐν πᾶσιν

2 Tm 4 8[a] ὃν ἀποδώσει μοι ὁ κύριος ἐν ἐκείνῃ τῇ ἡμέρᾳ

4 13[a] ὃν ἀπέλιπον (-λειπον H) ἐν Τρῳάδι παρὰ Κάρπῳ

4 16 ἐν τῇ πρώτῃ μου ἀπολογίᾳ οὐδείς μοι παρεγένετο (συμπαρ-VSϛ)

4 20 Ἔραστος ἔμεινεν ἐν Κορίνθῳ, ↔

4 20 Τρόφιμον δὲ ἀπέλιπον (-λειπον H) ἐν Μιλήτῳ ἀσθενοῦντα

Tt 1 3 ἐφανέρωσεν δὲ καιροῖς ἰδίοις τὸν λόγον αὐτοῦ ἐν κηρύγματι

1 5[n] τούτου χάριν ἀπέλιπόν (-λειπόν H; κατέλιπόν Sϛ) σε ἐν Κρήτῃ

1 6 εἴ τίς ἐστιν ἀνέγκλητος ... τέκνα ἔχων πιστά, μὴ ἐν κατηγορίᾳ ἀσωτίας

1 9 ἵνα δυνατὸς ᾖ καὶ παρακαλεῖν ἐν τῇ διδασκαλίᾳ τῇ ὑγιαινούσῃ

1 13 ἵνα ὑγιαίνωσιν ἐν [H] τῇ πίστει

2 3 ⟨εἶναι⟩ πρεσβύτιδας ὡσαύτως ἐν καταστήματι ἱεροπρεπεῖς

2 7 σεαυτὸν παρεχόμενος τύπον καλῶν ἔργων, ἐν τῇ διδασκαλίᾳ ἀφθορίαν

2 9 δούλους | ἰδίοις δεσπόταις (~S) ὑποτάσσεσθαι ἐν πᾶσιν

2 10 ἵνα τὴν διδασκαλίαν τὴν τοῦ σωτῆρος ἡμῶν θεοῦ κοσμῶσιν ἐν πᾶσιν

2 12[a] ἵνα ἀρνησάμενοι τὴν ἀσέβειαν ... εὐσεβῶς ζήσωμεν ἐν τῷ νῦν αἰῶνι

3 3 ἦμεν γάρ ποτε καὶ ἡμεῖς ... ἐν κακίᾳ καὶ φθόνῳ διάγοντες

3 5[e] ⟨ὅτε δὲ ἡ χρηστότης ... ἐπεφάνη⟩ οὐκ ἐξ ἔργων τῶν ἐν δικαιοσύνῃ ... ἔσωσεν ἡμᾶς

3 15 ἄσπασαι τοὺς φιλοῦντας ἡμᾶς ἐν πίστει

Phm 6 ὅπως ἡ κοινωνία τῆς πίστεώς σου ἐνεργὴς γένηται ἐν ἐπιγνώσει παντὸς ἀγαθοῦ

6[ek] τοῦ [H] ἐν ἡμῖν (ὑμῖν MBSTϛ) εἰς Χριστόν (+Ἰησοῦν Vϛ)

8[c] πολλὴν ἐν Χριστῷ παρρησίαν ἔχων ἐπιτάσσειν σοι τὸ ἀνῆκον

10 περὶ τοῦ ἐμοῦ τέκνου, ὃν ἐγέννησα ἐν τοῖς δεσμοῖς

13[z] ἵνα ὑπὲρ σοῦ μοι διακονῇ ἐν τοῖς δεσμοῖς τοῦ εὐαγγελίου

16 ⟨ἵνα ... ἀπέχῃς⟩ ὡς ... ἀδελφὸν ἀγαπητόν ... μᾶλλον σοὶ καὶ ἐν σαρκὶ ↔

16[c] καὶ ἐν κυρίῳ

20[e] ἐγώ σου ὀναίμην ἐν κυρίῳ· ↔

20[c] ἀνάπαυσόν μου τὰ σπλάγχνα ἐν Χριστῷ

23[c] ἀσπάζεταί σε Ἐπαφρᾶς ὁ συναιχμάλωτός μου ἐν Χριστῷ Ἰησοῦ

Hb 1 1 πάλαι ὁ θεὸς λαλήσας τοῖς πατράσιν ἐν τοῖς προφήταις ↔

1 2[p] ἐπ᾽ ἐσχάτου τῶν ἡμερῶν τούτων ἐλάλησεν ἡμῖν ἐν υἱῷ

1 3 (+δι᾽ ἑαυτοῦ [S]ϛ) καθαρισμὸν τῶν ἁμαρτιῶν (+ἡμῶν [S]ϛ) ποιησάμενος ἐκάθισεν ἐν δεξιᾷ τῆς μεγαλωσύνης

1 3 ἐν ὑψηλοῖς

2 8[g] ἐν | τῷ γὰρ (~VSϛ) ὑποτάξαι αὐτῷ [N²⁶NH] τὰ πάντα

2 12 ἐν μέσῳ ἐκκλησίας ὑμνήσω σε

2 18[b] ἐν ᾧ γὰρ πέπονθεν αὐτὸς πειρασθείς

3 2 ⟨Ἰησοῦν⟩ πιστὸν ὄντα ... ὡς καὶ Μωϋσῆς ἐν ὅλῳ [N²⁶NH] τῷ οἴκῳ αὐτοῦ

Hb 3 5 καὶ Μωϋσῆς μὲν πιστὸς ἐν ὅλῳ τῷ οἴκῳ αὐτοῦ

3 8 μὴ σκληρύνητε τὰς καρδίας ὑμῶν ὡς ἐν τῷ παραπικρασμῷ ↔

3 8[h] κατὰ τὴν ἡμέραν τοῦ πειρασμοῦ ἐν τῇ ἐρήμῳ, ↔

3 9 οὗ ἐπείρασαν (+με [S]ϛ) οἱ πατέρες ὑμῶν | ἐν δοκιμασίᾳ (ἐδοκίμασάν με ϛ)

3 11 ὡς ὤμοσα ἐν τῇ ὀργῇ μου

3 12 βλέπετε, ἀδελφοί, μήποτε ἔσται ἔν τινι ὑμῶν καρδία πονηρὰ ἀπιστίας ↔

3 12[g] ἐν τῷ ἀποστῆναι ἀπὸ θεοῦ ζῶντος

3 15[g] ἐν τῷ λέγεσθαι

3 15 μὴ σκληρύνητε τὰς καρδίας ὑμῶν ὡς ἐν τῷ παραπικρασμῷ

3 17 ὧν τὰ κῶλα ἔπεσεν ἐν τῇ ἐρήμῳ

4 3 ὡς ὤμοσα ἐν τῇ ὀργῇ μου

4 4[ar] κατέπαυσεν ὁ θεὸς ἐν τῇ ἡμέρᾳ τῇ ἑβδόμῃ ἀπὸ πάντων τῶν ἔργων αὐτοῦ· ↔

4 5[d] καὶ ἐν τούτῳ πάλιν

4 7[dl] πάλιν τινὰ ὁρίζει ἡμέραν, σήμερον, ἐν Δαυὶδ λέγων μετὰ τοσοῦτον χρόνον

4 11 ἵνα μὴ ἐν τῷ αὐτῷ τις ὑποδείγματι πέσῃ τῆς ἀπειθείας

5 6[d] καθὼς καὶ ἐν ἑτέρῳ λέγει

5 7[alq] ὃς ἐν ταῖς ἡμέραις τῆς σαρκὸς αὐτοῦ δεήσεις τε καὶ ἱκετηρίας ... προσενέγκας

6 17[b] ἐν ᾧ περισσότερον βουλόμενος ὁ θεὸς ἐπιδεῖξαι ... τὸ ἀμετάθετον τῆς βουλῆς αὐτοῦ

6 18 ἐν οἷς ἀδύνατον ψεύσασθαι τὸν (+[N²⁶S]VBT) θεόν

7 10 ἔτι γὰρ ἐν τῇ ὀσφύϊ τοῦ πατρὸς ἦν

8 1 ὃς ἐκάθισεν ἐν δεξιᾷ τοῦ θρόνου τῆς μεγαλωσύνης ↔

8 1 ἐν τοῖς οὐρανοῖς

8 5 ποιήσεις πάντα κατὰ τὸν τύπον τὸν δειχθέντα σοι ἐν τῷ ὄρει

8 9[am] ἡμέρᾳ ἐπιλαβομένου μου τῆς χειρὸς αὐτῶν ἐξαγαγεῖν αὐτοὺς ἐκ γῆς Αἰγύπτου, ↔

8 9[f] ὅτι αὐτοὶ οὐκ ἐνέμειναν ἐν τῇ διαθήκῃ μου

8 13[g] ἐν τῷ λέγειν καινὴν πεπαλαίωκεν τὴν πρώτην

9 2 σκηνὴ γὰρ κατεσκευάσθη ἡ πρώτη, ἐν ᾗ ἥ τε λυχνία καὶ ἡ τράπεζα

9 4 τὴν κιβωτὸν ... ἐν ᾗ στάμνος χρυσῆ ἔχουσα τὸ μάννα

9 22[h] σχεδὸν ἐν αἵματι πάντα καθαρίζεται κατὰ τὸν νόμον

9 23[e] ἀνάγκη οὖν τὰ μὲν ὑποδείγματα τῶν ἐν τοῖς οὐρανοῖς τούτοις καθαρίζεσθαι

9 25[hk] ὥσπερ ὁ ἀρχιερεὺς εἰσέρχεται εἰς τὰ ἅγια κατ᾽ ἐνιαυτὸν ἐν αἵματι ἀλλοτρίῳ

10 3[h] ἀλλ᾽ ἐν αὐταῖς ἀνάμνησις ἁμαρτιῶν κατ᾽ ἐνιαυτόν

10 7[dn] ἐν κεφαλίδι βιβλίου γέγραπται περὶ ἐμοῦ

10 10[u] ἐν ᾧ θελήματι ἡγιασμένοι ἐσμὲν διὰ τῆς προσφορᾶς ... Χριστοῦ ἐφάπαξ

10 12[k] μίαν ... προσενέγκας θυσίαν εἰς τὸ διηνεκὲς ἐκάθισεν ἐν δεξιᾷ τοῦ θεοῦ

10 19[k] ἔχοντες ... παρρησίαν εἰς τὴν εἴσοδον τῶν ἁγίων ἐν τῷ αἵματι Ἰησοῦ

Hb

10 22¹ προσερχώμεθα μετὰ ἀληθινῆς καρδίας ἐν πληροφορίᾳ πίστεως

10 29 ὁ ... τὸ αἷμα τῆς διαθήκης κοινὸν ἡγησάμενος, ἐν ᾧ ἡγιάσθη

10 32 ἡμέρας [+ὑμῶν S], ἐν αἷς φωτισθέντες πολλὴν ἄθλησιν ὑπεμείνατε παθημάτων

10 34 * γινώσκοντες ἔχειν | ἐν ἑαυτοῖς (ϛ; ἑαυτοὺς rl) κρείττονα ὕπαρξιν ↔

10 34 * | ἐν οὐρανοῖς (+ϛ) καὶ μένουσαν

10 38 ἐὰν ὑποστείληται, οὐκ εὐδοκεῖ ἡ ψυχή μου ἐν αὐτῷ

11 2 ἐν ταύτῃ γὰρ ἐμαρτυρήθησαν οἱ πρεσβύτεροι

11 9ᵏˡ πίστει παρῴκησεν εἰς γῆν τῆς ἐπαγγελίας ὡς ἀλλοτρίαν, ἐν σκηναῖς κατοικήσας

11 18 ἐν Ἰσαὰκ κληθήσεταί σοι σπέρμα

11 19 ὅθεν αὐτὸν καὶ ἐν παραβολῇ ἐκομίσατο

11 26 * μείζονα πλοῦτον ἡγησάμενος τῶν | ἐν Αἰγύπτῳ (ϛ; Αἰγύπτου rl) θησαυρῶν τὸν ὀνειδισμὸν τοῦ Χριστοῦ

11 34 ⟨οἱ διὰ πίστεως⟩ ἐγενήθησαν ἰσχυροὶ ἐν πολέμῳ

11 37 ⟨ἕτεροι δὲ⟩ ἐν φόνῳ μαχαίρης ἀπέθανον,

11 37 περιῆλθον ἐν μηλωταῖς, ↔

11 37 ἐν αἰγείοις δέρμασιν, ὑστερούμενοι, θλιβόμενοι, κακουχούμενοι, ↔

11 38 * ὧν οὐκ ἦν ἄξιος ὁ κόσμος, ἐν (ϛ; ἐπὶ rl) ἐρημίαις πλανώμενοι

12 2 ὃς ... ὑπέμεινεν σταυρὸν ... ἐν δεξιᾷ τε τοῦ θρόνου τοῦ θεοῦ κεκάθικεν

12 23 ⟨ἀλλὰ προσεληλύθατε Σιὼν⟩ καὶ ἐκκλησίᾳ πρωτοτόκων | ἀπογεγραμμένων ἐν οὐρανοῖς (~ Sϛ)

13 3 μιμνήσκεσθε ... τῶν κακουχουμένων ὡς καὶ αὐτοὶ ὄντες ἐν σώματι.

13 4 τίμιος ὁ γάμος ἐν πᾶσιν καὶ ἡ κοίτη ἀμίαντος

13 9 οὐ βρώμασιν, ἐν οἷς οὐκ ὠφελήθησαν οἱ περιπατοῦντες (-τήσαντες MVSϛ)

13 18 ἐν πᾶσιν καλῶς θέλοντες ἀναστρέφεσθαι

13 20ᵐ ὁ ἀναγαγὼν ἐκ νεκρῶν τὸν ποιμένα τῶν προβάτων τὸν μέγαν ἐν αἵματι διαθήκης αἰωνίου

13 21ᵏ καταρτίσαι ὑμᾶς ἐν παντὶ (+ἔργῳ Vϛ) ἀγαθῷ εἰς τὸ ποιῆσαι τὸ θέλημα αὐτοῦ,

13 21ᵗᵘ [+αὐτῷ S] ποιῶν ἐν ἡμῖν (ὑμ. Sϛ) τὸ εὐάρεστον ἐνώπιον αὐτοῦ

Jc

1 1ᵉ Ἰάκωβος θεοῦ ... δοῦλος ταῖς δώδεκα φυλαῖς ταῖς ἐν τῇ διασπορᾷ χαίρειν

1 4 ἵνα ἦτε τέλειοι καὶ ὁλόκληροι, ἐν μηδενὶ λειπόμενοι

1 6 αἰτείτω δὲ ἐν πίστει

1 8 ἀνὴρ δίψυχος, ἀκατάστατος ἐν πάσαις ταῖς ὁδοῖς αὐτοῦ.

1 9 καυχάσθω δὲ ὁ [H] ἀδελφὸς ὁ ταπεινὸς ἐν τῷ ὕψει αὐτοῦ

1 10 ὁ δὲ πλούσιος ἐν τῇ ταπεινώσει αὐτοῦ

1 11 οὕτως καὶ ὁ πλούσιος ἐν ταῖς πορείαις αὐτοῦ μαρανθήσεται

1 21 διὸ ... ἐν πραΰτητι δέξασθε τὸν ἔμφυτον λόγον

1 23 οὗτος ἔοικεν ἀνδρὶ κατανοοῦντι τὸ πρόσωπον τῆς γενέσεως αὐτοῦ ἐν ἐσόπτρῳ

Jc

1 25 οὗτος μακάριος ἐν τῇ ποιήσει αὐτοῦ ἔσται. ↔

1 26 * εἴ τις δοκεῖ θρησκὸς εἶναι | ἐν ὑμῖν (+ϛ)

1 27 ἐπισκέπτεσθαι ὀρφανοὺς καὶ χήρας ἐν τῇ θλίψει αὐτῶν

2 1 ἀδελφοί μου, μὴ ἐν προσωπολημψίαις ἔχετε τὴν πίστιν τοῦ κυρίου ἡμῶν

2 2ᵏ ἐὰν γὰρ εἰσέλθῃ εἰς συναγωγὴν ὑμῶν ἀνὴρ χρυσοδακτύλιος ἐν ἐσθῆτι λαμπρᾷ, ↔

2 2 εἰσέλθῃ δὲ καὶ πτωχὸς ἐν ῥυπαρᾷ ἐσθῆτι

2 4 οὐ διεκρίθητε ἐν ἑαυτοῖς ⟨;⟩

2 5 οὐχ ὁ θεὸς ἐξελέξατο τοὺς πτωχοὺς τῷ κόσμῳ πλουσίους ἐν πίστει ⟨;⟩

2 10 ὅστις γὰρ ὅλον τὸν νόμον τηρήσῃ (-σει Sϛ), πταίσῃ (-σει Sϛ) δὲ ἐν ἑνί

2 16 ὑπάγετε ἐν εἰρήνῃ

3 2 εἴ τις ἐν λόγῳ οὐ πταίει

3 6 ἡ γλῶσσα καθίσταται ἐν τοῖς μέλεσιν ἡμῶν, ἡ (καὶ T) σπιλοῦσα ὅλον τὸ σῶμα

3 9 ἐν αὐτῇ εὐλογοῦμεν τὸν κύριον καὶ πατέρα, ↔

3 9 καὶ ἐν αὐτῇ καταρώμεθα τοὺς ἀνθρώπους

3 13 τίς σοφὸς καὶ ἐπιστήμων ἐν ὑμῖν; ↔

3 13ᵐ δειξάτω ἐκ τῆς καλῆς ἀναστροφῆς τὰ ἔργα αὐτοῦ ἐν πραΰτητι σοφίας. ↔

3 14 εἰ δὲ ζῆλον πικρὸν ἔχετε καὶ ἐριθείαν ἐν τῇ καρδίᾳ ὑμῶν

3 18 καρπὸς δὲ δικαιοσύνης ἐν εἰρήνῃ σπείρεται τοῖς ποιοῦσιν εἰρήνην. ↔

4 1ᵐ πόθεν πόλεμοι καὶ πόθεν μάχαι ἐν ὑμῖν; ↔

4 1 οὐκ ἐντεῦθεν, ἐκ τῶν ἡδονῶν ὑμῶν τῶν στρατευομένων ἐν τοῖς μέλεσιν ὑμῶν;

4 3 ἵνα ἐν ταῖς ἡδοναῖς ὑμῶν δαπανήσητε

4 5 πρὸς φθόνον ἐπιποθεῖ τὸ πνεῦμα ὃ κατῴκισεν ἐν ἡμῖν

4 16 νῦν δὲ καυχᾶσθε ἐν ταῖς ἀλαζονείαις ὑμῶν

5 3ᵃ ἐθησαυρίσατε ἐν ἐσχάταις ἡμέραις

5 5ᵃ ἐθρέψατε τὰς καρδίας ὑμῶν (+ὡς Sϛ) ἐν ἡμέρᾳ σφαγῆς

5 10 τοὺς προφήτας, οἳ ἐλάλησαν (—ϛ) τῷ ὀνόματι κυρίου

5 13 κακοπαθεῖ τις ἐν ὑμῖν; προσευχέσθω

5 14 ἀσθενεῖ τις ἐν ὑμῖν; προσκαλεσάσθω

5 14 ἀλείψαντες αὐτὸν ([N²⁶]; —NBT H) ἐλαίῳ ἐν τῷ ὀνόματι | τοῦ κυρίου [H]

5 19ʳ ἐάν τις ἐν ὑμῖν πλανηθῇ ἀπὸ τῆς ἀληθείας

1Pt

1 2ʰᵏ ⟨Πέτρος ἀπόστολος ... ἐκλεκτοῖς⟩ κατὰ πρόγνωσιν θεοῦ πατρός, ἐν ἁγιασμῷ πνεύματος

1 4ᵏ ⟨ὁ ... ἀναγεννήσας ἡμᾶς⟩ εἰς κληρονομίαν ἄφθαρτον ... τετηρημένην ἐν οὐρανοῖς εἰς ὑμᾶς ↔

1 5ᵘ τοὺς ἐν δυνάμει θεοῦ φρουρουμένους διὰ πίστεως ↔

1 5ᵃᵏ εἰς σωτηρίαν ἑτοίμην ἀποκαλυφθῆναι ἐν καιρῷ ἐσχάτῳ. ↔

1 6 ἐν ᾧ ἀγαλλιᾶσθε, ↔

1Pt

1 6 ὀλίγον ἄρτι εἰ δέον ἐστὶν (+[N²⁶] MSϛ) λυπηθέντες ἐν ποικίλοις πειρασμοῖς, ↔

1 7ᵏ ἵνα τὸ δοκίμιον ὑμῶν τῆς πίστεως πολυτιμότερον χρυσίου ... εὑρεθῇ εἰς ἔπαινον ... ἐν ἀποκαλύψει Ἰησοῦ Χριστοῦ

1 11 ἐραυνῶντες εἰς τίνα ἢ ποῖον καιρὸν ἐδήλου τὸ ἐν αὐτοῖς πνεῦμα Χριστοῦ

1 12ᵘ ἃ νῦν ἀνηγγέλη ὑμῖν διὰ τῶν εὐαγγελισαμένων ὑμᾶς ἐν ([N²⁶]; —H) πνεύματι ἁγίῳ

1 13 τελείως ἐλπίσατε ἐπὶ τὴν φερομένην ὑμῖν χάριν ἐν ἀποκαλύψει Ἰησοῦ Χριστοῦ

1 14 μὴ συσχηματιζόμενοι ταῖς πρότερον ἐν τῇ ἀγνοίᾳ ὑμῶν ἐπιθυμίαις, ↔

1 15ʰ ἀλλὰ κατὰ τὸν καλέσαντα ὑμᾶς ἅγιον καὶ αὐτοὶ ἅγιοι ἐν πάσῃ ἀναστροφῇ γενήθητε

1 17 ἐν φόβῳ τὸν τῆς παροικίας ὑμῶν χρόνον ἀναστράφητε

1 22ᵏᵘ τὰς ψυχὰς ὑμῶν ἡγνικότες ἐν τῇ ὑπακοῇ τῆς ἀληθείας (+διὰ πνεύματος ϛ) εἰς φιλαδελφίαν ἀνυπόκριτον

2 2ᵏ ἵνα ἐν αὐτῷ αὐξηθῆτε | εἰς σωτηρίαν (—ϛ)

2 6ᵈ διότι περιέχει ἐν γραφῇ· ↔

2 6 ἰδοὺ τίθημι ἐν Σιὼν λίθον | ἀκρογωνιαῖον ἐκλεκτὸν (~ NH) ἔντιμον

2 12 τὴν ἀναστροφὴν ὑμῶν ἐν τοῖς ἔθνεσιν ἔχοντες καλήν, ↔

2 12ᵇ ἵνα ἐν ᾧ καταλαλοῦσιν ὑμῶν ὡς κακοποιῶν, ↔

2 12ᵃ ἐκ τῶν καλῶν ἔργων ἐποπτεύοντες δοξάσωσιν τὸν θεὸν ἐν ἡμέρᾳ ἐπισκοπῆς

2 18 οἱ οἰκέται, ὑποτασσόμενοι ἐν παντὶ φόβῳ τοῖς δεσπόταις

2 22 οὐδὲ εὑρέθη δόλος ἐν τῷ στόματι αὐτοῦ

2 24ᵖ ὃς τὰς ἁμαρτίας ἡμῶν αὐτὸς ἀνήνεγκεν ἐν τῷ σώματι αὐτοῦ ἐπὶ τὸ ξύλον

3 2 ἐποπτεύσαντες τὴν ἐν φόβῳ ἁγνὴν ἀναστροφὴν ὑμῶν

3 4 ⟨ὧν ἔστω οὐχ ὁ ἔξωθεν ... κόσμος⟩ ἀλλ' ὁ κρυπτὸς τῆς καρδίας ἄνθρωπος ἐν τῷ ἀφθάρτῳ τοῦ | πραέως καὶ ἡσυχίου (~ H) πνεύματος

3 15 κύριον δὲ τὸν Χριστὸν ἁγιάσατε ἐν ταῖς καρδίαις ὑμῶν, ↔

3 15 ἕτοιμοι ἀεὶ πρὸς ἀπολογίαν παντὶ τῷ αἰτοῦντι ὑμᾶς λόγον περὶ τῆς ἐν ὑμῖν ἐλπίδος

3 16ᵇ ἵνα ἐν ᾧ καταλαλεῖσθε καταισχυνθῶσιν ↔

3 16ᶜ οἱ ἐπηρεάζοντες ὑμῶν τὴν ἀγαθὴν ἐν Χριστῷ ἀναστροφήν

3 19 ⟨ζωοποιηθεὶς δὲ πνεύματι⟩ ἐν ᾧ ↔

3 19 καὶ τοῖς ἐν φυλακῇ πνεύμασιν πορευθεὶς ἐκήρυξεν, ↔

3 20ᵃ ἀπειθήσασίν ποτε ... ἐν ἡμέραις Νῶε κατασκευαζομένης κιβωτοῦ

3 22 ⟨Ἰησοῦ Χριστοῦ⟩ ὅς ἐστιν ἐν δεξιᾷ τοῦ (+[N²⁶S]Vϛ) θεοῦ

4 1 * ὅτι ὁ παθὼν ἐν (+ϛ) σαρκὶ πέπαυται ἁμαρτίας (-αις H), ↔

4 2 εἰς τὸ ... θελήματι θεοῦ τὸν ἐπίλοιπον ἐν σαρκὶ βιῶσαι χρόνον

1Pt 4 3 τὸ βούλημα τῶν ἐθνῶν κατειργά-
σθαι, πεπορευμένους ἐν ἀσελγείαις

4 4ᵇἐν ᾧ ξενίζονται μὴ συντρεχόντων
ὑμῶν εἰς τὴν αὐτὴν τῆς ἀσωτίας
ἀνάχυσιν

4 11ᵘἵνα ἐν πᾶσιν δοξάζηται ὁ θεὸς διὰ
Ἰησοῦ Χριστοῦ

4 12ᵠμὴ ξενίζεσθε τῇ ἐν ὑμῖν πυρώσει
πρὸς πειρασμὸν ὑμῖν γινομένῃ

4 13 ἵνα καὶ ἐν τῇ ἀποκαλύψει τῆς δόξης
αὐτοῦ χαρῆτε ἀγαλλιώμενοι. ↔

4 14 εἰ ὀνειδίζεσθε ἐν ὀνόματι Χριστοῦ,
μακάριοι

4 16 δοξαζέτω δὲ τὸν θεὸν ἐν τῷ ὀνόμα-
τι τούτῳ

4 19 ὥστε καὶ οἱ πάσχοντες . . . παρα-
τιθέσθωσαν τὰς ψυχὰς αὐτῶν
(—H) ἐν ἀγαθοποιΐᾳ (-αις S). ↔

5 1ᵉπρεσβυτέρους οὖν (+τοὺς MVST
ϛ) ἐν ὑμῖν παρακαλῶ ὁ συμπρε-
σβύτερος

5 2 ποιμάνατε τὸ ἐν ὑμῖν ποίμνιον τοῦ
θεοῦ

5 6ᵃἵνα ὑμᾶς ὑψώσῃ ἐν καιρῷ

5 9 εἰδότες τὰ αὐτὰ τῶν παθημάτων
τῇ ἐν τῷ ([N²⁶]; —Vϛ) κόσμῳ
ὑμῶν ἀδελφότητι ἐπιτελεῖσθαι. ↔

5 10ᶜᵏὁ δὲ θεὸς . . . ὁ καλέσας ὑμᾶς εἰς
τὴν αἰώνιον αὐτοῦ δόξαν ἐν
Χριστῷ Ἰησοῦ (+[N²⁶] Vϛ)

5 13 ἀσπάζεται ὑμᾶς ἡ ἐν Βαβυλῶνι
συνεκλεκτὴ καὶ Μᾶρκος ὁ υἱός μου.
↔

5 14 ἀσπάσασθε ἀλλήλους ἐν φιλήματι
ἀγάπης. ↔

5 14ᶜᵉεἰρήνη ὑμῖν πᾶσιν τοῖς ἐν Χριστῷ
(+ Ἰησοῦ [S]ϛ)

2Pt 1 1 Συμεὼν Πέτρος . . . τοῖς ἰσότιμον
ἡμῖν λαχοῦσιν πίστιν ἐν δικαιο-
σύνῃ τοῦ θεοῦ ἡμῶν

1 2 χάρις ὑμῖν καὶ εἰρήνη πληθυνθείη
ἐν ἐπιγνώσει τοῦ θεοῦ

1 4 ἀποφυγόντες τῆς ἐν τῷ (—ϛ) κό-
σμῳ ↔

1 4 | ἐν ἐπιθυμίᾳ φθορᾶς (ἐπιθυμίας
καὶ φθορᾶς S)

1 5 ἐπιχορηγήσατε ἐν τῇ πίστει ὑμῶν
τὴν ἀρετήν, ↔

1 5 ἐν δὲ τῇ ἀρετῇ τὴν γνῶσιν, ↔

1 6 ἐν δὲ τῇ γνώσει τὴν ἐγκράτειαν, ↔

1 6 ἐν δὲ τῇ ἐγκρατείᾳ τὴν ὑπομονήν,

1 6 ἐν δὲ τῇ ὑπομονῇ τὴν εὐσέβειαν, ↔

1 7 ἐν δὲ τῇ εὐσεβείᾳ τὴν φιλαδελφίαν,
↔

1 7 ἐν δὲ τῇ φιλαδελφίᾳ τὴν ἀγάπην

1 12 καίπερ εἰδότας καὶ ἐστηριγμένους
ἐν τῇ παρούσῃ ἀληθείᾳ. ↔

1 13 δίκαιον δὲ ἡγοῦμαι, ἐφ᾽ ὅσον εἰμὶ
ἐν τούτῳ τῷ σκηνώματι, ↔

1 13 διεγείρειν ὑμᾶς ἐν ὑπομνήσει

1 18ʸταύτην τὴν φωνὴν ἡμεῖς ἠκούσα-
μεν . . . σὺν αὐτῷ ὄντες ἐν τῷ
| ἁγίῳ ὄρει (ὁ. τῷ ἁ. MSTϛ)

1 19 ᾧ . . . προσέχοντες ὡς λύχνῳ
φαίνοντι ἐν αὐχμηρῷ τόπῳ,

1 19 ἕως οὗ . . . φωσφόρος ἀνατείλῃ ἐν
ταῖς καρδίαις ὑμῶν

2 1 ἐγένοντο δὲ καὶ ψευδοπροφῆται ἐν
τῷ λαῷ, ↔

2 1 ὡς καὶ ἐν ὑμῖν ἔσονται ψευδοδιδά-
σκαλοι

2 3ᶠἐν πλεονεξίᾳ πλαστοῖς λόγοις ὑμᾶς
ἐμπορεύσονται

2Pt 2 7ʲδίκαιον Λὼτ καταπονούμενον ὑπὸ
τῆς τῶν ἀθέσμων ἐν ἀσελγείᾳ
ἀναστροφῆς ἐρρύσατο· ↔

2 8ᶠβλέμματι γὰρ . . . ὁ (—H) δίκαιος
ἐγκατοικῶν ἐν αὐτοῖς ἡμέραν ἐξ
ἡμέρας ψυχὴν δικαίαν . . . ἐβασά-
νιζεν

2 10ʲ⟨ἀδίκους δὲ . . . τηρεῖν⟩ μάλιστα
δὲ τοὺς ὀπίσω σαρκὸς ἐν ἐπιθυμίᾳ
μιασμοῦ πορευομένους

2 12 οὗτοι δέ, ὡς ἄλογα ζῷα . . . ἐν οἷς
ἀγνοοῦσιν βλασφημοῦντες, ↔

2 12 ἐν τῇ φθορᾷ αὐτῶν καὶ φθαρήσον-
ται (κατα- Sϛ), ↔

2 13ᵃἀδικούμενοι (κομιούμενοι VSTϛ)
μισθὸν ἀδικίας· ἡδονὴν ἡγούμενοι
τὴν ἐν ἡμέρᾳ τρυφήν, ↔

2 13ᶠσπίλοι καὶ μῶμοι ἐντρυφῶντες ἐν
ταῖς ἀπάταις αὐτῶν συνευωχού-
μενοι ὑμῖν

2 16 ὑποζύγιον ἄφωνον ἐν ἀνθρώπου
φωνῇ φθεγξάμενον ἐκώλυσεν τὴν
. . . παραφρονίαν

2 18 ὑπέρογκα . . . φθεγγόμενοι δελεά-
ζουσιν ἐν ἐπιθυμίαις σαρκὸς ἀσελ-
γείαις τοὺς ὀλίγως ἀποφεύγοντας
↔

2 18 τοὺς ἐν πλάνῃ ἀναστρεφομένους

2 20 εἰ γὰρ ἀποφυγόντες τὰ μιάσματα
τοῦ κόσμου ἐν ἐπιγνώσει τοῦ
κυρίου

3 1 δευτέραν ὑμῖν γράφω ἐπιστολήν,
ἐν αἷς διεγείρω ὑμῶν ↔

3 1 ἐν ὑπομνήσει τὴν εἰλικρινῆ διά-
νοιαν

3 3ᵖἐλεύσονται ἐπ᾽ ἐσχάτων τῶν ἡμε-
ρῶν || ἐν [N²⁶] ἐμπαιγμονῇ ((—ϛ))
ἐμπαῖκται

3 10ᵃ* ἥξει δὲ (+ἡ [M]Vϛ) ἡμέρα
κυρίου ὡς κλέπτης | ἐν νυκτὶ (+ϛ),
↔

3 10ᵃἐν ᾗ οἱ (—T) οὐρανοὶ ῥοιζηδὸν
παρελεύσονται

3 10 γῇ καὶ τὰ ἐν αὐτῇ ἔργα εὑρεθή-
σεται (κατακαήσεται Tϛ). ↔

3 11 τούτων . . . λυομένων ποταποὺς
δεῖ ὑπάρχειν ὑμᾶς [N²⁶NH] ἐν
ἁγίαις ἀναστροφαῖς καὶ εὐσεβείαις

3 13 καινοὺς δὲ οὐρανοὺς . . . προσδο-
κῶμεν, ἐν οἷς δικαιοσύνη κατοικεῖ

3 14 σπουδάσατε ἄσπιλοι καὶ ἀμώμη-
τοι αὐτῷ εὑρεθῆναι ἐν εἰρήνῃ

3 16 ὡς καὶ ἐν πάσαις (+ταῖς VBSTϛ)
ἐπιστολαῖς ↔

3 16ⁿλαλῶν ἐν αὐταῖς περὶ τούτων, ↔

3 16 ἐν αἷς ἐστιν δυσνόητά τινα

3 18 αὐξάνετε δὲ ἐν χάριτι καὶ γνώσει
τοῦ κυρίου ἡμῶν

1Jo 1 5 σκοτία | ἐν αὐτῷ οὐκ ἔστιν (~H)
οὐδεμία

1 6 ἐὰν . . . ἐν τῷ σκότει περιπατῶμεν

1 7 ἐὰν δὲ ἐν τῷ φωτὶ περιπατῶμεν ↔

1 7 ὡς αὐτός ἐστιν ἐν τῷ φωτί

1 8 ἡ ἀλήθεια οὐκ ἔστιν ἐν ἡμῖν

1 10 ὁ λόγος αὐτοῦ οὐκ ἔστιν ἐν ἡμῖν

2 3 ἐν τούτῳ γινώσκομεν ὅτι ἐγνώκα-
μεν αὐτόν

2 4 ἐν τούτῳ ἡ ἀλήθεια οὐκ ἔστιν

2 5 ἀληθῶς ἐν τούτῳ ἡ ἀγάπη τοῦ
θεοῦ τετελείωται. ↔

2 5 ἐν τούτῳ γινώσκομεν ↔

2 5 ὅτι ἐν αὐτῷ ἐσμεν. ↔

2 6 ὁ λέγων ἐν αὐτῷ μένειν ὀφείλει . . .
περιπατεῖν

1Jo 2 8 πάλιν ἐντολὴν καινὴν γράφω ὑμῖν,
ὅ ἐστιν ἀληθὲς ἐν αὐτῷ ↔

2 8 καὶ ἐν ὑμῖν

2 9 ὁ λέγων ἐν τῷ φωτὶ εἶναι καὶ τὸν
ἀδελφὸν αὐτοῦ μισῶν ↔

2 9ᵛἐν τῇ σκοτίᾳ ἐστὶν ἕως ἄρτι. ↔

2 10 ὁ ἀγαπῶν τὸν ἀδελφὸν αὐτοῦ ἐν
τῷ φωτὶ μένει, ↔

2 10 καὶ σκάνδαλον | ἐν αὐτῷ οὐκ
ἔστιν (~T)· ↔

2 11 ὁ δὲ μισῶν τὸν ἀδελφὸν αὐτοῦ ἐν
τῇ σκοτίᾳ ἐστὶν ↔

2 11 καὶ ἐν τῇ σκοτίᾳ περιπατεῖ

2 14 ὅτι . . . ὁ λόγος | τοῦ θεοῦ [H] ἐν
ὑμῖν μένει

2 15ᵉμὴ ἀγαπᾶτε τὸν κόσμον μηδὲ τὰ
ἐν τῷ κόσμῳ

2 15 οὐκ ἔστιν ἡ ἀγάπη τοῦ πατρὸς ἐν
αὐτῷ· ↔

2 16ᵉᵐὅτι πᾶν τὸ ἐν τῷ κόσμῳ . . . οὐκ
ἔστιν ἐκ τοῦ πατρός

2 24 ὃ ἠκούσατε ἀπ᾽ ἀρχῆς, ἐν ὑμῖν
μενέτω. ↔

2 24 ἐὰν ἐν ὑμῖν μείνῃ ὃ ἀπ᾽ ἀρχῆς
ἠκούσατε, ↔

2 24 καὶ ὑμεῖς ἐν τῷ υἱῷ ↔

2 24 καὶ ἐν [NH] τῷ πατρὶ μενεῖτε

2 27 τὸ χρῖσμα ὃ ἐλάβετε ἀπ᾽ αὐτοῦ
μένει ἐν ὑμῖν

2 27 καθὼς ἐδίδαξεν ὑμᾶς, μένετε ἐν
αὐτῷ. ↔

2 28 καὶ νῦν, τεκνία, μένετε ἐν αὐτῷ, ↔

2 28ᶠἵνα . . . μὴ αἰσχυνθῶμεν ἀπ᾽ αὐτοῦ
ἐν τῇ παρουσίᾳ αὐτοῦ

3 5 ἁμαρτία ἐν αὐτῷ οὐκ ἔστιν. ↔

3 6 πᾶς ὁ ἐν αὐτῷ μένων οὐχ ἁμαρτά-
νει

3 9 ὅτι σπέρμα αὐτοῦ ἐν αὐτῷ μένει

3 10 ἐν τούτῳ φανερά ἐστιν τὰ τέκνα
τοῦ θεοῦ

3 14 ὁ μὴ ἀγαπῶν (+τὸν ἀδελφὸν [S]
ϛ) μένει ἐν τῷ θανάτῳ

3 15 πᾶς ἀνθρωποκτόνος οὐκ ἔχει ζωὴν
αἰώνιον ἐν αὐτῷ (ἑαυτῷ MVST)
μένουσαν.

3 16 ἐν τούτῳ ἐγνώκαμεν τὴν ἀγάπην

3 17 πῶς ἡ ἀγάπη τοῦ θεοῦ μένει ἐν
αὐτῷ;

3 18 τεκνία, μὴ ἀγαπῶμεν λόγῳ . . .
ἀλλὰ ἐν (—ϛ) ἔργῳ καὶ ἀληθείᾳ. ↔

3 19 καὶ ([N²⁶V]; —NMH) ἐν τούτῳ
γνωσόμεθα ὅτι ἐκ τῆς ἀληθείας
ἐσμέν

3 24 ὁ τηρῶν τὰς ἐντολὰς αὐτοῦ ἐν αὐ-
τῷ μένει

3 24 καὶ αὐτὸς ἐν αὐτῷ· ↔

3 24ᵐκαὶ ἐν τούτῳ γινώσκομεν ↔

3 24 ὅτι μένει ἐν ἡμῖν, ἐκ τοῦ πνεύματος
οὗ ἡμῖν ἔδωκεν

4 2 ἐν τούτῳ γινώσκετε τὸ πνεῦμα τοῦ
θεοῦ· ↔

4 2 πᾶν πνεῦμα ὃ ὁμολογεῖ Ἰησοῦν
Χριστὸν ἐν σαρκὶ ἐληλυθότα ἐκ
τοῦ θεοῦ ἐστιν, ↔

4 3 * καὶ πᾶν πνεῦμα ὃ μὴ ὁμολογεῖ
τὸν Ἰησοῦν Χριστὸν (+ϛ) | ἐν
σαρκὶ ἐληλυθότα (+[S]ϛ) ἐκ τοῦ
θεοῦ οὐκ ἔστιν

4 3 καὶ νῦν ἐν τῷ κόσμῳ ἐστὶν ἤδη

4 4ᵉὅτι μείζων ἐστὶν ὁ ἐν ὑμῖν ↔

4 4ᵉἢ ὁ ἐν τῷ κόσμῳ

4 9 ἐν τούτῳ ἐφανερώθη ἡ ἀγάπη
τοῦ θεοῦ ↔

4 9 ἐν ἡμῖν

4 10 ἐν τούτῳ ἐστὶν ἡ ἀγάπη

1 Jo 4 12 ὁ θεὸς ἐν ἡμῖν μένει ↔

4 12 καὶ ἡ ἀγάπη αὐτοῦ | ἐν ἡμῖν τε-
τελειωμένη ἐστίν (~ ς NVTH). ↔

4 13 ἐν τούτῳ γινώσκομεν ↔

4 13 ὅτι ἐν αὐτῷ μένομεν ↔

4 13 καὶ αὐτὸς ἐν ἡμῖν

4 15 ὁ θεὸς ἐν αὐτῷ μένει ↔

4 15 καὶ αὐτὸς ἐν τῷ θεῷ. ↔

4 16 καὶ ἡμεῖς ἐγνώκαμεν ... τὴν
ἀγάπην ἣν ἔχει ὁ θεὸς ἐν ἡμῖν. ↔

4 16 ὁ θεὸς ἀγάπη ἐστίν, καὶ ὁ μένων
ἐν τῇ ἀγάπῃ ↔

4 16 ἐν τῷ θεῷ μένει ↔

4 16 καὶ ὁ θεὸς ἐν αὐτῷ μένει ([H]; —ς).
↔

4 17[1] ἐν τούτῳ τετελείωται ἡ ἀγάπη
μεθ' ἡμῶν,

4 17[a] ἵνα παρρησίαν ἔχωμεν ἐν τῇ ἡμέρᾳ
τῆς κρίσεως,

4 17 ὅτι καθὼς ἐκεῖνός ἐστιν καὶ ἡμεῖς
ἐσμεν ἐν τῷ κόσμῳ τούτῳ. ↔

4 17 φόβος οὐκ ἔστιν ἐν τῇ ἀγάπῃ

4 18 ὁ δὲ φοβούμενος οὐ τετελείωται
ἐν τῇ ἀγάπῃ

5 2 ἐν τούτῳ γινώσκομεν ὅτι ἀγαπῶ-
μεν τὰ τέκνα τοῦ θεοῦ

5 6[u] οὗτός ἐστιν ὁ ἐλθὼν δι' ὕδατος ...
Χριστός· οὐκ ἐν τῷ ὕδατι μόνον, ↔

5 6 ἀλλ' ἐν τῷ ὕδατι ↔

5 6 καὶ ἐν (—ς) τῷ αἵματι

5 7 * ὅτι τρεῖς εἰσιν οἱ μαρτυροῦντες
| ἐν τῷ οὐρανῷ ὁ πατὴρ ὁ λόγος
καὶ τὸ ἅγιον πνεῦμα· καὶ οὗτοι οἱ
τρεῖς ἕν εἰσι. (+ς ..) ↔

5 8 * | καὶ τρεῖς εἰσιν οἱ μαρτυροῦντες
ἐν τῇ γῇ (.. +ς)

5 10 ὁ πιστεύων εἰς τὸν υἱὸν τοῦ θεοῦ
ἔχει τὴν μαρτυρίαν ἐν ἑαυτῷ
(N²⁶ς; αὐτῷ H; αὐτῷ rl)

5 11 καὶ αὕτη ἡ ζωὴ ἐν τῷ υἱῷ αὐτοῦ
ἐστιν

5 19 ὁ κόσμος ὅλος ἐν τῷ πονηρῷ κεῖται

5 20 καὶ ἐσμὲν ἐν τῷ ἀληθινῷ, ↔

5 20[c] ἐν τῷ υἱῷ αὐτοῦ Ἰησοῦ Χριστῷ

2 Jo 1 ὁ πρεσβύτερος ἐκλεκτῇ κυρίᾳ καὶ
τοῖς τέκνοις αὐτῆς, οὓς ἐγὼ ἀγαπῶ
ἐν ἀληθείᾳ

2 διὰ τὴν ἀλήθειαν τὴν μένουσαν ἐν
ἡμῖν

3[1s] ἔσται μεθ' ἡμῶν χάρις ἔλεος εἰρήνη
παρὰ θεοῦ ... ἐν ἀληθείᾳ καὶ
ἀγάπῃ

4 ὅτι εὕρηκα ἐκ τῶν τέκνων σου
περιπατοῦντας ἐν ἀληθείᾳ

6 αὕτη ἡ ἐντολή ἐστιν ... ἵνα ἐν
αὐτῇ περιπατῆτε

7 οἱ μὴ ὁμολογοῦντες Ἰησοῦν Χρι-
στὸν ἐρχόμενον ἐν σαρκί

9 πᾶς ὁ ... μὴ μένων ἐν τῇ διδαχῇ
τοῦ Χριστοῦ θεὸν οὐκ ἔχει· ↔

9 ὁ μένων ἐν τῇ διδαχῇ, οὗτος καὶ
τὸν πατέρα καὶ τὸν υἱὸν ἔχει

3 Jo 1 ὁ πρεσβύτερος Γαΐῳ τῷ ἀγαπητῷ,
ὃν ἐγὼ ἀγαπῶ ἐν ἀληθείᾳ

3 καθὼς σὺ ἐν ἀληθείᾳ περιπατεῖς

4 ἵνα ἀκούω τὰ ἐμὰ τέκνα ἐν τῇ
(—ς) ἀληθείᾳ περιπατοῦντα

Jd 1 Ἰούδας Ἰησοῦ Χριστοῦ δοῦλος ...
τοῖς ἐν θεῷ πατρὶ ἠγαπημένοις
(ἡγιασμένοις ς) ... κλητοῖς

10 ὅσα δὲ φυσικῶς ὡς τὰ ἄλογα ζῷα
ἐπίστανται, ἐν τούτοις φθείρονται

12 οὗτοί εἰσιν οἱ ἐν ταῖς ἀγάπαις ὑμῶν
σπιλάδες συνευωχούμενοι ἀφόβως

Jd 14 ἰδοὺ ἦλθεν κύριος ἐν ἁγίαις μυριά-
σιν αὐτοῦ ⟨ποιῆσαι κρίσιν⟩

18[a] * ὅτι (+[N²⁶S]Vς) | ἐν ἐσχάτῳ
χρόνῳ (ς; ἐπ' ἐσχάτου [τοῦ] χρό-
νου N²⁶; ἐπ' ἐσχ. χρ. H; ἐπ' ἐσχ.
τοῦ χρ. rl) ἔσονται ἐμπαῖκται

20 ὑμεῖς δέ, ἀγαπητοί, ἐποικοδομοῦν-
τες ἑαυτοὺς τῇ ... πίστει, ἐν
πνεύματι ἁγίῳ προσευχόμενοι, ↔

21 ἑαυτοὺς ἐν ἀγάπῃ θεοῦ τηρήσατε

23[m] | οὓς δὲ (—NVSH) | σῴζετε ἐκ
πυρὸς ἁρπάζοντες, οὓς δὲ ἐλεᾶτε
ἐν φόβῳ (ἐν φ. σ. ἐκ τοῦ π. ἁ. ς)

24[t] τῷ δὲ δυναμένῳ ... στῆσαι κατ-
ενώπιον τῆς δόξης αὐτοῦ ἀμώμους
ἐν ἀγαλλιάσει

Ap 1 1 δεῖξαι τοῖς δούλοις αὐτοῦ ἃ δεῖ
γενέσθαι ἐν τάχει

1 3[d] μακάριος ὁ ἀναγινώσκων καὶ οἱ
... τηροῦντες τὰ ἐν αὐτῇ γεγραμ-
μένα

1 4[e] Ἰωάννης ταῖς ἑπτὰ ἐκκλησίαις
ταῖς ἐν τῇ Ἀσίᾳ

1 5[m] τῷ ... λύσαντι ἡμᾶς ἐκ τῶν ἁμαρ-
τιῶν ἡμῶν [H] ἐν τῷ αἵματι αὐτοῦ

1 9 ἐγὼ Ἰωάννης, ὁ ἀδελφὸς ὑμῶν
καὶ συγκοινωνὸς ἐν τῇ θλίψει ↔

1 9 * καὶ | ἐν τῇ (+ς) βασιλείᾳ ↔

1 9[c] καὶ ὑπομονῇ ἐν (—ς) Ἰησοῦ,

1 9[u] ἐγενόμην ἐν τῇ νήσῳ τῇ καλουμένῃ
Πάτμῳ διὰ ... τὴν μαρτυρίαν
Ἰησοῦ. ↔

1 10 ἐγενόμην ἐν πνεύματι ↔

1 10[a] ἐν τῇ κυριακῇ ἡμέρᾳ

1 11[e] * πέμψον ταῖς ἑπτὰ ἐκκλησίαις
| ταῖς ἐν Ἀσίᾳ (+ς)

1 13 ⟨ἐπιστρέψας εἶδον⟩ ἐν μέσῳ τῶν
λυχνιῶν ὅμοιον υἱὸν ἀνθρώπου

1 15 οἱ πόδες αὐτοῦ ὅμοιοι χαλκολιβά-
νῳ ὡς ἐν καμίνῳ πεπυρωμένης (N²⁶
NH; -μένῳ T; -μένοι rl)

1 16 ἔχων ἐν τῇ δεξιᾷ χειρὶ αὐτοῦ
ἀστέρας ἑπτά

1 16 ἡ ὄψις αὐτοῦ ὡς ὁ ἥλιος φαίνει ἐν
τῇ δυνάμει αὐτοῦ

2 1 τῷ ἀγγέλῳ τῆς (τῷ H) | ἐν
Ἐφέσῳ (Ἐφεσίνης ς) ἐκκλησίας
γράψον· ↔

2 1 τάδε λέγει ὁ κρατῶν τοὺς ἑπτὰ
ἀστέρας ἐν τῇ δεξιᾷ αὐτοῦ, ↔

2 1 ὁ περιπατῶν ἐν μέσῳ τῶν ἑπτὰ
λυχνιῶν τῶν χρυσῶν

2 7 ὅ ἐστιν ἐν | τῷ παραδείσῳ (μέσῳ
τοῦ παραδείσου ς) τοῦ θεοῦ (+μου
B)

2 8 τῷ ἀγγέλῳ τῆς (τῷ H) | ἐν
Σμύρνῃ ἐκκλησίας (ἐκκλ.Σμυρναίων
ς) γράψον

2 12 τῷ ἀγγέλῳ τῆς ἐν Περγάμῳ
ἐκκλησίας γράψον

2 13[a] οὐκ ἠρνήσω τὴν πίστιν μου καὶ
([[S]; —T) ἐν ταῖς ἡμέραις ↔

2 13[a] * | ἐν αἷς ([[S]ς; αἷς V; —rl)
Ἀντιπᾶς ὁ μάρτυς μου ... ὃς
ἀπεκτάνθη παρ' ὑμῖν

2 16[1] εἰ δὲ μή ... πολεμήσω μετ' αὐτῶν
ἐν τῇ ῥομφαίᾳ τοῦ στόματός μου

2 18 τῷ ἀγγέλῳ τῆς (τῷ H) ἐν Θυατεί-
ροις ἐκκλησίας γράψον

2 23 τὰ τέκνα αὐτῆς ἀποκτενῶ ἐν
θανάτῳ

2 24[e] ὑμῖν δὲ λέγω τοῖς λοιποῖς τοῖς ἐν
Θυατείροις

2 27 ποιμανεῖ αὐτοὺς ἐν ῥάβδῳ σιδηρᾷ

Ap 3 1 τῷ ἀγγέλῳ τῆς ἐν Σάρδεσιν
ἐκκλησίας γράψον

3 4 ἀλλὰ | ἔχεις ὀλίγα (~ T) ὀνόματα
ἐν Σάρδεσιν

3 4[1] περιπατήσουσιν μετ' ἐμοῦ ἐν
λευκοῖς

3 5 ὁ νικῶν οὕτως (οὗτος BSς) περι-
βαλεῖται ἐν ἱματίοις λευκοῖς

3 7 τῷ ἀγγέλῳ τῆς ἐν Φιλαδελφείᾳ
ἐκκλησίας γράψον

3 12 ὁ νικῶν, ποιήσω αὐτὸν στῦλον
ἐν τῷ ναῷ τοῦ θεοῦ μου

3 14 τῷ ἀγγέλῳ τῆς | ἐν Λαοδικείᾳ
ἐκκλησίας (ἐ. Λαοδικέων ς) γράψον

3 21[1] ὁ νικῶν, δώσω αὐτῷ καθίσαι μετ'
ἐμοῦ ἐν τῷ θρόνῳ μου,

3 21[1] ὡς κἀγὼ ἐνίκησα καὶ ἐκάθισα μετὰ
τοῦ πατρός μου ἐν τῷ θρόνῳ αὐτοῦ

4 1 μετὰ ταῦτα εἶδον, καὶ ἰδοὺ θύρα
ἠνεῳγμένη ἐν τῷ οὐρανῷ

4 2 εὐθέως ἐγενόμην ἐν πνεύματι· ↔

4 2 καὶ ἰδοὺ θρόνος ἔκειτο ἐν τῷ οὐρα-
νῷ

4 4 πρεσβυτέρους καθημένους περι-
βεβλημένους ἐν (—H) ἱματίοις
λευκοῖς

4 6 καὶ ἐν μέσῳ τοῦ θρόνου καὶ κύκλῳ
τοῦ θρόνου τέσσαρα ζῷα γέμοντα
ὀφθαλμῶν

5 2 εἶδον ἄγγελον ἰσχυρὸν κηρύσσον-
τα ἐν (—ς) φωνῇ μεγάλῃ

5 3[jp] οὐδεὶς ἐδύνατο ἐν τῷ οὐρανῷ ...
ἀνοῖξαι τὸ βιβλίον

5 6 εἶδον ἐν μέσῳ τοῦ θρόνου καὶ τῶν
τεσσάρων ζῴων ↔

5 6 καὶ ἐν μέσῳ τῶν πρεσβυτέρων
ἀρνίον ἑστηκὸς (-ὼς T) ὡς ἐσφαγ-
μένον

5 9[m] ὅτι ... ἠγόρασας τῷ θεῷ (+
ἡμᾶς [M]VBSς) ἐν τῷ αἵματί σου
ἐκ πάσης φυλῆς

5 13[jp] καὶ πᾶν κτίσμα ὃ (+ἐστιν ς) ἐν
τῷ οὐρανῷ ↔

5 13[jp] * καὶ | ἐν τῇ γῇ (ς; ἐπὶ τῆς γῆς
rl) ... (+ἐστίν [NVH]MBSς), ↔

5 13[e] καὶ τὰ ἐν αὐτοῖς πάντα, (+καὶ T)
ἤκουσα λέγοντας

6 5 ὁ καθήμενος ἐπ' αὐτὸν ἔχων ζυγὸν
ἐν τῇ χειρὶ αὐτοῦ.

6 6 καὶ ἤκουσα ὡς φωνὴν ἐν μέσῳ
τῶν τεσσάρων ζῴων λέγουσαν

6 8 ἐδόθη αὐτοῖς ἐξουσία ... ἀποκτεῖ-
ναι ἐν ῥομφαίᾳ ↔

6 8 καὶ ἐν λιμῷ ↔

6 8[j] καὶ ἐν θανάτῳ καὶ ὑπὸ τῶν θηρίων
τῆς γῆς

7 9 εἶδον, καὶ ἰδοὺ ... φοίνικες (-κας
T) ἐν ταῖς χερσὶν αὐτῶν

7 14 ἐλεύκαναν αὐτὰς ἐν τῷ αἵματι τοῦ
ἀρνίου

7 15 λατρεύουσιν αὐτῷ ἡμέρας καὶ
νυκτὸς ἐν τῷ ναῷ αὐτοῦ

8 1 ἐγένετο σιγὴ ἐν τῷ οὐρανῷ ὡς
ἡμίωριον

8 7 ἐγένετο χάλαζα καὶ πῦρ μεμιγμένα
(-μένον T) ἐν (—ς) αἵματι

8 9[e] ἀπέθανεν τὸ τρίτον τῶν κτισμάτων
τῶν ἐν τῇ θαλάσσῃ

8 13 ἤκουσα ἑνὸς ἀετοῦ πετομένου ἐν
μεσουρανήματι λέγοντος φωνῇ
μεγάλῃ

9 6[a] ἐν ταῖς ἡμέραις ἐκείναις ζητήσουσιν
οἱ ἄνθρωποι τὸν θάνατον

9 10 ἐν ταῖς οὐραῖς αὐτῶν ἡ ἐξουσία
αὐτῶν ἀδικῆσαι τοὺς ἀνθρώπους

Ap 9 11 ἐν τῇ Ἑλληνικῇ ὄνομα ἔχει Ἀπολλύων

9 17 οὕτως εἶδον τοὺς ἵππους ἐν τῇ ὁράσει

9 19 ἡ γὰρ ἐξουσία τῶν ἵππων ἐν τῷ στόματι αὐτῶν ἐστιν ↔

9 19 καὶ ἐν ταῖς οὐραῖς αὐτῶν

9 19 καὶ ἐν αὐταῖς ἀδικοῦσιν

9 20 οἳ οὐκ ἀπεκτάνθησαν ἐν ταῖς πληγαῖς ταύταις

10 2 ⟨εἶδον ἄλλον ἄγγελον⟩ ἔχων ἐν τῇ χειρὶ αὐτοῦ βιβλαρίδιον ἠνεῳγμένον

10 6 ὤμοσεν ἐν τῷ ζῶντι εἰς τοὺς αἰῶνας τῶν αἰώνων, ↔

10 6ᵉ ὃς ἔκτισεν τὸν οὐρανὸν καὶ τὰ ἐν αὐτῷ ↔

10 6ᵉ καὶ τὴν γῆν καὶ τὰ ἐν αὐτῇ ↔

10 6ᵉ | καὶ τὴν θάλασσαν καὶ τὰ ἐν αὐτῇ [H]

10 7ᵃ ⟨χρόνος οὐκέτι ἔσται⟩ ἀλλ' ἐν ταῖς ἡμέραις τῆς φωνῆς τοῦ ἑβδόμου ἀγγέλου

10 8 ὕπαγε λάβε τὸ βιβλίον (βιβλαρίδιον VSϛ) τὸ ἠνεῳγμένον ἐν τῇ χειρὶ τοῦ ἀγγέλου

10 9 ἀλλ' ἐν τῷ στόματί σου ἔσται γλυκὺ ὡς μέλι

10 10 ἦν ἐν τῷ στόματί μου ὡς μέλι γλυκύ

11 1 μέτρησον τὸν ναὸν τοῦ θεοῦ καὶ τὸ θυσιαστήριον καὶ τοὺς προσκυνοῦντας ἐν αὐτῷ

11 6ᵃ* ἵνα μὴ ὑετὸς βρέχῃ | ἐν ἡμέραις αὐτῶν (ϛ; τὰς ἡμέρας rl) τῆς προφητείας αὐτῶν (—ϛ), ↔

11 6 καὶ ἐξουσίαν ἔχουσιν ... πατάξαι τὴν γῆν ἐν (—ϛ) πάσῃ πληγῇ

11 11ˡᵐ πνεῦμα ζωῆς ἐκ τοῦ θεοῦ εἰσῆλθεν || ἐν [H] αὐτοῖς ((αὐτοῖς VS; ἐπ' αὐτούς ϛ))

11 12ᵏ ἀνέβησαν εἰς τὸν οὐρανὸν ἐν τῇ νεφέλῃ

11 13ᵃ ἐν ἐκείνῃ τῇ ὥρᾳ ἐγένετο σεισμὸς μέγας

11 13 ἀπεκτάνθησαν ἐν τῷ σεισμῷ ὀνόματα ἀνθρώπων χιλιάδες ἑπτά

11 15 ἐγένοντο φωναὶ μεγάλαι ἐν τῷ οὐρανῷ

11 19ᵉ ἠνοίγη ὁ ναὸς τοῦ θεοῦ ὁ ([VS]; —ϛ) ἐν τῷ οὐρανῷ, ↔

11 19 καὶ ὤφθη ἡ κιβωτὸς τῆς διαθήκης αὐτοῦ ἐν τῷ ναῷ αὐτοῦ

12 1 σημεῖον μέγα ὤφθη ἐν τῷ οὐρανῷ

12 2 ⟨γυνή⟩ ἐν γαστρὶ ἔχουσα

12 3 ὤφθη ἄλλο σημεῖον ἐν τῷ οὐρανῷ

12 5 ὃς μέλλει ποιμαίνειν πάντα τὰ ἔθνη ἐν ῥάβδῳ σιδηρᾷ

12 7 ἐγένετο πόλεμος ἐν τῷ οὐρανῷ

12 8 οὐδὲ τόπος εὑρέθη αὐτῶν ἔτι ἐν τῷ οὐρανῷ

12 10 ἤκουσα φωνὴν μεγάλην ἐν τῷ οὐρανῷ λέγουσαν

12 12 διὰ τοῦτο εὐφραίνεσθε, οἱ (+[N²⁶]Bϛ) οὐρανοὶ καὶ οἱ ἐν αὐτοῖς σκηνοῦντες

13 3ʲ* ἐθαυμάσθη (-μασεν MVBST) | ἐν ὅλῃ τῇ γῇ (ϛ; ὅλη ἡ γῆ rl) ὀπίσω τοῦ θηρίου

13 6 ἤνοιξεν τὸ στόμα αὐτοῦ ... βλασφημῆσαι ... τοὺς ἐν τῷ οὐρανῷ σκηνοῦντας

13 8 οὗ (ὧν VBSϛ) οὐ γέγραπται τὸ ὄνομα αὐτοῦ ([M]; αὐτῶν B; —VSϛ) ἐν τῷ βιβλίῳ τῆς ζωῆς τοῦ ἀρνίου

Ap 13 10 εἴ τις ἐν μαχαίρῃ ἀποκτανθῆναι (N²⁶; ἀποκτενεῖ, δεῖ rl), ↔

13 10 αὐτὸν ἐν μαχαίρῃ ἀποκτανθῆναι

13 12 ποιεῖ τὴν γῆν καὶ τοὺς ἐν αὐτῇ κατοικοῦντας

14 2 ἡ φωνὴ ἣν ἤκουσα ὡς κιθαρῳδῶν κιθαριζόντων ἐν ταῖς κιθάραις αὐτῶν

14 5 ἐν τῷ στόματι αὐτῶν οὐχ εὑρέθη ψεῦδος

14 6 εἶδον ἄλλον ἄγγελον πετόμενον ἐν μεσουρανήματι

14 7 λέγων ἐν φωνῇ μεγάλῃ

14 9 ἄλλος ἄγγελος τρίτος ἠκολούθησεν αὐτοῖς λέγων ἐν φωνῇ μεγάλῃ

14 10 αὐτὸς πίεται ἐκ τοῦ οἴνου ... τοῦ κεκερασμένου ἀκράτου ἐν τῷ ποτηρίῳ τῆς ὀργῆς αὐτοῦ, ↔

14 10ᵗ καὶ βασανισθήσεται (-σονται B) ἐν πυρὶ καὶ θείῳ ... ἐνώπιον τοῦ ἀρνίου

14 13ᶜʳ μακάριοι οἱ νεκροὶ οἱ ἐν κυρίῳ ἀποθνήσκοντες ἀπ' ἄρτι

14 14ᴾ ἔχων ... ἐν τῇ χειρὶ αὐτοῦ δρέπανον ὀξύ. ↔

14 15 καὶ ἄλλος ἄγγελος ἐξῆλθεν ... κράζων ἐν φωνῇ μεγάλῃ τῷ καθημένῳ ἐπὶ τῆς νεφέλης

14 17 ἄλλος ἄγγελος ἐξῆλθεν ἐκ τοῦ ναοῦ τοῦ ἐν τῷ οὐρανῷ

15 1 εἶδον ἄλλο σημεῖον ἐν τῷ οὐρανῷ μέγα καὶ θαυμαστόν

15 1 ὅτι ἐν αὐταῖς ἐτελέσθη ὁ θυμὸς τοῦ θεοῦ

15 5 ἠνοίγη ὁ ναὸς τῆς σκηνῆς τοῦ μαρτυρίου ἐν τῷ οὐρανῷ

16 3ᵉ πᾶσα ψυχὴ ζωῆς (ζῶσα Sϛ) ἀπέθανεν, τὰ (—VSϛ) ἐν τῇ θαλάσσῃ

16 8 ἐδόθη αὐτῷ καυματίσαι τοὺς ἀνθρώπους ἐν πυρί

17 3ᵏ ἀπήνεγκέν με εἰς ἔρημον ἐν πνεύματι

17 4 ἡ γυνὴ ... ἔχουσα ποτήριον χρυσοῦν ἐν τῇ χειρὶ αὐτῆς

17 16 οὗτοι ... αὐτὴν κατακαύσουσιν ἐν ([NH]; —T) πυρί

18 2 ⟨εἶδον ἄλλον ἄγγελον⟩ καὶ ἔκραξεν ἐν ἰσχυρᾷ φωνῇ λέγων

18 6 ἐν τῷ ποτηρίῳ ᾧ ἐκέρασεν κεράσατε αὐτῇ διπλοῦν

18 7 ὅτι ἐν τῇ καρδίᾳ αὐτῆς λέγει

18 8ᵃᵘ διὰ τοῦτο ἐν μιᾷ ἡμέρᾳ ἥξουσιν αἱ πληγαὶ αὐτῆς

18 8 καὶ ἐν πυρὶ κατακαυθήσεται

18 10ᵃ* ὅτι ἐν (+ϛ) | μιᾷ ὥρᾳ (μίαν ὥραν B) ἦλθεν ἡ κρίσις σου

18 16 ἡ πόλις ... κεχρυσωμένη ἐν ([N²⁶H]; —B) χρυσίῳ (-σῷ Tϛ) καὶ λίθῳ τιμίῳ καὶ μαργαρίτῃ

18 19 ἡ πόλις ἡ μεγάλη, ἐν ᾗ ἐπλούτησαν πάντες οἱ ἔχοντες τὰ πλοῖα ↔

18 19ᵐ ἐν τῇ θαλάσσῃ ἐκ τῆς τιμιότητος αὐτῆς

18 22 φωνὴ κιθαρῳδῶν ... καὶ σαλπιστῶν οὐ μὴ ἀκουσθῇ ἐν σοὶ ἔτι, ↔

18 22 καὶ πᾶς τεχνίτης | πάσης τέχνης [H] οὐ μὴ εὑρεθῇ ἐν σοὶ ἔτι, ↔

18 22 καὶ φωνὴ μύλου οὐ μὴ ἀκουσθῇ ἐν σοὶ ἔτι, ↔

18 23 καὶ φῶς λύχνου οὐ μὴ φάνῃ ἐν σοὶ ἔτι, ↔

Ap 18 23 καὶ φωνὴ νυμφίου καὶ νύμφης οὐ μὴ ἀκουσθῇ ἐν σοὶ ἔτι

18 23 ὅτι ἐν τῇ φαρμακείᾳ σου ἐπλανήθησαν πάντα τὰ ἔθνη, ↔

18 24 καὶ ἐν αὐτῇ αἷμα (-ματα VBT) προφητῶν καὶ ἁγίων εὑρέθη

19 1 μετὰ ταῦτα ἤκουσα ὡς φωνὴν μεγάλην ὄχλου πολλοῦ ἐν τῷ οὐρανῷ λεγόντων

19 2 ἥτις ἔφθειρεν τὴν γῆν ἐν τῇ πορνείᾳ αὐτῆς

19 11 ὁ καθήμενος ἐπ' αὐτὸν ... ἐν δικαιοσύνῃ κρίνει καὶ πολεμεῖ

19 14ᵉ τὰ στρατεύματα τὰ ([N²⁶]; —ST) ἐν τῷ οὐρανῷ ἠκολούθει αὐτῷ ἐφ' ἵπποις λευκοῖς

19 15 ἐκπορεύεται ῥομφαία ὀξεῖα, ἵνα ἐν αὐτῇ πατάξῃ τὰ ἔθνη· ↔

19 15 καὶ αὐτὸς ποιμανεῖ αὐτοὺς ἐν ῥάβδῳ σιδηρᾷ

19 17 εἶδον ἕνα ἄγγελον ἑστῶτα ἐν τῷ ἡλίῳ, ↔

19 17 καὶ ἔκραξεν ἐν ([N²⁶H]; —BSϛ) φωνῇ μεγάλῃ ↔

19 17 λέγων πᾶσιν τοῖς ὀρνέοις τοῖς πετομένοις ἐν μεσουρανήματι

19 20 ὁ ποιήσας τὰ σημεῖα ... ἐν οἷς ἐπλάνησεν τοὺς λαβόντας τὸ χάραγμα τοῦ θηρίου

19 20 ζῶντες ἐβλήθησαν οἱ δύο εἰς τὴν λίμνην τοῦ πυρὸς | τῆς καιομένης (τὴν -νην VBSϛ) ἐν (+τῷϛ) θείῳ. ↔

19 21 καὶ οἱ λοιποὶ ἀπεκτάνθησαν ἐν τῇ ῥομφαίᾳ τοῦ καθημένου ἐπὶ τοῦ ἵππου

20 6 μακάριος καὶ ἅγιος ὁ ἔχων μέρος ἐν τῇ ἀναστάσει τῇ πρώτῃ

20 8ᵉ ἐξελεύσεται πλανῆσαι τὰ ἔθνη τὰ ἐν ταῖς τέσσαρσιν γωνίαις τῆς γῆς

20 12 ἐκρίθησαν οἱ νεκροὶ ἐκ τῶν γεγραμμένων ἐν τοῖς βιβλίοις κατὰ τὰ ἔργα αὐτῶν. ↔

20 13ᵉ καὶ ἔδωκεν ἡ θάλασσα τοὺς νεκροὺς τοὺς ἐν αὐτῇ, ↔

20 13ᵉ καὶ ὁ θάνατος καὶ ὁ ᾅδης ἔδωκαν τοὺς νεκροὺς τοὺς ἐν αὐτοῖς

20 15 εἴ τις οὐχ εὑρέθη ἐν τῇ βίβλῳ τῆς ζωῆς γεγραμμένος

21 8 τοῖς δὲ δειλοῖς ... καὶ πᾶσιν τοῖς ψευδέσιν τὸ μέρος αὐτῶν ἐν τῇ λίμνῃ τῇ καιομένῃ πυρὶ καὶ θείῳ

21 10ᴾ ἀπήνεγκέν με ἐν πνεύματι ἐπὶ ὄρος μέγα

21 14 * τὸ τεῖχος τῆς πόλεως ἔχων (ἔχον VBSϛ) θεμελίους δώδεκα, καὶ | ἐν αὐτοῖς (ϛ; ἐπ' αὐτῶν rl) δώδεκα ὀνόματα

21 22 ναὸν οὐκ εἶδον ἐν αὐτῇ

21 23 * ἡ πόλις οὐ χρείαν ἔχει τοῦ ἡλίου οὐδὲ τῆς σελήνης, ἵνα φαίνωσιν ἐν (+ϛ) αὐτῇ

21 24 * περιπατήσουσιν τὰ ἔθνη | ἐν τῷ φωτὶ (ϛ; διὰ τοῦ φωτὸς rl) αὐτῆς

21 27 οὐ μὴ εἰσέλθῃ εἰς αὐτὴν ... ψεῦδος, εἰ μὴ οἱ γεγραμμένοι ἐν τῷ βιβλίῳ τῆς ζωῆς τοῦ ἀρνίου

22 2 ἐν μέσῳ τῆς πλατείας αὐτῆς καὶ τοῦ ποταμοῦ ... ξύλον ζωῆς

22 3 ὁ θρόνος τοῦ θεοῦ καὶ τοῦ ἀρνίου ἐν αὐτῇ ἔσται

22 6 δεῖξαι τοῖς δούλοις αὐτοῦ ἃ δεῖ γενέσθαι ἐν τάχει

22 16 * ἐγὼ Ἰησοῦς ἔπεμψα τὸν ἄγγελόν μου μαρτυρῆσαι ὑμῖν ταῦτα ἐν (B; ἐπὶ rl) ταῖς ἐκκλησίαις

Ap 22 18ᵈ ἐπιθήσει . . . τὰς [+ἑπτὰ S] πλη-
        γὰς τὰς γεγραμμένας ἐν τῷ (—ς)
        βιβλίῳ τούτῳ
    22 19ᵈ ἀφελεῖ ὁ θεὸς τὸ μέρος αὐτοῦ ἀπὸ
        τοῦ ξύλου τῆς ζωῆς . . . τῶν γε-
        γραμμένων ἐν τῷ βιβλίῳ τούτῳ

ἐναγκαλίζομαι
Mc   9 36 ἐναγκαλισάμενος αὐτὸ εἶπεν αὐτοῖς
    10 16 ἐναγκαλισάμενος αὐτὰ κατευλόγει
        τιθεὶς τὰς χεῖρας ἐπ᾽ αὐτά

ἐνάλιος
Jc   3 7 πᾶσα γὰρ φύσις θηρίων τε καὶ
        πετεινῶν, ἑρπετῶν τε καὶ ἐναλίων
        δαμάζεται καὶ δεδάμασται

ἔναντι
Lc   1 8 ἐγένετο δὲ ἐν τῷ ἱερατεύειν αὐτὸν
        ἐν τῇ τάξει τῆς ἐφημερίας αὐτοῦ
        ἔναντι τοῦ θεοῦ
Ac   7 10 * ἔδωκεν αὐτῷ χάριν καὶ σοφίαν
        ἔναντι (T; ἐναντίον rl) Φαραὼ βασι-
        λέως Αἰγύπτου
     8 21 ἡ γὰρ καρδία σου οὐκ ἔστιν εὐθεῖα
        ἔναντι (ἐνώπιον ς) τοῦ θεοῦ

ἐναντίον
→ τοὐναντίον
Mc   2 12 * εὐθὺς ἄρας τὸν κράβαττον ἐξῆλ-
        θεν ἐναντίον (VSς; ἔμπροσθεν rl)
        πάντων
Lc   1 6 ἦσαν δὲ δίκαιοι ἀμφότεροι ἐναντίον
        (ἐνώπιον ς) τοῦ θεοῦ
    20 26 οὐκ ἴσχυσαν ἐπιλαβέσθαι αὐτοῦ
        (τοῦ SH) ῥήματος ἐναντίον τοῦ
        λαοῦ
    24 19 ὃς ἐγένετο ἀνὴρ προφήτης δυνατὸς
        ἐν ἔργῳ καὶ λόγῳ ἐναντίον τοῦ
        θεοῦ καὶ παντὸς τοῦ λαοῦ
Ac   7 10 ἔδωκεν αὐτῷ χάριν καὶ σοφίαν
        ἐναντίον (ἔναντι T) Φαραὼ βασι-
        λέως Αἰγύπτου
     8 32 ὡς ἀμνὸς ἐναντίον τοῦ κείραντος
        (N²⁶ST; -ροντος rl) αὐτὸν ἄφωνος

ἐναντίος
ᵃ ἐξ ἐναντίας
Mt 14 24 ἦν γὰρ ἐναντίος ὁ ἄνεμος
Mc   6 48 ἦν γὰρ ὁ ἄνεμος ἐναντίος αὐτοῖς
    15 39ᵃ ἰδὼν δὲ ὁ κεντυρίων ὁ παρεστηκὼς
        ἐξ ἐναντίας αὐτοῦ
Ac 26 9 ἔδοξα ἐμαυτῷ πρὸς τὸ ὄνομα
        Ἰησοῦ . . . δεῖν πολλὰ ἐναντία
        πρᾶξαι
    27 4 ὑπεπλεύσαμεν τὴν Κύπρον διὰ τὸ
        τοὺς ἀνέμους εἶναι ἐναντίους
    28 17 ἐγώ, ἄνδρες ἀδελφοί, οὐδὲν ἐναν-
        τίον ποιήσας τῷ λαῷ ἢ τοῖς ἔθεσι
        τοῖς πατρῴοις
1 Th 2 15 ⟨ὑπὸ τῶν Ἰουδαίων⟩ τῶν καὶ τὸν
        κύριον ἀποκτεινάντων . . . καὶ
        πᾶσιν ἀνθρώποις ἐναντίων
Tt   2 8ᵃ ἵνα ὁ ἐξ ἐναντίας ἐντραπῇ μηδὲν
        ἔχων λέγειν περὶ ἡμῶν φαῦλον

ἐνάρχομαι
→ ἄρχω
G   3 3 ἐναρξάμενοι πνεύματι νῦν σαρκὶ
        ἐπιτελεῖσθε;
Ph   1 6 ὅτι ὁ ἐναρξάμενος ἐν ὑμῖν ἔργον
        ἀγαθὸν ἐπιτελέσει

ἔνατος
ἔννατος ς
ᵃ ὁ θεμέλιος ὁ ἔ.
Mt 20 5 πάλιν δὲ ([N²⁶NH]; —ς) ἐξελθὼν
        περὶ ἕκτην καὶ ἐνάτην ὥραν ἐποίη-
        σεν
    27 45 ἀπὸ δὲ ἕκτης ὥρας σκότος ἐγένετο
        ἐπὶ πᾶσαν τὴν γῆν ἕως ὥρας ἐνά-
        της. ↔

Mt 27 46 περὶ δὲ τὴν ἐνάτην ὥραν ἀνεβόησεν
        (ἐβόησεν H) ὁ Ἰησοῦς φωνῇ
        μεγάλῃ
Mc 15 33 γενομένης ὥρας ἕκτης σκότος
        ἐγένετο ἐφ᾽ ὅλην τὴν γῆν ἕως ὥρας
        ἐνάτης. ↔
    15 34 καὶ τῇ | ἐνάτῃ ὥρᾳ (∼S; ὥρᾳ τῇ
        ἐ. Vς) ἐβόησεν ὁ Ἰησοῦς φωνῇ
        μεγάλῃ
Lc 23 44 | καὶ ἦν (ἦν δὲ Vς) ἤδη ([S]; —Vς)
        ὡσεὶ ὥρα ἕκτη καὶ σκότος ἐγένετο
        ἐφ᾽ ὅλην τὴν γῆν ἕως ὥρας ἐνάτης
Ac   3 1 Πέτρος δὲ καὶ Ἰωάννης ἀνέβαινον
        εἰς τὸ ἱερὸν ἐπὶ τὴν ὥραν τῆς
        προσευχῆς τὴν ἐνάτην
    10 3 εἶδεν ἐν ὁράματι φανερῶς, ὡσεὶ
        περὶ (—ς) ὥραν ἐνάτην τῆς ἡμέρας,
        ἄγγελον τοῦ θεοῦ
    10 30 ἀπὸ τετάρτης ἡμέρας μέχρι ταύτης
        τῆς ὥρας ἤμην τὴν ἐνάτην (+
        ὥραν ς) προσευχόμενος ἐν τῷ οἴκῳ
        μου
Ap 21 20ᵃ ⟨οἱ θεμέλιοι τοῦ τείχους . . . παντὶ
        λίθῳ τιμίῳ κεκοσμημένοι· ὁ θεμέ-
        λιος⟩ ὁ ἔνατος τοπάζιον

ἐνγράφω
→ ἐγγράφω
ἐνδεής
Ac   4 34 οὐδὲ γὰρ ἐνδεής τις ἦν ἐν αὐτοῖς
ἔνδειγμα
2 Th 1 5 ⟨ὥστε . . . ἐγκαυχᾶσθαι . . . ὑπὲρ
        τῆς ὑπομονῆς ὑμῶν . . . ἐν . . . ταῖς
        θλίψεσιν αἷς ἀνέχεσθε⟩ ἔνδειγμα
        τῆς δικαίας κρίσεως τοῦ θεοῦ

ἐνδείκνυμαι
→ δείκνυμι
ᵃ ἐ. τὴν ἔνδειξιν
Rm   2 15 οἵτινες ἐνδείκνυνται τὸ ἔργον τοῦ
        νόμου γραπτὸν ἐν ταῖς καρδίαις
        αὐτῶν
     9 17 ἐξήγειρά σε, ὅπως ἐνδείξωμαι ἐν
        σοὶ τὴν δύναμίν μου
     9 22 εἰ δὲ θέλων ὁ θεὸς ἐνδείξασθαι τὴν
        ὀργὴν καὶ γνωρίσαι τὸ δυνατὸν
        αὐτοῦ
2 C   8 24ᵃ τὴν οὖν ἔνδειξιν τῆς ἀγάπης
        ὑμῶν . . . εἰς αὐτοὺς ἐνδεικνύμενοι
        (-δείξασθε MVBSHς) εἰς πρόσ-
        ωπον τῶν ἐκκλησιῶν
E   2 7 ἵνα ἐνδείξηται ἐν τοῖς αἰῶσιν . . . τὸ
        ὑπερβάλλον πλοῦτος τῆς χάριτος
        αὐτοῦ
1 Tm 1 16 ἵνα ἐν ἐμοὶ πρώτῳ ἐνδείξηται
        | Χριστὸς Ἰησοῦς (∼NMTς) τὴν
        ἅπασαν μακροθυμίαν
2 Tm 4 14 Ἀλέξανδρος ὁ χαλκεὺς πολλά μοι
        κακὰ ἐνεδείξατο
Tt   2 10 ⟨δούλους . . . εὐαρέστους εἶναι⟩ μὴ
        νοσφιζομένους, ἀλλὰ πᾶσαν πίστιν
        ἐνδεικνυμένους ἀγαθήν
     3 2 ⟨ὑπομίμνησκε αὐτούς . . . πειθαρ-
        χεῖν⟩ πᾶσαν ἐνδεικνυμένους πραΰ-
        τητα πρὸς πάντας ἀνθρώπους
Hb   6 10 ἐπιλαθέσθαι . . . τῆς ἀγάπης ἧς
        ἐνεδείξασθε εἰς τὸ ὄνομα αὐτοῦ
     6 11 ἐπιθυμοῦμεν δὲ ἕκαστον ὑμῶν τὴν
        αὐτὴν ἐνδείκνυσθαι σπουδήν

ἔνδειξις
Rm   3 25 ὃν προέθετο ὁ θεὸς ἱλαστήριον . . .
        εἰς ἔνδειξιν τῆς δικαιοσύνης αὐτοῦ
        διὰ τὴν πάρεσιν τῶν προγεγονό-
        των ἁμαρτημάτων ↔
     3 26 ἐν τῇ ἀνοχῇ τοῦ θεοῦ, πρὸς τὴν
        (—ς) ἔνδειξιν τῆς δικαιοσύνης αὐ-
        τοῦ ἐν τῷ νῦν καιρῷ

2 C   8 24 τὴν οὖν ἔνδειξιν τῆς ἀγάπης
        ὑμῶν . . . εἰς αὐτοὺς ἐνδεικνύμενοι
        (-δείξασθε MVBSHς) εἰς πρόσ-
        ωπον τῶν ἐκκλησιῶν
Ph   1 28 μὴ πτυρόμενοι ἐν μηδενὶ . . . ἥτις
        ἐστὶν αὐτοῖς ἔνδειξις ἀπωλείας

ἔνδεκα
Mt 28 16 οἱ δὲ ἕνδεκα μαθηταὶ ἐπορεύθησαν
        εἰς τὴν Γαλιλαίαν
Mc [16 14] ὕστερον δὲ (+[N²⁶NH]M) ἀνακειμέ-
        νοις αὐτοῖς τοῖς ἕνδεκα ἐφανερώθη
Lc 24 9 ὑποστρέψασαι . . . ἀπήγγειλαν
        | ταῦτα πάντα (∼ST) τοῖς ἕνδεκα
        καὶ πᾶσιν τοῖς λοιποῖς
    24 33 εὗρον ἠθροισμένους (συν- Vς) τοὺς
        ἕνδεκα καὶ τοὺς σὺν αὐτοῖς
Ac   1 26 συγκατεψηφίσθη μετὰ τῶν ἕνδεκα
        ἀποστόλων
     2 14 σταθεὶς δὲ ὁ Πέτρος σὺν τοῖς ἕνδεκα
        ἐπῆρεν τὴν φωνὴν αὐτοῦ

ἑνδέκατος
Mt 20 6 περὶ δὲ τὴν ἑνδεκάτην (+ὥραν ς)
        ἐξελθὼν εὗρεν ἄλλους ἑστῶτας
    20 9 | καὶ ἐλθόντες (ἐ. δὲ NH; ἐ. οὖν S)
        οἱ περὶ τὴν ἑνδεκάτην ὥραν
        ἔλαβον ἀνὰ δηνάριον
Ap 21 20 ⟨οἱ θεμέλιοι τοῦ τείχους . . . παντὶ
        λίθῳ τιμίῳ κεκοσμημένοι· ὁ θεμέ-
        λιος⟩ ὁ ἑνδέκατος ὑάκινθος

ἐνδέχομαι
→ δέχομαι
Lc 13 33 ὅτι οὐκ ἐνδέχεται προφήτην ἀπ-
        ολέσθαι ἔξω Ἰερουσαλήμ

ἐνδημέω
→ ἀποδημέω
2 C   5 6 εἰδότες ὅτι ἐνδημοῦντες ἐν τῷ
        σώματι ἐκδημοῦμεν ἀπὸ τοῦ κυρίου
     5 8 εὐδοκοῦμεν μᾶλλον ἐκδημῆσαι ἐκ
        τοῦ σώματος καὶ ἐνδημῆσαι πρὸς
        τὸν κύριον. ↔
     5 9 διὸ καὶ φιλοτιμούμεθα, εἴτε ἐνδη-
        μοῦντες εἴτε ἐκδημοῦντες, εὐάρεστοι
        αὐτῷ εἶναι

ἐνδιδύσκω
→ ἐνδύω, ἐνδύνω
Mc 15 17 ἐνδιδύσκουσιν (ἐνδύουσιν ς) αὐτὸν
        πορφύραν
Lc   8 27 *| ὃς εἶχε δαιμόνια ἐκ χρόνων
        ἱκανῶν, καὶ ἱμάτιον οὐκ ἐνεδιδύ-
        σκετο (ς; ἔχων δ., καὶ χ-ῳ ἱ-ῷ οὐκ
        ἐνεδύσατο ἱ. rl)
    16 19 ἄνθρωπος δέ τις ἦν πλούσιος, καὶ
        ἐνεδιδύσκετο πορφύραν καὶ βύσσον

ἔνδικος
Rm   3 8 ὧν τὸ κρίμα ἔνδικόν ἐστιν
Hb   2 2 εἰ γὰρ . . . πᾶσα παράβασις καὶ
        παρακοὴ ἔλαβεν ἔνδικον μισθαπο-
        δοσίαν

ἐνδόμησις
→ ἐνδώμησις
ἐνδοξάζομαι
→ δοξάζω
2 Th 1 10 ὅταν ἔλθῃ ἐνδοξασθῆναι ἐν τοῖς
        ἁγίοις αὐτοῦ
     1 12 ὅπως ἐνδοξασθῇ τὸ ὄνομα τοῦ
        κυρίου ἡμῶν Ἰησοῦ ἐν ὑμῖν

ἔνδοξος
Lc   7 25 ἰδοὺ οἱ ἐν ἱματισμῷ ἐνδόξῳ καὶ
        τρυφῇ ὑπάρχοντες ἐν τοῖς βασι-
        λείοις εἰσίν
    13 17 ἐπὶ πᾶσιν τοῖς
        ἐνδόξοις τοῖς γινομένοις ὑπ᾽ αὐτοῦ
1 C   4 10 ⟨ὁ θεὸς ἡμᾶς τοὺς ἀποστόλους
        ἐσχάτους ἀπέδειξεν⟩ ὑμεῖς ἔνδο-
        ξοι, ἡμεῖς δὲ ἄτιμοι

E 5 27 ἵνα παραστήσῃ αὐτὸς ἑαυτῷ
ἔνδοξον τὴν ἐκκλησίαν

ἔνδυμα
a ἔ. γάμου
b ἔ. προβάτων

Mt 3 4 αὐτὸς δὲ ὁ Ἰωάννης εἶχεν τὸ ἔνδυ-
μα αὐτοῦ ἀπὸ τριχῶν καμήλου

6 25 οὐχὶ ἡ ψυχὴ πλεῖόν ἐστιν τῆς
τροφῆς καὶ τὸ σῶμα τοῦ ἐνδύμα-
τος;

6 28 περὶ ἐνδύματος τί μεριμνᾶτε;

7 15b οἵτινες ἔρχονται πρὸς ὑμᾶς ἐν
ἐνδύμασι προβάτων

22 11a εἶδεν ἐκεῖ ἄνθρωπον οὐκ ἐνδεδυ-
μένον ἔνδυμα γάμου

22 12a ἑταῖρε, πῶς εἰσῆλθες ὧδε μὴ ἔχων
ἔνδυμα γάμου;

28 3 ἦν δὲ ... τὸ ἔνδυμα αὐτοῦ λευκὸν
ὡς χιών

Lc 12 23 ἡ γὰρ (—Tς) ψυχὴ πλεῖόν ἐστιν
τῆς τροφῆς καὶ τὸ σῶμα τοῦ
ἐνδύματος

ἐνδυναμόω
→ δυναμόω
a act.

Ac 9 22 Σαῦλος δὲ μᾶλλον ἐνεδυναμοῦτο

Rm 4 20 οὐ διεκρίθη τῇ ἀπιστίᾳ, ἀλλ’
ἐνεδυναμώθη τῇ πίστει

E 6 10 τοῦ λοιποῦ, ἐνδυναμοῦσθε ἐν κυ-
ρίῳ καὶ ἐν τῷ κράτει τῆς ἰσχύος
αὐτοῦ

Ph 4 13a πάντα ἰσχύω ἐν τῷ ἐνδυναμοῦντί
με (+Χριστῷ ς)

1Tm 1 12a (+καὶ [S]ς) χάριν ἔχω τῷ ἐνδυνα-
μώσαντί με Χριστῷ Ἰησοῦ τῷ
κυρίῳ ἡμῶν

2Tm 2 1 σὺ οὖν, τέκνον μου, ἐνδυναμοῦ ἐν
τῇ χάριτι τῇ ἐν Χριστῷ Ἰησοῦ

4 17a ὁ δὲ κύριός μοι παρέστη καὶ ἐν-
εδυνάμωσέν με

Hb 11 34 *⟨οἳ⟩ ἔφυγον στόματα μαχαίρης,
ἐνεδυναμώθησαν (VSς; ἐδυν. rl)
ἀπὸ ἀσθενείας

ἐνδύνω
→ ἐνδύω

ἔνδυσις
1 Pt 3 3 ὧν ἔστω οὐχ ὁ ἔξωθεν ... περι-
θέσεως χρυσίων ἢ ἐνδύσεως ἱματί-
ων κόσμος

ἐνδύω, ἐνδύνω
→ δύνω, δύω
→ ἐνδιδύσκω
a usu proprio
b ἔ. ἔνδυμα
c ἐνδύνω

Mt 6 25a μὴ μεριμνᾶτε τῇ ψυχῇ ὑμῶν τί
φάγητε ... μηδὲ τῷ σώματι
ὑμῶν τί ἐνδύσησθε

22 11ab εἶδεν ἐκεῖ ἄνθρωπον οὐκ ἐνδεδυ-
μένον ἔνδυμα γάμου

27 31a καὶ (—T) ἐνέδυσαν αὐτὸν τὰ
ἱμάτια αὐτοῦ

Mc 1 6a | καὶ ἦν ὁ (ἦν δὲ Sς) Ἰωάννης
ἐνδεδυμένος τρίχας καμήλου

6 9a ⟨παρήγγειλεν⟩ μὴ ἐνδύσησθε
(-σασθαι H) δύο χιτῶνας

15 17a * ἐνδύουσιν (ς; ἐνδιδύσκουσιν rl)
αὐτὸν πορφύραν

15 20a ἐξέδυσαν αὐτὸν τὴν πορφύραν καὶ
ἐνέδυσαν αὐτὸν τὰ (+ἴδια T)
ἱμάτια (τὰ ἴδια VSς)

Lc 8 27a * ἔχων δαιμόνια, καὶ χρόνῳ ἱκανῷ
οὐκ ἐνεδύσατο ἱμάτιον (ὃς εἶχε δ.
ἐκ χ-ων ἱ-ῶν, καὶ ἱ. οὐκ ἐνεδιδύ-
σκετο ς)

Lc 12 22a μὴ μεριμνᾶτε τῇ ψυχῇ τί φάγητε,
μηδὲ τῷ σώματι [+ὑμῶν NH] τί
ἐνδύσησθε

15 22a ταχὺ (—Tς) ἐξενέγκατε στολὴν
τὴν πρώτην καὶ ἐνδύσατε αὐτόν

24 49 ἕως οὗ ἐνδύσησθε (-σεσθε M) | ἐξ
ὕψους δύναμιν (~Vς)

Ac 12 21a τακτῇ δὲ ἡμέρᾳ ὁ [H] Ἡρῴδης
ἐνδυσάμενος ἐσθῆτα βασιλικὴν ...
ἐδημηγόρει

Rm 13 12 || ἐνδυσώμεθα δὲ [N²⁶H] ((καὶ
ἐνδ. ς)) τὰ ὅπλα τοῦ φωτός

13 14 ἀλλὰ ἐνδύσασθε τὸν κύριον Ἰη-
σοῦν Χριστόν

1 C 15 53 δεῖ γὰρ τὸ φθαρτὸν τοῦτο ἐνδύ-
σασθαι ἀφθαρσίαν ↔

15 53 καὶ τὸ θνητὸν τοῦτο ἐνδύσασθαι
ἀθανασίαν. ↔

15 54 ὅταν δὲ | τὸ φθαρτὸν τοῦτο ἐν-
δύσηται ἀφθαρσίαν καὶ (—H) ↔

15 54 τὸ θνητὸν τοῦτο ἐνδύσηται [+τὴν
H] ἀθανασίαν

2 C 5 3 * | εἴ γε (εἴπερ B) καὶ ἐνδυσάμενοι
(ἐκ- N²⁶) οὐ γυμνοὶ εὑρεθησόμεθα

G 3 27 ὅσοι γὰρ εἰς Χριστὸν ἐβαπτίσθητε,
Χριστὸν ἐνεδύσασθε

E 4 24 ⟨ἐδιδάχθητε⟩ ἐνδύσασθαι τὸν και-
νὸν ἄνθρωπον τὸν κατὰ θεὸν
κτισθέντα

6 11 ἐνδύσασθε τὴν πανοπλίαν τοῦ
θεοῦ

6 14 στῆτε οὖν περιζωσάμενοι ... καὶ
ἐνδυσάμενοι τὸν θώρακα τῆς δι-
καιοσύνης

Cl 3 10 ⟨ἀπεκδυσάμενοι τὸν παλαιὸν ἄν-
θρωπον⟩ καὶ ἐνδυσάμενοι τὸν νέον
τὸν ἀνακαινούμενον

3 12 ἐνδύσασθε οὖν, ὡς ἐκλεκτοὶ τοῦ
θεοῦ ἅγιοι ... σπλάγχνα οἰκτιρ-
μοῦ, χρηστότητα

1 Th 5 8 ἡμεῖς δὲ ἡμέρας ὄντες νήφωμεν,
ἐνδυσάμενοι θώρακα πίστεως καὶ
ἀγάπης καὶ περικεφαλαίαν

2Tm 3 6c ἐκ τούτων γάρ εἰσιν οἱ ἐνδύνοντες
εἰς τὰς οἰκίας

Ap 1 13a ⟨εἶδον⟩ ἐν μέσῳ τῶν λυχνιῶν
ὅμοιον υἱὸν ἀνθρώπου, ἐνδεδυμέ-
νον ποδήρη καὶ περιεζωσμένον

15 6a ἐξῆλθον οἱ ἑπτὰ ἄγγελοι ...
ἐνδεδυμένοι λίνον (λίθον H) καθα-
ρὸν λαμπρόν

19 14a τὰ στρατεύματα ... ἠκολούθει
αὐτῷ ... ἐνδεδυμένοι βύσσινον
λευκὸν καθαρόν

ἐνδώμησις
ἐνδόμησις Sς

Ap 21 18 καὶ (+ἦν [M]VBSς) ἡ (—S) ἐν-
δώμησις τοῦ τείχους αὐτῆς ἴασπις

ἐνέδρα
Ac 23 16 ἀκούσας δὲ ὁ υἱὸς τῆς ἀδελφῆς
Παύλου | τὴν ἐνέδραν (τὸ ἔνεδρον ς)

25 3 ἐνέδραν ποιοῦντες ἀνελεῖν αὐτὸν
κατὰ τὴν ὁδόν

ἐνεδρεύω
παρ- προσ-

Lc 11 54 ⟨ἤρξαντο ... ἀποστοματίζειν αὐ-
τὸν⟩ ἐνεδρεύοντες αὐτὸν (—T)
(+ζητοῦντες Vς) θηρεῦσαί τι ἐκ
τοῦ στόματος αὐτοῦ

Ac 23 21 ἐνεδρεύουσιν γὰρ αὐτὸν ἐξ αὐτῶν
ἄνδρες πλείους τεσσεράκοντα

ἔνεδρον
Ac 23 16 *ἀκούσας δὲ ὁ υἱὸς τῆς ἀδελφῆς
Παύλου | τὸ ἔνεδρον (ς; τὴν
ἐνέδραν rl)

ἐνειλέω
Mc 15 46 καθελὼν αὐτὸν ἐνείλησεν τῇ σιν-
δόνι

ἔνειμι
→ εἰμί
→ ἔνι

Lc 11 41 πλὴν τὰ ἐνόντα δότε ἐλεημοσύνην

ἕνεκα, ἕνεκεν, εἵνεκεν
a ἕ. τούτου, τούτων
b οὗ, τίνος ἕ.
c ἕ. τοῦ seq. inf.

Mt 5 10 μακάριοι οἱ δεδιωγμένοι ἕνεκεν
δικαιοσύνης

5 11 μακάριοί ἐστε ὅταν ὀνειδίσωσιν
ὑμᾶς ... καὶ εἴπωσιν πᾶν (+ῥῆμα
Vς) πονηρὸν καθ’ ὑμῶν ψευδό-
μενοι ([N²⁶]; —S) ἕνεκεν ἐμοῦ

10 18 ἐπὶ ἡγεμόνας δὲ καὶ βασιλεῖς
ἀχθήσεσθε ἕνεκεν ἐμοῦ

10 39 ὁ ἀπολέσας τὴν ψυχὴν αὐτοῦ
ἕνεκεν ἐμοῦ εὑρήσει αὐτήν

16 25 ὃς δ’ ἂν ἀπολέσῃ τὴν ψυχὴν αὐ-
τοῦ ἕνεκεν ἐμοῦ, εὑρήσει αὐτήν

19 5a ἕνεκα (-εν VBSς) τούτου καταλεί-
ψει ἄνθρωπος τὸν πατέρα καὶ τὴν
μητέρα

19 29 πᾶς ὅστις ἀφῆκεν | οἰκίας ... ἢ
ἀγρούς (~ST) ἕνεκεν (-α T) τοῦ
| ὀνόματός μου (ἐμοῦ ὄ. NTH)

Mc 8 35 ὃς δ’ ἂν ἀπολέσει (-σῃ VSς) τὴν
| ψυχὴν αὐτοῦ (ἑαυτοῦ ψ. VST)
ἕνεκεν | ἐμοῦ καὶ ([H]; —B) τοῦ
εὐαγγελίου

10 7a ἕνεκεν τούτου καταλείψει ἄνθρω-
πος τὸν πατέρα αὐτοῦ καὶ τὴν
μητέρα

10 29 οὐδείς ἐστιν ὃς ἀφῆκεν οἰκίαν ...
ἢ ἀγρούς ἕνεκεν ἐμοῦ ↔

10 29 καὶ ἕνεκεν ([H]; —ς) τοῦ εὐαγγε-
λίου

13 9 ἐπὶ ἡγεμόνων καὶ βασιλέων σταθή-
σεσθε ἕνεκεν ἐμοῦ

Lc 4 18b πνεῦμα κυρίου ἐπ’ ἐμέ, οὗ εἵνεκεν
(ἕ- ς) ἔχρισέν με

6 22 μακάριοί ἐστε ὅταν ... ἐκβάλωσιν
τὸ ὄνομα ὑμῶν ὡς πονηρὸν ἕνεκα
τοῦ υἱοῦ τοῦ ἀνθρώπου

9 24 ὃς δ’ ἂν ἀπολέσῃ τὴν ψυχὴν
αὐτοῦ ἕνεκεν ἐμοῦ, οὗτος σώσει
αὐτήν

18 29 οὐδείς ἐστιν ὃς ἀφῆκεν οἰκίαν ... ἢ
τέκνα ἕνεκεν (εἵ- NTH) τῆς βασι-
λείας τοῦ θεοῦ

21 12 ἀπαγομένους ἐπὶ βασιλεῖς καὶ
ἡγεμόνας ἕνεκεν τοῦ ὀνόματός μου

Ac 19 32b οἱ πλείους οὐκ ᾔδεισαν τίνος
ἕνεκα (-εν ς) συνεληλύθεισαν

26 21a ἕνεκα τούτων με Ἰουδαῖοι συλλα-
βόμενοι ... ἐπειρῶντο διαχειρίσα-
σθαι

28 20 ἕνεκεν (εἵ- NMTH) γὰρ τῆς ἐλπίδος
τοῦ Ἰσραὴλ τὴν ἅλυσιν ταύτην
περίκειμαι

Rm 8 36 ἕνεκεν (-α ς) σοῦ θανατούμεθα
ὅλην τὴν ἡμέραν

14 20 μὴ ἕνεκεν βρώματος κατάλυε τὸ
ἔργον τοῦ θεοῦ

2 C 3 10 καὶ γὰρ οὐ δεδόξασται τὸ δεδο-
ξασμένον ἐν τούτῳ τῷ μέρει εἵνεκεν
(ἕ- ς) τῆς ὑπερβαλλούσης δόξης

7 12 ἄρα εἰ καὶ ἔγραψα ὑμῖν, οὐχ
εἵνεκεν (εἵ- ς) τοῦ ἀδικήσαντος ↔

7 12 [+ἀλλ’ H] οὐδὲ ἕνεκεν (εἵ- ς) τοῦ
ἀδικηθέντος, ↔

2 C   7 12ᶜ ἀλλ' ἕνεκεν (εἴ- ϛ) τοῦ φανερωθῆναι τὴν σπουδὴν ὑμῶν . . . ἐνώπιον τοῦ θεοῦ

ἐνενήκοντα

ᵃ ἐ. ἐννέα, ἐννενηκονταεννέα ϛ

Mt   18 12ᵃ οὐχὶ ἀφήσει (ἀφεὶς VSTϛ) τὰ ἐνενήκοντα ἐννέα ἐπὶ τὰ ὄρη . . . ζητεῖ τὸ πλανώμενον;

18 13ᵃ χαίρει ἐπ' αὐτῷ μᾶλλον ἢ ἐπὶ τοῖς ἐνενήκοντα ἐννέα τοῖς μὴ πεπλανημένοις

Lc   15 4ᵃ οὐ καταλείπει τὰ ἐνενήκοντα ἐννέα ἐν τῇ ἐρήμῳ καὶ πορεύεται ἐπὶ τὸ ἀπολωλὸς ⟨;⟩

15 7ᵃ οὕτως χαρὰ . . . ἔσται ἐπὶ ἑνὶ ἁμαρτωλῷ μετανοοῦντι ἢ ἐπὶ ἐνενήκοντα ἐννέα δικαίοις

ἐνεός

ἐννεός ϛ

Ac   9 7 οἱ δὲ ἄνδρες οἱ συνοδεύοντες αὐτῷ εἱστήκεισαν ἐνεοί

ἐνέργεια

ᵃ ἐ. c. δύναμις

E   1 19ᵃ τί τὸ ὑπερβάλλον μέγεθος τῆς δυνάμεως αὐτοῦ εἰς ἡμᾶς τοὺς πιστεύοντας κατὰ τὴν ἐνέργειαν τοῦ κράτους τῆς ἰσχύος αὐτοῦ

3 7ᵃ τῆς χάριτος τοῦ θεοῦ τῆς δοθείσης μοι κατὰ τὴν ἐνέργειαν τῆς δυνάμεως αὐτοῦ

4 16 ἐξ οὗ πᾶν τὸ σῶμα συναρμολογούμενον . . . διὰ πάσης ἁφῆς τῆς ἐπιχορηγίας κατ' ἐνέργειαν ἐν μέτρῳ . . . τὴν αὔξησιν τοῦ σώματος ποιεῖται

Ph   3 21 κατὰ τὴν ἐνέργειαν τοῦ δύνασθαι αὐτὸν καὶ ὑποτάξαι αὐτῷ (αὐ- Hϛ) τὰ πάντα

Cl   1 29ᵃ εἰς ὃ καὶ κοπιῶ ἀγωνιζόμενος κατὰ τὴν ἐνέργειαν αὐτοῦ τὴν ἐνεργουμένην ἐν ἐμοὶ ἐν δυνάμει

2 12 ἐν ᾧ καὶ συνηγέρθητε διὰ τῆς πίστεως τῆς ἐνεργείας τοῦ θεοῦ

2 Th   2 9ᵃ οὗ ἐστιν ἡ παρουσία κατ' ἐνέργειαν τοῦ σατανᾶ ἐν πάσῃ δυνάμει

2 11 διὰ τοῦτο πέμπει αὐτοῖς ὁ θεὸς ἐνέργειαν πλάνης

ἐνεργέω

ᵃ trans.

ᵇ ἡ ἐνέργεια ἡ ἐνεργουμένη

ᶜ ἐνέργειαν ἐ.

Mt   14 2 διὰ τοῦτο αἱ δυνάμεις ἐνεργοῦσιν ἐν αὐτῷ

Mc   6 14 διὰ τοῦτο ἐνεργοῦσιν αἱ δυνάμεις ἐν αὐτῷ

Rm   7 5 τὰ παθήματα τῶν ἁμαρτιῶν τὰ διὰ τοῦ νόμου ἐνηργεῖτο ἐν τοῖς μέλεσιν ἡμῶν

1 C   12 6ᵃ| ὁ δὲ (καὶ ὁ H) αὐτὸς (+ ἐστὶν [S]ϛ) θεὸς ὁ ἐνεργῶν τὰ πάντα ἐν πᾶσιν

12 11ᵃ πάντα δὲ ταῦτα ἐνεργεῖ τὸ ἓν καὶ τὸ αὐτὸ πνεῦμα

2 C   1 6 ὑπὲρ τῆς ὑμῶν παρακλήσεως τῆς ἐνεργουμένης ἐν ὑπομονῇ τῶν αὐτῶν παθημάτων

4 12 ὥστε ὁ θάνατος ἐν ἡμῖν ἐνεργεῖται, ἡ δὲ ζωὴ ἐν ὑμῖν

G   2 8 ὁ γὰρ ἐνεργήσας Πέτρῳ εἰς ἀποστολὴν τῆς περιτομῆς ↔

2 8 ἐνήργησεν καὶ ἐμοὶ εἰς τὰ ἔθνη

3 5ᵃ ὁ οὖν . . . ἐνεργῶν δυνάμεις ἐν ὑμῖν ἐξ ἔργων νόμου ἢ ἐξ ἀκοῆς πίστεως;

G   5 6 ἐν γὰρ Χριστῷ Ἰησοῦ [H] οὔτε περιτομή τι ἰσχύει . . . ἀλλὰ πίστις δι' ἀγάπης ἐνεργουμένη

E   1 11ᵃ ἐκληρώθημεν προορισθέντες κατὰ πρόθεσιν τοῦ τὰ πάντα ἐνεργοῦντος κατὰ τὴν βουλὴν τοῦ θελήματος αὐτοῦ

1 20ᵃᶜ ⟨κατὰ τὴν ἐνέργειαν⟩ ἣν ἐνήργησεν (N²⁶ϛ; ἐνήργηκεν rl) ἐν τῷ Χριστῷ ἐγείρας αὐτὸν ἐκ νεκρῶν

2 2 κατὰ τὸν ἄρχοντα . . . τοῦ πνεύματος τοῦ νῦν ἐνεργοῦντος ἐν τοῖς υἱοῖς τῆς ἀπειθείας

3 20 τῷ δὲ δυναμένῳ . . . ποιῆσαι ὑπερεκπερισσοῦ ὧν αἰτούμεθα ἢ νοοῦμεν κατὰ τὴν δύναμιν τὴν ἐνεργουμένην ἐν ἡμῖν

Ph   2 13ᵃ θεὸς γάρ ἐστιν ὁ ἐνεργῶν ἐν ὑμῖν ↔

2 13 καὶ τὸ θέλειν καὶ τὸ ἐνεργεῖν ὑπὲρ τῆς εὐδοκίας

Cl   1 29ᵇ εἰς ὃ καὶ κοπιῶ ἀγωνιζόμενος κατὰ τὴν ἐνέργειαν αὐτοῦ τὴν ἐνεργουμένην ἐν ἐμοὶ ἐν δυνάμει

1 Th   2 13 ἐδέξασθε . . . λόγον θεοῦ, ὃς καὶ ἐνεργεῖται ἐν ὑμῖν τοῖς πιστεύουσιν

2 Th   2 7 τὸ γὰρ μυστήριον ἤδη ἐνεργεῖται τῆς ἀνομίας

Jc   5 16 πολὺ ἰσχύει δέησις δικαίου ἐνεργουμένη

ἐνέργημα

1 C   12 6 διαιρέσεις ἐνεργημάτων εἰσίν, | ὁ δὲ (καὶ ὁ H) αὐτὸς (+ ἐστὶν [S]ϛ) θεός

12 10 ⟨ᾧ μὲν γὰρ . . . δίδοται λόγος σοφίας⟩ ἄλλῳ δὲ ἐνεργήματα δυνάμεων

ἐνεργής

1 C   16 9 θύρα γάρ μοι ἀνέῳγεν μεγάλη καὶ ἐνεργής

Phm   6 ὅπως ἡ κοινωνία τῆς πίστεώς σου ἐνεργὴς γένηται ἐν ἐπιγνώσει παντὸς ἀγαθοῦ

Hb   4 12 ζῶν γὰρ ὁ λόγος τοῦ θεοῦ καὶ ἐνεργὴς καὶ τομώτερος

ἐνευλογέω

→ εὐλογέω

Ac   3 25 ἐν (— ϛ) τῷ σπέρματί σου ἐνευλογηθήσονται ([ἐν]- N²⁶; εὐλ. H) πᾶσαι αἱ πατριαὶ τῆς γῆς

G   3 8 ἐνευλογηθήσονται ἐν σοὶ πάντα τὰ ἔθνη

ἐνέχω

→ ἔχω

Mc   6 19 ἡ δὲ Ἡρῳδιὰς ἐνεῖχεν αὐτῷ

Lc   11 53 ἤρξαντο οἱ γραμματεῖς καὶ οἱ Φαρισαῖοι δεινῶς ἐνέχειν καὶ ἀποστοματίζειν αὐτὸν

G   5 1 στήκετε οὖν καὶ μὴ πάλιν ζυγῷ δουλείας ἐνέχεσθε

ἐνθάδε

Lc   24 41 ἔχετέ τι βρώσιμον ἐνθάδε;

Jo   4 15 ἵνα μὴ διψῶ μηδὲ διέρχωμαι (ἔρχωμαι Vϛ; ἔρχομαι S) ἐνθάδε ἀντλεῖν

4 16 ὕπαγε φώνησον | τὸν ἄνδρα σου (~ H) καὶ ἐλθὲ ἐνθάδε

Ac   10 18 φωνήσαντες ἐπυνθάνοντο (ἐπύθοντο H) εἰ Σίμων ὁ ἐπικαλούμενος Πέτρος ἐνθάδε ξενίζεται

16 28 ἅπαντες γάρ ἐσμεν ἐνθάδε

17 6 οἱ τὴν οἰκουμένην ἀναστατώσαντες οὗτοι καὶ ἐνθάδε πάρεισιν

25 17 συνελθόντων οὖν αὐτῶν ([N²⁶]; —NH) ἐνθάδε ἀναβολὴν μηδεμίαν ποιησάμενος . . . ἐκέλευσα

Ac   25 24 περὶ οὗ ἅπαν τὸ πλῆθος τῶν Ἰουδαίων ἐνέτυχόν (-χέν H) μοι ἔν τε Ἱεροσολύμοις καὶ ἐνθάδε

ἔνθεν

Mt   17 20 ἐρεῖτε τῷ ὄρει τούτῳ· | μετάβα ἔνθεν (μετάβηθι ἐντεῦθεν Vϛ) ἐκεῖ

Lc   16 26 ὅπως οἱ θέλοντες διαβῆναι ἔνθεν (ἐντεῦθεν ϛ) πρὸς ὑμᾶς μὴ δύνωνται

ἐνθυμέομαι

→ ἀθυμέω

Mt   1 20 ταῦτα δὲ αὐτοῦ ἐνθυμηθέντος, ἰδοὺ ἄγγελος κυρίου κατ' ὄναρ ἐφάνη αὐτῷ

9 4 ἱνατί (+ ὑμεῖς Vϛ) ἐνθυμεῖσθε πονηρὰ ἐν ταῖς καρδίαις ὑμῶν;

Ac   10 19 *τοῦ δὲ Πέτρου ἐνθυμουμένου (ϛ; διεν- rl) περὶ τοῦ ὁράματος

ἐνθύμησις

Mt   9 4 ἰδὼν (εἰδὼς NMBH) ὁ Ἰησοῦς τὰς ἐνθυμήσεις αὐτῶν εἶπεν

12 25 εἰδὼς δὲ (+ ὁ Ἰησοῦς Vϛ) τὰς ἐνθυμήσεις αὐτῶν εἶπεν αὐτοῖς

Ac   17 29 οὐκ ὀφείλομεν νομίζειν . . . λίθῳ, χαράγματι τέχνης καὶ ἐνθυμήσεως ἀνθρώπου, τὸ θεῖον εἶναι ὅμοιον

Hb   4 12 ζῶν γὰρ ὁ λόγος τοῦ θεοῦ . . . καὶ κριτικὸς ἐνθυμήσεων καὶ ἐννοιῶν καρδίας

ἔνι

→ ἔνειμι

→ εἰμί/ἐστίν

1 C   6 5 οὕτως οὐκ ἔνι (ἔστιν ϛ) ἐν ὑμῖν οὐδεὶς σοφὸς ⟨;⟩

G   3 28 οὐκ ἔνι Ἰουδαῖος οὐδὲ Ἕλλην, ↔

3 28 οὐκ ἔνι δοῦλος οὐδὲ ἐλεύθερος, ↔

3 28 οὐκ ἔνι ἄρσεν καὶ θῆλυ

Cl   3 11 ὅπου οὐκ ἔνι Ἕλλην καὶ Ἰουδαῖος

Jc   1 17 παρ' ᾧ οὐκ ἔνι παραλλαγὴ ἢ τροπῆς ἀποσκίασμα

ἐνιαυτός

ᵃ ἐ. c. μήν

ᵇ ἐ. c. καιρός

ᶜ κατ' ἐνιαυτόν

ᵈ ἅπαξ τοῦ ἐνιαυτοῦ

Lc   4 19 ⟨ἀπέσταλκέν με⟩ κηρύξαι ἐνιαυτὸν κυρίου δεκτόν

Jo   11 49 εἷς δέ τις ἐξ αὐτῶν Καϊάφας, ἀρχιερεὺς ὢν τοῦ ἐνιαυτοῦ ἐκείνου

11 51 ἀλλὰ ἀρχιερεὺς ὢν τοῦ ἐνιαυτοῦ ἐκείνου ἐπροφήτευσεν

18 13 πενθερὸς τοῦ Καϊάφα, ὃς ἦν ἀρχιερεὺς τοῦ ἐνιαυτοῦ ἐκείνου

Ac   11 26 ἐγένετο δὲ αὐτοῖς καὶ ἐνιαυτὸν ὅλον συναχθῆναι ἐν τῇ ἐκκλησίᾳ

18 11ᵃ ἐκάθισεν δὲ ἐνιαυτὸν καὶ μῆνας ἓξ διδάσκων . . . τὸν λόγον τοῦ θεοῦ

G   4 10ᵃᵇ ἡμέρας παρατηρεῖσθε καὶ μῆνας καὶ καιροὺς καὶ ἐνιαυτούς

Hb   9 7ᵈ ⟨εἰσίασιν οἱ ἱερεῖς⟩ εἰς δὲ τὴν δευτέραν ἅπαξ τοῦ ἐνιαυτοῦ μόνος ὁ ἀρχιερεύς

9 25ᶜ ὥσπερ ὁ ἀρχιερεὺς εἰσέρχεται εἰς τὰ ἅγια κατ' ἐνιαυτὸν ἐν αἵματι ἀλλοτρίῳ

10 1ᶜ κατ' ἐνιαυτὸν ταῖς αὐταῖς θυσίαις ἃς (αἷς T) προσφέρουσιν εἰς τὸ διηνεκές

10 3ᶜ ἀλλ' ἐν αὐταῖς ἀνάμνησις ἁμαρτιῶν κατ' ἐνιαυτόν

Jc   4 13 πορευσόμεθα εἰς τήνδε τὴν πόλιν καὶ ποιήσομεν (-σωμεν Sϛ) ἐκεῖ ἐνιαυτὸν (+ ἕνα Sϛ)

5 17ᵃ οὐκ ἔβρεξεν ἐπὶ τῆς γῆς ἐνιαυτοὺς τρεῖς καὶ μῆνας ἕξ

Ap 9 15ᵃἐλύθησαν οἱ τέσσαρες ἄγγελοι οἱ
        ἡτοιμασμένοι εἰς τὴν ὥραν καὶ
        ἡμέραν καὶ μῆνα καὶ ἐνιαυτόν

ἐνίστημι
→ ἵστημι
ᵃ ἐνεστῶτα

Rm 8 38ᵃοὔτε θάνατος . . . οὔτε ἀρχαὶ οὔτε
        ἐνεστῶτα οὔτε μέλλοντα ⟨δυνήσε-
        ται ἡμᾶς χωρίσαι⟩

1 C 3 22ᵃ⟨πάντα γὰρ ὑμῶν ἐστιν⟩ εἴτε
        θάνατος, εἴτε ἐνεστῶτα εἴτε μέλλον-
        τα, πάντα ὑμῶν

     7 26 νομίζω οὖν τοῦτο καλὸν ὑπάρχειν
        διὰ τὴν ἐνεστῶσαν ἀνάγκην

G   1 4 ὅπως ἐξέληται ἡμᾶς ἐκ τοῦ | αἰῶνος
        τοῦ ἐνεστῶτος (ἐν. αἰ. ϛ) πονηροῦ

2 Th 2 2 μηδὲ θροεῖσθαι . . . ὡς ὅτι ἐνέστηκεν
        ἡ ἡμέρα τοῦ κυρίου

2 Tm 3 1 ὅτι ἐν ἐσχάταις ἡμέραις ἐνστήσον-
        ται καιροὶ χαλεποί

Hb 9 9 ἥτις παραβολὴ εἰς τὸν καιρὸν τὸν
        ἐνεστηκότα

ἐνισχύω
→ ἰσχύω

Lc 22 43 || ὤφθη δὲ αὐτῷ ἄγγελος ἀπ᾽
        (ἀπὸ τοῦ Η) οὐρανοῦ ἐνισχύων
        αὐτόν [[Ν²⁶NSH . .]]

Ac 9 19 καὶ λαβὼν τροφὴν ἐνίσχυσεν (-σχύ-
        θη MBSH)

ἐνκάθετος
→ ἐγκάθετος

ἐνκαίνια
→ ἐγκαίνια

ἐνκαινίζω
→ ἐγκαινίζω

ἐνκακέω
→ ἐγκακέω

ἐνκαταλείπω
→ ἐγκαταλείπω

ἐνκατοικέω
→ ἐγκατοικέω

ἐνκαυχάομαι
→ ἐγκαυχάομαι

ἐνκεντρίζω
→ ἐγκεντρίζω

ἐνκοπή
→ ἐγκοπή

ἐνκόπτω
→ ἐγκόπτω

ἐνκρίνω
→ ἐγκρίνω

ἔνκυος
→ ἔγκυος

ἔννατος
→ ἔνατος

ἐννέα
ᵃ ἐνενήκοντα ἐννέα, ἐννενηκονταεννέα ϛ

Mt 18 12ᵃοὐχὶ ἀφήσει (ἀφεὶς VSTϛ) τὰ
        ἐνενήκοντα ἐννέα ἐπὶ τὰ ὄρη . . .
        ζητεῖ τὸ πλανώμενον;

     18 13ᵃχαίρει ἐπ᾽ αὐτῷ μᾶλλον ἢ ἐπὶ
        τοῖς ἐνενήκοντα ἐννέα τοῖς μὴ
        πεπλανημένοις

Lc 15 4ᵃοὐ καταλείπει τὰ ἐνενήκοντα ἐννέα
        ἐν τῇ ἐρήμῳ καὶ πορεύεται ἐπὶ τὸ
        ἀπολωλὸς ⟨;⟩

     15 7ᵃοὕτως χαρὰ . . . ἔσται ἐπὶ ἑνὶ
        ἁμαρτωλῷ μετανοοῦντι ἢ ἐπὶ
        ἐνενήκοντα ἐννέα δικαίοις

     17 17 οὐχὶ (οὐχ ΝΜΗ) οἱ δέκα ἐκαθαρί-
        σθησαν; οἱ δὲ ([ΝΗ]; —Τ) ἐννέα
        ποῦ;

ἐννενηκονταεννέα
→ ἐνενήκοντα
→ ἐννέα

ἐννεός
→ ἐνεός

ἐννεύω
→ νεύω

Lc 1 62 ἐνένευον δὲ τῷ πατρὶ αὐτοῦ τὸ τί
        ἂν θέλοι καλεῖσθαι αὐτό

ἔννοια
Hb 4 12 ζῶν γὰρ ὁ λόγος τοῦ θεοῦ . . . καὶ
        κριτικὸς ἐνθυμήσεων καὶ ἐννοιῶν
        καρδίας

1 Pt 4 1 καὶ ὑμεῖς τὴν αὐτὴν ἔννοιαν
        ὁπλίσασθε

ἔννομος
Ac 19 39 εἰ δέ τι περαιτέρω (περὶ ἑτέρων
        Τϛ) ἐπιζητεῖτε, ἐν τῇ ἐννόμῳ ἐκκλη-
        σίᾳ ἐπιλυθήσεται

1 C 9 21 ⟨ἐγενόμην⟩ τοῖς ἀνόμοις ὡς ἄνομος,
        μὴ ὢν ἄνομος θεοῦ (θεῷ ϛ) ἀλλ᾽
        ἔννομος Χριστοῦ (-τῷ ϛ)

ἔννυχος
Mc 1 35 πρωῒ ἔννυχα (ἔννυχον ϛ) λίαν
        ἀναστὰς ἐξῆλθεν

ἐνοικέω
→ οἰκέω

Rm 7 17 * νυνὶ δὲ οὐκέτι ἐγὼ κατεργάζομαι
        αὐτὸ ἀλλὰ ἡ ἐνοικοῦσα ([ἐν]- S;
        οἰκ. Ν²⁶MVBϛ) ἐν ἐμοὶ ἁμαρτία

     8 11 ζῳοποιήσει καὶ [Η] τὰ θνητὰ
        σώματα ὑμῶν διὰ | τοῦ ἐνοικοῦν-
        τος αὐτοῦ πνεύματος (τὸ -οῦν αὐ.
        πνεῦμα ϛ) ἐν ὑμῖν

2 C 6 16 ἐνοικήσω ἐν αὐτοῖς καὶ ἐμπεριπα-
        τήσω

Cl 3 16 ὁ λόγος τοῦ Χριστοῦ ἐνοικείτω ἐν
        ὑμῖν πλουσίως

2 Tm 1 5 τῆς . . . πίστεως, ἥτις ἐνῴκησεν
        πρῶτον ἐν τῇ μάμμῃ σου Λωΐδι

      1 14 τὴν καλὴν παραθήκην φύλαξον
        διὰ πνεύματος ἁγίου τοῦ ἐνοικοῦν-
        τος ἐν ἡμῖν

ἐνορκίζω
→ ὁρκίζω

1 Th 5 27 ἐνορκίζω (ὁρκίζω ϛ) ὑμᾶς τὸν
        κύριον ἀναγνωσθῆναι τὴν ἐπιστο-
        λὴν πᾶσιν τοῖς (+ἁγίοις [VS]Bϛ)
        ἀδελφοῖς

ἑνότης
E   4 3 σπουδάζοντες τηρεῖν τὴν ἑνότητα
        τοῦ πνεύματος ἐν τῷ συνδέσμῳ
        τῆς εἰρήνης

    4 13 μέχρι καταντήσωμεν οἱ πάντες εἰς
        τὴν ἑνότητα τῆς πίστεως

ἐνοχλέω
→ ὀχλέω

Lc 6 18 οἱ ἐνοχλούμενοι (ὀχλούμενοι ϛ)
        ἀπὸ πνευμάτων ἀκαθάρτων ἐθε-
        ραπεύοντο

Hb 12 15 ἐπισκοποῦντες . . . μή τις ῥίζα
        πικρίας ἄνω φύουσα ἐνοχλῇ

ἔνοχος
ᵃ c. dat.
ᵇ ἔ. εἰς

Mt 5 21ᵃὃς δ᾽ ἂν φονεύσῃ, ἔνοχος ἔσται τῇ
        κρίσει

    5 22ᵃπᾶς ὁ ὀργιζόμενος τῷ ἀδελφῷ
        αὐτοῦ (+εἰκῇ [MV]ϛ) ἔνοχος ἔσται
        τῇ κρίσει· ↔

    5 22ᵃὃς δ᾽ ἂν εἴπῃ τῷ ἀδελφῷ αὐτοῦ
        ῥακά, ἔνοχος ἔσται τῷ συνεδρίῳ·
        ↔

    5 22ᵇὃς δ᾽ ἂν εἴπῃ μωρέ, ἔνοχος ἔσται εἰς
        τὴν γέενναν τοῦ πυρός

    26 66 ἔνοχος θανάτου ἐστὶν

Mc 3 29 ἀλλὰ ἔνοχός ἐστιν (ἔσται Τ)
        αἰωνίου ἁμαρτήματος (κρίσεως ϛ)

Mc 14 64 οἱ δὲ πάντες κατέκριναν αὐτὸν
        | ἔνοχον εἶναι (∼Vϛ) θανάτου

1 C 11 27 ὥστε ὃς ἂν . . . πίνῃ τὸ ποτήριον
        τοῦ κυρίου ἀναξίως, ἔνοχος ἔσται
        τοῦ σώματος καὶ τοῦ αἵματος τοῦ
        κυρίου

Hb 2 15 ὅσοι φόβῳ θανάτου διὰ παντὸς
        τοῦ ζῆν ἔνοχοι ἦσαν δουλείας

Jc 2 10 ὅστις . . . πταίσῃ (-σει Sϛ) δὲ ἐν
        ἑνί, γέγονεν πάντων ἔνοχος

ἐνπεριπατέω
→ ἐμπεριπατέω

ἐνπνέω
→ ἐμπνέω

ἔνπροσθεν
→ ἔμπροσθεν

ἔνταλμα
Mt 15 9 μάτην δὲ σέβονταί με, διδάσκοντες
        διδασκαλίας ἐντάλματα ἀνθρώ-
        πων

Mc 7 7 μάτην δὲ σέβονταί με, διδάσκοντες
        διδασκαλίας ἐντάλματα ἀνθρώ-
        πων

Cl 2 22 ⟨μὴ ἅψῃ μηδὲ γεύσῃ μηδὲ θίγῃς⟩
        κατὰ τὰ ἐντάλματα καὶ διδασκα-
        λίας τῶν ἀνθρώπων

ἐνταφιάζω
Mt 26 12 βαλοῦσα γὰρ αὕτη τὸ μύρον
        τοῦτο ἐπὶ τοῦ σώματός μου πρὸς
        τὸ ἐνταφιάσαι με ἐποίησεν

Jo 19 40 καθὼς ἔθος ἐστὶν τοῖς Ἰουδαίοις
        ἐνταφιάζειν

ἐνταφιασμός
Mc 14 8 προέλαβεν μυρίσαι | τὸ σῶμά μου
        (∼VSTϛ) εἰς τὸν ἐνταφιασμόν

Jo 12 7 ἵνα εἰς τὴν ἡμέραν τοῦ ἐνταφια-
        σμοῦ μου τηρήσῃ αὐτό

ἐντέλλομαι
→ ἀνατέλλω
ᵃ seq. (τοῦ et) inf.
ᵇ seq. ἵνα
ᶜ ἐ. λέγων

Mt 4 6 γέγραπται γὰρ ὅτι τοῖς ἀγγέλοις
        αὐτοῦ ἐντελεῖται περὶ σοῦ

    15 4ᶜ* ὁ γὰρ θεὸς | ἐνετείλατο λέγων
        (VSTϛ; εἶπεν rl)· τίμα τὸν πατέρα

    17 9ᶜκαταβαινόντων αὐτῶν ἐκ τοῦ
        ὄρους ἐνετείλατο αὐτοῖς ὁ Ἰησοῦς
        λέγων

    19 7ᵃτί οὖν Μωϋσῆς ἐνετείλατο δοῦναι
        βιβλίον ἀποστασίου ⟨;⟩

    28 20 διδάσκοντες αὐτοὺς τηρεῖν πάντα
        ὅσα ἐνετειλάμην ὑμῖν

Mc 10 3 τί ὑμῖν ἐνετείλατο Μωϋσῆς;

    11 6 * οἱ δὲ εἶπαν αὐτοῖς καθὼς ἐνετεί-
        λατο (ϛ; εἶπεν rl) ὁ Ἰησοῦς

    13 34ᵇτῷ θυρωρῷ ἐνετείλατο ἵνα γρηγο-
        ρῇ

Lc 4 10ᵃγέγραπται γὰρ ὅτι τοῖς ἀγγέλοις
        αὐτοῦ ἐντελεῖται περὶ σοῦ τοῦ
        διαφυλάξαι σε

Jo [8 5]ᵃἐν δὲ τῷ νόμῳ ἡμῖν [Η] Μωϋσῆς
        ἐνετείλατο (διακελεύει S) τὰς τοι-
        αύτας λιθάζειν

    14 31 καθὼς ἐνετείλατό (ἐντολὴν ἔδωκέν
        Η) μοι ὁ πατήρ, οὕτως ποιῶ

    15 14 ἐὰν ποιῆτε ἃ (ὃ ΝΗ; ὅσα ϛ) ἐγὼ
        ἐντέλλομαι ὑμῖν

    15 17ᵇταῦτα ἐντέλλομαι ὑμῖν, ἵνα ἀγα-
        πᾶτε ἀλλήλους

Ac 1 2 ἄχρι ἧς ἡμέρας ἐντειλάμενος τοῖς
        ἀποστόλοις διὰ πνεύματος ἁγίου
        . . . ἀνελήμφθη

    13 47 οὕτως γὰρ ἐντέταλται ἡμῖν ὁ
        κύριος

Hb 9 20 τοῦτο τὸ αἷμα τῆς διαθήκης ἧς
ἐνετείλατο πρὸς ὑμᾶς ὁ θεός
11 22 πίστει Ἰωσὴφ τελευτῶν ... ἐμνη-
μόνευσεν καὶ περὶ τῶν ὀστέων
αὐτοῦ ἐνετείλατο

ἐντεῦθεν
a ἐντεῦθεν καὶ ἐντεῦθεν
Mt 17 20 * | μετάβηθι ἐντεῦθεν (Vς; μετάβα
ἔνθεν rl) ἐκεῖ
Lc 4 9 βάλε σεαυτὸν ἐντεῦθεν κάτω
13 31 ἔξελθε καὶ πορεύου ἐντεῦθεν
16 26 * ὅπως οἱ θέλοντες διαβῆναι
ἐντεῦθεν (ς; ἔνθεν rl) πρὸς ὑμᾶς
μὴ δύνωνται
Jo 2 16 τοῖς τὰς περιστερὰς πωλοῦσιν
εἶπεν· ἄρατε ταῦτα ἐντεῦθεν
7 3 μετάβηθι ἐντεῦθεν καὶ ὕπαγε εἰς
τὴν Ἰουδαίαν
14 31 ἐγείρεσθε, ἄγωμεν ἐντεῦθεν
18 36 νῦν δὲ ἡ βασιλεία ἡ ἐμὴ οὐκ ἔστιν
ἐντεῦθεν
19 18a ὅπου αὐτὸν ἐσταύρωσαν, καὶ μετ᾽
αὐτοῦ ἄλλους δύο ἐντεῦθεν ↔
19 18a καὶ ἐντεῦθεν, μέσον δὲ τὸν Ἰησοῦν
Jc 4 1 πόθεν πόλεμοι καὶ πόθεν μάχαι ἐν
ὑμῖν; οὐκ ἐντεῦθεν, ἐκ τῶν ἡδονῶν
ὑμῶν ⟨;⟩
Ap 22 2a ἐν μέσῳ τῆς πλατείας αὐτῆς καὶ τοῦ
ποταμοῦ ἐντεῦθεν ↔
22 2a * καὶ ἐντεῦθεν (ς; ἐκεῖθεν rl) ξύλον
ζωῆς

ἔντευξις
1Tm 2 1 παρακαλῶ οὖν πρῶτον πάντων
ποιεῖσθαι δεήσεις, προσευχάς, ἐν-
τεύξεις, εὐχαριστίας, ὑπὲρ πάντων
ἀνθρώπων
4 5 ἁγιάζεται γὰρ διὰ λόγου θεοῦ καὶ
ἐντεύξεως

ἔντιμος
a comp.
Lc 7 2 ἑκατοντάρχου δέ τινος δοῦλος ...
ὃς ἦν αὐτῷ ἔντιμος
14 8a μήποτε ἐντιμότερός σου ᾖ κεκλη-
μένος ὑπ᾽ αὐτοῦ
Ph 2 29 προσδέχεσθε οὖν αὐτὸν ἐν κυρίῳ
μετὰ πάσης χαρᾶς, καὶ τοὺς τοιού-
τους ἐντίμους ἔχετε
1Pt 2 4 πρὸς ὃν προσερχόμενοι, λίθον
ζῶντα, ὑπὸ ἀνθρώπων μὲν ἀπο-
δεδοκιμασμένον παρὰ δὲ θεῷ ἐκ-
λεκτὸν ἔντιμον
2 6 ἰδοὺ τίθημι ἐν Σιὼν λίθον | ἀκρο-
γωνιαῖον ἐκλεκτὸν (~NH) ἔντιμον

ἐντολή
a ἐ. τηρέω
b ἐ. δίδωμι
c ἐ. λαμβάνω
d ἐ. γράφω
e ἐ. ἔχω
f ἐ. ποιέω
g seq. ἵνα
Mt 5 19 ὃς ἐὰν οὖν λύσῃ μίαν τῶν ἐντολῶν
τούτων τῶν ἐλαχίστων
15 3 διὰ τί καὶ ὑμεῖς παραβαίνετε τὴν
ἐντολὴν τοῦ θεοῦ διὰ τὴν παρά-
δοσιν ὑμῶν
15 6 * ἠκυρώσατε | τὴν ἐντολὴν (Vς;
τὸν νόμον ST; τὸν λόγον rl) τοῦ
θεοῦ διὰ τὴν παράδοσιν ὑμῶν
19 17a εἰ δὲ θέλεις εἰς τὴν ζωὴν εἰσελθεῖν,
τήρησον (τήρει NH) τὰς ἐντολάς
22 36 διδάσκαλε, ποία ἐντολὴ μεγάλη
ἐν τῷ νόμῳ;
22 38 αὕτη ἐστὶν ἡ (—ς) μεγάλη καὶ
πρώτη ἐντολή

Mt 22 40 ἐν ταύταις ταῖς δυσὶν ἐντολαῖς
ὅλος ὁ νόμος κρέμαται καὶ οἱ προφῆ-
ται
Mc 7 8 ἀφέντες (+γὰρ Vς) τὴν ἐντολὴν
τοῦ θεοῦ κρατεῖτε τὴν παράδοσιν
τῶν ἀνθρώπων
7 9 καλῶς ἀθετεῖτε τὴν ἐντολὴν τοῦ
θεοῦ
10 5d πρὸς τὴν σκληροκαρδίαν ὑμῶν
ἔγραψεν ὑμῖν τὴν ἐντολὴν ταύτην
10 19 τὰς ἐντολὰς οἶδας· | μὴ φονεύσῃς,
μὴ μοιχεύσῃς (~VTς)
12 28 ποία ἐστὶν | ἐντολὴ πρώτη πάν-
των (πρ. πασῶν ἐ. ς); ↔
12 29 * | ἀπεκρίθη ὁ Ἰησοῦς (ὁ δὲ Ἰ.
ἀπ. αὐτῷ Vς) ὅτι πρώτη | πάν-
των τῶν ἐντολῶν ἐστίν (V; πασῶν
τ. ἐ. ς; ἐστίν rl)
12 30 * ἀγαπήσεις κύριον ... ἐξ ὅλης
τῆς ἰσχύος σου. | αὕτη πρώτη
ἐντολή (+Vς)
12 31 μείζων τούτων ἄλλη ἐντολὴ οὐκ
ἔστιν
Lc 1 6 ἦσαν δὲ δίκαιοι ἀμφότεροι ...
πορευόμενοι ἐν πάσαις ταῖς ἐντο-
λαῖς καὶ δικαιώμασιν τοῦ κυρίου
ἄμεμπτοι
15 29 ἰδοὺ ... οὐδέποτε ἐντολήν σου
παρῆλθον
18 20 τὰς ἐντολὰς οἶδας· μὴ μοιχεύσῃς,
μὴ φονεύσῃς
23 56 τὸ μὲν σάββατον ἡσύχασαν κατὰ
τὴν ἐντολήν
Jo 10 18c ταύτην τὴν ἐντολὴν ἔλαβον παρὰ
τοῦ πατρός μου
11 57bg δεδώκεισαν δὲ οἱ ἀρχιερεῖς καὶ οἱ
Φαρισαῖοι ἐντολὰς (-ὴν ς) ἵνα ...
μηνύσῃ, ὅπως πιάσωσιν αὐτόν
12 49b ἀλλ᾽ ὁ πέμψας με πατὴρ αὐτός μοι
ἐντολὴν δέδωκεν τί εἴπω καὶ τί
λαλήσω. ↔
12 50 καὶ οἶδα ὅτι ἡ ἐντολὴ αὐτοῦ ζωὴ
αἰώνιός ἐστιν
13 34bg ἐντολὴν καινὴν δίδωμι ὑμῖν, ἵνα
ἀγαπᾶτε ἀλλήλους
14 15a ἐὰν ἀγαπᾶτέ με, τὰς ἐντολὰς τὰς
ἐμὰς τηρήσετε (-σατε VSς)
14 21ae ὁ ἔχων τὰς ἐντολάς μου καὶ τηρῶν
αὐτάς
14 31b * καθὼς | ἐντολὴν ἔδωκέν (H;
ἐνετείλατό rl) μοι ὁ πατήρ, οὕτως
ποιῶ
15 10a ἐὰν τὰς ἐντολάς μου τηρήσητε,
μενεῖτε ἐν τῇ ἀγάπῃ μου, ↔
15 10a καθὼς ἐγὼ (κἀγὼ T) || τὰς ἐντο-
λὰς τοῦ πατρός μου (—H) ((N26
Vς; ~rl)) τετήρηκα
15 12g αὕτη ἐστὶν ἡ ἐντολὴ ἡ ἐμή, ἵνα
ἀγαπᾶτε ἀλλήλους
Ac 17 15cg λαβόντες ἐντολὴν πρὸς τὸν Σιλᾶν
καὶ τὸν Τιμόθεον ἵνα ὡς τάχιστα
ἔλθωσιν πρὸς αὐτόν
Rm 7 8 ἀφορμὴν δὲ λαβοῦσα ἡ ἁμαρτία
διὰ τῆς ἐντολῆς κατειργάσατο ἐν
ἐμοὶ πᾶσαν ἐπιθυμίαν
7 9 ἐλθούσης δὲ τῆς ἐντολῆς ἡ ἁμαρτία
ἀνέζησεν, ↔
7 10 ἐγὼ δὲ ἀπέθανον, καὶ εὑρέθη μοι
ἡ ἐντολὴ ἡ εἰς ζωήν, αὕτη εἰς
θάνατον· ↔
7 11 ἡ γὰρ ἁμαρτία ἀφορμὴν λαβοῦσα
διὰ τῆς ἐντολῆς ἐξηπάτησέν με
καὶ ... ἀπέκτεινεν. ↔
7 12 ὥστε ὁ μὲν νόμος ἅγιος, καὶ ἡ
ἐντολὴ ἁγία καὶ δικαία καὶ ἀγαθή

Rm 7 13 ἵνα γένηται καθ᾽ ὑπερβολὴν ἁμαρ-
τωλὸς ἡ ἁμαρτία διὰ τῆς ἐντολῆς
13 9 καὶ εἴ τις ἑτέρα ἐντολή, ἐν τῷ
λόγῳ τούτῳ ἀνακεφαλαιοῦται
1C 7 19 ἡ ἀκροβυστία οὐδέν ἐστιν, ἀλλὰ
τήρησις ἐντολῶν θεοῦ
14 37 ἐπιγινωσκέτω ἃ γράφω ὑμῖν ὅτι
κυρίου | ἐστὶν ἐντολή (εἰσὶν -λαί ς;
ἐστὶν T)
E 2 15 ⟨αὐτὸς γάρ ἐστιν ἡ εἰρήνη ἡμῶν,
ὁ⟩ τὸν νόμον τῶν ἐντολῶν ἐν
δόγμασιν καταργήσας
6 2 τίμα τὸν πατέρα σου ... ἥτις
ἐστὶν ἐντολὴ πρώτη ἐν ἐπαγγελίᾳ
Cl 4 10c ἀσπάζεται ὑμᾶς ... Μᾶρκος ὁ
ἀνεψιὸς Βαρναβᾶ, περὶ οὗ ἐλάβετε
ἐντολάς
1Tm 6 14a ⟨παραγγέλλω⟩ τηρῆσαί σε τὴν
ἐντολὴν ἄσπιλον ἀνεπίλημπτον
Tt 1 14 μὴ προσέχοντες Ἰουδαϊκοῖς μύθοις
καὶ ἐντολαῖς ἀνθρώπων ἀποστρε-
φομένων τὴν ἀλήθειαν
Hb 7 5e τὴν ἱερατείαν λαμβάνοντες ἐντολὴν
ἔχουσιν ἀποδεκατοῦν τὸν λαὸν
κατὰ τὸν νόμον
7 16 ὃς οὐ κατὰ νόμον ἐντολῆς σαρκίνης
(-ικῆς ς) γέγονεν
7 18 ἀθέτησις μὲν γὰρ γίνεται προ-
αγούσης ἐντολῆς διὰ τὸ αὐτῆς
ἀσθενὲς καὶ ἀνωφελές
9 19 λαληθείσης γὰρ πάσης ἐντολῆς
κατὰ τὸν ([MS]; —Tς) νόμον ...
παντὶ τῷ λαῷ
2Pt 2 21 ἢ ἐπιγνοῦσιν (+εἰς τὰ ὀπίσω VS)
ὑποστρέψαι (ἐπι- ς; ἀνακάμψαι
VS) ἐκ (ἀπὸ VS) τῆς παραδοθεί-
σης αὐτοῖς ἁγίας ἐντολῆς
3 2 μνησθῆναι τῶν προειρημένων ῥη-
μάτων ... καὶ τῆς τῶν ἀποστό-
λων ὑμῶν ἐντολῆς τοῦ κυρίου
1Jo 2 3a ἐὰν τὰς ἐντολὰς αὐτοῦ τηρῶμεν. ↔
2 4a ὁ λέγων ... καὶ τὰς ἐντολὰς αὐτοῦ
μὴ τηρῶν, ψεύστης ἐστίν
2 7d ἀγαπητοί, οὐκ ἐντολὴν καινὴν
γράφω ὑμῖν, ↔
2 7e ἀλλ᾽ ἐντολὴν παλαιὰν ἣν εἴχετε
ἀπ᾽ ἀρχῆς·
2 7 ἡ ἐντολὴ ἡ παλαιά ἐστιν ὁ λόγος
ὃν ἠκούσατε. ↔
2 8d πάλιν ἐντολὴν καινὴν γράφω ὑμῖν
3 22a ὅτι τὰς ἐντολὰς αὐτοῦ τηροῦμεν
3 23g καὶ αὕτη ἐστὶν ἡ ἐντολὴ αὐτοῦ,
ἵνα πιστεύσωμεν (-εύωμεν BST) τῷ
ὀνόματι ... Ἰησοῦ Χριστοῦ ↔
3 23b καὶ ἀγαπῶμεν ἀλλήλους καθὼς
ἔδωκεν ἐντολὴν ἡμῖν. ↔
3 24a καὶ ὁ τηρῶν τὰς ἐντολὰς αὐτοῦ
ἐν αὐτῷ μένει
4 21eg ταύτην τὴν ἐντολὴν ἔχομεν ἀπ᾽
αὐτοῦ, ἵνα ὁ ἀγαπῶν τὸν θεὸν
ἀγαπᾷ
5 2af ἐν τούτῳ γινώσκομεν ὅτι ἀγαπῶ-
μεν τὰ τέκνα τοῦ θεοῦ, ὅταν ...
τὰς ἐντολὰς αὐτοῦ ποιῶμεν (τη-
ρῶμεν ς). ↔
5 3a αὕτη γάρ ἐστιν ἡ ἀγάπη τοῦ
θεοῦ, ἵνα τὰς ἐντολὰς αὐτοῦ τηρῶ-
μεν· ↔
5 3 καὶ αἱ ἐντολαὶ αὐτοῦ βαρεῖαι οὐκ
εἰσίν
2Jo 4c περιπατοῦντας ἐν ἀληθείᾳ, καθὼς
ἐντολὴν ἐλάβομεν παρὰ τοῦ πα-
τρός.

2 Jo 5ᵈ καὶ νῦν ἐρωτῶ σε, κυρία, οὐχ ὡς
ἐντολὴν | καινὴν γράφων σοι
(N²⁶T; ~rl)
6 αὕτη ἐστὶν ἡ ἀγάπη, ἵνα περιπα-
τῶμεν κατὰ τὰς ἐντολὰς αὐτοῦ· ↔
6ᵍ αὕτη ἡ ἐντολή ἐστιν . . . ἵνα ἐν
αὐτῇ περιπατῆτε
Ap 12 17ᵃ ἀπῆλθεν ποιῆσαι πόλεμον μετὰ . . .
τῶν τηρούντων τὰς ἐντολὰς τοῦ
θεοῦ
14 12ᵃ ὧδε ἡ ὑπομονὴ τῶν ἁγίων ἐστίν,
οἱ τηροῦντες τὰς ἐντολὰς τοῦ θεοῦ
καὶ τὴν πίστιν Ἰησοῦ
22 14ᶠ * μακάριοι οἱ | ποιοῦντες τὰς
ἐντολὰς αὐτοῦ (Sϛ; πλύνοντες τὰς
στολὰς αὐτῶν rl)

ἐντόπιος
Ac 21 12 παρεκαλοῦμεν ἡμεῖς τε καὶ οἱ
ἐντόπιοι τοῦ μὴ ἀναβαίνειν αὐτὸν
εἰς Ἰερουσαλήμ

ἐντός
Mt 23 26 καθάρισον πρῶτον τὸ ἐντὸς τοῦ
ποτηρίου (+καὶ τῆς παροψίδος
V[H]ϛ)
Lc 17 21 ἰδοὺ γὰρ ἡ βασιλεία τοῦ θεοῦ ἐν-
τὸς ὑμῶν ἐστιν

ἐντρέπω
→ ἀνατρέπω
ᵃ act.
Mt 21 37 ἐντραπήσονται τὸν υἱόν μου
Mc 12 6 ἐντραπήσονται τὸν υἱόν μου
Lc 18 2 κριτής τις ἦν ἔν τινι πόλει . . .
ἄνθρωπον μὴ ἐντρεπόμενος
18 4 εἰ καὶ τὸν θεὸν οὐ φοβοῦμαι οὐδὲ
ἄνθρωπον ἐντρέπομαι
20 13 πέμψω τὸν υἱόν μου . . . ἴσως
τοῦτον (+ἰδόντες Vϛ) ἐντραπήσον-
ται
1 C 4 14ᵃ οὐκ ἐντρέπων ὑμᾶς γράφω ταῦτα
2 Th 3 14 μὴ συναναμίγνυσθαι (-νυσθε STϛ)
αὐτῷ, ἵνα ἐντραπῇ
Tt 2 8 ⟨σεαυτὸν παρεχόμενος τύπον κα-
λῶν ἔργων⟩ ἵνα ὁ ἐξ ἐναντίας ἐν-
τραπῇ
Hb 12 9 εἶτα τοὺς μὲν τῆς σαρκὸς ἡμῶν
πατέρας εἴχομεν παιδευτὰς καὶ ἐν-
ετρεπόμεθα

ἐντρέφω
→ τρέφω
1 Tm 4 6 καλὸς ἔσῃ διάκονος . . . ἐντρεφό-
μενος τοῖς λόγοις τῆς πίστεως

ἔντρομος
Ac 7 32 ἔντρομος δὲ γενόμενος Μωϋσῆς
οὐκ ἐτόλμα κατανοῆσαι
16 29 ⟨ὁ δεσμοφύλαξ⟩ ἔντρομος γενό-
μενος προσέπεσεν τῷ Παύλῳ καὶ
τῷ ([N²⁶]; —NMH) Σιλᾷ
Hb 12 21 Μωϋσῆς εἶπεν· ἔκφοβός εἰμι καὶ
ἔντρομος

ἐντροπή
1 C 6 5 πρὸς ἐντροπὴν ὑμῖν λέγω
15 34 πρὸς ἐντροπὴν ὑμῖν λαλῶ

ἐντρυφάω
→ τρυφάω
2 Pt 2 13 ⟨φθαρήσονται⟩ σπίλοι καὶ μῶμοι
ἐντρυφῶντες ἐν ταῖς ἀπάταις αὐ-
τῶν συνευωχούμενοι ὑμῖν

ἐντυγχάνω
→ τυγχάνω
Ac 25 24 περὶ οὗ ἅπαν τὸ πλῆθος τῶν
Ἰουδαίων ἐνέτυχόν (-χέν H) μοι
ἔν τε Ἱεροσολύμοις καὶ ἐνθάδε
Rm 8 27 οἶδεν τί τὸ φρόνημα τοῦ πνεύμα-
τος, ὅτι κατὰ θεὸν ἐντυγχάνει ὑπὲρ
ἁγίων

Rm 8 34 Χριστὸς . . . ὃς καὶ ἐντυγχάνει
ὑπὲρ ἡμῶν
11 2 ἐν Ἠλίᾳ . . . ὡς ἐντυγχάνει τῷ
θεῷ κατὰ τοῦ Ἰσραήλ
Hb 7 25 ⟨Ἰησοῦς⟩ πάντοτε ζῶν εἰς τὸ ἐν-
τυγχάνειν ὑπὲρ αὐτῶν

ἐντυλίσσω
Mt 27 59 λαβὼν τὸ σῶμα ὁ Ἰωσὴφ ἐνετύ-
λιξεν αὐτὸ ἐν (+[N²⁶NH]B) σιν-
δόνι καθαρᾷ
Lc 23 53 ⟨ᾐτήσατο τὸ σῶμα⟩ καὶ καθελὼν
(+αὐτὸ Vϛ) ἐνετύλιξεν αὐτὸ σιν-
δόνι
Jo 20 7 ⟨θεωρεῖ⟩ τὸ σουδάριον . . . οὐ μετὰ
τῶν ὀθονίων κείμενον ἀλλὰ χωρὶς
ἐντετυλιγμένον εἰς ἕνα τόπον

ἐντυπόω
2 C 3 7 εἰ δὲ ἡ διακονία τοῦ θανάτου ἐν
γράμμασιν ἐντετυπωμένη (+ἐν ϛ)
λίθοις ἐγενήθη ἐν δόξῃ

ἐνυβρίζω
→ ὑβρίζω
Hb 10 29 πόσῳ δοκεῖτε χείρονος ἀξιωθήσεται
τιμωρίας ὁ . . . τὸ πνεῦμα τῆς
χάριτος ἐνυβρίσας

ἐνυπνιάζομαι
Ac 2 17 οἱ πρεσβύτεροι ὑμῶν ἐνυπνίοις
(ἐνύπνια ϛ) ἐνυπνιασθήσονται
Jd 8 ὁμοίως μέντοι καὶ οὗτοι ἐνυπνια-
ζόμενοι σάρκα μὲν μιαίνουσιν

ἐνύπνιον
Ac 2 17 οἱ πρεσβύτεροι ὑμῶν ἐνυπνίοις
(ἐνύπνια ϛ) ἐνυπνιασθήσονται

ἐνώπιον
ᵃ ἐ. (τοῦ) θεοῦ
ᵇ ἐ. (τοῦ) κυρίου
ᶜ ἐ. (πάντων τῶν) ἀνθρώπων
ᵈ ἐ. τοῦ θρόνου
Lc 1 6ᵃ * ἦσαν δὲ δίκαιοι ἀμφότεροι ἐνώ-
πιον (ϛ; ἐναντίον rl) τοῦ θεοῦ
1 15ᵇ ἔσται γὰρ μέγας ἐνώπιον τοῦ
(+[N²⁶S]ϛ) κυρίου
1 17 αὐτὸς προελεύσεται ἐνώπιον αὐτοῦ
ἐν πνεύματι καὶ δυνάμει Ἠλίου
1 19ᵃ ἐγώ εἰμι Γαβριὴλ ὁ παρεστηκὼς
ἐνώπιον τοῦ θεοῦ
1 75 ⟨λατρεύειν αὐτῷ⟩ ἐν ὁσιότητι καὶ
δικαιοσύνῃ ἐνώπιον αὐτοῦ | πά-
σαις ταῖς ἡμέραις (πάσας τὰς
ἡμέρας VBSTϛ) ἡμῶν. ↔
1 76ᵇ καὶ σὺ δέ, παιδίον . . . προπορεύ-
σῃ γὰρ ἐνώπιον (πρὸ προσώπου
VBSTϛ) κυρίου ἑτοιμάσαι ὁδοὺς
αὐτοῦ
4 7 σὺ οὖν ἐὰν προσκυνήσῃς ἐνώπιον
ἐμοῦ (μου ϛ)
5 18 ἐζήτουν αὐτὸν εἰσενεγκεῖν καὶ
θεῖναι αὐτὸν [+N²⁶NH] ἐνώπιον
αὐτοῦ
5 25 παραχρῆμα ἀναστὰς ἐνώπιον αὐ-
τῶν, ἄρας . . . ἀπῆλθεν
8 47 δι' ἣν αἰτίαν ἥψατο αὐτοῦ ἀπήγ-
γειλεν ἐνώπιον παντὸς τοῦ λαοῦ
12 6ᵃ ἐν ἐξ αὐτῶν οὐκ ἔστιν ἐπιλελησμέ-
νον ἐνώπιον τοῦ θεοῦ
12 9ᶜ ὁ δὲ ἀρνησάμενός με ἐνώπιον τῶν
ἀνθρώπων ↔
12 9 ἀπαρνηθήσεται ἐνώπιον τῶν ἀγ-
γέλων τοῦ θεοῦ
13 26 ἐφάγομεν ἐνώπιόν σου καὶ ἐπίομεν
14 10 τότε ἔσται σοι δόξα ἐνώπιον
πάντων τῶν συνανακειμένων σοι
15 10 οὕτως . . . γίνεται χαρὰ ἐνώπιον
τῶν ἀγγέλων τοῦ θεοῦ ἐπὶ ἑνὶ
ἁμαρτωλῷ μετανοοῦντι

Lc 15 18 πάτερ, ἥμαρτον εἰς τὸν οὐρανὸν
καὶ ἐνώπιόν σου
15 21 πάτερ, ἥμαρτον εἰς τὸν οὐρανὸν
καὶ ἐνώπιόν σου
16 15ᶜ ὑμεῖς ἐστε οἱ δικαιοῦντες ἑαυτοὺς
ἐνώπιον τῶν ἀνθρώπων
16 15ᵃ ὅτι τὸ ἐν ἀνθρώποις ὑψηλὸν
βδέλυγμα ἐνώπιον τοῦ θεοῦ
23 14 ἰδοὺ ἐγὼ ἐνώπιον ὑμῶν ἀνακρίνας
οὐθὲν (οὐδὲν Vϛ) εὗρον ἐν τῷ
ἀνθρώπῳ τούτῳ αἴτιον
24 11 ἐφάνησαν ἐνώπιον αὐτῶν ὡσεὶ
λῆρος τὰ ῥήματα ταῦτα
24 43 λαβὼν ἐνώπιον αὐτῶν ἔφαγεν
Jo 20 30 πολλὰ μὲν οὖν καὶ ἄλλα σημεῖα
ἐποίησεν ὁ Ἰησοῦς ἐνώπιον τῶν
μαθητῶν αὐτοῦ (+[N²⁶]ϛ)
Ac 2 25 προορώμην τὸν κύριον (+μου T)
ἐνώπιόν μου διὰ παντός
4 10 ἐν τούτῳ οὗτος παρέστηκεν ἐνώ-
πιον ὑμῶν ὑγιής
4 19ᵃ εἰ δίκαιόν ἐστιν ἐνώπιον τοῦ
θεοῦ . . . κρίνατε
6 5 ἤρεσεν ὁ λόγος ἐνώπιον παντὸς
τοῦ πλήθους
6 6 ⟨Στέφανον . . . καὶ Φίλιππον⟩
οὓς ἔστησαν ἐνώπιον τῶν ἀποστό-
λων
7 46ᵃ ὃς εὗρεν χάριν ἐνώπιον τοῦ θεοῦ
8 21ᵃ * ἡ γὰρ καρδία σου οὐκ ἔστιν
εὐθεῖα ἐνώπιον (ϛ; ἔναντι rl) τοῦ
θεοῦ
9 15 τοῦ βαστάσαι τὸ ὄνομά μου ἐνώ-
πιον [+τῶν NH] ἐθνῶν τε καὶ
βασιλέων υἱῶν τε Ἰσραήλ
10 4ᵃ * αἱ προσευχαί σου . . . ἀνέβησαν
εἰς μνημόσυνον ἐνώπιον (ϛ; ἔμ-
προσθεν rl) τοῦ θεοῦ
10 30 καὶ ἰδοὺ ἀνὴρ ἔστη ἐνώπιόν μου
ἐν ἐσθῆτι λαμπρᾷ
10 31ᵃ Κορνήλιε . . . αἱ ἐλεημοσύναι σου
ἐμνήσθησαν ἐνώπιον τοῦ θεοῦ
10 33ᵃ νῦν οὖν πάντες ἡμεῖς ἐνώπιον τοῦ
θεοῦ πάρεσμεν ἀκοῦσαι
19 9 ὡς δέ τινες . . . ἠπείθουν κακολο-
γοῦντες τὴν ὁδὸν ἐνώπιον τοῦ
πλήθους
19 19 ἱκανοὶ δὲ . . . συνενέγκαντες τὰς
βίβλους κατέκαιον ἐνώπιον πάν-
των
27 35 λαβὼν ἄρτον εὐχαρίστησεν τῷ
θεῷ ἐνώπιον πάντων
Rm 3 20 διότι ἐξ ἔργων νόμου οὐ δικαιωθή-
σεται πᾶσα σὰρξ ἐνώπιον αὐτοῦ
12 17ᶜ προνοούμενοι καλὰ ἐνώπιον πάν-
των ἀνθρώπων
14 22ᵃ σὺ πίστιν ἣν ([N²⁶S]; —ϛ) ἔχεις
κατὰ σεαυτὸν ἔχε ἐνώπιον τοῦ θεοῦ
1 C 1 29ᵃ ὅπως μὴ καυχήσηται πᾶσα σὰρξ
ἐνώπιον τοῦ θεοῦ
2 C 4 2ᵃ συνιστάνοντες (-στάντες T; -στῶν-
τες ϛ) ἑαυτοὺς πρὸς πᾶσαν συνείδη-
σιν ἀνθρώπων ἐνώπιον τοῦ θεοῦ
7 12ᵃ ἀλλ' ἕνεκεν τοῦ φανερωθῆναι τὴν
σπουδὴν ὑμῶν τὴν ὑπὲρ ἡμῶν πρὸς
ὑμᾶς ἐνώπιον τοῦ θεοῦ
8 21ᵇ προνοοῦμεν γὰρ καλὰ οὐ μόνον
ἐνώπιον κυρίου ↔
8 21ᶜ ἀλλὰ καὶ ἐνώπιον ἀνθρώπων
G 1 20ᵃ ἰδοὺ ἐνώπιον τοῦ θεοῦ ὅτι οὐ
ψεύδομαι
1 Tm 2 3ᵃ τοῦτο καλὸν καὶ ἀπόδεκτον ἐνώ-
πιον τοῦ σωτῆρος ἡμῶν θεοῦ
5 4ᵃ τοῦτο γάρ ἐστιν ἀπόδεκτον ἐνώ-
πιον τοῦ θεοῦ

1 Tm 5 20 τοὺς [+δὲ H] ἁμαρτάνοντας ἐνώπιον πάντων ἔλεγχε

5 21ᵃ διαμαρτύρομαι ἐνώπιον τοῦ θεοῦ . . . καὶ τῶν ἐκλεκτῶν ἀγγέλων

6 12 ὡμολόγησας τὴν καλὴν ὁμολογίαν ἐνώπιον πολλῶν μαρτύρων. ↔

6 13ᵃ παραγγέλλω σοι (+[N²⁶]Hς) ἐνώπιον τοῦ (—T) θεοῦ . . . καὶ Χριστοῦ Ἰησοῦ

2 Tm 2 14ᵃᵇ διαμαρτυρόμενος ἐνώπιον τοῦ θεοῦ (κυρίου VBSς) μὴ λογομαχεῖν

4 1ᵃ διαμαρτύρομαι (+οὖν ἐγὼ [S]ς) ἐνώπιον τοῦ θεοῦ καὶ Χριστοῦ Ἰησοῦ

Hb 4 13 ⟨ζῶν γὰρ ὁ λόγος τοῦ θεοῦ⟩ καὶ οὐκ ἔστιν κτίσις ἀφανὴς ἐνώπιον αὐτοῦ

13 21 καταρτίσαι ὑμᾶς . . . [+αὐτῷ S] ποιῶν ἐν ἡμῖν (ὑ. Sς) τὸ εὐάρεστον ἐνώπιον αὐτοῦ διὰ Ἰησοῦ Χριστοῦ

Jc 4 10ᵇ ταπεινώθητε ἐνώπιον κυρίου

1 Pt 3 4ᵃ ὅ ἐστιν ἐνώπιον τοῦ θεοῦ πολυτελές

1 Jo 3 22 ὅτι . . . τὰ ἀρεστὰ ἐνώπιον αὐτοῦ ποιοῦμεν

3 Jo 6 οἳ ἐμαρτύρησάν σου τῇ ἀγάπῃ ἐνώπιον ἐκκλησίας

Ap 1 4ᵈ χάρις ὑμῖν . . . ἀπὸ τῶν ἑπτὰ πνευμάτων ἃ (+ἐστιν ς) ἐνώπιον τοῦ θρόνου αὐτοῦ

2 14 ὃς ἐδίδασκεν τῷ Βαλὰκ βαλεῖν σκάνδαλον ἐνώπιον τῶν υἱῶν Ἰσραήλ

3 2ᵃ οὐ γὰρ εὕρηκά σου τὰ (—NH) ἔργα πεπληρωμένα ἐνώπιον τοῦ θεοῦ μου

3 5 ὁμολογήσω τὸ ὄνομα αὐτοῦ ἐνώπιον τοῦ πατρός μου ↔

3 5 καὶ ἐνώπιον τῶν ἀγγέλων αὐτοῦ

3 8 ἰδοὺ δέδωκα ἐνώπιόν σου θύραν ἠνεῳγμένην

3 9 ἰδοὺ ποιήσω αὐτοὺς ἵνα . . . προσκυνήσουσιν (-σωσιν Sς) ἐνώπιον τῶν ποδῶν σου

4 5ᵈ ἑπτὰ λαμπάδες πυρὸς καιόμεναι ἐνώπιον τοῦ θρόνου

4 6ᵈ ἐνώπιον τοῦ θρόνου ὡς θάλασσα ὑαλίνη ὁμοία κρυστάλλῳ

4 10 πεσοῦνται οἱ . . . πρεσβύτεροι ἐνώπιον τοῦ καθημένου ἐπὶ τοῦ θρόνου

4 10ᵈ βαλοῦσιν τοὺς στεφάνους αὐτῶν ἐνώπιον τοῦ θρόνου

5 8 οἱ εἴκοσι τέσσαρες πρεσβύτεροι ἔπεσαν ἐνώπιον τοῦ ἀρνίου

7 9ᵈ εἶδον, καὶ ἰδοὺ ὄχλος . . . ἐκ παντὸς ἔθνους . . . ἑστῶτες (-τας B) ἐνώπιον τοῦ θρόνου ↔

7 9 καὶ ἐνώπιον τοῦ ἀρνίου

7 11ᵈ πάντες οἱ ἄγγελοι . . . ἔπεσαν ἐνώπιον τοῦ θρόνου ἐπὶ τὰ πρόσωπα αὐτῶν

7 15ᵈ διὰ τοῦτό εἰσιν ἐνώπιον τοῦ θρόνου τοῦ θεοῦ

8 2ᵃ εἶδον τοὺς ἑπτὰ ἀγγέλους οἳ ἐνώπιον τοῦ θεοῦ ἑστήκασιν

8 3ᵈ ἵνα δώσει (-σῃ Sς) ταῖς προσευχαῖς . . . ἐπὶ τὸ θυσιαστήριον τὸ χρυσοῦν τὸ ἐνώπιον τοῦ θρόνου. ↔

8 4ᵃ καὶ ἀνέβη ὁ καπνὸς τῶν θυμιαμάτων ταῖς προσευχαῖς τῶν ἁγίων ἐκ χειρὸς τοῦ ἀγγέλου ἐνώπιον τοῦ θεοῦ

9 13ᵃ ἤκουσα φωνὴν μίαν ἐκ τῶν τεσσάρων ([N²⁶]; —MH) κεράτων τοῦ

θυσιαστηρίου . . . τοῦ ἐνώπιον τοῦ θεοῦ

Ap 11 4ᵇ οὗτοί εἰσιν αἱ δύο ἐλαῖαι . . . αἱ [H] ἐνώπιον τοῦ κυρίου τῆς γῆς ἑστῶτες

11 16ᵃ οἱ . . . πρεσβύτεροι, οἱ ([N²⁶H]; —B) ἐνώπιον τοῦ θεοῦ καθήμενοι (κάθηνται B; οἳ κάθηνται ST) ἐπὶ τοὺς θρόνους αὐτῶν

12 4 ὁ δράκων ἔστηκεν ἐνώπιον τῆς γυναικὸς τῆς μελλούσης τεκεῖν

12 10ᵃ ὅτι ἐβλήθη . . . ὁ κατηγορῶν αὐτοὺς (-τῶν MBSς) ἐνώπιον τοῦ θεοῦ ἡμῶν

13 12 τὴν ἐξουσίαν τοῦ πρώτου θηρίου πᾶσαν ποιεῖ ἐνώπιον αὐτοῦ

13 13ᶜ ἵνα καὶ πῦρ ποιῇ | ἐκ τοῦ οὐρανοῦ καταβαίνειν (~Tς) εἰς τὴν γῆν ἐνώπιον τῶν ἀνθρώπων

13 14 διὰ τὰ σημεῖα ἃ ἐδόθη αὐτῷ ποιῆσαι ἐνώπιον τοῦ θηρίου

14 3ᵈ ᾄδουσιν ὡς ([N²⁶S]; —NT) ᾠδὴν καινὴν ἐνώπιον τοῦ θρόνου ↔

14 3 καὶ ἐνώπιον τῶν τεσσάρων ζῴων καὶ τῶν πρεσβυτέρων

14 5ᵈ * ἄμωμοι (+γάρ Tς) εἰσιν | ἐνώπιον τοῦ θρόνου τοῦ θεοῦ (+ς)

14 10 βασανισθήσεται (-σονται B) ἐν πυρὶ καὶ θείῳ ἐνώπιον ἀγγέλων ἁγίων ↔

14 10 καὶ ἐνώπιον τοῦ ἀρνίου

15 4 ὅτι πάντα τὰ ἔθνη ἥξουσιν καὶ προσκυνήσουσιν ἐνώπιόν σου

16 19ᵃ Βαβυλὼν ἡ μεγάλη ἐμνήσθη ἐνώπιον τοῦ θεοῦ δοῦναι αὐτῇ τὸ ποτήριον τοῦ οἴνου

19 20 ἐπιάσθη τὸ θηρίον καὶ | μετ' αὐτοῦ ὁ (~VS) ψευδοπροφήτης ὁ ποιήσας τὰ σημεῖα ἐνώπιον αὐτοῦ

20 12ᵃᵈ εἶδον τοὺς νεκρούς, τοὺς μεγάλους . . . ἑστῶτας ἐνώπιον τοῦ θρόνου (θεοῦ ς)

Ἐνώς

Lc 3 38 ⟨καὶ αὐτὸς ἦν Ἰησοῦς . . . ὢν υἱός, ὡς ἐνομίζετο⟩ τοῦ Ἐνὼς τοῦ Σὴθ τοῦ Ἀδὰμ τοῦ θεοῦ

ἐνωτίζομαι

Ac 2 14 τοῦτο ὑμῖν γνωστὸν ἔστω, καὶ ἐνωτίσασθε τὰ ῥήματά μου

Ἐνώχ
Ἐνώχ (M)VSTς

Lc 3 37 ⟨καὶ αὐτὸς ἦν Ἰησοῦς . . . ὢν υἱός, ὡς ἐνομίζετο⟩ τοῦ Μαθουσαλὰ τοῦ Ἐνὼχ τοῦ Ἰάρετ

Hb 11 5 πίστει Ἐνὼχ μετετέθη τοῦ μὴ ἰδεῖν θάνατον

Jd 14 προεφήτευσεν δὲ καὶ τούτοις ἕβδομος ἀπὸ Ἀδὰμ Ἐνὼχ λέγων

ἕξ
→ ἐκ

ἕξ
ᵃ τεσσεράκοντα καὶ ἕξ
ᵇ ἑβδομήκοντα ἕξ
ᶜ διακόσιοι ἑβδομήκοντα ἕξ
ᵈ ἑξακόσιοι ἑξήκοντα ἕξ

Mt 17 1 μεθ' ἡμέρας ἕξ παραλαμβάνει ὁ Ἰησοῦς τὸν Πέτρον καὶ Ἰάκωβον

Mc 9 2 μετὰ ἡμέρας ἕξ παραλαμβάνει ὁ Ἰησοῦς τὸν Πέτρον καὶ τὸν Ἰάκωβον

Lc 4 25 ὅτε ἐκλείσθη ὁ οὐρανὸς ἐπὶ (—H) ἔτη τρία καὶ μῆνας ἕξ

13 14 ἓξ ἡμέραι εἰσὶν ἐν αἷς δεῖ ἐργάζεσθαι

Jo 2 6 ἦσαν δὲ ἐκεῖ λίθιναι ὑδρίαι ἓξ κατὰ τὸν καθαρισμὸν τῶν Ἰουδαίων κείμεναι

Jo 2 20ᵃ τεσσεράκοντα καὶ ἓξ ἔτεσιν οἰκοδομήθη ὁ ναὸς οὗτος

12 1 ὁ οὖν Ἰησοῦς πρὸ ἓξ ἡμερῶν τοῦ πάσχα ἦλθεν εἰς Βηθανίαν

Ac 11 12 ἦλθον δὲ σὺν ἐμοὶ καὶ οἱ ἓξ ἀδελφοὶ οὗτοι

18 11 ἐκάθισεν δὲ ἐνιαυτὸν καὶ μῆνας ἓξ διδάσκων ἐν αὐτοῖς

27 37ᵇᶜ ἤμεθα (ἤμεν VSς) δὲ αἱ πᾶσαι ψυχαὶ ἐν τῷ πλοίῳ διακόσιαι (ὡς H) ἑβδομήκοντα ἕξ

Jc 5 17 οὐκ ἔβρεξεν ἐπὶ τῆς γῆς ἐνιαυτοὺς τρεῖς καὶ μῆνας ἕξ

Ap 4 8 καὶ τὰ τέσσαρα ζῷα, ἓν καθ' ἓν αὐτῶν ἔχων (ἔχον VBS; εἶχον ς) ἀνὰ πτέρυγας ἕξ

13 18ᵈ καὶ ὁ ἀριθμὸς αὐτοῦ (+ἐστιν BS) | ἑξακόσιοι ἑξήκοντα ἕξ (χξς' BTς)

ἐξαγγέλλω
→ ἀγγέλλω

Mc [16 br] πάντα δὲ τὰ παρηγγελμένα τοῖς περὶ τὸν Πέτρον συντόμως ἐξήγγειλαν

1 Pt 2 9 ὅπως τὰς ἀρετὰς ἐξαγγείλητε τοῦ ἐκ σκότους ὑμᾶς καλέσαντος εἰς τὸ . . . φῶς

ἐξαγοράζω
→ ἀγοράζω

G 3 13 Χριστὸς ἡμᾶς ἐξηγόρασεν ἐκ τῆς κατάρας τοῦ νόμου

4 5 ⟨ἐξαπέστειλεν ὁ θεὸς τὸν υἱὸν αὐτοῦ⟩ ἵνα τοὺς ὑπὸ νόμον ἐξαγοράσῃ

E 5 16 ⟨βλέπετε . . . πῶς περιπατεῖτε⟩ ἐξαγοραζόμενοι τὸν καιρόν

Cl 4 5 ἐν σοφίᾳ περιπατεῖτε πρὸς τοὺς ἔξω, τὸν καιρὸν ἐξαγοραζόμενοι

ἐξάγω
→ ἄγω
ᵃ ἐ. ἐκ
ᵇ ἐ. ἔξω
ᶜ ἐ. εἰς
ᵈ ἐ. ἕως

Mc 8 23ᵇ * ἐπιλαβόμενος τῆς χειρὸς τοῦ τυφλοῦ ἐξήγαγεν (ς; ἐξήνεγκεν rl) αὐτὸν ἔξω τῆς κώμης

15 20 ἐξάγουσιν αὐτὸν ἵνα | σταυρώσωσιν αὐτόν (-σουσιν T)

Lc 24 50ᵇᵈ ἐξήγαγεν δὲ αὐτοὺς ἔξω (+[N²⁶] Vς) ἕως (—V) πρὸς (εἰς Vς) Βηθανίαν

Jo 10 3 τὰ ἴδια πρόβατα φωνεῖ κατ' ὄνομα καὶ ἐξάγει αὐτά

Ac 5 19 ἄγγελος δὲ κυρίου . . . ἀνοίξας (ἤνοιξε NMVBHς) τὰς θύρας τῆς φυλακῆς ἐξαγαγών τε αὐτοὺς εἶπεν

7 36 οὗτος ἐξήγαγεν αὐτοὺς ποιήσας τέρατα καὶ σημεῖα ἐν γῇ (τῇ H) Αἰγύπτῳ (-πτου ς)

7 40 ὁ γὰρ Μωϋσῆς οὗτος, ὃς ἐξήγαγεν ἡμᾶς ἐκ γῆς Αἰγύπτου

12 17ᵃ διηγήσατο αὐτοῖς ([N²⁶]; —T) πῶς ὁ κύριος αὐτὸν ἐξήγαγεν ἐκ τῆς φυλακῆς

13 17ᵃ ὁ θεὸς . . . μετὰ βραχίονος ὑψηλοῦ ἐξήγαγεν αὐτοὺς ἐξ αὐτῆς

16 37 οὐ γάρ, ἀλλὰ ἐλθόντες αὐτοὶ ἡμᾶς ἐξαγαγέτωσαν

16 39 ἐξαγαγόντες ἠρώτων ἀπελθεῖν ἀπὸ τῆς πόλεως

21 38ᶜ οὐκ ἄρα σὺ εἶ ὁ Αἰγύπτιος ὁ . . . ἐξαγαγὼν εἰς τὴν ἔρημον τοὺς τετρακισχιλίους ἄνδρας τῶν σικαρίων;

Hb 8 9ᵃ ἐν ἡμέρᾳ ἐπιλαβομένου μου τῆς χειρὸς αὐτῶν ἐξαγαγεῖν αὐτοὺς ἐκ γῆς Αἰγύπτου

ἐξαιρέω
→ αἱρέομαι
ᵃ ἐ. ἐκ

Mt 5 29 εἰ δὲ ὁ ὀφθαλμός σου ὁ δεξιὸς σκανδαλίζει σε, ἔξελε αὐτὸν καὶ βάλε ἀπὸ σοῦ
18 9 εἰ ὁ ὀφθαλμός σου σκανδαλίζει σε, ἔξελε αὐτὸν καὶ βάλε ἀπὸ σοῦ

Ac 7 10ᵃ ⟨ὁ θεὸς⟩ ἐξείλατο αὐτὸν ἐκ πασῶν τῶν θλίψεων αὐτοῦ
7 34 ἰδὼν εἶδον τὴν κάκωσιν τοῦ λαοῦ μου ... καὶ κατέβην ἐξελέσθαι αὐτούς
12 11ᵃ ὁ ([N²⁶V]; —STϛ) κύριος ... ἐξείλατό με ἐκ χειρὸς Ἡρῴδου
23 27 τὸν ἄνδρα τοῦτον ... μέλλοντα ἀναιρεῖσθαι ... ἐπιστὰς σὺν τῷ στρατεύματι ἐξειλάμην
26 17ᵃ ⟨προχειρίσασθαί σε ὑπηρέτην⟩ ἐξαιρούμενός σε ἐκ τοῦ λαοῦ καὶ ἐκ τῶν ἐθνῶν

G 1 4ᵃ ⟨Ἰησοῦ Χριστοῦ⟩ ὅπως ἐξέληται ἡμᾶς ἐκ τοῦ αἰῶνος τοῦ ἐνεστῶτος πονηροῦ

ἐξαίρω
→ αἴρω
1 C 5 2 * ἵνα ἐξαρθῇ (ϛ; ἀρθῇ rl) ἐκ μέσου ὑμῶν ὁ τὸ ἔργον τοῦτο πράξας
5 13 (+καὶ ϛ) ἐξάρατε (ἐξαρεῖτε ϛ) τὸν πονηρὸν ἐξ ὑμῶν αὐτῶν

ἐξαιτέομαι
→ αἰτέω
Lc 22 31 ἰδοὺ ὁ σατανᾶς ἐξῃτήσατο ὑμᾶς τοῦ σινιάσαι ὡς τὸν σῖτον

ἐξαίφνης
ἐξέφνης (H)
Mc 13 36 μὴ ἐλθὼν ἐξαίφνης εὕρῃ ὑμᾶς καθεύδοντας
Lc 2 13 ἐξαίφνης ἐγένετο σὺν τῷ ἀγγέλῳ πλῆθος στρατιᾶς οὐρανίου αἰνούντων τὸν θεὸν
9 39 πνεῦμα λαμβάνει αὐτόν, καὶ ἐξαίφνης κράζει
Ac 9 3 ἐξαίφνης τε αὐτὸν περιήστραψεν φῶς ἐκ τοῦ οὐρανοῦ
22 6 ἐγένετο δέ μοι ... ἐξαίφνης ἐκ τοῦ οὐρανοῦ περιαστράψαι φῶς ἱκανὸν περὶ ἐμέ

ἐξακολουθέω
→ ἀκολουθέω
2 Pt 1 16 οὐ γὰρ σεσοφισμένοις μύθοις ἐξακολουθήσαντες ἐγνωρίσαμεν ὑμῖν τὴν τοῦ κυρίου ... δύναμιν
2 2 καὶ πολλοὶ ἐξακολουθήσουσιν αὐτῶν ταῖς ἀσελγείαις
2 15 ἐπλανήθησαν, ἐξακολουθήσαντες τῇ ὁδῷ τοῦ Βαλαάμ

ἐξακόσιοι
ᵃ ἑξακόσιοι ἑξήκοντα ἕξ
ᵇ χίλιοι ἑξακόσιοι
Ap 13 18ᵃ ὁ ἀριθμὸς αὐτοῦ (+ἐστιν BS) | ἑξακόσιοι ἑξήκοντα ἕξ (χξϛ′ BTϛ)
14 20ᵇ ἐξῆλθεν αἷμα ἐκ τῆς ληνοῦ ἄχρι τῶν χαλινῶν τῶν ἵππων, ἀπὸ σταδίων χιλίων ἑξακοσίων

ἐξαλείφω
→ ἀλείφω
Ac 3 19 ἐπιστρέψατε εἰς (πρὸς NTH) τὸ ἐξαλειφθῆναι ὑμῶν τὰς ἁμαρτίας
Cl 2 14 ἐξαλείψας τὸ καθ᾽ ἡμῶν χειρόγραφον τοῖς δόγμασιν

Ap 3 5 οὐ μὴ ἐξαλείψω τὸ ὄνομα αὐτοῦ ἐκ τῆς βίβλου τῆς ζωῆς
7 17 ἐξαλείψει ὁ θεὸς πᾶν δάκρυον ἐκ (ἀπὸ ϛ) τῶν ὀφθαλμῶν αὐτῶν
21 4 ἐξαλείψει (+ὁ θεὸς ϛ) πᾶν δάκρυον ἐκ (ἀπὸ Sϛ) τῶν ὀφθαλμῶν αὐτῶν

ἐξάλλομαι
→ ἅλλομαι
Ac 3 8 ἐξαλλόμενος ἔστη, καὶ περιεπάτει

ἐξανάστασις
Ph 3 11 εἴ πως καταντήσω εἰς τὴν ἐξανάστασιν | τὴν ἐκ (τῶν ϛ) νεκρῶν

ἐξανατέλλω
→ ἀνατέλλω
Mt 13 5 εὐθέως ἐξανέτειλεν διὰ τὸ μὴ ἔχειν βάθος γῆς
Mc 4 5 εὐθὺς ἐξανέτειλεν (ἐξεβλάστησεν S) διὰ τὸ μὴ ἔχειν βάθος γῆς

ἐξανίστημι
→ ἵστημι
Mc 12 19 ἵνα ... ἐξαναστήσῃ σπέρμα τῷ ἀδελφῷ αὐτοῦ
Lc 20 28 ἵνα ... ἐξαναστήσῃ σπέρμα τῷ ἀδελφῷ αὐτοῦ
Ac 15 5 ἐξανέστησαν δέ τινες τῶν ἀπὸ τῆς αἱρέσεως τῶν Φαρισαίων πεπιστευκότες

ἐξαπατάω
→ ἀπατάω
Rm 7 11 ἡ γὰρ ἁμαρτία ἀφορμὴν λαβοῦσα διὰ τῆς ἐντολῆς ἐξηπάτησέν με
16 18 οἱ γὰρ τοιοῦτοι ... διὰ τῆς χρηστολογίας καὶ εὐλογίας ἐξαπατῶσιν τὰς καρδίας τῶν ἀκάκων
1 C 3 18 μηδεὶς ἑαυτὸν ἐξαπατάτω
2 C 11 3 ὡς ὁ ὄφις ἐξηπάτησεν Εὔαν ἐν τῇ πανουργίᾳ αὐτοῦ
2 Th 2 3 μή τις ὑμᾶς ἐξαπατήσῃ κατὰ μηδένα τρόπον
1 Tm 2 14 ἡ δὲ γυνὴ ἐξαπατηθεῖσα (ἀπατ. ϛ) ἐν παραβάσει γέγονεν

ἐξάπινα
Mc 9 8 ἐξάπινα περιβλεψάμενοι οὐκέτι οὐδένα εἶδον

ἐξαπορέομαι
→ ἀπορέω
2 C 1 8 ἐβαρήθημεν, ὥστε ἐξαπορηθῆναι ἡμᾶς καὶ τοῦ ζῆν
4 8 ἐν παντὶ θλιβόμενοι ἀλλ᾽ οὐ στενοχωρούμενοι, ἀπορούμενοι ἀλλ᾽ οὐκ ἐξαπορούμενοι

ἐξαποστέλλω
→ ἀποστέλλω
→ στέλλομαι
ᵃ ἐ. εἰς
ᵇ ἐ. τινὰ κενόν
ᶜ c. inf.
Mc [16 br] ὁ Ἰησοῦς ... ἐξαπέστειλεν δι᾽ αὐτῶν τὸ ἱερὸν καὶ ἄφθαρτον κήρυγμα τῆς αἰωνίου σωτηρίας
Lc 1 53ᵇ πλουτοῦντας ἐξαπέστειλεν κενούς
20 10ᵇ οἱ δὲ γεωργοὶ | ἐξαπέστειλαν αὐτὸν δείραντες (~ Vϛ) κενόν
20 11ᵇ οἱ δὲ κἀκεῖνον δείραντες καὶ ἀτιμάσαντες ἐξαπέστειλαν κενόν
24 49 * || καὶ ἰδοὺ [N²⁶] ἐγὼ ((κἀγὼ ST)) ἐξαποστέλλω (ἀπο- N²⁶ϛ) τὴν ἐπαγγελίαν τοῦ πατρός μου ἐφ᾽ ὑμᾶς
Ac 7 12ᵃ ἀκούσας δὲ Ἰακὼβ ὄντα σιτία | εἰς Αἴγυπτον (ἐν Αἰγύπτῳ ϛ) ἐξαπέστειλεν τοὺς πατέρας ἡμῶν πρῶτον
9 30ᵃ ἐπιγνόντες δὲ οἱ ἀδελφοὶ ... ἐξαπέστειλαν αὐτὸν εἰς Ταρσόν

Ac 11 22ᶜ ἐξαπέστειλαν Βαρναβᾶν διελθεῖν (+[N²⁶S]ϛ) ἕως Ἀντιοχείας
12 11 ἐξαπέστειλεν ὁ ([N²⁶V]; —STϛ) κύριος τὸν ἄγγελον αὐτοῦ
13 26 υἱοὶ γένους Ἀβραάμ ... ἡμῖν ὁ λόγος τῆς σωτηρίας ταύτης ἐξαπεστάλη (ἀπεστ. ϛ)
17 14ᶜ εὐθέως δὲ τότε τὸν Παῦλον ἐξαπέστειλαν οἱ ἀδελφοὶ πορεύεσθαι ἕως ἐπὶ τὴν θάλασσαν
22 21ᵃ πορεύου, ὅτι ἐγὼ εἰς ἔθνη μακρὰν ἐξαποστελῶ σε
G 4 4 ἐξαπέστειλεν ὁ θεὸς τὸν υἱὸν αὐτοῦ
4 6ᵃ ἐξαπέστειλεν ὁ θεὸς τὸ πνεῦμα τοῦ υἱοῦ αὐτοῦ εἰς τὰς καρδίας ἡμῶν (ὐ. Vϛ)

ἐξαρτίζω
  κατ-   προκατ-
Ac 21 5 ὅτε δὲ ἐγένετο | ἡμᾶς ἐξαρτίσαι (~ NMH) τὰς ἡμέρας
2 Tm 3 17 ἵνα ἄρτιος ᾖ ὁ τοῦ θεοῦ ἄνθρωπος, πρὸς πᾶν ἔργον ἀγαθὸν ἐξηρτισμένος

ἐξαστράπτω
→ ἀστράπτω
Lc 9 29 ἐγένετο ἐν τῷ προσεύχεσθαι αὐτὸν ... ὁ ἱματισμὸς αὐτοῦ λευκὸς ἐξαστράπτων

ἐξαυτῆς
ἐξ αὐτῆς (ϛ)
Mc 6 25 θέλω ἵνα ἐξαυτῆς (ἐξ αὐτῆς ϛ) δῷς μοι ἐπὶ πίνακι τὴν κεφαλὴν Ἰωάννου τοῦ βαπτιστοῦ
Ac 10 33 ἐξαυτῆς οὖν ἔπεμψα πρὸς σέ
11 11 ἰδοὺ ἐξαυτῆς τρεῖς ἄνδρες ἐπέστησαν ἐπὶ τὴν οἰκίαν
21 32 ὃς ἐξαυτῆς παραλαβὼν στρατιώτας ... κατέδραμεν ἐπ᾽ αὐτούς
23 30 ἐξαυτῆς (ἐξ αὐτῶν BST) ἔπεμψα πρὸς σέ
Ph 2 23 πέμψαι ὡς ἂν ἀφίδω (ἀπίδω VBSϛ) τὰ περὶ ἐμὲ ἐξαυτῆς

ἐξεγείρω
→ ἐγείρω
Rm 9 17 εἰς αὐτὸ τοῦτο ἐξήγειρά σε
1 C 6 14 ὁ δὲ θεὸς ... καὶ ἡμᾶς ἐξεγερεῖ διὰ τῆς δυνάμεως αὐτοῦ

ἔξειμι
→ εἶμι
→ ἔξεστιν
Ac 13 42 ἐξιόντων δὲ αὐτῶν παρεκάλουν ... λαληθῆναι αὐτοῖς τὰ ῥήματα ταῦτα
17 15 οἱ δὲ ... λαβόντες ἐντολὴν πρὸς τὸν Σιλᾶν καὶ τὸν Τιμόθεον ... ἐξῄεσαν
20 7 ἐν δὲ τῇ μιᾷ τῶν σαββάτων ... ὁ Παῦλος διελέγετο αὐτοῖς, μέλλων ἐξιέναι τῇ ἐπαύριον
27 43 ἐκέλευσέν τε τοὺς δυναμένους κολυμβᾶν ... ἐπὶ τὴν γῆν ἐξιέναι

ἐξελέγχω
→ ἐλέγχω
Jd 15 * ⟨ἦλθεν κύριος⟩ ποιῆσαι κρίσιν ... καὶ ἐξελέγξαι (ϛ; ἐλ. rl) | πᾶσαν ψυχὴν (N²⁶; πάντας τοὺς ἀσεβεῖς rl) (+αὐτῶν Tϛ) περὶ πάντων τῶν ἔργων

ἐξελεύσομαι
→ ἐξέρχομαι
ἐξελήλυθα
→ ἐξέρχομαι
ἐξέλκω
→ ἕλκω

Jc 1 14 ἕκαστος δὲ πειράζεται ὑπὸ τῆς ἰδίας ἐπιθυμίας ἐξελκόμενος καὶ δελεαζόμενος

ἐξέραμα

2 Pt 2 22 κύων ἐπιστρέψας ἐπὶ τὸ ἴδιον ἐξέραμα

ἐξεραυνάω

ἐξερευνάω NVBSϛ

→ ἐραυνάω

1 Pt 1 10 περὶ ἧς σωτηρίας ἐξεζήτησαν καὶ ἐξηραύνησαν προφῆται

ἐξέρχομαι

→ ἔρχομαι

a ἐ. ἀπό de loco
b ἐ. εἰς
c ἐ. ἐκ
d ἐ. ἐν de loco
e ἐ. ἔξω
f ἐ. ἐπί de loco
g ἐ. κατά, πέραν
h ἐ. παρά, ἔμπροσθεν, ἐναντίον
j ἐ. πρός, ἄχρι
k ἐ. c. gen.
l part. sine loco destinationis

Mt 2 6c ἐκ σοῦ γὰρ ἐξελεύσεται ἡγούμενος
5 26 οὐ μὴ ἐξέλθῃς ἐκεῖθεν
8 12b * οἱ δὲ υἱοὶ τῆς βασιλείας ἐξελεύσονται (T; ἐκβληθήσονται rl) εἰς τὸ σκότος τὸ ἐξώτερον
8 28c ὑπήντησαν αὐτῷ δύο δαιμονιζόμενοι ἐκ τῶν μνημείων ἐξερχόμενοι
8 32l οἱ δὲ ἐξελθόντες ἀπῆλθον εἰς τοὺς χοίρους
8 34b ἰδοὺ πᾶσα ἡ πόλις ἐξῆλθεν εἰς ὑπάντησιν (συνάντ. VSϛ) τῷ (τοῦ T) Ἰησοῦ
9 26b ἐξῆλθεν ἡ φήμη αὕτη (αὐτῆς S) εἰς ὅλην τὴν γῆν ἐκείνην
9 31l οἱ δὲ ἐξελθόντες διεφήμισαν αὐτὸν ἐν ὅλῃ τῇ γῇ ἐκείνῃ.
9 32 αὐτῶν δὲ ἐξερχομένων, ἰδοὺ προσήνεγκαν αὐτῷ ἄνθρωπον (—NM H) κωφὸν δαιμονιζόμενον
10 11 κἀκεῖ μείνατε ἕως ἂν ἐξέλθητε
10 14ek ἐξερχόμενοι ἔξω (—ϛ) τῆς οἰκίας ἢ τῆς πόλεως ἐκείνης ἐκτινάξατε τὸν κονιορτὸν
11 7b τί ἐξήλθατε εἰς τὴν ἔρημον θεάσασθαι;
11 8 ἀλλὰ τί ἐξήλθατε ἰδεῖν;
11 9 ἀλλὰ τί | ἐξήλθατε ἰδεῖν; προφήτην; (N26ϛ; ἐ.; π. ἰ.; rl)
12 14l ἐξελθόντες δὲ οἱ Φαρισαῖοι συμβούλιον ἔλαβον κατ' αὐτοῦ
12 43a ὅταν δὲ τὸ ἀκάθαρτον πνεῦμα ἐξέλθῃ ἀπὸ τοῦ ἀνθρώπου
12 44 εἰς τὸν οἶκόν μου ἐπιστρέψω ὅθεν ἐξῆλθον
13 1ack ἐν τῇ ἡμέρᾳ ἐκείνῃ ἐξελθὼν ὁ Ἰησοῦς (+ἀπὸ [M]Vϛ; +ἐκ T) τῆς οἰκίας ἐκάθητο
13 3 ἰδοὺ ἐξῆλθεν ὁ σπείρων τοῦ σπείρειν
13 49 ἐξελεύσονται οἱ ἄγγελοι καὶ ἀφοριοῦσιν
14 14l ἐξελθὼν εἶδεν πολὺν ὄχλον
15 18c τὰ δὲ ἐκπορευόμενα ἐκ τοῦ στόματος ἐκ τῆς καρδίας ἐξέρχεται
15 19c ἐκ γὰρ τῆς καρδίας ἐξέρχονται διαλογισμοὶ πονηροί
15 21 ἐξελθὼν ἐκεῖθεν ὁ Ἰησοῦς ἀνεχώρησεν εἰς τὰ μέρη Τύρου καὶ Σιδῶνος. ↔
15 22a καὶ ἰδοὺ γυνὴ Χαναναία ἀπὸ τῶν ὁρίων ἐκείνων ἐξελθοῦσα ἔκραζεν (-ξεν T; ἐκραύγασεν VSϛ) λέγουσα

Mt 17 18a ἐξῆλθεν ἀπ' αὐτοῦ τὸ δαιμόνιον
18 28l ἐξελθὼν δὲ ὁ δοῦλος ἐκεῖνος εὗρεν ἕνα τῶν συνδούλων αὐτοῦ
20 1 ἀνθρώπῳ οἰκοδεσπότῃ, ὅστις ἐξῆλθεν ἅμα πρωὶ μισθώσασθαι ἐργάτας
20 3l ἐξελθὼν περὶ τρίτην ὥραν εἶδεν ἄλλους ἑστῶτας ... ἀργούς
20 5l πάλιν δὲ ([N26NH]; —ϛ) ἐξελθὼν περὶ ἕκτην καὶ ἐνάτην ὥραν ἐποίησεν ὡσαύτως. ↔
20 6l περὶ δὲ τὴν ἑνδεκάτην ἐξελθὼν εὗρεν ἄλλους ἑστῶτας
21 17be καταλιπὼν αὐτοὺς ἐξῆλθεν ἔξω τῆς πόλεως εἰς Βηθανίαν
22 10b ἐξελθόντες οἱ δοῦλοι ἐκεῖνοι εἰς τὰς ὁδοὺς συνήγαγον πάντας
24 1a ἐξελθὼν ὁ Ἰησοῦς | ἀπὸ τοῦ ἱεροῦ ἐπορεύετο (~ Vϛ)
24 26 ἐὰν οὖν εἴπωσιν ὑμῖν· ἰδοὺ ἐν τῇ ἐρήμῳ ἐστίν, μὴ ἐξέλθητε
24 27a ὥσπερ γὰρ ἡ ἀστραπὴ ἐξέρχεται ἀπὸ ἀνατολῶν καὶ φαίνεται ἕως δυσμῶν
25 1b δέκα παρθένοις, αἵτινες λαβοῦσαι τὰς λαμπάδας ἑαυτῶν (αὐ. VSTϛ) ἐξῆλθον εἰς ὑπάντησιν τοῦ νυμφίου
25 6b ἰδοὺ ὁ νυμφίος, ἐξέρχεσθε εἰς ἀπάντησιν αὐτοῦ (+[N26S]MVϛ)
26 30b ὑμνήσαντες ἐξῆλθον εἰς τὸ ὄρος τῶν ἐλαιῶν
26 55f ὡς ἐπὶ λῃστὴν ἐξήλθατε μετὰ μαχαιρῶν ... συλλαβεῖν με;
26 71b ἐξελθόντα δὲ (+αὐτὸν B[S]Tϛ) εἰς τὸν πυλῶνα εἶδεν αὐτὸν ἄλλη
26 75e ἐξελθὼν ἔξω ἔκλαυσεν πικρῶς
27 32l ἐξερχόμενοι δὲ εὗρον ἄνθρωπον Κυρηναῖον
27 49 * | καὶ ἐξῆλθεν ὕδωρ καὶ αἷμα [+ .. SH]
27 53c ἐξελθόντες ἐκ τῶν μνημείων μετὰ τὴν ἔγερσιν αὐτοῦ εἰσῆλθον εἰς τὴν ἁγίαν πόλιν
28 8a * ἐξελθοῦσαι (ϛ; ἀπ- rl) ταχὺ ἀπὸ τοῦ μνημείου μετὰ φόβου ... ἔδραμον

Mc 1 25c φιμώθητι καὶ ἔξελθε ἐξ αὐτοῦ. ↔
1 26c καὶ σπαράξαν αὐτὸν τὸ πνεῦμα τὸ ἀκάθαρτον ... ἐξῆλθεν ἐξ αὐτοῦ
1 28b | καὶ ἐξῆλθεν (ἐ. δὲ Sϛ) ἡ ἀκοὴ αὐτοῦ εὐθὺς πανταχοῦ (—ϛ) εἰς ὅλην τὴν περίχωρον
1 29c εὐθὺς ἐκ τῆς συναγωγῆς | ἐξελθόντες ἦλθον (ἐξελθὼν ἦλθεν M) εἰς τὴν οἰκίαν Σίμωνος
1 35b πρωὶ ἔννυχα λίαν ἀναστὰς ἐξῆλθεν | καὶ ἀπῆλθεν [H] εἰς ἔρημον τόπον
1 38b εἰς τοῦτο γὰρ ἐξῆλθον (ἐξελήλυθας)
1 45l ὁ δὲ ἐξελθὼν ἤρξατο κηρύσσειν πολλὰ
2 12h εὐθὺς ἄρας τὸν κράβαττον ἐξῆλθεν ἔμπροσθεν (ἐναντίον VSϛ) πάντων
2 13bh ἐξῆλθεν πάλιν παρὰ (εἰς T) τὴν θάλασσαν
3 6l ἐξελθόντες οἱ Φαρισαῖοι εὐθὺς ... συμβούλιον ἐδίδουν (ἐποίησαν T; ἐποίουν ϛ) κατ' αὐτοῦ
3 21 ἀκούσαντες οἱ παρ' αὐτοῦ ἐξῆλθον κρατῆσαι αὐτόν
4 3 ἰδοὺ ἐξῆλθεν ὁ σπείρων (+τοῦ V[S]ϛ) σπεῖραι
5 2c καὶ | ἐξελθόντος αὐτοῦ (ἐξ-τι αὐτῷ ϛ) ἐκ τοῦ πλοίου, εὐθὺς ([NH]; εὐθέως ϛ) ὑπήντησεν (ἀπ- Sϛ) αὐτῷ ... ἄνθρωπος

Mc 5 8c ἔξελθε τὸ πνεῦμα τὸ ἀκάθαρτον ἐκ τοῦ ἀνθρώπου
5 13l ἐξελθόντα τὰ πνεύματα τὰ ἀκάθαρτα εἰσῆλθον εἰς τοὺς χοίρους
5 14 * ἐξῆλθον (ϛ; ἦλθον rl) ἰδεῖν τί ἔστιν τὸ γεγονός ⟨καὶ ἔρχονται⟩
5 30c εὐθὺς ὁ Ἰησοῦς ἐπιγνοὺς ἐν ἑαυτῷ τὴν ἐξ αὐτοῦ δύναμιν ἐξελθοῦσαν
6 1 καὶ ἐξῆλθεν ἐκεῖθεν
6 10 ἐκεῖ μένετε ἕως ἂν ἐξέλθητε ἐκεῖθεν
6 12l ἐξελθόντες ἐκήρυξαν (-ρυσσον Vϛ) ἵνα μετανοῶσιν (-νοήσωσιν MVSϛ)
6 24l ἐξελθοῦσα εἶπεν τῇ μητρὶ αὐτῆς
6 34l ἐξελθὼν εἶδεν πολὺν ὄχλον
6 54c ἐξελθόντων αὐτῶν ἐκ τοῦ πλοίου ⟨περιέδραμον⟩
7 29c ἐξελήλυθεν ἐκ τῆς θυγατρός σου τὸ δαιμόνιον. ↔
7 30 καὶ ἀπελθοῦσα εἰς τὸν οἶκον αὐτῆς εὗρεν ... τὸ δαιμόνιον ἐξεληλυθός. ↔
7 31c καὶ πάλιν ἐξελθὼν ἐκ τῶν ὁρίων Τύρου ἦλθεν ... εἰς τὴν θάλασσαν τῆς Γαλιλαίας
8 11 ἐξῆλθον οἱ Φαρισαῖοι καὶ ἤρξαντο συζητεῖν αὐτῷ
8 27b ἐξῆλθεν ὁ Ἰησοῦς καὶ οἱ μαθηταὶ αὐτοῦ εἰς τὰς κώμας Καισαρείας
9 25c τὸ ἄλαλον καὶ κωφὸν πνεῦμα ... ἔξελθε ἐξ αὐτοῦ
9 26 κράξας καὶ πολλὰ σπαράξας ἐξῆλθεν
9 29 τοῦτο τὸ γένος ἐν οὐδενὶ δύναται ἐξελθεῖν εἰ μὴ ἐν προσευχῇ | καὶ νηστείᾳ (+[M]VBSϛ). ↔
9 30 κἀκεῖθεν ἐξελθόντες παρεπορεύοντο (ἐπορ. H) διὰ τῆς Γαλιλαίας
11 11b περιβλεψάμενος πάντα ... ἐξῆλθεν εἰς Βηθανίαν μετὰ τῶν δώδεκα. ↔
11 12a καὶ τῇ ἐπαύριον ἐξελθόντων αὐτῶν ἀπὸ Βηθανίας ἐπείνασεν
14 16 ἐξῆλθον οἱ μαθηταὶ (+αὐτοῦ V[S]ϛ) καὶ ἦλθον εἰς τὴν πόλιν
14 26b ὑμνήσαντες ἐξῆλθον εἰς τὸ ὄρος τῶν ἐλαιῶν
14 48f ὡς ἐπὶ λῃστὴν ἐξήλθατε μετὰ μαχαιρῶν καὶ ξύλων συλλαβεῖν με;
14 68be ἐξῆλθεν ἔξω εἰς τὸ προαύλιον
16 8l ἐξελθοῦσαι ἔφυγον ἀπὸ τοῦ μνημείου
[16 20]l ἐκεῖνοι δὲ ἐξελθόντες ἐκήρυξαν πανταχοῦ

Lc 1 22l ἐξελθὼν δὲ οὐκ ἐδύνατο λαλῆσαι αὐτοῖς
2 1h ἐγένετο δὲ ἐν ταῖς ἡμέραις ἐκείναις ἐξῆλθεν δόγμα παρὰ Καίσαρος Αὐγούστου
4 14g φήμη ἐξῆλθεν καθ' ὅλης τῆς περιχώρου περὶ αὐτοῦ
4 35ac φιμώθητι καὶ ἔξελθε ἀπ' (ἐξ ϛ) αὐτοῦ. ↔
4 35a καὶ ῥῖψαν αὐτὸν τὸ δαιμόνιον εἰς τὸ μέσον ἐξῆλθεν ἀπ' αὐτοῦ
4 36 ὅτι ἐν ἐξουσίᾳ ... ἐπιτάσσει τοῖς ἀκαθάρτοις πνεύμασιν καὶ ἐξέρχονται
4 41a ἐξήρχετο (-χοντο ST) δὲ καὶ δαιμόνια ἀπὸ πολλῶν
4 42l γενομένης δὲ ἡμέρας ἐξελθὼν ἐπορεύθη εἰς ἔρημον τόπον
5 8a ἔξελθε ἀπ' ἐμοῦ, ὅτι ἀνὴρ ἁμαρτωλός εἰμι, κύριε
5 27 μετὰ ταῦτα ἐξῆλθεν
6 12b ἐγένετο δὲ ... | ἐξελθεῖν αὐτὸν (ἐξῆλθεν ϛ) εἰς τὸ ὄρος προσεύξασθαι

Lc 6 19[h] ἐζήτουν ἅπτεσθαι αὐτοῦ, ὅτι δύναμις παρ' αὐτοῦ ἐξήρχετο

7 17[d] ἐξῆλθεν ὁ λόγος οὗτος ἐν ὅλῃ τῇ 'Ιουδαίᾳ περὶ αὐτοῦ καὶ πάσῃ τῇ περιχώρῳ

7 24[b] τί ἐξήλθατε (ἐξεληλύθατε VBSTϛ) εἰς τὴν ἔρημον θεάσασθαι;

7 25 ἀλλὰ τί ἐξήλθατε (ἐξεληλύθατε VBSTϛ) ἰδεῖν;

7 26 ἀλλὰ τί ἐξήλθατε (ἐξεληλύθατε VBSTϛ) ἰδεῖν;

8 2[a] Μαρία ἡ καλουμένη Μαγδαληνή, ἀφ' ἧς δαιμόνια ἑπτὰ ἐξεληλύθει

8 5 ἐξῆλθεν ὁ σπείρων τοῦ σπεῖραι τὸν σπόρον αὐτοῦ

8 27[c] ἐξελθόντι δὲ αὐτῷ ἐπὶ τὴν γῆν ὑπήντησεν ἀνήρ τις

8 29[a] παρήγγειλεν (N[26]ϛ; -ήγγελλεν rl) γὰρ τῷ πνεύματι τῷ ἀκαθάρτῳ ἐξελθεῖν ἀπὸ τοῦ ἀνθρώπου

8 33[a] ἐξελθόντα δὲ τὰ δαιμόνια ἀπὸ τοῦ ἀνθρώπου εἰσῆλθον εἰς τοὺς χοίρους

8 35 ἐξῆλθον δὲ ἰδεῖν τὸ γεγονός

8 35[a] εὗρον καθήμενον τὸν ἄνθρωπον ἀφ' οὗ τὰ δαιμόνια ἐξῆλθεν (ἐξεληλύθει VBϛ) ἱματισμένον

8 38[a] ἐδεῖτο δὲ αὐτοῦ ὁ ἀνὴρ ἀφ' οὗ ἐξεληλύθει τὰ δαιμόνια

8 46[a] ἐγὼ γὰρ ἔγνων δύναμιν ἐξεληλυθυῖαν (ἐξελθοῦσαν ϛ) ἀπ' ἐμοῦ

9 4 ἐκεῖ μένετε καὶ ἐκεῖθεν ἐξέρχεσθε

9 5[a] ἐξερχόμενοι ἀπὸ τῆς πόλεως ἐκείνης (+καὶ VTϛ) τὸν κονιορτὸν . . . ἀποτινάσσετε

9 6[l] ἐξερχόμενοι δὲ διήρχοντο κατὰ τὰς κώμας εὐαγγελιζόμενοι

10 10[b] ἐξελθόντες εἰς τὰς πλατείας αὐτῆς εἴπατε

10 35[l] * ἐπὶ τὴν αὔριον ἐξελθὼν (+ϛ) ἐκβαλὼν | ἔδωκεν δύο δηνάρια (N[26]; ~rl) τῷ πανδοχεῖ

11 14 ἐγένετο δὲ τοῦ δαιμονίου ἐξελθόντος ἐλάλησεν ὁ κωφός

11 24[a] ὅταν τὸ ἀκάθαρτον πνεῦμα ἐξέλθῃ ἀπὸ τοῦ ἀνθρώπου

11 24 ὑποστρέψω εἰς τὸν οἶκόν μου ὅθεν ἐξῆλθον

11 53 | κἀκεῖθεν ἐξελθόντος αὐτοῦ (λέγοντος δὲ αὐτοῦ ταῦτα πρὸς αὐτοὺς ϛ) ἤρξαντο οἱ γραμματεῖς

12 59 οὐ μὴ ἐξέλθῃς ἐκεῖθεν ἕως καὶ τὸ ἔσχατον λεπτὸν ἀποδῷς

13 31 ἔξελθε καὶ πορεύου ἐντεῦθεν

14 18[l] ἔχω ἀνάγκην ἐξελθὼν (-θεῖν καὶ ϛ) ἰδεῖν αὐτόν

14 21[b] ἔξελθε ταχέως εἰς τὰς πλατείας καὶ ῥύμας τῆς πόλεως

14 23[b] ἔξελθε εἰς τὰς ὁδοὺς καὶ φραγμούς

15 28[l] ὁ δὲ πατὴρ αὐτοῦ ἐξελθὼν παρεκάλει αὐτόν

17 29[a] ᾗ δὲ ἡμέρᾳ ἐξῆλθεν Λὼτ ἀπὸ Σοδόμων

21 37[l] τὰς δὲ νύκτας ἐξερχόμενος ηὐλίζετο εἰς τὸ ὄρος τὸ καλούμενον 'Ελαιῶν (ἐλαιῶν NMVST)

22 39[l] ἐξελθὼν ἐπορεύθη . . . εἰς τὸ ὄρος τῶν ἐλαιῶν

22 52[f] ὡς ἐπὶ λῃστὴν ἐξήλθατε (ἐξεληλύθατε Tϛ) μετὰ μαχαιρῶν καὶ ξύλων;

22 62[e] ⟨ὑπεμνήσθη ὁ Πέτρος τοῦ ῥήματος⟩ | καὶ ἐξελθὼν ἔξω ἔκλαυσεν πικρῶς [H]

Jo 1 43[b] τῇ ἐπαύριον ἠθέλησεν ἐξελθεῖν εἰς τὴν Γαλιλαίαν

4 30[c] ἐξῆλθον ἐκ τῆς πόλεως καὶ ἤρχοντο

4 43[b] ἐξῆλθεν ἐκεῖθεν (+καὶ ἀπῆλθεν Vϛ) εἰς τὴν Γαλιλαίαν

[8 9] οἱ δὲ ἀκούσαντες ἐξήρχοντο εἷς καθ' εἷς

8 42[c] ἐγὼ γὰρ ἐκ τοῦ θεοῦ ἐξῆλθον καὶ ἥκω

8 59[c] 'Ιησοῦς δὲ ἐκρύβη καὶ ἐξῆλθεν ἐκ τοῦ ἱεροῦ

10 9 εἰσελεύσεται καὶ ἐξελεύσεται καὶ νομὴν εὑρήσει

10 39[c] ἐξῆλθεν ἐκ τῆς χειρὸς αὐτῶν

11 31 ἰδόντες τὴν Μαριὰμ ὅτι ταχέως ἀνέστη καὶ ἐξῆλθεν

11 44 (+καὶ VB[S]ϛ) ἐξῆλθεν ὁ τεθνηκὼς δεδεμένος τοὺς πόδας καὶ τὰς χεῖρας κειρίαις

12 13[b] ἔλαβον τὰ βαΐα . . . καὶ ἐξῆλθον εἰς ὑπάντησιν αὐτῷ

13 3[a] εἰδὼς . . . ὅτι ἀπὸ θεοῦ ἐξῆλθεν καὶ πρὸς τὸν θεὸν ὑπάγει

13 30 λαβὼν οὖν τὸ ψωμίον ἐκεῖνος ἐξῆλθεν εὐθύς

13 31 ὅτε οὖν ἐξῆλθεν, λέγει (+ὁ VBSϛ) 'Ιησοῦς

16 27[h] πεπιστεύκατε ὅτι ἐγὼ παρὰ τοῦ [N[26]] θεοῦ (πατρὸς H) ἐξῆλθον. ↔

16 28[ch] ἐξῆλθον παρὰ (N[26]Vϛ; ἐκ rl) τοῦ πατρὸς καὶ ἐλήλυθα εἰς τὸν κόσμον

16 30[a] ἐν τούτῳ πιστεύομεν ὅτι ἀπὸ θεοῦ ἐξῆλθες

17 8[h] ἔγνωσαν ἀληθῶς ὅτι παρὰ σοῦ ἐξῆλθον

18 1[g] ἐξῆλθεν σὺν τοῖς μαθηταῖς αὐτοῦ πέραν τοῦ χειμάρρου τοῦ (τῶν VHϛ) Κεδρὼν (Κέδρων VSHϛ; Κέδρου T)

18 4[l] 'Ιησοῦς . . . | ἐξῆλθεν καὶ λέγει (ἐξελθὼν εἶπεν Vϛ) αὐτοῖς

18 16 ἐξῆλθεν οὖν ὁ μαθητὴς ὁ ἄλλος

18 29[e] ἐξῆλθεν οὖν ὁ Πιλᾶτος ἔξω (—ϛ) πρὸς αὐτοὺς καὶ φησίν

18 38[j] τοῦτο εἰπὼν πάλιν ἐξῆλθεν πρὸς τοὺς 'Ιουδαίους

19 4[e] | καὶ ἐξῆλθεν (ἐ. BT; ἐ. [οὖν] S; ἐ. οὖν MVϛ) πάλιν | ἔξω ὁ Πιλᾶτος (~T)

19 5[e] ἐξῆλθεν οὖν ὁ [H] 'Ιησοῦς ἔξω

19 17[b] βαστάζων | ἑαυτῷ τὸν σταυρὸν (τ. στ. αὐτοῦ Vϛ) ἐξῆλθεν εἰς τὸν λεγόμενον Κρανίου Τόπον

19 34 | ἐξῆλθεν εὐθὺς (εὐθέως ἐ. V; -ὺς ἐ. ϛ) αἷμα καὶ ὕδωρ

20 3 ἐξῆλθεν οὖν ὁ Πέτρος καὶ ὁ ἄλλος μαθητής

21 3 ἐξῆλθον (+οὖν MVBS) καὶ ἐνέβησαν εἰς τὸ πλοῖον

21 23[b] ἐξῆλθεν οὖν οὗτος ὁ λόγος εἰς τοὺς ἀδελφούς

Ac 1 21[f] ἐν παντὶ χρόνῳ ᾧ εἰσῆλθεν καὶ ἐξῆλθεν ἐφ' ἡμᾶς ὁ κύριος 'Ιησοῦς

7 3[c] ἔξελθε ἐκ τῆς γῆς σου καὶ ἐκ ([N[26]]; —NH) τῆς συγγενείας σου

7 4[c] τότε ἐξελθὼν ἐκ γῆς Χαλδαίων κατῴκησεν ἐν Χαρρὰν

7 7 μετὰ ταῦτα ἐξελεύσονται καὶ λατρεύσουσίν μοι ἐν τῷ τόπῳ τούτῳ

8 7[k] πολλοὶ (πολλῶν ϛ) γὰρ τῶν ἐχόντων πνεύματα ἀκάθαρτα . . . ἐξήρχοντο (-ετο ϛ)

10 23 τῇ δὲ ἐπαύριον ἀναστὰς ἐξῆλθεν σὺν αὐτοῖς

Ac 11 25[b] ἐξῆλθεν δὲ εἰς Ταρσὸν ἀναζητῆσαι Σαῦλον

12 9[l] καὶ ἐξελθὼν ἠκολούθει

12 10[l] ἐξελθόντες προῆλθον ῥύμην μίαν

12 17[l] ἐξελθὼν ἐπορεύθη εἰς ἕτερον τόπον

14 20[b] τῇ ἐπαύριον ἐξῆλθεν σὺν τῷ Βαρναβᾷ εἰς Δέρβην

15 24[c] τινὲς ἐξ ἡμῶν ἐξελθόντες ([N[26]]; —NH) ἐτάραξαν ὑμᾶς λόγοις

15 40 Παῦλος δὲ ἐπιλεξάμενος Σιλᾶν ἐξῆλθεν

16 3 τοῦτον ἠθέλησεν ὁ Παῦλος σὺν αὐτῷ ἐξελθεῖν

16 10[b] εὐθέως ἐζητήσαμεν ἐξελθεῖν εἰς Μακεδονίαν

16 13[eh] τῇ τε ἡμέρᾳ τῶν σαββάτων ἐξήλθομεν ἔξω τῆς πύλης παρὰ ποταμόν

16 18[a] παραγγέλλω σοι . . . ἐξελθεῖν ἀπ' αὐτῆς· ↔

16 18 καὶ ἐξῆλθεν αὐτῇ τῇ ὥρᾳ. ↔

16 19 ἰδόντες δὲ οἱ κύριοι αὐτῆς ὅτι ἐξῆλθεν ἡ ἐλπὶς τῆς ἐργασίας αὐτῶν

16 36[l] νῦν οὖν ἐξελθόντες πορεύεσθε ἐν εἰρήνῃ

16 39[k] * ἐξαγαγόντες ἠρώτων ἐξελθεῖν (ϛ; ἀπελθεῖν ἀπὸ rl) τῆς πόλεως. ↔

16 40[ac] ἐξελθόντες δὲ ἀπὸ (ἐκ ϛ) τῆς φυλακῆς εἰσῆλθον πρὸς τὴν Λυδίαν, ↔

16 40 καὶ ἰδόντες παρεκάλεσαν τοὺς ἀδελφοὺς καὶ ἐξῆλθαν

17 33[c] οὕτως ὁ Παῦλος ἐξῆλθεν ἐκ μέσου αὐτῶν

18 23 ποιήσας χρόνον τινὰ ἐξῆλθεν, διερχόμενος καθεξῆς τὴν Γαλατικὴν χώραν

19 12[a] * ὥστε . . . τά τε πνεύματα τὰ πονηρὰ | ἐξέρχεσθαι ἀπ' αὐτῶν (ϛ; ἐκπορεύεσθαι rl)

20 1 μεταπεμψάμενος ὁ Παῦλος τοὺς μαθητὰς . . . ἀσπασάμενος ἐξῆλθεν πορεύεσθαι εἰς Μακεδονίαν

20 11 ἐφ' ἱκανόν τε ὁμιλήσας ἄχρι αὐγῆς, οὕτως ἐξῆλθεν

21 5[l] ἐξελθόντες ἐπορευόμεθα προπεμπόντων ἡμᾶς πάντων

21 8[l] τῇ δὲ ἐπαύριον ἐξελθόντες ἤλθομεν εἰς Καισάρειαν

22 18[c] σπεῦσον καὶ ἔξελθε ἐν τάχει ἐξ 'Ιερουσαλήμ

28 3[cl] ἔχιδνα ἀπὸ (ἐκ ϛ) τῆς θέρμης ἐξελθοῦσα καθῆψεν τῆς χειρὸς αὐτοῦ

28 15[bj] * κἀκεῖθεν οἱ ἀδελφοὶ . . . ἐξῆλθον (ϛ; [ἐξ]ῆλθον S; ἦλθαν rl) εἰς ἀπάντησιν ἡμῖν ἄχρι 'Αππίου φόρου

Rm 10 18[b] εἰς πᾶσαν τὴν γῆν ἐξῆλθεν ὁ φθόγγος αὐτῶν

1 C 5 10[c] ἐπεὶ ὠφείλετε ἄρα ἐκ τοῦ κόσμου ἐξελθεῖν

14 36[a] ἢ ἀφ' ὑμῶν ὁ λόγος τοῦ θεοῦ ἐξῆλθεν ⟨;⟩

2 C 2 13[b] ἀλλὰ ἀποταξάμενος αὐτοῖς ἐξῆλθον εἰς Μακεδονίαν

6 17[c] διὸ ἐξέλθατε ἐκ μέσου αὐτῶν καὶ ἀφορίσθητε

8 17[j] σπουδαιότερος δὲ ὑπάρχων αὐθαίρετος ἐξῆλθεν πρὸς ὑμᾶς

Ph 4 15[a] ἐν ἀρχῇ τοῦ εὐαγγελίου, ὅτε ἐξῆλθον ἀπὸ Μακεδονίας

1 Th 1 8[d] οὐ μόνον ἐν τῇ Μακεδονίᾳ καὶ | ἐν τῇ (+[N[26]S]T) 'Αχαΐᾳ, ἀλλ' ἐν παντὶ τόπῳ ἡ πίστις ὑμῶν . . . ἐξελήλυθεν

Hb 3 16ᶜ ἀλλ' οὐ πάντες οἱ ἐξελθόντες ἐξ
Αἰγύπτου διὰ Μωϋσέως;
7 5ᶜ καίπερ ἐξεληλυθότας ἐκ τῆς ὀσφύος
Ἀβραάμ
11 8ᵇ Ἀβραάμ ὑπήκουσεν ἐξελθεῖν εἰς
(+τὸν [S]ς) τόπον ὃν ἤμελλεν
λαμβάνειν εἰς κληρονομίαν, ↔
11 8 καὶ ἐξῆλθεν μὴ ἐπιστάμενος ποῦ
ἔρχεται
11 15ᵃ* καὶ εἰ μὲν ἐκείνης ἐμνημόνευον
(μνημονεύουσιν ST) ἀφ' ἧς ἐξῆλ-
θον (ς; ἐξέβησαν rl)
13 13ᵉʲ τοίνυν ἐξερχώμεθα πρὸς αὐτὸν
ἔξω τῆς παρεμβολῆς

Jc 3 10ᶜ ἐκ τοῦ αὐτοῦ στόματος ἐξέρχεται
εὐλογία καὶ κατάρα

1 Jo 2 19ᵉ ἐξ ἡμῶν ἐξῆλθαν, ἀλλ' οὐκ ἦσαν
ἐξ ἡμῶν
4 1ᵇ ὅτι πολλοὶ ψευδοπροφῆται ἐξελη-
λύθασιν εἰς τὸν κόσμον

2 Jo 7ᵇ ὅτι πολλοὶ πλάνοι ἐξῆλθον (εἰσ-
ς) εἰς τὸν κόσμον

3 Jo 7 ὑπὲρ γὰρ τοῦ ὀνόματος ἐξῆλθον
μηδὲν λαμβάνοντες

Ap 3 12ᵇ ὁ νικῶν ... ἔξω οὐ μὴ ἐξέλθῃ ἔτι
6 2 ἐξῆλθεν νικῶν καὶ ἵνα νικήσῃ
6 4 ἐξῆλθεν ἄλλος ἵππος πυρρός
9 3ᵇᶜ ἐκ τοῦ καπνοῦ ἐξῆλθον ἀκρίδες εἰς
τὴν γῆν
14 15ᶜ ἄλλος ἄγγελος ἐξῆλθεν ἐκ τοῦ
ναοῦ
14 17ᶜ ἄλλος ἄγγελος ἐξῆλθεν ἐκ τοῦ
ναοῦ τοῦ ἐν τῷ οὐρανῷ
14 18ᶜ ἄλλος ἄγγελος ἐξῆλθεν [N²⁶H] ἐκ
τοῦ θυσιαστηρίου
14 20ᶜʲ ἐξῆλθεν αἷμα ἐκ τῆς ληνοῦ ἄχρι
τῶν χαλινῶν τῶν ἵππων
15 6ᶜ ἐξῆλθον οἱ ἑπτὰ ἄγγελοι ... ἐκ
τοῦ ναοῦ
16 17ᵃᶜ ἐξῆλθεν φωνὴ μεγάλη ἐκ (ἀπὸ ς)
τοῦ ναοῦ (+τοῦ οὐρανοῦ [M]Sς)
ἀπὸ τοῦ θρόνου λέγουσα
18 4ᶜ ἐξέλθατε (-θετε Sς) ὁ λαός μου ἐξ
αὐτῆς
19 5ᵃᶜ φωνὴ ἀπὸ (ἐκ Tς) τοῦ θρόνου
ἐξῆλθεν λέγουσα
19 21ᶜ ἐν τῇ ῥομφαίᾳ ... τῇ ἐξελθούσῃ
(ἐκπορευομένῃ ς) ἐκ τοῦ στόματος
αὐτοῦ
20 8 ἐξελεύσεται πλανῆσαι τὰ ἔθνη τὰ
ἐν ταῖς τέσσαρσιν γωνίαις τῆς γῆς

ἔξεστιν
→ εἰμί
ᵃ seq. acc. c. inf.
ᵇ ἐξόν

Mt 12 2 οἱ μαθηταί σου ποιοῦσιν ὃ οὐκ
ἔξεστιν ποιεῖν ἐν σαββάτῳ
12 4ᵇ ὃ (οὓς MVSς) οὐκ ἐξὸν ἦν αὐτῷ
φαγεῖν οὐδὲ τοῖς μετ' αὐτοῦ
12 10 εἰ ἔξεστιν τοῖς σάββασιν θεραπεῦ-
σαι (-εύειν MVBSHς);
12 12 ὥστε ἔξεστιν τοῖς σάββασιν καλῶς
ποιεῖν
14 4 οὐκ ἔξεστίν σοι ἔχειν αὐτήν
15 26 * οὐκ ἔξεστιν (T; ἔστιν καλὸν rl)
λαβεῖν τὸν ἄρτον τῶν τέκνων
19 3 εἰ ἔξεστιν ἀνθρώπῳ (—NBSTH)
ἀπολῦσαι τὴν γυναῖκα αὐτοῦ ⟨;⟩
20 15 ἢ ([N²⁶]; —NBH) οὐκ ἔξεστίν μοι
ὃ θέλω ποιῆσαι ἐν τοῖς ἐμοῖς;
22 17 ἔξεστιν δοῦναι κῆνσον Καίσαρι ἢ
οὔ;
27 6 οὐκ ἔξεστιν βαλεῖν αὐτὰ εἰς τὸν
κορβανᾶν

Mc 2 24 ἴδε τί ποιοῦσιν τοῖς σάββασιν ὃ
οὐκ ἔξεστιν;
2 26ᵃ οὓς οὐκ ἔξεστιν φαγεῖν εἰ μὴ | τοὺς
ἱερεῖς (τοῖς ἱερεῦσιν MVBSς)
3 4 ἔξεστιν τοῖς σάββασιν | ἀγαθὸν
ποιῆσαι (ἀγαθοποιῆσαι VBSHς)
ἢ κακοποιῆσαι ⟨;⟩
6 18 οὐκ ἔξεστίν σοι ἔχειν τὴν γυναῖκα
τοῦ ἀδελφοῦ σου
10 2 εἰ ἔξεστιν ἀνδρὶ γυναῖκα ἀπολῦσαι
12 14 ἔξεστιν | δοῦναι κῆνσον Καίσαρι
(~STς) ἢ οὔ;

Lc 6 2 τί ποιεῖτε ὃ οὐκ ἔξεστιν (+ποιεῖν
MVSTς) τοῖς σάββασιν;
6 4ᵃ οὓς οὐκ ἔξεστιν φαγεῖν εἰ μὴ
μόνους τοὺς ἱερεῖς
6 9 εἰ (τί VSς) ἔξεστιν τῷ σαββάτῳ
ἀγαθοποιῆσαι ἢ κακοποιῆσαι ⟨;⟩
14 3 (+εἰ Vς) ἔξεστιν τῷ σαββάτῳ
θεραπεῦσαι ἢ οὔ;
20 22ᵃ ἔξεστιν ἡμᾶς (ἡμῖν ς) Καίσαρι φό-
ρον δοῦναι ἢ οὔ;

Jo 5 10 οὐκ ἔξεστίν σοι ἆραι τὸν κράβατ-
τόν σου (+N²⁶)
18 31 ἡμῖν οὐκ ἔξεστιν ἀποκτεῖναι οὐδένα

Ac 2 29ᵇ ἐξὸν εἰπεῖν μετὰ παρρησίας πρὸς
ὑμᾶς περὶ τοῦ πατριάρχου Δαυίδ
8 37 * ⟨τί κωλύει με βαπτισθῆναι;⟩ | εἰ
πιστεύεις ἐξ ὅλης τῆς καρδίας, ἔξ-
εστιν (. . +ς . .)
16 21 καταγγέλλουσιν ἔθη ἃ οὐκ ἔξεστιν
ἡμῖν παραδέχεσθαι οὐδὲ ποιεῖν
Ῥωμαίοις οὖσιν
21 37 εἰ ἔξεστίν μοι εἰπεῖν τι πρὸς σέ;
22 25 εἰ ἄνθρωπον Ῥωμαῖον καὶ ἀκα-
τάκριτον ἔξεστιν ὑμῖν μαστίζειν;

1 C 6 12 πάντα μοι ἔξεστιν, ἀλλ' οὐ πάντα
συμφέρει. ↔
6 12 πάντα μοι ἔξεστιν, ἀλλ' οὐκ ἐγὼ
ἐξουσιασθήσομαι ὑπό τινος
10 23 πάντα (+μοι ς) ἔξεστιν, ἀλλ' οὐ
πάντα συμφέρει· ↔
10 23 πάντα (+μοι ς) ἔξεστιν, ἀλλ' οὐ
πάντα οἰκοδομεῖ

2 C 12 4ᵇ ἤκουσεν ἄρρητα ῥήματα, ἃ οὐκ
ἐξὸν ἀνθρώπῳ λαλῆσαι

ἐξετάζω
→ ἀνετάζω
Mt 2 8 πορευθέντες ἐξετάσατε ἀκριβῶς
περὶ τοῦ παιδίου
10 11 ἐξετάσατε τίς ἐν αὐτῇ ἄξιός ἐστιν
Jo 21 12 οὐδεὶς δὲ (—NH) ἐτόλμα τῶν
μαθητῶν ἐξετάσαι αὐτόν

ἐξέφνης
→ ἐξαίφνης

ἐξηγέομαι
→ ἡγέομαι
Lc 24 35 αὐτοὶ ἐξηγοῦντο τὰ ἐν τῇ ὁδῷ καὶ
ὡς ἐγνώσθη αὐτοῖς
Jo 1 18 (+ὁ VBSTς) μονογενὴς θεὸς (υἱὸς
BSTς) ... ἐκεῖνος ἐξηγήσατο
Ac 10 8 ἐξηγησάμενος ἅπαντα αὐτοῖς ἀπ-
έστειλεν αὐτοὺς εἰς τὴν Ἰόππην
15 12 ἤκουον Βαρναβᾶ καὶ Παύλου
ἐξηγουμένων ὅσα ἐποίησεν ὁ θεὸς
σημεῖα
15 14 Συμεὼν ἐξηγήσατο καθὼς πρῶτον
ὁ θεὸς ἐπεσκέψατο
21 19 ἀσπασάμενος αὐτοὺς ἐξηγεῖτο καθ'
ἓν ἕκαστον ὧν ἐποίησεν ὁ θεὸς ἐν
τοῖς ἔθνεσιν

ἑξήκοντα
ᵃ χίλιοι διακόσιοι ἑξήκοντα
ᵇ ἑξακόσιοι ἑξήκοντα ἕξ
ᶜ ἑκατὸν ἑξήκοντα

Mt 13 8 ἐδίδου καρπόν, ὃ μὲν ἑκατόν, ὃ δὲ
ἑξήκοντα, ὃ δὲ τριάκοντα
13 23 ὃς δὴ καρποφορεῖ καὶ ποιεῖ ὃ μὲν
ἑκατόν, ὃ δὲ ἑξήκοντα, ὃ δὲ τριά-
κοντα

Mc 4 8 ἔφερεν ἓν (εἷς S; εἰς NMTH) τριά-
κοντα καὶ ἕν (ἐν NMH; εἷς S; εἰς T)
ἑξήκοντα καὶ ἕν (ἐν NMH; εἷς S;
εἰς T) ἑκατόν
4 20 οἵτινες ... καρποφοροῦσιν ἕν (ἐν
NMSTH) τριάκοντα καὶ ἕν (ἐν
NMST[H]) ἑξήκοντα καὶ ἕν (ἐν
NMST[H]) ἑκατόν

Lc 24 13ᶜ | ἐν αὐτῇ τῇ ἡμέρᾳ ἦσαν πορευό-
μενοι (~VBSς) εἰς κώμην ἀπ-
έχουσαν σταδίους (+ἑκατὸν M)
ἑξήκοντα ἀπὸ Ἱερουσαλήμ

1 Tm 5 9 χήρα καταλεγέσθω μὴ ἔλαττον
ἐτῶν ἑξήκοντα γεγονυῖα

Ap 11 3ᵃ προφητεύσουσιν ἡμέρας χιλίας δια-
κοσίας ἑξήκοντα
12 6ᵃ ἵνα ἐκεῖ τρέφωσιν (-ουσιν T) αὐτὴν
ἡμέρας χιλίας διακοσίας ἑξήκοντα
13 18ᵇ καὶ ὁ ἀριθμὸς αὐτοῦ (+ἐστιν BS)
| ἑξακόσιοι ἑξήκοντα ἕξ (χξς' BTς)

ἐξῆλθον
→ ἐξέρχομαι
ἐξήνεγκα
→ ἐκφέρω

ἑξῆς
Lc 7 11 ἐγένετο ἐν τῷ (τῇ Tς) ἑξῆς ἐπο-
ρεύθη εἰς ... Ναΐν
9 37 ἐγένετο δὲ τῇ ἑξῆς ἡμέρᾳ ... συνήν-
τησεν αὐτῷ ὄχλος πολύς
Ac 21 1 εὐθυδρομήσαντες ἤλθομεν εἰς τὴν
Κῶ, τῇ δὲ ἑξῆς εἰς τὴν Ῥόδον
25 17 τῇ ἑξῆς καθίσας ἐπὶ τοῦ βήματος
ἐκέλευσα ἀχθῆναι τὸν ἄνδρα
27 18 σφοδρῶς δὲ χειμαζομένων ἡμῶν τῇ
ἑξῆς ἐκβολὴν ἐποιοῦντο

ἐξηχέω
→ ἠχέω
1 Th 1 8 ἀφ' ὑμῶν γὰρ ἐξήχηται ὁ λόγος
τοῦ κυρίου οὐ μόνον ἐν τῇ Μακε-
δονίᾳ

ἕξις
Hb 5 14 τελείων δέ ἐστιν ἡ στερεὰ τροφή,
τῶν διὰ τὴν ἕξιν τὰ αἰσθητήρια
γεγυμνασμένα ἐχόντων πρὸς διά-
κρισιν

ἐξίστημι, ἐξιστάνω, ἐξιστάω
→ ἵστημι
ᵃ trans.
ᵇ ἐ. ἐκστάσει
ᶜ ἐ. ἐν ἑαυτοῖς
ᵈ ἐ. ἐπί τινι
Mt 12 23 ἐξίσταντο πάντες οἱ ὄχλοι καὶ
ἔλεγον
Mc 2 12 ὥστε ἐξίστασθαι πάντας καὶ δο-
ξάζειν τὸν θεὸν λέγοντας [H]
3 21 ἔλεγον γὰρ ὅτι ἐξέστη
5 42ᵇ ἐξέστησαν εὐθὺς ([N²⁶]; —ς) ἐκστά-
σει μεγάλῃ
6 51ᶜ λίαν | ἐκ περισσοῦ ([N²⁶]; —H) ἐν
ἑαυτοῖς ἐξίσταντο
Lc 2 47ᵈ ἐξίσταντο δὲ πάντες οἱ ἀκούοντες
αὐτοῦ ἐπὶ τῇ συνέσει καὶ ταῖς
ἀποκρίσεσιν αὐτοῦ
8 56 ἐξέστησαν οἱ γονεῖς αὐτῆς
24 22ᵃ ἀλλὰ καὶ γυναῖκές τινες ἐξ ἡμῶν
ἐξέστησαν ἡμᾶς
Ac 2 7 ἐξίσταντο δὲ (+πάντες BSTς) καὶ
ἐθαύμαζον λέγοντες
2 12 ἐξίσταντο δὲ πάντες καὶ διηπό-
ρουν (-οῦντο NMTH)

Ac 8 9ᵃΣίμων προϋπῆρχεν ἐν τῇ πόλει μαγεύων καὶ ἐξιστάνων (-στῶν Sϛ) τὸ ἔθνος τῆς Σαμαρείας
8 11ᵃδιὰ τὸ ἱκανῷ χρόνῳ ταῖς μαγείαις ἐξεστακέναι αὐτούς
8 13 ὁ δὲ Σίμων ... θεωρῶν τε σημεῖα καὶ δυνάμεις μεγάλας γινομένας ἐξίστατο
9 21 ἐξίσταντο δὲ πάντες οἱ ἀκούοντες καὶ ἔλεγον
10 45 ἐξέστησαν οἱ ἐκ περιτομῆς πιστοί
12 16 ἀνοίξαντες δὲ εἶδαν αὐτὸν καὶ ἐξέστησαν
2 C 5 13 εἴτε γὰρ ἐξέστημεν, θεῷ · εἴτε σωφρονοῦμεν, ὑμῖν

ἐξισχύω
→ ἰσχύω
E 3 18 ἵνα ἐξισχύσητε καταλαβέσθαι ... τί τὸ πλάτος

ἔξοδος
Lc 9 31 ⟨Μωϋσῆς καὶ Ἠλίας⟩ οἱ ὀφθέντες ἐν δόξῃ ἔλεγον τὴν ἔξοδον αὐτοῦ
Hb 11 22 πίστει Ἰωσὴφ τελευτῶν περὶ τῆς ἐξόδου τῶν υἱῶν Ἰσραὴλ ἐμνημόνευσεν
2 Pt 1 15 σπουδάσω ... ἔχειν ὑμᾶς μετὰ τὴν ἐμὴν ἔξοδον τὴν τούτων μνήμην ποιεῖσθαι

ἐξοίσω
→ ἐκφέρω

ἐξολεθρεύω
ἐξολοθρεύω Sϛ
→ ὀλοθρεύω
Ac 3 23 ἔσται δὲ πᾶσα ψυχὴ ἥτις ἐὰν (ἂν Hϛ) μὴ ἀκούσῃ ... ἐξολεθρευθήσεται ἐκ τοῦ λαοῦ

ἐξομολογέω
→ ὁμολογέω
ᵃ act.
ᵇ seq. ὅτι
ᶜ c. dat.
Mt 3 6 ἐβαπτίζοντο ... ὑπ᾽ αὐτοῦ ἐξομολογούμενοι τὰς ἁμαρτίας αὐτῶν
11 25ᵃᶜἐξομολογοῦμαί σοι, πάτερ ... ὅτι ἔκρυψας ταῦτα ἀπὸ σοφῶν
Mc 1 5 ἐβαπτίζοντο ὑπ᾽ αὐτοῦ ... ἐξομολογούμενοι τὰς ἁμαρτίας αὐτῶν
Lc 10 21ᵃᶜἐξομολογοῦμαί σοι, πάτερ ... ὅτι ἀπέκρυψας ταῦτα ἀπὸ σοφῶν
22 6ᵃκαὶ ἐξωμολόγησεν, καὶ ἐζήτει εὐκαιρίαν τοῦ παραδοῦναι αὐτὸν
Ac 19 18 πολλοί τε τῶν πεπιστευκότων ἤρχοντο ἐξομολογούμενοι καὶ ἀναγγέλλοντες τὰς πράξεις αὐτῶν
Rm 14 11ᶜπᾶσα γλῶσσα ἐξομολογήσεται τῷ θεῷ
15 9ᶜδιὰ τοῦτο ἐξομολογήσομαί σοι ἐν ἔθνεσιν
Ph 2 11ᵇ⟨ἵνα⟩ πᾶσα γλῶσσα ἐξομολογήσηται (-σεται T) ὅτι κύριος Ἰησοῦς Χριστὸς εἰς δόξαν θεοῦ πατρός
Jc 5 16ᶜἐξομολογεῖσθε οὖν ἀλλήλοις τὰς ἁμαρτίας
Ap 3 5 * ὁ νικῶν ... ἐξομολογήσομαι (ϛ; ὁμολογήσω rl) τὸ ὄνομα αὐτοῦ ἐνώπιον τοῦ πατρός μου

ἐξόν
→ ἔξεστιν ᵇ

ἐξορκίζω
→ ὁρκίζω
Mt 26 63 ἐξορκίζω σε κατὰ τοῦ θεοῦ τοῦ ζῶντος ἵνα ἡμῖν εἴπῃς

ἐξορκιστής
Ac 19 13 ἐπεχείρησαν δέ τινες καὶ τῶν περιερχομένων Ἰουδαίων ἐξορκιστῶν ὀνομάζειν ... τὸ ὄνομα ... Ἰησοῦ

ἐξορύσσω
→ ὀρύσσω
Mc 2 4 ἀπεστέγασαν τὴν στέγην ... καὶ ἐξορύξαντες χαλῶσι τὸν κράβαττον
G 4 15 μαρτυρῶ γὰρ ὑμῖν ὅτι εἰ δυνατὸν τοὺς ὀφθαλμοὺς ὑμῶν ἐξορύξαντες ἐδώκατέ μοι

ἐξουδενέω
ἐξουδενόω Sϛ
Mc 9 12 ἵνα πολλὰ πάθῃ καὶ ἐξουδενηθῇ (ἐξουθενωθῇ T)

ἐξουθενέω, -όω
Mc 9 12 * ἵνα πολλὰ πάθῃ καὶ ἐξουθενωθῇ (T; -δενωθῇ Sϛ; -δενηθῇ rl)
Lc 18 9 εἶπεν δὲ καὶ πρός τινας τοὺς πεποιθότας ἐφ᾽ ἑαυτοῖς ... καὶ ἐξουθενοῦντας τοὺς λοιπούς
23 11 ἐξουθενήσας δὲ αὐτὸν καὶ (+[N²⁶] BST) ὁ Ἡρῴδης ... καὶ ἐμπαίξας
Ac 4 11 οὗτός ἐστιν ὁ λίθος ὁ ἐξουθενηθεὶς ὑφ᾽ ὑμῶν τῶν οἰκοδόμων
Rm 14 3 ὁ ἐσθίων τὸν μὴ ἐσθίοντα μὴ ἐξουθενείτω
14 10 ἢ καὶ σὺ τί ἐξουθενεῖς τὸν ἀδελφόν σου;
1 C 1 28 τὰ ἀγενῆ τοῦ κόσμου καὶ τὰ ἐξουθενημένα ἐξελέξατο ὁ θεός
6 4 τοὺς ἐξουθενημένους ἐν τῇ ἐκκλησίᾳ, τούτους καθίζετε;
16 11 ⟨ἐὰν δὲ ἔλθῃ Τιμόθεος⟩ μή τις οὖν αὐτὸν ἐξουθενήσῃ
2 C 10 10 ὅτι αἱ | ἐπιστολαὶ μέν (~ BSϛ), φησίν, βαρεῖαι καὶ ἰσχυραί, ἡ δὲ παρουσία τοῦ σώματος ἀσθενὴς καὶ ὁ λόγος ἐξουθενημένος
G 4 14 τὸν πειρασμὸν ὑμῶν (+τὸν VSϛ) ἐν τῇ σαρκί μου οὐκ ἐξουθενήσατε οὐδὲ ἐξεπτύσατε
1 Th 5 20 προφητείας μὴ ἐξουθενεῖτε

ἐξουσία
ᵃ ἐ. ἔχω
ᵇ ἐ. δίδωμι
ᶜ (αἱ) ἐξουσίαι
ᵈ ἐν ἐξουσίᾳ, κατ᾽ ἐξουσίαν abs.
Mt 7 29ᵃἦν γὰρ διδάσκων αὐτοὺς ὡς ἐξουσίαν ἔχων
8 9 καὶ γὰρ ἐγὼ ἄνθρωπός εἰμι ὑπὸ ἐξουσίαν [+τασσόμενος H]
9 6ᵃἐξουσίαν ἔχει ὁ υἱὸς τοῦ ἀνθρώπου ἐπὶ τῆς γῆς ἀφιέναι ἁμαρτίας
9 8ᵇδόξασαν τὸν θεὸν τὸν δόντα ἐξουσίαν τοιαύτην τοῖς ἀνθρώποις
10 1ᵇπροσκαλεσάμενος τοὺς δώδεκα μαθητὰς αὐτοῦ ἔδωκεν αὐτοῖς ἐξουσίαν [+κατὰ S] πνευμάτων ἀκαθάρτων
21 23 ἐν ποίᾳ ἐξουσίᾳ ταῦτα ποιεῖς; ↔
21 23ᵇκαὶ τίς σοι ἔδωκεν τὴν ἐξουσίαν ταύτην;
21 24 κἀγὼ ὑμῖν ἐρῶ ἐν ποίᾳ ἐξουσίᾳ ταῦτα ποιῶ
21 27 οὐδὲ ἐγὼ λέγω ὑμῖν ἐν ποίᾳ ἐξουσίᾳ ταῦτα ποιῶ
28 18ᵇἐδόθη μοι πᾶσα ἐξουσία ἐν οὐρανῷ καὶ ἐπὶ τῆς [+N²⁶NH] γῆς
Mc 1 22ᵃἦν γὰρ διδάσκων αὐτοὺς ὡς ἐξουσίαν ἔχων
1 27ᵈτί ἐστιν τοῦτο; | διδαχὴ καινὴ κατ᾽ ἐξουσίαν· (τίς ἢ δ. ἡ κ. αὕτη ὅτι κατ᾽ ἐ. Vϛ) καὶ τοῖς πνεύμασι ... ἐπιτάσσει

Mc 2 10ᵃἐξουσίαν ἔχει ὁ υἱὸς τοῦ ἀνθρώπου | ἀφιέναι ἁμαρτίας ἐπὶ τῆς γῆς (~ T VSϛ)
3 15ᵃ⟨ἵνα ἀποστέλλῃ αὐτοὺς κηρύσσειν⟩ καὶ ἔχειν ἐξουσίαν ἐκβάλλειν τὰ δαιμόνια
6 7ᵇἐδίδου αὐτοῖς ἐξουσίαν τῶν πνευμάτων τῶν ἀκαθάρτων
11 28 ἐν ποίᾳ ἐξουσίᾳ ταῦτα ποιεῖς; ↔
11 28ᵇἢ τίς σοι | ἔδωκεν τὴν ἐξουσίαν ταύτην (~ Tϛ) ἵνα ταῦτα ποιῇς;
11 29 ἐρῶ ὑμῖν ἐν ποίᾳ ἐξουσίᾳ ταῦτα ποιῶ
11 33 οὐδὲ ἐγὼ λέγω ὑμῖν ἐν ποίᾳ ἐξουσίᾳ ταῦτα ποιῶ
13 34ᵇὡς ἄνθρωπος ἀπόδημος ... δοὺς τοῖς δούλοις αὐτοῦ τὴν ἐξουσίαν ... ἐνετείλατο
Lc 4 6ᵇσοὶ δώσω τὴν ἐξουσίαν ταύτην ἅπασαν καὶ τὴν δόξαν αὐτῶν
4 32ᵈὅτι ἐν ἐξουσίᾳ ἦν ὁ λόγος αὐτοῦ
4 36ᵈὅτι ἐν ἐξουσίᾳ καὶ δυνάμει ἐπιτάσσει τοῖς ἀκαθάρτοις πνεύμασιν
5 24ᵃὁ υἱὸς τοῦ ἀνθρώπου ἐξουσίαν ἔχει ἐπὶ τῆς γῆς ἀφιέναι ἁμαρτίας
7 8 καὶ γὰρ ἐγὼ ἄνθρωπός εἰμι ὑπὸ ἐξουσίαν τασσόμενος
9 1ᵇἔδωκεν αὐτοῖς δύναμιν καὶ ἐξουσίαν ἐπὶ πάντα τὰ δαιμόνια καὶ νόσους θεραπεύειν
10 19ᵇἰδοὺ δέδωκα (δίδωμι Vϛ) ὑμῖν τὴν ἐξουσίαν τοῦ πατεῖν ἐπάνω ὄφεων ... καὶ ἐπὶ πᾶσαν τὴν δύναμιν
12 5ᵃφοβήθητε τὸν ... ἔχοντα ἐξουσίαν ἐμβαλεῖν εἰς τὴν γέενναν
12 11ᶜὅταν δὲ εἰσφέρωσιν ὑμᾶς ἐπὶ τὰς συναγωγὰς καὶ τὰς ἀρχὰς καὶ τὰς ἐξουσίας
19 17ᵃεὖγε (εὖ Vϛ), ἀγαθὲ δοῦλε ... ἴσθι ἐξουσίαν ἔχων ἐπάνω δέκα πόλεων
20 2 εἰπὸν (εἰπέ Vϛ) ἡμῖν ἐν ποίᾳ ἐξουσίᾳ ταῦτα ποιεῖς, ↔
20 2ᵇἢ τίς ἐστιν ὁ δούς σοι τὴν ἐξουσίαν ταύτην;
20 8 οὐδὲ ἐγὼ λέγω ὑμῖν ἐν ποίᾳ ἐξουσίᾳ ταῦτα ποιῶ
20 20 ὥστε παραδοῦναι αὐτὸν τῇ ἀρχῇ καὶ τῇ ἐξουσίᾳ τοῦ ἡγεμόνος
22 53 ἀλλ᾽ αὕτη ἐστὶν ὑμῶν ἡ ὥρα καὶ ἡ (—M) ἐξουσία τοῦ σκότους
23 7 ⟨Πιλᾶτος δὲ⟩ ἐπιγνοὺς ὅτι ἐκ τῆς Ἡρῴδου ἐστίν, ἀνέπεμψεν
Jo 1 12ᵇἔδωκεν αὐτοῖς ἐξουσίαν τέκνα θεοῦ γενέσθαι
5 27ᵇἐξουσίαν ἔδωκεν αὐτῷ κρίσιν ποιεῖν
10 18ᵃἐξουσίαν ἔχω θεῖναι αὐτήν, ↔
10 18ᵃκαὶ ἐξουσίαν ἔχω πάλιν λαβεῖν αὐτήν
17 2ᵇκαθὼς ἔδωκας αὐτῷ ἐξουσίαν πάσης σαρκός
19 10ᵃοὐκ οἶδας ὅτι ἐξουσίαν ἔχω ἀπολῦσαι (σταυρῶσαι VSϛ) σε ↔
19 10ᵃκαὶ ἐξουσίαν ἔχω σταυρῶσαι (ἀπολῦσαι VSϛ) σε;
19 11ᵃοὐκ εἶχες (ἔχεις BST) ἐξουσίαν κατ᾽ ἐμοῦ οὐδεμίαν εἰ μὴ ἦν δεδομένον σοι ἄνωθεν
Ac 1 7 οὐχ ὑμῶν ἐστιν γνῶναι χρόνους ἢ καιροὺς οὓς ὁ πατὴρ ἔθετο ἐν τῇ ἰδίᾳ ἐξουσίᾳ
5 4 οὐχὶ ... πραθὲν ἐν τῇ σῇ ἐξουσίᾳ ὑπῆρχεν;
8 19ᵇδότε κἀμοὶ τὴν ἐξουσίαν ταύτην ἵνα ... λαμβάνῃ πνεῦμα ἅγιον

Ac 9 14ᵃ καὶ ὧδε ἔχει ἐξουσίαν παρὰ τῶν ἀρχιερέων δῆσαι πάντας

26 10 πολλούς τε ... ἐν φυλακαῖς κατέκλεισα τὴν παρὰ τῶν ἀρχιερέων ἐξουσίαν λαβών

26 12 ἐν οἷς (+καὶ Vϛ) πορευόμενος εἰς τὴν Δαμασκὸν μετ' ἐξουσίας καὶ ἐπιτροπῆς τῆς τῶν ἀρχιερέων

26 18 τοῦ ἐπιστρέψαι ἀπὸ ... τῆς ἐξουσίας τοῦ σατανᾶ ἐπὶ τὸν θεόν

Rm 9 21ᵃ ἢ οὐκ ἔχει ἐξουσίαν ὁ κεραμεὺς τοῦ πηλοῦ ... ποιῆσαι ⟨;⟩

13 1ᶜ πᾶσα ψυχὴ ἐξουσίαις ὑπερεχούσαις ὑποτασσέσθω. ↔

13 1 οὐ γὰρ ἔστιν ἐξουσία εἰ μὴ ὑπὸ θεοῦ, ↔

13 1ᶜ * αἱ δὲ οὖσαι ἐξουσίαι (+ϛ) ὑπὸ (+τοῦ [S]ϛ) θεοῦ τεταγμέναι εἰσίν. ↔

13 2 ὥστε ὁ ἀντιτασσόμενος τῇ ἐξουσίᾳ τῇ τοῦ θεοῦ διαταγῇ ἀνθέστηκεν

13 3 θέλεις δὲ μὴ φοβεῖσθαι τὴν ἐξουσίαν; τὸ ἀγαθὸν ποίει

1 C 7 37ᵃ ὃς δὲ ἕστηκεν ... ἑδραῖος, μὴ ἔχων ἀνάγκην, ἐξουσίαν δὲ ἔχει περὶ τοῦ ἰδίου θελήματος

8 9 βλέπετε δὲ μή πως ἡ ἐξουσία ὑμῶν αὕτη πρόσκομμα γένηται τοῖς ἀσθενέσιν

9 4ᵃ μὴ οὐκ ἔχομεν ἐξουσίαν φαγεῖν καὶ πεῖν; ↔

9 5ᵃ μὴ οὐκ ἔχομεν ἐξουσίαν ἀδελφὴν γυναῖκα περιάγειν ⟨;⟩

9 6ᵃ ἢ μόνος ἐγὼ καὶ Βαρναβᾶς οὐκ ἔχομεν ἐξουσίαν μὴ ἐργάζεσθαι;

9 12 εἰ ἄλλοι τῆς ὑμῶν ἐξουσίας μετέχουσιν, οὐ μᾶλλον ἡμεῖς; ↔

9 12 ἀλλ' οὐκ ἐχρησάμεθα τῇ ἐξουσίᾳ ταύτῃ

9 18 εἰς τὸ μὴ καταχρήσασθαι τῇ ἐξουσίᾳ μου ἐν τῷ εὐαγγελίῳ

11 10ᵃ διὰ τοῦτο ὀφείλει ἡ γυνὴ ἐξουσίαν ἔχειν ἐπὶ τῆς κεφαλῆς διὰ τοὺς ἀγγέλους

15 24 ὅταν καταργήσῃ πᾶσαν ἀρχὴν καὶ πᾶσαν ἐξουσίαν καὶ δύναμιν

2 C 10 8ᵇ ἐάν τε ([N²⁶]; —S) γὰρ περισσότερόν τι καυχήσωμαι (-σομαι T) περὶ τῆς ἐξουσίας ἡμῶν, ἧς ἔδωκεν ὁ κύριος

13 10ᵇ ἵνα παρὼν μὴ ἀποτόμως χρήσωμαι κατὰ τὴν ἐξουσίαν ἣν ὁ κύριος ἔδωκέν μοι εἰς οἰκοδομήν

E 1 21 ⟨καθίσας⟩ ὑπεράνω πάσης ἀρχῆς καὶ ἐξουσίας καὶ δυνάμεως καὶ κυριότητος

2 2 ἐν αἷς ποτε περιεπατήσατε ... κατὰ τὸν ἄρχοντα τῆς ἐξουσίας τοῦ ἀέρος

3 10ᶜ ἵνα γνωρισθῇ νῦν ταῖς ἀρχαῖς καὶ ταῖς ἐξουσίαις ἐν τοῖς ἐπουρανίοις ... ἡ πολυποίκιλος σοφία τοῦ θεοῦ

6 12ᶜ ὅτι οὐκ ἔστιν ἡμῖν ἡ πάλη πρὸς ... σάρκα, ἀλλὰ πρὸς τὰς ἀρχάς, πρὸς τὰς ἐξουσίας

Cl 1 13 ὃς ἐρρύσατο ἡμᾶς ἐκ τῆς ἐξουσίας τοῦ σκότους

1 16ᶜ ὅτι ἐν αὐτῷ ἐκτίσθη τὰ πάντα ... εἴτε ἀρχαὶ εἴτε ἐξουσίαι

2 10 ὅς ἐστιν ἡ κεφαλὴ πάσης ἀρχῆς καὶ ἐξουσίας

2 15ᶜ ἀπεκδυσάμενος τὰς ἀρχὰς καὶ τὰς ἐξουσίας ἐδειγμάτισεν ἐν παρρησίᾳ

2 Th 3 9ᵃ ⟨ἐργαζόμενοι πρὸς τὸ μὴ ἐπιβαρῆσαί τινα ὑμῶν⟩ οὐχ ὅτι οὐκ ἔχομεν ἐξουσίαν

Tt 3 1ᶜ ὑπομίμνῃσκε αὐτοὺς ἀρχαῖς (+καὶ ϛ) ἐξουσίαις ὑποτάσσεσθαι

Hb 13 10ᵃ ἐξ οὗ φαγεῖν οὐκ ἔχουσιν ἐξουσίαν [H] οἱ τῇ σκηνῇ λατρεύοντες

1 Pt 3 22ᶜ ὅς ἐστιν ἐν δεξιᾷ τοῦ (+[N²⁶S] Vϛ) θεοῦ ... ὑποταγέντων αὐτῷ ἀγγέλων καὶ ἐξουσιῶν καὶ δυνάμεως

Jd 25 μόνῳ θεῷ ... κράτος καὶ ἐξουσία ... εἰς πάντας τοὺς αἰῶνας

Ap 2 26ᵇ ὁ νικῶν ... δώσω αὐτῷ ἐξουσίαν ἐπὶ τῶν ἐθνῶν

6 8ᵇ ἐδόθη αὐτοῖς ἐξουσία ἐπὶ τὸ τέταρτον τῆς γῆς, ἀποκτεῖναι ἐν ῥομφαίᾳ

9 3ᵇ ἐδόθη αὐταῖς (αὐτοῖς NT) ἐξουσία ↔

9 3ᵃ ὡς ἔχουσιν ἐξουσίαν οἱ σκορπίοι τῆς γῆς

9 10 ἐν ταῖς οὐραῖς αὐτῶν ἡ ἐξουσία αὐτῶν ἀδικῆσαι τοὺς ἀνθρώπους

9 19ᶜ ἡ (αἱ ϛ) γὰρ ἐξουσία (-ίαι ϛ) τῶν ἵππων ἐν τῷ στόματι αὐτῶν ἐστιν (εἰσιν ϛ)

11 6ᵃ οὗτοι ἔχουσιν τὴν (—Tϛ) ἐξουσίαν κλεῖσαι τὸν οὐρανόν

11 6ᵃ ἐξουσίαν ἔχουσιν ἐπὶ τῶν ὑδάτων στρέφειν αὐτὰ εἰς αἷμα

12 10 ἄρτι ἐγένετο ... ἡ ἐξουσία τοῦ χριστοῦ αὐτοῦ

13 2ᵇ ἔδωκεν αὐτῷ ὁ δράκων τὴν δύναμιν αὐτοῦ καὶ ... ἐξουσίαν μεγάλην

13 4ᵇ || ὅτι ἔδωκεν τὴν (—ϛ) ἐξουσίαν τῷ θηρίῳ ((. .—B. .))

13 5ᵇ ἐδόθη αὐτῷ ἐξουσία ποιῆσαι μῆνας τεσσεράκοντα καὶ (+[N²⁶NH] B) δύο

13 7ᵇ ἐδόθη αὐτῷ ἐξουσία ἐπὶ πᾶσαν φυλὴν ... καὶ ἔθνος

13 12 τὴν ἐξουσίαν τοῦ πρώτου θηρίου πᾶσαν ποιεῖ ἐνώπιον αὐτοῦ

14 18ᵃ ἄλλος ἄγγελος ἐξῆλθεν [N²⁶H] ... ὁ (+[N²⁶NH]M) ἔχων ἐξουσίαν ἐπὶ τοῦ πυρός

16 9ᵃ ἐβλασφήμησαν τὸ ὄνομα τοῦ θεοῦ τοῦ ἔχοντος τὴν (—ϛ) ἐξουσίαν ἐπὶ τὰς πληγὰς ταύτας

17 12 ἀλλὰ ἐξουσίαν ὡς βασιλεῖς μίαν ὥραν λαμβάνουσιν μετὰ τοῦ θηρίου

17 13ᵇ τὴν δύναμιν καὶ (+τὴν [M]STϛ) ἐξουσίαν αὐτῶν τῷ θηρίῳ διδόασιν

18 1ᵃ εἶδον ἄλλον ἄγγελον ... ἔχοντα ἐξουσίαν μεγάλην

20 6ᵃ ἐπὶ τούτων ὁ δεύτερος θάνατος οὐκ ἔχει ἐξουσίαν

22 14 ἵνα ἔσται ἡ ἐξουσία αὐτῶν ἐπὶ τὸ (—M) ξύλον τῆς ζωῆς

ἐξουσιάζω
κατ-

Lc 22 25 οἱ ἐξουσιάζοντες αὐτῶν εὐεργέται καλοῦνται

1 C 6 12 πάντα μοι ἔξεστιν, ἀλλ' οὐκ ἐγὼ ἐξουσιασθήσομαι ὑπό τινος

7 4 ἡ γυνὴ τοῦ ἰδίου σώματος οὐκ ἐξουσιάζει ἀλλὰ ὁ ἀνήρ· ↔

7 4 ὁμοίως δὲ καὶ ὁ ἀνὴρ τοῦ ἰδίου σώματος οὐκ ἐξουσιάζει ἀλλὰ ἡ γυνή

ἐξοχή

Ac 25 23 εἰσελθόντων ... σύν τε χιλιάρχοις καὶ ἀνδράσιν τοῖς κατ' ἐξοχὴν (+οὖσι ϛ) τῆς πόλεως

ἐξυπνίζω

Jo 11 11 Λάζαρος ... κεκοίμηται· ἀλλὰ πορεύομαι ἵνα ἐξυπνίσω αὐτόν

ἔξυπνος

Ac 16 27 ἔξυπνος δὲ γενόμενος ὁ δεσμοφύλαξ ... ἤμελλεν ἑαυτὸν ἀναιρεῖν

ἔξω
→ ἐξώτερος
ᵃ c. gen.
ᵇ ἔ. c. praep.
ᶜ οἱ ἔξω

Mt 5 13 εἰς οὐδὲν ἰσχύει ἔτι εἰ μὴ βληθὲν ἔξω καταπατεῖσθαι

10 14ᵃ ὃς ἂν μὴ δέξηται ὑμᾶς ... ἐξερχόμενοι ἔξω (—ϛ) τῆς οἰκίας ἢ τῆς πόλεως ἐκείνης ἐκτινάξατε

12 46 ἰδοὺ ἡ μήτηρ καὶ οἱ ἀδελφοὶ αὐτοῦ εἱστήκεισαν ἔξω ζητοῦντες αὐτῷ λαλῆσαι

12 47 | ἰδοὺ ἡ μήτηρ σου καὶ οἱ ἀδελφοί σου ἔξω ἑστήκασιν ζητοῦντές σοι λαλῆσαι (. .+[N²⁶NT]MVBϛ)

13 48 τὰ δὲ σαπρὰ ἔξω ἔβαλον

21 17ᵃ καταλιπὼν αὐτοὺς ἐξῆλθεν ἔξω τῆς πόλεως εἰς Βηθανίαν

21 39ᵃ λαβόντες αὐτὸν ἐξέβαλον ἔξω τοῦ ἀμπελῶνος

26 69ᵇ ὁ δὲ Πέτρος ἐκάθητο ἔξω ἐν τῇ αὐλῇ

26 75 ἐμνήσθη ὁ Πέτρος ... καὶ ἐξελθὼν ἔξω ἔκλαυσεν πικρῶς

Mc 1 45ᵇ ἀλλ' ἔξω ἐπ' (ἐν ϛ) ἐρήμοις τόποις ἦν [H]

3 31 ἔξω στήκοντες (ἑστῶτες Vϛ) ἀπέστειλαν πρὸς αὐτόν

3 32 ἰδοὺ ἡ μήτηρ σου καὶ οἱ ἀδελφοί σου ... ἔξω ζητοῦσίν σε

4 11ᶜ ἐκείνοις δὲ τοῖς ἔξω ἐν παραβολαῖς τὰ (—BT) πάντα γίνεται

5 10ᵃ ἵνα μὴ αὐτὰ (αὐτοὺς MVSϛ) ἀποστείλῃ ἔξω τῆς χώρας

8 23ᵃ ἐπιλαβόμενος τῆς χειρὸς τοῦ τυφλοῦ ἐξήνεγκεν αὐτὸν ἔξω τῆς κώμης

11 4ᵇ εὗρον (+τὸν [S]Tϛ) πῶλον δεδεμένον πρὸς (+τὴν VTϛ) θύραν ἔξω ἐπὶ τοῦ ἀμφόδου

11 19ᵃ ἐξεπορεύοντο (-ρεύετο VBSTϛ) ἔξω τῆς πόλεως

12 8ᵃ ἐξέβαλον αὐτὸν (—Vϛ) ἔξω τοῦ ἀμπελῶνος

14 68ᵇ ἐξῆλθεν ἔξω εἰς τὸ προαύλιον

Lc 1 10 πᾶν τὸ πλῆθος ἦν τοῦ λαοῦ προσευχόμενον ἔξω τῇ ὥρᾳ τοῦ θυμιάματος

4 29ᵃ ἀναστάντες ἐξέβαλον αὐτὸν ἔξω τῆς πόλεως

8 20 ἡ μήτηρ σου καὶ οἱ ἀδελφοί σου ἑστήκασιν ἔξω

8 54 * αὐτὸς δὲ | ἐκβαλὼν ἔξω πάντας, καὶ (+ϛ) κρατήσας τῆς χειρὸς αὐτῆς

13 25 ἀφ' οὗ ἂν ... ἄρξησθε ἔξω ἑστάναι καὶ κρούειν τὴν θύραν

13 28 ὅταν ὄψεσθε (N²⁶T; ὄψησθε rl) Ἀβραὰμ ... ἐν τῇ βασιλείᾳ τοῦ θεοῦ, ὑμᾶς δὲ ἐκβαλλομένους ἔξω

13 33ᵃ ὅτι οὐκ ἐνδέχεται προφήτην ἀπολέσθαι ἔξω Ἰερουσαλήμ

14 35 ⟨τὸ ἅλας ἔξω⟩ βάλλουσιν αὐτό

20 15ᵃ ἐκβαλόντες αὐτὸν ἔξω τοῦ ἀμπελῶνος ἀπέκτειναν

22 62 ⟨ὑπεμνήσθη ὁ Πέτρος⟩ | καὶ ἐξελθὼν ἔξω ἔκλαυσεν πικρῶς [H]

Lc 24 50ᵇἐξήγαγεν δὲ αὐτοὺς ἔξω (+[N²⁶]
Vⲋ) ἕως (—V) πρὸς (εἰς Vⲋ) Βη-
θανίαν

Jo 6 37 τὸν ἐρχόμενον πρός με (ἐμὲ T) οὐ
μὴ ἐκβάλω ἔξω

9 34 ἐξέβαλον αὐτὸν ἔξω. ↔

9 35 ἤκουσεν (+ὁ VBSⲋ) Ἰησοῦς ὅτι
ἐξέβαλον αὐτὸν ἔξω

11 43 Λάζαρε, δεῦρο ἔξω

12 31 νῦν ὁ ἄρχων τοῦ κόσμου τούτου
ἐκβληθήσεται ἔξω

15 6 ἐὰν μή τις μένῃ ἐν ἐμοί, ἐβλήθη ἔξω
ὡς τὸ κλῆμα

18 16ᵇ ὁ δὲ Πέτρος εἰστήκει πρὸς τῇ θύρᾳ
ἔξω

18 29ᵇἐξῆλθεν οὖν ὁ Πιλᾶτος ἔξω (—ⲋ)
πρὸς αὐτούς

19 4 | καὶ ἐξῆλθεν (ἐ. οὖν MVⲋ; ἐ. [οὖν]
S; ἐ. BT) πάλιν | ἔξω ὁ Πιλᾶτος
(~T) καὶ λέγει αὐτοῖς· ↔

19 4 ἴδε ἄγω ὑμῖν αὐτὸν ἔξω

19 5 ἐξῆλθεν οὖν ὁ [Η] Ἰησοῦς ἔξω

19 13 ὁ οὖν Πιλᾶτος ἀκούσας τῶν λόγων
τούτων ἤγαγεν ἔξω τὸν Ἰησοῦν

20 11ᵇ Μαρία δὲ εἰστήκει πρὸς τῷ μνη-
μείῳ ἔξω κλαίουσα

Ac 4 15ᵃκελεύσαντες δὲ αὐτοὺς ἔξω τοῦ
συνεδρίου ἀπελθεῖν

5 23ᵇ* εὕρομεν ... τοὺς φύλακας | ἔξω
ἑστῶτας πρὸ (ⲋ; ἐ. ἐπὶ rl) τῶν
θυρῶν

5 34 ἐκέλευσεν ἔξω βραχὺ τοὺς ἀνθρώ-
πους (ἀποστόλους Sⲋ) ποιῆσαι

7 58ᵃἐκβαλόντες ἔξω τῆς πόλεως ἐλι-
θοβόλουν

9 40 ἐκβαλὼν δὲ ἔξω πάντας ὁ Πέτρος

14 19ᵃλιθάσαντες τὸν Παῦλον ἔσυρον
ἔξω τῆς πόλεως

16 13ᵃ ἡ τε ἡμέρᾳ τῶν σαββάτων ἐξήλ-
θομεν ἔξω τῆς πύλης παρὰ ποταμόν

16 30 προαγαγὼν αὐτοὺς ἔξω ἔφη

21 5ᵃἐξελθόντες ἐπορευόμεθα προπεμ-
πόντων ἡμᾶς πάντων ... ἕως ἔξω
τῆς πόλεως

21 30ᵃἐπιλαβόμενοι τοῦ Παύλου εἶλκον
αὐτὸν ἔξω τοῦ ἱεροῦ

26 11 περισσῶς τε ἐμμαινόμενος αὐτοῖς
ἐδίωκον ἕως καὶ εἰς τὰς ἔξω πόλεις

1 C 5 12ᶜτί γάρ μοι τοὺς ἔξω κρίνειν; οὐχὶ
τοὺς ἔξω ὑμεῖς κρίνετε; ↔

5 13ᶜτοὺς δὲ ἔξω ὁ θεὸς κρινεῖ (κρίνει;
Ηⲋ)

2 C 4 16 ἀλλ' εἰ καὶ ὁ ἔξω ἡμῶν ἄνθρωπος
διαφθείρεται, ἀλλ' ὁ ἔσω ἡμῶν
ἀνακαινοῦται

Cl 4 5ᶜἐν σοφίᾳ περιπατεῖτε πρὸς τοὺς
ἔξω

1 Th 4 12ᶜἵνα περιπατῆτε εὐσχημόνως πρὸς
τοὺς ἔξω

Hb 13 11ᵃτούτων τὰ σώματα κατακαίεται
ἔξω τῆς παρεμβολῆς. ↔

13 12ᵃδιὸ καὶ Ἰησοῦς, ἵνα ἁγιάσῃ ... τὸν
λαόν, ἔξω τῆς πύλης ἔπαθεν. ↔

13 13ᵃτοίνυν ἐξερχώμεθα πρὸς αὐτὸν
ἔξω τῆς παρεμβολῆς

1 Jo 4 18 ἀλλ' ἡ τελεία ἀγάπη ἔξω βάλλει
τὸν φόβον

Ap 3 12 ὁ νικῶν, ποιήσω αὐτὸν στῦλον ...
καὶ ἔξω οὐ μὴ ἐξέλθῃ ἔτι

11 2 * τὴν αὐλὴν τὴν ἔξωθεν (ἔσ. Sⲋ)
τοῦ ναοῦ ἐκβαλε ἔξω (ⲋ; ἔξωθεν rl)

14 20ᵃ* ἐπατήθη ἡ ληνὸς ἔξω (ⲋ; ἔξωθεν
rl) τῆς πόλεως

22 15 ἔξω οἱ κύνες καὶ οἱ φάρμακοι καὶ οἱ
πόρνοι

ἔξωθεν

ᵃ c. gen.
ᵇ τὸ ἔξωθεν subst.
ᶜ οἱ ἔξωθεν

Mt 23 25ᵇὅτι καθαρίζετε τὸ ἔξωθεν τοῦ
ποτηρίου καὶ τῆς παροψίδος,
ἔσωθεν δὲ γέμουσιν

23 27 οἵτινες ἔξωθεν μὲν φαίνονται ὡραῖ-
οι, ἔσωθεν δὲ γέμουσιν

23 28 οὕτως καὶ ὑμεῖς ἔξωθεν μὲν φαίνε-
σθε τοῖς ἀνθρώποις δίκαιοι, ἔσωθεν
δέ ἐστε μεστοὶ

Mc 7 15ᵃοὐδέν ἐστιν ἔξωθεν τοῦ ἀνθρώπου
εἰσπορευόμενον εἰς αὐτὸν ὃ δύναται
| κοινῶσαι αὐτόν (~Vⲋ)

7 18 πᾶν τὸ ἔξωθεν εἰσπορευόμενον εἰς
τὸν ἄνθρωπον οὐ δύναται αὐτὸν
κοινῶσαι

Lc 11 39ᵇνῦν ὑμεῖς οἱ Φαρισαῖοι τὸ ἔξωθεν
τοῦ ποτηρίου καὶ τοῦ πίνακος
καθαρίζετε, τὸ δὲ ἔσωθεν ὑμῶν
γέμει ἁρπαγῆς

11 40ᵇἄφρονες, οὐχ ὁ ποιήσας τὸ ἔξωθεν
καὶ τὸ ἔσωθεν ἐποίησεν;

2 C 7 5 οὐδεμίαν ἔσχηκεν ἄνεσιν ἡ σὰρξ
ἡμῶν, ἀλλ' ἐν παντὶ θλιβόμενοι·
ἔξωθεν μάχαι, ἔσωθεν φόβοι

1Tm 3 7ᶜ⟨τὸν ἐπίσκοπον⟩ δεῖ δὲ καὶ μαρτυ-
ρίαν καλὴν ἔχειν ἀπὸ τῶν ἔξωθεν

1 Pt 3 3 ὧν ἔστω οὐχ ὁ ἔξωθεν ἐμπλοκῆς
τριχῶν ... ἢ ἐνδύσεως ἱματίων
κόσμος

Ap 11 2ᵃτὴν αὐλὴν τὴν ἔξωθεν (ἔσωθεν S)
τοῦ ναοῦ ↔

11 2 ἔκβαλε ἔξωθεν (ἔξω ⲋ)

14 20ᵃἐπατήθη ἡ ληνὸς ἔξωθεν (ἔξω ⲋ)
τῆς πόλεως

ἐξωθέω
→ ἀπωθέομαι

Ac 7 45 τῶν ἐθνῶν, ὧν ἐξῶσεν ὁ θεὸς ἀπὸ
προσώπου τῶν πατέρων ἡμῶν

27 39 εἰς ὃν ἐβουλεύοντο εἰ δύναιντο
ἐξῶσαι (ἐκσῶσαι Η) τὸ πλοῖον

ἐξώτερος
→ ἔξω

Mt 8 12 οἱ δὲ υἱοὶ τῆς βασιλείας ἐκβληθή-
σονται (ἐξελεύσονται T) εἰς τὸ σκό-
τος τὸ ἐξώτερον

22 13 ἐκβάλετε (βάλετε S) αὐτὸν εἰς τὸ
σκότος τὸ ἐξώτερον

25 30 τὸν ἀχρεῖον δοῦλον ἐκβάλετε εἰς
τὸ σκότος τὸ ἐξώτερον

ἔοικα

Jc 1 6 ὁ γὰρ διακρινόμενος ἔοικεν κλύ-
δωνι θαλάσσης

1 23 οὗτος ἔοικεν ἀνδρὶ κατανοοῦντι τὸ
πρόσωπον τῆς γενέσεως αὐτοῦ ἐν
ἐσόπτρῳ

ἑορτάζω

1 C 5 8 ὥστε ἑορτάζωμεν μὴ ἐν ζύμῃ πα-
λαιᾷ μηδὲ ἐν ζύμῃ κακίας

ἑορτή

ᵃ εἰς τὴν ἑορτήν
ᵇ ἐν τῇ ἑορτῇ
ᶜ κατὰ ἑορτήν

Mt 26 5ᵇμὴ ἐν τῇ ἑορτῇ, ἵνα μὴ θόρυβος
γένηται ἐν τῷ λαῷ

27 15ᶜκατὰ δὲ ἑορτὴν εἰώθει ὁ ἡγεμὼν
ἀπολύειν ἕνα ... δέσμιον

Mc 14 2ᵇμὴ ἐν τῇ ἑορτῇ, μήποτε | ἔσται
θόρυβος (~Vⲋ) τοῦ λαοῦ

15 6ᶜκατὰ δὲ ἑορτὴν ἀπέλυεν αὐτοῖς
ἕνα δέσμιον

Lc 2 41 ἐπορεύοντο ... κατ' ἔτος εἰς Ἰε-
ρουσαλὴμ τῇ ἑορτῇ τοῦ πάσχα. ↔

Lc 2 42 καὶ ὅτε ἐγένετο ἐτῶν δώδεκα,
ἀναβαινόντων αὐτῶν κατὰ τὸ
ἔθος τῆς ἑορτῆς

22 1 ἤγγιζεν δὲ ἡ ἑορτὴ τῶν ἀζύμων
ἡ λεγομένη πάσχα

23 17ᶜ* | ἀνάγκην δὲ εἶχεν ἀπολύειν
αὐτοῖς κατὰ ἑορτὴν ἕνα (+MVB
[S]ⲋ)

Jo 2 23ᵇὡς δὲ ἦν ἐν τοῖς Ἱεροσολύμοις ἐν
τῷ πάσχα ἐν τῇ ἑορτῇ

4 45ᵇἐδέξαντο αὐτὸν ... ἑωρακότες ὅσα
(ἃ Tⲋ) ἐποίησεν ἐν Ἱεροσολύμοις
ἐν τῇ ἑορτῇ· ↔

4 45ᵃκαὶ αὐτοὶ γὰρ ἦλθον εἰς τὴν ἑορτήν

5 1 μετὰ ταῦτα ἦν (+ἡ [MVS]BT)
ἑορτὴ τῶν Ἰουδαίων

6 4 ἦν δὲ ἐγγὺς τὸ πάσχα, ἡ ἑορτὴ
τῶν Ἰουδαίων

7 2 ἦν δὲ ἐγγὺς ἡ ἑορτὴ τῶν Ἰουδαίων
ἡ σκηνοπηγία

7 8ᵃὑμεῖς ἀνάβητε εἰς τὴν ἑορτήν (+
ταύτην ⲋ)· ↔

7 8ᵃἐγὼ οὐκ (οὔπω MVHⲋ) ἀναβαίνω
εἰς τὴν ἑορτὴν ταύτην

7 10ᵃὡς δὲ ἀνέβησαν οἱ ἀδελφοὶ αὐτοῦ
| εἰς τὴν ἑορτήν, τότε καὶ αὐτὸς
ἀνέβη (~ⲋ)

7 11ᵇοἱ οὖν Ἰουδαῖοι ἐζήτουν αὐτὸν
ἐν τῇ ἑορτῇ

7 14 ἤδη δὲ τῆς ἑορτῆς μεσούσης ἀνέβη
Ἰησοῦς εἰς τὸ ἱερόν

7 37 ἐν δὲ τῇ ἐσχάτῃ ἡμέρᾳ τῇ μεγάλῃ
τῆς ἑορτῆς εἰστήκει ὁ Ἰησοῦς

11 56ᵃτί δοκεῖ ὑμῖν; ὅτι οὐ μὴ ἔλθῃ εἰς
τὴν ἑορτήν;

12 12ᵃτῇ ἐπαύριον ὁ (—VSTⲋ) ὄχλος
πολὺς ὁ ἐλθὼν εἰς τὴν ἑορτήν
⟨ἔλαβον τὰ βαῖα τῶν φοινίκων⟩

12 20ᵇἦσαν δὲ Ἕλληνές τινες ἐκ τῶν
ἀναβαινόντων ἵνα προσκυνήσωσιν
ἐν τῇ ἑορτῇ

13 1 πρὸ δὲ τῆς ἑορτῆς τοῦ πάσχα
εἰδὼς ὁ Ἰησοῦς ὅτι ἦλθεν αὐτοῦ ἡ
ὥρα

13 29ᵃἀγόρασον ὧν χρείαν ἔχομεν εἰς τὴν
ἑορτήν

Ac 18 21 * | δεῖ με πάντως τὴν ἑορτὴν τὴν
ἐρχομένην ποιῆσαι εἰς Ἱεροσόλυμα
(+ⲋ)

Cl 2 16 μὴ οὖν τις ὑμᾶς κρινέτω ἐν βρώ-
σει ... ἢ ἐν μέρει ἑορτῆς ἢ νεομη-
νίας ἢ σαββάτων

ἐπαγγελία

ᵃ (αἱ) ἐπαγγελίαι
ᵇ κατ' ἐπαγγελίαν

Lc 24 49 || καὶ ἰδοὺ [N²⁶] ἐγὼ ((κἀγὼ ST))
ἀποστέλλω (N²⁶ⲋ; ἐξαπο- rl) τὴν
ἐπαγγελίαν τοῦ πατρός μου ἐφ'
ὑμᾶς

Ac 1 4 παρήγγειλεν αὐτοῖς ... περιμένειν
τὴν ἐπαγγελίαν τοῦ πατρός

2 33 τήν τε ἐπαγγελίαν τοῦ πνεύματος
τοῦ ἁγίου λαβὼν παρὰ τοῦ
πατρός

2 39 ὑμῖν γάρ ἐστιν ἡ ἐπαγγελία καὶ
τοῖς τέκνοις ὑμῶν

7 17 καθὼς δὲ ἤγγιζεν ὁ χρόνος τῆς
ἐπαγγελίας

13 23ᵇτούτου ὁ θεὸς ἀπὸ τοῦ σπέρματος
κατ' ἐπαγγελίαν ἤγαγεν τῷ Ἰσρα-
ὴλ σωτῆρα Ἰησοῦν

13 32 ἡμεῖς ὑμᾶς εὐαγγελιζόμεθα τὴν
πρὸς τοὺς πατέρας ἐπαγγελίαν
γενομένην ⟨ὅτι ταύτην ὁ θεὸς ἐκ-
πεπλήρωκεν⟩

Ac 23 21 καὶ *νῦν* εἰσιν ἕτοιμοι προσδεχό-
μενοι τὴν ἀπὸ σοῦ ἐπαγγελίαν

26 6 νῦν ἐπ' ἐλπίδι τῆς εἰς τοὺς πατέρας
ἡμῶν ἐπαγγελίας γενομένης ὑπὸ
τοῦ θεοῦ ἕστηκα κρινόμενος

Rm 4 13 οὐ γὰρ διὰ νόμου ἡ ἐπαγγελία τῷ
'Αβραὰμ ἢ τῷ σπέρματι αὐτοῦ

4 14 εἰ γὰρ οἱ ἐκ νόμου κληρονόμοι,
κεκένωται ἡ πίστις καὶ κατήργηται
ἡ ἐπαγγελία

4 16 εἰς τὸ εἶναι βεβαίαν τὴν ἐπαγγελίαν
παντὶ τῷ σπέρματι

4 20 εἰς δὲ τὴν ἐπαγγελίαν τοῦ θεοῦ οὐ
διεκρίθη τῇ ἀπιστίᾳ

9 4ᵃ οἵτινές εἰσιν 'Ισραηλῖται, ὧν . . . ἡ
λατρεία καὶ αἱ ἐπαγγελίαι

9 8 ἀλλὰ τὰ τέκνα τῆς ἐπαγγελίας
λογίζεται εἰς σπέρμα. ↔

9 9 ἐπαγγελίας γὰρ ὁ λόγος οὗτος

15 8ᵃ εἰς τὸ βεβαιῶσαι τὰς ἐπαγγελίας
τῶν πατέρων

2 C 1 20ᵃ ὅσαι γὰρ ἐπαγγελίαι θεοῦ, ἐν
αὐτῷ τὸ ναί

7 1ᵃ ταύτας οὖν ἔχοντες τὰς ἐπαγγε-
λίας, ἀγαπητοί, καθαρίσωμεν ἑαυ-
τούς

G 3 14 ἵνα τὴν ἐπαγγελίαν τοῦ πνεύματος
λάβωμεν διὰ τῆς πίστεως

3 16ᵃ τῷ δὲ 'Αβραὰμ ἐρρέθησαν αἱ
ἐπαγγελίαι καὶ τῷ σπέρματι αὐτοῦ

3 17 διαθήκην προκεκυρωμένην . . . νό-
μος οὐκ ἀκυροῖ, εἰς τὸ καταργῆσαι
τὴν ἐπαγγελίαν. ↔

3 18 εἰ γὰρ ἐκ νόμου ἡ κληρονομία,
οὐκέτι ἐξ ἐπαγγελίας· ↔

3 18 τῷ δὲ 'Αβραὰμ δι' ἐπαγγελίας
κεχάρισται ὁ θεός

3 21ᵃ ὁ οὖν νόμος κατὰ τῶν ἐπαγγελιῶν
| τοῦ θεοῦ [N²⁶NH]; μὴ γένοιτο

3 22 ἵνα ἡ ἐπαγγελία ἐκ πίστεως 'Ιησοῦ
Χριστοῦ δοθῇ τοῖς πιστεύουσιν

3 29ᵇ ἄρα τοῦ 'Αβραὰμ σπέρμα ἐστέ,
κατ' ἐπαγγελίαν κληρονόμοι

4 23 γεγέννηται, ὁ δὲ ἐκ τῆς ἐλευθέρας
δι' (N²⁶H; διὰ τῆς rl) ἐπαγγελίας

4 28 ὑμεῖς (ἡ. VHϛ) δέ, ἀδελφοί, κατὰ
'Ισαὰκ ἐπαγγελίας τέκνα ἐστέ
(ἐσμέν VHϛ)

E 1 13 ἐν ᾧ καὶ πιστεύσαντες ἐσφραγίσθη-
τε τῷ πνεύματι τῆς ἐπαγγελίας
τῷ ἁγίῳ

2 12 ὅτι ἦτε τῷ καιρῷ ἐκείνῳ . . . ξένοι
τῶν διαθηκῶν τῆς ἐπαγγελίας

3 6 εἶναι τὰ ἔθνη . . . σύσσωμα καὶ
συμμέτοχα τῆς ἐπαγγελίας (+αὐ-
τοῦ [S]ϛ) . . . διὰ τοῦ εὐαγγελίου

6 2 τίμα τὸν πατέρα σου . . . ἥτις
ἐστὶν ἐντολὴ πρώτη ἐν ἐπαγγελίᾳ

1 Tm 4 8 ἐπαγγελίαν ἔχουσα ζωῆς τῆς νῦν
καὶ τῆς μελλούσης

2 Tm 1 1ᵇ Παῦλος ἀπόστολος Χριστοῦ 'Ιη-
σοῦ . . . κατ' ἐπαγγελίαν ζωῆς
τῆς ἐν Χριστῷ 'Ιησοῦ ⟨Τιμοθέῳ⟩

Hb 4 1 μήποτε καταλειπομένης ἐπαγγελί-
ας εἰσελθεῖν εἰς τὴν κατάπαυσιν αὐ-
τοῦ δοκῇ τις ἐξ ὑμῶν ὑστερηκέναι

6 12ᵃ ἵνα μὴ νωθροὶ γένησθε, μιμηταὶ δὲ
τῶν διὰ πίστεως . . . κληρονομούν-
των τὰς ἐπαγγελίας

6 15 οὕτως μακροθυμήσας ἐπέτυχεν τῆς
ἐπαγγελίας

6 17 ἐν ᾧ περισσότερον βουλόμενος ὁ
θεὸς ἐπιδεῖξαι τοῖς κληρονόμοις
τῆς ἐπαγγελίας τὸ ἀμετάθετον τῆς
βουλῆς αὐτοῦ

Hb 7 6ᵃ ὁ δὲ μὴ γενεαλογούμενος . . . τὸν
ἔχοντα τὰς ἐπαγγελίας εὐλόγηκεν

8 6ᵃ ἥτις ἐπὶ κρείττοσιν ἐπαγγελίαις
νενομοθέτηται

9 15 ὅπως . . . τὴν ἐπαγγελίαν λάβω-
σιν οἱ κεκλημένοι τῆς αἰωνίου
κληρονομίας

10 36 ἵνα τὸ θέλημα τοῦ θεοῦ ποιήσαντες
κομίσησθε τὴν ἐπαγγελίαν

11 9 ⟨'Αβραὰμ⟩ πίστει παρῴκησεν εἰς
γῆν τῆς ἐπαγγελίας ὡς ἀλλοτρίαν

11 9 μετὰ 'Ισαὰκ καὶ 'Ιακὼβ τῶν
συγκληρονόμων τῆς ἐπαγγελίας
τῆς αὐτῆς

11 13ᵃ μὴ λαβόντες (N²⁶ϛ; κομισάμενοι
rl) τὰς ἐπαγγελίας, ἀλλὰ πόρρω-
θεν αὐτὰς ἰδόντες

11 17ᵃ πίστει . . . τὸν μονογενῆ προσέφε-
ρεν ὁ τὰς ἐπαγγελίας ἀναδεξάμενος

11 33ᵃ οἳ διὰ πίστεως . . . ἐπέτυχον ἐπαγ-
γελιῶν, ἔφραξαν στόματα λεόντων

11 39 οὗτοι πάντες μαρτυρηθέντες διὰ
τῆς πίστεως οὐκ ἐκομίσαντο τὴν
ἐπαγγελίαν

2 Pt 3 4 ποῦ ἐστιν ἡ ἐπαγγελία τῆς παρου-
σίας αὐτοῦ;

3 9 οὐ βραδύνει κύριος τῆς ἐπαγγελίας

1 Jo 1 5 * ἔστιν αὕτη ἡ ἐπαγγελία (ϛ; ἀγγ.
rl) ἣν ἀκηκόαμεν ἀπ' αὐτοῦ

2 25 αὕτη ἐστὶν ἡ ἐπαγγελία ἣν αὐτὸς
ἐπηγγείλατο ἡμῖν

ἐπαγγέλλομαι
→ ἀγγέλλω
ᵃ ἐ. ἐπαγγελίαν

Mc 14 11 οἱ δὲ ἀκούσαντες ἐχάρησαν καὶ
ἐπηγγείλαντο αὐτῷ ἀργύριον δοῦ-
ναι

Ac 7 5 ἐπηγγείλατο δοῦναι | αὐτῷ εἰς
κατάσχεσιν αὐτήν (~ S)

Rm 4 21 ὃ ἐπήγγελται δυνατός ἐστιν καὶ
ποιῆσαι

G 3 19 ἄχρις οὗ (ἂν NH) ἔλθῃ τὸ σπέρμα
ᾧ ἐπήγγελται

1 Tm 2 10 ἀλλ' ὃ πρέπει γυναιξὶν ἐπαγγελ-
λομέναις θεοσέβειαν

6 21 ⟨τῆς ψευδωνύμου γνώσεως⟩ ἥν
τινες ἐπαγγελλόμενοι περὶ τὴν
πίστιν ἠστόχησαν

Tt 1 2 ἐπ' ἐλπίδι ζωῆς αἰωνίου, ἣν ἐπηγ-
γείλατο ὁ ἀψευδὴς θεὸς πρὸ
χρόνων αἰωνίων

Hb 6 13 τῷ γὰρ 'Αβραὰμ ἐπαγγειλάμενος
ὁ θεὸς . . . ὤμοσεν καθ' ἑαυτοῦ

10 23 πιστὸς γὰρ ὁ ἐπαγγειλάμενος

11 11 ἐπεὶ πιστὸν ἡγήσατο τὸν ἐπαγγει-
λάμενον

12 26 οὗ ἡ φωνὴ τὴν γῆν ἐσάλευσεν
τότε, νῦν δὲ ἐπήγγελται λέγων

Jc 1 12 τὸν στέφανον τῆς ζωῆς, ὃν ἐπηγ-
γείλατο (+ὁ κύριος MVSϛ) τοῖς
ἀγαπῶσιν αὐτόν

2 5 κληρονόμους τῆς βασιλείας ἧς
ἐπηγγείλατο τοῖς ἀγαπῶσιν αὐ-
τόν

2 Pt 2 19 ἐλευθερίαν αὐτοῖς ἐπαγγελλόμενοι,
αὐτοὶ δοῦλοι ὑπάρχοντες τῆς
φθορᾶς

1 Jo 2 25ᵃ αὕτη ἐστὶν ἡ ἐπαγγελία ἣν αὐτὸς
ἐπηγγείλατο ἡμῖν

ἐπάγγελμα

2 Pt 1 4 δι' ὧν τὰ | τίμια καὶ μέγιστα ἡμῖν
(~ϛTS) ἐπαγγέλματα δεδώρηται

3 13 | γῆν καινὴν (~ T) κατὰ | τὸ ἐπάγ-
γελμα (τὰ ἐ-ματα T) αὐτοῦ
προσδοκῶμεν

ἐπάγω
→ ἄγω

Ac 5 28 βούλεσθε ἐπαγαγεῖν ἐφ' ἡμᾶς τὸ
αἷμα τοῦ ἀνθρώπου τούτου

2 Pt 2 1 οἵτινες παρεισάξουσιν αἱρέσεις
ἀπωλείας . . . ἐπάγον-
τες ἑαυτοῖς ταχινὴν ἀπώλειαν

2 5 ἀρχαίου κόσμου οὐκ ἐφείσατο . . .
κατακλυσμὸν κόσμῳ ἀσεβῶν ἐπ-
άξας

ἐπαγωνίζομαι
→ ἀγωνίζομαι

Jd 3 παρακαλῶν ἐπαγωνίζεσθαι τῇ
ἅπαξ παραδοθείσῃ τοῖς ἁγίοις
πίστει

ἐπαθροίζω
→ ἀθροίζω

Lc 11 29 τῶν δὲ ὄχλων ἐπαθροιζομένων
ἤρξατο λέγειν

'Επαίνετος
'Επαιετός MVST

Rm 16 5 ἀσπάσασθε 'Επαίνετον τὸν ἀγα-
πητόν μου, ὅς ἐστιν ἀπαρχὴ τῆς
'Ασίας

ἐπαινέω
→ αἰνέω

Lc 16 8 ἐπήνεσεν ὁ κύριος τὸν οἰκονόμον
τῆς ἀδικίας

Rm 15 11 ἐπαινεσάτωσαν (-νέσατε ϛ)
αὐτὸν πάντες οἱ λαοί

1 C 11 2 ἐπαινῶ δὲ ὑμᾶς ὅτι πάντα μου
μέμνησθε

11 17 τοῦτο δὲ παραγγέλλων (-λω BS)
οὐκ ἐπαινῶ (-νῶν BS)

11 22 τί εἴπω ὑμῖν; ἐπαινέσω ὑμᾶς; ↔

11 22 ἐν τούτῳ οὐκ ἐπαινῶ

ἔπαινος
ᵃ εἰς ἔπαινον

Rm 2 29 οὗ ὁ ἔπαινος οὐκ ἐξ ἀνθρώπων ἀλλ'
ἐκ τοῦ θεοῦ

13 3 τὸ ἀγαθὸν ποίει, καὶ ἕξεις ἔπαινον
ἐξ αὐτῆς

1 C 4 5 τότε ὁ ἔπαινος γενήσεται ἑκάστῳ
ἀπὸ τοῦ θεοῦ

2 C 8 18 οὗ ὁ ἔπαινος ἐν τῷ εὐαγγελίῳ διὰ
πασῶν τῶν ἐκκλησιῶν

E 1 6ᵃ ⟨προορίσας ἡμᾶς εἰς υἱοθεσίαν⟩ εἰς
ἔπαινον δόξης τῆς χάριτος αὐτοῦ

1 12ᵃ εἰς τὸ εἶναι ἡμᾶς εἰς ἔπαινον δόξης
αὐτοῦ

1 14ᵃ ἀρραβὼν τῆς κληρονομίας ἡμῶν,
εἰς ἀπολύτρωσιν . . . εἰς ἔπαινον
τῆς δόξης αὐτοῦ

Ph 1 11ᵃ ⟨ἵνα ἦτε⟩ πεπληρωμένοι καρπὸν
δικαιοσύνης . . . εἰς δόξαν καὶ ἔπαι-
νον θεοῦ

4 8 ὅσα ἐστὶν ἀληθῆ . . . εἴ τις ἀρετὴ
καὶ εἴ τις ἔπαινος, ταῦτα λογίζεσθε

1 Pt 1 7ᵃ ἵνα τὸ δοκίμιον ὑμῶν τῆς πίστεως
. . . εὑρεθῇ εἰς ἔπαινον καὶ δόξαν
καὶ τιμήν

2 14ᵃ ⟨ὑποτάγητε⟩ ἡγεμόσιν ὡς δι'
αὐτοῦ πεμπομένοις εἰς ἐκδίκησιν
κακοποιῶν ἔπαινον δὲ ἀγαθοποιῶν

ἐπαίρω
→ αἴρω
ᵃ ἐ. τοὺς ὀφθαλμούς
ᵇ ἐ. (τὴν) φωνήν

Mt 17 8ᵃ ἐπάραντες δὲ τοὺς ὀφθαλμοὺς αὐ-
τῶν οὐδένα εἶδον

Lc 6 20ᵃ καὶ αὐτὸς ἐπάρας τοὺς ὀφθαλμοὺς
αὐτοῦ εἰς τοὺς μαθητὰς αὐτοῦ
ἔλεγεν

11 27ᵇ ἐπάρασά τις | φωνὴν γυνὴ (~
VBSϛ) ἐκ τοῦ ὄχλου εἶπεν αὐτῷ

Lc 16 23ᵃ ἐν τῷ ᾅδῃ ἐπάρας τοὺς ὀφθαλμοὺς
αὐτοῦ . . . ὁρᾷ Ἀβραὰμ ἀπὸ μα-
κρόθεν

18 13ᵃ ὁ δὲ τελώνης . . . οὐκ ἤθελεν οὐδὲ
τοὺς ὀφθαλμοὺς ἐπᾶραι εἰς τὸν
οὐρανόν

21 28 ἀνακύψατε καὶ ἐπάρατε τὰς κεφα-
λὰς ὑμῶν

24 50 ἐπάρας τὰς χεῖρας αὐτοῦ εὐλόγη-
σεν αὐτούς

Jo 4 35ᵃ ἐπάρατε τοὺς ὀφθαλμοὺς ὑμῶν καὶ
θεάσασθε τὰς χώρας

6 5ᵃ ἐπάρας οὖν τοὺς ὀφθαλμοὺς ὁ
Ἰησοῦς καὶ θεασάμενος

13 18 ὁ τρώγων μου (ἐμοῦ S; μετ' ἐμοῦ
VTϛ) τὸν ἄρτον ἐπῆρεν (-ῆρκεν T)
ἐπ' ἐμὲ τὴν πτέρναν αὐτοῦ

17 1ᵃ ἐπάρας (ἐπῆρε ϛ) τοὺς ὀφθαλμοὺς
αὐτοῦ εἰς τὸν οὐρανὸν (+καὶ ϛ)
εἶπεν

Ac 1 9 ταῦτα εἰπὼν βλεπόντων αὐτῶν
ἐπήρθη

2 14ᵇ σταθεὶς δὲ ὁ Πέτρος σὺν τοῖς ἕνδεκα
ἐπῆρεν τὴν φωνὴν αὐτοῦ

14 11ᵇ οἵ τε (δὲ VSϛ) ὄχλοι ἰδόντες . . .
ἐπῆραν τὴν φωνὴν αὐτῶν Λυκαο-
νιστὶ λέγοντες

22 22ᵇ ἤκουον δὲ αὐτοῦ . . . καὶ ἐπῆραν
τὴν φωνὴν αὐτῶν λέγοντες

27 40 ἐπάραντες τὸν ἀρτέμονα τῇ πνε-
ούσῃ κατεῖχον εἰς τὸν αἰγιαλόν

2 C 10 5 ⟨λογισμοὺς καθαιροῦντες⟩ καὶ πᾶν
ὕψωμα ἐπαιρόμενον κατὰ τῆς
γνώσεως τοῦ θεοῦ

11 20 ἀνέχεσθε γὰρ εἴ τις ὑμᾶς καταδου-
λοῖ . . . εἴ τις ἐπαίρεται

1 Tm 2 8 βούλομαι οὖν προσεύχεσθαι τοὺς
ἄνδρας . . . ἐπαίροντας ὁσίους χεῖ-
ρας χωρὶς ὀργῆς

ἐπαισχύνομαι
→ αἰσχύνομαι
ᵃ seq. inf.
ᵇ ἐ. ἐπί τινι

Mc 8 38 ὃς γὰρ ἐὰν ἐπαισχυνθῇ με καὶ τοὺς
ἐμοὺς λόγους ἐν τῇ γενεᾷ ταύτῃ

8 38 καὶ ὁ υἱὸς τοῦ ἀνθρώπου ἐπαισχυν-
θήσεται αὐτόν

Lc 9 26 ὃς γὰρ ἂν ἐπαισχυνθῇ με καὶ τοὺς
ἐμοὺς λόγους, ↔

9 26 τοῦτον ὁ υἱὸς τοῦ ἀνθρώπου
ἐπαισχυνθήσεται

Rm 1 16 οὐ γὰρ ἐπαισχύνομαι τὸ εὐαγγέ-
λιον

6 21ᵇ τίνα οὖν καρπὸν εἴχετε τότε; ἐφ'
οἷς νῦν ἐπαισχύνεσθε

2 Tm 1 8 μὴ οὖν ἐπαισχυνθῇς τὸ μαρτύριον
τοῦ κυρίου ἡμῶν μηδὲ ἐμέ

1 12 δι' ἣν αἰτίαν καὶ ταῦτα πάσχω,
ἀλλ' οὐκ ἐπαισχύνομαι

1 16 τὴν ἅλυσίν μου οὐκ ἐπαισχύνθη

Hb 2 11ᵃ δι' ἣν αἰτίαν οὐκ ἐπαισχύνεται
ἀδελφοὺς αὐτοὺς καλεῖν

11 16ᵃ διὸ οὐκ ἐπαισχύνεται αὐτοὺς ὁ
θεὸς θεὸς ἐπικαλεῖσθαι αὐτῶν

ἐπαιτέω
→ αἰτέω

Lc 16 3 σκάπτειν οὐκ ἰσχύω, ἐπαιτεῖν
αἰσχύνομαι

18 35 τυφλός τις ἐκάθητο παρὰ τὴν ὁδὸν
ἐπαιτῶν (προσ- Vϛ)

ἐπακολουθέω
→ ἀκολουθέω

Mc [16 20] τοῦ κυρίου . . . τὸν λόγον βε-
βαιοῦντος διὰ τῶν ἐπακολουθούν-
των σημείων

---

1 Tm 5 10 ⟨χήρα καταλεγέσθω⟩ μαρτυρου-
μένη . . . εἰ παντὶ ἔργῳ ἀγαθῷ
ἐπηκολούθησεν

5 24 τινῶν ἀνθρώπων αἱ ἁμαρτίαι
πρόδηλοί εἰσιν . . . τισὶν δὲ καὶ
ἐπακολουθοῦσιν

1 Pt 2 21 ἵνα ἐπακολουθήσητε τοῖς ἴχνεσιν
αὐτοῦ

ἐπακούω
→ ἀκούω

2 C 6 2 καιρῷ δεκτῷ ἐπήκουσά σου καὶ ἐν
ἡμέρᾳ σωτηρίας ἐβοήθησά σοι

ἐπακροάομαι

Ac 16 25 ἐπηκροῶντο δὲ αὐτῶν οἱ δέσμιοι

ἐπάν

Mt 2 8 ἐπὰν δὲ εὕρητε, ἀπαγγείλατέ μοι

Lc 11 22 ἐπὰν δὲ ἰσχυρότερος αὐτοῦ ἐπελ-
θὼν νικήσῃ αὐτόν

11 34 ἐπὰν δὲ πονηρὸς ᾖ, καὶ τὸ σῶμά
σου σκοτεινόν

ἐπάναγκες

Ac 15 28 μηδὲν πλέον ἐπιτίθεσθαι ὑμῖν βάρος
πλὴν | τούτων τῶν ἐπάναγκες
(∼ϛ)

ἐπανάγω
→ ἄγω

Mt 21 18 πρωῒ (πρωΐας MVSϛ) δὲ ἐπαν-
άγων (ἐπαναγαγὼν NTH) εἰς τὴν
πόλιν ἐπείνασεν

Lc 5 3 ἠρώτησεν αὐτὸν ἀπὸ τῆς γῆς
ἐπαναγαγεῖν ὀλίγον

5 4 ἐπανάγαγε εἰς τὸ βάθος, καὶ
χαλάσατε τὰ δίκτυα ὑμῶν

ἐπαναμιμνήσκω
ἐπαναμιμνήσκω VSTHϛ
→ μιμνήσκομαι

Rm 15 15 τολμηρότερον (-τέρως NH) δὲ
ἔγραψα ὑμῖν . . . ὡς ἐπαναμιμνή-
σκων ὑμᾶς διὰ τὴν χάριν

ἐπαναπαύομαι
→ παύω

Lc 10 6 ἐπαναπαήσεται (-παύσεται VBSϛ)
ἐπ' αὐτὸν ἡ εἰρήνη ὑμῶν

Rm 2 17 εἰ δὲ σὺ Ἰουδαῖος ἐπονομάζῃ καὶ
ἐπαναπαύῃ νόμῳ καὶ καυχᾶσαι ἐν
θεῷ

ἐπανέρχομαι
→ ἔρχομαι

Lc 10 35 | ὅ τι (ὅτι H) ἂν προσδαπανήσῃς
ἐγὼ ἐν τῷ ἐπανέρχεσθαί με ἀπο-
δώσω σοι

19 15 ἐγένετο ἐν τῷ ἐπανελθεῖν αὐτὸν
λαβόντα τὴν βασιλείαν

ἐπανῆλθον
→ ἐπανέρχομαι

ἐπανίστημι
→ ἵστημι

Mt 10 21 ἐπαναστήσονται τέκνα ἐπὶ γονεῖς

Mc 13 12 ἐπαναστήσονται τέκνα ἐπὶ γονεῖς

ἐπανόρθωσις

2 Tm 3 16 πᾶσα γραφὴ θεόπνευστος καὶ
ὠφέλιμος . . . πρὸς ἐπανόρθωσιν,
πρὸς παιδείαν

ἐπάνω
ᵃ adv.

Mt 2 9 ἕως ἐλθὼν ἐστάθη (ἔστη Vϛ)
ἐπάνω οὗ ἦν τὸ παιδίον

5 14 οὐ δύναται πόλις κρυβῆναι ἐπάνω
ὄρους κειμένη

21 7 * ἐπέθηκαν ἐπάνω (ϛ; ἐπ' rl)
αὐτῶν τὰ ἱμάτια (+αὐτῶν V[S]ϛ),
↔

21 7 καὶ ἐπεκάθισεν ἐπάνω αὐτῶν

23 18 ὃς δ' ἂν ὀμόσῃ ἐν τῷ δώρῳ τῷ
ἐπάνω αὐτοῦ, ὀφείλει

Mt 23 20 ὁ οὖν ὀμόσας ἐν τῷ θυσιαστηρίῳ
ὀμνύει . . . ἐν πᾶσι τοῖς ἐπάνω
αὐτοῦ

23 22 ὁ ὀμόσας ἐν τῷ οὐρανῷ ὀμνύει . . .
ἐν τῷ καθημένῳ ἐπάνω αὐτοῦ

27 37 ἐπέθηκαν ἐπάνω τῆς κεφαλῆς αὐ-
τοῦ τὴν αἰτίαν αὐτοῦ γεγραμμένην

28 2 ἄγγελος γὰρ κυρίου καταβὰς . . .
ἀπεκύλισεν τὸν λίθον καὶ ἐκάθητο
ἐπάνω αὐτοῦ

Mc 14 5ᵃ ἠδύνατο γὰρ τοῦτο | τὸ μύρον
(—Vϛ) πραθῆναι ἐπάνω | δηνα-
ρίων τριακοσίων (∼ Vϛ)

Lc 4 39 ἐπιστὰς ἐπάνω αὐτῆς ἐπετίμησεν
τῷ πυρετῷ

10 19 ἰδοὺ δέδωκα (δίδωμι Vϛ) ὑμῖν τὴν
ἐξουσίαν τοῦ πατεῖν ἐπάνω ὄφεων
καὶ σκορπίων

11 44ᵃ οἱ ἄνθρωποι οἱ [N²⁶] περιπατοῦν-
τες ἐπάνω οὐκ οἴδασιν

19 17 εὖγε (εὖ Vϛ), ἀγαθὲ δοῦλε . . . ἴσθι
ἐξουσίαν ἔχων ἐπάνω δέκα πό-
λεων

19 19 καὶ σὺ | ἐπάνω γίνου (∼ϛ) πέντε
πόλεων

Jo 3 31 ὁ ἄνωθεν ἐρχόμενος ἐπάνω πάν-
των ἐστίν

3 31 ὁ ἐκ τοῦ οὐρανοῦ ἐρχόμενος | ἐπ-
άνω πάντων ἐστίν ([N²⁶S]; —T)

1 C 15 6ᵃ ἔπειτα ὤφθη ἐπάνω πεντακοσίοις
ἀδελφοῖς ἐφάπαξ

Ap 6 8ᵃ εἶδον, καὶ ἰδοὺ ἵππος χλωρός, καὶ
ὁ καθήμενος ἐπάνω αὐτοῦ [H]

20 3 ἔβαλεν αὐτὸν εἰς τὴν ἄβυσσον . . .
καὶ ἐσφράγισεν ἐπάνω αὐτοῦ

ἐπάρατος

Jo 7 49 ἀλλὰ ὁ ὄχλος οὗτος ὁ μὴ γινώ-
σκων τὸν νόμον ἐπάρατοί (ἐπικατ-
άρατοί ϛ) εἰσιν

ἐπαρκέω
→ ἀρκέω

1 Tm 5 10 ⟨χήρα καταλεγέσθω⟩ ἐν ἔργοις
καλοῖς μαρτυρουμένη . . . εἰ θλιβο-
μένοις ἐπήρκεσεν

5 16 εἴ τις πιστὴ ἔχει χήρας, ἐπαρκείτω
(-είσθω BT) αὐταῖς, καὶ μὴ βαρεί-
σθω ἡ ἐκκλησία, ↔

5 16 ἵνα ταῖς ὄντως χήραις ἐπαρκέσῃ

ἐπαρχεία
ἐπαρχία Sϛ

Ac 23 34 ἐπερωτήσας ἐκ ποίας ἐπαρχείας
ἐστίν, καὶ πυθόμενος ὅτι ἀπὸ
Κιλικίας

25 1 Φῆστος οὖν ἐπιβὰς τῇ ἐπαρχείᾳ
(ἐπαρχείῳ NT) μετὰ τρεῖς ἡμέρας
ἀνέβη εἰς Ἱεροσόλυμα

ἐπάρχειος

Ac 25 1 * Φῆστος οὖν ἐπιβὰς τῇ ἐπαρχείῳ
(NT; -είᾳ rl) μετὰ τρεῖς ἡμέρας
ἀνέβη εἰς Ἱεροσόλυμα

ἐπαρχία
→ ἐπαρχεία

ἔπαυλις

Ac 1 20 γενηθήτω ἡ ἔπαυλις αὐτοῦ ἔρημος

ἐπαύριον

Mt 27 62 τῇ δὲ ἐπαύριον, ἥτις ἐστὶν μετὰ τὴν
παρασκευήν, συνήχθησαν οἱ ἀρχιε-
ρεῖς

Mc 11 12 τῇ ἐπαύριον ἐξελθόντων αὐτῶν
ἀπὸ Βηθανίας ἐπείνασεν

Jo 1 29 τῇ ἐπαύριον βλέπει τὸν Ἰησοῦν
ἐρχόμενον πρὸς αὐτόν

1 35 τῇ ἐπαύριον πάλιν εἱστήκει ὁ
(—H) Ἰωάννης

Jo 1 43 τῇ ἐπαύριον ἠθέλησεν ἐξελθεῖν εἰς τὴν Γαλιλαίαν

6 22 τῇ ἐπαύριον ὁ ὄχλος ὁ ἑστηκὼς πέραν τῆς θαλάσσης εἶδον

12 12 τῇ ἐπαύριον ὁ (—VSTϛ) ὄχλος πολὺς ὁ ἐλθὼν εἰς τὴν ἑορτήν ⟨ἔλαβον τὰ βαΐα⟩

Ac 10 9 τῇ δὲ ἐπαύριον ὁδοιπορούντων ἐκείνων (αὐτῶν ST) ... ἀνέβη Πέτρος

10 23 τῇ δὲ ἐπαύριον ἀναστὰς ἐξῆλθεν σὺν αὐτοῖς

10 24 τῇ δὲ ἐπαύριον εἰσῆλθεν (-θον STϛ) εἰς τὴν Καισάρειαν

14 20 τῇ ἐπαύριον ἐξῆλθεν σὺν τῷ Βαρναβᾷ εἰς Δέρβην

20 7 ἐν δὲ τῇ μιᾷ τῶν σαββάτων ... διελέγετο αὐτοῖς, μέλλων ἐξιέναι τῇ ἐπαύριον

21 8 τῇ δὲ ἐπαύριον ἐξελθόντες ἤλθομεν εἰς Καισάρειαν

22 30 τῇ δὲ ἐπαύριον βουλόμενος γνῶναι τὸ ἀσφαλές ... ἔλυσεν αὐτόν

23 32 τῇ δὲ ἐπαύριον ἐάσαντες τοὺς ἱππεῖς ... ὑπέστρεψαν

25 6 τῇ ἐπαύριον καθίσας ἐπὶ τοῦ βήματος ἐκέλευσεν τὸν Παῦλον ἀχθῆναι

25 23 τῇ οὖν ἐπαύριον ἐλθόντος τοῦ Ἀγρίππα ... ἤχθη ὁ Παῦλος

ἐπαυτοφώρῳ
→ αὐτόφωρος → ἐπί

Ἐπαφρᾶς
Cl 1 7 καθὼς ἐμάθετε ἀπὸ Ἐπαφρᾶ τοῦ ἀγαπητοῦ συνδούλου ἡμῶν

4 12 ἀσπάζεται ὑμᾶς Ἐπαφρᾶς ὁ ἐξ ὑμῶν, δοῦλος Χριστοῦ Ἰησοῦ ([N26]; —ϛ)

Phm 23 ἀσπάζεταί σε Ἐπαφρᾶς ὁ συναιχμάλωτός μου ἐν Χριστῷ Ἰησοῦ

ἐπαφρίζω
→ ἀφρίζω
Jd 13 ⟨οὗτοί εἰσιν⟩ κύματα ἄγρια θαλάσσης ἐπαφρίζοντα τὰς ἑαυτῶν αἰσχύνας

Ἐπαφρόδιτος
Ph 2 25 ἀναγκαῖον δὲ ἡγησάμην Ἐπαφρόδιτον τὸν ἀδελφὸν καὶ συνεργόν ... πέμψαι πρὸς ὑμᾶς

4 18 πεπλήρωμαι δεξάμενος παρὰ Ἐπαφροδίτου τὰ παρ' ὑμῶν, ὀσμὴν εὐωδίας

ἐπεγείρω
→ ἐγείρω
Ac 13 50 οἱ δὲ Ἰουδαῖοι ... ἐπήγειραν διωγμὸν ἐπὶ τὸν Παῦλον

14 2 οἱ δὲ ἀπειθήσαντες Ἰουδαῖοι ἐπήγειραν καὶ ἐκάκωσαν τὰς ψυχὰς τῶν ἐθνῶν κατὰ τῶν ἀδελφῶν

ἐπεί
[a] de tempore
[b] ἐπεὶ καί
[c] ἐπεὶ οὖν
[d] ἐπεὶ ἄρα
[e] ἐπεί ante interrogationem
Mt 18 32 πᾶσαν τὴν ὀφειλὴν ἐκείνην ἀφῆκά σοι, ἐπεὶ παρεκάλεσάς με

21 46 ἐφοβήθησαν τοὺς ὄχλους, ἐπεὶ (ἐπειδὴ ϛ) εἰς (ὡς Vϛ) προφήτην αὐτὸν εἶχον

27 6 οὐκ ἔξεστιν βαλεῖν αὐτὰ εἰς τὸν κορβανᾶν, ἐπεὶ τιμὴ αἵματός ἐστιν

Mc 15 42 ἤδη ὀψίας γενομένης, ἐπεὶ ἦν παρασκευή

Lc 1 34 πῶς ἔσται τοῦτο, ἐπεὶ ἄνδρα οὐ γινώσκω;

7 1 [a] * | ἐπεὶ δὲ (ϛ; ἐπειδὴ rl) ἐπλήρωσεν πάντα τὰ ῥήματα αὐτοῦ ... εἰσῆλθεν εἰς Καφαρναούμ

Jo 13 29 τινὲς γὰρ ἐδόκουν, ἐπεὶ τὸ γλωσσόκομον εἶχεν Ἰούδας

19 31 οἱ οὖν Ἰουδαῖοι, ἐπεὶ παρασκευὴ ἦν ... ἠρώτησαν τὸν Πιλᾶτον

Rm 3 6 [e] ἐπεὶ πῶς κρινεῖ ὁ θεὸς τὸν κόσμον;

11 6 εἰ δὲ χάριτι, οὐκέτι ἐξ ἔργων, ἐπεὶ ἡ χάρις οὐκέτι γίνεται χάρις. ↔

11 6 * | εἰ δὲ ἐξ ἔργων, οὐκέτι ἐστὶν χάρις, ἐπεὶ τὸ ἔργον οὐκέτι ἐστὶν ἔργον (+[S]ϛ)

11 22 [b] ἐὰν ἐπιμένῃς (-μείνῃς MVSϛ) τῇ χρηστότητι, ἐπεὶ καὶ σὺ ἐκκοπήσῃ

1 C 5 10 [d] ⟨μὴ συναναμίγνυσθαι⟩ εἰδωλολάτραις, ἐπεὶ ὠφείλετε ἄρα ἐκ τοῦ κόσμου ἐξελθεῖν

7 14 [d] ἐπεὶ ἄρα τὰ τέκνα ὑμῶν ἀκάθαρτά ἐστιν

14 12 οὕτως καὶ ὑμεῖς, ἐπεὶ ζηλωταί ἐστε πνευμάτων ... ζητεῖτε

14 16 [e] ἐπεὶ ἐὰν εὐλογῇς ἐν (+[N26NH] BS; τῷ ϛ) πνεύματι, ὁ ἀναπληρῶν ... πῶς ἐρεῖ ⟨;⟩

15 29 [e] ἐπεὶ τί ποιήσουσιν οἱ βαπτιζόμενοι ὑπὲρ τῶν νεκρῶν;

2 C 11 18 ἐπεὶ πολλοὶ καυχῶνται κατὰ (+ τὴν [NVSH]MBϛ) σάρκα, κἀγὼ καυχήσομαι

13 3 ⟨οὐ φείσομαι⟩ ἐπεὶ δοκιμὴν ζητεῖτε τοῦ ἐν ἐμοὶ λαλοῦντος Χριστοῦ

Hb 2 14 [c] ἐπεὶ οὖν τὰ παιδία κεκοινώνηκεν αἵματος καὶ σαρκός

4 6 [c] ἐπεὶ οὖν ἀπολείπεται τινὰς εἰσελθεῖν εἰς αὐτήν

5 2 [b] μετριοπαθεῖν δυνάμενος ... ἐπεὶ καὶ αὐτὸς περίκειται ἀσθένειαν

5 11 περὶ οὗ ... ὁ λόγος καὶ δυσερμήνευτος λέγειν, ἐπεὶ νωθροὶ γεγόνατε ταῖς ἀκοαῖς

6 13 ὁ θεός, ἐπεὶ κατ' οὐδενὸς εἶχεν μείζονος ὀμόσαι, ὤμοσεν καθ' ἑαυτοῦ

9 17 ἐπεὶ μήποτε (μὴ τότε H) ἰσχύει ὅτε ζῇ ὁ διαθέμενος

9 26 ἐπεὶ ἔδει αὐτὸν πολλάκις παθεῖν ἀπὸ καταβολῆς κόσμου

10 2 [e] ἐπεὶ οὐκ ἂν ἐπαύσαντο προσφερόμεναι ⟨;⟩

11 11 πίστει ... Σάρρα στεῖρα (+N26) δύναμιν ... ἔλαβεν ... ἐπεὶ πιστὸν ἡγήσατο τὸν ἐπαγγειλάμενον

ἐπειδή
[a] de tempore
[b] ἐ. γάρ
[c] ἐ. δέ
[d] ἐ. καί
Mt 21 46 * ἐφοβήθησαν τοὺς ὄχλους, ἐπειδὴ (ϛ; ἐπεὶ rl) εἰς (ὡς Vϛ) προφήτην αὐτὸν εἶχον

Lc 7 1 [a] ἐπειδὴ (ἐπεὶ δὲ ϛ) ἐπλήρωσεν πάντα τὰ ῥήματα αὐτοῦ ... εἰσῆλθεν εἰς Καφαρναούμ

11 6 ⟨χρῆσόν μοι τρεῖς ἄρτους⟩ ἐπειδὴ φίλος μου παρεγένετο ἐξ ὁδοῦ πρός με

Ac 13 46 [c] ἐπειδὴ (+δὲ MVBSϛ) ἀπωθεῖσθε αὐτόν

14 12 ἐκάλουν τε ... τὸν δὲ Παῦλον Ἑρμῆν, ἐπειδὴ αὐτὸς ἦν ὁ ἡγούμενος τοῦ λόγου

15 24 ἐπειδὴ ἠκούσαμεν ⟨ἔδοξεν ἡμῖν⟩

1 C 1 21 [b] ἐπειδὴ γὰρ ἐν τῇ σοφίᾳ τοῦ θεοῦ οὐκ ἔγνω ὁ κόσμος ... τὸν θεόν

1 22 [d] ἐπειδὴ καὶ Ἰουδαῖοι σημεῖα αἰτοῦσιν καὶ Ἕλληνες σοφίαν ζητοῦσιν

14 16 ἐπεὶ ... ὁ ἀναπληρῶν ... πῶς ἐρεῖ τὸ ἀμὴν ἐπὶ τῇ σῇ εὐχαριστίᾳ; ἐπειδὴ τί λέγεις οὐκ οἶδεν

15 21 [b] ἐπειδὴ γὰρ δι' ἀνθρώπου θάνατος

Ph 2 26 ἐπειδὴ ἐπιποθῶν ἦν πάντας ὑμᾶς (+ἰδεῖν S[H])

ἐπειδήπερ
Lc 1 1 ἐπειδήπερ πολλοὶ ἐπεχείρησαν ἀνατάξασθαι διήγησιν

ἐπεῖδον
→ ἐφοράω

ἔπειμι
→ εἰμι
Ac 7 26 τῇ τε ἐπιούσῃ ἡμέρᾳ ὤφθη αὐτοῖς μαχομένοις

16 11 εὐθυδρομήσαμεν εἰς Σαμοθρᾴκην, τῇ δὲ ἐπιούσῃ εἰς Νέαν πόλιν

20 15 κἀκεῖθεν ἀποπλεύσαντες τῇ ἐπιούσῃ κατηντήσαμεν ἄντικρυς Χίου

21 18 τῇ δὲ (τε T) ἐπιούσῃ εἰσῄει ὁ Παῦλος σὺν ἡμῖν πρὸς Ἰάκωβον

23 11 τῇ δὲ ἐπιούσῃ νυκτὶ ἐπιστὰς αὐτῷ ὁ κύριος εἶπεν

ἐπείπερ
Rm 3 30 * ⟨ἢ Ἰουδαίων ὁ θεὸς μόνον; οὐχὶ καὶ ἐθνῶν; ναὶ καὶ ἐθνῶν⟩ ἐπείπερ (ϛ; εἴπερ rl) εἷς ὁ θεός

ἐπεισαγωγή
Hb 7 19 οὐδὲν γὰρ ἐτελείωσεν ὁ νόμος, ἐπεισαγωγὴ δὲ κρείττονος ἐλπίδος

ἐπεισελεύσομαι
→ ἐπεισέρχομαι

ἐπεισέρχομαι
→ ἔρχομαι
Lc 21 35 | ὡς παγίς· ἐπεισελεύσεται γὰρ (ὡς π. γ. ἐπελεύσ. Vϛ) ἐπὶ πάντας τοὺς καθημένους

ἔπειτα
[a] in enumerando
Mc 7 5 * ἔπειτα (VSϛ; καὶ rl) ἐπερωτῶσιν αὐτὸν οἱ Φαρισαῖοι

Lc 16 7 [a] ⟨ἔλεγεν τῷ πρώτῳ⟩ ἔπειτα ἑτέρῳ εἶπεν

Jo 11 7 ἔπειτα μετὰ τοῦτο λέγει τοῖς μαθηταῖς

1 C 12 28 [a] καὶ οὓς μὲν ἔθετο ὁ θεὸς ἐν τῇ ἐκκλησίᾳ πρῶτον ἀποστόλους ... τρίτον διδασκάλους, ἔπειτα δυνάμεις, ↔

12 28 [a] ἔπειτα (εἶτα ϛ) χαρίσματα ἰαμάτων

15 5 [a] * ὤφθη Κηφᾷ, ἔπειτα (T; εἶτα rl) τοῖς δώδεκα· ↔

15 6 [a] ἔπειτα ὤφθη ἐπάνω πεντακοσίοις ἀδελφοῖς ἐφάπαξ

15 7 [a] ἔπειτα ὤφθη Ἰακώβῳ, ↔

15 7 [a] * ἔπειτα (T; εἶτα rl) τοῖς ἀποστόλοις πᾶσιν· ἔσχατον δὲ πάντων ... ὤφθη κἀμοί

15 23 [a] ἀπαρχὴ Χριστός, ἔπειτα οἱ τοῦ Χριστοῦ ἐν τῇ παρουσίᾳ αὐτοῦ ⟨εἶτα τὸ τέλος⟩

15 46 [a] ἀλλ' οὐ πρῶτον τὸ πνευματικὸν ἀλλὰ τὸ ψυχικόν, ἔπειτα τὸ πνευματικόν

G 1 18 ἔπειτα μετὰ | ἔτη τρία (∼NMVS TH) ἀνῆλθον εἰς Ἱεροσόλυμα

1 21 ἔπειτα ἦλθον εἰς τὰ κλίματα τῆς Συρίας

2 1 ἔπειτα διὰ δεκατεσσάρων ἐτῶν πάλιν ἀνέβην εἰς Ἱεροσόλυμα

1 Th 4 17ᵃ ⟨οἱ νεκροὶ ἐν Χριστῷ ἀναστήσον-
         ται πρῶτον⟩ ἔπειτα ἡμεῖς οἱ
         ζῶντες . . . ἁρπαγησόμεθα

Hb   7 2ᵃ πρῶτον μὲν ἑρμηνευόμενος βασι-
         λεὺς δικαιοσύνης, ἔπειτα δὲ καὶ
         βασιλεὺς Σαλήμ

     7 27ᵃ πρότερον ὑπὲρ τῶν ἰδίων ἁμαρτι-
         ῶν θυσίας ἀναφέρειν, ἔπειτα τῶν
         τοῦ λαοῦ

Jc   3 17ᵃ ἡ δὲ ἄνωθεν σοφία πρῶτον μὲν
         ἁγνή ἐστιν, ἔπειτα εἰρηνική

     4 14 ἀτμὶς γάρ ἐστε ἡ (—Η) πρὸς
         ὀλίγον φαινομένη, ἔπειτα καὶ
         ἀφανιζομένη

ἐπέκεινα

Ac   7 43 μετοικιῶ ὑμᾶς ἐπέκεινα Βαβυλῶνος

ἐπεκτείνομαι

→ ἐκτείνω

Ph   3 13 τὰ μὲν ὀπίσω ἐπιλανθανόμενος
         τοῖς δὲ ἔμπροσθεν ἐπεκτεινόμενος

ἐπελεύσομαι

→ ἐπέρχομαι

ἐπενδύομαι

→ δύνω, δύω

2 C   5 2 τὸ οἰκητήριον ἡμῶν τὸ ἐξ οὐρανοῦ
         ἐπενδύσασθαι ἐπιποθοῦντες

     5 4 ἐφ’ ᾧ οὐ θέλομεν ἐκδύσασθαι ἀλλ’
         ἐπενδύσασθαι

ἐπενδύτης

Jo 21 7 Σίμων οὖν Πέτρος . . . τὸν ἐπενδύ-
         την διεζώσατο, ἦν γὰρ γυμνός

ἐπέρχομαι

→ ἔρχομαι
ᵃ ἐ. ἐπί τινα
ᵇ τὰ ἐπερχόμενα

Lc   1 35ᵃ πνεῦμα ἅγιον ἐπελεύσεται ἐπὶ σέ
    11 22 ἐπὰν δὲ ἰσχυρότερος αὐτοῦ ἐπελ-
         θὼν νικήσῃ αὐτόν
    21 26ᵇ ἀποψυχόντων ἀνθρώπων ἀπὸ φό-
         βου καὶ προσδοκίας τῶν ἐπερχομέ-
         νων τῇ οἰκουμένῃ
    21 35ᵃ ∗ | ὡς παγὶς γὰρ ἐπελεύσεται (Vϛ;
         ὡς π.· ἐπεισ- γ. rl) ἐπὶ πάντας
         τοὺς καθημένους

Ac   1 8ᵃ ἀλλὰ λήμψεσθε δύναμιν ἐπελθόντος
         τοῦ ἁγίου πνεύματος ἐφ’ ὑμᾶς

     8 24ᵃ ὅπως μηδὲν ἐπέλθῃ ἐπ’ ἐμὲ ὧν
         εἰρήκατε

    13 40ᵃ βλέπετε οὖν μὴ ἐπέλθῃ (+ἐφ’ ὑμᾶς
         MV[S]ϛ) τὸ εἰρημένον ἐν τοῖς
         προφήταις

    14 19 ἐπῆλθαν δὲ ἀπὸ Ἀντιοχείας καὶ
         Ἰκονίου Ἰουδαῖοι

E   2 7 ἵνα ἐνδείξηται ἐν τοῖς αἰῶσιν τοῖς
         ἐπερχομένοις τὸ ὑπερβάλλον πλοῦ-
         τος τῆς χάριτος αὐτοῦ

Jc   5 1 κλαύσατε ὀλολύζοντες ἐπὶ ταῖς
         ταλαιπωρίαις ὑμῶν ταῖς ἐπερχο-
         μέναις

ἐπερωτάω

→ ἐρωτάω
ᵃ seq. εἰ
ᵇ ἐ. τινά τι
ᶜ ἐ. περί
ᵈ ἐ. c. inf.

Mt 12 10ᵃ ἐπηρώτησαν αὐτὸν λέγοντες· εἰ
         ἔξεστιν τοῖς σάββασιν θεραπεῦσαι
         (-εύειν MVBSHϛ);

    16 1ᵈ προσελθόντες οἱ [Η] Φαρισαῖοι . . .
         ἐπηρώτησαν (ἐπηρώτων Τ) αὐ-
         τὸν σημεῖον . . . ἐπιδεῖξαι αὐτοῖς

    17 10 ἐπηρώτησαν αὐτὸν οἱ μαθηταὶ
         (+αὐτοῦ MVBϛ) λέγοντες

    22 23 προσῆλθον αὐτῷ Σαδδουκαῖοι . . .
         καὶ ἐπηρώτησαν αὐτὸν ⟨λέγοντες⟩

Mt 22 35 ἐπηρώτησεν εἷς ἐξ αὐτῶν νομικὸς
         [N²⁶] πειράζων αὐτόν

    22 41 συνηγμένων δὲ τῶν Φαρισαίων
         ἐπηρώτησεν αὐτοὺς ὁ Ἰησοῦς
         ⟨λέγων⟩

    22 46 οὐδὲ ἐτόλμησέν τις ἀπ’ ἐκείνης τῆς
         ἡμέρας ἐπερωτῆσαι αὐτὸν οὐκέτι

    27 11 ἐπηρώτησεν αὐτὸν ὁ ἡγεμὼν
         λέγων

Mc   5 9 ἐπηρώτα αὐτόν

     7 5 καὶ (ἔπειτα VSϛ) ἐπερωτῶσιν
         αὐτὸν οἱ Φαρισαῖοι καὶ οἱ γραμ-
         ματεῖς

     7 17ᵇᶜ ἐπηρώτων αὐτὸν οἱ μαθηταὶ αὐ-
         τοῦ | τὴν παραβολήν (περὶ τῆς
         π-λῆς Sϛ)

     8 5 ∗ ἐπηρώτα (BSϛ; ἤρώτα rl) αὐτούς

     8 23ᵃ ἐπιθεὶς τὰς χεῖρας αὐτῷ, ἐπηρώτα
         αὐτόν· εἴ τι βλέπεις (βλέπει VSTϛ);

     8 27 ἐν τῇ ὁδῷ ἐπηρώτα τοὺς μαθητὰς
         αὐτοῦ λέγων αὐτοῖς

     8 29 αὐτὸς | ἐπηρώτα αὐτούς (λέγει
         αὐτοῖς ϛ)

     9 11 ἐπηρώτων αὐτὸν λέγοντες

     9 16 ἐπηρώτησεν αὐτούς

     9 21 ἐπηρώτησεν τὸν πατέρα αὐτοῦ

     9 28 εἰσελθόντος αὐτοῦ εἰς οἶκον οἱ
         μαθηταὶ αὐτοῦ κατ’ ἰδίαν ἐπηρώ-
         των αὐτόν

     9 32 οἱ δὲ . . . ἐφοβοῦντο αὐτὸν ἐπερω-
         τῆσαι

     9 33 ἐν τῇ οἰκίᾳ γενόμενος ἐπηρώτα
         αὐτούς

    10 2ᵃ || προσελθόντες (+οἱ Τϛ) Φαρι-
         σαῖοι [[Η]] ἐπηρώτων (-τησαν ϛ)
         αὐτὸν εἰ ἔξεστιν ἀνδρὶ γυναῖκα
         ἀπολῦσαι

    10 10ᶜ εἰς τὴν οἰκίαν πάλιν οἱ μαθηταὶ
         περὶ τούτου ἐπηρώτων (-τησαν
         ϛ) αὐτόν

    10 17 προσδραμὼν εἷς καὶ γονυπετήσας
         αὐτὸν ἐπηρώτα αὐτόν

    11 29ᵇ ἐπερωτήσω ὑμᾶς ἕνα λόγον, καὶ
         ἀποκρίθητέ μοι

    12 18 ἔρχονται Σαδδουκαῖοι . . . καὶ
         ἐπηρώτων (-τησαν ϛ) αὐτὸν λέ-
         γοντες

    12 28 προσελθὼν εἷς τῶν γραμματέων . . .
         ἐπηρώτησεν αὐτόν

    12 34 οὐδεὶς οὐκέτι ἐτόλμα αὐτὸν ἐπ-
         ερωτῆσαι

    13 3 καθημένου αὐτοῦ . . . κατέναντι
         τοῦ ἱεροῦ, ἐπηρώτα (-ρώτων ϛ)
         αὐτὸν κατ’ ἰδίαν (+ὁ Τ) Πέτρος
         καὶ Ἰάκωβος

    14 60 ἀναστὰς ὁ ἀρχιερεὺς εἰς μέσον
         ἐπηρώτησεν τὸν Ἰησοῦν λέγων

    14 61 πάλιν ὁ ἀρχιερεὺς ἐπηρώτα αὐτὸν
         καὶ λέγει αὐτῷ

    15 2 ἐπηρώτησεν αὐτὸν ὁ Πιλᾶτος

    15 4 ὁ δὲ Πιλᾶτος πάλιν ἐπηρώτα
         (-τησεν Vϛ) αὐτὸν λέγων ([ΝΗ];
         —Τ)

    15 44ᵃ ὁ δὲ Πιλᾶτος . . . ἐπηρώτησεν αὐ-
         τὸν εἰ πάλαι (ἤδη ΒΗ) ἀπέθανεν

Lc   2 46 εὗρον αὐτὸν ἐν τῷ ἱερῷ καθεζόμε-
         νον ἐν μέσῳ τῶν διδασκάλων . . .
         καὶ ἐπερωτῶντα αὐτούς

     3 10 ἐπηρώτων αὐτὸν οἱ ὄχλοι λέγον-
         τες

     3 14 ἐπηρώτων δὲ αὐτὸν καὶ στρατευό-
         μενοι λέγοντες

     6 9ᵃ ἐπερωτῶ (-τήσω Vϛ) ὑμᾶς εἰ (τί
         VSϛ) ἔξεστιν τῷ σαββάτῳ ἀγαθο-
         ποιῆσαι ⟨;⟩

Lc   8 9 ἐπηρώτων δὲ αὐτὸν οἱ μαθηταὶ
         αὐτοῦ (+λέγοντες ϛ) τίς αὕτη εἴη
         ἡ παραβολή

     8 30 ἐπηρώτησεν δὲ αὐτὸν ὁ Ἰησοῦς
         (+λέγων VBTϛ)

     9 18 ἐπηρώτησεν αὐτοὺς λέγων

    17 20 ἐπερωτηθεὶς δὲ ὑπὸ τῶν Φαρισαί-
         ων πότε ἔρχεται ἡ βασιλεία τοῦ
         θεοῦ, ἀπεκρίθη αὐτοῖς

    18 18 ἐπηρώτησέν τις αὐτὸν ἄρχων λέ-
         γων

    18 40 ἐγγίσαντος δὲ αὐτοῦ ἐπηρώτησεν
         αὐτόν (+λέγων ϛ)

    20 21 ἐπηρώτησαν αὐτὸν λέγοντες

    20 27 προσελθόντες δέ τινες τῶν Σαδδου-
         καίων . . . ἐπηρώτησαν αὐτὸν
         ⟨λέγοντες⟩

    20 40ᵇ οὐκέτι γὰρ ἐτόλμων ἐπερωτᾶν
         αὐτὸν οὐδέν

    21 7 ἐπηρώτησαν δὲ αὐτὸν λέγοντες

    22 64 περικαλύψαντες αὐτὸν ἐπηρώτων
         (+αὐτὸν MVBSϛ) λέγοντες

    23 3 ∗ ὁ δὲ Πιλᾶτος ἐπηρώτησεν (Vϛ;
         ἠρώτησεν rl) αὐτὸν λέγων

    23 6ᵃ Πιλᾶτος δὲ ἀκούσας (+Γαλιλαίαν
         Vϛ) ἐπηρώτησεν εἰ ὁ [Η] ἄνθρω-
         πος Γαλιλαῖός ἐστιν

    23 9 ἐπηρώτα δὲ αὐτὸν ἐν λόγοις
         ἱκανοῖς

Jo   9 23 διὰ τοῦτο οἱ γονεῖς αὐτοῦ εἶπαν . . .
         αὐτὸν ἐπερωτήσατε (ἐρωτήσατε ϛ)

    18 7 πάλιν οὖν | ἐπηρώτησεν αὐτοὺς
         (~ VSTϛ)

    18 21ᵇ ∗ τί με ἐπερωτᾷς (Sϛ; ἐρωτᾷς rl); ↔

    18 21 ∗ ἐπερώτησον (ϛ; ἐρώτησον rl)
         τοὺς ἀκηκοότας τί ἐλάλησα αὐ-
         τοῖς

Ac   1 6ᵃ ∗ οἱ μὲν οὖν συνελθόντες ἐπηρώτων
         (ϛ; ἠρ. rl) αὐτὸν λέγοντες· κύριε,
         εἰ . . . ἀποκαθιστάνεις

     5 27 ἐπηρώτησεν αὐτοὺς ὁ ἀρχιερεὺς
         ⟨λέγων⟩

    23 34 ἀναγνοὺς δὲ καὶ ἐπερωτήσας ἐκ
         ποίας ἐπαρχείας ἐστίν

Rm 10 20 ἐμφανὴς ἐγενόμην (+ἐν Β) τοῖς
         ἐμὲ μὴ ἐπερωτῶσιν

1 C 14 35 ἐν οἴκῳ τοὺς ἰδίους ἄνδρας ἐπερω-
         τάτωσαν

ἐπερώτημα

1 Pt 3 21 ὃ καὶ ὑμᾶς . . . σῴζει βάπτισμα . . .
         συνειδήσεως ἀγαθῆς ἐπερώτημα
         εἰς θεόν

ἐπέχω

→ ἔχω

Lc 14 7 ἔλεγεν δὲ . . . παραβολήν, ἐπέχων
         πῶς τὰς πρωτοκλισίας ἐξελέγοντο

Ac   3 5 ὁ δὲ ἐπεῖχεν αὐτοῖς προσδοκῶν
         τι παρ’ αὐτῶν λαβεῖν

    19 22 αὐτὸς ἐπέσχεν χρόνον εἰς τὴν
         Ἀσίαν

Ph   2 16 ⟨ἐν οἷς φαίνεσθε ὡς φωστῆρες⟩
         λόγον ζωῆς ἐπέχοντες, εἰς καύχημα
         ἐμοί

1 Tm 4 16 ἔπεχε σεαυτῷ καὶ τῇ διδασκαλίᾳ,
         ἐπίμενε αὐτοῖς

ἐπῆλθον

→ ἐπέρχομαι

ἐπήνεγκα

→ ἐπιφέρω

ἐπηρεάζω

Mt   5 44 ∗ προσεύχεσθε ὑπὲρ τῶν | ἐπηρεα-
         ζόντων ὑμᾶς καὶ (+ϛ) διωκόντων
         ὑμᾶς

Lc   6 28 προσεύχεσθε περὶ τῶν ἐπηρεα-
         ζόντων ὑμᾶς

1 Pt 3 16 ἵνα ... καταισχυνθῶσιν οἱ ἐπηρεάζοντες ὑμῶν τὴν ἀγαθὴν ἐν Χριστῷ ἀναστροφήν

ἐπί
I c. gen.
a de tempore
b c. verbo comp. ἐπι-
c c. verbo comp. ἀνα-
d c. verbo comp. κατα-
e ὁ, ἡ, τὸ ἐπί subst.
II c. dat.
f de tempore
g c. verbo comp. ἐπι-
h c. verbo comp. κατα-
j rel. c. dat.
III c. acc.
k de tempore
l c. verbo comp. ἐπι-
m c. verbo comp. ἀνα-
n c. verbo comp. κατα-
p c. verbo comp. ἐπανα-
q ἐφ' ὅσον
r ἐπὶ τὸ αὐτό
s ὁ, ἡ, τὸ ἐπί subst.
IV
t c. adv.

Mt 1 11 a Ἰωσίας δὲ ἐγέννησεν τὸν Ἰεχονίαν ... ἐπὶ τῆς μετοικεσίας Βαβυλῶνος

2 22 * ἀκούσας δὲ ὅτι Ἀρχέλαος βασιλεύει ἐπὶ (+ς) τῆς Ἰουδαίας

3 7 ἰδὼν δὲ πολλοὺς τῶν Φαρισαίων ... ἐρχομένους ἐπὶ τὸ βάπτισμα αὐτοῦ (—NTH) εἶπεν αὐτοῖς

3 13 τότε παραγίνεται ὁ Ἰησοῦς ἀπὸ τῆς Γαλιλαίας ἐπὶ τὸν Ἰορδάνην πρὸς τὸν Ἰωάννην

3 16 εἶδεν τὸ (+[N²⁶]VBSς) πνεῦμα τοῦ (+[N²⁶]VBSς) θεοῦ καταβαῖνον ... καὶ (+[N²⁶]MVBς) ἐρχόμενον ἐπ' αὐτόν

4 4 j οὐκ ἐπ' ἄρτῳ μόνῳ ζήσεται ὁ ἄνθρωπος, ↔

4 4 j ἀλλ' ἐπὶ παντὶ ῥήματι ἐκπορευομένῳ διὰ στόματος θεοῦ

4 5 ἔστησεν (ἵστησιν Sς) αὐτὸν ἐπὶ τὸ πτερύγιον τοῦ ἱεροῦ

4 6 ἐπὶ χειρῶν ἀροῦσίν σε

5 15 οὐδὲ ... τιθέασιν αὐτὸν ὑπὸ τὸν μόδιον, ἀλλ' ἐπὶ τὴν λυχνίαν

5 23 ἐὰν οὖν προσφέρῃς τὸ δῶρόν σου ἐπὶ τὸ θυσιαστήριον

5 39 * ἀλλ' ὅστις σε ῥαπίζει (-σει VSς) ἐπὶ (Vς; εἰς rl) τὴν δεξιὰν ‖ σιαγόνα σου ([N²⁶NH]; —T) ((~ VSς))

5 45 m ὅτι (ὃς S) τὸν ἥλιον αὐτοῦ ἀνατέλλει ἐπὶ πονηροὺς καὶ ἀγαθοὺς↔

5 45 καὶ βρέχει ἐπὶ δικαίους καὶ ἀδίκους

6 10 γενηθήτω τὸ θέλημά σου, ὡς ἐν οὐρανῷ καὶ ἐπὶ (+τῆς Vς) γῆς

6 19 μὴ θησαυρίζετε ὑμῖν θησαυροὺς ἐπὶ τῆς γῆς

6 27 τίς δὲ ἐξ ὑμῶν μεριμνῶν δύναται προσθεῖναι ἐπὶ τὴν ἡλικίαν αὐτοῦ πῆχυν ἕνα;

7 24 ὅστις ᾠκοδόμησεν αὐτοῦ τὴν οἰκίαν ἐπὶ τὴν πέτραν

7 25 τεθεμελίωτο γὰρ ἐπὶ τὴν πέτραν

7 26 ὅστις ᾠκοδόμησεν αὐτοῦ τὴν οἰκίαν ἐπὶ τὴν ἄμμον

7 28 j ἐξεπλήσσοντο οἱ ὄχλοι ἐπὶ τῇ διδαχῇ αὐτοῦ

9 2 προσέφερον αὐτῷ παραλυτικὸν ἐπὶ κλίνης βεβλημένον

Mt 9 6 ἐξουσίαν ἔχει ὁ υἱὸς τοῦ ἀνθρώπου ἐπὶ τῆς γῆς ἀφιέναι ἁμαρτίας

9 9 n εἶδεν ἄνθρωπον καθήμενον ἐπὶ τὸ τελώνιον

9 15 q μὴ δύνανται ... πενθεῖν, ἐφ' ὅσον μετ' αὐτῶν ἐστιν ὁ νυμφίος;

9 16 g οὐδεὶς δὲ ἐπιβάλλει ἐπίβλημα ῥάκους ἀγνάφου ἐπὶ ἱματίῳ παλαιῷ

9 18 j ἀλλὰ ἐλθὼν ἐπίθες τὴν χεῖρά σου ἐπ' αὐτήν

10 13 ἐλθάτω ἡ εἰρήνη ὑμῶν ἐπ' αὐτήν

10 13 j * ἡ εἰρήνη ὑμῶν ἐφ' (H; πρὸς rl) ὑμᾶς ἐπιστραφήτω

10 18 ἐπὶ ἡγεμόνας δὲ καὶ βασιλεῖς ἀχθήσεσθε ἕνεκεν ἐμοῦ

10 21 p ἐπαναστήσονται τέκνα ἐπὶ γονεῖς

10 27 ὃ εἰς τὸ οὖς ἀκούετε, κηρύξατε ἐπὶ τῶν δωμάτων

10 29 ἓν ἐξ αὐτῶν οὐ πεσεῖται ἐπὶ τὴν γῆν ἄνευ τοῦ πατρὸς ὑμῶν

10 34 μὴ νομίσητε ὅτι ἦλθον βαλεῖν εἰρήνην ἐπὶ τὴν γῆν

11 29 ἄρατε τὸν ζυγόν μου ἐφ' ὑμᾶς

12 18 θήσω τὸ πνεῦμά μου ἐπ' αὐτόν

12 26 εἰ ὁ σατανᾶς τὸν σατανᾶν ἐκβάλλει, ἐφ' ἑαυτὸν ἐμερίσθη

12 28 ἄρα ἔφθασεν ἐφ' ὑμᾶς ἡ βασιλεία τοῦ θεοῦ

12 49 ἐκτείνας τὴν χεῖρα αὐτοῦ ([NH]; —T) ἐπὶ τοὺς μαθητὰς αὐτοῦ εἶπεν

13 2 πᾶς ὁ ὄχλος ἐπὶ τὸν αἰγιαλὸν εἱστήκει

13 5 ἄλλα δὲ ἔπεσεν ἐπὶ τὰ πετρώδη

13 7 ἄλλα δὲ ἔπεσεν ἐπὶ τὰς ἀκάνθας

13 8 ἄλλα δὲ ἔπεσεν ἐπὶ τὴν γῆν τὴν καλήν

13 14 j * ἀναπληροῦται ἐπ' (+ς) αὐτοῖς ἡ προφητεία Ἠσαΐου ἡ λέγουσα

13 20 ὁ δὲ ἐπὶ τὰ πετρώδη σπαρείς, οὗτός ἐστιν ὁ τὸν λόγον ἀκούων

13 23 ὁ δὲ ἐπὶ τὴν καλὴν γῆν σπαρείς, οὗτός ἐστιν ὁ τὸν λόγον ἀκούων

13 48 m ἣν ὅτε ἐπληρώθη ἀναβιβάσαντες ἐπὶ τὸν αἰγιαλόν

14 8 j δός μοι, φησίν, ὧδε ἐπὶ πίνακι τὴν κεφαλὴν Ἰωάννου τοῦ βαπτιστοῦ

14 11 j ἠνέχθη ἡ κεφαλὴ αὐτοῦ ἐπὶ (ἐν S) (+τῷ BS) πίνακι

14 14 j εἶδεν πολὺν ὄχλον, καὶ ἐσπλαγχνίσθη ἐπ' αὐτοῖς (αὐτούς ς)

14 19 cm κελεύσας τοὺς ὄχλους ἀνακλιθῆναι ἐπὶ τοῦ χόρτου (τοὺς χόρτους ς)

14 25 ἦλθεν ([ἀπ]- V; ἀπ- Sς) πρὸς αὐτοὺς περιπατῶν ἐπὶ ‖ τὴν θάλασσαν (τῆς θ-άσσης ς). ↔

14 26 ‖ οἱ δὲ μαθηταὶ ἰδόντες αὐτὸν (καὶ ἰ. αὐ. οἱ μ. VSς; ἰ. δὲ αὐ. T) ἐπὶ ‖ τῆς θαλάσσης (τὴν θάλασσαν ς) περιπατοῦντα ἐταράχθησαν

14 28 κέλευσόν με ‖ ἐλθεῖν πρός σε (~ Sς) ἐπὶ τὰ ὕδατα

14 29 καταβὰς ἀπὸ τοῦ πλοίου ὁ (+ [N²⁶]VBSς) Πέτρος περιεπάτησεν ἐπὶ τὰ ὕδατα

14 34 διαπεράσαντες ἦλθον ‖ ἐπὶ τὴν γῆν εἰς (εἰς τ. γ. Sς) Γεννησαρέτ

15 32 σπλαγχνίζομαι ἐπὶ τὸν ὄχλον

15 35 m ‖ παραγγείλας τῷ ὄχλῳ (ἐκέλευσεν τοῖς ὄχλοις Vς) ἀναπεσεῖν ἐπὶ τὴν γῆν

16 18 j ἐπὶ ταύτῃ τῇ πέτρᾳ οἰκοδομήσω μου τὴν ἐκκλησίαν

Mt 16 19 ὃ ἐὰν δήσῃς ἐπὶ τῆς γῆς ἔσται δεδεμένον ἐν τοῖς οὐρανοῖς, ↔

16 19 καὶ ὃ ἐὰν λύσῃς ἐπὶ τῆς γῆς ἔσται λελυμένον ἐν τοῖς οὐρανοῖς

17 6 ἀκούσαντες οἱ μαθηταὶ ἔπεσαν ἐπὶ πρόσωπον αὐτῶν

18 5 j ὃς ἐὰν δέξηται ἓν παιδίον τοιοῦτο ἐπὶ τῷ ὀνόματί μου

18 6 * συμφέρει αὐτῷ ἵνα κρεμασθῇ μύλος ὀνικὸς ἐπὶ (ς; εἰς S; περὶ rl) τὸν τράχηλον αὐτοῦ

18 12 οὐχὶ ἀφήσει (ἀφεὶς VSTς) τὰ ἐνενήκοντα ἐννέα ἐπὶ τὰ ὄρη καὶ (—VSTς) πορευθεὶς ⟨;⟩

18 13 j ἀμὴν λέγω ὑμῖν ὅτι χαίρει ἐπ' αὐτῷ μᾶλλον ↔

18 13 j ἢ ἐπὶ τοῖς ἐνενήκοντα ἐννέα τοῖς μὴ πεπλανημένοις

18 16 ἵνα ἐπὶ στόματος δύο μαρτύρων ἢ τριῶν σταθῇ πᾶν ῥῆμα

18 18 ὅσα ἐὰν δήσητε ἐπὶ τῆς γῆς ἔσται δεδεμένα ἐν (+τῷ VSς) οὐρανῷ, ↔

18 18 καὶ ὅσα ἐὰν λύσητε ἐπὶ τῆς γῆς ἔσται λελυμένα ἐν (+τῷ VSς) οὐρανῷ

18 19 ἐὰν δύο συμφωνήσωσιν (-σουσιν T) ... ἐπὶ τῆς γῆς περὶ παντὸς πράγματος

18 26 j (+κύριε MV[S]ς) μακροθύμησον ἐπ' ἐμοί

18 29 j μακροθύμησον ἐπ' ἐμοί

19 9 j ὃς ἂν ἀπολύσῃ τὴν γυναῖκα αὐτοῦ μὴ ἐπὶ πορνείᾳ

19 28 d ὅταν καθίσῃ ὁ υἱὸς τοῦ ἀνθρώπου ἐπὶ θρόνου δόξης αὐτοῦ, ↔

19 28 n καθήσεσθε (καθίσεσθε STς) καὶ ὑμεῖς (αὐτοὶ NMVST) ἐπὶ δώδεκα θρόνους

21 5 j ἰδοὺ ὁ βασιλεύς σου ἔρχεταί σοι πραῢς καὶ ἐπιβεβηκὼς ἐπὶ ὄνον ↔

21 5 j καὶ ἐπὶ (—Vς) πῶλον υἱὸν ὑποζυγίου

21 7 b ἐπέθηκαν ἐπ' (ἐπάνω ς) αὐτῶν τὰ ἱμάτια (+αὐτῶν V[S]ς)

21 19 ἰδὼν συκῆν μίαν ἐπὶ τῆς ὁδοῦ ↔

21 19 ἦλθεν ἐπ' αὐτήν

21 44 ‖ καὶ ὁ πεσὼν ἐπὶ τὸν λίθον τοῦτον συνθλασθήσεται ([N²⁶NVSH. .]; —T. .)· ↔

21 44 ‖ ἐφ' ὃν δ' ἂν πέσῃ, λικμήσει αὐτόν ([. . N²⁶NVSH]; . . —T)

22 5 οἱ δὲ ἀμελήσαντες ἀπῆλθον ... ὃς δὲ ἐπὶ (εἰς ς) τὴν ἐμπορίαν αὐτοῦ

22 9 πορεύεσθε οὖν ἐπὶ τὰς διεξόδους τῶν ὁδῶν

22 33 j ἀκούσαντες οἱ ὄχλοι ἐξεπλήσσοντο ἐπὶ τῇ διδαχῇ αὐτοῦ. ↔

22 34 r οἱ δὲ Φαρισαῖοι ἀκούσαντες ... συνήχθησαν ἐπὶ τὸ αὐτό

23 2 d ἐπὶ τῆς Μωϋσέως καθέδρας ἐκάθισαν οἱ γραμματεῖς καὶ οἱ Φαρισαῖοι

23 4 j ἐπιτιθέασιν ἐπὶ τοὺς ὤμους τῶν ἀνθρώπων

23 9 πατέρα μὴ καλέσητε ὑμῶν ἐπὶ τῆς γῆς

23 35 ὅπως ἔλθῃ ἐφ' ὑμᾶς πᾶν αἷμα δίκαιον ↔

23 35 ἐκχυννόμενον ἐπὶ τῆς γῆς

23 36 ἥξει ‖ ταῦτα πάντα (~ VBS) ἐπὶ τὴν γενεὰν ταύτην

24 2 οὐ μὴ ἀφεθῇ ὧδε λίθος ἐπὶ λίθον

24 3 d καθημένου δὲ αὐτοῦ ἐπὶ τοῦ ὄρους τῶν ἐλαιῶν

24 5 j πολλοὶ γὰρ ἐλεύσονται ἐπὶ τῷ ὀνόματί μου λέγοντες

Mt 24 7 ἐγερθήσεται γὰρ ἔθνος ἐπὶ ἔθνος ↔
24 7 καὶ βασιλεία ἐπὶ βασιλείαν
24 16 * τότε οἱ ἐν τῇ Ἰουδαίᾳ φευγέτω-σαν ἐπὶ (VBSTς; εἰς rl) τὰ ὄρη, ↔
24 17ᵉὁ ἐπὶ τοῦ δώματος μὴ καταβάτω (-βαινέτω Sς) ἆραι τὰ ἐκ τῆς οἰκίας αὐτοῦ
24 30 ὄψονται τὸν υἱὸν τοῦ ἀνθρώπου ἐρχόμενον ἐπὶ τῶν νεφελῶν τοῦ οὐρανοῦ
24 33ᶠ γινώσκετε ὅτι ἐγγύς ἐστιν ἐπὶ θύραις
24 45ᵈ τίς ἄρα ἐστὶν ὁ πιστὸς δοῦλος ... ὃν κατέστησεν ὁ κύριος (+αὐτοῦ Vς) ἐπὶ τῆς οἰκετείας αὐτοῦ ⟨;⟩
24 47ʰ ἐπὶ πᾶσιν τοῖς ὑπάρχουσιν αὐτοῦ καταστήσει αὐτόν
25 20ʲ * ἴδε ἄλλα πέντε τάλαντα ἐκέρδη-σα | ἐπ’ αὐτοῖς (+Vς)
25 21 εὖ, δοῦλε ... ἐπὶ ὀλίγα ἦς πιστός, ↔
25 21ᵈ ἐπὶ πολλῶν σε καταστήσω
25 22ʲ * ἴδε ἄλλα δύο τάλαντα ἐκέρδησα | ἐπ’ αὐτοῖς (+Vς)
25 23 εὖ, δοῦλε ... ἐπὶ ὀλίγα ἦς πιστός, ↔
25 23ᵈ ἐπὶ πολλῶν σε καταστήσω
25 31ᵈ τότε καθίσει ἐπὶ θρόνου δόξης αὐτοῦ
25 40ᵠ ἐφ’ ὅσον ἐποιήσατε ἑνὶ τούτων τῶν ἀδελφῶν μου τῶν ἐλαχίστων
25 45ᵠ ἐφ’ ὅσον οὐκ ἐποιήσατε ἑνὶ τούτων τῶν ἐλαχίστων
26 7ᵈⁿ κατέχεεν ἐπὶ | τῆς κεφαλῆς (τὴν -ὴν Vς) αὐτοῦ ἀνακειμένου
26 12 βαλοῦσα γὰρ αὕτη τὸ μύρον τοῦ-το ἐπὶ τοῦ σώματός μου
26 39 προελθὼν (προσ- ST) μικρὸν ἔπεσεν ἐπὶ πρόσωπον αὐτοῦ προσ-ευχόμενος
26 50ʲ ἑταῖρε, ἐφ’ ὃ (ᾧ ς) πάρει. ↔
26 50ˡ τότε προσελθόντες ἐπέβαλον τὰς χεῖρας ἐπὶ τὸν Ἰησοῦν
26 55 ὡς ἐπὶ λῃστὴν ἐξήλθατε μετὰ μαχαιρῶν ... συλλαβεῖν με;
26 64 ἀπ’ ἄρτι ὄψεσθε τὸν υἱὸν τοῦ ἀνθρώπου ... ἐρχόμενον ἐπὶ τῶν νεφελῶν τοῦ οὐρανοῦ
27 19ᵈ καθημένου δὲ αὐτοῦ ἐπὶ τοῦ βή-ματος
27 25 τὸ αἷμα αὐτοῦ ἐφ’ ἡμᾶς ↔
27 25 καὶ ἐπὶ τὰ τέκνα ἡμῶν
27 27 παραλαβόντες τὸν Ἰησοῦν ... συνήγαγον ἐπ’ αὐτὸν ὅλην τὴν σπεῖραν
27 29ᵇˡ πλέξαντες στέφανον ... ἐπέθηκαν ἐπὶ | τῆς κεφαλῆς (τὴν -ὴν ς) αὐτοῦ ↔
27 29ˡ * καὶ κάλαμον | ἐπὶ τὴν δεξιὰν (ς; ἐν τῇ -ιᾷ rl) αὐτοῦ
27 35 * | ἐπὶ τὸν ἱματισμόν μου ἔβαλον κλῆρον (+.. ς)
27 42ʲ καταβάτω νῦν ἀπὸ τοῦ σταυροῦ καὶ πιστεύσομεν (-σωμεν BST) | ἐπ’ αὐτόν (αὐτῷ ς). ↔
27 43 πέποιθεν ἐπὶ τὸν θεόν
27 45 ἀπὸ δὲ ἕκτης ὥρας σκότος ἐγένετο ἐπὶ πᾶσαν τὴν γῆν
28 14 ἐὰν ἀκουσθῇ τοῦτο ἐπὶ τοῦ ἡγε-μόνος
28 18 ἐδόθη μοι πᾶσα ἐξουσία ἐν οὐρανῷ καὶ ἐπὶ τῆς ([N²⁶NH]; —rl) γῆς
Mc 1 10ⁿ * εἶδεν ... τὸ πνεῦμα ὡς περιστε-ρὰν καταβαῖνον ἐπ’ (ς; εἰς rl) αὐτόν

Mc 1 22ʲ ἐξεπλήσσοντο ἐπὶ τῇ διδαχῇ αὐτοῦ
1 45ʲ ἀλλ’ ἔξω ἐπ’ (ἐν ς) ἐρήμοις τόποις ἦν [H]
2 4ʰ * ἐξορύξαντες χαλῶσι τὸν κράβατ-τον | ἐφ’ ᾧ (ς; ὅπου rl) ὁ παραλυ-τικὸς κατέκειτο
2 10 ἐξουσίαν ἔχει ὁ υἱὸς τοῦ ἀνθρώπου | ἀφιέναι ἁμαρτίας ἐπὶ τῆς γῆς (~ VSς T)
2 14ⁿ παράγων εἶδεν Λευὶν ... καθήμενον ἐπὶ τὸ τελώνιον
2 21ᵍˡ οὐδεὶς ἐπίβλημα ῥάκους ἀγνά-φου ἐπιράπτει ἐπὶ | ἱμάτιον πα-λαιόν (ἱματίῳ παλαιῷ ς)
2 26ᵃ πῶς [NH] εἰσῆλθεν εἰς τὸν οἶκον τοῦ θεοῦ ἐπὶ Ἀβιαθὰρ ἀρχιερέως
3 5ʲ συλλυπούμενος ἐπὶ τῇ πωρώσει τῆς καρδίας αὐτῶν, λέγει τῷ ἀνθρώπῳ
3 24 ἐὰν βασιλεία ἐφ’ ἑαυτὴν μερισθῇ
3 25 ἐὰν οἰκία ἐφ’ ἑαυτὴν μερισθῇ
3 26ᵐ εἰ ὁ σατανᾶς ἀνέστη ἐφ’ ἑαυτὸν | καὶ ἐμερίσθη (μεμέρισται κ. B; κ. μεμέρισται VSς; ~ T)
4 1 πᾶς ὁ ὄχλος πρὸς τὴν θάλασσαν ἐπὶ τῆς γῆς ἦσαν
4 5 ἄλλο ἔπεσεν ἐπὶ τὸ πετρῶδες
4 16 οὗτοί || εἰσιν ὁμοίως (—N²⁶) ((~ ST)) οἱ ἐπὶ τὰ πετρώδη σπει-ρόμενοι
4 18 * ἄλλοι εἰσὶν οἱ ἐπὶ (ST; εἰς rl) τὰς ἀκάνθας σπειρόμενοι
4 20 ἐκεῖνοί εἰσιν οἱ ἐπὶ τὴν γῆν τὴν καλὴν σπαρέντες
4 21ˡ οὐχ ἵνα ἐπὶ τὴν λυχνίαν τεθῇ (ἐπὶ-ς) ;
4 26 ὡς (+ἐὰν [V]ς) ἄνθρωπος βάλῃ τὸν σπόρον ἐπὶ τῆς γῆς
4 31 ὡς κόκκῳ (-κον VS) σινάπεως, ὃς ὅταν σπαρῇ ἐπὶ τῆς γῆς, ↔
4 31ᵉ μικρότερον ὂν πάντων τῶν σπερ-μάτων τῶν ἐπὶ τῆς γῆς
4 38ʲ * | αὐτὸς ἦν (~ VBSTς) ἐπὶ (ς; ἐν rl) τῇ πρύμνῃ ↔
4 38ⁿ ἐπὶ τὸ προσκεφάλαιον καθεύδων
5 21 διαπεράσαντος τοῦ Ἰησοῦ ... συνήχθη ὄχλος πολὺς ἐπ’ αὐτόν
5 33ʲ * ἡ δὲ γυνὴ ... εἰδυῖα ὃ γέγονεν ἐπ’ (+VBSς) αὐτῇ, ἦλθεν
6 25ʲ θέλω ἵνα ἐξαυτῆς δῷς μοι ἐπὶ πίνακι τὴν κεφαλὴν Ἰωάννου τοῦ βαπτιστοῦ
6 28ʲ ἤνεγκεν τὴν κεφαλὴν αὐτοῦ ἐπὶ πίνακι
6 34ʲ εἶδεν πολὺν ὄχλον, καὶ ἐσπλαγχνί-σθη ἐπ’ αὐτούς (αὐτοῖς Vς)
6 39ʲ ἐπέταξεν αὐτοῖς ἀνακλῖναι (-κλιθῆ-ναι NMH) πάντας ... ἐπὶ τῷ χλωρῷ χόρτῳ
6 47 ὀψίας γενομένης ἦν ... αὐτὸς μόνος ἐπὶ τῆς γῆς
6 48 ἔρχεται πρὸς αὐτοὺς περιπατῶν ἐπὶ τῆς θαλάσσης
6 49 οἱ δὲ ἰδόντες αὐτὸν ἐπὶ τῆς θαλάσ-σης περιπατοῦντα ἔδοξαν
6 52ʲ οὐ γὰρ συνῆκαν ἐπὶ τοῖς ἄρτοις
6 53 διαπεράσαντες | ἐπὶ τὴν γῆν ἦλθον εἰς (ἦ. ἐ. τ. γ. ς) Γεννησαρέτ
6 55ʲ ἤρξαντο ἐπὶ τοῖς κραβάττοις τοὺς κακῶς ἔχοντας περιφέρειν
7 30 εὗρεν τὸ παιδίον βεβλημένον ἐπὶ | τὴν κλίνην (τῆς κλίνης ς)
8 2 σπλαγχνίζομαι ἐπὶ τὸν ὄχλον
8 4 πόθεν τούτους δυνήσεταί τις ὧδε χορτάσαι ἄρτων ἐπ’ ἐρημίας;

Mc 8 6ᵉ παραγγέλλει τῷ ὄχλῳ ἀναπεσεῖν ἐπὶ τῆς γῆς
8 25ˡ εἶτα πάλιν ἐπέθηκεν (ἔθηκεν H) τὰς χεῖρας ἐπὶ τοὺς ὀφθαλμοὺς αὐτοῦ
9 3 οἷα γναφεὺς ἐπὶ τῆς γῆς οὐ δύνα-ται οὕτως λευκᾶναι
9 12 πῶς γέγραπται ἐπὶ τὸν υἱὸν τοῦ ἀνθρώπου, ἵνα πολλὰ πάθῃ ⟨;⟩
9 13 καθὼς γέγραπται ἐπ’ αὐτόν
9 20 πεσὼν ἐπὶ τῆς γῆς ἐκυλίετο ἀφρί-ζων
9 22 ἀλλ’ εἴ τι δύνῃ, βοήθησον ἡμῖν σπλαγχνισθεὶς ἐφ’ ἡμᾶς
9 37ʲ ὃς ἂν ἓν [H] τῶν | τοιούτων παι-δίων (π. τούτων ST) δέξηται ἐπὶ τῷ ὀνόματί μου
9 39ʲ οὐδεὶς γάρ ἐστιν ὃς ποιήσει δύνα-μιν ἐπὶ τῷ ὀνόματί μου
10 11 ὃς ἂν ἀπολύσῃ τὴν γυναῖκα αὐ-τοῦ ... μοιχᾶται ἐπ’ αὐτήν
10 16 ἐναγκαλισάμενος αὐτὰ κατευλόγει τιθεὶς τὰς χεῖρας ἐπ’ αὐτά
10 22ʲ ὁ δὲ στυγνάσας ἐπὶ τῷ λόγῳ ἀπῆλθεν λυπούμενος
10 24ʲ οἱ δὲ μαθηταὶ ἐθαμβοῦντο ἐπὶ τοῖς λόγοις αὐτοῦ
10 24ʲ * πῶς δύσκολόν ἐστιν || τοὺς πεποιθότας ἐπὶ (+τοῖς ς) χρή-μασιν ((+MVB[S]ς)) εἰς τὴν βασι-λείαν ... εἰσελθεῖν
11 2ⁿ εὑρήσετε πῶλον δεδεμένον ἐφ’ ὃν οὐδεὶς ... ἐκάθισεν (κεκάθικεν BSTς)
11 4 εὗρον (+τὸν [S]Tς) πῶλον δε-δεμένον πρὸς (+τὴν VTς) θύραν ἔξω ἐπὶ τοῦ ἀμφόδου
11 7ʰ ἐκάθισεν ἐπ’ αὐτόν (αὐτῷ ς)
11 13 ἐλθὼν ἐπ’ αὐτὴν οὐδὲν εὗρεν εἰ μὴ φύλλα
11 18ʲ πᾶς γὰρ ὁ ὄχλος ἐξεπλήσσετο (-σοντο T) ἐπὶ τῇ διδαχῇ αὐτοῦ
12 14 ἀλλ’ ἐπ’ ἀληθείας τὴν ὁδὸν τοῦ θεοῦ διδάσκεις
12 17ʲ ἐξεθαύμαζον ἐπ’ αὐτῷ
12 26 οὐκ ἀνέγνωτε ἐν τῇ βίβλῳ Μωϋ-σέως ἐπὶ τοῦ (τῆς ς) βάτου πῶς εἶπεν αὐτῷ ὁ θεὸς λέγων ⟨;⟩
12 32 διδάσκαλε, ἐπ’ ἀληθείας εἶπες
13 2ʲ οὐ μὴ ἀφεθῇ ὧδε (—NMTς) λίθος ἐπὶ λίθον (λίθῳ ς)
13 6ʲ πολλοὶ (+γὰρ Vς) ἐλεύσονται ἐπὶ τῷ ὀνόματί μου λέγοντες
13 8 ἐγερθήσεται γὰρ ἔθνος ἐπ’ (ἐπὶ ς) ἔθνος ↔
13 8 καὶ βασιλεία ἐπὶ βασιλείαν
13 9 ἐπὶ ἡγεμόνων καὶ βασιλέων στα-θήσεσθε ἕνεκεν ἐμοῦ
13 12ᵖ ἐπαναστήσονται τέκνα ἐπὶ γονεῖς
13 15ᵉ ὁ δὲ ([N²⁶]; —NMH) ἐπὶ τοῦ δώματος μὴ καταβάτω (+εἰς τὴν οἰκίαν VSς)
13 29ᶠ γινώσκετε ὅτι ἐγγύς ἐστιν ἐπὶ θύραις
14 35 προελθὼν μικρὸν ἔπιπτεν ἐπὶ τῆς γῆς
14 46ˡ * οἱ δὲ ἐπέβαλον | ἐπ’ αὐτὸν τὰς χεῖρας αὐτῶν (ς; τ. χ. αὐτῷ rl)
14 48 ὡς ἐπὶ λῃστὴν ἐξήλθατε μετὰ μαχαιρῶν ... συλλαβεῖν με;
14 51 συνηκολούθει αὐτῷ περιβεβλη-μένος σινδόνα ἐπὶ γυμνοῦ
15 1ᵏ * εὐθὺς | ἐπὶ τὸ (+VSς) πρωῒ συμβούλιον ποιήσαντες (ἑτοιμά-σαντες NMST) οἱ ἀρχιερεῖς

Mc 15 22 φέρουσιν αὐτὸν ἐπὶ τὸν Γολγοθᾶν τόπον

15 24 βάλλοντες κλῆρον ἐπ᾽ αὐτὰ τίς τί ἄρῃ

15 33 γενομένης ὥρας ἕκτης σκότος ἐγένετο ἐφ᾽ ὅλην τὴν γῆν

15 46 προσεκύλισεν λίθον ἐπὶ τὴν θύραν τοῦ μνημείου

16 2 λίαν πρωῒ τῇ ([NH]; τῆς Sς) μιᾷ (μιᾶς Sς) τῶν σαββάτων ἔρχονται ἐπὶ τὸ μνημεῖον (μνῆμα NT)

[16 18]¹ἐπὶ ἀρρώστους χεῖρας ἐπιθήσουσιν καὶ καλῶς ἕξουσιν

Lc 1 12¹ φόβος ἐπέπεσεν ἐπ᾽ αὐτόν

1 14¹ πολλοὶ ἐπὶ τῇ γενέσει αὐτοῦ χαρήσονται

1 16¹ πολλοὺς τῶν υἱῶν Ἰσραὴλ ἐπιστρέψει ἐπὶ κύριον τὸν θεὸν αὐτῶν

1 17¹ προελεύσεται ἐνώπιον αὐτοῦ ... ἐπιστρέψαι καρδίας πατέρων ἐπὶ τέκνα

1 29¹ ἡ δὲ ἐπὶ τῷ λόγῳ διεταράχθη

1 33 βασιλεύσει ἐπὶ τὸν οἶκον Ἰακὼβ εἰς τοὺς αἰῶνας

1 35¹ πνεῦμα ἅγιον ἐπελεύσεται ἐπὶ σέ

1 47¹ ἠγαλλίασεν τὸ πνεῦμά μου ἐπὶ τῷ θεῷ τῷ σωτῆρί μου· ↔

1 48¹ ὅτι ἐπέβλεψεν ἐπὶ τὴν ταπείνωσιν τῆς δούλης αὐτοῦ

1 59¹ ἐκάλουν αὐτὸ ἐπὶ τῷ ὀνόματι τοῦ πατρὸς αὐτοῦ Ζαχαρίαν

1 65 ἐγένετο ἐπὶ πάντας φόβος τοὺς περιοικοῦντας αὐτούς

2 8 ποιμένες ἦσαν ... φυλάσσοντες φυλακὰς τῆς νυκτὸς ἐπὶ τὴν ποίμνην αὐτῶν

2 14 δόξα ἐν ὑψίστοις θεῷ καὶ ἐπὶ γῆς εἰρήνη

2 20¹ ὑπέστρεψαν οἱ ποιμένες δοξάζοντες καὶ αἰνοῦντες τὸν θεὸν ἐπὶ πᾶσιν οἷς ἤκουσαν

2 25 πνεῦμα ἦν ἅγιον ἐπ᾽ αὐτόν

2 33¹ ἦν ὁ πατὴρ αὐτοῦ καὶ ἡ μήτηρ (+αὐτοῦ Tς) θαυμάζοντες ἐπὶ τοῖς λαλουμένοις περὶ αὐτοῦ

2 40 χάρις θεοῦ ἦν ἐπ᾽ αὐτό

2 47¹ ἐξίσταντο δὲ πάντες οἱ ἀκούοντες αὐτοῦ ἐπὶ τῇ συνέσει καὶ ταῖς ἀποκρίσεσιν αὐτοῦ

3 2ᵃ⟨ἐν ἔτει δὲ πεντεκαιδεκάτῳ τῆς ἡγεμονίας Τιβερίου⟩ | ἐπὶ ἀρχιερέως (ἐπ᾽ ἀ-ων ς) Ἄννα καὶ Καϊάφα, ↔

3 2 ἐγένετο ῥῆμα θεοῦ ἐπὶ Ἰωάννην ... ἐν τῇ ἐρήμῳ

3 20¹ ⟨ἐλεγχόμενος ... ὁ Ἡρῴδης⟩ προσέθηκεν καὶ τοῦτο ἐπὶ πᾶσιν

3 22ⁿ ⟨ἐγένετο⟩ καταβῆναι τὸ πνεῦμα τὸ ἅγιον ... ὡς (ὡσεὶ Vς) περιστερὰν ἐπ᾽ αὐτόν

4 4¹ οὐκ ἐπ᾽ ἄρτῳ μόνῳ ζήσεται ὁ ἄνθρωπος, ↔

4 4¹ * | ἀλλ᾽ ἐπὶ παντὶ ῥήματι θεοῦ (+ς)

4 9 ἔστησεν ἐπὶ τὸ πτερύγιον τοῦ ἱεροῦ

4 11 ἐπὶ χειρῶν ἀροῦσίν σε

4 18 πνεῦμα κυρίου ἐπ᾽ ἐμέ

4 22¹ πάντες ... ἐθαύμαζον ἐπὶ τοῖς λόγοις τῆς χάριτος

4 25 ἐπ᾽ ἀληθείας δὲ λέγω ὑμῖν

4 25ᵏ ὅτε ἐκλείσθη ὁ οὐρανὸς ἐπὶ (—H) ἔτη τρία καὶ μῆνας ἕξ, ↔

4 25 ὡς ἐγένετο λιμὸς μέγας ἐπὶ πᾶσαν τὴν γῆν

4 27ᵃ πολλοὶ λεπροὶ ἦσαν ἐν τῷ Ἰσραὴλ ἐπὶ Ἐλισαίου τοῦ προφήτου

Lc 4 29 ἤγαγον αὐτὸν ἕως ὀφρύος τοῦ ὄρους ἐφ᾽ οὗ ἡ πόλις ᾠκοδόμητο αὐτῶν

4 32¹ ἐξεπλήσσοντο ἐπὶ τῇ διδαχῇ αὐτοῦ

4 36 ἐγένετο θάμβος ἐπὶ πάντας

4 43 ὅτι ἐπὶ (εἰς ς) τοῦτο ἀπεστάλην (-έσταλμαι Vς)

5 5¹ ἐπὶ δὲ τῷ ῥήματί σου χαλάσω | τὰ δίκτυα (τὸ δίκτυον Sς)

5 9¹ θάμβος γὰρ περιέσχεν ... πάντας τοὺς σὺν αὐτῷ ἐπὶ τῇ ἄγρᾳ τῶν ἰχθύων

5 11ⁿ καταγαγόντες τὰ πλοῖα ἐπὶ τὴν γῆν

5 12 πεσὼν ἐπὶ πρόσωπον ἐδεήθη αὐτοῦ λέγων

5 18 ἰδοὺ ἄνδρες φέροντες ἐπὶ κλίνης ἄνθρωπον

5 19ᵐ ἀναβάντες ἐπὶ τὸ δῶμα διὰ τῶν κεράμων καθῆκαν αὐτὸν ... εἰς τὸ μέσον

5 24 ὁ υἱὸς τοῦ ἀνθρώπου ἐξουσίαν ἔχει ἐπὶ τῆς γῆς ἀφιέναι ἁμαρτίας

5 25ʰⁿ ἄρας ἐφ᾽ ὃ (ᾧ ς) κατέκειτο, ἀπῆλθεν

5 27ᵉ ἐθεάσατο τελώνην ... καθήμενον ἐπὶ τὸ τελώνιον

5 36¹ οὐδεὶς ἐπίβλημα ἀπὸ ἱματίου καινοῦ σχίσας ἐπιβάλλει ἐπὶ ἱμάτιον παλαιόν

6 17 καταβὰς μετ᾽ αὐτῶν ἔστη ἐπὶ τόπου πεδινοῦ

6 29 τῷ τύπτοντί σε ἐπὶ (εἰς T) τὴν σιαγόνα πάρεχε καὶ τὴν ἄλλην

6 35 ὅτι αὐτὸς χρηστός ἐστιν ἐπὶ τοὺς ἀχαρίστους καὶ πονηρούς

6 48 ὃς ... ἔθηκεν θεμέλιον ἐπὶ τὴν πέτραν

6 48 * | τεθεμελίωτο γὰρ ἐπὶ τὴν πέτραν (ς; διὰ τὸ καλῶς οἰκοδομῆσθαι αὐτὴν rl)

6 49 ὅμοιός ἐστιν ἀνθρώπῳ οἰκοδομήσαντι οἰκίαν ἐπὶ τὴν γῆν χωρὶς θεμελίου

7 13¹ ἰδὼν αὐτὴν ὁ κύριος ἐσπλαγχνίσθη ἐπ᾽ αὐτῇ (αὐτήν T)

7 44 ὕδωρ μοι (μου T; —ς) ἐπὶ (+τοὺς MVB[S]Tς) πόδας (+μου ς) οὐκ ἔδωκας

8 6ⁿ ἕτερον κατέπεσεν (ἔπ. ς) ἐπὶ τὴν πέτραν

8 8 * ἕτερον ἔπεσεν ἐπὶ (ς; εἰς rl) τὴν γῆν τὴν ἀγαθήν

8 13ᵉˢ οἱ δὲ ἐπὶ | τῆς πέτρας (τὴν πέτραν T) οἳ ... μετὰ χαρᾶς δέχονται

8 16ᵇ λύχνον ... ἐπὶ λυχνίας τίθησιν (ἐπι- VSς)

8 27 ἐξελθόντι δὲ αὐτῷ ἐπὶ τὴν γῆν ὑπήντησεν ἀνήρ τις

9 1 ἔδωκεν αὐτοῖς δύναμιν καὶ ἐξουσίαν ἐπὶ πάντα τὰ δαιμόνια

9 5 τὸν κονιορτὸν ἀπὸ τῶν ποδῶν ὑμῶν ἀποτινάσσετε εἰς μαρτύριον ἐπ᾽ αὐτούς

9 38¹ διδάσκαλε, δέομαί σου ἐπιβλέψαι (ἐπιβ. STς) ἐπὶ τὸν υἱόν μου

9 43¹ ἐξεπλήσσοντο δὲ πάντες ἐπὶ τῇ μεγαλειότητι τοῦ θεοῦ. ↔

9 43¹ πάντων δὲ θαυμαζόντων ἐπὶ πᾶσιν οἷς ἐποίει εἶπεν

9 48¹ ὃς ἐὰν (ἂν BSH) δέξηται τοῦτο τὸ παιδίον ἐπὶ τῷ ὀνόματί μου

9 49¹ * ἐπιστάτα, εἴδομέν τινα ἐπὶ (Tς; ἐν rl) τῷ ὀνόματί σου ἐκβάλλοντα δαιμόνια

Lc 9 62¹ οὐδεὶς ἐπιβαλὼν τὴν χεῖρα (+ αὐτοῦ MVBSTς) ἐπ᾽ ἄροτρον καὶ βλέπων εἰς τὰ ὀπίσω

10 6ᵖ ἐὰν | ἐκεῖ ᾖ (~ VBSTς) υἱὸς εἰρήνης, ἐπαναπαήσεται (-παύσεται VBS) ἐπ᾽ αὐτὸν ἡ εἰρήνη ὑμῶν· ↔

10 6ᵐ εἰ δὲ μή γε, ἐφ᾽ ὑμᾶς ἀνακάμψει

10 9 ἤγγικεν ἐφ᾽ ὑμᾶς ἡ βασιλεία τοῦ θεοῦ

10 11 * ὅτι ἤγγικεν | ἐφ᾽ ὑμᾶς (+ς) ἡ βασιλεία τοῦ θεοῦ

10 19 δέδωκα (δίδωμι Vς) ὑμῖν τὴν ἐξουσίαν ... ἐπὶ πᾶσαν τὴν δύναμιν τοῦ ἐχθροῦ

10 34¹ ἐπιβιβάσας δὲ αὐτὸν ἐπὶ τὸ ἴδιον κτῆνος

10 35ᵏ ἐπὶ τὴν αὔριον ἐκβαλὼν | ἔδωκεν δύο δηνάρια (N²⁶; ~rl) τῷ πανδοχεῖ

11 2 * | γενηθήτω τὸ θέλημά σου, ὡς ἐν οὐρανῷ, καὶ ἐπὶ τῆς γῆς (+ς)

11 17 πᾶσα βασιλεία | ἐφ᾽ ἑαυτὴν διαμερισθεῖσα (~ ST) ἐρημοῦται, ↔

11 17 καὶ οἶκος ἐπὶ οἶκον πίπτει. ↔

11 18 εἰ δὲ καὶ ὁ σατανᾶς ἐφ᾽ ἑαυτὸν διεμερίσθη

11 20 ἄρα ἔφθασεν ἐφ᾽ ὑμᾶς ἡ βασιλεία τοῦ θεοῦ

11 22¹ τὴν πανοπλίαν αὐτοῦ αἴρει, ἐφ᾽ ᾖ ἐπεποίθει

11 33 οὐδεὶς λύχνον ἅψας εἰς κρύπτην τίθησιν ... ἀλλ᾽ ἐπὶ τὴν λυχνίαν

12 3 ὃ πρὸς τὸ οὖς ἐλαλήσατε ἐν τοῖς ταμείοις κηρυχθήσεται ἐπὶ τῶν δωμάτων

12 11 ὅταν δὲ εἰσφέρωσιν ὑμᾶς ἐπὶ τὰς συναγωγὰς καὶ τὰς ἀρχὰς καὶ τὰς ἐξουσίας

12 14ⁿ τίς με κατέστησεν κριτὴν ἢ μεριστὴν ἐφ᾽ ὑμᾶς;

12 25 τίς δὲ ... μεριμνῶν δύναται | ἐπὶ τὴν ἡλικίαν αὐτοῦ προσθεῖναι (~ VBSTς) πῆχυν (+ἕνα Vς);

12 42ᵈ ὃν καταστήσει ὁ κύριος ἐπὶ τῆς θεραπείας αὐτοῦ

12 44ʰ ἐπὶ πᾶσιν τοῖς ὑπάρχουσιν αὐτοῦ καταστήσει αὐτόν

12 49 πῦρ ἦλθον βαλεῖν ἐπὶ (εἰς ς) τὴν γῆν

12 52¹ ἔσονται γὰρ ... τρεῖς ἐπὶ δυσὶν ↔

12 52¹ καὶ δύο ἐπὶ τρισίν ↔

12 53¹ | διαμερισθήσονται, πατὴρ ἐπὶ (-ήσεται π. ἐφ᾽ ς) υἱῷ ↔

12 53¹ καὶ υἱὸς ἐπὶ πατρί, ↔

12 53¹ μήτηρ ἐπὶ τὴν (+N²⁶B[S]) θυγατέρα (-τρὶ ς) ↔

12 53¹ καὶ θυγάτηρ ἐπὶ τὴν (—Tς) μητέρα (μητρί ς), ↔

12 53 πενθερὰ ἐπὶ τὴν νύμφην αὐτῆς (—T)

12 53 καὶ νύμφη ἐπὶ τὴν πενθεράν

12 54ᵉ ὅταν ἴδητε τὴν (+[N²⁶]ς) νεφέλην ἀνατέλλουσαν ἐπὶ (ἀπὸ ς) δυσμῶν

12 58 ὡς γὰρ ὑπάγεις μετὰ τοῦ ἀντιδίκου σου ἐπ᾽ ἄρχοντα

13 4 ἢ ἐκεῖνοι οἱ δεκαοκτὼ ἐφ᾽ οὓς ἔπεσεν ὁ πύργος ... ὀφείλεται ἐγένοντο ⟨;⟩

13 17¹ πᾶς ὁ ὄχλος ἔχαιρεν ἐπὶ πᾶσιν τοῖς ἐνδόξοις τοῖς γινομένοις ὑπ᾽ αὐτοῦ

14 31 εἰ δυνατός ἐστιν ... ὑπαντῆσαι τῷ μετὰ εἴκοσι χιλιάδων ἐρχομένῳ ἐπ᾽ αὐτόν

Lc 15 4 τίς ἄνθρωπος ἐξ ὑμῶν ἔχων ἑκατὸν πρόβατα ... οὐ ... πορεύεται ἐπὶ τὸ ἀπολωλός ⟨;⟩

15 5[l] εὑρὼν ἐπιτίθησιν ἐπὶ τοὺς ὤμους αὐτοῦ χαίρων

15 7[j] οὕτως χαρὰ ἐν τῷ οὐρανῷ ἔσται ἐπὶ ἑνὶ ἁμαρτωλῷ μετανοοῦντι ↔

15 7[j] ἢ ἐπὶ ἐνενήκοντα ἐννέα δικαίοις

15 10[j] οὕτως ... γίνεται χαρὰ ἐνώπιον τῶν ἀγγέλων τοῦ θεοῦ ἐπὶ ἑνὶ ἁμαρτωλῷ μετανοοῦντι

15 20[l] δραμὼν ἐπέπεσεν ἐπὶ τὸν τράχηλον αὐτοῦ

16 26[j] * ἐπὶ (VBς; ἐν r1) πᾶσι τούτοις μεταξὺ ἡμῶν καὶ ὑμῶν χάσμα μέγα ἐστήρικται

17 4[l] * ἐὰν ... ἑπτάκις (+τῆς ἡμέρας Vς) ἐπιστρέψῃ ἐπὶ (ς; πρὸς r1) σὲ λέγων

17 16 ἔπεσεν ἐπὶ πρόσωπον παρὰ τοὺς πόδας αὐτοῦ εὐχαριστῶν αὐτῷ

17 31 ὃς ἔσται ἐπὶ τοῦ δώματος ... μὴ καταβάτω

17 34 ταύτῃ τῇ νυκτὶ ἔσονται δύο ἐπὶ κλίνης μιᾶς [H]

17 35[r] ἔσονται δύο ἀλήθουσαι ἐπὶ τὸ αὐτό

18 4[k] οὐκ ἤθελεν ἐπὶ χρόνον

18 7[j] ὁ δὲ θεὸς οὐ μὴ ποιήσῃ τὴν ἐκδίκησιν ... καὶ μακροθυμεῖ ἐπ᾽ αὐτοῖς;

18 8 πλὴν ὁ υἱὸς τοῦ ἀνθρώπου ἐλθὼν ἄρα εὑρήσει τὴν πίστιν ἐπὶ τῆς γῆς; ↔

18 9[j] εἶπεν δὲ καὶ πρός τινας τοὺς πεποιθότας ἐφ᾽ ἑαυτοῖς

19 4[m] προδραμὼν εἰς τὸ ἔμπροσθεν ἀνέβη ἐπὶ συκομορέαν

19 5 ὡς ἦλθεν ἐπὶ τὸν τόπον

19 14 οὐ θέλομεν τοῦτον βασιλεῦσαι ἐφ᾽ ἡμᾶς

19 23 διὰ τί οὐκ ἔδωκάς μου τὸ ἀργύριον ἐπὶ τράπεζαν;

19 27 πλὴν ... τοὺς μὴ θελήσαντάς με βασιλεῦσαι ἐπ᾽ αὐτοὺς ἀγάγετε ὧδε

19 30[n] εὑρήσετε πῶλον δεδεμένον, ἐφ᾽ ὃν οὐδεὶς πώποτε ἀνθρώπων ἐκάθισεν

19 35[l] ἐπιρίψαντες αὐτῶν τὰ ἱμάτια ἐπὶ τὸν πῶλον ἐπεβίβασαν τὸν Ἰησοῦν

19 41[l] ἰδὼν τὴν πόλιν ἔκλαυσεν ἐπ᾽ αὐτήν (-τῇ ς)

19 43 ὅτι ἥξουσιν ἡμέραι ἐπὶ σέ

19 44[j] ⟨οἱ ἐχθροί σου⟩ οὐκ ἀφήσουσιν λίθον ἐπὶ λίθον (-ῳ ς) ἐν σοί

20 18 πᾶς ὁ πεσὼν ἐπ᾽ ἐκεῖνον τὸν λίθον συνθλασθήσεται· ↔

20 18 ἐφ᾽ ὃν δ᾽ ἂν πέσῃ, λικμήσει αὐτόν. ↔

20 19[l] καὶ ἐζήτησαν ... οἱ ἀρχιερεῖς ἐπιβαλεῖν ἐπ᾽ αὐτὸν τὰς χεῖρας ἐν αὐτῇ τῇ ὥρᾳ

20 21 ἀλλ᾽ ἐπ᾽ ἀληθείας τὴν ὁδὸν τοῦ θεοῦ διδάσκεις

20 26[j] θαυμάσαντες ἐπὶ τῇ ἀποκρίσει αὐτοῦ ἐσίγησαν

20 37 Μωϋσῆς ἐμήνυσεν ἐπὶ τῆς βάτου

21 6[j] ἐλεύσονται ἡμέραι ἐν αἷς οὐκ ἀφεθήσεται λίθος ἐπὶ λίθῳ (+ὧδε H)

21 8[j] πολλοὶ γὰρ ἐλεύσονται ἐπὶ τῷ ὀνόματί μου λέγοντες

21 10 ἐγερθήσεται ἔθνος ἐπ᾽ (ἐπὶ ς) ἔθνος ↔

Lc 21 10 καὶ βασιλεία ἐπὶ βασιλείαν

21 12[l] πρὸ δὲ τούτων πάντων ἐπιβαλοῦσιν ἐφ᾽ ὑμᾶς τὰς χεῖρας αὐτῶν

21 12 ἀπαγομένους (ἀγ. ς) ἐπὶ βασιλεῖς καὶ ἡγεμόνας ἕνεκεν τοῦ ὀνόματός μου

21 23 ἔσται γὰρ ἀνάγκη μεγάλη ἐπὶ τῆς γῆς

21 25 ἔσονται (ἔσται Vς) σημεῖα ἐν ... ἄστροις, καὶ ἐπὶ τῆς γῆς συνοχὴ ἐθνῶν ἐν ἀπορίᾳ

21 34[l] μήποτε ... ἐπιστῇ ἐφ᾽ ὑμᾶς αἰφνίδιος ἡ ἡμέρα ἐκείνη ↔

21 35[l] | ὡς παγίς· ἐπεισελεύσεται γὰρ (ὡς π. γ. ἐπελ. Vς) ἐπὶ πάντας ↔

21 35[n] τοὺς καθημένους ἐπὶ πρόσωπον πάσης τῆς γῆς

22 21 πλὴν ἰδοὺ ἡ χεὶρ τοῦ παραδιδόντος με μετ᾽ ἐμοῦ ἐπὶ τῆς τραπέζης

22 30 ἵνα ἔσθητε (ἐσθίητε VBSς) καὶ πίνητε ἐπὶ τῆς τραπέζης μου ἐν τῇ βασιλείᾳ μου, ↔

22 30[d] καὶ καθήσεσθε (καθῆσθε H; -ίσησθε ς) ἐπὶ θρόνων | τὰς δώδεκα φυλὰς κρίνοντες (∼BTς) τοῦ Ἰσραήλ

22 40 γενόμενος δὲ ἐπὶ τοῦ τόπου εἶπεν αὐτοῖς

22 44[n] || ὁ ἱδρὼς αὐτοῦ ὡσεὶ θρόμβοι αἵματος καταβαίνοντες (-ντος T) ἐπὶ τὴν γῆν [[..N[26]NSH]]

22 52 εἶπεν δὲ (+ὁ Vς) Ἰησοῦς πρὸς τοὺς παραγενομένους ἐπ᾽ (πρὸς T) αὐτὸν ... πρεσβυτέρους·

22 52 ὡς ἐπὶ λῃστὴν ἐξήλθατε (ἐξεληλύθατε Tς) μετὰ ... ξύλων; ↔

22 53 καθ᾽ ἡμέραν ὄντος μου μεθ᾽ ὑμῶν ... οὐκ ἐξετείνατε τὰς χεῖρας ἐπ᾽ ἐμέ

22 59 ἐπ᾽ ἀληθείας καὶ οὗτος μετ᾽ αὐτοῦ ἦν

23 1 ἤγαγον αὐτὸν ἐπὶ τὸν Πιλᾶτον

23 28 θυγατέρες Ἰερουσαλήμ, μὴ κλαίετε ἐπ᾽ ἐμέ· ↔

23 28 πλὴν ἐφ᾽ ἑαυτὰς κλαίετε ↔

23 28 καὶ ἐπὶ τὰ τέκνα ὑμῶν

23 30 τότε ἄρξονται λέγειν τοῖς ὄρεσιν· πέσετε ἐφ᾽ ἡμᾶς

23 33 ὅτε ἦλθον (ἀπ- STς) ἐπὶ τὸν τόπον τὸν καλούμενον Κρανίον

23 38[j] ἦν δὲ καὶ ἐπιγραφὴ (+γεγραμμένη Vς) ἐπ᾽ αὐτῷ (+γράμμασιν ἑλληνικοῖς MVBSς ..)

23 44 σκότος ἐγένετο ἐφ᾽ ὅλην τὴν γῆν

23 48 πάντες οἱ συμπαραγενόμενοι ὄχλοι ἐπὶ τὴν θεωρίαν ταύτην ... ὑπέστρεφον

24 1 τῇ δὲ μιᾷ τῶν σαββάτων ὄρθρου βαθέως ἐπὶ τὸ μνῆμα ἦλθον

24 12 | ὁ δὲ Πέτρος ἀναστὰς ἔδραμεν ἐπὶ τὸ μνημεῖον ([VH..]; —NT..)

24 22 ἀλλὰ καὶ γυναῖκές τινες ... ἐξέστησαν ἡμᾶς, γενόμεναι ὀρθριναὶ ἐπὶ τὸ μνημεῖον

24 24 ἀπῆλθόν τινες τῶν σὺν ἡμῖν ἐπὶ τὸ μνημεῖον

24 25[j] ὦ ... βραδεῖς τῇ καρδίᾳ τοῦ πιστεύειν ἐπὶ πᾶσιν οἷς ἐλάλησαν οἱ προφῆται

24 47[j] ⟨γέγραπται⟩ κηρυχθῆναι ἐπὶ τῷ ὀνόματι αὐτοῦ μετάνοιαν εἰς (καὶ MVBSς) ἄφεσιν ἁμαρτιῶν

24 49 ἀποστέλλω (N[26]ς; ἐξαπο- r1) τὴν ἐπαγγελίαν τοῦ πατρός μου ἐφ᾽ ὑμᾶς

Jo 1 32 τεθέαμαι τὸ πνεῦμα καταβαῖνον ... καὶ ἔμεινεν ἐπ᾽ αὐτόν

1 33[n] ἐφ᾽ ὃν ἂν ἴδῃς τὸ πνεῦμα καταβαῖνον ↔

1 33 καὶ μένον ἐπ᾽ αὐτόν

1 51[n] (+ἀπ᾽ ἄρτι V[S]ς) ὄψεσθε ... τοὺς ἀγγέλους τοῦ θεοῦ ἀναβαίνοντας καὶ καταβαίνοντας ἐπὶ τὸν υἱὸν τοῦ ἀνθρώπου

3 36 οὐκ ὄψεται ζωήν, ἀλλ᾽ ἡ ὀργὴ τοῦ θεοῦ μένει ἐπ᾽ αὐτόν

4 6[h] κεκοπιακὼς ἐκ τῆς ὁδοιπορίας ἐκαθέζετο οὕτως ἐπὶ τῇ πηγῇ

4 27[j] ἐπὶ τούτῳ ἦλθαν οἱ μαθηταὶ αὐτοῦ

5 2[j] ἔστιν δὲ ἐν τοῖς Ἱεροσολύμοις ἐπὶ τῇ προβατικῇ κολυμβήθρα

6 2 ὅτι ἐθεώρουν (ἑώρων NVTς) τὰ σημεῖα ἃ ἐποίει ἐπὶ τῶν ἀσθενούντων

6 16[n] κατέβησαν οἱ μαθηταὶ αὐτοῦ ἐπὶ τὴν θάλασσαν

6 19 θεωροῦσιν τὸν Ἰησοῦν περιπατοῦντα ἐπὶ τῆς θαλάσσης

6 21 καὶ εὐθέως ἐγένετο τὸ πλοῖον ἐπὶ | τῆς γῆς (τὴν γῆν T) εἰς ἣν ὑπῆγον

7 30[l] οὐδεὶς ἐπέβαλεν ἐπ᾽ αὐτὸν τὴν χεῖρα

7 44[l] ἀλλ᾽ οὐδεὶς ἐπέβαλεν (ἔβ. TH) ἐπ᾽ αὐτὸν τὰς χεῖρας

[8 3][h] ἄγουσιν ... οἱ Φαρισαῖοι γυναῖκα ἐπὶ (ἐν ς) μοιχείᾳ κατειλημμένην

[8 4][h] αὕτη ἡ γυνὴ κατείληπται (εἴληπται S; κατελήφθη ς) | ἐπ᾽ αὐτοφώρῳ (ἐπαυ. ς) μοιχευομένη

[8 7][j] ὁ ἀναμάρτητος ὑμῶν πρῶτος | ἐπ᾽ αὐτὴν βαλέτω λίθον (τὸν λ. ἐπ᾽ αὐτῇ β. ς)

8 59 ἦραν οὖν λίθους ἵνα βάλωσιν ἐπ᾽ αὐτόν

9 6[l] ἐπέχρισεν (ἐπέθηκεν NH) αὐτοῦ (—ς) τὸν πηλὸν ἐπὶ τοὺς ὀφθαλμούς (+τοῦ τυφλοῦ Vς)

9 15[l] πηλὸν ἐπέθηκέν μου ἐπὶ τοὺς ὀφθαλμούς

11 38[g] ἦν δὲ σπήλαιον, καὶ λίθος ἐπέκειτο ἐπ᾽ αὐτῷ

12 14[n] εὑρὼν δὲ ὁ Ἰησοῦς ὀνάριον ἐκάθισεν ἐπ᾽ αὐτό

12 15[n] ἰδοὺ ὁ βασιλεύς σου ἔρχεται, καθήμενος ἐπὶ πῶλον ὄνου

12 16[j] τότε ἐμνήσθησαν ὅτι ταῦτα ἦν ἐπ᾽ αὐτῷ γεγραμμένα

13 18[l] ὁ τρώγων μου (μετ᾽ ἐμοῦ VTς; ἐμοῦ S) τὸν ἄρτον ἐπῆρεν (-ῆρκεν T) ἐπ᾽ ἐμὲ τὴν πτέρναν αὐτοῦ

13 25[lm] ἀναπεσὼν (ἐπι- STς) οὖν (—NMH; δὲ Sς) ἐκεῖνος οὕτως ἐπὶ τὸ στῆθος τοῦ Ἰησοῦ λέγει αὐτῷ

17 4 ἐγώ σε ἐδόξασα ἐπὶ τῆς γῆς

18 4 Ἰησοῦς οὖν εἰδὼς πάντα τὰ ἐρχόμενα ἐπ᾽ αὐτόν

19 13[d] ἐκάθισεν ἐπὶ βήματος εἰς τόπον λεγόμενον Λιθόστρωτον

19 19 ἔγραψεν δὲ καὶ τίτλον ὁ Πιλᾶτος καὶ ἔθηκεν ἐπὶ τοῦ σταυροῦ

19 24 ἐπὶ τὸν ἱματισμόν μου ἔβαλον κλῆρον

19 31 ἵνα μὴ μείνῃ ἐπὶ τοῦ σταυροῦ τὰ σώματα ἐν τῷ σαββάτῳ

19 33 ἐπὶ δὲ τὸν Ἰησοῦν ἐλθόντες

20 7 ⟨θεωρεῖ⟩ τὸ σουδάριον, ὃ ἦν ἐπὶ τῆς κεφαλῆς αὐτοῦ, οὐ μετὰ τῶν ὀθονίων κείμενον

Jo 21 1 μετὰ ταῦτα ἐφανέρωσεν ἑαυτὸν
πάλιν ... ἐπὶ τῆς θαλάσσης τῆς
Τιβεριάδος

21 4 * ἔστη (+ὁ Vϛ) Ἰησοῦς ἐπὶ (BST;
εἰς rl) τὸν αἰγιαλόν

21 11 * εἵλκυσεν τὸ δίκτυον | ἐπὶ τῆς
γῆς (ϛ; εἰς τὴν γῆν rl) μεστὸν
ἰχθύων μεγάλων

21 20ᵐ ὃς καὶ ἀνέπεσεν ἐν τῷ δείπνῳ ἐπὶ
τὸ στῆθος αὐτοῦ

Ac 1 8¹ ἀλλὰ λήμψεσθε δύναμιν ἐπελθόν-
τος τοῦ ἁγίου πνεύματος ἐφ᾽ ὑμᾶς

1 15ʳ ἦν τε ὄχλος ὀνομάτων ἐπὶ τὸ αὐτὸ
ὡσεὶ (ὡς Hϛ) ἑκατὸν εἴκοσι

1 21 ἐν παντὶ χρόνῳ ᾧ εἰσῆλθεν καὶ
ἐξῆλθεν ἐφ᾽ ἡμᾶς ὁ κύριος Ἰησοῦς

1 26 ἔπεσεν ὁ κλῆρος ἐπὶ Ματθίαν

2 1ʳ ἦσαν πάντες ὁμοῦ (ὁμοθυμαδὸν
Vϛ) ἐπὶ τὸ αὐτό

2 3ⁿ | καὶ ἐκάθισεν (ἐκάθισέν τε VSϛ)
ἐφ᾽ ἕνα ἕκαστον αὐτῶν

2 17 ἐκχεῶ ἀπὸ τοῦ πνεύματός μου ἐπὶ
πᾶσαν σάρκα

2 18 καί γε ἐπὶ τοὺς δούλους μου ↔

2 18 καὶ ἐπὶ τὰς δούλας μου ... ἐκχεῶ
ἀπὸ τοῦ πνεύματός μου

2 19 δώσω τέρατα ἐν τῷ οὐρανῷ ἄνω
καὶ σημεῖα ἐπὶ τῆς γῆς κάτω

2 26ʰ ἔτι δὲ καὶ ἡ σάρξ μου κατασκηνώ-
σει ἐπ᾽ ἐλπίδι

2 30ᵈⁿ ὅρκῳ ὤμοσεν αὐτῷ ... καθίσαι
ἐπὶ | τὸν θρόνον (τοῦ θρόνου ϛ)
αὐτοῦ

2 38ʲ βαπτισθήτω ἕκαστος ὑμῶν ἐπὶ (ἐν
BH) τῷ ὀνόματι Ἰησοῦ Χριστοῦ

2 43 | φόβος τε ἦν μέγας ἐπὶ πάντας
(.. +VB[S]T..). ↔

2 44ʳ καὶ (.. +VB[S]T) πάντες δὲ οἱ
πιστεύοντες (N²⁶ϛ; -σαντες rl)
ἦσαν (—NH) ἐπὶ τὸ αὐτὸ καὶ
(—NH) εἶχον ἅπαντα κοινά

2 47ʳ ὁ δὲ κύριος προσετίθει τοὺς σῳ-
ζομένους καθ᾽ ἡμέραν (+τῇ ἐκ-
κλησίᾳ [VS]ϛ) ἐπὶ τὸ αὐτό

3 1ᵏ ἀνέβαινον εἰς τὸ ἱερὸν ἐπὶ τὴν
ὥραν τῆς προσευχῆς τὴν ἐνάτην

3 10ʰ αὐτὸς (N²⁶ST; οὗτος rl) ἦν ὁ ...
καθήμενος ἐπὶ τῇ ὡραίᾳ πύλῃ
τοῦ ἱεροῦ, ↔

3 10ˡ καὶ ἐπλήσθησαν θάμβους καὶ ἐκ-
στάσεως ἐπὶ τῷ συμβεβηκότι αὐ-
τῷ

3 11ˡ συνέδραμεν πᾶς ὁ λαὸς πρὸς αὐ-
τοὺς ἐπὶ τῇ στοᾷ τῇ καλουμένῃ
Σολομῶντος ἔκθαμβοι

3 12ʲ ἄνδρες Ἰσραηλῖται, τί θαυμάζετε
ἐπὶ τούτῳ ⟨;⟩

3 16ʲ ἐπὶ (—H) τῇ πίστει τοῦ ὀνόματος
αὐτοῦ τοῦτον ... ἐστερέωσεν τὸ
ὄνομα αὐτοῦ

4 5ᵏ ἐγένετο δὲ ἐπὶ τὴν αὔριον συν-
αχθῆναι αὐτῶν τοὺς ἄρχοντας

4 9ʲ εἰ ἡμεῖς σήμερον ἀνακρινόμεθα ἐπὶ
εὐεργεσίᾳ ἀνθρώπου ἀσθενοῦς

4 17 ἀλλ᾽ ἵνα μὴ ἐπὶ πλεῖον διανεμηθῇ
εἰς τὸν λαόν, ↔

4 17ʲ (+ἀπειλῇ VBϛ) ἀπειλησώμεθα
αὐτοῖς μηκέτι λαλεῖν ἐπὶ τῷ
ὀνόματι τούτῳ μηδενὶ ἀνθρώπων

4 18ʲ παρήγγειλαν τὸ (αὐτοῖς τὸ ϛ;
—NMTH) καθόλου μὴ φθέγγεσθαι
μηδὲ διδάσκειν ἐπὶ τῷ ὀνόματι τοῦ
[H] Ἰησοῦ

4 21ʲ ὅτι πάντες ἐδόξαζον τὸν θεὸν ἐπὶ
τῷ γεγονότι

Ac 4 22 ὁ ἄνθρωπος ἐφ᾽ ὃν γεγόνει (ἐγε-
γόνει MVBSϛ) τὸ σημεῖον τοῦτο
τῆς ἰάσεως

4 26ʳ οἱ ἄρχοντες συνήχθησαν ἐπὶ τὸ
αὐτὸ ... κατὰ τοῦ χριστοῦ αὐ-
τοῦ. ↔

4 27 συνήχθησαν γὰρ ἐπ᾽ ἀληθείας | ἐν
τῇ πόλει ταύτῃ (—ϛ) ↔

4 27 ἐπὶ τὸν ἅγιον παῖδά σου Ἰησοῦν

4 29¹ τὰ νῦν, κύριε, ἔπιδε ἐπὶ τὰς ἀπειλὰς
αὐτῶν

4 33 χάρις τε μεγάλη ἦν ἐπὶ πάντας
αὐτούς

5 5 ἐγένετο φόβος μέγας ἐπὶ πάντας
τοὺς ἀκούοντας

5 9ʲ ἰδοὺ οἱ πόδες τῶν θαψάντων τὸν
ἄνδρα σου ἐπὶ τῇ θύρᾳ

5 11 ἐγένετο φόβος μέγας ἐφ᾽ ὅλην τὴν
ἐκκλησίαν ↔

5 11 καὶ ἐπὶ πάντας τοὺς ἀκούοντας
ταῦτα

5 15 ὥστε ... ἐκφέρειν τοὺς ἀσθενεῖς καὶ
τιθέναι ἐπὶ κλιναρίων καὶ κραβάτ-
των

5 18¹ ἐπέβαλον τὰς χεῖρας (+αὐτῶν
[VS]ϛ) ἐπὶ τοὺς ἀποστόλους

5 23 εὕρομεν ... τοὺς φύλακας | ἑστῶ-
τας ἐπὶ (ἔξω ἑστ. πρὸ ϛ) τῶν θυ-
ρῶν

5 28ʲ οὐ ([N²⁶]; —NVTH) παραγγελίᾳ
παρηγγείλαμεν ὑμῖν μὴ διδάσκειν
ἐπὶ τῷ ὀνόματι τούτῳ;

5 28¹ βούλεσθε ἐπαγαγεῖν ἐφ᾽ ἡμᾶς τὸ
αἷμα τοῦ ἀνθρώπου τούτου

5 30 ὃν ὑμεῖς διεχειρίσασθε κρεμάσαντες
ἐπὶ ξύλου

5 35ʲ προσέχετε ἑαυτοῖς ἐπὶ τοῖς ἀν-
θρώποις τούτοις τί μέλλετε πράσ-
σειν

5 40ʲ δείραντες παρήγγειλαν μὴ λαλεῖν
ἐπὶ τῷ ὀνόματι τοῦ Ἰησοῦ

6 3ᵈ ἐπισκέψασθε ... ἄνδρας ... οὓς
καταστήσομεν ἐπὶ τῆς χρείας
ταύτης

7 10ⁿ κατέστησεν αὐτὸν ἡγούμενον ἐπ᾽
Αἴγυπτον ↔

7 10ⁿ καὶ ἐφ᾽ (+[N²⁶]BST) ὅλον τὸν
οἶκον αὐτοῦ. ↔

7 11 ἦλθεν δὲ λιμὸς ἐφ᾽ ὅλην τὴν Αἴγυ-
πτον (γῆν Αἰγύπτου Sϛ)

7 18ᵐ ἄχρι οὗ ἀνέστη βασιλεὺς ἕτερος
| ἐπ᾽ Αἴγυπτον ([N²⁶]; —ϛ)

7 23ᵐ ἀνέβη ἐπὶ τὴν καρδίαν αὐτοῦ
ἐπισκέψασθαι τοὺς ἀδελφοὺς αὐτοῦ

7 27ᵈⁿ τίς σε κατέστησεν ἄρχοντα καὶ
δικαστὴν ἐφ᾽ ἡμῶν (ἡμᾶς ϛ)

7 33ʲ ὁ γὰρ τόπος ἐφ᾽ (ἐν ϛ) ᾧ ἕστηκας
γῆ ἁγία ἐστίν

7 54 ἀκούοντες δὲ ταῦτα ... ἔβρυχον
τοὺς ὀδόντας ἐπ᾽ αὐτόν

7 57 κράξαντες δὲ ... ὥρμησαν ὁμο-
θυμαδὸν ἐπ᾽ αὐτόν

8 1 ἐγένετο ... διωγμὸς μέγας ἐπὶ τὴν
ἐκκλησίαν τὴν ἐν Ἱεροσολύμοις

8 2ʲ ἐποίησαν κοπετὸν μέγαν ἐπ᾽ αὐτῷ

8 16ᵍ (πνεῦμα ἅγιον) οὐδέπω γὰρ ἦν
ἐπ᾽ οὐδενὶ αὐτῶν ἐπιπεπτωκός

8 17¹ τότε ἐπετίθεσαν τὰς χεῖρας ἐπ᾽
αὐτούς

8 24¹ ὅπως μηδὲν ἐπέλθῃ ἐπ᾽ ἐμὲ ὧν
εἰρήκατε

8 26 πορεύου ... ἐπὶ τὴν ὁδὸν τὴν
καταβαίνουσαν ἀπὸ Ἰερουσαλὴμ
εἰς Γάζαν

8 27 ὃς ἦν ἐπὶ πάσης τῆς γάζης αὐτῆς

Ac 8 28ᵈ ἦν τε (δὲ NMH) ὑποστρέφων καὶ
καθήμενος ἐπὶ τοῦ ἅρματος αὐτοῦ

8 32 ὡς πρόβατον ἐπὶ σφαγὴν ἤχθη

8 36 ὡς δὲ ἐπορεύοντο κατὰ τὴν ὁδόν,
ἦλθον ἐπί τι ὕδωρ

9 4 πεσὼν ἐπὶ τὴν γῆν ἤκουσεν φωνὴν
λέγουσαν αὐτῷ

9 11 ἀναστὰς (ἀνάστα H) πορεύθητι
ἐπὶ τὴν ῥύμην τὴν καλουμένην
εὐθεῖαν

9 17¹ ἐπιθεὶς ἐπ᾽ αὐτὸν τὰς χεῖρας εἶπεν

9 21 ἵνα δεδεμένους αὐτοὺς ἀγάγῃ ἐπὶ
τοὺς ἀρχιερεῖς

9 33ᵈʰ εὗρεν δὲ ἐκεῖ ... Αἰνέαν ἐξ ἐτῶν
ὀκτὼ κατακείμενον ἐπὶ κραβάττου
(-τῳ ϛ)

9 35¹ οἵτινες ἐπέστρεψαν ἐπὶ τὸν κύριον

9 42 ἐπίστευσαν πολλοὶ ἐπὶ τὸν κύριον

10 9ᵐ ἀνέβη Πέτρος ἐπὶ τὸ δῶμα προσ-
εύξασθαι περὶ ὥραν ἕκτην

10 10¹ παρασκευαζόντων δὲ αὐτῶν ἐγέ-
νετο (ἐπέπεσεν ϛ) ἐπ᾽ αὐτὸν ἔκστα-
σις, ↔

10 11ⁿ * καὶ θεωρεῖ ... καταβαῖνον | ἐπ᾽
αὐτὸν (+ϛ) σκεῦός τι ὡς ὀθόνην
μεγάλην, ↔

10 11ᵈ τέσσαρσιν ἀρχαῖς (+δεδεμένον καὶ
[V]Sϛ) καθιέμενον ἐπὶ τῆς γῆς

10 16ᵗ τοῦτο δὲ ἐγένετο ἐπὶ τρίς

10 17¹ ἰδοὺ οἱ ἄνδρες οἱ ἀπεσταλμένοι ...
ἐπέστησαν ἐπὶ τὸν πυλῶνα

10 25 συναντήσας αὐτῷ ὁ Κορνήλιος
πεσὼν ἐπὶ τοὺς πόδας προσεκύνη-
σεν

10 34ᵈ ἐπ᾽ ἀληθείας καταλαμβάνομαι ὅτι
οὐκ ἔστιν προσωπολήμπτης ὁ θεός

10 39 ὃν καὶ ἀνεῖλαν κρεμάσαντες ἐπὶ
ξύλου

10 44¹ ἐπέπεσεν τὸ πνεῦμα τὸ ἅγιον ἐπὶ
πάντας τοὺς ἀκούοντας τὸν λόγον

10 45 ὅτι καὶ ἐπὶ τὰ ἔθνη ἡ δωρεὰ τοῦ
| ἁγίου πνεύματος (π. τοῦ ἁ. H)
ἐκκέχυται

11 10ᵗ τοῦτο δὲ ἐγένετο ἐπὶ τρίς

11 11 ἰδοὺ ἐξαυτῆς τρεῖς ἄνδρες ἐπέστη-
σαν ἐπὶ τὴν οἰκίαν

11 15¹ ἐπέπεσεν τὸ πνεῦμα τὸ ἅγιον ἐπ᾽
αὐτοὺς ↔

11 15¹ ὥσπερ καὶ ἐφ᾽ ἡμᾶς ἐν ἀρχῇ

11 17 ἡμῖν, πιστεύσασιν ἐπὶ τὸν κύριον
Ἰησοῦν Χριστόν

11 19¹ ἀπὸ τῆς θλίψεως τῆς γενομένης
ἐπὶ Στεφάνῳ

11 21¹ πολύς τε ἀριθμὸς ὁ ([S]; —ϛ)
πιστεύσας ἐπέστρεψεν ἐπὶ τὸν
κύριον

11 28 λιμὸν μεγάλην μέλλειν ἔσεσθαι ἐφ᾽
ὅλην τὴν οἰκουμένην· ↔

11 28ᵃ ἥτις ἐγένετο ἐπὶ Κλαυδίου

12 10 ἦλθαν ἐπὶ τὴν πύλην τὴν σιδηρᾶν

12 12 συνιδών τε ἦλθεν ἐπὶ τὴν οἰκίαν
τῆς ([S]; —ϛ) Μαρίας

12 20ᵉ πείσαντες Βλάστον τὸν ἐπὶ τοῦ
κοιτῶνος τοῦ βασιλέως ᾐτοῦντο
εἰρήνην

12 21ᵈ ὁ [H] Ἡρῴδης ... καθίσας ἐπὶ
τοῦ βήματος ἐδημηγόρει πρὸς
αὐτούς

13 11 καὶ νῦν ἰδοὺ χεὶρ κυρίου ἐπὶ σέ

13 11¹ παραχρῆμά τε (δὲ NMVBSHϛ)
ἔπεσεν (ἐπ- ϛ) ἐπ᾽ αὐτὸν ἀχλὺς καὶ
σκότος

13 12ʲ ὁ ἀνθύπατος ... ἐπίστευσεν, ἐκ-
πλησσόμενος ἐπὶ τῇ διδαχῇ τοῦ
κυρίου

Ac 13 31 ᵏὃς ὤφθη ἐπὶ ἡμέρας πλείους τοῖς συναναβᾶσιν αὐτῷ ... εἰς Ἱερουσαλήμ

13 40 ¹ * βλέπετε οὖν μὴ ἐπέλθη | ἐφ' ὑμᾶς (+MV[S]ς) τὸ εἰρημένον ἐν τοῖς προφήταις

13 50 ¹ ἐπήγειραν διωγμὸν ἐπὶ τὸν Παῦλον καὶ Βαρναβᾶν

13 51 οἱ δὲ ἐκτιναξάμενοι τὸν κονιορτὸν τῶν ποδῶν ἐπ' αὐτοὺς ἦλθον εἰς Ἰκόνιον

14 3 ʲ ἱκανὸν μὲν οὖν χρόνον διέτριψαν παρρησιαζόμενοι ἐπὶ τῷ κυρίῳ ↔

14 3 ʲ τῷ μαρτυροῦντι ἐπὶ ([N²⁶]; —VS Hς) τῷ λόγῳ τῆς χάριτος αὐτοῦ

14 10 ᵐἀνάστηθι ἐπὶ τοὺς πόδας σου ὀρθός

14 13 ταύρους καὶ στέμματα ἐπὶ τοὺς πυλῶνας ἐνέγκας ... ἤθελεν θύειν

14 15 ¹ εὐαγγελιζόμενοι ὑμᾶς ἀπὸ τούτων τῶν ματαίων ἐπιστρέφειν ἐπὶ θεὸν ζῶντα

15 10 ¹ ἐπιθεῖναι ζυγὸν ἐπὶ τὸν τράχηλον τῶν μαθητῶν

15 14 ʲ * καθὼς πρῶτον ὁ θεὸς ἐπεσκέψατο λαβεῖν ἐξ ἐθνῶν λαὸν ἐπὶ (+ς) τῷ ὀνόματι αὐτοῦ

15 17 ¹ ὅπως ἂν ἐκζητήσωσιν ... τὸν κύριον, καὶ πάντα τὰ ἔθνη ἐφ' οὓς ἐπικέκληται τὸ ὄνομά μου ↔

15 17 ¹ ἐπ' αὐτούς

15 19 ¹ μὴ παρενοχλεῖν τοῖς ἀπὸ τῶν ἐθνῶν ἐπιστρέφουσιν ἐπὶ τὸν θεόν

15 31 ʲ ἀναγνόντες δὲ ἐχάρησαν ἐπὶ τῇ παρακλήσει

16 18 ᵏτοῦτο δὲ ἐποίει ἐπὶ πολλὰς ἡμέρας

16 19 ἐπιλαβόμενοι τὸν Παῦλον καὶ τὸν Σιλᾶν εἵλκυσαν εἰς τὴν ἀγορὰν ἐπὶ τοὺς ἄρχοντας

16 31 πίστευσον ἐπὶ τὸν κύριον Ἰησοῦν (+Χριστόν Sς)

17 2 ᵏἐπὶ σάββατα τρία διελέξατο αὐτοῖς ἀπὸ τῶν γραφῶν

17 6 μὴ εὑρόντες δὲ αὐτοὺς ἔσυρον Ἰάσονα ... ἐπὶ τοὺς πολιτάρχας

17 14 τὸν Παῦλον ἐξαπέστειλαν οἱ ἀδελφοὶ πορεύεσθαι ἕως (ὡς ς) ἐπὶ τὴν θάλασσαν

17 19 ἐπιλαβόμενοί τε (δὲ NMH) αὐτοῦ ἐπὶ τὸν Ἄρειον πάγον ἤγαγον

17 26 ᵈⁿἐποίησέν τε ... πᾶν ἔθνος ἀνθρώπων κατοικεῖν ἐπὶ | παντὸς προσώπου (πᾶν τὸ π-ον VSς) τῆς γῆς

18 6 τὸ αἷμα ὑμῶν ἐπὶ τὴν κεφαλὴν ὑμῶν

18 12 κατεπέστησαν ... τῷ Παύλῳ καὶ ἤγαγον αὐτὸν ἐπὶ τὸ βῆμα

18 20 ᵏἐρωτώντων δὲ αὐτῶν ἐπὶ πλείονα χρόνον μεῖναι οὐκ ἐπένευσεν

19 6 ἦλθε τὸ πνεῦμα τὸ ἅγιον ἐπ' αὐτούς

19 8 ᵏἐπαρρησιάζετο ἐπὶ μῆνας τρεῖς διαλεγόμενος

19 10 ᵏτοῦτο δὲ ἐγένετο ἐπὶ ἔτη δύο

19 12 ¹ ὥστε καὶ ἐπὶ τοὺς ἀσθενοῦντας ἀποφέρεσθαι (ἐπι-ς) ἀπὸ τοῦ χρωτὸς αὐτοῦ σουδάρια

19 13 ἐπεχείρησαν δέ τινες ... ὀνομάζειν ἐπὶ τοὺς ἔχοντας τὰ πνεύματα τὰ πονηρὰ τὸ ὄνομα τοῦ κυρίου Ἰησοῦ

19 16 ¹ ἐφαλόμενος (ἐφαλλ. VSς) ὁ ἄνθρωπος ἐπ' αὐτούς, ἐν ᾧ ἦν τὸ πνεῦμα τὸ πονηρόν

Ac 19 17 ¹ ἐπέπεσεν φόβος ἐπὶ πάντας αὐτούς

19 34 ᵏφωνὴ ἐγένετο μία ἐκ πάντων, ὡς (ὡσεὶ H) ἐπὶ ὥρας δύο κραζόντων (-ντες NT)

20 9 ᵈκαθεζόμενος (καθήμενος ς) δέ τις νεανίας ... ἐπὶ τῆς θυρίδος, καταφερόμενος ὕπνῳ βαθεῖ, ↔

20 9 ᵏδιαλεγομένου τοῦ Παύλου ἐπὶ πλεῖον

20 11 ᵏγευσάμενος, ἐφ' ἱκανόν τε ὁμιλήσας ἄχρι αὐγῆς, οὕτως ἐξῆλθεν

20 13 ἡμεῖς δὲ προελθόντες (προ[σ]. M; προσ. S) ἐπὶ τὸ πλοῖον ↔

20 13 ᵐἀνήχθημεν ἐπὶ (εἰς ς) τὴν Ἄσσον

20 37 ¹ ἐπιπεσόντες ἐπὶ τὸν τράχηλον τοῦ Παύλου κατεφίλουν αὐτόν, ↔

20 38 ʲ ὀδυνώμενοι μάλιστα ἐπὶ τῷ λόγῳ ᾧ εἰρήκει

21 5 θέντες τὰ γόνατα ἐπὶ τὸν αἰγιαλὸν προσευξάμενοι ⟨ἀπησπασάμεθα ἀλλήλους⟩

21 23 εἰσὶν ἡμῖν ἄνδρες τέσσαρες εὐχὴν ἔχοντες ἐφ' (ἀφ' H) ἑαυτῶν· ↔

21 24 ʲ τούτους παραλαβὼν ... δαπάνησον ἐπ' αὐτοῖς

21 27 ¹ ἐπέβαλον ἐπ' αὐτὸν τὰς χεῖρας

21 32 ⁿὃς ἐξαυτῆς παραλαβὼν στρατιώτας καὶ ἑκατοντάρχας (-άρχους Sς) κατέδραμεν ἐπ' αὐτούς

21 35 ὅτε δὲ ἐγένετο ἐπὶ τοὺς ἀναβαθμούς

21 40 ὁ Παῦλος ἑστὼς ἐπὶ τῶν ἀναβαθμῶν κατέσεισεν τῇ χειρὶ τῷ λαῷ

22 19 ἐγὼ ἤμην φυλακίζων καὶ δέρων κατὰ τὰς συναγωγὰς τοὺς πιστεύοντας ἐπὶ σέ

23 30 παραγγείλας καὶ τοῖς κατηγόροις λέγειν || τὰ ([N²⁶]; —NH) πρὸς αὐτὸν ((αὐτοὺς T)) ἐπὶ σοῦ

24 4 ᵗ ἵνα δὲ μὴ ἐπὶ πλεῖόν σε ἐγκόπτω

24 8 * | κελεύσας τοὺς κατηγόρους αὐτοῦ ἔρχεσθαι ἐπὶ σέ (..+ς)

24 19 οὓς ἔδει ἐπὶ σοῦ παρεῖναι καὶ κατηγορεῖν

24 20 ἢ αὐτοὶ οὗτοι εἰπάτωσαν τί εὗρον ἀδίκημα στάντος μου ἐπὶ τοῦ συνεδρίου

24 21 ὅτι περὶ ἀναστάσεως νεκρῶν ἐγὼ κρίνομαι σήμερον ἐφ' (ὑφ' ς) ὑμῶν

25 6 ᵈτῇ ἐπαύριον καθίσας ἐπὶ τοῦ βήματος ἐκέλευσεν τὸν Παῦλον ἀχθῆναι

25 9 θέλεις εἰς Ἱεροσόλυμα ἀναβὰς ἐκεῖ περὶ τούτων κριθῆναι ἐπ' ἐμοῦ; ↔

25 10 εἶπεν δὲ ὁ Παῦλος· | ἐπὶ τοῦ βήματος Καίσαρος ἑστώς (~ NM TH) εἰμι

25 12 Καίσαρα ἐπικέκλησαι, ἐπὶ Καίσαρα πορεύσῃ

25 17 ᵈτῇ ἑξῆς καθίσας ἐπὶ τοῦ βήματος ἐκέλευσα ἀχθῆναι τὸν ἄνδρα

25 26 διὸ προήγαγον αὐτὸν ἐφ' ὑμῶν ↔

25 26 καὶ μάλιστα ἐπὶ σοῦ, βασιλεῦ Ἀγρίππα

26 2 ἥγημαι ἐμαυτὸν μακάριον ἐπὶ σοῦ μέλλων σήμερον ἀπολογεῖσθαι

26 6 ʲ καὶ νῦν ἐπ' ἐλπίδι τῆς εἰς τοὺς πατέρας ἡμῶν ἐπαγγελίας ... ἕστηκα κρινόμενος

26 16 ἀλλὰ ἀνάστηθι καὶ στῆθι ἐπὶ τοὺς πόδας σου

26 18 ¹ τοῦ ἐπιστρέψαι ἀπὸ ... τῆς ἐξουσίας τοῦ σατανᾶ ἐπὶ τὸν θεόν

26 20 ¹ ἀπήγγελλον μετανοεῖν καὶ ἐπιστρέφειν ἐπὶ τὸν θεόν

Ac 27 20 ᵏˡμήτε ἄστρων ἐπιφαινόντων ἐπὶ πλείονας ἡμέρας ... περιηρεῖτο ἐλπὶς πᾶσα

27 43 ἐκέλευσέν τε τοὺς δυναμένους κολυμβᾶν ἀπορίψαντας πρώτους ἐπὶ τὴν γῆν ἐξιέναι, ↔

27 44 ʲ καὶ τοὺς λοιποὺς οὓς μὲν ἐπὶ σανίσιν, ↔

27 44 οὓς δὲ ἐπί τινων τῶν ἀπὸ τοῦ πλοίου. ↔

27 44 καὶ οὕτως ἐγένετο πάντας διασωθῆναι ἐπὶ τὴν γῆν

28 3 ¹ τοῦ Παύλου ... ἐπιθέντος ἐπὶ τὴν πυράν

28 6 ᵏἐπὶ πολὺ δὲ αὐτῶν προσδοκώντων

28 14 ᵍ * παρεκλήθημεν ἐπ' (ς; παρ' rl) αὐτοῖς ἐπιμεῖναι ἡμέρας ἑπτά

Rm 1 10 ⟨μνείαν ὑμῶν ποιοῦμαι⟩ πάντοτε ἐπὶ τῶν προσευχῶν μου, δεόμενος

1 18 ἀποκαλύπτεται γὰρ ὀργὴ θεοῦ ἀπ' οὐρανοῦ ἐπὶ πᾶσαν ἀσέβειαν

2 2 τὸ κρίμα τοῦ θεοῦ ἐστιν κατὰ ἀλήθειαν ἐπὶ τοὺς τὰ τοιαῦτα πράσσοντας

2 9 θλῖψις καὶ στενοχωρία ἐπὶ πᾶσαν ψυχὴν ἀνθρώπου τοῦ κατεργαζομένου τὸ κακόν

3 22 ⟨νυνὶ δὲ ... δικαιοσύνη θεοῦ πεφανέρωται⟩ διὰ πίστεως ... εἰς πάντας | καὶ ἐπὶ πάντας (+VB [S]ς) τοὺς πιστεύοντας

4 5 τῷ ... πιστεύοντι δὲ ἐπὶ τὸν δικαιοῦντα τὸν ἀσεβῆ

4 9 ὁ μακαρισμὸς οὖν οὗτος ἐπὶ τὴν περιτομὴν ↔

4 9 ἢ καὶ ἐπὶ τὴν ἀκροβυστίαν;

4 18 ʲ ὃς παρ' ἐλπίδα ἐπ' ἐλπίδι ἐπίστευσεν

4 24 τοῖς πιστεύουσιν ἐπὶ τὸν ἐγείραντα Ἰησοῦν ... ἐκ νεκρῶν

5 2 ʲ δι' οὗ ... καὶ καυχώμεθα ἐπ' ἐλπίδι τῆς δόξης τοῦ θεοῦ

5 12 οὕτως εἰς πάντας ἀνθρώπους ὁ θάνατος διῆλθεν, ἐφ' ᾧ πάντες ἥμαρτον

5 14 ἀλλὰ ἐβασίλευσεν ὁ θάνατος ἀπὸ Ἀδὰμ μέχρι Μωϋσέως καὶ ἐπὶ τοὺς μὴ ἁμαρτήσαντας ↔

5 14 ʲ ἐπὶ τῷ ὁμοιώματι τῆς παραβάσεως Ἀδάμ

6 21 ᵍτίνα οὖν καρπὸν εἴχετε τότε; ἐφ' οἷς νῦν ἐπαισχύνεσθε

7 1 ᵠἢ ἀγνοεῖτε ... ὅτι ὁ νόμος κυριεύει τοῦ ἀνθρώπου ἐφ' ὅσον χρόνον ζῇ;

8 20 ʲ τῇ γὰρ ματαιότητι ἡ κτίσις ὑπετάγη ... ἐφ' ἐλπίδι (ἐπ' ἐ. MVSς)

9 5 ἐξ ὧν ὁ Χριστός ... ὁ ὢν ἐπὶ πάντων θεὸς εὐλογητὸς εἰς τοὺς αἰῶνας

9 23 ἵνα γνωρίσῃ τὸν πλοῦτον τῆς δόξης αὐτοῦ ἐπὶ σκεύη ἐλέους

9 28 λόγον γὰρ συντελῶν καὶ συντέμνων ποιήσει κύριος ἐπὶ τῆς γῆς

9 33 ʲ ὁ πιστεύων ἐπ' αὐτῷ οὐ καταισχυνθήσεται

10 11 πᾶς ὁ πιστεύων ἐπ' αὐτῷ οὐ καταισχυνθήσεται

10 19 ʲ ἐγὼ παραζηλώσω ὑμᾶς ἐπ' οὐκ ἔθνει, ↔

10 19 ἐπ' (ἐπὶ ς) ἔθνει ἀσυνέτῳ παροργιῶ ὑμᾶς

11 13 ᵠἐφ' ὅσον μὲν οὖν ([S]; —ς) εἰμι ἐγὼ ἐθνῶν ἀπόστολος

Rm 11 22 ἴδε οὖν . . . ἀποτομίαν θεοῦ· ἐπὶ
μὲν τοὺς πεσόντας ἀποτομία, ↔

11 22 ἐπὶ δὲ σὲ χρηστότης θεοῦ

12 20 ἄνθρακας πυρὸς σωρεύσεις ἐπὶ
τὴν κεφαλὴν αὐτοῦ

15 3ʲ οἱ ὀνειδισμοὶ τῶν ὀνειδιζόντων σε
ἐπέπεσαν ἐπ’ ἐμέ

15 12ʲ ἔσται . . . ὁ ἀνιστάμενος ἄρχειν
ἐθνῶν· ἐπ’ αὐτῷ ἔθνη ἐλπιοῦσιν

15 20 ἵνα μὴ ἐπ’ ἀλλότριον θεμέλιον
οἰκοδομῶ

16 19ʲ ἡ γὰρ ὑμῶν ὑπακοὴ εἰς πάντας
ἀφίκετο | ἐφ’ ὑμῖν οὖν χαίρω (χ.
οὖν τὸ ἐφ’ ὑ. ς)

1 C 1 4ʲ εὐχαριστῶ τῷ θεῷ μου (—NH) . . .
ἐπὶ τῇ χάριτι τοῦ θεοῦ

2 9ᵐ ἃ . . . οὓς οὐκ ἤκουσεν καὶ ἐπὶ
καρδίαν ἀνθρώπου οὐκ ἀνέβη

3 12ʲ εἰ δέ τις ἐποικοδομεῖ ἐπὶ τὸν θεμέ-
λιον (+τοῦτον [MS]ς)

6 1 τολμᾷ τις ὑμῶν . . . κρίνεσθαι ἐπὶ
τῶν ἀδίκων, ↔

6 1 καὶ οὐχὶ ἐπὶ τῶν ἁγίων;

6 6 ἀλλὰ ἀδελφὸς μετὰ ἀδελφοῦ κρίνε-
ται, καὶ τοῦτο ἐπὶ ἀπίστων;

7 5ʳ ἵνα σχολάσητε τῇ προσευχῇ καὶ
πάλιν ἐπὶ τὸ αὐτὸ ἦτε (ἦτε S;
συνέρχησθε ς)

7 36 εἰ δέ τις ἀσχημονεῖν ἐπὶ τὴν
παρθένον αὐτοῦ νομίζει

7 39ᵠ γυνὴ δέδεται ἐφ’ ὅσον χρόνον ζῇ
ὁ ἀνὴρ αὐτῆς

8 5 εἴπερ εἰσὶν λεγόμενοι θεοὶ εἴτε ἐν
οὐρανῷ εἴτε ἐπὶ (+τῆς ς) γῆς

9 10ʲ ὅτι ὀφείλει ἐπ’ ἐλπίδι ὁ ἀροτριῶν
ἀροτριᾶν, ↔

9 10ʲ καὶ ὁ ἀλοῶν | ἐπ’ ἐλπίδι τοῦ
μετέχειν (τῆς ἐλπ. αὐτοῦ μετ. ἐπ’
ἐλπ. ς)

11 10 διὰ τοῦτο ὀφείλει ἡ γυνὴ ἐξουσίαν
ἔχειν ἐπὶ τῆς κεφαλῆς διὰ τοὺς
ἀγγέλους

11 20ʳ συνερχομένων οὖν ὑμῶν ἐπὶ τὸ
αὐτὸ οὐκ ἔστιν κυριακὸν δεῖπνον
φαγεῖν

13 6ʲ ⟨ἡ ἀγάπη⟩ οὐ χαίρει ἐπὶ τῇ
ἀδικίᾳ, συγχαίρει δὲ τῇ ἀληθείᾳ

14 16ʲ πῶς ἐρεῖ τὸ ἀμὴν ἐπὶ τῇ σῇ
εὐχαριστίᾳ;

14 23ʳ ἐὰν οὖν συνέλθῃ ἡ ἐκκλησία ὅλη
ἐπὶ τὸ αὐτὸ

14 25 οὕτως πεσὼν ἐπὶ πρόσωπον προσ-
κυνήσει τῷ θεῷ

16 17ʲ χαίρω δὲ ἐπὶ τῇ παρουσίᾳ Στεφα-
νᾶ . . . καὶ Ἀχαϊκοῦ

2 C 1 4ᶠ ⟨εὐλογητὸς ὁ θεὸς⟩ ὁ παρακαλῶν
ἡμᾶς ἐπὶ πάσῃ τῇ θλίψει ἡμῶν

1 9ʲ ἵνα μὴ πεποιθότες ὦμεν ἐφ’ ἑαυτοῖς
↔

1 9ʲ ἀλλ’ ἐπὶ τῷ θεῷ

1 23ʲ ἐγὼ δὲ μάρτυρα τὸν θεὸν ἐπικα-
λοῦμαι ἐπὶ τὴν ἐμὴν ψυχήν

2 3 ἵνα μὴ ἐλθὼν λύπην σχῶ . . . πε-
ποιθὼς ἐπὶ πάντας ὑμᾶς

3 13 οὐ καθάπερ Μωϋσῆς ἐτίθει κάλυμ-
μα ἐπὶ τὸ πρόσωπον αὐτοῦ
(ἑαυτ. Τς)

3 14ʲ ἄχρι γὰρ τῆς σήμερον ἡμέρας τὸ
αὐτὸ κάλυμμα ἐπὶ τῇ ἀναγνώσει
τῆς παλαιᾶς διαθήκης μένει

3 15 ἡνίκα ἂν ἀναγινώσκηται Μωϋσῆς
κάλυμμα ἐπὶ τὴν καρδίαν αὐτῶν
κεῖται

5 4ʲ στενάζομεν βαρούμενοι, ἐφ’ ᾧ οὐ
θέλομεν ἐκδύσασθαι

2 C 7 4ʲ ὑπερπερισσεύομαι τῇ χαρᾷ ἐπὶ
πάσῃ τῇ θλίψει ἡμῶν

7 7ʲ ἀλλὰ καὶ ἐν τῇ παρακλήσει ᾗ
παρεκλήθη ἐφ’ ὑμῖν

7 13ʲ ἐπὶ δὲ τῇ παρακλήσει ἡμῶν ↔

7 13ʲ περισσοτέρως μᾶλλον ἐχάρημεν
ἐπὶ τῇ χαρᾷ Τίτου

7 14 οὕτως καὶ ἡ καύχησις ἡμῶν ἡ
(—NTH) ἐπὶ Τίτου ἀλήθεια ἐγενή-
θη

9 6ʲ ὁ σπείρων ἐπ’ εὐλογίαις ↔

9 6ʲ ἐπ’ εὐλογίαις καὶ θερίσει

9 13ʲ δοξάζοντες τὸν θεὸν ἐπὶ τῇ
ὑποταγῇ τῆς ὁμολογίας ὑμῶν εἰς
τὸ εὐαγγέλιον

9 14ʲ ἐπιποθούντων ὑμᾶς διὰ τὴν ὑπερ-
βάλλουσαν χάριν τοῦ θεοῦ ἐφ’ ὑμῖν.
↔

9 15ʲ χάρις τῷ θεῷ ἐπὶ τῇ ἀνεκδιηγήτῳ
αὐτοῦ δωρεᾷ

10 2 θαρρῆσαι τῇ πεποιθήσει ᾗ λογί-
ζομαι τολμῆσαι ἐπί τινας τοὺς
λογιζομένους ἡμᾶς

10 7 τοῦτο λογιζέσθω πάλιν ἐφ’ (ἀφ’ ς)
ἑαυτοῦ

12 9ʲ ἵνα ἐπισκηνώσῃ ἐπ’ ἐμὲ ἡ δύναμις
τοῦ Χριστοῦ

12 21ʲ μὴ πάλιν . . . πενθήσω πολλοὺς
τῶν . . . μὴ μετανοησάντων ἐπὶ
τῇ ἀκαθαρσίᾳ . . . ᾗ ἔπραξαν

13 1 ἐπὶ στόματος δύο μαρτύρων καὶ
τριῶν σταθήσεται πᾶν ῥῆμα

G 3 13 ἐπικατάρατος πᾶς ὁ κρεμάμενος
ἐπὶ ξύλου

3 16 οὐ λέγει· καὶ τοῖς σπέρμασιν, ὡς
ἐπὶ πολλῶν, ↔

3 16 ἀλλ’ ὡς ἐφ’ ἑνός

4 1ᵠ ἐφ’ ὅσον χρόνον ὁ κληρονόμος
νήπιός ἐστιν

4 9ʲ πῶς ἐπιστρέφετε πάλιν ἐπὶ τὰ
ἀσθενῆ καὶ πτωχὰ στοιχεῖα ⟨;⟩

5 13ʲ ὑμεῖς γὰρ ἐπ’ ἐλευθερίᾳ ἐκλήθητε,
ἀδελφοί

6 16 ὅσοι τῷ κανόνι τούτῳ στοιχήσου-
σιν, εἰρήνη ἐπ’ αὐτοὺς καὶ ἔλεος, ↔

6 16 καὶ ἐπὶ τὸν Ἰσραὴλ τοῦ θεοῦ

E 1 10ʲ ἀνακεφαλαιώσασθαι τὰ πάντα ἐν
τῷ Χριστῷ, τὰ ἐπὶ (τε ἐν ς) τοῖς
οὐρανοῖς ↔

1 10ᵉ καὶ τὰ ἐπὶ τῆς γῆς

1 16 οὐ παύομαι εὐχαριστῶν ὑπὲρ
ὑμῶν μνείαν ποιούμενος ἐπὶ τῶν
προσευχῶν μου

2 7 ἵνα ἐνδείξηται . . . τὸ ὑπερβάλλον
πλοῦτος τῆς χάριτος αὐτοῦ ἐν
χρηστότητι ἐφ’ ἡμᾶς

2 10ʲ κτισθέντες ἐν Χριστῷ Ἰησοῦ ἐπὶ
ἔργοις ἀγαθοῖς

2 20ᵍ ἐποικοδομηθέντες ἐπὶ τῷ θεμελίῳ
τῶν ἀποστόλων καὶ προφητῶν

3 15 ἐξ οὗ πᾶσα πατριὰ ἐν οὐρανοῖς καὶ
ἐπὶ γῆς ὀνομάζεται

4 6ᵉ εἷς θεὸς καὶ πατὴρ πάντων, ὁ ἐπὶ
πάντων καὶ διὰ πάντων καὶ ἐν
πᾶσιν

4 26ᵍ ὁ ἥλιος μὴ ἐπιδυέτω ἐπὶ τῷ ([N²⁶];
—NTH) παροργισμῷ ὑμῶν

5 6 διὰ ταῦτα γὰρ ἔρχεται ἡ ὀργὴ τοῦ
θεοῦ ἐπὶ τοὺς υἱοὺς τῆς ἀπειθείας

6 3 ἵνα . . . ἔσῃ μακροχρόνιος ἐπὶ τῆς
γῆς

6 16ʲ *⟨στῆτε οὖν⟩ ἐπὶ (Vς; ἐν rl) πᾶσιν
ἀναλαβόντες τὸν θυρεὸν τῆς πίστε-
ως

Ph 1 3ᶠ εὐχαριστῶ τῷ θεῷ μου ἐπὶ πάσῃ
τῇ μνείᾳ ὑμῶν

1 5ʲ ⟨εὐχαριστῶ τῷ θεῷ μου⟩ ἐπὶ τῇ
κοινωνίᾳ ὑμῶν εἰς τὸ εὐαγγέλιον

2 17ᶠ ἀλλὰ εἰ καὶ σπένδομαι ἐπὶ τῇ
θυσίᾳ καὶ λειτουργίᾳ τῆς πίστεως
ὑμῶν, χαίρω

2 27ᶠ ἀλλὰ ὁ θεὸς ἠλέησεν αὐτόν . . . ἵνα
μὴ λύπην ἐπὶ λύπην (-πῃ ς) σχῶ

3 9ʲ μὴ ἔχων ἐμὴν δικαιοσύνην . . .
ἀλλὰ . . . τὴν ἐκ θεοῦ δικαιοσύνην
ἐπὶ τῇ πίστει

3 12ʰ καταλάβω, ἐφ’ ᾧ καὶ κατελήμφθην
ὑπὸ Χριστοῦ Ἰησοῦ [N²⁶H]

3 14 * κατὰ σκοπὸν διώκω ἐπὶ (ς; εἰς
rl) τὸ βραβεῖον τῆς ἄνω κλήσεως
τοῦ θεοῦ

4 10ʲ ἀνεθάλετε τὸ ὑπὲρ ἐμοῦ φρονεῖν·
ἐφ’ ᾧ καὶ ἐφρονεῖτε, ἠκαιρεῖσθε δέ

Cl 1 16ᵉ ὅτι ἐν αὐτῷ ἐκτίσθη τὰ πάντα
(+τὰ MVSς) ἐν τοῖς οὐρανοῖς καὶ
(+τὰ MVSς) ἐπὶ τῆς γῆς

1 20ᵉ ἀποκαταλλάξαι . . . | δι’ αὐτοῦ
[N²⁶H] εἴτε τὰ ἐπὶ τῆς γῆς εἴτε τὰ
ἐν τοῖς οὐρανοῖς

3 2ᵉ τὰ ἄνω φρονεῖτε, μὴ τὰ ἐπὶ τῆς γῆς

3 5ᵉ νεκρώσατε οὖν τὰ μέλη τὰ ἐπὶ τῆς
γῆς

3 6 δι’ ἃ ἔρχεται ἡ ὀργὴ τοῦ θεοῦ
| ἐπὶ τοὺς υἱοὺς τῆς ἀπειθείας
([N²⁶]; —NTH)

3 14ʲ ⟨ἐνδύσασθε οὖν⟩ ἐπὶ πᾶσιν δὲ
τούτοις τὴν ἀγάπην

1 Th 1 2 εὐχαριστοῦμεν . . . περὶ πάντων
ὑμῶν, μνείαν ποιούμενοι ἐπὶ τῶν
προσευχῶν ἡμῶν

2 16 ἔφθασεν δὲ ἐπ’ αὐτοὺς ἡ ὀργὴ εἰς
τέλος

3 7ʲ διὰ τοῦτο παρεκλήθημεν, ἀδελφοί,
ἐφ’ ὑμῖν ↔

3 7ʲ ἐπὶ πάσῃ τῇ ἀνάγκῃ καὶ θλίψει
ἡμῶν διὰ τῆς ὑμῶν πίστεως

3 9ʲ τίνα γὰρ εὐχαριστίαν δυνάμεθα
τῷ θεῷ ἀνταποδοῦναι περὶ ὑμῶν
ἐπὶ πάσῃ τῇ χαρᾷ ⟨;⟩

4 7ʲ οὐ γὰρ ἐκάλεσεν ἡμᾶς ὁ θεὸς ἐπὶ
ἀκαθαρσίᾳ ἀλλ’ ἐν ἁγιασμῷ

2 Th 1 10 ὅτι ἐπιστεύθη τὸ μαρτύριον ἡμῶν
ἐφ’ ὑμᾶς

2 1 ἐρωτῶμεν δὲ ὑμᾶς, ἀδελφοί, ὑπὲρ
τῆς παρουσίας τοῦ . . . Χριστοῦ
καὶ ἡμῶν ἐπισυναγωγῆς ἐπ’ αὐτόν

2 4 ⟨ἐὰν μὴ . . . ἀποκαλυφθῇ⟩ ὁ
ἀντικείμενος καὶ ὑπεραιρόμενος ἐπὶ
πάντα λεγόμενον θεὸν ἢ σέβασμα

3 4 πεποίθαμεν δὲ ἐν κυρίῳ ἐφ’ ὑμᾶς

1 Tm 1 16ʲ πρὸς ὑποτύπωσιν τῶν μελλόντων
πιστεύειν ἐπ’ αὐτῷ εἰς ζωὴν
αἰώνιον

1 18 ταύτην τὴν παραγγελίαν παρα-
τίθεμαί σοι . . . κατὰ τὰς προαγού-
σας ἐπὶ σὲ προφητείας

4 10ʲ ὅτι ἠλπίκαμεν ἐπὶ θεῷ ζῶντι

5 5 ἡ δὲ ὄντως χήρα . . . ἤλπικεν ἐπὶ
(+τὸν V[SH]ς) θεόν

5 19 κατὰ πρεσβυτέρου κατηγορίαν μὴ
παραδέχου, ἐκτὸς εἰ μὴ ἐπὶ δύο ἢ
τριῶν μαρτύρων

6 13ᵃ παραγγέλλω σοι (+[N²⁶]Hς) ἐν-
ώπιον τοῦ (—T) . . . Ἰησοῦ τοῦ
μαρτυρήσαντος ἐπὶ Ποντίου Πιλά-
του

6 17ʲ τοῖς πλουσίοις . . . παράγγελλε
μὴ . . . ἠλπικέναι ἐπὶ πλούτου
ἀδηλότητι, ↔

1 Tm 6 17ʲ ἀλλ' ἐπὶ (ἐν Sϛ) (+τῷ MVSϛ) θεῷ

2 Tm 2 14 διαμαρτυρόμενος ἐνώπιον τοῦ θεοῦ (κυρίου VBSϛ) μὴ λογομαχεῖν, ἐπ' (εἰς ϛ) οὐδὲν χρήσιμον, ↔

2 14ʲ ἐπὶ καταστροφῇ τῶν ἀκουόντων

2 16 ἐπὶ πλεῖον γὰρ προκόψουσιν ἀσεβείας

3 9 ἀλλ' οὐ προκόψουσιν ἐπὶ πλεῖον

3 13 πονηροὶ δὲ ἄνθρωποι καὶ γόητες προκόψουσιν ἐπὶ τὸ χεῖρον

4 4 ἐπὶ δὲ τοὺς μύθους ἐκτραπήσονται

Tt 1 2ʲ ⟨Παῦλος . . . ἀπόστολος δὲ Ἰησοῦ Χριστοῦ κατὰ πίστιν⟩ ἐπ' ἐλπίδι ζωῆς αἰωνίου

3 6 οὗ ἐξέχεεν ἐφ' ἡμᾶς πλουσίως διὰ Ἰησοῦ Χριστοῦ

Phm 4 εὐχαριστῶ τῷ θεῷ μου πάντοτε μνείαν σου ποιούμενος ἐπὶ τῶν προσευχῶν μου

7ʲ χαρὰν γὰρ πολλὴν ἔσχον καὶ παράκλησιν ἐπὶ τῇ ἀγάπῃ σου

Hb 1 2ᵃ ἐπ' ἐσχάτου (-των ϛ) τῶν ἡμερῶν τούτων ἐλάλησεν ἡμῖν ἐν υἱῷ

2 7ⁿ * | καὶ κατέστησας αὐτὸν ἐπὶ τὰ ἔργα τῶν χειρῶν σου (+S[H]ϛ)

2 13ʲ ἐγὼ ἔσομαι πεποιθὼς ἐπ' αὐτῷ

3 6 Χριστὸς δὲ ὡς υἱὸς ἐπὶ τὸν οἶκον αὐτοῦ

6 1 διὸ ἀφέντες τὸν . . . τοῦ Χριστοῦ λόγον ἐπὶ τὴν τελειότητα φερώμεθα, ↔

6 1ⁿ μὴ πάλιν θεμέλιον καταβαλλόμενοι . . . πίστεως ἐπὶ θεόν

6 7 γῆ γὰρ ἡ πιοῦσα τὸν ἐπ' αὐτῆς ἐρχόμενον πολλάκις ὑετὸν . . . μεταλαμβάνει εὐλογίας

7 11ʲ ὁ λαὸς γὰρ ἐπ' αὐτῆς (αὐτῇ ϛ) νενομοθέτηται (-τητο Sϛ)

7 13 ἐφ' ὃν γὰρ λέγεται ταῦτα

8 1ʲ κεφάλαιον δὲ ἐπὶ τοῖς λεγομένοις

8 4 εἰ μὲν οὖν (γὰρ Sϛ) ἦν ἐπὶ γῆς, οὐδ' ἂν ἦν ἱερεύς

8 6ʲ ἥτις ἐπὶ κρείττοσιν ἐπαγγελίαις νενομοθέτηται

8 8 συντελέσω ἐπὶ τὸν οἶκον Ἰσραὴλ ↔

8 8 καὶ ἐπὶ τὸν οἶκον Ἰούδα διαθήκην καινήν

8 10ʲ καὶ ἐπὶ καρδίας (-ίαν T) αὐτῶν ἐπιγράψω αὐτούς

9 10ʲ ⟨θυσίαι προσφέρονται μὴ δυνάμεναι . . . τελειῶσαι τὸν λατρεύοντα⟩ μόνον ἐπὶ βρώμασιν καὶ πόμασιν

9 15ᶠ ὅπως θανάτου γενομένου εἰς ἀπολύτρωσιν τῶν ἐπὶ τῇ πρώτῃ διαθήκῃ παραβάσεων τὴν ἐπαγγελίαν λάβωσιν

9 17ʲ διαθήκη γὰρ ἐπὶ νεκροῖς βεβαία

9 26ᶠ νυνὶ δὲ ἅπαξ ἐπὶ συντελείᾳ τῶν αἰώνων . . . πεφανέρωται

10 16 διδοὺς νόμους μου ἐπὶ καρδίας αὐτῶν, ↔

10 16ᵇˡ καὶ ἐπὶ | τὴν διάνοιαν (τῶν διανοιῶν Sϛ) αὐτῶν ἐπιγράψω αὐτούς

10 21 ⟨ἔχοντες οὖν⟩ ἱερέα μέγαν ἐπὶ τὸν οἶκον τοῦ θεοῦ

10 28ʲ ἀθετήσας τις νόμον Μωϋσέως . . . ἐπὶ δυσὶν ἢ τρισὶν μάρτυσιν ἀποθνήσκει

11 4ʲ μαρτυροῦντος ἐπὶ τοῖς δώροις αὐτοῦ τοῦ θεοῦ

11 13 ὁμολογήσαντες ὅτι ξένοι καὶ παρεπίδημοί εἰσιν ἐπὶ τῆς γῆς

Hb 11 21 πίστει Ἰακὼβ ἀποθνήσκων . . . προσεκύνησεν ἐπὶ τὸ ἄκρον τῆς ῥάβδου αὐτοῦ

11 30ᵏ πίστει τὰ τείχη Ἰεριχὼ ἔπεσαν κυκλωθέντα ἐπὶ ἑπτὰ ἡμέρας

11 38ʲ ⟨περιῆλθον ἐν μηλωταῖς⟩ ἐπὶ (ἐν ϛ) ἐρημίαις πλανώμενοι καὶ ὄρεσιν καὶ σπηλαίοις

12 10 οἱ μὲν . . . κατὰ τὸ δοκοῦν αὐτοῖς ἐπαίδευον, ὁ δὲ ἐπὶ τὸ συμφέρον

12 25 εἰ γὰρ ἐκεῖνοι οὐκ ἐξέφυγον ἐπὶ (τὸν ἐ. τῆς ϛ) γῆς παραιτησάμενοι τὸν (—ϛ) χρηματίζοντα

Jc 2 3ˡ ἐπιβλέψητε δὲ (καὶ ἐ. Τϛ) ἐπὶ τὸν φοροῦντα τὴν ἐσθῆτα τὴν λαμπρὰν

2 7ˡ οὐκ αὐτοὶ βλασφημοῦσιν τὸ καλὸν ὄνομα τὸ ἐπικληθὲν ἐφ' ὑμᾶς;

2 21ᵐ Ἀβραὰμ . . . οὐκ ἐξ ἔργων ἐδικαιώθη, ἀνενέγκας Ἰσαὰκ . . . ἐπὶ τὸ θυσιαστήριον;

5 1ʲ κλαύσατε ὀλολύζοντες ἐπὶ ταῖς ταλαιπωρίαις ὑμῶν ταῖς ἐπερχομέναις

5 5 ἐτρυφήσατε ἐπὶ τῆς γῆς καὶ ἐσπαταλήσατε

5 7ʲ ἰδοὺ ὁ γεωργὸς ἐκδέχεται τὸν τίμιον καρπὸν τῆς γῆς, μακροθυμῶν ἐπ' αὐτῷ

5 14 προσευξάσθωσαν ἐπ' αὐτὸν ἀλείψαντες (+αὐτὸν [N²⁶]MVSϛ) ἐλαίῳ

5 17 οὐκ ἔβρεξεν ἐπὶ τῆς γῆς ἐνιαυτοὺς τρεῖς καὶ μῆνας ἕξ

1 Pt 1 13 τελείως ἐλπίσατε ἐπὶ τὴν φερομένην ὑμῖν χάριν

1 20ᵃ ⟨Χριστοῦ⟩ φανερωθέντος δὲ ἐπ' ἐσχάτου (-τωνϛ) τῶν χρόνων δι' ὑμᾶς

2 6ʲ ὁ πιστεύων ἐπ' αὐτῷ οὐ μὴ καταισχυνθῇ

2 24ᵐ ὃς τὰς ἁμαρτίας ἡμῶν αὐτὸς ἀνήνεγκεν ἐν τῷ σώματι αὐτοῦ ἐπὶ τὸ ξύλον

2 25ˡ ἀλλὰ ἐπεστράφητε νῦν ἐπὶ τὸν ποιμένα καὶ ἐπίσκοπον τῶν ψυχῶν ὑμῶν

3 5 * αἱ ἅγιαι γυναῖκες αἱ ἐλπίζουσαι | ἐπὶ τὸν (ϛ; εἰς rl) θεὸν ἐκόσμουν ἑαυτάς

3 12 ὅτι ὀφθαλμοὶ κυρίου ἐπὶ δικαίους

3 12 πρόσωπον δὲ κυρίου ἐπὶ ποιοῦντας κακά

4 14ᵐ μακάριοι, ὅτι . . . τὸ τοῦ θεοῦ πνεῦμα ἐφ' ὑμᾶς ἀναπαύεται

5 7ˡ ⟨ταπεινώθητε οὖν⟩ πᾶσαν τὴν μέριμναν ὑμῶν ἐπιρίψαντες ἐπ' αὐτόν

2 Pt 1 13ᑫ δίκαιον δὲ ἡγοῦμαι, ἐφ' ὅσον εἰμὶ ἐν τούτῳ τῷ σκηνώματι, διεγείρειν ὑμᾶς

2 22ᵗ κύων ἐπιστρέψας ἐπὶ τὸ ἴδιον ἐξέραμα

3 3ᵃ γινώσκοντες, ὅτι ἐλεύσονται ἐπ' ἐσχάτων (-του ϛ) τῶν ἡμερῶν . . . ἐμπαῖκται

1 Jo 3 3ʲ πᾶς ὁ ἔχων τὴν ἐλπίδα ταύτην ἐπ' αὐτῷ ἁγνίζει ἑαυτόν

3 Jo 10ʲ μὴ ἀρκούμενος ἐπὶ τούτοις οὔτε αὐτὸς ἐπιδέχεται τοὺς ἀδελφούς

Jd 18ᵃ || ἐπ' ἐσχάτου τοῦ ([N²⁶]; —H) χρόνου ((ἐν ἐσχάτῳ χρόνῳ ϛ)) ἔσονται ἐμπαῖκται

Ap 1 7 κόψονται ἐπ' αὐτὸν πᾶσαι αἱ φυλαὶ τῆς γῆς

1 17ˡ ἔθηκεν (ἐπ- ϛ) τὴν δεξιὰν αὐτοῦ ἐπ' ἐμὲ λέγων

Ap 1 20 τὸ μυστήριον τῶν ἑπτὰ ἀστέρων οὓς εἶδες ἐπὶ τῆς δεξιᾶς μου

2 17 δώσω αὐτῷ ψῆφον λευκήν, καὶ ἐπὶ τὴν ψῆφον ὄνομα καινὸν γεγραμμένον

2 24 οὐ βάλλω ἐφ' ὑμᾶς ἄλλο βάρος

2 26 δώσω αὐτῷ ἐξουσίαν ἐπὶ τῶν ἐθνῶν

3 3 * ἥξω | ἐπί σε (+ϛ) ὡς κλέπτης, ↔

3 3 καὶ οὐ μὴ γνῷς (γνώσῃ ΒΤ) ποίαν ὥραν ἥξω ἐπὶ σέ

3 10 τῆς μελλούσης ἔρχεσθαι ἐπὶ τῆς οἰκουμένης ὅλης, ↔

3 10ᵈ πειράσαι τοὺς κατοικοῦντας ἐπὶ τῆς γῆς

3 12 ὁ νικῶν . . . γράψω ἐπ' αὐτὸν τὸ ὄνομα τοῦ θεοῦ μου

3 20 ἰδοὺ ἕστηκα ἐπὶ τὴν θύραν καὶ κρούω

4 2ᵈⁿ ἰδοὺ θρόνος ἔκειτο . . . καὶ ἐπὶ | τὸν θρόνον (τοῦ -ου ϛ) καθήμενος

4 4ⁿ ἐπὶ τοὺς θρόνους . . . πρεσβυτέρους καθημένους

4 4 ἐπὶ τὰς κεφαλὰς αὐτῶν στεφάνους χρυσοῦς

4 9ᵈʰ ὅταν δώσουσιν τὰ ζῷα . . . εὐχαριστίαν τῷ καθημένῳ ἐπὶ | τῷ θρόνῳ (τοῦ θρόνου VBSHϛ)

4 10ᵈ πεσοῦνται οἱ . . . πρεσβύτεροι ἐνώπιον τοῦ καθημένου ἐπὶ τοῦ θρόνου

5 1 εἶδον ἐπὶ τὴν δεξιὰν ↔

5 1ᵈ τοῦ καθημένου ἐπὶ τοῦ θρόνου βιβλίον γεγραμμένον

5 3 οὐδεὶς ἐδύνατο ἐν τῷ οὐρανῷ οὐδὲ (οὔτε ST) ἐπὶ τῆς γῆς . . . ἀνοῖξαι τὸ βιβλίον

5 7ᵈ εἴληφεν ἐκ τῆς δεξιᾶς τοῦ καθημένου ἐπὶ τοῦ θρόνου

5 10 βασιλεύσουσιν (-εύουσιν ΒΗ; -εύσομεν ϛ) ἐπὶ τῆς γῆς

5 13 πᾶν κτίσμα ὃ (+ἐστιν ϛ) ἐν τῷ οὐρανῷ καὶ | ἐπὶ τῆς γῆς (ἐν τῇ γῇ ϛ) καὶ ὑποκάτω τῆς γῆς ↔

5 13 καὶ ἐπὶ τῆς θαλάσσης (+ἐστίν [NVH]MBS; +ἃ ἐ. ϛ)

5 13ᵈʰ τῷ καθημένῳ ἐπὶ | τῷ θρόνῳ (τοῦ θρόνου ΒΗϛ) . . . ἡ εὐλογία . . . εἰς τοὺς αἰῶνας

6 2ʰⁿ ὁ καθήμενος ἐπ' αὐτὸν (αὐτῷ ϛ) ἔχων τόξον

6 4ʰⁿ τῷ καθημένῳ ἐπ' αὐτὸν (αὐτῷ ϛ) ἐδόθη αὐτῷ [Η] λαβεῖν τὴν εἰρήνην

6 5ʰⁿ ὁ καθήμενος ἐπ' αὐτὸν (αὐτῷ ϛ) ἔχων ζυγὸν ἐν τῇ χειρὶ αὐτοῦ

6 8 ἐδόθη αὐτοῖς ἐξουσία ἐπὶ τὸ τέταρτον τῆς γῆς

6 10ᵈ ἕως πότε . . . οὐ κρίνεις . . . τὸ αἷμα ἡμῶν ἐκ τῶν κατοικούντων ἐπὶ τῆς γῆς;

6 16 ⟨οἱ βασιλεῖς⟩ λέγουσιν τοῖς ὄρεσιν καὶ ταῖς πέτραις· πέσετε (πέσατε Η) ἐφ' ἡμᾶς

6 16ᵈʰ καὶ κρύψατε ἡμᾶς ἀπὸ προσώπου τοῦ καθημένου ἐπὶ | τοῦ θρόνου (τῷ θρόνῳ T)

7 1 εἶδον τέσσαρας ἀγγέλους ἑστῶτας ἐπὶ τὰς τέσσαρας γωνίας τῆς γῆς

7 1 ἵνα μὴ πνέῃ ἄνεμος ἐπὶ τῆς γῆς

7 1 μήτε ἐπὶ τῆς θαλάσσης ↔

7 1 μήτε ἐπὶ πᾶν (τι S) δένδρον

7 3 ἄχρι σφραγίσωμεν τοὺς δούλους τοῦ θεοῦ ἡμῶν ἐπὶ τῶν μετώπων αὐτῶν

Ap 7 10^{dh}ἡ σωτηρία τῷ θεῷ ἡμῶν τῷ καθημένῳ ἐπὶ | τῷ θρόνῳ (τοῦ θρόνου ς)

7 11 ἔπεσαν ἐνώπιον τοῦ θρόνου ἐπὶ | τὰ πρόσωπα (πρόσωπον ς) αὐτῶν

7 15^{dh}ὁ καθήμενος ἐπὶ | τοῦ θρόνου (τῷ θρόνῳ T) ↔

7 15 σκηνώσει ἐπ' αὐτούς. ↔

7 16 οὐ πεινάσουσιν ἔτι ... οὐδὲ μὴ πέσῃ ἐπ' αὐτοὺς ὁ ἥλιος οὐδὲ πᾶν καῦμα, ↔

7 17 ὅτι τὸ ἀρνίον ... ὁδηγήσει αὐτοὺς ἐπὶ ζωῆς (ζώσας ς) πηγὰς ὑδάτων

8 3 ἄλλος ἄγγελος ... ἐστάθη ἐπὶ | τοῦ θυσιαστηρίου (τὸ θυ-ριον Bς)

8 3 ἵνα δώσει (δώσῃ Sς) ταῖς προσευ-χαῖς τῶν ἁγίων πάντων ἐπὶ τὸ θυσιαστήριον τὸ χρυσοῦν

8 10 ἔπεσεν ἐκ τοῦ οὐρανοῦ ἀστὴρ μέγας ... ἐπὶ τὸ τρίτον τῶν ποταμῶν ↔

8 10 καὶ ἐπὶ τὰς πηγὰς τῶν ὑδάτων

8 13^dοὐαὶ τοὺς κατοικοῦντας ἐπὶ τῆς γῆς

9 4 οἵτινες οὐκ ἔχουσιν τὴν σφραγῖδα τοῦ θεοῦ ἐπὶ τῶν μετώπων

9 7 ἐπὶ τὰς κεφαλὰς αὐτῶν ὡς στέφανοι ὅμοιοι χρυσῷ

9 11 ἔχουσιν | ἐπ' αὐτῶν (ἐφ' αὐ. ς) βασιλέα τὸν ἄγγελον τῆς ἀβύσσου

9 14^jλῦσον τοὺς τέσσαρας ἀγγέλους τοὺς δεδεμένους ἐπὶ τῷ ποταμῷ τῷ μεγάλῳ Εὐφράτῃ

9 17^dοὕτως εἶδον τοὺς ἵππους ... καὶ τοὺς καθημένους ἐπ' αὐτῶν

10 1 εἶδον ἄλλον ἄγγελον ... καὶ ἡ ἶρις ἐπὶ | τῆς κεφαλῆς (τὴν κεφαλὴν NTH) αὐτοῦ

10 2 ἔθηκεν τὸν πόδα αὐτοῦ τὸν δεξιὸν ἐπὶ | τῆς θαλάσσης (τὴν θάλασσαν ς), ↔

10 2 τὸν δὲ εὐώνυμον ἐπὶ | τῆς γῆς (τὴν γῆν ς)

10 5 ὁ ἄγγελος, ὃν εἶδον ἑστῶτα ἐπὶ τῆς θαλάσσης ↔

10 5 καὶ ἐπὶ τῆς γῆς

10 8 τὸ ἠνεῳγμένον ἐν τῇ χειρὶ τοῦ ἀγγέλου τοῦ ἑστῶτος ἐπὶ τῆς θαλάσσης ↔

10 8 καὶ ἐπὶ τῆς γῆς

10 11 δεῖ σε πάλιν προφητεῦσαι ἐπὶ λαοῖς ↔

10 11^j * καὶ ἐπὶ (+T) ἔθνεσιν | καὶ γλώσσαις (—M) καὶ βασιλεῦσιν πολλοῖς

11 6 ἐξουσίαν ἔχουσιν ἐπὶ τῶν ὑδάτων

11 8 τὸ πτῶμα αὐτῶν ἐπὶ τῆς πλα-τείας τῆς πόλεως τῆς μεγάλης

11 10^dοἱ κατοικοῦντες ἐπὶ τῆς γῆς ↔

11 10^jχαίρουσιν ἐπ' αὐτοῖς καὶ εὐφραί-νονται

11 10^dὅτι οὗτοι ... ἐβασάνισαν τοὺς κατοικοῦντας ἐπὶ τῆς γῆς

11 11 * πνεῦμα ζωῆς ἐκ τοῦ θεοῦ εἰσῆλ-θεν | ἐπ' αὐτούς (ς; αὐτοῖς VS; [ἐν] αὐτοῖς H; ἐν αὐτοῖς rl), ↔

11 11 ἔστησαν ἐπὶ τοὺς πόδας αὐ-τῶν, ↔

11 11^j καὶ φόβος μέγας ἐπέπεσεν (ἔπεσεν BSς) ἐπὶ τοὺς θεωροῦντας αὐτούς

11 16ⁿκαθήμενοι (κάθηνται B; οἳ κάθην-ται ST) ἐπὶ τοὺς θρόνους αὐτῶν, ↔

Ap 11 16 ἔπεσαν ἐπὶ τὰ πρόσωπα αὐτῶν

12 1 γυνὴ ... καὶ ἐπὶ τῆς κεφαλῆς αὐτῆς στέφανος ἀστέρων δώδεκα

12 3 δράκων ... καὶ ἐπὶ τὰς κεφαλὰς αὐτοῦ ἑπτὰ διαδήματα

12 17^jὠργίσθη ὁ δράκων ἐπὶ τῇ γυναικί

12 18 ἐστάθη (-θην VBSTς) ἐπὶ τὴν ἄμμον τῆς θαλάσσης

13 1 θηρίον ... καὶ ἐπὶ τῶν κεράτων αὐτοῦ δέκα διαδήματα, ↔

13 1 καὶ ἐπὶ τὰς κεφαλὰς αὐτοῦ ὀνόματα (ὀνόμα[τα] N²⁶; ὄνομα VBSς) βλασφημίας

13 7 ἐδόθη αὐτῷ ἐξουσία ἐπὶ πᾶσαν φυλὴν ... καὶ ἔθνος. ↔

13 8^dκαὶ προσκυνήσουσιν αὐτὸν πάντες οἱ κατοικοῦντες ἐπὶ τῆς γῆς

13 14^dπλανᾷ τοὺς κατοικοῦντας ἐπὶ τῆς γῆς

13 14^dλέγων τοῖς κατοικοῦσιν ἐπὶ τῆς γῆς ποιῆσαι εἰκόνα τῷ θηρίῳ

13 16 ἵνα δῶσιν αὐτοῖς χάραγμα ἐπὶ τῆς χειρὸς αὐτῶν τῆς δεξιᾶς ↔

13 16 ἢ ἐπὶ | τὸ μέτωπον (τῶν μετώπων ς) αὐτῶν

14 1 εἶδον, καὶ ἰδοὺ τὸ ἀρνίον ἑστὸς ἐπὶ τὸ ὄρος Σιών

14 1 ἔχουσαι τὸ ὄνομα αὐτοῦ ... γεγραμμένον ἐπὶ τῶν μετώπων αὐτῶν

14 6 ἔχοντα εὐαγγέλιον αἰώνιον εὐαγ-γελίσαι ἐπὶ (—ς) τοὺς καθημένους (κατοικοῦντας ς) ↔

14 6^dἐπὶ τῆς γῆς ↔

14 6 καὶ ἐπὶ (—ς) πᾶν ἔθνος ... καὶ λαόν

14 9 λαμβάνει χάραγμα ἐπὶ τοῦ μετ-ώπου αὐτοῦ ↔

14 9 ἢ ἐπὶ τὴν χεῖρα αὐτοῦ

14 14ⁿἐπὶ τὴν νεφέλην καθήμενον ὅμοιον υἱὸν ἀνθρώπου, ↔

14 14 ἔχων ἐπὶ | τῆς κεφαλῆς (τὴν -λὴν T) αὐτοῦ στέφανον χρυσοῦν

14 15^dκράζων ἐν φωνῇ μεγάλῃ τῷ καθημένῳ ἐπὶ τῆς νεφέλης

14 16^{dn}ἔβαλεν ὁ καθήμενος ἐπὶ | τῆς νεφέλης (τὴν -λην ς) ↔

14 16 τὸ δρέπανον αὐτοῦ ἐπὶ τὴν γῆν

14 18 ἄλλος ἄγγελος ἐξῆλθεν [N²⁶H] ... ὁ (+[N²⁶NH]M) ἔχων ἐξουσίαν ἐπὶ τοῦ πυρός

15 2 τοὺς νικῶντας ... ἐκ τοῦ ἀριθμοῦ τοῦ ὀνόματος αὐτοῦ ἑστῶτας ἐπὶ τὴν θάλασσαν τὴν ὑαλίνην

16 2 * ἐξέχεεν τὴν φιάλην αὐτοῦ ἐπὶ (ς; εἰς rl) τὴν γῆν· ↔

16 2 καὶ ἐγένετο ἕλκος κακὸν καὶ πονη-ρὸν ἐπὶ (εἰς ς) τοὺς ἀνθρώπους

16 8 ὁ τέταρτος ἐξέχεεν τὴν φιάλην αὐ-τοῦ ἐπὶ τὸν ἥλιον

16 9 ἐβλασφήμησαν τὸ ὄνομα τοῦ θεοῦ τοῦ ἔχοντος τὴν ἐξουσίαν ἐπὶ τὰς πληγὰς ταύτας

16 10 ὁ πέμπτος ἐξέχεεν τὴν φιάλην αὐτοῦ ἐπὶ τὸν θρόνον τοῦ θηρίου

16 12 ὁ ἕκτος ἐξέχεεν τὴν φιάλην αὐτοῦ ἐπὶ τὸν ποταμὸν ... Εὐφράτην

16 14 σημεῖα, ἃ ἐκπορεύεται ἐπὶ τοὺς βασιλεῖς τῆς οἰκουμένης ὅλης

16 17 ὁ ἕβδομος ἐξέχεεν τὴν φιάλην αὐ-τοῦ ἐπὶ (εἰς ς) τὸν ἀέρα

16 18 ἀφ' οὗ | ἄνθρωπος ἐγένετο (-ποι -νοντο MVBSHς) ἐπὶ τῆς γῆς

16 21ⁿχάλαζα μεγάλη ... καταβαίνει ἐκ τοῦ οὐρανοῦ ἐπὶ τοὺς ἀνθρώπους

Ap 17 1^dδείξω σοι τὸ κρίμα τῆς πόρνης ... τῆς καθημένης ἐπὶ (+τῶν Tς) ὑδάτων (+τῶν Tς) πολλῶν

17 3ⁿεἶδον γυναῖκα καθημένην ἐπὶ θη-ρίον κόκκινον

17 5 ἐπὶ τὸ μέτωπον αὐτῆς ὄνομα γεγραμμένον, μυστήριον

17 8^dθαυμασθήσονται (-μάσονται MVB STς) οἱ κατοικοῦντες ἐπὶ τῆς γῆς, ↔

17 8 ὧν οὐ γέγραπται τὸ ὄνομα ἐπὶ τὸ βιβλίον τῆς ζωῆς ἀπὸ καταβολῆς κόσμου

17 9^dἑπτὰ ὄρη εἰσίν, ὅπου ἡ γυνὴ κάθηται ἐπ' αὐτῶν

17 16 * τὰ δέκα κέρατα ἃ εἶδες ἐπὶ (ς; καὶ rl) τὸ θηρίον, οὗτοι μισήσουσιν τὴν πόρνην

17 18 ἡ πόλις ἡ μεγάλη ἡ ἔχουσα βασιλείαν ἐπὶ τῶν βασιλέων τῆς γῆς

18 9^jκόψονται ἐπ' αὐτήν (-τῆς V; -τῇ Bς) οἱ βασιλεῖς τῆς γῆς

18 11^jοἱ ἔμποροι τῆς γῆς κλαίουσιν καὶ πενθοῦσιν ἐπ' αὐτήν (αὐτῇ ς)

18 17 πᾶς κυβερνήτης καὶ πᾶς | ὁ ἐπὶ τόπον πλέων (ἐπὶ τῶν πλοίων ὁ ὅμιλος ς) ... ἀπὸ μακρόθεν ἔστησαν

18 19 ἔβαλον χοῦν ἐπὶ τὰς κεφαλὰς αὐτῶν

18 20^j εὐφραίνου ἐπ' αὐτῇ (-τήν ς), οὐρανὲ καὶ οἱ ἅγιοι

18 24 ἐν αὐτῇ αἷμα (-ματα VBT) προ-φητῶν καὶ ἁγίων εὑρέθη καὶ πάν-των τῶν ἐσφαγμένων ἐπὶ τῆς γῆς

19 4^{dh}προσεκύνησαν τῷ θεῷ τῷ καθη-μένῳ ἐπὶ | τῷ θρόνῳ (τοῦ θρόνου ς) λέγοντες

19 11ⁿἵππος λευκός, καὶ ὁ καθήμενος ἐπ' αὐτὸν || καλούμενος ([N²⁶H]; —S) πιστὸς ((~NH)) καὶ ἀλη-θινός

19 12 ἐπὶ τὴν κεφαλὴν αὐτοῦ διαδήματα πολλά

19 14^jτὰ στρατεύματα ... ἠκολούθει αὐτῷ ἐφ' ἵπποις λευκοῖς

19 16 ἔχει ἐπὶ τὸ ἱμάτιον

19 16 καὶ ἐπὶ τὸν μηρὸν αὐτοῦ ὄνομς γεγραμμένον

19 18^{dn}ἵνα φάγητε ... σάρκας ἵππων καὶ τῶν καθημένων ἐπ' αὐτῶν (αὐτούς H)

19 19^dποιῆσαι τὸν ([S]; —ς) πόλεμον μετὰ τοῦ καθημένου ἐπὶ τοῦ ἵππου

19 21^dοἱ λοιποὶ ἀπεκτάνθησαν ἐν τῇ ῥομφαίᾳ τοῦ καθημένου ἐπὶ τοῦ ἵππου

20 1 εἶδον ἄγγελον ... ἔχοντα ... ἅλυσιν μεγάλην ἐπὶ τὴν χεῖρα αὐτοῦ

20 4ⁿεἶδον θρόνους, καὶ ἐκάθισαν ἐπ' αὐτούς

20 4 οἵτινες ... οὐκ ἔλαβον τὸ χάραγ-μα ἐπὶ τὸ μέτωπον ↔

20 4 καὶ ἐπὶ τὴν χεῖρα αὐτῶν

20 6 ἐπὶ τούτων ὁ δεύτερος θάνατος οὐκ ἔχει ἐξουσίαν

20 9^mἀνέβησαν ἐπὶ τὸ πλάτος τῆς γῆς

20 11^{dn}εἶδον θρόνον μέγαν λευκὸν καὶ τὸν καθήμενον ἐπ' αὐτόν (αὐτοῦ MBHς)

21 5^{dh}εἶπεν ὁ καθήμενος ἐπὶ | τῷ θρόνῳ (τοῦ -νου ς)

21 10 ἀπήνεγκέν με ἐν πνεύματι ἐπὶ (ἐπ' VSς) ὄρος μέγα καὶ ὑψηλόν

Ap 21 12ʲἔχουσα ... ἐπὶ τοῖς πυλῶσιν ἀγγέλους δώδεκα

21 14 ἔχων (ἔχον VBSς) ... | ἐπ' αὐτῶν (ἐν αὐτοῖς ς) δώδεκα ὀνόματα τῶν δώδεκα ἀποστόλων τοῦ ἀρνίου

21 16 ἐμέτρησεν τὴν πόλιν τῷ καλάμῳ ἐπὶ σταδίων (-ους B) δώδεκα χιλιάδων

22 4 τὸ ὄνομα αὐτοῦ ἐπὶ τῶν μετώπων αὐτῶν

22 5 ὅτι [+ὁ S] κύριος ὁ θεὸς φωτίσει (-τιεῖ MVST; -ζει ς) ἐπ' ([VSH]; —ς) αὐτούς

22 14 ἵνα ἔσται ἡ ἐξουσία αὐτῶν ἐπὶ τὸ (—M) ξύλον τῆς ζωῆς

22 16ʲἔπεμψα τὸν ἄγγελόν μου μαρτυρῆσαι ὑμῖν ταῦτα ἐπὶ (ἐν B) ταῖς ἐκκλησίαις

22 18¹ἐάν τις ἐπιθῇ | ἐπ' αὐτά (πρὸς ταῦτα ς), ↔

22 18¹ἐπιθήσει | ὁ θεὸς ἐπ' αὐτὸν (~ VST) τὰς [+ἑπτὰ S] πληγὰς τὰς γεγραμμένας ἐν τῷ βιβλίῳ τούτῳ

ἐπιβαίνω
→ ἀναβαίνω
ᵃ ἐ. εἰς

Mt 21 5 ἰδοὺ ὁ βασιλεύς σου ἔρχεταί σοι πραΰς καὶ ἐπιβεβηκὼς ἐπὶ ὄνον

Ac 20 18ᵃἀπὸ πρώτης ἡμέρας ἀφ' ἧς ἐπέβην εἰς τὴν Ἀσίαν

21 2 εὑρόντες πλοῖον διαπερῶν εἰς Φοινίκην, ἐπιβάντες ἀνήχθημεν

21 4ᵃοἵτινες τῷ Παύλῳ ἔλεγον διὰ τοῦ πνεύματος μὴ ἐπιβαίνειν (ἀνα- ς) εἰς Ἱεροσόλυμα

21 6ᵃ* ἐπέβημεν (ς; ἐν- NMH; ἀν- rl) εἰς τὸ πλοῖον

25 1 Φῆστος οὖν ἐπιβὰς τῇ ἐπαρχείᾳ (ἐπαρχείῳ NT) μετὰ τρεῖς ἡμέρας ἀνέβη εἰς Ἱεροσόλυμα

27 2 ἐπιβάντες δὲ πλοίῳ Ἀδραμυττηνῷ ... ἀνήχθημεν

ἐπιβάλλω
→ βάλλω
ᵃ ἐ. ἐπίβλημα
ᵇ intrans.

Mt 9 16ᵃοὐδεὶς δὲ ἐπιβάλλει ἐπίβλημα ῥάκους ἀγνάφου ἐπὶ ἱματίῳ παλαιῷ

26 50 τότε προσελθόντες ἐπέβαλον τὰς χεῖρας ἐπὶ τὸν Ἰησοῦν

Mc 4 37ᵇτὰ κύματα ἐπέβαλλεν εἰς τὸ πλοῖον

11 7 ἐπιβάλλουσιν (ἐπέβαλον ς) αὐτῷ τὰ ἱμάτια αὐτῶν

14 46 οἱ δὲ ἐπέβαλον | τὰς χεῖρας αὐτῷ (ἐπ' αὐτὸν τ. χ. αὐτῶν ς)

14 72ᵇἀνεμνήσθη ὁ Πέτρος ... καὶ ἐπιβαλὼν ἔκλαιεν

Lc 5 36ᵃοὐδεὶς ἐπίβλημα ἀπὸ ἱματίου καινοῦ σχίσας ἐπιβάλλει ἐπὶ ἱμάτιον παλαιόν

9 62 οὐδεὶς ἐπιβαλὼν τὴν χεῖρα (+ αὐτοῦ MVBSTς) ἐπ' ἄροτρον

15 12ᵇπάτερ, δός μοι τὸ ἐπιβάλλον μέρος τῆς οὐσίας

20 19 ἐζήτησαν ... οἱ ἀρχιερεῖς ἐπιβαλεῖν ἐπ' αὐτὸν τὰς χεῖρας ἐν αὐτῇ τῇ ὥρᾳ

21 12 πρὸ δὲ τούτων πάντων ἐπιβαλοῦσιν ἐφ' ὑμᾶς τὰς χεῖρας αὐτῶν

Jo 7 30 οὐδεὶς ἐπέβαλεν ἐπ' αὐτὸν τὴν χεῖρα

7 44 ἀλλ' οὐδεὶς ἐπέβαλεν (ἔβ. TH) ἐπ' αὐτὸν τὰς χεῖρας

Ac 4 3 ⟨διαπονούμενοι⟩ ἐπέβαλον αὐτοῖς τὰς χεῖρας καὶ ἔθεντο εἰς τήρησιν

5 18 ἐπέβαλον τὰς χεῖρας (+αὐτῶν [VS]ς) ἐπὶ τοὺς ἀποστόλους

12 1 ἐπέβαλεν | Ἡρῴδης ὁ βασιλεὺς (~T) τὰς χεῖρας κακῶσαί τινας

21 27 οἱ ἀπὸ τῆς Ἀσίας Ἰουδαῖοι ... ἐπέβαλον ἐπ' αὐτὸν τὰς χεῖρας

1 C 7 35 οὐχ ἵνα βρόχον ὑμῖν ἐπιβάλω, ἀλλὰ πρὸς τὸ εὔσχημον

ἐπιβαρέω
→ βαρέω

2 C 2 5 οὐκ ἐμὲ λελύπηκεν, ἀλλὰ ἀπὸ μέρους, ἵνα μὴ ἐπιβαρῶ, πάντας ὑμᾶς

1 Th 2 9 νυκτὸς καὶ ἡμέρας ἐργαζόμενοι πρὸς τὸ μὴ ἐπιβαρῆσαί τινα ὑμῶν

2 Th 3 8 ἀλλ' ἐν κόπῳ ... ἐργαζόμενοι πρὸς τὸ μὴ ἐπιβαρῆσαί τινα ὑμῶν

ἐπιβιβάζω
→ ἀναβιβάζω

Lc 10 34 ἐπιβιβάσας δὲ αὐτὸν ἐπὶ τὸ ἴδιον κτῆνος ἤγαγεν αὐτὸν εἰς πανδοχεῖον

19 35 ἐπιρίψαντες αὐτῶν τὰ ἱμάτια ἐπὶ τὸν πῶλον ἐπεβίβασαν τὸν Ἰησοῦν

Ac 23 24 κτήνη τε παραστῆσαι, ἵνα ἐπιβιβάσαντες τὸν Παῦλον διασώσωσι πρὸς Φήλικα

ἐπιβλέπω
→ βλέπω

Lc 1 48 ἐπέβλεψεν ἐπὶ τὴν ταπείνωσιν τῆς δούλης αὐτοῦ

9 38 διδάσκαλε, δέομαί σου ἐπιβλέψαι (ἐπίβλ. ST; ἐπίβλεψον ς) ἐπὶ τὸν υἱόν μου

Jc 2 3 | ἐπιβλέψητε δὲ (καὶ ἐ. Tς) ἐπὶ τὸν φοροῦντα τὴν ἐσθῆτα τὴν λαμπρὰν

ἐπίβλημα

Mt 9 16 οὐδεὶς δὲ ἐπιβάλλει ἐπίβλημα ῥάκους ἀγνάφου ἐπὶ ἱματίῳ παλαιῷ

Mc 2 21 οὐδεὶς ἐπίβλημα ῥάκους ἀγνάφου ἐπιράπτει ἐπὶ ἱμάτιον παλαιόν

Lc 5 36 οὐδεὶς ἐπίβλημα ἀπὸ ἱματίου καινοῦ σχίσας ἐπιβάλλει ἐπὶ ἱμάτιον παλαιόν ↔

5 36 εἰ δὲ μή γε ... τῷ παλαιῷ οὐ συμφωνήσει τὸ (—ς) ἐπίβλημα τὸ ἀπὸ τοῦ καινοῦ

ἐπιβοάω
→ βοάω

Ac 25 24 * περὶ οὗ ἅπαν τὸ πλῆθος ... ἐνέτυχόν (-χέν H) μοι ... ἐπιβοῶντες (VBSς; βο. rl) μὴ δεῖν αὐτὸν ζῆν μηκέτι

ἐπιβουλή

Ac 9 24 ἐγνώσθη δὲ τῷ Σαύλῳ ἡ ἐπιβουλὴ αὐτῶν

20 3 γενομένης ἐπιβουλῆς αὐτῷ ὑπὸ τῶν Ἰουδαίων

20 19 δουλεύων τῷ κυρίῳ μετὰ ... πειρασμῶν τῶν συμβάντων μοι ἐν ταῖς ἐπιβουλαῖς τῶν Ἰουδαίων

23 30 μηνυθείσης δέ μοι ἐπιβουλῆς εἰς τὸν ἄνδρα ἔσεσθαι

ἐπιγαμβρεύω

Mt 22 24 ἐπιγαμβρεύσει ὁ ἀδελφὸς αὐτοῦ τὴν γυναῖκα αὐτοῦ

ἐπίγειος
ᵃ τὰ ἐπίγεια subst.

Jo 3 12ᵃεἰ τὰ ἐπίγεια εἶπον ὑμῖν καὶ οὐ πιστεύετε

1 C 15 40 καὶ σώματα ἐπουράνια, καὶ σώματα ἐπίγεια· ↔

1 C 15 40 ἀλλὰ ἑτέρα μὲν ἡ τῶν ἐπουρανίων δόξα, ἑτέρα δὲ ἡ τῶν ἐπιγείων

2 C 5 1 ἐὰν ἡ ἐπίγειος ἡμῶν οἰκία τοῦ σκήνους καταλυθῇ

Ph 2 10 ἵνα ... πᾶν γόνυ κάμψῃ ἐπουρανίων καὶ ἐπιγείων καὶ καταχθονίων

3 19ᵃὧν τὸ τέλος ἀπώλεια ... οἱ τὰ ἐπίγεια φρονοῦντες

Jc 3 15 οὐκ ἔστιν αὕτη ἡ σοφία ἄνωθεν κατερχομένη, ἀλλὰ ἐπίγειος, ψυχική, δαιμονιώδης

ἐπιγίνομαι
→ γίνομαι

Ac 28 13 μετὰ μίαν ἡμέραν ἐπιγενομένου νότου δευτεραῖοι ἤλθομεν εἰς Ποτιόλους

ἐπιγινώσκω
→ γινώσκω
ᵃ ἐ. et ὅτι
ᵇ ἐ. περί

Mt 7 16 ἀπὸ τῶν καρπῶν αὐτῶν ἐπιγνώσεσθε αὐτούς

7 20 ἄρα γε ἀπὸ τῶν καρπῶν αὐτῶν ἐπιγνώσεσθε αὐτούς

11 27 οὐδεὶς ἐπιγινώσκει τὸν υἱὸν εἰ μὴ ὁ πατήρ, ↔

11 27 οὐδὲ τὸν πατέρα τις ἐπιγινώσκει εἰ μὴ ὁ υἱός

14 35 ἐπιγνόντες αὐτὸν οἱ ἄνδρες τοῦ τόπου ἐκείνου ἀπέστειλαν εἰς ὅλην τὴν περίχωρον

17 12 Ἡλίας ἤδη ἦλθεν, καὶ οὐκ ἐπέγνωσαν αὐτὸν

Mc 2 8ᵃεὐθὺς ἐπιγνοὺς ὁ Ἰησοῦς τῷ πνεύματι αὐτοῦ ὅτι οὕτως ([H]; +αὐτοὶ V) διαλογίζονται ἐν ἑαυτοῖς

5 30 εὐθὺς ὁ Ἰησοῦς ἐπιγνοὺς ἐν ἑαυτῷ τὴν ἐξ αὐτοῦ δύναμιν ἐξελθοῦσαν ... ἔλεγεν

6 33 εἶδον αὐτοὺς ὑπάγοντας καὶ ἐπέγνωσαν (ἔγν. H) (+αὐτοὺς [MS]T; +αὐτὸν ς) πολλοί

6 54 εὐθὺς ἐπιγνόντες αὐτὸν ⟨περιέδραμον ὅλην τὴν χώραν ἐκείνην⟩

Lc 1 4ᵇἵνα ἐπιγνῷς περὶ ὧν κατηχήθης λόγων τὴν ἀσφάλειαν

1 22ᵃἐπέγνωσαν ὅτι ὀπτασίαν ἑώρακεν ἐν τῷ ναῷ

5 22 ἐπιγνοὺς δὲ ὁ Ἰησοῦς τοὺς διαλογισμοὺς αὐτῶν

7 37ᵃγυνή ... ἐπιγνοῦσα ὅτι κατάκειται ἐν τῇ οἰκίᾳ τοῦ Φαρισαίου

23 7ᵃἐπιγνοὺς ὅτι ἐκ τῆς ἐξουσίας Ἡρῴδου ἐστίν

24 16 οἱ δὲ ὀφθαλμοὶ αὐτῶν ἐκρατοῦντο τοῦ μὴ ἐπιγνῶναι αὐτόν

24 31 αὐτῶν δὲ διηνοίχθησαν οἱ ὀφθαλμοί, καὶ ἐπέγνωσαν αὐτόν

Ac 3 10ᵃἐπεγίνωσκον δὲ αὐτόν, ὅτι αὐτὸς (N²⁶ST; οὗτος rl) ἦν ὁ ... καθήμενος

4 13ᵃἐπεγίνωσκόν τε αὐτοὺς ὅτι σὺν τῷ Ἰησοῦ ἦσαν

9 30 ἐπιγνόντες δὲ οἱ ἀδελφοὶ κατήγαγον αὐτὸν εἰς Καισάρειαν

12 14 ἐπιγνοῦσα τὴν φωνὴν τοῦ Πέτρου ... οὐκ ἤνοιξεν τὸν πυλῶνα

19 34ᵃἐπιγνόντες (-των ς) δὲ ὅτι Ἰουδαῖός ἐστιν, φωνὴ ἐγένετο μία ἐκ πάντων

22 24 ἵνα ἐπιγνῷ δι' ἣν αἰτίαν οὕτως ἐπεφώνουν αὐτῷ

22 29ᵃὁ χιλίαρχος δὲ ἐφοβήθη ἐπιγνοὺς ὅτι Ῥωμαῖός ἐστιν

Ac 23 28 βουλόμενός τε ἐπιγνῶναι (γνῶναι ς) τὴν αἰτίαν δι᾿ ἣν ἐνεκάλουν αὐτῷ, κατήγαγον [H. .]

24 8ᵇπαρ᾿ οὗ δυνήσῃ αὐτὸς ἀνακρίνας περὶ πάντων τούτων ἐπιγνῶναι ὧν ἡμεῖς κατηγοροῦμεν αὐτοῦ

24 11ᵃδυναμένου σου ἐπιγνῶναι (γνῶναι ς) ὅτι οὐ πλείους εἰσίν μοι ἡμέραι δώδεκα

25 10 ᾿Ιουδαίους οὐδὲν ἠδίκησα (ἠδίκηκα NTH), ὡς καὶ σὺ κάλλιον ἐπιγινώσκεις

27 39 ὅτε δὲ ἡμέρα ἐγένετο, τὴν γῆν οὐκ ἐπεγίνωσκον

28 1ᵃτότε ἐπέγνωμεν (-σαν ς) ὅτι Μελίτη (-τήνη H) ἡ νῆσος καλεῖται

Rm 1 32ᵃοἵτινες τὸ δικαίωμα τοῦ θεοῦ ἐπιγνόντες, ὅτι οἱ τὰ τοιαῦτα πράσσοντες ἄξιοι θανάτου εἰσίν

1 C 13 12 ἄρτι γινώσκω ἐκ μέρους, τότε δὲ ἐπιγνώσομαι ↔

13 12 καθὼς καὶ ἐπεγνώσθην

14 37ᵃεἴ τις δοκεῖ προφήτης εἶναι ἢ πνευματικός, ἐπιγινωσκέτω ἃ γράφω ὑμῖν

16 18 ἐπιγινώσκετε οὖν τοὺς τοιούτους

2 C 1 13 οὐ γὰρ ἄλλα γράφομεν ὑμῖν ἀλλ᾿ ἢ ἃ ἀναγινώσκετε ἢ καὶ ἐπιγινώσκετε, ↔

1 13ᵃἐλπίζω δὲ ὅτι ἕως τέλους ἐπιγνώσεσθε, ↔

1 14ᵃκαθὼς καὶ ἐπέγνωτε ἡμᾶς ἀπὸ μέρους, ὅτι καύχημα ὑμῶν ἐσμεν

6 9 ⟨συνιστάντες ἑαυτοὺς ὡς θεοῦ διάκονοι⟩ ὡς ἀγνοούμενοι καὶ ἐπιγινωσκόμενοι

13 5ᵃἢ οὐκ ἐπιγινώσκετε ἑαυτοὺς ὅτι | ᾿Ιησοῦς Χριστὸς (∼BST) ἐν ὑμῖν (+ἐστιν MVSς);

Cl 1 6 ἀφ᾿ ἧς ἡμέρας ἠκούσατε καὶ ἐπέγνωτε τὴν χάριν τοῦ θεοῦ ἐν ἀληθείᾳ

1Tm 4 3 ὁ θεὸς ἔκτισεν εἰς μετάλημψιν . . . τοῖς πιστοῖς καὶ ἐπεγνωκόσι τὴν ἀλήθειαν

2 Pt 2 21 κρεῖττον γὰρ ἦν αὐτοῖς μὴ ἐπεγνωκέναι τὴν ὁδὸν τῆς δικαιοσύνης ↔

2 21 ἢ ἐπιγνοῦσιν (+εἰς τὰ ὀπίσω VS) ὑποστρέψαι (ἐπι-ς; ἀνακάμψαιVS)

ἐπίγνωσις
ᵃ ἐν ἐπιγνώσει
ᵇ κατ᾿ ἐπίγνωσιν
ᶜ ἐ. (τῆς) ἀληθείας

Rm 1 28ᵃκαθὼς οὐκ ἐδοκίμασαν τὸν θεὸν ἔχειν ἐν ἐπιγνώσει

3 20 διὰ γὰρ νόμου ἐπίγνωσις ἁμαρτίας

10 2ᵇζῆλον θεοῦ ἔχουσιν, ἀλλ᾿ οὐ κατ᾿ ἐπίγνωσιν

E 1 17ᵃἵνα ὁ θεὸς . . . δώῃ (N²⁶; δώῃ rl) ὑμῖν πνεῦμα σοφίας καὶ ἀποκαλύψεως ἐν ἐπιγνώσει αὐτοῦ

4 13 μέχρι καταντήσωμεν οἱ πάντες εἰς τὴν ἑνότητα τῆς πίστεως καὶ τῆς ἐπιγνώσεως τοῦ υἱοῦ τοῦ θεοῦ

Ph 1 9ᵃἵνα ἡ ἀγάπη ὑμῶν . . . περισσεύῃ ἐν ἐπιγνώσει καὶ πάσῃ αἰσθήσει

Cl 1 9 ἵνα πληρωθῆτε τὴν ἐπίγνωσιν τοῦ θελήματος αὐτοῦ ἐν . . . συνέσει πνευματικῇ

1 10 περιπατῆσαι ἀξίως τοῦ κυρίου . . . αὐξανόμενοι | τῇ ἐπιγνώσει (εἰς τὴν ἐ-σιν ς) τοῦ θεοῦ

2 2 ἵνα παρακληθῶσιν . . . συμβιβασθέντες ἐν ἀγάπῃ . . . εἰς ἐπίγνωσιν τοῦ μυστηρίου τοῦ θεοῦ

Cl 3 10 ἐνδυσάμενοι τὸν νέον τὸν ἀνακαινούμενον εἰς ἐπίγνωσιν κατ᾿ εἰκόνα τοῦ κτίσαντος αὐτόν

1Tm 2 4ᶜὃς πάντας ἀνθρώπους θέλει σωθῆναι καὶ εἰς ἐπίγνωσιν ἀληθείας ἐλθεῖν

2Tm 2 25ᶜμήποτε δώῃ (δῷ Sς) αὐτοῖς ὁ θεὸς μετάνοιαν εἰς ἐπίγνωσιν ἀληθείας

3 7ᶜ⟨γυναικάρια⟩ μηδέποτε εἰς ἐπίγνωσιν ἀληθείας ἐλθεῖν δυνάμενα

Tt 1 1ᵇᶜΠαῦλος . . . ἀπόστολος . . . Χριστοῦ κατὰ πίστιν ἐκλεκτῶν θεοῦ καὶ ἐπίγνωσιν ἀληθείας

Phm 6ᵃὅπως ἡ κοινωνία τῆς πίστεώς σου ἐνεργὴς γένηται ἐν ἐπιγνώσει παντὸς ἀγαθοῦ

Hb 10 26ᶜμετὰ τὸ λαβεῖν τὴν ἐπίγνωσιν τῆς ἀληθείας

2 Pt 1 2ᵃχάρις ὑμῖν καὶ εἰρήνη πληθυνθείη ἐν ἐπιγνώσει τοῦ θεοῦ

1 3 ὡς (+τὰ NVT) πάντα ἡμῖν τῆς θείας δυνάμεως . . . δεδωρημένης διὰ τῆς ἐπιγνώσεως τοῦ καλέσαντος ἡμᾶς

1 8 οὐδὲ ἀκάρπους καθίστησιν εἰς τὴν τοῦ . . . ᾿Ιησοῦ Χριστοῦ ἐπίγνωσιν

2 20ᵃἀποφυγόντες τὰ μιάσματα τοῦ κόσμου ἐν ἐπιγνώσει τοῦ . . . ᾿Ιησοῦ Χριστοῦ

ἐπιγραφή

Mt 22 20 τίνος ἡ εἰκὼν αὕτη καὶ ἡ ἐπιγραφή;

Mc 12 16 τίνος ἡ εἰκὼν αὕτη καὶ ἡ ἐπιγραφή;

15 26 ἦν ἡ ἐπιγραφὴ τῆς αἰτίας αὐτοῦ ἐπιγεγραμμένη

Lc 20 24 τίνος ἔχει εἰκόνα καὶ ἐπιγραφήν;

23 38 ἦν δὲ καὶ ἐπιγραφὴ (+γεγραμμένη Vς) ἐπ᾿ αὐτῷ (+γράμμασιν ἑλληνικοῖς καὶ ῥωμαϊκοῖς καὶ ἑβραϊκοῖς MVBSς)

ἐπιγράφω
→ γράφω
ᵃ ἐπιγραφὴ ἐπιγεγραμμένη

Mc 15 26ᵃἦν ἡ ἐπιγραφὴ τῆς αἰτίας αὐτοῦ ἐπιγεγραμμένη

Ac 17 23 εὗρον καὶ βωμὸν ἐν ᾧ ἐπεγέγραπτο· ἀγνώστῳ θεῷ

Hb 8 10 ἐπὶ καρδίας (-ίαν T) αὐτῶν ἐπιγράψω αὐτούς

10 16 ἐπὶ | τὴν διάνοιαν (τῶν διανοιῶν Sς) αὐτῶν ἐπιγράψω αὐτούς

Ap 21 12 ἔχουσα . . . ἐπὶ τοῖς πυλῶσιν ἀγγέλους δώδεκα, καὶ ὀνόματα ἐπιγεγραμμένα

ἐπιδείκνυμι
→ δείκνυμι
ᵃ palam facere

Mt 16 1 ἐπηρώτησαν (ἐπηρώτων T) αὐτὸν σημεῖον ἐκ τοῦ οὐρανοῦ ἐπιδεῖξαι αὐτοῖς

22 19 ἐπιδείξατέ μοι τὸ νόμισμα τοῦ κήνσου

24 1 προσῆλθον οἱ μαθηταὶ αὐτοῦ ἐπιδεῖξαι αὐτῷ τὰς οἰκοδομὰς τοῦ ἱεροῦ

Lc 17 14 πορευθέντες ἐπιδείξατε ἑαυτοὺς τοῖς ἱερεῦσιν

20 24 * ἐπιδείξατέ (ς; δείξατέ rl) μοι δηνάριον

24 40 * || καὶ τοῦτο εἰπὼν ἐπέδειξεν (Sς; ἔδ. N²⁶MVBH) αὐτοῖς τὰς χεῖρας καὶ τοὺς πόδας (([VSH]; —NT))

Ac 9 39 παρέστησαν αὐτῷ πᾶσαι αἱ χῆραι . . . ἐπιδεικνύμεναι χιτῶνας καὶ ἱμάτια

Ac 18 28ᵃτοῖς ᾿Ιουδαίοις διακατηλέγχετο δημοσίᾳ ἐπιδεικνὺς διὰ τῶν γραφῶν εἶναι τὸν χριστὸν ᾿Ιησοῦν

Hb 6 17ᵃβουλόμενος ὁ θεὸς ἐπιδεῖξαι τοῖς κληρονόμοις τῆς ἐπαγγελίας τὸ ἀμετάθετον τῆς βουλῆς αὐτοῦ

ἐπιδέχομαι
→ δέχομαι

3 Jo 9 ἀλλ᾿ ὁ φιλοπρωτεύων αὐτῶν Διοτρέφης οὐκ ἐπιδέχεται ἡμᾶς

10 οὔτε αὐτὸς ἐπιδέχεται τοὺς ἀδελφοὺς καὶ τοὺς βουλομένους κωλύει

ἐπιδημέω
→ ἀποδημέω

Ac 2 10 ⟨οἱ κατοικοῦντες⟩ τὰ μέρη τῆς Λιβύης . . . καὶ οἱ ἐπιδημοῦντες ᾿Ρωμαῖοι ⟨ἀκούομεν⟩

17 21 ᾿Αθηναῖοι δὲ πάντες καὶ οἱ ἐπιδημοῦντες ξένοι εἰς οὐδὲν ἕτερον ηὐκαίρουν ἢ λέγειν τι . . . καινότερον

ἐπιδιατάσσομαι
→ τάσσω

G 3 15 ὅμως ἀνθρώπου κεκυρωμένην διαθήκην οὐδεὶς ἀθετεῖ ἢ ἐπιδιατάσσεται

ἐπιδίδωμι
→ δίδωμι
ᵃ term. techn. de re nautica

Mt 7 9 μὴ λίθον ἐπιδώσει αὐτῷ;

7 10 μὴ ὄφιν ἐπιδώσει αὐτῷ;

Lc 4 17 ἐπεδόθη αὐτῷ βιβλίον τοῦ προφήτου ᾿Ησαΐου

11 11 * τίνα (τίς S) δὲ . . . αἰτήσει | ὁ υἱὸς (—S) || ἄρτον, μὴ λίθον ἐπιδώσει αὐτῷ; ἢ (ἢ καὶ BT; εἰ καὶ ς) ((—N²⁶NH)) ἰχθύν,

11 11 καὶ (N²⁶; μὴ rl) ἀντὶ ἰχθύος ὄφιν | αὐτῷ ἐπιδώσει (∼VBς); ↔

11 12 ἢ καὶ αἰτήσει ᾠόν, (+μὴ MVB [S]Tς) ἐπιδώσει αὐτῷ σκορπίον;

24 30 λαβὼν τὸν ἄρτον εὐλόγησεν καὶ κλάσας ἐπεδίδου αὐτοῖς

24 42 οἱ δὲ ἐπέδωκαν αὐτῷ ἰχθύος ὀπτοῦ μέρος

Jo 13 26 * ᾧ ἐγὼ || βάψω τὸ ψωμίον καὶ ἐπιδώσω (VSς; δώσω rl) αὐτῷ ((βάψας τ. ψ. ἐπιδ. ς))

Ac 15 30 οἱ μὲν οὖν . . . συναγαγόντες τὸ πλῆθος ἐπέδωκαν τὴν ἐπιστολήν

27 15ᵃσυναρπασθέντος δὲ τοῦ πλοίου . . . ἐπιδόντες ἐφερόμεθα

ἐπιδιορθόω
→ ἀνορθόω

Tt 1 5 τούτου χάριν ἀπέλιπόν (κατ- Sς; ἀπέλειπον H) σε ἐν Κρήτῃ, ἵνα τὰ λείποντα ἐπιδιορθώσῃ

ἐπιδύω
→ δύνω, δύω

E 4 26 ὁ ἥλιος μὴ ἐπιδυέτω ἐπὶ τῷ ([N²⁶]; —NTH) παροργισμῷ ὑμῶν

ἐπιείκεια
ἐπιεικία H

Ac 24 4 παρακαλῶ ἀκοῦσαί σε ἡμῶν συντόμως τῇ σῇ ἐπιεικείᾳ

2 C 10 1 αὐτὸς δὲ ἐγὼ Παῦλος παρακαλῶ ὑμᾶς διὰ τῆς πραΰτητος καὶ ἐπιεικείας τοῦ Χριστοῦ

ἐπιεικής

Ph 4 5 τὸ ἐπιεικὲς ὑμῶν γνωσθήτω πᾶσιν ἀνθρώποις

1Tm 3 3 ⟨δεῖ οὖν τὸν ἐπίσκοπον ἀνεπίλημπτον εἶναι⟩ μὴ πλήκτην, ἀλλὰ ἐπιεική, ἄμαχον

Tt 3 2 ⟨ὑπομίμνῃσκε αὐτοὺς . . . πειθαρχεῖν⟩ ἀμάχους εἶναι, ἐπιεικεῖς

Jc 3 17 ἡ δὲ ἄνωθεν σοφία πρῶτον μὲν
        ἁγνή ἐστιν, ἔπειτα εἰρηνική, ἐπι-
        εικής, εὐπειθής
1 Pt 2 18 οἱ οἰκέται, ὑποτασσόμενοι . . .
        τοῖς δεσπόταις, οὐ μόνον τοῖς ἀγα-
        θοῖς καὶ ἐπιεικέσιν ἀλλὰ καὶ τοῖς
        σκολιοῖς

ἐπιεικία
→ ἐπιείκεια

ἐπιζητέω
→ ζητέω
a ἐ. σημεῖον
b seq. inf.
Mt 6 32 πάντα γὰρ ταῦτα τὰ ἔθνη ἐπι-
        ζητοῦσιν (-τεῖ Vϛ)
    12 39a γενεὰ πονηρὰ καὶ μοιχαλὶς ση-
        μεῖον ἐπιζητεῖ
    16 4a γενεὰ πονηρὰ καὶ μοιχαλὶς ση-
        μεῖον ἐπιζητεῖ
Mc 8 12a* τί ἡ γενεὰ αὕτη ἐπιζητεῖ (ϛ;
        ζητεῖ rl) σημεῖον;
Lc 4 42 οἱ ὄχλοι ἐπεζήτουν (ἐζ. ϛ) αὐτόν,
        καὶ ἦλθον ἕως αὐτοῦ
    11 29a* ἡ γενεὰ αὕτη γενεὰ πονηρὰ
        ἐστιν· σημεῖον ἐπιζητεῖ (Vϛ; ζητεῖ
        rl)
    12 30 ταῦτα γὰρ πάντα τὰ ἔθνη τοῦ
        κόσμου ἐπιζητοῦσιν (-ζητεῖ Vϛ)
Ac 12 19 Ἡρῴδης δὲ ἐπιζητήσας αὐτὸν
        καὶ μὴ εὑρών, ἀνακρίνας . . .
        ἐκέλευσεν ἀπαχθῆναι
    13 7b οὗτος . . . ἐπεζήτησεν ἀκοῦσαι τὸν
        λόγον τοῦ θεοῦ
    19 39 εἰ δέ τι περαιτέρω (περὶ ἑτέρων Tϛ)
        ἐπιζητεῖτε, ἐν τῇ ἐννόμῳ ἐκκλησίᾳ
        ἐπιλυθήσεται
Rm 11 7 ὃ ἐπιζητεῖ Ἰσραήλ, τοῦτο οὐκ
        ἐπέτυχεν
Ph 4 17 οὐχ ὅτι ἐπιζητῶ τὸ δόμα, ↔
    4 17 ἀλλὰ ἐπιζητῶ τὸν καρπὸν τὸν
        πλεονάζοντα εἰς λόγον ὑμῶν
Hb 11 14 οἱ γὰρ τοιαῦτα λέγοντες ἐμφανί-
        ζουσιν ὅτι πατρίδα ἐπιζητοῦσιν
    13 14 οὐ γὰρ ἔχομεν ὧδε μένουσαν πό-
        λιν, ἀλλὰ τὴν μέλλουσαν ἐπιζη-
        τοῦμεν

ἐπιθανάτιος
1 C 4 9 ὁ θεὸς ἡμᾶς τοὺς ἀποστόλους ἐσχά-
        τους ἀπέδειξεν ὡς ἐπιθανατίους

ἐπίθεσις
Ac 8 18 διὰ τῆς ἐπιθέσεως τῶν χειρῶν τῶν
        ἀποστόλων δίδοται τὸ πνεῦμα
        (+τὸ ἅγιον VBSϛ)
1Tm 4 14 ὃ ἐδόθη σοι διὰ προφητείας μετὰ
        ἐπιθέσεως τῶν χειρῶν τοῦ πρεσβυ-
        τερίου
2Tm 1 6 ὅ ἐστιν ἐν σοὶ διὰ τῆς ἐπιθέσεως
        τῶν χειρῶν μου
Hb 6 2 ⟨μὴ πάλιν θεμέλιον καταβαλλόμε-
        νοι μετανοίας ἀπὸ νεκρῶν ἔργων⟩
        βαπτισμῶν διδαχῆς (-ὴν H), ἐπι-
        θέσεώς τε χειρῶν

ἐπιθυμέω
→ ἀθυμέω
a de concupiscentia
b ἐπιθυμίᾳ ἐ.
c ἐ. τινός
Mt 5 28ac πᾶς ὁ βλέπων γυναῖκα πρὸς τὸ
        ἐπιθυμῆσαι αὐτήν ([NH]; —T;
        αὐτῆς ϛ)
    13 17 πολλοὶ προφῆται καὶ δίκαιοι ἐπε-
        θύμησαν ἰδεῖν ἃ βλέπετε
Lc 15 16 ἐπεθύμει χορτασθῆναι (N²⁶H;
        γεμίσαι τὴν κοιλίαν αὐτοῦ rl)
        ἐκ (ἀπὸ VBTϛ) τῶν κερατίων

Lc 16 21 ἐπιθυμῶν χορτασθῆναι ἀπὸ τῶν
        πιπτόντων ἀπὸ τῆς τραπέζης τοῦ
        πλουσίου
    17 22 ὅτε ἐπιθυμήσετε μίαν τῶν ἡμερῶν
        τοῦ υἱοῦ τοῦ ἀνθρώπου ἰδεῖν
    22 15b ἐπιθυμίᾳ ἐπεθύμησα τοῦτο τὸ
        πάσχα φαγεῖν μεθ᾽ ὑμῶν
Ac 20 33c ἀργυρίου ἢ χρυσίου ἢ ἱματισμοῦ
        οὐδενὸς ἐπεθύμησα
Rm 7 7a εἰ μὴ ὁ νόμος ἔλεγεν· οὐκ ἐπιθυ-
        μήσεις
    13 9a τὸ γὰρ . . . οὐκ ἐπιθυμήσεις . . . ἐν
        τῷ λόγῳ τούτῳ ἀνακεφαλαιοῦται
1 C 10 6 καθὼς κἀκεῖνοι ἐπεθύμησαν
G   5 17 ἡ γὰρ σὰρξ ἐπιθυμεῖ κατὰ τοῦ
        πνεύματος
1Tm 3 1c εἴ τις ἐπισκοπῆς ὀρέγεται, καλοῦ
        ἔργου ἐπιθυμεῖ
Hb 6 11 ἐπιθυμοῦμεν δὲ ἕκαστον ὑμῶν τὴν
        αὐτὴν ἐνδείκνυσθαι σπουδήν
Jc 4 2 ἐπιθυμεῖτε, καὶ οὐκ ἔχετε
1 Pt 1 12 ἃ νῦν ἀνηγγέλη ὑμῖν . . . εἰς ἃ
        ἐπιθυμοῦσιν ἄγγελοι παρακύψαι
Ap 9 6 οἱ ἄνθρωποι . . . ἐπιθυμήσουσιν
        ἀποθανεῖν

ἐπιθυμητής
1 C 10 6 εἰς τὸ μὴ εἶναι ἡμᾶς ἐπιθυμητὰς
        κακῶν

ἐπιθυμία
a ἐ. et σάρξ
b ἡ ἰδία (ἑαυτῶν) ἐ.
c ἐπιθυμέω ἐπιθυμίᾳ
Mc 4 19 αἱ περὶ τὰ λοιπὰ ἐπιθυμίαι
        εἰσπορευόμεναι συμπνίγουσιν τὸν
        λόγον
Lc 22 15c ἐπιθυμίᾳ ἐπεθύμησα τοῦτο τὸ
        πάσχα φαγεῖν μεθ᾽ ὑμῶν
Jo 8 44 ἐκ τῶν ἐπιθυμιῶν τοῦ πατρὸς ὑμῶν
        θέλετε ποιεῖν
Rm 1 24 διὸ παρέδωκεν αὐτοὺς ὁ θεὸς ἐν
        ταῖς ἐπιθυμίαις τῶν καρδιῶν αὐ-
        τῶν εἰς ἀκαθαρσίαν
    6 12 εἰς τὸ ὑπακούειν (+αὐτῇ ἐν ϛ)
        ταῖς ἐπιθυμίαις αὐτοῦ
    7 7 τήν τε γὰρ ἐπιθυμίαν οὐκ ᾔδειν
    7 8 ἀφορμὴν δὲ λαβοῦσα ἡ ἁμαρτία
        . . . κατειργάσατο ἐν ἐμοὶ πᾶσαν
        ἐπιθυμίαν
    13 14a τῆς σαρκὸς πρόνοιαν μὴ ποιεῖσθε
        εἰς ἐπιθυμίας
G   5 16a πνεύματι περιπατεῖτε καὶ ἐπιθυ-
        μίαν σαρκὸς οὐ μὴ τελέσητε
    5 24a οἱ δὲ . . . Ἰησοῦ ([N²⁶]; —ϛ) τὴν
        σάρκα ἐσταύρωσαν σὺν τοῖς παθή-
        μασιν καὶ ταῖς ἐπιθυμίαις
E   2 3a ἐν οἷς καὶ ἡμεῖς πάντες ἀνεστράφη-
        μέν ποτε ἐν ταῖς ἐπιθυμίαις τῆς
        σαρκὸς ἡμῶν
    4 22 ἀποθέσθαι ὑμᾶς . . . τὸν παλαιὸν
        ἄνθρωπον τὸν φθειρόμενον κατὰ
        τὰς ἐπιθυμίας τῆς ἀπάτης
Ph 1 23 συνέχομαι δὲ ἐκ τῶν δύο, τὴν
        ἐπιθυμίαν ἔχων εἰς τὸ ἀναλῦσαι καὶ
        σὺν Χριστῷ εἶναι
Cl 3 5 νεκρώσατε οὖν τὰ μέλη τὰ ἐπὶ
        τῆς γῆς . . . πάθος, ἐπιθυμίαν κακήν
1 Th 2 17 περισσοτέρως ἐσπουδάσαμεν τὸ
        πρόσωπον ὑμῶν ἰδεῖν ἐν πολλῇ
        ἐπιθυμίᾳ
    4 5 ⟨τὸ ἑαυτοῦ σκεῦος κτᾶσθαι ἐν . . .
        τιμῇ⟩ μὴ ἐν πάθει ἐπιθυμίας
1Tm 6 9 οἱ δὲ βουλόμενοι πλουτεῖν ἐμ-
        πίπτουσιν εἰς πειρασμὸν καὶ παγί-
        δα καὶ ἐπιθυμίας πολλὰς ἀνοήτους
        καὶ βλαβεράς

2Tm 2 22 τὰς δὲ νεωτερικὰς ἐπιθυμίας φεῦγε
    3 6 γυναικάρια . . . ἀγόμενα ἐπιθυμίαις
        ποικίλαις
    4 3b ἀλλὰ κατὰ τὰς | ἰδίας ἐπιθυμίας
        (ἐ. τὰς ἰ. Sϛ) ἑαυτοῖς ἐπισωρεύσου-
        σιν διδασκάλους
Tt 2 12 ἵνα ἀρνησάμενοι τὴν ἀσέβειαν καὶ
        τὰς κοσμικὰς ἐπιθυμίας . . . εὐσεβῶς
        ζήσωμεν
    3 3 ἦμεν γάρ ποτε καὶ ἡμεῖς . . . δου-
        λεύοντες ἐπιθυμίαις καὶ ἡδοναῖς
        ποικίλαις
Jc 1 14b ἕκαστος δὲ πειράζεται ὑπὸ τῆς
        ἰδίας ἐπιθυμίας ἐξελκόμενος καὶ
        δελεαζόμενος· ↔
    1 15 εἶτα ἡ ἐπιθυμία συλλαβοῦσα τίκτει
        ἁμαρτίαν
1 Pt 1 14 μὴ συσχηματιζόμενοι ταῖς πρότε-
        ρον ἐν τῇ ἀγνοίᾳ ὑμῶν ἐπιθυμίαις
    2 11a παρακαλῶ . . . ἀπέχεσθαι τῶν
        σαρκικῶν ἐπιθυμιῶν
    4 2 εἰς τὸ μηκέτι ἀνθρώπων ἐπιθυμίαις
        ἀλλὰ θελήματι θεοῦ τὸν ἐπίλοι-
        πον . . . βιῶσαι χρόνον
    4 3 πεπορευμένους ἐν ἀσελγείαις, ἐπι-
        θυμίαις, οἰνοφλυγίαις
2 Pt 1 4 ἀποφυγόντες τῆς ἐν τῷ κόσμῳ | ἐν
        ἐπιθυμίᾳ φθορᾶς (ἐπιθυμίας καὶ
        φθορᾶς S)
    2 10a ⟨εἰς ἡμέραν κρίσεως κολαζομένους
        τηρεῖν⟩ τοὺς ὀπίσω σαρκὸς ἐν ἐπι-
        θυμίᾳ μιασμοῦ πορευομένους
    2 18a δελεάζουσιν ἐν ἐπιθυμίαις σαρκὸς
        ἀσελγείαις τοὺς ὀλίγως ἀποφεύ-
        γοντας
    3 3b ἐλεύσονται . . . ἐμπαῖκται κατὰ τὰς
        ἰδίας | ἐπιθυμίας αὐτῶν (∼ VSTϛ)
        πορευόμενοι
1 Jo 2 16a ὅτι πᾶν τὸ ἐν τῷ κόσμῳ, ἡ ἐπι-
        θυμία τῆς σαρκὸς ↔
    2 16 καὶ ἡ ἐπιθυμία τῶν ὀφθαλμῶν . . .
        ἐκ τοῦ κόσμου ἐστίν. ↔
    2 17 καὶ ὁ κόσμος παράγεται καὶ ἡ ἐπι-
        θυμία αὐτοῦ [H]
Jd 16b οὗτοί εἰσιν γογγυσταὶ μεμψίμοι-
        ροι, κατὰ τὰς ἐπιθυμίας ἑαυτῶν
        (N²⁶; αὐ. rl) πορευόμενοι
    18b ἔσονται ἐμπαῖκται κατὰ τὰς ἑαυ-
        τῶν ἐπιθυμίας πορευόμενοι τῶν
        ἀσεβειῶν
Ap 18 14 ἡ ὀπώρα σου τῆς ἐπιθυμίας τῆς
        ψυχῆς ἀπῆλθεν ἀπὸ σοῦ

ἐπικαθίζω
→ καθίζω
Mt 21 7 ἤγαγον τὴν ὄνον καὶ τὸν πῶλον
        . . . καὶ ἐπεκάθισεν ἐπάνω αὐτῶν

ἐπικαλέω
→ καλέω
a ἐ. τὸ ὄνομα
b ἐπικαλούμενος pass.
c ἐπικληθείς
Mt 10 3c* Ἰάκωβος ὁ τοῦ Ἀλφαίου καὶ
        | Λεββαῖος ὁ ἐπικληθεὶς (+Sϛ)
        Θαδδαῖος (Λεββαῖος T)
    10 25 εἰ τὸν οἰκοδεσπότην Βεελζεβοὺλ
        ἐπεκάλεσαν (ἐκάλ. ϛ)
Lc 22 3b* εἰσῆλθεν δὲ σατανᾶς εἰς Ἰούδαν
        τὸν ἐπικαλούμενον (Vϛ; καλού-
        μενον rl) Ἰσκαριώτην
Ac 1 23 ἔστησαν δύο, Ἰωσὴφ τὸν καλού-
        μενον Βαρσαββᾶν, ὃς ἐπεκλήθη
        Ἰοῦστος
    2 21a ἔσται πᾶς ὃς ἂν (N²⁶STϛ; ἐὰν rl)
        ἐπικαλέσηται τὸ ὄνομα κυρίου
        σωθήσεται

Ac 4 36ᶜ Ἰωσὴφ δὲ ὁ ἐπικληθεὶς Βαρναβᾶς ἀπὸ (ὑπὸ ς) τῶν ἀποστόλων
7 59 ἐλιθοβόλουν τὸν Στέφανον, ἐπικαλούμενον καὶ λέγοντα
9 14ᵃ ἔχει ἐξουσίαν ... δῆσαι πάντας τοὺς ἐπικαλουμένους τὸ ὄνομά σου
9 21ᵃ οὐχ οὗτός ἐστιν ὁ πορθήσας εἰς (ἐν MVBHς) Ἰερουσαλὴμ τοὺς ἐπικαλουμένους τὸ ὄνομα τοῦτο ⟨;⟩
10 5 μετάπεμψαι Σίμωνά τινα ὃς ἐπικαλεῖται Πέτρος
10 18ᵇ ἐπυνθάνοντο (ἐπύθοντο H) εἰ Σίμων ὁ ἐπικαλούμενος Πέτρος ἐνθάδε ξενίζεται
10 32 μετακάλεσαι Σίμωνα ὃς ἐπικαλεῖται Πέτρος
11 13ᵇ μετάπεμψαι Σίμωνα τὸν ἐπικαλούμενον Πέτρον
12 12ᵇ ἦλθεν ἐπὶ τὴν οἰκίαν τῆς ([S]; —ς) Μαρίας τῆς μητρὸς Ἰωάννου τοῦ ἐπικαλουμένου Μάρκου
12 25ᵇᶜ ὑπέστρεψαν ... συμπαραλαβόντες Ἰωάννην τὸν ἐπικληθέντα (-καλούμενον S) Μᾶρκον
15 17ᵃ πάντα τὰ ἔθνη ἐφ᾽ οὓς ἐπικέκληται τὸ ὄνομά μου ἐπ᾽ αὐτούς
15 22ᵇ * πέμψαι εἰς Ἀντιόχειαν ... Ἰούδαν τὸν ἐπικαλούμενον (ς; καλ. rl) Βαρσαββᾶν καὶ Σιλᾶν
22 16ᵃ ἀναστὰς βάπτισαι ... ἐπικαλεσάμενος τὸ ὄνομα αὐτοῦ
25 11 Καίσαρα ἐπικαλοῦμαι
25 12 Καίσαρα ἐπικέκλησαι, ἐπὶ Καίσαρα πορεύσῃ
25 21 τοῦ δὲ Παύλου ἐπικαλεσαμένου τηρηθῆναι αὐτὸν εἰς τὴν τοῦ Σεβαστοῦ διάγνωσιν
25 25 αὐτοῦ δὲ τούτου ἐπικαλεσαμένου τὸν Σεβαστὸν ἔκρινα πέμπειν
26 32 ἀπολελύσθαι ἐδύνατο ὁ ἄνθρωπος οὗτος εἰ μὴ ἐπεκέκλητο Καίσαρα
28 19 ἀντιλεγόντων δὲ τῶν Ἰουδαίων ἠναγκάσθην ἐπικαλέσασθαι Καίσαρα
Rm 10 12 πλουτῶν εἰς πάντας τοὺς ἐπικαλουμένους αὐτόν· ↔
10 13ᵃ πᾶς γὰρ ὃς ἂν ἐπικαλέσηται τὸ ὄνομα κυρίου σωθήσεται. ↔
10 14 πῶς οὖν ἐπικαλέσωνται (-σονται ς) εἰς ὃν οὐκ ἐπίστευσαν;
1 C 1 2ᵃ ⟨Παῦλος κλητὸς ἀπόστολος⟩ κλητοῖς ἁγίοις, σὺν πᾶσιν τοῖς ἐπικαλουμένοις τὸ ὄνομα τοῦ κυρίου ἡμῶν
2 C 1 23 ἐγὼ δὲ μάρτυρα τὸν θεὸν ἐπικαλοῦμαι ἐπὶ τὴν ἐμὴν ψυχήν
2Tm 2 22 δίωκε δὲ δικαιοσύνην ... εἰρήνην μετὰ τῶν ἐπικαλουμένων τὸν κύριον ἐκ καθαρᾶς καρδίας
Hb 11 16 διὸ οὐκ ἐπαισχύνεται αὐτοὺς ὁ θεὸς θεὸς ἐπικαλεῖσθαι αὐτῶν
Jc 2 7ᵃᶜ οὐκ αὐτοὶ βλασφημοῦσιν τὸ καλὸν ὄνομα τὸ ἐπικληθὲν ἐφ᾽ ὑμᾶς;
1 Pt 1 17 εἰ πατέρα ἐπικαλεῖσθε τὸν ἀπροσωπολήμπτως κρίνοντα κατὰ τὸ ἑκάστου ἔργον

ἐπικάλυμμα
1 Pt 2 16 μὴ ὡς ἐπικάλυμμα ἔχοντες τῆς κακίας τὴν ἐλευθερίαν

ἐπικαλύπτω
→ καλύπτω
Rm 4 7 μακάριοι ... ὧν ἐπεκαλύφθησαν αἱ ἁμαρτίαι

ἐπικατάρατος
Jo 7 49 * ἀλλὰ ὁ ὄχλος οὗτος ὁ μὴ γινώσκων τὸν νόμον ἐπικατάρατοί (ς; ἐπάρατοί rl) εἰσιν
G 3 10 ἐπικατάρατος πᾶς ὃς οὐκ ἐμμένει πᾶσιν τοῖς γεγραμμένοις ἐν τῷ βιβλίῳ τοῦ νόμου
3 13 ἐπικατάρατος πᾶς ὁ κρεμάμενος ἐπὶ ξύλου

ἐπίκειμαι
→ κεῖμαι
Lc 5 1 ἐγένετο δὲ ἐν τῷ τὸν ὄχλον ἐπικεῖσθαι αὐτῷ
23 23 οἱ δὲ ἐπέκειντο φωναῖς μεγάλαις αἰτούμενοι αὐτὸν σταυρωθῆναι
Jo 11 38 ἦν δὲ σπήλαιον, καὶ λίθος ἐπέκειτο ἐπ᾽ αὐτῷ
21 9 βλέπουσιν ἀνθρακιὰν κειμένην καὶ ὀψάριον ἐπικείμενον καὶ ἄρτον
Ac 27 20 χειμῶνός τε οὐκ ὀλίγου ἐπικειμένου
1 C 9 16 οὐκ ἔστιν μοι καύχημα· ἀνάγκη γάρ μοι ἐπίκειται
Hb 9 10 δικαιώματα σαρκὸς μέχρι καιροῦ διορθώσεως ἐπικείμενα

ἐπικέλλω
Ac 27 41 περιπεσόντες δὲ εἰς τόπον διθάλασσον ἐπέκειλαν (ἐπώκ. ς) τὴν ναῦν

Ἐπικούρειος
Ἐπικούριος STH
Ac 17 18 τινὲς δὲ καὶ τῶν Ἐπικουρείων καὶ Στωϊκῶν φιλοσόφων συνέβαλλον αὐτῷ

ἐπικουρία
Ac 26 22 ἐπικουρίας οὖν τυχὼν τῆς ἀπὸ τοῦ θεοῦ ἄχρι τῆς ἡμέρας ταύτης ἕστηκα μαρτυρόμενος

Ἐπικούριος
→ Ἐπικούρειος

ἐπικρίνω
→ κρίνω
Lc 23 24 Πιλᾶτος ἐπέκρινεν γενέσθαι τὸ αἴτημα αὐτῶν

ἐπιλαμβάνομαι
→ λαμβάνω
ᵃ met.
Mt 14 31 εὐθέως δὲ ὁ Ἰησοῦς ἐκτείνας τὴν χεῖρα ἐπελάβετο αὐτοῦ
Mc 8 23 ἐπιλαβόμενος τῆς χειρὸς τοῦ τυφλοῦ ἐξήνεγκεν αὐτὸν
Lc 9 47 ὁ δὲ Ἰησοῦς ... ἐπιλαβόμενος παιδίον (παιδίου VTς) ἔστησεν αὐτὸ παρ᾽ ἑαυτῷ
14 4 ἐπιλαβόμενος ἰάσατο αὐτὸν καὶ ἀπέλυσεν
20 20ᵃ ἵνα ἐπιλάβωνται αὐτοῦ λόγου
20 26ᵃ οὐκ ἴσχυσαν ἐπιλαβέσθαι αὐτοῦ (τοῦ SH) ῥήματος ἐναντίον τοῦ λαοῦ
23 26 ἐπιλαβόμενοι | Σίμωνά τινα Κυρηναῖον ἐρχόμενον (Σ-νός τινος Κ-ναίου ἐ-μένου V; Σ. τ. Κ. τοῦ ἐ. ς;) ἀπ᾽ ἀγροῦ
Ac 9 27 Βαρναβᾶς δὲ ἐπιλαβόμενος αὐτὸν ἤγαγεν πρὸς τοὺς ἀποστόλους
16 19 ἐπιλαβόμενοι τὸν Παῦλον καὶ τὸν Σιλᾶν εἵλκυσαν εἰς τὴν ἀγοράν
17 19 ἐπιλαβόμενοί τε (δὲ NMH) αὐτοῦ ἐπὶ τὸν Ἄρειον πάγον ἤγαγον
18 17 ἐπιλαβόμενοι δὲ πάντες (+οἱ Ἕλληνες M[VS]ς) Σωσθένην ... ἔτυπτον
21 30 ἐπιλαβόμενοι τοῦ Παύλου εἷλκον αὐτὸν ἔξω τοῦ ἱεροῦ
21 33 τότε ἐγγίσας ὁ χιλίαρχος ἐπελάβετο αὐτοῦ

Ac 23 19 ἐπιλαβόμενος δὲ τῆς χειρὸς αὐτοῦ ὁ χιλίαρχος
1Tm 6 12ᵃ ἐπιλαβοῦ τῆς αἰωνίου ζωῆς
6 19ᵃ ἵνα ἐπιλάβωνται τῆς ὄντως ζωῆς
Hb 2 16ᵃ οὐ γὰρ δήπου ἀγγέλων ἐπιλαμβάνεται, ↔
2 16ᵃ ἀλλὰ σπέρματος Ἀβραὰμ ἐπιλαμβάνεται
8 9 ἐν ἡμέρᾳ ἐπιλαβομένου μου τῆς χειρὸς αὐτῶν

ἐπιλανθάνομαι
→ λανθάνω
ᵃ seq. inf.
Mt 16 5ᵃ ἐλθόντες οἱ μαθηταὶ εἰς τὸ πέραν ἐπελάθοντο ἄρτους λαβεῖν
Mc 8 14ᵃ ἐπελάθοντο λαβεῖν ἄρτους
Lc 12 6 ἓν ἐξ αὐτῶν οὐκ ἔστιν ἐπιλελησμένον ἐνώπιον τοῦ θεοῦ
Ph 3 13 τὰ μὲν ὀπίσω ἐπιλανθανόμενος τοῖς δὲ ἔμπροσθεν ἐπεκτεινόμενος
Hb 6 10 οὐ γὰρ ἄδικος ὁ θεὸς ἐπιλαθέσθαι τοῦ ἔργου ὑμῶν
13 2 τῆς φιλοξενίας μὴ ἐπιλανθάνεσθε
13 16 τῆς δὲ εὐποιίας καὶ κοινωνίας μὴ ἐπιλανθάνεσθε
Jc 1 24 εὐθέως ἐπελάθετο ὁποῖος ἦν

ἐπιλέγω
→ λέγω
Jo 5 2 ἔστιν δὲ ... κολυμβήθρα, | ἡ ἐπιλεγομένη (τὸ λεγόμενον T) Ἑβραϊστὶ Βηθζαθά (Βηθεσδά MVBς)
Ac 15 40 Παῦλος δὲ ἐπιλεξάμενος Σιλᾶν ἐξῆλθεν

ἐπιλείπω
→ λείπω
Hb 11 32 καὶ τί ἔτι λέγω; ἐπιλείψει | με γὰρ (~VSς) διηγούμενον ὁ χρόνος περὶ Γεδεών

ἐπιλείχω
→ ἀπολείχω
Lc 16 21 ἀλλὰ καὶ οἱ κύνες ἐρχόμενοι ἐπέλειχον (ἀπ- ς) τὰ ἕλκη αὐτοῦ

ἐπιλησμονή
Jc 1 25 οὐκ ἀκροατὴς ἐπιλησμονῆς γενόμενος ἀλλὰ ποιητὴς ἔργου

ἐπίλοιπος
1 Pt 4 2 εἰς τὸ ... θελήματι θεοῦ τὸν ἐπίλοιπον ἐν σαρκὶ βιῶσαι χρόνον

ἐπίλυσις
2 Pt 1 20 πᾶσα προφητεία γραφῆς ἰδίας ἐπιλύσεως οὐ γίνεται

ἐπιλύω
→ λύω
Mc 4 34 κατ᾽ ἰδίαν δὲ τοῖς ἰδίοις μαθηταῖς ἐπέλυεν πάντα
Ac 19 39 εἰ δέ τι περαιτέρω (περὶ ἑτέρων Tς) ἐπιζητεῖτε, ἐν τῇ ἐννόμῳ ἐκκλησίᾳ ἐπιλυθήσεται

ἐπιμαρτυρέω
→ μαρτυρέω
1 Pt 5 12 διὰ Σιλουανοῦ ὑμῖν ... ἔγραψα, παρακαλῶν καὶ ἐπιμαρτυρῶν ταύτην εἶναι ἀληθῆ χάριν τοῦ θεοῦ

ἐπιμέλεια
Ac 27 3 ἐπέτρεψεν πρὸς τοὺς φίλους πορευθέντι ἐπιμελείας τυχεῖν

ἐπιμελέομαι
→ ἀμελέω
Lc 10 34 ἤγαγεν αὐτὸν εἰς πανδοχεῖον καὶ ἐπεμελήθη αὐτοῦ
10 35 ἐπιμελήθητι αὐτοῦ
1Tm 3 5 πῶς ἐκκλησίας θεοῦ ἐπιμελήσεται;

ἐπιμελῶς
Lc 15 8 οὐχὶ ... σαροῖ τὴν οἰκίαν καὶ ζητεῖ ἐπιμελῶς ἕως οὗ (ὅτου Τϛ) εὕρῃ;

ἐπιμένω
→ μένω
a c. dat.
Jo [8 7]ὡς δὲ ἐπέμενον ἐρωτῶντες αὐτόν [H]
Ac 10 48 ἠρώτησαν αὐτὸν ἐπιμεῖναι ἡμέρας τινάς
12 16 ὁ δὲ Πέτρος ἐπέμενεν κρούων
13 43ᵃ* ἔπειθον αὐτοὺς ἐπιμένειν (ϛ; προσ- rl) τῇ χάριτι τοῦ θεοῦ
. 15 34 * | ἔδοξε δὲ τῷ Σίλᾳ ἐπιμεῖναι αὐτοῦ (+ϛ)
21 4 ἀνευρόντες δὲ τοὺς μαθητὰς ἐπεμείναμεν αὐτοῦ ἡμέρας ἑπτά
21 10 ἐπιμενόντων δὲ (+ἡμῶν MVSϛ) ἡμέρας πλείους κατῆλθέν τις ... προφήτης
28 12 καταχθέντες εἰς Συρακούσας ἐπεμείναμεν ἡμέρας τρεῖς
28 14 παρεκλήθημεν παρ' (ἐπ' ϛ) αὐτοῖς ἐπιμεῖναι ἡμέρας ἑπτά
Rm 6 1ᵃἐπιμένωμεν (-οῦμεν ϛ) τῇ ἁμαρτίᾳ, ἵνα ἡ χάρις πλεονάσῃ;
11 22ᵃἐὰν ἐπιμένῃς (-μείνῃς MVSϛ) τῇ χρηστότητι, ἐπεὶ καὶ σὺ ἐκκοπήσῃ. ↔
11 23ᵃκἀκεῖνοι δέ, ἐὰν μὴ ἐπιμένωσιν (-μείνωσιν MVSϛ) τῇ ἀπιστίᾳ, ἐγκεντρισθήσονται
1 C 16 7 ἐλπίζω γὰρ χρόνον τινὰ ἐπιμεῖναι πρὸς ὑμᾶς
16 8 ἐπιμενῶ (-μένω H) δὲ ἐν Ἐφέσῳ ἕως τῆς πεντηκοστῆς
G 1 18 ἐπέμεινα πρὸς αὐτὸν ἡμέρας δεκαπέντε
Ph 1 24ᵃτὸ δὲ ἐπιμένειν ἐν (+[N²⁶]Bϛ) τῇ σαρκὶ ἀναγκαιότερον δι' ὑμᾶς
Cl 1 23ᵃ⟨παραστῆσαι ὑμᾶς ἁγίους⟩ εἴ γε ἐπιμένετε τῇ πίστει τεθεμελιωμένοι καὶ ἑδραῖοι
1Tm 4 16ᵃἔπεχε σεαυτῷ καὶ τῇ διδασκαλίᾳ, ἐπίμενε αὐτοῖς

ἐπινεύω
→ νεύω
Ac 18 20 ἐρωτώντων δὲ αὐτῶν ... μεῖναι οὐκ ἐπένευσεν

ἐπίνοια
Ac 8 22 εἰ ἄρα ἀφεθήσεταί σοι ἡ ἐπίνοια τῆς καρδίας σου

ἐπιορκέω
Mt 5 33 ἠκούσατε ὅτι ἐρρέθη τοῖς ἀρχαίοις· οὐκ ἐπιορκήσεις

ἐπίορκος
1Tm 1 10 ⟨δικαίῳ νόμος οὐ κεῖται, ἀνόμοις δὲ⟩ πόρνοις ... ψεύσταις, ἐπιόρκοις

ἐπιοῦσα
→ ἔπειμι
ἐπιούσιος
Mt 6 11 τὸν ἄρτον ἡμῶν τὸν ἐπιούσιον δὸς ἡμῖν σήμερον
Lc 11 3 τὸν ἄρτον ἡμῶν τὸν ἐπιούσιον δίδου ἡμῖν τὸ καθ' ἡμέραν

ἐπιπίπτω
→ πίπτω
a ἐ. τινί
b ἐ. ἐπί τινι
Mc 3 10ᵃὥστε ἐπιπίπτειν αὐτῷ ἵνα αὐτοῦ ἅψωνται
Lc 1 12 φόβος ἐπέπεσεν ἐπ' αὐτόν
15 20 δραμὼν ἐπέπεσεν ἐπὶ τὸν τράχηλον αὐτοῦ

Jo 13 25 * ἐπιπεσὼν (STϛ; ἀνα- rl) οὖν (—NMH; δὲ Sϛ) ἐκεῖνος οὕτως ἐπὶ τὸ στῆθος τοῦ Ἰησοῦ λέγει αὐτῷ
Ac 8 16ᵇοὐδέπω γὰρ ἦν ἐπ' οὐδενὶ αὐτῶν ἐπιπεπτωκός
10 10 * παρασκευαζόντων δὲ αὐτῶν ἐπέπεσεν (ϛ; ἐγένετο rl) ἐπ' αὐτὸν ἔκστασις
10 44 ἐπέπεσεν τὸ πνεῦμα τὸ ἅγιον ἐπὶ πάντας τοὺς ἀκούοντας τὸν λόγον
11 15 ἐπέπεσεν τὸ πνεῦμα τὸ ἅγιον ἐπ' αὐτούς
13 11 * παραχρῆμά τε (N²⁶T; δὲ rl) ἐπέπεσεν (ϛ; ἔπεσεν rl) ἐπ' αὐτὸν ἀχλὺς καὶ σκότος
19 17 ἐπέπεσεν φόβος ἐπὶ πάντας αὐτούς
20 10ᵃκαταβὰς δὲ ὁ Παῦλος ἐπέπεσεν αὐτῷ
20 37 ἐπιπεσόντες ἐπὶ τὸν τράχηλον τοῦ Παύλου κατεφίλουν αὐτόν
Rm 15 3 οἱ ὀνειδισμοὶ τῶν ὀνειδιζόντων σε ἐπέπεσαν ἐπ' ἐμέ
Ap 11 11 φόβος μέγας ἐπέπεσεν (ἔπεσεν BSϛ) ἐπὶ τοὺς θεωροῦντας αὐτούς

ἐπιπλήσσω
→ πλήσσω
1Tm 5 1 πρεσβυτέρῳ μὴ ἐπιπλήξῃς, ἀλλὰ παρακάλει ὡς πατέρα

ἐπιπόθεια
→ ἐπιποθία
ἐπιποθέω
→ ἐπιπόθητος
a ἐ. ἰδεῖν
Rm 1 11ᵃἐπιποθῶ γὰρ ἰδεῖν ὑμᾶς
2 C 5 2 καὶ γὰρ ἐν τούτῳ στενάζομεν, τὸ οἰκητήριον ἡμῶν ... ἐπενδύσασθαι ἐπιποθοῦντες
9 14 καὶ αὐτῶν δεήσει ὑπὲρ ὑμῶν ἐπιποθούντων ὑμᾶς
Ph 1 8 ὡς ἐπιποθῶ πάντας ὑμᾶς ἐν σπλάγχνοις Χριστοῦ Ἰησοῦ
2 26ᵃἐπειδὴ ἐπιποθῶν ἦν πάντας ὑμᾶς (+ἰδεῖν S [H])
1 Th 3 6ᵃἔχετε μνείαν ἡμῶν ... ἐπιποθοῦντες ἡμᾶς ἰδεῖν καθάπερ καὶ ἡμεῖς ὑμᾶς
2Tm 1 4ᵃ⟨ὡς ἀδιάλειπτον ἔχω τὴν περὶ σοῦ μνείαν⟩ ἐπιποθῶν σε ἰδεῖν
Jc 4 5 πρὸς φθόνον ἐπιποθεῖ τὸ πνεῦμα ὃ κατῴκισεν ἐν ἡμῖν
1Pt 2 2 ὡς ἀρτιγέννητα βρέφη τὸ λογικὸν ἄδολον γάλα ἐπιποθήσατε

ἐπιπόθησις
2 C 7 7 ἀναγγέλλων ἡμῖν τὴν ὑμῶν ἐπιπόθησιν, τὸν ὑμῶν ὀδυρμόν
7 11 τὸ κατὰ θεὸν λυπηθῆναι πόσην κατειργάσατο ὑμῖν σπουδήν ... ἀλλὰ ἐπιπόθησιν, ἀλλὰ ζῆλον

ἐπιπόθητος
→ ἐπιποθέω
Ph 4 1 ὥστε, ἀδελφοί μου ἀγαπητοὶ καὶ ἐπιπόθητοι ... οὕτως στήκετε ἐν κυρίῳ

ἐπιποθία
ἐπιπόθεια H
Rm 15 23 μηκέτι τόπον ἔχων ἐν τοῖς κλίμασι τούτοις, ἐπιποθίαν δὲ ἔχων τοῦ ἐλθεῖν πρὸς ὑμᾶς

ἐπιπορεύομαι
→ πορεύομαι
Lc 8 4 τῶν κατὰ πόλιν ἐπιπορευομένων πρὸς αὐτὸν εἶπεν διὰ παραβολῆς

ἐπιράπτω
ἐπιρράπτω ϛ
περι-
Mc 2 21 οὐδεὶς ἐπίβλημα ῥάκους ἀγνάφου ἐπιράπτει ἐπὶ | ἱμάτιον παλαιόν (-ίῳ -αιῷ ϛ)

ἐπιρίπτω
ἐπιρρίπτω B(S)ϛ
→ ῥίπτω
Lc 19 35 ἐπιρίψαντες αὐτῶν τὰ ἱμάτια ἐπὶ τὸν πῶλον ἐπεβίβασαν τὸν Ἰησοῦν
1 Pt 5 7 πᾶσαν τὴν μέριμναν ὑμῶν ἐπιρίψαντες ἐπ' αὐτόν

ἐπιρράπτω
→ ἐπιράπτω
ἐπιρρίπτω
→ ἐπιρίπτω

ἐπίσημος
Mt 27 16 εἶχον δὲ τότε δέσμιον ἐπίσημον λεγόμενον Ἰησοῦν ([N²⁶]; —rl) Βαραββᾶν
Rm 16 7 οἵτινές εἰσιν ἐπίσημοι ἐν τοῖς ἀποστόλοις

ἐπισιτισμός
Lc 9 12 ἵνα πορευθέντες ... καταλύσωσιν καὶ εὕρωσιν ἐπισιτισμόν

ἐπισκέπτομαι
a c. inf.
Mt 25 36 ἠσθένησα καὶ ἐπεσκέψασθέ με
25 43 ἤμην ... ἀσθενὴς καὶ ἐν φυλακῇ καὶ οὐκ ἐπεσκέψασθέ με
Lc 1 68 εὐλογητὸς κύριος ... ὅτι ἐπεσκέψατο καὶ ἐποίησεν λύτρωσιν τῷ λαῷ αὐτοῦ
1 78 ἐν οἷς ἐπισκέψεται (ἐπεσκέψατο VSTϛ) ἡμᾶς ἀνατολὴ ἐξ ὕψους
7 16 ἐπεσκέψατο ὁ θεὸς τὸν λαὸν αὐτοῦ
Ac 6 3 ἐπισκέψασθε δέ (οὖν VBSϛ), ἀδελφοί, ἄνδρας ἐξ ὑμῶν μαρτυρουμένους ἑπτά
7 23 ἀνέβη ἐπὶ τὴν καρδίαν αὐτοῦ ἐπισκέψασθαι τοὺς ἀδελφοὺς αὐτοῦ
15 14ᵃκαθὼς πρῶτον ὁ θεὸς ἐπεσκέψατο λαβεῖν ἐξ ἐθνῶν λαόν
15 36 ἐπιστρέψαντες δὴ ἐπισκεψώμεθα τοὺς ἀδελφοὺς κατὰ πόλιν πᾶσαν
Hb 2 6 τί ἐστιν ... υἱὸς ἀνθρώπου ὅτι ἐπισκέπτῃ αὐτόν;
Jc 1 27 θρησκεία καθαρὰ ... αὕτη ἐστίν, ἐπισκέπτεσθαι ὀρφανοὺς καὶ χήρας ἐν τῇ θλίψει αὐτῶν

ἐπισκευάζομαι
→ ἀνασκευάζω
Ac 21 15 μετὰ δὲ τὰς ἡμέρας ταύτας ἐπισκευασάμενοι (ἀπο- ϛ) ἀνεβαίνομεν εἰς Ἱεροσόλυμα

ἐπισκηνόω
→ σκηνόω
2 C 12 9 ἵνα ἐπισκηνώσῃ ἐπ' ἐμὲ ἡ δύναμις τοῦ Χριστοῦ

ἐπισκιάζω
κατα-
Mt 17 5 ἰδοὺ νεφέλη φωτεινὴ ἐπεσκίασεν αὐτούς
Mc 9 7 ἐγένετο νεφέλη ἐπισκιάζουσα αὐτοῖς
Lc 1 35 δύναμις ὑψίστου ἐπισκιάσει σοι
9 34 ἐγένετο νεφέλη καὶ ἐπεσκίαζεν (-ασεν VSϛ) αὐτούς
Ac 5 15 ἵνα ἐρχομένου Πέτρου κἂν ἡ σκιὰ ἐπισκιάσῃ (-σει H) τινὶ αὐτῶν

ἐπισκοπέω
→ σκοπέω
Hb 12 15 ⟨εἰρήνην διώκετε⟩ ἐπισκοποῦντες μή τις ὑστερῶν ἀπὸ τῆς χάριτος τοῦ θεοῦ

ἐπισκοπή — continued header

1 Pt 5 2 ποιμάνατε τὸ ἐν ὑμῖν ποίμνιον τοῦ θεοῦ, ἐπισκοποῦντες ([N²⁶]; —NT H) μὴ ἀναγκαστῶς ἀλλὰ ἑκουσίως

ἐπισκοπή

Lc 19 44 ἀνθ᾽ ὧν οὐκ ἔγνως τὸν καιρὸν τῆς ἐπισκοπῆς σου

Ac 1 20 τὴν ἐπισκοπὴν αὐτοῦ λαβέτω ἕτερος

1 Tm 3 1 εἴ τις ἐπισκοπῆς ὀρέγεται, καλοῦ ἔργου ἐπιθυμεῖ

1 Pt 2 12 ἵνα . . . ἐκ τῶν καλῶν ἔργων ἐποπτεύοντες δοξάσωσιν τὸν θεὸν ἐν ἡμέρᾳ ἐπισκοπῆς

ἐπίσκοπος

Ac 20 28 ἐν ᾧ ὑμᾶς τὸ πνεῦμα τὸ ἅγιον ἔθετο ἐπισκόπους

Ph 1 1 Παῦλος . . . τοῖς οὖσιν ἐν Φιλίπποις σὺν ἐπισκόποις καὶ διακόνοις

1 Tm 3 2 δεῖ οὖν τὸν ἐπίσκοπον ἀνεπίλημπτον εἶναι

Tt 1 7 δεῖ γὰρ τὸν ἐπίσκοπον ἀνέγκλητον εἶναι ὡς θεοῦ οἰκονόμον

1 Pt 2 25 ἦτε γὰρ . . . πλανώμενοι, ἀλλὰ ἐπεστράφητε νῦν ἐπὶ τὸν ποιμένα καὶ ἐπίσκοπον τῶν ψυχῶν ὑμῶν

ἐπισπάομαι
→ σπάομαι

1 C 7 18 περιτετμημένος τις ἐκλήθη; μὴ ἐπισπάσθω

ἐπισπείρω
→ σπείρω

Mt 13 25 ἦλθεν αὐτοῦ ὁ ἐχθρὸς καὶ ἐπέσπειρεν (ἔσπειρε ς) ζιζάνια ἀνὰ μέσον τοῦ σίτου

ἐπίσταμαι
ᵃ seq. ὅτι
ᵇ seq. ὡς
ᶜ seq. part.

Mc 14 68 οὔτε οἶδα οὔτε ἐπίσταμαι σὺ τί λέγεις

Ac 10 28ᵇ ὑμεῖς ἐπίστασθε ὡς ἀθέμιτόν ἐστιν ἀνδρὶ Ἰουδαίῳ κολλᾶσθαι . . . ἀλλοφύλῳ

15 7ᵃ ὑμεῖς ἐπίστασθε ὅτι . . . ἐν ὑμῖν ἐξελέξατο ὁ θεός

18 25 ἐδίδασκεν ἀκριβῶς . . . ἐπιστάμενος μόνον τὸ βάπτισμα Ἰωάννου

19 15 τὸν μὲν [+N²⁶NH] Ἰησοῦν γινώσκω καὶ τὸν Παῦλον ἐπίσταμαι

19 25ᵃ ἄνδρες, ἐπίστασθε ὅτι ἐκ ταύτης τῆς ἐργασίας ἡ εὐπορία ἡμῖν ἐστιν

20 18 ὑμεῖς ἐπίστασθε . . . πῶς μεθ᾽ ὑμῶν τὸν πάντα χρόνον ἐγενόμην

22 19ᵃ κύριε, αὐτοὶ ἐπίστανται ὅτι ἐγὼ ἤμην φυλακίζων

24 10ᶜ ἐκ πολλῶν ἐτῶν ὄντα σε κριτὴν . . . ἐπιστάμενος εὐθύμως . . . ἀπολογοῦμαι

26 26 ἐπίσταται γὰρ περὶ τούτων ὁ βασιλεύς

1 Tm 6 4 ⟨εἴ τις ἑτεροδιδασκαλεῖ⟩ τετύφωται, μηδὲν ἐπιστάμενος

Hb 11 8 Ἀβραὰμ ὑπήκουσεν ἐξελθεῖν . . . καὶ ἐξῆλθεν μὴ ἐπιστάμενος ποῦ ἔρχεται

Jc 4 14 οἵτινες οὐκ ἐπίστασθε τὸ (—NH) τῆς αὔριον ποία (+γὰρ MVBSTς) ἡ ζωὴ ὑμῶν

Jd 10 ὅσα δὲ φυσικῶς ὡς τὰ ἄλογα ζῷα ἐπίστανται, ἐν τούτοις φθείρονται

ἐπίστασις

Ac 24 12 οὔτε ἐν τῷ ἱερῷ εὗρόν με . . . ἐπίστασιν (ἐπισύστ. ς) ποιοῦντα ὄχλου

2 C 11 28 χωρὶς τῶν παρεκτὸς ἡ | ἐπίστασίς μοι (ἐπισύστασίς μου ς) ἡ καθ᾽ ἡμέραν

ἐπιστάτης

Lc 5 5 ἐπιστάτα, δι᾽ ὅλης (+τῆς V[S]ς) νυκτὸς κοπιάσαντες οὐδὲν ἐλάβομεν

8 24 διήγειραν αὐτὸν λέγοντες· ἐπιστάτα ↔

8 24 ἐπιστάτα, ἀπολλύμεθα

8 45 ἐπιστάτα, οἱ ὄχλοι συνέχουσίν σε

9 33 εἶπεν ὁ Πέτρος πρὸς τὸν Ἰησοῦν· ἐπιστάτα, καλόν ἐστιν ἡμᾶς ὧδε εἶναι

9 49 ἐπιστάτα, εἴδομέν τινα ἐν (ἐπὶ Tς) τῷ ὀνόματί σου ἐκβάλλοντα δαιμόνια

17 13 Ἰησοῦ ἐπιστάτα, ἐλέησον ἡμᾶς

ἐπιστέλλω
→ στέλλομαι

Ac 15 20 ⟨κρίνω μὴ παρενοχλεῖν⟩ ἀλλὰ ἐπιστεῖλαι αὐτοῖς τοῦ ἀπέχεσθαι (+ἀπὸ [MV]Sς) τῶν ἀλισγημάτων τῶν εἰδώλων

21 25 περὶ δὲ τῶν πεπιστευκότων ἐθνῶν ἡμεῖς ἐπεστείλαμεν (ἀπ- H) κρίναντες

Hb 13 22 καὶ γὰρ διὰ βραχέων ἐπέστειλα ὑμῖν

ἐπιστήμων

Jc 3 13 τίς σοφὸς καὶ ἐπιστήμων ἐν ὑμῖν;

ἐπιστηρίζω
→ στηρίζω

Ac 14 22 ⟨ὑπέστρεψαν⟩ ἐπιστηρίζοντες τὰς ψυχὰς τῶν μαθητῶν

15 32 διὰ λόγου πολλοῦ παρεκάλεσαν τοὺς ἀδελφοὺς καὶ ἐπεστήριξαν

15 41 διήρχετο δὲ τὴν Συρίαν . . . ἐπιστηρίζων τὰς ἐκκλησίας

18 23 ἐξῆλθεν, διερχόμενος καθεξῆς τὴν . . . Φρυγίαν, ἐπιστηρίζων (στηρ. NTH) πάντας τοὺς μαθητάς

ἐπιστολή
ᵃ plur.
ᵇ δι᾽ (διὰ τῆς, τῶν) ἐ.

Ac 9 2ᵃ ᾐτήσατο παρ᾽ αὐτοῦ ἐπιστολὰς εἰς Δαμασκὸν πρὸς τὰς συναγωγάς

15 30 συναγαγόντες τὸ πλῆθος ἐπέδωκαν τὴν ἐπιστολήν

22 5ᵃ παρ᾽ ὧν καὶ ἐπιστολὰς δεξάμενος πρὸς τοὺς ἀδελφοὺς εἰς Δαμασκὸν ἐπορευόμην

23 25 γράψας ἐπιστολὴν ἔχουσαν τὸν τύπον τοῦτον

23 33 οἵτινες . . . ἀναδόντες τὴν ἐπιστολὴν τῷ ἡγεμόνι

Rm 16 22 ἀσπάζομαι ὑμᾶς ἐγὼ Τέρτιος ὁ γράψας τὴν ἐπιστολὴν ἐν κυρίῳ

1 C 5 9 ἔγραψα ὑμῖν ἐν τῇ ἐπιστολῇ μὴ συναναμίγνυσθαι πόρνοις

16 3ᵃᵇ οὓς ἐὰν δοκιμάσητε, δι᾽ ἐπιστολῶν τούτους πέμψω

2 C 3 1ᵃ ἢ μὴ χρῄζομεν ὥς τινες συστατικῶν ἐπιστολῶν πρὸς ὑμᾶς ἢ ἐξ ὑμῶν; ↔

3 2 ἡ ἐπιστολὴ ἡμῶν ὑμεῖς ἐστε, ἐγγεγραμμένη ἐν ταῖς καρδίαις ἡμῶν

3 3 ἐστὲ ἐπιστολὴ Χριστοῦ διακονηθεῖσα ὑφ᾽ ἡμῶν

7 8 ὅτι εἰ καὶ ἐλύπησα ὑμᾶς ἐν τῇ ἐπιστολῇ, οὐ μεταμέλομαι

7 8 ἡ ἐπιστολὴ ἐκείνη εἰ καὶ πρὸς ὥραν ἐλύπησεν ὑμᾶς

10 9ᵃᵇ ἵνα μὴ δόξω | ὡς ἂν (ὡσὰν N) ἐκφοβεῖν ὑμᾶς διὰ τῶν ἐπιστολῶν. ↔

2 C 10 10ᵃ ὅτι αἱ | ἐπιστολαὶ μέν (∼BSς), φησίν, βαρεῖαι καὶ ἰσχυραί

10 11ᵃᵇ ὅτι οἷοί ἐσμεν τῷ λόγῳ δι᾽ ἐπιστολῶν ἀπόντες, τοιοῦτοι καὶ παρόντες τῷ ἔργῳ

Cl 4 16 ὅταν ἀναγνωσθῇ παρ᾽ ὑμῖν ἡ ἐπιστολή

1 Th 5 27 ἐνορκίζω ὑμᾶς τὸν κύριον ἀναγνωσθῆναι τὴν ἐπιστολὴν πᾶσιν τοῖς (+ἁγίοις [VS]Bς) ἀδελφοῖς

2 Th 2 2ᵇ μηδὲ θροεῖσθαι, μήτε διὰ πνεύματος μήτε διὰ λόγου μήτε δι᾽ ἐπιστολῆς ὡς δι᾽ ἡμῶν

2 15ᵇ τὰς παραδόσεις ἃς ἐδιδάχθητε εἴτε διὰ λόγου εἴτε δι᾽ ἐπιστολῆς ἡμῶν

3 14ᵇ εἰ δέ τις οὐχ ὑπακούει τῷ λόγῳ ἡμῶν διὰ τῆς ἐπιστολῆς

3 17 ὁ ἀσπασμὸς τῇ ἐμῇ χειρὶ Παύλου, ὅ ἐστιν σημεῖον ἐν πάσῃ ἐπιστολῇ

2 Pt 3 1 ταύτην ἤδη, ἀγαπητοί, δευτέραν ὑμῖν γράφω ἐπιστολήν

3 16ᵃ ὡς καὶ ἐν πάσαις (+ταῖς VBSTς) ἐπιστολαῖς λαλῶν ἐν αὐταῖς περὶ τούτων

ἐπιστομίζω

Tt 1 11 ⟨εἰσὶν γὰρ πολλοὶ . . . φρεναπάται⟩ οὓς δεῖ ἐπιστομίζειν

ἐπιστρέφω
→ στρέφω
ᵃ ἐ. ἐπί
ᵇ ἐ. πρός
ᶜ ἐ. εἰς
ᵈ ἐ. (εἰς τά) ὀπίσω
ᵉ trans.

Mt 9 22 * ὁ δὲ Ἰησοῦς (—T) ἐπιστραφεὶς (ς; στραφεὶς rl) καὶ ἰδὼν αὐτὴν εἶπεν

10 13ᵃᵇ ἡ εἰρήνη ὑμῶν πρὸς (ἐφ᾽ H) ὑμᾶς ἐπιστραφήτω

12 44ᶜ εἰς τὸν οἶκόν μου ἐπιστρέψω ὅθεν ἐξῆλθον

13 15 μήποτε . . . τῇ καρδίᾳ συνῶσιν καὶ ἐπιστρέψωσιν

24 18ᵈ ἐν τῷ ἀγρῷ μὴ ἐπιστρεψάτω ὀπίσω ἆραι

Mc 4 12 ἵνα . . . μὴ συνιῶσιν (συνίωσ. MH), μήποτε ἐπιστρέψωσιν καὶ ἀφεθῇ αὐτοῖς

5 30 εὐθὺς ὁ Ἰησοῦς ἐπιγνοὺς ἐπιστραφεὶς ἐν τῷ ὄχλῳ ἔλεγεν

8 33 ὁ δὲ ἐπιστραφεὶς καὶ ἰδὼν τοὺς μαθητὰς αὐτοῦ ἐπετίμησεν (+τῷ Vς) Πέτρῳ

13 16ᵈ εἰς τὸν ἀγρὸν μὴ ἐπιστρεψάτω εἰς τὰ ὀπίσω

Lc 1 16ᵃᵉ πολλοὺς τῶν υἱῶν Ἰσραὴλ ἐπιστρέψει ἐπὶ κύριον τὸν θεὸν αὐτῶν· ↔

1 17ᵃᵉ καὶ αὐτὸς προελεύσεται ἐνώπιον αὐτοῦ . . . ἐπιστρέψαι καρδίας πατέρων ἐπὶ τέκνα

2 20 * ἐπέστρεψαν (ς; ὑπ- rl) οἱ ποιμένες δοξάζοντες . . . τὸν θεόν

2 39ᶜ ἐπέστρεψαν (ὑπ- MVBSς) εἰς τὴν Γαλιλαίαν

8 55 ἐπέστρεψεν τὸ πνεῦμα αὐτῆς

17 4ᵃᵇ ἐὰν . . . ἑπτάκις (+τῆς ἡμέρας Vς) ἐπιστρέψῃ πρὸς (ἐπὶ ς) σὲ λέγων

17 31ᵈ ἐν ἀγρῷ ὁμοίως μὴ ἐπιστρεψάτω εἰς τὰ ὀπίσω

22 32 σύ ποτε ἐπιστρέψας στήρισον τοὺς ἀδελφούς σου

Jo 12 40 * ἵνα μὴ . . . νοήσωσιν τῇ καρδίᾳ καὶ ἐπιστραφῶσιν (ς; στρ. rl)

Jo 21 20 ἐπιστραφεὶς ὁ Πέτρος βλέπει τὸν μαθητὴν . . . ἀκολουθοῦντα

Ac 3 19ᵇᶜ μετανοήσατε οὖν καὶ ἐπιστρέψατε εἰς (πρὸς NTH) τὸ ἐξαλειφθῆναι ὑμῶν τὰς ἁμαρτίας

9 35ᵃ οἵτινες ἐπέστρεψαν ἐπὶ τὸν κύριον

9 40ᵇ ἐπιστρέψας πρὸς τὸ σῶμα εἶπεν

11 21ᵃ πολύς τε ἀριθμὸς ὁ ([S]; —ς) πι-στεύσας ἐπέστρεψεν ἐπὶ τὸν κύριον

14 15ᵃ εὐαγγελιζόμενοι ὑμᾶς ἀπὸ τούτων τῶν ματαίων ἐπιστρέφειν ἐπὶ θεὸν ζῶντα

15 19ᵃ μὴ παρενοχλεῖν τοῖς ἀπὸ τῶν ἐθνῶν ἐπιστρέφουσιν ἐπὶ τὸν θεόν

15 36 ἐπιστρέψαντες δὴ ἐπισκεψώμεθα τοὺς ἀδελφοὺς κατὰ πόλιν πᾶσαν

16 18 διαπονηθεὶς δὲ (+ὁ MVBSς) Παῦλος καὶ ἐπιστρέψας τῷ πνεύ-ματι εἶπεν

26 18ᵃᶜ ἀνοῖξαι ὀφθαλμοὺς αὐτῶν, τοῦ ἐπιστρέψαι ἀπὸ σκότους εἰς φῶς καὶ τῆς ἐξουσίας τοῦ σατανᾶ ἐπὶ τὸν θεόν

26 20ᵃ τοῖς ἔθνεσιν ἀπήγγελλον μετανοεῖν καὶ ἐπιστρέφειν ἐπὶ τὸν θεόν

28 27 μήποτε . . . τῇ καρδίᾳ συνῶσιν καὶ ἐπιστραφῶσιν

2 C 3 16ᵇ ἡνίκα δὲ ἐὰν (ἂν BSς) ἐπιστρέψῃ πρὸς κύριον

G 4 9ᵃ πῶς ἐπιστρέφετε πάλιν ἐπὶ τὰ ἀσθενῆ καὶ πτωχὰ στοιχεῖα ⟨;⟩

1 Th 1 9ᵇ ἀπαγγέλλουσιν . . . πῶς ἐπεστρέ-ψατε πρὸς τὸν θεὸν ἀπὸ τῶν εἰδώλων

Jc 5 19ᵉ ἐάν τις ἐν ὑμῖν πλανηθῇ . . . καὶ ἐπιστρέψῃ τις αὐτόν, ↔

5 20ᵉ γινωσκέτω (γινώσκετε NH) ὅτι ὁ ἐπιστρέψας ἁμαρτωλὸν ἐκ πλάνης . . . σώσει ψυχήν

1 Pt 2 25ᵃ ἀλλὰ ἐπεστράφητε νῦν ἐπὶ τὸν ποιμένα

2 Pt 2 21 * κρεῖττον γὰρ ἦν αὐτοῖς μὴ ἐπεγνωκέναι . . . ἢ ἐπιγνοῦσιν (+εἰς τὰ ὀπίσω VS) ἐπιστρέψαι (ς; ἀνακάμψαι VS; ὑποστρ. rl) ἐκ (ἀπὸ VS) τῆς . . . ἐντολῆς

2 22ᵃ κύων ἐπιστρέψας ἐπὶ τὸ ἴδιον ἐξέραμα

Ap 1 12 ἐπέστρεψα βλέπειν τὴν φωνήν

1 12 ἐπιστρέψας εἶδον ἑπτὰ λυχνίας χρυσᾶς

ἐπιστροφή

Ac 15 3 διήρχοντο τήν τε Φοινίκην καὶ Σαμάρειαν ἐκδιηγούμενοι τὴν ἐπι-στροφὴν τῶν ἐθνῶν

ἐπισυνάγω

→ ἄγω

ᵃ ἐ. τοὺς ἐκλεκτούς

Mt 23 37 ποσάκις ἠθέλησα ἐπισυναγαγεῖν τὰ τέκνα σου, ↔

23 37 ὃν τρόπον | ὄρνις ἐπισυνάγει (~Vς) τὰ νοσσία αὑτῆς ([NH]; ἐ. Vς) ὑπὸ τὰς πτέρυγας

24 31ᵃ ἐπισυνάξουσιν τοὺς ἐκλεκτοὺς αὐ-τοῦ ἐκ τῶν τεσσάρων ἀνέμων

Mc 1 33 | ἦν ὅλη ἡ πόλις ἐπισυνηγμένη (~S Vς) πρὸς τὴν θύραν

13 27ᵃ ἐπισυνάξει τοὺς ἐκλεκτοὺς αὐτοῦ ([N²⁶NH]; —BST) ἐκ τῶν τεσσά-ρων ἀνέμων

Lc 12 1 ἐν οἷς ἐπισυναχθεισῶν τῶν μυριά-δων τοῦ ὄχλου . . . ἤρξατο λέγειν

13 34 ποσάκις ἠθέλησα ἐπισυνάξαι (τὰ τέκνα σου ὃν τρόπον ὄρνις (ὄρνιξ T) τὴν ἑαυτῆς νοσσιάν

Lc 17 37 ὅπου τὸ σῶμα, ἐκεῖ καὶ οἱ ἀετοὶ ἐπισυναχθήσονται (συναχθ. ς)

ἐπισυναγωγή

2 Th 2 1 ἐρωτῶμεν . . . ὑπὲρ τῆς . . . ἡμῶν ἐπισυναγωγῆς ἐπ᾽ αὐτόν

Hb 10 25 μὴ ἐγκαταλείποντες τὴν ἐπισυν-αγωγὴν ἑαυτῶν

ἐπισυντρέχω

→ τρέχω

Mc 9 25 ἰδὼν δὲ ὁ Ἰησοῦς ὅτι ἐπισυντρέχει (+ὁ BST) ὄχλος

ἐπισύστασις

Ac 24 12 * οὔτε ἐν τῷ ἱερῷ εὗρόν με . . . ἐπισύστασιν (ς; ἐπίστασιν rl) ποιοῦντα ὄχλου

2 C 11 28 * χωρὶς τῶν παρεκτὸς ἡ | ἐπισύ-στασίς μου (ς; ἐπίστασίς μοι rl) ἡ καθ᾽ ἡμέραν

ἐπισφαλής

Ac 27 9 ὄντος ἤδη ἐπισφαλοῦς τοῦ πλοός

ἐπισχύω

→ ἰσχύω

Lc 23 5 οἱ δὲ ἐπίσχυον λέγοντες ὅτι ἀνα-σείει τὸν λαόν

ἐπισωρεύω

→ σωρεύω

2 Tm 4 3 ἀλλὰ κατὰ τὰς | ἰδίας ἐπιθυμίας (ἐ. τὰς ἰ. Sς) ἑαυτοῖς ἐπισωρεύσου-σιν διδασκάλους κνηθόμενοι τὴν ἀκοήν

ἐπιταγή

ᵃ κατ᾽ ἐπιταγήν

Rm 16 26ᵃ | φανερωθέντος δὲ νῦν . . . κατ᾽ ἐπι-ταγὴν τοῦ αἰωνίου θεοῦ [. .N²⁶S. .]

1 C 7 6ᵃ τοῦτο δὲ λέγω κατὰ συγγνώμην, οὐ κατ᾽ ἐπιταγήν

7 25 περὶ δὲ τῶν παρθένων ἐπιταγὴν κυρίου οὐκ ἔχω

2 C 8 8ᵃ οὐ κατ᾽ ἐπιταγὴν λέγω, ἀλλὰ διὰ τῆς ἑτέρων σπουδῆς καὶ τὸ . . . γνήσιον δοκιμάζων

1 Tm 1 1ᵃ Παῦλος ἀπόστολος Χριστοῦ Ἰησοῦ κατ᾽ ἐπιταγὴν θεοῦ σωτῆρος ἡμῶν

Tt 1 3ᵃ ὃ ἐπιστεύθην ἐγὼ κατ᾽ ἐπιταγὴν τοῦ σωτῆρος ἡμῶν θεοῦ

2 15 ταῦτα λάλει καὶ παρακάλει καὶ ἔλεγχε μετὰ πάσης ἐπιταγῆς

ἐπιτάσσω

→ τάσσω

ᵃ ἐ. τοῖς πνεύμασιν

Mc 1 27ᵃ καὶ τοῖς πνεύμασι τοῖς ἀκαθάρτοις ἐπιτάσσει

6 27 εὐθὺς ἀποστείλας ὁ βασιλεὺς σπε-κουλάτορα ἐπέταξεν ἐνέγκαι (ἐνε-χθῆναι VBSς) τὴν κεφαλὴν αὐτοῦ

6 39 ἐπέταξεν αὐτοῖς ἀνακλῖναι (-κλι-θῆναι NMH) πάντας . . . ἐπὶ τῷ χλωρῷ χόρτῳ

9 25 τὸ ἄλαλον καὶ κωφὸν πνεῦμα, ἐγὼ | ἐπιτάσσω σοι (~Sς), ἔξελθε ἐξ αὐτοῦ

Lc 4 36ᵃ ὅτι ἐν ἐξουσίᾳ καὶ δυνάμει ἐπιτάσ-σει τοῖς ἀκαθάρτοις πνεύμασιν

8 25 ὅτι καὶ τοῖς ἀνέμοις ἐπιτάσσει καὶ τῷ ὕδατι

8 31 ἵνα μὴ ἐπιτάξῃ αὐτοῖς εἰς τὴν ἄβυσσον ἀπελθεῖν

14 22 κύριε, γέγονεν ὃ (ὡς ς) ἐπέταξας

Ac 23 2 ὁ δὲ ἀρχιερεὺς Ἁνανίας ἐπέταξεν τοῖς παρεστῶσιν αὐτῷ τύπτειν

Phm 8 πολλὴν ἐν Χριστῷ παρρησίαν ἔχων ἐπιτάσσειν σοι τὸ ἀνῆκον

ἐπιτελέω

→ τελέω

Lc 13 32 * ἐκβάλλω δαιμόνια καὶ ἰάσεις ἐπιτε-λῶ (ς; ἀπο- rl) σήμερον καὶ αὔριον

Rm 15 28 τοῦτο οὖν ἐπιτελέσας . . . ἀπελεύ-σομαι δι᾽ ὑμῶν εἰς Σπανίαν

2 C 7 1 καθαρίσωμεν ἑαυτοὺς ἀπὸ παντὸς μολυσμοῦ . . . ἐπιτελοῦντες ἁγιω-σύνην ἐν φόβῳ θεοῦ

8 6 ἵνα καθὼς προενήρξατο οὕτως καὶ ἐπιτελέσῃ εἰς ὑμᾶς καὶ τὴν χάριν ταύτην

8 11 νυνὶ δὲ καὶ τὸ ποιῆσαι ἐπιτελέσατε, ↔

8 11 ὅπως καθάπερ ἡ προθυμία τοῦ θέλειν, οὕτως καὶ τὸ ἐπιτελέσαι ἐκ τοῦ ἔχειν

G 3 3 ἐναρξάμενοι πνεύματι νῦν σαρκὶ ἐπιτελεῖσθε;

Ph 1 6 ὁ ἐναρξάμενος ἐν ὑμῖν ἔργον ἀγα-θὸν ἐπιτελέσει

Hb 8 5 καθὼς κεχρημάτισται Μωϋσῆς μέλ-λων ἐπιτελεῖν τὴν σκηνήν

9 6 εἰς μὲν τὴν πρώτην σκηνὴν διὰ παντὸς εἰσίασιν οἱ ἱερεῖς τὰς λα-τρείας ἐπιτελοῦντες

1 Pt 5 9 εἰδότες τὰ αὐτὰ τῶν παθημάτων τῇ ἐν τῷ ([N²⁶]; —VSς) κόσμῳ ὑμῶν ἀδελφότητι ἐπιτελεῖσθαι

ἐπιτήδειος

Jc 2 16 ⟨ἐὰν⟩ μὴ δῶτε δὲ αὐτοῖς τὰ ἐπιτή-δεια τοῦ σώματος

ἐπιτίθημι

→ τίθημι

ᵃ ἐ. (τὴν) χεῖρα, (τὰς) χεῖρας τινί

ᵇ ἐ. τὴν χεῖρα, (τὰς) χεῖρας ἐπί τινα, τι

ᶜ ἐ. ὄνομα

Mt 9 18ᵇ ἀλλὰ ἐλθὼν ἐπίθες τὴν χεῖρά σου ἐπ᾽ αὐτήν

19 13ᵃ προσηνέχθησαν αὐτῷ παιδία, ἵνα τὰς χεῖρας ἐπιθῇ αὐτοῖς καὶ προσ-εύξηται

19 15ᵃ ἐπιθεὶς τὰς χεῖρας αὐτοῖς ἐπορεύθη ἐκεῖθεν

21 7 ἐπέθηκαν ἐπ᾽ αὐτῶν τὰ ἱμάτια (+αὐτῶν V[S]ς)

23 4 φορτία . . . ἐπιτιθέασιν ἐπὶ τοὺς ὤμους τῶν ἀνθρώπων

27 29 πλέξαντες στέφανον ἐξ ἀκανθῶν ἐπέθηκαν ἐπὶ | τῆς κεφαλῆς (τὴν -ὴν ς) αὐτοῦ καὶ κάλαμον | ἐν τῇ δεξιᾷ (ἐπὶ τὴν -ιὰν ς) αὐτοῦ

27 37 ἐπέθηκαν ἐπάνω τῆς κεφαλῆς αὐ-τοῦ τὴν αἰτίαν αὐτοῦ γεγραμμέ-νην

Mc 3 16ᶜ ἐπέθηκεν ὄνομα τῷ Σίμωνι Πέτρον

3 17ᶜ ἐπέθηκεν αὐτοῖς ὀνόματα (ὄνομα-[τα] N²⁶; ὄνομα NH) Βοανηργές

4 21 * οὐχ ἵνα ἐπὶ τὴν λυχνίαν ἐπιτεθῇ (ς; τεθῇ rl);

5 23ᵃ ἵνα ἐλθὼν ἐπιθῇς τὰς χεῖρας αὐτῇ

6 5ᵃ εἰ μὴ ὀλίγοις ἀρρώστοις ἐπιθεὶς τὰς χεῖρας ἐθεράπευσεν

7 32ᵃ παρακαλοῦσιν αὐτὸν ἵνα ἐπιθῇ αὐτῷ τὴν χεῖρα

8 23ᵃ ἐπιθεὶς τὰς χεῖρας αὐτῷ, ἐπηρώτα αὐτόν

8 25ᵇ εἶτα πάλιν ἐπέθηκεν (ἔθηκεν H) τὰς χεῖρας ἐπὶ τοὺς ὀφθαλμοὺς αὐτοῦ

[16 18]ᵇ ἐπὶ ἀρρώστους χεῖρας ἐπιθήσου-σιν καὶ καλῶς ἕξουσιν

Lc 4 40ᵃ ὁ δὲ ἑνὶ ἑκάστῳ αὐτῶν τὰς χεῖρας ἐπιτιθεὶς (ἐπιθεὶς Vς) ἐθεράπευεν (-πευσεν Vς) αὐτούς

8 16 * οὐδεὶς δὲ λύχνον ἅψας . . . ὑπο-κάτω κλίνης τίθησιν, ἀλλ᾽ ἐπὶ λυχνίας ἐπιτίθησιν (VSς; τίθ. rl)

Lc 10 30 οἱ καὶ ἐκδύσαντες αὐτὸν καὶ πλη-
γὰς ἐπιθέντες ἀπῆλθον
13 13ᵃ ⟨ἀπολέλυσαι τῆς ἀσθενείας σου⟩
καὶ ἐπέθηκεν αὐτῇ τὰς χεῖρας
15 5 εὑρὼν ἐπιτίθησιν ἐπὶ τοὺς ὤμους
αὐτοῦ χαίρων
23 26 ἐπέθηκαν αὐτῷ τὸν σταυρὸν φέ-
ρειν ὄπισθεν τοῦ Ἰησοῦ

Jo 9 6 * ἐπέθηκεν (NH; ἐπέχρισεν rl)
αὐτοῦ (—ς) τὸν πηλὸν ἐπὶ τοὺς
ὀφθαλμούς (+τοῦ τυφλοῦ Vς)
9 15 πηλὸν ἐπέθηκέν μου ἐπὶ τοὺς
ὀφθαλμούς
19 2 οἱ στρατιῶται πλέξαντες στέφανον
ἐξ ἀκανθῶν ἐπέθηκαν αὐτοῦ τῇ
κεφαλῇ

Ac 6 6ᵃ προσευξάμενοι ἐπέθηκαν αὐτοῖς τὰς
χεῖρας
8 17ᵇ τότε ἐπετίθεσαν (ἐπετίθουν ς) τὰς
χεῖρας ἐπ' αὐτούς
8 19ᵃ ἵνα ᾧ ἐὰν ἐπιθῶ τὰς χεῖρας λαμ-
βάνῃ πνεῦμα ἅγιον
9 12ᵃ εἶδεν || ἄνδρα | ἐν ὁράματι ([N²⁶
NH]; —T) ((~rl)) ... ἐπιθέντα
αὐτῷ τὰς [+N²⁶H] χεῖρας (-ρα ς)
9 17ᵇ ἐπιθεὶς ἐπ' αὐτὸν τὰς χεῖρας εἶπεν
13 3ᵃ προσευξάμενοι καὶ ἐπιθέντες τὰς
χεῖρας αὐτοῖς ἀπέλυσαν
15 10 τί πειράζετε τὸν θεόν, ἐπιθεῖναι
ζυγὸν ἐπὶ τὸν τράχηλον τῶν
μαθητῶν ⟨;⟩
15 28 ἔδοξεν ... ἡμῖν μηδὲν πλέον
ἐπιτίθεσθαι ὑμῖν βάρος πλὴν τού-
των τῶν ἐπάναγκες
16 23 πολλάς τε (δὲ NMH) ἐπιθέντες
αὐτοῖς πληγὰς ἔβαλον εἰς φυλακήν
18 10 οὐδεὶς ἐπιθήσεταί σοι τοῦ κακῶσαί
σε
19 6ᵃ ἐπιθέντος αὐτοῖς τοῦ Παύλου τὰς
(+[N²⁶S]Vς) χεῖρας ἦλθε τὸ πνεῦ-
μα ... ἐπ' αὐτούς
28 3 τοῦ Παύλου ... ἐπιθέντος ἐπὶ τὴν
πυράν, ἔχιδνα ... καθῆψεν τῆς
χειρὸς αὐτοῦ
28 8ᵃ πρὸς ὃν ὁ Παῦλος εἰσελθὼν ...
ἐπιθεὶς τὰς χεῖρας αὐτῷ ἰάσατο
αὐτόν
28 10 οἳ καὶ ... ἐτίμησαν ἡμᾶς καὶ
ἀναγομένοις ἐπέθεντο τὰ πρὸς τὰς
χρείας

1 Tm 5 22ᵃ χεῖρας ταχέως μηδενὶ ἐπιτίθει
Ap 1 17ᵇ * ἐπέθηκε (ς; ἔθηκεν rl) τὴν δεξιάν
αὐτοῦ (+χεῖρα ς) ἐπ' ἐμὲ λέγων
22 18 ἐάν τις | ἐπιθῇ ἐπ' αὐτά (ἐπιτιθῇ
πρὸς ταῦτα ς), ↔
22 18 ἐπιθήσει | ὁ θεὸς ἐπ' αὐτὸν (~
VST) τὰς [+ἑπτὰ S] πληγάς

ἐπιτιμάω
→ τιμάω
ᵃ seq. ἵνα
Mt 8 26 τότε ἐγερθεὶς ἐπετίμησεν τοῖς ἀνέ-
μοις καὶ τῇ θαλάσσῃ
12 16ᵃ ἐπετίμησεν αὐτοῖς ἵνα μὴ φανερὸν
αὐτὸν ποιήσωσιν
16 20ᵃ * ἐπετίμησεν (NH; διεστείλατο rl)
τοῖς μαθηταῖς (+αὐτοῦ Vς) ἵνα
μηδενὶ εἴπωσιν
16 22 προσλαβόμενος αὐτὸν ὁ Πέτρος
ἤρξατο ἐπιτιμᾶν αὐτῷ λέγων
17 18 ἐπετίμησεν αὐτῷ ὁ Ἰησοῦς
19 13 οἱ δὲ μαθηταὶ ἐπετίμησαν αὐτοῖς
20 31ᵃ δὲ ὄχλος ἐπετίμησεν αὐτοῖς ἵνα
σιωπήσωσιν
Mc 1 25 ἐπετίμησεν αὐτῷ ὁ Ἰησοῦς λέγων
([NH]; —MT)

Mc 3 12ᵃ πολλὰ ἐπετίμα αὐτοῖς ἵνα μὴ
| αὐτὸν φανερὸν (~V) ποιήσωσιν
(ποιῶσιν T)
4 39 διεγερθεὶς ἐπετίμησεν τῷ ἀνέμῳ
8 30ᵃ ἐπετίμησεν αὐτοῖς ἵνα μηδενὶ λέγω-
σιν περὶ αὐτοῦ
8 32 προσλαβόμενος | ὁ Πέτρος αὐτὸν
(~Vς) ἤρξατο ἐπιτιμᾶν αὐτῷ. ↔
8 33 ὁ δὲ ἐπιστραφεὶς ... ἐπετίμησεν
(+τῷ Vς) Πέτρῳ καὶ λέγει
9 25 ἰδὼν δὲ ὁ Ἰησοῦς ... ἐπετίμησεν
τῷ πνεύματι τῷ ἀκαθάρτῳ λέγων
αὐτῷ
10 13 οἱ δὲ μαθηταὶ | ἐπετίμησαν αὐτοῖς
(ἐπετίμων τοῖς προσφέρουσιν
VBSTς). ↔
10 14 * ὁ δὲ Ἰησοῦς ἠγανάκτησεν
καὶ ἐπιτιμήσας [+S] εἶπεν αὐτοῖς
10 48ᵃ ἐπετίμων αὐτῷ πολλοὶ ἵνα σιωπή-
σῃ

Lc 4 35 ἐπετίμησεν αὐτῷ ὁ Ἰησοῦς λέγων
4 39 ἐπιστὰς ἐπάνω αὐτῆς ἐπετίμησεν
τῷ πυρετῷ
4 41 ἐπιτιμῶν οὐκ εἴα αὐτὰ λαλεῖν
8 24 ὁ δὲ διεγερθεὶς ἐπετίμησεν τῷ
ἀνέμῳ καὶ τῷ κλύδωνι τοῦ ὕδατος
9 21 ὁ δὲ ἐπιτιμήσας αὐτοῖς παρήγγει-
λεν μηδενὶ λέγειν τοῦτο
9 42 ἐπετίμησεν δὲ ὁ Ἰησοῦς τῷ πνεύ-
ματι τῷ ἀκαθάρτῳ
9 55 στραφεὶς δὲ ἐπετίμησεν αὐτοῖς
17 3 ἐὰν ἁμάρτῃ ὁ ἀδελφός σου, ἐπιτί-
μησον αὐτῷ
18 15 ἰδόντες δὲ οἱ μαθηταὶ ἐπετίμων
(-μησαν ς) αὐτοῖς
18 39ᵃ οἱ προάγοντες ἐπετίμων αὐτῷ ἵνα
σιγήσῃ
19 39 διδάσκαλε, ἐπιτίμησον τοῖς μαθη-
ταῖς σου
23 40 ἀποκριθεὶς δὲ ὁ ἕτερος | ἐπιτιμῶν
αὐτῷ ἔφη (ἐπετίμα αὐ. λέγων ς)
2 Tm 4 2 ἔλεγξον, | ἐπιτίμησον, παρακάλε-
σον (~BT), ἐν πάσῃ μακροθυμίᾳ
Jd 9 ὁ δὲ Μιχαὴλ ... εἶπεν· ἐπιτιμήσαι
σοι κύριος

ἐπιτιμία
2 C 2 6 ἱκανὸν τῷ τοιούτῳ ἡ ἐπιτιμία αὕ-
τη ἡ ὑπὸ τῶν πλειόνων

ἐπιτρέπω
→ ἀνατρέπω
ᵃ pass.
Mt 8 21 κύριε, ἐπίτρεψόν μοι πρῶτον ἀπελ-
θεῖν καὶ θάψαι τὸν πατέρα μου
8 31 * | ἐπίτρεψον ἡμῖν ἀπελθεῖν (ς;
ἀπόστειλον ἡμᾶς rl) εἰς τὴν ἀγέλην
τῶν χοίρων
19 8 Μωϋσῆς πρὸς τὴν σκληροκαρδίαν
ὑμῶν ἐπέτρεψεν ὑμῖν ἀπολῦσαι
τὰς γυναῖκας ὑμῶν
Mc 5 13 ⟨πέμψον ἡμᾶς εἰς τοὺς χοίρους⟩
καὶ ἐπέτρεψεν αὐτοῖς (+εὐθέως ὁ
Ἰησοῦς VSς)
10 4 | ἐπέτρεψεν Μωϋσῆς (~Vς) βι-
βλίον ἀποστασίου γράψαι
Lc 8 32 παρεκάλεσαν αὐτὸν ἵνα ἐπιτρέψῃ
αὐτοῖς εἰς ἐκείνους εἰσελθεῖν· ↔
8 32 καὶ ἐπέτρεψεν αὐτοῖς
9 59 κύριε, ([N²⁶]; —NTH) ἐπίτρεψόν
μοι ... ἀπελθόντι πρῶτον (~NMV
BTH) θάψαι τὸν πατέρα μου
9 61 πρῶτον δὲ ἐπίτρεψόν μοι ἀποτά-
ξασθαι τοῖς εἰς τὸν οἶκόν μου
Jo 19 38 ἠρώτησεν τὸν Πιλᾶτον ... καὶ
ἐπέτρεψεν ὁ Πιλᾶτος

Ac 21 39 δέομαι δέ σου, ἐπίτρεψόν μοι
λαλῆσαι πρὸς τὸν λαόν. ↔
21 40 ἐπιτρέψαντος δὲ αὐτοῦ ὁ Παῦλος
... κατέσεισεν τῇ χειρὶ τῷ λαῷ
26 1ᵃ ἐπιτρέπεταί σοι περὶ (N²⁶BST;
ὑπὲρ rl) σεαυτοῦ λέγειν
27 3 φιλανθρώπως τε ὁ Ἰούλιος τῷ
Παύλῳ χρησάμενος ἐπέτρεψεν
πρὸς τοὺς φίλους πορευθέντι ἐπι-
μελείας τυχεῖν
28 16ᵃ || ἐπετράπη [+δὲ S] τῷ Παύλῳ
((τῷ [δὲ] Π. ἐ. V; τῷ δὲ Π. ἐ. ς))
μένειν καθ' ἑαυτόν
1 C 14 34ᵃ οὐ γὰρ ἐπιτρέπεται (-τέτραπται
ς) αὐταῖς λαλεῖν, ἀλλὰ ὑποτασσέ-
σθωσαν (-εσθαι ς)
16 7 ἐλπίζω γὰρ ... ἐπιμεῖναι πρὸς
ὑμᾶς, ἐὰν ὁ κύριος ἐπιτρέψῃ
(-πῃ ς)
1 Tm 2 12 διδάσκειν δὲ γυναικὶ οὐκ ἐπιτρέπω
Hb 6 3 τοῦτο ποιήσομεν (-σωμεν S),
ἐάνπερ ἐπιτρέπῃ ὁ θεός

ἐπιτροπή
Ac 26 12 ἐν οἷς (+καὶ Vς) πορευόμενος εἰς
τὴν Δαμασκὸν μετ' ἐξουσίας καὶ
ἐπιτροπῆς τῆς (+παρὰ ς) τῶν
ἀρχιερέων

ἐπίτροπος
Mt 20 8 ὀψίας δὲ γενομένης λέγει ὁ κύριος
τοῦ ἀμπελῶνος τῷ ἐπιτρόπῳ
αὐτοῦ
Lc 8 3 ⟨Μαρία ἡ καλουμένη Μαγδαλη-
νή⟩ καὶ Ἰωάννα γυνὴ Χουζᾶ ἐπι-
τρόπου Ἡρῴδου
G 4 2 ἀλλὰ ὑπὸ ἐπιτρόπους ἐστὶν καὶ
οἰκονόμους ἄχρι τῆς προθεσμίας
τοῦ πατρός

ἐπιτυγχάνω
→ τυγχάνω
Rm 11 7 ὃ ἐπιζητεῖ Ἰσραήλ, τοῦτο (τούτου
ς) οὐκ ἐπέτυχεν, ↔
11 7 ἡ δὲ ἐκλογὴ ἐπέτυχεν
Hb 6 15 οὕτως μακροθυμήσας ἐπέτυχεν τῆς
ἐπαγγελίας
11 33 οἳ διὰ πίστεως ... ἠργάσαντο
δικαιοσύνην, ἐπέτυχον ἐπαγγελιῶν
Jc 4 2 ζηλοῦτε, καὶ οὐ δύνασθε ἐπιτυχεῖν

ἐπιφαίνω
→ φαίνω
Lc 1 79 ⟨ἐν οἷς ἐπισκέψεται ἡμᾶς ἀνατολή⟩
ἐπιφᾶναι τοῖς ἐν σκότει καὶ σκιᾷ
θανάτου καθημένοις
Ac 27 20 μήτε δὲ ἡλίου μήτε ἄστρων
ἐπιφαινόντων ἐπὶ πλείονας ἡμέρας
Tt 2 11 ἐπεφάνη γὰρ ἡ χάρις τοῦ θεοῦ
(+ἡ MVSς) σωτήριος πᾶσιν
ἀνθρώποις
3 4 ὅτε δὲ ἡ χρηστότης καὶ ἡ φιλαν-
θρωπία ἐπεφάνη τοῦ σωτῆρος
ἡμῶν θεοῦ

ἐπιφάνεια
2 Th 2 8 ὃν ὁ κύριος ... καταργήσει τῇ
ἐπιφανείᾳ τῆς παρουσίας αὐτοῦ
1 Tm 6 14 τηρῆσαί σε τὴν ἐντολὴν ἄσπιλον
ἀνεπίλημπτον μέχρι τῆς ἐπιφανεί-
ας τοῦ κυρίου ἡμῶν
2 Tm 1 10 ⟨χάριν⟩ φανερωθεῖσαν δὲ νῦν διὰ
τῆς ἐπιφανείας τοῦ σωτῆρος ἡμῶν
4 1 διαμαρτύρομαι (+οὖν ἐγὼ [S]ς)
ἐνώπιον τοῦ θεοῦ ... καὶ τὴν
ἐπιφάνειαν αὐτοῦ καὶ τὴν βασι-
λείαν αὐτοῦ
4 8 ὃν ἀποδώσει μοι ὁ κύριος ... καὶ
πᾶσι τοῖς ἠγαπηκόσι τὴν ἐπιφά-
νειαν αὐτοῦ

Tt 2 13 προσδεχόμενοι τὴν μακαρίαν ἐλ-
πίδα καὶ ἐπιφάνειαν τῆς δόξης τοῦ
μεγάλου θεοῦ

ἐπιφανής

Ac 2 20 πρὶν ἐλθεῖν (+τὴν VSϛ) ἡμέραν
κυρίου τὴν μεγάλην | καὶ ἐπι-
φανῆ (—T)

ἐπιφαύσκω

E 5 14 ἔγειρε, ὁ καθεύδων ... καὶ ἐπι-
φαύσει σοι ὁ Χριστός

ἐπιφέρω
→ φέρω

Ac 19 12 * ὥστε καὶ ἐπὶ τοὺς ἀσθενοῦντας
ἐπιφέρεσθαι (ϛ; ἀπο- rl) ἀπὸ τοῦ
χρωτὸς αὐτοῦ σουδάρια

25 18 * περὶ οὗ σταθέντες οἱ κατήγοροι
οὐδεμίαν αἰτίαν ἐπέφερον (ϛ; ἔφε-
ρον rl)

Rm 3 5 μὴ ἄδικος ὁ θεὸς ὁ ἐπιφέρων τὴν
ὀργήν;

Ph 1 17 * οἰόμενοι θλῖψιν ἐπιφέρειν (ϛ;
ἐγείρειν rl) τοῖς δεσμοῖς μου

Jd 9 οὐκ ἐτόλμησεν κρίσιν ἐπενεγκεῖν
βλασφημίας, ἀλλὰ εἶπεν

ἐπιφωνέω
→ φωνέω

Lc 23 21 οἱ δὲ ἐπεφώνουν λέγοντες

Ac 12 22 ὁ δὲ δῆμος ἐπεφώνει

21 34 ἄλλοι δὲ ἄλλο τι ἐπεφώνουν (ἐβόων
ϛ) ἐν τῷ ὄχλῳ

22 24 ἵνα ἐπιγνῷ δι’ ἣν αἰτίαν οὕτως
ἐπεφώνουν αὐτῷ

ἐπιφώσκω

Mt 28 1 ὀψὲ δὲ σαββάτων, τῇ ἐπιφωσκού-
σῃ εἰς μίαν σαββάτων, ἦλθεν
Μαριὰμ ἡ Μαγδαληνή

Lc 23 54 ἡμέρα ἦν παρασκευῆς, καὶ σάβ-
βατον ἐπέφωσκεν

ἐπιχειρέω

Lc 1 1 ἐπειδήπερ πολλοὶ ἐπεχείρησαν
ἀνατάξασθαι διήγησιν

Ac 9 29 οἱ δὲ ἐπεχείρουν ἀνελεῖν αὐτόν

19 13 ἐπεχείρησαν δέ τινες καὶ τῶν
περιερχομένων Ἰουδαίων ἐξορκι-
στῶν ὀνομάζειν ... τὸ ὄνομα ...
Ἰησοῦ

ἐπιχέω
→ ἐκχέω

Lc 10 34 προσελθὼν κατέδησεν τὰ τραύματα
αὐτοῦ ἐπιχέων ἔλαιον καὶ οἶνον

ἐπιχορηγέω
→ χορηγέω

2 C 9 10 ὁ δὲ ἐπιχορηγῶν σπόρον (N²⁶B;
σπέρμα rl) τῷ σπείροντι καὶ ἄρτον
εἰς βρῶσιν χορηγήσει

G 3 5 ὁ οὖν ἐπιχορηγῶν ὑμῖν τὸ πνεῦ-
μα ... ἐξ ἔργων νόμου ⟨;⟩

Cl 2 19 ἐξ οὗ πᾶν τὸ σῶμα διὰ τῶν ἁφῶν
καὶ συνδέσμων ἐπιχορηγούμενον
καὶ συμβιβαζόμενον

2 Pt 1 5 σπουδὴν πᾶσαν παρεισενέγκαντες
ἐπιχορηγήσατε ἐν τῇ πίστει ὑμῶν
τὴν ἀρετήν

1 11 οὕτως γὰρ πλουσίως ἐπιχορηγη-
θήσεται ὑμῖν ἡ εἴσοδος εἰς τὴν αἰώ-
νιον βασιλείαν

ἐπιχορηγία

E 4 16 ἐξ οὗ πᾶν τὸ σῶμα συναρμολογού-
μενον καὶ συμβιβαζόμενον διὰ
πάσης ἁφῆς τῆς ἐπιχορηγίας

Ph 1 19 τοῦτό μοι ἀποβήσεται εἰς σωτηρί-
αν διὰ τῆς ὑμῶν δεήσεως καὶ
ἐπιχορηγίας τοῦ πνεύματος Ἰησοῦ
Χριστοῦ

ἐπιχρίω
→ χρίω

Jo 9 6 ἐπέχρισεν (ἐπέθηκεν NH) αὐτοῦ
(—ϛ) τὸν πηλὸν ἐπὶ τοὺς ὀφθαλμούς
(+τοῦ τυφλοῦ Vϛ)

9 11 ὁ ἄνθρωπος ὁ λεγόμενος Ἰησοῦς
πηλὸν ἐποίησεν καὶ ἐπέχρισέν μου
τοὺς ὀφθαλμούς

ἐποικοδομέω
→ οἰκοδομέω
a ἐ. ἑαυτούς

Ac 20 32 * τῷ θεῷ (κυρίῳ NH) καὶ τῷ
λόγῳ ... τῷ δυναμένῳ ἐποικοδο-
μῆσαι (ϛ; οἰκ. rl) καὶ δοῦναι τὴν
κληρονομίαν

1 C 3 10 κατὰ τὴν χάριν τοῦ θεοῦ ...
θεμέλιον ἔθηκα, ἄλλος δὲ ἐποικο-
δομεῖ. ↔

3 10 ἕκαστος δὲ βλεπέτω πῶς ἐποικο-
δομεῖ

3 12 εἰ δέ τις ἐποικοδομεῖ ἐπὶ τὸν θεμέ-
λιον (+τοῦτον [MS]ϛ) ... λίθους
τιμίους

3 14 εἴ τινος τὸ ἔργον μενεῖ ὃ ἐποικοδό-
μησεν

E 2 20 ⟨ἐστὲ ... οἰκεῖοι τοῦ θεοῦ⟩ ἐποι-
κοδομηθέντες ἐπὶ τῷ θεμελίῳ τῶν
ἀποστόλων

Cl 2 7 ⟨ἐν αὐτῷ περιπατεῖτε⟩ ἐρριζω-
μένοι καὶ ἐποικοδομούμενοι ἐν
αὐτῷ

1 Pt 2 5 * καὶ αὐτοὶ ὡς λίθοι ζῶντες
ἐποικοδομεῖσθε (ST; οἰκ. rl) οἶκος
πνευματικὸς εἰς (—ϛ) ἱεράτευμα
ἅγιον

Jd 20ᵃ ὑμεῖς δέ, ἀγαπητοί, ἐποικοδομοῦν-
τες ἑαυτοὺς τῇ ἁγιωτάτῃ ὑμῶν
πίστει

ἐποκέλλω

Ac 27 41 * περιπεσόντες δὲ εἰς τόπον διθά-
λασσον ἐπώκειλαν (ϛ; ἐπέκ. rl)
τὴν ναῦν

ἐπονομάζω
→ ὀνομάζω

Rm 2 17 εἰ δὲ σὺ Ἰουδαῖος ἐπονομάζῃ καὶ
ἐπαναπαύῃ νόμῳ

ἐποπτεύω

1 Pt 2 12 ἵνα ... ἐκ τῶν καλῶν ἔργων
ἐποπτεύοντες (-σαντες ϛ) δοξάσω-
σιν τὸν θεόν

3 2 ⟨κερδηθήσονται⟩ ἐποπτεύσαντες
τὴν ἐν φόβῳ ἁγνὴν ἀναστροφὴν
ὑμῶν

ἐπόπτης

2 Pt 1 16 ἀλλ’ ἐπόπται γενηθέντες τῆς ἐκεί-
νου μεγαλειότητος

ἔπος

Hb 7 9 ὡς ἔπος εἰπεῖν

ἐπουράνιος
a ἐ. c. ἐπίγειος
b ἐν τοῖς ἐπουρανίοις

Mt 18 35 * οὕτως καὶ ὁ πατήρ μου ὁ ἐπου-
ράνιος (Vϛ; οὐράνιος rl) ποιήσει
ὑμῖν

Jo 3 12ᵃ εἰ τὰ ἐπίγεια εἶπον ὑμῖν ... πῶς
ἐὰν εἴπω ὑμῖν τὰ ἐπουράνια
πιστεύσετε;

1 C 15 40ᵃ καὶ σώματα ἐπουράνια, καὶ σώ-
ματα ἐπίγεια· ↔

15 40ᵃ ἀλλὰ ἑτέρα μὲν ἡ τῶν ἐπουρανίων
δόξα, ἑτέρα δὲ ἡ τῶν ἐπιγείων

15 48 οἷος ὁ χοϊκός ... καὶ οἷος ὁ ἐπου-
ράνιος, ↔

15 48 τοιοῦτοι καὶ οἱ ἐπουράνιοι

1 C 15 49 καθὼς ἐφορέσαμεν τὴν εἰκόνα τοῦ
χοϊκοῦ, φορέσομεν (-σωμεν VSTH)
καὶ τὴν εἰκόνα τοῦ ἐπουρανίου

E 1 3ᵇ εὐλογητὸς ὁ θεὸς ... ὁ εὐλογήσας
ἡμᾶς ἐν πάσῃ εὐλογίᾳ πνευματικῇ
ἐν τοῖς ἐπουρανίοις ἐν Χριστῷ

1 20ᵇ καθίσας (+αὐτὸν ST) ἐν δεξιᾷ
αὐτοῦ ἐν τοῖς ἐπουρανίοις

2 6ᵇ συνήγειρεν καὶ συνεκάθισεν ἐν τοῖς
ἐπουρανίοις ἐν Χριστῷ Ἰησοῦ

3 10ᵇ ἵνα γνωρισθῇ νῦν ... ταῖς ἐξουσί-
αις ἐν τοῖς ἐπουρανίοις ... ἡ πο-
λυποίκιλος σοφία τοῦ θεοῦ

6 12ᵇ ἡ πάλη ... πρὸς τὰ πνευματικὰ
τῆς πονηρίας ἐν τοῖς ἐπουρανίοις

Ph 2 10ᵃ ἵνα ἐν τῷ ὀνόματι Ἰησοῦ πᾶν γόνυ
κάμψῃ ἐπουρανίων καὶ ἐπιγείων
καὶ καταχθονίων

2 Tm 4 18 σώσει εἰς τὴν βασιλείαν αὐτοῦ τὴν
ἐπουράνιον

Hb 3 1 ὅθεν, ἀδελφοὶ ἅγιοι, κλήσεως ἐπου-
ρανίου μέτοχοι, κατανοήσατε τὸν
... Ἰησοῦν

6 4 ἀδύνατον γὰρ τοὺς ἅπαξ φωτι-
σθέντας γευσαμένους τε τῆς δωρεᾶς
τῆς ἐπουρανίου ⟨πάλιν ἀνακαινί-
ζειν⟩

8 5 οἵτινες ὑποδείγματι καὶ σκιᾷ λα-
τρεύουσιν τῶν ἐπουρανίων

9 23 ἀνάγκη οὖν ... καθαρίζεσθαι,
αὐτὰ δὲ τὰ ἐπουράνια κρείττοσιν
θυσίαις παρὰ ταύτας

11 16 νῦν δὲ κρείττονος ὀρέγονται, τοῦτ’
ἔστιν ἐπουρανίου

12 22 ἀλλὰ προσεληλύθατε ... πόλει
θεοῦ ζῶντος, Ἰερουσαλὴμ ἐπου-
ρανίῳ

ἑπτά
a ἐ. ἡμέραι
b ἐ. ἐκκλησίαι
c ἐ. χιλιάδες
d ἑβδομηκοντάκις ἑ.

Mt 12 45 παραλαμβάνει μεθ’ ἑαυτοῦ ἑπτά
ἕτερα πνεύματα πονηρότερα ἑαυ-
τοῦ

15 34 πόσους ἄρτους ἔχετε; ... ἑπτά, καὶ
ὀλίγα ἰχθύδια

15 36 ἔλαβεν (καὶ λαβὼν Vϛ) τοὺς ἑπτὰ
ἄρτους καὶ τοὺς ἰχθύας

15 37 | τὸ περισσεῦον τῶν κλασμάτων
ἦραν (∼Vϛ), ἑπτὰ σπυρίδας
πλήρεις

16 10 ⟨οὐδὲ μνημονεύετε τοὺς πέντε
ἄρτους⟩ οὐδὲ τοὺς ἑπτὰ ἄρτους
τῶν τετρακισχιλίων ⟨;⟩

18 22ᵈ οὐ λέγω σοι ἕως ἑπτάκις, ἀλλὰ
ἕως ἑβδομηκοντάκις ἑπτά

22 25 ἦσαν δὲ παρ’ ἡμῖν ἑπτὰ ἀδελφοί

22 26 ὁμοίως καὶ ὁ δεύτερος καὶ ὁ τρίτος,
ἕως τῶν ἑπτά

22 28 ἐν τῇ ἀναστάσει οὖν τίνος τῶν
ἑπτὰ ἔσται γυνή;

Mc 8 5 πόσους ἔχετε ἄρτους; ... ἑπτά

8 6 λαβὼν τοὺς ἑπτὰ ἄρτους εὐχαρι-
στήσας ἔκλασεν

8 8 ἦραν περισσεύματα κλασμάτων,
ἑπτὰ σπυρίδας

8 20 ⟨οὐ μνημονεύετε⟩ ὅτε (+δὲ VSϛ;
+καὶ T) τοὺς ἑπτὰ εἰς τοὺς
τετρακισχιλίους, πόσων σπυρί-
δων πληρώματα κλασμάτων ἤρα-
τε; ↔

8 20 | καὶ λέγουσιν (οἱ δὲ εἶπον Sϛ)
αὐτῷ ([N²⁶V]H; —rl)· ἑπτά

12 20 ἑπτὰ ἀδελφοὶ ἦσαν

Mc 12 22 καί | οἱ ἑπτά (ἔλαβον αὐτὴν οἱ
ἑπτὰ καί Vς) οὐκ ἀφῆκαν σπέρμα

12 23 οἱ γὰρ ἑπτὰ ἔσχον αὐτὴν γυναῖκα

[16 9] Μαρίᾳ τῇ Μαγδαληνῇ, παρ' (ἀφ'
Tς) ἧς ἐκβεβλήκει ἑπτὰ δαιμόνια

Lc 2 36 ζήσασα μετὰ ἀνδρὸς ἔτη ἑπτὰ ἀπὸ
τῆς παρθενίας αὐτῆς

8 2 Μαγδαληνή, ἀφ' ἧς δαιμόνια
ἑπτὰ ἐξεληλύθει

11 26 παραλαμβάνει ἕτερα πνεύματα
πονηρότερα ἑαυτοῦ ἑπτά

20 29 ἑπτὰ οὖν ἀδελφοὶ ἦσαν

20 31 ὡσαύτως δὲ καὶ οἱ ἑπτὰ οὐ κατ-
έλιπον τέκνα

20 33 οἱ γὰρ ἑπτὰ ἔσχον αὐτὴν γυναῖκα

Ac 6 3 ἐπισκέψασθε δέ (οὖν VBSς), ἀδελ-
φοί, ἄνδρας ἐξ ὑμῶν μαρτυρουμέ-
νους ἑπτά

13 19 καθελὼν ἔθνη ἑπτὰ ἐν γῇ Χανάαν
κατεκληρονόμησεν τὴν γῆν αὐτῶν

19 14 ἦσαν δέ τινος (τινες VSTς) (+υἱοὶ
ς) Σκευᾶ ... ἑπτὰ υἱοὶ (οἱ ς) τοῦτο
ποιοῦντες

20 6 ἃὅπου (N²⁶NT; [ὅπ]οῦ S; οὗ rl)
διετρίψαμεν ἡμέρας ἑπτά

21 4 ἃἀνευρόντες δὲ τοὺς μαθητὰς ἐπ-
εμείναμεν αὐτοῦ ἡμέρας ἑπτά

21 8 εἰσελθόντες εἰς τὸν οἶκον Φιλίππου
τοῦ εὐαγγελιστοῦ ὄντος ἐκ τῶν
ἑπτά

21 27 ἃὡς δὲ ἔμελλον αἱ ἑπτὰ ἡμέραι
συντελεῖσθαι

28 14 ἃπαρεκλήθημεν παρ' αὐτοῖς ἐπι-
μεῖναι ἡμέρας ἑπτά

Hb 11 30 ἃπίστει τὰ τείχη Ἰεριχὼ ἔπεσαν
κυκλωθέντα ἐπὶ ἑπτὰ ἡμέρας

Ap 1 4 ᵇἸωάννης ταῖς ἑπτὰ ἐκκλησίαις
ταῖς ἐν τῇ Ἀσίᾳ ↔

1 4 χάρις ὑμῖν καὶ εἰρήνη ... ἀπὸ τῶν
ἑπτὰ πνευμάτων

1 11 ᵇγράψον εἰς βιβλίον καὶ πέμψον
ταῖς ἑπτὰ ἐκκλησίαις

1 12 ἐπιστρέψας εἶδον ἑπτὰ λυχνίας
χρυσᾶς, ↔

1 13 * καὶ ἐν μέσῳ τῶν ἑπτὰ (+ς)
λυχνιῶν ὅμοιον υἱὸν ἀνθρώπου

1 16 ἔχων ἐν τῇ δεξιᾷ χειρὶ αὐτοῦ
ἀστέρας ἑπτά

1 20 τὸ μυστήριον τῶν ἑπτὰ ἀστέρων
οὓς εἶδες ἐπὶ τῆς δεξιᾶς μου, ↔

1 20 καὶ τὰς ἑπτὰ λυχνίας τὰς χρυσᾶς·
↔

1 20 οἱ ἑπτὰ ἀστέρες ↔

1 20 ᵇἄγγελοι τῶν ἑπτὰ ἐκκλησιῶν
εἰσιν, ↔

1 20 καὶ αἱ λυχνίαι αἱ ἑπτὰ ↔

1 20 ᵇἑπτὰ ἐκκλησίαι εἰσίν

2 1 τάδε λέγει ὁ κρατῶν τοὺς ἑπτὰ
ἀστέρας ἐν τῇ δεξιᾷ αὐτοῦ, ↔

2 1 ὁ περιπατῶν ἐν μέσῳ τῶν ἑπτὰ
λυχνιῶν τῶν χρυσῶν

3 1 τάδε λέγει ὁ ἔχων τὰ ἑπτὰ πνεύμα-
τα τοῦ θεοῦ ↔

3 1 καὶ τοὺς ἑπτὰ ἀστέρας

4 5 ἑπτὰ λαμπάδες πυρὸς καιόμεναι
ἐνώπιον τοῦ θρόνου, ↔

4 5 ἅ εἰσιν τὰ ἑπτὰ πνεύματα τοῦ θεοῦ

5 1 βιβλίον ... κατεσφραγισμένον
σφραγῖσιν ἑπτά

5 5 ἐνίκησεν ὁ λέων ... ἀνοῖξαι τὸ
βιβλίον καὶ τὰς ἑπτὰ σφραγῖδας
αὐτοῦ

5 6 ἀρνίον ... ἔχων (ἔχον BSς)
κέρατα ἑπτά ↔

5 6 καὶ ὀφθαλμοὺς ἑπτά, ↔

Ap 5 6 οἵ εἰσιν τὰ ἑπτὰ [N²⁶H] πνεύματα
τοῦ θεοῦ

6 1 ὅτε ἤνοιξεν τὸ ἀρνίον μίαν ἐκ τῶν
ἑπτὰ (—ς) σφραγίδων

8 2 εἶδον τοὺς ἑπτὰ ἀγγέλους οἳ
ἐνώπιον τοῦ θεοῦ ἑστήκασιν, ↔

8 2 καὶ ἐδόθησαν αὐτοῖς ἑπτὰ σάλπιγ-
γες

8 6 οἱ ἑπτὰ ἄγγελοι ↔

8 6 οἱ ἔχοντες τὰς ἑπτὰ σάλπιγγας
ἡτοίμασαν αὐτούς (N²⁶T; ἑαυτ.
rl)

10 3 ἐλάλησαν αἱ ἑπτὰ βρονταὶ τὰς
ἑαυτῶν φωνάς. ↔

10 4 καὶ ὅτε ἐλάλησαν αἱ ἑπτὰ βρονταί

10 4 σφράγισον ἃ ἐλάλησαν αἱ ἑπτὰ
βρονταί

11 13 ᶜἀπεκτάνθησαν ἐν τῷ σεισμῷ ὀνό-
ματα ἀνθρώπων χιλιάδες ἑπτά

12 3 δράκων ... ἔχων κεφαλὰς ἑπτὰ
καὶ κέρατα δέκα ↔

12 3 καὶ ἐπὶ τὰς κεφαλὰς αὐτοῦ ἑπτὰ
διαδήματα

13 1 θηρίον ἀναβαῖνον, ἔχον κέρατα
δέκα καὶ κεφαλὰς ἑπτά

15 1 εἶδον ... ἀγγέλους ἑπτά ↔

15 1 ἔχοντας πληγὰς ἑπτὰ τὰς ἐσχάτας

15 6 ἐξῆλθον οἱ ἑπτὰ ἄγγελοι ↔

15 6 οἱ ([N²⁶H]; —ς) ἔχοντες τὰς
ἑπτὰ πληγὰς ἐκ τοῦ ναοῦ

15 7 ἔδωκεν τοῖς ἑπτὰ ἀγγέλοις ↔

15 7 ἑπτὰ φιάλας χρυσᾶς γεμούσας τοῦ
θυμοῦ τοῦ θεοῦ

15 8 ἄχρι τελεσθῶσιν αἱ ἑπτὰ πληγαὶ
↔

15 8 τῶν ἑπτὰ ἀγγέλων

16 1 ἤκουσα μεγάλης φωνῆς ... λεγού-
σης τοῖς ἑπτὰ ἀγγέλοις· ↔

16 1 ὑπάγετε καὶ ἐκχέετε τὰς ἑπτὰ (—ς)
φιάλας ... εἰς τὴν γῆν

17 1 ἦλθεν εἷς ἐκ τῶν ἑπτὰ ἀγγέλων ↔

17 1 τῶν ἐχόντων τὰς ἑπτὰ φιάλας

17 3 ἐπὶ θηρίον κόκκινον ... ἔχων
(N²⁶H; ἔχοντα NT; ἔχον rl) κεφα-
λὰς ἑπτὰ καὶ κέρατα δέκα

17 7 τὸ μυστήριον ... τοῦ θηρίου ...
τοῦ ἔχοντος τὰς ἑπτὰ κεφαλὰς καὶ
τὰ δέκα κέρατα

17 9 αἱ ἑπτὰ κεφαλαὶ ↔

17 9 ἑπτὰ ὄρη εἰσίν, ὅπου ἡ γυνὴ
κάθηται ἐπ' αὐτῶν, ↔

17 9 καὶ βασιλεῖς ἑπτά εἰσιν

17 11 τὸ θηρίον ὃ ἦν ... ἐκ τῶν ἑπτὰ
ἐστιν

21 9 ἦλθεν εἷς ἐκ τῶν ἑπτὰ ἀγγέλων ↔

21 9 τῶν ἐχόντων τὰς ἑπτὰ φιάλας, ↔

21 9 | τῶν γεμόντων (τὰς γεμούσας
Bς) τῶν ἑπτὰ πληγῶν τῶν ἐσχά-
των

22 18 * ἐπιθήσει | ὁ θεὸς ἐπ' αὐτὸν
(~ VST) τὰς ἑπτὰ [+S] πληγάς

ἑπτάκις

Mt 18 21 κύριε, ποσάκις ... ἀφήσω αὐτῷ;
ἕως ἑπτάκις;

18 22 οὐ λέγω σοι ἕως ἑπτάκις, ἀλλὰ ἕως
ἑβδομηκοντάκις ἑπτά

Lc 17 4 ἐὰν ἑπτάκις τῆς ἡμέρας ἁμαρτήσῃ
εἰς σὲ ↔

17 4 καὶ ἑπτάκις (+τῆς ἡμέρας Vς)
ἐπιστρέψῃ πρὸς σὲ ... ἀφήσεις
αὐτῷ

ἑπτακισχίλιοι

Rm 11 4 κατέλιπον (-έλειπον S) ἐμαυτῷ
ἑπτακισχιλίους ἄνδρας

Ἔραστος
ᵃ arcarius Corinthi
ᵇ adiutor Pauli

Ac 19 22 ᵇἀποστείλας δὲ εἰς τὴν (—NMT)
Μακεδονίαν δύο τῶν διακονούν-
των αὐτῷ, Τιμόθεον καὶ Ἔραστον

Rm 16 23 ᵃἀσπάζεται ὑμᾶς Ἔραστος ὁ οἰ-
κονόμος τῆς πόλεως

2 Tm 4 20 ᵇἜραστος ἔμεινεν ἐν Κορίνθῳ, Τρό-
φιμον δὲ ἀπέλιπον (-λειπον H) ἐν
Μιλήτῳ

ἐραυνάω
ἐρευνάω NV(B)Sς
ἐξ-

Jo 5 39 ἐραυνᾶτε τὰς γραφάς

7 52 ἐραύνησον καὶ ἴδε ὅτι | ἐκ τῆς
Γαλιλαίας προφήτης (~Tς) οὐκ
ἐγείρεται

Rm 8 27 ὁ δὲ ἐραυνῶν τὰς καρδίας οἶδεν

1 C 2 10 τὸ γὰρ πνεῦμα πάντα ἐραυνᾷ, καὶ
τὰ βάθη τοῦ θεοῦ

1 Pt 1 11 ⟨προφῆται⟩ ἐραυνῶντες εἰς τίνα
ἢ ποῖον καιρὸν ἐδήλου τὸ ἐν αὐτοῖς
πνεῦμα Χριστοῦ

Ap 2 23 ἐγώ εἰμι ὁ ἐραυνῶν νεφροὺς καὶ
καρδίας

ἐργάζομαι
κατ-   περι-   προσ-
ᵃ intrans.
ᵇ ἐ. ταῖς ἰδίαις χερσίν
ᶜ ἔργον, -α ἐ.

Mt 7 23 ἀποχωρεῖτε ἀπ' ἐμοῦ οἱ ἐργαζό-
μενοι τὴν ἀνομίαν

21 28 ᵃτέκνον, ὕπαγε σήμερον ἐργάζου
ἐν τῷ ἀμπελῶνι (+μου Vς)

25 16 ᵃπορευθεὶς (+δὲ Vς) ὁ τὰ πέντε
τάλαντα λαβὼν ἠργάσατο ἐν
αὐτοῖς

26 10 ᶜἔργον γὰρ καλὸν ἠργάσατο εἰς
ἐμέ

Mc 14 6 ᶜκαλὸν ἔργον ἠργάσατο | ἐν ἐμοὶ
(εἰς ἐμέ ς)

Lc 13 14 ᵃἓξ ἡμέραι εἰσὶν ἐν αἷς δεῖ ἐργάζεσθαι

Jo 3 21 ᶜἵνα φανερωθῇ αὐτοῦ τὰ ἔργα ὅτι
ἐν θεῷ ἐστιν εἰργασμένα

5 17 ᵃὁ πατήρ μου ἕως ἄρτι ἐργάζεται,

5 17 ᵃκἀγὼ ἐργάζομαι

6 27 ἐργάζεσθε μὴ τὴν βρῶσιν τὴν
ἀπολλυμένην

6 28 ᶜτί ποιῶμεν ἵνα ἐργαζώμεθα τὰ
ἔργα τοῦ θεοῦ;

6 30 τί ἐργάζῃ;

9 4 ᶜἡμᾶς (ἐμὲ Vς) δεῖ ἐργάζεσθαι τὰ
ἔργα τοῦ πέμψαντός με (ἡμᾶς T)
ἕως ἡμέρα ἐστίν· ↔

9 4 ᵃἔρχεται νὺξ ὅτε οὐδεὶς δύναται
ἐργάζεσθαι

Ac 10 35 ἀλλ' ἐν παντὶ ἔθνει ὁ ... ἐργαζό-
μενος δικαιοσύνην δεκτὸς αὐτῷ
ἐστιν

13 41 ᶜὅτι ἔργον ἐργάζομαι ἐγὼ ἐν ταῖς
ἡμέραις ὑμῶν

18 3 ᵃδιὰ τὸ ὁμότεχνον εἶναι ἔμενεν παρ'
αὐτοῖς, καὶ ἠργάζετο (-ζοντο
NTH)

Rm 2 10 εἰρήνη παντὶ τῷ ἐργαζομένῳ τὸ
ἀγαθόν

4 4 ᵃτῷ δὲ ἐργαζομένῳ ὁ μισθὸς οὐ
λογίζεται κατὰ χάριν ἀλλὰ κατὰ
ὀφείλημα· ↔

4 5 ᵃτῷ δὲ μὴ ἐργαζομένῳ ... λογίζε-
ται ἡ πίστις αὐτοῦ εἰς δικαιοσύνην

13 10 ἡ ἀγάπη τῷ πλησίον κακὸν οὐκ
ἐργάζεται

1 C 4 12ab κοπιῶμεν ἐργαζόμενοι ταῖς ἰδίαις χερσίν
9 6a ἢ μόνος ἐγὼ καὶ Βαρναβᾶς οὐκ ἔχομεν ἐξουσίαν μὴ ἐργάζεσθαι;
9 13 οἱ τὰ ἱερὰ ἐργαζόμενοι τὰ ([N26]; —ς) ἐκ τοῦ ἱεροῦ ἐσθίουσιν
16 10c τὸ γὰρ ἔργον κυρίου ἐργάζεται ὡς κἀγώ (ἐγὼ H; καὶ ἐγώ ς)

2 C 7 10 ἡ γὰρ κατὰ θεὸν λύπη μετάνοιαν εἰς σωτηρίαν ἀμεταμέλητον ἐργάζεται (κατ- ς)

G 6 10 ἄρα οὖν ὡς καιρὸν ἔχομεν (ἔχωμεν MVTH), ἐργαζώμεθα τὸ ἀγαθὸν πρὸς πάντας

E 4 28b μᾶλλον δὲ κοπιάτω ἐργαζόμενος ταῖς ἰδίαις ([N26]; —Hς) χερσὶν τὸ ἀγαθόν

Cl 3 23 ὃ ἐὰν ποιῆτε, ἐκ ψυχῆς ἐργάζεσθε ὡς τῷ κυρίῳ

1 Th 2 9a νυκτὸς καὶ ἡμέρας ἐργαζόμενοι πρὸς τὸ μὴ ἐπιβαρῆσαί τινα ὑμῶν
4 11ab ⟨παρακαλοῦμεν δὲ ὑμᾶς⟩ φιλοτιμεῖσθαι ... καὶ ἐργάζεσθαι ταῖς ἰδίαις (+[N26]VSς) χερσὶν ὑμῶν

2 Th 3 8a ἀλλ' ἐν κόπῳ ... ἐργαζόμενοι πρὸς τὸ μὴ ἐπιβαρῆσαί τινα ὑμῶν
3 10a εἴ τις οὐ θέλει ἐργάζεσθαι, μηδὲ ἐσθιέτω. ↔
3 11a ἀκούομεν γάρ τινας ... μηδὲν ἐργαζομένους ἀλλὰ περιεργαζομένους
3 12a ἵνα μετὰ ἡσυχίας ἐργαζόμενοι τὸν ἑαυτῶν ἄρτον ἐσθίωσιν

Hb 11 33 οἳ διὰ πίστεως κατηγωνίσαντο βασιλείας, ἠργάσαντο δικαιοσύνην

Jc 1 20 ὀργὴ γὰρ ἀνδρὸς δικαιοσύνην θεοῦ οὐκ ἐργάζεται (κατ- ς)
2 9 εἰ δὲ προσωπολημπτεῖτε, ἁμαρτίαν ἐργάζεσθε

2 Jo 8 ἵνα μὴ ἀπολέσητε ἃ εἰργασάμεθα (εἰργάσασθε MVBST)

3 Jo 5 πιστὸν ποιεῖς ὃ ἐὰν ἐργάσῃ εἰς τοὺς ἀδελφούς

Ap 18 17 πᾶς κυβερνήτης ... καὶ ὅσοι τὴν θάλασσαν ἐργάζονται, ἀπὸ μακρόθεν ἔστησαν

ἐργασία

Lc 12 58 ἐν τῇ ὁδῷ δὸς ἐργασίαν ἀπηλλάχθαι ἀπ' [H] αὐτοῦ

Ac 16 16 ἥτις ἐργασίαν πολλὴν παρεῖχεν τοῖς κυρίοις αὐτῆς μαντευομένη
16 19 ἰδόντες δὲ οἱ κύριοι αὐτῆς ὅτι ἐξῆλθεν ἡ ἐλπὶς τῆς ἐργασίας αὐτῶν
19 24 Δημήτριος ... ἀργυροκόπος ... παρείχετο τοῖς τεχνίταις οὐκ ὀλίγην ἐργασίαν
19 25 ἐκ ταύτης τῆς ἐργασίας ἡ εὐπορία ἡμῖν ἐστιν

E 4 19 οἵτινες ἀπηλγηκότες ἑαυτοὺς παρέδωκαν τῇ ἀσελγείᾳ εἰς ἐργασίαν ἀκαθαρσίας πάσης

ἐργάτης
a c. adj. attrib.
b c. gen. attrib.

Mt 9 37 ὁ μὲν θερισμὸς πολύς, οἱ δὲ ἐργάται ὀλίγοι
9 38 ὅπως ἐκβάλῃ ἐργάτας εἰς τὸν θερισμὸν αὐτοῦ
10 10 ἄξιος γὰρ ὁ ἐργάτης τῆς τροφῆς αὐτοῦ
20 1 ὅστις ἐξῆλθεν ἅμα πρωῒ μισθώσασθαι ἐργάτας εἰς τὸν ἀμπελῶνα αὐτοῦ. ↔

Mt 20 2 συμφωνήσας δὲ μετὰ τῶν ἐργατῶν ἐκ δηναρίου τὴν ἡμέραν ἀπέστειλεν
20 8 κάλεσον τοὺς ἐργάτας καὶ ἀπόδος αὐτοῖς (—NTH) τὸν μισθόν

Lc 10 2 ὁ μὲν θερισμὸς πολύς, οἱ δὲ ἐργάται ὀλίγοι
10 2 ὅπως | ἐργάτας ἐκβάλῃ (~VSς) εἰς τὸν θερισμὸν αὐτοῦ
10 7 ἄξιος γὰρ ὁ ἐργάτης τοῦ μισθοῦ αὐτοῦ
13 27b ἀπόστητε ἀπ' ἐμοῦ πάντες ἐργάται (οἱ ἐ. τῆς ς) ἀδικίας

Ac 19 25 οὓς συναθροίσας καὶ τοὺς περὶ τὰ τοιαῦτα ἐργάτας εἶπεν

2 C 11 13a οἱ γὰρ τοιοῦτοι ψευδαπόστολοι, ἐργάται δόλιοι, μετασχηματιζόμενοι εἰς ἀποστόλους Χριστοῦ

Ph 3 2a βλέπετε τοὺς κύνας, βλέπετε τοὺς κακοὺς ἐργάτας

1 Tm 5 18 ἄξιος ὁ ἐργάτης τοῦ μισθοῦ αὐτοῦ

2 Tm 2 15a σπούδασον σεαυτὸν δόκιμον παραστῆσαι τῷ θεῷ, ἐργάτην ἀνεπαίσχυντον

Jc 5 4 ἰδοὺ ὁ μισθὸς τῶν ἐργατῶν τῶν ἀμησάντων τὰς χώρας ὑμῶν ... κράζει

ἔργον
a ἔ. καλόν, ἀγαθόν
b ἔ. καλά, ἀγαθά
c ἔ. πονηρόν, -ά
d ἔ. ἐργάζομαι
e κατὰ τὰ ἔργα
f ἔ. (τοῦ) νόμου
g ἔ. c. δικαιοσύνη, δικαιόω
h ἔ. et λόγος

Mt 5 16b ὅπως ἴδωσιν ὑμῶν τὰ καλὰ ἔργα
11 2 ὁ δὲ Ἰωάννης ἀκούσας ἐν τῷ δεσμωτηρίῳ τὰ ἔργα τοῦ Χριστοῦ
11 19g ἐδικαιώθη ἡ σοφία ἀπὸ τῶν ἔργων (τέκνων Vς) αὐτῆς
23 3e κατὰ δὲ τὰ ἔργα αὐτῶν μὴ ποιεῖτε
23 5 πάντα δὲ τὰ ἔργα αὐτῶν ποιοῦσιν πρὸς τὸ θεαθῆναι τοῖς ἀνθρώποις
26 10ad ἔργον γὰρ καλὸν ἠργάσατο εἰς ἐμέ

Mc 13 34 ὡς ἄνθρωπος ἀπόδημος ... δοὺς τοῖς δούλοις αὐτοῦ ... ἑκάστῳ τὸ ἔργον αὐτοῦ
14 6ad καλὸν ἔργον ἠργάσατο ἐν ἐμοί

Lc 11 48 ἄρα μάρτυρές ἐστε καὶ συνευδοκεῖτε τοῖς ἔργοις τῶν πατέρων ὑμῶν
24 19h ὃς ἐγένετο ἀνὴρ προφήτης δυνατὸς ἐν ἔργῳ καὶ λόγῳ ἐναντίον τοῦ θεοῦ

Jo 3 19c ἦν γὰρ αὐτῶν πονηρὰ τὰ ἔργα
3 20 ἵνα μὴ ἐλεγχθῇ τὰ ἔργα αὐτοῦ
3 21d ἵνα φανερωθῇ αὐτοῦ τὰ ἔργα ὅτι ἐν θεῷ ἐστιν εἰργασμένα
4 34 ἐμὸν βρῶμά ἐστιν ἵνα ... τελειώσω αὐτοῦ τὸ ἔργον
5 20 ὁ γὰρ πατὴρ ... μείζονα τούτων δείξει αὐτῷ ἔργα
5 36 τὰ γὰρ ἔργα ἃ δέδωκέν μοι ὁ πατὴρ ἵνα τελειώσω αὐτά, ↔
5 36 αὐτὰ τὰ ἔργα ἃ ποιῶ μαρτυρεῖ περὶ ἐμοῦ
6 28d τί ποιῶμεν ἵνα ἐργαζώμεθα τὰ ἔργα τοῦ θεοῦ;
6 29 τοῦτό ἐστιν τὸ ἔργον τοῦ θεοῦ, ἵνα πιστεύητε
7 3 ἵνα καὶ οἱ μαθηταί σου θεωρήσουσιν (-σωσιν VSς) | σου τὰ ἔργα (N26; [σοῦ] τ. ἔ. H; ~rl)
7 7c τὰ ἔργα αὐτοῦ πονηρά ἐστιν
7 21 ἓν ἔργον ἐποίησα καὶ πάντες θαυμάζετε

Jo 8 39 τὰ ἔργα τοῦ Ἀβραὰμ ἐποιεῖτε (ποιεῖτε NH) (+ἂν MVSς)
8 41 ὑμεῖς ποιεῖτε τὰ ἔργα τοῦ πατρὸς ὑμῶν
9 3 ἀλλ' ἵνα φανερωθῇ τὰ ἔργα τοῦ θεοῦ ἐν αὐτῷ. ↔
9 4d ἡμᾶς (ἐμὲ Vς) δεῖ ἐργάζεσθαι τὰ ἔργα τοῦ πέμψαντός με (ἡμᾶς T)
10 25 τὰ ἔργα ἃ ἐγὼ ποιῶ ἐν τῷ ὀνόματι τοῦ πατρός μου
10 32b πολλὰ | ἔργα καλὰ ἔδειξα ὑμῖν (ἔρ. ἔ. ὑ. κ. NMH; κ. ἔρ. ἔ. ὑ. ς) ἐκ τοῦ πατρός (+μου Vς)· ↔
10 32 διὰ ποῖον αὐτῶν ἔργον ἐμὲ λιθάζετε;
10 33a περὶ καλοῦ ἔργου οὐ λιθάζομέν σε ἀλλὰ περὶ βλασφημίας
10 37 εἰ οὐ ποιῶ τὰ ἔργα τοῦ πατρός μου
10 38 κἂν ἐμοὶ μὴ πιστεύητε (-ετε T), τοῖς ἔργοις πιστεύετε (-τεύσατε Sς)
14 10 ὁ δὲ πατὴρ (+ὁ MVST) ἐν ἐμοὶ μένων || ποιεῖ τὰ ἔργα αὐτοῦ (αὐτός MVSς) ((~Vς))
14 11 εἰ δὲ μή, διὰ τὰ ἔργα αὐτὰ πιστεύετε (+μοι Vς)
14 12 ὁ πιστεύων εἰς ἐμὲ τὰ ἔργα ἃ ἐγὼ ποιῶ κἀκεῖνος ποιήσει
15 24 εἰ τὰ ἔργα μὴ ἐποίησα ἐν αὐτοῖς ... ἁμαρτίαν οὐκ εἴχοσαν (εἶχον Vς)
17 4 ἐγώ σε ἐδόξασα ... τὸ ἔργον τελειώσας ὃ δέδωκάς μοι

Ac 5 38 ὅτι ἐὰν ᾖ ἐξ ἀνθρώπων ... τὸ ἔργον τοῦτο, καταλυθήσεται
7 22h ἦν δὲ δυνατὸς ἐν λόγοις καὶ | ἔργοις αὐτοῦ (ἐν ἔ. ς)
7 41 εὐφραίνοντο ἐν τοῖς ἔργοις τῶν χειρῶν αὐτῶν
9 36b αὕτη ἦν πλήρης | ἔργων ἀγαθῶν (~VSTς) καὶ ἐλεημοσυνῶν ὧν ἐποίει
13 2 ἀφορίσατε δή μοι τὸν Βαρναβᾶν καὶ Σαῦλον εἰς τὸ ἔργον ὃ προσκέκλημαι αὐτούς
13 41d ὅτι ἔργον ἐργάζομαι ἐγὼ ἐν ταῖς ἡμέραις ὑμῶν, ↔
13 41 ἔργον ὃ οὐ μὴ πιστεύσητε ἐάν τις ἐκδιηγῆται ὑμῖν
14 26 ὅθεν ἦσαν παραδεδομένοι ... εἰς τὸ ἔργον ὃ ἐπλήρωσαν
15 18* ⟨ποιῶν ταῦτα⟩ γνωστὰ ἀπ' αἰῶνός | ἐστι τῷ θεῷ πάντα τὰ ἔργα αὐτοῦ (+ς)
15 38 τὸν ... μὴ συνελθόντα αὐτοῖς εἰς τὸ ἔργον, μὴ συμπαραλαμβάνειν τοῦτον
26 20 τοῖς ἔθνεσιν ἀπήγγελλον μετανοεῖν ... ἄξια τῆς μετανοίας ἔργα πράσσοντας

Rm 2 6e ὃς ἀποδώσει ἑκάστῳ κατὰ τὰ ἔργα αὐτοῦ· ↔
2 7a τοῖς μὲν καθ' ὑπομονὴν ἔργου ἀγαθοῦ ... ἀφθαρσίαν ζητοῦσιν ζωὴν αἰώνιον
2 15f οἵτινες ἐνδείκνυνται τὸ ἔργον τοῦ νόμου γραπτὸν ἐν ταῖς καρδίαις αὐτῶν
3 20fg διότι ἐξ ἔργων νόμου οὐ δικαιωθήσεται πᾶσα σὰρξ ἐνώπιον αὐτοῦ
3 27 ἐξεκλείσθη. διὰ ποίου νόμου; τῶν ἔργων;
3 28fg λογιζόμεθα γὰρ (οὖν Sς) δικαιοῦσθαι πίστει ἄνθρωπον χωρὶς ἔργων νόμου

Rm 4 2ᵍ εἰ γὰρ Ἀβραὰμ ἐξ ἔργων ἐδικαι-
ώθη, ἔχει καύχημα

4 6ᵍ ᾧ ὁ θεὸς λογίζεται δικαιοσύνην
χωρὶς ἔργων

9 12 ⟨ἵνα ἡ . . . πρόθεσις τοῦ θεοῦ μένῃ⟩
οὐκ ἐξ ἔργων ἀλλ᾽ ἐκ τοῦ καλοῦν-
τος, ἐρρέθη αὐτῇ

9 32ᶠ ⟨εἰς νόμον οὐκ ἔφθασεν⟩ διὰ τί;
ὅτι οὐκ ἐκ πίστεως ἀλλ᾽ ὡς ἐξ
ἔργων (+νόμου ς)

11 6 εἰ δὲ χάριτι, οὐκέτι ἐξ ἔργων, ἐπεὶ
ἡ χάρις οὐκέτι γίνεται χάρις. ↔

11 6 *| εἰ δὲ ἐξ ἔργων, οὐκέτι ἐστὶν
χάρις (+[S]ς . .), ↔

11 6 * | ἐπεὶ τὸ ἔργον (. . +[S]ς . .) ↔

11 6 * | οὐκέτι ἐστὶν ἔργον (. . +[S]ς)

13 3ᵃᵇ οἱ γὰρ ἄρχοντες οὐκ εἰσὶν φόβος
| τῷ ἀγαθῷ ἔργῳ (τῶν ἀγαθῶν
ἔργων ς) ἀλλὰ τῷ κακῷ

13 12 ἀποθώμεθα οὖν τὰ ἔργα τοῦ σκό-
τους

14 20 μὴ ἕνεκεν βρώματος κατάλυε τὸ
ἔργον τοῦ θεοῦ

15 18ʰ ὧν οὐ κατειργάσατο Χριστὸς δι᾽
ἐμοῦ εἰς ὑπακοὴν ἐθνῶν, λόγῳ καὶ
ἔργῳ

1 C 3 13 ἑκάστου τὸ ἔργον φανερὸν γενή-
σεται

3 13 ἑκάστου τὸ ἔργον ὁποῖόν ἐστιν τὸ
πῦρ αὐτὸ ([N²⁶]; — ς) δοκιμάσει.
↔

3 14 εἴ τινος τὸ ἔργον μενεῖ ὃ ἐποικο-
δόμησεν, μισθὸν λήμψεται· ↔

3 15 εἴ τινος τὸ ἔργον κατακαήσεται,
ζημιωθήσεται

5 2 ἵνα ἀρθῇ ἐκ μέσου ὑμῶν ὁ τὸ ἔργον
τοῦτο πράξας (ποιήσας ς)

9 1 οὐ τὸ ἔργον μου ὑμεῖς ἐστε ἐν
κυρίῳ;

15 58 περισσεύοντες ἐν τῷ ἔργῳ τοῦ
κυρίου πάντοτε

16 10ᵈ τὸ γὰρ ἔργον κυρίου ἐργάζεται ὡς
κἀγώ (ἐγὼ Η; καὶ ἐγὼ ς)

2 C 9 8ᵃ ἵνα . . . περισσεύητε εἰς πᾶν ἔργον
ἀγαθόν

10 11ʰ οἷοί ἐσμεν τῷ λόγῳ . . . ἀπόντες,
τοιοῦτοι καὶ παρόντες τῷ ἔργῳ

11 15ᵉ ὧν τὸ τέλος ἔσται κατὰ τὰ ἔργα
αὐτῶν

G 2 16ᶠᵍ οὐ δικαιοῦται ἄνθρωπος ἐξ ἔργων
νόμου ἐὰν μὴ διὰ πίστεως

2 16ᶠᵍ ἵνα δικαιωθῶμεν ἐκ πίστεως Χρι-
στοῦ καὶ οὐκ ἐξ ἔργων νόμου, ↔

2 16ᶠᵍ ὅτι (διότι Vς) ἐξ ἔργων νόμου οὐ
δικαιωθήσεται πᾶσα σάρξ

3 2ᶠ ἐξ ἔργων νόμου τὸ πνεῦμα ἐλάβετε
ἢ ἐξ ἀκοῆς πίστεως;

3 5ᶠ ὁ οὖν . . . ἐνεργῶν δυνάμεις ἐν ὑμῖν
ἐξ ἔργων νόμου ἢ ἐξ ἀκοῆς πίστεως;

3 10ᶠ ὅσοι γὰρ ἐξ ἔργων νόμου εἰσίν, ὑπὸ
κατάραν εἰσίν

5 19 φανερὰ δέ ἐστιν τὰ ἔργα τῆς
σαρκός

6 4 τὸ δὲ ἔργον ἑαυτοῦ δοκιμαζέτω
ἕκαστος [Η]

E 2 9 ⟨θεοῦ τὸ δῶρον⟩ οὐκ ἐξ ἔργων, ἵνα
μή τις καυχήσηται

2 10ᵇ κτισθέντες ἐν Χριστῷ Ἰησοῦ ἐπὶ
ἔργοις ἀγαθοῖς

4 12 ⟨αὐτὸς ἔδωκεν . . . διδασκάλους⟩
πρὸς τὸν καταρτισμὸν τῶν ἁγίων
εἰς ἔργον διακονίας

5 11 μὴ συγκοινωνεῖτε τοῖς ἔργοις τοῖς
ἀκάρποις τοῦ σκότους

Ph 1 6ᵃ ὁ ἐναρξάμενος ἐν ὑμῖν ἔργον ἀγα-
θὸν ἐπιτελέσει

1 22 εἰ δὲ τὸ ζῆν ἐν σαρκί, τοῦτό μοι
καρπὸς ἔργου

2 30 ὅτι διὰ τὸ ἔργον Χριστοῦ (κυρίου
Η) μέχρι θανάτου ἤγγισεν

Cl 1 10ᵃ περιπατῆσαι ἀξίως τοῦ κυρίου . . .
ἐν παντὶ ἔργῳ ἀγαθῷ καρποφο-
ροῦντες

1 21ᶜ καὶ ὑμᾶς ποτε ὄντας . . . ἐχθροὺς
τῇ διανοίᾳ ἐν τοῖς ἔργοις τοῖς πονη-
ροῖς

3 17ʰ πᾶν | ὅ τι (ὅτι Η) ἐὰν (ἂν BSTς)
ποιῆτε ἐν λόγῳ ἢ ἐν ἔργῳ

1 Th 1 3 ⟨εὐχαριστοῦμεν τῷ θεῷ πάντοτε⟩
μνημονεύοντες ὑμῶν τοῦ ἔργου
τῆς πίστεως

5 13 ἡγεῖσθαι αὐτοὺς ὑπερεκπερισσοῦ
(-σσῶς NT; ὑπὲρ ἐκ π-σσοῦ ς) ἐν
ἀγάπῃ διὰ τὸ ἔργον αὐτῶν

2 Th 1 11 ἵνα . . . πληρώσῃ πᾶσαν εὐδοκίαν
ἀγαθωσύνης καὶ ἔργον πίστεως ἐν
δυνάμει

2 17ᵃʰ στηρίξαι ἐν παντὶ | ἔργῳ καὶ λό-
γῳ (∼ς) ἀγαθῷ

1 Tm 2 10ᵇ ⟨κοσμεῖν ἑαυτάς⟩ ἀλλ᾽ ὃ πρέπει
γυναιξὶν ἐπαγγελλομέναις θεοσέ-
βειαν, δι᾽ ἔργων ἀγαθῶν

3 1ᵃ εἴ τις ἐπισκοπῆς ὀρέγεται, καλοῦ
ἔργου ἐπιθυμεῖ

5 10ᵇ ⟨χήρα καταλεγέσθω⟩ ἐν ἔργοις
καλοῖς μαρτυρουμένη

5 10ᵃ εἰ παντὶ ἔργῳ ἀγαθῷ ἐπηκολού-
θησεν

5 25ᵇ ὡσαύτως καὶ τὰ | ἔργα τὰ καλὰ
(κ. ἔ. ς) πρόδηλα

6 18ᵇ ⟨τοῖς πλουσίοις . . . παράγγελλε⟩
πλουτεῖν ἐν ἔργοις καλοῖς

2 Tm 1 9ᵉ τοῦ σώσαντος ἡμᾶς . . . οὐ κατὰ τὰ
ἔργα ἡμῶν ἀλλὰ κατὰ . . . χάριν

2 21ᵃ ἔσται σκεῦος . . . ἡγιασμένον . . .
εἰς πᾶν ἔργον ἀγαθὸν ἡτοιμασμένον

3 17ᵃ ἵνα ἄρτιος ᾖ . . . πρὸς πᾶν ἔργον
ἀγαθὸν ἐξηρτισμένος

4 5 σὺ δὲ νῆφε . . . ἔργον ποίησον
εὐαγγελιστοῦ

4 14ᵉ ἀποδώσει αὐτῷ ὁ κύριος κατὰ τὰ
ἔργα αὐτοῦ

4 18ᶜ ῥύσεταί με ὁ κύριος ἀπὸ παντὸς
ἔργου πονηροῦ

Tt 1 16 θεὸν ὁμολογοῦσιν εἰδέναι, τοῖς δὲ
ἔργοις ἀρνοῦνται, ↔

1 16ᵇ βδελυκτοὶ ὄντες καὶ ἀπειθεῖς καὶ
πρὸς πᾶν ἔργον ἀγαθὸν ἀδόκιμοι

2 7ᵇ ⟨παρακάλει σωφρονεῖν⟩ σεαυτὸν
παρεχόμενος τύπον καλῶν ἔργων

2 14ᵇ ἵνα . . . καθαρίσῃ ἑαυτῷ λαὸν πε-
ριούσιον, ζηλωτὴν καλῶν ἔργων

3 1ᵃ ὑπομίμνῃσκε αὐτοὺς . . . πρὸς πᾶν
ἔργον ἀγαθὸν ἑτοίμους εἶναι

3 5ᵍ οὐκ ἐξ ἔργων τῶν ἐν δικαιοσύνῃ ἃ
ἐποιήσαμεν ἡμεῖς . . . ἔσωσεν ἡμᾶς

3 8ᵇ ἵνα φροντίζωσιν καλῶν ἔργων
προΐστασθαι οἱ πεπιστευκότες θεῷ

3 14ᵇ μανθανέτωσαν δὲ καὶ οἱ ἡμέτεροι
καλῶν ἔργων προΐστασθαι

Hb 1 10 ἔργα τῶν χειρῶν σού εἰσιν οἱ
οὐρανοί

2 7 *| καὶ κατέστησας αὐτὸν ἐπὶ τὰ
ἔργα τῶν χειρῶν σου (+S[H]ς)

3 9 οἱ πατέρες ὑμῶν . . . εἶδον τὰ ἔργα
μου ⟨τεσσεράκοντα ἔτη⟩

4 3 καίτοι τῶν ἔργων ἀπὸ καταβολῆς
κόσμου γενηθέντων

Hb 4 4 κατέπαυσεν ὁ θεὸς ἐν τῇ ἡμέρᾳ τῇ
ἑβδόμῃ ἀπὸ πάντων τῶν ἔργων
αὐτοῦ

4 10 καὶ αὐτὸς κατέπαυσεν ἀπὸ τῶν
ἔργων αὐτοῦ

6 1 μὴ πάλιν θεμέλιον καταβαλλόμενοι
μετανοίας ἀπὸ νεκρῶν ἔργων

6 10 οὐ γὰρ ἄδικος ὁ θεὸς ἐπιλαθέσθαι
τοῦ ἔργου ὑμῶν

9 14 καθαριεῖ τὴν συνείδησιν ἡμῶν (ὑμ.
MVBSTς) ἀπὸ νεκρῶν ἔργων

10 24ᵇ κατανοῶμεν ἀλλήλους εἰς παρ-
οξυσμὸν ἀγάπης καὶ καλῶν ἔργων

13 21ᵃ * ⟨ὁ δὲ θεὸς τῆς εἰρήνης⟩ καταρ-
τίσαι ὑμᾶς ἐν παντὶ ἔργῳ (+Vς)
ἀγαθῷ

Jc 1 4 ἡ δὲ ὑπομονὴ ἔργον τέλειον ἐχέτω

1 25 οὐκ ἀκροατὴς ἐπιλησμονῆς γενό-
μενος ἀλλὰ ποιητὴς ἔργου

2 14 ἐὰν πίστιν λέγῃ τις ἔχειν ἔργα δὲ
μὴ ἔχῃ

2 17 ἐὰν μὴ ἔχῃ ἔργα, νεκρά ἐστιν καθ᾽
ἑαυτήν. ↔

2 18 ἀλλ᾽ ἐρεῖ τις· σὺ πίστιν ἔχεις, κἀγὼ
ἔργα ἔχω· ↔

2 18 δεῖξόν μοι τὴν πίστιν σου χωρὶς
(ἐκ ς) τῶν ἔργων (+σου ς), ↔

2 18 κἀγώ σοι δείξω ἐκ τῶν ἔργων μου
τὴν πίστιν

2 20 ἡ πίστις χωρὶς τῶν ἔργων ἀργή
(νεκρά Sς) ἐστιν; ↔

2 21ᵍ Ἀβραὰμ ὁ πατὴρ ἡμῶν οὐκ ἐξ
ἔργων ἐδικαιώθη ⟨;⟩

2 22 ἡ πίστις συνήργει (συνεργεῖ Τ)
τοῖς ἔργοις αὐτοῦ, ↔

2 22 καὶ ἐκ τῶν ἔργων ἡ πίστις ἐτελει-
ώθη

2 24ᵉ ἐξ ἔργων δικαιοῦται ἄνθρωπος καὶ
οὐκ ἐκ πίστεως μόνον

2 25ᵍ ὁμοίως δὲ καὶ Ῥαὰβ ἡ πόρνη οὐκ
ἐξ ἔργων ἐδικαιώθη ⟨;⟩

2 26 οὕτως καὶ ἡ πίστις χωρὶς (+τῶν
ς) ἔργων νεκρά ἐστιν

3 13 δειξάτω ἐκ τῆς καλῆς ἀναστροφῆς
τὰ ἔργα αὐτοῦ ἐν πραΰτητι σοφίας

1 Pt 1 17 εἰ πατέρα ἐπικαλεῖσθε τὸν ἀπρος-
ωπολήμπτως κρίνοντα κατὰ τὸ
ἑκάστου ἔργον

2 12ᵇ ἵνα . . . ἐκ τῶν καλῶν ἔργων
ἐποπτεύοντες δοξάσωσιν τὸν θεὸν
ἐν ἡμέρᾳ ἐπισκοπῆς

2 Pt 1 10ᵇ * σπουδάσατε | ἵνα διὰ τῶν
καλῶν ἔργων (+S) βεβαίαν ὑμῶν
τὴν . . . ἐκλογὴν ποιῆσθε (S;
ποιεῖσθαι rl)

2 8 βλέμματι γὰρ . . . ὁ (—Η) δίκαιος
. . . ψυχὴν δικαίαν ἀνόμοις ἔργοις
ἐβασάνιζεν

3 10 ἐν ᾗ . . . γῆ καὶ τὰ ἐν αὐτῇ ἔργα
εὑρεθήσεται (κατακαήσεται Τς)

1 Jo 3 8 ἵνα λύσῃ τὰ ἔργα τοῦ διαβόλου

3 12ᶜ ὅτι τὰ ἔργα αὐτοῦ πονηρὰ ἦν

3 18ʰ τεκνία, μὴ ἀγαπῶμεν λόγῳ . . .
ἀλλὰ ἐν (—ς) ἔργῳ καὶ ἀληθείᾳ

2 Jo 11ᶜ κοινωνεῖ τοῖς ἔργοις αὐτοῦ τοῖς
πονηροῖς

3 Jo 10 ὑπομνήσω αὐτοῦ τὰ ἔργα ἃ ποιεῖ
λόγοις πονηροῖς φλυαρῶν ἡμᾶς

Jd 15ʰ ἐλέγξαι . . . περὶ πάντων τῶν
ἔργων ἀσεβείας αὐτῶν ὧν ἠσέβη-
σαν καὶ περὶ πάντων τῶν σκληρῶν
(+λόγων B[S]T)

Ap 2 2 οἶδα τὰ ἔργα σου καὶ τὸν κόπον
(+σου MVBSς)

Ap 2 5 μετανόησον καὶ τὰ πρῶτα ἔργα
ποίησον

2 6 ὅτι μισεῖς τὰ ἔργα τῶν Νικολαϊτῶν

2 9 * οἶδά σου | τὰ ἔργα καὶ (+[S]ς)
τὴν θλῖψίν καὶ τὴν πτωχείαν

2 13 * οἶδα | τὰ ἔργα σου καὶ (+[S]ς)
ποῦ κατοικεῖς

2 19 οἶδά σου τὰ ἔργα . . . καὶ τὴν ὑπο-
μονήν σου (—Τ), ↔

2 19 καὶ τὰ ἔργα σου τὰ ἔσχατα πλείονα
τῶν πρώτων

2 22 ἐὰν μὴ μετανοήσωσιν (-σουσιν
ΝΜΤΗ) ἐκ τῶν ἔργων αὐτῆς

2 23ᵉ δώσω ὑμῖν ἑκάστῳ κατὰ τὰ ἔργα
ὑμῶν

2 26 ὁ τηρῶν ἄχρι τέλους τὰ ἔργα μου

3 1 οἶδά σου τὰ ἔργα

3 2 οὐ γὰρ εὕρηκά σου τὰ (—ΝΗ)
ἔργα πεπληρωμένα ἐνώπιον τοῦ
θεοῦ μου

3 8 οἶδά σου τὰ ἔργα

3 15 οἶδά σου τὰ ἔργα, ὅτι οὔτε ψυχρὸς
εἶ οὔτε ζεστός

9 20 οὐδὲ (οὔτε VSς; οὐ ΜΒΗ) μετ-
ενόησαν ἐκ τῶν ἔργων τῶν χειρῶν
αὐτῶν

14 13 τὰ γὰρ ἔργα αὐτῶν ἀκολουθεῖ μετ’
αὐτῶν

15 3 μεγάλα καὶ θαυμαστὰ τὰ ἔργα σου,
κύριε ὁ θεὸς ὁ παντοκράτωρ

16 11 οὐ μετενόησαν ἐκ τῶν ἔργων αὐτῶν

18 6ᵉ διπλώσατε τὰ ([Η]; αὐτῇ ς) διπλᾶ
κατὰ τὰ ἔργα αὐτῆς

20 12ᵉ ἐκρίθησαν οἱ νεκροὶ . . . κατὰ τὰ
ἔργα αὐτῶν

20 13ᵉ ἐκρίθησαν ἕκαστος κατὰ τὰ ἔργα
αὐτῶν

22 12 ἀποδοῦναι ἑκάστῳ ὡς τὸ ἔργον
ἐστὶν (ἔσται VBς) αὐτοῦ

ἐρεθίζω

2 C 9 2 τὸ (ὁ VBSς) ὑμῶν ζῆλος ἠρέθισεν
τοὺς πλείονας

Cl 3 21 οἱ πατέρες, μὴ ἐρεθίζετε τὰ τέκνα
ὑμῶν, ἵνα μὴ ἀθυμῶσιν

ἐρείδω

Ac 27 41 ἡ μὲν πρῷρα ἐρείσασα ἔμεινεν
ἀσάλευτος

ἐρεύγομαι

Mt 13 35 ἐρεύξομαι κεκρυμμένα ἀπὸ κατα-
βολῆς κόσμου ([Ν²⁶]; —ΝΤΗ)

ἐρευνάω

→ ἐραυνάω

ἐρημία

Mt 15 33 πόθεν ἡμῖν ἐν ἐρημίᾳ ἄρτοι τοσοῦ-
τοι ⟨;⟩

Mc 8 4 πόθεν τούτους δυνήσεταί τις ὧδε
χορτάσαι ἄρτων ἐπ’ ἐρημίας;

2 C 11 26 κινδύνοις ἐν πόλει, κινδύνοις ἐν
ἐρημίᾳ, κινδύνοις ἐν θαλάσσῃ

Hb 11 38 ἐπὶ (ἐν ς) ἐρημίαις πλανώμενοι καὶ
ὄρεσιν καὶ σπηλαίοις

ἔρημος

ᵃ ἔ. c. τόπος
ᵇ ἔ. c. ὁδός
ᶜ ἔ. c. οἶκος
ᵈ ἔ. c. ἔπαυλις
ᵉ de muliere

Mt 3 1 παραγίνεται Ἰωάννης ὁ βαπτι-
στὴς κηρύσσων ἐν τῇ ἐρήμῳ τῆς
Ἰουδαίας

3 3 φωνὴ βοῶντος ἐν τῇ ἐρήμῳ

4 1 τότε ὁ ([Η] Ἰησοῦς ἀνήχθη εἰς τὴν
ἔρημον ὑπὸ τοῦ πνεύματος

11 7 τί ἐξήλθατε εἰς τὴν ἔρημον θεά-
σασθαι;

Mt 14 13ᵃ ὁ Ἰησοῦς ἀνεχώρησεν ἐκεῖθεν ἐν
πλοίῳ εἰς ἔρημον τόπον κατ’ ἰδίαν

14 15ᵃ ἔρημός ἐστιν ὁ τόπος καὶ ἡ ὥρα
| ἤδη παρῆλθεν (~ Τ)

23 38ᶜ ἰδοὺ ἀφίεται ὑμῖν ὁ οἶκος ὑμῶν
ἔρημος (—ΝΗ)

24 26 ἐὰν οὖν εἴπωσιν ὑμῖν· ἰδοὺ ἐν τῇ
ἐρήμῳ ἐστίν

Mc 1 3 φωνὴ βοῶντος ἐν τῇ ἐρήμῳ

1 4 ἐγένετο Ἰωάννης ὁ ([Ν²⁶]; —MSς)
βαπτίζων ἐν τῇ ἐρήμῳ

1 12 εὐθὺς τὸ πνεῦμα αὐτὸν ἐκβάλλει
εἰς τὴν ἔρημον. ↔

1 13 καὶ ἦν ἐν τῇ ἐρήμῳ τεσσεράκοντα
ἡμέρας πειραζόμενος ὑπὸ τοῦ
σατανᾶ

1 35ᵃ ἐξῆλθεν | καὶ ἀπῆλθεν [Η] εἰς
ἔρημον τόπον

1 45ᵃ ἀλλ’ ἔξω ἐπ’ (ἐν ς) ἐρήμοις τόποις
ἦν [Η]

6 31ᵃ δεῦτε ὑμεῖς αὐτοὶ κατ’ ἰδίαν εἰς
ἔρημον τόπον

6 32ᵃ ἀπῆλθον | ἐν τῷ πλοίῳ εἰς ἔρημον
τόπον (εἰς ἔρ. τ. τῷ πλ. STς) κατ’
ἰδίαν

6 35ᵃ ἔρημός ἐστιν ὁ τόπος καὶ ἤδη ὥρα
πολλή

Lc 1 80 ἦν ἐν ταῖς ἐρήμοις ἕως ἡμέρας ἀνα-
δείξεως αὐτοῦ πρὸς τὸν Ἰσραήλ

3 2 ἐγένετο ῥῆμα θεοῦ ἐπὶ Ἰωάννην
. . . ἐν τῇ ἐρήμῳ

3 4 φωνὴ βοῶντος ἐν τῇ ἐρήμῳ

4 1 ἤγετο ἐν τῷ πνεύματι | ἐν τῇ
ἐρήμῳ (εἰς τὴν -μον ς)

4 42ᵃ ἐξελθὼν ἐπορεύθη εἰς ἔρημον τόπον

5 16 αὐτὸς δὲ ἦν ὑποχωρῶν ἐν ταῖς
ἐρήμοις

7 24 τί ἐξήλθατε (ἐξεληλύθατε VBSTς)
εἰς τὴν ἔρημον θεάσασθαι;

8 29 ἠλαύνετο ὑπὸ (ἀπὸ ΝΜΗ) τοῦ
δαιμονίου (δαίμονος Vς) εἰς τὰς
ἐρήμους

9 10ᵃ * ὑπεχώρησεν κατ’ ἰδίαν | εἰς
τόπον ἔρημον πόλεως καλουμένης
(Vς; εἰς πόλιν καλουμένην rl)
Βηθσαϊδά

9 12ᵃ ἀπόλυσον τὸν ὄχλον . . . ὅτι ὧδε
ἐν ἐρήμῳ τόπῳ ἐσμέν

13 35ᶜ * ἰδοὺ ἀφίεται ὑμῖν ὁ οἶκος ὑμῶν
ἔρημος (+ς)

15 4 τίς ἄνθρωπος . . . οὐ καταλείπει
τὰ ἐνενήκοντα ἐννέα ἐν τῇ ἐρήμῳ
⟨;⟩

Jo 1 23 ἐγὼ φωνὴ βοῶντος ἐν τῇ ἐρήμῳ

3 14 καθὼς Μωϋσῆς ὕψωσεν τὸν ὄφιν
ἐν τῇ ἐρήμῳ

6 31 οἱ πατέρες ἡμῶν τὸ μάννα ἔφαγον
ἐν τῇ ἐρήμῳ

6 49 οἱ πατέρες ὑμῶν ἔφαγον | ἐν τῇ
ἐρήμῳ τὸ μάννα (~ Vς)

11 54 ἀλλὰ ἀπῆλθεν ἐκεῖθεν εἰς τὴν χώραν
ἐγγὺς τῆς ἐρήμου

Ac 1 20ᵈ γενηθήτω ἡ ἔπαυλις αὐτοῦ ἔρημος

7 30 ὤφθη αὐτῷ ἐν τῇ ἐρήμῳ τοῦ
ὄρους Σινᾶ ἄγγελος (+κυρίου [S]ς)

7 36 ἐξήγαγεν αὐτοὺς ποιήσας τέρατα
. . . ἐν τῇ ἐρήμῳ ἔτη τεσσεράκοντα

7 38 οὗτός ἐστιν ὁ γενόμενος ἐν τῇ
ἐκκλησίᾳ ἐν τῇ ἐρήμῳ μετὰ τοῦ
ἀγγέλου

7 42 μὴ σφάγια καὶ θυσίας προσηνέγ-
κατέ μοι ἔτη τεσσεράκοντα ἐν τῇ
ἐρήμῳ ⟨;⟩

7 44 ἡ σκηνὴ τοῦ μαρτυρίου ἦν τοῖς
πατράσιν ἡμῶν ἐν τῇ ἐρήμῳ

Ac 8 26ᵇ πορεύου . . . ἐπὶ τὴν ὁδὸν . . . αὕτη
ἐστὶν ἔρημος

13 18 ὡς τεσσερακονταετῆ χρόνον ἐτρο-
ποφόρησεν (ἐτροφοφ. Τ) αὐτοὺς
ἐν τῇ ἐρήμῳ

21 38 ὁ Αἰγύπτιος ὁ . . . ἐξαγαγὼν εἰς
τὴν ἔρημον τοὺς τετρακισχιλίους
ἄνδρας τῶν σικαρίων

1 C 10 5 κατεστρώθησαν γὰρ ἐν τῇ ἐρήμῳ

G 4 27ᵉ ὅτι πολλὰ τὰ τέκνα τῆς ἐρήμου
μᾶλλον ἢ τῆς ἐχούσης τὸν ἄνδρα

Hb 3 8 μὴ σκληρύνητε τὰς καρδίας ὑμῶν
ὡς . . . κατὰ τὴν ἡμέραν τοῦ πει-
ρασμοῦ ἐν τῇ ἐρήμῳ

3 17 ὧν τὰ κῶλα ἔπεσεν ἐν τῇ ἐρήμῳ

Ap 12 6 ἡ γυνὴ ἔφυγεν εἰς τὴν ἔρημον

12 14 ἵνα πέτηται εἰς τὴν ἔρημον εἰς τὸν
τόπον αὐτῆς

17 3 ἀπήνεγκέν με εἰς ἔρημον ἐν πνεύ-
ματι

ἐρημόω

Mt 12 25 πᾶσα βασιλεία μερισθεῖσα καθ’
ἑαυτῆς ἐρημοῦται

Lc 11 17 πᾶσα βασιλεία | ἐφ’ ἑαυτὴν δια-
μερισθεῖσα (~ ST) ἐρημοῦται

Ap 17 16 οὗτοι μισήσουσιν τὴν πόρνην, καὶ
ἠρημωμένην ποιήσουσιν αὐτὴν καὶ
γυμνήν

18 17 ὅτι μιᾷ ὥρᾳ ἠρημώθη ὁ τοσοῦτος
πλοῦτος

18 19 οὐαὶ οὐαί, ἡ πόλις . . . ὅτι μιᾷ
ὥρᾳ ἠρημώθη

ἐρήμωσις

Mt 24 15 ὅταν οὖν ἴδητε τὸ βδέλυγμα τῆς
ἐρημώσεως . . . ἑστὸς ἐν τόπῳ ἁγίῳ

Mc 13 14 ὅταν δὲ ἴδητε τὸ βδέλυγμα τῆς
ἐρημώσεως ἑστηκότα ὅπου οὐ δεῖ

Lc 21 20 τότε γνῶτε ὅτι ἤγγικεν ἡ ἐρήμωσις
αὐτῆς

ἐρίζω

Mt 12 19 ⟨ἰδοὺ ὁ παῖς μου⟩ οὐκ ἐρίσει οὐδὲ
κραυγάσει

ἐριθεία

ἐριθία Η
ᵃ plur.

Rm 2 8 ⟨ἀποδώσει ἑκάστῳ κατὰ τὰ ἔργα
αὐτοῦ⟩ τοῖς δὲ ἐξ ἐριθείας . . .
ὀργὴ καὶ θυμός

2 C 12 20ᵃ φοβοῦμαι γὰρ μή πως . . . θυμοί,
ἐριθεῖαι, καταλαλιαί

G 5 20ᵃ ⟨φανερὰ δέ ἐστιν τὰ ἔργα τῆς σαρ-
κός⟩ θυμοί, ἐριθεῖαι, διχοστασίαι

Ph 1 17 οἱ δὲ ἐξ ἐριθείας τὸν Χριστὸν κατα-
γγέλλουσιν, οὐχ ἁγνῶς

2 3 ⟨τὸ ἓν φρονοῦντες⟩ μηδὲν κατ’
ἐριθείαν μηδὲ κατὰ κενοδοξίαν

Jc 3 14 εἰ δὲ ζῆλον πικρὸν ἔχετε καὶ
ἐριθείαν ἐν τῇ καρδίᾳ ὑμῶν

3 16 ὅπου γὰρ ζῆλος καὶ ἐριθεία, ἐκεῖ
. . . πᾶν φαῦλον πρᾶγμα

ἔριον

Hb 9 19 λαβὼν τὸ αἷμα . . . μετὰ ὕδατος
καὶ ἐρίου κοκκίνου . . . ἐρράντισεν

Ap 1 14 ἡ δὲ κεφαλὴ αὐτοῦ καὶ αἱ τρίχες
λευκαὶ ὡς ἔριον λευκὸν ὡς χιών

ἔρις

ᵃ ἔρεις
ᵇ ἔριδες

Rm 1 29 ⟨παρέδωκεν αὐτοὺς ὁ θεὸς εἰς
ἀδόκιμον νοῦν⟩ μεστοὺς φθόνου
φόνου ἔριδος δόλου κακοηθείας

13 13 ὡς ἐν ἡμέρᾳ εὐσχημόνως περιπα-
τήσωμεν . . . μὴ ἔριδι καὶ ζήλῳ

1 C 1 11ᵇ ἐδηλώθη γάρ μοι . . . ὅτι ἔριδες ἐν
ὑμῖν εἰσιν

1 C 3 3 ὅπου γὰρ ἐν ὑμῖν ζῆλος καὶ ἔρις, οὐχὶ σαρκικοί ἐστε ⟨;⟩

2 C 12 20ᵃ φοβοῦμαι γάρ ... μή πως ἔρις (-ρεις Sς), ζῆλος (-λοι MSς), θυμοί

G 5 20ᵃ ⟨φανερὰ δέ ἐστιν τὰ ἔργα τῆς σαρκός⟩ ἔχθραι, | ἔρις, ζῆλος (ἔρεις, ζῆλοι BSς), θυμοί

Ph 1 15 τινὲς μὲν καὶ διὰ φθόνον καὶ ἔριν ... τὸν Χριστὸν κηρύσσουσιν

1Tm 6 4 ἐξ ὧν γίνεται φθόνος, ἔρις, βλασφημίαι, ὑπόνοιαι πονηραί

Tt 3 9ᵃ γενεαλογίας καὶ ἔρεις (-ιν NBTH) καὶ μάχας νομικὰς περιΐστασο

ἐρίφιον
Mt 25 33 στήσει τὰ μὲν πρόβατα ἐκ δεξιῶν αὐτοῦ, τὰ δὲ ἐρίφια ἐξ εὐωνύμων

ἔριφος
Mt 25 32 ὥσπερ ὁ ποιμὴν ἀφορίζει τὰ πρόβατα ἀπὸ τῶν ἐρίφων

Lc 15 29 ἐμοὶ οὐδέποτε ἔδωκας ἔριφον ἵνα μετὰ τῶν φίλων μου εὐφρανθῶ

Ἑρμᾶς
Rm 16 14 ἀσπάσασθε Ἀσύγκριτον, Φλέγοντα, Ἑρμῆν, Πατροβᾶν, Ἑρμᾶν

ἑρμηνεία
ἑρμηνία H

1 C 12 10 ⟨ᾧ μὲν ... δίδοται⟩ ἄλλῳ δὲ ἑρμηνεία γλωσσῶν

14 26 ὅταν συνέρχησθε, ἕκαστος ... γλῶσσαν ἔχει, ἑρμηνείαν ἔχει

ἑρμηνεύω
δι-   μεθ-

Jo 1 38 * ῥαββί, ὃ λέγεται ἑρμηνευόμενον (Τς; μεθ- rl) διδάσκαλε

1 42 σὺ κληθήσῃ Κηφᾶς, ὃ ἑρμηνεύεται Πέτρος

9 7 εἰς τὴν κολυμβήθραν τοῦ Σιλωὰμ ὃ ἑρμηνεύεται ἀπεσταλμένος

Hb 7 2 ⟨Μελχισέδεκ⟩ πρῶτον μὲν ἑρμηνευόμενος βασιλεὺς δικαιοσύνης

ἑρμνία
→ ἑρμηνεία

Ἑρμῆς
ᵃ divinitas graeca
ᵇ christianus quidam romanus

Ac 14 12ᵃ ἐκάλουν τε τὸν Βαρναβᾶν Δία, τὸν δὲ Παῦλον Ἑρμῆν

Rm 16 14ᵇ ἀσπάσασθε Ἀσύγκριτον, Φλέγοντα, Ἑρμῆν, Πατροβᾶν, Ἑρμᾶν

Ἑρμογένης
Ἑρμογένης T

2Tm 1 15 ἀπεστράφησάν με πάντες οἱ ἐν τῇ Ἀσίᾳ, ὧν ἐστιν Φύγελος καὶ Ἑρμογένης

ἑρπετόν
Ac 10 12 ἐν ᾧ ὑπῆρχεν πάντα τὰ τετράποδα καὶ (+τὰ ς) ἑρπετὰ τῆς γῆς καὶ πετεινὰ τοῦ οὐρανοῦ

11 6 εἶδον τὰ τετράποδα τῆς γῆς καὶ τὰ θηρία καὶ τὰ ἑρπετὰ καὶ πετεινὰ τοῦ οὐρανοῦ

Rm 1 23 ἤλλαξαν τὴν δόξαν τοῦ ἀφθάρτου θεοῦ ἐν ὁμοιώματι εἰκόνος ... πετεινῶν καὶ τετραπόδων καὶ ἑρπετῶν

Jc 3 7 πᾶσα γὰρ φύσις θηρίων τε καὶ πετεινῶν, ἑρπετῶν τε καὶ ἐναλίων δαμάζεται

ἐρυθρός
Ac 7 36 οὗτος ἐξήγαγεν αὐτοὺς ποιήσας τέρατα ... ἐν γῇ (τῇ H) Αἰγύπτῳ (-του ς) καὶ ἐν ἐρυθρᾷ θαλάσσῃ

Hb 11 29 πίστει διέβησαν τὴν ἐρυθρὰν θάλασσαν ὡς διὰ ξηρᾶς γῆς

ἔρχομαι
ἀν-   ἐπ-   περι-
ἀντιπαρ-   ἐπαν-   προ-
ἀπ-   ἐπεισ-   προσ-
δι-   κατ-   συν-
εἰσ-   παρ-   συνεισ-
ἐξ-   παρεισ-

ᵃ ἔ. c εἰς
ᵇ ἔ. c. πρός
ᶜ ἔ. c. ἐπί τι(να)
ᵈ ἔ. c. ἐπί τινος
ᵉ ἔ. c. ἐπί τινι
ᶠ ἔ. c. ἀπό
ᵍ ἔ. c. ἐν
ʰ ἔ. c. dat. vel gen.
ʲ ἔ. c. ὀπίσω
ᵏ ἔ. c. ἐκ
ˡ ἔ. c. παρά
ᵐ ἔ. c. διά
ⁿ ἔ. c. μετά τινος
ᵖ ἔ. c. μετά τι(να)
q ἔ. c. πρό
ʳ ἔ. c. πέραν
ˢ ἔ. c. περί τι
ᵗ ἔ. c. ἀνὰ μέσον
ᵘ ἔ. c. ἕως, ἄχρι
ᵛ ἔ. c. κατά
ʷ ἔ. c. ἐγγύς
ˣ ἔ. c. σύν

Mt 2 2 ἤλθομεν προσκυνῆσαι αὐτῷ

2 8 ὅπως κἀγὼ ἐλθὼν προσκυνήσω αὐτῷ

2 9 ἕως ἐλθὼν ἐστάθη (ἔστη Vς) ἐπάνω οὗ ἦν τὸ παιδίον

2 11ᵃ ἐλθόντες εἰς τὴν οἰκίαν εἶδον τὸ παιδίον

2 21ᵃ * ὁ δὲ ἐγερθεὶς ... ἦλθεν (ς; εἰσ- rl) εἰς γῆν Ἰσραήλ

2 23 ἐλθὼν κατῴκησεν εἰς πόλιν λεγομένην Ναζαρέτ

3 7ᶜ ἰδὼν δὲ πολλοὺς τῶν Φαρισαίων ... ἐρχομένους ἐπὶ τὸ βάπτισμα αὐτοῦ (—NTH)

3 11ʲ ὁ δὲ ὀπίσω μου ἐρχόμενος ἰσχυρότερός μού ἐστιν

3 14ᵇ ἐγὼ χρείαν ἔχω ὑπὸ σοῦ βαπτισθῆναι, καὶ σὺ ἔρχῃ πρός με;

3 16ᶜ εἶδεν τὸ (+[N²⁶]VBSς) πνεῦμα τοῦ (+[N²⁶]VBSς) θεοῦ ... ἐρχόμενον ἐπ' αὐτόν

4 13 ἐλθὼν κατῴκησεν εἰς Καφαρναοὺμ τὴν παραθαλασσίαν

5 17 μὴ νομίσητε ὅτι ἦλθον καταλῦσαι τὸν νόμον ἢ τοὺς προφήτας· ↔

5 17 οὐκ ἦλθον καταλῦσαι ἀλλὰ πληρῶσαι

5 24 τότε ἐλθὼν πρόσφερε τὸ δῶρόν σου

6 10 ἐλθέτω ἡ βασιλεία σου

7 15ᵇᵍ οἵτινες ἔρχονται πρὸς ὑμᾶς ἐν ἐνδύμασι προβάτων

7 25 κατέβη ἡ βροχὴ καὶ ἦλθον οἱ ποταμοί

7 27 κατέβη ἡ βροχὴ καὶ ἦλθον οἱ ποταμοί

8 2 * ἰδοὺ λεπρὸς ἐλθὼν (ς; προσ- rl) προσεκύνει αὐτῷ λέγων

8 7 ἐγὼ ἐλθὼν θεραπεύσω αὐτόν

8 9 λέγω τούτῳ· πορεύθητι, καὶ πορεύεται, καὶ ἄλλῳ· ἔρχου, ↔

8 9 καὶ ἔρχεται

8 14ᵃ ἐλθὼν ὁ Ἰησοῦς εἰς τὴν οἰκίαν Πέτρου εἶδεν τὴν πενθερὰν αὐτοῦ βεβλημένην

8 28ᵃ | ἐλθόντος αὐτοῦ (ἐ-ντι αὐτῷ ς) εἰς τὸ πέραν εἰς τὴν χώραν τῶν Γαδαρηνῶν

Mt 8 29ᵃ ἦλθες ὧδε πρὸ καιροῦ βασανίσαι ἡμᾶς;

9 1ᵃ ἦλθεν εἰς τὴν ἰδίαν πόλιν

9 10 πολλοὶ τελῶναι καὶ ἁμαρτωλοὶ ἐλθόντες συνανέκειντο τῷ Ἰησοῦ

9 13 οὐ γὰρ ἦλθον καλέσαι δικαίους ἀλλὰ ἁμαρτωλούς

9 15 ἐλεύσονται δὲ ἡμέραι ... καὶ τότε νηστεύσουσιν

9 18 ἄρχων εἷς ([NH]; τις S; —Tς) ἐλθὼν (προσ- NMVSH; εἰσ- T) προσεκύνει αὐτῷ λέγων

9 18 ἀλλὰ ἐλθὼν ἐπίθες τὴν χεῖρά σου ἐπ' αὐτήν

9 23ᵃ ἐλθὼν ὁ Ἰησοῦς εἰς τὴν οἰκίαν τοῦ ἄρχοντος ⟨ἔλεγεν⟩

9 28ᵃ ἐλθόντι δὲ εἰς τὴν οἰκίαν προσῆλθον αὐτῷ οἱ τυφλοί

10 13ᶜ ἐλθάτω ἡ εἰρήνη ὑμῶν ἐπ' αὐτήν

10 23 οὐ μὴ τελέσητε τὰς πόλεις ... ἕως ἂν (—NTH) ἔλθῃ ὁ υἱὸς τοῦ ἀνθρώπου

10 34 μὴ νομίσητε ὅτι ἦλθον βαλεῖν εἰρήνην ἐπὶ τὴν γῆν· ↔

10 34 οὐκ ἦλθον βαλεῖν εἰρήνην ἀλλὰ μάχαιραν. ↔

10 35 ἦλθον γὰρ διχάσαι ἄνθρωπον κατὰ τοῦ πατρὸς αὐτοῦ

11 3 σὺ εἶ ὁ ἐρχόμενος, ἢ ἕτερον προσδοκῶμεν;

11 14 αὐτός ἐστιν Ἠλίας ὁ μέλλων ἔρχεσθαι

11 18 ἦλθεν γὰρ Ἰωάννης μήτε ἐσθίων μήτε πίνων

11 19 ἦλθεν ὁ υἱὸς τοῦ ἀνθρώπου ἐσθίων καὶ πίνων

12 9ᵃ μεταβὰς ἐκεῖθεν ἦλθεν εἰς τὴν συναγωγὴν αὐτῶν

12 42ᵏ ὅτι ἦλθεν ἐκ τῶν περάτων τῆς γῆς ἀκοῦσαι τὴν σοφίαν Σολομῶνος

12 44 ἐλθὸν εὑρίσκει σχολάζοντα (+καὶ [NH]T) σεσαρωμένον

13 4 | ἐλθόντα τὰ πετεινὰ (ἦλθεν τὰ π. καὶ VTς) κατέφαγεν αὐτά

13 19 μὴ συνιέντος ἔρχεται ὁ πονηρὸς καὶ ἁρπάζει τὸ ἐσπαρμένον ἐν τῇ καρδίᾳ αὐτοῦ

13 25 ἐν δὲ τῷ καθεύδειν τοὺς ἀνθρώπους ἦλθεν αὐτοῦ ὁ ἐχθρός

13 32 ὥστε ἐλθεῖν τὰ πετεινὰ τοῦ οὐρανοῦ

13 36ᵃ τότε ἀφεὶς τοὺς ὄχλους ἦλθεν εἰς τὴν οἰκίαν

13 54ᵃ ἐλθὼν εἰς τὴν πατρίδα αὐτοῦ ἐδίδασκεν αὐτούς

14 12 ἐλθόντες ἀπήγγειλαν τῷ Ἰησοῦ

14 25ᵇ ἦλθεν ([ἀπ]- V; ἀπ- Sς) πρὸς αὐτοὺς περιπατῶν ἐπὶ τὴν θάλασσαν

14 28ᵇᶜ κέλευσόν με | ἐλθεῖν πρός σε (∼ Sς) ἐπὶ τὰ ὕδατα. ↔

14 29 ὁ δὲ εἶπεν· ἐλθέ

14 29ᵇ περιεπάτησεν ἐπὶ τὰ ὕδατα | καὶ ἦλθε (ἐλθεῖν Vς) πρὸς τὸν Ἰησοῦν

14 33 * οἱ δὲ ἐν τῷ πλοίῳ ἐλθόντες (+ς) προσεκύνησαν αὐτῷ λέγοντες

14 34ᵃᶜ διαπεράσαντες ἦλθον | ἐπὶ τὴν γῆν εἰς (εἰς τ. γ. Sς) Γεννησαρέτ

15 25 ἡ δὲ ἐλθοῦσα προσεκύνει αὐτῷ λέγουσα

15 29ʲ μεταβὰς ἐκεῖθεν ὁ Ἰησοῦς ἦλθεν παρὰ τὴν θάλασσαν τῆς Γαλιλαίας

15 39ᵃ ἦλθεν εἰς τὰ ὅρια Μαγαδάν (Μάγδαλα Vς)

16 5ᵃ ἐλθόντες οἱ μαθηταὶ εἰς τὸ πέραν ἐπελάθοντο ἄρτους λαβεῖν

Mt 16 13ᵃ ἐλθὼν δὲ ὁ Ἰησοῦς εἰς τὰ μέρη Καισαρείας τῆς Φιλίππου ἠρώτα

16 24ʲ εἴ τις θέλει ὀπίσω μου ἐλθεῖν, ἀπαρνησάσθω ἑαυτόν

16 27ᵍⁿ μέλλει γὰρ ὁ υἱὸς τοῦ ἀνθρώπου ἔρχεσθαι ἐν τῇ δόξῃ τοῦ πατρὸς αὐτοῦ μετὰ τῶν ἀγγέλων αὐτοῦ

16 28ᵍ ἕως ἂν ἴδωσιν τὸν υἱὸν τοῦ ἀνθρώπου ἐρχόμενον ἐν τῇ βασιλείᾳ αὐτοῦ

17 10 τί οὖν ... λέγουσιν ὅτι Ἠλίαν δεῖ ἐλθεῖν πρῶτον;

17 11 Ἠλίας μὲν ἔρχεται καὶ ἀποκαταστήσει πάντα· ↔

17 12 λέγω δὲ ὑμῖν ὅτι Ἠλίας ἤδη ἦλθεν

17 14ᵇ ἐλθόντων (+αὐτῶν VSϛ) πρὸς τὸν ὄχλον προσῆλθεν αὐτῷ ἄνθρωπος

17 24ᵃ ἐλθόντων δὲ αὐτῶν εἰς Καφαρναοὺμ προσῆλθον

17 25ᵃ ἐλθόντα (εἰσ- T; ὅτε εἰσῆλθεν Vϛ) εἰς τὴν οἰκίαν προέφθασεν αὐτὸν ὁ Ἰησοῦς

18 7 ἀνάγκη γὰρ (+ἐστιν Tϛ) ἐλθεῖν τὰ σκάνδαλα, ↔

18 7ᵐ πλὴν οὐαὶ τῷ ἀνθρώπῳ δι' οὗ τὸ σκάνδαλον ἔρχεται

18 11 * | ἦλθεν γὰρ ὁ υἱὸς τοῦ ἀνθρώπου σῶσαι τὸ ἀπολωλός (+[M]Bϛ)

18 31 ἐλθόντες διεσάφησαν τῷ κυρίῳ ἑαυτῶν πάντα τὰ γενόμενα

19 1ᵃʳ ἦλθεν εἰς τὰ ὅρια τῆς Ἰουδαίας πέραν τοῦ Ἰορδάνου

19 14ᵇ μὴ κωλύετε αὐτὰ ἐλθεῖν πρός με (ἐμέ T)

20 9 | καὶ ἐλθόντες (ἐ. δὲ NH; ἐ. οὖν S) οἱ περὶ τὴν ἑνδεκάτην ὥραν ἔλαβον ἀνὰ δηνάριον. ↔

20 10 | καὶ ἐλθόντες (ἐ. δὲ Tϛ) οἱ πρῶτοι ἐνόμισαν

20 28 ὥσπερ ὁ υἱὸς τοῦ ἀνθρώπου οὐκ ἦλθεν διακονηθῆναι

21 1ᵃᵇ ὅτε ... ἦλθον εἰς Βηθφαγὴ εἰς (πρὸς MVSϛ) τὸ ὄρος τῶν ἐλαιῶν

21 5ʰ ἰδοὺ ὁ βασιλεύς σου ἔρχεταί σοι πραΰς

21 9ᵍ εὐλογημένος ὁ ἐρχόμενος ἐν ὀνόματι κυρίου

21 19ᶜ ἰδὼν συκῆν μίαν ... ἦλθεν ἐπ' αὐτήν

21 23ᵃ | ἐλθόντος αὐτοῦ (ἐ-τι αὐτῷ ϛ) εἰς τὸ ἱερὸν προσῆλθον αὐτῷ

21 32ᵇᵍ ἦλθεν γὰρ | Ἰωάννης πρὸς ὑμᾶς (~ Vϛ) ἐν ὁδῷ δικαιοσύνης

21 40 ὅταν οὖν ἔλθῃ ὁ κύριος τοῦ ἀμπελῶνος, τί ποιήσει ⟨;⟩

22 3 οὐκ ἤθελον ἐλθεῖν

23 35ᶜ ὅπως ἔλθῃ ἐφ' ὑμᾶς πᾶν αἷμα δίκαιον ἐκχυννόμενον ἐπὶ τῆς γῆς

23 39ᵍ εὐλογημένος ὁ ἐρχόμενος ἐν ὀνόματι κυρίου

24 5ᵉ πολλοὶ γὰρ ἐλεύσονται ἐπὶ τῷ ὀνόματί μου λέγοντες

24 30ᵈⁿ ὄψονται τὸν υἱὸν τοῦ ἀνθρώπου ἐρχόμενον ἐπὶ τῶν νεφελῶν τοῦ οὐρανοῦ μετὰ δυνάμεως

24 39 οὐκ ἔγνωσαν ἕως ἦλθεν ὁ κατακλυσμός

24 42ʰ οὐκ οἴδατε ποίᾳ ἡμέρᾳ ὁ κύριος ὑμῶν ἔρχεται

24 43ʰ εἰ ᾔδει ὁ οἰκοδεσπότης ποίᾳ φυλακῇ ὁ κλέπτης ἔρχεται

24 44ʰ ὅτι ᾗ οὐ δοκεῖτε ὥρᾳ ὁ υἱὸς τοῦ ἀνθρώπου ἔρχεται

Mt 24 46 ὃν ἐλθὼν ὁ κύριος αὐτοῦ εὑρήσει | οὕτως ποιοῦντα (~ Vϛ)

24 48 * χρονίζει | ὁ κύριός μου ἐλθεῖν (Vϛ; μου ὁ κ. rl)

25 6 * ἰδοὺ ὁ νυμφίος ἔρχεται (+ϛ)

25 10 ἀπερχομένων δὲ αὐτῶν ἀγοράσαι ἦλθεν ὁ νυμφίος

25 11 ὕστερον δὲ ἔρχονται καὶ αἱ λοιπαὶ παρθένοι

25 13ᵍ * ὅτι οὐκ οἴδατε ... τὴν ὥραν | ἐν ᾗ ὁ υἱὸς τοῦ ἀνθρώπου ἔρχεται (+ϛ)

25 19ᵖ μετὰ δὲ πολὺν χρόνον ἔρχεται ὁ κύριος τῶν δούλων ἐκείνων

25 27 ἐλθὼν ἐγὼ ἐκομισάμην ἂν τὸ ἐμὸν σὺν τόκῳ

25 31ᵍ ὅταν δὲ ἔλθῃ ὁ υἱὸς τοῦ ἀνθρώπου ἐν τῇ δόξῃ αὐτοῦ

25 36ᵇ ἐν φυλακῇ ἤμην καὶ ἤλθατε πρός με

25 39ᵇ πότε δέ σε εἴδομεν ... ἐν φυλακῇ καὶ ἤλθομεν πρός σε;

26 36ᵃⁿ τότε ἔρχεται μετ' αὐτῶν ὁ Ἰησοῦς εἰς χωρίον λεγόμενον Γεθσημανί

26 40ᵇ ἔρχεται πρὸς τοὺς μαθητάς

26 43 ἐλθὼν πάλιν εὗρεν αὐτοὺς καθεύδοντας

26 45ᵇ τότε ἔρχεται πρὸς τοὺς μαθητὰς καὶ λέγει αὐτοῖς

26 47 ἰδοὺ Ἰούδας εἷς τῶν δώδεκα ἦλθεν

26 64ᵈ ὄψεσθε τὸν υἱὸν τοῦ ἀνθρώπου ... ἐρχόμενον ἐπὶ τῶν νεφελῶν τοῦ οὐρανοῦ

27 33ᵃ ἐλθόντες εἰς τόπον λεγόμενον Γολγοθᾶ

27 49 ἄφες ἴδωμεν εἰ ἔρχεται Ἠλίας σώσων αὐτόν

27 57 ὀψίας δὲ γενομένης ἦλθεν ἄνθρωπος πλούσιος ἀπὸ Ἁριμαθαίας

27 64 μήποτε ἐλθόντες οἱ μαθηταὶ αὐτοῦ (—NTH) κλέψωσιν αὐτόν

28 1 ἦλθεν Μαριὰμ ἡ Μαγδαληνὴ ... θεωρῆσαι τὸν τάφον

28 11ᵃ ἐλθόντες εἰς τὴν πόλιν ἀπήγγειλαν (ἀν- BT) τοῖς ἀρχιερεῦσιν ἅπαντα τὰ γενόμενα

28 13ʰ οἱ μαθηταὶ αὐτοῦ νυκτὸς ἐλθόντες ἔκλεψαν αὐτόν

Mc 1 7ʲ ἔρχεται ὁ ἰσχυρότερός μου ὀπίσω μου [NH]

1 9ᶠᵍ ἐγένετο ἐν ἐκείναις ταῖς ἡμέραις ἦλθεν Ἰησοῦς ἀπὸ Ναζαρὲτ τῆς Γαλιλαίας

1 14ᵃ ἦλθεν ὁ Ἰησοῦς εἰς τὴν Γαλιλαίαν κηρύσσων τὸ εὐαγγέλιον τοῦ θεοῦ

1 24 ἦλθες ἀπολέσαι ἡμᾶς;

1 29ᵃⁿ εὐθὺς ἐκ τῆς συναγωγῆς | ἐξελθόντες ἦλθον (ἐξελθὼν ἦλθεν M) εἰς τὴν οἰκίαν Σίμωνος ... μετὰ Ἰακώβου

1 39ᵃ | ἦλθεν κηρύσσων εἰς τὰς συναγωγὰς (ἦν κ. ἐν ταῖς σ. ϛ) αὐτῶν εἰς ὅλην τὴν Γαλιλαίαν

1 40ᵇ ἔρχεται πρὸς αὐτὸν λεπρὸς παρακαλῶν αὐτόν

1 45ᵇ ἤρχοντο πρὸς αὐτὸν πάντοθεν

2 3ᵇ ἔρχονται | φέροντες πρὸς αὐτὸν παραλυτικόν (~ Sϛ)

2 13ᵇ πᾶς ὁ ὄχλος ἤρχετο πρὸς αὐτόν

2 17 οὐκ ἦλθον καλέσαι δικαίους ἀλλὰ ἁμαρτωλούς

2 18 ἔρχονται καὶ λέγουσιν αὐτῷ

2 20 ἐλεύσονται δὲ ἡμέραι ... καὶ τότε νηστεύσουσιν

Mc 3 8ᵇ πλῆθος πολύ, ἀκούοντες ὅσα ἐποίει (ποιεῖ NH), ἦλθον πρὸς αὐτόν

3 20ᵃ ἔρχεται (ἔρχονται VSϛ) εἰς οἶκον

3 31 ἔρχεται (N²⁶T; -χονται rl) | ἡ μήτηρ αὐτοῦ καὶ οἱ ἀδελφοὶ αὐτοῦ (οἱ ἀ. καὶ ἡ μ. αὐτοῦ Sϛ)

4 4 ἦλθεν τὰ πετεινὰ καὶ κατέφαγεν αὐτό

4 15 εὐθὺς ἔρχεται ὁ σατανᾶς καὶ αἴρει τὸν λόγον

4 21 μήτι ἔρχεται ὁ λύχνος ἵνα ὑπὸ τὸν μόδιον τεθῇ ⟨;⟩

4 22ᵃ οὐδὲ ἐγένετο ἀπόκρυφον, ἀλλ' ἵνα ἔλθῃ εἰς φανερόν

5 1ᵃ ἦλθον (-θεν S) εἰς τὸ πέραν τῆς θαλάσσης εἰς τὴν χώραν

5 14 ἦλθον (ἐξῆλθον ϛ) ἰδεῖν τί ἐστιν τὸ γεγονός. ↔

5 15ᵇ καὶ ἔρχονται πρὸς τὸν Ἰησοῦν

5 22 ἔρχεται εἷς τῶν ἀρχισυναγώγων, ὀνόματι Ἰάϊρος

5 23 ἵνα ἐλθὼν ἐπιθῇς τὰς χεῖρας αὐτῇ

5 26ᵃ ⟨γυνὴ⟩ μηδὲν ὠφεληθεῖσα ἀλλὰ μᾶλλον εἰς τὸ χεῖρον ἐλθοῦσα

5 27ᵍ ἐλθοῦσα ἐν τῷ ὄχλῳ ὄπισθεν ἥψατο τοῦ ἱματίου αὐτοῦ

5 33 ἡ δὲ γυνὴ ... ἦλθεν καὶ προσέπεσεν αὐτῷ

5 35ᶠ ἔτι αὐτοῦ λαλοῦντος ἔρχονται ἀπὸ τοῦ ἀρχισυναγώγου λέγοντες

5 38ᵃ ἔρχονται (ἔρχεται ϛ) εἰς τὸν οἶκον τοῦ ἀρχισυναγώγου

6 1ᵃ ἔρχεται (ἦλθεν ϛ) εἰς τὴν πατρίδα αὐτοῦ

6 29 ἀκούσαντες οἱ μαθηταὶ αὐτοῦ ἦλθον καὶ ἦραν τὸ πτῶμα αὐτοῦ

6 31 ἦσαν γὰρ οἱ ἐρχόμενοι καὶ οἱ ὑπάγοντες πολλοί

6 48ᵇˢ περὶ τετάρτην φυλακὴν τῆς νυκτὸς ἔρχεται πρὸς αὐτοὺς περιπατῶν ἐπὶ τῆς θαλάσσης

6 53ᵃ διαπεράσαντες ἐπὶ τὴν γῆν ἦλθον εἰς Γεννησαρέτ

7 1ᶠ συνάγονται πρὸς αὐτὸν οἱ Φαρισαῖοι ... ἐλθόντες ἀπὸ Ἱεροσολύμων

7 25 γυνὴ ... ἐλθοῦσα (εἰσ- ST) προσέπεσεν πρὸς τοὺς πόδας αὐτοῦ

7 31ᵃᵇᵐᵗ ἦλθεν διὰ Σιδῶνος εἰς (πρὸς ϛ) τὴν θάλασσαν τῆς Γαλιλαίας ἀνὰ μέσον τῶν ὁρίων Δεκαπόλεως

8 10ᵃ εὐθὺς ἐμβὰς εἰς τὸ [S] πλοῖον ... ἦλθεν εἰς τὰ μέρη Δαλμανουθά

8 22ᵃ ἔρχονται (ἔρχεται ϛ) εἰς Βηθσαϊδάν

8 34ʲ * | εἴ τις (ὅστις Tϛ) θέλει ὀπίσω μου ἐλθεῖν (ἀκολουθεῖν N²⁶VBST)

8 38ᵍⁿ ὅταν ἔλθῃ ἐν τῇ δόξῃ τοῦ πατρὸς αὐτοῦ μετὰ τῶν ἀγγέλων

9 1ᵍ ἕως ἂν ἴδωσιν τὴν βασιλείαν τοῦ θεοῦ ἐληλυθυῖαν ἐν δυνάμει

9 7ᵏ * ἦλθεν (BSϛ; ἐγένετο rl) φωνὴ ἐκ τῆς νεφέλης

9 11 Ἠλίαν δεῖ ἐλθεῖν πρῶτον

9 12 Ἠλίας μὲν (—BST) ἐλθὼν πρῶτον ἀποκαθιστάνει πάντα

9 13 ἀλλὰ λέγω ὑμῖν ὅτι καὶ Ἠλίας ἐλήλυθεν

9 14ᵇ ἐλθόντες (ἐλθὼν VBSϛ) πρὸς τοὺς μαθητὰς εἶδον (εἶδεν VBSϛ) ὄχλον πολύν

9 33ᵃ ἦλθον (ἦλθεν Sϛ) εἰς Καφαρναούμ

10 1ᵃᵐʳ ἐκεῖθεν ἀναστὰς ἔρχεται εἰς τὰ ὅρια τῆς Ἰουδαίας καὶ ([N²⁶S]; —ϛ) (+διὰ τοῦ [S]ϛ) πέραν τοῦ Ἰορδάνου

Mc 10 14ᵇ ἄφετε τὰ παιδία ἔρχεσθαι πρός με	Lc 1 43ᵇ ἵνα ἔλθῃ ἡ μήτηρ τοῦ κυρίου μου πρὸς ἐμέ (μέ VSϛ)	Lc 10 32ᵛ Λευίτης γενόμενος (+[N²⁶]Tϛ) κατὰ τὸν τόπον ἐλθὼν καὶ ἰδὼν ἀντιπαρῆλθεν. ↔

Mc 10 14ᵇ ἄφετε τὰ παιδία ἔρχεσθαι πρός με
10 30 ἐὰν μὴ λάβῃ ... ἐν τῷ αἰῶνι τῷ ἐρχομένῳ ζωὴν αἰώνιον
10 45 ὁ υἱὸς τοῦ ἀνθρώπου οὐκ ἦλθεν διακονηθῆναι
10 46ᵃ ἔρχονται εἰς Ἰεριχώ
10 50ᵇ ἀναπηδήσας ἦλθεν πρὸς τὸν Ἰησοῦν
11 9ᵍ εὐλογημένος ὁ ἐρχόμενος ἐν ὀνόματι κυρίου· ↔
11 10 εὐλογημένη ἡ ἐρχομένη βασιλεία τοῦ πατρὸς ἡμῶν Δαυίδ
11 13 ἰδὼν συκῆν ... ἦλθεν εἰ ἄρα τι εὑρήσει ἐν αὐτῇ, ↔
11 13ᶜ καὶ ἐλθὼν ἐπ' αὐτὴν οὐδὲν εὗρεν εἰ μὴ φύλλα
11 15ᵃ ἔρχονται εἰς Ἱεροσόλυμα
11 27ᵃ ἔρχονται πάλιν εἰς Ἱεροσόλυμα. ↔
11 27ᵇ καὶ ἐν τῷ ἱερῷ περιπατοῦντος αὐτοῦ ἔρχονται πρὸς αὐτὸν οἱ ἀρχιερεῖς
12 9 ἐλεύσεται καὶ ἀπολέσει τοὺς γεωργούς
12 14 καὶ (οἱ δὲ VSϛ) ἐλθόντες | λέγουσιν αὐτῷ (ἤρξαντο ἐρωτᾶν αὐτὸν ἐν δόλῳ λέγοντες S)
12 18ᵇ ἔρχονται Σαδδουκαῖοι πρὸς αὐτόν
12 42 ἐλθοῦσα μία χήρα πτωχὴ ἔβαλεν λεπτὰ δύο
13 6ᵉ πολλοὶ (+γὰρ Vϛ) ἐλεύσονται ἐπὶ τῷ ὀνόματί μου λέγοντες
13 26ᵍⁿ τότε ὄψονται τὸν υἱὸν τοῦ ἀνθρώπου ἐρχόμενον ἐν νεφέλαις μετὰ δυνάμεως πολλῆς
13 35 οὐκ οἴδατε γὰρ πότε ὁ κύριος τῆς οἰκίας ἔρχεται
13 36 μὴ ἐλθὼν ἐξαίφνης εὕρῃ ὑμᾶς καθεύδοντας
14 3 κατακειμένου αὐτοῦ ἦλθεν γυνὴ ἔχουσα ἀλάβαστρον
14 16ᵃ ἐξῆλθον οἱ μαθηταὶ (+αὐτοῦ V[S]ϛ) καὶ ἦλθον εἰς τὴν πόλιν
14 17ⁿ ὀψίας γενομένης ἔρχεται μετὰ τῶν δώδεκα
14 32ᵃ ἔρχονται εἰς χωρίον οὗ τὸ ὄνομα Γεθσημανί
14 37 ἔρχεται καὶ εὑρίσκει αὐτοὺς καθεύδοντας
14 38ᵃ γρηγορεῖτε ... ἵνα μὴ ἔλθητε (εἰσ- Vϛ) εἰς πειρασμόν
14 40 | πάλιν ἐλθὼν εὗρεν αὐτοὺς (ὑποστρέψας εὑ. αὐ. π. VBSTϛ) καθεύδοντας
14 41 ἔρχεται τὸ τρίτον καὶ λέγει αὐτοῖς
14 41 ἦλθεν ἡ ὥρα, ἰδοὺ παραδίδοται ὁ υἱὸς τοῦ ἀνθρώπου
14 45 ἐλθὼν εὐθὺς προσελθὼν αὐτῷ λέγει
14 62ⁿ ὄψεσθε τὸν υἱὸν τοῦ ἀνθρώπου ... ἐρχόμενον μετὰ τῶν νεφελῶν τοῦ οὐρανοῦ
14 66 ἔρχεται μία τῶν παιδισκῶν τοῦ ἀρχιερέως
15 21ᶠ ἀγγαρεύουσιν παράγοντά τινα Σίμωνα Κυρηναῖον ἐρχόμενον ἀπ' ἀγροῦ
15 36 ἄφετε ἴδωμεν εἰ ἔρχεται Ἡλίας καθελεῖν αὐτόν
15 43 ἐλθὼν (ἦλθεν ϛ) Ἰωσὴφ ὁ ([N²⁶]; —H) ἀπὸ Ἁριμαθαίας
16 1 ἠγόρασαν ἀρώματα ἵνα ἐλθοῦσαι ἀλείψωσιν αὐτόν. ↔
16 2ᶜʰ καὶ λίαν πρωῒ || τῇ [NH] μιᾷ ((τῆς μιᾶς Sϛ)) τῶν σαββάτων ἔρχονται ἐπὶ τὸ μνημεῖον (μνῆμα NT)

Lc 1 43ᵇ ἵνα ἔλθῃ ἡ μήτηρ τοῦ κυρίου μου πρὸς ἐμέ (μέ VSϛ)
1 59 ἐγένετο ἐν τῇ | ἡμέρᾳ τῇ ὀγδόῃ (ὁ. ἡ. Vϛ) ἦλθον περιτεμεῖν τὸ παιδίον
2 16 ἦλθαν σπεύσαντες
2 27ᵃᵍ ἦλθεν ἐν τῷ πνεύματι εἰς τὸ ἱερόν
2 44 νομίσαντες δὲ αὐτὸν εἶναι ἐν τῇ συνοδίᾳ ἦλθον ἡμέρας ὁδόν
2 51ᵃ κατέβη μετ' αὐτῶν καὶ ἦλθεν εἰς Ναζαρέθ
3 3ᵃ ἦλθεν εἰς πᾶσαν τὴν ([N²⁶]; —H) περίχωρον τοῦ Ἰορδάνου κηρύσσων
3 12 ἦλθον δὲ καὶ τελῶναι βαπτισθῆναι
3 16 ἔρχεται δὲ ὁ ἰσχυρότερός μου
4 16ᵃ ἦλθεν εἰς (+τὴν VSϛ) Ναζαρά
4 34 ἦλθες ἀπολέσαι ἡμᾶς;
4 42ⁿ οἱ ὄχλοι ἐπεζήτουν αὐτόν, καὶ ἦλθον ἕως αὐτοῦ
5 7 κατένευσαν τοῖς μετόχοις ... τοῦ ἐλθόντας συλλαβέσθαι αὐτοῖς· ↔
5 7 καὶ ἦλθον, καὶ ἔπλησαν ἀμφότερα τὰ πλοῖα
5 17ᵏ οἳ ἦσαν ἐληλυθότες ἐκ πάσης κώμης τῆς Γαλιλαίας
5 32 οὐκ ἐλήλυθα καλέσαι δικαίους ἀλλὰ ἁμαρτωλοὺς εἰς μετάνοιαν
5 35 ἐλεύσονται δὲ ἡμέραι ... τότε νηστεύσουσιν
6 18 οἳ ἦλθον ἀκοῦσαι αὐτοῦ
6 47ᵇ πᾶς ὁ ἐρχόμενος πρός με καὶ ἀκούων μου τῶν λόγων
7 3 ἐρωτῶν αὐτὸν ὅπως ἐλθὼν διασώσῃ τὸν δοῦλον αὐτοῦ
7 7ᵇ διὸ οὐδὲ ἐμαυτὸν ἠξίωσα πρὸς σὲ ἐλθεῖν
7 8 λέγω τούτῳ· πορεύθητι, καὶ πορεύεται, καὶ ἄλλῳ· ἔρχου, ↔
7 8 καὶ ἔρχεται
7 19 σὺ εἶ ὁ ἐρχόμενος, ἢ ἄλλον (ἕτερον H) προσδοκῶμεν;
7 20 σὺ εἶ ὁ ἐρχόμενος, ἢ ἄλλον προσδοκῶμεν;
7 33 ἐλήλυθεν γὰρ Ἰωάννης ὁ βαπτιστὴς μὴ (μήτε Vϛ) | ἐσθίων ἄρτον (~VSϛ)
7 34 ἐλήλυθεν ὁ υἱὸς τοῦ ἀνθρώπου ἐσθίων καὶ πίνων
8 12 εἶτα ἔρχεται ὁ διάβολος καὶ αἴρει τὸν λόγον
8 17ᵃ οὐ γάρ ἐστιν ... ἀπόκρυφον ὃ οὐ μὴ γνωσθῇ καὶ εἰς φανερὸν ἔλθῃ
8 35ᵇ ἐξῆλθον ... καὶ ἦλθον πρὸς τὸν Ἰησοῦν
8 41 ἦλθεν ἀνὴρ ᾧ ὄνομα Ἰάϊρος
8 47 ἰδοῦσα δὲ ἡ γυνὴ ὅτι οὐκ ἔλαθεν, τρέμουσα ἦλθεν καὶ προσπεσοῦσα αὐτῷ
8 49ˡ ἔρχεταί τις παρὰ τοῦ ἀρχισυναγώγου λέγων (+αὐτῷ V[S]ϛ)
8 51ᵃ ἐλθὼν (εἰσ- ϛ) δὲ εἰς τὴν οἰκίαν οὐκ ἀφῆκεν εἰσελθεῖν τινα σὺν αὐτῷ
9 23ʲ εἴ τις θέλει ὀπίσω μου ἔρχεσθαι (ἐλθεῖν ϛ)
9 26ᵍ ὅταν ἔλθῃ ἐν τῇ δόξῃ αὐτοῦ καὶ τοῦ πατρός
9 56 * | ὁ γὰρ υἱὸς τοῦ ἀνθρώπου οὐκ ἦλθε ψυχὰς ἀνθρώπων ἀπολέσαι, ἀλλὰ σῶσαι (. .+ϛ)
10 1 ἀπέστειλεν αὐτοὺς ... εἰς πᾶσαν πόλιν καὶ τόπον οὗ ἤμελλεν αὐτὸς ἔρχεσθαι

Lc 10 32ᵛ Λευίτης γενόμενος (+[N²⁶]Tϛ) κατὰ τὸν τόπον ἐλθὼν καὶ ἰδὼν ἀντιπαρῆλθεν. ↔
10 33ᵛ Σαμαρίτης δέ τις ὁδεύων ἦλθεν κατ' αὐτόν
11 2 ἐλθέτω ἡ βασιλεία σου
11 25 ἐλθὸν εὑρίσκει [+σχολάζοντα H] σεσαρωμένον
11 31ᵏ ὅτι ἦλθεν ἐκ τῶν περάτων τῆς γῆς ἀκοῦσαι τὴν σοφίαν Σολομῶνος
12 36 ἵνα ἐλθόντος καὶ κρούσαντος εὐθέως ἀνοίξωσιν αὐτῷ
12 37 οὓς ἐλθὼν ὁ κύριος εὑρήσει γρηγοροῦντας
12 38ᵍ * κἂν ἔλθῃ (+ϛ) ἐν τῇ δευτέρᾳ φυλακῇ (+ϛ) ↔
12 38ᵍ κἂν (καὶ ϛ) ἐν τῇ τρίτῃ φυλακῇ ἔλθῃ καὶ εὕρῃ οὕτως
12 39ʰ ᾔδει ὁ οἰκοδεσπότης ποίᾳ ὥρᾳ ὁ κλέπτης ἔρχεται
12 40ʰ ὅτι ᾗ ὥρᾳ οὐ δοκεῖτε ὁ υἱὸς τοῦ ἀνθρώπου ἔρχεται
12 43 ὃν ἐλθὼν ὁ κύριος αὐτοῦ εὑρήσει ποιοῦντα οὕτως
12 45 χρονίζει ὁ κύριός μου ἔρχεσθαι
12 49 πῦρ ἦλθον βαλεῖν ἐπὶ τὴν γῆν
12 54 εὐθέως λέγετε ὅτι ὄμβρος ἔρχεται
13 6 ἦλθεν ζητῶν καρπὸν ἐν αὐτῇ
13 7ᶠ ἰδοὺ τρία ἔτη ἀφ' οὗ ἔρχομαι ζητῶν καρπὸν ἐν τῇ συκῇ ταύτῃ
13 14ᵍʰ ἐν αὐταῖς οὖν ἐρχόμενοι θεραπεύεσθε καὶ μὴ τῇ ἡμέρᾳ τοῦ σαββάτου
13 35ᵍ εὐλογημένος ὁ ἐρχόμενος ἐν ὀνόματι κυρίου
14 1ᵃʰ ἐγένετο ἐν τῷ ἐλθεῖν αὐτὸν εἰς οἶκόν τινος ... σαββάτῳ φαγεῖν ἄρτον
14 9 ἐλθὼν ὁ σὲ καὶ αὐτὸν καλέσας ἐρεῖ σοι
14 10 ἵνα ὅταν ἔλθῃ ὁ κεκληκώς σε ἐρεῖ σοι
14 17 εἰπεῖν τοῖς | κεκλημένοις· ἔρχεσθε (κ. ἔρχεσθαι S)
14 20 διὰ τοῦτο οὐ δύναμαι ἐλθεῖν
14 26ᵇ εἴ τις ἔρχεται πρός με καὶ οὐ μισεῖ τὸν πατέρα ἑαυτοῦ (αὐτ. NMVBT)
14 27ʲ ὅστις οὐ βαστάζει τὸν σταυρὸν ἑαυτοῦ καὶ ἔρχεται ὀπίσω μου
14 31ᵉⁿ εἰ δυνατός ἐστιν ... ὑπαντῆσαι τῷ μετὰ εἴκοσι χιλιάδων ἐρχομένῳ ἐπ' αὐτόν
15 6ᵃ ἐλθὼν εἰς τὸν οἶκον συγκαλεῖ τοὺς φίλους
15 17ᵃ εἰς ἑαυτὸν δὲ ἐλθὼν ἔφη
15 20ᵇ ἀναστὰς ἦλθεν πρὸς τὸν πατέρα ἑαυτοῦ (αὐτοῦ BST)
15 25 ὡς ἐρχόμενος ἤγγισεν τῇ οἰκίᾳ
15 30 ὅτε δὲ ὁ υἱός σου οὗτος ὁ καταφαγών σου τὸν βίον μετὰ πορνῶν ἦλθεν
16 21 ἀλλὰ καὶ οἱ κύνες ἐρχόμενοι ἐπέλειχον τὰ ἕλκη αὐτοῦ
16 28ᵃ ἵνα μὴ καὶ αὐτοὶ ἔλθωσιν εἰς τὸν τόπον τοῦτον τῆς βασάνου
17 1 ἀνένδεκτόν ἐστιν τοῦ τὰ σκάνδαλα μὴ ἐλθεῖν,
17 1ᵐ | πλὴν οὐαί (N²⁶BH; οὐαὶ δὲ rl) δι' οὗ ἔρχεται
17 20 ἐπερωτηθεὶς δὲ ... πότε ἔρχεται ἡ βασιλεία τοῦ θεοῦ
17 20ⁿ οὐκ ἔρχεται ἡ βασιλεία τοῦ θεοῦ μετὰ παρατηρήσεως
17 22 ἐλεύσονται ἡμέραι ὅτε ἐπιθυμήσετε ... ἰδεῖν

Lc 17 27 ἐγαμίζοντο, ἄχρι ἧς ἡμέρας . . . ἦλθεν ὁ κατακλυσμός

18 3ᵇ ἤρχετο πρὸς αὐτὸν λέγουσα

18 5ᵃ ἵνα μὴ εἰς τέλος ἐρχομένη ὑπ- ωπιάζῃ με

18 8 πλὴν ὁ υἱὸς τοῦ ἀνθρώπου ἐλθὼν ἆρα εὑρήσει τὴν πίστιν ἐπὶ τῆς γῆς;

18 16ᵇ ἄφετε τὰ παιδία ἔρχεσθαι πρός με

18 30 ὃς οὐχὶ μὴ ἀπολάβῃ ([ἀπο]- N²⁶; λάβῃ NMH) . . . ἐν τῷ αἰῶνι τῷ ἐρχομένῳ ζωὴν αἰώνιον

19 5ᶜ ὡς ἦλθεν ἐπὶ τὸν τόπον

19 10 ἦλθεν γὰρ ὁ υἱὸς τοῦ ἀνθρώπου ζητῆσαι καὶ σῶσαι τὸ ἀπολωλός

19 13ᵍ | εἶπεν πρὸς αὐτούς· πραγματεύ- σασθε (εἶ. π. αὐ. -σασθαι H) | ἐν ᾧ (ἕως ς) ἔρχομαι

19 18 ἦλθεν ὁ δεύτερος λέγων

19 20 ὁ ἕτερος ἦλθεν λέγων

19 23 κἀγὼ ἐλθὼν σὺν τόκῳ ἂν αὐτὸ ἔπραξα

19 38ᵍ εὐλογημένος ὁ | ἐρχόμενος, ὁ (ἐρχ. VBSς; —T) βασιλεὺς ἐν ὀνόματι κυρίου

20 16 ἐλεύσεται καὶ ἀπολέσει τοὺς γεωρ- γοὺς τούτους

21 6 ἐλεύσονται ἡμέραι ἐν αἷς οὐκ ἀφε- θήσεται λίθος ἐπὶ λίθῳ (+ ὧδε H)

21 8ᵉ πολλοὶ γὰρ ἐλεύσονται ἐπὶ τῷ ὀνόματί μου λέγοντες

21 27ᵍⁿ τότε ὄψονται τὸν υἱὸν τοῦ ἀνθρώπου ἐρχόμενον ἐν νεφέλῃ μετὰ δυνάμεως

22 7 ἦλθεν δὲ ἡ ἡμέρα τῶν ἀζύμων

22 18 οὐ μὴ πίω . . . ἕως οὗ (ὅτου Tς) ἡ βασιλεία τοῦ θεοῦ ἔλθῃ

22 45ᵇ ἐλθὼν πρὸς τοὺς μαθητὰς εὗρεν κοιμωμένους αὐτοὺς ἀπὸ τῆς λύπης

23 26ᶠ ἐπιλαβόμενοι || Σίμωνά τινα Κυ- ρηναῖον (+ τοῦ ς) ἐρχόμενον ((Σ- νός τινος Κ-ναίου ἐ-μένου Vς)) ἀπ’ ἀγροῦ

23 29 ὅτι ἰδοὺ | ἔρχονται ἡμέραι (~ S) ἐν αἷς ἐροῦσιν

23 33ᶜ ὅτε ἦλθον (ἀπ- STς) ἐπὶ τὸν τόπον τὸν καλούμενον Κρανίον

23 42ᵃᵍ μνήσθητί μου (+κύριε Vς) ὅταν ἔλθῃς | εἰς τὴν βασιλείαν (N²⁶NH; ἐν τῇ β-λείᾳ rl) σου

24 1ᶜʰ τῇ δὲ μιᾷ τῶν σαββάτων ὄρθρου βαθέως ἐπὶ τὸ μνῆμα ἦλθον

24 23 ⟨γυναῖκές τινες⟩ μὴ εὑροῦσαι τὸ σῶμα αὐτοῦ ἦλθον λέγουσαι

Jo 1 7ᵃ οὗτος ἦλθεν εἰς μαρτυρίαν

1 9ᵃ ἦν τὸ φῶς τὸ ἀληθινόν, ὃ φωτίζει πάντα ἄνθρωπον, ἐρχόμενον εἰς τὸν κόσμον

1 11ᵃ εἰς τὰ ἴδια ἦλθεν

1 15ʲ ὁ ὀπίσω μου ἐρχόμενος ἔμπροσθέν μου γέγονεν

1 27ʲ ⟨μέσος ὑμῶν ἕστηκεν⟩ ὁ (—H) ὀπίσω μου ἐρχόμενος

1 29ᵇ τῇ ἐπαύριον βλέπει τὸν Ἰησοῦν ἐρχόμενον πρὸς αὐτόν

1 30ʲ ὀπίσω μου ἔρχεται ἀνὴρ ὃς ἔμπροσθέν μου γέγονεν

1 31ᵐ διὰ τοῦτο ἦλθον ἐγὼ ἐν (+ τῷ Sς) ὕδατι βαπτίζων

1 39 ἔρχεσθε καὶ ὄψεσθε (ἴδετε Vς). ↔

1 39 ἦλθαν οὖν καὶ εἶδαν ποῦ μένει

1 46 ἔρχου καὶ ἴδε. ↔

1 47ᵇ εἶδεν ὁ (—NMTH) Ἰησοῦς τὸν Ναθαναὴλ ἐρχόμενον πρὸς αὐτόν

Jo 3 2ᵇʰ οὗτος ἦλθεν πρὸς αὐτὸν νυκτὸς καὶ εἶπεν αὐτῷ· ↔

3 2ᶠ ῥαββί, οἴδαμεν ὅτι ἀπὸ θεοῦ ἐλήλυθας διδάσκαλος

3 8 ἀλλ’ οὐκ οἶδας πόθεν ἔρχεται καὶ ποῦ ὑπάγει

3 19ᵃ ὅτι τὸ φῶς ἐλήλυθεν εἰς τὸν κόσμον

3 20ᵇ πᾶς γὰρ ὁ φαῦλα πράσσων . . . οὐκ ἔρχεται πρὸς τὸ φῶς

3 21ᵇ ὁ δὲ ποιῶν τὴν ἀλήθειαν ἔρχεται πρὸς τὸ φῶς

3 22ᵃᵖ μετὰ ταῦτα ἦλθεν ὁ Ἰησοῦς καὶ οἱ μαθηταὶ αὐτοῦ εἰς τὴν Ἰουδαίαν γῆν

3 26ᵇ ἦλθον πρὸς τὸν Ἰωάννην καὶ εἶπαν αὐτῷ

3 26ᵇ ἴδε οὗτος βαπτίζει καὶ πάντες ἔρχονται πρὸς αὐτόν

3 31 ὁ ἄνωθεν ἐρχόμενος ἐπάνω πάντων ἐστίν

3 31ᵏ ὁ ἐκ τοῦ οὐρανοῦ ἐρχόμενος | ἐπάνω πάντων ἐστίν ([N²⁶S]; —T)

4 5ᵃ ἔρχεται οὖν εἰς πόλιν τῆς Σαμαρείας λεγομένην Συχάρ

4 7ᵏ ἔρχεται γυνὴ ἐκ τῆς Σαμαρείας ἀντλῆσαι ὕδωρ

4 15 * ἵνα μὴ διψῶ μηδὲ ἔρχομαι (Vς; -ομαι S; διέρχωμαι rl) ἐνθάδε ἀν- τλεῖν

4 16 ὕπαγε φώνησον | τὸν ἄνδρα σου (~ H) καὶ ἐλθὲ ἐνθάδε

4 21 ὅτι ἔρχεται ὥρα ὅτε οὔτε ἐν τῷ ὄρει τούτῳ . . . προσκυνήσετε τῷ πατρί

4 23 ἀλλὰ ἔρχεται ὥρα καὶ νῦν ἐστιν, ὅτε . . . προσκυνήσουσιν τῷ πατρί

4 25 οἶδα ὅτι Μεσσίας ἔρχεται, ὁ λεγό- μενος χριστός· ↔

4 25 ὅταν ἔλθῃ ἐκεῖνος, ἀναγγελεῖ ἡμῖν ἅπαντα (πάντα Vς)

4 27ᵉ ἐπὶ τούτῳ ἦλθαν οἱ μαθηταὶ αὐτοῦ

4 30ᵇ ἐξῆλθον ἐκ τῆς πόλεως καὶ ἤρχοντο πρὸς αὐτόν

4 35 οὐχ ὑμεῖς λέγετε ὅτι . . . ὁ θερισμὸς ἔρχεται;

4 40ᵇ ὡς οὖν ἦλθον πρὸς αὐτὸν οἱ Σαμαρῖται

4 45ᵃ ὅτε (ὡς T) οὖν ἦλθεν εἰς τὴν Γαλιλαίαν

4 45ᵃ καὶ αὐτοὶ γὰρ ἦλθον εἰς τὴν ἑορ- τήν. ↔

4 46ᵃ ἦλθεν οὖν πάλιν εἰς τὴν Κανὰ τῆς Γαλιλαίας

4 47ᵇ * οὗτος . . . ἦλθεν (S; ἀπ- rl) πρὸς αὐτὸν καὶ ἠρώτα

4 54ᵃᵏ δεύτερον σημεῖον ἐποίησεν ὁ Ἰησοῦς ἐλθὼν ἐκ τῆς Ἰουδαίας εἰς τὴν Γαλιλαίαν

5 7ᵍ ἐν ᾧ δὲ ἔρχομαι ἐγώ, ἄλλος πρὸ ἐμοῦ καταβαίνει

5 24ᵃ ὁ τὸν λόγον μου ἀκούων . . . εἰς κρίσιν οὐκ ἔρχεται

5 25 ἔρχεται ὥρα καὶ νῦν ἐστιν ὅτε οἱ νεκροὶ ἀκούσουσιν (-σονται Vς; -σωσι S)

5 28 μὴ θαυμάζετε τοῦτο, ὅτι ἔρχεται ὥρα ἐν ᾗ πάντες . . . ἀκούσουσιν (-σονται Vς; -σωσι S)

5 40ᵇ οὐ θέλετε ἐλθεῖν πρός με ἵνα ζωὴν ἔχητε

5 43ᵍ ἐγὼ ἐλήλυθα ἐν τῷ ὀνόματι τοῦ πατρός μου, καὶ οὐ λαμβάνετέ με· ↔

5 43ᵍ ἐὰν ἄλλος ἔλθῃ ἐν τῷ ὀνόματι τῷ ἰδίῳ, ἐκεῖνον λήμψεσθε

Jo 6 5ᵇ θεασάμενος ὅτι πολὺς ὄχλος ἔρχε- ται πρὸς αὐτόν

6 14ᵃ οὗτός ἐστιν ἀληθῶς ὁ προφήτης ὁ | ἐρχόμενος εἰς τὸν κόσμον (~ T). ↔

6 15 Ἰησοῦς οὖν γνοὺς ὅτι μέλλουσιν ἔρχεσθαι καὶ ἁρπάζειν αὐτόν

6 17ᵃʳ ἤρχοντο πέραν τῆς θαλάσσης εἰς Καφαρναούμ

6 17ᵇ οὔπω ἐληλύθει | πρὸς αὐτοὺς ὁ Ἰησοῦς (Ἰ. π. αὐ. T)

6 23ᵏʷ ἄλλα (ἀλλὰ H) ἦλθεν (-θον BST) πλοιάρια (πλοι[άρι]α N²⁶; πλοῖα H) ἐκ Τιβεριάδος ἐγγὺς τοῦ τόπου

6 24ᵃ ἦλθον εἰς Καφαρναοὺμ ζητοῦντες τὸν Ἰησοῦν

6 35ᵇ ὁ ἐρχόμενος πρὸς ἐμὲ (μὲ BSς) οὐ μὴ πεινάσῃ

6 37ᵇ τὸν ἐρχόμενον πρός με (ἐμὲ T) οὐ μὴ ἐκβάλω ἔξω

6 44ᵇ οὐδεὶς δύναται ἐλθεῖν πρός με

6 45ᵇ πᾶς ὁ ἀκούσας . . . καὶ μαθὼν ἔρχεται πρὸς ἐμέ (μέ Vς)

6 65ᵇ οὐδεὶς δύναται ἐλθεῖν πρός με (ἐμέ T)

7 27 ὁ δὲ χριστὸς ὅταν ἔρχηται, οὐδεὶς γινώσκει πόθεν ἐστίν

7 28ᵃ ἀπ’ ἐμαυτοῦ οὐκ ἐλήλυθα

7 30 ὅτι οὔπω ἐληλύθει ἡ ὥρα αὐτοῦ

7 31 ὁ χριστὸς ὅταν ἔλθῃ, μὴ πλείονα σημεῖα ποιήσει ⟨;⟩

7 34 ὅπου εἰμὶ (εἶμι V) ἐγὼ ὑμεῖς οὐ δύνασθε ἐλθεῖν

7 36 ὅπου εἰμὶ (εἶμι V) ἐγὼ ὑμεῖς οὐ δύνασθε ἐλθεῖν

7 37ᵇ ἐάν τις διψᾷ, ἐρχέσθω | πρός με (—T) καὶ πινέτω

7 41ᵏ μὴ γὰρ ἐκ τῆς Γαλιλαίας ὁ χριστὸς ἔρχεται;

7 42ᶠ ἀπὸ Βηθλέεμ τῆς κώμης ὅπου ἦν Δαυίδ, | ἔρχεται ὁ χριστός (~ Tς)

7 45ᵇ ἦλθον οὖν οἱ ὑπηρέται πρὸς τοὺς ἀρχιερεῖς

7 50ᵇʰ Νικόδημος . . . || ὁ ἐλθὼν πρὸς αὐτὸν τὸ ([N²⁶]; —NH) πρότερον ((—T; ὁ ἐλ. νυκτὸς πρὸς αὐτ. ς))

[8 2]ᵇ | καὶ πᾶς ὁ λαὸς ἤρχετο πρὸς αὐτὸν [H. .]

8 14 ὅτι οἶδα πόθεν ἦλθον καὶ ποῦ ὑπά- γω· ↔

8 14 ὑμεῖς δὲ (—T) οὐκ οἴδατε πόθεν ἔρχομαι ἢ ποῦ ὑπάγω

8 20 ὅτι οὔπω ἐληλύθει ἡ ὥρα αὐτοῦ

8 21 ὅπου ἐγὼ ὑπάγω ὑμεῖς οὐ δύνασθε ἐλθεῖν

8 22 ὅπου ἐγὼ ὑπάγω ὑμεῖς οὐ δύνασθε ἐλθεῖν

8 42ᶠ οὐδὲ γὰρ ἀπ’ ἐμαυτοῦ ἐλήλυθα

9 4 ἔρχεται νὺξ ὅτε οὐδεὶς δύναται ἐργάζεσθαι

9 7 ἀπῆλθεν οὖν καὶ ἐνίψατο, καὶ ἦλθεν βλέπων

9 39ᵃ εἰς κρίμα ἐγὼ εἰς τὸν κόσμον τοῦ- τον ἦλθον

10 8ᵃ πάντες ὅσοι ἦλθον πρὸ ἐμοῦ ([N²⁶]; —T) κλέπται εἰσίν

10 10 ὁ κλέπτης οὐκ ἔρχεται εἰ μὴ ἵνα κλέψῃ

10 10 ἐγὼ ἦλθον ἵνα ζωὴν ἔχωσιν

10 12 ὁ μισθωτὸς . . . θεωρεῖ τὸν λύκον ἐρχόμενον καὶ ἀφίησιν τὰ πρόβατα

10 41ᵇ πολλοὶ ἦλθον πρὸς αὐτόν

11 17 ἐλθὼν οὖν ὁ Ἰησοῦς εὗρεν αὐτόν

11 19ᵇ πολλοὶ δὲ ἐκ τῶν Ἰουδαίων ἐληλύθεισαν πρὸς τὴν (τὰς περὶ MVSTς) Μάρθαν

Jo 11 20 ὡς ἤκουσεν ὅτι Ἰησοῦς ἔρχεται

11 27ª σὺ εἶ ὁ χριστὸς . . . ὁ εἰς τὸν κόσμον ἐρχόμενος

11 29ᵇ ἠγέρθη (ἐγείρεται NMVTς) ταχὺ καὶ ἤρχετο (ἔρχεται MVTς) πρὸς αὐτόν· ↔

11 30ª οὔπω δὲ ἐληλύθει ὁ Ἰησοῦς εἰς τὴν κώμην

11 32 ἡ οὖν Μαριὰμ ὡς ἦλθεν ὅπου ἦν Ἰησοῦς

11 34 κύριε, ἔρχου καὶ ἴδε

11 38ª ἐμβριμώμενος ἐν ἑαυτῷ ἔρχεται εἰς τὸ μνημεῖον

11 45ᵇ πολλοὶ οὖν ἐκ τῶν Ἰουδαίων, οἱ ἐλθόντες πρὸς τὴν Μαριὰμ . . . ἐπίστευσαν εἰς αὐτόν

11 48 ἐλεύσονται οἱ Ῥωμαῖοι καὶ ἀροῦσιν ἡμῶν . . . τὸ ἔθνος

11 56ª τί δοκεῖ ὑμῖν; ὅτι οὐ μὴ ἔλθῃ εἰς τὴν ἑορτήν;

12 1ᵃᵈ ὁ οὖν Ἰησοῦς πρὸ ἓξ ἡμερῶν τοῦ πάσχα ἦλθεν εἰς Βηθανίαν

12 9ᵐ ἦλθον οὐ διὰ τὸν Ἰησοῦν μόνον

12 12ª τῇ ἐπαύριον ὁ (—VSTς) ὄχλος πολὺς ὁ ἐλθὼν εἰς τὴν ἑορτήν, ↔

12 12ª ἀκούσαντες ὅτι ἔρχεται ὁ (+N²⁶ [S]ς) Ἰησοῦς εἰς Ἱεροσόλυμα

12 13ᵍ ὡσαννά, εὐλογημένος ὁ ἐρχόμενος ἐν ὀνόματι κυρίου

12 15 ἰδοὺ ὁ βασιλεύς σου ἔρχεται, καθήμενος ἐπὶ πῶλον ὄνου

12 22 ἔρχεται ὁ (—VSTς) Φίλιππος καὶ λέγει τῷ Ἀνδρέᾳ· ↔

12 22 (+καὶ πάλιν MVς; +πάλιν S) ἔρχεται (—ς) Ἀνδρέας καὶ Φίλιππος καὶ (—Vς) λέγουσιν τῷ Ἰησοῦ

12 23 ἐλήλυθεν ἡ ὥρα ἵνα δοξασθῇ ὁ υἱὸς τοῦ ἀνθρώπου

12 27ªᵐ ἀλλὰ διὰ τοῦτο ἦλθον εἰς τὴν ὥραν ταύτην

12 28ᵏ ἦλθεν οὖν φωνὴ ἐκ τοῦ οὐρανοῦ

12 46ª ἐγὼ φῶς εἰς τὸν κόσμον ἐλήλυθα

12 47 οὐ γὰρ ἦλθον ἵνα κρίνω τὸν κόσμον

13 1 εἰδὼς ὁ Ἰησοῦς ὅτι ἦλθεν (ἐλήλυθεν ς) αὐτοῦ ἡ ὥρα

13 6ᵇ ἔρχεται οὖν πρὸς Σίμωνα Πέτρον

13 33 ὅπου ἐγὼ ὑπάγω ὑμεῖς οὐ δύνασθε ἐλθεῖν

14 3 πάλιν ἔρχομαι καὶ παραλήμψομαι ὑμᾶς πρὸς ἐμαυτόν

14 6ᵇᵐ οὐδεὶς ἔρχεται πρὸς τὸν πατέρα εἰ μὴ δι᾽ ἐμοῦ

14 18ᵇ οὐκ ἀφήσω ὑμᾶς ὀρφανούς, ἔρχομαι πρὸς ὑμᾶς

14 23ᵇ ἐάν τις ἀγαπᾷ με . . . πρὸς αὐτὸν ἐλευσόμεθα

14 28ᵇ ὑπάγω καὶ ἔρχομαι πρὸς ὑμᾶς

14 30 ἔρχεται γὰρ ὁ τοῦ κόσμου ἄρχων

15 22 εἰ μὴ ἦλθον καὶ ἐλάλησα αὐτοῖς

15 26 ὅταν (+δὲ MVBSς) ἔλθῃ ὁ παράκλητος ὃν ἐγὼ πέμψω ὑμῖν

16 2 ἀλλ᾽ ἔρχεται ὥρα ἵνα . . . δόξῃ λατρείαν προσφέρειν

16 4 ὅταν ἔλθῃ ἡ ὥρα αὐτῶν ([V]; —Tς)

16 7ᵇ ὁ παράκλητος | οὐκ ἐλεύσεται (οὐ μὴ ἔλθῃ NH) πρὸς ὑμᾶς

16 8 ἐλθὼν ἐκεῖνος ἐλέγξει τὸν κόσμον περὶ ἁμαρτίας

16 13 ὅταν δὲ ἔλθῃ ἐκεῖνος, τὸ πνεῦμα τῆς ἀληθείας

16 13 τὰ ἐρχόμενα ἀναγγελεῖ ὑμῖν

16 21 λύπην ἔχει, ὅτι ἦλθεν ἡ ὥρα αὐτῆς

Jo 16 25 ἔρχεται ὥρα ὅτε οὐκέτι ἐν παροιμίαις λαλήσω ὑμῖν

16 28ª ἐξῆλθον παρὰ (N²⁶Vς; ἐκ rl) τοῦ πατρὸς καὶ ἐλήλυθα εἰς τὸν κόσμον

16 32 ἰδοὺ ἔρχεται ὥρα ↔

16 32 καὶ (+νῦν Vς) ἐλήλυθεν ἵνα σκορπισθῆτε ἕκαστος εἰς τὰ ἴδια

17 1 πάτερ, ἐλήλυθεν ἡ ὥρα

17 11ᵇ κἀγὼ πρὸς σὲ ἔρχομαι

17 13ᵇ νῦν δὲ πρὸς σὲ ἔρχομαι

18 3ᵑ ὁ οὖν Ἰούδας λαβὼν τὴν σπεῖραν . . . ἔρχεται ἐκεῖ μετὰ φανῶν καὶ λαμπάδων καὶ ὅπλων. ↔

18 4ᶜ Ἰησοῦς οὖν εἰδὼς πάντα τὰ ἐρχόμενα ἐπ᾽ αὐτὸν | ἐξῆλθεν καὶ λέγει (ἐξελθὼν εἶπεν Vς) αὐτοῖς

18 37ª ἐγὼ . . . εἰς τοῦτο ἐλήλυθα εἰς τὸν κόσμον

19 3ᵇ | καὶ ἤρχοντο πρὸς αὐτὸν (—ς) καὶ ἔλεγον

19 32 ἦλθον οὖν οἱ στρατιῶται

19 33ᶜ ἐπὶ δὲ τὸν Ἰησοῦν ἐλθόντες . . . οὐ κατέαξαν αὐτοῦ τὰ σκέλη

19 38 ἦλθεν (-θον T) οὖν καὶ ἦρεν (ἦραν T) | τὸ σῶμα αὐτοῦ (αὐτόν T; τὸ σ. τοῦ Ἰησοῦ ς). ↔

19 39 ἦλθεν δὲ καὶ Νικόδημος, ↔

19 39ᵇʰ ὁ ἐλθὼν πρὸς αὐτὸν (τὸν Ἰησοῦν Sς) νυκτὸς τὸ πρῶτον

20 1ªʰ τῇ δὲ μιᾷ τῶν σαββάτων Μαρία ἡ Μαγδαληνὴ ἔρχεται πρωὶ . . . εἰς τὸ μνημεῖον

20 2ᵇ τρέχει οὖν καὶ ἔρχεται πρὸς Σίμωνα Πέτρον

20 3ª ἐξῆλθεν οὖν . . . καὶ ἤρχοντο εἰς τὸ μνημεῖον

20 4ª ὁ ἄλλος μαθητὴς . . . ἦλθεν πρῶτος εἰς τὸ μνημεῖον

20 6 ἔρχεται οὖν καὶ (—Tς) Σίμων Πέτρος ἀκολουθῶν αὐτῷ

20 8ª τότε οὖν εἰσῆλθεν καὶ ὁ ἄλλος μαθητὴς ὁ ἐλθὼν πρῶτος εἰς τὸ μνημεῖον

20 18 ἔρχεται Μαριὰμ ἡ Μαγδαληνὴ ἀγγέλλουσα τοῖς μαθηταῖς

20 19 ἦλθεν ὁ Ἰησοῦς καὶ ἔστη εἰς τὸ μέσον

20 24 Θωμᾶς δὲ . . . οὐκ ἦν μετ᾽ αὐτῶν ὅτε ἦλθεν (+ὁ MVBSς) Ἰησοῦς

20 26 ἔρχεται ὁ Ἰησοῦς τῶν θυρῶν κεκλεισμένων

21 3ˣ ἐρχόμεθα καὶ ἡμεῖς σὺν σοί

21 8ʰ οἱ δὲ ἄλλοι μαθηταὶ τῷ πλοιαρίῳ ἦλθον

21 13 ἔρχεται (+οὖν Vς) (+ὁ VBSς) Ἰησοῦς καὶ λαμβάνει τὸν ἄρτον

21 22 ἐὰν αὐτὸν θέλω μένειν ἕως ἔρχομαι, τί πρὸς σέ;

21 23 ἐὰν αὐτὸν θέλω μένειν ἕως ἔρχομαι, | τί πρὸς σέ; ([N²⁶]; —ST)

Ac 1 11 οὕτως ἐλεύσεται ὃν τρόπον ἐθεάσασθε αὐτὸν πορευόμενον εἰς τὸν οὐρανόν

2 20 πρὶν (+ἢ ς) ἐλθεῖν (+τὴν VSς) ἡμέραν κυρίου τὴν μεγάλην

3 20ᶠ ὅπως ἂν ἔλθωσιν καιροὶ ἀναψύξεως ἀπὸ προσώπου τοῦ κυρίου

4 23ᵇ ἀπολυθέντες δὲ ἦλθον πρὸς τοὺς ἰδίους

5 15 ἵνα ἐρχομένου Πέτρου κἂν ἡ σκιὰ ἐπισκιάσῃ (-σει H) τινὶ αὐτῶν

7 11ᶜ ἦλθεν δὲ λιμὸς ἐφ᾽ ὅλην τὴν Αἴγυπτον (γῆν Αἰγύπτου Sς)

8 27 ἀνὴρ Αἰθίοψ . . . ὃς ([NH]; —T) ἐληλύθει προσκυνήσων εἰς Ἰερουσαλήμ

Ac 8 36ᶜ ἦλθον ἐπί τι ὕδωρ

8 40ª διερχόμενος εὐηγγελίζετο τὰς πόλεις πάσας ἕως τοῦ ἐλθεῖν αὐτὸν εἰς Καισάρειαν

9 17ʰ Ἰησοῦς ὁ ὀφθείς σοι ἐν τῇ ὁδῷ ᾗ ἤρχου

9 21ª οὐχ . . . ὧδε εἰς τοῦτο ἐληλύθει, ἵνα δεδεμένους αὐτοὺς ἀγάγῃ ⟨;⟩

10 29 διὸ καὶ ἀναντιρρήτως ἦλθον μεταπεμφθείς

11 5ᵘ εἶδον . . . καταβαῖνον σκεῦός τι . . . καὶ ἦλθεν ἄχρι ἐμοῦ

11 12ˣ ἦλθον δὲ σὺν ἐμοὶ καὶ οἱ ἓξ ἀδελφοὶ οὗτοι

11 20ª οἵτινες ἐλθόντες (εἰσ- ς) εἰς Ἀντιόχειαν ἐλάλουν καὶ πρὸς τοὺς Ἑλληνιστάς (Ἕλληνας NMBT)

12 10ᶜ διελθόντες δὲ πρώτην φυλακὴν . . . ἦλθαν ἐπὶ τὴν πύλην τὴν σιδηρᾶν

12 12ᶜ συνιδών τε ἦλθεν ἐπὶ τὴν οἰκίαν τῆς ([S]; —ς) Μαρίας

13 13ª ἀναχθέντες δὲ . . . οἱ περὶ Παῦλον ἦλθον εἰς Πέργην τῆς Παμφυλίας

13 14ªʰ ἐλθόντες ([εἰσ]- N²⁶; εἰσ- Sς) εἰς τὴν συναγωγὴν τῇ ἡμέρᾳ τῶν σαββάτων ἐκάθισαν

13 25ᵖ ἀλλ᾽ ἰδοὺ ἔρχεται μετ᾽ ἐμὲ οὗ οὐκ εἰμὶ ἄξιος τὸ ὑπόδημα τῶν ποδῶν λῦσαι

13 44 τῷ δὲ ἐρχομένῳ σαββάτῳ σχεδὸν πᾶσα ἡ πόλις συνήχθη ἀκοῦσαι

13 51ª οἱ δὲ ἐκτιναξάμενοι τὸν κονιορτὸν τῶν ποδῶν ἐπ᾽ αὐτοὺς ἦλθον εἰς Ἰκόνιον

14 24ª διελθόντες τὴν Πισιδίαν ἦλθον εἰς τὴν Παμφυλίαν

15 30ª * οἱ μὲν οὖν ἀπολυθέντες ἦλθον (ς; κατ- rl) εἰς Ἀντιόχειαν

16 7ᵛ ἐλθόντες δὲ κατὰ τὴν Μυσίαν ἐπείραζον . . . πορευθῆναι

16 37 οὐ γάρ, ἀλλὰ ἐλθόντες αὐτοὶ ἡμᾶς ἐξαγαγέτωσαν

16 39 ἐλθόντες παρεκάλεσαν αὐτούς

17 1ª διοδεύσαντες δὲ τὴν Ἀμφίπολιν . . . ἦλθον εἰς Θεσσαλονίκην

17 13 ἦλθον κἀκεῖ σαλεύοντες καὶ ταράσσοντες τοὺς ὄχλους

17 15ᵇ ἵνα ὡς τάχιστα ἔλθωσιν πρὸς αὐτόν

18 1ª μετὰ ταῦτα χωρισθεὶς (+ὁ Παῦλος [MS]Vς) ἐκ τῶν Ἀθηνῶν ἦλθεν εἰς Κόρινθον. ↔

18 2ᶠ καὶ εὑρών τινα Ἰουδαῖον . . . προσφάτως ἐληλυθότα ἀπὸ τῆς Ἰταλίας

18 7ª * μεταβὰς ἐκεῖθεν ἦλθεν (NMVHς; εἰσ- rl) εἰς οἰκίαν τινός . . . Ἰούστου

18 21 * | δεῖ με πάντως τὴν ἑορτὴν τὴν ἐρχομένην ποιῆσαι εἰς Ἱεροσόλυμα (+ς)

19 1ª ἐγένετο . . . Παῦλον διελθόντα τὰ ἀνωτερικὰ μέρη ἐλθεῖν ([[κατ]- N²⁶; κατ- BST) εἰς Ἔφεσον

19 4ᵖ τῷ λαῷ λέγων εἰς τὸν ἐρχόμενον μετ᾽ αὐτὸν ἵνα πιστεύσωσιν

19 6ᶜ ἦλθε τὸ πνεῦμα τὸ ἅγιον ἐπ᾽ αὐτούς

19 18 πολλοί τε τῶν πεπιστευκότων ἤρχοντο ἐξομολογούμενοι

19 27ª οὐ μόνον δὲ τοῦτο κινδυνεύει ἡμῖν τὸ μέρος εἰς ἀπελεγμὸν ἐλθεῖν

20 2ª (ὁ Παῦλος) διελθὼν δὲ τὰ μέρη ἐκεῖνα . . . ἦλθεν εἰς τὴν Ἑλλάδα

20 6ªᵇᵘ ἤλθομεν πρὸς αὐτοὺς εἰς τὴν Τρῳάδα ἄχρι ἡμερῶν πέντε

Ac 20 14ᵃ ἀναλαβόντες αὐτὸν ἤλθομεν εἰς Μιτυλήνην

20 15ᵃ τῇ δὲ ([VS]; —Bς) ἐχομένῃ ἤλθομεν εἰς Μίλητον

21 1ᵃ εὐθυδρομήσαντες ἤλθομεν εἰς τὴν Κῶ

21 8ᵃ τῇ δὲ ἐπαύριον ἐξελθόντες ἤλθομεν (οἱ περὶ τὸν Παῦλον ἦλθον ς) εἰς Καισάρειαν

21 11ᵇ ⟨προφήτης⟩ ἐλθὼν πρὸς ἡμᾶς καὶ ἄρας τὴν ζώνην τοῦ Παύλου ... εἶπεν

21 22 πάντως (+δεῖ συνελθεῖν πλῆθος V[S]Tς) ἀκούσονται (+γὰρ V[S]Tς) ὅτι ἐλήλυθας

22 11ᵃ χειραγωγούμενος ὑπὸ τῶν συνόντων μοι ἦλθον εἰς Δαμασκόν

22 13ᵇ ⟨Ἀνανίας δέ τις⟩ ἐλθὼν πρός με (ἐμὲ NTH) καὶ ἐπιστὰς εἶπέν μοι

22 30 * τῇ δὲ ἐπαύριον ... ἐκέλευσεν ἐλθεῖν (ς; συν- rl) τοὺς ἀρχιερεῖς καὶ πᾶν τὸ συνέδριον

24 8ᶜ * | κελεύσας τοὺς κατηγόρους αὐτοῦ ἔρχεσθαι ἐπὶ σέ (..+ς)

25 23ⁿ τῇ οὖν ἐπαύριον ἐλθόντος τοῦ Ἀγρίππα καὶ τῆς Βερνίκης μετὰ πολλῆς φαντασίας

27 8ᵃ ἤλθομεν εἰς τόπον τινὰ καλούμενον Καλοὺς λιμένας

28 13ᵃ μετὰ μίαν ἡμέραν ... δευτεραῖοι ἤλθομεν εἰς Ποτιόλους

28 14ᵃ οὕτως εἰς τὴν Ῥώμην ἤλθαμεν. ↔

28 15ᵃᵘ κἀκεῖθεν οἱ ἀδελφοὶ ἀκούσαντες ... ἦλθαν ([ἐξ]ἦλθον S; ἐξῆλθον ς) εἰς ἀπάντησιν ἡμῖν ἄχρι Ἀππίου φόρου

28 16ᵃ * ὅτε δὲ ἤλθομεν (ς; εἰσ- rl) εἰς (+ τὴν T) Ῥώμην

28 23ᵃᵇ ταξάμενοι δὲ αὐτῷ ἡμέραν ἦλθον (ἧκον VSς) πρὸς αὐτὸν εἰς τὴν ξενίαν πλείονες

Rm 1 10ᵇ δεόμενος εἴ πως ἤδη ποτὲ εὐοδωθήσομαι ... ἐλθεῖν πρὸς ὑμᾶς

1 13ᵇ πολλάκις προεθέμην ἐλθεῖν πρὸς ὑμᾶς

3 8 ποιήσωμεν τὰ κακὰ ἵνα ἔλθη τὰ ἀγαθά

7 9 ἐλθούσης δὲ τῆς ἐντολῆς ἡ ἁμαρτία ἀνέζησεν

9 9ᵛ κατὰ τὸν καιρὸν τοῦτον ἐλεύσομαι καὶ ἔσται τῇ Σάρρᾳ υἱός

15 22ᵇ διὸ καὶ ἐνεκοπτόμην τὰ πολλὰ τοῦ ἐλθεῖν πρὸς ὑμᾶς

15 23ᵇ ἐπιποθίαν δὲ ἔχων τοῦ ἐλθεῖν πρὸς ὑμᾶς ἀπὸ πολλῶν (ἱκανῶν NMV SH) ἐτῶν, ↔

15 24ᵇ * ὡς ἂν πορεύωμαι εἰς τὴν Σπανίαν | ἐλεύσομαι πρὸς ὑμᾶς (+ς)

15 29ᵇ οἶδα δὲ ὅτι ἐρχόμενος πρὸς ὑμᾶς ↔

15 29ᵍ ἐν πληρώματι εὐλογίας Χριστοῦ ἐλεύσομαι

15 32ᵇᵍ ἵνα || ἐν χαρᾷ ἔλθω (ἔλθω ς) ((~ T) πρὸς ὑμᾶς ... (+καὶ ς) συναναπαύσωμαι ὑμῖν

1 C 2 1ᵇ κἀγὼ ἐλθὼν πρὸς ὑμᾶς, ἀδελφοί, ↔

2 1 ἦλθον οὐ καθ' ὑπεροχὴν λόγου ἢ σοφίας καταγγέλλων ὑμῖν

4 5 μὴ πρὸ καιροῦ τι κρίνετε, ἕως ἂν ἔλθη ὁ κύριος

4 18ᵇ ὡς μὴ ἐρχομένου δέ μου πρὸς ὑμᾶς ἐφυσιώθησάν τινες· ↔

4 19ᵇ ἐλεύσομαι δὲ ταχέως πρὸς ὑμᾶς

4 21ᵇ ἐν ῥάβδῳ ἔλθω πρὸς ὑμᾶς, ἢ ἐν ἀγάπη ⟨;⟩

1 C 11 26 τὸν θάνατον τοῦ κυρίου καταγγέλλετε, ἄχρι οὗ ἔλθη

11 34 τὰ δὲ λοιπὰ ὡς ἂν ἔλθω διατάξομαι

13 10 ὅταν δὲ ἔλθη τὸ τέλειον, τὸ ἐκ μέρους καταργηθήσεται

14 6ᵇ ἐὰν ἔλθω πρὸς ὑμᾶς γλώσσαις λαλῶν

15 35ʰ πῶς ἐγείρονται οἱ νεκροί; ποίῳ δὲ σώματι ἔρχονται;

16 2 ἵνα μὴ ὅταν ἔλθω τότε λογεῖαι γίνωνται

16 5ᵇ ἐλεύσομαι δὲ πρὸς ὑμᾶς ὅταν Μακεδονίαν διέλθω

16 10 ἐὰν δὲ ἔλθη Τιμόθεος, βλέπετε ἵνα ἀφόβως γένηται πρὸς ὑμᾶς

16 11ᵇ προπέμψατε δὲ αὐτὸν ἐν εἰρήνῃ, ἵνα ἔλθη πρός με

16 12ᵇⁿ περὶ δὲ Ἀπολλῶ ... πολλὰ παρεκάλεσα αὐτὸν ἵνα ἔλθη πρὸς ὑμᾶς μετὰ τῶν ἀδελφῶν· ↔

16 12 καὶ πάντως οὐκ ἦν θέλημα ἵνα νῦν ἔλθη, ↔

16 12 ἐλεύσεται δὲ ὅταν εὐκαιρήσῃ

2 C 1 15ᵇ ταύτῃ τῇ πεποιθήσει ἐβουλόμην πρότερον πρὸς ὑμᾶς ἐλθεῖν

1 16ᵇᶠ ⟨ἐβουλόμην⟩ πάλιν ἀπὸ Μακεδονίας ἐλθεῖν πρὸς ὑμᾶς

1 23ᵃ ὅτι φειδόμενος ὑμῶν οὐκέτι ἦλθον εἰς Κόρινθον

2 1ᵇᵍ τὸ μὴ πάλιν ἐν λύπη πρὸς ὑμᾶς ἐλθεῖν

2 3 ἵνα μὴ ἐλθὼν λύπην σχῶ

2 12ᵃ ἐλθὼν δὲ εἰς τὴν Τρῳάδα εἰς τὸ εὐαγγέλιον τοῦ Χριστοῦ

7 5ᵃ ἐλθόντων ἡμῶν εἰς Μακεδονίαν οὐδεμίαν ἔσχηκεν ἄνεσιν ἡ σὰρξ ἡμῶν

9 4ˣ μή πως ἐὰν ἔλθωσιν σὺν ἐμοὶ Μακεδόνες ... καταισχυνθῶμεν ἡμεῖς

11 4 εἰ μὲν γὰρ ὁ ἐρχόμενος ἄλλον Ἰησοῦν κηρύσσει

11 9ᶠ τὸ γὰρ ὑστέρημά μου προσανεπλήρωσαν οἱ ἀδελφοὶ ἐλθόντες ἀπὸ Μακεδονίας

12 1ᵃ καυχᾶσθαι δεῖ, οὐ συμφέρον μέν, ἐλεύσομαι δὲ (γὰρ Sς) εἰς ὀπτασίας καὶ ἀποκαλύψεις κυρίου

12 14ᵇ ἰδοὺ τρίτον τοῦτο ([S]; —ς) ἑτοίμως ἔχω ἐλθεῖν πρὸς ὑμᾶς

12 20 φοβοῦμαι γὰρ μή πως ἐλθὼν οὐχ οἵους θέλω εὕρω ὑμᾶς

12 21 μὴ πάλιν | ἐλθόντος μου (-ντα με ς) ταπεινώση (-σει ST) με (—ς) ὁ θεός μου πρὸς ὑμᾶς

13 1ᵇ τρίτον τοῦτο ἔρχομαι πρὸς ὑμᾶς

13 2ᵃ ἐὰν ἔλθω εἰς τὸ πάλιν οὐ φείσομαι

G 1 21ᵃ ἔπειτα ἦλθον εἰς τὰ κλίματα τῆς Συρίας

2 11ᵃ ὅτε δὲ ἦλθεν Κηφᾶς εἰς Ἀντιόχειαν

2 12ᶠ πρὸ τοῦ γὰρ ἐλθεῖν τινας ἀπὸ Ἰακώβου μετὰ τῶν ἐθνῶν συνήσθιεν· ↔

2 12 ὅτε δὲ ἦλθον, ὑπέστελλεν

3 19 ἄχρις οὗ (ἂν NH) ἔλθη τὸ σπέρμα ᾧ ἐπήγγελται

3 23 πρὸ τοῦ δὲ ἐλθεῖν τὴν πίστιν ὑπὸ νόμον ἐφρουρούμεθα

3 25 ἐλθούσης δὲ τῆς πίστεως οὐκέτι ὑπὸ παιδαγωγόν ἐσμεν

4 4 ὅτε δὲ ἦλθεν τὸ πλήρωμα τοῦ χρόνου

E 2 17 ἐλθὼν εὐηγγελίσατο εἰρήνην ὑμῖν τοῖς μακράν

E 5 6ᶜᵐ διὰ ταῦτα γὰρ ἔρχεται ἡ ὀργὴ τοῦ θεοῦ ἐπὶ τοὺς υἱοὺς τῆς ἀπειθείας

Ph 1 12ᵃ τὰ κατ' ἐμὲ μᾶλλον εἰς προκοπὴν τοῦ εὐαγγελίου ἐλήλυθεν

1 27 ἵνα εἴτε ἐλθὼν ... εἴτε ἀπὼν ἀκούω (ἀκούσω VSς) τὰ περὶ ὑμῶν

2 24 πέποιθα δὲ ἐν κυρίῳ ὅτι καὶ αὐτὸς ταχέως ἐλεύσομαι

Cl 3 6ᶜᵐ δι' ἃ ἔρχεται ἡ ὀργὴ τοῦ θεοῦ | ἐπὶ τοὺς υἱοὺς τῆς ἀπειθείας ([N²⁶]; —NTH)

4 10ᵇ ἐὰν ἔλθη πρὸς ὑμᾶς, δέξασθε αὐτόν

1 Th 1 10 ἀναμένειν ... Ἰησοῦν τὸν ῥυόμενον ἡμᾶς ἐκ τῆς ὀργῆς τῆς ἐρχομένης

2 18ᵇ διότι ἠθελήσαμεν ἐλθεῖν πρὸς ὑμᾶς ... καὶ ἅπαξ καὶ δίς

3 6ᵇᶠ ἄρτι δὲ ἐλθόντος Τιμοθέου πρὸς ἡμᾶς ἀφ' ὑμῶν

5 2ᵍ (+ἡ MV[S]ς) ἡμέρα κυρίου ὡς κλέπτης ἐν νυκτὶ οὕτως ἔρχεται

2 Th 1 10 ὅταν ἔλθη ἐνδοξασθῆναι ἐν τοῖς ἁγίοις αὐτοῦ

2 3 ὅτι ἐὰν μὴ ἔλθη ἡ ἀποστασία πρῶτον

1 Tm 1 15ᵃ Χριστὸς Ἰησοῦς ἦλθεν εἰς τὸν κόσμον ἁμαρτωλοὺς σῶσαι

2 4ᵃ ὃς πάντας ἀνθρώπους θέλει ... εἰς ἐπίγνωσιν ἀληθείας ἐλθεῖν

3 14ᵇᵍ ταῦτά σοι γράφω ἐλπίζων ἐλθεῖν | πρὸς σὲ [H] | ἐν τάχει (τάχιον NMVTς)

4 13 ἕως ἔρχομαι πρόσεχε τῇ ἀναγνώσει

2 Tm 3 7ᵃ μηδέποτε εἰς ἐπίγνωσιν ἀληθείας ἐλθεῖν δυνάμενα

4 9ᵇ σπούδασον ἐλθεῖν πρός με ταχέως

4 13 τὸν φαιλόνην, ὃν ἀπέλιπον (-λειπον H) ... ἐρχόμενος φέρε

4 21ᵍ σπούδασον πρὸ χειμῶνος ἐλθεῖν

Tt 3 12ᵃᵇ σπούδασον ἐλθεῖν πρός με εἰς Νικόπολιν

Hb 6 7ᵈ γῆ γὰρ ἡ πιοῦσα τὸν ἐπ' αὐτῆς ἐρχόμενον πολλάκις ὑετόν ... μεταλαμβάνει εὐλογίας

8 8 ἰδοὺ ἡμέραι ἔρχονται, λέγει κύριος

10 37 ἔτι γὰρ μικρὸν ὅσον ὅσον, ὁ ἐρχόμενος ἥξει καὶ οὐ χρονίσει (-νιεῖ MVSς)

11 8 Ἀβραάμ ... ἐξῆλθεν μὴ ἐπιστάμενος ποῦ ἔρχεται

13 23 μεθ' οὗ ἐὰν τάχιον ἔρχηται ὄψομαι ὑμᾶς

2 Pt 3 3ᵈᵍ ἐλεύσονται ἐπ' ἐσχάτων τῶν ἡμερῶν || ἐν [N²⁶] ἐμπαιγμονῇ ((—ς)) ἐμπαῖκται

1 Jo 2 18 καθὼς ἠκούσατε ὅτι (+ὁ MV[S]ς) ἀντίχριστος ἔρχεται

4 2ᵍ πᾶν πνεῦμα ὃ ὁμολογεῖ Ἰησοῦν Χριστὸν ἐν σαρκὶ ἐληλυθότα

4 3ᵍ * πᾶν πνεῦμα ὃ μὴ ὁμολογεῖ τὸν Ἰησοῦν (+Χριστὸν ς) | ἐν σαρκὶ ἐληλυθότα (+[S]ς)

4 3 τοῦτό ἐστιν τὸ τοῦ ἀντιχρίστου, ὃ ἀκηκόατε ὅτι ἔρχεται

5 6ᵐ οὗτός ἐστιν ὁ ἐλθὼν δι' ὕδατος καὶ αἵματος

2 Jo 7ᵍ οἱ μὴ ὁμολογοῦντες Ἰησοῦν Χριστὸν ἐρχόμενον ἐν σαρκί

10ᵇ εἴ τις ἔρχεται πρὸς ὑμᾶς καὶ ταύτην τὴν διδαχὴν οὐ φέρει

12ᵇ * ἀλλὰ ἐλπίζω ἐλθεῖν (ς; γενέσθαι rl) πρὸς ὑμᾶς

3 Jo 3 ἐχάρην γὰρ (—T) λίαν ἐρχομένων
ἀδελφῶν καὶ μαρτυρούντων σου
τῇ ἀληθείᾳ
10 διὰ τοῦτο, ἐὰν ἔλθω, ὑπομνήσω
αὐτοῦ τὰ ἔργα

Jd 14ᵍ ἰδοὺ ἦλθεν κύριος ἐν ἁγίαις μυριά-
σιν αὐτοῦ ⟨ποιῆσαι κρίσιν⟩

Ap 1 4 χάρις ὑμῖν καὶ εἰρήνη ἀπὸ ὁ ὢν καὶ
ὁ ἦν καὶ ὁ ἐρχόμενος
1 7ⁿ ἰδοὺ ἔρχεται μετὰ τῶν νεφελῶν
1 8 ἐγώ εἰμι . . . λέγει κύριος ὁ θεός, ὁ
ὢν καὶ ὁ ἦν καὶ ὁ ἐρχόμενος
2 5ʰ εἰ δὲ μή, ἔρχομαί σοι (+ταχὺ
B[S]ς) καὶ κινήσω τὴν λυχνίαν σου
2 16ʰ εἰ δὲ μή, ἔρχομαί σοι ταχύ
3 10ᵈ κἀγώ σε τηρήσω ἐκ τῆς ὥρας τοῦ
πειρασμοῦ τῆς μελλούσης ἔρχεσθαι
ἐπὶ τῆς οἰκουμένης ὅλης
3 11 ἔρχομαι ταχύ
4 8 ἅγιος . . . ὁ θεὸς . . . ὁ ἦν καὶ ὁ ὢν
καὶ ὁ ἐρχόμενος
5 7 ἦλθεν καὶ εἴληφεν ἐκ τῆς δεξιᾶς
τοῦ καθημένου ἐπὶ τοῦ θρόνου
6 1 ἤκουσα ἑνὸς ἐκ τῶν τεσσάρων ζῴ-
ων λέγοντος ὡς φωνὴ (N²⁶T;
-νῆς ς; -νῇ rl) βροντῆς· ἔρχου (+
καὶ βλέπε ς)
6 3 ἤκουσα τοῦ δευτέρου ζῴου λέγον-
τος· ἔρχου (+καὶ βλέπε ς)
6 5 ἤκουσα τοῦ τρίτου ζῴου λέγον-
τος· ἔρχου (+καὶ βλέπε ς)
6 7 ἤκουσα φωνὴν τοῦ τετάρτου
ζῴου λέγοντος· ἔρχου (+καὶ
βλέπε ς)
6 17 ὅτι ἦλθεν ἡ ἡμέρα ἡ μεγάλη τῆς
ὀργῆς αὐτῶν (αὐτοῦ Bς)
7 13 οὗτοι οἱ περιβεβλημένοι τὰς στο-
λὰς . . . τίνες εἰσὶν καὶ πόθεν
ἦλθον;
7 14ᵏ οὗτοί εἰσιν οἱ ἐρχόμενοι ἐκ τῆς
θλίψεως τῆς μεγάλης
8 3 καὶ ἄλλος ἄγγελος ἦλθεν καὶ
ἐστάθη
9 12ᵖ ἰδοὺ ἔρχεται (ἔρχονται ς) ἔτι δύο
οὐαὶ μετὰ ταῦτα
11 14 ἰδοὺ ἡ οὐαὶ ἡ τρίτη ἔρχεται ταχύ
11 17 * εὐχαριστοῦμέν σοι . . . ὁ ὢν
καὶ ὁ ἦν | καὶ ὁ ἐρχόμενος (+ς)
11 18 ἦλθεν ἡ ὀργή σου καὶ ὁ καιρὸς
τῶν νεκρῶν κριθῆναι
14 7 φοβήθητε τὸν θεὸν . . . ὅτι ἦλθεν
ἡ ὥρα τῆς κρίσεως αὐτοῦ
14 15ʰ θέρισον, ὅτι ἦλθεν (+σοι ς) ἡ ὥρα
θερίσαι
16 15 ἰδοὺ ἔρχομαι ὡς κλέπτης
17 1 ἦλθεν εἷς ἐκ τῶν ἑπτὰ ἀγγέλων
τῶν ἐχόντων τὰς ἑπτὰ φιάλας
17 10 οἱ πέντε ἔπεσαν, ὁ εἷς ἔστιν, ὁ
ἄλλος οὔπω ἦλθεν, ↔
17 10 καὶ ὅταν ἔλθῃ ὀλίγον αὐτὸν δεῖ
μεῖναι
18 10ᵍʰ οὐαὶ οὐαί, ἡ . . . Βαβυλὼν . . . ὅτι
| μιᾷ ὥρᾳ (μίαν ὥραν B; ἐν μ. ὤ.
ς) ἦλθεν ἡ κρίσις σου
19 7 χαίρωμεν . . . ὅτι ἦλθεν ὁ γάμος
τοῦ ἀρνίου
21 9ᵇ ἦλθεν (+πρός με ς) εἷς ἐκ τῶν
ἑπτὰ ἀγγέλων τῶν ἐχόντων τὰς
ἑπτὰ φιάλας
22 7 ἰδοὺ ἔρχομαι ταχύ
22 12 ἰδοὺ ἔρχομαι ταχύ
22 17 τὸ πνεῦμα καὶ ἡ νύμφη λέγουσιν·
ἔρχου (ἐλθέ ς). ↔
22 17 καὶ ὁ ἀκούων εἰπάτω· ἔρχου
(ἐλθέ ς). ↔

Ap 22 17 καὶ ὁ διψῶν ἐρχέσθω (ἐλθέτω ς)
22 20 ναί, ἔρχομαι ταχύ. ↔
22 20 ἀμήν, ἔρχου κύριε Ἰησοῦ

ἐρῶ
→ λέγω

ἐρωτάω
  δι-   ἐπ-
ᵃ c. inf.
ᵇ seq. ἵνα
ᶜ seq. ὅπως
ᵈ ἐ. τινά τι
ᵉ ἐ. περί τινος
ᶠ ἐ. ὑπέρ τινος

Mt 15 23 προσελθόντες οἱ μαθηταὶ αὐτοῦ ἠ-
ρώτουν (-των NVBSς) αὐτὸν
λέγοντες
16 13 ἐλθὼν δὲ ὁ Ἰησοῦς . . . ἠρώτα τοὺς
μαθητὰς αὐτοῦ λέγων
19 17ᵈᵉ τί με | ἐρωτᾷς περὶ τοῦ ἀγαθοῦ
(λέγεις ἀγαθόν ς);
21 24ᵈ ἐρωτήσω ὑμᾶς κἀγὼ λόγον ἕνα

Mc 4 10ᵈ ἠρώτων (-τουν T; -τησαν ς) αὐτὸν
οἱ περὶ αὐτὸν . . . | τὰς παραβολὰς
(τὴν π-λήν Sς)
7 26ᵇ ἠρώτα αὐτὸν ἵνα τὸ δαιμόνιον
ἐκβάλῃ ἐκ τῆς θυγατρὸς αὐτῆς
8 5 ἠρώτα (ἐπ- BSς) αὐτούς· πόσους
ἔχετε ἄρτους;
12 14 * καὶ (οἱ δὲ VSς) ἐλθόντες | ἤρξαν-
το ἐρωτᾶν αὐτὸν ἐν δόλῳ λέγοντες
(S; λέγουσιν αὐτῷ rl)

Lc 4 38ᵉ ἠρώτησαν αὐτὸν περὶ αὐτῆς
5 3ᵃ ἠρώτησεν αὐτὸν ἀπὸ τῆς γῆς ἐπ-
αναγαγεῖν ὀλίγον
7 3ᶜ ἀπέστειλεν . . . πρεσβυτέρους . . .
ἐρωτῶν αὐτὸν ὅπως ἐλθὼν δια-
σώσῃ τὸν δοῦλον αὐτοῦ. ↔
7 4 * οἱ δὲ παραγενόμενοι πρὸς τὸν
Ἰησοῦν ἠρώτων (ST; παρεκάλουν
rl) αὐτὸν σπουδαίως
7 36ᵇ ἠρώτα δέ τις αὐτὸν τῶν Φαρισαίων
ἵνα φάγῃ μετ᾽ αὐτοῦ
8 37ᵃ ἠρώτησεν (-σαν Tς) αὐτὸν ἅπαν
τὸ πλῆθος . . . ἀπελθεῖν ἀπ᾽ αὐτῶν
9 45ᵉ ἐφοβοῦντο ἐρωτῆσαι αὐτὸν περὶ
τοῦ ῥήματος τούτου
11 37ᶜ ἐν δὲ τῷ λαλῆσαι ἐρωτᾷ (ἠρώτα ς)
αὐτὸν Φαρισαῖος (+τις Vς) ὅπως
ἀριστήσῃ παρ᾽ αὐτῷ
14 18 ἐρωτῶ σε, ἔχε με παρῃτημένον
14 19 ἐρωτῶ σε, ἔχε με παρῃτημένον
14 32 πρεσβείαν ἀποστείλας ἐρωτᾷ τὰ
(—H) πρὸς εἰρήνην
16 27ᵇ ἐρωτῶ | σε οὖν (~ VBSTς), πάτερ,
ἵνα πέμψῃς αὐτὸν
19 31 ἐὰν τις ὑμᾶς ἐρωτᾷ· διὰ τί λύετε;
20 3ᵈ ἐρωτήσω ὑμᾶς κἀγὼ λόγον
22 68 ἐὰν δὲ (+καὶ VBς) ἐρωτήσω, οὐ
μὴ ἀποκριθῆτε (+μοι ἢ ἀπολύσητε
Vς; +μοι B)
23 3 ὁ δὲ Πιλᾶτος ἠρώτησεν (ἐπ- Vς)
αὐτὸν λέγων

Jo 1 19 ὅτε ἀπέστειλαν . . . Λευίτας ἵνα
ἐρωτήσωσιν αὐτόν· σὺ τίς εἶ;
1 21 ἠρώτησαν αὐτόν· τί οὖν;
1 25 ἠρώτησαν αὐτὸν καὶ εἶπαν αὐτῷ·
τί οὖν βαπτίζεις ⟨;⟩
4 31 ἐν τῷ μεταξὺ ἠρώτων αὐτὸν οἱ
μαθηταὶ λέγοντες
4 40ᵃ οἱ Σαμαρῖται, ἠρώτων αὐτὸν
μεῖναι παρ᾽ αὐτοῖς
4 47ᵇ ἠρώτα ἵνα καταβῇ καὶ ἰάσηται
αὐτοῦ τὸν υἱόν
5 12 ἠρώτησαν (+οὖν MV[S]ς) αὐ-
τόν· τίς ἐστιν ὁ ἄνθρωπος ⟨;⟩

Jo [8 7] ὡς δὲ ἐπέμενον ἐρωτῶντες αὐτὸν
[H]
9 2 ἠρώτησαν αὐτὸν οἱ μαθηταὶ αὐ-
τοῦ λέγοντες
9 15 πάλιν οὖν ἠρώτων αὐτὸν καὶ οἱ
Φαρισαῖοι πῶς ἀνέβλεψεν
9 19 ⟨ἕως ὅτου ἐφώνησαν⟩ καὶ ἠρώτη-
σαν αὐτοὺς λέγοντες
9 21 αὐτὸν ἐρωτήσατε, ἡλικίαν ἔχει
9 23 * διὰ τοῦτο . . . εἶπαν ὅτι ἡλικίαν
ἔχει, αὐτὸν ἐρωτήσατε (ς; ἐπ- rl)
12 21 προσῆλθον Φιλίππῳ . . . καὶ
ἠρώτων αὐτὸν λέγοντες
14 16 κἀγὼ ἐρωτήσω τὸν πατέρα
16 5 οὐδεὶς ἐξ ὑμῶν ἐρωτᾷ με· ποῦ
ὑπάγεις;
16 19 ἔγνω (+οὖν Vς) ὁ (+[N²⁶] VBSς)
Ἰησοῦς ὅτι ἤθελον αὐτὸν ἐρωτᾶν
16 23ᵈ ἐν ἐκείνῃ τῇ ἡμέρᾳ ἐμὲ οὐκ ἐρωτή-
σετε οὐδέν
16 26ᵉ οὐ λέγω ὑμῖν ὅτι ἐγὼ ἐρωτήσω
τὸν πατέρα περὶ ὑμῶν
16 30 νῦν οἴδαμεν ὅτι . . . οὐ χρείαν ἔχεις
ἵνα τίς σε ἐρωτᾷ
17 9ᵉ ἐγὼ περὶ αὐτῶν ἐρωτῶ· ↔
17 9ᵉ οὐ περὶ τοῦ κόσμου ἐρωτῶ, ἀλλὰ
περὶ ὧν δέδωκάς μοι
17 15ᵇ οὐκ ἐρωτῶ ἵνα ἄρῃς αὐτοὺς ἐκ τοῦ
κόσμου
17 20ᵉ οὐ περὶ τούτων δὲ ἐρωτῶ μόνον
18 19ᵉ ὁ οὖν ἀρχιερεὺς ἠρώτησεν τὸν
Ἰησοῦν περὶ τῶν μαθητῶν αὐτοῦ
18 21ᵈ τί με ἐρωτᾷς (ἐπ- Sς); ↔
18 21ᵈ ἐρώτησον (ἐπ- ς) τοὺς ἀκηκοότας
τί ἐλάλησα αὐτοῖς
19 31ᵇ οἱ οὖν Ἰουδαῖοι . . . ἠρώτησαν τὸν
Πιλᾶτον ἵνα κατεαγῶσιν αὐτῶν τὰ
σκέλη
19 38ᵇ ἠρώτησεν τὸν Πιλᾶτον Ἰωσὴφ ὁ
([N²⁶S]; —NH) ἀπὸ Ἁριμαθαίας
. . . ἵνα ἄρῃ τὸ σῶμα τοῦ Ἰησοῦ

Ac 1 6 οἱ μὲν οὖν συνελθόντες ἠρώτων
(ἐπ- ς) αὐτὸν λέγοντες
3 3ᵃ ὃς ἰδὼν Πέτρον καὶ Ἰωάννην . . .
ἠρώτα ἐλεημοσύνην λαβεῖν
10 48ᵃ τότε ἠρώτησαν αὐτὸν ἐπιμεῖναι
ἡμέρας τινάς
16 39ᵃ ἐξαγαγόντες ἠρώτων ἀπελθεῖν ἀπὸ
τῆς πόλεως
18 20ᵃ ἐρωτώντων δὲ αὐτῶν ἐπὶ πλείονα
χρόνον μεῖναι οὐκ ἐπένευσεν
23 18ᵃ ὁ δέσμιος Παῦλος . . . ἠρώτησεν
τοῦτον τὸν νεανίσκον (νεανίαν Hς)
ἀγαγεῖν πρὸς σέ
23 20ᶜ οἱ Ἰουδαῖοι συνέθεντο τοῦ ἐρωτῆ-
σαί σε ὅπως αὔριον τὸν Παῦλον
καταγάγῃς εἰς τὸ συνέδριον

Ph 4 3 ναὶ ἐρωτῶ καὶ σέ, γνήσιε σύζυγε,
συλλαμβάνου αὐταῖς

1 Th 4 1ᵇ λοιπὸν οὖν (—H), ἀδελφοί, ἐρω-
τῶμεν ὑμᾶς καὶ παρακαλοῦμεν . . .
ἵνα περισσεύητε μᾶλλον
5 12ᵃ ἐρωτῶμεν δὲ ὑμᾶς, ἀδελφοί, εἰδέναι
τοὺς κοπιῶντας ἐν ὑμῖν

2 Th 2 1ᶠ ἐρωτῶμεν δὲ ὑμᾶς, ἀδελφοί, ὑπὲρ
τῆς παρουσίας τοῦ κυρίου ἡμῶν
[NH]

1 Jo 5 16ᵉ οὐ περὶ ἐκείνης λέγω ἵνα ἐρωτήσῃ
2 Jo 5ᵇ καὶ νῦν ἐρωτῶ σε, κυρία . . . ἵνα
ἀγαπῶμεν ἀλλήλους

ἐσθής
ᵃ ἐ. λαμπρά

Lc 23 11ᵃ περιβαλὼν ἐσθῆτα λαμπρὰν ἀν-
έπεμψεν αὐτὸν τῷ Πιλάτῳ

Lc 24 4 ἰδοὺ ἄνδρες δύο ἐπέστησαν αὐταῖς ἐν | ἐσθῆτι ἀστραπτούσῃ (ἐσθήσε-σιν ἀ-σαις VSς)

Ac 1 10 ἰδοὺ ἄνδρες δύο παρειστήκεισαν αὐτοῖς ἐν | ἐσθήσεσι λευκαῖς (-ῆτι -κῇ ς)

10 30a ἰδοὺ ἀνὴρ ἔστη ἐνώπιόν μου ἐν ἐσθῆτι λαμπρᾷ

12 21 τακτῇ δὲ ἡμέρᾳ ὁ [H] Ἡρῴδης ἐνδυσάμενος ἐσθῆτα βασιλικὴν ... ἐδημηγόρει πρὸς αὐτούς

Jc 2 2a ἐὰν γὰρ εἰσέλθῃ εἰς συναγωγὴν ὑμῶν ἀνὴρ χρυσοδακτύλιος ἐν ἐσθῆτι λαμπρᾷ, ↔

2 2 εἰσέλθῃ δὲ καὶ πτωχὸς ἐν ῥυπαρᾷ ἐσθῆτι, ↔

2 3a | ἐπιβλέψητε δὲ (καὶ ἐ. Tς) ἐπὶ τὸν φοροῦντα τὴν ἐσθῆτα τὴν λαμπράν

ἐσθίω, ἔσθω
κατ-   συν-
a ἐ. et πίνω
b ἐ. (τὸν) ἄρτον, (τοὺς) ἄρτους
c ἐ. ἐκ τοῦ ἄρτου
d ἐ. τὸ πάσχα
e ἐ. εἰδωλόθυτον

Mt 6 25a μὴ μεριμνᾶτε τῇ ψυχῇ ὑμῶν τί φάγητε || ἢ (καὶ VSς) τί πίητε (([N26NH]; —T))

6 31a μὴ οὖν μεριμνήσητε λέγοντες· τί φάγωμεν; ἤ· τί πίωμεν;

9 11 διὰ τί μετὰ τῶν τελωνῶν καὶ ἁμαρτωλῶν ἐσθίει ὁ διδάσκαλος ὑμῶν;

11 18a ἦλθεν γὰρ Ἰωάννης μήτε ἐσθίων μήτε πίνων

11 19a ἦλθεν ὁ υἱὸς τοῦ ἀνθρώπου ἐσθίων καὶ πίνων

12 1 ἤρξαντο τίλλειν στάχυας καὶ ἐσθίειν

12 4b πῶς ... τοὺς ἄρτους τῆς προθέ-σεως ἔφαγεν (-γεν MVBSς), ↔

12 4b ὃ (οὓς MVSς) οὐκ ἐξὸν ἦν αὐτῷ φαγεῖν ... εἰ μὴ τοῖς ἱερεῦσιν μόνοις;

14 16 δότε αὐτοῖς ὑμεῖς φαγεῖν

14 20 ἔφαγον πάντες καὶ ἐχορτάσθησαν

14 21 οἱ δὲ ἐσθίοντες ἦσαν ἄνδρες ὡσεὶ πεντακισχίλιοι

15 2b οὐ γὰρ νίπτονται τὰς χεῖρας αὐ-τῶν (+[N26]VBSς) ὅταν ἄρτον ἐσθίωσιν

15 20 τὸ δὲ ἀνίπτοις χερσὶν φαγεῖν οὐ κοινοῖ τὸν ἄνθρωπον

15 27 καὶ γὰρ [H] τὰ κυνάρια ἐσθίει ἀπὸ τῶν ψιχίων

15 32 σπλαγχνίζομαι ἐπὶ τὸν ὄχλον, ὅτι ... οὐκ ἔχουσιν τί φάγωσιν

15 37 ἔφαγον πάντες καὶ ἐχορτάσθησαν

15 38 οἱ δὲ ἐσθίοντες ἦσαν (+ὡς [M]S) τετρακισχίλιοι ἄνδρες

24 49a ⟨ἐὰν⟩ ἄρξηται τύπτειν ... ἐσθίῃ (ἐσθίειν ς) δὲ καὶ πίνῃ (πίνειν ς) μετὰ τῶν μεθυόντων

25 35 ἐπείνασα γὰρ καὶ ἐδώκατέ μοι φαγεῖν

25 42 ἐπείνασα γὰρ καὶ οὐκ ἐδώκατέ μοι φαγεῖν

26 17d ποῦ θέλεις ἑτοιμάσωμέν σοι φαγεῖν τὸ πάσχα;

26 21 ἐσθιόντων αὐτῶν εἶπεν

26 26 ἐσθιόντων δὲ αὐτῶν λαβὼν ὁ Ἰησοῦς (+τὸν VSς) ἄρτον ... ἔκλασεν ↔

26 26a καὶ δοὺς τοῖς μαθηταῖς εἶπεν· λά-βετε φάγετε· τοῦτό ἐστιν τὸ σῶμά μου

Mc 1 6 | καὶ ἦν ὁ (ἦν δὲ Sς) Ἰωάννης ... ἐσθίων (ἔσθων NMVTH) ἀκρίδας καὶ μέλι ἄγριον

2 16 ἰδόντες | ὅτι ἐσθίει (ὅ. ἤσθιεν BST; αὐτὸν | ἐσθίοντα Vς) μετὰ τῶν | ἁμαρτωλῶν καὶ τελωνῶν (~Tς)

2 16a (+τί MVSς) ὅτι μετὰ τῶν τελω-νῶν καὶ ἁμαρτωλῶν ἐσθίει (+καὶ πίνει MVSTς);

2 26b πῶς [NH] ... τοὺς ἄρτους τῆς προθέσεως ἔφαγεν, ↔

2 26b οὓς οὐκ ἔξεστιν φαγεῖν εἰ μὴ | τοὺς ἱερεῖς (τοῖς ἱερεῦσιν MVBSς) ⟨;⟩

3 20b ὥστε μὴ δύνασθαι αὐτοὺς μηδὲ (μήτε Tς) ἄρτον φαγεῖν

5 43 εἶπεν δοθῆναι αὐτῇ φαγεῖν

6 31 ἦσαν γὰρ οἱ ἐρχόμενοι ... πολλοί, καὶ οὐδὲ φαγεῖν εὐκαίρουν

6 36 ἵνα ἀπελθόντες ... ἀγοράσωσιν ἑαυτοῖς | τί φάγωσιν (ἄρτους· τί γὰρ φ. οὐκ ἔχουσιν ς)

6 37 δότε αὐτοῖς ὑμεῖς φαγεῖν

6 37a ἀπελθόντες ἀγοράσωμεν ... ἄρ-τους, καὶ δώσομεν (-σωμεν MBST; δῶμεν ς) αὐτοῖς φαγεῖν

6 42 ἔφαγον πάντες καὶ ἐχορτάσθησαν

6 44 ἦσαν οἱ φαγόντες | τοὺς ἄρτους [N26] πεντακισχίλιοι ἄνδρες

7 2b ἰδόντες τινὰς τῶν μαθητῶν αὐτοῦ ὅτι (—ς) κοιναῖς χερσίν ... ἐσθίου-σιν (ἐσθίοντας ς) τοὺς (—ς) ἄρ-τους (+ἐμέμψαντο Vς)

7 3 ἐὰν μὴ πυγμῇ (πυκνὰ T) νίψωνται τὰς χεῖρας οὐκ ἐσθίουσιν

7 4 ἀπ' ἀγορᾶς ἐὰν μὴ βαπτίσωνται (ῥαντίσ. NMVH) οὐκ ἐσθίουσιν

7 5b διὰ τί ... οἱ μαθηταί σου ... κοι-ναῖς χερσὶν ἐσθίουσιν τὸν ἄρτον;

7 28 καὶ (+γὰρ Vς) τὰ κυνάρια ... ἐσθίουσιν (ἐσθίει Vς) ἀπὸ τῶν ψιχίων τῶν παιδίων

8 1 πάλιν πολλοῦ ὄχλου ὄντος καὶ μὴ ἐχόντων τί φάγωσιν

8 2 σπλαγχνίζομαι ἐπὶ τὸν ὄχλον, ὅτι ... οὐκ ἔχουσιν τί φάγωσιν

8 8 | καὶ ἔφαγον (ἐ. δὲ Sς) καὶ ἐχορτά-σθησαν

8 9 * ἦσαν δὲ | οἱ φαγόντες (+ς) ὡς τετρακισχίλιοι

11 14 μηκέτι εἰς τὸν αἰῶνα ἐκ σοῦ μηδεὶς καρπὸν φάγοι

14 12d ποῦ θέλεις ἀπελθόντες ἑτοιμάσωμεν ἵνα φάγῃς τὸ πάσχα;

14 14d ποῦ ἐστιν τὸ κατάλυμά μου, ὅπου τὸ πάσχα μετὰ τῶν μαθητῶν μου φάγω;

14 18 ἀνακειμένων αὐτῶν καὶ ἐσθιόντων ὁ Ἰησοῦς εἶπεν

14 18 εἷς ἐξ ὑμῶν παραδώσει με, ὁ ἐσθίων μετ' ἐμοῦ

14 22 ἐσθιόντων αὐτῶν λαβὼν (+ὁ Ἰησοῦς V[S]ς) ἄρτον εὐλογήσας ἔκλασεν

14 22 * λάβετε φάγετε (+ς)· τοῦτό ἐστιν τὸ σῶμά μου

Lc 4 2 οὐκ ἔφαγεν οὐδὲν ἐν ταῖς ἡμέραις ἐκείναις

5 30a διὰ τί μετὰ τῶν τελωνῶν καὶ ἁμαρτωλῶν ἐσθίετε καὶ πίνετε;

5 33a (+διὰ τί Vς) οἱ μαθηταὶ Ἰωάννου νηστεύουσιν ... οἱ δὲ σοὶ ἐσθίουσιν καὶ πίνουσιν

6 1 ἔτιλλον οἱ μαθηταὶ αὐτοῦ | καὶ ἤσθιον τοὺς στάχυας (~Tς)

Lc 6 4b ὡς [N26H] ... τοὺς ἄρτους τῆς προθέσεως λαβὼν (ἔλαβεν καὶ STς) ἔφαγεν

6 4b οὓς οὐκ ἔξεστιν φαγεῖν εἰ μὴ μόνους τοὺς ἱερεῖς

7 33ab ἐλήλυθεν γὰρ Ἰωάννης ... μὴ (μήτε Vς) || ἐσθίων (ἔσθων H) ἄρ-τον ((~VSς)) μήτε (μηδὲ T) | πίνων οἶνον (~VSς)

7 34a ἐλήλυθεν ὁ υἱὸς τοῦ ἀνθρώπου ἐσθίων (ἔσθων H) καὶ πίνων

7 36 ἠρώτα δέ τις αὐτὸν τῶν Φαρισαί-ων ἵνα φάγῃ μετ' αὐτοῦ

8 55 διέταξεν αὐτῇ δοθῆναι φαγεῖν

9 13 δότε αὐτοῖς | ὑμεῖς φαγεῖν (~NM TH)

9 17 ἔφαγον καὶ ἐχορτάσθησαν πάντες

10 7a μένετε, ἐσθίοντες (ἔσθοντες NTH) καὶ πίνοντες τὰ παρ' αὐτῶν

10 8 εἰς ἣν ἂν πόλιν ... δέχωνται ὑμᾶς, ἐσθίετε τὰ παρατιθέμενα ὑμῖν

12 19a ψυχή, ἔχεις πολλὰ ἀγαθὰ | κείμενα εἰς ἔτη πολλά· ἀναπαύου, φάγε, πίε [H], εὐφραίνου

12 22 μὴ μεριμνᾶτε τῇ ψυχῇ τί φάγητε

12 29a ὑμεῖς μὴ ζητεῖτε τί φάγητε καὶ τί πίητε

12 45a ἐὰν ... ἄρξηται ... ἐσθίειν τε καὶ πίνειν καὶ μεθύσκεσθαι

13 26a ἐφάγομεν ἐνώπιόν σου καὶ ἐπίομεν

14 1b ἐγένετο ἐν τῷ ἐλθεῖν αὐτὸν εἰς οἶκόν τινος τῶν ἀρχόντων ... σαββάτῳ φαγεῖν ἄρτον

14 15b μακάριος ὅστις φάγεται ἄρτον ἐν τῇ βασιλείᾳ τοῦ θεοῦ

15 16 ἐκ (ἀπὸ VBTς) τῶν κερατίων ὧν ἤσθιον οἱ χοῖροι

15 23 φέρετε τὸν μόσχον τὸν σιτευτόν, θύσατε, καὶ φαγόντες εὐφρανθῶμεν

17 8a περιζωσάμενος διακόνει μοι ἕως φάγω καὶ πίω, ↔

17 8a καὶ μετὰ ταῦτα φάγεσαι καὶ πίεσαι σύ

17 27a ⟨ἐν ταῖς ἡμέραις Νῶε⟩ ἤσθιον, ἔπινον, ἐγάμουν, ἐγαμίζοντο

17 28 ὁμοίως ... ἐν ταῖς ἡμέραις Λώτ· ἤσθιον, ἔπινον, ἠγόραζον

22 8d πορευθέντες ἑτοιμάσατε ἡμῖν τὸ πάσχα, ἵνα φάγωμεν

22 11d ποῦ ἐστιν τὸ κατάλυμα ὅπου τὸ πάσχα μετὰ τῶν μαθητῶν μου φάγω;

22 15a ἐπιθυμίᾳ ἐπεθύμησα τοῦτο τὸ πάσχα φαγεῖν μεθ' ὑμῶν πρὸ τοῦ με παθεῖν

22 16d (+οὐκέτι NMVTς) οὐ μὴ φάγω αὐτὸ (ἐξ αὐτοῦ ς) ἕως ὅτου πλη-ρωθῇ

22 30a ἵνα ἔσθητε (ἐσθίητε VBSς) καὶ πίνητε ἐπὶ τῆς τραπέζης μου ἐν τῇ βασιλείᾳ μου

24 43 λαβὼν ἐνώπιον αὐτῶν ἔφαγεν

Jo 4 31 ἐν τῷ μεταξὺ ἠρώτων αὐτὸν οἱ μαθηταὶ λέγοντες· ῥαββί, φάγε

4 32 ἐγὼ βρῶσιν ἔχω φαγεῖν ἣν ὑμεῖς οὐκ οἴδατε

4 33 μή τις ἤνεγκεν αὐτῷ φαγεῖν;

6 5b πόθεν ἀγοράσωμεν ἄρτους ἵνα φάγωσιν οὗτοι

6 23b ἐγγὺς τοῦ τόπου ὅπου ἔφαγον τὸν ἄρτον εὐχαριστήσαντος τοῦ κυ-ρίου

6 26c ἀλλ' ὅτι ἐφάγετε ἐκ τῶν ἄρτων καὶ ἐχορτάσθητε

Jo 6 31 οἱ πατέρες ἡμῶν τὸ μάννα ἔφαγον ἐν τῇ ἐρήμῳ
6 31ᵇ ἄρτον ἐκ τοῦ οὐρανοῦ ἔδωκεν αὐτοῖς φαγεῖν
6 49 οἱ πατέρες ὑμῶν ἔφαγον | ἐν τῇ ἐρήμῳ τὸ μάννα (~ Vϛ) καὶ ἀπέθανον· ↔
6 50ᶜ οὗτός ἐστιν ὁ ἄρτος ... ἵνα τις ἐξ αὐτοῦ φάγῃ καὶ μὴ ἀποθάνῃ
6 51ᵉ ἐάν τις φάγῃ ἐκ | τούτου τοῦ (τοῦ ἐμοῦ T) ἄρτου, ζήσει εἰς τὸν αἰῶνα
6 52 πῶς δύναται | οὗτος ἡμῖν (~ T) δοῦναι τὴν σάρκα αὐτοῦ [+N²⁶H] φαγεῖν;
6 53ᵃ ἐὰν μὴ φάγητε τὴν σάρκα τοῦ υἱοῦ τοῦ ἀνθρώπου καὶ πίητε αὐτοῦ τὸ αἷμα
6 58 οὐ καθὼς ἔφαγον οἱ πατέρες (+ ὑμῶν τὸ μάννα Vϛ; +ὑμῶν [S]) καὶ ἀπέθανον
18 28ᵈ ἵνα μὴ μιανθῶσιν ἀλλὰ φάγωσιν τὸ πάσχα

Ac 9 9ᵃ ⟨Σαῦλος⟩ ἦν ... μὴ βλέπων, καὶ οὐκ ἔφαγεν οὐδὲ ἔπιεν
10 13 ἀναστάς, Πέτρε, θῦσον καὶ φάγε
10 14 ὅτι οὐδέποτε ἔφαγον πᾶν κοινὸν καὶ ἀκάθαρτον
11 7 ἀναστάς, Πέτρε, θῦσον καὶ φάγε
23 12ᵃ ἀνεθεμάτισαν ἑαυτούς, λέγοντες μήτε φαγεῖν μήτε πιεῖν ἕως οὗ ἀποκτείνωσιν τὸν Παῦλον
23 21ᵃ οἵτινες ἀνεθεμάτισαν ἑαυτοὺς μήτε φαγεῖν μήτε πιεῖν ἕως οὗ ἀνέλωσιν αὐτόν
27 35ᵇ λαβὼν ἄρτον εὐχαρίστησεν ... καὶ κλάσας ἤρξατο ἐσθίειν

Rm 14 2 ὃς μὲν πιστεύει φαγεῖν πάντα, ↔
14 2 ὁ δὲ ἀσθενῶν λάχανα ἐσθίει. ↔
14 3 ὁ ἐσθίων ↔
14 3 τὸν μὴ ἐσθίοντα μὴ ἐξουθενείτω, ↔
14 3 ὁ δὲ μὴ ἐσθίων ↔
14 3 τὸν ἐσθίοντα μὴ κρινέτω
14 6 ὁ ἐσθίων ↔
14 6 κυρίῳ ἐσθίει, εὐχαριστεῖ γὰρ τῷ θεῷ· ↔
14 6 καὶ ὁ μὴ ἐσθίων ↔
14 6 κυρίῳ οὐκ ἐσθίει, καὶ εὐχαριστεῖ τῷ θεῷ
14 20 ἀλλὰ κακὸν τῷ ἀνθρώπῳ τῷ διὰ προσκόμματος ἐσθίοντι. ↔
14 21ᵃ καλὸν τὸ μὴ φαγεῖν κρέα μηδὲ πιεῖν οἶνον
14 23 ὁ δὲ διακρινόμενος ἐὰν φάγῃ κατακέκριται

1 C 8 7ᵉ τινὲς δὲ ... ἕως ἄρτι τοῦ εἰδώλου ὡς εἰδωλόθυτον ἐσθίουσιν
8 8 οὔτε (+γὰρ Vϛ) ἐὰν μὴ (—VTϛ) φάγωμεν ὑστερούμεθα (περισσεύομεν VTϛ), ↔
8 8 οὔτε ἐὰν (+μὴ VTϛ) φάγωμεν περισσεύομεν (ὑστερούμεθα VTϛ)
8 10ᵉ οὐχὶ ἡ συνείδησις αὐτοῦ ... οἰκοδομηθήσεται εἰς τὸ τὰ εἰδωλόθυτα ἐσθίειν;
8 13 οὐ μὴ φάγω κρέα εἰς τὸν αἰῶνα
9 4ᵃ μὴ οὐκ ἔχομεν ἐξουσίαν φαγεῖν καὶ πεῖν;
9 7 τίς φυτεύει ἀμπελῶνα καὶ | τὸν καρπὸν (ἐκ τοῦ -οῦ ϛ) αὐτοῦ οὐκ ἐσθίει;
9 7 ἢ [H] τίς ... ἐκ τοῦ γάλακτος τῆς ποίμνης οὐκ ἐσθίει;
9 13 οἱ τὰ ἱερὰ ἐργαζόμενοι τὰ ([N²⁶]; —ϛ) ἐκ τοῦ ἱεροῦ ἐσθίουσιν

1 C 10 3 πάντες | τὸ αὐτὸ [H] πνευματικὸν βρῶμα ἔφαγον
10 7ᵃ ἐκάθισεν ὁ λαὸς φαγεῖν καὶ πεῖν
10 18 οὐχ (οὐχὶ VBSϛ) οἱ ἐσθίοντες τὰς θυσίας κοινωνοὶ τοῦ θυσιαστηρίου εἰσίν;
10 25 πᾶν τὸ ἐν μακέλλῳ πωλούμενον ἐσθίετε μηδὲν ἀνακρίνοντες
10 27 πᾶν τὸ παρατιθέμενον ὑμῖν ἐσθίετε μηδὲν ἀνακρίνοντες διὰ τὴν συνείδησιν
10 28 τοῦτο ἱερόθυτόν ἐστιν, μὴ ἐσθίετε δι' ἐκεῖνον τὸν μηνύσαντα καὶ τὴν συνείδησιν
10 31ᵃ εἴτε οὖν ἐσθίετε εἴτε πίνετε εἴτε τι ποιεῖτε
11 20 συνερχομένων οὖν ὑμῶν ... οὐκ ἔστιν κυριακὸν δεῖπνον φαγεῖν· ↔
11 21 ἕκαστος γὰρ τὸ ἴδιον δεῖπνον προλαμβάνει ἐν τῷ φαγεῖν
11 22ᵃ μὴ γὰρ οἰκίας οὐκ ἔχετε εἰς τὸ ἐσθίειν καὶ πίνειν;
11 24 * εὐχαριστήσας ἔκλασεν καὶ εἶπεν, | λάβετε, φάγετε (+ϛ)
11 26ᵃᵇ ὁσάκις γὰρ ἐὰν ἐσθίητε τὸν ἄρτον τοῦτον καὶ τὸ ποτήριον πίνητε
11 27ᵃᵇ ὥστε ὃς ἂν ἐσθίῃ τὸν ἄρτον ἢ πίνῃ τὸ ποτήριον τοῦ κυρίου ἀναξίως
11 28ᵃᶜ δοκιμαζέτω δὲ ἄνθρωπος ἑαυτόν, καὶ οὕτως ἐκ τοῦ ἄρτου ἐσθιέτω καὶ ἐκ τοῦ ποτηρίου πινέτω· ↔
11 29ᵃ ὁ γὰρ ἐσθίων καὶ πίνων ↔
11 29ᵃ κρίμα ἑαυτῷ ἐσθίει καὶ πίνει μὴ διακρίνων τὸ σῶμα
11 33 συνερχόμενοι εἰς τὸ φαγεῖν ἀλλήλους ἐκδέχεσθε. ↔
11 34 εἴ τις πεινᾷ, ἐν οἴκῳ ἐσθιέτω
15 32ᵃ εἰ νεκροὶ οὐκ ἐγείρονται, φάγωμεν καὶ πίωμεν

2 Th 3 8ᵇ οὐδὲ δωρεὰν ἄρτον ἐφάγομεν παρά τινος
3 10 εἴ τις οὐ θέλει ἐργάζεσθαι, μηδὲ ἐσθιέτω
3 12ᵇ παραγγέλλομεν ... ἵνα μετὰ ἡσυχίας ἐργαζόμενοι τὸν ἑαυτῶν ἄρτον ἐσθίωσιν

Hb 10 27 ⟨ἀπολείπεται⟩ πυρὸς ζῆλος ἐσθίειν μέλλοντος τοὺς ὑπεναντίους
13 10 ἔχομεν θυσιαστήριον ἐξ οὗ φαγεῖν οὐκ ἔχουσιν ἐξουσίαν [H] οἱ τῇ σκηνῇ λατρεύοντες

Jc 5 3 ὁ ἰὸς αὐτῶν ... φάγεται τὰς σάρκας ὑμῶν (+ὁ ἰὸς S) ὡς πῦρ

Ap 2 7 τῷ νικῶντι δώσω αὐτῷ φαγεῖν ἐκ τοῦ ξύλου τῆς ζωῆς
2 14ᵉ ὃς ἐδίδασκεν τῷ Βαλὰκ βαλεῖν σκάνδαλον ἐνώπιον τῶν υἱῶν Ἰσραήλ, φαγεῖν εἰδωλόθυτα καὶ πορνεῦσαι
2 17 * τῷ νικῶντι δώσω αὐτῷ | φαγεῖν ἀπὸ (+ϛ) τοῦ μάννα τοῦ κεκρυμμένου
2 20ᵉ διδάσκει καὶ πλανᾷ τοὺς ἐμοὺς δούλους πορνεῦσαι καὶ φαγεῖν εἰδωλόθυτα
10 10 ἔλαβον τὸ βιβλαρίδιον ... καὶ ὅτε ἔφαγον αὐτό, ἐπικράνθη ἡ κοιλία μου
17 16 τὰς σάρκας αὐτῆς φάγονται
19 18 ἵνα φάγητε σάρκας βασιλέων καὶ σάρκας χιλιάρχων

Ἐσλί
Ἐσλί MBϛ
Ἐσλεί VSTH

Lc 3 25 ⟨Ἰησοῦς ... ὢν υἱός, ὡς ἐνομίζετο⟩ τοῦ Ναοὺμ τοῦ Ἐσλὶ τοῦ Ναγγαί

ἔσοπτρον
1 C 13 12 βλέπομεν γὰρ ἄρτι δι' ἐσόπτρου ἐν αἰνίγματι
Jc 1 23 οὗτος ἔοικεν ἀνδρὶ κατανοοῦντι τὸ πρόσωπον τῆς γενέσεως αὐτοῦ ἐν ἐσόπτρῳ

ἑσπέρα
Lc 24 29 μεῖνον μεθ' ἡμῶν, ὅτι πρὸς ἑσπέραν ἐστίν
Ac 4 3 ἦν γὰρ ἑσπέρα ἤδη
28 23 πείθων τε αὐτοὺς περὶ τοῦ Ἰησοῦ ... ἀπὸ πρωῒ ἕως ἑσπέρας

Ἑσρώμ
Ἑσρώμ MV(B)STϛ
Ἑσρών (B)
Ἑσρών (H)
Mt 1 3 Φάρες δὲ ἐγέννησεν τὸν Ἑσρώμ, ↔
1 3 Ἑσρὼμ δὲ ἐγέννησεν τὸν Ἀράμ
Lc 3 33 ⟨Ἰησοῦς ... ὢν υἱός, ὡς ἐνομίζετο⟩ τοῦ Ἀρνὶ τοῦ Ἑσρὼμ τοῦ Φάρες

ἑσσόομαι
2 C 12 13 τί γάρ ἐστιν ὃ ἡσσώθητε (ἡττήθητε VSϛ) ὑπὲρ τὰς λοιπὰς ἐκκλησίας ⟨;⟩

ἔσχατος
ᵃ ἔ. ἡμέρα
ᵇ ἔ. χρόνος
ᶜ ἕως, ἐπ' ἐσχάτου
ᵈ ἔσχατον πάντων
ᵉ τὰ ἔσχατα
ᶠ ἔ. et πρῶτος

Mt 5 26 ἕως ἂν ἀποδῷς τὸν ἔσχατον κοδράντην
12 45ᵉᶠ γίνεται τὰ ἔσχατα τοῦ ἀνθρώπου ἐκείνου χείρονα τῶν πρώτων
19 30ᶠ πολλοὶ δὲ ἔσονται πρῶτοι ἔσχατοι ↔
19 30ᶠ καὶ ἔσχατοι πρῶτοι
20 8ᶠ ἀπόδος αὐτοῖς (—NTH) τὸν μισθόν, ἀρξάμενος ἀπὸ τῶν ἐσχάτων ἕως τῶν πρώτων
20 12 οὗτοι οἱ ἔσχατοι μίαν ὥραν ἐποίησαν
20 14 θέλω δὲ τούτῳ τῷ ἐσχάτῳ δοῦναι ὡς καὶ σοί
20 16ᶠ οὕτως ἔσονται οἱ ἔσχατοι πρῶτοι ↔
20 16ᶠ καὶ οἱ πρῶτοι ἔσχατοι
21 31 * τίς ἐκ τῶν δύο ἐποίησεν τὸ θέλημα τοῦ πατρός; λέγουσιν· ὁ ἔσχατος (πρῶτος N²⁶VBTϛ; ὕστερος NH)
27 64ᶠ ἔσται ἡ ἐσχάτη πλάνη χείρων τῆς πρώτης
Mc 9 35ᶠ εἴ τις θέλει πρῶτος εἶναι, ἔσται πάντων ἔσχατος καὶ πάντων διάκονος
10 31ᶠ πολλοὶ δὲ ἔσονται πρῶτοι ἔσχατοι ↔
10 31ᶠ καὶ οἱ [N²⁶SH] ἔσχατοι πρῶτοι
12 6 ἀπέστειλεν (+καὶ Vϛ) αὐτὸν | ἔσχατον πρὸς αὐτοὺς (~ Vϛ) λέγων
12 22ᵈ ἔσχατον (-άτη Vϛ) πάντων | καὶ ἡ γυνὴ ἀπέθανεν (~ Vϛ)
Lc 11 26ᵉᶠ γίνεται τὰ ἔσχατα τοῦ ἀνθρώπου ἐκείνου χείρονα τῶν πρώτων
12 59 οὐ μὴ ἐξέλθῃς ἐκεῖθεν ἕως καὶ τὸ ἔσχατον λεπτὸν ἀποδῷς
13 30ᶠ καὶ ἰδοὺ εἰσὶν ἔσχατοι οἳ ἔσονται πρῶτοι, ↔
13 30ᶠ καὶ εἰσὶν πρῶτοι οἳ ἔσονται ἔσχατοι

Lc 14 9 τότε ἄρξῃ μετὰ αἰσχύνης τὸν
ἔσχατον τόπον κατέχειν. ↔

14 10 ἀλλ’ ὅταν κληθῇς, πορευθεὶς ἀνά-
πεσε εἰς τὸν ἔσχατον τόπον

Jo 6 39ᵃ ἀλλὰ ἀναστήσω αὐτὸ ἐν ([N²⁶];
—SH) τῇ ἐσχάτῃ ἡμέρᾳ

6 40ᵃ ἀναστήσω αὐτὸν ἐγὼ ἐν ([N²⁶];
—SHϛ) τῇ ἐσχάτῃ ἡμέρᾳ

6 44ᵃ κἀγὼ ἀναστήσω αὐτὸν ἐν τῇ ἐσχά-
τῃ ἡμέρᾳ

6 54ᵃ κἀγὼ ἀναστήσω αὐτὸν (+ἐν
VBS) τῇ ἐσχάτῃ ἡμέρᾳ

7 37ᵃ ἐν δὲ τῇ ἐσχάτῃ ἡμέρᾳ τῇ μεγάλῃ
τῆς ἑορτῆς εἱστήκει ὁ ’Ιησοῦς

[8 9] * ἐξήρχοντο ... ἀρξάμενοι ἀπὸ
τῶν πρεσβυτέρων | ἕως τῶν
ἐσχάτων (+M[S]ϛ)

11 24ᵃ ἀναστήσεται ἐν τῇ ἀναστάσει ἐν
τῇ ἐσχάτῃ ἡμέρᾳ

12 48ᵃ ὁ λόγος ὃν ἐλάλησα, ἐκεῖνος κρινεῖ
αὐτὸν ἐν (—Τ) τῇ ἐσχάτῃ ἡμέρᾳ

Ac 1 8ᶜ ἔσεσθέ μου μάρτυρες ἔν τε ’Ιερουσα-
λήμ ... καὶ ἕως ἐσχάτου τῆς γῆς

2 17ᵃ καὶ ἔσται ἐν ταῖς ἐσχάταις ἡμέραις,
λέγει ὁ θεός

13 47ᶜ τοῦ εἶναί σε εἰς σωτηρίαν ἕως
ἐσχάτου τῆς γῆς

1 C 4 9 ὁ θεὸς ἡμᾶς τοὺς ἀποστόλους ἐ-
σχάτους ἀπέδειξεν ὡς ἐπιθανατίους

15 8ᵈ ⟨ἔπειτα⟩ ἔσχατον δὲ πάντων ὡσ-
περεὶ τῷ ἐκτρώματι ὤφθη κἀμοί

15 26 ἔσχατος ἐχθρὸς καταργεῖται ὁ
θάνατος

15 45ᶠ ἐγένετο ὁ πρῶτος ἄνθρωπος ...
ὁ ἔσχατος ’Αδὰμ εἰς πνεῦμα ζῳο-
ποιοῦν

15 52 ⟨ἀλλαγησόμεθα⟩ ἐν ῥιπῇ ὀφθαλ-
μοῦ, ἐν τῇ ἐσχάτῃ σάλπιγγι

2 Tm 3 1ᵃ ἐν ἐσχάταις ἡμέραις ἐνστήσονται
καιροὶ χαλεποί

Hb 1 2ᵃᶜ ⟨ὁ θεὸς⟩ ἐπ’ ἐσχάτου (-των ϛ) τῶν
ἡμερῶν τούτων ἐλάλησεν ἡμῖν ἐν
υἱῷ

Jc 5 3ᵃ ἐθησαυρίσατε ἐν ἐσχάταις ἡμέραις

1 Pt 1 5 τοὺς ... φρουρουμένους διὰ πί-
στεως εἰς σωτηρίαν ἑτοίμην ἀπο-
καλυφθῆναι ἐν καιρῷ ἐσχάτῳ

1 20ᵇᶜ ⟨Χριστοῦ⟩ φανερωθέντος δὲ ἐπ’
ἐσχάτου (-των ϛ) τῶν χρόνων δι’
ὑμᾶς

2 Pt 2 20ᵉᶠ γέγονεν αὐτοῖς τὰ ἔσχατα χείρονα
τῶν πρώτων

3 3ᵃᶜ ἐλεύσονται ἐπ’ ἐσχάτων (-του ϛ)
τῶν ἡμερῶν ... ἐμπαῖκται

1 Jo 2 18 παιδία, ἐσχάτη ὥρα ἐστίν

2 18 ὅθεν γινώσκομεν ὅτι ἐσχάτη ὥρα
ἐστίν

Jd 18ᵇᶜ || ἐπ’ ἐσχάτου τοῦ ([N²⁶]; —H)
χρόνου ((ἐν ἐσχάτῳ χρόνῳ ϛ))
ἔσονται ἐμπαῖκται

Ap 1 11ᶠ * | ἐγώ εἰμι ... ὁ πρῶτος καὶ ὁ
ἔσχατος (+ϛ. .)

1 17ᶠ μὴ φοβοῦ· ἐγώ εἰμι ὁ πρῶτος καὶ
ὁ ἔσχατος καὶ ὁ ζῶν

2 8ᶠ τάδε λέγει ὁ πρῶτος καὶ ὁ ἔσχατος

2 19ᶠ οἶδά σου ... τὰ ἔργα σου τὰ
ἔσχατα πλείονα τῶν πρώτων

15 1 εἶδον ... ἀγγέλους ἑπτὰ ἔχοντας
πληγὰς ἑπτὰ τὰς ἐσχάτας

21 9 | τῶν γεμόντων (τὰς γεμούσας
Βϛ) τῶν ἑπτὰ πληγῶν τῶν ἐσχά-
των

22 13ᶠ ἐγὼ τὸ ἄλφα καὶ τὸ ὦ, ὁ πρῶτος
καὶ ὁ ἔσχατος, ἡ ἀρχὴ καὶ τὸ τέλος

ἐσχάτως

Mc 5 23 τὸ θυγάτριόν μου ἐσχάτως ἔχει

ἔσω

→ ἐσώτερος

ᵃ c. gen.

ᵇ ἔσω εἰς

ᶜ οἱ ἔσω

Mt 26 58 εἰσελθὼν ἔσω ἐκάθητο μετὰ τῶν
ὑπηρετῶν ἰδεῖν τὸ τέλος

Mc 14 54ᵇ ἠκολούθησεν αὐτῷ ἕως ἔσω εἰς τὴν
αὐλὴν τοῦ ἀρχιερέως

15 16ᵃ οἱ δὲ στρατιῶται ἀπήγαγον αὐτὸν
ἔσω τῆς αὐλῆς

Jo 20 26 μεθ’ ἡμέρας ὀκτὼ πάλιν ἦσαν ἔσω
οἱ μαθηταὶ αὐτοῦ

Ac 5 23 ἀνοίξαντες δὲ ἔσω οὐδένα εὕρομεν

Rm 7 22 συνήδομαι γὰρ τῷ νόμῳ τοῦ θεοῦ
κατὰ τὸν ἔσω ἄνθρωπον

1 C 5 12ᶜ τί γάρ μοι τοὺς ἔξω κρίνειν; οὐχὶ
τοὺς ἔσω ὑμεῖς κρίνετε;

2 C 4 16ᵃ ἀλλ’ ὁ | ἔσω ἡμῶν (ἔσωθεν ϛ) ἀνα-
καινοῦται ἡμέρᾳ καὶ ἡμέρᾳ

E 3 16 ἵνα δῷ ὑμῖν ... δυνάμει κραταιω-
θῆναι ... εἰς τὸν ἔσω ἄνθρωπον

ἔσωθεν

ᵃ c. gen.

ᵇ τὸ ἔσωθεν

Mt 7 15 οἵτινες ἔρχονται πρὸς ὑμᾶς ἐν
ἐνδύμασι προβάτων, ἔσωθεν δέ
εἰσιν λύκοι ἅρπαγες

23 25 ἔσωθεν δὲ γέμουσιν ἐξ ἁρπαγῆς καὶ
ἀκρασίας

23 27 ἔσωθεν δὲ γέμουσιν ὀστέων νεκρῶν
καὶ πάσης ἀκαθαρσίας

23 28 ἔσωθεν δέ ἐστε μεστοὶ ὑποκρίσεως
καὶ ἀνομίας

Mc 7 21 ἔσωθεν γὰρ ἐκ τῆς καρδίας τῶν
ἀνθρώπων οἱ διαλογισμοὶ οἱ κακοὶ
ἐκπορεύονται

7 23 πάντα ταῦτα τὰ πονηρὰ ἔσωθεν
ἐκπορεύεται

Lc 11 7 ⟨τίς ἐξ ὑμῶν ἕξει φίλον, καὶ πορεύ-
σεται⟩ κἀκεῖνος ἔσωθεν ἀποκριθεὶς
εἴπῃ

11 39ᵃᵇ τὸ δὲ ἔσωθεν ὑμῶν γέμει ἁρπαγῆς
καὶ πονηρίας. ↔

11 40ᵇ ἄφρονες, οὐχ ὁ ποιήσας τὸ ἔξωθεν
καὶ τὸ ἔσωθεν ἐποίησεν;

2 C 4 16 * ἀλλ’ ὁ ἔσωθεν (ϛ; ἔσω ἡμῶν rl)
ἀνακαινοῦται ἡμέρᾳ καὶ ἡμέρᾳ

7 5 οὐδεμίαν ἔσχηκεν ἄνεσιν ... ἀλλ’
ἐν παντὶ θλιβόμενοι· ἔξωθεν μάχαι,
ἔσωθεν φόβοι

Ap 4 8 τὰ τέσσαρα ζῷα ... ἔχων (ἔχον
VBS; εἶχον ϛ) ἀνὰ πτέρυγας ἕξ,
κυκλόθεν καὶ ἔσωθεν γέμουσιν
ὀφθαλμῶν

5 1 εἶδον ἐπὶ τὴν δεξιὰν τοῦ καθημέ-
νου ... βιβλίον γεγραμμένον ἔσω-
θεν καὶ ὄπισθεν

11 2ᵃ * καὶ τὴν αὐλὴν τὴν ἔσωθεν (S;
ἐξ. rl) τοῦ ναοῦ ἔκβαλε ἔξωθεν

ἐσώτερος

→ ἔσω

Ac 16 24 ὃς ... ἔβαλεν αὐτοὺς εἰς τὴν ἐσωτέ-
ραν φυλακήν

Hb 6 19 ἣν ὡς ἄγκυραν ἔχομεν τῆς ψυ-
χῆς ... εἰσερχομένην εἰς τὸ ἐσώτε-
ρον τοῦ καταπετάσματος

ἑταῖρος

Mt 11 16 * παιδίοις καθημένοις ἐν ταῖς ἀγο-
ραῖς ἃ προσφωνοῦντα τοῖς | ἑταί-
ροις αὐτῶν (ϛ; ἑτέροις rl) ⟨λέγου-
σιν⟩

Mt 20 13 ὁ δὲ ἀποκριθεὶς | ἑνὶ αὐτῶν εἶπεν
(~Vϛ)· ἑταῖρε, οὐκ ἀδικῶ σε

22 12 ἑταῖρε, πῶς εἰσῆλθες ὧδε μὴ ἔχων
ἔνδυμα γάμου;

26 50 ὁ δὲ ’Ιησοῦς εἶπεν αὐτῷ· ἑταῖρε,
ἐφ’ ὃ πάρει

ἑτερόγλωσσος

1 C 14 21 ἐν ἑτερογλώσσοις καὶ ἐν χείλεσιν
ἑτέρων λαλήσω τῷ λαῷ τούτῳ

ἑτεροδιδασκαλέω

1 Tm 1 3 ἵνα παραγγείλῃς τισὶν μὴ ἑτερο-
διδασκαλεῖν ⟨μηδὲ προσέχειν μύ-
θοις⟩

6 3 εἴ τις ἑτεροδιδασκαλεῖ καὶ μὴ προσ-
έρχεται (-έχεται Τ) ὑγιαίνουσιν
λόγοις

ἑτεροζυγέω

2 C 6 14 μὴ γίνεσθε ἑτεροζυγοῦντες ἀπί-
στοις

ἕτερος

ᵃ εἷς et ἕ.

ᵇ ἕ. et πολλοί, πολλά

ᶜ ἕ. in enumerando

ᵈ ἕτερός τις

ᵉ ἕ. et ἑαυτοῦ vel sim.

ᶠ ἐν ἑτέρῳ de scriptura

ᵍ τῇ ἑτέρᾳ de die

Mt 6 24ᵃ ἢ γὰρ τὸν ἕνα μισήσει καὶ τὸν
ἕτερον ἀγαπήσει, ↔

6 24ᵃ ἢ ἑνὸς ἀνθέξεται καὶ τοῦ ἑτέρου
καταφρονήσει

8 21 ἕτερος δὲ τῶν μαθητῶν αὐτοῦ (+
[N²⁶]VBϛ) εἶπεν αὐτῷ

10 23 ὅταν δὲ διώκωσιν ὑμᾶς ἐν τῇ πόλει
ταύτῃ, φεύγετε εἰς τὴν ἑτέραν
(ἄλλην ϛ)· ↔

10 23 * | κἂν ἐν τῇ ἑτέρᾳ διώκωσιν ὑμᾶς,
φεύγετε εἰς τὴν ἄλλην (+Β)

11 3 σὺ εἶ ὁ ἐρχόμενος, ἢ ἕτερον προσ-
δοκῶμεν;

11 16 παιδίοις καθημένοις ἐν ταῖς ἀγοραῖς
ἃ προσφωνοῦντα τοῖς ἑτέροις
(ἑταίροις αὐτῶν ϛ) ⟨λέγουσιν⟩

12 45 παραλαμβάνει μεθ’ ἑαυτοῦ ἑπτὰ
ἕτερα πνεύματα πονηρότερα ἑαυ-
τοῦ

15 30ᵇ προσῆλθον αὐτῷ ὄχλοι πολλοὶ
ἔχοντες μεθ’ ἑαυτῶν | χωλούς,
τυφλούς, κυλλούς, κωφούς (N²⁶;
~rl), καὶ ἑτέρους πολλούς

16 14ᶜ οἱ δὲ εἶπαν· οἱ μὲν ’Ιωάννην ...
ἄλλοι δὲ ’Ηλίαν, ἕτεροι δὲ ’Ιερεμίαν
ἢ ἕνα τῶν προφητῶν

21 30ᶜ ⟨προσελθὼν τῷ πρώτῳ εἶπεν⟩
| προσελθὼν δὲ (καὶ πρ. Vϛ) τῷ
ἑτέρῳ (δευτέρῳ NMBSHϛ) εἶπεν
ὡσαύτως

Mc [16 12] μετὰ δὲ ταῦτα δυσὶν ἐξ αὐτῶν
περιπατοῦσιν ἐφανερώθη ἐν ἑτέρᾳ
μορφῇ

Lc 3 18ᵇ πολλὰ μὲν οὖν καὶ ἕτερα παρακα-
λῶν εὐηγγελίζετο τὸν λαόν

4 43 καὶ ταῖς ἑτέραις πόλεσιν εὐαγγελί-
σασθαί με δεῖ τὴν βασιλείαν τοῦ
θεοῦ

5 7 κατένευσαν τοῖς μετόχοις (+τοῖς
V[S]ϛ) ἐν τῷ ἑτέρῳ πλοίῳ

6 6 ἐγένετο δὲ ἐν ἑτέρῳ σαββάτῳ
εἰσελθεῖν αὐτὸν εἰς τὴν συναγωγὴν

7 19 * σὺ εἶ ὁ ἐρχόμενος, ἢ ἕτερον (Η;
ἄλλον rl) προσδοκῶμεν;

7 41ᵃ ὁ εἷς ὤφειλεν δηνάρια πεντακόσια,
ὁ δὲ ἕτερος πεντήκοντα

8 3ᵇ ⟨γυναῖκές τινες⟩ ’Ιωάννα ... καὶ
Σουσάννα καὶ ἕτεραι πολλαί,

αἵτινες διηκόνουν αὐτοῖς (αὐτῷ Sς)

Lc 8 6ᶜ⟨ὃ μὲν ἔπεσεν παρὰ τὴν ὁδὸν⟩ ἕτερον κατέπεσεν ἐπὶ τὴν πέτραν

8 7ᶜἕτερον ἔπεσεν ἐν μέσῳ τῶν ἀκανθῶν

8 8ᶜἕτερον ἔπεσεν εἰς τὴν γῆν τὴν ἀγαθήν

9 29 ἐγένετο ... τὸ εἶδος τοῦ προσώπου αὐτοῦ ἕτερον

9 56 ἐπορεύθησαν εἰς ἑτέραν κώμην

9 59 εἶπεν δὲ πρὸς ἕτερον· ἀκολούθει μοι

9 61 εἶπεν δὲ καὶ ἕτερος· ἀκολουθήσω σοι, κύριε

10 1 ἀνέδειξεν ὁ κύριος (+καὶ VBSTς) ἑτέρους ἑβδομήκοντα δύο ([N²⁶ NH]; —VSTς)

11 16 ⟨τινὲς δὲ ἐξ αὐτῶν εἶπον⟩ ἕτεροι δὲ πειράζοντες σημεῖον ἐξ οὐρανοῦ ἐζήτουν παρ' αὐτοῦ

11 26 τότε πορεύεται καὶ παραλαμβάνει ἕτερα πνεύματα πονηρότερα ἑαυτοῦ ἑπτά

14 19ᶜ⟨ὁ πρῶτος εἶπεν αὐτῷ⟩ ἕτερος εἶπεν· ζεύγη βοῶν ἠγόρασα πέντε

14 20ᶜἕτερος εἶπεν· γυναῖκα ἔγημα

14 31 ἢ τίς βασιλεὺς πορευόμενος ἑτέρῳ βασιλεῖ συμβαλεῖν εἰς πόλεμον ⟨;⟩

16 7ᶜ⟨ἔλεγεν τῷ πρώτῳ⟩ ἔπειτα ἑτέρῳ εἶπεν· σὺ δὲ πόσον ὀφείλεις;

16 13ᵃἢ γὰρ τὸν ἕνα μισήσει καὶ τὸν ἕτερον ἀγαπήσει, ↔

16 13ᵃἢ ἑνὸς ἀνθέξεται καὶ τοῦ ἑτέρου καταφρονήσει

16 18 πᾶς ὁ ἀπολύων τὴν γυναῖκα αὐτοῦ καὶ γαμῶν ἑτέραν μοιχεύει

17 34ᵃὁ (—T) εἷς παραλημφθήσεται καὶ ὁ ἕτερος ἀφεθήσεται

17 35ᵃἡ μία παραλημφθήσεται | ἡ δὲ (καὶ ἡ ς) ἑτέρα ἀφεθήσεται

18 10ᵃἄνθρωποι δύο ἀνέβησαν ... προσεύξασθαι, ὁ (—H) εἷς Φαρισαῖος καὶ ὁ ἕτερος τελώνης

19 20ᶜ⟨ἦλθεν ὁ δεύτερος λέγων⟩ καὶ ὁ (—ς) ἕτερος ἦλθεν λέγων· κύριε, ἰδοὺ ἡ μνᾶ σου

20 11ᵃπροσέθετο ἕτερον πέμψαι δοῦλον ⟨προσέθετο τρίτον πέμψαι⟩

22 58 μετὰ βραχὺ ἕτερος ἰδὼν αὐτὸν ἔφη

22 65ᵇἕτερα πολλὰ βλασφημοῦντες ἔλεγον εἰς αὐτόν

23 32 ἤγοντο δὲ καὶ ἕτεροι | κακοῦργοι δύο (~VBSTς) σὺν αὐτῷ ἀναιρεθῆναι

23 40ᵃ⟨εἷς δὲ τῶν κρεμασθέντων κακούργων ἐβλασφήμει αὐτὸν⟩ ἀποκριθεὶς δὲ ὁ ἕτερος ἐπιτιμῶν αὐτῷ ἔφη

Jo 19 37 καὶ πάλιν ἑτέρα γραφὴ λέγει

Ac 1 20 τὴν ἐπισκοπὴν αὐτοῦ λαβέτω ἕτερος

2 4 ἤρξαντο λαλεῖν ἑτέραις γλώσσαις

2 13 ἕτεροι δὲ διαχλευάζοντες ἔλεγον

2 40 ἑτέροις τε λόγοις πλείοσιν διεμαρτύρατο

4 12 οὐδὲ γὰρ ὄνομά ἐστιν ἕτερον ... ἐν ᾧ δεῖ σωθῆναι ἡμᾶς

7 18 ἄχρι οὗ ἀνέστη βασιλεὺς ἕτερος | ἐπ' Αἴγυπτον ([N²⁶]; —ς)

8 34ᵈᵉπερὶ τίνος ὁ προφήτης λέγει τοῦτο; περὶ ἑαυτοῦ ἢ περὶ ἑτέρου τινός;

12 17 ἐξελθὼν ἐπορεύθη εἰς ἕτερον τόπον

13 35ᶠδιότι (διὸ Sς) καὶ ἐν ἑτέρῳ λέγει

Ac 15 35ᵇδιέτριβον ... εὐαγγελιζόμενοι μετὰ καὶ ἑτέρων πολλῶν τὸν λόγον τοῦ κυρίου

17 7 βασιλέα ἕτερον λέγοντες εἶναι Ἰησοῦν

17 21 εἰς οὐδὲν ἕτερον ηὐκαίρουν ἢ λέγειν τι ἢ ἀκούειν τι ([S]; —ς) καινότερον

17 34 τινὲς δὲ ἄνδρες ... ἐπίστευσαν, ἐν οἷς ... καὶ γυνὴ ὀνόματι Δάμαρις καὶ ἕτεροι σὺν αὐτοῖς

19 39 * εἰ δέ τι | περὶ ἑτέρων (Τς; περαιτέρω rl) ἐπιζητεῖτε

20 15ᵍτῇ δὲ ἑτέρᾳ παρεβάλομεν εἰς Σάμον

23 6ᵃγνοὺς δὲ ὁ Παῦλος ὅτι τὸ ἓν μέρος ἐστὶν Σαδδουκαίων τὸ δὲ ἕτερον Φαρισαίων ἔκραζεν

27 1ᵈπαρεδίδουν τόν τε Παῦλον καί τινας ἑτέρους δεσμώτας ἑκατοντάρχῃ ὀνόματι Ἰουλίῳ

27 3ᵍτῇ τε ἑτέρᾳ κατήχθημεν εἰς Σιδῶνα

Rm 2 1ᵉἐν ᾧ γὰρ κρίνεις τὸν ἕτερον, σεαυτὸν κατακρίνεις

2 21ᵉὁ οὖν διδάσκων ἕτερον σεαυτὸν οὐ διδάσκεις;

7 3 μοιχαλὶς χρηματίσει ἐὰν γένηται ἀνδρὶ ἑτέρῳ

7 3 ἐλευθέρα ἐστὶν ... τοῦ μὴ εἶναι αὐτὴν μοιχαλίδα γενομένην ἀνδρὶ ἑτέρῳ

7 4 ἐθανατώθητε ... εἰς τὸ γενέσθαι ὑμᾶς ἑτέρῳ, τῷ ἐκ νεκρῶν ἐγερθέντι

7 23 βλέπω δὲ ἕτερον νόμον ἐν τοῖς μέλεσίν μου

8 39ᵈοὔτε βάθος οὔτε τις κτίσις ἑτέρα δυνήσεται ἡμᾶς χωρίσαι ἀπὸ τῆς ἀγάπης τοῦ θεοῦ

13 8 ὁ γὰρ ἀγαπῶν τὸν ἕτερον νόμον πεπλήρωκεν. ↔

13 9ᵈτὸ γὰρ οὐ μοιχεύσεις ... καὶ εἴ τις ἑτέρα ἐντολή ... ἀνακεφαλαιοῦται

1 C 3 4ᶜὅταν γὰρ λέγῃ τις· ἐγὼ μέν εἰμι Παύλου, ἕτερος δέ· ἐγὼ Ἀπολλῶ

4 6ᵃἵνα μὴ εἷς ὑπὲρ τοῦ ἑνὸς φυσιοῦσθε κατὰ τοῦ ἑτέρου

6 1 τολμᾷ τις ὑμῶν πρᾶγμα ἔχων πρὸς τὸν ἕτερον κρίνεσθαι ἐπὶ τῶν ἀδίκων ⟨;⟩

8 4ᵃ* οἴδαμεν ... ὅτι οὐδεὶς θεὸς ἕτερος (+ς) εἰ μὴ εἷς

10 24ᵉμηδεὶς τὸ ἑαυτοῦ ζητείτω ἀλλὰ τὸ τοῦ ἑτέρου

10 29ᵉσυνείδησιν δὲ λέγω οὐχὶ τὴν ἑαυτοῦ ἀλλὰ τὴν τοῦ ἑτέρου

12 9ᶜ⟨δίδοται ... ἄλλῳ δὲ⟩ ἑτέρῳ (+δὲ MVSς) πίστις ἐν τῷ αὐτῷ πνεύματι

12 10ᶜἑτέρῳ (+δὲ VSς) γένη γλωσσῶν, ἄλλῳ δὲ ἑρμηνεία γλωσσῶν

14 17 σὺ μὲν γὰρ καλῶς εὐχαριστεῖς, ἀλλ' ὁ ἕτερος οὐκ οἰκοδομεῖται

14 21 ἐν ἑτερογλώσσοις καὶ ἐν χείλεσιν ἑτέρων (-ροις ς) λαλήσω τῷ λαῷ τούτῳ

15 40 ἀλλὰ ἑτέρα μὲν ἡ τῶν ἐπουρανίων δόξα, ↔

15 40 ἑτέρα δὲ ἡ τῶν ἐπιγείων

2 C 8 8 οὐ κατ' ἐπιταγὴν λέγω, ἀλλὰ διὰ τῆς ἑτέρων σπουδῆς ... δοκιμάζων

11 4 εἰ ... πνεῦμα ἕτερον λαμβάνετε ὃ οὐκ ἐλάβετε

11 4 ἢ εὐαγγέλιον ἕτερον ὃ οὐκ ἐδέξασθε, καλῶς ἀνέχεσθε (ἀνείχ. MVST; ἠνείχ. ς)

G 1 6 θαυμάζω ὅτι οὕτως ταχέως μετατίθεσθε ... εἰς ἕτερον εὐαγγέλιον

1 19 ἕτερον δὲ τῶν ἀποστόλων οὐκ εἶδον, εἰ μὴ Ἰάκωβον

6 4ᵉεἰς ἑαυτὸν μόνον τὸ καύχημα ἕξει καὶ οὐκ εἰς τὸν ἕτερον

E 3 5 ὃ ἑτέραις γενεαῖς οὐκ ἐγνωρίσθη ... ὡς νῦν ἀπεκαλύφθη τοῖς ἁγίοις ἀποστόλοις αὐτοῦ

Ph 2 4ᵉμὴ τὰ ἑαυτῶν ἕκαστος (-στοι NMTH) σκοποῦντες (-πεῖτε ς), ἀλλὰ καὶ [N²⁶] τὰ ἑτέρων ἕκαστοι (-στος ς)

1 Tm 1 10ᵈ⟨δικαίῳ νόμος οὐ κεῖται, ἀνόμοις δὲ⟩ καὶ εἴ τι ἕτερον τῇ ὑγιαινούσῃ διδασκαλίᾳ ἀντίκειται

2 Tm 2 2 οἵτινες ἱκανοὶ ἔσονται καὶ ἑτέρους διδάξαι

Hb 5 6ᶠκαθὼς καὶ ἐν ἑτέρῳ λέγει

7 11 τίς ἔτι χρεία κατὰ τὴν τάξιν Μελχισέδεκ ἕτερον ἀνίστασθαι ἱερέα ⟨;⟩

7 13 ἐφ' ὃν γὰρ λέγεται ταῦτα, φυλῆς ἑτέρας μετέσχηκεν

7 15 εἰ κατὰ τὴν ὁμοιότητα Μελχισέδεκ ἀνίσταται ἱερεὺς ἕτερος

11 36ᶜ⟨ἄλλοι δὲ⟩ ἕτεροι δὲ ἐμπαιγμῶν καὶ μαστίγων πεῖραν ἔλαβον

Jc 2 25 Ῥαάβ ... ὑποδεξαμένη τοὺς ἀγγέλους καὶ ἑτέρᾳ ὁδῷ ἐκβαλοῦσα

4 12 * σὺ δὲ τίς εἶ, | ὁ κρίνων (ὃς κρίνεις Sς) τὸν ἕτερον (ς; πλησίον rl);

Jd 7 ὡς ... αἱ περὶ αὐτὰς πόλεις ... ἀπελθοῦσαι ὀπίσω σαρκὸς ἑτέρας, πρόκεινται δεῖγμα

ἑτέρως

Ph 3 15 εἴ τι ἑτέρως φρονεῖτε, καὶ τοῦτο ὁ θεὸς ὑμῖν ἀποκαλύψει

ἔτι

→ οὐκέτι
a οὐ (μὴ) ... ἔτι
b τί(ς) ἔτι
c c. gen. abs.
d ἔτι δέ
e ἔτι γάρ

Mt 5 13ᵃεἰς οὐδὲν ἰσχύει ἔτι εἰ μὴ ... καταπατεῖσθαι

12 46ᶜᵈἔτι (+δὲ VSς) αὐτοῦ λαλοῦντος τοῖς ὄχλοις

17 5ᶜἔτι αὐτοῦ λαλοῦντος, ἰδοὺ νεφέλη φωτεινὴ ἐπεσκίασεν αὐτούς

18 16 παράλαβε μετὰ σοῦ (σεαυτοῦ BST) ἔτι ἕνα ἢ δύο

19 20ᵇ| πάντα ταῦτα (~NH) ἐφύλαξα· τί ἔτι ὑστερῶ;

26 47ᶜἔτι αὐτοῦ λαλοῦντος, ἰδοὺ Ἰούδας ... ἦλθεν

26 65ᵇτί ἔτι χρείαν ἔχομεν μαρτύρων;

27 63 ἐμνήσθημεν ὅτι ἐκεῖνος ὁ πλάνος εἶπεν ἔτι ζῶν

Mc 5 35ᶜἔτι αὐτοῦ λαλοῦντος ἔρχονται ἀπὸ τοῦ ἀρχισυναγώγου λέγοντες

5 35ᵇτί ἔτι σκύλλεις τὸν διδάσκαλον;

8 17 * ἔτι (+VTς) πεπωρωμένην ἔχετε τὴν καρδίαν ὑμῶν;

12 6 ἔτι | ἕνα εἶχεν, υἱὸν ἀγαπητόν (οὖν ἕνα υἱὸν ἔχων ἀγαπητὸν αὐτοῦ Vς)

14 43ᶜκαὶ εὐθὺς ἔτι αὐτοῦ λαλοῦντος παραγίνεται ὁ (+[NH]M) Ἰούδας (+ὁ Ἰσκαριώτης [S]T)

14 63ᵇτί ἔτι χρείαν ἔχομεν μαρτύρων;

Lc 1 15 πνεύματος ἁγίου πλησθήσεται ἔτι ἐκ κοιλίας μητρὸς αὐτοῦ

Lc 8 49ᶜἔτι αὐτοῦ λαλοῦντος ἔρχεταί τις
παρὰ τοῦ ἀρχισυναγώγου

9 42ᶜᵈἔτι δὲ προσερχομένου αὐτοῦ ἔρρη-
ξεν αὐτὸν τὸ δαιμόνιον

14 22 γέγονεν ὃ ἐπέταξας, καὶ ἔτι τόπος
ἐστίν

14 26ᵈεἴ τις . . . οὐ μισεῖ . . . τὰς ἀδελφάς,
ἔτι τε (Ν²⁶ΝΗ; δὲ rl) καὶ τὴν
| ψυχὴν ἑαυτοῦ (~ VBSTϛ)

14 32ᶜἔτι αὐτοῦ πόρρω ὄντος πρεσβείαν
ἀποστείλας

15 20ᶜᵈἔτι δὲ αὐτοῦ μακρὰν ἀπέχοντος
εἶδεν αὐτὸν ὁ πατὴρ αὐτοῦ

16 2ᵃοὐ γὰρ δύνῃ ἔτι οἰκονομεῖν

18 22 ἔτι ἕν σοι λείπει

20 36ᵃοὐδὲ (οὔτε Tϛ) γὰρ ἀποθανεῖν ἔτι
δύνανται

22 37 * ἔτι (+V[S]ϛ) τοῦτο τὸ γεγραμ-
μένον δεῖ τελεσθῆναι ἐν ἐμοί

22 47ᶜᵈἔτι (+δὲ ϛ) αὐτοῦ λαλοῦντος ἰδοὺ
ὄχλος, καὶ ὁ λεγόμενος Ἰούδας . . .
προήρχετο αὐτούς

22 60ᶜπαραχρῆμα ἔτι λαλοῦντος αὐτοῦ
ἐφώνησεν ἀλέκτωρ

22 71ᵇτί ἔτι ἔχομεν μαρτυρίας χρείαν;

24 6 μνήσθητε ὡς ἐλάλησεν ὑμῖν ἔτι ὢν
ἐν τῇ Γαλιλαίᾳ

24 41ᶜᵈἔτι δὲ ἀπιστούντων αὐτῶν ἀπὸ
τῆς χαρᾶς . . . εἶπεν αὐτοῖς

24 44 οὗτοι οἱ λόγοι μου οὓς ἐλάλησα
πρὸς ὑμᾶς ἔτι ὢν σὺν ὑμῖν

Jo 4 35 οὐχ ὑμεῖς λέγετε ὅτι ἔτι τετράμηνός
ἐστιν ⟨;⟩

7 33 ἔτι | χρόνον μικρὸν (~ Vϛ) μεθ'
ὑμῶν εἰμι

11 30 ἦν ἔτι (—Tϛ) ἐν τῷ τόπῳ ὅπου
ὑπήντησεν αὐτῷ ἡ Μάρθα

12 35 ἔτι μικρὸν χρόνον τὸ φῶς ἐν ὑμῖν
ἐστιν

13 33 τεκνία, ἔτι μικρὸν μεθ' ὑμῶν εἰμι

14 19 ἔτι μικρὸν καὶ ὁ κόσμος με οὐκέτι
θεωρεῖ

16 12 ἔτι πολλὰ ἔχω ὑμῖν λέγειν

20 1ᶜΜαρία ἡ Μαγδαληνὴ ἔρχεται
πρωῒ σκοτίας ἔτι οὔσης εἰς τὸ
μνημεῖον

Ac 2 26ᵈἔτι δὲ καὶ ἡ σάρξ μου κατασκηνώ-
σει ἐπ' ἐλπίδι

9 1 ὁ δὲ Σαῦλος ἔτι ἐμπνέων ἀπειλῆς
καὶ φόνου . . . ⟨ᾐτήσατο⟩

10 44ᶜἔτι λαλοῦντος τοῦ Πέτρου τὰ
ῥήματα ταῦτα ἐπέπεσεν τὸ πνεῦμα
τὸ ἅγιον

18 18 ὁ δὲ Παῦλος ἔτι προσμείνας ἡμέρας
ἱκανάς . . . ἐξέπλει

21 28 ἔτι τε καὶ Ἕλληνας εἰσήγαγεν εἰς
τὸ ἱερόν

Rm 3 7ᵇτί ἔτι κἀγὼ ὡς ἁμαρτωλὸς κρίνο-
μαι;

5 6ᵉ | ἔτι γὰρ (εἴ γε ΝΗ) Χριστὸς ὄντων
ἡμῶν ἀσθενῶν →

5 6ᶜἔτι ([MS]; —ϛ) κατὰ καιρὸν ὑπὲρ
ἀσεβῶν ἀπέθανεν

5 8ᶜὅτι ἔτι ἁμαρτωλῶν ὄντων ἡμῶν
Χριστὸς ὑπὲρ ἡμῶν ἀπέθανεν

6 2 οἵτινες ἀπεθάνομεν τῇ ἁμαρτίᾳ,
πῶς ἔτι ζήσομεν (-σωμεν S) ἐν αὐ-
τῇ;

9 19ᵇἐρεῖς μοι οὖν· τί οὖν (+[Ν²⁶]Β)
ἔτι μέμφεται;

1 C 3 2ᵃοὔπω γὰρ ἐδύνασθε. ἀλλ' οὐδὲ ἔτι
[ΝΗ] νῦν δύνασθε,

3 3ᵉἔτι γὰρ σαρκικοί ἐστε

12 31 καὶ ἔτι καθ' ὑπερβολὴν ὁδὸν ὑμῖν
δείκνυμι

1 C 15 17 ἔτι ἐστὲ ἐν ταῖς ἁμαρτίαις ὑμῶν

2 C 1 10 εἰς ὃν ἠλπίκαμεν ὅτι [Ν²⁶ΝΗ] καὶ
ἔτι ῥύσεται

G 1 10 εἰ ἔτι ἀνθρώποις ἤρεσκον

5 11 εἰ περιτομὴν ἔτι κηρύσσω, →

5 11ᵇτί ἔτι διώκομαι;

Ph 1 9 ἵνα ἡ ἀγάπη ὑμῶν ἔτι μᾶλλον καὶ
μᾶλλον περισσεύῃ ἐν ἐπιγνώσει

2 Th 2 5 οὐ μνημονεύετε ὅτι ἔτι ὢν πρὸς
ὑμᾶς ταῦτα ἔλεγον ὑμῖν;

Phm 16 * ⟨ἵνα αἰώνιον αὐτὸν ἀπέχῃς⟩ | οὐκ
ἔτι (T; οὐκέτι rl) ὡς δοῦλον |ἀλλ'
ὑπὲρ δοῦλον

Hb 7 10ᵉἔτι γὰρ ἐν τῇ ὀσφύϊ τοῦ πατρὸς ἦν

7 11ᵇτίς ἔτι χρεία κατὰ τὴν τάξιν Μελ-
χισέδεκ ἕτερον ἀνίστασθαι ἱερέα
⟨;⟩

7 15 καὶ περισσότερον ἔτι κατάδηλόν
ἐστιν

8 12ᵃτῶν ἁμαρτιῶν αὐτῶν οὐ μὴ
μνησθῶ ἔτι

9 8ᶜμήπω πεφανερῶσθαι τὴν τῶν
ἁγίων ὁδὸν ἔτι τῆς πρώτης σκηνῆς
ἐχούσης στάσιν

10 2ᵃδιὰ τὸ μηδεμίαν ἔχειν ἔτι συνείδη-
σιν ἁμαρτιῶν τοὺς λατρεύοντας

10 17ᵃτῶν ἀνομιῶν αὐτῶν οὐ μὴ μνησθή-
σομαι ἔτι

10 37ᵉἔτι γὰρ μικρὸν ὅσον ὅσον, ὁ ἐρχό-
μενος ἥξει

11 4 δι' αὐτῆς ἀποθανὼν ἔτι λαλεῖ
(-εῖται Sϛ)

11 32ᵇκαὶ τί ἔτι λέγω; ἐπιλείψει | με γὰρ
(~ VSϛ) διηγούμενον ὁ χρόνος

11 36ᵈἕτεροι δὲ ἐμπαιγμῶν καὶ μαστίγων
πεῖραν ἔλαβον, ἔτι δὲ δεσμῶν καὶ
φυλακῆς

12 26 ἔτι ἅπαξ ἐγὼ σείσω (σείω Sϛ) οὐ
μόνον τὴν γῆν ἀλλὰ καὶ τὸν οὐρα-
νόν. →

12 27 τὸ δὲ ἔτι ἅπαξ δηλοῖ τὴν [Ν²⁶Η]
τῶν σαλευομένων μετάθεσιν ὡς
πεποιημένων

Ap 3 12ᵃὁ νικῶν . . . ἔξω οὐ μὴ ἐξέλθῃ ἔτι

6 11 ἐρρέθη αὐτοῖς ἵνα ἀναπαύσονται
(Ν²⁶Η; -σωνται rl) ἔτι χρόνον
μικρόν

7 16ᵃοὐ πεινάσουσιν ἔτι →

7 16ᵃοὐδὲ διψήσουσιν ἔτι

9 12 ἰδοὺ ἔρχεται ἔτι δύο οὐαὶ μετὰ
ταῦτα

12 8ᵃοὐδὲ τόπος εὑρέθη αὐτῶν ἔτι ἐν τῷ
οὐρανῷ

18 21ᵃοὕτως ὁρμήματι βληθήσεται Βαβυ-
λὼν . . . καὶ οὐ μὴ εὑρεθῇ ἔτι. →

18 22ᵃκαὶ φωνὴ . . . σαλπιστῶν οὐ μὴ
ἀκουσθῇ ἐν σοὶ ἔτι, →

18 22ᵃκαὶ πᾶς τεχνίτης | πάσης τέχνης
[Η] οὐ μὴ εὑρεθῇ ἐν σοὶ ἔτι, →

18 22ᵃκαὶ φωνὴ μύλου οὐ μὴ ἀκουσθῇ
ἐν σοὶ ἔτι, →

18 23ᵃκαὶ φῶς λύχνου οὐ μὴ φάνῃ ἐν σοὶ
ἔτι, →

18 23ᵃκαὶ φωνὴ νυμφίου . . . οὐ μὴ
ἀκουσθῇ ἐν σοὶ ἔτι

20 3ᵃἵνα μὴ πλανήσῃ ἔτι τὰ ἔθνη

21 1ᵃἀπῆλθαν, καὶ ἡ θάλασσα οὐκ ἔστιν
ἔτι

21 4ᵃὁ θάνατος οὐκ ἔσται ἔτι, →

21 4ᵃοὔτε πένθος . . . οὔτε πόνος οὐκ
ἔσται ἔτι

22 3ᵃπᾶν κατάθεμα οὐκ ἔσται ἔτι

22 5ᵃνὺξ οὐκ ἔσται ἔτι (ἐκεῖ ϛ)

22 11 ὁ ἀδικῶν ἀδικησάτω ἔτι, →

22 11 καὶ ὁ ῥυπαρὸς ῥυπανθήτω ἔτι, →

Ap 22 11 καὶ ὁ δίκαιος δικαιοσύνην ποιησά-
τω ἔτι, →

22 11 καὶ ὁ ἅγιος ἁγιασθήτω ἔτι

ἑτοιμάζω
προ-
ᵃ pass.
ᵇ ἑ. τινά
ᶜ ἑ. εἰς
ᵈ seq. interrog.
ᵉ seq. inf.
ᶠ seq. ἵνα

Mt 3 3 ἑτοιμάσατε τὴν ὁδὸν κυρίου

20 23ᵃοὐκ ἔστιν ἐμὸν τοῦτο ([Ν²⁶];
—Ης) δοῦναι, ἀλλ' οἷς ἡτοίμασται
ὑπὸ τοῦ πατρός μου

22 4 ἰδοὺ τὸ ἄριστόν μου ἡτοίμακα
(-μασα ϛ)

25 34ᵃκληρονομήσατε τὴν ἡτοιμασμένην
ὑμῖν βασιλείαν ἀπὸ καταβολῆς
κόσμου

25 41ᵃπορεύεσθε . . . εἰς τὸ πῦρ τὸ αἰώ-
νιον | τὸ ἡτοιμασμένον (ὃ ἡτοίμα-
σεν ὁ πατήρ μου S) τῷ διαβόλῳ

26 17ᵉποῦ θέλεις ἑτοιμάσωμέν σοι φαγεῖν
τὸ πάσχα;

26 19 ἐποίησαν οἱ μαθηταὶ ὡς συνέταξεν
αὐτοῖς ὁ Ἰησοῦς, καὶ ἡτοίμασαν
τὸ πάσχα

Mc 1 3 ἑτοιμάσατε τὴν ὁδὸν κυρίου

10 40ᵃτὸ δὲ καθίσαι ἐκ δεξιῶν μου . . .
οὐκ ἔστιν ἐμὸν δοῦναι, ἀλλ' οἷς
ἡτοίμασται

14 12ᶠποῦ θέλεις ἀπελθόντες ἑτοιμάσωμεν
ἵνα φάγῃς τὸ πάσχα;

14 15 αὐτὸς ὑμῖν δείξει ἀνάγαιον μέγα
ἐστρωμένον ἕτοιμον· | καὶ ἐκεῖ
(κἀκεῖ T; ἐκεῖ ϛ) ἑτοιμάσατε ἡμῖν.
↔

14 16 καὶ ἐξῆλθον οἱ μαθηταὶ (+αὐτοῦ
V[S]ϛ) καὶ ἦλθον εἰς τὴν πόλιν . . .
καὶ ἡτοίμασαν τὸ πάσχα

15 1 * εὐθὺς (+ἐπὶ τὸ VSϛ) πρωῒ συμ-
βούλιον ἑτοιμάσαντες (NMST;
ποιήσαντες rl) οἱ ἀρχιερεῖς . . . καὶ
ὅλον τὸ συνέδριον

Lc 1 17 ἐπιστρέψαι καρδίας πατέρων . . .
ἑτοιμάσαι κυρίῳ λαὸν κατεσκευα-
σμένον

1 76 προπορεύσῃ γὰρ ἐνώπιον (πρὸ
προσώπου VBSTϛ) κυρίου ἑτοι-
μάσαι ὁδοὺς αὐτοῦ

2 31 ⟨τὸ σωτήριόν σου⟩ ὃ ἡτοίμασας
κατὰ πρόσωπον πάντων τῶν
λαῶν

3 4 ἑτοιμάσατε τὴν ὁδὸν κυρίου

9 52 εἰσῆλθον εἰς κώμην (πόλιν T)
Σαμαριτῶν, ὡς (Ν²⁶Η; ὥστε rl)
ἑτοιμάσαι αὐτῷ

12 20 ἃ δὲ ἡτοίμασας, τίνι ἔσται;

12 47 ἐκεῖνος δὲ ὁ δοῦλος ὁ γνοὺς . . . καὶ
μὴ ἑτοιμάσας ἢ ποιήσας πρὸς τὸ
θέλημα αὐτοῦ δαρήσεται πολλάς

17 8ᵈοὐχὶ ἐρεῖ αὐτῷ· ἑτοίμασον τί
δειπνήσω ⟨;⟩

22 8ᶠπορευθέντες ἑτοιμάσατε ἡμῖν τὸ
πάσχα, ἵνα φάγωμεν. →

22 9 οἱ δὲ εἶπαν αὐτῷ· ποῦ θέλεις ἑτοι-
μάσωμεν;

22 12 κἀκεῖνος ὑμῖν δείξει ἀνάγαιον μέγα
ἐστρωμένον· ἐκεῖ ἑτοιμάσατε.

22 13 ἀπελθόντες δὲ εὗρον . . . καὶ ἡτοί-
μασαν τὸ πάσχα

23 56 ⟨αἱ γυναῖκες . . . ἐθεάσαντο⟩ ὑπο-
στρέψασαι δὲ ἡτοίμασαν ἀρώματα
καὶ μύρα

Lc 24 1 ἐπὶ τὸ μνῆμα ἦλθον φέρουσαι ἃ ἡτοίμασαν ἀρώματα

Jo 14 2 ὅτι πορεύομαι ἑτοιμάσαι τόπον ὑμῖν· ↔

14 3 καὶ ἐὰν πορευθῶ καὶ ἑτοιμάσω | τόπον ὑμῖν (~ VSϛ)

Ac 23 23ᵇ ἑτοιμάσατε στρατιώτας διακοσίους ὅπως πορευθῶσιν

1 C 2 9 ἃ (ὅσα NH) ἡτοίμασεν ὁ θεὸς τοῖς ἀγαπῶσιν αὐτόν

2 Tm 2 21ᵃᶜ ἔσται σκεῦος ... ἡγιασμένον ... εἰς πᾶν ἔργον ἀγαθὸν ἡτοιμασμένον

Phm 22 ἅμα δὲ καὶ ἑτοίμαζέ μοι ξενίαν

Hb 11 16 διὸ οὐκ ἐπαισχύνεται αὐτοὺς ὁ θεός ... ἡτοίμασεν γὰρ αὐτοῖς πόλιν

Ap 8 6ᵇᶠ οἱ ἑπτὰ ἄγγελοι ... ἡτοίμασαν αὐτοὺς (N²⁶T; αὐτ. NH; ἑαυτ. rl) ἵνα σαλπίσωσιν

9 7ᵃᶜ τὰ ὁμοιώματα τῶν ἀκρίδων ὅμοια (-οι NMT) ἵπποις ἡτοιμασμένοις εἰς πόλεμον

9 15ᵃᶜ ἐλύθησαν οἱ τέσσαρες ἄγγελοι οἱ ἡτοιμασμένοι εἰς τὴν ὥραν καὶ ἡμέραν

12 6ᵃ ὅπου ἔχει ἐκεῖ τόπον ἡτοιμασμένον ἀπὸ τοῦ θεοῦ

16 12ᵃ ἵνα ἑτοιμασθῇ ἡ ὁδὸς τῶν βασιλέων τῶν ἀπὸ ἀνατολῆς ἡλίου

19 7ᵇ χαίρωμεν ... ὅτι ἦλθεν ὁ γάμος τοῦ ἀρνίου, καὶ ἡ γυνὴ αὐτοῦ ἡτοίμασεν ἑαυτήν

21 2ᵃ τὴν πόλιν τὴν ἁγίαν ... εἶδον καταβαίνουσαν ... ἡτοιμασμένην ὡς νύμφην κεκοσμημένην τῷ ἀνδρὶ αὐτῆς

ἑτοιμασία

E 6 15 ὑποδησάμενοι τοὺς πόδας ἐν ἑτοιμασίᾳ τοῦ εὐαγγελίου τῆς εἰρήνης

ἕτοιμος
ᵃ de personis
ᵇ ἐν ἑτοίμῳ
ᶜ ἕτοιμος fem.

Mt 22 4 τὸ ἄριστόν μου ἡτοίμακα ... τὰ σιτιστὰ τεθυμένα, καὶ πάντα ἕτοιμα

22 8 ὁ μὲν γάμος ἕτοιμός ἐστιν

24 44ᵃ διὰ τοῦτο καὶ ὑμεῖς γίνεσθε ἕτοιμοι

25 10ᵃᶜ αἱ ἕτοιμοι εἰσῆλθον μετ' αὐτοῦ εἰς τοὺς γάμους

Mc 14 15 αὐτὸς ὑμῖν δείξει ἀνάγαιον μέγα ἐστρωμένον ἕτοιμον

Lc 12 40ᵃ καὶ ὑμεῖς γίνεσθε ἕτοιμοι

14 17 εἰπεῖν τοῖς κεκλημένοις· ἔρχεσθε (-σθαι S), ὅτι ἤδη ἕτοιμά ἐστιν (εἰσιν ST) (+πάντα Vϛ)

22 33ᵃ μετὰ σοῦ ἕτοιμός εἰμι καὶ εἰς φυλακὴν καὶ εἰς θάνατον πορεύεσθαι

Jo 7 6 ὁ δὲ καιρὸς ὁ ὑμέτερος πάντοτέ ἐστιν ἕτοιμος

Ac 23 15ᵃ ἡμεῖς δὲ ... ἕτοιμοί ἐσμεν τοῦ ἀνελεῖν αὐτόν

23 21ᵃ καὶ νῦν εἰσιν ἕτοιμοι προσδεχόμενοι τὴν ἀπὸ σοῦ ἐπαγγελίαν

2 C 9 5 ταύτην ἑτοίμην εἶναι οὕτως ὡς εὐλογίαν καὶ (—T) μὴ ὡς πλεονεξίαν

10 6ᵇ καὶ ἐν ἑτοίμῳ ἔχοντες ἐκδικῆσαι πᾶσαν παρακοήν

10 16 οὐκ ἐν ἀλλοτρίῳ κανόνι εἰς τὰ ἕτοιμα καυχήσασθαι

Tt 3 1ᵃ ὑπομίμνησκε αὐτούς ... πρὸς πᾶν ἔργον ἀγαθὸν ἑτοίμους εἶναι

1 Pt 1 5 τοὺς ... φρουρουμένους διὰ πίστεως εἰς σωτηρίαν ἑτοίμην ἀποκαλυφθῆναι ἐν καιρῷ ἐσχάτῳ

3 15ᵃ Χριστὸν ἁγιάσατε ... ἕτοιμοι ἀεὶ πρὸς ἀπολογίαν παντὶ τῷ αἰτοῦντι ὑμᾶς λόγον

ἑτοίμως

Ac 21 13 ἐγὼ γὰρ οὐ μόνον δεθῆναι ἀλλὰ καὶ ἀποθανεῖν ... ἑτοίμως ἔχω ὑπὲρ τοῦ ὀνόματος ... Ἰησοῦ

2 C 12 14 ἰδοὺ τρίτον τοῦτο ([S]; —ϛ) ἑτοίμως ἔχω ἐλθεῖν πρὸς ὑμᾶς

1 Pt 4 5 οἳ ἀποδώσουσιν λόγον τῷ ἑτοίμως | ἔχοντι κρῖναι (κρίνοντι H) ζῶντας καὶ νεκρούς

ἔτος
ᵃ ἐτῶν (εἰμι, γίνομαι) de aetate
ᵇ ἐν ἔτει
ᶜ ἐπὶ ἔτη
ᵈ κατ' ἔτος
ᵉ χίλια ἔτη

Mt 9 20 γυνὴ αἱμορροοῦσα δώδεκα ἔτη ... ἥψατο τοῦ κρασπέδου τοῦ ἱματίου αὐτοῦ

Mc 5 25 γυνὴ (+τις VBSϛ) οὖσα ἐν ῥύσει αἵματος δώδεκα ἔτη ⟨ἥψατο τοῦ ἱματίου αὐτοῦ⟩

5 42ᵃ ἦν γὰρ ἐτῶν δώδεκα

Lc 2 36 ἦν Ἅννα προφῆτις ... ζήσασα μετὰ ἀνδρὸς ἔτη ἑπτὰ ἀπὸ τῆς παρθενίας αὐτῆς, ↔

2 37ᵃ καὶ αὐτὴ χήρα ἕως (ὡς ϛ; —S) ἐτῶν ὀγδοήκοντα τεσσάρων

2 41ᵈ ἐπορεύοντο οἱ γονεῖς αὐτοῦ κατ' ἔτος εἰς Ἰερουσαλὴμ τῇ ἑορτῇ τοῦ πάσχα. ↔

2 42ᵃ καὶ ὅτε ἐγένετο ἐτῶν δώδεκα ⟨ὑπέμεινεν Ἰησοῦς⟩

3 1ᵇ ἐν ἔτει δὲ πεντεκαιδεκάτῳ τῆς ἡγεμονίας Τιβερίου Καίσαρος ⟨ἐγένετο ῥῆμα θεοῦ⟩

3 23ᵃ αὐτὸς ἦν Ἰησοῦς ἀρχόμενος ὡσεὶ ἐτῶν τριάκοντα

4 25ᶜ ὅτε ἐκλείσθη ὁ οὐρανὸς ἐπὶ (—H) ἔτη τρία καὶ μῆνας ἕξ

8 42ᵃ ὅτι θυγάτηρ μονογενὴς ἦν αὐτῷ ὡς ἐτῶν δώδεκα

8 43 γυνὴ οὖσα ἐν ῥύσει αἵματος ἀπὸ ἐτῶν δώδεκα ⟨ἥψατο τοῦ κρασπέδου τοῦ ἱματίου αὐτοῦ⟩

12 19 ψυχή, ἔχεις πολλὰ ἀγαθὰ | κείμενα εἰς ἔτη πολλά [H ..]

13 7 ἰδοὺ τρία ἔτη ἀφ' οὗ ἔρχομαι ζητῶν καρπὸν ἐν τῇ συκῇ ταύτῃ

13 8 κύριε, ἄφες αὐτὴν καὶ τοῦτο τὸ ἔτος

13 11 ἰδοὺ γυνὴ πνεῦμα ἔχουσα ἀσθενείας ἔτη δεκαοκτώ

13 16 ἣν ἔδησεν ὁ σατανᾶς ἰδοὺ δέκα καὶ ὀκτὼ ἔτη

15 29 ἰδοὺ τοσαῦτα ἔτη δουλεύω σοι

Jo 2 20 τεσσεράκοντα καὶ ἓξ ἔτεσιν οἰκοδομήθη ὁ ναὸς οὗτος

5 5 ἦν δέ τις ἄνθρωπος ἐκεῖ τριάκοντα καὶ ([N²⁶H]; —ϛ) ὀκτὼ ἔτη ἔχων ἐν τῇ ἀσθενείᾳ αὐτοῦ

8 57 πεντήκοντα ἔτη οὔπω ἔχεις καὶ Ἀβραὰμ ἑώρακας;

Ac 4 22ᵃ ἐτῶν γὰρ ἦν πλειόνων τεσσεράκοντα ὁ ἄνθρωπος

7 6 δουλώσουσιν αὐτὸ καὶ κακώσουσιν ἔτη τετρακόσια

7 30 πληρωθέντων ἐτῶν τεσσεράκοντα ὤφθη αὐτῷ ... ἄγγελος

7 36 ἐξήγαγεν αὐτοὺς ποιήσας τέρατα ... ἐν τῇ ἐρήμῳ ἔτη τεσσεράκοντα

Ac 7 42 μὴ σφάγια καὶ θυσίας προσηνέγκατέ μοι ἔτη τεσσεράκοντα ἐν τῇ ἐρήμῳ ⟨;⟩

9 33 εὗρεν δὲ ἐκεῖ ἄνθρωπόν τινα ... ἐξ ἐτῶν ὀκτὼ κατακείμενον ἐπὶ κραβάττου

13 20 ⟨κατεκληρονόμησεν τὴν γῆν αὐτῶν⟩ ὡς ἔτεσιν τετρακοσίοις καὶ πεντήκοντα

13 21 ᾐτήσαντο βασιλέα, καὶ ἔδωκεν αὐτοῖς ὁ θεὸς τὸν Σαοὺλ ... ἔτη τεσσεράκοντα

19 10ᶜ τοῦτο δὲ ἐγένετο ἐπὶ ἔτη δύο

24 10 ἐκ πολλῶν ἐτῶν ὄντα σε κριτὴν τῷ ἔθνει τούτῳ ἐπιστάμενος εὐθύμως ... ἀπολογοῦμαι

24 17 δι' ἐτῶν δὲ πλειόνων ἐλεημοσύνας ποιήσων εἰς τὸ ἔθνος μου παρεγενόμην

Rm 15 23 ἐπιποθίαν δὲ ἔχων τοῦ ἐλθεῖν πρὸς ὑμᾶς ἀπὸ πολλῶν (ἱκανῶν NMV SH) ἐτῶν

2 C 12 2 οἶδα ἄνθρωπον ἐν Χριστῷ πρὸ ἐτῶν δεκατεσσάρων ... ἁρπαγέντα

G 1 18 ἔπειτα μετὰ | ἔτη τρία (~ NMVS TH) ἀνῆλθον εἰς Ἱεροσόλυμα ἱστορῆσαι Κηφᾶν

2 1 ἔπειτα διὰ δεκατεσσάρων ἐτῶν πάλιν ἀνέβην εἰς Ἱεροσόλυμα μετὰ Βαρναβᾶ

3 17 διαθήκην προκεκυρωμένην ... ὁ μετὰ τετρακόσια καὶ τριάκοντα ἔτη γεγονὼς νόμος οὐκ ἀκυροῖ

1 Tm 5 9ᵃ χήρα καταλεγέσθω μὴ ἔλαττον ἐτῶν ἑξήκοντα γεγονυῖα

Hb 1 12 καὶ τὰ ἔτη σου οὐκ ἐκλείψουσιν

3 10 ⟨εἶδον τὰ ἔργα μου⟩ τεσσεράκοντα ἔτη

3 17 τίσιν δὲ προσώχθισεν τεσσεράκοντα ἔτη;

2 Pt 3 8ᵉ ὅτι μία ἡμέρα παρὰ κυρίῳ ὡς χίλια ἔτη ↔

3 8ᵉ καὶ χίλια ἔτη ὡς ἡμέρα μία

Ap 20 2ᵉ ἐκράτησεν τὸν δράκοντα ... καὶ ἔδησεν αὐτὸν χίλια ἔτη

20 3ᵉ ἔκλεισεν ... ἄχρι τελεσθῇ τὰ χίλια ἔτη

20 4ᵉ ἐβασίλευσαν μετὰ τοῦ Χριστοῦ χίλια ἔτη. ↔

20 5ᵉ (+καὶ VBS) οἱ λοιποὶ τῶν νεκρῶν οὐκ ἔζησαν ἄχρι τελεσθῇ τὰ χίλια ἔτη

20 6ᵉ βασιλεύσουσιν μετ' αὐτοῦ τὰ (+ [N²⁶NH]MT) χίλια ἔτη. ↔

20 7ᵉ καὶ ὅταν τελεσθῇ τὰ χίλια ἔτη, λυθήσεται ὁ σατανᾶς

εὖ
→ εὖγε

Mt 25 21 εὖ, δοῦλε ἀγαθὲ καὶ πιστέ, ἐπὶ ὀλίγα ἦς πιστός

25 23 εὖ, δοῦλε ἀγαθὲ καὶ πιστέ, ἐπὶ ὀλίγα ἦς πιστός

Mc 14 7 ὅταν θέλητε δύνασθε αὐτοῖς (—T; αὐτοὺς ϛ) [+πάντοτε H] εὖ ποιῆσαι

Lc 19 17 *εὖ (Vϛ; εὖ γε NB; εὖγε rl), ἀγαθὲ δοῦλε, ὅτι ἐν ἐλαχίστῳ πιστὸς ἐγένου

Ac 15 29 ἐξ ὧν διατηροῦντες ἑαυτοὺς εὖ πράξετε

E 6 3 ⟨τίμα τὸν πατέρα σου⟩ ἵνα εὖ σοι γένηται

Εὔα

Εὔα VST (ϛ)

Εὔα (ϛ)

2 C 11 3 ὡς ὁ ὄφις ἐξηπάτησεν Εὔαν ἐν τῇ πανουργίᾳ αὐτοῦ

1Tm 2 13 Ἀδὰμ γὰρ πρῶτος ἐπλάσθη, εἶτα Εὔα

εὐαγγελίζω
προ-
a act.
b pass.
c εὐ. τὸν Χριστόν, Ἰησοῦν
d εὐ. (τὸ) εὐαγγέλιον
e εὐ. τὴν βασιλείαν
f εὐ. εἰρήνην
g εὐ. et διδάσκω, κηρύσσω

Mt 11 5b νεκροὶ ἐγείρονται καὶ πτωχοὶ εὐαγγελίζονται

Lc 1 19 ἀπεστάλην λαλῆσαι πρός σὲ καὶ εὐαγγελίσασθαί σοι ταῦτα

2 10 ἰδοὺ γὰρ εὐαγγελίζομαι ὑμῖν χαρὰν μεγάλην

3 18 πολλὰ μὲν οὖν καὶ ἕτερα παρακαλῶν εὐηγγελίζετο τὸν λαόν

4 18g οὗ εἵνεκεν ἔχρισέν με εὐαγγελίσασθαι (-λίζεσθαι ς) πτωχοῖς

4 43e καὶ ταῖς ἑτέραις πόλεσιν εὐαγγελίσασθαί με δεῖ τὴν βασιλείαν τοῦ θεοῦ

7 22b νεκροὶ ἐγείρονται, πτωχοὶ εὐαγγελίζονται

8 1eg διώδευεν κατὰ πόλιν καὶ κώμην κηρύσσων καὶ εὐαγγελιζόμενος τὴν βασιλείαν τοῦ θεοῦ

9 6 διήρχοντο κατὰ τὰς κώμας εὐαγγελιζόμενοι καὶ θεραπεύοντες πανταχοῦ

16 16be ἀπὸ τότε ἡ βασιλεία τοῦ θεοῦ εὐαγγελίζεται

20 1g ἐγένετο ... διδάσκοντος αὐτοῦ τὸν λαὸν ἐν τῷ ἱερῷ καὶ εὐαγγελιζομένου ἐπέστησαν οἱ ἀρχιερεῖς (ἱερεῖς ST)

Ac 5 42cg πᾶσάν τε ἡμέραν ἐν τῷ ἱερῷ ... οὐκ ἐπαύοντο διδάσκοντες καὶ εὐαγγελιζόμενοι τὸν χριστὸν Ἰησοῦν

8 4 διασπαρέντες διῆλθον εὐαγγελιζόμενοι τὸν λόγον

8 12 ὅτε δὲ ἐπίστευσαν τῷ Φιλίππῳ εὐαγγελιζομένῳ (+τὰ ς) περὶ τῆς βασιλείας τοῦ θεοῦ καὶ τοῦ ὀνόματος Ἰησοῦ

8 25 πολλάς τε κώμας τῶν Σαμαριτῶν εὐηγγελίζοντο (-λίσαντο ς)

8 35c ἀνοίξας δὲ ὁ Φίλιππος τὸ στόμα αὐτοῦ ... εὐηγγελίσατο αὐτῷ τὸν Ἰησοῦν

8 40 Φίλιππος ... διερχόμενος εὐηγγελίζετο τὰς πόλεις πάσας

10 36f τὸν λόγον ὃν ([N26MV]; —H) ἀπέστειλεν ... εὐαγγελιζόμενος εἰρήνην διὰ Ἰησοῦ Χριστοῦ

11 20c οἵτινες ... ἐλάλουν καὶ πρὸς τοὺς Ἑλληνιστάς (Ἕλληνας NMBT), εὐαγγελιζόμενοι τὸν κύριον Ἰησοῦν

13 32 ἡμεῖς ὑμᾶς εὐαγγελιζόμεθα τὴν πρὸς τοὺς πατέρας ἐπαγγελίαν γενομένην

14 7 ⟨κατέφυγον εἰς τὰς πόλεις τῆς Λυκαονίας⟩ κἀκεῖ εὐαγγελιζόμενοι ἦσαν

14 15 ἡμεῖς ὁμοιοπαθεῖς ἐσμεν ὑμῖν ἄνθρωποι, εὐαγγελιζόμενοι ὑμᾶς ... ἐπιστρέφειν ἐπὶ θεὸν ζῶντα

14 21 εὐαγγελισάμενοί (-ζόμενοι NT) τε τὴν πόλιν ἐκείνην καὶ μαθητεύσαντες ἱκανοὺς ὑπέστρεψαν εἰς τὴν Λύστραν

Ac 15 35g διδάσκοντες καὶ εὐαγγελιζόμενοι μετὰ καὶ ἑτέρων πολλῶν τὸν λόγον τοῦ κυρίου

16 10 συμβιβάζοντες ὅτι προσκέκληται ἡμᾶς ὁ θεὸς εὐαγγελίσασθαι αὐτούς

17 18c ὅτι τὸν Ἰησοῦν καὶ τὴν ἀνάστασιν (+αὐτοῖς ς) εὐηγγελίζετο

Rm 1 15 οὕτως τὸ κατ᾽ ἐμὲ πρόθυμον καὶ ὑμῖν τοῖς ἐν Ῥώμῃ εὐαγγελίσασθαι

10 15f * ὡς ὡραῖοι οἱ πόδες | τῶν εὐαγγελιζομένων εἰρήνην (+ς), ↔

10 15 τῶν εὐαγγελιζομένων τὰ (+[N26] Tς) ἀγαθά

15 20 οὕτως δὲ φιλοτιμούμενον εὐαγγελίζεσθαι οὐχ ὅπου ὠνομάσθη Χριστός

1 C 1 17 οὐ γὰρ ἀπέστειλέν με Χριστὸς βαπτίζειν ἀλλὰ εὐαγγελίζεσθαι

9 16 ἐὰν γὰρ εὐαγγελίζωμαι, οὐκ ἔστιν μοι καύχημα

9 16 οὐαὶ γάρ μοί ἐστιν ἐὰν μὴ εὐαγγελίσωμαι (-ζωμαι MVBSTς)

9 18 ἵνα εὐαγγελιζόμενος ἀδάπανον θήσω τὸ εὐαγγέλιον

15 1d γνωρίζω δὲ ὑμῖν, ἀδελφοί, τὸ εὐαγγέλιον ὃ εὐηγγελισάμην ὑμῖν

15 2d τίνι λόγῳ εὐηγγελισάμην ὑμῖν εἰ κατέχετε

2 C 10 16 ⟨ἐλπίδα δὲ ἔχοντες ... μεγαλυνθῆναι⟩ εἰς τὰ ὑπερέκεινα ὑμῶν εὐαγγελίσασθαι

11 7d ὅτι δωρεὰν τὸ τοῦ θεοῦ εὐαγγέλιον εὐηγγελισάμην ὑμῖν

G 1 8 ἐὰν ἡμεῖς ἢ ἄγγελος ἐξ οὐρανοῦ || εὐαγγελίζηται (-λίσηται NTH) ὑμῖν ([N26NH]; —T) ((~S)) ↔

1 8 παρ᾽ ὃ εὐηγγελισάμεθα ὑμῖν, ἀνάθεμα ἔστω

1 9 εἴ τις ὑμᾶς εὐαγγελίζεται παρ᾽ ὃ παρελάβετε, ἀνάθεμα ἔστω

1 11bd γνωρίζω ... τὸ εὐαγγέλιον τὸ εὐαγγελισθὲν ὑπ᾽ ἐμοῦ ὅτι οὐκ ἔστιν κατὰ ἄνθρωπον

1 16 ἵνα εὐαγγελίζωμαι αὐτὸν ἐν τοῖς ἔθνεσιν

1 23 ὁ διώκων ἡμᾶς ποτε νῦν εὐαγγελίζεται τὴν πίστιν ἥν ποτε ἐπόρθει

4 13 οἴδατε δὲ ὅτι δι᾽ ἀσθένειαν τῆς σαρκὸς εὐηγγελισάμην ὑμῖν τὸ πρότερον

E 2 17f ἐλθὼν εὐηγγελίσατο εἰρήνην ὑμῖν τοῖς μακράν

3 8 ἐμοὶ ... ἐδόθη ἡ χάρις αὕτη, τοῖς ἔθνεσιν εὐαγγελίσασθαι τὸ ἀνεξιχνίαστον πλοῦτος τοῦ Χριστοῦ

1 Th 3 6 ἐλθόντος Τιμοθέου ... καὶ εὐαγγελισαμένου ἡμῖν τὴν πίστιν καὶ τὴν ἀγάπην ὑμῶν

Hb 4 2b καὶ γάρ ἐσμεν εὐηγγελισμένοι καθάπερ κἀκεῖνοι

4 6b ἐπεὶ ... καὶ οἱ πρότερον εὐαγγελισθέντες οὐκ εἰσῆλθον δι᾽ ἀπείθειαν

1 Pt 1 12 ἃ νῦν ἀνηγγέλη ὑμῖν διὰ τῶν εὐαγγελισαμένων ὑμᾶς ἐν ([N26]; —H) πνεύματι ἁγίῳ

1 25b τοῦτο δέ ἐστιν τὸ ῥῆμα τὸ εὐαγγελισθὲν εἰς ὑμᾶς

4 6b τοῦτο γὰρ καὶ νεκροῖς εὐηγγελίσθη

Ap 10 7a ὡς εὐηγγέλισεν τοὺς ἑαυτοῦ δούλους τοὺς προφήτας

14 6ad ἄγγελον ... ἔχοντα εὐαγγέλιον αἰώνιον εὐαγγελίσαι ἐπὶ (—ς) τοὺς καθημένους ἐπὶ τῆς γῆς

εὐαγγέλιον
a κηρύσσω τὸ εὐ.
b εὐ. (τοῦ) Ἰησοῦ, Χριστοῦ
c εὐ. (τοῦ) θεοῦ
d εὐ. μου, ἡμῶν

Mt 4 23a διδάσκων ἐν ταῖς συναγωγαῖς αὐτῶν καὶ κηρύσσων τὸ εὐαγγέλιον τῆς βασιλείας

9 35a διδάσκων ἐν ταῖς συναγωγαῖς αὐτῶν καὶ κηρύσσων τὸ εὐαγγέλιον τῆς βασιλείας

24 14a κηρυχθήσεται τοῦτο τὸ εὐαγγέλιον τῆς βασιλείας ἐν ὅλῃ τῇ οἰκουμένῃ

26 13a ὅπου ἐὰν κηρυχθῇ τὸ εὐαγγέλιον τοῦτο ἐν ὅλῳ τῷ κόσμῳ

Mc 1 1b ἀρχὴ τοῦ εὐαγγελίου Ἰησοῦ Χριστοῦ | υἱοῦ θεοῦ ([N26]; υἱοῦ τοῦ θεοῦ MVB[S]ς; —rl)

1 14ac ἦλθεν ὁ Ἰησοῦς εἰς τὴν Γαλιλαίαν κηρύσσων τὸ εὐαγγέλιον (+τῆς βασιλείας ς) τοῦ θεοῦ

1 15 μετανοεῖτε καὶ πιστεύετε ἐν τῷ εὐαγγελίῳ

8 35 ὃς δ᾽ ἂν ἀπολέσει (-σῃ VSς) τὴν | ψυχὴν αὐτοῦ (ἑαυτοῦ ψ. VST) ἕνεκεν | ἐμοῦ καὶ ([H]; —B) τοῦ εὐαγγελίου

10 29 οὐδείς ἐστιν ὃς ἀφῆκεν οἰκίαν ... ἕνεκεν ἐμοῦ καὶ ἕνεκεν ([H]; —ς) τοῦ εὐαγγελίου

13 10a εἰς πάντα τὰ ἔθνη | πρῶτον δεῖ (~Vς) κηρυχθῆναι τὸ εὐαγγέλιον

14 9a ὅπου ἐὰν κηρυχθῇ τὸ εὐαγγέλιον (+τοῦτο Vς) εἰς ὅλον τὸν κόσμον

[16 15]a πορευθέντες εἰς τὸν κόσμον ἅπαντα κηρύξατε τὸ εὐαγγέλιον πάσῃ τῇ κτίσει

Ac 15 7 ἐν ὑμῖν ἐξελέξατο ὁ θεός ... ἀκοῦσαι τὰ ἔθνη τὸν λόγον τοῦ εὐαγγελίου

20 24 διαμαρτύρασθαι τὸ εὐαγγέλιον τῆς χάριτος τοῦ θεοῦ

Rm 1 1c Παῦλος ... κλητὸς ἀπόστολος ἀφωρισμένος εἰς εὐαγγέλιον θεοῦ

1 9 μάρτυς ... ὁ θεός, ᾧ λατρεύω ἐν τῷ πνεύματί μου ἐν τῷ εὐαγγελίῳ τοῦ υἱοῦ αὐτοῦ

1 16b οὐ γὰρ ἐπαισχύνομαι τὸ εὐαγγέλιον (+τοῦ Χριστοῦ ς)

2 16d ἐν | ἡμέρᾳ ὅτε (ᾗ ἡμ. NH) κρίνει (-νεῖ MBTς) ὁ θεὸς τὰ κρυπτὰ ... κατὰ τὸ εὐαγγέλιόν μου διὰ | Χριστοῦ Ἰησοῦ (~MVBSς)

10 16 ἀλλ᾽ οὐ πάντες ὑπήκουσαν τῷ εὐαγγελίῳ

11 28 κατὰ μὲν τὸ εὐαγγέλιον ἐχθροὶ δι᾽ ὑμᾶς, κατὰ δὲ τὴν ἐκλογὴν ἀγαπητοί

15 16c εἰς τὸ εἶναί με λειτουργὸν Χριστοῦ ... ἱερουργοῦντα τὸ εὐαγγέλιον τοῦ θεοῦ

15 19b ὥστε με ... μέχρι τοῦ Ἰλλυρικοῦ πεπληρωκέναι τὸ εὐαγγέλιον τοῦ Χριστοῦ

15 29b * ἐν πληρώματι εὐλογίας | τοῦ εὐαγγελίου τοῦ (+ς) Χριστοῦ ἐλεύσομαι

16 25d | τῷ δὲ δυναμένῳ ὑμᾶς στηρίξαι κατὰ τὸ εὐαγγέλιόν μου καὶ τὸ κήρυγμα Ἰησοῦ Χριστοῦ [N26S ..]

1 C 4 15 ἐν γὰρ Χριστῷ Ἰησοῦ διὰ τοῦ εὐαγγελίου ἐγὼ ὑμᾶς ἐγέννησα

9 12b ἵνα μή τινα ἐγκοπὴν (ἐκ- T) δῶμεν τῷ εὐαγγελίῳ τοῦ Χριστοῦ

9 14 οὕτως καὶ ὁ κύριος διέταξεν τοῖς τὸ εὐαγγέλιον καταγγέλλουσιν ↔

1 C   9 14 ἐκ τοῦ εὐαγγελίου ζῆν
      9 18ᵇἵνα εὐαγγελιζόμενος ἀδάπανον
          θήσω τὸ εὐαγγέλιον (+τοῦ Χρι-
          στοῦ ς), ↔
      9 18 εἰς τὸ μὴ καταχρήσασθαι τῇ
          ἐξουσίᾳ μου ἐν τῷ εὐαγγελίῳ
      9 23 πάντα δὲ ποιῶ διὰ τὸ εὐαγγέλιον,
          ἵνα συγκοινωνὸς αὐτοῦ γένωμαι
     15 1 γνωρίζω δὲ ὑμῖν, ἀδελφοί, τὸ
          εὐαγγέλιον ὃ εὐηγγελισάμην ὑμῖν
2 C   2 12ᵇἐλθὼν δὲ εἰς τὴν Τρῳάδα εἰς τὸ
          εὐαγγέλιον τοῦ Χριστοῦ ⟨οὐκ
          ἔσχηκα ἄνεσιν⟩
      4 3ᵈεἰ δὲ καὶ ἔστιν κεκαλυμμένον τὸ
          εὐαγγέλιον ἡμῶν
      4 4 εἰς τὸ μὴ αὐγάσαι τὸν φωτισμὸν
          τοῦ εὐαγγελίου τῆς δόξης τοῦ
          Χριστοῦ
      8 18 οὗ ὁ ἔπαινος ἐν τῷ εὐαγγελίῳ διὰ
          πασῶν τῶν ἐκκλησιῶν
      9 13ᵇδοξάζοντες τὸν θεὸν ἐπὶ τῇ ὑπο-
          ταγῇ τῆς ὁμολογίας ὑμῶν εἰς τὸ
          εὐαγγέλιον τοῦ Χριστοῦ
     10 14ᵇἄχρι γὰρ καὶ ὑμῶν ἐφθάσαμεν ἐν
          τῷ εὐαγγελίῳ τοῦ Χριστοῦ
     11 4 εἰ μὲν γὰρ ... λαμβάνετε ...
          εὐαγγέλιον ἕτερον ὃ οὐκ ἐδέξασθε
     11 7ᶜὅτι δωρεὰν τὸ τοῦ θεοῦ εὐαγγέλιον
          εὐηγγελισάμην ὑμῖν
G   1 6 θαυμάζω ὅτι οὕτως ταχέως μετα-
          τίθεσθε ... εἰς ἕτερον εὐαγγέλιον
      1 7ᵇεἰ μή τινές εἰσιν οἱ ... θέλοντες
          μεταστρέψαι τὸ εὐαγγέλιον τοῦ
          Χριστοῦ
      1 11 γνωρίζω γὰρ (δὲ Τς) ὑμῖν, ἀδελ-
          φοί, τὸ εὐαγγέλιον τὸ εὐαγγελι-
          σθὲν ὑπ' ἐμοῦ ὅτι οὐκ ἔστιν κατὰ
          ἄνθρωπον
      2 2ᵃἀνεθέμην αὐτοῖς τὸ εὐαγγέλιον ὃ
          κηρύσσω ἐν τοῖς ἔθνεσιν
      2 5 ἵνα ἡ ἀλήθεια τοῦ εὐαγγελίου
          διαμείνῃ πρὸς ὑμᾶς
      2 7 ἰδόντες ὅτι πεπίστευμαι τὸ εὐαγγέ-
          λιον τῆς ἀκροβυστίας καθὼς Πέτρος
          τῆς περιτομῆς
      2 14 ἀλλ' ὅτε εἶδον ὅτι οὐκ ὀρθοποδοῦ-
          σιν πρὸς τὴν ἀλήθειαν τοῦ εὐαγγε-
          λίου
E   1 13 ἐν ᾧ καὶ ὑμεῖς, ἀκούσαντες τὸν
          λόγον τῆς ἀληθείας, τὸ εὐαγγέλιον
          τῆς σωτηρίας ὑμῶν
      3 6 εἶναι τὰ ἔθνη ... συμμέτοχα τῆς
          ἐπαγγελίας (+αὐτοῦ [S]ς) ἐν
          Χριστῷ Ἰησοῦ διὰ τοῦ εὐαγγε-
          λίου ⟨οὗ ἐγενήθην διάκονος⟩
      6 15 ⟨στῆτε⟩ ὑποδησάμενοι τοὺς πόδας
          ἐν ἑτοιμασίᾳ τοῦ εὐαγγελίου τῆς
          εἰρήνης
      6 19 ἵνα μοι δοθῇ λόγος ... ἐν παρρη-
          σίᾳ γνωρίσαι τὸ μυστήριον | τοῦ
          εὐαγγελίου [H]
Ph   1 5 ⟨εὐχαριστῶ τῷ θεῷ μου⟩ ἐπὶ τῇ
          κοινωνίᾳ ὑμῶν εἰς τὸ εὐαγγέλιον
      1 7 διὰ τὸ ἔχειν με ἐν τῇ καρδίᾳ ὑμᾶς ...
          ἐν τῇ ἀπολογίᾳ καὶ βεβαιώσει τοῦ
          εὐαγγελίου
      1 12 τὰ κατ' ἐμὲ μᾶλλον εἰς προκοπὴν
          τοῦ εὐαγγελίου ἐλήλυθεν
      1 16 εἰδότες ὅτι εἰς ἀπολογίαν τοῦ
          εὐαγγελίου κεῖμαι
      1 27ᵇμόνον ἀξίως τοῦ εὐαγγελίου τοῦ
          Χριστοῦ πολιτεύεσθε
      1 27 στήκετε ἐν ἑνὶ πνεύματι, μιᾷ ψυχῇ
          συναθλοῦντες τῇ πίστει τοῦ εὐαγ-
          γελίου

Ph   2 22 ὡς πατρὶ τέκνον σὺν ἐμοὶ ἐδούλευ-
          σεν εἰς τὸ εὐαγγέλιον
      4 3 αἵτινες ἐν τῷ εὐαγγελίῳ συνήθλη-
          σάν μοι μετὰ καὶ Κλήμεντος
      4 15 ἐν ἀρχῇ τοῦ εὐαγγελίου ... οὐ-
          δεμία μοι ἐκκλησία ἐκοινώνησεν
Cl   1 5 ἣν προηκούσατε ἐν τῷ λόγῳ τῆς
          ἀληθείας τοῦ εὐαγγελίου ⟨τοῦ
          παρόντος εἰς ὑμᾶς⟩
      1 23ᵃεἴ γε ἐπιμένετε ... μὴ μετακινού-
          μενοι ἀπὸ τῆς ἐλπίδος τοῦ εὐαγγε-
          λίου οὗ ἠκούσατε, τοῦ κηρυχθέντος
          ἐν πάσῃ κτίσει
1 Th 1 5ᵈτὸ εὐαγγέλιον ἡμῶν οὐκ ἐγενήθη
          εἰς ὑμᾶς ἐν λόγῳ μόνον
      2 2ᵉἐπαρρησιασάμεθα ἐν τῷ θεῷ ἡμῶν
          λαλῆσαι πρὸς ὑμᾶς τὸ εὐαγγέλιον
          τοῦ θεοῦ ἐν πολλῷ ἀγῶνι
      2 4 καθὼς δεδοκιμάσμεθα ὑπὸ τοῦ
          θεοῦ πιστευθῆναι τὸ εὐαγγέλιον
          οὕτως λαλοῦμεν
      2 8ᶜεὐδοκοῦμεν (ηὐδ. NBH) μεταδοῦ-
          ναι ὑμῖν οὐ μόνον τὸ εὐαγγέλιον
          τοῦ θεοῦ
      2 9ᵃᶜνυκτὸς καὶ ἡμέρας ἐργαζόμενοι ...
          ἐκηρύξαμεν εἰς ὑμᾶς τὸ εὐαγγέλιον
          τοῦ θεοῦ
      3 2ᵇἐπέμψαμεν Τιμόθεον, τὸν ἀδελφὸν
          ἡμῶν καὶ συνεργὸν (διάκονον
          MVSTHς) τοῦ θεοῦ ἐν τῷ εὐαγγε-
          λίῳ τοῦ Χριστοῦ
2 Th 1 8ᵇδιδόντος ἐκδίκησιν ... τοῖς μὴ
          ὑπακούουσιν τῷ εὐαγγελίῳ τοῦ
          κυρίου ἡμῶν Ἰησοῦ
      2 14ᵈεἰς ὃ καὶ ([N²⁶]; —MHς) ἐκάλεσεν
          ὑμᾶς διὰ τοῦ εὐαγγελίου ἡμῶν
1 Tm 1 11 ⟨δικαίῳ νόμος οὐ κεῖται, ἀνόμοις
          δὲ⟩ κατὰ τὸ εὐαγγέλιον τῆς δόξης
          τοῦ μακαρίου θεοῦ, ὃ ἐπιστεύθην
          ἐγώ
2 Tm 1 8 συγκακοπάθησον τῷ εὐαγγελίῳ
          κατὰ δύναμιν θεοῦ
      1 10 καταργήσαντος μὲν τὸν θάνατον
          φωτίσαντος δὲ ζωὴν καὶ ἀφθαρσίαν
          διὰ τοῦ εὐαγγελίου
      2 8ᵈμνημόνευε Ἰησοῦν Χριστὸν ... ἐκ
          σπέρματος Δαυίδ, κατὰ τὸ εὐαγγέ-
          λιόν μου
Phm   13 ἵνα ὑπὲρ σοῦ μοι διακονῇ ἐν τοῖς
          δεσμοῖς τοῦ εὐαγγελίου
1 Pt 4 17ᶜτί τὸ τέλος τῶν ἀπειθούντων τῷ
          τοῦ θεοῦ εὐαγγελίῳ;
Ap   14 6 εἶδον ἄλλον ἄγγελον πετόμενον ...
          ἔχοντα εὐαγγέλιον αἰώνιον εὐαγ-
          γελίσαι ἐπὶ (—ς) τοὺς καθημένους

εὐαγγελιστής
Ac   21 8 εἰσελθόντες εἰς τὸν οἶκον Φιλίππου
          τοῦ εὐαγγελιστοῦ ὄντος ἐκ τῶν
          ἑπτά
E   4 11 αὐτὸς ἔδωκεν τοὺς μὲν ἀποστόλους,
          τοὺς δὲ προφήτας, τοὺς δὲ εὐαγγε-
          λιστάς ⟨πρὸς τὸν καταρτισμὸν
          τῶν ἁγίων⟩
2 Tm 4 5 ἔργον ποίησον εὐαγγελιστοῦ, τὴν
          διακονίαν σου πληροφόρησον

εὐαρεστέω
Hb   11 5 πρὸ γὰρ τῆς μεταθέσεως μεμαρτύ-
          ρηται εὐαρεστηκέναι τῷ θεῷ· ↔
      11 6 χωρὶς δὲ πίστεως ἀδύνατον εὐ-
          αρεστῆσαι
      13 16 τοιαύταις γὰρ θυσίαις εὐαρεστεῖται
          ὁ θεός

εὐάρεστος
ᵃ τὸ εὐάρεστον

Rm   12 1 παραστῆσαι τὰ σώματα ὑμῶν
          θυσίαν ζῶσαν ἁγίαν | εὐάρεστον
          τῷ θεῷ (~NSTH)
      12 2ᵃεἰς τὸ δοκιμάζειν ὑμᾶς τί τὸ θέλημα
          τοῦ θεοῦ, τὸ ἀγαθὸν καὶ εὐάρεστον
          καὶ τέλειον
      14 18 ὁ γὰρ ἐν τούτῳ (-τοις Sς) δου-
          λεύων τῷ Χριστῷ εὐάρεστος τῷ
          θεῷ καὶ δόκιμος τοῖς ἀνθρώποις
2 C   5 9 φιλοτιμούμεθα, εἴτε ἐνδημοῦντες
          εἴτε ἐκδημοῦντες, εὐάρεστοι αὐτῷ
          εἶναι
E   5 10 δοκιμάζοντες τί ἐστιν εὐάρεστον
          τῷ κυρίῳ
Ph   4 18 δεξάμενος παρὰ Ἐπαφροδίτου τὰ
          παρ' ὑμῶν ... θυσίαν δεκτήν,
          εὐάρεστον τῷ θεῷ
Cl   3 20 τοῦτο γὰρ εὐάρεστόν ἐστιν ἐν (τῷ
          ς) κυρίῳ
Tt   2 9 δούλους | ἰδίοις δεσπόταις (~S)
          ὑποτάσσεσθαι ἐν πᾶσιν, εὐαρέστους
          εἶναι, μὴ ἀντιλέγοντας
Hb   13 21ᵃ[+αὐτῷ S] ποιῶν ἐν ἡμῖν (ὑμ. Sς)
          τὸ εὐάρεστον ἐνώπιον αὐτοῦ διὰ
          Ἰησοῦ Χριστοῦ

εὐαρέστως
Hb   12 28 δι' ἧς λατρεύωμεν εὐαρέστως τῷ
          θεῷ, μετὰ εὐλαβείας καὶ δέους

Εὔβουλος
2 Tm 4 21 ἀσπάζεταί σε Εὔβουλος καὶ Πούδης
          καὶ Λίνος

εὖγε
εὖ γε NB
→ γε   → εὖ
Lc   19 17 εὖγε (εὖ Vς), ἀγαθὲ δοῦλε, ὅτι ἐν
          ἐλαχίστῳ πιστὸς ἐγένου

εὐγενής
ᵃ comp.
Lc   19 12 ἄνθρωπός τις εὐγενὴς ἐπορεύθη εἰς
          χώραν μακράν
Ac   17 11ᵃοὗτοι δὲ ἦσαν εὐγενέστεροι τῶν ἐν
          Θεσσαλονίκῃ
1 C   1 26 ὅτι οὐ πολλοὶ σοφοὶ κατὰ σάρκα,
          οὐ πολλοὶ δυνατοί, οὐ πολλοὶ
          εὐγενεῖς

εὐδία
Mt   16 2 | ὀψίας γενομένης λέγετε· εὐδία,
          πυρράζει γὰρ ὁ οὐρανός [N²⁶NS
          TH ..]

εὐδοκέω
→ δοκέω
ᵃ seq. inf.
ᵇ εὐ. τινά, τι
Mt   3 17 οὗτός ἐστιν ὁ υἱός μου ὁ ἀγαπητός,
          ἐν ᾧ εὐδόκησα
      12 18ᵇἰδοὺ ὁ παῖς μου ... ὁ ἀγαπητός
          μου εἰς (—NMH) ὃν εὐδόκησεν ἡ
          ψυχή μου
      17 5 οὗτός ἐστιν ὁ υἱός μου ὁ ἀγαπητός,
          ἐν ᾧ εὐδόκησα
Mc   1 11 σὺ εἶ ὁ υἱός μου ὁ ἀγαπητός, ἐν σοὶ
          εὐδόκησα
Lc   3 22 σὺ εἶ ὁ υἱός μου ὁ ἀγαπητός, ἐν σοὶ
          εὐδόκησα
      12 32ᵃὅτι εὐδόκησεν ὁ πατὴρ ὑμῶν δοῦ-
          ναι ὑμῖν τὴν βασιλείαν
Rm   15 26ᵃεὐδόκησαν γὰρ Μακεδονία καὶ
          Ἀχαΐα κοινωνίαν τινὰ ποιήσασθαι
          εἰς τοὺς πτωχούς
      15 27 εὐδόκησαν γάρ, καὶ ὀφειλέται εἰσὶν
          αὐτῶν
1 C   1 21ᵃεὐδόκησεν ὁ θεὸς διὰ τῆς μωρίας
          τοῦ κηρύγματος σῶσαι τοὺς πι-
          στεύοντας

1 C 10 5 ἀλλ' οὐκ ἐν τοῖς πλείοσιν αὐτῶν εὐδόκησεν ὁ θεός

2 C 5 8ᵃθαρροῦμεν δὲ καὶ εὐδοκοῦμεν μᾶλλον ἐκδημῆσαι ἐκ τοῦ σώματος

12 10 διὸ εὐδοκῶ ἐν ἀσθενείαις, ἐν ὕβρεσιν

G 1 15ᵃὅτε δὲ εὐδόκησεν | ὁ θεός ([N²⁶H]; —NMBT) ⟨ἀποκαλύψαι τὸν υἱὸν αὐτοῦ⟩

Cl 1 19ᵃὅτι ἐν αὐτῷ εὐδόκησεν πᾶν τὸ πλήρωμα κατοικῆσαι

1 Th 2 8ᵃοὕτως ὁμειρόμενοι ὑμῶν εὐδοκοῦμεν (ηὐδ. NBH) μεταδοῦναι ὑμῖν . . . τὰς ἑαυτῶν ψυχάς

3 1ᵃδιὸ μηκέτι στέγοντες εὐδοκήσαμεν καταλειφθῆναι ἐν 'Αθήναις μόνοι

2 Th 2 12 ἵνα κριθῶσιν πάντες (ἀπ. MVBST) οἱ μὴ πιστεύσαντες τῇ ἀληθείᾳ ἀλλὰ εὐδοκήσαντες τῇ ἀδικίᾳ

Hb 10 6ᵇὁλοκαυτώματα καὶ περὶ ἁμαρτίας οὐκ εὐδόκησας

10 8ᵇθυσίας . . . καὶ περὶ ἁμαρτίας οὐκ ἠθέλησας οὐδὲ εὐδόκησας

10 38 ἐὰν ὑποστείληται, οὐκ εὐδοκεῖ ἡ ψυχή μου ἐν αὐτῷ

2 Pt 1 17 || ὁ υἱός μου ὁ ἀγαπητός μου (—MBSTς) οὗτός ἐστιν ((~MVBSTς)), εἰς ὃν ἐγὼ εὐδόκησα

εὐδοκία

ᵃ κατὰ τὴν εὐδοκίαν

Mt 11 26 ναί, ὁ πατήρ, ὅτι οὕτως εὐδοκία ἐγένετο ἔμπροσθέν σου

Lc 2 14 δόξα ἐν ὑψίστοις θεῷ καὶ ἐπὶ γῆς εἰρήνη ἐν ἀνθρώποις εὐδοκίας (-κία[ς] V; -κία ς)

10 21 ναί, ὁ πατήρ, ὅτι οὕτως | εὐδοκία ἐγένετο (~BSTς) ἔμπροσθέν σου

Rm 10 1 ἡ μὲν εὐδοκία τῆς ἐμῆς καρδίας καὶ ἡ δέησις πρὸς τὸν θεὸν ὑπὲρ αὐτῶν εἰς σωτηρίαν

E 1 5ᵃπροορίσας ἡμᾶς εἰς υἱοθεσίαν . . . κατὰ τὴν εὐδοκίαν τοῦ θελήματος αὐτοῦ

1 9ᵃγνωρίσας ἡμῖν τὸ μυστήριον τοῦ θελήματος αὐτοῦ, κατὰ τὴν εὐδοκίαν αὐτοῦ, ἣν προέθετο ἐν αὐτῷ

Ph 1 15 τινὲς μὲν καὶ διὰ φθόνον καὶ ἔριν, τινὲς δὲ καὶ δι' εὐδοκίαν τὸν Χριστὸν κηρύσσουσιν

2 13 θεὸς γάρ ἐστιν ὁ ἐνεργῶν ἐν ὑμῖν καὶ τὸ θέλειν καὶ τὸ ἐνεργεῖν ὑπὲρ τῆς εὐδοκίας

2 Th 1 11 ἵνα . . . πληρώσῃ πᾶσαν εὐδοκίαν ἀγαθωσύνης καὶ ἔργον πίστεως

εὐεργεσία

Ac 4 9 εἰ ἡμεῖς σήμερον ἀνακρινόμεθα ἐπὶ εὐεργεσίᾳ ἀνθρώπου ἀσθενοῦς

1Tm 6 2 ὅτι πιστοί εἰσιν καὶ ἀγαπητοὶ οἱ τῆς εὐεργεσίας ἀντιλαμβανόμενοι

εὐεργετέω

Ac 10 38 ὃς διῆλθεν εὐεργετῶν καὶ ἰώμενος πάντας τοὺς καταδυναστευομένους ὑπὸ τοῦ διαβόλου

εὐεργέτης

Lc 22 25 οἱ ἐξουσιάζοντες αὐτῶν εὐεργέται καλοῦνται

εὔθετος

Lc 9 62 οὐδεὶς ἐπιβαλὼν . . . καὶ βλέπων εἰς τὰ ὀπίσω εὔθετός ἐστιν | τῇ βασιλείᾳ (εἰς τὴν -ίαν ς) τοῦ θεοῦ

14 35 ⟨τὸ ἅλας⟩ οὔτε εἰς γῆν οὔτε εἰς κοπρίαν εὔθετόν ἐστιν

Hb 6 7 γῆ γὰρ ἡ . . . τίκτουσα βοτάνην εὔθετον ἐκείνοις δι' οὓς καὶ γεωργεῖται

εὐθέως

→ εὐθύς, εὐθέως, adv.

εὐθυδρομέω

Ac 16 11 ἀναχθέντες δὲ (οὖν VBSHς) ἀπὸ Τρῳάδος εὐθυδρομήσαμεν εἰς Σαμοθρᾴκην

21 1 εὐθυδρομήσαντες ἤλθομεν εἰς τὴν Κῶ

εὐθυμέω

→ ἀθυμέω

Ac 27 22 καὶ τὰ νῦν παραινῶ ὑμᾶς εὐθυμεῖν

27 25 διὸ εὐθυμεῖτε, ἄνδρες

Jc 5 13 κακοπαθεῖ τις ἐν ὑμῖν; προσευχέσθω· εὐθυμεῖ τις; ψαλλέτω

εὔθυμος

Ac 27 36 εὔθυμοι δὲ γενόμενοι πάντες καὶ αὐτοὶ προσελάβοντο τροφῆς

εὐθύμως

ᵃ comp.

Ac 24 10ᵃεὐθύμως (-μότερον ς) τὰ περὶ ἐμαυτοῦ ἀπολογοῦμαι

εὐθύνω

κατ-

Jo 1 23 εὐθύνατε τὴν ὁδὸν κυρίου

Jc 3 4 τὰ πλοῖα . . . μετάγεται . . . ὅπου (+ἂν VSς) ἡ ὁρμὴ τοῦ εὐθύνοντος βούλεται (-ληται VSς)

εὐθύς adj.

ᵃ nomen vici

Mt 3 3 εὐθείας ποιεῖτε τὰς τρίβους αὐτοῦ

Mc 1 3 εὐθείας ποιεῖτε τὰς τρίβους αὐτοῦ

Lc 3 4 εὐθείας ποιεῖτε τὰς τρίβους αὐτοῦ

3 5 ἔσται τὰ σκολιὰ εἰς εὐθείαν (-ας NTH)

Ac 8 21 ἡ γὰρ καρδία σου οὐκ ἔστιν εὐθεῖα ἔναντι τοῦ θεοῦ

9 11ᵃπορεύθητι ἐπὶ τὴν ῥύμην τὴν καλουμένην εὐθεῖαν

13 10 οὐ παύσῃ διαστρέφων τὰς ὁδοὺς τοῦ ([N²⁶]; —VBSTς) κυρίου τὰς εὐθείας;

2 Pt 2 15 καταλείποντες (+τὴν ς) εὐθεῖαν ὁδὸν ἐπλανήθησαν

εὐθύς, εὐθέως adv.

ᵃ post verbum

ᵇ εὐθ. δέ

ᶜ εὐθ. οὖν

ᵈ οὐκ εὐθ.

Mt 3 16ᵃβαπτισθεὶς δὲ ὁ 'Ιησοῦς | εὐθὺς ἀνέβη (~Sς) ἀπὸ τοῦ ὕδατος

4 20 οἱ δὲ εὐθέως ἀφέντες τὰ δίκτυα ἠκολούθησαν αὐτῷ

4 22 οἱ δὲ εὐθέως ἀφέντες τὸ πλοῖον καὶ τὸν πατέρα αὐτῶν ἠκολούθησαν αὐτῷ

8 3 εὐθέως ἐκαθαρίσθη αὐτοῦ ἡ λέπρα

13 5 εὐθέως ἐξανέτειλεν διὰ τὸ μὴ ἔχειν βάθος γῆς

13 20 οὗτός ἐστιν ὁ . . . εὐθὺς μετὰ χαρᾶς λαμβάνων αὐτόν

13 21 γενομένης δὲ θλίψεως ἢ διωγμοῦ διὰ τὸν λόγον εὐθὺς σκανδαλίζεται

14 22 εὐθέως ([NH]; —T) ἠνάγκασεν τοὺς μαθητὰς ἐμβῆναι εἰς τὸ (—BSH) πλοῖον

14 27ᵇεὐθὺς (-έως VSς) δὲ ἐλάλησεν ||: ὁ 'Ιησοῦς ([N²⁶NH]; —T) αὐτοῖς ((~VBSς)) λέγων

14 31ᵇεὐθέως δὲ ὁ 'Ιησοῦς ἐκτείνας τὴν χεῖρα ἐπελάβετο αὐτοῦ

20 34 εὐθέως ἀνέβλεψαν καὶ ἠκολούθησαν αὐτῷ

21 2 εὐθέως (-ὺς NMTH) εὑρήσετε ὄνον δεδεμένην

Mt 21 3ᵇεὐθὺς (-έως VSς) δὲ ἀποστελεῖ αὐτούς

24 29ᵇεὐθέως δὲ μετὰ τὴν θλῖψιν τῶν ἡμερῶν ἐκείνων ὁ ἥλιος σκοτισθήσεται

25 15ᵃκαὶ ἀπεδήμησεν. εὐθέως ⟨πορευθεὶς (+δὲ Vς) ὁ τὰ πέντε τάλαντα λαβών⟩

26 49 εὐθέως προσελθὼν τῷ 'Ιησοῦ εἶπεν

26 74 εὐθέως (-ὺς NH) ἀλέκτωρ ἐφώνησεν

27 48 εὐθέως δραμὼν εἷς ἐξ αὐτῶν . . . ἐπότιζεν αὐτόν

Mc 1 10 εὐθὺς (-έως ς) ἀναβαίνων ἐκ τοῦ ὕδατος εἶδεν

1 12 εὐθὺς τὸ πνεῦμα αὐτὸν ἐκβάλλει εἰς τὴν ἔρημον

1 18 εὐθὺς (-έως ς) ἀφέντες τὰ δίκτυα (+αὐτῶν Sς) ἠκολούθησαν αὐτῷ

1 20 εὐθὺς (-έως ς) ἐκάλεσεν αὐτούς

1 21 εὐθὺς (-έως ς) τοῖς σάββασιν εἰσελθὼν (—BST) | εἰς τὴν συναγωγὴν ἐδίδασκεν (~BST)

1 23 εὐθὺς (—ς) ἦν ἐν τῇ συναγωγῇ αὐτῶν ἄνθρωπος ἐν πνεύματι ἀκαθάρτῳ

1 28ᵃ| καὶ ἐξῆλθεν (ἐξ. δὲ Sς) ἡ ἀκοὴ αὐτοῦ εὐθὺς πανταχοῦ

1 29 εὐθὺς (-έως ς) ἐκ τῆς συναγωγῆς | ἐξελθόντες ἦλθον (ἐξελθὼν ἦλθεν M) εἰς τὴν οἰκίαν Σίμωνος

1 30 εὐθὺς (-έως ς) λέγουσιν αὐτῷ περὶ αὐτῆς

1 31ᵃ* ἀφῆκεν αὐτὴν ὁ πυρετὸς εὐθὺς (+VS; +εὐθέως ς)

1 42 καὶ (+εἰπόντος αὐτοῦ VSς) εὐθὺς (-έως ς) ἀπῆλθεν ἀπ' αὐτοῦ ἡ λέπρα

1 43 ἐμβριμησάμενος αὐτῷ εὐθὺς (-έως ς) ἐξέβαλεν αὐτόν

2 2 * εὐθέως (+[V]Sς) συνήχθησαν πολλοί

2 8 εὐθὺς (-έως ς) ἐπιγνοὺς ὁ 'Ιησοῦς τῷ πνεύματι αὐτοῦ

2 12ᵃἠγέρθη | καὶ εὐθὺς (-έως ς) ἄρας τὸν κράβαττον ἐξῆλθεν ἔμπροσθεν (ἐναντίον VSς) πάντων

3 6 εὐθὺς (-έως ς) μετὰ τῶν 'Ηρῳδιανῶν συμβούλιον ἐδίδουν (ἐποίησαν T; ἐποίουν ς) κατ' αὐτοῦ

4 5 εὐθὺς (-έως ς) ἐξανέτειλεν (ἐξεβλάστησεν S) διὰ τὸ μὴ ἔχειν βάθος γῆς

4 15 εὐθὺς (-έως ς) ἔρχεται ὁ σατανᾶς καὶ αἴρει τὸν λόγον

4 16 οἳ ὅταν ἀκούσωσιν τὸν λόγον εὐθὺς (-έως ς) μετὰ χαρᾶς λαμβάνουσιν αὐτόν [S]

4 17 εἶτα γενομένης θλίψεως ἢ διωγμοῦ διὰ τὸν λόγον εὐθὺς (-έως ς) σκανδαλίζονται

4 29 εὐθὺς (-έως ς) ἀποστέλλει τὸ δρέπανον

5 2 εὐθὺς ([NH]; -έως ς) ὑπήντησεν (ἀπ- Sς) αὐτῷ ἐκ τῶν μνημείων ἄνθρωπος

5 13ᵃ* ἐπέτρεψεν αὐτοῖς | εὐθέως ὁ 'Ιησοῦς (+VSς)

5 29 εὐθὺς (-έως ς) ἐξηράνθη ἡ πηγὴ τοῦ αἵματος αὐτῆς

5 30 εὐθὺς (-έως ς) ὁ 'Ιησοῦς ἐπιγνοὺς . . . ἐν ἑαυτῷ ὄχλῳ ἔλεγεν

5 36 * δὲ 'Ιησοῦς | εὐθὺς παρακούσας (S; [εὐθέως παρ-]ακ. V; εὐθέως ἀκ. ς; παρ- rl) τὸν λόγον

5 42 εὐθὺς (-έως ς) ἀνέστη τὸ κοράσιον

Mc 5 42ᵃ ἐξέστησαν εὐθὺς ([N²⁶]; —ς) ἐκστά-
σει μεγάλη

6 25 εἰσελθοῦσα εὐθὺς (-έως ς) μετὰ
σπουδῆς πρὸς τὸν βασιλέα ᾐτή-
σατο λέγουσα

6 27 εὐθὺς (-έως ς) ἀποστείλας ὁ
βασιλεὺς σπεκουλάτορα

6 45 εὐθὺς (-έως ς) ἠνάγκασεν τοὺς
μαθητὰς αὐτοῦ ἐμβῆναι εἰς τὸ
πλοῖον

6 50 | ὁ δὲ (καὶ Vς) εὐθὺς (-έως ς)
ἐλάλησεν μετ' αὐτῶν

6 54 ἐξελθόντων αὐτῶν ἐκ τοῦ πλοίου
εὐθὺς (-έως ς) ἐπιγνόντες αὐτὸν
⟨περιέδραμον ὅλην τὴν χώραν
ἐκείνην⟩

7 25 | ἀλλ' εὐθὺς ἀκούσασα (ἀκ. γὰρ
Sς) γυνὴ περὶ αὐτοῦ

7 35 εὐθέως ([N²⁶S]; —ΝΤΗ) ἠνοίγη-
σαν αὐτοῦ αἱ ἀκοαί, ↔

7 35 * καὶ εὐθὺς (+ΝΤ) ἐλύθη ὁ δεσμὸς
τῆς γλώσσης αὐτοῦ

8 10 εὐθὺς (-έως ς) ἐμβὰς εἰς τὸ [S]
πλοῖον ... ἦλθεν εἰς τὰ μέρη
Δαλμανουθά

9 15 εὐθὺς (-έως ς) πᾶς ὁ ὄχλος ἰδόντες
αὐτὸν ἐξεθαμβήθησαν

9 20 ἰδὼν αὐτὸν τὸ πνεῦμα εὐθὺς (-έως
ς) συνεσπάραξεν αὐτόν

9 24 εὐθὺς (-έως ς) κράξας ὁ πατὴρ τοῦ
παιδίου (+μετὰ δακρύων Vς)
ἔλεγεν

10 52 καὶ εὐθὺς (-έως ς) ἀνέβλεψεν

11 2 εὐθὺς (-έως ς) εἰσπορευόμενοι εἰς
αὐτὴν εὑρήσετε πῶλον δεδεμένον

11 3 εὐθὺς (-έως ς) αὐτὸν ἀποστέλλει
πάλιν ὧδε

14 43 εὐθὺς (-έως ς) ἔτι αὐτοῦ λαλοῦντος
παραγίνεται ὁ (+[ΝΗ]Μ) Ἰούδας

14 45 ἐλθὼν εὐθὺς (-έως ς) προσελθὼν
αὐτῷ λέγει

14 72 εὐθὺς (—Sς) ἐκ δευτέρου ἀλέκτωρ
ἐφώνησεν

15 1 εὐθὺς (-έως ς) (+ἐπὶ τὸ VSς) πρωῒ
συμβούλιον ποιήσαντες (ἑτοιμά-
σαντες ΝΜSΤ) οἱ ἀρχιερεῖς

Lc 5 13 εὐθέως ἡ λέπρα ἀπῆλθεν ἀπ' αὐ-
τοῦ

5 39 * καὶ ([N²⁶S]; —Η) || οὐδεὶς πιὼν
παλαιὸν εὐθέως (+VB[S]ς) θέλει
νέον [[Η . .]]

6 49 ᾗ προσέρηξεν ὁ ποταμός, καὶ
εὐθὺς (-έως Vς) συνέπεσεν

12 36 ἵνα ἐλθόντος καὶ κρούσαντος εὐ-
θέως ἀνοίξωσιν αὐτῷ

12 54 εὐθέως λέγετε ὅτι ὄμβρος ἔρχεται

14 5ᵈ οὐκ εὐθέως ἀνασπάσει αὐτὸν ἐν
(+τῇ VB[S]ς) ἡμέρᾳ τοῦ σαββά-
του;

17 7ᵃ ὃς ... ἐρεῖ | αὐτῷ· εὐθέως παρελ-
θὼν (εὐθέως, παρελθὼν ς) ἀνάπεσε

21 9ᵈ δεῖ γὰρ ταῦτα γενέσθαι πρῶτον,
ἀλλ' οὐκ εὐθέως τὸ τέλος

Jo 5 9 εὐθέως (—Τ) ἐγένετο ὑγιὴς ὁ
ἄνθρωπος

6 21 εὐθέως ἐγένετο τὸ πλοῖον ἐπὶ
| τῆς γῆς (τὴν γῆν Τ)

13 30ᵃ λαβὼν οὖν τὸ ψωμίον ἐκεῖνος
| ἐξῆλθεν εὐθύς (εὐθὺς ἐξ. ς)

13 32 εὐθὺς δοξάσει αὐτόν

18 27 εὐθέως ἀλέκτωρ ἐφώνησεν

19 34ᵃ || ἐξῆλθεν εὐθὺς (-έως V) ((~Vς)
αἷμα καὶ ὕδωρ

21 3ᵃ* ἐξῆλθον (+οὖν ΜVBS) καὶ
ἐνέβησαν εἰς τὸ πλοῖον εὐθύς (+ς)

Ac 9 18 εὐθέως ἀπέπεσαν | αὐτοῦ ἀπὸ τῶν
ὀφθαλμῶν (~Sς) ὡς (ὡσεὶ Sς)
λεπίδες

9 20 εὐθέως ἐν ταῖς συναγωγαῖς ἐκήρυσ-
σεν τὸν Ἰησοῦν

9 34 καὶ εὐθέως ἀνέστη

10 16 εὐθὺς (πάλιν ς) ἀνελήμφθη τὸ
σκεῦος εἰς τὸν οὐρανόν

12 10 εὐθέως ἀπέστη ὁ ἄγγελος ἀπ' αὐ-
τοῦ

16 10 εὐθέως ἐζητήσαμεν ἐξελθεῖν εἰς
Μακεδονίαν

17 10 οἱ δὲ ἀδελφοὶ εὐθέως διὰ νυκτὸς
ἐξέπεμψαν τόν τε Παῦλον καὶ τὸν
Σιλᾶν εἰς Βέροιαν

17 14ᵇ εὐθέως δὲ τότε τὸν Παῦλον ἐξαπέ-
στειλαν οἱ ἀδελφοί

21 30 εὐθέως ἐκλείσθησαν αἱ θύραι

22 29ᶜ εὐθέως οὖν ἀπέστησαν ἀπ' αὐτοῦ
οἱ μέλλοντες αὐτὸν ἀνετάζειν

G 1 16 εὐθέως οὐ προσανεθέμην σαρκὶ καὶ
αἵματι

Jc 1 24 εὐθέως ἐπελάθετο ὁποῖος ἦν

3 Jo 14 ἐλπίζω δὲ εὐθέως | σε ἰδεῖν (~Sς)

Ap 4 2 εὐθέως ἐγενόμην ἐν πνεύματι

εὐθύτης

Hb 1 8 ἡ (—ς) ῥάβδος τῆς (—ς) εὐθύτητος
(+ἡ ς) ῥάβδος τῆς βασιλείας σου
(αὐτοῦ ΝΗ)

εὐκαιρέω

→ ἀκαιρέομαι

Mc 6 31 ἦσαν γὰρ οἱ ἐρχόμενοι καὶ οἱ
ὑπάγοντες πολλοί, καὶ οὐδὲ φαγεῖν
εὐκαίρουν

Ac 17 21 εἰς οὐδὲν ἕτερον ηὐκαίρουν ἢ λέγειν
τι ἢ ἀκούειν τι ([S]; —ς) καινότερον

1 C 16 12 ἐλεύσεται δὲ ὅταν εὐκαιρήσῃ

εὐκαιρία

Mt 26 16 ἀπὸ τότε ἐζήτει εὐκαιρίαν ἵνα αὐ-
τὸν παραδῷ

Lc 22 6 ἐζήτει εὐκαιρίαν τοῦ παραδοῦναι
αὐτὸν | ἄτερ ὄχλου αὐτοῖς (~Vς)

εὔκαιρος

Mc 6 21 γενομένης ἡμέρας εὐκαίρου ὅτε
Ἡρῴδης ... δεῖπνον ἐποίησεν

Hb 4 16 ἵνα ... χάριν εὕρωμεν εἰς εὔκαιρον
βοήθειαν

εὐκαίρως

Mc 14 11 ἐζήτει πῶς αὐτὸν εὐκαίρως παρα-
δοῖ (-δῷ Vς)

2Tm 4 2 κήρυξον τὸν λόγον, ἐπίστηθι εὐ-
καίρως ἀκαίρως

εὔκοπος

ᵃ comp.

Mt 9 5ᵃ τί γάρ ἐστιν εὐκοπώτερον, εἰπεῖν·
ἀφίενταί (ἀφέων. ΜVBSς) σου
αἱ ἁμαρτίαι, ἢ εἰπεῖν· ἔγειρε ⟨;⟩

19 24ᵃ εὐκοπώτερόν ἐστιν κάμηλον ...
διελθεῖν (εἰσ- ΝΜSΤΗ) ἢ πλούσιον

Mc 2 9ᵃ τί ἐστιν εὐκοπώτερον, εἰπεῖν·
ἀφίενταί σου αἱ ἁμαρτίαι, ἢ εἰπεῖν·
ἔγειρε (-ραι ς; ἔγειρου Η) ⟨;⟩

10 25ᵃ εὐκοπώτερόν ἐστιν κάμηλον ...
διελθεῖν ἢ πλούσιον ... εἰσελθεῖν

Lc 5 23ᵃ τί ἐστιν εὐκοπώτερον, εἰπεῖν·
ἀφέωνταί σοι αἱ ἁμαρτίαι σου, ἢ
εἰπεῖν· ἔγειρε ⟨;⟩

16 17ᵃ εὐκοπώτερον δέ ἐστιν τὸν οὐρανὸν
καὶ τὴν γῆν παρελθεῖν ἢ ... πεσεῖν

18 25ᵃ εὐκοπώτερον γάρ ἐστιν κάμηλον
... εἰσελθεῖν ἢ πλούσιον

εὐλάβεια

Hb 5 7 ὃς ... δεήσεις τε καὶ ἱκετηρίας ...
προσενέγκας καὶ εἰσακουσθεὶς ἀπὸ
τῆς εὐλαβείας

12 28 δι' ἧς λατρεύωμεν εὐαρέστως τῷ
θεῷ, μετὰ | εὐλαβείας καὶ δέους
(αἰδοῦς κ. εὐ. ς)

εὐλαβέομαι

Ac 23 10 * εὐλαβηθεὶς (ς; φοβηθεὶς rl) ὁ
χιλίαρχος μὴ διασπασθῇ ὁ Παῦλος
ὑπ' αὐτῶν, ἐκέλευσεν

Hb 11 7 πίστει χρηματισθεὶς Νῶε περὶ τῶν
μηδέπω βλεπομένων, εὐλαβηθεὶς
κατεσκεύασεν κιβωτόν

εὐλαβής

Lc 2 25 Συμεών, καὶ ὁ ἄνθρωπος οὗτος
δίκαιος καὶ εὐλαβής

Ac 2 5 ἦσαν δὲ ... Ἰουδαῖοι, ἄνδρες
εὐλαβεῖς ἀπὸ παντὸς ἔθνους

8 2 συνεκόμισαν δὲ τὸν Στέφανον ἄν-
δρες εὐλαβεῖς

22 12 Ἀνανίας δέ τις, ἀνὴρ εὐλαβής
(εὐσεβὴς ς) κατὰ τὸν νόμον

εὐλογέω

ἐν- κατ-
→ εὐλογητός
ᵃ εὐλογημένος
ᵇ εὐ. τὸν θεόν, κύριον
ᶜ εὐ. ἐν εὐλογίᾳ
ᵈ εὐ. et (κατα)κλάω

Mt 5 44 * ἀγαπᾶτε τοὺς ἐχθροὺς ὑμῶν,
| εὐλογεῖτε τοὺς καταρωμένους
ὑμᾶς (+ς . .)

14 19ᵈ ἀναβλέψας εἰς τὸν οὐρανὸν εὐλό-
γησεν, καὶ κλάσας ἔδωκεν τοῖς
μαθηταῖς τοὺς ἄρτους

21 9ᵃ εὐλογημένος ὁ ἐρχόμενος ἐν ὀνόμα-
τι κυρίου

23 39ᵃ εὐλογημένος ὁ ἐρχόμενος ἐν ὀνόμα-
τι κυρίου

25 34ᵃ δεῦτε οἱ εὐλογημένοι τοῦ πατρός
μου, κληρονομήσατε

26 26ᵈ λαβὼν ὁ Ἰησοῦς (+τὸν VSς)
ἄρτον καὶ εὐλογήσας ἔκλασεν

Mc 6 41ᵈ ἀναβλέψας εἰς τὸν οὐρανὸν εὐλό-
γησεν καὶ κατέκλασεν τοὺς ἄρτους

8 7 εἶχον ἰχθύδια ὀλίγα· καὶ εὐλογή-
σας | αὐτὰ εἶπεν καὶ ταῦτα παρα-
τιθέναι (αὐτὰ παρέθηκεν Τ; εἰ. πα-
ραθεῖναι καὶ αὐ. ς)

10 16 * | τιθεὶς τὰς χεῖρας ἐπ' αὐτὰ
ηὐλόγει αὐτά (ς; κατευλόγει τιθ.
τ. χ. ἐπ' αὐτά rl)

11 9ᵃ εὐλογημένος ὁ ἐρχόμενος ἐν ὀνόμα-
τι κυρίου· ↔

11 10ᵃ εὐλογημένη ἡ ἐρχομένη βασιλεία
τοῦ πατρὸς ἡμῶν Δαυίδ

14 22ᵈ λαβὼν (+ὁ Ἰησοῦς V[S]ς) ἄρτον
εὐλογήσας ἔκλασεν

Lc 1 28ᵃ* ὁ κύριος μετὰ σοῦ | εὐλογημένη
σὺ ἐν γυναιξίν (+ς . .)

1 42ᵃ εὐλογημένη σὺ ἐν γυναιξίν, ↔

1 42ᵃ καὶ εὐλογημένος ὁ καρπὸς τῆς
κοιλίας σου

1 64ᵇ ἐλάλει εὐλογῶν τὸν θεόν

2 28ᵇ εὐλόγησεν τὸν θεὸν καὶ εἶπεν

2 34 εὐλόγησεν αὐτοὺς Συμεὼν καὶ
εἶπεν πρὸς Μαριάμ

6 28 εὐλογεῖτε τοὺς καταρωμένους ὑμᾶς

9 16ᵈ ἀναβλέψας εἰς τὸν οὐρανὸν εὐλόγη-
σεν αὐτοὺς καὶ κατέκλασεν

13 35ᵃ εὐλογημένος ὁ ἐρχόμενος ἐν ὀνόμα-
τι κυρίου

19 38ᵃ εὐλογημένος ὁ | ἐρχόμενος, ὁ (ἐ.
VBSς; —Τ) βασιλεὺς ἐν ὀνόματι
κυρίου

24 30ᵈ λαβὼν τὸν ἄρτον εὐλόγησεν καὶ
κλάσας ἐπεδίδου αὐτοῖς

Lc 24 50 ἐπάρας τὰς χεῖρας αὐτοῦ εὐλόγη-
σεν αὐτούς. ↔

24 51 καὶ ἐγένετο ἐν τῷ εὐλογεῖν αὐτὸν
αὐτοὺς διέστη ἀπ' αὐτῶν

24 53ᵇἦσαν διὰ παντὸς ἐν τῷ ἱερῷ
(+αἰνοῦντες καὶ [M]Vς) εὐλογοῦν-
τες (αἰνοῦντες T) τὸν θεόν

Jo 12 13ᵃὡσαννά, εὐλογημένος ὁ ἐρχόμενος
ἐν ὀνόματι κυρίου

Ac 3 25 * ἐν (—ς) τῷ σπέρματί σου εὐλο-
γηθήσονται (H; [ἐν]- N²⁶; ἐν- rl)
πᾶσαι αἱ πατριαὶ τῆς γῆς. ↔

3 26 ὑμῖν . . . ὁ θεὸς τὸν παῖδα αὐτοῦ
ἀπέστειλεν αὐτὸν εὐλογοῦντα ὑμᾶς

Rm 12 14 εὐλογεῖτε τοὺς διώκοντας ὑμᾶς
([N²⁶]; —NH), ↔

12 14 εὐλογεῖτε καὶ μὴ καταρᾶσθε

1 C 4 12 λοιδορούμενοι εὐλογοῦμεν, διω-
κόμενοι ἀνεχόμεθα

10 16 τὸ ποτήριον τῆς εὐλογίας ὃ εὐλο-
γοῦμεν, οὐχὶ κοινωνία ⟨;⟩

14 16 ἐπεὶ ἐὰν εὐλογῇς (-γήσῃς ς) ἐν (+
[N²⁶NH]BS; τῷ ς) πνεύματι

G 3 9 ὥστε οἱ ἐκ πίστεως εὐλογοῦνται
σὺν τῷ πιστῷ Ἀβραάμ

E 1 3ᶜεὐλογητὸς ὁ θεὸς . . . ὁ εὐλογήσας
ἡμᾶς ἐν πάσῃ εὐλογίᾳ πνευματικῇ

Hb 6 14 εἰ μὴν εὐλογῶν ↔

6 14 εὐλογήσω σε καὶ πληθύνων πλη-
θυνῶ σε

7 1 οὗτος γὰρ ὁ Μελχισέδεκ . . . ὁ
συναντήσας Ἀβραάμ . . . καὶ
εὐλογήσας αὐτόν

7 6 ὁ δὲ μὴ γενεαλογούμενος ἐξ αὐτῶν
. . . τὸν ἔχοντα τὰς ἐπαγγελίας
εὐλόγηκεν. ↔

7 7 χωρὶς δὲ πάσης ἀντιλογίας τὸ
ἔλαττον ὑπὸ τοῦ κρείττονος εὐλο-
γεῖται

11 20 πίστει καὶ (—Tς) περὶ μελλόντων
εὐλόγησεν Ἰσαὰκ τὸν Ἰακὼβ καὶ
τὸν Ἠσαῦ. ↔

11 21 πίστει Ἰακὼβ ἀποθνῄσκων ἕκα-
στον τῶν υἱῶν Ἰωσὴφ εὐλόγησεν

Jc 3 9ᵇ⟨τὴν δὲ γλῶσσαν⟩ ἐν αὐτῇ εὐλο-
γοῦμεν τὸν κύριον καὶ πατέρα

1 Pt 3 9 μὴ ἀποδιδόντες κακὸν ἀντὶ κακοῦ
ἢ λοιδορίαν ἀντὶ λοιδορίας, τοὐν-
αντίον δὲ εὐλογοῦντες

εὐλογητός
→ εὐλογέω
ᵃ εὐ. εἰς τοὺς αἰῶνας

Mc 14 61 σὺ εἶ ὁ χριστὸς ὁ υἱὸς τοῦ εὐλογη-
τοῦ;

Lc 1 68 εὐλογητὸς κύριος ὁ θεὸς τοῦ
Ἰσραήλ

Rm 1 25ᵃπαρὰ τὸν κτίσαντα, ὅς ἐστιν
εὐλογητὸς εἰς τοὺς αἰῶνας· ἀμήν

9 5ᵃὁ ὢν ἐπὶ πάντων θεὸς εὐλογητὸς
εἰς τοὺς αἰῶνας, ἀμήν

2 C 1 3 εὐλογητὸς ὁ θεὸς καὶ πατὴρ τοῦ
κυρίου ἡμῶν Ἰησοῦ Χριστοῦ

11 31ᵃὁ θεὸς καὶ πατὴρ τοῦ κυρίου
Ἰησοῦ οἶδεν, ὁ ὢν εὐλογητὸς εἰς
τοὺς αἰῶνας

E 1 3 εὐλογητὸς ὁ θεὸς καὶ πατὴρ τοῦ
κυρίου ἡμῶν Ἰησοῦ Χριστοῦ

1 Pt 1 3 εὐλογητὸς ὁ θεὸς καὶ πατὴρ τοῦ
κυρίου ἡμῶν Ἰησοῦ Χριστοῦ

εὐλογία
ᵃ ἐπ' εὐλογίαις
ᵇ εὐ. et κατάρα

Rm 15 29 ἐρχόμενος πρὸς ὑμᾶς ἐν πληρώ-
ματι εὐλογίας (+τοῦ εὐαγγελίου
τοῦ ς) Χριστοῦ ἐλεύσομαι

Rm 16 18 διὰ τῆς χρηστολογίας καὶ εὐλο-
γίας ἐξαπατῶσιν τὰς καρδίας τῶν
ἀκάκων

1 C 10 16 τὸ ποτήριον τῆς εὐλογίας ὃ εὐλο-
γοῦμεν, οὐχὶ κοινωνία ⟨;⟩

2 C 9 5 ἵνα . . . προκαταρτίσωσιν τὴν προ-
επηγγελμένην εὐλογίαν ὑμῶν, ↔

9 5 ταύτην ἑτοίμην εἶναι οὕτως ὡς εὐ-
λογίαν καὶ (—T) μὴ ὡς πλεονεξίαν

9 6ᵃὁ σπείρων φειδομένως φειδομένως
καὶ θερίσει, καὶ ὁ σπείρων ἐπ' εὐλο-
γίαις ↔

9 6ᵃἐπ' εὐλογίαις καὶ θερίσει

G 3 14ᵇἵνα εἰς τὰ ἔθνη ἡ εὐλογία τοῦ
Ἀβραὰμ γένηται ἐν | Χριστῷ
Ἰησοῦ (~NH)

E 1 3 εὐλογητὸς ὁ θεὸς . . . ὁ εὐλογήσας
ἡμᾶς ἐν πάσῃ εὐλογίᾳ πνευματικῇ
. . . ἐν Χριστῷ

Hb 6 7ᵇγῆ γὰρ ἡ . . . τίκτουσα βοτάνην
. . . μεταλαμβάνει εὐλογίας ἀπὸ
τοῦ θεοῦ

12 17 καὶ μετέπειτα θέλων κληρονομῆσαι
τὴν εὐλογίαν ἀπεδοκιμάσθη

Jc 3 10ᵇἐκ τοῦ αὐτοῦ στόματος ἐξέρχεται
εὐλογία καὶ κατάρα

1 Pt 3 9 εἰς τοῦτο ἐκλήθητε ἵνα εὐλογίαν
κληρονομήσητε

Ap 5 12 ἄξιόν (ἄξιός NT) ἐστιν τὸ ἀρνίον
τὸ ἐσφαγμένον λαβεῖν . . . δόξαν
καὶ εὐλογίαν

5 13 τῷ ἀρνίῳ ἡ εὐλογία καὶ ἡ (—V)
τιμὴ . . . εἰς τοὺς αἰῶνας

7 12 ἀμήν, ἡ εὐλογία καὶ ἡ δόξα . . .
τῷ θεῷ ἡμῶν εἰς τοὺς αἰῶνας

εὐμετάδοτος
1 Tm 6 18 ⟨τοῖς πλουσίοις . . . παράγγελλε⟩
πλουτεῖν ἐν ἔργοις καλοῖς, εὐμετα-
δότους εἶναι, κοινωνικούς

Εὐνίκη
2 Tm 1 5 τῆς . . . πίστεως, ἥτις ἐνῴκησεν πρῶ-
τον ἐν . . . τῇ μητρί σου Εὐνίκη

εὐνοέω
→ νοέω
Mt 5 25 ἴσθι εὐνοῶν τῷ ἀντιδίκῳ σου ταχύ

εὔνοια
1 C 7 3 * τῇ γυναικὶ ὁ ἀνὴρ τὴν | ὀφειλο-
μένην εὔνοιαν (ς; ὀφειλὴν rl)
ἀποδιδότω

E 6 7 ⟨οἱ δοῦλοι, ὑπακούετε⟩ μετ' εὐνοί-
ας δουλεύοντες ὡς τῷ κυρίῳ καὶ
οὐκ ἀνθρώποις

εὐνουχίζω
Mt 19 12 εἰσὶν εὐνοῦχοι οἵτινες εὐνουχίσθη-
σαν ὑπὸ τῶν ἀνθρώπων, ↔

19 12 καὶ εἰσὶν εὐνοῦχοι οἵτινες εὐνούχι-
σαν ἑαυτοὺς διὰ τὴν βασιλείαν τῶν
οὐρανῶν

εὐνοῦχος
Mt 19 12 εἰσὶν γὰρ εὐνοῦχοι οἵτινες ἐκ κοι-
λίας μητρὸς ἐγεννήθησαν οὕτως, ↔

19 12 καὶ εἰσὶν εὐνοῦχοι οἵτινες εὐνουχί-
σθησαν ὑπὸ τῶν ἀνθρώπων, ↔

19 12 καὶ εἰσὶν εὐνοῦχοι οἵτινες εὐνούχι-
σαν ἑαυτοὺς διὰ τὴν βασιλείαν τῶν
οὐρανῶν

Ac 8 27 ἰδοὺ ἀνὴρ Αἰθίοψ εὐνοῦχος δυνά-
στης Κανδάκης ⟨ἣν τε ὑποστρέ-
φων⟩

8 34 ἀποκριθεὶς δὲ ὁ εὐνοῦχος τῷ
Φιλίππῳ εἶπεν

8 36 καί φησιν ὁ εὐνοῦχος

8 38 κατέβησαν ἀμφότεροι εἰς τὸ ὕδωρ,
ὅ τε Φίλιππος καὶ ὁ εὐνοῦχος

8 39 οὐκ εἶδεν αὐτὸν οὐκέτι ὁ εὐνοῦχος

Εὐοδία
Εὐωδία ς
Ph 4 2 Εὐοδίαν παρακαλῶ καὶ Συντύχην
παρακαλῶ τὸ αὐτὸ φρονεῖν ἐν
κυρίῳ

εὐοδόω
Rm 1 10 εἴ πως ἤδη ποτὲ εὐοδωθήσομαι
ἐν τῷ θελήματι τοῦ θεοῦ ἐλθεῖν
πρὸς ὑμᾶς

1 C 16 2 ἕκαστος ὑμῶν . . . τιθέτω θησαυρί-
ζων | ὅ τι (ὅτι H) ἐὰν (ἂν VBSTς)
εὐοδῶται (-ωθῇ S)

3 Jo 2 περὶ πάντων εὔχομαί σε εὐοδοῦ-
σθαι καὶ ὑγιαίνειν, ↔

2 καθὼς εὐοδοῦταί σου ἡ ψυχή

εὐπάρεδρος
1 C 7 35 τοῦτο δὲ . . . λέγω . . . πρὸς τὸ
εὔσχημον καὶ εὐπάρεδρον (εὐπρόσ-
εδρον ς) τῷ κυρίῳ ἀπερισπάστως

εὐπειθής
Jc 3 17 ἡ δὲ ἄνωθεν σοφία πρῶτον μὲν
ἁγνή ἐστιν, ἔπειτα εἰρηνική, ἐπι-
εικής, εὐπειθής

εὐπερίστατος
Hb 12 1 ὄγκον ἀποθέμενοι πάντα καὶ τὴν
εὐπερίστατον ἁμαρτίαν

εὐποιΐα
εὐποιία H
Hb 13 16 τῆς δὲ εὐποιΐας καὶ κοινωνίας μὴ
ἐπιλανθάνεσθε

εὐπορέω
Ac 11 29 τῶν δὲ μαθητῶν καθὼς εὐπορεῖτό
τις, ὥρισαν . . . εἰς διακονίαν πέμψαι

εὐπορία
Ac 19 25 ἐκ ταύτης τῆς ἐργασίας ἡ εὐπορία
ἡμῖν (-ῶν ς) ἐστιν

εὐπρέπεια
Jc 1 11 ἐξήρανεν τὸν χόρτον . . . καὶ
ἡ εὐπρέπεια τοῦ προσώπου αὐτοῦ
ἀπώλετο

εὐπρόσδεκτος
Rm 15 16 ἵνα γένηται ἡ προσφορὰ τῶν
ἐθνῶν εὐπρόσδεκτος, ἡγιασμένη
ἐν πνεύματι ἁγίῳ

15 31 ἵνα . . . ἡ διακονία μου ἡ εἰς
Ἰερουσαλὴμ εὐπρόσδεκτος τοῖς
ἁγίοις γένηται

2 C 6 2 ἰδοὺ νῦν καιρὸς εὐπρόσδεκτος,
ἰδοὺ νῦν ἡμέρα σωτηρίας

8 12 εἰ γὰρ ἡ προθυμία πρόκειται,
καθὸ ἐὰν (ἂν T) ἔχῃ εὐπρόσδεκτος

1 Pt 2 5 ἀνενέγκαι πνευματικὰς θυσίας εὐ-
προσδέκτους τῷ (+[N²⁶S]ς) θεῷ
διὰ Ἰησοῦ Χριστοῦ

εὐπρόσεδρος
1 C 7 35 * τοῦτο δὲ . . . λέγω . . . πρὸς τὸ
εὔσχημον καὶ εὐπρόσεδρον (ς;
εὐπάρεδρον rl) τῷ κυρίῳ ἀπερι-
σπάστως

εὐπροσωπέω
G 6 12 ὅσοι θέλουσιν εὐπροσωπῆσαι ἐν
σαρκί

εὐρακύλων
Εὐρ. MH
εὐροκλύδων VS Εὐροκλύδων ς
Ac 27 14 ἔβαλεν κατ' αὐτῆς ἄνεμος τυφω-
νικὸς ὁ καλούμενος εὐρακύλων

εὑρίσκω
ἀν-
ᵃ pass.
ᵇ εὑ. et (ἀνα-, ἐπι-, ἐκ)ζητέω
ᶜ εὑ. et ἔρχομαι
ᵈ εὑ. et (ἀπ-, δι-, εἰσ-, ἐξ-, κατ)έρχομαι
ᵉ εὑ. et (εἰσ)πορεύομαι
ᶠ c. inf.

Mt 1 18ᵃπρὶν ἢ συνελθεῖν αὐτοὺς εὑρέθη ἐν
γαστρὶ ἔχουσα ἐκ πνεύματος ἁγίου

2 8 ἐπὰν δὲ εὕρητε, ἀπαγγείλατέ μοι

2 11ᶜ＊ἐλθόντες εἰς τὴν οἰκίαν εὗρον (ς;
εἶδον rl) τὸ παιδίον μετὰ Μαρίας

7 7ᵇζητεῖτε, καὶ εὑρήσετε

7 8ᵇπᾶς γὰρ ὁ αἰτῶν λαμβάνει, καὶ
ὁ ζητῶν εὑρίσκει

7 14 ὀλίγοι εἰσὶν οἱ εὑρίσκοντες αὐτήν

8 10 | παρ' οὐδενὶ (οὐδὲ VTς) | τοσαύ-
την πίστιν ἐν τῷ Ἰσραὴλ (~ VTς)
εὗρον

10 39 ὁ εὑρὼν τὴν ψυχὴν αὐτοῦ ἀπολέ-
σει αὐτήν, ↔

10 39 καὶ ὁ ἀπολέσας τὴν ψυχὴν αὐτοῦ
ἕνεκεν ἐμοῦ εὑρήσει αὐτήν

11 29 εὑρήσετε ἀνάπαυσιν ταῖς ψυχαῖς
ὑμῶν

12 43ᵇᵈτὸ ἀκάθαρτον πνεῦμα . . . διέρχε-
ται . . . ζητοῦν ἀνάπαυσιν, καὶ οὐχ
εὑρίσκει

12 44ᶜἐλθὸν εὑρίσκει σχολάζοντα . . .
καὶ κεκοσμημένον

13 44 ὁμοία ἐστὶν ἡ βασιλεία τῶν οὐρα-
νῶν θησαυρῷ . . . ὃν εὑρὼν
ἄνθρωπος ἔκρυψεν

13 46ᵇᵈεὑρὼν δὲ ἕνα πολύτιμον μαργαρί-
την ἀπελθὼν πέπρακεν πάντα

16 25 ὃς δ' ἂν ἀπολέσῃ τὴν ψυχὴν αὐτοῦ
ἕνεκεν ἐμοῦ, εὑρήσει αὐτήν

17 27 ἀνοίξας τὸ στόμα αὐτοῦ εὑρήσεις
στατῆρα

18 13ᵇᵉ⟨πορευθεὶς ζητεῖ τὸ πλανώμενον⟩
ἐὰν γένηται εὑρεῖν αὐτό

18 28ᵈἐξελθὼν δὲ ὁ δοῦλος ἐκεῖνος εὗρεν
ἕνα τῶν συνδούλων αὐτοῦ

20 6ᵈπερὶ δὲ τὴν ἑνδεκάτην ἐξελθὼν
εὗρεν ἄλλους ἑστῶτας

21 2ᵉπορεύεσθε (-θητε Sς) . . . καὶ
εὐθέως (εὐθὺς NMTH) εὑρήσετε
ὄνον δεδεμένην

21 19ᶜἦλθεν ἐπ' αὐτήν, καὶ οὐδὲν εὗρεν ἐν
αὐτῇ εἰ μὴ φύλλα μόνον

22 9ᵉπορεύεσθε οὖν . . . καὶ ὅσους ἐὰν
εὕρητε καλέσατε εἰς τοὺς γάμους. ↔

22 10ᵈκαὶ ἐξελθόντες οἱ δοῦλοι . . . συν-
ήγαγον πάντας οὓς (ὅσους STς)
εὗρον, πονηρούς τε καὶ ἀγαθούς

24 46ᶜμακάριος ὁ δοῦλος ἐκεῖνος ὃν ἐλθὼν
ὁ κύριος αὐτοῦ εὑρήσει | οὕτως
ποιοῦντα (~ Vς)

26 40ᶜἔρχεται πρὸς τοὺς μαθητὰς καὶ
εὑρίσκει αὐτοὺς καθεύδοντας

26 43ᶜἐλθὼν πάλιν εὗρεν (εὑρίσκει ς)
αὐτοὺς καθεύδοντας

26 60ᵇ⟨ἐζήτουν ψευδομαρτυρίαν κατὰ
τοῦ Ἰησοῦ⟩ καὶ οὐχ εὗρον ↔

26 60 ＊ (+καὶ ς) πολλῶν | προσελθόν-
των ψευδομαρτύρων (~ VSς)
| οὐχ εὗρον (+ς)

27 32ᵈἐξερχόμενοι δὲ εὗρον ἄνθρωπον
Κυρηναῖον, ὀνόματι Σίμωνα

Mc 1 37ᵇ⟨κατεδίωξεν (-αν Sς) αὐτόν⟩ καὶ
| εὗρον αὐτὸν καὶ (εὑρόντες αὐτὸν
MVSς) λέγουσιν αὐτῷ

7 30ᵈἀπελθοῦσα εἰς τὸν οἶκον αὐτῆς
εὗρεν τὸ παιδίον βεβλημένον ἐπὶ
τὴν κλίνην

11 2ᵉεἰσπορευόμενοι εἰς αὐτὴν
εὑρήσετε πῶλον δεδεμένον

11 4ᵈἀπῆλθον καὶ εὗρον (+τὸν [S]Tς)
πῶλον δεδεμένον πρὸς (+τὴν
VTς) θύραν ἔξω

11 13ᶜἰδὼν συκῆν . . . ἦλθεν εἰ ἄρα τι
εὑρήσει ἐν αὐτῇ, ↔

Mc 11 13ᶜκαὶ ἐλθὼν ἐπ' αὐτὴν οὐδὲν εὗρεν εἰ
μὴ φύλλα

13 36ᵇμὴ ἐλθὼν ἐξαίφνης εὕρῃ ὑμᾶς
καθεύδοντας

14 16ᶜᵈἐξῆλθον οἱ μαθηταὶ (+αὐτοῦ
V[S]ς) καὶ ἦλθον εἰς τὴν πόλιν καὶ
εὗρον καθὼς εἶπεν αὐτοῖς

14 37ᶜἔρχεται καὶ εὑρίσκει αὐτοὺς καθ-
εύδοντας

14 40ᶜκαὶ | πάλιν ἐλθὼν εὗρεν αὐτοὺς
(ὑποστρέψας εὗ. αὐ. π. VBSTς)
καθεύδοντας

14 55ᵇἐζήτουν κατὰ τοῦ Ἰησοῦ μαρτυ-
ρίαν . . . καὶ οὐχ ηὕρισκον

Lc 1 30 εὗρες γὰρ χάριν παρὰ τῷ θεῷ

2 12 εὑρήσετε βρέφος ἐσπαργανωμένον
| καὶ κείμενον (κείμ. ς; —T) ἐν
φάτνῃ

2 45ᵇᶜ⟨ἦλθον . . . καὶ ἀνεζήτουν αὐτὸν⟩
καὶ μὴ εὑρόντες (+αὐτὸν ς) ὑπέ-
στρεψαν εἰς Ἰερουσαλὴμ ἀναζη-
τοῦντες αὐτόν. ↔

2 46 καὶ ἐγένετο μετὰ ἡμέρας τρεῖς
εὗρον αὐτὸν ἐν τῷ ἱερῷ καθεζόμενον

4 17 ἀναπτύξας (ἀνοίξας NMH) τὸ
βιβλίον εὗρεν τὸν ([NSH]; —T)
τόπον οὗ ἦν γεγραμμένον

5 19ᵇ⟨ἐζήτουν αὐτὸν εἰσενεγκεῖν⟩ μὴ
εὑρόντες ποίας εἰσενέγκωσιν αὐτὸν
διὰ τὸν ὄχλον

6 7ᶠπαρετηροῦντο δὲ αὐτὸν (—VST)
. . . ἵνα εὕρωσιν κατηγορεῖν (κατη-
γορίαν κατ' MVS; κατηγορίαν ς)
αὐτοῦ

7 9 οὐδὲ ἐν τῷ Ἰσραὴλ τοσαύτην
πίστιν εὗρον. ↔

7 10 καὶ ὑποστρέψαντες . . . οἱ πεμφθέν-
τες εὗρον τὸν (+ἀσθενοῦντα VSς)
δοῦλον ὑγιαίνοντα

8 35ᶜᵈἐξῆλθον . . . καὶ ἦλθον . . . καὶ
εὗρον καθήμενον τὸν ἄνθρωπον
. . . σωφρονοῦντα παρὰ τοὺς πό-
δας τοῦ [H] Ἰησοῦ

9 12ᵈᵉἵνα πορευθέντες (ἀπελθόντες ς)
. . . καταλύσωσιν καὶ εὕρωσιν
ἐπισιτισμόν

9 36ᵃἐν τῷ γενέσθαι τὴν φωνὴν εὑρέθη
Ἰησοῦς μόνος

11 9ᵇζητεῖτε, καὶ εὑρήσετε

11 10ᵇπᾶς γὰρ ὁ αἰτῶν λαμβάνει, καὶ ὁ
ζητῶν εὑρίσκει

11 24ᵇᵈτὸ ἀκάθαρτον πνεῦμα . . . διέρχε-
ται . . . ζητοῦν ἀνάπαυσιν, καὶ μὴ
εὑρίσκον τότε (+[N²⁶VH]S) λέγει

11 25ᶜἐλθὸν εὑρίσκει [+σχολάζοντα H]
σεσαρωμένον καὶ κεκοσμημένον

12 37ᶜμακάριοι οἱ δοῦλοι ἐκεῖνοι, οὓς
ἐλθὼν ὁ κύριος εὑρήσει γρηγοροῦν-
τας

12 38ᶜκἂν ἐν τῇ τρίτῃ φυλακῇ ἔλθῃ καὶ
εὕρῃ οὕτως, μακάριοί εἰσιν (+ οἱ
δοῦλοι Vς) ἐκεῖνοι (—T)

12 43ᶜμακάριος ὁ δοῦλος ἐκεῖνος, ὃν
ἐλθὼν ὁ κύριος αὐτοῦ εὑρήσει
ποιοῦντα οὕτως

13 6ᵇᶜἦλθεν ζητῶν καρπὸν ἐν αὐτῇ καὶ
οὐχ εὗρεν

13 7ᵇᶜἰδοὺ τρία ἔτη ἀφ' οὗ ἔρχομαι ζη-
τῶν καρπὸν . . . καὶ οὐχ εὑρίσκω

15 4ᵉτίς ἄνθρωπος ἐξ ὑμῶν ἔχων ἑκατὸν
πρόβατα . . . πορεύεται
ἐπὶ τὸ ἀπολωλὸς ἕως (+οὗ [V]S)
εὕρῃ αὐτό; ↔

15 5 καὶ εὑρὼν ἐπιτίθησιν ἐπὶ τοὺς
ὤμους αὐτοῦ χαίρων

Lc 15 6 συγχάρητέ μοι, ὅτι εὗρον τὸ πρό-
βατόν μου τὸ ἀπολωλός

15 8ᵇτίς γυνὴ . . . οὐχὶ . . . ζητεῖ ἐπιμε-
λῶς ἕως οὗ (ὅτου Tς) εὕρῃ; ↔

15 9 καὶ εὑροῦσα συγκαλεῖ τὰς φίλας
καὶ (+τὰς Vς) γείτονας λέγουσα·
↔

15 9 συγχάρητέ μοι, ὅτι εὗρον τὴν
δραχμὴν ἣν ἀπώλεσα

15 24ᵃ⟨εὐφρανθῶμεν⟩ ὅτι οὗτος ὁ υἱός
μου . . . | ἦν ἀπολωλὼς (~ VBς)
καὶ εὑρέθη

15 32ᵃὁ ἀδελφός σου οὗτος νεκρὸς ἦν . . .
καὶ (—T) ἀπολωλὼς καὶ εὑρέθη

17 18ᵃᶠοὐχ εὑρέθησαν ὑποστρέψαντες
δοῦναι δόξαν τῷ θεῷ εἰ μὴ ὁ ἀλ-
λογενὴς οὗτος;

18 8ᶜπλὴν ὁ υἱὸς τοῦ ἀνθρώπου ἐλθὼν
ἆρα εὑρήσει τὴν πίστιν ἐπὶ τῆς
γῆς;

19 30ᵈἐν ᾗ εἰσπορευόμενοι εὑρήσετε πῶ-
λον δεδεμένον

19 32ᵈἀπελθόντες δὲ οἱ ἀπεσταλμένοι
εὗρον καθὼς εἶπεν αὐτοῖς

19 48ᵇ⟨ἐζήτουν αὐτὸν ἀπολέσαι⟩ καὶ
οὐχ εὕρισκον τὸ τί ποιήσωσιν

22 13ᵈἀπελθόντες δὲ εὗρον καθὼς εἰρήκει
αὐτοῖς

22 45ᶜἐλθὼν πρὸς τοὺς μαθητὰς εὗρεν
κοιμωμένους αὐτοὺς ἀπὸ τῆς λύπης

23 2 τοῦτον εὕραμεν (-ρομεν MVSς)
διαστρέφοντα τὸ ἔθνος ἡμῶν

23 4 οὐδὲν εὑρίσκω αἴτιον ἐν τῷ ἀνθρώ-
πῳ τούτῳ

23 14 ἀνακρίνας οὐθὲν (οὐδὲν Vς) εὗρον
ἐν τῷ ἀνθρώπῳ τούτῳ αἴτιον ὧν
κατηγορεῖτε κατ' (—S) αὐτοῦ

23 22 οὐδὲν αἴτιον θανάτου εὗρον ἐν
αὐτῷ

24 2 εὗρον δὲ τὸν λίθον ἀποκεκυλισμέ-
νον ἀπὸ τοῦ μνημείου, ↔

24 3ᵇᵈεἰσελθοῦσαι δὲ οὐχ εὗρον τὸ
σῶμα | τοῦ κυρίου Ἰησοῦ [VH]

24 23ᶜ⟨γυναῖκές τινες⟩ μὴ εὑροῦσαι τὸ
σῶμα αὐτοῦ ἦλθον λέγουσαι

24 24ᵈἀπῆλθόν τινες . . . καὶ εὗρον οὕτως
καθὼς καὶ (—H) αἱ γυναῖκες εἶπον

24 33 ὑπέστρεψαν . . . καὶ εὗρον ἠθροι-
σμένους (συν- Vς) τοὺς ἕνδεκα καὶ
τοὺς σὺν αὐτοῖς

Jo 1 41 εὑρίσκει οὗτος πρῶτον (-τος Tς)
τὸν ἀδελφὸν τὸν ἴδιον Σίμωνα καὶ
λέγει αὐτῷ· ↔

1 41 εὑρήκαμεν τὸν Μεσσίαν

1 43ᵈἠθέλησεν ἐξελθεῖν εἰς τὴν Γαλιλαίαν,
καὶ εὑρίσκει Φίλιππον

1 45 εὑρίσκει Φίλιππος τὸν Ναθαναὴλ
καὶ λέγει αὐτῷ· ↔

1 45 ὃν ἔγραψεν Μωϋσῆς ἐν τῷ νόμῳ
καὶ οἱ προφῆται εὑρήκαμεν, Ἰη-
σοῦν

2 14 εὗρεν ἐν τῷ ἱερῷ τοὺς πωλοῦντας
βόας . . . καθημένους

5 14 μετὰ ταῦτα εὑρίσκει αὐτὸν ὁ
[H] Ἰησοῦς ἐν τῷ ἱερῷ

6 25ᵇᶜ⟨ἦλθον εἰς Καφαρναοὺμ ζητοῦντες
τὸν Ἰησοῦν⟩ καὶ εὑρόντες αὐτὸν
πέραν τῆς θαλάσσης εἶπον αὐτῷ

7 34ᵇζητήσετέ με καὶ οὐχ εὑρήσετέ με
(+N²⁶]BH)

7 35 ποῦ | οὗτος μέλλει (~ T) πορεύε-
σθαι, ὅτι ἡμεῖς (—T) οὐχ εὑρήσομεν
αὐτόν;

7 36ᵇζητήσετέ με καὶ οὐχ εὑρήσετέ με
(+ [N²⁶]BH)

Jo 9 35 ἤκουσεν (+ὁ VBSϛ) 'Ἰησοῦς . . .
          καὶ εὑρὼν αὐτὸν εἶπεν (+ αὐτῷ
          MV[S]ϛ)
    10 9ᵈ εἰσελεύσεται καὶ ἐξελεύσεται καὶ
          νομὴν εὑρήσει
    11 17ᶜ ἐλθὼν οὖν ὁ 'Ἰησοῦς εὗρεν αὐτὸν
          τέσσαρας ‖ ἤδη (—Τ) ἡμέρας
          ((~ Vϛ)) ἔχοντα ἐν τῷ μνημείῳ
    12 14 εὑρὼν δὲ ὁ 'Ἰησοῦς ὀνάριον ἐκάθι-
          σεν ἐπ' αὐτό
    18 38 ἐγὼ οὐδεμίαν εὑρίσκω ἐν αὐτῷ
          αἰτίαν
    19 4 ἵνα γνῶτε ὅτι | οὐδεμίαν αἰτίαν
          εὑρίσκω ἐν αὐτῷ (αἰ. οὐχ εὑ. Τ)
    19 6 ἐγὼ γὰρ οὐχ εὑρίσκω ἐν αὐτῷ αἰ-
          τίαν
    21 6 βάλετε εἰς τὰ δεξιὰ μέρη τοῦ πλοίου
          τὸ δίκτυον, καὶ εὑρήσετε
Ac   4 21 ἀπέλυσαν αὐτούς, μηδὲν εὑρίσκον-
          τες τὸ πῶς κολάσωνται αὐτούς
     5 10ᵈ εἰσελθόντες δὲ οἱ νεανίσκοι εὗρον
          αὐτὴν νεκράν
     5 22 οἱ δὲ παραγενόμενοι ὑπηρέται οὐχ
          εὗρον αὐτοὺς ἐν τῇ φυλακῇ
     5 23 τὸ (+ μὲν MV[S]ϛ) δεσμωτήριον
          εὕρομεν κεκλεισμένον . . . καὶ τοὺς
          φύλακας ἑστῶτας ἐπὶ τῶν θυρῶν,
          ↔
     5 23 ἀνοίξαντες δὲ ἔσω οὐδένα εὕρομεν
     5 39ᵃ οὐ δυνήσεσθε καταλῦσαι αὐτούς,
          μήποτε καὶ θεομάχοι εὑρεθῆτε
     7 11 ἦλθεν δὲ λιμὸς . . . καὶ οὐχ ηὕρι-
          σκον χορτάσματα οἱ πατέρες ἡμῶν
     7 46 ⟨Δαυίδ⟩ ὃς εὗρεν χάριν ἐνώπιον
          τοῦ θεοῦ ↔
     7 46 καὶ ᾐτήσατο εὑρεῖν σκήνωμα τῷ
          οἴκῳ (N²⁶NT; θεῷ rl) 'Ἰακώβ
     8 40ᵃ Φίλιππος δὲ εὑρέθη εἰς "Ἄζωτον
     9 2 ὅπως ἐάν (ἄν Τ) τινας εὕρῃ | τῆς
          ὁδοῦ ὄντας (~ Τ) . . . δεδεμένους
          ἀγάγῃ
     9 33ᵈ ⟨ἐγένετο δὲ Πέτρον . . . κατελθεῖν⟩
          εὗρεν δὲ ἐκεῖ ἄνθρωπόν τινα
          ὀνόματι Αἰνέαν . . . κατακείμενον
    10 27ᵈ εἰσῆλθεν, καὶ εὑρίσκει συνεληλυθό-
          τας πολλούς
    11 26ᵇᵈ ⟨ἐξῆλθεν δὲ . . . ἀναζητῆσαι Σαῦ-
          λον⟩ καὶ εὑρὼν ἤγαγεν (αὐτὸν ἤ.
          αὐτὸν ϛ) εἰς 'Ἀντιόχειαν
    12 19ᵇ 'Ἡρῴδης δὲ ἐπιζητήσας αὐτὸν
          καὶ μὴ εὑρὼν . . . ἐκέλευσεν ἀπ-
          αχθῆναι
    13 6ᵈ διελθόντες δὲ . . . εὗρον ἄνδρα τινὰ
          μάγον ψευδοπροφήτην 'Ἰουδαῖον
    13 22 εὗρον Δαυὶδ . . . ἄνδρα [Η] κατὰ
          τὴν καρδίαν μου
    13 28 μηδεμίαν αἰτίαν θανάτου εὑρόντες
          ᾐτήσαντο Πιλᾶτον ἀναιρεθῆναι
          αὐτόν
    17 6ᵇ ⟨ἐζήτουν αὐτοὺς προαγαγεῖν⟩ μὴ
          εὑρόντες δὲ αὐτοὺς ἔσυρον 'Ἰάσονα
          . . . ἐπὶ τοὺς πολιτάρχας
    17 23ᵈ διερχόμενος . . . εὗρον καὶ βωμὸν
          ἐν ᾧ ἐπεγέγραπτο· ἀγνώστῳ θεῷ
    17 27ᵇ ζητεῖν τὸν θεόν, εἰ ἄρα γε ψη-
          λαφήσειαν αὐτὸν καὶ εὕροιεν
    18 2ᶜ ⟨ἦλθεν εἰς Κόρινθον⟩ καὶ εὑρὼν
          τινα 'Ἰουδαῖον ὀνόματι 'Ἀκύλαν
          . . . ἐληλυθότα . . . καὶ Πρίσκιλλαν
    19 1ᶜᵈ ⟨ἐγένετο δὲ . . . Παῦλον . . . κατελ-
          θεῖν (BST; [κατ]- N²⁶; ἐλ. rl) εἰς
          "Ἔφεσον καὶ εὑρεῖν (εὑρὼν ϛ) τινας
          μαθητάς
    19 19 συνεψήφισαν τὰς τιμὰς αὐτῶν καὶ
          εὗρον ἀργυρίου μυριάδας πέντε

Ac 21 2 εὑρόντες πλοῖον διαπερῶν εἰς
          Φοινίκην, ἐπιβάντες ἀνήχθημεν
    23 9 οὐδὲν κακὸν εὑρίσκομεν ἐν τῷ
          ἀνθρώπῳ τούτῳ
    23 29 ὃν εὗρον ἐγκαλούμενον περὶ ζητη-
          μάτων τοῦ νόμου αὐτῶν
    24 5 εὑρόντες γὰρ τὸν ἄνδρα τοῦτον
          λοιμὸν ⟨ἐκρατήσαμεν⟩
    24 12 οὔτε ἐν τῷ ἱερῷ εὗρόν με πρός τινα
          διαλεγόμενον
    24 18 ἐν αἷς εὗρόν με ἡγνισμένον ἐν τῷ
          ἱερῷ
    24 20 ἢ αὐτοὶ οὗτοι εἰπάτωσαν τί (εἴ τι
          ϛ) εὗρον (+ ἐν ἐμοὶ ϛ) ἀδίκημα στάν-
          τος μου ἐπὶ τοῦ συνεδρίου
    27 6 κἀκεῖ εὑρὼν ὁ ἑκατοντάρχης πλοῖ-
          ον 'Ἀλεξανδρῖνον . . . ἐνεβίβασεν
          ἡμᾶς εἰς αὐτό
    27 28 βολίσαντες εὗρον ὀργυιὰς εἴκοσι,
          ↔
    27 28 βραχὺ δὲ διαστήσαντες καὶ πάλιν
          βολίσαντες εὗρον ὀργυιὰς δεκα-
          πέντε
    28 14ᶜ ⟨ἤλθομεν εἰς Ποτιόλους⟩ οὗ εὑρόν-
          τες ἀδελφοὺς παρεκλήθημεν παρ'
          αὐτοῖς ἐπιμεῖναι ἡμέρας ἑπτά
Rm   4 1 τί οὖν ἐροῦμεν εὑρηκέναι ([Μ];
          —Η) 'Ἀβραὰμ τὸν προπάτορα
          ἡμῶν κατὰ σάρκα;
     7 10ᵃ εὑρέθη μοι ἡ ἐντολὴ ἡ εἰς ζωήν,
          αὐτὴ εἰς θάνατον
     7 18 * τὸ γὰρ θέλειν παράκειταί μοι,
          τὸ δὲ κατεργάζεσθαι τὸ καλὸν
          | οὐχ εὑρίσκω (ϛ; οὔ rl)
     7 21 εὑρίσκω ἄρα τὸν νόμον τῷ θέλοντι
          ἐμοὶ ποιεῖν τὸ καλόν
    10 20ᵃᵇ εὑρέθην ἐν (+ [N²⁶]Β) τοῖς ἐμὲ
          μὴ ζητοῦσιν
1 C 4 2ᵃᵇ ὧδε λοιπὸν ζητεῖται (-τε BS)
          ἐν τοῖς οἰκονόμοις ἵνα πιστός τις
          εὑρεθῇ
    15 15ᵃ εὑρισκόμεθα δὲ καὶ ψευδομάρτυ-
          ρες τοῦ θεοῦ
2 C 2 13ᶜ ⟨ἐλθὼν δὲ εἰς τὴν Τρῳάδα⟩ οὐκ
          ἔσχηκα ἄνεσιν τῷ πνεύματί μου
          τῷ μὴ εὑρεῖν με Τίτον
     5 3ᵃ| εἴ γε (εἴπερ Β) καὶ ἐκδυσάμενοι
          (N²⁶; ἐν- rl) οὐ γυμνοὶ εὑρεθησόμε-
          θα
     9 4ᶜ ἐὰν ἔλθωσιν σὺν ἐμοὶ Μακεδόνες
          καὶ εὕρωσιν ὑμᾶς ἀπαρασκευά-
          στους
    11 12ᵃ ἵνα ἐν ᾧ καυχῶνται εὑρεθῶσιν
          καθὼς καὶ ἡμεῖς
    12 20ᶜ μή πως ἐλθὼν οὐχ οἵους θέλω
          εὕρω ὑμᾶς, ↔
    12 20ᵃ κἀγὼ εὑρεθῶ ὑμῖν οἷον οὐ θέλετε
G   2 17ᵃᵇ εἰ δὲ ζητοῦντες δικαιωθῆναι ἐν
          Χριστῷ εὑρέθημεν καὶ αὐτοὶ ἁμαρ-
          τωλοί
Ph   2 7ᵃ σχήματι εὑρεθεὶς ὡς ἄνθρωπος
          ⟨ἐταπείνωσεν ἑαυτόν⟩
     3 9ᵃ ⟨ἵνα Χριστὸν κερδήσω⟩ καὶ εὑρε-
          θῶ ἐν αὐτῷ
2Tm 1 17ᵇ ἀλλὰ γενόμενος ἐν 'Ρώμῃ σπου-
          δαίως ἐζήτησέν με καὶ εὗρεν· ↔
     1 18 δῴη αὐτῷ ὁ κύριος εὑρεῖν ἔλεος
          παρὰ κυρίου
Hb   4 16 ἵνα λάβωμεν ἔλεος καὶ χάριν εὕρω-
          μεν εἰς εὔκαιρον βοήθειαν
     9 12ᵈ ⟨Χριστὸς⟩ εἰσῆλθεν ἐφάπαξ εἰς τὰ
          ἅγια, αἰωνίαν λύτρωσιν εὑράμενος
    11 5ᵃ πίστει 'Ἐνὼχ μετετέθη . . . καὶ οὐχ
          ηὑρίσκετο διότι μετέθηκεν αὐτὸν ὁ
          θεός

Hb 12 17ᵇ μετανοίας γὰρ τόπον οὐχ εὗρεν, καί-
          περ μετὰ δακρύων ἐκζητήσας αὐτήν
1 Pt 1 7ᵃ ἵνα τὸ δοκίμιον ὑμῶν τῆς πίστεως
          πολυτιμότερον χρυσίου . . . εὑ-
          ρεθῇ εἰς ἔπαινον καὶ δόξαν
     2 22ᵃ ὃς ἁμαρτίαν οὐκ ἐποίησεν οὐδὲ
          εὑρέθη δόλος ἐν τῷ στόματι αὐτοῦ
2 Pt 3 10ᵃ ἥξει δὲ (+ ἡ [M]VSϛ) ἡμέρα κυρίου
          . . . ἐν ᾗ . . . γῆ καὶ τὰ ἐν αὐτῇ
          ἔργα εὑρεθήσεται (κατακαήσεται
          Τϛ)
     3 14ᵃ σπουδάσατε ἄσπιλοι καὶ ἀμώμη-
          τοι αὐτῷ εὑρεθῆναι ἐν εἰρήνῃ
2 Jo   4 ὅτι εὕρηκα ἐκ τῶν τέκνων σου
          περιπατοῦντας ἐν ἀληθείᾳ
Ap   2 2 ἐπείρασας τοὺς λέγοντας ἑαυτοὺς
          ἀποστόλους . . . καὶ εὗρες αὐτοὺς
          ψευδεῖς
     3 2 οὐ γὰρ εὕρηκά σου τὰ (—NH)
          ἔργα πεπληρωμένα ἐνώπιον τοῦ
          θεοῦ μου
     5 4ᵃ ὅτι οὐδεὶς ἄξιος εὑρέθη ἀνοῖξαι τὸ
          βιβλίον οὔτε βλέπειν αὐτό
     9 6ᵇ ζητήσουσιν οἱ ἄνθρωποι τὸν θάνα-
          τον καὶ οὐ μὴ εὑρήσουσιν αὐτόν
    12 8ᵃ οὐδὲ τόπος εὑρέθη αὐτῶν ἔτι ἐν
          τῷ οὐρανῷ
    14 5ᵃ ἐν τῷ στόματι αὐτῶν οὐχ εὑρέθη
          ψεῦδος
    16 20ᵃ πᾶσα νῆσος ἔφυγεν, καὶ ὄρη οὐχ
          εὑρέθησαν
    18 14 οὐκέτι οὐ μὴ αὐτὰ εὑρήσουσιν
          (-ρήσῃς ϛ)
    18 21ᵃ οὕτως ὁρμήματι βληθήσεται Βα-
          βυλὼν . . . καὶ οὐ μὴ εὑρεθῇ ἔτι
    18 22ᵃ πᾶς τεχνίτης | πάσης τέχνης [Η]
          οὐ μὴ εὑρεθῇ ἐν σοὶ ἔτι
    18 24ᵃ ἐν αὐτῇ αἷμα (-ματα VBT) προφη-
          τῶν καὶ ἁγίων εὑρέθη
    20 11ᵃ τόπος οὐχ εὑρέθη αὐτοῖς
    20 15ᵃ εἴ τις οὐχ εὑρέθη ἐν τῇ βίβλῳ τῆς
          ζωῆς γεγραμμένος

εὐροκλύδων
      Εὐροκλύδων ϛ
      → εὐρακύλων
Ac 27 14 * ἔβαλεν κατ' αὐτῆς ἄνεμος τυφω-
          νικὸς ὁ καλούμενος εὐροκλύδων
          (εὐρακύλων N²⁶NMBTH)

εὐρύχωρος
Mt   7 13 ὅτι πλατεῖα | ἡ πύλη ([NST];
          —Η) καὶ εὐρύχωρος ἡ ὁδὸς ἡ ἀπ-
          άγουσα εἰς τὴν ἀπώλειαν

εὐσέβεια
      ᵃ κατ' εὐσέβειαν
      ᵇ plur.
Ac   3 12 ὡς ἰδίᾳ δυνάμει ἢ εὐσεβείᾳ πεποιη-
          κόσιν τοῦ περιπατεῖν αὐτόν
1Tm 2 2 ἵνα ἤρεμον καὶ ἡσύχιον βίον δι-
          άγωμεν ἐν πάσῃ εὐσεβείᾳ καὶ σε-
          μνότητι
     3 16 ὁμολογουμένως μέγα ἐστὶν τὸ τῆς
          εὐσεβείας μυστήριον
     4 7 γύμναζε δὲ σεαυτὸν πρὸς εὐσέβειαν
     4 8 ἡ δὲ εὐσέβεια πρὸς πάντα ὠφέλιμός
          ἐστιν
     6 3ᵃ εἴ τις . . . μὴ προσέρχεται (προσ-
          έχεται Τ) ὑγιαίνουσιν λόγοις . . .
          καὶ τῇ κατ' εὐσέβειαν διδασκαλίᾳ
     6 5 διαπαρατριβαὶ διεφθαρμένων ἀν-
          θρώπων . . . νομιζόντων πορισμὸν
          εἶναι τὴν εὐσέβειαν ↔
     6 6 ἔστιν δὲ πορισμὸς μέγας ἡ εὐσέβεια
          μετὰ αὐταρκείας
     6 11 δίωκε δὲ δικαιοσύνην, εὐσέβειαν,
          πίστιν

Column 1

2Tm 3 5 ἔχοντες μόρφωσιν εὐσεβείας τὴν δὲ δύναμιν αὐτῆς ἠρνημένοι

Tt 1 1ᵃΠαῦλος ... ἀπόστολος ... κατὰ πίστιν ... καὶ ἐπίγνωσιν ἀληθείας τῆς κατ᾽ εὐσέβειαν

2 Pt 1 3 ὡς (+τὰ NVT) πάντα ἡμῖν τῆς θείας δυνάμεως αὐτοῦ τὰ πρὸς ζωὴν καὶ εὐσέβειαν δεδωρημένης

1 6 ⟨ἐπιχορηγήσατε⟩ ἐν δὲ τῇ ὑπομονῇ τὴν εὐσέβειαν, ↔

1 7 ἐν δὲ τῇ εὐσεβείᾳ τὴν φιλαδελφίαν

3 11ᵇποταποὺς δεῖ ὑπάρχειν ὑμᾶς [N²⁶NH] ἐν ἁγίαις ἀναστροφαῖς καὶ εὐσεβείαις

εὐσεβέω

→ σέβομαι

Ac 17 23 ὃ (ὃν ς) οὖν ἀγνοοῦντες εὐσεβεῖτε, τοῦτο (-ον ς)ἐγὼ καταγγέλλω ὑμῖν

1Tm 5 4 μανθανέτωσαν πρῶτον τὸν ἴδιον οἶκον εὐσεβεῖν

εὐσεβής

Ac 10 2 ⟨ἀνὴρ δέ τις ... Κορνήλιος⟩ εὐσεβὴς καὶ φοβούμενος τὸν θεὸν σὺν παντὶ τῷ οἴκῳ αὐτοῦ

10 7 ⟨Κορνήλιος⟩ φωνήσας ... στρατιώτην εὐσεβῆ τῶν προσκαρτερούντων αὐτῷ

22 12 ＊ ᾽Ανανίας δέ τις, ἀνὴρ εὐσεβὴς (ς; εὐλαβὴς rl) κατὰ τὸν νόμον

2 Pt 2 9 οἶδεν κύριος εὐσεβεῖς ἐκ πειρασμοῦ (-μῶν T) ῥύεσθαι

εὐσεβῶς

2Tm 3 12 πάντες δὲ οἱ θέλοντες | εὐσεβῶς ζῆν (N²⁶ς; ~rl) ἐν Χριστῷ ᾽Ιησοῦ διωχθήσονται

Tt 2 12 ἵνα ἀρνησάμενοι τὴν ἀσέβειαν ... σωφρόνως καὶ δικαίως καὶ εὐσεβῶς ζήσωμεν ἐν τῷ νῦν αἰῶνι

εὔσημος

1 C 14 9 οὕτως καὶ ὑμεῖς διὰ τῆς γλώσσης ἐὰν μὴ εὔσημον λόγον δῶτε

εὔσπλαγχνος

E 4 32 γίνεσθε δὲ [N²⁶H] εἰς ἀλλήλους χρηστοί, εὔσπλαγχνοι, χαριζόμενοι ἑαυτοῖς

1 Pt 3 8 τὸ δὲ τέλος πάντες ὁμόφρονες, συμπαθεῖς, φιλάδελφοι, εὔσπλαγχνοι, ταπεινόφρονες

εὐσχημόνως

→ εὐσχήμων

Rm 13 13 ὡς ἐν ἡμέρᾳ εὐσχημόνως περιπατήσωμεν

1 C 14 40 πάντα δὲ εὐσχημόνως καὶ κατὰ τάξιν γινέσθω

1 Th 4 12 ἵνα περιπατῆτε εὐσχημόνως πρὸς τοὺς ἔξω

εὐσχημοσύνη

1 C 12 23 τὰ ἀσχήμονα ἡμῶν εὐσχημοσύνην περισσοτέραν ἔχει

εὐσχήμων

→ εὐσχημόνως

Mc 15 43 ἐλθὼν ᾽Ιωσὴφ ὁ ([N²⁶]; —H) ἀπὸ ᾽Αριμαθαίας, εὐσχήμων βουλευτής

Ac 13 50 οἱ δὲ ᾽Ιουδαῖοι παρώτρυναν τὰς σεβομένας γυναῖκας (+καὶ ς) τὰς εὐσχήμονας καὶ τοὺς πρώτους τῆς πόλεως

17 12 πολλοὶ ... ἐπίστευσαν, καὶ τῶν ῾Ελληνίδων γυναικῶν τῶν εὐσχημόνων καὶ ἀνδρῶν οὐκ ὀλίγοι

1 C 7 35 τοῦτο δὲ ... λέγω, οὐχ ἵνα βρόχον ὑμῖν ἐπιβάλω, ἀλλὰ πρὸς τὸ εὔσχημον καὶ εὐπάρεδρον τῷ κυρίῳ ἀπερισπάστως

Column 2

1 C 12 24 ⟨τὰ ἀσχήμονα ἡμῶν εὐσχημοσύνην περισσοτέραν ἔχει⟩ τὰ δὲ εὐσχήμονα ἡμῶν οὐ χρείαν ἔχει

εὐτόνως

Lc 23 10 εἱστήκεισαν δὲ οἱ ἀρχιερεῖς ... εὐτόνως κατηγοροῦντες αὐτοῦ

Ac 18 28 εὐτόνως γὰρ τοῖς ᾽Ιουδαίοις διακατηλέγχετο δημοσίᾳ

εὐτραπελία

E 5 4 ⟨μηδὲ ὀνομαζέσθω ἐν ὑμῖν⟩ αἰσχρότης καὶ (ἢ ST) μωρολογία ἢ εὐτραπελία

Εὔτυχος

Ac 20 9 καθεζόμενος δέ τις νεανίας ὀνόματι Εὔτυχος ἐπὶ τῆς θυρίδος ... ἔπεσεν ... κάτω

εὐφημία

2 C 6 8 ⟨συνιστάντες ἑαυτοὺς ὡς θεοῦ διάκονοι⟩ διὰ δόξης καὶ ἀτιμίας, διὰ δυσφημίας καὶ εὐφημίας

εὔφημος

Ph 4 8 ἀδελφοί, ὅσα ἐστὶν ἀληθῆ ... ὅσα προσφιλῆ, ὅσα εὔφημα ... ταῦτα λογίζεσθε

εὐφορέω

→ φορέω

Lc 12 16 ἀνθρώπου τινὸς πλουσίου εὐφόρησεν ἡ χώρα

εὐφραίνω

ᵃ act.

Lc 12 19 ψυχή, ἔχεις πολλὰ ἀγαθὰ | κείμενα εἰς ἔτη πολλά· ἀναπαύου, φάγε, πίε [H], εὐφραίνου

15 23 φέρετε τὸν μόσχον τὸν σιτευτόν, θύσατε, καὶ φαγόντες εὐφρανθῶμεν

15 24 καὶ ἤρξαντο εὐφραίνεσθαι

15 29 ἵνα μετὰ τῶν φίλων μου εὐφρανθῶ

15 32 εὐφρανθῆναι δὲ καὶ χαρῆναι ἔδει

16 19 ἄνθρωπος δέ τις ... ἐνεδιδύσκετο πορφύραν καὶ βύσσον εὐφραινόμενος καθ᾽ ἡμέραν λαμπρῶς

Ac 2 26 διὰ τοῦτο ηὐφράνθη | ἡ καρδία μου (N²⁶ς; ~rl)

7 41 ἐμοσχοποίησαν ... καὶ εὐφραίνοντο ἐν τοῖς ἔργοις τῶν χειρῶν αὐτῶν

Rm 15 10 εὐφράνθητε, ἔθνη, μετὰ τοῦ λαοῦ αὐτοῦ

2 C 2 2ᵃτίς (+ἐστιν [S]ς) ὁ εὐφραίνων με εἰ μὴ ὁ λυπούμενος ἐξ ἐμοῦ;

G 4 27 εὐφράνθητι, στεῖρα ἡ οὐ τίκτουσα

Ap 11 10 οἱ κατοικοῦντες ἐπὶ τῆς γῆς χαίρουσιν (χαροῦσιν ς) ἐπ᾽ αὐτοῖς καὶ εὐφραίνονται (-φρανθήσονταις)

12 12 διὰ τοῦτο εὐφραίνεσθε, οἱ (+ [N²⁶]Bς) οὐρανοὶ καὶ οἱ ἐν αὐτοῖς σκηνοῦντες

18 20 εὐφραίνου ἐπ᾽ αὐτῇ, οὐρανὲ ... καὶ οἱ προφῆται

Εὐφράτης

Ap 9 14 λῦσον τοὺς τέσσαρας ἀγγέλους τοὺς δεδεμένους ἐπὶ τῷ ποταμῷ τῷ μεγάλῳ Εὐφράτῃ

16 12 ἐξέχεεν τὴν φιάλην αὐτοῦ ἐπὶ τὸν ποταμὸν τὸν μέγαν τὸν ([H]; —NVT) Εὐφράτην

εὐφροσύνη

Ac 2 28 πληρώσεις με εὐφροσύνης μετὰ τοῦ προσώπου σου

14 17 ἐμπιπλῶν τροφῆς καὶ εὐφροσύνης τὰς καρδίας ὑμῶν

εὐχαριστέω

ᵃ εὐ. et ἄρτος

ᵇ seq. ὅτι

ᶜ pass.

Column 3

Mt 15 36ᵃἔλαβεν (καὶ λαβὼν Vς) τοὺς ἑπτὰ ἄρτους ... καὶ (—Vς) εὐχαριστήσας ἔκλασεν

26 27 λαβὼν ποτήριον καὶ [H] εὐχαριστήσας ἔδωκεν αὐτοῖς λέγων

Mc 8 6ᵃλαβὼν τοὺς ἑπτὰ ἄρτους εὐχαριστήσας ἔκλασεν

14 23 λαβὼν ποτήριον εὐχαριστήσας ἔδωκεν αὐτοῖς

Lc 17 16 ἔπεσεν ἐπὶ πρόσωπον παρὰ τοὺς πόδας αὐτοῦ εὐχαριστῶν αὐτῷ

18 11ᵇὁ θεός, εὐχαριστῶ σοι ὅτι οὐκ εἰμὶ ὥσπερ οἱ λοιποὶ τῶν ἀνθρώπων

22 17 δεξάμενος ποτήριον εὐχαριστήσας εἶπεν

22 19ᵃλαβὼν ἄρτον εὐχαριστήσας ἔκλασεν

Jo 6 11ᵃἔλαβεν οὖν τοὺς ἄρτους ὁ ᾽Ιησοῦς καὶ | εὐχαριστήσας διέδωκεν (-σεν καὶ ἔδωκεν T) τοῖς ἀνακειμένοις

6 23ᵃἐγγὺς τοῦ τόπου ὅπου ἔφαγον τὸν ἄρτον εὐχαριστήσαντος τοῦ κυρίου

11 41ᵇπάτερ, εὐχαριστῶ σοι ὅτι ἤκουσάς μου

Ac 27 35ᵃλαβὼν ἄρτον εὐχαρίστησεν τῷ θεῷ ἐνώπιον πάντων καὶ κλάσας ἤρξατο ἐσθίειν

28 15 οὓς ἰδὼν ὁ Παῦλος εὐχαριστήσας τῷ θεῷ ἔλαβε θάρσος

Rm 1 8ᵇπρῶτον μὲν εὐχαριστῶ τῷ θεῷ μου διὰ ᾽Ιησοῦ Χριστοῦ περὶ πάντων ὑμῶν, ὅτι ἡ πίστις ὑμῶν καταγγέλλεται

1 21 διότι γνόντες τὸν θεὸν οὐχ ὡς θεὸν ἐδόξασαν ἢ ηὐχαρίστησαν

7 25 ＊ εὐχαριστῶ (Sς; χάρις rl) δὲ (+N²⁶V[H]) τῷ θεῷ διὰ ᾽Ιησοῦ Χριστοῦ

14 6 ὁ ἐσθίων κυρίῳ ἐσθίει, εὐχαριστεῖ γὰρ τῷ θεῷ· ↔

14 6 καὶ ὁ μὴ ἐσθίων κυρίῳ οὐκ ἐσθίει, καὶ εὐχαριστεῖ τῷ θεῷ

16 4 οἷς οὐκ ἐγὼ μόνος εὐχαριστῶ ἀλλὰ καὶ πᾶσαι αἱ ἐκκλησίαι τῶν ἐθνῶν

1 C 1 4ᵇεὐχαριστῶ τῷ θεῷ μου (—NH) πάντοτε περὶ ὑμῶν ἐπὶ τῇ χάριτι τοῦ θεοῦ ⟨ὅτι ... ἐπλουτίσθητε⟩

1 14ᵇεὐχαριστῶ | τῷ θεῷ (+[N²⁶S]MV Bς) ὅτι οὐδένα ὑμῶν ἐβάπτισα

10 30 τί βλασφημοῦμαι ὑπὲρ οὗ ἐγὼ εὐχαριστῶ;

11 24ᵃ⟨ἔλαβεν ἄρτον⟩ καὶ εὐχαριστήσας ἔκλασεν καὶ εἶπεν

14 17 σὺ μὲν γὰρ καλῶς εὐχαριστεῖς, ἀλλ᾽ ὁ ἕτερος οὐκ οἰκοδομεῖται. ↔

14 18 εὐχαριστῶ τῷ θεῷ, πάντων ὑμῶν μᾶλλον γλώσσαις (-σῃ BT) λαλῶ (-ῶν ς)

2 C 1 11ᶜἵνα ... τὸ εἰς ἡμᾶς χάρισμα διὰ πολλῶν εὐχαριστηθῇ ὑπὲρ ἡμῶν

E 1 16 οὐ παύομαι εὐχαριστῶν ὑπὲρ ὑμῶν μνείαν ποιούμενος

5 20 ⟨πληροῦσθε ἐν πνεύματι⟩ εὐχαριστοῦντες πάντοτε ὑπὲρ πάντων ἐν ὀνόματι τοῦ κυρίου ... τῷ θεῷ

Ph 1 3 εὐχαριστῶ τῷ θεῷ μου ἐπὶ πάσῃ τῇ μνείᾳ ὑμῶν

Cl 1 3 εὐχαριστοῦμεν τῷ θεῷ (+καὶ MVB STς) πατρὶ τοῦ κυρίου ἡμῶν ... περὶ ὑμῶν προσευχόμενοι

1 12 ⟨μετὰ χαρᾶς⟩ εὐχαριστοῦντες τῷ πατρί

3 17 πάντα ἐν ὀνόματι κυρίου ᾽Ιησοῦ, εὐχαριστοῦντες τῷ θεῷ πατρὶ δι᾽ αὐτοῦ

1 Th 1 2 εὐχαριστοῦμεν τῷ θεῷ πάντοτε περὶ πάντων ὑμῶν, μνείαν ποιούμενοι
2 13b διὰ τοῦτο καὶ ἡμεῖς εὐχαριστοῦμεν τῷ θεῷ ἀδιαλείπτως, ὅτι ... ἐδέξασθε ... λόγον θεοῦ
5 18 ⟨ἀδιαλείπτως προσεύχεσθε⟩ ἐν παντὶ εὐχαριστεῖτε

2 Th 1 3b εὐχαριστεῖν ὀφείλομεν τῷ θεῷ πάντοτε περὶ ὑμῶν ... ὅτι ὑπεραυξάνει ἡ πίστις ὑμῶν
2 13b ἡμεῖς δὲ ὀφείλομεν εὐχαριστεῖν τῷ θεῷ πάντοτε περὶ ὑμῶν ... ὅτι εἵλατο ὑμᾶς ὁ θεός

Phm 4 εὐχαριστῶ τῷ θεῷ μου πάντοτε μνείαν σου ποιούμενος

Ap 11 17b εὐχαριστοῦμέν σοι, κύριε ὁ θεὸς ὁ παντοκράτωρ ... ὅτι εἴληφας τὴν δύναμίν σου

εὐχαριστία
a μετὰ εὐχαριστίας
b ἐν εὐχαριστίᾳ
c plur.

Ac 24 3a ⟨πολλῆς εἰρήνης τυγχάνοντες διὰ σοῦ⟩ πανταχοῦ ἀποδεχόμεθα, κράτιστε Φῆλιξ, μετὰ πάσης εὐχαριστίας

1 C 14 16 ὁ ἀναπληρῶν τὸν τόπον τοῦ ἰδιώτου πῶς ἐρεῖ τὸ ἀμὴν ἐπὶ τῇ σῇ εὐχαριστίᾳ;

2 C 4 15 ἵνα ἡ χάρις πλεονάσασα ... τὴν εὐχαριστίαν περισσεύσῃ εἰς τὴν δόξαν τοῦ θεοῦ
9 11 εἰς πᾶσαν ἁπλότητα, ἥτις κατεργάζεται δι' ἡμῶν εὐχαριστίαν τῷ θεῷ· ↔
9 12c ὅτι ἡ διακονία τῆς λειτουργίας ταύτης ... περισσεύουσα διὰ πολλῶν εὐχαριστιῶν τῷ θεῷ

E 5 4 ⟨πλεονεξία μηδὲ ὀνομαζέσθω ἐν ὑμῖν⟩ ἢ εὐτραπελία ... ἀλλὰ μᾶλλον εὐχαριστία

Ph 4 6a ἀλλ' ἐν παντὶ τῇ προσευχῇ καὶ τῇ δεήσει μετὰ εὐχαριστίας τὰ αἰτήματα ὑμῶν γνωριζέσθω πρὸς τὸν θεόν

Cl 2 7b βεβαιούμενοι (+ἐν M[V]Sς) τῇ πίστει ... περισσεύοντες (+ἐν αὐτῇ [SH]ς) ἐν εὐχαριστίᾳ
4 2b τῇ προσευχῇ προσκαρτερεῖτε, γρηγοροῦντες ἐν αὐτῇ ἐν εὐχαριστίᾳ

1 Th 3 9 τίνα γὰρ εὐχαριστίαν δυνάμεθα τῷ θεῷ ἀνταποδοῦναι περὶ ὑμῶν ⟨;⟩

1 Tm 2 1c παρακαλῶ ... ποιεῖσθαι δεήσεις, προσευχάς, ἐντεύξεις, εὐχαριστίας, ὑπὲρ πάντων ἀνθρώπων
4 3a ἃ ὁ θεὸς ἔκτισεν εἰς μετάλημψιν μετὰ εὐχαριστίας τοῖς πιστοῖς
4 4a ὅτι πᾶν κτίσμα θεοῦ καλόν, καὶ οὐδὲν ἀπόβλητον μετὰ εὐχαριστίας λαμβανόμενον

Ap 4 9 ὅταν δώσουσιν τὰ ζῷα δόξαν καὶ τιμὴν καὶ εὐχαριστίαν τῷ καθημένῳ ἐπὶ | τῷ θρόνῳ (τοῦ θρόνου VBSHς)
7 12 ἡ σοφία καὶ ἡ εὐχαριστία καὶ ἡ τιμή ... τῷ θεῷ ἡμῶν εἰς τοὺς αἰῶνας

εὐχάριστος
Cl 3 15 ἡ εἰρήνη τοῦ Χριστοῦ βραβευέτω ἐν ταῖς καρδίαις ὑμῶν ... καὶ εὐχάριστοι γίνεσθε

εὐχή
Ac 18 18 ὁ δὲ Παῦλος ... ἐξέπλει ... εἶχεν γὰρ εὐχήν
21 23 εἰσὶν ἡμῖν ἄνδρες τέσσαρες εὐχὴν ἔχοντες ἐφ' (ἀφ' H) ἑαυτῶν
Jc 5 15 καὶ ἡ εὐχὴ τῆς πίστεως σώσει τὸν κάμνοντα

εὔχομαι
προσ-
Ac 26 29 εὐξαίμην (-ξάμην T) ἂν τῷ θεῷ ... πάντας ... γενέσθαι τοιούτους ὁποῖος καὶ ἐγώ εἰμι
27 29 φοβούμενοί τε (δὲ BS) ... ῥίψαντες ἀγκύρας τέσσαρας ηὔχοντο ἡμέραν γενέσθαι
Rm 9 3 ηὐχόμην γὰρ ἀνάθεμα εἶναι αὐτὸς ἐγὼ ἀπὸ τοῦ Χριστοῦ ὑπὲρ τῶν ἀδελφῶν μου
2 C 13 7 εὐχόμεθα (-ομαι ς) δὲ πρὸς τὸν θεὸν μὴ ποιῆσαι ὑμᾶς κακὸν μηδέν
13 9 τοῦτο καὶ εὐχόμεθα, τὴν ὑμῶν κατάρτισιν
Jc 5 16 εὔχεσθε (προσ- NH) ὑπὲρ ἀλλήλων, ὅπως ἰαθῆτε
3 Jo 2 περὶ πάντων εὔχομαί σε εὐοδοῦσθαι καὶ ὑγιαίνειν

εὔχρηστος
2 Tm 2 21 ἔσται σκεῦος εἰς τιμήν, ἡγιασμένον, (+καὶ V[S]ς) εὔχρηστον τῷ δεσπότῃ
4 11 Μᾶρκον ἀναλαβὼν ἄγε μετὰ σεαυτοῦ· ἔστιν γάρ μοι εὔχρηστος εἰς διακονίαν
Phm 11 ⟨Ὀνήσιμον⟩ νυνὶ δὲ καὶ ([N26]; —Hς) σοὶ καὶ ἐμοὶ εὔχρηστον

εὐψυχέω
Ph 2 19 ἵνα κἀγὼ εὐψυχῶ γνοὺς τὰ περὶ ὑμῶν

Εὐοδία
→ Εὐοδία
εὐωδία
2 C 2 15 ὅτι Χριστοῦ εὐωδία ἐσμὲν τῷ θεῷ ἐν τοῖς σῳζομένοις
E 5 2 καθὼς καὶ ὁ Χριστὸς ... παρέδωκεν ἑαυτὸν ... θυσίαν τῷ θεῷ εἰς ὀσμὴν εὐωδίας
Ph 4 18 πεπλήρωμαι δεξάμενος παρὰ Ἐπαφροδίτου τὰ παρ' ὑμῶν, ὀσμὴν εὐωδίας, θυσίαν δεκτήν

εὐώνυμος
a sing.
Mt 20 21 εἰπὲ ἵνα καθίσωσιν οὗτοι ... εἷς ἐκ δεξιῶν σου (—NMTH) καὶ εἷς ἐξ εὐωνύμων σου ἐν τῇ βασιλείᾳ σου
20 23 τὸ δὲ καθίσαι ἐκ δεξιῶν μου καὶ (ἢ MS) ἐξ εὐωνύμων (+μου ς) οὐκ ἔστιν ἐμὸν τοῦτο ([N26]; —Hς) δοῦναι
25 33 στήσει τὰ μὲν πρόβατα ἐκ δεξιῶν αὐτοῦ, τὰ δὲ ἐρίφια ἐξ εὐωνύμων
25 41 ⟨τότε ἐρεῖ ὁ βασιλεὺς τοῖς ἐκ δεξιῶν αὐτοῦ⟩ τότε ἐρεῖ καὶ τοῖς ἐξ εὐωνύμων
27 38 σταυροῦνται σὺν αὐτῷ δύο λῃσταί, εἷς ἐκ δεξιῶν καὶ εἷς ἐξ εὐωνύμων
Mc 10 37 * δὸς ἡμῖν ἵνα εἷς | σου ἐκ δεξιῶν (~ς) καὶ εἷς (+σου VSTς) ἐξ εὐωνύμων (ς; ἀριστερῶν rl) καθίσωμεν ἐν τῇ δόξῃ σου
10 40 τὸ δὲ καθίσαι ἐκ δεξιῶν μου ἢ (καὶ ς) ἐξ εὐωνύμων (+μου ς) οὐκ ἔστιν ἐμὸν δοῦναι
15 27 σὺν αὐτῷ σταυροῦσιν δύο λῃστάς, ἕνα ἐκ δεξιῶν καὶ ἕνα ἐξ εὐωνύμων αὐτοῦ

Ac 21 3a ἀναφάναντες (-φανέντες Sς) δὲ τὴν Κύπρον καὶ καταλιπόντες αὐτὴν εὐώνυμον ἐπλέομεν εἰς Συρίαν
Ap 10 2a ἔθηκεν τὸν πόδα αὐτοῦ τὸν δεξιὸν ἐπὶ τῆς θαλάσσης, τὸν δὲ εὐώνυμον ἐπὶ τῆς γῆς

ἔφαγον
→ ἐσθίω
ἐφάλλομαι
→ ἅλλομαι
Ac 19 16 ἐφαλόμενος (ἐφαλλ. VSς) ὁ ἄνθρωπος ἐπ' αὐτούς, ἐν ᾧ ἦν τὸ πνεῦμα ... ἴσχυσεν κατ' αὐτῶν

ἐφάπαξ
→ ἅπαξ
Rm 6 10 ὃ γὰρ ἀπέθανεν, τῇ ἁμαρτίᾳ ἀπέθανεν ἐφάπαξ
1 C 15 6 ἔπειτα ὤφθη ἐπάνω πεντακοσίοις ἀδελφοῖς ἐφάπαξ
Hb 7 27 τοῦτο γὰρ ἐποίησεν ἐφάπαξ ἑαυτὸν ἀνενέγκας (προσ- T)
9 12 ⟨Χριστὸς⟩ διὰ δὲ τοῦ ἰδίου αἵματος εἰσῆλθεν ἐφάπαξ εἰς τὰ ἅγια
10 10 ἡγιασμένοι ἐσμὲν διὰ τῆς προσφορᾶς τοῦ σώματος Ἰησοῦ Χριστοῦ ἐφάπαξ

Ἐφεσῖνος
Ap 2 1 * τῷ ἀγγέλῳ τῆς (τῷ H) Ἐφεσίνης (ς; ἐν Ἐφέσῳ rl) ἐκκλησίας γράψον

Ἐφέσιος
Ac 19 28 μεγάλη ἡ Ἄρτεμις Ἐφεσίων
19 34 μεγάλη ἡ Ἄρτεμις Ἐφεσίων
19 35 ἄνδρες Ἐφέσιοι, τίς γάρ ἐστιν ἀνθρώπων ὃς οὐ γινώσκει ↔
19 35 τὴν Ἐφεσίων πόλιν νεωκόρον οὖσαν τῆς μεγάλης Ἀρτέμιδος ⟨;⟩
21 29 ἦσαν γὰρ προεωρακότες Τρόφιμον τὸν Ἐφέσιον ἐν τῇ πόλει σὺν αὐτῷ

Ἔφεσος
Ac 18 19 κατήντησαν δὲ εἰς Ἔφεσον
18 21 ἀποταξάμενος ... ἀνήχθη ἀπὸ τῆς Ἐφέσου
18 24 Ἰουδαῖος δέ τις ... κατήντησεν εἰς Ἔφεσον
19 1 ἐγένετο ... Παῦλον ... κατελθεῖν (BST; [κατ]- N26; ἐλθ. rl) εἰς Ἔφεσον
19 17 ἐγένετο γνωστὸν πᾶσιν Ἰουδαίοις τε καὶ Ἕλλησιν τοῖς κατοικοῦσιν τὴν Ἔφεσον
19 26 οὐ μόνον Ἐφέσου ἀλλὰ σχεδὸν πάσης τῆς Ἀσίας ὁ Παῦλος οὗτος πείσας μετέστησεν ἱκανὸν ὄχλον
20 16 κεκρίκει γὰρ ὁ Παῦλος παραπλεῦσαι τὴν Ἔφεσον
20 17 ἀπὸ δὲ τῆς Μιλήτου πέμψας εἰς Ἔφεσον μετεκαλέσατο τοὺς πρεσβυτέρους
1 C 15 32 εἰ κατὰ ἄνθρωπον ἐθηριομάχησα ἐν Ἐφέσῳ
16 8 ἐπιμενῶ (-μένω H) δὲ ἐν Ἐφέσῳ ἕως τῆς πεντηκοστῆς
E 1 1 Παῦλος ... τοῖς ἁγίοις τοῖς οὖσιν | ἐν Ἐφέσῳ [N26NMVSTH] καὶ πιστοῖς ἐν Χριστῷ Ἰησοῦ
1 Tm 1 3 καθὼς παρεκάλεσά σε προσμεῖναι ἐν Ἐφέσῳ
2 Tm 1 18 ὅσα ἐν Ἐφέσῳ διηκόνησεν, βέλτιον σὺ γινώσκεις
4 12 Τύχικον δὲ ἀπέστειλα εἰς Ἔφεσον
Ap 1 11 ὃ βλέπεις γράψον ... καὶ πέμψον ταῖς ἑπτὰ ἐκκλησίαις, εἰς Ἔφεσον καὶ εἰς Σμύρναν
2 1 τῷ ἀγγέλῳ τῆς (τῷ H) | ἐν Ἐφέσῳ (Ἐφεσίνης ς) ἐκκλησίας γράψον

ἐφευρετής

Rm 1 30 ⟨παρέδωκεν αὐτοὺς ὁ θεὸς εἰς
ἀδόκιμον νοῦν⟩ ἀλαζόνας, ἐφευρε-
τὰς κακῶν

ἐφημερία

Lc 1 5 ἐγένετο ... ἱερεύς τις ὀνόματι
Ζαχαρίας ἐξ ἐφημερίας Ἀβιά
1 8 ἐγένετο δὲ ἐν τῷ ἱερατεύειν αὐτὸν
ἐν τῇ τάξει τῆς ἐφημερίας αὐτοῦ

ἐφήμερος

Jc 2 15 ἐὰν ... γυμνοὶ ὑπάρχωσιν καὶ
λειπόμενοι τῆς ἐφημέρου τροφῆς

ἐφικνέομαι

→ ἀφικνέομαι
2 C 10 13 ἀλλὰ κατὰ τὸ μέτρον τοῦ κανό-
νος οὗ ἐμέρισεν ἡμῖν ὁ θεὸς μέτρου,
ἐφικέσθαι ἄχρι καὶ ὑμῶν. ↔
10 14 οὐ γὰρ ὡς μὴ ἐφικνούμενοι εἰς ὑμᾶς
ὑπερεκτείνομεν ἑαυτούς

ἐφίστημι

→ ἵστημι
a perf.
b ἐ. ἐπί τι(να)
c ἐ. ἐπάνω τινός
Lc 2 9 καὶ (+ἰδοὺ Vς) ἄγγελος κυρίου
ἐπέστη αὐτοῖς
2 38 καὶ (+αὕτη [V]ς) αὐτῇ τῇ ὥρᾳ
ἐπιστᾶσα ἀνθωμολογεῖτο τῷ θεῷ
4 39[c] ἐπιστὰς ἐπάνω αὐτῆς ἐπετίμησεν
τῷ πυρετῷ
10 40 ἐπιστᾶσα δὲ εἶπεν
20 1 διδάσκοντος αὐτοῦ τὸν λαὸν ...
ἐπέστησαν οἱ ἀρχιερεῖς (ἱερεῖς ST)
καὶ οἱ γραμματεῖς
21 34[b] προσέχετε ... μήποτε ... ἐπιστῇ
ἐφ' ὑμᾶς αἰφνίδιος ἡ ἡμέρα ἐκείνη
24 4 ἰδοὺ ἄνδρες δύο ἐπέστησαν αὐταῖς
ἐν | ἐσθῆτι ἀστραπτούσῃ (ἐσθή-
σεσιν ἀ-σαις Vς)
Ac 4 1 λαλούντων δὲ αὐτῶν ... ἐπέστη-
σαν αὐτοῖς οἱ ἱερεῖς (ἀρχιερεῖς Η)
6 12 ἐπιστάντες συνήρπασαν αὐτὸν
10 17[b] ἰδοὺ οἱ ἄνδρες οἱ ἀπεσταλμένοι ὑπὸ
τοῦ Κορνηλίου ... ἐπέστησαν ἐπὶ
τὸν πυλῶνα
11 11[b] ἰδοὺ ἐξαυτῆς τρεῖς ἄνδρες ἐπέστη-
σαν ἐπὶ τὴν οἰκίαν
12 7 καὶ ἰδοὺ ἄγγελος κυρίου ἐπέστη
17 5 ἐπιστάντες τῇ οἰκίᾳ Ἰάσονος
ἐζήτουν αὐτοὺς προαγαγεῖν εἰς
τὸν δῆμον
22 13 ⟨Ἀνανίας δέ τις⟩ ἐλθὼν πρός με
(ἐμὲ ΝΤΗ) καὶ ἐπιστὰς εἶπέν μοι
22 20[a] καὶ αὐτὸς ἤμην ἐφεστὼς καὶ συν-
ευδοκῶν
23 11 τῇ δὲ ἐπιούσῃ νυκτὶ ἐπιστὰς αὐτῷ
ὁ κύριος εἶπεν
23 27 τὸν ἄνδρα τοῦτον ... μέλλοντα
ἀναιρεῖσθαι ὑπ' αὐτῶν ἐπιστὰς
σὺν τῷ στρατεύματι ἐξειλάμην
28 2[a] προσελάβοντο πάντας ἡμᾶς διὰ
τὸν ὑετὸν τὸν ἐφεστῶτα καὶ διὰ τὸ
ψῦχος
1 Th 5 3 τότε αἰφνίδιος αὐτοῖς ἐφίσταται
(ἐπ- ΤΗ) ὄλεθρος ὥσπερ ἡ ὠδὶν
τῇ ἐν γαστρὶ ἐχούσῃ
2 Tm 4 2 κήρυξον τὸν λόγον, ἐπίστηθι
εὐκαίρως ἀκαίρως
4 6[a] ὁ καιρὸς τῆς | ἀναλύσεώς μου
(ἐμῆς ἀναλύσεως ς) ἐφέστηκεν

ἐφνίδιος

→ αἰφνίδιος

ἐφοράω

→ ὁράω

Lc 1 25 ἐν ἡμέραις αἷς ἐπεῖδεν ἀφελεῖν (+τὸ
Vς) ὄνειδός μου ἐν ἀνθρώποις
Ac 4 29 τὰ νῦν, κύριε, ἔπιδε ἐπὶ τὰς ἀπειλὰς
αὐτῶν

Ἐφραίμ

Ἐφραΐμ Ν
Ἐφραίμ ς
Ἐφραΐμ Β
Jo 11 54 ἀπῆλθεν ἐκεῖθεν ... εἰς Ἐφραὶμ
λεγομένην πόλιν

εφφαθα

ἐφφαθά ΝΜVBSTHς
Mc 7 34 λέγει αὐτῷ· εφφαθα, ὅ ἐστιν δι-
ανοίχθητι

ἐχθές

χθές (VS)ς
Jo 4 52 ἐχθὲς (χθὲς ς) ὥραν ἑβδόμην ἀφ-
ῆκεν αὐτὸν ὁ πυρετός
Ac 7 28 μὴ ἀνελεῖν με σὺ θέλεις ὃν τρόπον
ἀνεῖλες ἐχθὲς (χθὲς VSς) τὸν
Αἰγύπτιον;
Hb 13 8 Ἰησοῦς Χριστὸς ἐχθὲς (χθὲς VSς)
καὶ σήμερον ὁ αὐτὸς καὶ εἰς τοὺς
αἰῶνας

ἔχθρα

a plur.
Lc 23 12 προϋπῆρχον γὰρ ἐν ἔχθρᾳ ὄντες
πρὸς αὐτούς (Ν[26]Τ; ἐ. VSς; αὐ. rl)
Rm 8 7 διότι τὸ φρόνημα τῆς σαρκὸς ἔχθρα
εἰς θεόν
G 5 20[a] ⟨τὰ ἔργα τῆς σαρκός, ἅτινά ἐστιν⟩
φαρμακεία, ἔχθραι, ἔρις (ἔρεις BSς)
E 2 14 ὁ ... τὸ μεσότοιχον τοῦ φραγμοῦ
λύσας, τὴν ἔχθραν
2 16 ⟨ἵνα⟩ ἀποκαταλλάξῃ τοὺς ἀμφοτέ-
ρους ... τῷ θεῷ διὰ τοῦ σταυροῦ,
ἀποκτείνας τὴν ἔχθραν ἐν αὐτῷ
Jc 4 4 ἡ φιλία τοῦ κόσμου ἔχθρα | τοῦ
θεοῦ ἐστιν (ἐ. τῷ θεῷ Τ)

ἐχθρός

a c. gen. rei
Mt 5 43 ἀγαπήσεις τὸν πλησίον σου καὶ
μισήσεις τὸν ἐχθρόν σου
5 44 ἀγαπᾶτε τοὺς ἐχθροὺς ὑμῶν
10 36 ἐχθροὶ τοῦ ἀνθρώπου οἱ οἰκιακοὶ
αὐτοῦ
13 25 ἦλθεν αὐτοῦ ὁ ἐχθρὸς καὶ ἐπέσπει-
ρεν ζιζάνια
13 28 ἐχθρὸς ἄνθρωπος τοῦτο ἐποίησεν
13 39 ὁ δὲ ἐχθρὸς ὁ σπείρας αὐτά ἐστιν ὁ
διάβολος
22 44 ἕως ἂν θῶ τοὺς ἐχθρούς σου ὑπο-
κάτω τῶν ποδῶν σου
Mc 12 36 ἕως ἂν θῶ τοὺς ἐχθρούς σου ὑπο-
κάτω (ὑποπόδιον MVSTς) τῶν
ποδῶν σου
Lc 1 71 σωτηρίαν ἐξ ἐχθρῶν ἡμῶν καὶ ἐκ
χειρὸς πάντων τῶν μισούντων
ἡμᾶς
1 74 ⟨τοῦ δοῦναι ἡμῖν⟩ ἀφόβως ἐκ
χειρὸς ἐχθρῶν (τῶν ἐ. ἡμῶν ς) ῥυ-
σθέντας λατρεύειν αὐτῷ
6 27 ἀγαπᾶτε τοὺς ἐχθροὺς ὑμῶν
6 35 πλὴν ἀγαπᾶτε τοὺς ἐχθροὺς ὑμῶν
καὶ ἀγαθοποιεῖτε
10 19 δέδωκα (δίδωμι Vς) ὑμῖν τὴν ἐξου-
σίαν τοῦ πατεῖν ... ἐπὶ πᾶσαν τὴν
δύναμιν τοῦ ἐχθροῦ
19 27 πλὴν τοὺς ἐχθρούς μου τούτους
τοὺς μὴ θελήσαντάς με βασιλεῦσαι
ἐπ' αὐτοὺς ἀγάγετε ὧδε
19 43 ἥξουσιν ἡμέραι ... καὶ παρεμβα-
λοῦσιν οἱ ἐχθροί σου χάρακά σοι
20 43 ἕως ἂν θῶ τοὺς ἐχθρούς σου ὑπο-
πόδιον τῶν ποδῶν σου

Ac 2 35 ἕως ἂν θῶ τοὺς ἐχθρούς σου ὑπο-
πόδιον τῶν ποδῶν σου
13 10[a] υἱὲ διαβόλου, ἐχθρὲ πάσης δικαιο-
σύνης, οὐ παύσῃ διαστρέφων ⟨;⟩
Rm 5 10 εἰ γὰρ ἐχθροὶ ὄντες κατηλλάγημεν
τῷ θεῷ διὰ τοῦ θανάτου τοῦ υἱοῦ
αὐτοῦ
11 28 κατὰ μὲν τὸ εὐαγγέλιον ἐχθροὶ δι'
ὑμᾶς
12 20 ἀλλὰ ἐὰν πεινᾷ ὁ ἐχθρός σου,
ψώμιζε αὐτόν
1 C 15 25 ἄχρι οὗ θῇ πάντας τοὺς ἐχθροὺς
ὑπὸ τοὺς πόδας αὐτοῦ. ↔
15 26 ἔσχατος ἐχθρὸς καταργεῖται ὁ
θάνατος
G 4 16 ὥστε ἐχθρὸς ὑμῶν γέγονα ἀλη-
θεύων ὑμῖν;
Ph 3 18[a] πολλοὶ γὰρ περιπατοῦσιν οὓς
πολλάκις ἔλεγον ὑμῖν ... τοὺς
ἐχθροὺς τοῦ σταυροῦ τοῦ Χριστοῦ
Cl 1 21 καὶ ὑμᾶς ποτε ὄντας ἀπηλλοτριω-
μένους καὶ ἐχθροὺς τῇ διανοίᾳ ἐν
τοῖς ἔργοις τοῖς πονηροῖς ⟨ἀπο-
κατήλλαξεν⟩
2 Th 3 15 ⟨εἰ δέ τις οὐχ ὑπακούει⟩ μὴ ὡς
ἐχθρὸν ἡγεῖσθε
Hb 1 13 ἕως ἂν θῶ τοὺς ἐχθρούς σου ὑπο-
πόδιον τῶν ποδῶν σου
10 13 ἕως τεθῶσιν οἱ ἐχθροὶ αὐτοῦ
ὑποπόδιον τῶν ποδῶν αὐτοῦ
Jc 4 4 ὃς ἐὰν οὖν βουληθῇ φίλος εἶναι τοῦ
κόσμου, ἐχθρὸς τοῦ θεοῦ καθίσταται
Ap 11 5 πῦρ ἐκπορεύεται ... καὶ κατεσθίει
τοὺς ἐχθροὺς αὐτῶν
11 12 ἐθεώρησαν αὐτοὺς οἱ ἐχθροὶ αὐτῶν

ἔχιδνα

Mt 3 7 γεννήματα ἐχιδνῶν, τίς ὑπέδειξεν
ὑμῖν φυγεῖν ἀπὸ τῆς μελλούσης
ὀργῆς;
12 34 γεννήματα ἐχιδνῶν, πῶς δύνασθε
ἀγαθὰ λαλεῖν πονηροὶ ὄντες;
23 33 ὄφεις, γεννήματα ἐχιδνῶν, πῶς
φύγητε ἀπὸ τῆς κρίσεως τῆς
γεέννης;
Lc 3 7 γεννήματα ἐχιδνῶν, τίς ὑπέδειξεν
ὑμῖν φυγεῖν ἀπὸ τῆς μελλούσης
ὀργῆς;
Ac 28 3 ἔχιδνα ἀπὸ τῆς θέρμης ἐξελθοῦσα
καθῆψεν τῆς χειρὸς αὐτοῦ

ἔχω

ἀνα-	κατα-	προσ-
ἀντ-	μετ-	συν-
ἀπ-	παρ-	ὑπ-
ἐν-	περι-	ὑπερ-
ἐπ-		

a ἔ. (τὴν) ἐξουσίαν
b ἔ. χρείαν
c ἀνάγκην ἔ.
d ἔ. c. inf.
e ἔ. ποῦ, τί, ὅ
f ἔ. ἐν γαστρί
g κακῶς ἔ.
h οὕτως ἔ.
j ἔ. usu intrans. (exc. ghq)
k ἔ. ἐν ἑαυτῷ, -τοῖς, μεθ' ἑαυτῶν
l ἔ. (τι, πρᾶγμα et sim.) κατά τινος, πρός
τινα
m ἔ. c. duobus acc.
n ἔ. ὡς et sim.
p ἐχόμενος
q τὸ νῦν ἔχον
Mt 1 18[f] εὑρέθη ἐν γαστρὶ ἔχουσα ἐκ πνεύ-
ματος ἁγίου
1 23[f] ἰδοὺ ἡ παρθένος ἐν γαστρὶ ἕξει καὶ
τέξεται υἱόν

Mt 3 4 αὐτὸς δὲ ὁ Ἰωάννης εἶχεν τὸ ἔνδυμα αὐτοῦ ἀπὸ τριχῶν καμήλου

3 9ᵐπατέρα ἔχομεν τὸν Ἀβραάμ

3 14ᵇἐγὼ χρείαν ἔχω ὑπὸ σοῦ βαπτισθῆναι

4 24ᵍπροσήνεγκαν αὐτῷ πάντας τοὺς κακῶς ἔχοντας

5 23ˡκἀκεῖ μνησθῇς ὅτι ὁ ἀδελφός σου ἔχει τι κατὰ σοῦ

5 46 ἐὰν γὰρ ἀγαπήσητε τοὺς ἀγαπῶντας ὑμᾶς, τίνα μισθὸν ἔχετε;

6 1 εἰ δὲ μή γε, μισθὸν οὐκ ἔχετε παρὰ τῷ πατρὶ ὑμῶν

6 8ᵇοἶδεν ... ὁ πατὴρ ὑμῶν ὧν χρείαν ἔχετε πρὸ τοῦ ὑμᾶς αἰτῆσαι αὐτόν

7 29ᵃἦν γὰρ διδάσκων αὐτοὺς ὡς ἐξουσίαν ἔχων

8 9 καὶ γὰρ ἐγὼ ἄνθρωπός εἰμι ... ἔχων ὑπ᾽ ἐμαυτὸν στρατιώτας

8 16ᵍπάντας τοὺς κακῶς ἔχοντας ἐθεράπευσεν

8 20 αἱ ἀλώπεκες φωλεοὺς ἔχουσιν καὶ τὰ πετεινὰ τοῦ οὐρανοῦ κατασκηνώσεις, ↔

8 20ᵉὁ δὲ υἱὸς τοῦ ἀνθρώπου οὐκ ἔχει ποῦ τὴν κεφαλὴν κλίνῃ

9 6ᵃἐξουσίαν ἔχει ὁ υἱὸς τοῦ ἀνθρώπου ἐπὶ τῆς γῆς ἀφιέναι ἁμαρτίας

9 12ᵇοὐ χρείαν ἔχουσιν οἱ ἰσχύοντες ἰατροῦ ↔

9 12ᵍἀλλ᾽ οἱ κακῶς ἔχοντες

9 36 ὅτι ἦσαν ἐσκυλμένοι καὶ ἐρριμμένοι ὡσεὶ πρόβατα μὴ ἔχοντα ποιμένα

11 15 ὁ ἔχων ὦτα (+ἀκούειν Vς) ἀκουέτω

11 18 δαιμόνιον ἔχει

12 10ᵐκαὶ ἰδοὺ ἄνθρωπος (+τὴν BSς) χεῖρα ἔχων ξηράν

12 11 τίς ἔσται [H] ἐξ ὑμῶν ἄνθρωπος ὃς ἕξει πρόβατον ἓν ⟨ ; ⟩

13 5 ὅπου οὐκ εἶχεν γῆν πολλήν, ↔

13 5 καὶ εὐθέως ἐξανέτειλεν διὰ τὸ μὴ ἔχειν βάθος γῆς

13 6 διὰ τὸ μὴ ἔχειν ῥίζαν ἐξηράνθη

13 9 ὁ ἔχων ὦτα (+ἀκούειν VBς) ἀκουέτω

13 12 ὅστις γὰρ ἔχει, δοθήσεται αὐτῷ

13 12 ὅστις δὲ οὐκ ἔχει, ↔

13 12 καὶ ὃ ἔχει ἀρθήσεται ἀπ᾽ αὐτοῦ

13 21ᵏοὐκ ἔχει δὲ ῥίζαν ἐν ἑαυτῷ

13 27 πόθεν οὖν ἔχει ζιζάνια;

13 43 ὁ ἔχων ὦτα (+ἀκούειν Vς) ἀκουέτω

13 44 ἀπὸ τῆς χαρᾶς ... πωλεῖ πάντα (—NH) ὅσα ἔχει καὶ ἀγοράζει τὸν ἀγρὸν ἐκεῖνον

13 46 ἀπελθὼν πέπρακεν πάντα ὅσα εἶχεν καὶ ἠγόρασεν αὐτόν

14 4 οὐκ ἔξεστίν σοι ἔχειν αὐτήν

14 5ⁿὅτι ὡς προφήτην αὐτὸν εἶχον

14 16ᵇοὐ χρείαν ἔχουσιν ἀπελθεῖν

14 17 οὐκ ἔχομεν ὧδε εἰ μὴ πέντε ἄρτους καὶ δύο ἰχθύας

14 35ᵍπροσήνεγκαν αὐτῷ πάντας τοὺς κακῶς ἔχοντας

15 30ᵏπροσῆλθον αὐτῷ ὄχλοι πολλοὶ ἔχοντες μεθ᾽ ἑαυτῶν χωλούς, | τυφλούς, κυλλούς, κωφούς (N²⁶; ∼rl)

15 32ᵉσπλαγχνίζομαι ἐπὶ τὸν ὄχλον, ὅτι ... οὐκ ἔχουσιν τί φάγωσιν

15 34 πόσους ἄρτους ἔχετε;

16 8 τί διαλογίζεσθε ἐν ἑαυτοῖς, ὀλιγόπιστοι, ὅτι ἄρτους οὐκ ἔχετε (ἐλάβετε MVSTς);

Mt 17 15ᵍ∗ ἐλέησόν μου τὸν υἱόν, ὅτι σεληνιάζεται καὶ κακῶς ἔχει (NMH; πάσχει rl)

17 20 ἐὰν ἔχητε πίστιν ὡς κόκκον σινάπεως, ἐρεῖτε τῷ ὄρει τούτῳ

18 8 ἢ δύο χεῖρας ἢ δύο πόδας ἔχοντα βληθῆναι εἰς τὸ πῦρ τὸ αἰώνιον

18 9 ἢ δύο ὀφθαλμοὺς ἔχοντα βληθῆναι εἰς τὴν γέενναν τοῦ πυρός

18 25ᵈμὴ ἔχοντος δὲ αὐτοῦ ἀποδοῦναι, ↔

18 25 ἐκέλευσεν αὐτὸν ὁ κύριος (+αὐτοῦ Vς) πραθῆναι ... πάντα ὅσα ἔχει (εἶχεν MVSTς), καὶ ἀποδοθῆναι

19 16 τί ἀγαθὸν ποιήσω ἵνα σχῶ (ἔχω Vς) ζωὴν αἰώνιον;

19 21 ἕξεις θησαυρὸν ἐν οὐρανοῖς (οὐρανῷ MVSTς)

19 22 ἦν γὰρ ἔχων κτήματα πολλά

21 3ᵇἐρεῖτε ὅτι ὁ κύριος αὐτῶν χρείαν ἔχει

21 21 ἐὰν ἔχητε πίστιν καὶ μὴ διακριθῆτε

21 26ⁿπάντες γὰρ | ὡς προφήτην ἔχουσιν τὸν Ἰωάννην (∼Vς)

21 28 ἄνθρωπος εἶχεν τέκνα δύο

21 38 δεῦτε ἀποκτείνωμεν αὐτὸν καὶ σχῶμεν (κατά- Vς) τὴν κληρονομίαν αὐτοῦ

21 46ⁿἐπεὶ εἰς (ὡς Vς) προφήτην αὐτὸν εἶχον

22 12 πῶς εἰσῆλθες ὧδε μὴ ἔχων ἔνδυμα γάμου;

22 24 ἐάν τις ἀποθάνῃ μὴ ἔχων τέκνα

22 25 μὴ ἔχων σπέρμα ἀφῆκεν τὴν γυναῖκα αὐτοῦ τῷ ἀδελφῷ αὐτοῦ

22 28 πάντες γὰρ ἔσχον αὐτήν

24 19ʳοὐαὶ δὲ ταῖς ἐν γαστρὶ ἐχούσαις ... ἐν ἐκείναις ταῖς ἡμέραις

25 25 ἔκρυψα τὸ τάλαντόν σου ἐν τῇ γῇ· ἴδε ἔχεις τὸ σόν

25 28 δότε τῷ ἔχοντι τὰ δέκα τάλαντα· ↔

25 29 τῷ γὰρ ἔχοντι παντὶ δοθήσεται καὶ περισσευθήσεται· ↔

25 29 τοῦ δὲ μὴ ἔχοντος ↔

25 29 καὶ ὃ ἔχει ἀρθήσεται ἀπ᾽ αὐτοῦ

26 7 προσῆλθεν αὐτῷ γυνὴ | ἔχουσα ἀλάβαστρον μύρου (∼Sς) βαρυτίμου (πολυτίμου T)

26 11ᵏπάντοτε γὰρ τοὺς πτωχοὺς ἔχετε μεθ᾽ ἑαυτῶν, ↔

26 11 ἐμὲ δὲ οὐ πάντοτε ἔχετε

26 65ᵇτί ἔτι χρείαν ἔχομεν μαρτύρων;

27 16 εἶχον δὲ τότε δέσμιον ἐπίσημον λεγόμενον Ἰησοῦν ([N²⁶]; —rl) Βαραββᾶν

27 65 ἔφη (+δὲ VSς) αὐτοῖς ὁ Πιλᾶτος· ἔχετε κουστωδίαν

Mc 1 22ᵃἦν γὰρ διδάσκων αὐτοὺς ὡς ἐξουσίαν ἔχων

1 32ᵍἔφερον πρὸς αὐτὸν πάντας τοὺς κακῶς ἔχοντας καὶ τοὺς δαιμονιζομένους

1 34ᵍἐθεράπευσεν πολλοὺς κακῶς ἔχοντας ποικίλαις νόσοις

1 38ᵖἄγωμεν ἀλλαχοῦ εἰς τὰς ἐχομένας κωμοπόλεις

2 10ᵃἐξουσίαν ἔχει ὁ υἱὸς τοῦ ἀνθρώπου | ἀφιέναι ἁμαρτίας ἐπὶ τῆς γῆς (∼VSς T)

2 17ᵇοὐ χρείαν ἔχουσιν οἱ ἰσχύοντες ἰατροῦ ↔

2 17ᵍἀλλ᾽ οἱ κακῶς ἔχοντες

2 19ᵏὅσον χρόνον ἔχουσιν τὸν νυμφίον | μετ᾽ αὐτῶν (μεθ᾽ ἑαυ. Sς), οὐ δύνανται νηστεύειν

Mc 2 25ᵇὅτε χρείαν ἔσχεν καὶ ἐπείνασεν αὐτὸς καὶ οἱ μετ᾽ αὐτοῦ

3 1ᵐἦν ἐκεῖ ἄνθρωπος ἐξηραμμένην ἔχων τὴν χεῖρα

3 3ᵐλέγει τῷ ἀνθρώπῳ τῷ || τὴν ξηρὰν (ἐξηραμμένην Sς) χεῖρα ἔχοντι ((∼NMBHς))

3 10 ἵνα αὐτοῦ ἅψωνται ὅσοι εἶχον μάστιγας

3 15ᵃ⟨ἵνα ἀποστέλλῃ αὐτοὺς κηρύσσειν⟩ καὶ ἔχειν ἐξουσίαν ἐκβάλλειν τὰ δαιμόνια

3 22 ἔλεγον ὅτι Βεελζεβοὺλ ἔχει

3 26 ὁ σατανᾶς ... οὐ δύναται στῆναι ἀλλὰ τέλος ἔχει

3 29 ὃς δ᾽ ἂν βλασφημήσῃ ... οὐκ ἔχει ἄφεσιν εἰς τὸν αἰῶνα

3 30 πνεῦμα ἀκάθαρτον ἔχει

4 5 ὅπου οὐκ εἶχεν γῆν πολλήν, ↔

4 5 καὶ εὐθὺς ἐξανέτειλεν (ἐξεβλάστησεν S) διὰ τὸ μὴ ἔχειν βάθος γῆς

4 6 διὰ τὸ μὴ ἔχειν ῥίζαν ἐξηράνθη

4 9 | ὃς ἔχει (ὁ ἔχων ς) ὦτα ἀκούειν ἀκουέτω

4 17ᵏοὐκ ἔχουσιν ῥίζαν ἐν ἑαυτοῖς ἀλλὰ πρόσκαιροί εἰσιν

4 23 εἴ τις ἔχει ὦτα ἀκούειν ἀκουέτω

4 25 ὃς γὰρ ἔχει (ἂν ἔχῃ ς), δοθήσεται αὐτῷ· ↔

4 25 καὶ ὃς οὐκ ἔχει, ↔

4 25 καὶ ὃ ἔχει ἀρθήσεται ἀπ᾽ αὐτοῦ

4 40 οὔπω (πῶς οὐκ NMVTς) ἔχετε πίστιν;

5 3 ὃς τὴν κατοίκησιν εἶχεν ἐν τοῖς μνήμασιν

5 15 θεωροῦσιν τὸν δαιμονιζόμενον ... σωφρονοῦντα, τὸν ἐσχηκότα τὸν λεγιῶνα

5 23ʲτὸ θυγάτριόν μου ἐσχάτως ἔχει

6 18 οὐκ ἔξεστίν σοι ἔχειν τὴν γυναῖκα τοῦ ἀδελφοῦ σου

6 34 ἐσπλαγχνίσθη ἐπ᾽ αὐτούς (αὐτοῖς Vς) ὅτι ἦσαν ὡς πρόβατα μὴ ἔχοντα ποιμένα

6 36ᵉ∗ ἵνα ... ἀγοράσωσιν | ἑαυτοῖς ἄρτους· τί γὰρ φάγωσιν οὐκ ἔχουσιν (ς; ἑ. τί φ. rl)

6 38 πόσους | ἄρτους ἔχετε (∼NH)

6 55ᵍἤρξαντο ... τοὺς κακῶς ἔχοντας περιφέρειν

7 16 ∗ | εἴ τις ἔχει ὦτα ἀκούειν ἀκουέτω (+MVBSς)

7 25 γυνὴ ... ἧς εἶχεν τὸ θυγάτριον αὐτῆς πνεῦμα ἀκάθαρτον

8 1ᵉπολλοῦ ὄχλου ὄντος καὶ μὴ ἐχόντων τί φάγωσιν

8 2ᵉσπλαγχνίζομαι ἐπὶ τὸν ὄχλον, ὅτι ... οὐκ ἔχουσιν τί φάγωσιν

8 5 πόσους ἔχετε ἄρτους;

8 7 εἶχον ἰχθύδια ὀλίγα

8 14ᵏεἰ μὴ ἕνα ἄρτον οὐκ εἶχον μεθ᾽ ἑαυτῶν ἐν τῷ πλοίῳ

8 16 διελογίζοντο πρὸς ἀλλήλους (+λέγοντες Vς) ὅτι ἄρτους οὐκ ἔχουσιν (ἔχομεν VTς)

8 17 τί διαλογίζεσθε ὅτι ἄρτους οὐκ ἔχετε;

8 17ᵐ(+ἔτι VTς) πεπωρωμένην ἔχετε τὴν καρδίαν ὑμῶν;

8 18 ὀφθαλμοὺς ἔχοντες οὐ βλέπετε, ↔

8 18 καὶ ὦτα ἔχοντες οὐκ ἀκούετε;

9 17 ἤνεγκα τὸν υἱόν μου πρὸς σέ, ἔχοντα πνεῦμα ἄλαλον

9 43 καλόν ἐστίν σε ... ἢ τὰς δύο χεῖρας ἔχοντα ἀπελθεῖν εἰς τὴν γέενναν

Mc
9 45 καλόν ἐστίν σε ... ἢ τοὺς δύο πόδας ἔχοντα βληθῆναι εἰς τὴν γέενναν
9 47 καλόν σέ ἐστιν ... ἢ δύο ὀφθαλμοὺς ἔχοντα βληθῆναι εἰς τὴν (—H) γέενναν
9 50k ἔχετε ἐν ἑαυτοῖς ἅλα
10 21 ὕπαγε, ὅσα ἔχεις πώλησον καὶ δὸς τοῖς ([N26NH]; —V) πτωχοῖς, ↔
10 21 καὶ ἕξεις θησαυρὸν ἐν οὐρανῷ
10 22 ἦν γὰρ ἔχων κτήματα πολλά
10 23 πῶς δυσκόλως οἱ τὰ χρήματα ἔχοντες εἰς τὴν βασιλείαν τοῦ θεοῦ εἰσελεύσονται
11 3b ὁ κύριος αὐτοῦ χρείαν ἔχει
11 13 ἰδὼν συκῆν ἀπὸ μακρόθεν ἔχουσαν φύλλα ἦλθεν
11 22 ἔχετε πίστιν θεοῦ
11 25l ἀφίετε εἴ τι ἔχετε κατά τινος
11 32n ἅπαντες γὰρ εἶχον τὸν Ἰωάννην |ὄντως ὅτι (~Vς) προφήτης ἦν
12 6 ἔτι | ἕνα εἶχεν, υἱὸν ἀγαπητόν (οὖν ἕ. υἱὸν ἔχων ἀ. αὐτοῦ Vς)
12 23m οἱ γὰρ ἑπτὰ ἔσχον αὐτὴν γυναῖκα
12 44 πάντα δὲ ἐκ τῆς ὑστερήσεως αὐτῆς πάντα ὅσα εἶχεν ἔβαλεν
13 17f οὐαὶ δὲ ταῖς ἐν γαστρὶ ἐχούσαις ... ἐν ἐκείναις ταῖς ἡμέραις
14 3 ἦλθεν γυνὴ ἔχουσα ἀλάβαστρον μύρου νάρδου πιστικῆς πολυτελοῦς
14 7k πάντοτε γὰρ τοὺς πτωχοὺς ἔχετε μεθ' ἑαυτῶν
14 7 ἐμὲ δὲ οὐ πάντοτε ἔχετε. ↔
14 8 ὃ ἔσχεν (εἶχεν ς) (+αὕτη [V]ς) ἐποίησεν
14 63b τί ἔτι χρείαν ἔχομεν μαρτύρων;
16 8 εἶχεν γὰρ αὐτὰς τρόμος καὶ ἔκστασις
[16 18]j ἐπὶ ἀρρώστους χεῖρας ἐπιθήσουσιν καὶ καλῶς ἕξουσιν

Lc
3 8m πατέρα ἔχομεν τὸν Ἀβραάμ
3 11 ὁ ἔχων δύο χιτῶνας ↔
3 11 μεταδότω τῷ μὴ ἔχοντι, ↔
3 11 καὶ ὁ ἔχων βρώματα ὁμοίως ποιείτω
4 33 ἐν τῇ συναγωγῇ ἦν ἄνθρωπος ἔχων πνεῦμα δαιμονίου ἀκαθάρτου
4 40 ἅπαντες ([ἅ]π. S; πάντες VTς) ὅσοι εἶχον ἀσθενοῦντας νόσοις ποικίλαις ἤγαγον αὐτοὺς πρὸς αὐτόν
5 24b ὁ υἱὸς τοῦ ἀνθρώπου ἐξουσίαν ἔχει ἐπὶ τῆς γῆς ἀφιέναι ἁμαρτίας
5 31b οὐ χρείαν ἔχουσιν οἱ ὑγιαίνοντες ἰατροῦ ↔
5 31g ἀλλὰ οἱ κακῶς ἔχοντες
6 8m εἶπεν δὲ τῷ ἀνδρὶ τῷ ξηρὰν ἔχοντι τὴν χεῖρα
7 2g ἑκατοντάρχου δέ τινος δοῦλος κακῶς ἔχων ἤμελλεν τελευτᾶν
7 8 καὶ γὰρ ἐγὼ ἄνθρωπός εἰμι ὑπὸ ἐξουσίαν τασσόμενος, ἔχων ὑπ' ἐμαυτὸν στρατιώτας
7 33 δαιμόνιον ἔχει
7 40d Σίμων, ἔχω σοί τι εἰπεῖν
7 42d μὴ ἐχόντων (+δὲ V[S]ς) αὐτῶν ἀποδοῦναι ἀμφοτέροις ἐχαρίσατο
8 6 φυὲν ἐξηράνθη διὰ τὸ μὴ ἔχειν ἰκμάδα
8 8 ὁ ἔχων ὦτα ἀκούειν ἀκουέτω
8 13 οὗτοι ῥίζαν οὐκ ἔχουσιν
8 18 ὃς ἂν γὰρ ἔχῃ, δοθήσεται αὐτῷ· ↔
8 18 καὶ ὃς ἂν μὴ ἔχῃ, ↔
8 18 καὶ ὃ δοκεῖ ἔχειν ἀρθήσεται ἀπ' αὐτοῦ

Lc
8 27 ὑπήντησεν ἀνήρ τις ἐκ τῆς πόλεως ἔχων (ὃς εἶχε ς) δαιμόνια
9 3 μηδὲν αἴρετε ... μήτε ἀργύριον μήτε ἀνὰ ([N26]; —SH) δύο χιτῶνας ἔχειν
9 11b τοὺς χρείαν ἔχοντας θεραπείας ἰᾶτο (ἰάσατο S)
9 58 αἱ ἀλώπεκες φωλεοὺς ἔχουσιν καὶ τὰ πετεινὰ τοῦ οὐρανοῦ κατασκηνώσεις, ↔
9 58e ὁ δὲ υἱὸς τοῦ ἀνθρώπου οὐκ ἔχει ποῦ τὴν κεφαλὴν κλίνῃ
11 5 τίς ἐξ ὑμῶν ἕξει φίλον, καὶ πορεύσεται πρὸς αὐτὸν μεσονυκτίου (;)
11 6e οὐκ ἔχω ὃ παραθήσω αὐτῷ
11 36 εἰ οὖν τὸ σῶμά σου ὅλον φωτεινόν, μὴ ἔχον | μέρος τι (~Tς) σκοτεινόν
12 4d μὴ φοβηθῆτε ἀπὸ τῶν ... μετὰ ταῦτα μὴ ἐχόντων | περισσότερόν τι (~S) ποιῆσαι
12 5a φοβήθητε τὸν ... ἔχοντα ἐξουσίαν ἐμβαλεῖν εἰς τὴν γέενναν
12 17e ὅτι οὐκ ἔχω ποῦ συνάξω τοὺς καρπούς μου
12 19 ψυχή, ἔχεις πολλὰ ἀγαθὰ | κείμενα εἰς ἔτη πολλά [H ..]
12 50d βάπτισμα δὲ ἔχω βαπτισθῆναι
13 6 συκῆν εἶχέν τις πεφυτευμένην ἐν τῷ ἀμπελῶνι αὐτοῦ
13 11 γυνὴ πνεῦμα ἔχουσα ἀσθενείας ἔτη δεκαοκτώ
13 33p δεῖ με σήμερον καὶ αὔριον καὶ τῇ ἐχομένῃ πορεύεσθαι
14 14d μακάριος ἔσῃ, ὅτι οὐκ ἔχουσιν ἀνταποδοῦναί σοι
14 18c ἔχω ἀνάγκην ἐξελθὼν ἰδεῖν αὐτόν· ↔
14 18m ἐρωτῶ σε, ἔχε με παρῃτημένον
14 19m ἐρωτῶ σε, ἔχε με παρῃτημένον
14 28 οὐχὶ ... ψηφίζει τὴν δαπάνην, εἰ ἔχει εἰς (τὰ πρὸς ς) ἀπαρτισμόν;
14 35 ὁ ἔχων ὦτα ἀκούειν ἀκουέτω
15 4 τίς ἄνθρωπος ἐξ ὑμῶν ἔχων ἑκατὸν πρόβατα καὶ ἀπολέσας ἐξ αὐτῶν ἓν (;)
15 7b οἵτινες οὐ χρείαν ἔχουσιν μετανοίας. ↔
15 8 ἢ τίς γυνὴ δραχμὰς ἔχουσα δέκα, ἐὰν ἀπολέσῃ δραχμὴν μίαν (;)
15 11 ἄνθρωπός τις εἶχεν δύο υἱούς
16 1 ἄνθρωπός τις ἦν πλούσιος ὃς εἶχεν οἰκονόμον
16 28 ἔχω γὰρ πέντε ἀδελφούς
16 29 ἔχουσι Μωϋσέα καὶ τοὺς προφήτας
17 6 εἰ ἔχετε (εἴχετε ς) πίστιν ὡς κόκκον σινάπεως
17 7 τίς δὲ ἐξ ὑμῶν δοῦλον ἔχων ἀροτριῶντα ἢ ποιμαίνοντα (;)
17 9 μὴ ἔχει χάριν τῷ δούλῳ ὅτι ἐποίησεν τὰ διαταχθέντα;
18 22 πάντα ὅσα ἔχεις πώλησον καὶ διάδος πτωχοῖς, ↔
18 22 καὶ ἕξεις θησαυρὸν ἐν τοῖς (+[N26NH]M) οὐρανοῖς (-νῷ ς)
18 24 πῶς δυσκόλως οἱ τὰ χρήματα ἔχοντες εἰς τὴν βασιλείαν τοῦ θεοῦ εἰσπορεύονται
19 17a ἴσθι ἐξουσίαν ἔχων ἐπάνω δέκα πόλεων
19 20m κύριε, ἰδοὺ ἡ μνᾶ σου, ἣν εἶχον ἀποκειμένην ἐν σουδαρίῳ
19 24 ἄρατε ἀπ' αὐτοῦ τὴν μνᾶν καὶ δότε τῷ τὰς δέκα μνᾶς ἔχοντι
19 25 κύριε, ἔχει δέκα μνᾶς
19 26 παντὶ τῷ ἔχοντι δοθήσεται, ↔

Lc
19 26 ἀπὸ δὲ τοῦ μὴ ἔχοντος ↔
19 26 καὶ ὃ ἔχει ἀρθήσεται (+ἀπ' αὐτοῦ Vς)
19 31b ὅτι ὁ κύριος αὐτοῦ χρείαν ἔχει
19 34b ὅτι ὁ κύριος αὐτοῦ χρείαν ἔχει
20 24 τίνος ἔχει εἰκόνα καὶ ἐπιγραφήν;
20 28 ἐάν τινος ἀδελφὸς ἀποθάνῃ ἔχων γυναῖκα
20 33m οἱ γὰρ ἑπτὰ ἔσχον αὐτὴν γυναῖκα
21 4 αὕτη δὲ ἐκ τοῦ ὑστερήματος αὐτῆς πάντα (ἅπ. VSTς) τὸν βίον ὃν εἶχεν ἔβαλεν
21 23f οὐαὶ (+δὲ Vς) ταῖς ἐν γαστρὶ ἐχούσαις ... ἐν ἐκείναις ταῖς ἡμέραις
22 36 νῦν ὁ ἔχων βαλλάντιον ἀράτω, ὁμοίως καὶ πήραν,
22 36 καὶ ὁ μὴ ἔχων πωλησάτω τὸ ἱμάτιον αὐτοῦ
22 37 καὶ γὰρ τὸ περὶ ἐμοῦ τέλος ἔχει
22 71b τί ἔτι ἔχομεν μαρτυρίας χρείαν;
23 17c * | ἀνάγκην δὲ εἶχεν ἀπολύειν αὐτοῖς κατὰ ἑορτὴν ἕνα (+MVB [S]ς)
24 39 ὅτι πνεῦμα σάρκα (-ας T) καὶ ὀστέα οὐκ ἔχει
24 39 καθὼς ἐμὲ θεωρεῖτε ἔχοντα
24 41 ἔχετέ τι βρώσιμον ἐνθάδε;

Jo
2 3 * | οἶνον οὐκ εἶχον, ὅτι συνετελέσθη ὁ οἶνος τοῦ γάμου. εἶτα (T; ὑστερήσαντος οἴνου rl) λέγει ἡ μήτηρ τοῦ Ἰησοῦ πρὸς αὐτόν· ↔
2 3 | οἶνον οὐκ ἔχουσιν (οἶνος οὐκ ἔστιν T)
2 25b ὅτι οὐ χρείαν εἶχεν ἵνα τις μαρτυρήσῃ περὶ τοῦ ἀνθρώπου
3 15 ἵνα πᾶς ὁ πιστεύων | ἐν αὐτῷ (εἰς αὐτὸν Sς) ἔχῃ ζωὴν αἰώνιον
3 16 ἵνα πᾶς ὁ πιστεύων εἰς αὐτὸν μὴ ἀπόληται ἀλλ' ἔχῃ ζωὴν αἰώνιον
3 29 ὁ ἔχων τὴν νύμφην νυμφίος ἐστίν
3 36 ὁ πιστεύων εἰς τὸν υἱὸν ἔχει ζωὴν αἰώνιον
4 11 κύριε, οὔτε ἄντλημα ἔχεις καὶ τὸ φρέαρ ἐστὶν βαθύ· ↔
4 11 πόθεν οὖν (—T) ἔχεις τὸ ὕδωρ τὸ ζῶν;
4 17 | οὐκ ἔχω ἄνδρα (~T)
4 17 καλῶς εἶπας ὅτι ἄνδρα οὐκ ἔχω· ↔
4 18 πέντε γὰρ ἄνδρας ἔσχες,
4 18 καὶ νῦν ὃν ἔχεις οὐκ ἔστιν σου ἀνήρ
4 32 ἐγὼ βρῶσιν ἔχω φαγεῖν ἣν ὑμεῖς οὐκ οἴδατε
4 44 προφήτης ἐν τῇ ἰδίᾳ πατρίδι τιμὴν οὐκ ἔχει
4 52j ἐπύθετο οὖν τὴν ὥραν παρ' αὐτῶν ἐν ᾗ κομψότερον ἔσχεν
5 2 ἔστιν δὲ ... κολυμβήθρα ... Βηθζαθά, πέντε στοὰς ἔχουσα
5 5j ἦν δέ τις ἄνθρωπος ἐκεῖ τριάκοντα καὶ ([N26H]; —S) ὀκτὼ ἔτη ἔχων ἐν τῇ ἀσθενείᾳ αὐτοῦ
5 6j γνοὺς ὅτι πολὺν ἤδη χρόνον ἔχει, λέγει αὐτῷ
5 7 ἄνθρωπον οὐκ ἔχω, ἵνα ... βάλῃ με εἰς τὴν κολυμβήθραν
5 24 ὁ ... πιστεύων τῷ πέμψαντί με ἔχει ζωὴν αἰώνιον
5 26k ὥσπερ γὰρ ὁ πατὴρ ἔχει ζωὴν ἐν ἑαυτῷ, ↔
5 26k οὕτως καὶ τῷ υἱῷ ἔδωκεν ζωὴν ἔχειν ἐν ἑαυτῷ
5 36 ἐγὼ δὲ ἔχω τὴν μαρτυρίαν μείζω (μείζων S) τοῦ Ἰωάννου
5 38 τὸν λόγον αὐτοῦ οὐκ ἔχετε ἐν ὑμῖν μένοντα

Jo 5 39 ὅτι ὑμεῖς δοκεῖτε ἐν αὐταῖς ζωὴν
αἰώνιον ἔχειν

5 40 οὐ θέλετε ἐλθεῖν πρός με ἵνα ζωὴν
ἔχητε

5 42ᵏ ὅτι | τὴν ἀγάπην τοῦ θεοῦ οὐκ
ἔχετε (~ T) ἐν ἑαυτοῖς

6 9 ἔστιν παιδάριον (+ἕν Vς) ὧδε ὃς
ἔχει πέντε ἄρτους κριθίνους

6 40 ἵνα πᾶς ὁ ... πιστεύων εἰς αὐτὸν
ἔχῃ ζωὴν αἰώνιον

6 47 ὁ πιστεύων (+ εἰς ἐμὲ Vς) ἔχει
ζωὴν αἰώνιον

6 53ᵏ ἐὰν μὴ φάγητε τὴν σάρκα ... οὐκ
ἔχετε ζωὴν ἐν ἑαυτοῖς. ↔

6 54 ὁ τρώγων μου τὴν σάρκα ...
ἔχει ζωὴν αἰώνιον

6 68 ῥήματα ζωῆς αἰωνίου ἔχεις

7 20 δαιμόνιον ἔχεις

[8 6]ᵈ|| ἵνα ἔχωσιν (σχῶσι S) κατηγο-
ρεῖν αὐτοῦ [[.. H]]

8 12 ἀλλ' ἕξει τὸ φῶς τῆς ζωῆς

8 26ᵈ πολλὰ ἔχω περὶ ὑμῶν λαλεῖν καὶ
κρίνειν

8 41ᵐ ἡμεῖς ... ἕνα πατέρα ἔχομεν τὸν
θεόν

8 48 οὐ καλῶς λέγομεν ἡμεῖς ὅτι ...
δαιμόνιον ἔχεις;

8 49 ἐγὼ δαιμόνιον οὐκ ἔχω

8 52 νῦν ἐγνώκαμεν ὅτι δαιμόνιον ἔχεις

8 57 πεντήκοντα ἔτη οὔπω ἔχεις καὶ
'Αβραὰμ ἑώρακας;

9 21 αὐτὸν ἐρωτήσατε, ἡλικίαν ἔχει

9 23 ἡλικίαν ἔχει, αὐτὸν ἐπερωτήσατε

9 41 εἰ τυφλοὶ ἦτε, οὐκ ἂν εἴχετε ἁμαρ-
τίαν

10 10 ἐγὼ ἦλθον ἵνα ζωὴν ἔχωσιν ↔

10 10 καὶ περισσὸν ἔχωσιν

10 16 καὶ ἄλλα πρόβατα ἔχω

10 18ᵃ ἐξουσίαν ἔχω θεῖναι αὐτήν, ↔

10 18ᵃ καὶ ἐξουσίαν ἔχω πάλιν λαβεῖν
αὐτήν

10 20 δαιμόνιον ἔχει καὶ μαίνεται

11 17ʲ εὗρεν αὐτὸν τέσσαρας || ἤδη (—T)
ἡμέρας ((~ Vς)) ἔχοντα ἐν τῷ
μνημείῳ

12 6 ὅτι ... τὸ γλωσσόκομον ἔχων
(εἶχε καὶ ς) τὰ βαλλόμενα ἐβάστα-
ζεν

12 8ᵏ τοὺς πτωχοὺς γὰρ πάντοτε ἔχετε
μεθ' ἑαυτῶν, ↔

12 8 ἐμὲ δὲ οὐ πάντοτε ἔχετε

12 35 περιπατεῖτε ὡς τὸ φῶς ἔχετε

12 36 ὡς τὸ φῶς ἔχετε, πιστεύετε εἰς τὸ
φῶς

12 48 ὁ ... μὴ λαμβάνων τὰ ῥήματά μου
ἔχει τὸν κρίνοντα αὐτόν

13 8 ἐὰν μὴ νίψω σε, οὐκ ἔχεις μέρος
μετ' ἐμοῦ

13 10ᵇ ὁ λελουμένος οὐκ | ἔχει χρείαν
(~ Vς) ||: εἰ μὴ (ἢ ς) τοὺς πόδας
([NH]; —T) νίψασθαι

13 29 ἐπεὶ τὸ γλωσσόκομον εἶχεν 'Ιούδας

13 29ᵇ ἀγόρασον ὧν χρείαν ἔχομεν εἰς
τὴν ἑορτήν

13 35 ἐὰν ἀγάπην ἔχητε ἐν ἀλλήλοις

14 21 ὁ ἔχων τὰς ἐντολάς μου καὶ τηρῶν
αὐτάς

14 30 ἐν ἐμοὶ οὐκ ἔχει οὐδέν

15 13 μείζονα ταύτης ἀγάπην οὐδεὶς
ἔχει

15 22 εἰ μὴ ἦλθον καὶ ἐλάλησα αὐτοῖς,
ἁμαρτίαν οὐκ εἴχοσαν (εἶχον Vς)·
↔

15 22 νῦν δὲ πρόφασιν οὐκ ἔχουσιν περὶ
τῆς ἁμαρτίας αὐτῶν

Jo 15 24 εἰ τὰ ἔργα μὴ ἐποίησα ἐν αὐτοῖς
... ἁμαρτίαν οὐκ εἴχοσαν (εἶχον
Vς)

16 12ᵈ ἔτι πολλὰ ἔχω ὑμῖν λέγειν

16 15 πάντα ὅσα ἔχει ὁ πατὴρ ἐμά
ἐστιν

16 21 ἡ γυνὴ ὅταν τίκτῃ λύπην ἔχει

16 22 ὑμεῖς οὖν νῦν μὲν λύπην ἔχετε
(ἕξετε S)

16 30ᵇ οὐ χρείαν ἔχεις ἵνα τίς σε ἐρωτᾷ

16 33 ταῦτα λελάληκα ὑμῖν ἵνα ἐν ἐμοὶ
εἰρήνην ἔχητε. ↔

16 33 ἐν τῷ κόσμῳ θλῖψιν ἔχετε (ἕξετε ς)
ἀλλὰ θαρσεῖτε

17 5 δόξασόν με ... τῇ δόξῃ ᾗ εἶχον
πρὸ τοῦ τὸν κόσμον εἶναι παρὰ
σοί

17 13ᵏᵐ ἵνα ἔχωσιν τὴν χαρὰν τὴν ἐμὴν
πεπληρωμένην ἐν ἑαυτοῖς (αὐτοῖς
Sς)

18 10 Σίμων οὖν Πέτρος ἔχων μάχαιραν
εἵλκυσεν αὐτήν

19 7 ἡμεῖς νόμον ἔχομεν

19 10ᵃ οὐκ οἶδας ὅτι ἐξουσίαν ἔχω ἀπολῦ-
σαί (σταυρῶσαί Vς) σε ↔

19 10ᵃ καὶ ἐξουσίαν ἔχω σταυρῶσαί
(ἀπολῦσαί Vς) σε;

19 11ᵃ οὐκ εἶχες (ἔχεις BST) ἐξουσίαν κατ'
ἐμοῦ οὐδεμίαν εἰ μὴ ἦν δεδομένον
σοι ἄνωθεν· ↔

19 11 διὰ τοῦτο ὁ παραδούς (παρα-
διδούς Vς) μέ σοι μείζονα ἁμαρ-
τίαν ἔχει

19 15 οὐκ ἔχομεν βασιλέα εἰ μὴ Καίσαρα

20 31 ἵνα πιστεύοντες ζωὴν ἔχητε ἐν
τῷ ὀνόματι αὐτοῦ

21 5 παιδία, μή τι προσφάγιον ἔχετε;

Ac 1 12ʲ ὅ ἐστιν ἐγγὺς 'Ιερουσαλὴμ σαβ-
βάτου ἔχον ὁδόν

2 44 πάντες ... ἦσαν (—NH) ἐπὶ τὸ
αὐτὸ καὶ (—NH) εἶχον ἅπαντα
κοινά

2 45ᵇ καθότι ἄν τις χρείαν εἶχεν

2 47 αἰνοῦντες τὸν θεὸν καὶ ἔχοντες
χάριν πρὸς ὅλον τὸν λαόν

3 6 ὃ δὲ ἔχω, τοῦτό σοι δίδωμι

4 14ᵈ τόν τε ἄνθρωπον βλέποντες σὺν
αὐτοῖς ἑστῶτα ... οὐδὲν εἶχον
ἀντειπεῖν

4 35ᵇ διεδίδετο δὲ ἑκάστῳ καθότι ἄν τις
χρείαν εἶχεν

7 1ʰ εἰ ταῦτα οὕτως ἔχει;

8 7 πολλοὶ γὰρ τῶν ἐχόντων πνεύ-
ματα ἀκάθαρτα βοῶντα φωνῇ
μεγάλῃ ἐξήρχοντο

9 14ᵃ καὶ ὧδε ἔχει ἐξουσίαν παρὰ τῶν
ἀρχιερέων δῆσαι πάντας

9 31 ἡ (αἱ ς) μὲν οὖν ἐκκλησία (-αι ς)
... εἶχεν (-ον ς) εἰρήνην οἰκοδο-
μουμένη (οἰ-ναι ς)

11 3 εἰσῆλθες (-εν BH) πρὸς ἄνδρας
ἀκροβυστίαν ἔχοντας

12 15ʰ ἡ δὲ διϊσχυρίζετο οὕτως ἔχειν

13 5ᵐ εἶχον δὲ καὶ 'Ιωάννην ὑπηρέτην

14 9 ὃς ... ἰδὼν ὅτι ἔχει πίστιν τοῦ
σωθῆναι (εἶπεν)

15 21 Μωϋσῆς γὰρ ἐκ γενεῶν ἀρχαίων
κατὰ πόλιν τοὺς κηρύσσοντας
αὐτὸν ἔχει

15 36ʲ ἐπιστρέψαντες δὴ ἐπισκεψώμεθα
τοὺς ἀδελφοὺς κατὰ πόλιν πᾶσαν
... πῶς ἔχουσιν

16 16 ἐγένετο δὲ ... παιδίσκην τινὰ
ἔχουσαν πνεῦμα | πύθωνα ὑπαν-
τῆσαι (-νος ἀπ- Sς) ἡμῖν

Ac 17 11ʰ (+τὸ [NSH]MVBς) καθ' ἡμέραν
ἀνακρίνοντες τὰς γραφὰς εἰ ἔχοι
ταῦτα οὕτως

18 18 ὁ δὲ Παῦλος ... εἶχεν γὰρ εὐχήν

19 13 ἐπεχείρησαν δέ τινες ... ὀνομά-
ζειν ἐπὶ τοὺς ἔχοντας τὰ πνεύματα
τὰ πονηρὰ τὸ ὄνομα τοῦ κυρίου
'Ιησοῦ

19 38ˡ εἰ μὲν οὖν Δημήτριος καὶ οἱ
σὺν αὐτῷ τεχνῖται ἔχουσι πρός
τινα λόγον

20 15ᵖ τῇ δὲ ([VS]; —Bς) ἐχομένῃ ἤλ-
θομεν εἰς Μίλητον

20 24ᵐ* οὐδενὸς λόγου (-ον ς) ποιοῦμαι
| οὐδὲ ἔχω (+ς) τὴν ψυχὴν τιμίαν
ἐμαυτῷ

21 13ʲ ἐγὼ γὰρ ... ἀποθανεῖν εἰς 'Ιερου-
σαλὴμ ἑτοίμως ἔχω ὑπὲρ τοῦ ...
'Ιησοῦ

21 23 εἰσὶν ἡμῖν ἄνδρες τέσσαρες εὐχὴν
ἔχοντες ἐφ' (ἀφ' H) ἑαυτῶν

21 26ᵖ τῇ ἐχομένῃ ἡμέρᾳ σὺν αὐτοῖς
ἁγνισθεὶς εἰσῄει εἰς τὸ ἱερόν

23 17ᵈ ἔχει γὰρ | ἀπαγγεῖλαί τι (~ VTς)
αὐτῷ

23 18ᵈ ἠρώτησεν τοῦτον τὸν νεανίσκον
(νεανίαν Hς) ἀγαγεῖν πρὸς σέ,
ἔχοντά τι λαλῆσαί σοι

23 19ᵈ τί ἐστιν ὃ ἔχεις ἀπαγγεῖλαί μοι;

23 25 γράψας ἐπιστολὴν ἔχουσαν
(περι- ς) τὸν τύπον τοῦτον

23 29 ὃν εὗρον ἐγκαλούμενον ... μηδὲν
δὲ ἄξιον θανάτου ἢ δεσμῶν
ἔχοντα ἔγκλημα

24 9ʰ συνεπέθεντο δὲ καὶ οἱ 'Ιουδαῖοι φά-
σκοντες ταῦτα οὕτως ἔχειν

24 15 (οὕτως λατρεύω τῷ πατρῴῳ
θεῷ) ἐλπίδα ἔχων εἰς (πρὸς T)
τὸν θεόν

24 16 ἐν τούτῳ καὶ αὐτὸς ἀσκῶ ἀπρόσ-
κοπον συνείδησιν ἔχειν πρὸς τὸν
θεόν

24 19ˡ οὓς ἔδει ... κατηγορεῖν εἴ τι ἔχοιεν
πρὸς ἐμέ (με Sς)

24 23 διαταξάμενος τῷ ἑκατοντάρχῃ
τηρεῖσθαι αὐτὸν ἔχειν τε ἄνεσιν

24 25ᵠ τὸ νῦν ἔχον πορεύου

25 16 πρὶν ἢ ὁ κατηγορούμενος κατὰ
πρόσωπον ἔχοι τοὺς κατηγόρους

25 19ˡ ζητήματα δέ τινα περὶ τῆς ἰδίας
δεισιδαιμονίας εἶχον πρὸς αὐτόν

25 26ᵈ περὶ οὗ ἀσφαλές τι γράψαι τῷ
κυρίῳ οὐκ ἔχω

25 26ᵈᵉ ὅπως τῆς ἀνακρίσεως γενομένης
σχῶ | τί γράψω (τι -ψαι ς)

27 39 κόλπον δέ τινα κατενόουν ἔχοντα
αἰγιαλόν

28 9 καὶ [H] οἱ λοιποὶ οἱ ἐν τῇ νήσῳ
ἔχοντες ἀσθενείας προσήρχοντο
καὶ ἐθεραπεύοντο

28 19ᵈ ἠναγκάσθην ἐπικαλέσασθαι Καί-
σαρα, οὐχ ὡς τοῦ ἔθνους μου ἔχων
τι κατηγορεῖν (-ρῆσαι Sς)

28 29ᵏ* | ἀπῆλθον οἱ 'Ιουδαῖοι πολλὴν
ἔχοντες ἐν ἑαυτοῖς συζήτησιν
(.. +ς)

Rm 1 13 ἵνα τινὰ καρπὸν σχῶ καὶ ἐν ὑμῖν

1 28 καθὼς οὐκ ἐδοκίμασαν τὸν θεὸν
ἔχειν ἐν ἐπιγνώσει

2 14 ὅταν γὰρ ἔθνη τὰ μὴ νόμον ἔχοντα
φύσει τὰ τοῦ νόμου ποιῶσιν, ↔

2 14 οὗτοι νόμον μὴ ἔχοντες ἑαυτοῖς
εἰσιν νόμος

2 20 (πέποιθάς τε σεαυτὸν ὁδηγὸν
εἶναι τυφλῶν) διδάσκαλον νηπίων,

ἔχοντα τὴν μόρφωσιν τῆς γνώσε-
ως

Rm 4 2 εἰ γὰρ Ἀβραὰμ ἐξ ἔργων ἐδικαιώ-
θη, ἔχει καύχημα

5 1 δικαιωθέντες οὖν ἐκ πίστεως εἰρή-
νην ἔχομεν (-χωμεν MVBSTH)
πρὸς τὸν θεὸν διὰ . . . Ἰησοῦ
Χριστοῦ, ↔

5 2 δι' οὗ καὶ τὴν προσαγωγὴν ἐσχή-
καμεν | τῇ πίστει [N²⁶NH] εἰς τὴν
χάριν ταύτην

6 21 τίνα οὖν καρπὸν εἴχετε τότε;

6 22 νυνὶ δὲ ἐλευθερωθέντες ἀπὸ τῆς
ἁμαρτίας . . . ἔχετε τὸν καρπὸν
ὑμῶν εἰς ἁγιασμόν

8 9 εἰ δέ τις πνεῦμα Χριστοῦ οὐκ
ἔχει, οὗτος οὐκ ἔστιν αὐτοῦ

8 23 καὶ αὐτοὶ τὴν ἀπαρχὴν τοῦ
πνεύματος ἔχοντες . . . ἐν ἑαυτοῖς
στενάζομεν

9 10 Ῥεβέκκα ἐξ ἑνὸς κοίτην ἔχουσα,
Ἰσαὰκ τοῦ πατρὸς ἡμῶν

9 21ᵃ ἢ οὐκ ἔχει ἐξουσίαν ὁ κεραμεὺς τοῦ
πηλοῦ . . . ποιῆσαι ⟨;⟩

10 2 μαρτυρῶ γὰρ αὐτοῖς ὅτι ζῆλον
θεοῦ ἔχουσιν, ἀλλ' οὐ κατ' ἐπί-
γνωσιν

12 4 καθάπερ γὰρ ἐν ἑνὶ σώματι πολλὰ
μέλη ἔχομεν, ↔

12 4 τὰ δὲ μέλη πάντα οὐ τὴν αὐτὴν
ἔχει πρᾶξιν

12 6 ἔχοντες δὲ χαρίσματα κατὰ τὴν
χάριν τὴν δοθεῖσαν ἡμῖν διάφορα

13 3 τὸ ἀγαθὸν ποίει, καὶ ἕξεις ἔπαινον
ἐξ αὐτῆς

14 22 σὺ πίστιν ἣν ([N²⁶S]; —ς) ἔχεις ↔

14 22 κατὰ σεαυτὸν ἔχε ἐνώπιον τοῦ θεοῦ

15 4 ἵνα διὰ τῆς ὑπομονῆς . . . τὴν
ἐλπίδα ἔχωμεν

15 17 ἔχω οὖν τὴν ([N²⁶H]; —VSς)
καύχησιν ἐν Χριστῷ Ἰησοῦ τὰ
πρὸς τὸν θεόν

15 23 νυνὶ δὲ μηκέτι τόπον ἔχων ἐν
τοῖς κλίμασι τούτοις, ↔

15 23 ἐπιποθίαν δὲ ἔχων τοῦ ἐλθεῖν πρὸς
ὑμᾶς ἀπὸ πολλῶν (ἱκανῶν NMV
SH) ἐτῶν

1 C 2 16 ἡμεῖς δὲ νοῦν Χριστοῦ ἔχομεν

4 7 τί δὲ ἔχεις ὃ οὐκ ἔλαβες;

4 15 ἐὰν γὰρ μυρίους παιδαγωγοὺς
ἔχητε ἐν Χριστῷ

5 1 ὥστε γυναῖκά τινα τοῦ πατρὸς
ἔχειν

6 1ⁱ τολμᾷ τις ὑμῶν πρᾶγμα ἔχων
πρὸς τὸν ἕτερον κρίνεσθαι ἐπὶ
τῶν ἀδίκων ⟨;⟩

6 4 βιωτικὰ μὲν οὖν κριτήρια ἐὰν
ἔχητε . . . τούτους καθίζετε;

6 7ᵏ ὅτι κρίματα ἔχετε μεθ' ἑαυτῶν

6 19 τὸ σῶμα ὑμῶν ναὸς τοῦ ἐν ὑμῖν
ἁγίου πνεύματός ἐστιν, οὗ ἔχετε
ἀπὸ θεοῦ

7 2 διὰ δὲ τὰς πορνείας ἕκαστος τὴν
ἑαυτοῦ γυναῖκα ἐχέτω, ↔

7 2 καὶ ἑκάστη τὸν ἴδιον ἄνδρα ἐχέτω

7 7 ἀλλὰ ἕκαστος ἴδιον ἔχει χάρισμα
ἐκ θεοῦ

7 12 εἴ τις ἀδελφὸς γυναῖκα ἔχει ἄπιστον

7 13 γυνὴ | εἴ τις (ἥτις NMVSHς)
ἔχει ἄνδρα ἄπιστον

7 25 περὶ δὲ τῶν παρθένων ἐπιταγὴν
κυρίου οὐκ ἔχω

7 28 θλῖψιν δὲ τῇ σαρκὶ ἕξουσιν οἱ
τοιοῦτοι

7 29 ἵνα καὶ οἱ ἔχοντες γυναῖκας ↔

1 C 7 29 ὡς μὴ ἔχοντες ὦσιν

7 37ᶜ ὃς δὲ ἕστηκεν ἐν τῇ καρδίᾳ αὐτοῦ
ἑδραῖος, μὴ ἔχων ἀνάγκην, ↔

7 37ᵃ ἐξουσίαν δὲ ἔχει περὶ τοῦ ἰδίου
θελήματος

7 40 δοκῶ δὲ (γὰρ H) κἀγὼ πνεῦμα
θεοῦ ἔχειν. ↔

8 1 περὶ δὲ τῶν εἰδωλοθύτων, οἴδαμεν
ὅτι πάντες γνῶσιν ἔχομεν

8 10 ἐὰν γάρ τις ἴδῃ σε [H] τὸν
ἔχοντα γνῶσιν ἐν εἰδωλείῳ κατα-
κείμενον

9 4ᵃ μὴ οὐκ ἔχομεν ἐξουσίαν φαγεῖν καὶ
πεῖν; ↔

9 5ᵃ μὴ οὐκ ἔχομεν ἐξουσίαν ἀδελφὴν
γυναῖκα περιάγειν ⟨;⟩

9 6ᵃ ἢ μόνος ἐγὼ καὶ Βαρναβᾶς οὐκ
ἔχομεν ἐξουσίαν μὴ ἐργάζεσθαι;

9 17 εἰ γὰρ ἑκὼν τοῦτο πράσσω, μισθὸν
ἔχω

11 4 πᾶς ἀνὴρ προσευχόμενος ἢ προφη-
τεύων κατὰ κεφαλῆς ἔχων κατ-
αισχύνει τὴν κεφαλὴν αὐτοῦ

11 10ᵃ ὀφείλει ἡ γυνὴ ἐξουσίαν ἔχειν ἐπὶ
τῆς κεφαλῆς διὰ τοὺς ἀγγέλους

11 16 ἡμεῖς τοιαύτην συνήθειαν οὐκ
ἔχομεν

11 22 μὴ γὰρ οἰκίας οὐκ ἔχετε εἰς τὸ
ἐσθίειν καὶ πίνειν; ↔

11 22 ἢ τῆς ἐκκλησίας τοῦ θεοῦ κατα-
φρονεῖτε, καὶ καταισχύνετε τοὺς
μὴ ἔχοντας;

12 12 καθάπερ γὰρ τὸ σῶμα ἕν ἐστιν καὶ
μέλη πολλὰ ἔχει

12 21ᵇ οὐ δύναται δὲ [H] ὁ ὀφθαλμὸς
εἰπεῖν τῇ χειρί· χρείαν σου οὐκ
ἔχω, ↔

12 21ᵇ ἢ πάλιν ἡ κεφαλὴ τοῖς ποσίν·
χρείαν ὑμῶν οὐκ ἔχω

12 23 τὰ ἀσχήμονα ἡμῶν εὐσχημοσύνην
περισσοτέραν ἔχει, ↔

12 24ᵇ τὰ δὲ εὐσχήμονα ἡμῶν οὐ χρείαν
ἔχει

12 30 μὴ πάντες χαρίσματα ἔχουσιν
ἰαμάτων;

13 1 ἐὰν ταῖς γλώσσαις τῶν ἀνθρώπων
λαλῶ καὶ τῶν ἀγγέλων, ἀγάπην
δὲ μὴ ἔχω

13 2 καὶ ἐὰν ἔχω προφητείαν καὶ εἰδῶ
. . . πᾶσαν τὴν γνῶσιν, ↔

13 2 καὶ ἐὰν ἔχω πᾶσαν τὴν πίστιν
ὥστε ὄρη μεθιστάναι (-ειν Hς), ↔

13 2 ἀγάπην δὲ μὴ ἔχω, οὐθέν εἰμι. ↔

13 3 κἂν ψωμίσω πάντα τὰ ὑπάρχοντά
μου . . . ἀγάπην δὲ μὴ ἔχω, οὐδὲν
ὠφελοῦμαι

14 26 ὅταν συνέρχησθε, ἕκαστος ψαλμὸν
ἔχει, ↔

14 26 διδαχὴν ἔχει, ↔

14 26 ἀποκάλυψιν ἔχει, ↔

14 26 γλῶσσαν ἔχει, ↔

14 26 ἑρμηνείαν ἔχει

15 31 νὴ τὴν ὑμετέραν καύχησιν, ἀδελ-
φοί ([N²⁶]; —ς), ἣν ἔχω ἐν Χριστῷ
Ἰησοῦ

15 34 ἀγνωσίαν γὰρ θεοῦ τινες ἔχουσιν

2 C 1 9ᵏ αὐτοὶ ἐν ἑαυτοῖς τὸ ἀπόκριμα τοῦ
θανάτου ἐσχήκαμεν

1 15 ἵνα δευτέραν χάριν (χαρὰν SH)
σχῆτε (ἔχητε ς)

2 3 ἵνα μὴ ἐλθὼν λύπην σχῶ (ἔχω ς)
ἀφ' ὧν ἔδει με χαίρειν

2 4 τὴν ἀγάπην ἵνα γνῶτε ἣν ἔχω
περισσοτέρως εἰς ὑμᾶς

2 C 2 13 οὐκ ἔσχηκα ἄνεσιν τῷ πνεύματί
μου τῷ μὴ εὑρεῖν με Τίτον

3 4 πεποίθησιν δὲ τοιαύτην ἔχομεν
διὰ τοῦ Χριστοῦ πρὸς τὸν θεόν

3 12 ἔχοντες οὖν τοιαύτην ἐλπίδα πολ-
λῇ παρρησίᾳ χρώμεθα

4 1 διὰ τοῦτο, ἔχοντες τὴν διακονίαν
ταύτην . . . οὐκ ἐγκακοῦμεν

4 7 ἔχομεν δὲ τὸν θησαυρὸν τοῦτον
ἐν ὀστρακίνοις σκεύεσιν

4 13 ἔχοντες δὲ τὸ αὐτὸ πνεῦμα τῆς
πίστεως

5 1 οἰκοδομὴν ἐκ θεοῦ ἔχομεν, οἰκίαν
ἀχειροποίητον

5 12 ἵνα ἔχητε πρὸς τοὺς ἐν προσώπῳ
καυχωμένους

6 10 ὡς μηδὲν ἔχοντες καὶ πάντα κατ-
έχοντες

7 1 ταύτας οὖν ἔχοντες τὰς ἐπαγγε-
λίας, ἀγαπητοί, καθαρίσωμεν
ἑαυτούς

7 5 οὐδεμίαν ἔσχηκεν ἄνεσιν ἡ σὰρξ
ἡμῶν

8 11 ὅπως καθάπερ ἡ προθυμία τοῦ
θέλειν, οὕτως καὶ τὸ ἐπιτελέσαι ἐκ
τοῦ ἔχειν. ↔

8 12 εἰ γὰρ ἡ προθυμία πρόκειται,
καθὸ ἐὰν (ἂν T) ἔχῃ εὐπρόσδε-
κτος, ↔

8 12 οὐ καθὸ οὐκ ἔχει

9 8 ἵνα . . . πᾶσαν αὐτάρκειαν ἔχοντες
περισσεύητε εἰς πᾶν ἔργον ἀγαθόν

10 6ᵈ ἐν ἑτοίμῳ ἔχοντες ἐκδικῆσαι πᾶσαν
παρακοήν

10 15 ἐλπίδα δὲ ἔχοντες αὐξανομένης
τῆς πίστεως ὑμῶν ἐν ὑμῖν μεγα-
λυνθῆναι

12 14ᵈ ἰδοὺ τρίτον τοῦτο ([S]; —ς)
ἑτοίμως ἔχω ἐλθεῖν πρὸς ὑμᾶς

G 2 4 οἵτινες παρεισῆλθον κατασκο-
πῆσαι τὴν ἐλευθερίαν ἡμῶν ἣν
ἔχομεν ἐν Χριστῷ Ἰησοῦ

4 22 γέγραπται γὰρ ὅτι Ἀβραὰμ δύο
υἱοὺς ἔσχεν

4 27 ὅτι πολλὰ τὰ τέκνα τῆς ἐρήμου
μᾶλλον ἢ τῆς ἐχούσης τὸν ἄνδρα

6 4 τότε εἰς ἑαυτὸν μόνον τὸ καύχημα
ἕξει καὶ οὐκ εἰς τὸν ἕτερον

6 10 ἄρα οὖν ὡς καιρὸν ἔχομεν (ἔχωμεν
MVTH), ἐργαζώμεθα τὸ ἀγαθὸν
πρὸς πάντας

E 1 7 ἐν ᾧ ἔχομεν τὴν ἀπολύτρωσιν
διὰ τοῦ αἵματος αὐτοῦ

2 12 ἦτε τῷ καιρῷ ἐκείνῳ . . . ἐλπίδα
μὴ ἔχοντες καὶ ἄθεοι ἐν τῷ κόσμῳ

2 18 ὅτι δι' αὐτοῦ ἔχομεν τὴν προσ-
αγωγὴν οἱ ἀμφότεροι ἐν ἑνὶ πνεύ-
ματι πρὸς τὸν πατέρα

3 12 ἐν ᾧ ἔχομεν τὴν παρρησίαν καὶ
προσαγωγὴν ἐν πεποιθήσει διὰ
τῆς πίστεως αὐτοῦ

4 28ᵈ ὁ κλέπτων . . . κοπιάτω ἐργαζό-
μενος . . . ἵνα ἔχῃ μεταδιδόναι ↔

4 28ᵇ τῷ χρείαν ἔχοντι

5 5 πᾶς πόρνος . . . οὐκ ἔχει κληρονο-
μίαν ἐν τῇ βασιλείᾳ τοῦ Χριστοῦ

5 27 τὴν ἐκκλησίαν, μὴ ἔχουσαν σπίλον
ἢ ῥυτίδα ἤ τι τῶν τοιούτων

Ph 1 7 διὰ τὸ ἔχειν με ἐν τῇ καρδίᾳ ὑμᾶς
. . . συγκοινωνούς μου τῆς χάριτος
πάντας ὑμᾶς ὄντας

1 23 συνέχομαι δὲ ἐκ τῶν δύο, τὴν
ἐπιθυμίαν ἔχων εἰς τὸ ἀναλῦσαι

1 30 τὸν αὐτὸν ἀγῶνα ἔχοντες οἷον
εἴδετε ἐν ἐμοί

Ph 2 2 ἵνα τὸ αὐτὸ φρονῆτε, τὴν αὐτὴν ἀγάπην ἔχοντες

2 20 οὐδένα γὰρ ἔχω ἰσόψυχον, ὅστις γνησίως τὰ περὶ ὑμῶν μεριμνήσει

2 27 ὁ θεὸς ἠλέησεν . . . ἐμέ, ἵνα μὴ λύπην ἐπὶ λύπην σχῶ

2 29ᵐτοὺς τοιούτους ἐντίμους ἔχετε

3 4 καίπερ ἐγὼ ἔχων πεποίθησιν καὶ ἐν σαρκί

3 9 ⟨ἵνα⟩ εὑρεθῶ ἐν αὐτῷ, μὴ ἔχων ἐμὴν δικαιοσύνην τὴν ἐκ νόμου

3 17ᵐσκοπεῖτε τοὺς οὕτω περιπατοῦν- τας καθὼς ἔχετε τύπον ἡμᾶς

Cl 1 4 ἀκούσαντες . . . τὴν ἀγάπην | ἣν ἔχετε ([Η]; τὴν ς) εἰς πάντας τοὺς ἁγίους

1 14 ἐν ᾧ ἔχομεν τὴν ἀπολύτρωσιν, τὴν ἄφεσιν τῶν ἁμαρτιῶν

2 1 θέλω γὰρ ὑμᾶς εἰδέναι ἡλίκον ἀγῶνα ἔχω ὑπὲρ ὑμῶν

2 23 ἅτινά ἐστιν λόγον μὲν ἔχοντα σοφίας ἐν ἐθελοθρησκίᾳ

3 13ˡ ἀνεχόμενοι ἀλλήλων . . . ἐάν τις πρός τινα ἔχῃ μομφήν

4 1 εἰδότες ὅτι καὶ ὑμεῖς ἔχετε κύριον ἐν οὐρανῷ

4 13 μαρτυρῶ γὰρ αὐτῷ ὅτι ἔχει | πο- λὺν πόνον (ζῆλον π. ς) ὑπὲρ ὑμῶν

1 Th 1 8ᵇὥστε μὴ χρείαν ἔχειν ἡμᾶς λαλεῖν τι· ↔

1 9 αὐτοὶ γὰρ περὶ ἡμῶν ἀπαγγέλ- λουσιν ὁποίαν εἴσοδον ἔσχομεν (ἔχ. ς) πρὸς ὑμᾶς

3 6 εὐαγγελισαμένου ἡμῖν . . . ὅτι ἔχετε μνείαν ἡμῶν ἀγαθὴν πάντοτε

4 9ᵇπερὶ δὲ τῆς φιλαδελφίας οὐ χρείαν ἔχετε γράφειν ὑμῖν

4 12ᵇἵνα περιπατῆτε εὐσχημόνως . . . καὶ μηδενὸς χρείαν ἔχητε

4 13 ἵνα μὴ λυπῆσθε καθὼς καὶ οἱ λοιποὶ οἱ μὴ ἔχοντες ἐλπίδα

5 1ᵇπερὶ δὲ τῶν χρόνων . . . οὐ χρείαν ἔχετε ὑμῖν γράφεσθαι

5 3ʳ ὥσπερ ἡ ὠδὶν τῇ ἐν γαστρὶ ἐχού- σῃ

2 Th 3 9ᵃοὐχ ὅτι οὐκ ἔχομεν ἐξουσίαν

1 Tm 1 12 χάριν ἔχω τῷ ἐνδυναμώσαντί με Χριστῷ Ἰησοῦ

1 19 ⟨ἵνα στρατεύῃ . . . τὴν καλὴν στρατείαν⟩ ἔχων πίστιν καὶ ἀγα- θὴν συνείδησιν

3 4 ⟨δεῖ οὖν τὸν ἐπίσκοπον ἀνεπίλημ- πτον εἶναι⟩ προϊστάμενον, τέκνα ἔχοντα ἐν ὑποταγῇ

3 7 δεῖ δὲ καὶ μαρτυρίαν καλὴν ἔχειν ἀπὸ τῶν ἔξωθεν

3 9 ⟨διακόνους ὡσαύτως⟩ ἔχοντας τὸ μυστήριον τῆς πίστεως ἐν καθαρᾷ συνειδήσει

4 8 ἡ δὲ εὐσέβεια πρὸς πάντα ὠφέλιμός ἐστιν, ἐπαγγελίαν ἔχουσα ζωῆς τῆς νῦν καὶ τῆς μελλούσης

5 4 εἰ δέ τις χήρα τέκνα ἢ ἔκγονα ἔχει

5 12 ⟨γαμεῖν θέλουσιν⟩ ἔχουσαι κρίμα ὅτι τὴν πρώτην πίστιν ἠθέτησαν

5 16 εἴ τις πιστὴ ἔχει χήρας, ἐπαρκείτω (-είσθω ΒΤ) αὐταῖς

5 20 ἵνα καὶ οἱ λοιποὶ φόβον ἔχωσιν

5 25ʲ ὡσαύτως καὶ τὰ ἔργα τὰ καλὰ πρόδηλα, καὶ τὰ ἄλλως ἔχοντα κρυβῆναι οὐ δύνανται (-ται Vς)

6 2 οἱ δὲ πιστοὺς ἔχοντες δεσπότας μὴ καταφρονείτωσαν

6 8 ἔχοντες δὲ διατροφὰς καὶ σκεπά- σματα, τούτοις ἀρκεσθησόμεθα

1 Tm 6 16 ⟨ὁ βασιλεὺς τῶν βασιλευόντων⟩ ὁ μόνος ἔχων ἀθανασίαν

2 Tm 1 3 χάριν ἔχω τῷ θεῷ, ᾧ λατρεύω . . . ἐν καθαρᾷ συνειδήσει, ↔

1 3 ὡς ἀδιάλειπτον ἔχω τὴν περὶ σοῦ μνείαν ἐν ταῖς δεήσεσίν μου

1 13 ὑποτύπωσιν ἔχε ὑγιαινόντων λόγων

2 17 ὁ λόγος αὐτῶν ὡς γάγγραινα νομὴν ἕξει

2 19 ὁ μέντοι στερεὸς θεμέλιος τοῦ θεοῦ ἕστηκεν, ἔχων τὴν σφραγῖδα ταύ- την

3 5 ⟨ἔσονται γὰρ οἱ ἄνθρωποι⟩ ἔχον- τες μόρφωσιν εὐσεβείας τὴν δὲ δύναμιν αὐτῆς ἠρνημένοι

Tt 1 6 εἴ τίς ἐστιν ἀνέγκλητος . . . τέκνα ἔχων πιστά, μὴ . . . ἀνυπότακτα

2 8ᵈἵνα ὁ ἐξ ἐναντίας ἐντραπῇ μηδὲν ἔχων λέγειν περὶ ἡμῶν φαῦλον

Phm 5 ἀκούων σου . . . τὴν πίστιν ἣν ἔχεις πρὸς (εἰς Η) τὸν κύριον Ἰησοῦν

7 χαρὰν γὰρ πολλὴν ἔσχον (ἔχομεν ς) καὶ παράκλησιν ἐπὶ τῇ ἀγάπῃ σου

8 πολλὴν ἐν Χριστῷ παρρησίαν ἔχων ἐπιτάσσειν σοι τὸ ἀνῆκον

17ᵐεἰ οὖν με ἔχεις κοινωνόν, προσλα- βοῦ αὐτὸν ὡς ἐμέ

Hb 2 14 ἵνα διὰ τοῦ θανάτου καταργήσῃ τὸν τὸ κράτος ἔχοντα τοῦ θανάτου

3 3 καθ᾽ ὅσον πλείονα τιμὴν ἔχει τοῦ οἴκου ὁ κατασκευάσας αὐτόν

4 14ᵐἔχοντες οὖν ἀρχιερέα μέγαν . . . Ἰησοῦν τὸν υἱὸν τοῦ θεοῦ

4 15 οὐ γὰρ ἔχομεν ἀρχιερέα μὴ δυνά- μενον συμπαθῆσαι ταῖς ἀσθενείαις ἡμῶν

5 12ᵇπάλιν χρείαν ἔχετε τοῦ διδάσκειν ὑμᾶς τινά (τίνα VSTς) τὰ στοιχεῖα τῆς ἀρχῆς τῶν λογίων τοῦ θεοῦ, ↔

5 12ᵇκαὶ γεγόνατε χρείαν ἔχοντες γάλα- κτος

5 14ᵐτελείων δέ ἐστιν ἡ στερεὰ τροφή, τῶν . . . τὰ αἰσθητήρια γεγυμνα- σμένα ἐχόντων πρὸς διάκρισιν κα- λοῦ τε καὶ κακοῦ

6 9ᵖπεπείσμεθα δὲ περὶ ὑμῶν, ἀγαπη- τοί, τὰ κρείσσονα καὶ ἐχόμενα σωτηρίας

6 13ᵈἐπεὶ κατ᾽ οὐδενὸς εἶχεν μείζονος ὀμόσαι

6 18 ἵνα . . . ἰσχυρὰν παράκλησιν ἔχω- μεν οἱ καταφυγόντες κρατῆσαι τῆς προκειμένης ἐλπίδος· ↔

6 19ⁿἣν ὡς ἄγκυραν ἔχομεν τῆς ψυχῆς ἀσφαλῆ τε καὶ βεβαίαν

7 3 ⟨οὗτος γὰρ ὁ Μελχισέδεκ⟩ μήτε ἀρχὴν ἡμερῶν μήτε ζωῆς τέλος ἔχων . . . μένει ἱερεὺς εἰς τὸ διηνεκές

7 5 οἱ μὲν ἐκ τῶν υἱῶν Λευὶ . . . ἐντο- λὴν ἔχουσιν ἀποδεκατοῦν τὸν λαὸν κατὰ τὸν νόμον

7 6 ὁ δὲ μὴ γενεαλογούμενος . . . τὸν ἔχοντα τὰς ἐπαγγελίας εὐλόγηκεν

7 24ᵐὁ δὲ . . . ἀπαράβατον ἔχει τὴν ἱερωσύνην

7 27ᶜὃς οὐκ ἔχει καθ᾽ ἡμέραν ἀνάγκην . . . ὑπὲρ τῶν ἰδίων ἁμαρτιῶν θυσίας ἀναφέρειν

7 28 ὁ νόμος γὰρ ἀνθρώπους καθίστη- σιν ἀρχιερεῖς ἔχοντας ἀσθένειαν

8 1ᵐτοιοῦτον ἔχομεν ἀρχιερέα, ὃς ἐκά- θισεν ἐν δεξιᾷ τοῦ θρόνου

Hb 8 3ᵉὅθεν ἀναγκαῖον ἔχειν τι καὶ τοῦτον ὃ προσενέγκῃ

9 1 εἶχε μὲν οὖν καὶ [Ν²⁶Η] ἡ πρώτη (+σκηνὴ ς) δικαιώματα λατρείας

9 4ᵐ⟨σκηνὴ⟩ χρυσοῦν ἔχουσα θυμιατή- ριον καὶ τὴν κιβωτὸν τῆς διαθήκης περικεκαλυμμένην πάντοθεν χρυ- σίῳ, ↔

9 4 ἐν ᾗ στάμνος χρυσῆ ἔχουσα τὸ μάννα

9 8 μήπω πεφανερῶσθαι τὴν τῶν ἁγίων ὁδὸν ἔτι τῆς πρώτης σκη- νῆς ἐχούσης στάσιν

10 1 σκιὰν γὰρ ἔχων ὁ νόμος τῶν μελλόντων ἀγαθῶν

10 2 διὰ τὸ μηδεμίαν ἔχειν ἔτι συνείδη- σιν ἁμαρτιῶν τοὺς λατρεύοντας

10 19 ἔχοντες οὖν, ἀδελφοί, παρρησίαν εἰς τὴν εἴσοδον τῶν ἁγίων

10 34ᵏγινώσκοντες ἔχειν ἑαυτοὺς (ἐν ἑ-οῖς ς) κρείττονα ὕπαρξιν καὶ μένουσαν. ↔

10 35 μὴ ἀποβάλητε οὖν τὴν παρρησίαν ὑμῶν, ἥτις ἔχει μεγάλην μισθαπο- δοσίαν. ↔

10 36ᵇὑπομονῆς γὰρ ἔχετε χρείαν

11 10 ἐξεδέχετο γὰρ τὴν τοὺς θεμελίους ἔχουσαν πόλιν

11 15 εἰ μὲν ἐκείνης ἐμνημόνευον (μνη- μονεύουσιν ST) ἀφ᾽ ἧς ἐξέβησαν, εἶχον ἂν καιρὸν ἀνακάμψαι

11 25 ⟨Μωϋσῆς⟩ μᾶλλον ἑλόμενος συγ- κακουχεῖσθαι . . . ἢ πρόσκαιρον ἔχειν ἁμαρτίας ἀπόλαυσιν

12 1 τοσοῦτον ἔχοντες περικείμενον ἡμῖν νέφος μαρτύρων . . . τρέχω- μεν τὸν . . . ἀγῶνα

12 9ᵐεἶτα τοὺς μὲν τῆς σαρκὸς ἡμῶν πατέρας εἴχομεν παιδευτὰς καὶ ἐνετρεπόμεθα

12 28 διὸ βασιλείαν ἀσάλευτον παρα- λαμβάνοντες ἔχωμεν (-χομεν S) χάριν

13 10 ἔχομεν θυσιαστήριον ↔

13 10ᵃᵈἐξ οὗ φαγεῖν οὐκ ἔχουσιν ἐξουσίαν [Η] οἱ τῇ σκηνῇ λατρεύοντες

13 14 οὐ γὰρ ἔχομεν ὧδε μένουσαν πό- λιν, ἀλλὰ τὴν μέλλουσαν ἐπιζη- τοῦμεν

13 18 πειθόμεθα γὰρ ὅτι καλὴν συνείδη- σιν ἔχομεν, ἐν πᾶσιν καλῶς θέλον- τες ἀναστρέφεσθαι

Jc 1 4 ἡ δὲ ὑπομονὴ ἔργον τέλειον ἐχέτω

2 1 μὴ ἐν προσωπολημψίαις ἔχετε τὴν πίστιν τοῦ κυρίου ἡμῶν

2 14 τί τὸ (—Η) ὄφελος . . . ἐὰν πίστιν λέγῃ τις ἔχειν ↔

2 14 ἔργα δὲ μὴ ἔχῃ

2 17 οὕτως καὶ ἡ πίστις, ἐὰν μὴ ἔχῃ ἔργα, νεκρά ἐστιν καθ᾽ ἑαυτήν

2 18 σὺ πίστιν ἔχεις, ↔

2 18 κἀγὼ ἔργα ἔχω

3 14 εἰ δὲ ζῆλον πικρὸν ἔχετε καὶ ἐρι- θείαν ἐν τῇ καρδίᾳ ὑμῶν

4 2 ἐπιθυμεῖτε, καὶ οὐκ ἔχετε

4 2 μάχεσθε καὶ πολεμεῖτε. (+καὶ ΒΤ) οὐκ ἔχετε (+δὲ ς) διὰ τὸ μὴ αἰτεῖσθαι ὑμᾶς

1 Pt 2 12ᵐτὴν ἀναστροφὴν ὑμῶν ἐν τοῖς ἔθνεσιν ἔχοντες καλήν

2 16ⁿμὴ ὡς ἐπικάλυμμα ἔχοντες τῆς κακίας τὴν ἐλευθερίαν

3 16 μετὰ πραΰτητος καὶ φόβου, συνεί- δησιν ἔχοντες ἀγαθήν

1 Pt 4 5ᵈʲοἳ ἀποδώσουσιν λόγον τῷ ἑτοί-
μως | ἔχοντι κρῖναι (κρίνοντι H)
ζῶντας καὶ νεκρούς

4 8ᵐ⟨νήψατε⟩ πρὸ πάντων τὴν εἰς
ἑαυτοὺς ἀγάπην ἐκτενῆ ἔχοντες

2 Pt 1 15ᵈσπουδάσω δὲ καὶ ἑκάστοτε ἔχειν
ὑμᾶς . . . τὴν τούτων μνήμην
ποιεῖσθαι

1 19ᵐκαὶ ἔχομεν βεβαιότερον τὸν προ-
φητικὸν λόγον

2 14 ⟨οὗτοι⟩ ὀφθαλμοὺς ἔχοντες μεστοὺς
μοιχαλίδος . . . δελεάζοντες ψυχὰς
ἀστηρίκτους, ↔

2 14 καρδίαν γεγυμνασμένην πλεονε-
ξίας ἔχοντες

2 16 ⟨τοῦ Βαλαὰμ τοῦ Βοσόρ⟩ ἔλεγξιν
δὲ ἔσχεν ἰδίας παρανομίας

1 Jo 1 3 ἵνα καὶ ὑμεῖς κοινωνίαν ἔχητε μεθ᾽
ἡμῶν

1 6 ἐὰν εἴπωμεν ὅτι κοινωνίαν ἔχομεν
μετ᾽ αὐτοῦ

1 7 ἐὰν δὲ ἐν τῷ φωτὶ περιπατῶμεν . . .
κοινωνίαν ἔχομεν μετ᾽ ἀλλήλων

1 8 ἐὰν εἴπωμεν ὅτι ἁμαρτίαν οὐκ
ἔχομεν

2 1 ἐάν τις ἁμάρτῃ, παράκλητον
ἔχομεν πρὸς τὸν πατέρα

2 7 γράφω . . . ἐντολὴν παλαιὰν ἣν
εἴχετε ἀπ᾽ ἀρχῆς

2 20 καὶ ὑμεῖς χρῖσμα ἔχετε ἀπὸ τοῦ
ἁγίου

2 23 πᾶς ὁ ἀρνούμενος τὸν υἱὸν οὐδὲ
τὸν πατέρα ἔχει· ↔

2 23 | ὁ ὁμολογῶν τὸν υἱὸν καὶ τὸν
πατέρα ἔχει (—ς)

2 27ᵇοὐ χρείαν ἔχετε ἵνα τις διδάσκῃ ὑμᾶς

2 28 ἵνα ἐὰν φανερωθῇ σχῶμεν (ἔχω-
μεν ς) παρρησίαν

3 3 πᾶς ὁ ἔχων τὴν ἐλπίδα ταύτην ἐπ᾽
αὐτῷ ἁγνίζει ἑαυτόν

3 15 πᾶς ἀνθρωποκτόνος οὐκ ἔχει
ζωὴν αἰώνιον ἐν αὐτῷ (ἑαυ. MVST)
μένουσαν

3 17 ὃς δ᾽ ἂν ἔχῃ τὸν βίον τοῦ κόσμου ↔

3 17ᵇκαὶ θεωρῇ τὸν ἀδελφὸν αὐτοῦ
χρείαν ἔχοντα

3 21 ἐὰν ἡ καρδία ἡμῶν (+ [N²⁶]Tς)
μὴ καταγινώσκῃ (+ ἡμῶν Tς),
παρρησίαν ἔχομεν πρὸς τὸν θεόν

4 16 ἐγνώκαμεν . . . τὴν ἀγάπην ἣν
ἔχει ὁ θεὸς ἐν ἡμῖν

4 17 ἵνα παρρησίαν ἔχωμεν ἐν τῇ
ἡμέρᾳ τῆς κρίσεως

4 18 ὅτι ὁ φόβος κόλασιν ἔχει

4 21 ταύτην τὴν ἐντολὴν ἔχομεν ἀπ᾽
αὐτοῦ

5 10ᵏὁ πιστεύων εἰς τὸν υἱὸν τοῦ θεοῦ
ἔχει τὴν μαρτυρίαν ἐν ἑαυτῷ
(N²⁶Hς; αὐ. rl)

5 12 ὁ ἔχων τὸν υἱὸν ↔

5 12 ἔχει τὴν ζωήν· ↔

5 12 ὁ μὴ ἔχων τὸν υἱὸν τοῦ θεοῦ ↔

5 12 τὴν ζωὴν οὐκ ἔχει

5 13 ἵνα εἰδῆτε ὅτι ζωὴν ἔχετε αἰώνιον

5 14 αὕτη ἐστὶν ἡ παρρησία ἣν ἔχομεν
πρὸς αὐτόν

5 15 οἴδαμεν ὅτι ἔχομεν τὰ αἰτήματα
ἃ ᾐτήκαμεν ἀπ᾽ (παρ᾽ VSς) αὐτοῦ

2 Jo 5 ἐντολήν . . . ἣν εἴχομεν ἀπ᾽ ἀρχῆς

9 πᾶς ὁ μὴ μένων ἐν τῇ διδαχῇ
τοῦ Χριστοῦ θεὸν οὐκ ἔχει·

9 ὁ μένων ἐν τῇ διδαχῇ, οὗτος καὶ
τὸν πατέρα καὶ τὸν υἱὸν ἔχει

12ᵈπολλὰ ἔχων ὑμῖν γράφειν οὐκ
ἐβουλήθην διὰ χάρτου

3 Jo 4 μειζοτέραν τούτων οὐκ ἔχω χαράν
(χάριν H)

13ᵈπολλὰ εἶχον γράψαι σοι

Jd 3ᶜπᾶσαν σπουδὴν ποιούμενος γρά-
φειν ὑμῖν περὶ τῆς . . . σωτηρίας,
ἀνάγκην ἔσχον γράψαι ὑμῖν παρα-
καλῶν

19 οὗτοί εἰσιν οἱ ἀποδιορίζοντες,
ψυχικοί, πνεῦμα μὴ ἔχοντες

Ap 1 16 ἔχων ἐν τῇ δεξιᾷ χειρὶ αὐτοῦ
ἀστέρας ἑπτά

1 18 ἔχω τὰς κλεῖς τοῦ θανάτου καὶ τοῦ
ᾅδου

2 3 καὶ ὑπομονὴν ἔχεις, καὶ ἐβάστασας
διὰ τὸ ὄνομά μου

2 4¹ ἀλλὰ ἔχω κατὰ σοῦ ὅτι τὴν ἀγά-
πην σου τὴν πρώτην ἀφῆκες (-κας
NMVBSς)

2 6 ἀλλὰ τοῦτο ἔχεις, ὅτι μισεῖς τὰ
ἔργα τῶν Νικολαϊτῶν

2 7 ὁ ἔχων οὖς ἀκουσάτω τί τὸ
πνεῦμα λέγει

2 10 ἵνα πειρασθῆτε, καὶ ἕξετε (ἔχητε H)
θλῖψιν ἡμερῶν δέκα

2 11 ὁ ἔχων οὖς ἀκουσάτω τί τὸ πνεῦμα
λέγει

2 12 τάδε λέγει ὁ ἔχων τὴν ῥομφαίαν
τὴν δίστομον τὴν ὀξεῖαν

2 14¹ ἀλλ᾽ ἔχω κατὰ σοῦ ὀλίγα, ↔

2 14¹ ὅτι ἔχεις ἐκεῖ κρατοῦντας τὴν
διδαχὴν Βαλαάμ

2 15 οὕτως ἔχεις καὶ σὺ κρατοῦντας
τὴν διδαχὴν τῶν ([N²⁶]; —H)
Νικολαϊτῶν ὁμοίως

2 17 ὁ ἔχων οὖς ἀκουσάτω τί τὸ πνεῦμα
λέγει

2 18ⁿτάδε λέγει . . . ὁ ἔχων τοὺς ὀ-
φθαλμοὺς αὐτοῦ [NH] ὡς φλόγα
(φλὸξ T) πυρός

2 20¹ ἀλλὰ ἔχω κατὰ σοῦ ὅτι ἀφεῖς τὴν
γυναῖκα (+σου B) ᾽Ιεζάβελ

2 24 ὅσοι οὐκ ἔχουσιν τὴν διδαχὴν
ταύτην

2 25 πλὴν ὃ ἔχετε κρατήσατε

2 29 ὁ ἔχων οὖς ἀκουσάτω τί τὸ πνεῦμα
λέγει

3 1 τάδε λέγει ὁ ἔχων τὰ ἑπτὰ πνεύ-
ματα τοῦ θεοῦ καὶ τοὺς ἑπτὰ
ἀστέρας

3 1 ὅτι ὄνομα ἔχεις ὅτι ζῇς

3 4 ἀλλὰ | ἔχεις ὀλίγα (~ T) ὀνόματα
ἐν Σάρδεσιν

3 6 ὁ ἔχων οὖς ἀκουσάτω τί τὸ
πνεῦμα λέγει

3 7 τάδε λέγει ὁ ἅγιος . . . ὁ ἔχων τὴν
κλεῖν (+ τοῦ VBSTς) Δαυίδ

3 8 ὅτι μικρὰν ἔχεις δύναμιν

3 11 κράτει ὃ ἔχεις

3 13 ὁ ἔχων οὖς ἀκουσάτω τί τὸ πνεῦμα
λέγει

3 17ᵇπεπλούτηκα καὶ οὐδὲν (οὐδενὸς
VBS) χρείαν ἔχω

3 22 ὁ ἔχων οὖς ἀκουσάτω τί τὸ
πνεῦμα λέγει

4 4 * καὶ ἔσχον (+ς) ἐπὶ τὰς κεφαλὰς
αὐτῶν στεφάνους χρυσοῦς

4 7 τὸ τρίτον ζῷον ἔχων (ἔχον VBS)
τὸ πρόσωπον ὡς ἀνθρώπου

4 8 τὰ τέσσαρα ζῷα, ἓν καθ᾽ ἓν
αὐτῶν ἔχων (ἔχον VBS; εἶχον ς)
ἀνὰ πτέρυγας ἕξ

4 8 ἀνάπαυσιν οὐκ ἔχουσιν ἡμέρας καὶ
νυκτὸς λέγοντες

5 6 εἶδον . . . ἀρνίον . . . ἔχων (ἔχον BSς)
κέρατα ἑπτὰ καὶ ὀφθαλμοὺς ἑπτά

Ap 5 8 ἔπεσαν ἐνώπιον τοῦ ἀρνίου, ἔχον-
τες ἕκαστος κιθάραν καὶ φιάλας
χρυσᾶς

6 2 ὁ καθήμενος ἐπ᾽ αὐτὸν ἔχων τόξον

6 5 ὁ καθήμενος ἐπ᾽ αὐτὸν ἔχων ζυγὸν
ἐν τῇ χειρὶ αὐτοῦ

6 9 εἶδον . . . τὰς ψυχὰς τῶν ἐσφαγ-
μένων . . . διὰ τὴν μαρτυρίαν ἣν
εἶχον

7 2 εἶδον ἄλλον ἄγγελον . . . ἔχοντα
σφραγῖδα θεοῦ ζῶντος

8 3 ἄλλος ἄγγελος ἦλθεν καὶ ἐστάθη
ἐπὶ | τοῦ θυσιαστηρίου (τὸ -ριον
Bς) ἔχων λιβανωτὸν χρυσοῦν

8 6 οἱ ἑπτὰ ἄγγελοι οἱ ἔχοντες τὰς
ἑπτὰ σάλπιγγας ἡτοίμασαν αὐ-
τούς (N²⁶T; ἑαυ. rl)

8 9 ἀπέθανεν τὸ τρίτον τῶν κτισμά-
των . . . τὰ ἔχοντα ψυχάς

9 3ᵃἐδόθη αὐταῖς (-τοῖς NT) ἐξουσία
ὡς ἔχουσιν ἐξουσίαν οἱ σκορπίοι
τῆς γῆς

9 4 οἵτινες οὐκ ἔχουσιν τὴν σφραγῖδα
τοῦ θεοῦ ἐπὶ τῶν μετώπων

9 8 εἶχον τρίχας ὡς τρίχας γυναικῶν

9 9 εἶχον θώρακας ὡς θώρακας σιδη-
ροῦς

9 10 ἔχουσιν οὐρὰς ὁμοίας σκορπίοις
καὶ κέντρα

9 11ᵐἔχουσιν ἐπ᾽ αὐτῶν βασιλέα τὸν
ἄγγελον τῆς ἀβύσσου

9 11 ἐν τῇ Ἑλληνικῇ ὄνομα ἔχει ᾽Απολ-
λύων

9 14 ⟨ἤκουσα⟩ λέγοντα τῷ ἕκτῳ ἀγ-
γέλῳ, | ὁ ἔχων (ὃς εἶχε ς) τὴν
σάλπιγγα

9 17 εἶδον . . . τοὺς καθημένους ἐπ᾽
αὐτῶν, ἔχοντας θώρακας πυρίνους

9 19 αἱ γὰρ οὐραὶ αὐτῶν ὅμοιαι
ὄφεσιν, ἔχουσαι κεφαλάς

10 2 ⟨εἶδον ἄλλον ἄγγελον⟩ καὶ ἔχων
(εἶχεν ς) ἐν τῇ χειρὶ αὐτοῦ βιβλαρί-
διον ἠνεωγμένον

11 6ᵃοὗτοι ἔχουσιν τὴν (—Tς) ἐξουσίαν
κλεῖσαι τὸν οὐρανόν

11 6ᵃἐξουσίαν ἔχουσιν ἐπὶ τῶν ὑδάτων
στρέφειν αὐτὰ εἰς αἷμα

12 2ᶠ⟨ὤφθη . . . γυνὴ⟩ ἐν γαστρὶ
ἔχουσα

12 3 ἰδοὺ δράκων | μέγας πυρρός
(~ MVST), ἔχων κεφαλὰς ἑπτὰ
καὶ κέρατα δέκα

12 6 ὅπου ἔχει ἐκεῖ τόπον ἡτοιμασμένον
ἀπὸ τοῦ θεοῦ

12 12 ὅτι κατέβη ὁ διάβολος πρὸς
ὑμᾶς ἔχων θυμὸν μέγαν, ↔

12 12 εἰδὼς ὅτι ὀλίγον καιρὸν ἔχει

12 17 ποιῆσαι πόλεμον μετὰ τῶν . . .
ἐχόντων τὴν μαρτυρίαν ᾽Ιησοῦ

13 1 εἶδον . . . θηρίον ἀναβαῖνον, ἔχον
κέρατα δέκα καὶ κεφαλὰς ἑπτά

13 9 εἴ τις ἔχει οὖς ἀκουσάτω

13 11 εἶδον ἄλλο θηρίον . . . καὶ εἶχεν
κέρατα δύο ὅμοια ἀρνίῳ

13 14 τῷ θηρίῳ, ὃς (ὃ Sς) ἔχει τὴν
πληγὴν τῆς μαχαίρης

13 17 ἵνα μή τις δύνηται . . . πωλῆσαι εἰ
μὴ ὁ ἔχων τὸ χάραγμα τὸ ὄνομα
τοῦ θηρίου

13 18 ὁ ἔχων νοῦν ψηφισάτω τὸν ἀριθ-
μὸν τοῦ θηρίου

14 1 μετ᾽ αὐτοῦ ἑκατὸν τεσσεράκοντα
τέσσαρες χιλιάδες ἔχουσαι τὸ
ὄνομα αὐτοῦ

Ap 14 6 εἶδον ἄλλον ἄγγελον . . . ἔχοντα
εὐαγγέλιον αἰώνιον εὐαγγελίσαι

14 11 οὐκ ἔχουσιν ἀνάπαυσιν . . . οἱ
προσκυνοῦντες τὸ θηρίον

14 14 υἱὸν ἀνθρώπου, ἔχων ἐπὶ | τῆς
κεφαλῆς (τὴν κ-λὴν T) αὐτοῦ
στέφανον χρυσοῦν

14 17 ἄλλος ἄγγελος ἐξῆλθεν . . . ἔχων
καὶ αὐτὸς δρέπανον ὀξύ. ↔

14 18ᵃ καὶ ἄλλος ἄγγελος ἐξῆλθεν [N²⁶H]
. . . ὁ (+[N²⁶NH]M) ἔχων ἐξουσί-
αν ἐπὶ τοῦ πυρός, ↔

14 18 καὶ ἐφώνησεν . . . τῷ ἔχοντι τὸ
δρέπανον τὸ ὀξὺ λέγων

15 1 εἶδον . . . ἀγγέλους ἑπτὰ ἔχοντας
πληγὰς ἑπτὰ τὰς ἐσχάτας

15 2 εἶδον . . . τοὺς νικῶντας ἐκ τοῦ
θηρίου . . . ἔχοντας κιθάρας τοῦ
θεοῦ

15 6 ἐξῆλθον οἱ ἑπτὰ ἄγγελοι οἱ
([N²⁶H]; —ς) ἔχοντες τὰς ἑπτὰ
πληγὰς ἐκ τοῦ ναοῦ

16 2 ἐγένετο ἕλκος . . . ἐπὶ τοὺς ἀνθρώ-
πους τοὺς ἔχοντας τὸ χάραγμα
τοῦ θηρίου

16 9ᵃ ἐβλασφήμησαν τὸ ὄνομα τοῦ θεοῦ
τοῦ ἔχοντος τὴν (—ς) ἐξουσίαν ἐπὶ
τὰς πληγὰς ταύτας

17 1 ἦλθεν εἷς ἐκ τῶν ἑπτὰ ἀγγέλων
τῶν ἐχόντων τὰς ἑπτὰ φιάλας

17 3 εἶδον γυναῖκα καθημένην ἐπὶ
θηρίον κόκκινον . . . ἔχων (N²⁶H;
ἔχοντα NT; ἔχον rl) κεφαλὰς ἑπτὰ
καὶ κέρατα δέκα. ↔

17 4 καὶ ἡ γυνὴ ἦν περιβεβλημένη . . .
ἔχουσα ποτήριον χρυσοῦν ἐν
τῇ χειρὶ αὐτῆς

17 7 | ἐρῶ σοι (~ STς) τὸ μυστήριον
. . . τοῦ θηρίου . . . τοῦ ἔχοντος
τὰς ἑπτὰ κεφαλὰς καὶ τὰ δέκα
κέρατα

17 9 ὧδε ὁ νοῦς ὁ ἔχων σοφίαν

17 13 οὗτοι μίαν γνώμην ἔχουσιν

17 18 ἡ γυνὴ . . . ἔστιν ἡ πόλις . . . ἡ
ἔχουσα βασιλείαν ἐπὶ τῶν βασι-
λέων τῆς γῆς

18 1ᵃ εἶδον ἄλλον ἄγγελον . . . ἔχοντα
ἐξουσίαν μεγάλην

18 19 οὐαί οὐαί, ἡ πόλις . . . ἐν ᾗ ἐπλού-
τησαν πάντες οἱ ἔχοντες τὰ
πλοῖα ἐν τῇ θαλάσσῃ

19 10 σύνδουλός σού εἰμι καὶ τῶν
ἀδελφῶν σου τῶν ἐχόντων τὴν
μαρτυρίαν Ἰησοῦ

19 12 ⟨ὁ καθήμενος ἐπ' αὐτὸν⟩ ἔχων
ὄνομα γεγραμμένον ὃ οὐδεὶς οἶδεν

19 16 ἔχει ἐπὶ τὸ ἱμάτιον . . . αὐτοῦ
ὄνομα γεγραμμένον

20 1 εἶδον ἄγγελον . . . ἔχοντα τὴν
κλεῖν τῆς ἀβύσσου

20 6 μακάριος . . . ὁ ἔχων μέρος ἐν τῇ
ἀναστάσει τῇ πρώτῃ · ↔

20 6ᵃ ἐπὶ τούτων ὁ δεύτερος θάνατος
οὐκ ἔχει ἐξουσίαν

21 9 ἦλθεν εἷς ἐκ τῶν ἑπτὰ ἀγγέλων
τῶν ἐχόντων τὰς ἑπτὰ φιάλας

21 11 ⟨τὴν πόλιν⟩ ἔχουσαν τὴν δόξαν
τοῦ θεοῦ

21 12 ἔχουσα (-σαν ς) τεῖχος μέγα καὶ
ὑψηλόν

21 12 ἔχουσα (-αν ς) πυλῶνας δώδεκα

21 14 τὸ τεῖχος τῆς πόλεως ἔχων (-ον
VBSς) θεμελίους δώδεκα

21 15 ὁ λαλῶν μετ' ἐμοῦ εἶχεν μέτρον
κάλαμον χρυσοῦν

Ap 21 23ᵇ ἡ πόλις οὐ χρείαν ἔχει τοῦ ἡλίου
οὐδὲ τῆς σελήνης

22 5ᵇ οὐκ ἔχουσιν χρείαν φωτός ([VS];
—ς) λύχνου

ἕως

ᵃ conj. seq. subj.

ᵇ conj. seq. ind.

ᶜ ἕως ἄν

ᵈ ἕως οὗ

ᵉ ἕως ὅτου

ᶠ ἕως τοῦ et inf.

ᵍ ἕως ἄρτι

ʰ ἕως πότε

ʲ ἕως c. praep.

ᵏ ἕως et ἀπό

Mt 1 17ᵏ πᾶσαι οὖν αἱ γενεαὶ ἀπὸ Ἀβραὰμ
ἕως Δαυὶδ γενεαὶ δεκατέσσαρες, ↔

1 17ᵏ καὶ ἀπὸ Δαυὶδ ἕως τῆς μετοικεσίας
Βαβυλῶνος γενεαὶ δεκατέσσαρες,
↔

1 17ᵏ καὶ ἀπὸ τῆς μετοικεσίας Βαβυλῶ-
νος ἕως τοῦ Χριστοῦ γενεαὶ δεκα-
τέσσαρες

1 25ᵇᵈ οὐκ ἐγίνωσκεν αὐτὴν ἕως οὗ
[NH] ἔτεκεν υἱόν (τὸν υἱὸν αὐτῆς
τὸν πρωτότοκον Vς)

2 9ᵇ ὁ ἀστήρ . . . προῆγεν αὐτούς, ἕως
ἐλθὼν ἐστάθη (ἔστη Vς) ἐπάνω οὗ
ἦν τὸ παιδίον

2 13ᶜ ἴσθι ἐκεῖ ἕως ἂν εἴπω σοι

2 15 ἦν ἐκεῖ ἕως τῆς τελευτῆς Ἡρῴδου

5 18ᶜ ἕως ἂν παρέλθῃ ὁ οὐρανὸς καὶ ἡ γῆ,
↔

5 18ᵃᶜ ἰῶτα ἓν . . . οὐ μὴ παρέλθῃ ἀπὸ
τοῦ νόμου, ἕως ἂν [H] πάντα
γένηται

5 25ᵉ ἴσθι εὐνοῶν τῷ ἀντιδίκῳ σου ταχὺ
ἕως ὅτου εἶ | μετ' αὐτοῦ ἐν τῇ ὁδῷ
(~ Vς)

5 26ᶜ οὐ μὴ ἐξέλθῃς ἐκεῖθεν ἕως ἂν ἀποδῷς
τὸν ἔσχατον κοδράντην

10 11ᶜ κἀκεῖ μείνατε ἕως ἂν ἐξέλθητε

10 23ᵃᶜ οὐ μὴ τελέσητε τὰς πόλεις . . .
ἕως ἂν (—NTH) ἔλθῃ ὁ υἱὸς τοῦ
ἀνθρώπου

11 12ᵍᵏ ἀπὸ δὲ τῶν ἡμερῶν Ἰωάννου τοῦ
βαπτιστοῦ ἕως ἄρτι ἡ βασιλεία
τῶν οὐρανῶν βιάζεται

11 13 πάντες γὰρ οἱ προφῆται καὶ ὁ νό-
μος ἕως Ἰωάννου ἐπροφήτευσαν

11 23 σύ, Καφαρναούμ, μὴ ἕως (+ τοῦ
Vς) οὐρανοῦ ὑψωθήσῃ; ↔

11 23 ἕως ᾅδου καταβήσῃ (-βιβασθήσῃ
VBSTς)

12 20ᶜ λίνον τυφόμενον οὐ σβέσει, ἕως ἂν
ἐκβάλῃ εἰς νῖκος τὴν κρίσιν

13 30 ἄφετε συναυξάνεσθαι ἀμφότερα ἕως
(μέχρι MVBSTς) τοῦ θερισμοῦ

13 33ᵈ ἐνέκρυψεν εἰς ἀλεύρου σάτα τρία,
ἕως οὗ ἐζυμώθη ὅλον

14 22ᵈ προάγειν αὐτὸν εἰς τὸ πέραν, ἕως
οὗ ἀπολύσῃ τοὺς ὄχλους

16 28ᶜ οἵτινες οὐ μὴ γεύσωνται θανάτου
ἕως ἂν ἴδωσιν τὸν υἱὸν τοῦ ἀνθρώ-
που ἐρχόμενον

17 9ᵈ μηδενὶ εἴπητε τὸ ὅραμα ἕως οὗ ὁ
υἱὸς τοῦ ἀνθρώπου ἐκ νεκρῶν
ἐγερθῇ (ἀναστῇ MVBSς)

17 17ʰ ὦ γενεὰ ἄπιστος καὶ διεστραμ-
μένη, ἕως πότε μεθ' ὑμῶν ἔσομαι;
↔

17 17ʰ ἕως πότε ἀνέξομαι ὑμῶν;

18 21 ποσάκις . . . ἀφήσω αὐτῷ; ἕως
ἑπτάκις;

18 22 οὐ λέγω σοι ἕως ἑπτάκις, ↔

Mt 18 22 ἀλλὰ ἕως ἑβδομηκοντάκις ἑπτά

18 30ᵃᵈ ἔβαλεν αὐτὸν εἰς φυλακὴν ἕως
(+οὗ MVBSς) ἀποδῷ τὸ ὀφειλό-
μενον

18 34ᵃᵈ παρέδωκεν αὐτὸν τοῖς βασανι-
σταῖς ἕως οὗ [H] ἀποδῷ πᾶν τὸ
ὀφειλόμενον (+ αὐτῷ NMVSTς)

20 8ᵏ ἀπόδος αὐτοῖς (—NTH) τὸν μι-
σθόν, ἀρξάμενος ἀπὸ τῶν ἐσχάτων
ἕως τῶν πρώτων

22 26 ⟨ἀφῆκεν τὴν γυναῖκα αὐτοῦ τῷ
ἀδελφῷ αὐτοῦ⟩ ὁμοίως καὶ ὁ
δεύτερος καὶ ὁ τρίτος, ἕως τῶν
ἑπτά

22 44ᶜ κάθου ἐκ δεξιῶν μου ἕως ἂν θῶ
τοὺς ἐχθρούς σου ὑποκάτω τῶν
ποδῶν σου

23 35ᵏ ὅπως ἔλθῃ ἐφ' ὑμᾶς πᾶν αἷμα
δίκαιον . . . ἀπὸ τοῦ αἵματος
Ἄβελ . . . ἕως τοῦ αἵματος Ζαχα-
ρίου

23 39ᶜᵏ οὐ μή με ἴδητε ἀπ' ἄρτι ἕως ἂν
εἴπητε

24 21ᵏ θλῖψις μεγάλη, οἵα | οὐ γέγονεν
(οὐκ ἐγένετο BT) ἀπ' ἀρχῆς
κόσμου ἕως τοῦ νῦν

24 27ᵏ ὥσπερ γὰρ ἡ ἀστραπὴ ἐξέρχεται
ἀπὸ ἀνατολῶν καὶ φαίνεται ἕως
δυσμῶν

24 31ᵏ ἐπισυνάξουσιν τοὺς ἐκλεκτοὺς αὐ-
τοῦ . . . ἀπ' ἄκρων οὐρανῶν ἕως
τῶν (+[N²⁶NH]BS) ἄκρων αὐτῶν

24 34ᵃᶜ οὐ μὴ παρέλθῃ ἡ γενεὰ αὕτη ἕως
ἂν [H] πάντα ταῦτα γένηται

24 39ᵇ οὐκ ἔγνωσαν ἕως ἦλθεν ὁ κατα-
κλυσμός

26 29ᵏ οὐ μὴ πίω ἀπ' ἄρτι . . . ἕως τῆς
ἡμέρας ἐκείνης

26 36ᵃᵈ καθίσατε αὐτοῦ ἕως οὗ [N²⁶H]
ἀπελθὼν ἐκεῖ προσεύξωμαι

26 38 περίλυπός ἐστιν ἡ ψυχή μου ἕως
θανάτου

26 58ᵏ ὁ δὲ Πέτρος ἠκολούθει αὐτῷ ἀπὸ
([NH]; —ST) μακρόθεν ἕως τῆς
αὐλῆς τοῦ ἀρχιερέως

27 8 διὸ ἐκλήθη ὁ ἀγρὸς ἐκεῖνος ἀγρὸς
αἵματος ἕως τῆς σήμερον

27 45ᵏ ἀπὸ δὲ ἕκτης ὥρας σκότος ἐγένετο
. . . ἕως ὥρας ἐνάτης

27 51ᵏ τὸ καταπέτασμα τοῦ ναοῦ ἐσχίσθη
|| ἀπ' ([NH]; —T) ἄνωθεν ἕως κά-
τω εἰς δύο ((~ Vς))

27 64 κέλευσον οὖν ἀσφαλισθῆναι τὸν
τάφον ἕως τῆς τρίτης ἡμέρας

28 20 ἰδοὺ ἐγὼ μεθ' ὑμῶν εἰμι πάσας τὰς
ἡμέρας ἕως τῆς συντελείας τοῦ
αἰῶνος

Mc 6 10ᶜ ἐκεῖ μένετε ἕως ἂν ἐξέλθητε ἐκεῖθεν

6 23 | ὅ τι (N²⁶; ὅτι rl) ὁ ([S]; —N²⁶H)
ἐάν με (—N) αἰτήσῃς δώσω σοι ἕως
ἡμίσους τῆς βασιλείας μου

6 45ᵃᵇ προάγειν . . . πρὸς Βηθσαϊδάν,
ἕως αὐτὸς ἀπολύει (-ύσῃ ς) τὸν
ὄχλον

9 1ᶜ οἵτινες οὐ μὴ γεύσωνται θανάτου
ἕως ἂν ἴδωσιν τὴν βασιλείαν τοῦ
θεοῦ ἐληλυθυῖαν

9 19ʰ ὦ γενεὰ ἄπιστος, ἕως πότε πρὸς
ὑμᾶς ἔσομαι; ↔

9 19ʰ ἕως πότε ἀνέξομαι ὑμῶν;

12 36ᶜ κάθου ἐκ δεξιῶν μου ἕως ἂν θῶ τοὺς
ἐχθρούς σου ὑποκάτω (ὑποπόδιον
MVSTς) τῶν ποδῶν σου

13 19ᵏ θλῖψις, οἵα οὐ γέγονεν τοιαύτη
ἀπ' ἀρχῆς κτίσεως . . . ἕως τοῦ νῦν

Mc 13 27^k ἐπισυνάξει τοὺς ἐκλεκτοὺς αὐτοῦ ([N^26NH]; —BST) ... ἀπ' ἄκρου γῆς ἕως ἄκρου οὐρανοῦ

14 25 οὐκέτι οὐ μὴ πίω ἐκ τοῦ γενήματος τῆς ἀμπέλου ἕως τῆς ἡμέρας ἐκείνης

14 32^a καθίσατε ὧδε ἕως προσεύξωμαι

14 34 περίλυπός ἐστιν ἡ ψυχή μου ἕως θανάτου

14 54^jk ὁ Πέτρος ἀπὸ μακρόθεν ἠκολούθησεν αὐτῷ ἕως ἔσω εἰς τὴν αὐλὴν τοῦ ἀρχιερέως

15 33 γενομένης ὥρας ἕκτης σκότος ἐγένετο ... ἕως ὥρας ἐνάτης

15 38^k τὸ καταπέτασμα τοῦ ναοῦ ἐσχίσθη εἰς δύο ἀπ' ἄνωθεν ἕως κάτω

Lc 1 55 *(μνησθῆναι ἐλέους) τῷ Ἀβραὰμ καὶ τῷ σπέρματι αὐτοῦ | ἕως αἰῶνος (S; εἰς τὸν αἰῶνα rl)

1 80 ἦν ἐν ταῖς ἐρήμοις ἕως ἡμέρας ἀναδείξεως αὐτοῦ πρὸς τὸν Ἰσραήλ

2 15 διέλθωμεν δὴ ἕως Βηθλέεμ

2 37 καὶ αὐτὴ χήρα ἕως (—S; ὡς ς) ἐτῶν ὀγδοήκοντα τεσσάρων, ἣ οὐκ ἀφίστατο τοῦ ἱεροῦ

4 29 ἐξέβαλον αὐτὸν ἔξω τῆς πόλεως, καὶ ἤγαγον αὐτὸν ἕως ὀφρύος τοῦ ὄρους

4 42 οἱ ὄχλοι ἐπεζήτουν αὐτόν, καὶ ἦλθον ἕως αὐτοῦ

9 27^c οἳ οὐ μὴ γεύσωνται θανάτου ἕως ἂν ἴδωσιν τὴν βασιλείαν τοῦ θεοῦ

9 41^h ὦ γενεὰ ... διεστραμμένη, ἕως πότε ἔσομαι πρὸς ὑμᾶς ⟨;⟩

10 15 σύ, Καφαρναύμ, μὴ ἕως (+ τοῦ Vς) οὐρανοῦ ὑψωθήσῃ; ↔

10 15 ἕως τοῦ (—BTς) ᾅδου καταβήσῃ (N^26NH; -βιβασθήσῃ rl)

11 51^k ⟨ἵνα ἐκζητηθῇ τὸ αἷμα πάντων τῶν προφητῶν⟩ ἀπὸ αἵματος Ἄβελ ἕως αἵματος Ζαχαρίου

12 50de πῶς συνέχομαι ἕως ὅτου (οὗ ς) τελεσθῇ

12 59^ad οὐ μὴ ἐξέλθῃς ἐκεῖθεν ἕως (+οὗ ς) καὶ τὸ ἔσχατον λεπτὸν ἀποδῷς

13 8^e ἄφες αὐτὴν ... ἕως ὅτου σκάψω περὶ αὐτήν

13 21^d ἐνέκρυψεν ([ἐν]- N^26; ἔκρ. NMTH) εἰς ἀλεύρου σάτα τρία, ἕως οὗ ἐζυμώθη ὅλον

13 35^bc οὐ μὴ | ἴδητέ με (~Vς) ἕως (+ἂν Vς) || ἥξει (-ῃ ς) ὅτε ([N^26M]; —H) εἴπητε

15 4^ad τίς ἄνθρωπος ... οὐ ... πορεύεται ἐπὶ τὸ ἀπολωλὸς ἕως (+ οὗ [V]S) εὕρῃ αὐτό;

15 8de τίς γυνὴ ... οὐχὶ ... ζητεῖ ἐπιμελῶς ἕως οὗ (ὅτου Tς) εὕρῃ

16 16 * ὁ νόμος καὶ οἱ προφῆται ἕως (ς; μέχρι rl) Ἰωάννου

17 8^a διακόνει μοι ἕως φάγω καὶ πίω

19 13^b *εἶπεν πρὸς αὐτούς· πραγματεύσασθε (-σθαι Η) ἕως (ς; ἐν ᾧ rl) ἔρχομαι

20 43^c κάθου ἐκ δεξιῶν μου ἕως ἂν θῶ τοὺς ἐχθρούς σου ὑποπόδιον τῶν ποδῶν

21 32^ac οὐ μὴ παρέλθῃ ἡ γενεὰ αὕτη ἕως ἂν [H] πάντα γένηται

22 16^e (+ οὐκέτι NMVTς) οὐ μὴ φάγω αὐτὸ ἕως ὅτου πληρωθῇ ἐν τῇ βασιλείᾳ τοῦ θεοῦ

22 18^dek οὐ μὴ πίω | ἀπὸ τοῦ νῦν (—ς) ... ἕως οὗ (ὅτου Tς) ἡ βασιλεία τοῦ θεοῦ ἔλθῃ

Lc 22 34^a οὐ φωνήσει σήμερον ἀλέκτωρ ἕως (πρὶν ἢ ς) τρίς || με ἀπαρνήσῃ (+ μὴ NMVTς) εἰδέναι ((~ Tς))

22 51 ἐᾶτε ἕως τούτου

23 5^k διδάσκων καθ' ὅλης τῆς Ἰουδαίας, καὶ ἀρξάμενος ἀπὸ τῆς Γαλιλαίας ἕως ὧδε

23 44 | καὶ ἦν (ἦν δὲ Vς) ἤδη ([S]; —Vς) ὡσεὶ ὥρα ἕκτη καὶ σκότος ἐγένετο ... ἕως ὥρας ἐνάτης

24 49^j ὑμεῖς δὲ καθίσατε ... ἕως οὗ ἐνδύσησθε (-σεσθε M) | ἐξ ὕψους δύναμιν (~ Vς). ↔

24 50^j ἐξήγαγεν δὲ αὐτοὺς ἔξω (+ [N^26] Vς) ἕως (—V) πρὸς (εἰς Vς) Βηθανίαν

Jo 2 7 ἐγέμισαν αὐτὰς ἕως ἄνω

2 10^g σὺ τετήρηκας τὸν καλὸν οἶνον ἕως ἄρτι

5 17^g ὁ πατήρ μου ἕως ἄρτι ἐργάζεται

[8 9]^k *ἐξήρχοντο ... ἀρξάμενοι ἀπὸ τῶν πρεσβυτέρων | ἕως τῶν ἐσχάτων (+ M[S]ς)

9 4^b ἡμᾶς (ἐμὲ Vς) δεῖ ἐργάζεσθαι τὰ ἔργα τοῦ πέμψαντός με (ἡμᾶς T) ἕως ἡμέρα ἐστίν

9 18^e οὐκ ἐπίστευσαν ... ἕως ὅτου ἐφώνησαν τοὺς γονεῖς αὐτοῦ

10 24^h ἕως πότε τὴν ψυχὴν ἡμῶν αἴρεις;

12 35^b *περιπατεῖτε ἕως (ς; ὡς rl) τὸ φῶς ἔχετε

12 36^b *ἕως (ς; ὡς rl) τὸ φῶς ἔχετε, πιστεύετε εἰς τὸ φῶς

13 38^d οὐ μὴ ἀλέκτωρ φωνήσῃ ἕως οὗ ἀρνήσῃ με τρίς

16 24^g ἕως ἄρτι οὐκ ᾐτήσατε οὐδὲν ἐν τῷ ὀνόματί μου

21 22^b ἐὰν αὐτὸν θέλω μένειν ἕως ἔρχομαι, τί πρὸς σέ;

21 23^b ἐὰν αὐτὸν θέλω μένειν ἕως ἔρχομαι, | τί πρὸς σέ ([N^26]; —ST);

Ac 1 8 ἔσεσθέ μου μάρτυρες ἔν τε Ἰερουσαλήμ ... καὶ ἕως ἐσχάτου τῆς γῆς

1 22^k ἀρξάμενος ἀπὸ τοῦ βαπτίσματος Ἰωάννου ἕως (ἄχρι T) τῆς ἡμέρας ἧς ἀνελήμφθη ἀφ' ἡμῶν

2 35^c ⟨κάθου ἐκ δεξιῶν μου⟩ ἕως ἂν θῶ τοὺς ἐχθρούς σου ὑποπόδιον τῶν ποδῶν σου

7 45 ὧν ἐξῶσεν ὁ θεὸς ἀπὸ προσώπου τῶν πατέρων ἡμῶν, ἕως τῶν ἡμερῶν Δαυίδ

8 10^k ᾧ προσεῖχον πάντες ἀπὸ μικροῦ ἕως μεγάλου λέγοντες

8 40^f Φίλιππος ... εὐηγγελίζετο τὰς πόλεις πάσας ἕως τοῦ ἐλθεῖν αὐτὸν εἰς Καισάρειαν

9 38 μὴ ὀκνήσῃς διελθεῖν ἕως ἡμῶν (αὐτῶν ς)

11 19 οἱ μὲν οὖν διασπαρέντες ἀπὸ τῆς θλίψεως ... διῆλθον ἕως Φοινίκης καὶ Κύπρου καὶ Ἀντιοχείας

11 22 ἐξαπέστειλαν Βαρναβᾶν διελθεῖν (+ [N^26S]ς) ἕως Ἀντιοχείας

13 20 μετὰ ταῦτα ἔδωκεν κριτὰς ἕως Σαμουὴλ τοῦ (+[N^26S]Vς) προφήτου

13 47 τοῦ εἶναί σε εἰς σωτηρίαν ἕως ἐσχάτου τῆς γῆς

17 14^j τὸν Παῦλον ἐξαπέστειλαν οἱ ἀδελφοὶ πορεύεσθαι ἕως (ὡς ς) ἐπὶ τὴν θάλασσαν

17 15 οἱ δὲ καθιστάνοντες (-τῶντες Sς) τὸν Παῦλον ἤγαγον ἕως Ἀθηνῶν

21 5^j ἐπορευόμεθα προπεμπόντων ἡμᾶς πάντων ... ἕως ἔξω τῆς πόλεως

Ac 21 26^d ἕως οὗ προσηνέχθη ὑπὲρ ἑνὸς ἑκάστου αὐτῶν ἡ προσφορά

23 12^d μήτε φαγεῖν μήτε πιεῖν ἕως οὗ ἀποκτείνωσιν τὸν Παῦλον

23 14^d ἀνεθεματίσαμεν ἑαυτοὺς μηδενὸς γεύσασθαι ἕως οὗ ἀποκτείνωμεν τὸν Παῦλον

23 21^d ἀνεθεμάτισαν ἑαυτοὺς μήτε φαγεῖν μήτε πιεῖν ἕως οὗ ἀνέλωσιν αὐτόν

23 23 ὅπως πορευθῶσιν ἕως Καισαρείας

25 21^d ἐκέλευσα τηρεῖσθαι αὐτὸν ἕως οὗ ἀναπέμψω αὐτὸν πρὸς Καίσαρα

26 11^d ἐμμαινόμενος αὐτοῖς ἐδίωκον ἕως καὶ εἰς τὰς ἔξω πόλεις

28 23^k οἷς ἐξετίθετο διαμαρτυρόμενος ... πείθων τε αὐτοὺς περὶ τοῦ Ἰησοῦ ... ἀπὸ πρωῒ ἕως ἑσπέρας

Rm 3 12 οὐκ ἔστιν ὁ (—VSHς) ποιῶν χρηστότητα, | οὐκ ἔστιν ([N^26]; —M) ἕως ἑνός

11 8 ἔδωκεν αὐτοῖς ὁ θεὸς πνεῦμα κατανύξεως ... ἕως τῆς σήμερον ἡμέρας

1 C 1 8 ὃς καὶ βεβαιώσει ὑμᾶς ἕως τέλους ἀνεγκλήτους ἐν τῇ ἡμέρᾳ τοῦ κυρίου ἡμῶν

4 5^c ὥστε μὴ πρὸ καιροῦ τι κρίνετε, ἕως ἂν ἔλθῃ ὁ κύριος

4 13^g ὡς περικαθάρματα τοῦ κόσμου ἐγενήθημεν, πάντων περίψημα ἕως ἄρτι

8 7^g τινὲς δὲ τῇ συνηθείᾳ | ἕως ἄρτι τοῦ εἰδώλου (~ς) ὡς εἰδωλόθυτον ἐσθίουσιν

15 6^g ἐξ ὧν οἱ πλείονες μένουσιν ἕως ἄρτι

16 8 ἐπιμενῶ (-μένω H) δὲ ἐν Ἐφέσῳ ἕως τῆς πεντηκοστῆς

2 C 1 13^k ἐλπίζω δὲ ὅτι καὶ (+ς) ἕως τέλους ἐπιγνώσεσθε (καθὼς καὶ ἐπέγνωτε ἡμᾶς ἀπὸ μέρους)

3 15 ἀλλ' ἕως σήμερον ἡνίκα ἂν ἀναγινώσκηται Μωϋσῆς κάλυμμα ... κεῖται

12 2 οἶδα ἄνθρωπον ἐν Χριστῷ ... ἁρπαγέντα τὸν τοιοῦτον ἕως τρίτου οὐρανοῦ

2 Th 2 7^a μόνον ὁ κατέχων ἄρτι ἕως ἐκ μέσου γένηται

1 Tm 4 13^b ἕως ἔρχομαι πρόσεχε τῇ ἀναγνώσει

Hb 1 13^c κάθου ἐκ δεξιῶν μου ἕως ἂν θῶ τοὺς ἐχθρούς σου ὑποπόδιον τῶν ποδῶν σου

8 11^k ὅτι πάντες εἰδήσουσίν με ἀπὸ μικροῦ ἕως μεγάλου αὐτῶν

10 13^a τὸ λοιπὸν ἐκδεχόμενος ἕως τεθῶσιν οἱ ἐχθροὶ αὐτοῦ ὑποπόδιον τῶν ποδῶν αὐτοῦ

Jc 5 7 μακροθυμήσατε οὖν, ἀδελφοί, ἕως τῆς παρουσίας τοῦ κυρίου. ↔

5 7^ac ἰδοὺ ὁ γεωργὸς ἐκδέχεται τὸν τίμιον καρπὸν ... μακροθυμῶν ἐπ' αὐτῷ ἕως (+ ἂν ς) λάβῃ (+ ὑετὸν [MS]Vς) πρόϊμον

2 Pt 1 19^d προσέχοντες ὡς λύχνῳ φαίνοντι ἐν αὐχμηρῷ τόπῳ, ἕως οὗ ἡμέρα διαυγάσῃ

1 Jo 2 9^g ὁ ... τὸν ἀδελφὸν αὐτοῦ μισῶν ἐν τῇ σκοτίᾳ ἐστὶν ἕως ἄρτι

Ap 6 10^h ἕως πότε, ὁ δεσπότης ὁ ἅγιος ... οὐ κρίνεις καὶ ἐκδικεῖς τὸ αἷμα ἡμῶν ⟨;⟩

6 11^ad ἕως (+ οὗ ς) πληρωθῶσιν (πληρώσωσιν BST; πληρώσονται ς) καὶ οἱ σύνδουλοι αὐτῶν

20 5^a *οὐκ ἔζησαν ἕως (ς; ἄχρι rl) τελεσθῇ τὰ χίλια ἔτη

Z

Ζαβουλών

Mt 4 13 ἐλθὼν κατῴκησεν εἰς Καφαρναοὺμ ... ἐν ὁρίοις Ζαβουλὼν καὶ Νεφθαλίμ

4 15 γῆ Ζαβουλὼν καὶ γῆ Νεφθαλίμ, ὁδὸν θαλάσσης

Ap 7 8 ⟨ἤκουσα τὸν ἀριθμὸν τῶν ἐσφραγισμένων⟩ ἐκ φυλῆς Ζαβουλὼν δώδεκα χιλιάδες

Ζακχαῖος

Lc 19 2 καὶ ἰδοὺ ἀνὴρ ὀνόματι καλούμενος Ζακχαῖος, καὶ αὐτὸς ἦν ἀρχιτελώνης

19 5 Ζακχαῖε, σπεύσας κατάβηθι

19 8 σταθεὶς δὲ Ζακχαῖος εἶπεν πρὸς τὸν κύριον

Ζάρα

Ζαρά MVBSTHϛ

Mt 1 3 Ἰούδας δὲ ἐγέννησεν τὸν Φάρες καὶ τὸν Ζάρα ἐκ τῆς Θαμάρ

Ζαχαρίας

a pater Joh. Baptistae
b filius Barachiae

Mt 23 35[b]ὅπως ἔλθῃ ἐφ' ὑμᾶς πᾶν αἷμα δίκαιον ... ἀπὸ τοῦ αἵματος Ἄβελ τοῦ δικαίου ἕως τοῦ αἵματος Ζαχαρίου υἱοῦ Βαραχίου

Lc 1 5[a]ἐγένετο ἐν ταῖς ἡμέραις Ἡρῴδου ... ἱερεύς τις ὀνόματι Ζαχαρίας ἐξ ἐφημερίας Ἀβιά

1 12[a]ἐταράχθη Ζαχαρίας ἰδών

1 13[a]μὴ φοβοῦ, Ζαχαρία, διότι εἰσηκούσθη ἡ δέησίς σου

1 18[a]εἶπεν Ζαχαρίας πρὸς τὸν ἄγγελον

1 21[a]ἦν ὁ λαὸς προσδοκῶν τὸν Ζαχαρίαν

1 40[a]εἰσῆλθεν εἰς τὸν οἶκον Ζαχαρίου καὶ ἠσπάσατο τὴν Ἐλισάβετ

1 59[a]ἐκάλουν αὐτὸ ἐπὶ τῷ ὀνόματι τοῦ πατρὸς αὐτοῦ Ζαχαρίαν

1 67[a]Ζαχαρίας ὁ πατὴρ αὐτοῦ ἐπλήσθη πνεύματος ἁγίου

3 2[a]ἐγένετο ῥῆμα θεοῦ ἐπὶ Ἰωάννην τὸν (+ τοῦ ϛ) Ζαχαρίου υἱὸν ἐν τῇ ἐρήμῳ

11 51[b]⟨ἵνα ἐκζητηθῇ τὸ αἷμα πάντων τῶν προφητῶν⟩ ἀπὸ αἵματος Ἄβελ ἕως αἵματος Ζαχαρίου

ζάω

→ ζῶ

ζβέννυμι

→ σβέννυμι

Ζεβεδαῖος

a ὁ, οἱ τοῦ Ζ.

Mt 4 21[a]εἶδεν ... Ἰάκωβον τὸν τοῦ Ζεβεδαίου καὶ Ἰωάννην τὸν ἀδελφὸν αὐτοῦ, ↔

4 21 ἐν τῷ πλοίῳ μετὰ Ζεβεδαίου τοῦ πατρὸς αὐτῶν

10 2[a]Ἰάκωβος ὁ τοῦ Ζεβεδαίου καὶ Ἰωάννης ὁ ἀδελφὸς αὐτοῦ

20 20 προσῆλθεν αὐτῷ ἡ μήτηρ τῶν υἱῶν Ζεβεδαίου μετὰ τῶν υἱῶν αὐτῆς

26 37 παραλαβὼν τὸν Πέτρον καὶ τοὺς δύο υἱοὺς Ζεβεδαίου

Mt 27 56 ⟨γυναῖκες⟩ ἐν αἷς ἦν ... καὶ ἡ μήτηρ τῶν υἱῶν Ζεβεδαίου

Mc 1 19[a]εἶδεν Ἰάκωβον τὸν τοῦ Ζεβεδαίου καὶ Ἰωάννην τὸν ἀδελφὸν αὐτοῦ

1 20 ἀφέντες τὸν πατέρα αὐτῶν Ζεβεδαῖον ἐν τῷ πλοίῳ ... ἀπῆλθον ὀπίσω αὐτοῦ

3 17[a]Ἰάκωβον τὸν τοῦ Ζεβεδαίου καὶ Ἰωάννην τὸν ἀδελφὸν τοῦ Ἰακώβου

10 35 προσπορεύονται αὐτῷ Ἰάκωβος καὶ Ἰωάννης οἱ [+ δύο NH] υἱοὶ Ζεβεδαίου

Lc 5 10 ⟨θάμβος γὰρ περιέσχεν αὐτὸν⟩ ὁμοίως δὲ καὶ Ἰάκωβον καὶ Ἰωάννην υἱοὺς Ζεβεδαίου

Jo 21 2[a]ἦσαν ὁμοῦ Σίμων Πέτρος ... καὶ οἱ τοῦ Ζεβεδαίου

ζεστός

Ap 3 15 οἶδά σου τὰ ἔργα, ὅτι οὔτε ψυχρὸς εἶ οὔτε ζεστός. ↔

3 15 ὄφελον ψυχρὸς ἦς ἢ ζεστός. ↔

3 16 οὕτως ὅτι χλιαρὸς εἶ, καὶ οὔτε ζεστὸς οὔτε ψυχρός, μέλλω σε ἐμέσαι

ζεῦγος

Lc 2 24 τοῦ δοῦναι θυσίαν κατὰ τὸ εἰρημένον ἐν τῷ νόμῳ κυρίου, ζεῦγος τρυγόνων ἢ δύο νοσσοὺς περιστερῶν

14 19 ζεύγη βοῶν ἠγόρασα πέντε, καὶ πορεύομαι δοκιμάσαι αὐτά

ζευκτηρία

Ac 27 40 ἅμα ἀνέντες τὰς ζευκτηρίας τῶν πηδαλίων ... κατεῖχον εἰς τὸν αἰγιαλόν

Ζεύς

Ac 14 12 ἐκάλουν τε τὸν Βαρναβᾶν Δία, τὸν δὲ Παῦλον Ἑρμῆν

14 13 ὅ τε ἱερεὺς τοῦ Διὸς τοῦ ὄντος πρὸ τῆς πόλεως ... ἤθελεν θύειν

ζέω

Ac 18 25 ζέων τῷ πνεύματι ἐλάλει ... τὰ περὶ τοῦ Ἰησοῦ

Rm 12 11 τῇ σπουδῇ μὴ ὀκνηροί, τῷ πνεύματι ζέοντες

ζηλεύω

Ap 3 19 ζήλευε (ζήλωσον ϛ) οὖν καὶ μετανόησον

ζῆλος (ὁ, τό)

a τὸ ζῆλος
b ζήλῳ ζηλόω
c ἔρις, ἐριθεία et ζ.

Jo 2 17 ὁ ζῆλος τοῦ οἴκου σου καταφάγεταί με

Ac 5 17 πάντες οἱ σὺν αὐτῷ ... ἐπλήσθησαν ζήλου

13 45 ἰδόντες δὲ οἱ Ἰουδαῖοι τοὺς ὄχλους ἐπλήσθησαν ζήλου

Rm 10 2 μαρτυρῶ γὰρ αὐτοῖς ὅτι ζῆλον θεοῦ ἔχουσιν

13 13[c]εὐσχημόνως περιπατήσωμεν ... μὴ ἔριδι καὶ ζήλῳ

1 C 3 3[c]ὅπου γὰρ ἐν ὑμῖν ζῆλος καὶ ἔρις, οὐχὶ σαρκικοί ἐστε ⟨;⟩

2 C 7 7 ἀναγγέλλων ἡμῖν ... τὸν ὑμῶν ζῆλον ὑπὲρ ἐμοῦ

7 11 τὸ κατὰ θεὸν λυπηθῆναι πόσην κατειργάσατο ὑμῖν σπουδήν, ἀλλὰ ἀπολογίαν ... ἀλλὰ ζῆλον, ἀλλὰ ἐκδίκησιν

9 2[a]καὶ τὸ (ὁ VBSϛ) ὑμῶν ζῆλος ἠρέθισεν τοὺς πλείονας

11 2[b]ζηλῶ γὰρ ὑμᾶς θεοῦ ζήλῳ

12 20[c]φοβοῦμαι γὰρ ... μή πως ἔρις (-ρεις Sϛ), ζῆλος (-λοι MSϛ), θυμοί, ἐριθεῖαι

G 5 20[c]⟨τὰ ἔργα τῆς σαρκός, ἅτινά ἐστιν⟩ ἔχθραι, | ἔρις, ζῆλος (ἔρεις, ζῆλοι BSϛ), θυμοί, ἐριθεῖαι

Ph 3 6[a]κατὰ ζῆλος (-λον VSϛ) διώκων τὴν ἐκκλησίαν

Cl 4 13 * μαρτυρῶ γὰρ αὐτῷ ὅτι ἔχει | ζῆλον πολὺν (ϛ; π. πόνον rl) ὑπὲρ ὑμῶν

Hb 10 27 πυρὸς ζῆλος ἐσθίειν μέλλοντος τοὺς ὑπεναντίους

Jc 3 14[c]εἰ δὲ ζῆλον πικρὸν ἔχετε καὶ ἐριθείαν ἐν τῇ καρδίᾳ ὑμῶν

3 16[c]ὅπου γὰρ ζῆλος καὶ ἐριθεία, ἐκεῖ ἀκαταστασία

ζηλόω

παρα-
a intrans.
b ζήλῳ ζ.

Ac 7 9 οἱ πατριάρχαι ζηλώσαντες τὸν Ἰωσὴφ ἀπέδοντο εἰς Αἴγυπτον

17 5[a]ζηλώσαντες δὲ οἱ Ἰουδαῖοι ... ἐθορύβουν τὴν πόλιν

1 C 12 31 ζηλοῦτε δὲ τὰ χαρίσματα τὰ μείζονα (κρείττονα Sϛ)

13 4[a]ἡ ἀγάπη μακροθυμεῖ, χρηστεύεται ἡ ἀγάπη, οὐ ζηλοῖ

14 1 διώκετε τὴν ἀγάπην, ζηλοῦτε δὲ τὰ πνευματικά

14 39 ὥστε, ἀδελφοί μου ([N²⁶]; —ϛ), ζηλοῦτε τὸ προφητεύειν

2 C 11 2[b]ζηλῶ γὰρ ὑμᾶς θεοῦ ζήλῳ

G 4 17 ζηλοῦσιν ὑμᾶς οὐ καλῶς, ↔

4 17 ἀλλὰ ἐκκλεῖσαι ὑμᾶς θέλουσιν, ἵνα αὐτοὺς ζηλοῦτε. ↔

4 18 καλὸν δὲ (+ τὸ ϛ) ζηλοῦσθαι ἐν καλῷ πάντοτε

Jc 4 2[a]φονεύετε καὶ ζηλοῦτε, καὶ οὐ δύνασθε ἐπιτυχεῖν

Ap 3 19 * ζήλωσον (ϛ; ζήλευε rl) οὖν καὶ μετανόησον

ζηλωτής

a Σίμων ὁ ζ.

Lc 6 15[a]⟨ἐκλεξάμενος ἀπ' αὐτῶν δώδεκα⟩ Σίμωνα τὸν καλούμενον ζηλωτήν

Ac 1 13[a]εἰς τὸ ὑπερῷον ἀνέβησαν ... Σίμων ὁ ζηλωτὴς καὶ Ἰούδας Ἰακώβου

21 20 πάντες ζηλωταὶ τοῦ νόμου ὑπάρχουσιν

22 3 ἐγὼ (+ μέν [S]ϛ) εἰμι ἀνὴρ Ἰουδαῖος ... ζηλωτὴς ὑπάρχων τοῦ θεοῦ

1 C 14 12 οὕτως καὶ ὑμεῖς, ἐπεὶ ζηλωταί ἐστε
πνευμάτων ... ζητεῖτε
G 1 14 περισσοτέρως ζηλωτὴς ὑπάρχων
τῶν πατρικῶν μου παραδόσεων
Tt 2 14 ἵνα ... καθαρίσῃ ἑαυτῷ λαὸν
περιούσιον, ζηλωτὴν καλῶν ἔργων
1Pt 3 13 τίς ὁ κακώσων ὑμᾶς ἐὰν τοῦ
ἀγαθοῦ ζηλωταὶ (μιμηταὶ ς)
γένησθε;

ζημία

Ac 27 10 θεωρῶ ὅτι μετὰ ὕβρεως καὶ πολ-
λῆς ζημίας ... τῶν ψυχῶν ἡμῶν
μέλλειν ἔσεσθαι τὸν πλοῦν
27 21 κερδῆσαί τε τὴν ὕβριν ταύτην καὶ
τὴν ζημίαν
Ph 3 7 ταῦτα ἥγημαι διὰ τὸν Χριστὸν
ζημίαν
3 8 ἡγοῦμαι πάντα ζημίαν εἶναι διὰ
τὸ ὑπερέχον τῆς γνώσεως Χριστοῦ

ζημιόω

a ζ. et κερδαίνω
Mt 16 26 a τί γὰρ ὠφεληθήσεται ἄνθρωπος,
ἐὰν ... κερδήσῃ, τὴν δὲ ψυχὴν
αὐτοῦ ζημιωθῇ;
Mc 8 36 a τί γὰρ ὠφελεῖ (-λήσει Vς) ἄνθρω-
πον κερδῆσαι (ἐὰν κερδήσῃ ς) ...
καὶ ζημιωθῆναι (ζημιωθῇ ς) τὴν
ψυχὴν αὐτοῦ;
Lc 9 25 a τί γὰρ ὠφελεῖται ἄνθρωπος κερδή-
σας ... ἑαυτὸν δὲ ἀπολέσας ἢ
ζημιωθείς;
1 C 3 15 εἴ τινος τὸ ἔργον κατακαήσεται,
ζημιωθήσεται
2 C 7 9 ἵνα ἐν μηδενὶ ζημιωθῆτε ἐξ ἡμῶν
Ph 3 8 a δι' ὃν τὰ πάντα ἐζημιώθην, καὶ
ἡγοῦμαι σκύβαλα (+εἶναι [M]Vς)
ἵνα Χριστὸν κερδήσω

Ζηνᾶς

Tt 3 13 Ζηνᾶν τὸν νομικὸν καὶ Ἀπολλῶν
σπουδαίως πρόπεμψον

ζητέω

ἀνα-   ἐπι-
ἐκ-   συ-
a seq. inf.
b seq. interrog. ind.
c ζ. et εὑρίσκω
d ζ. τὴν ψυχήν
e ζ. σημεῖον
Mt 2 13 μέλλει γὰρ Ἡρῴδης ζητεῖν τὸ
παιδίον τοῦ ἀπολέσαι αὐτό
2 20 d τεθνήκασιν γὰρ οἱ ζητοῦντες τὴν
ψυχὴν τοῦ παιδίου
6 33 ζητεῖτε δὲ πρῶτον τὴν βασιλείαν
| τοῦ θεοῦ ([N26M]; —NTH) καὶ
τὴν δικαιοσύνην αὐτοῦ
7 7 c αἰτεῖτε, καὶ δοθήσεται ὑμῖν· ζητεῖ-
τε, καὶ εὑρήσετε
7 8 c πᾶς γὰρ ὁ αἰτῶν λαμβάνει, καὶ
ὁ ζητῶν εὑρίσκει
12 43 c διέρχεται δι' ἀνύδρων τόπων ζη-
τοῦν ἀνάπαυσιν, καὶ οὐχ εὑρίσκει
12 46 a ἡ μήτηρ καὶ οἱ ἀδελφοὶ αὐτοῦ
εἱστήκεισαν ἔξω ζητοῦντες αὐτῷ
λαλῆσαι. ↔
12 47 | εἶπεν δέ τις αὐτῷ· ἰδοὺ ἡ μήτηρ
σου καὶ οἱ ἀδελφοί σου ἔξω ἑστή-
κασιν ζητοῦντές σοι λαλῆσαι
([N26NT]; —SH)
13 45 c ὁμοία ἐστὶν ἡ βασιλεία τῶν οὐρα-
νῶν ἀνθρώπῳ ([S]; —NH) ἐμπό-
ρῳ ζητοῦντι καλοὺς μαργαρίτας
⟨εὑρών⟩
18 12 c οὐχὶ ... πορευθεὶς ζητεῖ τὸ πλα-
νώμενον; ⟨καὶ ἐὰν γένηται εὑρεῖν
αὐτό⟩

Mt 21 46 a ζητοῦντες αὐτὸν κρατῆσαι ἐφο-
βήθησαν τοὺς ὄχλους
26 16 ἀπὸ τότε ἐζήτει εὐκαιρίαν ἵνα
αὐτὸν παραδῷ
26 59 c οἱ δὲ ἀρχιερεῖς ... ἐζήτουν ψευδο-
μαρτυρίαν κατὰ τοῦ Ἰησοῦ ⟨καὶ
οὐχ εὗρον⟩
28 5 οἶδα γὰρ ὅτι Ἰησοῦν τὸν ἐσταυρω-
μένον ζητεῖτε
Mc 1 37 c | εὗρον αὐτὸν καὶ (εὑρόντες αὐ.
MVSς) λέγουσιν αὐτῷ ὅτι πάν-
τες | ζητοῦσίν σε (~V)
3 32 ἰδοὺ ἡ μήτηρ σου καὶ οἱ ἀδελφοί
σου | καὶ αἱ ἀδελφαί σου ([N26V];
—MHς) ἔξω ζητοῦσίν σε
8 11 e ἐξῆλθον οἱ Φαρισαῖοι ... ζητοῦν-
τες παρ' αὐτοῦ σημεῖον ἀπὸ τοῦ
οὐρανοῦ
8 12 e τί ἡ γενεὰ αὕτη ζητεῖ (ἐπιζητεῖ ς)
σημεῖον;
11 18 b ἐζήτουν πῶς αὐτὸν ἀπολέσωσιν
12 12 a ἐζήτουν αὐτὸν κρατῆσαι
14 1 b ἐζήτουν οἱ ἀρχιερεῖς καὶ οἱ γραμ-
ματεῖς πῶς αὐτὸν ... ἀποκτείνω-
σιν
14 11 b ἐζήτει πῶς αὐτὸν εὐκαίρως παρα-
δοῖ
14 55 c οἱ δὲ ἀρχιερεῖς ... ἐζήτουν κατὰ
τοῦ Ἰησοῦ μαρτυρίαν ... καὶ οὐχ
ηὕρισκον
16 6 Ἰησοῦν ζητεῖτε τὸν Ναζαρηνὸν
τὸν ἐσταυρωμένον
Lc 2 45 c * μὴ εὑρόντες ὑπέστρεψαν εἰς Ἱε-
ρουσαλὴμ ζητοῦντες (ς; ἀνα- rl)
αὐτόν
2 48 ἰδοὺ ὁ πατήρ σου κἀγὼ ὀδυνώ-
μενοι ἐζητοῦμέν (ζητ. NH) σε
2 49 τί ὅτι ἐζητεῖτέ με;
4 42 * οἱ ὄχλοι ἐζήτουν (ς; ἐπ- rl)
αὐτόν
5 18 ac ἄνδρες φέροντες ἐπὶ κλίνης ἄνθρω-
πον ... ἐζήτουν αὐτὸν εἰσενεγκεῖν
⟨μὴ εὑρόντες⟩
6 19 a πᾶς ὁ ὄχλος ἐζήτουν (-τει ς)
ἅπτεσθαι αὐτοῦ
9 9 a ἐζήτει ἰδεῖν αὐτόν
11 9 c αἰτεῖτε, καὶ δοθήσεται ὑμῖν· ζητεῖ-
τε, καὶ εὑρήσετε
11 10 c πᾶς γὰρ ὁ αἰτῶν λαμβάνει, καὶ
ὁ ζητῶν εὑρίσκει
11 16 e ἕτεροι δὲ πειράζοντες σημεῖον ἐξ
οὐρανοῦ ἐζήτουν παρ' αὐτοῦ
11 24 c διέρχεται δι' ἀνύδρων τόπων ζη-
τοῦν ἀνάπαυσιν, καὶ μὴ εὑρίσκον
11 29 e ἡ γενεὰ αὕτη γενεὰ πονηρά
ἐστιν· σημεῖον ζητεῖ (ἐπι- Vς)
11 54 a * ἐνεδρεύοντες αὐτὸν (—T) (+
καὶ ς) ζητοῦντες (+Vς) θηρεῦσαί
τι ἐκ τοῦ στόματος αὐτοῦ
12 29 b ὑμεῖς μὴ ζητεῖτε τί φάγητε καὶ τί
πίητε
12 31 πλὴν ζητεῖτε τὴν βασιλείαν αὐτοῦ
12 48 παντὶ δὲ ᾧ ἐδόθη πολύ, πολὺ
ζητηθήσεται παρ' αὐτοῦ
13 6 c ἦλθεν ζητῶν καρπὸν ἐν αὐτῇ καὶ
οὐχ εὗρεν
13 7 c ἰδοὺ τρία ἔτη ἀφ' οὗ ἔρχομαι
ζητῶν καρπὸν ἐν τῇ συκῇ ταύτῃ
καὶ οὐχ εὑρίσκω
13 24 a ὅτι πολλοί, λέγω ὑμῖν, ζητήσουσιν
εἰσελθεῖν καὶ οὐκ ἰσχύσουσιν
15 8 c τίς γυνὴ ... οὐχὶ ... σαροῖ τὴν
οἰκίαν καὶ ζητεῖ ἐπιμελῶς ἕως οὗ
(ὅτου Τς) εὕρῃ;

Lc 17 33 ad ὃς ἐὰν ζητήσῃ τὴν ψυχὴν αὐτοῦ
περιποιήσασθαι (σῶσαι Vς), ἀπο-
λέσει αὐτήν
19 3 a ἐζήτει ἰδεῖν τὸν Ἰησοῦν τίς ἐστιν
19 10 ἦλθεν γὰρ ὁ υἱὸς τοῦ ἀνθρώπου
ζητῆσαι καὶ σῶσαι τὸ ἀπολωλός
19 47 a c οἱ δὲ ἀρχιερεῖς καὶ οἱ γραμματεῖς
ἐζήτουν αὐτὸν ἀπολέσαι ⟨καὶ οὐχ
εὕρισκον⟩
20 19 a ἐζήτησαν οἱ γραμματεῖς καὶ οἱ
ἀρχιερεῖς ἐπιβαλεῖν ἐπ' αὐτὸν τὰς
χεῖρας ἐν αὐτῇ τῇ ὥρᾳ
22 2 b ἐζήτουν οἱ ἀρχιερεῖς καὶ οἱ γραμμα-
τεῖς τὸ πῶς ἀνέλωσιν αὐτόν
22 6 ἐζήτει εὐκαιρίαν τοῦ παραδοῦναι
αὐτόν
24 5 τί ζητεῖτε τὸν ζῶντα μετὰ τῶν
νεκρῶν;
Jo 1 38 λέγει αὐτοῖς· τί ζητεῖτε;
4 23 ὁ πατὴρ τοιούτους ζητεῖ τοὺς
προσκυνοῦντας αὐτόν
4 27 τί ζητεῖς ἢ τί λαλεῖς μετ' αὐτῆς;
5 16 a * διὰ τοῦτο ἐδίωκον οἱ Ἰουδαῖοι
τὸν Ἰησοῦν | καὶ ἐζήτουν αὐτὸν
ἀποκτεῖναι (+ς)
5 18 a διὰ τοῦτο οὖν (—T) μᾶλλον
ἐζήτουν αὐτὸν οἱ Ἰουδαῖοι ἀπο-
κτεῖναι
5 30 ὅτι οὐ ζητῶ τὸ θέλημα τὸ ἐμὸν
ἀλλὰ τὸ θέλημα τοῦ πέμψαντός με
5 44 τὴν δόξαν τὴν παρὰ τοῦ μόνου
θεοῦ [Η] οὐ ζητεῖτε
6 24 c ἦλθον εἰς Καφαρναοὺμ ζητοῦντες
τὸν Ἰησοῦν ⟨καὶ εὑρόντες αὐτόν⟩
6 26 ζητεῖτέ με οὐχ ὅτι εἴδετε σημεῖα
7 1 a ὅτι ἐζήτουν αὐτὸν οἱ Ἰουδαῖοι
ἀποκτεῖναι
7 4 a οὐδεὶς γάρ τι ἐν κρυπτῷ ποιεῖ καὶ
ζητεῖ αὐτὸς ἐν παρρησίᾳ εἶναι
7 11 οἱ οὖν Ἰουδαῖοι ἐζήτουν αὐτὸν ἐν
τῇ ἑορτῇ
7 18 ὁ ἀφ' ἑαυτοῦ λαλῶν τὴν δόξαν
τὴν ἰδίαν ζητεῖ· ↔
7 18 ὁ δὲ ζητῶν τὴν δόξαν τοῦ πέμψαν-
τος αὐτόν, οὗτος ἀληθής ἐστιν
7 19 a τί με ζητεῖτε ἀποκτεῖναι;
7 20 a τίς σε ζητεῖ ἀποκτεῖναι;
7 25 a οὐχ οὗτός ἐστιν ὃν ζητοῦσιν
ἀποκτεῖναι;
7 30 a ἐζήτουν οὖν αὐτὸν πιάσαι
7 34 c ζητήσετέ με καὶ οὐχ εὑρήσετέ με
(+[N26]BH)
7 36 c ζητήσετέ με καὶ οὐχ εὑρήσετέ με
(+[N26]BH)
8 21 ἐγὼ ὑπάγω καὶ ζητήσετέ με
8 37 a ἀλλὰ ζητεῖτέ με ἀποκτεῖναι
8 40 a νῦν δὲ ζητεῖτέ με ἀποκτεῖναι
8 50 ἐγὼ δὲ οὐ ζητῶ τὴν δόξαν μου· ↔
8 50 ἔστιν ὁ ζητῶν καὶ κρίνων
10 39 a ἐζήτουν οὖν [N26H] αὐτὸν πάλιν
(—T) πιάσαι
11 8 a ῥαββί, νῦν ἐζήτουν σε λιθάσαι οἱ
Ἰουδαῖοι
11 56 ἐζήτουν οὖν τὸν Ἰησοῦν ... ἐν τῷ
ἱερῷ ἑστηκότες
13 33 ἔτι μικρὸν μεθ' ὑμῶν εἰμι· ζητήσετέ
με
16 19 περὶ τούτου ζητεῖτε μετ' ἀλλήλων
ὅτι εἶπον ⟨;⟩
18 4 τίνα ζητεῖτε;
18 7 τίνα ζητεῖτε;
18 8 εἰ οὖν ἐμὲ ζητεῖτε, ἄφετε τούτους
ὑπάγειν
19 12 a ἐκ τούτου ὁ Πιλᾶτος ἐζήτει ἀπολῦ-
σαι αὐτόν

Jo 20 15 γύναι, τί κλαίεις; τίνα ζητεῖς;
Ac 9 11 ζήτησον ἐν οἰκίᾳ Ἰούδα Σαῦλον
ὀνόματι Ταρσέα
10 19 ἰδοὺ ἄνδρες τρεῖς (δύο ΝΗ; —Τ)
ζητοῦντές (ζητοῦσίν MVBSϛ) σε
10 21 ἰδοὺ ἐγώ εἰμι ὃν ζητεῖτε
13 8ᵃἀνθίστατο δὲ αὐτοῖς Ἐλύμας ...
ζητῶν διαστρέψαι τὸν ἀνθύπατον
ἀπὸ τῆς πίστεως
13 11 περιάγων ἐζήτει χειραγωγούς
16 10ᵃεὐθέως ἐζητήσαμεν ἐξελθεῖν εἰς
Μακεδονίαν
17 5ᵃᶜἐπιστάντες τῇ οἰκίᾳ Ἰάσονος
ἐζήτουν αὐτοὺς προαγαγεῖν εἰς τὸν
δῆμον ⟨μὴ εὑρόντες⟩
17 27ᶜ⟨ἐποίησέν τε ἐξ ἑνὸς πᾶν ἔθνος
ἀνθρώπων⟩ ζητεῖν τὸν θεόν, εἰ ...
εὕροιεν
21 31ᵃζητούντων τε αὐτὸν ἀποκτεῖναι
ἀνέβη φάσις τῷ χιλιάρχῳ
27 30ᵃτῶν δὲ ναυτῶν ζητούντων φυγεῖν
ἐκ τοῦ πλοίου
Rm 2 7 ⟨ὃς ἀποδώσει⟩ τοῖς μὲν ... τιμὴν
καὶ ἀφθαρσίαν ζητοῦσιν ζωὴν
αἰώνιον
10 3ᵃἀγνοοῦντες γὰρ τὴν τοῦ θεοῦ δικαι-
οσύνην, καὶ τὴν ἰδίαν δικαιοσύνην
(+[Ν²⁶]ΒΤϛ) ζητοῦντες στῆσαι
10 20ᶜεὑρέθην ἐν (+[Ν²⁶]Β) τοῖς ἐμὲ μὴ
ζητοῦσιν
11 3ᵈκἀγὼ ὑπελείφθην μόνος καὶ ζη-
τοῦσιν τὴν ψυχήν μου
1 C 1 22 ἐπειδὴ καὶ Ἰουδαῖοι σημεῖα αἰτοῦ-
σιν καὶ Ἕλληνες σοφίαν ζητοῦσιν
4 2ᶜ ὧδε (ὃ δὲ ϛ) λοιπὸν ζητεῖται (-τεῖτε
BS) ἐν τοῖς οἰκονόμοις ἵνα πιστός
τις εὑρεθῇ
7 27 δέδεσαι γυναικί; μὴ ζήτει λύσιν· ↔
7 27 λέλυσαι ἀπὸ γυναικός; μὴ ζήτει
γυναῖκα
10 24 μηδεὶς τὸ ἑαυτοῦ ζητείτω ἀλλὰ
τὸ τοῦ ἑτέρου
10 33 καθὼς κἀγὼ πάντα πᾶσιν ἀρέσκω,
μὴ ζητῶν τὸ ἐμαυτοῦ σύμφορον
13 5 ⟨ἡ ἀγάπη⟩ οὐ ζητεῖ τὰ ἑαυτῆς
14 12 οὕτως καὶ ὑμεῖς ... πρὸς τὴν
οἰκοδομὴν τῆς ἐκκλησίας ζητεῖτε
ἵνα περισσεύητε
2 C 12 14 οὐ γὰρ ζητῶ τὰ ὑμῶν ἀλλὰ ὑμᾶς
13 3 ἐπεὶ δοκιμὴν ζητεῖτε τοῦ ἐν ἐμοὶ
λαλοῦντος Χριστοῦ
G 1 10ᵃἢ ζητῶ ἀνθρώποις ἀρέσκειν;
2 17ᵃᶜεἰ δὲ ζητοῦντες δικαιωθῆναι ἐν
Χριστῷ εὑρέθημεν καὶ αὐτοὶ ἁμαρ-
τωλοί
Ph 2 21 οἱ πάντες γὰρ τὰ ἑαυτῶν ζητοῦ-
σιν, οὐ τὰ | Ἰησοῦ Χριστοῦ
(Ν²⁶ΒS; τοῦ Χ. Ἰ. ϛ; Χ. Ἰ. rl)
Cl 3 1 τὰ ἄνω ζητεῖτε, οὗ ὁ Χριστός
ἐστιν ... καθήμενος
1Th 2 6 οὔτε ζητοῦντες ἐξ ἀνθρώπων δό-
ξαν
2Tm 1 17ᶜἀλλὰ γενόμενος ἐν Ῥώμῃ σπου-
δαίως ἐζήτησέν με καὶ εὗρεν
Hb 8 7 εἰ γὰρ (+μὲν S) ἡ πρώτη ἐκείνη
ἦν ἄμεμπτος, οὐκ ἂν δευτέρας
ἐζητεῖτο τόπος
1Pt 3 11 ποιησάτω ἀγαθόν, ζητησάτω εἰ-
ρήνην καὶ διωξάτω αὐτήν
5 8ᵃὁ ... διάβολος ὡς λέων ὠρυόμενος
περιπατεῖ ζητῶν τινα ([Ν²⁶];
τίνα MVSTϛ; —Η) καταπιεῖν
Ap 9 6ᶜἐν ταῖς ἡμέραις ἐκείναις ζητήσουσιν
οἱ ἄνθρωποι τὸν θάνατον καὶ οὐ
μὴ εὑρήσουσιν αὐτόν

ζήτημα

Ac 15 2 ἔταξαν ἀναβαίνειν Παῦλον καὶ
Βαρναβᾶν ... εἰς Ἰερουσαλὴμ
περὶ τοῦ ζητήματος τούτου
18 15 εἰ δὲ ζητήματά (ζήτημά ϛ) ἐστιν
περὶ λόγου καὶ ὀνομάτων καὶ νό-
μου τοῦ καθ' ὑμᾶς
23 29 ὃν εὗρον ἐγκαλούμενον περὶ ζητη-
μάτων τοῦ νόμου αὐτῶν
25 19 ζητήματα δέ τινα περὶ τῆς ἰδίας
δεισιδαιμονίας εἶχον πρὸς αὐτόν
26 3 ⟨ἐπὶ σοῦ ... ἀπολογεῖσθαι⟩
γνώστην | ὄντα σε (∼Τ) πάντων
τῶν κατὰ Ἰουδαίους ἐθῶν τε καὶ
ζητημάτων

ζήτησις

ᵃ plur.

Jo 3 25 ἐγένετο οὖν ζήτησις ἐκ τῶν μαθη-
τῶν Ἰωάννου μετὰ Ἰουδαίου περὶ
καθαρισμοῦ
Ac 15 2 γενομένης δὲ στάσεως καὶ ζη-
τήσεως (συ- ϛ) οὐκ ὀλίγης τῷ Παύ-
λῳ καὶ τῷ Βαρναβᾷ πρὸς αὐτούς
15 7 πολλῆς δὲ ζητήσεως (συ- ϛ) γενο-
μένης ἀναστὰς Πέτρος εἶπεν πρὸς
αὐτούς
25 20 ἀπορούμενος δὲ ἐγὼ τὴν περὶ
τούτων ζήτησιν ἔλεγον
1Tm 1 4ᵃ* αἵτινες ζητήσεις (ϛ; ἐκ- rl)
παρέχουσιν μᾶλλον ἢ οἰκονομίαν
θεοῦ
6 4ᵃ⟨εἴ τις ἑτεροδιδασκαλεῖ⟩ τετύφω-
ται ... νοσῶν περὶ ζητήσεις καὶ
λογομαχίας
2Tm 2 23ᵃτὰς δὲ μωρὰς καὶ ἀπαιδεύτους
ζητήσεις παραιτοῦ
Tt 3 9ᵃμωρὰς δὲ ζητήσεις καὶ γενεαλογίας
... καὶ μάχας νομικὰς περιΐστασο

ζιζάνιον

Mt 13 25 ἐπέσπειρεν ζιζάνια ἀνὰ μέσον τοῦ
σίτου
13 26 τότε ἐφάνη καὶ τὰ ζιζάνια
13 27 πόθεν οὖν ἔχει (+τὰ ϛ) ζιζάνια;
13 29 μήποτε συλλέγοντες τὰ ζιζάνια
ἐκριζώσητε ἅμα αὐτοῖς τὸν σῖτον
13 30 συλλέξατε πρῶτον τὰ ζιζάνια καὶ
δήσατε αὐτὰ εἰς [Η] δέσμας
13 36 διασάφησον (φράσον VTϛ) ἡμῖν
τὴν παραβολὴν τῶν ζιζανίων τοῦ
ἀγροῦ
13 38 τὰ δὲ ζιζάνιά εἰσιν οἱ υἱοὶ τοῦ
πονηροῦ
13 40 ὥσπερ οὖν συλλέγεται τὰ ζιζάνια
καὶ πυρὶ κατακαίεται ([κατα]-
Ν²⁶; καίεται V)

Ζμύρνα

→ Σμύρνα

Ζοροβαβέλ

Ζοροβάβελ MV(B)STHϛ

Mt 1 12 Σαλαθιὴλ δὲ ἐγέννησεν τὸν Ζορο-
βαβέλ, ↔
1 13 Ζοροβαβὲλ δὲ ἐγέννησεν τὸν
Ἀβιούδ
Lc 3 27 ⟨Ἰησοῦς ... ὢν υἱός, ὡς ἐνομίζετο⟩
τοῦ Ῥησὰ τοῦ Ζοροβαβὲλ τοῦ
Σαλαθιήλ

ζόφος

Hb 12 18 οὐ γὰρ προσεληλύθατε ... γνόφῳ
καὶ ζόφῳ (σκότῳ ϛ) καὶ θυέλλῃ
2Pt 2 4 οὐκ ἐφείσατο, ἀλλὰ σειραῖς (Ν²⁶Sϛ;
σιροῖς rl) ζόφου ταρταρώσας
παρέδωκεν εἰς κρίσιν τηρουμένους
2 17 οἷς ὁ ζόφος τοῦ σκότους (+εἰς
αἰῶνα Sϛ) τετήρηται

Jd 6 ἀγγέλους τε ... εἰς κρίσιν μεγάλης
ἡμέρας δεσμοῖς ἀϊδίοις ὑπὸ ζόφον
τετήρηκεν
13 ἀστέρες πλανῆται, οἷς ὁ ζόφος τοῦ
σκότους εἰς αἰῶνα τετήρηται

ζυγός, ζυγόν

Mt 11 29 ἄρατε τὸν ζυγόν μου ἐφ' ὑμᾶς
11 30 ὁ γὰρ ζυγός μου χρηστός
Ac 15 10 ἐπιθεῖναι ζυγὸν ἐπὶ τὸν τράχηλον
τῶν μαθητῶν
G 5 1 στήκετε οὖν καὶ μὴ πάλιν ζυγῷ
δουλείας ἐνέχεσθε
1Tm 6 1 ὅσοι εἰσὶν ὑπὸ ζυγὸν δοῦλοι
Ap 6 5 ὁ καθήμενος ἐπ' αὐτὸν ἔχων ζυγὸν
ἐν τῇ χειρὶ αὐτοῦ

ζύμη

ᵃ ζ. τῶν Φαρισαίων

Mt 13 33 ὁμοία ἐστὶν ἡ βασιλεία τῶν οὐρα-
νῶν ζύμῃ
16 6ᵃπροσέχετε ἀπὸ τῆς ζύμης τῶν
Φαρισαίων καὶ Σαδδουκαίων
16 11ᵃπῶς οὐ νοεῖτε ὅτι οὐ περὶ | ἄρτων
εἶπον ὑμῖν; προσέχετε δὲ (ἄρτου
εἰ. ὑ. προσέχειν Vϛ) ἀπὸ τῆς ζύμης
τῶν Φαρισαίων καὶ Σαδδουκαίων
16 12ᵃοὐκ εἶπεν προσέχειν ἀπὸ τῆς ζύμης
| τῶν ἄρτων ([ΝΗ]; τοῦ ἄρτου
Vϛ; τῶν Φαρισαίων καὶ Σαδδου-
καίων Τ)
Mc 8 15ᵃβλέπετε ἀπὸ τῆς ζύμης τῶν Φαρι-
σαίων ↔
8 15 καὶ τῆς ζύμης Ἡρῴδου
Lc 12 1ᵃπροσέχετε ἑαυτοῖς ἀπὸ τῆς ζύμης,
| ἥτις ἐστὶν ὑπόκρισις, τῶν Φαρι-
σαίων (∼ VBTϛ)
13 21 ⟨τίνι ὁμοιώσω τὴν βασιλείαν τοῦ
θεοῦ;⟩ ὁμοία ἐστὶν ζύμῃ
1 C 5 6 οὐκ οἴδατε ὅτι μικρὰ ζύμη ὅλον τὸ
φύραμα ζυμοῖ; ↔
5 7 ἐκκαθάρετε (+ οὖν Sϛ) τὴν παλαι-
ὰν ζύμην, ἵνα ἦτε νέον φύραμα
5 8 ὥστε ἑορτάζωμεν μὴ ἐν ζύμῃ
παλαιᾷ ↔
5 8 μηδὲ ἐν ζύμῃ κακίας καὶ πονηρίας
G 5 9 μικρὰ ζύμη ὅλον τὸ φύραμα ζυμοῖ

ζυμόω

Mt 13 33 ἕως οὗ ἐζυμώθη ὅλον
Lc 13 21 ἕως οὗ ἐζυμώθη ὅλον
1 C 5 6 οὐκ οἴδατε ὅτι μικρὰ ζύμη ὅλον
τὸ φύραμα ζυμοῖ;
G 5 9 μικρὰ ζύμη ὅλον τὸ φύραμα ζυμοῖ

ζῶ

ἀνα-   συ-
ᵃ (ὁ) θεὸς (ὁ) ζῶν
ᵇ ζῶ et (ἀπο)θνήσκω, θανατόω et sim.
ᶜ ζῶ et νεκρός
ᵈ ζῶ εἰς τὸν αἰῶνα, τοὺς -ας
ᵉ ζῶ ἔκ τινος
ᶠ ζῶ τινι
ᵍ ζῶ ἔν τινι
ʰ ζῶ ἐπί τινι
ʲ ζῶ διά τινα, τινος
ᵏ ζῶ κατά τι(να)
ˡ ζῶ εἰς τι(να)

Mt 4 4ʰοὐκ ἐπ' ἄρτῳ μόνῳ ζήσεται ὁ ἄν-
θρωπος, ἀλλ' ἐπὶ παντὶ ῥήματι
9 18ᵇἀλλὰ ἐλθὼν ἐπίθες τὴν χεῖρά σου
ἐπ' αὐτήν, καὶ ζήσεται
16 16ᵃσὺ εἶ ὁ χριστὸς ὁ υἱὸς τοῦ θεοῦ τοῦ
ζῶντος
22 32ᶜοὐκ ἔστιν ὁ ([Ν²⁶ΝΗ]; —Τ) θεὸς
(+θεὸς [Μ]VSϛ) νεκρῶν ἀλλὰ ζών-
των
26 63ᵃἐξορκίζω σε κατὰ τοῦ θεοῦ τοῦ
ζῶντος

Mt 27 63 ἐμνήσθημεν ὅτι ἐκεῖνος ὁ πλάνος εἶπεν ἔτι ζῶν

Mc 5 23 ἵνα ἐλθὼν ἐπιθῇς τὰς χεῖρας αὐτῇ, ἵνα (ὅπως ς) σωθῇ καὶ ζήσῃ (ζήσεται ς)

12 27ᶜ οὐκ ἔστιν (+ὁ Tς) θεὸς νεκρῶν ἀλλὰ (+θεὸς [VS]ς) ζώντων

[16 11] κἀκεῖνοι ἀκούσαντες ὅτι ζῇ καὶ ἐθεάθη ὑπ᾽ αὐτῆς ἠπίστησαν

Lc 2 36 ἦν Ἄννα προφῆτις ... ζήσασα μετὰ ἀνδρὸς ἔτη ἑπτὰ ἀπὸ τῆς παρθενίας αὐτῆς

4 4ʰ ἐπ᾽ ἄρτῳ μόνῳ ζήσεται ὁ ἄνθρωπος

10 28 τοῦτο ποίει καὶ ζήσῃ

15 13 ἐκεῖ διεσκόρπισεν τὴν οὐσίαν αὐτοῦ ζῶν ἀσώτως

15 32 ὅτι ὁ ἀδελφός σου οὗτος νεκρὸς ἦν καὶ ἔζησεν (ἀν- ς)

20 38ᵉ θεὸς δὲ οὐκ ἔστιν νεκρῶν ἀλλὰ ζώντων· ↔

20 38ᶠ πάντες γὰρ αὐτῷ ζῶσιν

24 5ᶜ τί ζητεῖτε τὸν ζῶντα μετὰ τῶν νεκρῶν;

24 23 ὀπτασίαν ἀγγέλων ἑωρακέναι, οἳ λέγουσιν αὐτὸν ζῆν

Jo 4 10 ἔδωκεν ἄν σοι ὕδωρ ζῶν

4 11 πόθεν οὖν (—T) ἔχεις τὸ ὕδωρ τὸ ζῶν;

4 50ᵇ πορεύου, ὁ υἱός σου ζῇ

4 51 ὁ παῖς αὐτοῦ (σου VBς) ζῇ

4 53 ὁ υἱός σου ζῇ

5 25ᶜ ὅτε οἱ νεκροὶ ἀκούσουσιν (-σονται Vς; -σωσι S) τῆς φωνῆς τοῦ υἱοῦ τοῦ θεοῦ καὶ οἱ ἀκούσαντες ζήσουσιν (-σονται Vς)

6 51 ἐγώ εἰμι ὁ ἄρτος ὁ ζῶν ὁ ἐκ τοῦ οὐρανοῦ καταβάς· ↔

6 51ᵈ ἐάν τις φάγῃ ἐκ | τούτου τοῦ (τοῦ ἐμοῦ T) ἄρτου, ζήσει (ζήσεται ς) εἰς τὸν αἰῶνα

6 57 καθὼς ἀπέστειλέν με ὁ ζῶν πατὴρ ↔

6 57ʲ κἀγὼ ζῶ διὰ τὸν πατέρα, ↔

6 57ʲ ὁ τρώγων με κἀκεῖνος ζήσει (-σεται ς) δι᾽ ἐμέ

6 58ᵈ ὁ τρώγων τοῦτον τὸν ἄρτον ζήσει (ζήσεται ς) εἰς τὸν αἰῶνα

6 69ᵃ ✶σὺ εἶ ὁ ἅγιος (Χριστὸς ὁ υἱὸς Vς) τοῦ θεοῦ | τοῦ ζῶντος (+ ς)

7 38 ποταμοὶ ἐκ τῆς κοιλίας αὐτοῦ ῥεύσουσιν ὕδατος ζῶντος

11 25ᵇ ὁ πιστεύων εἰς ἐμὲ κἂν ἀποθάνῃ ζήσεται,

11 26ᵇ καὶ πᾶς ὁ ζῶν καὶ πιστεύων εἰς ἐμὲ οὐ μὴ ἀποθάνῃ εἰς τὸν αἰῶνα

14 19 ὅτι ἐγὼ ζῶ ↔

14 19 καὶ ὑμεῖς ζήσετε (-σεσθε MVSς)

Ac 1 3 οἷς καὶ παρέστησεν ἑαυτὸν ζῶντα μετὰ τὸ παθεῖν αὐτόν

7 38 ὃς ἐδέξατο λόγια ζῶντα δοῦναι ἡμῖν (ὑμῖν NMH)

9 41ᵇ φωνήσας δὲ τοὺς ἁγίους καὶ τὰς χήρας παρέστησεν αὐτὴν ζῶσαν

10 42ᵉ οὗτός (αὐτός Tς) ἐστιν ὁ ὡρισμένος ὑπὸ τοῦ θεοῦ κριτὴς ζώντων καὶ νεκρῶν

14 15ᵃ εὐαγγελιζόμενοι ὑμᾶς ἀπὸ τούτων τῶν ματαίων ἐπιστρέφειν ἐπὶ θεὸν (τὸν θ. τὸν ς) ζῶντα

17 28ᵍ ἐν αὐτῷ γὰρ ζῶμεν καὶ κινούμεθα καὶ ἐσμέν

20 12ᶜ ἤγαγον δὲ τὸν παῖδα ζῶντα

22 22 αἶρε ἀπὸ τῆς γῆς τὸν τοιοῦτον· οὐ γὰρ καθῆκεν αὐτὸν ζῆν

Ac 25 19ᵇ περί τινος Ἰησοῦ τεθνηκότος, ὃν ἔφασκεν ὁ Παῦλος ζῆν

25 24 βοῶντες (ἐπι- VBSς) μὴ δεῖν αὐτὸν ζῆν μηκέτι

26 5ᵏ κατὰ τὴν ἀκριβεστάτην αἵρεσιν τῆς ἡμετέρας θρησκείας ἔζησα Φαρισαῖος

28 4 ὃν διασωθέντα ἐκ τῆς θαλάσσης ἡ δίκη ζῆν οὐκ εἴασεν

Rm 1 17ᵉ ὁ δὲ δίκαιος ἐκ πίστεως ζήσεται

6 2ᵇᵍ οἵτινες ἀπεθάνομεν τῇ ἁμαρτίᾳ, πῶς ἔτι ζήσομεν (-σωμεν S) ἐν αὐτῇ;

6 10ᵇ ὃ γὰρ ἀπέθανεν ... ὃ δὲ ζῇ, ↔

6 10ᶠ ζῇ τῷ θεῷ

6 11ᶜᶠᵍ καὶ ὑμεῖς λογίζεσθε ἑαυτοὺς εἶναι [N²⁶] νεκροὺς μὲν τῇ ἁμαρτίᾳ ζῶντας δὲ τῷ θεῷ ἐν Χριστῷ Ἰησοῦ

6 13ᶜᵉ παραστήσατε ἑαυτοὺς τῷ θεῷ ὡσεὶ ἐκ νεκρῶν ζῶντας

7 1 ἢ ἀγνοεῖτε ... ὅτι ὁ νόμος κυριεύει τοῦ ἀνθρώπου ἐφ᾽ ὅσον χρόνον ζῇ;

7 2 ἡ γὰρ ὕπανδρος γυνὴ τῷ ζῶντι ἀνδρὶ δέδεται νόμῳ

7 3 ἄρα οὖν ζῶντος τοῦ ἀνδρὸς μοιχαλὶς χρηματίσει

7 9ᶜ ἐγὼ δὲ ἔζων χωρὶς νόμου ποτέ

8 12ᵏ ὀφειλέται ἐσμέν, οὐ τῇ σαρκὶ τοῦ κατὰ σάρκα ζῆν. ↔

8 13ᵇᵏ εἰ γὰρ κατὰ σάρκα ζῆτε, μέλλετε ἀποθνῄσκειν· ↔

8 13ᵇᵏ εἰ δὲ πνεύματι τὰς πράξεις τοῦ σώματος θανατοῦτε, ζήσεσθε

9 26ᵉ ἐκεῖ κληθήσονται υἱοὶ θεοῦ ζῶντος

10 5ᵍ ὁ ποιήσας αὐτὰ (+N²⁶Bς) ἄνθρωπος ζήσεται ἐν αὐτοῖς (N²⁶ς; -τῇ rl)

12 1 παρακαλῶ οὖν ὑμᾶς ... παραστῆσαι τὰ σώματα ὑμῶν θυσίαν ζῶσαν ἁγίαν

14 7ᵇᶠ οὐδεὶς γὰρ ἡμῶν ἑαυτῷ ζῇ, καὶ οὐδεὶς ἑαυτῷ ἀποθνῄσκει· ↔

14 8ᵇ ἐάν τε γὰρ ζῶμεν,

14 8ᶠ τῷ κυρίῳ ζῶμεν, ἐάν τε ἀποθνῄσκωμεν, τῷ κυρίῳ ἀποθνῄσκομεν. ↔

14 8ᵇ ἐάν τε οὖν ζῶμεν ἐάν τε ἀποθνῄσκωμεν, τοῦ κυρίου ἐσμέν. ↔

14 9ᵇˡ εἰς τοῦτο γὰρ Χριστὸς (+καὶ Vς) ἀπέθανεν (+καὶ ἀνέστη V[S]ς) καὶ ἔζησεν (ἀν- ς), ↔

14 9ᶜ ἵνα καὶ νεκρῶν καὶ ζώντων κυριεύσῃ

14 11 ζῶ ἐγώ, λέγει κύριος, ὅτι ἐμοὶ κάμψει πᾶν γόνυ

1 C 7 39 γυνὴ δέδεται ἐφ᾽ ὅσον χρόνον ζῇ ὁ ἀνὴρ αὐτῆς

9 14ᵉ ὁ κύριος διέταξεν τοῖς τὸ εὐαγγέλιον καταγγέλλουσιν ἐκ τοῦ εὐαγγελίου ζῆν

15 45 ἐγένετο ὁ πρῶτος ἄνθρωπος Ἀδὰμ εἰς ψυχὴν ζῶσαν

2 C 1 8 ὥστε ἐξαπορηθῆναι ἡμᾶς καὶ τοῦ ζῆν

3 3ᵃ ἐστὲ ἐπιστολὴ Χριστοῦ ... ἐγγεγραμμένη οὐ μέλανι ἀλλὰ πνεύματι θεοῦ ζῶντος

4 11ᵇ ἀεὶ γὰρ ἡμεῖς οἱ ζῶντες εἰς θάνατον παραδιδόμεθα διὰ Ἰησοῦν

5 15ᵇ ὑπὲρ πάντων ἀπέθανεν ἵνα οἱ ζῶντες ↔

5 15ᵇᶠ μηκέτι ἑαυτοῖς ζῶσιν ἀλλὰ τῷ ὑπὲρ αὐτῶν ἀποθανόντι καὶ ἐγερθέντι

6 9ᵇ ὡς ἀποθνῄσκοντες καὶ ἰδοὺ ζῶμεν

2 C 6 16ᵃ ἡμεῖς γὰρ ναὸς θεοῦ ἐσμεν ζῶντος

13 4ᵉ ζῇ ἐκ δυνάμεως θεοῦ

13 4ᵉˡ ζήσομεν (-μεθα VSς) σὺν αὐτῷ ἐκ δυνάμεως θεοῦ | εἰς ὑμᾶς [H]

G 2 14 εἰ σὺ Ἰουδαῖος ὑπάρχων ἐθνικῶς καὶ οὐχὶ (οὐκ NHς; οὐχ T) Ἰουδαϊκῶς ζῇς

2 19ᵇᶠ ἐγὼ γὰρ διὰ νόμου νόμῳ ἀπέθανον ἵνα θεῷ ζήσω

2 20 ζῶ δὲ οὐκέτι ἐγώ, ↔

2 20ᵍ ζῇ δὲ ἐν ἐμοὶ Χριστός· ↔

2 20ᵇ ὃ δὲ νῦν ζῶ ἐν σαρκί, ↔

2 20ᵍ ἐν πίστει ζῶ τῇ τοῦ | υἱοῦ τοῦ θεοῦ (θεοῦ καὶ Χριστοῦ B)

3 11ᵉ ὁ δίκαιος ἐκ πίστεως ζήσεται

3 12ᵍ ἀλλ᾽ ὁ ποιήσας αὐτὰ ζήσεται ἐν αὐτοῖς

5 25ᶠ εἰ ζῶμεν πνεύματι, πνεύματι καὶ στοιχῶμεν

Ph 1 21ᵇ ἐμοὶ γὰρ τὸ ζῆν Χριστὸς καὶ τὸ ἀποθανεῖν κέρδος.

1 22ᵍ εἰ δὲ τὸ ζῆν ἐν σαρκί, τοῦτό μοι καρπὸς ἔργου

Cl 2 20ᵇᵍ εἰ ἀπεθάνετε σὺν Χριστῷ ... τί ὡς ζῶντες ἐν κόσμῳ δογματίζεσθε ⟨;⟩

3 7ᵍ ἐν οἷς καὶ ὑμεῖς περιεπατήσατέ ποτε, ὅτε ἐζῆτε ἐν τούτοις

1 Th 1 9ᵃ ἀπαγγέλλουσιν ... πῶς ἐπεστρέψατε πρὸς τὸν θεὸν ἀπὸ τῶν εἰδώλων δουλεύειν θεῷ ζῶντι καὶ ἀληθινῷ

3 8 ὅτι νῦν ζῶμεν ἐὰν ὑμεῖς στήκετε ἐν κυρίῳ

4 15 ἡμεῖς οἱ ζῶντες οἱ περιλειπόμενοι ... οὐ μὴ φθάσωμεν τοὺς κοιμηθέντας

4 17ᵉ ἔπειτα ἡμεῖς οἱ ζῶντες οἱ περιλειπόμενοι ... ἁρπαγησόμεθα ἐν νεφέλαις

5 10ᵇ ἵνα εἴτε γρηγορῶμεν εἴτε καθεύδωμεν ἅμα σὺν αὐτῷ ζήσωμεν

1 Tm 3 15ᵃ πῶς δεῖ ἐν οἴκῳ θεοῦ ἀναστρέφεσθαι, ἥτις ἐστὶν ἐκκλησία θεοῦ ζῶντος

4 10ᵃ ὅτι ἠλπίκαμεν ἐπὶ θεῷ ζῶντι

5 6ᵇ ἡ δὲ σπαταλῶσα ζῶσα τέθνηκεν

6 17ᵃ ✶ἠλπικέναι ... ἐπὶ (+τῷ MV; ἐν τῷ Sς) θεῷ | τῷ ζῶντι (+ς)

2 Tm 3 12ᵍ πάντες δὲ οἱ θέλοντες | εὐσεβῶς ζῆν (N²⁶ς; ~rl) ἐν Χριστῷ Ἰησοῦ διωχθήσονται

4 1ᶜ Χριστοῦ Ἰησοῦ, τοῦ μέλλοντος κρίνειν ζῶντας καὶ νεκρούς

Tt 2 12ᵍ ἵνα ... σωφρόνως καὶ δικαίως καὶ εὐσεβῶς ζήσωμεν ἐν τῷ νῦν αἰῶνι

Hb 2 15ᵇ ὅσοι φόβῳ θανάτου διὰ παντὸς τοῦ ζῆν ἔνοχοι ἦσαν δουλείας

3 12ᵃ μήποτε ἔσται ... καρδία πονηρὰ ἀπιστίας ἐν τῷ ἀποστῆναι ἀπὸ θεοῦ ζῶντος

4 12 ζῶν γὰρ ὁ λόγος τοῦ θεοῦ καὶ ἐνεργής

7 8ᵇ ὧδε μὲν δεκάτας ἀποθνῄσκοντες ἄνθρωποι λαμβάνουσιν, ἐκεῖ δὲ μαρτυρούμενος ὅτι ζῇ

7 25ˡ πάντοτε ζῶν εἰς τὸ ἐντυγχάνειν ὑπὲρ αὐτῶν

9 14ᵃᶜ καθαριεῖ τὴν συνείδησιν ἡμῶν (ὑ. MVBSTς) ἀπὸ νεκρῶν ἔργων εἰς τὸ λατρεύειν θεῷ ζῶντι

9 17ᵉ ἐπεὶ μήποτε (μὴ τότε H) ἰσχύει ὅτε ζῇ ὁ διαθέμενος

10 20 ἣν ἐνεκαίνισεν ἡμῖν ὁδὸν πρόσφατον καὶ ζῶσαν διὰ τοῦ καταπετάσματος

Hb 10 31ᵃφοβερὸν τὸ ἐμπεσεῖν εἰς χεῖρας θεοῦ ζῶντος

10 38ᵉὁ δὲ δίκαιός μου ([Η]; —ϛ) ἐκ πίστεως ζήσεται

12 9 οὐ πολὺ δὲ [+Ν²⁶] μᾶλλον ὑποταγησόμεθα τῷ πατρὶ τῶν πνευμάτων καὶ ζήσομεν;

12 22ᵃἀλλὰ προσεληλύθατε... πόλει θεοῦ ζῶντος, ᾽Ιερουσαλὴμ ἐπουρανίῳ

Jc 4 15 ἐὰν ὁ κύριος θελήσῃ (θέλῃ Η), καὶ ζήσομεν (-σωμεν ϛ)

1 Pt 1 3 εὐλογητὸς ὁ θεὸς ... ὁ ... ἀναγεννήσας ἡμᾶς εἰς ἐλπίδα ζῶσαν δι᾽ ἀναστάσεως ᾽Ιησοῦ

1 23ᵃἀναγεγεννημένοι οὐκ ἐκ σπορᾶς φθαρτῆς ἀλλὰ ἀφθάρτου διὰ λόγου ζῶντος θεοῦ καὶ μένοντος

2 4 πρὸς ὃν προσερχόμενοι, λίθον ζῶντα

2 5 καὶ αὐτοὶ ὡς λίθοι ζῶντες οἰκοδομεῖσθε (ἐπ- ST) οἶκος πνευματικός

2 24ᶠἵνα ταῖς ἁμαρτίαις ἀπογενόμενοι τῇ δικαιοσύνῃ ζήσωμεν

4 5ᶜοἳ ἀποδώσουσιν λόγον τῷ ἑτοίμως | ἔχοντι κρῖναι (κρίνοντι Η) ζῶντας καὶ νεκρούς

4 6ᶜᶠᵏνεκροῖς εὐηγγελίσθη, ἵνα κριθῶσι μὲν κατὰ ἀνθρώπους σαρκί, ζῶσι δὲ κατὰ θεὸν πνεύματι

1 Jo 4 9ʲτὸν υἱὸν αὐτοῦ ... ἀπέσταλκεν ὁ θεὸς εἰς τὸν κόσμον ἵνα ζήσωμεν δι᾽ αὐτοῦ

Ap 1 18 ⟨ἐγώ εἰμι ὁ πρῶτος καὶ ὁ ἔσχατος⟩ καὶ ὁ ζῶν, ↔

1 18ᶜᵈκαὶ ἐγενόμην νεκρὸς καὶ ἰδοὺ ζῶν εἰμι εἰς τοὺς αἰῶνας

2 8ᶜτάδε λέγει ὁ πρῶτος καὶ ὁ ἔσχατος, ὃς ἐγένετο νεκρὸς καὶ ἔζησεν

3 1ᶜοἶδά σου τὰ ἔργα, ὅτι ὄνομα ἔχεις ὅτι ζῇς, καὶ νεκρὸς εἶ

4 9ᵈὅταν δώσουσιν τὰ ζῷα δόξαν ... τῷ ζῶντι εἰς τοὺς αἰῶνας τῶν αἰώνων

4 10ᵈπροσκυνήσουσιν τῷ ζῶντι εἰς τοὺς αἰῶνας τῶν αἰώνων

5 14ᵈ*οἱ πρεσβύτεροι ἔπεσαν καὶ προσεκύνησαν | ζῶντι εἰς τοὺς αἰῶνας τῶν αἰώνων (+ϛ)

7 2ᵃεἶδον ἄλλον ἄγγελον ... ἔχοντα σφραγῖδα θεοῦ ζῶντος

7 17*ποιμανεῖ αὐτοὺς καὶ ὁδηγήσει αὐτοὺς ἐπὶ ζώσας (ϛ; ζωῆς rl) πηγὰς ὑδάτων

10 6ᵈὤμοσεν ἐν τῷ ζῶντι εἰς τοὺς αἰῶνας τῶν αἰώνων

13 14 ὃς (ὃ Sϛ) ἔχει τὴν πληγὴν τῆς μαχαίρης καὶ ἔζησεν

15 7ᵃᵈἔδωκεν ... ἑπτὰ φιάλας χρυσᾶς γεμούσας τοῦ θυμοῦ τοῦ θεοῦ τοῦ ζῶντος εἰς τοὺς αἰῶνας τῶν αἰώνων

16 3ᵇ*πᾶσα ψυχὴ ζῶσα (Sϛ; ζωῆς rl) ἀπέθανεν, τὰ (—Vϛ) ἐν τῇ θαλάσσῃ

19 20 ζῶντες ἐβλήθησαν οἱ δύο εἰς τὴν λίμνην τοῦ πυρός

20 4 ἔζησαν καὶ ἐβασίλευσαν μετὰ τοῦ Χριστοῦ χίλια ἔτη

20 5ᶜοἱ λοιποὶ τῶν νεκρῶν οὐκ ἔζησαν (ἀν- ϛ) ἄχρι τελεσθῇ τὰ χίλια ἔτη

ζωγρέω

Lc 5 10 ἀπὸ τοῦ νῦν ἀνθρώπους ἔσῃ ζωγρῶν

2 Tm 2 26 ⟨μήποτε⟩ ἀνανήψωσιν ἐκ τῆς τοῦ διαβόλου παγίδος, ἐζωγρημένοι ὑπ᾽ αὐτοῦ εἰς τὸ ἐκείνου θέλημα

ζωή

ᵃ ζ. αἰώνιος
ᵇ ζ. et θάνατος
ᶜ βίβλος, βιβλίον (τῆς) ζ.

Mt 7 14 τεθλιμμένη ἡ ὁδὸς ἡ ἀπάγουσα εἰς τὴν ζωήν

18 8 καλόν σοί ἐστιν εἰσελθεῖν εἰς τὴν ζωήν | κυλλὸν ἢ χωλόν (~Vϛ)

18 9 καλόν σοί ἐστι μονόφθαλμον εἰς τὴν ζωὴν εἰσελθεῖν

19 16ᵃτί ἀγαθὸν ποιήσω ἵνα σχῶ (ἔχω Vϛ) ζωὴν αἰώνιον;

19 17 εἰ δὲ θέλεις εἰς τὴν ζωὴν εἰσελθεῖν, τήρησον (τήρει ΝΗ) τὰς ἐντολάς

19 29ᵃπᾶς ὅστις ἀφῆκεν ... πατέρα ἢ μητέρα ... ἕνεκεν τοῦ | ὀνόματός μου (ἐμοῦ ὀ. ΝΤΗ) ... ζωὴν αἰώνιον κληρονομήσει

25 46ᵃἀπελεύσονται οὗτοι εἰς κόλασιν αἰώνιον, οἱ δὲ δίκαιοι εἰς ζωὴν αἰώνιον

Mc 9 43 καλόν ἐστίν σε κυλλὸν εἰσελθεῖν εἰς τὴν ζωήν

9 45 καλόν ἐστίν σε εἰσελθεῖν εἰς τὴν ζωὴν χωλόν

10 17ᵃτί ποιήσω ἵνα ζωὴν αἰώνιον κληρονομήσω;

10 30ᵃἐὰν μὴ λάβῃ ἑκατονταπλασίονα νῦν ... καὶ ἐν τῷ αἰῶνι τῷ ἐρχομένῳ ζωὴν αἰώνιον

Lc 1 75 * ⟨λατρεύειν αὐτῷ⟩ ἐν ὁσιότητι καὶ δικαιοσύνῃ ... | πάσαις ταῖς ἡμέραις (πάσας τὰς ἡ-ρας VBSTϛ) | τῆς ζωῆς (+ϛ) ἡμῶν

10 25ᵃτί ποιήσας ζωὴν αἰώνιον κληρονομήσω;

12 15 ὅτι οὐκ ἐν τῷ περισσεύειν τινὶ ἡ ζωὴ αὐτοῦ ἐστιν ἐκ τῶν ὑπαρχόντων αὐτῷ

16 25 μνήσθητι ὅτι ἀπέλαβες τὰ ἀγαθά σου ἐν τῇ ζωῇ σου

18 18ᵃτί ποιήσας ζωὴν αἰώνιον κληρονομήσω;

18 30 ⟨οὐδείς ἐστιν⟩ ὃς οὐχὶ μὴ ἀπολάβῃ (VBSTϛ; [ἀπο]- Ν²⁶; λάβῃ rl) ... ἐν τῷ αἰῶνι τῷ ἐρχομένῳ ζωὴν αἰώνιον

Jo 1 4 ⟨οὐδὲ | ἕν⟩. ὃ γέγονεν (Ν²⁶VSH; ἐν ὃ γέγονεν. rl) ἐν αὐτῷ ζωὴ ἦν (ἐστιν Τ), ↔

1 4 καὶ ἡ ζωὴ ἦν τὸ φῶς τῶν ἀνθρώπων

3 15ᵃἵνα πᾶς ὁ πιστεύων | ἐν αὐτῷ (εἰς αὐτὸν Sϛ) ἔχῃ ζωὴν αἰώνιον

3 16ᵃἵνα πᾶς ὁ πιστεύων εἰς αὐτὸν μὴ ἀπόληται ἀλλ᾽ ἔχῃ ζωὴν αἰώνιον

3 36ᵃὁ πιστεύων εἰς τὸν υἱὸν ἔχει ζωὴν αἰώνιον· ↔

3 36 ὁ δὲ (—Τ) ἀπειθῶν τῷ υἱῷ οὐκ ὄψεται ζωήν

4 14ᵃἀλλὰ ... γενήσεται ἐν αὐτῷ πηγὴ ὕδατος ἁλλομένου εἰς ζωὴν αἰώνιον

4 36ᵃ⟨ἤδη⟩ ὁ θερίζων ... συνάγει καρπὸν εἰς ζωὴν αἰώνιον

5 24ᵃὁ ... πιστεύων τῷ πέμψαντί με ἔχει ζωὴν αἰώνιον

5 24ᵇμεταβέβηκεν ἐκ τοῦ θανάτου εἰς τὴν ζωήν

5 26 ὥσπερ γὰρ ὁ πατὴρ ἔχει ζωὴν ἐν ἑαυτῷ, ↔

5 26 οὕτως καὶ τῷ υἱῷ ἔδωκεν ζωὴν ἔχειν ἐν ἑαυτῷ

5 29 ἐκπορεύσονται οἱ τὰ ἀγαθὰ ποιήσαντες εἰς ἀνάστασιν ζωῆς

Jo 5 39ᵃὅτι ὑμεῖς δοκεῖτε ἐν αὐταῖς ζωὴν αἰώνιον ἔχειν

5 40 οὐ θέλετε ἐλθεῖν πρός με ἵνα ζωὴν ἔχητε

6 27ᵃἐργάζεσθε ... τὴν βρῶσιν τὴν μένουσαν εἰς ζωὴν αἰώνιον

6 33 ὁ γὰρ ἄρτος (+ὁ Τ) τοῦ θεοῦ ἐστιν ὁ ... ζωὴν διδοὺς τῷ κόσμῳ

6 35 ἐγώ εἰμι ὁ ἄρτος τῆς ζωῆς

6 40ᵃἵνα πᾶς ὁ ... πιστεύων εἰς αὐτὸν ἔχῃ ζωὴν αἰώνιον

6 47ᵃὁ πιστεύων (+εἰς ἐμὲ Vϛ) ἔχει ζωὴν αἰώνιον. ↔

6 48 ἐγώ εἰμι ὁ ἄρτος τῆς ζωῆς

6 51 καὶ ὁ ἄρτος δὲ ὃν ἐγὼ δώσω | ἡ σάρξ μού ἐστιν ὑπὲρ τῆς τοῦ κόσμου ζωῆς (~Τ)

6 53 ἐὰν μὴ φάγητε τὴν σάρκα τοῦ υἱοῦ ... οὐκ ἔχετε ζωὴν ἐν ἑαυτοῖς. ↔

6 54ᵃὁ τρώγων μου τὴν σάρκα ... ἔχει ζωὴν αἰώνιον

6 63 τὰ ῥήματα ἃ ἐγὼ λελάληκα ὑμῖν πνεῦμά ἐστιν καὶ ζωή ἐστιν

6 68ᵃκύριε ... ῥήματα ζωῆς αἰωνίου ἔχεις

8 12 ὁ ἀκολουθῶν ἐμοὶ (μοι ΝΜΗ) ... ἕξει τὸ φῶς τῆς ζωῆς

10 10 ἐγὼ ἦλθον ἵνα ζωὴν ἔχωσιν

10 28ᵃ⟨τὰ πρόβατα ... ἀκολουθοῦσίν μοι⟩ κἀγὼ | δίδωμι αὐτοῖς ζωὴν αἰώνιον (~Sϛ)

11 25 ἐγώ εἰμι ἡ ἀνάστασις καὶ ἡ ζωή

12 25ᵃὁ μισῶν τὴν ψυχὴν αὐτοῦ ... εἰς ζωὴν αἰώνιον φυλάξει αὐτήν

12 50ᵃοἶδα ὅτι ἡ ἐντολὴ αὐτοῦ ζωὴ αἰώνιός ἐστιν

14 6 ἐγώ εἰμι ἡ ὁδὸς καὶ ἡ ἀλήθεια καὶ ἡ ζωή

17 2ᵃἵνα πᾶν ὃ δέδωκας αὐτῷ δώσῃ (-σει MVBSH) αὐτοῖς ζωὴν αἰώνιον. ↔

17 3ᵃαὕτη δέ ἐστιν ἡ αἰώνιος ζωή, ἵνα γινώσκωσιν (-κουσιν Τ) σὲ τὸν μόνον ἀληθινὸν θεόν

20 31 ἵνα πιστεύοντες ζωὴν ἔχητε ἐν τῷ ὀνόματι αὐτοῦ

Ac 2 28 ἐγνώρισάς μοι ὁδοὺς ζωῆς

3 15 τὸν δὲ ἀρχηγὸν τῆς ζωῆς ἀπεκτείνατε

5 20 σταθέντες λαλεῖτε ... τῷ λαῷ πάντα τὰ ῥήματα τῆς ζωῆς ταύτης

8 33 ὅτι αἴρεται ἀπὸ τῆς γῆς ἡ ζωὴ αὐτοῦ

11 18 ἄρα καὶ τοῖς ἔθνεσιν ὁ θεὸς τὴν μετάνοιαν εἰς ζωὴν ἔδωκεν

13 46ᵃἐπειδὴ ... οὐκ ἀξίους κρίνετε ἑαυτοὺς τῆς αἰωνίου ζωῆς

13 48ᵃἐπίστευσαν ὅσοι ἦσαν τεταγμένοι εἰς ζωὴν αἰώνιον

17 25 αὐτὸς διδοὺς πᾶσι ζωὴν καὶ πνοὴν καὶ τὰ πάντα

Rm 2 7ᵃ⟨ὃς ἀποδώσει⟩ τοῖς μὲν ... τιμὴν καὶ ἀφθαρσίαν ζητοῦσιν ζωὴν αἰώνιον

5 10ᵇπολλῷ μᾶλλον καταλλαγέντες σωθησόμεθα ἐν τῇ ζωῇ αὐτοῦ

5 17ᵇπολλῷ μᾶλλον οἱ τὴν περισσείαν τῆς χάριτος ... λαμβάνοντες ἐν ζωῇ βασιλεύσουσιν διὰ τοῦ ἑνὸς ᾽Ιησοῦ Χριστοῦ

5 18 οὕτως καὶ δι᾽ ἑνὸς δικαιώματος εἰς πάντας ἀνθρώπους εἰς δικαίωσιν ζωῆς

Rm 5 21[ab] ἵνα ... οὕτως καὶ ἡ χάρις βασιλεύ-
ση διὰ δικαιοσύνης εἰς ζωὴν αἰώ-
νιον διὰ Ἰησοῦ Χριστοῦ
6 4 ἵνα ὥσπερ ἠγέρθη Χριστὸς ...
οὕτως καὶ ἡμεῖς ἐν καινότητι ζωῆς
περιπατήσωμεν
6 22[a] νυνὶ δὲ ἐλευθερωθέντες ... ἔχετε
τὸν καρπὸν ὑμῶν εἰς ἁγιασμόν,
τὸ δὲ τέλος ζωὴν αἰώνιον
6 23[ab] τὸ δὲ χάρισμα τοῦ θεοῦ ζωὴ
αἰώνιος ἐν Χριστῷ Ἰησοῦ
7 10[b] εὑρέθη μοι ἡ ἐντολὴ ἡ εἰς ζωήν,
αὕτη εἰς θάνατον
8 2[b] ὁ γὰρ νόμος τοῦ πνεύματος τῆς
ζωῆς ἐν Χριστῷ Ἰησοῦ ἠλευθέρω-
σέν σε (με VBSς) ἀπὸ ... τοῦ
θανάτου
8 6[b] τὸ δὲ φρόνημα τοῦ πνεύματος
ζωὴ καὶ εἰρήνη
8 10 τὸ δὲ πνεῦμα ζωὴ διὰ δικαιοσύνην
8 38[b] πέπεισμαι γὰρ ὅτι οὔτε θάνατος
οὔτε ζωὴ ⟨δυνήσεται ἡμᾶς χωρί-
σαι ἀπὸ τῆς ἀγάπης τοῦ θεοῦ⟩
11 15 τίς ἡ πρόσλημψις εἰ μὴ ζωὴ ἐκ
νεκρῶν;
1 C 3 22[b] ⟨πάντα γὰρ ὑμῶν ἐστιν⟩ εἴτε
κόσμος εἴτε ζωὴ εἴτε θάνατος
15 19 εἰ ἐν τῇ ζωῇ ταύτῃ ἐν Χριστῷ
ἠλπικότες ἐσμὲν μόνον
2 C 2 16[b] οἷς μὲν ὀσμὴ ἐκ θανάτου εἰς θάνα-
τον, οἷς δὲ ὀσμὴ ἐκ ζωῆς ↔
2 16[b] εἰς ζωήν
4 10 ἵνα καὶ ἡ ζωὴ τοῦ Ἰησοῦ ἐν | τῷ
σώματι (τοῖς -ασιν T) ἡμῶν φανε-
ρωθῇ
4 11[b] ἵνα καὶ ἡ ζωὴ τοῦ Ἰησοῦ φανερω-
θῇ ἐν τῇ θνητῇ σαρκὶ ἡμῶν. ↔
4 12[b] ὥστε ὁ θάνατος ἐν ἡμῖν ἐνεργεῖται,
ἡ δὲ ζωὴ ἐν ὑμῖν
5 4 ἵνα καταποθῇ τὸ θνητὸν ὑπὸ τῆς
ζωῆς
G 6 8[a] ὁ δὲ σπείρων εἰς τὸ πνεῦμα ἐκ τοῦ
πνεύματος θερίσει ζωὴν αἰώνιον
E 4 18 ⟨μηκέτι ὑμᾶς περιπατεῖν καθὼς καὶ
τὰ ἔθνη⟩ ἀπηλλοτριωμένοι τῆς
ζωῆς τοῦ θεοῦ
Ph 1 20[b] μεγαλυνθήσεται Χριστὸς ἐν τῷ
σώματί μου, εἴτε διὰ ζωῆς εἴτε διὰ
θανάτου
2 16 ⟨ἐν οἷς φαίνεσθε ὡς φωστῆρες ἐν
κόσμῳ⟩ λόγον ζωῆς ἐπέχοντες
4 3[c] τῶν λοιπῶν συνεργῶν μου, ὧν τὰ
ὀνόματα ἐν βίβλῳ ζωῆς
Cl 3 3 ἡ ζωὴ ὑμῶν κέκρυπται σὺν τῷ
Χριστῷ ἐν τῷ θεῷ· ↔
3 4 ὅταν ὁ Χριστὸς φανερωθῇ, ἡ ζωὴ
ὑμῶν (ΝΜVSHς)
1 Tm 1 16[a] πρὸς ὑποτύπωσιν τῶν μελλόντων
πιστεύειν ἐπ᾽ αὐτῷ εἰς ζωὴν
αἰώνιον
4 8 ἐπαγγελίαν ἔχουσα ζωῆς τῆς νῦν
καὶ τῆς μελλούσης
6 12[a] ⟨σὺ δέ, ὦ ἄνθρωπε θεοῦ⟩ ἐπιλα-
βοῦ τῆς αἰωνίου ζωῆς
6 19[a] ἵνα ἐπιλάβωνται τῆς ὄντως (αἰω-
νίου ς) ζωῆς
2 Tm 1 1 Παῦλος ἀπόστολος Χριστοῦ ...
κατ᾽ ἐπαγγελίαν ζωῆς τῆς ἐν
Χριστῷ Ἰησοῦ
1 10[b] τοῦ σωτῆρος ἡμῶν ... καταργή-
σαντος μὲν τὸν θάνατον φωτίσαν-
τος δὲ ζωὴν καὶ ἀφθαρσίαν διὰ τοῦ
εὐαγγελίου
Tt 1 2[a] ⟨Παῦλος ... ἀπόστολος ... κατὰ
πίστιν⟩ ἐπ᾽ ἐλπίδι ζωῆς αἰωνίου

Tt 3 7[a] ἵνα δικαιωθέντες ... κληρονόμοι
γενηθῶμεν κατ᾽ ἐλπίδα ζωῆς αἰω-
νίου
Hb 7 3 ⟨ὁ Μελχισέδεκ⟩ μήτε ἀρχὴν ἡμε-
ρῶν μήτε ζωῆς τέλος ἔχων
7 16 ὃς οὐ κατὰ νόμον ἐντολῆς σαρκίνης
γέγονεν ἀλλὰ κατὰ δύναμιν ζωῆς
ἀκαταλύτου
Jc 1 12 ὅτι δόκιμος γενόμενος λήμψεται
τὸν στέφανον τῆς ζωῆς
4 14 οἵτινες οὐκ ἐπίστασθε τὸ (—ΝΗ)
τῆς αὔριον ποία (+γὰρ MVBSTς)
ἡ ζωὴ ὑμῶν
1 Pt 3 7 ἀπονέμοντες τιμὴν ὡς καὶ συγκλη-
ρονόμοις (-μοι Ης) χάριτος ζωῆς
3 10 ὁ γὰρ θέλων ζωὴν ἀγαπᾶν ...
παυσάτω τὴν γλῶσσαν ἀπὸ
κακοῦ
2 Pt 1 3 ὡς (+τὰ ΝVT) πάντα ἡμῖν τῆς
θείας δυνάμεως αὐτοῦ τὰ πρὸς
ζωὴν καὶ εὐσέβειαν δεδωρημένης
διὰ τῆς ἐπιγνώσεως τοῦ καλέσαν-
τος ἡμᾶς
1 Jo 1 1 ὃ ... αἱ χεῖρες ἡμῶν ἐψηλάφησαν,
περὶ τοῦ λόγου τῆς ζωῆς, ↔
1 2 καὶ ἡ ζωὴ ἐφανερώθη, ↔
1 2[a] καὶ ἑωράκαμεν ... καὶ ἀπαγγέλ-
λομεν ὑμῖν τὴν ζωὴν τὴν αἰώνιον
2 25[a] αὕτη ἐστὶν ἡ ἐπαγγελία ἣν αὐτὸς
ἐπηγγείλατο ἡμῖν, τὴν ζωὴν τὴν
αἰώνιον
3 14[b] μεταβεβήκαμεν ἐκ τοῦ θανάτου
εἰς τὴν ζωήν
3 15[a] πᾶς ἀνθρωποκτόνος οὐκ ἔχει ζωὴν
αἰώνιον ἐν αὐτῷ (ἑ. MVST) μένου-
σαν
5 11[a] ζωὴν αἰώνιον ἔδωκεν | ἡμῖν ὁ θεός
(~ΝΒΗ), ↔
5 11 καὶ αὕτη ἡ ζωὴ ἐν τῷ υἱῷ αὐτοῦ
ἐστιν. ↔
5 12 ὁ ἔχων τὸν υἱὸν ἔχει τὴν ζωήν· ↔
5 12 ὁ μὴ ἔχων τὸν υἱὸν τοῦ θεοῦ τὴν
ζωὴν οὐκ ἔχει
5 13[a] ἵνα εἰδῆτε ὅτι ζωὴν ἔχετε αἰώνιον
5 16 αἰτήσει, καὶ δώσει αὐτῷ ζωήν
5 20[a] οὗτός ἐστιν ὁ ἀληθινὸς θεὸς καὶ
(+ἡ ς) ζωὴ αἰώνιος
Jd 21[a] προσδεχόμενοι τὸ ἔλεος τοῦ κυρίου
ἡμῶν Ἰησοῦ Χριστοῦ εἰς ζωὴν
αἰώνιον
Ap 2 7 τῷ νικῶντι δώσω αὐτῷ φαγεῖν ἐκ
τοῦ ξύλου τῆς ζωῆς
2 10[b] γίνου πιστὸς ἄχρι θανάτου, καὶ
δώσω σοι τὸν στέφανον τῆς ζωῆς
3 5[c] οὐ μὴ ἐξαλείψω τὸ ὄνομα αὐτοῦ
ἐκ τῆς βίβλου τῆς ζωῆς
7 17 ποιμανεῖ αὐτοὺς καὶ ὁδηγήσει
αὐτοὺς ἐπὶ ζωῆς (ζώσας ς) πηγὰς
ὑδάτων
11 11 ἥμισυ πνεῦμα ζωῆς ἐκ τοῦ θεοῦ
εἰσῆλθεν | ἐν αὐτοῖς (αὐτοῖς VS;
[ἐν] αὐ. Η; ἐπ᾽ αὐτούς ς)
13 8[c] οὗ (ὧν VBSς) οὐ γέγραπται τὸ
ὄνομα αὐτοῦ ([Μ]; αὐτῶν Β;
—VSς) ἐν | τῷ βιβλίῳ (τῇ βίβλῳ
ς) τῆς ζωῆς τοῦ ἀρνίου
16 3 πᾶσα ψυχὴ ζωῆς (ζῶσα Sς)
ἀπέθανεν, τὰ (—VSς) ἐν τῇ θα-
λάσσῃ
17 8[c] ὧν οὐ γέγραπται τὸ ὄνομα ἐπὶ τὸ
βιβλίον τῆς ζωῆς ἀπὸ καταβολῆς
κόσμου
20 12[c] ἄλλο βιβλίον ἠνοίχθη, ὅ ἐστιν τῆς
ζωῆς

Ap 20 15[c] εἴ τις οὐχ εὑρέθη ἐν τῇ βίβλῳ τῆς
ζωῆς γεγραμμένος
21 6 ἐγὼ τῷ διψῶντι δώσω (+αὐτῷ
VT) ἐκ τῆς πηγῆς τοῦ ὕδατος τῆς
ζωῆς δωρεάν
21 27[c] οὐ μὴ εἰσέλθῃ εἰς αὐτήν ... εἰ μὴ
οἱ γεγραμμένοι ἐν τῷ βιβλίῳ τῆς
ζωῆς τοῦ ἀρνίου
22 1 ἔδειξέν μοι ποταμὸν ὕδατος ζωῆς
λαμπρόν
22 2 ἐντεῦθεν καὶ ἐκεῖθεν ξύλον ζωῆς
22 14 ἵνα ἔσται ἡ ἐξουσία αὐτῶν ἐπὶ τὸ
(—Μ) ξύλον τῆς ζωῆς
22 17 ὁ θέλων λαβέτω ὕδωρ ζωῆς δωρεάν
22 19[c] ἀφελεῖ ὁ θεὸς τὸ μέρος αὐτοῦ ἀπὸ
| τοῦ ξύλου (βίβλου ς) τῆς ζωῆς

ζώνη
Mt 3 4 αὐτὸς δὲ ὁ Ἰωάννης εἶχεν ... ζώ-
νην δερματίνην περὶ τὴν ὀσφὺν
αὐτοῦ
10 9 μὴ κτήσησθε χρυσὸν μηδὲ ἄργυ-
ρον μηδὲ χαλκὸν εἰς τὰς ζώνας
ὑμῶν
Mc 1 6 | καὶ ἦν ὁ (ἦν δὲ Sς) Ἰωάννης
ἐνδεδυμένος τρίχας καμήλου καὶ
ζώνην δερματίνην περὶ τὴν ὀσφὺν
αὐτοῦ
6 8 ἵνα μηδὲν αἴρωσιν (ἄρ. S) εἰς ὁδὸν
... μὴ πήραν, μὴ εἰς τὴν ζώνην
χαλκόν
Ac 21 11 ⟨Ἄγαβος⟩ ἄρας τὴν ζώνην τοῦ
Παύλου, δήσας ἑαυτοῦ τοὺς πόδας
... εἶπεν
21 11 τὸν ἄνδρα οὗ ἐστιν ἡ ζώνη αὕτη
οὕτως δήσουσιν ... οἱ Ἰουδαῖοι
Ap 1 13 ὅμοιον υἱὸν ἀνθρώπου ... περι-
εζωσμένον πρὸς τοῖς μαστοῖς ζώνην
χρυσᾶν (-σῆν Sς)
15 6 ἐξῆλθον οἱ ἑπτὰ ἄγγελοι ...
περιεζωσμένοι περὶ τὰ στήθη
ζώνας χρυσᾶς

ζώννυμι, ζωννύω
ἀνα- περι-
δια- ὑπο-
Jo 21 18 ἐζώννυες σεαυτὸν καὶ περιεπάτεις
ὅπου ἤθελες· ↔
21 18 ὅταν δὲ γηράσῃς ... | ἄλλος σε
ζώσει (~ΝΜΗ; ἄλλοι ζώσουσί σε
S)
Ac 12 8 ζῶσαι (περί- ς) καὶ ὑπόδησαι τὰ
σανδάλιά σου

ζωογονέω
ζωογονέω Μ(VB)STHς
Lc 17 33 τὴν ψυχὴν ... | ὃς δ᾽ ἂν (Ν26Η;
καὶ ὃς ἂν ΝΜ; καὶ ὃς ἐὰν rl) ἀπο-
λέσῃ (-σει ΝΜΤΗ), ζωογονήσει
αὐτήν
Ac 7 19 τοῦ ποιεῖν | τὰ βρέφη ἔκθετα
(~BSς) αὐτῶν εἰς τὸ μὴ ζωογο-
νεῖσθαι
1 Tm 6 13 παραγγέλλω σοι (+[Ν26]Ης)
ἐνώπιον τοῦ (—Τ) θεοῦ τοῦ
ζωογονοῦντος (ζωοποιοῦντος ς)
τὰ πάντα

ζῷον
ζῷον (S)T
[a] τέσσαρα ζ.
[b] ἄλογα ζ.
Hb 13 11 ὧν γὰρ εἰσφέρεται ζῴων τὸ αἷμα
περὶ ἁμαρτίας εἰς τὰ ἅγια
2 Pt 2 12[b] οὗτοι δέ, ὡς ἄλογα ζῷα γεγεννη-
μένα (γεγενημ. Τ) φυσικὰ εἰς
ἅλωσιν ... φθαρήσονται (κατα- Sς)
Jd 10[b] ὅσα δὲ φυσικῶς ὡς τὰ ἄλογα ζῷα
ἐπίστανται, ἐν τούτοις φθείρονται

Ap 4 6ᵃ κύκλῳ τοῦ θρόνου τέσσαρα ζῷα γέμοντα ὀφθαλμῶν ἔμπροσθεν καὶ ὄπισθεν. ↔

4 7 καὶ τὸ ζῷον τὸ πρῶτον ὅμοιον λέοντι, ↔

4 7 καὶ τὸ δεύτερον ζῷον ὅμοιον μόσχῳ, ↔

4 7 καὶ τὸ τρίτον ζῷον ἔχων (ἔχον VBSς) τὸ πρόσωπον ὡς ἀνθρώπου, ↔

4 7 καὶ τὸ τέταρτον ζῷον ὅμοιον ἀετῷ πετομένῳ. ↔

4 8ᵃ καὶ τὰ τέσσαρα ζῷα . . . κυκλόθεν καὶ ἔσωθεν γέμουσιν ὀφθαλμῶν

4 9 ὅταν δώσουσιν τὰ ζῷα δόξαν καὶ τιμὴν καὶ εὐχαριστίαν τῷ καθημένῳ . . . τῷ ζῶντι εἰς τοὺς αἰῶνας

5 6ᵃ εἶδον ἐν μέσῳ τοῦ θρόνου καὶ τῶν τεσσάρων ζῴων . . . ἀρνίον ἑστηκός (-κώς T)

5 8ᵃ τὰ τέσσαρα ζῷα καὶ οἱ εἴκοσι τέσσαρες πρεσβύτεροι ἔπεσαν ἐνώπιον τοῦ ἀρνίου

5 11 ἤκουσα (+ὡς BT) φωνὴν ἀγγέλων πολλῶν κύκλῳ τοῦ θρόνου καὶ τῶν ζῴων καὶ τῶν πρεσβυτέρων

Ap 5 14ᵃ καὶ τὰ τέσσαρα ζῷα ἔλεγον· ἀμήν

6 1ᵃ ἤκουσα ἑνὸς ἐκ τῶν τεσσάρων ζῴων λέγοντος ὡς φωνὴ (N²⁶T; φωνῆς ς; φωνῇ rl) βροντῆς

6 3 ἤκουσα τοῦ δευτέρου ζῴου λέγοντος

6 5 ἤκουσα τοῦ τρίτου ζῴου λέγοντος

6 6ᵃ ἤκουσα ὡς φωνὴν ἐν μέσῳ τῶν τεσσάρων ζῴων λέγουσαν

6 7 ἤκουσα φωνὴν τοῦ τετάρτου ζῴου λέγοντος

7 11ᵃ πάντες οἱ ἄγγελοι εἱστήκεισαν κύκλῳ τοῦ θρόνου καὶ τῶν πρεσβυτέρων καὶ τῶν τεσσάρων ζῴων

14 3ᵃ ᾄδουσιν ὡς ([N²⁶S]; —NT) ᾠδὴν καινὴν . . . ἐνώπιον τῶν τεσσάρων ζῴων

15 7ᵃ ἓν ἐκ τῶν τεσσάρων ζῴων ἔδωκεν τοῖς ἑπτὰ ἀγγέλοις ἑπτὰ φιάλας χρυσᾶς

19 4ᵃ ἔπεσαν . . . τὰ τέσσαρα ζῷα, καὶ προσεκύνησαν τῷ θεῷ

ζῳοποιέω

ζῳοποιέω NMVBSTHς
συ-
ᵃ pass.

Jo 5 21 ὥσπερ γὰρ ὁ πατὴρ ἐγείρει τοὺς νεκροὺς καὶ ζῳοποιεῖ, ↔

5 21 οὕτως καὶ ὁ υἱὸς οὓς θέλει ζῳοποιεῖ

6 63 τὸ πνεῦμά ἐστιν τὸ ζῳοποιοῦν

Rm 4 17 κατέναντι οὗ ἐπίστευσεν θεοῦ τοῦ ζῳοποιοῦντος τοὺς νεκρούς

8 11 ὁ ἐγείρας || Χριστὸν (+᾽Ιησοῦν N[MV]BTH) ἐκ νεκρῶν ((∼NM STH)) ζῳοποιήσει καὶ [H] τὰ θνητὰ σώματα ὑμῶν

1 C 15 22ᵃ οὕτως καὶ ἐν τῷ Χριστῷ πάντες ζῳοποιηθήσονται

15 36ᵃ σὺ ὃ σπείρεις, οὐ ζῳοποιεῖται ἐὰν μὴ ἀποθάνῃ

15 45 ἐγένετο . . . ὁ ἔσχατος ᾽Αδὰμ εἰς πνεῦμα ζῳοποιοῦν

2 C 3 6 τὸ γὰρ γράμμα ἀποκτέννει, τὸ δὲ πνεῦμα ζῳοποιεῖ

G 3 21 εἰ γὰρ ἐδόθη νόμος ὁ δυνάμενος ζῳοποιῆσαι

1Tm 6 13 * παραγγέλλω σοι (+[N²⁶]Hς) ἐνώπιον τοῦ (—T) θεοῦ τοῦ ζῳοποιοῦντος (ς; ζῳογονοῦντος rl) τὰ πάντα

1 Pt 3 18ᵃ Χριστὸς ἅπαξ . . . ἔπαθεν (N²⁶Vς; ἀπέθανεν rl) . . . θανατωθεὶς μὲν σαρκὶ ζῳοποιηθεὶς δὲ πνεύματι

H

ἤ

→ ὁ, ἡ, τό

ἤ

a ἤ τίς
b ἤ πῶς
c sent. interrog. ineunte
d πότερον . . . ἤ
e ἤ καί
f post comp.
g μᾶλλον ἤ
h πρὶν ἤ
j ἀλλ' ἤ
k ἤ γάρ
l rel. in comparatione

Mt 1 18ʰ πρὶν ἤ συνελθεῖν αὐτοὺς εὑρέθη ἐν
γαστρὶ ἔχουσα ἐκ πνεύματος ἁγίου
5 17 μὴ νομίσητε ὅτι ἦλθον καταλῦσαι
τὸν νόμον ἤ τοὺς προφήτας
5 18 ἰῶτα ἓν ἤ μία κεραία οὐ μὴ παρέλθη
ἀπὸ τοῦ νόμου
5 36 ὅτι οὐ δύνασαι μίαν τρίχα λευκὴν
ποιῆσαι ἤ μέλαιναν
6 24 ἤ γὰρ τὸν ἕνα μισήσει καὶ τὸν
ἕτερον ἀγαπήσει, ↔
6 24 ἤ ἑνὸς ἀνθέξεται καὶ τοῦ ἑτέρου
καταφρονήσει
6 25ᵃ μὴ μεριμνᾶτε . . . τί φάγητε || ἤ
(καὶ VSς) τί πίητε (([N²⁶NH];
—T))
6 31 μὴ οὖν μεριμνήσητε λέγοντες· τί
φάγωμεν; ἤ· τί πίωμεν; ↔
6 31 ἤ· τί περιβαλώμεθα;
7 4ᵇ ἤ πῶς ἐρεῖς τῷ ἀδελφῷ σου ⟨;⟩
7 9ᵃ ἤ τίς ἐστιν (—H) ἐξ ὑμῶν ἄνθρω-
πος, ὃν αἰτήσει (ἐὰν αἰτήσῃ VSς)
ὁ υἱὸς αὐτοῦ ἄρτον ⟨;⟩
7 10ᵉ | ἤ καὶ ἰχθὺν αἰτήσει (καὶ ἐὰν ἰχ.
αἰτήσῃ VSς), μὴ ὄφιν ἐπιδώσει
αὐτῷ;
7 16 μήτι συλλέγουσιν ἀπὸ ἀκανθῶν
σταφυλὰς (σταφυλὴν Vς) ἤ ἀπὸ
τριβόλων σῦκα;
9 5 τί γάρ ἐστιν εὐκοπώτερον, εἰπεῖν·
ἀφίενται (ἀφέωντ. MVBSς) σου αἱ
ἁμαρτίαι, ἤ εἰπεῖν· ἔγειρε καὶ
περιπάτει;
10 11 εἰς ἣν δ' ἂν πόλιν ἤ κώμην εἰσέλ-
θητε
10 14 ἐξερχόμενοι ἔξω τῆς οἰκίας ἤ τῆς
πόλεως ἐκείνης
10 15ᶠ ἀνεκτότερον ἔσται γῇ Σοδόμων
καὶ Γομόρρων ἐν ἡμέρᾳ κρίσεως ἤ
τῇ πόλει ἐκείνῃ
10 19ᵃ μὴ μεριμνήσητε πῶς ἤ τί λαλήσητε
10 37 ὁ φιλῶν πατέρα ἤ μητέρα ὑπὲρ ἐμὲ
οὐκ ἔστιν μου ἄξιος· ↔
10 37 καὶ ὁ φιλῶν υἱὸν ἤ θυγατέρα
ὑπὲρ ἐμὲ οὐκ ἔστιν μου ἄξιος
11 3 σὺ εἶ ὁ ἐρχόμενος, ἤ ἕτερον προσ-
δοκῶμεν;
11 22ᶠ Τύρῳ καὶ Σιδῶνι ἀνεκτότερον ἔσται
ἐν ἡμέρᾳ κρίσεως ἤ ὑμῖν
11 24ᶠ γῇ Σοδόμων ἀνεκτότερον ἔσται ἐν
ἡμέρᾳ κρίσεως ἤ σοί
12 5ᶜ ἤ οὐκ ἀνέγνωτε ἐν τῷ νόμῳ ⟨;⟩

Mt 12 25 πᾶσα πόλις ἤ οἰκία μερισθεῖσα
καθ' ἑαυτῆς οὐ σταθήσεται
12 29ᵇ ἤ πῶς δύναταί τις εἰσελθεῖν εἰς τὴν
οἰκίαν τοῦ ἰσχυροῦ ⟨;⟩
12 33 ἤ ποιήσατε τὸ δένδρον καλὸν καὶ
τὸν καρπὸν αὐτοῦ καλόν, ↔
12 33 ἤ ποιήσατε τὸ δένδρον σαπρὸν
καὶ τὸν καρπὸν αὐτοῦ σαπρόν
13 21 γενομένης δὲ θλίψεως ἤ διωγμοῦ . . .
εὐθὺς σκανδαλίζεται
15 4 ὁ κακολογῶν πατέρα ἤ μητέρα
θανάτῳ τελευτάτω
15 5 ὃς ἂν εἴπῃ τῷ πατρὶ ἤ τῇ μητρί
15 6 * οὐ μὴ τιμήσει τὸν πατέρα αὐτοῦ
| ἤ τὴν μητέρα αὐτοῦ (—N²⁶H)
16 14 ⟨τίνα λέγουσιν . . . εἶναι τὸν υἱὸν
τοῦ ἀνθρώπου;⟩ οἱ μὲν Ἰωάννην
. . . ἕτεροι δὲ Ἰερεμίαν ἤ ἕνα τῶν
προφητῶν
16 26ᵃ ἤ τί δώσει ἄνθρωπος ἀντάλλαγμα
τῆς ψυχῆς αὐτοῦ;
17 25 οἱ βασιλεῖς τῆς γῆς ἀπὸ τίνων
λαμβάνουσιν τέλη ἤ κῆνσον; ↔
17 25 ἀπὸ τῶν υἱῶν αὐτῶν ἤ ἀπὸ τῶν
ἀλλοτρίων;
18 8 εἰ δὲ ἡ χείρ σου ἤ ὁ πούς σου
σκανδαλίζει σε
18 8 καλόν σοί ἐστιν εἰσελθεῖν εἰς τὴν
ζωὴν | κυλλὸν ἤ χωλόν (~ Vς), ↔
18 8ˡ ἤ δύο χεῖρας ↔
18 8 ἤ δύο πόδας ἔχοντα βληθῆναι εἰς
τὸ πῦρ τὸ αἰώνιον
18 9ˡ καλόν σοί ἐστιν . . . εἰσελθεῖν, ἤ
δύο ὀφθαλμοὺς ἔχοντα βληθῆναι
εἰς τὴν γέενναν τοῦ πυρός
18 13ᵍ χαίρει ἐπ' αὐτῷ μᾶλλον ἤ ἐπὶ τοῖς
ἐνενήκοντα ἐννέα
18 16 παράλαβε μετὰ σοῦ (σεαυτοῦ
BST) ἔτι ἕνα ἤ δύο, ↔
18 16 ἵνα ἐπὶ στόματος δύο μαρτύρων
ἤ τριῶν σταθῇ πᾶν ῥῆμα
18 20 οὗ γάρ εἰσιν δύο ἤ τρεῖς συνηγμέ-
νοι εἰς τὸ ἐμὸν ὄνομα
19 24ˡ εὐκοπώτερόν ἐστιν κάμηλον . . .
διελθεῖν (N²⁶VBς; εἰσ- rl) ἤ πλού-
σιον εἰσελθεῖν (+N²⁶B) εἰς τὴν
βασιλείαν | τοῦ θεοῦ (τῶν οὐρα-
νῶν T) (+εἰσελθεῖν Vς)
19 29 πᾶς ὅστις ἀφῆκεν | οἰκίας ἤ (—ST)
ἀδελφοὺς
19 29 ἤ ἀδελφὰς ↔
19 29 ἤ πατέρα ↔
19 29 ἤ μητέρα ↔
19 29 * ἤ γυναῖκα (+MVSς) ↔
19 29 ἤ τέκνα ↔
19 29 ἤ ἀγρούς ↔
19 29 * | ἤ οἰκίας (+ST) . . . ζωὴν
αἰώνιον κληρονομήσει
20 15ᶜ ἤ ([N²⁶]; —NBH) οὐκ ἔξεστίν μοι
ὃ θέλω ποιῆσαι ἐν τοῖς ἐμοῖς; ↔
20 15ᶜ ἤ ὁ ὀφθαλμός σου πονηρός ἐστιν
ὅτι ἐγὼ ἀγαθός εἰμι;
20 23 * τὸ δὲ καθίσαι ἐκ δεξιῶν μου ἤ
(MS; καὶ rl) ἐξ εὐωνύμων οὐκ

ἔστιν ἐμὸν τοῦτο ([N²⁶]; —Hς)
δοῦναι
Mt 21 25 τὸ βάπτισμα τὸ ([S]; —ς) Ἰωάν-
νου πόθεν ἦν; ἐξ οὐρανοῦ ἤ ἐξ
ἀνθρώπων;
22 17 ἔξεστιν δοῦναι κῆνσον Καίσαρι ἤ
οὔ;
23 17 τίς γὰρ μείζων ἐστίν, ὁ χρυσὸς ἤ
ὁ ναός ⟨;⟩
23 19 τί γὰρ μεῖζον, τὸ δῶρον ἤ τὸ
θυσιαστήριον ⟨;⟩
24 23 τότε ἐάν τις ὑμῖν εἴπῃ· ἰδοὺ ὧδε
ὁ χριστός, ἤ· ὧδε, μὴ πιστεύσητε
25 37 πότε σε εἴδομεν πεινῶντα . . . ἤ
διψῶντα καὶ ἐποτίσαμεν; ↔
25 38 πότε δέ σε εἴδομεν ξένον . . . ἤ
γυμνὸν καὶ περιεβάλομεν; ↔
25 39 πότε δέ σε εἴδομεν ἀσθενοῦντα
(ἀσθενῆ MVSς) ἤ ἐν φυλακῇ καὶ
ἤλθομεν πρός σε;
25 44 κύριε, πότε σε εἴδομεν πεινῶντα ἤ
διψῶντα ↔
25 44 ἤ ξένον ↔
25 44 ἤ γυμνὸν ↔
25 44 ἤ ἀσθενῆ ↔
25 44 ἤ ἐν φυλακῇ καὶ οὐ διηκονήσαμέν
σοι;
26 53ᶜ ἤ δοκεῖς ὅτι οὐ δύναμαι παρακαλέ-
σαι τὸν πατέρα μου,
26 53ᶠ * καὶ παραστήσει μοι ἄρτι πλείω
(πλείους MVSς) ἤ (+MV[S]ς)
δώδεκα λεγιῶνας (-ώνων ST)
ἀγγέλων;
27 17 τίνα θέλετε ἀπολύσω ὑμῖν, | Ἰη-
σοῦν τὸν ([N²⁶]; τὸν [NH]; —rl)
Βαραββᾶν ἤ Ἰησοῦν τὸν λεγόμενον
χριστόν;

Mc 2 9 τί ἐστιν εὐκοπώτερον, εἰπεῖν . . .
ἀφίενταί σου αἱ ἁμαρτίαι, ἤ
εἰπεῖν · ἔγειρε (-ρου H; -ραι ς) ⟨;⟩
3 4 ἔξεστιν τοῖς σάββασιν | ἀγαθὸν
ποιῆσαι (ἀγαθοποιῆσαι VBSHς)
ἤ κακοποιῆσαι;
3 4 ψυχὴν σῶσαι ἤ ἀποκτεῖναι;
3 33 * τίς ἐστιν ἡ μήτηρ μου ἤ (Sς; καὶ
rl) οἱ ἀδελφοί μου ([N²⁶]; —NH);
4 17 εἶτα γενομένης θλίψεως ἤ διωγ-
μοῦ . . . εὐθὺς σκανδαλίζονται
4 21 μήτι ἔρχεται ὁ λύχνος ἵνα ὑπὸ τὸν
μόδιον τεθῇ ἤ ὑπὸ τὴν κλίνην;
4 30ᵃ πῶς ὁμοιώσωμεν τὴν βασιλείαν
τοῦ θεοῦ, ἤ ἐν τίνι αὐτὴν παραβο-
λῇ θῶμεν;
6 11 * | ἀνεκτότερον ἔσται Σοδόμοις ἤ
Γομόρροις ἐν ἡμέρᾳ κρίσεως (. .
+ς . .) ↔
6 11ᶠ * | ἤ τῇ πόλει ἐκείνῃ (. . +ς)
6 15 * ἄλλοι δὲ ἔλεγον ὅτι προφήτης
| ἐστιν, ἤ (+ς) ὡς εἷς τῶν προφη-
τῶν
6 56 ὅπου ἂν (ἐὰν T) εἰσεπορεύετο εἰς
κώμας ἤ εἰς (—ς) πόλεις ↔
6 56 ἤ εἰς (—ς) ἀγρούς
7 10 ὁ κακολογῶν πατέρα ἤ μητέρα
θανάτῳ τελευτάτω

Mc 7 11 ἐὰν εἴπη ἄνθρωπος τῷ πατρὶ ἤ
τῇ μητρί

7 12 οὐκέτι ἀφίετε αὐτὸν οὐδὲν ποιῆσαι
τῷ πατρὶ ἤ τῇ μητρί

8 37ᵃ * | ἤ τί (ϛ; τί γὰρ rl) δοῖ (δώσει
MVBϛ) ἄνθρωπος ἀντάλλαγμα
τῆς ψυχῆς αὐτοῦ;

9 43ˡ καλόν ἐστίν σε κυλλὸν εἰσελθεῖν . . .
ἤ τὰς δύο χεῖρας ἔχοντα ἀπελθεῖν
εἰς τὴν γέενναν

9 45ˡ καλόν ἐστίν σε εἰσελθεῖν . . .
χωλόν, ἤ τοὺς δύο πόδας ἔχοντα
βληθῆναι εἰς τὴν γέενναν

9 47ˡ καλόν σέ ἐστιν μονόφθαλμον εἰσελ-
θεῖν . . . ἤ δύο ὀφθαλμοὺς ἔχοντα
βληθῆναι εἰς τὴν (—H) γέενναν

10 25ᶠ εὐκοπώτερόν ἐστιν κάμηλον . . .
διελθεῖν ἤ πλούσιον εἰς τὴν βασι-
λείαν τοῦ θεοῦ εἰσελθεῖν

10 29 οὐδείς ἐστιν ὃς ἀφῆκεν οἰκίαν ἤ
ἀδελφοὺς ↔

10 29 ἤ ἀδελφὰς ↔

10 29 ἤ μητέρα ↔

10 29 ἤ πατέρα ↔

10 29 * | ἤ γυναῖκα (+ϛ) ↔

10 29 ἤ τέκνα ↔

10 29 ἤ ἀγροὺς ἕνεκεν ἐμοῦ

10 38 δύνασθε πιεῖν τὸ ποτήριον ὃ ἐγὼ
πίνω, ἤ (καὶ ϛ) τὸ βάπτισμα ὃ ἐγὼ
βαπτίζομαι βαπτισθῆναι;

10 40 τὸ δὲ καθίσαι ἐκ δεξιῶν μου ἤ
(καὶ ϛ) ἐξ εὐωνύμων οὐκ ἔστιν
ἐμὸν δοῦναι

11 28ᵃ ἤ (καὶ ϛ) τίς σοι | ἔδωκεν τὴν
ἐξουσίαν ταύτην (~ Tϛ) ἵνα ταῦτα
ποιῆς;

11 30 τὸ βάπτισμα τὸ ([S]; —ϛ) Ἰωάν-
νου ἐξ οὐρανοῦ ἦν ἤ ἐξ ἀνθρώπων;

12 14 ἔξεστιν | δοῦναι κῆνσον Καίσαρι
(~ STϛ) ἤ οὔ; ↔

12 14 δῶμεν ἤ μὴ δῶμεν;

13 21 * ἐάν τις ὑμῖν εἴπη· ἴδε (ἰδοὺ ϛ)
ὧδε ὁ χριστός, | ἤ ἰδοὺ (ϛ; ἴδε rl)
ἐκεῖ, μὴ πιστεύετε

13 32 περὶ δὲ τῆς ἡμέρας ἐκείνης ἤ
(καὶ ϛ) τῆς ὥρας οὐδεὶς οἶδεν

13 35 οὐκ οἴδατε γὰρ πότε ὁ κύριος . . .
ἔρχεται, ἤ (—ϛ) ὀψὲ ↔

13 35 ἤ μεσονύκτιον ↔

13 35 ἤ ἀλεκτοροφωνίας ↔

13 35 ἤ πρωΐ

14 30ʰ σήμερον . . . πρὶν ἤ δὶς ἀλέκτορα
φωνῆσαι τρίς με ἀπαρνήση

Lc 2 24 τοῦ δοῦναι θυσίαν . . . ζεῦγος
τρυγόνων ἤ δύο νοσσοὺς περιστε-
ρῶν

2 26ʰ μὴ ἰδεῖν θάνατον πρὶν ἤ [N²⁶H]
ἂν (—VBSϛ) ἴδη τὸν χριστὸν
κυρίου

5 23ᶠ τί ἐστιν εὐκοπώτερον, εἰπεῖν·
ἀφέωνταί σοι . . . ἤ εἰπεῖν· ἔγειρε
καὶ περιπάτει;

6 9 ἐπερωτῶ (-τήσω Vϛ) ὑμᾶς εἰ (τί
Vϛ) ἔξεστιν τῷ σαββάτῳ ἀγαθο-
ποιῆσαι ἤ κακοποιῆσαι, ↔

6 9 ψυχὴν σῶσαι ἤ ἀπολέσαι;

6 42ᵇ * ἤ (+VB[S]ϛ) πῶς δύνασαι
λέγειν τῷ ἀδελφῷ σου ⟨;⟩

7 19ᶜ σὺ εἶ ὁ ἐρχόμενος, ἤ ἄλλον (ἕτερον
H) προσδοκῶμεν;

7 20ᶜ σὺ εἶ ὁ ἐρχόμενος, ἤ ἄλλον προσδο-
κῶμεν;

8 16 οὐδεὶς δὲ λύχνον ἅψας καλύπτει
αὐτὸν σκεύει ἤ ὑποκάτω κλίνης
τίθησιν

Lc 9 13ᶠ οὐκ εἰσὶν ἡμῖν πλεῖον ἤ | ἄρτοι
πέντε (~ VBSϛ) καὶ ἰχθύες δύο

9 25 τί γὰρ ὠφελεῖται ἄνθρωπος κερδή-
σας . . . ἑαυτὸν δὲ ἀπολέσας ἤ
ζημιωθείς;

10 12ᶠ Σοδόμοις ἐν τῇ ἡμέρᾳ ἐκείνῃ ἀνεκτό-
τερον ἔσται ἤ τῇ πόλει ἐκείνη

10 14ᶠ πλὴν Τύρῳ καὶ Σιδῶνι ἀνεκτότε-
ρον ἔσται ἐν τῇ κρίσει ἤ ὑμῖν

10 42 * ὀλίγων (NSH; ἑνός rl) δέ ἐστιν
χρεία | ἤ ἑνός (+NH)

11 11ᵉ * τίνα (τίς S) δὲ . . . αἰτήσει . . .
|| ἄρτον, μὴ λίθον ἐπιδώσει αὐτῷ;
ἤ (ἤ καὶ BT; εἰ καὶ ϛ) ((—N²⁶NH))
ἰχθύν ⟨;⟩

11 12ᵉ ἤ καὶ αἰτήσει ᾠόν ⟨;⟩

12 11ᵃ μὴ μεριμνήσητε πῶς | ἤ τί [H]
ἀπολογήσησθε ↔

12 11ᵃ ἤ τί εἴπητε

12 14 τίς με κατέστησεν κριτὴν ἤ μερι-
στὴν ἐφ' ὑμᾶς;

12 29ᵃ * ὑμεῖς μὴ ζητεῖτε τί φάγητε ἤ (ϛ;
καὶ rl) τί πίητε

12 41ᵉ πρὸς ἡμᾶς τὴν παραβολὴν ταύτην
λέγεις ἤ καὶ πρὸς πάντας;

12 47 ὁ δοῦλος ὁ . . . μὴ ἑτοιμάσας ἤ
(μηδὲ ϛ) ποιήσας πρὸς τὸ θέλημα
αὐτοῦ δαρήσεται πολλάς

12 51ʲ δοκεῖτε ὅτι εἰρήνην παρεγενόμην
δοῦναι ἐν τῇ γῇ; οὐχί . . . ἀλλ' ἤ
διαμερισμόν

13 4ᵉ ἤ ἐκεῖνοι . . . δοκεῖτε ὅτι αὐτοὶ
ὀφειλέται ἐγένοντο ⟨;⟩

13 15 ἕκαστος ὑμῶν τῷ σαββάτῳ οὐ
λύει τὸν βοῦν αὐτοῦ ἤ τὸν ὄνον
ἀπὸ τῆς φάτνης ⟨;⟩

14 3 (+ εἰ Vϛ) ἔξεστιν τῷ σαββάτῳ
θεραπεῦσαι | ἤ οὔ (—ϛ);

14 5 τίνος ὑμῶν υἱὸς (ὄνος Sϛ) ἤ βοῦς
εἰς φρέαρ πεσεῖται ⟨;⟩

14 12 ὅταν ποιῇς ἄριστον ἤ δεῖπνον

14 31ᵃ ἤ τίς βασιλεύς . . . οὐχὶ καθίσας πρῶ-
τον βουλεύσεται (-εύεται Vϛ) ⟨;⟩

15 7ˡ οὕτως χαρὰ ἐν τῷ οὐρανῷ ἔσται
ἐπὶ ἑνὶ ἁμαρτωλῷ μετανοοῦντι ἤ
ἐπὶ ἐνενήκοντα ἐννέα δικαίοις

15 8ᵃ ἤ τίς γυνὴ δραχμὰς ἔχουσα δέκα,
ἐὰν ἀπολέση . . . οὐχὶ . . . ζητεῖ
ἐπιμελῶς ⟨;⟩

16 13ᵏ ἤ γὰρ τὸν ἕνα μισήσει καὶ τὸν
ἕτερον ἀγαπήσει, ↔

16 13 ἤ ἑνὸς ἀνθέξεται καὶ τοῦ ἑτέρου
καταφρονήσει

16 17ᶠ εὐκοπώτερον δέ ἐστιν τὸν οὐρανὸν
καὶ τὴν γῆν παρελθεῖν ἤ τοῦ νόμου
μίαν κεραίαν πεσεῖν

17 2ˡ λυσιτελεῖ αὐτῷ εἰ . . . ἔρριπται εἰς
τὴν θάλασσαν, ἤ ἵνα σκανδαλίση
τῶν μικρῶν τούτων ἕνα

17 7 τίς δὲ ἐξ ὑμῶν δοῦλον ἔχων ἀροτρι-
ῶντα ἤ ποιμαίνοντα . . . ἐρεῖ
αὐτῷ ⟨;⟩

17 21 οὐδὲ ἐροῦσιν· ἰδοὺ ὧδε ἤ· (+ ἰδοὺ
Vϛ) ἐκεῖ

17 23 ἐροῦσιν ὑμῖν· ἰδοὺ ἐκεῖ ἤ· ([N²⁶
VS]; —NT) ἰδοὺ ὧδε

18 11ᵉ ὅτι οὐκ εἰμὶ ὥσπερ οἱ λοιποὶ τῶν
ἀνθρώπων . . . ἤ καὶ ὡς οὗτος ὁ
τελώνης

18 14ᵏˡ * κατέβη οὗτος δεδικαιωμένος εἰς
τὸν οἶκον αὐτοῦ | ἤ γὰρ ἐκεῖνος
(T; ἤ ἐκ. ϛ; παρ' ἐκεῖνον rl)

18 25ᶠ εὐκοπώτερον γάρ ἐστιν κάμηλον
. . . εἰσελθεῖν ἤ πλούσιον εἰς τὴν
βασιλείαν τοῦ θεοῦ εἰσελθεῖν

Lc 18 29 οὐδείς ἐστιν ὃς ἀφῆκεν οἰκίαν ἤ
γυναῖκα ↔

18 29 ἤ ἀδελφοὺς ↔

18 29 ἤ γονεῖς ↔

18 29 ἤ τέκνα ἕνεκεν τῆς βασιλείας τοῦ
θεοῦ

20 2ᵃ ἐν ποίᾳ ἐξουσίᾳ ταῦτα ποιεῖς, ἤ τίς
ἐστιν ὁ δούς σοι τὴν ἐξουσίαν
ταύτην;

20 4 τὸ βάπτισμα (+τὸ T) Ἰωάννου
ἐξ οὐρανοῦ ἦν ἤ ἐξ ἀνθρώπων;

20 22 ἔξεστιν ἡμᾶς Καίσαρι φόρον δοῦναι
ἤ οὔ;

21 15 σοφίαν, ᾗ οὐ δυνήσονται ἀντιστῆ-
ναι ἤ (οὐδὲ ϛ) ἀντειπεῖν ἅπαντες
(πάντες MVBSϛ) οἱ ἀντικείμενοι
ὑμῖν

22 27 τίς γὰρ μείζων, ὁ ἀνακείμενος ἤ ὁ
διακονῶν;

22 34ʰ * οὐ φωνήσει σήμερον ἀλέκτωρ
| πρὶν ἤ (ϛ; ἕως rl) τρίς || με ἀπ-
αρνήση (+μὴ NMVTϛ) εἰδέναι
((~ Tϛ))

22 68 * οὐ μὴ ἀποκριθῆτέ | μοι ἤ ἀπολύ-
σητε (+Vϛ; +μοι B)

Jo 2 6 ἦσαν δὲ ἐκεῖ λίθιναι ὑδρίαι . . .
χωροῦσαι ἀνὰ μετρητὰς δύο ἤ
τρεῖς

3 19ᵍ ἠγάπησαν οἱ ἄνθρωποι μᾶλλον τὸ
σκότος ἤ τὸ φῶς

4 1ᶠ Ἰησοῦς πλείονας μαθητὰς ποιεῖ
καὶ βαπτίζει ἤ [H] Ἰωάννης

4 27ᵃ τί ζητεῖς ἤ τί λαλεῖς μετ' αὐτῆς;

6 19 ἐληλακότες οὖν ὡς σταδίους (στά-
δια T) εἴκοσι πέντε ἤ τριάκοντα

7 17ᵈ γνώσεται . . . πότερον ἐκ τοῦ
(—T) θεοῦ ἐστιν ἤ ἐγὼ ἀπ'
ἐμαυτοῦ λαλῶ

7 48 μή τις ἐκ τῶν ἀρχόντων ἐπίστευ-
σεν εἰς αὐτὸν ἤ ἐκ τῶν Φαρισαίων;

8 14 ὑμεῖς δὲ (—T) οὐκ οἴδατε πόθεν
ἔρχομαι ἤ (καὶ ϛ) ποῦ ὑπάγω

9 2 ῥαββί, τίς ἥμαρτεν, οὗτος ἤ οἱ
γονεῖς αὐτοῦ ⟨;⟩

9 21ᵃ πῶς δὲ νῦν βλέπει . . . ἤ τίς ἤνοιξεν
αὐτοῦ τοὺς ὀφθαλμοὺς ἡμεῖς οὐκ
οἴδαμεν

13 10 * ὁ λελουμένος | οὐκ ἔχει χρείαν (οὐ
χ. ἔ. Vϛ) || ἤ (ϛ; εἰ μὴ rl) τοὺς
πόδας (([NH]; —T)) νίψασθαι

13 29 λέγει αὐτῷ ὁ ([N²⁶]; —NTH)
Ἰησοῦς· ἀγόρασον . . . ἤ τοῖς
πτωχοῖς ἵνα τι δῷ

18 34ᶜ | ἀπὸ σεαυτοῦ (ἀφ' ἑ. NTϛ) σὺ
τοῦτο λέγεις, ἤ ἄλλοι | εἰπόν σοι
(~ VBSTϛ) περὶ ἐμοῦ;

Ac 1 7 οὐχ ὑμῶν ἐστιν γνῶναι χρόνους ἤ
καιροὺς

2 20ʰ * ὁ ἥλιος μεταστραφήσεται εἰς
σκότος . . . πρὶν ἤ (+ϛ) ἐλθεῖν
(+ τὴν VSϛ) ἡμέραν κυρίου

3 12ᵃ τί θαυμάζετε ἐπὶ τούτῳ, ἤ ἡμῖν τί
ἀτενίζετε ↔

3 12 ὡς ἰδίᾳ δυνάμει ἤ εὐσεβείᾳ πεποι-
ηκόσιν τοῦ περιπατεῖν αὐτόν;

4 7 ἐν ποίᾳ δυνάμει ἤ ἐν ποίῳ ὀνόματι
| ἐποιήσατε τοῦτο (~ T) ὑμεῖς;

4 19ᵍ εἰ δίκαιόν ἐστιν . . . ὑμῶν ἀκούειν
μᾶλλον ἤ τοῦ θεοῦ

4 34 ὅσοι γὰρ κτήτορες χωρίων ἤ
οἰκιῶν ὑπῆρχον

5 29ᵍ πειθαρχεῖν δεῖ θεῷ μᾶλλον ἤ ἀνθρώ-
ποις

Ac 5 38 ὅτι ἐὰν ᾖ ἐξ ἀνθρώπων ἡ βουλὴ αὕτη ἢ τὸ ἔργον τοῦτο, καταλυθήσεται

7 2ʰ ὁ θεὸς τῆς δόξης ὤφθη ... Ἀβραὰμ ... πρὶν ἢ κατοικῆσαι αὐτὸν ἐν Χαρράν

7 49ᵃ ποῖον οἶκον οἰκοδομήσετέ μοι ... ἢ τίς τόπος τῆς καταπαύσεώς μου;

8 34 περὶ τίνος ὁ προφήτης λέγει τοῦτο· περὶ ἑαυτοῦ ἢ περὶ ἑτέρου τινός;

10 14 *ὅτι οὐδέποτε ἔφαγον πᾶν κοινὸν ἢ (ς· καὶ rl) ἀκάθαρτον

10 28 ὡς ἀθέμιτόν ἐστιν ἀνδρὶ Ἰουδαίῳ κολλᾶσθαι ἢ προσέρχεσθαι ἀλλοφύλῳ· ↔

10 28 κἀμοὶ | ὁ θεὸς ἔδειξεν (~BT) μηδένα κοινὸν ἢ ἀκάθαρτον λέγειν ἄνθρωπον

11 8 ὅτι κοινὸν ἢ ἀκάθαρτον οὐδέποτε εἰσῆλθεν εἰς τὸ στόμα μου

17 21¹ εἰς οὐδὲν ἕτερον ηὐκαίρουν ἢ λέγειν τι

17 21 ἢ (καὶ ς) ἀκούειν τι ([S]; —ς) καινότερον

17 29 οὐκ ὀφείλομεν νομίζειν, χρυσῷ ἢ ἀργύρῳ ↔

17 29 ἢ λίθῳ ... τὸ θεῖον εἶναι ὅμοιον

18 14 εἰ μὲν ἦν ἀδίκημά τι ἢ ῥᾳδιούργημα πονηρόν

19 12 ὥστε ... ἀποφέρεσθαι ἀπὸ τοῦ χρωτὸς αὐτοῦ σουδάρια ἢ σιμικίνθια

20 33 ἀργυρίου ἢ χρυσίου ↔

20 33 ἢ ἱματισμοῦ οὐδενὸς ἐπεθύμησα

20 35ᵍ μακάριόν ἐστιν μᾶλλον διδόναι ἢ λαμβάνειν

23 9 εἰ δὲ πνεῦμα ἐλάλησεν αὐτῷ ἢ ἄγγελος

23 29 ὃν εὗρον ἐγκαλούμενον ... μηδὲν δὲ ἄξιον θανάτου ἢ δεσμῶν ἔχοντα ἔγκλημα

24 11ᶠ *οὐ πλείους εἰσίν μοι ἡμέραι ἢ (+ ς) δώδεκα ἀφ' ἧς ἀνέβην

24 12 οὔτε ἐν τῷ ἱερῷ εὗρόν με πρός τινα διαλεγόμενον ἢ ἐπίστασιν ποιοῦντα ὄχλου

24 20 (οὓς ἔδει ... κατηγορεῖν) ἢ αὐτοὶ οὗτοι εἰπάτωσαν τί εὗρον ἀδίκημα στάντος μου ἐπὶ τοῦ συνεδρίου, ↔

24 21 ἢ περὶ μιᾶς ταύτης φωνῆς ἧς ἐκέκραξα ἐν αὐτοῖς ἑστώς

24 23 *διαταξάμενος ... μηδένα κωλύειν τῶν ἰδίων αὐτοῦ ὑπηρετεῖν | ἢ προσέρχεσθαι (+ς) αὐτῷ

25 6ᶠ διατρίψας δὲ ἐν αὐτοῖς ἡμέρας | οὐ πλείους ὀκτὼ (πλ. ς) ἢ δέκα

25 16ʰ πρὶν ἢ ὁ κατηγορούμενος κατὰ πρόσωπον ἔχοι τοὺς κατηγόρους

26 31 οὐδὲν θανάτου ἢ δεσμῶν ἄξιόν τι (+[N26]BST) πράσσει ὁ ἄνθρωπος οὗτος

27 11ᵍ τῷ ναυκλήρῳ | μᾶλλον ἐπείθετο (~ς) ἢ τοῖς ὑπὸ (+ τοῦ VBSς) Παύλου λεγομένοις

28 6 οἱ δὲ προσεδόκων αὐτὸν μέλλειν πίμπρασθαι (ἐμπιπρᾶσθαι Τ) ἢ καταπίπτειν ἄφνω νεκρόν

28 17 οὐδὲν ἐναντίον ποιήσας τῷ λαῷ ἢ τοῖς ἔθεσι τοῖς πατρῴοις, δέσμιος ... παρεδόθην

28 21 οὔτε παραγενόμενός τις ... ἀπήγγειλεν ἢ ἐλάλησέν τι περὶ σοῦ πονηρόν

Rm 1 21 διότι γνόντες τὸν θεὸν οὐχ ὡς θεὸν ἐδόξασαν ἢ ηὐχαρίστησαν

Rm 2 4ᶜ ⟨λογίζῃ δὲ τοῦτο⟩ ἢ τοῦ πλούτου τῆς χρηστότητος αὐτοῦ ... καταφρονεῖς ⟨;⟩

2 15ᵉ μεταξὺ ἀλλήλων τῶν λογισμῶν κατηγορούντων ἢ καὶ ἀπολογουμένων

3 1ᵃ τί οὖν τὸ περισσὸν τοῦ Ἰουδαίου, ἢ τίς ἡ ὠφέλεια τῆς περιτομῆς;

3 29ᶜ Ἰουδαίων ὁ θεὸς μόνον;

4 9ᵉ ὁ μακαρισμὸς οὖν οὗτος ἐπὶ τὴν περιτομὴν ἢ καὶ ἐπὶ τὴν ἀκροβυστίαν;

4 10 πῶς οὖν ἐλογίσθη; ἐν περιτομῇ ὄντι ἢ ἐν ἀκροβυστίᾳ

4 13 οὐ γὰρ διὰ νόμου ἡ ἐπαγγελία τῷ Ἀβραὰμ ἢ τῷ σπέρματι αὐτοῦ

6 3ᶜ ἢ ἀγνοεῖτε ὅτι ... εἰς τὸν θάνατον αὐτοῦ ἐβαπτίσθημεν;

6 16 δοῦλοί ἐστε ᾧ ὑπακούετε, ἤτοι ἁμαρτίας ... ἢ ὑπακοῆς εἰς δικαιοσύνην

7 1ᵉ ἢ ἀγνοεῖτε ... ὅτι ὁ νόμος κυριεύει τοῦ ἀνθρώπου ⟨;⟩

8 35 τίς ἡμᾶς χωρίσει ἀπὸ τῆς ἀγάπης τοῦ Χριστοῦ; θλῖψις ἢ στενοχωρία ↔

8 35 ἢ διωγμός ↔

8 35 ἢ λιμός ↔

8 35 ἢ γυμνότης ↔

8 35 ἢ κίνδυνος ↔

8 35 ἢ μάχαιρα ↔

9 11 μήπω ... πραξάντων τι ἀγαθὸν ἢ φαῦλον

9 21ᶜ ἢ οὐκ ἔχει ἐξουσίαν ὁ κεραμεὺς τοῦ πηλοῦ ... ποιῆσαι ⟨;⟩

10 7 ⟨τίς ἀναβήσεται⟩ ἤ· τίς καταβήσεται εἰς τὴν ἄβυσσον;

11 2ᶜ ἢ οὐκ οἴδατε ἐν Ἠλίᾳ τί λέγει ἡ γραφή ⟨;⟩

11 34ᵃ τίς γὰρ ἔγνω νοῦν κυρίου; ἢ τίς σύμβουλος αὐτοῦ ἐγένετο; ↔

11 35ᵃ ἢ τίς προέδωκεν αὐτῷ ⟨;⟩

13 11ᶠ νῦν γὰρ ἐγγύτερον ἡμῶν ἡ σωτηρία ἢ ὅτε ἐπιστεύσαμεν

14 4 τῷ ἰδίῳ κυρίῳ στήκει ἢ πίπτει

14 10ᵉ τί κρίνεις τὸν ἀδελφόν σου; ἢ καὶ σὺ τί ἐξουθενεῖς τὸν ἀδελφόν σου;

14 13 τὸ μὴ τιθέναι πρόσκομμα τῷ ἀδελφῷ ἢ σκάνδαλον

14 21 *καλὸν τὸ μὴ φαγεῖν κρέα ... μηδὲ ἐν ᾧ ὁ ἀδελφός σου προσκόπτει | ἢ σκανδαλίζεται (+[MS]Bς ..)

14 21 * | ἢ ἀσθενεῖ (..+[MS]Bς)

1 C 1 13ᶜ μὴ Παῦλος ἐσταυρώθη ὑπὲρ (περὶ Β) ὑμῶν, ἢ εἰς τὸ ὄνομα Παύλου ἐβαπτίσθητε;

2 1 ἦλθον οὐ καθ' ὑπεροχὴν λόγου ἢ σοφίας καταγγέλλων

3 5ʲ * τί οὖν ἐστιν Ἀπολλῶς; τί δέ ἐστιν Παῦλος | ἀλλ' ἢ (+ς) διάκονοι

4 3 ἵνα ὑφ' ὑμῶν ἀνακριθῶ ἢ ὑπὸ ἀνθρωπίνης ἡμέρας

4 21 ἐν ῥάβδῳ ἔλθω πρὸς ὑμᾶς, ἢ ἐν ἀγάπῃ ⟨;⟩

5 10 ⟨μὴ συναναμίγνυσθαι⟩ οὐ πάντως τοῖς πόρνοις τοῦ κόσμου τούτου ἢ τοῖς πλεονέκταις ↔

5 10 * ἢ (ς· καὶ rl) ἅρπαξιν ↔

5 10 ἢ εἰδωλολάτραις

5 11 μὴ συναναμίγνυσθαι ἐάν τις ἀδελφὸς ὀνομαζόμενος ἢ πόρνος ἢ πλεονέκτης ↔

5 11 ἢ εἰδωλολάτρης ↔

1 C 5 11 ἢ λοίδορος ↔

5 11 ἢ μέθυσος ↔

5 11 ἢ ἅρπαξ

6 2ᶜ ἢ (—ς) οὐκ οἴδατε ὅτι οἱ ἅγιοι τὸν κόσμον κρινοῦσιν;

6 9ᶜ ἢ οὐκ οἴδατε ὅτι ἄδικοι θεοῦ βασιλείαν οὐ κληρονομήσουσιν;

6 16ᶜ ἢ [N26] οὐκ οἴδατε ὅτι ὁ κολλώμενος τῇ πόρνῃ ἓν σῶμά ἐστιν;

6 19ᶜ ἢ οὐκ οἴδατε ὅτι τὸ σῶμα ὑμῶν ναός ... ἐστιν ⟨;⟩

7 9ᶠ κρεῖττον γάρ ἐστιν γαμῆσαι (γαμεῖν NMVSTH) ἢ πυροῦσθαι

7 11 μενέτω ἄγαμος ἢ τῷ ἀνδρὶ καταλλαγήτω

7 15 οὐ δεδούλωται ὁ ἀδελφὸς ἢ ἡ ἀδελφὴ ἐν τοῖς τοιούτοις

7 16ᵃ τί γὰρ οἶδας, γύναι, εἰ τὸν ἄνδρα σώσεις; ἢ τί οἶδας, ἄνερ ⟨;⟩

9 6ᶜ ἢ μόνος ἐγὼ καὶ Βαρναβᾶς οὐκ ἔχομεν ἐξουσίαν μὴ ἐργάζεσθαι;

9 7ᵃ ἢ [H] τίς ποιμαίνει ποίμνην καὶ ἐκ τοῦ γάλακτος ... οὐκ ἐσθίει; ↔

9 8ᵉ μὴ κατὰ ἄνθρωπον ταῦτα λαλῶ, ἢ καὶ ὁ νόμος ταῦτα οὐ λέγει;

9 10ᶜ ⟨μὴ τῶν βοῶν μέλει τῷ θεῷ;⟩ ἢ δι' ἡμᾶς πάντως λέγει;

9 15ᵍ καλὸν γάρ μοι μᾶλλον ἀποθανεῖν ἢ τὸ καύχημά μου οὐδεὶς κενώσει

10 19ᶜ τί οὖν φημι; ὅτι εἰδωλόθυτόν τί ἐστιν; ἢ ὅτι εἴδωλόν τί ἐστιν;

10 22ᶜ ἢ παραζηλοῦμεν τὸν κύριον;

11 4 πᾶς ἀνὴρ προσευχόμενος ἢ προφητεύων κατὰ κεφαλῆς ἔχων

11 5 πᾶσα δὲ γυνὴ προσευχομένη ἢ προφητεύουσα ἀκατακαλύπτῳ τῇ κεφαλῇ

11 6 εἰ δὲ αἰσχρὸν γυναικὶ τὸ κείρασθαι ἢ ξυρᾶσθαι, κατακαλυπτέσθω

11 22ᶜ μὴ γὰρ οἰκίας οὐκ ἔχετε εἰς τὸ ... πίνειν; ἢ τῆς ἐκκλησίας τοῦ θεοῦ καταφρονεῖτε ⟨;⟩

11 27 ὃς ἂν ἐσθίῃ τὸν ἄρτον ἢ πίνῃ τὸ ποτήριον τοῦ κυρίου ἀναξίως

12 21 οὐ δύναται δὲ [H] ὁ ὀφθαλμὸς εἰπεῖν τῇ χειρί ... ἢ πάλιν ἡ κεφαλὴ τοῖς ποσίν

13 1 γέγονα χαλκὸς ἠχῶν ἢ κύμβαλον ἀλαλάζον

14 5ᶠ μείζων δὲ ὁ προφητεύων ἢ ὁ λαλῶν γλώσσαις

14 6 τί ὑμᾶς ὠφελήσω, ἐὰν μὴ ὑμῖν λαλήσω ἢ ἐν ἀποκαλύψει ↔

14 6 ἢ ἐν γνώσει ↔

14 6 ἢ ἐν προφητείᾳ ↔

14 6 ἢ ἐν (+[N26]MVSHς) διδαχῇ;

14 7 πῶς γνωσθήσεται τὸ αὐλούμενον ἢ τὸ κιθαριζόμενον;

14 19 θέλω πέντε λόγους | τῷ νοΐ (διὰ τοῦ νοός Sς) μου λαλῆσαι ... ἢ μυρίους λόγους ἐν γλώσσῃ

14 23 ἐὰν οὖν συνέλθῃ ἡ ἐκκλησία ... εἰσέλθωσιν δὲ ἰδιῶται ἢ ἄπιστοι

14 24 ἐὰν δὲ πάντες προφητεύωσιν, εἰσέλθῃ δέ τις ἄπιστος ἢ ἰδιώτης

14 27 εἴτε γλώσσῃ τις λαλεῖ, κατὰ δύο ἢ τὸ πλεῖστον τρεῖς

14 29 προφῆται δὲ δύο ἢ τρεῖς λαλείτωσαν

14 36ᵃ ἀφ' ὑμῶν ὁ λόγος τοῦ θεοῦ ἐξῆλθεν,

14 36ᵇ ἢ εἰς ὑμᾶς μόνους κατήντησεν; ↔

14 37 εἴ τις δοκεῖ προφήτης εἶναι ἢ πνευματικός

1 C 15 37 οὐ τὸ σῶμα . . . σπείρεις, ἀλλὰ γυμνὸν κόκκον εἰ τύχοι σίτου ἤ τινος τῶν λοιπῶν

16 6ᵉπρὸς ὑμᾶς δὲ τυχὸν παραμενῶ (κατα- NH) ἢ καὶ (—H) παραχειμάσω

2 C 1 13ʲοὐ γὰρ ἄλλα γράφομεν ὑμῖν ἀλλ' ἢ ἃ ἀναγινώσκετε ↔

1 13ᵉἢ καὶ ἐπιγινώσκετε

1 17ᶜἢ ἃ βουλεύομαι κατὰ σάρκα βουλεύομαι ⟨;⟩

3 1ᵉἀρχόμεθα πάλιν ἑαυτοὺς συνιστάνειν; ἢ (εἰ ς) μὴ χρῄζομεν ὥς τινες συστατικῶν ἐπιστολῶν πρὸς ὑμᾶς ↔

3 1 ἢ ἐξ ὑμῶν;

6 14ᵃ| ἢ τίς (τίς δὲ ς) κοινωνία φωτὶ πρὸς σκότος; ↔

6 15ᵃτίς δὲ συμφώνησις Χριστοῦ . . . ἢ τίς μερὶς πιστῷ μετὰ ἀπίστου;

9 7 ἕκαστος καθὼς προῄρηται τῇ καρδίᾳ, μὴ ἐκ λύπης ἢ ἐξ ἀνάγκης

10 12 οὐ γὰρ τολμῶμεν ἐγκρῖναι ἢ συγκρῖναι ἑαυτούς τισιν

11 4 εἰ . . . ἄλλον Ἰησοῦν κηρύσσει . . . ἢ πνεῦμα ἕτερον λαμβάνετε ὃ οὐκ ἐλάβετε, ↔

11 4 ἢ εὐαγγέλιον ἕτερον ὃ οὐκ ἐδέξασθε

11 7ᶜἢ ἁμαρτίαν ἐποίησα ἐμαυτὸν ταπεινῶν ἵνα ὑμεῖς ὑψωθῆτε ⟨;⟩

12 6 μή τις εἰς ἐμὲ λογίσηται ὑπὲρ ὃ βλέπει με ἢ ἀκούει τι (+[N²⁶]ς) ἐξ ἐμοῦ

13 5ᶜἢ οὐκ ἐπιγινώσκετε ἑαυτοὺς ὅτι | Ἰησοῦς Χριστὸς (~BST) ἐν ὑμῖν (+ἐστιν MVSς);

G 1 8 ἐὰν ἡμεῖς ἢ ἄγγελος ἐξ οὐρανοῦ || εὐαγγελίζηται (-λίσηται NTH) ὑμῖν ([N²⁶NH]; —T) ((~S))

1 10 ἄρτι γὰρ ἀνθρώπους πείθω ἢ τὸν θεόν; ↔

1 10ᶜἢ ζητῶ ἀνθρώποις ἀρέσκειν;

2 2 μή πως εἰς κενὸν τρέχω ἢ ἔδραμον

3 2 ἐξ ἔργων νόμου τὸ πνεῦμα ἐλάβετε ἢ ἐξ ἀκοῆς πίστεως;

3 5 ὁ . . . ἐνεργῶν δυνάμεις ἐν ὑμῖν ἐξ ἔργων νόμου ἢ ἐξ ἀκοῆς πίστεως;

3 15 ὅμως ἀνθρώπου κεκυρωμένην διαθήκην οὐδεὶς ἀθετεῖ ἢ ἐπιδιατάσσεται

4 27ᵍὅτι πολλὰ τὰ τέκνα τῆς ἐρήμου μᾶλλον ἢ τῆς ἐχούσης τὸν ἄνδρα

E 3 20 τῷ δὲ δυναμένῳ . . . ποιῆσαι ὑπερεκπερισσοῦ ὧν αἰτούμεθα ἢ νοοῦμεν

5 3 πορνεία δὲ καὶ ἀκαθαρσία πᾶσα ἢ πλεονεξία μηδὲ ὀνομαζέσθω ἐν ὑμῖν

5 4 * καὶ αἰσχρότης ἢ (ST; καὶ rl) μωρολογία ↔

5 4 ἢ εὐτραπελία

5 5 ὅτι πᾶς πόρνος ἢ ἀκάθαρτος ↔

5 5 ἢ πλεονέκτης . . . οὐκ ἔχει κληρονομίαν ἐν τῇ βασιλείᾳ τοῦ Χριστοῦ

5 27 μὴ ἔχουσαν σπίλον ἢ ῥυτίδα ↔

5 27 ἢ τι τῶν τοιούτων

Ph 2 3 * μηδὲν κατ' ἐριθείαν ἢ (ς; μηδὲ κατὰ rl) κενοδοξίαν

3 12 οὐχ ὅτι ἤδη ἔλαβον ἢ ἤδη τετελείωμαι

Cl 2 16 * μή οὖν τις ὑμᾶς κρινέτω ἐν βρώσει (MVTς; καὶ rl) ἐν πόσει ↔

2 16 ἢ ἐν μέρει ἑορτῆς

2 16 ἢ νεομηνίας

2 16 ἢ σαββάτων

Cl 3 17 πᾶν ὅ τι ἐὰν (ἂν BSTς) ποιῆτε ἐν λόγῳ ἢ ἐν ἔργῳ

1 Th 2 19 τίς γὰρ ἡμῶν ἐλπὶς ἢ χαρὰ ↔

2 19 ἢ στέφανος καυχήσεως ↔

2 19ᶜἢ οὐχὶ καὶ ὑμεῖς ἔμπροσθεν τοῦ κυρίου ἡμῶν ⟨;⟩

2 Th 2 4 ὁ . . . ὑπεραιρόμενος ἐπὶ πάντα λεγόμενον θεὸν ἢ σέβασμα

1 Tm 1 4ᵍαἵτινες ἐκζητήσεις παρέχουσιν μᾶλλον ἢ οἰκονομίαν θεοῦ

2 9 * μετὰ αἰδοῦς . . . κοσμεῖν ἑαυτάς, μὴ ἐν πλέγμασιν ἢ (ς; καὶ rl) χρυσίῳ (χρυσῷ Τς) ↔

2 9 ἢ μαργαρίταις ↔

2 9 ἢ ἱματισμῷ πολυτελεῖ

5 4 εἰ δέ τις χήρα τέκνα ἢ ἔκγονα ἔχει

5 16 * εἴ τις | πιστὸς ἢ (+ς) πιστὴ ἔχει χήρας

5 19 κατηγορίαν μὴ παραδέχου, ἐκτὸς εἰ μὴ ἐπὶ δύο ἢ τριῶν μαρτύρων

2 Tm 3 4ᵍ⟨ἔσονται γὰρ οἱ ἄνθρωποι⟩ προδόται . . . φιλήδονοι μᾶλλον ἢ φιλόθεοι

Tt 1 6 εἴ τίς ἐστιν ἀνέγκλητος . . . τέκνα ἔχων πιστά, μὴ ἐν κατηγορίᾳ ἀσωτίας ἢ ἀνυπότακτα

3 12 ὅταν πέμψω Ἀρτεμᾶν πρὸς σὲ ἢ Τύχικον

Phm 18 εἰ δέ τι ἠδίκησέν σε ἢ ὀφείλει

Hb 2 6 τί ἐστιν ἄνθρωπος . . . ἢ υἱὸς ἀνθρώπου ὅτι ἐπισκέπτῃ αὐτόν;

10 28 ἀθετήσας τις νόμον Μωϋσέως . . . ἐπὶ δυσὶν ἢ τρισὶν μάρτυσιν ἀποθνῄσκει

11 25ᵍμᾶλλον ἑλόμενος συγκακουχεῖσθαι . . . ἢ πρόσκαιρον ἔχειν ἁμαρτίας ἀπόλαυσιν

12 16 ⟨ἐπισκοποῦντες⟩ μή τις πόρνος ἢ βέβηλος ὡς Ἠσαῦ

12 20 * κἂν θηρίον θίγῃ τοῦ ὄρους, λιθοβοληθήσεται | ἢ βολίδι κατατοξευθήσεται (+ς)

Jc 1 17 παρ' ᾧ οὐκ ἔνι παραλλαγὴ ἢ τροπῆς ἀποσκίασμα

2 3 ⟨ἐὰν⟩ εἴπητε . . . σὺ στῆθι | ἐκεῖ ἢ κάθου (~H) ὑπὸ τὸ ὑποπόδιόν μου

2 15 ἐὰν ἀδελφὸς ἢ ἀδελφὴ γυμνοὶ ὑπάρχωσιν

3 12 μὴ δύναται . . . συκῆ ἐλαίας ποιῆσαι ἢ ἄμπελος σῦκα;

4 5ᶜδοκεῖτε ὅτι κενῶς ἡ γραφὴ λέγει ⟨;⟩

4 11 ὁ καταλαλῶν ἀδελφοῦ ἢ (καὶ ς) κρίνων τὸν ἀδελφὸν αὐτοῦ καταλαλεῖ νόμου

4 13 σήμερον ἢ (καὶ ς) αὔριον πορευσόμεθα εἰς τήνδε τὴν πόλιν

4 15 ζήσομεν καὶ ποιήσομεν τοῦτο ἢ ἐκεῖνο

1 Pt 1 11 ἐραυνῶντες εἰς τίνα ἢ ποῖον καιρὸν ἐδήλου τὸ ἐν αὐτοῖς πνεῦμα Χριστοῦ

1 18 οὐ φθαρτοῖς, ἀργυρίῳ ἢ χρυσίῳ, ἐλυτρώθητε ἐκ τῆς . . . ἀναστροφῆς

3 3 ὧν ἔστω οὐχ ὁ ἔξωθεν . . . περιθέσεως χρυσίων ἢ ἐνδύσεως ἱματίων κόσμος

3 9 μὴ ἀποδιδόντες κακὸν ἀντὶ κακοῦ ἢ λοιδορίαν ἀντὶ λοιδορίας

3 17ᶠκρεῖττον γὰρ ἀγαθοποιοῦντας . . . πάσχειν ἢ κακοποιοῦντας

4 15 μὴ γάρ τις ὑμῶν πασχέτω ὡς φονεὺς ἢ κλέπτης

4 15 ἢ κακοποιὸς ↔

1 Pt 4 15 ἢ ὡς ἀλλοτριεπίσκοπος

2 Pt 2 21ᶠκρεῖττον γὰρ ἦν αὐτοῖς μὴ ἐπεγνωκέναι . . . ἢ ἐπιγνοῦσιν (+εἰς τὰ ὀπίσω VS) ὑποστρέψαι (ἐπι-ς; ἀνακάμψαι VS)

1 Jo 4 4ᶠὅτι μείζων ἐστὶν ὁ ἐν ὑμῖν ἢ ὁ ἐν τῷ κόσμῳ

Ap 3 15 ὄφελον ψυχρὸς ἦς ἢ ζεστός

13 16 ἵνα δῶσιν αὐτοῖς χάραγμα ἐπὶ τῆς χειρὸς αὐτῶν . . . ἢ ἐπὶ τὸ μέτωπον αὐτῶν,

13 17 καὶ ([NH]; —T) ἵνα μή τις δύναται ἀγοράσαι ἢ πωλῆσαι ↔

13 17 * εἰ μὴ ὁ ἔχων τὸ χάραγμα ἢ (+ς) τὸ ὄνομα τοῦ θηρίου ↔

13 17 ἢ τὸν ἀριθμὸν τοῦ ὀνόματος αὐτοῦ

14 9 εἴ τις . . . λαμβάνει χάραγμα ἐπὶ τοῦ μετώπου αὐτοῦ ἢ ἐπὶ τὴν χεῖρα αὐτοῦ

ἦ

Hb 6 14 * ⟨ὤμοσεν⟩ λέγων· ἦ (ς; εἰ rl) μὴν εὐλογῶν εὐλογήσω σε

ἡγεμονεύω

Lc 2 2 αὕτη (+ἡ MVBSς) ἀπογραφὴ | πρώτη ἐγένετο (~T) ἡγεμονεύοντος τῆς Συρίας Κυρηνίου

3 1 ἡγεμονεύοντος Ποντίου Πιλάτου τῆς Ἰουδαίας

ἡγεμονία

Lc 3 1 ἐν ἔτει δὲ πεντεκαιδεκάτῳ τῆς ἡγεμονίας Τιβερίου Καίσαρος

ἡγεμών

ᵃ plur.

Mt 2 6ᵃκαὶ σὺ Βηθλέεμ . . . οὐδαμῶς ἐλαχίστη εἶ ἐν τοῖς ἡγεμόσιν Ἰούδα

10 18ᵃἐπὶ ἡγεμόνας δὲ καὶ βασιλεῖς ἀχθήσεσθε ἕνεκεν ἐμοῦ

27 2 παρέδωκαν (+αὐτὸν V[S]ς) (+Ποντίῳ VBSς) Πιλάτῳ τῷ ἡγεμόνι

27 11 ὁ δὲ Ἰησοῦς ἐστάθη ἔμπροσθεν τοῦ ἡγεμόνος· ↔

27 11 καὶ ἐπηρώτησεν αὐτὸν ὁ ἡγεμὼν λέγων

27 14 οὐκ ἀπεκρίθη αὐτῷ . . . ὥστε θαυμάζειν τὸν ἡγεμόνα λίαν.

27 15 κατὰ δὲ ἑορτὴν εἰώθει ὁ ἡγεμὼν ἀπολύειν ἕνα τῷ ὄχλῳ δέσμιον

27 21 ἀποκριθεὶς δὲ ὁ ἡγεμὼν εἶπεν αὐτοῖς

27 23 * ὁ δὲ ἡγεμὼν (+VSς) ἔφη

27 27 τότε οἱ στρατιῶται τοῦ ἡγεμόνος παραλαβόντες τὸν Ἰησοῦν εἰς τὸ πραιτώριον συνήγαγον . . . τὴν σπεῖραν

28 14 ἐὰν ἀκουσθῇ τοῦτο ἐπὶ τοῦ ἡγεμόνος, ἡμεῖς πείσομεν αὐτὸν (+[N²⁶S] MVς)

Mc 13 9ᵃἐπὶ ἡγεμόνων καὶ βασιλέων σταθήσεσθε ἕνεκεν ἐμοῦ

Lc 20 20 ὥστε παραδοῦναι αὐτὸν τῇ ἀρχῇ καὶ τῇ ἐξουσίᾳ τοῦ ἡγεμόνος

21 12ᵃἀπαγομένους ἐπὶ βασιλεῖς καὶ ἡγεμόνας ἕνεκεν τοῦ ὀνόματός μου

Ac 23 24 ἵνα ἐπιβιβάσαντες τὸν Παῦλον διασώσωσι πρὸς Φήλικα τὸν ἡγεμόνα

23 26 Κλαύδιος Λυσίας τῷ κρατίστῳ ἡγεμόνι Φήλικι χαίρειν

23 33 οἵτινες . . . ἀναδόντες τὴν ἐπιστολὴν τῷ ἡγεμόνι, παρέστησαν καὶ τὸν Παῦλον αὐτῷ. ↔

23 34 * ἀναγνοὺς δὲ | ὁ ἡγεμὼν (+ς) καὶ ἐπερωτήσας (ἔφη)

24 1 οἵτινες ἐνεφάνισαν τῷ ἡγεμόνι κατὰ τοῦ Παύλου

Ac 24 10 ἀπεκρίθη τε ὁ Παῦλος, νεύσαντος
αὐτῷ τοῦ ἡγεμόνος λέγειν

26 30 ἀνέστη τε ὁ βασιλεὺς καὶ ὁ ἡγεμὼν
ἥ τε Βερνίκη καὶ οἱ συγκαθήμενοι
αὐτοῖς

1 Pt 2 14ᵃ ⟨ὑποτάγητε . . . εἴτε βασιλεῖ⟩ εἴτε
ἡγεμόσιν ὡς δι' αὐτοῦ πεμπομένοις

ἡγέομαι

δι-   ἐξ-
ἐκδι-   προ-
ᵃ ἡγούμενος
ᵇ ἀναγκαῖον ἡ.

Mt 2 6ᵃ Βηθλέεμ . . . ἐκ σοῦ γὰρ ἐξελεύσε-
ται ἡγούμενος

Lc 22 26ᵃ ὁ μείζων ἐν ὑμῖν γινέσθω ὡς ὁ
νεώτερος, καὶ ὁ ἡγούμενος ὡς ὁ
διακονῶν

Ac 7 10ᵃ κατέστησεν αὐτὸν ἡγούμενον ἐπ'
Αἴγυπτον

14 12ᵃ ἐπειδὴ αὐτὸς ἦν ὁ ἡγούμενος τοῦ
λόγου

15 22ᵃ ἔδοξε τοῖς ἀποστόλοις . . . ἐκλεξα-
μένους ἄνδρας ἐξ αὐτῶν πέμψαι εἰς
'Αντιόχειαν . . . ἄνδρας ἡγουμέ-
νους ἐν τοῖς ἀδελφοῖς

26 2 ἥγημαι ἐμαυτὸν μακάριον ἐπὶ σοῦ
μέλλων σήμερον ἀπολογεῖσθαι

2 C 9 5ᵇ ἀναγκαῖον οὖν ἡγησάμην παρα-
καλέσαι τοὺς ἀδελφούς

Ph 2 3 τῇ ταπεινοφροσύνῃ ἀλλήλους
ἡγούμενοι ὑπερέχοντας ἑαυτῶν

2 6 ὃς ἐν μορφῇ θεοῦ ὑπάρχων οὐχ
ἁρπαγμὸν ἡγήσατο τὸ εἶναι ἴσα
θεῷ

2 25ᵇ ἀναγκαῖον δὲ ἡγησάμην 'Επ-
αφρόδιτον . . . πέμψαι πρὸς ὑμᾶς

3 7 ταῦτα ἥγημαι διὰ τὸν Χριστὸν
ζημίαν. ↔

3 8 ἀλλὰ μενοῦνγε καὶ ἡγοῦμαι πάντα
ζημίαν εἶναι διὰ τὸ ὑπερέχον τῆς
γνώσεως Χριστοῦ 'Ιησοῦ

3 8 καὶ ἡγοῦμαι σκύβαλα (+εἶναι
[M]VSϛ) ἵνα Χριστὸν κερδήσω

1 Th 5 13 ⟨ἐρωτῶμεν⟩ ἡγεῖσθαι αὐτοὺς ὑπερ-
εκπερισσοῦ (-ρισσῶς ΝΤ) ἐν
ἀγάπῃ διὰ τὸ ἔργον αὐτῶν

2 Th 3 15 μὴ ὡς ἐχθρὸν ἡγεῖσθε, ἀλλὰ νουθε-
τεῖτε ὡς ἀδελφόν

1 Tm 1 12 ὅτι πιστόν με ἡγήσατο θέμενος εἰς
διακονίαν

6 1 δοῦλοι, τοὺς ἰδίους δεσπότας πάσης
τιμῆς ἀξίους ἡγείσθωσαν

Hb 10 29 πόσῳ δοκεῖτε χείρονος ἀξιωθήσε-
ται τιμωρίας ὁ . . . τὸ αἷμα τῆς δια-
θήκης κοινὸν ἡγησάμενος

11 11 πίστει . . . Σάρρα στεῖρα (+Ν²⁶)
δύναμιν . . . ἔλαβεν . . . ἐπεὶ πιστὸν
ἡγήσατο τὸν ἐπαγγειλάμενον

11 26 ⟨Μωϋσῆς⟩ μείζονα πλοῦτον ἡγη-
σάμενος τῶν Αἰγύπτου θησαυρῶν
τὸν ὀνειδισμὸν τοῦ Χριστοῦ

13 7ᵃ μνημονεύετε τῶν ἡγουμένων ὑμῶν

13 17ᵃ πείθεσθε τοῖς ἡγουμένοις ὑμῶν καὶ
ὑπείκετε

13 24ᵃ ἀσπάσασθε πάντας τοὺς ἡγουμέ-
νους ὑμῶν καὶ πάντας τοὺς ἁγίους

Jc 1 2 πᾶσαν χαρὰν ἡγήσασθε, ἀδελφοί
μου, ὅταν πειρασμοῖς περιπέσητε
ποικίλοις

2 Pt 1 13 δίκαιον δὲ ἡγοῦμαι . . . διεγείρειν
ὑμᾶς ἐν ὑπομνήσει

2 13 ⟨φθαρήσονται⟩ ἡδονὴν ἡγούμενοι
τὴν ἐν ἡμέρᾳ τρυφήν

3 9 οὐ βραδύνει κύριος τῆς ἐπαγγε-
λίας, ὥς τινες βραδύτητα ἡγοῦνται

2 Pt 3 15 τὴν τοῦ κυρίου ἡμῶν μακροθυμίαν
σωτηρίαν ἡγεῖσθε

ἡδέως

ᵃ ἥδιστα

Mc 6 20 ὁ γὰρ 'Ηρῴδης ἐφοβεῖτο τὸν
'Ιωάννην . . . καὶ ἡδέως αὐτοῦ
ἤκουεν

12 37 ὁ [Ν²⁶] πολὺς ὄχλος ἤκουεν αὐτοῦ
ἡδέως

2 C 11 19 ἡδέως γὰρ ἀνέχεσθε τῶν ἀφρόνων
φρόνιμοι ὄντες

12 9ᵃ ἥδιστα οὖν μᾶλλον καυχήσομαι
ἐν ταῖς ἀσθενείαις μου (—ΝΗ)

12 15ᵃ ἐγὼ δὲ ἥδιστα δαπανήσω καὶ
ἐκδαπανηθήσομαι ὑπὲρ τῶν ψυχῶν
ὑμῶν

ἤδη

ᵃ in gen. abs.
ᵇ ἤδη δέ
ᶜ εἰ ἤδη
ᵈ ὅταν ἤδη
ᵉ ἤδη γάρ
ᶠ ἤδη ποτέ
ᵍ ἤδη μέν

Mt 3 10ᵇ ἤδη δὲ (+καὶ [V]ϛ) ἡ ἀξίνη πρὸς
τὴν ῥίζαν τῶν δένδρων κεῖται

5 28 πᾶς ὁ βλέπων γυναῖκα πρὸς τὸ
ἐπιθυμῆσαι αὐτὴν ([ΝΗ; —Τ;
αὐτῆς ϛ) ἤδη ἐμοίχευσεν αὐτὴν ἐν
τῇ καρδίᾳ αὐτοῦ

14 15 ἔρημός ἐστιν ὁ τόπος καὶ ἡ ὥρα
| ἤδη παρῆλθεν (~ Τ)

14 24 τὸ δὲ πλοῖον ἤδη | σταδίους πολ-
λοὺς ἀπὸ τῆς γῆς ἀπεῖχεν (μέσον
τῆς θαλάσσης ἦν VBSTϛ)

15 32 ἤδη [Η] ἡμέραι τρεῖς προσμένου-
σίν μοι

17 12 'Ηλίας ἤδη ἦλθεν

24 32ᵈ ὅταν ἤδη ὁ κλάδος αὐτῆς γένηται
ἁπαλὸς . . . γινώσκετε

Mc 4 37 τὰ κύματα ἐπέβαλλεν εἰς τὸ πλοῖον,
ὥστε ἤδη γεμίζεσθαι τὸ πλοῖον

6 35ᵃ καὶ ἤδη ὥρας πολλῆς γενομένης
(γιν. Τ) προσελθόντες αὐτῷ (—Τ)
οἱ μαθηταὶ αὐτοῦ ἔλεγον (λέγου-
σιν Vϛ) ↔

6 35 ὅτι ἔρημός ἐστιν ὁ τόπος καὶ ἤδη
ὥρα πολλή

8 2 ὅτι ἤδη ἡμέραι (-ρας ϛ) τρεῖς
προσμένουσίν μοι

11 11ᵃ ὀψίας (Ν²⁶Vϛ; ὀψὲ rl) ἤδη οὔσης
τῆς ὥρας, ἐξῆλθεν εἰς Βηθανίαν

13 28ᵈ ὅταν | ἤδη ὁ κλάδος αὐτῆς (~
VSTϛ) ἁπαλὸς γένηται . . . γινώ-
σκετε

15 42ᵃ καὶ ἤδη ὀψίας γενομένης ⟨ἐλθὼν
'Ιωσὴφ . . . ᾐτήσατο⟩

15 44ᶜ ὁ δὲ Πιλᾶτος ἐθαύμασεν (-ζεν Τ) εἰ
ἤδη τέθνηκεν

15 44ᶜ* ἐπηρώτησεν αὐτὸν εἰ ἤδη (ΒΗ;
πάλαι rl) ἀπέθανεν

Lc 3 9ᵇ ἤδη δὲ καὶ ἡ ἀξίνη πρὸς τὴν ῥίζαν
τῶν δένδρων κεῖται

7 6ᵃᵇ ἤδη δὲ αὐτοῦ οὐ μακρὰν ἀπέχον-
τος ἀπὸ (—Τ) τῆς οἰκίας

11 7 ἤδη ἡ θύρα κέκλεισται

12 49ᵉ πῦρ ἦλθον βαλεῖν ἐπὶ τὴν γῆν, καὶ
τί θέλω εἰ ἤδη ἀνήφθη

14 17 εἰπεῖν τοῖς κεκλημένοις | · ἔρχεσθε
(ἔρχεσθαι S), ὅτι ἤδη ἕτοιμά ἐστιν
(εἰσὶν ST) (+πάντα Vϛ)

19 37ᵃ ἐγγίζοντος δὲ αὐτοῦ ἤδη πρὸς τῇ
καταβάσει τοῦ ὄρους τῶν ἐλαιῶν

21 30 ὅταν προβάλωσιν ἤδη, ↔

Lc 21 30 βλέποντες . . . γινώσκετε ὅτι ἤδη
ἐγγὺς τὸ θέρος ἐστίν

23 44 | καὶ ἦν ἤδη (κ. ἦν [ἤδη] S; ἦν δὲ
Vϛ) ὡσεὶ ὥρα ἕκτη

24 29 ὅτι πρὸς ἑσπέραν ἐστὶν καὶ κέκλι-
κεν ἤδη ([S]; —ϛ) ἡ ἡμέρα

Jo 3 18 ὁ δὲ (—ΝΤΗ) μὴ πιστεύων ἤδη
κέκριται

4 35 ⟨ὁ θερίζων μισθὸν λαμβάνει⟩

4 51ᵃᵇ ἤδη δὲ αὐτοῦ καταβαίνοντος . . .
ὑπήντησαν αὐτῷ

5 6 γνοὺς ὅτι πολὺν ἤδη χρόνον ἔχει

6 17 | καὶ σκοτία ἤδη ἐγεγόνει (κατ-
έλαβεν δὲ αὐτοὺς ἡ σκοτία Τ)

7 14ᵃᵇ ἤδη δὲ τῆς ἑορτῆς μεσούσης
ἀνέβη 'Ιησοῦς εἰς τὸ ἱερόν

9 22ᵉ ἤδη γὰρ συνετέθειντο οἱ 'Ιουδαῖοι

9 27 εἶπον ὑμῖν ἤδη καὶ οὐκ ἠκούσατε

11 17 εὗρεν αὐτὸν τέσσαρας || ἤδη (—Τ)
ἡμέρας ((~Vϛ)) ἔχοντα ἐν τῷ
μνημείῳ

11 39 κύριε, ἤδη ὄζει

13 2ᵃ τοῦ διαβόλου ἤδη βεβληκότος εἰς
τὴν καρδίαν ἵνα παραδοῖ αὐτόν

15 3 ἤδη ὑμεῖς καθαροί ἐστε διὰ τὸν
λόγον

19 28 εἰδὼς ὁ 'Ιησοῦς ὅτι | ἤδη πάντα
(~ϛ) τετέλεσται

19 33 ὡς εἶδον | ἤδη αὐτὸν (~ VBSϛ)
τεθνηκότα

21 4ᵃ πρωΐας δὲ ἤδη γενομένης (Ν²⁶ϛ;
γιν. rl) ἔστη (+ὁ Vϛ) 'Ιησοῦς

21 14 τοῦτο ἤδη τρίτον ἐφανερώθη (+ὁ
Sϛ) 'Ιησοῦς τοῖς μαθηταῖς

Ac 4 3 ἦν γὰρ ἑσπέρα ἤδη

27 9ᵃ ὄντος ἤδη ἐπισφαλοῦς τοῦ πλοὸς
↔

27 9 διὰ τὸ καὶ τὴν νηστείαν ἤδη παρ-
εληλυθέναι, παρῄνει ὁ Παῦλος

Rm 1 10ᶜᶠ δεόμενος εἴ πως ἤδη ποτὲ εὐοδω-
θήσομαι . . . ἐλθεῖν πρὸς ὑμᾶς

4 19 κατενόησεν τὸ ἑαυτοῦ σῶμα ἤδη
([Ν²⁶Η]; —ΝΤ) νενεκρωμένον

13 11 ὅτι ὥρα ἤδη ὑμᾶς ἐξ ὕπνου ἐγερ-
θῆναι

1 C 4 8 ἤδη κεκορεσμένοι ἐστέ· ↔

4 8 ἤδη ἐπλουτήσατε

5 3 ἤδη κέκρικα ὡς παρὼν τὸν οὕτως
τοῦτο κατεργασάμενον

6 7ᵍ ἤδη μὲν οὖν ([Ν²⁶]; —Τ) ὅλως
ἥττημα ὑμῖν ἐστιν

Ph 3 12 οὐχ ὅτι ἤδη ἔλαβον ↔

3 12 ἢ ἤδη τετελείωμαι

4 10ᶠ ἐχάρην δὲ . . . ὅτι ἤδη ποτὲ ἀνεθά-
λετε τὸ ὑπὲρ ἐμοῦ φρονεῖν

2 Th 2 7 τὸ γὰρ μυστήριον ἤδη ἐνεργεῖται
τῆς ἀνομίας

1 Tm 5 15ᵉ ἤδη γάρ τινες ἐξετράπησαν ὀπίσω
τοῦ σατανᾶ

2 Tm 2 18 λέγοντες τὴν ([Ν²⁶]; —ΝSTΗ)
ἀνάστασιν ἤδη γεγονέναι

4 6 ἐγὼ γὰρ ἤδη σπένδομαι

2 Pt 3 1 ταύτην ἤδη, ἀγαπητοί, δευτέραν
ὑμῖν γράφω ἐπιστολήν

1 Jo 2 8 ὅτι . . . τὸ φῶς τὸ ἀληθινὸν ἤδη
φαίνει

4 3 καὶ νῦν ἐν τῷ κόσμῳ ἐστὶν ἤδη

ἥδιστα
→ ἡδέως

ἡδονή

Lc 8 14 οὗτοί εἰσιν οἱ ἀκούσαντες, καὶ ὑπὸ
μεριμνῶν καὶ πλούτου καὶ ἡδονῶν
τοῦ βίου πορευόμενοι συμπνίγον-
ται

Tt 3 3 ἦμεν γάρ ποτε καὶ ἡμεῖς . . . δου-
λεύοντες ἐπιθυμίαις καὶ ἡδοναῖς
ποικίλαις

Jc 4 1 πόθεν μάχαι ἐν ὑμῖν; οὐκ ἐντεῦθεν,
ἐκ τῶν ἡδονῶν ὑμῶν τῶν στρατευ-
ομένων ἐν τοῖς μέλεσιν ὑμῶν;

4 3 κακῶς αἰτεῖσθε, ἵνα ἐν ταῖς ἡδοναῖς
ὑμῶν δαπανήσητε

2 Pt 2 13 ἡδονὴν ἡγούμενοι τὴν ἐν ἡμέρᾳ
τρυφήν

ἡδύοσμον

Mt 23 23 ὅτι ἀποδεκατοῦτε τὸ ἡδύοσμον
καὶ τὸ ἄνηθον καὶ τὸ κύμινον

Lc 11 42 ὅτι ἀποδεκατοῦτε τὸ ἡδύοσμον καὶ
τὸ πήγανον καὶ πᾶν λάχανον

ἦθος

1 C 15 33 μὴ πλανᾶσθε· φθείρουσιν ἤθη χρη-
στὰ ὁμιλίαι κακαί

ἥκω

αν-   καθ-
ᵃ ἥ. ἀπό
ᵇ ἥ. εἰς
ᶜ ἥ. ἐκ
ᵈ ἥ. ἐπί
ᵉ ἥ. πρός

Mt 8 11ᵃπολλοὶ ἀπὸ ἀνατολῶν καὶ δυσμῶν
ἥξουσιν καὶ ἀνακλιθήσονται

23 36ᵈἥξει | ταῦτα πάντα (~ VBS) ἐπὶ
τὴν γενεὰν ταύτην

24 14 τότε ἥξει τὸ τέλος

24 50 ἥξει ὁ κύριος τοῦ δούλου ἐκείνου
ἐν ἡμέρᾳ ᾗ οὐ προσδοκᾷ

Mc 8 3ᵃκαί τινες αὐτῶν ἀπὸ (—ς) μακρόθεν
ἥκασιν (ἥκουσιν V; εἰσίν NH)

Lc 12 46 ἥξει ὁ κύριος τοῦ δούλου ἐκείνου
ἐν ἡμέρᾳ ᾗ οὐ προσδοκᾷ

13 29ᵃἥξουσιν ἀπὸ ἀνατολῶν καὶ δυ-
σμῶν καὶ ἀπὸ (— VT) βορρᾶ καὶ
νότου

13 35 οὐ μὴ | ἴδητέ με (~ Vς) ἕως (+ ἂν
Vς) | ἥξει ὅτε ([N²⁶M]; ἥξῃ ὅτε ς;
—H) εἴπητε

15 27 ὁ ἀδελφός σου ἥκει

19 43ᵈ ὅτι ἥξουσιν ἡμέραι ἐπὶ σέ

Jo 2 4 οὔπω ἥκει ἡ ὥρα μου

4 47ᵇᶜἀκούσας ὅτι Ἰησοῦς ἥκει ἐκ τῆς
Ἰουδαίας εἰς τὴν Γαλιλαίαν

6 37ᵉπᾶν ὃ δίδωσίν μοι ὁ πατὴρ πρὸς
ἐμὲ ἥξει

8 42ᶜἐγὼ γὰρ ἐκ τοῦ θεοῦ ἐξῆλθον καὶ
ἥκω

Ac 28 23ᵇᵉ*ταξάμενοι δὲ αὐτῷ ἡμέραν ἧκον
(VSς; ἦλθον rl) πρὸς αὐτὸν εἰς τὴν
ξενίαν πλείονες

Rm 11 26ᶜἥξει ἐκ Σιὼν ὁ ῥυόμενος

Hb 10 7 τότε εἶπον · ἰδοὺ ἥκω

10 9 ἰδοὺ ἥκω τοῦ ποιῆσαι τὸ θέλημά
σου

10 37 ὁ ἐρχόμενος ἥξει καὶ οὐ χρονίσει
(-νιεῖ MVSς)

2 Pt 3 10 ἥξει δὲ (+ ἡ [M]VSς) ἡμέρα κυ-
ρίου ὡς κλέπτης (+ἐν νυκτὶ ς)

1 Jo 5 20 | οἴδαμεν δὲ (καὶ οἴ. S) ὅτι ὁ υἱὸς
τοῦ θεοῦ ἥκει

Ap 2 25 πλὴν ὃ ἔχετε κρατήσατε ἄχρις
(ἄχρι[ς] N²⁶; ἄχρι NTH) οὗ ἂν ἥξω

3 3ᵈἐὰν οὖν μὴ γρηγορήσῃς, ἥξω (+
ἐπὶ σε ς) ὡς κλέπτης, ↔

3 3ᵈκαὶ οὐ μὴ γνῷς (γνώσῃ BT)
ποίαν ὥραν ἥξω ἐπὶ σέ

3 9 ποιήσω αὐτοὺς ἵνα ἥξουσιν (ἥξω-
σιν Sς) καὶ προσκυνήσουσιν (-σω-
σιν Sς) ἐνώπιον τῶν ποδῶν σου

15 4 ὅτι πάντα τὰ ἔθνη ἥξουσιν καὶ
προσκυνήσουσιν ἐνώπιόν σου

Ap 18 8 διὰ τοῦτο ἐν μιᾷ ἡμέρᾳ ἥξουσιν αἱ
πληγαὶ αὐτῆς

ἤλει
→ ηλι

Ἠλεί
→ Ἠλί

Ἠλείας
→ Ἠλίας

ἦλθον
→ ἔρχομαι

ηλι
ηλί NMB
ηλί VSς
ηλεί T
ᵃ ηλι ηλι

Mt 27 46ᵃ| ηλι ηλι (ἐλωΐ ἐλωΐ H) λεμα σα-
βαχθανι

Ἠλί
Ἠλί Bς
Ἠλεί VSTH

Lc 3 23 Ἰησοῦς . . . ὢν υἱός, ὡς ἐνομίζετο,
Ἰωσήφ, τοῦ Ἠλί ⟨τοῦ Μαθθάτ⟩

Ἠλίας
Ἠλίας (V)S(ς)
Ἠλείας H
Ἠλείας T
ᵃ Ἠ. et Μωϋσῆς
ᵇ ἐν Ἠλίᾳ

Mt 11 14 αὐτός ἐστιν Ἠλίας ὁ μέλλων ἔρχε-
σθαι

16 14 ⟨τίνα λέγουσιν . . . εἶναι τὸν υἱὸν
τοῦ ἀνθρώπου;⟩ οἱ μὲν Ἰωάννην
τὸν βαπτιστήν, ἄλλοι δὲ Ἠλίαν

17 3ᵃὤφθη(-[σαν] V; -σαν Sς) αὐτοῖς
Μωϋσῆς καὶ Ἠλίας | συλλαλοῦν-
τες μετ' αὐτοῦ (~ VSς)

17 4ᵃποιήσω (-σωμεν Vς) ὧδε τρεῖς
σκηνάς, σοὶ μίαν καὶ Μωϋσεῖ μίαν
καὶ Ἠλίᾳ μίαν

17 10 τί οὖν οἱ γραμματεῖς λέγουσιν ὅτι
Ἠλίαν δεῖ ἐλθεῖν πρῶτον;

17 11 Ἠλίας μὲν ἔρχεται καὶ ἀποκατα-
στήσει πάντα· ↔

17 12 λέγω δὲ ὑμῖν ὅτι Ἠλίας ἤδη ἦλθεν,
καὶ οὐκ ἐπέγνωσαν αὐτόν

27 47 τινὲς δὲ . . . ἀκούσαντες ἔλεγον
ὅτι (—S) Ἠλίαν φωνεῖ οὗτος

27 49 ἄφες ἴδωμεν εἰ ἔρχεται Ἠλίας
σώσων αὐτόν

Mc 6 15 ἄλλοι δὲ ἔλεγον ὅτι Ἠλίας ἐστίν

8 28 οἱ δὲ εἶπαν (ἀπεκρίθησαν Sς)
|| αὐτῷ λέγοντες ὅτι ([N²⁶S]; —M)
((—ς)) Ἰωάννην τὸν βαπτιστήν,
καὶ ἄλλοι Ἠλίαν

9 4ᵃὤφθη αὐτοῖς Ἠλίας σὺν Μωϋσεῖ

9 5ᵃποιήσωμεν | τρεῖς σκηνάς (~ Sς),
σοὶ μίαν καὶ Μωϋσεῖ μίαν καὶ
Ἠλίᾳ μίαν

9 11 ὅτι λέγουσιν οἱ (+ Φαρισαῖοι καὶ οἱ
[S]T) γραμματεῖς ὅτι Ἠλίαν δεῖ
ἐλθεῖν πρῶτον;

9 12 Ἠλίας μὲν (—BST) ἐλθὼν πρῶ-
τον ἀποκαθιστάνει πάντα

9 13 λέγω ὑμῖν ὅτι καὶ Ἠλίας ἐλήλυθεν

15 35 ἴδε Ἠλίαν φωνεῖ

15 36 ἄφετε ἴδωμεν εἰ ἔρχεται Ἠλίας
καθελεῖν αὐτόν

Lc 1 17 προελεύσεται ἐνώπιον αὐτοῦ ἐν
πνεύματι καὶ δυνάμει Ἠλίου

4 25 πολλαὶ χῆραι ἦσαν ἐν ταῖς ἡμέραις
Ἠλίου ἐν τῷ Ἰσραήλ

4 26 πρὸς οὐδεμίαν αὐτῶν ἐπέμφθη
Ἠλίας εἰ μὴ . . . πρὸς γυναῖκα
χήραν

Lc 9 8 ⟨ὑπό τινων ὅτι Ἰωάννης ἠγέρθη⟩
ὑπό τινων δὲ ὅτι Ἠλίας ἐφάνη

9 19 ⟨τίνα με λέγουσιν οἱ ὄχλοι εἶναι;⟩
οἱ δὲ ἀποκριθέντες εἶπαν· Ἰωάννην
τὸν βαπτιστήν, ἄλλοι δὲ Ἠλίαν

9 30ᵃἄνδρες δύο συνελάλουν αὐτῷ,
οἵτινες ἦσαν Μωϋσῆς καὶ Ἠλίας

9 33ᵃποιήσωμεν σκηνὰς τρεῖς, μίαν σοὶ
καὶ μίαν Μωϋσεῖ καὶ μίαν Ἠλίᾳ

9 54 * θέλεις εἴπωμεν πῦρ καταβῆναι . . .
καὶ ἀναλῶσαι αὐτούς | ὡς καὶ
Ἠλίας ἐποίησεν (+ [V]ς);

Jo 1 21 τί οὖν; | σὺ Ἠλίας εἶ (N²⁶; Ἠλίας
εἶ T; [σὺ] Ἠλίας εἶ H; ~ rl);

1 25 τί οὖν βαπτίζεις εἰ σὺ οὐκ εἶ ὁ
χριστὸς οὐδὲ Ἠλίας οὐδὲ ὁ
προφήτης;

Rm 11 2ᵇἢ οὐκ οἴδατε ἐν Ἠλίᾳ τί λέγει ἡ
γραφή ⟨;⟩

Jc 5 17 Ἠλίας ἄνθρωπος ἦν ὁμοιοπαθὴς
ἡμῖν

ἡλικία
ᵃ ἡλικίαν ἔχω

Mt 6 27 τίς . . . μεριμνῶν δύναται προσ-
θεῖναι ἐπὶ τὴν ἡλικίαν αὐτοῦ πῆ-
χυν ἕνα

Lc 2 52 Ἰησοῦς προέκοπτεν | ἐν τῇ
([N²⁶]; τῇ H; —VBSς) σοφίᾳ καὶ
ἡλικίᾳ καὶ χάριτι παρὰ θεῷ

12 25 τίς . . . μεριμνῶν δύναται | ἐπὶ τὴν
ἡλικίαν αὐτοῦ προσθεῖναι (~ VB
STς) πῆχυν (+ ἕνα Vς)

19 3 οὐκ ἠδύνατο ἀπὸ τοῦ ὄχλου, ὅτι
τῇ ἡλικίᾳ μικρὸς ἦν

Jo 9 21ᵃαὐτὸν ἐρωτήσατε, ἡλικίαν ἔχει

9 23ᵃδιὰ τοῦτο οἱ γονεῖς αὐτοῦ εἶπαν
ὅτι ἡλικίαν ἔχει

E 4 13 μέχρι καταντήσωμεν . . . εἰς μέτρον
ἡλικίας τοῦ πληρώματος τοῦ
Χριστοῦ

Hb 11 11 δύναμιν εἰς καταβολὴν σπέρματος
ἔλαβεν καὶ παρὰ καιρὸν ἡλικίας (+
ἔτεκεν ς)

ἡλίκος

Cl 2 1 θέλω γὰρ ὑμᾶς εἰδέναι ἡλίκον
ἀγῶνα ἔχω ὑπὲρ ὑμῶν

Jc 3 5 ἰδοὺ ἡλίκον (ὀλίγον ς) πῦρ ↔

3 5 ἡλίκην ὕλην ἀνάπτει

ἥλιος
ᵃ ἥ. ἀνατέλλει
ᵇ ἀνατολὴ ἡλίου
ᶜ ὡς ὁ ἥλιος

Mt 5 45ᵃὅτι (ὃς S) τὸν ἥλιον αὐτοῦ ἀνατέλ-
λει ἐπὶ πονηροὺς καὶ ἀγαθούς

13 6ᵃἡλίου δὲ ἀνατείλαντος ἐκαυματίσθη

13 43ᶜοἱ δίκαιοι ἐκλάμψουσιν ὡς ὁ ἥλιος
ἐν τῇ βασιλείᾳ τοῦ πατρὸς αὐτῶν

17 2ᶜἔλαμψεν τὸ πρόσωπον αὐτοῦ ὡς ὁ
ἥλιος

24 29 μετὰ τὴν θλῖψιν τῶν ἡμερῶν
ἐκείνων ὁ ἥλιος σκοτισθήσεται

Mc 1 32 ὀψίας δὲ γενομένης ὅτε ἔδυ (ἔδυσεν
NMBH) ὁ ἥλιος

4 6ᵃ| καὶ ὅτε ἀνέτειλεν ὁ ἥλιος (ἡλίου
δὲ ἀνατείλαντος ς) ἐκαυματίσθη

13 24 ἐν ἐκείναις ταῖς ἡμέραις μετὰ τὴν
θλῖψιν ἐκείνην ὁ ἥλιος σκοτισθή-
σεται

16 2ᵃἔρχονται ἐπὶ τὸ μνημεῖον (μνῆμα
NT), ἀνατείλαντος τοῦ ἡλίου

Lc 4 40 δύνοντος δὲ τοῦ ἡλίου

21 25 ἔσονται (ἔσται VSς) σημεῖα ἐν
ἡλίῳ καὶ σελήνῃ καὶ ἄστροις

Lc 23 45 ⟨σκότος ἐγένετο⟩ || τοῦ ἡλίου
    ἐκλιπόντος (ἐκλείπ. H) ((καὶ ἐ-
    σκοτίσθη ὁ ἥλιος ς))

Ac 2 20 ὁ ἥλιος μεταστραφήσεται εἰς σκότος
    καὶ ἡ σελήνη εἰς αἷμα

13 11 ἔσῃ τυφλὸς μὴ βλέπων τὸν ἥλιον
    ἄχρι καιροῦ

26 13 εἶδον ... ὑπὲρ τὴν λαμπρότητα
    τοῦ ἡλίου περιλάμψαν με φῶς

27 20 μήτε δὲ ἡλίου μήτε ἄστρων
    ἐπιφαινόντων ἐπὶ πλείονας ἡμέρας

1 C 15 41 ἄλλη δόξα ἡλίου, καὶ ἄλλη δόξα
    σελήνης, καὶ ἄλλη δόξα ἀστέρων

E 4 26 ὁ ἥλιος μὴ ἐπιδυέτω ἐπὶ τῷ
    ([N26]; —NTH) παροργισμῷ ὑ-
    μῶν

Jc 1 11a ἀνέτειλεν γὰρ ὁ ἥλιος σὺν τῷ
    καύσωνι καὶ ἐξήρανεν τὸν χόρτον

Ap 1 16c ἡ ὄψις αὐτοῦ ὡς ὁ ἥλιος φαίνει ἐν
    τῇ δυνάμει αὐτοῦ

6 12 ὁ ἥλιος | ἐγένετο μέλας (~T) ὡς
    σάκκος τρίχινος

7 2b ἄλλον ἄγγελον ἀναβαίνοντα
    ἀπὸ ἀνατολῆς ἡλίου

7 16 οὐδὲ μὴ πέσῃ ἐπ' αὐτοὺς ὁ ἥλιος
    οὐδὲ πᾶν καῦμα

8 12 καὶ ἐπλήγη τὸ τρίτον τοῦ ἡλίου
    καὶ τὸ τρίτον τῆς σελήνης

9 2 ἐσκοτώθη (-τίσθη VSς) ὁ ἥλιος καὶ
    ὁ ἀὴρ ἐκ τοῦ καπνοῦ τοῦ φρέατος

10 1c εἶδον ἄλλον ἄγγελον ἰσχυρὸν ...
    καὶ τὸ πρόσωπον αὐτοῦ ὡς ὁ
    ἥλιος

12 1 σημεῖον μέγα ὤφθη ἐν τῷ οὐρανῷ,
    γυνὴ περιβεβλημένη τὸν ἥλιον

16 8 ὁ τέταρτος ἐξέχεεν τὴν φιάλην
    αὐτοῦ ἐπὶ τὸν ἥλιον

16 12b ἵνα ἑτοιμασθῇ ἡ ὁδὸς τῶν βασι-
    λέων τῶν ἀπὸ ἀνατολῆς ἡλίου

19 17 εἶδον ἕνα ἄγγελον ἑστῶτα ἐν τῷ
    ἡλίῳ

21 23 ἡ πόλις οὐ χρείαν ἔχει τοῦ ἡλίου
    οὐδὲ τῆς σελήνης

22 5 οὐκ ἔχουσιν χρείαν φωτὸς ([VS];
    —ς) λύχνου καὶ φωτὸς (φῶς H)
    ἡλίου

ἧλος

Jo 20 25 ἐὰν μὴ ἴδω ἐν ταῖς χερσὶν αὐτοῦ
    τὸν τύπον τῶν ἥλων ↔

20 25 καὶ βάλω | τὸν δάκτυλόν μου (~T)
    εἰς τὸν τύπον (τόπον NMBT) τῶν
    ἥλων

ἡμεῖς

ἡμῶν p. 494   ἡμᾶς p. 500
ἡμῖν p. 498
→ ἐγώ
a καὶ ἡμεῖς
b ἡμεῖς δέ
c ἡμεῖς γάρ
d ἡμεῖς οὖν
e πάντες ἡμεῖς, ἡ. π.
f ἰδοὺ ἡμεῖς
g αὐτοὶ ἡμεῖς

Mt 6 12a ὡς καὶ ἡμεῖς ἀφήκαμεν (ἀφίεμεν
    Vς) τοῖς ὀφειλέταις ἡμῶν

9 14 διὰ τί ἡμεῖς καὶ οἱ Φαρισαῖοι
    νηστεύομεν πολλά ([N26M]; — N
    TH) ⟨;⟩

17 19 διὰ τί ἡμεῖς οὐκ ἠδυνήθημεν
    ἐκβαλεῖν αὐτό;

19 27 ἰδοὺ ἡμεῖς ἀφήκαμεν πάντα καὶ
    ἠκολουθήσαμέν σοι

28 14 ἡμεῖς πείσομεν αὐτὸν (+[N26S]
    MVς) καὶ ὑμᾶς ἀμερίμνους ποιήσο-
    μεν

Mc 9 28 ὅτι ἡμεῖς οὐκ ἠδυνήθημεν ἐκβαλεῖν
    αὐτό;

10 28f ἰδοὺ ἡμεῖς ἀφήκαμεν πάντα καὶ
    ἠκολουθήκαμέν (-σαμεν MVς)
    σοι

14 58 ἡμεῖς ἠκούσαμεν αὐτοῦ λέγοντος

Lc 3 14a τί ποιήσωμεν καὶ ἡμεῖς;

9 13 εἰ μήτι πορευθέντες ἡμεῖς ἀγορά-
    σωμεν ... βρώματα

18 28f ἰδοὺ ἡμεῖς ἀφέντες τὰ ἴδια ἠκολου-
    θήσαμέν σοι

23 41a ἡμεῖς μὲν δικαίως, ἄξια γὰρ ὧν
    ἐπράξαμεν ἀπολαμβάνομεν

24 21b ἡμεῖς δὲ ἠλπίζομεν

Jo 1 16e ὅτι ἐκ τοῦ πληρώματος αὐτοῦ
    ἡμεῖς πάντες ἐλάβομεν

4 22 ὑμεῖς προσκυνεῖτε ὃ οὐκ οἴδατε,
    ἡμεῖς προσκυνοῦμεν ὃ οἴδαμεν

6 42 οὐχ (οὐχὶ H) οὗτός ἐστιν Ἰησοῦς
    ... οὗ ἡμεῖς οἴδαμεν τὸν πατέρα
    καὶ τὴν μητέρα;

6 69a καὶ ἡμεῖς πεπιστεύκαμεν καὶ ἐγνώ-
    καμεν

7 35 ὅτι ἡμεῖς (—T) οὐχ εὑρήσομεν
    αὐτόν

8 41 ἡμεῖς ἐκ πορνείας οὐ γεγεννήμεθα
    (ἐγεννήθημεν NSH)

8 48 οὐ καλῶς λέγομεν ἡμεῖς ὅτι Σα-
    μαρίτης εἶ σύ ⟨;⟩

9 21 ἢ τίς ἤνοιξεν αὐτοῦ τοὺς ὀφθαλ-
    μούς ἡμεῖς οὐκ οἴδαμεν

9 24 ἡμεῖς οἴδαμεν ὅτι | οὗτος ὁ ἄνθρω-
    πος (~Tς) ἁμαρτωλός ἐστιν

9 28b σὺ μαθητὴς εἶ ἐκείνου, ἡμεῖς δὲ τοῦ
    Μωϋσέως ἐσμὲν μαθηταί· ↔

9 29 ἡμεῖς οἴδαμεν ὅτι Μωϋσεῖ λελάλη-
    κεν ὁ θεός

9 40a μὴ καὶ ἡμεῖς τυφλοί ἐσμεν;

11 16a ἄγωμεν καὶ ἡμεῖς ἵνα ἀποθάνωμεν
    μετ' αὐτοῦ

12 34 ἡμεῖς ἠκούσαμεν ἐκ τοῦ νόμου

17 11 ἵνα ὦσιν ἓν καθὼς ἡμεῖς

17 22 ἵνα ὦσιν ἓν καθὼς ἡμεῖς ἓν (+
    ἐσμεν ς)

19 7 ἡμεῖς νόμον ἔχομεν

21 3a ἐρχόμεθα καὶ ἡμεῖς σὺν σοί

Ac 2 8 καὶ πῶς ἡμεῖς ἀκούομεν ἕκαστος τῇ
    ἰδίᾳ διαλέκτῳ ἡμῶν ⟨;⟩

2 32e οὗ πάντες ἡμεῖς ἐσμεν μάρτυρες

3 15 οὗ ἡμεῖς μάρτυρές ἐσμεν

4 9 εἰ ἡμεῖς σήμερον ἀνακρινόμεθα ἐπὶ
    εὐεργεσίᾳ ἀνθρώπου ἀσθενοῦς

4 20 οὐ δυνάμεθα γὰρ ἡμεῖς ἃ εἴδαμεν
    καὶ ἠκούσαμεν μὴ λαλεῖν

5 32a καὶ ἡμεῖς ἐσμεν μάρτυρες τῶν
    ῥημάτων τούτων

6 4b ἡμεῖς δὲ τῇ προσευχῇ καὶ τῇ
    διακονίᾳ τοῦ λόγου προσκαρτε-
    ρήσομεν

10 33a νῦν οὖν πάντες ἡμεῖς ἐνώπιον τοῦ
    θεοῦ πάρεσμεν ἀκοῦσαι

10 39a καὶ ἡμεῖς (+ἐσμεν ς) μάρτυρες πάν-
    των ὧν ἐποίησεν

10 47a οἵτινες τὸ πνεῦμα τὸ ἅγιον ἔλαβον
    ὡς καὶ ἡμεῖς

13 32a καὶ ἡμεῖς ὑμᾶς εὐαγγελιζόμεθα τὴν
    πρὸς τοὺς πατέρας ἐπαγγελίαν
    γενομένην

14 15a καὶ ἡμεῖς ὁμοιοπαθεῖς ἐσμεν ὑμῖν
    ἄνθρωποι

15 10 ὃν οὔτε οἱ πατέρες ἡμῶν οὔτε ἡμεῖς
    ἰσχύσαμεν βαστάσαι

20 6b ἡμεῖς δὲ ἐξεπλεύσαμεν ... ἀπὸ
    Φιλίππων

Ac 20 13b ἡμεῖς δὲ προελθόντες (προ[σ]- M;
    προσ- S) ἐπὶ τὸ πλοῖον ἀνήχθημεν
    ἐπὶ τὴν Ἄσσον

21 7b ἡμεῖς δὲ τὸν πλοῦν διανύσαντες
    ἀπὸ Τύρου κατηντήσαμεν εἰς
    Πτολεμαΐδα

21 12 παρεκαλοῦμεν ἡμεῖς τε καὶ οἱ ἐντό-
    πιοι τοῦ μὴ ἀναβαίνειν αὐτόν

21 25 περὶ δὲ τῶν πεπιστευκότων ἐθνῶν
    ἡμεῖς ἐπεστείλαμεν (ἀπ- H) κρίναν-
    τες

23 15b ἡμεῖς δὲ ... ἕτοιμοί ἐσμεν τοῦ
    ἀνελεῖν αὐτόν

24 8 παρ' οὗ δυνήσῃ αὐτὸς ... ἐπι-
    γνῶναι ὧν ἡμεῖς κατηγοροῦμεν
    αὐτοῦ

28 21 ἡμεῖς οὔτε γράμματα περὶ σοῦ
    ἐδεξάμεθα

Rm 6 4a οὕτως καὶ ἡμεῖς ἐν καινότητι ζωῆς
    περιπατήσωμεν

8 23g || ἡμεῖς [NH] καὶ ((~ς)) αὐτοὶ ἐν
    ἑαυτοῖς στενάζομεν υἱοθεσίαν ἀπ-
    εκδεχόμενοι

15 1 ὀφείλομεν δὲ ἡμεῖς οἱ δυνατοὶ τὰ
    ἀσθενήματα τῶν ἀδυνάτων βα-
    στάζειν

1 C 1 23b ἡμεῖς δὲ κηρύσσομεν Χριστὸν ἐ-
    σταυρωμένον

2 12b ἡμεῖς δὲ οὐ τὸ πνεῦμα τοῦ κόσμου
    ἐλάβομεν

2 16b ἡμεῖς δὲ νοῦν Χριστοῦ ἔχομεν

4 8a ἵνα καὶ ἡμεῖς ὑμῖν συμβασιλεύσω-
    μεν

4 10 ἡμεῖς μωροὶ διὰ Χριστόν, ὑμεῖς δὲ
    φρόνιμοι ἐν Χριστῷ· ↔

4 10 ἡμεῖς ἀσθενεῖς, ὑμεῖς δὲ ἰσχυροί· ↔

4 10b ὑμεῖς ἔνδοξοι, ἡμεῖς δὲ ἄτιμοι

8 6a εἷς θεός ... ἐξ οὗ τὰ πάντα καὶ
    ἡμεῖς εἰς αὐτόν, ↔

8 6a καὶ εἷς κύριος ... δι' οὗ τὰ πάντα
    καὶ ἡμεῖς δι' αὐτοῦ

9 11 εἰ ἡμεῖς ὑμῖν τὰ πνευματικὰ
    ἐσπείραμεν, ↔

9 11 μέγα εἰ ἡμεῖς ὑμῶν τὰ σαρκικὰ
    θερίσομεν; ↔

9 12 εἰ ἄλλοι τῆς ὑμῶν ἐξουσίας μετ-
    έχουσιν, οὐ μᾶλλον ἡμεῖς;

9 25b ἐκεῖνοι μὲν οὖν ἵνα φθαρτὸν
    στέφανον λάβωσιν, ἡμεῖς δὲ ἄ-
    φθαρτον

11 16 εἰ δέ τις δοκεῖ φιλόνεικος εἶναι, ἡμεῖς
    τοιαύτην συνήθειαν οὐκ ἔχομεν

12 13e ἐν ἑνὶ πνεύματι ἡμεῖς πάντες εἰς ἓν
    σῶμα ἐβαπτίσθημεν

15 30a τί καὶ ἡμεῖς κινδυνεύομεν πᾶσαν
    ὥραν;

15 52b οἱ νεκροὶ ἐγερθήσονται ἄφθαρτοι,
    καὶ ἡμεῖς ἀλλαγησόμεθα

2 C 1 6a τῆς ἐνεργουμένης ἐν ὑπομονῇ τῶν
    αὐτῶν παθημάτων ὧν καὶ ἡμεῖς
    πάσχομεν

3 18be ἡμεῖς δὲ πάντες ἀνακεκαλυμμένῳ
    προσώπῳ τὴν δόξαν κυρίου κατ-
    οπτριζόμενοι

4 11 ἀεὶ γὰρ ἡμεῖς οἱ ζῶντες εἰς θάνατον
    παραδιδόμεθα διὰ Ἰησοῦν

4 13b ἔχοντες δὲ τὸ αὐτὸ πνεῦμα τῆς
    πίστεως ... καὶ ἡμεῖς πιστεύομεν

5 16 ὥστε ἡμεῖς ἀπὸ τοῦ νῦν οὐδένα
    οἴδαμεν κατὰ σάρκα

5 21 ἵνα ἡμεῖς γενώμεθα δικαιοσύνη
    θεοῦ ἐν αὐτῷ

6 16c ἡμεῖς (ὑμ. ς) γὰρ ναὸς θεοῦ ἐσμεν
    (ἐστε ς) ζῶντος

2 C 9 4 μή πως ἐὰν ... εὕρωσιν ὑμᾶς ἀπαρασκευάστους καταισχυνθῶμεν ἡμεῖς
10 7ᵃ ὅτι καθὼς αὐτὸς Χριστοῦ, οὕτως καὶ ἡμεῖς
10 13ᵇ ἡμεῖς δὲ οὐκ εἰς τὰ ἄμετρα καυχησόμεθα
11 12ᵃ ἵνα ἐν ᾧ καυχῶνται εὑρεθῶσιν καθὼς καὶ ἡμεῖς
11 21 κατὰ ἀτιμίαν λέγω, ὡς ὅτι ἡμεῖς ἠσθενήκαμεν (-σαμεν Vϛ)
13 4 καὶ γὰρ ἡμεῖς ἀσθενοῦμεν ἐν αὐτῷ
13 6 ἐλπίζω δὲ ὅτι γνώσεσθε ὅτι ἡμεῖς οὐκ ἐσμὲν ἀδόκιμοι
13 7 οὐχ ἵνα ἡμεῖς δόκιμοι φανῶμεν, ↔
13 7ᵇ ἀλλ᾽ ἵνα ὑμεῖς τὸ καλὸν ποιῆτε, ἡμεῖς δὲ ὡς ἀδόκιμοι ὦμεν
13 9 χαίρομεν γὰρ ὅταν ἡμεῖς ἀσθενῶμεν, ὑμεῖς δὲ δυνατοὶ ἦτε

G 1 8 ἀλλὰ καὶ ἐὰν ἡμεῖς ἢ ἄγγελος ... || εὐαγγελίζηται (-λίσηται NTH) ὑμῖν ([N²⁶NH]; —T) ((~S)) παρ᾽ ὃ εὐηγγελισάμεθα ὑμῖν
2 9 ἵνα ἡμεῖς εἰς τὰ ἔθνη, αὐτοὶ δὲ εἰς τὴν περιτομήν
2 15 ἡμεῖς φύσει Ἰουδαῖοι καὶ οὐκ ἐξ ἐθνῶν ἁμαρτωλοί
2 16ᵃ καὶ ἡμεῖς εἰς Χριστὸν Ἰησοῦν ἐπιστεύσαμεν
4 3ᵃ οὕτως καὶ ἡμεῖς, ὅτε ἦμεν νήπιοι ... ἤμεθα δεδουλωμένοι
4 28ᵇ * ἡμεῖς (VHϛ; ὑμεῖς rl) δέ ... ἐπαγγελίας τέκνα ἐσμέν (VHϛ; ἐστέ rl)
5 5ᶜ ἡμεῖς γὰρ πνεύματι ἐκ πίστεως ἐλπίδα δικαιοσύνης ἀπεκδεχόμεθα

E 2 3ᵃᵉ ἐν οἷς καὶ ἡμεῖς πάντες ἀνεστράφημέν ποτε

Ph 3 3ᶜ ἡμεῖς γάρ ἐσμεν ἡ περιτομή

Cl 1 9ᵃ διὰ τοῦτο καὶ ἡμεῖς ... οὐ παυόμεθα ὑπὲρ ὑμῶν προσευχόμενοι
1 28 ὃν ἡμεῖς καταγγέλλομεν νουθετοῦντες πάντα ἄνθρωπον

1 Th 2 13ᵃ καὶ ([S]; —ϛ) διὰ τοῦτο καὶ ἡμεῖς εὐχαριστοῦμεν τῷ θεῷ ἀδιαλείπτως
2 17ᵇ ἡμεῖς δέ, ἀδελφοί ... περισσοτέρως ἐσπουδάσαμεν
3 6ᵃ ἐπιποθοῦντες ἡμᾶς ἰδεῖν καθάπερ καὶ ἡμεῖς ὑμᾶς
3 12ᵃ ὑμᾶς δὲ ὁ κύριος πλεονάσαι ... τῇ ἀγάπῃ εἰς ἀλλήλους ... καθάπερ καὶ ἡμεῖς εἰς ὑμᾶς
4 15 ὅτι ἡμεῖς οἱ ζῶντες οἱ περιλειπόμενοι ... οὐ μὴ φθάσωμεν τοὺς κοιμηθέντας
4 17 ἔπειτα ἡμεῖς οἱ ζῶντες οἱ περιλειπόμενοι ... ἁρπαγησόμεθα ἐν νεφέλαις
5 8ᵇ ἡμεῖς δὲ ἡμέρας ὄντες νήφωμεν

2 Th 2 13ᵇ ἡμεῖς δὲ ὀφείλομεν εὐχαριστεῖν τῷ θεῷ πάντοτε περὶ ὑμῶν

Tt 3 3ᵃ ἦμεν γάρ ποτε καὶ ἡμεῖς ἀνόητοι
3 5 οὐκ ἐξ ἔργων τῶν ἐν δικαιοσύνῃ ἃ ἐποιήσαμεν ἡμεῖς

Hb 2 3 πῶς ἡμεῖς ἐκφευξόμεθα τηλικαύτης ἀμελήσαντες σωτηρίας;
3 6 οὗ οἶκός ἐσμεν ἡμεῖς
10 39ᵇ ἡμεῖς δὲ οὐκ ἐσμὲν ὑποστολῆς εἰς ἀπώλειαν
12 1ᵃ τοιγαροῦν καὶ ἡμεῖς ... δι᾽ ὑπομονῆς τρέχωμεν
12 25 εἰ γὰρ ἐκεῖνοι οὐκ ἐξέφυγον ... πολὺ μᾶλλον ἡμεῖς οἱ τὸν ἀπ᾽ οὐρανῶν ἀποστρεφόμενοι

2 Pt 1 18 ταύτην τὴν φωνὴν ἡμεῖς ἠκούσαμεν ἐξ οὐρανοῦ ἐνεχθεῖσαν

1 Jo 1 4 καὶ ταῦτα γράφομεν ἡμεῖς (ὑμῖν ϛ)
3 14 ἡμεῖς οἴδαμεν ὅτι μεταβεβήκαμεν ἐκ τοῦ θανάτου εἰς τὴν ζωήν
3 16ᵃ καὶ ἡμεῖς ὀφείλομεν ὑπὲρ τῶν ἀδελφῶν τὰς ψυχὰς θεῖναι
4 6 ἡμεῖς ἐκ τοῦ θεοῦ ἐσμεν
4 10 οὐχ ὅτι ἡμεῖς ἠγαπήκαμεν (-σαμεν MVBSTϛ) τὸν θεόν
4 11ᵃ καὶ ἡμεῖς ὀφείλομεν ἀλλήλους ἀγαπᾶν
4 14ᵃ καὶ ἡμεῖς τεθεάμεθα καὶ μαρτυροῦμεν
4 16ᵃ καὶ ἡμεῖς ἐγνώκαμεν καὶ πεπιστεύκαμεν τὴν ἀγάπην
4 17ᵃ καθὼς ἐκεῖνός ἐστιν καὶ ἡμεῖς ἐσμεν ἐν τῷ κόσμῳ τούτῳ
4 19 ἡμεῖς ἀγαπῶμεν, ὅτι αὐτὸς πρῶτος ἠγάπησεν ἡμᾶς

3 Jo 8ᵈ ἡμεῖς οὖν ὀφείλομεν ὑπολαμβάνειν τοὺς τοιούτους
12ᵃᵇ καὶ ἡμεῖς δὲ μαρτυροῦμεν

ἡμῶν
ᵃ rectum a praep.
ᵇ rectum a verbo
ᶜ substantivum praecedit
ᵈ gen. abs.
ᵉ πάντων ἡμῶν
ᶠ ἕκαστος, οὐδεὶς ἡ.
ᵍ τὰ περὶ ἡμῶν

Mt 1 23ᵃ Ἐμμανουήλ, ὅ ἐστιν μεθερμηνευόμενον μεθ᾽ ἡμῶν ὁ θεός
6 9 πάτερ ἡμῶν ὁ ἐν τοῖς οὐρανοῖς
6 11 τὸν ἄρτον ἡμῶν τὸν ἐπιούσιον δὸς ἡμῖν σήμερον· ↔
6 12 καὶ ἄφες ἡμῖν τὰ ὀφειλήματα ἡμῶν, ↔
6 12 ὡς καὶ ἡμεῖς ἀφήκαμεν (ἀφίεμεν Vϛ) τοῖς ὀφειλέταις ἡμῶν
8 17 αὐτὸς τὰς ἀσθενείας ἡμῶν ἔλαβεν
15 23ᵃ ἀπόλυσον αὐτήν, ὅτι κράζει ὄπισθεν ἡμῶν
20 33ᶜ κύριε, ἵνα ἀνοιγῶσιν | οἱ ὀφθαλμοὶ ἡμῶν (~ϛ)
21 42 καὶ ἔστιν θαυμαστὴ ἐν ὀφθαλμοῖς ἡμῶν
23 30 εἰ ἤμεθα ἐν ταῖς ἡμέραις τῶν πατέρων ἡμῶν
25 8 ὅτι αἱ λαμπάδες ἡμῶν σβέννυνται
27 25 τὸ αἷμα αὐτοῦ ἐφ᾽ ἡμᾶς καὶ ἐπὶ τὰ τέκνα ἡμῶν
28 13ᵈ οἱ μαθηταὶ αὐτοῦ ... ἔκλεψαν αὐτὸν ἡμῶν κοιμωμένων

Mc 9 40ᵃ ὃς γὰρ οὐκ ἔστιν καθ᾽ ἡμῶν (ὑμῶν ϛ), ↔
9 40ᵃ ὑπὲρ ἡμῶν (ὑμῶν ϛ) ἐστιν
11 10 εὐλογημένη ἡ ἐρχομένη βασιλεία τοῦ πατρὸς ἡμῶν Δαυίδ
12 7ᵇ δεῦτε ἀποκτείνωμεν αὐτόν, καὶ ἡμῶν ἔσται ἡ κληρονομία
12 11 καὶ ἔστιν θαυμαστὴ ἐν ὀφθαλμοῖς ἡμῶν
12 29 κύριος ὁ θεὸς ἡμῶν κύριος εἷς ἐστιν

Lc 1 55 καθὼς ἐλάλησεν πρὸς τοὺς πατέρας ἡμῶν
1 71 σωτηρίαν ἐξ ἐχθρῶν ἡμῶν
1 72 ποιῆσαι ἔλεος μετὰ τῶν πατέρων ἡμῶν
1 73 ὅρκον ὃν ὤμοσεν πρὸς Ἀβραὰμ τὸν πατέρα ἡμῶν, ↔
1 74 * ⟨τοῦ δοῦναι ἡμῖν⟩ ἀφόβως ἐκ χειρὸς (+τῶν ϛ) ἐχθρῶν ἡμῶν (+ϛ) ῥυσθέντας ↔

Lc 1 75 ⟨λατρεύειν αὐτῷ⟩ ἐν ὁσιότητι ... | πάσαις ταῖς ἡμέραις (πάσας τὰς ἡ-ρας VBSTϛ) (+τῆς ζωῆς ϛ) ἡμῶν
1 78 διὰ σπλάγχνα ἐλέους θεοῦ ἡμῶν
1 79 τοῦ κατευθῦναι τοὺς πόδας ἡμῶν εἰς ὁδὸν εἰρήνης
7 5 ἀγαπᾷ γὰρ τὸ ἔθνος ἡμῶν
9 49ᵃ ἐκωλύομεν (-λύσαμεν Tϛ) αὐτόν, ὅτι οὐκ ἀκολουθεῖ μεθ᾽ ἡμῶν
9 50ᵃ * ὃς γὰρ οὐκ ἔστιν καθ᾽ ἡμῶν (ϛ; ὑμῶν rl), ↔
9 50ᵃ * ὑπὲρ ἡμῶν (ϛ; ὑμῶν rl) ἐστιν
10 11 * τὸν κονιορτὸν τὸν κολληθέντα ἡμῖν ἐκ τῆς πόλεως ὑμῶν || εἰς τοὺς πόδας ἡμῶν (+MVS) ((—ϛ)) ἀπομασσόμεθα ὑμῖν
11 2 * πάτερ | ἡμῶν ὁ ἐν τοῖς οὐρανοῖς (+ϛ)
11 3 τὸν ἄρτον ἡμῶν τὸν ἐπιούσιον δίδου ἡμῖν τὸ καθ᾽ ἡμέραν· ↔
11 4 καὶ ἄφες ἡμῖν τὰς ἁμαρτίας ἡμῶν
13 26 ἐν ταῖς πλατείαις ἡμῶν ἐδίδαξας
16 26ᵃ ἐν (ἐπὶ VBϛ) πᾶσι τούτοις μεταξὺ ἡμῶν καὶ ὑμῶν χάσμα μέγα ἐστήρικται
20 14ᵇ ἵνα ἡμῶν γένηται ἡ κληρονομία
23 2 τοῦτον εὕραμεν διαστρέφοντα τὸ ἔθνος ἡμῶν (—ϛ)
24 20 ὅπως τε παρέδωκαν αὐτὸν οἱ ἀρχιερεῖς καὶ οἱ ἄρχοντες ἡμῶν εἰς κρίμα θανάτου
24 22ᵃ ἀλλὰ καὶ γυναῖκές τινες ἐξ ἡμῶν ἐξέστησαν ἡμᾶς
24 29ᵃ μεῖνον μεθ᾽ ἡμῶν, ὅτι πρὸς ἑσπέραν ἐστίν
24 32 οὐχὶ ἡ καρδία ἡμῶν καιομένη ἦν | ἐν ἡμῖν ([N²⁶]; —H) ⟨;⟩

Jo 3 11 τὴν μαρτυρίαν ἡμῶν οὐ λαμβάνετε
4 12 μὴ σὺ μείζων εἶ τοῦ πατρὸς ἡμῶν Ἰακώβ ⟨;⟩
4 20 οἱ πατέρες ἡμῶν ἐν τῷ ὄρει τούτῳ προσεκύνησαν
6 31 οἱ πατέρες ἡμῶν τὸ μάννα ἔφαγον ἐν τῇ ἐρήμῳ
7 51 μὴ ὁ νόμος ἡμῶν κρίνει τὸν ἄνθρωπον ἐὰν μὴ ἀκούσῃ πρῶτον ⟨;⟩
8 39 ὁ πατὴρ ἡμῶν Ἀβραάμ ἐστι
8 53 μὴ σὺ μείζων εἶ τοῦ πατρὸς ἡμῶν Ἀβραάμ ⟨;⟩
8 54 ὃν ὑμεῖς λέγετε ὅτι θεὸς ἡμῶν (ὑμῶν BSHϛ) ἐστιν
9 20 οἴδαμεν ὅτι οὗτός ἐστιν ὁ υἱὸς ἡμῶν
10 24 ἕως πότε τὴν ψυχὴν ἡμῶν αἴρεις;
11 11 Λάζαρος ὁ φίλος ἡμῶν κεκοίμηται
11 48ᶜ ἐλεύσονται οἱ Ῥωμαῖοι καὶ ἀροῦσιν ἡμῶν καὶ τὸν τόπον καὶ τὸ ἔθνος
12 38 κύριε, τίς ἐπίστευσεν τῇ ἀκοῇ ἡμῶν;
19 7 * κατὰ τὸν νόμον ἡμῶν (+[S]ϛ) ὀφείλει ἀποθανεῖν

Ac 1 22ᵃ ἕως (ἄχρι T) τῆς ἡμέρας ἧς ἀνελήμφθη ἀφ᾽ ἡμῶν
2 8 πῶς ἡμεῖς ἀκούομεν ἕκαστος τῇ ἰδίᾳ διαλέκτῳ ἡμῶν ἐν ᾗ ἐγεννήθημεν ⟨;⟩
2 39 ὅσους ἂν προσκαλέσηται κύριος ὁ θεὸς ἡμῶν
3 13 ὁ θεὸς Ἀβραάμ ... ὁ θεὸς τῶν πατέρων ἡμῶν, ἐδόξασεν τὸν παῖδα αὐτοῦ Ἰησοῦν

Ac 3 22 *προφήτην ὑμῖν ἀναστήσει κύριος
ὁ θεὸς ἡμῶν (ὑμῶν N²⁶ς; —NH)
ἐκ τῶν ἀδελφῶν ὑμῶν ὡς ἐμέ

3 25 *τῆς διαθήκης ἧς | διέθετο ὁ θεὸς
(~NMH) πρὸς τοὺς πατέρας
ἡμῶν (Tς; ὑμῶν rl)

4 25 ⟨δέσποτα⟩ ὁ | τοῦ πατρὸς ἡμῶν
διὰ πνεύματος ἁγίου στόματος
Δαυὶδ (δ. πν. ἁ. δ. τοῦ στ. Δ. M;
πνεύματι ἁγίῳ δ. στ. τοῦ πατρ.
ἡμ. Δ. B; δ. στ. Δ. τοῦ ς) παιδός
σου εἰπών

5 30 *ὁ θεὸς τῶν πατέρων ἡμῶν ἤγειρεν
Ἰησοῦν

7 2 ὁ θεὸς τῆς δόξης ὤφθη τῷ πατρὶ
ἡμῶν Ἀβραάμ

7 11 οὐχ ηὕρισκον χορτάσματα οἱ
πατέρες ἡμῶν

7 12 ἐξαπέστειλεν τοὺς πατέρας ἡμῶν
πρῶτον

7 15 ἐτελεύτησεν αὐτὸς καὶ οἱ πατέρες
ἡμῶν

7 19 οὗτος κατασοφισάμενος τὸ γένος
ἡμῶν ↔

7 19 ἐκάκωσεν τοὺς πατέρας ἡμῶν (+
[N²⁶S] Vς)

7 27ᵃ τίς σε κατέστησεν ἄρχοντα καὶ
δικαστὴν ἐφ' ἡμῶν (ἡμᾶς ς);

7 38 μετὰ τοῦ ἀγγέλου τοῦ λαλοῦντος
αὐτῷ ἐν τῷ ὄρει Σινᾶ καὶ τῶν
πατέρων ἡμῶν

7 39 ᾧ οὐκ ἠθέλησαν ὑπήκοοι γενέσθαι
οἱ πατέρες ἡμῶν

7 40ᵇ ποίησον ἡμῖν θεοὺς οἳ προπορεύ-
σονται ἡμῶν

7 44 ἡ σκηνὴ τοῦ μαρτυρίου ἦν τοῖς
πατράσιν ἡμῶν ἐν τῇ ἐρήμῳ

7 45 ἣν καὶ εἰσήγαγον διαδεξάμενοι οἱ
πατέρες ἡμῶν μετὰ Ἰησοῦ ἐν τῇ
κατασχέσει τῶν ἐθνῶν, ↔

7 45 ἣν ἐξῶσεν ὁ θεὸς ἀπὸ προσώπου
τῶν πατέρων ἡμῶν

9 38ᵃ μὴ ὀκνήσῃς (-νῆσαι ς) διελθεῖν ἕως
ἡμῶν (αὐτῶν ς)

13 17 ὁ θεὸς τοῦ λαοῦ τούτου Ἰσραὴλ
ἐξελέξατο τοὺς πατέρας ἡμῶν

13 33 *ταύτην ὁ θεὸς ἐκπεπλήρωκεν τοῖς
τέκνοις ἡμῶν (VTH; ἡμῖν N;
[αὐτῶν] ἡμῖν N²⁶; αὐτῶν ἡμῖν rl)
ἀναστήσας Ἰησοῦν

14 17 *ἐμπιπλῶν τροφῆς καὶ εὐφροσύνης
τὰς καρδίας ἡμῶν (ς; ὑμῶν rl)

15 9ᵃ οὐθὲν διέκρινεν μεταξὺ ἡμῶν τε καὶ
αὐτῶν

15 10 ὃν οὔτε οἱ πατέρες ἡμῶν οὔτε
ἡμεῖς ἰσχύσαμεν βαστάσαι

15 24ᵃ τινὲς ἐξ ἡμῶν ἐξελθόντες ([N²⁶];
—NH) ἐτάραξαν ὑμᾶς

15 25 ἔδοξεν ἡμῖν ... ἄνδρας πέμψαι
πρὸς ὑμᾶς σὺν τοῖς ἀγαπητοῖς
ἡμῶν Βαρναβᾷ καὶ Παύλῳ, ↔

15 26 ἀνθρώποις παραδεδωκόσι τὰς
ψυχὰς αὐτῶν ὑπὲρ τοῦ ὀνόματος
τοῦ κυρίου ἡμῶν Ἰησοῦ Χριστοῦ

15 36 *ἐπιστρέψαντες δὴ ἐπισκεψώμεθα
τοὺς ἀδελφοὺς ἡμῶν (+ς) κατὰ
πόλιν πᾶσαν

16 16ᵈ ἐγένετο δὲ πορευομένων ἡμῶν εἰς
τὴν προσευχήν

16 20ᶜ οὗτοι οἱ ἄνθρωποι ἐκταράσσουσιν
ἡμῶν τὴν πόλιν

17 20 ξενίζοντα γάρ τινα εἰσφέρεις εἰς

17 27ᶠ καί γε οὐ μακρὰν ἀπὸ ἑνὸς ἑκάστου
ἡμῶν ὑπάρχοντα

Ac 19 25 *ἐκ ταύτης τῆς ἐργασίας ἡ εὐπορία
ἡμῶν (ς; ἡμῖν rl) ἐστιν

19 37 ἠγάγετε γὰρ τοὺς ἄνδρας τούτους
οὔτε ἱεροσύλους οὔτε βλασφη-
μοῦντας τὴν | θεὸν ἡμῶν (θεὰν
ὑμ. ς)

20 7ᵈ συνηγμένων ἡμῶν (τῶν μαθητῶν
τοῦ ς) κλάσαι ἄρτον ὁ Παῦλος
διελέγετο αὐτοῖς

20 21 διαμαρτυρόμενος ... τὴν ...
πίστιν εἰς τὸν κύριον ἡμῶν Ἰησοῦν
(+Χριστόν STς)

21 10ᵈ *ἐπιμενόντων δὲ ἡμῶν (+MVSς)
ἡμέρας πλείους κατῆλθέν τις ἀπὸ
τῆς Ἰουδαίας προφήτης

21 17ᵈ γενομένων δὲ ἡμῶν εἰς Ἱεροσόλυμα

22 14 ὁ θεὸς τῶν πατέρων ἡμῶν προ-
εχειρίσατό σε

24 4ᵇ παρακαλῶ ἀκοῦσαί σε ἡμῶν συντό-
μως τῇ σῇ ἐπιεικείᾳ

24 7 * | παρελθὼν δὲ Λυσίας ὁ χιλίαρ-
χος μετὰ πολλῆς βίας ἐκ τῶν χειρῶν
ἡμῶν ἀπήγαγε (.. +ς ..)

26 6 ἐπ' ἐλπίδι τῆς εἰς τοὺς πατέρας
ἡμῶν (—ς) ἐπαγγελίας ... ἕστη-
κα κρινόμενος, ↔

26 7 εἰς ἣν τὸ δωδεκάφυλον ἡμῶν ...
λατρεῦον ἐλπίζει καταντῆσαι

26 14ᵈᵉ πάντων τε καταπεσόντων ἡμῶν
εἰς τὴν γῆν ἤκουσα φωνὴν

27 10 μετὰ ... ζημίας οὐ μόνον τοῦ φορ-
τίου καὶ τοῦ πλοίου ἀλλὰ καὶ τῶν
ψυχῶν ἡμῶν μέλλειν ἔσεσθαι τὸν
πλοῦν

27 18ᵈ σφοδρῶς δὲ χειμαζομένων ἡμῶν τῇ
ἑξῆς ἐκβολὴν ἐποιοῦντο

27 27ᵈ ὡς δὲ τεσσαρεσκαιδεκάτη νὺξ
ἐγένετο διαφερομένων ἡμῶν ἐν τῷ
Ἀδρίᾳ

28 15ᵍ κἀκεῖθεν οἱ ἀδελφοὶ ἀκούσαντες τὰ
περὶ ἡμῶν ἦλθαν ([ἐξ]ῆλθον S;
ἐξῆλθον ς) εἰς ἀπάντησιν ἡμῖν

28 25 * καλῶς τὸ πνεῦμα τὸ ἅγιον ἐλάλη-
σεν ... πρὸς τοὺς πατέρας ἡμῶν
(ς; ὑμ. rl)

Rm 1 4 ⟨ὁ προεπηγγείλατο ... περὶ τοῦ
υἱοῦ αὐτοῦ⟩ Ἰησοῦ Χριστοῦ τοῦ
κυρίου ἡμῶν

1 7 χάρις ὑμῖν καὶ εἰρήνη ἀπὸ θεοῦ
πατρὸς ἡμῶν

3 5 εἰ δὲ ἡ ἀδικία ἡμῶν θεοῦ δικαιοσύ-
νην συνίστησιν

4 1 τί οὖν ἐροῦμεν εὑρηκέναι ([M];
— H) Ἀβραὰμ τὸν προπάτορα
ἡμῶν κατὰ σάρκα;

4 12 τοῖς στοιχοῦσιν τοῖς ἴχνεσιν τῆς ἐν
ἀκροβυστίᾳ πίστεως τοῦ πατρὸς
ἡμῶν Ἀβραάμ

4 16ᵉ ὅς ἐστιν πατὴρ πάντων ἡμῶν

4 24 τοῖς πιστεύουσιν ἐπὶ τὸν ἐγείραντα
Ἰησοῦν τὸν κύριον ἡμῶν ἐκ νε-
κρῶν,

4 25 ὃς παρεδόθη διὰ τὰ παραπτώματα
ἡμῶν ↔

4 25 καὶ ἠγέρθη διὰ τὴν δικαίωσιν ἡμῶν

5 1 εἰρήνην ἔχομεν (-ωμεν MVBSTH)
πρὸς τὸν θεὸν διὰ τοῦ κυρίου
ἡμῶν Ἰησοῦ Χριστοῦ

5 5 ὅτι ἡ ἀγάπη τοῦ θεοῦ ἐκκέχυται
ἐν ταῖς καρδίαις ἡμῶν διὰ πνεύμα-
τος ἁγίου

5 6ᵈ | ἔτι γὰρ (εἴ γε NH) Χριστὸς ὄντων
ἡμῶν ἀσθενῶν ἔτι ([MS]; —ς) ...
ὑπὲρ ἀσεβῶν ἀπέθανεν

5 8ᵈ ἔτι ἁμαρτωλῶν ὄντων ἡμῶν ↔

Rm 5 8ᵃ Χριστὸς ὑπὲρ ἡμῶν ἀπέθανεν

5 11 καυχώμενοι ἐν τῷ θεῷ διὰ τοῦ
κυρίου ἡμῶν Ἰησοῦ Χριστοῦ [NH]

5 21 ἵνα ... οὕτως καὶ ἡ χάρις βασι-
λεύσῃ ... διὰ Ἰησοῦ Χριστοῦ τοῦ
κυρίου ἡμῶν

6 6ᶜ τοῦτο γινώσκοντες, ὅτι ὁ παλαιὸς
ἡμῶν ἄνθρωπος συνεσταυρώθη

6 11 * λογίζεσθε ἑαυτοὺς ... ζῶντας δὲ
τῷ θεῷ ἐν Χριστῷ Ἰησοῦ | τῷ
κυρίῳ ἡμῶν (+[V]Sς)

6 23 τὸ δὲ χάρισμα τοῦ θεοῦ ζωὴ αἰώ-
νιος ἐν Χριστῷ Ἰησοῦ τῷ κυρίῳ
ἡμῶν

7 5 τὰ παθήματα τῶν ἁμαρτιῶν ...
ἐνηργεῖτο ἐν τοῖς μέλεσιν ἡμῶν

7 25 χάρις (εὐχαριστῶ Sς) δὲ (+N²⁶V
[H]) τῷ θεῷ διὰ Ἰησοῦ Χριστοῦ
τοῦ κυρίου ἡμῶν

8 16 αὐτὸ τὸ πνεῦμα συμμαρτυρεῖ τῷ
πνεύματι ἡμῶν ὅτι ἐσμὲν τέκνα
θεοῦ

8 23 υἱοθεσίαν ἀπεκδεχόμενοι, τὴν ἀπο-
λύτρωσιν τοῦ σώματος ἡμῶν

8 26 τὸ πνεῦμα συναντιλαμβάνεται | τῇ
ἀσθενείᾳ (ταῖς -αις ς) ἡμῶν

8 26ᵃ *αὐτὸ τὸ πνεῦμα ὑπερεντυγχάνει
| ὑπὲρ ἡμῶν (+ς) στεναγμοῖς
ἀλαλήτοις

8 31ᵃ εἰ ὁ θεὸς ὑπὲρ ἡμῶν, ↔

8 31ᵃ τίς καθ' ἡμῶν;

8 32ᵃᵉ ὑπὲρ ἡμῶν πάντων παρέδωκεν
αὐτόν

8 34ᵃ ὃς καὶ ἐντυγχάνει ὑπὲρ ἡμῶν

8 39 οὔτε τις κτίσις ἑτέρα δυνήσεται
ἡμᾶς χωρίσαι ἀπὸ τῆς ἀγάπης ...
τῆς ἐν Χριστῷ Ἰησοῦ τῷ κυρίῳ
ἡμῶν

9 10 Ῥεβέκκα ἐξ ἑνὸς κοίτην ἔχουσα,
Ἰσαὰκ τοῦ πατρὸς ἡμῶν

10 16 κύριε, τίς ἐπίστευσεν τῇ ἀκοῇ
ἡμῶν;

13 11ᶜ νῦν γὰρ ἐγγύτερον ἡμῶν ἡ σωτη-
ρία ἢ ὅτε ἐπιστεύσαμεν

14 7ᶠ οὐδεὶς γὰρ ἡμῶν ἑαυτῷ ζῇ

14 12ᶠ ἄρα οὖν [N²⁶NH] ἕκαστος ἡμῶν
περὶ ἑαυτοῦ λόγον δώσει | τῷ θεῷ
[N²⁶NH]

15 2ᶠ ἕκαστος ἡμῶν τῷ πλησίον ἀρε-
σκέτω εἰς τὸ ἀγαθόν

15 6 ἵνα ὁμοθυμαδὸν ... δοξάζητε τὸν
θεὸν καὶ πατέρα τοῦ κυρίου ἡμῶν
Ἰησοῦ Χριστοῦ

15 30 παρακαλῶ δὲ ὑμᾶς |, ἀδελφοί, [N²⁶
NH] διὰ τοῦ κυρίου ἡμῶν Ἰησοῦ
Χριστοῦ

16 1 συνίστημι δὲ ὑμῖν Φοίβην τὴν
ἀδελφὴν ἡμῶν

16 9 ἀσπάσασθε Οὐρβανὸν τὸν συν-
εργὸν ἡμῶν ἐν Χριστῷ

16 18 οἱ γὰρ τοιοῦτοι τῷ κυρίῳ ἡμῶν
Χριστῷ οὐ δουλεύουσιν

16 20 ἡ χάρις τοῦ κυρίου ἡμῶν Ἰησοῦ
(+Χριστοῦ MVBSς) μεθ' ὑμῶν

16 24 * | ἡ χάρις τοῦ κυρίου ἡμῶν
Ἰησοῦ Χριστοῦ μετὰ πάντων
ὑμῶν. ἀμήν (+ς)

1C 1 2 ⟨Παῦλος⟩ τῇ ἐκκλησίᾳ ... ἐν
Κορίνθῳ ... σὺν πᾶσιν τοῖς ἐπι-
καλουμένοις τὸ ὄνομα τοῦ κυρίου
ἡμῶν Ἰησοῦ Χριστοῦ ἐν παντὶ
τόπῳ, ↔

1 2 αὐτῶν (+ τε Vς) καὶ ἡμῶν· ↔

1 3 χάρις ὑμῖν καὶ εἰρήνη ἀπὸ θεοῦ
πατρὸς ἡμῶν

1 C
1 7 ἀπεκδεχομένους τὴν ἀποκάλυψιν τοῦ κυρίου ἡμῶν Ἰησοῦ Χριστοῦ

1 8 βεβαιώσει ὑμᾶς ... ἀνεγκλήτους ἐν τῇ ἡμέρᾳ τοῦ κυρίου ἡμῶν Ἰησοῦ Χριστοῦ [N²⁶NH]

1 9 δι' οὗ ἐκλήθητε εἰς κοινωνίαν τοῦ υἱοῦ αὐτοῦ Ἰησοῦ Χριστοῦ τοῦ κυρίου ἡμῶν. ↔

1 10 παρακαλῶ δὲ ὑμᾶς, ἀδελφοί, διὰ τοῦ ὀνόματος τοῦ κυρίου ἡμῶν Ἰησοῦ Χριστοῦ

2 7 ἣν προώρισεν ὁ θεὸς πρὸ τῶν αἰώνων εἰς δόξαν ἡμῶν

4 8ᵃ ἤδη ἐπλουτήσατε· χωρὶς ἡμῶν ἐβασιλεύσατε

5 4 ⟨κέκρικα ... τὸν οὕτως τοῦτο κατεργασάμενον⟩ ἐν τῷ ὀνόματι τοῦ κυρίου ἡμῶν (+[N²⁶VSH] MBς) Ἰησοῦ (+Χριστοῦ BSς) ↔

5 4 συναχθέντων ὑμῶν ... σὺν τῇ δυνάμει τοῦ κυρίου ἡμῶν Ἰησοῦ

5 7 καὶ γὰρ τὸ πάσχα ἡμῶν ↔

5 7ᵃ* | ὑπὲρ ἡμῶν (+ς) ἐτύθη Χριστός

6 11 * ἐδικαιώθητε ἐν τῷ ὀνόματι τοῦ κυρίου ἡμῶν (+[MVH]B) Ἰησοῦ Χριστοῦ ↔

6 11 καὶ ἐν τῷ πνεύματι τοῦ θεοῦ ἡμῶν

9 1 οὐχὶ Ἰησοῦν τὸν κύριον ἡμῶν ἑόρακα;

10 1 οἱ πατέρες ἡμῶν πάντες ὑπὸ τὴν νεφέλην ἦσαν

10 6 ταῦτα δὲ τύποι ἡμῶν ἐγενήθησαν

10 11 ἐγράφη δὲ πρὸς νουθεσίαν ἡμῶν

12 23 τὰ ἀσχήμονα ἡμῶν εὐσχημοσύνην περισσοτέραν ἔχει, ↔

12 24 τὰ δὲ εὐσχήμονα ἡμῶν οὐ χρείαν ἔχει

15 3 Χριστὸς ἀπέθανεν ὑπὲρ τῶν ἁμαρτιῶν ἡμῶν κατὰ τὰς γραφάς

15 14 κενὸν ἄρα καὶ (+[N²⁶S] VBT) τὸ κήρυγμα ἡμῶν, ↔

15 14 * κενὴ καὶ ἡ πίστις ἡμῶν (H; ὑμ. rl)

15 31 ἣν ἔχω ἐν Χριστῷ Ἰησοῦ τῷ κυρίῳ ἡμῶν

15 57 τῷ διδόντι ἡμῖν τὸ νῖκος διὰ τοῦ κυρίου ἡμῶν Ἰησοῦ Χριστοῦ

2 C
1 2 χάρις ... ἀπὸ θεοῦ πατρὸς ἡμῶν καὶ κυρίου Ἰησοῦ Χριστοῦ. ↔

1 3 εὐλογητὸς ὁ θεὸς καὶ πατὴρ τοῦ κυρίου ἡμῶν Ἰησοῦ Χριστοῦ

1 4 ὁ παρακαλῶν ἡμᾶς ἐπὶ πάσῃ τῇ θλίψει ἡμῶν

1 5 οὕτως διὰ τοῦ Χριστοῦ περισσεύει καὶ ἡ παράκλησις ἡμῶν

1 7 ἡ ἐλπὶς ἡμῶν βεβαία ὑπὲρ ὑμῶν

1 8 ὑπὲρ (περὶ BST) τῆς θλίψεως ἡμῶν τῆς γενομένης ἐν τῇ Ἀσίᾳ

1 11ᵃ ⟨καὶ ἔτι ῥύσεται⟩ συνυπουργούντων καὶ ὑμῶν ὑπὲρ ἡμῶν τῇ δεήσει, ↔

1 11ᵃ ἵνα ... τὸ εἰς ἡμᾶς χάρισμα διὰ πολλῶν εὐχαριστηθῇ ὑπὲρ ἡμῶν. ↔

1 12 ἡ γὰρ καύχησις ἡμῶν αὕτη ἐστίν, ↔

1 12 τὸ μαρτύριον τῆς συνειδήσεως ἡμῶν, ὅτι ἐν ἁπλότητι (N²⁶ς; ἁγιότητι rl) ... ἀνεστράφημεν

1 14 ὅτι καύχημα ὑμῶν ἐσμεν καθάπερ καὶ ὑμεῖς ἡμῶν ↔

1 14 ἐν τῇ ἡμέρᾳ τοῦ κυρίου ἡμῶν ([N²⁶]; —ς) Ἰησοῦ

2 C
1 18 ὁ λόγος ἡμῶν ὁ πρὸς ὑμᾶς οὐκ ἔστιν ναὶ καὶ οὔ. ↔

1 19ᵃ ὁ τοῦ θεοῦ γὰρ υἱός ... ὁ ἐν ὑμῖν δι' ἡμῶν κηρυχθείς

1 20ᵃ διὸ καὶ δι' αὐτοῦ τὸ ἀμὴν τῷ θεῷ πρὸς δόξαν δι' ἡμῶν

1 22 ὁ ([H]; —S) ... δοὺς τὸν ἀρραβῶνα τοῦ πνεύματος ἐν ταῖς καρδίαις ἡμῶν

2 14ᵃ χάρις τῷ ... τὴν ὀσμὴν τῆς γνώσεως αὐτοῦ φανεροῦντι δι' ἡμῶν ἐν παντὶ τόπῳ

3 2 ἡ ἐπιστολὴ ἡμῶν ὑμεῖς ἐστε, ↔

3 2 ἐγγεγραμμένη ἐν ταῖς καρδίαις ἡμῶν

3 3ᵃ ὅτι ἐστὲ ἐπιστολὴ Χριστοῦ διακονηθεῖσα ὑφ' ἡμῶν

3 5 οὐχ ὅτι ἀφ' ἑαυτῶν ἱκανοί ἐσμεν ... ἀλλ' ἡ ἱκανότης ἡμῶν ἐκ τοῦ θεοῦ

4 3 εἰ δὲ καὶ ἔστιν κεκαλυμμένον τὸ εὐαγγέλιον ἡμῶν

4 6 ὃς ἔλαμψεν ἐν ταῖς καρδίαις ἡμῶν πρὸς φωτισμὸν τῆς γνώσεως τῆς δόξης

4 7ᵃ ἵνα ἡ ὑπερβολὴ τῆς δυνάμεως ᾖ τοῦ θεοῦ καὶ μὴ ἐξ ἡμῶν

4 10 ἵνα καὶ ἡ ζωὴ τοῦ Ἰησοῦ ἐν | τῷ σώματι (τοῖς -ασιν T) ἡμῶν φανερωθῇ

4 11 ἵνα καὶ ἡ ζωὴ τοῦ Ἰησοῦ φανερωθῇ ἐν τῇ θνητῇ σαρκὶ ἡμῶν

4 16ᵃ ἀλλ' εἰ καὶ ὁ ἔξω ἡμῶν ἄνθρωπος διαφθείρεται, ↔

4 16ᵃ ἀλλ' ὁ | ἔσω ἡμῶν (ἔσωθεν ς) ἀνακαινοῦται ἡμέρᾳ καὶ ἡμέρᾳ. ↔

4 17 τὸ γὰρ παραυτίκα ἐλαφρὸν τῆς θλίψεως ἡμῶν (—NH) ... αἰώνιον βάρος δόξης κατεργάζεται ἡμῖν, ↔

4 18ᵈ μὴ σκοπούντων ἡμῶν τὰ βλεπόμενα ἀλλὰ τὰ μὴ βλεπόμενα

5 1ᶜ ἐὰν ἡ ἐπίγειος ἡμῶν οἰκία τοῦ σκήνους καταλυθῇ

5 2 τὸ οἰκητήριον ἡμῶν τὸ ἐξ οὐρανοῦ ἐπενδύσασθαι ἐπιποθοῦντες

5 12ᵃ ἀφορμὴν διδόντες ὑμῖν καυχήματος ὑπὲρ ἡμῶν

5 20ᵃ ὑπὲρ Χριστοῦ οὖν πρεσβεύομεν ὡς τοῦ θεοῦ παρακαλοῦντος δι' ἡμῶν

5 21ᵃ τὸν μὴ γνόντα ἁμαρτίαν ὑπὲρ ἡμῶν ἁμαρτίαν ἐποίησεν

6 11 τὸ στόμα ἡμῶν ἀνέῳγεν πρὸς ὑμᾶς, Κορίνθιοι, ↔

6 11 ἡ καρδία ἡμῶν πεπλάτυνται

7 3 ἐν ταῖς καρδίαις ἡμῶν ἐστε εἰς τὸ συναποθανεῖν καὶ συζῆν

7 4 ὑπερπερισσεύομαι τῇ χαρᾷ ἐπὶ πάσῃ τῇ θλίψει ἡμῶν. ↔

7 5ᵈ καὶ γὰρ ἐλθόντων ἡμῶν εἰς Μακεδονίαν ↔

7 5 οὐδεμίαν ἔσχηκεν ἄνεσιν ἡ σὰρξ ἡμῶν

7 9ᵃ ἵνα ἐν μηδενὶ ζημιωθῆτε ἐξ ἡμῶν

7 12ᵃ ἕνεκεν τοῦ φανερωθῆναι τὴν σπουδὴν ὑμῶν τὴν ὑπὲρ ἡμῶν πρὸς ὑμᾶς ἐνώπιον τοῦ θεοῦ

7 13 ἐπὶ δὲ τῇ παρακλήσει ἡμῶν (ὑμ. ς) περισσοτέρως μᾶλλον ἐχάρημεν ἐπὶ τῇ χαρᾷ Τίτου

7 14 οὕτως καὶ ἡ καύχησις ἡμῶν ἡ (—NTH) ἐπὶ Τίτου ἀλήθεια ἐγενήθη

8 4ᵇ μετὰ πολλῆς παρακλήσεως δεόμενοι ἡμῶν τὴν χάριν καὶ τὴν κοινωνίαν

2 C
8 7ᵃ ὥσπερ ἐν παντὶ περισσεύετε, πίστει ... καὶ τῇ ἐξ | ἡμῶν ἐν ὑμῖν (ὑμ. ἐν ἡμ. VBTς) ἀγάπῃ

8 9 γινώσκετε γὰρ τὴν χάριν τοῦ κυρίου ἡμῶν Ἰησοῦ Χριστοῦ [NH]

8 19 χειροτονηθεὶς ... συνέκδημος ἡμῶν σὺν (ἐν NMVSH) τῇ χάριτι ταύτῃ ↔

8 19ᵃ τῇ διακονουμένῃ ὑφ' ἡμῶν ↔

8 19 πρὸς τὴν αὐτοῦ ([N²⁶]; —H) τοῦ κυρίου δόξαν καὶ προθυμίαν ἡμῶν (ὑ. ς)

8 20ᵃ μή τις ἡμᾶς μωμήσηται ἐν τῇ ἁδρότητι ταύτῃ τῇ διακονουμένῃ ὑφ' ἡμῶν

8 22 συνεπέμψαμεν δὲ αὐτοῖς τὸν ἀδελφὸν ἡμῶν

8 23 εἴτε ἀδελφοὶ ἡμῶν, ἀπόστολοι ἐκκλησιῶν, δόξα Χριστοῦ. ↔

8 24ᶜ τὴν οὖν ἔνδειξιν τῆς ἀγάπης ὑμῶν καὶ ἡμῶν καυχήσεως ὑπὲρ ὑμῶν εἰς αὐτοὺς ἐνδεικνύμενοι (ἐνδείξασθε MVBSHς)

9 3 ἵνα μὴ τὸ καύχημα ἡμῶν τὸ ὑπὲρ ὑμῶν κενωθῇ

9 11ᵃ ἥτις κατεργάζεται δι' ἡμῶν εὐχαριστίαν τῷ θεῷ

10 4 τὰ γὰρ ὅπλα τῆς στρατείας (-τίας VT) ἡμῶν οὐ σαρκικὰ ἀλλὰ δυνατὰ τῷ θεῷ

10 8 ἐάν τε ([N²⁶]; —S) γὰρ ... καυχήσωμαι (-σομαι T) περὶ τῆς ἐξουσίας ἡμῶν

10 15 ἐλπίδα δὲ ἔχοντες ... ἐν ὑμῖν μεγαλυνθῆναι κατὰ τὸν κανόνα ἡμῶν εἰς περισσείαν

11 31 * ὁ θεὸς καὶ πατὴρ τοῦ κυρίου ἡμῶν (+ς) Ἰησοῦ οἶδεν

G
1 3 χάρις ὑμῖν καὶ εἰρήνη ἀπὸ θεοῦ πατρὸς | ἡμῶν καὶ κυρίου (~BTς) Ἰησοῦ Χριστοῦ, ↔

1 4 τοῦ δόντος ἑαυτὸν ὑπὲρ (περὶ BST) τῶν ἁμαρτιῶν ἡμῶν, ↔

1 4 ὅπως ἐξέληται ἡμᾶς ἐκ τοῦ αἰῶνος ... πονηροῦ κατὰ τὸ θέλημα τοῦ θεοῦ καὶ πατρὸς ἡμῶν

2 4 οἵτινες παρεισῆλθον κατασκοπῆσαι τὴν ἐλευθερίαν ἡμῶν

3 13ᵃ Χριστὸς ἡμᾶς ἐξηγόρασεν ἐκ τῆς κατάρας τοῦ νόμου γενόμενος ὑπὲρ ἡμῶν κατάρα

3 24 ὥστε ὁ νόμος παιδαγωγὸς ἡμῶν γέγονεν εἰς Χριστόν

4 6 ἐξαπέστειλεν ὁ θεὸς τὸ πνεῦμα τοῦ υἱοῦ αὐτοῦ εἰς τὰς καρδίας ἡμῶν (ὑ. Vς)

4 26ᵉ ἡ δὲ ἄνω Ἰερουσαλὴμ ἐλευθέρα ἐστίν, ἥτις ἐστὶν μήτηρ (+πάντων [S]ς) ἡμῶν

6 14 ἐμοὶ δὲ μὴ γένοιτο καυχᾶσθαι εἰ μὴ ἐν τῷ σταυρῷ τοῦ κυρίου ἡμῶν

6 18 ἡ χάρις τοῦ κυρίου ἡμῶν [H] Ἰησοῦ Χριστοῦ μετὰ τοῦ πνεύματος ὑμῶν

E
1 2 χάρις ὑμῖν καὶ εἰρήνη ἀπὸ θεοῦ πατρὸς ἡμῶν

1 3 εὐλογητὸς ὁ θεὸς καὶ πατὴρ τοῦ κυρίου ἡμῶν Ἰησοῦ Χριστοῦ

1 14 ὁ (ὅς NMVTς) ἐστιν ἀρραβὼν τῆς κληρονομίας ἡμῶν

1 17 ἵνα ὁ θεὸς τοῦ κυρίου ἡμῶν Ἰησοῦ Χριστοῦ ... δώῃ (N²⁶; δῴη rl) ὑμῖν πνεῦμα σοφίας

2 3 ἐν οἷς ... ἀνεστράφημέν ποτε ἐν ταῖς ἐπιθυμίαις τῆς σαρκὸς ἡμῶν

E 2 14 αὐτὸς γάρ ἐστιν ἡ εἰρήνη ἡμῶν

3 11 κατὰ πρόθεσιν τῶν αἰώνων ἣν ἐποίησεν ἐν τῷ Χριστῷ Ἰησοῦ τῷ κυρίῳ ἡμῶν

3 14 * τούτου χάριν κάμπτω τὰ γόνατά μου πρὸς τὸν πατέρα | τοῦ κυρίου ἡμῶν Ἰησοῦ Χριστοῦ (+ς)

4 7ᶠ ἑνὶ δὲ ἑκάστῳ ἡμῶν ἐδόθη ἡ [H] χάρις

5 2ᵃ καθὼς καὶ ὁ Χριστὸς ... παρέδωκεν ἑαυτὸν ὑπὲρ ἡμῶν (ὑμῶν H) προσφοράν

5 20 εὐχαριστοῦντες πάντοτε ὑπὲρ πάντων ἐν ὀνόματι τοῦ κυρίου ἡμῶν Ἰησοῦ Χριστοῦ

6 22ᵍ ἵνα γνῶτε τὰ περὶ ἡμῶν καὶ παρακαλέσῃ τὰς καρδίας ὑμῶν

6 24 ἡ χάρις μετὰ πάντων τῶν ἀγαπώντων τὸν κύριον ἡμῶν Ἰησοῦν Χριστὸν ἐν ἀφθαρσίᾳ

Ph 1 2 χάρις ὑμῖν καὶ εἰρήνη ἀπὸ θεοῦ πατρὸς ἡμῶν

3 20ᶜ ἡμῶν γὰρ τὸ πολίτευμα ἐν οὐρανοῖς ὑπάρχει

3 21 ὃς μετασχηματίσει τὸ σῶμα τῆς ταπεινώσεως ἡμῶν

4 20 τῷ δὲ θεῷ καὶ πατρὶ ἡμῶν ἡ δόξα εἰς τοὺς αἰῶνας

4 23 * ἡ χάρις τοῦ κυρίου ἡμῶν (+ς) Ἰησοῦ Χριστοῦ μετὰ τοῦ πνεύματος ὑμῶν

Cl 1 2 χάρις ὑμῖν καὶ εἰρήνη ἀπὸ θεοῦ πατρὸς ἡμῶν. ↔

1 3 εὐχαριστοῦμεν τῷ θεῷ (+καὶ MVBSTς) πατρὶ τοῦ κυρίου ἡμῶν

1 7 καθὼς ἐμάθετε ἀπὸ Ἐπαφρᾶ τοῦ ἀγαπητοῦ συνδούλου ἡμῶν, ↔

1 7ᵃ * ὅς ἐστιν πιστὸς ὑπὲρ ἡμῶν (MBSH; ὑμῶν rl) διάκονος τοῦ Χριστοῦ

2 14ᵃ ἐξαλείψας τὸ καθ' ἡμῶν χειρόγραφον τοῖς δόγμασιν

3 4 * ὅταν ὁ Χριστὸς φανερωθῇ, ἡ ζωὴ ἡμῶν (ὑμῶν N²⁶BT)

4 3ᵃ ⟨τῇ προσευχῇ προσκαρτερεῖτε⟩ προσευχόμενοι ἅμα καὶ περὶ ἡμῶν

4 8ᵍ ἵνα | γνῶτε τὰ περὶ ἡμῶν (γνῷ τὰ π. ὑμῶν Sς)

1 Th 1 1 * χάρις ὑμῖν καὶ εἰρήνη | ἀπὸ θεοῦ πατρὸς ἡμῶν καὶ κυρίου Ἰησοῦ Χριστοῦ (+ς). ↔

1 2 εὐχαριστοῦμεν τῷ θεῷ πάντοτε ... μνείαν ποιούμενοι ἐπὶ τῶν προσευχῶν ἡμῶν

1 3 μνημονεύοντες ὑμῶν ... τῆς ὑπομονῆς τῆς ἐλπίδος τοῦ κυρίου ἡμῶν Ἰησοῦ Χριστοῦ ↔

1 3 ἔμπροσθεν τοῦ θεοῦ καὶ πατρὸς ἡμῶν

1 5 τὸ εὐαγγέλιον ἡμῶν οὐκ ἐγενήθη εἰς ὑμᾶς ἐν λόγῳ μόνον

1 6 καὶ ὑμεῖς μιμηταὶ ἡμῶν ἐγενήθητε καὶ τοῦ κυρίου

1 9ᵃ αὐτοὶ γὰρ περὶ ἡμῶν ἀπαγγέλλουσιν ὁποίαν εἴσοδον ἔσχομεν πρὸς ὑμᾶς

2 1 αὐτοὶ γὰρ οἴδατε, ἀδελφοί, τὴν εἴσοδον ἡμῶν τὴν πρὸς ὑμᾶς

2 2 ἐπαρρησιασάμεθα ἐν τῷ θεῷ ἡμῶν λαλῆσαι πρὸς ὑμᾶς

2 3 ἡ γὰρ παράκλησις ἡμῶν οὐκ ἐκ πλάνης

2 4 (+τῷ V[S]ς) θεῷ τῷ δοκιμάζοντι τὰς καρδίας ἡμῶν

1 Th 2 9 μνημονεύετε ... τὸν κόπον ἡμῶν καὶ τὸν μόχθον

2 13ᵃ παραλαβόντες λόγον ἀκοῆς παρ' ἡμῶν τοῦ θεοῦ

2 19ᶜ τίς γὰρ ἡμῶν ἐλπὶς ἢ χαρά ... ἢ οὐχὶ καὶ ὑμεῖς ↔

2 19 ἔμπροσθεν τοῦ κυρίου ἡμῶν Ἰησοῦ ἐν τῇ αὐτοῦ παρουσίᾳ; ↔

2 20 ὑμεῖς γάρ ἐστε ἡ δόξα ἡμῶν καὶ ἡ χαρά

3 2 ἐπέμψαμεν Τιμόθεον, τὸν ἀδελφὸν ἡμῶν καὶ συνεργὸν (διάκονον MVSTHς) τοῦ θεοῦ ↔

3 2 * | καὶ συνεργὸν ἡμῶν (+ς) ἐν τῷ εὐαγγελίῳ τοῦ Χριστοῦ

3 5 μή πως ... εἰς κενὸν γένηται ὁ κόπος ἡμῶν

3 6 εὐαγγελισαμένου ἡμῖν ... ὅτι ἔχετε μνείαν ἡμῶν ἀγαθὴν πάντοτε

3 7 διὰ τοῦτο παρεκλήθημεν, ἀδελφοί, ἐφ' ὑμῖν ἐπὶ πάσῃ τῇ ἀνάγκῃ καὶ θλίψει ἡμῶν διὰ τῆς ὑμῶν πίστεως

3 9 ἐπὶ πάσῃ τῇ χαρᾷ ᾗ χαίρομεν δι' ὑμᾶς ἔμπροσθεν τοῦ θεοῦ ἡμῶν

3 11 αὐτὸς δὲ ὁ θεὸς καὶ πατὴρ ἡμῶν ↔

3 11 καὶ ὁ κύριος ἡμῶν Ἰησοῦς ↔

3 11 κατευθύναι τὴν ὁδὸν ἡμῶν πρὸς ὑμᾶς

3 13 εἰς τὸ στηρίξαι ὑμῶν τὰς καρδίας ἀμέμπτους ... ἔμπροσθεν τοῦ θεοῦ καὶ πατρὸς ἡμῶν ↔

3 13 ἐν τῇ παρουσίᾳ τοῦ κυρίου ἡμῶν Ἰησοῦ

4 1ᵃ καθὼς παρελάβετε παρ' ἡμῶν τὸ πῶς δεῖ ὑμᾶς περιπατεῖν

5 9 ἔθετο ἡμᾶς ὁ θεὸς ... εἰς περιποίησιν σωτηρίας διὰ τοῦ κυρίου ἡμῶν Ἰησοῦ Χριστοῦ [H] ↔

5 10ᵃ ἀποθανόντος ὑπὲρ (περὶ NMTH) ἡμῶν

5 23 τὸ σῶμα ἀμέμπτως ἐν τῇ παρουσίᾳ τοῦ κυρίου ἡμῶν Ἰησοῦ Χριστοῦ τηρηθείη

5 25ᵃ ἀδελφοί, προσεύχεσθε καὶ ([N²⁶ NVH]; —Tς) περὶ ἡμῶν

5 28 ἡ χάρις τοῦ κυρίου ἡμῶν Ἰησοῦ Χριστοῦ μεθ' ὑμῶν

2 Th 1 1 Παῦλος ... τῇ ἐκκλησίᾳ Θεσσαλονικέων ἐν θεῷ πατρὶ ἡμῶν

1 2 χάρις ὑμῖν καὶ εἰρήνη ἀπὸ θεοῦ πατρὸς ἡμῶν (+[N²⁶]Τς) καὶ κυρίου Ἰησοῦ Χριστοῦ

1 7ᵃ ⟨εἴπερ δίκαιον ... ἀνταποδοῦναι⟩ ὑμῖν τοῖς θλιβομένοις ἄνεσιν μεθ' ἡμῶν

1 8 τοῖς μὴ ὑπακούουσιν τῷ εὐαγγελίῳ τοῦ κυρίου ἡμῶν Ἰησοῦ

1 10 ὅτι ἐπιστεύθη τὸ μαρτύριον ἡμῶν ἐφ' ὑμᾶς

1 11 ἵνα ὑμᾶς ἀξιώσῃ τῆς κλήσεως ὁ θεὸς ἡμῶν

1 12 ὅπως ἐνδοξασθῇ τὸ ὄνομα τοῦ κυρίου ἡμῶν Ἰησοῦ ἐν ὑμῖν

1 12 κατὰ τὴν χάριν τοῦ θεοῦ ἡμῶν καὶ κυρίου Ἰησοῦ Χριστοῦ. ↔

2 1 ἐρωτῶμεν δὲ ὑμᾶς, ἀδελφοί, ὑπὲρ τῆς παρουσίας τοῦ κυρίου ἡμῶν [NH] Ἰησοῦ Χριστοῦ ↔

2 1ᶜ καὶ ἡμῶν ἐπισυναγωγῆς ἐπ' αὐτόν, ↔

2 2ᵃ εἰς τὸ μὴ ταχέως σαλευθῆναι ὑμᾶς ... μήτε διὰ λόγου μήτε δι' ἐπιστολῆς ὡς δι' ἡμῶν

2 14 εἰς ὃ καὶ ([N²⁶]; —MHς) ἐκάλεσεν ὑμᾶς διὰ τοῦ εὐαγγελίου ἡμῶν, ↔

2 Th 2 14 εἰς περιποίησιν δόξης τοῦ κυρίου ἡμῶν Ἰησοῦ Χριστοῦ

2 15 κρατεῖτε τὰς παραδόσεις ἃς ἐδιδάχθητε εἴτε διὰ λόγου εἴτε δι' ἐπιστολῆς ἡμῶν. ↔

2 16 αὐτὸς δὲ ὁ κύριος ἡμῶν Ἰησοῦς Χριστὸς ↔

2 16 καὶ ὁ ([N²⁶MH]; —S) θεὸς ὁ (καὶ ς) πατὴρ ἡμῶν ⟨παρακαλέσαι ὑμῶν τὰς καρδίας⟩

3 1ᵃ προσεύχεσθε, ἀδελφοί, περὶ ἡμῶν

3 6 παραγγέλλομεν ... ἐν ὀνόματι τοῦ κυρίου ἡμῶν ([N²⁶]; —NH) Ἰησοῦ Χριστοῦ

3 6ᵃ ἀτάκτως περιπατοῦντος καὶ μὴ κατὰ τὴν παράδοσιν ἣν παρελάβοσαν (-λάβετε NH; παρέλαβε ς) παρ' ἡμῶν

3 12 * τοῖς δὲ τοιούτοις ... παρακαλοῦμεν | διὰ τοῦ κυρίου ἡμῶν Ἰησοῦ Χριστοῦ (ς; ἐν κυρίῳ Ἰ. Χριστῷ rl)

3 14 εἰ δέ τις οὐχ ὑπακούει τῷ λόγῳ ἡμῶν διὰ τῆς ἐπιστολῆς

3 18 ἡ χάρις τοῦ κυρίου ἡμῶν Ἰησοῦ Χριστοῦ μετὰ πάντων ὑμῶν

1 Tm 1 1 Παῦλος ἀπόστολος Χριστοῦ Ἰησοῦ κατ' ἐπιταγὴν θεοῦ σωτῆρος ἡμῶν

1 1 καὶ Χριστοῦ Ἰησοῦ τῆς ἐλπίδος ἡμῶν

1 2 * εἰρήνη ἀπὸ θεοῦ πατρὸς ἡμῶν (+ς) ↔

1 2 καὶ Χριστοῦ Ἰησοῦ τοῦ κυρίου ἡμῶν

1 12 χάριν ἔχω ... Χριστῷ Ἰησοῦ τῷ κυρίῳ ἡμῶν

1 14 ὑπερεπλεόνασεν δὲ ἡ χάρις τοῦ κυρίου ἡμῶν μετὰ πίστεως

2 3 τοῦτο καλὸν καὶ ἀπόδεκτον ἐνώπιον τοῦ σωτῆρος ἡμῶν θεοῦ

6 3 εἴ τις ... μὴ προσέρχεται (προσέχ. T) ὑγιαίνουσιν λόγοις τοῖς τοῦ κυρίου ἡμῶν Ἰησοῦ Χριστοῦ

6 14 τηρῆσαί σε τὴν ἐντολὴν ... μέχρι τῆς ἐπιφανείας τοῦ κυρίου ἡμῶν Ἰησοῦ Χριστοῦ

2 Tm 1 2 εἰρήνη ἀπὸ θεοῦ πατρὸς καὶ Χριστοῦ Ἰησοῦ τοῦ κυρίου ἡμῶν

1 8 μὴ οὖν ἐπαισχυνθῇς τὸ μαρτύριον τοῦ κυρίου ἡμῶν

1 9 τοῦ σώσαντος ἡμᾶς ... οὐ κατὰ τὰ ἔργα ἡμῶν ἀλλὰ κατὰ ἰδίαν πρόθεσιν

1 10 φανερωθεῖσαν δὲ νῦν διὰ τῆς ἐπιφανείας τοῦ σωτῆρος ἡμῶν

Tt 1 3 ὃ ἐπιστεύθην ἐγὼ κατ' ἐπιταγὴν τοῦ σωτῆρος ἡμῶν θεοῦ

1 4 εἰρήνη ἀπὸ θεοῦ πατρὸς καὶ Χριστοῦ Ἰησοῦ τοῦ σωτῆρος ἡμῶν

2 8ᵃ μηδὲν ἔχων λέγειν περὶ ἡμῶν (ὑμ. ς) φαῦλον

2 10 ἵνα τὴν διδασκαλίαν τὴν τοῦ σωτῆρος ἡμῶν θεοῦ κοσμῶσιν ἐν πᾶσιν

2 13 προσδεχόμενοι τὴν ... ἐπιφάνειαν τῆς δόξης τοῦ ... σωτῆρος ἡμῶν | Ἰησοῦ Χριστοῦ (~NSTH), ↔

2 14ᵃ ὃς ἔδωκεν ἑαυτὸν ὑπὲρ ἡμῶν

3 4 ὅτε δὲ ... ἡ φιλανθρωπία ἐπεφάνη τοῦ σωτῆρος ἡμῶν θεοῦ

3 6 οὗ ἐξέχεεν ἐφ' ἡμᾶς πλουσίως διὰ Ἰησοῦ Χριστοῦ τοῦ σωτῆρος ἡμῶν

Phm 1 Παῦλος ... Φιλήμονι τῷ ἀγαπη-
　　　τῷ καὶ συνεργῷ ἡμῶν ↔
　　2 καὶ Ἀπφίᾳ ... καὶ Ἀρχίππῳ τῷ
　　　συστρατιώτῃ ἡμῶν
　　3 εἰρήνη ἀπὸ θεοῦ πατρὸς ἡμῶν
　　25 * ἡ χάρις τοῦ κυρίου ἡμῶν (+
　　　[V]ς) Ἰησοῦ Χριστοῦ μετὰ τοῦ
　　　πνεύματος ὑμῶν

Hb 1 3 * (+δι' ἑαυτοῦ [S]ς) καθαρισμὸν
　　　τῶν ἁμαρτιῶν ἡμῶν (+[S]ς)
　　　ποιησάμενος
　　3 1 κατανοήσατε τὸν ἀπόστολον καὶ
　　　ἀρχιερέα τῆς ὁμολογίας ἡμῶν
　　　Ἰησοῦν
　　4 15 οὐ γὰρ ἔχομεν ἀρχιερέα μὴ δυνά-
　　　μενον συμπαθῆσαι ταῖς ἀσθενείαις
　　　ἡμῶν
　　6 20ᵃ ὅπου πρόδρομος ὑπὲρ ἡμῶν
　　　εἰσῆλθεν Ἰησοῦς
　　7 14 ἐξ Ἰούδα ἀνατέταλκεν ὁ κύριος
　　　ἡμῶν
　　9 14 πόσῳ μᾶλλον τὸ αἷμα τοῦ Χρι-
　　　στοῦ ... καθαριεῖ τὴν συνείδησιν
　　　ἡμῶν (ὑμ. MVBSTς) ἀπὸ νεκρῶν
　　　ἔργων
　　9 24ᵃ νῦν ἐμφανισθῆναι τῷ προσώπῳ
　　　τοῦ θεοῦ ὑπὲρ ἡμῶν
　　10 26ᵈ ἑκουσίως γὰρ ἁμαρτανόντων ἡμῶν
　　11 40ᵃ τοῦ θεοῦ περὶ ἡμῶν κρεῖττόν τι
　　　προβλεψαμένου, ↔
　　11 40ᵃ ἵνα μὴ χωρὶς ἡμῶν τελειωθῶσιν
　　12 9 εἶτα τοὺς μὲν τῆς σαρκὸς ἡμῶν
　　　πατέρας εἴχομεν παιδευτὰς καὶ
　　　ἐνετρεπόμεθα
　　12 29 καὶ γὰρ ὁ θεὸς ἡμῶν πῦρ κατανα-
　　　λίσκον
　　13 18ᵃ προσεύχεσθε περὶ ἡμῶν
　　13 20 ὁ ἀναγαγὼν ἐκ νεκρῶν τὸν ποιμένα
　　　... τὸν κύριον ἡμῶν Ἰησοῦν
　　13 23 γινώσκετε τὸν ἀδελφὸν ἡμῶν
　　　([S]; —Bς) Τιμόθεον ἀπολελυμένον

Jc 2 1 μὴ ἐν προσωπολημψίαις ἔχετε τὴν
　　　πίστιν τοῦ κυρίου ἡμῶν
　　2 21 Ἀβραὰμ ὁ πατὴρ ἡμῶν οὐκ ἐξ
　　　ἔργων ἐδικαιώθη ⟨;⟩
　　3 6 ἡ γλῶσσα καθίσταται ἐν τοῖς
　　　μέλεσιν ἡμῶν, ἡ (καὶ T) σπιλοῦσα
　　　ὅλον τὸ σῶμα

1 Pt 1 3 εὐλογητὸς ὁ θεὸς καὶ πατὴρ τοῦ
　　　κυρίου ἡμῶν Ἰησοῦ Χριστοῦ
　　2 21ᵃ * ὅτι καὶ Χριστὸς ἔπαθεν ὑπὲρ
　　　ἡμῶν (ς; ὑμῶν rl)
　　2 24 ὃς τὰς ἁμαρτίας ἡμῶν αὐτὸς
　　　ἀνήνεγκεν ἐν τῷ σώματι αὐτοῦ
　　3 18ᵃ * ὅτι καὶ Χριστὸς ἅπαξ περὶ ἁμαρ-
　　　τιῶν | ὑπὲρ ἡμῶν (+S) ἔπαθεν
　　　(ἀπέθανεν NMBSTH)
　　4 1ᵃ * Χριστοῦ οὖν παθόντος | ὑπὲρ
　　　ἡμῶν (+Sς) σαρκί
　　4 17ᵃ τοῦ ἄρξασθαι τὸ κρίμα ... εἰ δὲ
　　　πρῶτον ἀφ' ἡμῶν, τί τὸ τέλος τῶν
　　　ἀπειθούντων ⟨;⟩

2 Pt 1 1 Συμεὼν (Σίμων H) Πέτρος ... τοῖς
　　　ἰσότιμον ἡμῖν λαχοῦσιν πίστιν ἐν
　　　δικαιοσύνῃ τοῦ θεοῦ ἡμῶν
　　1 2 εἰρήνη πληθυνθείη ἐν ἐπιγνώσει
　　　τοῦ θεοῦ καὶ Ἰησοῦ τοῦ κυρίου
　　　ἡμῶν
　　1 8 οὐδὲ ἀκάρπους καθίστησιν εἰς τὴν
　　　τοῦ κυρίου ἡμῶν Ἰησοῦ Χριστοῦ
　　　ἐπίγνωσιν
　　1 11 πλουσίως ἐπιχορηγηθήσεται ὑμῖν
　　　ἡ εἴσοδος εἰς τὴν αἰώνιον βασιλείαν
　　　τοῦ κυρίου ἡμῶν

2 Pt 1 14 καθὼς καὶ ὁ κύριος ἡμῶν Ἰησοῦς
　　　Χριστὸς ἐδήλωσέν μοι
　　1 16 ἐγνωρίσαμεν ὑμῖν τὴν τοῦ κυρίου
　　　ἡμῶν Ἰησοῦ Χριστοῦ δύναμιν
　　2 20 εἰ γὰρ ἀποφυγόντες τὰ μιάσματα
　　　τοῦ κόσμου ἐν ἐπιγνώσει τοῦ
　　　κυρίου ἡμῶν (+[N²⁶]BST) καὶ
　　　σωτῆρος
　　3 2 * μνησθῆναι ... τῆς τῶν ἀποστό-
　　　λων ἡμῶν (ς; ὑμ. rl) ἐντολῆς τοῦ
　　　κυρίου
　　3 15 τὴν τοῦ κυρίου ἡμῶν μακροθυμίαν
　　　σωτηρίαν ἡγεῖσθε, ↔
　　3 15ᶜ καθὼς καὶ ὁ ἀγαπητὸς ἡμῶν
　　　ἀδελφὸς Παῦλος ... ἔγραψεν ὑμῖν
　　3 18 αὐξάνετε δὲ ἐν χάριτι καὶ γνώσει
　　　τοῦ κυρίου ἡμῶν

1 Jo 1 1 ὃ ἑωράκαμεν τοῖς ὀφθαλμοῖς ἡμῶν,
　　1 1 ὃ ἐθεασάμεθα καὶ αἱ χεῖρες ἡμῶν
　　　ἐψηλάφησαν
　　1 3ᵃ ἵνα καὶ ὑμεῖς κοινωνίαν ἔχητε μεθ'
　　　ἡμῶν
　　1 4 ἵνα ἡ χαρὰ ἡμῶν ᾖ πεπληρωμένη
　　1 9 ἐὰν ὁμολογῶμεν τὰς ἁμαρτίας
　　　ἡμῶν
　　2 2 αὐτὸς ἱλασμός ἐστιν περὶ τῶν
　　　ἁμαρτιῶν ἡμῶν
　　2 19ᵃ ἐξ ἡμῶν ἐξῆλθαν, ↔
　　2 19ᵃ ἀλλ' οὐκ ἦσαν ἐξ ἡμῶν· ↔
　　2 19ᵃ εἰ γὰρ | ἐξ ἡμῶν ἦσαν (∼VSTς),
　　　↔
　　2 19ᵃ μεμενήκεισαν ἂν μεθ' ἡμῶν· ↔
　　2 19ᵃ ἀλλ' ἵνα φανερωθῶσιν ὅτι οὐκ
　　　εἰσὶν πάντες ἐξ ἡμῶν
　　3 5 * ἐκεῖνος ἐφανερώθη ἵνα τὰς ἁμαρ-
　　　τίας ἡμῶν (+[S]ς) ἄρῃ
　　3 16ᵃ ὅτι ἐκεῖνος ὑπὲρ ἡμῶν τὴν ψυχὴν
　　　αὐτοῦ ἔθηκεν
　　3 19 ἔμπροσθεν αὐτοῦ πείσομεν | τὴν
　　　καρδίαν (τὰς καρδίας BSTς) ἡμῶν
　　　↔
　　3 20ᶜ ὅτι ἐὰν καταγινώσκῃ ἡμῶν ἡ
　　　καρδία, ↔
　　3 20 ὅτι μείζων ἐστὶν ὁ θεὸς τῆς καρδίας
　　　ἡμῶν
　　3 21 ἐὰν ἡ καρδία ἡμῶν (+[N²⁶]Tς) ↔
　　3 21ᵇ * μὴ καταγινώσκῃ ἡμῶν (+Tς)
　　4 6ᵇ ὁ γινώσκων τὸν θεὸν ἀκούει ἡμῶν,
　　　↔
　　4 6ᵇ ὃς οὐκ ἔστιν ἐκ τοῦ θεοῦ οὐκ
　　　ἀκούει ἡμῶν
　　4 10 ἀπέστειλεν τὸν υἱὸν αὐτοῦ ἱλα-
　　　σμὸν περὶ τῶν ἁμαρτιῶν ἡμῶν
　　4 17ᵃ ἐν τούτῳ τετελείωται ἡ ἀγάπη
　　　μεθ' ἡμῶν
　　5 4 αὕτη ἐστὶν ἡ νίκη ... ἡ πίστις
　　　ἡμῶν
　　5 14ᵇ ἐάν τι αἰτώμεθα κατὰ τὸ θέλημα
　　　αὐτοῦ ἀκούει ἡμῶν. ↔
　　5 15ᵇ καὶ ἐὰν οἴδαμεν ὅτι ἀκούει ἡμῶν ὃ
　　　ἐὰν (ἂν Sς) αἰτώμεθα

2 Jo 2ᵃ μεθ' ἡμῶν ἔσται εἰς τὸν αἰῶνα. ↔
　　3ᵃ ἔσται μεθ' ἡμῶν χάρις ... παρὰ
　　　θεοῦ πατρὸς
　　12 ἵνα ἡ χαρὰ ἡμῶν (ὑμῶν H)
　　　| πεπληρωμένη ᾖ (∼MVSς)

3 Jo 12 οἶδας ὅτι ἡ μαρτυρία ἡμῶν ἀληθής
　　　ἐστιν

Jd 3ᶜ γράφειν ὑμῖν περὶ τῆς κοινῆς ἡμῶν
　　　(—ς) σωτηρίας
　　4 τὴν τοῦ θεοῦ ἡμῶν χάριτα (-ριν
　　　MSς) μετατιθέντες εἰς ἀσέλγειαν ↔
　　4 καὶ τὸν μόνον δεσπότην καὶ κύριον
　　　ἡμῶν Ἰησοῦν Χριστὸν ἀρνούμενοι

Jd 17 μνήσθητε τῶν ῥημάτων τῶν
　　　προειρημένων ὑπὸ τῶν ἀποστό-
　　　λων τοῦ κυρίου ἡμῶν Ἰησοῦ
　　　Χριστοῦ
　　21 προσδεχόμενοι τὸ ἔλεος τοῦ κυρίου
　　　ἡμῶν Ἰησοῦ Χριστοῦ
　　25 ⟨τῷ δὲ δυναμένῳ φυλάξαι ὑμᾶς⟩
　　　μόνῳ θεῷ σωτῆρι ἡμῶν ↔
　　25 | διὰ Ἰησοῦ Χριστοῦ τοῦ κυρίου
　　　ἡμῶν (—ς) δόξα

Ap 1 5 τῷ ... λύσαντι ἡμᾶς ἐκ τῶν
　　　ἁμαρτιῶν ἡμῶν [H] ἐν τῷ αἵματι
　　　αὐτοῦ
　　4 11 ἄξιος εἶ, || ὁ κύριος καὶ ὁ θεὸς ἡμῶν
　　　(+ὁ ἅγιος B[S]) ((κύριε ς))
　　5 10 ἐποίησας αὐτοὺς τῷ θεῷ ἡμῶν
　　　βασιλείαν (βασιλεῖς BSς)
　　6 10 ἕως πότε ... οὐ κρίνεις καὶ ἐκδικεῖς
　　　τὸ αἷμα ἡμῶν ⟨;⟩
　　7 3 ἄχρι σφραγίσωμεν τοὺς δούλους
　　　τοῦ θεοῦ ἡμῶν
　　7 10 ἡ σωτηρία τῷ θεῷ ἡμῶν
　　7 12 ἡ εὐλογία ... καὶ ἡ ἰσχὺς τῷ θεῷ
　　　ἡμῶν εἰς τοὺς αἰῶνας
　　11 8 * ὅπου καὶ ὁ κύριος ἡμῶν (ς; αὐ-
　　　τῶν rl) ἐσταυρώθη
　　11 15 ἐγένετο ἡ βασιλεία τοῦ κόσμου τοῦ
　　　κυρίου ἡμῶν
　　12 10 ἄρτι ἐγένετο ἡ σωτηρία καὶ ἡ
　　　δύναμις καὶ ἡ βασιλεία τοῦ θεοῦ
　　　ἡμῶν
　　12 10 ἐβλήθη ὁ κατήγωρ (-ήγορος
　　　MVBSς) τῶν ἀδελφῶν ἡμῶν, ↔
　　12 10 ὁ κατηγορῶν αὐτοὺς (-τῶν MBSς)
　　　ἐνώπιον τοῦ θεοῦ ἡμῶν ἡμέρας καὶ
　　　νυκτός
　　19 1 ἡ σωτηρία καὶ ἡ δόξα καὶ ἡ
　　　δύναμις τοῦ θεοῦ ἡμῶν
　　19 5 αἰνεῖτε τῷ θεῷ ἡμῶν, πάντες οἱ
　　　δοῦλοι αὐτοῦ
　　19 6 ὅτι ἐβασίλευσεν κύριος ὁ θεὸς
　　　ἡμῶν ([N²⁶H]; —ς) ὁ παντοκρά-
　　　τωρ
　　22 21 * ἡ χάρις τοῦ κυρίου ἡμῶν (+ς)
　　　Ἰησοῦ (+Χριστοῦ S[H]ς) μετὰ
　　　πάντων (π. τῶν ἁγίων MVS; τῶν
　　　ἁγίων H; π. ὑμῶν ς)

ἡμῖν
ᵃ rectum a praep.
ᵇ rectum ab adj.
ᶜ ἡ. (ἐστιν), γίνεται
Mt 3 15ᶜ οὕτως γὰρ πρέπον ἐστὶν ἡμῖν
　　　πληρῶσαι πᾶσαν δικαιοσύνην
　　6 11 τὸν ἄρτον ἡμῶν τὸν ἐπιούσιον δὸς
　　　ἡμῖν σήμερον· ↔
　　6 12 καὶ ἄφες ἡμῖν τὰ ὀφειλήματα ἡμῶν
　　8 29ᶜ τί ἡμῖν καὶ σοί, υἱὲ τοῦ θεοῦ;
　　8 31 * | ἐπίτρεψον ἡμῖν ἀπελθεῖν (ς;
　　　ἀπόστειλον ἡμᾶς rl) εἰς τὴν ἀγέλην
　　　τῶν χοίρων
　　13 36 διασάφησον (φράσον VTς) ἡμῖν
　　　τὴν παραβολὴν τῶν ζιζανίων τοῦ
　　　ἀγροῦ
　　15 15 φράσον ἡμῖν τὴν παραβολὴν
　　　ταύτην ([N²⁶M]; —NTH)
　　15 33ᶜ πόθεν ἡμῖν ἐν ἐρημίᾳ ἄρτοι τοσοῦ-
　　　τοι ⟨;⟩
　　19 27ᶜ τί ἄρα ἔσται ἡμῖν;
　　20 12ᵇ ἴσους | ἡμῖν αὐτοὺς (∼NTH)
　　　ἐποίησας τοῖς βαστάσασι τὸ βάρος
　　　τῆς ἡμέρας
　　21 25 ἐὰν εἴπωμεν· ἐξ οὐρανοῦ, ἐρεῖ ἡμῖν
　　22 17 εἰπὲ (εἰπὸν NTH) οὖν ἡμῖν, τί σοι
　　　δοκεῖ;
　　22 25ᵃ ἦσαν δὲ παρ' ἡμῖν ἑπτὰ ἀδελφοί

Mt 24 3 εἰπὲ (εἰπὸν H) ἡμῖν, πότε ταῦτα ἔσται ⟨;⟩

25 8 δότε ἡμῖν ἐκ τοῦ ἐλαίου ὑμῶν

25 9 μήποτε | οὐ μὴ (οὐκ Tς) ἀρκέσῃ ἡμῖν καὶ ὑμῖν

25 11 κύριε κύριε, ἄνοιξον ἡμῖν

26 63 ἐξορκίζω σε ... ἵνα ἡμῖν εἴπῃς εἰ σὺ εἶ ὁ χριστός

26 68 προφήτευσον ἡμῖν, χριστέ, τίς ἐστιν ὁ παίσας σε;

Mc 1 24c (+ἔα [MS]Vς) τί ἡμῖν καὶ σοί, Ἰησοῦ Ναζαρηνέ;

9 22 ἀλλ' εἴ τι δύνῃ, βοήθησον ἡμῖν σπλαγχνισθεὶς ἐφ' ἡμᾶς

9 38 * εἴδομέν τινα ... | ὃς οὐκ ἀκολουθεῖ ἡμῖν (—N26VH), ↔

9 38 καὶ ἐκωλύομεν αὐτόν, | ὅτι οὐκ ἠκολούθει ἡμῖν (—BS)

10 35 θέλομεν ἵνα ὃ ἐὰν αἰτήσωμέν σε ποιήσῃς ἡμῖν

10 37 δὸς ἡμῖν ἵνα ... καθίσωμεν ἐν τῇ δόξῃ σου

12 19 Μωϋσῆς ἔγραψεν ἡμῖν

13 4 εἰπὸν ἡμῖν, πότε ταῦτα ἔσται ⟨;⟩

14 15 | καὶ ἐκεῖ (κἀκεῖ T; ἐκεῖ ς) ἑτοιμάσατε ἡμῖν

16 3 τίς ἀποκυλίσει ἡμῖν τὸν λίθον ἐκ τῆς θύρας τοῦ μνημείου;

Lc 1 1a ἀνατάξασθαι διήγησιν περὶ τῶν πεπληροφορημένων ἐν ἡμῖν πραγμάτων, ↔

1 2 καθὼς παρέδοσαν ἡμῖν οἱ ἀπ' ἀρχῆς αὐτόπται ... τοῦ λόγου

1 69 ἤγειρεν κέρας σωτηρίας ἡμῖν

1 73 τοῦ δοῦναι ἡμῖν ⟨ἀφόβως ... ῥυσθέντας λατρεύειν αὐτῷ⟩

2 15 ἴδωμεν τὸ ῥῆμα ... ὃ ὁ κύριος ἐγνώρισεν ἡμῖν

2 48 τέκνον, τί ἐποίησας ἡμῖν οὕτως;

4 34c ἔα, τί ἡμῖν καὶ σοί, Ἰησοῦ Ναζαρηνέ;

7 5 τὴν συναγωγὴν αὐτὸς ᾠκοδόμησεν ἡμῖν

7 16a προφήτης μέγας ἠγέρθη ἐν ἡμῖν

9 13c οὐκ εἰσὶν ἡμῖν πλεῖον ἢ | ἄρτοι πέντε (~VBSς) καὶ ἰχθύες δύο

10 11 τὸν κονιορτὸν τὸν κολληθέντα ἡμῖν ἐκ τῆς πόλεως ὑμῶν εἰς τοὺς πόδας (+ἡμῶν MVS) ἀπομασσόμεθα ὑμῖν

10 17 καὶ τὰ δαιμόνια ὑποτάσσεται ἡμῖν ἐν τῷ ὀνόματί σου

11 3 τὸν ἄρτον ἡμῶν τὸν ἐπιούσιον δίδου ἡμῖν τὸ καθ' ἡμέραν· ↔

11 4 καὶ ἄφες ἡμῖν τὰς ἁμαρτίας ἡμῶν, ↔

11 4 καὶ γὰρ αὐτοὶ ἀφίομεν παντὶ ὀφείλοντι ἡμῖν

13 25 κύριε (+κύριε Vς), ἄνοιξον ἡμῖν

17 5 πρόσθες ἡμῖν πίστιν

20 2 εἰπὸν (εἰπὲ Vς) ἡμῖν ἐν ποίᾳ ἐξουσίᾳ ταῦτα ποιεῖς ⟨;⟩

20 22 * ἔξεστιν ἡμῖν (ς; ἡμᾶς rl) Καίσαρι φόρον δοῦναι ἢ οὔ;

20 28 Μωϋσῆς ἔγραψεν ἡμῖν

22 8 πορευθέντες ἑτοιμάσατε ἡμῖν τὸ πάσχα

22 67 εἰ σὺ εἶ ὁ χριστός, εἰπὸν (εἰπὲ VSς) ἡμῖν

23 18 αἶρε τοῦτον, ἀπόλυσον δὲ ἡμῖν τὸν Βαραββᾶν

24 24a ἀπῆλθόν τινες τῶν σὺν ἡμῖν ἐπὶ τὸ μνημεῖον

24 32a οὐχὶ ἡ καρδία ἡμῶν καιομένη ἦν | ἐν ἡμῖν ([N26]; —H), ↔

Lc 24 32 ὡς ἐλάλει ἡμῖν ἐν τῇ ὁδῷ, ↔

24 32 (+καὶ Vς) ὡς διήνοιγεν ἡμῖν τὰς γραφάς;

Jo 1 14a ὁ λόγος σὰρξ ἐγένετο καὶ ἐσκήνωσεν ἐν ἡμῖν

2 18 τί σημεῖον δεικνύεις ἡμῖν, ὅτι ταῦτα ποιεῖς;

4 12 τοῦ πατρὸς ἡμῶν Ἰακώβ, ὃς ἔδωκεν ἡμῖν τὸ φρέαρ

4 25 ὅταν ἔλθῃ ἐκεῖνος, ἀναγγελεῖ ἡμῖν ἅπαντα (πάντα VSς)

6 34 πάντοτε δὸς ἡμῖν τὸν ἄρτον τοῦτον

6 52 πῶς δύναται | οὗτος ἡμῖν (~T) δοῦναι τὴν σάρκα αὐτοῦ [+N26H] φαγεῖν;

[8 5] ἐν δὲ τῷ νόμῳ ἡμῖν [H] Μωϋσῆς ἐνετείλατο (διακελεύει S)

10 24 εἰ σὺ εἶ ὁ χριστός, εἰπὲ (εἰπὸν NTH) ἡμῖν παρρησίᾳ

11 50 * οὐδὲ λογίζεσθε ὅτι συμφέρει ἡμῖν (Vς; ὑμῖν rl) ἵνα εἷς ἄνθρωπος ἀποθάνῃ ὑπὲρ τοῦ λαοῦ

14 8 κύριε, δεῖξον ἡμῖν τὸν πατέρα, ↔

14 8 καὶ ἀρκεῖ ἡμῖν

14 9 δεῖξον ἡμῖν τὸν πατέρα

14 22 τί γέγονεν ὅτι ἡμῖν μέλλεις ἐμφανίζειν σεαυτὸν καὶ οὐχὶ τῷ κόσμῳ;

16 17 τί ἐστιν τοῦτο ὃ λέγει ἡμῖν ⟨;⟩

17 21a ἵνα καὶ αὐτοὶ ἐν ἡμῖν (+ἓν MVBSς) ὦσιν

18 31 ἡμῖν οὐκ ἔξεστιν ἀποκτεῖναι οὐδένα

Ac 1 17a ⟨περὶ Ἰούδα⟩ ὅτι κατηριθμημένος ἦν ἐν (σὺν ς) ἡμῖν

1 21 δεῖ οὖν τῶν συνελθόντων ἡμῖν ἀνδρῶν ⟨μάρτυρα ... γενέσθαι ἕνα τούτων⟩

1 22a ⟨δεῖ⟩ μάρτυρα τῆς ἀναστάσεως αὐτοῦ σὺν ἡμῖν γενέσθαι ἕνα τούτων

2 29a ⟨τὸ⟩ μνῆμα αὐτοῦ ἔστιν ἐν ἡμῖν ἄχρι τῆς ἡμέρας ταύτης

3 12 ἢ ἡμῖν τί ἀτενίζετε ὡς ἰδίᾳ δυνάμει ... πεποιηκόσιν ⟨;⟩

6 14 Ἰησοῦς ... ἀλλάξει τὰ ἔθη ἃ παρέδωκεν ἡμῖν Μωϋσῆς

7 38 ὃς ἐδέξατο λόγια ζῶντα δοῦναι ἡμῖν (ὑμῖν NMH)

7 40 ποίησον ἡμῖν θεοὺς οἳ προπορεύσονται ἡμῶν

10 41 ⟨ἐμφανῆ γενέσθαι⟩ μάρτυσιν τοῖς προκεχειροτονημένοις ὑπὸ τοῦ θεοῦ, ἡμῖν, οἵτινες συνεφάγομεν

10 42 παρήγγειλεν ἡμῖν κηρύξαι τῷ λαῷ καὶ διαμαρτύρασθαι

11 13 ἀπήγγειλεν δὲ ἡμῖν

11 17 εἰ οὖν τὴν ἴσην δωρεὰν ἔδωκεν αὐτοῖς ὁ θεὸς ὡς καὶ ἡμῖν

13 26 ἡμῖν (ὑμῖν ς) ὁ λόγος τῆς σωτηρίας ταύτης ἐξαπεστάλη

13 33 ταύτην ὁ θεὸς ἐκπεπλήρωκεν τοῖς τέκνοις || αὐτῶν [N26] ἡμῖν ((ἡμῶν VTH; ἡμῖν N))

13 47 οὕτως γὰρ ἐντέταλται ἡμῖν ὁ κύριος

14 17 * οὐρανόθεν ἡμῖν (ς; ὑμῖν rl) | ὑετοὺς διδοὺς (~S) καὶ καιροὺς καρποφόρους

15 7a * ἐν ἡμῖν (ς; ὑμῖν rl) ἐξελέξατο ὁ θεὸς διὰ τοῦ στόματός μου ἀκοῦσαι τὰ ἔθη τὸν λόγον

15 8 δοὺς (+αὐτοῖς M[VS]ς) τὸ πνεῦμα τὸ ἅγιον καθὼς καὶ ἡμῖν (ὑμῖν ς)

15 25 ἔδοξεν ἡμῖν γενομένοις ὁμοθυμαδόν

Ac 15 28 ἔδοξεν γὰρ τῷ πνεύματι τῷ ἁγίῳ καὶ ἡμῖν

16 9 διαβὰς εἰς Μακεδονίαν βοήθησον ἡμῖν

16 16 ἐγένετο δὲ ... παιδίσκην τινὰ ἔχουσαν πνεῦμα | πύθωνα ὑπαντῆσαι (π-νος ἀπαντ. Sς) ἡμῖν

16 17 αὕτη κατακολουθοῦσα (-θήσασα Sς) τῷ [H] Παύλῳ καὶ ἡμῖν ἔκραζεν (-ξεν M) λέγουσα

16 17 * οἵτινες καταγγέλλουσιν ἡμῖν (ς; ὑμῖν rl) ὁδὸν σωτηρίας

16 21 καταγγέλλουσιν ἔθη ἃ οὐκ ἔξεστιν ἡμῖν παραδέχεσθαι

19 25c ἐκ ταύτης τῆς ἐργασίας ἡ εὐπορία ἡμῖν (ἡμῶν ς) ἐστιν

19 27 οὐ μόνον δὲ τοῦτο κινδυνεύει ἡμῖν τὸ μέρος εἰς ἀπελεγμὸν ἐλθεῖν

20 14 ὡς δὲ συνέβαλλεν (-βαλεν Sς) ἡμῖν εἰς τὴν Ἄσσον

21 16a συνῆλθον δὲ καὶ τῶν μαθητῶν ἀπὸ Καισαρείας σὺν ἡμῖν

21 18a τῇ δὲ (τε T) ἐπιούσῃ εἰσῄει ὁ Παῦλος σὺν ἡμῖν πρὸς Ἰάκωβον

21 23c εἰσὶν ἡμῖν ἄνδρες τέσσαρες εὐχὴν ἔχοντες ἐφ' (ἀφ' H) ἑαυτῶν

25 24 Ἀγρίππα βασιλεῦ καὶ πάντες οἱ συμπαρόντες ἡμῖν ἄνδρες

27 2a ἀνήχθημεν, ὄντος σὺν ἡμῖν Ἀριστάρχου Μακεδόνος Θεσσαλονικέως

28 2 οἵ τε βάρβαροι παρεῖχον οὐ τὴν τυχοῦσαν φιλανθρωπίαν ἡμῖν

28 15 οἱ ἀδελφοὶ ... ἦλθαν ([ἐξ] ἦλθον S; ἐξῆλθον ς) εἰς ἀπάντησιν ἡμῖν ἄχρι Ἀππίου Φόρου

28 22b γνωστὸν ἡμῖν ἐστιν ὅτι πανταχοῦ ἀντιλέγεται

Rm 5 5 ὅτι ἡ ἀγάπη τοῦ θεοῦ ἐκκέχυται ... διὰ πνεύματος ἁγίου τοῦ δοθέντος ἡμῖν

8 4a ἵνα τὸ δικαίωμα τοῦ νόμου πληρωθῇ ἐν ἡμῖν τοῖς ... περιπατοῦσιν

8 32 πῶς οὐχὶ καὶ σὺν αὐτῷ τὰ πάντα ἡμῖν χαρίσεται;

9 29 εἰ μὴ κύριος σαβαὼθ ἐγκατέλιπεν ἡμῖν σπέρμα

12 6 ἔχοντες δὲ χαρίσματα κατὰ τὴν χάριν τὴν δοθεῖσαν ἡμῖν διάφορα

1 C 1 18c τοῖς δὲ σῳζομένοις ἡμῖν δύναμις θεοῦ ἐστιν

1 30c ὃς ἐγενήθη σοφία ἡμῖν ἀπὸ θεοῦ

2 10 ἡμῖν δὲ (N26MVSTς; γὰρ rl) ἀπεκάλυψεν ὁ θεὸς διὰ τοῦ πνεύματος

2 12 ἵνα εἰδῶμεν τὰ ὑπὸ τοῦ θεοῦ χαρισθέντα ἡμῖν

4 6a ἵνα ἐν ἡμῖν μάθητε τὸ μὴ ὑπὲρ ἃ γέγραπται

8 6c ἀλλ' [H] ἡμῖν εἷς θεὸς ὁ πατήρ

15 57 τῷ δὲ θεῷ χάρις τῷ διδόντι ἡμῖν τὸ νῖκος

2 C 1 8c * ὑπὲρ (περὶ BST) τῆς θλίψεως ἡμῶν τῆς γενομένης ἡμῖν (+ς) ἐν τῇ Ἀσίᾳ

4 12a ὥστε ὁ θάνατος ἐν ἡμῖν ἐνεργεῖται, ἡ δὲ ζωὴ ἐν ὑμῖν

4 17 τὸ ... ἐλαφρὸν τῆς θλίψεως ἡμῶν (—NH) ... αἰώνιον βάρος δόξης κατεργάζεται ἡμῖν

5 5 θεός, ὁ δοὺς ἡμῖν τὸν ἀρραβῶνα τοῦ πνεύματος

5 18 τὰ δὲ πάντα ἐκ τοῦ θεοῦ τοῦ ... δόντος ἡμῖν τὴν διακονίαν τῆς καταλλαγῆς

Column 1

2 C 5 19ᵃθέμενος ἐν ἡμῖν τὸν λόγον τῆς καταλλαγῆς

6 12ᵃοὐ στενοχωρεῖσθε ἐν ἡμῖν

7 7 ἀναγγέλλων ἡμῖν τὴν ὑμῶν ἐπιπόθησιν

8 5 ἀλλ' ἑαυτοὺς ἔδωκαν πρῶτον τῷ κυρίῳ καὶ ἡμῖν διὰ θελήματος θεοῦ

8 7ᵃ*ὥσπερ ἐν παντὶ περισσεύετε ... τῇ ἐξ | ὑμῶν ἐν ἡμῖν (VBTς; ἡμ. ἐν ὑμ. rl) ἀγάπη

10 8 *περὶ τῆς ἐξουσίας ἡμῶν, ἧς ἔδωκεν ὁ κύριος ἡμῖν (+ς) εἰς οἰκοδομήν

10 13 κατὰ τὸ μέτρον τοῦ κανόνος οὗ ἐμέρισεν ἡμῖν ὁ θεὸς μέτρου

E 1 9 γνωρίσας ἡμῖν τὸ μυστήριον τοῦ θελήματος αὐτοῦ

3 20ᵃκατὰ τὴν δύναμιν τὴν ἐνεργουμένην ἐν ἡμῖν

6 12ᶜὅτι οὐκ ἔστιν ἡμῖν ἡ πάλη πρὸς αἷμα καὶ σάρκα

Cl 1 8 ⟨ἀπὸ Ἐπαφρᾶ⟩ ὁ καὶ δηλώσας ἡμῖν τὴν ὑμῶν ἀγάπην ἐν πνεύματι

2 13 συνεζωοποίησεν ὑμᾶς ... χαρισάμενος ἡμῖν πάντα τὰ παραπτώματα· ↔

2 14ᵇἐξαλείψας τὸ καθ' ἡμῶν χειρόγραφον ... ὃ ἦν ὑπεναντίον ἡμῖν

4 3 ἵνα ὁ θεὸς ἀνοίξῃ ἡμῖν θύραν τοῦ λόγου

1 Th 2 8ᶜδιότι ἀγαπητοὶ ἡμῖν ἐγενήθητε

3 6 ἐλθόντος Τιμοθέου ... καὶ εὐαγγελισαμένου ἡμῖν τὴν πίστιν καὶ τὴν ἀγάπην ὑμῶν

1 Tm 6 17 ἀλλ' ἐπὶ (ἐν Sς) (+τῷ MVSς) θεῷ τῷ παρέχοντι ἡμῖν πάντα πλουσίως εἰς ἀπόλαυσιν

2 Tm 1 7 οὐ γὰρ ἔδωκεν ἡμῖν ὁ θεὸς πνεῦμα δειλίας

1 9 κατὰ ... χάριν, τὴν δοθεῖσαν ἡμῖν ἐν Χριστῷ Ἰησοῦ πρὸ χρόνων αἰωνίων

1 14ᵃτὴν καλὴν παραθήκην φύλαξον διὰ πνεύματος ἁγίου τοῦ ἐνοικοῦντος ἐν ἡμῖν

Phm 6ᵃἐν ἐπιγνώσει παντὸς ἀγαθοῦ τοῦ [H] ἐν ἡμῖν (ὑμ. MBSTς) εἰς Χριστόν (+ Ἰησοῦν Vς)

Hb 1 2 ⟨ὁ θεὸς⟩ ἐπ' ἐσχάτου τῶν ἡμερῶν τούτων ἐλάλησεν ἡμῖν ἐν υἱῷ

4 13ᶜπρὸς ὃν ἡμῖν ὁ λόγος

5 11ᶜπερὶ οὗ πολὺς ἡμῖν ὁ λόγος καὶ δυσερμήνευτος λέγειν

7 26 τοιοῦτος γὰρ ἡμῖν (ὑμῖν T) καὶ ([VSH]; —ς) ἔπρεπεν ἀρχιερεύς

10 15 μαρτυρεῖ δὲ ἡμῖν καὶ τὸ πνεῦμα τὸ ἅγιον

10 20 ἣν ἐνεκαίνισεν ἡμῖν ὁδὸν πρόσφατον ... διὰ τοῦ καταπετάσματος

12 1 τοσοῦτον ἔχοντες περικείμενον ἡμῖν νέφος μαρτύρων

12 1 δι' ὑπομονῆς τρέχωμεν τὸν προκείμενον ἡμῖν ἀγῶνα

13 21ᵃποιῶν ἐν ἡμῖν (ὑμ. Sς) τὸ εὐάρεστον ἐνώπιον αὐτοῦ διὰ Ἰησοῦ Χριστοῦ

Jc 3 3 εἰ δὲ ... βάλλομεν εἰς (πρὸς Sς) τὸ πείθεσθαι αὐτοὺς ἡμῖν

4 5ᵃπρὸς φθόνον ἐπιποθεῖ τὸ πνεῦμα ὃ κατῴκισεν ἐν ἡμῖν

5 17ᵇἨλίας ἄνθρωπος ἦν ὁμοιοπαθὴς ἡμῖν

1 Pt 1 12 * οὐχ ἑαυτοῖς ἡμῖν (ς; ὑμῖν rl) δὲ διηκόνουν αὐτά

Column 2

1 Pt 2 21 *ὅτι καὶ Χριστὸς ἔπαθεν ὑπὲρ | ἡμῶν, ἡμῖν (ς; ὑμῶν, ὑμῖν rl) ὑπολιμπάνων ὑπογραμμόν

4 3ᵇ* ἀρκετὸς γὰρ ἡμῖν (+ς) ὁ παρεληλυθὼς χρόνος τὸ βούλημα τῶν ἐθνῶν κατειργάσθαι

2 Pt 1 1ᵇΣυμεὼν (Σίμων H) Πέτρος ... τοῖς ἰσότιμον ἡμῖν λαχοῦσιν πίστιν

1 3 ὡς (+τὰ NVT) πάντα ἡμῖν τῆς θείας δυνάμεως αὐτοῦ τὰ πρὸς ζωήν ... δεδωρημένης

1 4 δι' ὧν τὰ | τίμια καὶ μέγιστα ἡμῖν (~ς TS) ἐπαγγέλματα δεδώρηται

1 Jo 1 2 ἥτις ἦν πρὸς τὸν πατέρα καὶ ἐφανερώθη ἡμῖν

1 8ᵃἡ ἀλήθεια οὐκ ἔστιν ἐν ἡμῖν

1 9 ἵνα ἀφῇ ἡμῖν τὰς ἁμαρτίας

1 10ᵃὁ λόγος αὐτοῦ οὐκ ἔστιν ἐν ἡμῖν

2 25 αὕτη ἐστὶν ἡ ἐπαγγελία ἣν αὐτὸς ἐπηγγείλατο ἡμῖν

3 1 ἴδετε ποταπὴν ἀγάπην δέδωκεν ἡμῖν ὁ πατήρ

3 23 ἵνα ... ἀγαπῶμεν ἀλλήλους καθὼς ἔδωκεν ἐντολὴν ἡμῖν

3 24ᵃἐν τούτῳ γινώσκομεν ὅτι μένει ἐν ἡμῖν, ↔

3 24 ἐκ τοῦ πνεύματος οὗ ἡμῖν ἔδωκεν

4 9ᵃἐν τούτῳ ἐφανερώθη ἡ ἀγάπη τοῦ θεοῦ ἐν ἡμῖν

4 12ᵃὁ θεὸς ἐν ἡμῖν μένει ↔

4 12ᵃκαὶ ἡ ἀγάπη αὐτοῦ | ἐν ἡμῖν τετελειωμένη ἐστίν (~ς NVTH)

4 13ᵃἐν αὐτῷ μένομεν καὶ αὐτὸς ἐν ἡμῖν, ↔

4 13 ὅτι ἐκ τοῦ πνεύματος αὐτοῦ δέδωκεν ἡμῖν

4 16ᵃπεπιστεύκαμεν τὴν ἀγάπην ἣν ἔχει ὁ θεὸς ἐν ἡμῖν

5 11 ζωὴν αἰώνιον ἔδωκεν | ἡμῖν ὁ θεός (~NBH)

5 20 δέδωκεν ἡμῖν διάνοιαν

2 Jo 2ᵃδιὰ τὴν ἀλήθειαν τὴν μένουσαν ἐν ἡμῖν

ἡμᾶς

ᵃ rectum a praep.
ᵇ πάντας, αὐτούς ἡ.

Mt 6 13 μὴ εἰσενέγκῃς ἡμᾶς εἰς πειρασμόν, ↔

6 13 ἀλλὰ ῥῦσαι ἡμᾶς ἀπὸ τοῦ πονηροῦ

8 25 * κύριε, σῶσον ἡμᾶς (+ς), ἀπολλύμεθα

8 29 ἦλθες ὧδε πρὸ καιροῦ βασανίσαι ἡμᾶς;

8 31 εἰ ἐκβάλλεις ἡμᾶς, ↔

8 31 | ἀπόστειλον ἡμᾶς (ἐπίτρεψον ἡμῖν ἀπελθεῖν ς) εἰς τὴν ἀγέλην τῶν χοίρων

9 27 ἐλέησον ἡμᾶς, υἱὸς (υἱὲ BSHς) Δαυίδ

13 56ᵃαἱ ἀδελφαὶ αὐτοῦ οὐχὶ πᾶσαι πρὸς ἡμᾶς εἰσιν;

17 4 καλόν ἐστιν ἡμᾶς ὧδε εἶναι

20 7 ὅτι οὐδεὶς ἡμᾶς ἐμισθώσατο

20 30 || ἐλέησον ἡμᾶς, κύριε ([N²⁶]; —T) ((κ., ἐ. ἡ. rl)), υἱός (υἱὲ ST) Δαυίδ

20 31 | ἐλέησον ἡμᾶς, κύριε (N²⁶ς; ~ rl), υἱός (υἱὲ ST) Δαυίδ

27 4ᵃοἱ δὲ εἶπαν· τί πρὸς ἡμᾶς;

27 25ᵃτὸ αἷμα αὐτοῦ ἐφ' ἡμᾶς καὶ ἐπὶ τὰ τέκνα ἡμῶν

Mc 1 24 ἦλθες ἀπολέσαι ἡμᾶς;

5 12 πέμψον ἡμᾶς εἰς τοὺς χοίρους

6 3ᵃοὐκ εἰσὶν αἱ ἀδελφαὶ αὐτοῦ ὧδε πρὸς ἡμᾶς;

Column 3

Mc 9 5 καλόν ἐστιν ἡμᾶς ὧδε εἶναι

9 22ᵃἀλλ' εἴ τι δύνῃ, βοήθησον ἡμῖν σπλαγχνισθεὶς ἐφ' ἡμᾶς

Lc 1 71 σωτηρίαν ἐξ ἐχθρῶν ἡμῶν καὶ ἐκ χειρὸς πάντων τῶν μισούντων ἡμᾶς

1 78 ἐν οἷς ἐπισκέψεται (ἐπεσκέψατο VSTς) ἡμᾶς ἀνατολὴ ἐξ ὕψους

4 34 ἦλθες ἀπολέσαι ἡμᾶς;

7 20 Ἰωάννης ὁ βαπτιστὴς ἀπέστειλεν (-σταλκεν VBSTς) ἡμᾶς πρὸς σὲ λέγων

9 33 ἐπιστάτα, καλόν ἐστιν ἡμᾶς ὧδε εἶναι

11 1 κύριε, δίδαξον ἡμᾶς προσεύχεσθαι

11 4 μὴ εἰσενέγκῃς ἡμᾶς εἰς πειρασμόν, ↔

11 4 *| ἀλλὰ ῥῦσαι ἡμᾶς ἀπὸ τοῦ πονηροῦ (+ς)

11 45 διδάσκαλε, ταῦτα λέγων καὶ ἡμᾶς ὑβρίζεις

12 41ᵃπρὸς ἡμᾶς τὴν παραβολὴν ταύτην λέγεις ἢ καὶ πρὸς πάντας;

16 26ᵃὅπως οἱ θέλοντες διαβῆναι ἔνθεν πρὸς ὑμᾶς μὴ δύνωνται, μηδὲ (+ οἱ [M]VSTς) ἐκεῖθεν πρὸς ἡμᾶς διαπερῶσιν

17 13 Ἰησοῦ ἐπιστάτα, ἐλέησον ἡμᾶς

19 14ᵃοὐ θέλομεν τοῦτον βασιλεῦσαι ἐφ' ἡμᾶς

20 6 ὁ λαὸς ἅπας καταλιθάσει ἡμᾶς

20 22 ἔξεστιν ἡμᾶς (ἡμῖν ς) Καίσαρι φόρον δοῦναι ἢ οὔ;

23 15ᵃ| ἀνέπεμψεν γὰρ αὐτὸν πρὸς ἡμᾶς (ἀνέπεμψα γ. ὑμᾶς π. αὐ. Vς)

23 30ᵃἄρξονται λέγειν τοῖς ὄρεσιν· πέσετε ἐφ' ἡμᾶς,

23 30 καὶ τοῖς βουνοῖς· καλύψατε ἡμᾶς

23 39 σῶσον σεαυτὸν καὶ ἡμᾶς

24 22 ἀλλὰ καὶ γυναῖκές τινες ἐξ ἡμῶν ἐξέστησαν ἡμᾶς

Jo 1 22 ἵνα ἀπόκρισιν δῶμεν τοῖς πέμψασιν ἡμᾶς

9 4 ἡμᾶς (ἐμὲ Vς) δεῖ ἐργάζεσθαι ↔

9 4 * τὰ ἔργα τοῦ πέμψαντός ἡμᾶς (T; με rl)

9 34 ἐν ἁμαρτίαις σὺ ἐγεννήθης ὅλος, καὶ σὺ διδάσκεις ἡμᾶς;

Ac 1 21ᵃἐν παντὶ χρόνῳ ᾧ εἰσῆλθεν καὶ ἐξῆλθεν ἐφ' ἡμᾶς ὁ κύριος Ἰησοῦς

3 4ᵃβλέψον εἰς ἡμᾶς

4 12 οὐδὲ γὰρ ὄνομά ἐστιν ἕτερον ... ἐν ᾧ δεῖ σωθῆναι ἡμᾶς

5 28ᵃβούλεσθε ἐπαγαγεῖν ἐφ' ἡμᾶς τὸ αἷμα τοῦ ἀνθρώπου τούτου

6 2 οὐκ ἀρεστόν ἐστιν ἡμᾶς καταλείψαντας τὸν λόγον τοῦ θεοῦ διακονεῖν τραπέζαις

7 27ᵃ* τίς σε κατέστησεν ἄρχοντα καὶ δικαστὴν ἐφ' ἡμᾶς (ς; ἡμῶν rl)

7 40 ὃς ἐξήγαγεν ἡμᾶς ἐκ γῆς Αἰγύπτου

11 15ᵃἐπέπεσεν τὸ πνεῦμα τὸ ἅγιον ἐπ' αὐτοὺς ὥσπερ καὶ ἐφ' ἡμᾶς ἐν ἀρχῇ

14 11ᵃοἱ θεοὶ ὁμοιωθέντες ἀνθρώποις κατέβησαν πρὸς ἡμᾶς

14 22 διὰ πολλῶν θλίψεων δεῖ ἡμᾶς εἰσελθεῖν εἰς τὴν βασιλείαν τοῦ θεοῦ

16 10 ὅτι προσκέκληται ἡμᾶς ὁ θεὸς εὐαγγελίσασθαι αὐτούς

16 15 καὶ παρεβιάσατο ἡμᾶς

16 37 δείραντες ἡμᾶς δημοσίᾳ ἀκατακρίτους ... ἔβαλαν εἰς φυλακήν· ↔

Ac 16 37 καὶ νῦν λάθρᾳ ἡμᾶς ἐκβάλλουσιν; ↔

16 37 οὐ γάρ, ἀλλὰ ἐλθόντες αὐτοὶ ἡμᾶς ἐξαγαγέτωσαν

20 5 οὗτοι δὲ προελθόντες (προσ- SH) ἔμενον ἡμᾶς ἐν Τρῳάδι

21 1 ὡς δὲ ἐγένετο ἀναχθῆναι ἡμᾶς

21 5 ὅτε δὲ ἐγένετο | ἡμᾶς ἐξαρτίσαι (∼ NMH) τὰς ἡμέρας, ↔

21 5 ἐξελθόντες ἐπορευόμεθα προπεμπόντων ἡμᾶς πάντων

21 11ᵃἐλθὼν πρὸς ἡμᾶς . . . εἶπεν

21 17 ἀσμένως ἀπεδέξαντο (ἐδ. ς) ἡμᾶς οἱ ἀδελφοί

27 1 ὡς δὲ ἐκρίθη τοῦ ἀποπλεῖν ἡμᾶς εἰς τὴν Ἰταλίαν

27 6 εὑρὼν ὁ ἑκατοντάρχης πλοῖον . . . ἐνεβίβασεν ἡμᾶς εἰς αὐτό. ↔

27 7 ἐν ἱκαναῖς δὲ ἡμέραις βραδυπλοοῦντες . . . μὴ προσεῶντος ἡμᾶς τοῦ ἀνέμου

27 20 περιῃρεῖτο ἐλπὶς πᾶσα τοῦ σῴζεσθαι ἡμᾶς

27 26 εἰς νῆσον δέ τινα δεῖ ἡμᾶς ἐκπεσεῖν

28 2ᵇἅψαντες γὰρ πυρὰν προσελάβοντο πάντας ἡμᾶς

28 7 ὃς ἀναδεξάμενος ἡμᾶς | τρεῖς ἡμέρας (∼ NMH) φιλοφρόνως ἐξένισεν

28 10 οἳ καὶ πολλαῖς τιμαῖς ἐτίμησαν ἡμᾶς

Rm 3 8 καθὼς φασίν τινες ἡμᾶς λέγειν

4 24ᵃ⟨οὐκ ἐγράφη δὲ δι᾽ αὐτὸν μόνον⟩ ἀλλὰ καὶ δι᾽ ἡμᾶς

5 8ᵃσυνίστησιν δὲ τὴν ἑαυτοῦ ἀγάπην εἰς ἡμᾶς ὁ θεός

6 6 συνεσταυρώθη . . . τοῦ μηκέτι δουλεύειν ἡμᾶς τῇ ἁμαρτίᾳ

7 6 ὥστε δουλεύειν ἡμᾶς [NH] ἐν καινότητι πνεύματος

8 18ᵃοὐκ ἄξια τὰ παθήματα . . . πρὸς τὴν μέλλουσαν δόξαν ἀποκαλυφθῆναι εἰς ἡμᾶς

8 35 τίς ἡμᾶς χωρίσει ἀπὸ τῆς ἀγάπης τοῦ Χριστοῦ;

8 37 ἐν τούτοις πᾶσιν ὑπερνικῶμεν διὰ τοῦ ἀγαπήσαντος ἡμᾶς

8 39 οὔτε βάθος οὔτε τις κτίσις ἑτέρα δυνήσεται ἡμᾶς χωρίσαι ἀπὸ τῆς ἀγάπης τοῦ θεοῦ

9 24 οὓς καὶ ἐκάλεσεν ἡμᾶς οὐ μόνον ἐξ Ἰουδαίων

13 11 * ὥρα ἤδη ἡμᾶς (ς; ὑμᾶς rl) ἐξ ὕπνου ἐγερθῆναι

15 7 * καθὼς καὶ ὁ Χριστὸς προσελάβετο ἡμᾶς (NHς; ὑμ. rl) εἰς δόξαν τοῦ θεοῦ

16 6ᵃ*ἥτις πολλὰ ἐκοπίασεν εἰς ἡμᾶς (ς; ὑμ. rl)

1 C 4 1 οὕτως ἡμᾶς λογιζέσθω ἄνθρωπος ὡς ὑπηρέτας Χριστοῦ

4 9 ὁ θεὸς ἡμᾶς τοὺς ἀποστόλους ἐσχάτους ἀπέδειξεν ὡς ἐπιθανατίους

6 14 ὁ δὲ θεὸς . . . καὶ ἡμᾶς ἐξεγερεῖ διὰ τῆς δυνάμεως αὐτοῦ

7 15 * ἐν δὲ εἰρήνῃ κέκληκεν ἡμᾶς (MBς; ὑμᾶς rl) ὁ θεός

8 8 βρῶμα δὲ ἡμᾶς οὐ παραστήσει τῷ θεῷ

9 10ᵃἢ δι᾽ ἡμᾶς πάντως λέγει; ↔

9 10ᵃδι᾽ ἡμᾶς γὰρ ἐγράφη, ὅτι ὀφείλει . . . ὁ ἀροτριῶν ἀροτριᾶν

10 6 εἰς τὸ μὴ εἶναι ἡμᾶς ἐπιθυμητὰς κακῶν

2 C 1 4 ⟨εὐλογητὸς ὁ θεός⟩ ὁ παρακαλῶν ἡμᾶς ἐπὶ πάσῃ τῇ θλίψει ἡμῶν, ↔

1 4 εἰς τὸ δύνασθαι ἡμᾶς παρακαλεῖν τοὺς ἐν πάσῃ θλίψει

1 5ᵃκαθὼς περισσεύει τὰ παθήματα τοῦ Χριστοῦ εἰς ἡμᾶς

1 8 ὑπὲρ δύναμιν ἐβαρήθημεν, ὥστε ἐξαπορηθῆναι ἡμᾶς καὶ τοῦ ζῆν

1 10 ὃς ἐκ τηλικούτου θανάτου ἐρρύσατο ἡμᾶς καὶ ῥύσεται

1 11ᵃἵνα . . . τὸ εἰς ἡμᾶς χάρισμα διὰ πολλῶν εὐχαριστηθῇ ὑπὲρ ἡμῶν

1 14 καθὼς καὶ ἐπέγνωτε ἡμᾶς ἀπὸ μέρους

1 21 ὁ δὲ βεβαιῶν ἡμᾶς σὺν ὑμῖν εἰς Χριστὸν ↔

1 21 καὶ χρίσας ἡμᾶς θεός, ↔

1 22 ὁ ([H]; —S) καὶ σφραγισάμενος ἡμᾶς

2 14 τῷ δὲ θεῷ χάρις τῷ πάντοτε θριαμβεύοντι ἡμᾶς ἐν τῷ Χριστῷ

3 6 ὃς καὶ ἱκάνωσεν ἡμᾶς διακόνους καινῆς διαθήκης

4 14 ὁ ἐγείρας τὸν κύριον [MH] Ἰησοῦν καὶ ἡμᾶς σὺν Ἰησοῦ ἐγερεῖ καὶ παραστήσει σὺν ὑμῖν

5 5 ὁ δὲ κατεργασάμενος ἡμᾶς εἰς αὐτὸ τοῦτο θεός

5 10ᵇτοὺς γὰρ πάντας ἡμᾶς φανερωθῆναι δεῖ ἔμπροσθεν τοῦ βήματος τοῦ Χριστοῦ

5 14 ἡ γὰρ ἀγάπη τοῦ Χριστοῦ συνέχει ἡμᾶς, κρίναντας τοῦτο

5 18 τὰ δὲ πάντα ἐκ τοῦ θεοῦ τοῦ καταλλάξαντος ἡμᾶς ἑαυτῷ διὰ Χριστοῦ

7 2 χωρήσατε ἡμᾶς· οὐδένα ἠδικήσαμεν, οὐδένα ἐφθείραμεν

7 6 παρεκάλεσεν ἡμᾶς ὁ θεὸς ἐν τῇ παρουσίᾳ Τίτου

8 4 * δεόμενοι ἡμῶν . . . τὴν κοινωνίαν τῆς διακονίας τῆς εἰς τοὺς ἁγίους | δέξασθαι ἡμᾶς (+ς)

8 6 εἰς τὸ παρακαλέσαι ἡμᾶς Τίτον

8 20 μή τις ἡμᾶς μωμήσηται ἐν τῇ ἁδρότητι ταύτῃ

10 2 τολμῆσαι ἐπί τινας τοὺς λογιζομένους ἡμᾶς ὡς κατὰ σάρκα περιπατοῦντας

G 1 4 ⟨Ἰησοῦ Χριστοῦ⟩ τοῦ δόντος ἑαυτὸν . . . ὅπως ἐξέληται ἡμᾶς ἐκ τοῦ αἰῶνος τοῦ ἐνεστῶτος πονηροῦ

1 23 ὁ διώκων ἡμᾶς ποτε νῦν εὐαγγελίζεται τὴν πίστιν

2 4 οἵτινες παρεισῆλθον . . . ἵνα ἡμᾶς καταδουλώσουσιν

3 13 Χριστὸς ἡμᾶς ἐξηγόρασεν ἐκ τῆς κατάρας τοῦ νόμου

5 1 τῇ ἐλευθερίᾳ | ἡμᾶς Χριστὸς (οὖν ᾗ Χ. ἡ. ς) ἠλευθέρωσεν

E 1 3 εὐλογητὸς ὁ θεός . . . ὁ εὐλογήσας ἡμᾶς ἐν πάσῃ εὐλογίᾳ πνευματικῇ

1 4 καθὼς ἐξελέξατο ἡμᾶς ἐν αὐτῷ πρὸ καταβολῆς κόσμου, ↔

1 4 εἶναι ἡμᾶς ἁγίους καὶ ἀμώμους κατενώπιον αὐτοῦ

1 5 προορίσας ἡμᾶς εἰς υἱοθεσίαν διὰ Ἰησοῦ Χριστοῦ

1 6 εἰς ἔπαινον δόξης τῆς χάριτος αὐτοῦ, ἧς ἐχαρίτωσεν ἡμᾶς ἐν τῷ ἠγαπημένῳ

1 8ᵃἧς ἐπερίσσευσεν εἰς ἡμᾶς ἐν πάσῃ σοφίᾳ

1 12 εἰς τὸ εἶναι ἡμᾶς εἰς ἔπαινον δόξης αὐτοῦ

E 1 19ᵃ⟨εἰς τὸ εἰδέναι ὑμᾶς⟩ τί τὸ ὑπερβάλλον μέγεθος τῆς δυνάμεως αὐτοῦ εἰς ἡμᾶς τοὺς πιστεύοντας

2 4 διὰ τὴν πολλὴν ἀγάπην αὐτοῦ ἣν ἠγάπησεν ἡμᾶς, ↔

2 5 καὶ ὄντας ἡμᾶς νεκροὺς τοῖς παραπτώμασιν συνεζωοποίησεν τῷ Χριστῷ

2 7ᵃἵνα ἐνδείξηται . . . τὸ ὑπερβάλλον πλοῦτος τῆς χάριτος αὐτοῦ ἐν χρηστότητι ἐφ᾽ ἡμᾶς

5 2 καθὼς καὶ ὁ Χριστὸς ἠγάπησεν ἡμᾶς (N²⁶ς; ὑμ. rl)

Ph 3 17 σκοπεῖτε τοὺς οὕτω περιπατοῦντας καθὼς ἔχετε τύπον ἡμᾶς

Cl 1 12 * εὐχαριστοῦντες τῷ πατρὶ τῷ ἱκανώσαντι ἡμᾶς (MSς; ὑμ. rl) εἰς τὴν μερίδα τοῦ κλήρου τῶν ἁγίων ἐν τῷ φωτί· ↔

1 13 ὃς ἐρρύσατο ἡμᾶς ἐκ τῆς ἐξουσίας τοῦ σκότους

1 Th 1 8 ὥστε μὴ χρείαν ἔχειν ἡμᾶς λαλεῖν τι

1 10 ἀναμένειν . . . Ἰησοῦν τὸν ῥυόμενον ἡμᾶς ἐκ τῆς ὀργῆς τῆς ἐρχομένης

2 15 ⟨ὑπὸ τῶν Ἰουδαίων⟩ τῶν καὶ τὸν κύριον ἀποκτεινάντων . . . καὶ ἡμᾶς ἐκδιωξάντων

2 16 κωλυόντων ἡμᾶς τοῖς ἔθνεσιν λαλῆσαι

2 18 ἠθελήσαμεν ἐλθεῖν πρὸς ὑμᾶς . . . καὶ ἐνέκοψεν ἡμᾶς ὁ σατανᾶς

3 6ᵃἐλθόντος Τιμοθέου πρὸς ἡμᾶς ἀφ᾽ ὑμῶν

3 6 ἐπιποθοῦντες ἡμᾶς ἰδεῖν καθάπερ καὶ ἡμεῖς ὑμᾶς

4 7 οὐ γὰρ ἐκάλεσεν ἡμᾶς ὁ θεὸς ἐπὶ ἀκαθαρσίᾳ

4 8ᵃ* ἀθετεῖ . . . τὸν καὶ ([N²⁶]; —H) διδόντα (δόντα VSς) τὸ πνεῦμα αὐτοῦ τὸ ἅγιον εἰς ἡμᾶς (ς; ὑμᾶς rl)

5 9 ὅτι οὐκ ἔθετο ἡμᾶς ὁ θεὸς εἰς ὀργὴν

2 Th 1 4ᵇὥστε | αὐτοὺς ἡμᾶς (∼ς) ἐν ὑμῖν ἐγκαυχᾶσθαι . . . ὑπὲρ τῆς ὑπομονῆς ὑμῶν

2 16 αὐτὸς δὲ ὁ κύριος ἡμῶν . . . ὁ ἀγαπήσας ἡμᾶς ⟨παρακαλέσαι ὑμῶν τὰς καρδίας⟩

3 7 αὐτοὶ γὰρ οἴδατε πῶς δεῖ μιμεῖσθαι ἡμᾶς

3 9 ἀλλ᾽ ἵνα ἑαυτοὺς τύπον δῶμεν ὑμῖν εἰς τὸ μιμεῖσθαι ἡμᾶς

2 Tm 1 9 τοῦ σώσαντος ἡμᾶς καὶ καλέσαντος κλήσει ἁγίᾳ

2 12 εἰ ἀρνησόμεθα, κἀκεῖνος ἀρνήσεται ἡμᾶς

Tt 2 12 ⟨ἐπεφάνη γὰρ ἡ χάρις τοῦ θεοῦ⟩ παιδεύουσα ἡμᾶς, ἵνα . . . εὐσεβῶς ζήσωμεν

2 14 ἵνα λυτρώσηται ἡμᾶς ἀπὸ πάσης ἀνομίας

3 5 κατὰ τὸ αὐτοῦ ἔλεος ἔσωσεν ἡμᾶς διὰ λουτροῦ

3 6ᵃοὗ ἐξέχεεν ἐφ᾽ ἡμᾶς πλουσίως διὰ Ἰησοῦ Χριστοῦ

3 15 ἄσπασαι τοὺς φιλοῦντας ἡμᾶς ἐν πίστει

Hb 2 1 διὰ τοῦτο δεῖ περισσοτέρως προσέχειν ἡμᾶς τοῖς ἀκουσθεῖσιν

2 3ᵃἥτις . . . ὑπὸ τῶν ἀκουσάντων εἰς ἡμᾶς ἐβεβαιώθη

13 6 ὥστε θαρροῦντας ἡμᾶς λέγειν

Jc 1 18 βουληθεὶς ἀπεκύησεν ἡμᾶς λόγῳ ἀληθείας,

Jc 1 18 εἰς τὸ εἶναι ἡμᾶς ἀπαρχήν τινα τῶν αὐτοῦ (ἑαυ. S) κτισμάτων

1 Pt 1 3 εὐλογητὸς ὁ θεός ... ὁ ... ἀναγεννήσας ἡμᾶς εἰς ἐλπίδα ζῶσαν
1 4ᵃ* εἰς κληρονομίαν ... ἀμάραντον, τετηρημένην ἐν οὐρανοῖς εἰς ἡμᾶς (ς; ὑμᾶς rl)
3 18 * ἵνα ἡμᾶς (VBSTς; ὑμᾶς rl) προσαγάγῃ τῷ θεῷ
3 21 ὃ καὶ ἡμᾶς (ς; ὑμ. rl) ἀντίτυπον νῦν σῴζει βάπτισμα
5 10 * ὁ δὲ θεός ... ὁ καλέσας ἡμᾶς (ς; ὑ. rl) εἰς τὴν αἰώνιον αὐτοῦ δόξαν

2 Pt 1 3 διὰ τῆς ἐπιγνώσεως τοῦ καλέσαντος ἡμᾶς
3 9ᵃ* οὐ βραδύνει κύριος ... ἀλλὰ μακροθυμεῖ εἰς (δι' T) ἡμᾶς (ς; ὑ. rl)

1 Jo 1 7 τὸ αἷμα Ἰησοῦ ... καθαρίζει ἡμᾶς ἀπὸ πάσης ἁμαρτίας
1 9 ἵνα ... καθαρίσῃ ἡμᾶς ἀπὸ πάσης ἀδικίας
3 1 διὰ τοῦτο ὁ κόσμος οὐ γινώσκει ἡμᾶς
4 10 ἀλλ' ὅτι αὐτὸς ἠγάπησεν ἡμᾶς
4 11 ἀγαπητοί, εἰ οὕτως ὁ θεὸς ἠγάπησεν ἡμᾶς
4 19 ἡμεῖς ἀγαπῶμεν, ὅτι αὐτὸς πρῶτος ἠγάπησεν ἡμᾶς

3 Jo 9 ἀλλ' ὁ φιλοπρωτεύων αὐτῶν Διοτρέφης οὐκ ἐπιδέχεται ἡμᾶς
10 τὰ ἔργα ἃ ποιεῖ λόγοις πονηροῖς φλυαρῶν ἡμᾶς

Ap 1 5 τῷ ἀγαπῶντι ἡμᾶς ↔
1 5 καὶ λύσαντι ἡμᾶς ἐκ τῶν ἁμαρτιῶν ἡμῶν [H] ἐν τῷ αἵματι αὐτοῦ, ↔
1 6 καὶ ἐποίησεν ἡμᾶς βασιλείαν
5 9 * ὅτι ἐσφάγης καὶ ἠγόρασας τῷ θεῷ ἡμᾶς ([M]; —N²⁶NTH) ἐν τῷ αἵματί σου
5 10 * ἐποίησας ἡμᾶς (ς; αὐτοὺς rl) τῷ θεῷ ἡμῶν βασιλείαν (βασιλεῖς BSς)
6 16ᵃ πέσετε (πέσατε H) ἐφ' ἡμᾶς ↔
6 16 καὶ κρύψατε ἡμᾶς ἀπὸ προσώπου τοῦ καθημένου

ἡμέρα
ᵃ ἡ ἡ. ἐκείνη
ᵇ αἱ ἡ. ἐκεῖναι
ᶜ c. numerali cardinali
ᵈ μία τῶν ἡμερῶν
ᵉ c. numerali ordinali
ᶠ τρίτη ἡ.
ᵍ ἐσχάτη ἡ. et sim.
ʰ ἡ. (τῆς) κρίσεως
ʲ (αἱ) ἡμέραι et gen. personae
ᵏ ἡ. et νύξ
ˡ ἡ. et ὥρα
ᵐ ἡ. et ἔτος, ἐνιαυτός
ⁿ καθ' ἡμέραν

Mt 2 1ʲ τοῦ δὲ Ἰησοῦ γεννηθέντος ... ἐν ἡμέραις Ἡρῴδου τοῦ βασιλέως
3 1ᵇ ἐν δὲ (—S) ταῖς ἡμέραις ἐκείναις παραγίνεται Ἰωάννης ὁ βαπτιστὴς
4 2ᶜᵏ νηστεύσας ἡμέρας τεσσεράκοντα καὶ | νύκτας τεσσεράκοντα (~NMT) ὕστερον ἐπείνασεν
6 34 ἀρκετὸν τῇ ἡμέρᾳ ἡ κακία αὐτῆς
7 22ᵃ πολλοὶ ἐροῦσίν μοι ἐν ἐκείνῃ τῇ ἡμέρᾳ
9 15 ἐλεύσονται δὲ ἡμέραι ὅταν ἀπαρθῇ ἀπ' αὐτῶν ὁ νυμφίος
10 15ʰ ἀνεκτότερον ἔσται γῇ Σοδόμων καὶ Γομόρρων ἐν ἡμέρᾳ κρίσεως ἢ τῇ πόλει ἐκείνῃ

Mt 11 12ʲ ἀπὸ δὲ τῶν ἡμερῶν Ἰωάννου ... ἕως ἄρτι ἡ βασιλεία τῶν οὐρανῶν βιάζεται
11 22ʰ Τύρῳ καὶ Σιδῶνι ἀνεκτότερον ἔσται ἐν ἡμέρᾳ κρίσεως ἢ ὑμῖν
11 24ʰ γῇ Σοδόμων ἀνεκτότερον ἔσται ἐν ἡμέρᾳ κρίσεως ἢ σοί
12 36ʰ ἀποδώσουσιν περὶ αὐτοῦ λόγον ἐν ἡμέρᾳ κρίσεως
12 40ᶜᵏ ὥσπερ γὰρ ἦν Ἰωνᾶς ἐν τῇ κοιλίᾳ τοῦ κήτους τρεῖς ἡμέρας καὶ τρεῖς νύκτας, ↔
12 40ᶜᵏ οὕτως ἔσται ὁ υἱὸς τοῦ ἀνθρώπου ἐν τῇ καρδίᾳ τῆς γῆς τρεῖς ἡμέρας καὶ τρεῖς νύκτας
13 1ᵃ ἐν τῇ ἡμέρᾳ ἐκείνῃ ἐξελθὼν ὁ Ἰησοῦς ... ἐκάθητο
15 32ᶜ ἤδη [H] ἡμέραι (-ρας ς) τρεῖς προσμένουσίν μοι
16 21ᶠ δεῖ αὐτὸν ... ἀποκτανθῆναι καὶ τῇ τρίτῃ ἡμέρᾳ ἐγερθῆναι
17 1ᶜ μεθ' ἡμέρας ἓξ παραλαμβάνει ὁ Ἰησοῦς τὸν Πέτρον
17 23ᶠ τῇ τρίτῃ ἡμέρᾳ ἐγερθήσεται
20 2 συμφωνήσας δὲ μετὰ τῶν ἐργατῶν ἐκ δηναρίου τὴν ἡμέραν
20 6 τί ὧδε ἑστήκατε ὅλην τὴν ἡμέραν ἀργοί;
20 12 ἴσους | ἡμῖν αὐτοὺς (~NTH) ἐποίησας τοῖς βαστάσασι τὸ βάρος τῆς ἡμέρας
20 19ᶠ τῇ τρίτῃ ἡμέρᾳ ἐγερθήσεται
22 23ᵃ ἐν ἐκείνῃ τῇ ἡμέρᾳ προσῆλθον αὐτῷ Σαδδουκαῖοι
22 46ᵃ οὐδὲ ἐτόλμησέν τις ἀπ' ἐκείνης τῆς ἡμέρας ἐπερωτῆσαι αὐτὸν οὐκέτι
23 30ʲ εἰ ἤμεθα ἐν ταῖς ἡμέραις τῶν πατέρων ἡμῶν
24 19ᵇ οὐαὶ δὲ ... ταῖς θηλαζούσαις ἐν ἐκείναις ταῖς ἡμέραις
24 22ᵇ εἰ μὴ ἐκολοβώθησαν αἱ ἡμέραι ἐκεῖναι
24 22ᵇ διὰ δὲ τοὺς ἐκλεκτοὺς κολοβωθήσονται αἱ ἡμέραι ἐκεῖναι
24 29ᵇ εὐθέως δὲ μετὰ τὴν θλῖψιν τῶν ἡμερῶν ἐκείνων ὁ ἥλιος σκοτισθήσεται
24 36ᵃˡ περὶ δὲ τῆς ἡμέρας ἐκείνης καὶ ὥρας οὐδεὶς οἶδεν
24 37ʲ ὥσπερ γὰρ (δὲ MVBSTς) αἱ ἡμέραι τοῦ Νῶε, οὕτως ἔσται (+καὶ Vς) ἡ παρουσία τοῦ υἱοῦ τοῦ ἀνθρώπου. ↔
24 38ᵇ ὡς γὰρ ἦσαν ἐν ταῖς ἡμέραις ἐκείναις [+N²⁶NH] ταῖς πρὸ τοῦ κατακλυσμοῦ τρώγοντες
24 38 ἄχρι ἧς ἡμέρας εἰσῆλθεν Νῶε εἰς τὴν κιβωτόν
24 42 οὐκ οἴδατε ποίᾳ ἡμέρᾳ (ὥρᾳ ς) ὁ κύριος ὑμῶν ἔρχεται
24 50ˡ ἥξει ὁ κύριος τοῦ δούλου ἐκείνου ἐν ἡμέρᾳ ᾗ οὐ προσδοκᾷ καὶ ἐν ὥρᾳ ᾗ οὐ γινώσκει
25 13ˡ γρηγορεῖτε οὖν, ὅτι οὐκ οἴδατε τὴν ἡμέραν οὐδὲ τὴν ὥραν (+ἐν ᾗ ὁ υἱὸς τοῦ ἀνθρώπου ἔρχεται ς)
26 2ᶜ οἴδατε ὅτι μετὰ δύο ἡμέρας τὸ πάσχα γίνεται
26 29ᵃ οὐ μὴ πίω ἀπ' ἄρτι ἐκ τούτου τοῦ γενήματος ... ἕως τῆς ἡμέρας ἐκείνης
26 55ⁿ καθ' ἡμέραν (+πρὸς ὑμᾶς Vς) | ἐν τῷ ἱερῷ ἐκαθεζόμην διδάσκων (~Vς)

Mt 26 61ᶜ δύναμαι καταλῦσαι τὸν ναὸν τοῦ θεοῦ καὶ διὰ τριῶν ἡμερῶν (+αὐτὸν VBSTς) οἰκοδομῆσαι
27 40ᶜ ὁ καταλύων τὸν ναὸν καὶ ἐν τρισὶν ἡμέραις οἰκοδομῶν
27 63ᶜ εἶπεν ἔτι ζῶν· μετὰ τρεῖς ἡμέρας ἐγείρομαι. ↔
27 64ᶠ κέλευσον οὖν ἀσφαλισθῆναι τὸν τάφον ἕως τῆς τρίτης ἡμέρας
28 15 διεφημίσθη (ἐφημίσθη T) ὁ λόγος οὗτος ... μέχρι τῆς σήμερον ἡμέρας (+[N²⁶NH]B)
28 20 ἰδοὺ ἐγὼ μεθ' ὑμῶν εἰμι πάσας τὰς ἡμέρας ἕως τῆς συντελείας τοῦ αἰῶνος

Mc 1 9ᵇ ἐγένετο ἐν ἐκείναις ταῖς ἡμέραις ἦλθεν Ἰησοῦς
1 13ᶜ ἦν ἐν τῇ ἐρήμῳ | τεσσεράκοντα ἡμέρας (~ς) πειραζόμενος ὑπὸ τοῦ σατανᾶ
2 1 εἰσελθὼν πάλιν εἰς Καφαρναοὺμ δι' ἡμερῶν ἠκούσθη ὅτι | ἐν οἴκῳ (εἰς οἶκόν MVSς) ἐστίν
2 20 ἐλεύσονται δὲ ἡμέραι ὅταν ἀπαρθῇ ἀπ' αὐτῶν ὁ νυμφίος, ↔
2 20ᵃᵇ καὶ τότε νηστεύσουσιν ἐν | ἐκείνῃ τῇ ἡμέρᾳ (ἐ-ναις ταῖς ἡ-ραις ς)
4 27ᵏ ⟨ὡς ἄνθρωπος βάλῃ τὸν σπόρον⟩ καὶ καθεύδῃ καὶ ἐγείρηται νύκτα καὶ ἡμέραν
4 35ᵃ λέγει αὐτοῖς ἐν ἐκείνῃ τῇ ἡμέρᾳ ὀψίας γενομένης
5 5ᵏ διὰ παντὸς νυκτὸς καὶ ἡμέρας ἐν τοῖς μνήμασιν ... ἦν κράζων
6 11ʰ * | ἀνεκτότερον ἔσται Σοδόμοις ἢ Γομόρροις ἐν ἡμέρᾳ κρίσεως ἢ τῇ πόλει ἐκείνῃ (.. +ς)
6 21 γενομένης ἡμέρας εὐκαίρου ὅτε Ἡρῴδης τοῖς γενεσίοις αὐτοῦ δεῖπνον ἐποίησεν
8 1ᵇ ἐν ἐκείναις ταῖς ἡμέραις πάλιν πολλοῦ ὄχλου ὄντος
8 2ᶜ ἤδη ἡμέραι (-ρας ς) τρεῖς προσμένουσίν μοι
8 31ᶜ δεῖ τὸν υἱὸν τοῦ ἀνθρώπου ... ἀποκτανθῆναι καὶ μετὰ τρεῖς ἡμέρας ἀναστῆναι
9 2ᶜ μετὰ ἡμέρας ἓξ παραλαμβάνει ὁ Ἰησοῦς τὸν Πέτρον
9 31ᶜᶠ ὁ υἱὸς τοῦ ἀνθρώπου ... ἀποκτανθεὶς | μετὰ τρεῖς ἡμέρας (τῇ τρίτῃ ἡμέρᾳ ς) ἀναστήσεται
10 34ᶜᶠ ⟨ὁ υἱὸς τοῦ ἀνθρώπου⟩ | μετὰ τρεῖς ἡμέρας (τῇ τρίτῃ ἡμέρᾳ ς) ἀναστήσεται
13 17ᵇ οὐαὶ δὲ ... ταῖς θηλαζούσαις ἐν ἐκείναις ταῖς ἡμέραις
13 19ᵇ ἔσονται γὰρ αἱ ἡμέραι ἐκεῖναι θλῖψις
13 20 εἰ μὴ ἐκολόβωσεν κύριος τὰς ἡμέρας
13 20 διὰ τοὺς ἐκλεκτοὺς οὓς ἐξελέξατο ἐκολόβωσεν τὰς ἡμέρας
13 24ᵇ ἐν ἐκείναις ταῖς ἡμέραις μετὰ τὴν θλῖψιν ἐκείνην ὁ ἥλιος σκοτισθήσεται
13 32ᵃˡ περὶ δὲ τῆς ἡμέρας ἐκείνης ἢ (καὶ ς) τῆς ὥρας οὐδεὶς οἶδεν
14 1ᶜ ἦν δὲ τὸ πάσχα καὶ τὰ ἄζυμα μετὰ δύο ἡμέρας
14 12ᵉ τῇ πρώτῃ ἡμέρᾳ τῶν ἀζύμων, ὅτε τὸ πάσχα ἔθυον, λέγουσιν αὐτῷ οἱ μαθηταὶ αὐτοῦ
14 25ᵃ οὐκέτι οὐ μὴ πίω ἐκ τοῦ γενήματος τῆς ἀμπέλου ἕως τῆς ἡμέρας ἐκείνης

Mc 14 49ⁿ καθ' ἡμέραν ἤμην πρὸς ὑμᾶς ἐν τῷ ἱερῷ διδάσκων

14 58ᶜ διὰ τριῶν ἡμερῶν ἄλλον ἀχειρο-ποίητον οἰκοδομήσω

15 29ᶜ οὐὰ ὁ καταλύων τὸν ναὸν καὶ οἰκοδομῶν ἐν ([NH]; —T) τρισὶν ἡμέραις

Lc 1 5ʲ ἐγένετο ἐν ταῖς ἡμέραις Ἡρῴδου βασιλέως ... ἱερεύς τις

1 7ʲ ἀμφότεροι προβεβηκότες ἐν ταῖς ἡμέραις αὐτῶν ἦσαν

1 18ʲ ἡ γυνή μου προβεβηκυῖα ἐν ταῖς ἡμέραις αὐτῆς

1 20 ἔσῃ σιωπῶν ... ἄχρι ἧς ἡμέρας γένηται ταῦτα

1 23 ὡς ἐπλήσθησαν αἱ ἡμέραι τῆς λειτουργίας αὐτοῦ

1 24 μετὰ δὲ ταύτας τὰς ἡμέρας συνέλα-βεν Ἐλισάβετ

1 25 οὕτως μοι πεποίηκεν (+ὁ VBS) κύριος ἐν ἡμέραις αἷς ἐπεῖδεν ἀφελεῖν (+τὸ Vς) ὄνειδός μου

1 39 ἀναστᾶσα δὲ Μαριὰμ ἐν ταῖς ἡμέραις ταύταις ἐπορεύθη

1 59ᵉ ἐγένετο ἐν τῇ | ἡμέρᾳ τῇ ὀγδόῃ (ὁ. ἡ. Vς) ἦλθον περιτεμεῖν τὸ παιδίον

1 75ʲ ⟨λατρεύειν αὐτῷ⟩ ἐν ὁσιότητι ... | πάσαις ταῖς ἡμέραις (πάσας τὰς ἡ-ρας VBST) (+τῆς ζωῆς ς) ἡμῶν

1 80 ἦν ἐν ταῖς ἐρήμοις ἕως ἡμέρας ἀναδείξεως αὐτοῦ πρὸς τὸν Ἰσ-ραήλ. ↔

2 1ᵇ ἐγένετο δὲ ἐν ταῖς ἡμέραις ἐκείναις ἐξῆλθεν δόγμα

2 6 ἐπλήσθησαν αἱ ἡμέραι τοῦ τεκεῖν αὐτήν

2 21ᶜ ὅτε ἐπλήσθησαν ἡμέραι ὀκτὼ τοῦ περιτεμεῖν αὐτόν

2 22 ὅτε ἐπλήσθησαν αἱ ἡμέραι τοῦ καθαρισμοῦ αὐτῶν κατὰ τὸν νόμον Μωϋσέως

2 36 Ἄννα ... αὕτη προβεβηκυῖα ἐν ἡμέραις πολλαῖς

2 37ᵏ ἣ οὐκ ἀφίστατο τοῦ ἱεροῦ νηστεί-αις καὶ δεήσεσιν λατρεύουσα νύκτα καὶ ἡμέραν

2 43 τελειωσάντων τὰς ἡμέρας, ἐν τῷ ὑποστρέφειν αὐτοὺς ὑπέμεινεν Ἰησοῦς ... ἐν Ἰερουσαλήμ

2 44 νομίσαντες δὲ αὐτὸν εἶναι ἐν τῇ συνοδίᾳ ἦλθον ἡμέρας ὁδόν

2 46ᶜ ἐγένετο μετὰ ἡμέρας τρεῖς εὗρον αὐτὸν ἐν τῷ ἱερῷ

4 2ᶜ ⟨ἤγετο ... ἐν τῇ ἐρήμῳ⟩ ἡμέρας τεσσεράκοντα πειραζόμενος ὑπὸ τοῦ διαβόλου. ↔

4 2ᵇ καὶ οὐκ ἔφαγεν οὐδὲν ἐν ταῖς ἡμέραις ἐκείναις

4 16 εἰσῆλθεν ... ἐν τῇ ἡμέρᾳ τῶν σαββάτων εἰς τὴν συναγωγήν

4 25ʲ πολλαὶ χῆραι ἦσαν ἐν ταῖς ἡμέραις Ἠλίου ἐν τῷ Ἰσραήλ

4 42 γενομένης δὲ ἡμέρας ἐξελθὼν ἐπο-ρεύθη εἰς ἔρημον τόπον

5 17ᵈ ἐγένετο ἐν μιᾷ τῶν ἡμερῶν καὶ αὐτὸς ἦν διδάσκων

5 35 ἐλεύσονται δὲ ἡμέραι, καὶ ὅταν ἀπαρθῇ ἀπ' αὐτῶν ὁ νυμφίος, ↔

5 35ᵇ τότε νηστεύσουσιν ἐν ἐκείναις ταῖς ἡμέραις

6 12 ἐγένετο δὲ ἐν ταῖς ἡμέραις ταύταις ἐξελθεῖν αὐτόν

6 13 ὅτε ἐγένετο ἡμέρα, προσεφώνησεν τοὺς μαθητὰς αὐτοῦ

Lc 6 23ᵃ χάρητε ἐν ἐκείνῃ τῇ ἡμέρᾳ καὶ σκιρτήσατε

8 22ᵈ ἐγένετο δὲ ἐν μιᾷ τῶν ἡμερῶν καὶ αὐτὸς ἐνέβη εἰς πλοῖον

9 12 ἡ δὲ ἡμέρα ἤρξατο κλίνειν

9 22ᶠ δεῖ τὸν υἱὸν τοῦ ἀνθρώπου ... ἀποκτανθῆναι καὶ τῇ τρίτῃ ἡμέρᾳ ἐγερθῆναι

9 23ⁿ ἀράτω τὸν σταυρὸν αὐτοῦ καθ' ἡμέραν

9 28ᶜ ἐγένετο δὲ μετὰ τοὺς λόγους τού-τους ὡσεὶ ἡμέραι ὀκτὼ

9 36ᵇ οὐδενὶ ἀπήγγειλαν ἐν ἐκείναις ταῖς ἡμέραις οὐδὲν ὧν ἑώρακαν (-κασιν Vς). ↔

9 37 ἐγένετο δὲ τῇ ἑξῆς ἡμέρᾳ κατελθόν-των αὐτῶν ἀπὸ τοῦ ὄρους

9 51 ἐγένετο δὲ ἐν τῷ συμπληροῦσθαι τὰς ἡμέρας τῆς ἀναλήμψεως αὐτοῦ

10 12ᵃ Σοδόμοις ἐν τῇ ἡμέρᾳ ἐκείνῃ ἀνεκτότερον ἔσται ἢ τῇ πόλει ἐκείνῃ

11 3ⁿ τὸν ἄρτον ἡμῶν τὸν ἐπιούσιον δίδου ἡμῖν τὸ καθ' ἡμέραν

12 46ˡ ἥξει ὁ κύριος τοῦ δούλου ἐκείνου ἐν ἡμέρᾳ ᾗ οὐ προσδοκᾷ καὶ ἐν ὥρᾳ ᾗ οὐ γινώσκει

13 14ᶜ ἓξ ἡμέραι εἰσὶν ἐν αἷς δεῖ ἐργάζε-σθαι· ↔

13 14 ἐν αὐταῖς ... θεραπεύεσθε καὶ μὴ τῇ ἡμέρᾳ τοῦ σαββάτου

13 16 οὐκ ἔδει λυθῆναι ἀπὸ τοῦ δεσμοῦ τούτου τῇ ἡμέρᾳ τοῦ σαββάτου;

13 31 * ἐν αὐτῇ τῇ ἡμέρᾳ (Vς; ὥρᾳ rl) προσῆλθάν τινες Φαρισαῖοι λέ-γοντες αὐτῷ

14 5 οὐκ εὐθέως ἀνασπάσει αὐτὸν ἐν (+τῇ VB[S]ς) ἡμέρᾳ τοῦ σαββά-του

15 13 μετ' οὐ πολλὰς ἡμέρας συναγαγὼν πάντα (N²⁶NH; ἅπ. rl) ὁ νεώτερος υἱὸς ἀπεδήμησεν

16 19ⁿ ἐνεδιδύσκετο ... βύσσον εὐφραι-νόμενος καθ' ἡμέραν λαμπρῶς

17 4 ἐὰν ἑπτάκις τῆς ἡμέρας ἁμαρτήσῃ εἰς σὲ ↔

17 4 * καὶ ἑπτάκις | τῆς ἡμέρας (+Vς) ἐπιστρέψῃ πρὸς σὲ λέγων

17 22 ἐλεύσονται ἡμέραι ↔

17 22ᵈ ὅτε ἐπιθυμήσετε μίαν τῶν ἡμερῶν τοῦ υἱοῦ τοῦ ἀνθρώπου ἰδεῖν

17 24 οὕτως ἔσται ὁ υἱὸς τοῦ ἀνθρώπου | ἐν τῇ ἡμέρᾳ αὐτοῦ ([N²⁶]; —H)

17 26ʲ καθὼς ἐγένετο ἐν ταῖς ἡμέραις Νῶε, ↔

17 26ʲ οὕτως ἔσται καὶ ἐν ταῖς ἡμέραις τοῦ υἱοῦ τοῦ ἀνθρώπου

17 27 ἄχρι ἧς ἡμέρας εἰσῆλθεν Νῶε εἰς τὴν κιβωτόν

17 28ʲ ὁμοίως καθὼς ἐγένετο ἐν ταῖς ἡμέ-ραις Λώτ

17 29 ᾗ δὲ ἡμέρᾳ ἐξῆλθεν Λὼτ ἀπὸ Σοδόμων, ἔβρεξεν πῦρ

17 30 κατὰ τὰ αὐτὰ ἔσται ᾗ ἡμέρᾳ ὁ υἱὸς τοῦ ἀνθρώπου ἀποκαλύπτε-ται. ↔

17 31ᵃ ἐν ἐκείνῃ τῇ ἡμέρᾳ ὃς ἔσται ἐπὶ τοῦ δώματος ... μὴ καταβάτω

18 7ᵏ ὁ δὲ θεὸς οὐ μὴ ποιήσῃ τὴν ἐκδίκη-σιν τῶν ἐκλεκτῶν αὐτοῦ τῶν βοών-των αὐτῷ ἡμέρας καὶ νυκτός ⟨;⟩

18 33ᶠ ἀποκτενοῦσιν αὐτόν, καὶ τῇ ἡμέρᾳ τῇ τρίτῃ ἀναστήσεται

19 42 εἰ ἔγνως | ἐν τῇ ἡμέρᾳ ταύτῃ καὶ σὺ (~B; καὶ σὺ καίγε ἐν τῇ ἡ. σου ταύτῃ VTς) τὰ πρὸς εἰρήνην (+ σου Tς)

Lc 19 43 ὅτι ἥξουσιν ἡμέραι ἐπὶ σέ

19 47ⁿ ἦν διδάσκων τὸ καθ' ἡμέραν ἐν τῷ ἱερῷ

20 1ᵇᵈ ἐγένετο ἐν μιᾷ τῶν ἡμερῶν (+ἐκεί-νων ς) διδάσκοντος αὐτοῦ τὸν λαὸν ἐν τῷ ἱερῷ

21 6 ἐλεύσονται ἡμέραι ἐν αἷς οὐκ ἀφε-θήσεται λίθος ἐπὶ λίθῳ (+ὧδε H)

21 22 ὅτι ἡμέραι ἐκδικήσεως αὗταί εἰσιν τοῦ πλησθῆναι πάντα τὰ γεγραμ-μένα. ↔

21 23ᵇ οὐαὶ (+δὲ Vς) ... ταῖς θηλαζού-σαις ἐν ἐκείναις ταῖς ἡμέραις

21 34ᵃ προσέχετε ... μήποτε ... ἐπιστῇ ἐφ' ὑμᾶς αἰφνίδιος ἡ ἡμέρα ἐκείνη ⟨ὡς παγίς⟩

21 37ᵏ ἦν δὲ τὰς ἡμέρας ἐν τῷ ἱερῷ διδάσκων, τὰς δὲ νύκτας ἐξερχόμενος

22 7 ἦλθεν δὲ ἡ ἡμέρα τῶν ἀζύμων

22 53ⁿ καθ' ἡμέραν ὄντος μου μεθ' ὑμῶν ἐν τῷ ἱερῷ

22 66 ὡς ἐγένετο ἡμέρα, συνήχθη τὸ πρεσβυτέριον τοῦ λαοῦ

23 7 πρὸς Ἡρῴδην, ὄντα καὶ αὐτὸν ἐν Ἱεροσολύμοις ἐν ταύταις ταῖς ἡμέραις

23 12 ἐγένοντο δὲ φίλοι ὅ τε Ἡρῴδης καὶ ὁ Πιλᾶτος ἐν αὐτῇ τῇ ἡμέρᾳ μετ' ἀλλήλων

23 29 ὅτι ἰδοὺ | ἔρχονται ἡμέραι (~S) ἐν αἷς ἐροῦσιν

23 54 ⟨ἔθηκεν αὐτὸν ἐν μνήματι⟩ καὶ ἡμέρα ἦν παρασκευῆς (-ευή ς), καὶ σάββατον ἐπέφωσκεν

24 7ᶠ λέγων | τὸν υἱὸν τοῦ ἀνθρώπου ὅτι δεῖ (~Vς) ... σταυρωθῆναι καὶ τῇ τρίτῃ ἡμέρᾳ ἀναστῆναι

24 13 δύο ἐξ αὐτῶν | ἐν αὐτῇ τῇ ἡμέρᾳ ἦσαν πορευόμενοι (~VBSς) εἰς κώμην

24 18 οὐκ ἔγνως τὰ γενόμενα ἐν αὐτῇ ἐν ταῖς ἡμέραις ταύταις;

24 21ᶠ ἀλλά γε ... τρίτην ταύτην ἡμέραν ἄγει (+σήμερον Vς) ἀφ' οὗ ταῦτα ἐγένετο

24 29 ὅτι πρὸς ἑσπέραν ἐστὶν καὶ κέκλικεν ἤδη ([S]; —ς) ἡ ἡμέρα

24 46ᶠ γέγραπται ... ἀναστῆναι ἐκ νε-κρῶν τῇ τρίτῃ ἡμέρᾳ

Jo 1 39ᵃ παρ' αὐτῷ ἔμειναν τὴν ἡμέραν ἐκείνην

2 1ᶠ τῇ | ἡμέρᾳ τῇ τρίτῃ (τρ. ἡ. B) γάμος ἐγένετο ἐν Κανὰ τῆς Γαλι-λαίας

2 12 ἐκεῖ ἔμειναν οὐ πολλὰς ἡμέρας

2 19ᶜ λύσατε τὸν ναὸν τοῦτον, καὶ ἐν [H] τρισὶν ἡμέραις ἐγερῶ αὐτόν

2 20ᶜᵐ τεσσεράκοντα καὶ ἓξ ἔτεσιν οἰκο-δομήθη ὁ ναὸς οὗτος, καὶ σὺ ἐν τρισὶν ἡμέραις ἐγερεῖς αὐτόν;

4 40ᶜ ἔμεινεν ἐκεῖ δύο ἡμέρας

4 43ᶜ μετὰ δὲ τὰς δύο ἡμέρας ἐξῆλθεν ἐκεῖθεν

5 9ᵃ ἦν δὲ σάββατον ἐν ἐκείνῃ τῇ ἡμέρᾳ

6 39ᵍ ἵνα πᾶν ὃ δέδωκέν μοι ... ἀναστή-σω αὐτὸ ἐν ([N²⁶]; —SH) τῇ ἐσχάτῃ ἡμέρᾳ

6 40ᵍ ἀναστήσω αὐτὸν ἐγὼ ἐν ([N²⁶]; —SHς) τῇ ἐσχάτῃ ἡμέρᾳ

6 44ᵍ κἀγὼ ἀναστήσω αὐτὸν ἐν (—ς) τῇ ἐσχάτῃ ἡμέρᾳ

6 54ᵍ κἀγὼ ἀναστήσω αὐτὸν (+ἐν VBS) τῇ ἐσχάτῃ ἡμέρᾳ

Jo 7 37g ἐν δὲ τῇ ἐσχάτῃ ἡμέρᾳ τῇ μεγάλῃ τῆς ἑορτῆς εἱστήκει ὁ Ἰησοῦς

8 56 Ἀβραὰμ . . . ἠγαλλιάσατο ἵνα ἴδῃ τὴν ἡμέραν τὴν ἐμήν

9 4k ἡμᾶς (ἐμὲ Vς) δεῖ ἐργάζεσθαι τὰ ἔργα τοῦ πέμψαντός με (ἡμᾶς Τ) ἕως ἡμέρα ἐστίν

9 14 ἦν δὲ σάββατον | ἐν ᾗ ἡμέρᾳ (ὅτε Sς) τὸν πηλὸν ἐποίησεν ὁ Ἰησοῦς

11 6c τότε μὲν ἔμεινεν ἐν ᾧ ἦν τόπῳ δύο ἡμέρας

11 9l οὐχὶ δώδεκα ὧραί εἰσιν τῆς ἡμέρας; ↔

11 9 ἐάν τις περιπατῇ ἐν τῇ ἡμέρᾳ, οὐ προσκόπτει

11 17c εὗρεν αὐτὸν τέσσαρας || ἤδη (—Τ) ἡμέρας ((∼Vς)) ἔχοντα ἐν τῷ μνημείῳ

11 24g οἶδα ὅτι ἀναστήσεται ἐν τῇ ἀναστάσει ἐν τῇ ἐσχάτῃ ἡμέρᾳ

11 53a ἀπ' ἐκείνης οὖν τῆς ἡμέρας ἐβουλεύσαντο (συν- Vς) ἵνα ἀποκτείνωσιν αὐτόν

12 1c ὁ οὖν Ἰησοῦς πρὸ ἓξ ἡμερῶν τοῦ πάσχα ἦλθεν εἰς Βηθανίαν

12 7 ἵνα εἰς τὴν ἡμέραν τοῦ ἐνταφιασμοῦ μου τηρήσῃ αὐτό

12 48g ὁ λόγος ὃν ἐλάλησα, ἐκεῖνος κρινεῖ αὐτὸν ἐν (—Τ) τῇ ἐσχάτῃ ἡμέρᾳ

14 20a ἐν ἐκείνῃ τῇ ἡμέρᾳ | γνώσεσθε ὑμεῖς (∼Η) ὅτι ἐγὼ ἐν τῷ πατρί μου

16 23a ἐν ἐκείνῃ τῇ ἡμέρᾳ ἐμὲ οὐκ ἐρωτήσετε οὐδέν

16 26al ⟨ἔρχεται ὥρα⟩ ἐν ἐκείνῃ τῇ ἡμέρᾳ ἐν τῷ ὀνόματί μου αἰτήσεσθε

19 31 ἦν γὰρ μεγάλη ἡ ἡμέρα ἐκείνου τοῦ σαββάτου

20 19a οὔσης οὖν ὀψίας τῇ ἡμέρᾳ ἐκείνῃ τῇ μιᾷ σαββάτων . . . ἦλθεν ὁ Ἰησοῦς

20 26c μεθ' ἡμέρας ὀκτὼ πάλιν ἦσαν ἔσω οἱ μαθηταὶ αὐτοῦ

Ac 1 2 ἄχρι ἧς ἡμέρας ἐντειλάμενος τοῖς ἀποστόλοις . . . ἀνελήμφθη· ↔

1 3c οἷς καὶ παρέστησεν ἑαυτὸν ζῶντα . . . δι' ἡμερῶν τεσσεράκοντα ὀπτανόμενος αὐτοῖς

1 5 ὑμεῖς δὲ ἐν πνεύματι βαπτισθήσεσθε ἁγίῳ οὐ μετὰ πολλὰς ταύτας ἡμέρας

1 15 ἐν ταῖς ἡμέραις ταύταις ἀναστὰς Πέτρος . . . εἶπεν

1 22 ἕως (ἄχρι Τ) τῆς ἡμέρας ἧς ἀνελήμφθη ἀφ' ἡμῶν

2 1 ἐν τῷ συμπληροῦσθαι τὴν ἡμέραν τῆς πεντηκοστῆς ἦσαν πάντες ὁμοῦ (ὁμοθυμαδὸν Vς)

2 15l οὐ γὰρ . . . μεθύουσιν, ἔστιν γὰρ ὥρα τρίτη τῆς ἡμέρας

2 17g ἔσται ἐν ταῖς ἐσχάταις ἡμέραις, λέγει ὁ θεὸς

2 18b καί γε ἐπὶ τοὺς δούλους μου . . . ἐν ταῖς ἡμέραις ἐκείναις ἐκχεῶ ἀπὸ τοῦ πνεύματός μου

2 20 πρὶν ἐλθεῖν (+τὴν Vς) ἡμέραν κυρίου τὴν μεγάλην | καὶ ἐπιφανῆ (—Τ)

2 29 τὸ μνῆμα αὐτοῦ ἔστιν ἐν ἡμῖν ἄχρι τῆς ἡμέρας ταύτης

2 41a προσετέθησαν ἐν (—ς) τῇ ἡμέρᾳ ἐκείνῃ ψυχαὶ ὡσεὶ τρισχίλιαι

2 46n καθ' ἡμέραν τε προσκαρτεροῦντες ὁμοθυμαδὸν ἐν τῷ ἱερῷ

Ac 2 47n ὁ δὲ κύριος προσετίθει τοὺς σῳζομένους καθ' ἡμέραν (+τῇ ἐκκλησίᾳ [VS]ς) ἐπὶ τὸ αὐτό

3 2n ὃν ἐτίθουν καθ' ἡμέραν πρὸς τὴν θύραν τοῦ ἱεροῦ

3 24 πάντες δὲ οἱ προφῆται . . . ὅσοι ἐλάλησαν καὶ κατήγγειλαν τὰς ἡμέρας ταύτας

5 36 πρὸ γὰρ τούτων τῶν ἡμερῶν ἀνέστη Θευδᾶς

5 37 μετὰ τοῦτον ἀνέστη Ἰούδας ὁ Γαλιλαῖος ἐν ταῖς ἡμέραις τῆς ἀπογραφῆς

5 42 πᾶσάν τε ἡμέραν ἐν τῷ ἱερῷ . . . οὐκ ἐπαύοντο διδάσκοντες

6 1 ἐν δὲ ταῖς ἡμέραις ταύταις . . . ἐγένετο γογγυσμὸς τῶν Ἑλληνιστῶν πρὸς τοὺς Ἑβραίους

7 8c οὕτως ἐγέννησεν τὸν Ἰσαὰκ καὶ περιέτεμεν αὐτὸν τῇ ἡμέρᾳ τῇ ὀγδόῃ

7 26 τῇ τε ἐπιούσῃ ἡμέρᾳ ὤφθη αὐτοῖς μαχομένοις

7 41b ἐμοσχοποίησαν ἐν ταῖς ἡμέραις ἐκείναις

7 45j ὃν ἐξῶσεν ὁ θεὸς ἀπὸ προσώπου τῶν πατέρων ἡμῶν, ἕως τῶν ἡμερῶν Δαυίδ

8 1a ἐγένετο δὲ ἐν ἐκείνῃ τῇ ἡμέρᾳ διωγμὸς μέγας ἐπὶ τὴν ἐκκλησίαν

9 9c ἦν ἡμέρας τρεῖς μὴ βλέπων

9 19 ἐγένετο δὲ μετὰ τῶν ἐν Δαμασκῷ μαθητῶν ἡμέρας τινάς

9 23 ὡς δὲ ἐπληροῦντο ἡμέραι ἱκαναί

9 24k παρετηροῦντο δὲ καὶ τὰς πύλας ἡμέρας τε καὶ νυκτός

9 37b ἐγένετο δὲ ἐν ταῖς ἡμέραις ἐκείναις ἀσθενήσασαν αὐτὴν ἀποθανεῖν

9 43 ἐγένετο δὲ | (+αὐτὸν MV[S]ς) ἡμέρας ἱκανὰς μεῖναι (∼Vς) ἐν Ἰόππῃ

10 3l εἶδεν . . . ὡσεὶ περὶ ὥραν ἐνάτην τῆς ἡμέρας, ἄγγελον τοῦ θεοῦ

10 30el ἀπὸ τετάρτης ἡμέρας μέχρι ταύτης τῆς ὥρας ἤμην τὴν ἐνάτην προσευχόμενος

10 40f τοῦτον ὁ θεὸς ἤγειρεν ἐν ([N26]; —VBSHς) τῇ τρίτῃ ἡμέρᾳ

10 48 τότε ἠρώτησαν αὐτὸν ἐπιμεῖναι ἡμέρας τινάς

11 27 ἐν ταύταις δὲ ταῖς ἡμέραις κατῆλθον . . . προφῆται εἰς Ἀντιόχειαν

12 3 ἦσαν δὲ αἱ (+[N26S]V) ἡμέραι τῶν ἀζύμων

12 18 γενομένης δὲ ἡμέρας ἦν τάραχος οὐκ ὀλίγος ἐν τοῖς στρατιώταις

12 21 τακτῇ δὲ ἡμέρᾳ ὁ ([Η] Ἡρῴδης . . . καθίσας ἐπὶ τοῦ βήματος ἐδημηγόρει πρὸς αὐτούς

13 14 εἰσελθόντες (Sς; [εἰσ]- N26; ἐλθ. rl) εἰς τὴν συναγωγὴν τῇ ἡμέρᾳ τῶν σαββάτων ἐκάθισαν

13 31 ὃς ὤφθη ἐπὶ ἡμέρας πλείους τοῖς συναναβᾶσιν αὐτῷ . . . εἰς Ἰερουσαλήμ

13 41j ἴδετε . . . ὅτι ἔργον ἐργάζομαι ἐγὼ ἐν ταῖς ἡμέραις ὑμῶν

15 7 ἀφ' ἡμερῶν ἀρχαίων ἐν ὑμῖν ἐξελέξατο ὁ θεὸς διὰ τοῦ στόματός μου ἀκοῦσαι τὰ ἔθνη τὸν λόγον

15 36 μετὰ δέ τινας ἡμέρας εἶπεν πρὸς Βαρναβᾶν Παῦλος

16 5n αἱ μὲν οὖν ἐκκλησίαι . . . ἐπερίσσευον τῷ ἀριθμῷ καθ' ἡμέραν

Ac 16 12 ἦμεν δὲ ἐν ταύτῃ τῇ πόλει διατρίβοντες ἡμέρας τινάς. ↔

16 13 τῇ τε ἡμέρᾳ τῶν σαββάτων ἐξήλθομεν ἔξω τῆς πύλης

16 18 τοῦτο δὲ ἐποίει ἐπὶ πολλὰς ἡμέρας

16 35 ἡμέρας δὲ γενομένης ἀπέστειλαν οἱ στρατηγοὶ τοὺς ῥαβδούχους λέγοντες

17 11n ἐδέξαντο τὸν λόγον . . . (+τὸ [NSH]MVBς) καθ' ἡμέραν ἀνακρίνοντες τὰς γραφάς

17 17 διελέγετο . . . ἐν τῇ ἀγορᾷ κατὰ πᾶσαν ἡμέραν πρὸς τοὺς παρατυγχάνοντας

17 31 καθότι ἔστησεν ἡμέραν ἐν ᾗ μέλλει κρίνειν τὴν οἰκουμένην

18 18 ὁ δὲ Παῦλος ἔτι προσμείνας ἡμέρας ἱκανάς

19 9n ἀφώρισεν τοὺς μαθητάς, καθ' ἡμέραν διαλεγόμενος ἐν τῇ σχολῇ Τυράννου (+τινὸς [Μ]VSς)

20 6 ἡμεῖς δὲ ἐξεπλεύσαμεν μετὰ τὰς ἡμέρας τῶν ἀζύμων ἀπὸ Φιλίππων, ↔

20 6c καὶ ἤλθομεν . . . εἰς τὴν Τρῳάδα ἄχρι ἡμερῶν πέντε, ↔

20 6c ὅπου (N26NT; [ὅπ]οῦ S; οὗ rl) διετρίψαμεν ἡμέρας ἑπτά

20 16 ἔσπευδεν . . . τὴν ἡμέραν τῆς πεντηκοστῆς γενέσθαι εἰς Ἰεροσόλυμα

20 18e ἀπὸ πρώτης ἡμέρας ἀφ' ἧς ἐπέβην εἰς τὴν Ἀσίαν, πῶς μεθ' ὑμῶν τὸν πάντα χρόνον ἐγενόμην

20 26 διότι μαρτύρομαι ὑμῖν ἐν τῇ σήμερον ἡμέρᾳ

20 31k μνημονεύοντες ὅτι τριετίαν νύκτα καὶ ἡμέραν οὐκ ἐπαυσάμην . . . νουθετῶν ἕνα ἕκαστον

21 4c ἀνευρόντες δὲ τοὺς μαθητὰς ἐπεμείναμεν αὐτοῦ ἡμέρας ἑπτά

21 5 ὅτε δὲ ἐγένετο | ἡμᾶς ἐξαρτίσαι (∼NMH) τὰς ἡμέρας

21 7c ἀσπασάμενοι τοὺς ἀδελφοὺς ἐμείναμεν ἡμέραν μίαν παρ' αὐτοῖς

21 10 ἐπιμενόντων δὲ (+ἡμῶν MVSς) ἡμέρας πλείους

21 15 μετὰ δὲ τὰς ἡμέρας ταύτας ἐπισκευασάμενοι ἀνεβαίνομεν εἰς Ἰεροσόλυμα

21 26 παραλαβὼν τοὺς ἄνδρας τῇ ἐχομένῃ ἡμέρᾳ σὺν αὐτοῖς ἁγνισθεὶς εἰσήει εἰς τὸ ἱερόν, ↔

21 26 διαγγέλλων τὴν ἐκπλήρωσιν τῶν ἡμερῶν τοῦ ἁγνισμοῦ

21 27c ὡς δὲ ἔμελλον αἱ ἑπτὰ ἡμέραι συντελεῖσθαι

21 38 οὐκ ἄρα σὺ εἶ ὁ Αἰγύπτιος ὁ πρὸ τούτων τῶν ἡμερῶν ἀναστατώσας ⟨;⟩

23 1 ἐγὼ πάσῃ συνειδήσει ἀγαθῇ πεπολίτευμαι τῷ θεῷ ἄχρι ταύτης τῆς ἡμέρας

23 12 γενομένης δὲ ἡμέρας . . . οἱ Ἰουδαῖοι ἀνεθεμάτισαν ἑαυτοὺς

24 1c μετὰ δὲ πέντε ἡμέρας κατέβη ὁ ἀρχιερεὺς Ἀνανίας μετὰ πρεσβυτέρων τινῶν

24 11c οὐ πλείους εἰσίν μοι ἡμέραι δώδεκα ἀφ' ἧς ἀνέβην προσκυνήσων

24 24 μετὰ δὲ ἡμέρας τινὰς παραγενόμενος ὁ Φῆλιξ . . μετεπέμψατο τὸν Παῦλον

25 1c ἐπιβὰς τῇ ἐπαρχείᾳ (-χείῳ NT) μετὰ τρεῖς ἡμέρας ἀνέβη εἰς Ἰεροσόλυμα

Ac 25 6ᶜδιατρίψας δὲ ἐν αὐτοῖς ἡμέρας οὐ πλείους ὀκτὼ ἢ δέκα . . . ἐκέλευσεν

25 13 ἡμερῶν δὲ διαγενομένων τινῶν Ἀγρίππας . . . καὶ Βερνίκη κατήντησαν εἰς Καισάρειαν

25 14 ὡς δὲ πλείους ἡμέρας διέτριβον ἐκεῖ

26 7ᵏεἰς ἣν τὸ δωδεκάφυλον ἡμῶν ἐν ἐκτενείᾳ νύκτα καὶ ἡμέραν λατρεῦον ἐλπίζει καταντῆσαι

26 13 ἡμέρας μέσης κατὰ τὴν ὁδὸν εἶδον . . . περιλάμψαν με φῶς

26 22 ἄχρι τῆς ἡμέρας ταύτης ἕστηκα μαρτυρόμενος μικρῷ τε καὶ μεγάλῳ

27 7 ἐν ἱκαναῖς δὲ ἡμέραις βραδυπλοοῦντες . . . ὑπεπλεύσαμεν τὴν Κρήτην

27 20 μήτε δὲ ἡλίου μήτε ἄστρων ἐπιφαινόντων ἐπὶ πλείονας ἡμέρας

27 29 φοβούμενοί τε (δὲ BS) . . . ηὔχοντο ἡμέραν γενέσθαι

27 33 ἄχρι δὲ οὗ ἡμέρα ἤμελλεν γίνεσθαι

27 33ᵉτεσσαρεσκαιδεκάτην σήμερον ἡμέραν προσδοκῶντες ἄσιτοι διατελεῖτε

27 39 ὅτε δὲ ἡμέρα ἐγένετο, τὴν γῆν οὐκ ἐπεγίνωσκον

28 7ᶜὃς ἀναδεξάμενος ἡμᾶς | τρεῖς ἡμέρας (~ NMH) φιλοφρόνως ἐξένισεν

28 12ᶜκαταχθέντες εἰς Συρακούσας ἐπεμείναμεν ἡμέρας τρεῖς

28 13ᶜμετὰ μίαν ἡμέραν . . . δευτεραῖοι ἤλθομεν εἰς Ποτιόλους, ↔

28 14ᶜοὗ εὑρόντες ἀδελφοὺς παρεκλήθημεν παρ' αὐτοῖς ἐπιμεῖναι ἡμέρας ἑπτά

28 17ᵉἐγένετο δὲ μετὰ ἡμέρας τρεῖς συγκαλέσασθαι αὐτὸν τοὺς ὄντας τῶν Ἰουδαίων πρώτους

28 23 ταξάμενοι δὲ αὐτῷ ἡμέραν ἦλθον (ἧκον VSϛ) πρὸς αὐτὸν . . . πλείονες

Rm 2 5 θησαυρίζεις σεαυτῷ ὀργὴν ἐν ἡμέρᾳ ὀργῆς καὶ ἀποκαλύψεως [+καὶ S] δικαιοκρισίας τοῦ θεοῦ

2 16 ἐν | ἡμέρᾳ ὅτε (ᾗ ἡμ. NH) κρίνει (-νεῖ MBTϛ) ὁ θεὸς τὰ κρυπτὰ τῶν ἀνθρώπων

8 36 ἕνεκεν σοῦ θανατούμεθα ὅλην τὴν ἡμέραν

10 21 ὅλην τὴν ἡμέραν ἐξεπέτασα τὰς χεῖράς μου πρὸς λαὸν ἀπειθοῦντα

11 8 ἔδωκεν αὐτοῖς ὁ θεὸς πνεῦμα κατανύξεως . . . ἕως τῆς σήμερον ἡμέρας

13 12ᵏἡ νὺξ προέκοψεν, ἡ δὲ ἡμέρα ἤγγικεν

13 13 ὡς ἐν ἡμέρᾳ εὐσχημόνως περιπατήσωμεν

14 5 ὃς μὲν γὰρ ([N²⁶NVH; —Bϛ) κρίνει ἡμέραν ↔

14 5 παρ' ἡμέραν, ↔

14 5 ὃς δὲ κρίνει πᾶσαν ἡμέραν

14 6 ὁ φρονῶν τὴν ἡμέραν κυρίῳ φρονεῖ ↔

14 6 * | καὶ ὁ μὴ φρονῶν τὴν ἡμέραν κυρίῳ οὐ φρονεῖ (+[S]ϛ)

1 C 1 8 βεβαιώσει ὑμᾶς ἕως τέλους ἀνεγκλήτους ἐν τῇ ἡμέρᾳ τοῦ κυρίου ἡμῶν

3 13 ἡ γὰρ ἡμέρα δηλώσει, ὅτι ἐν πυρὶ ἀποκαλύπτεται

4 3 ἵνα ὑφ' ὑμῶν ἀνακριθῶ ἢ ὑπὸ ἀνθρωπίνης ἡμέρας

5 5 ἵνα τὸ πνεῦμα σωθῇ ἐν τῇ ἡμέρᾳ τοῦ κυρίου (+Ἰησοῦ [M]VBSTϛ)

10 8ᶜἔπεσαν (+ἐν MVSϛ) μιᾷ ἡμέρᾳ εἴκοσι τρεῖς χιλιάδες

---

1 C 15 4ᶠὅτι ἐγήγερται τῇ | ἡμέρᾳ τῇ τρίτῃ (τρ. ἡ. ϛ) κατὰ τὰς γραφάς

15 31ⁿκαθ' ἡμέραν ἀποθνῄσκω, νὴ τὴν ὑμετέραν καύχησιν

2 C 1 14 ὅτι καύχημα ὑμῶν ἐσμεν καθάπερ καὶ ὑμεῖς ἡμῶν ἐν τῇ ἡμέρᾳ τοῦ κυρίου ἡμῶν ([N²⁶]; —ϛ) Ἰησοῦ

3 14 ἄχρι γὰρ τῆς σήμερον ἡμέρας (—ϛ) τὸ αὐτὸ κάλυμμα . . . μένει

4 16 ἀλλ' ὁ ἔσω ἡμῶν ἀνακαινοῦται ἡμέρᾳ ↔

4 16 καὶ ἡμέρᾳ

6 2 ἐν ἡμέρᾳ σωτηρίας ἐβοήθησά σοι· ↔

6 2 ἰδοὺ νῦν καιρὸς εὐπρόσδεκτος, ἰδοὺ νῦν ἡμέρα σωτηρίας

11 28ⁿχωρὶς τῶν παρεκτὸς ἡ ἐπίστασίς μοι ἡ καθ' ἡμέραν

G 1 18ᶜᵐἔπειτα μετὰ | ἔτη τρία (N²⁶Bϛ; ~rl) ἀνῆλθον . . . καὶ ἐπέμεινα πρὸς αὐτὸν ἡμέρας δεκαπέντε

4 10ᵐἡμέρας παρατηρεῖσθε καὶ μῆνας καὶ καιροὺς καὶ ἐνιαυτούς

E 4 30 ἐν ᾧ ἐσφραγίσθητε εἰς ἡμέραν ἀπολυτρώσεως

5 16 ὅτι αἱ ἡμέραι πονηραί εἰσιν

6 13 ἵνα δυνηθῆτε ἀντιστῆναι ἐν τῇ ἡμέρᾳ τῇ πονηρᾷ

Ph 1 5ᵉ(εὐχαριστῶ τῷ θεῷ μου) ἐπὶ τῇ κοινωνίᾳ ὑμῶν . . . ἀπὸ τῆς (—Tϛ) πρώτης ἡμέρας ἄχρι τοῦ νῦν

1 6 ὅτι ὁ ἐναρξάμενος . . . ἔργον ἀγαθὸν ἐπιτελέσει ἄχρι ἡμέρας | Χριστοῦ Ἰησοῦ (~BSHϛ)

1 10 ἵνα ἦτε εἰλικρινεῖς καὶ ἀπρόσκοποι εἰς ἡμέραν Χριστοῦ

2 16 λόγον ζωῆς ἐπέχοντες, εἰς καύχημα ἐμοὶ εἰς ἡμέραν Χριστοῦ

Cl 1 6 ἀφ' ἧς ἡμέρας ἠκούσατε καὶ ἐπέγνωτε τὴν χάριν τοῦ θεοῦ ἐν ἀληθείᾳ

1 9 ἀφ' ἧς ἡμέρας ἠκούσαμεν, οὐ παυόμεθα ὑπὲρ ὑμῶν προσευχόμενοι

1 Th 2 9ᵏνυκτὸς καὶ ἡμέρας ἐργαζόμενοι πρὸς τὸ μὴ ἐπιβαρῆσαί τινα ὑμῶν

3 10ᵏνυκτὸς καὶ ἡμέρας ὑπερεκπερισσοῦ δεόμενοι εἰς τὸ ἰδεῖν ὑμῶν τὸ πρόσωπον

5 2ᵏ(+ἡ MV[S]ϛ) ἡμέρα κυρίου ὡς κλέπτης ἐν νυκτὶ οὕτως ἔρχεται

5 4 ἵνα ἡ ἡμέρα ὑμᾶς ὡς κλέπτης (-τας H) καταλάβῃ· ↔

5 5 πάντες γὰρ ὑμεῖς υἱοὶ φωτός ἐστε καὶ υἱοὶ ἡμέρας

5 8ᵏ(οὐκ ἐσμὲν νυκτὸς οὐδὲ σκότους) ἡμεῖς δὲ ἡμέρας ὄντες νήφωμεν

2 Th 1 10ᵃὅτι ἐπιστεύθη τὸ μαρτύριον ἡμῶν ἐφ' ὑμᾶς, ἐν τῇ ἡμέρᾳ ἐκείνῃ

2 2 εἰς τὸ μὴ ταχέως σαλευθῆναι ὑμᾶς . . . ὡς ὅτι ἐνέστηκεν ἡ ἡμέρα τοῦ κυρίου

3 8ᵏἀλλ' ἐν κόπῳ καὶ μόχθῳ | νυκτὸς καὶ ἡμέρας (νύκτα κ. ἡ-ραν MVSϛ) ἐργαζόμενοι πρὸς τὸ μὴ ἐπιβαρῆσαί τινα ὑμῶν

1 Tm 5 5ᵏἡ δὲ ὄντως χήρα . . . προσμένει . . . ταῖς προσευχαῖς νυκτὸς καὶ ἡμέρας

2 Tm 1 3ᵏὡς ἀδιάλειπτον ἔχω τὴν περὶ σοῦ μνείαν ἐν ταῖς δεήσεσίν μου νυκτὸς καὶ ἡμέρας

1 12ᵃδυνατός ἐστιν τὴν παραθήκην μου φυλάξαι εἰς ἐκείνην τὴν ἡμέραν

1 18ᵃεὑρεῖν ἔλεος παρὰ κυρίου ἐν ἐκείνῃ τῇ ἡμέρᾳ

---

2 Tm 3 1ᵍἐν ἐσχάταις ἡμέραις ἐνστήσονται καιροὶ χαλεποί

4 8ᵃὃν ἀποδώσει μοι ὁ κύριος ἐν ἐκείνῃ τῇ ἡμέρᾳ

Hb 1 2ᵍἐπ' ἐσχάτου (-των ϛ) τῶν ἡμερῶν τούτων ἐλάλησεν ἡμῖν ἐν υἱῷ

3 8 μὴ σκληρύνητε τὰς καρδίας ὑμῶν ὡς . . . κατὰ τὴν ἡμέραν τοῦ πειρασμοῦ ἐν τῇ ἐρήμῳ

3 13 παρακαλεῖτε ἑαυτοὺς καθ' ἑκάστην ἡμέραν

4 4ᵉκατέπαυσεν ὁ θεὸς ἐν τῇ ἡμέρᾳ τῇ ἑβδόμῃ ἀπὸ πάντων τῶν ἔργων αὐτοῦ

4 7 πάλιν τινὰ ὁρίζει ἡμέραν, σήμερον

4 8 οὐκ ἂν περὶ ἄλλης ἐλάλει μετὰ ταῦτα ἡμέρας

5 7 ὃς ἐν ταῖς ἡμέραις τῆς σαρκὸς αὐτοῦ δεήσεις τε καὶ ἱκετηρίας . . . προσενέγκας

7 3 ⟨Μελχισέδεκ⟩ μήτε ἀρχὴν ἡμερῶν μήτε ζωῆς τέλος ἔχων

7 27ⁿὃς οὐκ ἔχει καθ' ἡμέραν ἀνάγκην . . . θυσίας ἀναφέρειν

8 8 ἰδοὺ ἡμέραι ἔρχονται, λέγει κύριος

8 9 ἐν ἡμέρᾳ ἐπιλαβομένου μου τῆς χειρὸς αὐτῶν ἐξαγαγεῖν αὐτούς

8 10ᵇαὕτη ἡ διαθήκη ἣν διαθήσομαι . . . Ἰσραὴλ μετὰ τὰς ἡμέρας ἐκείνας

10 11ⁿπᾶς μὲν ἱερεὺς (ἀρχιερεὺς S) ἕστηκεν καθ' ἡμέραν λειτουργῶν

10 16ᵇαὕτη ἡ διαθήκη ἣν διαθήσομαι πρὸς αὐτοὺς μετὰ τὰς ἡμέρας ἐκείνας

10 25 τοσούτῳ μᾶλλον ὅσῳ βλέπετε ἐγγίζουσαν τὴν ἡμέραν

10 32ʲἀναμιμνῄσκεσθε δὲ τὰς πρότερον ἡμέρας [+ὑμῶν S], ἐν αἷς . . . ὑπεμείνατε

11 30ᶜπίστει τὰ τείχη Ἰεριχὼ ἔπεσαν κυκλωθέντα ἐπὶ ἑπτὰ ἡμέρας

12 10 οἱ μὲν γὰρ πρὸς ὀλίγας ἡμέρας κατὰ τὸ δοκοῦν αὐτοῖς ἐπαίδευον

Jc 5 3ᵍἐθησαυρίσατε ἐν ἐσχάταις ἡμέραις

5 5 ἐθρέψατε τὰς καρδίας ὑμῶν (+ὡς Sϛ) ἐν ἡμέρᾳ σφαγῆς

1 Pt 2 12 ἵνα . . . δοξάσωσιν τὸν θεὸν ἐν ἡμέρᾳ ἐπισκοπῆς

3 10 ὁ γὰρ θέλων . . . ἰδεῖν ἡμέρας ἀγαθὰς παυσάτω τὴν γλῶσσαν ἀπὸ κακοῦ

3 20ʲὅτε ἀπεξεδέχετο ἡ τοῦ θεοῦ μακροθυμία ἐν ἡμέραις Νῶε κατασκευαζομένης κιβωτοῦ

2 Pt 1 19 ἕως οὗ ἡμέρα διαυγάσῃ καὶ φωσφόρος ἀνατείλῃ

2 8 ἀκοῇ ὁ (—H) δίκαιος ἐγκατοικῶν ἐν αὐτοῖς ἡμέραν ↔

2 8 ἐξ ἡμέρας ψυχὴν δικαίαν . . . ἐβασάνιζεν

2 9ʰἀδίκους δὲ εἰς ἡμέραν κρίσεως κολαζομένους τηρεῖν

2 13 ἡδονὴν ἡγούμενοι τὴν ἐν ἡμέρᾳ τρυφήν

3 3ᵍἐλεύσονται ἐπ' ἐσχάτων (-του ϛ) τῶν ἡμερῶν || ἐν [N²⁶] ἐμπαιγμονῇ ((—ϛ)) ἐμπαῖκται

3 7ʰπυρὶ τηρούμενοι εἰς ἡμέραν κρίσεως καὶ ἀπωλείας τῶν ἀσεβῶν ἀνθρώπων

3 8ᶜᵐμία ἡμέρα παρὰ κυρίῳ ὡς χίλια ἔτη ↔

3 8ᶜᵐκαὶ χίλια ἔτη ὡς ἡμέρα μία

3 10ᵏἥξει δὲ (+ἡ [M]VSϛ) ἡμέρα κυρίου ὡς κλέπτης (+ἐν νυκτὶ ϛ)

2 Pt 3 12 προσδοκῶντας καὶ σπεύδοντας τὴν παρουσίαν τῆς τοῦ θεοῦ ἡμέρας

3 18 αὐτῷ ἡ δόξα καὶ νῦν καὶ εἰς ἡμέραν αἰῶνος

1 Jo 4 17ʰ ἵνα παρρησίαν ἔχωμεν ἐν τῇ ἡμέρᾳ τῆς κρίσεως

Jd 6 ἀγγέλους τε ... εἰς κρίσιν μεγάλης ἡμέρας δεσμοῖς ἀϊδίοις ὑπὸ ζόφον τετήρηκεν

Ap 1 10 ἐγενόμην ἐν πνεύματι ἐν τῇ κυριακῇ ἡμέρᾳ

2 10ᶜ ἕξετε (ἔχητε H) θλῖψιν ἡμερῶν δέκα

2 13ʲ οὐκ ἠρνήσω τὴν πίστιν μου καὶ ([S]; —T) ἐν ταῖς ἡμέραις (+ἐν αἷς [S]ς; +αἷς V) Ἀντιπᾶς ὁ μάρτυς μου

4 8ᵏ ἀνάπαυσιν οὐκ ἔχουσιν ἡμέρας καὶ νυκτὸς λέγοντες

6 17 ὅτι ἦλθεν ἡ ἡμέρα ἡ μεγάλη τῆς ὀργῆς αὐτῶν (αὐτοῦ Bς)

7 15ᵏ λατρεύουσιν αὐτῷ ἡμέρας καὶ νυκτὸς ἐν τῷ ναῷ αὐτοῦ

8 12ᵏ ἵνα ... ἡ ἡμέρα μὴ φάνῃ τὸ τρίτον αὐτῆς, καὶ ἡ νὺξ ὁμοίως

9 6ᵇ ἐν ταῖς ἡμέραις ἐκείναις ζητήσουσιν οἱ ἄνθρωποι τὸν θάνατον

9 15ᶦᵐ ἐλύθησαν οἱ τέσσαρες ἄγγελοι οἱ ἡτοιμασμένοι εἰς τὴν ὥραν καὶ ἡμέραν καὶ μῆνα καὶ ἐνιαυτόν

10 7 ἀλλ' ἐν ταῖς ἡμέραις τῆς φωνῆς τοῦ ἑβδόμου ἀγγέλου, ὅταν μέλλῃ σαλπίζειν

11 3ᶜ προφητεύσουσιν ἡμέρας χιλίας διακοσίας ἑξήκοντα

11 6 ἵνα μὴ ὑετὸς βρέχῃ | τὰς ἡμέρας τῆς προφητείας αὐτῶν (ἐν ἡμέραις αὐτῶν τῆς πρ. ς)

11 9ᶜ βλέπουσιν ἐκ τῶν ... ἐθνῶν τὸ πτῶμα αὐτῶν ἡμέρας τρεῖς καὶ [S] ἥμισυ

11 11ᶜ μετὰ τὰς [NH] τρεῖς ἡμέρας καὶ ἥμισυ πνεῦμα ζωῆς ... εἰσῆλθεν | ἐν αὐτοῖς ([ἐν] αὐ. H; αὐτοῖς VS; ἐπ' αὐτούς ς)

12 6ᶜ ἵνα ἐκεῖ τρέφωσιν (-φουσιν T) αὐτὴν ἡμέρας χιλίας διακοσίας ἑξήκοντα

12 10ᵏ ἐβλήθη ... ὁ κατηγορῶν αὐτοὺς (-τῶν MBSς) ἐνώπιον τοῦ θεοῦ ἡμῶν ἡμέρας καὶ νυκτός

14 11ᵏ οὐκ ἔχουσιν ἀνάπαυσιν ἡμέρας καὶ νυκτὸς οἱ προσκυνοῦντες τὸ θηρίον

16 14ᵃ συναγαγεῖν αὐτοὺς εἰς τὸν πόλεμον τῆς || ἡμέρας (+ἐκείνης [S]ς) τῆς μεγάλης ((μεγ. ἡμ. B) τοῦ θεοῦ

18 8ᶜ διὰ τοῦτο ἐν μιᾷ ἡμέρᾳ ἥξουσιν αἱ πληγαὶ αὐτῆς

20 10ᵏ βασανισθήσονται ἡμέρας καὶ νυκτὸς εἰς τοὺς αἰῶνας

21 25ᵏ οἱ πυλῶνες αὐτῆς οὐ μὴ κλεισθῶσιν ἡμέρας, νὺξ γὰρ οὐκ ἔσται ἐκεῖ

ἡμέτερος

ᵃ τὸ ἡμέτερον
ᵇ οἱ ἡμέτεροι

Lc 16 12ᵃ* τὸ ἡμέτερον (NH; ὑμ. rl) τίς | ὑμῖν δώσει (N²⁶ς; ~rl);

Ac 2 11 ἀκούομεν λαλούντων αὐτῶν ταῖς ἡμετέραις γλώσσαις τὰ μεγαλεῖα τοῦ θεοῦ

24 6 * ὃν καὶ ἐκρατήσαμεν | καὶ κατὰ τὸν ἡμέτερον νόμον ἠθελήσαμεν κρίνειν (+ς..)

Ac 26 5 κατὰ τὴν ἀκριβεστάτην αἵρεσιν τῆς ἡμετέρας θρησκείας ἔζησα Φαρισαῖος

Rm 15 4 (+πάντα [H]) εἰς τὴν ἡμετέραν διδασκαλίαν ἐγράφη

2Tm 4 15 λίαν γὰρ ἀντέστη (ἀνθέστηκεν VSς) τοῖς ἡμετέροις λόγοις

Tt 3 14ᵇ μανθανέτωσαν δὲ καὶ οἱ ἡμέτεροι καλῶν ἔργων προΐστασθαι

1 Jo 1 3 ἡ κοινωνία δὲ ἡ ἡμετέρα μετὰ τοῦ πατρός

2 2 αὐτὸς ἱλασμός ἐστιν περὶ τῶν ἁμαρτιῶν ἡμῶν, οὐ περὶ τῶν ἡμετέρων δὲ μόνον

ἡμιθανής

Lc 10 30 οἳ ... καὶ πληγὰς ἐπιθέντες ἀπῆλθον ἀφέντες ἡμιθανῆ (+τυγχάνοντα Vς)

ἥμισυς

Mc 6 23 δώσω σοι ἕως ἡμίσους τῆς βασιλείας μου

Lc 19 8 ἰδοὺ τὰ ἡμίσιά (-σειά MBT; ἡμίση NVSς) μου τῶν ὑπαρχόντων, κύριε, τοῖς [H] πτωχοῖς δίδωμι

Ap 11 9 βλέπουσιν ... τὸ πτῶμα αὐτῶν ἡμέρας τρεῖς καὶ [S] ἥμισυ

11 11 μετὰ τὰς [NH] τρεῖς ἡμέρας καὶ ἥμισυ πνεῦμα ζωῆς ... εἰσῆλθεν | ἐν αὐτοῖς ([ἐν] αὐ. H; αὐ. VS; ἐπ' αὐτούς ς)

12 14 ὅπου τρέφεται ἐκεῖ καιρὸν καὶ καιροὺς καὶ ἥμισυ καιροῦ

ἡμιώριον

ἡμίωρον NTH

Ap 8 1 ἐγένετο σιγὴ ἐν τῷ οὐρανῷ ὡς ἡμιώριον

ἤνεγκα

→ φέρω

ἡνίκα

2 C 3 15 ἕως σήμερον ἡνίκα ἂν ἀναγινώσκηται Μωϋσῆς κάλυμμα ... κεῖται· ↔

3 16 ἡνίκα δὲ ἐὰν (ἂν BSς) ἐπιστρέψῃ πρὸς κύριον, περιαιρεῖται τὸ κάλυμμα

ἤπερ

Jo 12 43 ἠγάπησαν γὰρ τὴν δόξαν τῶν ἀνθρώπων μᾶλλον ἤπερ τὴν δόξαν τοῦ θεοῦ

ἤπιος

1 Th 2 7 * ἀλλὰ ἐγενήθημεν ἤπιοι (νήπιοι N²⁶BH) ἐν μέσῳ ὑμῶν

2Tm 2 24 δοῦλον δὲ κυρίου οὐ δεῖ μάχεσθαι ἀλλὰ ἤπιον εἶναι πρὸς πάντας

Ἦρ

Lc 3 28 ⟨ἦν Ἰησοῦς ... ὢν υἱός, ὡς ἐνομίζετο⟩ τοῦ Ἐλμαδὰμ τοῦ Ἦρ ⟨τοῦ Ἰησοῦ⟩

ἤρεμος

1Tm 2 2 ἵνα ἤρεμον καὶ ἡσύχιον βίον διάγωμεν ἐν πάσῃ εὐσεβείᾳ

Ἡρῴδης

Ἡρῴδης (S)Tς
ᵃ Herodes magnus
ᵇ Herodes Antipas tetrarcha
ᶜ Herodes Agrippa

Mt 2 1ᵃ τοῦ δὲ Ἰησοῦ γεννηθέντος ἐν Βηθλέεμ τῆς Ἰουδαίας ἐν ἡμέραις Ἡρῴδου τοῦ βασιλέως

2 3ᵃ ἀκούσας δὲ ὁ βασιλεὺς Ἡρῴδης ἐταράχθη

2 7ᵃ τότε Ἡρῴδης λάθρᾳ καλέσας τοὺς μάγους ἠκρίβωσεν παρ' αὐτῶν τὸν χρόνον

Mt 2 12ᵃ χρηματισθέντες κατ' ὄναρ μὴ ἀνακάμψαι πρὸς Ἡρῴδην ... ἀνεχώρησαν

2 13ᵃ μέλλει γὰρ Ἡρῴδης ζητεῖν τὸ παιδίον τοῦ ἀπολέσαι αὐτό

2 15ᵃ ἦν ἐκεῖ ἕως τῆς τελευτῆς Ἡρῴδου

2 16ᵃ τότε Ἡρῴδης ἰδὼν ὅτι ἐνεπαίχθη ὑπὸ τῶν μάγων ἐθυμώθη λίαν

2 19ᵃ τελευτήσαντος δὲ τοῦ Ἡρῴδου

2 22ᵃ ἀκούσας δὲ ὅτι Ἀρχέλαος βασιλεύει τῆς Ἰουδαίας ἀντὶ τοῦ πατρὸς αὐτοῦ Ἡρῴδου (~VBSς)

14 1ᵇ ἤκουσεν Ἡρῴδης ὁ τετραάρχης τὴν ἀκοὴν Ἰησοῦ

14 3ᵇ ὁ γὰρ Ἡρῴδης (+τότε BS) κρατήσας τὸν Ἰωάννην ἔδησεν αὐτόν ([N²⁶S]; —NTH)

14 6ᵇ γενεσίοις (-σίων VSς) δὲ γενομένοις (-μένων S; ἀγομένων Vς) τοῦ Ἡρῴδου ὠρχήσατο ἡ θυγάτηρ τῆς Ἡρῳδιάδος ἐν τῷ μέσῳ ↔

14 6ᵇ καὶ ἤρεσεν τῷ Ἡρῴδῃ

Mc 6 14ᵇ ἤκουσεν ὁ βασιλεὺς Ἡρῴδης

6 16ᵇ ἀκούσας δὲ ὁ Ἡρῴδης ἔλεγεν (εἶπεν Sς)

6 17ᵇ αὐτὸς γὰρ ὁ Ἡρῴδης ἀποστείλας ἐκράτησεν τὸν Ἰωάννην

6 18ᵇ ἔλεγεν γὰρ ὁ Ἰωάννης τῷ Ἡρῴδῃ

6 20ᵇ ὁ γὰρ Ἡρῴδης ἐφοβεῖτο τὸν Ἰωάννην

6 21ᵇ ὅτε Ἡρῴδης τοῖς γενεσίοις αὐτοῦ δεῖπνον ἐποίησεν τοῖς μεγιστᾶσιν αὐτοῦ

6 22ᵇ εἰσελθούσης τῆς θυγατρὸς ... ἤρεσεν (καὶ ἀρεσάσης VBSς) τῷ Ἡρῴδῃ

8 15ᵇ βλέπετε ἀπὸ τῆς ζύμης τῶν Φαρισαίων καὶ τῆς ζύμης Ἡρῴδου

Lc 1 5ᵃ ἐγένετο ἐν ταῖς ἡμέραις Ἡρῴδου βασιλέως τῆς Ἰουδαίας ἱερεύς τις

3 1ᵇ ἡγεμονεύοντος Ποντίου Πιλάτου τῆς Ἰουδαίας, καὶ τετρααρχοῦντος τῆς Γαλιλαίας Ἡρῴδου

3 19ᵇ ὁ δὲ Ἡρῴδης ὁ τετραάρχης, ἐλεγχόμενος ... περὶ Ἡρῳδιάδος τῆς γυναικὸς τοῦ ἀδελφοῦ αὐτοῦ ↔

3 19ᵇ καὶ περὶ πάντων ὧν ἐποίησεν πονηρῶν ὁ Ἡρῴδης (κατέκλεισεν τὸν Ἰωάννην ἐν φυλακῇ)

8 3ᵇ ⟨γυναῖκές τινες⟩ Ἰωάννα γυνὴ Χουζᾶ ἐπιτρόπου Ἡρῴδου καὶ Σουσάννα ... αἵτινες διηκόνουν αὐτοῖς (-τῷ Sς)

9 7ᵇ ἤκουσεν δὲ Ἡρῴδης ὁ τετραάρχης τὰ γινόμενα πάντα

9 9ᵇ εἶπεν δὲ (+ὁ [NH] BSς) Ἡρῴδης· Ἰωάννην ἐγὼ ἀπεκεφάλισα

13 31ᵇ ὅτι Ἡρῴδης θέλει σε ἀποκτεῖναι

23 7ᵇ ἐπιγνοὺς ὅτι ἐκ τῆς ἐξουσίας Ἡρῴδου ἐστίν, ↔

23 7ᵇ ἀνέπεμψεν αὐτὸν πρὸς Ἡρῴδην

23 8ᵇ ὁ δὲ Ἡρῴδης ἰδὼν τὸν Ἰησοῦν ἐχάρη λίαν

23 11ᵇ ἐξουθενήσας δὲ αὐτὸν καὶ (+[N²⁶] BST) ὁ Ἡρῴδης ... ἀνέπεμψεν αὐτὸν τῷ Πιλάτῳ. ↔

23 12ᵇ ἐγένοντο δὲ φίλοι ὅ τε Ἡρῴδης καὶ ὁ Πιλᾶτος ἐν αὐτῇ τῇ ἡμέρᾳ μετ' ἀλλήλων

23 15ᵇ ⟨οὐθὲν εὗρον ἐν τῷ ἀνθρώπῳ τούτῳ αἴτιον ὧν κατηγορεῖτε κατ' αὐτοῦ⟩ ἀλλ' οὐδὲ Ἡρῴδης

Ac 4 27ᵇ συνήχθησαν γὰρ ... ἐπὶ τὸν ἅγιον παῖδά σου ... Ἡρῴδης τε καὶ Πόντιος Πιλᾶτος

Ac 12 1ᶜἐπέβαλεν | Ἡρῴδης ὁ βασιλεὺς
(∼ T) τὰς χεῖρας κακῶσαί τινας
τῶν ἀπὸ τῆς ἐκκλησίας

12 6ᶜὅτε δὲ ἤμελλεν προαγαγεῖν (προσ-
H; προάγειν ϛ) αὐτὸν ὁ Ἡρῴ-
δης

12 11ᶜὁ ([N²⁶V]; —STϛ) κύριος . . . ἐξ-
είλατό με ἐκ χειρὸς Ἡρῴδου

12 19ᶜἩρῴδης δὲ ἐπιζητήσας αὐτὸν καὶ
μὴ εὑρών . . . ἐκέλευσεν

12 20ᶜ∗ ἦν δὲ | ὁ Ἡρῴδης (+ϛ) θυμο-
μαχῶν Τυρίοις καὶ Σιδωνίοις

12 21ᶜτακτῇ δὲ ἡμέρᾳ ὁ [H] Ἡρῴδης
ἐνδυσάμενος ἐσθῆτα βασιλικὴν . . .
ἐδημηγόρει πρὸς αὐτούς

13 1ᵇἦσαν δὲ ἐν Ἀντιοχείᾳ . . . Μαναήν
τε Ἡρῴδου τοῦ τετραάρχου
σύντροφος καὶ Σαῦλος

23 35ᵃκελεύσας ἐν τῷ πραιτωρίῳ τοῦ
(—S) Ἡρῴδου φυλάσσεσθαι αὐ-
τόν

Ἡρῳδιανός
Ἡρῳδιανός STϛ

Mt 22 16 ἀποστέλλουσιν αὐτῷ τοὺς μαθη-
τὰς αὐτῶν μετὰ τῶν Ἡρῳδιανῶν
λέγοντες (-ντας NTH)

Mc 3 6 ἐξελθόντες οἱ Φαρισαῖοι εὐθὺς μετὰ
τῶν Ἡρῳδιανῶν συμβούλιον ἐδί-
δουν (ἐποίησαν T; ἐποίουν ϛ) κατ’
αὐτοῦ

12 13 ἀποστέλλουσιν πρὸς αὐτόν τινας
τῶν Φαρισαίων καὶ τῶν Ἡρῳδια-
νῶν

Ἡρῳδιάς
Ἡρῳδιάς STϛ

Mt 14 3 ἐν (+τῇ B[S]) φυλακῇ ἀπέθετο
διὰ Ἡρῳδιάδα τὴν γυναῖκα Φιλίπ-
που [T] τοῦ ἀδελφοῦ αὐτοῦ

14 6 ὠρχήσατο ἡ θυγάτηρ τῆς Ἡρῳ-
διάδος ἐν τῷ μέσῳ

Mc 6 17 ἔδησεν αὐτὸν ἐν φυλακῇ διὰ Ἡρῳ-
διάδα τὴν γυναῖκα Φιλίππου τοῦ
ἀδελφοῦ αὐτοῦ

6 19 ἡ δὲ Ἡρῳδιὰς ἐνεῖχεν αὐτῷ καὶ
ἤθελεν αὐτὸν ἀποκτεῖναι

6 22 εἰσελθούσης τῆς θυγατρὸς αὐτοῦ
(N²⁶H; αὐτῆς τῆς rl) Ἡρῳδιάδος
καὶ ὀρχησαμένης

Lc 3 19 ἐλεγχόμενος ὑπ’ αὐτοῦ περὶ Ἡρῳ-
διάδος τῆς γυναικὸς τοῦ ἀδελφοῦ
αὐτοῦ

Ἡρῳδίων
Ἡρῳδίων STϛ

Rm 16 11 ἀσπάσασθε Ἡρῳδίωνα τὸν συγ-
γενῆ μου

Ἡσαΐας
Ἡσαΐας (VB)S(T)ϛ
Ἡσαίας H
Ἡσαίας (VT)

ᵃ διὰ Ἠ. τοῦ προφήτου

Mt 3 3ᵃοὗτος γάρ ἐστιν ὁ ῥηθεὶς διὰ
Ἡσαΐου τοῦ προφήτου λέγοντος

4 14ᵃἵνα πληρωθῇ τὸ ῥηθὲν διὰ
Ἡσαΐου τοῦ προφήτου λέγοντος

Mt 8 17ᵃὅπως πληρωθῇ τὸ ῥηθὲν διὰ
Ἡσαΐου τοῦ προφήτου λέγοντος

12 17ᵃἵνα πληρωθῇ τὸ ῥηθὲν διὰ Ἡσαΐου
τοῦ προφήτου λέγοντος

13 14 ἀναπληροῦται αὐτοῖς ἡ προφη-
τεία Ἡσαΐου ἡ λέγουσα

13 35ᵃ∗ ὅπως πληρωθῇ τὸ ῥηθὲν διὰ
Ἡσαΐου (+T) τοῦ προφήτου

15 7 καλῶς ἐπροφήτευσεν περὶ ὑμῶν
Ἡσαΐας λέγων

Mc 1 2 καθὼς γέγραπται ἐν | τῷ Ἡσαΐᾳ
τῷ προφήτῃ (τοῖς προφήταις ϛ)

7 6 καλῶς ἐπροφήτευσεν Ἡσαΐας περὶ
ὑμῶν τῶν ὑποκριτῶν

Lc 3 4 ὡς γέγραπται ἐν βίβλῳ λόγων
Ἡσαΐου τοῦ προφήτου

4 17 ἐπεδόθη αὐτῷ βιβλίον τοῦ προ-
φήτου Ἡσαΐου

Jo 1 23 καθὼς εἶπεν Ἡσαΐας ὁ προφήτης

12 38 ἵνα ὁ λόγος Ἡσαΐου τοῦ προφή-
του πληρωθῇ ὃν εἶπεν

12 39 οὐκ ἠδύναντο πιστεύειν, ὅτι πάλιν
εἶπεν Ἡσαΐας

12 41 ταῦτα εἶπεν Ἡσαΐας ὅτι εἶδεν τὴν
δόξαν αὐτοῦ

Ac 8 28 ἀνεγίνωσκεν τὸν προφήτην Ἡσα-
ΐαν

8 30 ὁ Φίλιππος ἤκουσεν αὐτοῦ ἀνα-
γινώσκοντος Ἡσαΐαν τὸν προφή-
την

28 25ᵃκαλῶς τὸ πνεῦμα τὸ ἅγιον ἐλάλη-
σεν διὰ Ἡσαΐου τοῦ προφήτου
πρὸς τοὺς πατέρας ὑμῶν

Rm 9 27 Ἡσαΐας δὲ κράζει ὑπὲρ τοῦ
Ἰσραήλ

9 29 καθὼς προείρηκεν Ἡσαΐας

10 16 Ἡσαΐας γὰρ λέγει

10 20 Ἡσαΐας δὲ ἀποτολμᾷ καὶ λέγει

15 12 πάλιν Ἡσαΐας λέγει

Ἡσαῦ
Ἡσαῦ (ϛ)

Rm 9 13 τὸν Ἰακὼβ ἠγάπησα, τὸν δὲ
Ἡσαῦ ἐμίσησα

Hb 11 20 πίστει καὶ (—Tϛ) περὶ μελλόντων
εὐλόγησεν Ἰσαὰκ τὸν Ἰακὼβ
καὶ τὸν Ἡσαῦ

12 16 ⟨ἐπισκοποῦντες⟩ μή τις πόρνος
ἢ βέβηλος ὡς Ἡσαῦ, ὃς ἀντὶ
βρώσεως μιᾶς ἀπέδετο (-δοτο NM
VBST ϛ) τὰ πρωτοτόκια ἑαυτοῦ
(αὐτοῦ Sϛ)

ἥσσων
ἥττων (ST)ϛ

1 C 11 17 οὐκ εἰς τὸ κρεῖσσον ἀλλὰ εἰς τὸ
ἧσσον συνέρχεσθε

2 C 12 15 εἰ (+καὶ V[S]ϛ) περισσοτέρως
ὑμᾶς ἀγαπῶν (-πῶ[ν]N²⁶; -πῶ NM
TH), ἧσσον ἀγαπῶμαι

ἡσυχάζω
Lc 14 4 οἱ δὲ ἡσύχασαν

23 56 τὸ μὲν σάββατον ἡσύχασαν κατὰ
τὴν ἐντολήν

Ac 11 18 ἀκούσαντες δὲ ταῦτα ἡσύχασαν,
καὶ ἐδόξασαν τὸν θεὸν λέγοντες

21 14 μὴ πειθομένου δὲ αὐτοῦ ἡσυχά-
σαμεν εἰπόντες

1 Th 4 11 ⟨παρακαλοῦμεν δὲ ὑμᾶς⟩ φιλοτι-
μεῖσθαι ἡσυχάζειν καὶ πράσσειν τὰ
ἴδια

ἡσυχία
Ac 22 2 ἀκούσαντες δὲ ὅτι τῇ Ἑβραΐδι δια-
λέκτῳ προσεφώνει αὐτοῖς μᾶλλον
παρέσχον ἡσυχίαν

2 Th 3 12 ἵνα μετὰ ἡσυχίας ἐργαζόμενοι τὸν
ἑαυτῶν ἄρτον ἐσθίωσιν

1 Tm 2 11 γυνὴ ἐν ἡσυχίᾳ μανθανέτω ἐν πάσῃ
ὑποταγῇ · ↔

2 12 διδάσκειν δὲ γυναικὶ οὐκ ἐπιτρέπω
. . . ἀλλ’ εἶναι ἐν ἡσυχίᾳ

ἡσύχιος
1 Tm 2 2 ἵνα ἤρεμον καὶ ἡσύχιον βίον δι-
άγωμεν ἐν πάσῃ εὐσεβείᾳ

1 Pt 3 4 ἀλλ’ ὁ κρυπτὸς τῆς καρδίας ἄνθρω-
πος ἐν τῷ ἀφθάρτῳ τοῦ | πραέως
καὶ ἡσυχίου (∼ H) πνεύματος

ἤτοι
Rm 6 16 δοῦλοί ἐστε ᾧ ὑπακούετε, ἤτοι
ἁμαρτίας εἰς θάνατον ἢ ὑπακοῆς
εἰς δικαιοσύνην

ἡττάομαι
2 C 12 13 ∗ τί γάρ ἐστιν ὃ ἡττήθητε (VSϛ;
ἡσσώθητε rl) ὑπὲρ τὰς λοιπὰς
ἐκκλησίας ⟨;⟩

2 Pt 2 19 ᾧ γάρ τις ἥττηται, τούτῳ (+καὶ
MVBSϛ) δεδούλωται. ↔

2 20 εἰ γὰρ ἀποφυγόντες τὰ μιάσματα
τοῦ κόσμου . . . τούτοις δὲ πάλιν
ἐμπλακέντες ἡττῶνται

ἥττημα
Rm 11 12 εἰ δὲ . . . τὸ ἥττημα αὐτῶν πλοῦτος
ἐθνῶν

1 C 6 7 ἤδη μὲν οὖν ([N²⁶]; —T) ὅλως
ἥττημα ὑμῖν ἐστιν ὅτι κρίματα ἔχετε

ἥττων
→ ἥσσων

ἠχέω
ἐξ-   κατ-

Lc 21 25 ∗ ἔσονται (ἔσται VSϛ) . . . ἐπὶ τῆς
γῆς συνοχὴ ἐθνῶν ἐν ἀπορίᾳ ἠχού-
σης (ϛ; ἠχοῦς H; ἤχους rl) θαλάσ-
σης καὶ σάλου

1 C 13 1 γέγονα χαλκὸς ἠχῶν ἢ κύμβαλον
ἀλαλάζον

ἦχος (ὁ, τό)
ᵃ τὸ ἦχος

Lc 4 37 ἐξεπορεύετο ἦχος περὶ αὐτοῦ εἰς
πάντα τόπον τῆς περιχώρου

21 25ᵃἔσονται (ἔσται VSϛ) . . . ἐπὶ τῆς
γῆς συνοχὴ ἐθνῶν ἐν ἀπορίᾳ ἤχους
(ἠχοῦς H; ἠχούσης ϛ) θαλάσσης
καὶ σάλου

Ac 2 2 ἐγένετο ἄφνω ἐκ τοῦ οὐρανοῦ
ἦχος ὥσπερ φερομένης πνοῆς
βιαίας

Hb 12 19 ⟨οὐ γὰρ προσεληλύθατε . . . θυέλ-
λῃ⟩ καὶ σάλπιγγος ἤχῳ καὶ φωνῇ
ῥημάτων

ἠχώ
Lc 21 25 ∗ ἔσονται (ἔσται VSϛ) . . . ἐπὶ τῆς
γῆς συνοχὴ ἐθνῶν ἐν ἀπορίᾳ ἠχοῦς
(H; ἠχούσης ϛ; ἤχους rl) θαλάσ-
σης καὶ σάλου

Θ

θα
→ μαρανα θα

Θαδδαῖος

Mt 10 3 ⟨τῶν δὲ δώδεκα ἀποστόλων τὰ
ὀνόματά ἐστιν ταῦτα⟩ Ἰάκωβος ὁ
τοῦ Ἀλφαίου καὶ Θαδδαῖος (Λεβ-
βαῖος Τ; Λ. ὁ ἐπικληθεὶς Θ. Sϛ)

Mc 3 18 ⟨ἐποίησεν τοὺς δώδεκα⟩ Ἰάκωβον
τὸν τοῦ Ἀλφαίου καὶ Θαδδαῖον

θάλασσα

a θ. τῆς Γαλιλαίας
b θ. τῆς Τιβεριάδος
c ἡ ἐρυθρὰ θ.
d γῆ et θάλασσα
e (τὸ) πέραν τῆς θ.
f ἄμμος τῆς θ.

Mt 4 15d γῆ Ζαβουλὼν καὶ γῆ Νεφθαλίμ,
ὁδὸν θαλάσσης, πέραν τοῦ Ἰορδά-
νου

4 18a περιπατῶν δὲ παρὰ τὴν θάλασσαν
τῆς Γαλιλαίας εἶδεν δύο ἀδελφούς

4 18 βάλλοντας ἀμφίβληστρον εἰς τὴν
θάλασσαν

8 24 ἰδοὺ σεισμὸς μέγας ἐγένετο ἐν τῇ
θαλάσσῃ

8 26 ἐγερθεὶς ἐπετίμησεν τοῖς ἀνέμοις
καὶ τῇ θαλάσσῃ

8 27 ὅτι καὶ οἱ ἄνεμοι καὶ ἡ θάλασσα
αὐτῷ ὑπακούουσιν

8 32 ὥρμησεν πᾶσα ἡ ἀγέλη (+τῶν
χοίρων [S]ϛ) κατὰ τοῦ κρημνοῦ
εἰς τὴν θάλασσαν

13 1 ἐξελθὼν ὁ Ἰησοῦς (+ἀπὸ [M]Vϛ;
ἐκ Τ) τῆς οἰκίας ἐκάθητο παρὰ
τὴν θάλασσαν

13 47 ὁμοία ἐστὶν ἡ βασιλεία τῶν οὐρα-
νῶν σαγήνῃ βληθείσῃ εἰς τὴν
θάλασσαν

14 24 *τὸ δὲ πλοῖον ἤδη | μέσον τῆς
θαλάσσης ἦν (VBSTϛ; σταδίους
πολλοὺς ἀπὸ τῆς γῆς ἀπεῖχεν rl)

14 25 ἦλθεν ([ἀπ]- V; ἀπ- Sϛ) πρὸς αὐ-
τοὺς περιπατῶν ἐπὶ | τὴν θάλασ-
σαν (τῆ θ-σσης ϛ). ↔

14 26 | οἱ δὲ μαθηταὶ ἰδόντες αὐτὸν
(καὶ ἰ. αὐ. οἱ μ. VSϛ; ἰ. δὲ αὐ. Τ)
ἐπὶ | τῆς θαλάσσης (τὴν θάλασσαν
ϛ) περιπατοῦντα ἐταράχθησαν

15 29a μεταβὰς ἐκεῖθεν ὁ Ἰησοῦς ἦλθεν
παρὰ τὴν θάλασσαν τῆς Γαλιλαίας

17 27 πορευθεὶς εἰς (+τὴν Vϛ) θάλασσαν
βάλε ἄγκιστρον

18 6 συμφέρει αὐτῷ ἵνα ... καταποντι-
σθῇ ἐν τῷ πελάγει τῆς θαλάσσης

21 21 κἂν τῷ ὄρει τούτῳ εἴπητε· ἄρθητι
καὶ βλήθητι εἰς τὴν θάλασσαν

23 15 περιάγετε τὴν θάλασσαν καὶ τὴν
ξηρὰν ποιῆσαι ἕνα προσήλυτον

Mc 1 16a παράγων παρὰ τὴν θάλασσαν τῆς
Γαλιλαίας

1 16 εἶδεν Σίμωνα καὶ Ἀνδρέαν ...
ἀμφιβάλλοντας ἐν τῇ θαλάσσῃ

2 13 ἐξῆλθεν πάλιν παρὰ (εἰς Τ) τὴν
θάλασσαν

Mc 3 7 ὁ Ἰησοῦς μετὰ τῶν μαθητῶν
αὐτοῦ ἀνεχώρησεν πρὸς (εἰς Τ)
τὴν θάλασσαν

4 1 πάλιν ἤρξατο διδάσκειν παρὰ τὴν
θάλασσαν

4 1 ὥστε αὐτὸν εἰς (+τὸ [V]ϛ) πλοῖον
ἐμβάντα καθῆσθαι ἐν τῇ θαλάσσῃ,
↔

4 1d καὶ πᾶς ὁ ὄχλος πρὸς τὴν θάλασ-
σαν ἐπὶ τῆς γῆς ἦσαν

4 39 διεγερθεὶς ἐπετίμησεν τῷ ἀνέμῳ
καὶ εἶπεν τῇ θαλάσσῃ· σιώπα,
πεφίμωσο

4 41 ὅτι καὶ ὁ ἄνεμος καὶ ἡ θάλασσα
| ὑπακούει αὐτῷ (~ ST)

5 1e ἦλθον (-θεν S) εἰς τὸ πέραν τῆς
θαλάσσης εἰς τὴν χώραν τῶν
Γερασηνῶν (Γαδαρηνῶν Vϛ)

5 13 ὥρμησεν ἡ ἀγέλη κατὰ τοῦ κρη-
μνοῦ εἰς τὴν θάλασσαν, ὡς δισχί-
λιοι, ↔

5 13 καὶ ἐπνίγοντο ἐν τῇ θαλάσσῃ

5 21 ἦν παρὰ τὴν θάλασσαν

6 47 ὀψίας γενομένης ἦν [+πάλαι S]
τὸ πλοῖον ἐν μέσῳ τῆς θαλάσσης

6 48 ἔρχεται πρὸς αὐτοὺς περιπατῶν
ἐπὶ τῆς θαλάσσης

6 49 οἱ δὲ ἰδόντες αὐτὸν ἐπὶ τῆς θαλάσ-
σης περιπατοῦντα ἔδοξαν

7 31a ἦλθεν διὰ Σιδῶνος εἰς (πρὸς ϛ) τὴν
θάλασσαν τῆς Γαλιλαίας

9 42 καλόν ἐστιν αὐτῷ μᾶλλον εἰ ...
βέβληται εἰς τὴν θάλασσαν

11 23 ὃς ἂν εἴπῃ τῷ ὄρει τούτῳ· ἄρθητι
καὶ βλήθητι εἰς τὴν θάλασσαν

Lc 17 2 λυσιτελεῖ αὐτῷ εἰ ... ἔρριπται εἰς
τὴν θάλασσαν

17 6 ἐλέγετε ἂν τῇ συκαμίνῳ ταύτῃ
([N26H]; —S)· ἐκριζώθητι καὶ φυ-
τεύθητι ἐν τῇ θαλάσσῃ

21 25d ἔσονται (ἔσται VSϛ) ... ἐπὶ τῆς γῆς
συνοχὴ ἐθνῶν ἐν ἀπορίᾳ ἤχους
(ἠχοῦς Η; ἠχούσης ϛ) θαλάσσης
καὶ σάλου

Jo 6 1abe ἀπῆλθεν ὁ Ἰησοῦς πέραν τῆς
θαλάσσης τῆς Γαλιλαίας τῆς Τι-
βεριάδος

6 16 κατέβησαν οἱ μαθηταὶ αὐτοῦ ἐπὶ
τὴν θάλασσαν,

6 17e καὶ ἐμβάντες εἰς πλοῖον ἤρχοντο
πέραν τῆς θαλάσσης εἰς Καφαρνα-
ούμ

6 18 ἥ τε θάλασσα ἀνέμου μεγάλου
πνέοντος διεγείρετο

6 19 θεωροῦσιν τὸν Ἰησοῦν περιπα-
τοῦντα ἐπὶ τῆς θαλάσσης

6 22e τῇ ἐπαύριον ὁ ὄχλος ὁ ἑστηκὼς
πέραν τῆς θαλάσσης εἶδον

6 25e εὑρόντες αὐτὸν πέραν τῆς θαλάσ-
σης εἶπον αὐτῷ

21 1b ἐφανέρωσεν ἑαυτὸν πάλιν ὁ (—N
TH) Ἰησοῦς τοῖς μαθηταῖς ἐπὶ τῆς
θαλάσσης τῆς Τιβεριάδος

21 7 ἔβαλεν ἑαυτὸν εἰς τὴν θάλασσαν

Ac 4 24d σὺ (+ὁ θεὸς [VS]Βϛ) ὁ ποιήσας
τὸν οὐρανὸν καὶ τὴν γῆν καὶ τὴν
θάλασσαν

7 36cd οὗτος ἐξήγαγεν αὐτοὺς ποιήσας
τέρατα καὶ σημεῖα ἐν γῇ (τῇ Η) Αἰ-
γύπτῳ (-ου ϛ) καὶ ἐν ἐρυθρᾷ θα-
λάσσῃ

10 6 ᾧ ἐστιν οἰκία παρὰ θάλασσαν

10 32 οὗτος ξενίζεται ἐν οἰκίᾳ Σίμωνος
βυρσέως παρὰ θάλασσαν

14 15d ὃς ἐποίησεν τὸν οὐρανὸν καὶ τὴν
γῆν καὶ τὴν θάλασσαν

17 14 εὐθέως δὲ τότε τὸν Παῦλον ἐξαπ-
έστειλαν οἱ ἀδελφοὶ πορεύεσθαι
ἕως ἐπὶ τὴν θάλασσαν

27 30 τῶν δὲ ναυτῶν ... χαλασάντων
τὴν σκάφην εἰς τὴν θάλασσαν

27 38 ἐκούφιζον τὸ πλοῖον ἐκβαλλό-
μενοι τὸν σῖτον εἰς τὴν θάλασσαν

27 40 τὰς ἀγκύρας περιελόντες εἴων εἰς
τὴν θάλασσαν

28 4 ὃν διασωθέντα ἐκ τῆς θαλάσσης ἡ
δίκη ζῆν οὐκ εἴασεν

Rm 9 27f ἐὰν ᾖ ὁ ἀριθμὸς τῶν υἱῶν Ἰσραὴλ
ὡς ἡ ἄμμος τῆς θαλάσσης

1 C 10 1 οἱ πατέρες ἡμῶν ... πάντες διὰ
τῆς θαλάσσης διῆλθον, ↔

10 2 καὶ πάντες εἰς τὸν Μωϋσῆν ἐβαπτί-
σθησαν (-σαντο NVHϛ) ἐν τῇ
νεφέλῃ καὶ ἐν τῇ θαλάσσῃ

2 C 11 26 ⟨νυχθήμερον ἐν τῷ βυθῷ πεποίη-
κα⟩ κινδύνοις ἐν ἐρημίᾳ, κινδύνοις
ἐν θαλάσσῃ

Hb 11 12f ἀφ' ἑνὸς ἐγεννήθησαν (Ν26ΤΗϛ;
ἐγενήθ. rl) ... ὡς ἡ ἄμμος ἡ παρὰ
τὸ χεῖλος τῆς θαλάσσης ἡ ἀναρίθ-
μητος

11 29cd πίστει διέβησαν τὴν ἐρυθρὰν
θάλασσαν ὡς διὰ ξηρᾶς γῆς

Jc 1 6 ὁ γὰρ διακρινόμενος ἔοικεν κλύδωνι
θαλάσσης ἀνεμιζομένῳ καὶ ῥιπι-
ζομένῳ

Jd 13 ⟨οὗτοί εἰσιν ... σπιλάδες⟩ κύματα
ἄγρια θαλάσσης ἐπαφρίζοντα τὰς
ἑαυτῶν αἰσχύνας

Ap 4 6 ἐνώπιον τοῦ θρόνου ὡς θάλασσα
ὑαλίνη ὁμοία κρυστάλλῳ

5 13d πᾶν κτίσμα ὃ ἐν τῷ οὐρανῷ καὶ
ἐπὶ τῆς γῆς ... καὶ ἐπὶ τῆς θαλάσ-
σης (+ἐστίν [NVH] MBSϛ) ... ἤ-
κουσα λέγοντας

7 1d ἵνα μὴ πνέῃ ἄνεμος ἐπὶ τῆς γῆς
μήτε ἐπὶ τῆς θαλάσσης

7 2d οἷς ἐδόθη αὐτοῖς ἀδικῆσαι τὴν γῆν
καὶ τὴν θάλασσαν, ↔

7 3d λέγων· μὴ ἀδικήσητε τὴν γῆν μή-
τε τὴν θάλασσαν μήτε τὰ δένδρα

8 8 ὡς ὄρος μέγα πυρὶ καιόμενον ἐβλή-
θη εἰς τὴν θάλασσαν· ↔

8 8 καὶ ἐγένετο τὸ τρίτον τῆς θαλάσ-
σης αἷμα, ↔

8 9 καὶ ἀπέθανε τὸν τρίτον τῶν κτι-
σμάτων τῶν ἐν τῇ θαλάσσῃ

Ap 10 2ᵈἔθηκεν τὸν πόδα αὐτοῦ τὸν δεξιὸν ἐπὶ | τῆς θαλάσσης (τὴν θάλασσαν ς), τὸν δὲ εὐώνυμον ἐπὶ | τῆς γῆς (τὴν γῆν ς)

10 5ᵈὁ ἄγγελος, ὃν εἶδον ἑστῶτα ἐπὶ τῆς θαλάσσης καὶ ἐπὶ τῆς γῆς

10 6ᵈὃς ἔκτισεν τὸν οὐρανὸν καὶ ... τὴν γῆν ... | καὶ τὴν θάλασσαν καὶ τὰ ἐν αὐτῇ [H]

10 8ᵈτοῦ ἀγγέλου τοῦ ἑστῶτος ἐπὶ τῆς θαλάσσης καὶ ἐπὶ τῆς γῆς

12 12ᵈοὐαὶ (+τοῖς κατοικοῦσι ς) τὴν γῆν καὶ τὴν θάλασσαν

12 18ᶠἐστάθη (-θην VBSTς) ἐπὶ τὴν ἄμμον τῆς θαλάσσης. ↔

13 1 καὶ εἶδον ἐκ τῆς θαλάσσης θηρίον ἀναβαῖνον

14 7ᵈπροσκυνήσατε τῷ ποιήσαντι τὸν οὐρανὸν καὶ τὴν γῆν καὶ (+τὴν T) θάλασσαν

15 2 εἶδον ὡς θάλασσαν ὑαλίνην μεμιγμένην πυρί, ↔

15 2 καὶ τοὺς νικῶντας ἐκ τοῦ θηρίου ... ἑστῶτας ἐπὶ τὴν θάλασσαν τὴν ὑαλίνην

16 3ᵈὁ δεύτερος ἐξέχεεν τὴν φιάλην αὐτοῦ εἰς τὴν θάλασσαν

16 3 πᾶσα ψυχὴ ζωῆς (ζῶσα Sς) ἀπέθανεν, τὰ (—VSς) ἐν τῇ θαλάσσῃ

18 17 πᾶς κυβερνήτης ... καὶ ὅσοι τὴν θάλασσαν ἐργάζονται, ἀπὸ μακρόθεν ἔστησαν

18 19 ἐν ᾗ ἐπλούτησαν πάντες οἱ ἔχοντες τὰ πλοῖα ἐν τῇ θαλάσσῃ ἐκ τῆς τιμιότητος αὐτῆς

18 21 ἦρεν εἷς ἄγγελος ἰσχυρὸς λίθον ... καὶ ἔβαλεν εἰς τὴν θάλασσαν

20 8ᶠὧν ὁ ἀριθμὸς αὐτῶν ὡς ἡ ἄμμος τῆς θαλάσσης

20 13 ἔδωκεν ἡ θάλασσα τοὺς νεκροὺς τοὺς ἐν αὐτῇ

21 1ᵈὁ γὰρ πρῶτος οὐρανὸς καὶ ἡ πρώτη γῆ ἀπῆλθαν, καὶ ἡ θάλασσα οὐκ ἔστιν ἔτι

θάλπω
E 5 29 οὐδεὶς ... τὴν ἑαυτοῦ σάρκα ἐμίσησεν, ἀλλὰ ἐκτρέφει καὶ θάλπει αὐτήν

1Th 2 7 ὡς ἐὰν τροφὸς θάλπῃ τὰ ἑαυτῆς τέκνα

Θαμάρ
Θαμάρ MVBSTH
Mt 1 3 Ἰούδας δὲ ἐγέννησεν τὸν Φάρες καὶ τὸν Ζάρα ἐκ τῆς Θαμάρ

θαμβέω
ἐκ-
Mc 1 27 καὶ ἐθαμβήθησαν ἅπαντες, ὥστε συζητεῖν | πρὸς ἑαυτούς (πρὸς αὐ. B; αὐτοὺς NTH) λέγοντας

10 24 οἱ δὲ μαθηταὶ ἐθαμβοῦντο ἐπὶ τοῖς λόγοις αὐτοῦ

10 32 ἦν προάγων αὐτοὺς ὁ Ἰησοῦς, καὶ ἐθαμβοῦντο, οἱ δὲ ἀκολουθοῦντες ἐφοβοῦντο

Ac 9 6 * | τρέμων τε καὶ θαμβῶν εἶπε (..+ς..)

θάμβος (ὁ, τό)
ᵃ τὸ θάμβος
Lc 4 36 ἐγένετο θάμβος ἐπὶ πάντας

5 9 θάμβος γὰρ περιέσχεν αὐτὸν ... ἐπὶ τῇ ἄγρᾳ τῶν ἰχθύων

Ac 3 10ᵃἐπλήσθησαν θάμβους καὶ ἐκστάσεως ἐπὶ τῷ συμβεβηκότι αὐτῷ

θανάσιμος
Mc [16 18]κἂν θανάσιμόν τι πίωσιν οὐ μὴ αὐτοὺς βλάψῃ

θανατηφόρος
Jc 3 8 ⟨ἡ γλῶσσα⟩ ἀκατάστατον (ἀκατάσχετον Sς) κακόν, μεστὴ ἰοῦ θανατηφόρου

θάνατος
ᵃ εἰς (τὸν) θάνατον
ᵇ πρὸς θάνατον
ᶜ ἄχρι θανάτου
ᵈ ἕως θανάτου
ᵉ μέχρι θανάτου
ᶠ θανάτου γεύομαι
ᵍ θανάτῳ τελευτάω, ἀποθνήσκω
ʰ θάνατον ὁράω, θεωρέω
ʲ plur.
ᵏ θάνατος δεύτερος
ˡ θάνατος et ζωή

Mt 4 16 τοῖς καθημένοις ἐν χώρᾳ καὶ σκιᾷ θανάτου, φῶς ἀνέτειλεν αὐτοῖς

10 21ᵃπαραδώσει δὲ ἀδελφὸς ἀδελφὸν εἰς θάνατον καὶ πατὴρ τέκνον

15 4ᵍὁ κακολογῶν πατέρα ἢ μητέρα θανάτῳ τελευτάτω

16 28ᶠεἰσίν τινες τῶν ὧδε ἑστώτων οἵτινες οὐ μὴ γεύσωνται θανάτου

20 18ᵃκατακρινοῦσιν αὐτὸν θανάτῳ ([H]; εἰς θάνατον NMT)

26 38ᵈπερίλυπός ἐστιν ἡ ψυχή μου ἕως θανάτου

26 66 ἔνοχος θανάτου ἐστίν

Mc 7 10ᵍὁ κακολογῶν πατέρα ἢ μητέρα θανάτῳ τελευτάτω

9 1ᶠεἰσίν τινες | ὧδε τῶν (~VBSς) ἑστηκότων οἵτινες οὐ μὴ γεύσωνται θανάτου

10 33 κατακρινοῦσιν αὐτὸν θανάτῳ

13 12ᵃπαραδώσει ἀδελφὸς ἀδελφὸν εἰς θάνατον καὶ πατὴρ τέκνον

14 34ᵈπερίλυπός ἐστιν ἡ ψυχή μου ἕως θανάτου

14 64 οἱ δὲ πάντες κατέκριναν αὐτὸν | ἔνοχον εἶναι (~Vς) θανάτου

Lc 1 79 ἐπιφᾶναι τοῖς ἐν σκότει καὶ σκιᾷ θανάτου καθημένοις

2 26ʰἦν αὐτῷ κεχρηματισμένον ὑπὸ τοῦ πνεύματος τοῦ ἁγίου μὴ ἰδεῖν θάνατον

9 27ᶠεἰσίν τινες τῶν αὐτοῦ ἑστηκότων οἳ οὐ μὴ γεύσωνται θανάτου

22 33ᵃμετὰ σοῦ ἕτοιμός εἰμι καὶ εἰς φυλακὴν καὶ εἰς θάνατον πορεύεσθαι

23 15 ἰδοὺ οὐδὲν ἄξιον θανάτου ἐστὶν πεπραγμένον αὐτῷ

23 22 οὐδὲ αἴτιον θανάτου εὗρον ἐν αὐτῷ

24 20 ὅπως τε παρέδωκαν αὐτὸν οἱ ἀρχιερεῖς ... εἰς κρίμα θανάτου

Jo 5 24ˡὁ ... πιστεύων τῷ πέμψαντί με ... μεταβέβηκεν ἐκ τοῦ θανάτου εἰς τὴν ζωήν

8 51ʰθάνατον οὐ μὴ θεωρήσῃ εἰς τὸν αἰῶνα

8 52ᶠοὐ μὴ γεύσηται θανάτου εἰς τὸν αἰῶνα

11 4ᵇαὕτη ἡ ἀσθένεια οὐκ ἔστιν πρὸς θάνατον ἀλλ' ὑπὲρ τῆς δόξης τοῦ θεοῦ

11 13 εἰρήκει δὲ ὁ Ἰησοῦς περὶ τοῦ θανάτου αὐτοῦ

12 33ᵍτοῦτο δὲ ἔλεγεν σημαίνων ποίῳ θανάτῳ ἤμελλεν ἀποθνήσκειν

18 32ᵍὃν εἶπεν σημαίνων ποίῳ θανάτῳ ἤμελλεν ἀποθνήσκειν

Jo 21 19 τοῦτο δὲ εἶπεν σημαίνων ποίῳ θανάτῳ δοξάσει τὸν θεόν

Ac 2 24 ὃν ὁ θεὸς ἀνέστησεν λύσας τὰς ὠδῖνας τοῦ θανάτου

13 28 μηδεμίαν αἰτίαν θανάτου εὑρόντες ᾐτήσαντο Πιλᾶτον ἀναιρεθῆναι αὐτόν

22 4ᶜὃς ταύτην τὴν ὁδὸν ἐδίωξα ἄχρι θανάτου

23 29 ὃν εὗρον ἐγκαλούμενον ... μηδὲν δὲ ἄξιον θανάτου ἢ δεσμῶν ἔχοντα ἔγκλημα

25 11 εἰ μὲν οὖν ἀδικῶ καὶ ἄξιον θανάτου πέπραχά τι

25 25 κατελαβόμην μηδὲν ἄξιον αὐτὸν θανάτου πεπραχέναι

26 31 οὐδὲν θανάτου ἢ δεσμῶν ἄξιόν τι (+[N²⁶]BST) πράσσει ὁ ἄνθρωπος οὗτος

28 18 διὰ τὸ μηδεμίαν αἰτίαν θανάτου ὑπάρχειν ἐν ἐμοί

Rm 1 32 οἱ τὰ τοιαῦτα πράσσοντες ἄξιοι θανάτου εἰσίν

5 10ˡεἰ γὰρ ἐχθροὶ ὄντες κατηλλάγημεν τῷ θεῷ διὰ τοῦ θανάτου τοῦ υἱοῦ αὐτοῦ

5 12 ὥσπερ δι' ἑνὸς ἀνθρώπου ἡ ἁμαρτία εἰς τὸν κόσμον εἰσῆλθεν, καὶ διὰ τῆς ἁμαρτίας ὁ θάνατος, ↔

5 12 καὶ οὕτως εἰς πάντας ἀνθρώπους ὁ θάνατος διῆλθεν

5 14 ἐβασίλευσεν ὁ θάνατος ἀπὸ Ἀδὰμ μέχρι Μωϋσέως

5 17ˡεἰ γὰρ τῷ τοῦ ἑνὸς παραπτώματι ὁ θάνατος ἐβασίλευσεν διὰ τοῦ ἑνός

5 21ˡἵνα ὥσπερ ἐβασίλευσεν ἡ ἁμαρτία ἐν τῷ θανάτῳ, οὕτως καὶ ἡ χάρις βασιλεύσῃ ... εἰς ζωὴν αἰώνιον

6 3ᵃἢ ἀγνοεῖτε ὅτι ... εἰς τὸν θάνατον αὐτοῦ ἐβαπτίσθημεν; ↔

6 4ᵃˡσυνετάφημεν οὖν αὐτῷ διὰ τοῦ βαπτίσματος εἰς τὸν θάνατον

6 5 εἰ γὰρ σύμφυτοι γεγόναμεν τῷ ὁμοιώματι τοῦ θανάτου αὐτοῦ

6 9 Χριστὸς ἐγερθεὶς ἐκ νεκρῶν ... θάνατος αὐτοῦ οὐκέτι κυριεύει

6 16ᵃδοῦλοί ἐστε ᾧ ὑπακούετε, ἤτοι ἁμαρτίας εἰς θάνατον ἢ ὑπακοῆς εἰς δικαιοσύνην

6 21 τὸ γὰρ τέλος ἐκείνων θάνατος

6 23ˡτὰ γὰρ ὀψώνια τῆς ἁμαρτίας θάνατος, τὸ δὲ χάρισμα τοῦ θεοῦ ζωὴ αἰώνιος

7 5 τὰ παθήματα τῶν ἁμαρτιῶν ... ἐνηργεῖτο ἐν τοῖς μέλεσιν ἡμῶν εἰς τὸ καρποφορῆσαι τῷ θανάτῳ

7 10ᵃˡεὑρέθη μοι ἡ ἐντολὴ ἡ εἰς ζωήν, αὕτη εἰς θάνατον

7 13 τὸ οὖν ἀγαθὸν ἐμοὶ ἐγένετο θάνατος; μὴ γένοιτο· ↔

7 13 ἀλλὰ ἡ ἁμαρτία ... διὰ τοῦ ἀγαθοῦ μοι κατεργαζομένη θάνατον

7 24 τίς με ῥύσεται ἐκ τοῦ σώματος τοῦ θανάτου τούτου;

8 2ˡὁ γὰρ νόμος τοῦ πνεύματος τῆς ζωῆς ... ἠλευθέρωσέν σε (με VBSς) ἀπὸ τοῦ νόμου τῆς ἁμαρτίας καὶ τοῦ θανάτου

8 6ˡτὸ γὰρ φρόνημα τῆς σαρκὸς θάνατος, τὸ δὲ φρόνημα τοῦ πνεύματος ζωὴ καὶ εἰρήνη

8 38ˡπέπεισμαι γὰρ ὅτι οὔτε θάνατος οὔτε ζωὴ ⟨δυνήσεται ἡμᾶς χωρίσαι ἀπὸ τῆς ἀγάπης τοῦ θεοῦ⟩

1 C 3 22¹ ⟨πάντα γὰρ ὑμῶν ἐστιν⟩ εἴτε κόσμος εἴτε ζωὴ εἴτε θάνατος
11 26 ὁσάκις γὰρ ἐὰν ἐσθίητε τὸν ἄρτον τοῦτον ... τὸν θάνατον τοῦ κυρίου καταγγέλλετε
15 21 ἐπειδὴ γὰρ δι' ἀνθρώπου (+ὁ ς) θάνατος
15 26 ἔσχατος ἐχθρὸς καταργεῖται ὁ θάνατος
15 54 κατεπόθη ὁ θάνατος εἰς νῖκος. ↔
15 55 ποῦ σου, θάνατε, τὸ νῖκος (κέντρον ς); ↔
15 55 ποῦ σου, θάνατε (ᾅδη ς) τὸ κέντρον (νῖκος ς); ↔
15 56 τὸ δὲ κέντρον τοῦ θανάτου ἡ ἁμαρτία

2 C 1 9 αὐτοὶ ἐν ἑαυτοῖς τὸ ἀπόκριμα τοῦ θανάτου ἐσχήκαμεν
1 10 ὃς ἐκ τηλικούτου θανάτου ἐρρύσατο ἡμᾶς καὶ ῥύσεται
2 16¹ ⟨Χριστοῦ εὐωδία ἐσμὲν τῷ θεῷ⟩ οἷς μὲν ὀσμὴ ἐκ (—ς) θανάτου ↔
2 16ᵃ¹ εἰς θάνατον, οἷς δὲ ὀσμὴ ἐκ (—ς) ζωῆς εἰς ζωὴν
3 7 εἰ δὲ ἡ διακονία τοῦ θανάτου ἐν γράμμασιν ... ἐγενήθη ἐν δόξῃ
4 11ᵃ¹ ἀεὶ γὰρ ἡμεῖς οἱ ζῶντες εἰς θάνατον παραδιδόμεθα διὰ Ἰησοῦν
4 12¹ ὥστε ὁ θάνατος ἐν ἡμῖν ἐνεργεῖται, ἡ δὲ ζωὴ ἐν ὑμῖν
7 10 ἡ δὲ τοῦ κόσμου λύπη θάνατον κατεργάζεται
11 23ʲ διάκονοι Χριστοῦ εἰσιν; παραφρονῶν λαλῶ, ὑπὲρ ἐγώ· ἐν κόποις περισσοτέρως ... ἐν θανάτοις πολλάκις

Ph 1 20¹ μεγαλυνθήσεται Χριστὸς ἐν τῷ σώματί μου, εἴτε διὰ ζωῆς εἴτε διὰ θανάτου
2 8ᵉ ἐταπείνωσεν ἑαυτὸν γενόμενος ὑπήκοος μέχρι θανάτου, ↔
2 8 θανάτου δὲ σταυροῦ
2 27 καὶ γὰρ ἠσθένησεν παραπλήσιον θανάτῳ (-του Η)
2 30ᵉ ὅτι διὰ τὸ ἔργον Χριστοῦ (κυρίου Η) μέχρι θανάτου ἤγγισεν
3 10 τοῦ γνῶναι αὐτὸν καὶ τὴν δύναμιν τῆς ἀναστάσεως αὐτοῦ ... συμμορφιζόμενος τῷ θανάτῳ αὐτοῦ

Cl 1 22 νυνὶ δὲ ἀποκατήλλαξεν ἐν τῷ σώματι τῆς σαρκὸς αὐτοῦ διὰ τοῦ θανάτου (+αὐτοῦ S)

2 Tm 1 10¹ καταργήσαντος μὲν τὸν θάνατον φωτίσαντος δὲ ζωὴν καὶ ἀφθαρσίαν

Hb 2 9 βλέπομεν Ἰησοῦν διὰ τὸ πάθημα τοῦ θανάτου δόξῃ καὶ τιμῇ ἐστεφανωμένον, ↔
2 9ᶠ ὅπως χάριτι θεοῦ ὑπὲρ παντὸς γεύσηται θανάτου
2 14 ἵνα διὰ τοῦ θανάτου ↔
2 14 καταργήσῃ τὸν τὸ κράτος ἔχοντα τοῦ θανάτου
2 15 ὅσοι φόβῳ θανάτου διὰ παντὸς τοῦ ζῆν ἔνοχοι ἦσαν δουλείας
5 7 ὃς ... ἱκετηρίας πρὸς τὸν δυνάμενον σῴζειν αὐτὸν ἐκ θανάτου ... προσενέγκας
7 23 οἱ μὲν πλείονές εἰσιν γεγονότες ἱερεῖς διὰ τὸ θανάτῳ κωλύεσθαι παραμένειν
9 15 ὅπως θανάτου γενομένου εἰς ἀπολύτρωσιν τῶν ... παραβάσεων τὴν ἐπαγγελίαν λάβωσιν

Hb 9 16 ὅπου γὰρ διαθήκη, θάνατον ἀνάγκη φέρεσθαι τοῦ διαθεμένου
11 5ʰ πίστει Ἐνὼχ μετετέθη τοῦ μὴ ἰδεῖν θάνατον

Jc 1 15 ἡ δὲ ἁμαρτία ἀποτελεσθεῖσα ἀποκύει (-κυεῖ MVH) θάνατον
5 20 ὁ ἐπιστρέψας ἁμαρτωλὸν ἐκ πλάνης ... σώσει ψυχὴν αὐτοῦ ἐκ θανάτου

1 Jo 3 14¹ μεταβεβήκαμεν ἐκ τοῦ θανάτου εἰς τὴν ζωήν
3 14 ὁ μὴ ἀγαπῶν (+τὸν ἀδελφὸν [S]ς) μένει ἐν τῷ θανάτῳ
5 16ᵇ ἐάν τις ἴδῃ τὸν ἀδελφὸν αὐτοῦ ἁμαρτάνοντα ἁμαρτίαν μὴ πρὸς θάνατον, ↔
5 16ᵇ¹ αἰτήσει, καὶ δώσει αὐτῷ ζωήν, τοῖς ἁμαρτάνουσιν μὴ πρὸς θάνατον. ↔
5 16ᵇ ἔστιν ἁμαρτία πρὸς θάνατον
5 17ᵇ καὶ ἔστιν ἁμαρτία οὐ πρὸς θάνατον

Ap 1 18 ἔχω τὰς κλεῖς τοῦ θανάτου καὶ τοῦ ᾅδου
2 10ᶜˡ γίνου πιστὸς ἄχρι θανάτου, καὶ δώσω σοι τὸν στέφανον τῆς ζωῆς
2 11ᵏ ὁ νικῶν οὐ μὴ ἀδικηθῇ ἐκ τοῦ θανάτου τοῦ δευτέρου
2 23 τὰ τέκνα αὐτῆς ἀποκτενῶ ἐν θανάτῳ
6 8 ὁ καθήμενος ἐπάνω αὐτοῦ [Η], ὄνομα αὐτῷ ὁ ([N²⁶NVH]; —BT) θάνατος
6 8 ἐδόθη αὐτοῖς ἐξουσία ἐπὶ τὸ τέταρτον τῆς γῆς, ἀποκτεῖναι ἐν ῥομφαίᾳ καὶ ἐν λιμῷ καὶ ἐν θανάτῳ
9 6 ζητήσουσιν οἱ ἄνθρωποι τὸν θάνατον καὶ οὐ μὴ εὑρήσουσιν αὐτόν, ↔
9 6 καὶ ἐπιθυμήσουσιν ἀποθανεῖν καὶ φεύγει ὁ θάνατος ἀπ' αὐτῶν
12 11ᶜ οὐκ ἠγάπησαν τὴν ψυχὴν αὐτῶν ἄχρι θανάτου
13 3ᵃ καὶ μίαν ἐκ τῶν κεφαλῶν αὐτοῦ ὡς ἐσφαγμένην εἰς θάνατον, ↔
13 3 καὶ ἡ πληγὴ τοῦ θανάτου αὐτοῦ ἐθεραπεύθη
13 12 οὗ ἐθεραπεύθη ἡ πληγὴ τοῦ θανάτου αὐτοῦ
18 8 ἐν μιᾷ ἡμέρᾳ ἥξουσιν αἱ πληγαὶ αὐτῆς, θάνατος καὶ πένθος καὶ λιμός
20 6ᵏ ἐπὶ τούτων ὁ | δεύτερος θάνατος (θ. ὁ δ. ς) οὐκ ἔχει ἐξουσίαν
20 13 ὁ θάνατος καὶ ὁ ᾅδης ἔδωκαν τοὺς νεκροὺς τοὺς ἐν αὐτοῖς
20 14 ὁ θάνατος καὶ ὁ ᾅδης ἐβλήθησαν εἰς τὴν λίμνην τοῦ πυρός. ↔
20 14ᵏ οὗτος | ὁ θάνατος ὁ δεύτερός ἐστιν (ἑ. ὁ δ. θ. ς)
21 4 ὁ θάνατος οὐκ ἔσται ἔτι
21 8ᵏ τὸ μέρος αὐτῶν ἐν τῇ λίμνῃ τῇ καιομένῃ ... ὅ ἐστιν | ὁ θάνατος ὁ δεύτερος (δ. θ. ς)

θανατόω
ᵃ pass.

Mt 10 21 ἐπαναστήσονται τέκνα ἐπὶ γονεῖς καὶ θανατώσουσιν αὐτούς
26 59 ἐζήτουν ψευδομαρτυρίαν κατὰ τοῦ Ἰησοῦ ὅπως αὐτὸν θανατώσωσιν (-σουσιν Τ)
27 1 συμβούλιον ἔλαβον πάντες οἱ ἀρχιερεῖς ... κατὰ τοῦ Ἰησοῦ ὥστε θανατῶσαι αὐτόν
Mc 13 12 ἐπαναστήσονται τέκνα ἐπὶ γονεῖς καὶ θανατώσουσιν αὐτούς

Mc 14 55 ἐζήτουν κατὰ τοῦ Ἰησοῦ μαρτυρίαν εἰς τὸ θανατῶσαι αὐτόν
Lc 21 16 παραδοθήσεσθε δὲ καὶ ὑπὸ γονέων ... καὶ θανατώσουσιν ἐξ ὑμῶν
Rm 7 4ᵃ ὥστε ... καὶ ὑμεῖς ἐθανατώθητε τῷ νόμῳ διὰ τοῦ σώματος τοῦ Χριστοῦ
8 13 εἰ δὲ πνεύματι τὰς πράξεις τοῦ σώματος θανατοῦτε, ζήσεσθε
8 36ᵃ ἕνεκεν σοῦ θανατούμεθα ὅλην τὴν ἡμέραν
2 C 6 9ᵃ ὡς ἀποθνήσκοντες καὶ ἰδοὺ ζῶμεν, ὡς παιδευόμενοι καὶ μὴ θανατούμενοι
1 Pt 3 18ᵃ ἔπαθεν (ἀπέθανεν NMBSTH) ... θανατωθεὶς μὲν σαρκὶ ζωοποιηθεὶς δὲ πνεύματι

θάπτω
συν-
ᵃ pass.

Mt 8 21 ἐπίτρεψόν μοι πρῶτον ἀπελθεῖν καὶ θάψαι τὸν πατέρα μου
8 22 ἄφες τοὺς νεκροὺς θάψαι τοὺς ἑαυτῶν νεκρούς
14 12 ἦραν τὸ πτῶμα καὶ ἔθαψαν αὐτόν (-τό[ν] N²⁶; -τό MVBSς)
Lc 9 59 κύριε ([N²⁶]; —NTH), ἐπίτρεψόν μοι | ἀπελθόντι πρῶτον (~ NMV BTH) θάψαι τὸν πατέρα μου
9 60 ἄφες τοὺς νεκροὺς θάψαι τοὺς ἑαυτῶν νεκρούς
16 22ᵃ ἀπέθανεν δὲ καὶ ὁ πλούσιος καὶ ἐτάφη
Ac 2 29ᵃ ἐξὸν εἰπεῖν ... περὶ τοῦ πατριάρχου Δαυίδ, ὅτι καὶ ἐτελεύτησεν καὶ ἐτάφη
5 6 ἀναστάντες δὲ οἱ νεώτεροι συνέστειλαν αὐτὸν καὶ ἐξενέγκαντες ἔθαψαν
5 9 ἰδοὺ οἱ πόδες τῶν θαψάντων τὸν ἄνδρα σου ἐπὶ τῇ θύρᾳ
5 10 ἐξενέγκαντες ἔθαψαν πρὸς τὸν ἄνδρα αὐτῆς
1 C 15 4ᵃ ⟨παρέδωκα γὰρ ὑμῖν ... ὅτι Χριστὸς ἀπέθανεν⟩ καὶ ὅτι ἐτάφη

Θάρα
Θαρά Η
Lc 3 34 ⟨ἦν Ἰησοῦς ... ὢν υἱός, ὡς ἐνομίζετο⟩ τοῦ Ἀβραὰμ τοῦ Θάρα τοῦ Ναχώρ

θαρρέω
2 C 5 6 θαρροῦντες οὖν πάντοτε καὶ εἰδότες ὅτι ἐνδημοῦντες ... ἐκδημοῦμεν
5 8 θαρροῦμεν δὲ καὶ εὐδοκοῦμεν μᾶλλον ἐκδημῆσαι
7 16 χαίρω ὅτι ἐν παντὶ θαρρῶ ἐν ὑμῖν
10 1 ὃς κατὰ πρόσωπον μὲν ταπεινὸς ἐν ὑμῖν, ἀπὼν δὲ θαρρῶ εἰς ὑμᾶς· ↔
10 2 δέομαι δὲ τὸ μὴ παρὼν θαρρῆσαι τῇ πεποιθήσει
Hb 13 6 ὥστε θαρροῦντας ἡμᾶς λέγειν

θαρσέω
Mt 9 2 θάρσει, τέκνον, ἀφίενται (ἀφέων MVBSς) σου αἱ ἁμαρτίαι
9 22 θάρσει, θύγατερ· ἡ πίστις σου σέσωκέν σε
14 27 θαρσεῖτε, ἐγώ εἰμι· μὴ φοβεῖσθε
Mc 6 50 θαρσεῖτε, ἐγώ εἰμι· μὴ φοβεῖσθε
10 49 φωνοῦσιν τὸν τυφλὸν λέγοντες αὐτῷ· θάρσει, ἔγειρε
Lc 8 48 * θάρσει (+ς), θυγάτηρ (θύγατερ VSTς), ἡ πίστις σου σέσωκέν σε
Jo 16 33 ἐν τῷ κόσμῳ θλῖψιν ἔχετε, ἀλλὰ θαρσεῖτε

Ac 23 11 τῇ δὲ ἐπιούσῃ νυκτὶ ἐπιστὰς αὐτῷ ὁ κύριος εἶπεν· θάρσει (+Παῦλε ς)

θάρσος

Ac 28 15 οὓς ἰδὼν ὁ Παῦλος εὐχαριστήσας τῷ θεῷ ἔλαβε θάρσος

θαῦμα

2 C 11 14 καὶ οὐ θαῦμα (-μαστόν ς)· αὐτὸς γὰρ ὁ σατανᾶς μετασχηματίζεται εἰς ἄγγελον φωτός

Ap 17 6 ἐθαύμασα ἰδὼν αὐτὴν θαῦμα μέγα

θαυμάζω

ἐκ-
a θ. ἐπί τινι
b θ. περί τινος
c θ. ἔν τινι
d θ. τι(νά)
e θ. διά τι
f θ. ὅτι
g θ. εἰ
h θ. ἐν τῷ et inf.
j θ. θαῦμα

Mt 8 10 ἀκούσας δὲ ὁ Ἰησοῦς ἐθαύμασεν

8 27 οἱ δὲ ἄνθρωποι ἐθαύμασαν λέγοντες

9 8 * ἰδόντες δὲ οἱ ὄχλοι ἐθαύμασαν (ς; ἐφοβήθησαν rl) καὶ ἐδόξασαν τὸν θεόν

9 33 ἐθαύμασαν οἱ ὄχλοι λέγοντες

15 31 ὥστε | τὸν ὄχλον (τοὺς ὄχλους MVς) θαυμάσαι βλέποντας κωφοὺς λαλοῦντας

21 20 ἰδόντες οἱ μαθηταὶ ἐθαύμασαν λέγοντες

22 22 ἀκούσαντες ἐθαύμασαν

27 14 οὐκ ἀπεκρίθη αὐτῷ . . . ὥστε θαυμάζειν τὸν ἡγεμόνα λίαν

Mc 5 20 καὶ πάντες ἐθαύμαζον

6 6e ἐθαύμαζεν (-μασεν NTH) διὰ τὴν ἀπιστίαν αὐτῶν

6 51 * λίαν | ἐκ περισσοῦ ([N²⁶]; —H) ἐν ἑαυτοῖς ἐξίσταντο | καὶ ἐθαύμαζον (+ς)

12 17a * ἐθαύμασαν (ς; ἐξεθαύμαζον rl) ἐπ' αὐτῷ

15 5 ὁ δὲ Ἰησοῦς οὐκέτι οὐδὲν ἀπεκρίθη, ὥστε θαυμάζειν τὸν Πιλᾶτον

15 44g ὁ δὲ Πιλᾶτος ἐθαύμασεν (-μαζεν T) εἰ ἤδη τέθνηκεν

Lc 1 21h ἦν ὁ λαὸς προσδοκῶν . . . καὶ ἐθαύμαζον ἐν τῷ χρονίζειν | ἐν τῷ ναῷ αὐτόν (~VBSTς)

1 63 καὶ ἐθαύμασαν πάντες

2 18b πάντες οἱ ἀκούσαντες ἐθαύμασαν περὶ τῶν λαληθέντων . . . πρὸς αὐτούς

2 33a ἦν ὁ πατὴρ αὐτοῦ καὶ ἡ μήτηρ (+ αὐτοῦ Tς) θαυμάζοντες ἐπὶ τοῖς λαλουμένοις περὶ αὐτοῦ

4 22a πάντες ἐμαρτύρουν αὐτῷ καὶ ἐθαύμαζον ἐπὶ τοῖς λόγοις τῆς χάριτος

7 9d ἀκούσας δὲ ταῦτα ὁ Ἰησοῦς ἐθαύμασεν αὐτόν

8 25 | φοβηθέντες δὲ (οἱ δὲ φ. V) ἐθαύμασαν, | λέγοντες πρὸς ἀλλήλους (~S)

9 43a πάντων δὲ θαυμαζόντων ἐπὶ πᾶσιν οἷς ἐποίει εἶπεν

11 14 ἐθαύμασαν οἱ ὄχλοι

11 38b ὁ δὲ Φαρισαῖος ἰδὼν ἐθαύμασεν ὅτι οὐ πρῶτον ἐβαπτίσθη πρὸ τοῦ ἀρίστου

20 26a θαυμάσαντες ἐπὶ τῇ ἀποκρίσει αὐτοῦ ἐσίγησαν

Lc 24 12d | καὶ ἀπῆλθεν πρὸς ἑαυτὸν θαυμάζων τὸ γεγονός ([..VH]; ..—NT)

24 41 ἔτι δὲ ἀπιστούντων αὐτῶν ἀπὸ τῆς χαρᾶς καὶ θαυμαζόντων

Jo 3 7f μὴ θαυμάσῃς ὅτι εἶπόν σοι

4 27f ἐθαύμαζον (-μασαν ς) ὅτι μετὰ γυναικὸς ἐλάλει

5 20 μείζονα τούτων δείξει αὐτῷ ἔργα, ἵνα ὑμεῖς θαυμάζητε (-ζετε T)

5 28df μὴ θαυμάζετε τοῦτο, ὅτι ἔρχεται ὥρα

7 15 ἐθαύμαζον οὖν οἱ Ἰουδαῖοι λέγοντες

7 21 ἓν ἔργον ἐποίησα καὶ πάντες θαυμάζετε

Ac 2 7 ἐξίσταντο δὲ (+πάντες BSTς) καὶ ἐθαύμαζον λέγοντες (+πρὸς ἀλλήλους ς)

3 12a τί θαυμάζετε ἐπὶ τούτῳ, ἢ ἡμῖν τί ἀτενίζετε ⟨;⟩

4 13 θεωροῦντες δὲ τὴν τοῦ Πέτρου παρρησίαν . . . ἐθαύμαζον

7 31d ὁ δὲ Μωϋσῆς ἰδὼν ἐθαύμαζεν (N²⁶NT; -σεν rl) τὸ ὅραμα

13 41 ἴδετε, οἱ καταφρονηταί, καὶ θαυμάσατε καὶ ἀφανίσθητε

G 1 6f θαυμάζω ὅτι οὕτως ταχέως μετατίθεσθε ἀπὸ τοῦ καλέσαντος ὑμᾶς ἐν χάριτι

2 Th 1 10c ὅταν ἔλθῃ ἐνδοξασθῆναι . . . καὶ θαυμασθῆναι ἐν πᾶσιν τοῖς πιστεύσασιν

1 Jo 3 13 καὶ (+[N²⁶]ST) μὴ θαυμάζετε, ἀδελφοί, εἰ μισεῖ ὑμᾶς ὁ κόσμος

Jd 16d τὸ στόμα αὐτῶν λαλεῖ ὑπέρογκα, θαυμάζοντες πρόσωπα ὠφελείας χάριν

Ap 13 3 ἐθαυμάσθη (-μασεν MVBST) | ὅλη ἡ γῆ (ἐν ὅλῃ τῇ γῇ ς) ὀπίσω τοῦ θηρίου

17 6d ἐθαύμασα ἰδὼν αὐτὴν θαῦμα μέγα. ↔

17 7e καὶ εἶπέν μοι ὁ ἄγγελος· διὰ τί ἐθαύμασας;

17 8 θαυμασθήσονται (-μάσονται MVB STς) οἱ κατοικοῦντες ἐπὶ τῆς γῆς

θαυμάσιος

Mt 21 15 ἰδόντες δὲ οἱ ἀρχιερεῖς καὶ οἱ γραμματεῖς τὰ θαυμάσια ἃ ἐποίησεν

θαυμαστός

a τὸ θαυμαστόν

Mt 21 42 καὶ ἔστιν θαυμαστὴ ἐν ὀφθαλμοῖς ἡμῶν

Mc 12 11 καὶ ἔστιν θαυμαστὴ ἐν ὀφθαλμοῖς ἡμῶν

Jo 9 30a ἐν τούτῳ γὰρ τὸ (—ς) θαυμαστόν ἐστιν, ὅτι ὑμεῖς οὐκ οἴδατε πόθεν ἐστίν

2 C 11 14 * καὶ οὐ θαυμαστόν (ς; θαῦμα rl)· αὐτὸς γὰρ ὁ σατανᾶς μετασχηματίζεται εἰς ἄγγελον φωτός

1 Pt 2 9 ὅπως τὰς ἀρετὰς ἐξαγγείλητε τοῦ ἐκ σκότους ὑμᾶς καλέσαντος εἰς τὸ θαυμαστὸν αὐτοῦ φῶς

Ap 15 1 εἶδον ἄλλο σημεῖον ἐν τῷ οὐρανῷ μέγα καὶ θαυμαστόν

15 3 μεγάλα καὶ θαυμαστὰ τὰ ἔργα σου, κύριε

θεά

→ θεός, ἡ

Ac 19 27 κινδυνεύει . . . τὸ τῆς μεγάλης θεᾶς | Ἀρτέμιδος ἱερὸν (~T) εἰς οὐθὲν λογισθῆναι

19 35 * τίς . . . οὐ γινώσκει τὴν Ἐφεσίων πόλιν νεωκόρον οὖσαν τῆς μεγάλης θεᾶς (+ς) Ἀρτέμιδος ⟨;⟩

Ac 19 37 * ἠγάγετε γὰρ τοὺς ἄνδρας τούτους οὔτε ἱεροσύλους οὔτε βλασφημοῦντας τὴν | θεὰν ὑμῶν (ς; θεὸν ἡμ. rl)

θεάομαι

a πρὸς τὸ θεαθῆναι

Mt 6 1a μὴ ποιεῖν ἔμπροσθεν τῶν ἀνθρώπων πρὸς τὸ θεαθῆναι αὐτοῖς

11 7 τί ἐξήλθατε εἰς τὴν ἔρημον θεάσασθαι;

22 11 εἰσελθὼν δὲ ὁ βασιλεὺς θεάσασθαι τοὺς ἀνακειμένους

23 5a πάντα δὲ τὰ ἔργα αὐτῶν ποιοῦσιν πρὸς τὸ θεαθῆναι τοῖς ἀνθρώποις

Mc [16 11] κἀκεῖνοι ἀκούσαντες ὅτι ζῇ καὶ ἐθεάθη ὑπ' αὐτῆς ἠπίστησαν

[16 14] ὅτι τοῖς θεασαμένοις αὐτὸν ἐγηγερμένον (+ἐκ νεκρῶν MBS[H] οὐκ ἐπίστευσαν

Lc 5 27 ἐθεάσατο τελώνην ὀνόματι Λευὶν καθήμενον ἐπὶ τὸ τελώνιον

7 24 τί ἐξήλθατε (ἐξεληλύθατε VBSTς) εἰς τὴν ἔρημον θεάσασθαι;

23 55 κατακολουθήσασαι δὲ αἱ (—T; καὶ ς) γυναῖκες . . . ἐθεάσαντο τὸ μνημεῖον

Jo 1 14 ἐθεασάμεθα τὴν δόξαν αὐτοῦ

1 32 τεθέαμαι τὸ πνεῦμα καταβαῖνον ὡς περιστερὰν ἐξ οὐρανοῦ

1 38 στραφεὶς δὲ (—T) ὁ Ἰησοῦς καὶ θεασάμενος αὐτοὺς ἀκολουθοῦντας λέγει αὐτοῖς

4 35 θεάσασθε τὰς χώρας, ὅτι λευκαί εἰσιν πρὸς θερισμόν

6 5 θεασάμενος ὅτι πολὺς ὄχλος ἔρχεται πρὸς αὐτόν

[8 10] * ἀνακύψας (ἀναβλέψας S) δὲ ὁ Ἰησοῦς | καὶ μηδένα θεασάμενος πλὴν τῆς γυναικός (+ς)

11 45 πολλοὶ οὖν ἐκ τῶν Ἰουδαίων οἱ . . . θεασάμενοι ἃ (N²⁶Tς; ὃ rl) ἐποίησεν, ἐπίστευσαν

Ac 1 11 οὕτως ἐλεύσεται ὃν τρόπον ἐθεάσασθε αὐτὸν πορευόμενον εἰς τὸν οὐρανόν

8 18 * θεασάμενος (ς; ἰδὼν rl) δὲ ὁ Σίμων ὅτι . . . δίδοται τὸ πνεῦμα (+τὸ ἅγιον VBSς)

21 27 οἱ ἀπὸ τῆς Ἀσίας Ἰουδαῖοι θεασάμενοι αὐτὸν ἐν τῷ ἱερῷ συνέχεον πάντα τὸν ὄχλον

22 9 οἱ δὲ σὺν ἐμοὶ ὄντες τὸ μὲν φῶς ἐθεάσαντο

Rm 15 24 ἐλπίζω γὰρ διαπορευόμενος θεάσασθαι ὑμᾶς

1 Jo 1 1 ὃ ἑωράκαμεν τοῖς ὀφθαλμοῖς ἡμῶν, ὃ ἐθεασάμεθα καὶ αἱ χεῖρες ἡμῶν ἐψηλάφησαν

4 12 θεὸν οὐδεὶς πώποτε τεθέαται

4 14 καὶ ἡμεῖς τεθεάμεθα καὶ μαρτυροῦμεν

θεατρίζω

Hb 10 33 ⟨πολλὴν ἄθλησιν ὑπεμείνατε παθημάτων⟩ τοῦτο μὲν ὀνειδισμοῖς τε καὶ θλίψεσιν θεατριζόμενοι

θέατρον

Ac 19 29 ὥρμησάν τε ὁμοθυμαδὸν εἰς τὸ θέατρον

19 31 παρεκάλουν μὴ δοῦναι ἑαυτὸν εἰς τὸ θέατρον

1 C 4 9 ὅτι θέατρον ἐγενήθημεν τῷ κόσμῳ καὶ ἀγγέλοις καὶ ἀνθρώποις

θεῖον

Lc 17 29 ἔβρεξεν πῦρ καὶ θεῖον ἀπ' οὐρανοῦ

Ap   9 17 ἐκ τῶν στομάτων αὐτῶν ἐκπορεύεται πῦρ καὶ καπνὸς καὶ θεῖον

    9 18 ἀπεκτάνθησαν ... ἐκ τοῦ πυρὸς καὶ τοῦ καπνοῦ καὶ τοῦ θείου τοῦ ἐκπορευομένου ἐκ τῶν στομάτων αὐτῶν

    14 10 βασανισθήσεται (-σονται Β) ἐν πυρὶ καὶ θείῳ ἐνώπιον ἀγγέλων ἁγίων

    19 20 ἐβλήθησαν ... εἰς τὴν λίμνην τοῦ πυρὸς | τῆς καιομένης (τὴν καιομένην VBSϛ) ἐν (+τῷ ϛ) θείῳ

    20 10 ὁ διάβολος ... ἐβλήθη εἰς τὴν λίμνην τοῦ πυρὸς καὶ (+τοῦ ΒΤ) θείου

    21 8 τοῖς δὲ δειλοῖς ... τὸ μέρος αὐτῶν ἐν τῇ λίμνῃ τῇ καιομένῃ πυρὶ καὶ θείῳ

θεῖος

Ac   17 29 οὐκ ὀφείλομεν νομίζειν, χρυσῷ ἢ ἀργύρῳ ... τὸ θεῖον εἶναι ὅμοιον

2 Pt   1 3 ὡς (+τὰ NVT) πάντα ἡμῖν τῆς θείας δυνάμεως αὐτοῦ τὰ πρὸς ζωὴν ... δεδωρημένης

    1 4 ἵνα διὰ τούτων γένησθε θείας κοινωνοὶ φύσεως

θειότης

Rm   1 20 τὰ γὰρ ἀόρατα αὐτοῦ ... τοῖς ποιήμασιν νοούμενα καθορᾶται, ἥ τε ἀΐδιος αὐτοῦ δύναμις καὶ θειότης

θειώδης

Ap   9 17 εἶδον ... τοὺς καθημένους ἐπ' αὐτῶν, ἔχοντας θώρακας πυρίνους καὶ ὑακινθίνους καὶ θειώδεις

θέλημα

a   ποιῶ τὸ θ.
b   κατεργάζομαι τὸ θ.
c   τὸ θ. θέλει
d   θ. et ἵνα
e   διὰ θελήματος
f   κατὰ τὸ θέλημα
g   θελήματα

Mt   6 10 γενηθήτω τὸ θέλημά σου

    7 21a οὐ πᾶς ὁ λέγων μοι ... εἰσελεύσεται εἰς τὴν βασιλείαν ... ἀλλ' ὁ ποιῶν τὸ θέλημα τοῦ πατρός μου

    12 50a ὅστις γὰρ ἂν ποιήσῃ (ποιῇ S) τὸ θέλημα τοῦ πατρός μου τοῦ ἐν οὐρανοῖς

    18 14d οὕτως οὐκ ἔστιν θέλημα ἔμπροσθεν τοῦ πατρός ὑμῶν (μου Η) τοῦ ἐν οὐρανοῖς ἵνα ἀπόληται

    21 31a τίς ἐκ τῶν δύο ἐποίησεν τὸ θέλημα τοῦ πατρός;

    26 42 εἰ οὐ δύναται τοῦτο (+τὸ ποτήριον Vϛ) παρελθεῖν ... γενηθήτω τὸ θέλημά σου

Mc   3 35a ὃς γὰρ ([Ν²⁶]; —ΝΤΗ) ἂν ποιήσῃ τὸ θέλημα τοῦ θεοῦ

Lc   11 2 * ἐλθέτω ἡ βασιλεία σου· | γενηθήτω τὸ θέλημά σου (+ϛ..)

    12 47 ἐκεῖνος δὲ ὁ δοῦλος ὁ γνοὺς τὸ θέλημα τοῦ κυρίου αὐτοῦ ↔

    12 47 καὶ μὴ ἑτοιμάσας ἢ ποιήσας πρὸς τὸ θέλημα αὐτοῦ δαρήσεται πολλάς

    22 42 πλὴν μὴ τὸ θέλημά μου ἀλλὰ τὸ σὸν γινέσθω

    23 25 τὸν δὲ Ἰησοῦν παρέδωκεν τῷ θελήματι αὐτῶν

Jo   1 13 οἳ οὐκ ἐξ αἱμάτων οὐδὲ ἐκ θελήματος σαρκὸς ↔

    1 13 οὐδὲ ἐκ θελήματος ἀνδρὸς ἀλλ' ἐκ θεοῦ ἐγεννήθησαν

Jo   4 34a ἐμὸν βρῶμά ἐστιν ἵνα ποιήσω (ποιῶ NVTϛ) τὸ θέλημα τοῦ πέμψαντός με

    5 30 ὅτι οὐ ζητῶ τὸ θέλημα τὸ ἐμὸν ↔

    5 30 ἀλλὰ τὸ θέλημα τοῦ πέμψαντός με

    6 38a ὅτι καταβέβηκα ... οὐχ ἵνα ποιῶ (ποιήσω Τ) τὸ θέλημα τὸ ἐμὸν ↔

    6 38a ἀλλὰ τὸ θέλημα τοῦ πέμψαντός με. ↔

    6 39d τοῦτο δέ ἐστιν τὸ θέλημα τοῦ πέμψαντός με, ἵνα ... μὴ ἀπολέσω

    6 40d τοῦτο γάρ ἐστιν τὸ θέλημα τοῦ πατρός μου, ἵνα ... ἔχῃ

    7 17a ἐάν τις θέλῃ τὸ θέλημα αὐτοῦ ποιεῖν

    9 31a ἀλλ' ἐάν τις θεοσεβὴς ᾖ καὶ τὸ θέλημα αὐτοῦ ποιῇ, τούτου ἀκούει

Ac   13 22ag εὗρον Δαυὶδ ... ὃς ποιήσει πάντα τὰ θελήματά μου

    21 14 τοῦ κυρίου τὸ θέλημα γινέσθω

    22 14 ὁ θεὸς ... προεχειρίσατό σε γνῶναι τὸ θέλημα αὐτοῦ

Rm   1 10 εἴ πως ἤδη ποτὲ εὐοδωθήσομαι ἐν τῷ θελήματι τοῦ θεοῦ ἐλθεῖν πρὸς ὑμᾶς

    2 18 ⟨εἰ δὲ σὺ Ἰουδαῖος ἐπονομάζῃ⟩ καὶ γινώσκεις τὸ θέλημα

    12 2 εἰς τὸ δοκιμάζειν ὑμᾶς τί τὸ θέλημα τοῦ θεοῦ

    15 32e ἵνα ... διὰ θελήματος θεοῦ συναναπαύσωμαι ὑμῖν

1 C   1 1e Παῦλος κλητὸς ἀπόστολος ... διὰ θελήματος θεοῦ

    7 37 ἐξουσίαν δὲ ἔχει περὶ τοῦ ἰδίου θελήματος

    16 12d πάντως οὐκ ἦν θέλημα ἵνα νῦν ἔλθῃ

2 C   1 1e Παῦλος ἀπόστολος Χριστοῦ Ἰησοῦ διὰ θελήματος θεοῦ

    8 5e ἀλλ' ἑαυτοὺς ἔδωκαν πρῶτον τῷ κυρίῳ καὶ ἡμῖν διὰ θελήματος θεοῦ

G   1 4f ὅπως ἐξέληται ἡμᾶς ἐκ τοῦ αἰῶνος ... κατὰ τὸ θέλημα τοῦ θεοῦ καὶ πατρὸς ἡμῶν

E   1 1e Παῦλος ἀπόστολος | Χριστοῦ Ἰησοῦ (~MVSϛ) διὰ θελήματος θεοῦ τοῖς ἁγίοις

    1 5 προορίσας ἡμᾶς εἰς υἱοθεσίαν ... κατὰ τὴν εὐδοκίαν τοῦ θελήματος αὐτοῦ

    1 9 γνωρίσας ἡμῖν τὸ μυστήριον τοῦ θελήματος αὐτοῦ

    1 11 ἐκληρώθημεν προορισθέντες κατὰ πρόθεσιν τοῦ τὰ πάντα ἐνεργοῦντος κατὰ τὴν βουλὴν τοῦ θελήματος αὐτοῦ

    2 3ag ἐν οἷς καὶ ἡμεῖς πάντες ἀνεστράφημέν ποτε ... ποιοῦντες τὰ θελήματα τῆς σαρκὸς καὶ τῶν διανοιῶν

    5 17 ἀλλὰ συνίετε τί τὸ θέλημα τοῦ κυρίου

    6 6a ἀλλ' ὡς δοῦλοι Χριστοῦ ποιοῦντες τὸ θέλημα τοῦ θεοῦ ἐκ ψυχῆς

Cl   1 1e Παῦλος ἀπόστολος Χριστοῦ Ἰησοῦ διὰ θελήματος θεοῦ

    1 9 ἵνα πληρωθῆτε τὴν ἐπίγνωσιν τοῦ θελήματος αὐτοῦ ἐν πάσῃ σοφίᾳ

    4 12 ἵνα σταθῆτε (στ[αθ]ῆτε S; στῆτε Vϛ) ... πεπληροφορημένοι ἐν παντὶ θελήματι τοῦ θεοῦ

1 Th   4 3 τοῦτο γάρ ἐστιν θέλημα τοῦ θεοῦ, ὁ ἁγιασμὸς ὑμῶν

1 Th   5 18 ἐν παντὶ εὐχαριστεῖτε· τοῦτο γὰρ θέλημα θεοῦ ἐν Χριστῷ Ἰησοῦ εἰς ὑμᾶς

2 Tm   1 1e Παῦλος ἀπόστολος Χριστοῦ Ἰησοῦ διὰ θελήματος θεοῦ

    2 26 ἐζωγρημένοι ὑπ' αὐτοῦ εἰς τὸ ἐκείνου θέλημα

Hb   10 7a ἥκω ... τοῦ ποιῆσαι ὁ θεὸς τὸ θέλημά σου

    10 9a ἥκω τοῦ ποιῆσαι τὸ θέλημά σου

    10 10 ἐν ᾧ θελήματι ἡγιασμένοι ἐσμὲν διὰ τῆς προσφορᾶς τοῦ σώματος Ἰησοῦ Χριστοῦ ἐφάπαξ

    10 36a ἵνα τὸ θέλημα τοῦ θεοῦ ποιήσαντες κομίσησθε τὴν ἐπαγγελίαν

    13 21a καταρτίσαι ὑμᾶς ἐν παντὶ (+ἔργῳ Vϛ) ἀγαθῷ εἰς τὸ ποιῆσαι τὸ θέλημα αὐτοῦ

1 Pt   2 15 ὅτι οὕτως ἐστὶν τὸ θέλημα τοῦ θεοῦ

    3 17c εἰ θέλοι τὸ θέλημα τοῦ θεοῦ

    4 2 εἰς τὸ μηκέτι ἀνθρώπων ἐπιθυμίαις ἀλλὰ θελήματι θεοῦ τὸν ἐπίλοιπον ... βιῶσαι χρόνον. ↔

    4 3b * ἀρκετὸς γὰρ ὁ παρεληλυθὼς χρόνος τὸ θέλημα (ϛ; βούλημα rl) τῶν ἐθνῶν κατειργάσθαι

    4 19f ὥστε καὶ οἱ πάσχοντες κατὰ τὸ θέλημα τοῦ θεοῦ πιστῷ κτίστῃ παρατιθέσθωσαν τὰς ψυχὰς αὐτῶν (ἑαυ. ϛ; —Η)

2 Pt   1 21 οὐ γὰρ θελήματι ἀνθρώπου ἠνέχθη | προφητεία ποτέ (~Τϛ)

1 Jo   2 17f ὁ δὲ ποιῶν τὸ θέλημα τοῦ θεοῦ μένει εἰς τὸν αἰῶνα

    5 14f ὅτι ἐάν τι αἰτώμεθα κατὰ τὸ θέλημα αὐτοῦ ἀκούει ἡμῶν

Ap   4 11 διὰ τὸ θέλημά σου ἦσαν καὶ ἐκτίσθησαν

θέλησις

Hb   2 4 συνεπιμαρτυροῦντος τοῦ θεοῦ ... δυνάμεσιν καὶ πνεύματος ἁγίου μερισμοῖς κατὰ τὴν αὐτοῦ θέλησιν

θέλω

a   c. verbo finito
b   θ. ἵνα
c   θ. τι(νά)
d   ὅσον, ὅπου, οἷον, ὡς, (π)οσάκις θ.
e   τὸ θέλημα θέλει
f   καθὼς ἠθέλησεν
g   τὸ θέλειν
h   θέλων ὁ θεός

Mt   1 19 Ἰωσὴφ δὲ ... δίκαιος ὢν καὶ μὴ θέλων αὐτὴν δειγματίσαι (παρα- VSϛ)

    2 18 Ῥαχὴλ κλαίουσα τὰ τέκνα αὐτῆς, καὶ οὐκ ἤθελεν παρακληθῆναι

    5 40 τῷ θέλοντί σοι κριθῆναι καὶ τὸν χιτῶνά σου λαβεῖν

    5 42 τὸν θέλοντα ἀπὸ σοῦ δανίσασθαι μὴ ἀποστραφῇς

    7 12b πάντα οὖν ὅσα ἐὰν (ἂν VSϛ) θέλητε ἵνα ποιῶσιν ὑμῖν οἱ ἄνθρωποι

    8 2 ἐὰν θέλῃς, δύνασαί με καθαρίσαι

    8 3 θέλω, καθαρίσθητι

    9 13c ἔλεος θέλω καὶ οὐ θυσίαν

    11 14 εἰ θέλετε δέξασθαι, αὐτός ἐστιν Ἡλίας

    12 7c ἔλεος θέλω καὶ οὐ θυσίαν

    12 38 διδάσκαλε, θέλομεν ἀπὸ σοῦ σημεῖον ἰδεῖν

    13 28a θέλεις οὖν ἀπελθόντες συλλέξωμεν αὐτά;

Mt 14 5 θέλων αὐτὸν ἀποκτεῖναι ἐφοβήθη τὸν ὄχλον

15 28ᵈ γενηθήτω σοι ὡς θέλεις

15 32 ἀπολῦσαι αὐτοὺς νήστεις οὐ θέλω

16 24 εἴ τις θέλει ὀπίσω μου ἐλθεῖν

16 25 ὃς γὰρ ἐὰν θέλῃ τὴν ψυχὴν αὐτοῦ σῶσαι

17 4 εἰ θέλεις, ποιήσω (-σωμεν Vϛ) ὧδε τρεῖς σκηνάς

17 12ᵈ ἀλλὰ ἐποίησαν ἐν αὐτῷ ὅσα ἠθέλησαν

18 23 ἀνθρώπῳ βασιλεῖ, ὃς ἠθέλησεν συνᾶραι λόγον μετὰ τῶν δούλων αὐτοῦ

18 30 ⟨μακροθύμησον ἐπ᾽ ἐμοί, καὶ ἀποδώσω σοι⟩ ὁ δὲ οὐκ ἤθελεν

19 17 εἰ δὲ θέλεις εἰς τὴν ζωὴν εἰσελθεῖν, τήρησον (τήρει ΝΗ) τὰς ἐντολάς

19 21 εἰ θέλεις τέλειος εἶναι

20 14 θέλω δὲ τούτῳ τῷ ἐσχάτῳ δοῦναι ὡς καὶ σοί· ↔

20 15 ἢ ([Ν²⁶]; —ΝΒΗ) οὐκ ἔξεστίν μοι ὃ θέλω ποιῆσαι ἐν τοῖς ἐμοῖς;

20 21ᶜ τί θέλεις;

20 26 ὃς ἐὰν (ἂν Η) θέλῃ ἐν ὑμῖν μέγας γενέσθαι, ἔσται ὑμῶν διάκονος, ↔

20 27 καὶ ὃς ἂν (ἐὰν VSϛ) θέλῃ ἐν ὑμῖν εἶναι πρῶτος, ἔσται ὑμῶν δοῦλος

20 32ᵃ τί θέλετε ποιήσω ὑμῖν;

21 29 ‖ οὐ θέλω, ὕστερον δὲ (—Τ) μεταμεληθεὶς ἀπῆλθεν ((Ν²⁶VΒΤϛ; ἐγὼ κύριε, καὶ οὐκ ἀπῆλθεν ΝΗ; ὑπάγω, κύριε, κ. οὐκ ἀπ. MS))

21 30 * ‖ οὐ θέλω, ὕστερον (+δὲ MS) μεταμεληθεὶς ἀπῆλθεν ((ΝΜSΗ; ἐγώ, κύριε, καὶ οὐκ ἀπῆλθεν rl))

22 3 οὐκ ἤθελον ἐλθεῖν

23 4 | αὐτοὶ δὲ τῷ (τῷ δὲ VSϛ) δακτύλῳ αὐτῶν οὐ θέλουσιν κινῆσαι αὐτά

23 37ᵈ ποσάκις ἠθέλησα ἐπισυναγαγεῖν τὰ τέκνα σου, ὃν τρόπον | ὄρνις ἐπισυνάγει (~Vϛ) τὰ νοσσία αὐτῆς ([ΝΗ]; ἑαυ. Vϛ) ὑπὸ τὰς πτέρυγας, ↔

23 37 καὶ οὐκ ἠθελήσατε

26 15 τί θέλετέ μοι δοῦναι, κἀγὼ ὑμῖν παραδώσω αὐτόν;

26 17ᵃ ποῦ θέλεις ἑτοιμάσωμέν σοι φαγεῖν τὸ πάσχα;

26 39ᵈ πλὴν οὐχ ὡς ἐγὼ θέλω ἀλλ᾽ ὡς σύ

27 15 εἰώθει ὁ ἡγεμὼν ἀπολύειν ἕνα τῷ ὄχλῳ δέσμιον ὃν ἤθελον

27 17ᵃ τίνα θέλετε ἀπολύσω ὑμῖν ⟨;⟩

27 21ᵃ τίνα θέλετε ἀπὸ τῶν δύο ἀπολύσω ὑμῖν;

27 34 γευσάμενος οὐκ ἠθέλησεν (ἤθελε ϛ) πιεῖν

27 43ᶜ ῥυσάσθω νῦν (+αὐτὸν Vϛ) εἰ θέλει αὐτόν

Mc 1 40 ἐὰν θέλῃς δύνασαί με καθαρίσαι

1 41 θέλω, καθαρίσθητι

3 13 ἀναβαίνει εἰς τὸ ὄρος, καὶ προσκαλεῖται οὓς ἤθελεν αὐτός

6 19 ἡ δὲ Ἡρῳδιὰς ἐνεῖχεν αὐτῷ καὶ ἤθελεν αὐτὸν ἀποκτεῖναι

6 22 αἴτησόν με ὃ ἐὰν θέλῃς

6 25ᵇ θέλω ἵνα ἐξαυτῆς δῷς μοι ἐπὶ πίνακι τὴν κεφαλὴν Ἰωάννου

6 26 διὰ . . . τοὺς ἀνακειμένους (συνανα-Vϛ) οὐκ ἠθέλησεν | ἀθετῆσαι αὐτήν (~Vϛ)

6 48 ἤθελεν παρελθεῖν αὐτούς

7 24 εἰσελθὼν εἰς οἰκίαν οὐδένα ἤθελεν (ἠθέλησεν Τ) γνῶναι

Mc 8 34 | εἴ τις (ὅστις Τϛ) θέλει ὀπίσω μου ἀκολουθεῖν (ἐλθεῖν ΝΜΗϛ)

8 35 ὃς γὰρ ἐὰν θέλῃ τὴν | ψυχὴν αὐτοῦ (ἑαυτοῦ ψ. Η) σῶσαι

9 13ᵈ Ἠλίας ἐλήλυθεν, καὶ ἐποίησαν αὐτῷ ὅσα ἤθελον (ἠθέλησαν ϛ)

9 30ᵇ οὐκ ἤθελεν ἵνα τις γνοῖ

9 35 εἴ τις θέλει πρῶτος εἶναι

10 35ᵇ διδάσκαλε, θέλομεν ἵνα ὃ ἐὰν αἰτήσωμέν σε ποιήσῃς ἡμῖν

10 36ᵃ τί θέλετέ ‖ με ([Ν²⁶]; —ΒΗ) ποιήσω ((ποιῆσαί με MVSϛ)) ὑμῖν;

10 43 ὃς ἂν θέλῃ μέγας γενέσθαι ἐν ὑμῖν, ἔσται (ἔστω S) ὑμῶν διάκονος, ↔

10 44 καὶ ὃς ἂν θέλῃ | ἐν ὑμῖν εἶναι (ὑμῶν γενέσθαι Τϛ) πρῶτος, ἔσται πάντων δοῦλος

10 51ᵃ τί σοι θέλεις ποιήσω;

12 38ᶜ βλέπετε ἀπὸ τῶν γραμματέων τῶν θελόντων ἐν στολαῖς περιπατεῖν καὶ ἀσπασμοὺς

14 7 ὅταν θέλητε δύνασθε αὐτοῖς (—Τ; αὐτοὺς ϛ) (+πάντοτε [Η]) εὖ ποιῆσαι

14 12ᵃ ποῦ θέλεις ἀπελθόντες ἑτοιμάσωμεν ἵνα φάγῃς τὸ πάσχα;

14 36ᶜ ἀλλ᾽ οὐ τί ἐγὼ θέλω ἀλλὰ τί σύ

15 9ᵃ θέλετε ἀπολύσω ὑμῖν τὸν βασιλέα τῶν Ἰουδαίων;

15 12ᵃ τί οὖν θέλετε (+[Ν²⁶]ΒΤϛ) ποιήσω ‖ ὃν [ΝΗ] λέγετε [[Ν²⁶]] τὸν βασιλέα τῶν Ἰουδαίων;

Lc 1 62 ἐνένευον . . . τὸ τί ἂν θέλοι καλεῖσθαι αὐτό

4 6 ᾧ ἐὰν (ἂν Η) θέλω δίδωμι αὐτήν

5 12 κύριε, ἐὰν θέλῃς, δύνασαί με καθαρίσαι

5 13 θέλω, καθαρίσθητι

5 39ᶜ καὶ ([Ν²⁶S]; —Η) ‖ οὐδεὶς πιὼν παλαιὸν (+εὐθέως VΒ[S]ϛ) θέλει νέον [[Η. .]]

6 31ᵇ καθὼς θέλετε ἵνα ποιῶσιν ὑμῖν οἱ ἄνθρωποι, (+καὶ ὑμεῖς VΒ[S]Τϛ) ποιεῖτε αὐτοῖς ὁμοίως

8 20 ἡ ἀδελφοί σου ἑστήκασιν ἔξω ἰδεῖν | θέλοντές σε (~VΒSΤϛ)

9 23 εἴ τις θέλει ὀπίσω μου ἔρχεσθαι

9 24 ὃς γὰρ ἂν (ἐὰν ΝΜVΤ) θέλῃ τὴν ψυχὴν αὐτοῦ σῶσαι

9 54ᵃ κύριε, θέλεις εἴπωμεν πῦρ καταβῆναι ἀπὸ τοῦ οὐρανοῦ ⟨;⟩

10 24 πολλοὶ προφῆται καὶ βασιλεῖς ἠθέλησαν ἰδεῖν ἃ ὑμεῖς βλέπετε

10 29 ὁ δὲ θέλων δικαιῶσαι (δικαιοῦν Vϛ) ἑαυτὸν εἶπεν πρὸς τὸν Ἰησοῦν

12 49ᶜ πῦρ ἦλθον βαλεῖν ἐπὶ τὴν γῆν, καὶ τί θέλω εἰ ἤδη ἀνήφθη

13 31 ὅτι Ἡρῴδης θέλει σε ἀποκτεῖναι

13 34ᵈ ποσάκις ἠθέλησα ἐπισυνάξαι τὰ τέκνα σου ὃν τρόπον ὄρνις τὴν ἑαυτῆς νοσσιὰν ὑπὸ τὰς πτέρυγας, ↔

13 34 καὶ οὐκ ἠθελήσατε

14 28 τίς γὰρ ἐξ ὑμῶν θέλων πύργον οἰκοδομῆσαι οὐχὶ . . . ψηφίζει τὴν δαπάνην ⟨;⟩

15 28 ὠργίσθη δὲ καὶ οὐκ ἤθελεν εἰσελθεῖν

16 26 ὅπως οἱ θέλοντες διαβῆναι ἔνθεν πρὸς ὑμᾶς μὴ δύνωνται

18 4 οὐκ ἤθελεν (ἠθέλησεν ϛ) ἐπὶ χρόνον

18 13 ὁ δὲ τελώνης . . . οὐκ ἤθελεν οὐδὲ τοὺς ὀφθαλμοὺς ἐπᾶραι εἰς τὸν οὐρανόν

18 41ᵃ τί σοι θέλεις ποιήσω;

Lc 19 14 οὐ θέλομεν τοῦτον βασιλεῦσαι ἐφ᾽ ἡμᾶς

19 27 τοὺς ἐχθρούς μου τούτους τοὺς μὴ θελήσαντάς με βασιλεῦσαι ἐπ᾽ αὐτοὺς ἀγάγετε ὧδε

20 46 προσέχετε ἀπὸ τῶν γραμματέων τῶν θελόντων περιπατεῖν ἐν στολαῖς

22 9ᵃ ποῦ θέλεις ἑτοιμάσωμεν;

23 8 ἦν γὰρ ἐξ | ἱκανῶν χρόνων (ἱκανοῦ Sϛ) θέλων ἰδεῖν αὐτόν

23 20 πάλιν δὲ ὁ Πιλᾶτος προσεφώνησεν αὐτοῖς (—Τϛ), θέλων ἀπολῦσαι τὸν Ἰησοῦν

Jo 1 43 τῇ ἐπαύριον ἠθέλησεν ἐξελθεῖν εἰς τὴν Γαλιλαίαν

3 8ᵈ τὸ πνεῦμα ὅπου θέλει πνεῖ

5 6 θέλεις ὑγιὴς γενέσθαι;

5 21 οὕτως καὶ ὁ υἱὸς οὓς θέλει ζῳοποιεῖ

5 35 ὑμεῖς δὲ ἠθελήσατε ἀγαλλιαθῆναι πρὸς ὥραν ἐν τῷ φωτὶ αὐτοῦ

5 40 οὐ θέλετε ἐλθεῖν πρός με ἵνα ζωὴν ἔχητε

6 11ᵈ εὐχαριστήσας διέδωκεν (εὐχαρίστησεν καὶ ἔδωκεν Τ) τοῖς ἀνακειμένοις, ὁμοίως καὶ ἐκ τῶν ὀψαρίων ὅσον ἤθελον

6 21 ἤθελον οὖν λαβεῖν αὐτὸν εἰς τὸ πλοῖον

6 67 μὴ καὶ ὑμεῖς θέλετε ὑπάγειν;

7 1 οὐ γὰρ ἤθελεν ἐν τῇ Ἰουδαίᾳ περιπατεῖν

7 17 ἐάν τις θέλῃ τὸ θέλημα αὐτοῦ ποιεῖν

7 44 τινὲς δὲ ἤθελον ἐξ αὐτῶν πιάσαι αὐτόν

8 44 τὰς ἐπιθυμίας τοῦ πατρὸς ὑμῶν θέλετε ποιεῖν

9 27 τί πάλιν θέλετε ἀκούειν; ↔

9 27 μὴ καὶ ὑμεῖς θέλετε | αὐτοῦ μαθηταὶ (~S) γενέσθαι;

12 21 κύριε, θέλομεν τὸν Ἰησοῦν ἰδεῖν

15 7ᶜ ὃ ἐὰν θέλητε αἰτήσασθε, καὶ γενήσεται ὑμῖν

16 19 ἔγνω ὁ ([Ν²⁶]; οὖν ὁ Vϛ; —ΝΜΤΗ) Ἰησοῦς ὅτι ἤθελον αὐτὸν ἐρωτᾶν

17 24ᵇ ὃ δέδωκάς μοι, θέλω ἵνα ὅπου εἰμὶ ἐγὼ κἀκεῖνοι ὦσιν μετ᾽ ἐμοῦ

21 18ᵈ ὅτε ἦς νεώτερος . . . περιεπάτεις ὅπου ἤθελες·

21 18ᵈ ὅταν δὲ γηράσῃς . . . οἴσει (ἀποίσουσιν S) ὅπου οὐ θέλεις

21 22 ἐὰν αὐτὸν θέλω μένειν ἕως ἔρχομαι, τί πρὸς σέ;

21 23 ἐὰν αὐτὸν θέλω μένειν ἕως ἔρχομαι, | τί πρὸς σέ; ([Ν²⁶]; —ST)

Ac 2 12 τί θέλει (ἂν θέλοι ϛ) τοῦτο εἶναι;

7 28 μὴ ἀνελεῖν με σὺ θέλεις ⟨;⟩

7 39 ᾧ οὐκ ἠθέλησαν ὑπήκοοι γενέσθαι οἱ πατέρες ἡμῶν

9 6 * | κύριε, τί με θέλεις ποιῆσαι; (. . + ϛ. .)

10 10 ἐγένετο δὲ πρόσπεινος καὶ ἤθελεν γεύσασθαι

14 13 ὅ τε ἱερεὺς τοῦ Διὸς . . . σὺν τοῖς ὄχλοις ἤθελεν θύειν

16 3 τοῦτον ἠθέλησεν ὁ Παῦλος σὺν αὐτῷ ἐξελθεῖν

17 18 τί ἂν θέλοι ὁ σπερμολόγος οὗτος λέγειν;

17 20 βουλόμεθα οὖν γνῶναι | τίνα θέλει (τί ἂν θέλοι ϛ) ταῦτα εἶναι

18 21ʰ πάλιν ἀνακάμψω πρὸς ὑμᾶς τοῦ θεοῦ θέλοντος

Ac 19 33 ὁ δὲ Ἀλέξανδρος . . . ἤθελεν ἀπο-
λογεῖσθαι τῷ δήμῳ
24 6 * ὃν καὶ ἐκρατήσαμεν | καὶ κατὰ
τὸν ἡμέτερον νόμον ἠθελήσαμεν
κρίνειν (+ς. .)
24 27 θέλων τε χάριτα (-τας Sς) κατα-
θέσθαι τοῖς Ἰουδαίοις ὁ Φῆλιξ
κατέλιπε τὸν Παῦλον δεδεμένον
25 9 ὁ Φῆστος δὲ θέλων τοῖς Ἰουδαίοις
χάριν καταθέσθαι . . . εἶπεν· ↔
25 9 θέλεις εἰς Ἱεροσόλυμα ἀναβὰς ἐκεῖ
περὶ τούτων κριθῆναι ἐπ᾽ ἐμοῦ;
26 5 ⟨ἴσασι πάντες⟩ προγινώσκοντές
με ἄνωθεν, ἐὰν θέλωσι μαρτυρεῖν
Rm 1 13 οὐ θέλω δὲ ὑμᾶς ἀγνοεῖν
7 15 c οὐ γὰρ ὃ θέλω τοῦτο πράσσω
7 16 c εἰ δὲ ὃ οὐ θέλω τοῦτο ποιῶ, σύμ-
φημι τῷ νόμῳ
7 18 g τὸ γὰρ θέλειν παράκειταί μοι
7 19 c οὐ γὰρ ὃ θέλω ποιῶ ἀγαθόν, ↔
7 19 c ἀλλὰ ὃ οὐ θέλω κακὸν τοῦτο πράσ-
σω. ↔
7 20 c εἰ δὲ ὃ οὐ θέλω ἐγὼ ([N²⁶]; —H)
τοῦτο ποιῶ
7 21 εὑρίσκω ἄρα τὸν νόμον τῷ θέλοντι
ἐμοὶ ποιεῖν τὸ καλόν
9 16 ἄρα οὖν οὐ τοῦ θέλοντος . . . ἀλλὰ
τοῦ ἐλεῶντος (ἐλεοῦντος VSς)
θεοῦ
9 18 ἄρα οὖν ὃν θέλει ἐλεεῖ, ↔
9 18 ὃν δὲ θέλει σκληρύνει
9 22 h εἰ δὲ θέλων ὁ θεὸς ἐνδείξασθαι τὴν
ὀργὴν
11 25 οὐ γὰρ θέλω ὑμᾶς ἀγνοεῖν, ἀδελ-
φοί, τὸ μυστήριον τοῦτο
13 3 θέλεις δὲ μὴ φοβεῖσθαι τὴν ἐξουσίαν;
16 19 θέλω δὲ ὑμᾶς σοφοὺς (+μὲν MVS
[H]ς) εἶναι εἰς τὸ ἀγαθόν
1 C 4 19 ἐλεύσομαι . . . πρὸς ὑμᾶς, ἐὰν ὁ
κύριος θελήσῃ
4 21 c τί θέλετε; ἐν ῥάβδῳ ἔλθω πρὸς
ὑμᾶς ⟨;⟩
7 7 θέλω δὲ πάντας ἀνθρώπους εἶναι
ὡς καὶ ἐμαυτόν
7 32 θέλω δὲ ὑμᾶς ἀμερίμνους εἶναι
7 36 c εἰ δέ τις ἀσχημονεῖν ἐπὶ τὴν παρ-
θένον αὐτοῦ νομίζει . . . ὃ θέλει ποι-
είτω
7 39 ἐλευθέρα ἐστὶν ᾧ θέλει γαμηθῆναι
10 1 οὐ θέλω γὰρ ὑμᾶς ἀγνοεῖν, ἀδελφοί
10 20 οὐ θέλω δὲ ὑμᾶς κοινωνοὺς τῶν
δαιμονίων γίνεσθαι
10 27 εἴ τις καλεῖ ὑμᾶς τῶν ἀπίστων καὶ
θέλετε πορεύεσθαι
11 3 θέλω δὲ ὑμᾶς εἰδέναι ὅτι παντὸς
ἀνδρὸς ἡ κεφαλὴ ὁ Χριστός ἐστιν
12 1 περὶ δὲ τῶν πνευματικῶν, ἀδελφοί,
οὐ θέλω ὑμᾶς ἀγνοεῖν
12 18 f ὁ θεὸς ἔθετο τὰ μέλη, ἓν ἕκαστον
αὐτῶν ἐν τῷ σώματι καθὼς ἠθέλη-
σεν
14 5 θέλω δὲ πάντας ὑμᾶς λαλεῖν γλώσ-
σαις
14 19 ἐν ἐκκλησίᾳ θέλω πέντε λόγους
| τῷ νοΐ μου (διὰ τοῦ νοός μου Sς)
λαλῆσαι
14 35 εἰ δέ τι μαθεῖν (μανθάνειν MSH)
θέλουσιν
15 38 f ὁ δὲ θεὸς δίδωσιν αὐτῷ σῶμα κα-
θὼς ἠθέλησεν
16 7 οὐ θέλω γὰρ ὑμᾶς ἄρτι ἐν παρόδῳ
ἰδεῖν
2 C 1 8 οὐ γὰρ θέλομεν ὑμᾶς ἀγνοεῖν,
ἀδελφοί, ὑπὲρ (περὶ BST) τῆς
θλίψεως ἡμῶν

2 C 5 4 στενάζομεν βαρούμενοι, ἐφ᾽ ᾧ οὐ
θέλομεν ἐκδύσασθαι ἀλλ᾽ ἐπενδύ-
σασθαι
8 10 g οἵτινες οὐ μόνον τὸ ποιῆσαι ἀλλὰ
καὶ τὸ θέλειν προενήρξασθε
8 11 g ὅπως καθάπερ ἡ προθυμία τοῦ
θέλειν, οὕτως καὶ τὸ ἐπιτελέσαι ἐκ
τοῦ ἔχειν
11 12 c ἵνα ἐκκόψω τὴν ἀφορμὴν τῶν θε-
λόντων ἀφορμήν
11 32 * ὁ ἐθνάρχης Ἀρέτα . . . ἐφρούρει
τὴν πόλιν Δαμασκηνῶν πιάσαι με
θέλων (+MVSς)
12 6 ἐὰν γὰρ θελήσω καυχήσασθαι,
οὐκ ἔσομαι ἄφρων
12 20 d φοβοῦμαι γὰρ μή πως ἐλθὼν οὐχ
οἵους θέλω εὕρω ὑμᾶς, ↔
12 20 d κἀγὼ εὑρεθῶ ὑμῖν οἷον οὐ θέλετε
G 1 7 εἰ μή τινές εἰσιν οἱ . . . θέλοντες
μεταστρέψαι τὸ εὐαγγέλιον τοῦ
Χριστοῦ
3 2 τοῦτο μόνον θέλω μαθεῖν ἀφ᾽
ὑμῶν
4 9 ἐπὶ τὰ ἀσθενῆ καὶ πτωχὰ στοι-
χεῖα, οἷς πάλιν ἄνωθεν δουλεύειν
(-λεῦσαι NTH) θέλετε
4 17 ἀλλὰ ἐκκλεῖσαι ὑμᾶς θέλουσιν,
ἵνα αὐτοὺς ζηλοῦτε
4 20 ἤθελον δὲ παρεῖναι πρὸς ὑμᾶς ἄρτι
4 21 οἱ ὑπὸ νόμον θέλοντες εἶναι, τὸν
νόμον οὐκ ἀκούετε
5 17 c ἵνα μὴ ἃ ἐὰν θέλητε ταῦτα ποιῆτε
6 12 ὅσοι θέλουσιν εὐπροσωπῆσαι ἐν
σαρκί
6 13 ἀλλὰ θέλουσιν ὑμᾶς περιτέμνεσθαι
ἵνα ἐν τῇ ὑμετέρᾳ σαρκὶ καυχή-
σωνται
Ph 2 13 g θεὸς γάρ ἐστιν ὁ ἐνεργῶν ἐν ὑμῖν
καὶ τὸ θέλειν καὶ τὸ ἐνεργεῖν
Cl 1 27 οἷς ἠθέλησεν ὁ θεὸς γνωρίσαι τί τὸ
πλοῦτος τῆς δόξης τοῦ μυστηρίου
τούτου
2 1 θέλω γὰρ ὑμᾶς εἰδέναι ἡλίκον ἀγῶ-
να ἔχω ὑπὲρ ὑμῶν
2 18 μηδεὶς ὑμᾶς καταβραβευέτω θέ-
λων ἐν ταπεινοφροσύνῃ καὶ θρη-
σκείᾳ τῶν ἀγγέλων
1 Th 2 18 διότι ἠθελήσαμεν ἐλθεῖν πρὸς ὑμᾶς
. . . καὶ ἐνέκοψεν ἡμᾶς ὁ σατανᾶς
4 13 οὐ θέλομεν (θέλω ς) δὲ ὑμᾶς
ἀγνοεῖν, ἀδελφοί, περὶ τῶν κοιμω-
μένων
2 Th 3 10 εἴ τις οὐ θέλει ἐργάζεσθαι, μηδὲ
ἐσθιέτω
1 Tm 1 7 ⟨ὧν τινες ἀστοχήσαντες ἐξετρά-
πησαν⟩ θέλοντες εἶναι νομοδιδά-
σκαλοι
2 4 ὃς πάντας ἀνθρώπους θέλει σω-
θῆναι
5 11 ὅταν γὰρ καταστρηνιάσωσιν τοῦ
Χριστοῦ, γαμεῖν θέλουσιν
2 Tm 3 12 πάντες δὲ οἱ θέλοντες | εὐσεβῶς
ζῆν (N²⁶ς; ~rl) ἐν Χριστῷ Ἰησοῦ
διωχθήσονται
Phm 14 χωρὶς δὲ τῆς σῆς γνώμης οὐδὲν
ἠθέλησα ποιῆσαι
Hb 10 5 θυσίαν καὶ προσφορὰν οὐκ ἠθέλησας
10 8 θυσίας καὶ προσφορᾶς . . . καὶ περὶ
ἁμαρτίας οὐκ ἠθέλησας οὐδὲ εὐ-
δόκησας
12 17 ἴστε γὰρ ὅτι καὶ μετέπειτα θέλων
κληρονομῆσαι τὴν εὐλογίαν ἀπ-
εδοκιμάσθη
13 18 καλὴν συνείδησιν ἔχομεν, ἐν πᾶσιν
καλῶς θέλοντες ἀναστρέφεσθαι

Jc 2 20 θέλεις δὲ γνῶναι . . . ὅτι ἡ πίστις
χωρὶς τῶν ἔργων ἀργή (νεκρά Sς)
ἐστιν;
4 15 ἐὰν ὁ κύριος θελήσῃ (θέλῃ H),
καὶ ζήσομεν
1 Pt 3 10 ὁ γὰρ θέλων ζωὴν ἀγαπᾶν καὶ
ἰδεῖν ἡμέρας ἀγαθάς
3 17 e εἰ θέλοι (-λει ς) τὸ θέλημα τοῦ θεοῦ
2 Pt 3 5 e λανθάνει γὰρ αὐτοὺς τοῦτο θέ-
λοντας
3 Jo 13 οὐ θέλω διὰ μέλανος καὶ καλάμου
σοι γράφειν
Ap 2 21 οὐ | θέλει μετανοῆσαι (μετενόησεν
ς) ἐκ τῆς πορνείας αὐτῆς
11 5 εἴ τις αὐτοὺς θέλει (θέλῃ ς) ἀδικῆ-
σαι
11 5 εἴ τις θελήσῃ (-σει B; θέλῃ ς) αὐ-
τοὺς ἀδικῆσαι
11 6 d πατάξαι τὴν γῆν ἐν πάσῃ πληγῇ
ὁσάκις ἐὰν θελήσωσιν
22 17 ὁ θέλων λαβέτω ὕδωρ ζωῆς δωρεάν

θεμέλιος, -ον
a τὰ θεμέλια
b οἱ θεμέλιοι
c θ. τίθημι
Lc 6 48 c ὅμοιός ἐστιν ἀνθρώπῳ . . . ὃς . . .
ἔθηκεν θεμέλιον ἐπὶ τὴν πέτραν
6 49 ὅμοιός ἐστιν ἀνθρώπῳ οἰκοδομή-
σαντι οἰκίαν ἐπὶ τὴν γῆν χωρὶς
θεμελίου
14 29 c ἵνα μήποτε θέντος αὐτοῦ θεμέλιον
καὶ μὴ ἰσχύοντος ἐκτελέσαι . . .
ἄρξωνται αὐτῷ ἐμπαίζειν
Ac 16 26 a ὥστε σαλευθῆναι τὰ θεμέλια τοῦ
δεσμωτηρίου
Rm 15 20 ἵνα μὴ ἐπ᾽ ἀλλότριον θεμέλιον
οἰκοδομῶ
1 C 3 10 c ὡς σοφὸς ἀρχιτέκτων θεμέλιον
ἔθηκα, ἄλλος δὲ ἐποικοδομεῖ
3 11 c θεμέλιον γὰρ ἄλλον οὐδεὶς δύναται
θεῖναι παρὰ τὸν κείμενον
3 12 εἰ δέ τις ἐποικοδομεῖ ἐπὶ τὸν θεμέ-
λιον (+τοῦτον [MS]ς) . . . λίθους
τιμίους
E 2 20 ἐποικοδομηθέντες ἐπὶ τῷ θεμελίῳ
τῶν ἀποστόλων καὶ προφητῶν
1 Tm 6 19 ἀποθησαυρίζοντας ἑαυτοῖς θεμέ-
λιον καλὸν εἰς τὸ μέλλον
2 Tm 2 19 ὁ μέντοι στερεὸς θεμέλιος τοῦ θεοῦ
ἕστηκεν
Hb 6 1 μὴ πάλιν θεμέλιον καταβαλλό-
μενοι μετανοίας ἀπὸ νεκρῶν ἔργων
11 10 b ἐξεδέχετο γὰρ τὴν τοὺς θεμελίους
ἔχουσαν πόλιν
Ap 21 14 b τὸ τεῖχος τῆς πόλεως ἔχων (ἔχον
VBSς) θεμελίους δώδεκα
21 19 b οἱ θεμέλιοι τοῦ τείχους τῆς πόλεως
παντὶ λίθῳ τιμίῳ κεκοσμημένοι· ↔
21 19 ὁ θεμέλιος ὁ πρῶτος ἴασπις, ὁ
δεύτερος σάπφιρος

θεμελιόω
Mt 7 25 τεθεμελίωτο γὰρ ἐπὶ τὴν πέτραν
Lc 6 48 * οὐκ ἴσχυσεν σαλεῦσαι αὐτὴν
| τεθεμελίωτο γὰρ ἐπὶ τὴν πέτραν
(ς; διὰ τὸ καλῶς οἰκοδομῆσθαι
αὐτὴν rl)
E 3 17 κατοικῆσαι τὸν Χριστόν . . . ἐν ταῖς
καρδίαις ὑμῶν, ἐν ἀγάπῃ ἐρριζω-
μένοι καὶ τεθεμελιωμένοι
Cl 1 23 εἴ γε ἐπιμένετε τῇ πίστει τεθεμελιω-
μένοι καὶ ἑδραῖοι
Hb 1 10 σὺ κατ᾽ ἀρχάς, κύριε, τὴν γῆν
ἐθεμελίωσας
1 Pt 5 10 ὁ δὲ θεὸς . . . αὐτὸς καταρτίσει
(-σαι ὑμᾶς ς), στηρίξει (-ξαι ς),

σθενώσει (-σαι ς), θεμελιώσει (-σαι
    ς; —H)

θεοδίδακτος

1 Th 4 9 αὐτοὶ γὰρ ὑμεῖς θεοδίδακτοί ἐστε
    εἰς τὸ ἀγαπᾶν ἀλλήλους

θεομαχέω

Ac 23 9 * εἰ δὲ πνεῦμα ἐλάλησεν αὐτῷ ἢ
    ἄγγελος | μὴ θεομαχῶμεν (+ς)

θεομάχος

Ac 5 39 μήποτε καὶ θεομάχοι εὑρεθῆτε

θεόπνευστος

2 Tm 3 16 πᾶσα γραφὴ θεόπνευστος καὶ
    ὠφέλιμος πρὸς διδασκαλίαν

θεός, ὁ

  a θεός et κύριος
  b θεός τοῦ κυρίου
  c θεός et πατήρ
  d θ. et δεσπότης, σωτήρ, παντοκράτωρ
  e θ. et πατέρες
  f θ. Ἀβραάμ, Ἰσαάκ, Ἰακώβ
  g θ. (τοῦ) Ἰσραήλ
  h εἷς, μόνος (ὁ) θ.
  j θεέ μου
  k θεός μου
  l θεός ἡμῶν
  m θεός (ὁ) ζῶν
  n θεός (τῶν) ζώντων
  p θεός c. adj. attributivo
  q τὰ τοῦ θεοῦ, τὰ πρὸς τὸν θ.
  r θ. c. praep.
  s υἱός et θεός
  t θ. et ἄνθρωπος
  u θ. et ἄγγελος
  v θ. et κόσμος
  w θ. et λαός
  x θεοί

Mt 1 23 καλέσουσιν ... Ἐμμανουήλ, ὅ
    ἐστιν μεθερμηνευόμενον μεθ' ἡμῶν
    ὁ θεός
  3 9 δύναται ὁ θεὸς ἐκ τῶν λίθων τού-
    των ἐγεῖραι τέκνα τῷ Ἀβραάμ
  3 16 εἶδεν τὸ (+[N²⁶]VBSς) πνεῦμα
    τοῦ (+[N²⁶]VBSς) θεοῦ καταβαῖ-
    νον ὡσεὶ περιστεράν
  4 3ˢ εἰ υἱὸς εἶ τοῦ θεοῦ
  4 4ᵗ οὐκ ἐπ' ἄρτῳ μόνῳ ζήσεται ὁ
    ἄνθρωπος, ἀλλ' ἐπὶ παντὶ ῥήματι
    ἐκπορευομένῳ διὰ στόματος θεοῦ
  4 6ˢ εἰ υἱὸς εἶ τοῦ θεοῦ
  4 7ᵃ οὐκ ἐκπειράσεις κύριον τὸν θεόν σου
  4 10ᵃ κύριον τὸν θεόν σου προσκυνήσεις
  5 8 μακάριοι οἱ καθαροὶ τῇ καρδίᾳ,
    ὅτι αὐτοὶ τὸν θεὸν ὄψονται. ↔
  5 9ˢ μακάριοι οἱ εἰρηνοποιοί, ὅτι αὐτοὶ
    ([NVH]; —T) υἱοὶ θεοῦ κληθήσον-
    ται
  5 34 μήτε ἐν τῷ οὐρανῷ, ὅτι θρόνος
    ἐστὶν τοῦ θεοῦ
  6 8ᶜ * οἶδεν γὰρ | ὁ θεὸς [+NH] ὁ
    πατὴρ ὑμῶν ὧν χρείαν ἔχετε
  6 24 οὐ δύνασθε θεῷ δουλεύειν καὶ
    μαμωνᾷ
  6 30 εἰ δὲ τὸν χόρτον τοῦ ἀγροῦ ... ὁ
    θεὸς οὕτως ἀμφιέννυσιν
  6 33 ζητεῖτε δὲ πρῶτον τὴν βασιλείαν
    | τοῦ θεοῦ ([N²⁶M]; —NTH) καὶ
    τὴν δικαιοσύνην αὐτοῦ
  8 29ˢ τί ἡμῖν καὶ σοί, υἱὲ τοῦ θεοῦ;
  9 8ᵗ ἐδόξασαν τὸν θεὸν τὸν δόντα
    ἐξουσίαν τοιαύτην τοῖς ἀνθρώποις
  12 4 πῶς εἰσῆλθεν εἰς τὸν οἶκον τοῦ
    θεοῦ
  12 28 εἰ δὲ ἐν πνεύματι θεοῦ ἐγὼ ἐκβάλλω
    τὰ δαιμόνια, ↔

Mt 12 28 ἆρα ἔφθασεν ἐφ' ὑμᾶς ἡ βασιλεία
    τοῦ θεοῦ
  14 33ˢ ἀληθῶς θεοῦ υἱὸς εἶ
  15 3 διὰ τί καὶ ὑμεῖς παραβαίνετε τὴν
    ἐντολὴν τοῦ θεοῦ διὰ τὴν παρά-
    δοσιν ὑμῶν; ↔
  15 4 ὁ γὰρ θεὸς εἶπεν (ἐνετείλατο λέγων
    VSTς)
  15 6 ἠκυρώσατε | τὸν λόγον (τὴν
    ἐντολὴν Vς; τὸν νόμον ST) τοῦ
    θεοῦ διὰ τὴν παράδοσιν ὑμῶν
  15 31ᵍ ἐδόξασαν (-ζον T) τὸν θεὸν Ἰσραήλ
  16 16ᵐˢ σὺ εἶ ὁ χριστὸς ὁ υἱὸς τοῦ θεοῦ
    τοῦ ζῶντος
  16 23ᵠᵗ οὐ φρονεῖς τὰ τοῦ θεοῦ ἀλλὰ
    τὰ τῶν ἀνθρώπων
  19 6ᵗ ὃ οὖν ὁ θεὸς συνέζευξεν, ἄνθρωπος
    μὴ χωριζέτω
  19 17ʰ * | οὐδεὶς ἀγαθὸς εἰ μὴ εἷς ὁ θεός
    (ς; εἷς ἐστιν ὁ ἀγαθός rl)
  19 24 ἢ πλούσιον εἰσελθεῖν (+N²⁶B) εἰς
    τὴν βασιλείαν | τοῦ θεοῦ (τῶν
    οὐρανῶν T) (+εἰσελθεῖν Vς)
  19 26ʳᵗ παρὰ ἀνθρώποις τοῦτο ἀδύνατόν
    ἐστιν, παρὰ δὲ θεῷ | πάντα δυνα-
    τά (~T)
  21 12 * εἰσῆλθεν Ἰησοῦς εἰς τὸ ἱερόν | τοῦ
    θεοῦ (+VBSTς)
  21 31 οἱ τελῶναι καὶ αἱ πόρναι προάγου-
    σιν ὑμᾶς εἰς τὴν βασιλείαν τοῦ θεοῦ
  21 43 ἀρθήσεται ἀφ' ὑμῶν ἡ βασιλεία
    τοῦ θεοῦ
  22 16 τὴν ὁδὸν τοῦ θεοῦ ἐν ἀληθείᾳ
    διδάσκεις
  22 21ᵠ ἀπόδοτε οὖν τὰ Καίσαρος Καίσαρι
    καὶ τὰ τοῦ θεοῦ ↔
  22 21 τῷ θεῷ
  22 29 πλανᾶσθε μὴ εἰδότες τὰς γραφὰς
    μηδὲ τὴν δύναμιν τοῦ θεοῦ. ↔
  22 30ᵘ * ἐν γὰρ τῇ ἀναστάσει ... ὡς
    ἄγγελοι θεοῦ (+MST; +τοῦ
    θεοῦ Vς) ἐν τῷ οὐρανῷ εἰσιν. ↔
  22 31ʳ περὶ δὲ τῆς ἀναστάσεως τῶν
    νεκρῶν οὐκ ἀνέγνωτε τὸ ῥηθὲν
    ὑμῖν ὑπὸ τοῦ θεοῦ λέγοντος· ↔
  22 32ʳ ἐγώ εἰμι ὁ θεὸς Ἀβραὰμ ↔
  22 32ʳ καὶ ὁ θεὸς Ἰσαὰκ ↔
  22 32ʳ καὶ ὁ θεὸς Ἰακώβ; ↔
  22 32ⁿ οὐκ ἔστιν ὁ ([N²⁶NH]; —T) θεὸς
    ↔
  22 32ⁿ * θεὸς (+[M]VSς) νεκρῶν ἀλλὰ
    ζώντων
  22 37ᵃ ἀγαπήσεις κύριον τὸν θεόν σου ἐν
    ὅλῃ τῇ (—H) καρδίᾳ σου
  23 22 ὁ ὀμόσας ἐν τῷ οὐρανῷ ὀμνύει ἐν
    τῷ θρόνῳ τοῦ θεοῦ
  26 61 δύναμαι καταλῦσαι τὸν ναὸν τοῦ
    θεοῦ καὶ ... οἰκοδομῆσαι
  26 63ᵐʳ ἐξορκίζω σε κατὰ τοῦ θεοῦ τοῦ
    ζῶντος ἵνα ἡμῖν εἴπῃς ↔
  26 63ˢ εἰ σὺ εἶ ὁ χριστὸς ὁ υἱὸς τοῦ θεοῦ
  27 40ˢ σῶσον σεαυτόν, εἰ υἱὸς εἶ τοῦ θεοῦ
  27 43ʳ πέποιθεν ἐπὶ τὸν θεόν, ῥυσάσθω
    νῦν (+αὐτόν Vς)
  27 43ˢ εἶπεν γὰρ ὅτι θεοῦ εἰμι υἱός
  27 46ʲ θεέ μου ↔
  27 46ʲ θεέ μου, ἱνατί με ἐγκατέλιπες;
  27 54ˢ ἀληθῶς θεοῦ υἱὸς ἦν οὗτος

Mc 1 1ˢ ἀρχὴ τοῦ εὐαγγελίου Ἰησοῦ
    Χριστοῦ | υἱοῦ θεοῦ ([N²⁶]; υἱοῦ
    τοῦ θεοῦ MVB[S]ς; —NTH)
  1 14 ἦλθεν ὁ Ἰησοῦς εἰς τὴν Γαλιλαίαν
    κηρύσσων τὸ εὐαγγέλιον (+τῆς
    βασιλείας ς) τοῦ θεοῦ
  1 15 ἤγγικεν ἡ βασιλεία τοῦ θεοῦ

Mc 1 24 οἶδά (οἴδαμέν ST) σε τίς εἶ, ὁ
    ἅγιος τοῦ θεοῦ
  2 7ʰ τίς δύναται ἀφιέναι ἁμαρτίας εἰ μὴ
    εἷς ὁ θεός;
  2 12 ὥστε ἐξίστασθαι πάντας καὶ δο-
    ξάζειν τὸν θεὸν λέγοντας [H]
  2 26 πῶς [NH] εἰσῆλθεν εἰς τὸν οἶκον
    τοῦ θεοῦ
  3 11ˢ σὺ εἶ ὁ υἱὸς τοῦ θεοῦ
  3 35 ὃς γὰρ ([N²⁶]; —NTH) ἂν ποιήσῃ
    τὸ θέλημα τοῦ θεοῦ
  4 11 ὑμῖν τὸ μυστήριον δέδοται τῆς
    βασιλείας τοῦ θεοῦ
  4 26 οὕτως ἐστὶν ἡ βασιλεία τοῦ θεοῦ
  4 30 πῶς ὁμοιώσωμεν τὴν βασιλείαν
    τοῦ θεοῦ ⟨;⟩
  5 7ᵖˢ τί ἐμοὶ καὶ σοί, Ἰησοῦ υἱὲ τοῦ
    θεοῦ τοῦ ὑψίστου; ↔
  5 7 ὁρκίζω σε τὸν θεόν, μή με βασανί-
    σῃς
  7 8ᵗ ἀφέντες (+γὰρ Vς) τὴν ἐντολὴν
    τοῦ θεοῦ κρατεῖτε τὴν παράδοσιν
    τῶν ἀνθρώπων
  7 9 καλῶς ἀθετεῖτε τὴν ἐντολὴν τοῦ
    θεοῦ
  7 13 ἀκυροῦντες τὸν λόγον τοῦ θεοῦ τῇ
    παραδόσει ὑμῶν
  8 33ᵠᵗ οὐ φρονεῖς τὰ τοῦ θεοῦ ἀλλὰ τὰ
    τῶν ἀνθρώπων
  9 1 ἕως ἂν ἴδωσιν τὴν βασιλείαν τοῦ
    θεοῦ ἐληλυθυῖαν ἐν δυνάμει
  9 47 καλόν σέ ἐστιν μονόφθαλμον εἰσελ-
    θεῖν εἰς τὴν βασιλείαν τοῦ θεοῦ
  10 6 * ἀπὸ δὲ ἀρχῆς κτίσεως ἄρσεν καὶ
    θῆλυ ἐποίησεν αὐτούς [H] | ὁ θεὸς
    (+MVSς)
  10 9ᵗ ὃ οὖν ὁ θεὸς συνέζευξεν, ἄνθρωπος
    μὴ χωριζέτω
  10 14 τῶν γὰρ τοιούτων ἐστὶν ἡ βασι-
    λεία τοῦ θεοῦ
  10 15 ὃς ἂν μὴ δέξηται τὴν βασιλείαν
    τοῦ θεοῦ ὡς παιδίον
  10 18ʰ οὐδεὶς ἀγαθὸς εἰ μὴ εἷς ὁ θεός
  10 23 πῶς δυσκόλως οἱ τὰ χρήματα
    ἔχοντες εἰς τὴν βασιλείαν τοῦ θεοῦ
    εἰσελεύσονται
  10 24 πῶς δύσκολόν ἐστιν (+τοὺς πε-
    ποιθότας ἐπὶ χρήμασιν MVB[S]ς)
    εἰς τὴν βασιλείαν τοῦ θεοῦ εἰσελ-
    θεῖν
  10 25 ἢ πλούσιον εἰς τὴν βασιλείαν τοῦ
    θεοῦ εἰσελθεῖν
  10 27ʳᵗ παρὰ ἀνθρώποις ἀδύνατον, ἀλλ'
    οὐ παρὰ (+τῷ ς) θεῷ· ↔
  10 27ʳ πάντα γὰρ δυνατὰ παρὰ τῷ [H]
    θεῷ
  11 22 ἔχετε πίστιν θεοῦ
  12 14 ἐπ' ἀληθείας τὴν ὁδὸν τοῦ θεοῦ
    διδάσκεις
  12 17ᵠ τὰ Καίσαρος ἀπόδοτε Καίσαρι
    καὶ τὰ τοῦ θεοῦ ↔
  12 17 τῷ θεῷ
  12 24 διὰ τοῦτο πλανᾶσθε μὴ εἰδότες
    τὰς γραφὰς μηδὲ τὴν δύναμιν τοῦ
    θεοῦ;
  12 26 οὐκ ἀνέγνωτε ἐν τῇ βίβλῳ Μωϋ-
    σέως ... πῶς εἶπεν αὐτῷ ὁ θεὸς
    λέγων· ↔
  12 26ʳ ἐγὼ ὁ θεὸς Ἀβραὰμ ↔
  12 26ʳ καὶ ὁ (+[N²⁶]BTς) θεὸς Ἰσαὰκ ↔
  12 26ʳ καὶ ὁ (+[N²⁶]BTς) θεὸς Ἰακώβ; ↔
  12 27ⁿ οὐκ ἔστιν (+ὁ Tς) θεὸς νεκρῶν ↔
  12 27ⁿ * ἀλλὰ θεὸς (+[VS]ς) ζώντων
  12 29ᵃˡ κύριος ὁ θεὸς ἡμῶν κύριος εἷς ἐστιν,
    ↔

Mc 12 30ᵃ καὶ ἀγαπήσεις κύριον τὸν θεόν σου ἐξ ὅλης τῆς (—H) καρδίας σου

12 32ʰ * ἐπ' ἀληθείας εἶπες ὅτι εἷς ἐστιν θεὸς (+ς) καὶ οὐκ ἔστιν ἄλλος πλὴν αὐτοῦ

12 34 οὐ μακρὰν εἶ [H] ἀπὸ τῆς βασιλείας τοῦ θεοῦ

13 19 οἵα οὐ γέγονεν τοιαύτη ἀπ' ἀρχῆς κτίσεως ἣν ἔκτισεν ὁ θεὸς ἕως τοῦ νῦν

14 25 ὅταν αὐτὸ πίνω καινὸν ἐν τῇ βασιλείᾳ τοῦ θεοῦ

15 34ᵏ ὁ θεός μου ↔

15 34ᵏ | ὁ θεός μου [H], εἰς τί ἐγκατέλιπές με;

15 39ˢᵗ ἀληθῶς οὗτος ὁ ἄνθρωπος υἱὸς | θεοῦ ἦν (~Tς)

15 43 ὃς καὶ αὐτὸς ἦν προσδεχόμενος τὴν βασιλείαν τοῦ θεοῦ

[16 19]ᵃ Ἰησοῦς ([NVH]; —Tς) ... ἀνελήμφθη εἰς τὸν οὐρανὸν καὶ ἐκάθισεν ἐκ δεξιῶν τοῦ θεοῦ

Lc 1 6ᵃʳ ἦσαν δὲ δίκαιοι ἀμφότεροι ἐναντίον (ἐνώπιον ς) τοῦ θεοῦ

1 8ᵃʳ ἐγένετο δὲ ἐν τῷ ἱερατεύειν αὐτὸν ... ἔναντι τοῦ θεοῦ

1 16ᵃˢ πολλοὺς τῶν υἱῶν Ἰσραὴλ ἐπιστρέψει ἐπὶ κύριον τὸν θεὸν αὐτῶν

1 19ʳ ἐγώ εἰμι Γαβριὴλ ὁ παρεστηκὼς ἐνώπιον τοῦ θεοῦ

1 26ʳᵘ ἀπεστάλη ὁ ἄγγελος Γαβριὴλ ἀπὸ (ὑπὸ Vς) τοῦ θεοῦ εἰς πόλιν τῆς Γαλιλαίας

1 30ʳ εὗρες γὰρ χάριν παρὰ τῷ θεῷ

1 32ᵃˢ δώσει αὐτῷ κύριος ὁ θεὸς τὸν θρόνον Δαυὶδ τοῦ πατρὸς αὐτοῦ

1 35ˢ διὸ καὶ τὸ γεννώμενον ἅγιον κληθήσεται υἱὸς θεοῦ

1 37ʳ ὅτι οὐκ ἀδυνατήσει παρὰ | τοῦ θεοῦ (τῷ θεῷ Vς) πᾶν ῥῆμα

1 47ᵃᵈʳ ἠγαλλίασεν τὸ πνεῦμά μου ἐπὶ τῷ θεῷ τῷ σωτῆρί μου

1 64 ἐλάλει εὐλογῶν τὸν θεόν

1 68ᵃᵍʷ εὐλογητὸς κύριος ὁ θεὸς τοῦ Ἰσραήλ

1 78ˡ ⟨τοῦ δοῦναι γνῶσιν σωτηρίας⟩ διὰ σπλάγχνα ἐλέους θεοῦ ἡμῶν

2 13ᵘ ἐγένετο σὺν τῷ ἀγγέλῳ πλῆθος στρατιᾶς οὐρανίου αἰνούντων τὸν θεὸν καὶ λεγόντων· ↔

2 14ᵗ δόξα ἐν ὑψίστοις θεῷ καὶ ἐπὶ γῆς εἰρήνη ἐν ἀνθρώποις εὐδοκίας (-ία[ς] V; -ία ς)

2 20 ὑπέστρεψαν οἱ ποιμένες δοξάζοντες καὶ αἰνοῦντες τὸν θεὸν ἐπὶ πᾶσιν οἷς ἤκουσαν

2 28 εὐλόγησεν τὸν θεὸν καὶ εἶπεν

2 38 ⟨Ἄννα⟩ καὶ (+αὕτη [V]ς) αὐτῇ τῇ ὥρᾳ ἐπιστᾶσα ἀνθωμολογεῖτο τῷ θεῷ (κυρίῳ ς)

2 40 χάρις θεοῦ ἦν ἐπ' αὐτό

2 52ʳᵗ Ἰησοῦς προέκοπτεν | ἐν τῇ ([N²⁶]; τῇ H; —VBSς) σοφίᾳ καὶ ἡλικίᾳ καὶ χάριτι παρὰ θεῷ καὶ ἀνθρώποις

3 2 ἐγένετο ῥῆμα θεοῦ ἐπὶ Ἰωάννην ... ἐν τῇ ἐρήμῳ

3 6 ὄψεται πᾶσα σὰρξ τὸ σωτήριον τοῦ θεοῦ

3 8 δύναται ὁ θεὸς ἐκ τῶν λίθων τούτων ἐγεῖραι τέκνα τῷ Ἀβραάμ

3 38ˢ ⟨ἦν Ἰησοῦς ... ὢν υἱός, ὡς ἐνομίζετο⟩ τοῦ Ἐνὼς τοῦ Σὴθ τοῦ Ἀδὰμ τοῦ θεοῦ

Lc 4 3ˢ εἰ υἱὸς εἶ τοῦ θεοῦ

4 4ᵗ * οὐκ ἐπ' ἄρτῳ μόνῳ ζήσεται ὁ ἄνθρωπος | ἀλλ' ἐπὶ παντὶ ῥήματι θεοῦ (+ς)

4 8ᵃ | κύριον τὸν θεόν σου προσκυνήσεις (N²⁶H; ~rl) καὶ αὐτῷ μόνῳ λατρεύσεις

4 9ˢ εἰ (+ὁ ς) υἱὸς εἶ τοῦ θεοῦ

4 12ᵃ οὐκ ἐκπειράσεις κύριον τὸν θεόν σου

4 34 οἶδά σε τίς εἶ, ὁ ἅγιος τοῦ θεοῦ

4 41ˢ σὺ εἶ ὁ υἱὸς τοῦ θεοῦ

4 43 καὶ ταῖς ἑτέραις πόλεσιν εὐαγγελίσασθαί με δεῖ τὴν βασιλείαν τοῦ θεοῦ

5 1 ἐγένετο δὲ ἐν τῷ τὸν ὄχλον ... ἀκούειν τὸν λόγον τοῦ θεοῦ

5 21ʰ τίς δύναται ἁμαρτίας ἀφεῖναι (ἀφιέναι VBSς) εἰ μὴ μόνος ὁ θεός;

5 25 ἀπῆλθεν εἰς τὸν οἶκον αὐτοῦ δοξάζων τὸν θεόν

5 26 ἐδόξαζον τὸν θεόν

6 4 ὡς [N²⁶H] εἰσῆλθεν εἰς τὸν οἶκον τοῦ θεοῦ

6 12 ἦν διανυκτερεύων ἐν τῇ προσευχῇ τοῦ θεοῦ

6 20 μακάριοι οἱ πτωχοί, ὅτι ὑμετέρα ἐστὶν ἡ βασιλεία τοῦ θεοῦ

7 16 ἐδόξαζον τὸν θεὸν λέγοντες

7 16ʷ ἐπεσκέψατο ὁ θεὸς τὸν λαὸν αὐτοῦ

7 28 ὁ δὲ μικρότερος ἐν τῇ βασιλείᾳ τοῦ θεοῦ μείζων αὐτοῦ ἐστιν. ↔

7 29ʷ καὶ πᾶς ὁ λαὸς ἀκούσας καὶ οἱ τελῶναι ἐδικαίωσαν τὸν θεόν

7 30 οἱ δὲ Φαρισαῖοι ... τὴν βουλὴν τοῦ θεοῦ ἠθέτησαν εἰς ἑαυτούς

8 1 διώδευεν ... κηρύσσων καὶ εὐαγγελιζόμενος τὴν βασιλείαν τοῦ θεοῦ

8 10 ὑμῖν δέδοται γνῶναι τὰ μυστήρια τῆς βασιλείας τοῦ θεοῦ

8 11 ὁ σπόρος ἐστὶν ὁ λόγος τοῦ θεοῦ

8 21 οὗτοί εἰσιν οἱ τὸν λόγον τοῦ θεοῦ ἀκούοντες καὶ ποιοῦντες

8 28ᵖˢ τί ἐμοὶ καὶ σοί, Ἰησοῦ υἱὲ | τοῦ θεοῦ [H] τοῦ ὑψίστου;

8 39 διηγοῦ ὅσα σοι ἐποίησεν ὁ θεός

9 2 ἀπέστειλεν αὐτοὺς κηρύσσειν τὴν βασιλείαν τοῦ θεοῦ

9 11 ἀποδεξάμενος αὐτοὺς ἐλάλει αὐτοῖς περὶ τῆς βασιλείας τοῦ θεοῦ

9 20 ὑμεῖς δὲ τίνα με λέγετε εἶναι; Πέτρος δὲ ἀποκριθεὶς εἶπεν· τὸν χριστὸν τοῦ θεοῦ

9 27 ἕως ἂν ἴδωσιν τὴν βασιλείαν τοῦ θεοῦ

9 43 ἐξεπλήσσοντο δὲ πάντες ἐπὶ τῇ μεγαλειότητι τοῦ θεοῦ

9 60 σὺ δὲ ἀπελθὼν διάγγελλε τὴν βασιλείαν τοῦ θεοῦ

9 62 οὐδεὶς ... βλέπων εἰς τὰ ὀπίσω εὔθετός ἐστιν τῇ βασιλείᾳ τοῦ θεοῦ

10 9 ἤγγικεν ἐφ' ὑμᾶς ἡ βασιλεία τοῦ θεοῦ

10 11 ἤγγικεν ἡ βασιλεία τοῦ θεοῦ

10 27ᵃ ἀγαπήσεις κύριον τὸν θεόν σου ἐξ ὅλης τῆς ([N²⁶]; —H) καρδίας σου

11 20 εἰ δὲ ἐν δακτύλῳ θεοῦ ἐγὼ (+ [N²⁶NVH]M) ἐκβάλλω τὰ δαιμόνια, ↔

11 20 ἄρα ἔφθασεν ἐφ' ὑμᾶς ἡ βασιλεία τοῦ θεοῦ

11 28 μενοῦν (μενοῦνγε Vς) μακάριοι οἱ ἀκούοντες τὸν λόγον τοῦ θεοῦ καὶ φυλάσσοντες

Lc 11 42 παρέρχεσθε τὴν κρίσιν καὶ τὴν ἀγάπην τοῦ θεοῦ

11 49 διὰ τοῦτο καὶ ἡ σοφία τοῦ θεοῦ εἶπεν

12 6ʳ ἓν ἐξ αὐτῶν οὐκ ἔστιν ἐπιλελησμένον ἐνώπιον τοῦ θεοῦ

12 8ˢᵗᵘ ὁ υἱὸς τοῦ ἀνθρώπου ὁμολογήσει ἐν αὐτῷ ἔμπροσθεν τῶν ἀγγέλων τοῦ θεοῦ· ↔

12 9ᵗᵘ ὁ δὲ ἀρνησάμενός με ἐνώπιον τῶν ἀνθρώπων ἀπαρνηθήσεται ἐνώπιον τῶν ἀγγέλων τοῦ θεοῦ

12 20 εἶπεν δὲ αὐτῷ ὁ θεός

12 21ʳ || οὕτως ὁ θησαυρίζων ἑαυτῷ (αὐτῷ T) καὶ μὴ εἰς θεὸν πλουτῶν ⟦H⟧

12 24 ὁ θεὸς τρέφει αὐτούς

12 28 εἰ δὲ ἐν ἀγρῷ τὸν χόρτον ... ὁ θεὸς οὕτως ἀμφιέζει (ἀμφιέννυσιν Vς)

12 31 * πλὴν ζητεῖτε τὴν βασιλείαν | τοῦ θεοῦ (ς; αὐτοῦ rl)

13 13 παραχρῆμα ἀνωρθώθη, καὶ ἐδόξαζεν τὸν θεόν

13 18 τίνι ὁμοία ἐστὶν ἡ βασιλεία τοῦ θεοῦ ⟨;⟩

13 20 τίνι ὁμοιώσω τὴν βασιλείαν τοῦ θεοῦ;

13 28 ὅταν ὄψεσθε (N²⁶T; ὄψησθε rl) Ἀβραάμ ... καὶ πάντας τοὺς προφήτας ἐν τῇ βασιλείᾳ τοῦ θεοῦ

13 29 ἥξουσιν ... καὶ ἀνακλιθήσονται ἐν τῇ βασιλείᾳ τοῦ θεοῦ

14 15 μακάριος ὅστις φάγεται ἄρτον ἐν τῇ βασιλείᾳ τοῦ θεοῦ

15 10ᵘ γίνεται χαρὰ ἐνώπιον τῶν ἀγγέλων τοῦ θεοῦ ἐπὶ ἑνὶ ἁμαρτωλῷ μετανοοῦντι

16 13 οὐ δύνασθε θεῷ δουλεύειν καὶ μαμωνᾷ

16 15ᵗ ὑμεῖς ἐστε οἱ δικαιοῦντες ἑαυτοὺς ἐνώπιον τῶν ἀνθρώπων, ὁ δὲ θεὸς γινώσκει τὰς καρδίας ὑμῶν·

16 15ʳᵗ ὅτι τὸ ἐν ἀνθρώποις ὑψηλὸν βδέλυγμα ἐνώπιον τοῦ θεοῦ

16 16 ἀπὸ τότε ἡ βασιλεία τοῦ θεοῦ εὐαγγελίζεται

17 15 ὑπέστρεψεν μετὰ φωνῆς μεγάλης δοξάζων τὸν θεόν

17 18 οὐχ εὑρέθησαν ὑποστρέψαντες δοῦναι δόξαν τῷ θεῷ ⟨;⟩

17 20 ἐπερωτηθεὶς δὲ ὑπὸ τῶν Φαρισαίων πότε ἔρχεται ἡ βασιλεία τοῦ θεοῦ

17 20 οὐκ ἔρχεται ἡ βασιλεία τοῦ θεοῦ μετὰ παρατηρήσεως

17 21 ἰδοὺ γὰρ ἡ βασιλεία τοῦ θεοῦ ἐντὸς ὑμῶν ἐστιν

18 2ᵗ κριτής τις ἦν ἔν τινι πόλει τὸν θεὸν μὴ φοβούμενος καὶ ἄνθρωπον μὴ ἐντρεπόμενος

18 4ᵗ εἰ καὶ τὸν θεὸν οὐ φοβοῦμαι οὐδὲ ἄνθρωπον ἐντρέπομαι

18 7 ὁ δὲ θεὸς οὐ μὴ ποιήσῃ τὴν ἐκδίκησιν τῶν ἐκλεκτῶν αὐτοῦ ⟨;⟩

18 11ᵗ ὁ θεός, εὐχαριστῶ σοι ὅτι οὐκ εἰμὶ ὥσπερ οἱ λοιποὶ τῶν ἀνθρώπων

18 13 ὁ θεός, ἱλάσθητί μοι τῷ ἁμαρτωλῷ

18 16 τῶν γὰρ τοιούτων ἐστὶν ἡ βασιλεία τοῦ θεοῦ

18 17 ὃς ἂν (ἐὰν Vς) μὴ δέξηται τὴν βασιλείαν τοῦ θεοῦ ὡς παιδίον

18 19ʰ οὐδεὶς ἀγαθὸς εἰ μὴ εἷς ὁ ([NH]; —T) θεός

Lc 18 24 πῶς δυσκόλως οἱ τὰ χρήματα
ἔχοντες εἰς τὴν βασιλείαν τοῦ θεοῦ
εἰσπορεύονται

18 25 ἢ πλούσιον εἰς τὴν βασιλείαν τοῦ
θεοῦ εἰσελθεῖν

18 27rt τὰ ἀδύνατα παρὰ ἀνθρώποις
δυνατὰ παρὰ τῷ θεῷ ἐστιν

18 29 οὐδείς ἐστιν ὃς ἀφῆκεν οἰκίαν . . . ἢ
τέκνα ἕνεκεν τῆς βασιλείας τοῦ
θεοῦ ⟨ὃς οὐχὶ μὴ ἀπολάβῃ πολ-
λαπλασίονα⟩

18 43 ἠκολούθει αὐτῷ δοξάζων τὸν
θεόν. ↔

18 43w καὶ πᾶς ὁ λαὸς ἰδὼν ἔδωκεν αἶνον
τῷ θεῷ

19 11 διὰ τὸ . . . δοκεῖν αὐτοὺς ὅτι παρα-
χρῆμα μέλλει ἡ βασιλεία τοῦ θεοῦ
ἀναφαίνεσθαι

19 37 ἤρξαντο ἅπαν τὸ πλῆθος τῶν μα-
θητῶν χαίροντες αἰνεῖν τὸν θεὸν

20 21 ἐπ' ἀληθείας τὴν ὁδὸν τοῦ θεοῦ
διδάσκεις

20 25q τοίνυν ἀπόδοτε τὰ Καίσαρος Καί-
σαρι καὶ τὰ τοῦ θεοῦ ↔

20 25 τῷ θεῷ

20 36s υἱοί εἰσιν (+τοῦ Vς) θεοῦ τῆς
ἀναστάσεως υἱοὶ ὄντες

20 37ar ὡς λέγει κύριον τὸν θεὸν 'Αβραὰμ

20 37f καὶ (+τὸν ς) θεὸν 'Ισαὰκ ↔
20 37f καὶ (+τὸν ς) θεὸν 'Ιακώβ· ↔
20 38n θεὸς δὲ οὐκ ἔστιν νεκρῶν ἀλλὰ
ζώντων

21 4 * πάντες (ἅπ. VBSTς) γὰρ οὗτοι
ἐκ τοῦ περισσεύοντος αὐτοῖς ἔ-
βαλον εἰς τὰ δῶρα | τοῦ θεοῦ (+
MVBSς)

21 31 γινώσκετε ὅτι ἐγγύς ἐστιν ἡ βασι-
λεία τοῦ θεοῦ

22 16 ἕως ὅτου πληρωθῇ ἐν τῇ βασιλείᾳ
τοῦ θεοῦ

22 18 οὐ μὴ πίω . . . ἀπὸ τοῦ γενήματος
τῆς ἀμπέλου ἕως οὗ (ὅτου Tς) ἡ
βασιλεία τοῦ θεοῦ ἔλθῃ

22 69t ἔσται ὁ υἱὸς τοῦ ἀνθρώπου καθή-
μενος ἐκ δεξιῶν τῆς δυνάμεως τοῦ
θεοῦ

22 70s σὺ οὖν εἶ ὁ υἱὸς τοῦ θεοῦ;

23 35 σωσάτω ἑαυτόν, εἰ οὗτός ἐστιν ὁ
χριστὸς τοῦ θεοῦ ὁ ἐκλεκτός

23 40 οὐδὲ φοβῇ σὺ τὸν θεὸν ⟨;⟩

23 47 ἰδὼν δὲ ὁ ἑκατοντάρχης τὸ γενό-
μενον ἐδόξαζεν (-σεν Vς) τὸν θεὸν
λέγων

23 51 ⟨'Ιωσήφ⟩ ὃς προσεδέχετο (+καὶ
αὐτὸς Vς) τὴν βασιλείαν τοῦ θεοῦ

24 19rw ὃς ἐγένετο ἀνὴρ προφήτης δυνα-
τὸς ἐν ἔργῳ καὶ λόγῳ ἐναντίον
τοῦ θεοῦ καὶ παντὸς τοῦ λαοῦ

24 53 ἦσαν διὰ παντὸς ἐν τῷ ἱερῷ (+
αἰνοῦντες καὶ [M]Vς) εὐλογοῦντες
(αἰνοῦντες T) τὸν θεὸν

Jo 1 1r ὁ λόγος ἦν πρὸς τὸν θεόν, ↔

1 1 καὶ θεὸς ἦν ὁ λόγος. ↔

1 2r οὗτος ἦν ἐν ἀρχῇ πρὸς τὸν θεόν

1 6rt ἐγένετο ἄνθρωπος, ἀπεσταλμένος
παρὰ θεοῦ

1 12 ἔδωκεν αὐτοῖς ἐξουσίαν τέκνα θεοῦ
γενέσθαι

1 13r οἳ οὐκ ἐξ αἱμάτων . . . ἀλλ' ἐκ
θεοῦ ἐγεννήθησαν

1 18 θεὸν οὐδεὶς ἑώρακεν πώποτε· ↔

1 18cp (+ὁ VBSTς) μονογενὴς θεὸς (υἱὸς
BSTς) ὁ ὢν εἰς τὸν κόλπον τοῦ
πατρός, ἐκεῖνος ἐξηγήσατο

Jo 1 29v ἴδε ὁ ἀμνὸς τοῦ θεοῦ ὁ αἴρων τὴν
ἁμαρτίαν τοῦ κόσμου

1 34s οὗτός ἐστιν ὁ υἱὸς τοῦ θεοῦ

1 36 ἴδε ὁ ἀμνὸς τοῦ θεοῦ

1 49s ῥαββί, σὺ εἶ ὁ υἱὸς τοῦ θεοῦ

1 51stu ὄψεσθε . . . τοὺς ἀγγέλους τοῦ
θεοῦ ἀναβαίνοντας καὶ καταβαί-
νοντας ἐπὶ τὸν υἱὸν τοῦ ἀνθρώ-
που

3 2r οἴδαμεν ὅτι ἀπὸ θεοῦ ἐλήλυθας
διδάσκαλος· ↔

3 2 οὐδεὶς γὰρ δύναται ταῦτα τὰ
σημεῖα ποιεῖν . . . ἐὰν μὴ ᾖ ὁ θεὸς
μετ' αὐτοῦ

3 3 ἐὰν μή τις γεννηθῇ ἄνωθεν, οὐ δύ-
ναται ἰδεῖν τὴν βασιλείαν τοῦ
θεοῦ

3 5 ἐὰν μή τις γεννηθῇ . . . οὐ δύναται
εἰσελθεῖν εἰς τὴν βασιλείαν | τοῦ
θεοῦ (τῶν οὐρανῶν T)

3 16sv οὕτως γὰρ ἠγάπησεν ὁ θεὸς τὸν
κόσμον

3 17sv οὐ γὰρ ἀπέστειλεν ὁ θεὸς τὸν
υἱὸν (+αὐτοῦ Vς) εἰς τὸν κόσμον

3 18s ἤδη κέκριται, ὅτι μὴ πεπίστευκεν
εἰς τὸ ὄνομα τοῦ μονογενοῦς υἱοῦ
τοῦ θεοῦ

3 21r ἵνα φανερωθῇ αὐτοῦ τὰ ἔργα ὅτι
ἐν θεῷ ἐστιν εἰργασμένα

3 33 ὁ λαβὼν αὐτοῦ τὴν μαρτυρίαν
ἐσφράγισεν ὅτι ὁ θεὸς ἀληθής
ἐστιν. ↔

3 34 ὃν γὰρ ἀπέστειλεν ὁ θεὸς ↔

3 34 τὰ ῥήματα τοῦ θεοῦ λαλεῖ· ↔

3 34 * οὐ γὰρ ἐκ μέτρου δίδωσιν | ὁ
θεὸς (+Vς) τὸ πνεῦμα

3 36s ἡ ὀργὴ τοῦ θεοῦ μένει ἐπ' αὐτόν

4 10 εἰ ᾔδεις τὴν δωρεὰν τοῦ θεοῦ

4 24 πνεῦμα ὁ θεός, καὶ τοὺς προσκυ-
νοῦντας αὐτὸν (—NT) ἐν πνεύ-
ματι . . . | δεῖ προσκυνεῖν (~ T)

5 18c ὅτι . . . πατέρα ἴδιον ἔλεγεν τὸν
θεόν, ↔

5 18 ἴσον ἑαυτὸν ποιῶν τῷ θεῷ

5 25s ὅτε οἱ νεκροὶ ἀκούσουσιν (-σονται
Vς; -σωσι S) τῆς φωνῆς τοῦ υἱοῦ
τοῦ θεοῦ

5 42 ὅτι | τὴν ἀγάπην τοῦ θεοῦ οὐκ
ἔχετε (~ T) ἐν ἑαυτοῖς

5 44hr τὴν δόξαν τὴν παρὰ τοῦ μόνου
θεοῦ [H] οὐ ζητεῖτε

6 27cs τοῦτον γὰρ ὁ πατὴρ ἐσφράγισεν
ὁ θεός

6 28 τί ποιῶμεν ἵνα ἐργαζώμεθα τὰ
ἔργα τοῦ θεοῦ;

6 29 τοῦτό ἐστιν τὸ ἔργον τοῦ θεοῦ

6 33v ὁ γὰρ ἄρτος (+ὁ T) τοῦ θεοῦ
ἐστιν ὁ καταβαίνων ἐκ τοῦ οὐρα-
νοῦ καὶ ζωὴν διδοὺς τῷ κόσμῳ

6 45 ἔσονται πάντες διδακτοὶ (+τοῦ ς)
θεοῦ

6 46cr οὐχ ὅτι τὸν πατέρα ἑώρακέν τις,
εἰ μὴ ὁ ὢν παρὰ τοῦ [H] θεοῦ, ↔

6 46 * οὗτος ἑώρακεν τὸν θεόν (T;
πατέρα rl)

6 69ms σὺ εἶ ὁ ἅγιος (Χριστὸς ὁ υἱὸς Vς)
τοῦ θεοῦ (+τοῦ ζῶντος ς)

7 17r γνώσεται . . . πότερον ἐκ τοῦ (—T)
θεοῦ ἐστιν ἢ ἐγὼ ἀπ' ἐμαυτοῦ
λαλῶ

8 40rt ἄνθρωπον ὃς τὴν ἀλήθειαν ὑμῖν
λελάληκα, ἣν ἤκουσα παρὰ τοῦ
θεοῦ

8 41c ἕνα πατέρα ἔχομεν τὸν θεόν

Jo 8 42e εἰ ὁ θεὸς πατὴρ ὑμῶν ἦν, ἠγαπᾶτε
ἂν ἐμέ· ↔

8 42r ἐγὼ γὰρ ἐκ τοῦ θεοῦ ἐξῆλθον καὶ
ἥκω

8 47r ὁ ὢν ἐκ τοῦ θεοῦ ↔

8 47 τὰ ῥήματα τοῦ θεοῦ ἀκούει· ↔

8 47r διὰ τοῦτο ὑμεῖς οὐκ ἀκούετε, ὅτι
ἐκ τοῦ θεοῦ οὐκ ἐστέ

8 54cl ἔστιν ὁ πατήρ μου ὁ δοξάζων με,
ὃν ὑμεῖς λέγετε ὅτι θεὸς ἡμῶν (ὑμ.
BSHς) ἐστιν

9 3 ἵνα φανερωθῇ τὰ ἔργα τοῦ θεοῦ ἐν
αὐτῷ

9 16rt οὐκ ἔστιν οὗτος παρὰ (+τοῦ ς)
θεοῦ ὁ ἄνθρωπος

9 24 δὸς δόξαν τῷ θεῷ

9 29 ἡμεῖς οἴδαμεν ὅτι Μωϋσεῖ λελάλη-
κεν ὁ θεός

9 31 οἴδαμεν (+δὲ Vς) ὅτι | ἁμαρτω-
λῶν ὁ θεὸς (~NMBH) οὐκ ἀκούει

9 33r εἰ μὴ ἦν οὗτος παρὰ θεοῦ, οὐκ
ἠδύνατο ποιεῖν οὐδέν

9 35s * σὺ πιστεύεις εἰς τὸν υἱὸν τοῦ
θεοῦ (VBSς; ἀνθρώπου rl);

10 33t ὅτι σὺ ἄνθρωπος ὢν ποιεῖς σεαυ-
τὸν θεόν

10 34x ἐγὼ εἶπα· θεοί ἐστε; ↔

10 35x εἰ ἐκείνους εἶπεν θεοὺς ↔

10 35 πρὸς οὓς ὁ λόγος | τοῦ θεοῦ ἐγένετο
(~ T)

10 36s υἱὸς τοῦ (—T) θεοῦ εἰμι

11 4 αὕτη ἡ ἀσθένεια οὐκ ἔστιν πρὸς
θάνατον ἀλλ' ὑπὲρ τῆς δόξης τοῦ
θεοῦ, ↔

11 4s ἵνα δοξασθῇ ὁ υἱὸς τοῦ θεοῦ δι'
αὐτῆς

11 22 ὅσα ἂν αἰτήσῃ τὸν θεὸν ↔

11 22 δώσει σοι ὁ θεός

11 27sv σὺ εἶ ὁ χριστὸς ὁ υἱὸς τοῦ θεοῦ
ὁ εἰς τὸν κόσμον ἐρχόμενος

11 40 ἐὰν πιστεύσῃς ὄψῃ τὴν δόξαν τοῦ
θεοῦ

11 52 ἵνα καὶ τὰ τέκνα τοῦ θεοῦ τὰ δι-
εσκορπισμένα συναγάγῃ εἰς ἕν

12 43t ἠγάπησαν γὰρ τὴν δόξαν τῶν
ἀνθρώπων μᾶλλον ἤπερ τὴν δό-
ξαν τοῦ θεοῦ

13 3cr ⟨'Ιησοῦς⟩ εἰδὼς . . . ὅτι ἀπὸ θεοῦ
ἐξῆλθεν

13 3r καὶ πρὸς τὸν θεὸν ὑπάγει

13 31st νῦν ἐδοξάσθη ὁ υἱὸς τοῦ ἀνθρώ-
που, καὶ ὁ θεὸς ἐδοξάσθη ἐν αὐτῷ·
↔

13 32 | εἰ ὁ θεὸς ἐδοξάσθη ἐν αὐτῷ
([N26S]; —H), ↔

13 32 καὶ ὁ θεὸς δοξάσει αὐτὸν ἐν αὐτῷ
(ἑαυ. MVSHς)

14 1r πιστεύετε εἰς τὸν θεόν

16 2 ἵνα πᾶς ὁ ἀποκτείνας ὑμᾶς [H]
δόξῃ λατρείαν προσφέρειν τῷ θεῷ

16 27cr ἐγὼ παρὰ τοῦ [N26] θεοῦ (πατρὸς
H) ἐξῆλθον

16 30r ἐν τούτῳ πιστεύομεν ὅτι ἀπὸ θεοῦ
ἐξῆλθες

17 3hp ἵνα γινώσκωσιν (-σκουσιν T) σὲ
τὸν μόνον ἀληθινὸν θεὸν

19 7s ὅτι υἱὸν θεοῦ ἑαυτὸν ἐποίησεν

20 17ckr ἀναβαίνω πρὸς τὸν πατέρα μου
καὶ πατέρα ὑμῶν καὶ θεόν μου

20 17c καὶ θεὸν ὑμῶν

20 28ak ὁ κύριός μου καὶ ὁ θεός μου

20 31s ἵνα πιστεύσητε (πιστεύ[σ]ητε N26;
πιστεύητε NMBTH) ὅτι 'Ιησοῦς
ἐστιν ὁ χριστὸς ὁ υἱὸς τοῦ θεοῦ

Jo 21 19 τοῦτο δὲ εἶπεν σημαίνων ποίῳ θανάτῳ δοξάσει τὸν θεόν

Ac 1 3 παρέστησεν ἑαυτὸν ζῶντα ... ὀπτανόμενος αὐτοῖς καὶ λέγων τὰ περὶ τῆς βασιλείας τοῦ θεοῦ

2 11 ἀκούομεν λαλούντων αὐτῶν ταῖς ἡμετέραις γλώσσαις τὰ μεγαλεῖα τοῦ θεοῦ

2 17 ἔσται ἐν ταῖς ἐσχάταις ἡμέραις, λέγει ὁ θεός

2 22ʳ Ἰησοῦν ... ἄνδρα ἀποδεδειγμένον ἀπὸ τοῦ θεοῦ εἰς ὑμᾶς ↔

2 22 δυνάμεσι καὶ τέρασι καὶ σημείοις, οἷς ἐποίησεν δι' αὐτοῦ ὁ θεὸς ἐν μέσῳ ὑμῶν

2 23 ⟨Ἰησοῦν⟩ τοῦτον τῇ ὡρισμένῃ βουλῇ καὶ προγνώσει τοῦ θεοῦ ἔκδοτον ... ἀνείλατε

2 24 ὃν ὁ θεὸς ἀνέστησεν λύσας τὰς ὠδῖνας τοῦ θανάτου

2 30 ὅρκῳ ὤμοσεν αὐτῷ ὁ θεός

2 32 τοῦτον τὸν Ἰησοῦν ἀνέστησεν ὁ θεός

2 33ᶜ τῇ δεξιᾷ οὖν τοῦ θεοῦ ὑψωθεὶς τήν τε ἐπαγγελίαν ... λαβὼν παρὰ τοῦ πατρός

2 36ᵃ καὶ κύριον αὐτὸν καὶ χριστὸν | ἐποίησεν ὁ θεός (∼ Sϛ)

2 39ᵃˡ ὅσους ἂν προσκαλέσηται κύριος ὁ θεὸς ἡμῶν

2 47ʷ αἰνοῦντες τὸν θεὸν καὶ ἔχοντες χάριν πρὸς ὅλον τὸν λαόν

3 8 εἰσῆλθεν σὺν αὐτοῖς εἰς τὸ ἱερὸν ... αἰνῶν τὸν θεόν. ↔

3 9ʷ καὶ εἶδεν πᾶς ὁ λαὸς αὐτὸν περιπατοῦντα καὶ αἰνοῦντα τὸν θεόν

3 13ʳ ὁ θεὸς Ἀβραὰμ ↔

3 13ʳ καὶ | ὁ θεὸς (+[N²⁶]BST) Ἰσαὰκ ↔

3 13ʳ καὶ | ὁ θεὸς (+[N²⁶]BST) Ἰακώβ, ↔

3 13ᵉ ὁ θεὸς τῶν πατέρων ἡμῶν, ἐδόξασεν ... Ἰησοῦν

3 15 ὃν ὁ θεὸς ἤγειρεν ἐκ νεκρῶν

3 18 ὁ δὲ θεὸς ἃ προκατήγγειλεν διὰ ... τῶν προφητῶν ... ἐπλήρωσεν οὕτως

3 21 ὧν ἐλάλησεν ὁ θεὸς διὰ στόματος τῶν ἁγίων ... αὐτοῦ προφητῶν

3 22ᵃˡ προφήτην ὑμῖν ἀναστήσει κύριος ὁ θεὸς ὑμῶν (N²⁶ϛ; —NH; ἡμῶν rl) ... ὡς ἐμέ

3 25ᵉˢ ὑμεῖς ἐστε οἱ υἱοὶ ... τῆς διαθήκης ἧς | διέθετο ὁ θεὸς (∼NMH) πρὸς τοὺς πατέρας ὑμῶν (ἡμ. Tϛ)

3 26 ὑμῖν πρῶτον ἀναστήσας ὁ θεὸς τὸν παῖδα αὐτοῦ ἀπέστειλεν αὐτὸν εὐλογοῦντα ὑμᾶς

4 10 ἐν τῷ ὀνόματι Ἰησοῦ Χριστοῦ ... ὃν ὁ θεὸς ἤγειρεν ἐκ νεκρῶν

4 19ʳ εἰ δίκαιόν ἐστιν ἐνώπιον τοῦ θεοῦ, ↔

4 19 ὑμῶν ἀκούειν μᾶλλον ἢ τοῦ θεοῦ, κρίνατε

4 21 πάντες ἐδόξαζον τὸν θεὸν ἐπὶ τῷ γεγονότι

4 24ʳ ὁμοθυμαδὸν ἦραν φωνὴν πρὸς τὸν θεὸν καὶ εἶπαν· ↔

4 24ᵈ ✳ δέσποτα, σὺ | ὁ θεὸς (+[VS]Bϛ) ὁ ποιήσας τὸν οὐρανὸν καὶ τὴν γῆν

4 31 ἐλάλουν τὸν λόγον τοῦ θεοῦ μετὰ παρρησίας

5 4ᵗ οὐκ ἐψεύσω ἀνθρώποις ἀλλὰ τῷ θεῷ

5 29ᵗ πειθαρχεῖν δεῖ θεῷ μᾶλλον ἢ ἀνθρώποις. ↔

5 30ᵉ ὁ θεὸς τῶν πατέρων ἡμῶν ἤγειρεν Ἰησοῦν

Ac 5 31ᵈ τοῦτον ὁ θεὸς ἀρχηγὸν καὶ σωτῆρα ὕψωσεν τῇ δεξιᾷ αὐτοῦ

5 32 τὸ πνεῦμα τὸ ἅγιον ὃ ἔδωκεν ὁ θεὸς τοῖς πειθαρχοῦσιν αὐτῷ

5 39ʳᵗ εἰ δὲ ἐκ θεοῦ ἐστιν

6 2 οὐκ ἀρεστόν ἐστιν ἡμᾶς καταλείψαντας τὸν λόγον τοῦ θεοῦ διακονεῖν τραπέζαις

6 7 ὁ λόγος τοῦ θεοῦ ηὔξανεν

6 11ʳ ἀκηκόαμεν αὐτοῦ λαλοῦντος ῥήματα βλάσφημα εἰς Μωϋσῆν καὶ τὸν θεόν

7 2 ὁ θεὸς τῆς δόξης ὤφθη τῷ πατρὶ ἡμῶν Ἀβραὰμ

7 6 ἐλάλησεν δὲ οὕτως ὁ θεός

7 7 τὸ ἔθνος ᾧ ἐὰν (ἂν H) δουλεύσουσιν κρινῶ ἐγώ, | ὁ θεὸς εἶπεν (∼ BSϛ)

7 9 ἦν ὁ θεὸς μετ' αὐτοῦ

7 17 καθὼς δὲ ἤγγιζεν ὁ χρόνος τῆς ἐπαγγελίας ἧς ὡμολόγησεν ὁ θεὸς τῷ Ἀβραάμ

7 20 ἐγεννήθη Μωϋσῆς, καὶ ἦν ἀστεῖος τῷ θεῷ

7 25 ὅτι ὁ θεὸς διὰ χειρὸς αὐτοῦ δίδωσιν σωτηρίαν αὐτοῖς

7 32ᵉ ἐγὼ ὁ θεὸς τῶν πατέρων σου, ↔

7 32ᶠ ὁ θεὸς Ἀβραὰμ ↔

7 32ᶠ ✳ καὶ | ὁ θεὸς (+ϛ) Ἰσαὰκ ↔

7 32ᶠ ✳ καὶ | ὁ θεὸς (+ϛ) Ἰακὼβ

7 35ᵘ τοῦτον ὁ θεὸς καὶ ([N²⁶]; —ϛ) ἄρχοντα καὶ λυτρωτὴν ἀπέσταλκεν σὺν χειρὶ ἀγγέλου

7 37ᵃ προφήτην ὑμῖν ἀναστήσει (+κύριος ϛ) ὁ θεὸς (+ὑμῶν ϛ) ἐκ τῶν ἀδελφῶν ὑμῶν ὡς ἐμέ

7 40ˣ ποίησον ἡμῖν θεοὺς οἳ προπορεύσονται ἡμῶν

7 42 ἔστρεψεν δὲ ὁ θεός

7 43 ἀνελάβετε ... τὸ ἄστρον τοῦ θεοῦ ὑμῶν (+[N²⁶]VSϛ) Ῥαιφάν

7 45ᵉ ὧν ἐξῶσεν ὁ θεὸς ἀπὸ προσώπου τῶν πατέρων ἡμῶν

7 46ʳ ὃς εὗρεν χάριν ἐνώπιον τοῦ θεοῦ ↔

7 46ᶠ ✳ καὶ ᾐτήσατο εὑρεῖν σκήνωμα τῷ θεῷ (οἴκῳ N²⁶NT) Ἰακώβ

7 55 ἀτενίσας εἰς τὸν οὐρανὸν εἶδεν δόξαν θεοῦ ↔

7 55 καὶ Ἰησοῦν ἑστῶτα ἐκ δεξιῶν τοῦ θεοῦ

7 56ˢᵗ θεωρῶ ... τὸν υἱὸν τοῦ ἀνθρώπου ἐκ δεξιῶν ἑστῶτα τοῦ θεοῦ

8 10 οὗτός ἐστιν ἡ δύναμις τοῦ θεοῦ ἡ καλουμένη μεγάλη

8 12 ὅτε δὲ ἐπίστευσαν τῷ Φιλίππῳ εὐαγγελιζομένῳ περὶ τῆς βασιλείας τοῦ θεοῦ

8 14 ἀκούσαντες δὲ ... ὅτι δέδεκται ἡ Σαμάρεια τὸν λόγον τοῦ θεοῦ

8 20 ὅτι τὴν δωρεὰν τοῦ θεοῦ ἐνόμισας διὰ χρημάτων κτᾶσθαι

8 21ʳ ἡ γὰρ καρδία σου οὐκ ἔστιν εὐθεῖα ἔναντι τοῦ θεοῦ. ↔

8 22 ✳ μετανόησον οὖν ... καὶ δεήθητι τοῦ θεοῦ (ϛ; κυρίου rl)

8 37ˢ ✳ | πιστεύω τὸν υἱὸν τοῦ θεοῦ εἶναι τὸν Ἰησοῦν Χριστόν (..+ϛ)

9 20ˢ οὗτός ἐστιν ὁ υἱὸς τοῦ θεοῦ

10 2 ⟨ἀνὴρ δέ τις ... Κορνήλιος⟩ εὐσεβὴς καὶ φοβούμενος τὸν θεὸν

10 2 δεόμενος τοῦ θεοῦ διὰ παντός, ↔

10 3ᵘ εἶδεν ἐν ὁράματι φανερῶς ... ἄγγελον τοῦ θεοῦ εἰσελθόντα πρὸς αὐτόν

Ac 10 4ʳ αἱ ἐλεημοσύναι σου ἀνέβησαν εἰς μνημόσυνον ἔμπροσθεν (ἐνώπιον ϛ) τοῦ θεοῦ

10 15 ἃ ὁ θεὸς ἐκαθάρισεν σὺ μὴ κοίνου

10 22 Κορνήλιος ἑκατοντάρχης, ἀνὴρ δίκαιος καὶ φοβούμενος τὸν θεὸν

10 28ᵗ κἀμοὶ | ὁ θεὸς ἔδειξεν (∼BT) μηδένα κοινὸν ἢ ἀκάθαρτον λέγειν ἄνθρωπον

10 31ʳ Κορνήλιε ... αἱ ἐλεημοσύναι σου ἐμνήσθησαν ἐνώπιον τοῦ θεοῦ

10 33ᵃʳ νῦν οὖν πάντες ἡμεῖς ἐνώπιον τοῦ θεοῦ πάρεσμεν ↔

10 33ʳ ✳ ἀκοῦσαι πάντα τὰ προστεταγμένα σοι ὑπὸ τοῦ θεοῦ (ϛ; κυρίου rl)

10 34 ἐπ' ἀληθείας καταλαμβάνομαι ὅτι οὐκ ἔστιν προσωπολήμπτης ὁ θεός

10 38 ὡς ἔχρισεν αὐτὸν ὁ θεὸς πνεύματι ἁγίῳ καὶ δυνάμει

10 38 ὅτι ὁ θεὸς ἦν μετ' αὐτοῦ

10 40 τοῦτον ὁ θεὸς ἤγειρεν ἐν ([N²⁶]; —VBSHϛ) τῇ τρίτῃ ἡμέρᾳ

10 41ʳʷ (ἔδωκεν αὐτὸν ἐμφανῆ γενέσθαι) οὐ παντὶ τῷ λαῷ, ἀλλὰ μάρτυσιν τοῖς προκεχειροτονημένοις ὑπὸ τοῦ θεοῦ

10 42ʳ οὗτός (αὐτός Tϛ) ἐστιν ὁ ὡρισμένος ὑπὸ τοῦ θεοῦ κριτὴς ζώντων καὶ νεκρῶν

10 46 ἤκουον γὰρ αὐτῶν ... μεγαλυνόντων τὸν θεόν

11 1 καὶ τὰ ἔθνη ἐδέξαντο τὸν λόγον τοῦ θεοῦ

11 9 ἃ ὁ θεὸς ἐκαθάρισεν σὺ μὴ κοίνου

11 17 εἰ οὖν τὴν ἴσην δωρεὰν ἔδωκεν αὐτοῖς ὁ θεὸς ὡς καὶ ἡμῖν

11 17 ἐγὼ τίς ἤμην δυνατὸς κωλῦσαι τὸν θεόν;

11 18 ἐδόξασαν τὸν θεὸν λέγοντες· ↔

11 18 ἄρα καὶ τοῖς ἔθνεσιν ὁ θεὸς τὴν μετάνοιαν εἰς ζωὴν ἔδωκεν

11 23 ὃς ... ἰδὼν τὴν χάριν τὴν ([N²⁶ VS]; —ϛ) τοῦ θεοῦ ἐχάρη

12 5ʳ προσευχὴ δὲ ἦν ἐκτενῶς (-νῆς Sϛ) γινομένη ὑπὸ τῆς ἐκκλησίας πρὸς τὸν θεὸν περὶ αὐτοῦ

12 22ᵗ θεοῦ φωνὴ καὶ οὐκ ἀνθρώπου

12 23ᵘ ἐπάταξεν αὐτὸν ἄγγελος κυρίου ἀνθ' ὧν οὐκ ἔδωκεν τὴν δόξαν τῷ θεῷ

12 24 ὁ δὲ λόγος τοῦ θεοῦ (κυρίου NH) ηὔξανεν καὶ ἐπληθύνετο

13 5 κατήγγελλον τὸν λόγον τοῦ θεοῦ ἐν ταῖς συναγωγαῖς τῶν Ἰουδαίων

13 7 ἐπεζήτησεν ἀκοῦσαι τὸν λόγον τοῦ θεοῦ

13 16 ἄνδρες Ἰσραηλῖται καὶ οἱ φοβούμενοι τὸν θεόν, ἀκούσατε. ↔

13 17ᵉᵍʷ ὁ θεὸς τοῦ λαοῦ τούτου Ἰσραὴλ ἐξελέξατο τοὺς πατέρας ἡμῶν

13 21 ἔδωκεν αὐτοῖς ὁ θεὸς τὸν Σαούλ

13 23ᵈ τούτου ὁ θεὸς ἀπὸ τοῦ σπέρματος ... ἤγαγεν τῷ Ἰσραὴλ σωτῆρα Ἰησοῦν

13 26 ἄνδρες ἀδελφοί, υἱοὶ γένους Ἀβραὰμ καὶ οἱ ἐν ὑμῖν φοβούμενοι τὸν θεόν

13 30 ὁ δὲ θεὸς ἤγειρεν αὐτὸν ἐκ νεκρῶν

13 33ᵉ ταύτην ὁ θεὸς ἐκπεπλήρωκεν τοῖς τέκνοις || αὐτῶν [N²⁶] ἡμῖν ((ἡμῖν N; ἡμῶν VTH)) ἀναστήσας Ἰησοῦν

13 36 Δαυὶδ μὲν γὰρ ἰδίᾳ γενεᾷ ὑπηρετήσας τῇ τοῦ θεοῦ βουλῇ ἐκοιμήθη

Ac 13 37 ὃν δὲ ὁ θεὸς ἤγειρεν, οὐκ εἶδεν δια-
φθοράν

13 43 ἔπειθον αὐτοὺς προσμένειν τῇ χά-
ριτι τοῦ θεοῦ

13 44 * πᾶσα ἡ πόλις συνήχθη ἀκοῦσαι
τὸν λόγον τοῦ θεοῦ (κυρίου N²⁶
BST)

13 46 ὑμῖν ἦν ἀναγκαῖον πρῶτον λαλη-
θῆναι τὸν λόγον τοῦ θεοῦ

13 48 * τὰ ἔθνη ἔχαιρον καὶ ἐδόξαζον
τὸν λόγον τοῦ θεοῦ (H; κυρίου rl)

14 11ᵗˣ οἱ θεοὶ ὁμοιωθέντες ἀνθρώποις
κατέβησαν πρὸς ἡμᾶς

14 15ᵐʳ εὐαγγελιζόμενοι ὑμᾶς . . . ἐπιστρέ-
φειν ἐπὶ (+τὸν ς) θεὸν (+τὸν ς)
ζῶντα

14 22 διὰ πολλῶν θλίψεων δεῖ ἡμᾶς εἰσ-
ελθεῖν εἰς τὴν βασιλείαν τοῦ θεοῦ

14 26 ὅθεν ἦσαν παραδεδομένοι τῇ χάρι-
τι τοῦ θεοῦ εἰς τὸ ἔργον ὃ ἐπλήρω-
σαν

14 27 ἀνήγγελλον ὅσα ἐποίησεν ὁ θεὸς
μετ' αὐτῶν

15 4 ἀνήγγειλάν τε ὅσα ὁ θεὸς ἐποίησεν
μετ' αὐτῶν

15 7 ἐν ὑμῖν ἐξελέξατο ὁ θεὸς διὰ τοῦ
στόματός μου ἀκοῦσαι τὰ ἔθνη
τὸν λόγον τοῦ εὐαγγελίου

15 8 ὁ καρδιογνώστης θεὸς ἐμαρτύρη-
σεν αὐτοῖς δοὺς (+αὐτοῖς [VS]
Mς) τὸ πνεῦμα τὸ ἅγιον

15 10 νῦν οὖν τί πειράζετε τὸν θεόν ⟨;⟩

15 12 ἐξηγουμένων ὅσα ἐποίησεν ὁ θεὸς
σημεῖα καὶ τέρατα ἐν τοῖς ἔθνεσιν
δι' αὐτῶν

15 14ʷ Συμεὼν ἐξηγήσατο καθὼς πρῶτον
ὁ θεὸς ἐπεσκέψατο λαβεῖν ἐξ ἐθνῶν
λαόν

15 18 * ⟨λέγει κύριος ποιῶν ταῦτα⟩
γνωστὰ ἀπ' αἰῶνός | ἐστι τῷ
θεῷ πάντα τὰ ἔργα αὐτοῦ (+ς)

15 19ʳ μὴ παρενοχλεῖν τοῖς ἀπὸ τῶν
ἐθνῶν ἐπιστρέφουσιν ἐπὶ τὸν θεόν

15 40 * παραδοθεὶς τῇ χάριτι τοῦ θεοῦ
(ς; κυρίου rl) ὑπὸ τῶν ἀδελφῶν

16 10 προσκέκληται ἡμᾶς ὁ θεὸς (κύριος
ς) εὐαγγελίσασθαι αὐτούς

16 14 καί τις γυνὴ ὀνόματι Λυδία . . .
σεβομένη τὸν θεόν, ἤκουεν

16 17ᵖᵗ οὗτοι οἱ ἄνθρωποι δοῦλοι τοῦ
θεοῦ τοῦ (—B) ὑψίστου εἰσίν

16 25 κατὰ δὲ τὸ μεσονύκτιον Παῦλος
καὶ Σιλᾶς προσευχόμενοι ὕμνουν

16 32 * ἐλάλησαν αὐτῷ τὸν λόγον τοῦ
θεοῦ (NH; κυρίου rl)

16 34 ἠγαλλιάσατο πανοικεὶ πεπιστευ-
κὼς τῷ θεῷ

17 13 καὶ ἐν τῇ Βεροίᾳ κατηγγέλη . . . ὁ
(—M) λόγος τοῦ θεοῦ

17 23ᵖ εὗρον καὶ βωμὸν ἐν ᾧ ἐπεγέγρα-
πτο· ἀγνώστῳ θεῷ

17 24ᵃᵛ ὁ θεὸς ὁ ποιήσας τὸν κόσμον . . .
οὗτος οὐρανοῦ καὶ γῆς ὑπάρχων
κύριος οὐκ ἐν χειροποιήτοις ναοῖς
κατοικεῖ

17 27 ζητεῖν τὸν θεόν (κύριον ς), εἰ ἄρα
γε ψηλαφήσειαν αὐτόν

17 29 γένος οὖν ὑπάρχοντες τοῦ θεοῦ
οὐκ ὀφείλομεν νομίζειν χρυσῷ . . .
τὸ θεῖον εἶναι ὅμοιον. ↔

17 30ᵗ τοὺς μὲν οὖν χρόνους τῆς ἀγνοίας
ὑπεριδὼν ὁ θεὸς τὰ νῦν παραγ-
γέλλει (ἀπ- NTH) τοῖς ἀνθρώ-
ποις . . . μετανοεῖν

Ac 18 7 εἰσῆλθεν (ἦλθεν NMVHς) εἰς οἰκίαν
τινὸς ὀνόματι Τιτίου (Τίτου BS;
—ς) Ἰούστου σεβομένου τὸν θεόν

18 11 ἐκάθισεν δὲ ἐνιαυτὸν . . . διδάσκων
ἐν αὐτοῖς τὸν λόγον τοῦ θεοῦ

18 13ᵗ παρὰ τὸν νόμον ἀναπείθει οὗτος
τοὺς ἀνθρώπους σέβεσθαι τὸν θεόν

18 21 πάλιν ἀνακάμψω πρὸς ὑμᾶς τοῦ
θεοῦ θέλοντος

18 26 ἀκριβέστερον αὐτῷ ἐξέθεντο τὴν
ὁδὸν | τοῦ θεοῦ [N²⁶]

19 8 ἐπαρρησιάζετο . . . διαλεγόμενος
καὶ πείθων τὰ ([N²⁶]; —NH) περὶ
τῆς βασιλείας τοῦ θεοῦ

19 11 δυνάμεις τε οὐ τὰς τυχούσας ὁ
θεὸς ἐποίει διὰ τῶν χειρῶν Παύλου

19 26ˣ οὐκ εἰσὶν θεοὶ οἱ διὰ χειρῶν γι-
νόμενοι

20 21ᵃʳ διαμαρτυρόμενος Ἰουδαίοις τε καὶ
Ἕλλησιν τὴν εἰς (+τὸν ς) θεὸν
μετάνοιαν καὶ πίστιν εἰς τὸν κύ-
ριον ἡμῶν Ἰησοῦν

20 24ᵃ διαμαρτύρασθαι τὸ εὐαγγέλιον
τῆς χάριτος τοῦ θεοῦ

20 25 * ἐν οἷς διῆλθον κηρύσσων τὴν
βασιλείαν | τοῦ θεοῦ (+ς)

20 27 οὐ γὰρ ὑπεστειλάμην τοῦ μὴ ἀναγ-
γεῖλαι πᾶσαν τὴν βουλὴν τοῦ
θεοῦ ὑμῖν

20 28 ποιμαίνειν τὴν ἐκκλησίαν τοῦ θεοῦ
(κυρίου ST)

20 32 τὰ νῦν παρατίθεμαι ὑμᾶς τῷ θεῷ
(κυρίῳ NH) καὶ τῷ λόγῳ τῆς
χάριτος αὐτοῦ

21 19 ὧν ἐποίησεν ὁ θεὸς ἐν τοῖς ἔθνεσιν
διὰ τῆς διακονίας αὐτοῦ. ↔

21 20 οἱ δὲ ἀκούσαντες ἐδόξαζον τὸν
θεόν (κύριον ς)

22 3 ἐγώ (+μέν [S]ς) εἰμι ἀνὴρ Ἰου-
δαῖος . . . ζηλωτὴς ὑπάρχων τοῦ
θεοῦ

22 14ᵉ ὁ θεὸς τῶν πατέρων ἡμῶν προ-
εχειρίσατό σε γνῶναι τὸ θέλημα
αὐτοῦ

23 1 ἐγὼ πάσῃ συνειδήσει ἀγαθῇ πε-
πολίτευμαι τῷ θεῷ ἄχρι ταύτης
τῆς ἡμέρας

23 3 τύπτειν σε μέλλει ὁ θεός, τοῖχε κε-
κονιαμένε

23 4 τὸν ἀρχιερέα τοῦ θεοῦ λοιδορεῖς;

24 14ᵖ κατὰ τὴν ὁδὸν ἣν λέγουσιν αἵρε-
σιν οὕτως λατρεύω τῷ πατρῴῳ
θεῷ

24 15ʳ ἐλπίδα ἔχων εἰς (πρὸς T) τὸν
θεόν

24 16ʳᵗ ἐν τούτῳ καὶ αὐτὸς ἀσκῶ ἀπρόσ-
κοπον συνείδησιν ἔχειν πρὸς τὸν
θεὸν καὶ τοὺς ἀνθρώπους διὰ παν-
τός

26 6ᵉʳ νῦν ἐπ' ἐλπίδι τῆς εἰς τοὺς πατέ-
ρας ἡμῶν ἐπαγγελίας γενομένης
ὑπὸ τοῦ θεοῦ ἕστηκα κρινόμενος

26 8 τί ἄπιστον κρίνεται παρ' ὑμῖν εἰ
ὁ θεὸς νεκροὺς ἐγείρει;

26 18ʳ τοῦ ἐπιστρέψαι ἀπὸ . . . τῆς ἐξου-
σίας τοῦ σατανᾶ ἐπὶ τὸν θεόν

26 20ᵃ ἀπήγγελλον μετανοεῖν καὶ ἐπι-
στρέφειν ἐπὶ τὸν θεόν

26 22ʳ ἐπικουρίας οὖν τυχὼν τῆς ἀπὸ
(παρὰ ς) τοῦ θεοῦ . . . ἕστηκα μαρ-
τυρόμενος

26 29 εὐξαίμην (-ξάμην T) ἂν τῷ θεῷ . . .
οὐ μόνον σὲ ἀλλὰ καὶ πάντας . . .
γενέσθαι τοιούτους

Ac 27 23ᵘ παρέστη γάρ μοι . . . τοῦ θεοῦ
οὗ εἰμι ἐγὼ (+[N²⁶]T) . . . ἄγγελος

27 24 κεχάρισταί σοι ὁ θεὸς πάντας τοὺς
πλέοντας μετὰ σοῦ

27 25 πιστεύω γὰρ τῷ θεῷ ὅτι οὕτως
ἔσται

27 35 λαβὼν ἄρτον εὐχαρίστησεν τῷ
θεῷ ἐνώπιον πάντων

28 6 μεταβαλόμενοι (-βαλλό- Tς) ἔλεγον
αὐτὸν εἶναι θεόν

28 15 οὓς ἰδὼν ὁ Παῦλος εὐχαριστήσας
τῷ θεῷ ἔλαβε θάρσος

28 23 οἷς ἐξετίθετο διαμαρτυρόμενος τὴν
βασιλείαν τοῦ θεοῦ

28 28 τοῖς ἔθνεσιν ἀπεστάλη τοῦτο τὸ
σωτήριον τοῦ θεοῦ

28 31 ⟨ἀπεδέχετο πάντας τοὺς εἰσπορευ-
ομένους⟩ κηρύσσων τὴν βασιλείαν
τοῦ θεοῦ

Rm 1 1 Παῦλος . . . κλητὸς ἀπόστολος
ἀφωρισμένος εἰς εὐαγγέλιον θεοῦ

1 4ᵃˢ ⟨περὶ τοῦ υἱοῦ αὐτοῦ⟩ τοῦ
ὁρισθέντος υἱοῦ θεοῦ ἐν δυνάμει

1 7 ⟨Παῦλος⟩ πᾶσιν τοῖς οὖσιν ἐν
Ῥώμῃ ἀγαπητοῖς θεοῦ, κλητοῖς
ἁγίοις· ↔

1 7ᵃᶜʳ χάρις ὑμῖν καὶ εἰρήνη ἀπὸ θεοῦ
πατρὸς ἡμῶν καὶ κυρίου Ἰησοῦ
Χριστοῦ. ↔

1 8ᵏ πρῶτον μὲν εὐχαριστῶ τῷ θεῷ
μου . . . περὶ πάντων ὑμῶν

1 9ˢ μάρτυς γάρ μού ἐστιν ὁ θεός

1 10 δεόμενος εἴ πως ἤδη ποτὲ εὐ-
οδωθήσομαι ἐν τῷ θελήματι τοῦ
θεοῦ ἐλθεῖν πρὸς ὑμᾶς

1 16 δύναμις γὰρ θεοῦ ἐστιν εἰς σωτη-
ρίαν παντὶ τῷ πιστεύοντι

1 17 δικαιοσύνη γὰρ θεοῦ ἐν αὐτῷ
ἀποκαλύπτεται ἐκ πίστεως εἰς πί-
στιν

1 18ᵗ ἀποκαλύπτεται γὰρ ὀργὴ θεοῦ
ἀπ' οὐρανοῦ ἐπὶ πᾶσαν ἀσέβειαν
καὶ ἀδικίαν ἀνθρώπων

1 19 διότι τὸ γνωστὸν τοῦ θεοῦ φανε-
ρόν ἐστιν ἐν αὐτοῖς· ↔

1 19 ὁ θεὸς γὰρ αὐτοῖς ἐφανέρωσεν

1 21 διότι γνόντες τὸν θεὸν ↔

1 21 οὐχ ὡς θεὸν ἐδόξασαν ἢ ηὐχαρί-
στησαν

1 23ᵖᵗ ἤλλαξαν τὴν δόξαν τοῦ ἀφθάρτου
θεοῦ ἐν ὁμοιώματι εἰκόνος φθαρτοῦ
ἀνθρώπου

1 24 διὸ παρέδωκεν αὐτοὺς ὁ θεὸς ἐν
ταῖς ἐπιθυμίαις τῶν καρδιῶν αὐ-
τῶν εἰς ἀκαθαρσίαν

1 25 οἵτινες μετήλλαξαν τὴν ἀλήθειαν
τοῦ θεοῦ ἐν τῷ ψεύδει

1 26 διὰ τοῦτο παρέδωκεν αὐτοὺς ὁ
θεὸς εἰς πάθη ἀτιμίας

1 28 καθὼς οὐκ ἐδοκίμασαν τὸν θεὸν
ἔχειν ἐν ἐπιγνώσει, ↔

1 28 παρέδωκεν αὐτοὺς ὁ θεὸς εἰς ἀδόκι-
μον νοῦν

1 32 οἵτινες τὸ δικαίωμα τοῦ θεοῦ ἐπι-
γνόντες . . . οὐ μόνον αὐτὰ ποιοῦσιν

2 2 τὸ κρίμα τοῦ θεοῦ ἐστιν κατὰ
ἀλήθειαν ἐπὶ τοὺς τὰ τοιαῦτα
πράσσοντας. ↔

2 3ᵗ λογίζῃ δὲ τοῦτο, ὦ ἄνθρωπε . . .
ὅτι σὺ ἐκφεύξῃ τὸ κρίμα τοῦ θεοῦ;

2 4 ἀγνοῶν ὅτι τὸ χρηστὸν τοῦ θεοῦ
εἰς μετάνοιάν σε ἄγει

2 5 θησαυρίζεις σεαυτῷ ὀργὴν ἐν
ἡμέρᾳ ὀργῆς καὶ ἀποκαλύψεως
[+καὶ S] δικαιοκρισίας τοῦ θεοῦ

Rm 2 11ʳοὐ γὰρ ἔστιν προσωπολημψία παρὰ τῷ θεῷ

2 13ʳοὐ γὰρ οἱ ἀκροαταὶ νόμου δίκαιοι παρὰ τῷ [N²⁶NH] θεῷ

2 16ᵗἐν | ἡμέρᾳ ὅτε (ᾗ ἡμ. NH) κρίνει (-νεῖ MBTϚ) ὁ θεὸς τὰ κρυπτὰ τῶν ἀνθρώπων

2 17ʳεἰ δὲ σὺ Ἰουδαῖος ἐπονομάζῃ ... καὶ καυχᾶσαι ἐν θεῷ

2 23 διὰ τῆς παραβάσεως τοῦ νόμου τὸν θεὸν ἀτιμάζεις; ↔

2 24 τὸ γὰρ ὄνομα τοῦ θεοῦ δι' ὑμᾶς βλασφημεῖται ἐν τοῖς ἔθνεσιν

2 29ʳᵗοὗ ὁ ἔπαινος οὐκ ἐξ ἀνθρώπων ἀλλ' ἐκ τοῦ θεοῦ

3 2 πρῶτον μὲν γὰρ ([N²⁶NH]; —B) ὅτι ἐπιστεύθησαν τὰ λόγια τοῦ θεοῦ

3 3 μὴ ἡ ἀπιστία αὐτῶν τὴν πίστιν τοῦ θεοῦ καταργήσει; ↔

3 4ᵗμὴ γένοιτο· γινέσθω δὲ ὁ θεὸς ἀληθής, πᾶς δὲ ἄνθρωπος ψεύστης

3 5 εἰ δὲ ἡ ἀδικία ἡμῶν θεοῦ δικαιοσύνην συνίστησιν, τί ἐροῦμεν; ↔

3 5 μὴ ἄδικος ὁ θεὸς ὁ ἐπιφέρων τὴν ὀργήν;

3 6ᵛἐπεὶ πῶς κρινεῖ ὁ θεὸς τὸν κόσμον; ↔

3 7 εἰ δὲ (γὰρ VBSϚ) ἡ ἀλήθεια τοῦ θεοῦ ἐν τῷ ἐμῷ ψεύσματι ἐπερίσσευσεν εἰς τὴν δόξαν αὐτοῦ

3 11 οὐκ ἔστιν ὁ (—H) ἐκζητῶν τὸν θεόν

3 18 οὐκ ἔστιν φόβος θεοῦ ἀπέναντι τῶν ὀφθαλμῶν αὐτῶν

3 19ᵛἵνα ... ὑπόδικος γένηται πᾶς ὁ κόσμος τῷ θεῷ

3 21 νυνὶ δὲ χωρὶς νόμου δικαιοσύνη θεοῦ πεφανέρωται, μαρτυρουμένη ὑπὸ ... τῶν προφητῶν, ↔

3 22 δικαιοσύνη δὲ θεοῦ διὰ πίστεως Ἰησοῦ [NH] Χριστοῦ

3 23 πάντες γὰρ ἥμαρτον καὶ ὑστεροῦνται τῆς δόξης τοῦ θεοῦ

3 25 ὃν προέθετο ὁ θεὸς ἱλαστήριον ... ἐν τῷ αὐτοῦ αἵματι

3 26 ἐν τῇ ἀνοχῇ τοῦ θεοῦ

3 29 ἢ Ἰουδαίων ὁ θεὸς μόνον; οὐχὶ καὶ ἐθνῶν;

3 30ʰεἴπερ εἷς ὁ θεὸς ὃς δικαιώσει περιτομὴν ἐκ πίστεως

4 2ʳεἰ γὰρ Ἀβραὰμ ἐξ ἔργων ἐδικαιώθη, ἔχει καύχημα· ἀλλ' οὐ πρὸς (+τὸν ϛ) θεόν

4 3 ἐπίστευσεν δὲ Ἀβραὰμ τῷ θεῷ, καὶ ἐλογίσθη αὐτῷ εἰς δικαιοσύνην

4 6ᵗτὸν μακαρισμὸν τοῦ ἀνθρώπου ᾧ ὁ θεὸς λογίζεται δικαιοσύνην χωρὶς ἔργων

4 17ʳκατέναντι οὗ ἐπίστευσεν θεοῦ τοῦ ζῳοποιοῦντος τοὺς νεκρούς

4 20 εἰς δὲ τὴν ἐπαγγελίαν τοῦ θεοῦ οὐ διεκρίθη τῇ ἀπιστίᾳ, ↔

4 20 ἀλλ' ἐνεδυναμώθη τῇ πίστει, δοὺς δόξαν τῷ θεῷ

5 1ᵃʳδικαιωθέντες οὖν ἐκ πίστεως εἰρήνην ἔχομεν (-χωμεν MVBSTH) πρὸς τὸν θεὸν διὰ τοῦ κυρίου ἡμῶν

5 2 καυχώμεθα ἐπ' ἐλπίδι τῆς δόξης τοῦ θεοῦ

5 5 ἡ ἀγάπη τοῦ θεοῦ ἐκκέχυται ἐν ταῖς καρδίαις ἡμῶν διὰ πνεύματος ἁγίου

5 8 συνίστησιν δὲ τὴν ἑαυτοῦ ἀγάπην εἰς ἡμᾶς ὁ θεὸς

Rm 5 10ˢεἰ γὰρ ἐχθροὶ ὄντες κατηλλάγημεν τῷ θεῷ διὰ τοῦ θανάτου τοῦ υἱοῦ αὐτοῦ

5 11ᵃʳ⟨σωθησόμεθα⟩ καυχώμενοι ἐν τῷ θεῷ διὰ τοῦ κυρίου ἡμῶν Ἰησοῦ Χριστοῦ [NH]

5 15ᵗπολλῷ μᾶλλον ἡ χάρις τοῦ θεοῦ καὶ ἡ δωρεὰ ἐν χάριτι τῇ τοῦ ἑνὸς ἀνθρώπου ... εἰς τοὺς πολλοὺς ἐπερίσσευσεν

6 10 ὃ δὲ ζῇ, ζῇ τῷ θεῷ

6 11ᵃλογίζεσθε ἑαυτοὺς ... ζῶντας δὲ τῷ θεῷ ἐν Χριστῷ Ἰησοῦ | τῷ κυρίῳ ἡμῶν (+[V]SϚ)

6 13 παραστήσατε ἑαυτοὺς τῷ θεῷ ὡσεὶ ἐκ νεκρῶν ζῶντας ↔

6 13 καὶ τὰ μέλη ὑμῶν ὅπλα δικαιοσύνης τῷ θεῷ

6 17 χάρις δὲ τῷ θεῷ ὅτι ἦτε δοῦλοι τῆς ἁμαρτίας

6 22 δουλωθέντες δὲ τῷ θεῷ, ἔχετε τὸν καρπὸν ὑμῶν εἰς ἁγιασμόν

6 23ᵃτὸ δὲ χάρισμα τοῦ θεοῦ ζωὴ αἰώνιος ἐν Χριστῷ Ἰησοῦ τῷ κυρίῳ ἡμῶν

7 4 τῷ ἐκ νεκρῶν ἐγερθέντι, ἵνα καρποφορήσωμεν τῷ θεῷ

7 22ᵗσυνήδομαι γὰρ τῷ νόμῳ τοῦ θεοῦ κατὰ τὸν ἔσω ἄνθρωπον

7 25ᵃχάρις (εὐχαριστῶ SϚ) δὲ (+N²⁶ V[H]) τῷ θεῷ διὰ Ἰησοῦ Χριστοῦ τοῦ κυρίου ἡμῶν

7 25 τῷ μὲν (—T) νοῒ δουλεύω νόμῳ θεοῦ, τῇ δὲ σαρκὶ νόμῳ ἁμαρτίας

8 3ˢὁ θεὸς τὸν ἑαυτοῦ υἱὸν πέμψας ... κατέκρινεν τὴν ἁμαρτίαν

8 7 διότι τὸ φρόνημα τῆς σαρκὸς ἔχθρα εἰς θεόν· ↔

8 7 τῷ γὰρ νόμῳ τοῦ θεοῦ οὐχ ὑποτάσσεται, οὐδὲ γὰρ δύναται· ↔

8 8 οἱ δὲ ἐν σαρκὶ ὄντες θεῷ ἀρέσαι οὐ δύνανται

8 9 εἴπερ πνεῦμα θεοῦ οἰκεῖ ἐν ὑμῖν

8 14 ὅσοι γὰρ πνεύματι θεοῦ ἄγονται, ↔

8 14ˢοὗτοι | υἱοὶ θεοῦ εἰσιν (~NMTVϚ)

8 16 αὐτὸ τὸ πνεῦμα συμμαρτυρεῖ ... ὅτι ἐσμὲν τέκνα θεοῦ. ↔

8 17 εἰ δὲ τέκνα, καὶ κληρονόμοι· κληρονόμοι μὲν θεοῦ

8 19ˢἡ γὰρ ἀποκαραδοκία τῆς κτίσεως τὴν ἀποκάλυψιν τῶν υἱῶν τοῦ θεοῦ ἀπεκδέχεται

8 21 καὶ αὐτὴ ἡ κτίσις ἐλευθερωθήσεται ... εἰς τὴν ἐλευθερίαν τῆς δόξης τῶν τέκνων τοῦ θεοῦ

8 27ʳοἶδεν ... ὅτι κατὰ θεὸν ἐντυγχάνει ὑπὲρ ἁγίων. ↔

8 28 οἴδαμεν δὲ ὅτι τοῖς ἀγαπῶσιν τὸν θεὸν ↔

8 28 * πάντα συνεργεῖ | ὁ θεὸς ([NH]; —rl) εἰς ἀγαθόν

8 31 εἰ ὁ θεὸς ὑπὲρ ἡμῶν, τίς καθ' ἡμῶν;

8 33 τίς ἐγκαλέσει κατὰ ἐκλεκτῶν θεοῦ; ↔

8 33 θεὸς ὁ δικαιῶν

8 34 Χριστὸς ... ὃς καὶ (—NTH) ἔστιν ἐν δεξιᾷ τοῦ θεοῦ

8 39ᵃᵘ⟨οὔτε ἄγγελοι⟩ οὔτε τις κτίσις ἑτέρα δυνήσεται ἡμᾶς χωρίσαι ἀπὸ τῆς ἀγάπης τοῦ θεοῦ

9 5ᵉὧν οἱ πατέρες, καὶ ἐξ ὧν ὁ Χριστὸς ... ὁ ὢν ἐπὶ πάντων θεὸς εὐλογητὸς εἰς τοὺς αἰῶνας

Rm 9 6 οὐχ οἷον δὲ ὅτι ἐκπέπτωκεν ὁ λόγος τοῦ θεοῦ

9 8 οὐ τὰ τέκνα τῆς σαρκὸς ταῦτα τέκνα τοῦ θεοῦ

9 11 ἵνα ἡ κατ' ἐκλογὴν πρόθεσις τοῦ θεοῦ μένῃ

9 14ʳμὴ ἀδικία παρὰ τῷ θεῷ;

9 16 ἄρα οὖν οὐ τοῦ θέλοντος ... ἀλλὰ τοῦ ἐλεῶντος θεοῦ

9 20ᵗ| ὦ ἄνθρωπε, μενοῦνγε (~SϚ) σὺ τίς εἶ ὁ ἀνταποκρινόμενος τῷ θεῷ;

9 22 εἰ δὲ θέλων ὁ θεὸς ἐνδείξασθαι τὴν ὀργὴν ... ἤνεγκεν ἐν πολλῇ μακροθυμίᾳ σκεύη ὀργῆς

9 26ᵐˢʷοὐ λαός μου ὑμεῖς, ἐκεῖ κληθήσονται υἱοὶ θεοῦ ζῶντος

10 1ʳἡ δέησις (+ἡ ϛ) πρὸς τὸν θεὸν ὑπὲρ αὐτῶν εἰς σωτηρίαν. ↔

10 2 μαρτυρῶ γὰρ αὐτοῖς ὅτι ζῆλον θεοῦ ἔχουσιν, ἀλλ' οὐ κατ' ἐπίγνωσιν· ↔

10 3 ἀγνοοῦντες γὰρ τὴν τοῦ θεοῦ δικαιοσύνην, καὶ τὴν ἰδίαν δικαιοσύνην (+[N²⁶]BTϚ) ζητοῦντες στῆσαι, ↔

10 3 τῇ δικαιοσύνῃ τοῦ θεοῦ οὐχ ὑπετάγησαν

10 9ᵃἐὰν ... πιστεύσῃς ... ὅτι ὁ θεὸς αὐτὸν ἤγειρεν ἐκ νεκρῶν

10 17 * ἄρα ἡ πίστις ἐξ ἀκοῆς, ἡ δὲ ἀκοὴ διὰ ῥήματος θεοῦ (ϛ; Χριστοῦ rl)

11 1ʷμὴ ἀπώσατο ὁ θεὸς τὸν λαὸν αὐτοῦ;

11 2ʷοὐκ ἀπώσατο ὁ θεὸς τὸν λαὸν αὐτοῦ ὃν προέγνω

11 2 ὡς ἐντυγχάνει τῷ θεῷ κατὰ τοῦ Ἰσραήλ

11 8 ἔδωκεν αὐτοῖς ὁ θεὸς πνεῦμα κατανύξεως

11 21 εἰ γὰρ ὁ θεὸς τῶν κατὰ φύσιν κλάδων οὐκ ἐφείσατο

11 22 ἴδε οὖν χρηστότητα καὶ ἀποτομίαν θεοῦ·

11 22 ἐπὶ μὲν τοὺς πεσόντας ἀποτομία, ἐπὶ δὲ σὲ χρηστότης θεοῦ (—ϛ)

11 23 δυνατὸς γάρ ἐστιν ὁ θεὸς πάλιν ἐγκεντρίσαι αὐτούς

11 29 ἀμεταμέλητα γὰρ τὰ χαρίσματα καὶ ἡ κλῆσις τοῦ θεοῦ. ↔

11 30 ὥσπερ γὰρ ὑμεῖς ποτε ἠπειθήσατε τῷ θεῷ

11 32 συνέκλεισεν γὰρ ὁ θεὸς τοὺς πάντας εἰς ἀπείθειαν

11 33 ὦ βάθος πλούτου καὶ σοφίας καὶ γνώσεως θεοῦ

12 1 παρακαλῶ οὖν ὑμᾶς, ἀδελφοί, διὰ τῶν οἰκτιρμῶν τοῦ θεοῦ, ↔

12 1 παραστῆσαι τὰ σώματα ὑμῶν θυσίαν ζῶσαν ἁγίαν | εὐάρεστον τῷ θεῷ (~NSTH)

12 2 εἰς τὸ δοκιμάζειν ὑμᾶς τί τὸ θέλημα τοῦ θεοῦ

12 3 ἑκάστῳ ὡς ὁ θεὸς ἐμέρισεν μέτρον πίστεως

13 1ʳοὐ γάρ ἐστιν ἐξουσία εἰ μὴ ὑπὸ (ἀπὸ ϛ) θεοῦ, ↔

13 1ᵃαἱ δὲ οὖσαι ὑπὸ (+τοῦ [S]ϛ) θεοῦ τεταγμέναι εἰσίν. ↔

13 2 ὥστε ὁ ἀντιτασσόμενος τῇ ἐξουσίᾳ τῇ τοῦ θεοῦ διαταγῇ ἀνθέστηκεν

13 4 θεοῦ γὰρ διάκονός ἐστιν σοὶ εἰς τὸ (—B) ἀγαθόν

13 4 θεοῦ γὰρ διάκονός ἐστιν ἔκδικος εἰς ὀργὴν τῷ τὸ κακὸν πράσσοντι

Column 1

Rm 13 6 λειτουργοὶ γὰρ θεοῦ εἰσιν εἰς αὐτὸ τοῦτο προσκαρτεροῦντες

14 3 ὁ θεὸς γὰρ αὐτὸν προσελάβετο

14 4 * | δυνατὸς γάρ ἐστιν ὁ θεὸς (ς; δυνατεῖ γὰρ ὁ κύριος rl) στῆσαι αὐτόν

14 6ᵃ ὁ ἐσθίων κυρίῳ ἐσθίει, εὐχαριστεῖ γὰρ τῷ θεῷ· ↔

14 6ᵃ καὶ ὁ μὴ ἐσθίων κυρίῳ οὐκ ἐσθίει, καὶ εὐχαριστεῖ τῷ θεῷ

14 10 πάντες γὰρ παραστησόμεθα τῷ βήματι τοῦ θεοῦ (Χριστοῦ ς)

14 11ᵃ πᾶσα γλῶσσα ἐξομολογήσεται τῷ θεῷ. ↔

14 12 ἄρα οὖν [N²⁶NH] ἕκαστος ἡμῶν περὶ ἑαυτοῦ λόγον δώσει | τῷ θεῷ [N²⁶NH]

14 17 οὐ γάρ ἐστιν ἡ βασιλεία τοῦ θεοῦ βρῶσις καὶ πόσις

14 18ᵗ ὁ γὰρ ἐν τούτῳ (-τοις Sς) δουλεύων τῷ Χριστῷ εὐάρεστος τῷ θεῷ καὶ δόκιμος τοῖς ἀνθρώποις

14 20 μὴ ἕνεκεν βρώματος κατάλυε τὸ ἔργον τοῦ θεοῦ

14 22ʳ σὺ πίστιν ἣν ([N²⁶S]; —ς) ἔχεις κατὰ σεαυτὸν ἔχε ἐνώπιον τοῦ θεοῦ

15 5 ὁ δὲ θεὸς τῆς ὑπομονῆς καὶ τῆς παρακλήσεως δῴη ὑμῖν τὸ αὐτὸ φρονεῖν ἐν ἀλλήλοις

15 6ᵇᶜ ἵνα ὁμοθυμαδὸν ... δοξάζητε τὸν θεὸν καὶ πατέρα τοῦ κυρίου ἡμῶν

15 7 καθὼς καὶ ὁ Χριστὸς προσελάβετο ὑμᾶς (ἡμ. NHς) εἰς δόξαν τοῦ (—ς) θεοῦ. ↔

15 8ᵉ λέγω γὰρ Χριστὸν διάκονον γεγενῆσθαι περιτομῆς ὑπὲρ ἀληθείας θεοῦ, εἰς τὸ βεβαιῶσαι τὰς ἐπαγγελίας τῶν πατέρων, ↔

15 9 τὰ δὲ ἔθνη ὑπὲρ ἐλέους δοξάσαι τὸν θεόν

15 13 ὁ δὲ θεὸς τῆς ἐλπίδος πληρώσαι ὑμᾶς πάσης χαρᾶς καὶ εἰρήνης

15 15ʳ ὡς ἐπαναμιμνῄσκων ὑμᾶς διὰ τὴν χάριν τὴν δοθεῖσάν μοι ὑπὸ (ἀπὸ NBTH) τοῦ θεοῦ ↔

15 16 εἰς τὸ εἶναί με λειτουργὸν Χριστοῦ ... ἱερουργοῦντα τὸ εὐαγγέλιον τοῦ θεοῦ

15 17ᵃʳ ἔχω οὖν τὴν ([N²⁶H]; —VSς) καύχησιν ἐν Χριστῷ Ἰησοῦ τὰ πρὸς τὸν (—ς) θεόν

15 19 ⟨ὧν οὐ κατειργάσατο Χριστὸς δι' ἐμοῦ⟩ ἐν δυνάμει πνεύματος θεοῦ ([N²⁶]; —N; ἁγίου [H])

15 30ʳ συναγωνίσασθαί μοι ἐν ταῖς προσευχαῖς ὑπὲρ ἐμοῦ πρὸς τὸν θεόν

15 32 ἵνα | ἐν χαρᾷ ἐλθὼν (~T) πρὸς ὑμᾶς διὰ θελήματος θεοῦ συναναπαύσωμαι ὑμῖν. ↔

15 33 ὁ δὲ θεὸς τῆς εἰρήνης μετὰ πάντων ὑμῶν· ἀμήν

16 20 ὁ δὲ θεὸς τῆς εἰρήνης συντρίψει τὸν σατανᾶν ... ἐν τάχει

16 26ᵖ | φανερωθέντος δὲ νῦν ... κατ' ἐπιταγὴν τοῦ αἰωνίου θεοῦ ... εἰς πάντα τὰ ἔθνη γνωρισθέντος [.. N²⁶S ..], ↔

16 27ʰᵖ || μόνῳ σοφῷ θεῷ, διὰ Ἰησοῦ Χριστοῦ, ᾧ [H] ἡ δόξα εἰς τοὺς αἰῶνας [[.. N²⁶S ..]]

1 C 1 1 Παῦλος κλητὸς ἀπόστολος ... διὰ θελήματος θεοῦ καὶ Σωσθένης ὁ ἀδελφὸς ↔

Column 2

1 C 1 2 τῇ ἐκκλησίᾳ τοῦ θεοῦ τῇ οὔσῃ ἐν Κορίνθῳ

1 3ᵃᶜʳ χάρις ὑμῖν καὶ εἰρήνη ἀπὸ θεοῦ πατρὸς ἡμῶν καὶ κυρίου Ἰησοῦ Χριστοῦ. ↔

1 4ᵏ εὐχαριστῶ τῷ θεῷ μου (—NH) πάντοτε περὶ ὑμῶν

1 4 ἐπὶ τῇ χάριτι τοῦ θεοῦ τῇ δοθείσῃ ὑμῖν ἐν Χριστῷ Ἰησοῦ

1 9ᵃˢ πιστὸς ὁ θεός, δι' οὗ ἐκλήθητε εἰς κοινωνίαν τοῦ υἱοῦ αὐτοῦ

1 14 εὐχαριστῶ | τῷ θεῷ (+[N²⁶S] MVBς) ὅτι οὐδένα ὑμῶν ἐβάπτισα

1 18 τοῖς δὲ σῳζομένοις ἡμῖν δύναμις θεοῦ ἐστιν

1 20ᵛ οὐχὶ ἐμώρανεν ὁ θεὸς τὴν σοφίαν τοῦ κόσμου; ↔

1 21 ἐπειδὴ γὰρ ἐν τῇ σοφίᾳ τοῦ θεοῦ ↔

1 21ᵛ οὐκ ἔγνω ὁ κόσμος διὰ τῆς σοφίας τὸν θεόν,

1 21 εὐδόκησεν ὁ θεὸς διὰ τῆς μωρίας τοῦ κηρύγματος σῶσαι τοὺς πιστεύοντας

1 24 ⟨ἡμεῖς δὲ κηρύσσομεν⟩ Ἰουδαίοις τε καὶ Ἕλλησιν, Χριστὸν θεοῦ δύναμιν ↔

1 24 καὶ θεοῦ σοφίαν. ↔

1 25ᵗ ὅτι τὸ μωρὸν τοῦ θεοῦ σοφώτερον τῶν ἀνθρώπων ἐστίν, ↔

1 25ᵗ καὶ τὸ ἀσθενὲς τοῦ θεοῦ ἰσχυρότερον τῶν ἀνθρώπων

1 27ᵛ ἀλλὰ τὰ μωρὰ τοῦ κόσμου ἐξελέξατο ὁ θεὸς ἵνα καταισχύνῃ τοὺς σοφούς, ↔

1 27ᵛ καὶ τὰ ἀσθενῆ τοῦ κόσμου ἐξελέξατο ὁ θεὸς ἵνα καταισχύνῃ τὰ ἰσχυρά, ↔

1 28ᵛ καὶ τὰ ἀγενῆ τοῦ κόσμου καὶ τὰ ἐξουθενημένα ἐξελέξατο ὁ θεός

1 29ʳ ὅπως μὴ καυχήσηται πᾶσα σὰρξ ἐνώπιον | τοῦ θεοῦ (αὐτοῦ ς)

1 30ᵛ ὃς ἐγενήθη σοφία ἡμῖν ἀπὸ θεοῦ

2 1 ἦλθον οὐ καθ' ὑπεροχὴν λόγου ... καταγγέλλων ὑμῖν τὸ μυστήριον (μαρτύριον NMVSTς) τοῦ θεοῦ

2 5ᵗ ἵνα ἡ πίστις ὑμῶν μὴ ᾖ ἐν σοφίᾳ ἀνθρώπων ἀλλ' ἐν δυνάμει θεοῦ

2 7 λαλοῦμεν θεοῦ σοφίαν ἐν μυστηρίῳ, τὴν ἀποκεκρυμμένην, ↔

2 7 ἣν προώρισεν ὁ θεὸς πρὸ τῶν αἰώνων εἰς δόξαν ἡμῶν

2 9ᵗ ἃ (N²⁶MVBSTς; ὅσα rl) ἡτοίμασεν ὁ θεὸς τοῖς ἀγαπῶσιν αὐτόν. ↔

2 10 ἡμῖν δὲ (γὰρ NBH) ἀπεκάλυψεν ὁ θεὸς διὰ τοῦ πνεύματος·

2 10 τὸ γὰρ πνεῦμα πάντα ἐραυνᾷ, καὶ τὰ βάθη τοῦ θεοῦ

2 11ᵗ οὕτως καὶ τὰ τοῦ θεοῦ οὐδεὶς ἔγνωκεν ↔

2 11ᵗ εἰ μὴ τὸ πνεῦμα τοῦ θεοῦ. ↔

2 12ʳᵛ ἡμεῖς δὲ οὐ τὸ πνεῦμα τοῦ κόσμου ἐλάβομεν ἀλλὰ τὸ πνεῦμα τὸ ἐκ τοῦ θεοῦ,

2 12ʳ ἵνα εἰδῶμεν τὰ ὑπὸ τοῦ θεοῦ χαρισθέντα ἡμῖν

2 14ᵗ ψυχικὸς δὲ ἄνθρωπος οὐ δέχεται τὰ τοῦ πνεύματος τοῦ θεοῦ

3 6 ἐγὼ ἐφύτευσα, Ἀπολλῶς ἐπότισεν, ἀλλὰ ὁ θεὸς ηὔξανεν·

3 7 ὥστε οὔτε ὁ φυτεύων ἐστίν τι οὔτε ὁ ποτίζων, ἀλλ' ὁ αὐξάνων θεός

3 9 θεοῦ γάρ ἐσμεν συνεργοί· ↔

3 9 θεοῦ γεώργιον, ↔

3 9 θεοῦ οἰκοδομή ἐστε. ↔

Column 3

1 C 3 10 κατὰ τὴν χάριν τοῦ θεοῦ τὴν δοθεῖσάν μοι ... θεμέλιον ἔθηκα

3 16 οὐκ οἴδατε ὅτι ναὸς θεοῦ ἐστε ↔

3 16 καὶ τὸ πνεῦμα τοῦ θεοῦ | οἰκεῖ ἐν ὑμῖν (~NSH); ↔

3 17 εἴ τις τὸν ναὸν τοῦ θεοῦ φθείρει, ↔

3 17 φθερεῖ τοῦτον ὁ θεός· ↔

3 17 ὁ γὰρ ναὸς τοῦ θεοῦ ἅγιός ἐστιν ↔

3 19ʳᵛ ἡ γὰρ σοφία τοῦ κόσμου τούτου μωρία παρὰ τῷ θεῷ ἐστιν

3 23 ⟨πάντα γὰρ ὑμῶν ἐστιν⟩ ὑμεῖς δὲ Χριστοῦ, Χριστὸς δὲ θεοῦ. ↔

4 1ᵗ οὕτως ἡμᾶς λογιζέσθω ἄνθρωπος ὡς ... οἰκονόμους μυστηρίων θεοῦ

4 5ʳ τότε ὁ ἔπαινος γενήσεται ἑκάστῳ ἀπὸ τοῦ θεοῦ

4 9 ὁ θεὸς ἡμᾶς τοὺς ἀποστόλους ἐσχάτους ἀπέδειξεν ὡς ἐπιθανατίους

4 20 οὐ γὰρ ἐν λόγῳ ἡ βασιλεία τοῦ θεοῦ, ἀλλ' ἐν δυνάμει

5 13 τοὺς δὲ ἔξω ὁ θεὸς κρινεῖ (κρίνει Hς)

6 9 ἢ οὐκ οἴδατε ὅτι ἄδικοι | θεοῦ βασιλείαν (~ς) οὐ κληρονομήσουσιν;

6 10 οὔτε κλέπται ... οὐχ ἅρπαγες βασιλείαν θεοῦ κληρονομήσουσιν

6 11ᵃˡ ἐδικαιώθητε ἐν τῷ ὀνόματι τοῦ κυρίου ... καὶ ἐν τῷ πνεύματι τοῦ θεοῦ ἡμῶν

6 13 ὁ δὲ θεὸς καὶ ταύτην καὶ ταῦτα καταργήσει

6 14ᵃ ὁ δὲ θεὸς καὶ τὸν κύριον ἤγειρεν καὶ ἡμᾶς ἐξεγερεῖ διὰ τῆς δυνάμεως αὐτοῦ

6 19ʳ τὸ σῶμα ὑμῶν ναὸς τοῦ ἐν ὑμῖν ἁγίου πνεύματός ἐστιν, οὗ ἔχετε ἀπὸ θεοῦ

6 20 δοξάσατε δὴ τὸν θεὸν ἐν τῷ σώματι ὑμῶν ↔

6 20 * | καὶ ἐν τῷ πνεύματι ὑμῶν, ἅτινά ἐστι τοῦ θεοῦ (+ς)

7 7ʳ ἕκαστος ἴδιον ἔχει χάρισμα ἐκ θεοῦ

7 15 ἐν δὲ εἰρήνῃ κέκληκεν ὑμᾶς (ἡμ. MBς) ὁ θεός

7 17ᵃ * εἰ μὴ ἑκάστῳ ὡς ἐμέρισεν (μεμέρικεν NTH) ὁ θεός (ς; κύριος rl), ↔

7 17ᵃ ἕκαστον ὡς κέκληκεν ὁ θεὸς (κύριος ς), οὕτως περιπατείτω

7 19 ἡ ἀκροβυστία οὐδέν ἐστιν, ἀλλὰ τήρησις ἐντολῶν θεοῦ

7 24 ἕκαστος ἐν ᾧ ἐκλήθη, ἀδελφοί, ἐν τούτῳ μενέτω παρὰ (+τῷ ς) θεῷ

7 40 δοκῶ δὲ (γὰρ H) κἀγὼ πνεῦμα θεοῦ ἔχειν

8 3 εἰ δέ τις ἀγαπᾷ τὸν θεόν, οὗτος ἔγνωσται ὑπ' αὐτοῦ

8 4ʰᵖᵛ οἴδαμεν ὅτι οὐδὲν εἴδωλον ἐν κόσμῳ, καὶ ὅτι οὐδεὶς θεὸς (+ἕτερος ς) εἰ μὴ εἷς. ↔

8 5ˣ * καὶ γὰρ εἴπερ εἰσὶν λεγόμενοι θεοὶ εἴτε ἐν οὐρανῷ εἴτε ἐπὶ γῆς, ↔

8 5ˣ * ὥσπερ εἰσὶν θεοὶ πολλοὶ καὶ κύριοι πολλοί, ↔

8 6ᵃᶜʰ ἀλλ' [H] ἡμῖν εἷς θεὸς ὁ πατήρ ... καὶ εἷς κύριος

8 8 βρῶμα δὲ ἡμᾶς οὐ παραστήσει τῷ θεῷ

9 9 μὴ τῶν βοῶν μέλει τῷ θεῷ;

9 21 ⟨ἐγενόμην⟩ τοῖς ἀνόμοις ὡς ἄνομος, μὴ ὢν ἄνομος θεοῦ (θεῷ ς) ἀλλ' ἔννομος Χριστοῦ (Χριστῷ ς)

10 5 οὐκ ἐν τοῖς πλείοσιν αὐτῶν εὐδόκησεν ὁ θεός

1 C 10 13 πιστὸς δὲ ὁ θεός, ὃς οὐκ ἐάσει ὑμᾶς πειρασθῆναι ὑπὲρ ὃ δύνασθε

10 20 ἃ θύουσιν (θύει Vς) (+τὰ ἔθνη MVBS[H]ς), δαιμονίοις καὶ οὐ θεῷ θύουσιν ([N²⁶]; θύει Vς)

10 31 πάντα εἰς δόξαν θεοῦ ποιεῖτε. ↔

10 32 ἀπρόσκοποι καὶ Ἰουδαίοις γίνεσθε καὶ Ἕλλησιν καὶ τῇ ἐκκλησίᾳ τοῦ θεοῦ

11 3 κεφαλὴ δὲ τοῦ Χριστοῦ ὁ θεός

11 7 ἀνὴρ μὲν γὰρ οὐκ ὀφείλει κατακαλύπτεσθαι τὴν κεφαλήν, εἰκὼν καὶ δόξα θεοῦ ὑπάρχων

11 12ʳ οὕτως καὶ ὁ ἀνὴρ διὰ τῆς γυναικός· τὰ δὲ πάντα ἐκ τοῦ θεοῦ

11 13 πρέπον ἐστὶν γυναῖκα ἀκατακάλυπτον τῷ θεῷ προσεύχεσθαι;

11 16 ἡμεῖς τοιαύτην συνήθειαν οὐκ ἔχομεν, οὐδὲ αἱ ἐκκλησίαι τοῦ θεοῦ

11 22 ἢ τῆς ἐκκλησίας τοῦ θεοῦ καταφρονεῖτε ⟨;⟩

12 3 οὐδεὶς ἐν πνεύματι θεοῦ λαλῶν λέγει

12 6 διαιρέσεις ἐνεργημάτων εἰσίν, | ὁ δὲ (καὶ ὁ H) αὐτὸς (+ἐστιν [S]ς) θεὸς ὁ ἐνεργῶν τὰ πάντα ἐν πᾶσιν

12 18 νυνὶ (νῦν NH) δὲ ὁ θεὸς ἔθετο τὰ μέλη ... ἐν τῷ σώματι καθὼς ἠθέλησεν

12 24 ὁ θεὸς συνεκέρασεν τὸ σῶμα

12 28 οὓς μὲν ἔθετο ὁ θεὸς ἐν τῇ ἐκκλησίᾳ πρῶτον ἀποστόλους

14 2ᵗ ὁ γὰρ λαλῶν γλώσσῃ οὐκ ἀνθρώποις λαλεῖ ἀλλὰ (+τῷ MVSς) θεῷ

14 18ᵏ εὐχαριστῶ τῷ θεῷ (+μου ς), πάντων ὑμῶν μᾶλλον γλώσσαις (-σῃ BT) λαλῶ

14 25 οὕτως πεσὼν ἐπὶ πρόσωπον προσκυνήσει τῷ θεῷ,

14 25 ἀπαγγέλλων ὅτι ὄντως ὁ (—T) θεὸς ἐν ὑμῖν ἐστιν

14 28 ἑαυτῷ δὲ λαλείτω καὶ τῷ θεῷ

14 33 οὐ γάρ ἐστιν ἀκαταστασίας ὁ θεὸς ἀλλὰ εἰρήνης

14 36 ἢ ἀφ' ὑμῶν ὁ λόγος τοῦ θεοῦ ἐξῆλθεν ⟨;⟩

15 9 διότι ἐδίωξα τὴν ἐκκλησίαν τοῦ θεοῦ· ↔

15 10 χάριτι δὲ θεοῦ εἰμι ὅ εἰμι

15 10 ἐκοπίασα, οὐκ ἐγὼ δὲ ἀλλὰ ἡ χάρις τοῦ θεοῦ ἡ (+[N²⁶]VBSς) σὺν ἐμοί

15 15 εὑρισκόμεθα δὲ καὶ ψευδομάρτυρες τοῦ θεοῦ, ↔

15 15ʳ ὅτι ἐμαρτυρήσαμεν κατὰ τοῦ θεοῦ

15 24ᶜ ὅταν παραδιδῷ τὴν βασιλείαν τῷ θεῷ καὶ πατρί

15 28ˢ ἵνα ᾖ ὁ θεὸς τὰ (+[N²⁶]S; —NH) πάντα ἐν πᾶσιν

15 34 ἀγνωσίαν γὰρ θεοῦ τινες ἔχουσιν

15 38 ὁ δὲ θεὸς δίδωσιν αὐτῷ σῶμα καθὼς ἠθέλησεν

15 50 σὰρξ καὶ αἷμα βασιλείαν θεοῦ κληρονομῆσαι οὐ δύναται (-νται Sς)

15 57ᵃ τῷ δὲ θεῷ χάρις τῷ διδόντι ἡμῖν τὸ νῖκος διὰ τοῦ κυρίου ἡμῶν

2 C 1 1 Παῦλος ἀπόστολος Χριστοῦ Ἰησοῦ διὰ θελήματος θεοῦ καὶ Τιμόθεος ὁ ἀδελφός ↔

1 1 τῇ ἐκκλησίᾳ τοῦ θεοῦ τῇ οὔσῃ ἐν Κορίνθῳ

1 2ᵃᶜʳ χάρις ὑμῖν καὶ εἰρήνη ἀπὸ θεοῦ πατρὸς ἡμῶν καὶ κυρίου Ἰησοῦ Χριστοῦ. ↔

2 C 1 3ᵇᶜ εὐλογητὸς ὁ θεὸς καὶ πατὴρ τοῦ κυρίου ἡμῶν Ἰησοῦ Χριστοῦ, ↔

1 3ᶜ ὁ πατὴρ τῶν οἰκτιρμῶν καὶ θεὸς πάσης παρακλήσεως

1 4ʳ εἰς τὸ δύνασθαι ἡμᾶς παρακαλεῖν ... διὰ τῆς παρακλήσεως ἧς παρακαλούμεθα αὐτοὶ ὑπὸ τοῦ θεοῦ

1 9ʳ ἵνα μὴ πεποιθότες ὦμεν ἐφ' ἑαυτοῖς ἀλλ' ἐπὶ τῷ θεῷ τῷ ἐγείροντι τοὺς νεκρούς

1 12ᵛ ἐν ἁπλότητι (N²⁶ς; ἁγιότητι rl) καὶ εἰλικρινείᾳ τοῦ (—ς) θεοῦ, ↔

1 12ᵛ καὶ (+[N²⁶H]BS) οὐκ ἐν σοφίᾳ σαρκικῇ ἀλλ' ἐν χάριτι θεοῦ, ἀνεστράφημεν ἐν τῷ κόσμῳ

1 18 πιστὸς δὲ ὁ θεὸς ὅτι ὁ λόγος ἡμῶν ... οὐκ ἔστιν ναὶ καὶ οὔ. ↔

1 19ˢ ὁ τοῦ θεοῦ γὰρ υἱός | Ἰησοῦς Χριστὸς (~NTH) ... οὐκ ἐγένετο ναὶ καὶ οὔ

1 20 ὅσαι γὰρ ἐπαγγελίαι θεοῦ, ἐν αὐτῷ τὸ ναί·

1 20 διὸ καὶ δι' αὐτοῦ τὸ ἀμὴν τῷ θεῷ πρὸς δόξαν δι' ἡμῶν. ↔

1 21 ὁ δὲ βεβαιῶν ... εἰς Χριστὸν καὶ χρίσας ἡμᾶς θεός

1 23 ἐγὼ δὲ μάρτυρα τὸν θεὸν ἐπικαλοῦμαι ἐπὶ τὴν ἐμὴν ψυχήν

2 14 τῷ δὲ θεῷ χάρις τῷ πάντοτε θριαμβεύοντι ἡμᾶς ἐν τῷ Χριστῷ

2 15 ὅτι Χριστοῦ εὐωδία ἐσμὲν τῷ θεῷ ἐν τοῖς σῳζομένοις

2 17 οὐ γάρ ἐσμεν ὡς οἱ πολλοὶ καπηλεύοντες τὸν λόγον τοῦ θεοῦ,

2 17ʳ ἀλλ' ὡς ἐξ εἰλικρινείας, ἀλλ' ὡς ἐκ θεοῦ ↔

2 17ʳ κατέναντι (κατενώπιον τοῦ ς) θεοῦ ἐν Χριστῷ λαλοῦμεν

3 3ᵐ ἐστὲ ἐπιστολὴ Χριστοῦ ... ἐγγεγραμμένη οὐ μέλανι ἀλλὰ πνεύματι θεοῦ ζῶντος

3 4ʳ πεποίθησιν δὲ τοιαύτην ἔχομεν διὰ τοῦ Χριστοῦ πρὸς τὸν θεόν. ↔

3 5ʳ οὐχ ὅτι ἀφ' ἑαυτῶν ἱκανοί ἐσμεν ... ἀλλ' ἡ ἱκανότης ἡμῶν ἐκ τοῦ θεοῦ

4 2 μὴ περιπατοῦντες ἐν πανουργίᾳ μηδὲ δολοῦντες τὸν λόγον τοῦ θεοῦ

4 2ʳᵗ συνιστάνοντες (-στάντες T; -στῶντες ς) ἑαυτοὺς πρὸς πᾶσαν συνείδησιν ἀνθρώπων ἐνώπιον τοῦ θεοῦ

4 4 ⟨ἐν τοῖς ἀπολλυμένοις⟩ ἐν οἷς ὁ θεὸς τοῦ αἰῶνος τούτου ἐτύφλωσεν τὰ νοήματα τῶν ἀπίστων ↔

4 4 εἰς τὸ μὴ αὐγάσαι τὸν φωτισμὸν τοῦ εὐαγγελίου τῆς δόξης τοῦ Χριστοῦ, ὅς ἐστιν εἰκὼν τοῦ θεοῦ

4 6 ὅτι ὁ θεὸς ὁ (—B) εἰπών· ἐκ σκότους φῶς λάμψει (-αι MSς)

4 6 ὃς ἔλαμψεν ἐν ταῖς καρδίαις ἡμῶν πρὸς φωτισμὸν τῆς γνώσεως τῆς δόξης τοῦ θεοῦ

4 7 ἵνα ἡ ὑπερβολὴ τῆς δυνάμεως ᾖ τοῦ θεοῦ καὶ μὴ ἐξ ἡμῶν

4 15 ἵνα ἡ χάρις πλεονάσασα ... τὴν εὐχαριστίαν περισσεύσῃ εἰς τὴν δόξαν τοῦ θεοῦ

5 1ʳ οἰκοδομὴν ἐκ θεοῦ ἔχομεν, οἰκίαν ἀχειροποίητον

5 5 ὁ δὲ κατεργασάμενος ἡμᾶς εἰς αὐτὸ τοῦτο θεός

2 C 5 11ᵃᵗ εἰδότες οὖν τὸν φόβον τοῦ κυρίου ἀνθρώπους πείθομεν, θεῷ δὲ πεφανερώμεθα

5 13 εἴτε γὰρ ἐξέστημεν, θεῷ· εἴτε σωφρονοῦμεν, ὑμῖν

5 18ʳ τὰ δὲ πάντα ἐκ τοῦ θεοῦ τοῦ καταλλάξαντος ἡμᾶς ἑαυτῷ διὰ Χριστοῦ

5 19ᵛ ὡς ὅτι θεὸς ἦν ἐν Χριστῷ κόσμον καταλλάσσων ἑαυτῷ

5 20 ὑπὲρ Χριστοῦ οὖν πρεσβεύομεν ὡς τοῦ θεοῦ παρακαλοῦντος δι' ἡμῶν· ↔

5 20 δεόμεθα ὑπὲρ Χριστοῦ, καταλλάγητε τῷ θεῷ

5 21 ἵνα ἡμεῖς γενώμεθα δικαιοσύνη θεοῦ ἐν αὐτῷ

6 1 παρακαλοῦμεν μὴ εἰς κενὸν τὴν χάριν τοῦ θεοῦ δέξασθαι ὑμᾶς

6 4 ἐν παντὶ συνιστάντες (N²⁶T; -στῶντες ς; -στάνοντες rl) ἑαυτοὺς ὡς θεοῦ διάκονοι

6 7 ἐν λόγῳ ἀληθείας, ἐν δυνάμει θεοῦ

6 16 τίς δὲ συγκατάθεσις ναῷ θεοῦ μετὰ εἰδώλων;

6 16ᵐ ἡμεῖς γὰρ ναὸς θεοῦ ἐσμεν ζῶντος·

6 16 καθὼς εἶπεν ὁ θεὸς ὅτι ἐνοικήσω ἐν αὐτοῖς καὶ ἐμπεριπατήσω, ↔

6 16ʷ καὶ ἔσομαι αὐτῶν θεός, καὶ αὐτοὶ ἔσονταί μου (μοι Sς) λαός

7 1 καθαρίσωμεν ἑαυτούς ... ἐπιτελοῦντες ἁγιωσύνην ἐν φόβῳ θεοῦ

7 6 ὁ παρακαλῶν τοὺς ταπεινοὺς παρεκάλεσεν ἡμᾶς ὁ θεὸς ἐν τῇ παρουσίᾳ Τίτου

7 9ʳ ἐλυπήθητε γὰρ κατὰ θεόν, ἵνα ἐν μηδενὶ ζημιωθῆτε ἐξ ἡμῶν. ↔

7 10ʳᵛ ἡ γὰρ κατὰ θεὸν λύπη μετάνοιαν εἰς σωτηρίαν ἀμεταμέλητον ἐργάζεται

7 11ʳ ἰδοὺ γὰρ αὐτὸ τοῦτο τὸ κατὰ θεὸν λυπηθῆναι πόσην κατειργάσατο ὑμῖν σπουδήν

7 12ʳ ἕνεκεν τοῦ φανερωθῆναι τὴν σπουδὴν ὑμῶν τὴν ὑπὲρ ἡμῶν ... ἐνώπιον τοῦ θεοῦ

8 1 γνωρίζομεν ... τὴν χάριν τοῦ θεοῦ τὴν δεδομένην ἐν ταῖς ἐκκλησίαις τῆς Μακεδονίας

8 5ᵃ ἀλλ' ἑαυτοὺς ἔδωκαν πρῶτον τῷ κυρίῳ καὶ ἡμῖν διὰ θελήματος θεοῦ

8 16 χάρις δὲ τῷ θεῷ τῷ δόντι (N²⁶; διδ. rl) τὴν αὐτὴν σπουδὴν ὑπὲρ ὑμῶν

9 7 ἱλαρὸν γὰρ δότην ἀγαπᾷ ὁ θεός. ↔

9 8 δυνατεῖ (-τός Sς) δὲ ὁ θεὸς πᾶσαν χάριν περισσεῦσαι εἰς ὑμᾶς

9 11 ἥτις κατεργάζεται δι' ἡμῶν εὐχαριστίαν τῷ θεῷ· ↔

9 12 ὅτι ἡ διακονία τῆς λειτουργίας ταύτης οὐ μόνον ἐστὶν προσαναπληροῦσα ... ἀλλὰ καὶ περισσεύουσα διὰ πολλῶν εὐχαριστιῶν τῷ θεῷ· ↔

9 13 διὰ τῆς δοκιμῆς τῆς διακονίας ταύτης δοξάζοντες τὸν θεὸν ἐπὶ τῇ ὑποταγῇ τῆς ὁμολογίας ὑμῶν εἰς τὸ εὐαγγέλιον

9 14 ἐπιποθούντων ὑμᾶς διὰ τὴν ὑπερβάλλουσαν χάριν τοῦ θεοῦ ἐφ' ὑμῖν. ↔

9 15 χάρις τῷ θεῷ ἐπὶ τῇ ἀνεκδιηγήτῳ αὐτοῦ δωρεᾷ

2 C 10 4 τὰ γὰρ ὅπλα τῆς στρατείας (-ίας VT) ἡμῶν ... δυνατὰ τῷ θεῷ πρὸς καθαίρεσιν ὀχυρωμάτων

10 5 ⟨καθαιροῦντες⟩ καὶ πᾶν ὕψωμα ἐπαιρόμενον κατὰ τῆς γνώσεως τοῦ θεοῦ

10 13 κατὰ τὸ μέτρον τοῦ κανόνος οὗ ἐμέρισεν ἡμῖν ὁ θεὸς μέτρου

11 2 ζηλῶ γὰρ ὑμᾶς θεοῦ ζήλῳ

11 7 ὅτι δωρεὰν τὸ τοῦ θεοῦ εὐαγγέλιον εὐηγγελισάμην ὑμῖν

11 11 ὅτι οὐκ ἀγαπῶ ὑμᾶς; ὁ θεὸς οἶδεν

11 31[bc] ὁ θεὸς καὶ πατὴρ τοῦ κυρίου Ἰησοῦ οἶδεν ... ὅτι οὐ ψεύδομαι

12 2[t] οἶδα ἄνθρωπον ... εἴτε ἐν σώματι ... εἴτε ἐκτὸς τοῦ σώματος οὐκ οἶδα, ὁ θεὸς οἶδεν

12 3[t] οἶδα τὸν τοιοῦτον ἄνθρωπον εἴτε ἐν σώματι εἴτε χωρὶς (ἐκτὸς Sς) τοῦ σώματος | οὐκ οἶδα [NH], ὁ θεὸς οἶδεν

12 19[r] κατέναντι (κατενώπιον τοῦ ς) θεοῦ ἐν Χριστῷ λαλοῦμεν

12 21[k] μὴ πάλιν ἐλθόντος μου ταπεινώσῃ (-σει ST) με ὁ θεός μου πρὸς ὑμᾶς

13 4 ζῇ ἐκ δυνάμεως θεοῦ

13 4 ζήσομεν (-μεθα VSς) σὺν αὐτῷ ἐκ δυνάμεως θεοῦ | εἰς ὑμᾶς [H]

13 7[r] εὐχόμεθα δὲ πρὸς τὸν θεὸν μὴ ποιῆσαι ὑμᾶς κακὸν μηδέν

13 11 ὁ θεὸς τῆς ἀγάπης καὶ εἰρήνης ἔσται μεθ' ὑμῶν

13 13[a] ἡ χάρις τοῦ κυρίου ... καὶ ἡ ἀγάπη τοῦ θεοῦ ... μετὰ πάντων ὑμῶν

G 1 1[ert] Παῦλος ἀπόστολος, οὐκ ἀπ' ἀνθρώπων οὐδὲ δι' ἀνθρώπου ἀλλὰ διὰ Ἰησοῦ Χριστοῦ καὶ θεοῦ πατρός

1 3[acr] χάρις ὑμῖν καὶ εἰρήνη ἀπὸ θεοῦ πατρὸς | ἡμῶν καὶ κυρίου (~ BTς) Ἰησοῦ Χριστοῦ

1 4[c] ὅπως ἐξέληται ἡμᾶς ἐκ τοῦ αἰῶνος ... κατὰ τὸ θέλημα τοῦ θεοῦ καὶ πατρὸς ἡμῶν

1 10[t] ἄρτι γὰρ ἀνθρώπους πείθω ἢ τὸν θεόν;

1 13 καθ' ὑπερβολὴν ἐδίωκον τὴν ἐκκλησίαν τοῦ θεοῦ

1 15[s] ὅτε δὲ εὐδόκησεν | ὁ θεὸς ([N26 H]; —NMBT) ὁ ἀφορίσας με ἐκ κοιλίας μητρός μου

1 20[r] ἰδοὺ ἐνώπιον τοῦ θεοῦ ὅτι οὐ ψεύδομαι

1 24 ἐδόξαζον ἐν ἐμοὶ τὸν θεόν

2 6[t] πρόσωπον ὁ [N26 NH]; —Vς) θεὸς ἀνθρώπου οὐ λαμβάνει

2 19 ἐγὼ γὰρ διὰ νόμου νόμῳ ἀπέθανον ἵνα θεῷ ζήσω

2 20[s] ἐν πίστει ζῶ τῇ τοῦ | υἱοῦ τοῦ θεοῦ (θεοῦ καὶ Χριστοῦ B) τοῦ ἀγαπήσαντός με

2 21 οὐκ ἀθετῶ τὴν χάριν τοῦ θεοῦ

3 6 καθὼς Ἀβραὰμ ἐπίστευσεν τῷ θεῷ

3 8 ἐκ πίστεως δικαιοῖ τὰ ἔθνη ὁ θεός

3 11[r] ὅτι δὲ ἐν νόμῳ οὐδεὶς δικαιοῦται παρὰ τῷ θεῷ δῆλον

3 17[r] διαθήκην προκεκυρωμένην ὑπὸ τοῦ θεοῦ ὁ ... γεγονὼς νόμος οὐκ ἀκυροῖ

3 18 τῷ δὲ Ἀβραὰμ δι' ἐπαγγελίας κεχάρισται ὁ θεός

3 20[h] ὁ δὲ μεσίτης ἑνὸς οὐκ ἔστιν, ὁ δὲ θεὸς εἷς ἐστιν.

G 3 21 ὁ οὖν νόμος κατὰ τῶν ἐπαγγελιῶν | τοῦ θεοῦ [N26 NH]; μὴ γένοιτο

3 26[s] πάντες γὰρ υἱοὶ θεοῦ ἐστε διὰ τῆς πίστεως ἐν Χριστῷ Ἰησοῦ

4 4[s] ἐξαπέστειλεν ὁ θεὸς τὸν υἱὸν αὐτοῦ

4 6[s] ἐξαπέστειλεν ὁ θεὸς τὸ πνεῦμα τοῦ υἱοῦ αὐτοῦ εἰς τὰς καρδίας ἡμῶν (ὑμ. Vς), κρᾶζον

4 7[rs] εἰ δὲ υἱός, καὶ κληρονόμος | διὰ θεοῦ (θεοῦ διὰ Χριστοῦ ς).

4 8 ἀλλὰ τότε μὲν οὐκ εἰδότες θεόν

4 8[x] ἐδουλεύσατε τοῖς φύσει μὴ οὖσιν θεοῖς·

4 9 νῦν δὲ γνόντες θεόν,

4 9[r] μᾶλλον δὲ γνωσθέντες ὑπὸ θεοῦ

4 14[u] ὡς ἄγγελον θεοῦ ἐδέξασθέ με, ὡς Χριστὸν Ἰησοῦν

5 21 οἱ τὰ τοιαῦτα πράσσοντες βασιλείαν θεοῦ οὐ κληρονομήσουσιν

6 7 μὴ πλανᾶσθε, θεὸς οὐ μυκτηρίζεται

6 16 εἰρήνη ἐπ' αὐτοὺς καὶ ἔλεος, καὶ ἐπὶ τὸν Ἰσραὴλ τοῦ θεοῦ

E 1 1 Παῦλος ἀπόστολος | Χριστοῦ Ἰησοῦ (~ MVSς) διὰ θελήματος θεοῦ τοῖς ἁγίοις

1 2[acr] χάρις ὑμῖν καὶ εἰρήνη ἀπὸ θεοῦ πατρὸς ἡμῶν καὶ κυρίου Ἰησοῦ Χριστοῦ.

1 3[bc] εὐλογητὸς ὁ θεὸς καὶ πατὴρ τοῦ κυρίου ἡμῶν Ἰησοῦ Χριστοῦ

1 17[bc] ἵνα ὁ θεὸς τοῦ κυρίου ἡμῶν Ἰησοῦ Χριστοῦ, ὁ πατὴρ τῆς δόξης, δῴη (N26; δῴη rl) ὑμῖν πνεῦμα σοφίας

2 4 ὁ δὲ θεὸς πλούσιος ὢν ἐν ἐλέει ⟨συνεζωοποίησεν τῷ Χριστῷ⟩

2 8 τῇ γὰρ χάριτί ἐστε σεσῳσμένοι ... καὶ τοῦτο οὐκ ἐξ ὑμῶν, θεοῦ τὸ δῶρον

2 10 κτισθέντες ... ἐπὶ ἔργοις ἀγαθοῖς, οἷς προητοίμασεν ὁ θεός

2 16 ⟨ἵνα⟩ ἀποκαταλλάξῃ τοὺς ἀμφοτέρους ἐν ἑνὶ σώματι τῷ θεῷ διὰ τοῦ σταυροῦ

2 19 ἀλλὰ ἐστὲ συμπολῖται τῶν ἁγίων καὶ οἰκεῖοι τοῦ θεοῦ

2 22[a] ἐν ᾧ καὶ ὑμεῖς συνοικοδομεῖσθε εἰς κατοικητήριον τοῦ θεοῦ ἐν πνεύματι

3 2 εἴ γε ἠκούσατε τὴν οἰκονομίαν τῆς χάριτος τοῦ θεοῦ τῆς δοθείσης μοι εἰς ὑμᾶς

3 7 οὗ ἐγενήθην διάκονος κατὰ τὴν δωρεὰν τῆς χάριτος τοῦ θεοῦ

3 9[r] φωτίσαι πάντας ([N26]; —NTH) τίς ἡ οἰκονομία τοῦ μυστηρίου τοῦ ἀποκεκρυμμένου ἀπὸ τῶν αἰώνων ἐν τῷ θεῷ τῷ τὰ πάντα κτίσαντι

3 10 ἵνα γνωρισθῇ νῦν ταῖς ἀρχαῖς ... ἡ πολυποίκιλος σοφία τοῦ θεοῦ

3 19 ἵνα πληρωθῆτε εἰς πᾶν τὸ πλήρωμα τοῦ θεοῦ

4 6[ach] ⟨εἷς κύριος⟩ εἷς θεὸς καὶ πατὴρ πάντων

4 13[s] μέχρι καταντήσωμεν οἱ πάντες εἰς τὴν ἑνότητα ... τῆς ἐπιγνώσεως τοῦ υἱοῦ τοῦ θεοῦ

4 18 ⟨μηκέτι ὑμᾶς περιπατεῖν καθὼς καὶ τὰ ἔθνη⟩ ἀπηλλοτριωμένοι τῆς ζωῆς τοῦ θεοῦ

4 24[rt] ἐνδύσασθαι τὸν καινὸν ἄνθρωπον τὸν κατὰ θεὸν κτισθέντα ἐν δικαιοσύνῃ

4 30 μὴ λυπεῖτε τὸ πνεῦμα τὸ ἅγιον τοῦ θεοῦ

E 4 32 χαριζόμενοι ἑαυτοῖς καθὼς καὶ ὁ θεὸς ἐν Χριστῷ ἐχαρίσατο ὑμῖν.

5 1 γίνεσθε οὖν μιμηταὶ τοῦ θεοῦ

5 2 καθὼς καὶ ὁ Χριστὸς ... παρέδωκεν ἑαυτὸν ὑπὲρ ἡμῶν (ὑμῶν H) προσφορὰν καὶ θυσίαν τῷ θεῷ

5 5 πᾶς πόρνος ... οὐκ ἔχει κληρονομίαν ἐν τῇ βασιλείᾳ τοῦ Χριστοῦ καὶ θεοῦ

5 6[s] διὰ ταῦτα γὰρ ἔρχεται ἡ ὀργὴ τοῦ θεοῦ ἐπὶ τοὺς υἱοὺς τῆς ἀπειθείας

5 20[ac] εὐχαριστοῦντες πάντοτε ὑπὲρ πάντων ἐν ὀνόματι τοῦ κυρίου ἡμῶν ... τῷ θεῷ καὶ πατρί,

5 21 * ὑποτασσόμενοι ἀλλήλοις ἐν φόβῳ θεοῦ (ς; Χριστοῦ rl)

6 6 ὡς δοῦλοι Χριστοῦ ποιοῦντες τὸ θέλημα τοῦ θεοῦ ἐκ ψυχῆς

6 11 ἐνδύσασθε τὴν πανοπλίαν τοῦ θεοῦ

6 13 διὰ τοῦτο ἀναλάβετε τὴν πανοπλίαν τοῦ θεοῦ

6 17 τὴν περικεφαλαίαν τοῦ σωτηρίου δέξασθε, καὶ τὴν μάχαιραν τοῦ πνεύματος, ὅ ἐστιν ῥῆμα θεοῦ

6 23[ac] εἰρήνη τοῖς ἀδελφοῖς καὶ ἀγάπη ... ἀπὸ θεοῦ πατρὸς καὶ κυρίου Ἰησοῦ Χριστοῦ

Ph 1 2[acr] χάρις ὑμῖν καὶ εἰρήνη ἀπὸ θεοῦ πατρὸς ἡμῶν καὶ κυρίου Ἰησοῦ Χριστοῦ.

1 3[k] εὐχαριστῶ τῷ θεῷ μου ἐπὶ πάσῃ τῇ μνείᾳ ὑμῶν

1 8 μάρτυς γάρ μου (+ἐστὶν ς) ὁ θεός, ὡς ἐπιποθῶ πάντας ὑμᾶς

1 11 ⟨ἵνα ἦτε εἰλικρινεῖς⟩ πεπληρωμένοι καρπὸν δικαιοσύνης ... εἰς δόξαν καὶ ἔπαινον θεοῦ

1 14 * περισσοτέρως τολμᾶν ἀφόβως τὸν λόγον | τοῦ θεοῦ (—N26 ς) λαλεῖν

1 28[r] ἥτις ἐστὶν αὐτοῖς ἔνδειξις ἀπωλείας, ὑμῶν δὲ σωτηρίας, καὶ τοῦτο ἀπὸ θεοῦ

2 6 ὃς ἐν μορφῇ θεοῦ ὑπάρχων

2 6 οὐχ ἁρπαγμὸν ἡγήσατο τὸ εἶναι ἴσα θεῷ

2 9 διὸ καὶ ὁ θεὸς αὐτὸν ὑπερύψωσεν

2 11[ac] ⟨ἵνα⟩ πᾶσα γλῶσσα ἐξομολογήσεται (-γήσεται T) ὅτι κύριος Ἰησοῦς Χριστὸς εἰς δόξαν θεοῦ πατρός

2 13 (+ὁ ς) θεὸς γάρ ἐστιν ὁ ἐνεργῶν ἐν ὑμῖν καὶ τὸ θέλειν καὶ τὸ ἐνεργεῖν

2 15 ἵνα γένησθε ... ἀκέραιοι, τέκνα θεοῦ ἄμωμα (ἀμώμητα Sς) μέσον γενεᾶς σκολιᾶς

2 27 ἠσθένησεν παραπλήσιον θανάτῳ (-του H)· ἀλλὰ ὁ θεὸς ἠλέησεν αὐτόν

3 3 ἡμεῖς γάρ ἐσμεν ἡ περιτομή, οἱ πνεύματι θεοῦ (θεῷ ς) λατρεύοντες

3 9[r] ⟨ἵνα⟩ εὑρεθῶ ἐν αὐτῷ, μὴ ἔχων ἐμὴν δικαιοσύνην ... ἀλλὰ ... τὴν ἐκ θεοῦ δικαιοσύνην ἐπὶ τῇ πίστει

3 14 κατὰ σκοπὸν διώκω εἰς τὸ βραβεῖον τῆς ἄνω κλήσεως τοῦ θεοῦ ἐν Χριστῷ Ἰησοῦ

3 15 εἴ τι ἑτέρως φρονεῖτε, καὶ τοῦτο ὁ θεὸς ὑμῖν ἀποκαλύψει

3 19 ⟨πολλοὶ⟩ ὧν ὁ θεὸς ἡ κοιλία

4 6[r] ἐν παντὶ ... τῇ δεήσει μετὰ εὐχαριστίας τὰ αἰτήματα ὑμῶν γνωριζέσθω πρὸς τὸν θεόν.

Ph 4 7 καὶ ἡ εἰρήνη τοῦ θεοῦ ἡ ὑπερέχουσα πάντα νοῦν φρουρήσει τὰς καρδίας ὑμῶν

4 9 ὁ θεὸς τῆς εἰρήνης ἔσται μεθ' ὑμῶν

4 18 πεπλήρωμαι δεξάμενος παρὰ Ἐπαφροδίτου τὰ παρ' ὑμῶν... θυσίαν δεκτήν, εὐάρεστον τῷ θεῷ. ↔

4 19ᵏ ὁ δὲ θεός μου πληρώσει πᾶσαν χρείαν ὑμῶν

4 20ᶜ τῷ δὲ θεῷ καὶ πατρὶ ἡμῶν ἡ δόξα εἰς τοὺς αἰῶνας

Cl 1 1 Παῦλος ἀπόστολος Χριστοῦ Ἰησοῦ διὰ θελήματος θεοῦ ⟨τοῖς ἐν Κολοσσαῖς ἁγίοις⟩

1 2ᶜʳ χάρις ὑμῖν καὶ εἰρήνη ἀπὸ θεοῦ πατρὸς ἡμῶν. ↔

1 3ᵇᶜ εὐχαριστοῦμεν τῷ θεῷ (+καὶ MVBSTς) πατρὶ τοῦ κυρίου ἡμῶν Ἰησοῦ Χριστοῦ [NH]

1 6 ἀφ' ἧς ἡμέρας ἠκούσατε καὶ ἐπέγνωτε τὴν χάριν τοῦ θεοῦ ἐν ἀληθείᾳ

1 10ª περιπατῆσαι ἀξίως τοῦ κυρίου... ἐν παντὶ ἔργῳ ἀγαθῷ... αὐξανόμενοι τῇ ἐπιγνώσει τοῦ θεοῦ

1 15ᵖ ⟨εἰς τὴν βασιλείαν τοῦ υἱοῦ⟩ ὅς ἐστιν εἰκὼν τοῦ θεοῦ τοῦ ἀοράτου

1 25 ἧς ἐγενόμην ἐγὼ διάκονος κατὰ τὴν οἰκονομίαν τοῦ θεοῦ τὴν δοθεῖσάν μοι ↔

1 25 εἰς ὑμᾶς πληρῶσαι τὸν λόγον τοῦ θεοῦ

1 27 οἷς ἠθέλησεν ὁ θεὸς γνωρίσαι τί τὸ πλοῦτος τῆς δόξης τοῦ μυστηρίου τούτου

2 2ᶜ εἰς ἐπίγνωσιν τοῦ μυστηρίου τοῦ θεοῦ, (+πατρὸς τοῦ S; + καὶ πατρὸς καὶ τοῦ Vς) Χριστοῦ

2 12 ἐν ᾧ καὶ συνηγέρθητε διὰ τῆς πίστεως τῆς ἐνεργείας τοῦ θεοῦ

2 19 ἐξ οὗ πᾶν τὸ σῶμα... αὔξει τὴν αὔξησιν τοῦ θεοῦ

3 1 τὰ ἄνω ζητεῖτε, οὗ ὁ Χριστός ἐστιν ἐν δεξιᾷ τοῦ θεοῦ καθήμενος

3 3ʳ ἡ ζωὴ ὑμῶν κέκρυπται σὺν τῷ Χριστῷ ἐν τῷ θεῷ

3 6ˢ δι' ἃ ἔρχεται ἡ ὀργὴ τοῦ θεοῦ | ἐπὶ τοὺς υἱοὺς τῆς ἀπειθείας (+[N²⁶] MVBSς)

3 12 ἐνδύσασθε οὖν, ὡς ἐκλεκτοὶ τοῦ θεοῦ ἅγιοι καὶ ἠγαπημένοι, σπλάγχνα οἰκτιρμοῦ

3 15 * ἡ εἰρήνη τοῦ θεοῦ (ς; Χριστοῦ rl) βραβευέτω ἐν ταῖς καρδίαις ὑμῶν

3 16 ἐν τῇ (+[N²⁶]NBT) χάριτι ᾄδοντες ἐν ταῖς καρδίαις ὑμῶν τῷ θεῷ (κυρίῳ ς)

3 17ᵃᶜ εὐχαριστοῦντες τῷ θεῷ (+καὶ ς) πατρὶ δι' αὐτοῦ

3 22 * ὑπακούετε κατὰ πάντα... ἐν ἁπλότητι καρδίας φοβούμενοι τὸν θεόν (ς; κύριον rl)

4 3 ἵνα ὁ θεὸς ἀνοίξῃ ἡμῖν θύραν τοῦ λόγου

4 11 οὗτοι μόνοι συνεργοὶ εἰς τὴν βασιλείαν τοῦ θεοῦ

4 12 ἵνα σταθῆτε (στ[αθ]ῆτε S; στῆτε Vς) τέλειοι καὶ πεπληροφορημένοι ἐν παντὶ θελήματι τοῦ θεοῦ

1Th 1 1ᵃᶜʳ Παῦλος... τῇ ἐκκλησίᾳ Θεσσαλονικέων ἐν θεῷ πατρὶ καὶ κυρίῳ Ἰησοῦ Χριστῷ·

1 1ᵃᶜʳ* χάρις ὑμῖν καὶ εἰρήνη | ἀπὸ θεοῦ πατρὸς ἡμῶν καὶ κυρίου Ἰησοῦ Χριστοῦ (+ς). ↔

1Th 1 2 εὐχαριστοῦμεν τῷ θεῷ πάντοτε περὶ πάντων ὑμῶν

1 3ᵃᶜʳ μνημονεύοντες ὑμῶν... τῆς ὑπομονῆς τῆς ἐλπίδος τοῦ κυρίου ἡμῶν... ἔμπροσθεν τοῦ θεοῦ καὶ πατρὸς ἡμῶν,

1 4ʳ εἰδότες, ἀδελφοὶ ἠγαπημένοι ὑπὸ τοῦ ([N²⁶NVH]; —Mς) θεοῦ, τὴν ἐκλογὴν ὑμῶν

1 8ʳ ἐν παντὶ τόπῳ ἡ πίστις ὑμῶν ἡ πρὸς τὸν θεὸν ἐξελήλυθεν

1 9ʳ ἀπαγγέλλουσιν... πῶς ἐπεστρέψατε πρὸς τὸν θεὸν ἀπὸ τῶν εἰδώλων ↔

1 9ᵐᵖˢ δουλεύειν θεῷ ζῶντι καὶ ἀληθινῷ ⟨καὶ ἀναμένειν τὸν υἱὸν αὐτοῦ⟩

2 1ʳ ὑβρισθέντες... ἐν Φιλίπποις ἐπαρρησιασάμεθα ἐν τῷ θεῷ ἡμῶν

2 2 λαλῆσαι πρὸς ὑμᾶς τὸ εὐαγγέλιον τοῦ θεοῦ ἐν πολλῷ ἀγῶνι

2 4ʳ ἀλλὰ καθὼς δεδοκιμάσμεθα ὑπὸ τοῦ θεοῦ πιστευθῆναι τὸ εὐαγγέλιον οὕτως λαλοῦμεν, ↔

2 4ᵗ οὐχ ὡς ἀνθρώποις ἀρέσκοντες, ἀλλὰ (+τῷ V[S]ς) θεῷ τῷ δοκιμάζοντι τὰς καρδίας ἡμῶν. ↔

2 5 οὔτε γάρ ποτε ἐν λόγῳ κολακείας ἐγενήθημεν... θεὸς μάρτυς

2 8 εὐδοκοῦμεν (ηὐ- NBH) μεταδοῦναι ὑμῖν οὐ μόνον τὸ εὐαγγέλιον τοῦ θεοῦ

2 9 ἐκηρύξαμεν εἰς ὑμᾶς τὸ εὐαγγέλιον τοῦ θεοῦ. ↔

2 10 ὑμεῖς μάρτυρες καὶ ὁ θεός, ὡς ὁσίως... ὑμῖν... ἐγενήθημεν

2 12 παρακαλοῦντες ὑμᾶς... καὶ μαρτυρόμενοι εἰς τὸ περιπατεῖν ὑμᾶς ἀξίως τοῦ θεοῦ τοῦ καλοῦντος ὑμᾶς

2 13 διὰ τοῦτο καὶ ἡμεῖς εὐχαριστοῦμεν τῷ θεῷ ἀδιαλείπτως, ↔

2 13 ὅτι παραλαβόντες λόγον ἀκοῆς παρ' ἡμῶν τοῦ θεοῦ ↔

2 13ᵗ ἐδέξασθε οὐ λόγον ἀνθρώπων ἀλλὰ καθώς | ἐστιν ἀληθῶς (~NH) λόγον θεοῦ

2 14 ὑμεῖς γὰρ μιμηταὶ ἐγενήθητε, ἀδελφοί, τῶν ἐκκλησιῶν τοῦ θεοῦ... ἐν τῇ Ἰουδαίᾳ

2 15ᵃᵗ ⟨Ἰουδαίων⟩ τῶν καὶ τὸν κύριον ἀποκτεινάντων Ἰησοῦν... καὶ θεῷ μὴ ἀρεσκόντων

3 2 ἐπέμψαμεν Τιμόθεον, τὸν... συνεργὸν (διάκονον MVSTHς) τοῦ θεοῦ ἐν τῷ εὐαγγελίῳ τοῦ Χριστοῦ

3 9 τίνα γὰρ εὐχαριστίαν δυνάμεθα τῷ θεῷ ἀνταποδοῦναι περὶ ὑμῶν ἐπὶ πάσῃ τῇ χαρᾷ ↔

3 9ʳ ἡ χαίρομεν δι' ὑμᾶς ἔμπροσθεν τοῦ θεοῦ ἡμῶν ⟨;⟩

3 11ᵃᶜ αὐτὸς δὲ ὁ θεὸς καὶ πατὴρ ἡμῶν καὶ ὁ κύριος ἡμῶν Ἰησοῦς κατευθύναι τὴν ὁδὸν ἡμῶν πρὸς ὑμᾶς

3 13ᵃᶜʳ εἰς τὸ στηρίξαι ὑμῶν τὰς καρδίας ἀμέμπτους ἐν ἁγιωσύνῃ ἔμπροσθεν τοῦ θεοῦ καὶ πατρὸς ἡμῶν

4 1 τὸ πῶς δεῖ ὑμᾶς περιπατεῖν καὶ ἀρέσκειν θεῷ

4 3 τοῦτο γάρ ἐστιν θέλημα τοῦ θεοῦ, ὁ ἁγιασμὸς ὑμῶν

4 5 ⟨τὸ ἑαυτοῦ σκεῦος κτᾶσθαι⟩ μὴ ἐν πάθει ἐπιθυμίας καθάπερ καὶ τὰ ἔθνη τὰ μὴ εἰδότα τὸν θεόν

4 7 οὐ γὰρ ἐκάλεσεν ἡμᾶς ὁ θεὸς ἐπὶ ἀκαθαρσίᾳ ἀλλ' ἐν ἁγιασμῷ. ↔

1Th 4 8ᵗ τοιγαροῦν ὁ ἀθετῶν οὐκ ἄνθρωπον ἀθετεῖ ἀλλὰ τὸν θεόν

4 14 οὕτως καὶ ὁ θεὸς τοὺς κοιμηθέντας διὰ τοῦ Ἰησοῦ ἄξει σὺν αὐτῷ

4 16ᵃ αὐτὸς ὁ κύριος... ἐν φωνῇ ἀρχαγγέλου καὶ ἐν σάλπιγγι θεοῦ, καταβήσεται ἀπ' οὐρανοῦ

5 9ᵃ οὐκ ἔθετο ἡμᾶς ὁ θεὸς εἰς ὀργὴν ἀλλὰ εἰς περιποίησιν σωτηρίας διὰ τοῦ κυρίου ἡμῶν

5 18 τοῦτο γὰρ θέλημα θεοῦ ἐν Χριστῷ Ἰησοῦ εἰς ὑμᾶς

5 23ᵃ αὐτὸς δὲ ὁ θεὸς τῆς εἰρήνης ἁγιάσαι ὑμᾶς ὁλοτελεῖς

2Th 1 1ᵃᶜʳ Παῦλος... τῇ ἐκκλησίᾳ Θεσσαλονικέων ἐν θεῷ πατρὶ ἡμῶν καὶ κυρίῳ Ἰησοῦ Χριστῷ·

1 2ᵃᶜʳ χάρις ὑμῖν καὶ εἰρήνη ἀπὸ θεοῦ πατρὸς ἡμῶν (+[N²⁶]Tς) καὶ κυρίου Ἰησοῦ Χριστοῦ.

1 3 εὐχαριστεῖν ὀφείλομεν τῷ θεῷ πάντοτε περὶ ὑμῶν

1 4 ὥστε αὐτοὺς ἡμᾶς... ἐγκαυχᾶσθαι ἐν ταῖς ἐκκλησίαις τοῦ θεοῦ ὑπὲρ τῆς ὑπομονῆς ὑμῶν

1 5 ἔνδειγμα τῆς δικαίας κρίσεως τοῦ θεοῦ, ↔

1 5 εἰς τὸ καταξιωθῆναι ὑμᾶς τῆς βασιλείας τοῦ θεοῦ, ὑπὲρ ἧς καὶ πάσχετε,

1 6ʳ εἴπερ δίκαιον παρὰ θεῷ ἀνταποδοῦναι τοῖς θλίβουσιν ὑμᾶς θλῖψιν

1 8ª ⟨ἐν τῇ ἀποκαλύψει τοῦ κυρίου Ἰησοῦ⟩ διδόντος ἐκδίκησιν τοῖς μὴ εἰδόσιν θεόν

1 11¹ ἵνα ὑμᾶς ἀξιώσῃ τῆς κλήσεως ὁ θεὸς ἡμῶν

1 12ᵃˡ ὅπως ἐνδοξασθῇ τὸ ὄνομα τοῦ κυρίου ἡμῶν Ἰησοῦ ἐν ὑμῖν... κατὰ τὴν χάριν τοῦ θεοῦ ἡμῶν καὶ κυρίου Ἰησοῦ Χριστοῦ

2 4ʳ ⟨ἐὰν μὴ... ἀποκαλυφθῇ⟩ ὁ ὑπεραιρόμενος ἐπὶ πάντα λεγόμενον θεὸν ἢ σέβασμα, ↔

2 4 ὥστε αὐτὸν εἰς τὸν ναὸν τοῦ θεοῦ ↔

2 4 * | ὡς θεὸν (+ς) καθίσαι, ↔

2 4 ἀποδεικνύντα ἑαυτὸν ὅτι ἐστὶν θεός

2 11 διὰ τοῦτο πέμπει αὐτοῖς ὁ θεὸς ἐνέργειαν πλάνης

2 13ᵃ ἡμεῖς δὲ ὀφείλομεν εὐχαριστεῖν τῷ θεῷ πάντοτε περὶ ὑμῶν, ἀδελφοὶ ἠγαπημένοι ὑπὸ κυρίου, ↔

2 13 ὅτι εἵλατο ὑμᾶς ὁ θεὸς ἀπαρχὴν (ἀπ' ἀρχῆς VTHς) εἰς σωτηρίαν ἐν ἁγιασμῷ πνεύματος

2 16ᵃᶜ αὐτὸς δὲ κύριος ἡμῶν... καὶ ὁ ([N²⁶MH]; —S) θεὸς ὁ (καὶ ς) πατὴρ ἡμῶν ⟨παρακαλέσαι ὑμῶν τὰς καρδίας⟩

3 5ᵃ ὁ δὲ κύριος κατευθύναι ὑμῶν τὰς καρδίας εἰς τὴν ἀγάπην τοῦ θεοῦ

1Tm 1 1ᵃᵈ Παῦλος ἀπόστολος Χριστοῦ Ἰησοῦ κατ' ἐπιταγὴν θεοῦ σωτῆρος ἡμῶν ⟨Τιμοθέῳ⟩

1 2ᵃᶜʳ χάρις, ἔλεος, εἰρήνη ἀπὸ θεοῦ πατρὸς καὶ Χριστοῦ Ἰησοῦ τοῦ κυρίου ἡμῶν

1 4 αἵτινες ἐκζητήσεις παρέχουσιν μᾶλλον ἢ οἰκονομίαν θεοῦ τὴν ἐν πίστει

1 11ᵖ ⟨εἴ τι ἕτερον τῇ ὑγιαινούσῃ διδασκαλίᾳ ἀντίκειται⟩ κατὰ τὸ εὐαγγέλιον τῆς δόξης τοῦ μακαρίου θεοῦ

1Tm 1 17ʰᵖτῷ δὲ βασιλεῖ τῶν αἰώνων, ἀ-
φθάρτῳ ἀοράτῳ μόνῳ (+σοφῷς)
θεῷ, τιμὴ καὶ δόξα

2 3ᵈʳτοῦτο καλὸν καὶ ἀπόδεκτον ἐν-
ώπιον τοῦ σωτῆρος ἡμῶν θεοῦ

2 5ʰεἷς γὰρ θεός, ↔

2 5ᵗεἷς καὶ μεσίτης θεοῦ καὶ ἀνθρώ-
πων, ἄνθρωπος Χριστὸς Ἰησοῦς

3 5 πῶς ἐκκλησίας θεοῦ ἐπιμελήσεται;

3 15 ἵνα εἰδῇς πῶς δεῖ ἐν οἴκῳ θεοῦ ἀνα-
στρέφεσθαι, ↔

3 15ᵐἥτις ἐστὶν ἐκκλησία θεοῦ ζῶντος

3 16ᵘᵛ* θεὸς (ς; ὃς rl) ἐφανερώθη ἐν σαρ-
κί ... ὤφθη ἀγγέλοις ... ἐπι-
στεύθη ἐν κόσμῳ

4 3 ἃ ὁ θεὸς ἔκτισεν εἰς μετάλημψιν
μετὰ εὐχαριστίας τοῖς πιστοῖς

4 4 ὅτι πᾶν κτίσμα θεοῦ καλόν

4 5 ἁγιάζεται γὰρ διὰ λόγου θεοῦ καὶ
ἐντεύξεως

4 10ᵈᵐʳᵗὅτι ἠλπίκαμεν ἐπὶ θεῷ ζῶντι,
ὅς ἐστιν σωτὴρ πάντων ἀνθρώπων

5 4ʳτοῦτο γάρ ἐστιν ἀπόδεκτον ἐνώ-
πιον τοῦ θεοῦ. ↔

5 5ʳἡ δὲ ὄντως χήρα καὶ μεμονωμένη
ἤλπικεν ἐπὶ (+τὸν [SH]Vς) θεόν

5 21ᵃʳᵘδιαμαρτύρομαι ἐνώπιον τοῦ
θεοῦ καὶ | Χριστοῦ Ἰησοῦ (κυρίου
Ἰ. Χρ. Sς) καὶ τῶν ἐκλεκτῶν
ἀγγέλων

6 1 ἵνα μὴ τὸ ὄνομα τοῦ θεοῦ καὶ
ἡ διδασκαλία βλασφημῆται

6 11ᵗσὺ δέ, ὦ ἄνθρωπε (+τοῦ ς) θεοῦ,
ταῦτα φεῦγε

6 13ʳπαραγγέλλω σοι (+[N²⁶]Ης)
ἐνώπιον τοῦ (—T) θεοῦ τοῦ
ζωογονοῦντος τὰ πάντα

6 17ᵐʳπαράγγελλε μὴ ... ἠλπικέναι ἐπὶ
πλούτου ἀδηλότητι, ἀλλ’ ἐπὶ
(+τῷ MV; ἐν τῷ Sς) θεῷ (+τῷ
ζῶντι ς)

2Tm 1 1 Παῦλος ἀπόστολος Χριστοῦ
Ἰησοῦ διὰ θελήματος θεοῦ ⟨Τι-
μοθέῳ⟩

1 2ᵃᶜʳχάρις, ἔλεος, εἰρήνη ἀπὸ θεοῦ
πατρὸς καὶ Χριστοῦ Ἰησοῦ τοῦ
κυρίου ἡμῶν. ↔

1 3 χάριν ἔχω τῷ θεῷ ... ὡς ἀδιά-
λειπτον ἔχω τὴν περὶ σοῦ μνείαν

1 6 δι’ ἣν αἰτίαν ἀναμιμνήσκω σε
ἀναζωπυρεῖν τὸ χάρισμα τοῦ θεοῦ

1 7 οὐ γὰρ ἔδωκεν ἡμῖν ὁ θεὸς πνεῦμα
δειλίας

1 8 συγκακοπάθησον τῷ εὐαγγελίῳ
κατὰ δύναμιν θεοῦ

2 9 ὁ λόγος τοῦ θεοῦ οὐ δέδεται

2 14ʳταῦτα ὑπομίμνησκε, διαμαρτυρό-
μενος ἐνώπιον τοῦ θεοῦ (κυρίου
VBSς) μὴ λογομαχεῖν

2 15 σπούδασον σεαυτὸν δόκιμον παρα-
στῆσαι τῷ θεῷ

2 19 ὁ μέντοι στερεὸς θεμέλιος τοῦ θεοῦ
ἕστηκεν

2 25 μήποτε δώῃ (N²⁶; δῷ Sς; δῴη rl)
αὐτοῖς ὁ θεὸς μετάνοιαν εἰς ἐπίγνω-
σιν ἀληθείας

3 17ᵗἵνα ἄρτιος ᾖ ὁ τοῦ θεοῦ ἄνθρωπος

4 1ᵃʳδιαμαρτύρομαι (+οὖν ἐγὼ [S]ς)
ἐνώπιον τοῦ θεοῦ καὶ | Χριστοῦ
Ἰησοῦ (τοῦ κυρίου Ἰ. Χ. ς)

Tt 1 1 Παῦλος δοῦλος θεοῦ, ἀπόστολος
δὲ Ἰησοῦ Χριστοῦ ↔

1 1 κατὰ πίστιν ἐκλεκτῶν θεοῦ καὶ
ἐπίγνωσιν ἀληθείας τῆς κατ’ εὐ-
σέβειαν ↔

Tt 1 2ᵖἐπ’ ἐλπίδι ζωῆς αἰωνίου, ἣν ἐπηγ-
γείλατο ὁ ἀψευδὴς θεὸς πρὸ
χρόνων αἰωνίων

1 3ᵈἐν κηρύγματι ὃ ἐπιστεύθην ἐγὼ κατ’
ἐπιταγὴν τοῦ σωτῆρος ἡμῶν θεοῦ

1 4ᵃᶜᵈʳχάρις καὶ εἰρήνη ἀπὸ θεοῦ
πατρὸς καὶ | Χριστοῦ Ἰησοῦ (κυ-
ρίου Ἰ. Χ. ς) τοῦ σωτῆρος ἡμῶν

1 7 δεῖ γὰρ τὸν ἐπίσκοπον ἀνέγκλητον
εἶναι ὡς θεοῦ οἰκονόμον

1 16 θεὸν ὁμολογοῦσιν εἰδέναι, τοῖς
δὲ ἔργοις ἀρνοῦνται

2 5 ἵνα μὴ ὁ λόγος τοῦ θεοῦ βλασφη-
μῆται

2 10ᵈἵνα τὴν διδασκαλίαν τὴν τοῦ σω-
τῆρος ἡμῶν θεοῦ κοσμῶσιν ἐν
πᾶσιν. ↔

2 11ᵗἐπεφάνη γὰρ ἡ χάρις τοῦ θεοῦ
(+ἡ MVSς) σωτήριος πᾶσιν
ἀνθρώποις

2 13ᵈᵖπροσδεχόμενοι τὴν ... ἐπιφάνειαν
τῆς δόξης τοῦ μεγάλου θεοῦ καὶ
σωτῆρος ἡμῶν | Ἰησοῦ Χριστοῦ
(~NSTH)

3 4ᵈὅτε δὲ ... ἡ φιλανθρωπία ἐπεφάνη
τοῦ σωτῆρος ἡμῶν θεοῦ

3 8 ἵνα φροντίζωσιν καλῶν ἔργων
προΐστασθαι οἱ πεπιστευκότες (+
τῷ ς) θεῷ

Phm 3ᵃᶜʳχάρις ὑμῖν καὶ εἰρήνη ἀπὸ θεοῦ
πατρὸς ἡμῶν καὶ κυρίου Ἰησοῦ
Χριστοῦ. ↔

4ᵏεὐχαριστῶ τῷ θεῷ μου πάντοτε
μνείαν σου ποιούμενος ἐπὶ τῶν
προσευχῶν μου

Hb 1 1ᵉˢπολυμερῶς καὶ πολυτρόπως πάλαι
ὁ θεὸς λαλήσας τοῖς πατράσιν ἐν
τοῖς προφήταις

1 6ᵘπροσκυνησάτωσαν αὐτῷ πάντες
ἄγγελοι θεοῦ

1 8 ὁ θρόνος σου ὁ θεὸς εἰς τὸν αἰῶνα
| τοῦ αἰῶνος [H]

1 9 διὰ τοῦτο ἔχρισέν σε, ὁ θεός, ↔

1 9 ὁ θεός σου ἔλαιον ἀγαλλιάσεως
παρὰ τοὺς μετόχους σου

2 4ᵃ⟨ἥτις ... ἐβεβαιώθη⟩ συνεπιμαρ-
τυροῦντος τοῦ θεοῦ σημείοις τε καὶ
τέρασιν

2 9 ὅπως χάριτι θεοῦ ὑπὲρ παντὸς
γεύσηται θανάτου

2 13 ἰδοὺ ἐγὼ καὶ τὰ παιδία ἅ μοι ἔδω-
κεν ὁ θεός

2 17ᵃʳἵνα ἐλεήμων γένηται καὶ πιστὸς
ἀρχιερεὺς τὰ πρὸς τὸν θεόν

3 4 πᾶς γὰρ οἶκος κατασκευάζεται ὑπό
τινος, ὁ δὲ πάντα κατασκευάσας θεός

3 12ᵐʳμήποτε ἔσται ... καρδία πονηρὰ
ἀπιστίας ἐν τῷ ἀποστῆναι ἀπὸ
θεοῦ ζῶντος

4 4 κατέπαυσεν ὁ θεὸς ἐν τῇ ἡμέρᾳ
τῇ ἑβδόμῃ ἀπὸ πάντων τῶν
ἔργων αὐτοῦ

4 9ʷἄρα ἀπολείπεται σαββατισμὸς τῷ
λαῷ τοῦ θεοῦ

4 10 καὶ αὐτὸς κατέπαυσεν ἀπὸ τῶν
ἔργων αὐτοῦ, ὥσπερ ἀπὸ τῶν
ἰδίων ὁ θεός

4 12 ζῶν γὰρ ὁ λόγος τοῦ θεοῦ καὶ
ἐνεργής

4 14ˢἔχοντες οὖν ἀρχιερέα μέγαν ...
Ἰησοῦν τὸν υἱὸν τοῦ θεοῦ, κρατῶ-
μεν τῆς ὁμολογίας

5 1ᵃʳᵗπᾶς γὰρ ἀρχιερεὺς ἐξ ἀνθρώπων
λαμβανόμενος ὑπὲρ ἀνθρώπων
καθίσταται τὰ πρὸς τὸν θεόν

Hb 5 4ʳοὐχ ἑαυτῷ τις λαμβάνει τὴν τι-
μήν, ἀλλὰ καλούμενος ὑπὸ τοῦ
θεοῦ

5 10ʳπροσαγορευθεὶς ὑπὸ τοῦ θεοῦ
ἀρχιερεὺς κατὰ τὴν τάξιν Μελχι-
σέδεκ

5 12 πάλιν χρείαν ἔχετε τοῦ διδάσκειν
ὑμᾶς τινὰ (τίνα VSTς) τὰ στοιχεῖα
τῆς ἀρχῆς τῶν λογίων τοῦ θεοῦ

6 1ʳμὴ πάλιν θεμέλιον καταβαλλό-
μενοι μετανοίας ἀπὸ νεκρῶν ἔρ-
γων, καὶ πίστεως ἐπὶ θεόν

6 3 τοῦτο ποιήσομεν (-σωμεν VS),
ἐάνπερ ἐπιτρέπῃ ὁ θεός

6 5 ⟨ἀδύνατον γὰρ τοὺς ἅπαξ φωτι-
σθέντας⟩ καὶ καλὸν γευσαμένους
θεοῦ ῥῆμα ⟨πάλιν ἀνακαινίζειν εἰς
μετάνοιαν⟩ ↔

6 6ˢἀνασταυροῦντας ἑαυτοῖς τὸν υἱὸν
τοῦ θεοῦ καὶ παραδειγματίζοντας.
↔

6 7ʳγῆ γὰρ ... τίκτουσα βοτάνην ...
μεταλαμβάνει εὐλογίας ἀπὸ τοῦ
θεοῦ

6 10 οὐ γὰρ ἄδικος ὁ θεὸς ἐπιλαθέσθαι
τοῦ ἔργου ὑμῶν

6 13 τῷ γὰρ Ἀβραὰμ ἐπαγγειλάμενος
ὁ θεός ... ὤμοσεν καθ’ ἑαυτοῦ

6 17 ἐν ᾧ περισσότερον βουλόμενος
ὁ θεὸς ἐπιδεῖξαι τοῖς κληρονόμοις
τῆς ἐπαγγελίας τὸ ἀμετάθετον τῆς
βουλῆς αὐτοῦ ἐμεσίτευσεν ὅρκῳ

6 18 διὰ δύο πραγμάτων ἀμεταθέτων,
ἐν οἷς ἀδύνατον ψεύσασθαι τὸν
(+[N²⁶S]VBT) θεόν

7 1ᵖοὗτος γὰρ ὁ Μελχισέδεκ, βασι-
λεὺς Σαλήμ, ἱερεὺς τοῦ θεοῦ τοῦ
ὑψίστου

7 3ˢ⟨ὁ Μελχισέδεκ⟩ ἀφωμοιωμένος δὲ
τῷ υἱῷ τοῦ θεοῦ, μένει ἱερεὺς εἰς
τὸ διηνεκές

7 19 ἐπεισαγωγὴ δὲ κρείττονος ἐλπί-
δος, δι’ ἧς ἐγγίζομεν τῷ θεῷ

7 25 σῴζειν εἰς τὸ παντελὲς δύναται
τοὺς προσερχομένους δι’ αὐτοῦ τῷ
θεῷ

8 10ʳʷἔσομαι αὐτοῖς εἰς θεὸν καὶ αὐτοὶ
ἔσονταί μοι εἰς λαόν

9 14 ὃς διὰ πνεύματος αἰωνίου ἑαυτὸν
προσήνεγκεν ἄμωμον τῷ θεῷ, ↔

9 14ᵐκαθαριεῖ τὴν συνείδησιν ἡμῶν
(ὑμ. MVBSTς) ... εἰς τὸ λατρεύ-
ειν θεῷ ζῶντι

9 20 τοῦτο τὸ αἷμα τῆς διαθήκης ἧς
ἐνετείλατο πρὸς ὑμᾶς ὁ θεός

9 24 νῦν ἐμφανισθῆναι τῷ προσώπῳ
τοῦ θεοῦ ὑπὲρ ἡμῶν

10 7 ἥκω ... τοῦ ποιῆσαι ὁ θεὸς τὸ
θέλημά σου

10 9 * ἥκω τοῦ ποιῆσαι | ὁ θεὸς (+ς)
τὸ θέλημά σου

10 12 οὗτος δὲ μίαν ὑπὲρ ἁμαρτιῶν
προσενέγκας θυσίαν ... ἐκάθισεν
ἐν δεξιᾷ τοῦ θεοῦ

10 21 ⟨ἔχοντες⟩ ἱερέα μέγαν ἐπὶ τὸν
οἶκον τοῦ θεοῦ ⟨προσερχώμεθα
μετὰ ἀληθινῆς καρδίας⟩

10 29ˢπόσῳ δοκεῖτε χείρονος ἀξιωθήσε-
ται τιμωρίας ὁ τὸν υἱὸν τοῦ θεοῦ
καταπατήσας

10 31ᵐφοβερὸν τὸ ἐμπεσεῖν εἰς χεῖρας
θεοῦ ζῶντος

10 36 ἵνα τὸ θέλημα τοῦ θεοῦ ποιήσαν-
τες κομίσησθε τὴν ἐπαγγελίαν

Hb 11 3 πίστει νοοῦμεν κατηρτίσθαι τοὺς αἰῶνας ῥήματι θεοῦ

11 4 πίστει πλείονα θυσίαν Ἄβελ παρὰ Κάϊν προσήνεγκεν τῷ θεῷ

11 4 μαρτυροῦντος ἐπὶ τοῖς δώροις αὐτοῦ τοῦ θεοῦ

11 5 Ἑνὼχ . . . οὐχ ηὑρίσκετο διότι μετέθηκεν αὐτὸν ὁ θεός. ↔

11 5 πρὸ γὰρ τῆς μεταθέσεως μεμαρτύρηται εὐαρεστηκέναι τῷ θεῷ

11 6 πιστεῦσαι γὰρ δεῖ τὸν προσερχόμενον τῷ ([NVSH]; —T) θεῷ, ὅτι ἔστιν

11 10 ἐξεδέχετο γὰρ τὴν . . . πόλιν, ἧς τεχνίτης καὶ δημιουργὸς ὁ θεός ↔

11 16 διὸ οὐκ ἐπαισχύνεται αὐτοὺς ὁ θεός ↔

11 16 θεὸς ἐπικαλεῖσθαι αὐτῶν

11 19 λογισάμενος ὅτι καὶ ἐκ νεκρῶν ἐγείρειν δυνατὸς ὁ θεός

11 25[w] ⟨Μωϋσῆς . . . ἠρνήσατο⟩ μᾶλλον ἑλόμενος συγκακουχεῖσθαι τῷ λαῷ τοῦ θεοῦ

11 40 ⟨οὐκ ἐκομίσαντο τὴν ἐπαγγελίαν⟩ τοῦ θεοῦ περὶ ἡμῶν κρεῖττόν τι προβλεψαμένου

12 2 ὃς . . . ὑπέμεινεν σταυρὸν . . . ἐν δεξιᾷ τε τοῦ θρόνου τοῦ θεοῦ κεκάθικεν

12 7[s] ὡς υἱοῖς ὑμῖν προσφέρεται ὁ θεός

12 15 ἐπισκοποῦντες μή τις ὑστερῶν ἀπὸ τῆς χάριτος τοῦ θεοῦ

12 22[mu] ἀλλὰ προσεληλύθατε . . . πόλει θεοῦ ζῶντος, Ἰερουσαλὴμ ἐπουρανίῳ

12 23 ⟨προσεληλύθατε⟩ ἐκκλησίᾳ πρωτοτόκων . . . καὶ κριτῇ θεῷ πάντων

12 28 δι᾽ ἧς λατρεύωμεν εὐαρέστως τῷ θεῷ, μετὰ εὐλαβείας καὶ δέους· ↔

12 29[l] καὶ γὰρ ὁ θεὸς ἡμῶν πῦρ καταναλίσκον

13 4 πόρνους γὰρ καὶ μοιχοὺς κρινεῖ ὁ θεός

13 7 οἵτινες ἐλάλησαν ὑμῖν τὸν λόγον τοῦ θεοῦ

13 15 δι᾽ αὐτοῦ οὖν ([N26]; —H) ἀναφέρωμεν θυσίαν αἰνέσεως διὰ παντὸς τῷ θεῷ

13 16 τοιαύταις γὰρ θυσίαις εὐαρεστεῖται ὁ θεός

13 20[a] ὁ δὲ θεὸς τῆς εἰρήνης, ὁ ἀναγαγὼν ἐκ νεκρῶν τὸν ποιμένα . . . τὸν κύριον ἡμῶν Ἰησοῦν ⟨καταρτίσαι ὑμᾶς⟩

Jc 1 1[a] Ἰάκωβος θεοῦ καὶ κυρίου Ἰησοῦ Χριστοῦ δοῦλος ταῖς δώδεκα φυλαῖς . . . χαίρειν

1 5 αἰτείτω παρὰ τοῦ διδόντος θεοῦ πᾶσιν ἁπλῶς

1 13 μηδεὶς πειραζόμενος λεγέτω ὅτι ἀπὸ (+τοῦ ϛ) θεοῦ πειράζομαι· ↔

1 13 ὁ γὰρ θεὸς ἀπείραστός ἐστιν κακῶν

1 20 ὀργὴ γὰρ ἀνδρὸς δικαιοσύνην θεοῦ οὐκ ἐργάζεται

1 27[cr] θρησκεία καθαρὰ καὶ ἀμίαντος παρὰ τῷ (—T) θεῷ καὶ πατρὶ αὕτη ἐστίν

2 5 οὐχ ὁ θεὸς ἐξελέξατο τοὺς πτωχοὺς τῷ κόσμῳ ⟨;⟩

2 19[h] σὺ πιστεύεις ὅτι || εἷς ἐστιν ὁ (—H) θεός ((~ϛ SH));

Jc 2 23 ἐπίστευσεν δὲ Ἀβραὰμ τῷ θεῷ, καὶ ἐλογίσθη αὐτῷ εἰς δικαιοσύνην, ↔

2 23 καὶ φίλος θεοῦ ἐκλήθη

3 9[ct] * ἐν αὐτῇ εὐλογοῦμεν τὸν θεὸν (ϛ; κύριον rl) καὶ πατέρα, ↔

3 9 καὶ ἐν αὐτῇ καταρώμεθα τοὺς ἀνθρώπους τοὺς καθ᾽ ὁμοίωσιν θεοῦ γεγονότας

4 4[v] οὐκ οἴδατε ὅτι ἡ φιλία τοῦ κόσμου ἔχθρα | τοῦ θεοῦ ἐστιν (ἐστὶν τῷ θεῷ T); ↔

4 4[v] ὃς ἐὰν οὖν βουληθῇ φίλος εἶναι τοῦ κόσμου, ἐχθρὸς τοῦ θεοῦ καθίσταται

4 6 ὁ θεὸς ὑπερηφάνοις ἀντιτάσσεται, ταπεινοῖς δὲ δίδωσιν χάριν. ↔

4 7 ὑποτάγητε οὖν τῷ θεῷ

4 8 ἐγγίσατε τῷ θεῷ, καὶ ἐγγιεῖ (ἐγγίσει NH) ὑμῖν

1 Pt 1 2[c] ⟨Πέτρος ἀπόστολος . . . παρεπιδήμοις διασπορᾶς Πόντου⟩ κατὰ πρόγνωσιν θεοῦ πατρός

1 3[bc] εὐλογητὸς ὁ θεὸς καὶ πατὴρ τοῦ κυρίου ἡμῶν Ἰησοῦ Χριστοῦ

1 5 ⟨ἀναγεννήσας ἡμᾶς⟩ τοὺς ἐν δυνάμει θεοῦ φρουρουμένους διὰ πίστεως εἰς σωτηρίαν

1 21[r] ⟨δι᾽ ὑμᾶς⟩ τοὺς δι᾽ αὐτοῦ πιστοὺς (πιστεύοντας MVS) εἰς θεὸν τὸν ἐγείραντα

1 21[r] ὥστε τὴν πίστιν ὑμῶν καὶ ἐλπίδα εἶναι εἰς θεόν

1 23[m] ἀναγεγεννημένοι οὐκ ἐκ σπορᾶς φθαρτῆς ἀλλὰ ἀφθάρτου διὰ λόγου ζῶντος θεοῦ καὶ μένοντος

2 4[rt] λίθον ζῶντα, ὑπὸ ἀνθρώπων μὲν ἀποδεδοκιμασμένον παρὰ δὲ θεῷ ἐκλεκτὸν ἔντιμον

2 5 ἀνενέγκαι πνευματικὰς θυσίας εὐπροσδέκτους τῷ (+[N26S]ϛ) θεῷ

2 10[w] οἵ ποτε οὐ λαός, νῦν δὲ λαὸς θεοῦ

2 12 ἵνα . . . ἐκ τῶν καλῶν ἔργων ἐποπτεύοντες δοξάσωσιν τὸν θεὸν ἐν ἡμέρᾳ ἐπισκοπῆς

2 15[t] ὅτι οὕτως ἐστὶν τὸ θέλημα τοῦ θεοῦ, ἀγαθοποιοῦντας φιμοῦν τὴν τῶν ἀφρόνων ἀνθρώπων ἀγνωσίαν

2 16 μὴ ὡς ἐπικάλυμμα ἔχοντες τῆς κακίας τὴν ἐλευθερίαν, ἀλλ᾽ ὡς θεοῦ δοῦλοι

2 17 τὴν ἀδελφότητα ἀγαπᾶτε, τὸν θεὸν φοβεῖσθε

2 19 τοῦτο γὰρ χάρις εἰ διὰ συνείδησιν θεοῦ ὑποφέρει τις λύπας πάσχων ἀδίκως

2 20[r] εἰ ἀγαθοποιοῦντες καὶ πάσχοντες ὑπομενεῖτε, τοῦτο χάρις παρὰ θεῷ

3 4[r] ὅ ἐστιν ἐνώπιον τοῦ θεοῦ πολυτελές. ↔

3 5 οὕτως γάρ ποτε καὶ αἱ ἅγιαι γυναῖκες αἱ ἐλπίζουσαι εἰς (ἐπὶ τὸν ϛ) θεὸν ἐκόσμουν ἑαυτάς

3 15[a] * κύριον δὲ τὸν θεὸν (ϛ; Χριστὸν rl) ἁγιάσατε ἐν ταῖς καρδίαις ὑμῶν

3 17 κρεῖττον γὰρ ἀγαθοποιοῦντας, εἰ θέλοι τὸ θέλημα τοῦ θεοῦ, πάσχειν ἢ κακοποιοῦντας

3 18 ἵνα ὑμᾶς (ἡμᾶς VBSTϛ) προσαγάγῃ τῷ θεῷ

3 20 ὅτε ἀπεξεδέχετο ἡ τοῦ θεοῦ μακροθυμία ἐν ἡμέραις Νῶε

1 Pt 3 21[r] ὃ καὶ ὑμᾶς ἀντίτυπον νῦν σῴζει βάπτισμα . . . συνειδήσεως ἀγαθῆς ἐπερώτημα εἰς θεόν

3 22[u] ⟨Ἰησοῦ Χριστοῦ⟩ ὅς ἐστιν ἐν δεξιᾷ τοῦ (+[N26S]Vϛ) θεοῦ, πορευθεὶς εἰς οὐρανόν

4 2[t] εἰς τὸ μηκέτι ἀνθρώπων ἐπιθυμίαις ἀλλὰ θελήματι θεοῦ τὸν ἐπίλοιπον . . . βιῶσαι χρόνον

4 6[rt] ἵνα κριθῶσι μὲν κατὰ ἀνθρώπους σαρκί, ζῶσι δὲ κατὰ θεὸν πνεύματι

4 10 εἰς ἑαυτοὺς αὐτὸ διακονοῦντες ὡς καλοὶ οἰκονόμοι ποικίλης χάριτος θεοῦ· ↔

4 11 εἴ τις λαλεῖ, ὡς λόγια θεοῦ· ↔

4 11 εἴ τις διακονεῖ, ὡς ἐξ ἰσχύος ἧς χορηγεῖ ὁ θεός· ↔

4 11 ἵνα ἐν πᾶσιν δοξάζηται ὁ θεὸς διὰ Ἰησοῦ Χριστοῦ

4 14 ὅτι τὸ τῆς δόξης (+καὶ δυνάμεως S) καὶ τὸ τοῦ θεοῦ πνεῦμα ἐφ᾽ ὑμᾶς ἀναπαύεται

4 16 μὴ αἰσχυνέσθω, δοξαζέτω δὲ τὸν θεὸν ἐν τῷ ὀνόματι τούτῳ. ↔

4 17 ὅτι ὁ ([N26NSH]; —BT) καιρὸς τοῦ ἄρξασθαι τὸ κρίμα ἀπὸ τοῦ οἴκου τοῦ θεοῦ· ↔

4 17 εἰ δὲ πρῶτον ἀφ᾽ ἡμῶν, τί τὸ τέλος τῶν ἀπειθούντων τῷ τοῦ θεοῦ εὐαγγελίῳ;

4 19 ὥστε καὶ οἱ πάσχοντες κατὰ τὸ θέλημα τοῦ θεοῦ πιστῷ κτίστῃ παρατιθέσθωσαν τὰς ψυχὰς αὐτῶν (ἑαυ. ϛ; —H)

5 2 ποιμάνατε τὸ ἐν ὑμῖν ποίμνιον τοῦ θεοῦ, ↔

5 2[r] ἐπισκοποῦντες (+[N26]MVBSϛ) μὴ ἀναγκαστῶς ἀλλὰ ἑκουσίως | κατὰ θεόν (—Hϛ)

5 5 ὁ [N26H] θεὸς ὑπερηφάνοις ἀντιτάσσεται, ταπεινοῖς δὲ δίδωσιν χάριν. ↔

5 6 ταπεινώθητε οὖν ὑπὸ τὴν κραταιὰν χεῖρα (-ραν T) τοῦ θεοῦ

5 10 ὁ δὲ θεὸς πάσης χάριτος . . . ὀλίγον παθόντας αὐτὸς καταρτίσει

5 12 παρακαλῶν καὶ ἐπιμαρτυρῶν ταύτην εἶναι ἀληθῆ χάριν τοῦ θεοῦ

2 Pt 1 1[d] Συμεὼν (Σίμων H) Πέτρος . . . τοῖς ἰσότιμον ἡμῖν λαχοῦσιν πίστιν ἐν δικαιοσύνῃ τοῦ θεοῦ ἡμῶν καὶ σωτῆρος Ἰησοῦ Χριστοῦ· ↔

1 2[a] χάρις ὑμῖν καὶ εἰρήνη πληθυνθείη ἐν ἐπιγνώσει τοῦ θεοῦ καὶ Ἰησοῦ τοῦ κυρίου ἡμῶν

1 17[cr] λαβὼν γὰρ παρὰ θεοῦ πατρὸς τιμὴν καὶ δόξαν

1 21[rt] ὑπὸ πνεύματος ἁγίου φερόμενοι ἐλάλησαν (+ἅγιοι [M]VS; +οἱ ἅ. ϛ) ἀπὸ (—Vϛ) θεοῦ ἄνθρωποι

2 4[u] εἰ γὰρ ὁ θεὸς ἀγγέλων ἁμαρτησάντων οὐκ ἐφείσατο

3 5 οὐρανοὶ ἦσαν ἔκπαλαι καὶ γῆ ἐξ ὕδατος . . . συνεστῶσα τῷ τοῦ θεοῦ λόγῳ

3 12 προσδοκῶντας καὶ σπεύδοντας τὴν παρουσίαν τῆς τοῦ θεοῦ ἡμέρας

1 Jo 1 5 ὁ θεὸς φῶς ἐστιν

2 5 ἀληθῶς ἐν τούτῳ ἡ ἀγάπη τοῦ θεοῦ τετελείωται

2 14 ὁ λόγος | τοῦ θεοῦ [H] ἐν ὑμῖν μένει

Column 1

1 Jo 2 17ᵛ ὁ δὲ ποιῶν τὸ θέλημα τοῦ θεοῦ μένει εἰς τὸν αἰῶνα

3 1ᶜ ἴδετε ποταπὴν ἀγάπην δέδωκεν ἡμῖν ὁ πατὴρ ἵνα τέκνα θεοῦ κληθῶμεν, καὶ ἐσμέν

3 2 ἀγαπητοί, νῦν τέκνα θεοῦ ἐσμεν

3 8ˢ εἰς τοῦτο ἐφανερώθη ὁ υἱὸς τοῦ θεοῦ

3 9ʳ πᾶς ὁ γεγεννημένος ἐκ τοῦ θεοῦ ἁμαρτίαν οὐ ποιεῖ

3 9ʳ οὐ δύναται ἁμαρτάνειν, ὅτι ἐκ τοῦ θεοῦ γεγέννηται. ↔

3 10 ἐν τούτῳ φανερά ἐστιν τὰ τέκνα τοῦ θεοῦ καὶ τὰ τέκνα τοῦ δια- βόλου· ↔

3 10ʳ πᾶς ὁ μὴ ποιῶν δικαιοσύνην οὐκ ἔστιν ἐκ τοῦ θεοῦ

3 17 πῶς ἡ ἀγάπη τοῦ θεοῦ μένει ἐν αὐτῷ;

3 20 ἐὰν καταγινώσκῃ ἡμῶν ἡ καρδία, ὅτι μείζων ἐστὶν ὁ θεὸς τῆς καρδίας ἡμῶν

3 21ʳ ἐὰν ἡ καρδία ἡμῶν (+[N²⁶]Tϛ) μὴ καταγινώσκῃ (+ἡμῶν Tϛ), παρ- ρησίαν ἔχομεν πρὸς τὸν θεόν

4 1ʳ δοκιμάζετε τὰ πνεύματα εἰ ἐκ τοῦ θεοῦ ἐστιν

4 2 ἐν τούτῳ γινώσκετε τὸ πνεῦμα τοῦ θεοῦ· ↔

4 2ʳ πᾶν πνεῦμα ὃ ὁμολογεῖ Ἰησοῦν Χριστόν . . . ἐκ τοῦ θεοῦ ἐστιν, ↔

4 3ʳ καὶ πᾶν πνεῦμα ὃ μὴ ὁμολογεῖ τὸν Ἰησοῦν (+ἐν σαρκὶ ἐληλυθότα [S]ϛ) ἐκ τοῦ θεοῦ οὐκ ἔστιν

4 4ʳᵛ ὑμεῖς ἐκ τοῦ θεοῦ ἐστε ⟨αὐτοὶ ἐκ τοῦ κόσμου εἰσίν⟩

4 6ʳᵛ ἡμεῖς ἐκ τοῦ θεοῦ ἐσμεν· ↔

4 6 ὁ γινώσκων τὸν θεὸν ἀκούει ἡμῶν, ↔

4 6ʳ ὃς οὐκ ἔστιν ἐκ τοῦ θεοῦ οὐκ ἀκούει ἡμῶν

4 7ʳ ἀγαπῶμεν ἀλλήλους, ὅτι ἡ ἀγάπη ἐκ τοῦ θεοῦ ἐστιν,

4 7ʳ καὶ πᾶς ὁ ἀγαπῶν ἐκ τοῦ θεοῦ γεγέννηται ↔

4 7 καὶ γινώσκει τὸν θεόν. ↔

4 8 ὁ μὴ ἀγαπῶν οὐκ ἔγνω τὸν θεόν, ↔

4 8 ὅτι ὁ θεὸς ἀγάπη ἐστίν. ↔

4 9 ἐν τούτῳ ἐφανερώθη ἡ ἀγάπη τοῦ θεοῦ ἐν ἡμῖν,

4 9ˢᵛ ὅτι τὸν υἱὸν αὐτοῦ . . . ἀπέσταλ- κεν ὁ θεὸς εἰς τὸν κόσμον

4 10ˢ ἐν τούτῳ ἐστὶν ἡ ἀγάπη, οὐχ ὅτι ἡμεῖς ἠγαπήκαμεν (-σαμεν MVBSTϛ) τὸν θεόν

4 11 εἰ οὕτως ὁ θεὸς ἠγάπησεν ἡμᾶς

4 12 θεὸν οὐδεὶς πώποτε τεθέαται· ↔

4 12 ἐὰν ἀγαπῶμεν ἀλλήλους, ὁ θεὸς ἐν ἡμῖν μένει

4 15ˢ ὃς ἐὰν (ἂν STϛ) ὁμολογήσῃ ὅτι Ἰησοῦς [+Χριστός H] ἐστιν ὁ υἱὸς τοῦ θεοῦ, ↔

4 15 ὁ θεὸς ἐν αὐτῷ μένει ↔

4 15ʳ καὶ αὐτὸς ἐν τῷ θεῷ. ↔

4 16 καὶ ἡμεῖς . . . πεπιστεύκαμεν τὴν ἀγάπην ἣν ἔχει ὁ θεὸς ἐν ἡμῖν. ↔

4 16 ὁ θεὸς ἀγάπη ἐστίν,

4 16ʳ καὶ ὁ μένων ἐν τῇ ἀγάπῃ ἐν τῷ θεῷ μένει ↔

4 16 καὶ ὁ θεὸς ἐν αὐτῷ μένει ([H]; —ϛ)

4 20 ἐάν τις εἴπῃ ὅτι ἀγαπῶ τὸν θεόν

4 20 ὁ γὰρ μὴ ἀγαπῶν τὸν ἀδελφὸν αὐτοῦ . . . τὸν θεὸν ὃν οὐχ ἑώ- ρακεν οὐ δύναται ἀγαπᾶν

Column 2

1 Jo 4 21 ἵνα ὁ ἀγαπῶν τὸν θεὸν ἀγαπᾷ καὶ τὸν ἀδελφὸν αὐτοῦ. ↔

5 1ʳ πᾶς ὁ πιστεύων ὅτι Ἰησοῦς ἐστιν ὁ χριστὸς ἐκ τοῦ θεοῦ γεγέννηται

5 2 ἐν τούτῳ γινώσκομεν ὅτι ἀγαπῶ- μεν τὰ τέκνα τοῦ θεοῦ, ↔

5 2 ὅταν τὸν θεὸν ἀγαπῶμεν καὶ τὰς ἐντολὰς αὐτοῦ ποιῶμεν.

5 3 αὕτη γάρ ἐστιν ἡ ἀγάπη τοῦ θεοῦ

5 4ʳᵛ πᾶν τὸ γεγεννημένον ἐκ τοῦ θεοῦ νικᾷ τὸν κόσμον

5 5ˢᵛ τίς . . . ὁ νικῶν τὸν κόσμον εἰ μὴ ὁ πιστεύων ὅτι Ἰησοῦς ἐστιν ὁ υἱὸς τοῦ θεοῦ;

5 9ᵗ εἰ τὴν μαρτυρίαν τῶν ἀνθρώπων λαμβάνομεν, ἡ μαρτυρία τοῦ θεοῦ μείζων ἐστίν, ↔

5 9ˢ ὅτι αὕτη ἐστὶν ἡ μαρτυρία τοῦ θεοῦ, ὅτι μεμαρτύρηκεν περὶ τοῦ υἱοῦ αὐτοῦ.

5 10ˢ ὁ πιστεύων εἰς τὸν υἱὸν τοῦ θεοῦ ἔχει τὴν μαρτυρίαν ἐν ἑαυτῷ (Ν²⁶Ηϛ; αὐτ. rl). ↔

5 10 ὁ μὴ πιστεύων τῷ θεῷ ψεύστην πεποίηκεν αὐτόν,

5 10ˢ ὅτι οὐ πεπίστευκεν εἰς τὴν μαρτυ- ρίαν ἣν μεμαρτύρηκεν ὁ θεὸς περὶ τοῦ υἱοῦ αὐτοῦ. ↔

5 11ˢ καὶ αὕτη ἐστὶν ἡ μαρτυρία, ὅτι ζωὴν αἰώνιον ἔδωκεν | ἡμῖν ὁ θεός (~ NBH)

5 12ˢ ὁ μὴ ἔχων τὸν υἱὸν τοῦ θεοῦ τὴν ζωὴν οὐκ ἔχει

5 13ˢ τοῖς πιστεύουσιν εἰς τὸ ὄνομα τοῦ υἱοῦ τοῦ θεοῦ ↔

5 13ˢ * | καὶ ἵνα πιστεύητε εἰς τὸ ὄνομα τοῦ υἱοῦ τοῦ θεοῦ (+ϛ)

5 18ʳ πᾶς ὁ γεγεννημένος ἐκ τοῦ θεοῦ οὐχ ἁμαρτάνει, ↔

5 18ʳ ἀλλ' ὁ γεννηθεὶς ἐκ τοῦ θεοῦ τηρεῖ αὐτόν (ἑαυτὸν MVBSϛ)

5 19ʳᵛ οἴδαμεν ὅτι ἐκ τοῦ θεοῦ ἐσμεν, καὶ ὁ κόσμος ὅλος ἐν τῷ πονηρῷ κεῖ- ται. ↔

5 20ˢ | οἴδαμεν δὲ (καὶ οἴδ. S) ὅτι ὁ υἱὸς τοῦ θεοῦ ἥκει

5 20ʳ οὗτός ἐστιν ὁ ἀληθινὸς θεὸς καὶ ζωὴ αἰώνιος

2 Jo 3ᶜʳˢ ἔσται μεθ' ἡμῶν χάρις ἔλεος εἰ- ρήνη παρὰ θεοῦ πατρός

9 πᾶς ὁ . . . μὴ μένων ἐν τῇ διδαχῇ τοῦ Χριστοῦ θεὸν οὐκ ἔχει

3 Jo 6 οὓς καλῶς ποιήσεις προπέμψας ἀξίως τοῦ θεοῦ

11ʳ ὁ ἀγαθοποιῶν ἐκ τοῦ θεοῦ ἐστιν· ↔

11 ὁ κακοποιῶν οὐχ ἑώρακεν τὸν θεόν

Jd 1ᶜʳ Ἰούδας . . . τοῖς ἐν θεῷ πατρὶ ἠγαπημένοις (ἡγιασμ. ϛ) καὶ Ἰησοῦ Χριστῷ τετηρημένοις κλητοῖς

4ˡᵗ παρεισέδυσαν γάρ τινες ἄνθρω- ποι . . . τὴν τοῦ θεοῦ ἡμῶν χάριτα (-ριν MSϛ) μετατιθέντες εἰς ἀσέλ- γειαν

4ᵃᵈʰ * καὶ τὸν μόνον δεσπότην θεὸν (+ϛ) καὶ κύριον ἡμῶν Ἰησοῦν Χριστὸν ἀρνούμενοι

21ᵃ ἑαυτοὺς ἐν ἀγάπῃ θεοῦ τηρήσατε

25ᵃᵈʰ ⟨τῷ δὲ δυναμένῳ φυλάξαι ὑμᾶς⟩ μόνῳ (+σοφῷ ϛ) θεῷ σωτῆρι ἡμῶν | διὰ Ἰησοῦ Χριστοῦ τοῦ κυρίου ἡμῶν (—ϛ) δόξα

Ap 1 1 ἀποκάλυψις Ἰησοῦ Χριστοῦ, ἣν ἔδωκεν αὐτῷ ὁ θεός

Column 3

Ap 1 2 ὃς ἐμαρτύρησεν τὸν λόγον τοῦ θεοῦ

1 6ᶜ ἐποίησεν ἡμᾶς βασιλείαν, ἱερεῖς τῷ θεῷ καὶ πατρὶ αὐτοῦ

1 8ᵃᵈ ἐγώ εἰμι τὸ ἄλφα καὶ τὸ ὦ, λέγει | κύριος ὁ θεός (ὁ κύριος ϛ) . . . ὁ παντοκράτωρ

1 9 ἐγενόμην ἐν τῇ νήσῳ τῇ καλου- μένῃ Πάτμῳ διὰ τὸν λόγον τοῦ θεοῦ

2 7ᵏ ἐκ τοῦ ξύλου τῆς ζωῆς, ὅ ἐστιν ἐν τῷ παραδείσῳ τοῦ θεοῦ (+μου B)

2 18ˢ τάδε λέγει ὁ υἱὸς τοῦ θεοῦ

3 1 τάδε λέγει ὁ ἔχων τὰ ἑπτὰ πνεύμα- τα τοῦ θεοῦ

3 2ᵏʳ οὐ γὰρ εὕρηκά σου τὰ (—ΝΗ) ἔργα πεπληρωμένα ἐνώπιον τοῦ θεοῦ μου

3 12ᵏ ὁ νικῶν, ποιήσω αὐτὸν στῦλον ἐν τῷ ναῷ τοῦ θεοῦ μου

3 12ᵏ γράψω ἐπ' αὐτὸν τὸ ὄνομα τοῦ θεοῦ μου

3 12ᵏ καὶ τὸ ὄνομα τῆς πόλεως τοῦ θεοῦ μου,

3 12ᵏʳ τῆς καινῆς Ἰερουσαλὴμ ἡ κατα- βαίνουσα ἐκ τοῦ οὐρανοῦ ἀπὸ τοῦ θεοῦ μου

3 14 τάδε λέγει ὁ ἀμήν . . . ἡ ἀρχὴ τῆς κτίσεως τοῦ θεοῦ

4 5 ἅ εἰσιν τὰ ἑπτὰ πνεύματα τοῦ θεοῦ

4 8ᵃᵈ ἅγιος ἅγιος ἅγιος κύριος ὁ θεὸς ὁ παντοκράτωρ

4 11ᵃˡᵖ ἄξιος εἶ, || ὁ κύριος καὶ ὁ θεὸς ἡμῶν (+ὁ ἅγιος B[S]) ((κύριε ϛ))

5 6 οἵ εἰσιν τὰ ἑπτὰ [N²⁶H] πνεύματα τοῦ θεοῦ

5 9ʷ ἐσφάγης καὶ ἠγόρασας τῷ θεῷ (+ἡμᾶς [M]VBSϛ) ἐν τῷ αἵματί σου ἐκ πάσης φυλῆς καὶ γλώσσης καὶ λαοῦ

5 10¹ ἐποίησας αὐτοὺς τῷ θεῷ ἡμῶν βασιλείαν (βασιλεῖς BSϛ) καὶ ἱερεῖς

6 9 εἶδον . . . τὰς ψυχὰς τῶν ἐσφαγμέ- νων διὰ τὸν λόγον τοῦ θεοῦ

7 2ᵐᵘ εἶδον ἄλλον ἄγγελον . . . ἔχοντα σφραγῖδα θεοῦ ζῶντος

7 3¹ μὴ ἀδικήσητε τὴν γῆν . . . ἄχρι σφραγίσωμεν τοὺς δούλους τοῦ θεοῦ ἡμῶν

7 10¹ ἡ σωτηρία τῷ θεῷ ἡμῶν τῷ καθημένῳ ἐπὶ τῷ θρόνῳ

7 11ᵘ πάντες οἱ ἄγγελοι . . . προσεκύ- νησαν τῷ θεῷ

7 12¹ ἡ εὐλογία . . . καὶ ἡ ἰσχὺς τῷ θεῷ ἡμῶν εἰς τοὺς αἰῶνας τῶν αἰώ- νων

7 15 διὰ τοῦτό εἰσιν ἐνώπιον τοῦ θρό- νου τοῦ θεοῦ

7 17 ἐξαλείψει ὁ θεὸς πᾶν δάκρυον ἐκ τῶν ὀφθαλμῶν αὐτῶν

8 2ʳᵘ εἶδον τοὺς ἑπτὰ ἀγγέλους οἳ ἐνώπιον τοῦ θεοῦ ἑστήκασιν

8 4ʳᵘ ἀνέβη ὁ καπνὸς τῶν θυμιαμάτων . . . ἐκ χειρὸς τοῦ ἀγγέλου ἐνώ- πιον τοῦ θεοῦ

9 4ᵗ εἰ μὴ τοὺς ἀνθρώπους οἵτινες οὐκ ἔχουσιν τὴν σφραγῖδα τοῦ θεοῦ ἐπὶ τῶν μετώπων

9 13ʳ τοῦ θυσιαστηρίου τοῦ χρυσοῦ τοῦ ἐνώπιον τοῦ θεοῦ

10 7 ἐτελέσθη τὸ μυστήριον τοῦ θεοῦ

Ap 11 1 ἔγειρε καὶ μέτρησον τὸν ναὸν τοῦ θεοῦ

11 4ʳ* οὗτοί εἰσιν ... αἱ δύο λυχνίαι αἱ [H] ἐνώπιον τοῦ θεοῦ (ς; κυρίου rl) τῆς γῆς ἑστῶτες (ἑστῶσαι ς)

11 11ʳ πνεῦμα ζωῆς ἐκ τοῦ θεοῦ εἰσῆλθεν | ἐν αὐτοῖς ([ἐν] αὐτ. H; αὐτοῖς VS; ἐπ' αὐτούς ς)

11 13 ἔδωκαν δόξαν τῷ θεῷ τοῦ οὐρανοῦ

11 16ʳ οἱ ... πρεσβύτεροι, οἱ ([N²⁶H]; —Β) ἐνώπιον τοῦ θεοῦ καθήμενοι (κάθηνται Β; οἱ κάθηνται ST) ἐπὶ τοὺς θρόνους αὐτῶν, ↔

11 16 ἔπεσαν ... καὶ προσεκύνησαν τῷ θεῷ

11 17ᵃᵈ εὐχαριστοῦμέν σοι, κύριε ὁ θεὸς ὁ παντοκράτωρ

11 19 ἠνοίγη ὁ ναὸς τοῦ θεοῦ ὁ ([VS]; —ς) ἐν τῷ οὐρανῷ

12 5ʳ ἡρπάσθη τὸ τέκνον αὐτῆς πρὸς τὸν θεόν

12 6ʳ ὅπου ἔχει ἐκεῖ τόπον ἡτοιμασμένον ἀπὸ τοῦ θεοῦ

12 10¹ ἄρτι ἐγένετο ... ἡ βασιλεία τοῦ θεοῦ ἡμῶν καὶ ἡ ἐξουσία τοῦ χριστοῦ αὐτοῦ, ↔

12 10ˡʳ ὅτι ἐβλήθη ... ὁ κατηγορῶν αὐτοὺς (αὐτῶν MBSς) ἐνώπιον τοῦ θεοῦ ἡμῶν

12 17 ἀπῆλθεν ποιῆσαι πόλεμον μετὰ ... τῶν τηρούντων τὰς ἐντολὰς τοῦ θεοῦ

13 6ʳ ἤνοιξεν τὸ στόμα αὐτοῦ εἰς βλασφημίας (-αν Sς) πρὸς τὸν θεόν

14 4ᵗ οὗτοι ἠγοράσθησαν ἀπὸ τῶν ἀνθρώπων ἀπαρχὴ τῷ θεῷ καὶ τῷ ἀρνίῳ

14 5 *ἄμωμοί (+γάρ Tς) εἰσιν | ἐνώπιον τοῦ θρόνου τοῦ θεοῦ (+ς)

14 7 φοβήθητε τὸν θεὸν καὶ δότε αὐτῷ δόξαν

14 10 πίεται ἐκ τοῦ οἴνου τοῦ θυμοῦ τοῦ θεοῦ

14 12 ὧδε ἡ ὑπομονὴ τῶν ἁγίων ἐστίν, οἱ τηροῦντες τὰς ἐντολὰς τοῦ θεοῦ

14 19ᵘ ὁ ἄγγελος ... ἔβαλεν εἰς τὴν ληνὸν τοῦ θυμοῦ τοῦ θεοῦ τὸν μέγαν

15 1 ἐν αὐταῖς ἐτελέσθη ὁ θυμὸς τοῦ θεοῦ

15 2 εἶδον ... ἑστῶτας ἐπὶ τὴν θάλασσαν ... ἔχοντας κιθάρας τοῦ θεοῦ. ↔

15 3 καὶ ᾄδουσιν τὴν ᾠδὴν Μωϋσέως τοῦ δούλου τοῦ θεοῦ

15 3ᵃᵈ μεγάλα καὶ θαυμαστὰ τὰ ἔργα σου, κύριε ὁ θεὸς ὁ παντοκράτωρ

15 7ᵐᵘ ἔδωκεν τοῖς ἑπτὰ ἀγγέλοις ἑπτὰ φιάλας χρυσᾶς γεμούσας τοῦ θυμοῦ τοῦ θεοῦ τοῦ ζῶντος

15 8 ἐγεμίσθη ὁ ναὸς καπνοῦ ἐκ τῆς δόξης τοῦ θεοῦ

16 1 ἐκχέετε τὰς ἑπτὰ φιάλας τοῦ θυμοῦ τοῦ θεοῦ εἰς τὴν γῆν

16 7ᵃᵈ ναί, κύριε ὁ θεὸς ὁ παντοκράτωρ, ἀληθιναὶ καὶ δίκαιαι αἱ κρίσεις σου

16 9ᵗ ἐκαυματίσθησαν οἱ ἄνθρωποι ... καὶ ἐβλασφήμησαν τὸ ὄνομα τοῦ θεοῦ τοῦ ἔχοντος τὴν ἐξουσίαν

16 11 ἐβλασφήμησαν τὸν θεὸν τοῦ οὐρανοῦ ἐκ τῶν πόνων αὐτῶν

16 14ᵈ συναγαγεῖν αὐτοὺς εἰς τὸν πόλεμον τῆς || ἡμέρας (+ἐκείνης [S]ς) τῆς μεγάλης ((μεγ. ἡμ. Β)) τοῦ θεοῦ τοῦ παντοκράτορος

Ap 16 19ʳ Βαβυλὼν ἡ μεγάλη ἐμνήσθη ἐνώπιον τοῦ θεοῦ

16 21ᵗ ἐβλασφήμησαν οἱ ἄνθρωποι τὸν θεὸν ἐκ τῆς πληγῆς τῆς χαλάζης

17 17 ὁ γὰρ θεὸς ἔδωκεν εἰς τὰς καρδίας αὐτῶν ... δοῦναι τὴν βασιλείαν αὐτῶν τῷ θηρίῳ, ↔

17 17 ἄχρι τελεσθήσονται οἱ λόγοι τοῦ θεοῦ

18 5 ἐμνημόνευσεν ὁ θεὸς τὰ ἀδικήματα αὐτῆς

18 8ᵃ ὅτι ἰσχυρὸς κύριος [H] ὁ θεὸς ὁ κρίνας αὐτήν

18 20 ὅτι ἔκρινεν ὁ θεὸς τὸ κρίμα ὑμῶν ἐξ αὐτῆς

19 1ᵃˡ ἁλληλουϊά· ἡ σωτηρία καὶ ἡ δόξα καὶ ἡ δύναμις | τοῦ θεοῦ (κυρίῳ τῷ θεῷ ς) ἡμῶν

19 4 οἱ πρεσβύτεροι ... προσεκύνησαν τῷ θεῷ τῷ καθημένῳ ἐπὶ τῷ θρόνῳ λέγοντες

19 5¹ αἰνεῖτε | τῷ θεῷ (τὸν θεὸν ς) ἡμῶν

19 6ᵃᵈˡ ἁλληλουϊά, ὅτι ἐβασίλευσεν κύριος ὁ θεὸς ἡμῶν ([N²⁶H]; —ς) ὁ παντοκράτωρ

19 9 οὗτοι οἱ λόγοι ἀληθινοὶ τοῦ θεοῦ εἰσιν

19 10 τῷ θεῷ προσκύνησον

19 13 κέκληται τὸ ὄνομα αὐτοῦ ὁ λόγος τοῦ θεοῦ

19 15ᵈ αὐτὸς πατεῖ τὴν ληνὸν τοῦ οἴνου τοῦ θυμοῦ τῆς ὀργῆς τοῦ θεοῦ τοῦ παντοκράτορος

19 17ᵖ δεῦτε συνάχθητε εἰς τὸ δεῖπνον | τὸ μέγα τοῦ (τοῦ μεγάλου ς) θεοῦ

20 4 εἶδον ... τὰς ψυχὰς τῶν πεπελεκισμένων ... διὰ τὸν λόγον τοῦ θεοῦ

20 6 ἔσονται ἱερεῖς τοῦ θεοῦ καὶ τοῦ Χριστοῦ

20 9ʳ* κατέβη πῦρ | ἀπὸ τοῦ θεοῦ (+ MVς) ἐκ τοῦ οὐρανοῦ

20 12ʳ* εἶδον τοὺς νεκρούς, τοὺς μεγάλους ... ἑστῶτας ἐνώπιον τοῦ θεοῦ (ς; θρόνου rl)

21 2ʳ Ἰερουσαλὴμ καινὴν εἶδον καταβαίνουσαν ἐκ τοῦ οὐρανοῦ ἀπὸ τοῦ θεοῦ

21 3ᵗ ἰδοὺ ἡ σκηνὴ τοῦ θεοῦ μετὰ τῶν ἀνθρώπων

21 3ʷ αὐτοὶ λαοὶ αὐτοῦ ἔσονται, καὶ αὐτὸς ὁ θεὸς | μετ' αὐτῶν ἔσται (~VSTς), ↔

21 3 | αὐτῶν θεός (+[N²⁶]Bς), ↔

21 4 * καὶ ἐξαλείψει | ὁ θεὸς (+ς) πᾶν δάκρυον ἐκ (ἀπὸ Sς) τῶν ὀφθαλμῶν αὐτῶν

21 7ˢ ὁ νικῶν κληρονομήσει ταῦτα, καὶ ἔσομαι αὐτῷ θεὸς καὶ αὐτὸς ἔσται μοι υἱός

21 10ʳ Ἰερουσαλὴμ καταβαίνουσαν ἐκ τοῦ οὐρανοῦ ἀπὸ τοῦ θεοῦ, ↔

21 11 ἔχουσαν τὴν δόξαν τοῦ θεοῦ

21 22ᵃᵈ ὁ γὰρ κύριος ὁ θεὸς ὁ παντοκράτωρ ναὸς αὐτῆς ἐστιν

21 23 ἡ γὰρ δόξα τοῦ θεοῦ ἐφώτισεν αὐτήν

22 1 ἔδειξέν μοι ποταμὸν ... ἐκπορευόμενον ἐκ τοῦ θρόνου τοῦ θεοῦ καὶ τοῦ ἀρνίου

22 3 ὁ θρόνος τοῦ θεοῦ καὶ τοῦ ἀρνίου ἐν αὐτῇ ἔσται

22 5ᵃ ὅτι [+ὁ S] κύριος ὁ θεὸς φωτίσει (φωτιεῖ MVST; φωτίζει ς) ἐπ' ([VSH]; —ς) αὐτούς

Ap 22 6ᵃᵘ ὁ κύριος ὁ θεὸς τῶν | πνευμάτων τῶν (ἁγίων ς) προφητῶν ἀπέστειλεν τὸν ἄγγελον αὐτοῦ δεῖξαι

22 9 τῷ θεῷ προσκύνησον

22 18 ἐπιθήσει | ὁ θεὸς ἐπ' αὐτὸν (~VST) τὰς [+ἑπτὰ S] πληγάς

22 19 ἀφελεῖ ὁ θεὸς τὸ μέρος αὐτοῦ ἀπὸ τοῦ ξύλου τῆς ζωῆς

θεός, ἡ
→ θεά

Ac 19 37 ἠγάγετε γὰρ τοὺς ἄνδρας τούτους οὔτε ἱεροσύλους οὔτε βλασφημοῦντας τὴν | θεὸν ἡμῶν (θεὰν ὑμ. ς)

θεοσέβεια

1 Tm 2 10 ⟨μὴ ἐν πλέγμασιν⟩ ἀλλ' ὃ πρέπει γυναιξὶν ἐπαγγελλομέναις θεοσέβειαν, δι' ἔργων ἀγαθῶν

θεοσεβής

Jo 9 31 ἐάν τις θεοσεβὴς ᾖ καὶ τὸ θέλημα αὐτοῦ ποιῇ, τούτου ἀκούει

θεοστυγής

Rm 1 30 ⟨παρέδωκεν αὐτοὺς ὁ θεὸς εἰς ἀδόκιμον νοῦν⟩ καταλάλους, θεοστυγεῖς, ὑβριστάς

θεότης

Cl 2 9 ἐν αὐτῷ κατοικεῖ πᾶν τὸ πλήρωμα τῆς θεότητος σωματικῶς

Θεόφιλος

Lc 1 3 ἔδοξε κἀμοὶ παρηκολουθηκότι ἄνωθεν πᾶσιν ἀκριβῶς καθεξῆς σοι γράψαι, κράτιστε Θεόφιλε

Ac 1 1 τὸν μὲν πρῶτον λόγον ἐποιησάμην περὶ πάντων, ὦ Θεόφιλε

θεραπεία

Mt 24 45 * τίς ἄρα ἐστὶν ὁ πιστὸς δοῦλος ... ὃν κατέστησεν ὁ κύριος (+αὐτοῦ Vς) ἐπὶ τῆς θεραπείας (ς; οἰκετείας rl) αὐτοῦ ⟨;⟩

Lc 9 11 τοὺς χρείαν ἔχοντας θεραπείας ἰᾶτο (ἰάσατο S)

12 42 τίς ἄρα ἐστὶν ὁ πιστὸς οἰκονόμος ... ὃν καταστήσει ὁ κύριος ἐπὶ τῆς θεραπείας αὐτοῦ ⟨;⟩

Ap 22 2 ξύλον ζωῆς ... ἀποδιδοῦν (-δοὺς ST) τὸν καρπὸν αὐτοῦ, καὶ τὰ φύλλα τοῦ ξύλου εἰς θεραπείαν τῶν ἐθνῶν

θεραπεύω
ᵃ pass.
ᵇ abs.
ᶜ θ. ἀπό
ᵈ θ. et νόσος

Mt 4 23ᵈ περιῆγεν (+ὁ Ἰησοῦς MVBSς) ... διδάσκων ... καὶ θεραπεύων πᾶσαν νόσον καὶ πᾶσαν μαλακίαν ἐν τῷ λαῷ

4 24ᵈ προσήνεγκαν αὐτῷ πάντας τοὺς κακῶς ἔχοντας ποικίλαις νόσοις ... καὶ ἐθεράπευσεν αὐτούς

8 7 ἐγὼ ἐλθὼν θεραπεύσω αὐτόν

8 16 πάντας τοὺς κακῶς ἔχοντας ἐθεράπευσεν

9 35ᵈ περιῆγεν ὁ Ἰησοῦς ... διδάσκων ... καὶ θεραπεύων πᾶσαν νόσον καὶ πᾶσαν μαλακίαν

10 1ᵈ ἔδωκεν αὐτοῖς ἐξουσίαν ... ὥστε ... θεραπεύειν πᾶσαν νόσον καὶ πᾶσαν μαλακίαν

10 8 ἀσθενοῦντας θεραπεύετε

12 10ᵇ εἰ ἔξεστιν τοῖς σάββασιν θεραπεῦσαι (-εύειν MVBSHς)

12 15 ἐθεράπευσεν αὐτοὺς πάντας

Mt 12 22 ἐθεράπευσεν αὐτόν, ὥστε τὸν
(+τυφλὸν καὶ Vς) κωφὸν λαλεῖν
καὶ βλέπειν

14 14 ἐθεράπευσεν τοὺς ἀρρώστους αὐτῶν

15 30 ἐθεράπευσεν αὐτούς

17 16 οὐκ ἠδυνήθησαν αὐτὸν θεραπεῦσαι

17 18ᵃ ἐθεραπεύθη ὁ παῖς ἀπὸ τῆς ὥρας
ἐκείνης

19 2 ἐθεράπευσεν αὐτοὺς ἐκεῖ

21 14 προσῆλθον αὐτῷ τυφλοὶ καὶ
χωλοὶ ἐν τῷ ἱερῷ, καὶ ἐθεράπευσεν
αὐτούς

Mc 1 34ᵈ ἐθεράπευσεν πολλοὺς κακῶς
ἔχοντας ποικίλαις νόσοις

3 2 παρετήρουν αὐτὸν εἰ (+ἐν BT)
τοῖς σάββασιν θεραπεύσει (-πεύει
T) αὐτόν

3 10 πολλοὺς γὰρ ἐθεράπευσεν

3 15ᵈ * ἔχειν ἐξουσίαν | θεραπεύειν τὰς
νόσους καὶ (+ς) ἐκβάλλειν τὰ
δαιμόνια

6 5ᵇ εἰ μὴ ὀλίγοις ἀρρώστοις ἐπιθεὶς
τὰς χεῖρας ἐθεράπευσεν

6 13 ἤλειφον ἐλαίῳ πολλοὺς ἀρρώστους
καὶ ἐθεράπευον

Lc 4 23 ἰατρέ, θεράπευσον σεαυτόν

4 40ᵈ δὲ ἑνὶ ἑκάστῳ αὐτῶν τὰς χεῖρας
| ἐπιτιθεὶς ἐθεράπευεν (ἐπιθεὶς ἐθε-
ράπευσεν Vς) αὐτούς

5 15ᵃᶜ συνήρχοντο ὄχλοι πολλοὶ ἀκούειν
καὶ θεραπεύεσθαι ἀπὸ τῶν ἀσθε-
νειῶν αὐτῶν

6 7ᵇ παρετηροῦντο δὲ αὐτὸν (—VST)
. . . εἰ ἐν τῷ σαββάτῳ θεραπεύει
(-πεύσει ς)

6 18ᵃᶜ οἱ ἐνοχλούμενοι ἀπὸ (ὑπὸ ς) πνευ-
μάτων ἀκαθάρτων (+καὶ ς) ἐθερα-
πεύοντο

7 21ᶜᵈ ἐν ἐκείνῃ τῇ ὥρᾳ ἐθεράπευσεν
πολλοὺς ἀπὸ νόσων καὶ μαστίγων
καὶ πνευμάτων πονηρῶν

8 2ᵃᶜ γυναῖκές τινες αἳ ἦσαν τεθεραπευ-
μέναι ἀπὸ πνευμάτων πονηρῶν
καὶ ἀσθενειῶν ⟨διηκόνουν αὐτοῖς⟩

8 43ᵃ γυνή . . . ἥτις . . . οὐκ ἴσχυσεν ἀπ'
(ὑπ' Sς) οὐδενὸς θεραπευθῆναι

9 1ᵈ ἔδωκεν αὐτοῖς δύναμιν καὶ ἐξου-
σίαν ἐπὶ πάντα τὰ δαιμόνια καὶ
νόσους θεραπεύειν

9 6ᵇ διήρχοντο . . . εὐαγγελιζόμενοι καὶ
θεραπεύοντες πανταχοῦ

10 9 θεραπεύετε τοὺς ἐν αὐτῇ ἀσθενεῖς

13 14ᵇ ἀγανακτῶν ὅτι τῷ σαββάτῳ ἐθε-
ράπευσεν ὁ Ἰησοῦς

13 14ᵇ ἓξ ἡμέραι εἰσὶν . . . ἐν αὐταῖς οὖν
ἐρχόμενοι θεραπεύεσθε

14 3ᵇ (+εἰ Vς) ἔξεστιν τῷ σαββάτῳ
θεραπεῦσαι (-πεύειν ς) ἢ οὔ;

Jo 5 10ᵃ ἔλεγον οὖν οἱ Ἰουδαῖοι τῷ τεθερα-
πευμένῳ

Ac 4 14ᵃ τόν τε ἄνθρωπον βλέποντες . . .
τὸν τεθεραπευμένον, οὐδὲν εἶχον
ἀντειπεῖν

5 16ᵃ οἵτινες ἐθεραπεύοντο ἅπαντες

8 7ᵃ πολλοὶ δὲ παραλελυμένοι καὶ
χωλοὶ ἐθεραπεύθησαν

17 25ᵃ οὐδὲ ὑπὸ χειρῶν ἀνθρωπίνων
θεραπεύεται προσδεόμενός τινος

28 9ᵃ καὶ [Η] οἱ λοιποὶ οἱ . . . ἔχοντες
ἀσθενείας προσήρχοντο καὶ ἐθερα-
πεύοντο

Ap 13 3ᵃ ἡ πληγὴ τοῦ θανάτου αὐτοῦ
ἐθεραπεύθη

13 12ᵃ οὗ ἐθεραπεύθη ἡ πληγὴ τοῦ
θανάτου αὐτοῦ

θεράπων

Hb 3 5 Μωϋσῆς μὲν πιστὸς . . . ὡς θερά-
πων εἰς μαρτύριον τῶν λαληθησο-
μένων

θερίζω

ᵃ θ. et σπείρω

ᵇ pass.

Mt 6 26ᵃ ἐμβλέψατε εἰς τὰ πετεινὰ . . . ὅτι
οὐ σπείρουσιν οὐδὲ θερίζουσιν

25 24ᵃ ἔγνων σε ὅτι σκληρὸς εἶ ἄνθρωπος,
θερίζων ὅπου οὐκ ἔσπειρας

25 26ᵃ ᾔδεις ὅτι θερίζω ὅπου οὐκ ἔσπει-
ρα ⟨;⟩

Lc 12 24ᵃ κατανοήσατε τοὺς κόρακας, ὅτι
οὐ (N²⁶Hς; οὔτε rl) σπείρουσιν
οὐδὲ (N²⁶Hς; οὔτε rl) θερίζουσιν

19 21ᵃ ὅτι ἄνθρωπος αὐστηρὸς εἶ, αἴρεις
ὃ οὐκ ἔθηκας, καὶ θερίζεις ὃ οὐκ
ἔσπειρας

19 22ᵃ ᾔδεις ὅτι ἐγὼ ἄνθρωπος αὐστηρός
εἰμι . . . θερίζων ὃ οὐκ ἔσπειρα;

Jo 4 36 ⟨ἤδη⟩ ὁ θερίζων μισθὸν λαμβάνει
καὶ συνάγει καρπὸν εἰς ζωὴν αἰώ-
νιον, ↔

4 36ᵃ ἵνα (+καὶ Tς) ὁ σπείρων ὁμοῦ
χαίρῃ καὶ ὁ θερίζων

4 37ᵃ ἄλλος ἐστὶν ὁ σπείρων καὶ ἄλλος
ὁ θερίζων.

4 38 ἐγὼ ἀπέστειλα (-έσταλκα T) ὑμᾶς
θερίζειν ὃ οὐχ ὑμεῖς κεκοπιάκατε

1 C 9 11ᵃ εἰ ἡμεῖς ὑμῖν τὰ πνευματικὰ ἐσπεί-
ραμεν, μέγα εἰ ἡμεῖς ὑμῶν τὰ
σαρκικὰ θερίσομεν;

2 C 9 6ᵃ ὁ σπείρων φειδομένως φειδομένως
καὶ θερίσει, ↔

9 6ᵃ καὶ ὁ σπείρων ἐπ' εὐλογίαις ἐπ'
εὐλογίαις καὶ θερίσει

G 6 7ᵃ ὃ γὰρ ἐὰν σπείρῃ ἄνθρωπος, τοῦτο
καὶ θερίσει·

6 8ᵃ ὅτι ὁ σπείρων εἰς τὴν σάρκα ἑαυ-
τοῦ ἐκ τῆς σαρκὸς θερίσει φθοράν,
↔

6 8ᵃ ὁ δὲ σπείρων εἰς τὸ πνεῦμα ἐκ τοῦ
πνεύματος θερίσει ζωὴν αἰώνιον

6 9 καιρῷ γὰρ ἰδίῳ θερίσομεν μὴ
ἐκλυόμενοι

Jc 5 4 αἱ βοαὶ τῶν θερισάντων εἰς τὰ
ὦτα κυρίου σαβαὼθ εἰσεληλύθα-
σιν (-λυθαν NBTH)

Ap 14 15 πέμψον τὸ δρέπανόν σου καὶ θέρι-
σον, ↔

14 15 ὅτι ἦλθεν (+σοι ς) ἡ ὥρα (+τοῦ
ς) θερίσαι

14 16ᵇ ἐθερίσθη ἡ γῆ

θερισμός

ᵃ εἰς τὸν θερισμόν

ᵇ ἕως τοῦ θερισμοῦ

ᶜ πρὸς θερισμόν

Mt 9 37 ὁ μὲν θερισμὸς πολύς, οἱ δὲ ἐργάται
ὀλίγοι· ↔

9 38 δεήθητε οὖν τοῦ κυρίου τοῦ
θερισμοῦ

9 38ᵃ ὅπως ἐκβάλῃ ἐργάτας εἰς τὸν
θερισμὸν αὐτοῦ

13 30ᵇ ἄφετε συναυξάνεσθαι ἀμφότερα
ἕως (μέχρι MVBSTς) τοῦ θερι-
σμοῦ· ↔

13 30 καὶ ἐν (+τῷ Sς) καιρῷ τοῦ
θερισμοῦ ἐρῶ τοῖς θερισταῖς

13 39 ὁ δὲ θερισμὸς συντέλεια (+τοῦ
Vς) αἰῶνός ἐστιν

Mc 4 29 εὐθὺς ἀποστέλλει τὸ δρέπανον,
ὅτι παρέστηκεν ὁ θερισμός

Lc 10 2 ὁ μὲν θερισμὸς πολύς, οἱ δὲ ἐργάται
ὀλίγοι· ↔

Lc 10 2 δεήθητε οὖν τοῦ κυρίου τοῦ θερι-
σμοῦ ↔

10 2ᵃ ὅπως | ἐργάτας ἐκβάλῃ (~VSς)
εἰς τὸν θερισμὸν αὐτοῦ

Jo 4 35 ἔτι τετράμηνός ἐστιν καὶ ὁ θερισμὸς
ἔρχεται

4 35ᶜ θεάσασθε τὰς χώρας, ὅτι λευκαί
εἰσιν πρὸς θερισμόν

Ap 14 15 ὅτι ἦλθεν ἡ ὥρα θερίσαι, ὅτι
ἐξηράνθη ὁ θερισμὸς τῆς γῆς

θεριστής

Mt 13 30 ἐν (+τῷ Sς) καιρῷ τοῦ θερι-
σμοῦ ἐρῶ τοῖς θερισταῖς

13 39 οἱ δὲ θερισταὶ ἄγγελοί εἰσιν

θερμαίνομαι

Mc 14 54 ὁ Πέτρος . . . ἦν συγκαθήμενος
μετὰ τῶν ὑπηρετῶν καὶ θερμαινό-
μενος πρὸς τὸ φῶς

14 67 ἰδοῦσα τὸν Πέτρον θερμαινόμενον
ἐμβλέψασα αὐτῷ λέγει

Jo 18 18 εἱστήκεισαν δὲ οἱ δοῦλοι καὶ οἱ
ὑπηρέται ἀνθρακιὰν πεποιηκότες
. . . καὶ ἐθερμαίνοντο· ↔

18 18 ἦν δὲ καὶ ὁ Πέτρος μετ' αὐτῶν
ἑστὼς καὶ θερμαινόμενος

18 25 ἦν δὲ Σίμων Πέτρος ἑστὼς καὶ θερ-
μαινόμενος

Jc 2 16 ὑπάγετε ἐν εἰρήνῃ, θερμαίνεσθε
καὶ χορτάζεσθε

θέρμη

Ac 28 3 ἔχιδνα ἀπὸ (ἐκ ς) τῆς θέρμης ἐξελ-
θοῦσα καθῆψεν τῆς χειρὸς αὐτοῦ

θέρος

Mt 24 32 ὅταν . . . τὰ φύλλα ἐκφύῃ, γινώ-
σκετε ὅτι ἐγγὺς τὸ θέρος

Mc 13 28 ὅταν . . . ἐκφύῃ τὰ φύλλα, γινώ-
σκετε ὅτι ἐγγὺς τὸ θέρος ἐστίν

Lc 21 30 ὅταν προβάλωσιν ἤδη . . . γινώ-
σκετε ὅτι ἤδη ἐγγὺς τὸ θέρος ἐστίν

Θεσσαλονικεύς

Ac 20 4 συνείπετο δὲ αὐτῷ (+ἄχρι τῆς
Ἀσίας MVBSς) Σώπατρος . . .
Θεσσαλονικέων δὲ Ἀρίσταρχος
καὶ Σεκοῦνδος

27 2 ὄντος σὺν ἡμῖν Ἀριστάρχου Μακε-
δόνος Θεσσαλονικέως

1Th 1 1 Παῦλος . . . τῇ ἐκκλησίᾳ Θεσσα-
λονικέων ἐν θεῷ πατρὶ καὶ κυρίῳ
Ἰησοῦ Χριστῷ

2Th 1 1 Παῦλος . . . τῇ ἐκκλησίᾳ Θεσ-
σαλονικέων ἐν θεῷ πατρὶ ἡμῶν καὶ
κυρίῳ Ἰησοῦ Χριστῷ

Θεσσαλονίκη

Ac 17 1 διοδεύσαντες δὲ τὴν Ἀμφίπολιν
καὶ τὴν Ἀπολλωνίαν ἦλθον εἰς
Θεσσαλονίκην

17 11 οὗτοι δὲ ἦσαν εὐγενέστεροι τῶν ἐν
Θεσσαλονίκῃ

17 13 ὡς δὲ ἔγνωσαν οἱ ἀπὸ τῆς Θεσσα-
λονίκης Ἰουδαῖοι

Ph 4 16 ὅτι καὶ ἐν Θεσσαλονίκῃ καὶ ἅπαξ
καὶ δὶς εἰς τὴν χρείαν μοι ἐπέμψατε

2Tm 4 10 Δημᾶς γάρ με ἐγκατέλιπεν (-λειπεν
SH) . . . καὶ ἐπορεύθη εἰς Θεσσα-
λονίκην

Θευδᾶς

Ac 5 36 πρὸ γὰρ τούτων τῶν ἡμερῶν
ἀνέστη Θευδᾶς, λέγων εἶναί τινα
ἑαυτόν

θεωρέω

ἀνα- παρα-

ᵃ θ. ὅτι

ᵇ θ. et interrog. indirecta

ᶜ abs.

Mt 27 55c ἦσαν δὲ ἐκεῖ γυναῖκες πολλαὶ ἀπὸ μακρόθεν θεωροῦσαι

28 1 ἦλθεν Μαριὰμ ἡ Μαγδαληνὴ καὶ ἡ ἄλλη Μαρία θεωρῆσαι τὸν τάφον

Mc 3 11 τὰ πνεύματα τὰ ἀκάθαρτα, ὅταν αὐτὸν ἐθεώρουν (-ρει Vς), προσέπιπτον (-τεν Vς) αὐτῷ

5 15 θεωροῦσιν τὸν δαιμονιζόμενον καθήμενον ἱματισμένον καὶ σωφρονοῦντα

5 38 θεωρεῖ θόρυβον, καὶ κλαίοντας καὶ ἀλαλάζοντας πολλά

12 41b ἐθεώρει πῶς ὁ ὄχλος βάλλει χαλκὸν εἰς τὸ γαζοφυλάκιον

15 40c ἦσαν δὲ καὶ γυναῖκες ἀπὸ μακρόθεν θεωροῦσαι

15 47b ἡ δὲ Μαρία ἡ Μαγδαληνὴ καὶ Μαρία ἡ Ἰωσῆτος ἐθεώρουν ποῦ τέθειται

16 4a ἀναβλέψασαι θεωροῦσιν ὅτι ἀποκεκύλισται (N26Vς; ἀνα- rl) ὁ λίθος

Lc 10 18 ἐθεώρουν τὸν σατανᾶν ὡς ἀστραπὴν ἐκ τοῦ οὐρανοῦ πεσόντα

14 29c ἵνα μήποτε ... πάντες οἱ θεωροῦντες ἄρξωνται αὐτῷ ἐμπαίζειν

21 6 ταῦτα ἃ θεωρεῖτε, ἐλεύσονται ἡμέραι ἐν αἷς οὐκ ἀφεθήσεται λίθος

23 35c εἱστήκει ὁ λαὸς θεωρῶν

23 48 πάντες οἱ συμπαραγενόμενοι ὄχλοι ἐπὶ τὴν θεωρίαν ταύτην, θεωρήσαντες (θεωροῦντες ς) τὰ γενόμενα

24 37 πτοηθέντες δὲ καὶ ἔμφοβοι γενόμενοι ἐδόκουν πνεῦμα θεωρεῖν

24 39 ἴδετε, ὅτι πνεῦμα σάρκα (-ας T) καὶ ὀστέα οὐκ ἔχει καθὼς ἐμὲ θεωρεῖτε ἔχοντα

Jo 2 23 πολλοὶ ἐπίστευσαν εἰς τὸ ὄνομα αὐτοῦ, θεωροῦντες αὐτοῦ τὰ σημεῖα ἃ ἐποίει

4 19a κύριε, θεωρῶ ὅτι προφήτης εἶ σύ

6 2 ἠκολούθει δὲ αὐτῷ ὄχλος πολύς, ὅτι ἐθεώρουν (ἑώρων NVTς) τὰ σημεῖα ἃ ἐποίει ἐπὶ τῶν ἀσθενούντων

6 19 ἐληλακότες ... θεωροῦσιν τὸν Ἰησοῦν περιπατοῦντα ἐπὶ τῆς θαλάσσης

6 40 ἵνα πᾶς ὁ θεωρῶν τὸν υἱὸν καὶ πιστεύων εἰς αὐτὸν ἔχῃ ζωὴν αἰώνιον

6 62 ἐὰν οὖν θεωρῆτε τὸν υἱὸν τοῦ ἀνθρώπου ἀναβαίνοντα ὅπου ἦν τὸ πρότερον;

7 3 ἵνα καὶ οἱ μαθηταί σου θεωρήσουσιν (-σωσιν VSς) ‖ σοῦ [H] τὰ ἔργα (N26H; ~rl) ἃ ποιεῖς

8 51 θάνατον οὐ μὴ θεωρήσῃ εἰς τὸν αἰῶνα

9 8a οἱ οὖν γείτονες καὶ οἱ θεωροῦντες αὐτὸν τὸ πρότερον, ὅτι προσαίτης ἦν, ἔλεγον

10 12 ὁ μισθωτὸς ... θεωρεῖ τὸν λύκον ἐρχόμενον καὶ ἀφίησιν τὰ πρόβατα

12 19a θεωρεῖτε ὅτι οὐκ ὠφελεῖτε οὐδέν

12 45 ὁ θεωρῶν ἐμὲ ↔

12 45 θεωρεῖ τὸν πέμψαντά με

14 17 τὸ πνεῦμα ... ὃ ὁ κόσμος οὐ δύναται λαβεῖν, ὅτι οὐ θεωρεῖ αὐτὸ οὐδὲ γινώσκει (+αὐτό [M]VSTς)

14 19 ἔτι μικρὸν καὶ ὁ κόσμος με οὐκέτι

14 19 ὑμεῖς δὲ θεωρεῖτέ με

16 10 ὅτι πρὸς τὸν πατέρα (+μου Sς) ὑπάγω καὶ οὐκέτι θεωρεῖτέ με

Jo 16 16 μικρὸν καὶ οὐκέτι (οὐ Vς) θεωρεῖτέ με, καὶ πάλιν μικρὸν καὶ ὄψεσθέ με

16 17 μικρὸν καὶ οὐ θεωρεῖτέ με, καὶ πάλιν μικρὸν καὶ ὄψεσθέ με

16 19 μικρὸν καὶ οὐ θεωρεῖτέ με, καὶ πάλιν μικρὸν καὶ ὄψεσθέ με

17 24 ἵνα θεωρῶσιν τὴν δόξαν τὴν ἐμήν

20 6 θεωρεῖ τὰ ὀθόνια κείμενα

20 12 θεωρεῖ δύο ἀγγέλους ἐν λευκοῖς καθεζομένους

20 14 ἐστράφη ... καὶ θεωρεῖ τὸν Ἰησοῦν ἑστῶτα

Ac 3 16 τοῦτον, ὃν θεωρεῖτε καὶ οἴδατε

4 13 θεωροῦντες δὲ τὴν τοῦ Πέτρου παρρησίαν καὶ Ἰωάννου ... ἐθαύμαζον

7 56 ἰδοὺ θεωρῶ τοὺς οὐρανοὺς διηνοιγμένους

8 13 ὁ δὲ Σίμων ... θεωρῶν τε σημεῖα καὶ δυνάμεις μεγάλας γινομένας ἐξίστατο

9 7 εἱστήκεισαν ἐνεοί, ἀκούοντες μὲν τῆς φωνῆς, μηδένα δὲ θεωροῦντες

10 11 θεωρεῖ τὸν οὐρανὸν ἀνεῳγμένον

17 16 παρωξύνετο τὸ πνεῦμα αὐτοῦ ἐν αὐτῷ θεωροῦντος (-ντι ς) κατείδωλον οὖσαν τὴν πόλιν

17 22 ἄνδρες Ἀθηναῖοι, κατὰ πάντα ὡς δεισιδαιμονεστέρους ὑμᾶς θεωρῶ

19 26a θεωρεῖτε καὶ ἀκούετε ὅτι ... ὁ Παῦλος οὗτος πείσας μετέστησεν ἱκανὸν ὄχλον

20 38 ὅτι οὐκέτι μέλλουσιν τὸ πρόσωπον αὐτοῦ θεωρεῖν

21 20b θεωρεῖς, ἀδελφέ, πόσαι μυριάδες εἰσὶν ‖ ἐν τοῖς Ἰουδαίοις (Ἰουδαίων Vς; —T) τῶν πεπιστευκότων

25 24 θεωρεῖτε τοῦτον περὶ οὗ ἅπαν τὸ πλῆθος τῶν Ἰουδαίων ἐνέτυχόν (-χέν H) μοι

27 10a θεωρῶ ὅτι μετὰ ὕβρεως ... μέλλειν ἔσεσθαι τὸν πλοῦν

28 6 ἐπὶ πολὺ δὲ αὐτῶν προσδοκώντων καὶ θεωρούντων μηδὲν ἄτοπον εἰς αὐτὸν γινόμενον

Hb 7 4b θεωρεῖτε δὲ πηλίκος οὗτος

1 Jo 3 17 ὃς δ’ ἂν ... θεωρῇ τὸν ἀδελφὸν αὐτοῦ χρείαν ἔχοντα καὶ κλείσῃ τὰ σπλάγχνα αὐτοῦ ἀπ’ αὐτοῦ

Ap 11 11 φόβος μέγας ἐπέπεσεν (ἔπεσεν BSς) ἐπὶ τοὺς θεωροῦντας αὐτούς

11 12 ἐθεώρησαν αὐτοὺς οἱ ἐχθροὶ αὐτῶν

θεωρία

Lc 23 48 πάντες οἱ συμπαραγενόμενοι ὄχλοι ἐπὶ τὴν θεωρίαν ταύτην, θεωρήσαντες τὰ γενόμενα

θήκη

Jo 18 11 βάλε τὴν μάχαιραν εἰς τὴν θήκην

θηλάζω

Mt 21 16 ἐκ στόματος νηπίων καὶ θηλαζόντων κατηρτίσω αἶνον

24 19 οὐαὶ δὲ ταῖς ἐν γαστρὶ ἐχούσαις καὶ ταῖς θηλαζούσαις ἐν ἐκείναις ταῖς ἡμέραις

Mc 13 17 οὐαὶ δὲ ταῖς ἐν γαστρὶ ἐχούσαις καὶ ταῖς θηλαζούσαις ἐν ἐκείναις ταῖς ἡμέραις

Lc 11 27 μακαρία ἡ κοιλία ἡ βαστάσασά σε καὶ μαστοὶ οὓς ἐθήλασας

21 23 οὐαὶ (+δὲ Vς) ταῖς ἐν γαστρὶ ἐχούσαις καὶ ταῖς θηλαζούσαις ἐν ἐκείναις ταῖς ἡμέραις

23 29 *μακάριαι αἱ στεῖραι...καὶ μαστοὶ οἳ οὐκ ἔθήλασαν (Vς; ἔθρεψαν rl)

θῆλυς

Mt 19 4 οὐκ ἀνέγνωτε ὅτι ὁ κτίσας (ποιήσας VTς) ἀπ’ ἀρχῆς ἄρσεν καὶ θῆλυ ἐποίησεν αὐτούς;

Mc 10 6 ἀπὸ δὲ ἀρχῆς κτίσεως ἄρσεν καὶ θῆλυ ἐποίησεν αὐτοὺς [H] (+ὁ θεός MVSς)

Rm 1 26 αἵ τε γὰρ θήλειαι αὐτῶν μετήλλαξαν τὴν φυσικὴν χρῆσιν εἰς τὴν παρὰ φύσιν, ↔

1 27 ὁμοίως τε καὶ οἱ ἄρσενες ἀφέντες τὴν φυσικὴν χρῆσιν τῆς θηλείας ἐξεκαύθησαν ἐν τῇ ὀρέξει αὐτῶν εἰς ἀλλήλους

G 3 28 οὐκ ἔνι δοῦλος οὐδὲ ἐλεύθερος, οὐκ ἔνι ἄρσεν καὶ θῆλυ

θήρα

Rm 11 9 γενηθήτω ἡ τράπεζα αὐτῶν εἰς παγίδα καὶ εἰς θήραν

θηρεύω

Lc 11 54 ἐνεδρεύοντες αὐτὸν (—T) (+ζητοῦντες Vς) θηρεῦσαί τι ἐκ τοῦ στόματος αὐτοῦ

θηριομαχέω

1 C 15 32 εἰ κατὰ ἄνθρωπον ἐθηριομάχησα ἐν Ἐφέσῳ, τί μοι τὸ ὄφελος;

θηρίον

a de hominibus

Mc 1 13 ἦν μετὰ τῶν θηρίων

Ac 10 12 * ἐν ᾧ ὑπῆρχεν πάντα τὰ τετράποδα ‖ καὶ τὰ θηρία (+ς) καὶ ἑρπετὰ τῆς γῆς καὶ πετεινὰ τοῦ οὐρανοῦ

11 6 εἶδον τὰ τετράποδα τῆς γῆς καὶ τὰ θηρία καὶ τὰ ἑρπετὰ καὶ τὰ πετεινὰ τοῦ οὐρανοῦ

28 4 ὡς δὲ εἶδον οἱ βάρβαροι κρεμάμενον τὸ θηρίον ἐκ τῆς χειρὸς αὐτοῦ

28 5 ὁ μὲν οὖν ἀποτινάξας τὸ θηρίον εἰς τὸ πῦρ ἔπαθεν οὐδὲν κακόν

Tt 1 12a Κρῆτες ἀεὶ ψεῦσται, κακὰ θηρία, γαστέρες ἀργαί

Hb 12 20 κἂν θηρίον θίγῃ τοῦ ὄρους, λιθοβοληθήσεται

Jc 3 7 πᾶσα γὰρ φύσις θηρίων τε καὶ πετεινῶν, ἑρπετῶν τε καὶ ἐναλίων δαμάζεται

Ap 6 8 ἀποκτεῖναι ... ἐν θανάτῳ καὶ ὑπὸ τῶν θηρίων τῆς γῆς

11 7 τὸ θηρίον τὸ ἀναβαῖνον ἐκ τῆς ἀβύσσου ποιήσει μετ’ αὐτῶν πόλεμον

13 1 εἶδον ἐκ τῆς θαλάσσης θηρίον ἀναβαῖνον

13 2 τὸ θηρίον ὃ εἶδον ἦν ὅμοιον παρδάλει

13 3 ἐθαυμάσθη (-μασεν MVBST) ὅλη ἡ γῆ ὀπίσω τοῦ θηρίου, ↔

13 4 καὶ προσεκύνησαν ‖ τῷ δράκοντι, ὅτι ἔδωκεν τὴν ἐξουσίαν τῷ θηρίῳ (—B ..), ↔

13 4 ‖ καὶ προσεκύνησαν (. . —B) ‖ τῷ θηρίῳ (τὸ θηρίον ς) λέγοντες· τίς ὅμοιος τῷ θηρίῳ ⟨;⟩

13 11 εἶδον ἄλλο θηρίον ἀναβαῖνον ἐκ τῆς γῆς

13 12 τὴν ἐξουσίαν τοῦ πρώτου θηρίου πᾶσαν ποιεῖ ἐνώπιον αὐτοῦ. ↔

13 12 καὶ ποιεῖ τὴν γῆν ... ἵνα προσκυνήσουσιν (-σωσιν VSς) τὸ θηρίον τὸ πρῶτον

13 14 διὰ τὰ σημεῖα ἃ ἐδόθη αὐτῷ ποιῆσαι ἐνώπιον τοῦ θηρίου, ↔

13 14 λέγων τοῖς κατοικοῦσιν ἐπὶ τῆς γῆς ποιῆσαι εἰκόνα τῷ θηρίῳ

Ap 13 15 ἐδόθη αὐτῷ (-τῇ H) δοῦναι
πνεῦμα τῇ εἰκόνι τοῦ θηρίου, ↔
13 15 ἵνα καὶ λαλήσῃ ἡ εἰκὼν τοῦ θηρίου,
↔
13 15 καὶ ποιήσῃ ἵνα ([N²⁶NMVSH];
—Tς) ὅσοι ἐὰν μὴ προσκυνήσω-
σιν (-σουσιν T) τῇ εἰκόνι τοῦ
θηρίου (+ἵνα ς) ἀποκτανθῶσιν
13 17 ἵνα μή τις δύνηται ἀγοράσαι . . .
εἰ μὴ ὁ ἔχων τὸ χάραγμα τὸ ὄνο-
μα τοῦ θηρίου
13 18 ὁ ἔχων νοῦν ψηφισάτω τὸν ἀριθ-
μὸν τοῦ θηρίου
14 9 εἴ τις προσκυνεῖ τὸ θηρίον καὶ τὴν
εἰκόνα αὐτοῦ
14 11 οὐκ ἔχουσιν ἀνάπαυσιν ἡμέρας
καὶ νυκτὸς οἱ προσκυνοῦντες τὸ
θηρίον καὶ τὴν εἰκόνα αὐτοῦ
15 2 εἶδον ὡς θάλασσαν ὑαλίνην . . .
καὶ τοὺς νικῶντας ἐκ τοῦ θηρίου
καὶ ἐκ τῆς εἰκόνος αὐτοῦ
16 2 ἐπὶ τοὺς ἀνθρώπους τοὺς ἔχοντας
τὸ χάραγμα τοῦ θηρίου
16 10 ὁ πέμπτος ἐξέχεεν τὴν φιάλην αὐ-
τοῦ ἐπὶ τὸν θρόνον τοῦ θηρίου
16 13 εἶδον . . . ἐκ τοῦ στόματος τοῦ θη-
ρίου . . . πνεύματα τρία ἀκάθαρτα
17 3 εἶδον γυναῖκα καθημένην ἐπὶ θη-
ρίον κόκκινον
17 7 ἐγὼ | ἐρῶ σοι (~STς) τὸ μυστή-
ριον τῆς γυναικὸς καὶ τοῦ θηρίου
τοῦ βαστάζοντος αὐτήν
17 8 τὸ (—ς) θηρίον ὃ εἶδες ἦν καὶ οὐκ
ἔστιν
17 8 βλεπόντων τὸ θηρίον ὅτι ἦν καὶ
οὐκ ἔστιν καὶ παρέσται
17 11 τὸ θηρίον ὃ ἦν καὶ οὐκ ἔστιν, καὶ
αὐτὸς ὄγδοός ἐστιν
17 12 ἐξουσίαν ὡς βασιλεῖς μίαν ὥραν
λαμβάνουσιν μετὰ τοῦ θηρίου
17 13 τὴν δύναμιν καὶ (+τὴν [M]STς)
ἐξουσίαν αὐτῶν τῷ θηρίῳ διδόασιν
17 16 τὰ δέκα κέρατα ἃ εἶδες καὶ (ἐπὶ ς)
τὸ θηρίον, οὗτοι μισήσουσιν τὴν
πόρνην
17 17 ὁ γὰρ θεὸς ἔδωκεν εἰς τὰς καρδίας
αὐτῶν . . . δοῦναι τὴν βασιλείαν
αὐτῶν τῷ θηρίῳ
18 2 Βαβυλὼν . . . ἐγένετο . . . | καὶ
φυλακὴ παντὸς θηρίου ἀκαθάρτου
(+[N²⁶]M)
19 19 εἶδον τὸ θηρίον καὶ τοὺς βασιλεῖς
τῆς γῆς
19 20 ἐπιάσθη τὸ θηρίον
19 20 ἐν οἷς ἐπλάνησεν τοὺς λαβόντας
τὸ χάραγμα τοῦ θηρίου
20 4 οἵτινες οὐ προσεκύνησαν | τὸ
θηρίον οὐδὲ τὴν εἰκόνα (τῷ θηρίῳ
οὔτε τῇ εἰκόνι ς) αὐτοῦ
20 10 εἰς τὴν λίμνην τοῦ πυρὸς καὶ (+
τοῦ BT) θείου, ὅπου καὶ τὸ θηρίον
καὶ ὁ ψευδοπροφήτης

θησαυρίζω
ἀπο-
a θ. θησαυρούς
b pass.
Mt 6 19ᵃμὴ θησαυρίζετε ὑμῖν θησαυροὺς
ἐπὶ τῆς γῆς
6 20ᵃθησαυρίζετε δὲ ὑμῖν θησαυροὺς ἐν
οὐρανῷ
Lc 12 21 ‖ οὕτως ὁ θησαυρίζων ἑαυτῷ (αὐ-
τῷ T) καὶ μὴ εἰς θεὸν πλουτῶν [[H]]
Rm 2 5 κατὰ δὲ τὴν σκληρότητά σου . . .
θησαυρίζεις σεαυτῷ ὀργὴν ἐν ἡμέ-
ρᾳ ὀργῆς

1 C 16 2 κατὰ μίαν σαββάτου ἕκαστος ὑμῶν
παρ' ἑαυτῷ τιθέτω θησαυρίζων
ὅ τι ἐὰν (ἂν VBSTς) εὐοδῶται
(-δωθῇ S)
2 C 12 14 οὐ γὰρ ὀφείλει τὰ τέκνα τοῖς
γονεῦσιν θησαυρίζειν
Jc 5 3 ἐθησαυρίσατε ἐν ἐσχάταις ἡμέραις
2 Pt 3 7ᵇοἱ δὲ νῦν οὐρανοὶ καὶ ἡ γῆ τῷ
αὐτῷ λόγῳ τεθησαυρισμένοι εἰσίν

θησαυρός
a plur.
Mt 2 11ᵃἀνοίξαντες τοὺς θησαυροὺς αὐτῶν
προσήνεγκαν αὐτῷ δῶρα
6 19ᵃμὴ θησαυρίζετε ὑμῖν θησαυροὺς
ἐπὶ τῆς γῆς
6 20ᵃθησαυρίζετε δὲ ὑμῖν θησαυροὺς
ἐν οὐρανῷ
6 21 ὅπου γάρ ἐστιν ὁ θησαυρός σου,
ἐκεῖ ἔσται καὶ [H] ἡ καρδία σου
12 35 ὁ ἀγαθὸς ἄνθρωπος ἐκ τοῦ ἀγα-
θοῦ θησαυροῦ (+τῆς καρδίας ς)
ἐκβάλλει (+τὰ STς) ἀγαθά, ↔
12 35 καὶ ὁ πονηρὸς ἄνθρωπος ἐκ τοῦ
πονηροῦ θησαυροῦ ἐκβάλλει πο-
νηρά
13 44 ὁμοία ἐστὶν ἡ βασιλεία τῶν οὐρα-
νῶν θησαυρῷ κεκρυμμένῳ ἐν τῷ
ἀγρῷ
13 52 ἀνθρώπῳ οἰκοδεσπότῃ, ὅστις
ἐκβάλλει ἐκ τοῦ θησαυροῦ αὐτοῦ
καινὰ καὶ παλαιά
19 21 ἕξεις θησαυρὸν ἐν οὐρανοῖς (οὐρα-
νῷ MVSTς)
Mc 10 21 ἕξεις θησαυρὸν ἐν οὐρανῷ
Lc 6 45 ὁ ἀγαθὸς ἄνθρωπος ἐκ τοῦ ἀγαθοῦ
θησαυροῦ τῆς καρδίας (+αὐτοῦ
MVB[S]ς) προφέρει τὸ ἀγαθόν, ↔
6 45 * ὁ πονηρὸς (+ἄνθρωπος ς)
ἐκ τοῦ πονηροῦ | θησαυροῦ τῆς
καρδίας αὐτοῦ (+ς) προφέρει τὸ
πονηρόν
12 33 ποιήσατε ἑαυτοῖς . . . θησαυρὸν
ἀνέκλειπτον ἐν τοῖς οὐρανοῖς
12 34 ὅπου γάρ ἐστιν ὁ θησαυρὸς ὑμῶν,
ἐκεῖ καὶ ἡ καρδία ὑμῶν ἔσται
18 22 ἕξεις θησαυρὸν ἐν τοῖς (+[N²⁶NH]
M) οὐρανοῖς (-ῷ ς)
2 C 4 7 ἔχομεν δὲ τὸν θησαυρὸν τοῦτον ἐν
ὀστρακίνοις σκεύεσιν
Cl 2 3ᵃ⟨Χριστοῦ⟩ ἐν ᾧ εἰσιν πάντες οἱ
θησαυροὶ τῆς σοφίας καὶ γνώσεως
ἀπόκρυφοι
Hb 11 26ᵃ⟨Μωϋσῆς⟩ μείζονα πλοῦτον ἡγη-
σάμενος τῶν Αἰγύπτου θησαυρῶν
τὸν ὀνειδισμὸν τοῦ Χριστοῦ

θιγγάνω
Cl 2 21 μὴ ἅψῃ μηδὲ γεύσῃ μηδὲ θίγῃς
Hb 11 28 ἵνα μὴ ὁ ὀλοθρεύων τὰ πρωτό-
τοκα θίγῃ αὐτῶν
12 20 κἂν θηρίον θίγῃ τοῦ ὄρους, λιθο-
βοληθήσεται

θλίβω
ἀπο-   συν-
a act.
Mt 7 14 τί (ὅτι NBTHς) στενὴ | ἡ πύλη
[T] καὶ τεθλιμμένη ἡ ὁδὸς ἡ
ἀπάγουσα εἰς τὴν ζωήν
Mc 3 9ᵃἵνα πλοιάριον προσκαρτερῇ αὐτῷ
διὰ τὸν ὄχλον, ἵνα μὴ θλίβωσιν
αὐτόν
2 C 1 6 εἴτε δὲ θλιβόμεθα, ὑπὲρ τῆς ὑμῶν
παρακλήσεως καὶ σωτηρίας
4 8 ἐν παντὶ θλιβόμενοι ἀλλ' οὐ στενο-
χωρούμενοι

2 C 7 5 οὐδεμίαν ἔσχηκεν ἄνεσιν ἡ σὰρξ
ἡμῶν, ἀλλ' ἐν παντὶ θλιβόμενοι
1 Th 3 4 προελέγομεν ὑμῖν ὅτι μέλλομεν
θλίβεσθαι
2 Th 1 6ᵃεἴπερ δίκαιον παρὰ θεῷ ἀνταπο-
δοῦναι τοῖς θλίβουσιν ὑμᾶς θλῖ-
ψιν ↔
1 7 καὶ ὑμῖν τοῖς θλιβομένοις ἄνεσιν
μεθ' ἡμῶν
1 Tm 5 10 ⟨χήρα καταλεγέσθω⟩ ἐν ἔργοις
καλοῖς μαρτυρουμένη . . . εἰ θλι-
βομένοις ἐπήρκεσεν
Hb 11 37 περιῆλθον . . . ἐν αἰγείοις δέρμασιν,
ὑστερούμενοι, θλιβόμενοι, κακου-
χούμενοι

θλῖψις
θλῖψις (V)STH
a plur.
b θ. πολλή, πᾶσα
c θ. μεγάλη
d θ. et διωγμός
e εἰς θλῖψιν
f θλῖψιν ἔχω
Mt 13 21ᵈγενομένης δὲ θλίψεως ἢ διωγμοῦ
διὰ τὸν λόγον εὐθὺς σκανδαλίζεται
24 9ᵉτότε παραδώσουσιν ὑμᾶς εἰς θλῖ-
ψιν καὶ ἀποκτενοῦσιν ὑμᾶς
24 21ᶜἔσται γὰρ τότε θλῖψις μεγάλη
24 29 εὐθέως δὲ μετὰ τὴν θλῖψιν τῶν
ἡμερῶν ἐκείνων ὁ ἥλιος σκοτισθή-
σεται
Mc 4 17ᵈεἶτα γενομένης θλίψεως ἢ διωγμοῦ
διὰ τὸν λόγον εὐθὺς σκανδαλίζον-
ται
13 19 ἔσονται γὰρ αἱ ἡμέραι ἐκεῖναι
θλῖψις
13 24 ἐν ἐκείναις ταῖς ἡμέραις μετὰ τὴν
θλῖψιν ἐκείνην ὁ ἥλιος σκοτι-
σθήσεται
Jo 16 21 οὐκέτι μνημονεύει τῆς θλίψεως διὰ
τὴν χαράν
16 33ᶠἐν τῷ κόσμῳ θλῖψιν ἔχετε ἀλλὰ
θαρσεῖτε
Ac 7 10ᵃᵇἐξείλατο αὐτὸν ἐκ πασῶν τῶν
θλίψεων αὐτοῦ
7 11ᶜἦλθεν δὲ λιμὸς ἐφ' ὅλην τὴν Αἴ-
γυπτον (γῆν Αἰγύπτου Sς) . . .
καὶ θλῖψις μεγάλη
11 19 οἱ μὲν οὖν διασπαρέντες ἀπὸ τῆς
θλίψεως τῆς γενομένης ἐπὶ Στεφά-
νῳ διῆλθον ἕως Φοινίκης
14 22ᵃᵇδιὰ πολλῶν θλίψεων δεῖ ἡμᾶς εἰσ-
ελθεῖν εἰς τὴν βασιλείαν τοῦ θεοῦ
20 23ᵃδεσμὰ καὶ θλίψεις με μένουσιν
Rm 2 9 θλῖψις καὶ στενοχωρία ἐπὶ πᾶσαν
ψυχὴν ἀνθρώπου τοῦ κατεργα-
ζομένου τὸ κακόν
5 3ᵃοὐ μόνον δέ, ἀλλὰ καὶ καυχώμεθα
ἐν ταῖς θλίψεσιν, ↔
5 3 εἰδότες ὅτι ἡ θλῖψις ὑπομονὴν
κατεργάζεται
8 35ᵈτίς ἡμᾶς χωρίσει ἀπὸ τῆς ἀγάπης
τοῦ Χριστοῦ; θλῖψις ἢ στενοχωρία
ἢ διωγμός ⟨;⟩
12 12 τῇ ἐλπίδι χαίροντες, τῇ θλίψει
ὑπομένοντες
1 C 7 28ᶠθλῖψιν δὲ τῇ σαρκὶ ἕξουσιν οἱ
τοιοῦτοι
2 C 1 4ᵇ⟨ὁ θεὸς⟩ ὁ παρακαλῶν ἡμᾶς ἐπὶ
πάσῃ τῇ θλίψει ἡμῶν, ↔
1 4ᵇεἰς τὸ δύνασθαι ἡμᾶς παρακαλεῖν
τοὺς ἐν πάσῃ θλίψει διὰ τῆς παρα-
κλήσεως
1 8 οὐ γὰρ θέλομεν ὑμᾶς ἀγνοεῖν,
ἀδελφοί, ὑπὲρ (περὶ BST) τῆς

θλίψεως ἡμῶν τῆς γενομένης ἐν τῇ Ἀσίᾳ

2 C 2 4ᵇἐκ γὰρ πολλῆς θλίψεως καὶ συνοχῆς καρδίας ἔγραψα ὑμῖν

4 17 τὸ γὰρ παραυτίκα ἐλαφρὸν τῆς θλίψεως ἡμῶν (—NH) . . . αἰώνιον βάρος δόξης κατεργάζεται ἡμῖν

6 4ᵃἐν παντὶ συνιστάντες (N²⁶T; -στῶντες ς; -στάνοντες rl) ἑαυτοὺς ὡς θεοῦ διάκονοι, ἐν ὑπομονῇ πολλῇ, ἐν θλίψεσιν, ἐν ἀνάγκαις

7 4ᵇὑπερπερισσεύομαι τῇ χαρᾷ ἐπὶ πάσῃ τῇ θλίψει ἡμῶν

8 2 ἐν πολλῇ δοκιμῇ θλίψεως ἡ περισσεία τῆς χαρᾶς αὐτῶν . . . ἐπερίσσευσεν

8 13 οὐ γὰρ ἵνα ἄλλοις ἄνεσις, ὑμῖν (+δὲ [VS]ς) θλῖψις, ἀλλ' ἐξ ἰσότητος

E 3 13ᵃδιὸ αἰτοῦμαι μὴ ἐγκακεῖν ἐν ταῖς θλίψεσίν μου ὑπὲρ ὑμῶν

Ph 1 17 ἐξ ἐριθείας τὸν Χριστὸν καταγγέλλουσιν . . . οἰόμενοι θλῖψιν ἐγείρειν τοῖς δεσμοῖς μου

4 14 πλὴν καλῶς ἐποιήσατε συγκοινωνήσαντές μου τῇ θλίψει

Cl 1 24ᵃἀνταναπληρῶ τὰ ὑστερήματα τῶν θλίψεων τοῦ Χριστοῦ ἐν τῇ σαρκί μου

1 Th 1 6ᵇδεξάμενοι τὸν λόγον ἐν θλίψει πολλῇ μετὰ χαρᾶς πνεύματος ἁγίου

3 3ᵃτὸ μηδένα σαίνεσθαι ἐν ταῖς θλίψεσιν ταύταις

3 7ᵇδιὰ τοῦτο παρεκλήθημεν, ἀδελφοί, ἐφ' ὑμῖν ἐπὶ πάσῃ τῇ ἀνάγκῃ καὶ θλίψει ἡμῶν διὰ τῆς ὑμῶν πίστεως

2 Th 1 4ᵃᵇᵈαὐτοὺς ἡμᾶς ἐν ὑμῖν ἐγκαυχᾶσθαι . . . ἐν πᾶσιν τοῖς διωγμοῖς ὑμῶν καὶ ταῖς θλίψεσιν αἷς ἀνέχεσθε

1 6 εἴπερ δίκαιον παρὰ θεῷ ἀνταποδοῦναι τοῖς θλίβουσιν ὑμᾶς θλῖψιν

Hb 10 33ᵃ⟨ἄθλησιν ὑπεμείνατε παθημάτων⟩ τοῦτο μὲν ὀνειδισμοῖς τε καὶ θλίψεσιν θεατριζόμενοι

Jc 1 27 ἐπισκέπτεσθαι ὀρφανοὺς καὶ χήρας ἐν τῇ θλίψει αὐτῶν

Ap 1 9 ἐγὼ Ἰωάννης, ὁ ἀδελφὸς ὑμῶν καὶ συγκοινωνὸς ἐν τῇ θλίψει καὶ βασιλείᾳ καὶ ὑπομονῇ ἐν Ἰησοῦ

2 9 οἶδά σου (+τὰ ἔργα καὶ [S]ς) τὴν θλῖψιν καὶ τὴν πτωχείαν

2 10ᶠμέλλει βάλλειν (βαλεῖν Tς) ὁ διάβολος ἐξ ὑμῶν εἰς φυλακὴν ἵνα . . . ἕξετε (ἔχητε H) θλῖψιν ἡμερῶν δέκα

2 22ᶜᵉἰδοὺ βάλλω . . . τοὺς μοιχεύοντας μετ' αὐτῆς εἰς θλῖψιν μεγάλην

7 14ᶜοὗτοί εἰσιν οἱ ἐρχόμενοι ἐκ τῆς θλίψεως τῆς μεγάλης

θνῄσκω

ἀπο-   συναπο-
ᵃ ὁ τεθνηκώς
ᵇ met.

Mt 2 20 τεθνήκασιν γὰρ οἱ ζητοῦντες τὴν ψυχὴν τοῦ παιδίου

Mc 15 44 ὁ δὲ Πιλᾶτος ἐθαύμασεν (-ζεν T) εἰ ἤδη τέθνηκεν

Lc 7 12 ἐξεκομίζετο τεθνηκὼς | μονογενὴς υἱὸς (~ Sς) τῇ μητρὶ αὐτοῦ

8 49 τέθνηκεν ἡ θυγάτηρ σου

Jo 11 21 * εἰ ἦς ὧδε, | ὁ ἀδελφός μου οὐκ ἂν ἐτεθνήκει (Sς; οὐκ ἂν ἀπέθανεν ὁ ἀδ. μου rl)

11 39ᵃ* λέγει αὐτῷ ἡ ἀδελφὴ τοῦ τεθνηκότος (ς; τετελευτηκότος rl) Μάρθα

Jo 11 41ᵃ* ἦραν οὖν τὸν λίθον | οὗ ἦν ὁ τεθνηκὼς κείμενος (+ς)

11 44ᵃ(+καὶ VB[S]ς) ἐξῆλθεν ὁ τεθνηκὼς δεδεμένος τοὺς πόδας καὶ τὰς χεῖρας κειρίαις

12 1ᵃ* ὁ οὖν Ἰησοῦς . . . ἦλθεν εἰς Βηθανίαν, ὅπου ἦν Λάζαρος | ὁ τεθνηκὼς (+V[S]ς)

19 33 ἐπὶ δὲ τὸν Ἰησοῦν ἐλθόντες, ὡς εἶδον | ἤδη αὐτὸν (~ VBSς) τεθνηκότα

Ac 14 19 λιθάσαντες τὸν Παῦλον ἔσυρον ἔξω τῆς πόλεως, νομίζοντες αὐτὸν τεθνηκέναι (τεθνάναι ς)

25 19 ζητήματα δέ τινα περὶ τῆς ἰδίας δεισιδαιμονίας εἶχον . . . καὶ περί τινος Ἰησοῦ τεθνηκότος

1 Tm 5 6ᵇἡ δὲ σπαταλῶσα ζῶσα τέθνηκεν

θνητός

Rm 6 12 μὴ οὖν βασιλευέτω ἡ ἁμαρτία ἐν τῷ θνητῷ ὑμῶν σώματι

8 11 ὁ ἐγείρας (+τὸν ς) | Χριστὸν ἐκ νεκρῶν (N²⁶ς; Χ. Ἰησοῦν ἐκ ν. B; Χ. [Ἰ.] ἐκ ν. V; ἐκ ν. Χ. S; ἐκ ν. Χ. [Ἰ.] M; ἐκ ν. Χ. Ἰ. NTH) ζωοποιήσει καὶ [H] τὰ θνητὰ σώματα ὑμῶν

1 C 15 53 δεῖ γὰρ . . . τὸ θνητὸν τοῦτο ἐνδύσασθαι ἀθανασίαν. ↔

15 54 ὅταν δὲ . . . τὸ θνητὸν τοῦτο ἐνδύσηται [+τὴν H] ἀθανασίαν

2 C 4 11 ἵνα καὶ ἡ ζωὴ τοῦ Ἰησοῦ φανερωθῇ ἐν τῇ θνητῇ σαρκὶ ἡμῶν

5 4 ἵνα καταποθῇ τὸ θνητὸν ὑπὸ τῆς ζωῆς

θορυβάζω

Lc 10 41 Μάρθα Μάρθα, μεριμνᾷς καὶ θορυβάζῃ (τυρβάζῃ ς) περὶ πολλά

θορυβέω

Mt 9 23 ἰδὼν τοὺς αὐλητὰς καὶ τὸν ὄχλον θορυβούμενον ⟨ἔλεγεν⟩

Mc 5 39 τί θορυβεῖσθε καὶ κλαίετε;

Ac 17 5 ζηλώσαντες δὲ οἱ Ἰουδαῖοι . . . καὶ ὀχλοποιήσαντες ἐθορύβουν τὴν πόλιν

20 10 μὴ θορυβεῖσθε· ἡ γὰρ ψυχὴ αὐτοῦ ἐν αὐτῷ ἐστιν

θόρυβος

Mt 26 5 μὴ ἐν τῇ ἑορτῇ, ἵνα μὴ θόρυβος γένηται ἐν τῷ λαῷ

27 24 ἰδὼν δὲ ὁ Πιλᾶτος ὅτι οὐδὲν ὠφελεῖ ἀλλὰ μᾶλλον θόρυβος γίνεται

Mc 5 38 θεωρεῖ θόρυβον, καὶ κλαίοντας καὶ ἀλαλάζοντας πολλά

14 2 μὴ ἐν τῇ ἑορτῇ, μήποτε | ἔσται θόρυβος (~ Vς) τοῦ λαοῦ

Ac 20 1 μετὰ δὲ τὸ παύσασθαι τὸν θόρυβον . . . ἐξῆλθεν

21 34 μὴ δυναμένου δὲ αὐτοῦ γνῶναι τὸ ἀσφαλὲς διὰ τὸν θόρυβον

24 18 ἐν αἷς εὗρόν με ἡγνισμένον ἐν τῷ ἱερῷ, οὐ μετὰ ὄχλου οὐδὲ μετὰ θορύβου

θραύω

Lc 4 18 πνεῦμα κυρίου . . . ἀπέσταλκέν με . . . ἀποστεῖλαι τεθραυσμένους ἐν ἀφέσει

θρέμμα

Jo 4 12 Ἰακώβ, ὃς . . . καὶ αὐτὸς ἐξ αὐτοῦ ἔπιεν καὶ οἱ υἱοὶ αὐτοῦ καὶ τὰ θρέμματα αὐτοῦ

θρηνέω

Mt 11 17 ἐθρηνήσαμεν καὶ οὐκ ἐκόψασθε

Lc 7 32 ἐθρηνήσαμεν (+ὑμῖν [S]ς) καὶ οὐκ ἐκλαύσατε

Lc 23 27 ἠκολούθει δὲ αὐτῷ πολὺ πλῆθος τοῦ λαοῦ καὶ γυναικῶν αἳ ἐκόπτοντο καὶ ἐθρήνουν αὐτόν

Jo 16 20 κλαύσετε καὶ θρηνήσετε ὑμεῖς, ὁ δὲ κόσμος χαρήσεται

θρῆνος

Mt 2 18 * φωνὴ ἐν Ῥαμὰ ἠκούσθη, | θρῆνος καὶ (+ς) κλαυθμὸς καὶ ὀδυρμὸς πολύς

θρησκεία

θρησκία T

Ac 26 5 κατὰ τὴν ἀκριβεστάτην αἵρεσιν τῆς ἡμετέρας θρησκείας ἔζησα Φαρισαῖος

Cl 2 18 μηδεὶς ὑμᾶς καταβραβευέτω θέλων ἐν ταπεινοφροσύνῃ καὶ θρησκείᾳ τῶν ἀγγέλων

Jc 1 26 εἴ τις δοκεῖ θρησκὸς εἶναι . . . ἀπατῶν καρδίαν αὐτοῦ (ἑαυ. NH), τούτου μάταιος ἡ θρησκεία. ↔

1 27 θρησκεία καθαρὰ καὶ ἀμίαντος παρὰ τῷ (—T) θεῷ καὶ πατρὶ αὕτη ἐστίν

θρησκός

Jc 1 26 εἴ τις δοκεῖ θρησκὸς εἶναι, μὴ χαλιναγωγῶν γλῶσσαν αὐτοῦ (ἑαυ. NH)

θριαμβεύω

2 C 2 14 τῷ δὲ θεῷ χάρις τῷ πάντοτε θριαμβεύοντι ἡμᾶς ἐν τῷ Χριστῷ

Cl 2 15 ἀπεκδυσάμενος . . . τὰς ἐξουσίας ἐδειγμάτισεν ἐν παρρησίᾳ, θριαμβεύσας αὐτοὺς ἐν αὐτῷ

θρίξ

ᵃ sing.
ᵇ τρίχες τῆς κεφαλῆς
ᶜ animalium

Mt 3 4ᶜαὐτὸς δὲ ὁ Ἰωάννης εἶχεν τὸ ἔνδυμα αὐτοῦ ἀπὸ τριχῶν καμήλου

5 36ᵃὅτι οὐ δύνασαι μίαν τρίχα λευκὴν ποιῆσαι ἢ μέλαιναν

10 30ᵇὑμῶν δὲ καὶ αἱ τρίχες τῆς κεφαλῆς πᾶσαι ἠριθμημέναι εἰσίν

Mc 1 6ᶜ| καὶ ἦν ὁ (ἦν δὲ Sς) Ἰωάννης ἐνδεδυμένος τρίχας καμήλου

Lc 7 38ᵇτοῖς δάκρυσιν ἤρξατο βρέχειν τοὺς πόδας αὐτοῦ, καὶ ταῖς θριξὶν τῆς κεφαλῆς αὐτῆς ἐξέμασσεν (-μαξεν T)

7 44ᵇαὕτη δὲ τοῖς δάκρυσιν ἔβρεξέν μου τοὺς πόδας καὶ ταῖς θριξὶν(+τῆς κεφαλῆς ς) αὐτῆς ἐξέμαξεν

12 7ᵇἀλλὰ καὶ αἱ τρίχες τῆς κεφαλῆς ὑμῶν πᾶσαι ἠρίθμηνται

21 18ᵃθρὶξ ἐκ τῆς κεφαλῆς ὑμῶν οὐ μὴ ἀπόληται

Jo 11 2 ἦν δὲ Μαριὰμ ἡ . . . ἐκμάξασα τοὺς πόδας αὐτοῦ ταῖς θριξὶν αὐτῆς

12 3 ἡ οὖν Μαριὰμ . . . ἐξέμαξεν ταῖς θριξὶν αὐτῆς τοὺς πόδας αὐτοῦ

Ac 27 34ᵃοὐδενὸς γὰρ ὑμῶν θρὶξ | ἀπὸ τῆς κεφαλῆς ἀπολεῖται (ἐκ τ. κ. πεσεῖται ς)

1 Pt 3 3 ὧν ἔστω οὐχ ὁ ἔξωθεν ἐμπλοκῆς τριχῶν καὶ περιθέσεως χρυσίων . . . κόσμος

Ap 1 14 ἡ δὲ κεφαλὴ αὐτοῦ καὶ αἱ τρίχες λευκαὶ ὡς ἔριον λευκόν

9 8ᶜ⟨τὰ ὁμοιώματα τῶν ἀκρίδων ὅμοια ἵπποις⟩ καὶ εἶχον τρίχας ↔

9 8 ὡς τρίχας γυναικῶν

θροέω

Mt 24 6 μελλήσετε δὲ ἀκούειν πολέμους καὶ ἀκοὰς πολέμων· ὁρᾶτε μὴ θροεῖσθε

Mc 13 7 ὅταν δὲ ἀκούσητε πολέμους καὶ ἀκοὰς πολέμων, μὴ θροεῖσθε

2 Th 2 2 ⟨ἐρωτῶμεν⟩ εἰς τὸ μὴ ταχέως
σαλευθῆναι ὑμᾶς ἀπὸ τοῦ νοὸς
μηδὲ θροεῖσθαι

θρόμβος

Lc 22 44 ‖: καὶ ἐγένετο (ἐγ. δὲ VSϛ) ὁ
ἱδρὼς αὐτοῦ ὡσεὶ θρόμβοι αἵ-
ματος καταβαίνοντες (-ντος T) ἐπὶ
τὴν γῆν 〚.. N²⁶NSH〛

θρόνος

ᵃ ὁ καθήμενος ἐπὶ τ. θ.
ᵇ ἐνώπιον τοῦ θ.
ᶜ κύκλῳ, κυκλόθεν τοῦ θ.
ᵈ ἐν δεξιᾷ τοῦ θ.
ᵉ δώδεκα θρόνοι
ᶠ θ. εἴκοσι τέσσαρες

Mt 5 34 μὴ ὀμόσαι ὅλως· μήτε ἐν τῷ οὐρα-
νῷ, ὅτι θρόνος ἐστὶν τοῦ θεοῦ

19 28 ἐν τῇ παλιγγενεσίᾳ, ὅταν καθίσῃ
ὁ υἱὸς τοῦ ἀνθρώπου ἐπὶ θρόνου
δόξης αὐτοῦ, ↔

19 28ᵉ καθήσεσθε (καθίσ. STϛ) καὶ ὑμεῖς
(αὐτοὶ NMVST) ἐπὶ δώδεκα θρό-
νους

23 22 ὁ ὀμόσας ἐν τῷ οὐρανῷ ὀμνύει ἐν
τῷ θρόνῳ τοῦ θεοῦ καὶ ἐν τῷ
καθημένῳ ἐπάνω αὐτοῦ

25 31 ὅταν δὲ ἔλθῃ ὁ υἱὸς τοῦ ἀνθρώπου
... τότε καθίσει ἐπὶ θρόνου δόξης
αὐτοῦ

Lc 1 32 δώσει αὐτῷ κύριος ὁ θεὸς τὸν
θρόνον Δαυὶδ τοῦ πατρὸς αὐτοῦ

1 52 καθεῖλεν δυνάστας ἀπὸ θρόνων

22 30 ἵνα ... καθήσεσθε (καθῆσθε Η;
καθίσησθε ϛ) ἐπὶ θρόνων | τὰς
δώδεκα φυλὰς κρίνοντες (∼ ΒTϛ)
τοῦ Ἰσραήλ

Ac 2 30 ὤμοσεν αὐτῷ ... (+τὸ κατὰ
σάρκα ἀναστήσειν τὸν Χριστὸν
[VS]ϛ) καθίσαι ἐπὶ | τὸν θρόνον
(τοῦ θρόνου ϛ) αὐτοῦ

7 49 ὁ οὐρανός μοι θρόνος, | ἡ δὲ (καὶ
ἡ Η) γῆ ὑποπόδιον τῶν ποδῶν
μου

Cl 1 16 ἐν αὐτῷ ἐκτίσθη τὰ πάντα ...
εἴτε θρόνοι εἴτε κυριότητες εἴτε
ἀρχαὶ εἴτε ἐξουσίαι

Hb 1 8 ὁ θρόνος σου ὁ θεὸς εἰς τὸν αἰῶνα

4 16 προσερχώμεθα οὖν μετὰ παρρη-
σίας τῷ θρόνῳ τῆς χάριτος

8 1ᵈ ἀρχιερέα, ὃς ἐκάθισεν ἐν δεξιᾷ τοῦ
θρόνου τῆς μεγαλωσύνης ἐν τοῖς
οὐρανοῖς

12 2ᵈ ὃς ... ἐν δεξιᾷ τε τοῦ θρόνου τοῦ
θεοῦ κεκάθικεν

Ap 1 4ᵇ χάρις ὑμῖν ... ἀπὸ τῶν ἑπτὰ
πνευμάτων ἃ ἐνώπιον τοῦ θρόνου
αὐτοῦ

2 13 οἶδα (+τὰ ἔργα σου καὶ [S]ϛ)
ποῦ κατοικεῖς· ὅπου ὁ θρόνος τοῦ
σατανᾶ

3 21 ὁ νικῶν, δώσω αὐτῷ καθίσαι μετ᾽
ἐμοῦ ἐν τῷ θρόνῳ μου, ↔

3 21 ὡς κἀγὼ ἐνίκησα καὶ ἐκάθισα μετὰ
τοῦ πατρός μου ἐν τῷ θρόνῳ αὐτοῦ

4 2 καὶ ἰδοὺ θρόνος ἔκειτο ἐν τῷ
οὐρανῷ, ↔

4 2 καὶ ἐπὶ | τὸν θρόνον (τοῦ θρόνου ϛ)
καθήμενος

4 3ᶜ ἶρις κυκλόθεν τοῦ θρόνου ὅμοιος
ὁράσει σμαραγδίνῳ. ↔

4 4ᶜ καὶ κυκλόθεν τοῦ θρόνου ↔

4 4ᶠ θρόνους (N²⁶NT; θρόνοι rl) εἴκοσι
τέσσαρες (-ρας NT), ↔

4 4 καὶ ἐπὶ τοὺς θρόνους εἴκοσι τέσσα-
ρας πρεσβυτέρους καθημένους

Ap 4 5 ἐκ τοῦ θρόνου ἐκπορεύονται ἀστρα-
παὶ καὶ φωναὶ καὶ βρονταί· ↔

4 5ᵇ καὶ ἑπτὰ λαμπάδες πυρὸς καιόμε-
ναι ἐνώπιον τοῦ θρόνου

4 6ᵇ ἐνώπιον τοῦ θρόνου ὡς θάλασσα
ὑαλίνη ὁμοία κρυστάλλῳ· ↔

4 6 καὶ ἐν μέσῳ τοῦ θρόνου ↔

4 6ᶜ καὶ κύκλῳ τοῦ θρόνου τέσσαρα
ζῷα γέμοντα ὀφθαλμῶν

4 9 ὅταν δώσουσιν τὰ ζῷα ... εὐχα-
ριστίαν τῷ καθημένῳ ἐπὶ | τῷ
θρόνῳ (τοῦ θρόνου VBSHϛ)

4 10ᵃ πεσοῦνται οἱ εἴκοσι τέσσαρες πρε-
σβύτεροι ἐνώπιον τοῦ καθημένου
ἐπὶ τοῦ θρόνου

4 10ᵇ βαλοῦσιν τοὺς στεφάνους αὐτῶν
ἐνώπιον τοῦ θρόνου

5 1ᵃ εἶδον ἐπὶ τὴν δεξιὰν τοῦ καθημένου
ἐπὶ τοῦ θρόνου βιβλίον

5 6 εἶδον ἐν μέσῳ τοῦ θρόνου καὶ τῶν
τεσσάρων ζῴων ... ἀρνίον ἑστη-
κός (-κὼς T)

5 7ᵃ εἴληφεν ἐκ τῆς δεξιᾶς τοῦ καθημένου
ἐπὶ τοῦ θρόνου

5 11ᶜ ἤκουσα (+ὡς ΒT) φωνὴν ἀγ-
γέλων πολλῶν κύκλῳ (-όθεν ϛ) τοῦ
θρόνου καὶ τῶν ζῴων καὶ τῶν
πρεσβυτέρων

5 13ᵃ τῷ καθημένῳ ἐπὶ | τῷ θρόνῳ
(τοῦ θρόνου ΒΗϛ) καὶ τῷ ἀρνίῳ ἡ
εὐλογία

6 16ᵃ κρύψατε ἡμᾶς ἀπὸ προσώπου τοῦ
καθημένου ἐπὶ | τοῦ θρόνου (τῷ
θρόνῳ T)

7 9ᵇ εἶδον, καὶ ἰδοὺ ὄχλος ... ἑστῶτες
(-τας Β) ἐνώπιον τοῦ θρόνου
καὶ ἐνώπιον τοῦ ἀρνίου

7 10ᵃ ἡ σωτηρία τῷ θεῷ ἡμῶν τῷ
καθημένῳ ἐπὶ | τῷ θρόνῳ (τοῦ
θρόνου ϛ) καὶ τῷ ἀρνίῳ. ↔

7 11ᶜ καὶ πάντες οἱ ἄγγελοι εἱστήκεισαν
κύκλῳ τοῦ θρόνου καὶ τῶν πρεσβυ-
τέρων καὶ τῶν τεσσάρων ζῴων, ↔

7 11ᵇ καὶ ἔπεσαν ἐνώπιον τοῦ θρόνου
ἐπὶ τὰ πρόσωπα αὐτῶν

7 15ᵇ διὰ τοῦτό εἰσιν ἐνώπιον τοῦ
θρόνου τοῦ θεοῦ

7 15ᵃ ὁ καθήμενος ἐπὶ | τοῦ θρόνου (τῷ
θρόνῳ T) σκηνώσει ἐπ᾽ αὐτούς

7 17 ὅτι τὸ ἀρνίον τὸ ἀνὰ μέσον τοῦ
θρόνου ποιμανεῖ αὐτούς

8 3ᵇ ἵνα δώσει (-σῃ Sϛ) ταῖς προσευ-
χαῖς τῶν ἁγίων πάντων ἐπὶ τὸ
θυσιαστήριον ... τὸ ἐνώπιον τοῦ
θρόνου

11 16ᵃ οἱ εἴκοσι τέσσαρες πρεσβύτεροι, οἱ
([N²⁶H]; —Β) ἐνώπιον τοῦ θεοῦ
καθήμενοι (κάθηνται Β; οἱ κάθην-
ται ST) ἐπὶ τοὺς θρόνους αὐτῶν

12 5 ἡρπάσθη τὸ τέκνον αὐτῆς πρὸς
τὸν θεὸν καὶ πρὸς τὸν θρόνον
αὐτοῦ

13 2 ἔδωκεν αὐτῷ ὁ δράκων τὴν
δύναμιν αὐτοῦ καὶ τὸν θρόνον
αὐτοῦ

14 3ᵇ ᾄδουσιν ὡς ([N²⁶S]; —ΝΤ) ᾠδὴν
καινὴν ἐνώπιον τοῦ θρόνου

14 5ᵇ ἄμωμοί (+γὰρ Tϛ) εἰσιν | ἐνώ-
πιον τοῦ θρόνου τοῦ θεοῦ (+ϛ)

16 10 ὁ πέμπτος ἐξέχεεν τὴν φιάλην αὐ-
τοῦ ἐπὶ τὸν θρόνον τοῦ θηρίου

16 17 ἐξῆλθεν φωνὴ μεγάλη ἐκ τοῦ ναοῦ
(+τοῦ οὐρανοῦ [M]Sϛ) ἀπὸ τοῦ
θρόνου λέγουσα

Ap 19 4ᵃ προσεκύνησαν τῷ θεῷ τῷ καθη-
μένῳ ἐπὶ | τῷ θρόνῳ (τοῦ -νου ϛ)

19 5 φωνὴ ἀπὸ (ἐκ Tϛ) τοῦ θρόνου
ἐξῆλθεν λέγουσα

20 4 εἶδον θρόνους, καὶ ἐκάθισαν ἐπ᾽
αὐτούς

20 11 εἶδον θρόνον μέγαν λευκὸν καὶ τὸν
καθήμενον ἐπ᾽ αὐτόν (αὐτοῦ MB
Ηϛ)

20 12ᵇ εἶδον τοὺς νεκροὺς ... ἑστῶτας
ἐνώπιον τοῦ θρόνου (θεοῦ ϛ)

21 3 ἤκουσα φωνῆς μεγάλης ἐκ τοῦ
θρόνου (οὐρανοῦ Sϛ) λεγούσης

21 5ᵃ εἶπεν ὁ καθήμενος ἐπὶ | τῷ θρόνῳ
(τοῦ -νου ϛ)

22 1 ἔδειξέν μοι ποταμὸν ... ἐκπορευό-
μενον ἐκ τοῦ θρόνου τοῦ θεοῦ καὶ
τοῦ ἀρνίου

22 3 ὁ θρόνος τοῦ θεοῦ καὶ τοῦ ἀρνίου
ἐν αὐτῇ ἔσται

Θυάτειρα

Θυάτιρα NB

Ac 16 14 καὶ τις γυνὴ ὀνόματι Λυδία, πορ-
φυρόπωλις πόλεως Θυατείρων

Ap 1 11 γράψον εἰς βιβλίον καὶ πέμψον ...
εἰς Πέργαμον καὶ εἰς Θυάτειρα

2 18 τῷ ἀγγέλῳ τῆς (τῷ Η) ἐν Θυα-
τείροις ἐκκλησίας γράψον

2 24 ὑμῖν δὲ λέγω τοῖς λοιποῖς τοῖς ἐν
Θυατείροις

θυγάτηρ

ᵃ θ. et μήτηρ
ᵇ θ. et υἱός
ᶜ θ. Σιών, Ἰερουσαλήμ
ᵈ θ. Ἀβραάμ, Ἀαρών

Mt 9 18 ἡ θυγάτηρ μου ἄρτι ἐτελεύτησεν

9 22 θάρσει, θύγατερ· ἡ πίστις σου
σέσωκέν σε

10 35ᵃ ἦλθον γὰρ διχάσαι ... θυγατέρα
κατὰ τῆς μητρὸς αὐτῆς

10 37ᵇ ὁ φιλῶν υἱὸν ἢ θυγατέρα ὑπὲρ ἐμὲ
οὐκ ἔστιν μου ἄξιος

14 6 γενεσίοις (-σίων VSϛ) δὲ γενομέ-
νοις (-μένων S; ἀγομένων Vϛ) τοῦ
Ἡρῴδου ὠρχήσατο ἡ θυγάτηρ
τῆς Ἡρῳδιάδος ἐν τῷ μέσῳ

15 22 ἡ θυγάτηρ μου κακῶς δαιμονίζεται

15 28 ἰάθη ἡ θυγάτηρ αὐτῆς ἀπὸ τῆς
ὥρας ἐκείνης

21 5ᵉ εἴπατε τῇ θυγατρὶ Σιών

Mc 5 34 θυγάτηρ (θύγατερ VSTϛ), ἡ πί-
στις σου σέσωκέν σε

5 35 ἡ θυγάτηρ σου ἀπέθανεν

6 22 εἰσελθούσης τῆς θυγατρὸς αὐτοῦ
(N²⁶H; αὐτῆς τῆς rl) Ἡρῳδιάδος
καὶ ὀρχησαμένης

7 26 ἠρώτα αὐτὸν ἵνα τὸ δαιμόνιον ἐκ-
βάλῃ ἐκ τῆς θυγατρὸς αὐτῆς

7 29 ἐξελήλυθεν ἐκ τῆς θυγατρός σου τὸ
δαιμόνιον

7 30 ✶ εὗρεν | τὴν θυγατέρα βεβλημένην
(ϛ; τὸ παιδίον βεβλημένον rl) ἐπὶ
τὴν κλίνην

Lc 1 5ᵈ ἐγένετο ... Ζαχαρίας ... καὶ γυνὴ
αὐτῷ ἐκ τῶν θυγατέρων Ἀαρών

2 36 ἦν Ἄννα προφῆτις, θυγάτηρ Φα-
νουήλ

8 42 ὅτι θυγάτηρ μονογενὴς ἦν αὐ-
τῷ ... καὶ αὐτὴ (N²⁶H; αὕτη rl)
ἀπέθνῃσκεν

8 48 θυγάτηρ (θύγατερ VSTϛ), ἡ πί-
στις σου σέσωκέν σε

8 49 τέθνηκεν ἡ θυγάτηρ σου

12 53ᵃ διαμερισθήσονται ... μήτηρ ἐπὶ τὴν
(+N²⁶B[S]) θυγατέρα (-τρὶ ϛ) ↔

Lc 12 53ᵃ καὶ θυγάτηρ ἐπὶ τὴν (—Τϛ) μητέ-
ρα (-τρί ϛ)

13 16ᵈ ταύτην δὲ θυγατέρα Ἀβραὰμ
οὖσαν . . . οὐκ ἔδει λυθῆναι . . . τῇ
ἡμέρᾳ τοῦ σαββάτου;

23 28ᶜ θυγατέρες Ἰερουσαλήμ, μὴ κλαίετε
ἐπ᾽ ἐμέ

Jo 12 15ᶜ μὴ φοβοῦ, θυγάτηρ (θύγατερ Sϛ)
Σιών

Ac 2 17ᵇ προφητεύσουσιν οἱ υἱοὶ ὑμῶν καὶ
αἱ θυγατέρες ὑμῶν

7 21 ἐκτεθέντος δὲ αὐτοῦ ἀνείλατο αὐ-
τὸν ἡ θυγάτηρ Φαραώ

21 9 τούτῳ δὲ ἦσαν θυγατέρες τέσσαρες
παρθένοι προφητεύουσαι

2 C 6 18ᵇ ὑμεῖς ἔσεσθέ μοι εἰς υἱοὺς καὶ θυγα-
τέρας

Hb 11 24 πίστει Μωϋσῆς μέγας γενόμενος
ἠρνήσατο λέγεσθαι υἱὸς θυγατρὸς
Φαραώ

θυγάτριον

Mc 5 23 τὸ θυγάτριόν μου ἐσχάτως ἔχει

7 25 | ἀλλ᾽ εὐθὺς ἀκούσασα (ἀκ. γὰρ
Sϛ) γυνὴ περὶ αὐτοῦ, ἧς εἶχεν τὸ
θυγάτριον αὐτῆς πνεῦμα ἀκάθαρ-
τον

θύελλα

Hb 12 18 οὐ γὰρ προσεληλύθατε . . . ζόφῳ
καὶ θυέλλῃ

θύϊνος

θύϊνος Η

Ap 18 12 ⟨οὐδεὶς ἀγοράζει οὐκέτι⟩ γόμον
χρυσοῦ καὶ ἀργύρου . . . καὶ πᾶν
ξύλον θύϊνον

θυμίαμα

Lc 1 10 πᾶν τὸ πλῆθος ἦν τοῦ λαοῦ
προσευχόμενον ἔξω τῇ ὥρᾳ τοῦ
θυμιάματος. ↔

1 11 ὤφθη δὲ αὐτῷ ἄγγελος κυρίου
ἑστὼς ἐκ δεξιῶν τοῦ θυσιαστηρίου
τοῦ θυμιάματος

Ap 5 8 πρεσβύτεροι . . . ἔχοντες ἕκαστος
κιθάραν καὶ φιάλας χρυσᾶς γε-
μούσας θυμιαμάτων

8 3 ἄλλος ἄγγελος ἦλθεν . . . καὶ ἐδόθη
αὐτῷ θυμιάματα πολλά

8 4 ἀνέβη ὁ καπνὸς τῶν θυμιαμάτων
ταῖς προσευχαῖς τῶν ἁγίων . . .
ἐνώπιον τοῦ θεοῦ

18 13 ⟨οὐδεὶς ἀγοράζει οὐκέτι⟩ κιννά-
μωμον . . . καὶ θυμιάματα καὶ μύρον

θυμιατήριον

Hb 9 4 ⟨σκηνὴ ἡ λεγομένη Ἅγια Ἁγίων⟩
χρυσοῦν ἔχουσα θυμιατήριον

θυμιάω

Lc 1 9 κατὰ τὸ ἔθος τῆς ἱερατείας ἔλαχε
τοῦ θυμιᾶσαι εἰσελθὼν εἰς τὸν ναὸν
τοῦ κυρίου

θυμομαχέω

Ac 12 20 ⟨Ἡρῴδης⟩ ἦν δὲ θυμομαχῶν Τυ-
ρίοις καὶ Σιδωνίοις

θυμόομαι

Mt 2 16 τότε Ἡρῴδης ἰδὼν ὅτι ἐνεπαίχθη
ὑπὸ τῶν μάγων ἐθυμώθη λίαν

θυμός

ᵃ θ. et ὀργή
ᵇ θ. τοῦ θεοῦ
ᶜ plur.

Lc 4 28 ἐπλήσθησαν πάντες θυμοῦ ἐν τῇ
συναγωγῇ ἀκούοντες ταῦτα

Ac 19 28 ἀκούσαντες δὲ καὶ γενόμενοι πλή-
ρεις θυμοῦ ἔκραζον λέγοντες

Rm 2 8ᵃ ⟨ἀποδώσει ἑκάστῳ κατὰ τὰ ἔργα
αὐτοῦ⟩ τοῖς δὲ ἐξ ἐριθείας . . . ὀργὴ
καὶ θυμός

2 C 12 20ᶜ φοβοῦμαι γὰρ . . . μή πως ἔρις
(ἔρεις Sϛ), ζῆλος (ζῆλοι MSϛ),
θυμοί, ἐριθεῖαι

G 5 20ᶜ ⟨φανερὰ δέ ἐστιν τὰ ἔργα τῆς
σαρκός, ἅτινά ἐστιν⟩ | ἔρις, ζῆλος
(ἔρεις, ζῆλοι BSϛ), θυμοί, ἐριθεῖαι

E 4 31ᵃ πᾶσα πικρία καὶ θυμὸς καὶ ὀργὴ
. . . ἀρθήτω ἀφ᾽ ὑμῶν σὺν πάσῃ
κακίᾳ

Cl 3 8ᵃ νυνὶ δὲ ἀπόθεσθε καὶ ὑμεῖς τὰ πάν-
τα, ὀργήν, θυμόν, κακίαν

Hb 11 27 πίστει κατέλιπεν Αἴγυπτον, μὴ
φοβηθεὶς τὸν θυμὸν τοῦ βασιλέως

Ap 12 12 ὅτι κατέβη ὁ διάβολος πρὸς ὑμᾶς
ἔχων θυμὸν μέγαν

14 8 ἔπεσεν Βαβυλών . . . ἡ ἐκ τοῦ οἴνου
τοῦ θυμοῦ τῆς πορνείας αὐτῆς
πεπότικεν πάντα τὰ ἔθνη

14 10ᵃᵇ καὶ αὐτὸς πίεται ἐκ τοῦ οἴνου τοῦ
θυμοῦ τοῦ θεοῦ

14 19ᵇ ἔβαλεν εἰς τὴν ληνὸν τοῦ θυμοῦ
τοῦ θεοῦ τὸν μέγαν

15 1ᵇ ἐν αὐταῖς ἐτελέσθη ὁ θυμὸς τοῦ θεοῦ

15 7ᵇ ἔδωκεν . . . ἑπτὰ φιάλας χρυσᾶς
γεμούσας τοῦ θυμοῦ τοῦ θεοῦ τοῦ
ζῶντος

16 1ᵇ ἐκχέετε τὰς ἑπτὰ φιάλας τοῦ θυμοῦ
τοῦ θεοῦ εἰς τὴν γῆν

16 19ᵃ Βαβυλὼν ἡ μεγάλη ἐμνήσθη . . .
δοῦναι αὐτῇ τὸ ποτήριον τοῦ
οἴνου τοῦ θυμοῦ τῆς ὀργῆς αὐτοῦ

18 3 ἐκ | τοῦ οἴνου [Η] τοῦ θυμοῦ τῆς
πορνείας αὐτῆς πέπωκαν (-κε ϛ;
πέπτωκαν Η; πεπτώκασιν Β)
πάντα τὰ ἔθνη

19 15ᵃ αὐτὸς πατεῖ τὴν ληνὸν τοῦ οἴνου
τοῦ θυμοῦ (+καὶ ϛ) τῆς ὀργῆς τοῦ
θεοῦ

θύρα

ᵃ θ. et (ἀπο)κλείω
ᵇ θ. et ἀνοίγω
ᶜ ἐπὶ θύραις

Mt 6 6ᵃ κλείσας τὴν θύραν σου πρόσευξαι
τῷ πατρί σου τῷ ἐν τῷ κρυπτῷ

24 33ᶜ ὅταν ἴδητε | πάντα ταῦτα (∼
VBST), γινώσκετε ὅτι ἐγγύς ἐστιν
ἐπὶ θύραις

25 10ᵃ αἱ ἕτοιμοι εἰσῆλθον μετ᾽ αὐτοῦ εἰς
τοὺς γάμους, καὶ ἐκλείσθη ἡ θύρα

27 60 προσκυλίσας λίθον μέγαν τῇ θύρᾳ
τοῦ μνημείου ἀπῆλθεν

28 2 * ἄγγελος γὰρ κυρίου . . . προσελ-
θὼν ἀπεκύλισεν τὸν λίθον | ἀπὸ
τῆς θύρας (+ϛ)

Mc 1 33 | ἦν ὅλη ἡ πόλις ἐπισυνηγμένη
(∼ Vϛ S) πρὸς τὴν θύραν

2 2 ὥστε μηκέτι χωρεῖν μηδὲ τὰ πρὸς
τὴν θύραν

11 4 εὗρον (+τὸν [S]Τϛ) πῶλον δεδε-
μένον πρὸς (+τὴν VΤϛ) θύραν
ἔξω ἐπὶ τοῦ ἀμφόδου

13 29ᶜ ὅταν | ἴδητε ταῦτα (∼ Sϛ) γινόμε-
να, γινώσκετε ὅτι ἐγγύς ἐστιν ἐπὶ
θύραις

15 46 προσεκύλισεν λίθον ἐπὶ τὴν θύραν
τοῦ μνημείου

16 3 τίς ἀποκυλίσει ἡμῖν τὸν λίθον ἐκ
τῆς θύρας τοῦ μνημείου;

Lc 11 7ᵃ ἤδη ἡ θύρα κέκλεισται

13 24 ἀγωνίζεσθε εἰσελθεῖν διὰ τῆς στε-
νῆς θύρας (πύλης ϛ)

13 25ᵃ ἀφ᾽ οὗ ἂν ἐγερθῇ ὁ οἰκοδεσπότης
καὶ ἀποκλείσῃ τὴν θύραν, ↔

13 25 καὶ ἄρξησθε ἔξω ἑστάναι καὶ κρού-
ειν τὴν θύραν λέγοντες

Jo 10 1 ὁ μὴ εἰσερχόμενος διὰ τῆς θύρας εἰς
τὴν αὐλὴν τῶν προβάτων . . .
κλέπτης ἐστὶν καὶ λῃστής· ↔

10 2 ὁ δὲ εἰσερχόμενος διὰ τῆς θύρας
ποιμήν ἐστιν τῶν προβάτων

10 7 ἐγώ εἰμι ἡ θύρα τῶν προβάτων

10 9 ἐγώ εἰμι ἡ θύρα· δι᾽ ἐμοῦ ἐάν τις
εἰσέλθῃ, σωθήσεται

18 16 ὁ δὲ Πέτρος εἱστήκει πρὸς τῇ θύρᾳ
ἔξω

20 19ᵃ τῶν θυρῶν κεκλεισμένων ὅπου
ἦσαν οἱ μαθηταί (+συνηγμένοι
[V]Sϛ)

20 26ᵃ ἔρχεται ὁ Ἰησοῦς τῶν θυρῶν κεκλει-
σμένων

Ac 3 2 ἀνὴρ χωλὸς . . . ὃν ἐτίθουν καθ᾽
ἡμέραν πρὸς τὴν θύραν τοῦ ἱεροῦ
τὴν λεγομένην ὡραίαν (Ὠ. ΒΗϛ)

5 9 ἰδοὺ οἱ πόδες τῶν θαψάντων τὸν
ἄνδρα σου ἐπὶ τῇ θύρᾳ καὶ ἐξοί-
σουσίν σε

5 19ᵇ ἄγγελος . . . διὰ νυκτὸς ἀνοίξας
(ἤνοιξε NMVBHϛ) τὰς θύρας
τῆς φυλακῆς ἐξαγαγών τε αὐτοὺς εἶπεν

5 23ᵇ τὸ (+μὲν MV[S]ϛ) δεσμωτήριον
εὕρομεν κεκλεισμένον . . . καὶ τοὺς
φύλακας | ἑστῶτας ἐπὶ (ἔξω ἔσ.
πρὸ ϛ) τῶν θυρῶν, ἀνοίξαντες δὲ
ἔσω οὐδένα εὕρομεν

12 6 φύλακές τε πρὸ τῆς θύρας ἐτήρουν
τὴν φυλακήν

12 13 κρούσαντος δὲ αὐτοῦ τὴν θύραν
τοῦ πυλῶνος προσῆλθεν παιδίσκη
ὑπακοῦσαι

14 27ᵇ ὁ θεὸς . . . ἤνοιξεν τοῖς ἔθνεσιν
θύραν πίστεως

16 26ᵇ ἠνεῴχθησαν δὲ παραχρῆμα [Η]
αἱ θύραι πᾶσαι

16 27ᵇ ἔξυπνος δὲ γενόμενος ὁ δεσμο-
φύλαξ καὶ ἰδὼν ἀνεῳγμένας τὰς
θύρας τῆς φυλακῆς

21 30ᵃ εἷλκον αὐτὸν ἔξω τοῦ ἱεροῦ, καὶ
εὐθέως ἐκλείσθησαν αἱ θύραι

1 C 16 9ᵇ θύρα γάρ μοι ἀνέῳγεν μεγάλη καὶ
ἐνεργής

2 C 2 12ᵇ ἐλθὼν δὲ εἰς τὴν Τρῳάδα . . . καὶ
θύρας μοι ἀνεῳγμένης ἐν κυρίῳ

Cl 4 3ᵇ ἵνα ὁ θεὸς ἀνοίξῃ ἡμῖν θύραν τοῦ
λόγου

Jc 5 9 ἰδοὺ ὁ κριτὴς πρὸ τῶν θυρῶν
ἕστηκεν

Ap 3 8ᵃᵇ δέδωκα ἐνώπιόν σου θύραν ἠνεῳ-
γμένην, ἣν οὐδεὶς δύναται κλεῖσαι
αὐτήν

3 20 ἰδοὺ ἕστηκα ἐπὶ τὴν θύραν καὶ
κρούω· ↔

3 20ᵇ ἐάν τις ἀκούσῃ τῆς φωνῆς μου καὶ
ἀνοίξῃ τὴν θύραν

4 1ᵇ καὶ ἰδοὺ θύρα ἠνεῳγμένη ἐν τῷ
οὐρανῷ

θυρεός

E 6 16 ⟨στῆτε⟩ ἐν (ἐπὶ Vϛ) πᾶσιν ἀνα-
λαβόντες τὸν θυρεὸν τῆς πίστεως

θυρίς

Ac 20 9 καθεζόμενος δέ τις νεανίας . . . ἐπὶ
τῆς θυρίδος . . . κατενεχθεὶς ἀπὸ
τοῦ ὕπνου ἔπεσεν

2 C 11 33 διὰ θυρίδος ἐν σαργάνῃ ἐχαλάσθην
διὰ τοῦ τείχους

θυρωρός (ὁ, ἡ)

ᵃ ἡ θυρωρός

Mc 13 34 ὡς ἄνθρωπος ἀπόδημος . . . τῷ
θυρωρῷ ἐνετείλατο ἵνα γρηγορῇ

Jo 10 3 τούτῳ ὁ θυρωρὸς ἀνοίγει

Jo 18 16ᵃ εἶπεν τῇ θυρωρῷ, καὶ εἰσήγαγεν τὸν Πέτρον. ↔

18 17ᵃ λέγει οὖν τῷ Πέτρῳ ἡ παιδίσκη ἡ θυρωρός

θυσία
ᵃ plur.
ᵇ θ. et προσφορά

Mt 9 13 ἔλεος θέλω καὶ οὐ θυσίαν

12 7 ἔλεος θέλω καὶ οὐ θυσίαν

Mc 9 49 * πᾶς γὰρ πυρὶ ἁλισθήσεται, | καὶ πᾶσα θυσία ἁλὶ ἁλισθήσεται (+ VBϛ)

12 33ᵃ τὸ ἀγαπᾶν τὸν πλησίον ὡς ἑαυτὸν περισσότερόν ἐστιν πάντων τῶν ὁλοκαυτωμάτων καὶ (+τῶν STϛ) θυσιῶν

Lc 2 24 ⟨ἀνήγαγον αὐτὸν⟩ τοῦ δοῦναι θυσίαν κατὰ τὸ εἰρημένον ἐν τῷ νόμῳ κυρίου

13 1ᵃ τὸ αἷμα Πιλᾶτος ἔμιξεν μετὰ τῶν θυσιῶν αὐτῶν

Ac 7 41 ἐμοσχοποίησαν . . . καὶ ἀνήγαγον θυσίαν τῷ εἰδώλῳ

7 42ᵃ μὴ σφάγια καὶ θυσίας προσηνέγκατέ μοι . . . οἶκος Ἰσραήλ ⟨;⟩

Rm 12 1 παρακαλῶ οὖν ὑμᾶς . . . παραστῆσαι τὰ σώματα ὑμῶν θυσίαν ζῶσαν ἁγίαν

1 C 10 18ᵃ οὐχ (οὐχὶ VBSϛ) οἱ ἐσθίοντες τὰς θυσίας κοινωνοὶ τοῦ θυσιαστηρίου εἰσίν;

E 5 2ᵇ καθὼς καὶ ὁ Χριστὸς . . . παρέδωκεν ἑαυτὸν ὑπὲρ ἡμῶν (ὑμῶν H) προσφορὰν καὶ θυσίαν τῷ θεῷ

Ph 2 17 ἀλλὰ εἰ καὶ σπένδομαι ἐπὶ τῇ θυσίᾳ καὶ λειτουργίᾳ τῆς πίστεως ὑμῶν, χαίρω

4 18 πεπλήρωμαι δεξάμενος . . . τὰ παρ’ ὑμῶν, ὀσμὴν εὐωδίας, θυσίαν δεκτήν, εὐάρεστον τῷ θεῷ

Hb 5 1ᵃ ἵνα προσφέρῃ δῶρά τε [H] καὶ θυσίας ὑπὲρ ἁμαρτιῶν

7 27ᵃ ὃς οὐκ ἔχει . . . ἀνάγκην . . . πρότερον ὑπὲρ τῶν ἰδίων ἁμαρτιῶν θυσίας ἀναφέρειν

8 3ᵃ πᾶς γὰρ ἀρχιερεὺς εἰς τὸ προσφέρειν δῶρά τε καὶ θυσίας καθίσταται

9 9ᵃ καθ’ ἣν δῶρά τε καὶ θυσίαι προσφέρονται μὴ δυνάμεναι . . . τελειῶσαι

9 23ᵃ τὰ μὲν ὑποδείγματα . . . τούτοις καθαρίζεσθαι, αὐτὰ δὲ τὰ ἐπουράνια κρείττοσιν θυσίαις παρὰ ταύτας

9 26 νυνὶ δὲ ἅπαξ . . . εἰς ἀθέτησιν τῆς ([N²⁶]; —Tϛ) ἁμαρτίας διὰ τῆς θυσίας αὐτοῦ πεφανέρωται

10 1ᵃ σκιὰν γὰρ ἔχων ὁ νόμος . . . κατ’ ἐνιαυτὸν ταῖς αὐταῖς θυσίαις . . . οὐδέποτε δύναται (-νται SH) τοὺς προσερχομένους τελειῶσαι

10 5ᵇ θυσίαν καὶ προσφορὰν οὐκ ἠθέλησας

10 8ᵃᵇ θυσίας (-αν ϛ) καὶ προσφορὰς (-ὰν ϛ) καὶ ὁλοκαυτώματα . . . οὐκ ἠθέλησας

10 11ᵃ πᾶς μὲν ἱερεὺς (ἀρχιερεὺς S) ἕστηκεν . . . τὰς αὐτὰς πολλάκις προσφέρων θυσίας

10 12 οὗτος δὲ μίαν ὑπὲρ ἁμαρτιῶν προσενέγκας θυσίαν

Hb 10 26 οὐκέτι περὶ ἁμαρτιῶν ἀπολείπεται θυσία

11 4 πίστει πλείονα θυσίαν Ἅβελ παρὰ Κάϊν προσήνεγκεν τῷ θεῷ

13 15 δι’ αὐτοῦ οὖν ([N²⁶]; —H) ἀναφέρωμεν θυσίαν αἰνέσεως διὰ παντὸς τῷ θεῷ

13 16ᵃ τοιαύταις γὰρ θυσίαις εὐαρεστεῖται ὁ θεός

1Pt 2 5ᵃ οἰκοδομεῖσθε (ἐπ- ST) . . . εἰς ἱεράτευμα ἅγιον, ἀνενέγκαι πνευματικὰς θυσίας εὐπροσδέκτους τῷ (+[N²⁶S]ϛ) θεῷ

θυσιαστήριον
ᵃ ἐπὶ τὸ (τοῦ) θ.
ᵇ plur.

Mt 5 23ᵃ ἐὰν οὖν προσφέρῃς τὸ δῶρόν σου ἐπὶ τὸ θυσιαστήριον

5 24 ἄφες ἐκεῖ τὸ δῶρόν σου ἔμπροσθεν τοῦ θυσιαστηρίου

23 18 ὃς ἂν ὀμόσῃ ἐν τῷ θυσιαστηρίῳ, οὐδέν ἐστιν

23 19 τί γὰρ μεῖζον, τὸ δῶρον ἢ τὸ θυσιαστήριον τὸ ἁγιάζον τὸ δῶρον; ↔

23 20 ὁ οὖν ὀμόσας ἐν τῷ θυσιαστηρίῳ ὀμνύει ἐν αὐτῷ

23 35 ἕως τοῦ αἵματος Ζαχαρίου . . . ὃν ἐφονεύσατε μεταξὺ τοῦ ναοῦ καὶ τοῦ θυσιαστηρίου

Lc 1 11 ὤφθη δὲ αὐτῷ ἄγγελος κυρίου ἑστὼς ἐκ δεξιῶν τοῦ θυσιαστηρίου τοῦ θυμιάματος

11 51 ἕως αἵματος Ζαχαρίου τοῦ ἀπολομένου μεταξὺ τοῦ θυσιαστηρίου καὶ τοῦ οἴκου

Rm 11 3ᵇ κύριε . . . τὰ θυσιαστήριά σου κατέσκαψαν

1 C 9 13 οὐκ οἴδατε ὅτι . . . οἱ τῷ θυσιαστηρίῳ παρεδρεύοντες ↔

9 13 τῷ θυσιαστηρίῳ συμμερίζονται;

10 18 οὐχ (οὐχὶ VBSϛ) οἱ ἐσθίοντες τὰς θυσίας κοινωνοὶ τοῦ θυσιαστηρίου εἰσίν;

Hb 7 13 ἀφ’ ἧς οὐδεὶς προσέσχηκεν τῷ θυσιαστηρίῳ

13 10 ἔχομεν θυσιαστήριον ἐξ οὗ φαγεῖν οὐκ ἔχουσιν ἐξουσίαν [H] οἱ τῇ σκηνῇ λατρεύοντες

Jc 2 21ᵃ Ἀβραὰμ . . . ἀνενέγκας Ἰσαὰκ τὸν υἱὸν αὐτοῦ ἐπὶ τὸ θυσιαστήριον

Ap 6 9 εἶδον ὑποκάτω τοῦ θυσιαστηρίου τὰς ψυχὰς τῶν ἐσφαγμένων διὰ τὸν λόγον τοῦ θεοῦ

8 3ᵃ ἄλλος ἄγγελος ἦλθεν καὶ ἐστάθη ἐπὶ | τοῦ θυσιαστηρίου (τὸ -ιον Bϛ)

8 3ᵃ ἐδόθη αὐτῷ θυμιάματα πολλά, ἵνα δώσει (-ση Sϛ) ταῖς προσευχαῖς . . . ἐπὶ τὸ θυσιαστήριον τὸ χρυσοῦν

8 5 ἐγέμισεν αὐτὸν ἐκ τοῦ πυρὸς τοῦ θυσιαστηρίου

9 13 ἤκουσα φωνὴν μίαν ἐκ τῶν τεσσάρων ([N²⁶]; —MH) κεράτων τοῦ θυσιαστηρίου τοῦ χρυσοῦ

11 1 μέτρησον τὸν ναὸν τοῦ θεοῦ καὶ τὸ θυσιαστήριον

14 18 ἄλλος ἄγγελος ἐξῆλθεν [N²⁶H] ἐκ τοῦ θυσιαστηρίου

16 7 ἤκουσα (+ἄλλου ἐκ ϛ) τοῦ θυσιαστηρίου λέγοντος

θύω
ᵃ pass.
ᵇ τὸ πάσχα θ.

Mt 22 4ᵃ ἰδοὺ . . . οἱ ταῦροί μου καὶ τὰ σιτιστὰ τεθυμένα

Mc 14 12ᵇ τῇ πρώτῃ ἡμέρᾳ τῶν ἀζύμων, ὅτε τὸ πάσχα ἔθυον

Lc 15 23 φέρετε τὸν μόσχον τὸν σιτευτόν, θύσατε

15 27 ἔθυσεν ὁ πατήρ σου τὸν μόσχον τὸν σιτευτόν

15 30 ὅτε δὲ ὁ υἱός σου οὗτος . . . ἦλθεν, ἔθυσας αὐτῷ τὸν σιτευτὸν μόσχον

22 7ᵇ ἦλθεν δὲ ἡ ἡμέρα τῶν ἀζύμων, ἐν (+[N²⁶]Tϛ) ᾗ ἔδει θύεσθαι τὸ πάσχα

Jo 10 10 ὁ κλέπτης οὐκ ἔρχεται εἰ μὴ ἵνα κλέψῃ καὶ θύσῃ καὶ ἀπολέσῃ

Ac 10 13 ἀναστάς, Πέτρε, θῦσον καὶ φάγε

11 7 ἀναστάς, Πέτρε, θῦσον καὶ φάγε

14 13 ὅ τε ἱερεὺς τοῦ Διὸς . . . σὺν τοῖς ὄχλοις ἤθελεν θύειν

14 18 ταῦτα λέγοντες μόλις κατέπαυσαν τοὺς ὄχλους τοῦ μὴ θύειν αὐτοῖς

1 C 5 7ᵃᵇ καὶ γὰρ τὸ πάσχα ἡμῶν (+ὑπὲρ ἡμῶν ϛ) ἐτύθη Χριστός

10 20 ἀλλ’ ὅτι ἃ θύουσιν (θύει Vϛ) (+τὰ ἔθνη MVBS[H]ϛ), ↔

10 20 δαιμονίοις καὶ οὐ θεῷ θύουσιν ([N²⁶]; θύει Vϛ)

Θωμᾶς
ᵃ Θ. ὁ λεγόμενος Δίδυμος

Mt 10 3 ⟨τῶν δὲ δώδεκα ἀποστόλων τὰ ὀνόματά ἐστιν ταῦτα⟩ Θωμᾶς καὶ Μαθθαῖος ὁ τελώνης

Mc 3 18 ⟨ἐποίησεν τοὺς δώδεκα⟩ Μαθθαῖον καὶ Θωμᾶν καὶ Ἰάκωβον

Lc 6 15 ⟨ἐκλεξάμενος ἀπ’ αὐτῶν δώδεκα⟩ Μαθθαῖον καὶ Θωμᾶν

Jo 11 16ᵃ εἶπεν οὖν Θωμᾶς ὁ λεγόμενος Δίδυμος τοῖς συμμαθηταῖς

14 5 λέγει αὐτῷ Θωμᾶς

20 24ᵃ Θωμᾶς δὲ εἷς ἐκ τῶν δώδεκα, ὁ λεγόμενος Δίδυμος, οὐκ ἦν μετ’ αὐτῶν

20 26 μεθ’ ἡμέρας ὀκτὼ πάλιν ἦσαν ἔσω οἱ μαθηταὶ αὐτοῦ, καὶ Θωμᾶς μετ’ αὐτῶν

20 27 εἶτα λέγει τῷ Θωμᾷ

20 28 ἀπεκρίθη (+ὁ [S]ϛ) Θωμᾶς καὶ εἶπεν αὐτῷ

20 29 * ὅτι ἑώρακάς με, Θωμᾶ (+ϛ), πεπίστευκας;

21 2ᵃ ἦσαν ὁμοῦ Σίμων Πέτρος καὶ Θωμᾶς ὁ λεγόμενος Δίδυμος καὶ Ναθαναήλ

Ac 1 13 εἰς τὸ ὑπερῷον ἀνέβησαν . . . ὅ τε Πέτρος . . . Φίλιππος καὶ Θωμᾶς

θώραξ

E 6 14 στῆτε οὖν . . . ἐνδυσάμενοι τὸν θώρακα τῆς δικαιοσύνης

1Th 5 8 ἡμεῖς δὲ ἡμέρας ὄντες νήφωμεν, ἐνδυσάμενοι θώρακα πίστεως καὶ ἀγάπης

Ap 9 9 ⟨τὰ ὁμοιώματα τῶν ἀκρίδων⟩ εἶχον θώρακας ↔

9 9 ὡς θώρακας σιδηροῦς

9 17 εἶδον . . . τοὺς καθημένους ἐπ’ αὐτῶν, ἔχοντας θώρακας πυρίνους καὶ ὑακινθίνους καὶ θειώδεις

I

Ἰάϊρος

Ἰάειρος VSTHϛ

Ἰάιρος MB

Mc 5 22 ἔρχεται εἷς τῶν ἀρχισυναγώγων, ὀνόματι Ἰάϊρος

Lc 8 41 ἦλθεν ἀνὴρ ᾧ ὄνομα Ἰάϊρος, καὶ οὗτος (αὐτὸς Tϛ) ἄρχων τῆς συναγωγῆς ὑπῆρχεν

Ἰακώβ

a filius Isaac

b Ἀβραάμ et Ἰσαάκ et Ἰακώβ

c Ἰ. et Ἰωσήφ

d οἶκος Ἰακώβ

e filius Matthan

Mt 1 2a Ἰσαὰκ δὲ ἐγέννησεν τὸν Ἰακώβ, ↔

1 2a Ἰακὼβ δὲ ἐγέννησεν τὸν Ἰούδαν καὶ τοὺς ἀδελφοὺς αὐτοῦ

1 15e Ματθὰν δὲ ἐγέννησεν τὸν Ἰακώβ, ↔

1 16e Ἰακὼβ δὲ ἐγέννησεν τὸν Ἰωσήφ

8 11ab πολλοὶ . . . ἥξουσιν καὶ ἀνακλιθήσονται μετὰ Ἀβραὰμ καὶ Ἰσαὰκ καὶ Ἰακὼβ ἐν τῇ βασιλείᾳ τῶν οὐρανῶν

22 32ab ἐγώ εἰμι ὁ θεὸς Ἀβραὰμ καὶ ὁ θεὸς Ἰσαὰκ καὶ ὁ θεὸς Ἰακώβ

Mc 12 26ab ἐγὼ ὁ θεὸς Ἀβραὰμ καὶ ὁ (+ [N26]BTϛ) θεὸς Ἰσαὰκ καὶ ὁ (+ [N26]BTϛ) θεὸς Ἰακώβ

Lc 1 33ad βασιλεύσει ἐπὶ τὸν οἶκον Ἰακὼβ εἰς τοὺς αἰῶνας

3 34ab ⟨ἦν Ἰησοῦς . . . ὢν υἱός, ὡς ἐνομίζετο⟩ τοῦ Ἰακὼβ τοῦ Ἰσαὰκ τοῦ Ἀβραάμ

13 28ab ὅταν ὄψεσθε (N26T; ὄψησθε rl) Ἀβραὰμ καὶ Ἰσαὰκ καὶ Ἰακὼβ . . . ἐν τῇ βασιλείᾳ τοῦ θεοῦ

20 37ab ὡς λέγει κύριον τὸν θεὸν Ἀβραὰμ καὶ θεὸν Ἰσαὰκ καὶ θεὸν Ἰακώβ

Jo 4 5ac πλησίον τοῦ χωρίου ὃ ἔδωκεν Ἰακὼβ τῷ [+N26NH] Ἰωσὴφ τῷ υἱῷ αὐτοῦ· ↔

4 6a ἦν δὲ ἐκεῖ πηγὴ τοῦ Ἰακώβ

4 12a μὴ σὺ μείζων εἶ τοῦ πατρὸς ἡμῶν Ἰακὼβ ⟨;⟩

Ac 3 13ab ὁ θεὸς Ἀβραὰμ καὶ | ὁ θεὸς (+ [N26]BST) Ἰσαὰκ καὶ | ὁ θεὸς (+ [N26]BST) Ἰακώβ, ὁ θεὸς τῶν πατέρων ἡμῶν, ἐδόξασεν . . . Ἰησοῦν

7 8a οὕτως ἐγέννησεν τὸν Ἰσαὰκ . . . καὶ (+ὁ ϛ) Ἰσαὰκ τὸν Ἰακώβ, ↔

7 8a καὶ (+ὁ ϛ) Ἰακὼβ τοὺς δώδεκα πατριάρχας

7 12a ἀκούσας δὲ Ἰακὼβ ὄντα σιτία εἰς Αἴγυπτον ἐξαπέστειλεν τοὺς πατέρας ἡμῶν πρῶτον

7 14ac ἀποστείλας δὲ Ἰωσὴφ μετεκαλέσατο Ἰακὼβ τὸν πατέρα αὐτοῦ

7 15a | καὶ κατέβη (κατέβη δὲ Hϛ) Ἰακὼβ | εἰς Αἴγυπτον [H]

7 32ab ἐγὼ ὁ θεὸς τῶν πατέρων σου, ὁ θεὸς Ἀβραὰμ καὶ Ἰσαὰκ καὶ Ἰακώβ

7 46ad ὃς . . . ᾐτήσατο εὑρεῖν σκήνωμα τῷ οἴκῳ (N26NT; θεῷ rl) Ἰακώβ

Rm 9 13a τὸν Ἰακὼβ ἠγάπησα, τὸν δὲ Ἠσαῦ ἐμίσησα

11 26a ἀποστρέψει ἀσεβείας ἀπὸ Ἰακώβ

Hb 11 9a ἐν σκηναῖς κατοικήσας, μετὰ Ἰσαὰκ καὶ Ἰακὼβ τῶν συγκληρονόμων τῆς ἐπαγγελίας

11 20a πίστει καὶ (—Tϛ) περὶ μελλόντων εὐλόγησεν Ἰσαὰκ τὸν Ἰακὼβ καὶ τὸν Ἠσαῦ. ↔

11 21ac πίστει Ἰακὼβ ἀποθνῄσκων ἕκαστον τῶν υἱῶν Ἰωσὴφ εὐλόγησεν

Ἰάκωβος

a filius Zebedaei

b filius Alphaei

c filius Mariae

d frater Jesu

e pater Juda

Mt 4 21a προβὰς ἐκεῖθεν εἶδεν ἄλλους δύο ἀδελφούς, Ἰάκωβον τὸν τοῦ Ζεβεδαίου καὶ Ἰωάννην

10 2a τῶν δὲ δώδεκα ἀποστόλων τὰ ὀνόματά ἐστιν ταῦτα . . . Ἰάκωβος ὁ τοῦ Ζεβεδαίου καὶ Ἰωάννης ὁ ἀδελφὸς αὐτοῦ

10 3b Ἰάκωβος ὁ τοῦ Ἀλφαίου καὶ Θαδδαῖος (Λεββαῖος T; Λ. ὁ ἐπικληθεὶς Θ. Sϛ)

13 55d οὐχ (οὐχὶ Sϛ) ἡ μήτηρ αὐτοῦ λέγεται Μαριὰμ καὶ οἱ ἀδελφοὶ αὐτοῦ Ἰάκωβος . . . καὶ Ἰούδας;

17 1a μεθ᾽ ἡμέρας ἓξ παραλαμβάνει ὁ Ἰησοῦς τὸν Πέτρον καὶ Ἰάκωβον καὶ Ἰωάννην τὸν ἀδελφὸν αὐτοῦ

27 56c ⟨ἦσαν . . . γυναῖκες⟩ ἐν αἷς ἦν Μαρία ἡ Μαγδαληνή, καὶ Μαρία ἡ τοῦ Ἰακώβου καὶ Ἰωσὴφ (Ἰωσῆ MVSϛ) μήτηρ

Mc 1 19a προβὰς ὀλίγον εἶδεν Ἰάκωβον τὸν τοῦ Ζεβεδαίου

1 29a | ἐξελθόντες ἦλθον (ἐξελθὼν ἦλθεν M) εἰς τὴν οἰκίαν Σίμωνος . . . μετὰ Ἰακώβου καὶ Ἰωάννου

3 17a ⟨ἐποίησεν τοὺς δώδεκα⟩ Ἰάκωβον τὸν τοῦ Ζεβεδαίου ↔

3 17a καὶ Ἰωάννην τὸν ἀδελφὸν τοῦ Ἰακώβου

3 18b καὶ Θωμᾶν καὶ Ἰάκωβον τὸν τοῦ Ἀλφαίου

5 37a οὐκ ἀφῆκεν οὐδένα . . . συνακολουθῆσαι εἰ μὴ τὸν Πέτρον καὶ Ἰάκωβον ↔

5 37a Ἰωάννην τὸν ἀδελφὸν Ἰακώβου

6 3d οὐχ οὗτός ἐστιν ὁ τέκτων, ὁ υἱὸς τῆς Μαρίας | καὶ ἀδελφὸς (ἀ. δὲ Sϛ) Ἰακώβου ⟨;⟩

9 2a μετὰ ἡμέρας ἓξ παραλαμβάνει ὁ Ἰησοῦς τὸν Πέτρον καὶ τὸν Ἰάκωβον καὶ τὸν (—NMH) Ἰωάννην

10 35a προσπορεύονται αὐτῷ Ἰάκωβος καὶ Ἰωάννης οἱ [+δύο NH] υἱοὶ Ζεβεδαίου

10 41a ἀκούσαντες οἱ δέκα ἤρξαντο ἀγανακτεῖν περὶ Ἰακώβου καὶ Ἰωάννου

Mc 13 3a ἐπηρώτα αὐτὸν κατ᾽ ἰδίαν (+ὁ T) Πέτρος καὶ Ἰάκωβος καὶ Ἰωάννης καὶ Ἀνδρέας

14 33a παραλαμβάνει τὸν Πέτρον καὶ τὸν ([N26]; —VBST) Ἰάκωβον καὶ τὸν ([N26]; —VBSTϛ) Ἰωάννην μετ᾽ αὐτοῦ

15 40c ἦσαν δὲ καὶ γυναῖκες . . . ἐν αἷς καὶ Μαρία ἡ Μαγδαληνὴ καὶ Μαρία ἡ (+τοῦ ϛ) Ἰακώβου τοῦ μικροῦ καὶ Ἰωσῆτος μήτηρ

16 1c διαγενομένου τοῦ σαββάτου [+ἡ NH] Μαρία ἡ Μαγδαληνὴ καὶ Μαρία ἡ τοῦ ([N26NH]; —T) Ἰακώβου . . . ἠγόρασαν ἀρώματα

Lc 5 10a ⟨θάμβος γὰρ περιέσχεν αὐτὸν⟩ ὁμοίως δὲ καὶ Ἰάκωβον καὶ Ἰωάννην υἱοὺς Ζεβεδαίου

6 14a ⟨ἐκλεξάμενος ἀπ᾽ αὐτῶν δώδεκα⟩ Ἰάκωβον καὶ Ἰωάννην

6 15b καὶ ([NH]; —Vϛ) Ἰάκωβον Ἀλφαίου καὶ Σίμωνα τὸν καλούμενον ζηλωτήν, ↔

6 16e καὶ (—Vϛ) Ἰούδαν Ἰακώβου

8 51a οὐκ ἀφῆκεν εἰσελθεῖν τινα . . . εἰ μὴ Πέτρον καὶ | Ἰωάννην καὶ Ἰάκωβον (~ Sϛ)

9 28a παραλαβὼν Πέτρον καὶ Ἰωάννην καὶ Ἰάκωβον ἀνέβη εἰς τὸ ὄρος

9 54a ἰδόντες δὲ οἱ μαθηταὶ (+αὐτοῦ Vϛ) Ἰάκωβος καὶ Ἰωάννης εἶπαν

24 10c ἦσαν δὲ ἡ Μαγδαληνὴ Μαρία καὶ Ἰωάννα καὶ Μαρία ἡ (—ϛ) Ἰακώβου

Ac 1 13a εἰς τὸ ὑπερῷον ἀνέβησαν . . . ὅ τε Πέτρος καὶ Ἰωάννης καὶ Ἰάκωβος καὶ Ἀνδρέας

1 13c Ἰάκωβος Ἀλφαίου καὶ Σίμων ὁ ζηλωτὴς ↔

1 13e καὶ Ἰούδας Ἰακώβου

12 2a ἀνεῖλεν δὲ Ἰάκωβον τὸν ἀδελφὸν Ἰωάννου μαχαίρῃ

12 17d ἀπαγγείλατε Ἰακώβῳ καὶ τοῖς ἀδελφοῖς ταῦτα

15 13d μετὰ δὲ τὸ σιγῆσαι αὐτοὺς ἀπεκρίθη Ἰάκωβος λέγων

21 18d τῇ δὲ (τε T) ἐπιούσῃ εἰσῄει ὁ Παῦλος σὺν ἡμῖν πρὸς Ἰάκωβον

1 C 15 7d ἔπειτα ὤφθη Ἰακώβῳ, εἶτα (ἔπ᾽ T) τοῖς ἀποστόλοις πᾶσιν

G 1 19d ἕτερον δὲ τῶν ἀποστόλων οὐκ εἶδον, εἰ μὴ Ἰάκωβον τὸν ἀδελφὸν τοῦ κυρίου

2 9d γνόντες τὴν χάριν τὴν δοθεῖσάν μοι, Ἰάκωβος καὶ Κηφᾶς καὶ Ἰωάννης . . . δεξιὰς ἔδωκαν ἐμοὶ

2 12d πρὸ τοῦ γὰρ ἐλθεῖν τινας ἀπὸ Ἰακώβου μετὰ τῶν ἐθνῶν συνήσθιεν

Jc 1 1d Ἰάκωβος θεοῦ καὶ κυρίου Ἰησοῦ Χριστοῦ δοῦλος ταῖς δώδεκα φυλαῖς . . . χαίρειν

Jd 1d Ἰούδας Ἰησοῦ Χριστοῦ δοῦλος, ἀδελφὸς δὲ Ἰακώβου, τοῖς ἐν θεῷ πατρὶ ἠγαπημένοις

ἴαμα

1 C 12 9 ⟨ᾧ μὲν ... δίδοται λόγος σοφίας⟩ ἑτέρῳ (+δὲ MVSϛ) πίστις ... ἄλλῳ δὲ χαρίσματα ἰαμάτων ἐν τῷ ἑνὶ πνεύματι

12 28 οὓς μὲν ἔθετο ὁ θεὸς ... πρῶτον ἀποστόλους ... ἔπειτα δυνάμεις, ἔπειτα χαρίσματα ἰαμάτων

12 30 μὴ πάντες χαρίσματα ἔχουσιν ἰαμάτων;

Ἰαμβρῆς

2 Tm 3 8 ὃν τρόπον δὲ Ἰάννης καὶ Ἰαμβρῆς ἀντέστησαν Μωϋσεῖ

Ἰανναί
Ἰαννά ϛ

Lc 3 24 ⟨ἦν Ἰησοῦς ... ὢν υἱός, ὡς ἐνομίζετο⟩ τοῦ Μελχὶ τοῦ Ἰανναί τοῦ Ἰωσήφ

Ἰάννης
Ἰαννῆς MVSTHϛ

2 Tm 3 8 ὃν τρόπον δὲ Ἰάννης καὶ Ἰαμβρῆς ἀντέστησαν Μωϋσεῖ

ἰάομαι

a med. trans.
b ἰ. ἀπό
c εἰς τὸ ἰᾶσθαι

Mt 8 8 μόνον εἰπὲ λόγῳ, καὶ ἰαθήσεται ὁ παῖς μου

8 13 ἰάθη ὁ παῖς αὐτοῦ (+[N²⁶]ϛ) ἐν τῇ ὥρᾳ ἐκείνῃ

13 15ᵃ μήποτε ... ἐπιστρέψωσιν, καὶ ἰάσομαι (ἰάσωμαι ϛ) αὐτούς

15 28 ἰάθη ἡ θυγάτηρ αὐτῆς ἀπὸ τῆς ὥρας ἐκείνης

Mc 5 29ᵇ ἔγνω τῷ σώματι ὅτι ἴαται ἀπὸ τῆς μάστιγος

Lc 4 18ᵃ * ἀπέσταλκέν με | ἰάσασθαι τοὺς συντετριμμένους τὴν καρδίαν (+ϛ)

5 17ᵃᶜ δύναμις κυρίου ἦν εἰς τὸ ἰᾶσθαι αὐτόν (-τοὺς Vϛ)

6 18ᵇ οἳ ἦλθον ἀκοῦσαι αὐτοῦ καὶ ἰαθῆναι ἀπὸ τῶν νόσων αὐτῶν

6 19ᵃ ὅτι δύναμις παρ' αὐτοῦ ἐξήρχετο καὶ ἰᾶτο πάντας

7 7 εἰπὲ λόγῳ, καὶ ἰαθήτω (ἰαθήσεται Vϛ) ὁ παῖς μου

8 47 δι' ἣν αἰτίαν ἥψατο αὐτοῦ ἀπήγγειλεν ... καὶ ὡς ἰάθη παραχρῆμα

9 2ᵃ ἀπέστειλεν αὐτοὺς κηρύσσειν ... καὶ ἰᾶσθαι | τοὺς ἀσθενεῖς ([N²⁶]; τ. ἀσθενοῦντας Vϛ; —NTH)

9 11ᵃ τοὺς χρείαν ἔχοντας θεραπείας ἰᾶτο (ἰάσατο S)

9 42ᵃ ἐπετίμησεν δὲ ὁ Ἰησοῦς τῷ πνεύματι ... καὶ ἰάσατο τὸν παῖδα

14 4ᵃ ἐπιλαβόμενος ἰάσατο αὐτὸν καὶ ἀπέλυσεν

17 15 εἷς δὲ ἐξ αὐτῶν, ἰδὼν ὅτι ἰάθη, ὑπέστρεψεν

22 51ᵃ ἁψάμενος τοῦ ὠτίου ἰάσατο αὐτόν

Jo 4 47ᵃ ἠρώτα ἵνα καταβῇ καὶ ἰάσηται αὐτοῦ τὸν υἱόν

5 13 ὁ δὲ ἰαθεὶς (ἀσθενῶν T) οὐκ ᾔδει τίς ἐστιν

12 40 ἵνα μὴ ... στραφῶσιν, καὶ ἰάσομαι (ἰάσωμαι ϛ) αὐτούς

Ac 3 11 * κρατοῦντος δὲ | τοῦ ἰαθέντος χωλοῦ (ϛ; αὐτοῦ rl) τὸν Πέτρον ... συνέδραμεν πᾶς ὁ λαὸς πρὸς αὐτούς

9 34ᵃ Αἰνέα, ἰᾶταί σε Ἰησοῦς (+ὁ VB Sϛ) Χριστός

10 38ᵃ ὃς διῆλθεν εὐεργετῶν καὶ ἰώμενος πάντας τοὺς καταδυναστευομένους ὑπὸ τοῦ διαβόλου

Ac 28 8ᵃ πρὸς ὃν ὁ Παῦλος εἰσελθὼν ... ἐπιθεὶς τὰς χεῖρας αὐτῷ ἰάσατο αὐτόν

28 27ᵃ μήποτε ... ἐπιστρέψωσιν, καὶ ἰάσομαι (-σωμαι ϛ) αὐτούς

Hb 12 13 ἵνα μὴ τὸ χωλὸν ἐκτραπῇ, ἰαθῇ δὲ μᾶλλον

Jc 5 16 εὔχεσθε (προσ- NH) ὑπὲρ ἀλλήλων, ὅπως ἰαθῆτε

1 Pt 2 24 οὗ τῷ μώλωπι (+αὐτοῦ Tϛ) ἰάθητε

Ἰάρετ
Ἰάρεδ BS
Ἰαρέδ ϛ

Lc 3 37 ⟨ἦν Ἰησοῦς ... ὢν υἱός, ὡς ἐνομίζετο⟩ τοῦ Ἑνὼχ τοῦ Ἰάρετ τοῦ Μαλελεήλ

ἴασις

Lc 13 32 ἰδοὺ ἐκβάλλω δαιμόνια καὶ ἰάσεις ἀποτελῶ (ἐπι- ϛ) σήμερον καὶ αὔριον

Ac 4 22 ὁ ἄνθρωπος ἐφ' ὃν γεγόνει (ἐγεγόνει MVBSϛ) τὸ σημεῖον τοῦτο τῆς ἰάσεως

4 30 ἐν τῷ τὴν χεῖρά σου ([N²⁶]; —NMH) ἐκτείνειν σε εἰς ἴασιν

ἴασπις

Ap 4 3 καὶ ὁ καθήμενος ὅμοιος ὁράσει λίθῳ ἰάσπιδι καὶ σαρδίῳ

21 11 ὁ φωστὴρ αὐτῆς ὅμοιος λίθῳ τιμιωτάτῳ, ὡς λίθῳ ἰάσπιδι κρυσταλλίζοντι

21 18 ⟨ἐμέτρησεν τὴν πόλιν⟩ καὶ ἡ ([ἦν] ἡ M; ἦν ἡ VBϛ; ἦν S) ἐνδώμησις τοῦ τείχους αὐτῆς ἴασπις

21 19 οἱ θεμέλιοι τοῦ τείχους ... παντὶ λίθῳ τιμίῳ κεκοσμημένοι· ὁ θεμέλιος ὁ πρῶτος ἴασπις

Ἰάσων

a Ἰ. Thessalonicensis
b cognatus Pauli

Ac 17 5ᵃ ἐπιστάντες τῇ οἰκίᾳ Ἰάσονος ἐζήτουν αὐτοὺς προαγαγεῖν εἰς τὸν δῆμον· ↔

17 6ᵃ μὴ εὑρόντες δὲ αὐτοὺς ἔσυρον (+τὸν ϛ) Ἰάσονα καί τινας ἀδελφοὺς ἐπὶ τοὺς πολιτάρχας

17 7ᵃ ⟨οἱ τὴν οἰκουμένην ἀναστατώσαντες ... ἐνθάδε πάρεισιν⟩ οὓς ὑποδέδεκται Ἰάσων

17 9ᵃ λαβόντες τὸ ἱκανὸν παρὰ τοῦ Ἰάσονος καὶ τῶν λοιπῶν ἀπέλυσαν αὐτούς

Rm 16 21ᵇ ἀσπάζεται ὑμᾶς ... Λούκιος καὶ Ἰάσων καὶ Σωσίπατρος οἱ συγγενεῖς μου

ἰατρός

a plur.

Mt 9 12 οὐ χρείαν ἔχουσιν οἱ ἰσχύοντες ἰατροῦ ἀλλ' οἱ κακῶς ἔχοντες

Mc 2 17 οὐ χρείαν ἔχουσιν οἱ ἰσχύοντες ἰατροῦ ἀλλ' οἱ κακῶς ἔχοντες

5 26ᵃ ⟨γυνὴ⟩ πολλὰ παθοῦσα ὑπὸ πολλῶν ἰατρῶν καὶ δαπανήσασα τὰ παρ' αὐτῆς (ἑ- BSTϛ) πάντα

Lc 4 23 ἰατρέ, θεράπευσον σεαυτόν

5 31 οὐ χρείαν ἔχουσιν οἱ ὑγιαίνοντες ἰατροῦ ἀλλὰ οἱ κακῶς ἔχοντες

8 43ᵃ γυνὴ ... ἥτις || ἰατροῖς (εἰς ἰατροὺς ϛ) προσαναλώσασα ὅλον τὸν βίον (([N²⁶]; —NH)) οὐκ ἴσχυσεν ἀπ' (ὑπ' Sϛ) οὐδενὸς θεραπευθῆναι

Cl 4 14 ἀσπάζεται ὑμᾶς Λουκᾶς ὁ ἰατρὸς ὁ ἀγαπητὸς καὶ Δημᾶς

ἴδε

→ ὁράω/εἶδον
a ἴδε νῦν
b ἴδε ὧδε, ἐκεῖ
c καὶ ἴδε
d seq. interr.

Mt 25 20 ἴδε ἄλλα πέντε τάλαντα ἐκέρδησα (+ἐπ' αὐτοῖς Vϛ)

25 22 ἴδε ἄλλα δύο τάλαντα ἐκέρδησα (+ἐπ' αὐτοῖς Vϛ)

25 25 ἴδε ἔχεις τὸ σόν

26 65ᵃ ἴδε νῦν ἠκούσατε τὴν βλασφημίαν (+αὐτοῦ [M]Vϛ)

Mc 2 24ᵈ ἴδε τί ποιοῦσιν τοῖς σάββασιν ὃ οὐκ ἔξεστιν;

3 34 ἴδε ἡ μήτηρ μου καὶ οἱ ἀδελφοί μου

11 21 ῥαββί, ἴδε ἡ συκῆ ἣν κατηράσω ἐξήρανται

13 21ᵇ ἴδε (ἰδοὺ ϛ) ὧδε ὁ χριστός, ↔

13 21ᵇ ἴδε (ἢ ἰδοὺ ϛ) ἐκεῖ

15 35 ἴδε (ἰδοὺ ϛ) Ἠλίαν φωνεῖ

16 6 ἴδε ὁ τόπος ὅπου ἔθηκαν αὐτόν

Jo 1 29 ἴδε ὁ ἀμνὸς τοῦ θεοῦ ὁ αἴρων τὴν ἁμαρτίαν τοῦ κόσμου

1 36 ἴδε ὁ ἀμνὸς τοῦ θεοῦ

1 47 ἴδε ἀληθῶς Ἰσραηλίτης, ἐν ᾧ δόλος οὐκ ἔστιν

3 26 ᾧ σὺ μεμαρτύρηκας, ἴδε οὗτος βαπτίζει

5 14 ἴδε ὑγιὴς γέγονας· μηκέτι ἁμάρτανε

7 26ᶜ καὶ ἴδε παρρησίᾳ λαλεῖ

11 3 κύριε, ἴδε ὃν φιλεῖς ἀσθενεῖ

11 36ᵈ ἴδε πῶς ἐφίλει αὐτόν

12 19 ἴδε ὁ κόσμος ὀπίσω αὐτοῦ ἀπῆλθεν

16 29ᵃ ἴδε νῦν ἐν ([V]; —ϛ) παρρησίᾳ λαλεῖς

18 21 ἴδε οὗτοι οἴδασιν ἃ εἶπον ἐγώ

19 4 ἴδε ἄγω ὑμῖν αὐτὸν ἔξω

19 5 * ἴδε (ϛ; ἰδοὺ rl) ὁ ἄνθρωπος

19 14 ἴδε ὁ βασιλεὺς ὑμῶν

19 26 γύναι, ἴδε (ἰδοὺ Sϛ) ὁ υἱός σου

19 27 ἴδε (ἰδοὺ ϛ) ἡ μήτηρ σου

Rm 2 17 * ἴδε (ϛ; εἰ δὲ rl) σὺ Ἰουδαῖος ἐπονομάζῃ καὶ ἐπαναπαύῃ νόμῳ

G 5 2 ἴδε ἐγὼ Παῦλος λέγω ὑμῖν

ἰδέα

→ εἰδέα

ἴδιος

a κατ' ἰδίαν, ἰδίᾳ
b τὸ ἴδιον
c τὰ ἴδια
d εἰς τὰ ἴδια
e οἱ ἴδιοι
f ἴ. et ἕκαστος

Mt 9 1 ἦλθεν εἰς τὴν ἰδίαν πόλιν

13 57 * οὐκ ἔστιν προφήτης ἄτιμος εἰ μὴ ἐν τῇ ἰδίᾳ (+VSTϛ) πατρίδι (+αὐτοῦ ϛ) καὶ ἐν τῇ οἰκίᾳ αὐτοῦ

14 13ᵃ ὁ Ἰησοῦς ἀνεχώρησεν ἐκεῖθεν ἐν πλοίῳ εἰς ἔρημον τόπον κατ' ἰδίαν

14 23ᵃ ἀπολύσας τοὺς ὄχλους ἀνέβη εἰς τὸ ὄρος κατ' ἰδίαν προσεύξασθαι

17 1ᵃ ἀναφέρει αὐτοὺς εἰς ὄρος ὑψηλὸν κατ' ἰδίαν

17 19ᵃ τότε προσελθόντες οἱ μαθηταὶ τῷ Ἰησοῦ κατ' ἰδίαν εἶπον

20 17ᵃ | καὶ ἀναβαίνων ὁ (μέλλων δὲ ἀναβαίνειν NH) Ἰησοῦς εἰς Ἱεροσόλυμα παρέλαβεν τοὺς δώδεκα μαθητὰς ([N²⁶H]; —NMT) κατ' ἰδίαν

Mt 22 5 οἱ δὲ ἀμελήσαντες ἀπῆλθον, ὃς
μὲν εἰς τὸν ἴδιον ἀγρόν
24 3ᵃ καθημένου δὲ αὐτοῦ . . . προσῆλ-
θον αὐτῷ οἱ μαθηταὶ κατ᾽ ἰδίαν
λέγοντες
25 14 ὥσπερ γὰρ ἄνθρωπος ἀποδημῶν
ἐκάλεσεν τοὺς ἰδίους δούλους
25 15ᶠ ᾧ μὲν ἔδωκεν πέντε τάλαντα . . .
ᾧ δὲ ἕν, ἑκάστῳ κατὰ τὴν ἰδίαν
δύναμιν

Mc 4 34ᵃ κατ᾽ ἰδίαν δὲ ↔
4 34 τοῖς | ἰδίοις μαθηταῖς (μ. αὐτοῦ ϛ)
ἐπέλυεν πάντα
6 31ᵃ δεῦτε ὑμεῖς αὐτοὶ κατ᾽ ἰδίαν εἰς
ἔρημον τόπον
6 32ᵃ ἀπῆλθον | ἐν τῷ πλοίῳ εἰς ἔρημον
τόπον (εἰς ἔ. τ. τῷ πλ. STϛ) κατ᾽
ἰδίαν
7 33ᵃ ἀπολαβόμενος αὐτὸν ἀπὸ τοῦ
ὄχλου κατ᾽ ἰδίαν
9 2ᵃ ἀναφέρει αὐτοὺς εἰς ὄρος ὑψηλὸν
κατ᾽ ἰδίαν μόνους
9 28ᵃ εἰσελθόντος αὐτοῦ εἰς οἶκον οἱ
μαθηταὶ αὐτοῦ κατ᾽ ἰδίαν ἐπηρώ-
των αὐτόν
13 3ᵃ καθημένου αὐτοῦ . . . ἐπηρώτα
αὐτὸν κατ᾽ ἰδίαν (+ὁ Τ) Πέτρος
καὶ ᾽Ιάκωβος
15 20 * ἐξέδυσαν αὐτὸν τὴν πορφύραν
καὶ ἐνέδυσαν αὐτὸν τὰ ἴδια (+Τ)
ἱμάτια αὐτοῦ (τὰ ἴδια VSϛ)

Lc 2 3ᶠ * ἐπορεύοντο πάντες ἀπογράφε-
σθαι, ἕκαστος εἰς τὴν ἰδίαν (Vϛ;
ἑαυτοῦ rl) πόλιν
6 41 τὴν δὲ δοκὸν τὴν ἐν τῷ ἰδίῳ
ὀφθαλμῷ οὐ κατανοεῖς
6 44ᶠ ἕκαστον γὰρ δένδρον ἐκ τοῦ ἰδίου
καρποῦ γινώσκεται
9 10ᵃ ὑπεχώρησεν κατ᾽ ἰδίαν | εἰς πόλιν
καλουμένην (εἰς τόπον ἔρημον
πόλεως καλουμένης Vϛ) Βηθσαϊδά
10 23ᵃ στραφεὶς πρὸς τοὺς μαθητὰς κατ᾽
ἰδίαν εἶπεν
10 34 ἐπιβιβάσας δὲ αὐτὸν ἐπὶ τὸ ἴδιον
κτῆνος ἤγαγεν αὐτὸν εἰς πανδο-
χεῖον
18 28ᶜ ἰδοὺ ἡμεῖς | ἀφέντες τὰ ἴδια (ἀφή-
καμεν πάντα καὶ ϛ) ἠκολουθήσα-
μέν σοι

Jo 1 11ᵈ εἰς τὰ ἴδια ἦλθεν, ↔
1 11ᵉ καὶ οἱ ἴδιοι αὐτὸν οὐ παρέλαβον
1 41 εὑρίσκει οὗτος πρῶτον (-τος Τϛ)
τὸν ἀδελφὸν τὸν ἴδιον Σίμωνα
4 44 προφήτης ἐν τῇ ἰδίᾳ πατρίδι τι-
μὴν οὐκ ἔχει
5 18 ὅτι . . . πατέρα ἴδιον ἔλεγεν τὸν
θεόν, ἴσον ἑαυτὸν ποιῶν τῷ θεῷ
5 43 ἐὰν ἄλλος ἔλθῃ ἐν τῷ ὀνόματι τῷ
ἰδίῳ, ἐκεῖνον λήμψεσθε
7 18 ὁ ἀφ᾽ ἑαυτοῦ λαλῶν τὴν δόξαν τὴν
ἰδίαν ζητεῖ
8 44ᶜ ὅταν λαλῇ τὸ ψεῦδος, ἐκ τῶν ἰδίων
λαλεῖ
10 3 τούτῳ ὁ θυρωρὸς ἀνοίγει . . . καὶ
τὰ ἴδια πρόβατα φωνεῖ κατ᾽ ὄνομα
καὶ ἐξάγει αὐτά. ↔
10 4 ὅταν τὰ ἴδια πάντα ἐκβάλῃ, ἔμ-
προσθεν αὐτῶν πορεύεται
10 12 ὁ μισθωτὸς . . . οὗ οὐκ ἔστιν τὰ
πρόβατα ἴδια . . . φεύγει
13 1ᵉ ὁ ᾽Ιησοῦς . . . ἀγαπήσας τοὺς
ἰδίους τοὺς ἐν τῷ κόσμῳ
15 19ᵇ εἰ ἐκ τοῦ κόσμου ἦτε, ὁ κόσμος ἂν
τὸ ἴδιον ἐφίλει

Jo 16 32ᵈᶠ ἔρχεται ὥρα . . . ἵνα σκορπισθῆτε
ἕκαστος εἰς τὰ ἴδια κἀμὲ μόνον
ἀφῆτε
19 27ᵈ ἀπ᾽ ἐκείνης τῆς ὥρας ἔλαβεν | ὁ
μαθητὴς αὐτὴν (~ Τϛ) εἰς τὰ ἴδια

Ac 1 7 οὐχ ὑμῶν ἐστιν γνῶναι χρόνους ἢ
καιροὺς οὓς ὁ πατὴρ ἔθετο ἐν τῇ
ἰδίᾳ ἐξουσίᾳ
1 19 ὥστε κληθῆναι τὸ χωρίον ἐκεῖνο
τῇ ἰδίᾳ (—Η) διαλέκτῳ αὐτῶν
᾽Ακελδαμάχ
1 25 ἀφ᾽ ἧς παρέβη ᾽Ιούδας πορευθῆναι
εἰς τὸν τόπον τὸν ἴδιον
2 6ᶠ ὅτι ἤκουον (-εν S; -σεν Η) εἷς ἕκα-
στος τῇ ἰδίᾳ διαλέκτῳ λαλούντων
αὐτῶν
2 8ᶠ πῶς ἡμεῖς ἀκούομεν ἕκαστος τῇ
ἰδίᾳ διαλέκτῳ ἡμῶν ἐν ᾗ ἐγεννήθη-
μεν ⟨;⟩
3 12 ἢ ἡμῖν τί ἀτενίζετε ὡς ἰδίᾳ δυνάμει
ἢ εὐσεβείᾳ πεποιηκόσιν τοῦ περι-
πατεῖν αὐτόν;
4 23ᵃ ἀπολυθέντες δὲ ἦλθον πρὸς τοὺς
ἰδίους
4 32 οὐδὲ εἷς τι τῶν ὑπαρχόντων αὐτῷ
ἔλεγεν ἴδιον εἶναι
13 36 Δαυὶδ μὲν γὰρ ἰδίᾳ γενεᾷ ὑπηρετή-
σας τῇ τοῦ θεοῦ βουλῇ ἐκοιμήθη
20 28 τὴν ἐκκλησίαν . . . ἣν περιεποιήσα-
το διὰ τοῦ | αἵματος τοῦ ἰδίου (ἰ.
αἴ. ϛ)
21 6ᵈ ἐκεῖνοι δὲ ὑπέστρεψαν εἰς τὰ ἴδια
23 19ᵃ ἀναχωρήσας κατ᾽ ἰδίαν ἐπυνθάνε-
το
24 23ᵉ διαταξάμενος τῷ ἑκατοντάρχῃ . . .
μηδένα κωλύειν τῶν ἰδίων αὐτοῦ
ὑπηρετεῖν αὐτῷ
24 24 παραγενόμενος ὁ Φῆλιξ σὺν Δρου-
σίλλῃ τῇ | ἰδίᾳ γυναικί (γ. αὐτοῦ
ϛ) . . . μετεπέμψατο τὸν Παῦλον
25 19 ζητήματα δέ τινα περὶ τῆς ἰδίας
δεισιδαιμονίας εἶχον πρὸς αὐτόν
28 30 ἐνέμεινεν δὲ διετίαν ὅλην ἐν ἰδίῳ
μισθώματι

Rm 8 32 ⟨ὁ θεὸς⟩ ὅς γε τοῦ ἰδίου υἱοῦ οὐκ
ἐφείσατο
10 3 τὴν ἰδίαν δικαιοσύνην (+[N²⁶]
BTϛ) ζητοῦντες στῆσαι, τῇ δι-
καιοσύνῃ τοῦ θεοῦ οὐχ ὑπετάγη-
σαν
11 24 πόσῳ μᾶλλον οὗτοι οἱ κατὰ φύσιν
ἐγκεντρισθήσονται τῇ ἰδίᾳ ἐλαίᾳ
14 4 τῷ ἰδίῳ κυρίῳ στήκει ἢ πίπτει
14 5ᶠ ἕκαστος ἐν τῷ ἰδίῳ νοῒ πληροφο-
ρείσθω

1 C 3 8ᶠ ἕκαστος δὲ τὸν ἴδιον μισθὸν λήμ-
ψεται ↔
3 8 κατὰ τὸν ἴδιον κόπον
4 12 κοπιῶμεν ἐργαζόμενοι ταῖς ἰδίαις
χερσίν
6 18 ὁ δὲ πορνεύων εἰς τὸ ἴδιον σῶμα
ἁμαρτάνει
7 2ᶠ διὰ δὲ τὰς πορνείας . . . ἑκάστη
τὸν ἴδιον ἄνδρα ἐχέτω
7 4 ἡ γυνὴ τοῦ ἰδίου σώματος οὐκ
ἐξουσιάζει ἀλλὰ ὁ ἀνήρ· ↔
7 4 ὁμοίως δὲ καὶ ὁ ἀνὴρ τοῦ ἰδίου
σώματος οὐκ ἐξουσιάζει ἀλλὰ ἡ
γυνή
7 7ᶠ ἕκαστος ἴδιον ἔχει χάρισμα ἐκ θεοῦ,
ὁ μὲν οὕτως, ὁ δὲ οὕτως
7 37 ἐξουσίαν δὲ ἔχει περὶ τοῦ ἰδίου
θελήματος, ↔
7 37 καὶ τοῦτο κέκρικεν ἐν τῇ | ἰδίᾳ καρ-
δίᾳ (κ. αὐτοῦ ϛ)

1 C 9 7 τίς στρατεύεται ἰδίοις ὀψωνίοις
ποτέ;
11 21ᶠ ἕκαστος γὰρ τὸ ἴδιον δεῖπνον
προλαμβάνει ἐν τῷ φαγεῖν
12 11ᵃᶠ τὸ . . . πνεῦμα, διαιροῦν ἰδίᾳ
ἑκάστῳ καθὼς βούλεται
14 35 ἐν οἴκῳ τοὺς ἰδίους ἄνδρας ἐπερω-
τάτωσαν
15 23ᶠ ⟨ἐν τῷ Χριστῷ πάντες ζῳοποιη-
θήσονται⟩ ἕκαστος δὲ ἐν τῷ ἰδίῳ
τάγματι
15 38ᶠ ὁ δὲ θεὸς δίδωσιν . . . ἑκάστῳ τῶν
σπερμάτων (+τὸ ϛ) ἴδιον σῶμα

G 2 2ᵃ ἀνεθέμην αὐτοῖς τὸ εὐαγγέλιον . . .
κατ᾽ ἰδίαν δὲ τοῖς δοκοῦσιν
6 5ᶠ ἕκαστος γὰρ τὸ ἴδιον φορτίον
βαστάσει
6 9 καιρῷ γὰρ ἰδίῳ θερίσομεν μὴ ἐκλυό-
μενοι

E 4 28 μᾶλλον δὲ κοπιάτω ἐργαζόμενος
ταῖς ἰδίαις ([N²⁶]; —Ηϛ) χερσὶν τὸ
ἀγαθόν
5 22 αἱ γυναῖκες τοῖς ἰδίοις ἀνδράσιν
(+ὑποτασσέσθωσαν MVBS; +
ὑποτάσσεσθε ϛ) ὡς τῷ κυρίῳ

Cl 3 18 * αἱ γυναῖκες, ὑποτάσσεσθε τοῖς
ἰδίοις (+ϛ) ἀνδράσιν, ὡς ἀνῆκεν
ἐν κυρίῳ

1Th 2 14 ὅτι τὰ αὐτὰ ἐπάθετε καὶ ὑμεῖς ὑπὸ
τῶν ἰδίων συμφυλετῶν
2 15 * ⟨ὑπὸ τῶν ᾽Ιουδαίων⟩ τῶν . . .
ἀποκτεινάντων ᾽Ιησοῦν καὶ τοὺς
ἰδίους (+ϛ) προφήτας
4 11ᶜ ⟨παρακαλοῦμεν δὲ ὑμᾶς⟩ φιλοτι-
μεῖσθαι ἡσυχάζειν καὶ πράσσειν
τὰ ἴδια ↔
4 11 καὶ ἐργάζεσθαι ταῖς ἰδίαις (+[N²⁶]
VSϛ) χερσὶν ὑμῶν

1Tm 2 6 ⟨᾽Ιησοῦς⟩ ὁ δοὺς ἑαυτὸν ἀντίλυ-
τρον ὑπὲρ πάντων, τὸ μαρτύριον
καιροῖς ἰδίοις
3 4 ⟨δεῖ οὖν τὸν ἐπίσκοπον ἀνεπίλημ-
πτον εἶναι⟩ τοῦ ἰδίου οἴκου καλῶς
προϊστάμενον
3 5 εἰ δέ τις τοῦ ἰδίου οἴκου προστῆναι
οὐκ οἶδεν
3 12 διάκονοι ἔστωσαν . . . τέκνων κα-
λῶς προϊστάμενοι καὶ τῶν ἰδίων
οἴκων
4 2 ⟨ἀποστήσονταί τινες . . . προσ-
έχοντες . . . διδασκαλίαις δαιμονί-
ων⟩ ἐν ὑποκρίσει ψευδολόγων,
κεκαυστηριασμένων τὴν ἰδίαν
συνείδησιν
5 4 μανθανέτωσαν πρῶτον τὸν ἴδιον
οἶκον εὐσεβεῖν
5 8ᶜ εἰ δέ τις τῶν ἰδίων καὶ μάλιστα
(+τῶν [V]ϛ) οἰκείων οὐ προνοεῖ
(-εῖται ΒΤ)
6 1 ὅσοι εἰσὶν ὑπὸ ζυγὸν δοῦλοι, τοὺς
ἰδίους δεσπότας πάσης τιμῆς
ἀξίους ἡγείσθωσαν
6 15 ⟨μέχρι τῆς ἐπιφανείας⟩ ἣν καιροῖς
ἰδίοις δείξει ὁ μακάριος καὶ μόνος
δυνάστης

2Tm 1 9 τοῦ σώσαντος ἡμᾶς . . . οὐ κατὰ τὰ
ἔργα ἡμῶν ἀλλὰ κατὰ ἰδίαν πρό-
θεσιν καὶ χάριν
4 3 ἔσται γὰρ καιρὸς ὅτε . . . κατὰ τὰς
| ἰδίας ἐπιθυμίας (ἐ. τὰς ἰ. Sϛ) ἑαυ-
τοῖς ἐπισωρεύσουσιν διδασκάλους

Tt 1 3 ἐφανέρωσεν δὲ καιροῖς ἰδίοις τὸν
λόγον αὐτοῦ ἐν κηρύγματι
1 12 εἶπέν τις ἐξ αὐτῶν ἴδιος αὐτῶν
προφήτης

Tt 2 5 ⟨ἵνα σωφρονίζωσιν τὰς νέας φιλ-
άνδρους εἶναι⟩ ἀγαθάς, ὑποτασ-
σομένας τοῖς ἰδίοις ἀνδράσιν

2 9 δούλους | ἰδίοις δεσπόταις (~ S)
ὑποτάσσεσθαι ἐν πᾶσιν

Hb 4 10 καὶ αὐτὸς κατέπαυσεν ἀπὸ τῶν
ἔργων αὐτοῦ, ὥσπερ ἀπὸ τῶν
ἰδίων ὁ θεός

7 27 ὃς οὐκ ἔχει ... ἀνάγκην ... πρότε-
ρον ὑπὲρ τῶν ἰδίων ἁμαρτιῶν
θυσίας ἀναφέρειν

9 12 ⟨Χριστὸς⟩ διὰ δὲ τοῦ ἰδίου αἵμα-
τος εἰσῆλθεν ἐφάπαξ εἰς τὰ ἅγια

13 12 Ἰησοῦς, ἵνα ἁγιάσῃ διὰ τοῦ ἰδίου
αἵματος τὸν λαόν

Jc 1 14f ἕκαστος δὲ πειράζεται ὑπὸ τῆς
ἰδίας ἐπιθυμίας ἐξελκόμενος καὶ
δελεαζόμενος

1Pt 3 1 ὁμοίως αἱ ([N26S]; —NBTH)
γυναῖκες, ὑποτασσόμεναι τοῖς
ἰδίοις ἀνδράσιν

3 5 οὕτως γάρ ποτε καὶ αἱ ἅγιαι
γυναῖκες ... ἐκόσμουν ἑαυτάς, ὑπο-
τασσόμεναι τοῖς ἰδίοις ἀνδράσιν

2Pt 1 3 διὰ τῆς ἐπιγνώσεως τοῦ καλέσαν-
τος ἡμᾶς | ἰδίᾳ δόξῃ καὶ ἀρετῇ
(διὰ δόξης καὶ ἀρετῆς Hς)

1 20 πᾶσα προφητεία γραφῆς ἰδίας
ἐπιλύσεως οὐ γίνεται

2 16 ⟨ὃς μισθὸν ἀδικίας ἠγάπησεν⟩
ἔλεγξιν δὲ ἔσχεν ἰδίας παρανομίας

2 22 κύων ἐπιστρέψας ἐπὶ τὸ ἴδιον
ἐξέραμα

3 3 ἐλεύσονται ... ἐμπαῖκται κατὰ
τὰς ἰδίας | ἐπιθυμίας αὐτῶν (~
VSTς) πορευόμενοι

3 16 ἃ οἱ ἀμαθεῖς ... στρεβλοῦσιν ...
πρὸς τὴν ἰδίαν αὐτῶν ἀπώλειαν

3 17 φυλάσσεσθε ἵνα μή ... ἐκπέσητε
τοῦ ἰδίου στηριγμοῦ

Jd 6 ἀγγέλους τε τοὺς ... ἀπολιπόντας
τὸ ἴδιον οἰκητήριον εἰς κρίσιν ...
ὑπὸ ζόφον τετήρηκεν

ἰδιώτης

Ac 4 13 καταλαβόμενοι ὅτι ἄνθρωποι
ἀγράμματοί εἰσιν καὶ ἰδιῶται,
ἐθαύμαζον

1 C 14 16 ἐπεὶ ἐὰν εὐλογῇς ἐν ([N26NH]; τῷ
ς; —MVT) πνεύματι, ὁ ἀνα-
πληρῶν τὸν τόπον τοῦ ἰδιώτου
πῶς ἐρεῖ τὸ ἀμήν ⟨;⟩

14 23 ἐὰν οὖν συνέλθῃ ἡ ἐκκλησία ... εἰσ-
έλθωσιν δὲ ἰδιῶται ἢ ἄπιστοι,
οὐκ ἐροῦσιν ὅτι μαίνεσθε; ↔

14 24 ἐὰν δὲ πάντες προφητεύωσιν,
εἰσέλθῃ δέ τις ἄπιστος ἢ ἰδιώτης

2 C 11 6 ⟨λογίζομαι γὰρ μηδὲν ὑστερηκέ-
ναι⟩ εἰ δὲ καὶ ἰδιώτης τῷ λόγῳ,
ἀλλ' οὐ τῇ γνώσει

ἰδού

a καὶ ἰδού
b ἰδοὺ καί
c ἰδοὺ γάρ
d πλήν, ἀλλ', ἢ ἰδού
e καὶ νῦν ἰδού
f ἰδοὺ νῦν, ὧδε, ἐκεῖ
g ὅτι ἰδού
h οὐχ ἰδού
j ἰδοὺ ἐγώ
k ἰδοὺ ἡμεῖς

Mt 1 20 ἰδοὺ ἄγγελος κυρίου κατ' ὄναρ
ἐφάνη αὐτῷ λέγων

1 23 ἰδοὺ ἡ παρθένος ἐν γαστρὶ ἕξει καὶ
τέξεται υἱόν

Mt 2 1 ἰδοὺ μάγοι ἀπὸ ἀνατολῶν παρ-
εγένοντο εἰς Ἱεροσόλυμα

2 9a καὶ ἰδοὺ ὁ ἀστήρ, ὃν εἶδον ...
προῆγεν αὐτούς

2 13 ἰδοὺ ἄγγελος κυρίου φαίνεται κατ'
ὄναρ τῷ Ἰωσὴφ λέγων

2 19 ἰδοὺ ἄγγελος κυρίου | φαίνεται
κατ' ὄναρ (~ Vς) τῷ Ἰωσὴφ ἐν
Αἰγύπτῳ

3 16a καὶ ἰδοὺ ἠνεῴχθησαν αὐτῷ ([N26];
—NTH) οἱ οὐρανοί

3 17a καὶ ἰδοὺ φωνὴ ἐκ τῶν οὐρανῶν
λέγουσα

4 11a καὶ ἰδοὺ ἄγγελοι προσῆλθον καὶ
διηκόνουν αὐτῷ

7 4a καὶ ἰδοὺ ἡ δοκὸς ἐν τῷ ὀφθαλμῷ σου

8 2a καὶ ἰδοὺ λεπρὸς προσελθὼν προσ-
εκύνει αὐτῷ λέγων

8 24a καὶ ἰδοὺ σεισμὸς μέγας ἐγένετο ἐν
τῇ θαλάσσῃ

8 29a καὶ ἰδοὺ ἔκραξαν λέγοντες

8 32a καὶ ἰδοὺ ὥρμησεν πᾶσα ἡ ἀγέλη
(+ τῶν χοίρων [S]ς) κατὰ τοῦ
κρημνοῦ εἰς τὴν θάλασσαν

8 34a καὶ ἰδοὺ πᾶσα ἡ πόλις ἐξῆλθεν εἰς
ὑπάντησιν (συν- VSς) τῷ (τοῦ T)
Ἰησοῦ

9 2a καὶ ἰδοὺ προσέφερον αὐτῷ παρα-
λυτικὸν ἐπὶ κλίνης βεβλημένον

9 3a καὶ ἰδοὺ τινες τῶν γραμματέων
εἶπαν ἐν ἑαυτοῖς

9 10a καὶ (—T) ἰδοὺ πολλοὶ τελῶναι καὶ
ἁμαρτωλοὶ ἐλθόντες συνανέκειντο
τῷ Ἰησοῦ

9 18 ἰδοὺ ἄρχων εἷς ([NH]; τις S; —Tς)
ἐλθὼν (προσ- NMVSH; εἰσ- T)
προσεκύνει αὐτῷ λέγων

9 20a καὶ ἰδοὺ γυνὴ αἱμορροοῦσα ...
προσελθοῦσα ὄπισθεν ἥψατο τοῦ
κρασπέδου τοῦ ἱματίου αὐτοῦ

9 32 ἰδοὺ προσήνεγκαν αὐτῷ ἄνθρω-
πον (—NMH) κωφὸν δαιμονιζό-
μενον

10 16j ἰδοὺ ἐγὼ ἀποστέλλω ὑμᾶς ὡς
πρόβατα ἐν μέσῳ λύκων

11 8 ἰδοὺ οἱ τὰ μαλακὰ φοροῦντες ἐν
τοῖς οἴκοις τῶν βασιλέων εἰσίν
([S]; —NTH)

11 10j ἰδοὺ ἐγὼ ἀποστέλλω τὸν ἄγγε-
λόν μου πρὸ προσώπου σου

11 19 ἰδοὺ ἄνθρωπος φάγος καὶ οἰνο-
πότης

12 2 ἰδοὺ οἱ μαθηταί σου ποιοῦσιν ὃ
οὐκ ἔξεστιν ποιεῖν ἐν σαββάτῳ

12 10a καὶ ἰδοὺ ἄνθρωπος (+ τὴν BSς)
χεῖρα ἔχων ξηράν

12 18 ἰδοὺ ὁ παῖς μου ὃν ᾑρέτισα

12 41a ὅτι μετενόησαν εἰς τὸ κήρυγμα
Ἰωνᾶ, καὶ ἰδοὺ πλεῖον Ἰωνᾶ ὧδε

12 42a ὅτι ἦλθεν ... ἀκοῦσαι τὴν σο-
φίαν Σολομῶνος, καὶ ἰδοὺ πλεῖον
Σολομῶνος ὧδε

12 46 ἰδοὺ ἡ μήτηρ καὶ οἱ ἀδελφοὶ αὐ-
τοῦ εἱστήκεισαν ἔξω ζητοῦντες
αὐτῷ λαλῆσαι

12 47 | ἰδοὺ ἡ μήτηρ σου καὶ οἱ ἀδελφοί
σου ἔξω ἑστήκασιν ζητοῦντές σοι
λαλῆσαι (.. + [N26NT]MVBς)

12 49 ἰδοὺ ἡ μήτηρ μου καὶ οἱ ἀδελφοί
μου

13 3 ἰδοὺ ἐξῆλθεν ὁ σπείρων τοῦ
σπείρειν

15 22a καὶ ἰδοὺ γυνὴ Χαναναία ἀπὸ τῶν
ὁρίων ἐκείνων ἐξελθοῦσα ἔκραζεν
(-ξεν T; ἐκραύγασεν VSς) λέγουσα

Mt 17 3a καὶ ἰδοὺ ὤφθη (-[σαν] V; -σαν Sς)
αὐτοῖς Μωϋσῆς καὶ Ἠλίας | συλ-
λαλοῦντες μετ' αὐτοῦ (~ VSς)

17 5 ἰδοὺ νεφέλη φωτεινὴ ἐπεσκίασεν
αὐτούς, ↔

17 5a καὶ ἰδοὺ φωνὴ ἐκ τῆς νεφέλης
λέγουσα

19 16a καὶ ἰδοὺ εἷς προσελθὼν αὐτῷ
εἶπεν

19 27k ἰδοὺ ἡμεῖς ἀφήκαμεν πάντα καὶ
ἠκολουθήσαμέν σοι

20 18 ἰδοὺ ἀναβαίνομεν εἰς Ἱεροσόλυμα

20 30a καὶ ἰδοὺ δύο τυφλοὶ καθήμενοι
παρὰ τὴν ὁδόν ... ἔκραξαν λέ-
γοντες

21 5 ἰδοὺ ὁ βασιλεύς σου ἔρχεταί σοι

22 4 ἰδοὺ τὸ ἄριστόν μου ἡτοίμακα

23 34j διὰ τοῦτο ἰδοὺ ἐγὼ ἀποστέλλω
πρὸς ὑμᾶς προφήτας καὶ σοφούς

23 38 ἰδοὺ ἀφίεται ὑμῖν ὁ οἶκος ὑμῶν
ἔρημος (—NH)

24 23f ἰδοὺ ὧδε ὁ χριστός

24 25 ἰδοὺ προείρηκα ὑμῖν

24 26 ἰδοὺ ἐν τῇ ἐρήμῳ ἐστίν

24 26 ἰδοὺ ἐν τοῖς ταμείοις

25 6 ἰδοὺ ὁ νυμφίος (+ ἔρχεται ς)

26 45 ἰδοὺ ἤγγικεν ἡ ὥρα καὶ ὁ υἱὸς τοῦ
ἀνθρώπου παραδίδοται εἰς χεῖρας
ἁμαρτωλῶν

26 46 ἰδοὺ ἤγγικεν ὁ παραδιδούς με

26 47 ἰδοὺ Ἰούδας εἷς τῶν δώδεκα ἦλθεν

26 51a καὶ ἰδοὺ εἷς τῶν μετὰ Ἰησοῦ
ἐκτείνας τὴν χεῖρα ἀπέσπασεν τὴν
μάχαιραν αὐτοῦ

27 51a καὶ ἰδοὺ τὸ καταπέτασμα τοῦ ναοῦ
ἐσχίσθη || ἀπ' ([NH]; —T) ἄνω-
θεν ἕως κάτω εἰς δύο ((~ Vς))

28 2a καὶ ἰδοὺ σεισμὸς ἐγένετο μέγας

28 7a καὶ ἰδοὺ προάγει ὑμᾶς εἰς τὴν
Γαλιλαίαν

28 7 ἰδοὺ εἶπον ὑμῖν

28 9a καὶ ἰδοὺ Ἰησοῦς ὑπήντησεν αὐ-
ταῖς λέγων

28 11 ἰδοὺ τινες τῆς κουστωδίας ἐλθόντες
εἰς τὴν πόλιν ἀπήγγειλαν (ἀν-
BT) ... ἅπαντα

28 20a καὶ ἰδοὺ ἐγὼ μεθ' ὑμῶν εἰμι
πάσας τὰς ἡμέρας ἕως τῆς συντε-
λείας τοῦ αἰῶνος

Mc 1 2j ἰδοὺ (+ ἐγὼ MVSTς) ἀποστέλλω
τὸν ἄγγελόν μου πρὸ προσώπου
σου

3 32 ἰδοὺ ἡ μήτηρ σου καὶ οἱ ἀδελφοί
σου ... ἔξω ζητοῦσίν σε

4 3 ἰδοὺ ἐξῆλθεν ὁ σπείρων (+ τοῦ
V[S]ς) σπεῖραι

5 22a * καὶ ἰδοὺ (+ ς) ἔρχεται εἷς τῶν
ἀρχισυναγώγων, ὀνόματι Ἰάϊρος

10 28k ἰδοὺ ἡμεῖς ἀφήκαμεν πάντα καὶ
ἠκολουθήκαμέν (-θήσαμέν MVSς)
σοι

10 33g ⟨ἤρξατο αὐτοῖς λέγειν τὰ μέλλοντα
αὐτῷ συμβαίνειν⟩ ὅτι ἰδοὺ ἀνα-
βαίνομεν εἰς Ἱεροσόλυμα

13 21f * ἰδοὺ (ς; ἴδε rl) ὧδε ὁ χριστός, ↔

13 21df * | ἢ ἰδοὺ (ς; ἴδε rl) ἐκεῖ

13 23 * ἰδοὺ (+ MVς) προείρηκα ὑμῖν
πάντα

14 41 ἰδοὺ παραδίδοται ὁ υἱὸς τοῦ ἀν-
θρώπου εἰς τὰς χεῖρας τῶν ἁμαρ-
τωλῶν

14 42 ἰδοὺ ὁ παραδιδούς με ἤγγικεν
(-σεν T)

15 35 * ἰδοὺ (ς; ἴδε rl) Ἠλίαν φωνεῖ

Lc 1 20ᵃ καὶ ἰδοὺ ἔσῃ σιωπῶν καὶ μὴ δυνάμενος λαλῆσαι

1 31ᵃ καὶ ἰδοὺ συλλήμψῃ ἐν γαστρὶ καὶ τέξῃ υἱόν

1 36ᵃ καὶ ἰδοὺ Ἐλισάβετ ἡ συγγενίς σου ... συνείληφεν (συνειληφυῖα VBSTϛ) υἱὸν ἐν γήρει αὐτῆς

1 38 ἰδοὺ ἡ δούλη κυρίου

1 44ᶜ ἰδοὺ γὰρ ὡς ἐγένετο ἡ φωνὴ τοῦ ἀσπασμοῦ σου εἰς τὰ ὦτά μου

1 48ᶜ ἰδοὺ γὰρ ἀπὸ τοῦ νῦν μακαριοῦσίν με πᾶσαι αἱ γενεαί

2 9ᵃ * καὶ ἰδοὺ (+Vϛ) ἄγγελος κυρίου ἐπέστη αὐτοῖς

2 10ᶜ ἰδοὺ γὰρ εὐαγγελίζομαι ὑμῖν χαρὰν μεγάλην

2 25ᵃ καὶ ἰδοὺ | ἄνθρωπος ἦν (~VBSϛ) ἐν Ἰερουσαλὴμ ᾧ ὄνομα Συμεών

2 34 ἰδοὺ οὗτος κεῖται εἰς πτῶσιν καὶ ἀνάστασιν πολλῶν ἐν τῷ Ἰσραήλ

2 48 ἰδοὺ ὁ πατήρ σου κἀγὼ ὀδυνώμενοι ἐζητοῦμέν (ζητ. NH) σε

5 12ᵃ ἐγένετο ἐν τῷ εἶναι αὐτὸν ἐν μιᾷ τῶν πόλεων καὶ ἰδοὺ ἀνὴρ πλήρης λέπρας

5 18ᵃ καὶ ἰδοὺ ἄνδρες φέροντες ἐπὶ κλίνης ἄνθρωπον ὃς ἦν παραλελυμένος

6 23ᶜ ἰδοὺ γὰρ ὁ μισθὸς ὑμῶν πολὺς ἐν τῷ οὐρανῷ

7 12ᵃ καὶ ἰδοὺ ἐξεκομίζετο τεθνηκὼς | μονογενὴς υἱὸς (~ Sϛ) τῇ μητρὶ αὐτοῦ

7 25 ἰδοὺ οἱ ἐν ἱματισμῷ ἐνδόξῳ ... ὑπάρχοντες ἐν τοῖς βασιλείοις εἰσίν

7 27ʲ ἰδοὺ (+ἐγὼ ϛ) ἀποστέλλω τὸν ἄγγελόν μου πρὸ προσώπου σου

7 34 ἰδοὺ ἄνθρωπος φάγος καὶ οἰνοπότης

7 37ᵃ καὶ ἰδοὺ γυνὴ ἥτις ἦν ἐν τῇ πόλει ἁμαρτωλός

8 41ᵃ καὶ ἰδοὺ ἦλθεν ἀνὴρ ᾧ ὄνομα Ἰάϊρος

9 30ᵃ καὶ ἰδοὺ ἄνδρες δύο συνελάλουν αὐτῷ

9 38ᵃ καὶ ἰδοὺ ἀνὴρ ἀπὸ τοῦ ὄχλου ἐβόησεν (ἀν- Vϛ) λέγων

9 39ᵃ καὶ ἰδοὺ πνεῦμα λαμβάνει αὐτόν

10 3ʲ ἰδοὺ (+ἐγὼ Vϛ) ἀποστέλλω ὑμᾶς ὡς ἄρνας ἐν μέσῳ λύκων

10 19 ἰδοὺ δέδωκα (δίδωμι Vϛ) ὑμῖν τὴν ἐξουσίαν τοῦ πατεῖν ἐπάνω ὄφεων καὶ σκορπίων

10 25ᵃ καὶ ἰδοὺ νομικός τις ἀνέστη ἐκπειράζων αὐτὸν λέγων

11 31ᵃ ὅτι ἦλθεν ... ἀκοῦσαι τὴν σοφίαν Σολομῶνος, καὶ ἰδοὺ πλεῖον Σολομῶνος ὧδε

11 32ᵃ ὅτι μετενόησαν εἰς τὸ κήρυγμα Ἰωνᾶ, καὶ ἰδοὺ πλεῖον Ἰωνᾶ ὧδε

11 41ᵃ καὶ ἰδοὺ πάντα (ἀπ. S) καθαρὰ ὑμῖν ἐστιν

13 7 ἰδοὺ τρία ἔτη | ἀφ' οὗ (—ϛ) ἔρχομαι ζητῶν καρπὸν ἐν τῇ συκῇ ταύτῃ

13 11ᵃ καὶ ἰδοὺ γυνὴ (+ἦν ϛ) πνεῦμα ἔχουσα ἀσθενείας ἔτη δεκαοκτώ

13 16 ταύτην δὲ θυγατέρα Ἀβραὰμ οὖσαν, ἣν ἔδησεν ὁ σατανᾶς ἰδοὺ δέκα καὶ ὀκτὼ ἔτη, οὐκ ἔδει λυθῆναι ⟨;⟩

13 30ᵃ καὶ ἰδοὺ εἰσὶν ἔσχατοι οἳ ἔσονται πρῶτοι

13 32 ἰδοὺ ἐκβάλλω δαιμόνια καὶ ἰάσεις ἀποτελῶ

13 35 ἰδοὺ ἀφίεται ὑμῖν ὁ οἶκος ὑμῶν

Lc 14 2ᵃ καὶ ἰδοὺ ἄνθρωπός τις ἦν ὑδρωπικὸς ἔμπροσθεν αὐτοῦ

15 29 ἰδοὺ τοσαῦτα ἔτη δουλεύω σοι καὶ οὐδέποτε ἐντολήν σου παρῆλθον

17 21ᶠ οὐδὲ ἐροῦσιν· ἰδοὺ ὧδε ↔

17 21ᵈᶠ * ἤ· ἰδοὺ (+Vϛ) ἐκεῖ· ↔

17 21ᶜ ἰδοὺ γὰρ ἡ βασιλεία τοῦ θεοῦ ἐντὸς ὑμῶν ἐστιν

17 23ᶠ ἐροῦσιν ὑμῖν· ἰδοὺ ἐκεῖ (ὧδε ϛ), ↔

17 23ᵈᶠ ἤ ([N²⁶VS]; —NT) ἰδοὺ ὧδε (ἐκεῖ ϛ)

18 28ᵏ ἰδοὺ ἡμεῖς ἀφέντες τὰ ἴδια ἠκολουθήσαμέν σοι

18 31 ἰδοὺ ἀναβαίνομεν εἰς Ἰερουσαλήμ

19 2ᵃ καὶ ἰδοὺ ἀνὴρ ὀνόματι καλούμενος Ζακχαῖος, καὶ αὐτὸς ἦν ἀρχιτελώνης

19 8 ἰδοὺ τὰ ἡμίσιά (ἡμίση NVSϛ) μου τῶν ὑπαρχόντων, κύριε, τοῖς [H] πτωχοῖς δίδωμι

19 20 κύριε, ἰδοὺ ἡ μνᾶ σου, ἣν εἶχον ἀποκειμένην ἐν σουδαρίῳ

22 10 ἰδοὺ εἰσελθόντων ὑμῶν εἰς τὴν πόλιν συναντήσει ὑμῖν ἄνθρωπος

22 21ᵈ πλὴν ἰδοὺ ἡ χεὶρ τοῦ παραδιδόντος με μετ' ἐμοῦ ἐπὶ τῆς τραπέζης

22 31 Σίμων, ἰδοὺ ὁ σατανᾶς ἐξῃτήσατο ὑμᾶς τοῦ σινιάσαι ὡς τὸν σῖτον

22 38 κύριε, ἰδοὺ μάχαιραι ὧδε δύο

22 47 ἔτι αὐτοῦ λαλοῦντος ἰδοὺ ὄχλος, καὶ ὁ λεγόμενος Ἰούδας ... προήρχετο αὐτούς

23 14ᵃʲ καὶ ἰδοὺ ἐγὼ ἐνώπιον ὑμῶν ἀνακρίνας οὐθὲν εὗρον ἐν τῷ ἀνθρώπῳ τούτῳ αἴτιον

23 15ᵃ καὶ ἰδοὺ οὐδὲν ἄξιον θανάτου ἐστὶν πεπραγμένον αὐτῷ

23 29ᵍ ὅτι ἰδοὺ | ἔρχονται ἡμέραι (~ S) ἐν αἷς ἐροῦσιν

23 50ᵃ καὶ ἰδοὺ ἀνὴρ ὀνόματι Ἰωσὴφ βουλευτὴς ὑπάρχων ⟨ᾐτήσατο τὸ σῶμα τοῦ Ἰησοῦ⟩

24 4ᵃ καὶ ἰδοὺ ἄνδρες δύο ἐπέστησαν αὐταῖς ἐν | ἐσθῆτι ἀστραπτούσῃ (-σεσιν -σαις VSϛ)

24 13ᵃ καὶ ἰδοὺ δύο ἐξ αὐτῶν | ἐν αὐτῇ τῇ ἡμέρᾳ ἦσαν πορευόμενοι (~ VBSϛ) εἰς κώμην

24 49ᵃʲ καὶ ἰδοὺ ([N²⁶]; —ST) ἐγὼ ἀποστέλλω (N²⁶ϛ; ἐξ- rl) τὴν ἐπαγγελίαν τοῦ πατρός μου ἐφ' ὑμᾶς

Jo 4 35 ἰδοὺ λέγω ὑμῖν, ἐπάρατε τοὺς ὀφθαλμοὺς ὑμῶν

12 15 ἰδοὺ ὁ βασιλεύς σου ἔρχεται, καθήμενος ἐπὶ πῶλον ὄνου

16 32 ἰδοὺ ἔρχεται ὥρα καὶ (+νῦν Vϛ) ἐλήλυθεν

19 5 ἰδοὺ (ἴδε ϛ) ὁ ἄνθρωπος

19 26 * ἰδού, (Sϛ; ἴδε rl) ὁ υἱός σου

19 27 * ἰδού (ϛ; ἴδε rl) ἡ μήτηρ σου

Ac 1 10ᵃ καὶ ἰδοὺ ἄνδρες δύο παρειστήκεισαν αὐτοῖς ἐν ἐσθήσεσι λευκαῖς

2 7ʰ οὐχ (N²⁶T; οὐχὶ NBH; οὐκ rl) ἰδοὺ ἅπαντες (πάντες NVHϛ) οὗτοί εἰσιν οἱ λαλοῦντες Γαλιλαῖοι;

5 9 ἰδοὺ οἱ πόδες τῶν θαψάντων τὸν ἄνδρα σου ἐπὶ τῇ θύρᾳ καὶ ἐξοίσουσίν σε

5 25ᵍ ἀπήγγειλεν αὐτοῖς ὅτι ἰδοὺ οἱ ἄνδρες, οὓς ἔθεσθε ἐν τῇ φυλακῇ, εἰσὶν ἐν τῷ ἱερῷ ἑστῶτες

5 28ᵃ καὶ ἰδοὺ πεπληρώκατε τὴν Ἰερουσαλὴμ τῆς διδαχῆς ὑμῶν

7 56 ἰδοὺ θεωρῶ τοὺς οὐρανοὺς διηνοιγμένους

Ac 8 27ᵃ καὶ ἰδοὺ ἀνὴρ Αἰθίοψ εὐνοῦχος δυνάστης Κανδάκης

8 36 ἰδοὺ ὕδωρ· τί κωλύει με βαπτισθῆναι;

9 10ʲ ἰδοὺ ἐγώ, κύριε

9 11ᶜ καὶ ζήτησον ἐν οἰκίᾳ Ἰούδα Σαῦλον ὀνόματι Ταρσέα· ἰδοὺ γὰρ προσεύχεται

10 17ᵃ (+καὶ ϛ) ἰδοὺ οἱ ἄνδρες οἱ ἀπεσταλμένοι ὑπὸ τοῦ Κορνηλίου ... ἐπέστησαν ἐπὶ τὸν πυλῶνα

10 19 ἰδοὺ ἄνδρες τρεῖς (δύο NH; —T) ζητοῦντές (ζητοῦσίν MVBSϛ) σε

10 21ʲ ἰδοὺ ἐγώ εἰμι ὃν ζητεῖτε

10 30ᵃ καὶ ἰδοὺ ἀνὴρ ἔστη ἐνώπιόν μου ἐν ἐσθῆτι λαμπρᾷ

11 11ᵃ καὶ ἰδοὺ ἐξαυτῆς τρεῖς ἄνδρες ἐπέστησαν ἐπὶ τὴν οἰκίαν ἐν ᾗ ἦμεν (ἤμην BSϛ)

12 7ᵃ καὶ ἰδοὺ ἄγγελος κυρίου ἐπέστη

13 11ᵃ καὶ νῦν ἰδοὺ χεὶρ κυρίου ἐπὶ σέ, καὶ ἔσῃ τυφλός

13 25ᵈ ἀλλ' ἰδοὺ ἔρχεται μετ' ἐμὲ οὗ οὐκ εἰμὶ ἄξιος τὸ ὑπόδημα τῶν ποδῶν λῦσαι

13 46 ἰδοὺ στρεφόμεθα εἰς τὰ ἔθνη

16 1ᵃ καὶ ἰδοὺ μαθητής τις ἦν ἐκεῖ ὀνόματι Τιμόθεος

20 22ᵉ καὶ νῦν ἰδοὺ δεδεμένος ἐγὼ τῷ πνεύματι πορεύομαι εἰς Ἰερουσαλήμ

20 25ᵉʲ καὶ νῦν ἰδοὺ ἐγὼ οἶδα

27 24ᵃ καὶ ἰδοὺ κεχάρισταί σοι ὁ θεὸς πάντας τοὺς πλέοντας μετὰ σοῦ

Rm 9 33 ἰδοὺ τίθημι ἐν Σιὼν λίθον προσκόμματος

1 C 15 51 ἰδοὺ μυστήριον ὑμῖν λέγω

2 C 5 17 τὰ ἀρχαῖα παρῆλθεν, ἰδοὺ γέγονεν καινά

6 2ᶠ ἰδοὺ νῦν καιρὸς εὐπρόσδεκτος, ↔

6 2ᶠ ἰδοὺ νῦν ἡμέρα σωτηρίας

6 9ᵃ ὡς ἀποθνῄσκοντες καὶ ἰδοὺ ζῶμεν

7 11ᶜ ἰδοὺ γὰρ αὐτὸ τοῦτο τὸ κατὰ θεὸν λυπηθῆναι πόσην κατειργάσατο ὑμῖν σπουδήν

12 14 ἰδοὺ τρίτον τοῦτο ([S]; —ϛ) ἑτοίμως ἔχω ἐλθεῖν πρὸς ὑμᾶς

G 1 20 ἃ δὲ γράφω ὑμῖν, ἰδοὺ ἐνώπιον τοῦ θεοῦ ὅτι οὐ ψεύδομαι

Hb 2 13ʲ ἰδοὺ ἐγὼ καὶ τὰ παιδία ἅ μοι ἔδωκεν ὁ θεός

8 8 ἰδοὺ ἡμέραι ἔρχονται, λέγει κύριος

10 7 τότε εἶπον· ἰδοὺ ἥκω

10 9 ἰδοὺ ἥκω τοῦ ποιῆσαι τὸ θέλημά σου

Jc 3 3 * ἰδοὺ (ϛ; εἰ δὲ rl) τῶν ἵππων τοὺς χαλινοὺς εἰς τὰ στόματα βάλλομεν

3 4ᵇ ἰδοὺ καὶ τὰ πλοῖα ... μετάγεται ὑπὸ ἐλαχίστου πηδαλίου

3 5 ἰδοὺ ἡλίκον πῦρ ἡλίκην ὕλην ἀνάπτει

5 4 ἰδοὺ ὁ μισθὸς τῶν ἐργατῶν τῶν ἀμησάντων τὰς χώρας ὑμῶν ... κράζει

5 7 ἰδοὺ ὁ γεωργὸς ἐκδέχεται τὸν τίμιον καρπὸν τῆς γῆς

5 9 ἰδοὺ ὁ κριτὴς πρὸ τῶν θυρῶν ἕστηκεν

5 11 ἰδοὺ μακαρίζομεν τοὺς ὑπομείναντας

1 Pt 2 6 ἰδοὺ τίθημι ἐν Σιὼν λίθον | ἀκρογωνιαῖον ἐκλεκτόν (~ NH) ἔντιμον

Jd 14 ἰδοὺ ἦλθεν κύριος ἐν ἁγίαις μυριάσιν αὐτοῦ

Ap 1 7 ἰδοὺ ἔρχεται μετὰ τῶν νεφελῶν
1 18ᵃἐγενόμην νεκρὸς καὶ ἰδοὺ ζῶν εἰμι εἰς τοὺς αἰῶνας τῶν αἰώνων
2 10 ἰδοὺ μέλλει βάλλειν (βαλεῖν Τς') ὁ διάβολος ἐξ ὑμῶν εἰς φυλακὴν ἵνα πειρασθῆτε
2 22ʲ ἰδοὺ (+ἐγὼ ς') βάλλω αὐτὴν εἰς κλίνην
3 8 ἰδοὺ δέδωκα ἐνώπιόν σου θύραν ἠνεῳγμένην
3 9 ἰδοὺ διδῶ (δίδωμι BSς') ἐκ τῆς συναγωγῆς τοῦ σατανᾶ
3 9 ἰδοὺ ποιήσω αὐτοὺς ἵνα ἥξουσιν (-ξωσιν Sς')
3 11 * ἰδοὺ (+ς') ἔρχομαι ταχύ
3 20 ἰδοὺ ἕστηκα ἐπὶ τὴν θύραν καὶ κρούω
4 1ᵃμετὰ ταῦτα εἶδον, καὶ ἰδοὺ θύρα ἠνεῳγμένη ἐν τῷ οὐρανῷ
4 2ᵃκαὶ ἰδοὺ θρόνος ἔκειτο ἐν τῷ οὐρανῷ
5 5 ἰδοὺ ἐνίκησεν ὁ λέων ὁ ἐκ τῆς φυλῆς Ἰούδα
5 6ᵃ* εἶδον | καὶ ἰδοὺ (+ς') ἐν μέσῳ τοῦ θρόνου ... ἀρνίον ἑστηκὸς (-κὼς Τ) ὡς ἐσφαγμένον
6 2ᵃεἶδον, καὶ ἰδοὺ ἵππος λευκός
6 5ᵃεἶδον, καὶ ἰδοὺ ἵππος μέλας
6 8ᵃεἶδον, καὶ ἰδοὺ ἵππος χλωρός
6 12ᵃ* καὶ ἰδοὺ (+ς') σεισμὸς μέγας ἐγένετο
7 9ᵃμετὰ ταῦτα εἶδον, καὶ ἰδοὺ ὄχλος πολύς
9 12 ἰδοὺ ἔρχεται ἔτι δύο οὐαὶ μετὰ ταῦτα
11 14 ἰδοὺ ἡ οὐαὶ ἡ τρίτη ἔρχεται ταχύ
12 3ᵃὤφθη ἄλλο σημεῖον ἐν τῷ οὐρανῷ, καὶ ἰδοὺ δράκων | μέγας πυρρός (~MVST)
14 1ᵃεἶδον, καὶ ἰδοὺ τὸ ἀρνίον ἑστὸς ἐπὶ τὸ ὄρος Σιών
14 14ᵃεἶδον, καὶ ἰδοὺ νεφέλη λευκή
15 5ᵃ* μετὰ ταῦτα εἶδον, καὶ ἰδοὺ (+ς') ἠνοίγη ὁ ναὸς τῆς σκηνῆς τοῦ μαρτυρίου
16 15 ἰδοὺ ἔρχομαι ὡς κλέπτης
19 11ᵃεἶδον τὸν οὐρανὸν ἠνεῳγμένον, καὶ ἰδοὺ ἵππος λευκός
21 3 ἰδοὺ ἡ σκηνὴ τοῦ θεοῦ μετὰ τῶν ἀνθρώπων
21 5 ἰδοὺ καινὰ ποιῶ πάντα
22 7ᵃκαὶ (—ς') ἰδοὺ ἔρχομαι ταχύ
22 12ᵃ(+καὶ ς') ἰδοὺ ἔρχομαι ταχύ

Ἰδουμαία
Mc 3 8 ἀπὸ Ἱεροσολύμων καὶ ἀπὸ τῆς Ἰδουμαίας ... πλῆθος πολύ ... ἦλθον πρὸς αὐτόν

ἱδρώς
Lc 22 44 ||: καὶ ἐγένετο (ἐγ. δὲ VSς') ὁ ἱδρὼς αὐτοῦ ὡσεὶ θρόμβοι αἵματος καταβαίνοντες (-νοντος Τ) ἐπὶ τὴν γῆν [[. . N²⁶NSH]]

Ἰεζάβελ
Ἰεζαβήλ ς'
Ap 2 20 ἔχω κατὰ σοῦ ὅτι ἀφεῖς τὴν γυναῖκα (+σου Β) Ἰεζάβελ, ἡ λέγουσα ἑαυτὴν (αὐ- Τ) προφῆτιν

Ἱεράπολις
Ἱερὰ Πόλις Η
Cl 4 13 ἔχει πολὺν πόνον ὑπὲρ ὑμῶν καὶ τῶν ἐν Λαοδικείᾳ καὶ τῶν ἐν Ἱεραπόλει

ἱερατεία
ἱερατία Η

Lc 1 9 κατὰ τὸ ἔθος τῆς ἱερατείας ἔλαχε τοῦ θυμιᾶσαι εἰσελθὼν εἰς τὸν ναὸν τοῦ κυρίου
Hb 7 5 οἱ μὲν ἐκ τῶν υἱῶν Λευὶ τὴν ἱερατείαν λαμβάνοντες ἐντολὴν ἔχουσιν ἀποδεκατοῦν τὸν λαόν

ἱεράτευμα
1 Pt 2 5 καὶ αὐτοὶ ὡς λίθοι ζῶντες οἰκοδομεῖσθε (ἐπ- ST) οἶκος πνευματικὸς εἰς (—ς') ἱεράτευμα ἅγιον
2 9 ὑμεῖς δὲ γένος ἐκλεκτόν, βασίλειον ἱεράτευμα, ἔθνος ἅγιον

ἱερατεύω
Lc 1 8 ἐγένετο δὲ ἐν τῷ ἱερατεύειν αὐτὸν ἐν τῇ τάξει τῆς ἐφημερίας αὐτοῦ ἔναντι τοῦ θεοῦ

ἱερατία
→ ἱερατεία

Ἰερειχώ
→ Ἰεριχώ

Ἰερεμίας
Ἰερεμίας (MV)BSTς'
Mt 2 17 τότε ἐπληρώθη τὸ ῥηθὲν διὰ (ὑπὸ ς') Ἰερεμίου τοῦ προφήτου λέγοντος
16 14 ⟨τίνα λέγουσιν οἱ ἄνθρωποι εἶναι τὸν υἱὸν τοῦ ἀνθρώπου;⟩ οἱ μὲν Ἰωάννην ... ἕτεροι δὲ Ἰερεμίαν ἢ ἕνα τῶν προφητῶν
27 9 τότε ἐπληρώθη τὸ ῥηθὲν διὰ Ἰερεμίου τοῦ προφήτου λέγοντος

ἱερεύς
ᵃ ἱερεὺς μέγας
ᵇ plur.
ᶜ ἱ. et γραμματεῖς
ᵈ ἱ. et Λευῖται, ἀρχιερεῖς
ᵉ ἱ. et βασιλεύς
ᶠ ἱ. τοῦ Διός
Mt 8 4 ὕπαγε σεαυτὸν δεῖξον τῷ ἱερεῖ
12 4ᵇὃ (οὓς MVSς') οὐκ ἐξὸν ἦν αὐτῷ φαγεῖν ... εἰ μὴ τοῖς ἱερεῦσιν μόνοις
12 5ᵇτοῖς σάββασιν οἱ ἱερεῖς ἐν τῷ ἱερῷ τὸ σάββατον βεβηλοῦσιν
Mc 1 44 ὕπαγε σεαυτὸν δεῖξον τῷ ἱερεῖ
2 26ᵇοὓς οὐκ ἔξεστιν φαγεῖν εἰ μὴ | τοὺς ἱερεῖς (τοῖς ἱερεῦσιν MVBSς')
Lc 1 5 ἐγένετο ἐν ταῖς ἡμέραις Ἡρῴδου ... ἱερεύς τις ὀνόματι Ζαχαρίας
5 14 ἀπελθὼν δεῖξον σεαυτὸν τῷ ἱερεῖ
6 4ᵇοὓς οὐκ ἔξεστιν φαγεῖν εἰ μὴ μόνους τοὺς ἱερεῖς
10 31 κατὰ συγκυρίαν δὲ ἱερεύς τις κατέβαινεν ἐν [Η] τῇ ὁδῷ ἐκείνῃ
17 14ᵇπορευθέντες ἐπιδείξατε ἑαυτοὺς τοῖς ἱερεῦσιν
20 1ᵇᶜἐγένετο ... διδάσκοντος αὐτοῦ τὸν λαὸν ἐν τῷ ἱερῷ ... ἐπέστησαν οἱ ἱερεῖς (ST; ἀρχ- rl) καὶ οἱ γραμματεῖς σὺν τοῖς πρεσβυτέροις
Jo 1 19ᵇᵈὅτε ἀπέστειλαν | πρὸς αὐτὸν ([Ν²⁶]; —Τς') οἱ Ἰουδαῖοι ἐξ Ἱεροσολύμων ἱερεῖς καὶ Λευίτας
Ac 4 1ᵇλαλούντων δὲ αὐτῶν πρὸς τὸν λαόν, ἐπέστησαν αὐτοῖς οἱ ἱερεῖς (ἀρχ- Η) καὶ ὁ στρατηγὸς τοῦ ἱεροῦ καὶ οἱ Σαδδουκαῖοι
5 24ᵈ* ὡς δὲ ἤκουσαν τοὺς λόγους τούτους ὅ τε | ἱερεὺς καὶ ὁ (+ς') στρατηγὸς τοῦ ἱεροῦ καὶ οἱ ἀρχιερεῖς
6 7ᵇπολύς τε ὄχλος τῶν ἱερέων ὑπήκουον τῇ πίστει
14 13ᵈὅ τε (δὲ ς') ἱερεὺς τοῦ Διὸς τοῦ ὄντος πρὸ τῆς πόλεως ... σὺν τοῖς ὄχλοις ἤθελεν θύειν

Hb 5 6 σὺ ἱερεὺς εἰς τὸν αἰῶνα κατὰ τὴν τάξιν Μελχισέδεκ
7 1ᵉοὗτος γὰρ ὁ Μελχισέδεκ, βασιλεὺς Σαλήμ, ἱερεὺς τοῦ θεοῦ τοῦ ὑψίστου, ὁ συναντήσας Ἀβραὰμ ... καὶ εὐλογήσας αὐτόν
7 3 μένει ἱερεὺς εἰς τὸ διηνεκές
7 11 τίς ἔτι χρεία κατὰ τὴν τάξιν Μελχισέδεκ ἕτερον ἀνίστασθαι ἱερέα ⟨;⟩
7 14ᵇεἰς ἣν φυλὴν | περὶ ἱερέων οὐδὲν (οὐ. π. ἱερωσύνης ς') Μωϋσῆς ἐλάλησεν. ↔
7 15 καὶ περισσότερον ἔτι κατάδηλόν ἐστιν, εἰ κατὰ τὴν ὁμοιότητα Μελχισέδεκ ἀνίσταται ἱερεὺς ἕτερος
7 17 μαρτυρεῖται γὰρ ὅτι σὺ ἱερεὺς εἰς τὸν αἰῶνα κατὰ τὴν τάξιν Μελχισέδεκ
7 20ᵇοἱ μὲν γὰρ χωρὶς ὁρκωμοσίας εἰσὶν ἱερεῖς γεγονότες
7 21 σὺ ἱερεὺς εἰς τὸν αἰῶνα (+κατὰ τὴν τάξιν Μελχισέδεκ ς')
7 23ᵇοἱ μὲν πλείονές εἰσιν γεγονότες ἱερεῖς διὰ τὸ θανάτῳ κωλύεσθαι παραμένειν
8 4 εἰ μὲν οὖν (γὰρ Sς') ἦν ἐπὶ γῆς, οὐδ' ἂν ἦν ἱερεύς, ↔
8 4ᵇ* ὄντων | τῶν ἱερέων (+ ς') τῶν προσφερόντων κατὰ (+τὸν [MVS] ς') νόμον τὰ δῶρα
9 6ᵇεἰς μὲν τὴν πρώτην σκηνὴν διὰ παντὸς εἰσίασιν οἱ ἱερεῖς τὰς λατρείας ἐπιτελοῦντες
10 11 πᾶς μὲν ἱερεὺς (ἀρχ- S) ἕστηκεν καθ' ἡμέραν λειτουργῶν
10 21ᵃ⟨ἔχοντες⟩ ἱερέα μέγαν ἐπὶ τὸν οἶκον τοῦ θεοῦ ⟨προσερχώμεθα μετὰ ἀληθινῆς καρδίας⟩
Ap 1 6ᵇᵉἐποίησεν ἡμᾶς | βασιλείαν, ἱερεῖς (βασιλεῖς καὶ ἱ. ς') τῷ θεῷ καὶ πατρὶ αὐτοῦ
5 10ᵇᵉἐποίησας αὐτοὺς (ἡμᾶς ς') τῷ θεῷ ἡμῶν βασιλείαν (βασιλεῖς BSς') καὶ ἱερεῖς
20 6ᵇἔσονται ἱερεῖς τοῦ θεοῦ καὶ τοῦ Χριστοῦ

Ἰεριχώ
Ἰεριχώ (M)VB(S)ς'
Ἰερειχώ Η
Ἰερειχώ (S)T
Mt 20 29 ἐκπορευομένων αὐτῶν ἀπὸ Ἰεριχὼ ἠκολούθησεν αὐτῷ ὄχλος πολύς
Mc 10 46 ἔρχονται εἰς Ἰεριχώ. ↔
10 46 καὶ ἐκπορευομένου αὐτοῦ ἀπὸ Ἰεριχὼ ... Βαρτιμαῖος ... ἐκάθητο παρὰ τὴν ὁδόν
Lc 10 30 ἄνθρωπός τις κατέβαινεν ἀπὸ Ἰερουσαλὴμ εἰς Ἰεριχώ
18 35 ἐγένετο δὲ ἐν τῷ ἐγγίζειν αὐτὸν εἰς Ἰεριχὼ τυφλός τις ἐκάθητο παρὰ τὴν ὁδόν
19 1 εἰσελθὼν διήρχετο τὴν Ἰεριχώ
Hb 11 30 πίστει τὰ τείχη Ἰεριχὼ ἔπεσαν κυκλωθέντα ἐπὶ ἑπτὰ ἡμέρας

ἱερόθυτος
1 C 10 28 ἐὰν δέ τις ὑμῖν εἴπῃ· τοῦτο ἱερόθυτόν (εἰδωλό- ς') ἐστιν, μὴ ἐσθίετε

ἱερόν
ᵃ διδάσκω et ἱερόν
ᵇ ἱ. τοῦ θεοῦ
ᶜ Ἀρτέμιδος ἱ.
ᵈ στρατηγὸς τοῦ ἱ.
ᵉ ἱ. et συναγωγή
Mt 4 5 ἔστησεν (ἵστησιν Sς') αὐτὸν ἐπὶ τὸ πτερύγιον τοῦ ἱεροῦ

Mt 12 5 οὐκ ἀνέγνωτε . . . ὅτι τοῖς σάββα-
σιν οἱ ἱερεῖς ἐν τῷ ἱερῷ τὸ σάββα-
τον βεβηλοῦσιν καὶ ἀναίτιοί εἰσιν;
↔

12 6 λέγω δὲ ὑμῖν ὅτι τοῦ ἱεροῦ μεῖζόν
ἐστιν ὧδε

21 12ᵇ εἰσῆλθεν Ἰησοῦς εἰς τὸ ἱερὸν (+
τοῦ θεοῦ VBSTϛ) ↔

21 12 καὶ ἐξέβαλεν πάντας τοὺς πω-
λοῦντας καὶ ἀγοράζοντας ἐν τῷ
ἱερῷ

21 14 προσῆλθον αὐτῷ τυφλοὶ καὶ χωλοὶ
ἐν τῷ ἱερῷ, καὶ ἐθεράπευσεν
αὐτούς. ↔

21 15 ἰδόντες δὲ οἱ ἀρχιερεῖς . . . τοὺς
παῖδας τοὺς κράζοντας ἐν τῷ
ἱερῷ

21 23ᵃ | ἐλθόντος αὐτοῦ (-τι αὐτῷ ϛ) εἰς
τὸ ἱερὸν προσῆλθον αὐτῷ διδά-
σκοντι οἱ ἀρχιερεῖς

24 1 ἐξελθὼν ὁ Ἰησοῦς | ἀπὸ τοῦ ἱεροῦ
ἐπορεύετο (∼ Vϛ), ↔

24 1 καὶ προσῆλθον οἱ μαθηταὶ αὐτοῦ
ἐπιδεῖξαι αὐτῷ τὰς οἰκοδομὰς τοῦ
ἱεροῦ

26 55ᵃ καθ᾽ ἡμέραν (+πρὸς ὑμᾶς Vϛ) | ἐν
τῷ ἱερῷ ἐκαθεζόμην διδάσκων (∼
Vϛ)

Mc 11 11 εἰσῆλθεν εἰς Ἱεροσόλυμα (+ ὁ
Ἰησοῦς καὶ ϛ) εἰς τὸ ἱερὸν

11 15 εἰσελθὼν (+ὁ Ἰησοῦς ϛ) εἰς τὸ
ἱερὸν ↔

11 15 ἤρξατο ἐκβάλλειν τοὺς πωλοῦντας
καὶ τοὺς (—ϛ) ἀγοράζοντας ἐν τῷ
ἱερῷ

11 16ᵃ οὐκ ἤφιεν ἵνα τις διενέγκῃ σκεῦος
διὰ τοῦ ἱεροῦ ⟨καὶ ἐδίδασκεν⟩

11 27 ἐν τῷ ἱερῷ περιπατοῦντος αὐτοῦ
ἔρχονται πρὸς αὐτὸν οἱ ἀρχιερεῖς

12 35ᵃ ἀποκριθεὶς ὁ Ἰησοῦς ἔλεγεν διδά-
σκων ἐν τῷ ἱερῷ

13 1 ἐκπορευομένου αὐτοῦ ἐκ τοῦ ἱεροῦ
λέγει αὐτῷ εἷς τῶν μαθητῶν αὐ-
τοῦ

13 3 καθημένου αὐτοῦ εἰς τὸ ὄρος τῶν
ἐλαιῶν κατέναντι τοῦ ἱεροῦ

14 49ᵃ καθ᾽ ἡμέραν ἤμην πρὸς ὑμᾶς ἐν
τῷ ἱερῷ διδάσκων

Lc 2 27 ἦλθεν ἐν τῷ πνεύματι εἰς τὸ ἱερόν

2 37 ⟨ἦν Ἄννα προφῆτις⟩ ἣ οὐκ
ἀφίστατο (+ἀπὸ ϛ) τοῦ ἱεροῦ
νηστείαις καὶ δεήσεσιν λατρεύουσα
νύκτα καὶ ἡμέραν

2 46 εὗρον αὐτὸν ἐν τῷ ἱερῷ καθεζό-
μενον ἐν μέσῳ τῶν διδασκάλων

4 9 ἤγαγεν δὲ αὐτὸν . . . καὶ ἔστησεν
ἐπὶ τὸ πτερύγιον τοῦ ἱεροῦ

18 10 ἄνθρωποι δύο ἀνέβησαν εἰς τὸ
ἱερὸν προσεύξασθαι

19 45 εἰσελθὼν εἰς τὸ ἱερὸν ἤρξατο
ἐκβάλλειν τοὺς πωλοῦντας (+ἐν
αὐτῷ καὶ ἀγοράζοντας ϛ)

19 47ᵃ ἦν διδάσκων τὸ καθ᾽ ἡμέραν ἐν
τῷ ἱερῷ

20 1ᵃ ἐγένετο . . . διδάσκοντος αὐτοῦ τὸν
λαὸν ἐν τῷ ἱερῷ καὶ εὐαγγελιζο-
μένου ἐπέστησαν οἱ ἀρχιερεῖς (ἱε-
ρεῖς ST)

21 5 καὶ τινων λεγόντων περὶ τοῦ ἱεροῦ,
ὅτι λίθοις καλοῖς καὶ ἀναθήμασιν
(-θέμασιν T) κεκόσμηται

21 37ᵃ ἦν δὲ τὰς ἡμέρας ἐν τῷ ἱερῷ διδά-
σκων

21 38 πᾶς ὁ λαὸς ὤρθριζεν πρὸς αὐτὸν
ἐν τῷ ἱερῷ ἀκούειν αὐτοῦ

Lc 22 52ᵈ εἶπεν δὲ (+ὁ Vϛ) Ἰησοῦς πρὸς
τοὺς παραγενομένους ἐπ᾽ (πρὸς
T) αὐτὸν ἀρχιερεῖς καὶ στρατη-
γοὺς τοῦ ἱεροῦ

22 53 καθ᾽ ἡμέραν ὄντος μου μεθ᾽ ὑμῶν
ἐν τῷ ἱερῷ οὐκ ἐξετείνατε τὰς
χεῖρας ἐπ᾽ ἐμέ

24 53 ἦσαν διὰ παντὸς ἐν τῷ ἱερῷ (+
αἰνοῦντες καὶ [M]Vϛ) εὐλογοῦντες
(αἰνοῦντες T) τὸν θεόν

Jo 2 14 εὗρεν ἐν τῷ ἱερῷ τοὺς πωλοῦντας
βόας καὶ πρόβατα

2 15 ποιήσας φραγέλλιον ἐκ σχοινίων
πάντας ἐξέβαλεν ἐκ τοῦ ἱεροῦ

5 14 μετὰ ταῦτα εὑρίσκει αὐτὸν ὁ [H]
Ἰησοῦς ἐν τῷ ἱερῷ

7 14ᵃ ἤδη δὲ τῆς ἑορτῆς μεσούσης ἀνέβη
Ἰησοῦς εἰς τὸ ἱερὸν καὶ ἐδίδασκεν

7 28ᵃ ἔκραξεν οὖν ἐν τῷ ἱερῷ διδάσκων ὁ
[H] Ἰησοῦς καὶ λέγων

[8 2]ᵃ ὄρθρου δὲ πάλιν παρεγένετο εἰς
τὸ ἱερόν | . . . καὶ καθίσας ἐδίδασκεν
αὐτούς [H]

8 20ᵃ ταῦτα τὰ ῥήματα ἐλάλησεν ἐν τῷ
γαζοφυλακίῳ διδάσκων ἐν τῷ ἱερῷ

8 59 Ἰησοῦς δὲ ἐκρύβη καὶ ἐξῆλθεν ἐκ
τοῦ ἱεροῦ

10 23 περιεπάτει ὁ [H] Ἰησοῦς ἐν τῷ
ἱερῷ ἐν τῇ στοᾷ τοῦ (—T) Σολο-
μῶνος

11 56 ἐζήτουν οὖν τὸν Ἰησοῦν καὶ ἔλεγον
μετ᾽ ἀλλήλων ἐν τῷ ἱερῷ ἑστηκό-
τες

18 20ᵃᵉ ἐγὼ πάντοτε ἐδίδαξα ἐν συναγω-
γῇ καὶ ἐν τῷ ἱερῷ

Ac 2 46 καθ᾽ ἡμέραν τε προσκαρτεροῦντες
ὁμοθυμαδὸν ἐν τῷ ἱερῷ

3 1 Πέτρος δὲ καὶ Ἰωάννης ἀνέβαινον
εἰς τὸ ἱερὸν ἐπὶ τὴν ὥραν τῆς
προσευχῆς τὴν ἐνάτην

3 2 ὃν ἐτίθουν καθ᾽ ἡμέραν πρὸς τὴν
θύραν τοῦ ἱεροῦ τὴν λεγομένην
ὡραίαν ↔

3 2 τοῦ αἰτεῖν ἐλεημοσύνην παρὰ τῶν
εἰσπορευομένων εἰς τὸ ἱερόν· ↔

3 3 ὃς ἰδὼν Πέτρον καὶ Ἰωάννην
μέλλοντας εἰσιέναι εἰς τὸ ἱερὸν ἠρώ-
τα ἐλεημοσύνην λαβεῖν

3 8 εἰσῆλθεν σὺν αὐτοῖς εἰς τὸ ἱερὸν
περιπατῶν καὶ ἁλλόμενος

3 10 αὐτὸς (N²⁶ST; οὗτος rl) ἦν ὁ . . .
καθήμενος ἐπὶ τῇ ὡραίᾳ πύλῃ τοῦ
ἱεροῦ

4 1ᵈ λαλούντων δὲ αὐτῶν . . . ἐπέστη-
σαν αὐτοῖς οἱ ἱερεῖς (ἀρχ- H) καὶ ὁ
στρατηγὸς τοῦ ἱεροῦ

5 20 πορεύεσθε καὶ σταθέντες λαλεῖτε ἐν
τῷ ἱερῷ τῷ λαῷ

5 21ᵃ ἀκούσαντες δὲ εἰσῆλθον ὑπὸ τὸν
ὄρθρον εἰς τὸ ἱερὸν καὶ ἐδίδασκον

5 24ᵈ ὡς δὲ ἤκουσαν τοὺς λόγους τού-
τους ὅ τε (+ἱερεὺς καὶ ὁ ϛ) στρα-
τηγὸς τοῦ ἱεροῦ καὶ οἱ ἀρχιερεῖς

5 25ᵃ ἰδοὺ οἱ ἄνδρες, οὓς ἔθεσθε ἐν τῇ
φυλακῇ, εἰσὶν ἐν τῷ ἱερῷ ἑστῶτες
καὶ διδάσκοντες τὸν λαόν

5 42ᵃ πᾶσάν τε ἡμέραν ἐν τῷ ἱερῷ καὶ
κατ᾽ οἶκον οὐκ ἐπαύοντο διδάσκον-
τες

19 27ᶜ κινδυνεύει . . . τὸ τῆς μεγάλης θεᾶς
| Ἀρτέμιδος ἱερὸν (∼ T) εἰς οὐθὲν
λογισθῆναι

21 26 τότε ὁ Παῦλος . . . τῇ ἐχομένῃ
ἡμέρᾳ σὺν αὐτοῖς ἁγνισθεὶς εἰσῄει
εἰς τὸ ἱερόν

Ac 21 27 οἱ ἀπὸ τῆς Ἀσίας Ἰουδαῖοι θεασά-
μενοι αὐτὸν ἐν τῷ ἱερῷ συνέχεον
πάντα τὸν ὄχλον

21 28ᵃ οὗτός ἐστιν ὁ ἄνθρωπος ὁ κατὰ
τοῦ λαοῦ . . . διδάσκων, ἔτι τε καὶ
Ἕλληνας εἰσήγαγεν εἰς τὸ ἱερὸν

21 29 Τρόφιμον . . . ὃν ἐνόμιζον ὅτι εἰς τὸ
ἱερὸν εἰσήγαγεν ὁ Παῦλος

21 30 ἐπιλαβόμενοι τοῦ Παύλου εἷλκον
αὐτὸν ἔξω τοῦ ἱεροῦ

22 17 ἐγένετο . . . προσευχομένου μου
ἐν τῷ ἱερῷ γενέσθαι με ἐν ἐκστάσει

24 6 ὃς καὶ τὸ ἱερὸν ἐπείρασεν βεβηλῶσαι

24 12ᵉ οὔτε ἐν τῷ ἱερῷ εὗρόν με πρός τινα
διαλεγόμενον . . . οὔτε ἐν ταῖς συν-
αγωγαῖς

24 18 ⟨ἐλεημοσύνας ποιήσων εἰς τὸ ἔθνος
μου παρεγενόμην⟩ ἐν αἷς εὗρόν με
ἡγνισμένον ἐν τῷ ἱερῷ

25 8 τοῦ Παύλου ἀπολογουμένου ὅτι
. . . οὔτε εἰς τὸ ἱερὸν οὔτε εἰς Καίσα-
ρά τι ἥμαρτον

26 21 ἕνεκα τούτων με Ἰουδαῖοι συλλα-
βόμενοι ὄντα (+[N²⁶]BST) ἐν τῷ
ἱερῷ ἐπειρῶντο διαχειρίσασθαι

1 C 9 13 οὐκ οἴδατε ὅτι οἱ τὰ ἱερὰ ἐργαζό-
μενοι τὰ ([N²⁶]; —ϛ) ἐκ τοῦ ἱεροῦ
ἐσθίουσιν ⟨;⟩

ἱεροπρεπής

Tt 2 3 ⟨πρεσβύτας νηφαλίους εἶναι⟩
πρεσβύτιδας ὡσαύτως ἐν κατα-
στήματι ἱεροπρεπεῖς

ἱερός

ᵃ Ἱερὰ Πόλις

Mc [16 br] ὁ Ἰησοῦς . . . ἐξαπέστειλεν δι᾽
αὐτῶν τὸ ἱερὸν καὶ ἄφθαρτον
κήρυγμα τῆς αἰωνίου σωτηρίας

1 C 9 13 οὐκ οἴδατε ὅτι οἱ τὰ ἱερὰ ἐργαζό-
μενοι τὰ ([N²⁶]; —ϛ) ἐκ τοῦ ἱεροῦ
ἐσθίουσιν ⟨;⟩

Cl 4 13ᵃ * ἔχει πολὺν πόνον ὑπὲρ ὑμῶν καὶ
τῶν ἐν Λαοδικείᾳ καὶ τῶν ἐν
| Ἱερᾷ Πόλει (H; Ἱεραπόλει rl)

2 Tm 3 15 ἀπὸ βρέφους τὰ (+[N²⁶M]VSϛ)
ἱερὰ γράμματα οἶδας

Ἱεροσόλυμα, Ἱερουσαλήμ

Ἱεροσόλυμα (ST)H
Ἱερουσαλήμ B(ST)ϛ

ᵃ Ἱεροσόλυμα
ᵇ τὰ Ἱεροσόλυμα
ᶜ ἡ (πόλις) Ἱερουσαλήμ
ᵈ πᾶσα, ὅλη Ἱερουσαλήμ
ᵉ Ἱ. et Ἰουδαία
ᶠ Ἱερουσαλήμ Ἱερουσαλήμ

Mt 2 1ᵃ ἰδοὺ μάγοι ἀπὸ ἀνατολῶν παρεγέ-
νοντο εἰς Ἱεροσόλυμα

2 3ᵃᵈ ἀκούσας δὲ ὁ βασιλεὺς Ἡρῴδης
ἐταράχθη, καὶ πᾶσα Ἱεροσόλυμα
μετ᾽ αὐτοῦ

3 5ᵃᵉ τότε ἐξεπορεύετο πρὸς αὐτὸν
Ἱεροσόλυμα καὶ πᾶσα ἡ Ἰουδαία
καὶ πᾶσα ἡ περίχωρος τοῦ Ἰορ-
δάνου

4 25ᵃᵉ ἠκολούθησαν αὐτῷ ὄχλοι πολλοὶ
ἀπὸ τῆς Γαλιλαίας καὶ Δεκαπόλεως
καὶ Ἱεροσολύμων καὶ Ἰουδαίας

5 35ᵃ ⟨μὴ ὀμόσαι ὅλως⟩ μήτε ἐν τῇ
γῇ . . . μήτε εἰς Ἱεροσόλυμα

15 1ᵃ τότε προσέρχονται τῷ Ἰησοῦ (+
οἱ Vϛ) ἀπὸ Ἱεροσολύμων | Φαρι-
σαῖοι καὶ γραμματεῖς (∼ Sϛ) λέ-
γοντες

16 21ᵃ ἤρξατο . . . δεικνύειν τοῖς μαθηταῖς
αὐτοῦ ὅτι δεῖ αὐτὸν εἰς Ἱεροσόλυμα
ἀπελθεῖν

Mt 20 17ᵃ | καὶ ἀναβαίνων ὁ (μέλλων δὲ ἀναβαίνειν ΝΗ) 'Ιησοῦς εἰς 'Ιεροσόλυμα

20 18ᵃ ἰδοὺ ἀναβαίνομεν εἰς 'Ιεροσόλυμα

21 1ᵃ ὅτε ἤγγισαν εἰς 'Ιεροσόλυμα καὶ ἦλθον εἰς Βηθφαγή

21 10ᵃ εἰσελθόντος αὐτοῦ εἰς 'Ιεροσόλυμα ἐσείσθη πᾶσα ἡ πόλις λέγουσα

23 37ᶠ 'Ιερουσαλήμ 'Ιερουσαλήμ, ἡ ἀποκτείνουσα τοὺς προφήτας καὶ λιθοβολοῦσα τοὺς ἀπεσταλμένους πρὸς αὐτήν

Mc 3 8ᵃᵉ ⟨καὶ ἀπὸ τῆς 'Ιουδαίας⟩ καὶ ἀπὸ 'Ιεροσολύμων καὶ ἀπὸ τῆς 'Ιδουμαίας ... πλῆθος πολύ ... ἦλθον πρὸς αὐτόν

3 22ᵃ οἱ γραμματεῖς οἱ ἀπὸ 'Ιεροσολύμων καταβάντες ἔλεγον ὅτι Βεελζεβοὺλ ἔχει

7 1ᵃ συνάγονται πρὸς αὐτὸν οἱ Φαρισαῖοι καί τινες τῶν γραμματέων ἐλθόντες ἀπὸ 'Ιεροσολύμων

10 32ᵃ ἦσαν δὲ ἐν τῇ ὁδῷ ἀναβαίνοντες εἰς 'Ιεροσόλυμα

10 33ᵃ ἰδοὺ ἀναβαίνομεν εἰς 'Ιεροσόλυμα

11 1ᵃ ὅτε ἐγγίζουσιν εἰς 'Ιεροσόλυμα ('Ιερουσαλήμ ς) | εἰς Βηθφαγὴ καὶ (κ. εἰς ΒΤ) Βηθανίαν

11 11ᵃ εἰσῆλθεν εἰς 'Ιεροσόλυμα (+ ὁ 'Ιησοῦς καὶ ς) εἰς τὸ ἱερόν

11 15ᵃ ἔρχονται εἰς 'Ιεροσόλυμα

11 27ᵃ ἔρχονται πάλιν εἰς 'Ιεροσόλυμα

15 41ᵃ ⟨ἦσαν δὲ καὶ γυναῖκες⟩ καὶ ἄλλαι πολλαὶ αἱ συναναβᾶσαι αὐτῷ εἰς 'Ιεροσόλυμα

Lc 2 22ᵃ ἀνήγαγον αὐτὸν εἰς 'Ιεροσόλυμα παραστῆσαι τῷ κυρίῳ

2 25 ἰδοὺ | ἄνθρωπος ἦν (~ΥΒΣς) ἐν 'Ιερουσαλὴμ ᾧ ὄνομα Συμεών

2 38 ἐλάλει περὶ αὐτοῦ πᾶσιν τοῖς προσδεχομένοις λύτρωσιν (+ἐν ς) 'Ιερουσαλήμ

2 41 ἐπορεύοντο οἱ γονεῖς αὐτοῦ κατ' ἔτος εἰς 'Ιερουσαλὴμ τῇ ἑορτῇ τοῦ πάσχα. ↔

2 42ᵃ * καὶ ὅτε ἐγένετο ἐτῶν δώδεκα, ἀναβαινόντων αὐτῶν | εἰς 'Ιεροσόλυμα (+ς) κατὰ τὸ ἔθος τῆς ἑορτῆς, ↔

2 43 καὶ τελειωσάντων τὰς ἡμέρας, ἐν τῷ ὑποστρέφειν αὐτοὺς ὑπέμεινεν 'Ιησοῦς ὁ παῖς ἐν 'Ιερουσαλήμ

2 45 μὴ εὑρόντες ὑπέστρεψαν εἰς 'Ιερουσαλὴμ ἀναζητοῦντες αὐτόν

4 9 ἤγαγεν δὲ αὐτὸν εἰς 'Ιερουσαλήμ

5 17ᵉ οἱ ἦσαν ἐληλυθότες ἐκ πάσης κώμης τῆς Γαλιλαίας καὶ 'Ιουδαίας καὶ 'Ιερουσαλήμ

6 17ᵉ ἔστη ἐπὶ τόπου πεδινοῦ ... καὶ πλῆθος πολὺ τοῦ λαοῦ ἀπὸ πάσης τῆς 'Ιουδαίας καὶ 'Ιερουσαλήμ

9 31 τὴν ἔξοδον αὐτοῦ, ἣν ἤμελλεν πληροῦν ἐν 'Ιερουσαλήμ

9 51 τὸ πρόσωπον (+αὐτοῦ ΥΤς) ἐστήρισεν (-ριξεν Υς) τοῦ πορεύεσθαι εἰς 'Ιερουσαλήμ

9 53 οὐκ ἐδέξαντο αὐτόν, ὅτι τὸ πρόσωπον αὐτοῦ ἦν πορευόμενον εἰς 'Ιερουσαλήμ

10 30 ἄνθρωπός τις κατέβαινεν ἀπὸ 'Ιερουσαλὴμ εἰς 'Ιεριχώ

13 4 δοκεῖτε ὅτι αὐτοὶ ὀφειλέται ἐγένοντο παρὰ πάντας τοὺς ἀνθρώπους τοὺς κατοικοῦντας (+ἐν Τς) 'Ιερουσαλήμ;

Lc 13 22ᵃ διεπορεύετο κατὰ πόλεις καὶ κώμας διδάσκων καὶ πορείαν ποιούμενος εἰς 'Ιεροσόλυμα ('Ιερουσαλὴμ ς)

13 33 οὐκ ἐνδέχεται προφήτην ἀπολέσθαι ἔξω 'Ιερουσαλήμ. ↔

13 34ᶠ 'Ιερουσαλὴμ 'Ιερουσαλήμ, ἡ ἀποκτείνουσα τοὺς προφήτας καὶ λιθοβολοῦσα τοὺς ἀπεσταλμένους πρὸς αὐτήν

17 11 ἐγένετο ἐν τῷ πορεύεσθαι (+ αὐτὸν ΜΥΒΣς) εἰς 'Ιερουσαλήμ, καὶ αὐτὸς διήρχετο διὰ μέσον (-ου Υς) Σαμαρείας καὶ Γαλιλαίας

18 31ᵃ ἰδοὺ ἀναβαίνομεν εἰς 'Ιερουσαλὴμ ('Ιεροσόλυμα ς)

19 11 προσθεὶς εἶπεν παραβολήν, διὰ τὸ ἐγγὺς εἶναι 'Ιερουσαλὴμ αὐτόν

19 28ᵃ ἐπορεύετο ἔμπροσθεν ἀναβαίνων εἰς 'Ιεροσόλυμα

21 20ᶜ ὅταν δὲ ἴδητε κυκλουμένην ὑπὸ στρατοπέδων (+τὴν Υς) 'Ιερουσαλήμ

21 24 'Ιερουσαλὴμ ἔσται πατουμένη ὑπὸ ἐθνῶν

23 7ᵃ ἀνέπεμψεν αὐτὸν πρὸς Ἡρῴδην, ὄντα καὶ αὐτὸν ἐν 'Ιεροσολύμοις ἐν ταύταις ταῖς ἡμέραις

23 28 θυγατέρες 'Ιερουσαλήμ, μὴ κλαίετε ἐπ' ἐμέ

24 13 δύο ἐξ αὐτῶν | ἐν αὐτῇ τῇ ἡμέρᾳ ἦσαν πορευόμενοι (~ΥΒΣς) εἰς κώμην ἀπέχουσαν σταδίους (+ ἑκατὸν Μ) ἑξήκοντα ἀπὸ 'Ιερουσαλήμ

24 18 σὺ μόνος παροικεῖς (+ἐν ς) 'Ιερουσαλὴμ καὶ οὐκ ἔγνως τὰ γενόμενα ἐν αὐτῇ ⟨;⟩

24 33 ἀναστάντες αὐτῇ τῇ ὥρᾳ ὑπέστρεψαν εἰς 'Ιερουσαλήμ

24 47 κηρυχθῆναι ἐπὶ τῷ ὀνόματι αὐτοῦ μετάνοιαν ... εἰς πάντα τὰ ἔθνη, ἀρξάμενοι (-μενον Υς) ἀπὸ 'Ιερουσαλήμ

24 49ᶜ * ὑμεῖς δὲ καθίσατε ἐν τῇ πόλει 'Ιερουσαλήμ (+Υς)

24 52 αὐτοὶ | προσκυνήσαντες αὐτὸν ([ΥΣΗ]; —ΝΤ) ὑπέστρεψαν εἰς 'Ιερουσαλὴμ μετὰ χαρᾶς μεγάλης

Jo 1 19ᵃ ὅτε ἀπέστειλαν | πρὸς αὐτὸν ([Ν²⁶]; —Τς) οἱ 'Ιουδαῖοι ἐξ 'Ιεροσολύμων ἱερεῖς καὶ Λευίτας

2 13ᵃ ἀνέβη εἰς 'Ιεροσόλυμα ὁ 'Ιησοῦς

2 23ᵃᵇ ὡς δὲ ἦν ἐν τοῖς (—ς) 'Ιεροσολύμοις ἐν τῷ πάσχα ἐν τῇ ἑορτῇ

4 20ᵃ ἐν 'Ιεροσολύμοις ἐστὶν ὁ τόπος ὅπου προσκυνεῖν δεῖ

4 21ᵃ ἔρχεται ὥρα ὅτε οὔτε ἐν τῷ ὄρει τούτῳ οὔτε ἐν 'Ιεροσολύμοις προσκυνήσετε τῷ πατρί

4 45ᵃ πάντα ἑωρακότες ὅσα (ἃ Τς) ἐποίησεν ἐν 'Ιεροσολύμοις ἐν τῇ ἑορτῇ

5 1ᵃ ἀνέβη (+ὁ Υ[Σ]ς) 'Ιησοῦς εἰς 'Ιεροσόλυμα. ↔

5 2ᵇ ἔστιν δὲ ἐν τοῖς 'Ιεροσολύμοις ἐπὶ τῇ προβατικῇ κολυμβήθρα

10 22ᵃᵇ ἐγένετο τότε (δὲ Τς) τὰ ἐγκαίνια ἐν τοῖς (—Τ) 'Ιεροσολύμοις

11 18ᵇ ἦν δὲ ἡ (—ΝΤΗ) Βηθανία ἐγγὺς τῶν 'Ιεροσολύμων ὡς ἀπὸ σταδίων δεκαπέντε

11 55ᵃ ἀνέβησαν πολλοὶ εἰς 'Ιεροσόλυμα ἐκ τῆς χώρας πρὸ τοῦ πάσχα

Jo 12 12ᵃ ὁ (—ΥΣΤς) ὄχλος ... ἀκούσαντεˢ ὅτι ἔρχεται ὁ (+ Ν²⁶[Σ]ς) 'Ιησοῦς εἰς 'Ιεροσόλυμα ⟨ἔλαβον τὰ βαΐα⟩

Ac 1 4ᵃ συναλιζόμενος παρήγγειλεν αὐτοῖς ἀπὸ 'Ιεροσολύμων μὴ χωρίζεσθαι

1 8ᵉ ἔσεσθέ μου μάρτυρες ἔν τε 'Ιερουσαλὴμ καὶ ἐν [Ν²⁶Η] πάσῃ τῇ 'Ιουδαίᾳ καὶ Σαμαρείᾳ

1 12 τότε ὑπέστρεψαν εἰς 'Ιερουσαλὴμ ἀπὸ ὄρους τοῦ καλουμένου ἐλαιῶνος, ↔

1 12 ὅ ἐστιν ἐγγὺς 'Ιερουσαλὴμ σαββάτου ἔχον ὁδόν

1 19 (+ὁ Τ) καὶ γνωστὸν ἐγένετο πᾶσι τοῖς κατοικοῦσιν 'Ιερουσαλήμ

2 5 ἦσαν δὲ εἰς (ἐν ΜΥΣΗς) 'Ιερουσαλὴμ κατοικοῦντες 'Ιουδαῖοι

2 14 ἄνδρες 'Ιουδαῖοι καὶ οἱ κατοικοῦντες 'Ιερουσαλὴμ πάντες, τοῦτο ὑμῖν γνωστὸν ἔστω

2 43 * πολλά τε (Ν²⁶Σς; δὲ rl) τέρατα καὶ σημεῖα διὰ τῶν ἀποστόλων ἐγίνετο | ἐν 'Ιερουσαλὴμ (+ΥΒ [Σ]Τ ..)

4 5 ἐγένετο δὲ ἐπὶ τὴν αὔριον συναχθῆναι αὐτῶν τοὺς ἄρχοντας ... καὶ τοὺς γραμματεῖς ἐν (εἰς Τς) 'Ιερουσαλήμ

4 16 ὅτι μὲν γὰρ γνωστὸν σημεῖον γέγονεν δι' αὐτῶν, πᾶσιν τοῖς κατοικοῦσιν 'Ιερουσαλὴμ φανερόν

5 16 συνήρχετο δὲ καὶ τὸ πλῆθος τῶν πέριξ πόλεων (+εἰς Υ[Σ]ς) 'Ιερουσαλήμ

5 28ᶜ ἰδοὺ πεπληρώκατε τὴν 'Ιερουσαλὴμ τῆς διδαχῆς ὑμῶν

6 7 ἐπληθύνετο ὁ ἀριθμὸς τῶν μαθητῶν ἐν 'Ιερουσαλὴμ σφόδρα

8 1ᵃ ἐγένετο δὲ ἐν ἐκείνῃ τῇ ἡμέρᾳ διωγμὸς μέγας ἐπὶ τὴν ἐκκλησίαν τὴν ἐν 'Ιεροσολύμοις

8 14ᵃ ἀκούσαντες δὲ οἱ ἐν 'Ιεροσολύμοις ἀπόστολοι

8 25ᵃ οἱ μὲν οὖν ... ὑπέστρεφον εἰς 'Ιεροσόλυμα ('Ιερουσαλὴμ ς), πολλάς τε κώμας τῶν Σαμαριτῶν εὐηγγελίζοντο

8 26 πορεύου ... ἐπὶ τὴν ὁδὸν τὴν καταβαίνουσαν ἀπὸ 'Ιερουσαλὴμ εἰς Γάζαν

8 27 ἰδοὺ ἀνὴρ Αἰθίοψ ... ὃς ([ΝΗ]; —Τ) ἐληλύθει προσκυνήσων εἰς 'Ιερουσαλήμ

9 2 ὅπως ἐάν (ἂν Τ) τινας εὕρῃ | τῆς ὁδοῦ ὄντας (~Τ) ... δεδεμένους ἀγάγῃ εἰς 'Ιερουσαλήμ

9 13 ἤκουσα (ἀκήκοα Σς) ἀπὸ πολλῶν ... ὅσα κακὰ τοῖς ἁγίοις σου ἐποίησεν ἐν 'Ιερουσαλήμ

9 21 οὐχ οὗτός ἐστιν ὁ πορθήσας εἰς (ἐν ΜΥΒΗς) 'Ιερουσαλὴμ τοὺς ἐπικαλουμένους τὸ ὄνομα τοῦτο ⟨;⟩

9 26 παραγενόμενος δὲ εἰς 'Ιερουσαλὴμ ἐπείραζεν κολλᾶσθαι τοῖς μαθηταῖς

9 28 ἦν μετ' αὐτῶν εἰσπορευόμενος καὶ ἐκπορευόμενος εἰς (ἐν ς) 'Ιερουσαλήμ

10 39 ἡμεῖς μάρτυρες πάντων ὧν ἐποίησεν ἔν τε τῇ χώρᾳ τῶν 'Ιουδαίων καὶ ἐν ([Ν²⁶]; —ΝΜΥΗ) 'Ιερουσαλήμ

11 2ᵃ ὅτε δὲ ἀνέβη Πέτρος εἰς 'Ιερουσαλήμ ('Ιεροσόλυμα Σς)

Ac 11 22ᵃ ἠκούσθη δὲ ὁ λόγος εἰς τὰ ὦτα τῆς ἐκκλησίας τῆς οὔσης (—ς) ἐν Ἰερουσαλήμ (Ἱεροσολύμοις ς) περὶ αὐτῶν

11 27ᵃ ἐν ταύταις δὲ ταῖς ἡμέραις κατῆλθον ἀπὸ Ἱεροσολύμων προφῆται εἰς Ἀντιόχειαν

12 25 Βαρναβᾶς δὲ καὶ Σαῦλος ὑπέστρεψαν εἰς (N²⁶H; ἐξ rl) Ἰερουσαλήμ

13 13ᵃ Ἰωάννης δὲ ἀποχωρήσας ἀπ' αὐτῶν ὑπέστρεψεν εἰς Ἱεροσόλυμα

13 27 οἱ γὰρ κατοικοῦντες ἐν Ἰερουσαλὴμ καὶ οἱ ἄρχοντες αὐτῶν τοῦτον ἀγνοήσαντες

13 31 ὃς ὤφθη ἐπὶ ἡμέρας πλείους τοῖς συναναβᾶσιν αὐτῷ ἀπὸ τῆς Γαλιλαίας εἰς Ἰερουσαλήμ

15 2 ἔταξαν ἀναβαίνειν Παῦλον καὶ Βαρναβᾶν ... πρὸς τοὺς ἀποστόλους ... εἰς Ἰερουσαλὴμ περὶ τοῦ ζητήματος τούτου

15 4ᵃ παραγενόμενοι δὲ εἰς Ἰερουσαλὴμ (N²⁶Tς; Ἱεροσόλυμα rl) παρεδέχθησαν ἀπὸ (ὑπὸ MVBSTς) τῆς ἐκκλησίας

16 4ᵃ φυλάσσειν τὰ δόγματα τὰ κεκριμένα ὑπὸ τῶν ἀποστόλων καὶ πρεσβυτέρων τῶν ἐν Ἱεροσολύμοις (Ἰερουσαλὴμ ς)

18 21ᵃ * | δεῖ με πάντως τὴν ἑορτὴν τὴν ἐρχομένην ποιῆσαι εἰς Ἱεροσόλυμα (+ς)

19 21ᵃ ἔθετο ὁ Παῦλος ἐν τῷ πνεύματι διελθὼν τὴν Μακεδονίαν ... πορεύεσθαι εἰς Ἱεροσόλυμα (Ἰερουσαλήμ ς)

20 16ᵃ ἔσπευδεν γάρ ... τὴν ἡμέραν τῆς πεντηκοστῆς γενέσθαι εἰς Ἱεροσόλυμα (Ἰερουσαλήμ BST)

20 22 νῦν ἰδοὺ δεδεμένος ἐγὼ τῷ πνεύματι πορεύομαι εἰς Ἰερουσαλήμ

21 4ᵃ οἵτινες τῷ Παύλῳ ἔλεγον διὰ τοῦ πνεύματος μὴ ἐπιβαίνειν (ἀνα- ς) εἰς Ἱεροσόλυμα (Ἰερουσαλήμ ς)

21 11 τὸν ἄνδρα οὗ ἐστιν ἡ ζώνη αὕτη οὕτως δήσουσιν ἐν Ἰερουσαλὴμ οἱ Ἰουδαῖοι

21 12 παρεκαλοῦμεν ἡμεῖς τε καὶ οἱ ἐντόπιοι τοῦ μὴ ἀναβαίνειν αὐτὸν εἰς Ἰερουσαλήμ

21 13 ἐγὼ γὰρ οὐ μόνον δεθῆναι ἀλλὰ καὶ ἀποθανεῖν εἰς Ἰερουσαλὴμ ἑτοίμως ἔχω ὑπὲρ τοῦ ὀνόματος τοῦ κυρίου Ἰησοῦ

21 15ᵃ μετὰ δὲ τὰς ἡμέρας ταύτας ἐπισκευασάμενοι ἀνεβαίνομεν εἰς Ἱεροσόλυμα (Ἰερουσαλήμ ς)

21 17ᵃ γενομένων δὲ ἡμῶν εἰς Ἱεροσόλυμα ἀσμένως ἀπεδέξαντο ἡμᾶς οἱ ἀδελφοί

21 31ᵈ ἀνέβη φάσις τῷ χιλιάρχῳ τῆς σπείρης ὅτι ὅλη συγχύννεται Ἰερουσαλήμ

22 5 εἰς Δαμασκὸν ἐπορευόμην, ἄξων καὶ τοὺς ἐκεῖσε ὄντας δεδεμένους εἰς Ἰερουσαλὴμ ἵνα τιμωρηθῶσιν

22 17 ἐγένετο δέ μοι ὑποστρέψαντι εἰς Ἰερουσαλὴμ καὶ προσευχομένου μου ἐν τῷ ἱερῷ

22 18 σπεῦσον καὶ ἔξελθε ἐν τάχει ἐξ Ἰερουσαλήμ

23 11 ὡς γὰρ διεμαρτύρω τὰ περὶ ἐμοῦ εἰς Ἰερουσαλήμ

Ac 24 11 οὐ πλείους εἰσίν μοι ἡμέραι δώδεκα ἀφ' ἧς ἀνέβην προσκυνήσων εἰς (ἐν ς) Ἰερουσαλήμ

25 1ᵃ ἐπιβὰς τῇ ἐπαρχείᾳ (-χείῳ NT) μετὰ τρεῖς ἡμέρας ἀνέβη εἰς Ἱεροσόλυμα ἀπὸ Καισαρείας

25 3 ⟨παρεκάλουν αὐτὸν⟩ ὅπως μεταπέμψηται αὐτὸν εἰς Ἰερουσαλήμ

25 7ᵃ παραγενομένου δὲ αὐτοῦ περιέστησαν αὐτὸν οἱ ἀπὸ Ἱεροσολύμων καταβεβηκότες Ἰουδαῖοι

25 9ᵃ θέλεις εἰς Ἱεροσόλυμα ἀναβὰς ἐκεῖ περὶ τούτων κριθῆναι ἐπ' ἐμοῦ;

25 15ᵃ περὶ οὗ γενομένου μου εἰς Ἱεροσόλυμα ἐνεφάνισαν οἱ ἀρχιερεῖς ... τῶν Ἰουδαίων

25 20ᵃ ἔλεγον εἰ βούλοιτο πορεύεσθαι εἰς Ἱεροσόλυμα (Ἰερουσαλήμ ς) κἀκεῖ κρίνεσθαι περὶ τούτων

25 24ᵃ θεωρεῖτε τοῦτον περὶ οὗ ἅπαν τὸ πλῆθος τῶν Ἰουδαίων ἐνέτυχόν (-χέν H) μοι ἔν τε Ἱεροσολύμοις καὶ ἐνθάδε

26 4ᵃ τὴν μὲν οὖν βίωσίν μου ... τὴν ἀπ' ἀρχῆς γενομένην ἐν τῷ ἔθνει μου ἔν τε (—ς) Ἱεροσολύμοις ἴσασι πάντες οἱ (+N²⁶Tς) Ἰουδαῖοι

26 10ᵃ ὃ καὶ ἐποίησα ἐν Ἱεροσολύμοις

26 20ᵃᵉ τοῖς ἐν Δαμασκῷ πρῶτόν τε καὶ Ἱεροσολύμοις, (+εἰς MVBSς) πᾶσάν τε τὴν χώραν τῆς Ἰουδαίας καὶ τοῖς ἔθνεσιν ἀπήγγελλον μετανοεῖν

28 17ᵃ δέσμιος ἐξ Ἱεροσολύμων παρεδόθην εἰς τὰς χεῖρας τῶν Ῥωμαίων

Rm 15 19 ὥστε με ἀπὸ Ἰερουσαλὴμ καὶ κύκλῳ μέχρι τοῦ Ἰλλυρικοῦ πεπληρωκέναι τὸ εὐαγγέλιον τοῦ Χριστοῦ

15 25 νυνὶ δὲ πορεύομαι εἰς Ἰερουσαλὴμ διακονῶν τοῖς ἁγίοις. ↔

15 26 εὐδόκησαν γάρ ... κοινωνίαν τινὰ ποιήσασθαι εἰς τοὺς πτωχοὺς τῶν ἁγίων τῶν ἐν Ἰερουσαλήμ

15 31 ἵνα ... ἡ διακονία μου ἡ εἰς Ἰερουσαλὴμ εὐπρόσδεκτος τοῖς ἁγίοις γένηται

1 C 16 3 δι' ἐπιστολῶν τούτους πέμψω ἀπενεγκεῖν τὴν χάριν ὑμῶν εἰς Ἰερουσαλήμ

G 1 17ᵃ οὐδὲ ἀνῆλθον εἰς Ἱεροσόλυμα πρὸς τοὺς πρὸ ἐμοῦ ἀποστόλους

1 18ᵃ ἔπειτα μετὰ | ἔτη τρία (N²⁶Bς; ~rl) ἀνῆλθον εἰς Ἱεροσόλυμα ἱστορῆσαι Κηφᾶν

2 1ᵃ ἔπειτα διὰ δεκατεσσάρων ἐτῶν πάλιν ἀνέβην εἰς Ἱεροσόλυμα μετὰ Βαρναβᾶ

4 25ᶜ τὸ δὲ (γὰρ VBSTς) Ἁγὰρ (—M VBT) Σινᾶ ὄρος ἐστὶν ἐν τῇ Ἀραβίᾳ· συστοιχεῖ δὲ τῇ νῦν Ἰερουσαλήμ

4 26ᶜ ἡ δὲ ἄνω Ἰερουσαλὴμ ἐλευθέρα ἐστίν

Hb 12 22 ἀλλὰ προσεληλύθατε Σιὼν ὄρει καὶ πόλει θεοῦ ζῶντος, Ἰερουσαλὴμ ἐπουρανίῳ

Ap 3 12ᶜ γράψω ἐπ' αὐτὸν ... τὸ ὄνομα τῆς πόλεως τοῦ θεοῦ μου, τῆς καινῆς Ἰερουσαλὴμ ἡ καταβαίνουσα ἐκ τοῦ οὐρανοῦ

21 2ᶜ τὴν πόλιν τὴν ἁγίαν Ἰερουσαλὴμ καινὴν εἶδον καταβαίνουσαν ἐκ τοῦ οὐρανοῦ ἀπὸ τοῦ θεοῦ

Ap 21 10ᵉ ἔδειξέν μοι τὴν πόλιν (+τὴν μεγάλην ς) τὴν ἁγίαν Ἰερουσαλὴμ καταβαίνουσαν ἐκ τοῦ οὐρανοῦ ἀπὸ τοῦ θεοῦ

Ἱεροσολυμίτης

Ἱεροσολυμίτης (S)
Ἱεροσολυμείτης T
Ἱεροσολυμείτης H

Mc 1 5 ἐξεπορεύετο πρὸς αὐτὸν πᾶσα ἡ Ἰουδαία χώρα καὶ οἱ Ἱεροσολυμῖται πάντες

Jo 7 25 ἔλεγον οὖν τινες ἐκ τῶν Ἱεροσολυμιτῶν

ἱεροσυλέω

Rm 2 22 ὁ βδελυσσόμενος τὰ εἴδωλα ἱεροσυλεῖς;

ἱερόσυλος

Ac 19 37 ἠγάγετε γὰρ τοὺς ἄνδρας τούτους οὔτε ἱεροσύλους οὔτε βλασφημοῦντας τὴν θεὸν ἡμῶν

ἱερουργέω

Rm 15 16 εἰς τὸ εἶναί με λειτουργὸν Χριστοῦ Ἰησοῦ ... ἱερουργοῦντα τὸ εὐαγγέλιον τοῦ θεοῦ

Ἰερουσαλήμ

→ Ἱεροσόλυμα, Ἰερουσαλήμ

ἱερωσύνη

Hb 7 11 εἰ μὲν οὖν τελείωσις διὰ τῆς Λευιτικῆς ἱερωσύνης ἦν

7 12 μετατιθεμένης γὰρ τῆς ἱερωσύνης ἐξ ἀνάγκης καὶ νόμου μετάθεσις γίνεται

7 14 * εἰς ἣν φυλὴν | οὐδὲν περὶ ἱερωσύνης (ς; π. ἱερέων οὐ. rl) Μωϋσῆς ἐλάλησεν

7 24 ὁ δὲ διὰ τὸ μένειν αὐτὸν εἰς τὸν αἰῶνα ἀπαράβατον ἔχει τὴν ἱερωσύνην

Ἰεσσαί

Mt 1 5 Ἰωβὴδ δὲ ἐγέννησεν τὸν Ἰεσσαί, ↔

1 6 Ἰεσσαὶ δὲ ἐγέννησεν τὸν Δαυὶδ τὸν βασιλέα

Lc 3 32 ⟨ἦν Ἰησοῦς ... ὢν υἱός, ὡς ἐνομίζετο⟩ τοῦ Ἰεσσαὶ τοῦ Ἰωβὴδ τοῦ Βόος

Ac 13 22 εὗρον Δαυὶδ τὸν τοῦ Ἰεσσαί, ἄνδρα [H] κατὰ τὴν καρδίαν μου

Rm 15 12 ἔσται ἡ ῥίζα τοῦ Ἰεσσαί

Ἰεφθάε

Hb 11 32 ἐπιλείψει | με γὰρ (~VSς) διηγούμενον ὁ χρόνος περὶ ... Σαμψών, Ἰεφθάε, Δαυίδ τε καὶ Σαμουήλ

Ἰεχονίας

Mt 1 11 Ἰωσίας δὲ ἐγέννησεν τὸν Ἰεχονίαν καὶ τοὺς ἀδελφοὺς αὐτοῦ ἐπὶ τῆς μετοικεσίας Βαβυλῶνος. ↔

1 12 μετὰ δὲ τὴν μετοικεσίαν Βαβυλῶνος Ἰεχονίας ἐγέννησεν τὸν Σαλαθιήλ

Ἰησοῦς

a Jesus Nave
b Jesus filius Eliezer
c Ἰ. (ὁ) Βαραββᾶς
d Ἰ. ὁ λεγόμενος Ἰοῦστος
e Ἰ. Χριστός
f Χριστός (ὁ) Ἰ.
g Ἰ. ὁ χριστός
h Ἰ. ὁ λεγόμενος χριστός
j Ἰ. (ὁ) κύριος
k Ἰ. (ὁ) κύριος ἡμῶν
l Ἰ. (ὁ) σωτήρ
m Ἰ. υἱὸς (τοῦ) θεοῦ, πατρός
n Ἰ. υἱὸς Δαυίδ
p Ἰ. (ὁ) υἱὸς (τοῦ) Ἰωσήφ

q 'Ι. ὁ βασιλεὺς τῶν 'Ιουδαίων
r 'Ι. ὁ προφήτης, δεσπότης
s 'Ι. ἐπιστάτα
t 'Ι. ὁ παῖς, τὸ παιδίον
u ἄνθρωπος 'Ι.
v 'Ι. (ὁ) Ναζωραῖος, -αρηνός
w 'Ι. ὁ Γαλιλαῖος
x (ὁ) λεγόμενος 'Ι.
y ὄνομα (τοῦ) 'Ιησοῦ
z τὰ (περὶ) τοῦ 'Ιησοῦ

Mt 1 1ᵉⁿ βίβλος γενέσεως 'Ιησοῦ Χριστοῦ
υἱοῦ Δαυὶδ υἱοῦ 'Αβραάμ

1 16ʰ τὸν 'Ιωσήφ | τὸν ἄνδρα Μαρίας,
ἐξ ἧς ἐγεννήθη 'Ιησοῦς ὁ λεγόμενος
χριστός ('Ιωσὴφ δέ, ᾧ ἐμνηστεύθη
παρθένος Μαριάμ, ἐγέννησεν
'Ιησοῦν τὸν λ-ον Χ-όν S)

1 18ᵉ τοῦ δὲ 'Ιησοῦ [SH] Χριστοῦ ἡ
γένεσις οὕτως ἦν

1 21 καλέσεις τὸ ὄνομα αὐτοῦ 'Ιησοῦν

1 25 ἐκάλεσεν τὸ ὄνομα αὐτοῦ 'Ιησοῦν.
↔

2 1 τοῦ δὲ 'Ιησοῦ γεννηθέντος ἐν
Βηθλέεμ τῆς 'Ιουδαίας ἐν ἡμέραις
'Ηρῴδου τοῦ βασιλέως

3 13 τότε παραγίνεται ὁ 'Ιησοῦς ἀπὸ
τῆς Γαλιλαίας ἐπὶ τὸν 'Ιορδάνην
πρὸς τὸν 'Ιωάννην

3 15 ἀποκριθεὶς δὲ ὁ 'Ιησοῦς εἶπεν
| πρὸς αὐτόν (αὐτῷ NMH)

3 16 βαπτισθεὶς δὲ ὁ 'Ιησοῦς | εὐθὺς
ἀνέβη (~ Sς) ἀπὸ τοῦ ὕδατος

4 1 τότε ὁ [H] 'Ιησοῦς ἀνήχθη εἰς τὴν
ἔρημον ὑπὸ τοῦ πνεύματος

4 7 ἔφη αὐτῷ ὁ 'Ιησοῦς

4 10 τότε λέγει αὐτῷ ὁ 'Ιησοῦς

4 12 * ἀκούσας δὲ | ὁ 'Ιησοῦς (+ς)
ὅτι 'Ιωάννης παρεδόθη ἀνεχώρη-
σεν εἰς τὴν Γαλιλαίαν

4 17 ἀπὸ τότε ἤρξατο ὁ 'Ιησοῦς κη-
ρύσσειν καὶ λέγειν

4 18 * περιπατῶν δὲ | ὁ 'Ιησοῦς (+ς)
παρὰ τὴν θάλασσαν τῆς Γαλιλαίας
εἶδεν δύο ἀδελφούς

4 23 * περιῆγεν | ὁ 'Ιησοῦς (+MVBSς)
| ἐν ὅλῃ τῇ Γαλιλαίᾳ (ὅλην τὴν
Γαλιλαίαν MVSς)

7 28 ἐγένετο ὅτε ἐτέλεσεν (συν- Sς) ὁ
'Ιησοῦς τοὺς λόγους τούτους,
ἐξεπλήσσοντο οἱ ὄχλοι

8 3 * ἐκτείνας τὴν χεῖρα ἥψατο αὐτοῦ
| ὁ 'Ιησοῦς (+ς) λέγων

8 4 λέγει αὐτῷ ὁ 'Ιησοῦς

8 5 | εἰσελθόντι δὲ τῷ 'Ιησοῦ (ς;
εἰσελθόντος δὲ αὐτοῦ rl) εἰς Καφαρ-
ναούμ

8 7 * καὶ (—NTH) λέγει αὐτῷ | ὁ
'Ιησοῦς (+VBς)

8 10 ἀκούσας δὲ ὁ 'Ιησοῦς ἐθαύμασεν
καὶ εἶπεν τοῖς ἀκολουθοῦσιν

8 13 εἶπεν ὁ 'Ιησοῦς τῷ ἑκατοντάρχῃ

8 14 ἐλθὼν ὁ 'Ιησοῦς εἰς τὴν οἰκίαν
Πέτρου εἶδεν τὴν πενθερὰν αὐτοῦ
βεβλημένην

8 18 ἰδὼν δὲ ὁ 'Ιησοῦς ὄχλον (πολλοὺς
ὄχλους VBTς; ὄχλους S) περὶ
αὐτὸν ἐκέλευσεν ἀπελθεῖν εἰς τὸ
πέραν

8 20 λέγει αὐτῷ ὁ 'Ιησοῦς

8 22 ὁ δὲ 'Ιησοῦς (—ST) λέγει αὐτῷ

8 29 ᵐ* τί ἡμῖν καὶ σοί, 'Ιησοῦ (+ς),
υἱὲ τοῦ θεοῦ;

8 34 ἰδοὺ πᾶσα ἡ πόλις ἐξῆλθεν εἰς
ὑπάντησιν (συν- VSς) τῷ (τοῦ
T) 'Ιησοῦ

Mt 9 2 ἰδὼν ὁ 'Ιησοῦς τὴν πίστιν αὐτῶν
εἶπεν τῷ παραλυτικῷ

9 4 ἰδὼν (εἰδὼς NMBH) ὁ 'Ιησοῦς τὰς
ἐνθυμήσεις αὐτῶν εἶπεν

9 9 παράγων ὁ 'Ιησοῦς ἐκεῖθεν εἶδεν
ἄνθρωπον καθήμενον ἐπὶ τὸ
τελώνιον

9 10 πολλοὶ τελῶναι καὶ ἁμαρτωλοὶ
ἐλθόντες συνανέκειντο τῷ 'Ιησοῦ
καὶ τοῖς μαθηταῖς αὐτοῦ

9 12 * ὁ δὲ 'Ιησοῦς (+Vς) ἀκούσας
εἶπεν

9 15 εἶπεν αὐτοῖς ὁ 'Ιησοῦς

9 19 ἐγερθεὶς ὁ 'Ιησοῦς ἠκολούθησεν
(-θει NTH) αὐτῷ καὶ οἱ μαθηταὶ
αὐτοῦ

9 22 ὁ δὲ 'Ιησοῦς (—T) στραφεὶς καὶ
ἰδὼν αὐτὴν εἶπεν

9 23 ἐλθὼν ὁ 'Ιησοῦς εἰς τὴν οἰκίαν τοῦ
ἄρχοντος καὶ ἰδὼν ⟨ἔλεγεν⟩

9 27 παράγοντι ἐκεῖθεν τῷ 'Ιησοῦ
ἠκολούθησαν αὐτῷ ([N²⁶MS];
—NH) δύο τυφλοί

9 28 λέγει αὐτοῖς ὁ 'Ιησοῦς

9 30 ἐνεβριμήθη αὐτοῖς ὁ 'Ιησοῦς λέγων

9 35 περιῆγεν ὁ 'Ιησοῦς τὰς πόλεις
πάσας καὶ τὰς κώμας

10 5 τούτους τοὺς δώδεκα ἀπέστειλεν
ὁ 'Ιησοῦς παραγγείλας αὐτοῖς
λέγων

11 1 ἐγένετο ὅτε ἐτέλεσεν ὁ 'Ιησοῦς
διατάσσων τοῖς δώδεκα μαθηταῖς
αὐτοῦ, μετέβη ἐκεῖθεν τοῦ διδά-
σκειν

11 4 ἀποκριθεὶς ὁ 'Ιησοῦς εἶπεν αὐτοῖς

11 7 τούτων δὲ πορευομένων ἤρξατο ὁ
'Ιησοῦς λέγειν τοῖς ὄχλοις περὶ
'Ιωάννου

11 25 ἐν ἐκείνῳ τῷ καιρῷ ἀποκριθεὶς ὁ
'Ιησοῦς εἶπεν

12 1 ἐν ἐκείνῳ τῷ καιρῷ ἐπορεύθη ὁ
'Ιησοῦς τοῖς σάββασιν διὰ τῶν
σπορίμων

12 15 ὁ δὲ 'Ιησοῦς γνοὺς ἀνεχώρησεν
ἐκεῖθεν

12 25 * εἰδὼς δὲ | ὁ 'Ιησοῦς (+Vς) τὰς
ἐνθυμήσεις αὐτῶν εἶπεν αὐτοῖς

13 1 ἐξελθὼν ὁ 'Ιησοῦς (+ἀπὸ [M]Vς;
+ἐκ T) τῆς οἰκίας ἐκάθητο παρὰ
τὴν θάλασσαν

13 34 ταῦτα πάντα ἐλάλησεν ὁ 'Ιησοῦς
ἐν παραβολαῖς τοῖς ὄχλοις

13 36 * τότε ἀφεὶς τοὺς ὄχλους ἦλθεν εἰς
τὴν οἰκίαν | ὁ 'Ιησοῦς (+ς)

13 51 * | λέγει αὐτοῖς ὁ 'Ιησοῦς· (+Vς)
συνήκατε ταῦτα πάντα;

13 53 ἐγένετο ὅτε ἐτέλεσεν ὁ 'Ιησοῦς τὰς
παραβολὰς ταύτας, μετῆρεν ἐκεῖ-
θεν

13 57 ὁ δὲ 'Ιησοῦς εἶπεν αὐτοῖς

14 1 ἐν ἐκείνῳ τῷ καιρῷ ἤκουσεν
'Ηρῴδης ὁ τετράρχης τὴν ἀκοὴν
'Ιησοῦ

14 12 οἱ μαθηταὶ αὐτοῦ ... ἐλθόντες
ἀπήγγειλαν τῷ 'Ιησοῦ. ↔

14 13 ἀκούσας δὲ ὁ 'Ιησοῦς ἀνεχώρησεν
ἐκεῖθεν ἐν πλοίῳ εἰς ἔρημον τόπον
κατ' ἰδίαν

14 14 * ἐξελθὼν | ὁ 'Ιησοῦς (+ς) εἶδεν
πολὺν ὄχλον

14 16 ὁ δὲ 'Ιησοῦς ([N²⁶]; —T) εἶπεν
αὐτοῖς

14 22 * εὐθέως ([NH]; —T) ἠνάγκασεν
| ὁ 'Ιησοῦς (+ς) τοὺς μαθητὰς ἐμ-
βῆναι εἰς τὸ (—BSH) πλοῖον

Mt 14 25 * ἦλθεν ([ἀπ]- V; ἀπ- Sς) πρὸς αὐ-
τούς | ὁ 'Ιησοῦς (+ς) περιπατῶν
ἐπὶ τὴν θάλασσαν

14 27 εὐθὺς δὲ ἐλάλησεν ||: ὁ 'Ιησοῦς
([N²⁶NH]; —T) αὐτοῖς ((~VBSς))
λέγων

14 29 περιεπάτησεν ἐπὶ τὰ ὕδατα | καὶ
ἦλθεν (ἐλθεῖν Vς) πρὸς τὸν 'Ιησοῦν

14 31 εὐθέως δὲ ὁ 'Ιησοῦς ἐκτείνας τὴν
χεῖρα ἐπελάβετο αὐτοῦ

15 1 τότε προσέρχονται τῷ 'Ιησοῦ (+
οἱ Vς) ἀπὸ 'Ιεροσολύμων | Φαρι-
σαῖοι καὶ γραμματεῖς (~ Sς)

15 16 * ὁ δὲ 'Ιησοῦς (+ς) εἶπεν

15 21 ἐξελθὼν ἐκεῖθεν ὁ 'Ιησοῦς ἀνεχώρη-
σεν εἰς τὰ μέρη Τύρου καὶ Σιδῶνος

15 28 τότε ἀποκριθεὶς ὁ 'Ιησοῦς εἶπεν
αὐτῇ

15 29 μεταβὰς ἐκεῖθεν ὁ 'Ιησοῦς ἦλθεν
παρὰ τὴν θάλασσαν τῆς Γαλιλαίας

15 30 * ἔρριψαν αὐτοὺς παρὰ τοὺς πό-
δας | τοῦ 'Ιησοῦ (ς; αὐτοῦ rl)

15 32 ὁ δὲ 'Ιησοῦς προσκαλεσάμενος τοὺς
μαθητὰς αὐτοῦ εἶπεν

15 34 λέγει αὐτοῖς ὁ 'Ιησοῦς

16 6 ὁ δὲ 'Ιησοῦς εἶπεν αὐτοῖς

16 8 γνοὺς δὲ ὁ 'Ιησοῦς εἶπεν

16 13 ἐλθὼν δὲ ὁ 'Ιησοῦς εἰς τὰ μέρη
Καισαρείας ... ἠρώτα τοὺς μαθη-
τὰς αὐτοῦ λέγων

16 17 ἀποκριθεὶς δὲ ὁ (—ς) 'Ιησοῦς εἶπεν
αὐτῷ

16 20ᵍ * διεστείλατο (ἐπετίμησεν NH)
... ἵνα μηδενὶ εἴπωσιν ὅτι αὐτός
ἐστιν 'Ιησοῦς (+Vς) ὁ χριστός. ↔

16 21ᵉ ἀπὸ τότε ἤρξατο ὁ (—NH) 'Ιη-
σοῦς (+Χριστὸς N[M]H) δεικνύειν
τοῖς μαθηταῖς αὐτοῦ

16 24 τότε ὁ [H] 'Ιησοῦς εἶπεν τοῖς μαθη-
ταῖς αὐτοῦ

17 1 μεθ' ἡμέρας ἓξ παραλαμβάνει ὁ
'Ιησοῦς τὸν Πέτρον καὶ 'Ιάκωβον
καὶ 'Ιωάννην

17 4 ἀποκριθεὶς δὲ ὁ Πέτρος εἶπεν τῷ
'Ιησοῦ

17 7 προσῆλθεν (-ελθὼν ς) ὁ 'Ιησοῦς
| καὶ ἁψάμενος αὐτῶν εἶπεν (ἥψατο
αὐ. καὶ εἴ. ς)

17 8 ἐπάραντες δὲ τοὺς ὀφθαλμοὺς αὐ-
τῶν οὐδένα εἶδον εἰ μὴ αὐτὸν
([αὐ]τὸν M; τὸν VSTς) 'Ιησοῦν
μόνον. ↔

17 9 καὶ καταβαινόντων αὐτῶν ἐκ τοῦ
ὄρους ἐνετείλατο αὐτοῖς ὁ 'Ιησοῦς
λέγων

17 11 * ὁ δὲ 'Ιησοῦς (+ς) ἀποκριθεὶς
εἶπεν (+αὐτοῖς ς)

17 17 ἀποκριθεὶς δὲ ὁ 'Ιησοῦς εἶπεν

17 18 ἐπετίμησεν αὐτῷ ὁ 'Ιησοῦς

17 19 τότε προσελθόντες οἱ μαθηταὶ τῷ
'Ιησοῦ κατ' ἰδίαν εἶπον

17 20 ὁ δὲ 'Ιησοῦς (+Vς) λέγει (εἶπεν
Vς) αὐτοῖς

17 22 συστρεφομένων (ἀνα- VBSς) δὲ
αὐτῶν ἐν τῇ Γαλιλαίᾳ εἶπεν αὐτοῖς
ὁ 'Ιησοῦς

17 25 ἐλθόντα (εἰσ- T; ὅτε εἰσῆλθεν
Vς) εἰς τὴν οἰκίαν προέφθασεν
αὐτὸν ὁ 'Ιησοῦς λέγων

17 26 ἔφη αὐτῷ ὁ 'Ιησοῦς

18 1 ἐν ἐκείνῃ τῇ ὥρᾳ προσῆλθον οἱ
μαθηταὶ τῷ 'Ιησοῦ λέγοντες

18 2 * προσκαλεσάμενος | ὁ 'Ιησοῦς
(+ς) παιδίον ἔστησεν αὐτὸ ἐν
μέσῳ αὐτῶν

Mt 18 22 λέγει αὐτῷ ὁ ’Ιησοῦς

19 1 ἐγένετο ὅτε ἐτέλεσεν ὁ ’Ιησοῦς τοὺς λόγους τούτους, μετῆρεν ἀπὸ τῆς Γαλιλαίας

19 14 ὁ δὲ ’Ιησοῦς εἶπεν (+αὐτοῖς T)

19 18 ὁ δὲ ’Ιησοῦς εἶπεν (ἔφη NMH)

19 21 ἔφη αὐτῷ ὁ ’Ιησοῦς

19 23 ὁ δὲ ’Ιησοῦς εἶπεν τοῖς μαθηταῖς αὐτοῦ

19 26 ἐμβλέψας δὲ ὁ ’Ιησοῦς εἶπεν αὐτοῖς

19 28 ὁ δὲ ’Ιησοῦς εἶπεν αὐτοῖς

20 17 | καὶ ἀναβαίνων ὁ (μέλλων δὲ ἀναβαίνειν NH) ’Ιησοῦς εἰς ’Ιεροσόλυμα

20 22 ἀποκριθεὶς δὲ ὁ ’Ιησοῦς εἶπεν

20 25 ὁ δὲ ’Ιησοῦς προσκαλεσάμενος αὐτοὺς εἶπεν

20 30 δύο τυφλοί . . . ἀκούσαντες ὅτι ’Ιησοῦς παράγει

20 32 στὰς ὁ [H] ’Ιησοῦς ἐφώνησεν αὐτοὺς καὶ εἶπεν

20 34 σπλαγχνισθεὶς δὲ ὁ ’Ιησοῦς ἥψατο τῶν ὀμμάτων (ὀφθαλμῶν Vς) αὐτῶν

21 1 τότε (+ὁ VSς) ’Ιησοῦς ἀπέστειλεν δύο μαθητὰς ⟨λέγων αὐτοῖς⟩

21 6 καθὼς συνέταξεν (προσ- VSTς) αὐτοῖς ὁ ’Ιησοῦς

21 11ʳ οὗτός ἐστιν | ὁ προφήτης ’Ιησοῦς (~ Vς) ὁ ἀπὸ Ναζαρὲθ τῆς Γαλιλαίας

21 12 εἰσῆλθεν (+ὁ ς) ’Ιησοῦς εἰς τὸ ἱερὸν (+τοῦ θεοῦ VBSTς)

21 16 ὁ δὲ ’Ιησοῦς λέγει αὐτοῖς

21 21 ἀποκριθεὶς δὲ ὁ ’Ιησοῦς εἶπεν αὐτοῖς

21 24 ἀποκριθεὶς δὲ [H] ὁ ’Ιησοῦς εἶπεν αὐτοῖς

21 27 ἀποκριθέντες τῷ ’Ιησοῦ εἶπαν

21 31 λέγει αὐτοῖς ὁ ’Ιησοῦς

21 42 λέγει αὐτοῖς ὁ ’Ιησοῦς

22 1 ἀποκριθεὶς ὁ ’Ιησοῦς πάλιν εἶπεν ἐν παραβολαῖς αὐτοῖς λέγων

22 18 γνοὺς δὲ ὁ ’Ιησοῦς τὴν πονηρίαν αὐτῶν εἶπεν

22 20 * λέγει αὐτοῖς | ὁ ’Ιησοῦς (+BT)

22 29 ἀποκριθεὶς δὲ ὁ ’Ιησοῦς εἶπεν αὐτοῖς

22 37 * ὁ δὲ ’Ιησοῦς (+Vς) ἔφη (εἶπεν ς) αὐτῷ

22 41 συνηγμένων δὲ τῶν Φαρισαίων ἐπηρώτησεν αὐτοὺς ὁ ’Ιησοῦς ⟨λέγων⟩

22 43 * λέγει αὐτοῖς | ὁ ’Ιησοῦς (+S)

23 1 τότε ὁ [H] ’Ιησοῦς ἐλάλησεν τοῖς ὄχλοις ⟨λέγων⟩

24 1 ἐξελθὼν ὁ ’Ιησοῦς | ἀπὸ τοῦ ἱεροῦ ἐπορεύετο (~ Vς)

24 2 * ὁ δὲ ’Ιησοῦς (ς; ἀποκριθεὶς rl) εἶπεν αὐτοῖς

24 4 ἀποκριθεὶς ὁ ’Ιησοῦς εἶπεν αὐτοῖς

26 1 ἐγένετο ὅτε ἐτέλεσεν ὁ ’Ιησοῦς πάντας τοὺς λόγους τούτους, εἶπεν τοῖς μαθηταῖς αὐτοῦ

26 4 συνεβουλεύσαντο ἵνα τὸν ’Ιησοῦν δόλῳ κρατήσωσιν καὶ ἀποκτείνωσιν

26 6 τοῦ δὲ ’Ιησοῦ γενομένου ἐν Βηθανίᾳ ἐν οἰκίᾳ Σίμωνος τοῦ λεπροῦ

26 10 γνοὺς δὲ ὁ ’Ιησοῦς εἶπεν αὐτοῖς

26 17 τῇ δὲ πρώτῃ τῶν ἀζύμων προσῆλθον οἱ μαθηταὶ τῷ ’Ιησοῦ λέγοντες (+αὐτῷ ς)

26 19 ἐποίησαν οἱ μαθηταὶ ὡς συνέταξεν αὐτοῖς ὁ ’Ιησοῦς

Mt 26 26 ἐσθιόντων δὲ αὐτῶν λαβὼν ὁ ’Ιησοῦς (+τὸν VSς) ἄρτον καὶ εὐλογήσας ἔκλασεν

26 31 τότε λέγει αὐτοῖς ὁ ’Ιησοῦς

26 34 ἔφη αὐτῷ ὁ ’Ιησοῦς

26 36 τότε ἔρχεται μετ’ αὐτῶν ὁ ’Ιησοῦς εἰς χωρίον λεγόμενον Γεθσημανί

26 49 εὐθέως προσελθὼν τῷ ’Ιησοῦ εἶπεν

26 50 ὁ δὲ ’Ιησοῦς εἶπεν αὐτῷ

26 50 τότε προσελθόντες ἐπέβαλον τὰς χεῖρας ἐπὶ τὸν ’Ιησοῦν καὶ ἐκράτησαν αὐτόν. ↔

26 51 καὶ ἰδοὺ εἷς τῶν μετὰ ’Ιησοῦ ἐκτείνας τὴν χεῖρα ἀπέσπασεν τὴν μάχαιραν αὐτοῦ

26 52 τότε λέγει αὐτῷ ὁ ’Ιησοῦς

26 55 ἐν ἐκείνῃ τῇ ὥρᾳ εἶπεν ὁ ’Ιησοῦς τοῖς ὄχλοις

26 57 οἱ δὲ κρατήσαντες τὸν ’Ιησοῦν ἀπήγαγον πρὸς Καϊάφαν τὸν ἀρχιερέα

26 59 οἱ δὲ ἀρχιερεῖς . . . ἐζήτουν ψευδομαρτυρίαν κατὰ τοῦ ’Ιησοῦ

26 63 ὁ δὲ ’Ιησοῦς ἐσιώπα

26 64 λέγει αὐτῷ ὁ ’Ιησοῦς

26 69ʷ καὶ σὺ ἦσθα μετὰ ’Ιησοῦ τοῦ Γαλιλαίου

26 71ᵛ οὗτος ἦν μετὰ ’Ιησοῦ τοῦ Ναζωραίου

26 75 ἐμνήσθη ὁ Πέτρος τοῦ ῥήματος (+τοῦ ς) ’Ιησοῦ εἰρηκότος (+αὐτῷ ς)

27 1 συμβούλιον ἔλαβον πάντες οἱ ἀρχιερεῖς καὶ οἱ πρεσβύτεροι τοῦ λαοῦ κατὰ τοῦ ’Ιησοῦ

27 11 ὁ δὲ ’Ιησοῦς ἐστάθη (ἔστη ς) ἔμπροσθεν τοῦ ἡγεμόνος

27 11 ὁ δὲ ’Ιησοῦς ἔφη (+αὐτῷ ς)

27 16ᶜ εἶχον δὲ τότε δέσμιον ἐπίσημον λεγόμενον ’Ιησοῦν [+N²⁶] Βαραββᾶν

27 17ᶜ τίνα θέλετε ἀπολύσω ὑμῖν, | ’Ιησοῦν τὸν ([N²⁶]; τὸν [NH]; —rl) Βαραββᾶν ↔

27 17ʰ ἢ ’Ιησοῦν τὸν λεγόμενον χριστόν;

27 20 ἵνα αἰτήσωνται τὸν Βαραββᾶν, τὸν δὲ ’Ιησοῦν ἀπολέσωσιν

27 22ʰ τί οὖν ποιήσω ’Ιησοῦν τὸν λεγόμενον Χριστόν;

27 26 ἀπέλυσεν αὐτοῖς τὸν Βαραββᾶν, τὸν δὲ ’Ιησοῦν φραγελλώσας παρέδωκεν ἵνα σταυρωθῇ. ↔

27 27 τότε οἱ στρατιῶται τοῦ ἡγεμόνος παραλαβόντες τὸν ’Ιησοῦν εἰς τὸ πραιτώριον

27 37ᵠ οὗτός ἐστιν ’Ιησοῦς ὁ βασιλεὺς τῶν ’Ιουδαίων

27 46 περὶ δὲ τὴν ἐνάτην ὥραν ἀνεβόησεν (ἐβόησεν H) ὁ ’Ιησοῦς φωνῇ μεγάλῃ λέγων

27 50 ὁ δὲ ’Ιησοῦς πάλιν κράξας φωνῇ μεγάλῃ ἀφῆκεν τὸ πνεῦμα

27 54 ὁ δὲ ἑκατόνταρχος καὶ οἱ μετ’ αὐτοῦ τηροῦντες τὸν ’Ιησοῦν . . . ἐφοβήθησαν σφόδρα

27 55 γυναῖκες . . . αἵτινες ἠκολούθησαν τῷ ’Ιησοῦ ἀπὸ τῆς Γαλιλαίας διακονοῦσαι αὐτῷ

27 57 ’Ιωσήφ, ὃς καὶ αὐτὸς ἐμαθητεύθη (-θήτευσεν MVBSς) τῷ ’Ιησοῦ· ↔

27 58 οὗτος προσελθὼν τῷ Πιλάτῳ ᾐτήσατο τὸ σῶμα τοῦ ’Ιησοῦ

28 5 οἶδα γὰρ ὅτι ’Ιησοῦν τὸν ἐσταυρωμένον ζητεῖτε

Mt 28 9 ἰδοὺ (+ὁ ς) ’Ιησοῦς ὑπήντησεν αὐταῖς λέγων

28 10 τότε λέγει αὐταῖς ὁ ’Ιησοῦς

28 16 οἱ δὲ ἔνδεκα μαθηταὶ ἐπορεύθησαν . . . εἰς τὸ ὄρος οὗ ἐτάξατο αὐτοῖς ὁ ’Ιησοῦς

28 18 προσελθὼν ὁ ’Ιησοῦς ἐλάλησεν αὐταῖς λέγων

Mc 1 1ᵉᵐ ἀρχὴ τοῦ εὐαγγελίου ’Ιησοῦ Χριστοῦ | υἱοῦ θεοῦ ([N²⁶]; υἱοῦ τοῦ θεοῦ MVB[S]ς; —NTH)

1 9 ἦλθεν ’Ιησοῦς ἀπὸ Ναζαρὲτ τῆς Γαλιλαίας καὶ ἐβαπτίσθη εἰς τὸν ’Ιορδάνην ὑπὸ ’Ιωάννου

1 14 | μετὰ δὲ (καὶ μετὰ NBH) τὸ παραδοθῆναι τὸν ’Ιωάννην ἦλθεν ὁ ’Ιησοῦς εἰς τὴν Γαλιλαίαν κηρύσσων τὸ εὐαγγέλιον τοῦ θεοῦ

1 17 εἶπεν αὐτοῖς ὁ ’Ιησοῦς

1 24ᵛ (+ἔα [MS]Vς) τί ἡμῖν καὶ σοί, ’Ιησοῦ Ναζαρηνέ;

1 25 ἐπετίμησεν αὐτῷ ὁ ’Ιησοῦς λέγων ([NH]; —MT)

1 41 * | ὁ δὲ ’Ιησοῦς (VSς; καὶ rl) σπλαγχνισθεὶς ἐκτείνας τὴν χεῖρα αὐτοῦ (—ς) ἥψατο (+αὐτοῦ Bς) καὶ λέγει αὐτῷ (—T)

2 5 | καὶ ἰδὼν (ἰ. δὲ Sς) ὁ ’Ιησοῦς τὴν πίστιν αὐτῶν λέγει τῷ παραλυτικῷ

2 8 εὐθὺς ἐπιγνοὺς ὁ ’Ιησοῦς τῷ πνεύματι αὐτοῦ

2 15 πολλοὶ τελῶναι καὶ ἁμαρτωλοὶ συνανέκειντο τῷ ’Ιησοῦ καὶ τοῖς μαθηταῖς αὐτοῦ

2 17 ἀκούσας ὁ ’Ιησοῦς λέγει αὐτοῖς

2 19 εἶπεν αὐτοῖς ὁ ’Ιησοῦς

3 7 καὶ ὁ ’Ιησοῦς μετὰ τῶν μαθητῶν αὐτοῦ ἀνεχώρησεν πρὸς (εἰς T) τὴν θάλασσαν

5 6 ἰδὼν τὸν ’Ιησοῦν ἀπὸ μακρόθεν ἔδραμεν καὶ προσεκύνησεν αὐτῷ (αὐτόν NMBSH)

5 7ᵐ τί ἐμοὶ καὶ σοί, ’Ιησοῦ υἱὲ τοῦ θεοῦ τοῦ ὑψίστου;

5 13 * ἐπέτρεψεν αὐτοῖς | εὐθέως ὁ ’Ιησοῦς (+VSς)

5 15 ἔρχονται πρὸς τὸν ’Ιησοῦν

5 19 * | ὁ δὲ ’Ιησοῦς (ς; καὶ rl) οὐκ ἀφῆκεν αὐτόν

5 20 ἤρξατο κηρύσσειν . . . ὅσα ἐποίησεν αὐτῷ ὁ ’Ιησοῦς

5 21 διαπεράσαντος τοῦ ’Ιησοῦ | ἐν τῷ πλοίῳ [N²⁶] | πάλιν εἰς τὸ πέραν (~ T)

5 27ᶻ ⟨γυνὴ⟩ ἀκούσασα (+τὰ N[M]TH) περὶ τοῦ ’Ιησοῦ

5 30 εὐθὺς ὁ ’Ιησοῦς ἐπιγνοὺς ἐν ἑαυτῷ τὴν ἐξ αὐτοῦ δύναμιν ἐξελθοῦσαν . . . ἔλεγεν

5 36 ὁ δὲ ’Ιησοῦς παρακούσας ([εὐθέως παρ]- V; εὐθὺς π. S; εὐθέως ἀκ. ς) τὸν λόγον λαλούμενον λέγει τῷ ἀρχισυναγώγῳ

6 4 ἔλεγεν αὐτοῖς ὁ ’Ιησοῦς

6 30 συνάγονται οἱ ἀπόστολοι πρὸς τὸν ’Ιησοῦν

6 34 * ἐξελθὼν εἶδεν | ὁ ’Ιησοῦς (+ς) πολὺν ὄχλον

7 27 * | ὁ δὲ ’Ιησοῦς εἶπεν (ς; καὶ ἔλεγεν rl) αὐτῇ

8 1 * προσκαλεσάμενος | ὁ ’Ιησοῦς (+ς) τοὺς μαθητὰς (+αὐτοῦ [V]ς) λέγει αὐτοῖς

Mc 8 17 * γνοὺς | ὁ 'Ιησοῦς (+MV[S]ϛ) λέγει αὐτοῖς

8 27 ἐξῆλθεν ὁ 'Ιησοῦς καὶ οἱ μαθηταὶ αὐτοῦ εἰς τὰς κώμας Καισαρείας

9 2 μετὰ ἡμέρας ἓξ παραλαμβάνει ὁ 'Ιησοῦς τὸν Πέτρον καὶ τὸν 'Ιάκωβον καὶ τὸν (—NMH) 'Ιωάννην

9 4 ὤφθη αὐτοῖς 'Ηλίας σὺν Μωϋσεῖ, καὶ ἦσαν συλλαλοῦντες τῷ 'Ιησοῦ. ↔

9 5 καὶ ἀποκριθεὶς ὁ Πέτρος λέγει τῷ 'Ιησοῦ

9 8 ἐξάπινα περιβλεψάμενοι οὐκέτι οὐδένα εἶδον || ἀλλὰ (εἰ μὴ NH) τὸν 'Ιησοῦν μόνον μεθ' ἑαυτῶν ((~ H))

9 23 ὁ δὲ 'Ιησοῦς εἶπεν αὐτῷ

9 25 ἰδὼν δὲ ὁ 'Ιησοῦς ὅτι ἐπισυντρέχει (+ὁ BST) ὄχλος, ἐπετίμησεν τῷ πνεύματι

9 27 ὁ δὲ 'Ιησοῦς κρατήσας τῆς χειρὸς αὐτοῦ ἤγειρεν αὐτόν

9 39 ὁ δὲ 'Ιησοῦς [S] εἶπεν

10 5 | ὁ δὲ (καὶ ἀποκριθεὶς ὁ Vϛ) 'Ιησοῦς εἶπεν αὐτοῖς

10 14 ἰδὼν δὲ ὁ 'Ιησοῦς ἠγανάκτησεν καὶ [+ἐπιτιμήσας S] εἶπεν αὐτοῖς

10 18 ὁ δὲ 'Ιησοῦς εἶπεν αὐτῷ

10 21 ὁ δὲ 'Ιησοῦς ἐμβλέψας αὐτῷ ἠγάπησεν αὐτὸν καὶ εἶπεν αὐτῷ

10 23 περιβλεψάμενος ὁ 'Ιησοῦς λέγει τοῖς μαθηταῖς αὐτοῦ

10 24 ὁ δὲ 'Ιησοῦς πάλιν ἀποκριθεὶς λέγει αὐτοῖς

10 27 ἐμβλέψας (+δὲ Vϛ) αὐτοῖς ὁ 'Ιησοῦς λέγει

10 29 | ἔφη ὁ 'Ιησοῦς (ἀποκριθεὶς ὁ 'Ι. εἶπεν MVBS; ἀπ. δὲ ὁ 'Ι. εἶ. ϛ)

10 32 ἦν προάγων αὐτοὺς ὁ 'Ιησοῦς

10 38 ὁ δὲ 'Ιησοῦς εἶπεν αὐτοῖς

10 39 ὁ δὲ 'Ιησοῦς εἶπεν αὐτοῖς

10 42 προσκαλεσάμενος αὐτοὺς ὁ 'Ιησοῦς λέγει αὐτοῖς

10 47ᵛ ἀκούσας ὅτι 'Ιησοῦς ὁ Ναζαρηνός (Ναζωραῖος ϛ) ἐστιν ἤρξατο κράζειν καὶ λέγειν· ↔

10 47ⁿ υἱὲ (ὁ υἱὸς Sϛ) Δαυὶδ 'Ιησοῦ, ἐλέησόν με

10 49 στὰς ὁ 'Ιησοῦς εἶπεν

10 50 ὁ δὲ ἀποβαλὼν τὸ ἱμάτιον αὐτοῦ ἀναπηδήσας ἦλθεν πρὸς τὸν 'Ιησοῦν. ↔

10 51 καὶ ἀποκριθεὶς αὐτῷ ὁ 'Ιησοῦς εἶπεν

10 52 | καὶ ὁ (ὁ δὲ BSTϛ) 'Ιησοῦς εἶπεν αὐτῷ

10 52 * εὐθὺς ἀνέβλεψεν, καὶ ἠκολούθει | τῷ 'Ιησοῦ (Sϛ; αὐτῷ rl) ἐν τῇ ὁδῷ

11 6 οἱ δὲ εἶπαν αὐτοῖς καθὼς εἶπεν (ἐνετείλατο ϛ) ὁ 'Ιησοῦς

11 7 φέρουσιν τὸν πῶλον πρὸς τὸν 'Ιησοῦν

11 11 * εἰσῆλθεν εἰς 'Ιεροσόλυμα | ὁ 'Ιησοῦς καὶ (+ϛ) εἰς τὸ ἱερόν

11 14 * ἀποκριθεὶς | ὁ 'Ιησοῦς (+ϛ) εἶπεν αὐτῇ

11 15 * εἰσελθὼν | ὁ 'Ιησοῦς (+ϛ) εἰς τὸ ἱερὸν ἤρξατο ἐκβάλλειν τοὺς πωλοῦντας ... ἐν τῷ ἱερῷ

11 22 ἀποκριθεὶς ὁ 'Ιησοῦς λέγει αὐτοῖς

11 29 ὁ δὲ 'Ιησοῦς (+ἀποκριθεὶς ϛ) εἶπεν αὐτοῖς

11 33 ἀποκριθέντες | τῷ 'Ιησοῦ λέγουσιν (~ VSϛ)

11 33 καὶ (+ἀποκριθεὶς VSϛ) ὁ 'Ιησοῦς λέγει αὐτοῖς

Mc 12 17 | ὁ δὲ (καὶ ἀποκριθεὶς ὁ VBSϛ) 'Ιησοῦς εἶπεν αὐτοῖς (—H)

12 24 | ἔφη αὐτοῖς ὁ 'Ιησοῦς (καὶ ἀποκριθεὶς ὁ 'Ι. εἶπεν αὐτοῖς Vϛ)

12 29 | ἀπεκρίθη ὁ 'Ιησοῦς (ὁ δὲ 'Ι. ἀπ. αὐτῷ Vϛ)

12 34 καὶ ὁ 'Ιησοῦς, ἰδὼν αὐτὸν ([N²⁶]; —S) ὅτι νουνεχῶς ἀπεκρίθη, εἶπεν αὐτῷ

12 35 ἀποκριθεὶς ὁ 'Ιησοῦς ἔλεγεν διδάσκων ἐν τῷ ἱερῷ

12 41 * καθίσας | ὁ 'Ιησοῦς (+ϛ) κατέναντι τοῦ γαζοφυλακίου ἐθεώρει

13 2 ὁ 'Ιησοῦς (+ἀποκριθεὶς Vϛ) εἶπεν αὐτῷ

13 5 ὁ δὲ 'Ιησοῦς (+ἀποκριθεὶς Vϛ) | ἤρξατο λέγειν αὐτοῖς (~ Vϛ)

14 6 ὁ δὲ 'Ιησοῦς εἶπεν

14 18 ἀνακειμένων αὐτῶν καὶ ἐσθιόντων ὁ 'Ιησοῦς εἶπεν

14 22 * ἐσθιόντων αὐτῶν λαβὼν | ὁ 'Ιησοῦς (+V[S]ϛ) ἄρτον εὐλογήσας ἔκλασεν

14 27 λέγει αὐτοῖς ὁ 'Ιησοῦς

14 30 λέγει αὐτῷ ὁ 'Ιησοῦς

14 48 ἀποκριθεὶς ὁ 'Ιησοῦς εἶπεν αὐτοῖς

14 53 ἀπήγαγον τὸν 'Ιησοῦν πρὸς τὸν ἀρχιερέα

14 55 οἱ δὲ ἀρχιερεῖς ... ἐζήτουν κατὰ τοῦ 'Ιησοῦ μαρτυρίαν

14 60 ἀναστὰς ὁ ἀρχιερεὺς εἰς μέσον ἐπηρώτησεν τὸν 'Ιησοῦν λέγων

14 62 ὁ δὲ 'Ιησοῦς εἶπεν

14 67ᵛ καὶ σὺ μετὰ τοῦ Ναζαρηνοῦ | ἦσθα τοῦ 'Ιησοῦ ('Ι. ἦ. ϛ)

14 72 ἀνεμνήσθη ὁ Πέτρος | τὸ ῥῆμα (τοῦ ῥήματος ϛ) ὡς (ὃ S; οὗ ϛ) εἶπεν αὐτῷ ὁ 'Ιησοῦς

15 1 οἱ ἀρχιερεῖς ... δήσαντες τὸν 'Ιησοῦν ἀπήνεγκαν καὶ παρέδωκαν (+τῷ Vϛ) Πιλάτῳ

15 5 ὁ δὲ 'Ιησοῦς οὐκέτι οὐδὲν ἀπεκρίθη

15 15 ἀπέλυσεν αὐτοῖς τὸν Βαραββᾶν, καὶ παρέδωκεν τὸν 'Ιησοῦν φραγελλώσας ἵνα σταυρωθῇ

15 34 | τῇ ἐνάτῃ ὥρᾳ (τῇ ὥ. ἐν. S; τῇ ὥ. τῇ ἐ. Vϛ) ἐβόησεν ὁ 'Ιησοῦς φωνῇ μεγάλῃ (+λέγων ϛ)

15 37 ὁ δὲ 'Ιησοῦς ἀφεὶς φωνὴν μεγάλην ἐξέπνευσεν

15 43 'Ιωσὴφ ... εἰσῆλθεν πρὸς τὸν ([S]; —ϛ) Πιλᾶτον καὶ ᾐτήσατο τὸ σῶμα τοῦ 'Ιησοῦ

16 6ᵛ 'Ιησοῦν ζητεῖτε τὸν Ναζαρηνὸν τὸν ἐσταυρωμένον

16[19]ʲ ὁ μὲν οὖν κύριος 'Ιησοῦς ([NVH]; —Tϛ) μετὰ τὸ λαλῆσαι αὐτοῖς ἀνελήμφθη εἰς τὸν οὐρανόν

[16ᵇʳ] μετὰ δὲ ταῦτα καὶ αὐτὸς ὁ 'Ιησοῦς ἀπὸ ἀνατολῆς καὶ ἄχρι δύσεως ἐξαπέστειλεν δι' αὐτῶν τὸ ἱερὸν ... κήρυγμα

Lc 1 31 τέξῃ υἱόν, καὶ καλέσεις τὸ ὄνομα αὐτοῦ 'Ιησοῦν

2 21 ἐκλήθη τὸ ὄνομα αὐτοῦ 'Ιησοῦς

2 27ᵗ ἐν τῷ εἰσαγαγεῖν τοὺς γονεῖς τὸ παιδίον 'Ιησοῦν τοῦ ποιῆσαι αὐτοὺς κατὰ τὸ εἰθισμένον τοῦ νόμου περὶ αὐτοῦ

2 43ᵗ ἐν τῷ ὑποστρέφειν αὐτοὺς ὑπέμεινεν 'Ιησοῦς ὁ παῖς ἐν 'Ιερουσαλήμ

2 52 'Ιησοῦς προέκοπτεν | ἐν τῇ ([N²⁶]; τῇ H; —VBSϛ) σοφίᾳ καὶ ἡλικίᾳ

καὶ χάριτι παρὰ θεῷ καὶ ἀνθρώποις

Lc 3 21 ἐγένετο δὲ ... 'Ιησοῦ βαπτισθέντος καὶ προσευχομένου ἀνεῳχθῆναι τὸν οὐρανόν

3 23ᵖ αὐτὸς ἦν (+ὁ ϛ) 'Ιησοῦς ἀρχόμενος ὡσεὶ ἐτῶν τριάκοντα, ὢν υἱός, ὡς ἐνομίζετο, 'Ιωσήφ

3 29ᵇ ⟨'Ιησοῦ ... ὢν υἱός, ὡς ἐνομίζετο⟩ τοῦ 'Ιησοῦ ('Ιωσὴ ϛ) τοῦ 'Ελιέζερ τοῦ 'Ιωρίμ

4 1 'Ιησοῦς δὲ πλήρης πνεύματος ἁγίου ὑπέστρεψεν ἀπὸ τοῦ 'Ιορδάνου

4 4 ἀπεκρίθη πρὸς αὐτὸν ὁ (—ϛ) 'Ιησοῦς (+λέγων ϛ)

4 8 ἀποκριθεὶς ὁ 'Ιησοῦς εἶπεν αὐτῷ

4 12 ἀποκριθεὶς εἶπεν αὐτῷ ὁ 'Ιησοῦς

4 14 ὑπέστρεψεν ὁ 'Ιησοῦς ἐν τῇ δυνάμει τοῦ πνεύματος εἰς τὴν Γαλιλαίαν

4 34ᵛ ἔα, τί ἡμῖν καὶ σοί, 'Ιησοῦ Ναζαρηνέ;

4 35 ἐπετίμησεν αὐτῷ ὁ 'Ιησοῦς λέγων

5 8 ἰδὼν δὲ Σίμων Πέτρος προσέπεσεν τοῖς γόνασιν (+τοῦ Sϛ) 'Ιησοῦ λέγων

5 10 εἶπεν πρὸς τὸν Σίμωνα ὁ (—H) 'Ιησοῦς

5 12 | ἰδὼν δὲ (καὶ ἰ. VBSϛ) τὸν 'Ιησοῦν, πεσὼν ἐπὶ πρόσωπον ἐδεήθη αὐτοῦ λέγων

5 19 διὰ τῶν κεράμων καθῆκαν αὐτὸν σὺν τῷ κλινιδίῳ εἰς τὸ μέσον ἔμπροσθεν τοῦ 'Ιησοῦ

5 22 ἐπιγνοὺς δὲ ὁ 'Ιησοῦς τοὺς διαλογισμοὺς αὐτῶν, ἀποκριθεὶς εἶπεν πρὸς αὐτούς

5 31 ἀποκριθεὶς ὁ [H] 'Ιησοῦς εἶπεν πρὸς αὐτούς

5 34 ὁ δὲ 'Ιησοῦς (—Sϛ) εἶπεν πρὸς αὐτούς

6 3 ἀποκριθεὶς || πρὸς αὐτοὺς εἶπεν ὁ [H] 'Ιησοῦς ((~ ST))

6 9 εἶπεν δὲ ὁ [H] 'Ιησοῦς πρὸς αὐτούς

6 11 αὐτοὶ δὲ ... διελάλουν πρὸς ἀλλήλους τί ἂν ποιήσαιεν τῷ 'Ιησοῦ

7 3 ἀκούσας δὲ περὶ τοῦ 'Ιησοῦ ἀπέστειλεν πρὸς αὐτὸν πρεσβυτέρους τῶν 'Ιουδαίων

7 4 οἱ δὲ παραγενόμενοι πρὸς τὸν 'Ιησοῦν παρεκάλουν (ἠρώτων ST) αὐτὸν σπουδαίως

7 6 ὁ δὲ 'Ιησοῦς ἐπορεύετο σὺν αὐτοῖς

7 9 ἀκούσας δὲ ταῦτα ὁ 'Ιησοῦς ἐθαύμασεν αὐτόν

7 19 * ⟨ὁ 'Ιωάννης⟩ ἔπεμψεν πρὸς τὸν 'Ιησοῦν (ϛ; κύριον rl) λέγων

7 22 * ἀποκριθεὶς | ὁ 'Ιησοῦς (+ϛ) εἶπεν αὐτοῖς

7 40 ἀποκριθεὶς ὁ 'Ιησοῦς εἶπεν πρὸς αὐτόν

8 28 ἰδὼν δὲ τὸν 'Ιησοῦν ἀνακράξας προσέπεσεν αὐτῷ

8 28ᵐ τί ἐμοὶ καὶ σοί, 'Ιησοῦ υἱὲ | τοῦ θεοῦ [H] τοῦ ὑψίστου;

8 30 ἐπηρώτησεν δὲ αὐτὸν ὁ 'Ιησοῦς (+λέγων VBTϛ)

8 35 ἦλθον πρὸς τὸν 'Ιησοῦν, ↔

8 35 καὶ εὗρον καθήμενον τὸν ἄνθρωπον ... ἱματισμένον καὶ σωφρονοῦντα παρὰ τοὺς πόδας τοῦ [H] 'Ιησοῦ

8 38 * ἀπέλυσεν δὲ αὐτὸν | ὁ 'Ιησοῦς (+ϛ) λέγων

Lc 8 39 ἀπῆλθεν καθ᾽ ὅλην τὴν πόλιν κηρύσσων ὅσα ἐποίησεν αὐτῷ ὁ Ἰησοῦς. ↔

8 40 | ἐν δὲ (ἐγένετο δὲ ἐν VBTς) τῷ ὑποστρέφειν τὸν Ἰησοῦν ἀπεδέξατο αὐτὸν ὁ ὄχλος

8 41 πεσὼν παρὰ τοὺς πόδας τοῦ ([N²⁶]; —NTH) Ἰησοῦ

8 45 εἶπεν ὁ Ἰησοῦς

8 46 ὁ δὲ Ἰησοῦς εἶπεν

8 50 ὁ δὲ Ἰησοῦς ἀκούσας ἀπεκρίθη αὐτῷ (+λέγων ς)

9 33 ἐγένετο ἐν τῷ διαχωρίζεσθαι αὐτοὺς ἀπ᾽ αὐτοῦ εἶπεν ὁ Πέτρος πρὸς τὸν Ἰησοῦν

9 36 ἐν τῷ γενέσθαι τὴν φωνὴν εὑρέθη (+ὁ ς) Ἰησοῦς μόνος

9 41 ἀποκριθεὶς δὲ ὁ Ἰησοῦς εἶπεν

9 42 ἐπετίμησεν δὲ ὁ Ἰησοῦς τῷ πνεύματι τῷ ἀκαθάρτῳ

9 43 * πάντων δὲ θαυμαζόντων ἐπὶ πᾶσιν οἷς | ἐποίησεν ὁ Ἰησοῦς (ς; ἐποίει rl) εἶπεν πρὸς τοὺς μαθητὰς αὐτοῦ

9 47 ὁ δὲ Ἰησοῦς εἰδὼς (ἰδὼν VBSς) τὸν διαλογισμὸν τῆς καρδίας αὐτῶν

9 50 εἶπεν δὲ πρὸς αὐτὸν ὁ (—NTH) Ἰησοῦς

9 58 εἶπεν αὐτῷ ὁ [H] Ἰησοῦς

9 60 * εἶπεν δὲ αὐτῷ | ὁ Ἰησοῦς (+ς)

9 62 εἶπεν δὲ | πρὸς αὐτὸν [N²⁶NH] ὁ Ἰησοῦς

10 21 * ἠγαλλιάσατο ἐν (+[N²⁶]BST) τῷ πνεύματι | ὁ Ἰησοῦς (ς; τῷ ἁγίῳ rl) καὶ εἶπεν

10 29 ὁ δὲ θέλων δικαιῶσαι (δικαιοῦν Vς) ἑαυτὸν εἶπεν πρὸς τὸν Ἰησοῦν

10 30 ὑπολαβὼν (+δὲ VBSς) ὁ Ἰησοῦς εἶπεν

10 37 εἶπεν δὲ αὐτῷ ὁ [H] Ἰησοῦς

10 39 * Μαριάμ, ἣ [N²⁶H] καὶ παρακαθεσθεῖσα πρὸς τοὺς πόδας τοῦ Ἰησοῦ (ς; κυρίου rl) ἤκουεν τὸν λόγον αὐτοῦ

10 41 * ἀποκριθεὶς δὲ εἶπεν αὐτῇ ὁ Ἰησοῦς (Vς; κύριος rl)

13 2 * ἀποκριθεὶς | ὁ Ἰησοῦς (+ς) εἶπεν αὐτοῖς

13 12 ἰδὼν δὲ αὐτὴν ὁ Ἰησοῦς προσεφώνησεν καὶ εἶπεν αὐτῇ

13 14 ὁ ἀρχισυνάγωγος, ἀγανακτῶν ὅτι τῷ σαββάτῳ ἐθεράπευσεν ὁ Ἰησοῦς

14 3 ἀποκριθεὶς ὁ Ἰησοῦς εἶπεν πρὸς τοὺς νομικοὺς καὶ Φαρισαίους λέγων

17 13ˢ Ἰησοῦ ἐπιστάτα, ἐλέησον ἡμᾶς

17 17 ἀποκριθεὶς δὲ ὁ Ἰησοῦς εἶπεν

18 16 ὁ δὲ Ἰησοῦς προσεκαλέσατο (προσκαλεσάμενος ς) αὐτά [H] λέγων (εἶπεν ς)

18 19 εἶπεν δὲ αὐτῷ ὁ Ἰησοῦς

18 22 ἀκούσας δὲ (+ταῦτα ς) ὁ Ἰησοῦς εἶπεν αὐτῷ

18 24 ἰδὼν δὲ αὐτὸν ὁ [H] Ἰησοῦς | περίλυπον γενόμενον (+[N²⁶]ς) εἶπεν

18 37ᵛ ἀπήγγειλαν δὲ αὐτῷ ὅτι Ἰησοῦς ὁ Ναζωραῖος παρέρχεται

18 38ⁿ Ἰησοῦ υἱὲ Δαυίδ, ἐλέησόν με

18 40 σταθεὶς δὲ ὁ (—H) Ἰησοῦς ἐκέλευσεν αὐτὸν ἀχθῆναι πρὸς αὐτόν

18 42 ὁ Ἰησοῦς εἶπεν αὐτῷ

19 3 ἐζήτει ἰδεῖν τὸν Ἰησοῦν τίς ἐστιν

19 5 ἀναβλέψας ὁ [H] Ἰησοῦς (+εἶδεν αὐτὸν καὶ ς) εἶπεν πρὸς αὐτόν

Lc 19 9 εἶπεν δὲ πρὸς αὐτὸν ὁ [H] Ἰησοῦς

19 35 ἤγαγον αὐτὸν πρὸς τὸν Ἰησοῦν, ↔

19 35 καὶ ἐπιρίψαντες αὐτῶν τὰ ἱμάτια ἐπὶ τὸν πῶλον ἐπεβίβασαν τὸν Ἰησοῦν

20 8 ὁ Ἰησοῦς εἶπεν αὐτοῖς

20 34 (+ἀποκριθεὶς ς) εἶπεν αὐτοῖς ὁ Ἰησοῦς

22 47 Ἰούδας ... ἤγγισεν τῷ Ἰησοῦ φιλῆσαι αὐτόν. ↔

22 48 | Ἰησοῦς δὲ (ὁ δὲ Ἰ. Vς) εἶπεν αὐτῷ

22 51 ἀποκριθεὶς δὲ ὁ [H] Ἰησοῦς εἶπεν

22 52 εἶπεν δὲ (+ὁ Vς) Ἰησοῦς πρὸς τοὺς παραγενομένους ἐπ᾽ (πρὸς T) αὐτὸν ἀρχιερεῖς ... καὶ πρεσβυτέρους

22 63 * οἱ ἄνδρες οἱ συνέχοντες | τὸν Ἰησοῦν (ς; αὐτὸν rl) ἐνέπαιζον αὐτῷ δέροντες

23 8 ὁ δὲ Ἡρῴδης ἰδὼν τὸν Ἰησοῦν ἐχάρη λίαν

23 20 πάλιν δὲ ὁ Πιλᾶτος προσεφώνησεν αὐτοῖς (—Tς), θέλων ἀπολῦσαι τὸν Ἰησοῦν

23 25 ⟨Πιλᾶτος⟩ τὸν δὲ Ἰησοῦν παρέδωκεν τῷ θελήματι αὐτῶν

23 26 ἐπέθηκαν αὐτῷ τὸν σταυρὸν φέρειν ὄπισθεν τοῦ Ἰησοῦ

23 28 στραφεὶς δὲ πρὸς αὐτὰς ὁ ([N²⁶]; —NTH) Ἰησοῦς εἶπεν

23 34 | ὁ δὲ Ἰησοῦς ἔλεγεν [N²⁶NH . .]

23 42 | ἔλεγεν· Ἰησοῦ, μνήσθητί μου (ἔ. τῷ Ἰησοῦ· μν. μου, κύριε Vς) ὅταν ἔλθῃς | εἰς τὴν βασιλείαν (ἐν τῇ β-λείᾳ MVBSTς) σου. ↔

23 43 * καὶ εἶπεν αὐτῷ | ὁ Ἰησοῦς (+Vς)

23 46 φωνήσας φωνῇ μεγάλῃ ὁ Ἰησοῦς εἶπεν

23 52 οὗτος προσελθὼν τῷ Πιλάτῳ ᾐτήσατο τὸ σῶμα τοῦ Ἰησοῦ

24 3ʲ εἰσελθοῦσαι δὲ οὐχ εὗρον τὸ σῶμα | τοῦ κυρίου Ἰησοῦ [VH]

24 15 ἐγένετο ... καὶ [H] αὐτὸς (+ὁ ς) Ἰησοῦς ἐγγίσας συνεπορεύετο αὐτοῖς

24 19ᵛᶻ ⟨οὐκ ἔγνως τὰ γενόμενα⟩ τὰ περὶ Ἰησοῦ τοῦ Ναζαρηνοῦ (Ναζωραίου ς)

24 36 * ταῦτα δὲ αὐτῶν λαλούντων αὐτὸς | ὁ Ἰησοῦς (+Vς) ἔστη ἐν μέσῳ αὐτῶν

Jo 1 17ᵉ ἡ χάρις καὶ ἡ ἀλήθεια διὰ Ἰησοῦ Χριστοῦ ἐγένετο

1 29 τῇ ἐπαύριον βλέπει τὸν Ἰησοῦν ἐρχόμενον πρὸς αὐτόν

1 36 ἐμβλέψας τῷ Ἰησοῦ περιπατοῦντι λέγει

1 37 ἤκουσαν | οἱ δύο μαθηταὶ αὐτοῦ (~MVBSς) λαλοῦντος καὶ ἠκολούθησαν τῷ Ἰησοῦ. ↔

1 38 στραφεὶς δὲ (—T) ὁ Ἰησοῦς καὶ θεασάμενος αὐτοὺς ἀκολουθοῦντας λέγει αὐτοῖς

1 42 ἤγαγεν αὐτὸν πρὸς τὸν Ἰησοῦν. ↔

1 42 ἐμβλέψας αὐτῷ ὁ Ἰησοῦς εἶπεν

1 43 * τῇ ἐπαύριον ἠθέλησεν | ὁ Ἰησοῦς (+ς) ἐξελθεῖν εἰς τὴν Γαλιλαίαν

1 43 λέγει αὐτῷ | ὁ Ἰησοῦς (—ς)

1 45ᵖ ὃν ἔγραψεν Μωϋσῆς ἐν τῷ νόμῳ ... εὑρήκαμεν, Ἰησοῦν (+τὸν BSς) υἱὸν τοῦ Ἰωσὴφ τὸν ἀπὸ Ναζαρέτ

Jo 1 47 εἶδεν ὁ (—NMTH) Ἰησοῦς τὸν Ναθαναὴλ ἐρχόμενον πρὸς αὐτὸν καὶ λέγει περὶ αὐτοῦ

1 48 ἀπεκρίθη (+ὁ ς) Ἰησοῦς καὶ εἶπεν αὐτῷ

1 50 ἀπεκρίθη Ἰησοῦς καὶ εἶπεν αὐτῷ

2 1 γάμος ἐγένετο ἐν Κανὰ τῆς Γαλιλαίας, καὶ ἦν ἡ μήτηρ τοῦ Ἰησοῦ ἐκεῖ· ↔

2 2 ἐκλήθη δὲ καὶ ὁ Ἰησοῦς καὶ οἱ μαθηταὶ αὐτοῦ εἰς τὸν γάμον

2 3 λέγει ἡ μήτηρ τοῦ Ἰησοῦ πρὸς αὐτόν

2 4 λέγει αὐτῇ ὁ Ἰησοῦς

2 7 λέγει αὐτοῖς ὁ Ἰησοῦς

2 11 ταύτην ἐποίησεν ἀρχὴν τῶν σημείων ὁ Ἰησοῦς ἐν Κανὰ τῆς Γαλιλαίας

2 13 ἀνέβη εἰς Ἱεροσόλυμα ὁ Ἰησοῦς

2 19 ἀπεκρίθη (+ὁ ς) Ἰησοῦς καὶ εἶπεν αὐτοῖς

2 22 ἐπίστευσαν τῇ γραφῇ καὶ τῷ λόγῳ ὃν (ᾧ MVSς) εἶπεν ὁ Ἰησοῦς

2 24 αὐτὸς δὲ (+ὁ MVBSς) Ἰησοῦς οὐκ ἐπίστευεν αὐτὸν (N²⁶T; ἑ. rl) αὐτοῖς

3 2 * ⟨Νικόδημος⟩ οὗτος ἦλθεν πρὸς | τὸν Ἰησοῦν (ς; αὐτὸν rl) νυκτὸς καὶ εἶπεν αὐτῷ

3 3 ἀπεκρίθη (+ὁ Vς) Ἰησοῦς καὶ εἶπεν αὐτῷ

3 5 ἀπεκρίθη (+ὁ B[H]ς) Ἰησοῦς

3 10 ἀπεκρίθη (+ὁ ς) Ἰησοῦς καὶ εἶπεν αὐτῷ

3 22 ἦλθεν ὁ Ἰησοῦς καὶ οἱ μαθηταὶ αὐτοῦ εἰς τὴν Ἰουδαίαν γῆν

4 1 ὡς οὖν ἔγνω ὁ Ἰησοῦς (N²⁶BT; κύριος rl) ὅτι ἤκουσαν οἱ Φαρισαῖοι ↔

4 1 ὅτι Ἰησοῦς πλείονας μαθητὰς ποιεῖ καὶ βαπτίζει ἢ [H] Ἰωάννης, ↔

4 2 καίτοιγε Ἰησοῦς αὐτὸς οὐκ ἐβάπτιζεν ἀλλ᾽ οἱ μαθηταὶ αὐτοῦ

4 6 ὁ οὖν Ἰησοῦς κεκοπιακὼς ἐκ τῆς ὁδοιπορίας ἐκαθέζετο οὕτως ἐπὶ τῇ πηγῇ

4 7 λέγει αὐτῇ ὁ Ἰησοῦς

4 10 ἀπεκρίθη Ἰησοῦς καὶ εἶπεν αὐτῇ

4 13 ἀπεκρίθη (+ὁ ς) Ἰησοῦς καὶ εἶπεν αὐτῇ

4 16 * λέγει αὐτῇ | ὁ Ἰησοῦς (+VBSς)

4 17 λέγει αὐτῇ ὁ Ἰησοῦς

4 21 λέγει αὐτῇ ὁ Ἰησοῦς

4 26 λέγει αὐτῇ ὁ Ἰησοῦς

4 34 λέγει αὐτοῖς ὁ Ἰησοῦς

4 44 αὐτὸς γὰρ (+ὁ ς) Ἰησοῦς ἐμαρτύρησεν

4 46 * ἦλθεν οὖν | ὁ Ἰησοῦς (+ς) πάλιν εἰς τὴν Κανὰ τῆς Γαλιλαίας

4 47 οὗτος ἀκούσας ὅτι Ἰησοῦς ἥκει ἐκ τῆς Ἰουδαίας εἰς τὴν Γαλιλαίαν

4 48 εἶπεν οὖν ὁ Ἰησοῦς πρὸς αὐτόν

4 50 λέγει αὐτῷ ὁ Ἰησοῦς

4 50 ἐπίστευσεν ὁ ἄνθρωπος τῷ λόγῳ ὃν (ᾧ Vς) εἶπεν αὐτῷ ὁ Ἰησοῦς

4 53 ἐν (+[N²⁶]ς) ἐκείνῃ τῇ ὥρᾳ ἐν ᾗ εἶπεν αὐτῷ ὁ Ἰησοῦς

4 54 τοῦτο δὲ ([N²⁶NVH]; —Tς) πάλιν δεύτερον σημεῖον ἐποίησεν ὁ Ἰησοῦς ἐλθὼν ἐκ τῆς Ἰουδαίας εἰς τὴν Γαλιλαίαν

5 1 ἀνέβη (+ὁ V[S]ς) Ἰησοῦς εἰς Ἱεροσόλυμα

5 6 τοῦτον ἰδὼν ὁ Ἰησοῦς κατακείμενον ... λέγει αὐτῷ

Jo 5 8 λέγει αὐτῷ ὁ 'Ιησοῦς
5 13 ὁ γὰρ 'Ιησοῦς ἐξένευσεν ὄχλου
ὄντος ἐν τῷ τόπῳ. ↔
5 14 μετὰ ταῦτα εὑρίσκει αὐτὸν ὁ [H]
'Ιησοῦς ἐν τῷ ἱερῷ καὶ εἶπεν αὐτῷ
5 15 ἀνήγγειλεν (εἶπεν NMTH) τοῖς
'Ιουδαίοις ὅτι 'Ιησοῦς ἐστιν ὁ ποι-
ήσας αὐτὸν ὑγιῆ. ↔
5 16 καὶ διὰ τοῦτο ἐδίωκον οἱ 'Ιουδαῖοι
τὸν 'Ιησοῦν (+καὶ ἐζήτουν αὐτὸν
ἀποκτεῖναι ς)
5 17 ὁ δὲ 'Ιησοῦς ([N²⁶]; —NTH)
ἀπεκρίνατο αὐτοῖς
5 19 ἀπεκρίνατο οὖν | ὁ 'Ιησοῦς [H]
καὶ ἔλεγεν αὐτοῖς
6 1 ἀπῆλθεν ὁ 'Ιησοῦς πέραν τῆς θαλάσ-
σης τῆς Γαλιλαίας τῆς Τιβεριάδος
6 3 ἀνῆλθεν δὲ εἰς τὸ ὄρος (+ὁ
MVBSς) 'Ιησοῦς
6 5 ἐπάρας οὖν τοὺς ὀφθαλμοὺς ὁ
'Ιησοῦς καὶ θεασάμενος . . . λέγει
πρὸς Φίλιππον
6 10 εἶπεν (+δὲ MVSς) ὁ 'Ιησοῦς
6 11 ἔλαβεν οὖν τοὺς ἄρτους ὁ 'Ιησοῦς
καὶ | εὐχαριστήσας διέδωκεν (εὐ-
χαρίστησεν καὶ ἔδωκεν T) τοῖς
ἀνακειμένοις
6 14 * οἱ οὖν ἄνθρωποι ἰδόντες ὃ
(ἃ H) ἐποίησεν σημεῖον (σημεῖα H)
| ὁ 'Ιησοῦς (+Vς) ἔλεγον
6 15 'Ιησοῦς οὖν γνοὺς . . . ἀνεχώρησεν
(φεύγει T) πάλιν εἰς τὸ ὄρος αὐτὸς
μόνος
6 17 οὔπω ἐληλύθει | πρὸς αὐτοὺς ὁ
'Ιησοῦς ('Ι. π. αὐ. T)
6 19 θεωροῦσιν τὸν 'Ιησοῦν περιπα-
τοῦντα ἐπὶ τῆς θαλάσσης
6 22 οὐ συνεισῆλθεν τοῖς μαθηταῖς αὐ-
τοῦ ὁ 'Ιησοῦς εἰς τὸ πλοῖον
6 24 ὅτε οὖν εἶδεν ὁ ὄχλος ὅτι 'Ιησοῦς
οὐκ ἔστιν ἐκεῖ οὐδὲ οἱ μαθηταὶ αὐ-
τοῦ
6 24 ἦλθον εἰς Καφαρναοὺμ ζητοῦντες
τὸν 'Ιησοῦν
6 26 ἀπεκρίθη αὐτοῖς ὁ 'Ιησοῦς καὶ εἶπεν
6 29 ἀπεκρίθη ὁ ([N²⁶V]; —NMT)
'Ιησοῦς καὶ εἶπεν αὐτοῖς
6 32 εἶπεν οὖν αὐτοῖς ὁ 'Ιησοῦς
6 35 εἶπεν (+οὖν VBST; +δὲ ς) αὐ-
τοῖς ὁ 'Ιησοῦς
6 42ᵖ οὐχ (οὐχὶ H) οὗτός ἐστιν 'Ιησοῦς
ὁ υἱὸς 'Ιωσήφ ⟨;⟩
6 43 ἀπεκρίθη (+οὖν ὁ ς) 'Ιησοῦς καὶ
εἶπεν αὐτοῖς
6 53 εἶπεν οὖν αὐτοῖς ὁ [H] 'Ιησοῦς
6 61 εἰδὼς δὲ ὁ 'Ιησοῦς ἐν ἑαυτῷ . . .
εἶπεν αὐτοῖς
6 64 ἤδει γὰρ ἐξ ἀρχῆς ὁ 'Ιησοῦς τίνες
εἰσὶν οἱ μὴ πιστεύοντες
6 67 εἶπεν οὖν ὁ 'Ιησοῦς τοῖς δώδεκα
6 70 ἀπεκρίθη αὐτοῖς ὁ 'Ιησοῦς
7 1 μετὰ ταῦτα περιεπάτει ὁ [H]
'Ιησοῦς ἐν τῇ Γαλιλαίᾳ
7 6 λέγει οὖν (—T) αὐτοῖς ὁ 'Ιησοῦς
7 14 ἤδη δὲ τῆς ἑορτῆς μεσούσης ἀνέβη
(+ὁ ς) 'Ιησοῦς εἰς τὸ ἱερὸν καὶ
ἐδίδασκεν
7 16 ἀπεκρίθη οὖν αὐτοῖς ὁ ([N²⁶];
—NTH) 'Ιησοῦς καὶ εἶπεν
7 21 ἀπεκρίθη (+ὁ ς) 'Ιησοῦς καὶ εἶπεν
αὐτοῖς
7 28 ἔκραξεν οὖν ἐν τῷ ἱερῷ διδάσκων ὁ
[H] 'Ιησοῦς καὶ λέγων
7 33 εἶπεν οὖν (+αὐτοῖς ς) ὁ 'Ιησοῦς

Jo 7 37 ἐν δὲ τῇ ἐσχάτῃ ἡμέρᾳ τῇ μεγάλῃ
τῆς ἑορτῆς εἱστήκει ὁ 'Ιησοῦς καὶ
ἔκραξεν (-ζεν BT) λέγων
7 39 οὔπω γὰρ ἦν πνεῦμα (+ἅγιον
[V]Sς), ὅτι (+ὁ ς) 'Ιησοῦς οὐδέ-
πω (οὔπω H) ἐδοξάσθη
[8 1] 'Ιησοῦς δὲ ἐπορεύθη εἰς τὸ ὄρος
τῶν ἐλαιῶν
[8 6] ὁ δὲ 'Ιησοῦς κάτω κύψας τῷ δα-
κτύλῳ κατέγραφεν εἰς τὴν γῆν
[8 9] * κατελείφθη μόνος | ὁ 'Ιησοῦς
(+Mς), καὶ ἡ γυνὴ ἐν μέσῳ οὖσα
(ἑστῶσα Mς). ↔
[8 10] ἀνακύψας (ἀναβλέψας S) δὲ ὁ
'Ιησοῦς (+καὶ μηδένα θεασάμενος
πλὴν τῆς γυναικὸς ς) εἶπεν αὐτῇ
[8 11] || εἶπεν δὲ (+ αὐτῇ Mς) ὁ 'Ιησοῦς
((ὁ δὲ εἶπεν S))
8 12 πάλιν οὖν αὐτοῖς ἐλάλησεν ὁ [H]
'Ιησοῦς λέγων
8 14 ἀπεκρίθη 'Ιησοῦς καὶ εἶπεν αὐτοῖς
8 19 ἀπεκρίθη (+ὁ ς) 'Ιησοῦς
8 20 * ταῦτα τὰ ῥήματα ἐλάλησεν | ὁ
'Ιησοῦς (+ς) ἐν τῷ γαζοφυλα-
κίῳ διδάσκων ἐν τῷ ἱερῷ
8 21 * εἶπεν οὖν πάλιν αὐτοῖς | ὁ 'Ιησοῦς
(+ς)
8 25 εἶπεν αὐτοῖς ὁ [H] 'Ιησοῦς
8 28 εἶπεν οὖν αὐτοῖς (+[N²⁶]ς) ὁ
'Ιησοῦς
8 31 ἔλεγεν οὖν ὁ 'Ιησοῦς πρὸς τοὺς
πεπιστευκότας αὐτῷ 'Ιουδαίους
8 34 ἀπεκρίθη αὐτοῖς ὁ [H] 'Ιησοῦς
8 39 λέγει αὐτοῖς ὁ [H] 'Ιησοῦς
8 42 εἶπεν (+οὖν Vς) αὐτοῖς ὁ [H]
'Ιησοῦς
8 49 ἀπεκρίθη 'Ιησοῦς
8 54 ἀπεκρίθη 'Ιησοῦς
8 58 εἶπεν αὐτοῖς (+ὁ VBSς) 'Ιησοῦς
8 59 'Ιησοῦς δὲ ἐκρύβη καὶ ἐξῆλθεν ἐκ
τοῦ ἱεροῦ
9 3 ἀπεκρίθη (+ὁ ς) 'Ιησοῦς
9 11ᵘˣ | ὁ ἄνθρωπος ὁ λεγόμενος (ἃ. λ. ς)
'Ιησοῦς πηλὸν ἐποίησεν καὶ ἐπ-
έχρισέν μου τοὺς ὀφθαλμούς
9 14 ἦν δὲ σάββατον | ἐν ᾗ ἡμέρᾳ
(ὅτε Sς) τὸν πηλὸν ἐποίησεν ὁ
'Ιησοῦς
9 35 ἤκουσεν (+ὁ VBSς) 'Ιησοῦς ὅτι
ἐξέβαλον αὐτὸν ἔξω
9 37 εἶπεν (+δὲ Vς) αὐτῷ ὁ 'Ιησοῦς
9 39 εἶπεν ὁ 'Ιησοῦς
9 41 εἶπεν αὐτοῖς ὁ [H] 'Ιησοῦς
10 6 ταύτην τὴν παροιμίαν εἶπεν αὐ-
τοῖς ὁ 'Ιησοῦς
10 7 εἶπεν οὖν πάλιν (—T) (+αὐτοῖς
MVBSς) ὁ [H] 'Ιησοῦς
10 23 περιεπάτει ὁ [H] 'Ιησοῦς ἐν τῷ
ἱερῷ ἐν τῇ στοᾷ τοῦ (—T) Σολο-
μῶνος
10 25 ἀπεκρίθη αὐτοῖς (—T) ὁ [H]
'Ιησοῦς
10 32 ἀπεκρίθη αὐτοῖς ὁ 'Ιησοῦς
10 34 ἀπεκρίθη αὐτοῖς ὁ [N²⁶H] 'Ιησοῦς
11 4 ἀκούσας δὲ ὁ 'Ιησοῦς εἶπεν
11 5 ἠγάπα δὲ ὁ 'Ιησοῦς τὴν Μάρθαν
. . . καὶ τὸν Λάζαρον
11 9 ἀπεκρίθη (+ ὁ ς) 'Ιησοῦς
11 13 εἰρήκει δὲ ὁ 'Ιησοῦς περὶ τοῦ θανά-
του αὐτοῦ
11 14 τότε οὖν εἶπεν αὐτοῖς ὁ 'Ιησοῦς
παρρησίᾳ
11 17 ἐλθὼν οὖν ὁ 'Ιησοῦς εὗρεν αὐτὸν
|| τέσσαρας ἤδη (—T) ἡμέρας ((~
Vς)) ἔχοντα ἐν τῷ μνημείῳ

Jo 11 20 ἡ οὖν Μάρθα ὡς ἤκουσεν ὅτι (+ὁ
ς) 'Ιησοῦς ἔρχεται
11 21 εἶπεν οὖν ἡ Μάρθα πρὸς τὸν
(—NMTH) 'Ιησοῦν
11 23 λέγει αὐτῇ ὁ 'Ιησοῦς
11 25 εἶπεν [+δὲ S] αὐτῇ ὁ 'Ιησοῦς
11 30 οὔπω δὲ ἐληλύθει ὁ 'Ιησοῦς εἰς
τὴν κώμην
11 32 ἡ οὖν Μαριὰμ ὡς ἦλθεν ὅπου ἦν
(+ὁ ς) 'Ιησοῦς
11 33 'Ιησοῦς οὖν ὡς εἶδεν αὐτὴν κλαίου-
σαν . . . ἐνεβριμήσατο τῷ πνεύματι
11 35 ἐδάκρυσεν ὁ 'Ιησοῦς
11 38 'Ιησοῦς οὖν πάλιν ἐμβριμώμενος ἐν
ἑαυτῷ ἔρχεται εἰς τὸ μνημεῖον
11 39 λέγει ὁ 'Ιησοῦς
11 40 λέγει αὐτῇ ὁ 'Ιησοῦς
11 41 ὁ δὲ 'Ιησοῦς ἦρεν τοὺς ὀφθαλμοὺς
ἄνω καὶ εἶπεν
11 44 λέγει | αὐτοῖς ὁ 'Ιησοῦς ([ὁ] 'Ι. αὐ.
H)
11 45 * πολλοὶ οὖν ἐκ τῶν 'Ιουδαίων . . .
θεασάμενοι ἃ (N²⁶Τς; ὃ rl) ἐποίη-
σεν | ὁ 'Ιησοῦς (+ς)
11 46 τινὲς δὲ ἐξ αὐτῶν . . . εἶπαν αὐ-
τοῖς ἃ ἐποίησεν (+ὁ MVBSς)
'Ιησοῦς
11 51 ἀρχιερεὺς ὢν . . . ἐπροφήτευσεν
ὅτι ἔμελλεν (+ὁ ς) 'Ιησοῦς ἀπο-
θνήσκειν ὑπὲρ τοῦ ἔθνους
11 54 | ὁ οὖν 'Ιησοῦς ('Ι. οὖν Τς) οὐκέτι
παρρησίᾳ περιεπάτει ἐν τοῖς 'Ιου-
δαίοις
11 56 ἐζήτουν οὖν τὸν 'Ιησοῦν
12 1 ὁ οὖν 'Ιησοῦς πρὸ ἓξ ἡμερῶν τοῦ
πάσχα ἦλθεν εἰς Βηθανίαν, ὅπου
ἦν Λάζαρος (+ὁ τεθνηκὼς
V[S]ς), ↔
12 1 ὃν ἤγειρεν ἐκ νεκρῶν (+ὁ
MVB[S]) 'Ιησοῦς ([S]; —ς)
12 3 ἡ οὖν Μαριὰμ . . . ἤλειψεν τοὺς
πόδας τοῦ [H] 'Ιησοῦ
12 7 εἶπεν οὖν ὁ 'Ιησοῦς
12 9 ἦλθον οὐ διὰ τὸν 'Ιησοῦν μόνον,
ἀλλ' ἵνα καὶ τὸν Λάζαρον ἴδωσιν
12 11 ὅτι πολλοὶ δι' αὐτὸν ὑπῆγον τῶν
'Ιουδαίων καὶ ἐπίστευον εἰς τὸν
'Ιησοῦν
12 12 ἀκούσαντες ὅτι ἔρχεται ὁ (+N²⁶
[S]ς) 'Ιησοῦς εἰς 'Ιεροσόλυμα
12 14 εὑρὼν δὲ ὁ 'Ιησοῦς ὀνάριον ἐκάθι-
σεν ἐπ' αὐτό
12 16 ὅτε ἐδοξάσθη (+ὁ ς) 'Ιησοῦς,
τότε ἐμνήσθησαν
12 21 κύριε, θέλομεν τὸν 'Ιησοῦν ἰδεῖν
12 22 ἔρχεται (—Vς) 'Ανδρέας καὶ Φί-
λιππος καὶ (—Vς) λέγουσιν τῷ
'Ιησοῦ. ↔
12 23 ὁ δὲ 'Ιησοῦς ἀποκρίνεται (ἀπεκρί-
νατο Sς) αὐτοῖς λέγων
12 30 ἀπεκρίθη (+ὁ ς) | 'Ιησοῦς καὶ
εἶπεν (~ H)
12 35 εἶπεν οὖν αὐτοῖς ὁ 'Ιησοῦς
12 36 ταῦτα ἐλάλησεν (+ὁ MVBSς)
'Ιησοῦς, καὶ ἀπελθὼν ἐκρύβη ἀπ'
αὐτῶν
12 44 'Ιησοῦς δὲ ἔκραξεν καὶ εἶπεν
13 1 πρὸ δὲ τῆς ἑορτῆς τοῦ πάσχα
εἰδὼς ὁ 'Ιησοῦς ὅτι ἦλθεν αὐτοῦ ἡ
ὥρα
13 3 * εἰδὼς | ὁ 'Ιησοῦς (+ς) ὅτι πάν-
τα ἔδωκεν (δέδ. Vς) αὐτῷ ὁ πα-
τὴρ εἰς τὰς χεῖρας (ἐγείρεται ἐκ
τοῦ δείπνου)
13 7 ἀπεκρίθη 'Ιησοῦς καὶ εἶπεν αὐτῷ

Jo 13 8 ἀπεκρίθη | ᾽Ιησοῦς αὐτῷ (αὐ. ὁ ᾽Ι. ς)

13 10 λέγει αὐτῷ ὁ (—NMTH) ᾽Ιησοῦς

13 21 ταῦτα εἰπὼν ὁ ([N²⁶]; —NTH) ᾽Ιησοῦς ἐταράχθη τῷ πνεύματι

13 23 ἦν (+δὲ MV[S]ς) ἀνακείμενος εἷς ἐκ τῶν μαθητῶν αὐτοῦ ἐν τῷ κόλπῳ τοῦ ᾽Ιησοῦ, ↔

13 23 ὃν ἠγάπα ὁ [H] ᾽Ιησοῦς

13 25 ἀναπεσὼν (ἐπι- STς) οὖν (—NMH; δὲ Sς) ἐκεῖνος οὕτως ἐπὶ τὸ στῆθος τοῦ ᾽Ιησοῦ

13 26 ἀποκρίνεται (+οὖν NMVBSH) ὁ [N²⁶H] ᾽Ιησοῦς

13 27 λέγει οὖν αὐτῷ ὁ (—NMTH) ᾽Ιησοῦς

13 29 τινὲς γὰρ ἐδόκουν ... ὅτι λέγει αὐτῷ ὁ ([N²⁶]; —NTH) ᾽Ιησοῦς

13 31 ὅτε οὖν ἐξῆλθεν, λέγει (+ὁ VBSς) ᾽Ιησοῦς

13 36 ἀπεκρίθη αὐτῷ ([N²⁶S]; —NBTH) (+ὁ VSς) ᾽Ιησοῦς

13 38 ἀποκρίνεται (ἀπεκρίθη αὐτῷ ὁ ς) ᾽Ιησοῦς

14 6 λέγει αὐτῷ ὁ ([N²⁶]; —NMTH) ᾽Ιησοῦς

14 9 λέγει αὐτῷ ὁ [H] ᾽Ιησοῦς

14 23 ἀπεκρίθη (+ὁ ς) ᾽Ιησοῦς καὶ εἶπεν αὐτῷ

16 19 ἔγνω (+οὖν Vς) ὁ ([N²⁶]; —NMTH) ᾽Ιησοῦς ὅτι ἤθελον αὐτὸν ἐρωτᾶν

16 31 ἀπεκρίθη αὐτοῖς (+ὁ VBSς) ᾽Ιησοῦς

17 1 ταῦτα ἐλάλησεν (+ὁ VBSς) ᾽Ιησοῦς

17 3ᵉ ἵνα γινώσκωσιν (-σκουσιν T) σὲ ... καὶ ὃν ἀπέστειλας ᾽Ιησοῦν Χριστὸν

18 1 ταῦτα εἰπὼν (+ὁ VBSς) ᾽Ιησοῦς ἐξῆλθεν σὺν τοῖς μαθηταῖς αὐτοῦ

18 2 ὅτι πολλάκις συνήχθη (+ὁ MVBSς) ᾽Ιησοῦς ἐκεῖ μετὰ τῶν μαθητῶν αὐτοῦ

18 4 ᾽Ιησοῦς οὖν εἰδὼς πάντα τὰ ἐρχόμενα ἐπ᾽ αὐτὸν | ἐξῆλθεν καὶ λέγει (ἐξελθὼν εἶπεν Vς) αὐτοῖς· ↔

18 5ᵛ ⟨τίνα ζητεῖτε;⟩ ᾽Ιησοῦν τὸν Ναζωραῖον. ↔

18 5 * λέγει αὐτοῖς || ὁ (—T) ᾽Ιησοῦς ((—N²⁶NH))

18 7ᵛ τίνα ζητεῖτε; ... ᾽Ιησοῦν τὸν Ναζωραῖον. ↔

18 8 ἀπεκρίθη (+ὁ ς) ᾽Ιησοῦς

18 11 εἶπεν οὖν ὁ ᾽Ιησοῦς τῷ Πέτρῳ

18 12 ἡ οὖν σπεῖρα ... καὶ οἱ ὑπηρέται τῶν ᾽Ιουδαίων συνέλαβον τὸν ᾽Ιησοῦν καὶ ἔδησαν αὐτόν

18 15 ἠκολούθει δὲ τῷ ᾽Ιησοῦ Σίμων Πέτρος καὶ (+ὁ Vς) ἄλλος μαθητής

18 15 συνεισῆλθεν τῷ ᾽Ιησοῦ εἰς τὴν αὐλὴν τοῦ ἀρχιερέως

18 19 ὁ οὖν ἀρχιερεὺς ἠρώτησεν τὸν ᾽Ιησοῦν ... περὶ τῆς διδαχῆς αὐτοῦ. ↔

18 20 ἀπεκρίθη αὐτῷ (+ὁ MVSς) ᾽Ιησοῦς

18 22 εἷς | παρεστηκὼς τῶν ὑπηρετῶν (~Vς) ἔδωκεν ῥάπισμα τῷ ᾽Ιησοῦ

18 23 ἀπεκρίθη αὐτῷ (+ὁ VBSς) ᾽Ιησοῦς

18 28 ἄγουσιν οὖν τὸν ᾽Ιησοῦν ἀπὸ τοῦ Καϊάφα εἰς τὸ πραιτώριον

Jo 18 32 ἵνα ὁ λόγος τοῦ ᾽Ιησοῦ πληρωθῇ ὃν εἶπεν

18 33 ἐφώνησεν τὸν ᾽Ιησοῦν καὶ εἶπεν αὐτῷ

18 34 ἀπεκρίθη (+ὁ VSς) ᾽Ιησοῦς

18 36 ἀπεκρίθη (+ὁ ς) ᾽Ιησοῦς

18 37 ἀπεκρίθη ὁ [NH] ᾽Ιησοῦς

19 1 τότε οὖν | ἔλαβεν ὁ Πιλᾶτος τὸν ᾽Ιησοῦν καὶ (ὁ Π. λαβὼν τ. ᾽Ι. S) ἐμαστίγωσεν

19 5 ἐξῆλθεν οὖν ὁ [H] ᾽Ιησοῦς ἔξω, φορῶν τὸν ἀκάνθινον στέφανον

19 9 ⟨ὁ Πιλᾶτος⟩ λέγει τῷ ᾽Ιησοῦ

19 9 ὁ δὲ ᾽Ιησοῦς ἀπόκρισιν οὐκ ἔδωκεν αὐτῷ

19 11 ἀπεκρίθη αὐτῷ (+[N²⁶]BSH) (+ὁ BSς) ᾽Ιησοῦς

19 13 ὁ οὖν Πιλᾶτος ἀκούσας τῶν λόγων τούτων ἤγαγεν ἔξω τὸν ᾽Ιησοῦν

19 16 παρέλαβον οὖν (δὲ Vς) τὸν ᾽Ιησοῦν (+καὶ ἤγαγον V; +καὶ ἀπήγαγον ς)

19 18 ὅπου αὐτὸν ἐσταύρωσαν, καὶ μετ᾽ αὐτοῦ ἄλλους δύο ἐντεῦθεν καὶ ἐντεῦθεν, μέσον δὲ τὸν ᾽Ιησοῦν

19 19ᵃᵛ ᾽Ιησοῦς ὁ Ναζωραῖος ὁ βασιλεὺς τῶν ᾽Ιουδαίων

19 20 ὅτι ἐγγὺς ἦν ὁ τόπος τῆς πόλεως ὅπου ἐσταυρώθη ὁ ᾽Ιησοῦς

19 23 οἱ οὖν στρατιῶται, ὅτε ἐσταύρωσαν τὸν ᾽Ιησοῦν, ἔλαβον τὰ ἱμάτια αὐτοῦ

19 25 εἱστήκεισαν δὲ παρὰ τῷ σταυρῷ τοῦ ᾽Ιησοῦ ἡ μήτηρ αὐτοῦ καὶ ἡ ἀδελφὴ τῆς μητρὸς αὐτοῦ

19 26 ᾽Ιησοῦς οὖν ἰδὼν τὴν μητέρα καὶ τὸν μαθητὴν παρεστῶτα ... λέγει τῇ μητρί

19 28 εἰδὼς ὁ ᾽Ιησοῦς ὅτι ἤδη πάντα τετέλεσται ... λέγει

19 30 ὅτε οὖν ἔλαβεν τὸ ὄξος || ὁ [N²⁶ NH] ᾽Ιησοῦς ((—T)) εἶπεν

19 33 ἐπὶ δὲ τὸν ᾽Ιησοῦν ἐλθόντες ... οὐ κατέαξαν αὐτοῦ τὰ σκέλη

19 38 ἠρώτησεν τὸν Πιλᾶτον ᾽Ιωσὴφ ... ὢν μαθητὴς τοῦ [NH] ᾽Ιησοῦ κεκρυμμένος δὲ διὰ τὸν φόβον τῶν ᾽Ιουδαίων, ↔

19 38 ἵνα ἄρῃ τὸ σῶμα τοῦ ᾽Ιησοῦ

19 38 * ἦλθεν (-ον T) οὖν καὶ | ἦρε τὸ σῶμα τοῦ ᾽Ιησοῦ (ς; ἦραν αὐτὸν T; ἦρεν τὸ σ. αὐτοῦ rl). ↔

19 39 * ἦλθεν δὲ καὶ Νικόδημος, ὁ ἐλθὼν πρὸς | τὸν ᾽Ιησοῦν (Sς; αὐτὸν rl) νυκτὸς τὸ πρῶτον

19 40 ἔλαβον οὖν τὸ σῶμα τοῦ ᾽Ιησοῦ καὶ ἔδησαν αὐτὸ ὀθονίοις μετὰ τῶν ἀρωμάτων

19 42 ἐκεῖ οὖν διὰ τὴν παρασκευὴν τῶν ᾽Ιουδαίων ... ἔθηκαν τὸν ᾽Ιησοῦν

20 2 πρὸς τὸν ἄλλον μαθητὴν ὃν ἐφίλει ὁ ᾽Ιησοῦς

20 12 δύο ἀγγέλους ... καθεζομένους ... ὅπου ἔκειτο τὸ σῶμα τοῦ ᾽Ιησοῦ

20 14 ἐστράφη εἰς τὰ ὀπίσω, καὶ θεωρεῖ τὸν ᾽Ιησοῦν ἑστῶτα, ↔

20 14 καὶ οὐκ ᾔδει ὅτι (+ὁ ς) ᾽Ιησοῦς ἐστιν. ↔

20 15 λέγει αὐτῇ (+ὁ MVBSς) ᾽Ιησοῦς

20 16 λέγει αὐτῇ (+ὁ MVBSς) ᾽Ιησοῦς

20 17 λέγει αὐτῇ (+ὁ MVBSς) ᾽Ιησοῦς

20 19 τῶν θυρῶν κεκλεισμένων ... ἦλθεν ὁ ᾽Ιησοῦς καὶ ἔστη εἰς τὸ μέσον

20 21 εἶπεν οὖν αὐτοῖς | ὁ ᾽Ιησοῦς ([N²⁶NH]; —BST) πάλιν

Jo 20 24 Θωμᾶς δὲ ... οὐκ ἦν μετ᾽ αὐτῶν ὅτε ἦλθεν (+ὁ MVBSς) ᾽Ιησοῦς

20 26 ἔρχεται ὁ ᾽Ιησοῦς τῶν θυρῶν κεκλεισμένων, καὶ ἔστη εἰς τὸ μέσον

20 29 λέγει αὐτῷ ὁ [H] ᾽Ιησοῦς

20 30 πολλὰ μὲν οὖν καὶ ἄλλα σημεῖα ἐποίησεν ὁ ᾽Ιησοῦς ἐνώπιον τῶν μαθητῶν αὐτοῦ (+[N²⁶]ς)

20 31ᵍᵐ ἵνα πιστεύσητε (-[σ]ητε N²⁶; -ητε NMBTH) ὅτι (+ὁ ς) ᾽Ιησοῦς ἐστιν ὁ χριστὸς ὁ υἱὸς τοῦ θεοῦ

21 1 ἐφανέρωσεν ἑαυτὸν πάλιν ὁ (—NTH) ᾽Ιησοῦς τοῖς μαθηταῖς ἐπὶ τῆς θαλάσσης τῆς Τιβεριάδος

21 4 πρωΐας δὲ ἤδη γενομένης (N²⁶ς; γιν. rl) ἔστη (+ὁ Vς) ᾽Ιησοῦς εἰς (ἐπὶ BST) τὸν αἰγιαλόν· ↔

21 4 οὐ μέντοι ᾔδεισαν οἱ μαθηταὶ ὅτι ᾽Ιησοῦς ἐστιν. ↔

21 5 λέγει οὖν αὐτοῖς ὁ ([N²⁶]; —NMTH) ᾽Ιησοῦς

21 7 λέγει οὖν ὁ μαθητὴς ἐκεῖνος ὃν ἠγάπα ὁ ᾽Ιησοῦς τῷ Πέτρῳ

21 10 λέγει αὐτοῖς ὁ [H] ᾽Ιησοῦς

21 12 λέγει αὐτοῖς ὁ [H] ᾽Ιησοῦς

21 13 ἔρχεται (+οὖν Vς) (+ὁ VBSς) ᾽Ιησοῦς καὶ λαμβάνει τὸν ἄρτον καὶ δίδωσιν αὐτοῖς

21 14 τοῦτο ἤδη τρίτον ἐφανερώθη (+ὁ Sς) ᾽Ιησοῦς τοῖς μαθηταῖς ἐγερθεὶς ἐκ νεκρῶν. ↔

21 15 ὅτε οὖν ἠρίστησαν, λέγει τῷ Σίμωνι Πέτρῳ ὁ ᾽Ιησοῦς

21 17 λέγει αὐτῷ | ὁ ᾽Ιησοῦς ([N²⁶]; ᾽Ι. NH; —T)

21 20 ἐπιστραφεὶς ὁ Πέτρος βλέπει τὸν μαθητὴν ὃν ἠγάπα ὁ ᾽Ιησοῦς ἀκολουθοῦντα

21 21 τοῦτον οὖν ([S]; —ς) ἰδὼν ὁ Πέτρος λέγει τῷ ᾽Ιησοῦ

21 22 λέγει αὐτῷ ὁ ᾽Ιησοῦς

21 23 | οὐκ εἶπεν δὲ (καὶ οὐκ εἶπεν VBST ς) αὐτῷ ὁ ᾽Ιησοῦς ὅτι οὐκ ἀποθνήσκει

21 25 | ἔστιν δὲ καὶ ἄλλα πολλὰ ἃ ἐποίησεν ὁ ᾽Ιησοῦς (—T ..)

Ac 1 1 ὧν ἤρξατο ὁ (—H) ᾽Ιησοῦς ποιεῖν τε καὶ διδάσκειν

1 11 οὗτος ὁ ᾽Ιησοῦς ὁ ἀναλημφθεὶς ἀφ᾽ ὑμῶν εἰς τὸν οὐρανὸν οὕτως ἐλεύσεται

1 14 οὗτοι πάντες ἦσαν προσκαρτεροῦντες ὁμοθυμαδὸν τῇ προσευχῇ σὺν γυναιξὶν καὶ Μαριὰμ τῇ μητρὶ τοῦ [NH] ᾽Ιησοῦ

1 16 ἦν προεῖπεν τὸ πνεῦμα ... περὶ ᾽Ιούδα τοῦ γενομένου ὁδηγοῦ τοῖς συλλαβοῦσιν (+τὸν MV[S]ς) ᾽Ιησοῦν

1 21ʲ ἐν παντὶ χρόνῳ ᾧ εἰσῆλθεν καὶ ἐξῆλθεν ἐφ᾽ ἡμᾶς ὁ κύριος ᾽Ιησοῦς

2 22ᵛ ᾽Ιησοῦν τὸν Ναζωραῖον, ἄνδρα ἀποδεδειγμένον ἀπὸ τοῦ θεοῦ εἰς ὑμᾶς ⟨τοῦτον ... ἀνείλατε⟩

2 32 τοῦτον τὸν ᾽Ιησοῦν ἀνέστησεν ὁ θεός

2 36 χριστὸν | ἐποίησεν ὁ θεός (~Sς), τοῦτον τὸν ᾽Ιησοῦν ὃν ὑμεῖς ἐσταυρώσατε

2 38ᵉʸ βαπτισθήτω ἕκαστος ὑμῶν ἐπὶ (ἐν BH) τῷ ὀνόματι ᾽Ιησοῦ Χριστοῦ εἰς ἄφεσιν τῶν ἁμαρτιῶν ὑμῶν

3 6ᵉⁿʸ ἐν τῷ ὀνόματι ᾽Ιησοῦ Χριστοῦ τοῦ Ναζωραίου | ἔγειρε καὶ (+[N²⁶S]Vς) περιπάτει

Ac 3 13[t] ὁ θεὸς Ἀβραὰμ . . . ἐδόξασεν τὸν παῖδα αὐτοῦ 'Ιησοῦν

3 20[f] ὅπως ἂν . . . ἀποστείλῃ τὸν προκεχειρισμένον (-κεκηρυγμ. ς) ὑμῖν χριστὸν 'Ιησοῦν

3 26[t] * ὑμῖν πρῶτον ἀναστήσας ὁ θεὸς τὸν παῖδα αὐτοῦ 'Ιησοῦν (+ς) ἀπέστειλεν αὐτὸν εὐλογοῦντα ὑμᾶς

4 2 διὰ τὸ . . . καταγγέλλειν ἐν τῷ 'Ιησοῦ τὴν ἀνάστασιν τὴν ἐκ νεκρῶν

4 10[ευγ] ἐν τῷ ὀνόματι 'Ιησοῦ Χριστοῦ τοῦ Ναζωραίου . . . οὗτος παρέστηκεν ἐνώπιον ὑμῶν ὑγιής

4 13 ἐθαύμαζον ἐπεγίνωσκόν τε αὐτοὺς ὅτι σὺν τῷ 'Ιησοῦ ἦσαν

4 18[y] παρήγγειλαν τὸ (—NMTH; αὐτοῖς τὸ ς) καθόλου μὴ φθέγγεσθαι μηδὲ διδάσκειν ἐπὶ τῷ ὀνόματι τοῦ [H] 'Ιησοῦ

4 27[t] συνήχθησαν γὰρ ἐπ' ἀληθείας . . . ἐπὶ τὸν ἅγιον παῖδά σου 'Ιησοῦν

4 30[ty] ἐν τῷ . . . τέρατα γίνεσθαι διὰ τοῦ ὀνόματος τοῦ ἁγίου παιδός σου 'Ιησοῦ

4 33[ej] δυνάμει μεγάλῃ ἀπεδίδουν τὸ μαρτύριον οἱ ἀπόστολοι || τῆς ἀναστάσεως τοῦ κυρίου 'Ιησοῦ (+Χριστοῦ T) ((~ T NMH))

5 30 ὁ θεὸς τῶν πατέρων ἡμῶν ἤγειρεν 'Ιησοῦν

5 40[y] δείραντες παρήγγειλαν μὴ λαλεῖν ἐπὶ τῷ ὀνόματι τοῦ 'Ιησοῦ

5 42[fg] οὐκ ἐπαύοντο διδάσκοντες καὶ εὐαγγελιζόμενοι | τὸν χριστὸν 'Ιησοῦν (~ς)

6 14[v] 'Ιησοῦς ὁ Ναζωραῖος οὗτος καταλύσει τὸν τόπον τοῦτον

7 45[a] ἣν καὶ εἰσήγαγον διαδεξάμενοι οἱ πατέρες ἡμῶν μετὰ 'Ιησοῦ ἐν τῇ κατασχέσει τῶν ἐθνῶν

7 55 ἀτενίσας εἰς τὸν οὐρανὸν εἶδεν δόξαν θεοῦ καὶ 'Ιησοῦν ἑστῶτα ἐκ δεξιῶν τοῦ θεοῦ

7 59[j] κύριε 'Ιησοῦ, δέξαι τὸ πνεῦμά μου

8 12[ευ] τῷ Φιλίππῳ εὐαγγελιζομένῳ (+τὰ ς) περὶ τῆς βασιλείας τοῦ θεοῦ καὶ τοῦ ὀνόματος (+τοῦ ς) 'Ιησοῦ Χριστοῦ

8 16[jy] μόνον δὲ βεβαπτισμένοι ὑπῆρχον εἰς τὸ ὄνομα τοῦ κυρίου 'Ιησοῦ

8 35 ὁ Φίλιππος . . . ἀρξάμενος ἀπὸ τῆς γραφῆς ταύτης εὐηγγελίσατο αὐτῷ τὸν 'Ιησοῦν

8 37[em] * | πιστεύω τὸν υἱὸν τοῦ θεοῦ εἶναι τὸν 'Ιησοῦν Χριστόν (. . +ς)

9 5 ἐγώ εἰμι 'Ιησοῦς ὃν σὺ διώκεις

9 17[j] ὁ κύριος ἀπέσταλκέν με, 'Ιησοῦς ὁ ὀφθείς σοι ἐν τῇ ὁδῷ ᾗ ἤρχου

9 20[m] εὐθέως ἐν ταῖς συναγωγαῖς ἐκήρυσσεν τὸν 'Ιησοῦν (Χριστόν ς), ὅτι οὗτός ἐστιν ὁ υἱὸς τοῦ θεοῦ

9 27[y] διηγήσατο αὐτοῖς . . . πῶς ἐν Δαμασκῷ ἐπαρρησιάσατο ἐν τῷ ὀνόματι τοῦ ([V]; —NMTH) 'Ιησοῦ. ↔

9 28[jy] * καὶ ἦν μετ' αὐτῶν . . . παρρησιαζόμενος ἐν τῷ ὀνόματι τοῦ κυρίου 'Ιησοῦ (+ς)

9 34[eg] Αἰνέα, ἰᾶταί σε 'Ιησοῦς (+ὁ VBSς) Χριστός

10 36[e] τὸν λόγον ὃν ([N26MV]; —H) ἀπέστειλεν τοῖς υἱοῖς 'Ισραὴλ εὐαγγελιζόμενος εἰρήνην διὰ 'Ιησοῦ Χριστοῦ

Ac 10 38 ⟨οἴδατε τὸ γενόμενον ῥῆμα⟩ 'Ιησοῦν τὸν ἀπὸ Ναζαρέθ, ὡς ἔχρισεν αὐτὸν ὁ θεὸς πνεύματι ἁγίῳ

10 48[ευ] προσέταξεν δὲ αὐτοὺς (αὐτοῖς T) ἐν τῷ ὀνόματι | 'Ιησοῦ Χριστοῦ (τοῦ κυρίου ς) βαπτισθῆναι

11 17[ej] εἰ οὖν τὴν ἴσην δωρεὰν ἔδωκεν αὐτοῖς . . . πιστεύσασιν ἐπὶ τὸν κύριον 'Ιησοῦν Χριστόν

11 20[j] ἐλάλουν καὶ πρὸς τοὺς Ἑλληνιστάς (Ἕλληνας NMBT), εὐαγγελιζόμενοι τὸν κύριον 'Ιησοῦν

13 23[j] τούτου ὁ θεὸς ἀπὸ τοῦ σπέρματος κατ' ἐπαγγελίαν ἤγαγεν τῷ 'Ισραὴλ σωτῆρα 'Ιησοῦν

13 33 ταύτην ὁ θεὸς ἐκπεπλήρωκεν τοῖς τέκνοις αὐτῶν ([N26]; —NVTH) ἡμῖν (ἡμῶν VTH) ἀναστήσας 'Ιησοῦν

15 11[ej] διὰ τῆς χάριτος τοῦ (—ς) κυρίου 'Ιησοῦ (+Χριστοῦ ς) πιστεύομεν σωθῆναι καθ' ὃν τρόπον κἀκεῖνοι

15 26[eky] ⟨πέμψαι πρὸς ὑμᾶς σὺν⟩ ἀνθρώποις παραδεδωκόσι τὰς ψυχὰς αὐτῶν ὑπὲρ τοῦ ὀνόματος τοῦ κυρίου ἡμῶν 'Ιησοῦ Χριστοῦ

16 7 οὐκ εἴασεν αὐτοὺς τὸ πνεῦμα 'Ιησοῦ (—ς)

16 18[ευ] παραγγέλλω σοι ἐν ὀνόματι 'Ιησοῦ Χριστοῦ ἐξελθεῖν ἀπ' αὐτῆς

16 31[ej] πίστευσον ἐπὶ τὸν κύριον 'Ιησοῦν (+Χριστόν Sς)

17 3[f] διανοίγων καὶ παρατιθέμενος . . . ὅτι οὗτός ἐστιν ὁ (—T) χριστός, ὁ ([N26]; —VBSTς) 'Ιησοῦς

17 7 βασιλέα ἕτερον λέγοντες εἶναι 'Ιησοῦν

17 18 ὅτι τὸν 'Ιησοῦν καὶ τὴν ἀνάστασιν εὐηγγελίζετο

18 5[f] συνείχετο τῷ λόγῳ ὁ Παῦλος, διαμαρτυρόμενος τοῖς 'Ιουδαίοις εἶναι (—ς) τὸν χριστὸν 'Ιησοῦν

18 25[z] ἐδίδασκεν ἀκριβῶς τὰ περὶ τοῦ 'Ιησοῦ (κυρίου ς)

18 28[f] εὐτόνως γὰρ τοῖς 'Ιουδαίοις διακατηλέγχετο δημοσίᾳ ἐπιδεικνὺς διὰ τῶν γραφῶν εἶναι τὸν χριστὸν 'Ιησοῦν

19 4[f] εἰς τὸν ἐρχόμενον μετ' αὐτὸν ἵνα πιστεύσωσιν, τοῦτ' ἔστιν εἰς τὸν (+Χριστὸν ς) 'Ιησοῦν. ↔

19 5[jy] ἀκούσαντες δὲ ἐβαπτίσθησαν εἰς τὸ ὄνομα τοῦ κυρίου 'Ιησοῦ

19 10[j] * ὥστε πάντας τοὺς κατοικοῦντας τὴν 'Ασίαν ἀκοῦσαι τὸν λόγον τοῦ κυρίου 'Ιησοῦ (+ς)

19 13[jy] ἐπεχείρησαν δέ τινες . . . ὀνομάζειν ἐπὶ τοὺς ἔχοντας τὰ πνεύματα τὰ πονηρὰ τὸ ὄνομα τοῦ κυρίου 'Ιησοῦ λέγοντες· ↔

19 13 ὁρκίζω ὑμᾶς τὸν 'Ιησοῦν ὃν Παῦλος κηρύσσει

19 15 τὸν μὲν [+N26NH] 'Ιησοῦν γινώσκω καὶ τὸν Παῦλον ἐπίσταμαι

19 17[jy] ἐμεγαλύνετο τὸ ὄνομα τοῦ κυρίου 'Ιησοῦ

20 21[ek] διαμαρτυρόμενος 'Ιουδαίοις τε καὶ Ἕλλησιν τὴν εἰς θεὸν μετάνοιαν καὶ πίστιν εἰς τὸν κύριον ἡμῶν 'Ιησοῦν (+Χριστόν STς)

20 24[j] ὡς τελειῶσαι (-σω NH) . . . τὴν διακονίαν ἣν ἔλαβον παρὰ τοῦ κυρίου 'Ιησοῦ

20 35[j] μνημονεύειν τε τῶν λόγων τοῦ κυρίου 'Ιησοῦ

Ac 21 13[jy] ἐγὼ γὰρ . . . καὶ ἀποθανεῖν εἰς 'Ιερουσαλὴμ ἑτοίμως ἔχω ὑπὲρ τοῦ ὀνόματος τοῦ κυρίου 'Ιησοῦ

22 8[v] ἐγώ εἰμι 'Ιησοῦς ὁ Ναζωραῖος, ὃν σὺ διώκεις

24 24[f] ἤκουσεν αὐτοῦ περὶ τῆς εἰς Χριστὸν 'Ιησοῦν (—ς) πίστεως

25 19 ⟨οὐδεμίαν αἰτίαν ἔφερον⟩ ζητήματα δέ τινα περὶ τῆς ἰδίας δεισιδαιμονίας εἶχον πρὸς αὐτὸν καὶ περί τινος 'Ιησοῦ τεθνηκότος

26 9[vy] ἔδοξα ἐμαυτῷ πρὸς τὸ ὄνομα 'Ιησοῦ τοῦ Ναζωραίου δεῖν πολλὰ ἐναντία πρᾶξαι

26 15 ἐγώ εἰμι 'Ιησοῦς ὃν σὺ διώκεις

28 23[z] πείθων τε αὐτοὺς (+τὰ ς) περὶ τοῦ 'Ιησοῦ ἀπό τε τοῦ νόμου Μωϋσέως καὶ τῶν προφητῶν

28 31[ejz] κηρύσσων τὴν βασιλείαν τοῦ θεοῦ καὶ διδάσκων τὰ περὶ τοῦ κυρίου 'Ιησοῦ Χριστοῦ (—T)

Rm 1 1[ef] Παῦλος δοῦλος | Χριστοῦ 'Ιησοῦ (~VBSHς) ⟨πᾶσιν τοῖς οὖσιν ἐν 'Ρώμῃ ἀγαπητοῖς θεοῦ⟩

1 4[ekm] ⟨περὶ τοῦ υἱοῦ αὐτοῦ⟩ τοῦ ὁρισθέντος υἱοῦ θεοῦ ἐν δυνάμει . . . 'Ιησοῦ Χριστοῦ τοῦ κυρίου ἡμῶν

1 6[e] ⟨ἐν πᾶσιν τοῖς ἔθνεσιν⟩ ἐν οἷς ἐστε καὶ ὑμεῖς κλητοὶ 'Ιησοῦ Χριστοῦ

1 7[ej] εἰρήνη ἀπὸ θεοῦ πατρὸς ἡμῶν καὶ κυρίου 'Ιησοῦ Χριστοῦ. ↔

1 8[e] πρῶτον μὲν εὐχαριστῶ τῷ θεῷ μου διὰ 'Ιησοῦ Χριστοῦ περὶ πάντων ὑμῶν

2 16[ef] ἐν | ἡμέρᾳ ὅτε (ᾗ ἡμ. NH) κρίνει (-νεῖ MBTς) ὁ θεὸς τὰ κρυπτὰ τῶν ἀνθρώπων . . . διὰ | Χριστοῦ 'Ιησοῦ (~MVBSς)

3 22[ek] ⟨δικαιοσύνη θεοῦ πεφανέρωται⟩ δικαιοσύνη δὲ θεοῦ διὰ πίστεως 'Ιησοῦ [NH] Χριστοῦ

3 24[f] δικαιούμενοι δωρεὰν . . . διὰ τῆς ἀπολυτρώσεως τῆς ἐν Χριστῷ 'Ιησοῦ

3 26 εἰς τὸ εἶναι αὐτὸν δίκαιον καὶ δικαιοῦντα τὸν ἐκ πίστεως 'Ιησοῦ

4 24[k] τοῖς πιστεύουσιν ἐπὶ τὸν ἐγείραντα 'Ιησοῦν τὸν κύριον ἡμῶν ἐκ νεκρῶν

5 1[ek] εἰρήνην ἔχομεν (-χωμεν MVBSTH) πρὸς τὸν θεὸν διὰ τοῦ κυρίου ἡμῶν 'Ιησοῦ Χριστοῦ

5 11[ek] οὐ μόνον δέ, ἀλλὰ καὶ καυχώμενοι ἐν τῷ θεῷ διὰ τοῦ κυρίου ἡμῶν 'Ιησοῦ Χριστοῦ [NH]

5 15[eu] πολλῷ μᾶλλον . . . ἡ δωρεὰ ἐν χάριτι τῇ τοῦ ἑνὸς ἀνθρώπου 'Ιησοῦ Χριστοῦ εἰς τοὺς πολλοὺς ἐπερίσσευσεν

5 17[e] πολλῷ μᾶλλον οἱ τὴν περισσείαν τῆς χάριτος . . . λαμβάνοντες ἐν ζωῇ βασιλεύσουσιν διὰ τοῦ ἑνὸς 'Ιησοῦ Χριστοῦ

5 21[ek] οὕτως καὶ ἡ χάρις βασιλεύσῃ . . . εἰς ζωὴν αἰώνιον διὰ 'Ιησοῦ Χριστοῦ τοῦ κυρίου ἡμῶν

6 3[f] ὅσοι ἐβαπτίσθημεν εἰς Χριστὸν 'Ιησοῦν [VH], εἰς τὸν θάνατον αὐτοῦ ἐβαπτίσθημεν

6 11[fk] οὕτως καὶ ὑμεῖς λογίζεσθε ἑαυτοὺς εἶναι [N26] νεκροὺς μὲν τῇ ἁμαρτίᾳ ζῶντας δὲ τῷ θεῷ ἐν Χριστῷ 'Ιησοῦ (+τῷ κυρίῳ ἡμῶν [V]Sς)

6 23[fk] τὸ δὲ χάρισμα τοῦ θεοῦ ζωὴ αἰώνιος ἐν Χριστῷ 'Ιησοῦ τῷ κυρίῳ ἡμῶν

Rm 7 25ek χάρις (εὐχαριστῶ Sς) δὲ (+ Ν²⁶V[H]) τῷ θεῷ διὰ Ἰησοῦ Χριστοῦ τοῦ κυρίου ἡμῶν

8 1f οὐδὲν ἄρα νῦν κατάκριμα τοῖς ἐν Χριστῷ Ἰησοῦ (+μὴ κατὰ σάρκα περιπατοῦσιν ς ..). ↔

8 2f ὁ γὰρ νόμος τοῦ πνεύματος τῆς ζωῆς ἐν Χριστῷ Ἰησοῦ ἠλευθέρωσέν σε (με VBSς) ἀπὸ τοῦ νόμου τῆς ἁμαρτίας

8 11 εἰ δὲ τὸ πνεῦμα τοῦ ἐγείραντος τὸν ([VS]; —ς) Ἰησοῦν ἐκ νεκρῶν οἰκεῖ ἐν ὑμῖν, ↔

8 11f * ὁ ἐγείρας || (+τὸν ς) Χριστὸν (+Ἰησοῦν Ν[MV]BTH) ἐκ νεκρῶν ((~NMSTH)) ζῳοποιήσει καὶ [H] τὰ θνητὰ σώματα ὑμῶν

8 34f τίς ὁ κατακρινῶν (-κρίνων Tς); Χριστὸς Ἰησοῦς ([Ν²⁶H]; —ς) ὁ ἀποθανών, μᾶλλον δὲ ἐγερθείς

8 39fk δυνήσεται ἡμᾶς χωρίσαι ἀπὸ τῆς ἀγάπης τοῦ θεοῦ τῆς ἐν Χριστῷ Ἰησοῦ τῷ κυρίῳ ἡμῶν

10 9j ἐὰν ὁμολογήσῃς | ἐν τῷ στόματί σου κύριον Ἰησοῦν (τὸ ῥῆμα ἐν τῷ στ. σου ὅτι κύριος Ἰησοῦς H)

13 14ej ἀλλὰ ἐνδύσασθε τὸν κύριον Ἰησοῦν Χριστόν

14 14j οἶδα καὶ πέπεισμαι ἐν κυρίῳ Ἰησοῦ ὅτι οὐδὲν κοινὸν δι' ἑαυτοῦ

15 5f ὁ δὲ θεὸς ... δῴη ὑμῖν τὸ αὐτὸ φρονεῖν ἐν ἀλλήλοις κατὰ Χριστὸν Ἰησοῦν, ↔

15 6ek ἵνα ὁμοθυμαδὸν ἐν ἑνὶ στόματι δοξάζητε τὸν θεὸν καὶ πατέρα τοῦ κυρίου ἡμῶν Ἰησοῦ Χριστοῦ

15 8e * λέγω γὰρ Ἰησοῦν (+ς) Χριστὸν διάκονον γεγενῆσθαι περιτομῆς ὑπὲρ ἀληθείας θεοῦ

15 16f εἰς τὸ εἶναί με λειτουργὸν Χριστοῦ Ἰησοῦ εἰς τὰ ἔθνη

15 17f ἔχω οὖν τὴν ([Ν²⁶H]; —VSς) καύχησιν ἐν Χριστῷ Ἰησοῦ τὰ πρὸς τὸν θεόν

15 30ek παρακαλῶ δὲ ὑμᾶς, ἀδελφοί [Ν²⁶NH], διὰ τοῦ κυρίου ἡμῶν Ἰησοῦ Χριστοῦ καὶ διὰ τῆς ἀγάπης τοῦ πνεύματος

16 3f ἀσπάσασθε Πρίσκαν καὶ Ἀκύλαν τοὺς συνεργούς μου ἐν Χριστῷ Ἰησοῦ

16 18ek* οἱ γὰρ τοιοῦτοι τῷ κυρίῳ ἡμῶν Ἰησοῦ (+ς) Χριστῷ οὐ δουλεύουσιν ἀλλὰ τῇ ἑαυτῶν κοιλίᾳ

16 20ek ἡ χάρις τοῦ κυρίου ἡμῶν Ἰησοῦ (+Χριστοῦ MVBSς) μεθ' ὑμῶν

16 24ek * | ἡ χάρις τοῦ κυρίου ἡμῶν Ἰησοῦ Χριστοῦ μετὰ πάντων ὑμῶν. ἀμήν (+ς). ↔

16 25e | τῷ δὲ δυναμένῳ ὑμᾶς στηρίξαι κατὰ τὸ εὐαγγέλιόν μου καὶ τὸ κήρυγμα Ἰησοῦ Χριστοῦ [Ν²⁶S ..]

16 27e || μόνῳ σοφῷ θεῷ, εἰ τ ς οὗ φιλεῖ τὸν κύριον Χριστοῦ, ᾧ [H] ἡ δόξα εἰς τοὺς αἰῶνας [[..Ν²⁶S ..]]

1 C 1 1ef Παῦλος κλητὸς ἀπόστολος | Χριστοῦ Ἰησοῦ (~MVSHς) διὰ θελήματος θεοῦ καὶ Σωσθένης ὁ ἀδελφὸς ↔

1 2f τῇ ἐκκλησίᾳ τοῦ θεοῦ τῇ οὔσῃ ἐν Κορίνθῳ, ἡγιασμένοις ἐν Χριστῷ Ἰησοῦ, κλητοῖς ἁγίοις, ↔

1 2eky σὺν πᾶσιν τοῖς ἐπικαλουμένοις τὸ ὄνομα τοῦ κυρίου ἡμῶν Ἰησοῦ Χριστοῦ ἐν παντὶ τόπῳ

1 C 1 3ej χάρις ὑμῖν καὶ εἰρήνη ἀπὸ θεοῦ πατρὸς ἡμῶν καὶ κυρίου Ἰησοῦ Χριστοῦ. ↔

1 4f εὐχαριστῶ τῷ θεῷ μου (—NH) ... ἐπὶ τῇ χάριτι τοῦ θεοῦ τῇ δοθείσῃ ὑμῖν ἐν Χριστῷ Ἰησοῦ

1 7ek ἀπεκδεχομένους τὴν ἀποκάλυψιν τοῦ κυρίου ἡμῶν Ἰησοῦ Χριστοῦ·

1 8ek ὃς καὶ βεβαιώσει ὑμᾶς ἕως τέλους ἀνεγκλήτους ἐν τῇ ἡμέρᾳ τοῦ κυρίου ἡμῶν Ἰησοῦ Χριστοῦ [Ν²⁶NH]. ↔

1 9ekm πιστὸς ὁ θεός, δι' οὗ ἐκλήθητε εἰς κοινωνίαν τοῦ υἱοῦ αὐτοῦ Ἰησοῦ Χριστοῦ τοῦ κυρίου ἡμῶν. ↔

1 10eky παρακαλῶ δὲ ὑμᾶς, ἀδελφοί, διὰ τοῦ ὀνόματος τοῦ κυρίου ἡμῶν Ἰησοῦ Χριστοῦ

1 30f ἐξ αὐτοῦ δὲ ὑμεῖς ἐστε ἐν Χριστῷ Ἰησοῦ

2 2e οὐ γὰρ ἔκρινά | τι εἰδέναι (~Tς) ἐν ὑμῖν εἰ μὴ Ἰησοῦν Χριστὸν καὶ τοῦτον ἐσταυρωμένον

3 11eg θεμέλιον γὰρ ἄλλον οὐδεὶς δύναται θεῖναι παρὰ τὸν κείμενον, ὅς ἐστιν Ἰησοῦς (+ὁ ς) Χριστός

4 15f ἐν γὰρ Χριστῷ Ἰησοῦ διὰ τοῦ εὐαγγελίου ἐγὼ ὑμᾶς ἐγέννησα

4 17f ὃς ὑμᾶς ἀναμνήσει τὰς ὁδούς μου τὰς ἐν Χριστῷ Ἰησοῦ ([Ν²⁶NH]; —MVς)

5 4ejky ⟨ἤδη κέκρικα⟩ ἐν τῷ ὀνόματι τοῦ κυρίου ἡμῶν (+[Ν²⁶VSH]M Bς) Ἰησοῦ (+Χριστοῦ BSς) ↔

5 4ek συναχθέντων ὑμῶν καὶ τοῦ ἐμοῦ πνεύματος σὺν τῇ δυνάμει τοῦ κυρίου ἡμῶν Ἰησοῦ (+Χριστοῦ ς)

5 5j * ἵνα τὸ πνεῦμα σωθῇ ἐν τῇ ἡμέρᾳ τοῦ κυρίου Ἰησοῦ (+[M]VBSTς)

6 11ejky ἐδικαιώθητε ἐν τῷ ὀνόματι τοῦ κυρίου (+ἡμῶν [MVH]B) Ἰησοῦ Χριστοῦ (—ς)

8 6ej εἷς κύριος Ἰησοῦς Χριστός, δι' οὗ τὰ πάντα καὶ ἡμεῖς δι' αὐτοῦ

9 1ek οὐχὶ Ἰησοῦν (+Χριστὸν ς) τὸν κύριον ἡμῶν ἑόρακα;

11 23j ὁ κύριος Ἰησοῦς ἐν τῇ νυκτὶ ᾗ παρεδίδετο ἔλαβεν ἄρτον

12 3 οὐδεὶς ἐν πνεύματι θεοῦ λαλῶν λέγει· ἀνάθεμα Ἰησοῦς (-σοῦν ς),

12 3j καὶ οὐδεὶς δύναται εἰπεῖν· | κύριος Ἰησοῦς (-ον Ἰησοῦν ς), εἰ μὴ ἐν πνεύματι ἁγίῳ

15 31fk τὴν ὑμετέραν καύχησιν, ἀδελφοί, ([Ν²⁶]; —ς) ἣν ἔχω ἐν Χριστῷ Ἰησοῦ τῷ κυρίῳ ἡμῶν

15 57ek τῷ δὲ θεῷ χάρις τῷ διδόντι ἡμῖν τὸ νῖκος διὰ τοῦ κυρίου ἡμῶν Ἰησοῦ Χριστοῦ

16 22ej* εἴ τις οὐ φιλεῖ τὸν κύριον | Ἰησοῦν Χριστόν (+ς), ἤτω ἀνάθεμα

16 23ej ἡ χάρις τοῦ κυρίου Ἰησοῦ (+Χριστοῦ ς) μεθ' ὑμῶν. ↔

16 24f ἡ ἀγάπη μου μετὰ πάντων ὑμῶν ἐν Χριστῷ Ἰησοῦ (+ἀμήν [S]ς)

2 C 1 1f Παῦλος ἀπόστολος Χριστοῦ Ἰησοῦ διὰ θελήματος θεοῦ

1 2ej χάρις ὑμῖν ... ἀπὸ θεοῦ πατρὸς ἡμῶν καὶ κυρίου Ἰησοῦ Χριστοῦ. ↔

1 3ek εὐλογητὸς ὁ θεὸς καὶ πατὴρ τοῦ κυρίου ἡμῶν Ἰησοῦ Χριστοῦ

2 C 1 14jk καύχημα ὑμῶν ἐσμεν καθάπερ καὶ ὑμεῖς ἡμῶν ἐν τῇ ἡμέρᾳ τοῦ κυρίου ἡμῶν ([Ν²⁶]; —ς) Ἰησοῦ

1 19efm ὁ τοῦ θεοῦ γὰρ υἱὸς | Ἰησοῦς Χριστὸς (~NTH) ... οὐκ ἐγένετο ναὶ καὶ οὔ

4 5efj οὐ γὰρ ἑαυτοὺς κηρύσσομεν ἀλλὰ | Ἰησοῦν Χριστὸν (Ν²⁶B; ~rl) κύριον, ↔

4 5 ἑαυτοὺς δὲ δούλους ὑμῶν διὰ Ἰησοῦν

4 6ef ὃς ἔλαμψεν ἐν ταῖς καρδίαις ἡμῶν πρὸς φωτισμὸν τῆς γνώσεως τῆς δόξης τοῦ θεοῦ ἐν προσώπῳ || Ἰησοῦ (+[Ν²⁶M]VBSς) Χριστοῦ ((~B))

4 10j πάντοτε τὴν νέκρωσιν τοῦ (+κυρίου ς) Ἰησοῦ ἐν τῷ σώματι περιφέροντες, ↔

4 10 ἵνα καὶ ἡ ζωὴ τοῦ Ἰησοῦ ἐν | τῷ σώματι (τοῖς σώμασιν T) ἡμῶν φανερωθῇ. ↔

4 11 ἀεὶ γὰρ ἡμεῖς οἱ ζῶντες εἰς θάνατον παραδιδόμεθα διὰ Ἰησοῦν, ↔

4 11 ἵνα καὶ ἡ ζωὴ τοῦ Ἰησοῦ φανερωθῇ ἐν τῇ θνητῇ σαρκὶ ἡμῶν

4 14j εἰδότες ὅτι ὁ ἐγείρας τὸν κύριον [MH] Ἰησοῦν ↔

4 14 καὶ ἡμᾶς σὺν (διὰ ς) Ἰησοῦ ἐγερεῖ

5 18e * τὰ δὲ πάντα ἐκ τοῦ θεοῦ τοῦ καταλλάξαντος ἡμᾶς ἑαυτῷ διὰ Ἰησοῦ (+ς) Χριστοῦ

8 9ek γινώσκετε γὰρ τὴν χάριν τοῦ κυρίου ἡμῶν Ἰησοῦ Χριστοῦ [NH]

11 4 εἰ μὲν γὰρ ὁ ἐρχόμενος ἄλλον Ἰησοῦν κηρύσσει ὃν οὐκ ἐκηρύξαμεν

11 31ejk ὁ θεὸς καὶ πατὴρ τοῦ κυρίου (+ἡμῶν ς) Ἰησοῦ (+Χριστοῦ ς) οἶδεν ... ὅτι οὐ ψεύδομαι

13 5ef ἢ οὐκ ἐπιγινώσκετε ἑαυτοὺς ὅτι | Ἰησοῦς Χριστὸς (~BST) ἐν ὑμῖν (+ἐστιν MVSς)

13 13ej ἡ χάρις τοῦ κυρίου Ἰησοῦ Χριστοῦ [H] ... μετὰ πάντων ὑμῶν

G 1 1e Παῦλος ἀπόστολος, οὐκ ἀπ' ἀνθρώπων ... ἀλλὰ διὰ Ἰησοῦ Χριστοῦ καὶ θεοῦ πατρὸς ⟨ταῖς ἐκκλησίαις τῆς Γαλατίας⟩

1 3ejk χάρις ὑμῖν καὶ εἰρήνη ἀπὸ θεοῦ πατρὸς | ἡμῶν καὶ κυρίου (~BTς) Ἰησοῦ Χριστοῦ

1 12e οὐδὲ γὰρ ἐγὼ παρὰ ἀνθρώπου παρέλαβον αὐτὸ ... ἀλλὰ δι' ἀποκαλύψεως Ἰησοῦ Χριστοῦ

2 4f κατασκοπῆσαι τὴν ἐλευθερίαν ἡμῶν ἣν ἔχομεν ἐν Χριστῷ Ἰησοῦ

2 16ef οὐ δικαιοῦται ἄνθρωπος ἐξ ἔργων νόμου ἐὰν μὴ διὰ πίστεως | Ἰησοῦ Χριστοῦ (~NTH), ↔

2 16f καὶ ἡμεῖς εἰς Χριστὸν Ἰησοῦν ἐπιστεύσαμεν

3 1e οἷς κατ' ὀφθαλμοὺς Ἰησοῦς Χριστὸς προεγράφη (+ἐν ὑμῖν [S]ς) ἐσταυρωμένος

3 14ef ἵνα εἰς τὰ ἔθνη ἡ εὐλογία τοῦ Ἀβραὰμ γένηται ἐν | Χριστῷ Ἰησοῦ (~NH)

3 22e ἵνα ἡ ἐπαγγελία ἐκ πίστεως Ἰησοῦ Χριστοῦ δοθῇ τοῖς πιστεύουσιν

3 26f πάντες γὰρ υἱοὶ θεοῦ ἐστε διὰ τῆς πίστεως ἐν Χριστῷ Ἰησοῦ

3 28f πάντες (ἅπ. T) γὰρ ὑμεῖς εἷς ἐστε ἐν Χριστῷ Ἰησοῦ

G

4 14[f] ὡς ἄγγελον θεοῦ ἐδέξασθέ με, ὡς Χριστὸν Ἰησοῦν

5 6[f] ἐν γὰρ Χριστῷ Ἰησοῦ [H] οὔτε περιτομή τι ἰσχύει οὔτε ἀκροβυστία

5 24[f] οἱ δὲ τοῦ Χριστοῦ Ἰησοῦ ([N²⁶]; —ς) τὴν σάρκα ἐσταύρωσαν σὺν τοῖς παθήμασιν

6 12[f] * μόνον ἵνα τῷ σταυρῷ τοῦ Χριστοῦ Ἰησοῦ [+NH] μὴ διώκωνται (-κονται T)

6 14[ek] ἐμοὶ δὲ μὴ γένοιτο καυχᾶσθαι εἰ μὴ ἐν τῷ σταυρῷ τοῦ κυρίου ἡμῶν Ἰησοῦ Χριστοῦ

6 15[f] * | ἐν γὰρ Χριστῷ Ἰησοῦ οὔτε περιτομή τι ἰσχύει (ς; οὔτε γὰρ π. τί ἐστιν rl) οὔτε ἀκροβυστία

6 17[j] ἐγὼ γὰρ τὰ στίγματα τοῦ (+ κυρίου [V]BSς) Ἰησοῦ ἐν τῷ σώματί μου βαστάζω. ↔

6 18[ejk] ἡ χάρις τοῦ κυρίου ἡμῶν [H] Ἰησοῦ Χριστοῦ μετὰ τοῦ πνεύματος ὑμῶν

E

1 1[ef] Παῦλος ἀπόστολος | Χριστοῦ Ἰησοῦ (~MVSς) ... τοῖς ἁγίοις τοῖς οὖσιν | ἐν Ἐφέσῳ [N²⁶NM VSTH] ↔

1 1[f] καὶ πιστοῖς ἐν Χριστῷ Ἰησοῦ· ↔

1 2[ej] χάρις ὑμῖν ... ἀπὸ θεοῦ πατρὸς ἡμῶν καὶ κυρίου Ἰησοῦ Χριστοῦ.

1 3[ek] εὐλογητὸς ὁ θεὸς καὶ πατὴρ τοῦ κυρίου ἡμῶν Ἰησοῦ Χριστοῦ

1 5[e] προορίσας ἡμᾶς εἰς υἱοθεσίαν διὰ Ἰησοῦ Χριστοῦ εἰς αὐτόν

1 15[j] ἀκούσας τὴν καθ' ὑμᾶς πίστιν ἐν τῷ κυρίῳ Ἰησοῦ

1 17[ek] ἵνα ὁ θεὸς τοῦ κυρίου ἡμῶν Ἰησοῦ Χριστοῦ ... δώῃ (N²⁶; δόῃ rl) ὑμῖν πνεῦμα σοφίας

2 6[f] συνήγειρεν καὶ συνεκάθισεν ἐν τοῖς ἐπουρανίοις ἐν Χριστῷ Ἰησοῦ, ↔

2 7[f] ἵνα ἐνδείξηται ... τὸ ὑπερβάλλον πλοῦτος τῆς χάριτος αὐτοῦ ἐν χρηστότητι ἐφ' ἡμᾶς ἐν Χριστῷ Ἰησοῦ

2 10[f] αὐτοῦ γάρ ἐσμεν ποίημα, κτισθέντες ἐν Χριστῷ Ἰησοῦ ἐπὶ ἔργοις ἀγαθοῖς

2 13[j] νυνὶ δὲ ἐν Χριστῷ Ἰησοῦ ὑμεῖς οἵ ποτε ὄντες μακρὰν ἐγενήθητε ἐγγύς

2 20[ef] ἐποικοδομηθέντες ἐπὶ τῷ θεμελίῳ τῶν ἀποστόλων ... ὄντος ἀκρογωνιαίου αὐτοῦ | Χριστοῦ Ἰησοῦ (~ς)

3 1[f] τούτου χάριν ἐγὼ Παῦλος ὁ δέσμιος τοῦ Χριστοῦ Ἰησοῦ ([N²⁶]; —T) ὑπὲρ ὑμῶν τῶν ἐθνῶν

3 6[f] εἶναι τὰ ἔθνη ... συμμέτοχα τῆς ἐπαγγελίας (+αὐτοῦ [S]ς) ἐν (+τῷ ς) Χριστῷ Ἰησοῦ (—ς) διὰ τοῦ εὐαγγελίου

3 9[f] * ἐν τῷ θεῷ τῷ τὰ πάντα κτίσαντι | διὰ Ἰησοῦ Χριστοῦ (+ς)

3 11[fk] πρόθεσιν τῶν αἰώνων ἣν ἐποίησεν ἐν τῷ (—ς) Χριστῷ Ἰησοῦ τῷ κυρίῳ ἡμῶν

3 14[ek] * τούτου χάριν κάμπτω τὰ γόνατά μου πρὸς τὸν πατέρα | τοῦ κυρίου ἡμῶν Ἰησοῦ Χριστοῦ (+ς)

3 21[f] αὐτῷ ἡ δόξα ἐν τῇ ἐκκλησίᾳ καὶ (—ς) ἐν Χριστῷ Ἰησοῦ εἰς πάσας τὰς γενεάς

4 21 εἴ γε ... ἐν αὐτῷ ἐδιδάχθητε καθώς ἐστιν ἀλήθεια ἐν τῷ Ἰησοῦ

E

5 20[eky] εὐχαριστοῦντες πάντοτε ὑπὲρ πάντων ἐν ὀνόματι τοῦ κυρίου ἡμῶν Ἰησοῦ Χριστοῦ τῷ θεῷ καὶ πατρί

6 23[ej] εἰρήνη τοῖς ἀδελφοῖς καὶ ἀγάπη μετὰ πίστεως ἀπὸ θεοῦ πατρὸς καὶ κυρίου Ἰησοῦ Χριστοῦ. ↔

6 24[ek] ἡ χάρις μετὰ πάντων τῶν ἀγαπώντων τὸν κύριον ἡμῶν Ἰησοῦν Χριστὸν ἐν ἀφθαρσίᾳ

Ph

1 1[ef] Παῦλος καὶ Τιμόθεος δοῦλοι | Χριστοῦ Ἰησοῦ (~ς) ↔

1 1[f] πᾶσιν τοῖς ἁγίοις ἐν Χριστῷ Ἰησοῦ τοῖς οὖσιν ἐν Φιλίπποις

1 2[ej] χάρις ὑμῖν καὶ εἰρήνη ἀπὸ θεοῦ πατρὸς ἡμῶν καὶ κυρίου Ἰησοῦ Χριστοῦ

1 6[ef] ὁ ἐναρξάμενος ἐν ὑμῖν ἔργον ἀγαθὸν ἐπιτελέσει ἄχρι ἡμέρας | Χριστοῦ Ἰησοῦ (~BSHς)

1 8[ef] ὡς ἐπιποθῶ πάντας ὑμᾶς ἐν σπλάγχνοις | Χριστοῦ Ἰησοῦ (~ς)

1 11[e] (ἵνα ἦτε εἰλικρινεῖς) πεπληρωμένοι καρπὸν δικαιοσύνης τὸν διὰ Ἰησοῦ Χριστοῦ

1 19[e] τοῦτό μοι ἀποβήσεται εἰς σωτηρίαν διὰ τῆς ... ἐπιχορηγίας τοῦ πνεύματος Ἰησοῦ Χριστοῦ

1 26[f] ἵνα τὸ καύχημα ὑμῶν περισσεύῃ ἐν Χριστῷ Ἰησοῦ ἐν ἐμοί

2 5[f] τοῦτο φρονεῖτε (-νείσθω Sς) ἐν ὑμῖν ὃ καὶ ἐν Χριστῷ Ἰησοῦ

2 10[y] ἵνα ἐν τῷ ὀνόματι Ἰησοῦ πᾶν γόνυ κάμψῃ ἐπουρανίων καὶ ἐπιγείων καὶ καταχθονίων, ↔

2 11[ej] καὶ πᾶσα γλῶσσα ἐξομολογήσηται (-λογήσεται T) ὅτι κύριος Ἰησοῦς Χριστὸς εἰς δόξαν θεοῦ πατρός

2 19[f] ἐλπίζω δὲ ἐν κυρίῳ Ἰησοῦ Τιμόθεον ταχέως πέμψαι ὑμῖν

2 21[efz] οἱ πάντες γὰρ τὰ ἑαυτῶν ζητοῦσιν, οὐ τὰ Ἰησοῦ Χριστοῦ (N²⁶BS; τοῦ Χρ. Ἰ. ς; ~rl)

3 3[f] οἱ ... καυχώμενοι ἐν Χριστῷ Ἰησοῦ καὶ οὐκ ἐν σαρκὶ πεποιθότες

3 8[fj] ἡγοῦμαι πάντα ζημίαν εἶναι διὰ τὸ ὑπερέχον τῆς γνώσεως Χριστοῦ Ἰησοῦ τοῦ κυρίου μου

3 12[f] ἐφ' ᾧ καὶ κατελήμφθην ὑπὸ (+ τοῦ ς) Χριστοῦ Ἰησοῦ [N²⁶H]

3 14[f] κατὰ σκοπὸν διώκω εἰς τὸ βραβεῖον τῆς ἄνω κλήσεως τοῦ θεοῦ ἐν Χριστῷ Ἰησοῦ

3 20[ej] ἐξ οὗ καὶ σωτῆρα ἀπεκδεχόμεθα κύριον Ἰησοῦν Χριστόν

4 7[f] ἡ εἰρήνη τοῦ θεοῦ ... φρουρήσει τὰς καρδίας ὑμῶν καὶ τὰ νοήματα ὑμῶν ἐν Χριστῷ Ἰησοῦ

4 19[f] ὁ δὲ θεός μου πληρώσει πᾶσαν χρείαν ὑμῶν κατὰ τὸ πλοῦτος αὐτοῦ ἐν δόξῃ ἐν Χριστῷ Ἰησοῦ

4 21[f] ἀσπάσασθε πάντα ἅγιον ἐν Χριστῷ Ἰησοῦ

4 23[ejk] ἡ χάρις τοῦ κυρίου (+ἡμῶν ς) Ἰησοῦ Χριστοῦ μετὰ τοῦ πνεύματος ὑμῶν

Cl

1 1[ef] Παῦλος ἀπόστολος | Χριστοῦ Ἰησοῦ (~ς) ... καὶ Τιμόθεος ⟨τοῖς ἐν Κολοσσαῖς ἁγίοις⟩

1 2[ej] * χάρις ὑμῖν καὶ εἰρήνη ἀπὸ θεοῦ πατρὸς ἡμῶν | καὶ κυρίου Ἰησοῦ Χριστοῦ (+ς). ↔

1 3[ek] εὐχαριστοῦμεν τῷ θεῷ (+καὶ MVBSTς) πατρὶ τοῦ κυρίου ἡμῶν

Ἰησοῦ Χριστοῦ [NH] πάντοτε περὶ ὑμῶν προσευχόμενοι, ↔

Cl

1 4[f] ἀκούσαντες τὴν πίστιν ὑμῶν ἐν Χριστῷ Ἰησοῦ

1 28[f] * ἵνα παραστήσωμεν πάντα ἄνθρωπον τέλειον ἐν Χριστῷ Ἰησοῦ (+ς)

2 6[fj] ὡς οὖν παρελάβετε τὸν Χριστὸν Ἰησοῦν τὸν κύριον, ἐν αὐτῷ περιπατεῖτε

3 17[jy] πᾶν ὅ τι ἐὰν (ἂν BSTς) ποιῆτε ἐν λόγῳ ἢ ἐν ἔργῳ, πάντα ἐν ὀνόματι κυρίου Ἰησοῦ

4 11[d] (ἀσπάζεται ὑμᾶς) Ἰησοῦ ὁ λεγόμενος Ἰοῦστος

4 12[f] ἀσπάζεται ὑμᾶς Ἐπαφρᾶς ὁ ἐξ ὑμῶν, δοῦλος Χριστοῦ Ἰησοῦ ([N²⁶]; —ς)

1 Th

1 1[ej] Παῦλος ... καὶ Τιμόθεος τῇ ἐκκλησίᾳ Θεσσαλονικέων ἐν θεῷ πατρὶ καὶ κυρίῳ Ἰησοῦ Χριστῷ· ↔

1 1[ej] * χάρις ὑμῖν καὶ εἰρήνη | ἀπὸ θεοῦ πατρὸς ἡμῶν καὶ κυρίου Ἰησοῦ Χριστοῦ (+ς)

1 3[ek] μνημονεύοντες ... τῆς ὑπομονῆς τῆς ἐλπίδος τοῦ κυρίου ἡμῶν Ἰησοῦ Χριστοῦ ἔμπροσθεν τοῦ θεοῦ

1 10[m] ἀναμένειν τὸν υἱὸν αὐτοῦ ἐκ τῶν οὐρανῶν ... Ἰησοῦν τὸν ῥυόμενον ἡμᾶς ἐκ τῆς ὀργῆς τῆς ἐρχομένης

2 14[f] ὑμεῖς γὰρ μιμηταὶ ἐγενήθητε, ἀδελφοί, τῶν ἐκκλησιῶν τοῦ θεοῦ τῶν οὐσῶν ἐν τῇ Ἰουδαίᾳ ἐν Χριστῷ Ἰησοῦ

2 15[j] (ὑπὸ τῶν Ἰουδαίων) τῶν καὶ τὸν κύριον ἀποκτεινάντων Ἰησοῦν καὶ τοὺς προφήτας

2 19[ek] τίς γὰρ ἡμῶν ἐλπὶς ... ἔμπροσθεν τοῦ κυρίου ἡμῶν Ἰησοῦ (+Χριστοῦ ς) ἐν τῇ αὐτοῦ παρουσίᾳ;

3 11[ek] αὐτὸς δὲ ὁ θεὸς ... καὶ ὁ κύριος ἡμῶν Ἰησοῦς (+Χριστὸς ς) κατευθύναι τὴν ὁδὸν ἡμῶν πρὸς ὑμᾶς

3 13[ek] εἰς τὸ στηρίξαι ὑμῶν τὰς καρδίας ἀμέμπτους ... ἔμπροσθεν τοῦ θεοῦ ... ἐν τῇ παρουσίᾳ τοῦ κυρίου ἡμῶν Ἰησοῦ (+Χριστοῦ ς)

4 1[j] ἐρωτῶμεν ὑμᾶς καὶ παρακαλοῦμεν ἐν κυρίῳ Ἰησοῦ

4 2[j] οἴδατε γὰρ τίνας παραγγελίας ἐδώκαμεν ὑμῖν διὰ τοῦ κυρίου Ἰησοῦ

4 14 εἰ γὰρ πιστεύομεν ὅτι Ἰησοῦς ἀπέθανεν καὶ ἀνέστη, ↔

4 14 οὕτως καὶ ὁ θεὸς τοὺς κοιμηθέντας διὰ τοῦ Ἰησοῦ ἄξει σὺν αὐτῷ

5 9[ek] ἔθετο ἡμᾶς ὁ θεὸς ... εἰς περιποίησιν σωτηρίας διὰ τοῦ κυρίου ἡμῶν Ἰησοῦ Χριστοῦ [H]

5 18[f] τοῦτο γὰρ θέλημα θεοῦ ἐν Χριστῷ Ἰησοῦ εἰς ὑμᾶς

5 23[ek] ὁλόκληρον ὑμῶν τὸ πνεῦμα ... καὶ τὸ σῶμα ἀμέμπτως ἐν τῇ παρουσίᾳ τοῦ κυρίου ἡμῶν Ἰησοῦ Χριστοῦ τηρηθείη

5 28[ek] ἡ χάρις τοῦ κυρίου ἡμῶν Ἰησοῦ Χριστοῦ μεθ' ὑμῶν

2 Th

1 1[ej] Παῦλος ... καὶ Τιμόθεος τῇ ἐκκλησίᾳ Θεσσαλονικέων ἐν θεῷ πατρὶ ἡμῶν καὶ κυρίῳ Ἰησοῦ Χριστῷ· ↔

1 2[ej] χάρις ὑμῖν καὶ εἰρήνη ἀπὸ θεοῦ πατρὸς ἡμῶν (+[N²⁶]Tς) καὶ κυρίου Ἰησοῦ Χριστοῦ

2 Th 1 7[j] ⟨εἴπερ δίκαιον παρὰ θεῷ ἀνταπο-δοῦναι⟩ ὑμῖν τοῖς θλιβομένοις ἄνε-σιν ... ἐν τῇ ἀποκαλύψει τοῦ κυρίου Ἰησοῦ ἀπ' οὐρανοῦ

1 8[ek] τοῖς μὴ ὑπακούουσιν τῷ εὐαγ-γελίῳ τοῦ κυρίου ἡμῶν Ἰησοῦ (+Χριστοῦ ς)

1 12[eky] ὅπως ἐνδοξασθῇ τὸ ὄνομα τοῦ κυρίου ἡμῶν Ἰησοῦ (+Χριστοῦ ς) ἐν ὑμῖν, καὶ ὑμεῖς ἐν αὐτῷ, ↔

1 12[ej] κατὰ τὴν χάριν τοῦ θεοῦ ἡμῶν καὶ κυρίου Ἰησοῦ Χριστοῦ. ↔

2 1[ejk] ἐρωτῶμεν δὲ ὑμᾶς, ἀδελφοί, ὑπὲρ τῆς παρουσίας τοῦ κυρίου ἡμῶν [ΝΗ] Ἰησοῦ Χριστοῦ καὶ ἡμῶν ἐπισυναγωγῆς ἐπ' αὐτόν

2 8[j] ὃν ὁ κύριος Ἰησοῦς ([Ν²⁶ΝΗ]; —ς) ἀνελεῖ τῷ πνεύματι τοῦ στόματος αὐτοῦ

2 14[ek] εἰς ὃ καὶ ([Ν²⁶]; —ΜΗς) ἐκάλεσεν ὑμᾶς ... εἰς περιποίησιν δόξης τοῦ κυρίου ἡμῶν Ἰησοῦ Χριστοῦ

2 16[ek] αὐτὸς δὲ ὁ κύριος ἡμῶν Ἰησοῦς Χριστός ⟨παρακαλέσαι ὑμῶν τὰς καρδίας⟩

3 6[ejky] παραγγέλλομεν δὲ ὑμῖν, ἀδελ-φοί, ἐν ὀνόματι τοῦ κυρίου ἡμῶν ([Ν²⁶]; —ΝΗ) Ἰησοῦ Χριστοῦ

3 12[ejk] τοῖς δὲ τοιούτοις ... παρακαλοῦ-μεν | ἐν κυρίῳ Ἰησοῦ Χριστῷ (διὰ τοῦ κυρίου ἡμῶν Ἰ. Χριστοῦ ς)

3 18[ek] ἡ χάρις τοῦ κυρίου ἡμῶν Ἰησοῦ Χριστοῦ μετὰ πάντων ὑμῶν

1 Tm 1 1[ef] Παῦλος ἀπόστολος | Χριστοῦ Ἰη-σοῦ (~ς) ↔

1 1[efj] κατ' ἐπιταγὴν θεοῦ ... καὶ (+κυρίου ς) | Χριστοῦ Ἰησοῦ (~ς) τῆς ἐλπίδος ἡμῶν

1 2[fk] χάρις ... ἀπὸ θεοῦ πατρὸς καὶ Χριστοῦ Ἰησοῦ τοῦ κυρίου ἡμῶν

1 12[fk] χάριν ἔχω τῷ ἐνδυναμώσαντί με Χριστῷ Ἰησοῦ τῷ κυρίῳ ἡμῶν

1 14[f] ὑπερεπλεόνασεν δὲ ἡ χάρις τοῦ κυρίου ἡμῶν μετὰ πίστεως καὶ ἀγάπης τῆς ἐν Χριστῷ Ἰησοῦ. ↔

1 15[f] πιστὸς ὁ λόγος ... ὅτι Χριστὸς Ἰησοῦς ἦλθεν εἰς τὸν κόσμον ἁμαρ-τωλοὺς σῶσαι

1 16[ef] ἵνα ἐν ἐμοὶ πρώτῳ ἐνδείξηται | Χριστὸς Ἰησοῦς (~ΝΜΤς) τὴν ἅπασαν μακροθυμίαν

2 5[fu] εἷς γὰρ θεός, εἷς καὶ μεσίτης θεοῦ καὶ ἀνθρώπων, ἄνθρωπος Χριστὸς Ἰησοῦς

3 13[f] οἱ γὰρ καλῶς διακονήσαντες βαθ-μὸν ἑαυτοῖς καλὸν περιποιοῦν-ται ... ἐν πίστει τῇ ἐν Χριστῷ Ἰησοῦ

4 6[ef] ταῦτα ὑποτιθέμενος τοῖς ἀδελφοῖς καλὸς ἔσῃ διάκονος | Χριστοῦ Ἰη-σοῦ (~ς)

5 21[efj] διαμαρτύρομαι ἐνώπιον τοῦ θεοῦ καὶ | Χριστοῦ Ἰησοῦ (κυρίου Ἰ. Χρ. Sς) καὶ τῶν ἐκλεκτῶν ἀγγέλων

6 3[ek] εἴ τις ... μὴ προσέρχεται (προσ-έχεται Τ) ὑγιαίνουσιν λόγοις τοῖς τοῦ κυρίου ἡμῶν Ἰησοῦ Χριστοῦ

6 13[f] παραγγέλλω σοι (+[Ν²⁶]Ης) ἐνώπιον τοῦ (—Τ) θεοῦ ... καὶ Χριστοῦ Ἰησοῦ τοῦ μαρτυρήσαν-τος ... τὴν καλὴν ὁμολογίαν, ↔

6 14[ek] τηρῆσαί σε τὴν ἐντολὴν ἄσπιλον ἀνεπίλημπτον μέχρι τῆς ἐπιφανεί-ας τοῦ κυρίου ἡμῶν Ἰησοῦ Χριστοῦ

2 Tm 1 1[ef] Παῦλος ἀπόστολος | Χριστοῦ Ἰη-σοῦ (~ς) διὰ θελήματος θεοῦ ↔

1 1[f] κατ' ἐπαγγελίαν ζωῆς τῆς ἐν Χριστῷ Ἰησοῦ

1 2[fk] χάρις ... ἀπὸ θεοῦ πατρὸς καὶ Χριστοῦ Ἰησοῦ τοῦ κυρίου ἡμῶν

1 9[f] τοῦ σώσαντος ἡμᾶς ... κατὰ ... χάριν, τὴν δοθεῖσαν ἡμῖν ἐν Χρι-στῷ Ἰησοῦ πρὸ χρόνων αἰωνίων, ↔

1 10[ef] φανερωθεῖσαν δὲ νῦν διὰ τῆς ἐπι-φανείας τοῦ σωτῆρος ἡμῶν | Χρι-στοῦ Ἰησοῦ (~VSς)

1 13[f] ὑποτύπωσιν ἔχε ὑγιαινόντων λόγων ὧν ... ἤκουσας ἐν πίστει καὶ ἀγάπῃ τῇ ἐν Χριστῷ Ἰησοῦ

2 1[f] σὺ οὖν, τέκνον μου, ἐνδυναμοῦ ἐν τῇ χάριτι τῇ ἐν Χριστῷ Ἰησοῦ

2 3[ef] συγκακοπάθησον ὡς καλὸς στρα-τιώτης | Χριστοῦ Ἰησοῦ (~ς)

2 8[e] μνημόνευε Ἰησοῦν Χριστὸν ἐγη-γερμένον ἐκ νεκρῶν

2 10[f] ἵνα καὶ αὐτοὶ σωτηρίας τύχωσιν τῆς ἐν Χριστῷ Ἰησοῦ μετὰ δόξης αἰωνίου

3 12[f] πάντες δὲ οἱ θέλοντες | εὐσεβῶς ζῆν (Ν²⁶ς; ~rl) ἐν Χριστῷ Ἰησοῦ διωχθήσονται

3 15[f] τὰ (+[Ν²⁶Μ]VSς) ἱερὰ γράμματα οἶδας, τὰ δυνάμενά σε σοφίσαι εἰς σωτηρίαν διὰ πίστεως τῆς ἐν Χρι-στῷ Ἰησοῦ

4 1[efj] διαμαρτύρομαι (+οὖν ἐγὼ [S]ς) ἐνώπιον τοῦ θεοῦ καὶ | Χριστοῦ Ἰησοῦ (τοῦ κυρίου Ἰ. Χ. ς)

4 22[ej] *ὁ κύριος Ἰησοῦς (+ΜS; Ἰ. Χριστὸς Vς) μετὰ τοῦ πνεύματός σου

Tt 1 1[e] Παῦλος δοῦλος θεοῦ, ἀπόστολος δὲ Ἰησοῦ Χριστοῦ ⟨Τίτῳ γνησίῳ τέκνῳ⟩

1 4[efjl] χάρις καὶ εἰρήνη ἀπὸ θεοῦ πα-τρὸς καὶ | Χριστοῦ Ἰησοῦ (κυρίου Ἰ. Χ. ς) τοῦ σωτῆρος ἡμῶν

2 13[ef] προσδεχόμενοι τὴν μακαρίαν ἐλπίδα καὶ ἐπιφάνειαν τῆς δόξης τοῦ μεγάλου θεοῦ καὶ σωτῆρος ἡμῶν | Ἰησοῦ Χριστοῦ (~NSTH)

3 6[el] ⟨πνεύματος ἁγίου⟩ οὗ ἐξέχεεν ἐφ' ἡμᾶς πλουσίως διὰ Ἰησοῦ Χρι-στοῦ τοῦ σωτῆρος ἡμῶν

Phm 1[f] Παῦλος δέσμιος Χριστοῦ Ἰησοῦ καὶ Τιμόθεος ὁ ἀδελφὸς Φιλήμονι τῷ ἀγαπητῷ

3[ej] χάρις ὑμῖν καὶ εἰρήνη ἀπὸ θεοῦ πατρὸς ἡμῶν καὶ κυρίου Ἰησοῦ Χριστοῦ

5[j] ἀκούων σου ... τὴν πίστιν ἣν ἔχεις πρὸς (εἰς Η) τὸν κύριον Ἰη-σοῦν καὶ εἰς πάντας τοὺς ἁγίους, ↔

6[f] *ὅπως ἡ κοινωνία τῆς πίστεώς σου ἐνεργὴς γένηται ἐν ἐπιγνώσει παν-τὸς ἀγαθοῦ τοῦ [Η] ἐν ἡμῖν (ὑμ. ΜΒSΤς) εἰς Χριστὸν Ἰησοῦν (+Vς)

9[ef] τοιοῦτος ὢν ὡς Παῦλος πρεσβύ-της, νυνὶ δὲ καὶ δέσμιος | Χριστοῦ Ἰησοῦ (~ς)

23[f] ἀσπάζεταί σε Ἐπαφρᾶς ὁ συναιχ-μάλωτός μου ἐν Χριστῷ Ἰησοῦ

25[ejk] ἡ χάρις τοῦ κυρίου (+ἡμῶν [V]ς) Ἰησοῦ Χριστοῦ μετὰ τοῦ πνεύματος ὑμῶν

Hb 2 9 τὸν δὲ βραχύ τι ... ἠλαττωμένον βλέπομεν Ἰησοῦν διὰ τὸ πάθημα

τοῦ θανάτου δόξῃ ... ἐστεφανω-μένον

Hb 3 1[f] κατανοήσατε τὸν ἀπόστολον καὶ ἀρχιερέα τῆς ὁμολογίας ἡμῶν (+Χριστὸν ς) Ἰησοῦν

4 8[a] εἰ γὰρ αὐτοὺς Ἰησοῦς κατέπαυσεν

4 14[m] ἔχοντες οὖν ἀρχιερέα μέγαν ... Ἰησοῦν τὸν υἱὸν τοῦ θεοῦ

6 20 ⟨εἰσερχομένην εἰς τὸ ἐσώτερον τοῦ καταπετάσματος⟩ ὅπου πρόδρο-μος ὑπὲρ ἡμῶν εἰσῆλθεν Ἰησοῦς

7 22 κατὰ τοσοῦτο καὶ ([Ν²⁶]; —Sς) κρείττονος διαθήκης γέγονεν ἔγ-γυος Ἰησοῦς

10 10[e] ἐν ᾧ θελήματι ἡγιασμένοι ἐσμὲν διὰ τῆς προσφορᾶς τοῦ σώματος (+τοῦ ς) Ἰησοῦ Χριστοῦ ἐφάπαξ

10 19 ἔχοντες ... παρρησίαν εἰς τὴν εἴσ-οδον τῶν ἁγίων ἐν τῷ αἵματι Ἰησοῦ

12 2 ἀφορῶντες εἰς τὸν τῆς πίστεως ἀρχηγὸν καὶ τελειωτὴν Ἰησοῦν

12 24 ⟨προσεληλύθατε Σιὼν ὄρει⟩ καὶ διαθήκης νέας μεσίτῃ Ἰησοῦ, καὶ αἵματι ῥαντισμοῦ

13 8[e] Ἰησοῦς Χριστὸς ἐχθὲς καὶ σήμερον ὁ αὐτὸς καὶ εἰς τοὺς αἰῶνας

13 12 διὸ καὶ Ἰησοῦς, ἵνα ἁγιάσῃ ... τὸν λαόν, ἔξω τῆς πύλης ἔπαθεν

13 20[k] ὁ δὲ θεὸς τῆς εἰρήνης, ὁ ἀναγαγὼν ἐκ νεκρῶν τὸν ποιμένα τῶν προβά-των ... τὸν κύριον ἡμῶν Ἰησοῦν

13 21[e] ποιῶν ἐν ἡμῖν (ὑμ. Sς) τὸ εὐάρε-στον ἐνώπιον αὐτοῦ διὰ Ἰησοῦ Χριστοῦ

Jc 1 1[ej] Ἰάκωβος θεοῦ καὶ κυρίου Ἰησοῦ Χριστοῦ δοῦλος ταῖς δώδεκα φυ-λαῖς ταῖς ἐν τῇ διασπορᾷ χαίρειν

2 1[ek] μὴ ἐν προσωπολημψίαις ἔχετε τὴν πίστιν τοῦ κυρίου ἡμῶν Ἰη-σοῦ Χριστοῦ τῆς δόξης

1 Pt 1 1[e] Πέτρος ἀπόστολος Ἰησοῦ Χρι-στοῦ ἐκλεκτοῖς παρεπιδήμοις δια-σπορᾶς Πόντου

1 2[e] εἰς ὑπακοὴν καὶ ῥαντισμὸν αἵματος Ἰησοῦ Χριστοῦ

1 3[ek] εὐλογητὸς ὁ θεὸς καὶ πατὴρ τοῦ κυρίου ἡμῶν Ἰησοῦ Χριστοῦ, ↔

1 3[e] ὁ ... ἀναγεννήσας ἡμᾶς εἰς ἐλπίδα ζῶσαν δι' ἀναστάσεως Ἰησοῦ Χριστοῦ ἐκ νεκρῶν

1 7[e] ἵνα τὸ δοκίμιον ὑμῶν τῆς πίστεως ... εὑρεθῇ εἰς ... δόξαν καὶ τιμὴν ἐν ἀποκαλύψει Ἰησοῦ Χριστοῦ

1 13[e] τελείως ἐλπίσατε ἐπὶ τὴν φερομέ-νην ὑμῖν χάριν ἐν ἀποκαλύψει Ἰησοῦ Χριστοῦ

2 5[e] ἀνενέγκαι πνευματικὰς θυσίας εὐ-προσδέκτους τῷ (+[Ν²⁶S]ς) θεῷ διὰ Ἰησοῦ Χριστοῦ

3 21[e] δ ... ἀντίτυπον νῦν σῴζει βά-πτισμα ... συνειδήσεως ἀγαθῆς ἐπερώτημα εἰς θεόν, δι' ἀναστά-σεως Ἰησοῦ Χριστοῦ

4 11[e] ἵνα ἐν πᾶσιν δοξάζηται ὁ θεὸς διὰ Ἰησοῦ Χριστοῦ

5 10[f] ὁ καλέσας ὑμᾶς εἰς τὴν αἰώνιον αὐ-τοῦ δόξαν ἐν Χριστῷ Ἰησοῦ (+[Ν²⁶]Vς)

5 14[f] *εἰρήνη ὑμῖν πᾶσιν τοῖς ἐν Χρι-στῷ Ἰησοῦ (+[S]ς)

2 Pt 1 1[e] Συμεὼν Πέτρος δοῦλος καὶ ἀπόστο-λος Ἰησοῦ Χριστοῦ ↔

1 1[el] τοῖς ἰσότιμον ἡμῖν λαχοῦσιν πί-στιν ἐν δικαιοσύνῃ τοῦ θεοῦ ἡμῶν καὶ σωτῆρος Ἰησοῦ Χριστοῦ· ↔

2 Pt 1 2ᵏ χάρις ὑμῖν καὶ εἰρήνη πληθυνθείη ἐν ἐπιγνώσει τοῦ θεοῦ καὶ Ἰησοῦ τοῦ κυρίου ἡμῶν

1 8ᵉᵏ ταῦτα γὰρ ὑμῖν ὑπάρχοντα ... οὐκ ἀργούς ... καθίστησιν εἰς τὴν τοῦ κυρίου ἡμῶν Ἰησοῦ Χριστοῦ ἐπίγνωσιν

1 11ᵉᵏˡ οὕτως γὰρ πλουσίως ἐπιχορηγηθήσεται ὑμῖν ἡ εἴσοδος εἰς τὴν αἰώνιον βασιλείαν τοῦ κυρίου ἡμῶν καὶ σωτῆρος Ἰησοῦ Χριστοῦ

1 14ᵉᵏ καθὼς καὶ ὁ κύριος ἡμῶν Ἰησοῦς Χριστὸς ἐδήλωσέν μοι

1 16ᵉᵏ ἐγνωρίσαμεν ὑμῖν τὴν τοῦ κυρίου ἡμῶν Ἰησοῦ Χριστοῦ δύναμιν καὶ παρουσίαν

2 20ᵉʲᵏˡ εἰ γὰρ ἀποφυγόντες τὰ μιάσματα τοῦ κόσμου ἐν ἐπιγνώσει τοῦ κυρίου ἡμῶν (+[N²⁶]BST) καὶ σωτῆρος Ἰησοῦ Χριστοῦ

3 18ᵉᵏˡ αὐξάνετε δὲ ἐν χάριτι καὶ γνώσει τοῦ κυρίου ἡμῶν καὶ σωτῆρος Ἰησοῦ Χριστοῦ

1 Jo 1 3ᵉᵐ καὶ ἡ κοινωνία δὲ ἡ ἡμετέρα μετὰ τοῦ πατρὸς καὶ μετὰ τοῦ υἱοῦ αὐτοῦ Ἰησοῦ Χριστοῦ

1 7ᵉᵐ τὸ αἷμα Ἰησοῦ (+Χριστοῦ ς) τοῦ υἱοῦ αὐτοῦ καθαρίζει ἡμᾶς ἀπὸ πάσης ἁμαρτίας

2 1ᵉ παράκλητον ἔχομεν πρὸς τὸν πατέρα, Ἰησοῦν Χριστὸν δίκαιον

2 22ᵍ τίς ἐστιν ὁ ψεύστης εἰ μὴ ὁ ἀρνούμενος ὅτι Ἰησοῦς οὐκ ἔστιν ὁ χριστός;

3 23ᵉᵐ ἵνα πιστεύσωμεν (-στεύωμεν BST) τῷ ὀνόματι τοῦ υἱοῦ αὐτοῦ Ἰησοῦ Χριστοῦ

4 2ᵉ πᾶν πνεῦμα ὃ ὁμολογεῖ Ἰησοῦν Χριστὸν ἐν σαρκὶ ἐληλυθότα ἐκ τοῦ θεοῦ ἐστιν, ↔

4 3ᵉ καὶ πᾶν πνεῦμα ὃ μὴ ὁμολογεῖ τὸν Ἰησοῦν (+Χριστὸν ς; +ἐν σαρκὶ ἐληλυθότα [S]ς) ἐκ τοῦ θεοῦ οὐκ ἔστιν

4 15ᵉᵐ ὃς ἐὰν (ἂν STς) ὁμολογήσῃ ὅτι Ἰησοῦς [+Χριστός H] ἐστιν ὁ υἱὸς τοῦ θεοῦ

5 1ᵍ πᾶς ὁ πιστεύων ὅτι Ἰησοῦς ἐστιν ὁ χριστὸς ἐκ τοῦ θεοῦ γεγέννηται

5 5ᵐ εἰ μὴ ὁ πιστεύων ὅτι Ἰησοῦς ἐστιν ὁ υἱὸς τοῦ θεοῦ

5 6ᵉᵍ ὁ ἐλθὼν δι' ὕδατος καὶ αἵματος (+καὶ πνεύματος MVS), Ἰησοῦς (+ὁ ς) Χριστός

5 20ᵉᵐ καὶ ἐσμὲν ἐν τῷ ἀληθινῷ, ἐν τῷ υἱῷ αὐτοῦ Ἰησοῦ Χριστῷ

2 Jo 3ᵉʲᵐ ἔσται μεθ' ἡμῶν χάρις ... παρὰ θεοῦ πατρός, καὶ παρὰ (+κυρίου ς) Ἰησοῦ Χριστοῦ τοῦ υἱοῦ τοῦ πατρός

7ᵉ οἱ μὴ ὁμολογοῦντες Ἰησοῦν Χριστὸν ἐρχόμενον ἐν σαρκί

Jd 1ᵉ Ἰούδας Ἰησοῦ Χριστοῦ δοῦλος ... τοῖς ἐν θεῷ πατρὶ ἠγαπημένοις ↔

1ᵉ καὶ Ἰησοῦ Χριστῷ τετηρημένοις κλητοῖς

4ᵉᵏʳ ἄνθρωποι ... τὸν μόνον δεσπότην (+θεὸν ς) καὶ κύριον ἡμῶν Ἰησοῦν Χριστὸν ἀρνούμενοι

5 * εἰδότας ὑμᾶς (+[N²⁶]ς) || πάντα (τοῦτο ς), ὅτι ὁ (+[N²⁶M]VSς) Ἰησοῦς (B; κύριος rl) ἅπαξ ((N²⁶; ~rl)) λαὸν ἐκ γῆς (τῆς M) Αἰγύπτου σώσας

Jd 17ᵉᵏ μνήσθητε τῶν ῥημάτων τῶν προειρημένων ὑπὸ τῶν ἀποστόλων τοῦ κυρίου ἡμῶν Ἰησοῦ Χριστοῦ

21ᵉᵏ προσδεχόμενοι τὸ ἔλεος τοῦ κυρίου ἡμῶν Ἰησοῦ Χριστοῦ εἰς ζωὴν αἰώνιον

25ᵉʲᵏ μόνῳ θεῷ σωτῆρι ἡμῶν | διὰ Ἰησοῦ Χριστοῦ τοῦ κυρίου ἡμῶν (—ς) δόξα

Ap 1 1ᵉ ἀποκάλυψις Ἰησοῦ Χριστοῦ, ἣν ἔδωκεν αὐτῷ ὁ θεός

1 2ᵉ ὃς ἐμαρτύρησεν τὸν λόγον τοῦ θεοῦ καὶ τὴν μαρτυρίαν Ἰησοῦ Χριστοῦ

1 5ᵉ ⟨χάρις ὑμῖν καὶ εἰρήνη ἀπὸ ὁ ὢν⟩ καὶ ἀπὸ Ἰησοῦ Χριστοῦ, ὁ μάρτυς ὁ πιστός

1 9ᵉ ἐγὼ Ἰωάννης, ὁ ἀδελφὸς ὑμῶν καὶ συγκοινωνὸς ἐν τῇ ... ὑπομονῇ | ἐν Ἰησοῦ (Ἰησοῦ Χριστοῦ ς), ↔

1 9ᵉ ἐγενόμην ἐν τῇ νήσῳ ... Πάτμῳ διὰ τὸν λόγον τοῦ θεοῦ καὶ (+διὰ STς) τὴν μαρτυρίαν Ἰησοῦ (+Χριστοῦ ς)

12 17ᵉ ἀπῆλθεν ποιῆσαι πόλεμον μετὰ τῶν ... ἐχόντων τὴν μαρτυρίαν (+τοῦ ς) Ἰησοῦ (+Χριστοῦ ς)

14 12 ὧδε ἡ ὑπομονὴ τῶν ἁγίων ἐστίν, οἱ τηροῦντες τὰς ἐντολὰς τοῦ θεοῦ καὶ τὴν πίστιν Ἰησοῦ

17 6 εἶδον τὴν γυναῖκα μεθύουσαν ... ἐκ τοῦ αἵματος τῶν μαρτύρων Ἰησοῦ

19 10 σύνδουλός σού εἰμι καὶ τῶν ἀδελφῶν σου τῶν ἐχόντων τὴν μαρτυρίαν (+τοῦ ς) Ἰησοῦ

19 10 ἡ γὰρ μαρτυρία (+τοῦ ς) Ἰησοῦ ἐστιν τὸ πνεῦμα τῆς προφητείας

20 4 εἶδον ... τὰς ψυχὰς τῶν πεπελεκισμένων διὰ τὴν μαρτυρίαν Ἰησοῦ καὶ διὰ τὸν λόγον τοῦ θεοῦ

22 16 ἐγὼ Ἰησοῦς ἔπεμψα τὸν ἄγγελόν μου μαρτυρῆσαι ὑμῖν ταῦτα ἐπὶ (ἐν B) ταῖς ἐκκλησίαις

22 20ʲ ναί, ἔρχομαι ταχύ. ἀμήν, ἔρχου κύριε Ἰησοῦ. ↔

22 21ᵉʲᵏ ἡ χάρις τοῦ κυρίου (+ἡμῶν ς) Ἰησοῦ (+Χριστοῦ S[H]ς) μετὰ πάντων (π. τῶν ἁγίων MVS; τῶν ἁγίων H; π. ὑμῶν ς)

ἱκανός
ᵃ seq. inf.
ᵇ seq. ἵνα
ᶜ de tempore
ᵈ (τὸ) ἱκανόν

Mt 3 11ᵃ οὗ οὐκ εἰμὶ ἱκανὸς τὰ ὑποδήματα βαστάσαι

8 8ᵇ οὐκ εἰμὶ ἱκανὸς ἵνα μου ὑπὸ τὴν στέγην εἰσέλθῃς

28 12 συμβούλιόν τε λαβόντες ἀργύρια ἱκανὰ ἔδωκαν τοῖς στρατιώταις

Mc 1 7ᵃ οὗ οὐκ εἰμὶ ἱκανὸς κύψας λῦσαι τὸν ἱμάντα τῶν ὑποδημάτων αὐτοῦ

10 46 ἐκπορευομένου αὐτοῦ ἀπὸ Ἰεριχὼ καὶ τῶν μαθητῶν αὐτοῦ καὶ ὄχλου ἱκανοῦ ὁ υἱὸς Τιμαίου ... ἐκάθητο παρὰ τὴν ὁδόν

15 15ᵈ ὁ δὲ Πιλᾶτος βουλόμενος | τῷ ὄχλῳ τὸ ἱκανὸν ποιῆσαι (~T) ἀπέλυσεν αὐτοῖς τὸν Βαραββᾶν

Lc 3 16ᵃ οὗ οὐκ εἰμὶ ἱκανὸς λῦσαι τὸν ἱμάντα τῶν ὑποδημάτων αὐτοῦ

7 6ᵇ οὐ γὰρ | ἱκανός εἰμι (~VSς) ἵνα ὑπὸ τὴν στέγην μου εἰσέλθῃς

Lc 7 11 * συνεπορεύοντο αὐτῷ οἱ μαθηταὶ αὐτοῦ ἱκανοὶ (+VSTς) καὶ ὄχλος πολύς

7 12 ὄχλος τῆς πόλεως ἱκανὸς ἦν σὺν αὐτῇ

8 27ᶜ ὑπήντησεν ἀνήρ τις ... | ἔχων δαιμόνια, καὶ χρόνῳ ἱκανῷ οὐκ ἐνεδύσατο ἱμάτιον (ὃς εἶχε δ. ἐκ χ-ων ἱ-ῶν, καὶ ἱμ. οὐκ ἐνεδιδύσκετο ς)

8 32 ἦν δὲ ἐκεῖ ἀγέλη χοίρων ἱκανῶν βοσκομένη (-νων BSTς) ἐν τῷ ὄρει

20 9ᶜ ἄνθρωπός τις (+[N²⁶]ς) ἐφύτευσεν ἀμπελῶνα ... καὶ ἀπεδήμησεν χρόνους ἱκανούς

22 38ᵈ κύριε, ἰδοὺ μάχαιραι ὧδε δύο. ὁ δὲ εἶπεν αὐτοῖς· ἱκανόν ἐστιν

23 8ᶜᵈ ἦν γὰρ ἐξ | ἱκανῶν χρόνων (ἱκανοῦ Sς) θέλων ἰδεῖν αὐτόν

23 9 ἐπηρώτα δὲ αὐτὸν ἐν λόγοις ἱκανοῖς

Ac 5 37 * ἀνέστη Ἰούδας ὁ Γαλιλαῖος ... καὶ ἀπέστησεν λαὸν ἱκανὸν (+Vς) ὀπίσω αὐτοῦ

8 11ᶜ προσεῖχον δὲ αὐτῷ διὰ τὸ ἱκανῷ χρόνῳ ταῖς μαγείαις ἐξεστακέναι αὐτούς

9 23ᶜ ὡς δὲ ἐπληροῦντο ἡμέραι ἱκαναί

9 43ᶜ ἐγένετο δὲ (+αὐτὸν M[S]) ἡμέρας ἱκανὰς μεῖναι (+αὐτὸν Vς) ἐν Ἰόππῃ παρά τινι Σίμωνι βυρσεῖ

11 24 προσετέθη ὄχλος ἱκανὸς τῷ κυρίῳ

11 26 ἐγένετο δὲ αὐτοῖς καὶ ἐνιαυτὸν ὅλον συναχθῆναι ἐν τῇ ἐκκλησίᾳ καὶ διδάξαι ὄχλον ἱκανόν

12 12 οὗ ἦσαν ἱκανοὶ συνηθροισμένοι καὶ προσευχόμενοι

14 3ᶜ ἱκανὸν μὲν οὖν χρόνον διέτριψαν παρρησιαζόμενοι ἐπὶ τῷ κυρίῳ

14 21 εὐαγγελισάμενοι (-ζόμενοι NT) τε τὴν πόλιν ἐκείνην καὶ μαθητεύσαντες ἱκανοὺς ὑπέστρεψαν εἰς τὴν Λύστραν

17 9ᵈ λαβόντες τὸ ἱκανὸν παρὰ τοῦ Ἰάσονος ... ἀπέλυσαν αὐτούς

18 18ᶜ ὁ δὲ Παῦλος ἔτι προσμείνας ἡμέρας ἱκανάς

19 19 ἱκανοὶ δὲ τῶν τὰ περίεργα πραξάντων συνενέγκαντες τὰς βίβλους κατέκαιον ἐνώπιον πάντων

19 26 οὐ μόνον Ἐφέσου ἀλλὰ σχεδὸν πάσης τῆς Ἀσίας ὁ Παῦλος οὗτος πείσας μετέστησεν ἱκανὸν ὄχλον

20 8 ἦσαν δὲ λαμπάδες ἱκαναὶ ἐν τῷ ὑπερῴῳ οὗ ἦμεν συνηγμένοι

20 11ᶜᵈ κλάσας τὸν ἄρτον καὶ γευσάμενος, ἐφ' ἱκανόν τε ὁμιλήσας ἄχρι αὐγῆς, οὕτως ἐξῆλθεν

20 37 ἱκανὸς δὲ κλαυθμὸς ἐγένετο πάντων

22 6 ἐγένετο δέ μοι πορευομένῳ ... ἐξαίφνης ἐκ τοῦ οὐρανοῦ περιαστράψαι φῶς ἱκανὸν περὶ ἐμέ

27 7ᶜ ἐν ἱκαναῖς δὲ ἡμέραις βραδυπλοοῦντες ... ὑπεπλεύσαμεν τὴν Κρήτην

27 9ᶜ ἱκανοῦ δὲ χρόνου διαγενομένου καὶ ὄντος ἤδη ἐπισφαλοῦς τοῦ πλοός ... παρῄνει ὁ Παῦλος

Rm 15 23ᶜ * ἐπιποθίαν δὲ ἔχων τοῦ ἐλθεῖν πρὸς ὑμᾶς ἀπὸ ἱκανῶν (NMVSH; πολλῶν rl) ἐτῶν

1 C 11 30 διὰ τοῦτο ἐν ὑμῖν πολλοὶ ἀσθενεῖς καὶ ἄρρωστοι καὶ κοιμῶνται ἱκανοί

15 9ᵃ ὃς οὐκ εἰμὶ ἱκανὸς καλεῖσθαι ἀπόστολος

2 C 2 6ᵈ ἱκανὸν τῷ τοιούτῳ ἡ ἐπιτιμία αὕτη ἡ ὑπὸ τῶν πλειόνων
2 16 καὶ πρὸς ταῦτα τίς ἱκανός;
3 5ᵃ οὐχ ὅτι ἀφ' ἑαυτῶν ἱκανοί ἐσμεν λογίσασθαί τι ὡς ἐξ ἑαυτῶν
2 Tm 2 2ᵃ οἵτινες ἱκανοὶ ἔσονται καὶ ἑτέρους διδάξαι

ἱκανότης
2 C 3 5 οὐχ ὅτι ἀφ' ἑαυτῶν ἱκανοί ἐσμεν λογίσασθαί τι ὡς ἐξ ἑαυτῶν, ἀλλ' ἡ ἱκανότης ἡμῶν ἐκ τοῦ θεοῦ

ἱκανόω
2 C 3 6 ὃς καὶ ἱκάνωσεν ἡμᾶς διακόνους καινῆς διαθήκης
Cl 1 12 εὐχαριστοῦντες τῷ πατρὶ τῷ ἱκανώσαντι ὑμᾶς (ἡ. MSϛ) εἰς τὴν μερίδα τοῦ κλήρου τῶν ἁγίων ἐν τῷ φωτί

ἱκετηρία
Hb 5 7 ὃς ἐν ταῖς ἡμέραις τῆς σαρκὸς αὐτοῦ δεήσεις τε καὶ ἱκετηρίας πρὸς τὸν δυνάμενον σῴζειν αὐτὸν ἐκ θανάτου ... προσενέγκας

ἱκμάς
Lc 8 6 φυὲν ἐξηράνθη διὰ τὸ μὴ ἔχειν ἱκμάδα

Ἰκόνιον
Ac 13 51 οἱ δὲ ἐκτιναξάμενοι τὸν κονιορτὸν τῶν ποδῶν ἐπ' αὐτοὺς ἦλθον εἰς Ἰκόνιον
14 1 ἐγένετο δὲ ἐν Ἰκονίῳ κατὰ τὸ αὐτὸ εἰσελθεῖν αὐτοὺς εἰς τὴν συναγωγὴν τῶν Ἰουδαίων
14 19 ἐπῆλθαν δὲ ἀπὸ Ἀντιοχείας καὶ Ἰκονίου Ἰουδαῖοι
14 21 εὐαγγελισάμενοι (-ζόμενοι NT) τε τὴν πόλιν ἐκείνην ... ὑπέστρεψαν εἰς τὴν Λύστραν καὶ εἰς (—ϛ) Ἰκόνιον καὶ εἰς ([NH]; —ϛ) Ἀντιόχειαν
16 2 ὃς ἐμαρτυρεῖτο ὑπὸ τῶν ἐν Λύστροις καὶ Ἰκονίῳ ἀδελφῶν
2 Tm 3 11 ⟨σὺ δὲ παρηκολούθησάς μου⟩ τοῖς παθήμασιν, οἷά μοι ἐγένετο ἐν Ἀντιοχείᾳ, ἐν Ἰκονίῳ, ἐν Λύστροις

ἱλαρός
2 C 9 7 ἱλαρὸν γὰρ δότην ἀγαπᾷ ὁ θεός

ἱλαρότης
Rm 12 8 ⟨ἔχοντες δὲ χαρίσματα ... διάφορα⟩ ὁ προϊστάμενος ἐν σπουδῇ, ὁ ἐλεῶν ἐν ἱλαρότητι

ἱλάσκομαι
Lc 18 13 ὁ θεός, ἱλάσθητί μοι τῷ ἁμαρτωλῷ
Hb 2 17 εἰς τὸ ἱλάσκεσθαι τὰς ἁμαρτίας τοῦ λαοῦ

ἱλασμός
1 Jo 2 2 αὐτὸς ἱλασμός ἐστιν περὶ τῶν ἁμαρτιῶν ἡμῶν
4 10 ὅτι αὐτὸς ... ἀπέστειλεν τὸν υἱὸν αὐτοῦ ἱλασμὸν περὶ τῶν ἁμαρτιῶν ἡμῶν

ἱλαστήριον
Rm 3 25 ὃν προέθετο ὁ θεὸς ἱλαστήριον διὰ τῆς ([N²⁶]; —NMTH) πίστεως ἐν τῷ αὐτοῦ αἵματι
Hb 9 5 ὑπεράνω δὲ αὐτῆς Χερουβὶν δόξης κατασκιάζοντα τὸ ἱλαστήριον

ἵλεως
Mt 16 22 ἤρξατο ἐπιτιμᾶν αὐτῷ λέγων· ἵλεώς σοι, κύριε
Hb 8 12 ὅτι ἵλεως ἔσομαι ταῖς ἀδικίαις αὐτῶν

Ἰλλυρικόν
Rm 15 19 ὥστε με ἀπὸ Ἰερουσαλὴμ καὶ κύκλῳ μέχρι τοῦ Ἰλλυρικοῦ πε-
πληρωκέναι τὸ εὐαγγέλιον τοῦ Χριστοῦ

ἱμάς
Mc 1 7 οὗ οὐκ εἰμὶ ἱκανὸς κύψας λῦσαι τὸν ἱμάντα τῶν ὑποδημάτων αὐτοῦ
Lc 3 16 οὗ οὐκ εἰμὶ ἱκανὸς λῦσαι τὸν ἱμάντα τῶν ὑποδημάτων αὐτοῦ
Jo 1 27 οὗ οὐκ εἰμὶ ἐγὼ [N²⁶H] ἄξιος ἵνα λύσω αὐτοῦ τὸν ἱμάντα τοῦ ὑποδήματος
Ac 22 25 ὡς δὲ προέτειναν αὐτὸν τοῖς ἱμᾶσιν

ἱματίζω
Mc 5 15 θεωροῦσιν τὸν δαιμονιζόμενον καθήμενον (+καὶ ϛ) ἱματισμένον καὶ σωφρονοῦντα
Lc 8 35 εὗρον καθήμενον τὸν ἄνθρωπον ἀφ' οὗ τὰ δαιμόνια ἐξῆλθεν (ἐξεληλύθει VBϛ) ἱματισμένον καὶ σωφρονοῦντα

ἱμάτιον
ᵃ sing.
ᵇ ἱ. et χιτών, χλαμύς, ἱματισμός, περιβόλαιον
Mt 5 40ᵃᵇ τῷ θέλοντί σοι κριθῆναι καὶ τὸν χιτῶνά σου λαβεῖν, ἄφες αὐτῷ καὶ τὸ ἱμάτιον
9 16ᵃ οὐδεὶς δὲ ἐπιβάλλει ἐπίβλημα ῥάκους ἀγνάφου ἐπὶ ἱματίῳ παλαιῷ· ·
9 16ᵃ αἴρει γὰρ τὸ πλήρωμα αὐτοῦ ἀπὸ τοῦ ἱματίου
9 20ᵃ γυνὴ αἱμορροοῦσα ... προσελθοῦσα ὄπισθεν ἥψατο τοῦ κρασπέδου τοῦ ἱματίου αὐτοῦ
9 21ᵃ ἐὰν μόνον ἅψωμαι τοῦ ἱματίου αὐτοῦ, σωθήσομαι
11 8 * ἀλλὰ τί ἐξήλθατε ἰδεῖν; ἄνθρωπον ἐν μαλακοῖς ἱματίοις (+Vϛ) ἠμφιεσμένον;
14 36ᵃ παρεκάλουν αὐτὸν [H] ἵνα μόνον ἅψωνται τοῦ κρασπέδου τοῦ ἱματίου αὐτοῦ
17 2 τὰ δὲ ἱμάτια αὐτοῦ ἐγένετο λευκὰ ὡς τὸ φῶς
21 7 ἤγαγον τὴν ὄνον καὶ τὸν πῶλον, καὶ ἐπέθηκαν ἐπ' αὐτῶν τὰ ἱμάτια (+αὐτῶν V[S]ϛ)
21 8 ὁ δὲ πλεῖστος ὄχλος ἔστρωσαν ἑαυτῶν τὰ ἱμάτια ἐν τῇ ὁδῷ
23 5 * πλατύνουσιν γὰρ τὰ φυλακτήρια αὐτῶν καὶ μεγαλύνουσιν τὰ κράσπεδα | τῶν ἱματίων αὐτῶν (+Vϛ)
24 18ᵃ ὁ ἐν τῷ ἀγρῷ μὴ ἐπιστρεψάτω ὀπίσω ἆραι | τὸ ἱμάτιον (τὰ ἱ-τια Sϛ) αὐτοῦ
26 65 τότε ὁ ἀρχιερεὺς διέρρηξεν τὰ ἱμάτια αὐτοῦ
27 31ᵇ ἐξέδυσαν (ἐκδύσαντες T) αὐτὸν τὴν χλαμύδα καὶ (—T) ἐνέδυσαν αὐτὸν τὰ ἱμάτια αὐτοῦ
27 35 διεμερίσαντο τὰ ἱμάτια αὐτοῦ βάλλοντες (βαλόντες BT) κλῆρον
27 35ᵇ * | διεμερίσαντο τὰ ἱμάτιά μου ἑαυτοῖς, καὶ ἐπὶ τὸν ἱματισμόν μου ἔβαλον κλῆρον (. . +ϛ)
Mc 2 21ᵃ οὐδεὶς ἐπίβλημα ῥάκους ἀγνάφου ἐπιράπτει ἐπὶ | ἱμάτιον παλαιόν (-ίῳ -αιῷ ϛ)
5 27ᵃ ⟨γυνὴ οὖσα ἐν ῥύσει αἵματος⟩ ἐλθοῦσα ἐν τῷ ὄχλῳ ὄπισθεν ἥψατο τοῦ ἱματίου αὐτοῦ
5 28 ἐὰν ἅψωμαι κἂν τῶν ἱματίων αὐτοῦ, σωθήσομαι
5 30 τίς μου ἥψατο τῶν ἱματίων;

Mc 6 56ᵃ παρεκάλουν αὐτὸν ἵνα κἂν τοῦ κρασπέδου τοῦ ἱματίου αὐτοῦ ἅψωνται
9 3 τὰ ἱμάτια αὐτοῦ ἐγένετο στίλβοντα λευκὰ λίαν
10 50ᵃ ὁ δὲ ἀποβαλὼν τὸ ἱμάτιον αὐτοῦ ἀναπηδήσας ἦλθεν πρὸς τὸν Ἰησοῦν
11 7 φέρουσιν τὸν πῶλον πρὸς τὸν Ἰησοῦν, καὶ ἐπιβάλλουσιν αὐτῷ τὰ ἱμάτια αὐτῶν
11 8 πολλοὶ τὰ ἱμάτια αὐτῶν ἔστρωσαν εἰς τὴν ὁδόν
13 16ᵃ ὁ εἰς τὸν ἀγρὸν μὴ ἐπιστρεψάτω εἰς τὰ ὀπίσω ἆραι τὸ ἱμάτιον αὐτοῦ
15 20 ἐξέδυσαν αὐτὸν τὴν πορφύραν καὶ ἐνέδυσαν αὐτὸν τὰ (+ἴδια T) ἱμάτια αὐτοῦ (τὰ ἴδια Vϛ)
15 24 διαμερίζονται (διεμέριζον ϛ) τὰ ἱμάτια αὐτοῦ, βάλλοντες κλῆρον ἐπ' αὐτά
Lc 5 36ᵃ οὐδεὶς ἐπίβλημα ἀπὸ (—ϛ) ἱματίου καινοῦ σχίσας (—ϛ) ↔
5 36ᵃ ἐπιβάλλει ἐπὶ ἱμάτιον παλαιόν
6 29ᵃᵇ ἀπὸ τοῦ αἴροντός σου τὸ ἱμάτιον καὶ τὸν χιτῶνα μὴ κωλύσῃς
7 25ᵇ ἀλλὰ τί ἐξήλθατε (ἐξεληλύθατε VBSTϛ) ἰδεῖν; ἄνθρωπον ἐν μαλακοῖς ἱματίοις ἠμφιεσμένον;
8 27ᵃ ὑπήντησεν ἀνήρ τις ... | ἔχων δαιμόνια, καὶ χρόνῳ ἱκανῷ οὐκ ἐνεδύσατο ἱμάτιον (ὃς εἶχε δ. ἐκ χ-ων ἱ-ῶν, καὶ ἱμ. οὐκ ἐνεδιδύσκετο ϛ)
8 44ᵃ ⟨γυνὴ οὖσα ἐν ῥύσει αἵματος⟩ προσελθοῦσα ὄπισθεν ἥψατο τοῦ κρασπέδου τοῦ ἱματίου αὐτοῦ
19 35 ἐπιρίψαντες αὐτῶν (ἑαυ. ϛ) τὰ ἱμάτια ἐπὶ τὸν πῶλον ἐπεβίβασαν τὸν Ἰησοῦν. ↔
19 36 πορευομένου δὲ αὐτοῦ ὑπεστρώννυον τὰ ἱμάτια αὐτῶν (ἑαυτῶν NMVH) ἐν τῇ ὁδῷ
22 36ᵃ ἀλλὰ νῦν ὁ ἔχων βαλλάντιον ἀράτω ... καὶ ὁ μὴ ἔχων πωλησάτω τὸ ἱμάτιον αὐτοῦ καὶ ἀγορασάτω μάχαιραν
23 34 διαμεριζόμενοι δὲ τὰ ἱμάτια αὐτοῦ ἔβαλον κλήρους (κλῆρον Hϛ)
Jo 13 4 ⟨Ἰησοῦς⟩ ἐγείρεται ἐκ τοῦ δείπνου καὶ τίθησιν τὰ ἱμάτια
13 12 ὅτε οὖν ἔνιψεν τοὺς πόδας αὐτῶν καὶ [N²⁶] ἔλαβεν τὰ ἱμάτια αὐτοῦ
19 2ᵃ οἱ στρατιῶται ... ἱμάτιον πορφυροῦν περιέβαλον αὐτόν
19 5ᵃ ἐξῆλθεν οὖν ὁ [H] Ἰησοῦς ἔξω, φορῶν τὸν ἀκάνθινον στέφανον καὶ τὸ πορφυροῦν ἱμάτιον
19 23ᵇ ἔλαβον τὰ ἱμάτια αὐτοῦ καὶ ἐποίησαν τέσσαρα μέρη
19 24ᵇ διεμερίσαντο τὰ ἱμάτιά μου ἑαυτοῖς καὶ ἐπὶ τὸν ἱματισμόν μου ἔβαλον κλῆρον
Ac 7 58 οἱ μάρτυρες ἀπέθεντο τὰ ἱμάτια αὐτῶν παρὰ τοὺς πόδας νεανίου καλουμένου Σαύλου
9 39ᵇ παρέστησαν αὐτῷ πᾶσαι αἱ χῆραι ... ἐπιδεικνύμεναι χιτῶνας καὶ ἱμάτια, ὅσα ἐποίει ... ἡ Δορκάς
12 8ᵃ περιβαλοῦ τὸ ἱμάτιόν σου καὶ ἀκολούθει μοι
14 14 διαρρήξαντες τὰ ἱμάτια αὐτῶν (ἑαυ. NMVH; [ἑ]αυ. S) ἐξεπήδησαν εἰς τὸν ὄχλον

Ac 16 22 οἱ στρατηγοὶ περιρήξαντες αὐτῶν τὰ ἱμάτια ἐκέλευον ῥαβδίζειν

18 6 ἀντιτασσομένων δὲ αὐτῶν καὶ βλασφημούντων ἐκτιναξάμενος τὰ ἱμάτια εἶπεν πρὸς αὐτούς

22 20 αὐτὸς ἤμην ἐφεστὼς ... καὶ φυλάσσων τὰ ἱμάτια τῶν ἀναιρούντων αὐτόν

22 23 κραυγαζόντων τε (δὲ VBSTϛ) αὐτῶν καὶ ῥιπτούντων τὰ ἱμάτια καὶ κονιορτὸν βαλλόντων εἰς τὸν ἀέρα

Hb 1 11ᵃπάντες ὡς ἱμάτιον παλαιωθήσονται, ↔

1 12ᵃᵇκαὶ ὡσεὶ περιβόλαιον ἑλίξεις (ἀλλάξεις T) αὐτούς, | ὡς ἱμάτιον ([S; —Tϛ) καὶ ἀλλαγήσονται

Jc 5 2 τὰ ἱμάτια ὑμῶν σητόβρωτα γέγονεν

1 Pt 3 3 ⟨ὁμοίως αἱ γυναῖκες⟩ ὧν ἔστω οὐχ ὁ ἔξωθεν ... περιθέσεως χρυσίων ἢ ἐνδύσεως ἱματίων κόσμος

Ap 3 4 | ἔχεις ὀλίγα (∼ T) ὀνόματα ἐν Σάρδεσιν ἃ οὐκ ἐμόλυναν τὰ ἱμάτια αὐτῶν

3 5 ὁ νικῶν οὕτως (οὗτος BSϛ) περιβαλεῖται ἐν ἱματίοις λευκοῖς

3 18 συμβουλεύω σοι ἀγοράσαι παρ' ἐμοῦ χρυσίον πεπυρωμένον ... καὶ ἱμάτια λευκὰ ἵνα περιβάλῃ

4 4 ἐπὶ τοὺς θρόνους ... πρεσβυτέρους καθημένους περιβεβλημένους ἐν (—H) ἱματίοις λευκοῖς

16 15 μακάριος ὁ γρηγορῶν καὶ τηρῶν τὰ ἱμάτια αὐτοῦ

19 13ᵃ⟨ἵππος λευκός, καὶ ὁ καθήμενος ἐπ' αὐτὸν⟩ περιβεβλημένος ἱμάτιον βεβαμμένον (ῥεραντισμένον BH; περιρεραμμ. T) αἵματι

19 16ᵃἔχει ἐπὶ τὸ ἱμάτιον καὶ ἐπὶ τὸν μηρὸν αὐτοῦ ὄνομα γεγραμμένον

ἱματισμός

Mt 27 35 * | διεμερίσαντο τὰ ἱμάτιά μου ἑαυτοῖς, καὶ ἐπὶ τὸν ἱματισμόν μου ἔβαλον κλῆρον (. . +ϛ)

Lc 7 25 ἰδοὺ οἱ ἐν ἱματισμῷ ἐνδόξῳ καὶ τρυφῇ ὑπάρχοντες ἐν τοῖς βασιλείοις εἰσίν

9 29 ἐγένετο ἐν τῷ προσεύχεσθαι αὐτὸν ... ὁ ἱματισμὸς αὐτοῦ λευκὸς ἐξαστράπτων

Jo 19 24 διεμερίσαντο τὰ ἱμάτιά μου ἑαυτοῖς καὶ ἐπὶ τὸν ἱματισμόν μου ἔβαλον κλῆρον

Ac 20 33 ἀργυρίου ἢ χρυσίου ἢ ἱματισμοῦ οὐδενὸς ἐπεθύμησα

1 Tm 2 9 γυναῖκας ἐν καταστολῇ κοσμίῳ ... κοσμεῖν ἑαυτάς, μὴ ἐν πλέγμασιν ... ἢ ἱματισμῷ πολυτελεῖ

ἵνα
→ ἱνατί
ᵃ seq. ind. praes.
ᵇ seq. ind. fut.
ᶜ seq. opt.
ᵈ verbo finito omisso
ᵉ ἵνα (...) μή
ᶠ ἵνα μηδείς, μήποτε, μηκέτι
ᵍ ἵνα καί
ʰ ἵνα δέ
ʲ ἵνα τις
ᵏ ἵνα μᾶλλον, εἴτε
ˡ ἵνα εἰ, ἐάν, κἄν
ᵐ ἵνα ὅταν
ⁿ ἵνα καθώς, ὥσπερ
ᵖ ἵνα ὅ et sim.
ᑫ ἵνα ὅπου

ʳ ἀλλ' ἵνα
ˢ οὐχ, οὐδ', οὐ γὰρ ἵνα
ᵗ καὶ ἵνα
ᵘ εἰ, ἐὰν μὴ ἵνα
ᵛ ἢ ἵνα
ʷ μᾶλλον δέ, μόνον ἵνα
ˣ τοῦτο (et sim.) ... ἵνα

Mt 1 22 τοῦτο δὲ ὅλον γέγονεν ἵνα πληρωθῇ τὸ ῥηθὲν ὑπὸ (+τοῦ Vϛ) κυρίου διὰ τοῦ προφήτου

2 15 ἦν ἐκεῖ ἕως τῆς τελευτῆς Ἡρῴδου· ἵνα πληρωθῇ τὸ ῥηθὲν ὑπὸ κυρίου διὰ τοῦ προφήτου

4 3 εἰπὲ (εἰπὸν H) ἵνα οἱ λίθοι οὗτοι ἄρτοι γένωνται

4 14 ⟨κατῴκησεν ... ἐν ὁρίοις Ζαβουλὼν καὶ Νεφθαλίμ⟩ ἵνα πληρωθῇ τὸ ῥηθὲν διὰ Ἠσαΐου τοῦ προφήτου

5 29ᵉσυμφέρει γάρ σοι ἵνα ἀπόληται ἓν τῶν μελῶν σου καὶ μὴ ὅλον τὸ σῶμά σου βληθῇ εἰς γέενναν

5 30ᵉσυμφέρει γάρ σοι ἵνα ἀπόληται ἓν τῶν μελῶν σου καὶ μὴ ὅλον τὸ σῶμά σου εἰς γέενναν ἀπέλθῃ

7 1ᵉμὴ κρίνετε, ἵνα μὴ κριθῆτε

7 12 πάντα οὖν ὅσα ἐὰν (ἂν VSϛ) θέλητε ἵνα ποιῶσιν ὑμῖν οἱ ἄνθρωποι

8 8 κύριε, οὐκ εἰμὶ ἱκανὸς ἵνα μου ὑπὸ τὴν στέγην εἰσέλθῃς

9 6ʰἵνα δὲ εἰδῆτε ὅτι ἐξουσίαν ἔχει ὁ υἱὸς τοῦ ἀνθρώπου ... ἀφιέναι ἁμαρτίας

10 25 ἀρκετὸν τῷ μαθητῇ ἵνα γένηται ὡς ὁ διδάσκαλος αὐτοῦ

12 10 ἐπηρώτησαν αὐτὸν λέγοντες ... ἵνα κατηγορήσωσιν αὐτοῦ

12 16ᵉἐπετίμησεν αὐτοῖς ἵνα μὴ φανερὸν αὐτὸν ποιήσωσιν· ↔

12 17 ἵνα (ὅπως ϛ) πληρωθῇ τὸ ῥηθὲν διὰ Ἠσαΐου τοῦ προφήτου

14 15 ἀπόλυσον (+οὖν N[M]VBST) τοὺς ὄχλους, ἵνα ἀπελθόντες εἰς τὰς κώμας ἀγοράσωσιν ἑαυτοῖς βρώματα

14 36 παρεκάλουν αὐτὸν [H] ἵνα μόνον ἅψωνται τοῦ κρασπέδου τοῦ ἱματίου αὐτοῦ

16 20ᶠδιεστείλατο (ἐπετίμησεν NH) τοῖς μαθηταῖς (+αὐτοῦ Vϛ) ἵνα μηδενὶ εἴπωσιν

17 27ᵉʰἵνα δὲ μὴ σκανδαλίσωμεν (-ζωμεν T) αὐτούς, πορευθεὶς εἰς (+τὴν Vϛ) θάλασσαν βάλε ἄγκιστρον

18 6 συμφέρει αὐτῷ ἵνα κρεμασθῇ μύλος ὀνικὸς περὶ (εἰς S; ἐπὶ ϛ) τὸν τράχηλον αὐτοῦ

18 14 οὐκ ἔστιν θέλημα ἔμπροσθεν τοῦ πατρὸς ὑμῶν (μου H) ... ἵνα ἀπόληται ἓν (εἷς Sϛ) τῶν μικρῶν τούτων

18 16 παράλαβε ... ἔτι ἕνα ἢ δύο, ἵνα ἐπὶ στόματος δύο μαρτύρων ἢ τριῶν σταθῇ πᾶν ῥῆμα

19 13 προσηνέχθησαν αὐτῷ παιδία, ἵνα τὰς χεῖρας ἐπιθῇ αὐτοῖς καὶ προσεύξηται

19 16 τί ἀγαθὸν ποιήσω ἵνα σχῶ (ἔχω Vϛ) ζωὴν αἰώνιον;

20 21 εἰπὲ ἵνα καθίσωσιν οὗτοι οἱ δύο υἱοί μου ... ἐν τῇ βασιλείᾳ σου

20 31 ὁ δὲ ὄχλος ἐπετίμησεν αὐτοῖς ἵνα σιωπήσωσιν

20 33 ⟨τί θέλετε ποιήσω ὑμῖν;⟩ κύριε, ἵνα ἀνοιγῶσιν οἱ ὀφθαλμοὶ ἡμῶν

Mt 21 4 τοῦτο δὲ (+ὅλον Vϛ) γέγονεν ἵνα πληρωθῇ τὸ ῥηθὲν διὰ (ὑπὸ S) τοῦ προφήτου

23 26 καθάρισον πρῶτον τὸ ἐντὸς ... ἵνα γένηται καὶ τὸ ἐκτὸς αὐτοῦ (αὐτῶν VSϛ) καθαρόν

24 20ᵉπροσεύχεσθε δὲ ἵνα μὴ γένηται ἡ φυγὴ ὑμῶν χειμῶνος μηδὲ σαββάτῳ

26 4 συνεβουλεύσαντο ἵνα τὸν Ἰησοῦν δόλῳ κρατήσωσιν καὶ ἀποκτείνωσιν

26 5ᵉμὴ ἐν τῇ ἑορτῇ, ἵνα μὴ θόρυβος γένηται ἐν τῷ λαῷ

26 16 ἀπὸ τότε ἐζήτει εὐκαιρίαν ἵνα αὐτὸν παραδῷ

26 41ᵉγρηγορεῖτε καὶ προσεύχεσθε, ἵνα μὴ εἰσέλθητε εἰς πειρασμόν

26 56 τοῦτο δὲ ὅλον γέγονεν ἵνα πληρωθῶσιν αἱ γραφαὶ τῶν προφητῶν

26 63 ἐξορκίζω σε ... ἵνα ἡμῖν εἴπῃς

27 20 οἱ δὲ ἀρχιερεῖς ... ἔπεισαν τοὺς ὄχλους ἵνα αἰτήσωνται τὸν Βαραββᾶν

27 26 τὸν δὲ Ἰησοῦν φραγελλώσας παρέδωκεν ἵνα σταυρωθῇ

27 32 τοῦτον ἠγγάρευσαν ἵνα ἄρῃ τὸν σταυρὸν αὐτοῦ

27 35 * διεμερίσαντο τὰ ἱμάτια αὐτοῦ βάλλοντες (βαλόντες BT) κλῆρον | ἵνα πληρωθῇ τὸ ῥηθὲν ὑπὸ τοῦ προφήτου (+ϛ ..)

28 10 ὑπάγετε ἀπαγγείλατε τοῖς ἀδελφοῖς μου ἵνα ἀπέλθωσιν εἰς τὴν Γαλιλαίαν

Mc 1 38ᵍἄγωμεν ἀλλαχοῦ εἰς τὰς ἐχομένας κωμοπόλεις, ἵνα | καὶ ἐκεῖ (κἀκεῖ STϛ) κηρύξω

2 10ʰἵνα δὲ εἰδῆτε ὅτι ἐξουσίαν ἔχει ὁ υἱὸς τοῦ ἀνθρώπου | ἀφιέναι ἁμαρτίας ἐπὶ τῆς γῆς (∼ T VSϛ)

3 2 παρετήρουν αὐτὸν εἰ (+ἐν BT) τοῖς σάββασιν θεραπεύσει (-πεύει T) αὐτόν, ἵνα κατηγορήσωσιν αὐτοῦ

3 9 εἶπεν τοῖς μαθηταῖς αὐτοῦ ἵνα πλοιάριον προσκαρτερῇ αὐτῷ διὰ τὸν ὄχλον, ↔

3 9ᵉἵνα μὴ θλίβωσιν αὐτόν

3 10 ὥστε ἐπιπίπτειν αὐτῷ ἵνα αὐτοῦ ἅψωνται ὅσοι εἶχον μάστιγας

3 12ᵉπολλὰ ἐπετίμα αὐτοῖς ἵνα μὴ | αὐτὸν φανερὸν (∼ V) ποιήσωσιν (ποιῶσιν T)

3 14 ἐποίησεν δώδεκα | οὓς καὶ ἀποστόλους ὠνόμασεν (+[N²⁶]H) ἵνα ὦσιν μετ' αὐτοῦ, ↔

3 14ᵗκαὶ ἵνα ἀποστέλλῃ αὐτοὺς κηρύσσειν

4 12ᵉ⟨ἐκείνοις δὲ ... ἐν παραβολαῖς τὰ πάντα γίνεται⟩ ἵνα βλέποντες βλέπωσιν καὶ μὴ ἴδωσιν

4 21 μήτι ἔρχεται ὁ λύχνος ἵνα ὑπὸ τὸν μόδιον τεθῇ ἢ ὑπὸ τὴν κλίνην; ↔

4 21ˢοὐχ ἵνα ἐπὶ τὴν λυχνίαν τεθῇ; ↔

4 22ᵘοὐ γάρ ἐστιν (+τι NMVSTϛ) κρυπτόν, | ἐὰν μὴ ἵνα φανερωθῇ (ὃ ἐὰν μὴ φ. ϛ)· ↔

4 22ʳοὐδὲ ἐγένετο ἀπόκρυφον, ἀλλ' ἵνα ἔλθῃ εἰς φανερόν

5 10ᵉπαρεκάλει αὐτὸν πολλὰ ἵνα μὴ αὐτὰ (τοὺς MVSϛ) ἀποστείλῃ ἔξω τῆς χώρας

5 12 πέμψον ἡμᾶς εἰς τοὺς χοίρους, ἵνα εἰς αὐτοὺς εἰσέλθωμεν

Mc 5 18 παρεκάλει αὐτὸν ὁ δαιμονισθεὶς ἵνα μετ' αὐτοῦ ᾖ

5 23 παρακαλεῖ αὐτὸν ... ἵνα ἐλθὼν ἐπιθῇς τὰς χεῖρας αὐτῇ, ↔

5 23 ἵνα (ὅπως ς) σωθῇ καὶ ζήσῃ

5 43ᶠ διεστείλατο αὐτοῖς πολλὰ ἵνα μηδεὶς γνοῖ (γνῷ MVSς) τοῦτο

6 8ᶠ παρήγγειλεν αὐτοῖς ἵνα μηδὲν αἴρωσιν (ἄρωσιν S) εἰς ὁδὸν εἰ μὴ ῥάβδον μόνον

6 12 ἐξελθόντες ἐκήρυξαν (-ρυσσον Vς) ἵνα μετανοῶσιν (-νοήσωσιν MVSς)

6 25 θέλω ἵνα ἐξαυτῆς δῷς μοι ἐπὶ πίνακι τὴν κεφαλὴν Ἰωάννου τοῦ βαπτιστοῦ

6 36 ἀπόλυσον αὐτούς, ἵνα ἀπελθόντες ... ἀγοράσωσιν ἑαυτοῖς τί φάγωσιν

6 41 κατέκλασεν τοὺς ἄρτους καὶ ἐδίδου τοῖς μαθηταῖς αὐτοῦ (+[N²⁶]BSς) ἵνα παρατιθῶσιν (παραθῶσιν Bς) αὐτοῖς

6 56ˡ παρεκάλουν αὐτὸν ἵνα κἂν τοῦ κρασπέδου τοῦ ἱματίου αὐτοῦ ἅψωνται

7 9 καλῶς ἀθετεῖτε τὴν ἐντολὴν τοῦ θεοῦ, ἵνα τὴν παράδοσιν ὑμῶν στήσητε (N²⁶; τηρήσητε rl)

7 26 ἠρώτα αὐτὸν ἵνα τὸ δαιμόνιον ἐκβάλῃ (-βάλλῃ ς) ἐκ τῆς θυγατρὸς αὐτῆς

7 32 παρακαλοῦσιν αὐτὸν ἵνα ἐπιθῇ αὐτῷ τὴν χεῖρα

7 36ᶠ διεστείλατο αὐτοῖς ἵνα μηδενὶ λέγωσιν (εἴπωσιν ς)

8 6 ἔκλασεν καὶ ἐδίδου τοῖς μαθηταῖς αὐτοῦ ἵνα παρατιθῶσιν (παραθῶσι ς)

8 22 παρακαλοῦσιν αὐτὸν ἵνα αὐτοῦ ἅψηται

8 30ᶠ ἐπετίμησεν αὐτοῖς ἵνα μηδενὶ λέγωσιν περὶ αὐτοῦ

9 9ᶠ διεστείλατο αὐτοῖς ἵνα μηδενὶ ἃ εἶδον διηγήσωνται

9 12 πῶς γέγραπται ἐπὶ τὸν υἱὸν τοῦ ἀνθρώπου, ἵνα πολλὰ πάθῃ καὶ ἐξουδενηθῇ (-ωθῇ STς);

9 18 εἶπα (εἶπον Vς) τοῖς μαθηταῖς σου ἵνα αὐτὸ ἐκβάλωσιν

9 22 εἰς πῦρ αὐτὸν ἔβαλεν καὶ εἰς ὕδατα ἵνα ἀπολέσῃ αὐτόν

9 30ʲ παρεπορεύοντο (ἐπορεύοντο H) διὰ τῆς Γαλιλαίας, καὶ οὐκ ἤθελεν ἵνα τις γνοῖ (γνῷ VSς)

10 13 προσέφερον αὐτῷ παιδία ἵνα | αὐτῶν ἅψηται (~BSTς)

10 17 τί ποιήσω ἵνα ζωὴν αἰώνιον κληρονομήσω;

10 35ᵖ θέλομεν ἵνα ὃ ἐὰν αἰτήσωμέν σε ποιήσῃς ἡμῖν

10 37 δὸς ἡμῖν ἵνα ... καθίσωμεν ἐν τῇ δόξῃ σου

10 48 ἐπετίμων αὐτῷ πολλοὶ ἵνα σιωπήσῃ

10 51 τί σοι θέλεις ποιήσω; ... ῥαββουνί, ἵνα ἀναβλέψω

11 16ʲ οὐκ ἤφιεν ἵνα τις διενέγκῃ σκεῦος διὰ τοῦ ἱεροῦ

11 25ᵍ ἀφίετε εἴ τι ἔχετε κατά τινος, ἵνα καὶ ὁ πατὴρ ὑμῶν ... ἀφῇ ὑμῖν τὰ παραπτώματα ὑμῶν

11 28 τίς σοι ἔδωκεν τὴν ἐξουσίαν ταύτην (~Tς) ἵνα ταῦτα ποιῇς;

12 2 ἀπέστειλεν πρὸς τοὺς γεωργοὺς ... δοῦλον, ἵνα παρὰ τῶν γεωρ-

γῶν λάβῃ ἀπὸ τῶν καρπῶν τοῦ ἀμπελῶνος

Mc 12 13 ἀποστέλλουσιν πρὸς αὐτόν τινας τῶν Φαρισαίων ... ἵνα αὐτὸν ἀγρεύσωσιν λόγῳ

12 15 φέρετέ μοι δηνάριον ἵνα ἴδω

12 19 Μωϋσῆς ἔγραψεν ἡμῖν ὅτι ... ἵνα λάβῃ ὁ ἀδελφὸς αὐτοῦ τὴν γυναῖκα (+αὐτοῦ Vς)

13 18ᵉ προσεύχεσθε δὲ ἵνα μὴ γένηται (+ἡ φυγὴ ὑμῶν ς) χειμῶνος

13 34 ὡς ἄνθρωπος ἀπόδημος ... τῷ θυρωρῷ ἐνετείλατο ἵνα γρηγορῇ

14 10 Ἰούδας ... ἀπῆλθεν πρὸς τοὺς ἀρχιερεῖς ἵνα | αὐτὸν παραδοῖ (-δῷ αὐ. VSς) αὐτοῖς

14 12 ποῦ θέλεις ἀπελθόντες ἑτοιμάσωμεν ἵνα φάγῃς τὸ πάσχα;

14 35¹ προσηύχετο ἵνα εἰ δυνατόν ἐστιν παρέλθῃ ἀπ' αὐτοῦ ἡ ὥρα

14 38ᵉ γρηγορεῖτε καὶ προσεύχεσθε, ἵνα μὴ ἔλθητε (εἰσ- Vς) εἰς πειρασμόν

14 49ᶠ ἀλλ' ἵνα πληρωθῶσιν αἱ γραφαί

15 11ᵏ οἱ δὲ ἀρχιερεῖς ἀνέσεισαν τὸν ὄχλον ἵνα μᾶλλον τὸν Βαραββᾶν ἀπολύσῃ αὐτοῖς

15 15 ὁ δὲ Πιλᾶτος ... παρέδωκεν τὸν Ἰησοῦν φραγελλώσας ἵνα σταυρωθῇ

15 20ᵇ ἐξάγουσιν αὐτὸν ἵνα | σταυρώσωσιν αὐτόν (σταυρώσουσιν T). ↔

15 21 καὶ ἀγγαρεύουσιν παράγοντά τινα Σίμωνα Κυρηναῖον ... ἵνα ἄρῃ τὸν σταυρὸν αὐτοῦ

15 32 καταβάτω νῦν ἀπὸ τοῦ σταυροῦ, ἵνα ἴδωμεν καὶ πιστεύσωμεν

16 1 [+ἡ ΝΗ] Μαρία ἡ Μαγδαληνὴ ... καὶ Σαλώμη ἠγόρασαν ἀρώματα ἵνα ἐλθοῦσαι ἀλείψωσιν αὐτόν

Lc 1 4 ⟨καθεξῆς σοι γράψαι⟩ ἵνα ἐπιγνῷς περὶ ὧν κατηχήθης λόγων τὴν ἀσφάλειαν

1 43ˣ πόθεν μοι τοῦτο ἵνα ἔλθῃ ἡ μήτηρ τοῦ κυρίου μου πρὸς ἐμέ (με Vς);

4 3 εἰπὲ τῷ λίθῳ τούτῳ ἵνα γένηται ἄρτος

5 24ʰ ἵνα δὲ εἰδῆτε ὅτι ὁ υἱὸς τοῦ ἀνθρώπου ἐξουσίαν ἔχει ἐπὶ τῆς γῆς ἀφιέναι ἁμαρτίας

6 7 παρετηροῦντο δὲ αὐτὸν (—VST) ... εἰ ἐν τῷ σαββάτῳ θεραπεύει, ἵνα εὕρωσιν κατηγορεῖν (κατηγορίαν κατ' MVS; κατηγορίαν ς) αὐτοῦ

6 31 καθὼς θέλετε ἵνα ποιῶσιν ὑμῖν οἱ ἄνθρωποι

6 34 καὶ (+γὰρ Vς) ἁμαρτωλοὶ ἁμαρτωλοῖς δανίζουσιν ἵνα ἀπολάβωσιν τὰ ἴσα

7 6 οὐ γὰρ | ἱκανός εἰμι (~Vς) ἵνα ὑπὸ τὴν στέγην μου εἰσέλθῃς

7 36 ἠρώτα δέ τις αὐτὸν τῶν Φαρισαίων ἵνα φάγῃ μετ' αὐτοῦ

8 10ᵉ ὑμῖν δέδοται γνῶναι ... τοῖς δὲ λοιποῖς ἐν παραβολαῖς, ἵνα βλέποντες μὴ βλέπωσιν

8 12ᵉ αἴρει τὸν λόγον ἀπὸ τῆς καρδίας αὐτῶν, ἵνα μὴ πιστεύσαντες σωθῶσιν

8 16 λύχνον ... ἐπὶ λυχνίας τίθησιν (ἐπι- VSς), ἵνα οἱ εἰσπορευόμενοι βλέπωσιν τὸ φῶς

8 31ᵉ παρεκάλουν αὐτὸν ἵνα μὴ ἐπιτάξῃ αὐτοῖς εἰς τὴν ἄβυσσον ἀπελθεῖν

Lc 8 32 παρεκάλεσαν αὐτὸν ἵνα ἐπιτρέψῃ αὐτοῖς εἰς ἐκείνους εἰσελθεῖν

9 12 ἀπόλυσον τὸν ὄχλον, ἵνα πορευθέντες εἰς τὰς κύκλῳ κώμας ... καταλύσωσιν καὶ εὕρωσιν ἐπισιτισμόν

9 40 ἐδεήθην τῶν μαθητῶν σου ἵνα ἐκβάλωσιν (-βάλλ- ς) αὐτό

9 45ᵉ ἦν παρακεκαλυμμένον ἀπ' αὐτῶν ἵνα μὴ αἴσθωνται αὐτό

10 40 εἰπὲ (εἶπον ΝΜΤΗ) οὖν αὐτῇ ἵνα μοι συναντιλάβηται

11 33 οὐδεὶς λύχνον ἅψας εἰς κρύπτην τίθησιν ... ἀλλ' ἐπὶ τὴν λυχνίαν, ἵνα οἱ εἰσπορευόμενοι τὸ φῶς (N²⁶H; φέγγος rl) βλέπωσιν

11 50 ⟨ἐξ αὐτῶν ἀποκτενοῦσιν καὶ διώξουσιν⟩ ἵνα ἐκζητηθῇ τὸ αἷμα πάντων τῶν προφητῶν ... ἀπὸ τῆς γενεᾶς ταύτης

11 54 * ἐνεδρεύοντες αὐτὸν (—T) (+ζητοῦντες V; +καὶ ζητ. ς) θηρεῦσαί τι ἐκ τοῦ στόματος αὐτοῦ | ἵνα κατηγορήσωσιν αὐτοῦ (+ς)

12 36 ἀνθρώποις προσδεχομένοις τὸν κύριον ἑαυτῶν ... ἵνα ἐλθόντος καὶ κρούσαντος εὐθέως ἀνοίξωσιν αὐτῷ

14 10ᵇᵐ ἀνάπεσε εἰς τὸν ἔσχατον τόπον, ἵνα ὅταν ἔλθῃ ὁ κεκληκώς σε ἐρεῖ (εἴπῃ ς) σοι

14 23 ἀνάγκασον εἰσελθεῖν, ἵνα γεμισθῇ μου ὁ οἶκος

14 29ᶠ ⟨τίς ... οὐχὶ ... ψηφίζει τὴν δαπάνην ...;⟩ ἵνα μήποτε ... μὴ ἰσχύοντος ἐκτελέσαι πάντες οἱ θεωροῦντες ἄρξωνται αὐτῷ ἐμπαίζειν

15 29 ἐμοὶ οὐδέποτε ἔδωκας ἔριφον ἵνα μετὰ τῶν φίλων μου εὐφρανθῶ

16 4ᵐ ἔγνων τί ποιήσω, ἵνα ὅταν μετασταθῶ ... δέξωνταί με εἰς τοὺς οἴκους αὐτῶν (N²⁶ς; ἑαυ. rl)

16 9ᵐ | ἑαυτοῖς ποιήσατε (~VBς) φίλους ἐκ τοῦ μαμωνᾶ τῆς ἀδικίας, ἵνα ὅταν ἐκλίπῃ δέξωνται ὑμᾶς εἰς τὰς αἰωνίους σκηνάς

16 24 πέμψον Λάζαρον ἵνα βάψῃ τὸ ἄκρον τοῦ δακτύλου αὐτοῦ ὕδατος

16 27 ἐρωτῶ | σε οὖν (~VBSTς), πάτερ, ἵνα πέμψῃς αὐτὸν εἰς τὸν οἶκον τοῦ πατρός μου

16 28ᵉ ὅπως διαμαρτύρηται αὐτοῖς, ἵνα μὴ καὶ αὐτοὶ ἔλθωσιν εἰς τὸν τόπον τοῦτον τῆς βασάνου

17 2ᵛ λυσιτελεῖ αὐτῷ εἰ λίθος μυλικὸς περίκειται περὶ τὸν τράχηλον αὐτοῦ ... ἢ ἵνα σκανδαλίσῃ τῶν μικρῶν τούτων ἕνα

18 5ᵉ ἐκδικήσω αὐτήν, ἵνα μὴ εἰς τέλος ἐρχομένη ὑπωπιάζῃ με

18 15 προσέφερον δὲ αὐτῷ καὶ τὰ βρέφη ἵνα αὐτῶν ἅπτηται

18 39 οἱ προάγοντες ἐπετίμων αὐτῷ ἵνα σιγήσῃ

18 41 τί σοι θέλεις ποιήσω; ὁ δὲ εἶπεν· κύριε, ἵνα ἀναβλέψω

19 4 προδραμὼν εἰς τὸ ἔμπροσθεν ἀνέβη ἐπὶ συκομορέαν, ἵνα ἴδῃ αὐτόν

19 15 εἶπεν φωνηθῆναι αὐτῷ τοὺς δούλους τούτους ... ἵνα γνοῖ | τί διεπραγματεύσαντο (N²⁶SH; τίς τί δ-σατο rl)

20 10ᵇ ἀπέστειλεν πρὸς τοὺς γεωργοὺς δοῦλον, ἵνα ἀπὸ τοῦ καρποῦ τοῦ

ἀμπελῶνος δώσουσιν (δῶσιν ς) αὐτῷ

Lc 20 14 ἀποκτείνωμεν αὐτόν, ἵνα ἡμῶν γένηται ἡ κληρονομία

20 20 παρατηρήσαντες ἀπέστειλαν ἐγκαθέτους ... ἵνα ἐπιλάβωνται αὐτοῦ λόγου

20 28 Μωϋσῆς ἔγραψεν ἡμῖν, ἐάν τινος ἀδελφὸς ἀποθάνῃ ἔχων γυναῖκα ... ἵνα λάβῃ ὁ ἀδελφὸς αὐτοῦ τὴν γυναῖκα

21 36 δεόμενοι ἵνα κατισχύσητε (καταξιωθῆτε Vς) ἐκφυγεῖν ταῦτα πάντα τὰ μέλλοντα γίνεσθαι

22 8 πορευθέντες ἑτοιμάσατε ἡμῖν τὸ πάσχα, ἵνα φάγωμεν

22 30 ⟨κἀγὼ διατίθεμαι ὑμῖν ... βασιλείαν⟩ ἵνα ἔσθητε (ἐσθίητε VBSς) καὶ πίνητε ἐπὶ τῆς τραπέζης μου ἐν τῇ βασιλείᾳ μου

22 32ᵉἐγὼ δὲ ἐδεήθην περὶ σοῦ ἵνα μὴ ἐκλίπῃ (-λείπῃ ς) ἡ πίστις σου

22 46ᵉἀναστάντες προσεύχεσθε, ἵνα μὴ εἰσέλθητε εἰς πειρασμόν

Jo 1 7 οὗτος ἦλθεν εἰς μαρτυρίαν, ἵνα μαρτυρήσῃ περὶ τοῦ φωτός, ↔

1 7 ἵνα πάντες πιστεύσωσιν δι' αὐτοῦ. ↔

1 8ʳοὐκ ἦν ἐκεῖνος τὸ φῶς, ἀλλ' ἵνα μαρτυρήσῃ περὶ τοῦ φωτός

1 19 ὅτε ἀπέστειλαν ... οἱ Ἰουδαῖοι ... Λευίτας ἵνα ἐρωτήσωσιν αὐτόν

1 22 τίς εἶ; ἵνα ἀπόκρισιν δῶμεν τοῖς πέμψασιν ἡμᾶς

1 27 οὗ οὐκ εἰμὶ ἐγὼ [N²⁶H] ἄξιος ἵνα λύσω αὐτοῦ τὸν ἱμάντα τοῦ ὑποδήματος

1 31ʳκἀγὼ οὐκ ᾔδειν αὐτόν, ἀλλ' ἵνα φανερωθῇ τῷ Ἰσραήλ, διὰ τοῦτο ἦλθον ... βαπτίζων

2 25ʲὅτι οὐ χρείαν εἶχεν ἵνα τις μαρτυρήσῃ περὶ τοῦ ἀνθρώπου

3 15ᵉ⟨οὕτως ὑψωθῆναι δεῖ⟩ ἵνα πᾶς ὁ πιστεύων | ἐν αὐτῷ (εἰς αὐτὸν Sς) (+μὴ ἀπόληται, ἀλλ' ς) ἔχῃ ζωὴν αἰώνιον

3 16ᵉ ὥστε τὸν υἱὸν (+αὐτοῦ MVBSς) ... ἔδωκεν, ἵνα πᾶς ὁ πιστεύων εἰς αὐτὸν μὴ ἀπόληται

3 17 οὐ γὰρ ἀπέστειλεν ὁ θεὸς τὸν υἱὸν (+αὐτοῦ Vς) ... ἵνα κρίνῃ τὸν κόσμον, ↔

3 17ʳἀλλ' ἵνα σωθῇ ὁ κόσμος δι' αὐτοῦ

3 20ᵉπᾶς γὰρ ὁ φαῦλα πράσσων ... οὐκ ἔρχεται πρὸς τὸ φῶς, ἵνα μὴ ἐλεγχθῇ τὰ ἔργα αὐτοῦ· ↔

3 21 ὁ δὲ ποιῶν τὴν ἀλήθειαν ἔρχεται πρὸς τὸ φῶς, ἵνα φανερωθῇ αὐτοῦ τὰ ἔργα

4 8 οἱ γὰρ μαθηταὶ αὐτοῦ ἀπεληλύθεισαν εἰς τὴν πόλιν, ἵνα τροφὰς ἀγοράσωσιν

4 15ᵃᵉδός μοι τοῦτο τὸ ὕδωρ, ἵνα μὴ διψῶ μηδὲ διέρχωμαι (ἔρ. Vς; ἔρχομαι S) ἐνθάδε ἀντλεῖν

4 34 ἐμὸν βρῶμά ἐστιν ἵνα ποιήσω (ποιῶ NVTς) τὸ θέλημα τοῦ πέμψαντός με καὶ τελειώσω αὐτοῦ τὸ ἔργον

4 36ᵍσυνάγει καρπὸν εἰς ζωὴν αἰώνιον, ἵνα (+καὶ Tς) ὁ σπείρων ὁμοῦ χαίρῃ καὶ ὁ θερίζων

4 47 ⟨βασιλικὸς⟩ ἠρώτα ἵνα καταβῇ καὶ ἰάσηται αὐτοῦ τὸν υἱόν

Jo 5 7ᵐἄνθρωπον οὐκ ἔχω, ἵνα ὅταν ταραχθῇ τὸ ὕδωρ βάλῃ (βάλλῃ ς) με εἰς τὴν κολυμβήθραν

5 14ᵉμηκέτι ἁμάρτανε, ἵνα μὴ χεῖρόν σοί τι γένηται

5 20ᵃὁ γὰρ πατὴρ ... μείζονα τούτων δείξει αὐτῷ ἔργα, ἵνα ὑμεῖς θαυμάζητε (-ζετε Τ)

5 23 ⟨τὴν κρίσιν πᾶσαν δέδωκεν τῷ υἱῷ⟩ ἵνα πάντες τιμῶσι τὸν υἱὸν καθὼς τιμῶσι τὸν πατέρα

5 34 ἀλλὰ ταῦτα λέγω ἵνα ὑμεῖς σωθῆτε

5 36 τὰ γὰρ ἔργα ἃ δέδωκέν μοι ὁ πατὴρ ἵνα τελειώσω αὐτά

5 40 οὐ θέλετε ἐλθεῖν πρός με ἵνα ζωὴν ἔχητε

6 5 πόθεν ἀγοράσωμεν ἄρτους ἵνα φάγωσιν οὗτοι;

6 7 διακοσίων δηναρίων ἄρτοι οὐκ ἀρκοῦσιν αὐτοῖς, ἵνα ἕκαστος βραχύ τι ([N²⁶]; —H) λάβῃ

6 12ᵉσυναγάγετε τὰ περισσεύσαντα κλάσματα, ἵνα μή τι ἀπόληται

6 15 μέλλουσιν ἔρχεσθαι καὶ ἁρπάζειν αὐτὸν ἵνα ποιήσωσιν βασιλέα

6 28 τί ποιῶμεν ἵνα ἐργαζώμεθα τὰ ἔργα τοῦ θεοῦ;

6 29ˣτοῦτό ἐστιν τὸ ἔργον τοῦ θεοῦ, ἵνα πιστεύητε (-σητε ς) εἰς ὃν ἀπέστειλεν ἐκεῖνος

6 30 τί οὖν ποιεῖς σὺ σημεῖον, ἵνα ἴδωμεν καὶ πιστεύσωμέν σοι;

6 38ˢκαταβέβηκα ἀπὸ τοῦ οὐρανοῦ οὐχ ἵνα ποιῶ (ποιήσω Τ) τὸ θέλημα τὸ ἐμόν

6 39ᵉˣτοῦτο δέ ἐστιν τὸ θέλημα τοῦ πέμψαντός με, ἵνα πᾶν ὃ δέδωκέν μοι μὴ ἀπολέσω ἐξ αὐτοῦ

6 40ˣτοῦτο γάρ ἐστιν τὸ θέλημα τοῦ πατρός μου, ἵνα πᾶς ὁ θεωρῶν τὸν υἱὸν ... ἔχῃ ζωὴν αἰώνιον

6 50ᵉⁱοὗτός ἐστιν ὁ ἄρτος ὁ ἐκ τοῦ οὐρανοῦ καταβαίνων, ἵνα τις ἐξ αὐτοῦ φάγῃ καὶ μὴ ἀποθάνῃ

7 3ᵇᵍὕπαγε εἰς τὴν Ἰουδαίαν, ἵνα καὶ οἱ μαθηταί σου θεωρήσουσιν (-σωσιν VSς) || σοῦ [H] τὰ ἔργα ((N²⁶H; ~rl)) ἃ ποιεῖς

7 23ᵉεἰ περιτομὴν λαμβάνει [+ὁ NH] ἄνθρωπος ἐν σαββάτῳ ἵνα μὴ λυθῇ ὁ νόμος (+ὁ Τ) Μωϋσέως

7 32 ἀπέστειλαν | οἱ ἀρχιερεῖς καὶ οἱ Φαρισαῖοι ὑπηρέτας (~Vς Τ) ἵνα πιάσωσιν αὐτόν

[8 6]|| τοῦτο δὲ ἔλεγον πειράζοντες αὐτόν, ἵνα ἔχωσιν (σχῶσι S) κατηγορεῖν αὐτοῦ [[H]]

8 56 Ἀβραὰμ ... ἠγαλλιάσατο ἵνα ἴδῃ τὴν ἡμέραν τὴν ἐμήν

8 59 ἦραν οὖν λίθους ἵνα βάλωσιν ἐπ' αὐτόν

9 2 τίς ἥμαρτεν ... ἵνα τυφλὸς γεννηθῇ;

9 3ʳοὔτε οὗτος ἥμαρτεν ... ἀλλ' ἵνα φανερωθῇ τὰ ἔργα τοῦ θεοῦ ἐν αὐτῷ

9 22¹ἤδη γὰρ συνετέθειντο οἱ Ἰουδαῖοι ἵνα ἐάν τις αὐτὸν ὁμολογήσῃ χριστόν, ἀποσυνάγωγος γένηται

9 36 τίς ἐστιν, κύριε, ἵνα πιστεύσω εἰς αὐτόν;

9 39 ἦλθον, ἵνα οἱ μὴ βλέποντες βλέπωσιν καὶ οἱ βλέποντες τυφλοὶ γένωνται

Jo 10 10ᵘὁ κλέπτης οὐκ ἔρχεται εἰ μὴ ἵνα κλέψῃ καὶ θύσῃ καὶ ἀπολέσῃ· ↔

10 10 ἐγὼ ἦλθον ἵνα ζωὴν ἔχωσιν καὶ περισσὸν ἔχωσιν

10 17 ὅτι ἐγὼ τίθημι τὴν ψυχήν μου, ἵνα πάλιν λάβω αὐτήν

10 31 ἐβάστασαν (+οὖν Vς) πάλιν λίθους οἱ Ἰουδαῖοι ἵνα λιθάσωσιν αὐτόν

10 38 τοῖς ἔργοις πιστεύετε (-στεύσατε Sς), ἵνα γνῶτε καὶ γινώσκητε

11 4 αὕτη ἡ ἀσθένεια οὐκ ἔστιν πρὸς θάνατον ἀλλ' ὑπὲρ τῆς δόξης τοῦ θεοῦ, ἵνα δοξασθῇ ὁ υἱὸς τοῦ θεοῦ δι' αὐτῆς

11 11 πορεύομαι ἵνα ἐξυπνίσω αὐτόν

11 15 χαίρω δι' ὑμᾶς, ἵνα πιστεύσητε

11 16 ἄγωμεν καὶ ἡμεῖς ἵνα ἀποθάνωμεν μετ' αὐτοῦ

11 19 πολλοὶ δὲ ἐκ τῶν Ἰουδαίων ἐληλύθεισαν ... ἵνα παραμυθήσωνται αὐτὰς περὶ τοῦ ἀδελφοῦ (+αὐτῶν [MS]Vς)

11 31 δόξαντες ὅτι ὑπάγει εἰς τὸ μνημεῖον ἵνα κλαύσῃ ἐκεῖ

11 37ᵉᵍοὐκ ἐδύνατο οὗτος ... ποιῆσαι ἵνα καὶ οὗτος μὴ ἀποθάνῃ

11 42 διὰ τὸν ὄχλον τὸν περιεστῶτα εἶπον, ἵνα πιστεύσωσιν ὅτι σύ με ἀπέστειλας

11 50ᵉσυμφέρει ὑμῖν (ἡμ. Vς) ἵνα εἷς ἄνθρωπος ἀποθάνῃ ὑπὲρ τοῦ λαοῦ

11 52ᵍʳ⟨ἔμελλεν Ἰησοῦς ἀποθνήσκειν⟩ οὐχ ὑπὲρ τοῦ ἔθνους [+δὲ S] μόνον, ἀλλ' ἵνα καὶ τὰ τέκνα τοῦ θεοῦ ... συναγάγῃ εἰς ἕν. ↔

11 53 ἀπ' ἐκείνης οὖν τῆς ἡμέρας ἐβουλεύσαντο (συν- VSς) ἵνα ἀποκτείνωσιν αὐτόν

11 55 ἀνέβησαν πολλοὶ εἰς Ἱεροσόλυμα ... πρὸ τοῦ πάσχα, ἵνα ἁγνίσωσιν ἑαυτούς

11 57¹δεδώκεισαν δὲ οἱ ἀρχιερεῖς ... ἐντολὰς ἵνα ἐάν τις γνῷ ποῦ ἐστιν μηνύσῃ

12 7 ἄφες αὐτήν, ἵνα (—ς) εἰς τὴν ἡμέραν τοῦ ἐνταφιασμοῦ μου τηρήσῃ (τετήρηκεν ς) αὐτό

12 9ᵍʳἦλθον οὐ διὰ τὸν Ἰησοῦν μόνον, ἀλλ' ἵνα καὶ τὸν Λάζαρον ἴδωσιν

12 10ᵉἐβουλεύσαντο δὲ οἱ ἀρχιερεῖς ἵνα καὶ τὸν Λάζαρον ἀποκτείνωσιν

12 20 ἦσαν δὲ Ἕλληνές τινες ἐκ τῶν ἀναβαινόντων ἵνα προσκυνήσωσιν ἐν τῇ ἑορτῇ

12 23 ἐλήλυθεν ἡ ὥρα ἵνα δοξασθῇ ὁ υἱὸς τοῦ ἀνθρώπου

12 35ᵉπεριπατεῖτε ὡς τὸ φῶς ἔχετε, ἵνα μὴ σκοτία ὑμᾶς καταλάβῃ

12 36 πιστεύετε εἰς τὸ φῶς, ἵνα υἱοὶ φωτὸς γένησθε

12 38 ⟨οὐκ ἐπίστευον εἰς αὐτόν⟩ ἵνα ὁ λόγος Ἠσαΐου τοῦ προφήτου πληρωθῇ ὃν εἶπεν

12 40ᵉτετύφλωκεν αὐτῶν τοὺς ὀφθαλμούς ... ἵνα μὴ ἴδωσιν τοῖς ὀφθαλμοῖς

12 42ᵉδιὰ τοὺς Φαρισαίους οὐχ ὡμολόγουν, ἵνα μὴ ἀποσυνάγωγοι γένωνται

12 46ᵉἐγὼ φῶς εἰς τὸν κόσμον ἐλήλυθα, ἵνα πᾶς ὁ πιστεύων εἰς ἐμὲ ἐν τῇ σκοτίᾳ μὴ μείνῃ

12 47 οὐ γὰρ ἦλθον ἵνα κρίνω τὸν κόσμον, ↔

12 47ʳἀλλ' ἵνα σώσω τὸν κόσμον

Jo 13 1 ἦλθεν αὐτοῦ ἡ ὥρα ἵνα μεταβῇ ἐκ τοῦ κόσμου τούτου πρὸς τὸν πατέρα

13 2 τοῦ διαβόλου ἤδη βεβληκότος εἰς τὴν καρδίαν ἵνα παραδοῖ (-δῷ VSϛ) αὐτὸν Ἰούδας Σίμωνος

13 15ⁿ ὑπόδειγμα γὰρ ἔδωκα (δέδ. T) ὑμῖν ἵνα καθὼς ἐγὼ ἐποίησα ὑμῖν καὶ ὑμεῖς ποιῆτε

13 18ʳ οὐ περὶ πάντων ὑμῶν λέγω ... ἀλλ' ἵνα ἡ γραφὴ πληρωθῇ

13 19ᵐ λέγω ὑμῖν πρὸ τοῦ γενέσθαι, ἵνα || πιστεύσητε (-εύητε NH) ὅταν γένηται (~ϛ) ὅτι ἐγώ εἰμι

13 29ʲ λέγει αὐτῷ ὁ ([N²⁶]; —NTH) Ἰησοῦς ... τοῖς πτωχοῖς ἵνα τι δῷ

13 34 ἐντολὴν καινὴν δίδωμι ὑμῖν, ἵνα ἀγαπᾶτε ἀλλήλους, ↔

13 34ᵍ καθὼς ἠγάπησα ὑμᾶς ἵνα καὶ ὑμεῖς ἀγαπᾶτε ἀλλήλους

14 3ᵠ παραλήμψομαι ὑμᾶς πρὸς ἐμαυτόν, ἵνα ὅπου εἰμὶ ἐγὼ καὶ ὑμεῖς ἦτε

14 13 ὅ τι ἂν αἰτήσητε ... ποιήσω, ἵνα δοξασθῇ ὁ πατὴρ ἐν τῷ υἱῷ

14 16 ἄλλον παράκλητον δώσει ὑμῖν, ἵνα || μεθ' ὑμῶν εἰς τὸν αἰῶνα ᾖ (μένῃ ϛ) ((~ T NMVBSHϛ))

14 29ᵐ νῦν εἴρηκα ὑμῖν πρὶν γενέσθαι, ἵνα ὅταν γένηται πιστεύσητε

14 31ʳ ἀλλ' ἵνα γνῷ ὁ κόσμος ὅτι ἀγαπῶ τὸν πατέρα

15 2 πᾶν κλῆμα ... τὸ καρπὸν φέρον, καθαίρει αὐτὸ ἵνα καρπὸν πλείονα φέρῃ

15 8ᵇˣ ἐν τούτῳ ἐδοξάσθη ὁ πατήρ μου, ἵνα καρπὸν πολὺν φέρητε καὶ γένησθε (N²⁶H; -σεσθε rl) ἐμοὶ μαθηταί

15 11 ταῦτα λελάληκα ὑμῖν ἵνα ἡ χαρὰ ἡ ἐμὴ ἐν ὑμῖν ᾖ (μείνῃ ϛ)

15 12ˣ αὕτη ἐστὶν ἡ ἐντολὴ ἡ ἐμή, ἵνα ἀγαπᾶτε ἀλλήλους καθὼς ἠγάπησα ὑμᾶς.

15 13ʲˣ μείζονα ταύτης ἀγάπην οὐδεὶς ἔχει, ἵνα τις (—T) τὴν ψυχὴν αὐτοῦ θῇ ὑπὲρ τῶν φίλων αὐτοῦ

15 16 ἔθηκα ὑμᾶς ἵνα ὑμεῖς ὑπάγητε καὶ καρπὸν φέρητε καὶ ὁ καρπὸς ὑμῶν μένῃ, ↔

15 16ᵖ ἵνα ὅ τι ἂν αἰτήσητε τὸν πατέρα ἐν τῷ ὀνόματί μου δῷ ὑμῖν. ↔

15 17ˣ ταῦτα ἐντέλλομαι ὑμῖν, ἵνα ἀγαπᾶτε ἀλλήλους

15 25ʳ ἀλλ' ἵνα πληρωθῇ ὁ λόγος ὁ ἐν τῷ νόμῳ αὐτῶν γεγραμμένος

16 1ᵉ ταῦτα λελάληκα ὑμῖν ἵνα μὴ σκανδαλισθῆτε

16 2 ἔρχεται ὥρα ἵνα πᾶς ὁ ἀποκτείνας ὑμᾶς [H] δόξῃ λατρείαν προσφέρειν τῷ θεῷ

16 4ᵐ ταῦτα λελάληκα ὑμῖν ἵνα ὅταν ἔλθῃ ἡ ὥρα αὐτῶν ([V]; —Tϛ) μνημονεύητε αὐτῶν

16 7 συμφέρει ὑμῖν ἵνα ἐγὼ ἀπέλθω

16 24 αἰτεῖτε, καὶ λήμψεσθε, ἵνα ἡ χαρὰ ὑμῶν ᾖ πεπληρωμένη

16 30ʲ οὐ χρείαν ἔχεις ἵνα τίς σε ἐρωτᾷ

16 32 ἔρχεται ὥρα καὶ (+νῦν Vϛ) ἐλήλυθεν ἵνα σκορπισθῆτε ἕκαστος εἰς τὰ ἴδια

16 33 ταῦτα λελάληκα ὑμῖν ἵνα ἐν ἐμοὶ εἰρήνην ἔχητε

17 1ᵍ δόξασόν σου τὸν υἱόν, ἵνα (+καὶ ϛ) ὁ υἱὸς (+σου V[S]ϛ) δοξάσῃ σέ

Jo 17 2ᵇ ἵνα πᾶν ὃ δέδωκας αὐτῷ δώσῃ (-σει MVBSH) αὐτοῖς ζωὴν αἰώνιον. ↔

17 3ᵃˣ αὕτη δέ ἐστιν ἡ αἰώνιος ζωή, ἵνα γινώσκωσιν (-κουσιν T) σὲ τὸν μόνον ἀληθινὸν θεόν

17 4 ἐγώ σε ἐδόξασα ... τὸ ἔργον τελειώσας ὃ δέδωκάς μοι ἵνα ποιήσω

17 11 τήρησον αὐτοὺς ἐν τῷ ὀνόματί σου ... ἵνα ὦσιν ἓν καθὼς ἡμεῖς

17 12 οὐδεὶς ... ἀπώλετο εἰ μὴ ὁ υἱὸς τῆς ἀπωλείας, ἵνα ἡ γραφὴ πληρωθῇ

17 13 ταῦτα λαλῶ ἐν τῷ κόσμῳ ἵνα ἔχωσιν τὴν χαρὰν τὴν ἐμὴν πεπληρωμένην ἐν ἑαυτοῖς (αὐτοῖς Sϛ)

17 15 οὐκ ἐρωτῶ ἵνα ἄρῃς αὐτοὺς ἐκ τοῦ κόσμου, ↔

17 15ʳ ἀλλ' ἵνα τηρήσῃς αὐτοὺς ἐκ τοῦ πονηροῦ

17 19 ὑπὲρ αὐτῶν ἐγὼ ([NH]; —T) ἁγιάζω ἐμαυτόν, ἵνα ὦσιν καὶ αὐτοὶ ἡγιασμένοι ἐν ἀληθείᾳ

17 21 ⟨ἐρωτῶ⟩ ἵνα πάντες ἓν ὦσιν

17 21ᵍ ἵνα καὶ αὐτοὶ ἐν ἡμῖν (+ἐν MVBSϛ) ὦσιν, ↔

17 21 ἵνα ὁ κόσμος πιστεύῃ (-σῃ MVBSϛ) ὅτι σύ με ἀπέστειλας. ↔

17 22 κἀγὼ τὴν δόξαν ἣν δέδωκάς μοι δέδωκα αὐτοῖς, ἵνα ὦσιν ἓν καθὼς ἡμεῖς ἕν

17 23 ἵνα ὦσιν τετελειωμένοι εἰς ἕν, ↔

17 23ᵗ (+καὶ ϛ) ἵνα γινώσκῃ ὁ κόσμος ὅτι σύ με ἀπέστειλας

17 24ᵠ ὃ δέδωκάς μοι, θέλω ἵνα ὅπου εἰμὶ ἐγὼ κἀκεῖνοι ὦσιν μετ' ἐμοῦ, ↔

17 24 ἵνα θεωρῶσιν τὴν δόξαν τὴν ἐμήν

17 26 ἐγνώρισα αὐτοῖς τὸ ὄνομά σου ... ἵνα ἡ ἀγάπη ἣν ἠγάπησάς με ἐν αὐτοῖς ᾖ

18 9 ἵνα πληρωθῇ ὁ λόγος ὃν εἶπεν

18 28ᵉ αὐτοὶ οὐκ εἰσῆλθον εἰς τὸ πραιτώριον, ἵνα μὴ μιανθῶσιν ↔

18 28ʳ ἀλλ' ἵνα (+ϛ) φάγωσιν τὸ πάσχα

18 32 ἵνα ὁ λόγος τοῦ Ἰησοῦ πληρωθῇ ὃν εἶπεν

18 36ᵉ οἱ ὑπηρέται || οἱ ἐμοὶ ἠγωνίζοντο ἂν [N²⁶] ((~NMVTϛ)), ἵνα μὴ παραδοθῶ τοῖς Ἰουδαίοις

18 37ᵉ ἐγὼ ... εἰς τοῦτο ἐλήλυθα εἰς τὸν κόσμον, ἵνα μαρτυρήσω τῇ ἀληθείᾳ

18 39 ἔστιν δὲ συνήθεια ὑμῖν ἵνα ἕνα | ἀπολύσω ὑμῖν (~ Sϛ) ἐν [H] τῷ πάσχα

19 4 ἴδε ἄγω ὑμῖν αὐτὸν ἔξω, ἵνα γνῶτε

19 16 τότε οὖν παρέδωκεν αὐτὸν αὐτοῖς ἵνα σταυρωθῇ

19 24 ἵνα ἡ γραφὴ πληρωθῇ | ἡ λέγουσα (+[N²⁶MS]VBϛ)

19 28 ἵνα τελειωθῇ ἡ γραφή, λέγει

19 31ᵉ ἵνα μὴ μείνῃ ἐπὶ τοῦ σταυροῦ τὰ σώματα ἐν τῷ σαββάτῳ ... ἠρώτησαν τὸν Πιλᾶτον ↔

19 31 ἵνα κατεαγῶσιν αὐτῶν τὰ σκέλη καὶ ἀρθῶσιν

19 35ᵍ ἐκεῖνος οἶδεν ὅτι ἀληθῆ λέγει, ἵνα καὶ (—ϛ) ὑμεῖς πιστεύσητε (-στεύ[σ]ητε N²⁶S; πιστεύητε NMTH). ↔

19 36 ἐγένετο γὰρ ταῦτα ἵνα ἡ γραφὴ πληρωθῇ

19 38 ἠρώτησεν τὸν Πιλᾶτον Ἰωσήφ ... ἵνα ἄρῃ τὸ σῶμα τοῦ Ἰησοῦ

Jo 20 31 ταῦτα δὲ γέγραπται ἵνα πιστεύσητε (-στεύ[σ]ητε N²⁶; πιστεύητε NMBTH)

20 31ᵗ καὶ ἵνα πιστεύοντες ζωὴν ἔχητε ἐν τῷ ὀνόματι αὐτοῦ

Ac 2 25ᵉ ἐκ δεξιῶν μού ἐστιν, ἵνα μὴ σαλευθῶ

4 17ᵉʳ ἀλλ' ἵνα μὴ ἐπὶ πλεῖον διανεμηθῇ εἰς τὸν λαόν, (+ἀπειλῇ VBϛ) ἀπειλησώμεθα αὐτοῖς

5 15ᵇ¹ ὥστε καὶ εἰς τὰς πλατείας ἐκφέρειν τοὺς ἀσθενεῖς ... ἵνα ἐρχομένου Πέτρου κἂν ἡ σκιὰ ἐπισκιάσῃ (-σει H) τινὶ αὐτῶν

5 26ᵉ * ἐφοβοῦντο γὰρ τὸν λαόν, ἵνα (+Tϛ) μὴ λιθασθῶσιν

8 19ᵖ δότε κἀμοὶ τὴν ἐξουσίαν ταύτην ἵνα ᾧ ἐὰν ἐπιθῶ τὰς χεῖρας λαμβάνῃ πνεῦμα ἅγιον

9 21ˣ οὐχ ... ὧδε εἰς τοῦτο ἐληλύθει, ἵνα δεδεμένους αὐτοὺς ἀγάγῃ ἐπὶ τοὺς ἀρχιερεῖς;

16 30 κύριοι, τί με δεῖ ποιεῖν ἵνα σωθῶ;

16 36 ἀπήγγειλεν δὲ ὁ δεσμοφύλαξ ... πρὸς τὸν Παῦλον, ὅτι ἀπέσταλκαν οἱ στρατηγοὶ ἵνα ἀπολυθῆτε

17 15 λαβόντες ἐντολὴν πρὸς τὸν Σιλᾶν καὶ τὸν Τιμόθεον ἵνα ὡς τάχιστα ἔλθωσιν πρὸς αὐτὸν ἐξῄεσαν

19 4 τῷ λαῷ λέγων εἰς τὸν ἐρχόμενον μετ' αὐτὸν ἵνα πιστεύσωσιν

21 24ᵇ δαπάνησον ἐπ' αὐτοῖς ἵνα ξυρήσονται (-σωνται VSϛ) τὴν κεφαλήν, καὶ γνώσονται (γνῶσι ϛ) πάντες

22 5 ἄξων καὶ τοὺς ἐκεῖσε ὄντας δεδεμένους εἰς Ἰερουσαλὴμ ἵνα τιμωρηθῶσιν

22 24 εἴπας μάστιξιν ἀνετάζεσθαι αὐτόν, ἵνα ἐπιγνῷ δι' ἣν αἰτίαν οὕτως ἐπεφώνουν αὐτῷ

23 24 κτήνη τε παραστῆσαι, ἵνα ἐπιβιβάσαντες τὸν Παῦλον διασώσωσι πρὸς Φήλικα τὸν ἡγεμόνα

24 4ᵉʰ ἵνα δὲ μὴ ἐπὶ πλεῖόν σε ἐγκόπτω, παρακαλῶ ἀκοῦσαί σε ἡμῶν συντόμως

27 42 τῶν δὲ στρατιωτῶν βουλὴ ἐγένετο ἵνα τοὺς δεσμώτας ἀποκτείνωσιν

Rm 1 11ʲ ἐπιποθῶ γὰρ ἰδεῖν ὑμᾶς, ἵνα τι μεταδῶ χάρισμα ὑμῖν πνευματικόν

1 13ʲ πολλάκις προεθέμην ἐλθεῖν πρὸς ὑμᾶς ... ἵνα τινὰ καρπὸν σχῶ καὶ ἐν ὑμῖν

3 8 ποιήσωμεν τὰ κακὰ ἵνα ἔλθῃ τὰ ἀγαθά

3 19 ὅσα ὁ νόμος λέγει τοῖς ἐν τῷ νόμῳ λαλεῖ, ἵνα πᾶν στόμα φραγῇ

4 16ᵈ (οὐ γὰρ διὰ νόμου ἡ ἐπαγγελία) διὰ τοῦτο ἐκ πίστεως, ἵνα κατὰ χάριν

5 20 νόμος δὲ παρεισῆλθεν ἵνα πλεονάσῃ τὸ παράπτωμα

5 21ⁿ (ὑπερεπερίσσευσεν ἡ χάρις) ἵνα ὥσπερ ἐβασίλευσεν ... οὕτως καὶ ἡ χάρις βασιλεύσῃ

6 1 τί οὖν ἐροῦμεν; ἐπιμένομεν τῇ ἁμαρτίᾳ, ἵνα ἡ χάρις πλεονάσῃ;

6 4ⁿ συνετάφημεν οὖν αὐτῷ ... εἰς τὸν θάνατον, ἵνα ὥσπερ ἠγέρθη Χριστὸς ... οὕτως καὶ ἡμεῖς ἐν καινότητι ζωῆς περιπατήσωμεν

6 6 ὁ παλαιὸς ἡμῶν ἄνθρωπος συνεσταυρώθη, ἵνα καταργηθῇ τὸ σῶμα τῆς ἁμαρτίας

Rm 7 4 εἰς τὸ γενέσθαι ὑμᾶς ἑτέρῳ . . . ἵνα καρποφορήσωμεν τῷ θεῷ

7 13 ἀλλὰ ἡ ἁμαρτία, ἵνα φανῇ ἁμαρτία

7 13 ἵνα γένηται καθ' ὑπερβολὴν ἁμαρτωλὸς ἡ ἁμαρτία διὰ τῆς ἐντολῆς

8 4 ⟨ὁ θεὸς . . . κατέκρινεν τὴν ἁμαρτίαν⟩ ἵνα τὸ δικαίωμα τοῦ νόμου πληρωθῇ

8 17ᵍ συμπάσχομεν ἵνα καὶ συνδοξασθῶμεν

9 11 ἵνα ἡ κατ' ἐκλογὴν πρόθεσις τοῦ θεοῦ μένῃ ⟨ἐρρέθη αὐτῇ⟩

9 23ᵗ ⟨εἰ δὲ . . . ἤνεγκεν⟩ καὶ (—H) ἵνα γνωρίσῃ τὸν πλοῦτον τῆς δόξης αὐτοῦ ⟨;⟩

11 11 μὴ ἔπταισαν ἵνα πέσωσιν; μὴ γένοιτο

11 19 ἐξεκλάσθησαν κλάδοι ἵνα ἐγὼ ἐγκεντρισθῶ

11 25ᵉ οὐ γὰρ θέλω ὑμᾶς ἀγνοεῖν, ἀδελφοί, τὸ μυστήριον τοῦτο, ἵνα μὴ ἦτε παρ' ([N²⁶]; ἐν NH) ἑαυτοῖς φρόνιμοι

11 31ᵍ οὕτως καὶ οὗτοι νῦν (—S) ἠπείθησαν τῷ ὑμετέρῳ ἐλέει ἵνα καὶ αὐτοὶ νῦν ([N²⁶M]; —ς) ἐλεηθῶσιν. ↔

11 32 συνέκλεισεν γὰρ ὁ θεὸς τοὺς πάντας εἰς ἀπείθειαν ἵνα τοὺς πάντας ἐλεήσῃ

14 9ᵍˣ εἰς τοῦτο γὰρ Χριστὸς (+καὶ Vς) ἀπέθανεν . . . ἵνα καὶ νεκρῶν καὶ ζώντων κυριεύσῃ

15 4 ἐγράφη, ἵνα . . . διὰ τῆς παρακλήσεως τῶν γραφῶν τὴν ἐλπίδα ἔχωμεν

15 6 ⟨δῴη ὑμῖν τὸ αὐτὸ φρονεῖν⟩ ἵνα ὁμοθυμαδὸν ἐν ἑνὶ στόματι δοξάζητε τὸν θεόν

15 16 εἰς τὸ εἶναί με λειτουργὸν Χριστοῦ . . . ἵνα γένηται ἡ προσφορὰ τῶν ἐθνῶν εὐπρόσδεκτος

15 20ᵉ οὕτως δὲ φιλοτιμούμενον εὐαγγελίζεσθαι οὐχ ὅπου ὠνομάσθη Χριστός, ἵνα μὴ ἐπ' ἀλλότριον θεμέλιον οἰκοδομῶ

15 31 ⟨συναγωνίσασθαί μοι ἐν ταῖς προσευχαῖς⟩ ἵνα ῥυσθῶ ἀπὸ τῶν ἀπειθούντων ἐν τῇ Ἰουδαίᾳ ↔

15 31ᵗ * καὶ ἵνα (+ς) ἡ διακονία μου ἡ εἰς Ἰερουσαλὴμ εὐπρόσδεκτος τοῖς ἁγίοις γένηται, ↔

15 32 ἵνα || ἐν χαρᾷ ἐλθὼν (ἔλθω ς) ((~T)) πρὸς ὑμᾶς διὰ θελήματος θεοῦ (+καὶ ς) συναναπαύσωμαι ὑμῖν

16 2 ⟨συνίστημι δὲ ὑμῖν Φοίβην⟩ ἵνα | αὐτὴν προσδέξησθε (~H) ἐν κυρίῳ ἀξίως τῶν ἁγίων

1 C 1 10ᵉ παρακαλῶ δὲ ὑμᾶς . . . ἵνα τὸ αὐτὸ λέγητε πάντες, καὶ μὴ ᾖ ἐν ὑμῖν σχίσματα

1 15ᵉ ἵνα μή τις εἴπῃ ὅτι εἰς τὸ ἐμὸν ὄνομα ἐβαπτίσθητε

1 17ᵉ ἀπέστειλέν με Χριστὸς . . . εὐαγγελίζεσθαι . . . ἵνα μὴ κενωθῇ ὁ σταυρὸς τοῦ Χριστοῦ

1 27 ἀλλὰ τὰ μωρὰ τοῦ κόσμου ἐξελέξατο ὁ θεὸς ἵνα καταισχύνῃ τοὺς σοφούς, ↔

1 27 καὶ τὰ ἀσθενῆ τοῦ κόσμου ἐξελέξατο ὁ θεὸς ἵνα καταισχύνῃ τὰ ἰσχυρά, ↔

1 28 καὶ τὰ ἀγενῆ τοῦ κόσμου . . . ἐξελέξατο . . . ἵνα τὰ ὄντα καταργήσῃ

1 C 1 31ᵈⁿ ἵνα καθὼς γέγραπται

2 5ᵉ ἵνα ἡ πίστις ὑμῶν μὴ ᾖ ἐν σοφίᾳ ἀνθρώπων ἀλλ' ἐν δυνάμει θεοῦ

2 12 οὐ τὸ πνεῦμα τοῦ κόσμου ἐλάβομεν ἀλλὰ . . . τὸ ἐκ τοῦ θεοῦ, ἵνα εἰδῶμεν τὰ ὑπὸ τοῦ θεοῦ χαρισθέντα ἡμῖν

3 18 μωρὸς γενέσθω, ἵνα γένηται σοφός

4 2 ὧδε λοιπὸν ζητεῖται (-τεῖτε BS) ἐν τοῖς οἰκονόμοις ἵνα πιστός τις εὑρεθῇ. ↔

4 3 ἐμοὶ δὲ εἰς ἐλάχιστόν ἐστιν ἵνα ὑφ' ὑμῶν ἀνακριθῶ

4 6 μετεσχημάτισα . . . ἵνα ἐν ἡμῖν μάθητε τὸ μὴ ὑπὲρ ἃ γέγραπται, ↔

4 6ᵃᵉ ἵνα μὴ εἷς ὑπὲρ τοῦ ἑνὸς φυσιοῦσθε κατὰ τοῦ ἑτέρου

4 8ᵍ ὄφελόν γε ἐβασιλεύσατε, ἵνα καὶ ἡμεῖς ὑμῖν συμβασιλεύσωμεν

5 2 οὐχὶ μᾶλλον ἐπενθήσατε, ἵνα ἀρθῇ (ἐξ- ς) ἐκ μέσου ὑμῶν ὁ τὸ ἔργον τοῦτο πράξας;

5 5 ⟨κέκρικα⟩ παραδοῦναι τὸν τοιοῦτον τῷ σατανᾷ . . . ἵνα τὸ πνεῦμα σωθῇ ἐν τῇ ἡμέρᾳ τοῦ κυρίου

5 7 ἐκκαθάρατε (+οὖν Sς) τὴν παλαιὰν ζύμην, ἵνα ἦτε νέον φύραμα

7 5 μὴ ἀποστερεῖτε ἀλλήλους, εἰ μήτι . . . πρὸς καιρὸν ἵνα σχολάσητε τῇ προσευχῇ καὶ πάλιν ἐπὶ τὸ αὐτὸ ἦτε, ↔

7 5ᵉ ἵνα μὴ πειράζῃ ὑμᾶς ὁ σατανᾶς διὰ τὴν ἀκρασίαν ὑμῶν [NH]

7 29ᵍ τὸ λοιπὸν ἵνα καὶ οἱ ἔχοντες γυναῖκας ὡς μὴ ἔχοντες ὦσιν

7 34 (+ἡ ἄγαμος Sς) μεριμνᾷ τὰ τοῦ κυρίου, ἵνα ᾖ ἁγία . . . τῷ πνεύματι

7 35ᵍ τοῦτο δὲ πρὸς τὸ ὑμῶν αὐτῶν σύμφορον λέγω, οὐχ ἵνα βρόχον ὑμῖν ἐπιβάλω, ἀλλὰ πρὸς τὸ εὔσχημον

8 13ᵉ οὐ μὴ φάγω κρέα εἰς τὸν αἰῶνα, ἵνα μὴ τὸν ἀδελφόν μου σκανδαλίσω

9 12ᵉ πάντα στέγομεν ἵνα μή τινα ἐγκοπὴν (ἐκ- T) δῶμεν τῷ εὐαγγελίῳ τοῦ Χριστοῦ

9 15 οὐκ ἔγραψα δὲ ταῦτα ἵνα οὕτως γένηται ἐν ἐμοί· ↔

9 15ʲ * καλὸν γάρ μοι μᾶλλον ἀποθανεῖν ἢ τὸ καύχημά μου | ἵνα τις κενώσῃ (ς; οὐδεὶς κενώσει rl)

9 18 τίς οὖν μού ἐστιν ὁ μισθός; ἵνα εὐαγγελιζόμενος ἀδάπανον θήσω τὸ εὐαγγέλιον

9 19 πᾶσιν ἐμαυτὸν ἐδούλωσα, ἵνα τοὺς πλείονας κερδήσω· ↔

9 20 καὶ ἐγενόμην τοῖς Ἰουδαίοις ὡς Ἰουδαῖος, ἵνα Ἰουδαίους κερδήσω·

9 20 τοῖς ὑπὸ νόμον ὡς ὑπὸ νόμον . . . ἵνα τοὺς ὑπὸ νόμον κερδήσω· ↔

9 21ᵇ τοῖς ἀνόμοις ὡς ἄνομος . . . ἵνα κερδάνω (-νῶ H; -δήσω ς) τοὺς ἀνόμους·

9 22 ἐγενόμην τοῖς ἀσθενέσιν (+ὡς [MVS]ς) ἀσθενής, ἵνα τοὺς ἀσθενεῖς κερδήσω· ↔

9 22 τοῖς πᾶσιν γέγονα πάντα, ἵνα πάντως τινὰς σώσω. ↔

9 23 πάντα δὲ ποιῶ διὰ τὸ εὐαγγέλιον, ἵνα συγκοινωνὸς αὐτοῦ γένωμαι

9 24 οὕτως τρέχετε ἵνα καταλάβητε

9 25 ἐκεῖνοι μὲν οὖν ἵνα φθαρτὸν στέφανον λάβωσιν

1 C 10 33 μὴ ζητῶν τὸ ἐμαυτοῦ σύμφορον ἀλλὰ τὸ τῶν πολλῶν, ἵνα σωθῶσιν

11 19ᵍ δεῖ γὰρ καὶ αἱρέσεις ἐν ὑμῖν εἶναι, ἵνα καὶ ([N²⁶NVH]; —STς) οἱ δόκιμοι φανεροὶ γένωνται ἐν ὑμῖν

11 32ᵉ παιδευόμεθα, ἵνα μὴ σὺν τῷ κόσμῳ κατακριθῶμεν

11 34ᵉ ἐν οἴκῳ ἐσθιέτω, ἵνα μὴ εἰς κρίμα συνέρχησθε

12 25ᵉ ⟨συνεκέρασεν τὸ σῶμα⟩ ἵνα μὴ ᾖ σχίσμα (-ματα VT) ἐν τῷ σώματι, ἀλλὰ . . . μεριμνῶσιν τὰ μέλη

13 3ᵇ ἐὰν παραδῶ τὸ σῶμά μου ἵνα καυχήσωμαι (N²⁶H; καυθήσομαι NMVBST; καυθήσωμαι ς), ἀγάπην δὲ μὴ ἔχω, οὐδὲν ὠφελοῦμαι

14 1ʷ ζηλοῦτε δὲ τὰ πνευματικά, μᾶλλον δὲ ἵνα προφητεύητε

14 5ʷ θέλω δὲ πάντας ὑμᾶς λαλεῖν γλώσσαις, μᾶλλον δὲ ἵνα προφητεύητε· ↔

14 5 μείζων δὲ ὁ προφητεύων . . . ἐκτὸς εἰ μὴ διερμηνεύῃ, ἵνα ἡ ἐκκλησία οἰκοδομὴν λάβῃ

14 12 πρὸς τὴν οἰκοδομὴν τῆς ἐκκλησίας ζητεῖτε ἵνα περισσεύητε. ↔

14 13 διὸ (διόπερ Sς) ὁ λαλῶν γλώσσῃ προσευχέσθω ἵνα διερμηνεύῃ

14 19ᵍ ἐν ἐκκλησίᾳ θέλω πέντε λόγους | τῷ νοΐ (διὰ τοῦ νοός Sς) μου λαλῆσαι, ἵνα καὶ ἄλλους κατηχήσω

14 31 δύνασθε γὰρ καθ' ἕνα πάντες προφητεύειν, ἵνα πάντες μανθάνωσιν καὶ πάντες παρακαλῶνται

15 28 ὑποταγήσεται τῷ ὑποτάξαντι αὐτῷ τὰ πάντα, ἵνα ᾖ ὁ θεὸς τὰ ([N²⁶S]; —NH) πάντα ἐν πᾶσιν

16 2ᵉ παρ' ἑαυτῷ τιθέτω . . . ἵνα μὴ ὅταν ἔλθω τότε λογεῖαι γίνωνται

16 6 πρὸς ὑμᾶς δὲ τυχὸν παραμενῶ (κατα- NH) . . . ἵνα ὑμεῖς με προπέμψητε οὗ ἐὰν πορεύωμαι

16 10 ἐὰν δὲ ἔλθῃ Τιμόθεος, βλέπετε ἵνα ἀφόβως γένηται πρὸς ὑμᾶς

16 11 προπέμψατε δὲ αὐτὸν ἐν εἰρήνῃ, ἵνα ἔλθῃ πρός με

16 12 πολλὰ παρεκάλεσα αὐτὸν ἵνα ἔλθῃ πρὸς ὑμᾶς μετὰ τῶν ἀδελφῶν· ↔

16 12 καὶ πάντως οὐκ ἦν θέλημα ἵνα νῦν ἔλθῃ

16 16ᵍ ἵνα καὶ ὑμεῖς ὑποτάσσησθε τοῖς τοιούτοις

2 C 1 9ᵉ αὐτοὶ ἐν ἑαυτοῖς τὸ ἀπόκριμα τοῦ θανάτου ἐσχήκαμεν, ἵνα μὴ πεποιθότες ὦμεν ἐφ' ἑαυτοῖς

1 11 ἵνα ἐκ πολλῶν προσώπων τὸ εἰς ἡμᾶς χάρισμα διὰ πολλῶν εὐχαριστηθῇ ὑπὲρ ἡμῶν

1 15 ἐβουλόμην πρότερον πρὸς ὑμᾶς ἐλθεῖν ἵνα δευτέραν χάριν (χαρὰν SH) σχῆτε (ἔχητε ς)

1 17 κατὰ σάρκα βουλεύομαι, ἵνα ᾖ παρ' ἐμοὶ τὸ ναί

2 3ᵉ ἔγραψα τοῦτο αὐτὸ ἵνα μὴ ἐλθὼν λύπην σχῶ (ἔχω ς) ἀφ' ὧν ἔδει με χαίρειν

2 4ᵍ ἔγραψα ὑμῖν διὰ πολλῶν δακρύων, οὐχ ἵνα λυπηθῆτε, ↔

2 4ʳ ἀλλὰ τὴν ἀγάπην ἵνα γνῶτε ἣν ἔχω περισσοτέρως εἰς ὑμᾶς

2 5ᵉ οὐκ ἐμὲ λελύπηκεν, ἀλλὰ ἀπὸ μέρους, ἵνα μὴ ἐπιβαρῶ, πάντας ὑμᾶς

2 9ˣ εἰς τοῦτο γὰρ καὶ ἔγραψα, ἵνα γνῶ τὴν δοκιμὴν ὑμῶν

2 C   2 11e ⟨κεχάρισμαι⟩ ἵνα μὴ πλεονεκτη-
θῶμεν ὑπὸ τοῦ σατανᾶ

4 7e ἔχομεν δὲ τὸν θησαυρὸν τοῦτον ἐν
ὀστρακίνοις σκεύεσιν, ἵνα ἡ ὑπερ-
βολὴ τῆς δυνάμεως ᾖ τοῦ θεοῦ

4 10g πάντοτε τὴν νέκρωσιν τοῦ Ἰησοῦ
ἐν τῷ σώματι περιφέροντες, ἵνα
καὶ ἡ ζωὴ τοῦ Ἰησοῦ ... φανε-
ρωθῇ

4 11g εἰς θάνατον παραδιδόμεθα διὰ
Ἰησοῦν, ἵνα καὶ ἡ ζωὴ τοῦ Ἰησοῦ
φανερωθῇ

4 15 τὰ γὰρ πάντα δι' ὑμᾶς, ἵνα ἡ χά-
ρις ... περισσεύσῃ εἰς τὴν δόξαν
τοῦ θεοῦ

5 4 οὐ θέλομεν ἐκδύσασθαι ... ἵνα κατα-
ποθῇ τὸ θνητὸν ὑπὸ τῆς ζωῆς

5 10 φανερωθῆναι δεῖ ... ἵνα κομίσηται
ἕκαστος τὰ διὰ τοῦ σώματος

5 12 ἀφορμὴν διδόντες ὑμῖν καυχήματος
ὑπὲρ ἡμῶν, ἵνα ἔχητε πρὸς τοὺς
ἐν προσώπῳ καυχωμένους

5 15f ὑπὲρ πάντων ἀπέθανεν ἵνα οἱ
ζῶντες μηκέτι ἑαυτοῖς ζῶσιν ἀλλὰ
τῷ ὑπὲρ αὐτῶν ἀποθανόντι

5 21 ὑπὲρ ἡμῶν ἁμαρτίαν ἐποίησεν,
ἵνα ἡμεῖς γενώμεθα δικαιοσύνη
θεοῦ ἐν αὐτῷ

6 3e μηδεμίαν ἐν μηδενὶ διδόντες προσ-
κοπήν, ἵνα μὴ μωμηθῇ ἡ διακονία

7 9f ἐλυπήθητε γὰρ κατὰ θεόν, ἵνα ἐν
μηδενὶ ζημιωθῆτε ἐξ ἡμῶν

8 6n εἰς τὸ παρακαλέσαι ἡμᾶς Τίτον,
ἵνα καθὼς προενήρξατο οὕτως καὶ
ἐπιτελέσῃ εἰς ὑμᾶς καὶ τὴν χάριν
ταύτην. ↔

8 7g ἀλλ' ὥσπερ ἐν παντὶ περισσεύετε
... ἵνα καὶ ἐν ταύτῃ τῇ χάριτι
περισσεύητε

8 9 δι' ὑμᾶς ἐπτώχευσεν πλούσιος
ὤν, ἵνα ὑμεῖς τῇ ἐκείνου πτωχείᾳ
πλουτήσητε

8 13ds οὐ γὰρ ἵνα ἄλλοις ἄνεσις, ὑμῖν (+
δὲ [VS]ς) θλῖψις

8 14g τὸ ὑμῶν περίσσευμα εἰς τὸ ἐκείνων
ὑστέρημα, ἵνα καὶ τὸ ἐκείνων περ-
ίσσευμα γένηται εἰς τὸ ὑμῶν
ὑστέρημα

9 3e ἔπεμψα δὲ τοὺς ἀδελφούς, ἵνα μὴ
τὸ καύχημα ἡμῶν τὸ ὑπὲρ ὑμῶν
κενωθῇ ἐν τῷ μέρει τούτῳ, ↔

9 3n ἵνα καθὼς ἔλεγον παρεσκευασμένοι
ἦτε, ↔

9 4e μή πως ... καταισχυνθῶμεν ἡμεῖς,
ἵνα μὴ λέγω (N26; -μεν rl) ὑμεῖς, ἐν
τῇ ὑποστάσει ταύτῃ. ↔

9 5 ἀναγκαῖον οὖν ἡγησάμην παρα-
καλέσαι τοὺς ἀδελφοὺς ἵνα προ-
έλθωσιν εἰς ὑμᾶς

9 8 δυνατεῖ (δυνατὸς Sς) δὲ ὁ θεὸς
πᾶσαν χάριν περισσεῦσαι εἰς ὑμᾶς,
ἵνα ἐν παντὶ ... περισσεύητε εἰς
πᾶν ἔργον ἀγαθόν

10 9e ⟨οὐκ αἰσχυνθήσομαι⟩ ἵνα μὴ δόξω
| ὡς ἂν (ὡσὰν N) ἐκφοβεῖν ὑμᾶς διὰ
τῶν ἐπιστολῶν

11 7 ἐμαυτὸν ταπεινῶν ἵνα ὑμεῖς ὑψω-
θῆτε

11 12 ὃ δὲ ποιῶ, καὶ ποιήσω, ἵνα ἐκκόψω
τὴν ἀφορμὴν τῶν θελόντων ἀφορ-
μήν, ↔

11 12p ἵνα ἐν ᾧ καυχῶνται εὑρεθῶσιν
καθὼς καὶ ἡμεῖς

11 16g κἂν ὡς ἄφρονα δέξασθέ με, ἵνα
κἀγὼ μικρόν τι καυχήσωμαι

2 C   12 7e διὸ (—Tς) ἵνα μὴ ὑπεραίρωμαι,
ἐδόθη μοι σκόλοψ τῇ σαρκί,
ἄγγελος σατανᾶ (σατᾶν VSς), ↔

12 7 ἵνα με κολαφίζῃ, ↔

12 7e ἵνα μὴ ὑπεραίρωμαι. ↔

12 8 ὑπὲρ τούτου τρὶς τὸν κύριον παρ-
εκάλεσα, ἵνα ἀποστῇ ἀπ' ἐμοῦ

12 9 καυχήσομαι ἐν ταῖς ἀσθενείαις μου
(—NH), ἵνα ἐπισκηνώσῃ ἐπ' ἐμὲ
ἡ δύναμις τοῦ Χριστοῦ

13 7s εὐχόμεθα δὲ πρὸς τὸν θεὸν μὴ
ποιῆσαι ὑμᾶς κακὸν μηδέν, οὐχ
ἵνα ἡμεῖς δόκιμοι φανῶμεν, ↔

13 7r ἀλλ' ἵνα ὑμεῖς τὸ καλὸν ποιῆτε

13 10e ταῦτα ἀπὼν γράφω, ἵνα παρὼν
μὴ ἀποτόμως χρήσωμαι κατὰ τὴν
ἐξουσίαν

G   1 16 ⟨εὐδόκησεν⟩ ἀποκαλύψαι τὸν
υἱὸν αὐτοῦ ἐν ἐμοί, ἵνα εὐαγγελί-
ζωμαι αὐτὸν ἐν τοῖς ἔθνεσιν

2 4b οἵτινες παρεισῆλθον κατασκοπῆ-
σαι τὴν ἐλευθερίαν ἡμῶν ... ἵνα
ἡμᾶς καταδουλώσουσιν (καταδου-
λώσωνται ς) · ↔

2 5 οἷς οὐδὲ πρὸς ὥραν εἴξαμεν τῇ
ὑποταγῇ, ἵνα ἡ ἀλήθεια τοῦ εὐαγ-
γελίου διαμείνῃ πρὸς ὑμᾶς

2 9d δεξιὰς ἔδωκαν ἐμοὶ καὶ Βαρναβᾷ
κοινωνίας, ἵνα ἡμεῖς εἰς τὰ ἔθνη,
αὐτοὶ δὲ εἰς τὴν περιτομήν· ↔

2 10 μόνον τῶν πτωχῶν ἵνα μνη-
μονεύωμεν

2 16 εἰς Χριστὸν Ἰησοῦν ἐπιστεύσαμεν,
ἵνα δικαιωθῶμεν ἐκ πίστεως Χρι-
στοῦ καὶ οὐκ ἐξ ἔργων νόμου

2 19 ἐγὼ γὰρ διὰ νόμου νόμῳ ἀπέθανον
ἵνα θεῷ ζήσω

3 14 ⟨Χριστὸς ἡμᾶς ἐξηγόρασεν ἐκ τῆς
κατάρας τοῦ νόμου⟩ ἵνα εἰς τὰ ἔθνη
ἡ εὐλογία τοῦ Ἀβραὰμ γένηται ἐν
| Χριστῷ Ἰησοῦ (~NH), ↔

3 14 ἵνα τὴν ἐπαγγελίαν τοῦ πνεύ-
ματος λάβωμεν διὰ τῆς πίστεως

3 22 συνέκλεισεν ἡ γραφὴ τὰ πάντα
ὑπὸ ἁμαρτίαν ἵνα ἡ ἐπαγγελία
ἐκ πίστεως Ἰησοῦ Χριστοῦ δοθῇ
τοῖς πιστεύουσιν

3 24 ὥστε ὁ νόμος παιδαγωγὸς ἡμῶν
γέγονεν εἰς Χριστόν, ἵνα ἐκ πίστεως
δικαιωθῶμεν

4 5 ⟨ἐξαπέστειλεν ὁ θεὸς τὸν υἱὸν αὐ-
τοῦ⟩ ἵνα τοὺς ὑπὸ νόμον ἐξαγο-
ράσῃ, ↔

4 5 ἵνα τὴν υἱοθεσίαν ἀπολάβωμεν

4 17a ἐκκλεῖσαι ὑμᾶς θέλουσιν, ἵνα αὐ-
τοὺς ζηλοῦτε

5 17e ταῦτα γὰρ (δὲ Sς) ἀλλήλοις ἀντί-
κειται, ἵνα μὴ ἃ ἐὰν θέλητε ταῦτα
ποιῆτε

6 12aew οὗτοι ἀναγκάζουσιν ὑμᾶς περι-
τέμνεσθαι, μόνον ἵνα τῷ σταυρῷ
τοῦ Χριστοῦ [+ Ἰησοῦ NH] μὴ
διώκωνται (-κονται T)

6 13 θέλουσιν ὑμᾶς περιτέμνεσθαι ἵνα ἐν
τῇ ὑμετέρᾳ σαρκὶ καυχήσωνται

E   1 17e ⟨οὐ παύομαι εὐχαριστῶν ὑπὲρ
ὑμῶν μνείαν ποιούμενος⟩ ἵνα ὁ θεὸς
τοῦ κυρίου ἡμῶν ... δῴη (N26;
δώῃ rl) ὑμῖν πνεῦμα σοφίας

2 7 ⟨συνήγειρεν⟩ ἵνα ἐνδείξηται ... τὸ
ὑπερβάλλον πλοῦτος τῆς χάριτος
αὐτοῦ

2 9e ⟨τῇ γὰρ χάριτί ἐστε σεσῳσμένοι⟩
οὐκ ἐξ ἔργων, ἵνα μή τις καυχήση-
ται

E   2 10 ἔργοις ἀγαθοῖς, οἷς προητοίμασεν
ὁ θεὸς ἵνα ἐν αὐτοῖς περιπατήσωμεν

2 15 τὸν νόμον τῶν ἐντολῶν ... κατ-
αργήσας, ἵνα τοὺς δύο κτίσῃ ἐν
αὐτῷ (αὐ. Hς) εἰς ἕνα καινὸν
ἄνθρωπον ποιῶν εἰρήνην

3 10 ⟨φωτίσαι⟩ ἵνα γνωρισθῇ νῦν ταῖς
ἀρχαῖς ... ἡ πολυποίκιλος σοφία
τοῦ θεοῦ

3 16 ⟨κάμπτω τὰ γόνατά μου πρὸς τὸν
πατέρα⟩ ἵνα δῷ ὑμῖν ... δυνάμει
κραταιωθῆναι ... εἰς τὸν ἔσω
ἄνθρωπον

3 18 ⟨κατοικῆσαι τὸν Χριστὸν ... ἐν
ταῖς καρδίαις ὑμῶν⟩ ἵνα ἐξισχύση-
τε καταλαβέσθαι

3 19 γνῶναί τε τὴν ... ἀγάπην τοῦ
Χριστοῦ, ἵνα πληρωθῆτε εἰς πᾶν
τὸ πλήρωμα τοῦ θεοῦ

4 10 ὁ καταβὰς αὐτός ἐστιν καὶ ὁ ἀνα-
βὰς ὑπεράνω πάντων τῶν οὐρα-
νῶν, ἵνα πληρώσῃ τὰ πάντα

4 14f ⟨μέχρι καταντήσωμεν ... εἰς ἄν-
δρα τέλειον⟩ ἵνα μηκέτι ὦμεν
νήπιοι

4 28 ὁ κλέπτων ... κοπιάτω ... ἵνα ἔχῃ
μεταδιδόναι τῷ χρείαν ἔχοντι. ↔

4 29 πᾶς λόγος σαπρὸς ... μὴ ἐκπο-
ρευέσθω, ἀλλὰ εἴ τις ἀγαθὸς ...
ἵνα δῷ χάριν τοῖς ἀκούουσιν

5 26 ⟨καθὼς καὶ ὁ Χριστὸς ἠγάπησεν
τὴν ἐκκλησίαν⟩ ἵνα αὐτὴν ἁγιάσῃ
καθαρίσας τῷ λουτρῷ τοῦ ὕδατος
ἐν ῥήματι, ↔

5 27 ἵνα παραστήσῃ αὐτὸς ἑαυτῷ ἔν-
δοξον τὴν ἐκκλησίαν, ↔

5 27r μὴ ἔχουσαν σπίλον ... ἀλλ' ἵνα
ᾖ ἁγία καὶ ἄμωμος

5 33 ἡ δὲ γυνὴ ἵνα φοβῆται τὸν ἄνδρα

6 3b ⟨τίμα τὸν πατέρα σου⟩ ἵνα εὖ σοι
γένηται καὶ ἔσῃ μακροχρόνιος

6 13 ἀναλάβετε τὴν πανοπλίαν τοῦ
θεοῦ, ἵνα δυνηθῆτε ἀντιστῆναι

6 19c ⟨ἐν ... δεήσει⟩ ὑπὲρ ἐμοῦ, ἵνα μοι
δοθῇ (δοθείη ς) λόγος ἐν ἀνοίξει
τοῦ στόματός μου

6 20 ὑπὲρ οὗ πρεσβεύω ἐν ἁλύσει, ἵνα
ἐν αὐτῷ παρρησιάσωμαι ὡς δεῖ
με λαλῆσαι. ↔

6 21h ἵνα δὲ | εἰδῆτε καὶ ὑμεῖς (~ST) τὰ
κατ' ἐμέ, τί πράσσω, πάντα | γνω-
ρίσει ὑμῖν (~Sς) Τύχικος

6 22x ὃν ἔπεμψα πρὸς ὑμᾶς εἰς αὐτὸ
τοῦτο, ἵνα γνῶτε τὰ περὶ ἡμῶν

Ph   1 9x τοῦτο προσεύχομαι, ἵνα ἡ ἀγάπη
ὑμῶν ... περισσεύῃ ἐν ... πάσῃ
αἰσθήσει, ↔

1 10 εἰς τὸ δοκιμάζειν ὑμᾶς τὰ διαφέρον-
τα, ἵνα ἦτε εἰλικρινεῖς ... εἰς
ἡμέραν Χριστοῦ

1 26 ⟨μενῶ ... ὑμῖν εἰς τὴν ὑμῶν προ-
κοπὴν⟩ ἵνα τὸ καύχημα ὑμῶν
περισσεύῃ ἐν Χριστῷ Ἰησοῦ ἐν ἐμοὶ

1 27b ἀξίως τοῦ εὐαγγελίου ... πολι-
τεύεσθε, ἵνα εἴτε ἐλθὼν ... εἴτε
ἀπὼν ἀκούω (ἀκούσω VSς) τὰ
περὶ ὑμῶν

2 2 πληρώσατέ μου τὴν χαρὰν ἵνα
τὸ αὐτὸ φρονῆτε

2 10b ⟨ἐχαρίσατο αὐτῷ ... τὸ ὑπὲρ
πᾶν ὄνομα⟩ ἵνα ἐν τῷ ὀνόματι
Ἰησοῦ πᾶν γόνυ κάμψῃ

2 15 ⟨πάντα ποιεῖτε χωρὶς γογγυ-
σμῶν⟩ ἵνα γένησθε ἄμεμπτοι καὶ
ἀκέραιοι

Ph 2 19ᵍ ἐλπίζω ... Τιμόθεον ταχέως πέμψαι ὑμῖν, ἵνα κἀγὼ εὐψυχῶ γνοὺς τὰ περὶ ὑμῶν

2 27ᵉ ὁ θεὸς ἠλέησεν ... καὶ ἐμέ, ἵνα μὴ λύπην ἐπὶ λύπην σχῶ. ↔

2 28 σπουδαιοτέρως οὖν ἔπεμψα αὐτόν, ἵνα ἰδόντες αὐτὸν πάλιν χαρῆτε

2 30 διὰ τὸ ἔργον Χριστοῦ (κυρίου H) μέχρι θανάτου ἤγγισεν ... ἵνα ἀναπληρώσῃ τὸ ὑμῶν ὑστέρημα τῆς πρός με λειτουργίας

3 8 ἡγοῦμαι σκύβαλα (+εἶναι [M] VSϛ) ἵνα Χριστὸν κερδήσω

Cl 1 9 οὐ παυόμεθα ... αἰτούμενοι ἵνα πληρωθῆτε τὴν ἐπίγνωσιν τοῦ θελήματος αὐτοῦ

1 18 πρωτότοκος ἐκ τῶν νεκρῶν, ἵνα γένηται ἐν πᾶσιν αὐτὸς πρωτεύων

1 28 ὃν ἡμεῖς καταγγέλλομεν ... ἵνα παραστήσωμεν πάντα ἄνθρωπον τέλειον ἐν Χριστῷ

2 2 ⟨θέλω γὰρ ὑμᾶς εἰδέναι⟩ ἵνα παρακληθῶσιν αἱ καρδίαι αὐτῶν

2 4ᶠ τοῦτο (+δὲ MVSϛ) λέγω ἵνα μηδεὶς ὑμᾶς παραλογίζηται ἐν πιθανολογίᾳ

3 21ᵉ οἱ πατέρες, μὴ ἐρεθίζετε τὰ τέκνα ὑμῶν, ἵνα μὴ ἀθυμῶσιν

4 3 προσευχόμενοι ... περὶ ἡμῶν, ἵνα ὁ θεὸς ἀνοίξῃ ἡμῖν θύραν τοῦ λόγου,

4 4 ⟨λαλῆσαι τὸ μυστήριον τοῦ Χριστοῦ⟩ ἵνα φανερώσω αὐτὸ ὡς δεῖ με λαλῆσαι

4 8ˣ ⟨Τύχικος⟩ ὃν ἔπεμψα πρὸς ὑμᾶς εἰς αὐτὸ τοῦτο, ἵνα γνῶτε (γνῷ Sϛ) τὰ περὶ ἡμῶν (ὑμ. Sϛ)

4 12 Ἐπαφρᾶς ... ἀγωνιζόμενος ὑπὲρ ὑμῶν ἐν ταῖς προσευχαῖς, ἵνα σταθῆτε (στ[αθ]ῆτε S; στῆτε Vϛ) τέλειοι

4 16ᵍ ποιήσατε ἵνα καὶ ἐν τῇ Λαοδικέων ἐκκλησίᾳ ἀναγνωσθῇ

4 16ᵍ καὶ τὴν ἐκ Λαοδικείας ἵνα καὶ ὑμεῖς ἀναγνῶτε

4 17 βλέπε τὴν διακονίαν ἣν παρέλαβες ἐν κυρίῳ, ἵνα αὐτὴν πληροῖς

1Th 2 16 κωλυόντων ἡμᾶς τοῖς ἔθνεσιν λαλῆσαι ἵνα σωθῶσιν

4 1ⁿ ἐρωτῶμεν ὑμᾶς ... ἵνα ([VSH; —ϛ) καθὼς παρελάβετε παρ' ἡμῶν τὸ πῶς δεῖ ὑμᾶς περιπατεῖν ... | καθὼς καὶ περιπατεῖτε (—ϛ), ↔

4 1 ἵνα περισσεύητε μᾶλλον

4 12 ⟨πράσσειν τὰ ἴδια ... καθὼς ὑμῖν παρηγγείλαμεν⟩ ἵνα περιπατῆτε εὐσχημόνως πρὸς τοὺς ἔξω

4 13ᵉ οὐ θέλομεν δὲ ὑμᾶς ἀγνοεῖν, ἀδελφοί, περὶ τῶν κοιμωμένων, ἵνα μὴ λυπῆσθε

5 4 ὑμεῖς ... οὐκ ἐστὲ ἐν σκότει, ἵνα ἡ ἡμέρα ὑμᾶς ὡς κλέπτης (-πτας H) καταλάβῃ

5 10ᵏ ⟨Ἰησοῦ⟩ τοῦ ἀποθανόντος ... ἵνα εἴτε γρηγορῶμεν εἴτε καθεύδωμεν ἅμα σὺν αὐτῷ ζήσωμεν

2Th 1 11 εἰς ὃ καὶ προσευχόμεθα πάντοτε περὶ ὑμῶν, ἵνα ὑμᾶς ἀξιώσῃ τῆς κλήσεως ὁ θεὸς ἡμῶν

2 12 ⟨πέμπει αὐτοῖς ὁ θεὸς ἐνέργειαν⟩ ἵνα κριθῶσιν πάντες (ἅπ. MVBST) οἱ μὴ πιστεύσαντες τῇ ἀληθείᾳ

3 1 προσεύχεσθε ... ἵνα ὁ λόγος τοῦ κυρίου τρέχῃ καὶ δοξάζηται καθὼς καὶ πρὸς ὑμᾶς, ↔

2Th 3 2ᵗ καὶ ἵνα ῥυσθῶμεν ἀπὸ τῶν ἀτόπων καὶ πονηρῶν ἀνθρώπων

3 9ʳ οὐχ ὅτι οὐκ ἔχομεν ἐξουσίαν, ἀλλ' ἵνα ἑαυτοὺς τύπον δῶμεν ὑμῖν

3 12 παραγγέλλομεν ... ἵνα μετὰ ἡσυχίας ἐργαζόμενοι τὸν ἑαυτῶν ἄρτον ἐσθίωσιν

3 14 μὴ συναναμίγνυσθαι (-γνυσθε STϛ) αὐτῷ, ἵνα ἐντραπῇ

1Tm 1 3 καθὼς παρεκάλεσά σε προσμεῖναι ἐν Ἐφέσῳ ... ἵνα παραγγείλῃς τισὶν μὴ ἑτεροδιδασκαλεῖν

1 16 ἠλεήθην, ἵνα ἐν ἐμοὶ πρώτῳ ἐνδείξηται | Χριστὸς Ἰησοῦς (~ NMTϛ) τὴν ἅπασαν μακροθυμίαν

1 18 ταύτην τὴν παραγγελίαν παρατίθεμαί σοι ... ἵνα στρατεύῃ (-[ση] S; -ση T) ἐν αὐταῖς τὴν καλὴν στρατείαν

1 20 οὓς παρέδωκα τῷ σατανᾷ, ἵνα παιδευθῶσιν μὴ βλασφημεῖν

2 2 ⟨ποιεῖσθαι δεήσεις⟩ ἵνα ἤρεμον καὶ ἡσύχιον βίον διάγωμεν

3 6ᵉ ⟨δεῖ οὖν τὸν ἐπίσκοπον ἀνεπίλημπτον εἶναι⟩ μὴ νεόφυτον, ἵνα μὴ τυφωθεὶς εἰς κρίμα ἐμπέσῃ τοῦ διαβόλου. ↔

3 7ᵉ δεῖ δὲ καὶ μαρτυρίαν καλὴν ἔχειν ἀπὸ τῶν ἔξωθεν, ἵνα μὴ εἰς ὀνειδισμὸν ἐμπέσῃ καὶ παγίδα τοῦ διαβόλου

3 15 ⟨ταῦτά σοι γράφω⟩ ἵνα εἰδῇς πῶς δεῖ ἐν οἴκῳ θεοῦ ἀναστρέφεσθαι

4 15 ἐν τούτοις ἴσθι, ἵνα σου ἡ προκοπὴ φανερὰ ᾖ πᾶσιν

5 7 ταῦτα παράγγελλε, ἵνα ἀνεπίλημπτοι ὦσιν

5 16 μὴ βαρείσθω ἡ ἐκκλησία, ἵνα ταῖς ὄντως χήραις ἐπαρκέσῃ

5 20ᵍ τοὺς [+δὲ H] ἁμαρτάνοντας ἐνώπιον πάντων ἔλεγχε, ἵνα καὶ οἱ λοιποὶ φόβον ἔχωσιν. ↔

5 21 διαμαρτύρομαι ἐνώπιον τοῦ θεοῦ ... ἵνα ταῦτα φυλάξῃς χωρὶς προκρίματος

6 1ᵉ τοὺς ἰδίους δεσπότας πάσης τιμῆς ἀξίους ἡγείσθωσαν, ἵνα μὴ τὸ ὄνομα τοῦ θεοῦ ... βλασφημῆται

6 19 ⟨παράγγελλε ... ἀγαθοεργεῖν⟩ ἀποθησαυρίζοντας ἑαυτοῖς ... εἰς τὸ μέλλον, ἵνα ἐπιλάβωνται τῆς ὄντως ζωῆς

2Tm 1 4 ἐπιποθῶν σε ἰδεῖν ... ἵνα χαρᾶς πληρωθῶ

2 4 οὐδεὶς στρατευόμενος ἐμπλέκεται ταῖς τοῦ βίου πραγματείαις, ἵνα τῷ στρατολογήσαντι ἀρέσῃ

2 10ᵍ πάντα ὑπομένω διὰ τοὺς ἐκλεκτούς, ἵνα καὶ αὐτοὶ σωτηρίας τύχωσιν

3 17 ⟨πᾶσα γραφὴ ... ὠφέλιμος πρὸς διδασκαλίαν⟩ ἵνα ἄρτιος ᾖ ὁ τοῦ θεοῦ ἄνθρωπος

4 17 ὁ δὲ κύριός μοι ... ἐνεδυνάμωσέν με, ἵνα δι' ἐμοῦ τὸ κήρυγμα πληροφορηθῇ καὶ ἀκούσωσιν (-ση ϛ) πάντα τὰ ἔθνη

Tt 1 5 τούτου χάριν ἀπέλιπόν (-λειπόν H; κατ- Sϛ) σε ἐν Κρήτῃ, ἵνα τὰ λείποντα ἐπιδιορθώσῃ

1 9 ⟨δεῖ γὰρ τὸν ἐπίσκοπον ἀνέγκλητον εἶναι⟩ ἵνα δυνατὸς ᾖ καὶ παρακαλεῖν ἐν τῇ διδασκαλίᾳ

1 13 ἔλεγχε αὐτοὺς ἀποτόμως, ἵνα ὑγιαίνωσιν ἐν [H] τῇ πίστει

Tt 2 4ᵃ ⟨πρεσβύτιδας⟩ ἵνα σωφρονίζωσιν (-ζουσιν T) τὰς νέας φιλάνδρους εἶναι

2 5ᵉ ὑποτασσομένας τοῖς ἰδίοις ἀνδράσιν, ἵνα μὴ ὁ λόγος τοῦ θεοῦ βλασφημῆται

2 8 ⟨παρεχόμενος⟩ λόγον ὑγιῆ ἀκατάγνωστον, ἵνα ὁ ἐξ ἐναντίας ἐντραπῇ

2 10 πίστιν ἐνδεικνυμένους ἀγαθήν, ἵνα τὴν διδασκαλίαν τὴν τοῦ σωτῆρος ἡμῶν θεοῦ κοσμῶσιν ἐν πᾶσιν

2 12 παιδεύουσα ἡμᾶς, ἵνα ἀρνησάμενοι τὴν ἀσέβειαν ... εὐσεβῶς ζήσωμεν

2 14 ὃς ἔδωκεν ἑαυτὸν ὑπὲρ ἡμῶν ἵνα λυτρώσηται ἡμᾶς ἀπὸ πάσης ἀνομίας

3 7 ⟨οὗ ἐξέχεεν ἐφ' ἡμᾶς⟩ ἵνα δικαιωθέντες τῇ ἐκείνου χάριτι κληρονόμοι γενηθῶμεν (γενώμεθα ϛ) κατ' ἐλπίδα ζωῆς αἰωνίου

3 8 βούλομαί σε διαβεβαιοῦσθαι, ἵνα φροντίζωσιν καλῶν ἔργων προΐστασθαι οἱ πεπιστευκότες θεῷ

3 13ᶠ Ζηνᾶν ... καὶ Ἀπολλῶν σπουδαίως πρόπεμψον, ἵνα μηδὲν αὐτοῖς λείπῃ (λί. T). ↔

3 14ᵉ μανθανέτωσαν ... ἵνα μὴ ὦσιν ἄκαρποι

Phm 13 ὃν ἐγὼ ἐβουλόμην πρὸς ἐμαυτὸν κατέχειν, ἵνα ὑπὲρ σοῦ μοι διακονῇ ἐν τοῖς δεσμοῖς τοῦ εὐαγγελίου

14ᵉ οὐδὲν ἠθέλησα ποιῆσαι, ἵνα μὴ ὡς κατὰ ἀνάγκην τὸ ἀγαθόν σου ᾖ

15 τάχα γὰρ διὰ τοῦτο ἐχωρίσθη πρὸς ὥραν, ἵνα αἰώνιον αὐτὸν ἀπέχῃς

19ᵉ ἐγὼ ἀποτίσω· ἵνα μὴ λέγω σοι

Hb 2 14 καὶ αὐτὸς παραπλησίως μετέσχεν τῶν αὐτῶν, ἵνα διὰ τοῦ θανάτου καταργήσῃ τὸν τὸ κράτος ἔχοντα τοῦ θανάτου

2 17 ὤφειλεν ... ὁμοιωθῆναι, ἵνα ἐλεήμων γένηται καὶ πιστὸς ἀρχιερεὺς τὰ πρὸς τὸν θεόν

3 13ᵉ παρακαλεῖτε ἑαυτοὺς ... ἵνα μὴ σκληρυνθῇ τις ἐξ ὑμῶν ἀπάτῃ τῆς ἁμαρτίας

4 11ᵉ σπουδάσωμεν οὖν εἰσελθεῖν εἰς ἐκείνην τὴν κατάπαυσιν, ἵνα μὴ ἐν τῷ αὐτῷ τις ὑποδείγματι πέσῃ τῆς ἀπειθείας

4 16 προσερχώμεθα ... τῷ θρόνῳ τῆς χάριτος, ἵνα λάβωμεν ἔλεος καὶ χάριν εὕρωμεν

5 1 πᾶς γὰρ ἀρχιερεὺς ... ὑπὲρ ἀνθρώπων καθίσταται τὰ πρὸς τὸν θεόν, ἵνα προσφέρῃ δῶρά τε [H] καὶ θυσίας ὑπὲρ ἁμαρτιῶν

6 12ᵉ ⟨ἕκαστον ὑμῶν τὴν αὐτὴν ἐνδείκνυσθαι σπουδὴν⟩ ἵνα μὴ νωθροὶ γένησθε

6 18 ⟨ἐμεσίτευσεν ὅρκῳ⟩ ἵνα διὰ δύο πραγμάτων ἀμεταθέτων ... ἰσχυρὰν παράκλησιν ἔχωμεν

9 25ˢ οὐδ' ἵνα πολλάκις προσφέρῃ ἑαυτόν

10 9 ἀναιρεῖ τὸ πρῶτον ἵνα τὸ δεύτερον στήσῃ

10 36 ὑπομονῆς γὰρ ἔχετε χρείαν ἵνα τὸ θέλημα τοῦ θεοῦ ποιήσαντες κομίσησθε τὴν ἐπαγγελίαν

11 28ᵉ πίστει πεποίηκεν τὸ πάσχα ... ἵνα μὴ ὁ ὀλοθρεύων τὰ πρωτότοκα θίγῃ αὐτῶν

Hb 11 35 ἄλλοι δὲ ἐτυμπανίσθησαν, οὐ προσδεξάμενοι τὴν ἀπολύτρωσιν, ἵνα κρείττονος ἀναστάσεως τύχωσιν

11 40ᵉ ⟨οὐκ ἐκομίσαντο τὴν ἐπαγγελίαν⟩ τοῦ θεοῦ περὶ ἡμῶν κρεῖττόν τι προβλεψαμένου, ἵνα μὴ χωρὶς ἡμῶν τελειωθῶσιν

12 3ᵉ ἀναλογίσασθε γὰρ τὸν τοιαύτην ὑπομεμενηκότα ... εἰς ἑαυτὸν (-τοὺς H; αὐτὸν Sϛ) ἀντιλογίαν, ἵνα μὴ κάμητε ταῖς ψυχαῖς ὑμῶν ἐκλυόμενοι

12 13ᵉ τροχιὰς ὀρθὰς ποιεῖτε (-ήσατε MVSϛ) τοῖς ποσὶν ὑμῶν, ἵνα μὴ τὸ χωλὸν ἐκτραπῇ

12 27 δηλοῖ τὴν ([N²⁶H]; —ϛ) τῶν σαλευομένων μετάθεσιν ὡς πεποιημένων, ἵνα μείνῃ τὰ μὴ σαλευόμενα

13 12 διὸ καὶ ᾽Ιησοῦς, ἵνα ἁγιάσῃ διὰ τοῦ ἰδίου αἵματος τὸν λαόν, ἔξω τῆς πύλης ἔπαθεν

13 17 αὐτοὶ γὰρ ἀγρυπνοῦσιν ὑπὲρ τῶν ψυχῶν ὑμῶν ... ἵνα μετὰ χαρᾶς τοῦτο ποιῶσιν καὶ μὴ στενάζοντες

13 19 περισσοτέρως δὲ παρακαλῶ τοῦτο ποιῆσαι, ἵνα τάχιον ἀποκατασταθῶ ὑμῖν

Jc 1 4 ἡ δὲ ὑπομονὴ ἔργον τέλειον ἐχέτω, ἵνα ἦτε τέλειοι καὶ ὁλόκληροι

4 3 οὐ λαμβάνετε, διότι κακῶς αἰτεῖσθε, ἵνα ἐν ταῖς ἡδοναῖς ὑμῶν δαπανήσητε

5 9ᵉ μὴ στενάζετε, | ἀδελφοί, κατ᾽ ἀλλήλων (~ Tϛ) ἵνα μὴ κριθῆτε (καταϛ)

5 12ᵉ ἤτω δὲ ὑμῶν τὸ ναὶ ναί ... ἵνα μὴ (+εἰς [S]ϛ) ὑπὸ κρίσιν πέσητε

1 Pt 1 7 ⟨λυπηθέντες ἐν ποικίλοις πειρασμοῖς⟩ ἵνα τὸ δοκίμιον ὑμῶν τῆς πίστεως πολυτιμότερον χρυσίου ... εὑρεθῇ εἰς ἔπαινον

2 2 τὸ λογικὸν ἄδολον γάλα ἐπιποθήσατε, ἵνα ἐν αὐτῷ αὐξηθῆτε | εἰς σωτηρίαν (—ϛ)

2 12ᵖ τὴν ἀναστροφὴν ὑμῶν ... ἔχοντες καλήν, ἵνα ἐν ᾧ καταλαλοῦσιν ὑμῶν ὡς κακοποιῶν ... δοξάσωσιν τὸν θεόν

2 21 Χριστὸς ἔπαθεν ... ὑμῖν ὑπολιμπάνων ὑπογραμμὸν ἵνα ἐπακολουθήσητε τοῖς ἴχνεσιν αὐτοῦ

2 24 ὃς τὰς ἁμαρτίας ἡμῶν αὐτὸς ἀνήνεγκεν ... ἐπὶ τὸ ξύλον, ἵνα ταῖς ἁμαρτίαις ἀπογενόμενοι τῇ δικαιοσύνῃ ζήσωμεν

3 1ᵇᵍ ¹ αἱ ([N²⁶S]; —NBTH) γυναῖκες, ὑποτασσόμεναι ... ἵνα καὶ (—H) εἴ τινες ἀπειθοῦσιν τῷ λόγῳ ... κερδηθήσονται (-σωνται ϛ)

3 9ˣ εἰς τοῦτο ἐκλήθητε ἵνα εὐλογίαν κληρονομήσητε

3 16ᵖ συνείδησιν ἔχοντες ἀγαθήν, ἵνα ἐν ᾧ καταλαλεῖσθε (-λαλῶσιν ὑμῶν ὡς κακοποιῶν ϛ) καταισχυνθῶσιν οἱ ἐπηρεάζοντες

3 18 Χριστὸς ἅπαξ περὶ ἁμαρτιῶν (+ὑπὲρ ἡμῶν S) ἔπαθεν (N²⁶Vϛ; ἀπέθανεν rl) ... ἵνα ὑμᾶς (ἡμ. VBSTϛ) προσαγάγῃ τῷ θεῷ

4 6ˣ εἰς τοῦτο ... νεκροῖς εὐηγγελίσθη, ἵνα κριθῶσι ... ζῶσι δὲ κατὰ θεὸν πνεύματι

4 11 ἵνα ἐν πᾶσιν δοξάζηται ὁ θεός

4 13ᵍ καθὸ κοινωνεῖτε τοῖς τοῦ Χριστοῦ παθήμασιν χαίρετε, ἵνα καὶ ἐν τῇ ἀποκαλύψει τῆς δόξης αὐτοῦ χαρῆτε ἀγαλλιώμενοι

1 Pt 5 6 ταπεινώθητε ... ἵνα ὑμᾶς ὑψώσῃ ἐν καιρῷ

2 Pt 1 4 δι᾽ ὧν τὰ | τίμια καὶ μέγιστα ἡμῖν (~ ϛ TS) ἐπαγγέλματα δεδώρηται, ἵνα διὰ τούτων γένησθε θείας κοινωνοὶ φύσεως

1 10 * σπουδάσατε | ἵνα διὰ τῶν καλῶν ἔργων (+S) βεβαίαν ὑμῶν τὴν κλῆσιν καὶ ἐκλογὴν ποιῆσθε (S; ποιεῖσθαι rl)

3 17ᶜ φυλάσσεσθε ἵνα μὴ τῇ τῶν ἀθέσμων πλάνῃ συναπαχθέντες ἐκπέσητε τοῦ ἰδίου στηριγμοῦ

1 Jo 1 3ᵍ ἀπαγγέλλομεν καὶ ὑμῖν, ἵνα καὶ ὑμεῖς κοινωνίαν ἔχητε μεθ᾽ ἡμῶν

1 4 ταῦτα γράφομεν ἡμεῖς ἵνα ἡ χαρὰ ἡμῶν ᾖ πεπληρωμένη

1 9 ἐὰν ὁμολογῶμεν τὰς ἁμαρτίας ἡμῶν, πιστός ἐστιν καὶ δίκαιος, ἵνα ἀφῇ ἡμῖν τὰς ἁμαρτίας

2 1ᵉ ταῦτα γράφω ὑμῖν ἵνα μὴ ἁμάρτητε

2 19ʳ ἀλλ᾽ ἵνα φανερωθῶσιν ὅτι οὐκ εἰσὶν πάντες ἐξ ἡμῶν

2 27ʲ οὐ χρείαν ἔχετε ἵνα τις διδάσκῃ ὑμᾶς

2 28ᵉˡᵐ μένετε ἐν αὐτῷ, ἵνα ἐὰν (ὅταν ϛ) φανερωθῇ σχῶμεν (ἔχωμεν ϛ) παρρησίαν

3 1 ἴδετε ποταπὴν ἀγάπην δέδωκεν ἡμῖν ὁ πατὴρ ἵνα τέκνα θεοῦ κληθῶμεν

3 5 ἐκεῖνος ἐφανερώθη ἵνα τὰς ἁμαρτίας (+ἡμῶν [S]ϛ) ἄρῃ

3 8ˣ εἰς τοῦτο ἐφανερώθη ὁ υἱὸς τοῦ θεοῦ, ἵνα λύσῃ τὰ ἔργα τοῦ διαβόλου

3 11ˣ αὕτη ἐστὶν ἡ ἀγγελία ... ἵνα ἀγαπῶμεν ἀλλήλους

3 23ˣ αὕτη ἐστὶν ἡ ἐντολὴ αὐτοῦ, ἵνα πιστεύσωμεν (-στεύομεν BST) τῷ ὀνόματι τοῦ υἱοῦ αὐτοῦ

4 9 τὸν υἱὸν αὐτοῦ ... ἀπέσταλκεν ὁ θεὸς εἰς τὸν κόσμον ἵνα ζήσωμεν δι᾽ αὐτοῦ

4 17ˣ ἐν τούτῳ τετελείωται ἡ ἀγάπη μεθ᾽ ἡμῶν, ἵνα παρρησίαν ἔχωμεν

4 21ˣ ταύτην τὴν ἐντολὴν ἔχομεν ἀπ᾽ αὐτοῦ, ἵνα ὁ ἀγαπῶν τὸν θεὸν ἀγαπᾷ καὶ τὸν ἀδελφὸν αὐτοῦ

5 3ˣ αὕτη γάρ ἐστιν ἡ ἀγάπη τοῦ θεοῦ, ἵνα τὰς ἐντολὰς αὐτοῦ τηρῶμεν

5 13 ταῦτα ἔγραψα ὑμῖν ἵνα εἰδῆτε

5 13ᵗ * | καὶ ἵνα πιστεύητε εἰς τὸ ὄνομα τοῦ υἱοῦ τοῦ θεοῦ (+ϛ)

5 16 οὐ περὶ ἐκείνης λέγω ἵνα ἐρωτήσῃ

5 20ᵃ δέδωκεν ἡμῖν διάνοιαν ἵνα γινώσκομεν (-κομεν MVBSTH) τὸν ἀληθινόν

2 Jo 5 καὶ νῦν ἐρωτῶ σε, κυρία ... ἵνα ἀγαπῶμεν ἀλλήλους. ↔

6ˣ αὕτη ἐστὶν ἡ ἀγάπη, ἵνα περιπατῶμεν κατὰ τὰς ἐντολὰς αὐτοῦ· ↔

6ⁿˣ * αὕτη ἡ ἐντολή ἐστιν, ἵνα (+BS T) καθὼς ἠκούσατε ἀπ᾽ ἀρχῆς, ↔

6ˣ ἵνα ἐν αὐτῇ περιπατῆτε

8ᵉ βλέπετε ἑαυτούς, ἵνα μὴ ἀπολέσητε ἃ εἰργασάμεθα (-σθε MVBST)

12 ἐλπίζω γενέσθαι πρὸς ὑμᾶς ... ἵνα ἡ χαρὰ ἡμῶν (ὑμῶν H) | πεπληρωμένη ᾖ (~ MVSϛ)

3 Jo 4 μειζοτέραν τούτων οὐκ ἔχω χαρὰν (χάριν H), ἵνα ἀκούω τὰ ἐμὰ τέκνα ἐν τῇ ἀληθείᾳ περιπατοῦντα

3 Jo 8 ἡμεῖς οὖν ὀφείλομεν ὑπολαμβάνειν τοὺς τοιούτους, ἵνα συνεργοὶ γινώμεθα τῇ ἀληθείᾳ

Ap 2 10 μέλλει βάλλειν (βαλεῖν Tϛ) ὁ διάβολος ἐξ ὑμῶν εἰς φυλακὴν ἵνα πειρασθῆτε

2 21 ἔδωκα αὐτῇ χρόνον ἵνα μετανοήσῃ

3 9ᵇ ποιήσω αὐτοὺς ἵνα ἥξουσιν (-ωσιν Sϛ) καὶ προσκυνήσουσιν (-σωσιν Sϛ) ἐνώπιον τῶν ποδῶν σου

3 11ᶠ κράτει ὃ ἔχεις, ἵνα μηδεὶς λάβῃ τὸν στέφανόν σου

3 18ᵉ συμβουλεύω σοι ἀγοράσαι παρ᾽ ἐμοῦ χρυσίον πεπυρωμένον ἐκ πυρὸς ἵνα πλουτήσῃς, ↔

3 18ᶜ καὶ ἱμάτια λευκὰ ἵνα περιβάλῃ καὶ μὴ φανερωθῇ ἡ αἰσχύνη τῆς γυμνότητός σου, ↔

3 18 καὶ κολλούριον (κολλ[ο]ύρ. N²⁶; κολλύρ. NBST) ἐγχρῖσαι (ἔγχρισαι T; ἔγχρισον ϛ) τοὺς ὀφθαλμούς σου ἵνα βλέπῃς

6 2ᵗ ἐξῆλθεν νικῶν καὶ ἵνα νικήσῃ

6 4ᵇᵗ ἐδόθη αὐτῷ [H] λαβεῖν τὴν εἰρήνην ἐκ ([H]; ἀπὸ ϛ) τῆς γῆς καὶ ἵνα ἀλλήλους σφάξουσιν (-ξωσι ϛ)

6 11ᵇ ἐρρέθη αὐτοῖς ἵνα ἀναπαύσονται (N²⁶H; -σωνται rl) ἔτι χρόνον μικρόν

7 1ᵉ τέσσαρας ἀγγέλους ... κρατοῦντας τοὺς τέσσαρας ἀνέμους τῆς γῆς, ἵνα μὴ πνέῃ ἄνεμος ἐπὶ τῆς γῆς

8 3ᵇ ἐδόθη αὐτῷ θυμιάματα πολλά, ἵνα δώσει (δώσῃ Sϛ) ταῖς προσευχαῖς τῶν ἁγίων πάντων ἐπὶ τὸ θυσιαστήριον

8 6 οἱ ἑπτὰ ἄγγελοι οἱ ἔχοντες τὰς ἑπτὰ σάλπιγγας ἡτοίμασαν αὐτοὺς (N²⁶T; ἑαυ. rl) ἵνα σαλπίσωσιν

8 12ᵉ ἐπλήγη ... τὸ τρίτον τῶν ἀστέρων, ἵνα σκοτισθῇ τὸ τρίτον αὐτῶν

9 4ᵇᵉ ἐρρέθη αὐταῖς (-τοῖς NT) ἵνα μὴ ἀδικήσουσιν (-σωσιν Vϛ) τὸν χόρτον τῆς γῆς

9 5ᵉ ἐδόθη αὐτοῖς (-ταῖς VBHϛ) ἵνα μὴ ἀποκτείνωσιν αὐτούς, ↔

9 5ᵇʳ ἀλλ᾽ ἵνα βασανισθήσονται (-θῶσι ϛ) μῆνας πέντε

9 15 ἐλύθησαν οἱ τέσσαρες ἄγγελοι οἱ ἡτοιμασμένοι εἰς τὴν ὥραν ... ἵνα ἀποκτείνωσιν τὸ τρίτον τῶν ἀνθρώπων

9 20ᵇᵉ οἱ λοιποὶ τῶν ἀνθρώπων ... οὐδὲ (οὐ MBH; οὔτε VSϛ) μετενόησαν ... ἵνα μὴ προσκυνήσουσιν (-σωσιν Sϛ) τὰ δαιμόνια

11 6ᵉ οὗτοι ἔχουσιν τὴν (—Tϛ) ἐξουσίαν κλεῖσαι τὸν οὐρανόν, ἵνα μὴ ὑετὸς βρέχῃ

12 4ᵐ ὁ δράκων ἕστηκεν (ἔστ. BH) ἐνώπιον τῆς γυναικός ... ἵνα ὅταν τέκῃ τὸ τέκνον αὐτῆς καταφάγῃ

12 6ᵃ ὅπου ἔχει ἐκεῖ τόπον ἡτοιμασμένον ... ἵνα ἐκεῖ τρέφωσιν (τρέφουσιν T) αὐτὴν

12 14 ἐδόθησαν τῇ γυναικὶ αἱ δύο πτέρυγες τοῦ ἀετοῦ ... ἵνα πέτηται εἰς τὴν ἔρημον

12 15 ἔβαλεν ὁ ὄφις ... ὕδωρ ὡς ποταμόν, ἵνα αὐτὴν ποταμοφόρητον ποιήσῃ

Ap 13 12ᵇποιεῖ τὴν γῆν καὶ τοὺς ἐν αὐτῇ
κατοικοῦντας ἵνα προσκυνήσουσιν
(-σωσιν VSϛ) τὸ θηρίον

13 13ᵍποιεῖ σημεῖα μεγάλα, ἵνα καὶ πῦρ
ποιῇ | ἐκ τοῦ οὐρανοῦ καταβαίνειν
(~ Tϛ)

13 15ᵍἐδόθη αὐτῷ (αὐτῇ H) δοῦναι
πνεῦμα τῇ εἰκόνι τοῦ θηρίου, ἵνα
καὶ λαλήσῃ ἡ εἰκὼν τοῦ θηρίου, ↔

13 15ᵖκαὶ ποιήσῃ ἵνα (+[N²⁶NMVSH]B)
ὅσοι ἐὰν μὴ προσκυνήσωσιν
(-σουσιν T) τῇ εἰκόνι τοῦ θηρίου
(+ἵνα ϛ) ἀποκτανθῶσιν

13 16 ποιεῖ πάντας ... ἵνα δῶσιν (δώσῃ
ϛ) αὐτοῖς χάραγμα ... ἐπὶ τὸ
μέτωπον αὐτῶν, ↔

13 17ᵉᵗκαὶ ([NH]; —T) ἵνα μή τις δύνη-
ται ἀγοράσαι ... εἰ μὴ ὁ ἔχων τὸ
χάραγμα τὸ ὄνομα τοῦ θηρίου

14 13ᵇἵνα ἀναπαήσονται (-παύσωνται
Sϛ) ἐκ τῶν κόπων αὐτῶν

16 12 ἐξηράνθη τὸ ὕδωρ αὐτοῦ, ἵνα
ἑτοιμασθῇ ἡ ὁδὸς τῶν βασιλέων

16 15ᵉμακάριος ὁ ... τηρῶν τὰ ἱμάτια
αὐτοῦ, ἵνα μὴ γυμνὸς περιπατῇ
καὶ βλέπωσιν

18 4ᵉἐξέλθατε (-θετε Sϛ) ὁ λαός μου ἐξ
αὐτῆς, ἵνα μὴ συγκοινωνήσητε
ταῖς ἁμαρτίαις αὐτῆς, ↔

18 4ᵉκαὶ ἐκ τῶν πληγῶν αὐτῆς ἵνα μὴ
λάβητε

19 8 ἐδόθη αὐτῇ ἵνα περιβάληται βύσ-
σινον λαμπρὸν καθαρόν

19 15 ἐκ τοῦ στόματος αὐτοῦ ἐκπορεύε-
ται ῥομφαία ὀξεῖα, ἵνα ἐν αὐτῇ
πατάξῃ (πατάσσῃ ϛ) τὰ ἔθνη

19 18 ⟨δεῦτε συνάχθητε εἰς τὸ δεῖπνον τὸ
μέγα τοῦ θεοῦ⟩ ἵνα φάγητε σάρκας
βασιλέων

20 3ᵉἐσφράγισεν ἐπάνω αὐτοῦ, ἵνα μὴ
πλανήσῃ ἔτι τὰ ἔθνη

21 15 ὁ λαλῶν μετ' ἐμοῦ εἶχεν μέτρον
κάλαμον χρυσοῦν, ἵνα μετρήσῃ
τὴν πόλιν

21 23 ἡ πόλις οὐ χρείαν ἔχει τοῦ ἡλίου
οὐδὲ τῆς σελήνης, ἵνα φαίνωσιν
αὐτῇ

22 14ᵇμακάριοι οἱ | πλύνοντες τὰς στολὰς
αὐτῶν (ποιοῦντες τ. ἐντολὰς αὐ-
τοῦ Sϛ), ἵνα ἔσται ἡ ἐξουσία αὐ-
τῶν ἐπὶ τὸ (—M) ξύλον τῆς ζωῆς

ἱνατί
ἵνα τί MVBSH(ϛ)

Mt 9 4 ἱνατί (+ὑμεῖς VSϛ) ἐνθυμεῖσθε
πονηρὰ ἐν ταῖς καρδίαις ὑμῶν;

27 46 θεέ μου θεέ μου, ἱνατί με ἐγκατέλι-
πες;

Lc 13 7 ἔκκοψον οὖν (+[N²⁶]S) αὐτήν·
ἱνατί καὶ τὴν γῆν καταργεῖ;

Ac 4 25 ἱνατί ἐφρύαξαν ἔθνη καὶ λαοὶ
ἐμελέτησαν κενά;

7 26 ἱνατί ἀδικεῖτε ἀλλήλους;

1 C 10 29 ἱνατί γὰρ ἡ ἐλευθερία μου κρίνεται
ὑπὸ ἄλλης συνειδήσεως;

Ἰόππη
ᵃ ἐν πόλει Ἰόππη

Ac 9 36 ἐν Ἰόππῃ δέ τις ἦν μαθήτρια ὀνό-
ματι Ταβιθά

9 38 ἐγγὺς δὲ οὔσης Λύδδας τῇ Ἰόππῃ

9 42 γνωστὸν δὲ ἐγένετο καθ' ὅλης τῆς
(—H) Ἰόππης

9 43 ἐγένετο δὲ (+αὐτὸν M[S]) ἡμέρας
ἱκανὰς μεῖναι (+αὐτὸν Vϛ) ἐν
Ἰόππῃ παρά τινι Σίμωνι βυρσεῖ

10 5 νῦν πέμψον ἄνδρας εἰς Ἰόππην

Ac 10 8 ἐξηγησάμενος ἅπαντα αὐτοῖς
ἀπέστειλεν αὐτοὺς εἰς τὴν Ἰόππην

10 23 ἐξῆλθεν σὺν αὐτοῖς, καί τινες τῶν
ἀδελφῶν τῶν ἀπὸ (+τῆς ϛ)
Ἰόππης συνῆλθον αὐτῷ

10 32 πέμψον οὖν εἰς Ἰόππην καὶ μετα-
κάλεσαι Σίμωνα

11 5ᵃἐγὼ ἤμην ἐν πόλει Ἰόππῃ προσ-
ευχόμενος

11 13 ἀπόστειλον εἰς Ἰόππην καὶ μετά-
πεμψαι Σίμωνα

Ἰορδάνης
ᵃ Ἰ. ποταμός
ᵇ πέραν τοῦ Ἰ.

Mt 3 5 ἐξεπορεύετο πρὸς αὐτὸν Ἱεροσό-
λυμα ... καὶ πᾶσα ἡ περίχωρος
τοῦ Ἰορδάνου, ↔

3 6ᵃκαὶ ἐβαπτίζοντο ἐν τῷ Ἰορδάνῃ
ποταμῷ (—Sϛ) ὑπ' αὐτοῦ

3 13 παραγίνεται ὁ Ἰησοῦς ἀπὸ τῆς
Γαλιλαίας ἐπὶ τὸν Ἰορδάνην πρὸς
τὸν Ἰωάννην

4 15ᵇγῆ Ζαβουλὼν καὶ γῆ Νεφθαλίμ,
ὁδὸν θαλάσσης, πέραν τοῦ Ἰορ-
δάνου, Γαλιλαία τῶν ἐθνῶν

4 25ᵇἠκολούθησαν αὐτῷ ὄχλοι πολλοὶ
ἀπὸ τῆς ... Ἰουδαίας καὶ πέραν
τοῦ Ἰορδάνου

19 1ᵇἦλθεν εἰς τὰ ὅρια τῆς Ἰουδαίας
πέραν τοῦ Ἰορδάνου

Mc 1 5ᵃἐβαπτίζοντο ὑπ' αὐτοῦ ἐν τῷ
Ἰορδάνῃ ποταμῷ

1 9 ἦλθεν Ἰησοῦς ἀπὸ Ναζαρὲτ τῆς
Γαλιλαίας καὶ ἐβαπτίσθη εἰς τὸν
Ἰορδάνην ὑπὸ Ἰωάννου

3 8ᵇἀπὸ τῆς Ἰδουμαίας καὶ πέραν τοῦ
Ἰορδάνου ... πλῆθος πολὺ ...
ἦλθον πρὸς αὐτόν

10 1ᵇἔρχεται εἰς τὰ ὅρια τῆς Ἰουδαίας
καὶ ([N²⁶S]; —ϛ) (+διὰ τοῦ [S]ϛ)
πέραν τοῦ Ἰορδάνου

Lc 3 3 ἦλθεν εἰς πᾶσαν τὴν ([N²⁶]; —H)
περίχωρον τοῦ Ἰορδάνου κηρύσ-
σων βάπτισμα μετανοίας

4 1 Ἰησοῦς δὲ πλήρης πνεύματος
ἁγίου ὑπέστρεψεν ἀπὸ τοῦ
Ἰορδάνου

Jo 1 28ᵇταῦτα ἐν Βηθανίᾳ ἐγένετο πέραν
τοῦ Ἰορδάνου

3 26ᵇὃς ἦν μετὰ σοῦ πέραν τοῦ Ἰορδά-
νου ... ἴδε οὗτος βαπτίζει

10 40ᵇἀπῆλθεν πάλιν πέραν τοῦ Ἰορ-
δάνου εἰς τὸν τόπον ὅπου ἦν
Ἰωάννης ... βαπτίζων

ἰός
Rm 3 13 ἰὸς ἀσπίδων ὑπὸ τὰ χείλη αὐτῶν

Jc 3 8 ⟨ἡ γλῶσσα⟩ ἀκατάστατον (ἀκα-
τάσχετον Sϛ) κακόν, μεστὴ ἰοῦ
θανατηφόρου

5 3 ὁ ἰὸς αὐτῶν εἰς μαρτύριον ὑμῖν
ἔσται ↔

5 3 *καὶ φάγεται τὰς σάρκας ὑμῶν | ὁ
ἰὸς (+S) ὡς πῦρ

Ἰουδαία
→ Ἰουδαῖος
ᵃ πᾶσα, ὅλη ἡ Ἰουδαία
ᵇ ἡ χώρα τῆς Ἰουδαίας

Mt 2 1 τοῦ δὲ Ἰησοῦ γεννηθέντος ἐν
Βηθλέεμ τῆς Ἰουδαίας ἐν ἡμέραις
Ἡρῴδου τοῦ βασιλέως

2 5 ⟨ποῦ ὁ χριστὸς γεννᾶται⟩ ἐν
Βηθλέεμ τῆς Ἰουδαίας

2 22 Ἀρχέλαος βασιλεύει (+ἐπὶ ϛ) τῆς
Ἰουδαίας ἀντὶ | τοῦ πατρὸς αὐτοῦ
Ἡρῴδου (~VBSϛ)

Mt 3 1 παραγίνεται Ἰωάννης ὁ βαπτι-
στὴς κηρύσσων ἐν τῇ ἐρήμῳ τῆς
Ἰουδαίας

3 5ᵃἐξεπορεύετο πρὸς αὐτὸν Ἱεροσό-
λυμα καὶ πᾶσα ἡ Ἰουδαία καὶ
πᾶσα ἡ περίχωρος τοῦ Ἰορδάνου

4 25 ἠκολούθησαν αὐτῷ ὄχλοι πολλοὶ
ἀπὸ ... Ἱεροσολύμων καὶ Ἰου-
δαίας καὶ πέραν τοῦ Ἰορδάνου

19 1 ἦλθεν εἰς τὰ ὅρια τῆς Ἰουδαίας
πέραν τοῦ Ἰορδάνου

24 16 τότε οἱ ἐν τῇ Ἰουδαίᾳ φευγέτωσαν
εἰς (ἐπὶ VBSTϛ) τὰ ὄρη

Mc 3 7 πολὺ πλῆθος ἀπὸ τῆς Γαλιλαίας
|| ἠκολούθησεν ([N²⁶]; -σαν Tϛ)·
καὶ ἀπὸ τῆς Ἰουδαίας ((~T))
⟨ἦλθον πρὸς αὐτόν⟩

10 1 ἔρχεται εἰς τὰ ὅρια τῆς Ἰουδαίας
καὶ ([N²⁶S]; —ϛ) (+διὰ τοῦ
[S]ϛ) πέραν τοῦ Ἰορδάνου

13 14 τότε οἱ ἐν τῇ Ἰουδαίᾳ φευγέτω-
σαν εἰς τὰ ὄρη

Lc 1 5 ἐγένετο ἐν ταῖς ἡμέραις Ἡρῴδου
βασιλέως τῆς Ἰουδαίας ἱερεύς τις
ὀνόματι Ζαχαρίας

1 65 ἐν ὅλῃ τῇ ὀρεινῇ τῆς Ἰουδαίας
διελαλεῖτο πάντα τὰ ῥήματα ταῦ-
τα

2 4 ἀνέβη δὲ καὶ Ἰωσὴφ ἀπὸ τῆς
Γαλιλαίας ἐκ πόλεως Ναζαρὲθ εἰς
τὴν Ἰουδαίαν

3 1 ἡγεμονεύοντος Ποντίου Πιλάτου
τῆς Ἰουδαίας

4 44 ἦν κηρύσσων | εἰς τὰς συναγω-
γὰς (ἐν ταῖς σ-γαῖς VSϛ) τῆς
Ἰουδαίας (Γαλιλαίας VTϛ)

5 17 νομοδιδάσκαλοι οἳ ἦσαν ἐληλυ-
θότες ἐκ πάσης κώμης τῆς Γαλι-
λαίας καὶ Ἰουδαίας καὶ Ἰερουσα-
λήμ

6 17ᵃπλῆθος πολὺ τοῦ λαοῦ ἀπὸ πάσης
τῆς Ἰουδαίας καὶ Ἰερουσαλήμ

7 17ᵃἐξῆλθεν ὁ λόγος οὗτος ἐν ὅλῃ τῇ
Ἰουδαίᾳ περὶ αὐτοῦ καὶ πάσῃ τῇ
περιχώρῳ

21 21 τότε οἱ ἐν τῇ Ἰουδαίᾳ φευγέτωσαν
εἰς τὰ ὄρη

23 5ᵃἀνασείει τὸν λαόν, διδάσκων καθ'
ὅλης τῆς Ἰουδαίας

Jo 4 3 ἀφῆκεν τὴν Ἰουδαίαν καὶ ἀπῆλ-
θεν πάλιν εἰς τὴν Γαλιλαίαν

4 47 Ἰησοῦς ἥκει ἐκ τῆς Ἰουδαίας εἰς
τὴν Γαλιλαίαν

4 54 ὁ Ἰησοῦς ἐλθὼν ἐκ τῆς Ἰουδαίας
εἰς τὴν Γαλιλαίαν

7 1 οὐ γὰρ ἤθελεν ἐν τῇ Ἰουδαίᾳ
περιπατεῖν

7 3 μετάβηθι ἐντεῦθεν καὶ ὕπαγε εἰς
τὴν Ἰουδαίαν

11 7 ἄγωμεν εἰς τὴν Ἰουδαίαν πάλιν

Ac 1 8ᵃἔσεσθέ μου μάρτυρες ἔν τε Ἱερου-
σαλὴμ καὶ ἐν [N²⁶H] πάσῃ τῇ
Ἰουδαίᾳ καὶ Σαμαρείᾳ

2 9 οἱ κατοικοῦντες τὴν Μεσοπο-
ταμίαν, Ἰουδαίαν τε καὶ Καππα-
δοκίαν

8 1ᵇπάντες δὲ ([NH]; —T) τε ϛ) δι-
εσπάρησαν κατὰ τὰς χώρας τῆς
Ἰουδαίας καὶ Σαμαρείας πλὴν τῶν
ἀποστόλων

9 31ᵃἡ μὲν οὖν ἐκκλησία καθ' ὅλης τῆς
Ἰουδαίας καὶ Γαλιλαίας ... εἶχεν
εἰρήνην οἰκοδομουμένη

10 37ᵃὑμεῖς οἴδατε τὸ γενόμενον ῥῆμα
καθ' ὅλης τῆς Ἰουδαίας

Ac 11 1 ἤκουσαν δὲ οἱ ἀπόστολοι καὶ οἱ ἀδελφοὶ οἱ ὄντες κατὰ τὴν Ἰουδαίαν

11 29 ὥρισαν ἕκαστος αὐτῶν εἰς διακονίαν πέμψαι τοῖς κατοικοῦσιν ἐν τῇ Ἰουδαίᾳ ἀδελφοῖς

12 19 Ἡρῴδης . . . κατελθὼν ἀπὸ τῆς Ἰουδαίας εἰς Καισάρειαν διέτριβεν

15 1 καί τινες κατελθόντες ἀπὸ τῆς Ἰουδαίας ἐδίδασκον τοὺς ἀδελφούς

21 10 κατῆλθέν τις ἀπὸ τῆς Ἰουδαίας προφήτης ὀνόματι Ἄγαβος

26 20ᵇ τοῖς ἐν Δαμασκῷ πρῶτόν τε καὶ Ἱεροσολύμοις, (+εἰς MVBSϛ) πᾶσάν τε τὴν χώραν τῆς Ἰουδαίας καὶ τοῖς ἔθνεσιν ἀπήγγελλον μετανοεῖν

28 21 ἡμεῖς οὔτε γράμματα περὶ σοῦ ἐδεξάμεθα ἀπὸ τῆς Ἰουδαίας

Rm 15 31 ἵνα ῥυσθῶ ἀπὸ τῶν ἀπειθούντων ἐν τῇ Ἰουδαίᾳ

2 C 1 16 ⟨ἐβουλόμην⟩ πάλιν ἀπὸ Μακεδονίας ἐλθεῖν πρὸς ὑμᾶς καὶ ὑφ' ὑμῶν προπεμφθῆναι εἰς τὴν Ἰουδαίαν

G 1 22 ἤμην δὲ ἀγνοούμενος τῷ προσώπῳ ταῖς ἐκκλησίαις τῆς Ἰουδαίας ταῖς ἐν Χριστῷ

1 Th 2 14 μιμηταὶ ἐγενήθητε, ἀδελφοί, τῶν ἐκκλησιῶν τοῦ θεοῦ τῶν οὐσῶν ἐν τῇ Ἰουδαίᾳ ἐν Χριστῷ Ἰησοῦ

ἰουδαΐζω

G 2 14 εἰ σὺ Ἰουδαῖος ὑπάρχων ἐθνικῶς . . . ζῇς, πῶς τὰ ἔθνη ἀναγκάζεις ἰουδαΐζειν;

Ἰουδαϊκός

Tt 1 14 ⟨ἔλεγχε . . . ἵνα ὑγιαίνωσιν ἐν τῇ πίστει⟩ μὴ προσέχοντες Ἰουδαϊκοῖς μύθοις καὶ ἐντολαῖς ἀνθρώπων

Ἰουδαϊκῶς

G 2 14 εἰ σὺ Ἰουδαῖος ὑπάρχων ἐθνικῶς καὶ οὐχὶ (οὐκ NHϛ; οὐχ T) Ἰουδαϊκῶς ζῇς

Ἰουδαῖος

→ Ἰουδαία
ᵃ ἡ Ἰουδαία γῆ, χώρα
ᵇ χώρα τῶν Ἰουδαίων
ᶜ πόλις τῶν Ἰουδαίων
ᵈ ὦ, ἄνδρες Ἰουδαῖοι
ᵉ ἀνήρ, ἄνθρωπος Ἰουδαῖος
ᶠ γυνὴ Ἰουδαία
ᵍ βασιλεὺς τῶν Ἰουδαίων
ʰ πάσχα, ἑορτὴ τῶν Ἰουδαίων
ʲ συναγωγὴ τῶν Ἰουδαίων
ᵏ Ἰουδαῖος et Ἕλην

Mt 2 2ᵍ ποῦ ἐστιν ὁ τεχθεὶς βασιλεὺς τῶν Ἰουδαίων;

27 11ᵍ σὺ εἶ ὁ βασιλεὺς τῶν Ἰουδαίων;

27 29ᵍ χαῖρε, βασιλεῦ (ὁ -λεύς VSTϛ) τῶν Ἰουδαίων

27 37ᵍ οὗτός ἐστιν Ἰησοῦς ὁ βασιλεὺς τῶν Ἰουδαίων

28 15 διεφημίσθη (ἐφημίσθη T) ὁ λόγος οὗτος παρὰ Ἰουδαίοις μέχρι τῆς σήμερον ἡμέρας (+[Nᶻ⁶NH]B)

Mc 1 5ᵃ ἐξεπορεύετο πρὸς αὐτὸν πᾶσα ἡ Ἰουδαία χώρα καὶ οἱ Ἱεροσολυμῖται πάντες

7 3 οἱ γὰρ Φαρισαῖοι καὶ πάντες οἱ Ἰουδαῖοι ἐὰν μὴ πυγμῇ (πυκνὰ T) νίψωνται τὰς χεῖρας οὐκ ἐσθίουσιν

15 2ᵍ σὺ εἶ ὁ βασιλεὺς τῶν Ἰουδαίων;

15 9ᵍ θέλετε ἀπολύσω ὑμῖν τὸν βασιλέα τῶν Ἰουδαίων;

Mc 15 12ᵍ τί οὖν θέλετε (+[Nᶻ⁶]BTϛ) ποιήσω || ὃν [NH] λέγετε [[Nᶻ⁶]] τὸν (—ϛ) βασιλέα τῶν Ἰουδαίων;

15 18ᵍ χαῖρε, βασιλεῦ τῶν Ἰουδαίων

15 26ᵍ ἦν ἡ ἐπιγραφὴ τῆς αἰτίας αὐτοῦ ἐπιγεγραμμένη· ὁ βασιλεὺς τῶν Ἰουδαίων

Lc 7 3 ἀκούσας δὲ περὶ τοῦ Ἰησοῦ ἀπέστειλεν πρὸς αὐτὸν πρεσβυτέρους τῶν Ἰουδαίων

23 3ᵍ σὺ εἶ ὁ βασιλεὺς τῶν Ἰουδαίων;

23 37ᵍ εἰ σὺ εἶ ὁ βασιλεὺς τῶν Ἰουδαίων, σῶσον σεαυτόν

23 38ᵍ ὁ βασιλεὺς τῶν Ἰουδαίων οὗτος (οὗτός ἐστιν ὁ β. τ. Ἰ. Vϛ)

23 51ᶜ ⟨ἀνὴρ ὀνόματι Ἰωσὴφ⟩ ἀπὸ Ἁριμαθαίας πόλεως τῶν Ἰουδαίων

Jo 1 19 ὅτε ἀπέστειλαν | πρὸς αὐτὸν ([Nᶻ⁶]; —Tϛ) οἱ Ἰουδαῖοι ἐξ Ἱεροσολύμων ἱερεῖς καὶ Λευΐτας

2 6 ἦσαν δὲ ἐκεῖ λίθιναι ὑδρίαι ἓξ κατὰ τὸν καθαρισμὸν τῶν Ἰουδαίων κείμεναι

2 13ʰ ἐγγὺς ἦν τὸ πάσχα τῶν Ἰουδαίων

2 18 ἀπεκρίθησαν οὖν οἱ Ἰουδαῖοι καὶ εἶπαν αὐτῷ

2 20 εἶπαν οὖν οἱ Ἰουδαῖοι

3 1 ἦν δὲ ἄνθρωπος ἐκ τῶν Φαρισαίων, Νικόδημος ὄνομα αὐτῷ, ἄρχων τῶν Ἰουδαίων

3 22ᵃ ἦλθεν ὁ Ἰησοῦς καὶ οἱ μαθηταὶ αὐτοῦ εἰς τὴν Ἰουδαίαν γῆν

3 25 ἐγένετο οὖν ζήτησις ἐκ τῶν μαθητῶν Ἰωάννου μετὰ Ἰουδαίου (-ων ϛ) περὶ καθαρισμοῦ

4 9 πῶς σὺ Ἰουδαῖος ὢν παρ' ἐμοῦ πεῖν αἰτεῖς γυναικὸς Σαμαρίτιδος οὔσης; ↔

4 9 | οὐ γὰρ συγχρῶνται Ἰουδαῖοι Σαμαρίταις ([NH]; —T)

4 22 ἡ σωτηρία ἐκ τῶν Ἰουδαίων ἐστίν

5 1ʰ μετὰ ταῦτα ἦν (+ἡ [MVS]BT) ἑορτὴ τῶν Ἰουδαίων

5 10 ἔλεγον οὖν οἱ Ἰουδαῖοι τῷ τεθεραπευμένῳ

5 15 ἀπῆλθεν ὁ ἄνθρωπος καὶ ἀνήγγειλεν (εἶπεν NMTH) τοῖς Ἰουδαίοις

5 16 διὰ τοῦτο ἐδίωκον οἱ Ἰουδαῖοι τὸν Ἰησοῦν

5 18 διὰ τοῦτο οὖν (—T) μᾶλλον ἐζήτουν αὐτὸν οἱ Ἰουδαῖοι ἀποκτεῖναι

6 4ʰ ἦν δὲ ἐγγὺς τὸ πάσχα, ἡ ἑορτὴ τῶν Ἰουδαίων

6 41 ἐγόγγυζον οὖν οἱ Ἰουδαῖοι περὶ αὐτοῦ

6 52 ἐμάχοντο οὖν πρὸς ἀλλήλους οἱ Ἰουδαῖοι λέγοντες

7 1 ἐζήτουν αὐτὸν οἱ Ἰουδαῖοι ἀποκτεῖναι. ↔

7 2ʰ ἦν δὲ ἐγγὺς ἡ ἑορτὴ τῶν Ἰουδαίων ἡ σκηνοπηγία

7 11 οἱ οὖν Ἰουδαῖοι ἐζήτουν αὐτὸν ἐν τῇ ἑορτῇ

7 13 οὐδεὶς μέντοι παρρησίᾳ ἐλάλει περὶ αὐτοῦ διὰ τὸν φόβον τῶν Ἰουδαίων

7 15 ἐθαύμαζον οὖν οἱ Ἰουδαῖοι λέγοντες

7 35 εἶπον οὖν οἱ Ἰουδαῖοι πρὸς ἑαυτούς

8 22 ἔλεγον οὖν οἱ Ἰουδαῖοι

8 31 ἔλεγεν οὖν ὁ Ἰησοῦς πρὸς τοὺς πεπιστευκότας αὐτῷ Ἰουδαίους

8 48 ἀπεκρίθησαν (+οὖν Vϛ) οἱ Ἰουδαῖοι καὶ εἶπαν αὐτῷ

Jo 8 52 εἶπον οὖν (+[Nᶻ⁶]Vϛ) αὐτῷ οἱ Ἰουδαῖοι

8 57 εἶπον οὖν οἱ Ἰουδαῖοι πρὸς αὐτόν

9 18 οὐκ ἐπίστευσαν οὖν οἱ Ἰουδαῖοι περὶ αὐτοῦ

9 22 ταῦτα εἶπαν οἱ γονεῖς αὐτοῦ ὅτι ἐφοβοῦντο τοὺς Ἰουδαίους· ↔

9 22 ἤδη γὰρ συνετέθειντο οἱ Ἰουδαῖοι

10 19 σχίσμα πάλιν ἐγένετο ἐν τοῖς Ἰουδαίοις διὰ τοὺς λόγους τούτους

10 24 ἐκύκλωσαν οὖν αὐτὸν οἱ Ἰουδαῖοι καὶ ἔλεγον αὐτῷ

10 31 ἐβάστασαν (+οὖν Vϛ) πάλιν λίθους οἱ Ἰουδαῖοι ἵνα λιθάσωσιν αὐτόν

10 33 ἀπεκρίθησαν αὐτῷ οἱ Ἰουδαῖοι

11 8 ῥαββί, νῦν ἐζήτουν σε λιθάσαι οἱ Ἰουδαῖοι

11 19 πολλοὶ δὲ ἐκ τῶν Ἰουδαίων ἐληλύθεισαν πρὸς τὴν (τὰς περὶ MVSTϛ) Μάρθαν καὶ Μαριάμ

11 31 οἱ οὖν Ἰουδαῖοι οἱ ὄντες μετ' αὐτῆς ἐν τῇ οἰκίᾳ . . . ἰδόντες τὴν Μαριὰμ ὅτι . . . ἐξῆλθεν, ἠκολούθησαν αὐτῇ

11 33 Ἰησοῦς οὖν ὡς εἶδεν αὐτὴν κλαίουσαν καὶ τοὺς συνελθόντας αὐτῇ Ἰουδαίους κλαίοντας

11 36 ἔλεγον οὖν οἱ Ἰουδαῖοι

11 45 πολλοὶ οὖν ἐκ τῶν Ἰουδαίων . . . θεασάμενοι ἃ (Nᶻ⁶Tϛ; ὃ rl) ἐποίησεν, ἐπίστευσαν εἰς αὐτόν

11 54 | ὁ οὖν Ἰησοῦς (Ἰ. οὖν Tϛ) οὐκέτι παρρησίᾳ περιεπάτει ἐν τοῖς Ἰουδαίοις

11 55ʰ ἦν δὲ ἐγγὺς τὸ πάσχα τῶν Ἰουδαίων

12 9 ἔγνω οὖν ὁ ([Nᶻ⁶]; —ϛ) ὄχλος πολὺς ἐκ τῶν Ἰουδαίων

12 11 ὅτι πολλοὶ δι' αὐτὸν ὑπῆγον τῶν Ἰουδαίων καὶ ἐπίστευον εἰς τὸν Ἰησοῦν

13 33 καθὼς εἶπον τοῖς Ἰουδαίοις . . . καὶ ὑμῖν λέγω ἄρτι

18 12 ἡ οὖν σπεῖρα . . . καὶ οἱ ὑπηρέται τῶν Ἰουδαίων συνέλαβον τὸν Ἰησοῦν καὶ ἔδησαν αὐτόν

18 14 ἦν δὲ Καϊάφας ὁ συμβουλεύσας τοῖς Ἰουδαίοις

18 20 ἐγὼ πάντοτε ἐδίδαξα ἐν συναγωγῇ καὶ ἐν τῷ ἱερῷ, ὅπου πάντες (πάντοτε ϛ) οἱ Ἰουδαῖοι συνέρχονται

18 31 εἶπον (+οὖν VBSTϛ) αὐτῷ οἱ Ἰουδαῖοι

18 33ᵍ σὺ εἶ ὁ βασιλεὺς τῶν Ἰουδαίων;

18 35 μήτι ἐγὼ Ἰουδαῖός εἰμι;

18 36 οἱ ὑπηρέται || οἱ ἐμοὶ ἠγωνίζοντο ἄν [Nᶻ⁶] ((∼NMVTϛ)), ἵνα μὴ παραδοθῶ τοῖς Ἰουδαίοις

18 38 τοῦτο εἰπὼν πάλιν ἐξῆλθεν πρὸς τοὺς Ἰουδαίους

18 39ᵍ βούλεσθε οὖν ἀπολύσω ὑμῖν τὸν βασιλέα τῶν Ἰουδαίων

19 3ᵍ χαῖρε ὁ βασιλεὺς τῶν Ἰουδαίων

19 7 ἀπεκρίθησαν αὐτῷ (—T) οἱ Ἰουδαῖοι

19 12 οἱ δὲ Ἰουδαῖοι ἐκραύγασαν (-γαζον BST; ἔκραζον ϛ) λέγοντες

19 14 λέγει τοῖς Ἰουδαίοις· ἴδε ὁ βασιλεὺς ὑμῶν

19 19ᵍ Ἰησοῦς ὁ Ναζωραῖος ὁ βασιλεὺς τῶν Ἰουδαίων. ↔

19 20 τοῦτον οὖν τὸν τίτλον πολλοὶ ἀνέγνωσαν τῶν Ἰουδαίων

Jo 19 21 ἔλεγον οὖν τῷ Πιλάτῳ οἱ ἀρχ-
ιερεῖς τῶν Ἰουδαίων· ↔

19 21ᵍ μὴ γράφε· ὁ βασιλεὺς τῶν Ἰου-
δαίων, ↔

19 21ᵍ ἀλλ' ὅτι ἐκεῖνος εἶπεν· βασιλεύς
| εἰμι τῶν Ἰουδαίων (~ H)

19 31 οἱ οὖν Ἰουδαῖοι . . . ἠρώτησαν τὸν
Πιλᾶτον

19 38 Ἰωσὴφ . . . ὢν μαθητὴς τοῦ [NH]
Ἰησοῦ κεκρυμμένος δὲ διὰ τὸν
φόβον τῶν Ἰουδαίων

19 40 καθὼς ἔθος ἐστὶν τοῖς Ἰουδαίοις
ἐνταφιάζειν

19 42 ἐκεῖ οὖν διὰ τὴν παρασκευὴν τῶν
Ἰουδαίων . . . ἔθηκαν τὸν Ἰησοῦν

20 19 τῶν θυρῶν κεκλεισμένων ὅπου
ἦσαν οἱ μαθηταὶ (+συνηγμένοι [V]
Sς) διὰ τὸν φόβον τῶν Ἰουδαίων

Ac 2 5 ἦσαν δὲ εἰς (ἐν MVSHς) Ἰερουσα-
λὴμ κατοικοῦντες Ἰουδαῖοι, ἄνδρες
εὐλαβεῖς ἀπὸ παντὸς ἔθνους

2 11 ⟨Πάρθοι καὶ Μῆδοι⟩ Ἰουδαῖοί τε
καὶ προσήλυτοι . . . ἀκούομεν
λαλούντων αὐτῶν ταῖς ἡμετέραις
γλώσσαις τὰ μεγαλεῖα τοῦ θεοῦ

2 14ᵈ ἄνδρες Ἰουδαῖοι καὶ οἱ κατοι-
κοῦντες Ἰερουσαλὴμ πάντες, τοῦ-
το ὑμῖν γνωστὸν ἔστω

9 22 Σαῦλος δὲ μᾶλλον ἐνεδυναμοῦτο
καὶ συνέχυννεν τοὺς ([N²⁶];
—NTH) Ἰουδαίους τοὺς κατοι-
κοῦντας ἐν Δαμασκῷ

9 23 συνεβουλεύσαντο οἱ Ἰουδαῖοι ἀν-
ελεῖν αὐτόν

10 22 Κορνήλιος . . . μαρτυρούμενός τε
ὑπὸ ὅλου τοῦ ἔθνους τῶν Ἰου-
δαίων

10 28ᵉ ἀθέμιτόν ἐστιν ἀνδρὶ Ἰουδαίῳ
κολλᾶσθαι ἢ προσέρχεσθαι ἀλλο-
φύλῳ

10 39ᵇ ἡμεῖς μάρτυρες πάντων ὧν ἐποίη-
σεν ἔν τε τῇ χώρᾳ τῶν Ἰουδαίων
καὶ ἐν (+[N²⁶]BSTς) Ἰερουσαλήμ

11 19 μηδενὶ λαλοῦντες τὸν λόγον εἰ
μὴ μόνον Ἰουδαίοις

12 3 ἰδὼν δὲ ὅτι ἀρεστόν ἐστιν τοῖς
Ἰουδαίοις προσέθετο συλλαβεῖν
καὶ Πέτρον

12 11 ἐξείλατό με ἐκ χειρὸς Ἡρῴδου καὶ
πάσης τῆς προσδοκίας τοῦ λαοῦ
τῶν Ἰουδαίων

13 5ʲ γενόμενοι ἐν Σαλαμῖνι κατήγγελ-
λον τὸν λόγον τοῦ θεοῦ ἐν ταῖς
συναγωγαῖς τῶν Ἰουδαίων

13 6ᵉ εὗρον ἄνδρα (—ς) τινα μάγον
ψευδοπροφήτην Ἰουδαῖον

13 42ʲ * ἐξιόντων δὲ | ἐκ τῆς συναγωγῆς
τῶν Ἰουδαίων (ς; αὐτῶν rl)

13 43 λυθείσης δὲ τῆς συναγωγῆς ἠκο-
λούθησαν πολλοὶ τῶν Ἰουδαίων
καὶ τῶν σεβομένων προσηλύτων
τῷ Παύλῳ

13 45 ἰδόντες δὲ οἱ Ἰουδαῖοι τοὺς ὄχλους
ἐπλήσθησαν ζήλου

13 50 οἱ δὲ Ἰουδαῖοι παρώτρυναν τὰς
σεβομένας γυναῖκας . . . καὶ ἐπή-
γειραν διωγμὸν ἐπὶ τὸν Παῦλον

14 1ʲ ἐγένετο δὲ ἐν Ἰκονίῳ . . . εἰσελθεῖν
αὐτοὺς εἰς τὴν συναγωγὴν τῶν
Ἰουδαίων καὶ λαλῆσαι οὕτως ↔

14 1ᵏ ὥστε πιστεῦσαι Ἰουδαίων τε καὶ
Ἑλλήνων πολὺ πλῆθος. ↔

14 2 οἱ δὲ ἀπειθήσαντες Ἰουδαῖοι ἐπή-
γειραν καὶ ἐκάκωσαν τὰς ψυχὰς
τῶν ἐθνῶν κατὰ τῶν ἀδελφῶν

Ac 14 4 οἱ μὲν ἦσαν σὺν τοῖς Ἰουδαίοις, οἱ
δὲ σὺν τοῖς ἀποστόλοις. ↔

14 5 ὡς δὲ ἐγένετο ὁρμὴ τῶν ἐθνῶν τε
καὶ Ἰουδαίων σὺν τοῖς ἄρχουσιν
αὐτῶν

14 19 ἐπῆλθαν δὲ ἀπὸ Ἀντιοχείας καὶ
Ἰκονίου Ἰουδαῖοι

16 1ᶠᵏ Τιμόθεος, υἱὸς γυναικὸς Ἰουδαίας
πιστῆς πατρὸς δὲ Ἕλληνος

16 3 λαβὼν περιέτεμεν αὐτὸν διὰ τοὺς
Ἰουδαίους τοὺς ὄντας ἐν τοῖς τό-
ποις ἐκείνοις

16 20 οὗτοι οἱ ἄνθρωποι ἐκταράσσουσιν
ἡμῶν τὴν πόλιν, Ἰουδαῖοι ὑπάρ-
χοντες

17 1ʲ ἦλθον εἰς Θεσσαλονίκην, ὅπου ἦν
(+ἡ ς) συναγωγὴ τῶν Ἰουδαίων

17 5 ζηλώσαντες δὲ οἱ (+ἀπειθοῦντες ς)
Ἰουδαῖοι . . . ἐθορύβουν τὴν πόλιν

17 10ʲ οἵτινες παραγενόμενοι εἰς τὴν συν-
αγωγὴν τῶν Ἰουδαίων ἀπῄεσαν

17 13 ὡς δὲ ἔγνωσαν οἱ ἀπὸ τῆς Θεσσα-
λονίκης Ἰουδαῖοι

17 17 διελέγετο μὲν οὖν ἐν τῇ συναγωγῇ
τοῖς Ἰουδαίοις καὶ τοῖς σεβομένοις

18 2 εὑρών τινα Ἰουδαῖον ὀνόματι
Ἀκύλαν . . . καὶ Πρίσκιλλαν γυ-
ναῖκα αὐτοῦ, ↔

18 2 διὰ τὸ διατεταχέναι (τεταχ. T)
Κλαύδιον χωρίζεσθαι πάντας τοὺς
Ἰουδαίους ἀπὸ τῆς Ῥώμης

18 4ᵏ διελέγετο δὲ ἐν τῇ συναγωγῇ . . .
ἔπειθέν τε Ἰουδαίους καὶ Ἕλληνας

18 5 συνείχετο τῷ λόγῳ ὁ Παῦλος,
διαμαρτυρόμενος τοῖς Ἰουδαίοις
εἶναι (—ς) τὸν χριστὸν Ἰησοῦν

18 12 κατεπέστησαν | ὁμοθυμαδὸν οἱ
Ἰουδαῖοι (~ H) τῷ Παύλῳ καὶ
ἤγαγον αὐτὸν ἐπὶ τὸ βῆμα

18 14 εἶπεν ὁ Γαλλίων πρὸς τοὺς Ἰου-
δαίους· ↔

18 14ᵈ εἰ μὲν ἦν ἀδίκημά τι . . . ὦ Ἰου-
δαῖοι, κατὰ λόγον ἂν ἀνεσχόμην
ὑμῶν

18 19 αὐτὸς δὲ εἰσελθὼν εἰς τὴν συν-
αγωγὴν διελέξατο (διελέχθη Sς)
τοῖς Ἰουδαίοις

18 24 Ἰουδαῖος δέ τις Ἀπολλῶς ὀνόματι
. . . κατήντησεν εἰς Ἔφεσον

18 28 εὐτόνως γὰρ τοῖς Ἰουδαίοις δια-
κατηλέγχετο δημοσίᾳ

19 10ᵏ ὥστε πάντας τοὺς κατοικοῦντας
τὴν Ἀσίαν ἀκοῦσαι τὸν λόγον τοῦ
κυρίου, Ἰουδαίους τε καὶ Ἕλληνας

19 13 ἐπεχείρησαν δέ τινες καὶ (ἀπὸ ς)
τῶν περιερχομένων Ἰουδαίων
ἐξορκιστῶν ὀνομάζειν . . . τὸ ὄνο-
μα τοῦ κυρίου Ἰησοῦ

19 14 ἦσαν δέ τινος (τινες VSTς) Σκευᾶ
Ἰουδαίου ἀρχιερέως ἑπτὰ υἱοὶ
τοῦτο ποιοῦντες

19 17ᵏ τοῦτο δὲ ἐγένετο γνωστὸν πᾶσιν
Ἰουδαίοις τε καὶ Ἕλλησιν τοῖς
κατοικοῦσιν τὴν Ἔφεσον

19 33 ἐκ δὲ τοῦ ὄχλου συνεβίβασαν
Ἀλέξανδρον, προβαλόντων αὐτὸν
τῶν Ἰουδαίων

19 34 ἐπιγνόντες δὲ ὅτι Ἰουδαῖός ἐστιν

20 3 γενομένης ἐπιβουλῆς αὐτῷ ὑπὸ
τῶν Ἰουδαίων μέλλοντι ἀνάγε-
σθαι εἰς τὴν Συρίαν

20 19 πειρασμῶν τῶν συμβάντων μοι ἐν
ταῖς ἐπιβουλαῖς τῶν Ἰουδαίων

20 21ᵏ διαμαρτυρόμενος Ἰουδαίοις τε καὶ
Ἕλλησιν τὴν εἰς θεὸν μετάνοιαν

Ac 21 11 τὸν ἄνδρα οὗ ἐστιν ἡ ζώνη αὕτη
οὕτως δήσουσιν ἐν Ἰερουσαλὴμ
οἱ Ἰουδαῖοι καὶ παραδώσουσιν εἰς
χεῖρας ἐθνῶν

21 20 θεωρεῖς, ἀδελφέ, πόσαι μυριάδες
εἰσὶν | ἐν τοῖς Ἰουδαίοις (Ἰουδαί-
ων Vς; —T) τῶν πεπιστευκότων

21 21 ἀποστασίαν διδάσκεις ἀπὸ Μωϋ-
σέως τοὺς κατὰ τὰ ἔθνη πάντας
Ἰουδαίους

21 27 οἱ ἀπὸ τῆς Ἀσίας Ἰουδαῖοι θεασά-
μενοι αὐτὸν ἐν τῷ ἱερῷ συνέχεον
πάντα τὸν ὄχλον

21 39ᵉ ἐγὼ ἄνθρωπος μέν εἰμι Ἰουδαῖος,
Ταρσεύς, τῆς Κιλικίας οὐκ ἀσήμου
πόλεως πολίτης

22 3ᵉ ἐγὼ (+μέν [S]ς) εἰμι ἀνὴρ Ἰου-
δαῖος, γεγεννημένος ἐν Ταρσῷ τῆς
Κιλικίας

22 12 Ἀνανίας δέ τις . . . μαρτυρούμενος
ὑπὸ πάντων τῶν κατοικούντων
Ἰουδαίων

22 30 βουλόμενος γνῶναι τὸ ἀσφαλές,
τὸ τί κατηγορεῖται ὑπὸ (παρὰ ς)
τῶν Ἰουδαίων

23 12 ποιήσαντες | συστροφὴν οἱ Ἰου-
δαῖοι (τινες τῶν Ἰουδαίων σ. ς)
ἀνεθεμάτισαν ἑαυτούς

23 20 οἱ Ἰουδαῖοι συνέθεντο τοῦ ἐρω-
τῆσαί σε

23 27 τὸν ἄνδρα τοῦτον συλλημφθέντα
ὑπὸ τῶν Ἰουδαίων καὶ μέλλοντα
ἀναιρεῖσθαι ὑπ' αὐτῶν . . . ἐξειλά-
μην

23 30 * μηνυθείσης δέ μοι ἐπιβουλῆς εἰς
τὸν ἄνδρα ἔσεσθαι | ὑπὸ τῶν Ἰου-
δαίων (+ ς)

24 5 εὑρόντες γὰρ τὸν ἄνδρα τοῦτον
. . . κινοῦντα στάσεις πᾶσιν τοῖς
Ἰουδαίοις τοῖς κατὰ τὴν οἰκουμένην

24 9 συνεπέθεντο δὲ καὶ οἱ Ἰουδαῖοι
φάσκοντες ταῦτα οὕτως ἔχειν

24 19 τινὲς δὲ ἀπὸ τῆς Ἀσίας Ἰουδαῖοι,
οὓς ἔδει ἐπὶ σοῦ παρεῖναι

24 24 παραγενόμενος ὁ Φῆλιξ σὺν Δρου-
σίλλῃ τῇ ἰδίᾳ γυναικὶ οὔσῃ
Ἰουδαίᾳ μετεπέμψατο τὸν Παῦ-
λον

24 27 θέλων τε χάριτα (-τας Sς) κατα-
θέσθαι τοῖς Ἰουδαίοις ὁ Φῆλιξ
κατέλιπε τὸν Παῦλον δεδεμένον

25 2 ἐνεφάνισάν τε αὐτῷ οἱ ἀρχιερεῖς καὶ
οἱ πρῶτοι τῶν Ἰουδαίων κατὰ
τοῦ Παύλου

25 7 περιέστησαν αὐτὸν οἱ ἀπὸ Ἱερο-
σολύμων καταβεβηκότες Ἰουδαῖοι

25 8 οὔτε εἰς τὸν νόμον τῶν Ἰουδαίων
οὔτε εἰς τὸ ἱερὸν οὔτε εἰς Καίσαρά τι
ἥμαρτον. ↔

25 9 ὁ Φῆστος δὲ θέλων τοῖς Ἰουδαίοις
χάριν καταθέσθαι

25 10 Ἰουδαίους οὐδὲν ἠδίκησα (ἠδί-
κηκα NTH)

25 15 περὶ οὗ γενομένου μου εἰς Ἱεροσό-
λυμα ἐνεφάνισαν οἱ ἀρχιερεῖς καὶ
οἱ πρεσβύτεροι τῶν Ἰουδαίων

25 24 θεωρεῖτε τοῦτον περὶ οὗ ἅπαν
(πᾶν ς) τὸ πλῆθος τῶν Ἰουδαίων
ἐνέτυχόν (-χέν H) μοι ἔν τε Ἱεροσο-
λύμοις καὶ ἐνθάδε

26 2 περὶ πάντων ὧν ἐγκαλοῦμαι ὑπὸ
Ἰουδαίων

26 3 μάλιστα γνώστην | ὄντα σε (~ T)
πάντων τῶν κατὰ Ἰουδαίους
ἐθῶν τε καὶ ζητημάτων

Ac 26 4 τὴν μὲν οὖν βίωσίν μου ... ἴσασι
πάντες οἱ (+[N²⁶]Tς) Ἰουδαῖοι
26 7 περὶ ἧς ἐλπίδος ἐγκαλοῦμαι ὑπὸ
(+τῶν ς) Ἰουδαίων, βασιλεῦ
26 21 ἕνεκα τούτων με (+οἱ ς) Ἰου-
δαῖοι συλλαβόμενοι ὄντα (+
[N²⁶]BST) ἐν τῷ ἱερῷ ἐπειρῶντο
διαχειρίσασθαι
28 17 ἐγένετο δὲ μετὰ ἡμέρας τρεῖς
συγκαλέσασθαι αὐτὸν τοὺς ὄντας
τῶν Ἰουδαίων πρώτους
28 19 ἀντιλεγόντων δὲ τῶν Ἰουδαίων
ἠναγκάσθην ἐπικαλέσασθαι Καί-
σαρα
28 29 * | καὶ ταῦτα αὐτοῦ εἰπόντος
ἀπῆλθον οἱ Ἰουδαῖοι πολλὴν
ἔχοντες ἐν ἑαυτοῖς συζήτησιν (+ς)

Rm 1 16ᵏ δύναμις γὰρ θεοῦ ἐστιν εἰς σωτη-
ρίαν παντὶ τῷ πιστεύοντι, Ἰου-
δαίῳ τε πρῶτον [H] καὶ Ἕλληνι
2 9ᵏ θλῖψις καὶ στενοχωρία ἐπὶ πᾶσαν
ψυχὴν ἀνθρώπου τοῦ κατεργαζο-
μένου τὸ κακόν, Ἰουδαίου τε πρῶ-
τον καὶ Ἕλληνος· ↔
2 10ᵏ δόξα δὲ ... καὶ εἰρήνη παντὶ τῷ
ἐργαζομένῳ τὸ ἀγαθόν, Ἰου-
δαίῳ τε πρῶτον καὶ Ἕλληνι
2 17 εἰ δὲ σὺ Ἰουδαῖος ἐπονομάζῃ καὶ
ἐπαναπαύῃ νόμῳ
2 28 οὐ γὰρ ὁ ἐν τῷ φανερῷ Ἰουδαῖός
ἐστιν
2 29 ἀλλ' ὁ ἐν τῷ κρυπτῷ Ἰουδαῖος
3 1 τί οὖν τὸ περισσὸν τοῦ Ἰουδαίου,
ἢ τίς ἡ ὠφέλεια τῆς περιτομῆς;
3 9ᵏ προῃτιασάμεθα γὰρ Ἰουδαίους τε
καὶ Ἕλληνας πάντας ὑφ' ἁμαρ-
τίαν εἶναι
3 29 ἢ Ἰουδαίων ὁ θεὸς μόνον; οὐχὶ καὶ
ἐθνῶν;
9 24 οὓς καὶ ἐκάλεσεν ἡμᾶς οὐ μόνον ἐξ
Ἰουδαίων ἀλλὰ καὶ ἐξ ἐθνῶν
10 12ᵏ οὐ γάρ ἐστιν διαστολὴ Ἰουδαίου
τε καὶ Ἕλληνος

1 C 1 22ᵏ ἐπειδὴ καὶ Ἰουδαῖοι σημεῖα αἰ-
τοῦσιν καὶ Ἕλληνες σοφίαν ζη-
τοῦσιν, ↔
1 23ᵏ ἡμεῖς δὲ κηρύσσομεν Χριστὸν
ἐσταυρωμένον, Ἰουδαίοις μὲν
σκάνδαλον, ἔθνεσιν (Ἕλλησι ς) δὲ
μωρίαν, ↔
1 24ᵏ αὐτοῖς δὲ τοῖς κλητοῖς, Ἰουδαίοις
τε καὶ Ἕλλησιν, Χριστὸν θεοῦ
δύναμιν καὶ θεοῦ σοφίαν
9 20 ἐγενόμην τοῖς Ἰουδαίοις ↔
9 20 ὡς Ἰουδαῖος, ↔
9 20 ἵνα Ἰουδαίους κερδήσω
10 32ᵏ ἀπρόσκοποι καὶ Ἰουδαίοις γίνε-
σθε καὶ Ἕλλησιν καὶ τῇ ἐκκλησίᾳ
τοῦ θεοῦ
12 13ᵏ καὶ γὰρ ἐν ἑνὶ πνεύματι ἡμεῖς πάν-
τες εἰς ἓν σῶμα ἐβαπτίσθημεν, εἴτε
Ἰουδαῖοι εἴτε Ἕλληνες

2 C 11 24 ὑπὸ Ἰουδαίων πεντάκις τεσσερά-
κοντα παρὰ μίαν ἔλαβον

G 2 13 συνυπεκρίθησαν αὐτῷ καὶ [N²⁶
NH] οἱ λοιποὶ Ἰουδαῖοι
2 14 εἰ σὺ Ἰουδαῖος ὑπάρχων ἐθνικῶς
καὶ οὐχὶ (οὐκ NHς; οὐχ T)
Ἰουδαϊκῶς ζῇς, πῶς τὰ ἔθνη ἀναγ-
κάζεις ἰουδαΐζειν; ↔
2 15 ἡμεῖς φύσει Ἰουδαῖοι καὶ οὐκ ἐξ
ἐθνῶν ἁμαρτωλοί (εἰς Χριστὸν
Ἰησοῦν ἐπιστεύσαμεν)
3 28ᵏ οὐκ ἔνι Ἰουδαῖος οὐδὲ Ἕλλην

Cl 3 11ᵏ ὅπου οὐκ ἔνι Ἕλλην καὶ Ἰου-
δαῖος, περιτομὴ καὶ ἀκροβυστία
1Th 2 14 τὰ αὐτὰ ἐπάθετε καὶ ὑμεῖς ὑπὸ τῶν
ἰδίων συμφυλετῶν, καθὼς καὶ αὐ-
τοὶ ὑπὸ τῶν Ἰουδαίων
Ap 2 9 οἶδά σου (+τὰ ἔργα καὶ [S]ς)
τὴν θλῖψιν ... καὶ τὴν βλασφημίαν
ἐκ (—ς) τῶν λεγόντων Ἰουδαίους
εἶναι ἑαυτούς, καὶ οὐκ εἰσίν
3 9 ἰδοὺ διδῶ (δίδωμι BSς) ἐκ τῆς συν-
αγωγῆς τοῦ σατανᾶ, τῶν λεγόν-
των ἑαυτοὺς Ἰουδαίους εἶναι, καὶ
οὐκ εἰσὶν ἀλλὰ ψεύδονται

Ἰουδαϊσμός
G 1 13 ἠκούσατε γὰρ τὴν ἐμὴν ἀναστρο-
φήν ποτε ἐν τῷ Ἰουδαϊσμῷ
1 14 προέκοπτον ἐν τῷ Ἰουδαϊσμῷ
ὑπὲρ πολλοὺς συνηλικιώτας ἐν τῷ
γένει μου

Ἰούδας
ᵃ filius Jacob
ᵇ filius Joseph
ᶜ Ἰ. ὁ Γαλιλαῖος
ᵈ Iudas Damascenus
ᵉ Iudas apostolus
ᶠ filius Simonis Iscariotae
ᵍ Ἰ. ὁ καλούμενος Βαρσαββᾶς
ʰ frater Jesu
ʲ filius Joanna

Mt 1 2ᵃ Ἰακὼβ δὲ ἐγέννησεν τὸν Ἰούδαν
καὶ τοὺς ἀδελφοὺς αὐτοῦ, ↔
1 3ᵃ Ἰούδας δὲ ἐγέννησεν τὸν Φάρες
καὶ τὸν Ζάρα ἐκ τῆς Θαμάρ
2 6ᵃ καὶ σὺ Βηθλέεμ, γῆ Ἰούδα, ↔
2 6ᵃ οὐδαμῶς ἐλαχίστη εἶ ἐν τοῖς ἡγε-
μόσιν Ἰούδα
10 4ᶠ ⟨τῶν δὲ δώδεκα ἀποστόλων τὰ
ὀνόματά ἐστιν ταῦτα⟩ Σίμων ὁ
Καναναῖος καὶ Ἰούδας ὁ (—ς)
Ἰσκαριώτης ὁ καὶ παραδοὺς αὐτόν
13 55ʰ οὐχ (οὐχὶ Sς) ἡ μήτηρ αὐτοῦ λέγε-
ται Μαριὰμ καὶ οἱ ἀδελφοὶ αὐτοῦ
Ἰάκωβος καὶ Ἰωσὴφ καὶ Σίμων
καὶ Ἰούδας;
26 14ᶠ τότε πορευθεὶς εἷς τῶν δώδεκα, ὁ
λεγόμενος Ἰούδας Ἰσκαριώτης,
πρὸς τοὺς ἀρχιερεῖς ⟨εἶπεν⟩
26 25ᶠ ἀποκριθεὶς δὲ Ἰούδας ὁ παραδι-
δοὺς αὐτὸν εἶπεν
26 47ᶠ ἰδοὺ Ἰούδας εἷς τῶν δώδεκα ἦλθεν
27 3ᶠ ἰδὼν Ἰούδας ὁ παραδιδοὺς (πα-
ραδοὺς NH) αὐτὸν ὅτι κατεκρίθη
Mc 3 19ᶠ ⟨ἐποίησεν τοὺς δώδεκα ... Σίμωνα
τὸν Καναναῖον⟩ καὶ Ἰούδαν Ἰσκα-
ριώθ, ὃς καὶ παρέδωκεν αὐτόν
6 3ʰ οὐχ οὗτός ἐστιν ... ὁ υἱὸς τῆς
Μαρίας | καὶ ἀδελφὸς (ἀ. δὲ Sς)
Ἰακώβου καὶ Ἰωσῆτος καὶ Ἰούδα
καὶ Σίμωνος;
14 10ᶠ καὶ (+ὁ [S]ς) Ἰούδας (+ὁ VSς)
Ἰσκαριώθ, ὁ εἷς τῶν δώδεκα,
ἀπῆλθεν πρὸς τοὺς ἀρχιερεῖς
14 43ᶠ παραγίνεται (+ὁ [NH]M) Ἰού-
δας (+ὁ Ἰσκαριώτης [S]T) εἷς
(+ὢν ς) τῶν δώδεκα
Lc 1 39ᵃ ἀναστᾶσα δὲ Μαριὰμ ... ἐπορεύ-
θη εἰς τὴν ὀρεινὴν μετὰ σπουδῆς
εἰς πόλιν Ἰούδα
3 26ʲ * ⟨καὶ αὐτὸς ἦν Ἰησοῦς ... ὢν
υἱός, ὡς ἐνομίζετο⟩ τοῦ Ἰωσὴχ τοῦ
Ἰωδὰ (ς; Ἰωδὰ rl) ⟨τοῦ Ἰωα-
νάν⟩
3 30ᵇ ⟨καὶ αὐτὸς ἦν Ἰησοῦς ... ὢν
υἱός, ὡς ἐνομίζετο⟩ τοῦ Συμεὼν
τοῦ Ἰούδα τοῦ Ἰωσήφ

Lc 3 33ᵃ ⟨καὶ αὐτὸς ἦν Ἰησοῦς ... ὢν
υἱός, ὡς ἐνομίζετο⟩ τοῦ Ἑσρὼμ
τοῦ Φάρες τοῦ Ἰούδα⟨τοῦ Ἰακώβ⟩
6 16ᵉ ἐκλεξάμενος ἀπ' αὐτῶν δώδεκα,
οὓς καὶ ἀποστόλους ὠνόμασεν ...
Σίμωνα τὸν καλούμενον ζηλωτὴν⟩
καὶ (—Vς) Ἰούδαν Ἰακώβου, ↔
6 16ᶠ καὶ Ἰούδαν Ἰσκαριώθ, ὃς ἐγένετο
προδότης
22 3ᶠ εἰσῆλθεν δὲ σατανᾶς εἰς Ἰούδαν
τὸν καλούμενον (ἐπι- Vς) Ἰσκα-
ριώτην
22 47ᶠ ἰδοὺ ὄχλος, καὶ ὁ λεγόμενος Ἰού-
δας εἷς τῶν δώδεκα προήρχετο
αὐτούς
22 48ᶠ Ἰούδα, φιλήματι τὸν υἱὸν τοῦ
ἀνθρώπου παραδίδως;
Jo 6 71ᶠ ἔλεγεν δὲ τὸν Ἰούδαν Σίμωνος
Ἰσκαριώτου (-την ς)
12 4ᶠ λέγει δὲ ([H]; οὖν VBSς) || Ἰού-
δας (+Σίμωνος ς) ὁ (—ς) Ἰσκα-
ριώτης εἷς ἐκ ([N²⁶]; —NH) τῶν
μαθητῶν αὐτοῦ ((~Sς))
13 2ᶠ τοῦ διαβόλου ἤδη βεβληκότος εἰς
τὴν καρδίαν || ἵνα παραδοῖ αὐτὸν
Ἰούδας Σίμωνος Ἰσκαριώτου
(N²⁶ς; -της rl) ((Ἰούδα Σ. Ἰ. Ἰ. αὐ-
τὸν παραδῷ ς))
13 26ᶠ βάψας οὖν τὸ [NH] ψωμίον | λαμ-
βάνει καὶ ([N²⁶]; —ς) δίδωσιν Ἰού-
δα Σίμωνος Ἰσκαριώτου (-τη ς)
13 29ᶠ ἐπεὶ τὸ γλωσσόκομον εἶχεν (+ὁ ς)
Ἰούδας
14 22ᵉ λέγει αὐτῷ Ἰούδας, οὐχ ὁ Ἰσκα-
ριώτης
18 2ᶠ ᾔδει δὲ καὶ Ἰούδας ὁ παραδιδοὺς
αὐτὸν τὸν τόπον
18 3ᶠ ὁ οὖν Ἰούδας λαβὼν τὴν σπεῖραν
καὶ ἐκ τῶν ἀρχιερέων ... ὑπηρέ-
τας ἔρχεται ἐκεῖ
18 5ᶠ εἱστήκει δὲ καὶ Ἰούδας ὁ παραδι-
δοὺς αὐτὸν μετ' αὐτῶν
Ac 1 13ᵉ εἰς τὸ ὑπερῷον ἀνέβησαν ... ὅ τε
Πέτρος ... καὶ Σίμων ὁ ζηλωτὴς
καὶ Ἰούδας Ἰακώβου
1 16ᶠ τὴν γραφὴν ἣν προεῖπεν τὸ πνεῦ-
μα τὸ ἅγιον ... περὶ Ἰούδα τοῦ
γενομένου ὁδηγοῦ τοῖς συλλαβοῦ-
σιν (+τὸν MV[S]ς) Ἰησοῦν
1 25ᶠ λαβεῖν τὸν τόπον τῆς ... ἀποστο-
λῆς, ἀφ' ἧς παρέβη Ἰούδας πο-
ρευθῆναι εἰς τὸν τόπον τὸν ἴδιον
5 37ᶜ μετὰ τοῦτον ἀνέστη Ἰούδας ὁ
Γαλιλαῖος ἐν ταῖς ἡμέραις τῆς
ἀπογραφῆς
9 11ᵈ ζήτησον ἐν οἰκίᾳ Ἰούδα Σαῦλον
ὀνόματι Ταρσέα
15 22ᵍ ἔδοξε τοῖς ἀποστόλοις ... ἐκλεξα-
μένους ἄνδρας ἐξ αὐτῶν πέμψαι εἰς
Ἀντιόχειαν σὺν τῷ Παύλῳ ...
Ἰούδαν τὸν καλούμενον (ἐπι- ς)
Βαρσαββᾶν καὶ Σιλᾶν
15 27ᵍ ἀπεστάλκαμεν οὖν Ἰούδαν καὶ
Σιλᾶν
15 32ᵍ Ἰούδας τε καὶ Σιλᾶς ... προφῆται
ὄντες, διὰ λόγου πολλοῦ παρ-
εκάλεσαν τοὺς ἀδελφούς
Hb 7 14ᵃ ἐξ Ἰούδα ἀνατέταλκεν ὁ κύριος
ἡμῶν
8 8ᵃ συντελέσω ἐπὶ τὸν οἶκον Ἰσραὴλ
καὶ ἐπὶ τὸν οἶκον Ἰούδα διαθήκην
καινήν
Jd 1ʰ Ἰούδας Ἰησοῦ Χριστοῦ δοῦλος,
ἀδελφὸς δὲ Ἰακώβου, τοῖς ἐν θεῷ
πατρὶ ἠγαπημένοις

Ap 5 5ᵃ ἰδοὺ ἐνίκησεν ὁ λέων ὁ ἐκ τῆς φυ-
λῆς 'Ιούδα, ἡ ῥίζα Δαυίδ
7 5ᵃ ἐκ φυλῆς 'Ιούδα δώδεκα χιλιάδες
ἐσφραγισμένοι

'Ιουλία
Rm 16 15 ἀσπάσασθε Φιλόλογον καὶ 'Ιου-
λίαν, Νηρέα καὶ τὴν ἀδελφὴν αὐ-
τοῦ

'Ιούλιος
Ac 27 1 παρεδίδουν τόν τε Παῦλον καὶ τι-
νας ἑτέρους δεσμώτας ἑκατοντάρ-
χῃ ὀνόματι 'Ιουλίῳ σπείρης Σε-
βαστῆς
27 3 φιλανθρώπως τε ὁ 'Ιούλιος τῷ
Παύλῳ χρησάμενος ἐπέτρεψεν
πρὸς τοὺς φίλους

'Ιουνιᾶς
'Ιουνίας VSTHς
Rm 16 7 ἀσπάσασθε 'Ανδρόνικον καὶ
'Ιουνιᾶν τοὺς συγγενεῖς μου καὶ
συναιχμαλώτους μου

'Ιοῦστος
ᵃ cognomen Ioseph Barsabba
ᵇ Τίτιος 'Ι.
ᶜ 'Ιησοῦς ὁ λεγόμενος 'Ι.
Ac 1 23ᵃ ἔστησαν δύο, 'Ιωσὴφ τὸν καλού-
μενον Βαρσαββᾶν, ὃς ἐπεκλήθη
'Ιοῦστος, καὶ Μαθθίαν
18 7ᵇ μεταβὰς ἐκεῖθεν εἰσῆλθεν (ἦλ.
NMVHς) εἰς οἰκίαν τινὸς ὀνό-
ματι Τιτίου (Τίτου BS; —ς)
'Ιούστου σεβομένου τὸν θεόν
Cl 4 11ᶜ ⟨ἀσπάζεται ὑμᾶς ... Μᾶρκος⟩ καὶ
'Ιησοῦς ὁ λεγόμενος 'Ιοῦστος, οἱ
ὄντες ἐκ περιτομῆς ... συνεργοί

ἰππεύς
Ac 23 23 ἑτοιμάσατε στρατιώτας διακοσίους
ὅπως πορευθῶσιν ἕως Καισαρείας,
καὶ ἱππεῖς ἑβδομήκοντα
23 32 τῇ δὲ ἐπαύριον ἐάσαντες τοὺς ἱπ-
πεῖς ἀπέρχεσθαι σὺν αὐτῷ

ἰππικός
Ap 9 16 ὁ ἀριθμὸς τῶν στρατευμάτων τοῦ
ἱππικοῦ δισμυριάδες μυριάδων

ἵππος
Jc 3 3 εἰ δὲ τῶν ἵππων τοὺς χαλινοὺς
εἰς τὰ στόματα βάλλομεν εἰς (πρὸς
Sς) τὸ πείθεσθαι αὐτοὺς ἡμῖν
Ap 6 2 καὶ ἰδοὺ ἵππος λευκός
6 4 ἐξῆλθεν ἄλλος ἵππος πυρρός
6 5 καὶ ἰδοὺ ἵππος μέλας
6 8 καὶ ἰδοὺ ἵππος χλωρός
9 7 τὰ ὁμοιώματα τῶν ἀκρίδων ὅμοια
(-οι NMT) ἵπποις ἡτοιμασμένοις
εἰς πόλεμον
9 9 ἡ φωνὴ τῶν πτερύγων αὐτῶν ὡς
φωνὴ ἁρμάτων ἵππων πολλῶν
τρεχόντων εἰς πόλεμον
9 17 οὕτως εἶδον τοὺς ἵππους ἐν τῇ
ὁράσει
9 17 αἱ κεφαλαὶ τῶν ἵππων ὡς κεφαλαὶ
λεόντων
9 19 | ἡ γὰρ ἐξουσία τῶν ἵππων (αἱ
γὰρ ἐξουσίαι αὐτῶν ς) ἐν τῷ
στόματι αὐτῶν ἐστι (εἰσιν ς) καὶ
ἐν ταῖς οὐραῖς αὐτῶν
14 20 ἐξῆλθεν αἷμα ἐκ τῆς ληνοῦ ἄχρι
τῶν χαλινῶν τῶν ἵππων
18 13 ⟨τὸν γόμον αὐτῶν οὐδεὶς ἀγορά-
ζει οὐκέτι⟩ καὶ ἵππων καὶ ῥεδῶν
καὶ σωμάτων
19 11 καὶ ἰδοὺ ἵππος λευκός
19 14 τὰ στρατεύματα τὰ ([N²⁶]; —ST)
ἐν τῷ οὐρανῷ ἠκολούθει αὐτῷ ἐφ'
ἵπποις λευκοῖς

Ap 19 18 ἵνα φάγητε ... σάρκας ἵππων καὶ
τῶν καθημένων ἐπ' αὐτῶν (αὐ-
τούς H)
19 19 ποιῆσαι τὸν ([S]; —ς) πόλεμον
μετὰ τοῦ καθημένου ἐπὶ τοῦ ἵππου
19 21 οἱ λοιποὶ ἀπεκτάνθησαν ἐν τῇ
ῥομφαίᾳ τοῦ καθημένου ἐπὶ τοῦ
ἵππου

Ἶρις
Ap 4 3 καὶ Ἶρις κυκλόθεν τοῦ θρόνου ὅμοιος
ὁράσει σμαραγδίνῳ
10 1 ἄγγελον ... καὶ ἡ (—ς) Ἶρις ἐπὶ
| τῆς κεφαλῆς (τὴν -λὴν NTH) αὐ-
τοῦ (—ς)

ἴσα
→ ἴσος

'Ισαάκ
ᵃ 'Αβραάμ et 'Ι. et 'Ιακώβ
Mt 1 2 'Αβραὰμ ἐγέννησεν τὸν 'Ισαάκ, ↔
1 2 'Ισαὰκ δὲ ἐγέννησεν τὸν 'Ιακώβ
8 11ᵃ ἀνακλιθήσονται μετὰ 'Αβραὰμ καὶ
'Ισαὰκ καὶ 'Ιακὼβ ἐν τῇ βασιλείᾳ
τῶν οὐρανῶν
22 32ᵃ ἐγώ εἰμι ὁ θεὸς 'Αβραὰμ καὶ ὁ
θεὸς 'Ισαὰκ καὶ ὁ θεὸς 'Ιακώβ
Mc 12 26ᵃ ἐγὼ ὁ θεὸς 'Αβραὰμ καὶ ὁ (+
[N²⁶]BTς) θεὸς 'Ισαὰκ καὶ ὁ (+
[N²⁶]BTς) θεὸς 'Ιακώβ
Lc 3 34 ⟨καὶ αὐτὸς ἦν 'Ιησοῦς ... ὢν
υἱός, ὡς ἐνομίζετο⟩ τοῦ 'Ιακὼβ τοῦ
'Ισαὰκ τοῦ 'Αβραάμ
13 28ᵃ ὅταν ὄψεσθε (N²⁶T; -ησθε rl)
'Αβραὰμ καὶ 'Ισαὰκ καὶ 'Ιακὼβ
καὶ πάντας τοὺς προφήτας ἐν
τῇ βασιλείᾳ τοῦ θεοῦ
20 37ᵃ ὡς λέγει κύριον τὸν θεὸν 'Αβραὰμ
καὶ θεὸν 'Ισαὰκ καὶ θεὸν 'Ιακώβ
Ac 3 13ᵃ ὁ θεὸς 'Αβραὰμ καὶ | ὁ θεὸς (+
[N²⁶]BST) 'Ισαὰκ καὶ | ὁ θεὸς
(+[N²⁶]BST) 'Ιακώβ, ὁ θεὸς τῶν
πατέρων ἡμῶν, ἐδόξασεν τὸν
παῖδα αὐτοῦ 'Ιησοῦν
7 8 οὕτως ἐγέννησεν τὸν 'Ισαὰκ καὶ
περιέτεμεν αὐτὸν τῇ ἡμέρᾳ τῇ
ὀγδόῃ, ↔
7 8 καὶ (+ὁ ς) 'Ισαὰκ τὸν 'Ιακώβ
7 32ᵃ ἐγὼ ὁ θεὸς τῶν πατέρων σου,
ὁ θεὸς 'Αβραὰμ καὶ (+ὁ θεὸς ς)
'Ισαὰκ καὶ (+ ὁ θεὸς ς) 'Ιακώβ
Rm 9 7 ἐν 'Ισαὰκ κληθήσεταί σοι σπέρμα
9 10 καὶ 'Ρεβέκκα ἐξ ἑνὸς κοίτην ἔχουσα,
'Ισαὰκ τοῦ πατρὸς ἡμῶν
G 4 28 ὑμεῖς (ἡμ. VHς) δέ, ἀδελφοί, κατὰ
'Ισαὰκ ἐπαγγελίας τέκνα ἐστέ
(ἐσμέν VHς)
Hb 11 9 πίστει παρῴκησεν εἰς γῆν τῆς ἐπ-
αγγελίας ... ἐν σκηναῖς κατοική-
σας, μετὰ 'Ισαὰκ καὶ 'Ιακὼβ τῶν
συγκληρονόμων τῆς ἐπαγγελίας
τῆς αὐτῆς
11 17 πίστει προσενήνοχεν 'Αβραὰμ τὸν
'Ισαὰκ πειραζόμενος
11 18 ἐν 'Ισαὰκ κληθήσεταί σοι σπέρμα
11 20 πίστει καὶ (—Tς) περὶ μελλόντων
εὐλόγησεν 'Ισαὰκ τὸν 'Ιακὼβ καὶ
τὸν 'Ησαῦ
Jc 2 21 'Αβραάμ ... ἀνενέγκας 'Ισαὰκ τὸν
υἱὸν αὐτοῦ ἐπὶ τὸ θυσιαστήριον

ἰσάγγελος
Lc 20 36 οὐδὲ (οὔτε Tς) γὰρ ἀποθανεῖν ἔτι
δύνανται, ἰσάγγελοι γάρ εἰσιν

'Ισαχάρ
→ 'Ισσαχάρ

'Ισκαριώθ, 'Ισκαριώτης
ᵃ 'Ισκαριώθ
ᵇ Σίμων 'Ισκαριώτης
Mt 10 4 ⟨τῶν δὲ δώδεκα ἀποστόλων τὰ
ὀνόματά ἐστιν ταῦτα⟩ Σίμων ὁ
Καναναῖος καὶ 'Ιούδας ὁ (—ς) 'Ισ-
καριώτης ὁ καὶ παραδοὺς αὐτόν
26 14 πορευθεὶς εἷς τῶν δώδεκα, ὁ λεγό-
μενος 'Ιούδας 'Ισκαριώτης, πρὸς
τοὺς ἀρχιερεῖς
Mc 3 19ᵃ ⟨ἐποίησεν τοὺς δώδεκα ... Σίμωνα
τὸν Καναναῖον⟩ καὶ 'Ιούδαν
'Ισκαριώθ (-ώτην ς), ὃς καὶ παρ-
έδωκεν αὐτόν
14 10ᵃ καὶ (+ὁ [S]ς) 'Ιούδας (+ὁ VSς)
'Ισκαριώθ (-ώτης ς), ὁ εἷς τῶν
δώδεκα, ἀπῆλθεν πρὸς τοὺς ἀρχ-
ιερεῖς
14 43 * παραγίνεται (+ὁ [NH]M)
'Ιούδας | ὁ 'Ισκαριώτης (+[S]
T) εἷς τῶν δώδεκα, καὶ μετ' αὐτοῦ
ὄχλος
Lc 6 16ᵃ ⟨ἐκλεξάμενος ἀπ' αὐτῶν δώδεκα⟩
'Ιούδαν 'Ιακώβου, καὶ 'Ιούδαν
'Ισκαριώθ (-ώτην ς), ὃς ἐγένετο
προδότης
22 3 εἰσῆλθεν δὲ σατανᾶς εἰς 'Ιούδαν
τὸν καλούμενον (ἐπι- Vς) 'Ισκα-
ριώτην, ὄντα ἐκ τοῦ ἀριθμοῦ τῶν
δώδεκα
Jo 6 71ᵇ ἔλεγεν δὲ τὸν 'Ιούδαν Σίμωνος
'Ισκαριώτου (-την ς)
12 4 λέγει δὲ ([H]; οὖν VBSς) || 'Ιού-
δας (+Σίμωνος ς) ὁ (—ς) 'Ισκα-
ριώτης εἷς ἐκ ([N²⁶]; —NH) τῶν
μαθητῶν αὐτοῦ ((~Sς))
13 2ᵇ τοῦ διαβόλου ἤδη βεβληκότος εἰς
τὴν καρδίαν || ἵνα παραδοῖ αὐτὸν
'Ιούδας Σίμωνος 'Ισκαριώτου
(N²⁶ς; -της rl) ((‛Ιούδα Σ. 'Ι. 'Ι.
αὐτὸν παραδῷ ς))
13 26ᵇ βάψας οὖν τὸ [NH] ψωμίον | λαμ-
βάνει καὶ ([N²⁶]; —ς) δίδωσιν 'Ιού-
δα Σίμωνος 'Ισκαριώτου (-τη ς)
14 22 λέγει αὐτῷ 'Ιούδας, οὐχ ὁ 'Ισκα-
ριώτης

ἴσος
→ ἴσως
ᵃ (τὰ) ἴσα
Mt 20 12 ἴσους | ἡμῖν αὐτοὺς (~NTH) ἐποί-
ησας τοῖς βαστάσασι τὸ βάρος τῆς
ἡμέρας
Mc 14 56 πολλοὶ γὰρ ἐψευδομαρτύρουν κατ'
αὐτοῦ, καὶ ἴσαι αἱ μαρτυρίαι οὐκ
ἦσαν
14 59 οὐδὲ οὕτως ἴση ἦν ἡ μαρτυρία
αὐτῶν
Lc 6 34ᵃ καὶ (+γὰρ Vς) ἁμαρτωλοὶ
ἁμαρτωλοῖς δανίζουσιν ἵνα ἀπολά-
βωσιν τὰ ἴσα
Jo 5 18 ὅτι ... πατέρα ἴδιον ἔλεγεν τὸν
θεόν, ἴσον ἑαυτὸν ποιῶν τῷ θεῷ
Ac 11 17 εἰ οὖν τὴν ἴσην δωρεὰν ἔδωκεν
αὐτοῖς ὁ θεὸς ὡς καὶ ἡμῖν
Ph 2 6ᵃ ὃς ἐν μορφῇ θεοῦ ὑπάρχων οὐχ
ἁρπαγμὸν ἡγήσατο τὸ εἶναι ἴσα
θεῷ
Ap 21 16ᵃ τὸ μῆκος καὶ τὸ πλάτος καὶ τὸ
ὕψος αὐτῆς ἴσα ἐστίν

ἰσότης
2 C 8 13 οὐ γὰρ ἵνα ἄλλοις ἄνεσις, ὑμῖν (+
δὲ [VS]ς) θλῖψις, ἀλλ' ἐξ ἰσότητος
8 14 ἵνα καὶ τὸ ἐκείνων περίσσευμα
γένηται εἰς τὸ ὑμῶν ὑστέρημα,
ὅπως γένηται ἰσότης

Cl 4 1 οἱ κύριοι, τὸ δίκαιον καὶ τὴν ἰσό-
τητα τοῖς δούλοις παρέχεσθε

ἰσότιμος
2 Pt 1 1 Συμεὼν Πέτρος ... τοῖς ἰσότιμον
ἡμῖν λαχοῦσιν πίστιν ἐν δικαιο-
σύνῃ τοῦ θεοῦ ἡμῶν

ἰσόψυχος
Ph 2 20 οὐδένα γὰρ ἔχω ἰσόψυχον, ὅστις
γνησίως τὰ περὶ ὑμῶν μεριμνήσει

Ἰσραήλ
a υἱοὶ Ἰ.
b οἶκος, γένος Ἰ.
c φυλὴ τοῦ Ἰ.
d λαὸς Ἰ.
e θεὸς (τοῦ) Ἰ.
f βασιλεὺς (τοῦ) Ἰ.
g Ἰσραὴλ τοῦ θεοῦ

Mt 2 6d ἐκ σοῦ γὰρ ἐξελεύσεται ἡγούμενος,
ὅστις ποιμανεῖ τὸν λαόν μου τὸν
Ἰσραήλ

2 20 παράλαβε τὸ παιδίον ... καὶ
πορεύου εἰς γῆν Ἰσραήλ

2 21 παρέλαβεν τὸ παιδίον ... καὶ εἰσ-
ῆλθεν (ἦλθεν ς) εἰς γῆν Ἰσραήλ

8 10 | παρ' οὐδενὶ (οὐδὲ VTς) | τοσαύ-
την πίστιν ἐν τῷ Ἰσραήλ (~ VTς)
εὗρον

9 33 οὐδέποτε ἐφάνη οὕτως ἐν τῷ Ἰσρα-
ήλ

10 6b πορεύεσθε δὲ μᾶλλον πρὸς τὰ
πρόβατα τὰ ἀπολωλότα οἴκου
Ἰσραήλ

10 23 οὐ μὴ τελέσητε τὰς πόλεις τοῦ
[NH] Ἰσραὴλ ἕως ἂν (—NTH)
ἔλθῃ ὁ υἱὸς τοῦ ἀνθρώπου

15 24b οὐκ ἀπεστάλην εἰ μὴ εἰς τὰ πρόβα-
τα τὰ ἀπολωλότα οἴκου Ἰσραήλ

15 31e ἐδόξασαν (-ζον T) τὸν θεὸν Ἰσρα-
ήλ

19 28c καθήσεσθε (καθίσεσθε STς) καὶ
ὑμεῖς (N26BHς; αὐτοὶ rl) ἐπὶ δώ-
δεκα θρόνους κρίνοντες τὰς δώδεκα
φυλὰς τοῦ Ἰσραήλ

27 9a ἔλαβον τὰ τριάκοντα ἀργύρια, τὴν
τιμὴν τοῦ τετιμημένου ὃν ἐτιμή-
σαντο ἀπὸ υἱῶν Ἰσραήλ

27 42f (+εἰ ς) βασιλεὺς Ἰσραήλ ἐστιν,
καταβάτω νῦν ἀπὸ τοῦ σταυροῦ

Mc 12 29 ἄκουε, Ἰσραήλ, κύριος ὁ θεὸς
ἡμῶν κύριος εἷς ἐστιν

15 32f ὁ χριστὸς ὁ βασιλεὺς (+τοῦ ς)
Ἰσραὴλ καταβάτω νῦν ἀπὸ τοῦ
σταυροῦ

Lc 1 16a πολλοὺς τῶν υἱῶν Ἰσραὴλ ἐπι-
στρέψει ἐπὶ κύριον τὸν θεὸν αὐ-
τῶν

1 54 ἀντελάβετο Ἰσραὴλ παιδὸς αὐτοῦ

1 68e εὐλογητὸς κύριος ὁ θεὸς τοῦ Ἰσρα-
ήλ

1 80 ἦν ἐν ταῖς ἐρήμοις ἕως ἡμέρας ἀνα-
δείξεως αὐτοῦ πρὸς τὸν Ἰσραήλ

2 25 Συμεὼν ... προσδεχόμενος παρά-
κλησιν τοῦ Ἰσραήλ

2 32d φῶς εἰς ἀποκάλυψιν ἐθνῶν καὶ δό-
ξαν λαοῦ σου Ἰσραήλ

2 34 οὗτος κεῖται εἰς πτῶσιν καὶ ἀνά-
στασιν πολλῶν ἐν τῷ Ἰσραήλ

4 25 πολλαὶ χῆραι ἦσαν ἐν ταῖς ἡμέ-
ραις Ἠλίου ἐν τῷ Ἰσραήλ

4 27 πολλοὶ λεπροὶ ἦσαν ἐν τῷ Ἰσρα-
ὴλ ἐπὶ Ἐλισαίου τοῦ προφήτου

7 9 οὐδὲ ἐν τῷ Ἰσραὴλ τοσαύτην
πίστιν εὗρον

22 30c καθήσεσθε (καθίσεσθε ς; καθῆσθε
H) ἐπὶ θρόνων | τὰς δώδεκα φυ-
λὰς κρίνοντες (~BTς) τοῦ Ἰσ-
ραήλ

Lc 24 21 αὐτός ἐστιν ὁ μέλλων λυτροῦσθαι
τὸν Ἰσραήλ

Jo 1 31 ἀλλ' ἵνα φανερωθῇ τῷ Ἰσραήλ,
διὰ τοῦτο ἦλθον ἐγὼ ἐν (+ τῷ
Sς) ὕδατι βαπτίζων

1 49f ῥαββί, σὺ εἶ ὁ υἱὸς τοῦ θεοῦ, σὺ
| βασιλεὺς εἶ (εἶ ὁ β. ς) τοῦ Ἰσραήλ

3 10 σὺ εἶ ὁ διδάσκαλος τοῦ Ἰσραὴλ
καὶ ταῦτα οὐ γινώσκεις;

12 13f ὡσαννά, εὐλογημένος ὁ ἐρχόμενος
ἐν ὀνόματι κυρίου, καὶ ([N26]; —ς)
ὁ βασιλεὺς τοῦ Ἰσραήλ

Ac 1 6 κύριε, εἰ ἐν τῷ χρόνῳ τούτῳ
ἀποκαθιστάνεις τὴν βασιλείαν τῷ
Ἰσραήλ;

2 36b ἀσφαλῶς οὖν γινωσκέτω πᾶς οἶκος
Ἰσραήλ

4 8 * ἄρχοντες τοῦ λαοῦ καὶ πρε-
σβύτεροι | τοῦ Ἰσραήλ (+VBSς)
⟨εἰ ἡμεῖς σήμερον ἀνακρινόμεθα⟩

4 10d γνωστὸν ἔστω πᾶσιν ὑμῖν καὶ
παντὶ τῷ λαῷ Ἰσραήλ

4 27d συνήχθησαν ... ἐπὶ τὸν ἅγιον
παῖδά σου Ἰησοῦν ... Ἡρῴδης
τε καὶ Πόντιος Πιλᾶτος σὺν ἔθνεσιν
καὶ λαοῖς Ἰσραήλ

5 21a παραγενόμενος δὲ ὁ ἀρχιερεὺς καὶ
οἱ σὺν αὐτῷ συνεκάλεσαν τὸ
συνέδριον καὶ πᾶσαν τὴν γερου-
σίαν τῶν υἱῶν Ἰσραήλ

5 31 τοῦτον ὁ θεὸς ... σωτῆρα ὕψωσεν
τῇ δεξιᾷ αὐτοῦ τοῦ ([N26H];
—VSς) δοῦναι μετάνοιαν τῷ
Ἰσραὴλ καὶ ἄφεσιν ἁμαρτιῶν

7 23a ἀνέβη ἐπὶ τὴν καρδίαν αὐτοῦ
ἐπισκέψασθαι τοὺς ἀδελφοὺς αὐ-
τοῦ τοὺς υἱοὺς Ἰσραήλ

7 37a οὗτός ἐστιν ὁ Μωϋσῆς ὁ εἴπας
(εἴπων Sς) τοῖς υἱοῖς Ἰσραήλ

7 42b μὴ σφάγια καὶ θυσίας προσηνέγ-
κατέ μοι ... ἐν τῇ ἐρήμῳ, οἶκος
Ἰσραήλ;

9 15a τοῦ βαστάσαι τὸ ὄνομά μου ἐνώ-
πιον [+τῶν NH] ἐθνῶν τε καὶ
βασιλέων υἱῶν τε Ἰσραήλ

10 36a τὸν λόγον ὃν ([N26MV]; —H)
ἀπέστειλεν τοῖς υἱοῖς Ἰσραὴλ
εὐαγγελιζόμενος εἰρήνην

13 17d ὁ θεὸς τοῦ λαοῦ τούτου Ἰσραὴλ
ἐξελέξατο τοὺς πατέρας ἡμῶν

13 23 τούτου ὁ θεὸς ἀπὸ τοῦ σπέρματος
... ἤγαγεν (ἤγειρε ς) τῷ Ἰσραὴλ
σωτῆρα Ἰησοῦν, ↔

13 24d προκηρύξαντος Ἰωάννου ... βά-
πτισμα μετανοίας παντὶ τῷ λαῷ
Ἰσραήλ

28 20 ἕνεκεν γὰρ τῆς ἐλπίδος τοῦ Ἰσρα-
ὴλ τὴν ἅλυσιν ταύτην περίκειμαι

Rm 9 6 οὐ γὰρ πάντες οἱ ἐξ Ἰσραήλ, ↔
9 6 οὗτοι Ἰσραήλ

9 27 Ἠσαΐας δὲ κράζει ὑπὲρ τοῦ
Ἰσραήλ· ↔

9 27a ἐὰν ᾖ ὁ ἀριθμὸς τῶν υἱῶν Ἰσραὴλ
ὡς ἡ ἄμμος τῆς θαλάσσης

9 31 Ἰσραὴλ δὲ διώκων νόμον δικαιο-
σύνης εἰς νόμον οὐκ ἔφθασεν

10 1 * ἡ μὲν εὐδοκία τῆς ἐμῆς καρδίας
καὶ ἡ δέησις (+ἡ ς) πρὸς τὸν
θεὸν ὑπὲρ | τοῦ Ἰσραήλ ἐστιν (ς;
αὐτῶν rl) εἰς σωτηρίαν

10 19 ἀλλὰ λέγω, μὴ Ἰσραὴλ οὐκ ἔγνω;

10 21 πρὸς δὲ τὸν Ἰσραὴλ λέγει

Rm 11 2 ὡς ἐντυγχάνει τῷ θεῷ κατὰ τοῦ
Ἰσραήλ

11 7 ὃ ἐπιζητεῖ Ἰσραήλ, τοῦτο οὐκ
ἐπέτυχεν

11 25 ὅτι πώρωσις ἀπὸ μέρους τῷ
Ἰσραὴλ γέγονεν ἄχρι οὗ τὸ
πλήρωμα τῶν ἐθνῶν εἰσέλθῃ, ↔

11 26 καὶ οὕτως πᾶς Ἰσραὴλ σωθήσεται

1 C 10 18 βλέπετε τὸν Ἰσραὴλ κατὰ σάρκα

2 C 3 7a ὥστε μὴ δύνασθαι ἀτενίσαι τοὺς
υἱοὺς Ἰσραὴλ εἰς τὸ πρόσωπον
Μωϋσέως

3 13a πρὸς τὸ μὴ ἀτενίσαι τοὺς υἱοὺς
Ἰσραὴλ εἰς τὸ τέλος τοῦ καταρ-
γουμένου

G 6 16g ὅσοι τῷ κανόνι τούτῳ στοιχήσου-
σιν, εἰρήνη ἐπ' αὐτούς ... καὶ ἐπὶ
τὸν Ἰσραὴλ τοῦ θεοῦ

E 2 12 ἦτε τῷ καιρῷ ἐκείνῳ χωρὶς Χρι-
στοῦ, ἀπηλλοτριωμένοι τῆς πολι-
τείας τοῦ Ἰσραήλ

Ph 3 5b ⟨εἴ τις δοκεῖ ἄλλος πεποιθέναι ἐν
σαρκί, ἐγὼ μᾶλλον⟩ ἐκ γένους
Ἰσραήλ, φυλῆς Βενιαμίν

Hb 8 8b συντελέσω ἐπὶ τὸν οἶκον Ἰσραὴλ
καὶ ἐπὶ τὸν οἶκον Ἰούδα διαθήκην
καινήν

8 10b αὕτη ἡ διαθήκη ἣν διαθήσομαι
τῷ οἴκῳ Ἰσραὴλ μετὰ τὰς ἡμέρας
ἐκείνας

11 22a πίστει Ἰωσὴφ τελευτῶν περὶ τῆς
ἐξόδου τῶν υἱῶν Ἰσραὴλ ἐμνημό-
νευσεν

Ap 2 14a ὃς ἐδίδασκεν τῷ Βαλὰκ βαλεῖν
σκάνδαλον ἐνώπιον τῶν υἱῶν
Ἰσραήλ

7 4a ἑκατὸν τεσσεράκοντα τέσσαρες
χιλιάδες ἐσφραγισμένοι ἐκ πάσης
φυλῆς υἱῶν Ἰσραήλ

21 12a ὀνόματα ἐπιγεγραμμένα, ἅ ἐστιν
| τὰ ὀνόματα [+N26] τῶν δώδεκα
φυλῶν (+τῶν ς) υἱῶν Ἰσραήλ

Ἰσραηλίτης
Ἰσραηλείτης TH
a ἄνδρες Ἰσραηλῖται

Jo 1 47 ἴδε ἀληθῶς Ἰσραηλίτης, ἐν ᾧ δό-
λος οὐκ ἔστιν

Ac 2 22a ἄνδρες Ἰσραηλῖται, ἀκούσατε τοὺς
λόγους τούτους

3 12a ἄνδρες Ἰσραηλῖται, τί θαυμάζετε
ἐπὶ τούτῳ ⟨;⟩

5 35a ἄνδρες Ἰσραηλῖται, προσέχετε ἑαυ-
τοῖς ἐπὶ τοῖς ἀνθρώποις τούτοις

13 16a ἄνδρες Ἰσραηλῖται καὶ οἱ φοβού-
μενοι τὸν θεόν, ἀκούσατε

21 28a ἄνδρες Ἰσραηλῖται, βοηθεῖτε

Rm 9 4 ⟨ὑπὲρ τῶν ἀδελφῶν μου τῶν
συγγενῶν μου κατὰ σάρκα⟩ οἵ-
τινές εἰσιν Ἰσραηλῖται

11 1 καὶ γὰρ ἐγὼ Ἰσραηλίτης εἰμί, ἐκ
σπέρματος Ἀβραάμ

2 C 11 22 Ἑβραῖοί εἰσιν; κἀγώ. Ἰσραηλῖται
εἰσιν; κἀγώ

Ἰσσαχάρ
Ἰσαχάρ Sς
Ἰσσάχαρ T

Ap 7 7 ἐκ φυλῆς Ἰσσαχὰρ δώδεκα χιλιά-
δες

ἵστημι, ἱστάνω
→ στήκω

ἀνα-	ἐν-	κατεφ-
ἀνθ-	ἐξ-	μεθ-
ἀντικαθ-	ἐξαν-	παρ-
ἀποκαθ-	ἐπαν-	περι-
ἀφ-	ἐφ-	προ-
δι-	καθ-	συν-
		συνεφ-

a trans.
b pass.
c ἱστάνω
d ἑστώς, ἑστηκώς

Mt 2 9^b ἕως ἐλθὼν ἐστάθη (ἔστη Vς) ἐπάνω οὗ ἦν τὸ παιδίον
4 5^a ἔστησεν (ἵστησιν Sς) αὐτὸν ἐπὶ τὸ πτερύγιον τοῦ ἱεροῦ
6 5^d ὅτι φιλοῦσιν ἐν ταῖς συναγωγαῖς καὶ ἐν ταῖς γωνίαις τῶν πλατειῶν ἑστῶτες προσεύχεσθαι
12 25^b πᾶσα πόλις ἢ οἰκία μερισθεῖσα καθ' ἑαυτῆς οὐ σταθήσεται
12 26^b πῶς οὖν σταθήσεται ἡ βασιλεία αὐτοῦ;
12 46 ἡ μήτηρ καὶ οἱ ἀδελφοὶ αὐτοῦ εἱστήκεισαν ἔξω ζητοῦντες αὐτῷ λαλῆσαι. ↔
12 47 | εἶπεν δέ τις αὐτῷ· ἰδοὺ ἡ μήτηρ σου καὶ οἱ ἀδελφοί σου ἔξω ἑστήκασιν ζητοῦντές σοι λαλῆσαι ([N^26NT]; —SH)
13 2 πᾶς ὁ ὄχλος ἐπὶ τὸν αἰγιαλὸν εἱστήκει
16 28^d εἰσίν τινες τῶν ὧδε ἑστώτων (ἑστηκότων ς) οἵτινες οὐ μὴ γεύσωνται θανάτου
18 2^a προσκαλεσάμενος παιδίον ἔστησεν αὐτὸ ἐν μέσῳ αὐτῶν
18 16^b ἵνα ἐπὶ στόματος δύο μαρτύρων ἢ τριῶν σταθῇ πᾶν ῥῆμα
20 3^d ἄλλους ἑστῶτας ἐν τῇ ἀγορᾷ ἀργούς
20 6^d περὶ δὲ τὴν ἑνδεκάτην ἐξελθὼν εὗρεν ἄλλους ἑστῶτας (+ἀργούς ς)
20 6 τί ὧδε ἑστήκατε ὅλην τὴν ἡμέραν ἀργοί;
20 32 στὰς ὁ [Η] Ἰησοῦς ἐφώνησεν αὐτούς
24 15^d τὸ βδέλυγμα τῆς ἐρημώσεως τὸ ῥηθὲν διὰ Δανιὴλ τοῦ προφήτου ἑστὸς (ἑστὼς ς) ἐν τόπῳ ἁγίῳ
25 33^a στήσει τὰ μὲν πρόβατα ἐκ δεξιῶν αὐτοῦ, τὰ δὲ ἐρίφια ἐξ εὐωνύμων
26 15^d οἱ δὲ ἔστησαν αὐτῷ τριάκοντα ἀργύρια
26 73^d προσελθόντες οἱ ἑστῶτες εἶπον τῷ Πέτρῳ
27 11^b ὁ δὲ Ἰησοῦς ἐστάθη (ἔστη ς) ἔμπροσθεν τοῦ ἡγεμόνος
27 47^d τινὲς δὲ τῶν ἐκεῖ ἑστηκότων (ἑστώτων ς) ἀκούσαντες

Mc 3 24^b ἐὰν βασιλεία ἐφ' ἑαυτὴν μερισθῇ, οὐ δύναται σταθῆναι ἡ βασιλεία ἐκείνη· ↔
3 25^b καὶ ἐὰν οἰκία ἐφ' ἑαυτὴν μερισθῇ, οὐ δυνήσεται (δύναται ς) ἡ οἰκία ἐκείνη σταθῆναι (N^26Tς; στῆναι rl). ↔
3 26^b καὶ εἰ ὁ σατανᾶς ἀνέστη ἐφ' ἑαυτὸν ... οὐ δύναται στῆναι (σταθῆναι ς) ἀλλὰ τέλος ἔχει
3 31^d *ἔρχεται (N^26T; ἔρχονται rl) | ἡ μήτηρ αὐτοῦ καὶ οἱ ἀδελφοὶ αὐτοῦ (οἱ ἀ. κ. ἡ μ. αὐ. Sς), καὶ ἔξω ἑστῶτες (Vς; στήκοντες rl) ἀπέστειλαν πρὸς αὐτόν
7 9^a καλῶς ἀθετεῖτε τὴν ἐντολὴν τοῦ θεοῦ, ἵνα τὴν παράδοσιν ὑμῶν στήσητε (N^26; τηρήσητε rl)
9 1^d εἰσίν τινες | ὧδε τῶν (~VBSς) ἑστηκότων οἵτινες οὐ μὴ γεύσωνται θανάτου
9 36^d λαβὼν παιδίον ἔστησεν αὐτὸ ἐν μέσῳ αὐτῶν

Mc 10 49 στὰς ὁ Ἰησοῦς εἶπεν
11 5^d καὶ τινες τῶν ἐκεῖ ἑστηκότων ἔλεγον αὐτοῖς
13 9^b ἐπὶ ἡγεμόνων καὶ βασιλέων σταθήσεσθε ἕνεκεν ἐμοῦ, εἰς μαρτύριον αὐτοῖς
13 14^d ὅταν δὲ ἴδητε τὸ βδέλυγμα τῆς ἐρημώσεως ἑστηκότα (ἑστὸς ς) ὅπου οὐ δεῖ

Lc 1 11^d ὤφθη δὲ αὐτῷ ἄγγελος κυρίου ἑστὼς ἐκ δεξιῶν τοῦ θυσιαστηρίου τοῦ θυμιάματος
4 9^a ἔστησεν (+αὐτὸν ς) ἐπὶ τὸ πτερύγιον τοῦ ἱεροῦ
5 1^d αὐτὸς ἦν ἑστὼς παρὰ τὴν λίμνην Γεννησαρέτ, ↔
5 2^d καὶ εἶδεν | δύο πλοῖα (~MVH; πλοιάρια δύο BS; δύο πλοιάρια NT) ἑστῶτα παρὰ τὴν λίμνην
6 8 ἔγειρε καὶ στῆθι εἰς τὸ μέσον· ↔
6 8 καὶ (ὁ δὲ VSς) ἀναστὰς ἔστη
6 17 καταβὰς μετ' αὐτῶν ἔστη ἐπὶ τόπου πεδινοῦ
7 14 προσελθὼν ἥψατο τῆς σοροῦ, οἱ δὲ βαστάζοντες ἔστησαν
7 38 ⟨γυνὴ⟩ στᾶσα ὀπίσω παρὰ τοὺς πόδας αὐτοῦ κλαίουσα, τοῖς δάκρυσιν ἤρξατο βρέχειν τοὺς πόδας αὐτοῦ
8 20 ἡ μήτηρ σου καὶ οἱ ἀδελφοί σου ἑστήκασιν ἔξω ἰδεῖν | θέλοντές σε (~VBSTς)
8 44 παραχρῆμα ἔστη ἡ ῥύσις τοῦ αἵματος αὐτῆς
9 27^d εἰσίν τινες τῶν αὐτοῦ (ὧδε ς) ἑστηκότων οἳ οὐ μὴ γεύσωνται θανάτου
9 47^a ὁ δὲ Ἰησοῦς ... ἐπιλαβόμενος παιδίον (παιδίου VTς) ἔστησεν αὐτὸ παρ' ἑαυτῷ
11 18^b εἰ δὲ καὶ ὁ σατανᾶς ἐφ' ἑαυτὸν διεμερίσθη, πῶς σταθήσεται ἡ βασιλεία αὐτοῦ;
13 25^d ἀφ' οὗ ἂν ... ἄρξησθε ἔξω ἑστάναι καὶ κρούειν τὴν θύραν
17 12 ἀπήντησαν (ὑπ- BST) αὐτῷ (+[N^26]VBTς) δέκα λεπροὶ ἄνδρες, οἳ ἔστησαν (ἀν- Η) πόρρωθεν
18 11^b ὁ Φαρισαῖος σταθεὶς ||: πρὸς ἑαυτὸν (—T) ταῦτα ((N^26ς; ~rl)) προσηύχετο
18 13^d ὁ δὲ τελώνης μακρόθεν ἑστὼς οὐκ ἤθελεν οὐδὲ τοὺς ὀφθαλμοὺς ἐπᾶραι εἰς τὸν οὐρανόν
18 40^b σταθεὶς δὲ ὁ (—H) Ἰησοῦς ἐκέλευσεν αὐτὸν ἀχθῆναι πρὸς αὐτόν
19 8^b σταθεὶς δὲ Ζακχαῖος εἶπεν πρὸς τὸν κύριον
21 36^b ἵνα κατισχύσητε (καταξιωθῆτε Vς) ... σταθῆναι ἔμπροσθεν τοῦ υἱοῦ τοῦ ἀνθρώπου
23 10 εἱστήκεισαν δὲ οἱ ἀρχιερεῖς καὶ οἱ γραμματεῖς εὐτόνως κατηγοροῦντες αὐτοῦ
23 35 εἱστήκει ὁ λαὸς θεωρῶν
23 49 εἱστήκεισαν δὲ πάντες οἱ γνωστοὶ | αὐτῷ ἀπὸ (αὐτοῦ Sς) μακρόθεν
24 17^b τίνες οἱ λόγοι οὗτοι οὓς ἀντιβάλλετε πρὸς ἀλλήλους | περιπατοῦντες; καὶ ἐστάθησαν σκυθρωποί (π. καί ἐστε σκ.; Vς)
24 36 αὐτὸς (+ὁ Ἰησοῦς Vς) ἔστη ἐν μέσῳ αὐτῶν

Jo 1 26 μέσος ὑμῶν ἕστηκεν (N^26ς; στήκει rl) ὃν ὑμεῖς οὐκ οἴδατε

Jo 1 35 τῇ ἐπαύριον πάλιν εἱστήκει ὁ (—H) Ἰωάννης καὶ ἐκ τῶν μαθητῶν αὐτοῦ δύο
3 29^d ὁ δὲ φίλος τοῦ νυμφίου, ὁ ἑστηκὼς καὶ ἀκούων αὐτοῦ, χαρᾷ χαίρει
6 22^d τῇ ἐπαύριον ὁ ὄχλος ὁ ἑστηκὼς πέραν τῆς θαλάσσης εἶδεν
7 37 ἐν δὲ τῇ ἐσχάτῃ ἡμέρᾳ τῇ μεγάλῃ τῆς ἑορτῆς εἱστήκει ὁ Ἰησοῦς καὶ ἔκραξεν (-ζεν ΒΤ) λέγων
[8 3]^a ἄγουσιν ... οἱ Φαρισαῖοι γυναῖκα ... καὶ στήσαντες αὐτὴν ἐν μέσῳ ⟨λέγουσιν αὐτῷ⟩
[8 9]^d * κατελείφθη μόνος (+ὁ Ἰησοῦς Mς), καὶ ἡ γυνὴ ἐν μέσῳ ἑστῶσα (Mς; οὖσα N^26VBSH)
8 44 * ἐκεῖνος ἀνθρωποκτόνος ἦν ἀπ' ἀρχῆς, καὶ ἐν τῇ ἀληθείᾳ οὐκ (οὐχ ς) ἔστηκεν (STς; ἕ. rl)
11 56^d ἐζήτουν οὖν τὸν Ἰησοῦν καὶ ἔλεγον μετ' ἀλλήλων ἐν τῷ ἱερῷ ἑστηκότες
12 29^d ὁ οὖν [Η] ὄχλος ὁ ἑστὼς καὶ (—T) ἀκούσας ἔλεγεν βροντὴν γεγονέναι
18 5 εἱστήκει δὲ καὶ Ἰούδας ὁ παραδιδοὺς αὐτὸν μετ' αὐτῶν
18 16 ὁ δὲ Πέτρος εἱστήκει πρὸς τῇ θύρᾳ ἔξω
18 18 εἱστήκεισαν δὲ οἱ δοῦλοι καὶ οἱ ὑπηρέται ἀνθρακιὰν πεποιηκότες ... καὶ ἐθερμαίνοντο· ↔
18 18^d ἦν δὲ καὶ ὁ Πέτρος μετ' αὐτῶν ἑστὼς καὶ θερμαινόμενος
18 25^d ἦν δὲ Σίμων Πέτρος ἑστὼς καὶ θερμαινόμενος
19 25 εἱστήκεισαν δὲ παρὰ τῷ σταυρῷ τοῦ Ἰησοῦ ἡ μήτηρ αὐτοῦ καὶ ἡ ἀδελφὴ τῆς μητρὸς αὐτοῦ
20 11 Μαρία δὲ εἱστήκει πρὸς | τῷ μνημείῳ (τὸ μνημεῖον ς) ἔξω κλαίουσα
20 14^d ἐστράφη εἰς τὰ ὀπίσω, καὶ θεωρεῖ τὸν Ἰησοῦν ἑστῶτα
20 19 ἦλθεν ὁ Ἰησοῦς καὶ ἔστη εἰς τὸ μέσον
20 26 ἔρχεται ὁ Ἰησοῦς ... καὶ ἔστη εἰς τὸ μέσον
21 4 ἔστη (+ὁ Vς) Ἰησοῦς εἰς (ἐπὶ BST) τὸν αἰγιαλόν

Ac 1 11 ἄνδρες Γαλιλαῖοι, τί ἑστήκατε ἐμβλέποντες (BSς; [ἐμ]- N^26; βλ. rl) εἰς τὸν οὐρανόν;
1 23^a ἔστησαν δύο, Ἰωσὴφ τὸν καλούμενον Βαρσαββᾶν ... καὶ Μαθθίαν
2 14^d σταθεὶς δὲ Πέτρος σὺν τοῖς ἕνδεκα
3 8 ⟨παραχρῆμα δὲ ἐστερεώθησαν αἱ βάσεις αὐτοῦ⟩ καὶ ἐξαλλόμενος ἔστη, καὶ περιεπάτει
4 7^a στήσαντες αὐτοὺς ἐν τῷ μέσῳ ἐπυνθάνοντο
4 14^d τόν τε (δὲ ς) ἄνθρωπον βλέποντες σὺν αὐτοῖς ἑστῶτα τὸν τεθεραπευμένον
5 20^b πορεύεσθε καὶ σταθέντες λαλεῖτε ἐν τῷ ἱερῷ τῷ λαῷ πάντα τὰ ῥήματα
5 23^d τὸ (+μὲν MV[S]ς) δεσμωτήριον εὕρομεν κεκλεισμένον ... καὶ τοὺς φύλακας (+ἔξω ς) ἑστῶτας ἐπὶ (πρὸ ς) τῶν θυρῶν
5 25^d οἱ ἄνδρες, οὓς ἔθεσθε ἐν τῇ φυλακῇ, εἰσὶν ἐν τῷ ἱερῷ ἑστῶτες καὶ διδάσκοντες τὸν λαόν
5 27^a ἀγαγόντες δὲ αὐτοὺς ἔστησαν ἐν τῷ συνεδρίῳ
6 6^a ⟨Στέφανον ... καὶ Νικόλαον⟩ οὓς ἔστησαν ἐνώπιον τῶν ἀποστόλων

Ac 6 13ᵃ⟨ἤγαγον εἰς τὸ συνέδριον⟩ ἔστη-
σάν τε μάρτυρας ψευδεῖς λέγοντας

7 33 ὁ γὰρ τόπος ἐφ' ⟨ἐν ϛ⟩ ᾧ ἔστηκας
γῆ ἁγία ἐστίν

7 55ᵈεἶδεν δόξαν θεοῦ καὶ 'Ιησοῦν ἑστῶ-
τα ἐκ δεξιῶν τοῦ θεοῦ

7 56ᵈἰδοὺ θεωρῶ ... τὸν υἱὸν τοῦ ἀν-
θρώπου ἐκ δεξιῶν ἑστῶτα τοῦ θεοῦ

7 60ᵃκύριε, μὴ στήσῃς αὐτοῖς | ταύτην
τὴν ἁμαρτίαν (∼VSTϛ)

8 38 ἐκέλευσεν στῆναι τὸ ἅρμα

9 7 οἱ δὲ ἄνδρες οἱ συνοδεύοντες αὐτῷ
εἱστήκεισαν ἐνεοί

10 30 ἰδοὺ ἀνὴρ ἔστη ἐνώπιόν μου ἐν
ἐσθῆτι λαμπρᾷ

11 13ᵇἀπήγγειλεν δὲ ἡμῖν πῶς εἶδεν τὸν
[N²⁶] ἄγγελον ἐν τῷ οἴκῳ αὐτοῦ
σταθέντα καὶ εἰπόντα (+αὐτῷ
VB[S]ϛ)

12 14 ἀπήγγειλεν ἑστάναι τὸν Πέτρον
πρὸ τοῦ πυλῶνος

16 9ᵈἀνὴρ Μακεδών τις ἦν ἑστὼς καὶ
παρακαλῶν αὐτόν

17 22ᵇσταθεὶς δὲ ὁ ([N²⁶]; —NTH)
Παῦλος ἐν μέσῳ τοῦ 'Αρείου πά-
γου ἔφη

17 31ᵃκαθότι ἔστησεν ἡμέραν ἐν ᾗ μέλλει
κρίνειν τὴν οἰκουμένην

21 40ᵈὁ Παῦλος ἑστὼς ἐπὶ τῶν ἀναβαθ-
μῶν κατέσεισεν τῇ χειρὶ τῷ λαῷ

22 25ᵈεἶπεν πρὸς τὸν ἑστῶτα ἑκατόνταρ-
χον ὁ Παῦλος

22 30ᵃἐκέλευσεν συνελθεῖν τοὺς ἀρχιερεῖς
... καὶ καταγαγὼν τὸν Παῦλον
ἔστησεν εἰς αὐτούς

24 20 ἢ αὐτοὶ οὗτοι εἰπάτωσαν τί εὗρον
ἀδίκημα στάντος μου ἐπὶ τοῦ
συνεδρίου, ↔

24 21ᵈἢ περὶ μιᾶς ταύτης φωνῆς ἧς
ἐκέκραξα ἐν αὐτοῖς ἑστὼς

25 10ᵈ| ἐπὶ τοῦ βήματος Καίσαρος ἑστώς
(∼NMTH) εἰμι, οὗ με δεῖ κρίνε-
σθαι

25 18ᵇπερὶ οὗ σταθέντες οἱ κατήγοροι
οὐδεμίαν αἰτίαν ἔφερον ὧν ἐγὼ
ὑπενόουν πονηρῶν (-ρὰν MST;
—ϛ)

26 6 ἐπ' ἐλπίδι τῆς εἰς τοὺς πατέρας
ἡμῶν ἐπαγγελίας γενομένης ὑπὸ
τοῦ θεοῦ ἕστηκα κρινόμενος

26 16 ἀλλὰ ἀνάστηθι καὶ στῆθι ἐπὶ τοὺς
πόδας σου

26 22 ἐπικουρίας οὖν τυχὼν τῆς ἀπὸ τοῦ
θεοῦ ἄχρι τῆς ἡμέρας ταύτης
ἕστηκα μαρτυρόμενος μικρῷ τε καὶ
μεγάλῳ

27 21ᵇτότε σταθεὶς ὁ Παῦλος ἐν μέσῳ
αὐτῶν εἶπεν

Rm 3 31ᵃᶜνόμον οὖν καταργοῦμεν διὰ τῆς
πίστεως; μὴ γένοιτο, ἀλλὰ νόμον
ἱστάνομεν (ἱστῶμεν ϛ)

5 2 δι' οὗ καὶ τὴν προσαγωγὴν ἐσχή-
καμεν | τῇ πίστει [N²⁶NH] εἰς τὴν
χάριν ταύτην ἐν ᾗ ἑστήκαμεν

10 3ᵃἀγνοοῦντες γὰρ τὴν τοῦ θεοῦ δι-
καιοσύνην, καὶ τὴν ἰδίαν δικαιοσύ-
νην (+[N²⁶]BTϛ) ζητοῦντες στῆσαι

11 20 ⟨κλάδοι⟩ τῇ ἀπιστίᾳ ἐξεκλάσθη-
σαν, σὺ δὲ τῇ πίστει ἕστηκας

14 4ᵇτῷ ἰδίῳ κυρίῳ στήκει ἢ πίπτει·
σταθήσεται δέ, ↔

14 4ᵃ| δυνατεῖ γὰρ ὁ κύριος (δυνατὸς
γάρ ἐστιν ὁ θεὸς ϛ) στῆσαι αὐτόν

1 C 7 37 ὃς δὲ ἕστηκεν ἐν τῇ καρδίᾳ αὐτοῦ
ἑδραῖος

1 C 10 12 ὥστε ὁ δοκῶν ἑστάναι βλεπέτω
μὴ πέσῃ

15 1 τὸ εὐαγγέλιον ὃ εὐηγγελισάμην
ὑμῖν ... ἐν ᾧ καὶ ἑστήκατε

2 C 1 24 τῇ γὰρ πίστει ἑστήκατε

13 1ᵇἐπὶ στόματος δύο μαρτύρων καὶ
τριῶν σταθήσεται πᾶν ῥῆμα

E 6 11 ἐνδύσασθε τὴν πανοπλίαν τοῦ
θεοῦ πρὸς τὸ δύνασθαι ὑμᾶς
στῆναι πρὸς τὰς μεθοδείας τοῦ
διαβόλου

6 13 ἵνα δυνηθῆτε ἀντιστῆναι ἐν τῇ
ἡμέρᾳ τῇ πονηρᾷ καὶ ἅπαντα
κατεργασάμενοι στῆναι. ↔

6 14 στῆτε οὖν περιζωσάμενοι τὴν
ὀσφὺν ὑμῶν ἐν ἀληθείᾳ

Cl 4 12ᵇἵνα σταθῆτε (στ[αθ]ῆτε S; στῆτε
Vϛ) τέλειοι καὶ πεπληροφορημένοι
(πεπληρωμένοι ϛ) ἐν παντὶ θελή-
ματι τοῦ θεοῦ

2 Tm 2 19 ὁ μέντοι στερεὸς θεμέλιος τοῦ θεοῦ
ἕστηκεν, ἔχων τὴν σφραγῖδα ταύ-
την

Hb 10 9ᵃἀναιρεῖ τὸ πρῶτον ἵνα τὸ δεύτερον
στήσῃ

10 11 πᾶς μὲν ἱερεὺς (ἀρχ- S) ἕστηκεν
καθ' ἡμέραν λειτουργῶν

Jc 2 3 σὺ στῆθι | ἐκεῖ ἢ κάθου (∼H) ὑπὸ
τὸ ὑποπόδιόν μου

5 9 ἰδοὺ ὁ κριτὴς πρὸ τῶν θυρῶν
ἕστηκεν

1 Pt 5 12 ἐπιμαρτυρῶν ταύτην εἶναι ἀληθῆ
χάριν τοῦ θεοῦ, εἰς ἣν στῆτε
(ἑστήκατε ϛ)

Jd 24ᵃτῷ δὲ δυναμένῳ φυλάξαι ὑμᾶς
ἀπταίστους καὶ στῆσαι κατεν-
ώπιον τῆς δόξης αὐτοῦ ἀμώμους
ἐν ἀγαλλιάσει

Ap 3 20 ἰδοὺ ἕστηκα ἐπὶ τὴν θύραν καὶ
κρούω

5 6ᵈεἶδον ἐν μέσῳ τοῦ θρόνου ...
ἀρνίον ἑστηκὸς (-κὼς T) ὡς ἐσφαγ-
μένον

6 17ᵇἦλθεν ἡ ἡμέρα ἡ μεγάλη τῆς ὀργῆς
αὐτῶν (αὐτοῦ Bϛ), καὶ τίς δύνα-
ται σταθῆναι;

7 1ᵈεἶδον τέσσαρας ἀγγέλους ἑστῶτας
ἐπὶ τὰς τέσσαρας γωνίας τῆς γῆς

7 9ᵈἰδοὺ ὄχλος πολύς ... ἐκ παντὸς
ἔθνους ... καὶ γλωσσῶν, ἑστῶτες
(-τας B) ἐνώπιον τοῦ θρόνου

7 11 πάντες οἱ ἄγγελοι εἱστήκεισαν
(ἑστήκεσαν ϛ) κύκλῳ τοῦ θρόνου
καὶ τῶν πρεσβυτέρων

8 2 εἶδον τοὺς ἑπτὰ ἀγγέλους οἱ
ἐνώπιον τοῦ θεοῦ ἑστήκασιν

8 3ᵇἄλλος ἄγγελος ἦλθεν καὶ ἐστάθη
ἐπὶ | τοῦ θυσιαστηρίου (τὸ -ριον Bϛ)

10 5ᵈὁ ἄγγελος, ὃν εἶδον ἑστῶτα ἐπὶ
τῆς θαλάσσης

10 8ᵈἐν τῇ χειρὶ τοῦ (—ϛ) ἀγγέλου
τοῦ ἑστῶτος ἐπὶ τῆς θαλάσσης

11 4ᵈαἱ (—ϛ) δύο λυχνίαι αἱ [H] ἐν-
ώπιον τοῦ κυρίου τῆς γῆς ἑστῶτες
(ἑστῶσαι ϛ)

11 11 πνεῦμα ζωῆς ... εἰσῆλθεν | ἐν
αὐτοῖς ([ἐν] αὐτ. H; αὐτοῖς VS;
ἐπ' αὐτούς ϛ), καὶ ἔστησαν ἐπὶ
τοὺς πόδας αὐτῶν

12 4 ὁ δράκων ἕστηκεν (ἔ. BH) ἐνώπιον
τῆς γυναικὸς τῆς μελλούσης τεκεῖν

12 18ᵇἐστάθη (-θην VBSTϛ) ἐπὶ τὴν
ἄμμον τῆς θαλάσσης

14 1ᵈἰδοὺ τὸ (—ϛ) ἀρνίον ἑστὸς (ἑστη-
κὸς ϛ) ἐπὶ τὸ ὄρος Σιὼν

Ap 15 2ᵈτοὺς νικῶντας ἐκ τοῦ θηρίου ...
καὶ ἐκ τοῦ ἀριθμοῦ τοῦ ὀνόματος
αὐτοῦ ἑστῶτας ἐπὶ τὴν θάλασσαν
τὴν ὑαλίνην

18 10ᵈ⟨οἱ βασιλεῖς τῆς γῆς⟩ ἀπὸ μακρό-
θεν ἑστηκότες διὰ τὸν φόβον τοῦ
βασανισμοῦ αὐτῆς

18 15 οἱ ἔμποροι τούτων ... ἀπὸ μα-
κρόθεν στήσονται διὰ τὸν φόβον
τοῦ βασανισμοῦ αὐτῆς κλαίοντες

18 17 πᾶς κυβερνήτης ... καὶ ναῦται καὶ
ὅσοι τὴν θάλασσαν ἐργάζονται,
ἀπὸ μακρόθεν ἔστησαν

19 17ᵈεἶδον ἕνα ἄγγελον ἑστῶτα ἐν τῷ
ἡλίῳ

20 12ᵈεἶδον τοὺς νεκρούς, τοὺς (—ϛ) με-
γάλους καὶ τοὺς (—ϛ) μικρούς,
ἑστῶτας ἐνώπιον τοῦ θρόνου (θεοῦ
ϛ)

ἱστορέω

G 1 18 ἔπειτα μετὰ | ἔτη τρία (N²⁶Bϛ;
∼rl) ἀνῆλθον εἰς 'Ιεροσόλυμα
ἱστορῆσαι Κηφᾶν (Πέτρον ϛ)

ἰσχυρός

ᵃ ἰσχυρότερος
ᵇ (οἱ) ἰσχυροί subst.
ᶜ τὰ ἰσχυρά

Mt 3 11ᵃὁ δὲ ὀπίσω μου ἐρχόμενος ἰσχυρό-
τερός μού ἐστιν

12 29 πῶς δύναταί τις εἰσελθεῖν εἰς τὴν
οἰκίαν τοῦ ἰσχυροῦ καὶ τὰ σκεύη
αὐτοῦ ἁρπάσαι, ↔

12 29 ἐὰν μὴ πρῶτον δήσῃ τὸν ἰσχυρόν;

14 30 βλέπων δὲ τὸν ἄνεμον ἰσχυρὸν
([N²⁶]; —NTH) ἐφοβήθη

Mc 1 7ᵃἔρχεται ὁ ἰσχυρότερός μου ὀπίσω
μου [NH]

3 27 οὐ δύναται οὐδεὶς | εἰς τὴν οἰκίαν
τοῦ ἰσχυροῦ εἰσελθὼν τὰ σκεύη
(∼Sϛ) αὐτοῦ διαρπάσαι, ↔

3 27 ἐὰν μὴ πρῶτον τὸν ἰσχυρὸν δήσῃ

Lc 3 16ᵃἔρχεται δὲ ὁ ἰσχυρότερός μου

11 21 ὅταν ὁ ἰσχυρὸς καθωπλισμένος
φυλάσσῃ τὴν ἑαυτοῦ αὐλήν, ἐν
εἰρήνῃ ἐστὶν τὰ ὑπάρχοντα αὐ-
τοῦ· ↔

11 22ᵃἐπὰν δὲ (+ὁ) ἰσχυρότερος αὐ-
τοῦ ἐπελθὼν νικήσῃ αὐτόν

15 14 ἐγένετο λιμὸς ἰσχυρὰ (-ρὸς ϛ) κατὰ
τὴν χώραν ἐκείνην

1 C 1 25ᵃὅτι ... τὸ ἀσθενὲς τοῦ θεοῦ ἰσχυρό-
τερον τῶν ἀνθρώπων (+ἐστί ϛ)

1 27ᶜτὰ ἀσθενῆ τοῦ κόσμου ἐξελέξατο ὁ
θεὸς ἵνα καταισχύνῃ τὰ ἰσχυρά

4 10 ἡμεῖς μωροὶ διὰ Χριστόν, ὑμεῖς δὲ
φρόνιμοι ἐν Χριστῷ· ἡμεῖς ἀσθε-
νεῖς, ὑμεῖς δὲ ἰσχυροί

10 22ᵃἢ παραζηλοῦμεν τὸν κύριον; μὴ
ἰσχυρότεροι αὐτοῦ ἐσμεν;

2 C 10 10 ὅτι αἱ | ἐπιστολαὶ μέν (∼BSϛ),
φησίν, βαρεῖαι καὶ ἰσχυραί

Hb 5 7 ὃς ... ἱκετηρίας πρὸς τὸν δυνά-
μενον σῴζειν αὐτὸν ... μετὰ
κραυγῆς ἰσχυρᾶς καὶ δακρύων
προσενέγκας

6 18 ἵνα διὰ δύο πραγμάτων ἀμεταθέ-
των ... ἰσχυρὰν παράκλησιν
ἔχωμεν

11 34 ⟨οἱ διὰ πίστεως κατηγωνίσαντο
βασιλείας⟩ ἐγενήθησαν ἰσχυροὶ
ἐν πολέμῳ

1 Jo 2 14 ἔγραψα ὑμῖν, νεανίσκοι, ὅτι ἰσχυ-
ροί ἐστε καὶ ὁ λόγος | τοῦ θεοῦ
[H] ἐν ὑμῖν μένει

Ap 5 2 εἶδον ἄγγελον ἰσχυρὸν κηρύσσοντα ἐν φωνῇ μεγάλῃ

6 15ᵇ οἱ πλούσιοι καὶ οἱ ἰσχυροὶ (δυνατοὶ ς) . . . ἔκρυψαν ἑαυτοὺς εἰς τὰ σπήλαια

10 1 εἶδον ἄλλον ἄγγελον ἰσχυρὸν καταβαίνοντα ἐκ τοῦ οὐρανοῦ

18 2 ἔκραξεν ἐν ἰσχυρᾷ (ἰσχύϊ ς) φωνῇ (+μεγάλῃ ς) λέγων

18 8 ὅτι ἰσχυρὸς κύριος [H] ὁ θεὸς ὁ κρίνας αὐτήν

18 10 οὐαὶ οὐαί, ἡ πόλις ἡ μεγάλη, Βαβυλὼν ἡ πόλις ἡ ἰσχυρά

18 21 ἦρεν εἷς ἄγγελος ἰσχυρὸς λίθον ὡς μύλινον (μύλον MVBSTς) μέγαν

19 6 ἤκουσα ὡς φωνὴν ὄχλου πολλοῦ . . . καὶ ὡς φωνὴν βροντῶν ἰσχυρῶν, λεγόντων (-ντας ς)

19 18ᵇ ἵνα φάγητε σάρκας βασιλέων . . . καὶ σάρκας ἰσχυρῶν καὶ σάρκας ἵππων

ἰσχύς

ᵃ ἐξ ὅλης τῆς ἰσχύος

Mc 12 30ᵃ ἀγαπήσεις κύριον τὸν θεόν σου . . . ἐξ ὅλης τῆς διανοίας σου καὶ ἐξ ὅλης τῆς ἰσχύος σου

12 33ᵃ τὸ ἀγαπᾶν αὐτὸν . . . ἐξ ὅλης | τῆς ψυχῆς καὶ ἐξ ὅλης (+Vς) τῆς ἰσχύος . . . περισσότερόν ἐστιν πάντων τῶν ὁλοκαυτωμάτων

Lc 10 27ᵃ ἀγαπήσεις κύριον τὸν θεόν σου ἐξ ὅλης τῆς ([N²⁶]; —H) καρδίας σου . . . καὶ | ἐν ὅλῃ τῇ ἰσχύϊ σου (ἐξ ὅλης τῆς ἰσχύος σου Vς)

E 1 19 τί τὸ ὑπερβάλλον μέγεθος τῆς δυνάμεως αὐτοῦ εἰς ἡμᾶς τοὺς πιστεύοντας κατὰ τὴν ἐνέργειαν τοῦ κράτους τῆς ἰσχύος αὐτοῦ

6 10 ἐνδυναμοῦσθε ἐν κυρίῳ καὶ ἐν τῷ κράτει τῆς ἰσχύος αὐτοῦ

2 Th 1 9 οἵτινες δίκην τίσουσιν ὄλεθρον αἰώνιον ἀπὸ προσώπου τοῦ κυρίου καὶ ἀπὸ τῆς δόξης τῆς ἰσχύος αὐτοῦ

1 Pt 4 11 εἴ τις διακονεῖ, ὡς ἐξ ἰσχύος ἧς χορηγεῖ ὁ θεός

2 Pt 2 11 ὅπου ἄγγελοι ἰσχύϊ καὶ δυνάμει μείζονες ὄντες οὐ φέρουσιν κατ' αὐτῶν . . . βλάσφημον κρίσιν

Ap 5 12 ἄξιόν (-ός NT) ἐστιν τὸ ἀρνίον τὸ ἐσφαγμένον λαβεῖν τὴν δύναμιν . . . καὶ ἰσχὺν καὶ τιμήν

7 12 ἡ δύναμις καὶ ἡ ἰσχὺς τῷ θεῷ ἡμῶν εἰς τοὺς αἰῶνας τῶν αἰώνων

18 2 * ἔκραξεν ἐν ἰσχύϊ (ς; ἰσχυρᾷ rl) φωνῇ (+μεγάλῃ ς) λέγων

ἰσχύω

ἐν- ἐπι-
ἐξ- κατ-

ᵃ οἱ ἰσχύοντες
ᵇ ἰ. εἰς
ᶜ ἰ. κατά τινος
ᵈ ἰ. τι

Mt 5 13ᵇ ἐὰν δὲ τὸ ἅλας μωρανθῇ . . . εἰς οὐδὲν ἰσχύει ἔτι εἰ μὴ . . . καταπατεῖσθαι

8 28 ὥστε μὴ ἰσχύειν τινὰ παρελθεῖν διὰ τῆς ὁδοῦ ἐκείνης

9 12ᵃ οὐ χρείαν ἔχουσιν οἱ ἰσχύοντες ἰατροῦ ἀλλ' οἱ κακῶς ἔχοντες

26 40 οὕτως οὐκ ἰσχύσατε μίαν ὥραν γρηγορῆσαι μετ' ἐμοῦ;

Mc 2 17ᵃ οὐ χρείαν ἔχουσιν οἱ ἰσχύοντες ἰατροῦ ἀλλ' οἱ κακῶς ἔχοντες

5 4 οὐδεὶς ἴσχυεν αὐτὸν δαμάσαι

Mc 9 18 εἶπα (εἶπον Vς) τοῖς μαθηταῖς σου ἵνα αὐτὸ ἐκβάλωσιν, καὶ οὐκ ἴσχυσαν

14 37 οὐκ ἴσχυσας μίαν ὥραν γρηγορῆσαι;

Lc 6 48 πλημμύρης δὲ γενομένης προσέρηξεν ὁ ποταμὸς τῇ οἰκίᾳ ἐκείνῃ, καὶ οὐκ ἴσχυσεν σαλεῦσαι αὐτήν

8 43 γυνὴ οὖσα ἐν ῥύσει αἵματος . . . ἥτις . . . οὐκ ἴσχυσεν ἀπ' (ὑπ' Sς) οὐδενὸς θεραπευθῆναι

13 24 ὅτι πολλοί . . . ζητήσουσιν εἰσελθεῖν καὶ οὐκ ἰσχύσουσιν

14 6 οὐκ ἴσχυσαν ἀνταποκριθῆναι (+ αὐτῷ Vς) πρὸς ταῦτα

14 29 ἵνα μήποτε θέντος αὐτοῦ θεμέλιον καὶ μὴ ἰσχύοντος ἐκτελέσαι πάντες οἱ θεωροῦντες ἄρξωνται αὐτῷ ἐμπαίζειν

14 30 οὗτος ὁ ἄνθρωπος ἤρξατο οἰκοδομεῖν καὶ οὐκ ἴσχυσεν ἐκτελέσαι

16 3 σκάπτειν οὐκ ἰσχύω, ἐπαιτεῖν αἰσχύνομαι

20 26 οὐκ ἴσχυσαν ἐπιλαβέσθαι αὐτοῦ (τοῦ SH) ῥήματος ἐναντίον τοῦ λαοῦ

Jo 21 6 οὐκέτι αὐτὸ ἑλκύσαι ἴσχυον (-σαν ς) ἀπὸ τοῦ πλήθους τῶν ἰχθύων

Ac 6 10 ⟨συζητοῦντες τῷ Στεφάνῳ⟩ καὶ οὐκ ἴσχυον ἀντιστῆναι τῇ σοφίᾳ καὶ τῷ πνεύματι ᾧ ἐλάλει

15 10 ἐπιθεῖναι ζυγὸν . . . ὃν οὔτε οἱ πατέρες ἡμῶν οὔτε ἡμεῖς ἰσχύσαμεν βαστάσαι

19 16ᶜ κατακυριεύσας ἀμφοτέρων ἴσχυσεν κατ' αὐτῶν

19 20 οὕτως κατὰ κράτος | τοῦ κυρίου ὁ λόγος (~VBSς) ηὔξανεν καὶ ἴσχυεν

25 7 περιέστησαν αὐτὸν οἱ . . . Ἰουδαῖοι . . . βαρέα αἰτιώματα καταφέροντες, ἃ οὐκ ἴσχυον ἀποδεῖξαι

27 16 νησίον δέ τι ὑποδραμόντες καλούμενον Καῦδα (N²⁶H; Κλαύδην ς; Κλαῦδα rl) ἰσχύσαμεν μόλις περικρατεῖς γενέσθαι τῆς σκάφης

G 5 6ᵈ ἐν γὰρ Χριστῷ Ἰησοῦ [H] οὔτε περιτομή τι ἰσχύει οὔτε ἀκροβυστία

6 15ᵈ * | ἐν γὰρ Χριστῷ Ἰησοῦ οὔτε περιτομή τι ἰσχύει (ς; οὔτε γὰρ π. τί ἐστιν rl) οὔτε ἀκροβυστία

Ph 4 13ᵈ πάντα ἰσχύω ἐν τῷ ἐνδυναμοῦντί με (+Χριστῷ ς)

Hb 9 17 διαθήκη γὰρ ἐπὶ νεκροῖς βεβαία, ἐπεὶ μήποτε (μὴ τότε H) ἰσχύει ὅτε ζῇ ὁ διαθέμενος

Jc 5 16ᵈ πολὺ ἰσχύει δέησις δικαίου ἐνεργουμένη

Ap 12 8 ⟨ὁ δράκων ἐπολέμησεν καὶ οἱ ἄγγελοι αὐτοῦ⟩ καὶ οὐκ ἴσχυσεν (N²⁶NH; ἴσχυσαν rl)

ἴσως
→ ἴσος

Lc 20 13 πέμψω τὸν υἱόν μου τὸν ἀγαπητόν· ἴσως τοῦτον (+ἰδόντες Vς) ἐντραπήσονται

Ἰταλία

Ac 18 2 εὑρών τινα Ἰουδαῖον ὀνόματι Ἀκύλαν . . . προσφάτως ἐληλυθότα ἀπὸ τῆς Ἰταλίας

27 1 ὡς δὲ ἐκρίθη τοῦ ἀποπλεῖν ἡμᾶς εἰς τὴν Ἰταλίαν

27 6 κἀκεῖ εὑρὼν ὁ ἑκατοντάρχης πλοῖον Ἀλεξανδρῖνον πλέον εἰς τὴν Ἰταλίαν ἐνεβίβασεν ἡμᾶς εἰς αὐτό

Hb 13 24 ἀσπάζονται ὑμᾶς οἱ ἀπὸ τῆς Ἰταλίας

Ἰταλικός

Ac 10 1 ἀνὴρ δέ τις . . . ὀνόματι Κορνήλιος, ἑκατοντάρχης ἐκ σπείρης τῆς καλουμένης Ἰταλικῆς

Ἰτουραῖος

Lc 3 1 ἐν ἔτει δὲ πεντεκαιδεκάτῳ τῆς ἡγεμονίας Τιβερίου Καίσαρος . . . Φιλίππου δὲ . . . τετρααρχοῦντος τῆς Ἰτουραίας καὶ Τραχωνίτιδος χώρας

ἰχθύδιον

Mt 15 34 πόσους ἄρτους ἔχετε; . . . ἑπτά, καὶ ὀλίγα ἰχθύδια

Mc 8 7 εἶχον ἰχθύδια ὀλίγα

ἰχθύς

ᵃ δύο ἰ.

Mt 7 10 | ἢ καὶ ἰχθὺν αἰτήσει (καὶ ἐὰν ἰ. αἰτήσῃ VSς), μὴ ὄφιν ἐπιδώσει αὐτῷ;

14 17ᵃ οὐκ ἔχομεν ὧδε εἰ μὴ πέντε ἄρτους καὶ δύο ἰχθύας

14 19ᵃ λαβὼν τοὺς πέντε ἄρτους καὶ τοὺς δύο ἰχθύας, ἀναβλέψας εἰς τὸν οὐρανὸν εὐλόγησεν

15 36 ἔλαβεν (καὶ λαβὼν Vς) τοὺς ἑπτὰ ἄρτους καὶ τοὺς ἰχθύας καὶ (—Vς) εὐχαριστήσας ἔκλασεν

17 27 πορευθεὶς εἰς (+τὴν Vς) θάλασσαν βάλε ἄγκιστρον καὶ τὸν ἀναβάντα πρῶτον ἰχθὺν ἆρον

Mc 6 38ᵃ πόσους | ἄρτους ἔχετε (~NH); . . . πέντε, καὶ δύο ἰχθύας

6 41ᵃ λαβὼν τοὺς πέντε ἄρτους καὶ τοὺς δύο ἰχθύας, ἀναβλέψας εἰς τὸν οὐρανὸν εὐλόγησεν ↔

6 41ᵃ καὶ κατέκλασεν τοὺς ἄρτους . . . καὶ τοὺς δύο ἰχθύας ἐμέρισεν πᾶσιν

6 43 ἦραν κλάσματα (-των Tς) δώδεκα | κοφίνων πληρώματα (-ους πλήρεις ς) καὶ ἀπὸ τῶν ἰχθύων

Lc 5 6 τοῦτο ποιήσαντες συνέκλεισαν πλῆθος ἰχθύων πολύ

5 9 θάμβος γὰρ περιέσχεν . . . πάντας τοὺς σὺν αὐτῷ ἐπὶ τῇ ἄγρᾳ τῶν ἰχθύων ὧν (N²⁶H; ᾗ rl) συνέλαβον

9 13ᵃ οὐκ εἰσὶν ἡμῖν πλεῖον ἢ | ἄρτοι πέντε (~VBSς) καὶ | ἰχθύες δύο (~ς)

9 16ᵃ λαβὼν δὲ τοὺς πέντε ἄρτους καὶ τοὺς δύο ἰχθύας, ἀναβλέψας εἰς τὸν οὐρανὸν εὐλόγησεν αὐτούς

11 11 τίνα (τίς S) δὲ ἐξ ὑμῶν τὸν πατέρα αἰτήσει | ὁ υἱὸς (—S) | | ἄρτον, μὴ λίθον ἐπιδώσει αὐτῷ; ἢ (ἢ καὶ BT; εἰ καὶ ς) ((—N²⁶NH)) ἰχθύν, ↔

11 11 καὶ (N²⁶; μὴ rl) ἀντὶ ἰχθύος ὄφιν | αὐτῷ ἐπιδώσει (~VBς);

24 42 οἱ δὲ ἐπέδωκαν αὐτῷ ἰχθύος ὀπτοῦ μέρος

Jo 21 6 οὐκέτι αὐτὸ ἑλκύσαι ἴσχυον ἀπὸ τοῦ πλήθους τῶν ἰχθύων

21 8 οἱ δὲ ἄλλοι μαθηταὶ τῷ πλοιαρίῳ ἦλθον . . . σύροντες τὸ δίκτυον τῶν ἰχθύων

21 11 εἵλκυσεν τὸ δίκτυον εἰς τὴν γῆν μεστὸν ἰχθύων μεγάλων ἑκατὸν πεντήκοντα τριῶν

1 C 15 39 ἄλλη δὲ σὰρξ πτηνῶν, ἄλλη δὲ ἰχθύων

ἴχνος

Rm 4 12 ⟨εἰς τὸ εἶναι αὐτὸν⟩ πατέρα περιτομῆς . . . τοῖς στοιχοῦσιν τοῖς ἴχνεσιν τῆς ἐν ἀκροβυστίᾳ πίστεως τοῦ πατρὸς ἡμῶν Ἀβραάμ

2 C 12 18 οὐ τῷ αὐτῷ πνεύματι περιεπατή-
σαμεν; οὐ τοῖς αὐτοῖς ἴχνεσιν;

1 Pt 2 21 ὑμῖν ὑπολιμπάνων ὑπογραμμὸν
ἵνα ἐπακολουθήσητε τοῖς ἴχνεσιν
αὐτοῦ

'Ιωαθάμ
   'Ιωάθαμ MVBSTϛ

Mt 1 9 'Οζίας δὲ ἐγέννησεν τὸν 'Ιωαθάμ,
     ↔

1 9 'Ιωαθάμ δὲ ἐγέννησεν τὸν 'Αχάζ

'Ιωάνα
   → 'Ιωάννα

'Ιωανάν
   'Ιωαννᾶς ϛ

Lc 3 27 ⟨καὶ αὐτὸς ἦν 'Ιησοῦς . . . ὢν υἱός,
ὡς ἐνομίζετο . . . τοῦ 'Ιωδὰ⟩ τοῦ
'Ιωανὰν τοῦ 'Ρησά

'Ιωάνης
   → 'Ιωάννης

'Ιωάννα
   'Ιωάνα Η

Lc 8 3 ⟨γυναῖκές τινες⟩ 'Ιωάννα γυνὴ
Χουζᾶ ἐπιτρόπου 'Ηρῴδου καὶ
Σουσάννα καὶ ἕτεραι πολλαί

24 10 ἦσαν δὲ ἡ Μαγδαληνὴ Μαρία καὶ
'Ιωάννα καὶ Μαρία ἡ 'Ιακώβου

'Ιωαννᾶς
   → 'Ιωανάν

'Ιωάννης
   'Ιωάνης (Η)
   a Ioannes baptista
   b 'Ι. ὁ βαπτιστής
   c 'Ι. (ὁ) βαπτίζων
   d οἱ μαθηταὶ 'Ιωάννου
   e filius Zebedaei
   f Πέτρος et 'Ιωάννης
   g auctor Apocalypseos
   h pater Simonis Petri (cf. 'Ιωνᾶς b)
   j sacerdos Iudaeorum
   k 'Ι. ὁ ἐπικαλούμενος Μᾶρκος

Mt 3 1b ἐν δὲ (—S) ταῖς ἡμέραις ἐκείναις
παραγίνεται 'Ιωάννης ὁ βαπτι-
στὴς κηρύσσων ἐν τῇ ἐρήμῳ τῆς
'Ιουδαίας

3 4a αὐτὸς δὲ ὁ 'Ιωάννης εἶχεν τὸ ἔν-
δυμα αὐτοῦ ἀπὸ τριχῶν καμήλου

3 13a τότε παραγίνεται ὁ 'Ιησοῦς . . .
ἐπὶ τὸν 'Ιορδάνην πρὸς τὸν
'Ιωάννην τοῦ βαπτισθῆναι ὑπ'
αὐτοῦ. ↔

3 14a ὁ δὲ 'Ιωάννης ([S]; —NTH)
διεκώλυεν αὐτὸν λέγων

4 12a ἀκούσας δὲ ὅτι 'Ιωάννης παρεδόθη
ἀνεχώρησεν εἰς τὴν Γαλιλαίαν

4 21e εἶδεν ἄλλους δύο ἀδελφούς, 'Ιάκω-
βον τὸν τοῦ Ζεβεδαίου καὶ 'Ιωάν-
νην τὸν ἀδελφὸν αὐτοῦ

9 14d τότε προσέρχονται αὐτῷ οἱ μαθη-
ταὶ 'Ιωάννου λέγοντες

10 2e τῶν δὲ δώδεκα ἀποστόλων τὰ
ὀνόματά ἐστιν ταῦτα . . . 'Ιάκωβος
ὁ τοῦ Ζεβεδαίου καὶ 'Ιωάννης ὁ
ἀδελφὸς αὐτοῦ

11 2a ὁ δὲ 'Ιωάννης ἀκούσας ἐν τῷ δε-
σμωτηρίῳ τὰ ἔργα τοῦ Χριστοῦ

11 4a πορευθέντες ἀπαγγείλατε 'Ιωάν-
νῃ ἃ ἀκούετε καὶ βλέπετε

11 7a ἤρξατο ὁ 'Ιησοῦς λέγειν τοῖς ὄ-
χλοις περὶ 'Ιωάννου

11 11b οὐκ ἐγήγερται ἐν γεννητοῖς γυναι-
κῶν μείζων 'Ιωάννου τοῦ βαπτι-
στοῦ

11 12b ἀπὸ δὲ τῶν ἡμερῶν 'Ιωάννου τοῦ
βαπτιστοῦ ἕως ἄρτι ἡ βασιλεία
τῶν οὐρανῶν βιάζεται

Mt 11 13a πάντες γὰρ οἱ προφῆται καὶ ὁ
νόμος ἕως 'Ιωάννου ἐπροφήτευσαν

11 18a ἦλθεν γὰρ 'Ιωάννης μήτε ἐσθίων
μήτε πίνων

14 2b οὗτός ἐστιν 'Ιωάννης ὁ βαπτιστής

14 3a ὁ γὰρ 'Ηρῴδης (+τότε BS)
κρατήσας τὸν 'Ιωάννην ἔδησεν
αὐτόν ([N26S]; —NTH)

14 4a ἔλεγεν γὰρ || ὁ (—T) 'Ιωάννης
αὐτῷ ((~VBSϛ))

14 8b δός μοι . . . ἐπὶ πίνακι τὴν κεφαλὴν
'Ιωάννου τοῦ βαπτιστοῦ

14 10a πέμψας ἀπεκεφάλισεν τὸν ([N26];
—NMTH) 'Ιωάννην ἐν τῇ φυλακῇ

16 14b ⟨τίνα λέγουσιν . . . εἶναι τὸν υἱὸν
τοῦ ἀνθρώπου;⟩ οἱ μὲν 'Ιωάννην
τὸν βαπτιστήν, ἄλλοι δὲ 'Ηλίαν

17 1f παραλαμβάνει ὁ 'Ιησοῦς τὸν Πέ-
τρον καὶ 'Ιάκωβον καὶ 'Ιωάννην
τὸν ἀδελφὸν αὐτοῦ

17 13b τότε συνῆκαν οἱ μαθηταὶ ὅτι περὶ
'Ιωάννου τοῦ βαπτιστοῦ εἶπεν
αὐτοῖς

21 25a τὸ βάπτισμα τὸ ([S]; —ϛ) 'Ιωάν-
νου πόθεν ἦν;

21 26a πάντες γὰρ | ὡς προφήτην ἔχου-
σιν τὸν 'Ιωάννην (~Vϛ)

21 32a ἦλθεν γὰρ | 'Ιωάννης πρὸς ὑμᾶς
(~Vϛ) ἐν ὁδῷ δικαιοσύνης

Mc 1 4e ἐγένετο 'Ιωάννης ὁ ([N26]; —MSϛ)
βαπτίζων ἐν τῇ ἐρήμῳ

1 6a | καὶ ἦν ὁ (ἦν δὲ Sϛ) 'Ιωάννης ἐν-
δεδυμένος τρίχας καμήλου

1 9a ἦλθεν 'Ιησοῦς . . . καὶ ἐβαπτίσθη
εἰς τὸν 'Ιορδάνην ὑπὸ 'Ιωάννου

1 14a | μετὰ δὲ (καὶ μ. NBH) τὸ παρα-
δοθῆναι τὸν 'Ιωάννην

1 19e προβὰς ὀλίγον εἶδεν 'Ιάκωβον τὸν
τοῦ Ζεβεδαίου καὶ 'Ιωάννην τὸν
ἀδελφὸν αὐτοῦ

1 29e εὐθὺς ἐκ τῆς συναγωγῆς | ἐξελθόν-
τες ἦλθον (ἐξελθὼν ἦλθεν M) εἰς
τὴν οἰκίαν Σίμωνος . . . μετὰ 'Ια-
κώβου καὶ 'Ιωάννου

2 18d ἦσαν οἱ μαθηταὶ 'Ιωάννου καὶ | οἱ
Φαρισαῖοι (τῶν Φαρισαίων S; οἱ
τῶν Φ. ϛ) νηστεύοντες

2 18d διὰ τί οἱ μαθηταὶ 'Ιωάννου καὶ οἱ
μαθηταὶ τῶν Φαρισαίων νηστεύου-
σιν ⟨;⟩

3 17e ⟨ἐποίησεν τοὺς δώδεκα⟩ 'Ιάκωβον
τὸν τοῦ Ζεβεδαίου καὶ 'Ιωάννην
τὸν ἀδελφὸν τοῦ 'Ιακώβου

5 37f οὐκ ἀφῆκεν οὐδένα μετ' αὐτοῦ συν-
ακολουθῆσαι εἰ μὴ τὸν (—ϛ) Πέτρον
καὶ 'Ιάκωβον καὶ 'Ιωάννην τὸν
ἀδελφὸν 'Ιακώβου

6 14c 'Ιωάννης ὁ βαπτίζων ἐγήγερται
ἐκ νεκρῶν

6 16a ὃν ἐγὼ ἀπεκεφάλισα 'Ιωάννην, | οὗ-
τος ἠγέρθη (οὗτός ἐστιν· αὐτὸς
ἠγέρθη ἐκ νεκρῶν ϛ). ↔

6 17a αὐτὸς γὰρ ὁ 'Ηρῴδης ἀποστείλας
ἐκράτησεν τὸν 'Ιωάννην

6 18a ἔλεγεν γὰρ ὁ 'Ιωάννης τῷ 'Ηρῴδῃ

6 20a ὁ γὰρ 'Ηρῴδης ἐφοβεῖτο τὸν 'Ιω-
άννην, εἰδὼς αὐτὸν ἄνδρα δίκαιον

6 24bc τί αἰτήσωμαι; . . . τὴν κεφαλὴν
'Ιωάννου τοῦ βαπτίζοντος (βα-
πτιστοῦ ϛ)

6 25b θέλω ἵνα ἐξαυτῆς δῷς μοι ἐπὶ πίνα-
κι τὴν κεφαλὴν 'Ιωάννου τοῦ
βαπτιστοῦ

Mc 8 28b ⟨τίνα με λέγουσιν οἱ ἄνθρωποι εἶ-
ναι;⟩ 'Ιωάννην τὸν βαπτιστήν,
καὶ ἄλλοι 'Ηλίαν

9 2f παραλαμβάνει ὁ 'Ιησοῦς τὸν Πέ-
τρον καὶ τὸν 'Ιάκωβον καὶ τὸν
(—NMH) 'Ιωάννην

9 38e | ἔφη αὐτῷ ὁ 'Ιωάννης (ἀπεκρίθη
δὲ αὐ. ὁ 'Ι. λέγων Vϛ)

10 35e προσπορεύονται αὐτῷ 'Ιάκωβος
καὶ 'Ιωάννης οἱ [+δύο NH] υἱοὶ
Ζεβεδαίου λέγοντες αὐτῷ

10 41e οἱ δέκα ἤρξαντο ἀγανακτεῖν περὶ
'Ιακώβου καὶ 'Ιωάννου

11 30a τὸ βάπτισμα τὸ ([S]; —ϛ) 'Ιωάν-
νου ἐξ οὐρανοῦ ἦν ἢ ἐξ ἀνθρώπων;

11 32a ἅπαντες γὰρ εἶχον τὸν 'Ιωάννην
| ὄντως ὅτι (~Vϛ) προφήτης ἦν

13 3f ἐπηρώτα (-των ϛ) αὐτὸν κατ'
ἰδίαν (+ὁ T) Πέτρος καὶ 'Ιάκωβος
καὶ 'Ιωάννης καὶ 'Ανδρέας

14 33f παραλαμβάνει τὸν Πέτρον καὶ τὸν
([N26]; —VBST) 'Ιάκωβον καὶ
τὸν ([N26]; —VBSTϛ) 'Ιωάννην
μετ' αὐτοῦ

Lc 1 13a καλέσεις τὸ ὄνομα αὐτοῦ 'Ιωάννην

1 60a οὐχί, ἀλλὰ κληθήσεται 'Ιωάννης

1 63a 'Ιωάννης ἐστὶν (+τὸ MVBTϛ)
ὄνομα αὐτοῦ

3 2a ἐγένετο ῥῆμα θεοῦ ἐπὶ 'Ιωάννην
τὸν Ζαχαρίου υἱὸν ἐν τῇ ἐρήμῳ

3 15a διαλογιζομένων πάντων . . . περὶ
τοῦ 'Ιωάννου, μήποτε αὐτὸς εἴη ὁ
χριστός, ↔

3 16a ἀπεκρίνατο λέγων πᾶσιν ὁ 'Ιωάννης

3 20a ⟨ὁ δὲ 'Ηρῴδης ὁ τετραάρχης⟩ κατ-
έκλεισεν τὸν 'Ιωάννην ἐν φυλακῇ

5 10e ⟨θάμβος γὰρ περιέσχεν αὐτὸν⟩
ὁμοίως δὲ καὶ 'Ιάκωβον καὶ 'Ιωάν-
νην υἱοὺς Ζεβεδαίου

5 33d (+διὰ τί Vϛ) οἱ μαθηταὶ 'Ιωάννου
νηστεύουσιν πυκνά . . . ὁμοίως καὶ
οἱ τῶν Φαρισαίων

6 14e ⟨ἐκλεξάμενος ἀπ' αὐτῶν δώδεκα⟩
'Ανδρέαν . . . καὶ (—Vϛ) 'Ιάκω-
βον καὶ 'Ιωάννην

7 18a ἀπήγγειλαν 'Ιωάννῃ οἱ μαθηταὶ
αὐτοῦ περὶ πάντων τούτων. ↔

7 18a καὶ προσκαλεσάμενος δύο τινὰς
τῶν μαθητῶν αὐτοῦ ὁ 'Ιωάννης

7 20b 'Ιωάννης ὁ βαπτιστὴς ἀπέστειλεν
(-σταλκεν VBSTϛ) ἡμᾶς πρὸς σὲ
λέγων

7 22a πορευθέντες ἀπαγγείλατε 'Ιωάννῃ
ἃ εἴδετε καὶ ἠκούσατε

7 24a ἀπελθόντων δὲ τῶν ἀγγέλων
'Ιωάννου ↔

7 24a ἤρξατο λέγειν πρὸς τοὺς ὄχλους
περὶ 'Ιωάννου

7 28ab μείζων ἐν γεννητοῖς γυναικῶν (+
προφήτης BSTϛ) 'Ιωάννου (+
τοῦ βαπτιστοῦ ϛ) οὐδείς ἐστιν

7 29a πᾶς ὁ λαὸς ἀκούσας . . . ἐδικαίωσαν
τὸν θεόν, βαπτισθέντες τὸ βά-
πτισμα 'Ιωάννου

7 33b ἐλήλυθεν γὰρ 'Ιωάννης ὁ βαπτι-
στὴς μὴ (μήτε Vϛ) | ἐσθίων ἄρτον
(~VSϛ)

8 51f οὐκ ἀφῆκεν εἰσελθεῖν τινα σὺν αὐ-
τῷ εἰ μὴ Πέτρον καὶ | 'Ιωάννην καὶ
'Ιάκωβον (~Sϛ)

9 7a 'Ιωάννης ἠγέρθη ἐκ νεκρῶν

9 9a 'Ιωάννην ἐγὼ ἀπεκεφάλισα

9 19b ⟨τίνα με λέγουσιν οἱ ὄχλοι εἶναι;⟩
. . . 'Ιωάννην τὸν βαπτιστήν,
ἄλλοι δὲ 'Ηλίαν

Lc 9 28f παραλαβὼν (+τὸν ς) Πέτρον καὶ 'Ιωάννην καὶ 'Ιάκωβον ἀνέβη εἰς τὸ ὄρος προσεύξασθαι
9 49e ἀποκριθεὶς δὲ (+ὁ NMVTς) 'Ιωάννης εἶπεν
9 54e ἰδόντες δὲ οἱ μαθηταὶ (+αὐτοῦ Vς) 'Ιάκωβος καὶ 'Ιωάννης εἶπαν
11 1a δίδαξον ἡμᾶς προσεύχεσθαι, καθὼς καὶ 'Ιωάννης ἐδίδαξεν τοὺς μαθητὰς αὐτοῦ
16 16a ὁ νόμος καὶ οἱ προφῆται μέχρι (ἕως ς) 'Ιωάννου
20 4a τὸ βάπτισμα (+τὸ T) 'Ιωάννου ἐξ οὐρανοῦ ἦν ἢ ἐξ ἀνθρώπων;
20 6a πεπεισμένος γάρ ἐστιν 'Ιωάννην προφήτην εἶναι
22 8f ἀπέστειλεν Πέτρον καὶ 'Ιωάννην εἰπών
Jo 1 6a ἐγένετο ἄνθρωπος, ἀπεσταλμένος παρὰ θεοῦ, ὄνομα αὐτῷ 'Ιωάννης
1 15a 'Ιωάννης μαρτυρεῖ περὶ αὐτοῦ καὶ κέκραγεν λέγων
1 19a αὕτη ἐστὶν ἡ μαρτυρία τοῦ 'Ιωάννου
1 26a ἀπεκρίθη αὐτοῖς ὁ 'Ιωάννης λέγων
1 28c πέραν τοῦ 'Ιορδάνου, ὅπου ἦν ὁ ([S]; —ς) 'Ιωάννης βαπτίζων. ↔
1 29a * τῇ ἐπαύριον βλέπει | ὁ 'Ιωάννης (+ς) τὸν 'Ιησοῦν ἐρχόμενον πρὸς αὐτόν
1 32a ἐμαρτύρησεν 'Ιωάννης λέγων
1 35a τῇ ἐπαύριον πάλιν εἱστήκει ὁ (—H) 'Ιωάννης καὶ ἐκ τῶν μαθητῶν αὐτοῦ δύο
1 40a ἦν 'Ανδρέας ... εἷς ἐκ τῶν δύο τῶν ἀκουσάντων παρὰ 'Ιωάννου καὶ ἀκολουθησάντων αὐτῷ
1 42h σὺ εἶ Σίμων ὁ υἱὸς 'Ιωάννου ('Ιωνᾶ ς)
3 23c ἦν δὲ καὶ ὁ (+N26[H]) 'Ιωάννης βαπτίζων ἐν Αἰνὼν ἐγγὺς τοῦ Σαλείμ
3 24a οὔπω γὰρ ἦν βεβλημένος εἰς τὴν φυλακὴν ὁ (—NTH) 'Ιωάννης. ↔
3 25d ἐγένετο οὖν ζήτησις ἐκ τῶν μαθητῶν 'Ιωάννου μετὰ 'Ιουδαίου περὶ καθαρισμοῦ. ↔
3 26a καὶ ἦλθον πρὸς τὸν 'Ιωάννην καὶ εἶπαν αὐτῷ
3 27a ἀπεκρίθη 'Ιωάννης καὶ εἶπεν
4 1a 'Ιησοῦς πλείονας μαθητὰς ποιεῖ καὶ βαπτίζει ἢ [H] 'Ιωάννης
5 33a ὑμεῖς ἀπεστάλκατε πρὸς 'Ιωάννην
5 36a ἐγὼ δὲ ἔχω τὴν μαρτυρίαν μείζω (μείζων S) τοῦ 'Ιωάννου
10 40c πέραν τοῦ 'Ιορδάνου ... ὅπου ἦν 'Ιωάννης τὸ πρῶτον βαπτίζων
10 41a 'Ιωάννης μὲν | σημεῖον ἐποίησεν (∼S) οὐδέν, ↔
10 41a πάντα δὲ ὅσα εἶπεν 'Ιωάννης περὶ τούτου ἀληθῆ ἦν
21 15h Σίμων 'Ιωάννου ('Ιωνᾶ ς), ἀγαπᾷς με πλέον τούτων;
21 16h Σίμων 'Ιωάννου ('Ιωνᾶ ς), ἀγαπᾷς με;
21 17h Σίμων 'Ιωάννου ('Ιωνᾶ ς), φιλεῖς με;
Ac 1 5a ὅτι 'Ιωάννης μὲν ἐβάπτισεν ὕδατι
1 13f εἰς τὸ ὑπερῷον ἀνέβησαν οὗ ἦσαν καταμένοντες, ὅ τε Πέτρος καὶ ¦ 'Ιωάννης καὶ 'Ιάκωβος (∼ς) καὶ 'Ανδρέας
1 22a ἀρξάμενος ἀπὸ τοῦ βαπτίσματος 'Ιωάννου ἕως (ἄχρι T) τῆς ἡμέρας ἧς ἀνελήμφθη ἀφ' ἡμῶν

Ac 3 1f Πέτρος δὲ καὶ 'Ιωάννης ἀνέβαινον εἰς τὸ ἱερὸν ἐπὶ τὴν ὥραν τῆς προσευχῆς τὴν ἐνάτην
3 3f ⟨ἀνήρ χωλὸς⟩ ἰδὼν Πέτρον καὶ 'Ιωάννην μέλλοντας εἰσιέναι εἰς τὸ ἱερὸν ἠρώτα ἐλεημοσύνην λαβεῖν. ↔
3 4f ἀτενίσας δὲ Πέτρος εἰς αὐτὸν σὺν τῷ 'Ιωάννῃ εἶπεν
3 11f κρατοῦντος δὲ αὐτοῦ τὸν Πέτρον καὶ τὸν (—ς) 'Ιωάννην συνέδραμεν πᾶς ὁ λαὸς πρὸς αὐτούς
4 6j ⟨συναχθῆναι αὐτῶν τοὺς ἄρχοντας⟩ καὶ | Ἅννας ὁ ἀρχιερεὺς καὶ Καϊάφας καὶ 'Ιωάννης καὶ 'Αλέξανδρος (Ἅνναν τὸν -ρέα κ. Κ-αν κ. 'Ι-ην κ. 'Α-ον ς)
4 13f θεωροῦντες δὲ τὴν τοῦ Πέτρου παρρησίαν καὶ 'Ιωάννου
4 19f ὁ δὲ Πέτρος καὶ 'Ιωάννης ἀποκριθέντες εἶπον πρὸς αὐτούς
8 14f ἀπέστειλαν πρὸς αὐτοὺς (+τὸν ς) Πέτρον καὶ 'Ιωάννην
10 37a μετὰ τὸ βάπτισμα ὃ ἐκήρυξεν 'Ιωάννης
11 16a 'Ιωάννης μὲν ἐβάπτισεν ὕδατι
12 2e ἀνεῖλεν δὲ 'Ιάκωβον τὸν ἀδελφὸν 'Ιωάννου μαχαίρῃ
12 12k συνιδών τε ἦλθεν ἐπὶ τὴν οἰκίαν τῆς ([S]; —ς) Μαρίας τῆς μητρὸς 'Ιωάννου τοῦ ἐπικαλουμένου Μάρκου
12 25k ὑπέστρεψαν εἰς (N26H; ἐξ rl) 'Ιερουσαλὴμ ... συμπαραλαβόντες (+καὶ ς) 'Ιωάννην τὸν ἐπικληθέντα (ἐπικαλούμενον S) Μᾶρκον
13 5h εἶχον δὲ καὶ 'Ιωάννην ὑπηρέτην
13 13h 'Ιωάννης δὲ ἀποχωρήσας ἀπ' αὐτῶν ὑπέστρεψεν εἰς 'Ιεροσόλυμα
13 24a προκηρύξαντος 'Ιωάννου πρὸ προσώπου τῆς εἰσόδου αὐτοῦ βάπτισμα μετανοίας παντὶ τῷ λαῷ 'Ισραήλ. ↔
13 25a ὡς δὲ ἐπλήρου (+ὁ ς) 'Ιωάννης τὸν δρόμον, ἔλεγεν
15 37k Βαρναβᾶς δὲ ἐβούλετο συμπαραλαβεῖν καὶ (—ς) τὸν 'Ιωάννην τὸν καλούμενον Μᾶρκον
18 25a ⟨'Ιουδαῖος δέ τις 'Απολλῶς ὀνόματι⟩ ἐπιστάμενος μόνον τὸ βάπτισμα 'Ιωάννου
19 3a εἰς τί οὖν ἐβαπτίσθητε; ... εἰς τὸ 'Ιωάννου βάπτισμα
19 4a 'Ιωάννης ἐβάπτισεν βάπτισμα μετανοίας
G 2 9ef 'Ιάκωβος καὶ Κηφᾶς καὶ 'Ιωάννης ... δεξιὰς ἔδωκαν ἐμοὶ καὶ Βαρναβᾷ κοινωνίας
Ap 1 1g ἀποκάλυψις 'Ιησοῦ Χριστοῦ, ἣν ... ἐσήμανεν ἀποστείλας διὰ τοῦ ἀγγέλου αὐτοῦ τῷ δούλῳ αὐτοῦ 'Ιωάννῃ
1 4g 'Ιωάννης ταῖς ἑπτὰ ἐκκλησίαις ταῖς ἐν τῇ 'Ασίᾳ
1 9g ἐγὼ 'Ιωάννης, ὁ ἀδελφὸς ὑμῶν ... ἐγενόμην ἐν τῇ νήσῳ ... Πάτμῳ
21 2g * | ἐγὼ 'Ιωάννης εἶδον (+ς) τὴν πόλιν ... 'Ιερουσαλὴμ ... καταβαίνουσαν ἐκ τοῦ οὐρανοῦ
22 8g κἀγὼ 'Ιωάννης ὁ | ἀκούων καὶ βλέπων ταῦτα (∼BSTς)

'Ιώβ

Jc 5 11 τὴν ὑπομονὴν 'Ιὼβ ἠκούσατε, καὶ τὸ τέλος κυρίου εἴδετε

'Ιωβήδ

'Ωβήδ ς

Mt 1 5 Βόες δὲ ἐγέννησεν τὸν 'Ιωβὴδ ἐκ τῆς 'Ρούθ, ↔
1 5 'Ιωβὴδ δὲ ἐγέννησεν τὸν 'Ιεσσαί
Lc 3 32 ⟨καὶ αὐτὸς ἦν 'Ιησοῦς ... ὢν υἱός, ὡς ἐνομίζετο⟩ τοῦ 'Ιεσσαὶ τοῦ 'Ιωβὴδ ('Ιωβὴλ H) τοῦ Βόος

'Ιωβήλ

Lc 3 32 * ⟨καὶ αὐτὸς ἦν 'Ιησοῦς ... ὢν υἱός, ὡς ἐνομίζετο⟩ τοῦ 'Ιεσσαὶ τοῦ 'Ιωβὴλ (H; 'Ωβὴδ ς; 'Ιωβὴδ rl) τοῦ Βόος

'Ιωδά

Lc 3 26 ⟨καὶ αὐτὸς ἦν 'Ιησοῦς ... ὢν υἱός, ὡς ἐνομίζετο⟩ τοῦ Σεμεῒν τοῦ 'Ιωσὴχ (-ὴφ ς) τοῦ 'Ιωδὰ ('Ιούδα ς) ⟨τοῦ 'Ιωανάν⟩

'Ιωήλ

Ac 2 16 ἀλλὰ τοῦτό ἐστιν τὸ εἰρημένον διὰ τοῦ προφήτου 'Ιωήλ

'Ιωνάμ

'Ιωνάν ς

Lc 3 30 ⟨καὶ αὐτὸς ἦν 'Ιησοῦς ... ὢν υἱός, ὡς ἐνομίζετο⟩ τοῦ 'Ιωσὴφ τοῦ 'Ιωνὰμ τοῦ 'Ελιακίμ

'Ιωνᾶς

→ Βαριωνᾶ
a propheta
b pater Simonis Petri (cf. 'Ιωάννης h)

Mt 12 39a σημεῖον οὐ δοθήσεται αὐτῇ εἰ μὴ τὸ σημεῖον 'Ιωνᾶ τοῦ προφήτου. ↔
12 40a ὥσπερ γὰρ ἦν 'Ιωνᾶς ἐν τῇ κοιλίᾳ τοῦ κήτους τρεῖς ἡμέρας καὶ τρεῖς νύκτας
12 41a ἄνδρες Νινευῖται ἀναστήσονται ... ὅτι μετενόησαν εἰς τὸ κήρυγμα 'Ιωνᾶ, ↔
12 41a καὶ ἰδοὺ πλεῖον 'Ιωνᾶ ὧδε
16 4a σημεῖον οὐ δοθήσεται αὐτῇ εἰ μὴ τὸ σημεῖον 'Ιωνᾶ (+τοῦ προφήτου [V]ς)
Lc 11 29a σημεῖον οὐ δοθήσεται αὐτῇ εἰ μὴ τὸ σημεῖον 'Ιωνᾶ (+τοῦ προφήτου Vς). ↔
11 30a καθὼς γὰρ ἐγένετο [+ὁ NH] 'Ιωνᾶς τοῖς Νινευίταις σημεῖον
11 32a ἄνδρες Νινευῖται ἀναστήσονται ... ὅτι μετενόησαν εἰς τὸ κήρυγμα 'Ιωνᾶ, ↔
11 32a καὶ ἰδοὺ πλεῖον 'Ιωνᾶ ὧδε
Jo 1 42b * σὺ εἶ Σίμων ὁ υἱὸς 'Ιωνᾶ (ς; 'Ιωάννου rl)
21 15b * Σίμων 'Ιωνᾶ (ς; 'Ιωάννου rl), ἀγαπᾷς με πλέον τούτων;
21 16b * Σίμων 'Ιωνᾶ (ς; 'Ιωάννου rl), ἀγαπᾷς με;
21 17b * Σίμων 'Ιωνᾶ (ς; 'Ιωάννου rl), φιλεῖς με;

'Ιωράμ

Mt 1 8 'Ιωσαφὰτ δὲ ἐγέννησεν τὸν 'Ιωράμ, ↔
1 8 'Ιωρὰμ δὲ ἐγέννησεν τὸν 'Οζίαν

'Ιωρίμ

'Ιωρείμ VSTHς

Lc 3 29 ⟨καὶ αὐτὸς ἦν 'Ιησοῦς ... ὢν υἱός, ὡς ἐνομίζετο⟩ τοῦ 'Ελιέζερ τοῦ 'Ιωρὶμ τοῦ Μαθθάτ

'Ιωσαφάτ

Mt 1 8 'Ασὰφ δὲ ἐγέννησεν τὸν 'Ιωσαφάτ, ↔
1 8 'Ιωσαφὰτ δὲ ἐγέννησεν τὸν 'Ιωράμ

'Ιωσείας

→ 'Ιωσίας

'Ιωσῆς
a frater Jesu (cf. 'Ιωσήφ e)
b filius Mariae (cf. 'Ιωσήφ j)
c 'Ι. ὁ ἐπικληθεὶς Βαρναβᾶς (cf. 'Ιωσήφ g)
d filius Eliezer (cf. 'Ιησοῦς b)

Mt 13 55ᵃ* οὐχ (οὐχὶ Sς) ἡ μήτηρ αὐτοῦ λέγεται Μαριὰμ καὶ οἱ ἀδελφοὶ αὐτοῦ 'Ιάκωβος καὶ 'Ιωσῆς (ς; -ὴφ rl) . . . καὶ 'Ιούδας;

27 56ᵇ* ἐν αἷς ἦν . . . Μαρία ἡ τοῦ 'Ιακώβου καὶ 'Ιωσῆ (MVSς; -σὴφ rl) μήτηρ

Mc 6 3ᵃ οὐχ οὗτός ἐστιν . . . ὁ υἱὸς τῆς Μαρίας | καὶ ἀδελφὸς (ἀ. δὲ Sς) 'Ιακώβου καὶ 'Ιωσῆτος ('Ιωσῆ ς) . . . καὶ Σίμωνος;

15 40ᵇ ἐν αἷς (+ ἦν ς) . . . Μαρία ἡ 'Ιακώβου τοῦ μικροῦ καὶ 'Ιωσῆτος ('Ιωσῆ ς) μήτηρ

15 47ᵇ ἡ δὲ Μαρία ἡ Μαγδαληνὴ καὶ Μαρία | ἡ 'Ιωσῆτος ('Ιωσῆ ς) ἐθεώρουν ποῦ τέθειται

Lc 3 29ᵈ* 〈καὶ αὐτὸς ἦν 'Ιησοῦς . . . ὢν υἱός, ὡς ἐνομίζετο . . . τοῦ "Ηρ〉 τοῦ 'Ιωσὴ (ς; 'Ιησοῦ rl) τοῦ 'Ελιέζερ

Ac 4 36ᶜ* 'Ιωσῆς (ς; 'Ιωσήφ rl) δὲ ὁ ἐπικληθεὶς Βαρναβᾶς ἀπὸ τῶν ἀποστόλων 〈ὑπάρχοντος αὐτῷ ἀγροῦ, πωλήσας ἤνεγκεν τὸ χρῆμα〉

'Ιωσήφ
a filius Jacob
b filius Jonam
c filius Mattathiae
d sponsus Mariae
e frater Jesu
f 'Ι. ἀπὸ 'Αριμαθαίας
g 'Ι. ὁ ἐπικληθεὶς Βαρναβᾶς
h 'Ι. ὁ ἐπικαλούμενος Βαρσαββᾶς
j filius Mariae
k filius Joda

Mt 1 16ᵈ 'Ιακὼβ δὲ ἐγέννησεν τὸν 'Ιωσήφ ↔

1 16ᵈ* | 'Ιωσὴφ δέ, ᾧ ἐμνηστεύθη παρθένος Μαριάμ, ἐγέννησεν 'Ιησοῦν (S; τὸν ἄνδρα Μαρίας, ἐξ ἧς ἐγεννήθη 'Ιησοῦς rl)

1 18ᵈ μνηστευθείσης τῆς μητρὸς αὐτοῦ Μαρίας τῷ 'Ιωσήφ

1 19ᵈ 'Ιωσὴφ δὲ ὁ ἀνὴρ αὐτῆς, δίκαιος ὢν . . . ἐβουλήθη λάθρα ἀπολῦσαι αὐτήν

Mt 1 20ᵈ 'Ιωσὴφ υἱὸς Δαυίδ, μὴ φοβηθῇς παραλαβεῖν Μαρίαν τὴν γυναῖκά σου

1 24ᵈ ἐγερθεὶς (δι- Sς) δὲ ὁ ([NH]; —ST) 'Ιωσὴφ ἀπὸ τοῦ ὕπνου ἐποίησεν ὡς προσέταξεν αὐτῷ ὁ ἄγγελος κυρίου

2 13ᵈ ἰδοὺ ἄγγελος κυρίου φαίνεται κατ' ὄναρ τῷ 'Ιωσὴφ 〈λέγων〉

2 19ᵈ ἰδοὺ ἄγγελος κυρίου | φαίνεται κατ' ὄναρ (~ Vς) τῷ 'Ιωσὴφ ἐν Αἰγύπτῳ λέγων

13 55ᵉ οὐχ (οὐχὶ Sς) ἡ μήτηρ αὐτοῦ λέγεται Μαριὰμ καὶ οἱ ἀδελφοὶ αὐτοῦ 'Ιάκωβος καὶ 'Ιωσὴφ ('Ιωσῆς ς) . . . καὶ 'Ιούδας;

27 56ʲ ἐν αἷς ἦν . . . Μαρία ἡ τοῦ 'Ιακώβου καὶ 'Ιωσὴφ ('Ιωσῆ MVSς) μήτηρ

27 57ᶠ ἦλθεν ἄνθρωπος πλούσιος ἀπὸ 'Αριμαθαίας, τοὔνομα 'Ιωσήφ

27 59ᶠ λαβὼν τὸ σῶμα ὁ 'Ιωσὴφ ἐνετύλιξεν αὐτὸ ἐν (+[N²⁶NH]B) σινδόνι καθαρᾷ

Mc 15 43ᶠ ἐλθὼν (ἦλθεν ς) 'Ιωσὴφ ὁ ([N²⁶; —H) ἀπὸ 'Αριμαθαίας, εὐσχήμων βουλευτής

15 45ᶠ γνοὺς ἀπὸ τοῦ κεντυρίωνος ἐδωρήσατο τὸ πτῶμα τῷ 'Ιωσήφ

Lc 1 27ᵈ πρὸς παρθένον ἐμνηστευμένην (μεμνηστευ. VSς) ἀνδρὶ ᾧ ὄνομα 'Ιωσήφ

2 4ᵈ ἀνέβη δὲ καὶ 'Ιωσὴφ ἀπὸ τῆς Γαλιλαίας . . . εἰς τὴν 'Ιουδαίαν

2 16ᵈ ἀνεῦραν τήν τε Μαριὰμ καὶ τὸν 'Ιωσὴφ καὶ τὸ βρέφος κείμενον ἐν τῇ φάτνῃ

2 33ᵈ* ἦν 'Ιωσὴφ (ς; ὁ πατὴρ αὐτοῦ rl) καὶ ἡ μήτηρ (+ αὐτοῦ Tς) θαυμάζοντες ἐπὶ τοῖς λαλουμένοις περὶ αὐτοῦ

2 43ᵈ* ὑπέμεινεν 'Ιησοῦς . . . ἐν 'Ιερουσαλήμ, καὶ οὐκ | ἔγνω 'Ιωσὴφ καὶ ἡ μήτηρ (ς; ἔγνωσαν οἱ γονεῖς rl) αὐτοῦ

3 23ᵈ καὶ αὐτὸς ἦν 'Ιησοῦς . . . ὢν υἱός, ὡς ἐνομίζετο, 'Ιωσήφ, τοῦ 'Ηλί

3 24ᶜ τοῦ 'Ιανναὶ τοῦ 'Ιωσὴφ 〈τοῦ Ματταθίου〉

3 26ᵏ τοῦ Σεμεῒν τοῦ 'Ιωσὴφ (ς; 'Ιωσὴχ rl) τοῦ 'Ιωδά

3 30ᵇ τοῦ 'Ιούδα τοῦ 'Ιωσὴφ τοῦ 'Ιωνάμ

4 22ᵈ οὐχὶ υἱός ἐστιν 'Ιωσὴφ οὗτος;

Lc 23 50ᶠ καὶ ἰδοὺ ἀνὴρ ὀνόματι 'Ιωσὴφ βουλευτὴς ὑπάρχων 〈ἀπὸ 'Αριμαθαίας〉

Jo 1 45ᵈ εὑρήκαμεν, 'Ιησοῦν (+ τὸν BSς) υἱὸν τοῦ 'Ιωσὴφ τὸν ἀπὸ Ναζαρέτ

4 5ᵃ πλησίον τοῦ χωρίου ὃ ἔδωκεν 'Ιακὼβ τῷ [+ N²⁶NH] 'Ιωσὴφ τῷ υἱῷ αὐτοῦ

6 42ᵈ οὐχ (οὐχὶ H) οὗτός ἐστιν 'Ιησοῦς ὁ υἱὸς 'Ιωσὴφ 〈;〉

19 38ᶠ ἠρώτησεν τὸν Πιλᾶτον (+ ὁ ς) 'Ιωσὴφ ὁ ([N²⁶S]; —NH) ἀπὸ 'Αριμαθαίας, ὢν μαθητὴς τοῦ [NH] 'Ιησοῦ κεκρυμμένος

Ac 1 23ʰ ἔστησαν δύο, 'Ιωσὴφ τὸν καλούμενον Βαρσαββᾶν, ὃς ἐπεκλήθη 'Ιοῦστος, καὶ Μαθθίαν

4 36ᵍ 'Ιωσὴφ ('Ιωσῆς ς) δὲ ὁ ἐπικληθεὶς Βαρναβᾶς ἀπὸ τῶν ἀποστόλων 〈ὑπάρχοντος αὐτῷ ἀγροῦ, πωλήσας ἤνεγκεν τὸ χρῆμα〉

7 9ᵃ οἱ πατριάρχαι ζηλώσαντες τὸν 'Ιωσὴφ ἀπέδοντο εἰς Αἴγυπτον

7 13ᵃ ἐν τῷ δευτέρῳ ἀνεγνωρίσθη (ἐγν. NH) 'Ιωσὴφ τοῖς ἀδελφοῖς αὐτοῦ, ↔

7 13ᵃ καὶ φανερὸν ἐγένετο τῷ Φαραὼ τὸ γένος || τοῦ ([N²⁶]; —NH) 'Ιωσὴφ ((αὐτοῦ T)). ↔

7 14ᵃ ἀποστείλας δὲ 'Ιωσὴφ μετεκαλέσατο 'Ιακὼβ τὸν πατέρα αὐτοῦ

7 18ᵃ ἄχρι οὗ ἀνέστη βασιλεὺς ἕτερος | ἐπ' Αἴγυπτον ([N²⁶]; —ς), ὃς οὐκ ᾔδει τὸν 'Ιωσήφ

Hb 11 21ᵃ πίστει 'Ιακὼβ ἀποθνῄσκων ἕκαστον τῶν υἱῶν 'Ιωσὴφ εὐλόγησεν

11 22ᵃ πίστει 'Ιωσὴφ τελευτῶν περὶ τῆς ἐξόδου τῶν υἱῶν 'Ισραὴλ ἐμνημόνευσεν

Ap 7 8ᵃ ἐκ φυλῆς 'Ιωσὴφ δώδεκα χιλιάδες

'Ιωσήχ
Lc 3 26 〈καὶ αὐτὸς ἦν 'Ιησοῦς . . . ὢν υἱός, ὡς ἐνομίζετο〉 τοῦ Σεμεῒν τοῦ 'Ιωσὴχ ('Ιωσὴφ ς) τοῦ 'Ιωδά

'Ιωσίας
'Ιωσείας TH
Mt 1 10 'Αμὼς ('Αμὼν VBς) δὲ ἐγέννησεν τὸν 'Ιωσίαν, ↔

1 11 'Ιωσίας δὲ ἐγέννησεν τὸν 'Ιεχονίαν καὶ τοὺς ἀδελφοὺς αὐτοῦ ἐπὶ τῆς μετοικεσίας Βαβυλῶνος

ἰῶτα
Mt 5 18 ἰῶτα ἓν ἢ μία κεραία οὐ μὴ παρέλθῃ ἀπὸ τοῦ νόμου

K

κἀγώ

→ καί → ἐγώ

a καθώς . . . κἀγώ
b καθὼς κἀγώ
c ὡς κἀγώ
d ἵνα, ὅπως κἀγώ
e ὅτι κἀγώ
f κἀγὼ δέ, οὐ
g κἀμοί
h κἀμέ

Mt 2 8d ἀπαγγείλατέ μοι, ὅπως κἀγὼ ἐλθὼν προσκυνήσω αὐτῷ

10 32 πᾶς οὖν ὅστις ὁμολογήσει ἐν ἐμοὶ . . . ὁμολογήσω κἀγὼ ἐν αὐτῷ

10 33 ὅστις | δ᾽ ἂν (δὲ H) ἀρνήσηταί με . . . ἀρνήσομαι | κἀγὼ αὐτόν (~ Sς)

11 28 δεῦτε πρός με πάντες . . . κἀγὼ ἀναπαύσω ὑμᾶς

16 18f κἀγὼ δέ σοι λέγω

18 33c οὐκ ἔδει καὶ σὲ ἐλεῆσαι τὸν σύνδουλόν σου, ὡς κἀγὼ (καὶ ἐγὼ Vς) σὲ ἠλέησα; ↔

21 24 ἐρωτήσω ὑμᾶς κἀγὼ λόγον ἕνα, ὃν ἐὰν εἴπητέ μοι, ↔

21 24 κἀγὼ ὑμῖν ἐρῶ ἐν ποίᾳ ἐξουσίᾳ ταῦτα ποιῶ

26 15 τί θέλετέ μοι δοῦναι, κἀγὼ (καὶ ἐγὼ BST) ὑμῖν παραδώσω αὐτόν;

Mc 11 29 * ἐπερωτήσω ὑμᾶς κἀγὼ (+ς) ἕνα λόγον, καὶ ἀποκρίθητέ μοι

Lc 1 3g ἔδοξε κἀμοὶ παρηκολουθηκότι ἄνωθεν πᾶσιν ἀκριβῶς καθεξῆς σοι γράψαι

2 48 ἰδοὺ ὁ πατήρ σου κἀγὼ (καὶ ἐγὼ BH) ὀδυνώμενοι ἐζητοῦμέν (ζητ. NH) σε

11 9 ⟨λέγω ὑμῖν⟩ κἀγὼ ὑμῖν λέγω

16 9 * κἀγὼ (ς; καὶ ἐγὼ rl) ὑμῖν λέγω

19 23 διὰ τί οὐκ ἔδωκάς μου τὸ ἀργύριον ἐπὶ τράπεζαν; κἀγὼ (καὶ ἐγὼ Vς) ἐλθὼν σὺν τόκῳ ἂν αὐτὸ ἔπραξα

20 3 ἐρωτήσω ὑμᾶς κἀγὼ λόγον, καὶ εἴπατέ μοι

22 29 κἀγὼ διατίθεμαι ὑμῖν καθὼς διέθετό μοι ὁ πατήρ μου βασιλείαν

24 49 * κἀγὼ (ST; καὶ [ἰδοὺ] ἐγὼ N26; κ. ἰ. ἐ. rl) ἀποστέλλω (N26ς; ἐξαπο- rl) τὴν ἐπαγγελίαν τοῦ πατρός μου ἐφ᾽ ὑμᾶς

Jo 1 31f κἀγὼ οὐκ ᾔδειν αὐτόν

1 33f κἀγὼ οὐκ ᾔδειν αὐτόν

1 34 κἀγὼ ἑώρακα, καὶ μεμαρτύρηκα

5 17 ὁ πατήρ μου ἕως ἄρτι ἐργάζεται, κἀγὼ ἐργάζομαι

6 44 κἀγὼ (καὶ ἐγὼ ς) ἀναστήσω αὐτὸν ἐν τῇ ἐσχάτῃ ἡμέρᾳ

6 54 κἀγὼ (καὶ ἐγὼ ς) ἀναστήσω αὐτὸν (+ ἐν VBS) τῇ ἐσχάτῃ ἡμέρᾳ

6 56 ὁ τρώγων μου τὴν σάρκα . . . ἐν ἐμοὶ μένει κἀγὼ ἐν αὐτῷ. ↔

6 57a καθὼς ἀπέστειλέν με ὁ ζῶν πατὴρ κἀγὼ ζῶ διὰ τὸν πατέρα

7 28h κἀμὲ οἴδατε καὶ οἴδατε πόθεν εἰμί

8 26 κἀγὼ ἃ ἤκουσα παρ᾽ αὐτοῦ, ταῦτα λαλῶ εἰς τὸν κόσμον

Jo 10 15a καθὼς γινώσκει με ὁ πατὴρ κἀγὼ γινώσκω τὸν πατέρα

10 27 τὰ πρόβατα τὰ ἐμὰ τῆς φωνῆς μου ἀκούουσιν, κἀγὼ γινώσκω αὐτά, καὶ ἀκολουθοῦσίν μοι, ↔

10 28 κἀγὼ | δίδωμι αὐτοῖς ζωὴν αἰώνιον (~ Sς)

10 38 ἐν ἐμοὶ ὁ πατὴρ κἀγὼ ἐν τῷ πατρί

12 32 κἀγὼ ἐὰν (ἂν H) ὑψωθῶ ἐκ τῆς γῆς, πάντας ἑλκύσω πρὸς ἐμαυτόν

14 16 κἀγὼ (καὶ ἐγὼ ς) ἐρωτήσω τὸν πατέρα

14 20 ἐγὼ ἐν τῷ πατρί μου καὶ ὑμεῖς ἐν ἐμοὶ κἀγὼ ἐν ὑμῖν

14 21 ὁ δὲ ἀγαπῶν με ἀγαπηθήσεται ὑπὸ τοῦ πατρός μου, κἀγὼ (καὶ ἐγὼ ς) ἀγαπήσω αὐτόν

15 4 μείνατε ἐν ἐμοί, κἀγὼ ἐν ὑμῖν

15 5 ὁ μένων ἐν ἐμοὶ κἀγὼ ἐν αὐτῷ, οὗτος φέρει καρπὸν πολύν

15 9a καθὼς ἠγάπησέν με ὁ πατήρ, κἀγὼ | ὑμᾶς ἠγάπησα (~ VTς)

15 10b * μενεῖτε ἐν τῇ ἀγάπῃ μου, καθὼς κἀγὼ (T; ἐγὼ rl) || τὰς ἐντολὰς τοῦ πατρός μου (—H) ((N26Vς; ~ rl)) τετήρηκα

16 32h ἰδοὺ ἔρχεται ὥρα . . . ἵνα σκορπισθῆτε ἕκαστος εἰς τὰ ἴδια κἀμὲ (καὶ ἐμὲ ς) μόνον ἀφῆτε

17 6g σοὶ ἦσαν κἀμοὶ (καὶ ἐμοὶ VSTς) αὐτοὺς ἔδωκας

17 11 αὐτοὶ (οὗτοι VBSς) ἐν τῷ κόσμῳ εἰσίν, κἀγὼ (καὶ ἐγὼ ς) πρὸς σὲ ἔρχομαι

17 18a καθὼς ἐμὲ ἀπέστειλας εἰς τὸν κόσμον, κἀγὼ ἀπέστειλα αὐτοὺς εἰς τὸν κόσμον

17 21a ἵνα πάντες ἓν ὦσιν, καθὼς σύ, πάτερ (πατήρ NMBTH), ἐν ἐμοὶ κἀγὼ ἐν σοί

17 22 κἀγὼ (καὶ ἐγὼ ς) τὴν δόξαν ἣν δέδωκάς μοι δέδωκα αὐτοῖς

17 26 ἵνα ἡ ἀγάπη ἣν ἠγάπησάς με ἐν αὐτοῖς ᾖ κἀγὼ ἐν αὐτοῖς

20 15 εἰπέ μοι ποῦ ἔθηκας αὐτόν, κἀγὼ αὐτὸν ἀρῶ

20 21a καθὼς ἀπέσταλκέν με ὁ πατήρ, κἀγὼ πέμπω ὑμᾶς

Ac 8 19g δότε κἀμοὶ τὴν ἐξουσίαν ταύτην

10 26 * ἀνάστηθι· κἀγὼ (ς; καὶ ἐγὼ rl) αὐτὸς ἄνθρωπός εἰμι

10 28g κἀμοὶ (καὶ ἐμοὶ ς) | ὁ θεὸς ἔδειξεν (~ BT) μηδένα κοινὸν ἢ ἀκάθαρτον λέγειν ἄνθρωπον

22 13 κἀγὼ αὐτῇ τῇ ὥρᾳ ἀνέβλεψα εἰς αὐτόν

22 19 κἀγὼ εἶπον

26 29 * πάντας τοὺς ἀκούοντάς μου σήμερον γενέσθαι τοιούτους ὁποῖος | κἀγὼ (VSTς; καὶ ἐγὼ rl) εἰμι

Rm 3 7 τί ἔτι κἀγὼ ὡς ἁμαρτωλὸς κρίνομαι;

11 3 κἀγὼ ὑπελείφθην μόνος καὶ ζητοῦσιν τὴν ψυχήν μου

1 C 2 1 κἀγὼ ἐλθὼν πρὸς ὑμᾶς, ἀδελφοί, ἦλθον οὐ καθ᾽ ὑπεροχὴν λόγου ἢ σοφίας

2 3 κἀγὼ (καὶ ἐγὼ ς) ἐν ἀσθενείᾳ . . . ἐγενόμην πρὸς ὑμᾶς

3 1 κἀγὼ (καὶ ἐγὼ ς), ἀδελφοί, οὐκ ἠδυνήθην λαλῆσαι ὑμῖν

7 8e καλὸν αὐτοῖς ἐὰν μείνωσιν ὡς κἀγώ

7 40 δοκῶ δὲ (γὰρ H) κἀγὼ πνεῦμα θεοῦ ἔχειν

10 33b ⟨ἀπρόσκοποι . . . γίνεσθε⟩ καθὼς κἀγὼ πάντα πᾶσιν ἀρέσκω

11 1b μιμηταί μου γίνεσθε, καθὼς κἀγὼ Χριστοῦ

15 8g ἔσχατον δὲ πάντων ὡσπερεὶ τῷ ἐκτρώματι ὤφθη κἀμοί

16 4h ἐὰν δὲ | ἄξιον ᾖ (~ Tς) τοῦ κἀμὲ πορεύεσθαι, σὺν ἐμοὶ πορεύσονται

16 10c τὸ γὰρ ἔργον κυρίου ἐργάζεται ὡς κἀγώ (ἐγὼ H; καὶ ἐγὼ ς)

2 C 2 10 ᾧ δέ τι χαρίζεσθε, κἀγώ (καὶ ἐγὼ ς)

6 17 κἀγὼ εἰσδέξομαι ὑμᾶς

11 16d κἂν ὡς ἄφρονα δέξασθέ με, ἵνα | κἀγὼ μικρόν τι (~ ς) καυχήσωμαι

11 18 ἐπεὶ πολλοὶ καυχῶνται κατὰ (+ τὴν [NVSH]MBς) σάρκα, κἀγὼ καυχήσομαι

11 21 ἐν ᾧ δ᾽ ἄν τις τολμᾷ, ἐν ἀφροσύνῃ λέγω, τολμῶ κἀγώ. ↔

11 22 Ἑβραῖοί εἰσιν; κἀγώ. ↔

11 22 Ἰσραηλῖταί εἰσιν; κἀγώ.

11 22 σπέρμα Ἀβραάμ εἰσιν; κἀγώ

12 20 φοβοῦμαι γὰρ μή πως ἐλθὼν οὐχ οἵους θέλω εὕρω ὑμᾶς, κἀγὼ εὑρεθῶ ὑμῖν οἷον οὐ θέλετε

G 4 12e γίνεσθε ὡς ἐγώ, ὅτι κἀγὼ ὡς ὑμεῖς, ἀδελφοί, δέομαι ὑμῶν

6 14 δι᾽ οὗ ἐμοὶ κόσμος ἐσταύρωται κἀγὼ (+ τῷ ς) κόσμῳ

E 1 15 διὰ τοῦτο κἀγώ, ἀκούσας τὴν καθ᾽ ὑμᾶς πίστιν ⟨οὐ παύομαι εὐχαριστῶν ὑπὲρ ὑμῶν⟩

Ph 2 19d ἵνα κἀγὼ εὐψυχῶ γνοὺς τὰ περὶ ὑμῶν

2 28 ἵνα ἰδόντες αὐτὸν πάλιν χαρῆτε κἀγὼ ἀλυπότερος ὦ

1 Th 3 5 διὰ τοῦτο κἀγὼ μηκέτι στέγων ἔπεμψα εἰς τὸ γνῶναι τὴν πίστιν ὑμῶν

Hb 8 9 ὅτι αὐτοὶ οὐκ ἐνέμειναν ἐν τῇ διαθήκῃ μου, κἀγὼ ἠμέλησα αὐτῶν

Jc 2 18 σὺ πίστιν ἔχεις, κἀγὼ ἔργα ἔχω· ↔

2 18 δεῖξόν μοι τὴν πίστιν σου . . . κἀγώ σοι δείξω ἐκ τῶν ἔργων μου τὴν πίστιν

Ap 2 6 μισεῖς τὰ ἔργα τῶν Νικολαϊτῶν, ἃ κἀγὼ μισῶ

2 28c ὡς κἀγὼ εἴληφα παρὰ τοῦ πατρός μου

3 10 ὅτι ἐτήρησας τὸν λόγον τῆς ὑπομονῆς μου, κἀγώ σε τηρήσω ἐκ τῆς ὥρας τοῦ πειρασμοῦ

Ap 3 21ᶜ ὡς κἀγὼ ἐνίκησα καὶ ἐκάθισα μετὰ τοῦ πατρός μου ἐν τῷ θρόνῳ αὐτοῦ

22 8 κἀγὼ (καὶ ἐγὼ ς) Ἰωάννης ὁ | ἀκούων καὶ βλέπων ταῦτα (~ BSTς)

καθά

Mt 27 10 ἔδωκαν αὐτὰ εἰς τὸν ἀγρὸν τοῦ κεραμέως, καθὰ συνέταξέν μοι κύριος

καθαίρεσις

2 C 10 4 τὰ γὰρ ὅπλα τῆς στρατείας (-ιᾶς VT) ἡμῶν οὐ σαρκικὰ ἀλλὰ δυνατὰ τῷ θεῷ πρὸς καθαίρεσιν ὀχυρωμάτων

10 8 περὶ τῆς ἐξουσίας ἡμῶν, ἧς ἔδωκεν ὁ κύριος (+ἡμῖν ς) εἰς οἰκοδομὴν καὶ οὐκ εἰς καθαίρεσιν ὑμῶν

13 10 κατὰ τὴν ἐξουσίαν ἣν ὁ κύριος ἔδωκέν μοι εἰς οἰκοδομὴν καὶ οὐκ εἰς καθαίρεσιν

καθαιρέω

→ αἱρέομαι

ᵃ κ. ἀπό

Mc 15 36 ἄφετε ἴδωμεν εἰ ἔρχεται Ἠλίας καθελεῖν αὐτόν

15 46 ἀγοράσας σινδόνα (+καὶ ς) καθελὼν αὐτὸν ἐνείλησεν τῇ σινδόνι

Lc 1 52ᵃ καθεῖλεν δυνάστας ἀπὸ θρόνων καὶ ὕψωσεν ταπεινούς

12 18 καθελῶ μου τὰς ἀποθήκας καὶ μείζονας οἰκοδομήσω

23 53 καθελὼν (+αὐτὸ Vς) ἐνετύλιξεν αὐτὸ σινδόνι

Ac 13 19 καθελὼν ἔθνη ἑπτὰ ἐν γῇ Χανάαν κατεκληρονόμησεν τὴν γῆν αὐτῶν

13 29ᵃ καθελόντες ἀπὸ τοῦ ξύλου ἔθηκαν εἰς μνημεῖον

19 27 ἀλλὰ καὶ τὸ τῆς μεγάλης θεᾶς | Ἀρτέμιδος ἱερὸν (~ T) ... μέλλειν τε καὶ καθαιρεῖσθαι | τῆς μεγαλειότητος (τὴν -ότητα ς) αὐτῆς

2 C 10 4 τὰ γὰρ ὅπλα τῆς στρατείας (-ιᾶς VT) ἡμῶν ... δυνατὰ τῷ θεῷ πρὸς καθαίρεσιν ὀχυρωμάτων, λογισμοὺς καθαιροῦντες

καθαίρω

δια- ἐκ-

Jo 15 2 πᾶν κλῆμα ... τὸ καρπὸν φέρον, καθαίρει αὐτὸ ἵνα καρπὸν πλείονα φέρῃ

Hb 10 2 * διὰ τὸ μηδεμίαν ἔχειν ἔτι συνείδησιν ἁμαρτιῶν τοὺς λατρεύοντας ἅπαξ κεκαθαρμένους (ς; -ρισμένους rl)

καθάπερ

ᵃ κ. καί

ᵇ κ. γάρ

Rm 3 4 * καθάπερ (NTH; καθὼς rl) γέγραπται

4 6ᵃ καθάπερ καὶ Δαυὶδ λέγει τὸν μακαρισμὸν τοῦ ἀνθρώπου

9 13 * καθάπερ (NH; καθὼς rl) γέγραπται

10 15 * καθάπερ (NH; καθὼς rl) γέγραπται

11 8 * καθάπερ (NTH; καθὼς rl) γέγραπται

12 4ᵇ καθάπερ γὰρ ἐν ἑνὶ σώματι πολλὰ μέλη ἔχομεν ⟨οὕτως οἱ πολλοὶ ἐν σῶμά ἐσμεν ἐν Χριστῷ⟩

1 C 10 10 μηδὲ γογγύζετε, καθάπερ (καθὼς καί ς) τινὲς αὐτῶν ἐγόγγυσαν

12 12ᵇ καθάπερ γὰρ τὸ σῶμα ἕν ἐστιν ... οὕτως καὶ ὁ Χριστός

2 C 1 14ᵃ ὅτι καύχημα ὑμῶν ἐσμεν καθάπερ καὶ ὑμεῖς ἡμῶν ἐν τῇ ἡμέρᾳ τοῦ κυρίου ἡμῶν ([N²⁶]; —ς) Ἰησοῦ

3 13 ⟨πολλῇ παρρησίᾳ χρώμεθα⟩ καὶ οὐ καθάπερ Μωϋσῆς ἐτίθει κάλυμμα ἐπὶ τὸ πρόσωπον αὐτοῦ (ἑ- Tς)

3 18 τὴν αὐτὴν εἰκόνα μεταμορφούμεθα ἀπὸ δόξης εἰς δόξαν, καθάπερ ἀπὸ κυρίου πνεύματος

8 11 τὸ ποιῆσαι ἐπιτελέσατε, ὅπως καθάπερ ἡ προθυμία τοῦ θέλειν, οὕτως καὶ τὸ ἐπιτελέσαι ἐκ τοῦ ἔχειν

1Th 2 11 ⟨ἀμέμπτως ὑμῖν ... ἐγενήθημεν⟩ καθάπερ οἴδατε ὡς ἕνα ἕκαστον ὑμῶν ὡς πατὴρ τέκνα ἑαυτοῦ ⟨παρακαλοῦντες ὑμᾶς⟩

3 6ᵃ ἐπιποθοῦντες ἡμᾶς ἰδεῖν καθάπερ καὶ ἡμεῖς ὑμᾶς

3 12ᵃ ὑμᾶς δὲ ὁ κύριος ... περισσεύσαι τῇ ἀγάπῃ εἰς ἀλλήλους καὶ εἰς πάντας, καθάπερ καὶ ἡμεῖς εἰς ὑμᾶς

4 5ᵃ ⟨τὸ ἑαυτοῦ σκεῦος κτᾶσθαι ἐν ἁγιασμῷ⟩ μὴ ἐν πάθει ἐπιθυμίας καθάπερ καὶ τὰ ἔθνη

Hb 4 2ᵃ καὶ γάρ ἐσμεν εὐηγγελισμένοι καθάπερ κἀκεῖνοι

5 4ᵃ * οὐχ ἑαυτῷ τις λαμβάνει τὴν τιμήν, ἀλλὰ καλούμενος ὑπὸ τοῦ θεοῦ, | καθάπερ καὶ ὁ (ς; καθώσπερ καὶ rl) Ἀαρών

καθάπτω

→ ἅπτω

Ac 28 3 ἔχιδνα ἀπὸ τῆς θέρμης ἐξελθοῦσα καθῆψεν τῆς χειρὸς αὐτοῦ

καθαρίζω

καθερίζω (VTH)

δια-

ᵃ κ. ἀπό

ᵇ καθαρίσθητι

Mt 8 2 κύριε, ἐὰν θέλῃς, δύνασαί με καθαρίσαι

8 3ᵇ θέλω, καθαρίσθητι. ↔

8 3 καὶ εὐθέως ἐκαθαρίσθη (-ερ- TH) αὐτοῦ ἡ λέπρα

10 8 ἀσθενοῦντας θεραπεύετε ... λεπροὺς καθαρίζετε

11 5 λεπροὶ καθαρίζονται καὶ κωφοὶ ἀκούουσιν

23 25 οὐαὶ ὑμῖν ... Φαρισαῖοι ὑποκριταί, ὅτι καθαρίζετε τὸ ἔξωθεν τοῦ ποτηρίου καὶ τῆς παροψίδος

23 26 Φαρισαῖε τυφλέ, καθάρισον πρῶτον τὸ ἐντὸς τοῦ ποτηρίου (+καὶ τῆς παροψίδος V[H]ς)

Mc 1 40 ἐὰν θέλῃς δύνασαί με καθαρίσαι

1 41ᵇ θέλω, καθαρίσθητι. ↔

1 42 καὶ (+ εἰπόντος αὐτοῦ VSς) εὐθὺς ἀπῆλθεν ἀπ' αὐτοῦ ἡ λέπρα, καὶ ἐκαθαρίσθη (-ερ- VTH)

7 19 ⟨πᾶν τὸ ἔξωθεν⟩ εἰσπορεύεται ... εἰς τὴν κοιλίαν, καὶ εἰς τὸν ἀφεδρῶνα ἐκπορεύεται, καθαρίζων (-ον ς) πάντα τὰ βρώματα

Lc 4 27 πολλοὶ λεπροὶ ... καὶ οὐδεὶς αὐτῶν ἐκαθαρίσθη εἰ μὴ Ναιμὰν ὁ Σύρος

5 12 κύριε, ἐὰν θέλῃς, δύνασαί με καθαρίσαι

5 13ᵇ θέλω, καθαρίσθητι

7 22 λεπροὶ καθαρίζονται, καὶ (—VBS Tς) κωφοὶ ἀκούουσιν

11 39 νῦν ὑμεῖς οἱ Φαρισαῖοι τὸ ἔξωθεν τοῦ ποτηρίου καὶ τοῦ πίνακος καθαρίζετε

Lc 17 14 ἐγένετο ἐν τῷ ὑπάγειν αὐτοὺς ἐκαθαρίσθησαν

17 17 οὐχὶ (οὐχ NMH) οἱ δέκα ἐκαθαρίσθησαν;

Ac 10 15 ἃ ὁ θεὸς ἐκαθάρισεν σὺ μὴ κοίνου

11 9 ἃ ὁ θεὸς ἐκαθάρισεν σὺ μὴ κοίνου

15 9 οὐθὲν διέκρινεν μεταξὺ ἡμῶν τε καὶ αὐτῶν, τῇ πίστει καθαρίσας τὰς καρδίας αὐτῶν

2 C 7 1ᵃ καθαρίσωμεν ἑαυτοὺς ἀπὸ παντὸς μολυσμοῦ σαρκὸς καὶ πνεύματος

E 5 26 ἵνα αὐτὴν ἁγιάσῃ καθαρίσας τῷ λουτρῷ τοῦ ὕδατος ἐν ῥήματι

Tt 2 14 ἵνα λυτρώσηται ἡμᾶς ἀπὸ πάσης ἀνομίας καὶ καθαρίσῃ ἑαυτῷ λαὸν περιούσιον

Hb 9 14ᵃ πόσῳ μᾶλλον τὸ αἷμα τοῦ Χριστοῦ ... καθαριεῖ τὴν συνείδησιν ἡμῶν (ὑμ. MVBSTς) ἀπὸ νεκρῶν ἔργων

9 22 σχεδὸν ἐν αἵματι πάντα καθαρίζεται κατὰ τὸν νόμον

9 23 ἀνάγκη οὖν τὰ μὲν ὑποδείγματα τῶν ἐν τοῖς οὐρανοῖς τούτοις καθαρίζεσθαι

10 2 διὰ τὸ μηδεμίαν ἔχειν ἔτι συνείδησιν ἁμαρτιῶν τοὺς λατρεύοντας ἅπαξ κεκαθαρισμένους (κεκαθαρμένους ς)

Jc 4 8 καθαρίσατε χεῖρας, ἁμαρτωλοί

1 Jo 1 7ᵃ τὸ αἷμα Ἰησοῦ τοῦ υἱοῦ αὐτοῦ καθαρίζει ἡμᾶς ἀπὸ πάσης ἁμαρτίας

1 9ᵃ ἵνα ἀφῇ ἡμῖν ... καὶ καθαρίσῃ ἡμᾶς ἀπὸ πάσης ἀδικίας

καθαρισμός

ᵃ κ. τῶν ἁμαρτιῶν

Mc 1 44 προσένεγκε περὶ τοῦ καθαρισμοῦ σου ἃ προσέταξεν Μωϋσῆς, εἰς μαρτύριον αὐτοῖς

Lc 2 22 ὅτε ἐπλήσθησαν αἱ ἡμέραι τοῦ καθαρισμοῦ αὐτῶν κατὰ τὸν νόμον Μωϋσέως

5 14 προσένεγκε περὶ τοῦ καθαρισμοῦ σου καθὼς προσέταξεν Μωϋσῆς, εἰς μαρτύριον αὐτοῖς

Jo 2 6 ἦσαν δὲ ἐκεῖ λίθιναι ὑδρίαι ἓξ κατὰ τὸν καθαρισμὸν τῶν Ἰουδαίων κείμεναι

3 25 ἐγένετο οὖν ζήτησις ἐκ τῶν μαθητῶν Ἰωάννου μετὰ Ἰουδαίου περὶ καθαρισμοῦ

Hb 1 3ᵃ (+δι' ἑαυτοῦ [S]ς) καθαρισμὸν τῶν ἁμαρτιῶν (+ἡμῶν [S]ς) ποιησάμενος ἐκάθισεν ἐν δεξιᾷ τῆς μεγαλωσύνης ἐν ὑψηλοῖς

2Pt 1 9ᵃ ᾧ γὰρ μὴ πάρεστιν ταῦτα, τυφλός ἐστιν μυωπάζων, λήθην λαβὼν τοῦ καθαρισμοῦ τῶν πάλαι αὐτοῦ ἁμαρτιῶν (-τημάτων BT)

καθαρός

ᵃ κ. et καρδία

ᵇ κ. et συνείδησις

ᶜ κ. ἀπό τινος

ᵈ κ. διά τι

Mt 5 8ᵃ μακάριοι οἱ καθαροὶ τῇ καρδίᾳ

23 26 ἵνα γένηται καὶ τὸ ἐκτὸς αὐτοῦ (αὐτῶν VSς) καθαρόν

27 59 λαβὼν τὸ σῶμα ὁ Ἰωσὴφ ἐνετύλιξεν αὐτὸ ἐν (+[N²⁶NH]B) σινδόνι καθαρᾷ

Lc 11 41 πλὴν τὰ ἐνόντα δότε ἐλεημοσύνην, καὶ ἰδοὺ πάντα (ἅπ. S) καθαρὰ ὑμῖν ἐστιν

Jo 13 10 ὁ λελουμένος | οὐκ ἔχει χρείαν (οὐ
χρ. ἔ. Vς) | εἰ μὴ τοὺς πόδας
([NH]; —T) νίψασθαι, ἀλλ'
ἔστιν καθαρὸς ὅλος· ↔
13 10 καὶ ὑμεῖς καθαροί ἐστε, ἀλλ' οὐχὶ
πάντες
13 11 οὐχὶ πάντες καθαροί ἐστε
15 3d ἤδη ὑμεῖς καθαροί ἐστε διὰ τὸν λό-
γον ὃν λελάληκα ὑμῖν
Ac 18 6 καθαρὸς ἐγὼ ἀπὸ τοῦ νῦν εἰς τὰ
ἔθνη πορεύσομαι
20 26c καθαρός εἰμι (ἐγὼ ς) ἀπὸ τοῦ αἵ-
ματος πάντων
Rm 14 20 πάντα μὲν καθαρά, ἀλλὰ κακὸν
τῷ ἀνθρώπῳ τῷ διὰ προσκόμ-
ματος ἐσθίοντι
1Tm 1 5a τὸ δὲ τέλος τῆς παραγγελίας
ἐστὶν ἀγάπη ἐκ καθαρᾶς καρδίας
3 9b ⟨διακόνους⟩ ἔχοντας τὸ μυστήριον
τῆς πίστεως ἐν καθαρᾷ συνειδήσει
2Tm 1 3b χάριν ἔχω τῷ θεῷ, ᾧ λατρεύω ἀπὸ
προγόνων ἐν καθαρᾷ συνειδήσει
2 22a δίωκε δὲ δικαιοσύνην ... εἰρήνην
μετὰ τῶν ἐπικαλουμένων τὸν κύ-
ριον ἐκ καθαρᾶς καρδίας
Tt 1 15 πάντα (+μὲν ς) καθαρά ↔
1 15 τοῖς καθαροῖς· ↔
1 15 τοῖς δὲ μεμιαμμένοις καὶ ἀπίστοις
οὐδὲν καθαρόν
Hb 10 22 προσερχώμεθα μετὰ ἀληθινῆς καρ-
δίας ... λελουσμένοι τὸ σῶμα
ὕδατι καθαρῷ
Jc 1 27 θρησκεία καθαρὰ καὶ ἀμίαντος πα-
ρὰ τῷ (—T) θεῷ ... αὕτη ἐστίν
1 Pt 1 22a ἐκ καθαρᾶς ([N26]; —NBTH) καρ-
δίας ἀλλήλους ἀγαπήσατε ἐκτενῶς
Ap 15 6 ἐξῆλθον οἱ ἑπτὰ ἄγγελοι...ἐνδεδυ-
μένοι λίνον (λίθον H) καθαρὸν
(+καὶ ς) λαμπρόν
19 8 ἐδόθη αὐτῇ ἵνα περιβάληται
βύσσινον | λαμπρὸν καθαρόν (κ.
καὶ λ. ς)
19 14 τὰ στρατεύματα ... ἠκολούθει
αὐτῷ ἐφ' ἵπποις λευκοῖς, ἐνδεδυ-
μένοι βύσσινον λευκὸν (+καὶ ς)
καθαρόν
21 18 ἡ πόλις χρυσίον καθαρόν ↔
21 18 ὅμοιον (ὁμοία ς) ὑάλῳ καθαρῷ
21 21 ἡ πλατεῖα τῆς πόλεως χρυσίον
καθαρὸν ὡς ὕαλος διαυγής
22 1 * ἔδειξέν μοι καθαρὸν (+ς) ποτα-
μὸν ὕδατος ζωῆς λαμπρὸν ὡς
κρύσταλλον

καθαρότης
Hb 9 13 εἰ γὰρ τὸ αἷμα τράγων...ἁγιάζει
πρὸς τὴν τῆς σαρκὸς καθαρότητα

καθέδρα
Mt 21 12 τὰς τραπέζας τῶν κολλυβιστῶν
κατέστρεψεν καὶ τὰς καθέδρας τῶν
πωλούντων τὰς περιστεράς
23 2 ἐπὶ τῆς Μωϋσέως καθέδρας ἐκάθι-
σαν οἱ γραμματεῖς καὶ οἱ Φαρισαῖοι
Mc 11 15 τὰς τραπέζας τῶν κολλυβιστῶν
καὶ τὰς καθέδρας τῶν πωλούντων
τὰς περιστερὰς κατέστρεψεν

καθέζομαι
παρα-
Mt 26 55 καθ' ἡμέραν (+πρὸς ὑμᾶς Vς) | ἐν
τῷ ἱερῷ ἐκαθεζόμην διδάσκων
(~Vς)
Lc 2 46 εὗρον αὐτὸν ἐν τῷ ἱερῷ καθεζό-
μενον ἐν μέσῳ τῶν διδασκάλων
Jo 4 6 ὁ οὖν Ἰησοῦς κεκοπιακὼς ἐκ τῆς
ὁδοιπορίας ἐκαθέζετο οὕτως ἐπὶ
τῇ πηγῇ

Jo 6 3 * ἀνῆλθεν δὲ εἰς τὸ ὄρος (+ὁ
MVBSς) Ἰησοῦς, καὶ ἐκεῖ ἐκαθέ-
ζετο (T; ἐκάθητο rl) μετὰ τῶν
μαθητῶν αὐτοῦ
11 20 Μαριὰμ δὲ ἐν τῷ οἴκῳ ἐκαθέζετο
20 12 θεωρεῖ δύο ἀγγέλους ἐν λευκοῖς
καθεζομένους
Ac 6 15 ἀτενίσαντες εἰς αὐτὸν πάντες (ἅπ.
ς) οἱ καθεζόμενοι ἐν τῷ συνεδρίῳ
20 9 καθεζόμενος (καθήμενος ς) δέ τις
νεανίας ὀνόματι Εὔτυχος ἐπὶ τῆς
θυρίδος

καθεῖς
Jo [8 9] * οἱ δὲ ἀκούσαντες ἐξήρχοντο εἷς
καθεῖς (ς; καθ' εἷς rl) ἀρξάμενοι
ἀπὸ τῶν πρεσβυτέρων
Rm 12 5 * οὕτως οἱ πολλοὶ ἓν σῶμά ἐσμεν
ἐν Χριστῷ, | ὁ δὲ καθεῖς (ς; τὸ δὲ
καθ' εἷς rl) ἀλλήλων μέλη

καθεξῆς
Lc 1 3 ἔδοξε κἀμοὶ παρηκολουθηκότι
ἄνωθεν πᾶσιν ἀκριβῶς καθεξῆς σοι
γράψαι
8 1 ἐγένετο ἐν τῷ καθεξῆς καὶ αὐτὸς δι-
ώδευεν κατὰ πόλιν καὶ κώμην
κηρύσσων
Ac 3 24 πάντες δὲ οἱ προφῆται ἀπὸ
Σαμουὴλ καὶ τῶν καθεξῆς ὅσοι
ἐλάλησαν
11 4 ἀρξάμενος δὲ Πέτρος ἐξετίθετο
αὐτοῖς καθεξῆς λέγων
18 23 διερχόμενος καθεξῆς τὴν Γαλατι-
κὴν χώραν καὶ Φρυγίαν

καθερίζω
→ καθαρίζω

καθεύδω
a ἐν τῷ καθεύδειν
b ὁ καθεύδων
c κ. et ἀποθνήσκω
d κ. et ἐγείρω, ἀνίστημι
Mt 8 24d αὐτὸς δὲ ἐκάθευδεν
9 24cd οὐ γὰρ ἀπέθανεν τὸ κοράσιον ἀλ-
λὰ καθεύδει
13 25a ἐν δὲ τῷ καθεύδειν τοὺς ἀνθρώπους
ἦλθεν αὐτοῦ ὁ ἐχθρός
25 5d χρονίζοντος δὲ τοῦ νυμφίου ἐνύ-
σταξαν πᾶσαι καὶ ἐκάθευδον
26 40 ἔρχεται πρὸς τοὺς μαθητὰς καὶ
εὑρίσκει αὐτοὺς καθεύδοντας
26 43 ἐλθὼν πάλιν εὗρεν (εὑρίσκει ς)
αὐτοὺς καθεύδοντας
26 45 καθεύδετε τὸ ([N26]; —NMH)
λοιπὸν καὶ ἀναπαύεσθε
Mc 4 27d ⟨ὡς ἄνθρωπος βάλῃ τὸν σπόρον⟩
καὶ καθεύδῃ καὶ ἐγείρηται νύκτα
καὶ ἡμέραν
4 38d καὶ | αὐτὸς ἦν (~VBSTς) ἐν τῇ
πρύμνῃ ἐπὶ τὸ προσκεφάλαιον
καθεύδων
5 39c τὸ παιδίον οὐκ ἀπέθανεν ἀλλὰ
καθεύδει
13 36 μὴ ἐλθὼν ἐξαίφνης εὕρῃ ὑμᾶς καθ-
εύδοντας
14 37 ἔρχεται καὶ εὑρίσκει αὐτοὺς καθεύ-
δοντας
14 37 Σίμων, καθεύδεις;
14 40 | πάλιν ἐλθὼν εὗρεν αὐτοὺς
(ὑποστρέψας εὖ. αὐ. π. VBSTς)
καθεύδοντας
14 41 καθεύδετε τὸ [SH] λοιπὸν καὶ ἀνα-
παύεσθε
Lc 8 52c | οὐ γὰρ (οὐκ NVTς) ἀπέθανεν
ἀλλὰ καθεύδει
22 46d τί καθεύδετε; ἀναστάντες προσ-
εύχεσθε

E 5 14bd ἔγειρε, ὁ καθεύδων, καὶ ἀνάστα ἐκ
τῶν νεκρῶν
1Th 5 6 ἄρα οὖν μὴ καθεύδωμεν ὡς οἱ
λοιποί, ἀλλὰ γρηγορῶμεν καὶ
νήφωμεν. ↔
5 7b οἱ γὰρ καθεύδοντες ↔
5 7 νυκτὸς καθεύδουσιν, καὶ οἱ μεθυ-
σκόμενοι νυκτὸς μεθύουσιν
5 10 ἵνα εἴτε γρηγορῶμεν εἴτε καθεύδω-
μεν ἅμα σὺν αὐτῷ ζήσωμεν

καθηγητής
Mt 23 8 * εἷς γάρ ἐστιν ὑμῶν ὁ | καθηγη-
τὴς ὁ Χριστός (ς; διδάσκαλος rl)
23 10 μηδὲ κληθῆτε καθηγηταί, ↔
23 10 | ὅτι καθηγητὴς ὑμῶν ἐστιν εἷς
(εἷς γὰρ ὑ. ἐ. ὁ κ. ς) ὁ Χριστός

καθήκω
→ ἥκω
Ac 22 22 αἶρε ἀπὸ τῆς γῆς τὸν τοιοῦτον· οὐ
γὰρ καθῆκεν (-ον ς) αὐτὸν ζῆν
Rm 1 28 παρέδωκεν αὐτοὺς ὁ θεὸς εἰς ἀδό-
κιμον νοῦν, ποιεῖν τὰ μὴ καθήκοντα

κάθημαι
συγ-
a κ. ἀπέναντί, κατέναντί τινος
b κ. εἴς τι
c κ. ἐκ δεξιῶν
d κ. ἐν δεξιᾷ, τοῖς δεξιοῖς
e κ. ἔν τινι
f κ. ἐνώπιόν τινος
g κ. ἐπάνω τινός
h κ. ἐπί τινος
j κ. ἐπί τινι
k κ. ἐπί τι
l κ. μέσος, ἐν μέσῳ, μετά τινος
m κ. παρά τι
n κ. περί τινα
p κ. πρός τι
q κ. ὑπό τι
r κ. κύκλῳ
Mt 4 16e ὁ λαὸς ὁ καθήμενος ἐν σκότει
(σκοτίᾳ NH) φῶς εἶδεν μέγα, ↔
4 16e καὶ τοῖς καθημένοις ἐν χώρᾳ καὶ
σκιᾷ θανάτου, φῶς ἀνέτειλεν αὐ-
τοῖς
9 9k παράγων ὁ Ἰησοῦς ἐκεῖθεν εἶδεν
ἄνθρωπον καθήμενον ἐπὶ τὸ τελώ-
νιον
11 16e ὁμοία ἐστὶν παιδίοις (-αρίοις ς)
καθημένοις ἐν ταῖς (—ς) ἀγοραῖς
13 1m ἐξελθὼν ὁ Ἰησοῦς (+ἀπὸ [M]Vς;
+ἐκ T) τῆς οἰκίας ἐκάθητο παρὰ
τὴν θάλασσαν· ↔
13 2 καὶ συνήχθησαν πρὸς αὐτὸν ὄχλοι
πολλοί, ὥστε αὐτὸν εἰς (+τὸ
[V]ς) πλοῖον ἐμβάντα καθῆσθαι
15 29 ἀναβὰς εἰς τὸ ὄρος ἐκάθητο ἐκεῖ
19 28k ἐν τῇ παλιγγενεσίᾳ ... καθήσεσθε
(καθίσεσθε STς) καὶ ὑμεῖς (αὐτοὶ
NMVST) ἐπὶ δώδεκα θρόνους
20 30m ἰδοὺ δύο τυφλοὶ καθήμενοι παρὰ
τὴν ὁδὸν ... ἔκραξαν λέγοντες
22 44c κάθου ἐκ δεξιῶν μου ἕως ἂν θῶ
τοὺς ἐχθρούς σου ὑποκάτω τῶν
ποδῶν σου
23 22g ὁ ὀμόσας ἐν τῷ οὐρανῷ ὀμνύει ἐν
τῷ θρόνῳ τοῦ θεοῦ καὶ ἐν τῷ
καθημένῳ ἐπάνω αὐτοῦ
24 3h καθημένου δὲ αὐτοῦ ἐπὶ τοῦ ὄρους
τῶν ἐλαιῶν
26 58l εἰσελθὼν ἔσω ἐκάθητο μετὰ τῶν
ὑπηρετῶν ἰδεῖν τὸ τέλος
26 64c ἀπ' ἄρτι ὄψεσθε τὸν υἱὸν τοῦ
ἀνθρώπου καθήμενον ἐκ δεξιῶν
τῆς δυνάμεως

Mt 26 69 e ὁ δὲ Πέτρος ἐκάθητο ἔξω ἐν τῇ αὐλῇ

27 19 h καθημένου δὲ αὐτοῦ ἐπὶ τοῦ βήματος ἀπέστειλεν πρὸς αὐτὸν ἡ γυνὴ αὐτοῦ λέγουσα

27 36 ⟨σταυρώσαντες δὲ αὐτὸν⟩ καθήμενοι ἐτήρουν αὐτὸν ἐκεῖ

27 61 a ἦν δὲ ἐκεῖ Μαριὰμ ἡ Μαγδαληνὴ καὶ ἡ ἄλλη Μαρία, καθήμεναι ἀπέναντι τοῦ τάφου

28 2 g ἄγγελος γὰρ κυρίου ... ἀπεκύλισεν τὸν λίθον καὶ ἐκάθητο ἐπάνω αὐτοῦ

Mc 2 6 ἦσαν δέ τινες τῶν γραμματέων ἐκεῖ καθήμενοι

2 14 k εἶδεν Λευὶν τὸν τοῦ Ἀλφαίου καθήμενον ἐπὶ τὸ τελώνιον

3 32 e ἐκάθητο περὶ αὐτὸν ὄχλος

3 34 nr περιβλεψάμενος | τοὺς περὶ αὐτὸν κύκλῳ (~ς) καθημένους λέγει

4 1 e συνάγεται πρὸς αὐτὸν ὄχλος πλεῖστος, ὥστε αὐτὸν εἰς (+τὸ [V]ς) πλοῖον ἐμβάντα καθῆσθαι ἐν τῇ θαλάσσῃ

5 15 θεωροῦσιν τὸν δαιμονιζόμενον καθήμενον (+καὶ ς) ἱματισμένον καὶ σωφρονοῦντα

10 46 m Βαρτιμαῖος, (+ὁ Sς) τυφλὸς | προσαίτης, ἐκάθητο παρὰ τὴν ὁδόν (ἐ. π. τ. ὁ. προσαιτῶν ς)

12 36 c κάθου ἐκ δεξιῶν μου ἕως ἂν θῶ τοὺς ἐχθρούς σου ὑποκάτω (ὑποπόδιον MVSTς) τῶν ποδῶν σου

13 3 ab καθημένου αὐτοῦ εἰς τὸ ὄρος τῶν ἐλαιῶν κατέναντι τοῦ ἱεροῦ

14 62 c ὄψεσθε τὸν υἱὸν τοῦ ἀνθρώπου ἐκ δεξιῶν καθήμενον τῆς δυνάμεως

16 5 d εἶδον νεανίσκον καθήμενον ἐν τοῖς δεξιοῖς περιβεβλημένον στολὴν λευκήν

Lc 1 79 e ἐπιφᾶναι τοῖς ἐν σκότει καὶ σκιᾷ θανάτου καθημένοις

5 17 ἦσαν καθήμενοι Φαρισαῖοι καὶ νομοδιδάσκαλοι

5 27 k ἐθεάσατο τελώνην ὀνόματι Λευὶν καθήμενον ἐπὶ τὸ τελώνιον

7 32 e ὅμοιοί εἰσιν παιδίοις τοῖς ἐν ἀγορᾷ καθημένοις

8 35 m εὗρον καθήμενον τὸν ἄνθρωπον ... ἱματισμένον καὶ σωφρονοῦντα παρὰ τοὺς πόδας τοῦ [H] Ἰησοῦ

10 13 e πάλαι ἂν ἐν σάκκῳ καὶ σποδῷ καθήμενοι (-μεναι ς) μετενόησαν

18 35 m τυφλός τις ἐκάθητο παρὰ τὴν ὁδὸν ἐπαιτῶν (προσ- Vς)

20 42 c κάθου ἐκ δεξιῶν μου ἕως ἂν θῶ τοὺς ἐχθρούς σου ὑποπόδιον τῶν ποδῶν σου

21 35 k ⟨ἡ ἡμέρα ἐκείνη⟩ | ὡς παγίς· ἐπεισελεύσεται γὰρ (ὡς π. γ. ἐπελ. Vς) ἐπὶ πάντας τοὺς καθημένους ἐπὶ πρόσωπον πάσης τῆς γῆς

22 30 h ἵνα ... καθήσεσθε (καθῆσθε H; καθίσησθε ς) ἐπὶ θρόνων

22 55 l συγκαθισάντων ἐκάθητο ὁ Πέτρος μέσος (ἐν μέσῳ ς) αὐτῶν. ↔

22 56 p ἰδοῦσα δὲ αὐτὸν παιδίσκη τις καθήμενον πρὸς τὸ φῶς

22 69 c ἀπὸ τοῦ νῦν δὲ ἔσται ὁ υἱὸς τοῦ ἀνθρώπου καθήμενος ἐκ δεξιῶν τῆς δυνάμεως τοῦ θεοῦ

Jo 2 14 εὗρεν ἐν τῷ ἱερῷ τοὺς πωλοῦντας βόας ... καὶ τοὺς κερματιστὰς καθημένους

Jo 6 3 l ἀνῆλθεν δὲ εἰς τὸ ὄρος (+ὁ MVBSς) Ἰησοῦς, καὶ ἐκεῖ ἐκάθητο (-θέζετο T) μετὰ τῶν μαθητῶν αὐτοῦ

9 8 οὐχ οὗτός ἐστιν ὁ καθήμενος καὶ προσαιτῶν;

12 15 k ἰδοὺ ὁ βασιλεύς σου ἔρχεται, καθήμενος ἐπὶ πῶλον ὄνου

Ac 2 2 ἦχος ... ἐπλήρωσεν ὅλον τὸν οἶκον οὗ ἦσαν καθήμενοι

2 34 c κάθου ἐκ δεξιῶν μου ⟨ἕως ἂν θῶ τοὺς ἐχθρούς σου ὑποπόδιον τῶν ποδῶν σου⟩

3 10 jp αὐτὸς (N26ST; οὗτος rl) ἦν ὁ πρὸς τὴν ἐλεημοσύνην καθήμενος ἐπὶ τῇ ὡραίᾳ πύλῃ τοῦ ἱεροῦ

8 28 h ἦν τε (δὲ NMH) ὑποστρέφων καὶ καθήμενος ἐπὶ τοῦ ἄρματος αὐτοῦ

14 8 καί τις ἀνὴρ | ἀδύνατος ἐν Λύστροις (~VSTς) τοῖς ποσὶν ἐκάθητο

20 9 h * καθήμενος (ς; καθεζόμενος rl) δέ τις νεανίας ὀνόματι Εὔτυχος ἐπὶ τῆς θυρίδος

23 3 καὶ σὺ κάθη κρίνων με κατὰ τὸν νόμον ⟨;⟩

1 C 14 30 ἐὰν δὲ ἄλλῳ ἀποκαλυφθῇ καθημένῳ, ὁ πρῶτος σιγάτω

Cl 3 1 d οὗ ὁ Χριστός ἐστιν ἐν δεξιᾷ τοῦ θεοῦ καθήμενος

Hb 1 13 c κάθου ἐκ δεξιῶν μου ἕως ἂν θῶ τοὺς ἐχθρούς σου ὑποπόδιον τῶν ποδῶν σου

Jc 2 3 σὺ κάθου ὧδε καλῶς

2 3 q σὺ στῆθι | ἐκεῖ ἢ κάθου (~H) (+ὧδε ς) ὑπὸ τὸ ὑποπόδιόν μου

Ap 4 2 hk ἰδοὺ θρόνος ἔκειτο ἐν τῷ οὐρανῷ, καὶ ἐπὶ | τὸν θρόνον (τοῦ -ου ς) καθήμενος, ↔

4 3 καὶ ὁ καθήμενος (+ἦν ς) ὅμοιος ὁράσει λίθῳ ἰάσπιδι

4 4 k ἐπὶ τοὺς θρόνους εἴκοσι τέσσαρας πρεσβυτέρους καθημένους περιβεβλημένους ἐν (—H) ἱματίοις λευκοῖς

4 9 hj ὅταν δώσουσιν τὰ ζῷα δόξαν ... τῷ καθημένῳ ἐπὶ | τῷ θρόνῳ (τοῦ θρόνου VBSHς) τῷ ζῶντι εἰς τοὺς αἰῶνας τῶν αἰώνων, ↔

4 10 h πεσοῦνται οἱ εἴκοσι τέσσαρες πρεσβύτεροι ἐνώπιον τοῦ καθημένου ἐπὶ τοῦ θρόνου

5 1 h εἶδον ἐπὶ τὴν δεξιὰν τοῦ καθημένου ἐπὶ τοῦ θρόνου βιβλίον

5 7 h ἦλθεν καὶ εἴληφεν ἐκ τῆς δεξιᾶς τοῦ καθημένου ἐπὶ τοῦ θρόνου

5 13 hj τῷ καθημένῳ ἐπὶ | τῷ θρόνῳ (τοῦ θρόνου BHς) καὶ τῷ ἀρνίῳ ἡ εὐλογία ... εἰς τοὺς αἰῶνας τῶν αἰώνων

6 2 jk ἰδοὺ ἵππος λευκός, καὶ ὁ καθήμενος ἐπ' αὐτὸν (αὐτῷ ς) ἔχων τόξον

6 4 jk τῷ καθημένῳ ἐπ' αὐτὸν (αὐτῷ ς) ἐδόθη αὐτῷ [H] λαβεῖν τὴν εἰρήνην ἐκ ([H]; ἀπὸ ς) τῆς γῆς

6 5 jk ἰδοὺ ἵππος μέλας, καὶ ὁ καθήμενος ἐπ' αὐτὸν (αὐτῷ ς) ἔχων ζυγὸν ἐν τῇ χειρὶ αὐτοῦ

6 8 g ἰδοὺ ἵππος χλωρός, καὶ ὁ καθήμενος ἐπάνω αὐτοῦ [H], ὄνομα αὐτῷ ὁ (+[N26NVH]MSς) θάνατος

6 16 hj κρύψατε ἡμᾶς ἀπὸ προσώπου τοῦ καθημένου ἐπὶ | τοῦ θρόνου (τῷ θρόνῳ T)

Ap 7 10 hj ἡ σωτηρία τῷ θεῷ ἡμῶν τῷ καθημένῳ ἐπὶ | τῷ θρόνῳ (τοῦ θρόνου ς)

7 15 hj ὁ καθήμενος ἐπὶ | τοῦ θρόνου (τῷ θρόνῳ T) σκηνώσει ἐπ' αὐτούς

9 17 h οὕτως εἶδον τοὺς ἵππους ἐν τῇ ὁράσει καὶ τοὺς καθημένους ἐπ' αὐτῶν

11 16 fk οἱ ... πρεσβύτεροι, οἱ ([N26H]; — B) ἐνώπιον τοῦ θεοῦ καθήμενοι (κάθηνται B; οἳ κάθηνται ST) ἐπὶ τοὺς θρόνους αὐτῶν

14 6 h εἶδον ἄλλον ἄγγελον ... ἔχοντα εὐαγγέλιον αἰώνιον εὐαγγελίσαι ἐπὶ (—ς) τοὺς καθημένους (κατοικοῦντας ς) ἐπὶ τῆς γῆς

14 14 k ἰδοὺ νεφέλη λευκή, καὶ ἐπὶ τὴν νεφέλην | καθήμενον ὅμοιον υἱὸν (καθήμενος ὅμοιος υἱῷ ς) ἀνθρώπου

14 15 h ἄλλος ἄγγελος ἐξῆλθεν ... κράζων ἐν φωνῇ μεγάλῃ τῷ καθημένῳ ἐπὶ τῆς νεφέλης

14 16 hk ἔβαλεν ὁ καθήμενος ἐπὶ | τῆς νεφέλης (τὴν -λην ς) τὸ δρέπανον αὐτοῦ ἐπὶ τὴν γῆν

17 1 h δείξω σοι τὸ κρίμα τῆς πόρνης τῆς μεγάλης τῆς καθημένης ἐπὶ (+τῶν Tς) ὑδάτων (+τῶν Tς) πολλῶν

17 3 k εἶδον γυναῖκα καθημένην ἐπὶ θηρίον κόκκινον

17 9 h αἱ ἑπτὰ κεφαλαὶ ἑπτὰ ὄρη εἰσίν, ὅπου ἡ γυνὴ κάθηται ἐπ' αὐτῶν

17 15 τὰ ὕδατα ἃ εἶδες, οὗ ἡ πόρνη κάθηται, λαοὶ καὶ ὄχλοι εἰσίν

18 7 κάθημαι βασίλισσα καὶ χήρα οὐκ εἰμί

19 4 hj οἱ πρεσβύτεροι ... προσεκύνησαν τῷ θεῷ τῷ καθημένῳ ἐπὶ | τῷ θρόνῳ (τοῦ θρόνου ς)

19 11 k ἰδοὺ ἵππος λευκός, καὶ ὁ καθήμενος ἐπ' αὐτὸν || καλούμενος ([N26H]; —S) πιστὸς ((~NH) καὶ ἀληθινός

19 18 hk ἵνα φάγητε ... σάρκας ἵππων καὶ τῶν καθημένων ἐπ' αὐτῶν (αὐτούς H)

19 19 h εἶδον ... τὰ στρατεύματα αὐτῶν συνηγμένα ποιῆσαι τὸν ([S]; —ς) πόλεμον μετὰ τοῦ καθημένου ἐπὶ τοῦ ἵππου

19 21 h οἱ λοιποὶ ἀπεκτάνθησαν ἐν τῇ ρομφαίᾳ τοῦ καθημένου ἐπὶ τοῦ ἵππου

20 11 hk εἶδον θρόνον μέγαν λευκὸν καὶ τὸν καθήμενον ἐπ' αὐτόν (αὐτοῦ MBHς)

21 5 hj εἶπεν ὁ καθήμενος ἐπὶ | τῷ θρόνῳ (τοῦ θρόνου ς)

καθημερινός

Ac 6 1 ὅτι παρεθεωροῦντο ἐν τῇ διακονίᾳ τῇ καθημερινῇ αἱ χῆραι αὐτῶν

καθίζω

ἀνα-   παρα-
ἐπι-   συγ-
a trans.
b κ. εἴς τι
c κ. ἐκ δεξιῶν
d κ. ἐν δεξιᾷ
e κ. ἔν τινι
f κ. ἐπί τινος
g κ. ἐπί τινι
h κ. ἐπί τι(να)
j κ. κατέναντί τινος
k κ. σύν τινι

Mt 5 1 καθίσαντος αὐτοῦ προσῆλθαν
αὐτῷ [H] οἱ μαθηταὶ αὐτοῦ
13 48 ἦν ... ἀναβιβάσαντες ἐπὶ τὸν αἰ-
γιαλὸν καὶ καθίσαντες συνέλεξαν
τὰ καλὰ εἰς ἄγγη
19 28ᶠ ὅταν καθίσῃ ὁ υἱὸς τοῦ ἀνθρώπου
ἐπὶ θρόνου δόξης αὐτοῦ, ↔
19 28ʰ * καθίσεσθε (STϛ; καθίσεσθε rl)
καὶ ὑμεῖς (αὐτοὶ NMVST) ἐπὶ
δώδεκα θρόνους
20 21ᶜᵉ εἰπὲ ἵνα καθίσωσιν οὗτοι οἱ δύο
υἱοί μου εἷς ἐκ δεξιῶν σου (—NMT
H) καὶ εἷς ἐξ εὐωνύμων σου (—ϛ) ἐν
τῇ βασιλείᾳ σου
20 23ᶜ τὸ δὲ καθίσαι ἐκ δεξιῶν μου καὶ
(ἢ MS) ἐξ εὐωνύμων οὐκ ἔστιν
ἐμὸν τοῦτο ([N²⁶]; —Hϛ) δοῦναι
23 2ᶠ ἐπὶ τῆς Μωϋσέως καθέδρας ἐκάθι-
σαν οἱ γραμματεῖς καὶ οἱ Φαρι-
σαῖοι
25 31ᶠ ὁ υἱὸς τοῦ ἀνθρώπου ... καθίσει
ἐπὶ θρόνου δόξης αὐτοῦ
26 36 καθίσατε αὐτοῦ ἕως οὗ [N²⁶H]
ἀπελθὼν ἐκεῖ προσεύξωμαι
Mc 9 35 καθίσας ἐφώνησεν τοὺς δώδεκα
10 37ᶜᵉ δὸς ἡμῖν ἵνα εἷς σου ἐκ δεξιῶν καὶ
εἷς (+σου VSTϛ) ἐξ ἀριστερῶν
καθίσωμεν ἐν τῇ δόξῃ σου
10 40ᶜ τὸ δὲ καθίσαι ἐκ δεξιῶν μου ἢ ἐξ
εὐωνύμων (+μου ϛ) οὐκ ἔστιν
ἐμὸν δοῦναι
11 2ʰ πῶλον δεδεμένον ἐφ' ὃν οὐδεὶς
| οὔπω ἀνθρώπων (~T; ἀνθρώ-
πων ϛ) ἐκάθισεν (κεκάθικεν BSTϛ)
11 7ᵍʰ φέρουσιν τὸν πῶλον πρὸς τὸν
Ἰησοῦν ... καὶ ἐκάθισεν ἐπ'
αὐτόν (αὐτῷ ϛ)
12 41ʲ καθίσας (+ὁ Ἰησοῦς ϛ) κατέναντι
τοῦ γαζοφυλακίου
14 32 καθίσατε ὧδε ἕως προσεύξωμαι
[16 19]ᶜ ὁ μὲν οὖν κύριος ... ἐκάθισεν ἐκ
δεξιῶν τοῦ θεοῦ
Lc 4 20 πτύξας τὸ βιβλίον ἀποδοὺς τῷ
ὑπηρέτῃ ἐκάθισεν
5 3ᵉ καθίσας δὲ | ἐκ τοῦ πλοίου ἐδίδα-
σκεν (~VBϛ; ἐν τῷ πλοίῳ ἐδ. T)
τοὺς ὄχλους
14 28 τίς γὰρ ἐξ ὑμῶν ... οὐχὶ πρῶτον
καθίσας ψηφίζει τὴν δαπάνην ⟨;⟩
14 31 τίς βασιλεύς ... οὐχὶ καθίσας πρῶ-
τον βουλεύσεται (-λεύεται Vϛ) ⟨;⟩
16 6 δέξαι σου | τὰ γράμματα (τὸ
γράμμα Vϛ) καὶ καθίσας ταχέως
γράψον πεντήκοντα
19 30ʰ πῶλον δεδεμένον, ἐφ' ὃν οὐδεὶς
πώποτε ἀνθρώπων ἐκάθισεν
22 30ᵈ * ἵνα ... καθίσησθε (ϛ; καθῆσθε
H; καθήσεσθε rl) ἐπὶ θρόνων
24 49ᵉ ὑμεῖς δὲ καθίσατε ἐν τῇ πόλει (+
Ἰερουσαλήμ Vϛ)
Jo [8 2] | καὶ καθίσας ἐδίδασκεν αὐτούς [..H]
12 14ʰ εὑρὼν δὲ ὁ Ἰησοῦς ὀνάριον ἐκά-
θισεν ἐπ' αὐτό
19 13ᶠᵍ ὁ οὖν Πιλᾶτος ... ἐκάθισεν ἐπὶ
(+τοῦ ϛ) βήματος εἰς τόπον λε-
γόμενον Λιθόστρωτον
Ac 2 3ʰ ὤφθησαν αὐτοῖς διαμεριζόμεναι
γλῶσσαι ὡσεὶ πυρός, | καὶ ἐκάθι-
σεν (ἐκάθισέν τε VSϛ) ἐφ' ἕνα
ἕκαστον αὐτῶν
2 30ᵃᶠʰ ὅρκῳ ὤμοσεν αὐτῷ ὁ θεὸς ἐκ
καρποῦ τῆς ὀσφύος αὐτοῦ (+τὸ
κατὰ σάρκα ἀναστήσειν τὸν Χρι-
στὸν ([VS]ϛ) καθίσαι ἐπὶ | τὸν
θρόνον (τοῦ θρόνου ϛ) αὐτοῦ

Ac 8 31ᵏ παρεκάλεσέν τε τὸν Φίλιππον ἀνα-
βάντα καθίσαι σὺν αὐτῷ
12 21ᶠ ὁ [H] Ἡρῴδης ... καθίσας ἐπὶ
τοῦ βήματος ἐδημηγόρει πρὸς
αὐτούς
13 14 εἰσελθόντες (Sϛ; [εἰσ]- N²⁶; ἐλθ. rl)
εἰς τὴν συναγωγὴν τῇ ἡμέρᾳ τῶν
σαββάτων ἐκάθισαν
16 13 καθίσαντες ἐλαλοῦμεν ταῖς συνελ-
θούσαις γυναιξίν
18 11 ἐκάθισεν δὲ (τε ϛ) ἐνιαυτὸν καὶ μῆ-
νας ἓξ διδάσκων ἐν αὐτοῖς τὸν λό-
γον τοῦ θεοῦ
25 6ᶠ τῇ ἐπαύριον καθίσας ἐπὶ τοῦ βή-
ματος ἐκέλευσεν τὸν Παῦλον ἀχθῆ-
ναι
25 17ᶠ τῇ ἑξῆς καθίσας ἐπὶ τοῦ βήματος
ἐκέλευσα ἀχθῆναι τὸν ἄνδρα
1 C 6 4ᵃ τοὺς ἐξουθενημένους ἐν τῇ ἐκκλη-
σίᾳ, τούτους καθίζετε;
10 7 ἐκάθισεν ὁ λαὸς φαγεῖν καὶ πεῖν
E 1 20ᵃᵈᵉ καθίσας (ἐκάθισεν ϛ) (+αὐτὸν
ST) ἐν δεξιᾷ αὐτοῦ ἐν τοῖς ἐπου-
ρανίοις
2 Th 2 4ᵇ ὥστε αὐτὸν εἰς τὸν ναὸν τοῦ θεοῦ
(+ὡς θεὸν ϛ) καθίσαι
Hb 1 3ᵈᵉ (+δι' ἑαυτοῦ [S]ϛ) καθαρισμὸν
τῶν ἁμαρτιῶν (+ἡμῶν [S]ϛ)
ποιησάμενος ἐκάθισεν ἐν δεξιᾷ τῆς
μεγαλωσύνης ἐν ὑψηλοῖς
8 1ᵈᵉ τοιοῦτον ἔχομεν ἀρχιερέα, ὃς
ἐκάθισεν ἐν δεξιᾷ τοῦ θρόνου τῆς
μεγαλωσύνης ἐν τοῖς οὐρανοῖς
10 12ᵈ οὗτος δὲ ... εἰς τὸ διηνεκὲς ἐκάθι-
σεν ἐν δεξιᾷ τοῦ θεοῦ
12 2ᵈ ἐν δεξιᾷ τε τοῦ θρόνου τοῦ θεοῦ
κεκάθικεν (ἐκάθισεν ϛ)
Ap 3 21ᵉ ὁ νικῶν, δώσω αὐτῷ καθίσαι μετ'
ἐμοῦ ἐν τῷ θρόνῳ μου, ↔
3 21ᵉ ὡς κἀγὼ ἐνίκησα καὶ ἐκάθισα μετὰ
τοῦ πατρός μου ἐν τῷ θρόνῳ αὐ-
τοῦ
20 4ʰ εἶδον θρόνους, καὶ ἐκάθισαν ἐπ'
αὐτούς

καθίημι
→ ἀνίημι
Lc 5 19 ἀναβάντες ἐπὶ τὸ δῶμα διὰ τῶν
κεράμων καθῆκαν αὐτὸν σὺν τῷ
κλινιδίῳ εἰς τὸ μέσον
Ac 9 25 λαβόντες δὲ | οἱ μαθηταὶ αὐτοῦ
(αὐτὸν οἱ μ. Vϛ) νυκτὸς διὰ τοῦ
τείχους καθῆκαν αὐτόν (—Vϛ)
10 11 θεωρεῖ ... καταβαῖνον σκεῦός τι
... τέσσαρσιν ἀρχαῖς (+δεδεμέ-
νον καὶ [V]ϛ) καθιέμενον ἐπὶ τῆς
γῆς
11 5 εἶδον ... καταβαῖνον σκεῦός τι ὡς
ὀθόνην μεγάλην τέσσαρσιν ἀρχαῖς
καθιεμένην ἐκ τοῦ οὐρανοῦ

καθίστημι, καθιστάνω
→ ἵστημι, ἱστάνω
ᵃ καθιστάνω
ᵇ κ. ἐπί τινος
ᶜ κ. ἐπί τινι
ᵈ κ. ἐπί τι(να)
Mt 24 45ᵇ τίς ἄρα ἐστὶν ὁ πιστὸς δοῦλος ...
ὃν κατέστησεν ὁ κύριος (+ αὐτοῦ
Vϛ) ἐπὶ τῆς οἰκετείας αὐτοῦ ⟨;⟩
24 47ᶜ ἐπὶ πᾶσιν τοῖς ὑπάρχουσιν αὐτοῦ
καταστήσει αὐτόν
25 21ᵇ ἐπὶ ὀλίγα ἦς πιστός, ἐπὶ πολλῶν
σε καταστήσω
25 23ᵇ ἐπὶ ὀλίγα ἦς πιστός, ἐπὶ πολλῶν
σε καταστήσω

Lc 12 14ᵈ τίς με κατέστησεν κριτὴν (δικα-
στὴν ϛ) ἢ μεριστὴν ἐφ' ὑμᾶς;
12 42ᵇ τίς ἄρα ἐστὶν ὁ πιστὸς οἰκονόμος
... ὃν καταστήσει ὁ κύριος ἐπὶ
τῆς θεραπείας αὐτοῦ ⟨;⟩
12 44ᶜ ἐπὶ πᾶσιν τοῖς ὑπάρχουσιν αὐτοῦ
καταστήσει αὐτόν
Ac 6 3ᵇ ἐπισκέψασθε ... ἄνδρας ... οὓς
καταστήσομεν ἐπὶ τῆς χρείας ταύ-
της
7 10ᵈ κατέστησεν αὐτὸν ἡγούμενον ἐπ'
Αἴγυπτον καὶ ἐφ' (+[N²⁶]BST)
ὅλον τὸν οἶκον αὐτοῦ
7 27ᵇᵈ τίς σε κατέστησεν ἄρχοντα καὶ
δικαστὴν ἐφ' ἡμῶν (ἡμᾶς ϛ)
7 35 τίς σε κατέστησεν ἄρχοντα καὶ
δικαστήν;
17 15ᵃ οἱ δὲ καθιστάνοντες (-στῶντες Sϛ)
τὸν Παῦλον ἤγαγον ἕως Ἀθηνῶν
Rm 5 19 ὥσπερ γὰρ διὰ τῆς παρακοῆς τοῦ
ἑνὸς ἀνθρώπου ἁμαρτωλοὶ κατ-
εστάθησαν οἱ πολλοί, ↔
5 19 οὕτως καὶ διὰ τῆς ὑπακοῆς τοῦ
ἑνὸς δίκαιοι κατασταθήσονται οἱ
πολλοί
Tt 1 5 ἵνα τὰ λείποντα ἐπιδιορθώσῃ, καὶ
καταστήσῃς κατὰ πόλιν πρεσβυ-
τέρους
Hb 2 7ᵈ * δόξῃ καὶ τιμῇ ἐστεφάνωσας αὐ-
τόν, | καὶ κατέστησας αὐτὸν ἐπὶ
τὰ ἔργα τῶν χειρῶν σου (+S
[H]ϛ)
5 1 πᾶς γὰρ ἀρχιερεὺς ἐξ ἀνθρώπων
λαμβανόμενος ὑπὲρ ἀνθρώπων καθ-
ίσταται τὰ πρὸς τὸν θεόν
7 28 ὁ νόμος γὰρ ἀνθρώπους καθίστη-
σιν ἀρχιερεῖς ἔχοντας ἀσθένειαν
8 3 πᾶς γὰρ ἀρχιερεὺς εἰς τὸ προσφέ-
ρειν δῶρά τε καὶ θυσίας καθίσταται
Jc 3 6 (+οὕτως ϛ) ἡ γλῶσσα καθίσταται
ἐν τοῖς μέλεσιν ἡμῶν
4 4 ὃς ἐὰν οὖν βουληθῇ φίλος εἶναι τοῦ
κόσμου, ἐχθρὸς τοῦ θεοῦ καθίστα-
ται
2 Pt 1 8 ταῦτα γὰρ ὑμῖν ... πλεονάζοντα
οὐκ ἀργοὺς οὐδὲ ἀκάρπους καθ-
ίστησιν εἰς τὴν τοῦ κυρίου ἡμῶν
... ἐπίγνωσιν

καθό
Rm 8 26 τὸ γὰρ τί προσευξώμεθα καθὸ δεῖ
οὐκ οἴδαμεν
2 C 8 12 εἰ γὰρ ἡ προθυμία πρόκειται,
καθὸ ἐὰν (ἂν T) ἔχῃ (+τις ϛ)
εὐπρόσδεκτος, ↔
8 12 οὐ καθὸ οὐκ ἔχει
1 Pt 4 13 ἀλλὰ καθὸ κοινωνεῖτε τοῖς τοῦ
Χριστοῦ παθήμασιν χαίρετε

καθόλου
Ac 4 18 καλέσαντες αὐτοὺς παρήγγειλαν
(+αὐτοῖς ϛ) τὸ (—NMTH) καθ-
όλου μὴ φθέγγεσθαι ... ἐπὶ τῷ ὀνό-
ματι τοῦ [H] Ἰησοῦ

καθοπλίζω
→ ὁπλίζω
Lc 11 21 ὅταν ὁ ἰσχυρὸς καθωπλισμένος
φυλάσσῃ τὴν ἑαυτοῦ αὐλήν

καθοράω
→ ὁράω
Rm 1 20 τὰ γὰρ ἀόρατα αὐτοῦ ἀπὸ κτί-
σεως κόσμου τοῖς ποιήμασιν νοού-
μενα καθορᾶται

καθότι
ᵃ καθότι ἄν
Lc 1 7 οὐκ ἦν αὐτοῖς τέκνον, καθότι ἦν
ἡ [H] Ἐλισάβετ στεῖρα

Lc 19 9 σήμερον σωτηρία τῷ οἴκῳ τούτῳ ἐγένετο, καθότι καὶ αὐτὸς υἱὸς Ἀβραάμ ἐστιν ([NH]; —T)

Ac 2 24 λύσας τὰς ὠδῖνας τοῦ θανάτου, καθότι οὐκ ἦν δυνατὸν κρατεῖσθαι αὐτὸν ὑπ' αὐτοῦ

2 45ᵃ τὰ κτήματα καὶ τὰς ὑπάρξεις ... διεμέριζον αὐτὰ πᾶσιν, καθότι ἄν τις χρείαν εἶχεν

4 35ᵃ διεδίδετο δὲ ἑκάστῳ καθότι ἄν τις χρείαν εἶχεν

17 31 ⟨παραγγέλλει τοῖς ἀνθρώποις ... μετανοεῖν⟩ καθότι (διότι ς) ἔστησεν ἡμέραν ἐν ᾗ μέλλει κρίνειν τὴν οἰκουμένην ἐν δικαιοσύνῃ

καθώς
ᵃ καθὼς δέ de tempore
ᵇ καθὼς γέγραπται
ᶜ καθώς ἐστιν γεγραμμένον
ᵈ καθώς ... οὕτως, ὁμοίως
ᵉ καθώς ... καί
ᶠ καὶ καθώς
ᵍ καθὼς καί
ʰ οὕτως καθώς
ʲ καθὼς γάρ
ᵏ ἀλλὰ καθώς
ˡ οὐ, μὴ καθώς
ᵐ ἵνα καθώς

Mt 21 6 πορευθέντες δὲ οἱ μαθηταὶ καὶ ποιήσαντες καθὼς συνέταξεν (προσ- VSTς) αὐτοῖς ὁ Ἰησοῦς

26 24ᵇ ὁ μὲν υἱὸς τοῦ ἀνθρώπου ὑπάγει καθὼς γέγραπται περὶ αὐτοῦ

28 6 ἠγέρθη γὰρ καθὼς εἶπεν

Mc 1 2ᵇ | καθὼς γέγραπται ἐν τῷ Ἡσαΐᾳ τῷ προφήτῃ (ὡς γέγραπται ἐν τοῖς προφήταις ς)

4 33 τοιαύταις παραβολαῖς πολλαῖς ἐλάλει αὐτοῖς τὸν λόγον, καθὼς ἠδύναντο ἀκούειν

9 13ᵇ ἐποίησαν αὐτῷ ὅσα ἤθελον, καθὼς γέγραπται ἐπ' αὐτόν

11 6 οἱ δὲ εἶπαν αὐτοῖς καθὼς εἶπεν (ἐνετείλατο ς) ὁ Ἰησοῦς

14 16 ἦλθον εἰς τὴν πόλιν καὶ εὗρον καθὼς εἶπεν αὐτοῖς

14 21ᵇ ὁ μὲν υἱὸς τοῦ ἀνθρώπου ὑπάγει καθὼς γέγραπται περὶ αὐτοῦ

15 8 ἀναβὰς ὁ ὄχλος ἤρξατο αἰτεῖσθαι καθὼς (+ἀεὶ MV[S]ς) ἐποίει αὐτοῖς

16 7 ἐκεῖ αὐτὸν ὄψεσθε, καθὼς εἶπεν ὑμῖν

Lc 1 2 ⟨ἐπειδήπερ πολλοὶ ἐπεχείρησαν ἀνατάξασθαι διήγησιν⟩ καθὼς παρέδοσαν ἡμῖν οἱ ἀπ' ἀρχῆς αὐτόπται

1 55 ⟨ἀντελάβετο Ἰσραὴλ παιδὸς αὐτοῦ⟩ καθὼς ἐλάλησεν πρὸς τοὺς πατέρας ἡμῶν

1 70 ⟨ἤγειρεν κέρας σωτηρίας ἡμῖν⟩ καθὼς ἐλάλησεν διὰ στόματος τῶν ἁγίων ἀπ' αἰῶνος προφητῶν αὐτοῦ

2 20 ἐπὶ πᾶσιν οἷς ἤκουσαν καὶ εἶδον καθὼς ἐλαλήθη πρὸς αὐτούς

2 23ᵇ καθὼς γέγραπται ἐν νόμῳ κυρίου

5 14 προσένεγκε περὶ τοῦ καθαρισμοῦ σου καθὼς προσέταξεν Μωϋσῆς, εἰς μαρτύριον αὐτοῖς

6 31ᵈᵉᶠ καὶ καθὼς θέλετε ἵνα ποιῶσιν ὑμῖν οἱ ἄνθρωποι, (+καὶ ὑμεῖς VB[S]Tς) ποιεῖτε αὐτοῖς ὁμοίως

6 36ᵍ γίνεσθε οἰκτίρμονες, καθὼς καὶ (+[N²⁶]VSς) ὁ πατὴρ ὑμῶν οἰκτίρμων ἐστίν

Lc 11 1ᵍ δίδαξον ἡμᾶς προσεύχεσθαι, καθὼς καὶ Ἰωάννης ἐδίδαξεν τοὺς μαθητὰς αὐτοῦ

11 30ᵈʲ καθὼς γὰρ ἐγένετο [+ὁ NH] Ἰωνᾶς τοῖς Νινευΐταις σημεῖον, οὕτως ἔσται καὶ ὁ υἱὸς τοῦ ἀνθρώπου τῇ γενεᾷ ταύτῃ

17 26ᵈᶠ καὶ καθὼς ἐγένετο ἐν ταῖς ἡμέραις Νῶε, οὕτως ἔσται καὶ ἐν ταῖς ἡμέραις τοῦ υἱοῦ τοῦ ἀνθρώπου

17 28 ὁμοίως καθὼς (καὶ ὡς ς) ἐγένετο ἐν ταῖς ἡμέραις Λώτ

19 32 ἀπελθόντες δὲ οἱ ἀπεσταλμένοι εὗρον καθὼς εἶπεν αὐτοῖς

22 13 ἀπελθόντες δὲ εὗρον καθὼς εἰρήκει (εἴρηκεν ς) αὐτοῖς

22 29 κἀγὼ διατίθεμαι ὑμῖν καθὼς διέθετό μοι ὁ πατήρ μου βασιλείαν

24 24ᵍʰ εὗρον οὕτως καθὼς καὶ (—H) αἱ γυναῖκες εἶπον

24 39 πνεῦμα σάρκα (-ας T) καὶ ὀστέα οὐκ ἔχει καθὼς ἐμὲ θεωρεῖτε ἔχοντα

Jo 1 23 εὐθύνατε τὴν ὁδὸν κυρίου, καθὼς εἶπεν Ἡσαΐας ὁ προφήτης

3 14ᵈᶠ καὶ καθὼς Μωϋσῆς ὕψωσεν τὸν ὄφιν ἐν τῇ ἐρήμῳ, οὕτως ὑψωθῆναι δεῖ τὸν υἱὸν τοῦ ἀνθρώπου

5 23 ἵνα πάντες τιμῶσι τὸν υἱὸν καθὼς τιμῶσι τὸν πατέρα

5 30 καθὼς ἀκούω κρίνω

6 31ᶜ καθώς ἐστιν γεγραμμένον

6 57ᵉ καθὼς ἀπέστειλέν με ὁ ζῶν πατὴρ κἀγὼ ζῶ διὰ τὸν πατέρα

6 58ˡ οὗτός ἐστιν ὁ ἄρτος ὁ ἐξ (ἐκ τοῦ BSς) οὐρανοῦ καταβάς, οὐ καθὼς ἔφαγον οἱ πατέρες (+ὑμῶν τὸ μάννα Vς; +ὑμῶν [S]) καὶ ἀπέθανον

7 38 καθὼς εἶπεν ἡ γραφή, ποταμοὶ ἐκ τῆς κοιλίας αὐτοῦ ῥεύσουσιν ὕδατος ζῶντος

8 28ᵏ ἀλλὰ καθὼς ἐδίδαξέν με ὁ πατήρ, ταῦτα λαλῶ

10 15ᵉ καθὼς γινώσκει με ὁ πατὴρ κἀγὼ γινώσκω τὸν πατέρα

10 26 * οὐκ ἐστὲ ἐκ τῶν προβάτων τῶν ἐμῶν, | καθὼς εἶπον ὑμῖν (+ς)

12 14ᶜ καθώς ἐστιν γεγραμμένον

12 50ᵈ καθὼς εἴρηκέν μοι ὁ πατήρ, οὕτως λαλῶ

13 15ᵉᵐ ἵνα καθὼς ἐγὼ ἐποίησα ὑμῖν καὶ ὑμεῖς ποιῆτε

13 33ᵉᶠ καὶ καθὼς εἶπον τοῖς Ἰουδαίοις ... καὶ ὑμῖν λέγω ἄρτι

13 34 ἵνα ἀγαπᾶτε ἀλλήλους, καθὼς ἠγάπησα ὑμᾶς

14 27ˡ εἰρήνην τὴν ἐμὴν δίδωμι ὑμῖν· οὐ καθὼς ὁ κόσμος δίδωσιν ἐγὼ δίδωμι ὑμῖν

14 31ᵈᶠ καὶ καθὼς ἐνετείλατό (ἐντολὴν ἔδωκέν H) μοι ὁ πατήρ, οὕτως ποιῶ

15 4ᵈ καθὼς τὸ κλῆμα οὐ δύναται καρπὸν φέρειν ἀφ' ἑαυτοῦ ... οὕτως οὐδὲ ὑμεῖς

15 9ᵉ καθὼς ἠγάπησέν με ὁ πατήρ, κἀγὼ | ὑμᾶς ἠγάπησα (~VTς)

15 10ᵍ καθὼς ἐγὼ (κἀγὼ T) || τὰς ἐντολὰς τοῦ πατρός μου (—H) ((N²⁶V ς; ~rl)) τετήρηκα

15 12 ἵνα ἀγαπᾶτε ἀλλήλους καθὼς ἠγάπησα ὑμᾶς

17 2 ⟨ἵνα ὁ υἱὸς δοξάσῃ σέ⟩ καθὼς ἔδωκας αὐτῷ ἐξουσίαν πάσης σαρκός

17 11 ἵνα ὦσιν ἓν ἐκ τοῦ κόσμου καθὼς ἡμεῖς

17 14 οὐκ εἰσὶν ἐκ τοῦ κόσμου καθὼς ἐγὼ οὐκ εἰμὶ ἐκ τοῦ κόσμου

Jo 17 16 ἐκ τοῦ κόσμου οὐκ εἰσὶν καθὼς ἐγὼ | οὐκ εἰμὶ ἐκ τοῦ κόσμου (~VSς)

17 18ᵉ καθὼς ἐμὲ ἀπέστειλας εἰς τὸν κόσμον, κἀγὼ ἀπέστειλα αὐτοὺς εἰς τὸν κόσμον

17 21 ἵνα πάντες ἓν ὦσιν, καθὼς σύ, πάτερ (πατὴρ NMBTH), ἐν ἐμοὶ κἀγὼ ἐν σοί

17 22 ἵνα ὦσιν ἓν καθὼς ἡμεῖς ἕν (+ ἐσμεν ς)

17 23 ἠγάπησας αὐτοὺς καθὼς ἐμὲ ἠγάπησας

19 40 ἔδησαν αὐτὸ ὀθονίοις μετὰ τῶν ἀρωμάτων, καθὼς ἔθος ἐστὶν τοῖς Ἰουδαίοις ἐνταφιάζειν

20 21ᵉ καθὼς ἀπέσταλκέν με ὁ πατήρ, κἀγὼ πέμπω ὑμᾶς

Ac 2 4 ἤρξαντο λαλεῖν ἑτέραις γλώσσαις καθὼς τὸ πνεῦμα ἐδίδου ἀποφθέγγεσθαι αὐτοῖς

2 22ᵍ καθὼς (+καὶ ς) αὐτοὶ οἴδατε

7 17ᵃ καθὼς δὲ ἤγγιζεν ὁ χρόνος τῆς ἐπαγγελίας

7 42ᵇ καθὼς γέγραπται ἐν βίβλῳ τῶν προφητῶν

7 44 ἡ σκηνὴ τοῦ μαρτυρίου ἦν ... ἐν τῇ ἐρήμῳ, καθὼς διετάξατο ὁ λαλῶν τῷ Μωϋσῇ ποιῆσαι αὐτήν

7 48 καθὼς ὁ προφήτης λέγει

10 47ᵍ * οἵτινες τὸ πνεῦμα τὸ ἅγιον ἔλαβον καθὼς (ς; ὡς rl) καὶ ἡμεῖς

11 29 τῶν δὲ μαθητῶν καθὼς εὐπορεῖτό τις, ὥρισαν ἕκαστος αὐτῶν εἰς διακονίαν πέμψαι

15 8ᵍ ὁ καρδιογνώστης θεὸς ἐμαρτύρησεν αὐτοῖς δοὺς (+αὐτοῖς M[VS]ς) τὸ πνεῦμα τὸ ἅγιον καθὼς καὶ ἡμῖν (ὑμῖν ς)

15 14 Συμεὼν ἐξηγήσατο καθὼς πρῶτον ὁ θεὸς ἐπεσκέψατο λαβεῖν ἐξ ἐθνῶν λαὸν τῷ ὀνόματι αὐτοῦ

15 15ᵇ καθὼς γέγραπται

22 3 ζηλωτὴς ὑπάρχων τοῦ θεοῦ καθὼς πάντες ὑμεῖς ἐστε σήμερον

Rm 1 13ᵍ ἵνα τινὰ καρπὸν σχῶ καὶ ἐν ὑμῖν καθὼς καὶ ἐν τοῖς λοιποῖς ἔθνεσιν

1 17ᵇ καθὼς γέγραπται

1 28ᶠ καὶ καθὼς οὐκ ἐδοκίμασαν τὸν θεὸν ἔχειν ἐν ἐπιγνώσει, παρέδωκεν αὐτοὺς ὁ θεὸς εἰς ἀδόκιμον νοῦν

2 24ᵇ καθὼς γέγραπται

3 4ᵇ καθὼς (καθάπερ NTH) γέγραπται

3 8ˡ καὶ μὴ καθὼς βλασφημούμεθα ↔

3 8ᶠ καὶ [H] καθὼς φασίν τινες ἡμᾶς λέγειν

3 10ᵇ καθὼς γέγραπται ὅτι οὐκ ἔστιν δίκαιος οὐδὲ εἷς

4 17ᵇ καθὼς γέγραπται ὅτι πατέρα πολλῶν ἐθνῶν τέθεικά σε

8 36ᵇ καθὼς γέγραπται ὅτι ἕνεκεν σοῦ θανατούμεθα ὅλην τὴν ἡμέραν

9 13ᵇ καθὼς (καθάπερ NH) γέγραπται

9 29ᶠ καὶ καθὼς προείρηκεν Ἡσαΐας

9 33ᶠ καθὼς γέγραπται

10 15ᵇ καθὼς (καθάπερ NH) γέγραπται

11 8ᵇ καθὼς (καθάπερ NTH) γέγραπται

11 26ᵇ καθὼς γέγραπται

15 3ᵇᵏ ἀλλὰ καθὼς γέγραπται

15 7ᵍ διὸ προσλαμβάνεσθε ἀλλήλους, καθὼς καὶ ὁ Χριστὸς προσελάβετο ὑμᾶς (ἡ. NHς) εἰς δόξαν τοῦ θεοῦ

15 9ᵇ καθὼς γέγραπται

15 21ᵇᵏ ἀλλὰ καθὼς γέγραπται

1 C 1 6 ⟨ἐν παντὶ ἐπλουτίσθητε ἐν αὐτῷ⟩ καθὼς τὸ μαρτύριον τοῦ Χριστοῦ ἐβεβαιώθη ἐν ὑμῖν

1 31[bm] ἵνα καθὼς γέγραπται

2 9[bk] ἀλλὰ καθὼς γέγραπται

4 17 ὃς ὑμᾶς ἀναμνήσει τὰς ὁδούς μου ... καθὼς πανταχοῦ ἐν πάσῃ ἐκκλησίᾳ διδάσκω

5 7 ἵνα ἦτε νέον φύραμα, καθώς ἐστε ἄζυμοι

8 2 οὔπω ἔγνω καθὼς δεῖ γνῶναι

10 6[g] εἰς τὸ μὴ εἶναι ἡμᾶς ἐπιθυμητὰς κακῶν, καθὼς κἀκεῖνοι ἐπεθύμησαν. ↔

10 7 μηδὲ εἰδωλολάτραι γίνεσθε, καθώς τινες αὐτῶν

10 8 μηδὲ πορνεύωμεν, καθώς τινες αὐτῶν ἐπόρνευσαν

10 9[g] μηδὲ ἐκπειράζωμεν τὸν Χριστόν (N[26]ς; κύριον rl), καθὼς (+καὶ ς) τινες αὐτῶν ἐπείρασαν (ἐξ- MBST)

10 10[g] * μηδὲ γογγύζετε, | καθὼς καί (ς; καθάπερ rl) τινες αὐτῶν ἐγόγγυσαν

10 33[g] ⟨ἀπρόσκοποι καὶ Ἰουδαίοις γίνεσθε καὶ Ἕλλησιν⟩ καθὼς κἀγὼ πάντα πᾶσιν ἀρέσκω

11 1[g] μιμηταί μου γίνεσθε, καθὼς κἀγὼ Χριστοῦ

11 2[f] πάντα μου μέμνησθε καὶ καθὼς παρέδωκα ὑμῖν τὰς παραδόσεις κατέχετε

12 11 τὸ ἓν ... πνεῦμα, διαιροῦν ἰδίᾳ ἑκάστῳ καθὼς βούλεται

12 18 νυνὶ (νῦν NH) δὲ ὁ θεὸς ἔθετο τὰ μέλη, ἓν ἕκαστον αὐτῶν ἐν τῷ σώματι καθὼς ἠθέλησεν

13 12[g] ἄρτι γινώσκω ἐκ μέρους, τότε δὲ ἐπιγνώσομαι καθὼς καὶ ἐπεγνώσθην

14 34[g] οὐ γὰρ ἐπιτρέπεται αὐταῖς λαλεῖν, ἀλλὰ ὑποτασσέσθωσαν, καθὼς καὶ ὁ νόμος λέγει

15 38 ὁ δὲ θεὸς δίδωσιν αὐτῷ σῶμα καθὼς ἠθέλησεν

15 49[f] καὶ καθὼς ἐφορέσαμεν τὴν εἰκόνα τοῦ χοϊκοῦ, φορέσομεν (-σωμεν VSTH) καὶ τὴν εἰκόνα τοῦ ἐπουρανίου

2 C 1 5[d] ὅτι καθὼς περισσεύει τὰ παθήματα τοῦ Χριστοῦ εἰς ἡμᾶς, οὕτως διὰ τοῦ Χριστοῦ περισσεύει καὶ ἡ παράκλησις ἡμῶν

1 14[g] ⟨ἐλπίζω δὲ ἕως τέλους ἐπιγνώσεσθε⟩ καθὼς καὶ ἐπέγνωτε ἡμᾶς ἀπὸ μέρους

4 1 ἔχοντες τὴν διακονίαν ταύτην, καθὼς ἠλεήθημεν, οὐκ ἐγκακοῦμεν

6 16 καθὼς εἶπεν ὁ θεὸς ὅτι ἐνοικήσω ἐν αὐτοῖς καὶ ἐμπεριπατήσω

8 5[l] καὶ οὐ καθὼς ἠλπίσαμεν, ἀλλ' ἑαυτοὺς ἔδωκαν πρῶτον τῷ κυρίῳ καὶ ἡμῖν διὰ θελήματος θεοῦ

8 6[dm] ἵνα καθὼς προενήρξατο οὕτως καὶ ἐπιτελέσῃ εἰς ὑμᾶς καὶ τὴν χάριν ταύτην

8 15[b] καθὼς γέγραπται

9 3[m] ἵνα καθὼς ἔλεγον παρεσκευασμένοι ἦτε

9 7 ἕκαστος καθὼς προῄρηται (προαιρεῖται ς) τῇ καρδίᾳ, μὴ ἐκ λύπης ἢ ἐξ ἀνάγκης

9 9[b] καθὼς γέγραπται

10 7[d] τοῦτο λογιζέσθω πάλιν ἐφ' ἑαυτοῦ, ὅτι καθὼς αὐτὸς Χριστοῦ, οὕτως καὶ ἡμεῖς (+Χριστοῦ ς)

2 C 11 12[g] ἵνα ἐν ᾧ καυχῶνται εὑρεθῶσιν καθὼς καὶ ἡμεῖς

G 2 7 πεπίστευμαι τὸ εὐαγγέλιον τῆς ἀκροβυστίας καθὼς Πέτρος τῆς περιτομῆς

3 6 καθὼς Ἀβραὰμ ἐπίστευσεν τῷ θεῷ, καὶ ἐλογίσθη αὐτῷ εἰς δικαιοσύνην

5 21[ἃ] προλέγω ὑμῖν καθὼς (+καὶ MVB[S]ς) προεῖπον

E 1 4 καθὼς ἐξελέξατο ἡμᾶς ἐν αὐτῷ πρὸ καταβολῆς κόσμου

3 3 ὅτι [N[26]H] κατὰ ἀποκάλυψιν ἐγνωρίσθη μοι τὸ μυστήριον, καθὼς προέγραψα ἐν ὀλίγῳ

4 4[g] ἓν σῶμα καὶ ἓν πνεῦμα, καθὼς καὶ [H] ἐκλήθητε ἐν μιᾷ ἐλπίδι τῆς κλήσεως ὑμῶν

4 17[g] μαρτύρομαι ἐν κυρίῳ, μηκέτι ὑμᾶς περιπατεῖν καθὼς καὶ τὰ ἔθνη περιπατεῖ ἐν ματαιότητι τοῦ νοὸς αὐτῶν

4 21 εἴ γε αὐτὸν ἠκούσατε καὶ ἐν αὐτῷ ἐδιδάχθητε καθώς ἐστιν ἀλήθεια ἐν τῷ Ἰησοῦ

4 32[g] γίνεσθε δὲ [N[26]H] ... εὔσπλαγχνοι, χαριζόμενοι ἑαυτοῖς καθὼς καὶ ὁ θεὸς ἐν Χριστῷ ἐχαρίσατο ὑμῖν

5 2[g] περιπατεῖτε ἐν ἀγάπῃ, καθὼς καὶ ὁ Χριστὸς ἠγάπησεν ἡμᾶς (N[26]ς; ὑμᾶς rl)

5 3 πορνεία δὲ ... ἢ πλεονεξία μηδὲ ὀνομαζέσθω ἐν ὑμῖν, καθὼς πρέπει ἁγίοις

5 25[g] οἱ ἄνδρες, ἀγαπᾶτε τὰς γυναῖκας (+ἑαυτῶν V[S]ς), καθὼς καὶ ὁ Χριστὸς ἠγάπησεν τὴν ἐκκλησίαν

5 29[g] οὐδεὶς ... τὴν ἑαυτοῦ σάρκα ἐμίσησεν, ἀλλὰ ἐκτρέφει ... αὐτήν, καθὼς καὶ ὁ Χριστὸς (κύριος Sς) τὴν ἐκκλησίαν

Ph 1 7 καθώς ἐστιν δίκαιον ἐμοὶ τοῦτο φρονεῖν ὑπὲρ πάντων ὑμῶν

2 12 ὥστε, ἀγαπητοί μου, καθὼς πάντοτε ὑπηκούσατε ... τὴν ἑαυτῶν σωτηρίαν κατεργάζεσθε

3 17 σκοπεῖτε τοὺς οὕτω περιπατοῦντας καθὼς ἔχετε τύπον ἡμᾶς

Cl 1 6[g] ⟨τοῦ εὐαγγελίου⟩ τοῦ παρόντος εἰς ὑμᾶς, καθὼς καὶ ἐν παντὶ τῷ κόσμῳ ἐστὶν (καὶ ἔστι ς) καρποφορούμενον καὶ αὐξανόμενον ↔

1 6[g] καθὼς καὶ ἐν ὑμῖν

1 7[g] καθὼς (+καὶ ς) ἐμάθετε ἀπὸ Ἐπαφρᾶ τοῦ ἀγαπητοῦ συνδούλου ἡμῶν

2 7 βεβαιούμενοι (+ἐν M[V]Sς) τῇ πίστει καθὼς ἐδιδάχθητε

3 13[dg] καθὼς καὶ ὁ κύριος (Χριστὸς VSTς) ἐχαρίσατο ὑμῖν οὕτως καὶ ὑμεῖς

1 Th 1 5 καθὼς οἴδατε οἷοι ἐγενήθημεν ἐν ([N[26]]; —H) ὑμῖν δι' ὑμᾶς

2 2 προπαθόντες καὶ ὑβρισθέντες καθὼς οἴδατε ἐν Φιλίπποις ἐπαρρησιασάμεθα ἐν τῷ θεῷ ἡμῶν

2 4[dk] ⟨ἡ γὰρ παράκλησις ἡμῶν οὐκ ἐκ πλάνης⟩ ἀλλὰ καθὼς δεδοκιμάσμεθα ὑπὸ τοῦ θεοῦ πιστευθῆναι τὸ εὐαγγέλιον οὕτως λαλοῦμεν

2 5 οὔτε γάρ ποτε ἐν λόγῳ κολακείας ἐγενήθημεν, καθὼς οἴδατε

2 13[k] ἐδέξασθε οὐ λόγον ἀνθρώπων ἀλλὰ καθὼς | ἐστιν ἀληθῶς (~ NH) λόγον θεοῦ

1 Th 2 14[g] τὰ αὐτὰ ἐπάθετε καὶ ὑμεῖς ὑπὸ τῶν ἰδίων συμφυλετῶν, καθὼς καὶ αὐτοὶ ὑπὸ τῶν Ἰουδαίων

3 4[g] προελέγομεν ὑμῖν ὅτι μέλλομεν θλίβεσθαι, καθὼς καὶ ἐγένετο καὶ οἴδατε

4 1[m] ἐρωτῶμεν ὑμᾶς ... ἵνα ([VSH]; —ς) καθὼς παρελάβετε παρ' ἡμῶν τὸ πῶς δεῖ ὑμᾶς περιπατεῖν καὶ ἀρέσκειν θεῷ, ↔

4 1[g] | καθὼς καὶ περιπατεῖτε (—ς), ἵνα περισσεύητε μᾶλλον

4 6[g] διότι ἔκδικος κύριος περὶ πάντων τούτων, καθὼς καὶ προείπαμεν ὑμῖν

4 11 ⟨παρακαλοῦμεν δὲ ὑμᾶς⟩ ἐργάζεσθαι ταῖς ἰδίαις (+[N[26]]VSς) χερσὶν ὑμῶν, καθὼς ὑμῖν παρηγγείλαμεν

4 13[g] ἵνα μὴ λυπῆσθε καθὼς καὶ οἱ λοιποὶ οἱ μὴ ἔχοντες ἐλπίδα

5 11 οἰκοδομεῖτε εἰς τὸν ἕνα, καθὼς καὶ ποιεῖτε

2 Th 1 3 εὐχαριστεῖν ὀφείλομεν τῷ θεῷ πάντοτε περὶ ὑμῶν, ἀδελφοί, καθὼς ἄξιόν ἐστιν

3 1[g] ἵνα ὁ λόγος τοῦ κυρίου τρέχῃ καὶ δοξάζηται καθὼς καὶ πρὸς ὑμᾶς

1 Tm 1 3 καθὼς παρεκάλεσά σε προσμεῖναι ἐν Ἐφέσῳ, πορευόμενος εἰς Μακεδονίαν

Hb 3 7 καθὼς λέγει τὸ πνεῦμα τὸ ἅγιον

4 3 καθὼς εἴρηκεν

4 7 καθὼς προείρηται (εἴρηται ς)

5 3[d] δι' αὐτὴν ὀφείλει, καθὼς περὶ τοῦ λαοῦ, οὕτως καὶ περὶ ἑαυτοῦ προσφέρειν περὶ ἁμαρτιῶν

5 6[g] καθὼς καὶ ἐν ἑτέρῳ λέγει

8 5 οἵτινες ὑποδείγματι ... λατρεύουσιν τῶν ἐπουρανίων, καθὼς κεχρημάτισται Μωϋσῆς μέλλων ἐπιτελεῖν τὴν σκηνήν

10 25 μὴ ἐγκαταλείποντες τὴν ἐπισυναγωγὴν ἑαυτῶν, καθὼς ἔθος τισίν

11 12 διὸ καὶ ἀφ' ἑνὸς ἐγεννήθησαν (N[26]THς; ἐγενήθ. rl) ... καθὼς τὰ ἄστρα τοῦ οὐρανοῦ τῷ πλήθει

1 Pt 4 10 ἕκαστος καθὼς ἔλαβεν χάρισμα, εἰς ἑαυτοὺς αὐτὸ διακονοῦντες

2 Pt 1 14[g] ταχινή ἐστιν ἡ ἀπόθεσις τοῦ σκηνώματός μου, καθὼς καὶ ὁ κύριος ἡμῶν ... ἐδήλωσέν μοι

3 15 τὴν τοῦ κυρίου ἡμῶν μακροθυμίαν σωτηρίαν ἡγεῖσθε, καθὼς καὶ ὁ ἀγαπητὸς ἡμῶν ἀδελφὸς Παῦλος ... ἔγραψεν ὑμῖν

1 Jo 2 6[de] ὁ λέγων ἐν αὐτῷ μένειν ὀφείλει καθὼς ἐκεῖνος περιεπάτησεν καὶ αὐτὸς οὕτως ([N[26]]; —H) περιπατεῖν

2 18[ef] καὶ καθὼς ἠκούσατε ὅτι (+ὁ MV[S]ς) ἀντίχριστος ἔρχεται, καὶ νῦν ἀντίχριστοι πολλοὶ γεγόνασιν

2 27[f] καὶ καθὼς ἐδίδαξεν ὑμᾶς, μένετε ἐν αὐτῷ

3 2 ὀψόμεθα αὐτὸν καθώς ἐστιν. ↔

3 3 καὶ πᾶς ὁ ἔχων τὴν ἐλπίδα ταύτην ἐπ' αὐτῷ ἁγνίζει ἑαυτὸν καθὼς ἐκεῖνος ἁγνός ἐστιν

3 7 ὁ ποιῶν τὴν δικαιοσύνην δίκαιός ἐστιν, καθὼς ἐκεῖνος δίκαιός ἐστιν

3 12[l] οὐ καθὼς Κάϊν ἐκ τοῦ πονηροῦ ἦν καὶ ἔσφαξεν τὸν ἀδελφὸν αὐτοῦ

3 23 ἵνα ... ἀγαπῶμεν ἀλλήλους καθὼς ἔδωκεν ἐντολὴν ἡμῖν

4 17[e] καθὼς ἐκεῖνός ἐστιν καὶ ἡμεῖς ἐσμεν ἐν τῷ κόσμῳ τούτῳ

2 Jo 4 εὕρηκα ἐκ τῶν τέκνων σου περιπατοῦντας ἐν ἀληθείᾳ, καθὼς ἐντολὴν ἐλάβομεν παρὰ τοῦ πατρός
6ᵐ αὕτη ἡ ἐντολή ἐστιν, (+ἵνα BST) καθὼς ἠκούσατε ἀπ' ἀρχῆς, ἵνα ἐν αὐτῇ περιπατῆτε

3 Jo 2 περὶ πάντων εὔχομαί σε ... ὑγιαίνειν, καθὼς εὐοδοῦταί σου ἡ ψυχή. ↔
3 ἐχάρην γὰρ (—T) λίαν ἐρχομένων ἀδελφῶν καὶ μαρτυρούντων σου τῇ ἀληθείᾳ, καθὼς σὺ ἐν ἀληθείᾳ περιπατεῖς

καθώσπερ

Hb 5 4 οὐχ ἑαυτῷ τις λαμβάνει τὴν τιμήν, ἀλλὰ (+ὁ ς) καλούμενος ὑπὸ τοῦ θεοῦ, | καθώσπερ καὶ (καθάπερ καὶ ὁ ς) Ἀαρών

καί

→ κἀγώ → κἀκεῖ → κἀκεῖθεν
→ κἀκεῖνος → κἄν
→ καίγε → καίπερ
→ καίτοι → καίτοιγε

a καὶ οὐκ(έτι), οὔπω, οὔτε
b καὶ μη(κέτι), μη(δέ)ποτε, μηδείς
c καὶ οὐχί, οὐ μή, οὐδέ(ποτε), οὐδείς
d καὶ γάρ
e καὶ (τοι)γε
f καὶ ἐγώ, σύ
g καὶ ἡμεῖς, ὑμεῖς
h καὶ αὐτός, οὗτος, ἐκεῖνος
j καὶ εἰ, ἐάν, ὅτε, ὅταν
k καὶ ὡς, καθώς, οὕτως
l καὶ ἵνα, ὅπως
m καὶ ὅτι, πῶς, πόθεν, ποῦ
n καὶ ἰδού, εἴτε
p τε, γε, ἅμα καί
q δέ, μὲν καί
r γάρ, (τοιγαρ)οῦν, μενοῦνγε, μέντοι καί
s ἤ, ἄρα, ἰδοὺ καί
t οὐχί, μή(ποτε), ναὶ καί
u ὥσ(περ), ὡσαύτως, ὡσεί, οὕτως, ὁμοίως, καθώς, καθάπερ καί
v διό(τι), (καθ)ότι καί
w ἀλλά, πλὴν καί
x ἵνα, ὥστε, ἕως καί
y ἐπει(δή), ἄρα(γε), ὅπου καί
z εἰ(περ), ἐάν, ὅτε, ὅταν καί

Mt 1 2 Ἰακὼβ δὲ ἐγέννησεν τὸν Ἰούδαν καὶ τοὺς ἀδελφοὺς αὐτοῦ, ↔
1 3 Ἰούδας δὲ ἐγέννησεν τὸν Φάρες καὶ τὸν Ζάρα ἐκ τῆς Θαμάρ
1 11 Ἰωσίας δὲ ἐγέννησεν τὸν Ἰεχονίαν καὶ τοὺς ἀδελφοὺς αὐτοῦ
1 17 πᾶσαι οὖν αἱ γενεαί ... ἕως Δαυὶδ γενεαὶ δεκατέσσαρες, καὶ ἀπὸ Δαυὶδ ἕως τῆς μετοικεσίας Βαβυλῶνος γενεαὶ δεκατέσσαρες,↔
1 17 καὶ ἀπὸ τῆς μετοικεσίας Βαβυλῶνος ἕως τοῦ Χριστοῦ γενεαὶ δεκατέσσαρες
1 19ᵇ Ἰωσὴφ δὲ ... δίκαιος ὢν καὶ μὴ θέλων αὐτὴν δειγματίσαι (παρα- VSς)
1 21 τέξεται δὲ υἱόν, καὶ καλέσεις τὸ ὄνομα αὐτοῦ Ἰησοῦν
1 23 Ἰδοὺ ἡ παρθένος ἐν γαστρὶ ἕξει καὶ τέξεται υἱόν,
1 23 καὶ καλέσουσιν τὸ ὄνομα αὐτοῦ Ἐμμανουήλ
1 24 ἐποίησεν ὡς προσέταξεν αὐτῷ ὁ ἄγγελος κυρίου, καὶ παρέλαβεν τὴν γυναῖκα αὐτοῦ· ↔

Mt 1 25ᵃ καὶ οὐκ ἐγίνωσκεν αὐτὴν ἕως οὗ [NH] ἔτεκεν υἱόν (τὸν υἱ. αὐτῆς τὸν πρωτότοκον Vς)· ↔
1 25 καὶ ἐκάλεσεν τὸ ὄνομα αὐτοῦ Ἰησοῦν
2 2 εἴδομεν γὰρ αὐτοῦ τὸν ἀστέρα ... καὶ ἤλθομεν προσκυνῆσαι αὐτῷ
2 3 Ἡρῴδης ἐταράχθη, καὶ πᾶσα Ἱεροσόλυμα μετ' αὐτοῦ, ↔
2 4 καὶ συναγαγὼν πάντας τοὺς ἀρχιερεῖς ↔
2 4 καὶ γραμματεῖς τοῦ λαοῦ
2 6ʳ καὶ σὺ Βηθλέεμ, γῆ Ἰούδα, οὐδαμῶς ἐλαχίστη εἶ ἐν τοῖς ἡγεμόσιν Ἰούδα
2 8 καὶ πέμψας αὐτοὺς εἰς Βηθλέεμ εἶπεν
2 9ⁿ καὶ ἰδοὺ ὁ ἀστήρ ... προῆγεν αὐτούς
2 11 καὶ ἐλθόντες εἰς τὴν οἰκίαν εἶδον τὸ παιδίον
2 11 καὶ πεσόντες προσεκύνησαν αὐτῷ, ↔
2 11 καὶ ἀνοίξαντες τοὺς θησαυροὺς αὐτῶν προσήνεγκαν αὐτῷ δῶρα, ↔
2 11 χρυσὸν καὶ λίβανον ↔
2 11 καὶ σμύρναν. ↔
2 12 καὶ χρηματισθέντες κατ' ὄναρ μὴ ἀνακάμψαι πρὸς Ἡρῴδην ... ἀνεχώρησαν
2 13 ἐγερθεὶς παράλαβε τὸ παιδίον καὶ τὴν μητέρα αὐτοῦ, ↔
2 13 καὶ φεῦγε εἰς Αἴγυπτον, ↔
2 13 καὶ ἴσθι ἐκεῖ ἕως ἂν εἴπω σοι
2 14 ὁ δὲ ἐγερθεὶς παρέλαβεν τὸ παιδίον καὶ τὴν μητέρα αὐτοῦ νυκτὸς ↔
2 14 καὶ ἀνεχώρησεν εἰς Αἴγυπτον, ↔
2 15 καὶ ἦν ἐκεῖ ἕως τῆς τελευτῆς Ἡρῴδου
2 16 Ἡρῴδης ... ἐθυμώθη λίαν, καὶ ἀποστείλας ἀνεῖλεν πάντας τοὺς παῖδας τοὺς ἐν Βηθλέεμ ↔
2 16 καὶ ἐν πᾶσι τοῖς ὁρίοις αὐτῆς ↔
2 16 ἀπὸ διετοῦς καὶ κατωτέρω
2 18 * φωνὴ ἐν Ῥαμὰ ἠκούσθη, | θρῆνος καὶ (+ς) κλαυθμὸς ↔
2 18 καὶ ὀδυρμὸς πολύς· ↔
2 18ᵃ Ῥαχὴλ κλαίουσα τὰ τέκνα αὐτῆς, καὶ οὐκ ἤθελεν παρακληθῆναι
2 20 ἐγερθεὶς παράλαβε τὸ παιδίον καὶ τὴν μητέρα αὐτοῦ, ↔
2 20 καὶ πορεύου εἰς γῆν Ἰσραήλ
2 21 ὁ δὲ ἐγερθεὶς παρέλαβεν τὸ παιδίον καὶ τὴν μητέρα αὐτοῦ
2 21 καὶ εἰσῆλθεν (ἦλ. ς) εἰς γῆν Ἰσραήλ
2 23 ⟨ἀνεχώρησεν εἰς τὰ μέρη τῆς Γαλιλαίας⟩ καὶ ἐλθὼν κατῴκησεν εἰς πόλιν λεγομένην Ναζαρέτ
3 2 ⟨παραγίνεται Ἰωάννης ... κηρύσσων ἐν τῇ ἐρήμῳ⟩ καὶ (+[N²⁶M]VBς) λέγων
3 4 αὐτὸς δὲ ὁ Ἰωάννης εἶχεν τὸ ἔνδυμα αὐτοῦ ἀπὸ τριχῶν καμήλου καὶ ζώνην δερματίνην περὶ τὴν ὀσφὺν αὐτοῦ· ↔
3 4 ἡ δὲ τροφὴ ἦν αὐτοῦ ἀκρίδες καὶ μέλι ἄγριον. ↔
3 5 τότε ἐξεπορεύετο πρὸς αὐτὸν Ἱεροσόλυμα καὶ πᾶσα ἡ Ἰουδαία ↔
3 5 καὶ πᾶσα ἡ περίχωρος τοῦ Ἰορδάνου, ↔
3 6 καὶ ἐβαπτίζοντο ἐν τῷ Ἰορδάνῃ ποταμῷ (—Sς) ὑπ' αὐτοῦ

Mt 3 7 ἰδὼν δὲ πολλοὺς τῶν Φαρισαίων καὶ Σαδδουκαίων ἐρχομένους ἐπὶ τὸ βάπτισμα αὐτοῦ (—NTH)
3 9ᵇ ⟨ποιήσατε οὖν καρπὸν ἄξιον τῆς μετανοίας⟩ καὶ μὴ δόξητε λέγειν ἐν ἑαυτοῖς
3 10ᵠ * ἤδη δὲ καὶ (+[V]ς) ἡ ἀξίνη πρὸς τὴν ῥίζαν τῶν δένδρων κεῖται· ↔
3 10 πᾶν οὖν δένδρον μὴ ποιοῦν καρπὸν καλὸν ἐκκόπτεται καὶ εἰς πῦρ βάλλεται
3 11 αὐτὸς ὑμᾶς βαπτίσει ἐν πνεύματι ἁγίῳ καὶ πυρί· ↔
3 12 οὗ τὸ πτύον ἐν τῇ χειρὶ αὐτοῦ, καὶ διακαθαριεῖ τὴν ἅλωνα αὐτοῦ, ↔
3 12 καὶ συνάξει τὸν σῖτον αὐτοῦ εἰς τὴν ἀποθήκην
3 14ʳ ἐγὼ χρείαν ἔχω ὑπὸ σοῦ βαπτισθῆναι, καὶ σὺ ἔρχῃ πρός με;
3 16 * | καὶ βαπτισθεὶς (ς; β. δὲ rl) ὁ Ἰησοῦς | εὐθὺς ἀνέβη (~Sς) ἀπὸ τοῦ ὕδατος· ↔
3 16ⁿ καὶ ἰδοὺ ἠνεῴχθησαν αὐτῷ ([N²⁶]; —NTH) οἱ οὐρανοί, ↔
3 16 καὶ εἶδεν τὸ (+[N²⁶]VBς) πνεῦμα τοῦ (+[N²⁶]VBς) θεοῦ καταβαῖνον ὡσεὶ περιστεράν, ↔
3 16 καὶ (+[N²⁶]MVBς) ἐρχόμενον ἐπ' αὐτόν· ↔
3 17ⁿ καὶ ἰδοὺ φωνὴ ἐκ τῶν οὐρανῶν λέγουσα
4 2 καὶ νηστεύσας ἡμέρας τεσσεράκοντα ↔
4 2 καὶ | νύκτας τεσσεράκοντα (~NMT) ὕστερον ἐπείνασεν. ↔
4 3 καὶ προσελθὼν | ὁ πειράζων εἶπεν αὐτῷ (~VSς)
4 5 παραλαμβάνει αὐτὸν ὁ διάβολος ... καὶ ἔστησεν (ἵστησιν Sς) αὐτὸν ἐπὶ τὸ πτερύγιον τοῦ ἱεροῦ,
4 6 καὶ λέγει αὐτῷ
4 6 τοῖς ἀγγέλοις αὐτοῦ ἐντελεῖται περὶ σοῦ καὶ ἐπὶ χειρῶν ἀροῦσίν σε
4 8 παραλαμβάνει αὐτὸν ὁ διάβολος ... καὶ δείκνυσιν αὐτῷ πάσας τὰς βασιλείας τοῦ κόσμου ↔
4 8 καὶ τὴν δόξαν αὐτῶν, ↔
4 9 καὶ εἶπεν (λέγει Sς) αὐτῷ
4 10ʰ κύριον τὸν θεόν σου προσκυνήσεις καὶ αὐτῷ μόνῳ λατρεύσεις, ↔
4 11ⁿ τότε ἀφίησιν αὐτὸν ὁ διάβολος, καὶ ἰδοὺ ἄγγελοι προσῆλθον ↔
4 11 καὶ διηκόνουν αὐτῷ
4 13 καὶ καταλιπὼν τὴν Ναζαρὰ ἐλθὼν κατῴκησεν εἰς Καφαρναοὺμ τὴν παραθαλασσίαν ↔
4 13 ἐν ὁρίοις Ζαβουλὼν καὶ Νεφθαλίμ
4 15 γῆ Ζαβουλὼν καὶ γῆ Νεφθαλίμ
4 16 καὶ τοῖς καθημένοις ἐν χώρᾳ ↔
4 16 καὶ σκιᾷ θανάτου, φῶς ἀνέτειλεν αὐτοῖς. ↔
4 17 ἀπὸ τότε ἤρξατο ὁ Ἰησοῦς κηρύσσειν καὶ λέγειν
4 18 εἶδεν δύο ἀδελφούς, Σίμωνα ... καὶ Ἀνδρέαν τὸν ἀδελφὸν αὐτοῦ
4 19 καὶ λέγει αὐτοῖς· ↔
4 19 δεῦτε ὀπίσω μου, καὶ ποιήσω ὑμᾶς ἁλιεῖς ἀνθρώπων
4 21 καὶ προβὰς ἐκεῖθεν εἶδεν ἄλλους δύο ἀδελφούς, ↔
4 21 Ἰάκωβον τὸν τοῦ Ζεβεδαίου καὶ Ἰωάννην τὸν ἀδελφὸν αὐτοῦ
4 21 καὶ ἐκάλεσεν αὐτούς. ↔

Mt 4 22 οἱ δὲ εὐθέως ἀφέντες τὸ πλοῖον καὶ τὸν πατέρα αὐτῶν

4 23 καὶ περιῆγεν (+ὁ ᾿Ιησοῦς MVBS ς) ... διδάσκων ἐν ταῖς συναγωγαῖς αὐτῶν ↔

4 23 καὶ κηρύσσων τὸ εὐαγγέλιον τῆς βασιλείας ↔

4 23 καὶ θεραπεύων πᾶσαν νόσον ↔

4 23 καὶ πᾶσαν μαλακίαν ἐν τῷ λαῷ. ↔

4 24 καὶ ἀπῆλθεν ἡ ἀκοὴ αὐτοῦ εἰς ὅλην τὴν Συρίαν· ↔

4 24 καὶ προσήνεγκαν αὐτῷ πάντας τοὺς κακῶς ἔχοντας ποικίλαις νόσοις ↔

4 24 καὶ βασάνοις συνεχομένους, ↔

4 24 καὶ ([N²⁶]; —NH) δαιμονιζομένους ↔

4 24 καὶ σεληνιαζομένους ↔

4 24 καὶ παραλυτικούς, ↔

4 24 καὶ ἐθεράπευσεν αὐτούς. ↔

4 25 καὶ ἠκολούθησαν αὐτῷ ὄχλοι πολλοὶ ἀπὸ τῆς Γαλιλαίας ↔

4 25 καὶ Δεκαπόλεως ↔

4 25 καὶ ᾿Ιεροσολύμων ↔

4 25 καὶ ᾿Ιουδαίας ↔

4 25 καὶ πέραν τοῦ ᾿Ιορδάνου

5 1 καὶ καθίσαντος αὐτοῦ προσῆλθαν αὐτῷ [H] οἱ μαθηταὶ αὐτοῦ· ↔

5 2 καὶ ἀνοίξας τὸ στόμα αὐτοῦ ἐδίδασκεν αὐτοὺς λέγων

5 6 μακάριοι οἱ πεινῶντες καὶ διψῶντες τὴν δικαιοσύνην

5 11 μακάριοί ἐστε ὅταν ὀνειδίσωσιν ὑμᾶς καὶ διώξωσιν (-ξουσιν Τ) ↔

5 11 καὶ εἴπωσιν πᾶν (+ῥῆμα Vς) πονηρὸν καθ᾿ ὑμῶν

5 12 χαίρετε καὶ ἀγαλλιᾶσθε

5 13 *εἰς οὐδὲν ἰσχύει ἔτι εἰ μὴ βληθῆναι (ς; βληθὲν rI) ἔξω καὶ (+ς) καταπατεῖσθαι ὑπὸ τῶν ἀνθρώπων

5 15 οὐδὲ καίουσιν λύχνον καὶ τιθέασιν αὐτὸν ὑπὸ τὸν μόδιον

5 15 καὶ λάμπει πᾶσιν τοῖς ἐν τῇ οἰκίᾳ

5 16 ὅπως ἴδωσιν ὑμῶν τὰ καλὰ ἔργα καὶ δοξάσωσιν τὸν πατέρα ὑμῶν

5 18 ἕως ἂν παρέλθῃ ὁ οὐρανὸς καὶ ἡ γῆ

5 19 ὃς ἐὰν οὖν λύσῃ μίαν τῶν ἐντολῶν τούτων ... καὶ διδάξῃ οὕτως τοὺς ἀνθρώπους

5 19 ὃς δ᾿ ἂν ποιήσῃ καὶ διδάξῃ

5 20 ἐὰν μὴ περισσεύσῃ ὑμῶν ἡ δικαιοσύνη πλεῖον τῶν γραμματέων καὶ Φαρισαίων

5 24 ἄφες ἐκεῖ τὸ δῶρόν σου ... καὶ ὕπαγε πρῶτον διαλλάγηθι τῷ ἀδελφῷ σου, ↔

5 24 καὶ τότε ἐλθὼν πρόσφερε τὸ δῶρόν σου ↔

5 25 μήποτέ σε παραδῷ ὁ ἀντίδικος τῷ κριτῇ καὶ ὁ κριτὴς (+σε παραδῷ ς) τῷ ὑπηρέτῃ, ↔

5 25 καὶ εἰς φυλακὴν βληθήσῃ

5 29 ἔξελε αὐτὸν καὶ βάλε ἀπὸ σοῦ· ↔

5 29 συμφέρει γάρ σοι ἵνα ἀπόληται ἓν τῶν μελῶν σου καὶ μὴ ὅλον τὸ σῶμά σου βληθῇ εἰς γέενναν. ↔

5 30 ʲ καὶ εἰ ἡ δεξιά σου χεὶρ σκανδαλίζει σε, ↔

5 30 ἔκκοψον αὐτὴν καὶ βάλε ἀπὸ σοῦ· ↔

5 30 ᵇ συμφέρει γάρ σοι ἵνα ἀπόληται ἓν τῶν μελῶν σου καὶ μὴ ὅλον τὸ σῶμά σου εἰς γέενναν ἀπέλθῃ (βληθῇ ς)

Mt 5 32 | καὶ ὃς ἐὰν ἀπολελυμένην γαμήσῃ, μοιχᾶται [H]

5 38 ὀφθαλμὸν ἀντὶ ὀφθαλμοῦ καὶ ὀδόντα ἀντὶ ὀδόντος

5 39 στρέψον αὐτῷ καὶ τὴν ἄλλην· ↔

5 40 καὶ τῷ θέλοντί σοι κριθῆναι ↔

5 40 καὶ τὸν χιτῶνά σου λαβεῖν, ↔

5 40 ἄφες αὐτῷ καὶ τὸ ἱμάτιον· ↔

5 41 καὶ ὅστις σε ἀγγαρεύσει μίλιον ἕν

5 42 τῷ αἰτοῦντί σε δός, καὶ τὸν θέλοντα ἀπὸ σοῦ δανίσασθαι μὴ ἀποστραφῇς

5 43 ἀγαπήσεις τὸν πλησίον σου καὶ μισήσεις τὸν ἐχθρόν σου

5 44 ἀγαπᾶτε τοὺς ἐχθροὺς ὑμῶν καὶ προσεύχεσθε ↔

5 44 * ὑπὲρ τῶν | ἐπηρεαζόντων ὑμᾶς καὶ (+ς) διωκόντων ὑμᾶς

5 45 ὅτι (ὃς S) τὸν ἥλιον αὐτοῦ ἀνατέλλει ἐπὶ πονηροὺς καὶ ἀγαθοὺς ↔

5 45 καὶ βρέχει ἐπὶ δικαίους ↔

5 45 καὶ ἀδίκους

5 46 ᵗ οὐχὶ καὶ οἱ τελῶναι τὸ αὐτὸ ποιοῦσιν; ↔

5 47 ʲ καὶ ἐὰν ἀσπάσησθε τοὺς ἀδελφοὺς (φίλους VS) ὑμῶν μόνον

5 47 ᵗ οὐχὶ καὶ οἱ ἐθνικοὶ | τὸ αὐτὸ (οὕτως Sς) ποιοῦσιν;

6 2 ὥσπερ οἱ ὑποκριταὶ ποιοῦσιν ἐν ταῖς συναγωγαῖς καὶ ἐν ταῖς ῥύμαις

6 4 καὶ ὁ πατήρ σου ὁ βλέπων ἐν τῷ κρυπτῷ (+αὐτὸς [S]ς) ἀποδώσει σοι. ↔

6 5 ʲ καὶ ὅταν προσεύχησθε, οὐκ ἔσεσθε ὡς οἱ ὑποκριταί· ↔

6 5 ὅτι φιλοῦσιν ἐν ταῖς συναγωγαῖς καὶ ἐν ταῖς γωνίαις τῶν πλατειῶν ἑστῶτες προσεύχεσθαι

6 6 εἴσελθε εἰς τὸ ταμεῖόν σου καὶ κλείσας τὴν θύραν σου πρόσευξαι τῷ πατρί σου

6 6 καὶ ὁ πατήρ σου ὁ βλέπων ἐν τῷ κρυπτῷ ἀποδώσει σοι

6 10 γενηθήτω τὸ θέλημά σου, ὡς ἐν οὐρανῷ καὶ ἐπὶ (+τῆς Vς) γῆς

6 12 καὶ ἄφες ἡμῖν τὰ ὀφειλήματα ἡμῶν, ↔

6 12 ᵍᵘ ὡς καὶ ἡμεῖς ἀφήκαμεν (ἀφίεμεν Vς) τοῖς ὀφειλέταις ἡμῶν· ↔

6 13 ᵇ καὶ μὴ εἰσενέγκῃς ἡμᾶς εἰς πειρασμόν

6 13 * | ὅτι σοῦ ἐστιν ἡ βασιλεία καὶ ἡ δύναμις (+ς . .) ↔

6 13 * | καὶ ἡ δόξα εἰς τοὺς αἰῶνας. ἀμήν (. . +ς)

6 14 ᵍ ἀφήσει καὶ ὑμῖν ὁ πατὴρ ὑμῶν ὁ οὐράνιος

6 17 ἄλειψαί σου τὴν κεφαλὴν καὶ τὸ πρόσωπόν σου νίψαι

6 18 καὶ ὁ πατήρ σου ὁ βλέπων ἐν τῷ κρυφαίῳ ἀποδώσει σοι

6 19 ὅπου σὴς καὶ βρῶσις ἀφανίζει, ↔

6 19 καὶ ὅπου κλέπται διορύσσουσιν ↔

6 19 καὶ κλέπτουσιν

6 20 ὅπου οὔτε σὴς οὔτε βρῶσις ἀφανίζει, καὶ ὅπου κλέπται οὐ διορύσσουσιν

6 21 ὅπου γάρ ἐστιν ὁ θησαυρός σου, ἐκεῖ ἔσται καὶ [H] ἡ καρδία σου

6 24 ἢ γὰρ τὸν ἕνα μισήσει καὶ τὸν ἕτερον ἀγαπήσει,

6 24 ἢ ἑνὸς ἀνθέξεται καὶ τοῦ ἑτέρου καταφρονήσει. ↔

6 24 οὐ δύνασθε θεῷ δουλεύειν καὶ μαμωνᾷ

Mt 6 25 * μὴ μεριμνᾶτε τῇ ψυχῇ ὑμῶν τί φάγητε | καὶ τί πίητε (VSς; —Τ; ἢ τί π. [N²⁶NH]MB)

6 25 οὐχὶ ἡ ψυχὴ πλεῖόν ἐστιν τῆς τροφῆς καὶ τὸ σῶμα τοῦ ἐνδύματος;

6 26 οὐ σπείρουσιν οὐδὲ θερίζουσιν ... καὶ ὁ πατὴρ ὑμῶν ὁ οὐράνιος τρέφει αὐτά

6 28 καὶ περὶ ἐνδύματος τί μεριμνᾶτε;

6 30 εἰ δὲ τὸν χόρτον τοῦ ἀγροῦ σήμερον ὄντα καὶ αὔριον εἰς κλίβανον βαλλόμενον ὁ θεὸς οὕτως ἀμφιέννυσιν

6 33 ζητεῖτε δὲ πρῶτον τὴν βασιλείαν | τοῦ θεοῦ ([N²⁶M]; —NTH) καὶ τὴν δικαιοσύνην αὐτοῦ,

6 33 ʰ καὶ ταῦτα πάντα προστεθήσεται ὑμῖν

7 2 ἐν ᾧ γὰρ κρίματι κρίνετε κριθήσεσθε, καὶ ἐν ᾧ μέτρῳ μετρεῖτε μετρηθήσεται ὑμῖν

7 4 ⁿ καὶ ἰδοὺ ἡ δοκὸς ἐν τῷ ὀφθαλμῷ σου

7 5 ἔκβαλε πρῶτον ... καὶ τότε διαβλέψεις ἐκβαλεῖν τὸ κάρφος ἐκ τοῦ ὀφθαλμοῦ τοῦ ἀδελφοῦ σου

7 6 μήποτε καταπατήσουσιν (-ωσιν MVSς) αὐτοὺς ... καὶ στραφέντες ῥήξωσιν ὑμᾶς. ↔

7 7 αἰτεῖτε, καὶ δοθήσεται ὑμῖν· ↔

7 7 ζητεῖτε, καὶ εὑρήσετε· ↔

7 7 κρούετε, καὶ ἀνοιγήσεται ὑμῖν. ↔

7 8 πᾶς γὰρ ὁ αἰτῶν λαμβάνει, καὶ ὁ ζητῶν εὑρίσκει, ↔

7 8 καὶ τῷ κρούοντι ἀνοιγήσεται

7 10 ʲˢ | ἢ καὶ ἰχθὺν αἰτήσει (κ. ἐὰν ἰ. αἰτήσῃ VSς), μὴ ὄφιν ἐπιδώσει αὐτῷ;

7 12 ᵍᵘ οὕτως καὶ ὑμεῖς ποιεῖτε αὐτοῖς· ↔

7 12 οὗτος γάρ ἐστιν ὁ νόμος καὶ οἱ προφῆται

7 13 πλατεῖα | ἡ πύλη ([NST]; —H) καὶ εὐρύχωρος ἡ ὁδὸς ἡ ἀπάγουσα εἰς τὴν ἀπώλειαν, ↔

7 13 καὶ πολλοί εἰσιν οἱ εἰσερχόμενοι δι᾿ αὐτῆς· ↔

7 14 τί (ὅτι ΝΒΤΗς) στενὴ | ἡ πύλη [Τ] καὶ τεθλιμμένη ἡ ὁδὸς ἡ ἀπάγουσα εἰς τὴν ζωήν, ↔

7 14 καὶ ὀλίγοι εἰσὶν οἱ εὑρίσκοντες αὐτήν

7 19 πᾶν δένδρον μὴ ποιοῦν καρπὸν καλὸν ἐκκόπτεται καὶ εἰς πῦρ βάλλεται

7 22 οὐ τῷ σῷ ὀνόματι ἐπροφητεύσαμεν, καὶ τῷ σῷ ὀνόματι δαιμόνια ἐξεβάλομεν, ↔

7 22 καὶ τῷ σῷ ὀνόματι δυνάμεις πολλὰς ἐποιήσαμεν;

7 23 καὶ τότε ὁμολογήσω αὐτοῖς

7 24 πᾶς οὖν ὅστις ἀκούει μου τοὺς λόγους τούτους [H] καὶ ποιεῖ αὐτούς

7 25 καὶ κατέβη ἡ βροχὴ ↔

7 25 καὶ ἦλθον οἱ ποταμοὶ ↔

7 25 καὶ ἔπνευσαν οἱ ἄνεμοι ↔

7 25 καὶ προσέπεσαν τῇ οἰκίᾳ ἐκείνῃ, ↔

7 25 ᵃ καὶ οὐκ ἔπεσεν

7 26 καὶ πᾶς ὁ ἀκούων μου τοὺς λόγους τούτους

7 26 ᵇ καὶ μὴ ποιῶν αὐτοὺς ὁμοιωθήσεται ἀνδρὶ μωρῷ

7 27 καὶ κατέβη ἡ βροχὴ ↔

7 27 καὶ ἦλθον οἱ ποταμοὶ ↔

7 27 καὶ ἔπνευσαν οἱ ἄνεμοι ↔

7 27 καὶ προσέκοψαν τῇ οἰκίᾳ ἐκείνῃ, ↔

Mt 7 27 καὶ ἔπεσεν, ↔

7 27 καὶ ἦν ἡ πτῶσις αὐτῆς μεγάλη. ↔

7 28 καὶ ἐγένετο ὅτε ἐτέλεσεν (συν- Sς) ὁ Ἰησοῦς τοὺς λόγους τούτους

7 29ᵃ ἦν γὰρ διδάσκων αὐτοὺς ὡς ἐξουσίαν ἔχων, καὶ οὐχ ὡς οἱ γραμματεῖς αὐτῶν

8 2ⁿ καὶ ἰδοὺ λεπρὸς προσελθὼν προσεκύνει αὐτῷ λέγων

8 3 καὶ ἐκτείνας τὴν χεῖρα ἥψατο αὐτοῦ λέγων

8 3 καὶ εὐθέως ἐκαθαρίσθη αὐτοῦ ἡ λέπρα. ↔

8 4 καὶ λέγει αὐτῷ ὁ Ἰησοῦς

8 4 ὕπαγε σεαυτὸν δεῖξον τῷ ἱερεῖ καὶ προσένεγκον (-κε VSς) τὸ δῶρον

8 6 ⟨παρακαλῶν αὐτὸν⟩ καὶ λέγων

8 7 καὶ (—NTH) λέγει αὐτῷ (+ὁ Ἰησοῦς VBς)

8 8 | καὶ ἀποκριθεὶς (ἀ. δὲ NMTH) ὁ ἑκατόνταρχος ἔφη

8 8 μόνον εἰπὲ λόγῳ, καὶ ἰαθήσεται ὁ παῖς μου. ↔

8 9ᵈ καὶ γὰρ ἐγὼ ἄνθρωπός εἰμι ὑπὸ ἐξουσίαν [+τασσόμενος H]

8 9 καὶ λέγω τούτῳ· ↔

8 9 πορεύθητι, καὶ πορεύεται, ↔

8 9 καὶ ἄλλῳ· ↔

8 9 ἔρχου, καὶ ἔρχεται, ↔

8 9 καὶ τῷ δούλῳ μου· ↔

8 9 ποίησον τοῦτο, καὶ ποιεῖ. ↔

8 10 ἀκούσας δὲ ὁ Ἰησοῦς ἐθαύμασεν καὶ εἶπεν τοῖς ἀκολουθοῦσιν

8 11 πολλοὶ ἀπὸ ἀνατολῶν καὶ δυσμῶν ἥξουσιν ↔

8 11 καὶ ἀνακλιθήσονται μετὰ Ἀβραάμ ↔

8 11 καὶ Ἰσαὰκ ↔

8 11 καὶ Ἰακὼβ ἐν τῇ βασιλείᾳ τῶν οὐρανῶν

8 12 ἐκεῖ ἔσται ὁ κλαυθμὸς καὶ ὁ βρυγμὸς τῶν ὀδόντων. ↔

8 13 καὶ εἶπεν ὁ Ἰησοῦς τῷ ἑκατοντάρχῃ· ↔

8 13ᵏ * ὕπαγε, καὶ (+[M]VSς) ὡς ἐπίστευσας γενηθήτω σοι. ↔

8 13 καὶ ἰάθη ὁ παῖς αὐτοῦ (+[N²⁶]ς) ἐν τῇ ὥρᾳ ἐκείνῃ.

8 14 καὶ ἐλθὼν ὁ Ἰησοῦς εἰς τὴν οἰκίαν Πέτρου

8 14 εἶδεν τὴν πενθερὰν αὐτοῦ βεβλημένην καὶ πυρέσσουσαν· ↔

8 15 καὶ ἥψατο τῆς χειρὸς αὐτῆς, ↔

8 15 καὶ ἀφῆκεν αὐτὴν ὁ πυρετός· ↔

8 15 καὶ ἠγέρθη, ↔

8 15 καὶ διηκόνει αὐτῷ

8 16 καὶ ἐξέβαλεν τὰ πνεύματα λόγῳ, ↔

8 16 καὶ πάντας τοὺς κακῶς ἔχοντας ἐθεράπευσεν

8 17 αὐτὸς τὰς ἀσθενείας ἡμῶν ἔλαβεν καὶ τὰς νόσους ἐβάστασεν

8 19 καὶ προσελθὼν εἷς γραμματεὺς εἶπεν αὐτῷ

8 20 καὶ λέγει αὐτῷ ὁ Ἰησοῦς· ↔

8 20 αἱ ἀλώπεκες φωλεοὺς ἔχουσιν καὶ τὰ πετεινὰ τοῦ οὐρανοῦ κατασκηνώσεις

8 21 ἐπίτρεψόν μοι πρῶτον ἀπελθεῖν καὶ θάψαι τὸν πατέρα μου

8 22 ἀκολούθει μοι, καὶ ἄφες τοὺς νεκροὺς θάψαι τοὺς ἑαυτῶν νεκρούς. ↔

8 23 καὶ ἐμβάντι αὐτῷ εἰς τὸ ([MV]; —BSH) πλοῖον, ἠκολούθησαν αὐτῷ οἱ μαθηταὶ αὐτοῦ.

Mt 8 24ⁿ καὶ ἰδοὺ σεισμὸς μέγας ἐγένετο ἐν τῇ θαλάσσῃ

8 25 καὶ προσελθόντες (+οἱ μαθηταὶ VBSς) ἤγειραν αὐτόν

8 26 καὶ λέγει αὐτοῖς

8 26 ἐγερθεὶς ἐπετίμησεν τοῖς ἀνέμοις καὶ τῇ θαλάσσῃ, ↔

8 26 καὶ ἐγένετο γαλήνη μεγάλη

8 27ᵛ ποταπός ἐστιν οὗτος, ὅτι καὶ οἱ ἄνεμοι ↔

8 27 καὶ ἡ θάλασσα αὐτῷ ὑπακούουσιν; ↔

8 28 καὶ ἐλθόντος αὐτοῦ εἰς τὸ πέραν ... ὑπήντησαν αὐτῷ δύο δαιμονιζόμενοι

8 29ⁿ καὶ ἰδοὺ ἔκραξαν λέγοντες· ↔

8 29ᶠ τί ἡμῖν καὶ σοί, υἱὲ τοῦ θεοῦ;

8 32 καὶ εἶπεν αὐτοῖς

8 32ⁿ καὶ ἰδοὺ ὥρμησεν πᾶσα ἡ ἀγέλη (+τῶν χοίρων [S]ς) ... εἰς τὴν θάλασσαν, ↔

8 32 καὶ ἀπέθανον ἐν τοῖς ὕδασιν. ↔

8 33 οἱ δὲ βόσκοντες ἔφυγον, καὶ ἀπελθόντες εἰς τὴν πόλιν ἀπήγγειλαν πάντα ↔

8 33 καὶ τὰ τῶν δαιμονιζομένων. ↔

8 34ⁿ καὶ ἰδοὺ πᾶσα ἡ πόλις ἐξῆλθεν εἰς ὑπάντησιν (συν- VSς) τῷ (τοῦ T) Ἰησοῦ, ↔

8 34 καὶ ἰδόντες αὐτὸν παρεκάλεσαν ὅπως μεταβῇ ἀπὸ τῶν ὁρίων αὐτῶν. ↔

9 1 καὶ ἐμβὰς εἰς (+τὸ [V]ς) πλοῖον διεπέρασεν, ↔

9 1 καὶ ἦλθεν εἰς τὴν ἰδίαν πόλιν. ↔

9 2ⁿ καὶ ἰδοὺ προσέφερον αὐτῷ παραλυτικὸν ἐπὶ κλίνης βεβλημένον. ↔

9 2 καὶ ἰδὼν ὁ Ἰησοῦς τὴν πίστιν αὐτῶν εἶπεν τῷ παραλυτικῷ

9 3ⁿ καὶ ἰδού τινες τῶν γραμματέων εἶπαν ἐν ἑαυτοῖς

9 4 καὶ ἰδὼν (εἰδὼς NMBH) ὁ Ἰησοῦς τὰς ἐνθυμήσεις αὐτῶν εἶπεν

9 5 ἔγειρε καὶ περιπάτει

9 6 ἐγερθεὶς (ἔγειρε NH) ἄρόν σου τὴν κλίνην καὶ ὕπαγε εἰς τὸν οἶκόν σου. ↔

9 7 καὶ ἐγερθεὶς ἀπῆλθεν εἰς τὸν οἶκον αὐτοῦ. ↔

9 8 ἰδόντες δὲ οἱ ὄχλοι ἐφοβήθησαν καὶ ἐδόξασαν τὸν θεὸν

9 9 καὶ παράγων ὁ Ἰησοῦς ἐκεῖθεν εἶδεν ἄνθρωπον

9 9 καὶ λέγει αὐτῷ

9 9 καὶ ἀναστὰς ἠκολούθησεν (-θει ST) αὐτῷ. ↔

9 10 καὶ ἐγένετο αὐτοῦ ἀνακειμένου ἐν τῇ οἰκίᾳ, ↔

9 10ⁿ καὶ (—T) ἰδοὺ πολλοὶ τελῶναι ↔

9 10 καὶ ἁμαρτωλοὶ ἐλθόντες συνανέκειντο τῷ Ἰησοῦ

9 10 καὶ τοῖς μαθηταῖς αὐτοῦ. ↔

9 11 καὶ ἰδόντες οἱ Φαρισαῖοι ἔλεγον (εἶπον Sς) τοῖς μαθηταῖς αὐτοῦ· ↔

9 11 διὰ τί μετὰ τῶν τελωνῶν καὶ ἁμαρτωλῶν ἐσθίει ὁ διδάσκαλος ὑμῶν;

9 13ᵃ ἔλεος θέλω καὶ οὐ θυσίαν

9 14 διὰ τί ἡμεῖς καὶ οἱ Φαρισαῖοι νηστεύομεν πολλά ([N²⁶M]; —NTH) ⟨;⟩

9 15 καὶ εἶπεν αὐτοῖς ὁ Ἰησοῦς

9 15 ἐλεύσονται δὲ ἡμέραι ... καὶ τότε νηστεύσουσιν

Mt 9 16 αἴρει γὰρ τὸ πλήρωμα αὐτοῦ ἀπὸ τοῦ ἱματίου, καὶ χεῖρον σχίσμα γίνεται

9 17 ῥήγνυνται οἱ ἀσκοί, καὶ ὁ οἶνος ἐκχεῖται ↔

9 17 καὶ οἱ ἀσκοὶ ἀπόλλυνται. ↔

9 17 ἀλλὰ βάλλουσιν οἶνον νέον εἰς ἀσκοὺς καινούς, καὶ ἀμφότεροι (-τερα ς) συντηροῦνται

9 18 ἀλλὰ ἐλθὼν ἐπίθες τὴν χεῖρά σου ἐπ᾽ αὐτήν, καὶ ζήσεται. ↔

9 19 καὶ ἐγερθεὶς ὁ Ἰησοῦς ἠκολούθησεν (-θει NTH) αὐτῷ ↔

9 19 καὶ οἱ μαθηταὶ αὐτοῦ. ↔

9 20ⁿ καὶ ἰδοὺ γυνὴ αἱμορροοῦσα ... ἥψατο τοῦ κρασπέδου τοῦ ἱματίου αὐτοῦ

9 22 ὁ δὲ Ἰησοῦς (—T) στραφεὶς καὶ ἰδὼν αὐτὴν εἶπεν

9 22 καὶ ἐσώθη ἡ γυνὴ ἀπὸ τῆς ὥρας ἐκείνης. ↔

9 23 καὶ ἐλθὼν ὁ Ἰησοῦς εἰς τὴν οἰκίαν τοῦ ἄρχοντος ↔

9 23 καὶ ἰδὼν τοὺς αὐλητὰς ↔

9 23 καὶ τὸν ὄχλον θορυβούμενον ⟨ἔλεγεν⟩

9 24 καὶ κατεγέλων αὐτοῦ

9 25 ἐκράτησεν τῆς χειρὸς αὐτῆς, καὶ ἠγέρθη τὸ κοράσιον.

9 26 καὶ ἐξῆλθεν ἡ φήμη αὕτη (αὐτῆς S) εἰς ὅλην τὴν γῆν ἐκείνην. ↔

9 27 καὶ παράγοντι ἐκεῖθεν τῷ Ἰησοῦ ἠκολούθησαν αὐτῷ ([N²⁶MS]; —NH) δύο τυφλοὶ ↔

9 27 κράζοντες καὶ λέγοντες

9 28 καὶ λέγει αὐτοῖς ὁ Ἰησοῦς

9 30 καὶ ἠνεῴχθησαν αὐτῶν οἱ ὀφθαλμοί. ↔

9 30 καὶ ἐνεβριμήθη αὐτοῖς ὁ Ἰησοῦς

9 33 καὶ ἐκβληθέντος τοῦ δαιμονίου ἐλάλησεν ὁ κωφός. ↔

9 33 καὶ ἐθαύμασαν οἱ ὄχλοι λέγοντες

9 35 καὶ περιῆγεν ὁ Ἰησοῦς τὰς πόλεις πάσας ↔

9 35 καὶ τὰς κώμας, ↔

9 35 διδάσκων ... καὶ κηρύσσων τὸ εὐαγγέλιον τῆς βασιλείας ↔

9 35 καὶ θεραπεύων πᾶσαν νόσον ↔

9 35 καὶ πᾶσαν μαλακίαν

9 36 ὅτι ἦσαν ἐσκυλμένοι καὶ ἐρριμμένοι ὡσεὶ πρόβατα μὴ ἔχοντα ποιμένα

10 1 καὶ προσκαλεσάμενος τοὺς δώδεκα ... ἔδωκεν αὐτοῖς ἐξουσίαν [+κατὰ S] πνευμάτων ἀκαθάρτων ↔

10 1 ὥστε ἐκβάλλειν αὐτά, καὶ θεραπεύειν πᾶσαν νόσον ↔

10 1 καὶ πᾶσαν μαλακίαν

10 2 πρῶτος Σίμων ὁ λεγόμενος Πέτρος καὶ Ἀνδρέας ὁ ἀδελφὸς αὐτοῦ, ↔

10 2 καὶ (—VSς) Ἰάκωβος ὁ τοῦ Ζεβεδαίου

10 2 καὶ Ἰωάννης ὁ ἀδελφὸς αὐτοῦ, ↔

10 3 Φίλιππος καὶ Βαρθολομαῖος, ↔

10 3 Θωμᾶς καὶ Μαθθαῖος ὁ τελώνης, ↔

10 3 Ἰάκωβος ὁ τοῦ Ἀλφαίου καὶ Θαδδαῖος (Λεββαῖος T; Λ. ὁ ἐπικληθεὶς Θ. Sς), ↔

10 4 Σίμων ὁ Καναναῖος καὶ Ἰούδας ὁ Ἰσκαριώτης ↔

10 4 ὁ καὶ παραδοὺς αὐτόν

10 5 εἰς ὁδὸν ἐθνῶν μὴ ἀπέλθητε, καὶ εἰς πόλιν Σαμαριτῶν μὴ εἰσέλθητε

10 13ʲ καὶ ἐὰν μὲν ᾖ ἡ οἰκία ἀξία

10 14 καὶ ὃς ἂν μὴ δέξηται ὑμᾶς

Mt 10 15 ἀνεκτότερον ἔσται γῇ Σοδόμων
καὶ Γομόρρων ἐν ἡμέρᾳ κρίσεως

10 16 γίνεσθε οὖν φρόνιμοι ὡς οἱ ὄφεις
καὶ ἀκέραιοι ὡς αἱ περιστεραί

10 17 παραδώσουσιν ... εἰς συνέδρια,
καὶ ἐν ταῖς συναγωγαῖς αὐτῶν
μαστιγώσουσιν ὑμᾶς· ↔

10 18 καὶ ἐπὶ ἡγεμόνας ↔

10 18ᵃ δὲ καὶ βασιλεῖς ἀχθήσεσθε ἕνεκεν
ἐμοῦ,

10 18 εἰς μαρτύριον αὐτοῖς καὶ τοῖς
ἔθνεσιν

10 21 παραδώσει δὲ ἀδελφὸς ἀδελφὸν
εἰς θάνατον καὶ πατὴρ τέκνον, ↔

10 21 καὶ ἐπαναστήσονται τέκνα ἐπὶ
γονεῖς ↔

10 21 καὶ θανατώσουσιν αὐτούς. ↔

10 22 καὶ ἔσεσθε μισούμενοι ὑπὸ πάντων

10 25 ἵνα γένηται ὡς ὁ διδάσκαλος
αὐτοῦ, καὶ ὁ δοῦλος ὡς ὁ κύριος
αὐτοῦ

10 26 οὐδὲν γάρ ἐστιν κεκαλυμμένον ...
καὶ κρυπτὸν ὃ οὐ γνωσθήσεται. ↔

10 27 ὃ λέγω ὑμῖν ἐν τῇ σκοτίᾳ ... καὶ ὃ
εἰς τὸ οὖς ἀκούετε

10 28ᵇ καὶ μὴ φοβεῖσθε (-βηθῆτε ΜΗς)
ἀπὸ τῶν ἀποκτεννόντων (ἀπο-
κτειν. Ης) τὸ σῶμα

10 28 φοβεῖσθε (-βήθητε Sς) δὲ μᾶλλον
τὸν δυνάμενον καὶ ψυχὴν ↔

10 28 καὶ σῶμα ἀπολέσαι ἐν γεέννῃ

10 29 οὐχὶ δύο στρουθία ... καὶ ἓν
ἐξ αὐτῶν οὐ πεσεῖται ἐπὶ τὴν γῆν
ἄνευ τοῦ πατρὸς ὑμῶν. ↔

10 30 ὑμῶν δὲ καὶ αἱ τρίχες τῆς κεφαλῆς
πᾶσαι ἠριθμημέναι εἰσίν

10 35 διχάσαι ἄνθρωπον κατὰ τοῦ πα-
τρὸς αὐτοῦ καὶ θυγατέρα κατὰ τῆς
μητρὸς αὐτῆς ↔

10 35 καὶ νύμφην κατὰ τῆς πενθερᾶς
αὐτῆς, ↔

10 36 καὶ ἐχθροὶ τοῦ ἀνθρώπου οἱ
οἰκιακοὶ αὐτοῦ. ↔

10 37 ὁ φιλῶν πατέρα ἢ μητέρα ... καὶ
ὁ φιλῶν υἱὸν ἢ θυγατέρα ὑπὲρ ἐμὲ
οὐκ ἔστιν μου ἄξιος· ↔

10 38 καὶ ὃς οὐ λαμβάνει τὸν σταυρὸν
αὐτοῦ ↔

10 38 καὶ ἀκολουθεῖ ὀπίσω μου

10 39 ὁ εὑρὼν τὴν ψυχὴν αὐτοῦ ... καὶ
ὁ ἀπολέσας τὴν ψυχὴν αὐτοῦ ἕνε-
κεν ἐμοῦ εὑρήσει αὐτήν

10 40 ὁ δεχόμενος ὑμᾶς ἐμὲ δέχεται, καὶ ὁ
ἐμὲ δεχόμενος δέχεται τὸν ἀποστεί-
λαντά με.

10 41 ὁ δεχόμενος προφήτην ... καὶ ὁ
δεχόμενος δίκαιον εἰς ὄνομα δικαίου
μισθὸν δικαίου λήμψεται. ↔

10 42 καὶ ὃς ἂν (Ν²⁶Η; ἐὰν rl) ποτίσῃ
ἕνα τῶν μικρῶν τούτων ποτήριον
ψυχροῦ μόνον

11 1 καὶ ἐγένετο ὅτε ἐτέλεσεν ὁ Ἰησοῦς
διατάσσων τοῖς δώδεκα ... μετέβη
ἐκεῖθεν

11 1 τοῦ διδάσκειν καὶ κηρύσσειν ἐν
ταῖς πόλεσιν αὐτῶν

11 4 καὶ ἀποκριθεὶς ὁ Ἰησοῦς εἶπεν
αὐτοῖς· ↔

11 4 πορευθέντες ἀπαγγείλατε Ἰωάννῃ
ἃ ἀκούετε καὶ βλέπετε· ↔

11 5 τυφλοὶ ἀναβλέπουσιν καὶ χωλοὶ
περιπατοῦσιν, ↔

11 5 λεπροὶ καθαρίζονται καὶ κωφοὶ
ἀκούουσιν, ↔

11 5 καὶ (—ς) νεκροὶ ἐγείρονται ↔

Mt 11 5 καὶ πτωχοὶ εὐαγγελίζονται· ↔

11 6 καὶ μακάριός ἐστιν ὃς ἐὰν (ἂν Η)
μὴ σκανδαλισθῇ ἐν ἐμοί

11 9 ναὶ λέγω ὑμῖν, καὶ περισσότερον
προφήτου

11 12 ἡ βασιλεία τῶν οὐρανῶν βιάζεται,
καὶ βιασταὶ ἁρπάζουσιν αὐτήν. ↔

11 13 πάντες γὰρ οἱ προφῆται καὶ ὁ
νόμος ἕως Ἰωάννου ἐπροφήτευ-
σαν· ↔

11 14ʲ καὶ εἰ θέλετε δέξασθαι, αὐτός
ἐστιν Ἠλίας

11 16 * ὁμοία ἐστὶν παιδίοις καθημένοις
ἐν ταῖς ἀγοραῖς | καὶ προσφωνοῦσι
(ς· & -οῦντα rl) τοῖς ἑτέροις ↔

11 17 * καὶ (+ς) λέγουσιν· ↔

11 17ᵃ ηὐλήσαμεν ὑμῖν καὶ οὐκ ὠρχή-
σασθε· ↔

11 17ᵃ ἐθρηνήσαμεν καὶ οὐκ ἐκόψασθε. ↔

11 18 ἦλθεν γὰρ Ἰωάννης μήτε ἐσθίων
μήτε πίνων, καὶ λέγουσιν

11 19 ἦλθεν ὁ υἱὸς τοῦ ἀνθρώπου
ἐσθίων καὶ πίνων, ↔

11 19 καὶ λέγουσιν· ↔

11 19 ἰδοὺ ἄνθρωπος φάγος καὶ οἰνο-
πότης, ↔

11 19 τελωνῶν φίλος καὶ ἁμαρτωλῶν. ↔

11 19 καὶ ἐδικαιώθη ἡ σοφία ἀπὸ τῶν
ἔργων (τέκνων Vς) αὐτῆς

11 21 εἰ ἐν Τύρῳ καὶ Σιδῶνι ἐγένοντο αἱ
δυνάμεις αἱ γενόμεναι ἐν ὑμῖν,

11 21 πάλαι ἂν ἐν σάκκῳ καὶ σποδῷ
μετενόησαν

11 22 Τύρῳ καὶ Σιδῶνι ἀνεκτότερον
ἔσται ἐν ἡμέρᾳ κρίσεως ἢ ὑμῖν. ↔

11 23ᶠ καὶ σύ, Καφαρναούμ, μὴ ἕως
(+τοῦ Vς) οὐρανοῦ ὑψωθήσῃ;

11 25 κύριε τοῦ οὐρανοῦ καὶ τῆς γῆς, ↔

11 25 ὅτι ἔκρυψας ταῦτα ἀπὸ σοφῶν καὶ
συνετῶν,

11 25 καὶ ἀπεκάλυψας αὐτὰ νηπίοις

11 27ᶜ καὶ οὐδεὶς ἐπιγινώσκει τὸν υἱὸν
εἰ μὴ ὁ πατήρ, ↔

11 27 οὐδὲ τὸν πατέρα τις ἐπιγινώσκει
εἰ μὴ ὁ υἱὸς καὶ ᾧ ἐὰν βούληται ὁ
υἱὸς ἀποκαλύψαι. ↔

11 28 δεῦτε πρός με πάντες οἱ κοπιῶντες
καὶ πεφορτισμένοι

11 29 ἄρατε τὸν ζυγόν μου ἐφ' ὑμᾶς καὶ
μάθετε ἀπ' ἐμοῦ, ↔

11 29 ὅτι πραΰς εἰμι καὶ ταπεινὸς τῇ
καρδίᾳ, ↔

11 29 καὶ εὑρήσετε ἀνάπαυσιν ταῖς
ψυχαῖς ὑμῶν· ↔

11 30 ὁ γὰρ ζυγός μου χρηστὸς καὶ τὸ
φορτίον μου ἐλαφρόν ἐστιν

12 1 οἱ δὲ μαθηταὶ αὐτοῦ ἐπείνασαν,
καὶ ἤρξαντο τίλλειν στάχυας ↔

12 1 καὶ ἐσθίειν

12 3 ὅτε ἐπείνασεν (+αὐτὸς ς) καὶ οἱ
μετ' αὐτοῦ ↔

12 4 πῶς εἰσῆλθεν εἰς τὸν οἶκον τοῦ θε-
οῦ καὶ τοὺς ἄρτους τῆς προθέσεως
ἔφαγον (-γεν MVBSς)

12 5 τοῖς σάββασιν οἱ ἱερεῖς ... τὸ σάβ-
βατον βεβηλοῦσιν καὶ ἀναίτιοί εἰ-
σιν

12 7ᵃ ἔλεος θέλω καὶ οὐ θυσίαν

12 8 * κύριος γάρ ἐστιν καὶ (+ς) τοῦ
σαββάτου ὁ υἱὸς τοῦ ἀνθρώπου. ↔

12 9 καὶ μεταβὰς ἐκεῖθεν ἦλθεν εἰς τὴν
συναγωγὴν αὐτῶν. ↔

12 10ⁿ καὶ ἰδοὺ ἄνθρωπος (+ἦν ς) (+
τὴν BSς) χεῖρα ἔχων ξηράν· ↔

12 10 καὶ ἐπηρώτησαν αὐτὸν λέγοντες

Mt 12 11ʲ καὶ ἐὰν ἐμπέσῃ τοῦτο τοῖς σάββα-
σιν εἰς βόθυνον, ↔

12 11 οὐχὶ κρατήσει αὐτὸ καὶ ἐγερεῖ;

12 13 καὶ ἐξέτεινεν, ↔

12 13 καὶ ἀπεκατεστάθη ὑγιὴς ὡς ἡ ἄλλη

12 15 καὶ ἠκολούθησαν αὐτῷ ὄχλοι
(+[Ν²⁶Μ]Vς) πολλοί, ↔

12 15 καὶ ἐθεράπευσεν αὐτοὺς πάντας,

12 16 καὶ ἐπετίμησεν αὐτοῖς

12 18 θήσω τὸ πνεῦμά μου ἐπ' αὐτόν,
καὶ κρίσιν τοῖς ἔθνεσιν ἀπαγγελεῖ

12 20 κάλαμον συντετριμμένον οὐ κατεά-
ξει καὶ λίνον τυφόμενον οὐ σβέσει

12 21 καὶ τῷ ὀνόματι αὐτοῦ ἔθνη
ἐλπιοῦσιν. ↔

12 22 τότε προσηνέχθη (-ήνεγκαν Η)
αὐτῷ δαιμονιζόμενος (-ον Η)
τυφλὸς (-ὸν Η) καὶ κωφὸς (-όν Η)· ↔

12 22 καὶ ἐθεράπευσεν αὐτόν, ↔

12 22 * ὥστε τὸν | τυφλὸν καὶ (+Vς)
κωφὸν ↔

12 22 * καὶ (+ς) λαλεῖν ↔

12 22 καὶ βλέπειν. ↔

12 23 καὶ ἐξίσταντο πάντες οἱ ὄχλοι ↔

12 23 καὶ ἔλεγον

12 25 πᾶσα βασιλεία μερισθεῖσα ...
καὶ πᾶσα πόλις ἢ οἰκία μερισθεῖσα
καθ' ἑαυτῆς οὐ σταθήσεται. ↔

12 26ʲ καὶ εἰ ὁ σατανᾶς τὸν σατανᾶν
ἐκβάλλει

12 27ʲ καὶ εἰ ἐγὼ ἐν Βεελζεβοὺλ ἐκβάλλω
τὰ δαιμόνια

12 29 πῶς δύναταί τις εἰσελθεῖν εἰς τὴν
οἰκίαν τοῦ ἰσχυροῦ καὶ τὰ σκεύη
αὐτοῦ ἁρπάσαι ⟨;⟩

12 29 καὶ τότε τὴν οἰκίαν αὐτοῦ διαρπά-
σει (-σῃ Τ). ↔

12 30 ὁ μὴ ὢν ... καὶ ὁ μὴ συνάγων
μετ' ἐμοῦ σκορπίζει

12 31 πᾶσα ἁμαρτία καὶ βλασφημία
ἀφεθήσεται τοῖς ἀνθρώποις

12 32 καὶ ὃς ἐὰν εἴπῃ λόγον κατὰ τοῦ
υἱοῦ τοῦ ἀνθρώπου

12 33 ἢ ποιήσατε τὸ δένδρον καλὸν καὶ
τὸν καρπὸν αὐτοῦ καλόν, ↔

12 33 ἢ ποιήσατε τὸ δένδρον σαπρὸν
καὶ τὸν καρπὸν αὐτοῦ σαπρόν

12 35 ὁ ἀγαθὸς ἄνθρωπος ... καὶ ὁ
πονηρὸς ἄνθρωπος ἐκ τοῦ πονηροῦ
θησαυροῦ ἐκβάλλει πονηρά

12 37 ἐκ γὰρ τῶν λόγων σου δικαιωθήσῃ,
καὶ ἐκ τῶν λόγων σου καταδικα-
σθήσῃ. ↔

12 38 τότε ἀπεκρίθησαν αὐτῷ τινες τῶν
γραμματέων καὶ Φαρισαίων

12 39 γενεὰ πονηρὰ καὶ μοιχαλὶς ση-
μεῖον ἐπιζητεῖ, ↔

12 39 καὶ σημεῖον οὐ δοθήσεται αὐτῇ

12 40 ὥσπερ γὰρ ἦν Ἰωνᾶς ἐν τῇ κοιλίᾳ
τοῦ κήτους τρεῖς ἡμέρας καὶ τρεῖς
νύκτας, ↔

12 40 οὕτως ἔσται ὁ υἱὸς τοῦ ἀνθρώπου
ἐν τῇ καρδίᾳ τῆς γῆς τρεῖς ἡμέρας
καὶ τρεῖς νύκτας. ↔

12 41 ἄνδρες Νινευῖται ἀναστήσονται ...
μετὰ τῆς γενεᾶς ταύτης καὶ κατα-
κρινοῦσιν αὐτήν

12 41ⁿ καὶ ἰδοὺ πλεῖον Ἰωνᾶ ὧδε.

12 42 βασίλισσα νότου ἐγερθήσεται ...
μετὰ τῆς γενεᾶς ταύτης καὶ κατα-
κρινεῖ αὐτήν

12 42ⁿ καὶ ἰδοὺ πλεῖον Σολομῶνος ὧδε

12 43ᵃ διέρχεται ... ζητοῦν ἀνάπαυσιν,
καὶ οὐχ εὑρίσκει

12 44 καὶ ἐλθὸν εὑρίσκει σχολάζοντα ↔

Mt 12 44 * καὶ (+[NH]T) σεσαρωμένον ↔
12 44 καὶ κεκοσμημένον. ↔
12 45 τότε πορεύεται καὶ παραλαμβάνει μεθ' ἑαυτοῦ ἑπτὰ ἕτερα πνεύματα πονηρότερα ἑαυτοῦ, ↔
12 45 καὶ εἰσελθόντα κατοικεῖ ἐκεῖ· ↔
12 45 καὶ γίνεται τὰ ἔσχατα ... χείρονα τῶν πρώτων. ↔
12 45 οὕτως ἔσται καὶ τῇ γενεᾷ ταύτῃ
12 46 ἰδοὺ ἡ μήτηρ καὶ οἱ ἀδελφοὶ αὐτοῦ εἰστήκεισαν ἔξω
12 47 | ἰδοὺ ἡ μήτηρ σου καὶ οἱ ἀδελφοί σου ἔξω ἑστήκασιν (..+[N26NT] MVBς..)
12 48 τίς ἐστιν ἡ μήτηρ μου, καὶ τίνες εἰσὶν οἱ ἀδελφοί μου; ↔
12 49 καὶ ἐκτείνας τὴν χεῖρα αὐτοῦ ([NH]; —T) ἐπὶ τοὺς μαθητὰς αὐτοῦ εἶπεν· ↔
12 49 ἰδοὺ ἡ μήτηρ μου καὶ οἱ ἀδελφοί μου
12 50 * αὐτός μου καὶ (+S) ἀδελφὸς
12 50 καὶ ἀδελφὴ ↔
12 50 καὶ μήτηρ ἐστίν
13 2 καὶ συνήχθησαν πρὸς αὐτὸν ὄχλοι πολλοί
13 2 καὶ πᾶς ὁ ὄχλος ἐπὶ τὸν αἰγιαλὸν εἰστήκει. ↔
13 3 καὶ ἐλάλησεν αὐτοῖς πολλὰ ἐν παραβολαῖς λέγων
13 4 καὶ ἐν τῷ σπείρειν αὐτὸν ἃ μὲν ἔπεσεν παρὰ τὴν ὁδόν, ↔
13 4 καὶ ἐλθόντα (ἦλθεν VTς) τὰ πετεινὰ ↔
13 4 * καὶ (+VTς) κατέφαγεν αὐτά
13 5 καὶ εὐθέως ἐξανέτειλεν διὰ τὸ μὴ ἔχειν βάθος γῆς
13 6 ἐκαυματίσθη, καὶ διὰ τὸ μὴ ἔχειν ῥίζαν ἐξηράνθη. ↔
13 7 ἄλλα δὲ ἔπεσεν ἐπὶ τὰς ἀκάνθας, καὶ ἀνέβησαν αἱ ἄκανθαι
13 7 καὶ ἔπνιξαν (ἀπ- NMVHς) αὐτά. ↔
13 8 ἄλλα δὲ ἔπεσεν ἐπὶ τὴν γῆν τὴν καλὴν καὶ ἐδίδου καρπόν
13 10 καὶ προσελθόντες οἱ μαθηταὶ εἶπαν αὐτῷ
13 12 ὅστις γὰρ ἔχει, δοθήσεται αὐτῷ καὶ περισσευθήσεται· ↔
13 12 ὅστις δὲ οὐκ ἔχει, καὶ ὃ ἔχει ἀρθήσεται ἀπ' αὐτοῦ
13 13 βλέποντες οὐ βλέπουσιν καὶ ἀκούοντες οὐκ ἀκούουσιν οὐδὲ συνίουσιν. ↔
13 14 καὶ ἀναπληροῦται αὐτοῖς ἡ προφητεία Ἠσαΐου ἡ λέγουσα· ↔
13 14c ἀκοῇ ἀκούσετε καὶ οὐ μὴ συνῆτε, ↔
13 14 καὶ βλέποντες βλέψετε ↔
13 14c καὶ οὐ μὴ ἴδητε
13 15 καὶ τοῖς ὠσὶν βαρέως ἤκουσαν, ↔
13 15 καὶ τοὺς ὀφθαλμοὺς αὐτῶν ἐκάμμυσαν· ↔
13 15 μήποτε ἴδωσιν τοῖς ὀφθαλμοῖς καὶ τοῖς ὠσὶν ἀκούσωσιν
13 15 καὶ τῇ καρδίᾳ συνῶσιν ↔
13 15 καὶ ἐπιστρέψωσιν, ↔
13 15 καὶ ἰάσομαι αὐτούς. ↔
13 16 ὑμῶν δὲ μακάριοι οἱ ὀφθαλμοὶ ὅτι βλέπουσιν, καὶ τὰ ὦτα ὑμῶν [NH]
13 17 πολλοὶ προφῆται καὶ δίκαιοι ἐπεθύμησαν ἰδεῖν ἃ βλέπετε ↔
13 17a καὶ οὐκ εἶδαν ↔
13 17 καὶ ἀκοῦσαι ἃ ἀκούετε ↔
13 17a καὶ οὐκ ἤκουσαν

Mt 13 19b παντὸς ἀκούοντος τὸν λόγον τῆς βασιλείας καὶ μὴ συνιέντος ↔
13 19 ἔρχεται ὁ πονηρὸς καὶ ἁρπάζει τὸ ἐσπαρμένον ἐν τῇ καρδίᾳ αὐτοῦ
13 20 οὗτός ἐστιν ὁ τὸν λόγον ἀκούων καὶ εὐθὺς ... λαμβάνων αὐτόν
13 22 οὗτός ἐστιν ὁ τὸν λόγον ἀκούων, καὶ ἡ μέριμνα τοῦ αἰῶνος (+τούτου [M]VSς)
13 22 καὶ ἡ ἀπάτη τοῦ πλούτου συμπνίγει τὸν λόγον, ↔
13 22 καὶ ἄκαρπος γίνεται
13 23 οὗτός ἐστιν ὁ τὸν λόγον ἀκούων καὶ συνιείς (συνιῶν VSς), ↔
13 23 ὃς δὴ καρποφορεῖ καὶ ποιεῖ ὁ μὲν ἑκατόν
13 25 ἦλθεν αὐτοῦ ὁ ἐχθρὸς καὶ ἐπέσπειρεν ζιζάνια ἀνὰ μέσον τοῦ σίτου ↔
13 25 καὶ ἀπῆλθεν.
13 26 ὅτε δὲ ἐβλάστησεν ὁ χόρτος καὶ καρπὸν ἐποίησεν, ↔
13 26 τότε ἐφάνη καὶ τὰ ζιζάνια
13 30 καὶ ἐν (+τῷ Sς) καιρῷ τοῦ θερισμοῦ ἐρῶ τοῖς θερισταῖς· ↔
13 30 συλλέξατε πρῶτον τὰ ζιζάνια καὶ δήσατε αὐτὰ εἰς [H] δέσμας
13 32 μεῖζον τῶν λαχάνων ἐστὶν καὶ γίνεται δένδρον, ↔
13 32 ὥστε ἐλθεῖν τὰ πετεινὰ τοῦ οὐρανοῦ καὶ κατασκηνοῦν ἐν τοῖς κλάδοις αὐτοῦ
13 34 ἐλάλησεν ὁ Ἰησοῦς ἐν παραβολαῖς ... καὶ χωρὶς παραβολῆς οὐδὲν ἐλάλει αὐτοῖς
13 36 καὶ προσῆλθον αὐτῷ οἱ μαθηταὶ αὐτοῦ λέγοντες
13 40 ὥσπερ οὖν συλλέγεται τὰ ζιζάνια καὶ πυρὶ κατακαίεται ([κατα]- N26; καί. V)
13 41 ἀποστελεῖ ... τοὺς ἀγγέλους αὐτοῦ, καὶ συλλέξουσιν ἐκ τῆς βασιλείας αὐτοῦ πάντα τὰ σκάνδαλα
13 41 καὶ τοὺς ποιοῦντας τὴν ἀνομίαν, ↔
13 42 καὶ βαλοῦσιν αὐτοὺς εἰς τὴν κάμινον τοῦ πυρός· ↔
13 42 ἐκεῖ ἔσται ὁ κλαυθμὸς καὶ ὁ βρυγμὸς τῶν ὀδόντων
13 44 καὶ ἀπὸ τῆς χαρᾶς αὐτοῦ ὑπάγει ↔
13 44 καὶ πωλεῖ πάντα (—NH) ὅσα ἔχει
13 44 καὶ ἀγοράζει τὸν ἀγρὸν ἐκεῖνον
13 46 πέπρακεν πάντα ὅσα εἶχεν καὶ ἠγόρασεν αὐτόν
13 47 σαγήνη βληθείσῃ εἰς τὴν θάλασσαν καὶ ἐκ παντὸς γένους συναγαγούσῃ
13 48 ἀναβιβάσαντες ... καὶ καθίσαντες συνέλεξαν τὰ καλὰ εἰς ἄγγη
13 49 ἐξελεύσονται οἱ ἄγγελοι καὶ ἀφοριοῦσιν τοὺς πονηροὺς ἐκ μέσου τῶν δικαίων
13 50 καὶ βαλοῦσιν αὐτοὺς εἰς τὴν κάμινον τοῦ πυρός· ↔
13 50 ἐκεῖ ἔσται ὁ κλαυθμὸς καὶ ὁ βρυγμὸς τῶν ὀδόντων
13 52 ὅστις ἐκβάλλει ἐκ τοῦ θησαυροῦ αὐτοῦ καινὰ καὶ παλαιά. ↔
13 53 καὶ ἐγένετο ὅτε ἐτέλεσεν ὁ Ἰησοῦς τὰς παραβολὰς ταύτας, μετῆρεν ἐκεῖθεν.
13 54 καὶ ἐλθὼν εἰς τὴν πατρίδα αὐτοῦ ἐδίδασκεν αὐτοὺς ἐν τῇ συναγωγῇ αὐτῶν, ↔

Mt 13 54 ὥστε ἐκπλήσσεσθαι αὐτοὺς καὶ λέγειν· ↔
13 54 πόθεν τούτῳ ἡ σοφία αὕτη καὶ αἱ δυνάμεις;
13 55 οὐχ (οὐχὶ Sς) ἡ μήτηρ αὐτοῦ λέγεται Μαριὰμ καὶ οἱ ἀδελφοὶ αὐτοῦ Ἰάκωβος ↔
13 55 καὶ Ἰωσὴφ ↔
13 55 καὶ Σίμων ↔
13 55 καὶ Ἰούδας; ↔
13 56 καὶ αἱ ἀδελφαὶ αὐτοῦ οὐχὶ πᾶσαι πρὸς ἡμᾶς εἰσιν;
13 57 καὶ ἐσκανδαλίζοντο ἐν αὐτῷ
13 57 οὐκ ἔστιν προφήτης ἄτιμος εἰ μὴ ἐν τῇ (+ἰδίᾳ VST) πατρίδι (+αὐτοῦ ς) καὶ ἐν τῇ οἰκίᾳ αὐτοῦ. ↔
13 58a καὶ οὐκ ἐποίησεν ἐκεῖ δυνάμεις πολλὰς διὰ τὴν ἀπιστίαν αὐτῶν
14 2 καὶ εἶπεν τοῖς παισὶν αὐτοῦ
14 2 καὶ διὰ τοῦτο αἱ δυνάμεις ἐνεργοῦσιν ἐν αὐτῷ
14 3 κρατήσας τὸν Ἰωάννην ἔδησεν αὐτὸν ([N26S]; —NTH) καὶ ἐν (+τῇ B[S]) φυλακῇ ἀπέθετο
14 5 καὶ θέλων αὐτὸν ἀποκτεῖναι ἐφοβήθη τὸν ὄχλον
14 6 ὠρχήσατο ἡ θυγάτηρ τῆς Ἡρῳδιάδος ... καὶ ἤρεσεν τῷ Ἡρῴδῃ
14 9 καὶ λυπηθεὶς (ἐ-θη MVSς) ὁ βασιλεὺς ↔
14 9 διὰ (+δὲ MVSς) τοὺς ὅρκους καὶ τοὺς συνανακειμένους ἐκέλευσεν δοθῆναι, ↔
14 10 καὶ πέμψας ἀπεκεφάλισεν τὸν (+[N26]VBSς) Ἰωάννην ἐν τῇ φυλακῇ. ↔
14 11 καὶ ἠνέχθη ἡ κεφαλὴ αὐτοῦ ἐπὶ (ἐν S) (+τῷ BS) πίνακι ↔
14 11 καὶ ἐδόθη τῷ κορασίῳ, ↔
14 11 καὶ ἤνεγκεν τῇ μητρὶ αὐτῆς. ↔
14 12 καὶ προσελθόντες οἱ μαθηταὶ αὐτοῦ ἦραν τὸ πτῶμα
14 12 καὶ ἔθαψαν αὐτόν (-τό[ν] N26; -τό MVBSς), ↔
14 12 καὶ ἐλθόντες ἀπήγγειλαν τῷ Ἰησοῦ. ↔
14 13 * | καὶ ἀκούσας (ς; ἀκ. δὲ rl) ὁ Ἰησοῦς ἀνεχώρησεν ἐκεῖθεν
14 13 καὶ ἀκούσαντες οἱ ὄχλοι ἠκολούθησαν αὐτῷ πεζῇ ἀπὸ τῶν πόλεων. ↔
14 14 καὶ ἐξελθὼν εἶδεν πολὺν ὄχλον, ↔
14 14 καὶ ἐσπλαγχνίσθη ἐπ' αὐτοῖς ↔
14 14 καὶ ἐθεράπευσεν τοὺς ἀρρώστους αὐτῶν
14 15 ἔρημός ἐστιν ὁ τόπος καὶ ἡ ὥρα | ἤδη παρῆλθεν (~T)
14 17 οὐκ ἔχομεν ὧδε εἰ μὴ πέντε ἄρτους καὶ δύο ἰχθύας
14 19 καὶ κελεύσας τοὺς ὄχλους ἀνακλιθῆναι ἐπὶ τοῦ χόρτου, ↔
14 19 * καὶ (+ς) λαβὼν τοὺς πέντε ἄρτους ↔
14 19 καὶ τοὺς δύο ἰχθύας ... εὐλόγησεν, ↔
14 19 καὶ κλάσας ἔδωκεν τοῖς μαθηταῖς τοὺς ἄρτους
14 20 καὶ ἔφαγον πάντες ↔
14 20 καὶ ἐχορτάσθησαν· ↔
14 20 καὶ ἦραν τὸ περισσεῦον τῶν κλασμάτων
14 21 πεντακισχίλιοι χωρὶς γυναικῶν καὶ παιδίων. ↔
14 22 καὶ εὐθέως ([NH]; —T) ἠνάγκασεν τοὺς μαθητὰς ἐμβῆναι εἰς τὸ (—BSH) πλοῖον

Mt 14 22 καὶ προάγειν αὐτὸν εἰς τὸ πέραν

14 23 καὶ ἀπολύσας τοὺς ὄχλους ἀνέβη εἰς τὸ ὄρος

14 26 * | καὶ ἰδόντες αὐτὸν οἱ μαθηταὶ (VSς; ἰ. δὲ αὐ. T; οἱ δὲ μ. ἰ. αὐ. rl) ἐπὶ τῆς θαλάσσης περιπατοῦντα ἐταράχθησαν

14 26 καὶ ἀπὸ τοῦ φόβου ἔκραξαν

14 29 καὶ καταβὰς ἀπὸ τοῦ πλοίου ὁ (+[N²⁶]VBSς) Πέτρος περιεπάτησεν ἐπὶ τὰ ὕδατα

14 29 | καὶ ἦλθεν (ἐλθεῖν Vς) πρὸς τὸν Ἰησοῦν

14 30 καὶ ἀρξάμενος καταποντίζεσθαι ἔκραξεν λέγων

14 31 ἐπελάβετο αὐτοῦ, καὶ λέγει αὐτῷ

14 32 καὶ ἀναβάντων αὐτῶν εἰς τὸ πλοῖον ἐκόπασεν ὁ ἄνεμος

14 34 καὶ διαπεράσαντες ἦλθον | ἐπὶ τὴν γῆν εἰς (εἰς τ. γ. Sς) Γεννησαρέτ. ↔

14 35 καὶ ἐπιγνόντες αὐτὸν οἱ ἄνδρες τοῦ τόπου ἐκείνου ἀπέστειλαν εἰς ὅλην τὴν περίχωρον ἐκείνην, ↔

14 35 καὶ προσήνεγκαν αὐτῷ πάντας τοὺς κακῶς ἔχοντας, ↔

14 36 καὶ παρεκάλουν αὐτὸν [H]

14 36 καὶ ὅσοι ἥψαντο διεσώθησαν. ↔

15 1 τότε προσέρχονται τῷ Ἰησοῦ (+οἱ Vς) ἀπὸ Ἱεροσολύμων | Φαρισαῖοι καὶ γραμματεῖς (~ Sς)

15 3ᵍ διὰ τί καὶ ὑμεῖς παραβαίνετε τὴν ἐντολὴν τοῦ θεοῦ ⟨;⟩

15 4 τίμα τὸν πατέρα καὶ τὴν μητέρα, ↔

15 4 καί· ὁ κακολογῶν πατέρα ἢ μητέρα θανάτῳ τελευτάτω

15 6ᶜ * καὶ (+ς) οὐ μὴ τιμήσει τὸν πατέρα αὐτοῦ | ἢ τὴν μητέρα αὐτοῦ (—N²⁶H). ↔

15 6 καὶ ἠκυρώσατε | τὸν λόγον (τὴν ἐντολὴν Vς; τὸν νόμον ST) τοῦ θεοῦ διὰ τὴν παράδοσιν ὑμῶν

15 8 * | ἐγγίζει μοι (+ ς) ὁ λαὸς οὗτος | τῷ στόματι αὐτῶν, καὶ (+ς) τοῖς χείλεσίν με τιμᾷ

15 10 καὶ προσκαλεσάμενος τὸν ὄχλον εἶπεν αὐτοῖς·

15 10 ἀκούετε καὶ συνίετε

15 16ᵍ ἀκμὴν καὶ ὑμεῖς ἀσύνετοί ἐστε;

15 17 πᾶν τὸ εἰσπορευόμενον εἰς τὸ στόμα εἰς τὴν κοιλίαν χωρεῖ καὶ εἰς ἀφεδρῶνα ἐκβάλλεται

15 21 καὶ ἐξελθὼν ἐκεῖθεν ὁ Ἰησοῦς ↔

15 21 ἀνεχώρησεν εἰς τὰ μέρη Τύρου καὶ Σιδῶνος. ↔

15 22ⁿ καὶ ἰδοὺ γυνὴ Χαναναία . . . ἔκραζεν (ἐκραύγασεν VSς; ἔκραξεν T) λέγουσα

15 23 καὶ προσελθόντες οἱ μαθηταὶ αὐτοῦ ἠρώτουν (-των NVBSς) αὐτόν

15 26 οὐκ | ἔστιν καλὸν (ἔξεστιν T) λαβεῖν τὸν ἄρτον τῶν τέκνων καὶ βαλεῖν τοῖς κυναρίοις

15 27ᵈ καὶ γὰρ [H] τὰ κυνάρια ἐσθίει ἀπὸ τῶν ψιχίων

15 28 καὶ ἰάθη ἡ θυγάτηρ αὐτῆς ἀπὸ τῆς ὥρας ἐκείνης. ↔

15 29 καὶ μεταβὰς ἐκεῖθεν ὁ Ἰησοῦς ἦλθεν παρὰ τὴν θάλασσαν τῆς Γαλιλαίας, ↔

15 29 καὶ ἀναβὰς εἰς τὸ ὄρος ἐκάθητο ἐκεῖ. ↔

15 30 καὶ προσῆλθον αὐτῷ ὄχλοι πολλοὶ ↔

Mt 15 30 ἔχοντες μεθ' ἑαυτῶν | χωλούς, τυφλούς, κυλλούς, κωφούς (N²⁶; ~ rl), καὶ ἑτέρους πολλούς, ↔

15 30 καὶ ἔρριψαν αὐτοὺς παρὰ τοὺς πόδας αὐτοῦ· ↔

15 30 καὶ ἐθεράπευσεν αὐτούς· ↔

15 31 ὥστε | τὸν ὄχλον (τοὺς ὄχλους MVς) θαυμάσαι βλέποντας . . . | κυλλοὺς ὑγιεῖς (—H) καὶ (—ς) χωλοὺς περιπατοῦντας ↔

15 31 καὶ τυφλοὺς βλέποντας · ↔

15 31 καὶ ἐδόξασαν (-ζον T) τὸν θεὸν Ἰσραήλ

15 32ᵃ ἤδη [H] ἡμέραι τρεῖς προσμένουσίν μοι καὶ οὐκ ἔχουσιν τί φάγωσιν· ↔

15 32 καὶ ἀπολῦσαι αὐτοὺς νήστεις οὐ θέλω

15 33 καὶ λέγουσιν αὐτῷ οἱ μαθηταί

15 34 καὶ λέγει αὐτοῖς ὁ Ἰησοῦς

15 34 ἑπτά, καὶ ὀλίγα ἰχθύδια. ↔

15 35 καὶ | παραγγείλας τῷ ὄχλῳ (ἐκέλευσεν τοῖς ὄχλοις Vς) ἀναπεσεῖν ἐπὶ τὴν γῆν ↔

15 36 * | καὶ λαβὼν (Vς; ἔλαβεν rl) τοὺς ἑπτὰ ἄρτους ↔

15 36 καὶ τοὺς ἰχθύας ↔

15 36 καὶ (—Vς) εὐχαριστήσας ἔκλασεν ↔

15 36 καὶ ἐδίδου (ἔδωκεν Vς) τοῖς μαθηταῖς (+αὐτοῦ Vς) ↔

15 37 καὶ ἔφαγον πάντες ↔

15 37 καὶ ἐχορτάσθησαν, ↔

15 37 καὶ | τὸ περισσεῦον τῶν κλασμάτων ἦραν (~ Vς)

15 38 οἱ δὲ ἐσθίοντες ἦσαν (+ὡς [M]S) τετρακισχίλιοι ἄνδρες χωρὶς | γυναικῶν καὶ παιδίων (~ T). ↔

15 39 καὶ ἀπολύσας τοὺς ὄχλους ἐνέβη εἰς τὸ πλοῖον, ↔

15 39 καὶ ἦλθεν εἰς τὰ ὅρια Μαγαδάν (Μαγδαλὰ Vς). ↔

16 1 καὶ προσελθόντες οἱ [H] Φαρισαῖοι

16 1 καὶ Σαδδουκαῖοι πειράζοντες ἐπηρώτησαν (-των T) αὐτόν

16 3 ⟨ὀψίας γενομένης λέγετε· εὐδία⟩ | καὶ πρωΐ· σήμερον χειμών [.. N²⁶NSTH ..]

16 4 γενεὰ πονηρὰ καὶ μοιχαλὶς σημεῖον ἐπιζητεῖ, ↔

16 4 καὶ σημεῖον οὐ δοθήσεται αὐτῇ

16 4 καὶ καταλιπὼν αὐτοὺς ἀπῆλθεν. ↔

16 5 καὶ ἐλθόντες οἱ μαθηταὶ εἰς τὸ πέραν ἐπελάθοντο ἄρτους λαβεῖν

16 6 ὁρᾶτε καὶ προσέχετε ἀπὸ τῆς ζύμης ↔

16 6 τῶν Φαρισαίων καὶ Σαδδουκαίων

16 9 οὐδὲ μνημονεύετε τοὺς πέντε ἄρτους τῶν πεντακισχιλίων καὶ πόσους κοφίνους ἐλάβετε; ↔

16 10 οὐδὲ τοὺς ἑπτὰ ἄρτους τῶν τετρακισχιλίων καὶ πόσας σπυρίδας ἐλάβετε;

16 11 ἀπὸ τῆς ζύμης τῶν Φαρισαίων καὶ Σαδδουκαίων

16 12 * οὐκ εἶπεν προσέχειν ἀπὸ τῆς ζύμης | τῶν Φαρισαίων καὶ Σαδδουκαίων (T; τοῦ ἄρτου Vς; τῶν ἄρτων [NH]N²⁶MBS), ↔

16 12 ἀλλὰ ἀπὸ τῆς διδαχῆς τῶν Φαρισαίων καὶ Σαδδουκαίων

16 17 * | καὶ ἀποκριθεὶς (ς; ἀπ. δὲ rl) ὁ Ἰησοῦς εἶπεν αὐτῷ

16 17 ὅτι σὰρξ καὶ αἷμα οὐκ ἀπεκάλυψέν σοι ἀλλ' ὁ πατήρ μου

Mt 16 18 σὺ εἶ Πέτρος, καὶ ἐπὶ ταύτῃ τῇ πέτρα οἰκοδομήσω μου τὴν ἐκκλησίαν, ↔

16 18 καὶ πύλαι ᾅδου οὐ κατισχύσουσιν αὐτῆς. ↔

16 19 * καὶ (+[M]VSς) δώσω σοι τὰς κλεῖδας (κλεῖς VSς) τῆς βασιλείας τῶν οὐρανῶν, ↔

16 19 καὶ ὃ ἐὰν δήσῃς ἐπὶ τῆς γῆς ἔσται δεδεμένον ἐν τοῖς οὐρανοῖς, ↔

16 19 καὶ ὃ ἐὰν λύσῃς ἐπὶ τῆς γῆς ἔσται λελυμένον ἐν τοῖς οὐρανοῖς

16 21 δεῖ αὐτὸν εἰς Ἱεροσόλυμα ἀπελθεῖν καὶ πολλὰ παθεῖν ἀπὸ τῶν πρεσβυτέρων ↔

16 21 καὶ ἀρχιερέων ↔

16 21 καὶ γραμματέων ↔

16 21 καὶ ἀποκτανθῆναι ↔

16 21 καὶ τῇ τρίτῃ ἡμέρᾳ ἐγερθῆναι. ↔

16 22 καὶ προσλαβόμενος αὐτὸν ὁ Πέτρος ἤρξατο ἐπιτιμᾶν αὐτῷ λέγων

16 24 ἀπαρνησάσθω ἑαυτὸν καὶ ἀράτω τὸν σταυρὸν αὐτοῦ, ↔

16 24 καὶ ἀκολουθείτω μοι

16 27 μέλλει γὰρ ὁ υἱὸς τοῦ ἀνθρώπου ἔρχεσθαι . . . καὶ τότε ἀποδώσει ἑκάστῳ κατὰ τὴν πρᾶξιν αὐτοῦ

17 1 καὶ μεθ' ἡμέρας ἓξ παραλαμβάνει ὁ Ἰησοῦς τὸν Πέτρον ↔

17 1 Ἰάκωβον

17 1 καὶ Ἰωάννην τὸν ἀδελφὸν αὐτοῦ, ↔

17 1 καὶ ἀναφέρει αὐτοὺς εἰς ὄρος ὑψηλὸν κατ' ἰδίαν. ↔

17 2 καὶ μετεμορφώθη ἔμπροσθεν αὐτῶν, ↔

17 2 καὶ ἔλαμψεν τὸ πρόσωπον αὐτοῦ ὡς ὁ ἥλιος

17 3ⁿ καὶ ἰδοὺ ὤφθη (-[σαν] V; -σαν Sς) αὐτοῖς Μωϋσῆς ↔

17 3 Ἠλίας | συλλαλοῦντες μετ' αὐτοῦ (~ VSς)

17 4 ποιήσω (-σωμεν Vς) ὧδε τρεῖς σκηνάς, σοὶ μίαν καὶ Μωϋσεῖ μίαν ↔

17 4 καὶ Ἠλίᾳ μίαν

17 5ⁿ καὶ ἰδοὺ φωνὴ ἐκ τῆς νεφέλης λέγουσα

17 6 καὶ ἀκούσαντες οἱ μαθηταὶ ἔπεσαν ἐπὶ πρόσωπον αὐτῶν ↔

17 6 καὶ ἐφοβήθησαν σφόδρα. ↔

17 7 καὶ προσῆλθεν (-ελθὼν ς) ὁ Ἰησοῦς ↔

17 7 | καὶ ἀψάμενος αὐτῶν (ἥψατο αὐτῶν καὶ ς) εἶπεν· ↔

17 7ᵇ ἐγέρθητε καὶ μὴ φοβεῖσθε

17 9 καὶ καταβαινόντων αὐτῶν ἐκ τοῦ ὄρους ἐνετείλατο αὐτοῖς

17 10 καὶ ἐπηρώτησαν αὐτὸν οἱ μαθηταὶ (+αὐτοῦ MVBς) λέγοντες

17 11 Ἠλίας μὲν ἔρχεται καὶ ἀποκαταστήσει πάντα

17 12ᵃ Ἠλίας ἤδη ἦλθεν, καὶ οὐκ ἐπέγνωσαν αὐτόν

17 12ᵘ οὕτως καὶ ὁ υἱὸς τοῦ ἀνθρώπου μέλλει πάσχειν ὑπ' αὐτῶν

17 14 καὶ ἐλθόντων (+αὐτῶν VSς) πρὸς τὸν ὄχλον ↔

17 15 ⟨προσῆλθεν αὐτῷ ἄνθρωπος γονυπετῶν αὐτὸν⟩ καὶ λέγων

17 15 ὅτι σεληνιάζεται καὶ κακῶς πάσχει (ἔχει NMH)· ↔

17 15 πολλάκις γὰρ πίπτει εἰς τὸ πῦρ καὶ πολλάκις εἰς τὸ ὕδωρ. ↔

17 16 καὶ προσήνεγκα αὐτὸν τοῖς μαθηταῖς σου, ↔

Mt 17 16ᵃ καὶ οὐκ ἠδυνήθησαν αὐτὸν θεραπεῦσαι

17 17 ὦ γενεὰ ἄπιστος καὶ διεστραμμένη

17 18 καὶ ἐπετίμησεν αὐτῷ ὁ Ἰησοῦς, ↔

17 18 καὶ ἐξῆλθεν ἀπ' αὐτοῦ τὸ δαιμόνιον, ↔

17 18 καὶ ἐθεραπεύθη ὁ παῖς ἀπὸ τῆς ὥρας ἐκείνης

17 20 | μετάβα ἔνθεν (μετάβηθι ἐντεῦθεν Vϛ) ἐκεῖ, καὶ μεταβήσεται, ↔

17 20ᶜ καὶ οὐδὲν ἀδυνατήσει ὑμῖν. ↔

17 21 * | τοῦτο δὲ τὸ γένος οὐκ ἐκπορεύεται, εἰ μὴ ἐν προσευχῇ καὶ νηστείᾳ (+[M]VBϛ)

17 23 ⟨μέλλει ὁ υἱὸς τοῦ ἀνθρώπου παραδίδοσθαι⟩ καὶ ἀποκτενοῦσιν αὐτόν, ↔

17 23 καὶ τῇ τρίτῃ ἡμέρᾳ ἐγερθήσεται. ↔

17 23 καὶ ἐλυπήθησαν σφόδρα

17 24 προσῆλθον οἱ τὰ δίδραχμα λαμβάνοντες τῷ Πέτρῳ καὶ εἶπαν

17 25ʲ καὶ ἐλθόντα (εἰσ- T; ὅτε εἰσῆλθεν Vϛ) εἰς τὴν οἰκίαν προέφθασεν αὐτὸν ὁ Ἰησοῦς λέγων

17 27 βάλε ἄγκιστρον καὶ τὸν ἀναβάντα πρῶτον ἰχθὺν ἆρον, ↔

17 27 καὶ ἀνοίξας τὸ στόμα αὐτοῦ εὑρήσεις στατῆρα· ↔

17 27ᶠ ἐκεῖνον λαβὼν δὸς αὐτοῖς ἀντὶ ἐμοῦ καὶ σοῦ

18 2 καὶ προσκαλεσάμενος παιδίον ἔστησεν αὐτὸ ἐν μέσῳ αὐτῶν ↔

18 3 καὶ εἶπεν

18 3 ἐὰν μὴ στραφῆτε καὶ γένησθε ὡς τὰ παιδία

18 5 καὶ ὃς ἐὰν δέξηται ἓν παιδίον τοιοῦτο ἐπὶ τῷ ὀνόματί μου

18 6 ἵνα κρεμασθῇ ... καὶ καταποντισθῇ ἐν τῷ πελάγει τῆς θαλάσσης

18 8 ἔκκοψον αὐτὸν καὶ βάλε ἀπὸ σοῦ

18 9ʲ ⟨εἰ δὲ ἡ χείρ σου⟩ καὶ εἰ ὁ ὀφθαλμός σου σκανδαλίζει σε,

18 9 ἔξελε αὐτὸν καὶ βάλε ἀπὸ σοῦ

18 12 ἐὰν γένηταί τινι ἀνθρώπῳ ἑκατὸν πρόβατα καὶ πλανηθῇ ἓν ἐξ αὐτῶν, ↔

18 12 οὐχὶ ἀφήσει (ἀφεὶς VSTϛ) τὰ ἐνενήκοντα ἐννέα ... καὶ (—VSTϛ) πορευθεὶς ζητεῖ τὸ πλανώμενον; ↔

18 13ʲ καὶ ἐὰν γένηται εὑρεῖν αὐτό

18 15 * ὕπαγε καὶ (+ϛ) ἔλεγξον αὐτὸν μεταξὺ σοῦ

18 15ʰ καὶ αὐτοῦ μόνου

18 17ᑫ ἐὰν δὲ καὶ τῆς ἐκκλησίας παρακούσῃ, ↔

18 17 ἔστω σοι ὥσπερ ὁ ἐθνικὸς καὶ ὁ τελώνης

18 18 ὅσα ἐὰν δήσητε ... καὶ ὅσα ἐὰν λύσητε ἐπὶ τῆς γῆς

18 21 ποσάκις ἁμαρτήσει | εἰς ἐμὲ ὁ ἀδελφός μου (~VBS) καὶ ἀφήσω αὐτῷ;

18 25 ἐκέλευσεν αὐτὸν ὁ κύριος (+αὐτοῦ Vϛ) πραθῆναι καὶ τὴν γυναῖκα ↔

18 25 καὶ τὰ τέκνα ↔

18 25 καὶ πάντα ὅσα ἔχει (εἶχεν MVSTϛ), ↔

18 25 καὶ ἀποδοθῆναι

18 26 μακροθύμησον ἐπ' ἐμοί, καὶ πάντα | ἀποδώσω σοι (~Vϛ)

18 27 ἀπέλυσεν αὐτόν, καὶ τὸ δάνειον ἀφῆκεν αὐτῷ

Mt 18 28 εὗρεν ἕνα τῶν συνδούλων αὐτοῦ ... καὶ κρατήσας αὐτὸν ἔπνιγεν

18 29 μακροθύμησον ἐπ' ἐμοί, καὶ (+πάντα ϛ) ἀποδώσω σοι

18 31 ἰδόντες ... ἐλυπήθησαν σφόδρα, καὶ ἐλθόντες διεσάφησαν τῷ κυρίῳ ἑαυτῶν πάντα τὰ γενόμενα

18 33ᶠ οὐκ ἔδει καὶ σὲ ἐλεῆσαι τὸν σύνδουλόν σου,

18 33ᶠ * ὡς | καὶ ἐγὼ (Vϛ; κἀγὼ rI) σὲ ἠλέησα; ↔

18 34 καὶ ὀργισθεὶς ὁ κύριος αὐτοῦ παρέδωκεν αὐτὸν τοῖς βασανισταῖς

18 35ᵘ οὕτως καὶ ὁ πατήρ μου ὁ οὐράνιος (ἐπ- Vϛ) ποιήσει ὑμῖν

19 1 καὶ ἐγένετο ὅτε ἐτέλεσεν ὁ Ἰησοῦς τοὺς λόγους τούτους, ↔

19 1 μετῆρεν ἀπὸ τῆς Γαλιλαίας καὶ ἦλθεν εἰς τὰ ὅρια τῆς Ἰουδαίας πέραν τοῦ Ἰορδάνου. ↔

19 2 καὶ ἠκολούθησαν αὐτῷ ὄχλοι πολλοί, ↔

19 2 καὶ ἐθεράπευσεν αὐτοὺς ἐκεῖ. ↔

19 3 καὶ προσῆλθον αὐτῷ (+οἱ Tϛ) Φαρισαῖοι ↔

19 3 πειράζοντες αὐτὸν καὶ λέγοντες

19 4 οὐκ ἀνέγνωτε ὅτι ὁ κτίσας (ποιήσας VTϛ) ἀπ' ἀρχῆς ἄρσεν καὶ θῆλυ ἐποίησεν αὐτούς; ↔

19 5 καὶ εἶπεν (+αὐτοῖς V)· ↔

19 5 ἕνεκα τούτου καταλείψει ἄνθρωπος τὸν πατέρα καὶ τὴν μητέρα

19 5 καὶ κολληθήσεται τῇ γυναικὶ αὐτοῦ, ↔

19 5 καὶ ἔσονται οἱ δύο εἰς σάρκα μίαν

19 7 τί οὖν Μωϋσῆς ἐνετείλατο δοῦναι βιβλίον ἀποστασίου καὶ ἀπολῦσαι αὐτήν ([N²⁶]; —NBTH);

19 9 ὃς ἂν ἀπολύσῃ τὴν γυναῖκα αὐτοῦ ... καὶ γαμήσῃ ἄλλην

19 9 * | καὶ ὁ ἀπολελυμένην γαμῶν μοιχᾶται (+MVBSϛ)

19 12 εἰσὶν γὰρ εὐνοῦχοι ... καὶ εἰσὶν εὐνοῦχοι οἵτινες εὐνουχίσθησαν ὑπὸ τῶν ἀνθρώπων, ↔

19 12 καὶ εἰσὶν εὐνοῦχοι οἵτινες εὐνούχισαν ἑαυτοὺς διὰ τὴν βασιλείαν τῶν οὐρανῶν

19 13 ἵνα τὰς χεῖρας ἐπιθῇ αὐτοῖς καὶ προσεύξηται

19 14ᵇ ἄφετε τὰ παιδία καὶ μὴ κωλύετε αὐτὰ ἐλθεῖν πρός με (ἐμέ T)

19 15 καὶ ἐπιθεὶς τὰς χεῖρας αὐτοῖς ἐπορεύθη ἐκεῖθεν.

19 16ⁿ καὶ ἰδοὺ εἷς προσελθὼν αὐτῷ εἶπεν

19 19 τίμα τὸν πατέρα καὶ τὴν μητέρα, ↔

19 19 καὶ ἀγαπήσεις τὸν πλησίον σου ὡς σεαυτόν

19 21 πώλησόν σου τὰ ὑπάρχοντα καὶ δὸς τοῖς (+[N²⁶H]B) πτωχοῖς, ↔

19 21 καὶ ἕξεις θησαυρὸν ἐν οὐρανοῖς (οὐρανῷ MVSTϛ), ↔

19 21 καὶ δεῦρο ἀκολούθει μοι

19 27 ἰδοὺ ἡμεῖς ἀφήκαμεν πάντα καὶ ἠκολουθήσαμέν σοι

19 28ᵍʰ καθήσεσθε (καθίσεσθε STϛ) καὶ ὑμεῖς (αὐτοὶ NMVST) ἐπὶ δώδεκα θρόνους

19 29 καὶ πᾶς ὅστις ἀφῆκεν ... πατέρα ἢ μητέρα

19 29 ἑκατονταπλασίονα (πολλα- NTH) λήμψεται καὶ ζωὴν αἰώνιον κληρονομήσει. ↔

Mt 19 30 πολλοὶ δὲ ἔσονται πρῶτοι ἔσχατοι καὶ ἔσχατοι πρῶτοι

20 3 καὶ ἐξελθὼν περὶ τρίτην ὥραν εἶδεν ἄλλους ἑστῶτας ἐν τῇ ἀγορᾷ ἀργούς, ↔

20 4ʰ | καὶ ἐκείνοις (κἀκείνοις Sϛ) εἶπεν·

20 4ᵍ ὑπάγετε καὶ ὑμεῖς εἰς τὸν ἀμπελῶνα (+μου MS), ↔

20 4 καὶ ὃ ἐὰν ᾖ δίκαιον δώσω ὑμῖν

20 5 ἐξελθὼν περὶ ἕκτην καὶ ἐνάτην ὥραν ἐποίησεν ὡσαύτως

20 6 εὗρεν ἄλλους ἑστῶτας, καὶ λέγει αὐτοῖς

20 7ᵍ ὑπάγετε καὶ ὑμεῖς εἰς τὸν ἀμπελῶνα ↔

20 7 * | καὶ ὃ ἐὰν ᾖ δίκαιον λήψεσθε (+ϛ)

20 8 κάλεσον τοὺς ἐργάτας καὶ ἀπόδος αὐτοῖς (—NTH) τὸν μισθὸν

20 9 | καὶ ἐλθόντες (ἐ. δὲ NH; ἐ. οὖν S) οἱ περὶ τὴν ἑνδεκάτην ὥραν ἔλαβον ἀνὰ δηνάριον. ↔

20 10 | καὶ ἐλθόντες (ἐ. δὲ Tϛ) οἱ πρῶτοι ἐνόμισαν ὅτι πλεῖον (πλείονα VTϛ) λήμψονται· ↔

20 10 καὶ ἔλαβον τὸ ([N²⁶SH]; —ϛ) ἀνὰ δηνάριον ↔

20 10ʰ καὶ αὐτοὶ

20 12 οὗτοι οἱ ἔσχατοι μίαν ὥραν ἐποίησαν, καὶ ἴσους | ἡμῖν αὐτοὺς (~NTH) ἐποίησας ↔

20 12 τοῖς βαστάσασι τὸ βάρος τῆς ἡμέρας καὶ τὸν καύσωνα

20 14 ἆρον τὸ σὸν καὶ ὕπαγε· ↔

20 14ᶠᵘ θέλω δὲ τούτῳ τῷ ἐσχάτῳ δοῦναι ὡς καὶ σοί

20 16 οὕτως ἔσονται οἱ ἔσχατοι πρῶτοι καὶ οἱ πρῶτοι ἔσχατοι. ↔

20 17 | καὶ ἀναβαίνων ὁ (μέλλων δὲ ἀναβαίνειν NH) Ἰησοῦς εἰς Ἱεροσόλυμα παρέλαβεν τοὺς δώδεκα μαθητὰς ([N²⁶H]; —NMT) κατ' ἰδίαν,

20 17 καὶ ἐν τῇ ὁδῷ εἶπεν αὐτοῖς· ↔

20 18 ἰδοὺ ἀναβαίνομεν εἰς Ἱεροσόλυμα, καὶ ὁ υἱὸς τοῦ ἀνθρώπου παραδοθήσεται ↔

20 18 τοῖς ἀρχιερεῦσιν καὶ γραμματεῦσιν, ↔

20 18 καὶ κατακρινοῦσιν αὐτὸν θανάτῳ ([H]; εἰς θάνατον NMT), ↔

20 19 καὶ παραδώσουσιν αὐτὸν τοῖς ἔθνεσιν ↔

20 19 εἰς τὸ ἐμπαῖξαι καὶ μαστιγῶσαι ↔

20 19 καὶ σταυρῶσαι, ↔

20 19 καὶ τῇ τρίτῃ ἡμέρᾳ ἐγερθήσεται

20 20 προσῆλθεν αὐτῷ ἡ μήτηρ τῶν υἱῶν Ζεβεδαίου ... προσκυνοῦσα καὶ αἰτοῦσά τι ἀπ' (παρ' MVBS Tϛ) αὐτοῦ

20 21 ἵνα καθίσωσιν οὗτοι ... εἷς ἐκ δεξιῶν σου (—NMTH) καὶ εἷς ἐξ εὐωνύμων σου

20 22 * δύνασθε πιεῖν τὸ ποτήριον ... | καὶ τὸ βάπτισμα ὃ ἐγὼ βαπτίζομαι βαπτισθῆναι (+ϛ);

20 23 * καὶ (+ϛ) λέγει αὐτοῖς· ↔

20 23 * τὸ μὲν ποτήριόν μου πίεσθε | καὶ τὸ βάπτισμα ὃ ἐγὼ βαπτίζομαι βαπτισθήσεσθε (+ϛ)· ↔

20 23 τὸ δὲ καθίσαι ἐκ δεξιῶν μου καὶ (ἢ MS) ἐξ εὐωνύμων οὐκ ἔστιν ἐμὸν τοῦτο ([N²⁶]; —Hϛ) δοῦναι

Mt 20 24 | καὶ ἀκούσαντες (ἀ. δὲ ST) οἱ δέκα ἠγανάκτησαν περὶ τῶν δύο ἀδελφῶν

20 25 οἱ ἄρχοντες τῶν ἐθνῶν κατακυριεύ- ουσιν αὐτῶν καὶ οἱ μεγάλοι κατ- εξουσιάζουσιν αὐτῶν

20 27 ⟨ὃς ἐὰν θέλῃ⟩ καὶ ὃς ἂν (ἐὰν VSϛ) θέλῃ ἐν ὑμῖν εἶναι πρῶτος

20 28 οὐκ ἦλθεν διακονηθῆναι, ἀλλὰ διακονῆσαι καὶ δοῦναι τὴν ψυχὴν αὐτοῦ λύτρον ἀντὶ πολλῶν. ↔

20 29 καὶ ἐκπορευομένων αὐτῶν ἀπὸ Ἰεριχὼ ἠκολούθησεν αὐτῷ ὄχλος πολύς (—S). ↔

20 30ⁿ καὶ ἰδοὺ δύο τυφλοὶ καθήμενοι παρὰ τὴν ὁδόν . . . ἔκραξαν

20 32 καὶ στὰς ὁ [H] Ἰησοῦς ἐφώνησεν αὐτοὺς ↔

20 32 καὶ εἶπεν

20 34 ἥψατο τῶν ὀμμάτων (ὀφθαλμῶν V ϛ) αὐτῶν, καὶ εὐθέως ἀνέβλεψαν ↔

20 34 καὶ ἠκολούθησαν αὐτῷ. ↔

21 1ʲ καὶ ὅτε ἤγγισαν εἰς Ἱεροσόλυμα ↔

21 1 καὶ ἦλθον εἰς Βηθφαγὴ

21 2 πορεύεσθε (πορεύθητε Sϛ) εἰς τὴν κώμην . . . καὶ εὐθέως εὑρήσετε ὄνον δεδεμένην

21 2 καὶ πῶλον μετ' αὐτῆς

21 3ʲ καὶ ἐάν τις ὑμῖν εἴπῃ τι

21 5 ἰδοὺ ὁ βασιλεύς σου ἔρχεταί σοι πραῢς καὶ ἐπιβεβηκὼς ἐπὶ ὄνον ↔

21 5 καὶ ἐπὶ (—Vϛ) πῶλον υἱὸν ὑπο- ζυγίου. ↔

21 6 πορευθέντες δὲ οἱ μαθηταὶ καὶ ποιήσαντες καθὼς συνέταξεν (προσ- VSTϛ) αὐτοῖς ὁ Ἰησοῦς ↔

21 7 ἤγαγον τὴν ὄνον καὶ τὸν πῶλον, ↔

21 7 καὶ ἐπέθηκαν ἐπ' αὐτῶν τὰ ἱμάτια (+αὐτῶν V[S]ϛ), ↔

21 7 καὶ ἐπεκάθισεν ἐπάνω αὐτῶν

21 8 ἄλλοι δὲ ἔκοπτον κλάδους . . . καὶ ἐστρώννυον (ἔστρωσαν T) ἐν τῇ ὁδῷ. ↔

21 9 οἱ δὲ ὄχλοι οἱ προάγοντες αὐτὸν καὶ οἱ ἀκολουθοῦντες ἔκραζον

21 10 καὶ εἰσελθόντος αὐτοῦ εἰς Ἱεροσό- λυμα ἐσείσθη πᾶσα ἡ πόλις

21 12 καὶ εἰσῆλθεν Ἰησοῦς εἰς τὸ ἱερὸν (+τοῦ θεοῦ VBSTϛ) ↔

21 12 καὶ ἐξέβαλεν πάντας τοὺς πωλοῦν- τας ↔

21 12 καὶ ἀγοράζοντας ἐν τῷ ἱερῷ, ↔

21 12 καὶ τὰς τραπέζας τῶν κολλυβιστῶν κατέστρεψεν ↔

21 12 καὶ τὰς καθέδρας τῶν πωλούντων τὰς περιστεράς, ↔

21 13 καὶ λέγει αὐτοῖς

21 14 καὶ προσῆλθον αὐτῷ τυφλοὶ ↔

21 14 καὶ χωλοὶ ἐν τῷ ἱερῷ, ↔

21 14 καὶ ἐθεράπευσεν αὐτούς. ↔

21 15 ἰδόντες δὲ οἱ ἀρχιερεῖς καὶ οἱ γραμ- ματεῖς τὰ θαυμάσια ἃ ἐποίησεν ↔

21 15 καὶ τοὺς παῖδας ↔

21 15 τοὺς κράζοντας ἐν τῷ ἱερῷ καὶ λέγοντας . . . ἠγανάκτησαν, ↔

21 16 καὶ εἶπαν αὐτῷ

21 16 οὐδέποτε ἀνέγνωτε ὅτι ἐκ στόμα- τος νηπίων καὶ θηλαζόντων κατηρ- τίσω αἶνον; ↔

21 17 καὶ καταλιπὼν αὐτοὺς ἐξῆλθεν . . . εἰς Βηθανίαν, ↔

21 17 καὶ ηὐλίσθη ἐκεῖ

21 19 καὶ ἰδὼν συκῆν μίαν . . . ἦλθεν ἐπ' αὐτήν, ↔

Mt 21 19ᶜ καὶ οὐδὲν εὗρεν ἐν αὐτῇ εἰ μὴ φύλλα μόνον, ↔

21 19 καὶ λέγει αὐτῇ

21 19 καὶ ἐξηράνθη παραχρῆμα ἡ συκῆ. ↔

21 20 καὶ ἰδόντες οἱ μαθηταὶ ἐθαύμασαν

21 21ᵇ ἐὰν ἔχητε πίστιν καὶ μὴ διακρι- θῆτε

21 21 ἄρθητι καὶ βλήθητι εἰς τὴν θάλασ- σαν

21 22 καὶ πάντα ὅσα ἂν αἰτήσητε . . . λήμψεσθε. ↔

21 23 καὶ ἐλθόντος αὐτοῦ εἰς τὸ ἱερὸν προσῆλθον αὐτῷ διδάσκοντι ↔

21 23 οἱ ἀρχιερεῖς καὶ οἱ πρεσβύτεροι τοῦ λαοῦ λέγοντες· ↔

21 23 ἐν ποίᾳ ἐξουσίᾳ ταῦτα ποιεῖς; καὶ τίς σοι ἔδωκεν τὴν ἐξουσίαν ταύτην;

21 27 καὶ ἀποκριθέντες τῷ Ἰησοῦ εἶπαν

21 27ʰ ἔφη αὐτοῖς καὶ αὐτός

21 28 καὶ ([S]; —NMTH) προσελθὼν τῷ πρώτῳ εἶπεν

21 29ᵃ * || ἐγώ (ὑπάγω MS) κύριε, καὶ οὐκ ἀπῆλθεν ((NMSH; οὐ θέλω, ὕστερον δὲ μεταμεληθεὶς ἀπῆλθεν N²⁶VBϛ; οὐ θ. ὑ. μ. ἀ. T)).

21 30 * | καὶ προσελθὼν (Vϛ; πρ. δὲ rl) τῷ ἑτέρῳ (δευτέρῳ NMBSHϛ) εἶπεν ὡσαύτως

21 30ᵃ | ἐγώ, κύριε, καὶ οὐκ ἀπῆλθεν (οὐ θέλω, ὕστερον μεταμεληθεὶς ἀπῆλ- θεν NH; οὐ θ., ὕ. δὲ μ. ἀ. MS)

21 31 οἱ τελῶναι καὶ αἱ πόρναι προάγου- σιν ὑμᾶς εἰς τὴν βασιλείαν τοῦ θεοῦ. ↔

21 32ᵃ ἦλθεν γὰρ | Ἰωάννης πρὸς ὑμᾶς (~ Vϛ) . . . καὶ οὐκ ἐπιστεύσατε αὐτῷ· ↔

21 32 οἱ δὲ τελῶναι καὶ αἱ πόρναι ἐπίστευσαν αὐτῷ

21 33 ἄνθρωπος . . . ἐφύτευσεν ἀμπελῶνα, καὶ φραγμὸν αὐτῷ περιέθηκεν ↔

21 33 καὶ ὤρυξεν ἐν αὐτῷ ληνὸν ↔

21 33 καὶ ᾠκοδόμησεν πύργον, ↔

21 33 καὶ ἐξέδετο αὐτὸν γεωργοῖς, ↔

21 33 καὶ ἀπεδήμησεν

21 35 καὶ λαβόντες οἱ γεωργοὶ τοὺς δούλους αὐτοῦ ὃν μὲν ἔδειραν

21 36 πάλιν ἀπέστειλεν ἄλλους δού- λους . . . καὶ ἐποίησαν αὐτοῖς ὡσαύτως

21 38 δεῦτε ἀποκτείνωμεν αὐτὸν καὶ σχῶμεν (κατά- Vϛ) τὴν κληρονο- μίαν αὐτοῦ· ↔

21 39 καὶ λαβόντες αὐτὸν ἐξέβαλον ἔξω τοῦ ἀμπελῶνος ↔

21 39 καὶ ἀπέκτειναν

21 41 κακοὺς κακῶς ἀπολέσει αὐτούς, καὶ τὸν ἀμπελῶνα ἐκδώσεται ἄλλοις γεωργοῖς

21 42 παρὰ κυρίου ἐγένετο αὕτη, καὶ ἔστιν θαυμαστὴ ἐν ὀφθαλμοῖς ἡμῶν

21 43 ἀρθήσεται ἀφ' ὑμῶν ἡ βασιλεία τοῦ θεοῦ καὶ δοθήσεται ἔθνει ποιοῦντι τοὺς καρποὺς αὐτῆς. ↔

21 44 | καὶ ὁ πεσὼν ἐπὶ τὸν λίθον τοῦτον συνθλασθήσεται ([N²⁶N VSH ..]; —T ..)

21 45 | καὶ ἀκούσαντες (ἀ. δὲ T) οἱ ἀρχιερεῖς ↔

21 45 καὶ οἱ Φαρισαῖοι τὰς παραβολὰς αὐτοῦ

21 46 καὶ ζητοῦντες αὐτὸν κρατῆσαι ἐφοβήθησαν τοὺς ὄχλους

Mt 22 1 καὶ ἀποκριθεὶς ὁ Ἰησοῦς πάλιν εἶπεν

22 3 καὶ ἀπέστειλεν τοὺς δούλους αὐτοῦ καλέσαι τοὺς κεκλημένους εἰς τοὺς γάμους, ↔

22 3ᵃ καὶ οὐκ ἤθελον ἐλθεῖν

22 4 οἱ ταῦροί μου καὶ τὰ σιτιστὰ τεθυμένα, ↔

22 4 καὶ πάντα ἕτοιμα

22 6 οἱ δὲ λοιποὶ κρατήσαντες τοὺς δούλους αὐτοῦ ὕβρισαν καὶ ἀπ- έκτειναν. ↔

22 7 * | καὶ ἀκούσας ὁ βασιλεὺς ἐκεῖνος (V; ἀ. δὲ ὁ β. ϛ; ὁ δὲ β. rl) ὠργίσθη, ↔

22 7 καὶ πέμψας τὰ στρατεύματα αὐτοῦ ἀπώλεσεν τοὺς φονεῖς ἐκείνους ↔

22 7 καὶ τὴν πόλιν αὐτῶν ἐνέπρησεν ↔

22 9 πορεύεσθε . . . καὶ ὅσους ἐὰν εὕρητε καλέσατε εἰς τοὺς γάμους. ↔

22 10 καὶ ἐξελθόντες οἱ δοῦλοι ἐκεῖνοι εἰς τὰς ὁδοὺς συνήγαγον πάντας οὓς (ὅσους STϛ) εὗρον, ↔

22 10ᵖ πονηρούς τε καὶ ἀγαθούς· ↔

22 10 καὶ ἐπλήσθη ὁ γάμος (νυμφῶν NMSTH) ἀνακειμένων

22 12 καὶ λέγει αὐτῷ

22 13 | δήσαντες αὐτοῦ πόδας καὶ χεῖρας (ἄρατε αὐτὸν ποδῶν καὶ χειρῶν S) ↔

22 13 * | ἄρατε αὐτὸν καὶ ἐκβάλετε (ϛ; κ. βάλετε αὐ. S; ἐκβάλετε αὐ. rl) εἰς τὸ σκότος τὸ ἐξώτερον· ↔

22 13 ἐκεῖ ἔσται ὁ κλαυθμὸς καὶ ὁ βρυγ- μὸς τῶν ὀδόντων

22 16 καὶ ἀποστέλλουσιν αὐτῷ τοὺς μαθητὰς αὐτῶν

22 16 ἀληθὴς εἶ καὶ τὴν ὁδὸν τοῦ θεοῦ ἐν ἀληθείᾳ διδάσκεις, ↔

22 16ᵃ καὶ οὐ μέλει σοι περὶ οὐδενός

22 20 καὶ λέγει αὐτοῖς (+ὁ Ἰησοῦς BT)· ↔

22 20 τίνος ἡ εἰκὼν αὕτη καὶ ἡ ἐπιγραφή;

22 21 ἀπόδοτε οὖν τὰ Καίσαρος Καίσαρι καὶ τὰ τοῦ θεοῦ τῷ θεῷ. ↔

22 22 καὶ ἀκούσαντες ἐθαύμασαν, ↔

22 22 καὶ ἀφέντες αὐτὸν ἀπῆλθαν

22 23 προσῆλθον αὐτῷ Σαδδουκαῖοι . . . καὶ ἐπηρώτησαν αὐτὸν

22 24 ἐπιγαμβρεύσει ὁ ἀδελφὸς αὐτοῦ τὴν γυναῖκα αὐτοῦ καὶ ἀναστήσει σπέρμα τῷ ἀδελφῷ αὐτοῦ

22 25 καὶ ὁ πρῶτος γήμας ἐτελεύτησεν, ↔

22 25ᵇ καὶ μὴ ἔχων σπέρμα ἀφῆκεν τὴν γυναῖκα αὐτοῦ τῷ ἀδελφῷ αὐ- τοῦ· ↔

22 26ᵘ ὁμοίως καὶ ὁ δεύτερος ↔

22 26 καὶ ὁ τρίτος, ἕως τῶν ἑπτά. ↔

22 27 * ὕστερον δὲ πάντων ἀπέθανεν καὶ (+ϛ) ἡ γυνή

22 32 ἐγώ εἰμι ὁ θεὸς Ἀβραὰμ καὶ ὁ θεὸς Ἰσαὰκ

22 32 καὶ ὁ θεὸς Ἰακώβ

22 33 καὶ ἀκούσαντες οἱ ὄχλοι ἐξεπλήσ- σοντο ἐπὶ τῇ διδαχῇ αὐτοῦ

22 35 ⟨συνήχθησαν ἐπὶ τὸ αὐτό⟩ καὶ ἐπηρώτησεν εἷς ἐξ αὐτῶν νομικὸς [N²⁶] ↔

22 35 * πειράζων αὐτόν | καὶ λέγων (+ϛ)

22 37 ἀγαπήσεις κύριον τὸν θεόν σου ἐν ὅλῃ τῇ (—H) καρδίᾳ σου καὶ ἐν ὅλῃ τῇ ψυχῇ σου ↔

22 37 καὶ ἐν ὅλῃ τῇ διανοίᾳ σου. ↔

22 38 αὕτη ἐστὶν ἡ μεγάλη καὶ πρώτη ἐντολή

Mt 22 40 ἐν ταύταις ταῖς δυσὶν ἐντολαῖς ὅλος ὁ νόμος κρέμαται καὶ οἱ προφῆται

22 46ᶜ καὶ οὐδεὶς ἐδύνατο ἀποκριθῆναι αὐτῷ λόγον

23 1 ἐλάλησεν τοῖς ὄχλοις καὶ τοῖς μαθηταῖς αὐτοῦ

23 2 ἐπὶ τῆς Μωϋσέως καθέδρας ἐκάθισαν οἱ γραμματεῖς καὶ οἱ Φαρισαῖοι. ↔

23 3 πάντα οὖν ὅσα ἐὰν εἴπωσιν ὑμῖν (+τηρεῖν [V]ς) | ποιήσατε καὶ τηρεῖτε (τ. κ. ποιεῖτε Vς)

23 3ᵃʳ λέγουσιν γὰρ καὶ οὐ ποιοῦσιν. ↔

23 4 δεσμεύουσιν δὲ φορτία βαρέα | καὶ δυσβάστακτα (+[N²⁶]MVBς) ↔

23 4 καὶ ἐπιτιθέασιν ἐπὶ τοὺς ὤμους τῶν ἀνθρώπων

23 5 πλατύνουσιν γὰρ τὰ φυλακτήρια αὐτῶν καὶ μεγαλύνουσιν τὰ κράσπεδα (+τῶν ἱματίων αὐτῶν Vς), ↔

23 6 φιλοῦσιν δὲ τὴν πρωτοκλισίαν . . . καὶ τὰς πρωτοκαθεδρίας ἐν ταῖς συναγωγαῖς ↔

23 7 καὶ τοὺς ἀσπασμοὺς ἐν ταῖς ἀγοραῖς ↔

23 7 καὶ καλεῖσθαι ὑπὸ τῶν ἀνθρώπων ῥαββί

23 9 ⟨ὑμεῖς δὲ μὴ κληθῆτε⟩ καὶ πατέρα μὴ καλέσητε ὑμῶν ἐπὶ τῆς γῆς

23 12 ὅστις δὲ ὑψώσει ἑαυτὸν ταπεινωθήσεται, καὶ ὅστις ταπεινώσει ἑαυτὸν ὑψωθήσεται. ↔

23 13 οὐαὶ δὲ (—V) ὑμῖν, γραμματεῖς καὶ Φαρισαῖοι ὑποκριταί

23 14 * | οὐαὶ δὲ ὑμῖν, γραμματεῖς καὶ Φαρισαῖοι ὑποκριταί (+Vς..), ↔

23 14 * | ὅτι κατεσθίετε τὰς οἰκίας τῶν χηρῶν, καὶ προφάσει μακρὰ προσευχόμενοι (.. +Vς ..)

23 15 οὐαὶ ὑμῖν, γραμματεῖς καὶ Φαρισαῖοι ὑποκριταί, ↔

23 15 ὅτι περιάγετε τὴν θάλασσαν καὶ τὴν ξηρὰν ποιῆσαι ἕνα προσήλυτον, ↔

23 15ʲ καὶ ὅταν γένηται, ποιεῖτε αὐτὸν υἱὸν γεέννης

23 17 μωροὶ καὶ τυφλοί, τίς γὰρ μείζων ἐστίν ⟨;⟩

23 18 καί· ὃς ἂν ὀμόσῃ ἐν τῷ θυσιαστηρίῳ, οὐδέν ἐστιν

23 19 * | μωροὶ καὶ (+ς) τυφλοί, τί γὰρ μεῖζον ⟨;⟩

23 20 ὁ οὖν ὀμόσας ἐν τῷ θυσιαστηρίῳ ὀμνύει ἐν αὐτῷ καὶ ἐν πᾶσι τοῖς ἐπάνω αὐτοῦ· ↔

23 21 καὶ ὁ ὀμόσας ἐν τῷ ναῷ ὀμνύει ἐν αὐτῷ ↔

23 21 καὶ ἐν τῷ κατοικοῦντι (-κήσαντι VBS) αὐτόν· ↔

23 22 καὶ ὁ ὀμόσας ἐν τῷ οὐρανῷ ὀμνύει ἐν τῷ θρόνῳ τοῦ θεοῦ ↔

23 22 καὶ ἐν τῷ καθημένῳ ἐπάνω αὐτοῦ. ↔

23 23 οὐαὶ ὑμῖν, γραμματεῖς καὶ Φαρισαῖοι ὑποκριταί, ↔

23 23 ὅτι ἀποδεκατοῦτε τὸ ἡδύοσμον καὶ τὸ ἄνηθον ↔

23 23 καὶ τὸ κύμινον, ↔

23 23 καὶ ἀφήκατε τὰ βαρύτερα τοῦ νόμου, ↔

23 23 τὴν κρίσιν καὶ τὸ ἔλεος ↔

23 23 καὶ τὴν πίστιν ↔

23 25 οὐαὶ ὑμῖν, γραμματεῖς καὶ Φαρισαῖοι ὑποκριταί, ↔

Mt 23 25 ὅτι καθαρίζετε τὸ ἔξωθεν τοῦ ποτηρίου καὶ τῆς παροψίδος, ↔

23 25 ἔσωθεν δὲ γέμουσιν ἐξ ἁρπαγῆς καὶ ἀκρασίας

23 26 * καθάρισον πρῶτον τὸ ἐντὸς τοῦ ποτηρίου | καὶ τῆς παροψίδος (+V[H]ς), ↔

23 26 ἵνα γένηται καὶ τὸ ἐκτὸς αὐτοῦ (αὐτῶν VSς) καθαρόν. ↔

23 27 οὐαὶ ὑμῖν, γραμματεῖς καὶ Φαρισαῖοι ὑποκριταί

23 27 ἔσωθεν δὲ γέμουσιν ὀστέων νεκρῶν καὶ πάσης ἀκαθαρσίας. ↔

23 28ᵍᵘ οὕτως καὶ ὑμεῖς ἔξωθεν μὲν φαίνεσθε τοῖς ἀνθρώποις δίκαιοι, ↔

23 28 ἔσωθεν δέ ἐστε μεστοὶ ὑποκρίσεως καὶ ἀνομίας. ↔

23 29 οὐαὶ ὑμῖν, γραμματεῖς καὶ Φαρισαῖοι ὑποκριταί

23 29 ὅτι οἰκοδομεῖτε τοὺς τάφους τῶν προφητῶν καὶ κοσμεῖτε τὰ μνημεῖα τῶν δικαίων, ↔

23 30 καὶ λέγετε

23 32ᵍ καὶ ὑμεῖς πληρώσατε τὸ μέτρον τῶν πατέρων ὑμῶν

23 34 ἰδοὺ ἐγὼ ἀποστέλλω πρὸς ὑμᾶς προφήτας καὶ σοφοὺς ↔

23 34 καὶ γραμματεῖς· ↔

23 34 * καὶ (+Vς) ἐξ αὐτῶν ἀποκτενεῖτε ↔

23 34 καὶ σταυρώσετε, ↔

23 34 καὶ ἐξ αὐτῶν μαστιγώσετε ἐν ταῖς συναγωγαῖς ὑμῶν ↔

23 34 καὶ διώξετε ἀπὸ πόλεως εἰς πόλιν ↔

23 35 ὃν ἐφονεύσατε μεταξὺ τοῦ ναοῦ καὶ τοῦ θυσιαστηρίου

23 37 Ἰερουσαλήμ, ἡ ἀποκτείνουσα τοὺς προφήτας καὶ λιθοβολοῦσα τοὺς ἀπεσταλμένους πρὸς αὐτήν, ↔

23 37ᵃ ποσάκις ἠθέλησα ἐπισυναγαγεῖν τὰ τέκνα σου . . . καὶ οὐκ ἠθελήσατε

24 1 καὶ ἐξελθὼν ὁ Ἰησοῦς | ἀπὸ τοῦ ἱεροῦ ἐπορεύετο (~ Vς), ↔

24 1 καὶ προσῆλθον οἱ μαθηταὶ αὐτοῦ

24 3 πότε ταῦτα ἔσται, καὶ τί τὸ σημεῖον τῆς σῆς παρουσίας ↔

24 3 καὶ (+τῆς Vς) συντελείας τοῦ αἰῶνος; ↔

24 4 καὶ ἀποκριθεὶς ὁ Ἰησοῦς εἶπεν αὐτοῖς

24 5 πολλοὶ γὰρ ἐλεύσονται . . . καὶ πολλοὺς πλανήσουσιν. ↔

24 6 μελλήσετε δὲ ἀκούειν πολέμους καὶ ἀκοὰς πολέμων

24 7 ἐγερθήσεται γὰρ ἔθνος ἐπὶ ἔθνος καὶ βασιλεία ἐπὶ βασιλείαν, ↔

24 7 καὶ ἔσονται λιμοὶ ↔

24 7 * | καὶ λοιμοὶ (+MVς) ↔

24 7 καὶ σεισμοὶ κατὰ τόπους

24 9 παραδώσουσιν ὑμᾶς εἰς θλῖψιν καὶ ἀποκτενοῦσιν ὑμᾶς, ↔

24 9 καὶ ἔσεσθε μισούμενοι ὑπὸ πάντων

24 10 καὶ τότε σκανδαλισθήσονται πολλοὶ ↔

24 10 καὶ ἀλλήλους παραδώσουσιν ↔

24 10 καὶ μισήσουσιν ἀλλήλους· ↔

24 11 καὶ πολλοὶ ψευδοπροφῆται ἐγερθήσονται ↔

24 11 καὶ πλανήσουσιν πολλούς· ↔

24 12 καὶ διὰ τὸ πληθυνθῆναι τὴν ἀνομίαν ψυγήσεται ἡ ἀγάπη τῶν πολλῶν

24 14 καὶ κηρυχθήσεται τοῦτο τὸ εὐαγγέλιον τῆς βασιλείας . . . εἰς μαρτύριον πᾶσιν τοῖς ἔθνεσιν, ↔

Mt 24 14 καὶ τότε ἥξει τὸ τέλος

24 18 ⟨ὁ ἐπὶ τοῦ δώματος⟩ καὶ ὁ ἐν τῷ ἀγρῷ μὴ ἐπιστρεψάτω ὀπίσω

24 19 οὐαὶ δὲ ταῖς ἐν γαστρὶ ἐχούσαις καὶ ταῖς θηλαζούσαις

24 22ʲ καὶ εἰ μὴ ἐκολοβώθησαν αἱ ἡμέραι ἐκεῖναι

24 24 ἐγερθήσονται γὰρ ψευδόχριστοι καὶ ψευδοπροφῆται, ↔

24 24 καὶ δώσουσιν σημεῖα μεγάλα ↔

24 24 καὶ τέρατα, ↔

24 24 ὥστε πλανῆσαι (-νᾶσθαι BSH; -θῆναι T), εἰ δυνατόν, καὶ τοὺς ἐκλεκτούς

24 27 ὥσπερ γὰρ ἡ ἀστραπὴ ἐξέρχεται ἀπὸ ἀνατολῶν καὶ φαίνεται ἕως δυσμῶν, ↔

24 27 * οὕτως ἔσται καὶ (+ς) ἡ παρουσία τοῦ υἱοῦ τοῦ ἀνθρώπου

24 29 ὁ ἥλιος σκοτισθήσεται, καὶ ἡ σελήνη οὐ δώσει τὸ φέγγος αὐτῆς, ↔

24 29 καὶ οἱ ἀστέρες πεσοῦνται ἀπὸ (ἐκ T) τοῦ οὐρανοῦ, ↔

24 29 καὶ αἱ δυνάμεις τῶν οὐρανῶν σαλευθήσονται. ↔

24 30 καὶ τότε φανήσεται τὸ σημεῖον τοῦ υἱοῦ τοῦ ἀνθρώπου ἐν (+τῷ MVSς) οὐρανῷ, ↔

24 30 καὶ || τότε (—T) κόψονται ((~ S)) πᾶσαι αἱ φυλαὶ τῆς γῆς ↔

24 30 καὶ ὄψονται τὸν υἱὸν τοῦ ἀνθρώπου

24 30 ἐρχόμενον . . . μετὰ δυνάμεως καὶ δόξης πολλῆς· ↔

24 31 καὶ ἀποστελεῖ τοὺς ἀγγέλους αὐτοῦ μετὰ σάλπιγγος (+φωνῆς MVSς) μεγάλης, ↔

24 31 καὶ ἐπισυνάξουσιν τοὺς ἐκλεκτοὺς αὐτοῦ

24 32 ὅταν ἤδη ὁ κλάδος αὐτῆς γένηται ἁπαλὸς καὶ τὰ φύλλα ἐκφύῃ

24 33ᵍᵘ οὕτως καὶ ὑμεῖς ὅταν ἴδητε | πάντα ταῦτα (~ VBST), γινώσκετε

24 35 ὁ οὐρανὸς καὶ ἡ γῆ παρελεύσεται ↔

24 36 περὶ δὲ τῆς ἡμέρας ἐκείνης καὶ (+τῆς ς) ὥρας οὐδεὶς οἶδεν

24 37 * οὕτως ἔσται καὶ (+Vς) ἡ παρουσία τοῦ υἱοῦ τοῦ ἀνθρώπου. ↔

24 38 ὡς γὰρ ἦσαν ἐν ταῖς ἡμέραις ἐκείναις [+N²⁶NH] . . . τρώγοντες καὶ πίνοντες, ↔

24 38 γαμοῦντες καὶ γαμίζοντες (ἐκMVBSς)

24 39ᵃ καὶ οὐκ ἔγνωσαν ἕως ἦλθεν ὁ κατακλυσμὸς ↔

24 39 καὶ ἦρεν ἅπαντας, ↔

24 39 οὕτως ἔσται καὶ ([N²⁶]; —H) ἡ παρουσία τοῦ υἱοῦ τοῦ ἀνθρώπου

24 40 εἷς παραλαμβάνεται καὶ εἷς ἀφίεται

24 41 μία παραλαμβάνεται καὶ μία ἀφίεται

24 43ᵃ ἐγρηγόρησεν ἂν καὶ οὐκ ἂν εἴασεν διορυχθῆναι τὴν οἰκίαν αὐτοῦ.

24 44ᵍ διὰ τοῦτο καὶ ὑμεῖς γίνεσθε ἕτοιμοι

24 45 τίς ἄρα ἐστὶν ὁ πιστὸς δοῦλος καὶ φρόνιμος ⟨;⟩

24 49 ⟨ἐὰν δὲ εἴπῃ⟩ καὶ ἄρξηται τύπτειν τοὺς συνδούλους αὐτοῦ, ↔

24 49ᵃ ἐσθίῃ δὲ καὶ πίνῃ μετὰ τῶν μεθυόντων, ↔

24 50 ἥξει ὁ κύριος τοῦ δούλου ἐκείνου ἐν ἡμέρᾳ . . . καὶ ἐν ὥρᾳ ᾗ οὐ γινώσκει, ↔

Mt 24 51 καὶ διχοτομήσει αὐτόν, ↔

24 51 καὶ τὸ μέρος αὐτοῦ μετὰ τῶν ὑποκριτῶν θήσει· ↔

24 51 ἐκεῖ ἔσται ὁ κλαυθμὸς καὶ ὁ βρυγμὸς τῶν ὀδόντων

25 2 πέντε δὲ ἐξ αὐτῶν ἦσαν μωραὶ καὶ πέντε φρόνιμοι

25 5 χρονίζοντος δὲ τοῦ νυμφίου ἐνύσταξαν πᾶσαι καὶ ἐκάθευδον

25 7 ἠγέρθησαν πᾶσαι αἱ παρθένοι ἐκεῖναι καὶ ἐκόσμησαν τὰς λαμπάδας ἑαυτῶν (αὐτῶν VSς)

25 9^g μήποτε | οὐ μὴ (οὐκ Tς) ἀρκέσῃ ἡμῖν καὶ ὑμῖν· ↔

25 9 πορεύεσθε μᾶλλον πρὸς τοὺς πωλοῦντας καὶ ἀγοράσατε ἑαυταῖς

25 10 ἦλθεν ὁ νυμφίος, καὶ αἱ ἕτοιμοι εἰσῆλθον μετ' αὐτοῦ εἰς τοὺς γάμους, ↔

25 10 καὶ ἐκλείσθη ἡ θύρα. ↔

25 11 ὕστερον δὲ ἔρχονται καὶ αἱ λοιπαὶ παρθένοι λέγουσαι

25 14 ἐκάλεσεν τοὺς ἰδίους δούλους καὶ παρέδωκεν αὐτοῖς τὰ ὑπάρχοντα αὐτοῦ, ↔

25 15 καὶ ᾧ μὲν ἔδωκεν πέντε τάλαντα

25 15 καὶ ἀπεδήμησεν

25 16 ἠργάσατο ἐν αὐτοῖς καὶ ἐκέρδησεν (ἐποίησεν VSTς) ἄλλα πέντε (+τάλαντα Tς)·

25 17^u * ὡσαύτως καὶ (+MVBς) ὁ τὰ δύο ↔

25 17^h * ἐκέρδησεν | καὶ αὐτὸς (+MVSς) ἄλλα δύο

25 18 ὤρυξεν γῆν καὶ ἔκρυψεν (ἀπ- Sς) τὸ ἀργύριον τοῦ κυρίου αὐτοῦ

25 19 ἔρχεται ὁ κύριος τῶν δούλων ἐκείνων καὶ συναίρει λόγον μετ' αὐτῶν. ↔

25 20 καὶ προσελθὼν ὁ τὰ πέντε τάλαντα λαβὼν προσήνεγκεν ἄλλα πέντε τάλαντα

25 21 εὖ, δοῦλε ἀγαθὲ καὶ πιστέ

25 22^q προσελθὼν δὲ ([N^26]; —NTH) καὶ ὁ τὰ δύο τάλαντα (+λαβὼν ς) εἶπεν

25 23 εὖ, δοῦλε ἀγαθὲ καὶ πιστέ

25 24^q προσελθὼν δὲ καὶ ὁ τὸ ἓν τάλαντον εἰληφὼς εἶπεν

25 24 θερίζων ὅπου οὐκ ἔσπειρας, καὶ συνάγων ὅθεν οὐ διεσκόρπισας· ↔

25 25 καὶ φοβηθεὶς ἀπελθὼν ἔκρυψα τὸ τάλαντόν σου ἐν τῇ γῇ

25 26 πονηρὲ δοῦλε καὶ ὀκνηρέ, ↔

25 26 ᾔδεις ὅτι θερίζω ὅπου οὐκ ἔσπειρα, καὶ συνάγω ὅθεν οὐ διεσκόρπισα; ↔

25 27 ἔδει σε οὖν βαλεῖν ... καὶ ἐλθὼν ἐγὼ ἐκομισάμην ἂν τὸ ἐμὸν σὺν τόκῳ. ↔

25 28 ἄρατε οὖν ἀπ' αὐτοῦ τὸ τάλαντον καὶ δότε τῷ ἔχοντι τὰ δέκα τάλαντα· ↔

25 29 τῷ γὰρ ἔχοντι παντὶ δοθήσεται καὶ περισσευθήσεται· ↔

25 29 τοῦ δὲ μὴ ἔχοντος καὶ ὃ ἔχει ἀρθήσεται ἀπ' αὐτοῦ.

25 30 καὶ τὸν ἀχρεῖον δοῦλον ἐκβάλετε εἰς τὸ σκότος τὸ ἐξώτερον· ↔

25 30 ἐκεῖ ἔσται ὁ κλαυθμὸς καὶ ὁ βρυγμὸς τῶν ὀδόντων. ↔

25 31 ὅταν δὲ ἔλθῃ ὁ υἱὸς τοῦ ἀνθρώπου ... καὶ πάντες οἱ ἄγγελοι μετ' αὐτοῦ

25 32 καὶ συναχθήσονται ἔμπροσθεν αὐτοῦ πάντα τὰ ἔθνη, ↔

Mt 25 32 καὶ ἀφορίσει (-ριεῖ Vς) αὐτοὺς ἀπ' ἀλλήλων

25 33 καὶ στήσει τὰ μὲν πρόβατα ἐκ δεξιῶν αὐτοῦ

25 35^r ἐπείνασα γὰρ καὶ ἐδώκατέ μοι φαγεῖν, ↔

25 35 ἐδίψησα καὶ ἐποτίσατέ με, ↔

25 35 ξένος ἤμην καὶ συνηγάγετέ με, ↔

25 36 γυμνὸς καὶ περιεβάλετέ με, ↔

25 36 ἠσθένησα καὶ ἐπεσκέψασθέ με, ↔

25 36 ἐν φυλακῇ ἤμην καὶ ἤλθατε πρός με

25 37 πότε σε εἴδομεν πεινῶντα καὶ ἐθρέψαμεν, ↔

25 37 ἢ διψῶντα καὶ ἐποτίσαμεν; ↔

25 38 πότε δέ σε εἴδομεν ξένον καὶ συνηγάγομεν, ↔

25 38 ἢ γυμνὸν καὶ περιεβάλομεν; ↔

25 39 πότε δέ σε εἴδομεν ἀσθενοῦντα (ἀσθενῆ MVSς) ἢ ἐν φυλακῇ καὶ ἤλθομεν πρός σε; ↔

25 40 καὶ ἀποκριθεὶς ὁ βασιλεὺς ἐρεῖ αὐτοῖς

25 41 τότε ἐρεῖ καὶ τοῖς ἐξ εὐωνύμων

25 41 εἰς τὸ πῦρ τὸ αἰώνιον | τὸ ἡτοιμασμένον (ὃ ἡτοίμασεν ὁ πατήρ μου S) τῷ διαβόλῳ καὶ τοῖς ἀγγέλοις αὐτοῦ. ↔

25 42^a ἐπείνασα γὰρ καὶ οὐκ ἐδώκατέ μοι φαγεῖν, ↔

25 42 * καὶ [+H] ἐδίψησα ↔

25 42^a καὶ οὐκ ἐποτίσατέ με, ↔

25 43^a ξένος ἤμην καὶ οὐ συνηγάγετέ με, ↔

25 43^a γυμνὸς καὶ οὐ περιεβάλετέ με, ↔

25 43 ἀσθενὴς καὶ ἐν φυλακῇ ↔

25 43^a καὶ οὐκ ἐπεσκέψασθέ με. ↔

25 44^h τότε ἀποκριθήσονται καὶ αὐτοί

25 44^a πότε σε εἴδομεν πεινῶντα ... ἢ ἐν φυλακῇ καὶ οὐ διηκονήσαμέν σοι;

25 46 καὶ ἀπελεύσονται οὗτοι εἰς κόλασιν αἰώνιον

26 1 καὶ ἐγένετο ὅτε ἐτέλεσεν ὁ Ἰησοῦς πάντας τοὺς λόγους τούτους

26 2 μετὰ δύο ἡμέρας τὸ πάσχα γίνεται, καὶ ὁ υἱὸς τοῦ ἀνθρώπου παραδίδοται εἰς τὸ σταυρωθῆναι

26 3 * συνήχθησαν οἱ ἀρχιερεῖς | καὶ οἱ γραμματεῖς (+ς) ↔

26 3 καὶ οἱ πρεσβύτεροι τοῦ λαοῦ

26 4 καὶ συνεβουλεύσαντο ↔

26 4 ἵνα τὸν Ἰησοῦν δόλῳ κρατήσωσιν καὶ ἀποκτείνωσιν

26 7 προσῆλθεν αὐτῷ γυνὴ ... καὶ κατέχεεν ἐπὶ | τῆς κεφαλῆς (τὴν -λὴν Vς) αὐτοῦ ἀνακειμένου

26 9 ἐδύνατο γὰρ τοῦτο πραθῆναι πολλοῦ καὶ δοθῆναι πτωχοῖς

26 13 λαληθήσεται καὶ ὃ ἐποίησεν αὐτὴ εἰς μνημόσυνον αὐτῆς

26 15^r * τί θέλετέ μοι δοῦναι, | καὶ ἐγὼ (BST; κἀγὼ rl) ὑμῖν παραδώσω αὐτόν;

26 16 καὶ ἀπὸ τότε ἐζήτει εὐκαιρίαν ἵνα αὐτὸν παραδῷ

26 18 ὑπάγετε ... πρὸς τὸν δεῖνα καὶ εἴπατε αὐτῷ

26 19 καὶ ἐποίησαν οἱ μαθηταὶ ὡς συνέταξεν αὐτοῖς ὁ Ἰησοῦς, ↔

26 19 καὶ ἡτοίμασαν τὸ πάσχα

26 21 καὶ ἐσθιόντων αὐτῶν εἶπεν

26 22 καὶ λυπούμενοι σφόδρα ἤρξαντο λέγειν αὐτῷ [S]

26 26 λαβὼν ὁ Ἰησοῦς (+τὸν VSς) ἄρτον καὶ εὐλογήσας ↔

Mt 26 26 ἔκλασεν καὶ δοὺς (ἐδίδου ς) τοῖς μαθηταῖς ↔

26 26 * καὶ (+ς) εἶπεν

26 27 καὶ λαβὼν ποτήριον ↔

26 27 καὶ [H] εὐχαριστήσας ἔδωκεν αὐτοῖς λέγων

26 30 καὶ ὑμνήσαντες ἐξῆλθον εἰς τὸ ὄρος τῶν ἐλαιῶν

26 31 πατάξω τὸν ποιμένα, καὶ διασκορπισθήσονται τὰ πρόβατα τῆς ποίμνης

26 33^z * εἰ καὶ (+ς) πάντες σκανδαλισθήσονται ἐν σοί

26 35^u ὁμοίως καὶ πάντες οἱ μαθηταὶ εἶπαν. ↔

26 36 τότε ἔρχεται ... ὁ Ἰησοῦς ... καὶ λέγει τοῖς μαθηταῖς

26 37 καὶ παραλαβὼν τὸν Πέτρον ↔

26 37 καὶ τοὺς δύο υἱοὺς Ζεβεδαίου

26 37 ἤρξατο λυπεῖσθαι καὶ ἀδημονεῖν

26 38 μείνατε ὧδε καὶ γρηγορεῖτε μετ' ἐμοῦ. ↔

26 39 καὶ προελθὼν (προσ- ST) μικρὸν ↔

26 39 ἔπεσεν ἐπὶ πρόσωπον αὐτοῦ προσευχόμενος καὶ λέγων

26 40 καὶ ἔρχεται πρὸς τοὺς μαθητὰς ↔

26 40 καὶ εὑρίσκει αὐτοὺς καθεύδοντας, ↔

26 40 καὶ λέγει τῷ Πέτρῳ

26 41 γρηγορεῖτε καὶ προσεύχεσθε

26 43 καὶ ἐλθὼν πάλιν εὗρεν αὐτοὺς καθεύδοντας

26 44 καὶ ἀφεὶς αὐτοὺς πάλιν ἀπελθὼν προσηύξατο ἐκ τρίτου

26 45 τότε ἔρχεται πρὸς τοὺς μαθητὰς καὶ λέγει αὐτοῖς· ↔

26 45 καθεύδετε τὸ ([N^26]; —NMH) λοιπὸν καὶ ἀναπαύεσθε· ↔

26 45 ἰδοὺ ἤγγικεν ἡ ὥρα καὶ ὁ υἱὸς τοῦ ἀνθρώπου παραδίδοται

26 47 καὶ ἔτι αὐτοῦ λαλοῦντος, ἰδοὺ Ἰούδας ... ἦλθεν, ↔

26 47 καὶ μετ' αὐτοῦ ὄχλος πολὺς ↔

26 47 μετὰ μαχαιρῶν καὶ ξύλων ↔

26 47 ἀπὸ τῶν ἀρχιερέων καὶ πρεσβυτέρων τοῦ λαοῦ

26 49 καὶ εὐθέως προσελθὼν τῷ Ἰησοῦ εἶπεν· ↔

26 49 χαῖρε, ῥαββί, καὶ κατεφίλησεν αὐτόν

26 50 ἐπέβαλον τὰς χεῖρας ἐπὶ τὸν Ἰησοῦν καὶ ἐκράτησαν αὐτόν

26 51^n καὶ ἰδοὺ εἷς τῶν μετὰ Ἰησοῦ ἐκτείνας τὴν χεῖρα ἀπέσπασεν τὴν μάχαιραν αὐτοῦ, ↔

26 51 καὶ πατάξας τὸν δοῦλον τοῦ ἀρχιερέως ἀφεῖλεν αὐτοῦ τὸ ὠτίον

26 53 οὐ δύναμαι παρακαλέσαι τὸν πατέρα μου, καὶ παραστήσει μοι ἄρτι πλείω (-ους MVSς) (+ἢ MV [S]ς) δώδεκα λεγιῶνας (-νων ST) ἀγγέλων

26 55 ὡς ἐπὶ λῃστὴν ἐξήλθατε μετὰ μαχαιρῶν καὶ ξύλων συλλαβεῖν με;

26 55^a | ἐν τῷ ἱερῷ ἐκαθεζόμην διδάσκων (~Vς), καὶ οὐκ ἐκρατήσατέ με

26 57 ὅπου οἱ γραμματεῖς καὶ οἱ πρεσβύτεροι συνήχθησαν. ↔

26 58 ὁ δὲ Πέτρος ἠκολούθει αὐτῷ ... καὶ εἰσελθὼν ἔσω ἐκάθητο

26 59 * οἱ δὲ ἀρχιερεῖς | καὶ οἱ πρεσβύτεροι (+ς) ↔

26 59 καὶ τὸ συνέδριον ὅλον ἐζήτουν ψευδομαρτυρίαν κατὰ τοῦ Ἰησοῦ

Mt 26 60ᵃ καὶ οὐχ εὗρον ↔

26 60 *καὶ (+ς) πολλῶν | προσελθόντων ψευδομαρτύρων (~ VSς) (+οὐχ εὗρον ς)

26 61 δύναμαι καταλῦσαι τὸν ναὸν τοῦ θεοῦ καὶ διὰ τριῶν ἡμερῶν (+ αὐτὸν VBSTς) οἰκοδομῆσαι. ↔

26 62 καὶ ἀναστὰς ὁ ἀρχιερεὺς εἶπεν αὐτῷ

26 63 καὶ (+ἀποκριθεὶς Tς) ὁ ἀρχιερεὺς εἶπεν αὐτῷ

26 64 ὄψεσθε τὸν υἱὸν τοῦ ἀνθρώπου καθήμενον... καὶ ἐρχόμενον ἐπὶ τῶν νεφελῶν τοῦ οὐρανοῦ

26 67 ἐνέπτυσαν εἰς τὸ πρόσωπον αὐτοῦ καὶ ἐκολάφισαν αὐτόν

26 69 καὶ προσῆλθεν αὐτῷ μία παιδίσκη λέγουσα· ↔

26 69ᶠ καὶ σὺ ἦσθα μετὰ Ἰησοῦ τοῦ Γαλιλαίου

26 71 εἶδεν αὐτὸν ἄλλη καὶ λέγει τοῖς ([αὐ]τοῖς S) ἐκεῖ· ↔

26 71ʰ * καὶ (+Vς) οὗτος ἦν μετὰ Ἰησοῦ τοῦ Ναζωραίου. ↔

26 72 καὶ πάλιν ἠρνήσατο μετὰ ὅρκου

26 73ᶠ ἀληθῶς καὶ σὺ ἐξ αὐτῶν εἶ, ↔

26 73ᵈ καὶ γὰρ ἡ λαλιά σου δῆλόν σε ποιεῖ. ↔

26 74 τότε ἤρξατο καταθεματίζειν καὶ ὀμνύειν

26 74 καὶ εὐθέως (-θὺς NH) ἀλέκτωρ ἐφώνησεν. ↔

26 75 καὶ ἐμνήσθη ὁ Πέτρος τοῦ ῥήματος Ἰησοῦ εἰρηκότος

26 75 καὶ ἐξελθὼν ἔξω ἔκλαυσεν πικρῶς

27 1 συμβούλιον ἔλαβον πάντες οἱ ἀρχιερεῖς καὶ οἱ πρεσβύτεροι

27 2 καὶ δήσαντες αὐτὸν ἀπήγαγον ↔

27 2 καὶ παρέδωκαν (+αὐτὸν V[S]ς) (+Ποντίῳ VBSς) Πιλάτῳ

27 3 ἔστρεψεν (ἀπ- MVBSς) τὰ τριάκοντα ἀργύρια τοῖς ἀρχιερεῦσιν καὶ (+τοῖς ς) πρεσβυτέροις

27 5 καὶ ῥίψας τὰ ἀργύρια εἰς τὸν ναὸν ἀνεχώρησεν,

27 5 καὶ ἀπελθὼν ἀπήγξατο

27 9 καὶ ἔλαβον τὰ τριάκοντα ἀργύρια

27 10 καὶ ἔδωκαν αὐτὰ εἰς τὸν ἀγρὸν τοῦ κεραμέως

27 11 καὶ ἐπηρώτησεν αὐτὸν ὁ ἡγεμών

27 12 καὶ ἐν τῷ κατηγορεῖσθαι αὐτὸν ↔

27 12 ὑπὸ τῶν ἀρχιερέων καὶ (+τῶν ς) πρεσβυτέρων οὐδὲν ἀπεκρίνατο

27 14ᵃ καὶ οὐκ ἀπεκρίθη αὐτῷ πρὸς οὐδὲ ἓν ῥῆμα

27 19 μηδὲν σοὶ καὶ τῷ δικαίῳ ἐκείνῳ

27 20 οἱ δὲ ἀρχιερεῖς καὶ οἱ πρεσβύτεροι ἔπεισαν τοὺς ὄχλους

27 25 καὶ ἀποκριθεὶς πᾶς ὁ λαὸς εἶπεν· ↔

27 25 τὸ αἷμα αὐτοῦ ἐφ᾽ ἡμᾶς καὶ ἐπὶ τὰ τέκνα ἡμῶν

27 28 καὶ ἐκδύσαντες αὐτὸν χλαμύδα κοκκίνην περιέθηκαν αὐτῷ, ↔

27 29 καὶ πλέξαντες στέφανον ἐξ ἀκανθῶν ἐπέθηκαν ἐπὶ τῆς κεφαλῆς αὐτοῦ

27 29 καὶ κάλαμον ἐν τῇ δεξιᾷ αὐτοῦ, ↔

27 29 καὶ γονυπετήσαντες ἔμπροσθεν αὐτοῦ ἐνέπαιξαν (-ζον VBSς) αὐτῷ

27 30 καὶ ἐμπτύσαντες εἰς αὐτὸν ἔλαβον τὸν κάλαμον ↔

27 30 καὶ ἔτυπτον εἰς τὴν κεφαλὴν αὐτοῦ. ↔

27 31ʲ καὶ ὅτε ἐνέπαιξαν αὐτῷ, ἐξέδυσαν (ἐκδύσαντες T) αὐτὸν τὴν χλαμύδα ↔

Mt 27 31 καὶ (—T) ἐνέδυσαν αὐτὸν τὰ ἱμάτια αὐτοῦ, ↔

27 31 καὶ ἀπήγαγον αὐτὸν εἰς τὸ σταυρῶσαι

27 33 καὶ ἐλθόντες εἰς τόπον λεγόμενον Γολγοθᾶ ⟨ἔδωκαν⟩

27 34 καὶ γευσάμενος οὐκ ἠθέλησεν πιεῖν

27 35 * | διεμερίσαντο τὰ ἱμάτιά μου ἑαυτοῖς, καὶ ἐπὶ τὸν ἱματισμόν μου ἔβαλον κλῆρον (.. +ς). ↔

27 36 καὶ καθήμενοι ἐτήρουν αὐτὸν ἐκεῖ. ↔

27 37 καὶ ἐπέθηκαν ἐπάνω τῆς κεφαλῆς αὐτοῦ τὴν αἰτίαν αὐτοῦ

27 38 εἷς ἐκ δεξιῶν καὶ εἷς ἐξ εὐωνύμων

27 40 ⟨ἐβλασφήμουν αὐτὸν κινοῦντες τὰς κεφαλὰς αὐτῶν⟩ καὶ λέγοντες· ↔

27 40 ὁ καταλύων τὸν ναὸν καὶ ἐν τρισὶν ἡμέραις οἰκοδομῶν,

27 40 σῶσον σεαυτόν, εἰ υἱὸς εἶ τοῦ θεοῦ, καὶ (+[N²⁶]NBT) κατάβηθι ἀπὸ τοῦ σταυροῦ.

27 41ᵃᵘ ὁμοίως (+δὲ ς) καὶ ([NH]; —T) οἱ ἀρχιερεῖς ἐμπαίζοντες ↔

27 41 μετὰ τῶν γραμματέων καὶ πρεσβυτέρων ἔλεγον

27 42 καταβάτω νῦν ἀπὸ τοῦ σταυροῦ καὶ πιστεύσομεν (-σωμεν BST) ἐπ᾽ αὐτόν

27 44 τὸ δ᾽ αὐτὸ καὶ οἱ λῃσταὶ... ὠνείδιζον αὐτόν

27 48 καὶ εὐθέως δραμὼν εἷς ἐξ αὐτῶν ↔

27 48 καὶ λαβὼν σπόγγον πλήσας τε ὄξους ↔

27 48 καὶ περιθεὶς καλάμῳ ἐπότιζεν αὐτόν

27 49 * |ἔνυξεν αὐτοῦ τὴν πλευράν, καὶ ἐξῆλθεν [.. +SH ..] ↔

27 49 * | ὕδωρ καὶ αἷμα [.. +SH]

27 51ⁿ καὶ ἰδοὺ τὸ καταπέτασμα τοῦ ναοῦ ἐσχίσθη

27 51 καὶ ἡ γῆ ἐσείσθη, ↔

27 51 καὶ αἱ πέτραι ἐσχίσθησαν, ↔

27 52 καὶ τὰ μνημεῖα ἀνεῴχθησαν ↔

27 52 καὶ πολλὰ σώματα τῶν κεκοιμημένων ἁγίων ἠγέρθησαν· ↔

27 53 καὶ ἐξελθόντες ἐκ τῶν μνημείων... εἰσῆλθον εἰς τὴν ἁγίαν πόλιν ↔

27 53 καὶ ἐνεφανίσθησαν πολλοῖς. ↔

27 54 ὁ δὲ ἑκατόνταρχος καὶ οἱ μετ᾽ αὐτοῦ τηροῦντες τὸν Ἰησοῦν ↔

27 54 ἰδόντες τὸν σεισμὸν καὶ τὰ γενόμενα (γινόμενα NMBTH) ἐφοβήθησαν σφόδρα

27 56 ἐν αἷς ἦν Μαρία ἡ Μαγδαληνή, καὶ Μαρία ἡ τοῦ Ἰακώβου ↔

27 56 καὶ Ἰωσὴφ (-σῆ MVSς) μήτηρ, ↔

27 56 καὶ ἡ μήτηρ τῶν υἱῶν Ζεβεδαίου

27 57ʰ Ἰωσήφ, ὃς καὶ αὐτὸς ἐμαθητεύθη (ἐμαθήτευσεν MVBSς) τῷ Ἰησοῦ

27 59 καὶ λαβὼν τὸ σῶμα ὁ Ἰωσὴφ ἐνετύλιξεν αὐτὸ ἐν (+[N²⁶NH]B) σινδόνι καθαρᾷ, ↔

27 60 καὶ ἔθηκεν αὐτὸ (—S) ἐν τῷ καινῷ αὐτοῦ μνημείῳ

27 60 καὶ προσκυλίσας λίθον μέγαν τῇ θύρᾳ τοῦ μνημείου ἀπῆλθεν. ↔

27 61 ἦν δὲ ἐκεῖ Μαριὰμ ἡ Μαγδαληνὴ καὶ ἡ ἄλλη Μαρία

27 62 συνήχθησαν οἱ ἀρχιερεῖς καὶ οἱ Φαρισαῖοι πρὸς Πιλᾶτον

27 64 μήποτε... κλέψωσιν αὐτὸν καὶ εἴπωσιν τῷ λαῷ

27 64 καὶ ἔσται ἡ ἐσχάτη πλάνη χείρων τῆς πρώτης

Mt 28 1 ἦλθεν Μαριὰμ ἡ Μαγδαληνὴ καὶ ἡ ἄλλη Μαρία θεωρῆσαι τὸν τάφον. ↔

28 2ⁿ καὶ ἰδοὺ σεισμὸς ἐγένετο μέγας· ↔

28 2 ἄγγελος γὰρ κυρίου καταβὰς ἐξ οὐρανοῦ καὶ (—ς) προσελθὼν ἀπεκύλισεν τὸν λίθον ↔

28 2 καὶ ἐκάθητο ἐπάνω αὐτοῦ. ↔

28 3 ἦν δὲ ἡ εἰδέα αὐτοῦ ὡς ἀστραπή, καὶ τὸ ἔνδυμα αὐτοῦ λευκὸν ὡς χιών

28 4 ἐσείσθησαν οἱ τηροῦντες καὶ ἐγενήθησαν ὡς νεκροί

28 7 καὶ ταχὺ πορευθεῖσαι εἴπατε τοῖς μαθηταῖς αὐτοῦ ↔

28 7ⁿ ὅτι ἠγέρθη ἀπὸ τῶν νεκρῶν, καὶ ἰδοὺ προάγει ὑμᾶς

28 8 καὶ ἀπελθοῦσαι ταχὺ ἀπὸ τοῦ μνημείου ↔

28 8 μετὰ φόβου καὶ χαρᾶς μεγάλης

28 9ⁿ καὶ ἰδοὺ Ἰησοῦς ὑπήντησεν αὐταῖς λέγων

28 9 ἐκράτησαν αὐτοῦ τοὺς πόδας καὶ προσεκύνησαν αὐτῷ

28 10 * | καὶ ἐκεῖ (T; κἀκεῖ rl) με ὄψονται

28 12 καὶ συναχθέντες μετὰ τῶν πρεσβυτέρων συμβούλιόν τε λαβόντες

28 14ʲ καὶ ἐὰν ἀκουσθῇ τοῦτο ἐπὶ τοῦ ἡγεμόνος, ↔

28 14ᵍ ἡμεῖς πείσομεν αὐτὸν (+[N²⁶S]MV ς) καὶ ὑμᾶς ἀμερίμνους ποιήσομεν

28 15 καὶ διεφημίσθη (ἐφημίσθη T) ὁ λόγος οὗτος παρὰ Ἰουδαίοις

28 17 ⟨ἐπορεύθησαν⟩ καὶ ἰδόντες αὐτὸν προσεκύνησαν (+αὐτῷ [S]ς)

28 18 καὶ προσελθὼν ὁ Ἰησοῦς ἐλάλησεν αὐτοῖς λέγων· ↔

28 18 ἐδόθη μοι πᾶσα ἐξουσία ἐν οὐρανῷ καὶ ἐπὶ τῆς (+[N²⁶NH] γῆς

28 19 βαπτίζοντες αὐτοὺς εἰς τὸ ὄνομα τοῦ πατρὸς καὶ τοῦ υἱοῦ ↔

28 19 καὶ τοῦ ἁγίου πνεύματος

28 20ⁿ καὶ ἰδοὺ ἐγὼ μεθ᾽ ὑμῶν εἰμι πάσας τὰς ἡμέρας

Mc 1 4 ἐγένετο Ἰωάννης ὁ ([N²⁶]; —MSς) βαπτίζων ἐν τῇ ἐρήμῳ καὶ (—NBH) κηρύσσων βάπτισμα μετανοίας

1 5 καὶ ἐξεπορεύετο πρὸς αὐτὸν πᾶσα ἡ Ἰουδαία χώρα ↔

1 5 καὶ οἱ Ἱεροσολυμῖται πάντες, ↔

1 5 καὶ ἐβαπτίζοντο ὑπ᾽ αὐτοῦ

1 6 | καὶ ἦν ὁ (ἦν δὲ Sς) Ἰωάννης ἐνδεδυμένος τρίχας καμήλου ↔

1 6 καὶ ζώνην δερματίνην περὶ τὴν ὀσφὺν αὐτοῦ ↔

1 6 καὶ ἐσθίων ἀκρίδας ↔

1 6 καὶ μέλι ἄγριον. ↔

1 7 καὶ ἐκήρυσσεν λέγων

1 9 καὶ ἐγένετο ἐν ἐκείναις ταῖς ἡμέραις ἦλθεν Ἰησοῦς ἀπὸ Ναζαρὲτ τῆς Γαλιλαίας ↔

1 9 καὶ ἐβαπτίσθη εἰς τὸν Ἰορδάνην ὑπὸ Ἰωάννου. ↔

1 10 καὶ εὐθὺς ἀναβαίνων ἐκ τοῦ ὕδατος εἶδεν σχιζομένους τοὺς οὐρανοὺς ↔

1 10 καὶ τὸ πνεῦμα ὡς περιστερὰν καταβαῖνον εἰς αὐτόν· ↔

1 11 καὶ φωνὴ ἐγένετο ([NH]); —T) ἐκ τῶν οὐρανῶν

1 12 καὶ εὐθὺς τὸ πνεῦμα αὐτὸν ἐκβάλλει εἰς τὴν ἔρημον. ↔

1 13 καὶ ἦν ἐν τῇ ἐρήμῳ τεσσεράκοντα ἡμέρας πειραζόμενος ὑπὸ τοῦ σατανᾶ, ↔

1 13 καὶ ἦν μετὰ τῶν θηρίων, ↔

Mc 1 13 καὶ οἱ ἄγγελοι διηκόνουν αὐτῷ. ↔

1 14 * | καὶ μετὰ (NBH; μετὰ δὲ rl) τὸ παραδοθῆναι τὸν ᾿Ιωάννην ἦλθεν ὁ ᾿Ιησοῦς εἰς τὴν Γαλιλαίαν

1 15 ⟨κηρύσσων τὸ εὐαγγέλιον⟩ | καὶ λέγων ([NH]; [κ.] λ. S; —T), ↔

1 15 ὅτι πεπλήρωται ὁ καιρὸς καὶ ἤγγικεν ἡ βασιλεία τοῦ θεοῦ· ↔

1 15 μετανοεῖτε καὶ πιστεύετε ἐν τῷ εὐαγγελίῳ. ↔

1 16 | καὶ παράγων (περιπατῶν δὲ ς) παρὰ τὴν θάλασσαν τῆς Γαλιλαίας ↔

1 16 εἶδεν Σίμωνα καὶ ᾿Ανδρέαν

1 17 καὶ εἶπεν αὐτοῖς ὁ ᾿Ιησοῦς· ↔

1 17 δεῦτε ὀπίσω μου, καὶ ποιήσω ὑμᾶς γενέσθαι ἁλιεῖς ἀνθρώπων. ↔

1 18 καὶ εὐθὺς ἀφέντες τὰ δίκτυα (+ αὐτῶν Sς) ἠκολούθησαν αὐτῷ. ↔

1 19 καὶ προβὰς ὀλίγον εἶδεν ᾿Ιάκωβον τὸν τοῦ Ζεβεδαίου ↔

1 19 καὶ ᾿Ιωάννην τὸν ἀδελφὸν αὐτοῦ ↔

1 19ʰ καὶ αὐτοὺς ἐν τῷ πλοίῳ καταρτίζοντας τὰ δίκτυα. ↔

1 20 καὶ εὐθὺς ἐκάλεσεν αὐτούς· ↔

1 20 καὶ ἀφέντες τὸν πατέρα αὐτῶν . . . ἀπῆλθον ὀπίσω αὐτοῦ. ↔

1 21 καὶ εἰσπορεύονται εἰς Καφαρναούμ· ↔

1 21 καὶ εὐθὺς τοῖς σάββασιν εἰσελθὼν (—BST) | εἰς τὴν συναγωγὴν ἐδίδασκεν (∼BST). ↔

1 22 καὶ ἐξεπλήσσοντο ἐπὶ τῇ διδαχῇ αὐτοῦ· ↔

1 22ᵃ ἦν γὰρ διδάσκων αὐτοὺς ὡς ἐξουσίαν ἔχων, καὶ οὐχ ὡς οἱ γραμματεῖς. ↔

1 23 καὶ εὐθὺς ἦν ἐν τῇ συναγωγῇ αὐτῶν ἄνθρωπος

1 23 καὶ ἀνέκραξεν ⟨λέγων⟩ ↔

1 24ᶠ ⟨+ἔα [MS]Vς⟩ τί ἡμῖν καὶ σοί, ᾿Ιησοῦ Ναζαρηνέ;

1 25 καὶ ἐπετίμησεν αὐτῷ ὁ ᾿Ιησοῦς λέγων ([NH]; —MT) · ↔

1 25 φιμώθητι καὶ ἔξελθε ἐξ αὐτοῦ. ↔

1 26 καὶ σπαράξαν αὐτὸν τὸ πνεῦμα τὸ ἀκάθαρτον ↔

1 26 καὶ φωνῆσαν φωνῇ μεγάλῃ ἐξῆλθεν ἐξ αὐτοῦ. ↔

1 27 καὶ ἐθαμβήθησαν ἅπαντες

1 27 καὶ τοῖς πνεύμασι τοῖς ἀκαθάρτοις ἐπιτάσσει, ↔

1 27 καὶ ὑπακούουσιν αὐτῷ. ↔

1 28 | καὶ ἐξῆλθεν (ἐ. δὲ Sς) ἡ ἀκοὴ αὐτοῦ εὐθὺς πανταχοῦ

1 29 καὶ εὐθὺς ἐκ τῆς συναγωγῆς | ἐξελθόντες ἦλθον (ἐξελθὼν ἦλθεν Μ) ↔

1 29 εἰς τὴν οἰκίαν Σίμωνος καὶ ᾿Ανδρέου ↔

1 29 μετὰ ᾿Ιακώβου καὶ ᾿Ιωάννου

1 30 καὶ εὐθὺς λέγουσιν αὐτῷ περὶ αὐτῆς. ↔

1 31 καὶ προσελθὼν ἤγειρεν αὐτὴν κρατήσας τῆς χειρὸς (+αὐτῆς Vς)· ↔

1 31 καὶ ἀφῆκεν αὐτὴν ὁ πυρετός (+ εὐθὺς VSς), ↔

1 31 καὶ διηκόνει αὐτοῖς

1 32 ἔφερον . . . τοὺς κακῶς ἔχοντας καὶ τοὺς δαιμονιζομένους· ↔

1 33 καὶ | ἦν ὅλη ἡ πόλις ἐπισυνηγμένη (∼ S Vς) πρὸς τὴν θύραν. ↔

1 34 καὶ ἐθεράπευσεν πολλοὺς κακῶς ἔχοντας ποικίλαις νόσοις,

Mc 1 34 καὶ δαιμόνια πολλὰ ἐξέβαλεν, ↔

1 34ᵃ καὶ οὐκ ἤφιεν λαλεῖν τὰ δαιμόνια

1 35 καὶ πρωῒ ἔννυχα λίαν ἀναστὰς ἐξῆλθεν ↔

1 35 | καὶ ἀπῆλθεν [H] εἰς ἔρημον τόπον

1 36 καὶ κατεδίωξεν (-ξαν Sς) αὐτὸν (+ὁ VSς) Σίμων

1 36 καὶ οἱ μετ᾿ αὐτοῦ, ↔

1 37 καὶ εὗρον (εὑρόντες MVSς) αὐτὸν ↔

1 37 καὶ (—MVSς) λέγουσιν αὐτῷ

1 38 καὶ λέγει αὐτοῖς

1 38ˣ ἵνα | καὶ ἐκεῖ (κἀκεῖ STς) κηρύξω

1 39 καὶ ἦλθεν κηρύσσων εἰς τὰς συναγωγὰς αὐτῶν εἰς ὅλην τὴν Γαλιλαίαν

1 39 καὶ τὰ δαιμόνια ἐκβάλλων. ↔

1 40 καὶ ἔρχεται πρὸς αὐτὸν λεπρὸς παρακαλῶν αὐτὸν ↔

1 40 | καὶ γονυπετῶν ([N²⁶H]; κ. γ. αὐτὸν Vς)

1 40 καὶ (+N²⁶V[S]ς) λέγων αὐτῷ

1 41 καὶ (ὁ δὲ ᾿Ιησοῦς VSς) σπλαγχνισθεὶς . . . ἥψατο (+αὐτοῦ Bς) ↔

1 41 καὶ λέγει αὐτῷ (—T)

1 42 καὶ (+εἰπόντος αὐτοῦ VSς) εὐθὺς ἀπῆλθεν ἀπ᾿ αὐτοῦ ἡ λέπρα, ↔

1 42 καὶ ἐκαθαρίσθη. ↔

1 43 καὶ ἐμβριμησάμενος αὐτῷ εὐθὺς ἐξέβαλεν αὐτόν, ↔

1 44 καὶ λέγει αὐτῷ

1 44 σεαυτὸν δεῖξον τῷ ἱερεῖ καὶ προσένεγκε . . . ἃ προσέταξεν Μωϋσῆς

1 45 ἤρξατο κηρύσσειν πολλὰ καὶ διαφημίζειν τὸν λόγον

1 45 καὶ ἤρχοντο πρὸς αὐτὸν πάντοθεν. ↔

2 1 καὶ εἰσελθὼν (-ῆλθεν ς) πάλιν εἰς Καφαρναοὺμ δι᾿ ἡμερῶν ↔

2 1 * καὶ (+ς) ἠκούσθη ὅτι | ἐν οἴκῳ ἐστίν (εἰς οἶκόν ἐ. MVSς). ↔

2 2 καὶ (+εὐθέως [V]Sς) συνήχθησαν πολλοί

2 2 καὶ ἐλάλει αὐτοῖς τὸν λόγον. ↔

2 3 καὶ ἔρχονται | φέροντες πρὸς αὐτὸν παραλυτικὸν (∼ Sς) αἰρόμενον ὑπὸ τεσσάρων. ↔

2 4ᵇ μὴ δυνάμενοι προσενέγκαι (-εγγίσαι Sς) . . . ἀπεστέγασαν τὴν στέγην

2 4 καὶ ἐξορύξαντες χαλῶσι τὸν κράβαττον

2 5 | καὶ ἰδὼν (ἰ. δὲ Sς) ὁ ᾿Ιησοῦς τὴν πίστιν αὐτῶν

2 6 ἦσαν δέ τινες τῶν γραμματέων ἐκεῖ καθήμενοι καὶ διαλογιζόμενοι

2 8 καὶ εὐθὺς ἐπιγνοὺς ὁ ᾿Ιησοῦς τῷ πνεύματι αὐτοῦ

2 9 ἔγειρε (-ρου H) καὶ [H] ἆρον | τὸν κράβαττόν σου (∼ VSς)

2 9 καὶ περιπάτει (ὕπαγε ST)

2 11 * ἔγειρε καὶ (+ς) ἆρον τὸν κράβαττόν σου ↔

2 11 καὶ ὕπαγε εἰς τὸν οἶκόν σου. ↔

2 12 καὶ ἠγέρθη ↔

2 12 καὶ εὐθὺς ἄρας τὸν κράβαττον ἐξῆλθεν ἔμπροσθεν (ἐναντίον VSς) πάντων, ↔

2 12 ὥστε ἐξίστασθαι πάντας καὶ δοξάζειν τὸν θεὸν

2 13 καὶ ἐξῆλθεν πάλιν παρὰ (εἰς T) τὴν θάλασσαν· ↔

2 13 καὶ πᾶς ὁ ὄχλος ἤρχετο πρὸς αὐτόν, ↔

Mc 2 13 καὶ ἐδίδασκεν αὐτούς. ↔

2 14 καὶ παράγων εἶδεν Λευὶν . . . καθήμενον ἐπὶ τὸ τελώνιον, ↔

2 14 καὶ λέγει αὐτῷ

2 14 καὶ ἀναστὰς ἠκολούθησεν αὐτῷ. ↔

2 15 καὶ | γίνεται κατακεῖσθαι (ἐγένετο ἐν τῷ κ. ς) αὐτὸν ἐν τῇ οἰκίᾳ αὐτοῦ, ↔

2 15 καὶ πολλοὶ τελῶναι ↔

2 15 καὶ ἁμαρτωλοὶ συνανέκειντο τῷ ᾿Ιησοῦ ↔

2 15 καὶ τοῖς μαθηταῖς αὐτοῦ· ↔

2 15 ἦσαν γὰρ πολλοί, καὶ ἠκολούθουν αὐτῷ. ↔

2 16 καὶ οἱ (— ST) γραμματεῖς ↔

2 16 * | καὶ οἱ Φαρισαῖοι (ς; τῶν Φαρισαίων rl) ↔

2 16 * καὶ (+T) ἰδόντες ↔

2 16 | ὅτι ἐσθίει (ὅτι ἤσθιεν BST; αὐτὸν ἐσθίοντα Vς) μετὰ τῶν | ἁμαρτωλῶν καὶ τελωνῶν (∼ Τς) ↔

2 16 (+τί MVSς) ὅτι μετὰ τῶν τελωνῶν καὶ ἁμαρτωλῶν ἐσθίει ↔

2 16 * | καὶ πίνει (+MVSTς); ↔

2 17 καὶ ἀκούσας ὁ ᾿Ιησοῦς λέγει αὐτοῖς

2 18 καὶ ἦσαν οἱ μαθηταὶ ᾿Ιωάννου ↔

2 18 καὶ | οἱ Φαρισαῖοι (τῶν Φαρισαίων S; οἱ τῶν Φ-ων ς) νηστεύοντες. ↔

2 18 καὶ ἔρχονται

2 18 καὶ λέγουσιν αὐτῷ· ↔

2 18 διὰ τί οἱ μαθηταὶ ᾿Ιωάννου καὶ οἱ μαθηταὶ τῶν Φαρισαίων νηστεύουσιν ⟨;⟩

2 19 καὶ εἶπεν αὐτοῖς ὁ ᾿Ιησοῦς

2 20 ἐλεύσονται δὲ ἡμέραι . . . καὶ τότε νηστεύσουσιν ἐν ἐκείνῃ τῇ ἡμέρᾳ. ↔

2 21ᶜ * καὶ (+ ς) οὐδεὶς ἐπίβλημα ῥάκους ἀγνάφου ἐπιράπτει ἐπὶ ἱμάτιον παλαιόν

2 21 αἴρει τὸ πλήρωμα . . . καὶ χεῖρον σχίσμα γίνεται. ↔

2 22ᶜ καὶ οὐδεὶς βάλλει οἶνον νέον εἰς ἀσκοὺς παλαιούς

2 22 ῥήξει (ῥήσσει Sς) ὁ οἶνος τοὺς ἀσκούς, καὶ ὁ οἶνος ἀπόλλυται (ἐκχεῖται Vς) ↔

2 22 καὶ οἱ ἀσκοί (+ἀπολοῦνται Vς)

2 23 καὶ ἐγένετο αὐτὸν . . . παραπορεύεσθαι (δια-H) διὰ τῶν σπορίμων, ↔

2 23 καὶ οἱ μαθηταὶ αὐτοῦ ἤρξαντο ὁδὸν ποιεῖν τίλλοντες τοὺς στάχυας. ↔

2 24 καὶ οἱ Φαρισαῖοι ἔλεγον αὐτῷ

2 25ʰ καὶ (+αὐτὸς V[S]ς) λέγει αὐτοῖς

2 25 ὅτε χρείαν ἔσχεν καὶ ἐπείνασεν ↔

2 25 αὐτὸς καὶ οἱ μετ᾿ αὐτοῦ ↔

2 26 πῶς [NH] εἰσῆλθεν . . . καὶ τοὺς ἄρτους τῆς προθέσεως ἔφαγεν

2 26 καὶ ἔδωκεν

2 26 καὶ τοῖς σὺν αὐτῷ οὖσιν; ↔

2 27 καὶ ἔλεγεν αὐτοῖς· ↔

2 27ᵃ τὸ σάββατον διὰ τὸν ἄνθρωπον ἐγένετο, καὶ (—ς) οὐχ ὁ ἄνθρωπος διὰ τὸ σάββατον· ↔

2 28 ὥστε κύριός ἐστιν ὁ υἱὸς τοῦ ἀνθρώπου καὶ τοῦ σαββάτου. ↔

3 1 καὶ εἰσῆλθεν πάλιν εἰς τὴν (—NTH) συναγωγήν. ↔

3 1 καὶ ἦν ἐκεῖ ἄνθρωπος ἐξηραμμένην ἔχων τὴν χεῖρα· ↔

3 2 καὶ παρετήρουν αὐτὸν

3 3 καὶ λέγει τῷ ἀνθρώπῳ

3 4 καὶ λέγει αὐτοῖς

Mc 3 5 καὶ περιβλεψάμενος αὐτοὺς μετ᾽
ὀργῆς . . . λέγει τῷ ἀνθρώπῳ· ↔

3 5 ἔκτεινον τὴν χεῖρα (+σου ΒΗς).
καὶ ἐξέτεινεν,

3 5 καὶ ἀπεκατεστάθη ἡ χεὶρ αὐτοῦ.

3 6 καὶ ἐξελθόντες οἱ Φαρισαῖοι . . .
συμβούλιον ἐδίδουν (ἐποίησαν Τ;
ἐποίουν ς) κατ᾽ αὐτοῦ

3 7 καὶ ὁ Ἰησοῦς μετὰ τῶν μαθητῶν
αὐτοῦ ἀνεχώρησεν πρὸς (εἰς Τ)
τὴν θάλασσαν· ↔

3 7 καὶ πολὺ πλῆθος ἀπὸ τῆς Γαλι-
λαίας ↔

3 7 || ἠκολούθησεν ([Ν²⁶]; -σαν Τς)·
καὶ ἀπὸ τῆς Ἰουδαίας ((~Τ)) ↔

3 8 καὶ Ἱεροσολύμων ↔

3 8 καὶ ἀπὸ τῆς Ἰδουμαίας ↔

3 8 καὶ πέραν τοῦ Ἰορδάνου ↔

3 8 καὶ (+οἱ [S]ς) περὶ Τύρον ↔

3 8 καὶ Σιδῶνα . . . ἦλθον πρὸς
αὐτόν. ↔

3 9 καὶ εἶπεν τοῖς μαθηταῖς αὐτοῦ

3 11 καὶ τὰ πνεύματα τὰ ἀκάθαρτα . . .
προσέπιπτον (-τεν Vς) αὐτῷ ↔

3 11 καὶ ἔκραζον (-ζεν Vς) λέγοντες
(Ν²⁶Τ; λέγοντα rl)

3 12 καὶ πολλὰ ἐπετίμα αὐτοῖς

3 13 καὶ ἀναβαίνει εἰς τὸ ὄρος, ↔

3 13 καὶ προσκαλεῖται οὓς ἤθελεν αὐ-
τός, ↔

3 13 καὶ ἀπῆλθον πρὸς αὐτόν. ↔

3 14 καὶ ἐποίησεν δώδεκα ↔

3 14 | οὓς καὶ ἀποστόλους ὠνόμασεν
(+[Ν²⁶]Η) ↔

3 14¹ ἵνα ὦσιν μετ᾽ αὐτοῦ, καὶ ἵνα
ἀποστέλλῃ αὐτοὺς κηρύσσειν ↔

3 15 καὶ ἔχειν ἐξουσίαν ↔

3 15 * | θεραπεύειν τὰς νόσους καὶ
(+ς) ἐκβάλλειν τὰ δαιμόνια· ↔

3 16 | καὶ ἐποίησεν τοὺς δώδεκα
([Ν²⁶V]; —ς), ↔

3 16 καὶ ἐπέθηκεν ὄνομα τῷ Σίμωνι
Πέτρον· ↔

3 17 καὶ Ἰάκωβον τὸν τοῦ Ζεβεδαίου ↔

3 17 καὶ Ἰωάννην τὸν ἀδελφὸν τοῦ
Ἰακώβου, ↔

3 17 καὶ ἐπέθηκεν αὐτοῖς ὀνόματα (-μα-
[τα] Ν²⁶; ὄνομα ΝΗ) Βοανηργές

3 18 καὶ Ἀνδρέαν ↔

3 18 καὶ Φίλιππον ↔

3 18 καὶ Βαρθολομαῖον ↔

3 18 καὶ Μαθθαῖον ↔

3 18 καὶ Θωμᾶν ↔

3 18 καὶ Ἰάκωβον τὸν τοῦ Ἁλφαίου ↔

3 18 καὶ Θαδδαῖον ↔

3 18 καὶ Σίμωνα τὸν Καναναῖον ↔

3 19 καὶ Ἰούδαν Ἰσκαριώθ, ↔

3 19 ὃς καὶ παρέδωκεν αὐτόν. ↔

3 20 καὶ ἔρχεται (-ονται VSς) εἰς οἶκον·
↔

3 20 καὶ συνέρχεται πάλιν ὁ ([Ν²⁶Ν
SH]; —Τς) ὄχλος

3 21 καὶ ἀκούσαντες οἱ παρ᾽ αὐτοῦ
ἐξῆλθον κρατῆσαι αὐτόν

3 22 καὶ οἱ γραμματεῖς . . . ἔλεγον ὅτι
Βεελζεβοὺλ ἔχει, ↔

3 22ᵐκαὶ ὅτι ἐν τῷ ἄρχοντι τῶν δαι-
μονίων ἐκβάλλει τὰ δαιμόνια. ↔

3 23 καὶ προσκαλεσάμενος αὐτοὺς ἐν
παραβολαῖς ἔλεγεν αὐτοῖς

3 24ʲ καὶ ἐὰν βασιλεία ἐφ᾽ ἑαυτὴν
μερισθῇ

3 25ʲ καὶ ἐὰν οἰκία ἐφ᾽ ἑαυτὴν μερισθῇ

3 26ʲ καὶ εἰ ὁ σατανᾶς ἀνέστη ἐφ᾽
ἑαυτὸν

Mc 3 26ᵃ | καὶ ἐμερίσθη (~Τ; κ. μεμέρισται
VSς; μ. κ.Β), οὐ δύναται στῆναι

3 27 ἐὰν μὴ πρῶτον τὸν ἰσχυρὸν
δήσῃ, καὶ τότε τὴν οἰκίαν αὐτοῦ
διαρπάσει

3 28 πάντα ἀφεθήσεται . . . τὰ ἁμαρτή-
ματα καὶ αἱ (—ς) βλασφημίαι

3 31 | καὶ ἔρχεται (Ν²⁶Τ; ἔρχονται οὖν
ς; κ. ἔρχονται rl)

3 31 | ἡ μήτηρ αὐτοῦ καὶ οἱ ἀδελφοὶ
αὐτοῦ (οἱ ἀδ. καὶ ἡ μ. αὐτοῦ Sς), ↔

3 31 καὶ ἔξω στήκοντες (ἐστῶτες Vς)
ἀπέστειλαν πρὸς αὐτὸν καλοῦντες
αὐτόν. ↔

3 32 καὶ ἐκάθητο περὶ αὐτὸν ὄχλος, ↔

3 32 | καὶ λέγουσιν (εἶπον δὲ ς) αὐτῷ· ↔

3 32 ἰδοὺ ἡ μήτηρ σου καὶ οἱ ἀδελφοί
σου ↔

3 32 | καὶ αἱ ἀδελφαί σου ([Ν²⁶V];
—ΜΗς) ἔξω ζητοῦσίν σε.

3 33 καὶ | ἀποκριθεὶς αὐτοῖς λέγει
(ἀπεκρίθη αὐτοῖς λέγων Sς)· ↔

3 33 τίς ἐστιν ἡ μήτηρ μου καὶ (ἢ Sς)
οἱ ἀδελφοί μου ([Ν²⁶]; —ΝΗ); ↔

3 34 καὶ περιβλεψάμενος τοὺς περὶ
αὐτὸν κύκλῳ καθημένους λέγει· ↔

3 34 ἴδε ἡ μήτηρ μου καὶ οἱ ἀδελφοί μου

3 35 οὗτος ἀδελφός μου καὶ ἀδελφὴ
(+μου Vς) ↔

3 35 καὶ μήτηρ ἐστίν. ↔

4 1 καὶ πάλιν ἤρξατο διδάσκειν παρὰ
τὴν θάλασσαν· ↔

4 1 καὶ συνάγεται πρὸς αὐτὸν ὄχλος
πλεῖστος

4 1 καὶ πᾶς ὁ ὄχλος πρὸς τὴν θάλασ-
σαν ἐπὶ τῆς γῆς ἦσαν. ↔

4 2 καὶ ἐδίδασκεν αὐτοὺς ἐν παραβο-
λαῖς πολλά, ↔

4 2 καὶ ἔλεγεν αὐτοῖς ἐν τῇ διδαχῇ
αὐτοῦ

4 4 καὶ ἐγένετο ἐν τῷ σπείρειν ὃ μὲν
ἔπεσεν παρὰ τὴν ὁδόν, ↔

4 4 καὶ ἦλθεν τὰ πετεινὰ ↔

4 4 καὶ κατέφαγεν αὐτό. ↔

4 5 | καὶ ἄλλο (ἄλλο δὲ ς) ἔπεσεν ἐπὶ
τὸ πετρῶδες

4 5 * καὶ [+Η] ὅπου οὐκ εἶχεν γῆν
πολλήν, ↔

4 5 καὶ εὐθὺς ἐξανέτειλεν (ἐξεβλάστη-
σεν S) διὰ τὸ μὴ ἔχειν βάθος
γῆς· ↔

4 6ʲ | καὶ ὅτε ἀνέτειλεν ὁ ἥλιος (ἡλίου
δὲ ἀνατείλαντος ς) ἐκαυματίσθη, ↔

4 6 καὶ διὰ τὸ μὴ ἔχειν ῥίζαν ἐξηράν-
θη. ↔

4 7 καὶ ἄλλο ἔπεσεν εἰς τὰς ἀκάνθας, ↔

4 7 καὶ ἀνέβησαν αἱ ἄκανθαι ↔

4 7 καὶ συνέπνιξαν αὐτό, ↔

4 7 καὶ καρπὸν οὐκ ἔδωκεν. ↔

4 8 καὶ ἄλλα (ἄλλο VSς) ἔπεσεν εἰς
τὴν γῆν τὴν καλὴν ↔

4 8 καὶ ἐδίδου καρπὸν ↔

4 8 ἀναβαίνοντα καὶ αὐξανόμενα
(-μενον MVBST; αὐξάνοντα ς) ↔

4 8 καὶ ἔφερεν ἓν (εἷς S; εἰς ΝΜΤΗ)
τριάκοντα ↔

4 8 καὶ ἓν (ἐν ΝΜΗ; εἷς S; εἰς Τ)
ἑξήκοντα ↔

4 8 καὶ ἓν (ἐν ΝΜΗ; εἷς S; εἰς Τ)
ἑκατόν. ↔

4 9 καὶ ἔλεγεν

4 10ʲ | καὶ ὅτε (ὅτε δὲ ς) ἐγένετο κατὰ
μόνας, ἠρώτων αὐτόν

4 11 καὶ ἔλεγεν αὐτοῖς

Mc 4 12ᵇἵνα βλέποντες βλέπωσιν καὶ μὴ
ἴδωσιν, ↔

4 12 καὶ ἀκούοντες ἀκούσωσιν ↔

4 12ᵇκαὶ μὴ συνιῶσιν, ↔

4 12 μήποτε ἐπιστρέψωσιν καὶ ἀφεθῇ
αὐτοῖς. ↔

4 13 καὶ λέγει αὐτοῖς· ↔

4 13ᵐοὐκ οἴδατε τὴν παραβολὴν ταύτην,
καὶ πῶς πάσας τὰς παραβολὰς
γνώσεσθε;

4 15ʲ καὶ ὅταν ἀκούσωσιν, ↔

4 15 εὐθὺς ἔρχεται ὁ σατανᾶς καὶ αἴρει
τὸν λόγον

4 16ʰκαὶ οὗτοί εἰσιν (Ν²⁶; ὁμοίως εἰ.
ST; εἰ. ὁμ. rl) οἱ ἐπὶ τὰ πετρώδη
σπειρόμενοι

4 17ᵃ ⟨λαμβάνουσιν αὐτόν⟩ καὶ οὐκ
ἔχουσιν ῥίζαν ἐν ἑαυτοῖς

4 18 καὶ ἄλλοι εἰσὶν οἱ εἰς (ἐπὶ ST) τὰς
ἀκάνθας σπειρόμενοι

4 19 καὶ αἱ μέριμναι τοῦ αἰῶνος ↔

4 19 καὶ ἡ ἀπάτη τοῦ πλούτου ↔

4 19 καὶ αἱ περὶ τὰ λοιπὰ ἐπιθυμίαι
εἰσπορευόμεναι συμπνίγουσιν τὸν
λόγον, ↔

4 19 καὶ ἄκαρπος γίνεται. ↔

4 20ʰκαὶ ἐκεῖνοί εἰσιν οἱ ἐπὶ τὴν γῆν
τὴν καλὴν σπαρέντες, ↔

4 20 οἵτινες ἀκούουσιν τὸν λόγον καὶ
παραδέχονται ↔

4 20 καὶ καρποφοροῦσιν ἓν (ἐν NMSTH)
τριάκοντα ↔

4 20 καὶ ἓν (ἐν NMST[H]) ἑξήκοντα ↔

4 20 καὶ ἓν (ἐν NMST[H]) ἑκατόν. ↔

4 21 καὶ ἔλεγεν αὐτοῖς

4 24 καὶ ἔλεγεν αὐτοῖς

4 24 ἐν ᾧ μέτρῳ μετρεῖτε μετρηθήσεται
ὑμῖν, καὶ προστεθήσεται ὑμῖν
(+τοῖς ἀκούουσιν MVSς).

4 25 ὃς γὰρ ἔχει . . . καὶ ὃς οὐκ ἔχει, ↔

4 25 καὶ ὃ ἔχει ἀρθήσεται ἀπ᾽ αὐτοῦ. ↔

4 26 καὶ ἔλεγεν

4 27 ⟨ὡς ἄνθρωπος βάλῃ τὸν σπόρον⟩
καὶ καθεύδῃ ↔

4 27 καὶ ἐγείρηται ↔

4 27 νύκτα καὶ ἡμέραν, ↔

4 27 καὶ ὁ σπόρος βλαστᾷ ↔

4 27 καὶ μηκύνηται ὡς οὐκ οἶδεν αὐτός

4 30 καὶ ἔλεγεν

4 32ʲ ⟨ὅταν σπαρῇ⟩ καὶ ὅταν σπαρῇ, ↔

4 32 ἀναβαίνει καὶ γίνεται μεῖζον (-ζων
Sς) πάντων τῶν λαχάνων, ↔

4 32 καὶ ποιεῖ κλάδους μεγάλους

4 33 καὶ τοιαύταις παραβολαῖς πολλαῖς
ἐλάλει αὐτοῖς τὸν λόγον

4 35 καὶ λέγει αὐτοῖς ἐν ἐκείνῃ τῇ ἡμέρᾳ

4 36 καὶ ἀφέντες τὸν ὄχλον παραλαμ-
βάνουσιν αὐτὸν ὡς ἦν ἐν τῷ
πλοίῳ, ↔

4 36 καὶ ἄλλα (+δὲ VTς) πλοῖα
(πλοιάρια Vς) ἦν (ἦσαν Τ) μετ᾽
αὐτοῦ. ↔

4 37 καὶ γίνεται λαῖλαψ μεγάλη ἀνέ-
μου, ↔

4 37 | καὶ τὰ (τὰ δὲ ς) κύματα ἐπέβαλλεν
εἰς τὸ πλοῖον

4 38ʰκαὶ | αὐτὸς ἦν (~VBSTς) ἐν τῇ
πρύμνῃ . . . καθεύδων. ↔

4 38 καὶ ἐγείρουσιν (δι-VSς) αὐτὸν ↔

4 38 καὶ λέγουσιν αὐτῷ

4 39 καὶ διεγερθεὶς ἐπετίμησεν τῷ
ἀνέμῳ ↔

4 39 καὶ εἶπεν τῇ θαλάσσῃ

4 39 καὶ ἐκόπασεν ὁ ἄνεμος, ↔

4 39 καὶ ἐγένετο γαλήνη μεγάλη. ↔

Mc   4 40   καὶ εἶπεν αὐτοῖς

4 41   καὶ ἐφοβήθησαν φόβον μέγαν, ↔

4 41   καὶ ἔλεγον πρὸς ἀλλήλους

4 41ᵛ ὅτι καὶ ὁ ἄνεμος ↔

4 41   καὶ ἡ θάλασσα | ὑπακούει αὐτῷ (∼ ST) ; ↔

5 1   καὶ ἦλθον (-εν S) εἰς τὸ πέραν τῆς θαλάσσης

5 2   καὶ ἐξελθόντος αὐτοῦ ἐκ τοῦ πλοίου, εὐθὺς [NH] ὑπήντησεν (ἀπ- Sς) αὐτῷ . . . ἄνθρωπος

5 3ᶜ καὶ οὐδὲ ἁλύσει οὐκέτι οὐδεὶς ἐδύνατο αὐτὸν δῆσαι, ↔

5 4   διὰ τὸ αὐτὸν πολλάκις πέδαις καὶ ἁλύσεσιν δεδέσθαι,

5 4   καὶ διεσπάσθαι ὑπ' αὐτοῦ ↔

5 4   τὰς ἁλύσεις καὶ τὰς πέδας συντετρῖφθαι,

5 4ᶜ καὶ οὐδεὶς ἴσχυεν αὐτὸν δαμάσαι· ↔

5 5   καὶ διὰ παντὸς ↔

5 5   νυκτὸς καὶ ἡμέρας ↔

5 5   ἐν τοῖς μνήμασιν καὶ ἐν τοῖς ὄρεσιν ↔

5 5   ἦν κράζων καὶ κατακόπτων ἑαυτὸν λίθοις.

5 6 | καὶ ἰδὼν (ἰ. δὲ ς) τὸν Ἰησοῦν ἀπὸ μακρόθεν

5 6   ἔδραμεν καὶ προσεκύνησεν αὐτῷ (αὐτόν NMBSH), ↔

5 7   καὶ κράξας φωνῇ μεγάλῃ λέγει· ↔

5 7ᶠ τί ἐμοὶ καὶ σοί, Ἰησοῦ ⟨;⟩

5 9   καὶ ἐπηρώτα αὐτὸν

5 9   καὶ | λέγει αὐτῷ (ἀπεκρίθη λέγων Sς)

5 10   καὶ παρεκάλει αὐτὸν πολλὰ

5 12   καὶ παρεκάλεσαν αὐτὸν λέγοντες

5 13   καὶ ἐπέτρεψεν αὐτοῖς (+εὐθέως ὁ Ἰησοῦς VSς).

5 13   καὶ ἐξελθόντα τὰ πνεύματα . . . εἰσῆλθον εἰς τοὺς χοίρους, ↔

5 13   καὶ ὥρμησεν ἡ ἀγέλη κατὰ τοῦ κρημνοῦ

5 13   καὶ ἐπνίγοντο ἐν τῇ θαλάσσῃ. ↔

5 14 | καὶ οἱ (οἱ δὲ ς) βόσκοντες αὐτοὺς ἔφυγον ↔

5 14   καὶ ἀπήγγειλαν (ἀν- Sς) εἰς τὴν πόλιν

5 14   καὶ εἰς τοὺς ἀγρούς· ↔

5 14   καὶ ἦλθον ἰδεῖν τί ἐστιν τὸ γεγονός. ↔

5 15   καὶ ἔρχονται πρὸς τὸν Ἰησοῦν, ↔

5 15   καὶ θεωροῦσιν τὸν δαιμονιζόμενον καθήμενον ↔

5 15   * καὶ (+ς) ἱματισμένον ↔

5 15   καὶ σωφρονοῦντα

5 15   καὶ ἐφοβήθησαν. ↔

5 16   καὶ διηγήσαντο αὐτοῖς οἱ ἰδόντες ↔

5 16   πῶς ἐγένετο τῷ δαιμονιζομένῳ καὶ περὶ τῶν χοίρων, ↔

5 17   καὶ ἤρξαντο παρακαλεῖν αὐτὸν ἀπελθεῖν

5 18   καὶ ἐμβαίνοντος αὐτοῦ εἰς τὸ πλοῖον παρεκάλει αὐτὸν ὁ δαιμονισθεὶς

5 19ᵃ καὶ (ὁ δὲ Ἰησοῦς ς) οὐκ ἀφῆκεν αὐτόν

5 19   ὕπαγε . . . καὶ ἀπάγγειλον αὐτοῖς ὅσα | ὁ κύριός σοι (∼ VSς) πεποίηκεν

5 19   καὶ ἠλέησέν σε. ↔

5 20   καὶ ἀπῆλθεν ↔

5 20   καὶ ἤρξατο κηρύσσειν ἐν τῇ Δεκαπόλει

Mc   5 20   καὶ πάντες ἐθαύμαζον. ↔

5 21   καὶ διαπεράσαντος τοῦ Ἰησοῦ | ἐν τῷ πλοίῳ [N²⁶] . . . συνήχθη ὄχλος πολύς

5 21   καὶ ἦν παρὰ τὴν θάλασσαν. ↔

5 22ⁿ καὶ (+ἰδοὺ ς) ἔρχεται εἷς τῶν ἀρχισυναγώγων

5 22   καὶ ἰδὼν αὐτὸν πίπτει πρὸς τοὺς πόδας αὐτοῦ,

5 23   καὶ παρακαλεῖ αὐτὸν πολλὰ λέγων

5 23   ἵνα σωθῇ καὶ ζήσῃ (-σεται ς). ↔

5 24   καὶ ἀπῆλθεν μετ' αὐτοῦ. ↔

5 24   καὶ ἠκολούθει αὐτῷ ὄχλος πολύς,

5 24   καὶ συνέθλιβον αὐτόν. ↔

5 25   καὶ γυνὴ (+τις VBSς) οὖσα ἐν ῥύσει αἵματος δώδεκα ἔτη,

5 26   καὶ πολλὰ παθοῦσα ὑπὸ πολλῶν ἰατρῶν ↔

5 26   καὶ δαπανήσασα τὰ παρ' αὐτῆς (ἑαυτῆς BSTς) πάντα, ↔

5 26ᵇ καὶ μηδὲν ὠφεληθεῖσα

5 29   καὶ εὐθὺς ἐξηράνθη ἡ πηγὴ τοῦ αἵματος αὐτῆς, ↔

5 29   καὶ ἔγνω τῷ σώματι ὅτι ἴαται ἀπὸ τῆς μάστιγος. ↔

5 30   καὶ εὐθὺς ὁ Ἰησοῦς ἐπιγνοὺς . . . ἔλεγεν

5 31   καὶ ἔλεγον αὐτῷ οἱ μαθηταὶ αὐτοῦ· ·

5 31   βλέπεις τὸν ὄχλον συνθλίβοντά σε, καὶ λέγεις

5 32   καὶ περιεβλέπετο ἰδεῖν τὴν τοῦτο ποιήσασαν. ↔

5 33   ἡ δὲ γυνὴ φοβηθεῖσα καὶ τρέμουσα . . . ἦλθεν ↔

5 33   καὶ προσέπεσεν αὐτῷ ↔

5 33   καὶ εἶπεν αὐτῷ πᾶσαν τὴν ἀλήθειαν

5 34   ὕπαγε εἰς εἰρήνην, καὶ ἴσθι ὑγιὴς ἀπὸ τῆς μάστιγός σου

5 37ᵃ καὶ οὐκ ἀφῆκεν οὐδένα μετ' αὐτοῦ συνακολουθῆσαι ↔

5 37   εἰ μὴ τὸν (—ς) Πέτρον καὶ Ἰάκωβον ↔

5 37   καὶ Ἰωάννην τὸν ἀδελφὸν Ἰακώβου. ↔

5 38   καὶ ἔρχονται εἰς τὸν οἶκον τοῦ ἀρχισυναγώγου, ↔

5 38   καὶ θεωρεῖ θόρυβον,

5 38   καὶ (—ς) κλαίοντας ↔

5 38   καὶ ἀλαλάζοντας πολλά, ↔

5 39   καὶ εἰσελθὼν λέγει αὐτοῖς· ↔

5 39   τί θορυβεῖσθε καὶ κλαίετε;

5 40   καὶ κατεγέλων αὐτοῦ

5 40   παραλαμβάνει τὸν πατέρα τοῦ παιδίου καὶ τὴν μητέρα ↔

5 40   καὶ τοὺς μετ' αὐτοῦ, ↔

5 40   καὶ εἰσπορεύεται ὅπου ἦν τὸ παιδίον (+ἀνακείμενον [M]VSς). ↔

5 41   καὶ κρατήσας τῆς χειρὸς τοῦ παιδίου λέγει αὐτῇ

5 42   καὶ εὐθὺς ἀνέστη τὸ κοράσιον ↔

5 42   καὶ περιεπάτει

5 42   καὶ ἐξέστησαν εὐθὺς ([N²⁶]; —ς) ἐκστάσει μεγάλῃ. ↔

5 43   καὶ διεστείλατο αὐτοῖς πολλὰ ἵνα μηδεὶς γνοῖ τοῦτο, ↔

5 43   καὶ εἶπεν δοθῆναι αὐτῇ φαγεῖν. ↔

6 1   καὶ ἐξῆλθεν ἐκεῖθεν, ↔

6 1   καὶ ἔρχεται εἰς τὴν πατρίδα αὐτοῦ, ↔

6 1   καὶ ἀκολουθοῦσιν αὐτῷ οἱ μαθηταὶ αὐτοῦ. ↔

6 2   καὶ γενομένου σαββάτου ἤρξατο | διδάσκειν ἐν τῇ συναγωγῇ (∼ VSς)· ↔

Mc   6 2   καὶ (+ οἱ NMBSTH) πολλοὶ ἀκούοντες ἐξεπλήσσοντο λέγοντες· ↔

6 2   πόθεν τούτῳ ταῦτα, καὶ τίς ἡ σοφία ἡ δοθεῖσα τούτῳ (αὐτῷ Sς); ↔

6 2ᵛ (+ὅτι ς) καὶ αἱ (—BSTς) δυνάμεις τοιαῦται διὰ τῶν χειρῶν αὐτοῦ γινόμεναι (γίνονται BSTς); ↔

6 3   οὐχ οὗτός ἐστιν . . . ὁ υἱὸς τῆς Μαρίας | καὶ ἀδελφὸς (ἀ. δὲ Sς) Ἰακώβου ↔

6 3   καὶ Ἰωσῆτος ↔

6 3   καὶ Ἰούδα ↔

6 3   καὶ Σίμωνος; ↔

6 3ᵃ καὶ οὐκ εἰσὶν αἱ ἀδελφαὶ αὐτοῦ ὧδε πρὸς ἡμᾶς; ↔

6 3   καὶ ἐσκανδαλίζοντο ἐν αὐτῷ. ↔

6 4 | καὶ ἔλεγεν (ἔ. δὲ ς) αὐτοῖς ὁ Ἰησοῦς

6 4   εἰ μὴ ἐν τῇ πατρίδι αὐτοῦ (ἑ. T) καὶ ἐν τοῖς συγγενεῦσιν αὐτοῦ

6 4   καὶ ἐν τῇ οἰκίᾳ αὐτοῦ. ↔

6 5ᵃ καὶ οὐκ ἐδύνατο ἐκεῖ | ποιῆσαι οὐδεμίαν δύναμιν (∼ Sς)

6 6   καὶ ἐθαύμαζεν (-μασεν NTH) διὰ τὴν ἀπιστίαν αὐτῶν. ↔

6 6   καὶ περιῆγεν τὰς κώμας κύκλῳ διδάσκων. ↔

6 7   καὶ προσκαλεῖται τοὺς δώδεκα, ↔

6 7   καὶ ἤρξατο αὐτοὺς ἀποστέλλειν δύο δύο, ↔

6 7   καὶ ἐδίδου αὐτοῖς ἐξουσίαν τῶν πνευμάτων τῶν ἀκαθάρτων, ↔

6 8   καὶ παρήγγειλεν αὐτοῖς ἵνα μηδὲν αἴρωσιν (ἄρωσιν S) εἰς ὁδὸν

6 9ᵇ καὶ μὴ ἐνδύσησθε (-σασθαι H) δύο χιτῶνας. ↔

6 10   καὶ ἔλεγεν αὐτοῖς

6 11   καὶ ὃς ἂν τόπος μὴ δέξηται ὑμᾶς

6 12   καὶ ἐξελθόντες ἐκήρυξαν (-ρυσσον Vς) ἵνα μετανοῶσιν (-νοήσωσιν MVSς), ↔

6 13   καὶ δαιμόνια πολλὰ ἐξέβαλλον, ↔

6 13   καὶ ἤλειφον ἐλαίῳ πολλοὺς ἀρρώστους ↔

6 13   καὶ ἐθεράπευον. ↔

6 14   καὶ ἤκουσεν ὁ βασιλεὺς Ἡρῴδης

6 14   καὶ ἔλεγον (-γεν MVSTς)

6 14   καὶ διὰ τοῦτο ἐνεργοῦσιν αἱ δυνάμεις ἐν αὐτῷ

6 17   ἐκράτησεν τὸν Ἰωάννην καὶ ἔδησεν αὐτὸν ἐν φυλακῇ

6 19   ἡ δὲ Ἡρῳδιὰς ἐνεῖχεν αὐτῷ καὶ ἤθελεν αὐτὸν ἀποκτεῖναι, ↔

6 19ᵃ καὶ οὐκ ἠδύνατο

6 20   εἰδὼς αὐτὸν ἄνδρα δίκαιον καὶ ἅγιον, ↔

6 20   καὶ συνετήρει αὐτόν, ↔

6 20   καὶ ἀκούσας αὐτοῦ πολλὰ ἠπόρει, ↔

6 20   καὶ ἡδέως αὐτοῦ ἤκουεν. ↔

6 21   καὶ γενομένης ἡμέρας εὐκαίρου ↔

6 21   ὅτε Ἡρῴδης . . . δεῖπνον ἐποίησεν τοῖς μεγιστᾶσιν αὐτοῦ καὶ τοῖς χιλιάρχοις ↔

6 21   καὶ τοῖς πρώτοις τῆς Γαλιλαίας, ↔

6 22   καὶ εἰσελθούσης τῆς θυγατρὸς αὐτοῦ (N²⁶H; αὐτῆς τῆς rl) Ἡρῳδιάδος

6 22   καὶ ὀρχησαμένης, ↔

6 22   * | καὶ ἀρεσάσης (VBSς; ἤρεσεν rl) τῷ Ἡρῴδῃ ↔

6 22   καὶ τοῖς συνανακειμένοις

Mc 6 22 αἴτησόν με ὃ ἐὰν θέλῃς, καὶ δώσω σοι· ↔

6 23 καὶ ὤμοσεν αὐτῇ πολλά ([N²⁶]; —rl)

6 24 καὶ (ἡ δὲ ς) ἐξελθοῦσα εἶπεν τῇ μητρὶ αὐτῆς

6 25 καὶ εἰσελθοῦσα . . . πρὸς τὸν βασιλέα ᾐτήσατο λέγουσα

6 26 καὶ περίλυπος γενόμενος ὁ βασιλεύς ↔

6 26 διὰ τοὺς ὅρκους καὶ τοὺς ἀνακειμένους (συνανα- VSς) οὐκ ἠθέλησεν | ἀθετῆσαι αὐτήν (∼ Vς). ↔

6 27 καὶ εὐθὺς ἀποστείλας ὁ βασιλεὺς σπεκουλάτορα ἐπέταξεν

6 27 καὶ (ὁ δὲ VSς) ἀπελθὼν ἀπεκεφάλισεν αὐτὸν ἐν τῇ φυλακῇ, ↔

6 28 καὶ ἤνεγκεν τὴν κεφαλὴν αὐτοῦ ἐπὶ πίνακι ↔

6 28 καὶ ἔδωκεν αὐτὴν τῷ κορασίῳ, ↔

6 28 καὶ τὸ κοράσιον ἔδωκεν αὐτὴν τῇ μητρὶ αὐτῆς. ↔

6 29 καὶ ἀκούσαντες οἱ μαθηταὶ αὐτοῦ ἦλθον ↔

6 29 καὶ ἦραν τὸ πτῶμα αὐτοῦ ↔

6 29 καὶ ἔθηκαν αὐτὸ (αὐτὸν T) ἐν μνημείῳ. ↔

6 30 καὶ συνάγονται οἱ ἀπόστολοι πρὸς τὸν Ἰησοῦν, ↔

6 30 καὶ ἀπήγγειλαν αὐτῷ πάντα ↔

6 30 * καὶ (+ς) ὅσα ἐποίησαν ↔

6 30 καὶ ὅσα (—T) ἐδίδαξαν. ↔

6 31 καὶ λέγει αὐτοῖς· ↔

6 31 δεῦτε . . . εἰς ἔρημον τόπον καὶ ἀναπαύσασθε ὀλίγον. ↔

6 31 ἦσαν γὰρ οἱ ἐρχόμενοι καὶ οἱ ὑπάγοντες πολλοί, ↔

6 31ᶜ καὶ οὐδὲ φαγεῖν εὐκαίρουν. ↔

6 32 καὶ ἀπῆλθον | ἐν τῷ πλοίῳ εἰς ἔρημον τόπον (εἰς ἔ. τ. τῷ π. STς) κατ' ἰδίαν. ↔

6 33 καὶ εἶδον αὐτοὺς ὑπάγοντας ↔

6 33 καὶ ἐπέγνωσαν (ἔγν. H) (+αὐτοὺς [MS]T; +αὐτὸν ς) πολλοί, ↔

6 33 καὶ πεζῇ . . . συνέδραμον ἐκεῖ ↔

6 33 καὶ προῆλθον αὐτούς, ↔

6 33 * | καὶ συνῆλθον πρὸς αὐτόν (+ς). ↔

6 34 καὶ ἐξελθὼν εἶδεν πολὺν ὄχλον, ↔

6 34 καὶ ἐσπλαγχνίσθη ἐπ' αὐτούς (αὐτοῖς Vς)

6 34 καὶ ἤρξατο διδάσκειν αὐτοὺς πολλά. ↔

6 35 καὶ ἤδη ὥρας πολλῆς γενομένης (γιν. T)

6 35 ἔλεγον (λέγουσιν Vς) ὅτι ἔρημός ἐστιν ὁ τόπος καὶ ἤδη ὥρα πολλή

6 36 ἵνα ἀπελθόντες εἰς τοὺς κύκλῳ ἀγροὺς καὶ κώμας ἀγοράσωσιν ἑαυτοῖς

6 37 καὶ λέγουσιν αὐτῷ· ↔

6 37 ἀπελθόντες ἀγοράσωμεν . . . ἄρτους, καὶ δώσομεν (-σωμεν MBST; δῶμεν ς) αὐτοῖς φαγεῖν;

6 38 * ὑπάγετε καὶ (+ς) ἴδετε. ↔

6 38 καὶ γνόντες λέγουσιν· ↔

6 38 πέντε, καὶ δύο ἰχθύας. ↔

6 39 καὶ ἐπέταξεν αὐτοῖς ἀνακλῖναι (-κλιθῆναι NMH) πάντας

6 40 καὶ ἀνέπεσαν πρασιαὶ πρασιαί ↔

6 40 κατὰ (ἀνὰ Vς) ἑκατὸν καὶ κατὰ (ἀνὰ Vς) πεντήκοντα. ↔

6 41 καὶ λαβὼν τοὺς πέντε ἄρτους ↔

6 41 καὶ τοὺς δύο ἰχθύας

Mc 6 41 εὐλόγησεν καὶ κατέκλασεν τοὺς ἄρτους ↔

6 41 καὶ ἐδίδου τοῖς μαθηταῖς αὐτοῦ ([N²⁶]; —NMVTH)

6 41 καὶ τοὺς δύο ἰχθύας ἐμέρισεν πᾶσιν. ↔

6 42 καὶ ἔφαγον πάντες ↔

6 42 καὶ ἐχορτάσθησαν, ↔

6 43 καὶ ἦραν κλάσματα (-σμάτων Tς) δώδεκα κοφίνων πληρώματα ↔

6 43 καὶ ἀπὸ τῶν ἰχθύων. ↔

6 44 καὶ ἦσαν οἱ φαγόντες | τοὺς ἄρτους [N²⁶] πεντακισχίλιοι ἄνδρες. ↔

6 45 καὶ εὐθὺς ἠνάγκασεν τοὺς μαθητὰς αὐτοῦ ἐμβῆναι εἰς τὸ πλοῖον ↔

6 45 καὶ προάγειν . . . πρὸς Βηθσαϊδάν ↔

6 46 καὶ ἀποταξάμενος αὐτοῖς ἀπῆλθεν εἰς τὸ ὄρος προσεύξασθαι. ↔

6 47 καὶ ὀψίας γενομένης ἦν [+πάλαι S] τὸ πλοῖον ἐν μέσῳ τῆς θαλάσσης, ↔

6 47ʰ καὶ αὐτὸς μόνος ἐπὶ τῆς γῆς. ↔

6 48 καὶ ἰδὼν (εἶδεν Vς) αὐτοὺς βασανιζομένους ἐν τῷ ἐλαύνειν

6 48 * καὶ (+Vς) περὶ τετάρτην φυλακὴν τῆς νυκτὸς ἔρχεται πρὸς αὐτούς

6 48 καὶ ἤθελεν παρελθεῖν αὐτούς

6 49 ἔδοξαν | ὅτι φάντασμά ἐστιν (φ. εἶναι VBSς), καὶ ἀνέκραξαν· ↔

6 50 πάντες γὰρ αὐτὸν εἶδον καὶ ἐταράχθησαν. ↔

6 50 * καὶ (Vς; ὁ δὲ rl) εὐθὺς ἐλάλησεν μετ' αὐτῶν, ↔

6 50 καὶ λέγει αὐτοῖς

6 51 καὶ ἀνέβη πρὸς αὐτοὺς εἰς τὸ πλοῖον, ↔

6 51 καὶ ἐκόπασεν ὁ ἄνεμος· ↔

6 51 καὶ λίαν | ἐκ περισσοῦ ([N²⁶]; —H) ἐν ἑαυτοῖς ἐξίσταντο

6 51 * | καὶ ἐθαύμαζον (+ς)

6 53 καὶ διαπεράσαντες ἐπὶ τὴν γῆν ἦλθον εἰς Γεννησαρὲτ ↔

6 53 καὶ προσωρμίσθησαν. ↔

6 54 καὶ ἐξελθόντων αὐτῶν . . . εὐθὺς ἐπιγνόντες αὐτὸν ↔

6 55 | περιέδραμον ὅλην τὴν χώραν ἐκείνην καὶ (περιδραμόντες ὅ. τ. περίχωρον ἐ. ς) ἤρξαντο . . . τοὺς κακῶς ἔχοντας περιφέρειν

6 56 καὶ ὅπου ἂν (ἐὰν T) εἰσεπορεύετο . . . ἐτίθεσαν (ἐτίθουν Vς) τοὺς ἀσθενοῦντας, ↔

6 56 καὶ παρεκάλουν αὐτὸν

6 56 καὶ ὅσοι ἂν ἥψαντο (ἥπτοντο VSς) αὐτοῦ ἐσῴζοντο. ↔

7 1 καὶ συνάγονται πρὸς αὐτὸν ↔

7 1 οἱ Φαρισαῖοι καί τινες τῶν γραμματέων

7 2 καὶ ἰδόντες τινὰς τῶν μαθητῶν αὐτοῦ

7 3 οἱ γὰρ Φαρισαῖοι καὶ πάντες οἱ Ἰουδαῖοι . . . οὐκ ἐσθίουσιν

7 4 καὶ ἀπ' ἀγορᾶς ἐὰν μὴ βαπτίσωνται (ῥαντίσ. NMVH) οὐκ ἐσθίουσιν, ↔

7 4 καὶ ἄλλα πολλά ἐστιν ἃ παρέλαβον κρατεῖν, ↔

7 4 βαπτισμοὺς ποτηρίων καὶ ξεστῶν

7 4 καὶ χαλκίων ↔

7 4 | καὶ κλινῶν ([N²⁶S]; —NMTH), ↔

7 5 καὶ (ἔπειτα VSς) ἐπερωτῶσιν αὐτὸν ↔

Mc 7 5 οἱ Φαρισαῖοι καὶ οἱ γραμματεῖς

7 8 * κρατεῖτε τὴν παράδοσιν τῶν ἀνθρώπων | βαπτισμοὺς ξεστῶν καὶ ποτηρίων (+[M]VSς . .), ↔

7 8 * | καὶ ἄλλα παρόμοια τοιαῦτα πολλὰ ποιεῖτε (. . +[M]VSς). ↔

7 9 καὶ ἔλεγεν αὐτοῖς

7 10 τίμα τὸν πατέρα σου καὶ τὴν μητέρα σου,

7 10 καί· ὁ κακολογῶν πατέρα . . . θανάτῳ τελευτάτω

7 12ᵃ * καὶ (+ς) οὐκέτι ἀφίετε αὐτὸν οὐδὲν ποιῆσαι τῷ πατρί

7 13 καὶ παρόμοια | τοιαῦτα πολλὰ (∼ VS) ποιεῖτε. ↔

7 14 καὶ προσκαλεσάμενος πάλιν τὸν ὄχλον ἔλεγεν αὐτοῖς· ↔

7 14 ἀκούσατέ μου πάντες καὶ σύνετε

7 17ʲ καὶ ὅτε εἰσῆλθεν εἰς (+τὸν T) οἶκον . . . ἐπηρώτων αὐτὸν

7 18 καὶ λέγει αὐτοῖς· ↔

7 18ᵍᵘ οὕτως καὶ ὑμεῖς ἀσύνετοί ἐστε;

7 19 ἀλλ' εἰς τὴν κοιλίαν, καὶ εἰς τὸν ἀφεδρῶνα ἐκπορεύεται

7 23 πάντα ταῦτα . . . ἔσωθεν ἐκπορεύεται καὶ κοινοῖ τὸν ἄνθρωπον. ↔

7 24 * | καὶ ἐκεῖθεν (Vς; ἐ. δὲ rl) ἀναστὰς

7 24 * ἀπῆλθεν εἰς τὰ ὅρια (μεθ- VSς) Τύρου | καὶ Σιδῶνος ([H]; —N²⁶ NT). ↔

7 24 καὶ εἰσελθὼν εἰς οἰκίαν οὐδένα ἤθελεν (ἠθέλησεν T) γνῶναι, ↔

7 24ᵃ καὶ οὐκ ἠδυνήθη (ἠδυνάσθη NTH) λαθεῖν

7 26 καὶ ἠρώτα αὐτὸν ἵνα τὸ δαιμόνιον ἐκβάλῃ

7 27 | καὶ ἔλεγεν (ὁ δὲ Ἰησοῦς εἶπεν ς) αὐτῇ

7 27 λαβεῖν τὸν ἄρτον τῶν τέκνων καὶ τοῖς κυναρίοις βαλεῖν. ↔

7 28 ἡ δὲ ἀπεκρίθη καὶ λέγει αὐτῷ

7 28ᵈ καὶ (+γὰρ Vς) τὰ κυνάρια . . . ἐσθίουσιν (ἐσθίει Vς) ἀπὸ τῶν ψιχίων τῶν παιδίων. ↔

7 29 καὶ εἶπεν αὐτῇ

7 30 καὶ ἀπελθοῦσα εἰς τὸν οἶκον αὐτῆς εὗρεν τὸ παιδίον βεβλημένον ἐπὶ τὴν κλίνην

7 30 καὶ τὸ δαιμόνιον ἐξεληλυθός. ↔

7 31 καὶ πάλιν ἐξελθὼν ἐκ τῶν ὁρίων Τύρου ↔

7 31 * | καὶ Σιδῶνος ἦλθεν (ς; ἤ. διὰ Σ. rl) εἰς τὴν θάλασσαν τῆς Γαλιλαίας

7 32 καὶ φέρουσιν αὐτῷ κωφὸν ↔

7 32 καὶ ([S]; —Vς) μογιλάλον, ↔

7 32 καὶ παρακαλοῦσιν αὐτὸν

7 33 καὶ ἀπολαβόμενος αὐτὸν ἀπὸ τοῦ ὄχλου κατ' ἰδίαν ἔβαλεν

7 33 καὶ πτύσας ἥψατο τῆς γλώσσης αὐτοῦ, ↔

7 34 καὶ ἀναβλέψας εἰς τὸν οὐρανὸν ἐστέναξεν, ↔

7 34 καὶ λέγει αὐτῷ

7 35 καὶ εὐθέως ([N²⁶S]; —NTH) ἠνοίγησαν αὐτοῦ αἱ ἀκοαί, ↔

7 35 καὶ (+εὐθὺς NT) ἐλύθη ὁ δεσμὸς τῆς γλώσσης αὐτοῦ, ↔

7 35 καὶ ἐλάλει ὀρθῶς. ↔

7 36 καὶ διεστείλατο αὐτοῖς

7 37 καὶ ὑπερπερισσῶς ἐξεπλήσσοντο

7 37 καὶ τοὺς κωφοὺς ποιεῖ ἀκούειν ↔

7 37 καὶ τοὺς (+[N²⁶S]MBς) ἀλάλους λαλεῖν

Mc

8 1ᵇ πολλοῦ ὄχλου ὄντος καὶ μὴ ἐχόν-
των τί φάγωσιν

8 2ᵃ προσμένουσίν μοι καὶ οὐκ ἔχουσιν
τί φάγωσιν· ↔

8 3ʲ καὶ ἐὰν ἀπολύσω αὐτοὺς νήστεις
. . . ἐκλυθήσονται ἐν τῇ ὁδῷ· ↔

8 3 | καί τινες (τινὲς γὰρ ς) αὐτῶν ἀπὸ
μακρόθεν ἥκασιν (ἥκουσιν V; εἰσίν
NH). ↔

8 4 καὶ ἀπεκρίθησαν αὐτῷ οἱ μαθηταὶ
αὐτοῦ

8 5 καὶ ἠρώτα (ἐπ- BSς) αὐτούς

8 6 καὶ παραγγέλλει τῷ ὄχλῳ ἀνα-
πεσεῖν ἐπὶ τῆς γῆς· ↔

8 6 καὶ λαβὼν τοὺς ἑπτὰ ἄρτους
εὐχαριστήσας ἔκλασεν ↔

8 6 καὶ ἐδίδου τοῖς μαθηταῖς αὐτοῦ ἵνα
παρατιθῶσιν, ↔

8 6 καὶ παρέθηκαν τῷ ὄχλῳ. ↔

8 7 καὶ εἶχον ἰχθύδια ὀλίγα· ↔

8 7 καὶ εὐλογήσας

8 7ʰ αὐτὰ εἶπεν καὶ ταῦτα παρατιθέ-
ναι (αὐτὰ παρέθηκεν T; εἶ. παρα-
θεῖναι κ. αὐ. ς). ↔

8 8 | καὶ ἔφαγον (ἔ. δὲ Sς) ↔

8 8 καὶ ἐχορτάσθησαν, ↔

8 8 καὶ ἦραν περισσεύματα κλασμάτων

8 9 καὶ ἀπέλυσεν αὐτούς. ↔

8 10 καὶ εὐθὺς ἐμβὰς εἰς τὸ [S] πλοῖον . . .
ἦλθεν εἰς τὰ μέρη Δαλμανουθά. ↔

8 11 καὶ ἐξῆλθον οἱ Φαρισαῖοι

8 11 καὶ ἤρξαντο συζητεῖν αὐτῷ

8 12 καὶ ἀναστενάξας τῷ πνεύματι αὐ-
τοῦ λέγει

8 13 καὶ ἀφεὶς αὐτοὺς | πάλιν ἐμβὰς
(∼ Vς) ἀπῆλθεν εἰς τὸ πέραν. ↔

8 14 καὶ ἐπελάθοντο λαβεῖν ἄρτους, ↔

8 14ʲ καὶ εἰ μὴ ἕνα ἄρτον οὐκ εἶχον . . .
ἐν τῷ πλοίῳ. ↔

8 15 καὶ διεστέλλετο αὐτοῖς λέγων· ↔

8 15 ὁρᾶτε, βλέπετε ἀπὸ τῆς ζύμης τῶν
Φαρισαίων καὶ τῆς ζύμης Ἡρῴ-
δου. ↔

8 16 καὶ διελογίζοντο πρὸς ἀλλήλους

8 17 καὶ γνοὺς (+ὁ Ἰησοῦς MV[S]ς)
λέγει αὐτοῖς

8 18 ὀφθαλμοὺς ἔχοντες οὐ βλέπετε,
καὶ ὦτα ἔχοντες οὐκ ἀκούετε; ↔

8 18ᵃ καὶ οὐ μνημονεύετε; ↔

8 19 * ὅτε τοὺς πέντε ἄρτους ἔκλασα . . .
καὶ (+B[S]T) πόσους κοφίνους
κλασμάτων πλήρεις ἤρατε;

8 20ᶻ * ὅτε καὶ (+T; +δὲ VSς) τοὺς
ἑπτὰ εἰς τοὺς τετρακισχιλίους

8 20 | καὶ λέγουσιν (οἱ δὲ εἶπον Sς)
αὐτῷ (+[N²⁶V]H)

8 21 καὶ ἔλεγεν αὐτοῖς

8 22 καὶ ἔρχονται εἰς Βηθσαϊδάν. ↔

8 22 καὶ φέρουσιν αὐτῷ τυφλόν, ↔

8 22 καὶ παρακαλοῦσιν αὐτόν

8 23 καὶ ἐπιλαβόμενος τῆς χειρὸς τοῦ
τυφλοῦ ἐξήνεγκεν αὐτόν

8 23 καὶ πτύσας εἰς τὰ ὄμματα αὐτοῦ
. . . ἐπηρώτα αὐτόν

8 24 καὶ ἀναβλέψας ἔλεγεν

8 25 ἐπέθηκεν (ἔθηκεν H) τὰς χεῖρας . . .
καὶ διέβλεψεν ↔

8 25 καὶ ἀπεκατέστη, ↔

8 25 καὶ ἐνέβλεπεν τηλαυγῶς (δηλ. T)
ἅπαντα. ↔

8 26 καὶ ἀπέστειλεν αὐτὸν εἰς οἶκον αὐ-
τοῦ λέγων

8 27 καὶ ἐξῆλθεν ὁ Ἰησοῦς

8 27 καὶ οἱ μαθηταὶ αὐτοῦ εἰς τὰς κώμας
Καισαρείας

Mc

8 27 καὶ ἐν τῇ ὁδῷ ἐπηρώτα τοὺς μαθη-
τὰς αὐτοῦ

8 28 οἱ δὲ εἶπαν (ἀπεκρίθησαν Sς) . . .
Ἰωάννην τὸν βαπτιστήν, καὶ
ἄλλοι Ἠλίαν

8 29ʰ καὶ αὐτὸς | ἐπηρώτα αὐτούς (λέ-
γει αὐτοῖς ς)

8 30 καὶ ἐπετίμησεν αὐτοῖς

8 31 καὶ ἤρξατο διδάσκειν αὐτοὺς

8 31 ὅτι δεῖ τὸν υἱὸν τοῦ ἀνθρώπου
πολλὰ παθεῖν, καὶ ἀποδοκιμασθῆ-
ναι ↔

8 31 ὑπὸ τῶν πρεσβυτέρων καὶ τῶν
(—ς) ἀρχιερέων ↔

8 31 καὶ τῶν (—ς) γραμματέων ↔

8 31 καὶ ἀποκτανθῆναι ↔

8 31 καὶ μετὰ τρεῖς ἡμέρας ἀναστῆναι·
↔

8 32 καὶ παρρησίᾳ τὸν λόγον ἐλάλει. ↔

8 32 καὶ προσλαβόμενος | ὁ Πέτρος αὐ-
τὸν (∼ Vς) ἤρξατο ἐπιτιμᾶν αὐ-
τῷ. ↔

8 33 ὁ δὲ ἐπιστραφεὶς καὶ ἰδὼν τοὺς
μαθητὰς αὐτοῦ ↔

8 33 ἐπετίμησεν (+τῷ Vς) Πέτρῳ | καὶ
λέγει (λέγων ς)

8 34 καὶ προσκαλεσάμενος τὸν ὄχλον
. . . εἶπεν αὐτοῖς

8 34 ἀπαρνησάσθω ἑαυτὸν καὶ ἀράτω
τὸν σταυρὸν αὐτοῦ, ↔

8 34 καὶ ἀκολουθείτω μοι

8 35 ὃς δ᾽ ἂν ἀπολέσει (-σῃ VSς) τὴν
| ψυχὴν αὐτοῦ (ἑαυτοῦ ψ. VST)
ἕνεκεν | ἐμοῦ καὶ ([H]; —B) τοῦ
εὐαγγελίου

8 36 τί γὰρ ὠφελεῖ (-λήσει Vς) ἄνθρω-
πον κερδῆσαι . . . καὶ ζημιωθῆναι
τὴν ψυχὴν αὐτοῦ;

8 38 ὃς γὰρ ἐὰν ἐπαισχυνθῇ με καὶ τοὺς
ἐμοὺς λόγους ↔

8 38 ἐν τῇ γενεᾷ ταύτῃ τῇ μοιχαλίδι
καὶ ἁμαρτωλῷ, ↔

8 38 καὶ ὁ υἱὸς τοῦ ἀνθρώπου ἐπ-
αισχυνθήσεται αὐτόν

9 1 καὶ ἔλεγεν αὐτοῖς

9 2 καὶ μετὰ ἡμέρας ἓξ ↔

9 2 παραλαμβάνει ὁ Ἰησοῦς τὸν Πέ-
τρον καὶ τὸν Ἰάκωβον ↔

9 2 καὶ τὸν (—NMH) Ἰωάννην, ↔

9 2 καὶ ἀναφέρει αὐτοὺς εἰς ὄρος

9 2 καὶ μετεμορφώθη ἔμπροσθεν αὐ-
τῶν, ↔

9 3 καὶ τὰ ἱμάτια αὐτοῦ ἐγένετο στίλ-
βοντα λευκὰ λίαν

9 4 καὶ ὤφθη αὐτοῖς Ἠλίας σὺν Μωϋ-
σεῖ, ↔

9 4 καὶ ἦσαν συλλαλοῦντες τῷ Ἰη-
σοῦ. ↔

9 5 καὶ ἀποκριθεὶς ὁ Πέτρος λέγει τῷ
Ἰησοῦ

9 5 καὶ ποιήσωμεν | τρεῖς σκηνάς (∼
Sς), ↔

9 5 σοὶ μίαν καὶ Μωϋσεῖ μίαν ↔

9 5 καὶ Ἠλίᾳ μίαν

9 7 καὶ ἐγένετο νεφέλη ἐπισκιάζουσα
αὐτοῖς, ↔

9 7 καὶ ἐγένετο (ἦλθεν BSς) φωνὴ ἐκ
τῆς νεφέλης

9 8 καὶ ἐξάπινα περιβλεψάμενοι οὐκ-
έτι οὐδένα εἶδον

9 9 | καὶ καταβαινόντων (κ. δὲ Sς)
αὐτῶν . . . διεστείλατο αὐτοῖς

9 10 καὶ τὸν λόγον ἐκράτησαν πρὸς
ἑαυτούς

9 11 καὶ ἐπηρώτων αὐτὸν λέγοντες· ↔

Mc

9 11 * ὅτι λέγουσιν οἱ | Φαρισαῖοι καὶ
οἱ (+[S]T) γραμματεῖς

9 12ᵐ καὶ πῶς γέγραπται ἐπὶ τὸν υἱὸν
τοῦ ἀνθρώπου, ↔

9 12 ἵνα πολλὰ πάθῃ καὶ ἐξουδενηθῇ
(ἐξουθενωθῇ T); ↔

9 13ᵛ ἀλλὰ λέγω ὑμῖν ὅτι καὶ Ἠλίας
ἐλήλυθεν, ↔

9 13 καὶ ἐποίησαν αὐτῷ ὅσα ἤθελον

9 14 καὶ ἐλθόντες (ἐλθὼν VBSς) πρὸς
τοὺς μαθητὰς

9 14 εἶδον (εἶδεν VBSς) ὄχλον πολὺν
περὶ αὐτοὺς καὶ γραμματεῖς συζη-
τοῦντας πρὸς αὐτούς. ↔

9 15 καὶ εὐθὺς πᾶς ὁ ὄχλος ἰδόντες αὐ-
τὸν ἐξεθαμβήθησαν, ↔

9 15 καὶ προστρέχοντες ἠσπάζοντο αὐ-
τόν. ↔

9 16 καὶ ἐπηρώτησεν αὐτούς

9 17 καὶ | ἀπεκρίθη αὐτῷ εἷς ἐκ τοῦ
ὄχλου (ἀποκριθεὶς εἷς ἐκ τ. ὄ.
εἶπεν Vς)

9 18 καὶ ὅπου ἐὰν (ἂν Vς) αὐτὸν κατα-
λάβῃ, ῥήσσει αὐτὸν (—T), ↔

9 18 καὶ ἀφρίζει ↔

9 18 καὶ τρίζει τοὺς ὀδόντας ↔

9 18 καὶ ξηραίνεται· ↔

9 18 * καὶ εἶπα (εἶπον Vς) τοῖς μαθηταῖς
σου ἵνα αὐτὸ ἐκβάλωσιν, ↔

9 18ᵃ καὶ οὐκ ἴσχυσαν

9 20 καὶ ἤνεγκαν αὐτὸν πρὸς αὐτόν. ↔

9 20 καὶ ἰδὼν αὐτὸν τὸ πνεῦμα εὐθὺς
συνεσπάραξεν αὐτόν, ↔

9 20 καὶ πεσὼν ἐπὶ τῆς γῆς ἐκυλίετο
ἀφρίζων. ↔

9 21 καὶ ἐπηρώτησεν τὸν πατέρα αὐ-
τοῦ

9 22 καὶ πολλάκις ↔

9 22 καὶ εἰς πῦρ αὐτὸν ἔβαλεν ↔

9 22 καὶ εἰς ὕδατα ἵνα ἀπολέσῃ αὐτόν

9 24 * καὶ (+Vς) εὐθὺς κράξας ὁ
πατὴρ τοῦ παιδίου (+μετὰ δα-
κρύων Vς) ἔλεγεν

9 25 τὸ ἄλαλον καὶ κωφὸν πνεῦμα . . .
ἔξελθε ἐξ αὐτοῦ ↔

9 25ᵇ καὶ μηκέτι εἰσέλθῃς εἰς αὐτόν. ↔

9 26 καὶ κράξας (-ξαν ς) ↔

9 26 καὶ πολλὰ σπαράξας (-ξαν ς) ἐξῆλ-
θεν· ↔

9 26 καὶ ἐγένετο ὡσεὶ νεκρός

9 27 ὁ δὲ Ἰησοῦς . . . ἤγειρεν αὐτόν,
καὶ ἀνέστη.

9 28 καὶ εἰσελθόντος αὐτοῦ εἰς οἶκον . . .
ἐπηρώτων αὐτόν

9 29 καὶ εἶπεν αὐτοῖς· ↔

9 29 * τοῦτο τὸ γένος ἐν οὐδενὶ δύναται
ἐξελθεῖν εἰ μὴ ἐν προσευχῇ | καὶ
νηστείᾳ (+[M]VBSς). ↔

9 30 * | καὶ ἐκεῖθεν (Vς; κἀκεῖθεν rl)
ἐξελθόντες παρεπορεύοντο (ἐπορ.
H) διὰ τῆς Γαλιλαίας, ↔

9 30ᵃ καὶ οὐκ ἤθελεν ἵνα τις γνοῖ· ↔

9 31 ἐδίδασκεν γὰρ τοὺς μαθητὰς αὐ-
τοῦ, καὶ ἔλεγεν αὐτοῖς [H] ↔

9 31 ὅτι ὁ υἱὸς τοῦ ἀνθρώπου παραδί-
δοται εἰς χεῖρας ἀνθρώπων, καὶ
ἀποκτενοῦσιν αὐτόν, ↔

9 31 καὶ ἀποκτανθεὶς μετὰ τρεῖς ἡμέρας
ἀναστήσεται. ↔

9 32 οἱ δὲ ἠγνόουν τὸ ῥῆμα, καὶ ἐφο-
βοῦντο αὐτὸν ἐπερωτῆσαι. ↔

9 33 καὶ ἦλθον (ἦλθεν Sς) εἰς Καφαρ-
ναούμ. ↔

9 33 καὶ ἐν τῇ οἰκίᾳ γενόμενος ἐπηρώτα
αὐτούς

Mc 9 35 καὶ καθίσας ἐφώνησεν τοὺς δώδεκα ↔

9 35 καὶ λέγει αὐτοῖς

9 35 ἔσται πάντων ἔσχατος καὶ πάντων διάκονος. ↔

9 36 καὶ λαβὼν παιδίον ἔστησεν αὐτὸ ἐν μέσῳ αὐτῶν, ↔

9 36 καὶ ἐναγκαλισάμενος αὐτὸ εἶπεν αὐτοῖς· ↔

9 37 ὃς ἂν ... δέξηται ... καὶ ὃς ἂν ἐμὲ δέχηται (δέξηται Vς)

9 38 εἴδομέν τινα ... ἐκβάλλοντα δαιμόνια ... καὶ ἐκωλύομεν (-λύσαμεν ς) αὐτόν

9 39 ὃς ποιήσει δύναμιν ἐπὶ τῷ ὀνόματί μου καὶ δυνήσεται ταχὺ κακολογῆσαί με

9 42 καὶ ὃς ἂν σκανδαλίσῃ ἕνα τῶν μικρῶν τούτων ([S]; —ς)

9 42 εἰ περίκειται μύλος ὀνικὸς ... καὶ βέβληται εἰς τὴν θάλασσαν.

9 43ʲ καὶ ἐὰν σκανδαλίζῃ (-σῃ NTH) σε ἡ χείρ σου

9 44 * | ὅπου ὁ σκώληξ αὐτῶν οὐ τελευτᾷ καὶ τὸ πῦρ οὐ σβέννυται (+Vς). ↔

9 45ʲ καὶ ἐὰν ὁ πούς σου σκανδαλίζῃ σε

9 46 * | ὅπου ὁ σκώληξ αὐτῶν οὐ τελευτᾷ καὶ τὸ πῦρ οὐ σβέννυται (+Vς). ↔

9 47ʲ καὶ ἐὰν ὁ ὀφθαλμός σου σκανδαλίζῃ σε

9 48 ὅπου ὁ σκώληξ αὐτῶν οὐ τελευτᾷ καὶ τὸ πῦρ οὐ σβέννυται. ↔

9 49 * πᾶς γὰρ πυρὶ ἁλισθήσεται | καὶ πᾶσα θυσία ἁλὶ ἁλισθήσεται (+VBς)

9 50 ἔχετε ἐν ἑαυτοῖς ἅλα καὶ εἰρηνεύετε ἐν ἀλλήλοις. ↔

10 1 | καὶ ἐκεῖθεν (κἀκεῖθεν ς) ἀναστὰς ↔

10 1 ἔρχεται εἰς τὰ ὅρια τῆς Ἰουδαίας καὶ ([N²⁶S]; —ς) (+διὰ τοῦ [S]ς) πέραν τοῦ Ἰορδάνου, ↔

10 1 καὶ συμπορεύονται πάλιν ὄχλοι πρὸς αὐτόν, ↔

10 1ᵏ καὶ ὡς εἰώθει πάλιν ἐδίδασκεν αὐτούς.

10 2 καὶ || προσελθόντες (+οἱ Tς) Φαρισαῖοι [[H]] ἐπηρώτων αὐτὸν

10 4 | ἐπέτρεψεν Μωϋσῆς (~Vς) βιβλίον ἀποστασίου γράψαι καὶ ἀπολῦσαι. ↔

10 5 * | καὶ ἀποκριθεὶς ὁ (Vς; ὁ δὲ rl) Ἰησοῦς εἶπεν αὐτοῖς

10 6 ἄρσεν καὶ θῆλυ ἐποίησεν αὐτούς [H] (+ὁ θεός MVSς). ↔

10 7 ἕνεκεν τούτου καταλείψει ἄνθρωπος τὸν πατέρα αὐτοῦ καὶ τὴν μητέρα (+αὐτοῦ T), ↔

10 7 καὶ προσκολληθήσεται πρὸς τὴν γυναῖκα αὐτοῦ ([N²⁶S]; —NBT H), ↔

10 8 καὶ ἔσονται οἱ δύο εἰς σάρκα μίαν

10 10 καὶ | εἰς τὴν οἰκίαν (ἐν τῇ οἰκίᾳ ς) πάλιν ... ἐπηρώτων αὐτόν. ↔

10 11 καὶ λέγει αὐτοῖς· ↔

10 11 ὃς ἂν ἀπολύσῃ τὴν γυναῖκα αὐτοῦ καὶ γαμήσῃ ἄλλην

10 12ʲ καὶ ἐὰν αὐτὴ (γυνὴ VBς) ↔

10 12 * | ἀπολύσῃ τὸν ἄνδρα αὐτῆς καὶ γαμηθῇ ἄλλῳ (Vς; ἀπολύσασα τ. ἄ. αὐ. γαμήσῃ ἄλλον rl), μοιχᾶται.

10 13 καὶ προσέφερον αὐτῷ παιδία

Mc 10 14 ἠγανάκτησεν καὶ [+ἐπιτιμήσας S] εἶπεν αὐτοῖς· ↔

10 14ᵇ * ἄφετε τὰ παιδία ἔρχεσθαι πρός με, καὶ (+ς) μὴ κωλύετε αὐτά

10 16 καὶ ἐναγκαλισάμενος αὐτὰ κατευλόγει

10 17 καὶ ἐκπορευομένου αὐτοῦ εἰς ὁδὸν ↔

10 17 προσδραμὼν εἷς καὶ γονυπετήσας αὐτὸν ἐπηρώτα αὐτὸν

10 19 τίμα τὸν πατέρα σου καὶ τὴν μητέρα (+σου BT)

10 21 ὁ δὲ Ἰησοῦς ἐμβλέψας αὐτῷ ἠγάπησεν αὐτὸν καὶ εἶπεν αὐτῷ

10 21 ὅσα ἔχεις πώλησον καὶ δὸς τοῖς ([N²⁶NH]; —V) πτωχοῖς, ↔

10 21 καὶ ἕξεις θησαυρὸν ἐν οὐρανῷ, ↔

10 21 καὶ δεῦρο ἀκολούθει μοι

10 23 καὶ περιβλεψάμενος ὁ Ἰησοῦς λέγει τοῖς μαθηταῖς αὐτοῦ

10 26 καὶ τίς δύναται σωθῆναι;

10 28 * καὶ (+ς) ἤρξατο λέγειν ὁ Πέτρος αὐτῷ· ↔

10 28 ἰδοὺ ἡμεῖς ἀφήκαμεν πάντα καὶ ἠκολουθήκαμέν (-ήσαμέν MVSς) σοι

10 29 οὐδείς ἐστιν ὃς ἀφῆκεν οἰκίαν ... ἕνεκεν ἐμοῦ καὶ ἕνεκεν ([H]; —ς) τοῦ εὐαγγελίου, ↔

10 30 ἐὰν μὴ λάβῃ ἑκατονταπλασίονα νῦν ... οἰκίας καὶ ἀδελφοὺς ↔

10 30 καὶ ἀδελφὰς ↔

10 30 καὶ μητέρας ↔

10 30 καὶ τέκνα ↔

10 30 καὶ ἀγροὺς μετὰ διωγμῶν, ↔

10 30 καὶ ἐν τῷ αἰῶνι τῷ ἐρχομένῳ ζωὴν αἰώνιον. ↔

10 31 πολλοὶ δὲ ἔσονται πρῶτοι ἔσχατοι καὶ οἱ [N²⁶SH] ἔσχατοι πρῶτοι

10 32 καὶ ἦν προάγων αὐτοὺς ὁ Ἰησοῦς, ↔

10 32 καὶ ἐθαμβοῦντο, ↔

10 32 * καὶ (ς; οἱ δὲ rl) ἀκολουθοῦντες ἐφοβοῦντο, ↔

10 32 καὶ παραλαβὼν πάλιν τοὺς δώδεκα ἤρξατο αὐτοῖς λέγειν

10 33 ἰδοὺ ἀναβαίνομεν εἰς Ἱεροσόλυμα, καὶ ὁ υἱὸς τοῦ ἀνθρώπου ↔

10 33 παραδοθήσεται τοῖς ἀρχιερεῦσιν καὶ τοῖς γραμματεῦσιν, ↔

10 33 καὶ κατακρινοῦσιν αὐτὸν θανάτῳ

10 33 καὶ παραδώσουσιν αὐτὸν τοῖς ἔθνεσιν ↔

10 34 καὶ ἐμπαίξουσιν αὐτῷ ↔

10 34 καὶ ἐμπτύσουσιν αὐτῷ ↔

10 34 καὶ μαστιγώσουσιν αὐτὸν ↔

10 34 καὶ ἀποκτενοῦσιν, ↔

10 34 καὶ μετὰ τρεῖς ἡμέρας ἀναστήσεται. ↔

10 35 καὶ προσπορεύονται αὐτῷ ↔

10 35 Ἰάκωβος καὶ Ἰωάννης

10 37 ἵνα εἷς σου ἐκ δεξιῶν καὶ εἷς (+σου VSTς) ἐξ ἀριστερῶν καθίσωμεν

10 38 * δύνασθε πιεῖν τὸ ποτήριον ... καὶ (ς; ἢ rl) τὸ βάπτισμα ὃ ἐγὼ βαπτίζομαι βαπτισθῆναι;

10 39 τὸ ποτήριον ὃ ἐγὼ πίνω πίεσθε, καὶ τὸ βάπτισμα ... βαπτισθήσεσθε· ↔

10 40 * τὸ δὲ καθίσαι ἐκ δεξιῶν μου καὶ (ς; ἢ rl) ἐξ εὐωνύμων οὐκ ἔστιν ἐμὸν δοῦναι

10 41 καὶ ἀκούσαντες οἱ δέκα ↔

Mc 10 41 ἤρξαντο ἀγανακτεῖν περὶ Ἰακώβου καὶ Ἰωάννου. ↔

10 42 | καὶ προσκαλεσάμενος αὐτοὺς ὁ Ἰησοῦς (ὁ δὲ Ἰ. π. αὐ. ς) λέγει αὐτοῖς

10 42 οἱ δοκοῦντες ἄρχειν τῶν ἐθνῶν κατακυριεύουσιν αὐτῶν καὶ οἱ μεγάλοι αὐτῶν κατεξουσιάζουσιν αὐτῶν

10 44 ⟨ὃς ἂν θέλῃ⟩ καὶ ὃς ἂν θέλῃ | ἐν ὑμῖν εἶναι (ὑμῶν γενέσθαι Tς) πρῶτος, ἔσται πάντων δοῦλος· ↔

10 45ᵈ καὶ γὰρ ὁ υἱὸς τοῦ ἀνθρώπου οὐκ ἦλθεν διακονηθῆναι ↔

10 45 ἀλλὰ διακονῆσαι καὶ δοῦναι τὴν ψυχὴν αὐτοῦ λύτρον ἀντὶ πολλῶν. ↔

10 46 καὶ ἔρχονται εἰς Ἰεριχώ. ↔

10 46 καὶ ἐκπορευομένου αὐτοῦ ἀπὸ Ἰεριχὼ ↔

10 46 καὶ τῶν μαθητῶν αὐτοῦ ↔

10 46 καὶ ὄχλου ἱκανοῦ ... Βαρτιμαῖος ... ἐκάθητο παρὰ τὴν ὁδόν. ↔

10 47 καὶ ἀκούσας ὅτι Ἰησοῦς ὁ Ναζαρηνός ἐστιν ↔

10 47 ἤρξατο κράζειν καὶ λέγειν

10 48 καὶ ἐπετίμων αὐτῷ πολλοί

10 49 καὶ στὰς ὁ Ἰησοῦς εἶπεν

10 49 καὶ φωνοῦσιν τὸν τυφλόν

10 51 καὶ ἀποκριθεὶς αὐτῷ ὁ Ἰησοῦς εἶπεν

10 52 | καὶ ὁ (ὁ δὲ BSTς) Ἰησοῦς εἶπεν αὐτῷ

10 52 καὶ εὐθὺς ἀνέβλεψεν, ↔

10 52 καὶ ἠκολούθει αὐτῷ (τῷ Ἰησοῦ Sς) ἐν τῇ ὁδῷ. ↔

11 1ʲ καὶ ὅτε ἐγγίζουσιν εἰς Ἱεροσόλυμα ↔

11 1 | εἰς Βηθφαγὴ καὶ (κ. εἰς BT) Βηθανίαν ... ἀποστέλλει δύο τῶν μαθητῶν αὐτοῦ ↔

11 2 καὶ λέγει αὐτοῖς

11 2 καὶ εὐθὺς εἰσπορευόμενοι εἰς αὐτὴν εὑρήσετε πῶλον δεδεμένον

11 2 | λύσατε αὐτὸν καὶ φέρετε (λύσαντες αὐ. ἀγάγετε ς). ↔

11 3ʲ καὶ ἐάν τις ὑμῖν εἴπῃ

11 3 καὶ εὐθὺς αὐτὸν ἀποστέλλει πάλιν ὧδε. ↔

11 4 | καὶ ἀπῆλθον (ἀπ. δὲ ς) ↔

11 4 καὶ εὗρον (+τὸν [S]Tς) πῶλον δεδεμένον

11 4 καὶ λύουσιν αὐτόν. ↔

11 5 καὶ τινες τῶν ἐκεῖ ἑστηκότων ἔλεγον αὐτοῖς

11 6 καὶ ἀφῆκαν αὐτούς. ↔

11 7 καὶ φέρουσιν τὸν πῶλον πρὸς τὸν Ἰησοῦν, ↔

11 7 καὶ ἐπιβάλλουσιν αὐτῷ τὰ ἱμάτια αὐτῶν, ↔

11 7 καὶ ἐκάθισεν ἐπ' αὐτόν. ↔

11 8 | καὶ πολλοὶ (π. δὲ ς) τὰ ἱμάτια αὐτῶν ἔστρωσαν εἰς τὴν ὁδόν, ↔

11 8 * ἄλλοι δὲ στιβάδας, κόψαντες (ἔκοπτον ς) ἐκ τῶν ἀγρῶν (δένδρων ς) καὶ ἐστρώννυον εἰς τὴν ὁδόν (+ς)· ↔

11 9 καὶ οἱ προάγοντες

11 9 καὶ οἱ ἀκολουθοῦντες ἔκραζον

11 11 καὶ εἰσῆλθεν εἰς Ἱεροσόλυμα ↔

11 11 * | ὁ Ἰησοῦς καὶ (+ς) εἰς τὸ ἱερόν· ↔

11 11 καὶ περιβλεψάμενος πάντα ... ἐξῆλθεν εἰς Βηθανίαν

11 12 καὶ τῇ ἐπαύριον ἐξελθόντων αὐτῶν ἀπὸ Βηθανίας ἐπείνασεν. ↔

Mc 11 13 καὶ ἰδὼν συκῆν ἀπὸ μακρόθεν ἔχουσαν φύλλα ἦλθεν

11 13 καὶ ἐλθὼν ἐπ' αὐτὴν οὐδὲν εὗρεν εἰ μὴ φύλλα

11 14 καὶ ἀποκριθεὶς εἶπεν αὐτῇ

11 14 καὶ ἤκουον οἱ μαθηταὶ αὐτοῦ. ↔

11 15 καὶ ἔρχονται εἰς 'Ιεροσόλυμα. ↔

11 15 καὶ εἰσελθὼν εἰς τὸ ἱερὸν ↔

11 15 ἤρξατο ἐκβάλλειν τοὺς πωλοῦντας καὶ τοὺς ἀγοράζοντας ἐν τῷ ἱερῷ, ↔

11 15 καὶ τὰς τραπέζας τῶν κολλυβιστῶν ↔

11 15 καὶ τὰς καθέδρας τῶν πωλούντων τὰς περιστερὰς κατέστρεψεν, ↔

11 16a καὶ οὐκ ἤφιεν ἵνα τις διενέγκῃ σκεῦος

11 17 ἐδίδασκεν ↔

11 17 | καὶ ἔλεγεν (λέγων ς) αὐτοῖς (—H)

11 18 καὶ ἤκουσαν ↔

11 18 | οἱ ἀρχιερεῖς καὶ οἱ γραμματεῖς (~ Sς), ↔

11 18 καὶ ἐζήτουν πῶς αὐτὸν ἀπολέσωσιν

11 19j καὶ ὅταν ὀψὲ ἐγένετο, ἐξεπορεύοντο (-ρεύετο VBSTς)

11 20 καὶ παραπορευόμενοι πρωῒ εἶδον τὴν συκῆν

11 21 καὶ ἀναμνησθεὶς ὁ Πέτρος λέγει αὐτῷ

11 22 καὶ ἀποκριθεὶς ὁ 'Ιησοῦς λέγει αὐτοῖς

11 23 ἄρθητι καὶ βλήθητι εἰς τὴν θάλασσαν, ↔

11 23b καὶ μὴ διακριθῇ ἐν τῇ καρδίᾳ αὐτοῦ

11 24 πάντα ὅσα | προσεύχεσθε καὶ (ἂν προσευχόμενοι ς) αἰτεῖσθε, ↔

11 24 πιστεύετε ὅτι ἐλάβετε, καὶ ἔσται ὑμῖν.

11 25j καὶ ὅταν στήκετε (στήκητε Sς) προσευχόμενοι, ἀφίετε

11 25x ἵνα καὶ ὁ πατὴρ ὑμῶν . . . ἀφῇ ὑμῖν

11 27 καὶ ἔρχονται πάλιν εἰς 'Ιεροσόλυμα. ↔

11 27 καὶ ἐν τῷ ἱερῷ περιπατοῦντος αὐτοῦ ↔

11 27 ἔρχονται πρὸς αὐτὸν οἱ ἀρχιερεῖς καὶ οἱ γραμματεῖς ↔

11 27 καὶ οἱ πρεσβύτεροι, ↔

11 28 καὶ ἔλεγον αὐτῷ· ↔

11 28 * ἐν ποίᾳ ἐξουσίᾳ ταῦτα ποιεῖς; καὶ (ς; ἢ rl) τίς σοι | ἔδωκεν τὴν ἐξουσίαν ταύτην (~ Tς) ⟨;⟩

11 29 ἐπερωτήσω ὑμᾶς ἕνα λόγον, καὶ ἀποκρίθητέ μοι,

11 29 καὶ ἐρῶ ὑμῖν ἐν ποίᾳ ἐξουσίᾳ ταῦτα ποιῶ

11 31 καὶ διελογίζοντο (ἐλογίζοντο Sς) πρὸς ἑαυτοὺς λέγοντες

11 33 καὶ ἀποκριθέντες | τῷ 'Ιησοῦ λέγουσιν (~ VSς)

11 33 καὶ (+ ἀποκριθεὶς VSς) ὁ 'Ιησοῦς λέγει αὐτοῖς

12 1 καὶ ἤρξατο αὐτοῖς ἐν παραβολαῖς λαλεῖν. ↔

12 1 ἀμπελῶνα | ἄνθρωπος ἐφύτευσεν (~ Vς), καὶ περιέθηκεν φραγμὸν ↔

12 1 καὶ ὤρυξεν ὑπολήνιον ↔

12 1 καὶ ᾠκοδόμησεν πύργον, ↔

12 1 καὶ ἐξέδετο (N26TH; -δοτο rl) αὐτὸν γεωργοῖς, ↔

12 1 καὶ ἀπεδήμησεν.

12 2 καὶ ἀπέστειλεν πρὸς τοὺς γεωργοὺς τῷ καιρῷ δοῦλον

Mc 12 3 καὶ (οἱ δὲ Vς) λαβόντες αὐτὸν ↔

12 3 ἔδειραν καὶ ἀπέστειλαν κενόν. ↔

12 4 καὶ πάλιν ἀπέστειλεν πρὸς αὐτοὺς ἄλλον δοῦλον· ↔

12 4 κἀκεῖνον (+λιθοβολήσαντες ς) ἐκεφαλίωσαν καὶ ἠτίμασαν (ἀπέστειλαν ἠτιμωμένον ς). ↔

12 5 καὶ (+πάλιν ς) ἄλλον ἀπέστειλεν· ↔

12 5 κἀκεῖνον ἀπέκτειναν, καὶ πολλοὺς ἄλλους

12 6h * ἀπέστειλεν καὶ (+Vς) αὐτὸν | ἔσχατον πρὸς αὐτούς (~ Vς)

12 7g δεῦτε ἀποκτείνωμεν αὐτόν, καὶ ἡμῶν ἔσται ἡ κληρονομία. ↔

12 8 καὶ λαβόντες | ἀπέκτειναν αὐτόν (~ Vς),

12 8 καὶ ἐξέβαλον αὐτὸν (—Vς) ἔξω τοῦ ἀμπελῶνος

12 9 ἐλεύσεται καὶ ἀπολέσει τοὺς γεωργούς, ↔

12 9 καὶ δώσει τὸν ἀμπελῶνα ἄλλοις

12 11 καὶ ἔστιν θαυμαστὴ ἐν ὀφθαλμοῖς ἡμῶν; ↔

12 12 καὶ ἐζήτουν αὐτὸν κρατῆσαι, ↔

12 12 καὶ ἐφοβήθησαν τὸν ὄχλον

12 12 καὶ ἀφέντες αὐτὸν ἀπῆλθον. ↔

12 13 καὶ ἀποστέλλουσιν πρὸς αὐτόν τινας

12 13 τῶν Φαρισαίων καὶ τῶν 'Ηρωδιανῶν

12 14 καὶ (οἱ δὲ VSς) ἐλθόντες | λέγουσιν αὐτῷ (ἤρξαντο ἐρωτᾶν αὐτὸν ἐν δόλῳ λέγοντες S)

12 14a ἀληθὴς εἶ καὶ οὐ μέλει σοι περὶ οὐδενός

12 16 καὶ λέγει αὐτοῖς· ↔

12 16 τίνος ἡ εἰκὼν αὕτη καὶ ἡ ἐπιγραφή;

12 17 * | καὶ ἀποκριθεὶς ὁ (ὁ δὲ N26NM TH) 'Ιησοῦς εἶπεν αὐτοῖς (—H) · ↔

12 17 τὰ Καίσαρος ἀπόδοτε Καίσαρι καὶ τὰ τοῦ θεοῦ τῷ θεῷ.

12 17 καὶ ἐξεθαύμαζον ἐπ' αὐτῷ. ↔

12 18 καὶ ἔρχονται Σαδδουκαῖοι πρὸς αὐτόν

12 18 καὶ ἐπηρώτων αὐτὸν λέγοντες

12 19 ἐάν τινος ἀδελφὸς ἀποθάνῃ καὶ καταλίπῃ γυναῖκα ↔

12 19b καὶ | μὴ ἀφῇ τέκνον (~ BS; τέκνα μὴ ἀ. Vς),

12 19 ἵνα λάβῃ ὁ ἀδελφὸς αὐτοῦ τὴν γυναῖκα (+αὐτοῦ Vς) καὶ ἐξαναστήσῃ σπέρμα

12 20 καὶ ὁ πρῶτος ἔλαβεν γυναῖκα, ↔

12 20 καὶ ἀποθνήσκων οὐκ ἀφῆκεν σπέρμα· ↔

12 21 καὶ ὁ δεύτερος ἔλαβεν αὐτήν, ↔

12 21 καὶ ἀπέθανεν ↔

12 21c * | καὶ οὐδὲ αὐτὸς ἀφῆκεν (Vς; μὴ καταλιπὼν rl) σπέρμα· ↔

12 21 καὶ ὁ τρίτος ὡσαύτως· ↔

12 22 καὶ (+ἔλαβον αὐτὴν Vς) οἱ ἑπτὰ ↔

12 22a * καὶ (+Vς) οὐκ ἀφῆκαν σπέρμα. ↔

12 22 ἔσχατον (-άτη Vς) πάντων | καὶ ἡ γυνὴ ἀπέθανεν (~ Vς)

12 24 * | καὶ ἀποκριθεὶς ὁ 'Ιησοῦς εἶπεν αὐτοῖς (Vς; ἔφη αὐτοῖς ὁ 'Ι. rl)

12 26 ἐγὼ ὁ θεὸς 'Αβραὰμ καὶ ὁ (+[N26] BTς) θεὸς 'Ισαὰκ

12 26 καὶ ὁ (+ [N26]BTς) θεὸς 'Ιακὼβ

12 28 καὶ προσελθὼν εἷς τῶν γραμματέων . . . ἐπηρώτησεν αὐτὸν

12 30 καὶ ἀγαπήσεις κύριον τὸν θεόν σου

Mc 12 30 ἐξ ὅλης τῆς (—H) καρδίας σου καὶ ἐξ ὅλης τῆς ψυχῆς σου ↔

12 30 καὶ ἐξ ὅλης τῆς διανοίας σου ↔

12 30 καὶ ἐξ ὅλης τῆς ἰσχύος σου

12 31 * καὶ (+Vς) δευτέρα (+ὁμοία Vς) αὕτη (αὐτῇ V)

12 32 καὶ (—H) εἶπεν αὐτῷ ὁ γραμματεύς

12 32a εἷς ἐστιν καὶ οὐκ ἔστιν ἄλλος πλὴν αὐτοῦ· ↔

12 33 καὶ τὸ ἀγαπᾶν αὐτὸν ἐξ ὅλης τῆς (—H) καρδίας ↔

12 33 καὶ ἐξ ὅλης τῆς συνέσεως ↔

12 33 * | καὶ ἐξ ὅλης τῆς ψυχῆς (+Vς) ↔

12 33 καὶ ἐξ ὅλης τῆς ἰσχύος, ↔

12 33 καὶ τὸ ἀγαπᾶν τὸν πλησίον ὡς ἑαυτὸν

12 33 περισσότερόν ἐστιν πάντων τῶν ὁλοκαυτωμάτων καὶ (+τῶν STς) θυσιῶν. ↔

12 34 καὶ ὁ 'Ιησοῦς . . . εἶπεν αὐτῷ

12 34c καὶ οὐδεὶς οὐκέτι ἐτόλμα αὐτὸν ἐπερωτῆσαι. ↔

12 35 καὶ ἀποκριθεὶς ὁ 'Ιησοῦς ἔλεγεν

12 37m καὶ πόθεν αὐτοῦ ἐστιν υἱός; ↔

12 37 καὶ ὁ [N26] πολὺς ὄχλος ἤκουεν αὐτοῦ ἡδέως.

12 38 καὶ ἐν τῇ διδαχῇ αὐτοῦ ἔλεγεν· ↔

12 38 βλέπετε ἀπὸ . . . τῶν θελόντων ἐν στολαῖς περιπατεῖν καὶ ἀσπασμοὺς ἐν ταῖς ἀγοραῖς ↔

12 39 καὶ πρωτοκαθεδρίας ἐν ταῖς συναγωγαῖς ↔

12 39 καὶ πρωτοκλισίας ἐν τοῖς δείπνοις· ↔

12 40 οἱ κατεσθίοντες τὰς οἰκίας τῶν χηρῶν καὶ προφάσει μακρὰ προσευχόμενοι

12 41 καὶ καθίσας κατέναντι τοῦ γαζοφυλακίου ἐθεώρει

12 41 καὶ πολλοὶ πλούσιοι ἔβαλλον πολλά· ↔

12 42 καὶ ἐλθοῦσα μία χήρα πτωχὴ ἔβαλεν λεπτὰ δύο

12 43 καὶ προσκαλεσάμενος τοὺς μαθητὰς αὐτοῦ εἶπεν (λέγει Vς) αὐτοῖς

13 1 καὶ ἐκπορευομένου αὐτοῦ ἐκ τοῦ ἱεροῦ λέγει αὐτῷ εἷς

13 1 ἴδε ποταποὶ λίθοι καὶ ποταπαὶ οἰκοδομαί.

13 2 καὶ ὁ 'Ιησοῦς (+ἀποκριθεὶς Vς) εἶπεν αὐτῷ

13 3 καὶ καθημένου αὐτοῦ . . . κατέναντι τοῦ ἱεροῦ, ↔

13 3 ἐπηρώτα αὐτὸν κατ' ἰδίαν (+ὁ T) Πέτρος καὶ 'Ιάκωβος ↔

13 3 καὶ 'Ιωάννης ↔

13 3 καὶ 'Ανδρέας

13 4 πότε ταῦτα ἔσται, καὶ τί τὸ σημεῖον ⟨;⟩

13 6 πολλοὶ (+γὰρ Vς) ἐλεύσονται ἐπὶ τῷ ὀνόματί μου . . . καὶ πολλοὺς πλανήσουσιν. ↔

13 7 ὅταν δὲ ἀκούσητε πολέμους καὶ ἀκοὰς πολέμων

13 8 ἐγερθήσεται γὰρ ἔθνος ἐπ' ἔθνος καὶ βασιλεία ἐπὶ βασιλείαν. ↔

13 8 * καὶ (+ς) ἔσονται σεισμοὶ κατὰ τόπους, ↔

13 8 * καὶ (+ς) ἔσονται λιμοὶ ↔

13 8 * | καὶ ταραχαί (+ς)

13 9 παραδώσουσιν (+γὰρ Vς) ὑμᾶς εἰς συνέδρια καὶ εἰς συναγωγὰς δαρήσεσθε ↔

13 9 καὶ ἐπὶ ἡγεμόνων ↔

Mc 13 9 καὶ βασιλέων σταθήσεσθε ἕνεκεν ἐμοῦ
13 10 καὶ εἰς πάντα τὰ ἔθνη | πρῶτον δεῖ (∼Vϛ) κηρυχθῆναι τὸ εὐαγγέλιον. ↔
13 11[j] | καὶ ὅταν (ὅ. δὲ ϛ) ἄγωσιν ὑμᾶς παραδιδόντες
13 12 | καὶ παραδώσει (π. δὲ ϛ) ἀδελφὸς ἀδελφὸν εἰς θάνατον ↔
13 12 καὶ πατὴρ τέκνον, ↔
13 12 καὶ ἐπαναστήσονται τέκνα ἐπὶ γονεῖς ↔
13 12 καὶ θανατώσουσιν αὐτούς· ↔
13 13 καὶ ἔσεσθε μισούμενοι ὑπὸ πάντων διὰ τὸ ὄνομά μου
13 16 ⟨ὁ δὲ ἐπὶ τοῦ δώματος⟩ καὶ ὁ εἰς τὸν ἀγρὸν μὴ ἐπιστρεψάτω εἰς τὰ ὀπίσω
13 17 οὐαὶ δὲ ταῖς ἐν γαστρὶ ἐχούσαις καὶ ταῖς θηλαζούσαις
13 19[c] οἵα οὐ γέγονεν τοιαύτη ... ἕως τοῦ νῦν καὶ οὐ μὴ γένηται. ↔
13 20[j] καὶ εἰ μὴ ἐκολόβωσεν κύριος τὰς ἡμέρας
13 21 καὶ τότε ἐάν τις ὑμῖν εἴπῃ
13 22 ἐγερθήσονται γὰρ (δὲ NST) ψευδόχριστοι καὶ ψευδοπροφῆται ↔
13 22 καὶ δώσουσιν (ποιήσουσιν NBT) σημεῖα ↔
13 22 καὶ τέρατα ↔
13 22 * πρὸς τὸ ἀποπλανᾶν, εἰ δυνατόν, καὶ (+ϛ) τοὺς ἐκλεκτούς
13 24 ὁ ἥλιος σκοτισθήσεται, καὶ ἡ σελήνη οὐ δώσει τὸ φέγγος αὐτῆς, ↔
13 25 καὶ οἱ ἀστέρες | ἔσονται ἐκ τοῦ οὐρανοῦ (τ. οὐ. ἔ. Vϛ) πίπτοντες (ἐκ- VSϛ), ↔
13 25 καὶ αἱ δυνάμεις αἱ ἐν τοῖς οὐρανοῖς σαλευθήσονται. ↔
13 26 καὶ τότε ὄψονται τὸν υἱὸν τοῦ ἀνθρώπου ↔
13 26 ἐρχόμενον ἐν νεφέλαις μετὰ δυνάμεως πολλῆς καὶ δόξης. ↔
13 27 καὶ τότε ἀποστελεῖ τοὺς ἀγγέλους (+αὐτοῦ Vϛ) ↔
13 27 καὶ ἐπισυνάξει τοὺς ἐκλεκτοὺς αὐτοῦ ([N^{26}NH]; —BST)
13 28 ὅταν | ἤδη ὁ κλάδος αὐτῆς (∼VSTϛ) ἁπαλὸς γένηται καὶ ἐκφύῃ τὰ φύλλα
13 29[gu] οὕτως καὶ ὑμεῖς, ὅταν | ἴδητε ταῦτα (∼Sϛ) γινόμενα, γινώσκετε
13 31 ὁ οὐρανὸς καὶ ἡ γῆ παρελεύσονται
13 32 * περὶ δὲ τῆς ἡμέρας ἐκείνης καὶ (ϛ; ἢ rl) τῆς ὥρας οὐδεὶς οἶδεν
13 33 * ἀγρυπνεῖτε | καὶ προσεύχεσθε (+VSϛ)
13 34 ὡς ἄνθρωπος ἀπόδημος ἀφεὶς τὴν οἰκίαν αὐτοῦ καὶ δοὺς τοῖς δούλοις αὐτοῦ τὴν ἐξουσίαν, ↔
13 34 * καὶ (+ϛ) ἑκάστῳ τὸ ἔργον αὐτοῦ, ↔
13 34 καὶ τῷ θυρωρῷ ἐνετείλατο ἵνα γρηγορῇ
14 1 ἦν δὲ τὸ πάσχα καὶ τὰ ἄζυμα μετὰ δύο ἡμέρας. ↔
14 1 καὶ ἐζήτουν ↔
14 1 οἱ ἀρχιερεῖς καὶ οἱ γραμματεῖς
14 3 καὶ ὄντος αὐτοῦ ἐν Βηθανίᾳ ... ἦλθεν γυνή
14 3 * καὶ (+Vϛ) συντρίψασα τὴν (τὸν BST; τὸ ϛ) ἀλάβαστρον κατέχεεν αὐτοῦ (+κατὰ Vϛ) τῆς κεφαλῆς. ↔

Mc 14 4 * ἦσαν δέ τινες ἀγανακτοῦντες πρὸς ἑαυτοὺς | καὶ λέγοντες (+Vϛ)
14 5 ἠδύνατο γὰρ τοῦτο | τὸ μύρον (—ϛ) πραθῆναι ... καὶ δοθῆναι τοῖς πτωχοῖς· ↔
14 5 καὶ ἐνεβριμῶντο (-μοῦντο T) αὐτῇ
14 7[j] καὶ ὅταν θέλητε δύνασθε αὐτοῖς (—T; αὐτοὺς ϛ; +πάντοτε [H]) εὖ ποιῆσαι
14 9 ὅπου ἐὰν κηρυχθῇ τὸ εὐαγγέλιον (+τοῦτο Vϛ) ... καὶ ὃ ἐποίησεν αὕτη λαληθήσεται
14 10 καὶ (+ὁ [S]ϛ) Ἰούδας ... ἀπῆλθεν πρὸς τοὺς ἀρχιερεῖς
14 11 ἐχάρησαν καὶ ἐπηγγείλαντο αὐτῷ ἀργύριον δοῦναι. ↔
14 11 καὶ ἐζήτει πῶς αὐτὸν εὐκαίρως παραδοῖ. ↔
14 12 καὶ τῇ πρώτῃ ἡμέρᾳ τῶν ἀζύμων ... λέγουσιν αὐτῷ
14 13 καὶ ἀποστέλλει δύο τῶν μαθητῶν αὐτοῦ ↔
14 13 καὶ λέγει αὐτοῖς· ↔
14 13 ὑπάγετε εἰς τὴν πόλιν, καὶ ἀπαντήσει ὑμῖν ἄνθρωπος
14 14 ⟨ἀκολουθήσατε αὐτῷ⟩ καὶ ὅπου ἐὰν εἰσέλθῃ εἴπατε τῷ οἰκοδεσπότῃ
14 15[h] καὶ αὐτὸς ὑμῖν δείξει ἀνάγαιον μέγα ἐστρωμένον ἕτοιμον· ↔
14 15 | καὶ ἐκεῖ (κἀκεῖ T; ἐκεῖ ϛ) ἑτοιμάσατε ἡμῖν. ↔
14 16 καὶ ἐξῆλθον οἱ μαθηταὶ (+ αὐτοῦ V[S]ϛ) ↔
14 16 καὶ ἦλθον εἰς τὴν πόλιν ↔
14 16 καὶ εὗρον καθὼς εἶπεν αὐτοῖς, ↔
14 16 καὶ ἡτοίμασαν τὸ πάσχα. ↔
14 17 καὶ ὀψίας γενομένης ἔρχεται μετὰ τῶν δώδεκα. ↔
14 18 καὶ ἀνακειμένων αὐτῶν ↔
14 18 καὶ ἐσθιόντων ὁ Ἰησοῦς εἶπεν
14 19 (+οἱ δὲ Vϛ) ἤρξαντο λυπεῖσθαι καὶ λέγειν αὐτῷ εἷς κατὰ εἷς· ↔
14 19 * μήτι ἐγώ; | καὶ ἄλλος· μήτι ἐγώ; (+VBSϛ)
14 22 καὶ ἐσθιόντων αὐτῶν λαβὼν (+ὁ Ἰησοῦς V[S]ϛ) ἄρτον ↔
14 22 εὐλογήσας ἔκλασεν καὶ ἔδωκεν αὐτοῖς ↔
14 22 καὶ εἶπεν
14 23 καὶ λαβὼν ποτήριον εὐχαριστήσας ἔδωκεν αὐτοῖς, ↔
14 23 καὶ ἔπιον ἐξ αὐτοῦ πάντες. ↔
14 24 καὶ εἶπεν αὐτοῖς
14 26 καὶ ὑμνήσαντες ἐξῆλθον εἰς τὸ ὄρος τῶν ἐλαιῶν. ↔
14 27 καὶ λέγει αὐτοῖς ὁ Ἰησοῦς
14 27 πατάξω τὸν ποιμένα, καὶ τὰ πρόβατα διασκορπισθήσονται
14 29[jz] | εἰ καὶ (∼ϛ) πάντες σκανδαλισθήσονται, ἀλλ' οὐκ ἐγώ. ↔
14 30 καὶ λέγει αὐτῷ ὁ Ἰησοῦς
14 31[qu] ὡσαύτως δὲ [NH] καὶ πάντες ἔλεγον. ↔
14 32 καὶ ἔρχονται εἰς χωρίον οὗ τὸ ὄνομα Γεθσημανί, ↔
14 32 καὶ λέγει τοῖς μαθηταῖς αὐτοῦ
14 33 καὶ παραλαμβάνει τὸν Πέτρον ↔
14 33 καὶ τὸν ([N^{26}]; —VBST) Ἰάκωβον ↔
14 33 καὶ τὸν ([N^{26}]; —VBSTϛ) Ἰωάννην μετ' αὐτοῦ, ↔
14 33 καὶ ἤρξατο ἐκθαμβεῖσθαι ↔
14 33 καὶ ἀδημονεῖν, ↔
14 34 καὶ λέγει αὐτοῖς
14 34 μείνατε ὧδε καὶ γρηγορεῖτε. ↔

Mc 14 35 καὶ προελθὼν μικρὸν ἔπιπτεν ἐπὶ τῆς γῆς, ↔
14 35 καὶ προσηύχετο ἵνα ... παρέλθῃ ἀπ' αὐτοῦ ἡ ὥρα, ↔
14 36 καὶ ἔλεγεν
14 37 καὶ ἔρχεται ↔
14 37 καὶ εὑρίσκει αὐτοὺς καθεύδοντας, ↔
14 37 καὶ λέγει τῷ Πέτρῳ
14 38 γρηγορεῖτε καὶ προσεύχεσθε
14 39 καὶ πάλιν ἀπελθὼν προσηύξατο
14 40 καὶ | πάλιν ἐλθὼν εὗρεν αὐτοὺς (ὑποστρέψας εὗ. αὐ. π. VBSTϛ) καθεύδοντας, ↔
14 40[a] ἦσαν γὰρ αὐτῶν οἱ ὀφθαλμοὶ καταβαρυνόμενοι, καὶ οὐκ ᾔδεισαν τί ἀποκριθῶσιν αὐτῷ. ↔
14 41 καὶ ἔρχεται τὸ τρίτον ↔
14 41 καὶ λέγει αὐτοῖς· ↔
14 41 καθεύδετε τὸ [SH] λοιπὸν καὶ ἀναπαύεσθε
14 43 καὶ εὐθὺς ... παραγίνεται (+ ὁ [NH]M) Ἰούδας (+ὁ Ἰσκαριώτης [S]T) εἷς τῶν δώδεκα, ↔
14 43 καὶ μετ' αὐτοῦ ὄχλος ↔
14 43 μετὰ μαχαιρῶν καὶ ξύλων ↔
14 43 παρὰ τῶν ἀρχιερέων καὶ τῶν γραμματέων ↔
14 43 καὶ τῶν (—T) πρεσβυτέρων
14 44 κρατήσατε αὐτὸν καὶ ἀπάγετε ἀσφαλῶς. ↔
14 45 καὶ ἐλθὼν εὐθὺς προσελθὼν αὐτῷ λέγει
14 45 καὶ κατεφίλησεν αὐτόν· ↔
14 46 οἱ δὲ ἐπέβαλον τὰς χεῖρας αὐτῷ καὶ ἐκράτησαν αὐτόν
14 47 ἔπαισεν τὸν δοῦλον τοῦ ἀρχιερέως καὶ ἀφεῖλεν αὐτοῦ τὸ ὠτάριον (ὠτίον Vϛ). ↔
14 48 καὶ ἀποκριθεὶς ὁ Ἰησοῦς εἶπεν αὐτοῖς· ↔
14 48 ὡς ἐπὶ λῃστὴν ἐξήλθατε μετὰ μαχαιρῶν καὶ ξύλων συλλαβεῖν με; ↔
14 49[a] καθ' ἡμέραν ἤμην ... ἐν τῷ ἱερῷ διδάσκων, καὶ οὐκ ἐκρατήσατέ με
14 50 καὶ ἀφέντες αὐτὸν | ἔφυγον πάντες (∼Vϛ). ↔
14 51 καὶ | νεανίσκος τις (εἷς τ. ν. VBTϛ) συνηκολούθει αὐτῷ
14 51 καὶ κρατοῦσιν αὐτόν
14 53 καὶ ἀπήγαγον τὸν Ἰησοῦν πρὸς τὸν ἀρχιερέα, ↔
14 53 καὶ συνέρχονται (+αὐτῷ VSϛ) ↔
14 53 πάντες οἱ ἀρχιερεῖς καὶ οἱ πρεσβύτεροι ↔
14 53 καὶ οἱ γραμματεῖς. ↔
14 54 καὶ ὁ Πέτρος ἀπὸ μακρόθεν ἠκολούθησεν αὐτῷ
14 54 καὶ ἦν συγκαθήμενος μετὰ τῶν ὑπηρετῶν ↔
14 54 καὶ θερμαινόμενος πρὸς τὸ φῶς. ↔
14 55 οἱ δὲ ἀρχιερεῖς καὶ ὅλον τὸ συνέδριον ἐζήτουν κατὰ τοῦ Ἰησοῦ μαρτυρίαν
14 55[a] καὶ οὐχ ηὕρισκον· ↔
14 56 πολλοὶ γὰρ ἐψευδομαρτύρουν κατ' αὐτοῦ, καὶ ἴσαι αἱ μαρτυρίαι οὐκ ἦσαν. ↔
14 57 καί τινες ἀναστάντες ἐψευδομαρτύρουν κατ' αὐτοῦ λέγοντες
14 58 ἐγὼ καταλύσω τὸν ναὸν τοῦτον ... καὶ διὰ τριῶν ἡμερῶν ἄλλον ἀχειροποίητον οἰκοδομήσω. ↔
14 59[c] καὶ οὐδὲ οὕτως ἴση ἦν ἡ μαρτυρία αὐτῶν. ↔

Mc 14 60 καὶ ἀναστὰς ὁ ἀρχιερεύς ... ἐπηρώτησεν τὸν Ἰησοῦν λέγων

14 61ᵃ ὁ δὲ ἐσιώπα καὶ οὐκ ἀπεκρίνατο οὐδέν. ↔

14 61 πάλιν ὁ ἀρχιερεὺς ἐπηρώτα αὐτὸν καὶ λέγει αὐτῷ

14 62 καὶ ὄψεσθε τὸν υἱὸν τοῦ ἀνθρώπου ἐκ δεξιῶν καθήμενον τῆς δυνάμεως

14 62 καὶ ἐρχόμενον μετὰ τῶν νεφελῶν τοῦ οὐρανοῦ

14 65 καὶ ἤρξαντό τινες ἐμπτύειν αὐτῷ ↔

14 65 καὶ περικαλύπτειν αὐτοῦ τὸ πρόσωπον ↔

14 65 καὶ κολαφίζειν αὐτὸν ↔

14 65 καὶ λέγειν αὐτῷ

14 65 καὶ οἱ ὑπηρέται ῥαπίσμασιν αὐτὸν ἔλαβον. ↔

14 66 καὶ ὄντος τοῦ Πέτρου | κάτω ἐν τῇ αὐλῇ (~Vς) ἔρχεται μία τῶν παιδισκῶν

14 67 καὶ ἰδοῦσα τὸν Πέτρον θερμαινόμενον ... λέγει· ↔

14 67ᶠ καὶ σὺ μετὰ τοῦ Ναζαρηνοῦ ἦσθα τοῦ Ἰησοῦ

14 68 καὶ ἐξῆλθεν ἔξω εἰς τὸ προαύλιον ↔

14 68 | καὶ ἀλέκτωρ ἐφώνησεν ([N²⁶]; —NH). ↔

14 69 καὶ ἡ παιδίσκη ἰδοῦσα αὐτὸν ἤρξατο πάλιν λέγειν

14 70 καὶ μετὰ μικρὸν πάλιν οἱ παρεστῶτες ἔλεγον τῷ Πέτρῳ· ↔

14 70ᵈ ἀληθῶς ἐξ αὐτῶν εἶ· καὶ γὰρ Γαλιλαῖος εἶ ↔

14 70 * | καὶ ἡ λαλιά σου ὁμοιάζει (+[VS]ς). ↔

14 71 ὁ δὲ ἤρξατο ἀναθεματίζειν καὶ ὀμνύναι

14 72 καὶ εὐθὺς (—Sς) ἐκ δευτέρου ἀλέκτωρ ἐφώνησεν. ↔

14 72 καὶ ἀνεμνήσθη ὁ Πέτρος τὸ ῥῆμα

14 72 καὶ ἐπιβαλὼν ἔκλαιεν. ↔

15 1 καὶ εὐθὺς (+ἐπὶ τὸ VSς) πρωῒ συμβούλιον ποιήσαντες (ἑτοιμάσαντες NMST) οἱ ἀρχιερεῖς

15 1 μετὰ τῶν πρεσβυτέρων καὶ (+τῶν T) γραμματέων ↔

15 1 καὶ ὅλον τὸ συνέδριον, ↔

15 1 δήσαντες τὸν Ἰησοῦν ἀπήνεγκαν καὶ παρέδωκαν (+τῷ Vς) Πιλάτῳ. ↔

15 2 καὶ ἐπηρώτησεν αὐτὸν ὁ Πιλᾶτος

15 3 καὶ κατηγόρουν αὐτοῦ οἱ ἀρχιερεῖς πολλά

15 8 καὶ ἀναβὰς ὁ ὄχλος ἤρξατο αἰτεῖσθαι

15 15 ἀπέλυσεν αὐτοῖς τὸν Βαραββᾶν, καὶ παρέδωκεν τὸν Ἰησοῦν

15 16 οἱ δὲ στρατιῶται ἀπήγαγον αὐτὸν ... καὶ συγκαλοῦσιν ὅλην τὴν σπεῖραν. ↔

15 17 καὶ ἐνδιδύσκουσιν αὐτὸν πορφύραν ↔

15 17 καὶ περιτιθέασιν αὐτῷ πλέξαντες ἀκάνθινον στέφανον ↔

15 18 καὶ ἤρξαντο ἀσπάζεσθαι αὐτὸν ↔

15 18 καὶ ἔτυπτον αὐτοῦ τὴν κεφαλὴν καλάμῳ ↔

15 19 καὶ ἐνέπτυον αὐτῷ, ↔

15 19 καὶ τιθέντες τὰ γόνατα προσεκύνουν αὐτῷ. ↔

15 20ʲ καὶ ὅτε ἐνέπαιξαν αὐτῷ, ↔

15 20 ἐξέδυσαν αὐτὸν τὴν πορφύραν καὶ ἐνέδυσαν αὐτὸν τὰ | ἱμάτια αὐτοῦ (ἱ. τὰ ἴδια Vς; ἴδια ἱ. αὐτοῦ T). ↔

Mc 15 20 καὶ ἐξάγουσιν αὐτὸν ἵνα | σταυρώσωσιν αὐτόν (-σουσιν T). ↔

15 21 καὶ ἀγγαρεύουσιν παράγοντά τινα Σίμωνα Κυρηναῖον ἐρχόμενον ἀπ' ἀγροῦ, ↔

15 21 τὸν πατέρα Ἀλεξάνδρου καὶ Ῥούφου

15 22 καὶ φέρουσιν αὐτὸν ἐπὶ τὸν Γολγοθᾶν τόπον

15 23 καὶ ἐδίδουν αὐτῷ ἐσμυρνισμένον οἶνον

15 24 καὶ σταυροῦσιν (-σαντες ς) αὐτόν, ↔

15 24 καὶ (—ς) διαμερίζονται (διεμέριζον ς) τὰ ἱμάτια αὐτοῦ

15 25 ἦν δὲ ὥρα τρίτη καὶ ἐσταύρωσαν αὐτόν. ↔

15 26 καὶ ἦν ἡ ἐπιγραφὴ τῆς αἰτίας αὐτοῦ ἐπιγεγραμμένη

15 27 καὶ σὺν αὐτῷ σταυροῦσιν δύο λῃστάς,

15 27 ἕνα ἐκ δεξιῶν καὶ ἕνα ἐξ εὐωνύμων αὐτοῦ.

15 28 * | καὶ ἐπληρώθη ἡ γραφὴ ἡ λέγουσα· (+[MV]BSς ..) ↔

15 28 * | καὶ μετὰ ἀνόμων ἐλογίσθη (.. +[MV]BSς). ↔

15 29 καὶ οἱ παραπορευόμενοι ἐβλασφήμουν αὐτὸν ↔

15 29 κινοῦντες τὰς κεφαλὰς αὐτῶν καὶ λέγοντες· ↔

15 29 οὐὰ ὁ καταλύων τὸν ναὸν καὶ οἰκοδομῶν ἐν ([NH]; —T) τρισὶν ἡμέραις,

15 30 * σῶσον σεαυτὸν | καὶ κατάβα (ς; καταβὰς rl) ἀπὸ τοῦ σταυροῦ. ↔

15 31ᵃ ὁμοίως (+δὲ ς) καὶ οἱ ἀρχιερεῖς ἐμπαίζοντες ... ἔλεγον

15 32 ἵνα ἴδωμεν καὶ πιστεύσωμεν. ↔

15 32 καὶ οἱ συνεσταυρωμένοι σὺν αὐτῷ ὠνείδιζον αὐτόν. ↔

15 33 | καὶ γενομένης (γ. δὲ ς) ὥρας ἕκτης σκότος ἐγένετο

15 34 καὶ τῇ | ἐνάτῃ ὥρᾳ (~S; ὥρᾳ τῇ ἐ. Vς) ἐβόησεν ὁ Ἰησοῦς

15 35 καὶ τινες τῶν παρεστηκότων (-στώτων BT) ἀκούσαντες ἔλεγον

15 36 δραμὼν δέ τις καὶ ([N²⁶S]; —NH) γεμίσας σπόγγον ὄξους

15 38 καὶ τὸ καταπέτασμα τοῦ ναοῦ ἐσχίσθη εἰς δύο

15 40ᵃ ἦσαν δὲ καὶ γυναῖκες ἀπὸ μακρόθεν θεωροῦσαι, ↔

15 40 ἐν αἷς (+ἦν ς) καὶ Μαρία ἡ Μαγδαληνὴ ↔

15 40 καὶ Μαρία ἡ Ἰακώβου τοῦ μικροῦ ↔

15 40 καὶ Ἰωσῆτος μήτηρ ↔

15 40 καὶ Σαλώμη, ↔

15 41ʲ * αἳ καὶ (+ς) ὅτε ἦν ἐν τῇ Γαλιλαίᾳ ἠκολούθουν αὐτῷ ↔

15 41 καὶ διηκόνουν αὐτῷ, ↔

15 41 καὶ ἄλλαι πολλαί

15 42 καὶ ἤδη ὀψίας γενομένης

15 43ʰ καὶ αὐτὸς ἦν προσδεχόμενος τὴν βασιλείαν τοῦ θεοῦ

15 43 τολμήσας εἰσῆλθεν ... καὶ ἠτήσατο τὸ σῶμα τοῦ Ἰησοῦ. ↔

15 44 ὁ δὲ Πιλᾶτος ἐθαύμασεν (-ζεν T) ... καὶ προσκαλεσάμενος τὸν κεντυρίωνα ἐπηρώτησεν αὐτόν

15 45 καὶ γνοὺς ... ἐδωρήσατο τὸ πτῶμα τῷ Ἰωσήφ

15 46 καὶ ἀγοράσας σινδόνα ↔

Mc 15 46 * καὶ (+ς) καθελὼν αὐτὸν ἐνείλησεν τῇ σινδόνι ↔

15 46 καὶ ἔθηκεν (N²⁶BH; κατ- rl) αὐτὸν ἐν μνημείῳ (-ματι NTH)

15 46 καὶ προσεκύλισεν λίθον ἐπὶ τὴν θύραν τοῦ μνημείου. ↔

15 47 ἡ δὲ Μαρία ἡ Μαγδαληνὴ καὶ Μαρία ἡ Ἰωσῆτος ἐθεώρουν ποῦ τέθειται. ↔

16 1 καὶ διαγενομένου τοῦ σαββάτου ↔

16 1 [+ἡ NH] Μαρία ἡ Μαγδαληνὴ καὶ Μαρία ἡ τοῦ ([N²⁶NH]; —T) Ἰακώβου ↔

16 1 καὶ Σαλώμη ἠγόρασαν ἀρώματα

16 2 καὶ λίαν πρωῒ ... ἔρχονται ἐπὶ τὸ μνημεῖον (μνῆμα NT)

16 3 καὶ ἔλεγον πρὸς ἑαυτάς

16 4 καὶ ἀναβλέψασαι θεωροῦσιν ὅτι ἀποκεκύλισται (N²⁶Vς; ἀνα- rl) ὁ λίθος

16 5 καὶ εἰσελθοῦσαι εἰς τὸ μνημεῖον εἶδον νεανίσκον

16 5 καὶ ἐξεθαμβήθησαν

16 7 εἴπατε τοῖς μαθηταῖς αὐτοῦ καὶ τῷ Πέτρῳ

16 8 καὶ ἐξελθοῦσαι ἔφυγον ἀπὸ τοῦ μνημείου, ↔

16 8 εἶχεν γὰρ αὐτὰς τρόμος καὶ ἔκστασις· ↔

16 8ᶜ καὶ οὐδενὶ οὐδὲν εἶπαν

[16 10] ἀπήγγειλεν τοῖς μετ' αὐτοῦ γενομένοις πενθοῦσι καὶ κλαίουσιν· ↔

[16 11] κἀκεῖνοι ἀκούσαντες ὅτι ζῇ καὶ ἐθεάθη ὑπ' αὐτῆς ἠπίστησαν

[16 14] ἀνακειμένοις αὐτοῖς ... ἐφανερώθη, καὶ ὠνείδισεν τὴν ἀπιστίαν αὐτῶν ↔

[16 14] καὶ σκληροκαρδίαν

[16 15] καὶ εἶπεν αὐτοῖς

[16 16] ὁ πιστεύσας καὶ βαπτισθεὶς σωθήσεται

[16 18] ⟨ἐν τῷ ὀνόματί μου δαιμόνια ἐκβαλοῦσιν⟩ | καὶ ἐν ταῖς χερσὶν (+[N²⁶H]BS) ὄφεις ἀροῦσιν

[16 18] ἐπὶ ἀρρώστους χεῖρας ἐπιθήσουσιν καὶ καλῶς ἕξουσιν

[16 19] ἀνελήμφθη εἰς τὸν οὐρανὸν καὶ ἐκάθισεν ἐκ δεξιῶν τοῦ θεοῦ

[16 20] τοῦ κυρίου συνεργοῦντος καὶ τὸν λόγον βεβαιοῦντος

[16br]ʰ μετὰ δὲ ταῦτα καὶ αὐτὸς ὁ Ἰησοῦς

[16br] ἀπὸ ἀνατολῆς καὶ ἄχρι δύσεως ↔

[16br] ἐξαπέστειλεν δι' αὐτῶν τὸ ἱερὸν καὶ ἄφθαρτον κήρυγμα

Lc 1 2 καθὼς παρέδοσαν ἡμῖν οἱ ἀπ' ἀρχῆς αὐτόπται καὶ ὑπηρέται γενόμενοι τοῦ λόγου

1 5 ἐγένετο ... ἱερεύς τις ... καὶ γυνὴ αὐτῷ ἐκ τῶν θυγατέρων Ἀαρών,

1 5 καὶ τὸ ὄνομα αὐτῆς Ἐλισάβετ

1 6 πορευόμενοι ἐν πάσαις ταῖς ἐντολαῖς καὶ δικαιώμασιν τοῦ κυρίου ἄμεμπτοι. ↔

1 7ᵃ καὶ οὐκ ἦν αὐτοῖς τέκνον, ↔

1 7 καθότι ἦν ... στεῖρα, καὶ ἀμφότεροι προβεβηκότες ἐν ταῖς ἡμέραις αὐτῶν ἦσαν

1 10 ⟨ἔλαχε τοῦ θυμιᾶσαι εἰσελθὼν εἰς τὸν ναὸν⟩ καὶ πᾶν τὸ πλῆθος ἦν τοῦ λαοῦ προσευχόμενον ἔξω

1 12 καὶ ἐταράχθη Ζαχαρίας ἰδών, ↔

1 12 καὶ φόβος ἐπέπεσεν ἐπ' αὐτόν

Lc 1 13 εἰσηκούσθη ἡ δέησίς σου, καὶ ἡ γυνή σου Ἐλισάβετ γεννήσει υἱόν σοι, ↔
1 13 καὶ καλέσεις τὸ ὄνομα αὐτοῦ Ἰωάννην· ↔
1 14 καὶ ἔσται χαρά σοι ↔
1 14 καὶ ἀγαλλίασις, ↔
1 14 καὶ πολλοὶ ἐπὶ τῇ γενέσει αὐτοῦ χαρήσονται. ↔
1 15 ἔσται γὰρ μέγας ... καὶ οἶνον ↔
1 15 καὶ σίκερα οὐ μὴ πίῃ, ↔
1 15 καὶ πνεύματος ἁγίου πλησθήσεται ἔτι ἐκ κοιλίας μητρὸς αὐτοῦ, ↔
1 16 καὶ πολλοὺς ... ἐπιστρέψει ἐπὶ κύριον τὸν θεὸν αὐτῶν· ↔
1 17h καὶ αὐτὸς προελεύσεται ἐνώπιον αὐτοῦ ↔
1 17 ἐν πνεύματι καὶ δυνάμει Ἠλίου, ↔
1 17 ἐπιστρέψαι καρδίας πατέρων ἐπὶ τέκνα καὶ ἀπειθεῖς ἐν φρονήσει δικαίων
1 18 καὶ εἶπεν Ζαχαρίας πρὸς τὸν ἄγγελον
1 18 ἐγὼ γάρ εἰμι πρεσβύτης καὶ ἡ γυνή μου προβεβηκυῖα ἐν ταῖς ἡμέραις αὐτῆς. ↔
1 19 καὶ ἀποκριθεὶς ὁ ἄγγελος εἶπεν αὐτῷ· ↔
1 19 ἐγώ εἰμι Γαβριὴλ ... καὶ ἀπεστάλην λαλῆσαι πρὸς σὲ
1 19 καὶ εὐαγγελίσασθαί σοι ταῦτα· ↔
1 20n καὶ ἰδοὺ ἔσῃ σιωπῶν ↔
1 20b καὶ μὴ δυνάμενος λαλῆσαι
1 21 καὶ ἦν ὁ λαὸς προσδοκῶν τὸν Ζαχαρίαν, ↔
1 21 καὶ ἐθαύμαζον ἐν τῷ χρονίζειν | ἐν τῷ ναῷ αὐτόν (~ VBSTς)
1 22 καὶ ἐπέγνωσαν ὅτι ὀπτασίαν ἑώρακεν ἐν τῷ ναῷ· ↔
1 22h καὶ αὐτὸς ἦν διανεύων αὐτοῖς, ↔
1 22 καὶ διέμενεν κωφός. ↔
1 23 καὶ ἐγένετο ὡς ἐπλήσθησαν αἱ ἡμέραι τῆς λειτουργίας αὐτοῦ
1 24 συνέλαβεν Ἐλισάβετ ... καὶ περιέκρυβεν ἑαυτὴν μῆνας πέντε
1 27 ⟨ἀπεστάλη ὁ ἄγγελος⟩ πρὸς παρθένον ... καὶ τὸ ὄνομα τῆς παρθένου Μαριάμ. ↔
1 28 καὶ εἰσελθὼν | πρὸς αὐτὴν (ὁ ἄγγελος π. αὐ. Vς; π. αὐ. ὁ ἄ. T) εἶπεν
1 29 ἡ δὲ ... διεταράχθη, καὶ διελογίζετο ποταπὸς εἴη ὁ ἀσπασμὸς οὗτος.
1 30 καὶ εἶπεν ὁ ἄγγελος αὐτῇ
1 31n καὶ ἰδοὺ συλλήμψῃ ἐν γαστρὶ ↔
1 31 καὶ τέξῃ υἱόν, ↔
1 31 καὶ καλέσεις τὸ ὄνομα αὐτοῦ Ἰησοῦν. ↔
1 32 οὗτος ἔσται μέγας καὶ υἱὸς ὑψίστου κληθήσεται, ↔
1 32 καὶ δώσει αὐτῷ κύριος ... τὸν θρόνον Δαυὶδ τοῦ πατρὸς αὐτοῦ, ↔
1 33 καὶ βασιλεύσει ἐπὶ τὸν οἶκον Ἰακὼβ εἰς τοὺς αἰῶνας, ↔
1 33 καὶ τῆς βασιλείας αὐτοῦ οὐκ ἔσται τέλος
1 35 καὶ ἀποκριθεὶς ὁ ἄγγελος εἶπεν αὐτῇ· ↔
1 35 πνεῦμα ἅγιον ἐπελεύσεται ἐπὶ σέ, καὶ δύναμις ὑψίστου ἐπισκιάσει σοι· ↔
1 35v διὸ καὶ τὸ γεννώμενον ἅγιον κληθήσεται υἱὸς θεοῦ. ↔

Lc 1 36n καὶ ἰδοὺ Ἐλισάβετ ἡ συγγενίς σου ↔
1 36h καὶ αὐτὴ συνείληφεν (-φυῖα VBSTς) υἱὸν ἐν γήρει αὐτῆς, ↔
1 36h καὶ οὗτος μὴν ἕκτος ἐστὶν αὐτῇ
1 38 καὶ ἀπῆλθεν ἀπ' αὐτῆς ὁ ἄγγελος
1 40 ⟨ἐπορεύθη⟩ καὶ εἰσῆλθεν εἰς τὸν οἶκον Ζαχαρίου ↔
1 40 καὶ ἠσπάσατο τὴν Ἐλισάβετ. ↔
1 41 καὶ ἐγένετο ὡς ἤκουσεν τὸν ἀσπασμὸν τῆς Μαρίας ἡ Ἐλισάβετ
1 41 καὶ ἐπλήσθη πνεύματος ἁγίου ἡ Ἐλισάβετ, ↔
1 42 καὶ ἀνεφώνησεν κραυγῇ (φωνῇ Vς) μεγάλῃ ↔
1 42 καὶ εἶπεν ↔
1 42 εὐλογημένη σὺ ... καὶ εὐλογημένος ὁ καρπὸς τῆς κοιλίας σου. ↔
1 43m καὶ πόθεν μοι τοῦτο ⟨;⟩
1 45 καὶ μακαρία ἡ πιστεύσασα
1 46 καὶ εἶπεν Μαριάμ
1 47 ⟨μεγαλύνει ἡ ψυχή μου⟩ καὶ ἠγαλλίασεν τὸ πνεῦμά μου ἐπὶ τῷ θεῷ τῷ σωτῆρί μου
1 49 ἐποίησέν μοι μεγάλα (-λεῖα Vς) ὁ δυνατός. καὶ ἅγιον τὸ ὄνομα αὐτοῦ, ↔
1 50 καὶ τὸ ἔλεος αὐτοῦ ↔
1 50 εἰς γενεὰς | καὶ γενεάς (γενεῶν ς) τοῖς φοβουμένοις αὐτόν
1 52 καθεῖλεν δυνάστας ἀπὸ θρόνων καὶ ὕψωσεν ταπεινούς, ↔
1 53 πεινῶντας ἐνέπλησεν ἀγαθῶν καὶ πλουτοῦντας ἐξαπέστειλεν κενούς
1 55 καθὼς ἐλάλησεν ... τῷ Ἀβραὰμ καὶ τῷ σπέρματι αὐτοῦ | εἰς τὸν αἰῶνα (ἕως αἰῶνος S). ↔
1 56 ἔμεινεν δὲ Μαριὰμ ... ὡς (ὡσεὶ Vς) μῆνας τρεῖς, καὶ ὑπέστρεψεν
1 57 ἐπλήσθη ὁ χρόνος τοῦ τεκεῖν αὐτήν, καὶ ἐγέννησεν υἱόν. ↔
1 58 καὶ ἤκουσαν οἱ περίοικοι ↔
1 58 καὶ οἱ συγγενεῖς αὐτῆς
1 58 καὶ συνέχαιρον αὐτῇ. ↔
1 59n καὶ ἐγένετο ἐν τῇ | ἡμέρᾳ τῇ ὀγδόῃ (ὀ. ἡ. Vς) ἦλθον περιτεμεῖν τὸ παιδίον, ↔
1 59 καὶ ἐκάλουν αὐτὸ ... Ζαχαρίαν. ↔
1 60 καὶ ἀποκριθεῖσα ἡ μήτηρ αὐτοῦ εἶπεν
1 61 καὶ εἶπαν πρὸς αὐτήν
1 63 καὶ αἰτήσας πινακίδιον ἔγραψεν
1 63 καὶ ἐθαύμασαν πάντες. ↔
1 64 ἀνεῴχθη δὲ τὸ στόμα αὐτοῦ παραχρῆμα καὶ ἡ γλῶσσα αὐτοῦ, ↔
1 64 καὶ ἐλάλει εὐλογῶν τὸν θεόν. ↔
1 65 καὶ ἐγένετο ἐπὶ πάντας φόβος τοὺς περιοικοῦντας αὐτούς, ↔
1 65 καὶ ἐν ὅλῃ τῇ ὀρεινῇ τῆς Ἰουδαίας διελαλεῖτο πάντα τὰ ῥήματα ταῦτα, ↔
1 66 καὶ ἔθεντο πάντες οἱ ἀκούσαντες ἐν τῇ καρδίᾳ αὐτῶν
1 66d καὶ γὰρ (—ς) χεὶρ κυρίου ἦν μετ' αὐτοῦ. ↔
1 67 καὶ Ζαχαρίας ... ἐπλήσθη πνεύματος ἁγίου
1 67 καὶ ἐπροφήτευσεν λέγων
1 68 ὅτι ἐπεσκέψατο καὶ ἐποίησεν λύτρωσιν τῷ λαῷ αὐτοῦ, ↔
1 69 καὶ ἤγειρεν κέρας σωτηρίας ἡμῖν
1 71 σωτηρίαν ἐξ ἐχθρῶν ἡμῶν καὶ ἐκ χειρὸς πάντων τῶν μισούντων ἡμᾶς, ↔

Lc 1 72 ποιῆσαι ἔλεος μετὰ τῶν πατέρων ἡμῶν καὶ μνησθῆναι διαθήκης ἁγίας αὐτοῦ
1 75 ⟨λατρεύειν αὐτῷ⟩ ἐν ὁσιότητι καὶ δικαιοσύνῃ
1 76r καὶ σὺ δέ, παιδίον, προφήτης ὑψίστου κληθήσῃ
1 79 ἐπιφᾶναι τοῖς ἐν σκότει καὶ σκιᾷ θανάτου καθημένοις
1 80 τὸ δὲ παιδίον ηὔξανεν καὶ ἐκραταιοῦτο πνεύματι, ↔
1 80 καὶ ἦν ἐν ταῖς ἐρήμοις
2 3 καὶ ἐπορεύοντο πάντες ἀπογράφεσθαι
2 4a ἀνέβη δὲ καὶ Ἰωσὴφ
2 4 διὰ τὸ εἶναι αὐτὸν ἐξ οἴκου καὶ πατριᾶς Δαυίδ
2 7 ⟨ἐπλήσθησαν αἱ ἡμέραι τοῦ τεκεῖν αὐτήν⟩ καὶ ἔτεκεν τὸν υἱὸν αὐτῆς τὸν πρωτότοκον, ↔
2 7 καὶ ἐσπαργάνωσεν αὐτὸν ↔
2 7 καὶ ἀνέκλινεν αὐτὸν ἐν (+τῇ Vς) φάτνῃ
2 8 καὶ ποιμένες ἦσαν ἐν τῇ χώρᾳ τῇ αὐτῇ ↔
2 8 ἀγραυλοῦντες καὶ φυλάσσοντες φυλακὰς τῆς νυκτός
2 9n καὶ (+ἰδοὺ Vς) ἄγγελος κυρίου ἐπέστη αὐτοῖς ↔
2 9 καὶ δόξα κυρίου περιέλαμψεν αὐτούς, ↔
2 9 καὶ ἐφοβήθησαν φόβον μέγαν. ↔
2 10 καὶ εἶπεν αὐτοῖς ὁ ἄγγελος
2 12h καὶ τοῦτο ὑμῖν τὸ (—NMH) σημεῖον, ↔
2 12 εὑρήσετε βρέφος ἐσπαργανωμένον καὶ (—Tς) κείμενον (—T) ἐν φάτνῃ. ↔
2 13 καὶ ἐξαίφνης ἐγένετο σὺν τῷ ἀγγέλῳ πλῆθος στρατιᾶς οὐρανίου ↔
2 13 αἰνούντων τὸν θεὸν καὶ λεγόντων· ↔
2 14 δόξα ἐν ὑψίστοις θεῷ καὶ ἐπὶ γῆς εἰρήνη
2 15 καὶ ἐγένετο ὡς ἀπῆλθον ἀπ' αὐτῶν ... οἱ ἄγγελοι, ↔
2 15 * | καὶ οἱ ἄνθρωποι οἱ ποιμένες εἶπον (Vς; οἱ π. ἐλάλουν rl) πρὸς ἀλλήλους· ↔
2 15 διέλθωμεν δὴ ἕως Βηθλέεμ καὶ ἴδωμεν τὸ ῥῆμα τοῦτο
2 16 καὶ ἦλθαν σπεύσαντες, ↔
2 16 καὶ ἀνεῦραν τήν τε Μαριὰμ ↔
2 16 καὶ τὸν Ἰωσὴφ ↔
2 16 καὶ τὸ βρέφος κείμενον ἐν τῇ φάτνῃ
2 18 καὶ πάντες οἱ ἀκούσαντες ἐθαύμασαν
2 20 καὶ ὑπέστρεψαν οἱ ποιμένες ↔
2 20 δοξάζοντες καὶ αἰνοῦντες τὸν θεὸν ↔
2 20 ἐπὶ πᾶσιν οἷς ἤκουσαν καὶ εἶδον
2 21j καὶ ὅτε ἐπλήσθησαν ἡμέραι ὀκτὼ τοῦ περιτεμεῖν αὐτόν, ↔
2 21 καὶ ἐκλήθη τὸ ὄνομα αὐτοῦ Ἰησοῦς
2 22j καὶ ὅτε ἐπλήσθησαν αἱ ἡμέραι τοῦ καθαρισμοῦ αὐτῶν
2 24 ⟨παραστῆσαι τῷ κυρίῳ⟩ καὶ τοῦ δοῦναι θυσίαν
2 25n καὶ ἰδοὺ | ἄνθρωπος ἦν (~ VBSς) ... ᾧ ὄνομα Συμεών,
2 25 καὶ ὁ ἄνθρωπος οὗτος ↔
2 25 δίκαιος καὶ εὐλαβής
2 25 καὶ πνεῦμα ἦν ἅγιον ἐπ' αὐτόν· ↔

Lc 2 26 καὶ ἦν αὐτῷ κεχρηματισμένον . . . μὴ ἰδεῖν θάνατον

2 27 καὶ ἦλθεν ἐν τῷ πνεύματι εἰς τὸ ἱερόν· ↔

2 27 καὶ ἐν τῷ εἰσαγαγεῖν τοὺς γονεῖς τὸ παιδίον Ἰησοῦν

2 28ʰ καὶ αὐτὸς ἐδέξατο αὐτὸ εἰς τὰς ἀγκάλας (+αὐτοῦ Sϛ) ↔

2 28 καὶ εὐλόγησεν τὸν θεὸν ↔

2 28 καὶ εἶπεν

2 32 φῶς εἰς ἀποκάλυψιν ἐθνῶν καὶ δόξαν λαοῦ σου Ἰσραήλ. ↔

2 33 καὶ ἦν ὁ πατὴρ αὐτοῦ ↔

2 33 καὶ ἡ μήτηρ (+αὐτοῦ Tϛ) θαυμάζοντες

2 34 καὶ εὐλόγησεν αὐτοὺς Συμεών ↔

2 34 καὶ εἶπεν πρὸς Μαριάμ

2 34 οὗτος κεῖται εἰς πτῶσιν καὶ ἀνάστασιν πολλῶν ἐν τῷ Ἰσραὴλ ↔

2 34 καὶ εἰς σημεῖον ἀντιλεγόμενον ↔

2 35ᶠ καὶ σοῦ δὲ ([N²⁶S]; —Η) αὐτῆς τὴν ψυχὴν διελεύσεται ῥομφαία

2 36 καὶ ἦν Ἅννα προφῆτις

2 37ʰ καὶ αὐτὴ χήρα ἕως (ὡς ϛ; —S) ἐτῶν ὀγδοήκοντα τεσσάρων, ↔

2 37 ἣ οὐκ ἀφίστατο τοῦ ἱεροῦ νηστείαις καὶ δεήσεσιν λατρεύουσα ↔

2 37 νύκτα καὶ ἡμέραν. ↔

2 38ʰ καὶ (+αὕτη [V]ϛ) αὐτῇ τῇ ὥρᾳ ἐπιστᾶσα ↔

2 38 ἀνθωμολογεῖτο τῷ θεῷ καὶ ἐλάλει περὶ αὐτοῦ

2 39ᵏ καὶ ὡς ἐτέλεσαν πάντα (ἅπ. VSϛ) . . . ἐπέστρεψαν (ὑπ- MVBSϛ)

2 40 τὸ δὲ παιδίον ηὔξανεν καὶ ἐκραταιοῦτο πληρούμενον σοφίᾳ (-φίας VBSTϛ)

2 40 καὶ χάρις θεοῦ ἦν ἐπ' αὐτό. ↔

2 41 καὶ ἐπορεύοντο οἱ γονεῖς αὐτοῦ . . . εἰς Ἰερουσαλήμ

2 42ʲ καὶ ὅτε ἐγένετο ἐτῶν δώδεκα

2 43 ⟨ἀναβαινόντων αὐτῶν⟩ καὶ τελειωσάντων τὰς ἡμέρας

2 43ᵃ ὑπέμεινεν Ἰησοῦς ὁ παῖς ἐν Ἰερουσαλήμ, καὶ οὐκ ἔγνωσαν (ἔγνω ϛ) ↔

2 43 * | Ἰωσὴφ καὶ ἡ μήτηρ (ϛ; οἱ γονεῖς rl) αὐτοῦ

2 44 ἦλθον ἡμέρας ὁδὸν καὶ ἀνεζήτουν αὐτὸν

2 44 ἐν τοῖς συγγενεῦσιν καὶ τοῖς γνωστοῖς, ↔

2 45ᵇ καὶ μὴ εὑρόντες ὑπέστρεψαν

2 46 καὶ ἐγένετο μετὰ ἡμέρας τρεῖς εὗρον αὐτὸν ἐν τῷ ἱερῷ ↔

2 46 καθεζόμενον ἐν μέσῳ τῶν διδασκάλων καὶ ἀκούοντα αὐτῶν ↔

2 46 καὶ ἐπερωτῶντα αὐτούς· ↔

2 47 ἐξίσταντο δὲ πάντες . . . ἐπὶ τῇ συνέσει καὶ ταῖς ἀποκρίσεσιν αὐτοῦ. ↔

2 48 καὶ ἰδόντες αὐτὸν ἐξεπλάγησαν, ↔

2 48 καὶ εἶπεν πρὸς αὐτὸν ἡ μήτηρ αὐτοῦ

2 48ᶠ *ἰδοὺ ὁ πατήρ σου | καὶ ἐγὼ (ΒΗ; κἀγὼ rl) ὀδυνώμενοι ἐζητοῦμέν (ζητ. ΝΗ) σε. ↔

2 49 καὶ εἶπεν πρὸς αὐτούς·

2 50ʰ καὶ αὐτοὶ οὐ συνῆκαν τὸ ῥῆμα

2 51 καὶ κατέβη μετ' αὐτῶν ↔

2 51 καὶ ἦλθεν εἰς Ναζαρέθ, ↔

2 51 καὶ ἦν ὑποτασσόμενος αὐτοῖς. ↔

2 51 καὶ ἡ μήτηρ αὐτοῦ διετήρει | πάντα τὰ ῥήματα (τὰ ῥ. ἅπαντα S)

Lc 2 52 καὶ Ἰησοῦς προέκοπτεν | ἐν τῇ ([Ν²⁶]; τῇ Η; —VBSϛ) σοφίᾳ ↔

2 52 καὶ ἡλικίᾳ ↔

2 52 καὶ χάριτι ↔

2 52 παρὰ θεῷ καὶ ἀνθρώποις

3 1 ἡγεμονεύοντος Ποντίου Πιλάτου τῆς Ἰουδαίας, καὶ τετρααρχοῦντος τῆς Γαλιλαίας Ἡρῴδου, ↔

3 1 Φιλίππου δὲ . . . τετρααρχοῦντος τῆς Ἰτουραίας καὶ Τραχωνίτιδος χώρας, ↔

3 1 καὶ Λυσανίου τῆς Ἀβιληνῆς τετρααρχοῦντος, ↔

3 2 ἐπὶ ἀρχιερέως (-ων ϛ) Ἅννα καὶ Καϊάφα, ἐγένετο ῥῆμα θεοῦ ἐπὶ Ἰωάννην

3 3 καὶ ἦλθεν . . . κηρύσσων βάπτισμα

3 5 πᾶσα φάραγξ πληρωθήσεται καὶ πᾶν ὄρος ↔

3 5 καὶ βουνὸς ταπεινωθήσεται, ↔

3 5 καὶ ἔσται τὰ σκολιὰ εἰς εὐθείαν (-είας ΝΤΗ) ↔

3 5 καὶ αἱ τραχεῖαι εἰς ὁδοὺς λείας· ↔

3 6 καὶ ὄψεται πᾶσα σὰρξ τὸ σωτήριον τοῦ θεοῦ

3 8ᵇ ποιήσατε οὖν καρποὺς ἀξίους τῆς μετανοίας· καὶ μὴ ἄρξησθε λέγειν

3 9ᵃ ἤδη δὲ καὶ ἡ ἀξίνη πρὸς τὴν ῥίζαν τῶν δένδρων κεῖται· ↔

3 9 πᾶν οὖν δένδρον μὴ ποιοῦν καρπὸν καλὸν [Η] ἐκκόπτεται καὶ εἰς πῦρ βάλλεται. ↔

3 10 καὶ ἐπηρώτων αὐτὸν οἱ ὄχλοι

3 11 ὁ ἔχων δύο χιτῶνας . . . καὶ ὁ ἔχων βρώματα ὁμοίως ποιείτω. ↔

3 12ᵃ ἦλθον δὲ καὶ τελῶναι βαπτισθῆναι

3 12 καὶ εἶπαν πρὸς αὐτόν

3 14 ἐπηρώτων δὲ αὐτὸν καὶ στρατευόμενοι λέγοντες· ↔

3 14ᵍ τί ποιήσωμεν καὶ ἡμεῖς; ↔

3 14 καὶ εἶπεν αὐτοῖς (πρὸς αὐτοὺς VTϛ)· ↔

3 14 μηδένα διασείσητε . . . καὶ ἀρκεῖσθε τοῖς ὀψωνίοις ὑμῶν. ↔

3 15 προσδοκῶντος δὲ τοῦ λαοῦ καὶ διαλογιζομένων πάντων

3 16 αὐτὸς ὑμᾶς βαπτίσει ἐν πνεύματι ἁγίῳ καὶ πυρί· ↔

3 17 * οὗ τὸ πτύον ἐν τῇ χειρὶ αὐτοῦ | καὶ διακαθαριεῖ (Vϛ; διακαθᾶραι rl) τὴν ἅλωνα αὐτοῦ ↔

3 17 καὶ συναγαγεῖν (-άξει Vϛ) τὸν [+μὲν S] σῖτον

3 18ᵃ πολλὰ μὲν οὖν καὶ ἕτερα παρακαλῶν εὐηγγελίζετο τὸν λαόν

3 19 ἐλεγχόμενος ὑπ' αὐτοῦ περὶ Ἡρῳδιάδος . . . καὶ περὶ πάντων ὧν ἐποίησεν πονηρῶν ὁ Ἡρῴδης, ↔

3 20ʰ προσέθηκεν καὶ τοῦτο ἐπὶ πᾶσιν, ↔

3 20 καὶ (+[Ν²⁶S]Vϛ) κατέκλεισεν τὸν Ἰωάννην ἐν φυλακῇ. ↔

3 21 ἐγένετο δὲ ἐν τῷ βαπτισθῆναι ἅπαντα τὸν λαὸν καὶ Ἰησοῦ βαπτισθέντος

3 21 καὶ προσευχομένου ἀνεῳχθῆναι τὸν οὐρανὸν

3 22 καὶ καταβῆναι τὸ πνεῦμα τὸ ἅγιον . . . ἐπ' αὐτόν, ↔

3 22 καὶ φωνὴν ἐξ οὐρανοῦ γενέσθαι

3 23ʰ καὶ αὐτὸς ἦν Ἰησοῦς ἀρχόμενος ὡσεὶ ἐτῶν τριάκοντα

4 1 ὑπέστρεψεν ἀπὸ τοῦ Ἰορδάνου, καὶ ἤγετο . . . ἐν τῇ ἐρήμῳ

Lc 4 2ᵃ καὶ οὐκ ἔφαγεν οὐδὲν ἐν ταῖς ἡμέραις ἐκείναις, ↔

4 2 καὶ συντελεσθεισῶν αὐτῶν ἐπείνασεν. ↔

4 3 * | καὶ εἶπεν (ϛ; εἶ. δὲ rl) αὐτῷ ὁ διάβολος

4 4 καὶ ἀπεκρίθη πρὸς αὐτὸν ὁ Ἰησοῦς

4 5 καὶ ἀναγαγὼν αὐτὸν ἔδειξεν αὐτῷ πάσας τὰς βασιλείας

4 6 καὶ εἶπεν αὐτῷ ὁ διάβολος· ↔

4 6 σοὶ δώσω τὴν ἐξουσίαν ταύτην ἅπασαν καὶ τὴν δόξαν αὐτῶν, ↔

4 6 ὅτι ἐμοὶ παραδέδοται καὶ ᾧ ἐὰν (ἂν Η) θέλω δίδωμι αὐτήν

4 8 καὶ ἀποκριθεὶς ὁ Ἰησοῦς εἶπεν αὐτῷ

4 8ʰ | κύριον τὸν θεόν σου προσκυνήσεις (Ν²⁶Η; ∼rl) καὶ αὐτῷ μόνῳ λατρεύσεις.

4 9 * | καὶ ἤγαγεν (ϛ; ἤγ. δὲ rl) αὐτὸν εἰς Ἰερουσαλὴμ

4 9 καὶ ἔστησεν ἐπὶ τὸ πτερύγιον τοῦ ἱεροῦ, ↔

4 9 καὶ εἶπεν αὐτῷ [Η]

4 11ᵐ ⟨γέγραπται γὰρ ὅτι⟩ καὶ ὅτι (—V) ἐπὶ χειρῶν ἀροῦσίν σε

4 12 καὶ ἀποκριθεὶς εἶπεν αὐτῷ ὁ Ἰησοῦς

4 13 καὶ συντελέσας πάντα πειρασμὸν ὁ διάβολος ἀπέστη ἀπ' αὐτοῦ

4 14 καὶ ὑπέστρεψεν ὁ Ἰησοῦς . . . εἰς τὴν Γαλιλαίαν· ↔

4 14 καὶ φήμη ἐξῆλθεν . . . περὶ αὐτοῦ. ↔

4 15ʰ καὶ αὐτὸς ἐδίδασκεν

4 16 καὶ ἦλθεν εἰς (+τὴν VSϛ) Ναζαρά

4 16 καὶ εἰσῆλθεν . . . εἰς τὴν συναγωγήν, ↔

4 16 καὶ ἀνέστη ἀναγνῶναι. ↔

4 17 καὶ ἐπεδόθη αὐτῷ βιβλίον τοῦ προφήτου Ἠσαΐου,

4 17 καὶ ἀναπτύξας (ἀνοίξας ΝΜΗ) τὸ βιβλίον εὗρεν τὸν ([NSH]; —Τ) τόπον

4 18 κηρύξαι αἰχμαλώτοις ἄφεσιν καὶ τυφλοῖς ἀνάβλεψιν

4 20 καὶ πτύξας τὸ βιβλίον . . . ἐκάθισεν· ↔

4 20 καὶ πάντων οἱ ὀφθαλμοὶ . . . ἦσαν ἀτενίζοντες αὐτῷ

4 22 καὶ πάντες ἐμαρτύρουν αὐτῷ ↔

4 22 καὶ ἐθαύμαζον ἐπὶ τοῖς λόγοις

4 22 καὶ ἔλεγον

4 23 καὶ εἶπεν πρὸς αὐτούς·

4 23 ποίησον καὶ ὧδε ἐν τῇ πατρίδι σου

4 25 ὅτε ἐκλείσθη ὁ οὐρανὸς ἐπὶ (—Η) ἔτη τρία καὶ μῆνας ἕξ

4 26 ⟨πολλαὶ χῆραι ἦσαν⟩ καὶ πρὸς οὐδεμίαν αὐτῶν ἐπέμφθη Ἠλίας

4 27 καὶ πολλοὶ λεπροὶ ἦσαν ἐν τῷ Ἰσραὴλ ἐπὶ Ἐλισαίου τοῦ προφήτου, ↔

4 27ᶜ καὶ οὐδεὶς αὐτῶν ἐκαθαρίσθη

4 28 καὶ ἐπλήσθησαν πάντες θυμοῦ . . . ἀκούοντες ταῦτα

4 29 καὶ ἀναστάντες ἐξέβαλον αὐτὸν ἔξω τῆς πόλεως, ↔

4 29 καὶ ἤγαγον αὐτὸν ἕως ὀφρύος τοῦ ὄρους

4 31 καὶ κατῆλθεν εἰς Καφαρναοὺμ πόλιν τῆς Γαλιλαίας. ↔

4 31 καὶ ἦν διδάσκων αὐτοὺς ἐν τοῖς σάββασιν· ↔

4 32 καὶ ἐξεπλήσσοντο ἐπὶ τῇ διδαχῇ αὐτοῦ

Lc 4 33 καὶ ἐν τῇ συναγωγῇ ἦν ἄνθρωπος ἔχων πνεῦμα δαιμονίου ἀκαθάρτου, ↔

4 33 καὶ ἀνέκραξεν φωνῇ μεγάλῃ· ↔

4 34ᶠ ἔα, τί ἡμῖν καὶ σοί, Ἰησοῦ Ναζαρηνέ;

4 35 καὶ ἐπετίμησεν αὐτῷ ὁ Ἰησοῦς λέγων· ↔

4 35 φιμώθητι καὶ ἔξελθε ἀπ' αὐτοῦ. ↔

4 35 καὶ ῥῖψαν αὐτὸν τὸ δαιμόνιον ... ἐξῆλθεν ἀπ' αὐτοῦ

4 36 καὶ ἐγένετο θάμβος ἐπὶ πάντας, ↔

4 36 καὶ συνελάλουν πρὸς ἀλλήλους λέγοντες· ↔

4 36 τίς ὁ λόγος οὗτος, ὅτι ἐν ἐξουσίᾳ καὶ δυνάμει ἐπιτάσσει τοῖς ἀκαθάρτοις πνεύμασιν ↔

4 36 καὶ ἐξέρχονται; ↔

4 37 καὶ ἐξεπορεύετο ἦχος περὶ αὐτοῦ

4 38 καὶ ἠρώτησαν αὐτὸν περὶ αὐτῆς. ↔

4 39 καὶ ἐπιστὰς ἐπάνω αὐτῆς ἐπετίμησεν τῷ πυρετῷ, ↔

4 39 καὶ ἀφῆκεν αὐτήν

4 41�q ἐξήρχετο (-χοντο ST) δὲ καὶ δαιμόνια ἀπὸ πολλῶν, ↔

4 41 κραυγάζοντα (NMT; κρ[αυγ]άζ. N²⁶S; κράζοντα rl) καὶ λέγοντα

4 41 καὶ ἐπιτιμῶν οὐκ εἴα αὐτὰ λαλεῖν

4 42 καὶ οἱ ὄχλοι ἐπεζήτουν αὐτόν, ↔

4 42 καὶ ἦλθον ἕως αὐτοῦ, ↔

4 42 καὶ κατεῖχον αὐτὸν τοῦ μὴ πορεύεσθαι ἀπ' αὐτῶν

4 43ᵛ ὅτι καὶ ταῖς ἑτέραις πόλεσιν εὐαγγελίσασθαί με δεῖ

4 44 καὶ ἦν κηρύσσων | εἰς τὰς συναγωγὰς (ἐν ταῖς σ-γαῖς VSϛ) τῆς Ἰουδαίας (Γαλιλαίας VTϛ)

5 1 ἐν τῷ τὸν ὄχλον ἐπικεῖσθαι αὐτῷ καὶ (τοῦ ϛ) ἀκούειν τὸν λόγον τοῦ θεοῦ, ↔

5 1ʰ καὶ αὐτὸς ἦν ἑστὼς παρὰ τὴν λίμνην Γεννησαρέτ, ↔

5 2 καὶ εἶδεν | δύο πλοῖα (~MVH; πλοιάρια δ. BS; δ. πλοιάρια NT)

5 3 * | καὶ καθίσας (ϛ; καθ. δὲ rl) ἐκ τοῦ πλοίου ἐδίδασκεν (~VBϛ; ἐν τῷ πλοίῳ ἐδ. T) τοὺς ὄχλους

5 4 ἐπανάγαγε εἰς τὸ βάθος, καὶ χαλάσατε τὰ δίκτυα ὑμῶν

5 5 καὶ ἀποκριθεὶς (+ὁ VB[S]ϛ) Σίμων εἶπεν (+αὐτῷ VB[S]ϛ)

5 6ʰ καὶ τοῦτο ποιήσαντες συνέκλεισαν πλῆθος ἰχθύων πολύ

5 7 καὶ κατένευσαν τοῖς μετόχοις (+τοῖς V[S]ϛ) ἐν τῷ ἑτέρῳ πλοίῳ

5 7 καὶ ἦλθον, ↔

5 7 καὶ ἔπλησαν ἀμφότερα τὰ πλοῖα

5 9 θάμβος γὰρ περιέσχεν αὐτὸν καὶ πάντας τοὺς σὺν αὐτῷ

5 10�q ὁμοίως δὲ καὶ Ἰάκωβον ↔

5 10 καὶ Ἰωάννην υἱοὺς Ζεβεδαίου

5 10 καὶ εἶπεν πρὸς τὸν Σίμωνα ὁ (—H) Ἰησοῦς

5 11 καὶ καταγαγόντες τὰ πλοῖα ... ἠκολούθησαν αὐτῷ. ↔

5 12 καὶ ἐγένετο ἐν τῷ εἶναι αὐτὸν ἐν μιᾷ τῶν πόλεων ↔

5 12ⁿ καὶ ἰδοὺ ἀνὴρ πλήρης λέπρας· ↔

5 12 * | καὶ ἰδὼν (VBSϛ; ἰ. δὲ rl) τὸν Ἰησοῦν ... ἐδεήθη αὐτοῦ

5 13 καὶ ἐκτείνας τὴν χεῖρα ἥψατο αὐτοῦ

5 13 καὶ εὐθέως ἡ λέπρα ἀπῆλθεν ἀπ' αὐτοῦ. ↔

Lc 5 14ʰ καὶ αὐτὸς παρήγγειλεν αὐτῷ μηδενὶ εἰπεῖν

5 14 δεῖξον σεαυτὸν τῷ ἱερεῖ, καὶ προσένεγκε περὶ τοῦ καθαρισμοῦ σου

5 15 καὶ συνήρχοντο ὄχλοι πολλοὶ ↔

5 15 ἀκούειν καὶ θεραπεύεσθαι ἀπὸ τῶν ἀσθενειῶν αὐτῶν· ↔

5 16 αὐτὸς δὲ ἦν ὑποχωρῶν ἐν ταῖς ἐρήμοις καὶ προσευχόμενος. ↔

5 17 καὶ ἐγένετο ἐν μιᾷ τῶν ἡμερῶν ↔

5 17ʰ καὶ αὐτὸς ἦν διδάσκων, ↔

5 17 καὶ ἦσαν καθήμενοι ↔

5 17 Φαρισαῖοι καὶ νομοδιδάσκαλοι ↔

5 17 οἳ ἦσαν ἐληλυθότες ἐκ πάσης κώμης τῆς Γαλιλαίας καὶ Ἰουδαίας ↔

5 17 καὶ Ἰερουσαλήμ· ↔

5 17 καὶ δύναμις κυρίου ἦν εἰς τὸ ἰᾶσθαι αὐτόν (-τοὺς Vϛ). ↔

5 18ⁿ καὶ ἰδοὺ ἄνδρες φέροντες ἐπὶ κλίνης ἄνθρωπον

5 18 καὶ ἐζήτουν αὐτὸν εἰσενεγκεῖν ↔

5 18 καὶ θεῖναι αὐτὸν [+N²⁶NH] ἐνώπιον αὐτοῦ. ↔

5 19ᵇ καὶ μὴ εὑρόντες ποίας εἰσενέγκωσιν αὐτὸν διὰ τὸν ὄχλον

5 20 καὶ ἰδὼν τὴν πίστιν αὐτῶν εἶπεν

5 21 καὶ ἤρξαντο διαλογίζεσθαι οἱ γραμματεῖς ↔

5 21 καὶ οἱ Φαρισαῖοι λέγοντες

5 23 ἔγειρε καὶ περιπάτει

5 24 ἔγειρε καὶ ἄρας τὸ κλινίδιόν σου πορεύου εἰς τὸν οἶκόν σου. ↔

5 25 καὶ παραχρῆμα ἀναστὰς ... ἀπῆλθεν

5 26 καὶ ἔκστασις ἔλαβεν ἅπαντας, ↔

5 26 καὶ ἐδόξαζον τὸν θεόν, ↔

5 26 καὶ ἐπλήσθησαν φόβου λέγοντες

5 27 καὶ μετὰ ταῦτα ἐξῆλθεν, ↔

5 27 καὶ ἐθεάσατο τελώνην ... καθήμενον ἐπὶ τὸ τελώνιον, ↔

5 27 καὶ εἶπεν αὐτῷ

5 28 καὶ καταλιπὼν πάντα ἀναστὰς ἠκολούθει (-θησεν MVSϛ) αὐτῷ.

5 29 καὶ ἐποίησεν δοχὴν μεγάλην ... ἐν τῇ οἰκίᾳ αὐτοῦ· ↔

5 29 καὶ ἦν ὄχλος πολὺς ↔

5 29 τελωνῶν καὶ ἄλλων

5 30 καὶ ἐγόγγυζον οἱ Φαρισαῖοι ↔

5 30 καὶ οἱ γραμματεῖς αὐτῶν

5 30 διὰ τί μετὰ τῶν (—ϛ) τελωνῶν καὶ ἁμαρτωλῶν ↔

5 30 ἐσθίετε καὶ πίνετε; ↔

5 31 καὶ ἀποκριθεὶς ὁ [H] Ἰησοῦς εἶπεν πρὸς αὐτούς

5 33 (+διὰ τί Vϛ) οἱ μαθηταὶ Ἰωάννου νηστεύουσιν πυκνὰ καὶ δεήσεις ποιοῦνται, ↔

5 33ᵘ ὁμοίως καὶ οἱ τῶν Φαρισαίων, ↔

5 33 οἱ δὲ σοὶ ἐσθίουσιν καὶ πίνουσιν

5 35ʲ ἐλεύσονται δὲ ἡμέραι, καὶ ὅταν ἀπαρθῇ ἀπ' αὐτῶν ὁ νυμφίος, τότε νηστεύσουσιν

5 36 ἔλεγεν δὲ καὶ παραβολὴν πρὸς αὐτούς

5 36ᵉ εἰ δὲ μή γε, καὶ τὸ καινὸν σχίσει ↔

5 36 καὶ τῷ παλαιῷ οὐ συμφωνήσει τὸ ἐπίβλημα

5 37ᶜ ⟨οὐδεὶς ... ἐπιβάλλει⟩ καὶ οὐδεὶς βάλλει οἶνον νέον εἰς ἀσκοὺς παλαιούς· ↔

5 37ʰ εἰ δὲ μή γε, ῥήξει ... τοὺς ἀσκούς, καὶ αὐτὸς ἐκχυθήσεται ↔

5 37 καὶ οἱ ἀσκοὶ ἀπολοῦνται. ↔

Lc 5 38 * ἀλλὰ οἶνον νέον εἰς ἀσκοὺς καινοὺς βλητέον | καὶ ἀμφότεροι συντηροῦνται (+ϛ). ↔

5 39ᶜ καὶ ([N²⁶S]; —H) || οὐδεὶς πιὼν παλαιὸν (+εὐθέως VB[S]ϛ) θέλει νέον [[H. .]]

6 1 ἐγένετο ... διαπορεύεσθαι αὐτὸν διὰ σπορίμων, καὶ ἔτιλλον οἱ μαθηταὶ αὐτοῦ ↔

6 1 | καὶ ἤσθιον τοὺς στάχυας (~Tϛ)

6 3 καὶ ἀποκριθεὶς || πρὸς αὐτοὺς εἶπεν ὁ [H] Ἰησοῦς ((~ST)

6 3 ὅτε (N²⁶H; ὁπότε rl) ἐπείνασεν αὐτὸς καὶ οἱ μετ' αὐτοῦ ὄντες ([N²⁶]; —H); ↔

6 4 ὡς [N²⁶H] εἰσῆλθεν εἰς τὸν οἶκον τοῦ θεοῦ καὶ τοὺς ἄρτους τῆς προθέσεως ↔

6 4 * | ἔλαβεν καὶ (STϛ; λαβὼν rl) ἔφαγεν ↔

6 4 καὶ ἔδωκεν

6 4 * καὶ (+Tϛ) τοῖς μετ' αὐτοῦ

6 5 καὶ ἔλεγεν αὐτοῖς· ↔

6 5 * (+ὅτι VBSTϛ) κύριός ἐστιν | ὁ υἱὸς τοῦ ἀνθρώπου καὶ τοῦ σαββάτου (τ. σ. ὁ υἱὸς τ. ἀ. N²⁶NH). ↔

6 6�q * ἐγένετο δὲ καὶ (+ϛ) ἐν ἑτέρῳ σαββάτῳ

6 6 εἰσελθεῖν αὐτὸν εἰς τὴν συναγωγὴν καὶ διδάσκειν· ↔

6 6 καὶ ἦν ἄνθρωπος ἐκεῖ

6 6 καὶ ἡ χεὶρ αὐτοῦ ἡ δεξιὰ ἦν ξηρά· ↔

6 7 παρετηροῦντο δὲ αὐτὸν (—VST) οἱ γραμματεῖς καὶ οἱ Φαρισαῖοι

6 8 * αὐτὸς δὲ ᾔδει τοὺς διαλογισμοὺς αὐτῶν, | καὶ εἶπεν (ϛ; εἶ. δὲ rl) τῷ ἀνδρί

6 8 ἔγειρε καὶ στῆθι εἰς τὸ μέσον· ↔

6 8 καὶ (ὁ δὲ VSϛ) ἀναστὰς ἔστη

6 10 καὶ περιβλεψάμενος πάντας αὐτοὺς (+ἐν ὀργῇ S) εἶπεν αὐτῷ

6 10 ὁ δὲ ἐποίησεν, καὶ ἀπεκατεστάθη ἡ χεὶρ αὐτοῦ.

6 11 αὐτοὶ δὲ ἐπλήσθησαν ἀνοίας, καὶ διελάλουν πρὸς ἀλλήλους

6 12 καὶ ἦν διανυκτερεύων ἐν τῇ προσευχῇ τοῦ θεοῦ. ↔

6 13ʲ καὶ ὅτε ἐγένετο ἡμέρα, προσεφώνησεν τοὺς μαθητὰς αὐτοῦ, ↔

6 13 καὶ ἐκλεξάμενος ἀπ' αὐτῶν δώδεκα, ↔

6 13 οὓς καὶ ἀποστόλους ὠνόμασεν, ↔

6 14 Σίμωνα, ὃν καὶ ὠνόμασεν Πέτρον, ↔

6 14 καὶ Ἀνδρέαν τὸν ἀδελφὸν αὐτοῦ, ↔

6 14 καὶ (—Vϛ) Ἰάκωβον ↔

6 14 καὶ Ἰωάννην, ↔

6 14 καὶ (—Vϛ) Φίλιππον ↔

6 14 καὶ Βαρθολομαῖον, ↔

6 15 καὶ (—Vϛ) Μαθθαῖον ↔

6 15 καὶ Θωμᾶν, ↔

6 15 καὶ ([NH]; —Vϛ) Ἰάκωβον Ἁλφαίου ↔

6 15 καὶ Σίμωνα τὸν καλούμενον ζηλωτήν, ↔

6 16 καὶ (—Vϛ) Ἰούδαν Ἰακώβου ↔

6 16 καὶ Ἰούδαν Ἰσκαριώθ, ↔

6 16 * ὃς καὶ (+ϛ) ἐγένετο προδότης, ↔

6 17 καὶ καταβὰς μετ' αὐτῶν ἔστη ἐπὶ τόπου πεδινοῦ,

6 17 καὶ ὄχλος πολὺς μαθητῶν αὐτοῦ, ↔

6 17 καὶ πλῆθος πολὺ τοῦ λαοῦ ἀπὸ πάσης τῆς Ἰουδαίας ↔

Lc 6 17 καὶ Ἰερουσαλὴμ ↔
6 17 καὶ τῆς παραλίου Τύρου ↔
6 17 καὶ Σιδῶνος, ↔
6 18 οἳ ἦλθον ἀκοῦσαι αὐτοῦ καὶ ἰαθῆναι ἀπὸ τῶν νόσων αὐτῶν, ↔
6 18 καὶ οἱ ἐνοχλούμενοι ἀπὸ πνευμάτων ἀκαθάρτων
6 18 * καὶ (+ς) ἐθεραπεύοντο· ↔
6 19 καὶ πᾶς ὁ ὄχλος ἐζήτουν ἅπτεσθαι αὐτοῦ, ↔
6 19 ὅτι δύναμις παρ' αὐτοῦ ἐξήρχετο καὶ ἰᾶτο πάντας. ↔
6 20ʰ καὶ αὐτὸς ἐπάρας τοὺς ὀφθαλμοὺς αὐτοῦ ... ἔλεγεν
6 22ʲ μακάριοί ἐστε ὅταν μισήσωσιν ὑμᾶς ... καὶ ὅταν ἀφορίσωσιν ὑμᾶς
6 22 καὶ ὀνειδίσωσιν ↔
6 22 καὶ ἐκβάλωσιν τὸ ὄνομα ὑμῶν
6 23 χάρητε ἐν ἐκείνῃ τῇ ἡμέρᾳ καὶ σκιρτήσατε
6 25 ὅτι πενθήσετε καὶ κλαύσετε
6 28 * εὐλογεῖτε τοὺς καταρωμένους ὑμᾶς, καὶ (+ς) προσεύχεσθε περὶ τῶν ἐπηρεαζόντων ὑμᾶς.
6 29 τῷ τύπτοντί σε ἐπὶ (εἰς T) τὴν σιαγόνα πάρεχε καὶ τὴν ἄλλην, ↔
6 29 καὶ ἀπὸ τοῦ αἴροντός σου τὸ ἱμάτιον
6 29 καὶ τὸν χιτῶνα μὴ κωλύσῃς
6 30 καὶ ἀπὸ τοῦ αἴροντος τὰ σὰ μὴ ἀπαίτει. ↔
6 31ᵏ καὶ καθὼς θέλετε ἵνα ποιῶσιν ὑμῖν οἱ ἄνθρωποι, ↔
6 31ᵍ * | καὶ ὑμεῖς (+VB[S]Tς) ποιεῖτε αὐτοῖς ὁμοίως. ↔
6 32ʲ καὶ εἰ ἀγαπᾶτε τοὺς ἀγαπῶντας ὑμᾶς
6 32ᵈ καὶ γὰρ οἱ ἁμαρτωλοὶ τοὺς ἀγαπῶντας αὐτοὺς ἀγαπῶσιν.
6 33ᵈʲ καὶ γὰρ ([N²⁶MH]; —VBSς) ἐὰν ἀγαθοποιῆτε τοὺς ἀγαθοποιοῦντας ὑμᾶς
6 33ᵈ καὶ (+γὰρ Vς) οἱ ἁμαρτωλοὶ τὸ αὐτὸ ποιοῦσιν. ↔
6 34ʲ καὶ ἐὰν δανίσητε παρ' ὧν ἐλπίζετε λαβεῖν
6 34ᵈ καὶ (+γὰρ Vς) ἁμαρτωλοὶ ἁμαρτωλοῖς δανίζουσιν
6 35 πλὴν ἀγαπᾶτε τοὺς ἐχθροὺς ὑμῶν καὶ ἀγαθοποιεῖτε
6 35 καὶ δανίζετε μηδὲν (-δένα T) ἀπελπίζοντες· ↔
6 35 καὶ ἔσται ὁ μισθὸς ὑμῶν πολύς, ↔
6 35 καὶ ἔσεσθε υἱοὶ ὑψίστου, ↔
6 35 ὅτι αὐτὸς χρηστός ἐστιν ἐπὶ τοὺς ἀχαρίστους καὶ πονηρούς. ↔
6 36ᵘ γίνεσθε οἰκτίρμονες, καθὼς καὶ (+[N²⁶]Vς) ὁ πατὴρ ὑμῶν οἰκτίρμων ἐστίν.
6 37ᵇ καὶ μὴ κρίνετε, ↔
6 37ᶜ καὶ οὐ μὴ κριθῆτε· ↔
6 37ᵇ καὶ (—ς) μὴ καταδικάζετε, ↔
6 37ᶜ καὶ οὐ μὴ καταδικασθῆτε. ↔
6 37 ἀπολύετε, καὶ ἀπολυθήσεσθε· ↔
6 38 δίδοτε, καὶ δοθήσεται ὑμῖν· ↔
6 38 * μέτρον καλὸν πεπιεσμένον καὶ (+ς) σεσαλευμένον ↔
6 38 * καὶ (+ς) ὑπερεκχυννόμενον δώσουσιν εἰς τὸν κόλπον ὑμῶν
6 39ᵉ εἶπεν δὲ καὶ (—ς) παραβολὴν
6 42 ἔκβαλε πρῶτον τὴν δοκὸν ... καὶ τότε διαβλέψεις τὸ κάρφος ... ἐκβαλεῖν

Lc 6 45 ὁ ἀγαθὸς ἄνθρωπος ... προφέρει τὸ ἀγαθόν, καὶ ὁ πονηρὸς ... προφέρει τὸ πονηρόν
6 46ᵃ τί δέ με καλεῖτε· κύριε κύριε, καὶ οὐ ποιεῖτε ἃ λέγω;
6 47 πᾶς ὁ ἐρχόμενος πρός με καὶ ἀκούων μου τῶν λόγων ↔
6 47 καὶ ποιῶν αὐτούς
6 48 ὃς ἔσκαψεν καὶ ἐβάθυνεν ↔
6 48 καὶ ἔθηκεν θεμέλιον ἐπὶ τὴν πέτραν
6 48ᵃ προσέρηξεν ὁ ποταμὸς ... καὶ οὐκ ἴσχυσεν σαλεῦσαι αὐτήν
6 49ᵇ ὁ δὲ ἀκούσας καὶ μὴ ποιήσας
6 49 ᾗ προσέρηξεν ὁ ποταμός, καὶ εὐθὺς συνέπεσεν, ↔
6 49 καὶ ἐγένετο τὸ ῥῆγμα τῆς οἰκίας ἐκείνης μέγα
7 5 ἀγαπᾷ γὰρ τὸ ἔθνος ἡμῶν καὶ τὴν συναγωγὴν αὐτὸς ᾠκοδόμησεν
7 7 ἀλλὰ εἰπὲ λόγῳ, καὶ ἰαθήτω (ἰαθήσεται Vς) ὁ παῖς μου. ↔
7 8ᵈ καὶ γὰρ ἐγὼ ἄνθρωπός εἰμι ὑπὸ ἐξουσίαν τασσόμενος
7 8 καὶ λέγω τούτῳ· πορεύθητι, ↔
7 8 καὶ πορεύεται, ↔
7 8 καὶ ἄλλῳ· ἔρχου, ↔
7 8 καὶ ἔρχεται, ↔
7 8 καὶ τῷ δούλῳ μου· ποίησον τοῦτο, ↔
7 8 καὶ ποιεῖ
7 9 ὁ Ἰησοῦς ἐθαύμασεν αὐτόν, καὶ στραφεὶς τῷ ... ὄχλῳ εἶπεν
7 10 καὶ ὑποστρέψαντες εἰς τὸν οἶκον οἱ πεμφθέντες
7 11 καὶ ἐγένετο ἐν τῷ (τῇ Tς) ἑξῆς ἐπορεύθη εἰς ... Ναΐν, ↔
7 11 καὶ συνεπορεύοντο αὐτῷ οἱ μαθηταὶ αὐτοῦ (+ἱκανοὶ VSTς) ↔
7 11 καὶ ὄχλος πολύς
7 12ᵏ καὶ ἰδοὺ ἐξεκομίζετο τεθνηκὼς | μονογενὴς υἱὸς (~Sς) τῇ μητρὶ αὐτοῦ,
7 12ʰ καὶ αὐτὴ (αὕτη NMST; αὐτῇ ς) | ἦν χήρα (χήρα ς), ↔
7 12 καὶ ὄχλος τῆς πόλεως ἱκανὸς ἦν σὺν αὐτῇ. ↔
7 13 καὶ ἰδὼν αὐτὴν ὁ κύριος ↔
7 13 ἐσπλαγχνίσθη ἐπ' αὐτῇ (αὐτὴν T) καὶ εἶπεν αὐτῇ
7 14 καὶ προσελθὼν ἥψατο τῆς σοροῦ, ↔
7 14 οἱ δὲ βαστάζοντες ἔστησαν, καὶ εἶπεν
7 15 καὶ ἀνεκάθισεν ὁ νεκρὸς ↔
7 15 καὶ ἤρξατο λαλεῖν, ↔
7 15 καὶ ἔδωκεν αὐτὸν τῇ μητρὶ αὐτοῦ.
7 16 ἔλαβεν δὲ φόβος πάντας (ἅπαντας BSTς), καὶ ἐδόξαζον τὸν θεὸν ↔
7 16ᵐ λέγοντες ὅτι ... καὶ ὅτι ἐπεσκέψατο ὁ θεὸς τὸν λαὸν αὐτοῦ.
7 17 καὶ ἐξῆλθεν ὁ λόγος οὗτος ἐν ὅλῃ τῇ Ἰουδαίᾳ περὶ αὐτοῦ ↔
7 17 καὶ (+ἐν ς) πάσῃ τῇ περιχώρῳ. ↔
7 18 καὶ ἀπήγγειλαν Ἰωάννῃ οἱ μαθηταὶ αὐτοῦ περὶ πάντων τούτων. ↔
7 18 καὶ προσκαλεσάμενος δύο τινὰς τῶν μαθητῶν αὐτοῦ ὁ Ἰωάννης
7 21 ἐθεράπευσεν πολλοὺς ἀπὸ νόσων καὶ μαστίγων
7 21 καὶ πνευμάτων πονηρῶν, ↔
7 21 καὶ τυφλοῖς πολλοῖς ἐχαρίσατο βλέπειν
7 22 καὶ ἀποκριθεὶς εἶπεν αὐτοῖς· ↔

Lc 7 22 πορευθέντες ἀπαγγείλατε Ἰωάννῃ ἃ εἴδετε καὶ ἠκούσατε
7 22 λεπροὶ καθαρίζονται, καὶ (—VBS Tς) κωφοὶ ἀκούουσιν
7 23 καὶ μακάριός ἐστιν ὃς ἐὰν μὴ σκανδαλισθῇ ἐν ἐμοί
7 25 οἱ ἐν ἱματισμῷ ἐνδόξῳ καὶ τρυφῇ ὑπάρχοντες ἐν τοῖς βασιλείοις εἰσίν
7 26 ναὶ λέγω ὑμῖν, καὶ περισσότερον προφήτου
7 29 καὶ πᾶς ὁ λαὸς ἀκούσας ↔
7 29 καὶ οἱ τελῶναι ἐδικαίωσαν τὸν θεόν
7 30 οἱ δὲ Φαρισαῖοι καὶ οἱ νομικοὶ τὴν βουλὴν τοῦ θεοῦ ἠθέτησαν
7 31 τίνι οὖν ὁμοιώσω ... καὶ τίνι εἰσὶν ὅμοιοι; ↔
7 32 ὅμοιοί εἰσιν παιδίοις τοῖς ἐν ἀγορᾷ καθημένοις καὶ προσφωνοῦσιν ἀλλήλοις ↔
7 32 * | καὶ λέγουσιν (Vς; λέγοντες T; ἃ λέγει rl)· ↔
7 32ᵃ ηὐλήσαμεν ὑμῖν καὶ οὐκ ὠρχήσασθε· ↔
7 32ᵃ ἐθρηνήσαμεν (+ὑμῖν [S]ς) καὶ οὐκ ἐκλαύσατε.
7 33 ἐλήλυθεν γὰρ Ἰωάννης ... καὶ λέγετε
7 34 ἐλήλυθεν ὁ υἱὸς τοῦ ἀνθρώπου ἐσθίων καὶ πίνων, ↔
7 34 καὶ λέγετε· ↔
7 34 ἰδοὺ ἄνθρωπος φάγος καὶ οἰνοπότης, ↔
7 34 φίλος τελωνῶν καὶ ἁμαρτωλῶν. ↔
7 35 καὶ ἐδικαιώθη ἡ σοφία ἀπὸ | πάντων τῶν τέκνων αὐτῆς (~VTς)
7 36 καὶ εἰσελθὼν εἰς τὸν οἶκον τοῦ Φαρισαίου κατεκλίθη. ↔
7 37ⁿ καὶ ἰδοὺ γυνὴ ἥτις ἦν ἐν τῇ πόλει ἁμαρτωλός, ↔
7 37 καὶ (—ς) ἐπιγνοῦσα ὅτι κατάκειται ἐν τῇ οἰκίᾳ τοῦ Φαρισαίου, ↔
7 38 〈κομίσασα ἀλάβαστρον μύρου〉 καὶ στᾶσα ὀπίσω
7 38 ἤρξατο βρέχειν τοὺς πόδας αὐτοῦ, καὶ ταῖς θριξὶν ... ἐξέμασσεν (-μαξεν T),
7 38 καὶ κατεφίλει τοὺς πόδας αὐτοῦ ↔
7 38 καὶ ἤλειφεν τῷ μύρῳ
7 39 ἐγίνωσκεν ἂν τίς καὶ ποταπὴ ἡ γυνή
7 40 καὶ ἀποκριθεὶς ὁ Ἰησοῦς εἶπεν πρὸς αὐτόν
7 44 καὶ στραφεὶς πρὸς τὴν γυναῖκα τῷ Σίμωνι ἔφη
7 44 τοῖς δάκρυσιν ἔβρεξέν μου τοὺς πόδας καὶ ταῖς θριξὶν αὐτῆς ἐξέμαξεν
7 49 καὶ ἤρξαντο οἱ συνανακείμενοι λέγειν ἐν ἑαυτοῖς· ↔
7 49 τίς οὗτός ἐστιν, ὃς καὶ ἁμαρτίας ἀφίησιν;
8 1 καὶ ἐγένετο ἐν τῷ καθεξῆς ↔
8 1ʰ καὶ αὐτὸς διώδευεν κατὰ πόλιν ↔
8 1 καὶ κώμην ↔
8 1 κηρύσσων καὶ εὐαγγελιζόμενος τὴν βασιλείαν τοῦ θεοῦ, ↔
8 1 καὶ οἱ δώδεκα σὺν αὐτῷ, ↔
8 2 καὶ γυναῖκές τινες
8 2 αἳ ἦσαν τεθεραπευμέναι ἀπὸ πνευμάτων πονηρῶν καὶ ἀσθενειῶν,
8 3 〈Μαρία〉 καὶ Ἰωάννα γυνὴ Χουζᾶ ἐπιτρόπου Ἡρῴδου ↔
8 3 καὶ Σουσάννα
8 3 καὶ ἕτεραι πολλαί

Lc 8 4 συνιόντος δὲ ὄχλου πολλοῦ καὶ τῶν κατὰ πόλιν ἐπιπορευομένων πρὸς αὐτὸν εἶπεν

8 5 καὶ ἐν τῷ σπείρειν αὐτὸν ↔

8 5 ὃ μὲν ἔπεσεν παρὰ τὴν ὁδὸν καὶ κατεπατήθη, ↔

8 5 καὶ τὰ πετεινὰ τοῦ οὐρανοῦ κατέφαγεν αὐτό.

8 6 καὶ ἕτερον κατέπεσεν ἐπὶ τὴν πέτραν, ↔

8 6 καὶ φυὲν ἐξηράνθη διὰ τὸ μὴ ἔχειν ἰκμάδα. ↔

8 7 καὶ ἕτερον ἔπεσεν ἐν μέσῳ τῶν ἀκανθῶν, ↔

8 7 καὶ συμφυεῖσαι αἱ ἄκανθαι ἀπέπνιξαν αὐτό. ↔

8 8 καὶ ἕτερον ἔπεσεν εἰς τὴν γῆν τὴν ἀγαθήν

8 8 καὶ φυὲν ἐποίησεν καρπὸν ἑκατονταπλασίονα

8 10 ἵνα βλέποντες μὴ βλέπωσιν καὶ ἀκούοντες μὴ συνιῶσιν

8 12 εἶτα ἔρχεται ὁ διάβολος καὶ αἴρει τὸν λόγον

8 13[h] καὶ οὗτοι ῥίζαν οὐκ ἔχουσιν, ↔

8 13 οἳ πρὸς καιρὸν πιστεύουσιν καὶ ἐν καιρῷ πειρασμοῦ ἀφίστανται

8 14 οὗτοί εἰσιν οἱ ἀκούσαντες, καὶ ὑπὸ μεριμνῶν ↔

8 14 καὶ πλούτου ↔

8 14 καὶ ἡδονῶν τοῦ βίου πορευόμενοι ↔

8 14[a] συμπνίγονται καὶ οὐ τελεσφοροῦσιν

8 15 οἵτινες ἐν καρδίᾳ καλῇ καὶ ἀγαθῇ ἀκούσαντες τὸν λόγον

8 15 κατέχουσιν καὶ καρποφοροῦσιν ἐν ὑπομονῇ

8 17 ὃ οὐ μὴ γνωσθῇ καὶ εἰς φανερὸν ἔλθῃ

8 18 ὃς ἂν γὰρ ἔχῃ ... καὶ ὃς ἂν μὴ ἔχῃ, ↔

8 1b καὶ ὃ δοκεῖ ἔχειν ἀρθήσεται ἀπ' αὐτοῦ. ↔

8 19 παρεγένετο (-νοντο VSς) δὲ πρὸς αὐτὸν ἡ μήτηρ (+αὐτοῦ Τ) καὶ οἱ ἀδελφοὶ αὐτοῦ,

8 19[a] καὶ οὐκ ἠδύναντο συντυχεῖν αὐτῷ

8 20 * | καὶ ἀπηγγέλη (Vς; ἀ. δὲ rl) αὐτῷ

8 20 ἡ μήτηρ σου καὶ οἱ ἀδελφοί σου ἑστήκασιν ἔξω

8 21 μήτηρ μου καὶ ἀδελφοί μου οὗτοί εἰσιν ↔

8 21 οἱ τὸν λόγον τοῦ θεοῦ ἀκούοντες καὶ ποιοῦντες. ↔

8 22 * | καὶ ἐγένετο (ς; ἐ. δὲ rl) ἐν μιᾷ τῶν ἡμερῶν

8 22[h] καὶ αὐτὸς ἐνέβη εἰς πλοῖον ↔

8 22 καὶ οἱ μαθηταὶ αὐτοῦ, ↔

8 22 καὶ εἶπεν πρὸς αὐτούς· ↔

8 22 διέλθωμεν εἰς τὸ πέραν τῆς λίμνης· καὶ ἀνήχθησαν

8 23 καὶ κατέβη λαῖλαψ ἀνέμου εἰς τὴν λίμνην, ↔

8 23 καὶ συνεπληροῦντο ↔

8 23 καὶ ἐκινδύνευον

8 24 ἐπετίμησεν τῷ ἀνέμῳ καὶ τῷ κλύδωνι τοῦ ὕδατος· ↔

8 24 καὶ ἐπαύσαντο, ↔

8 24 καὶ ἐγένετο γαλήνη

8 25[v] ὅτι καὶ τοῖς ἀνέμοις ἐπιτάσσει ↔

8 25 καὶ τῷ ὕδατι, ↔

8 25 καὶ ὑπακούουσιν αὐτῷ; ↔

Lc 8 26 καὶ κατέπλευσαν εἰς τὴν χώραν τῶν Γερασηνῶν (Γαδαρηνῶν Vς; Γεργεσηνῶν MST)

8 27 ὑπήντησεν ἀνήρ τις ... | ἔχων δαιμόνια, καὶ χρόνῳ ἱκανῷ οὐκ ἐνεδύσατο ἱμάτιον (ὃς εἶχε δ. ἐκ χ-ων ἰ-ῶν, καὶ ἱμ. οὐκ ἐνεδιδύσκετο ς),

8 27 καὶ ἐν οἰκίᾳ οὐκ ἔμενεν

8 28 * ἰδὼν δὲ τὸν Ἰησοῦν καὶ (+ς) ἀνακράξας ↔

8 28 προσέπεσεν αὐτῷ καὶ φωνῇ μεγάλῃ εἶπεν· ↔

8 28[f] τί ἐμοὶ καὶ σοί, Ἰησοῦ ⟨;⟩

8 29 καὶ ἐδεσμεύετο ἁλύσεσιν ↔

8 29 καὶ πέδαις φυλασσόμενος, ↔

8 29 καὶ διαρρήσσων τὰ δεσμὰ ἠλαύνετο ... εἰς τὰς ἐρήμους

8 31 καὶ παρεκάλουν αὐτὸν

8 32 καὶ παρεκάλεσαν αὐτὸν

8 32 καὶ ἐπέτρεψεν αὐτοῖς

8 33 εἰσῆλθον εἰς τοὺς χοίρους, καὶ ὥρμησεν ἡ ἀγέλη ... εἰς τὴν λίμνην ↔

8 33 καὶ ἀπεπνίγη

8 34 οἱ βόσκοντες ... ἔφυγον καὶ ἀπήγγειλαν εἰς τὴν πόλιν ↔

8 34 καὶ εἰς τοὺς ἀγρούς. ↔

8 35 ἐξῆλθον δὲ ... καὶ ἦλθον πρὸς τὸν Ἰησοῦν, ↔

8 35 καὶ εὗρον καθήμενον τὸν ἄνθρωπον ... ἱματισμένον ↔

8 35 καὶ σωφρονοῦντα

8 35 καὶ ἐφοβήθησαν. ↔

8 36 * ἀπήγγειλαν δὲ αὐτοῖς καὶ (+ς) οἱ ἰδόντες πῶς ἐσώθη ὁ δαιμονισθείς. ↔

8 37 καὶ ἠρώτησεν (-σαν Τς) αὐτὸν ἅπαν τὸ πλῆθος ... ἀπελθεῖν ἀπ' αὐτῶν

8 39 ὑπόστρεφε ... καὶ διηγοῦ ὅσα σοι ἐποίησεν ὁ θεός. ↔

8 39 καὶ ἀπῆλθεν καθ' ὅλην τὴν πόλιν κηρύσσων

8 41[n] καὶ ἰδοὺ ἦλθεν ἀνὴρ ᾧ ὄνομα Ἰάϊρος, ↔

8 41[h] καὶ οὗτος (αὐτὸς Τς) ἄρχων τῆς συναγωγῆς ὑπῆρχεν· ↔

8 41 καὶ πεσὼν παρὰ τοὺς πόδας τοῦ ([Ν[26]]; —NTH) Ἰησοῦ παρεκάλει αὐτὸν

8 42[h] ὅτι θυγάτηρ μονογενὴς ἦν αὐτῷ ... καὶ αὐτὴ (Ν[26]Η; αὕτη rl) ἀπέθνησκεν

8 43 καὶ γυνὴ οὖσα ἐν ῥύσει αἵματος ⟨ἥψατο⟩

8 44 καὶ παραχρῆμα ἔστη ἡ ῥύσις τοῦ αἵματος αὐτῆς. ↔

8 45 καὶ εἶπεν ὁ Ἰησοῦς

8 45 * εἶπεν ὁ Πέτρος | καὶ οἱ σὺν αὐτῷ (VBST; καὶ οἱ μετ' αὐτοῦ ς; —rl)· ↔

8 45 ἐπιστάτα, οἱ ὄχλοι συνέχουσίν σε καὶ ἀποθλίβουσιν ↔

8 45 * | καὶ λέγεις· τίς ὁ ἁψάμενός μου; (+ς)

8 47 τρέμουσα ἦλθεν καὶ προσπεσοῦσα αὐτῷ ↔

8 47[k] δι' ἣν αἰτίαν ἥψατο αὐτοῦ ἀπήγγειλεν ... καὶ ὡς ἰάθη

8 50 μόνον πίστευσον (πίστευε MBSς), καὶ σωθήσεται

8 51 οὐκ ἀφῆκεν εἰσελθεῖν τινα ... εἰ μὴ Πέτρον καὶ Ἰωάννην (Ἰάκωβον Sς) ↔

8 51 καὶ Ἰάκωβον (Ἰωάννην Sς) ↔

Lc 8 51 καὶ τὸν πατέρα τῆς παιδὸς ↔

8 51 καὶ τὴν μητέρα. ↔

8 52 ἔκλαιον δὲ πάντες καὶ ἐκόπτοντο αὐτήν

8 53 καὶ κατεγέλων αὐτοῦ

8 54 * | ἐκβαλὼν ἔξω πάντας καὶ (+ς) κρατήσας τῆς χειρὸς αὐτῆς

8 55 καὶ ἐπέστρεψεν τὸ πνεῦμα αὐτῆς, ↔

8 55 καὶ ἀνέστη παραχρῆμα, ↔

8 55 καὶ διέταξεν αὐτῇ δοθῆναι φαγεῖν. ↔

8 56 καὶ ἐξέστησαν οἱ γονεῖς αὐτῆς

9 1 ἔδωκεν αὐτοῖς δύναμιν καὶ ἐξουσίαν ἐπὶ πάντα τὰ δαιμόνια ↔

9 1 καὶ νόσους θεραπεύειν· ↔

9 2 καὶ ἀπέστειλεν αὐτοὺς ↔

9 2 κηρύσσειν τὴν βασιλείαν τοῦ θεοῦ καὶ ἰᾶσθαι | τοὺς ἀσθενεῖς ([Ν[26]]; τ. ἀσθενοῦντας Vς; —NTH),

9 3 καὶ εἶπεν πρὸς αὐτούς

9 4 ⟨μηδὲν αἴρετε⟩ καὶ εἰς ἣν ἂν οἰκίαν εἰσέλθητε, ↔

9 4 ἐκεῖ μένετε καὶ ἐκεῖθεν ἐξέρχεσθε. ↔

9 5 καὶ ὅσοι ἂν μὴ δέχωνται ὑμᾶς, ↔

9 5 * ἐξερχόμενοι ἀπὸ τῆς πόλεως ἐκείνης καὶ (+VTς) τὸν κονιορτὸν ... ἀποτινάσσετε

9 6 διήρχοντο ... εὐαγγελιζόμενοι καὶ θεραπεύοντες πανταχοῦ. ↔

9 7 ἤκουσεν δὲ Ἡρῴδης ... καὶ διηπόρει

9 9 * | καὶ εἶπεν (ς; εἶ. δὲ rl) (+ὁ [NH]BSς) Ἡρῴδης

9 9 ἐζήτει ἰδεῖν αὐτόν. ↔

9 10 καὶ ὑποστρέψαντες οἱ ἀπόστολοι διηγήσαντο αὐτῷ ὅσα ἐποίησαν. ↔

9 10 καὶ παραλαβὼν αὐτοὺς ὑπεχώρησεν κατ' ἰδίαν

9 11 καὶ ἀποδεξάμενος αὐτοὺς ἐλάλει αὐτοῖς

9 11 καὶ τοὺς χρείαν ἔχοντας θεραπείας ἰᾶτο (ἰάσατο S)

9 12 ἵνα πορευθέντες εἰς τὰς κύκλῳ κώμας καὶ (+τοὺς Vς) ἀγροὺς καταλύσωσιν

9 12 καὶ εὕρωσιν ἐπισιτισμόν

9 13 οὐκ εἰσὶν ἡμῖν πλεῖον ἢ | ἄρτοι πέντε (~ VBSς) καὶ ἰχθύες δύο

9 15 καὶ ἐποίησαν οὕτως ↔

9 15 καὶ κατέκλιναν ἅπαντας (πάντας S). ↔

9 16 λαβὼν δὲ τοὺς πέντε ἄρτους καὶ τοὺς δύο ἰχθύας, ↔

9 16 ἀναβλέψας ... εὐλόγησεν αὐτοὺς καὶ κατέκλασεν, ↔

9 16 καὶ ἐδίδου τοῖς μαθηταῖς παραθεῖναι τῷ ὄχλῳ. ↔

9 17 καὶ ἔφαγον ↔

9 17 καὶ ἐχορτάσθησαν πάντες· ↔

9 17 καὶ ἤρθη τὸ περισσεῦσαν αὐτοῖς

9 18 καὶ ἐγένετο ἐν τῷ εἶναι αὐτὸν προσευχόμενον ... συνῆσαν αὐτῷ οἱ μαθηταί, ↔

9 18 καὶ ἐπηρώτησεν αὐτοὺς λέγων

9 22 δεῖ τὸν υἱὸν τοῦ ἀνθρώπου πολλὰ παθεῖν καὶ ἀποδοκιμασθῆναι ↔

9 22 ἀπὸ τῶν πρεσβυτέρων καὶ ἀρχιερέων ↔

9 22 καὶ γραμματέων ↔

9 22 καὶ ἀποκτανθῆναι ↔

9 22 καὶ τῇ τρίτῃ ἡμέρᾳ ἐγερθῆναι

9 23 ἀρνησάσθω ἑαυτὸν καὶ ἀράτω τὸν σταυρὸν αὐτοῦ καθ' ἡμέραν, ↔

9 23 καὶ ἀκολουθείτω μοι

Lc 9 26 ὃς γὰρ ἂν ἐπαισχυνθῇ με καὶ τοὺς ἐμοὺς λόγους

9 26 ὅταν ἔλθῃ ἐν τῇ δόξῃ αὐτοῦ καὶ τοῦ πατρὸς ↔

9 26 καὶ τῶν ἁγίων ἀγγέλων

9 28 ἐγένετο . . . ὡσεὶ ἡμέραι ὀκτὼ, καὶ ([N²⁶S]; —H) παραλαβὼν (+τὸν ς) Πέτρον ↔

9 28 καὶ Ἰωάννην

9 28 καὶ Ἰάκωβον ἀνέβη εἰς τὸ ὄρος προσεύξασθαι. ↔

9 29 καὶ ἐγένετο ἐν τῷ προσεύχεσθαι αὐτὸν τὸ εἶδος τοῦ προσώπου αὐτοῦ ἕτερον ↔

9 29 καὶ ὁ ἱματισμὸς αὐτοῦ λευκὸς ἐξαστράπτων. ↔

9 30ⁿ καὶ ἰδοὺ ἄνδρες δύο συνελάλουν αὐτῷ, ↔

9 30 οἵτινες ἦσαν Μωϋσῆς καὶ Ἡλίας

9 32 ὁ δὲ Πέτρος καὶ οἱ σὺν αὐτῷ ἦσαν βεβαρημένοι ὕπνῳ· ↔

9 32 διαγρηγορήσαντες δὲ εἶδον τὴν δόξαν αὐτοῦ καὶ τοὺς δύο ἄνδρας

9 33 καὶ ἐγένετο ἐν τῷ διαχωρίζεσθαι αὐτοὺς ἀπ᾽ αὐτοῦ

9 33 καλόν ἐστιν ἡμᾶς ὧδε εἶναι, καὶ ποιήσωμεν σκηνὰς τρεῖς, ↔

9 33 μίαν σοὶ καὶ μίαν Μωϋσεῖ ↔

9 33 καὶ μίαν Ἡλίᾳ

9 34 ἐγένετο νεφέλη καὶ ἐπεσκίαζεν (-ασεν VSς) αὐτούς

9 35 καὶ φωνὴ ἐγένετο ἐκ τῆς νεφέλης

9 36 καὶ ἐν τῷ γενέσθαι τὴν φωνὴν εὑρέθη Ἰησοῦς μόνος. ↔

9 36ʰ καὶ αὐτοὶ ἐσίγησαν ↔

9 36ᶜ καὶ οὐδενὶ ἀπήγγειλαν

9 38ⁿ καὶ ἰδοὺ ἀνὴρ ἀπὸ τοῦ ὄχλου ἐβόησεν (ἀν- Vς) λέγων

9 39ⁿ καὶ ἰδοὺ πνεῦμα λαμβάνει αὐτόν, ↔

9 39 καὶ ἐξαίφνης κράζει

9 39 καὶ σπαράσσει αὐτὸν μετὰ ἀφροῦ,

9 39 καὶ μόγις (-λις NMBH) ἀποχωρεῖ ἀπ᾽ αὐτοῦ συντρίβον αὐτόν· ↔

9 40 καὶ ἐδεήθην τῶν μαθητῶν σου ἵνα ἐκβάλωσιν αὐτό, ↔

9 40ᵃ καὶ οὐκ ἠδυνήθησαν

9 41 ὦ γενεὰ ἄπιστος καὶ διεστραμμένη, ↔

9 41 ἕως πότε ἔσομαι πρὸς ὑμᾶς καὶ ἀνέξομαι ὑμῶν;

9 42 ἔρρηξεν αὐτὸν τὸ δαιμόνιον καὶ συνεσπάραξεν· ↔

9 42 ἐπετίμησεν δὲ ὁ Ἰησοῦς τῷ πνεύματι . . . καὶ ἰάσατο τὸν παῖδα ↔

9 42 καὶ ἀπέδωκεν αὐτὸν τῷ πατρὶ αὐτοῦ

9 45 οἱ δὲ ἠγνόουν τὸ ῥῆμα τοῦτο, καὶ ἦν παρακεκαλυμμένον ἀπ᾽ αὐτῶν

9 45 καὶ ἐφοβοῦντο ἐρωτῆσαι αὐτόν

9 48 ⟨ἔστησεν αὐτὸ παρ᾽ ἑαυτῷ⟩ καὶ εἶπεν αὐτοῖς·

9 48 ὃς ἐὰν (ἂν BSH) δέξηται τοῦτο τὸ παιδίον . . . καὶ ὃς ἂν (ἐὰν Vς) ἐμὲ δέξηται

9 49 εἴδομέν τινα . . . ἐκβάλλοντα δαιμόνια, καὶ ἐκωλύομεν (-ύσαμεν Tς) αὐτόν

9 50 * | καὶ εἶπε (ς; εἶπεν δὲ rl) πρὸς αὐτὸν ὁ (—NTH) Ἰησοῦς

9 51ʰ καὶ αὐτὸς τὸ πρόσωπον (+αὐτοῦ VTς) ἐστήρισεν (-ριξεν Vς) τοῦ πορεύεσθαι εἰς Ἰερουσαλήμ.

9 52 καὶ ἀπέστειλεν ἀγγέλους πρὸ προσώπου αὐτοῦ. ↔

Lc 9 52 καὶ πορευθέντες εἰσῆλθον εἰς κώμην (πόλιν Τ) Σαμαριτῶν

9 53ᵃ καὶ οὐκ ἐδέξαντο αὐτόν

9 54 ἰδόντες δὲ . . . Ἰάκωβος καὶ Ἰωάννης εἶπαν· ↔

9 54 κύριε, θέλεις εἴπωμεν πῦρ καταβῆναι . . . καὶ ἀναλῶσαι αὐτούς ↔

9 54ᵘ * | ὡς καὶ Ἡλίας ἐποίησεν (+ [V]ς);

9 55 * στραφεὶς δὲ ἐπετίμησεν αὐτοῖς | καὶ εἶπεν (+ς ..)

9 56 καὶ ἐπορεύθησαν εἰς ἑτέραν κώμην. ↔

9 57 καὶ (ἐγένετο δὲ ς) πορευομένων αὐτῶν ἐν τῇ ὁδῷ εἶπέν τις

9 58 καὶ εἶπεν αὐτῷ ὁ [Η] Ἰησοῦς· ↔

9 58 αἱ ἀλώπεκες φωλεοὺς ἔχουσιν καὶ τὰ πετεινὰ τοῦ οὐρανοῦ κατασκηνώσεις

9 61ᵃ εἶπεν δὲ καὶ ἕτερος

9 62 οὐδεὶς ἐπιβαλὼν τὴν χεῖρα (+ αὐτοῦ MVBSTς) ἐπ᾽ ἄροτρον καὶ βλέπων εἰς τὰ ὀπίσω εὔθετός ἐστιν τῇ βασιλείᾳ τοῦ θεοῦ

10 1 * ἀνέδειξεν ὁ κύριος καὶ (+VBSTς) ἑτέρους ἑβδομήκοντα δύο (+ [N²⁶NH]MB), ↔

10 1 καὶ ἀπέστειλεν αὐτοὺς ἀνὰ δύο δύο (+[N²⁶H]B) πρὸ προσώπου αὐτοῦ ↔

10 1 εἰς πᾶσαν πόλιν καὶ τόπον

10 4ᵇ μὴ βαστάζετε βαλλάντιον . . . καὶ (—T) μηδένα κατὰ τὴν ὁδὸν ἀσπάσησθε

10 6ʲ καὶ ἐὰν | ἐκεῖ ᾖ (~VBSTς) υἱὸς εἰρήνης

10 7 ἐσθίοντες καὶ πίνοντες τὰ παρ᾽ αὐτῶν

10 8 καὶ εἰς ἣν (+δ᾽ ς) ἂν πόλιν εἰσέρχησθε ↔

10 8 καὶ δέχωνται ὑμᾶς, ↔

10 9 ⟨ἐσθίετε⟩ καὶ θεραπεύετε τοὺς ἐν αὐτῇ ἀσθενεῖς, ↔

10 9 καὶ λέγετε αὐτοῖς

10 10ᵇ εἰς ἣν δ᾽ ἂν πόλιν εἰσέλθητε καὶ μὴ δέχωνται ὑμᾶς

10 11 καὶ τὸν κονιορτὸν . . . ἀπομασσόμεθα ὑμῖν

10 13 εἰ ἐν Τύρῳ καὶ Σιδῶνι ἐγενήθησαν αἱ δυνάμεις αἱ γενόμεναι ἐν ὑμῖν, ↔

10 13 πάλαι ἂν ἐν σάκκῳ καὶ σποδῷ καθήμενοι μετενόησαν. ↔

10 14 πλὴν Τύρῳ καὶ Σιδῶνι ἀνεκτότερον ἔσται ἐν τῇ κρίσει ἢ ὑμῖν. ↔

10 15ᶠ καὶ σύ, Καφαρναούμ, μὴ ἕως (+τοῦ VSς) οὐρανοῦ ὑψωθήσῃ;

10 16 ὁ ἀκούων ὑμῶν ἐμοῦ ἀκούει, καὶ ὁ ἀθετῶν ὑμᾶς ἐμὲ ἀθετεῖ

10 17 κύριε, καὶ τὰ δαιμόνια ὑποτάσσεται ἡμῖν ἐν τῷ ὀνόματί σου

10 19 τοῦ πατεῖν ἐπάνω ὄφεων καὶ σκορπίων, ↔

10 19 καὶ ἐπὶ πᾶσαν τὴν δύναμιν τοῦ ἐχθροῦ, ↔

10 19ᶜ καὶ οὐδὲν ὑμᾶς οὐ μὴ ἀδικήσῃ (-σει NMBTH)

10 21 ἐν αὐτῇ τῇ ὥρᾳ ἠγαλλιάσατο ἐν (+[N²⁶]BST) τῷ πνεύματι τῷ ἁγίῳ καὶ εἶπεν· ↔

10 21 ἐξομολογοῦμαί σοι, πάτερ, κύριε τοῦ οὐρανοῦ καὶ τῆς γῆς, ↔

10 21 ὅτι ἀπέκρυψας ταῦτα ἀπὸ σοφῶν καὶ συνετῶν, ↔

10 21 καὶ ἀπεκάλυψας αὐτὰ νηπίοις

Lc 10 22 * | καὶ στραφεὶς πρὸς τοὺς μαθητὰς εἶπεν (+ [S]Tς)

10 22ᶜ καὶ οὐδεὶς γινώσκει τίς ἐστιν ὁ υἱὸς εἰ μὴ ὁ πατήρ, ↔

10 22 καὶ τίς ἐστιν ὁ πατὴρ εἰ μὴ ὁ υἱὸς ↔

10 22 καὶ ᾧ ἐὰν (ἂν Η) βούληται ὁ υἱὸς ἀποκαλύψαι.

10 23 καὶ στραφεὶς πρὸς τοὺς μαθητὰς κατ᾽ ἰδίαν εἶπεν

10 24 πολλοὶ προφῆται καὶ βασιλεῖς ἠθέλησαν ἰδεῖν ἃ ὑμεῖς βλέπετε ↔

10 24ᵃ καὶ οὐκ εἶδαν, ↔

10 24 καὶ ἀκοῦσαι ἃ ἀκούετε ↔

10 24ᵃ καὶ οὐκ ἤκουσαν. ↔

10 25ⁿ καὶ ἰδοὺ νομικός τις ἀνέστη

10 25 * ἐκπειράζων αὐτὸν καὶ (+ς) λέγων

10 27 ἀγαπήσεις κύριον τὸν θεόν σου ἐξ ὅλης τῆς ([N²⁶]; — Η) καρδίας σου καὶ | ἐν ὅλῃ τῇ ψυχῇ (ἐξ ὅλης τῆς ψυχῆς Vς) σου

10 27 καὶ | ἐν ὅλῃ τῇ ἰσχύϊ (ἐξ ὅλης τῆς ἰσχύος Vς) σου ↔

10 27 καὶ | ἐν ὅλῃ τῇ διανοίᾳ (ἐξ ὅλης τῆς διανοίας Vς) σου, ↔

10 27 καὶ τὸν πλησίον σου ὡς σεαυτόν

10 28 τοῦτο ποίει καὶ ζήσῃ

10 29 καὶ τίς ἐστίν μου πλησίον;

10 30 ἄνθρωπός τις κατέβαινεν . . . εἰς Ἰεριχώ, καὶ λῃσταῖς περιέπεσεν, ↔

10 30 οἳ καὶ ἐκδύσαντες αὐτὸν ↔

10 30 καὶ πληγὰς ἐπιθέντες ἀπῆλθον

10 31 ἱερεύς τις κατέβαινεν . . . καὶ ἰδὼν αὐτὸν ἀντιπαρῆλθεν. ↔

10 32ᵃ ὁμοίως δὲ καὶ Λευίτης γενόμενος (+[N²⁶]Tς) κατὰ τὸν τόπον ἐλθὼν

10 32 καὶ ἰδὼν ἀντιπαρῆλθεν. ↔

10 33 Σαμαρίτης δέ τις ὁδεύων ἦλθεν κατ᾽ αὐτὸν καὶ ἰδὼν ἐσπλαγχνίσθη

10 34 καὶ προσελθὼν κατέδησεν τὰ τραύματα αὐτοῦ

10 34 ἐπιχέων ἔλαιον καὶ οἶνον

10 34 ἤγαγεν αὐτὸν εἰς πανδοχεῖον καὶ ἐπεμελήθη αὐτοῦ. ↔

10 35 καὶ ἐπὶ τὴν αὔριον ἐκβαλὼν | ἔδωκεν δύο δηνάρια (N²⁶; ~rl) τῷ πανδοχεῖ ↔

10 35 καὶ εἶπεν· ↔

10 35ᵐ ἐπιμελήθητι αὐτοῦ, καὶ ὅ τι ἂν προσδαπανήσῃς . . . ἀποδώσω σοι

10 37ᶠ πορεύου καὶ σὺ ποίει ὁμοίως. ↔

10 38ʰ * | ἐγένετο δὲ ἐν (VTς; ἐν δὲ rl) τῷ πορεύεσθαι αὐτοὺς καὶ (+VTς) αὐτὸς εἰσῆλθεν εἰς κώμην τινά

10 39 καὶ τῇδε ἦν ἀδελφὴ καλουμένη Μαριάμ, ↔

10 39 ἣ [N²⁶H] καὶ παρακαθεσθεῖσα πρὸς τοὺς πόδας τοῦ κυρίου ἤκουεν τὸν λόγον αὐτοῦ

10 41 μεριμνᾷς καὶ θορυβάζῃ περὶ πολλά

11 1 καὶ ἐγένετο ἐν τῷ εἶναι αὐτὸν ἐν τόπῳ τινὶ προσευχόμενον

11 1ᵘ δίδαξον ἡμᾶς προσεύχεσθαι, καθὼς καὶ Ἰωάννης ἐδίδαξεν τοὺς μαθητὰς αὐτοῦ

11 2 * | γενηθήτω τὸ θέλημά σου, ὡς ἐν οὐρανῷ, καὶ ἐπὶ τῆς γῆς (+ς)

11 4 καὶ ἄφες ἡμῖν τὰς ἁμαρτίας ἡμῶν, ↔

11 4ᵈ καὶ γὰρ αὐτοὶ ἀφίομεν παντὶ ὀφείλοντι ἡμῖν· ↔

11 4ᵇ καὶ μὴ εἰσενέγκῃς ἡμᾶς εἰς πειρασμόν. ↔

Lc 11 5 καὶ εἶπεν πρὸς αὐτούς· ↔

11 5 τίς ἐξ ὑμῶν ἕξει φίλον, καὶ πορεύσεται πρὸς αὐτὸν μεσονυκτίου

11 5 καὶ εἴπῃ αὐτῷ

11 6ᵃ ἐπειδὴ φίλος μου παρεγένετο . . . καὶ οὐκ ἔχω ὃ παραθήσω αὐτῷ

11 7 ἤδη ἡ θύρα κέκλεισται, καὶ τὰ παιδία μου μετ' ἐμοῦ εἰς τὴν κοίτην εἰσίν

11 8ᵃᶻ εἰ καὶ οὐ δώσει αὐτῷ ἀναστὰς διὰ τὸ εἶναι φίλον αὐτοῦ

11 9 αἰτεῖτε, καὶ δοθήσεται ὑμῖν· ↔

11 9 ζητεῖτε, καὶ εὑρήσετε· ↔

11 9 κρούετε, καὶ ἀνοιγήσεται (ἀνοιχθήσεται T) ὑμῖν. ↔

11 10 πᾶς γὰρ ὁ αἰτῶν λαμβάνει, καὶ ὁ ζητῶν εὑρίσκει, ↔

11 10 καὶ τῷ κρούοντι ἀνοιγήσεται (ἀνοιγ[ήσ]εται N²⁶; ἀνοιχθήσεται T)

11 11ˢᶻ * αἰτήσει | ὁ υἱός (—S) || ἄρτον, μὴ λίθον ἐπιδώσει αὐτῷ; ἢ (εἰ ς) καὶ (+BTς) ((—N²⁶NH)) ἰχθύν, ↔

11 11 καὶ (N²⁶; μὴ rl) ἀντὶ ἰχθύος ὄφιν | αὐτῷ ἐπιδώσει (∼ VBς); ↔

11 12ʲˢ ἢ καὶ αἰτήσει (ἐὰν -σῃ ς) ᾠόν

11 14 καὶ ἦν ἐκβάλλων δαιμόνιον, ↔

11 14ʰ | καὶ αὐτὸ ἦν ([N²⁶]; —SH) κωφόν

11 14 καὶ ἐθαύμασαν οἱ ὄχλοι

11 17 πᾶσα βασιλεία . . . ἐρημοῦται, καὶ οἶκος ἐπὶ οἶκον πίπτει.

11 18 q εἰ δὲ καὶ ὁ σατανᾶς ἐφ' ἑαυτὸν διεμερίσθη

11 22 τὴν πανοπλίαν αὐτοῦ αἴρει . . . καὶ τὰ σκῦλα αὐτοῦ διαδίδωσιν

11 23 ὁ μὴ ὢν . . . καὶ ὁ μὴ συνάγων μετ' ἐμοῦ σκορπίζει [+με S]

11 24ᵇ διέρχεται . . . ζητοῦν ἀνάπαυσιν, καὶ μὴ εὑρίσκον τότε (+[N²⁶VH] S) λέγει

11 25 καὶ ἐλθὸν εὑρίσκει [+σχολάζοντα H] ↔

11 25 σεσαρωμένον καὶ κεκοσμημένον. ↔

11 26 τότε πορεύεται καὶ παραλαμβάνει ἕτερα πνεύματα πονηρότερα ἑαυτοῦ ἑπτά, ↔

11 26 καὶ εἰσελθόντα κατοικεῖ ἐκεῖ· ↔

11 26 καὶ γίνεται τὰ ἔσχατα τοῦ ἀνθρώπου ἐκείνου χείρονα τῶν πρώτων

11 27 μακαρία ἡ κοιλία ἡ βαστάσασά σε καὶ μαστοὶ οὓς ἐθήλασας

11 28 μακάριοι οἱ ἀκούοντες τὸν λόγον τοῦ θεοῦ καὶ φυλάσσοντες

11 29 σημεῖον ζητεῖ (ἐπι- Vς), καὶ σημεῖον οὐ δοθήσεται αὐτῇ

11 30 οὕτως ἔσται καὶ ὁ υἱὸς τοῦ ἀνθρώπου τῇ γενεᾷ ταύτῃ. ↔

11 31 βασίλισσα νότου ἐγερθήσεται . . . μετὰ τῶν ἀνδρῶν τῆς γενεᾶς ταύτης καὶ κατακρινεῖ αὐτούς.

11 31ⁿ καὶ ἰδοὺ πλεῖον Σολομῶνος ὧδε. ↔

11 32 ἄνδρες Νινευῖται ἀναστήσονται . . . μετὰ τῆς γενεᾶς ταύτης καὶ κατακρινοῦσιν αὐτήν

11 32ⁿ καὶ ἰδοὺ πλεῖον Ἰωνᾶ ὧδε

11 34 ὅταν ὁ ὀφθαλμός σου ἁπλοῦς ᾖ, καὶ ὅλον τὸ σῶμά σου φωτεινόν ἐστιν· ↔

11 34 ἐπὰν δὲ πονηρὸς ᾖ, καὶ τὸ σῶμά σου σκοτεινόν

11 39 τὸ ἔξωθεν τοῦ ποτηρίου καὶ τοῦ πίνακος καθαρίζετε, ↔

11 39 τὸ δὲ ἔσωθεν ὑμῶν γέμει ἁρπαγῆς καὶ πονηρίας. ↔

Lc 11 40 ἄφρονες, οὐχ ὁ ποιήσας τὸ ἔξωθεν καὶ τὸ ἔσωθεν ἐποίησεν;

11 41ⁿ καὶ ἰδοὺ πάντα (ἅπ. S) καθαρὰ ὑμῖν ἐστιν

11 42 ὅτι ἀποδεκατοῦτε τὸ ἡδύοσμον καὶ τὸ πήγανον ↔

11 42 καὶ πᾶν λάχανον, ↔

11 42 καὶ παρέρχεσθε τὴν κρίσιν ↔

11 42 καὶ τὴν ἀγάπην τοῦ θεοῦ

11 43 ὅτι ἀγαπᾶτε τὴν πρωτοκαθεδρίαν . . . καὶ τοὺς ἀσπασμούς

11 44 * οὐαὶ ὑμῖν | γραμματεῖς καὶ Φαρισαῖοι, ὑποκριταί (+ς), ↔

11 44 ὅτι ἐστὲ ὡς τὰ μνημεῖα τὰ ἄδηλα, καὶ οἱ ἄνθρωποι . . . οὐκ οἴδασιν

11 45ᵍ διδάσκαλε, ταῦτα λέγων καὶ ἡμᾶς ὑβρίζεις

11 46ᵍ καὶ ὑμῖν τοῖς νομικοῖς οὐαί

11 46ʰ καὶ αὐτοὶ ἑνὶ τῶν δακτύλων ὑμῶν οὐ προσψαύετε τοῖς φορτίοις

11 47 * ὅτι οἰκοδομεῖτε τὰ μνημεῖα τῶν προφητῶν, | καὶ οἱ (T; οἱ δὲ rl) πατέρες ὑμῶν ἀπέκτειναν αὐτούς. ↔

11 48 ἄρα μάρτυρές ἐστε καὶ συνευδοκεῖτε τοῖς ἔργοις τῶν πατέρων ὑμῶν

11 49 διὰ τοῦτο καὶ ἡ σοφία τοῦ θεοῦ εἶπεν· ↔

11 49 ἀποστελῶ εἰς αὐτοὺς προφήτας καὶ ἀποστόλους, ↔

11 49 καὶ ἐξ αὐτῶν ἀποκτενοῦσιν ↔

11 49 καὶ διώξουσιν (ἐκ- VBSTς)

11 51 ἕως αἵματος Ζαχαρίου τοῦ ἀπολομένου μεταξὺ τοῦ θυσιαστηρίου καὶ τοῦ οἴκου

11 52 αὐτοὶ οὐκ εἰσήλθατε καὶ τοὺς εἰσερχομένους ἐκωλύσατε

11 53 ἤρξαντο οἱ γραμματεῖς καὶ οἱ Φαρισαῖοι δεινῶς ἐνέχειν ↔

11 53 καὶ ἀποστοματίζειν αὐτὸν περὶ πλειόνων,

11 54 * ἐνεδρεύοντες αὐτὸν (—T) καὶ (+ς) ζητοῦντες (+Vς) θηρεῦσαί τι

12 2 οὐδὲν δὲ συγκεκαλυμμένον ἐστὶν ὃ οὐκ ἀποκαλυφθήσεται, καὶ κρυπτὸν ὃ οὐ γνωσθήσεται

12 3 καὶ ὃ πρὸς τὸ οὖς ἐλαλήσατε ἐν τοῖς ταμείοις

12 4 μὴ φοβηθῆτε ἀπὸ τῶν ἀποκτεινόντων τὸ σῶμα καὶ μετὰ ταῦτα μὴ ἐχόντων | περισσότερόν τι (∼ S) ποιῆσαι

12 6 καὶ ἓν ἐξ αὐτῶν οὐκ ἔστιν ἐπιλελησμένον ἐνώπιον τοῦ θεοῦ. ↔

12 7ʷ ἀλλὰ καὶ αἱ τρίχες τῆς κεφαλῆς ὑμῶν πᾶσαι ἠρίθμηνται

12 8 καὶ ὁ υἱὸς τοῦ ἀνθρώπου ὁμολογήσει ἐν αὐτῷ ἔμπροσθεν τῶν ἀγγέλων τοῦ θεοῦ

12 10 καὶ πᾶς ὃς ἐρεῖ λόγον εἰς τὸν υἱὸν τοῦ ἀνθρώπου

12 11 ὅταν δὲ εἰσφέρωσιν ὑμᾶς ἐπὶ τὰς συναγωγὰς καὶ τὰς ἀρχὰς ↔

12 11 καὶ τὰς ἐξουσίας

12 15 ὁρᾶτε καὶ φυλάσσεσθε ἀπὸ πάσης πλεονεξίας

12 17 καὶ διελογίζετο ἐν ἑαυτῷ λέγων

12 18 καὶ εἶπεν

12 18 καθελῶ μου τὰς ἀποθήκας καὶ μείζονας οἰκοδομήσω, ↔

12 18 καὶ συνάξω ἐκεῖ ↔

12 18 πάντα | τὸν σῖτον (τὰ γενήματά μου VBTς; τὰ γεν. S) καὶ τὰ ἀγαθά μου,

Lc 12 19 καὶ ἐρῶ τῇ ψυχῇ μου

12 21ᵇ || οὕτως ὁ θησαυρίζων ἑαυτῷ (αὑτῷ T) καὶ μὴ εἰς θεὸν πλουτῶν [[H]]

12 23 ἡ γὰρ (—Tς) ψυχὴ πλεῖόν ἐστιν τῆς τροφῆς καὶ τὸ σῶμα τοῦ ἐνδύματος

12 24 ὅτι οὐ (N²⁶Hς; οὔτε rl) σπείρουσιν οὐδὲ (N²⁶Hς; οὔτε rl) θερίζουσιν . . . καὶ ὁ θεὸς τρέφει αὐτούς

12 28 εἰ δὲ . . . τὸν χόρτον ὄντα σήμερον καὶ αὔριον εἰς κλίβανον βαλλόμενον ὁ θεὸς οὕτως ἀμφιέζει (-έννυσιν Vς)

12 29ᵍ καὶ ὑμεῖς μὴ ζητεῖτε ↔

12 29 τί φάγητε καὶ (ἢ ς) τί πίητε, ↔

12 29ᵇ καὶ μὴ μετεωρίζεσθε

12 31ʰ ζητεῖτε τὴν βασιλείαν αὐτοῦ, καὶ ταῦτα προστεθήσεται ὑμῖν

12 33 πωλήσατε τὰ ὑπάρχοντα ὑμῶν καὶ δότε ἐλεημοσύνην

12 34 ὅπου γάρ ἐστιν ὁ θησαυρὸς ὑμῶν, ἐκεῖ καὶ ἡ καρδία ὑμῶν ἔσται. ↔

12 35 ἔστωσαν ὑμῶν αἱ ὀσφύες περιεζωσμέναι καὶ οἱ λύχνοι καιόμενοι· ↔

12 36ᵍ καὶ ὑμεῖς ὅμοιοι ἀνθρώποις προσδεχομένοις τὸν κύριον ἑαυτῶν

12 36 ἵνα ἐλθόντος καὶ κρούσαντος εὐθέως ἀνοίξωσιν αὐτῷ

12 37 ὅτι περιζώσεται καὶ ἀνακλινεῖ αὐτοὺς ↔

12 37 καὶ παρελθὼν διακονήσει αὐτοῖς. ↔

12 38ʲ * | καὶ ἐὰν ἔλθῃ ἐν τῇ δευτέρᾳ φυλακῇ (ς; κἂν ἐν τῇ δευτέρᾳ rl) ↔

12 38 * καὶ (ς; κἂν rl) ἐν τῇ τρίτῃ φυλακῇ ἔλθῃ ↔

12 38 καὶ εὕρῃ οὕτως

12 39ᵃᶻ * | ἐγρηγόρησεν ἂν καὶ οὐκ ([ἐ. ἂν κ.] οὐκ S; ἐ. ἂν κ. οὐκ ἂν ς; οὐκ ἂν N²⁶NMT) ἀφῆκεν διορυχθῆναι τὸν οἶκον αὐτοῦ. ↔

12 40ᵍ καὶ ὑμεῖς (+οὖν ς) γίνεσθε ἕτοιμοι

12 41ˢ πρὸς ἡμᾶς τὴν παραβολὴν ταύτην λέγεις ἢ καὶ πρὸς πάντας;

12 42 | καὶ εἶπεν (εἶπε δὲ ς) ὁ κύριος·

12 42 * τίς ἄρα ἐστὶν ὁ πιστὸς οἰκονόμος καὶ (ς; ὁ rl) φρόνιμος ⟨;⟩

12 45 ἐὰν δὲ εἴπῃ ὁ δοῦλος . . . καὶ ἄρξηται τύπτειν ↔

12 45 τοὺς παῖδας καὶ τὰς παιδίσκας, ↔

12 45ᵖ ἐσθίειν τε καὶ πίνειν ↔

12 45 καὶ μεθύσκεσθαι, ↔

12 46 ἥξει ὁ κύριος . . . ἐν ἡμέρᾳ ᾗ οὐ προσδοκᾷ καὶ ἐν ὥρᾳ ᾗ οὐ γινώσκει,

12 46 καὶ διχοτομήσει αὐτόν, ↔

12 46 καὶ τὸ μέρος αὐτοῦ μετὰ τῶν ἀπίστων θήσει. ↔

12 47ᵇ ἐκεῖνος δὲ ὁ δοῦλος ὁ γνοὺς τὸ θέλημα . . . καὶ μὴ ἑτοιμάσας

12 48 παντὶ δὲ ᾧ ἐδόθη πολὺ . . . καὶ ᾧ παρέθεντο πολύ

12 49 καὶ τί θέλω εἰ ἤδη ἀνήφθη. ↔

12 50ᵐ βάπτισμα δὲ ἔχω βαπτισθῆναι, καὶ πῶς συνέχομαι ἕως ὅτου τελεσθῇ

12 52 τρεῖς ἐπὶ δυσὶν καὶ δύο ἐπὶ τρισὶν ⟨διαμερισθήσονται⟩ ↔

12 53 πατὴρ ἐπὶ υἱῷ καὶ υἱὸς ἐπὶ πατρί, ↔

12 53 μήτηρ ἐπὶ τὴν (+N²⁶B[S]) θυγατέρα καὶ θυγάτηρ ἐπὶ τὴν (—Tς) μητέρα, ↔

12 53 πενθερὰ ἐπὶ τὴν νύμφην αὐτῆς (—T) καὶ νύμφη ἐπὶ τὴν πενθεράν. ↔

12 54ᵃ ἔλεγεν δὲ καὶ τοῖς ὄχλοις

Lc 12 54 εὐθέως λέγετε ὅτι ὄμβρος ἔρχεται, καὶ γίνεται οὕτως· ↔

12 55ʲ καὶ ὅταν νότον πνέοντα, ↔

12 55 λέγετε ὅτι (—S) καύσων ἔσται, καὶ γίνεται. ↔

12 56 ὑποκριταί, τὸ πρόσωπον τῆς γῆς καὶ τοῦ οὐρανοῦ οἴδατε δοκιμάζειν

12 57ᵠ τί δὲ καὶ ἀφ' ἑαυτῶν οὐ κρίνετε τὸ δίκαιον;

12 58 καὶ ὁ κριτής σε παραδώσει τῷ πράκτορι, ↔

12 58 καὶ ὁ πράκτωρ σε βαλεῖ εἰς φυλακήν

12 59ˣ οὐ μὴ ἐξέλθῃς ἐκεῖθεν ἕως καὶ τὸ ἔσχατον λεπτὸν ἀποδῷς

13 2 καὶ ἀποκριθεὶς εἶπεν αὐτοῖς

13 4 * ἢ ἐκεῖνοι οἱ | δέκα καὶ ὀκτὼ (ϛ; δεκαοκτὼ rl),

13 4 ἐφ' οὓς ἔπεσεν ὁ πύργος ... καὶ ἀπέκτεινεν αὐτούς

13 6 καὶ ἦλθεν ζητῶν καρπὸν ἐν αὐτῇ ↔

13 6ᵃ καὶ οὐχ εὗρεν

13 7ᵃ τρία ἔτη ἀφ' οὗ ἔρχομαι ζητῶν καρπὸν ... καὶ οὐχ εὑρίσκω

13 7 ἱνατί καὶ τὴν γῆν καταργεῖ;

13 8 ἄφες αὐτὴν καὶ τοῦτο τὸ ἔτος, ↔

13 8 ἕως ὅτου σκάψω περὶ αὐτὴν καὶ βάλω κόπρια

13 11ⁿ καὶ ἰδοὺ γυνὴ (+ ἦν ϛ) πνεῦμα ἔχουσα ἀσθενείας ↔

13 11 * ἔτη | δέκα καὶ ὀκτὼ (ϛ; δεκαοκτὼ rl), ↔

13 11 καὶ ἦν συγκύπτουσα ↔

13 11ᵇ καὶ μὴ δυναμένη ἀνακύψαι εἰς τὸ παντελές

13 12 ὁ Ἰησοῦς προσεφώνησεν καὶ εἶπεν αὐτῇ

13 13 καὶ ἐπέθηκεν αὐτῇ τὰς χεῖρας· ↔

13 13 καὶ παραχρῆμα ἀνωρθώθη, ↔

13 13 καὶ ἐδόξαζεν τὸν θεόν

13 14ᵇ ἐν αὐταῖς οὖν ἐρχόμενοι θεραπεύεσθε καὶ μὴ τῇ ἡμέρᾳ τοῦ σαββάτου.

13 15 ἀπεκρίθη δὲ αὐτῷ ὁ κύριος καὶ εἶπεν

13 15 οὐ λύει τὸν βοῦν ... καὶ ἀπαγαγὼν (ἀπάγων H) ποτίζει;

13 16 ἣν ἔδησεν ὁ σατανᾶς ἰδοὺ δέκα καὶ ὀκτὼ ἔτη

13 17ʰ καὶ ταῦτα λέγοντος αὐτοῦ κατῃσχύνοντο πάντες οἱ ἀντικείμενοι αὐτῷ, ↔

13 17 καὶ πᾶς ὁ ὄχλος ἔχαιρεν ἐπὶ ... τοῖς γινομένοις ὑπ' αὐτοῦ

13 18 τίνι ὁμοία ἐστὶν ἡ βασιλεία τοῦ θεοῦ, καὶ τίνι ὁμοιώσω αὐτήν;

13 19 καὶ ηὔξησεν

13 19 καὶ ἐγένετο εἰς δένδρον (+ μέγα MVBSϛ), ↔

13 19 καὶ τὰ πετεινὰ τοῦ οὐρανοῦ κατεσκήνωσεν ἐν τοῖς κλάδοις αὐτοῦ. ↔

13 20 καὶ πάλιν εἶπεν

13 22 καὶ διεπορεύετο κατὰ πόλεις ↔

13 22 καὶ κώμας διδάσκων

13 22 καὶ πορείαν ποιούμενος εἰς Ἱεροσόλυμα

13 24ᵃ ζητήσουσιν εἰσελθεῖν καὶ οὐκ ἰσχύσουσιν. ↔

13 25 ἀφ' οὗ ἂν ἐγερθῇ ὁ οἰκοδεσπότης καὶ ἀποκλείσῃ τὴν θύραν, ↔

13 25 καὶ ἄρξησθε ἔξω ἑστάναι ↔

13 25 καὶ κρούειν τὴν θύραν

13 25 καὶ ἀποκριθεὶς ἐρεῖ ὑμῖν

13 26 ἐφάγομεν ἐνώπιόν σου καὶ ἐπίομεν,

Lc 13 26 καὶ ἐν ταῖς πλατείαις ἡμῶν ἐδίδαξας· ↔

13 27 καὶ ἐρεῖ λέγων (λέγω MVSTϛ) ὑμῖν

13 28 ἐκεῖ ἔσται ὁ κλαυθμὸς καὶ ὁ βρυγμὸς τῶν ὀδόντων, ↔

13 28 ὅταν ὄψεσθε (N²⁶T; ὄψησθε rl) Ἀβραὰμ καὶ Ἰσαὰκ ↔

13 28 καὶ Ἰακὼβ

13 28 καὶ πάντας τοὺς προφήτας ἐν τῇ βασιλείᾳ τοῦ θεοῦ

13 29 καὶ ἥξουσιν ἀπὸ ἀνατολῶν ↔

13 29 καὶ δυσμῶν ↔

13 29 καὶ ἀπὸ (—VT) βορρᾶ ↔

13 29 καὶ νότου, ↔

13 29 καὶ ἀνακλιθήσονται ἐν τῇ βασιλείᾳ τοῦ θεοῦ. ↔

13 30ⁿ καὶ ἰδοὺ εἰσὶν ἔσχατοι οἳ ἔσονται πρῶτοι, ↔

13 30 καὶ εἰσὶν πρῶτοι οἳ ἔσονται ἔσχατοι

13 31 ἔξελθε καὶ πορεύου ἐντεῦθεν

13 32 καὶ εἶπεν αὐτοῖς

13 32 ἰδοὺ ἐκβάλλω δαιμόνια καὶ ἰάσεις ἀποτελῶ ↔

13 32 σήμερον καὶ αὔριον, ↔

13 32 καὶ τῇ τρίτῃ τελειοῦμαι. ↔

13 33 πλὴν δεῖ με σήμερον καὶ αὔριον ↔

13 33 καὶ τῇ ἐχομένῃ πορεύεσθαι

13 34 ἡ ἀποκτείνουσα τοὺς προφήτας καὶ λιθοβολοῦσα τοὺς ἀπεσταλμένους πρὸς αὐτήν·

13 34ᵃ ποσάκις ἠθέλησα ἐπισυνάξαι τὰ τέκνα σου ... καὶ οὐκ ἠθελήσατε

14 1 καὶ ἐγένετο ἐν τῷ ἐλθεῖν αὐτὸν εἰς οἶκόν τινος ... φαγεῖν ἄρτον, ↔

14 1ʰ καὶ αὐτοὶ ἦσαν παρατηρούμενοι αὐτόν. ↔

14 2ⁿ καὶ ἰδοὺ ἄνθρωπός τις ἦν ὑδρωπικὸς ἔμπροσθεν αὐτοῦ. ↔

14 3 καὶ ἀποκριθεὶς ὁ Ἰησοῦς ↔

14 3 εἶπεν πρὸς τοὺς νομικοὺς καὶ Φαρισαίους

14 4 καὶ ἐπιλαβόμενος ἰάσατο αὐτὸν ↔

14 4 καὶ ἀπέλυσεν. ↔

14 5 καὶ (+ ἀποκριθεὶς VTϛ) πρὸς αὐτοὺς εἶπεν· ↔

14 5ᵃ τίνος ὑμῶν υἱὸς (ὄνος Sϛ) ... εἰς φρέαρ πεσεῖται, καὶ οὐκ εὐθέως ἀνασπάσει αὐτὸν ⟨;⟩

14 6ᵃ καὶ οὐκ ἴσχυσαν ἀνταποκριθῆναι (+ αὐτῷ Vϛ)

14 9 καὶ ἐλθὼν

14 9ʰ ὁ σὲ καὶ αὐτὸν καλέσας ἐρεῖ σοι

14 9 καὶ τότε ἄρξῃ μετὰ αἰσχύνης τὸν ἔσχατον τόπον κατέχειν

14 11 πᾶς ὁ ὑψῶν ἑαυτὸν ταπεινωθήσεται, καὶ ὁ ταπεινῶν ἑαυτὸν ὑψωθήσεται. ↔

14 12ᵠ ἔλεγεν δὲ καὶ τῷ κεκληκότι αὐτόν

14 12ʰᵗ μήποτε καὶ αὐτοὶ ἀντικαλέσωσίν σε

14 12 καὶ γένηται ἀνταπόδομά σοι

14 14 καὶ μακάριος ἔσῃ

14 16 ἄνθρωπός τις ἐποίει δεῖπνον μέγα, καὶ ἐκάλεσεν πολλούς, ↔

14 17 καὶ ἀπέστειλεν τὸν δοῦλον αὐτοῦ

14 18 καὶ ἤρξαντο ἀπὸ μιᾶς πάντες παραιτεῖσθαι

14 18 ἀγρὸν ἠγόρασα, καὶ ἔχω ἀνάγκην ↔

14 18 * | ἐξελθεῖν καὶ (ϛ; ἐξελθὼν rl) ἰδεῖν αὐτόν

14 19 καὶ ἕτερος εἶπεν· ↔

14 19 ζεύγη βοῶν ἠγόρασα πέντε, καὶ πορεύομαι δοκιμάσαι αὐτά

Lc 14 20 καὶ ἕτερος εἶπεν· ↔

14 20 γυναῖκα ἔγημα, καὶ διὰ τοῦτο οὐ δύναμαι ἐλθεῖν. ↔

14 21 καὶ παραγενόμενος ὁ δοῦλος ἀπήγγειλεν τῷ κυρίῳ αὐτοῦ ταῦτα

14 21 ἔξελθε ταχέως εἰς τὰς πλατείας καὶ ῥύμας τῆς πόλεως, ↔

14 21 καὶ τοὺς πτωχοὺς ↔

14 21 καὶ ἀναπείρους ↔

14 21 καὶ τυφλοὺς ↔

14 21 καὶ χωλοὺς εἰσάγαγε ὧδε. ↔

14 22 καὶ εἶπεν ὁ δοῦλος· ↔

14 22 κύριε, γέγονεν ὃ ἐπέταξας, καὶ ἔτι τόπος ἐστίν. ↔

14 23 καὶ εἶπεν ὁ κύριος πρὸς τὸν δοῦλον· ↔

14 23 ἔξελθε εἰς τὰς ὁδοὺς καὶ φραγμοὺς ↔

14 23 καὶ ἀνάγκασον εἰσελθεῖν

14 25 καὶ στραφεὶς εἶπεν πρὸς αὐτούς· ↔

14 26ᵃ εἴ τις ἔρχεται πρός με καὶ οὐ μισεῖ τὸν πατέρα ἑαυτοῦ (N²⁶SHϛ; αὐτοῦ rl) ↔

14 26 καὶ τὴν μητέρα ↔

14 26 καὶ τὴν γυναῖκα ↔

14 26 καὶ τὰ τέκνα ↔

14 26 καὶ τοὺς ἀδελφοὺς ↔

14 26 καὶ τὰς ἀδελφάς, ↔

14 26ᵖᵠ ἔτι τε (N²⁶NH; δὲ rl) καὶ τὴν | ψυχὴν ἑαυτοῦ (~ VBSTϛ)

14 27 * καὶ (+ Vϛ) ὅστις οὐ βαστάζει τὸν σταυρὸν ἑαυτοῦ ↔

14 27 καὶ ἔρχεται ὀπίσω μου

14 29ᵇ ἵνα μήποτε θέντος αὐτοῦ θεμέλιον καὶ μὴ ἰσχύοντος ἐκτελέσαι ... ἄρξωνται αὐτῷ ἐμπαίζειν

14 30ᵃ οὗτος ὁ ἄνθρωπος ἤρξατο οἰκοδομεῖν καὶ οὐκ ἴσχυσεν ἐκτελέσαι

14 34ᵠ ἐὰν δὲ καὶ (—ϛ) τὸ ἅλας μωρανθῇ

15 1 ἦσαν δὲ αὐτῷ ἐγγίζοντες πάντες οἱ τελῶναι καὶ οἱ ἁμαρτωλοὶ ἀκούειν αὐτοῦ. ↔

15 2 καὶ διεγόγγυζον οἵ τε Φαρισαῖοι ↔

15 2 καὶ οἱ γραμματεῖς λέγοντες ↔

15 2 ὅτι οὗτος ἁμαρτωλοὺς προσδέχεται καὶ συνεσθίει αὐτοῖς

15 4 τίς ἄνθρωπος ... ἔχων ἑκατὸν πρόβατα καὶ ἀπολέσας ἐξ αὐτῶν ἓν

15 4 οὐ καταλείπει τὰ ἐνενήκοντα ἐννέα ... καὶ πορεύεται ἐπὶ τὸ ἀπολωλός ⟨;⟩

15 5 καὶ εὑρὼν ἐπιτίθησιν ἐπὶ τοὺς ὤμους αὐτοῦ χαίρων, ↔

15 6 καὶ ἐλθὼν εἰς τὸν οἶκον συγκαλεῖ τοὺς φίλους ↔

15 6 καὶ τοὺς γείτονας

15 8 οὐχὶ ἅπτει λύχνον καὶ σαροῖ τὴν οἰκίαν

15 8 καὶ ζητεῖ ἐπιμελῶς ἕως οὗ (ὅτου Tϛ) εὕρῃ; ↔

15 9 καὶ εὑροῦσα συγκαλεῖ τὰς φίλας ↔

15 9 καὶ (+ τὰς Vϛ) γείτονας

15 12 καὶ εἶπεν ὁ νεώτερος αὐτῶν τῷ πατρί

15 12 * καὶ (VBTϛ; ὁ δὲ rl) διεῖλεν αὐτοῖς τὸν βίον. ↔

15 13 καὶ μετ' οὐ πολλὰς ἡμέρας ... ἀπεδήμησεν εἰς χώραν μακράν, ↔

15 13 καὶ ἐκεῖ διεσκόρπισεν τὴν οὐσίαν αὐτοῦ

15 14ʰ καὶ αὐτὸς ἤρξατο ὑστερεῖσθαι. ↔

15 15 καὶ πορευθεὶς ἐκολλήθη ἑνὶ τῶν πολιτῶν τῆς χώρας ἐκείνης,

Lc 15 15 καὶ ἔπεμψεν αὐτὸν εἰς τοὺς ἀγροὺς αὐτοῦ βόσκειν χοίρους· ↔

15 16 καὶ ἐπεθύμει χορτασθῆναι (Ν²⁶Η; γεμίσαι τὴν κοιλίαν αὐτοῦ rl) ἐκ (ἀπὸ VBTς) τῶν κερατίων

15 16ᶜ καὶ οὐδεὶς ἐδίδου αὐτῷ

15 18 πορεύσομαι πρὸς τὸν πατέρα μου καὶ ἐρῶ αὐτῷ·

15 18 πάτερ, ἥμαρτον εἰς τὸν οὐρανὸν καὶ ἐνώπιόν σου, ↔

15 19ᵃ* καὶ (+ς) οὐκέτι εἰμὶ ἄξιος κληθῆναι υἱός σου

15 20 καὶ ἀναστὰς ἦλθεν πρὸς τὸν πατέρα ἑαυτοῦ (αὐτοῦ BST)

15 20 εἶδεν αὐτὸν ὁ πατὴρ αὐτοῦ καὶ ἐσπλαγχνίσθη, ↔

15 20 καὶ δραμὼν ἐπέπεσεν ἐπὶ τὸν τράχηλον αὐτοῦ ↔

15 20 καὶ κατεφίλησεν αὐτόν

15 21 ἥμαρτον εἰς τὸν οὐρανὸν καὶ ἐνώπιόν σου, ↔

15 21ᵃ* καὶ (+ς) οὐκέτι εἰμὶ ἄξιος κληθῆναι υἱός σου

15 22 ἐξενέγκατε στολὴν τὴν πρώτην καὶ ἐνδύσατε αὐτόν, ↔

15 22 καὶ δότε δακτύλιον εἰς τὴν χεῖρα αὐτοῦ

15 22 καὶ ὑποδήματα εἰς τοὺς πόδας, ↔

15 23 καὶ φέρετε τὸν μόσχον τὸν σιτευτόν, θύσατε,

15 23 καὶ φαγόντες εὐφρανθῶμεν, ↔

15 24 ὅτι οὗτος ὁ υἱός μου νεκρὸς ἦν καὶ ἀνέζησεν, ↔

15 24 * καὶ (+ς) | ἦν ἀπολωλὼς (∼VBς) ↔

15 24 καὶ εὑρέθη. ↔

15 24 καὶ ἤρξαντο εὐφραίνεσθαι

15 25ᵏ καὶ ὡς ἐρχόμενος ἤγγισεν τῇ οἰκίᾳ,

15 25 ἤκουσεν συμφωνίας καὶ χορῶν, ↔

15 26 καὶ προσκαλεσάμενος ἕνα τῶν παίδων ἐπυνθάνετο

15 27 ὁ ἀδελφός σου ἥκει, καὶ ἔθυσεν ὁ πατήρ σου τὸν μόσχον

15 28ᵃᵠ ὠργίσθη δὲ καὶ οὐκ ἤθελεν εἰσελθεῖν

15 29ᶜ τοσαῦτα ἔτη δουλεύω σοι καὶ οὐδέποτε ἐντολήν σου παρῆλθον, ↔

15 29ᶠ ἐμοὶ οὐδέποτε ἔδωκας ἔριφον

15 31 πάντοτε μετ' ἐμοῦ εἶ, καὶ πάντα τὰ ἐμὰ σά ἐστιν· ↔

15 32ᵠ εὐφρανθῆναι δὲ καὶ χαρῆναι ἔδει, ↔

15 32 ὅτι ὁ ἀδελφός σου οὗτος νεκρὸς ἦν καὶ ἔζησεν, ↔

15 32 καὶ (—T) ἀπολωλὼς (+ἦν ς) ↔

15 32 καὶ εὑρέθη. ↔

16 1ᵠ ἔλεγεν δὲ καὶ πρὸς τοὺς μαθητάς

16 1ʰ καὶ οὗτος διεβλήθη αὐτῷ

16 2 καὶ φωνήσας αὐτὸν εἶπεν αὐτῷ

16 5 καὶ προσκαλεσάμενος ἕνα ἕκαστον τῶν χρεοφειλετῶν

16 6 * καὶ (ς; ὁ δὲ rl) εἶπεν αὐτῷ· ↔

16 6 δέξαι σου | τὰ γράμματα (τὸ γράμμα Vς) καὶ καθίσας ταχέως γράψον πεντήκοντα

16 7 * καὶ (+[VS]ς) λέγει αὐτῷ· ↔

16 7 δέξαι σου | τὰ γράμματα (τὸ γράμμα Vς) καὶ γράψον ὀγδοήκοντα. ↔

16 8 καὶ ἐπῄνεσεν ὁ κύριος τὸν οἰκονόμον τῆς ἀδικίας

16 9ᶠ | καὶ ἐγὼ (κἀγὼ ς) ὑμῖν λέγω

16 10 ὁ πιστὸς ἐν ἐλαχίστῳ καὶ ἐν πολλῷ πιστός ἐστιν, ↔

Lc 16 10 καὶ ὁ ἐν ἐλαχίστῳ ἄδικος ↔

16 10 καὶ ἐν πολλῷ ἄδικός ἐστιν

16 12ʲ καὶ εἰ ἐν τῷ ἀλλοτρίῳ πιστοὶ οὐκ ἐγένεσθε

16 13 ἢ γὰρ τὸν ἕνα μισήσει καὶ τὸν ἕτερον ἀγαπήσει, ↔

16 13 ἢ ἑνὸς ἀνθέξεται καὶ τοῦ ἑτέρου καταφρονήσει.

16 13 οὐ δύνασθε θεῷ δουλεύειν καὶ μαμωνᾷ. ↔

16 14 * ἤκουον δὲ ταῦτα πάντα καὶ (+ V[S]ς) οἱ Φαρισαῖοι

16 14 καὶ ἐξεμυκτήριζον αὐτόν. ↔

16 15 καὶ εἶπεν αὐτοῖς

16 16 ὁ νόμος καὶ οἱ προφῆται μέχρι Ἰωάννου·

16 16 ἀπὸ τότε ἡ βασιλεία τοῦ θεοῦ εὐαγγελίζεται καὶ πᾶς εἰς αὐτὴν βιάζεται.

16 17 εὐκοπώτερον δέ ἐστιν τὸν οὐρανὸν καὶ τὴν γῆν παρελθεῖν

16 18 πᾶς ὁ ἀπολύων τὴν γυναῖκα αὐτοῦ καὶ γαμῶν ἑτέραν μοιχεύει, ↔

16 18 καὶ ὁ ἀπολελυμένην ἀπὸ ἀνδρὸς γαμῶν μοιχεύει. ↔

16 19 ἄνθρωπος δέ τις ἦν πλούσιος, καὶ ἐνεδιδύσκετο ↔

16 19 πορφύραν καὶ βύσσον

16 21 ⟨ἐβέβλητο . . . εἱλκωμένος⟩ καὶ ἐπιθυμῶν χορτασθῆναι ἀπὸ τῶν πιπτόντων ἀπὸ τῆς τραπέζης τοῦ πλουσίου·

16 21ʷ ἀλλὰ καὶ οἱ κύνες ἐρχόμενοι ἐπέλειχον τὰ ἕλκη αὐτοῦ. ↔

16 22 ἐγένετο δὲ ἀποθανεῖν τὸν πτωχὸν καὶ ἀπενεχθῆναι αὐτὸν . . . εἰς τὸν κόλπον Ἀβραάμ· ↔

16 22ᵠ ἀπέθανεν δὲ καὶ ὁ πλούσιος ↔

16 22 καὶ ἐτάφη. ↔

16 23 καὶ ἐν τῷ ᾅδῃ ἐπάρας τοὺς ὀφθαλμοὺς αὐτοῦ

16 23 ὁρᾷ Ἀβραὰμ ἀπὸ μακρόθεν καὶ Λάζαρον ἐν τοῖς κόλποις αὐτοῦ. ↔

16 24ʰ καὶ αὐτὸς φωνήσας εἶπεν

16 24 ἐλέησόν με καὶ πέμψον Λάζαρον

16 24 ἵνα βάψῃ τὸ ἄκρον τοῦ δακτύλου αὐτοῦ ὕδατος καὶ καταψύξῃ τὴν γλῶσσάν μου

16 25 ἀπέλαβες τὰ ἀγαθά σου . . . καὶ Λάζαρος ὁμοίως τὰ κακά

16 26 καὶ ἐν (ἐπὶ VBς) πᾶσι τούτοις

16 26ᵍ μεταξὺ ἡμῶν καὶ ὑμῶν χάσμα μέγα ἐστήρικται

16 28ʰᵗ ἵνα μὴ καὶ αὐτοὶ ἔλθωσιν εἰς τὸν τόπον τοῦτον

16 29 ἔχουσι Μωϋσέα καὶ τοὺς προφήτας

16 31 εἰ Μωϋσέως καὶ τῶν προφητῶν οὐκ ἀκούουσιν

17 2 εἰ λίθος μυλικὸς περίκειται . . . καὶ ἔρριπται εἰς τὴν θάλασσαν

17 3ʲ ἐὰν ἁμάρτῃ . . . καὶ ἐὰν μετανοήσῃ, ἄφες αὐτῷ. ↔

17 4ʲ καὶ ἐὰν ἑπτάκις τῆς ἡμέρας ἁμαρτήσῃ εἰς σὲ

17 4 καὶ ἑπτάκις (+τῆς ἡμέρας Vς) ἐπιστρέψῃ πρὸς σὲ λέγων

17 5 καὶ εἶπαν οἱ ἀπόστολοι τῷ κυρίῳ

17 6 ἐκριζώθητι καὶ φυτεύθητι ἐν τῇ θαλάσσῃ·

17 6 καὶ ὑπήκουσεν ἂν ὑμῖν

17 8 ἑτοίμασον τί δειπνήσω, καὶ περιζωσάμενος διακόνει μοι ↔

17 8 ἕως φάγω καὶ πίω, ↔

17 8 καὶ μετὰ ταῦτα ↔

17 8 φάγεσαι καὶ πίεσαι σύ

Lc 17 10ᵍᵘ οὕτως καὶ ὑμεῖς . . . λέγετε

17 11 καὶ ἐγένετο ἐν τῷ πορεύεσθαι (+ αὐτὸν MVBSς) εἰς Ἰερουσαλήμ, ↔

17 11ʰ καὶ αὐτὸς διήρχετο διὰ μέσον (μέσου Vς) ↔

17 11 Σαμαρείας καὶ Γαλιλαίας. ↔

17 12 καὶ εἰσερχομένου αὐτοῦ εἴς τινα κώμην ἀπήντησαν (ὑπ- BST) αὐτῷ (+[Ν²⁶]VBTς) δέκα λεπροὶ

17 13ʰ καὶ αὐτοὶ ἦραν φωνὴν λέγοντες

17 14 καὶ ἰδὼν εἶπεν αὐτοῖς

17 14 καὶ ἐγένετο ἐν τῷ ὑπάγειν αὐτοὺς ἐκαθαρίσθησαν

17 16 ⟨ὑπέστρεψεν⟩ καὶ ἔπεσεν ἐπὶ πρόσωπον

17 16ʰ καὶ αὐτὸς ἦν Σαμαρίτης

17 19 καὶ εἶπεν αὐτῷ

17 20 ἀπεκρίθη αὐτοῖς καὶ εἶπεν

17 22ᵃ ὅτε ἐπιθυμήσετε μίαν τῶν ἡμερῶν . . . ἰδεῖν καὶ οὐκ ὄψεσθε. ↔

17 23 καὶ ἐροῦσιν ὑμῖν

17 24 * οὕτως ἔσται καὶ (+ς) ὁ υἱὸς τοῦ ἀνθρώπου | ἐν τῇ ἡμέρᾳ αὐτοῦ ([Ν²⁶]; —Η). ↔

17 25 πρῶτον δὲ δεῖ αὐτὸν πολλὰ παθεῖν καὶ ἀποδοκιμασθῆναι

17 26ᵏ καὶ καθὼς ἐγένετο ἐν ταῖς ἡμέραις Νῶε, ↔

17 26 οὕτως ἔσται καὶ ἐν ταῖς ἡμέραις τοῦ υἱοῦ τοῦ ἀνθρώπου

17 27 καὶ ἦλθεν ὁ κατακλυσμὸς

17 27 καὶ ἀπώλεσεν πάντας (ἅπ. VTς). ↔

17 28ᵏᵘ * ὁμοίως | καὶ ὡς (ς; καθὼς rl) ἐγένετο ἐν ταῖς ἡμέραις Λώτ

17 29 ἔβρεξεν πῦρ καὶ θεῖον ἀπ' οὐρανοῦ ↔

17 29 καὶ ἀπώλεσεν πάντας (ἅπ. VTς) ↔

17 31 ὃς ἔσται ἐπὶ τοῦ δώματος καὶ τὰ σκεύη αὐτοῦ ἐν τῇ οἰκίᾳ

17 31 καὶ ὁ ἐν ἀγρῷ ὁμοίως μὴ ἐπιστρεψάτω εἰς τὰ ὀπίσω

17 33 * ὃς ἐὰν ζητήσῃ . . . | καὶ ὃς ἐὰν (ὃς δ' ἂν Ν²⁶Η; καὶ ὃς ἂν ΝΜ) ἀπολέσῃ (-σει ΝΜΤΗ)

17 34 ὁ (—Τ) εἷς παραλημφθήσεται καὶ ὁ ἕτερος ἀφεθήσεται

17 35 * ἡ μία παραλημφθήσεται | καὶ ἡ (ς; ἡ δὲ rl) ἑτέρα ἀφεθήσεται. ↔

17 37 καὶ ἀποκριθέντες λέγουσιν αὐτῷ

17 37 ὅπου τὸ σῶμα, ἐκεῖ καὶ (—ς) οἱ ἀετοὶ ἐπισυναχθήσονται. ↔

18 1ᵃ * ἔλεγεν δὲ καὶ (+Vς) παραβολὴν αὐτοῖς ↔

18 1ᵇ πρὸς τὸ δεῖν πάντοτε προσεύχεσθαι αὐτοὺς καὶ μὴ ἐγκακεῖν

18 2 κριτής τις ἦν . . . τὸν θεὸν μὴ φοβούμενος καὶ ἄνθρωπον μὴ ἐντρεπόμενος

18 3 καὶ ἤρχετο πρὸς αὐτὸν λέγουσα

18 4ᵃ καὶ οὐκ ἤθελεν ἐπὶ χρόνον

18 4ᶻ εἰ καὶ τὸν θεὸν οὐ φοβοῦμαι ↔

18 4 * | καὶ ἄνθρωπον οὐκ (ς; οὐδὲ ἄ. rl) ἐντρέπομαι

18 5 οὐ μὴ ποιήσῃ τὴν ἐκδίκησιν τῶν βοώντων αὐτῷ ἡμέρας καὶ νυκτός, ↔

18 7 καὶ μακροθυμεῖ (-μῶν ς) ἐπ' αὐτοῖς;

18 9ᵃ εἶπεν δὲ καὶ πρός τινας τοὺς πεποιθότας ἐφ' ἑαυτοῖς ↔

18 9 ὅτι εἰσὶν δίκαιοι καὶ ἐξουθενοῦντας τοὺς λοιπούς

18 10 ὁ (—Η) εἷς Φαρισαῖος καὶ ὁ ἕτερος τελώνης

Lc 18 11[ks] οὐκ εἰμὶ ὥσπερ οἱ λοιποὶ τῶν ἀνθρώπων . . . ἢ καὶ ὡς οὗτος ὁ τελώνης

18 13 * | καὶ ὁ (ς; ὁ δὲ rl) τελώνης μακρόθεν ἑστὼς οὐκ ἤθελεν . . . ἐπᾶραι

18 15 προσέφερον δὲ αὐτῷ καὶ τὰ βρέφη

18 16[b] ἄφετε τὰ παιδία ἔρχεσθαι πρός με καὶ μὴ κωλύετε αὐτά

18 18 καὶ ἐπηρώτησέν τις αὐτὸν ἄρχων

18 20 τίμα τὸν πατέρα σου καὶ τὴν μητέρα (+σου Tς)

18 22 πάντα ὅσα ἔχεις πώλησον καὶ διάδος πτωχοῖς, ↔

18 22 καὶ ἕξεις θησαυρὸν ἐν τοῖς (+ [N²⁶NH]M) οὐρανοῖς, ↔

18 22 καὶ δεῦρο ἀκολούθει μοι

18 26 καὶ τίς δύναται σωθῆναι;

18 28 * ἰδοὺ ἡμεῖς | ἀφήκαμεν πάντα καὶ (ς; ἀφέντες τὰ ἴδια rl) ἠκολουθήσαμέν σοι

18 30 ὃς οὐχὶ μὴ ἀπολάβῃ ([ἀπο]- N²⁶ λάβῃ NMH) πολλαπλασίονα ἐν τῷ καιρῷ τούτῳ καὶ ἐν τῷ αἰῶνι τῷ ἐρχομένῳ ζωὴν αἰώνιον

18 31 καὶ τελεσθήσεται πάντα τὰ γεγραμμένα . . . τῷ υἱῷ τοῦ ἀνθρώπου· ↔

18 32 παραδοθήσεται γὰρ τοῖς ἔθνεσιν καὶ ἐμπαιχθήσεται ↔

18 32 καὶ ὑβρισθήσεται ↔

18 32 καὶ ἐμπτυσθήσεται, ↔

18 33 καὶ μαστιγώσαντες ἀποκτενοῦσιν αὐτόν, ↔

18 33 καὶ τῇ ἡμέρᾳ τῇ τρίτῃ ἀναστήσεται. ↔

18 34[h] καὶ αὐτοὶ οὐδὲν τούτων συνῆκαν, ↔

18 34 καὶ ἦν τὸ ῥῆμα τοῦτο κεκρυμμένον ἀπ᾽ αὐτῶν, ↔

18 34[a] καὶ οὐκ ἐγίνωσκον τὰ λεγόμενα

18 38 καὶ ἐβόησεν λέγων

18 39 καὶ οἱ προάγοντες ἐπετίμων αὐτῷ

18 42 καὶ ὁ Ἰησοῦς εἶπεν αὐτῷ

18 43 καὶ παραχρῆμα ἀνέβλεψεν, ↔

18 43 καὶ ἠκολούθει αὐτῷ δοξάζων τὸν θεόν. ↔

18 43 καὶ πᾶς ὁ λαὸς ἰδὼν ἔδωκεν αἶνον τῷ θεῷ. ↔

19 1 καὶ εἰσελθὼν διήρχετο τὴν Ἰεριχώ. ↔

19 2[n] καὶ ἰδοὺ ἀνὴρ ὀνόματι καλούμενος Ζακχαῖος

19 2[h] καὶ αὐτὸς ἦν ἀρχιτελώνης, ↔

19 2[h] καὶ αὐτὸς (ἦν T; οὗτος ἦν ς) πλούσιος· ↔

19 3 καὶ ἐζήτει ἰδεῖν τὸν Ἰησοῦν τίς ἐστιν, ↔

19 3[a] καὶ οὐκ ἠδύνατο ἀπὸ τοῦ ὄχλου

19 4 καὶ προδραμὼν . . . ἀνέβη ἐπὶ συκομορέαν

19 5[k] καὶ ὡς ἦλθεν ἐπὶ τὸν τόπον, ↔

19 5 * ἀναβλέψας ὁ [H] Ἰησοῦς | εἶδεν αὐτὸν καὶ (+ς) εἶπεν πρὸς αὐτόν

19 6 καὶ σπεύσας κατέβη,

19 6 καὶ ὑπεδέξατο αὐτὸν χαίρων. ↔

19 7 καὶ ἰδόντες πάντες διεγόγγυζον

19 8[j] καὶ εἴ τινός τι ἐσυκοφάντησα, ἀποδίδωμι τετραπλοῦν

19 9[hv] καθότι καὶ αὐτὸς υἱὸς Ἀβραάμ ἐστιν ([NH]; —T)· ↔

19 10 ἦλθεν γὰρ ὁ υἱὸς τοῦ ἀνθρώπου ζητῆσαι καὶ σῶσαι τὸ ἀπολωλός

19 11 διὰ τὸ ἐγγὺς εἶναι Ἰερουσαλὴμ αὐτὸν καὶ δοκεῖν αὐτούς

Lc 19 12 λαβεῖν ἑαυτῷ βασιλείαν καὶ ὑποστρέψαι

19 13 καὶ εἶπεν πρὸς αὐτούς

19 14 καὶ ἀπέστειλαν πρεσβείαν ὀπίσω αὐτοῦ λέγοντες

19 15 καὶ ἐγένετο ἐν τῷ ἐπανελθεῖν αὐτὸν λαβόντα τὴν βασιλείαν ↔

19 15 καὶ εἶπεν φωνηθῆναι αὐτῷ τοὺς δούλους τούτους

19 17 καὶ εἶπεν αὐτῷ

19 18 καὶ ἦλθεν ὁ δεύτερος λέγων

19 19[hq] εἶπεν δὲ καὶ τούτῳ· ↔

19 19[f] καὶ σὺ ἐπάνω γίνου πέντε πόλεων. ↔

19 20 καὶ ὁ ἕτερος ἦλθεν λέγων

19 21 αἴρεις ὃ οὐκ ἔθηκας, καὶ θερίζεις ὃ οὐκ ἔσπειρας

19 22 αἴρων ὃ οὐκ ἔθηκα, καὶ θερίζων ὃ οὐκ ἔσπειρα;

19 23 καὶ διὰ τί οὐκ ἔδωκάς μου τὸ ἀργύριον ἐπὶ τράπεζαν; ↔

19 23[f] * | καὶ ἐγὼ (Vς; κἀγὼ rl) ἐλθὼν σὺν τόκῳ ἂν αὐτὸ ἔπραξα. ↔

19 24 καὶ τοῖς παρεστῶσιν εἶπεν· ↔

19 24 ἄρατε ἀπ᾽ αὐτοῦ τὴν μνᾶν καὶ δότε τῷ τὰς δέκα μνᾶς ἔχοντι. ↔

19 25 καὶ εἶπαν αὐτῷ

19 26 ἀπὸ δὲ τοῦ μὴ ἔχοντος καὶ ὃ ἔχει ἀρθήσεται (+ἀπ᾽ αὐτοῦ Vς). ↔

19 27 πλὴν τοὺς ἐχθρούς μου . . . ἀγάγετε ὧδε καὶ κατασφάξατε αὐτοὺς ἔμπροσθέν μου. ↔

19 28 καὶ εἰπὼν ταῦτα ἐπορεύετο ἔμπροσθεν

19 29 καὶ ἐγένετο ὡς ἤγγισεν εἰς Βηθφαγὴ ↔

19 29 καὶ Βηθανίαν

19 30 εὑρήσετε πῶλον . . . καὶ (—Vς) λύσαντες αὐτὸν ἀγάγετε. ↔

19 31[j] καὶ ἐάν τις ὑμᾶς ἐρωτᾷ

19 35 καὶ ἤγαγον αὐτὸν πρὸς τὸν Ἰησοῦν,

19 35 καὶ ἐπιρίψαντες αὐτῶν τὰ ἱμάτια ἐπὶ τὸν πῶλον ἐπεβίβασαν τὸν Ἰησοῦν

19 38 ἐν οὐρανῷ εἰρήνη καὶ δόξα ἐν ὑψίστοις. ↔

19 39 καί τινες τῶν Φαρισαίων . . . εἶπαν πρὸς αὐτόν

19 40 καὶ ἀποκριθεὶς εἶπεν

19 41[k] καὶ ὡς ἤγγισεν, ἰδὼν τὴν πόλιν ἔκλαυσεν

19 42[f] εἰ ἔγνως | ἐν τῇ ἡμέρᾳ ταύτῃ καὶ σὺ (~B; κ. σὺ VTς) ↔

19 42[e] * | | : καὶ γε (ς; καίγε VT; —rl) ἐν τῇ ἡμέρᾳ σου ταύτῃ ((VTς; —rl)) τὰ πρὸς εἰρήνην

19 43 ἥξουσιν ἡμέραι ἐπὶ σὲ καὶ παρεμβαλοῦσιν οἱ ἐχθροί σου χάρακά σοι ↔

19 43 καὶ περικυκλώσουσίν σε

19 43 καὶ συνέξουσίν σε πάντοθεν, ↔

19 44 καὶ ἐδαφιοῦσίν σε ↔

19 44 καὶ τὰ τέκνα σου ἐν σοί, ↔

19 44[a] καὶ οὐκ ἀφήσουσιν λίθον ἐπὶ λίθον ἐν σοί

19 45 καὶ εἰσελθὼν εἰς τὸ ἱερὸν ἤρξατο ἐκβάλλειν ↔

19 45 * τοὺς πωλοῦντας | ἐν αὐτῷ καὶ ἀγοράζοντας (+ς)

19 46 | καὶ ἔσται (—ς) ὁ οἶκός μου οἶκος προσευχῆς (+ἐστιν ς)

19 47 καὶ ἦν διδάσκων . . . ἐν τῷ ἱερῷ· ↔

19 47 οἱ δὲ ἀρχιερεῖς καὶ οἱ γραμματεῖς

Lc 19 47 ἐζήτουν αὐτὸν ἀπολέσαι καὶ οἱ πρῶτοι τοῦ λαοῦ, ↔

19 48[a] καὶ οὐχ εὕρισκον τὸ τί ποιήσωσιν

20 1 καὶ ἐγένετο . . . διδάσκοντος αὐτοῦ τὸν λαὸν ἐν τῷ ἱερῷ ↔

20 1 καὶ εὐαγγελιζομένου ↔

20 1 ἐπέστησαν οἱ ἀρχιερεῖς (ἱερεῖς ST) καὶ οἱ γραμματεῖς

20 2 καὶ εἶπαν λέγοντες πρὸς αὐτόν

20 3 ἐρωτήσω ὑμᾶς κἀγὼ λόγον, καὶ εἴπατέ μοι

20 7 καὶ ἀπεκρίθησαν μὴ εἰδέναι πόθεν. ↔

20 8 καὶ ὁ Ἰησοῦς εἶπεν αὐτοῖς

20 9 ἄνθρωπός τις (+[N²⁶]ς) ἐφύτευσεν ἀμπελῶνα, καὶ ἐξέδετο αὐτὸν γεωργοῖς, ↔

20 9 καὶ ἀπεδήμησεν χρόνους ἱκανούς. ↔

20 10 καὶ (+ἐν Vς) καιρῷ ἀπέστειλεν πρὸς τοὺς γεωργοὺς δοῦλον

20 11 καὶ προσέθετο ἕτερον πέμψαι δοῦλον· ↔

20 11 οἱ δὲ κἀκεῖνον δείραντες καὶ ἀτιμάσαντες ἐξαπέστειλαν κενόν. ↔

20 12 καὶ προσέθετο τρίτον πέμψαι· ↔

20 12[hq] οἱ δὲ καὶ τοῦτον τραυματίσαντες ἐξέβαλον

20 15 καὶ ἐκβαλόντες αὐτὸν ἔξω τοῦ ἀμπελῶνος ἀπέκτειναν

20 16 ἐλεύσεται καὶ ἀπολέσει τοὺς γεωργοὺς τούτους,

20 16 καὶ δώσει τὸν ἀμπελῶνα ἄλλοις

20 19 καὶ ἐζήτησαν ↔

20 19 οἱ γραμματεῖς καὶ οἱ ἀρχιερεῖς ἐπιβαλεῖν ἐπ᾽ αὐτὸν τὰς χεῖρας ἐν αὐτῇ τῇ ὥρᾳ, ↔

20 19 καὶ ἐφοβήθησαν τὸν λαόν

20 20 καὶ παρατηρήσαντες ἀπέστειλαν ἐγκαθέτους

20 20 ὥστε παραδοῦναι αὐτὸν τῇ ἀρχῇ καὶ τῇ ἐξουσίᾳ τοῦ ἡγεμόνος.

20 21 καὶ ἐπηρώτησαν αὐτόν

20 21 ὀρθῶς λέγεις καὶ διδάσκεις ↔

20 21[a] καὶ οὐ λαμβάνεις πρόσωπον

20 24 τίνος ἔχει εἰκόνα καὶ ἐπιγραφήν;

20 25 ἀπόδοτε τὰ Καίσαρος Καίσαρι καὶ τὰ τοῦ θεοῦ τῷ θεῷ. ↔

20 26[a] καὶ οὐκ ἴσχυσαν ἐπιλαβέσθαι αὐτοῦ (τοῦ SH) ῥήματος

20 26 καὶ θαυμάσαντες ἐπὶ τῇ ἀποκρίσει αὐτοῦ ἐσίγησαν

20 28[h] ἐάν τινος ἀδελφὸς ἀποθάνῃ ἔχων γυναῖκα, καὶ οὗτος ἄτεκνος ᾖ, ↔

20 28 ἵνα λάβῃ ὁ ἀδελφὸς αὐτοῦ τὴν γυναῖκα καὶ ἐξαναστήσῃ σπέρμα

20 29 ὁ πρῶτος λαβὼν γυναῖκα ἀπέθανεν ἄτεκνος·

20 30 | καὶ ὁ δεύτερος (καὶ ἔλαβεν ὁ δεύτερος τὴν γυναῖκα ς) ↔

20 30[h] * | καὶ οὗτος ἀπέθανεν ἄτεκνος· (+ς) ↔

20 31 καὶ ὁ τρίτος ἔλαβεν αὐτήν, ↔

20 31[q] ὡσαύτως δὲ καὶ οἱ ἑπτὰ

20 31[a] * καὶ (+ς) οὐ κατέλιπον τέκνα ↔

20 31 καὶ ἀπέθανον. ↔

20 32 ὕστερον | καὶ ἡ γυνὴ ἀπέθανεν (πάντων ἀ. κ. ἡ γ. Vς)

20 34 καὶ εἶπεν αὐτοῖς ὁ Ἰησοῦς· ↔

20 34 οἱ υἱοὶ τοῦ αἰῶνος τούτου γαμοῦσιν καὶ γαμίσκονται

20 35 οἱ δὲ καταξιωθέντες τοῦ αἰῶνος ἐκείνου τυχεῖν καὶ τῆς ἀναστάσεως

Lc 20 36 ἰσάγγελοι γάρ εἰσιν, καὶ υἱοί
εἰσιν (+τοῦ Vς) θεοῦ

20 37 καὶ Μωϋσῆς ἐμήνυσεν ἐπὶ τῆς
βάτου, ↔

20 37 ὡς λέγει κύριον τὸν θεὸν ᾿Αβραὰμ
καὶ (+τὸν ς) θεὸν ᾿Ισαὰκ ↔

20 37 καὶ (+τὸν ς) θεὸν ᾿Ιακώβ

20 42ʰ* | καὶ αὐτὸς (Sς; αὐτὸς γὰρ rl)
Δαυὶδ λέγει ἐν βίβλῳ ψαλμῶν

20 44ᵐ καὶ πῶς | αὐτοῦ υἱός (~VBSς)
ἐστιν;

20 46 προσέχετε ἀπὸ ... τῶν θελόντων
περιπατεῖν ἐν στολαῖς καὶ φιλούν-
των ἀσπασμοὺς ἐν ταῖς ἀγοραῖς ↔

20 46 καὶ πρωτοκαθεδρίας ἐν ταῖς συν-
αγωγαῖς ↔

20 46 καὶ πρωτοκλισίας ἐν τοῖς δεί-
πνοις, ↔

20 47 οἳ κατεσθίουσιν τὰς οἰκίας τῶν
χηρῶν καὶ προφάσει μακρὰ προσ-
εύχονται

21 2ᑫ* εἶδεν δὲ καὶ (+ς) τινα χήραν
πενιχρὰν

21 3 καὶ εἶπεν

21 5 καί τινων λεγόντων περὶ τοῦ ἱεροῦ,
↔

21 5 ὅτι λίθοις καλοῖς καὶ ἀναθήμασιν
(-θέμασιν T) κεκόσμηται

21 7 πότε οὖν ταῦτα ἔσται; καὶ τί τὸ
σημεῖον ὅταν μέλλῃ ταῦτα γίνε-
σθαι;

21 8 ἐλεύσονται ... λέγοντες· (+ὅτι
VSς) ἐγώ εἰμι, καί· ὁ καιρὸς ἤγγι-
κεν

21 9 ὅταν δὲ ἀκούσητε πολέμους καὶ
ἀκαταστασίας

21 10 ἐγερθήσεται ἔθνος ἐπ᾿ ἔθνος καὶ
βασιλεία ἐπὶ βασιλείαν, ↔

21 11 σεισμοί τε μεγάλοι | καὶ κατὰ τό-
πους (κατὰ τ. καὶ ς) ↔

21 11 | λιμοὶ καὶ λοιμοὶ (~NH) ἔσονται,
↔

21 11ᵖ φόβητρά τε καὶ | ἀπ᾿ οὐρανοῦ ση-
μεῖα μεγάλα (~TςBS) ἔσται

21 12 ἐπιβαλοῦσιν ἐφ᾿ ὑμᾶς τὰς χεῖρας
αὐτῶν καὶ διώξουσιν, ↔

21 12 παραδιδόντες εἰς τὰς (—VBSς)
συναγωγὰς καὶ φυλακάς, ↔

21 12 ἀπαγομένους ἐπὶ βασιλεῖς καὶ
ἡγεμόνας

21 15 ἐγὼ γὰρ δώσω ὑμῖν στόμα καὶ
σοφίαν

21 16ᑫ παραδοθήσεσθε δὲ καὶ ὑπὸ γονέων

21 16 καὶ ἀδελφῶν ↔

21 16 καὶ συγγενῶν ↔

21 16 καὶ φίλων, ↔

21 16 καὶ θανατώσουσιν ἐξ ὑμῶν, ↔

21 17 καὶ ἔσεσθε μισούμενοι ὑπὸ πάντων
διὰ τὸ ὄνομά μου.

21 18 καὶ θρὶξ ἐκ τῆς κεφαλῆς ὑμῶν οὐ
μὴ ἀπόληται

21 21 οἱ ἐν τῇ ᾿Ιουδαίᾳ ... καὶ οἱ ἐν μέ-
σῳ αὐτῆς ἐκχωρείτωσαν, ↔

21 21 καὶ οἱ ἐν ταῖς χώραις μὴ εἰσερχέ-
σθωσαν εἰς αὐτήν

21 23 οὐαὶ (+δὲ Vς) ταῖς ἐν γαστρὶ
ἐχούσαις καὶ ταῖς θηλαζούσαις

21 23 ἔσται γὰρ ἀνάγκη μεγάλη ἐπὶ
τῆς γῆς καὶ ὀργὴ (+ἐν Vς) τῷ
λαῷ τούτῳ, ↔

21 24 καὶ πεσοῦνται στόματι μαχαίρης↔

21 24 καὶ αἰχμαλωτισθήσονται εἰς τὰ
ἔθνη πάντα, ↔

Lc 21 24 καὶ ᾿Ιερουσαλὴμ ἔσται πατουμένη
ὑπὸ ἐθνῶν, ↔

21 24 * ἄχρι οὗ πληρωθῶσιν || καιροὶ
| καὶ ἔσονται καιροὶ [+S] (([καὶ ἔσ.]
καιροὶ H)) ἐθνῶν. ↔

21 25 καὶ ἔσονται (ἔσται VSς) σημεῖα ἐν
ἡλίῳ

21 25 καὶ σελήνῃ ↔

21 25 καὶ ἄστροις, ↔

21 25 καὶ ἐπὶ τῆς γῆς συνοχὴ ἐθνῶν ↔

21 25 ἐν ἀπορίᾳ ἤχους (ἠχοῦς H;
ἠχούσης ς) θαλάσσης καὶ σάλου, ↔

21 26 ἀποψυχόντων ἀνθρώπων ἀπὸ φό-
βου καὶ προσδοκίας τῶν ἐπερχο-
μένων

21 27 καὶ τότε ὄψονται τὸν υἱὸν τοῦ
ἀνθρώπου ↔

21 27 ἐρχόμενον ἐν νεφέλῃ μετὰ δυνά-
μεως καὶ δόξης πολλῆς

21 28 ἀνακύψατε καὶ ἐπάρατε τὰς κεφα-
λὰς ὑμῶν

21 29 καὶ εἶπεν παραβολὴν αὐτοῖς· ↔

21 29 ἴδετε τὴν συκῆν καὶ πάντα τὰ
δένδρα

21 31ᵍᵘ οὕτως καὶ ὑμεῖς ... γινώσκετε

21 33 ὁ οὐρανὸς καὶ ἡ γῆ παρελεύσονται

21 34 μήποτε βαρηθῶσιν | ὑμῶν αἱ
καρδίαι (~H) ἐν κραιπάλῃ καὶ
μέθῃ

21 34 καὶ μερίμναις βιωτικαῖς, ↔

21 34 καὶ ἐπιστῇ ἐφ᾿ ὑμᾶς αἰφνίδιος ἡ
ἡμέρα ἐκείνη

21 36 ἵνα κατισχύσητε (καταξιωθῆτε
Vς) ἐκφυγεῖν ταῦτα ... καὶ
σταθῆναι ἔμπροσθεν τοῦ υἱοῦ τοῦ
ἀνθρώπου

21 38 καὶ πᾶς ὁ λαὸς ὤρθριζεν πρὸς
αὐτὸν ἐν τῷ ἱερῷ

22 2 καὶ ἐζήτουν οἱ ἀρχιερεῖς ↔

22 2 καὶ οἱ γραμματεῖς τὸ πῶς ἀνέλωσιν
αὐτόν

22 4 καὶ ἀπελθὼν συνελάλησεν τοῖς
ἀρχιερεῦσιν ↔

22 4 καὶ (+τοῖς ς) στρατηγοῖς

22 5 καὶ ἐχάρησαν, ↔

22 5 καὶ συνέθεντο αὐτῷ ἀργύριον
δοῦναι. ↔

22 6 καὶ ἐξωμολόγησεν, ↔

22 6 καὶ ἐζήτει εὐκαιρίαν τοῦ παραδοῦ-
ναι αὐτόν

22 8 καὶ ἀπέστειλεν Πέτρον ↔

22 8 καὶ ᾿Ιωάννην εἰπών ↔

22 11 καὶ ἐρεῖτε τῷ οἰκοδεσπότῃ

22 13 εὗρον καθὼς εἰρήκει αὐτοῖς, καὶ
ἡτοίμασαν τὸ πάσχα.

22 14ʲ καὶ ὅτε ἐγένετο ἡ ὥρα, ↔

22 14 ἀνέπεσεν, καὶ οἱ (+δώδεκα Vς)
ἀπόστολοι σὺν αὐτῷ

22 15 καὶ εἶπεν πρὸς αὐτούς

22 17 καὶ δεξάμενος ποτήριον εὐχαρι-
στήσας εἶπεν· ↔

22 17 λάβετε τοῦτο καὶ διαμερίσατε εἰς
ἑαυτούς

22 19 καὶ λαβὼν ἄρτον εὐχαριστήσας ↔

22 19 ἔκλασεν καὶ ἔδωκεν αὐτοῖς

22 20 ⟨λαβών⟩ | καὶ τὸ ποτήριον ὡσαύ-
τως μετὰ τὸ δειπνῆσαι [.. NH ..]

22 22 * | καὶ ὁ μὲν υἱὸς (Vς; ὅτι ὁ υἱὸς
μὲν rl) τοῦ ἀνθρώπου κατὰ τὸ
ὡρισμένον πορεύεται

22 23ʰ καὶ αὐτοὶ ἤρξαντο συζητεῖν

22 24ᑫ ἐγένετο δὲ καὶ φιλονεικία

22 25 οἱ βασιλεῖς τῶν ἐθνῶν κυριεύουσιν
αὐτῶν, καὶ οἱ ἐξουσιάζοντες αὐτῶν
εὐεργέται καλοῦνται

Lc 22 26 ὁ μείζων ... γινέσθω ὡς ὁ
νεώτερος, καὶ ὁ ἡγούμενος ὡς ὁ
διακονῶν

22 30 ἵνα ἔσθητε καὶ πίνητε ἐπὶ τῆς
τραπέζης μου ἐν τῇ βασιλείᾳ
μου, ↔

22 30 καὶ καθήσεσθε (καθῆσθε H; καθίση-
σθε ς) ἐπὶ θρόνων

22 32ᶠ ἐγὼ δὲ ἐδεήθην ... καὶ σύ ποτε
ἐπιστρέψας στήρισον τοὺς ἀδελ-
φούς σου

22 33 μετὰ σοῦ ἕτοιμός εἰμι καὶ εἰς
φυλακὴν ↔

22 33 καὶ εἰς θάνατον πορεύεσθαι

22 35 καὶ εἶπεν αὐτοῖς· ↔

22 35 ὅτε ἀπέστειλα ὑμᾶς ἄτερ βαλλαν-
τίου καὶ πήρας ↔

22 35 καὶ ὑποδημάτων

22 36ᵘ ὁ ἔχων βαλλάντιον ἀράτω,
ὁμοίως καὶ πήραν, ↔

22 36 καὶ ὁ μὴ ἔχων πωλησάτω τὸ
ἱμάτιον αὐτοῦ ↔

22 36 καὶ ἀγορασάτω μάχαιραν

22 37 καὶ μετὰ ἀνόμων ἐλογίσθη· ↔

22 37ᵈ καὶ γὰρ τὸ περὶ ἐμοῦ τέλος ἔχει

22 39 καὶ ἐξελθὼν ἐπορεύθη ... εἰς τὸ
ὄρος τῶν ἐλαιῶν· ↔

22 39 ἠκολούθησαν δὲ αὐτῷ καὶ [H] οἱ
μαθηταί

22 41ʰ καὶ αὐτὸς ἀπεσπάσθη ἀπ᾿ αὐτῶν
ὡσεὶ λίθου βολὴν, ↔

22 41 καὶ θεὶς τὰ γόνατα προσηύχετο

22 44 | καὶ γενόμενος ἐν ἀγωνίᾳ ἐκτενέ-
στερον προσηύχετο [..NᵀˢNSH..]·
↔

22 44 ||: καὶ ἐγένετο (ἐ. δὲ VSς) ὁ
ἱδρὼς αὐτοῦ ὡσεὶ θρόμβοι αἵματος
[[.. NᵀˢNSH ..]]

22 45 καὶ ἀναστὰς ἀπὸ τῆς προσευχῆς
... εὗρεν κοιμωμένους αὐτούς

22 46 καὶ εἶπεν αὐτοῖς

22 47 ἰδοὺ ὄχλος, καὶ ὁ λεγόμενος
᾿Ιούδας ... προήρχετο αὐτούς, ↔

22 47 καὶ ἤγγισεν τῷ ᾿Ιησοῦ φιλῆσαι
αὐτόν

22 50 καὶ ἐπάταξεν εἷς τις ἐξ αὐτῶν τοῦ
ἀρχιερέως τὸν δοῦλον ↔

22 50 καὶ ἀφεῖλεν τὸ οὖς αὐτοῦ τὸ
δεξιόν

22 51 καὶ ἁψάμενος τοῦ ὠτίου ἰάσατο
αὐτόν. ↔

22 52 εἶπεν δὲ (+ὁ Vς) ᾿Ιησοῦς πρὸς
τοὺς ... ἀρχιερεῖς καὶ στρατηγοὺς
τοῦ ἱεροῦ

22 52 καὶ πρεσβυτέρους· ↔

22 52 ὡς ἐπὶ λῃστὴν ἐξήλθατε (ἐξεληλύ-
θατε Tς) μετὰ μαχαιρῶν καὶ
ξύλων;

22 53 αὕτη ἐστὶν ὑμῶν ἡ ὥρα καὶ ἡ
(—M) ἐξουσία τοῦ σκότους. ↔

22 54 συλλαβόντες δὲ αὐτὸν ἤγαγον καὶ
εἰσήγαγον εἰς τὴν οἰκίαν τοῦ
ἀρχιερέως

22 55 περιαψάντων δὲ πῦρ ἐν μέσῳ τῆς
αὐλῆς καὶ συγκαθισάντων

22 56 ἰδοῦσα δὲ αὐτὸν παιδίσκη τις
καθήμενον ... καὶ ἀτενίσασα
αὐτῷ εἶπεν· ↔

22 56ʰ καὶ οὗτος σὺν αὐτῷ ἦν

22 58 καὶ μετὰ βραχὺ ἕτερος ἰδὼν αὐτὸν
ἔφη· ↔

22 58ᶠ καὶ σὺ ἐξ αὐτῶν εἶ

22 59 καὶ διαστάσης ὡσεὶ ὥρας μιᾶς

22 59ʰ ἐπ᾿ ἀληθείας καὶ οὗτος μετ᾿ αὐτοῦ
ἦν, ↔

Lc 22 59ᵈ καὶ γὰρ Γαλιλαῖός ἐστιν

22 60 καὶ παραχρῆμα ἔτι λαλοῦντος αὐτοῦ ἐφώνησεν ἀλέκτωρ. ↔

22 61 καὶ στραφεὶς ὁ κύριος ἐνέβλεψεν τῷ Πέτρῳ, ↔

22 61 καὶ ὑπεμνήσθη ὁ Πέτρος τοῦ ῥήματος (N²⁶H; λόγου rl)

22 62 | καὶ ἐξελθὼν ἔξω ἔκλαυσεν πικρῶς [H].

22 63 καὶ οἱ ἄνδρες . . . ἐνέπαιζον αὐτῷ δέροντες, ↔

22 64 καὶ περικαλύψαντες αὐτὸν ↔

22 64 * | ἔτυπτον αὐτοῦ τὸ πρόσωπον, καὶ (+ς) ἐπηρώτων (+αὐτὸν MVBSς) λέγοντες

22 65 καὶ ἕτερα πολλὰ βλασφημοῦντες ἔλεγον εἰς αὐτόν. ↔

22 66ᵏ καὶ ὡς ἐγένετο ἡμέρα, ↔

22 66ᵖ συνήχθη τὸ πρεσβυτέριον τοῦ λαοῦ, ἀρχιερεῖς τε καὶ γραμματεῖς,

22 66 καὶ ἀπήγαγον αὐτὸν εἰς τὸ συνέδριον αὐτῶν

22 68ᵃ * ἐὰν δὲ καὶ (+VBς) ἐρωτήσω

23 1 καὶ ἀναστὰν ἅπαν τὸ πλῆθος αὐτῶν ἤγαγον αὐτὸν ἐπὶ τὸν Πιλᾶτον

23 2 τοῦτον εὕραμεν διαστρέφοντα τὸ ἔθνος ἡμῶν καὶ κωλύοντα φόρους Καίσαρι διδόναι, ↔

23 2 καὶ (—ς) λέγοντα ἑαυτὸν χριστὸν βασιλέα εἶναι

23 4 ὁ δὲ Πιλᾶτος εἶπεν πρὸς τοὺς ἀρχιερεῖς καὶ τοὺς ὄχλους

23 5 διδάσκων καθ᾽ ὅλης τῆς Ἰουδαίας, καὶ (—ς) ἀρξάμενος ἀπὸ τῆς Γαλιλαίας ἕως ὧδε

23 7 ⟨Πιλᾶτος δὲ ἀκούσας⟩ καὶ ἐπιγνοὺς

23 7ʰ πρὸς Ἡρῴδην, ὄντα καὶ αὐτὸν ἐν Ἱεροσολύμοις

23 8 ἦν γὰρ θέλων ἰδεῖν αὐτὸν . . . καὶ ἤλπιζέν τι σημεῖον ἰδεῖν

23 10 εἱστήκεισαν δὲ οἱ ἀρχιερεῖς καὶ οἱ γραμματεῖς εὐτόνως κατηγοροῦντες αὐτοῦ. ↔

23 11 ἐξουθενήσας δὲ αὐτὸν καὶ (+[N²⁶] BST) ὁ Ἡρῴδης σὺν τοῖς στρατεύμασιν αὐτοῦ ↔

23 11 καὶ ἐμπαίξας

23 12 ἐγένοντο δὲ φίλοι ὅ τε Ἡρῴδης καὶ ὁ Πιλᾶτος . . . μετ᾽ ἀλλήλων

23 13 Πιλᾶτος δὲ συγκαλεσάμενος τοὺς ἀρχιερεῖς καὶ τοὺς ἄρχοντας ↔

23 13 καὶ τὸν λαὸν

23 14ⁿ καὶ ἰδοὺ ἐγὼ ἐνώπιον ὑμῶν ἀνακρίνας οὐθὲν εὗρον . . . αἴτιον

23 15ⁿ καὶ ἰδοὺ οὐδὲν ἄξιον θανάτου ἐστὶν πεπραγμένον αὐτῷ

23 19 ὅστις ἦν διὰ στάσιν τινὰ . . . καὶ φόνον βληθεὶς ἐν τῇ φυλακῇ

23 23 οἱ δὲ ἐπέκειντο φωναῖς μεγάλαις . . . καὶ κατίσχυον αἱ φωναὶ αὐτῶν ↔

23 23 * | καὶ τῶν ἀρχιερέων (+ς).

23 24 καὶ (ὁ δὲ ς) Πιλᾶτος ἐπέκρινεν γενέσθαι τὸ αἴτημα αὐτῶν· ↔

23 25 ἀπέλυσεν δὲ τὸν διὰ στάσιν καὶ φόνον βεβλημένον εἰς (+τὴν VSς) φυλακὴν

23 26ᵏ καὶ ὡς ἀπήγαγον αὐτὸν

23 27 ἠκολούθει δὲ αὐτῷ πολὺ πλῆθος τοῦ λαοῦ καὶ γυναικῶν ↔

23 27 * αἳ καὶ (+ς) ἐκόπτοντο

23 27 καὶ ἐθρήνουν αὐτόν

23 28 πλὴν ἐφ᾽ ἑαυτὰς κλαίετε καὶ ἐπὶ τὰ τέκνα ὑμῶν

Lc 23 29 μακάριαι αἱ στεῖραι, καὶ αἱ κοιλίαι αἳ οὐκ ἐγέννησαν, ↔

23 29 καὶ μαστοὶ οἳ οὐκ ἔθρεψαν (ἐθήλασαν Vς). ↔

23 30 τότε ἄρξονται λέγειν τοῖς ὄρεσιν . . . καὶ τοῖς βουνοῖς

23 32ᵃ ἤγοντο δὲ καὶ ἕτεροι | κακοῦργοι δύο (~VBSTς) σὺν αὐτῷ ἀναιρεθῆναι.

23 33ʲ καὶ ὅτε ἦλθον (ἀπ- STς) ἐπὶ τὸν τόπον τὸν καλούμενον Κρανίον, ↔

23 33 ἐκεῖ ἐσταύρωσαν αὐτὸν καὶ τοὺς κακούργους

23 35 καὶ εἱστήκει ὁ λαὸς θεωρῶν. ↔

23 35ᵃ ἐξεμυκτήριζον δὲ καὶ (—T) οἱ ἄρχοντες (+σὺν αὐτοῖς Vς)

23 36 ἐνέπαιξαν (-ζον VBS) δὲ αὐτῷ καὶ οἱ στρατιῶται προσερχόμενοι, ↔

23 36 * καὶ (+Vς) ὄξος προσφέροντες αὐτῷ ↔

23 37 καὶ λέγοντες

23 38ᵃ ἦν δὲ καὶ ἐπιγραφὴ (+γεγραμμένη Vς) ἐπ᾽ αὐτῷ ↔

23 38 * | γράμμασιν ἑλληνικοῖς καὶ ῥωμαϊκοῖς (+MVBSς . .) ↔

23 38 * | καὶ ἑβραϊκοῖς (. .+MVBSς)

23 39ᵍ σῶσον σεαυτὸν καὶ ἡμᾶς

23 41ᵍ καὶ ἡμεῖς μὲν δικαίως, ἄξια . . . ἀπολαμβάνομεν

23 42 καὶ ἔλεγεν

23 43 καὶ εἶπεν αὐτῷ (+ὁ Ἰησοῦς Vς)

23 44 | καὶ ἦν ἤδη (κ. ἦν [ἤδη] S; ἦν δὲ Vς) ὡσεὶ ὥρα ἕκτη ↔

23 44 καὶ σκότος ἐγένετο ἐφ᾽ ὅλην τὴν γῆν ἕως ὥρας ἐνάτης ↔

23 45 * | καὶ ἐσκοτίσθη ὁ ἥλιος (ς; τοῦ ἡλίου ἐκλείποντος H; τοῦ ἡ. ἐκλιπ. rl)· ↔

23 45 * | καὶ ἐσχίσθη (ς; ἐ. δὲ rl) τὸ καταπέτασμα τοῦ ναοῦ μέσον.

23 46 καὶ φωνήσας φωνῇ μεγάλῃ ὁ Ἰησοῦς εἶπεν

23 46ʰ | καὶ ταῦτα (ς; τοῦτο δὲ rl) εἰπὼν ἐξέπνευσεν

23 48 καὶ πάντες οἱ συμπαραγενόμενοι ὄχλοι . . . τύπτοντες τὰ στήθη ὑπέστρεφον. ↔

23 49 εἱστήκεισαν δὲ πάντες οἱ γνωστοὶ αὐτῷ (αὐτοῦ Sς) ἀπὸ (—Sς) μακρόθεν, καὶ γυναῖκες αἱ (—V) συνακολουθοῦσαι αὐτῷ

23 50ⁿ καὶ ἰδοὺ ἀνὴρ ὀνόματι Ἰωσὴφ βουλευτὴς ὑπάρχων, ↔

23 50 καὶ (+[N²⁶S]T) ἀνὴρ ἀγαθὸς ↔

23 50 καὶ δίκαιος, ↔

23 51 οὗτος οὐκ ἦν συγκατατεθειμένος (-τιθέμενος ST) τῇ βουλῇ καὶ τῇ πράξει αὐτῶν

23 51 * ὃς καὶ (+ς) προσεδέχετο ↔

23 51ʰ * | καὶ αὐτὸς (+Vς) τὴν βασιλείαν τοῦ θεοῦ

23 53 καὶ καθελὼν (+αὐτὸ Vς) ἐνετύλιξεν αὐτὸ σινδόνι,

23 53 καὶ ἔθηκεν αὐτὸν ἐν μνήματι λαξευτῷ

23 54 καὶ ἡμέρα ἦν παρασκευῆς, ↔

23 54 καὶ σάββατον ἐπέφωσκεν. ↔

23 55ᵃ * κατακολουθήσασαι δὲ καὶ (ς; —T; αἱ rl) γυναῖκες . . . ἐθεάσαντο τὸ μνημεῖον ↔

23 55ᵏ καὶ ὡς ἐτέθη τὸ σῶμα αὐτοῦ, ↔

23 56 ὑποστρέψασαι δὲ ἡτοίμασαν ἀρώματα καὶ μύρα. ↔

23 56 καὶ τὸ μὲν σάββατον ἡσύχασαν

Lc 24 1 * ἐπὶ τὸ μνῆμα ἦλθον φέρουσαι . . . ἀρώματα | καί τινες σὺν αὐταῖς (+ς)

24 3 * | καὶ εἰσελθοῦσαι (ς; εἰσ. δὲ rl) οὐχ εὗρον τὸ σῶμα | τοῦ κυρίου Ἰησοῦ [VH].

24 4 καὶ ἐγένετο ἐν τῷ ἀπορεῖσθαι (δι- Vς) αὐτὰς περὶ τούτου ↔

24 4ⁿ καὶ ἰδοὺ ἄνδρες δύο ἐπέστησαν αὐταῖς

24 5 ἐμφόβων δὲ γενομένων αὐτῶν καὶ κλινουσῶν τὰ πρόσωπα

24 7 | τὸν υἱὸν τοῦ ἀνθρώπου ὅτι δεῖ (~Vς) παραδοθῆναι . . . καὶ σταυρωθῆναι ↔

24 7 καὶ τῇ τρίτῃ ἡμέρᾳ ἀναστῆναι. ↔

24 8 καὶ ἐμνήσθησαν τῶν ῥημάτων αὐτοῦ, ↔

24 9 καὶ ὑποστρέψασαι | ἀπὸ τοῦ μνημείου [H] ↔

24 9 ἀπήγγειλαν | ταῦτα πάντα (~ST) τοῖς ἕνδεκα καὶ πᾶσιν τοῖς λοιποῖς. ↔

24 10 ἦσαν δὲ ἡ Μαγδαληνὴ Μαρία καὶ Ἰωάννα ↔

24 10 καὶ Μαρία ἡ Ἰακώβου· ↔

24 10 καὶ αἱ λοιπαὶ σὺν αὐταῖς

24 11 καὶ ἐφάνησαν ἐνώπιον αὐτῶν ὡσεὶ λῆρος τὰ ῥήματα ταῦτα, ↔

24 11 καὶ ἠπίστουν αὐταῖς

24 12 * | καὶ παρακύψας βλέπει τὰ ὀθόνια μόνα ([. .VH. .]; . . —NT .)· ↔

24 12 * | καὶ ἀπῆλθεν πρὸς ἑαυτὸν θαυμάζων τὸ γεγονός ([. .VH]; . . —NT). ↔

24 13ⁿ καὶ ἰδοὺ δύο ἐξ αὐτῶν | ἐν αὐτῇ τῇ ἡμέρᾳ ἦσαν πορευόμενοι (~VB Sς) εἰς κώμην

24 14ʰ καὶ αὐτοὶ ὡμίλουν πρὸς ἀλλήλους περὶ . . . τούτων.

24 15 καὶ ἐγένετο ἐν τῷ ὁμιλεῖν αὐτοὺς ↔

24 15 καὶ συζητεῖν, ↔

24 15ʰ καὶ [H] αὐτὸς Ἰησοῦς ἐγγίσας συνεπορεύετο αὐτοῖς

24 17 τίνες οἱ λόγοι οὗτοι . . . | καὶ ἐστάθησαν σκυθρωποί (καὶ ἔστε σ.; Vς)

24 18ᵃ σὺ μόνος παροικεῖς Ἰερουσαλὴμ καὶ οὐκ ἔγνως τὰ γενόμενα ⟨;⟩

24 19 καὶ εἶπεν αὐτοῖς

24 19 ὃς ἐγένετο ἀνὴρ προφήτης δυνατὸς ἐν ἔργῳ καὶ λόγῳ ↔

24 19 ἐναντίον τοῦ θεοῦ καὶ παντὸς τοῦ λαοῦ, ↔

24 20 ὅπως τε παρέδωκαν αὐτὸν οἱ ἀρχιερεῖς καὶ οἱ ἄρχοντες ἡμῶν εἰς κρίμα θανάτου ↔

24 20 καὶ ἐσταύρωσαν αὐτὸν

24 21ᵖ ἀλλά γε καὶ (—ς) σὺν πᾶσιν τούτοις τρίτην ταύτην ἡμέραν ἄγει (+σήμερον Vς)

24 22ʷ ἀλλὰ καὶ γυναῖκές τινες ἐξ ἡμῶν ἐξέστησαν ἡμᾶς

24 23ᵃ καὶ μὴ εὑροῦσαι τὸ σῶμα αὐτοῦ ↔

24 23 ἦλθον λέγουσαι καὶ ὀπτασίαν ἀγγέλων ἑωρακέναι

24 24 καὶ ἀπῆλθόν τινες τῶν σὺν ἡμῖν ἐπὶ τὸ μνημεῖον, ↔

24 24 καὶ εὗρον οὕτως

24 24ᵘ καθὼς καὶ (—H) αἱ γυναῖκες εἶπον

24 25ʰ καὶ αὐτὸς εἶπεν πρὸς αὐτούς· ↔

24 25 ὦ ἀνόητοι καὶ βραδεῖς τῇ καρδίᾳ τοῦ πιστεύειν

24 26 οὐχὶ ταῦτα ἔδει παθεῖν τὸν χριστὸν καὶ εἰσελθεῖν εἰς τὴν δόξαν αὐτοῦ; ↔

Lc 24 27 καὶ ἀρξάμενος ἀπὸ Μωϋσέως ↔

24 27 καὶ ἀπὸ πάντων τῶν προφητῶν

24 28 καὶ ἤγγισαν εἰς τὴν κώμην οὗ ἐπορεύοντο, ↔

24 28[h] καὶ αὐτὸς προσεποιήσατο πορρώτερον (N[26]NH; -τέρω rl) πορεύεσθαι. ↔

24 29 καὶ παρεβιάσαντο αὐτὸν λέγοντες

24 29 ὅτι πρὸς ἑσπέραν ἐστὶν καὶ κέκλικεν ἤδη ([S]; —ς) ἡ ἡμέρα. ↔

24 29 καὶ εἰσῆλθεν τοῦ μεῖναι σὺν αὐτοῖς. ↔

24 30 καὶ ἐγένετο ἐν τῷ κατακλιθῆναι αὐτὸν μετ᾽ αὐτῶν ↔

24 30 λαβὼν τὸν ἄρτον εὐλόγησεν καὶ κλάσας ἐπεδίδου αὐτοῖς· ↔

24 31 αὐτῶν δὲ διηνοίχθησαν οἱ ὀφθαλμοί, καὶ ἐπέγνωσαν αὐτόν· ↔

24 31[h] καὶ αὐτὸς ἄφαντος ἐγένετο ἀπ᾽ αὐτῶν.

24 32 καὶ εἶπαν πρὸς ἀλλήλους

24 32[k] * ὡς ἐλάλει ἡμῖν ἐν τῇ ὁδῷ, καὶ (+Vς) ὡς διήνοιγεν ἡμῖν τὰς γραφάς; ↔

24 33 καὶ ἀναστάντες αὐτῇ τῇ ὥρᾳ ὑπέστρεψαν εἰς Ἰερουσαλήμ, ↔

24 33 καὶ εὗρον ἠθροισμένους (συν- Vς) τοὺς ἕνδεκα ↔

24 33 καὶ τοὺς σὺν αὐτοῖς

24 34 | ὄντως ἠγέρθη ὁ κύριος (~Vς) καὶ ὤφθη Σίμωνι.

24 35[h] καὶ αὐτοὶ ἐξηγοῦντο τὰ ἐν τῇ ὁδῷ ↔

24 35[k] καὶ ὡς ἐγνώσθη αὐτοῖς ἐν τῇ κλάσει τοῦ ἄρτου

24 36 ἔστη ἐν μέσῳ αὐτῶν | καὶ λέγει αὐτοῖς· εἰρήνη ὑμῖν ([VSH]; —NT). ↔

24 37[q] πτοηθέντες δὲ καὶ ἔμφοβοι γενόμενοι ἐδόκουν πνεῦμα θεωρεῖν. ↔

24 38 καὶ εἶπεν αὐτοῖς· ↔

24 38 τί τεταραγμένοι ἐστέ, καὶ διὰ τί διαλογισμοὶ ἀναβαίνουσιν ἐν | τῇ καρδίᾳ (ταῖς -ίαις MVBSς) ὑμῶν; ↔

24 39 ἴδετε τὰς χεῖράς μου καὶ τοὺς πόδας μου [S]

24 39 ψηλαφήσατέ με καὶ ἴδετε, ↔

24 39 ὅτι πνεῦμα σάρκα (-ας T) καὶ ὀστέα οὐκ ἔχει

24 40[h] || καὶ τοῦτο εἰπὼν ἔδειξεν (ἐπ- Sς) αὐτοῖς (([VSH ..]; —NT ..)) ↔

24 40 τὰς χεῖρας καὶ τοὺς πόδας ([.. VSH]; .. —NT). ↔

24 41 ἔτι δὲ ἀπιστούντων αὐτῶν ἀπὸ τῆς χαρᾶς καὶ θαυμαζόντων

24 42 * ἐπέδωκαν αὐτῷ ἰχθύος ὀπτοῦ μέρος | καὶ ἀπὸ μελισσίου κηρίου (+Vς)· ↔

24 43 καὶ λαβὼν ἐνώπιον αὐτῶν ἔφαγεν

24 44 δεῖ πληρωθῆναι πάντα τὰ γεγραμμένα ἐν τῷ νόμῳ Μωϋσέως καὶ τοῖς (+N[26]NMH) προφήταις ↔

24 44 καὶ ψαλμοῖς περὶ ἐμοῦ

24 46 καὶ εἶπεν αὐτοῖς

24 46[k] * ὅτι οὕτως γέγραπται | καὶ οὕτως ἔδει (+Vς) παθεῖν τὸν χριστὸν ↔

24 46 καὶ ἀναστῆναι ἐκ νεκρῶν τῇ τρίτῃ ἡμέρᾳ, ↔

24 47 καὶ κηρυχθῆναι ἐπὶ τῷ ὀνόματι αὐτοῦ ↔

24 47 * μετάνοιαν καὶ (MVBSς; εἰς rl) ἄφεσιν ἁμαρτιῶν

24 49[fn] | καὶ ἰδοὺ ἐγὼ (κ. [ἰ.] ἐ. N[26]; κἀγὼ ST) ἀποστέλλω (N[26]ς;

ἐξ- rl) τὴν ἐπαγγελίαν τοῦ πατρός μου ἐφ᾽ ὑμᾶς

Lc 24 50 ἐξήγαγεν δὲ αὐτοὺς . . . καὶ ἐπάρας τὰς χεῖρας αὐτοῦ εὐλόγησεν αὐτούς. ↔

24 51 καὶ ἐγένετο ἐν τῷ εὐλογεῖν αὐτὸν αὐτοὺς

24 51 διέστη ἀπ᾽ αὐτῶν | καὶ ἀνεφέρετο εἰς τὸν οὐρανόν ([VSH]; —NT). ↔

24 52[h] καὶ αὐτοὶ | προσκυνήσαντες αὐτὸν ([VSH]; —NT) ὑπέστρεψαν εἰς Ἰερουσαλὴμ

24 53 καὶ ἦσαν διὰ παντὸς ἐν τῷ ἱερῷ ↔

24 53 * | αἰνοῦντες καὶ (+[M]Vς) εὐλογοῦντες (αἰνοῦντες T) τὸν θεόν

Jo 1 1 ἐν ἀρχῇ ἦν ὁ λόγος, καὶ ὁ λόγος ἦν πρὸς τὸν θεόν, ↔

1 1 καὶ θεὸς ἦν ὁ λόγος

1 3 πάντα δι᾽ αὐτοῦ ἐγένετο, καὶ χωρὶς αὐτοῦ ἐγένετο οὐδὲ ἕν

1 4 καὶ ἡ ζωὴ ἦν τὸ φῶς τῶν ἀνθρώπων·

1 5 καὶ τὸ φῶς ἐν τῇ σκοτίᾳ φαίνει, ↔

1 5 καὶ ἡ σκοτία αὐτὸ οὐ κατέλαβεν

1 10 ἐν τῷ κόσμῳ ἦν, καὶ ὁ κόσμος δι᾽ αὐτοῦ ἐγένετο, ↔

1 10 καὶ ὁ κόσμος αὐτὸν οὐκ ἔγνω.

1 11 εἰς τὰ ἴδια ἦλθεν, καὶ οἱ ἴδιοι αὐτὸν οὐ παρέλαβον

1 14 καὶ ὁ λόγος σὰρξ ἐγένετο ↔

1 14 καὶ ἐσκήνωσεν ἐν ἡμῖν,

1 14 καὶ ἐθεασάμεθα τὴν δόξαν αὐτοῦ, ↔

1 14 δόξαν ὡς μονογενοῦς παρὰ πατρός, πλήρης χάριτος καὶ ἀληθείας. ↔

1 15 Ἰωάννης μαρτυρεῖ περὶ αὐτοῦ καὶ κέκραγεν λέγων

1 16 * καὶ (ς; ὅτι rl) ἐκ τοῦ πληρώματος αὐτοῦ ἡμεῖς πάντες ἐλάβομεν, ↔

1 16 καὶ χάριν ἀντὶ χάριτος

1 17 ἡ χάρις καὶ ἡ ἀλήθεια διὰ Ἰησοῦ Χριστοῦ ἐγένετο

1 19[h] καὶ αὕτη ἐστὶν ἡ μαρτυρία τοῦ Ἰωάννου,

1 19 ὅτε ἀπέστειλαν | πρὸς αὐτὸν ([N[26]]; —Tς) . . . ἐξ Ἰεροσολύμων ἱερεῖς καὶ Λευίτας

1 20 καὶ ὡμολόγησεν ↔

1 20[a] καὶ οὐκ ἠρνήσατο, ↔

1 20 καὶ ὡμολόγησεν

1 21 καὶ ἠρώτησαν αὐτόν

1 21 καὶ (—T) λέγει

1 21 καὶ ἀπεκρίθη

1 24 καὶ (+οἱ [V]ς) ἀπεσταλμένοι ἦσαν ἐκ τῶν Φαρισαίων. ↔

1 25 καὶ ἠρώτησαν αὐτὸν ↔

1 25 καὶ εἶπαν αὐτῷ

1 29 βλέπει τὸν Ἰησοῦν ἐρχόμενον πρὸς αὐτόν, καὶ λέγει

1 32 καὶ ἐμαρτύρησεν Ἰωάννης λέγων ↔

1 32 ὅτι τεθέαμαι τὸ πνεῦμα καταβαῖνον . . . καὶ ἔμεινεν ἐπ᾽ αὐτόν

1 33 ἐφ᾽ ὃν ἂν ἴδῃς τὸ πνεῦμα καταβαῖνον καὶ μένον ἐπ᾽ αὐτόν

1 34 κἀγὼ ἑώρακα, καὶ μεμαρτύρηκα

1 35 εἱστήκει ὁ (—H) Ἰωάννης καὶ ἐκ τῶν μαθητῶν αὐτοῦ δύο, ↔

1 36 καὶ ἐμβλέψας τῷ Ἰησοῦ περιπατοῦντι λέγει

1 37 καὶ (—T) ἤκουσαν | οἱ δύο μαθηταὶ αὐτοῦ (~MVBSς) λαλοῦντος ↔

1 37 καὶ ἠκολούθησαν τῷ Ἰησοῦ.

1 38 στραφεὶς δὲ (—T) ὁ Ἰησοῦς καὶ θεασάμενος αὐτοὺς

Jo 1 39 ἔρχεσθε καὶ ὄψεσθε (ἴδετε Vς). ↔

1 39[r] ἦλθαν οὖν καὶ εἶδαν ποῦ μένει, ↔

1 39 καὶ παρ᾽ αὐτῷ ἔμειναν τὴν ἡμέραν ἐκείνην

1 40 ἦν Ἀνδρέας . . . εἷς ἐκ τῶν δύο τῶν ἀκουσάντων παρὰ Ἰωάννου καὶ ἀκολουθησάντων αὐτῷ· ↔

1 41 εὑρίσκει οὗτος . . . Σίμωνα καὶ λέγει αὐτῷ

1 42 * καὶ (+ς) ἤγαγεν αὐτὸν πρὸς τὸν Ἰησοῦν

1 43 ἠθέλησεν ἐξελθεῖν εἰς τὴν Γαλιλαίαν, καὶ εὑρίσκει Φίλιππον. ↔

1 43 καὶ λέγει αὐτῷ ὁ Ἰησοῦς

1 44 ἦν δὲ . . . ἐκ τῆς πόλεως Ἀνδρέου καὶ Πέτρου. ↔

1 45 εὑρίσκει Φίλιππος τὸν Ναθαναὴλ καὶ λέγει αὐτῷ· ↔

1 45 ὃν ἔγραψεν Μωϋσῆς ἐν τῷ νόμῳ καὶ οἱ προφῆται εὑρήκαμεν

1 46 καὶ (—T) εἶπεν αὐτῷ Ναθαναήλ

1 46 ἔρχου καὶ ἴδε. ↔

1 47 εἶδεν ὁ (—NMTH) Ἰησοῦς τὸν Ναθαναὴλ . . . καὶ λέγει περὶ αὐτοῦ

1 48 ἀπεκρίθη Ἰησοῦς καὶ εἶπεν αὐτῷ

1 49 * ἀπεκρίθη αὐτῷ Ναθαναὴλ | καὶ λέγει (+V[S]ς)

1 50 ἀπεκρίθη Ἰησοῦς καὶ εἶπεν αὐτῷ

1 51 καὶ λέγει αὐτῷ

1 51 ὄψεσθε τὸν οὐρανὸν ἀνεῳγότα καὶ τοὺς ἀγγέλους τοῦ θεοῦ

1 51 ἀναβαίνοντας καὶ καταβαίνοντας ἐπὶ τὸν υἱὸν τοῦ ἀνθρώπου. ↔

2 1 καὶ τῇ | ἡμέρᾳ τῇ τρίτῃ (τρ. ἡ. B) γάμος ἐγένετο ἐν Κανὰ τῆς Γαλιλαίας, ↔

2 1 καὶ ἦν ἡ μήτηρ τοῦ Ἰησοῦ ἐκεῖ· ↔

2 2[a] ἐκλήθη δὲ καὶ ὁ Ἰησοῦς ↔

2 2 καὶ οἱ μαθηταὶ αὐτοῦ εἰς τὸν γάμον. ↔

2 3 καὶ | ὑστερήσαντος οἴνου (οἶνον οὐκ εἶχον, ὅτι συνετελέσθη ὁ οἶνος τοῦ γάμου. εἶτα T) λέγει ἡ μήτηρ

2 4 καὶ ([N[26]]; —Tς) λέγει αὐτῇ ὁ Ἰησοῦς· ↔

2 4[r] τί ἐμοὶ καὶ σοί, γύναι;

2 7 καὶ ἐγέμισαν αὐτὰς ἕως ἄνω. ↔

2 8 καὶ λέγει αὐτοῖς· ↔

2 8 ἀντλήσατε νῦν καὶ φέρετε τῷ ἀρχιτρικλίνῳ. ↔

2 8 * | καὶ (ς; οἱ δὲ rl) ἤνεγκαν. ↔

2 9[a] ὡς δὲ ἐγεύσατο . . . καὶ οὐκ ᾔδει πόθεν ἐστίν

2 10 (φωνεῖ τὸν νυμφίον ὁ ἀρχιτρίκλινος) καὶ λέγει αὐτῷ· ↔

2 10[j] πᾶς ἄνθρωπος πρῶτον τὸν καλὸν οἶνον τίθησιν, καὶ ὅταν μεθυσθῶσιν (+τότε MVBSς) τὸν ἐλάσσω

2 11 ταύτην ἐποίησεν ἀρχὴν τῶν σημείων . . . καὶ ἐφανέρωσεν τὴν δόξαν αὐτοῦ, ↔

2 11 καὶ ἐπίστευσαν εἰς αὐτὸν οἱ μαθηταὶ αὐτοῦ

2 12 κατέβη εἰς Καφαρναοὺμ αὐτὸς καὶ ἡ μήτηρ αὐτοῦ ↔

2 12 καὶ οἱ ἀδελφοὶ αὐτοῦ (+[N[26]] VBTς)

2 12 καὶ οἱ μαθηταὶ αὐτοῦ,

2 12 καὶ ἐκεῖ ἔμειναν οὐ πολλὰς ἡμέρας. ↔

2 13 καὶ ἐγγὺς ἦν τὸ πάσχα τῶν Ἰουδαίων, ↔

2 13 καὶ ἀνέβη εἰς Ἰεροσόλυμα ὁ Ἰησοῦς. ↔

Jo 2 14 καὶ εὗρεν ἐν τῷ ἱερῷ ↔

2 14 τοὺς πωλοῦντας βόας καὶ πρόβατα ↔

2 14 καὶ περιστερὰς ↔

2 14 καὶ τοὺς κερματιστὰς καθημένους, ↔

2 15 καὶ ποιήσας φραγέλλιον . . . πάντας ἐξέβαλεν ἐκ τοῦ ἱεροῦ,

2 15 τά τε πρόβατα καὶ τοὺς βόας, ↔

2 15 καὶ τῶν κολλυβιστῶν ἐξέχεεν | τὸ κέρμα (τὰ -ματα ΝΗ) ↔

2 15 καὶ τὰς τραπέζας ἀνέτρεψεν (-έστρεψεν MVSTς), ↔

2 16 καὶ τοῖς τὰς περιστερὰς πωλοῦσιν εἶπεν

2 18 ἀπεκρίθησαν οὖν οἱ Ἰουδαῖοι καὶ εἶπαν αὐτῷ

2 19 ἀπεκρίθη Ἰησοῦς καὶ εἶπεν αὐτοῖς·

2 19 λύσατε τὸν ναὸν τοῦτον, καὶ ἐν [Η] τρισὶν ἡμέραις ἐγερῶ αὐτόν

2 20 τεσσεράκοντα καὶ ἓξ ἔτεσιν οἰκοδομήθη ὁ ναὸς οὗτος, ↔

2 20ᵣ καὶ σὺ ἐν τρισὶν ἡμέραις ἐγερεῖς αὐτόν;

2 22 ἐμνήσθησαν οἱ μαθηταὶ . . . καὶ ἐπίστευσαν τῇ γραφῇ ↔

2 22 καὶ τῷ λόγῳ ὃν (ᾧ MVSς) εἶπεν ὁ Ἰησοῦς

2 25ᵐ ⟨διὰ τὸ αὐτὸν γινώσκειν πάντας⟩ καὶ ὅτι οὐ χρείαν εἶχεν ἵνα τις μαρτυρήσῃ

3 2 οὗτος ἦλθεν πρὸς αὐτὸν νυκτὸς καὶ εἶπεν αὐτῷ

3 3 ἀπεκρίθη (+ὁ Vς) Ἰησοῦς καὶ εἶπεν αὐτῷ

3 4 μὴ δύναται εἰς τὴν κοιλίαν τῆς μητρὸς αὐτοῦ δεύτερον εἰσελθεῖν καὶ γεννηθῆναι;

3 5 ἐὰν μή τις γεννηθῇ ἐξ ὕδατος καὶ πνεύματος

3 6 τὸ γεγεννημένον ἐκ τῆς σαρκὸς σάρξ ἐστιν, καὶ τὸ γεγεννημένον ἐκ τοῦ πνεύματος πνεῦμά ἐστιν

3 8 τὸ πνεῦμα ὅπου θέλει πνεῖ, καὶ τὴν φωνὴν αὐτοῦ ἀκούεις, ↔

3 8ᵐ ἀλλ᾽ οὐκ οἶδας πόθεν ἔρχεται καὶ ποῦ ὑπάγει

3 9 ἀπεκρίθη Νικόδημος καὶ εἶπεν αὐτῷ

3 10 ἀπεκρίθη Ἰησοῦς καὶ εἶπεν αὐτῷ·

3 10ʰ σὺ εἶ ὁ διδάσκαλος τοῦ Ἰσραὴλ καὶ ταῦτα οὐ γινώσκεις;

3 11 ὃ οἴδαμεν λαλοῦμεν καὶ ὃ ἑωράκαμεν μαρτυροῦμεν,↔

3 11 καὶ τὴν μαρτυρίαν ἡμῶν οὐ λαμβάνετε. ↔

3 12ᵃ εἰ τὰ ἐπίγεια εἶπον ὑμῖν καὶ οὐ πιστεύετε

3 13ᶜ καὶ οὐδεὶς ἀναβέβηκεν εἰς τὸν οὐρανόν

3 14ᵏ καθὼς Μωϋσῆς ὕψωσεν τὸν ὄφιν ἐν τῇ ἐρήμῳ

3 19 ὅτι τὸ φῶς ἐλήλυθεν . . . καὶ ἠγάπησαν οἱ ἄνθρωποι μᾶλλον τὸ σκότος ἢ τὸ φῶς

3 20ᵃ ὁ φαῦλα πράσσων μισεῖ τὸ φῶς καὶ οὐκ ἔρχεται πρὸς τὸ φῶς

3 22 ἦλθεν ὁ Ἰησοῦς καὶ οἱ μαθηταὶ αὐτοῦ εἰς τὴν Ἰουδαίαν γῆν, ↔

3 22 καὶ ἐκεῖ διέτριβεν μετ᾽ αὐτῶν ↔

3 22 καὶ ἐβάπτιζεν. ↔

3 23ᵃ ἦν δὲ καὶ ὁ (+Ν²⁶[Η]) Ἰωάννης βαπτίζων ἐν Αἰνὼν

3 23 καὶ παρεγίνοντο ↔

3 23 καὶ ἐβαπτίζοντο

3 26 καὶ ἦλθον πρὸς τὸν Ἰωάννην ↔

3 26 καὶ εἶπαν αὐτῷ

3 26 ἴδε οὗτος βαπτίζει καὶ πάντες ἔρχονται πρὸς αὐτόν. ↔

3 27 ἀπεκρίθη Ἰωάννης καὶ εἶπεν

3 29 ὁ δὲ φίλος τοῦ νυμφίου, ὁ ἑστηκὼς καὶ ἀκούων αὐτοῦ, χαρᾷ χαίρει

3 31 ὁ ὢν ἐκ τῆς γῆς ἐκ τῆς γῆς ἐστιν καὶ ἐκ τῆς γῆς λαλεῖ

3 32 * καὶ (+ςʹ) ὃ ἑώρακεν ↔

3 32 καὶ ἤκουσεν, τοῦτο (—Τ) μαρτυρεῖ, ↔

3 32 καὶ τὴν μαρτυρίαν αὐτοῦ οὐδεὶς λαμβάνει

3 35 ὁ πατὴρ ἀγαπᾷ τὸν υἱόν, καὶ πάντα δέδωκεν ἐν τῇ χειρὶ αὐτοῦ

4 1 Ἰησοῦς πλείονας μαθητὰς ποιεῖ καὶ βαπτίζει ἢ [Η] Ἰωάννης

4 3 ἀφῆκεν τὴν Ἰουδαίαν καὶ ἀπῆλθεν πάλιν εἰς τὴν Γαλιλαίαν

4 10 ἀπεκρίθη Ἰησοῦς καὶ εἶπεν αὐτῇ· ↔

4 10 εἰ ᾔδεις τὴν δωρεὰν τοῦ θεοῦ, καὶ τίς ἐστιν ὁ λέγων σοι

4 10 σὺ ἂν ᾔτησας αὐτὸν καὶ ἔδωκεν ἄν σοι ὕδωρ ζῶν

4 11 οὔτε ἄντλημα ἔχεις καὶ τὸ φρέαρ ἐστὶν βαθύ

4 12ʰ ὃς ἔδωκεν ἡμῖν τὸ φρέαρ, καὶ αὐτὸς ἐξ αὐτοῦ ἔπιεν ↔

4 12 καὶ οἱ υἱοὶ αὐτοῦ ↔

4 12 καὶ τὰ θρέμματα αὐτοῦ; ↔

4 13 ἀπεκρίθη Ἰησοῦς καὶ εἶπεν αὐτῇ

4 16 ὕπαγε φώνησον | τὸν ἄνδρα σου (∼ Η) καὶ ἐλθὲ ἐνθάδε. ↔

4 17 ἀπεκρίθη ἡ γυνὴ καὶ εἶπεν

4 18 πέντε γὰρ ἄνδρας ἔσχες, καὶ νῦν ὃν ἔχεις οὐκ ἔστιν σου ἀνήρ

4 20ᵍ οἱ πατέρες ἡμῶν . . . προσεκύνησαν· καὶ ὑμεῖς λέγετε ὅτι ἐν Ἱεροσολύμοις ἐστὶν ὁ τόπος

4 23 ἔρχεται ὥρα καὶ νῦν ἐστιν, ↔

4 23 ὅτε . . . προσκυνήσουσιν τῷ πατρὶ ἐν πνεύματι καὶ ἀληθείᾳ· ↔

4 23ᵈ καὶ γὰρ ὁ πατὴρ τοιούτους ζητεῖ τοὺς προσκυνοῦντας αὐτόν· ↔

4 24 πνεῦμα ὁ θεός, καὶ τοὺς προσκυνοῦντας αὐτὸν (—ΝΤ)

4 24 ἐν πνεύματι καὶ ἀληθείᾳ | δεῖ προσκυνεῖν (∼ Τ)

4 27 καὶ ἐπὶ τούτῳ ἦλθαν οἱ μαθηταὶ αὐτοῦ, ↔

4 27 καὶ ἐθαύμαζον

4 28 ἀφῆκεν οὖν τὴν ὑδρίαν αὐτῆς ἡ γυνὴ καὶ ἀπῆλθεν εἰς τὴν πόλιν, ↔

4 28 καὶ λέγει τοῖς ἀνθρώποις

4 30 ἐξῆλθον ἐκ τῆς πόλεως καὶ ἤρχοντο πρὸς αὐτόν

4 34 ἵνα ποιήσω (ποιῶ ΝVΤς) τὸ θέλημα τοῦ πέμψαντός με καὶ τελειώσω αὐτοῦ τὸ ἔργον

4 35 ἔτι τετράμηνός ἐστιν καὶ ὁ θερισμὸς ἔρχεται

4 35 ἐπάρατε τοὺς ὀφθαλμοὺς ὑμῶν καὶ θεάσασθε τὰς χώρας

4 36 * καὶ (+ςʹ) ὁ θερίζων μισθὸν λαμβάνει ↔

4 36 καὶ συνάγει καρπὸν εἰς ζωὴν αἰώνιον, ↔

4 36ˣ * ἵνα καὶ (+Τςʹ) ὁ σπείρων ὁμοῦ χαίρῃ

4 36 καὶ ὁ θερίζων

Jo 4 37 ὅτι ἄλλος ἐστὶν ὁ σπείρων καὶ ἄλλος ὁ θερίζων

4 38ᵍ ἄλλοι κεκοπιάκασιν, καὶ ὑμεῖς εἰς τὸν κόπον αὐτῶν εἰσεληλύθατε

4 40 καὶ ἔμεινεν ἐκεῖ δύο ἡμέρας. ↔

4 41 καὶ πολλῷ πλείους ἐπίστευσαν διὰ τὸν λόγον αὐτοῦ

4 42 αὐτοὶ γὰρ ἀκηκόαμεν, καὶ οἴδαμεν

4 43 * ἐξῆλθεν ἐκεῖθεν | καὶ ἀπῆλθεν (+Vςʹ) εἰς τὴν Γαλιλαίαν

4 45ʰ καὶ αὐτοὶ γὰρ ἦλθον εἰς τὴν ἑορτήν

4 46 | καὶ ἦν (ἦν δὲ Τ) τις βασιλικός

4 47 ἀπῆλθεν (ἦλθεν S) πρὸς αὐτὸν καὶ ἠρώτα ↔

4 47 ἵνα καταβῇ καὶ ἰάσηται αὐτοῦ τὸν υἱόν

4 48 ἐὰν μὴ σημεῖα καὶ τέρατα ἴδητε

4 50 * καὶ (+ςʹ) ἐπίστευσεν ὁ ἄνθρωπος τῷ λόγῳ ὃν (ᾧ Vςʹ) εἶπεν αὐτῷ ὁ Ἰησοῦς, ↔

4 50 καὶ ἐπορεύετο

4 51 * οἱ δοῦλοι αὐτοῦ (+Ν²⁶ΒΗςʹ) ὑπήντησαν αὐτῷ | καὶ ἀπήγγειλαν (+Vςʹ; +καὶ ἤγγ. Τ) λέγοντες (—Τ)

4 52 * | καὶ εἶπον (ςʹ; εἶπαν οὖν rΙ) αὐτῷ

4 53 καὶ ἐπίστευσεν αὐτὸς ↔

4 53 καὶ ἡ οἰκία αὐτοῦ ὅλη

5 1 καὶ ἀνέβη (+ὁ V[S]ςʹ) Ἰησοῦς εἰς Ἱεροσόλυμα

5 4 * | κατέβαινεν ἐν τῇ κολυμβήθρᾳ καὶ ἐτάρασσε τὸ ὕδωρ (.. + MVBςʹ ..)

5 5 ἦν δέ τις ἄνθρωπος ἐκεῖ τριάκοντα καὶ ([Ν²⁶Η]; —ςʹ) ὀκτὼ ἔτη ἔχων ἐν τῇ ἀσθενείᾳ αὐτοῦ· ↔

5 6 τοῦτον ἰδὼν ὁ Ἰησοῦς κατακείμενον, καὶ γνούς

5 8 ἔγειρε ἆρον τὸν κράβαττόν σου καὶ περιπάτει. ↔

5 9 καὶ εὐθέως (—Τ) ἐγένετο ὑγιὴς ὁ ἄνθρωπος, ↔

5 9 καὶ ἦρεν τὸν κράβαττον αὐτοῦ ↔

5 9 καὶ περιεπάτει

5 10ᵃ σάββατόν ἐστιν, καὶ (—ςʹ) οὐκ ἔξεστίν σοι ἆραι τὸν κράβαττόν σου (+Ν²⁶)

5 11 ἆρον τὸν κράβαττόν σου καὶ περιπάτει

5 12 ἆρον (+τὸν κράβαττόν σου Vςʹ) καὶ περιπάτει

5 14 εὑρίσκει αὐτὸν ὁ [Η] Ἰησοῦς ἐν τῷ ἱερῷ καὶ εἶπεν αὐτῷ

5 15 ἀπῆλθεν ὁ ἄνθρωπος καὶ ἀνήγγειλεν (εἶπεν ΝΜΤΗ) τοῖς Ἰουδαίοις

5 16 καὶ διὰ τοῦτο ἐδίωκον οἱ Ἰουδαῖοι τὸν Ἰησοῦν ↔

5 16 * | καὶ ἐζήτουν αὐτὸν ἀποκτεῖναι (+ςʹ)

5 18ʷ ὅτι οὐ μόνον ἔλυεν τὸ σάββατον, ἀλλὰ καὶ πατέρα ἴδιον ἔλεγεν τὸν θεόν

5 19 ἀπεκρίνατο οὖν | ὁ Ἰησοῦς [Η] καὶ ἔλεγεν αὐτοῖς

5 19 ἃ γὰρ ἂν ἐκεῖνος ποιῇ, ταῦτα καὶ ὁ υἱὸς | ὁμοίως ποιεῖ (∼ Τ). ↔

5 20 ὁ γὰρ πατὴρ φιλεῖ τὸν υἱὸν καὶ πάντα δείκνυσιν αὐτῷ ἃ αὐτὸς ποιεῖ, ↔

5 20 καὶ μείζονα τούτων δείξει αὐτῷ ἔργα

5 21 ὥσπερ γὰρ ὁ πατὴρ ἐγείρει τοὺς νεκροὺς καὶ ζωοποιεῖ, ↔

Jo 5 21ᵘοὕτως καὶ ὁ υἱὸς οὓς θέλει ζῳο-
ποιεῖ

5 24 ὁ τὸν λόγον μου ἀκούων καὶ
πιστεύων τῷ πέμψαντί με ἔχει
ζωὴν αἰώνιον, ↔

5 24 καὶ εἰς κρίσιν οὐκ ἔρχεται

5 25 ἔρχεται ὥρα καὶ νῦν ἐστιν ↔

5 25 ὅτε οἱ νεκροὶ ἀκούσουσιν (-σονται
Vϛ; -σωσι S) . . . καὶ οἱ ἀκούσαν-
τες ζήσουσι (-σονται Vϛ)

5 26ᵘοὕτως καὶ τῷ υἱῷ ἔδωκεν ζωὴν
ἔχειν ἐν ἑαυτῷ. ↔

5 27 καὶ ἐξουσίαν ἔδωκεν αὐτῷ ↔

5 27 * καὶ (+ϛ) κρίσιν ποιεῖν

5 29 ⟨πάντες . . . ἀκούσουσιν⟩ καὶ ἐκ-
πορεύσονται οἱ τὰ ἀγαθὰ ποιή-
σαντες εἰς ἀνάστασιν ζωῆς

5 30 καθὼς ἀκούω κρίνω, καὶ ἡ κρίσις ἡ
ἐμὴ δικαία ἐστίν

5 32 καὶ οἶδα (οἴδατε T) ὅτι ἀληθής
ἐστιν ἡ μαρτυρία

5 33 ὑμεῖς ἀπεστάλκατε πρὸς Ἰωάννην,
καὶ μεμαρτύρηκεν τῇ ἀληθείᾳ

5 35 ἐκεῖνος ἦν ὁ λύχνος ὁ καιόμενος καὶ
φαίνων

5 37 καὶ ὁ πέμψας με πατήρ, ἐκεῖνος
(αὐτὸς MVSϛ) μεμαρτύρηκεν

5 38 ⟨οὔτε . . . ἀκηκόατε⟩ καὶ τὸν λόγον
αὐτοῦ οὐκ ἔχετε ἐν ὑμῖν μένοντα

5 39ʰκαὶ ἐκεῖναί εἰσιν αἱ μαρτυροῦσαι
περὶ ἐμοῦ· ↔

5 40ᵃκαὶ οὐ θέλετε ἐλθεῖν πρός με

5 43ᵃἐγὼ ἐλήλυθα . . . καὶ οὐ λαμβάνετέ
με

5 44 δόξαν παρὰ ἀλλήλων λαμβάνον-
τες, καὶ τὴν δόξαν τὴν παρὰ τοῦ
μόνου θεοῦ [H] οὐ ζητεῖτε

6 2 * | ὄχλος ἠκολούθει (ϛ; ἠ. δὲ rl) αὐτῷ
ὄχλος πολύς

6 3 ἀνῆλθεν δὲ εἰς τὸ ὄρος (+ὁ
MVBSϛ) Ἰησοῦς, καὶ ἐκεῖ ἐκάθητο
(-θέζετο T)

6 5 ἐπάρας οὖν τοὺς ὀφθαλμοὺς ὁ
Ἰησοῦς καὶ θεασάμενος

6 9 ὃς ἔχει πέντε ἄρτους κριθίνους καὶ
δύο ὀψάρια

6 11 ἔλαβεν οὖν τοὺς ἄρτους ὁ Ἰησοῦς
καὶ εὐχαριστήσας (-σεν T) ↔

6 11 * | καὶ ἔδωκεν (T; διέδωκεν rl) τοῖς
ἀνακειμένοις,

6 11ᵘὁμοίως καὶ ἐκ τῶν ὀψαρίων ὅσον
ἤθελον

6 13ʳσυνήγαγον οὖν, καὶ ἐγέμισαν
δώδεκα κοφίνους κλασμάτων

6 15 μέλλουσιν ἔρχεσθαι καὶ ἁρπάζειν
αὐτόν

6 17 καὶ ἐμβάντες εἰς πλοῖον ἤρχοντο
πέραν τῆς θαλάσσης εἰς Καφαρ-
ναούμ. ↔

6 17 | καὶ σκοτία ἤδη ἐγεγόνει (κατέ-
λαβεν δὲ αὐτοὺς ἡ σκοτία T) ↔

6 17ᵃκαὶ οὔπω (οὐκ ϛ) ἐληλύθει | πρὸς
αὐτοὺς ὁ Ἰησοῦς (Ἰ. π. αὐ. T)

6 19 θεωροῦσιν τὸν Ἰησοῦν περιπα-
τοῦντα ἐπὶ τῆς θαλάσσης καὶ
ἐγγὺς τοῦ πλοίου γινόμενον, ↔

6 19 καὶ ἐφοβήθησαν

6 21 καὶ εὐθέως ἐγένετο τὸ πλοῖον ἐπὶ
| τῆς γῆς (τὴν γῆν T)

6 22ᵐεἶδον ὅτι . . . καὶ ὅτι οὐ συνεισῆλ-
θεν . . . ὁ Ἰησοῦς εἰς τὸ πλοῖον

6 24ʰ* ἐνέβησαν καὶ (+ϛ) αὐτοὶ εἰς τὰ
πλοιάρια

6 24 καὶ ἦλθον εἰς Καφαρναοὺμ ζητοῦν-
τες τὸν Ἰησοῦν. ↔

Jo 6 25 καὶ εὑρόντες αὐτὸν πέραν τῆς
θαλάσσης εἶπον αὐτῷ

6 26 ἀπεκρίθη αὐτοῖς ὁ Ἰησοῦς καὶ εἶπεν

6 26 ζητεῖτέ με . . . ὅτι ἐφάγετε ἐκ τῶν
ἄρτων καὶ ἐχορτάσθητε

6 29 ἀπεκρίθη ὁ ([N²⁶V]; —NMT)
Ἰησοῦς καὶ εἶπεν αὐτοῖς

6 30 ἵνα ἴδωμεν καὶ πιστεύσωμέν σοι

6 33 ὁ γὰρ ἄρτος (+ὁ T) τοῦ θεοῦ
ἐστιν ὁ καταβαίνων ἐκ τοῦ οὐρα-
νοῦ καὶ ζωὴν διδοὺς τῷ κόσμῳ

6 35 ὁ ἐρχόμενος . . . οὐ μὴ πεινάσῃ,
καὶ ὁ πιστεύων εἰς ἐμὲ οὐ μὴ
διψήσει (-σῃ Sϛ) πώποτε. ↔

6 36ᵛἀλλ' εἶπον ὑμῖν ὅτι καὶ ἑωράκατέ
με ([N²⁶NH]; —T) ↔

6 36ᵃκαὶ οὐ πιστεύετε

6 37 καὶ τὸν ἐρχόμενον πρός με (ἐμὲ T)
οὐ μὴ ἐκβάλω ἔξω

6 40 ἵνα πᾶς ὁ θεωρῶν τὸν υἱὸν καὶ
πιστεύων εἰς αὐτὸν ἔχῃ ζωὴν αἰώ-
νιον, ↔

6 40 καὶ ἀναστήσω αὐτὸν ἐγὼ ἐν
([N²⁶]; —SHϛ) τῇ ἐσχάτῃ ἡμέρᾳ

6 42 καὶ ἔλεγον

6 42 οὗ ἡμεῖς οἴδαμεν τὸν πατέρα καὶ
τὴν μητέρα

6 43 ἀπεκρίθη Ἰησοῦς καὶ εἶπεν αὐτοῖς

6 44ʳ* | καὶ ἐγὼ (ϛ; κἀγὼ rl) ἀναστήσω
αὐτὸν ἐν τῇ ἐσχάτῃ ἡμέρᾳ

6 45 καὶ ἔσονται πάντες διδακτοὶ
θεοῦ· ↔

6 45 πᾶς ὁ ἀκούσας παρὰ τοῦ πατρὸς
καὶ μαθὼν

6 49 οἱ πατέρες ὑμῶν ἔφαγον | ἐν τῇ
ἐρήμῳ τὸ μάννα (~Vϛ) καὶ
ἀπέθανον

6 50ᵇἵνα τις ἐξ αὐτοῦ φάγῃ καὶ μὴ
ἀποθάνῃ

6 51 καὶ ὁ ἄρτος δὲ ὃν ἐγὼ δώσω

6 53 ἐὰν μὴ φάγητε τὴν σάρκα τοῦ
υἱοῦ τοῦ ἀνθρώπου καὶ πίητε
αὐτοῦ τὸ αἷμα

6 54 ὁ τρώγων μου τὴν σάρκα καὶ
πίνων μου τὸ αἷμα ἔχει ζωὴν
αἰώνιον, ↔

6 54ʳ* | καὶ ἐγὼ (ϛ; κἀγὼ rl) ἀναστήσω
αὐτὸν (+ἐν VBS) τῇ ἐσχάτῃ
ἡμέρᾳ. ↔

6 55 ἡ γὰρ σάρξ μου ἀληθής ἐστιν
βρῶσις, καὶ τὸ αἷμά μου ἀληθής
ἐστιν πόσις. ↔

6 56 ὁ τρώγων μου τὴν σάρκα καὶ
πίνων μου τὸ αἷμα ἐν ἐμοὶ μένει

6 57 καὶ ὁ τρώγων με κἀκεῖνος ζήσει δι'
ἐμέ

6 58 οὐ καθὼς ἔφαγον οἱ πατέρες
(+ὑμῶν τὸ μάννα Vϛ; +ὑμῶν
[S]) καὶ ἀπέθανον

6 63 τὰ ῥήματα ἃ ἐγὼ λελάληκα ὑμῖν
πνεῦμά ἐστιν καὶ ζωή ἐστιν

6 64 ᾔδει . . . τίνες εἰσὶν οἱ μὴ πιστεύον-
τες καὶ τίς ἐστιν ὁ παραδώσων
αὐτόν. ↔

6 65 καὶ ἔλεγεν

6 66ᵃἀπῆλθον εἰς τὰ ὀπίσω καὶ οὐκέτι
μετ' αὐτοῦ περιεπάτουν

6 67ᵍᵗμὴ καὶ ὑμεῖς θέλετε ὑπάγειν;

6 69ᵍκαὶ ἡμεῖς πεπιστεύκαμεν ↔

6 69 καὶ ἐγνώκαμεν

6 70 καὶ ἐξ ὑμῶν εἷς διάβολός ἐστιν

7 1 καὶ (—T) μετὰ ταῦτα περιεπάτει
ὁ [H] Ἰησοῦς ἐν τῇ Γαλιλαίᾳ

7 3 μετάβηθι ἐντεῦθεν καὶ ὕπαγε εἰς
τὴν Ἰουδαίαν, ↔

Jo 7 3ˣἵνα καὶ οἱ μαθηταί σου θεωρήσου-
σιν (-σωσιν VSϛ) || σοῦ [H] τὰ
ἔργα ((N²⁶H; τὰ ἔργα σου rl))

7 4 οὐδεὶς γάρ τι ἐν κρυπτῷ ποιεῖ καὶ
ζητεῖ αὐτὸς ἐν παρρησίᾳ εἶναι

7 10ʰτότε καὶ αὐτὸς ἀνέβη

7 11 οἱ οὖν Ἰουδαῖοι ἐζήτουν αὐτὸν ἐν
τῇ ἑορτῇ καὶ ἔλεγον

7 12 καὶ γογγυσμὸς | περὶ αὐτοῦ ἦν
πολὺς (~ϛ BST) ἐν | τοῖς ὄχλοις
(τῷ ὄχλῳ T)

7 14 ἀνέβη Ἰησοῦς εἰς τὸ ἱερὸν καὶ
ἐδίδασκεν. ↔

7 15 * | καὶ ἐθαύμαζον (ϛ; ἐ. οὖν rl) οἱ
Ἰουδαῖοι λέγοντες

7 16 ἀπεκρίθη οὖν αὐτοῖς ὁ ([N²⁶];
— NTH) Ἰησοῦς καὶ εἶπεν

7 18 οὗτος ἀληθής ἐστιν καὶ ἀδικία ἐν
αὐτῷ οὐκ ἔστιν

7 19ᶜκαὶ οὐδεὶς ἐξ ὑμῶν ποιεῖ τὸν νόμον

7 20 * ἀπεκρίθη ὁ ὄχλος | καὶ εἶπε (+ϛ)

7 21 ἀπεκρίθη Ἰησοῦς καὶ εἶπεν αὐ-
τοῖς· ↔

7 21 ἓν ἔργον ἐποίησα καὶ πάντες
θαυμάζετε

7 22 καὶ ἐν [H] σαββάτῳ περιτέμνετε
ἄνθρωπον

7 26 καὶ ἴδε παρρησίᾳ λαλεῖ, ↔

7 26ᶜκαὶ οὐδὲν αὐτῷ λέγουσιν

7 28 ἔκραξεν οὖν ἐν τῷ ἱερῷ διδάσκων
ὁ [H] Ἰησοῦς καὶ λέγων· ↔

7 28 κἀμὲ οἴδατε καὶ οἴδατε πόθεν
εἰμί· ↔

7 28 καὶ ἀπ' ἐμαυτοῦ οὐκ ἐλήλυθα

7 30ᶜἐζήτουν οὖν αὐτὸν πιάσαι, καὶ
οὐδεὶς ἐπέβαλεν ἐπ' αὐτὸν τὴν
χεῖρα

7 31 | ἐκ τοῦ ὄχλου δὲ πολλοὶ ἐπίστευ-
σαν (~Tϛ) εἰς αὐτόν, καὶ ἔλεγον

7 32 ἤκουσαν οἱ Φαρισαῖοι . . . καὶ
ἀπέστειλαν ↔

7 32 | οἱ ἀρχιερεῖς καὶ οἱ Φαρισαῖοι
ὑπηρέτας (~Vϛ T)

7 33 ἔτι | χρόνον μικρὸν (~Vϛ) μεθ'
ὑμῶν εἰμι καὶ ὑπάγω πρὸς τὸν
πέμψαντά με. ↔

7 34ᵃζητήσετέ με καὶ οὐχ εὑρήσετέ με
(+[N²⁶]BH)

7 34 καὶ ὅπου εἰμὶ (εἶμι V) ἐγὼ ὑμεῖς οὐ
δύνασθε ἐλθεῖν

7 35 μὴ . . . μέλλει πορεύεσθαι καὶ
διδάσκειν τοὺς Ἕλληνας;

7 36ᵃζητήσετέ με καὶ οὐχ εὑρήσετέ με
(+[N²⁶]BH), ↔

7 36 καὶ ὅπου εἰμὶ (εἶμι V) ἐγὼ ὑμεῖς οὐ
δύνασθε ἐλθεῖν

7 37 εἱστήκει ὁ Ἰησοῦς καὶ ἔκραξεν
(-ζεν BT) λέγων

7 37 ἐρχέσθω | πρός με (—T) καὶ
πινέτω

7 42 ἐκ τοῦ σπέρματος Δαυὶδ, καὶ ἀπὸ
Βηθλέεμ . . . | ἔρχεται ὁ χριστός
(~Tϛ)

7 45 ἦλθον οὖν οἱ ὑπηρέται πρὸς τοὺς
ἀρχιερεῖς καὶ Φαρισαίους, ↔

7 45 καὶ εἶπον αὐτοῖς ἐκεῖνοι

7 47ᵍᵗμὴ καὶ ὑμεῖς πεπλάνησθε;

7 51 ἐὰν μὴ ἀκούσῃ πρῶτον παρ'
αὐτοῦ καὶ γνῷ τί ποιεῖ; ↔

7 52 ἀπεκρίθησαν καὶ εἶπαν αὐτῷ· ↔

7 52ᶠᵗμὴ καὶ σὺ ἐκ τῆς Γαλιλαίας εἶ; ↔

7 52 ἐραύνησον καὶ ἴδε

[7 53]καὶ ἐπορεύθησαν ἕκαστος εἰς τὸν
οἶκον (τόπον MS) αὐτοῦ

Jo [8 2] παρεγένετο εἰς τὸ ἱερόν, | καὶ πᾶς ὁ λαὸς ἤρχετο πρὸς αὐτόν [H..], ↔

[8 2] | καὶ καθίσας ἐδίδασκεν αὐτούς [..H]. ↔

[8 3] ἄγουσιν δὲ οἱ γραμματεῖς καὶ οἱ Φαρισαῖοι γυναῖκα ἐπὶ μοιχείᾳ κατειλημμένην,

[8 3] καὶ στήσαντες αὐτὴν ἐν μέσῳ ⟨λέγουσιν αὐτῷ⟩

[8 7] | ἀνέκυψεν καὶ ⟨ἀνακύψας ς⟩ εἶπεν

[8 8] καὶ πάλιν κατακύψας ⟨κάτω κύψας Mς⟩ ἔγραφεν εἰς τὴν γῆν. ↔

[8 9] * οἱ δὲ ἀκούσαντες | καὶ ὑπὸ τῆς συνειδήσεως ἐλεγχόμενοι (+ς) ἐξήρχοντο

[8 9] καὶ κατελείφθη μόνος (+ὁ Ἰησοῦς Mς), ↔

[8 9] καὶ ἡ γυνὴ ἐν μέσῳ οὖσα ⟨ἑστῶσα Mς⟩.

[8 10] * ἀνακύψας ⟨ἀναβλέψας S⟩ δὲ ὁ Ἰησοῦς | καὶ μηδένα θεασάμενος (+ς..)

[8 11]b πορεύου καὶ (+[N26]Mς) | ἀπὸ τοῦ νῦν (—ς) μηκέτι ἁμάρτανε

8 14 ἀπεκρίθη Ἰησοῦς καὶ εἶπεν αὐτοῖς

8 14m ὅτι οἶδα πόθεν ἦλθον καὶ ποῦ ὑπάγω· ↔

8 14m * ὑμεῖς δὲ (—T) οὐκ οἴδατε πόθεν ἔρχομαι καὶ (ς; ἢ rl) ποῦ ὑπάγω

8 16j ⟨ἐγὼ οὐ κρίνω οὐδένα⟩ καὶ ἐὰν κρίνω δὲ ἐγώ

8 16 ὅτι μόνος οὐκ εἰμί, ἀλλ' ἐγὼ καὶ ὁ πέμψας με πατήρ ([H]; —NT). ↔

8 17 καὶ ἐν τῷ νόμῳ δὲ τῷ ὑμετέρῳ γέγραπται (-μμένον ἐστὶν T)

8 18 ἐγώ εἰμι ὁ μαρτυρῶν περὶ ἐμαυτοῦ, καὶ μαρτυρεῖ περὶ ἐμοῦ ὁ πέμψας με πατήρ

8 19 εἰ ἐμὲ ᾔδειτε, καὶ τὸν πατέρα μου ἂν ᾔδειτε

8 20c καὶ οὐδεὶς ἐπίασεν αὐτόν

8 21 ἐγὼ ὑπάγω καὶ ζητήσετέ με, ↔

8 21 καὶ ἐν τῇ ἁμαρτίᾳ ὑμῶν ἀποθανεῖσθε

8 23 καὶ ἔλεγεν αὐτοῖς

8 25 * καὶ (+ς) εἶπεν αὐτοῖς ὁ [H] Ἰησοῦς· ↔

8 25v τὴν ἀρχὴν ὅ τι ⟨ὅτι H⟩ καὶ λαλῶ ὑμῖν;

8 26 πολλὰ ἔχω περὶ ὑμῶν λαλεῖν καὶ κρίνειν

8 28 τότε γνώσεσθε ὅτι ἐγώ εἰμι, καὶ ἀπ' ἐμαυτοῦ ποιῶ οὐδέν

8 29 καὶ ὁ πέμψας με μετ' ἐμοῦ ἐστιν

8 32 ⟨ἀληθῶς μαθηταί μού ἐστε⟩ καὶ γνώσεσθε τὴν ἀλήθειαν, ↔

8 32 καὶ ἡ ἀλήθεια ἐλευθερώσει ὑμᾶς

8 33c σπέρμα Ἀβραάμ ἐσμεν, καὶ οὐδενὶ δεδουλεύκαμεν πώποτε

8 38g ἃ ἐγὼ ἑώρακα ... καὶ ὑμεῖς οὖν ἃ ἠκούσατε ... ποιεῖτε.

8 39 ἀπεκρίθησαν καὶ εἶπαν αὐτῷ

8 42 ἐγὼ γὰρ ἐκ τοῦ θεοῦ ἐξῆλθον καὶ ἥκω

8 44 ὑμεῖς ἐκ τοῦ πατρὸς τοῦ διαβόλου ἐστὲ καὶ τὰς ἐπιθυμίας τοῦ πατρὸς ὑμῶν θέλετε ποιεῖν. ↔

8 44 ἐκεῖνος ἀνθρωποκτόνος ἦν ... καὶ ἐν τῇ ἀληθείᾳ οὐκ ἔστηκεν (ἕ. STς)

8 44 ὅτι ψεύστης ἐστὶν καὶ ὁ πατὴρ αὐτοῦ

8 48 ἀπεκρίθησαν (+οὖν Vς) οἱ Ἰουδαῖοι καὶ εἶπαν αὐτῷ

8 48 Σαμαρίτης εἶ σὺ καὶ δαιμόνιον ἔχεις

Jo 8 49g τιμῶ τὸν πατέρα μου, καὶ ὑμεῖς ἀτιμάζετέ με

8 50 ἔστιν ὁ ζητῶν καὶ κρίνων

8 52 Ἀβραὰμ ἀπέθανεν καὶ οἱ προφῆται, ↔

8 52f καὶ σὺ λέγεις

8 53 καὶ οἱ προφῆται ἀπέθανον

8 55a ⟨λέγετε ὅτι θεὸς ἡμῶν ἐστιν⟩ καὶ οὐκ ἐγνώκατε αὐτόν

8 55j * | καὶ ἐὰν ((VSς; κἂν rl) εἴπω

8 55 ἀλλὰ οἶδα αὐτὸν καὶ τὸν λόγον αὐτοῦ τηρῶ. ↔

8 56 Ἀβραὰμ ... ἠγαλλιάσατο ἵνα ἴδῃ τὴν ἡμέραν τὴν ἐμήν, καὶ εἶδεν ↔

8 56 καὶ ἐχάρη

8 57 πεντήκοντα ἔτη οὔπω ἔχεις καὶ Ἀβραὰμ ἑώρακας;

8 59 Ἰησοῦς δὲ ἐκρύβη καὶ ἐξῆλθεν ἐκ τοῦ ἱεροῦ

8 59 * | διελθὼν διὰ μέσου αὐτῶν, καὶ παρῆγεν οὕτως (+ς). ↔

9 1 καὶ παράγων εἶδεν ἄνθρωπον τυφλὸν ἐκ γενετῆς. ↔

9 2 καὶ ἠρώτησαν αὐτὸν οἱ μαθηταὶ αὐτοῦ λέγοντες

9 6 ἔπτυσεν χαμαὶ καὶ ἐποίησεν πηλὸν ἐκ τοῦ πτύσματος,

9 6 καὶ ἐπέχρισεν ⟨ἐπέθηκεν NH⟩ αὐτοῦ (—ς) τὸν πηλὸν ἐπὶ τοὺς ὀφθαλμοὺς (+τοῦ τυφλοῦ Vς), ↔

9 7 καὶ εἶπεν αὐτῷ

9 7r ἀπῆλθεν οὖν καὶ ἐνίψατο, ↔

9 7 καὶ ἦλθεν βλέπων. ↔

9 8 οἱ οὖν γείτονες καὶ οἱ θεωροῦντες αὐτὸν τὸ πρότερον ... ἔλεγον· ↔

9 8 οὐχ οὗτός ἐστιν ὁ καθήμενος καὶ προσαιτῶν;

9 11 * ἀπεκρίθη ἐκεῖνος | καὶ εἶπεν (+ς)· ↔

9 11 ὁ ἄνθρωπος ὁ λεγόμενος Ἰησοῦς πηλὸν ἐποίησεν καὶ ἐπέχρισέν μου τοὺς ὀφθαλμοὺς ↔

9 11 καὶ εἶπέν μοι ↔

9 11 ὅτι ([VS]; —ς) ὕπαγε εἰς τὸν Σιλωὰμ καὶ νίψαι· ↔

9 11ar ἀπελθὼν οὖν (δὲ ς) καὶ νιψάμενος ἀνέβλεψα. ↔

9 12 | καὶ εἶπαν (εἶ. T; εἶ. οὖν ς) αὐτῷ

9 14 ἐν ᾗ ἡμέρᾳ (ὅτε Sς) τὸν πηλὸν ἐποίησεν ὁ Ἰησοῦς καὶ ἀνέῳξεν αὐτοῦ τοὺς ὀφθαλμούς. ↔

9 15 πάλιν οὖν ἠρώτων αὐτὸν καὶ οἱ Φαρισαῖοι πῶς ἀνέβλεψεν

9 15 πηλὸν ἐπέθηκέν μου ἐπὶ τοὺς ὀφθαλμούς, καὶ ἐνιψάμην, ↔

9 15 καὶ βλέπω

9 16 καὶ σχίσμα ἦν ἐν αὐτοῖς

9 18 οὐκ ἐπίστευσαν ... ὅτι ἦν τυφλὸς καὶ ἀνέβλεψεν,

9 19 ⟨ἕως ὅτου ἐφώνησαν τοὺς γονεῖς⟩ καὶ ἠρώτησαν αὐτοὺς λέγοντες

9 20 ἀπεκρίθησαν οὖν (δὲ MS; —Vς) οἱ γονεῖς αὐτοῦ καὶ εἶπαν· ↔

9 20m οἴδαμεν ὅτι οὗτός ἐστιν ὁ υἱὸς ἡμῶν καὶ ὅτι τυφλὸς ἐγεννήθη

9 24 ἐφώνησαν οὖν τὸν ἄνθρωπον ... καὶ εἶπαν αὐτῷ

9 25 * ἀπεκρίθη οὖν ἐκεῖνος | καὶ εἶπεν (+ς)

9 27a λέγω ὑμῖν ἤδη καὶ οὐκ ἠκούσατε

9 27gt μὴ καὶ ὑμεῖς θέλετε | αὐτοῦ μαθηταὶ (~ S) γενέσθαι; ↔

9 28 | καὶ ἐλοιδόρησαν (οἱ δὲ ἐ. S; ἐ. οὖν ς; ἐ. VBT) αὐτὸν ↔

Jo 9 28 καὶ εἶπον

9 30 ἀπεκρίθη ὁ ἄνθρωπος καὶ εἶπεν

9 30 ὑμεῖς οὐκ οἴδατε πόθεν ἐστίν, καὶ ἤνοιξέν μου τοὺς ὀφθαλμούς

9 31 ἐάν τις θεοσεβὴς ᾖ καὶ τὸ θέλημα αὐτοῦ ποιῇ

9 34 ἀπεκρίθησαν καὶ εἶπαν αὐτῷ· ↔

9 34f ἐν ἁμαρτίαις σὺ ἐγεννήθης ὅλος, καὶ σὺ διδάσκεις ἡμᾶς;

9 34 καὶ ἐξέβαλον αὐτὸν ἔξω. ↔

9 35 ἤκουσεν (+ὁ VBSς) Ἰησοῦς ... καὶ εὑρὼν αὐτὸν εἶπεν

9 36 ἀπεκρίθη ἐκεῖνος | καὶ εἶπεν [H]· ↔

9 36 καὶ (—ς) τίς ἐστιν, κύριε, ἵνα πιστεύσω εἰς αὐτόν;

9 37 καὶ ἑώρακας αὐτὸν ↔

9 37 καὶ ὁ λαλῶν μετὰ σοῦ ἐκεῖνός ἐστιν

9 38 καὶ προσεκύνησεν αὐτῷ. ↔

9 39 καὶ εἶπεν ὁ Ἰησοῦς

9 39 ἵνα οἱ μὴ βλέποντες βλέπωσιν καὶ οἱ βλέποντες τυφλοὶ γένωνται. ↔

9 40 * καὶ (+ς) ἤκουσαν ἐκ τῶν Φαρισαίων ταῦτα (—T) οἱ μετ' αὐτοῦ ὄντες, ↔

9 40 καὶ εἶπον αὐτῷ· ↔

9 40gt μὴ καὶ ἡμεῖς τυφλοί ἐσμεν;

10 1 ἐκεῖνος κλέπτης ἐστὶν καὶ λῃστής

10 3 τούτῳ ὁ θυρωρὸς ἀνοίγει, καὶ τὰ πρόβατα τῆς φωνῆς αὐτοῦ ἀκούει, ↔

10 3 καὶ τὰ ἴδια πρόβατα φωνεῖ κατ' ὄνομα ↔

10 3 καὶ ἐξάγει αὐτά. ↔

10 4j * καὶ (+ς) ὅταν τὰ ἴδια πάντα ἐκβάλῃ, ἔμπροσθεν αὐτῶν πορεύεται, ↔

10 4 καὶ τὰ πρόβατα αὐτῷ ἀκολουθεῖ

10 8 πάντες ὅσοι ἦλθον | πρὸ ἐμοῦ ([N26]; —T) κλέπται εἰσὶν καὶ λῃσταί

10 9 σωθήσεται, καὶ εἰσελεύσεται ↔

10 9 καὶ ἐξελεύσεται ↔

10 9 καὶ νομὴν εὑρήσει

10 10 εἰ μὴ ἵνα κλέψῃ καὶ θύσῃ ↔

10 10 καὶ ἀπολέσῃ

10 10 ἵνα ζωὴν ἔχωσιν καὶ περισσὸν ἔχωσιν

10 12aa ὁ μισθωτὸς (+δὲ ς) καὶ οὐκ ὢν ποιμήν

10 12 θεωρεῖ τὸν λύκον ἐρχόμενον καὶ ἀφίησιν τὰ πρόβατα

10 12 καὶ φεύγει, ↔

10 12 καὶ ὁ λύκος ἁρπάζει αὐτὰ ↔

10 12 καὶ σκορπίζει

10 13a μισθωτός ἐστιν καὶ οὐ μέλει αὐτῷ περὶ τῶν προβάτων. ↔

10 14 ἐγώ εἰμι ὁ ποιμὴν ὁ καλός, καὶ γινώσκω τὰ ἐμὰ

10 14 καὶ | γινώσκουσί με τὰ ἐμά ⟨γινώσκομαι ὑπὸ τῶν ἐμῶν Vς⟩

10 15 καὶ τὴν ψυχήν μου τίθημι ὑπὲρ τῶν προβάτων. ↔

10 16 καὶ ἄλλα πρόβατα ἔχω

10 16 κἀκεῖνα δεῖ με ἀγαγεῖν, καὶ τῆς φωνῆς μου ἀκούσουσιν (-σωσιν S), ↔

10 16 καὶ γενήσονται (γενήσεται NVTς) μία ποίμνη, εἷς ποιμήν

10 18 ἐξουσίαν ἔχω θεῖναι αὐτήν, καὶ ἐξουσίαν ἔχω πάλιν λαβεῖν αὐτήν

10 20 δαιμόνιον ἔχει καὶ μαίνεται

10 22 * καὶ (+ς) χειμὼν ἦν· ↔

10 23 καὶ περιεπάτει ὁ [H] Ἰησοῦς ἐν τῷ ἱερῷ

10 24 ἐκύκλωσαν οὖν αὐτὸν οἱ Ἰουδαῖοι καὶ ἔλεγον αὐτῷ

καί   620   καί

Jo 10 25ᵃ εἶπον ὑμῖν, καὶ οὐ πιστεύετε
10 27 κἀγὼ γινώσκω αὐτά, καὶ ἀκολουθοῦσίν μοι, ↔
10 28ᶜ κἀγὼ | δίδωμι αὐτοῖς ζωὴν αἰώνιον (~ Sς), καὶ οὐ μὴ ἀπόλωνται εἰς τὸν αἰῶνα, ↔
10 28ᵃ καὶ οὐχ ἁρπάσει τις αὐτὰ ἐκ τῆς χειρός μου
10 29ᶜ καὶ οὐδεὶς δύναται ἁρπάζειν ἐκ τῆς χειρὸς τοῦ πατρός (+μου MVB[S]ς). ↔
10 30 ἐγὼ καὶ ὁ πατὴρ ἕν ἐσμεν
10 33ᵐ ἀλλὰ περὶ βλασφημίας, καὶ ὅτι ... ποιεῖς σεαυτὸν θεόν
10 35ᵃ εἰ ἐκείνους εἶπεν θεούς ... καὶ οὐ δύναται λυθῆναι ἡ γραφή, ↔
10 36 ὃν ὁ πατὴρ ἡγίασεν καὶ ἀπέστειλεν εἰς τὸν κόσμον
10 38 ἵνα γνῶτε καὶ γινώσκητε
10 39 καὶ ἐξῆλθεν ἐκ τῆς χειρὸς αὐτῶν. ↔
10 40 καὶ ἀπῆλθεν πάλιν πέραν τοῦ Ἰορδάνου
10 40 καὶ ἔμεινεν (ἔμενεν ΝΗ) ἐκεῖ. ↔
10 41 καὶ πολλοὶ ἦλθον πρὸς αὐτόν ↔
10 41 καὶ ἔλεγον
10 42 καὶ | πολλοὶ ἐπίστευσαν (~ VSς) εἰς αὐτὸν ἐκεῖ. ↔
11 1 ἦν ... Λάζαρος ... ἐκ τῆς κώμης (+τῆς Τ) Μαρίας καὶ Μάρθας
11 2 ἦν δὲ Μαριὰμ ἡ ἀλείψασα τὸν κύριον μύρῳ καὶ ἐκμάξασα τοὺς πόδας αὐτοῦ
11 5 ἠγάπα δὲ ὁ Ἰησοῦς τὴν Μάρθαν καὶ τὴν ἀδελφὴν αὐτῆς ↔
11 5 καὶ τὸν Λάζαρον
11 8 νῦν ἐζήτουν σε λιθάσαι οἱ Ἰουδαῖοι, καὶ πάλιν ὑπάγεις ἐκεῖ;
11 11 ταῦτα εἶπεν, καὶ μετὰ τοῦτο λέγει αὐτοῖς
11 15 καὶ χαίρω δι' ὑμᾶς, ἵνα πιστεύσητε
11 16ᵍ ἄγωμεν καὶ ἡμεῖς ἵνα ἀποθάνωμεν μετ' αὐτοῦ
11 19 * | καὶ πολλοὶ (ς; π. δὲ rl) ἐκ τῶν Ἰουδαίων ἐληλύθεισαν ↔
11 19 πρὸς τὴν (τὰς περὶ MVSTς) Μάρθαν καὶ Μαριάμ
11 22ʷ ἀλλὰ (+[Ν²⁶]Vς) καὶ νῦν οἶδα
11 25 ἐγώ εἰμι ἡ ἀνάστασις καὶ ἡ ζωή
11 26 ⟨ὁ πιστεύων ... ζήσεται⟩ καὶ πᾶς ὁ ζῶν ↔
11 26 καὶ πιστεύων εἰς ἐμὲ οὐ μὴ ἀποθάνῃ
11 28ʰ καὶ τοῦτο εἰποῦσα ἀπῆλθεν ↔
11 28 καὶ ἐφώνησεν Μαριὰμ
11 28 ὁ διδάσκαλος πάρεστιν καὶ φωνεῖ σε
11 29 ἠγέρθη (ἐγείρεται ΝΜVΤς) ταχὺ καὶ ἤρχετο (ἔρχεται MVTς)
11 31 οἱ ὄντες μετ' αὐτῆς ἐν τῇ οἰκίᾳ καὶ παραμυθούμενοι αὐτήν, ↔
11 31 ἰδόντες τὴν Μαριὰμ ὅτι ταχέως ἀνέστη καὶ ἐξῆλθεν
11 33 ὡς εἶδεν αὐτὴν κλαίουσαν καὶ τοὺς ... Ἰουδαίους κλαίοντας, ↔
11 33 ἐνεβριμήσατο τῷ πνεύματι καὶ ἐτάραξεν ἑαυτόν, ↔
11 34 καὶ εἶπεν
11 34 κύριε, ἔρχου καὶ ἴδε
11 37ʰˣ οὐκ ἐδύνατο ... ποιῆσαι ἵνα καὶ οὗτος μὴ ἀποθάνῃ;
11 38 ἦν δὲ σπήλαιον, καὶ λίθος ἐπέκειτο ἐπ' αὐτῷ
11 41 ὁ δὲ Ἰησοῦς ἦρεν τοὺς ὀφθαλμοὺς ἄνω καὶ εἶπεν

Jo 11 43ʰ καὶ ταῦτα εἰπὼν φωνῇ μεγάλῃ ἐκραύγασεν
11 44 * καὶ (+VB[S]ς) ἐξῆλθεν ὁ τεθνηκὼς ↔
11 44 δεδεμένος τοὺς πόδας καὶ τὰς χεῖρας κειρίαις,
11 44 καὶ ἡ ὄψις αὐτοῦ σουδαρίῳ περιεδέδετο
11 44 λύσατε αὐτὸν καὶ ἄφετε αὐτὸν ([S]; —Vς) ὑπάγειν
11 45 οἱ ἐλθόντες ... καὶ θεασάμενοι ἃ (Ν²⁶Τς; ὃ rl) ἐποίησεν
11 46 τινὲς δὲ ... ἀπῆλθον πρὸς τοὺς Φαρισαίους καὶ εἶπαν αὐτοῖς
11 47 συνήγαγον οὖν οἱ ἀρχιερεῖς καὶ οἱ Φαρισαῖοι συνέδριον, ↔
11 47 καὶ ἔλεγον
11 48 πάντες πιστεύσουσιν εἰς αὐτόν, καὶ ἐλεύσονται οἱ Ῥωμαῖοι
11 48 καὶ ἀροῦσιν ἡμῶν ↔
11 48 καὶ τὸν τόπον ↔
11 48 καὶ τὸ ἔθνος
11 50ᵇ ἵνα εἷς ἄνθρωπος ἀποθάνῃ ὑπὲρ τοῦ λαοῦ καὶ μὴ ὅλον τὸ ἔθνος ἀπόληται
11 52ᵃ ⟨ἀποθνῄσκειν ὑπὲρ τοῦ ἔθνους⟩ καὶ οὐχ ὑπὲρ τοῦ ἔθνους [+δὲ S] μόνον, ↔
11 52ˣ ἀλλ' ἵνα καὶ τὰ τέκνα τοῦ θεοῦ τὰ διεσκορπισμένα συναγάγῃ εἰς ἕν
11 54 * ἀπῆλθεν ... εἰς Ἐφραὶμ λεγομένην πόλιν, | καὶ ἐκεῖ (S; κἀκεῖ rl) ἔμεινεν (Ν²⁶ΝΗ; διέτριβεν rl)
11 55 ἦν δὲ ἐγγὺς τὸ πάσχα ... καὶ ἀνέβησαν πολλοὶ εἰς Ἱεροσόλυμα
11 56 ἐζήτουν οὖν τὸν Ἰησοῦν καὶ ἔλεγον μετ' ἀλλήλων
11 57ᑫ * δεδώκεισαν δὲ καὶ (+ς) οἱ ἀρχιερεῖς ↔
11 57 καὶ οἱ Φαρισαῖοι ἐντολὰς
12 2 ἐποίησαν οὖν αὐτῷ δεῖπνον ἐκεῖ, καὶ ἡ Μάρθα διηκόνει
12 3 ἤλειψεν ... καὶ ἐξέμαξεν ταῖς θριξὶν αὐτῆς τοὺς πόδας αὐτοῦ
12 5 διὰ τί τοῦτο τὸ μύρον οὐκ ἐπράθη τριακοσίων δηναρίων καὶ ἐδόθη πτωχοῖς;
12 6 ὅτι κλέπτης ἦν καὶ τὸ γλωσσόκομον ἔχων (εἶχε ς)
12 6 * καὶ (+ς) τὰ βαλλόμενα ἐβάσταζεν
12 9 ἔγνω οὖν ὁ ([Ν²⁶]; —ς) ὄχλος ... καὶ ἦλθον οὐ διὰ τὸν Ἰησοῦν μόνον, ↔
12 9ˣ ἀλλ' ἵνα καὶ τὸν Λάζαρον ἴδωσιν
12 10ˣ ἐβουλεύσαντο δὲ οἱ ἀρχιερεῖς ἵνα καὶ τὸν Λάζαρον ἀποκτείνωσιν, ↔
12 11 ὅτι πολλοὶ δι' αὐτὸν ὑπῆγον τῶν Ἰουδαίων καὶ ἐπίστευον εἰς τὸν Ἰησοῦν
12 13 ἔλαβον τὰ βαΐα τῶν φοινίκων καὶ ἐξῆλθον εἰς ὑπάντησιν αὐτῷ, ↔
12 13 καὶ ἐκραύγαζον
12 13 εὐλογημένος ὁ ἐρχόμενος ... καὶ ([Ν²⁶]; —ς) ὁ βασιλεὺς τοῦ Ἰσραήλ
12 16ʰ ταῦτα ἦν ἐπ' αὐτῷ γεγραμμένα καὶ ταῦτα ἐποίησαν αὐτῷ
12 17 ὅτε (ὅτι Τ) τὸν Λάζαρον ἐφώνησεν ἐκ τοῦ μνημείου καὶ ἤγειρεν αὐτὸν ἐκ νεκρῶν
12 18 διὰ τοῦτο καὶ [Ν²⁶] ὑπήντησεν αὐτῷ ὁ ὄχλος
12 21 οὗτοι οὖν προσῆλθον Φιλίππῳ ... καὶ ἠρώτων αὐτόν

Jo 12 22 ἔρχεται ὁ (—VSTς) Φίλιππος καὶ λέγει τῷ Ἀνδρέᾳ· ↔
12 22 * | καὶ πάλιν (+MVς; πάλιν S) ἔρχεται (—Vς) Ἀνδρέας ↔
12 22 καὶ Φίλιππος ↔
12 22 καὶ (—Vς) λέγουσιν τῷ Ἰησοῦ
12 25 ὁ φιλῶν τὴν ψυχὴν αὐτοῦ ... καὶ ὁ μισῶν τὴν ψυχὴν αὐτοῦ
12 26 καὶ ὅπου εἰμὶ ἐγώ, ↔
12 26 ἐκεῖ καὶ ὁ διάκονος ὁ ἐμὸς ἔσται· ↔
12 26ʲ * καὶ (+ς) ἐάν τις ἐμοὶ διακονῇ
12 27 νῦν ἡ ψυχή μου τετάρακται, καὶ τί εἴπω;
12 28 καὶ ἐδόξασα
12 28 καὶ πάλιν δοξάσω. ↔
12 29 ὁ οὖν [Η] ὄχλος ὁ ἑστὼς καὶ (— Τ) ἀκούσας ἔλεγεν βροντὴν γεγονέναι
12 30 ἀπεκρίθη | Ἰησοῦς καὶ εἶπεν (~ Η)
12 34ᵐ ἡμεῖς ἠκούσαμεν ... καὶ πῶς λέγεις σύ ⟨;⟩
12 35 περιπατεῖτε ὡς τὸ φῶς ἔχετε ... καὶ ὁ περιπατῶν ἐν τῇ σκοτίᾳ οὐκ οἶδεν ποῦ ὑπάγει
12 36 ταῦτα ἐλάλησεν (+ὁ MVBSς) Ἰησοῦς, καὶ ἀπελθὼν ἐκρύβη
12 38 καὶ ὁ βραχίων κυρίου τίνι ἀπεκαλύφθη;
12 40 τετύφλωκεν αὐτῶν τοὺς ὀφθαλμοὺς καὶ ἐπώρωσεν αὐτῶν τὴν καρδίαν,
12 40 ἵνα μὴ ἴδωσιν τοῖς ὀφθαλμοῖς καὶ νοήσωσιν τῇ καρδίᾳ ↔
12 40 καὶ στραφῶσιν, ↔
12 40 καὶ ἰάσομαι (-σωμαι ς) αὐτούς
12 41 εἶδεν τὴν δόξαν αὐτοῦ, καὶ ἐλάλησεν περὶ αὐτοῦ. ↔
12 42ʳ ὅμως μέντοι καὶ ἐκ τῶν ἀρχόντων πολλοὶ ἐπίστευσαν εἰς αὐτόν
12 44 Ἰησοῦς δὲ ἔκραξεν καὶ εἶπεν
12 45 ⟨ὁ πιστεύων εἰς ἐμὲ⟩ καὶ ὁ θεωρῶν ἐμὲ θεωρεῖ τὸν πέμψαντά με
12 47ʲ καὶ ἐάν τίς μου ἀκούσῃ τῶν ῥημάτων ↔
12 47ᵇ καὶ μὴ φυλάξῃ
12 48ᵇ ὁ ἀθετῶν ἐμὲ καὶ μὴ λαμβάνων τὰ ῥήματά μου
12 49 αὐτός μοι ἐντολὴν δέδωκεν τί εἴπω καὶ τί λαλήσω. ↔
12 50 καὶ οἶδα ὅτι ἡ ἐντολὴ αὐτοῦ ζωὴ αἰώνιός ἐστιν
13 2 καὶ δείπνου γινομένου
13 3ᵐ εἰδὼς ὅτι ... καὶ ὅτι ἀπὸ θεοῦ ἐξῆλθεν ↔
13 3 καὶ πρὸς τὸν θεὸν ὑπάγει, ↔
13 4 ἐγείρεται ἐκ τοῦ δείπνου καὶ τίθησιν τὰ ἱμάτια, ↔
13 4 καὶ λαβὼν λέντιον διέζωσεν ἑαυτόν· ↔
13 5 εἶτα βάλλει ὕδωρ εἰς τὸν νιπτῆρα, καὶ ἤρξατο νίπτειν τοὺς πόδας τῶν μαθητῶν ↔
13 5 καὶ ἐκμάσσειν τῷ λεντίῳ
13 6 * ἔρχεται οὖν πρὸς Σίμωνα Πέτρον· καὶ (+MVSς) λέγει αὐτῷ (+ἐκεῖνος MVς)
13 7 ἀπεκρίθη Ἰησοῦς καὶ εἶπεν αὐτῷ
13 9ʷ μὴ τοὺς πόδας μου μόνον ἀλλὰ καὶ τὰς χεῖρας ↔
13 9 καὶ τὴν κεφαλήν
13 10ᵍ ὑμεῖς καθαροί ἐστε
13 12 ὅτε οὖν ἔνιψεν τοὺς πόδας αὐτῶν καὶ [Ν²⁶] ἔλαβεν τὰ ἱμάτια αὐτοῦ ↔
13 12 | καὶ ἀνέπεσεν (ἀναπεσὼν ς; κ. -πεσὼν V) πάλιν, εἶπεν αὐτοῖς

Jo 13 13 ὑμεῖς φωνεῖτέ με· ὁ διδάσκαλος καὶ ὁ κύριος, ↔

13 13 καὶ καλῶς λέγετε

13 14 εἰ οὖν ἐγὼ ἔνιψα ὑμῶν τοὺς πόδας ὁ κύριος καὶ ὁ διδάσκαλος, ↔

13 14g καὶ ὑμεῖς ὀφείλετε ἀλλήλων νίπτειν τοὺς πόδας

13 15g ἵνα καθὼς ἐγὼ ἐποίησα ὑμῖν καὶ ὑμεῖς ποιῆτε

13 21 ἐταράχθη τῷ πνεύματι καὶ ἐμαρτύρησεν ↔

13 21 καὶ εἶπεν

13 24 * νεύει οὖν τούτῳ Σίμων Πέτρος | καὶ λέγει αὐτῷ· εἰπὲ τίς ἐστιν (πυθέσθαι τίς ἂν εἴη Ν²⁶ς)

13 26 ᾧ ἐγὼ | βάψω τὸ ψωμίον καὶ (βάψας τὸ ψ. ς) δώσω (ἐπι- VSς) αὐτῷ.

13 26 * | καὶ ἐμβάψας (ς; βάψας οὖν rl) τὸ [ΝΗ] ψωμίον ↔

13 26 | λαμβάνει καὶ ([Ν²⁶]; —ς) δίδωσιν Ἰούδᾳ Σίμωνος Ἰσκαριώτου. ↔

13 27 καὶ μετὰ τὸ ψωμίον τότε εἰσῆλθεν εἰς ἐκεῖνο ὁ σατανᾶς

13 31 νῦν ἐδοξάσθη ὁ υἱὸς τοῦ ἀνθρώπου, καὶ ὁ θεὸς ἐδοξάσθη ἐν αὐτῷ· ↔

13 32 ([Ν²⁶S]; —Η), καὶ ὁ θεὸς ἐδοξάσθη ἐν αὐτῷ δοξάσει αὐτὸν ἐν αὐτῷ (ἑ. MVSHς), ↔

13 32 καὶ εὐθὺς δοξάσει αὐτόν

13 33k καὶ καθὼς εἶπον τοῖς Ἰουδαίοις

13 33g καὶ ὑμῖν λέγω ἄρτι

13 34gx ἵνα καὶ ὑμεῖς ἀγαπᾶτε ἀλλήλους

14 1 πιστεύετε εἰς τὸν θεόν, καὶ εἰς ἐμὲ πιστεύετε

14 3j καὶ ἐὰν πορευθῶ ↔

14 3 καὶ ἑτοιμάσω | τόπον ὑμῖν (~ VSς),

14 3 πάλιν ἔρχομαι καὶ παραλήμψομαι ὑμᾶς πρὸς ἐμαυτόν, ↔

14 3g ἵνα ὅπου εἰμὶ ἐγὼ καὶ ὑμεῖς ἦτε. ↔

14 4 καὶ ὅπου ἐγὼ [Ν²⁶] ὑπάγω οἴδατε ↔

14 4 * | καὶ τὴν ὁδὸν οἴδατε (+Vς; τὴν ὁ. rl)

14 5m οὐκ οἴδαμεν ποῦ ὑπάγεις· καὶ (+MVSTς) πῶς | δυνάμεθα τὴν ὁδὸν εἰδέναι (οἴδαμεν τ. ὁ. ΝΒΤΗ);

14 6 ἐγώ εἰμι ἡ ὁδὸς καὶ ἡ ἀλήθεια ↔

14 6 καὶ ἡ ζωή

14 7 εἰ ἐγνώκατέ (-κειτέ ΝMVSHς) με (ἐμέ Τ), καὶ τὸν πατέρα μου γνώσεσθε (ἂν ἤδειτε ΝMVH; ἐγνώκειτε ἂν Sς). ↔

14 7 καὶ ([Ν²⁶]; —NMSH) ἀπ' ἄρτι γινώσκετε αὐτὸν ↔

14 7 καὶ ἑωράκατε αὐτόν (—NMH)

14 8 δεῖξον ἡμῖν τὸν πατέρα, καὶ ἀρκεῖ ἡμῖν

14 9a | τοσούτῳ χρόνῳ (Ν²⁶Τ; τ-ον χ-ον rl) μεθ' ὑμῶν εἰμι καὶ οὐκ ἔγνωκάς με, Φίλιππε;

14 9m * καὶ (+MVSς) πῶς σὺ λέγεις ⟨;⟩

14 10 ἐγὼ ἐν τῷ πατρὶ καὶ ὁ πατὴρ ἐν ἐμοί ἐστιν

14 11 ἐγὼ ἐν τῷ πατρὶ καὶ ὁ πατὴρ ἐν ἐμοί ἐστιν

14 12 κἀκεῖνος ποιήσει, καὶ μείζονα τούτων ποιήσει

14 13m καὶ | ὅ τι (ὅτι Η) ἂν αἰτήσητε ἐν τῷ ὀνόματί μου

14 16f * | καὶ ἐγὼ (ς; κἀγὼ rl) ἐρωτήσω τὸν πατέρα ↔

14 16 καὶ ἄλλον παράκλητον δώσει ὑμῖν

Jo 14 17 ὅτι παρ' ὑμῖν μένει (-νεῖ V) καὶ ἐν ὑμῖν ἔσται (ἐστίν Η)

14 19 ἔτι μικρὸν καὶ ὁ κόσμος με οὐκέτι θεωρεῖ

14 19g ὅτι ἐγὼ ζῶ καὶ ὑμεῖς ζήσετε (-σεσθε MVSς)

14 20g ἐγὼ ἐν τῷ πατρί μου καὶ ὑμεῖς ἐν ἐμοί

14 21 ὁ ἔχων τὰς ἐντολάς μου καὶ τηρῶν αὐτάς

14 21f * ἀγαπηθήσεται ὑπὸ τοῦ πατρός μου, | καὶ ἐγὼ (ς; κἀγὼ rl) ἀγαπήσω αὐτὸν ↔

14 21 καὶ ἐμφανίσω αὐτῷ ἐμαυτόν

14 22 κύριε, καὶ ([Ν²⁶]; —Ης) τί γέγονεν ↔

14 22c ὅτι ἡμῖν μέλλεις ἐμφανίζειν σεαυτὸν καὶ οὐχὶ τῷ κόσμῳ;

14 23 ἀπεκρίθη Ἰησοῦς καὶ εἶπεν αὐτῷ· ↔

14 23 ἐάν τις ἀγαπᾷ με, τὸν λόγον μου τηρήσει, καὶ ὁ πατήρ μου ἀγαπήσει αὐτόν, ↔

14 23 καὶ πρὸς αὐτὸν ἐλευσόμεθα ↔

14 23 καὶ μονὴν παρ' αὐτῷ ποιησόμεθα

14 24 καὶ ὁ λόγος ὃν ἀκούετε οὐκ ἔστιν ἐμός

14 26 ἐκεῖνος ὑμᾶς διδάξει πάντα καὶ ὑπομνήσει ὑμᾶς πάντα

14 28 ὑπάγω καὶ ἔρχομαι πρὸς ὑμᾶς

14 29 καὶ νῦν εἴρηκα ὑμῖν πρὶν γενέσθαι

14 30 καὶ ἐν ἐμοὶ οὐκ ἔχει οὐδέν

14 31k καὶ καθὼς ἐνετείλατό (ἐντολὴν ἔδωκέν Η) μοι ὁ πατήρ, οὕτως ποιῶ

15 1 ἐγώ εἰμι ἡ ἄμπελος . . . καὶ ὁ πατήρ μου ὁ γεωργός ἐστιν.

15 2 πᾶν κλῆμα ἐν ἐμοὶ . . . καὶ πᾶν τὸ καρπὸν φέρον, καθαίρει αὐτό

15 6 ἐβλήθη ἔξω ὡς τὸ κλῆμα καὶ ἐξηράνθη, ↔

15 6 καὶ συνάγουσιν αὐτὰ (αὐτὸ ST) ↔

15 6 καὶ εἰς τὸ πῦρ βάλλουσιν, ↔

15 6 καὶ καίεται. ↔

15 7 ἐὰν μείνητε ἐν ἐμοὶ καὶ τὰ ῥήματά μου ἐν ὑμῖν μείνῃ, ↔

15 7 ὃ ἐὰν θέλητε αἰτήσασθε, καὶ γενήσεται ὑμῖν

15 8 ἵνα καρπὸν πολὺν φέρητε καὶ γένησθε (Ν²⁶Η; γενήσεσθε rl) ἐμοὶ μαθηταί

15 10 καθὼς ἐγὼ (κἀγὼ Τ) || τὰς ἐντολὰς τοῦ πατρός μου (—Η) ((Ν²⁶Vς; ~rl)) τετήρηκα καὶ μένω αὐτοῦ ἐν τῇ ἀγάπῃ

15 11 ἵνα ἡ χαρὰ ἡ ἐμὴ ἐν ὑμῖν ᾖ καὶ ἡ χαρὰ ὑμῶν πληρωθῇ

15 16 ἐγὼ ἐξελεξάμην ὑμᾶς, καὶ ἔθηκα ὑμᾶς

15 16 ἵνα ὑμεῖς ὑπάγητε καὶ καρπὸν φέρητε ↔

15 16 καὶ ὁ καρπὸς ὑμῶν μένῃ

15 20g εἰ ἐμὲ ἐδίωξαν, καὶ ὑμᾶς διώξουσιν· ↔

15 20 εἰ τὸν λόγον μου ἐτήρησαν, καὶ τὸν ὑμέτερον τηρήσουσιν

15 22 εἰ μὴ ἦλθον καὶ ἐλάλησα αὐτοῖς

15 23 ὁ ἐμὲ μισῶν καὶ τὸν πατέρα μου μισεῖ

15 24q νῦν δὲ καὶ ἑωράκασιν ↔

15 24 καὶ μεμισήκασιν ↔

15 24f καὶ ἐμὲ ↔

15 24 καὶ τὸν πατέρα μου

15 27g καὶ ὑμεῖς δὲ μαρτυρεῖτε

16 3h καὶ ταῦτα ποιήσουσιν (+ὑμῖν [Μ]Sς)

Jo 16 5c ὑπάγω πρὸς τὸν πέμψαντά με, καὶ οὐδεὶς ἐξ ὑμῶν ἐρωτᾷ με

16 8 καὶ ἐλθὼν ἐκεῖνος ↔

16 8 ἐλέγξει τὸν κόσμον περὶ ἁμαρτίας καὶ περὶ δικαιοσύνης ↔

16 8 καὶ περὶ κρίσεως

16 10a ὅτι πρὸς τὸν πατέρα (+μου Sς) ὑπάγω καὶ οὐκέτι θεωρεῖτέ με

16 13 λαλήσει, καὶ τὰ ἐρχόμενα ἀναγγελεῖ ὑμῖν

16 14 ὅτι ἐκ τοῦ ἐμοῦ λήμψεται καὶ ἀναγγελεῖ ὑμῖν

16 15 ἐκ τοῦ ἐμοῦ λαμβάνει καὶ ἀναγγελεῖ ὑμῖν. ↔

16 16a μικρὸν καὶ οὐκέτι (οὐ Vς) θεωρεῖτέ με, ↔

16 16 καὶ πάλιν μικρὸν ↔

16 16 καὶ ὄψεσθέ με

16 17a μικρὸν καὶ οὐ θεωρεῖτέ με, ↔

16 17 καὶ πάλιν μικρὸν ↔

16 17 καὶ ὄψεσθέ με; ↔

16 17m καὶ· ὅτι ὑπάγω πρὸς τὸν πατέρα

16 19 ἔγνω (+οὖν Vς) ὁ ([Ν²⁶]; —NM TH) Ἰησοῦς . . . καὶ εἶπεν αὐτοῖς

16 19a μικρὸν καὶ οὐ θεωρεῖτέ με, ↔

16 19 καὶ πάλιν μικρὸν ↔

16 19 καὶ ὄψεσθέ με

16 20 κλαύσετε καὶ θρηνήσετε ὑμεῖς

16 22g καὶ ὑμεῖς οὖν νῦν μὲν λύπην ἔχετε (ἕξετε S)· ↔

16 22 πάλιν δὲ ὄψομαι ὑμᾶς, καὶ χαρήσεται ὑμῶν ἡ καρδία, ↔

16 22 καὶ τὴν χαρὰν ὑμῶν οὐδεὶς αἴρει (ἀρεῖ Η) ἀφ' ὑμῶν. ↔

16 23 καὶ ἐν ἐκείνῃ τῇ ἡμέρᾳ ἐμὲ οὐκ ἐρωτήσετε οὐδέν

16 24 αἰτεῖτε, καὶ λήμψεσθε

16 26a καὶ οὐ λέγω ὑμῖν

16 27 ὅτι ὑμεῖς ἐμὲ πεφιλήκατε καὶ πεπιστεύκατε

16 28 ἐξῆλθον παρὰ (Ν²⁶Vς; ἐκ rl) τοῦ πατρὸς καὶ ἐλήλυθα εἰς τὸν κόσμον· ↔

16 28 πάλιν ἀφίημι τὸν κόσμον καὶ πορεύομαι πρὸς τὸν πατέρα

16 29 ἴδε νῦν ἐν ([V]; —ς) παρρησίᾳ λαλεῖς, καὶ παροιμίαν οὐδεμίαν λέγεις

16 30a οἶδας πάντα καὶ οὐ χρείαν ἔχεις ἵνα τίς σε ἐρωτᾷ

16 32 ἰδοὺ ἔρχεται ὥρα καὶ (+νῦν Vς) ἐλήλυθεν ↔

16 32f * ἵνα σκορπισθῆτε ἕκαστος εἰς τὰ ἴδια | καὶ ἐμὲ (ς; κἀμὲ rl) μόνον ἀφῆτε· ↔

16 32a καὶ οὐκ εἰμὶ μόνος

17 1 ταῦτα ἐλάλησεν (+ὁ VBSς) Ἰησοῦς, καὶ ἐπάρας (ἐπῆρε ς) τοὺς ὀφθαλμοὺς αὐτοῦ εἰς τὸν οὐρανὸν

17 1 * καὶ (+ς) εἶπεν

17 1x * ἵνα καὶ (+ς) ὁ υἱὸς (+σου V [S]ς) δοξάσῃ σέ

17 3 ἵνα γινώσκωσιν (-ουσιν Τ) σὲ . . . καὶ ὃν ἀπέστειλας Ἰησοῦν Χριστόν

17 5 καὶ νῦν δόξασόν με σύ, πάτερ, παρὰ σεαυτῷ

17 6f σοὶ ἦσαν | καὶ ἐμοὶ (VSTς; κἀμοὶ rl) αὐτοὺς ἔδωκας, ↔

17 6 καὶ τὸν λόγον σου τετήρηκαν (-κασιν VSς)

17 8h δέδωκα αὐτοῖς, καὶ αὐτοὶ ἔλαβον, ↔

17 8 καὶ ἔγνωσαν ἀληθῶς ὅτι παρὰ σοῦ ἐξῆλθον, ↔

Jo 17 8 καὶ ἐπίστευσαν
17 10 καὶ τὰ ἐμὰ πάντα σά ἐστιν ↔
17 10 καὶ τὰ σὰ ἐμά, ↔
17 10 καὶ δεδόξασμαι ἐν αὐτοῖς. ↔
17 11ᵃ καὶ οὐκέτι εἰμὶ ἐν τῷ κόσμῳ, ↔
17 11ʰ καὶ αὐτοὶ (οὗτοι VBSϛ) ἐν τῷ κόσμῳ εἰσίν, ↔
17 11ᶠ * | καὶ ἐγὼ (ϛ; κἀγὼ rl) πρὸς σὲ ἔρχομαι
17 12 ἐτήρουν αὐτοὺς ἐν τῷ ὀνόματί σου ... καὶ ([S]; —Bϛ) ἐφύλαξα, ↔
17 12 ᶜ καὶ οὐδεὶς ἐξ αὐτῶν ἀπώλετο
17 13ʰ νῦν δὲ πρὸς σὲ ἔρχομαι, καὶ ταῦτα λαλῶ ἐν τῷ κόσμῳ
17 14 καὶ ὁ κόσμος ἐμίσησεν αὐτούς
17 19 καὶ ὑπὲρ αὐτῶν ἐγὼ ([NH]; —T) ἁγιάζω ἐμαυτόν, ↔
17 19ʰ ἵνα ὦσιν καὶ αὐτοὶ ἡγιασμένοι
17 20ʷ οὐ περὶ τούτων δὲ ἐρωτῶ μόνον, ἀλλὰ καὶ περὶ τῶν πιστευόντων
17 21ʰˣ ἵνα καὶ αὐτοὶ ἐν ἡμῖν (+ἐν MVBSϛ) ὦσιν
17 22ᶠ * | καὶ ἐγὼ (ϛ; κἀγὼ rl) τὴν δόξαν ἣν δέδωκάς μοι δέδωκα αὐτοῖς
17 23ᶠ ἐγὼ ἐν αὐτοῖς καὶ σὺ ἐν ἐμοί, ↔
17 23ˡ * ἵνα ὦσιν ... καὶ (+ϛ) ἵνα γινώσκῃ ὁ κόσμος ↔
17 23 ὅτι σύ με ἀπέστειλας καὶ ἠγάπησας αὐτούς
17 25 πάτερ (πατήρ NMVBTH) δίκαιε, καὶ ὁ κόσμος σε οὐκ ἔγνω, ἐγὼ δέ σε ἔγνων, ↔
17 25ʰ καὶ οὗτοι ἔγνωσαν ὅτι σύ με ἀπέστειλας· ↔
17 26 καὶ ἐγνώρισα αὐτοῖς τὸ ὄνομά σου ↔
17 26 καὶ γνωρίσω
18 1 εἰς ὃν εἰσῆλθεν αὐτὸς καὶ οἱ μαθηταὶ αὐτοῦ.
18 2ᵃ ᾔδει δὲ καὶ Ἰούδας ... τὸν τόπον
18 3 ὁ οὖν Ἰούδας λαβὼν τὴν σπεῖραν καὶ ἐκ τῶν ἀρχιερέων ↔
18 3 καὶ | ἐκ τῶν ([S]; [ἐκ] τ. NH; —ϛ) Φαρισαίων ὑπηρέτας
18 3 ἔρχεται ἐκεῖ μετὰ φανῶν καὶ λαμπάδων ↔
18 3 καὶ ὅπλων. ↔
18 4 Ἰησοῦς ... | ἐξῆλθεν καὶ λέγει (ἐξελθὼν εἶπεν Vϛ) αὐτοῖς
18 5ᵃ εἱστήκει δὲ καὶ Ἰούδας ... μετ' αὐτῶν
18 6 ἀπῆλθον εἰς τὰ ὀπίσω καὶ ἔπεσαν χαμαί
18 10 Σίμων οὖν Πέτρος ... εἵλκυσεν αὐτὴν καὶ ἔπαισεν τὸν τοῦ ἀρχιερέως δοῦλον ↔
18 10 καὶ ἀπέκοψεν αὐτοῦ τὸ ὠτάριον (ὠτίον Vϛ) τὸ δεξιόν
18 12 ἡ οὖν σπεῖρα καὶ ὁ χιλίαρχος ↔
18 12 καὶ οἱ ὑπηρέται τῶν Ἰουδαίων ↔
18 12 συνέλαβον τὸν Ἰησοῦν καὶ ἔδησαν αὐτόν, ↔
18 13 καὶ ἤγαγον (ἀπ- αὐτὸν Vϛ) πρὸς Ἄνναν πρῶτον
18 15 ἠκολούθει δὲ τῷ Ἰησοῦ Σίμων Πέτρος καὶ (+ὁ Vϛ) ἄλλος μαθητής. ↔
18 15 ὁ δὲ μαθητὴς ἐκεῖνος ἦν γνωστὸς τῷ ἀρχιερεῖ, καὶ συνεισῆλθεν τῷ Ἰησοῦ εἰς τὴν αὐλήν
18 16 ἐξῆλθεν οὖν ὁ μαθητὴς ὁ ἄλλος ... καὶ εἶπεν τῇ θυρωρῷ
18 16 καὶ εἰσήγαγεν τὸν Πέτρον
18 17ᶠᵗ μὴ καὶ σὺ ἐκ τῶν μαθητῶν εἶ τοῦ ἀνθρώπου τούτου;

Jo 18 18 εἱστήκεισαν δὲ οἱ δοῦλοι καὶ οἱ ὑπηρέται ἀνθρακιὰν πεποιηκότες, ↔
18 18 ὅτι ψῦχος ἦν, καὶ ἐθερμαίνοντο· ↔
18 18ᵃ ἦν δὲ καὶ (—ϛ) ὁ Πέτρος μετ' αὐτῶν ↔
18 18 ἑστὼς καὶ θερμαινόμενος. ↔
18 19 ὁ οὖν ἀρχιερεὺς ἠρώτησεν τὸν Ἰησοῦν περὶ τῶν μαθητῶν αὐτοῦ καὶ περὶ τῆς διδαχῆς αὐτοῦ
18 20 ἐγὼ πάντοτε ἐδίδαξα ἐν συναγωγῇ καὶ ἐν τῷ ἱερῷ
18 20 καὶ ἐν κρυπτῷ ἐλάλησα οὐδέν
18 25 ἦν δὲ Σίμων Πέτρος ἑστὼς καὶ θερμαινόμενος
18 25ᶠᵗ μὴ καὶ σὺ ἐκ τῶν μαθητῶν αὐτοῦ εἶ; ↔
18 25 ἠρνήσατο ἐκεῖνος καὶ εἶπεν
18 27 καὶ εὐθέως ἀλέκτωρ ἐφώνησεν
18 28ʰ καὶ αὐτοὶ οὐκ εἰσῆλθον εἰς τὸ πραιτώριον
18 29 ἐξῆλθεν οὖν ὁ Πιλᾶτος ἔξω πρὸς αὐτοὺς καὶ φησίν
18 30 ἀπεκρίθησαν καὶ εἶπαν αὐτῷ
18 31 λάβετε ... καὶ κατὰ τὸν νόμον ὑμῶν κρίνατε αὐτόν (—H)
18 33 εἰσῆλθεν ... ὁ Πιλᾶτος καὶ ἐφώνησεν τὸν Ἰησοῦν ↔
18 33 καὶ εἶπεν αὐτῷ
18 35 τὸ ἔθνος τὸ σὸν καὶ οἱ ἀρχιερεῖς παρέδωκάν σε ἐμοί
18 37 εἰς τοῦτο γεγέννημαι καὶ εἰς τοῦτο ἐλήλυθα εἰς τὸν κόσμον
18 38ʰ καὶ τοῦτο εἰπὼν πάλιν ἐξῆλθεν πρὸς τοὺς Ἰουδαίους, ↔
18 38 καὶ λέγει αὐτοῖς
19 1 τότε οὖν | ἔλαβεν ὁ Πιλᾶτος τὸν Ἰησοῦν καὶ (ὁ. Π. λαβὼν τ. Ἰ. S) ἐμαστίγωσεν.
19 2 καὶ οἱ στρατιῶται πλέξαντες στέφανον ἐξ ἀκανθῶν ἐπέθηκαν αὐτοῦ τῇ κεφαλῇ, ↔
19 2 καὶ ἱμάτιον πορφυροῦν περιέβαλον αὐτόν, ↔
19 3 | καὶ ἤρχοντο πρὸς αὐτὸν (—ϛ) ↔
19 3 καὶ ἔλεγον
19 3 καὶ ἐδίδοσαν αὐτῷ ῥαπίσματα. ↔
19 4 καὶ (+N²⁶NH) ἐξῆλθεν (+οὖν MV[S]ϛ) πάλιν | ἔξω ὁ Πιλᾶτος (~T) ↔
19 4 καὶ λέγει αὐτοῖς
19 5 φορῶν τὸν ἀκάνθινον στέφανον καὶ τὸ πορφυροῦν ἱμάτιον. ↔
19 5 καὶ λέγει αὐτοῖς
19 6 ὅτε οὖν εἶδον αὐτὸν οἱ ἀρχιερεῖς καὶ οἱ ὑπηρέται
19 6 λάβετε αὐτὸν ὑμεῖς καὶ σταυρώσατε
19 7 ἡμεῖς νόμον ἔχομεν, καὶ κατὰ τὸν νόμον (+ἡμῶν [S]ϛ) ὀφείλει ἀποθανεῖν
19 9 ⟨ὁ Πιλᾶτος ... μᾶλλον ἐφοβήθη⟩ καὶ εἰσῆλθεν εἰς τὸ πραιτώριον πάλιν ↔
19 9 καὶ λέγει τῷ Ἰησοῦ
19 10 ἐξουσίαν ἔχω | ἀπολῦσαί σε καὶ ἐξουσίαν ἔχω σταυρῶσαι (~VSϛ) σε
19 13 ὁ οὖν Πιλᾶτος ... ἤγαγεν ἔξω τὸν Ἰησοῦν, καὶ ἐκάθισεν ἐπὶ βήματος
19 14 καὶ λέγει τοῖς Ἰουδαίοις
19 16 * παρέλαβον οὖν (δὲ Vϛ) τὸν Ἰησοῦν | καὶ ἤγαγον (+V; κ. ἀπ-ϛ)· ↔
19 17 καὶ βαστάζων |ἑαυτῷ τὸν σταυρὸν (τ. στ. αὐτοῦ Vϛ) ἐξῆλθεν

Jo 19 18 ὅπου αὐτὸν ἐσταύρωσαν, καὶ μετ' αὐτοῦ ἄλλους δύο ↔
19 18 ἐντεῦθεν καὶ ἐντεῦθεν
19 19ᵃ ἔγραψεν δὲ καὶ τίτλον ὁ Πιλᾶτος ↔
19 19 καὶ ἔθηκεν ἐπὶ τοῦ σταυροῦ
19 20 καὶ ἦν γεγραμμένον Ἑβραϊστί
19 23 ἔλαβον τὰ ἱμάτια αὐτοῦ καὶ ἐποίησαν τέσσαρα μέρη
19 23 ἑκάστῳ στρατιώτῃ μέρος, καὶ τὸν χιτῶνα
19 24 διεμερίσαντο τὰ ἱμάτιά μου ἑαυτοῖς καὶ ἐπὶ τὸν ἱματισμόν μου ἔβαλον κλῆρον
19 25 εἱστήκεισαν ... ἡ μήτηρ αὐτοῦ καὶ ἡ ἀδελφὴ τῆς μητρὸς αὐτοῦ, ↔
19 25 Μαρία ἡ τοῦ Κλωπᾶ καὶ Μαρία ἡ Μαγδαληνή. ↔
19 26 Ἰησοῦς οὖν ἰδὼν τὴν μητέρα καὶ τὸν μαθητὴν παρεστῶτα
19 27 καὶ ἀπ' ἐκείνης τῆς ὥρας ἔλαβεν | ὁ μαθητὴς αὐτὴν (~Tϛ) εἰς τὰ ἴδια
19 29 * οἱ δὲ πλήσαντες σπόγγον (ϛ; σπόγγον οὖν μεστὸν rl) τοῦ (—Tϛ) ὄξους καὶ (+ϛ) ὑσσώπῳ περιθέντες προσήνεγκαν
19 30 καὶ κλίνας τὴν κεφαλὴν παρέδωκεν τὸ πνεῦμα
19 31 ἵνα κατεαγῶσιν αὐτῶν τὰ σκέλη καὶ ἀρθῶσιν. ↔
19 32 ἦλθον οὖν οἱ στρατιῶται, καὶ τοῦ μὲν πρώτου κατέαξαν τὰ σκέλη ↔
19 32 καὶ τοῦ ἄλλου τοῦ συσταυρωθέντος αὐτῷ
19 34 καὶ || ἐξῆλθεν εὐθὺς (εὐθέως V) ((~Vϛ)) ↔
19 34 αἷμα καὶ ὕδωρ. ↔
19 35 καὶ ὁ ἑωρακὼς μεμαρτύρηκεν, ↔
19 35 καὶ ἀληθινὴ αὐτοῦ ἐστιν ἡ μαρτυρία, ↔
19 35ʰ | καὶ ἐκεῖνος (κἀκεῖνος VSTϛ) οἶδεν ὅτι ἀληθῆ λέγει, ↔
19 35ᵍˣ ἵνα καὶ (—ϛ) ὑμεῖς πιστεύσητε (-[σ]ητε N²⁶S; -εύητε NMTH)
19 37 καὶ πάλιν ἑτέρα γραφὴ λέγει
19 38 καὶ ἐπέτρεψεν ὁ Πιλᾶτος. ↔
19 38ʳ ἦλθεν (-θον T) οὖν καὶ | ἦρεν τὸ σῶμα αὐτοῦ (ἦραν αὐτὸν T; ἦ. τὸ σ. τοῦ Ἰησοῦ ϛ). ↔
19 39ᵃ ἦλθεν δὲ καὶ Νικόδημος
19 39 φέρων μίγμα (ἕλιγμα H) σμύρνης καὶ ἀλόης ὡς λίτρας ἑκατόν
19 40 ἔλαβον οὖν τὸ σῶμα τοῦ Ἰησοῦ καὶ ἔδησαν αὐτὸ ὀθονίοις
19 41 ἦν δὲ ἐν τῷ τόπῳ ... κῆπος, καὶ ἐν τῷ κήπῳ μνημεῖον καινόν
20 1 ἔρχεται πρωῒ ... καὶ βλέπει τὸν λίθον ἠρμένον ἐκ τοῦ μνημείου. ↔
20 2ʳ τρέχει οὖν καὶ ἔρχεται πρὸς Σίμωνα Πέτρον
20 2 καὶ πρὸς τὸν ἄλλον μαθητὴν ὃν ἐφίλει ὁ Ἰησοῦς, ↔
20 2 καὶ λέγει αὐτοῖς· ↔
20 2ᵃ ἦραν τὸν κύριον ἐκ τοῦ μνημείου, καὶ οὐκ οἴδαμεν ποῦ ἔθηκαν αὐτόν. ↔
20 3 ἐξῆλθεν οὖν ὁ Πέτρος καὶ ὁ ἄλλος μαθητής, ↔
20 3 καὶ ἤρχοντο εἰς τὸ μνημεῖον
20 4 καὶ ὁ ἄλλος μαθητὴς προέδραμεν τάχιον τοῦ Πέτρου ↔
20 4 καὶ ἦλθεν πρῶτος εἰς τὸ μνημεῖον,
20 5 καὶ παρακύψας βλέπει κείμενα τὰ ὀθόνια

Jo 20 6[r] ἔρχεται οὖν καὶ (—Tς) Σίμων Πέτρος ἀκολουθῶν αὐτῷ, ↔
20 6 καὶ εἰσῆλθεν εἰς τὸ μνημεῖον· ↔
20 6 καὶ θεωρεῖ τὰ ὀθόνια κείμενα, ↔
20 7 καὶ τὸ σουδάριον ... ἐντετυλιγμένον
20 8 τότε οὖν εἰσῆλθεν καὶ ὁ ἄλλος μαθητής
20 8 καὶ εἶδεν ↔
20 8 καὶ ἐπίστευσεν
20 12 ⟨παρέκυψεν εἰς τὸ μνημεῖον⟩ καὶ θεωρεῖ δύο ἀγγέλους ... καθεζομένους, ↔
20 12 ἕνα πρὸς τῇ κεφαλῇ καὶ ἕνα πρὸς τοῖς ποσίν
20 13 καὶ (—T) λέγουσιν αὐτῇ ἐκεῖνοι
20 13[a] ἦραν τὸν κύριόν μου, καὶ οὐκ οἶδα ποῦ ἔθηκαν αὐτόν. ↔
20 14[h] * καὶ (+ς) ταῦτα εἰποῦσα ἐστράφη εἰς τὰ ὀπίσω, ↔
20 14 καὶ θεωρεῖ τὸν Ἰησοῦν ἑστῶτα, ↔
20 14[a] καὶ οὐκ ᾔδει
20 17 πορεύου δὲ πρὸς τοὺς ἀδελφούς μου καὶ εἰπὲ αὐτοῖς· ↔
20 17 ἀναβαίνω πρὸς τὸν πατέρα μου καὶ πατέρα ὑμῶν ↔
20 17 καὶ θεόν μου ↔
20 17 καὶ θεὸν ὑμῶν
20 18[h] ἑώρακα (-κεν VSς) τὸν κύριον, καὶ ταῦτα εἶπεν αὐτῇ. ↔
20 19 οὔσης οὖν ὀψίας ... καὶ τῶν θυρῶν κεκλεισμένων ... ἦλθεν ὁ Ἰησοῦς ↔
20 19 καὶ ἔστη εἰς τὸ μέσον, ↔
20 19 καὶ λέγει αὐτοῖς
20 20[h] καὶ τοῦτο εἰπὼν ↔
20 20 * ἔδειξεν καὶ (+NMH; αὐτοῖς ς) τὰς χεῖρας ↔
20 20 καὶ τὴν πλευρὰν αὐτοῖς (αὐτοῦ ς)
20 22[h] καὶ τοῦτο εἰπὼν ↔
20 22 ἐνεφύσησεν καὶ λέγει αὐτοῖς
20 25 ἐὰν μὴ ἴδω ... καὶ βάλω | τὸν δάκτυλόν μου (∼T) εἰς τὸν τύπον (τόπον NMBT) τῶν ἥλων ↔
20 25 καὶ βάλω μου τὴν χεῖρα εἰς τὴν πλευρὰν αὐτοῦ
20 26 καὶ μεθ᾽ ἡμέρας ὀκτὼ πάλιν ἦσαν ἔσω οἱ μαθηταὶ αὐτοῦ, ↔
20 26 καὶ Θωμᾶς μετ᾽ αὐτῶν. ↔
20 26 ἔρχεται ὁ Ἰησοῦς ... καὶ ἔστη εἰς τὸ μέσον ↔
20 26 καὶ εἶπεν
20 27 φέρε τὸν δάκτυλόν σου ὧδε καὶ ἴδε τὰς χεῖράς μου, ↔
20 27 καὶ φέρε τὴν χεῖρά σου ↔
20 27 καὶ βάλε εἰς τὴν πλευράν μου, ↔
20 27[b] καὶ μὴ γίνου ἄπιστος ἀλλὰ πιστός. ↔
20 28 * καὶ (+ς) ἀπεκρίθη (+ὁ [S]ς) Θωμᾶς ↔
20 28 καὶ εἶπεν αὐτῷ· ↔
20 28 ὁ κύριός μου καὶ ὁ θεός μου
20 29 μακάριοι οἱ μὴ ἰδόντες καὶ πιστεύσαντες. ↔
20 30[r] πολλὰ μὲν οὖν καὶ ἄλλα σημεῖα ἐποίησεν ὁ Ἰησοῦς
20 31[l] ἵνα πιστεύσητε (VSς; -[σ]ητε N[26]; -εύητε rl) ... καὶ ἵνα πιστεύοντες ζωὴν ἔχητε
21 2 ἦσαν ὁμοῦ Σίμων Πέτρος καὶ Θωμᾶς ὁ λεγόμενος Δίδυμος ↔
21 2 καὶ Ναθαναὴλ ὁ ἀπὸ Κανὰ τῆς Γαλιλαίας ↔
21 2 καὶ οἱ τοῦ Ζεβεδαίου ↔
21 2 καὶ ἄλλοι ἐκ τῶν μαθητῶν αὐτοῦ δύο

Jo 21 3[g] ἐρχόμεθα καὶ ἡμεῖς σὺν σοί. ↔
21 3[r] ἐξῆλθον (+οὖν MVBS) καὶ ἐνέβησαν εἰς τὸ πλοῖον, ↔
21 3 καὶ ἐν ἐκείνῃ τῇ νυκτὶ ἐπίασαν οὐδέν
21 6 βάλετε εἰς τὰ δεξιὰ μέρη τοῦ πλοίου τὸ δίκτυον, καὶ εὑρήσετε. ↔
21 6[ar] ἔβαλον οὖν, καὶ οὐκέτι αὐτὸ ἑλκύσαι ἴσχυον
21 7 τὸν ἐπενδύτην διεζώσατο ... καὶ ἔβαλεν ἑαυτὸν εἰς τὴν θάλασσαν
21 9 βλέπουσιν ἀνθρακιὰν κειμένην καὶ ὀψάριον ἐπικείμενον ↔
21 9 καὶ ἄρτον
21 11 ἀνέβη οὖν ([V]; —NTς) Σίμων Πέτρος καὶ εἵλκυσεν τὸ δίκτυον
21 11 καὶ τοσούτων ὄντων οὐκ ἐσχίσθη τὸ δίκτυον
21 13 ἔρχεται (+ὁ BS; +οὖν ὁ Vς) Ἰησοῦς καὶ λαμβάνει τὸν ἄρτον ↔
21 13 καὶ δίδωσιν αὐτοῖς, ↔
21 13 καὶ τὸ ὀψάριον ὁμοίως
21 17 καὶ λέγει (N[26]T; εἶπεν rl) αὐτῷ
21 18 ἐζώννυες σεαυτὸν καὶ περιεπάτεις
21 18 ἐκτενεῖς τὰς χεῖράς σου, καὶ | ἄλλος σε ζώσει (∼NMH; ἄλλοι ζώσουσί σε S) ↔
21 18 καὶ οἴσει (ἀποίσουσιν S) ὅπου οὐ θέλεις
21 19[h] καὶ τοῦτο εἰπὼν λέγει αὐτῷ
21 20 ὃς καὶ ἀνέπεσεν ἐν τῷ δείπνῳ ἐπὶ τὸ στῆθος αὐτοῦ ↔
21 20 καὶ εἶπεν
21 23[a] * | καὶ οὐκ εἶπεν (οὐκ εἶπεν δὲ N[26]NMH) αὐτῷ ὁ Ἰησοῦς
21 24 ὁ μαρτυρῶν περὶ τούτων | καὶ ὁ (∼S; καὶ Tς) γράψας ταῦτα, ↔
21 24 καὶ οἴδαμεν
21 25[q] | ἔστιν δὲ καὶ ἄλλα πολλά (—T..)
Ac 1 1[p] περὶ πάντων ... ὧν ἤρξατο ὁ (—H) Ἰησοῦς ποιεῖν τε καὶ διδάσκειν
1 3 ⟨τοῖς ἀποστόλοις⟩ οἷς καὶ παρέστησεν ἑαυτὸν ζῶντα
1 3 ὀπτανόμενος αὐτοῖς καὶ λέγων τὰ περὶ τῆς βασιλείας τοῦ θεοῦ· ↔
1 4 καὶ συναλιζόμενος παρήγγειλεν
1 8 ἀλλὰ λήμψεσθε δύναμιν ... καὶ ἔσεσθέ μου μάρτυρες ↔
1 8 ἔν τε Ἰερουσαλὴμ καὶ ἐν [N[26]H] πάσῃ τῇ Ἰουδαίᾳ ↔
1 8 καὶ Σαμαρείᾳ ↔
1 8 καὶ ἕως ἐσχάτου τῆς γῆς. ↔
1 9[h] καὶ ταῦτα εἰπὼν βλεπόντων αὐτῶν ἐπήρθη, ↔
1 9 καὶ νεφέλη ὑπέλαβεν αὐτόν
1 10[k] καὶ ὡς ἀτενίζοντες ἦσαν εἰς τὸν οὐρανὸν πορευομένου αὐτοῦ, ↔
1 10[n] καὶ ἰδοὺ ἄνδρες δύο παρειστήκεισαν αὐτοῖς
1 11 οἳ καὶ εἶπαν
1 13[j] καὶ ὅτε εἰσῆλθον, ↔
1 13 εἰς τὸ ὑπερῷον ἀνέβησαν ... ὅ τε Πέτρος καὶ Ἰωάννης ↔
1 13 καὶ Ἰάκωβος ↔
1 13 καὶ Ἀνδρέας, ↔
1 13 Φίλιππος καὶ Θωμᾶς, ↔
1 13 Βαρθολομαῖος καὶ Μαθθαῖος, ↔
1 13 Ἰάκωβος Ἁλφαίου καὶ Σίμων ὁ ζηλωτὴς ↔
1 13 καὶ Ἰούδας Ἰακώβου. ↔
1 14 * οὗτοι πάντες ἦσαν προσκαρτεροῦντες ὁμοθυμαδὸν τῇ προσευχῇ | καὶ τῇ δεήσει (+ς) ↔

Ac 1 14 σὺν γυναιξὶν καὶ Μαριὰμ τῇ μητρὶ τοῦ [NH] Ἰησοῦ ↔
1 14 καὶ (+σὺν NMVHς) τοῖς ἀδελφοῖς αὐτοῦ. ↔
1 15 καὶ ἐν ταῖς ἡμέραις ταύταις ἀναστὰς Πέτρος ... εἶπεν
1 17 κατηριθμημένος ἦν ἐν (σὺν ς) ἡμῖν καὶ ἔλαχεν τὸν κλῆρον
1 18 οὗτος μὲν οὖν ἐκτήσατο χωρίον ... καὶ πρηνὴς γενόμενος ἐλάκησεν μέσος, ↔
1 18 καὶ ἐξεχύθη πάντα τὰ σπλάγχνα αὐτοῦ· ↔
1 19 (+ὃ T) καὶ γνωστὸν ἐγένετο πᾶσι τοῖς κατοικοῦσιν Ἰερουσαλήμ
1 20[b] γέγραπται γὰρ ... γενηθήτω ἡ ἔπαυλις αὐτοῦ ἔρημος καὶ μὴ ἔστω ὁ κατοικῶν ἐν αὐτῇ, ↔
1 20 καί· τὴν ἐπισκοπὴν αὐτοῦ λαβέτω (λάβοι ς) ἕτερος
1 21 ἐν παντὶ χρόνῳ ᾧ εἰσῆλθεν καὶ ἐξῆλθεν ἐφ᾽ ἡμᾶς ὁ κύριος Ἰησοῦς
1 23 καὶ ἔστησαν δύο, ↔
1 23 Ἰωσὴφ τὸν καλούμενον Βαρσαββᾶν ... καὶ Μαθθίαν. ↔
1 24 καὶ προσευξάμενοι εἶπαν
1 25 ⟨ὃν ἐξελέξω⟩ λαβεῖν τὸν τόπον (κλῆρον ς) τῆς διακονίας ταύτης καὶ ἀποστολῆς
1 26 καὶ ἔδωκαν κλήρους αὐτοῖς (αὐτῶν ς), ↔
1 26 καὶ ἔπεσεν ὁ κλῆρος ἐπὶ Μαθθίαν, ↔
1 26 καὶ συγκατεψηφίσθη μετὰ τῶν ἕνδεκα ἀποστόλων. ↔
2 1 καὶ ἐν τῷ συμπληροῦσθαι τὴν ἡμέραν τῆς πεντηκοστῆς
2 2 καὶ ἐγένετο ... ἦχος ὥσπερ φερομένης πνοῆς βιαίας ↔
2 2 καὶ ἐπλήρωσεν ὅλον τὸν οἶκον οὗ ἦσαν καθήμενοι, ↔
2 3 καὶ ὤφθησαν αὐτοῖς διαμεριζόμεναι γλῶσσαι ὡσεὶ πυρός, ↔
2 3 | καὶ ἐκάθισεν (ἐκάθισέν τε VSς) ἐφ᾽ ἕνα ἕκαστον αὐτῶν, ↔
2 4 καὶ ἐπλήσθησαν πάντες (ἅπ. VSς) πνεύματος ἁγίου, ↔
2 4 καὶ ἤρξαντο λαλεῖν ἑτέραις γλώσσαις
2 6 συνῆλθεν τὸ πλῆθος καὶ συνεχύθη
2 7[q] ἐξίσταντο δὲ (+πάντες BSTς) καὶ ἐθαύμαζον
2 8[m] καὶ πῶς ἡμεῖς ἀκούομεν ἕκαστος τῇ ἰδίᾳ διαλέκτῳ ἡμῶν ἐν ᾗ ἐγεννήθημεν, ↔
2 9 Πάρθοι καὶ Μῆδοι ↔
2 9 καὶ Ἐλαμῖται, ↔
2 9 καὶ οἱ κατοικοῦντες τὴν Μεσοποταμίαν, ↔
2 9[p] Ἰουδαίαν τε καὶ Καππαδοκίαν, ↔
2 9 Πόντον καὶ τὴν Ἀσίαν, ↔
2 10[p] Φρυγίαν τε καὶ Παμφυλίαν, ↔
2 10 Αἴγυπτον καὶ τὰ μέρη τῆς Λιβύης τῆς κατὰ Κυρήνην, ↔
2 10 καὶ οἱ ἐπιδημοῦντες Ῥωμαῖοι, ↔
2 11[p] Ἰουδαῖοί τε καὶ προσήλυτοι, ↔
2 11 Κρῆτες καὶ Ἄραβες, ἀκούομεν λαλούντων αὐτῶν ταῖς ἡμετέραις γλώσσαις ⟨;⟩
2 12 ἐξίσταντο δὲ πάντες καὶ διηπόρουν (-οῦντο NMTH)
2 14 ὁ Πέτρος ... ἐπῆρεν τὴν φωνὴν αὐτοῦ καὶ ἀπεφθέγξατο αὐτοῖς· ↔
2 14 ἄνδρες Ἰουδαῖοι καὶ οἱ κατοικοῦντες Ἰερουσαλὴμ πάντες, ↔

Ac 2 14 τοῦτο ὑμῖν γνωστὸν ἔστω, καὶ ἐνωτίσασθε τὰ ῥήματά μου

2 17 καὶ ἔσται ἐν ταῖς ἐσχάταις ἡμέραις

2 17 ἐκχεῶ ἀπὸ τοῦ πνεύματός μου . . . καὶ προφητεύσουσιν οἱ υἱοὶ ὑμῶν ↔

2 17 καὶ αἱ θυγατέρες ὑμῶν, ↔

2 17 καὶ οἱ νεανίσκοι ὑμῶν ὁράσεις ὄψονται,

2 17 καὶ οἱ πρεσβύτεροι ὑμῶν ἐνυπνίοις (ἐνύπνια ϛ) ἐνυπνιασθήσονται· ↔

2 18ᵉ | καὶ γε (καίγε MVST) ἐπὶ τοὺς δούλους μου ↔

2 18 καὶ ἐπὶ τὰς δούλας μου . . . ἐκχεῶ ἀπὸ τοῦ πνεύματός μου, ↔

2 18 καὶ προφητεύσουσιν. ↔

2 19 καὶ δώσω τέρατα ἐν τῷ οὐρανῷ ἄνω ↔

2 19 καὶ σημεῖα ἐπὶ τῆς γῆς κάτω, ↔

2 19 αἷμα καὶ πῦρ ↔

2 19 καὶ ἀτμίδα καπνοῦ. ↔

2 20 ὁ ἥλιος μεταστραφήσεται εἰς σκότος καὶ ἡ σελήνη εἰς αἷμα, ↔

2 20 πρὶν (+ἢ ϛ) ἐλθεῖν (+τὴν VSϛ) ἡμέραν κυρίου τὴν μεγάλην | καὶ ἐπιφανῆ (—T). ↔

2 21 καὶ ἔσται πᾶς ὃς ἂν (N²⁶STϛ; ἐὰν rl) ἐπικαλέσηται τὸ ὄνομα κυρίου σωθήσεται

2 22 Ἰησοῦν . . . ἄνδρα ἀποδεδειγμένον . . . εἰς ὑμᾶς δυνάμεσι καὶ τέρασι ↔

2 22 καὶ σημείοις

2 22ʰᵘ *καθὼς καὶ (+ϛ) αὐτοὶ οἴδατε, ↔

2 23 τοῦτον τῇ ὡρισμένῃ βουλῇ καὶ προγνώσει τοῦ θεοῦ ἔκδοτον . . . ἀνείλατε

2 26 ηὐφράνθη | ἡ καρδία μου (N²⁶ϛ; ~rl) καὶ ἠγαλλιάσατο ἡ γλῶσσά μου, ↔

2 26ᵃ ἔτι δὲ καὶ ἡ σάρξ μου κατασκηνώσει ἐπ' ἐλπίδι

2 29ᵛ ἐξὸν εἰπεῖν . . . περὶ τοῦ πατριάρχου Δαυίδ, ὅτι καὶ ἐτελεύτησεν ↔

2 29 καὶ ἐτάφη, ↔

2 29 καὶ τὸ μνῆμα αὐτοῦ ἔστιν ἐν ἡμῖν

2 30 προφήτης οὖν ὑπάρχων καὶ εἰδὼς ὅτι ὅρκῳ ὤμοσεν αὐτῷ ὁ θεὸς

2 33 ἐξέχεεν τοῦτο ὃ (+νῦν ϛ) ὑμεῖς καὶ ([N²⁶VH]; —ϛ) βλέπετε ↔

2 33 καὶ ἀκούετε

2 36ᵛ ἀσφαλῶς οὖν γινωσκέτω . . . ὅτι καὶ (—ϛ) κύριον αὐτὸν ↔

2 36 καὶ χριστὸν | ἐποίησεν ὁ θεός (~Sϛ)

2 37 εἶπόν τε πρὸς τὸν Πέτρον καὶ τοὺς λοιποὺς ἀποστόλους

2 38 μετανοήσατε, φησίν, ([N²⁶S]; —NHϛ) καὶ βαπτισθήτω ἕκαστος ὑμῶν . . . εἰς ἄφεσιν | τῶν ἁμαρτιῶν ὑμῶν (ἁ. ϛ), ↔

2 38 καὶ λήμψεσθε τὴν δωρεὰν τοῦ ἁγίου πνεύματος.

2 39 ὑμῖν γὰρ ἐστιν ἡ ἐπαγγελία καὶ τοῖς τέκνοις ὑμῶν

2 39 καὶ πᾶσιν τοῖς εἰς μακράν

2 40 ἑτέροις τε λόγοις πλείοσιν διεμαρτύρατο (-ετο ϛ), καὶ παρεκάλει αὐτοὺς λέγων

2 41 οἱ μὲν οὖν . . . ἐβαπτίσθησαν, καὶ προσετέθησαν . . . ψυχαὶ ὡσεὶ τρισχίλιαι· ↔

2 42 ἦσαν δὲ προσκαρτεροῦντες τῇ διδαχῇ τῶν ἀποστόλων καὶ τῇ κοινωνίᾳ, ↔

2 42 *καὶ (+Vϛ) τῇ κλάσει τοῦ ἄρτου |

Ac 2 42 καὶ ταῖς προσευχαῖς

2 43 πολλά τε (N²⁶Sϛ; δὲ rl) τέρατα καὶ σημεῖα διὰ τῶν ἀποστόλων ἐγίνετο | ἐν Ἰερουσαλήμ, φόβος τε ἦν μέγας ἐπὶ πάντας (+VB[S]T). ↔

2 44 *καὶ (+VB[S]T) πάντες δὲ οἱ πιστεύοντες (N²⁶ϛ; -σαντες rl) ↔

2 44 ἦσαν (—NH) ἐπὶ τὸ αὐτὸ καὶ (—NH) εἶχον ἅπαντα κοινά, ↔

2 45 καὶ τὰ κτήματα ↔

2 45 καὶ τὰς ὑπάρξεις ἐπίπρασκον ↔

2 45 καὶ διεμέριζον αὐτὰ πᾶσιν

2 46 μετελάμβανον τροφῆς ἐν ἀγαλλιάσει καὶ ἀφελότητι καρδίας, ↔

2 47 αἰνοῦντες τὸν θεὸν καὶ ἔχοντες χάριν πρὸς ὅλον τὸν λαόν.

3 1ᵃ Πέτρος δὲ καὶ Ἰωάννης ἀνέβαινον εἰς τὸ ἱερὸν

3 2 καί τις ἀνὴρ χωλὸς . . . ἐβαστάζετο

3 3 ὃς ἰδὼν Πέτρον καὶ Ἰωάννην μέλλοντας εἰσιέναι . . . ἠρώτα

3 6 ἀργύριον καὶ χρυσίον οὐχ ὑπάρχει μοι

3 6 ἐν τῷ ὀνόματι Ἰησοῦ Χριστοῦ τοῦ Ναζωραίου | ἔγειρε καὶ (+ [N²⁶S]Vϛ) περιπάτει. ↔

3 7 καὶ πιάσας αὐτὸν τῆς δεξιᾶς χειρὸς ἤγειρεν αὐτόν (—ϛ)· ↔

3 7 παραχρῆμα δὲ ἐστερεώθησαν αἱ βάσεις αὐτοῦ καὶ τὰ σφυδρά (σφυρὰ VSϛ),

3 8 καὶ ἐξαλλόμενος ἔστη, ↔

3 8 καὶ περιεπάτει, ↔

3 8 καὶ εἰσῆλθεν σὺν αὐτοῖς εἰς τὸ ἱερὸν ↔

3 8 περιπατῶν καὶ ἁλλόμενος ↔

3 8 καὶ αἰνῶν τὸν θεόν. ↔

3 9 καὶ εἶδεν πᾶς ὁ λαὸς ↔

3 9 αὐτὸν περιπατοῦντα καὶ αἰνοῦντα τὸν θεόν· ↔

3 10 ἐπεγίνωσκον δὲ (τε ϛ) αὐτόν . . . καὶ ἐπλήσθησαν θάμβους ↔

3 10 καὶ ἐκστάσεως ἐπὶ τῷ συμβεβηκότι αὐτῷ. ↔

3 11 κρατοῦντος δὲ αὐτοῦ (τοῦ ἰαθέντος χωλοῦ ϛ) τὸν Πέτρον καὶ τὸν Ἰωάννην συνέδραμεν

3 13 ὁ θεὸς Ἀβραὰμ καὶ | ὁ θεὸς (+ [N²⁶]BST) Ἰσαὰκ ↔

3 13 καὶ | ὁ θεὸς (+[N²⁶]BST) Ἰακὼβ . . . ἐδόξασεν τὸν παῖδα αὐτοῦ Ἰησοῦν, ↔

3 13 ὃν ὑμεῖς μὲν (—ϛ) παρεδώκατε καὶ ἠρνήσασθε (+αὐτόν ϛ)

3 14 ὑμεῖς δὲ τὸν ἅγιον καὶ δίκαιον ἠρνήσασθε, ↔

3 14 καὶ ᾐτήσασθε ἄνδρα φονέα χαρισθῆναι ὑμῖν

3 16 καὶ ἐπὶ (—H) τῇ πίστει τοῦ ὀνόματος αὐτοῦ τούτου, ↔

3 16 ὃν θεωρεῖτε καὶ οἴδατε, ↔

3 16 ἐστερέωσεν τὸ ὄνομα αὐτοῦ, καὶ ἡ πίστις . . . ἔδωκεν αὐτῷ τὴν ὁλοκληρίαν ταύτην ἀπέναντι πάντων ὑμῶν. ↔

3 17 καὶ νῦν, ἀδελφοί, οἶδα

3 17ᵘ ὥσπερ καὶ οἱ ἄρχοντες ὑμῶν

3 19ʳ μετανοήσατε οὖν καὶ ἐπιστρέψατε εἰς (πρὸς NTH) τὸ ἐξαλειφθῆναι ὑμῶν τὰς ἁμαρτίας, ↔

3 20 ὅπως ἂν ἔλθωσιν καιροὶ ἀναψύξεως . . . καὶ ἀποστείλῃ τὸν προκεχειρισμένον ὑμῖν

Ac 3 24 καὶ πάντες δὲ οἱ προφῆται ἀπὸ Σαμουὴλ ↔

3 24 καὶ τῶν καθεξῆς ↔

3 24 ὅσοι ἐλάλησαν καὶ κατήγγειλαν (προκατ- ϛ) τὰς ἡμέρας ταύτας. ↔

3 25 ὑμεῖς ἐστε οἱ (—ϛ) υἱοὶ τῶν προφητῶν καὶ τῆς διαθήκης

3 25 καὶ ἐν τῷ σπέρματί σου ἐνευλογηθήσονται ([ἐν]- N²⁶; εὐ. H) πᾶσαι αἱ πατριαί

4 1 ἐπέστησαν αὐτοῖς οἱ ἱερεῖς (ἀρχι. H) καὶ ὁ στρατηγὸς τοῦ ἱεροῦ ↔

4 1 καὶ οἱ Σαδδουκαῖοι, ↔

4 2 διαπονούμενοι διὰ τὸ διδάσκειν αὐτοὺς τὸν λαὸν καὶ καταγγέλλειν . . . τὴν ἀνάστασιν τὴν ἐκ νεκρῶν, ↔

4 3 καὶ ἐπέβαλον αὐτοῖς τὰς χεῖρας ↔

4 3 καὶ ἔθεντο εἰς τήρησιν

4 4 καὶ ἐγενήθη ὁ ([N²⁶S]; —NTH) ἀριθμὸς τῶν ἀνδρῶν ὡς ([N²⁶] ; ὡσεὶ MV[S]ϛ; —T) χιλιάδες πέντε.

4 5 ἐγένετο δὲ ἐπὶ τὴν αὔριον συναχθῆναι αὐτῶν τοὺς ἄρχοντας καὶ τοὺς (—ϛ) πρεσβυτέρους ↔

4 5 καὶ τοὺς (—ϛ) γραμματεῖς ἐν (εἰς Tϛ) Ἰερουσαλήμ, ↔

4 6 καὶ | Ἅννας ὁ ἀρχιερεὺς (Ἅνναν τὸν ἀρχιερέα ϛ) ↔

4 6 καὶ Καϊάφας (-αν ϛ) ↔

4 6 καὶ Ἰωάννης (-ην ϛ) ↔

4 6 καὶ Ἀλέξανδρος (-ον ϛ) ↔

4 6 καὶ ὅσοι ἦσαν ἐκ γένους ἀρχιερατικοῦ, ↔

4 7 καὶ στήσαντες αὐτοὺς ἐν τῷ μέσῳ ἐπυνθάνοντο

4 8 ἄρχοντες τοῦ λαοῦ καὶ πρεσβύτεροι (+τοῦ Ἰσραήλ VBSϛ)

4 10 γνωστὸν ἔστω πᾶσιν ὑμῖν καὶ παντὶ τῷ λαῷ Ἰσραήλ

4 12ᵃ καὶ οὐκ ἔστιν ἐν ἄλλῳ οὐδενὶ ἡ σωτηρία

4 13 θεωροῦντες δὲ τὴν τοῦ Πέτρου παρρησίαν καὶ Ἰωάννου,

4 13 καὶ καταλαβόμενοι ὅτι ἄνθρωποι ἀγράμματοί εἰσιν ↔

4 13 καὶ ἰδιῶται

4 16ᵃ ὅτι μὲν γὰρ γνωστὸν σημεῖον γέγονεν δι' αὐτῶν . . . καὶ οὐ δυνάμεθα ἀρνεῖσθαι

4 18 καὶ καλέσαντες αὐτοὺς παρήγγειλαν τὸ (+N²⁶VBS; αὐτοῖς τὸ ϛ) καθόλου μὴ φθέγγεσθαι

4 19 ὁ δὲ Πέτρος καὶ Ἰωάννης ἀποκριθέντες εἶπον

4 20 οὐ δυνάμεθα γὰρ ἡμεῖς ἃ εἴδαμεν καὶ ἠκούσαμεν μὴ λαλεῖν

4 23 ἦλθον πρὸς τοὺς ἰδίους καὶ ἀπήγγειλαν ↔

4 23 ὅσα πρὸς αὐτοὺς οἱ ἀρχιερεῖς καὶ οἱ πρεσβύτεροι εἶπαν. ↔

4 24 οἱ δὲ ἀκούσαντες ὁμοθυμαδὸν ἦραν φωνὴν πρὸς τὸν θεὸν καὶ εἶπαν· ↔

4 24 δέσποτα, σὺ (+ὁ θεὸς [VS]Bϛ) ὁ ποιήσας τὸν οὐρανὸν καὶ τὴν γῆν ↔

4 24 καὶ τὴν θάλασσαν ↔

4 24 καὶ πάντα τὰ ἐν αὐτοῖς

4 25 ἱνατί ἐφρύαξαν ἔθνη καὶ λαοὶ ἐμελέτησαν κενά; ↔

4 26 παρέστησαν οἱ βασιλεῖς τῆς γῆς καὶ οἱ ἄρχοντες συνήχθησαν ἐπὶ τὸ αὐτὸ ↔

4 26 κατὰ τοῦ κυρίου καὶ κατὰ τοῦ χριστοῦ αὐτοῦ.

Ac 4 27ᵖ συνήχθησαν γὰρ ... ἐπὶ τὸν ἅγιον παῖδά σου ... Ἡρῴδης τε καὶ Πόντιος Πιλᾶτος ↔

4 27 σὺν ἔθνεσιν καὶ λαοῖς Ἰσραήλ, ↔

4 28 ποιῆσαι ὅσα ἡ χείρ σου καὶ ἡ βουλή σου ([N²⁶]; —NMH) προώρισεν γενέσθαι.

4 29 καὶ τὰ νῦν, κύριε, ἔπιδε ἐπὶ τὰς ἀπειλὰς αὐτῶν, ↔

4 29 καὶ δὸς τοῖς δούλοις σου μετὰ παρρησίας πάσης λαλεῖν τὸν λόγον σου, ↔

4 30 ἐν τῷ τὴν χεῖρά σου ([N²⁶]; —NMH) ἐκτείνειν σε εἰς ἴασιν καὶ σημεῖα

4 30 καὶ τέρατα γίνεσθαι διὰ τοῦ ὀνόματος τοῦ ... Ἰησοῦ. ↔

4 31 καὶ δεηθέντων αὐτῶν ἐσαλεύθη ὁ τόπος ἐν ᾧ ἦσαν συνηγμένοι, ↔

4 31 καὶ ἐπλήσθησαν ἅπαντες τοῦ (—ς) ἁγίου πνεύματος, ↔

4 31 καὶ ἐλάλουν τὸν λόγον τοῦ θεοῦ

4 32 τοῦ δὲ πλήθους τῶν πιστευσάντων ἦν (+ ἡ V[S]ς) καρδία καὶ (+ ἡ V[S]ς) ψυχὴ μία, ↔

4 32ᶜ καὶ οὐδὲ εἷς τι τῶν ὑπαρχόντων αὐτῷ ἔλεγεν ἴδιον εἶναι

4 33 καὶ δυνάμει μεγάλῃ ἀπεδίδουν τὸ μαρτύριον οἱ ἀπόστολοι

4 35 ⟨πωλοῦντες ἔφερον τὰς τιμὰς⟩ καὶ ἐτίθουν παρὰ τοὺς πόδας τῶν ἀποστόλων

4 37 πωλήσας ἤνεγκεν τὸ χρῆμα καὶ ἔθηκεν πρὸς (παρὰ VBSHς) τοὺς πόδας τῶν ἀποστόλων

5 2 ⟨ἐπώλησεν κτῆμα⟩ καὶ ἐνοσφίσατο ἀπὸ τῆς τιμῆς,

5 2 συνειδυίης καὶ τῆς γυναικός (+ αὐτοῦ ς),

5 2 καὶ ἐνέγκας μέρος τι παρὰ τοὺς πόδας τῶν ἀποστόλων ἔθηκεν

5 3 ψεύσασθαί σε τὸ πνεῦμα τὸ ἅγιον καὶ νοσφίσασθαι ἀπὸ τῆς τιμῆς τοῦ χωρίου; ↔

5 4 οὐχὶ μένον σοὶ ἔμενεν καὶ πραθὲν ἐν τῇ σῇ ἐξουσίᾳ ὑπῆρχεν;

5 5 καὶ ἐγένετο φόβος μέγας ἐπὶ πάντας τοὺς ἀκούοντας (+ ταῦτα ς).

5 6 ἀναστάντες δὲ οἱ νεώτεροι συνέστειλαν αὐτὸν καὶ ἐξενέγκαντες ἔθαψαν. ↔

5 7 ἐγένετο δὲ ὡς ὡρῶν τριῶν διάστημα καὶ ἡ γυνὴ αὐτοῦ ... εἰσῆλθεν

5 9 ἰδοὺ οἱ πόδες τῶν θαψάντων τὸν ἄνδρα σου ἐπὶ τῇ θύρᾳ καὶ ἐξοίσουσίν σε. ↔

5 10 ἔπεσεν δὲ παραχρῆμα πρὸς τοὺς πόδας αὐτοῦ καὶ ἐξέψυξεν· ↔

5 10 εἰσελθόντες δὲ οἱ νεανίσκοι εὗρον αὐτὴν νεκράν, καὶ ἐξενέγκαντες ἔθαψαν πρὸς τὸν ἄνδρα αὐτῆς. ↔

5 11 καὶ ἐγένετο φόβος μέγας ἐφ' ὅλην τὴν ἐκκλησίαν

5 11 καὶ ἐπὶ πάντας τοὺς ἀκούοντας ταῦτα

5 12 ἐγίνετο σημεῖα καὶ τέρατα πολλὰ ἐν τῷ λαῷ·

5 12 καὶ ἦσαν ὁμοθυμαδὸν ἅπαντες (π. NH) ἐν τῇ στοᾷ Σολομῶντος

5 14ᵖ μᾶλλον δὲ προσετίθεντο πιστεύοντες τῷ κυρίῳ, πλήθη ἀνδρῶν τε καὶ γυναικῶν·

5 15ˣ ὥστε | καὶ εἰς (κατὰ ς) τὰς πλατείας ἐκφέρειν τοὺς ἀσθενεῖς ↔

Ac 5 15 καὶ τιθέναι ἐπὶ κλιναρίων (κλινῶν ς) ↔

5 15 καὶ κραβάττων

5 16ᵃ συνήρχετο δὲ καὶ τὸ πλῆθος τῶν πέριξ πόλεων

5 16 φέροντες ἀσθενεῖς καὶ ὀχλουμένους ὑπὸ πνευμάτων ἀκαθάρτων

5 17 ἀναστὰς δὲ ὁ ἀρχιερεὺς καὶ πάντες οἱ σὺν αὐτῷ ... ἐπλήσθησαν ζήλου ↔

5 18 καὶ ἐπέβαλον τὰς χεῖρας (+ αὐτῶν [VS]ς) ἐπὶ τοὺς ἀποστόλους ↔

5 18 καὶ ἔθεντο αὐτοὺς ἐν τηρήσει

5 20 πορεύεσθε καὶ σταθέντες λαλεῖτε

5 21 ἀκούσαντες δὲ εἰσῆλθον ... εἰς τὸ ἱερὸν καὶ ἐδίδασκον. ↔

5 21 παραγενόμενος δὲ ὁ ἀρχιερεὺς καὶ οἱ σὺν αὐτῷ

5 21 συνεκάλεσαν τὸ συνέδριον καὶ πᾶσαν τὴν γερουσίαν τῶν υἱῶν Ἰσραήλ, ↔

5 21 καὶ ἀπέστειλαν εἰς τὸ δεσμωτήριον ἀχθῆναι αὐτούς

5 23 τὸ (+ μὲν MV[S]ς) δεσμωτήριον εὕρομεν κεκλεισμένον ... καὶ τοὺς φύλακας (+ ἔξω ς) ἑστῶτας ἐπὶ (πρὸ ς) τῶν θυρῶν

5 24 * ὡς δὲ ἤκουσαν τοὺς λόγους τούτους ὅ τε | ἱερεὺς καὶ ὁ (+ ς) στρατηγὸς τοῦ ἱεροῦ ↔

5 24 καὶ οἱ ἀρχιερεῖς

5 25 ἰδοὺ οἱ ἄνδρες ... εἰσὶν ἐν τῷ ἱερῷ ἑστῶτες καὶ διδάσκοντες τὸν λαόν

5 27 καὶ ἐπηρώτησεν αὐτοὺς ὁ ἀρχιερεύς

5 28ᵖ καὶ ἰδοὺ πεπληρώκατε τὴν Ἰερουσαλὴμ τῆς διδαχῆς ὑμῶν,

5 28 καὶ βούλεσθε ἐπαγαγεῖν ἐφ' ἡμᾶς τὸ αἷμα τοῦ ἀνθρώπου τούτου.

5 29 ἀποκριθεὶς δὲ (+ ὁ ς) Πέτρος καὶ οἱ ἀπόστολοι εἶπαν

5 31 τοῦτον ὁ θεὸς ἀρχηγὸν καὶ σωτῆρα ὕψωσεν τῇ δεξιᾷ αὐτοῦ ↔

5 31 τοῦ ([N²⁶H]; —VSς) δοῦναι μετάνοιαν τῷ Ἰσραὴλ καὶ ἄφεσιν ἁμαρτιῶν ...

5 32ᵍ καὶ ἡμεῖς ἐσμεν μάρτυρες τῶν ῥημάτων τούτων, ↔

5 32 καὶ τὸ πνεῦμα (+ δὲ ς) τὸ ἅγιον ὃ ἔδωκεν ὁ θεὸς τοῖς πειθαρχοῦσιν αὐτῷ. ↔

5 33 οἱ δὲ ἀκούσαντες διεπρίοντο καὶ ἐβούλοντο (-λεύοντο MBSTς) ἀνελεῖν αὐτούς

5 36 ἀνέστη Θευδᾶς ... ὃς ἀνῃρέθη, καὶ πάντες ὅσοι ἐπείθοντο αὐτῷ διελύθησαν ↔

5 36 καὶ ἐγένοντο εἰς οὐδέν. ↔

5 37 μετὰ τοῦτον ἀνέστη Ἰούδας ... καὶ ἀπέστησεν λαὸν (+ ἱκανὸν Vς) ὀπίσω αὐτοῦ· ↔

5 37 κἀκεῖνος ἀπώλετο, καὶ πάντες ὅσοι ἐπείθοντο αὐτῷ διεσκορπίσθησαν. ↔

5 38 καὶ τὰ [H] νῦν λέγω ὑμῖν, ↔

5 38 ἀπόστητε ἀπὸ τῶν ἀνθρώπων τούτων καὶ ἄφετε (ἐάσατε Sς) αὐτούς

5 39ᵗ οὐ δυνήσεσθε καταλῦσαι αὐτούς (αὐτό ς), μήποτε καὶ θεομάχοι εὑρεθῆτε

5 40 ⟨ἐπείσθησαν δὲ αὐτῷ⟩ καὶ προσκαλεσάμενοι τοὺς ἀποστόλους δείραντες παρήγγειλαν →

Ac 5 40 μὴ λαλεῖν ἐπὶ τῷ ὀνόματι τοῦ Ἰησοῦ καὶ ἀπέλυσαν (+ αὐτούς B[S]ς)

5 42 πᾶσάν τε ἡμέραν ἐν τῷ ἱερῷ καὶ κατ' οἶκον οὐκ ἐπαύοντο

5 42 διδάσκοντες καὶ εὐαγγελιζόμενοι τὸν χριστὸν Ἰησοῦν

6 3 ἐπισκέψασθε ... ἄνδρας ... πλήρεις πνεύματος (+ ἁγίου [V]ς) καὶ σοφίας

6 4 ἡμεῖς δὲ τῇ προσευχῇ καὶ τῇ διακονίᾳ τοῦ λόγου προσκαρτερήσομεν. ↔

6 5 καὶ ἤρεσεν ὁ λόγος ἐνώπιον παντὸς τοῦ πλήθους,

6 5 καὶ ἐξελέξαντο Στέφανον, ↔

6 5 ἄνδρα πλήρης (N²⁶S; πλήρη rl) πίστεως καὶ πνεύματος ἁγίου, ↔

6 5 καὶ Φίλιππον ↔

6 5 καὶ Πρόχορον ↔

6 5 καὶ Νικάνορα ↔

6 5 καὶ Τίμωνα ↔

6 5 καὶ Παρμενᾶν ↔

6 5 καὶ Νικόλαον προσήλυτον Ἀντιοχέα, ↔

6 6 οὓς ἔστησαν ἐνώπιον τῶν ἀποστόλων, καὶ προσευξάμενοι ἐπέθηκαν αὐτοῖς τὰς χεῖρας. ↔

6 7 καὶ ὁ λόγος τοῦ θεοῦ ηὔξανεν, ↔

6 7 καὶ ἐπληθύνετο ὁ ἀριθμὸς τῶν μαθητῶν

6 8 Στέφανος δὲ πλήρης χάριτος (πίστεως ς) καὶ δυνάμεως ↔

6 8 ἐποίει τέρατα καὶ σημεῖα μεγάλα

6 9 ἀνέστησαν δέ τινες τῶν ἐκ τῆς συναγωγῆς | τῆς λεγομένης (τῶν λ-νων T) Λιβερτίνων καὶ Κυρηναίων ↔

6 9 καὶ Ἀλεξανδρέων ↔

6 9 καὶ τῶν ἀπὸ Κιλικίας ↔

6 9 καὶ Ἀσίας συζητοῦντες τῷ Στεφάνῳ, ↔

6 10ᵃ καὶ οὐκ ἴσχυον ἀντιστῆναι τῇ σοφίᾳ ↔

6 10 καὶ τῷ πνεύματι ᾧ ἐλάλει

6 11 ἀκηκόαμεν αὐτοῦ λαλοῦντος ῥήματα βλάσφημα εἰς Μωϋσῆν καὶ τὸν θεόν· ↔

6 12 συνεκίνησάν τε τὸν λαὸν καὶ τοὺς πρεσβυτέρους ↔

6 12 καὶ τοὺς γραμματεῖς, ↔

6 12 καὶ ἐπιστάντες συνήρπασαν αὐτὸν ↔

6 12 καὶ ἤγαγον εἰς τὸ συνέδριον

6 13 οὐ παύεται λαλῶν ῥήματα κατὰ τοῦ τόπου τοῦ ἁγίου τούτου ([N²⁶NH]; —VT) καὶ τοῦ νόμου

6 14 Ἰησοῦς ... καταλύσει τὸν τόπον τοῦτον καὶ ἀλλάξει τὰ ἔθη ἃ παρέδωκεν ἡμῖν Μωϋσῆς. ↔

6 15 καὶ ἀτενίσαντες εἰς αὐτὸν ... εἶδον τὸ πρόσωπον αὐτοῦ

7 2 ἄνδρες ἀδελφοὶ καὶ πατέρες, ἀκούσατε

7 3 ⟨ὁ θεὸς τῆς δόξης ὤφθη ... Ἀβραὰμ⟩ καὶ εἶπεν πρὸς αὐτόν· ↔

7 3 ἔξελθε ἐκ τῆς γῆς σου καὶ ἐκ ([N²⁶]; —NH) τῆς συγγενείας σου, ↔

7 3 καὶ δεῦρο εἰς τὴν ([S]; —ς) γῆν

7 5ᵃ ⟨μετῴκισεν αὐτὸν⟩ καὶ οὐκ ἔδωκεν αὐτῷ κληρονομίαν ἐν αὐτῇ οὐδὲ βῆμα ποδός, ↔

7 5 καὶ ἐπηγγείλατο δοῦναι | αὐτῷ εἰς κατάσχεσιν αὐτὴν (∼ S) ↔

Ac 7 5 καὶ τῷ σπέρματι αὐτοῦ μετ’ αὐτόν
7 6 ἔσται τὸ σπέρμα αὐτοῦ πάροικον ἐν γῇ ἀλλοτρίᾳ, καὶ δουλώσουσιν αὐτὸ ↔
7 6 καὶ κακώσουσιν ἔτη τετρακόσια· ↔
7 7 καὶ τὸ ἔθνος ᾧ ἐὰν (ἂν H) δουλεύσουσιν κρινῶ ἐγώ
7 7 καὶ μετὰ ταῦτα ἐξελεύσονται ↔
7 7 καὶ λατρεύσουσίν μοι ἐν τῷ τόπῳ τούτῳ. ↔
7 8 καὶ ἔδωκεν αὐτῷ διαθήκην περιτομῆς· ↔
7 8[k] καὶ οὕτως ἐγέννησεν τὸν Ἰσαὰκ ↔
7 8 καὶ περιέτεμεν αὐτὸν τῇ ἡμέρᾳ τῇ ὀγδόῃ, ↔
7 8 καὶ Ἰσαὰκ τὸν Ἰακώβ, ↔
7 8 καὶ Ἰακὼβ τοὺς δώδεκα πατριάρχας. ↔
7 9 καὶ οἱ πατριάρχαι ζηλώσαντες τὸν Ἰωσὴφ ἀπέδοντο εἰς Αἴγυπτον· ↔
7 9 καὶ ἦν ὁ θεὸς μετ’ αὐτοῦ, ↔
7 10 καὶ ἐξείλατο αὐτὸν ἐκ πασῶν τῶν θλίψεων αὐτοῦ, ↔
7 10 καὶ ἔδωκεν αὐτῷ χάριν ↔
7 10 καὶ σοφίαν ἐναντίον (ἔναντι Τ) Φαραὼ βασιλέως Αἰγύπτου, ↔
7 10 καὶ κατέστησεν αὐτὸν ἡγούμενον ἐπ’ Αἴγυπτον ↔
7 10 καὶ ἐφ’ (+[N²⁶]BST) ὅλον τὸν οἶκον αὐτοῦ. ↔
7 11 ἦλθεν δὲ λιμὸς ἐφ’ ὅλην τὴν Αἴγυπτον (γῆν Αἰγύπτου Sς) καὶ Χανάαν
7 11 καὶ θλῖψις μεγάλη, ↔
7 11[a] καὶ οὐχ ηὕρισκον χορτάσματα οἱ πατέρες ἡμῶν
7 13 καὶ ἐν τῷ δευτέρῳ ἀνεγνωρίσθη (ἐγν. ΝΗ) Ἰωσὴφ τοῖς ἀδελφοῖς αὐτοῦ, ↔
7 13 καὶ φανερὸν ἐγένετο τῷ Φαραὼ τὸ γένος || τοῦ ([N²⁶]; —ΝΗ) Ἰωσὴφ ((αὐτοῦ Τ)). ↔
7 14 ἀποστείλας δὲ Ἰωσὴφ μετεκαλέσατο Ἰακὼβ ... καὶ πᾶσαν τὴν συγγένειαν
7 15 | καὶ κατέβη (κ. δὲ Ης) Ἰακὼβ | εἰς Αἴγυπτον [H],
7 15 καὶ ἐτελεύτησεν αὐτός ↔
7 15 καὶ οἱ πατέρες ἡμῶν, ↔
7 16 καὶ μετετέθησαν εἰς Συχὲμ ↔
7 16 καὶ ἐτέθησαν ἐν τῷ μνήματι
7 17 ηὔξησεν ὁ λαὸς καὶ ἐπληθύνθη ἐν Αἰγύπτῳ
7 20 ἐν ᾧ καιρῷ ἐγεννήθη Μωϋσῆς, καὶ ἦν ἀστεῖος τῷ θεῷ
7 21 ἀνείλατο αὐτὸν ἡ θυγάτηρ Φαραὼ καὶ ἀνεθρέψατο αὐτὸν ἑαυτῇ εἰς υἱόν. ↔
7 22 καὶ ἐπαιδεύθη Μωϋσῆς ἐν (+[N²⁶] Τ) πάσῃ σοφίᾳ Αἰγυπτίων
7 22 ἦν δὲ δυνατὸς ἐν λόγοις καὶ | ἔργοις αὐτοῦ (ἐν ἔ. ς)
7 24 καὶ ἰδών τινα ἀδικούμενον ἠμύνατο, ↔
7 24 καὶ ἐποίησεν ἐκδίκησιν τῷ καταπονουμένῳ
7 26 τῇ τε ἐπιούσῃ ἡμέρᾳ ὤφθη αὐτοῖς μαχομένοις, καὶ συνήλλασσεν αὐτοὺς εἰς εἰρήνην
7 27 τίς σε κατέστησεν ἄρχοντα καὶ δικαστὴν ἐφ’ ἡμῶν (ἡμᾶς ς);
7 29 ἔφυγεν δὲ Μωϋσῆς ... καὶ ἐγένετο πάροικος ἐν γῇ Μαδιάμ

Ac 7 30 καὶ πληρωθέντων ἐτῶν τεσσεράκοντα ὤφθη αὐτῷ ... ἄγγελος
7 32 ἐγὼ ὁ θεὸς τῶν πατέρων σου, ὁ θεὸς Ἀβραὰμ καὶ (+ὁ θεὸς ς) Ἰσαὰκ
7 32 καὶ (+ὁ θεὸς ς) Ἰακώβ
7 34 ἰδὼν εἶδον τὴν κάκωσιν τοῦ λαοῦ μου τοῦ ἐν Αἰγύπτῳ, καὶ τοῦ στεναγμοῦ αὐτῶν (αὐτοῦ ΝΗ) ἤκουσα, ↔
7 34 καὶ κατέβην ἐξελέσθαι αὐτούς· ↔
7 34 καὶ νῦν δεῦρο ἀποστείλω (-στελῶ ς) σε εἰς Αἴγυπτον
7 35 τίς σε κατέστησεν ἄρχοντα καὶ δικαστήν;
7 35 τοῦτον ὁ θεὸς καὶ ([N²⁶]; —ς) ἄρχοντα
7 35 καὶ λυτρωτὴν ἀπέσταλκεν
7 36 οὗτος ἐξήγαγεν αὐτοὺς ποιήσας τέρατα καὶ σημεῖα ἐν γῇ (τῇ Η) Αἰγύπτῳ (-του ς) ↔
7 36 καὶ ἐν ἐρυθρᾷ θαλάσσῃ ↔
7 36 καὶ ἐν τῇ ἐρήμῳ
7 38 οὗτός ἐστιν ὁ γενόμενος ... μετὰ τοῦ ἀγγέλου ... καὶ τῶν πατέρων ἡμῶν
7 39 ἀλλὰ ἀπώσαντο καὶ ἐστράφησαν ἐν ταῖς καρδίαις αὐτῶν εἰς Αἴγυπτον
7 41 καὶ ἐμοσχοποίησαν ἐν ταῖς ἡμέραις ἐκείναις ↔
7 41 καὶ ἀνήγαγον θυσίαν τῷ εἰδώλῳ, ↔
7 41 καὶ εὐφραίνοντο ἐν τοῖς ἔργοις τῶν χειρῶν αὐτῶν. ↔
7 42 ἔστρεψεν δὲ ὁ θεὸς καὶ παρέδωκεν αὐτοὺς λατρεύειν
7 42 μὴ σφάγια καὶ θυσίας προσηνέγκατέ μοι ... οἶκος Ἰσραήλ,
7 43 καὶ ἀνελάβετε τὴν σκηνὴν τοῦ Μόλοχ ↔
7 43 καὶ τὸ ἄστρον τοῦ θεοῦ ὑμῶν (+[N²⁶]VSς) ... προσκυνεῖν αὐτοῖς; ↔
7 43 καὶ μετοικιῶ ὑμᾶς ἐπέκεινα Βαβυλῶνος
7 45 ⟨ἡ σκηνὴ τοῦ μαρτυρίου⟩ ἣν καὶ εἰσήγαγον διαδεξάμενοι οἱ πατέρες ἡμῶν
7 46 ὃς εὗρεν χάριν ἐνώπιον τοῦ θεοῦ καὶ ᾐτήσατο εὑρεῖν σκήνωμα τῷ οἴκῳ (N²⁶ΝΤ; θεῷ rl) Ἰακώβ
7 49 * ὁ οὐρανός μοι θρόνος, | καὶ ἡ (Η; ἡ δὲ rl) γῆ ὑποπόδιον τῶν ποδῶν μου
7 51 σκληροτράχηλοι καὶ ἀπερίτμητοι καρδίαις (τῇ -ίᾳ ς) ↔
7 51 καὶ τοῖς ὠσίν
7 51[g] ὡς οἱ πατέρες ὑμῶν καὶ ὑμεῖς
7 52 καὶ ἀπέκτειναν τοὺς προκαταγγείλαντας περὶ τῆς ἐλεύσεως τοῦ δικαίου, ↔
7 52 οὗ νῦν ὑμεῖς προδόται καὶ φονεῖς ἐγένεσθε, ↔
7 53[a] οἵτινες ἐλάβετε τὸν νόμον εἰς διαταγὰς ἀγγέλων, καὶ οὐκ ἐφυλάξατε
7 54 διεπρίοντο ταῖς καρδίαις αὐτῶν καὶ ἔβρυχον τοὺς ὀδόντας ἐπ’ αὐτόν
7 55 εἶδεν δόξαν θεοῦ καὶ Ἰησοῦν ἑστῶτα ἐκ δεξιῶν τοῦ θεοῦ, ↔
7 56 καὶ εἶπεν· ↔
7 56 ἰδοὺ θεωρῶ τοὺς οὐρανοὺς διηνοιγμένους (ἀν- ς) καὶ τὸν υἱὸν τοῦ ἀνθρώπου ... ἑστῶτα

Ac 7 57 συνέσχον τὰ ὦτα αὐτῶν, καὶ ὥρμησαν ὁμοθυμαδὸν ἐπ’ αὐτόν, ↔
7 58 καὶ ἐκβαλόντες ἔξω τῆς πόλεως ἐλιθοβόλουν. ↔
7 58 καὶ οἱ μάρτυρες ἀπέθεντο τὰ ἱμάτια αὐτῶν
7 59 καὶ ἐλιθοβόλουν τὸν Στέφανον, ↔
7 59 ἐπικαλούμενον καὶ λέγοντα
7 60[h] καὶ τοῦτο εἰπὼν ἐκοιμήθη
8 1 πάντες δὲ ([ΝΗ]; τε ς; —Τ) διεσπάρησαν κατὰ τὰς χώρας τῆς Ἰουδαίας καὶ Σαμαρείας
8 2 συνεκόμισαν δὲ τὸν Στέφανον ... καὶ ἐποίησαν (-ήσαντο ς) κοπετὸν μέγαν ἐπ’ αὐτῷ. ↔
8 3 Σαῦλος δὲ ἐλυμαίνετο τὴν ἐκκλησίαν ... σύρων τε ἄνδρας καὶ γυναῖκας παρεδίδου εἰς φυλακήν
8 6 προσεῖχον δὲ (τε ς) οἱ ὄχλοι ... ὁμοθυμαδὸν ἐν τῷ ἀκούειν αὐτοὺς καὶ βλέπειν
8 7 πολλοὶ δὲ παραλελυμένοι καὶ χωλοὶ ἐθεραπεύθησαν· ↔
8 8 * | καὶ ἐγένετο χαρὰ μεγάλη (ς; ἐ. δὲ πολλὴ χ. rl)
8 9 ἀνὴρ δέ τις ... προϋπῆρχεν ἐν τῇ πόλει μαγεύων καὶ ἐξιστάνων (-ιστῶν Sς) τὸ ἔθνος
8 12 ἐπίστευσαν τῷ Φιλίππῳ εὐαγγελιζομένῳ (+τὰ ς) περὶ τῆς βασιλείας τοῦ θεοῦ καὶ τοῦ ὀνόματος (+τοῦ ς) Ἰησοῦ Χριστοῦ, ↔
8 12[p] ἐβαπτίζοντο ἄνδρες τε καὶ γυναῖκες. ↔
8 13[h] ὁ δὲ Σίμων καὶ αὐτὸς ἐπίστευσεν, ↔
8 13 καὶ βαπτισθεὶς ἦν προσκαρτερῶν τῷ Φιλίππῳ, ↔
8 13 θεωρῶν τε σημεῖα καὶ δυνάμεις μεγάλας γινομένας ἐξίστατο
8 14 ἀπέστειλαν πρὸς αὐτοὺς (+τὸν ς) Πέτρον καὶ Ἰωάννην
8 17 τότε ἐπετίθεσαν τὰς χεῖρας ἐπ’ αὐτούς, καὶ ἐλάμβανον πνεῦμα ἅγιον
8 22 μετανόησον ... καὶ δεήθητι τοῦ κυρίου εἰ ἄρα ἀφεθήσεταί σοι
8 23 εἰς γὰρ χολὴν πικρίας καὶ σύνδεσμον ἀδικίας ὁρῶ σε ὄντα
8 25 οἱ μὲν οὖν διαμαρτυράμενοι καὶ λαλήσαντες τὸν λόγον τοῦ κυρίου
8 26 ἀνάστηθι καὶ πορεύου κατὰ μεσημβρίαν ἐπὶ τὴν ὁδόν
8 27 καὶ ἀναστὰς ἐπορεύθη. ↔
8 27[n] καὶ ἰδοὺ ἀνὴρ Αἰθίοψ εὐνοῦχος δυνάστης ... ὃς ([ΝΗ]; —Τ) ἐληλύθει προσκυνήσων εἰς Ἰερουσαλήμ, ↔
8 28 ἦν τε (δὲ ΝΜΗ) ὑποστρέφων καὶ καθήμενος ἐπὶ τοῦ ἅρματος αὐτοῦ
8 28 καὶ (—Τ) ἀνεγίνωσκεν τὸν προφήτην Ἠσαΐαν
8 29 πρόσελθε καὶ κολλήθητι τῷ ἅρματι τούτῳ. ↔
8 30 προσδραμὼν δὲ ὁ Φίλιππος ἤκουσεν αὐτοῦ ἀναγινώσκοντος ... καὶ εἶπεν
8 32[k] ὡς πρόβατον ἐπὶ σφαγὴν ἤχθη, καὶ ὡς ἀμνὸς ... ἄφωνος
8 35 ἀνοίξας ... τὸ στόμα αὐτοῦ καὶ ἀρξάμενος ἀπὸ τῆς γραφῆς ταύτης εὐηγγελίσατο
8 36 ἦλθον ἐπί τι ὕδωρ, καί φησιν ὁ εὐνοῦχος
8 38 καὶ ἐκέλευσεν στῆναι τὸ ἅρμα, ↔

Ac 8 38 καὶ κατέβησαν ἀμφότεροι εἰς τὸ ὕδωρ, ↔

8 38 ὅ τε Φίλιππος καὶ ὁ εὐνοῦχος, ↔

8 38 καὶ ἐβάπτισεν αὐτόν

8 39[a] πνεῦμα κυρίου ἥρπασεν τὸν Φίλιππον, καὶ οὐκ εἶδεν αὐτὸν οὐκέτι ὁ εὐνοῦχος

8 40 Φίλιππος δὲ εὑρέθη εἰς Ἄζωτον, καὶ διερχόμενος εὐηγγελίζετο τὰς πόλεις πάσας

9 1 ὁ δὲ Σαῦλος ἔτι ἐμπνέων ἀπειλῆς καὶ φόνου

9 2[p] ὅπως ἐάν (ἂν T) τινας εὕρη ... ἄνδρας τε καὶ γυναῖκας, δεδεμένους ἀγάγη

9 3 * | καὶ ἐξαίφνης (ς; ἐ. τε rl) αὐτὸν περιήστραψεν φῶς ἐκ τοῦ οὐρανοῦ, ↔

9 4 καὶ πεσὼν ἐπὶ τὴν γῆν ἤκουσεν φωνήν

9 6[p] * | τρέμων τε καὶ θαμβῶν εἶπε (.. +ς ..)

9 6 * | καὶ ὁ κύριος πρὸς αὐτόν (.. +ς)· ↔

9 6 ἀλλὰ (—ς) ἀνάστηθι καὶ εἴσελθε εἰς τὴν πόλιν, ↔

9 6 καὶ λαληθήσεταί σοι | ὅ τί σε (ὅτι σε H; τί ς) δεῖ ποιεῖν

9 9 καὶ ἦν ἡμέρας τρεῖς μὴ βλέπων, ↔

9 9[a] καὶ οὐκ ἔφαγεν οὐδὲ ἔπιεν.

9 10 ἦν δέ τις μαθητὴς ... καὶ εἶπεν πρὸς αὐτὸν ἐν ὁράματι ὁ κύριος

9 11 ἀναστὰς (ἀνάστα H) πορεύθητι ... καὶ ζήτησον ἐν οἰκίᾳ Ἰούδα Σαῦλον ὀνόματι Ταρσέα

9 12 καὶ εἶδεν | ἄνδρα ἐν ὁράματι (ἄ. [ἐν ὁρ.] N²⁶NH; ἄ. T; ~rl) Ἀνανίαν ὀνόματι ↔

9 12 εἰσελθόντα καὶ ἐπιθέντα αὐτῷ τὰς [+N²⁶H] χεῖρας

9 14 καὶ ὧδε ἔχει ἐξουσίαν ... δῆσαι πάντας

9 15[p] βαστάσαι τὸ ὄνομά μου ἐνώπιον [+τῶν NH] ἐθνῶν τε (—ς) καὶ βασιλέων υἱῶν τε Ἰσραήλ

9 17 ἀπῆλθεν δὲ Ἀνανίας καὶ εἰσῆλθεν εἰς τὴν οἰκίαν, ↔

9 17 καὶ ἐπιθεὶς ἐπ' αὐτὸν τὰς χεῖρας εἶπεν

9 17 ὁ κύριος ἀπέσταλκέν με ... ὅπως ἀναβλέψῃς καὶ πλησθῇς πνεύματος ἁγίου.

9 18 καὶ εὐθέως ἀπέπεσαν | αὐτοῦ ἀπὸ τῶν ὀφθαλμῶν (~ Sς) ὡς (ὡσεὶ Sς) λεπίδες,

9 18[p] ἀνέβλεψέν τε (+παραχρῆμα ς), καὶ ἀναστὰς ἐβαπτίσθη, ↔

9 19 καὶ λαβὼν τροφὴν ἐνίσχυσεν (-χύθη MBSH)

9 20 καὶ εὐθέως ἐν ταῖς συναγωγαῖς ἐκήρυσσεν τὸν Ἰησοῦν

9 21 ἐξίσταντο δὲ πάντες οἱ ἀκούοντες καὶ ἔλεγον· ↔

9 21 οὐχ οὗτός ἐστιν ὁ πορθήσας ... καὶ ὧδε εἰς τοῦτο ἐληλύθει ⟨;⟩

9 22 Σαῦλος δὲ μᾶλλον ἐνεδυναμοῦτο καὶ συνέχυννεν τοὺς ([N²⁶]; —NTH) Ἰουδαίους

9 24[a] | παρετηροῦντο δὲ καὶ (-ετήρουν τε ς) τὰς πύλας ↔

9 24[b] ἡμέρας τε καὶ νυκτός

9 26 καὶ πάντες ἐφοβοῦντο αὐτόν

9 27 Βαρναβᾶς δὲ ἐπιλαβόμενος αὐτὸν ἤγαγεν πρὸς τοὺς ἀποστόλους, καὶ διηγήσατο αὐτοῖς ↔

Ac 9 27[m] πῶς ἐν τῇ ὁδῷ εἶδεν τὸν κύριον καὶ ὅτι ἐλάλησεν αὐτῷ, ↔

9 27[m] καὶ πῶς ἐν Δαμασκῷ ἐπαρρησιάσατο ἐν τῷ ὀνόματι τοῦ ([V]; —NMTH) Ἰησοῦ. ↔

9 28 καὶ ἦν μετ' αὐτῶν εἰσπορευόμενος ↔

9 28 καὶ ἐκπορευόμενος εἰς (ἐν ς) Ἰερουσαλήμ, ↔

9 28 * καὶ (+ς) παρρησιαζόμενος ἐν τῷ ὀνόματι τοῦ κυρίου (+ Ἰησοῦ ς), ↔

9 29[p] ἐλάλει τε καὶ συνεζήτει πρὸς τοὺς Ἑλληνιστάς

9 30 κατήγαγον αὐτὸν εἰς Καισάρειαν καὶ ἐξαπέστειλαν αὐτὸν εἰς Ταρσόν. ↔

9 31 ἡ (αἱ ς) μὲν οὖν ἐκκλησία (-αι ς) καθ' ὅλης τῆς Ἰουδαίας καὶ Γαλιλαίας ↔

9 31 καὶ Σαμαρείας εἶχεν (-ον ς) εἰρήνην ↔

9 31 οἰκοδομουμένη (-αι ς) καὶ πορευομένη (-αι ς) τῷ φόβῳ τοῦ κυρίου, ↔

9 31 καὶ τῇ παρακλήσει τοῦ ἁγίου πνεύματος ἐπληθύνετο (-οντος). ↔

9 32 ἐγένετο δὲ Πέτρον ... κατελθεῖν καὶ πρὸς τοὺς ἁγίους τοὺς κατοικοῦντας Λύδδα

9 34 καὶ εἶπεν αὐτῷ ὁ Πέτρος

9 34 ἀνάστηθι καὶ στρῶσον σεαυτῷ. ↔

9 34 καὶ εὐθέως ἀνέστη. ↔

9 35 καὶ εἶδαν αὐτὸν πάντες οἱ κατοικοῦντες Λύδδα ↔

9 35 καὶ τὸν Σαρῶνα

9 36 αὕτη ἦν πλήρης | ἔργων ἀγαθῶν (~ VSTς) καὶ ἐλεημοσυνῶν ὧν ἐποίει

9 39 ἀνήγαγον εἰς τὸ ὑπερῷον, καὶ παρέστησαν αὐτῷ πᾶσαι αἱ χῆραι

9 39 κλαίουσαι καὶ ἐπιδεικνύμεναι ↔

9 39 χιτῶνας καὶ ἱμάτια, ὅσα ἐποίει.. ἡ Δορκάς. ↔

9 40 ἐκβαλὼν δὲ ἔξω πάντας ὁ Πέτρος καὶ (—ς) θεὶς τὰ γόνατα προσηύξατο, ↔

9 40 καὶ ἐπιστρέψας πρὸς τὸ σῶμα εἶπεν

9 40 ἡ δὲ ἤνοιξεν τοὺς ὀφθαλμοὺς αὐτῆς, καὶ ἰδοῦσα τὸν Πέτρον ἀνεκάθισεν

9 41 φωνήσας δὲ τοὺς ἁγίους καὶ τὰς χήρας παρέστησεν αὐτὴν ζῶσαν. ↔

9 42 γνωστὸν δὲ ἐγένετο καθ' ὅλης τῆς (—H) Ἰόππης, καὶ ἐπίστευσαν πολλοί

10 2 ⟨ἀνὴρ δέ τις⟩ εὐσεβὴς καὶ φοβούμενος τὸν θεὸν σὺν παντὶ τῷ οἴκῳ αὐτοῦ, ↔

10 2 ποιῶν ἐλεημοσύνας πολλὰς τῷ λαῷ καὶ δεόμενος τοῦ θεοῦ

10 3 εἶδεν ἐν ὁράματι ... ἄγγελον τοῦ θεοῦ εἰσελθόντα πρὸς αὐτὸν καὶ εἰπόντα αὐτῷ

10 4 ὁ δὲ ἀτενίσας αὐτῷ καὶ ἔμφοβος γενόμενος εἶπεν

10 4 αἱ προσευχαί σου καὶ αἱ ἐλεημοσύναι σου ἀνέβησαν εἰς μνημόσυνον ἔμπροσθεν τοῦ θεοῦ. ↔

10 5 καὶ νῦν πέμψον ἄνδρας εἰς Ἰόππην ↔

10 5 καὶ μετάπεμψαι Σίμωνά τινα

10 7 φωνήσας δύο τῶν οἰκετῶν καὶ στρατιώτην εὐσεβῆ τῶν προσκαρτερούντων αὐτῷ,

Ac 10 8 καὶ ἐξηγησάμενος ἅπαντα αὐτοῖς ἀπέστειλεν αὐτοὺς εἰς τὴν Ἰόππην

10 9 ὁδοιπορούντων ἐκείνων (αὐτῶν ST) καὶ τῇ πόλει ἐγγιζόντων ἀνέβη Πέτρος

10 10 ἐγένετο δὲ πρόσπεινος καὶ ἤθελεν γεύσασθαι

10 11 ⟨ἐγένετο ἐπ' αὐτὸν ἔκστασις⟩ καὶ θεωρεῖ τὸν οὐρανὸν ἀνεῳγμένον ↔

10 11 καὶ καταβαῖνον (+ἐπ' αὐτὸν ς) σκεῦός τι ὡς ὀθόνην μεγάλην,

10 11 * τέσσαρσιν ἀρχαῖς | δεδεμένον καὶ (+[V]Sς) καθιέμενον ἐπὶ τῆς γῆς, ↔

10 12 * ἐν ᾧ ὑπῆρχεν πάντα τὰ τετράποδα | τῆς γῆς καὶ τὰ θηρία (+ς) ↔

10 12 καὶ (+τὰ ς) ἑρπετὰ | τῆς γῆς (—ς) ↔

10 12 καὶ (+τὰ ς) πετεινὰ τοῦ οὐρανοῦ.

10 13 καὶ ἐγένετο φωνὴ πρὸς αὐτόν· ↔

10 13 ἀναστάς, Πέτρε, θῦσον καὶ φάγε

10 14 οὐδέποτε ἔφαγον πᾶν κοινὸν καὶ (ἢ ς) ἀκάθαρτον. ↔

10 15 καὶ φωνὴ πάλιν ἐκ δευτέρου πρὸς αὐτόν

10 16 τοῦτο δὲ ἐγένετο ἐπὶ τρίς, καὶ εὐθὺς ἀνελήμφθη τὸ σκεῦος

10 17[n] * ὡς δὲ ἐν ἑαυτῷ διηπόρει ... καὶ (+ς) ἰδοὺ οἱ ἄνδρες ... ἐπέστησαν ἐπὶ τὸν πυλῶνα, ↔

10 18 καὶ φωνήσαντες ἐπυνθάνοντο (ἐπύθοντο H)

10 20 ἀλλὰ ἀναστὰς κατάβηθι, καὶ πορεύου σὺν αὐτοῖς

10 22 Κορνήλιος ἑκατοντάρχης, ἀνὴρ δίκαιος καὶ φοβούμενος τὸν θεόν

10 22 μεταπέμψασθαί σε εἰς τὸν οἶκον αὐτοῦ καὶ ἀκοῦσαι ῥήματα παρὰ σοῦ

10 23 ἐξῆλθεν σὺν αὐτοῖς, καί τινες τῶν ἀδελφῶν ... συνῆλθον αὐτῷ. ↔

10 24 * | καὶ τῇ (ς; τῇ δὲ rl) ἐπαύριον εἰσῆλθεν (-θον STς) εἰς τὴν Καισάρειαν

10 24 συγκαλεσάμενος τοὺς συγγενεῖς αὐτοῦ καὶ τοὺς ἀναγκαίους φίλους

10 26[r] ἀνάστηθι· | καὶ ἐγὼ (κἀγὼ ς) αὐτὸς ἄνθρωπός εἰμι. ↔

10 27 καὶ συνομιλῶν αὐτῷ εἰσῆλθεν, ↔

10 27 καὶ εὑρίσκει συνεληλυθότας πολλούς

10 28[r] * | καὶ ἐμοὶ (ς; κἀμοὶ rl) | ὁ θεὸς ἔδειξεν (~ BT) μηδένα κοινὸν ἢ ἀκάθαρτον λέγειν ἄνθρωπον· ↔

10 29[v] διὸ καὶ ἀναντιρρήτως ἦλθον

10 30 καὶ ὁ Κορνήλιος ἔφη· ↔

10 30 * ἀπὸ τετάρτης ἡμέρας μέχρι ταύτης τῆς ὥρας ἤμην | νηστεύων, καὶ (+ς) τὴν ἐνάτην (+ὥραν ς) προσευχόμενος ἐν τῷ οἴκῳ μου,

10 30[n] καὶ ἰδοὺ ἀνὴρ ἔστη ἐνώπιόν μου ἐν ἐσθῆτι λαμπρᾷ, ↔

10 31 καὶ φησίν

10 31 εἰσηκούσθη σου ἡ προσευχὴ καὶ αἱ ἐλεημοσύναι σου ἐμνήσθησαν

10 32 πέμψον οὖν εἰς Ἰόππην καὶ μετακάλεσαι Σίμωνα

10 35 ὁ φοβούμενος αὐτὸν καὶ ἐργαζόμενος δικαιοσύνην δεκτὸς αὐτῷ ἐστιν

10 38 ὡς ἔχρισεν αὐτὸν ὁ θεὸς πνεύματι ἁγίῳ καὶ δυνάμει, ↔

Ac 10 38 ὃς διῆλθεν εὐεργετῶν καὶ ἰώμενος πάντας τοὺς καταδυναστευομένους

10 39ᵍ καὶ ἡμεῖς (+ἐσμεν ς) μάρτυρες πάντων ὧν ἐποίησεν ↔

10 39 ἔν τε τῇ χώρᾳ τῶν Ἰουδαίων καὶ ἐν ([N²⁶]; —NMVH) Ἰερουσαλήμ· ↔

10 39 ὃν καὶ (—ς) ἀνεῖλαν κρεμάσαντες ἐπὶ ξύλου. ↔

10 40 τοῦτον ὁ θεὸς ἤγειρεν . . . καὶ ἔδωκεν αὐτὸν ἐμφανῆ γενέσθαι

10 41 οἵτινες συνεφάγομεν καὶ συνεπίομεν αὐτῷ

10 42 καὶ παρήγγειλεν ἡμῖν κηρύξαι ↔

10 42 τῷ λαῷ καὶ διαμαρτύρασθαι

10 42 ὁ ὡρισμένος ὑπὸ τοῦ θεοῦ κριτὴς ζώντων καὶ νεκρῶν

10 45 καὶ ἐξέστησαν οἱ ἐκ περιτομῆς πιστοὶ ὅσοι (οἷ H) συνῆλθαν τῷ Πέτρῳ

10 45ᵛ ὅτι καὶ ἐπὶ τὰ ἔθνη ἡ δωρεὰ τοῦ | ἁγίου πνεύματος (π. τοῦ ἁ. H) ἐκκέχυται· ↔

10 46 ἤκουον γὰρ αὐτῶν λαλούντων γλώσσαις καὶ μεγαλυνόντων τὸν θεόν

10 47ᵍᵘ οἵτινες τὸ πνεῦμα τὸ ἅγιον ἔλαβον ὡς (καθὼς ς) καὶ ἡμεῖς

11 1 ἤκουσαν δὲ οἱ ἀπόστολοι καὶ οἱ ἀδελφοὶ οἱ ὄντες κατὰ τὴν Ἰουδαίαν

11 1ᵛ ὅτι καὶ τὰ ἔθνη ἐδέξαντο τὸν λόγον τοῦ θεοῦ

11 2ʲ * | καὶ ὅτε (ς; ὅτε δὲ rl) ἀνέβη Πέτρος εἰς Ἰερουσαλήμ

11 3 εἰσῆλθες (-θεν ΒΗ) πρὸς ἄνδρας ἀκροβυστίαν ἔχοντας καὶ συνέφαγες (-γεν ΒΗ) αὐτοῖς

11 5 ἐγὼ ἤμην . . . προσευχόμενος, καὶ εἶδον ἐν ἐκστάσει ὅραμα, ↔

11 5 καταβαῖνον σκεῦός τι . . . ἐκ τοῦ οὐρανοῦ, καὶ ἦλθεν ἄχρι ἐμοῦ· ↔

11 6 εἰς ἣν ἀτενίσας κατενόουν, καὶ εἶδον τὰ τετράποδα τῆς γῆς ↔

11 6 καὶ τὰ θηρία ↔

11 6 καὶ τὰ ἑρπετὰ ↔

11 6 καὶ τὰ πετεινὰ τοῦ οὐρανοῦ. ↔

11 7ᵃ ἤκουσα δὲ καὶ (—ς) φωνῆς λεγούσης μοι· ↔

11 7 ἀναστάς, Πέτρε, θῦσον καὶ φάγε

11 10 τοῦτο δὲ ἐγένετο ἐπὶ τρίς, καὶ ἀνεσπάσθη πάλιν ἅπαντα εἰς τὸν οὐρανόν.

11 11ⁿ καὶ ἰδοὺ ἐξαυτῆς τρεῖς ἄνδρες ἐπέστησαν ἐπὶ τὴν οἰκίαν

11 12 ἦλθον δὲ σὺν ἐμοὶ καὶ οἱ ἓξ ἀδελφοὶ οὗτοι, ↔

11 12 καὶ εἰσήλθομεν εἰς τὸν οἶκον τοῦ ἀνδρός

11 13 πῶς εἶδεν τὸν [N²⁶] ἄγγελον . . . σταθέντα καὶ εἰπόντα

11 13 ἀπόστειλον εἰς Ἰόππην (+ἄνδρας ς) καὶ μετάπεμψαι Σίμωνα τὸν ἐπικαλούμενον Πέτρον, ↔

11 14 ὃς λαλήσει ῥήματα πρὸς σὲ ἐν οἷς σωθήσῃ σὺ καὶ πᾶς ὁ οἶκός σου

11 15ᵘ ἐπέπεσεν τὸ πνεῦμα τὸ ἅγιον ἐπ' αὐτοὺς ὥσπερ καὶ ἐφ' ἡμᾶς ἐν ἀρχῇ

11 17ᵍᵘ εἰ οὖν τὴν ἴσην δωρεὰν ἔδωκεν αὐτοῖς ὁ θεὸς ὡς καὶ ἡμῖν

11 18 ἡσύχασαν, καὶ ἐδόξασαν (-ζον ς) τὸν θεὸν λέγοντες· ↔

11 18ʸ ἄρα (ἄραγε ς) καὶ τοῖς ἔθνεσιν ὁ θεὸς τὴν μετάνοιαν εἰς ζωὴν ἔδωκεν.

Ac 11 19 οἱ μὲν οὖν διασπαρέντες . . . διῆλθον ἕως Φοινίκης καὶ Κύπρου ↔

11 19 καὶ Ἀντιοχείας

11 20 ἦσαν δέ τινες ἐξ αὐτῶν ἄνδρες Κύπριοι καὶ Κυρηναῖοι, ↔

11 20 οἵτινες . . . ἐλάλουν καὶ (—ς) πρὸς τοὺς Ἑλληνιστάς (Ἕλληνας NM BT)

11 21 καὶ ἦν χεὶρ κυρίου μετ' αὐτῶν

11 22 ἠκούσθη δὲ ὁ λόγος . . . περὶ αὐτῶν, καὶ ἐξαπέστειλαν Βαρναβᾶν διελθεῖν (+[N²⁶S]ς) ἕως Ἀντιοχείας· ↔

11 23 ὃς παραγενόμενος καὶ ἰδὼν τὴν χάριν τὴν ([N²⁶VS]; —ς) τοῦ θεοῦ ↔

11 23 ἐχάρη, καὶ παρεκάλει πάντας . . . προσμένειν [+ἐν H] τῷ κυρίῳ, ↔

11 24 ὅτι ἦν ἀνὴρ ἀγαθὸς καὶ πλήρης πνεύματος ἁγίου ↔

11 24 καὶ πίστεως.

11 24 καὶ προσετέθη ὄχλος ἱκανὸς τῷ κυρίῳ. ↔

11 26 ⟨ἐξῆλθεν . . . ἀναζητῆσαι Σαῦλον⟩ καὶ εὑρὼν (+αὐτόν ς) ἤγαγεν (+αὐτὸν ς) εἰς Ἀντιόχειαν. ↔

11 26 ἐγένετο δὲ | αὐτοῖς καὶ (αὐτοὺς ς) ἐνιαυτὸν ὅλον συναχθῆναι ↔

11 26 ἐν τῇ ἐκκλησίᾳ καὶ διδάξαι ὄχλον ἱκανόν

11 28 * λιμὸν μεγάλην . . . ἥτις καὶ (+ς) ἐγένετο ἐπὶ Κλαυδίου

11 30 ὃ καὶ ἐποίησαν ἀποστείλαντες πρὸς τοὺς πρεσβυτέρους ↔

11 30 διὰ χειρὸς Βαρναβᾶ καὶ Σαύλου

12 3 * | καὶ ἰδὼν (ς; ἰ. δὲ rl) ὅτι ἀρεστόν ἐστιν τοῖς Ἰουδαίοις ↔

12 3 προσέθετο συλλαβεῖν καὶ Πέτρον

12 4 ὃν καὶ πιάσας ἔθετο εἰς φυλακήν

12 7ⁿ καὶ ἰδοὺ ἄγγελος κυρίου ἐπέστη, ↔

12 7 καὶ φῶς ἔλαμψεν ἐν τῷ οἰκήματι

12 7 καὶ ἐξέπεσαν αὐτοῦ αἱ ἁλύσεις ἐκ τῶν χειρῶν

12 8 ζῶσαι (περί- ς) καὶ ὑπόδησαι τὰ σανδάλιά σου

12 8 καὶ λέγει αὐτῷ· ↔

12 8 περιβαλοῦ τὸ ἱμάτιόν σου καὶ ἀκολούθει μοι. ↔

12 9 καὶ ἐξελθὼν ἠκολούθει (+αὐτῷ ς), ↔

12 9ᵃ καὶ οὐκ ᾔδει ὅτι ἀληθές ἐστιν τὸ γινόμενον

12 10 διελθόντες δὲ πρώτην φυλακὴν καὶ δευτέραν

12 10 ἦλθαν ἐπὶ τὴν πύλην . . . καὶ ἐξελθόντες προῆλθον ῥύμην μίαν, ↔

12 10 καὶ εὐθέως ἀπέστη ὁ ἄγγελος ἀπ' αὐτοῦ. ↔

12 11 καὶ ὁ Πέτρος . . . εἶπεν

12 11 ἐξαπέστειλεν ὁ ([N²⁶V]; —STς) κύριος τὸν ἄγγελον αὐτοῦ καὶ ἐξείλατό με

12 11 ἐκ χειρὸς Ἡρῴδου καὶ πάσης τῆς προσδοκίας τοῦ λαοῦ

12 12 οὗ ἦσαν ἱκανοὶ συνηθροισμένοι καὶ προσευχόμενοι

12 14 ⟨προσῆλθεν παιδίσκη⟩ καὶ ἐπιγνοῦσα τὴν φωνὴν τοῦ Πέτρου . . . οὐκ ἤνοιξεν

12 16 ἀνοίξαντες δὲ εἶδαν αὐτὸν καὶ ἐξέστησαν

12 17 ἀπαγγείλατε Ἰακώβῳ καὶ τοῖς ἀδελφοῖς ταῦτα.

12 17 καὶ ἐξελθὼν ἐπορεύθη εἰς ἕτερον τόπον

Ac 12 19ᵇ Ἡρῴδης δὲ ἐπιζητήσας αὐτὸν καὶ μὴ εὑρὼν

12 19 καὶ κατελθὼν ἀπὸ τῆς Ἰουδαίας εἰς (+τὴν ς) Καισάρειαν διέτριβεν. ↔

12 20 ἦν δὲ (+ὁ Ἡρῴδης ς) θυμομαχῶν Τυρίοις καὶ Σιδωνίοις· ↔

12 20 ὁμοθυμαδὸν δὲ παρῆσαν πρὸς αὐτόν, καὶ πείσαντες Βλάστον . . . ᾐτοῦντο εἰρήνην

12 21 ἐνδυσάμενος ἐσθῆτα βασιλικὴν καὶ (+[N²⁶VS]Μς) καθίσας ἐπὶ τοῦ βήματος

12 22ᵃ θεοῦ φωνὴ καὶ οὐκ ἀνθρώπου

12 23 ἐπάταξεν αὐτὸν ἄγγελος κυρίου . . . καὶ γενόμενος σκωληκόβρωτος ἐξέψυξεν. ↔

12 24 ὁ δὲ λόγος τοῦ θεοῦ (κυρίου NH) ηὔξανεν καὶ ἐπληθύνετο. ↔

12 25ᵃ Βαρναβᾶς δὲ καὶ Σαῦλος ὑπέστρεψαν ↔

12 25 * εἰς (N²⁶H; ἐξ rl) Ἰερουσαλὴμ . . . συμπαραλαβόντες καὶ (+ς) Ἰωάννην

13 1 ἦσαν δὲ (+τινες ς) ἐν Ἀντιοχείᾳ . . . προφῆται καὶ διδάσκαλοι ↔

13 1 ὅ τε Βαρναβᾶς καὶ Συμεὼν ὁ καλούμενος Νίγερ, ↔

13 1 καὶ Λούκιος ὁ Κυρηναῖος, ↔

13 1 Μαναήν τε Ἡρῴδου τοῦ τετραάρχου σύντροφος καὶ Σαῦλος. ↔

13 2 λειτουργούντων δὲ αὐτῶν τῷ κυρίῳ καὶ νηστευόντων εἶπεν

13 2 ἀφορίσατε δή μοι τὸν (+τε ς) Βαρναβᾶν καὶ (+τὸν ς) Σαῦλον

13 3 τότε νηστεύσαντες καὶ προσευξάμενοι ↔

13 3 καὶ ἐπιθέντες τὰς χεῖρας αὐτοῖς ἀπέλυσαν

13 5 ⟨ἀπέπλευσαν⟩ καὶ γενόμενοι ἐν Σαλαμῖνι κατήγγελλον τὸν λόγον

13 5ᵃ εἶχον δὲ καὶ Ἰωάννην ὑπηρέτην

13 7 οὗτος προσκαλεσάμενος Βαρναβᾶν καὶ Σαῦλον ἐπεζήτησεν

13 9 Σαῦλος δέ, ὁ καὶ Παῦλος, ↔

13 9 * πλησθεὶς πνεύματος ἁγίου καὶ (+ς) ἀτενίσας εἰς αὐτὸν

13 10 ὦ πλήρης παντὸς δόλου καὶ πάσης ῥᾳδιουργίας

13 11 καὶ νῦν ἰδοὺ χεὶρ (+τοῦ ς) κυρίου ἐπὶ σέ, ↔

13 11 καὶ ἔσῃ τυφλὸς

13 11 ἔπεσεν ἐπ' αὐτὸν ἀχλὺς καὶ σκότος, ↔

13 11 καὶ περιάγων ἐζήτει χειραγωγούς

13 14 διελθόντες . . . παρεγένοντο . . . καὶ εἰσελθόντες (Sς; [εἰσ]- N²⁶; ἐλ. rl) εἰς τὴν συναγωγὴν . . . ἐκάθισαν. ↔

13 15 μετὰ δὲ τὴν ἀνάγνωσιν τοῦ νόμου καὶ τῶν προφητῶν ἀπέστειλαν

13 16 ἀναστὰς δὲ Παῦλος καὶ κατασείσας τῇ χειρὶ εἶπεν· ↔

13 16 ἄνδρες Ἰσραηλῖται καὶ οἱ φοβούμενοι τὸν θεόν, ἀκούσατε

13 17 ἐξελέξατο τοὺς πατέρας ἡμῶν, καὶ τὸν λαὸν ὕψωσεν . . . ἐν γῇ Αἰγύπτου (-τῷ Tς), ↔

13 17 καὶ μετὰ βραχίονος ὑψηλοῦ ἐξήγαγεν αὐτοὺς ἐξ αὐτῆς, ↔

13 18ᵏ καὶ ὡς τεσσερακονταετῆ χρόνον ἐτροποφόρησεν (ἐτροφοφόρ. T) αὐτοὺς ἐν τῇ ἐρήμῳ, ↔

13 19 καὶ (—H) καθελὼν ἔθνη ἑπτὰ . . . κατεκληρονόμησεν τὴν γῆν αὐτῶν ↔

Ac 13 20 ὡς ἔτεσιν τετρακοσίοις καὶ πεντή-
κοντα. ↔

13 20 | καὶ μετὰ ταῦτα (∼ ς) ἔδωκεν
κριτάς

13 21 κἀκεῖθεν ᾐτήσαντο βασιλέα, καὶ
ἔδωκεν αὐτοῖς ὁ θεὸς τὸν Σαούλ

13 22 καὶ μεταστήσας αὐτὸν ἤγειρεν | τὸν
Δαυὶδ αὐτοῖς (∼ Sς) εἰς βασιλέα,
↔

13 22 ᾧ καὶ εἶπεν

13 26 ἄνδρες ἀδελφοί, υἱοὶ γένους Ἀβ-
ραὰμ καὶ οἱ ἐν ὑμῖν φοβούμενοι τὸν
θεόν

13 27 οἱ γὰρ κατοικοῦντες ἐν Ἰερουσα-
λὴμ καὶ οἱ ἄρχοντες αὐτῶν ↔

13 27 τοῦτον ἀγνοήσαντες καὶ τὰς φω-
νὰς τῶν προφητῶν . . . κρίναντες
ἐπλήρωσαν, ↔

13 28ᵇ καὶ μηδεμίαν αἰτίαν θανάτου εὑ-
ρόντες ᾐτήσαντο

13 32ᵍ καὶ ἡμεῖς ὑμᾶς εὐαγγελιζόμεθα

13 33ᵘ ὡς καὶ ἐν τῷ | ψαλμῷ γέγραπται
τῷ δευτέρῳ (πρώτῳ ψ. γ. T)

13 35ᵛ διότι (διὸ Sς) καὶ ἐν ἑτέρῳ λέγει

13 36 Δαυὶδ . . . ἐκοιμήθη καὶ προσετέθη
πρὸς τοὺς πατέρας αὐτοῦ ↔

13 36 καὶ εἶδεν διαφθοράν

13 38 ὑμῖν ἄφεσις ἁμαρτιῶν καταγγέλλε-
ται, καὶ ([N²⁶]; —T) ἀπὸ πάντων

13 41 ἴδετε, οἱ καταφρονηταί, καὶ θαυ-
μάσατε ↔

13 41 καὶ ἀφανίσθητε

13 43 ἠκολούθησαν πολλοὶ τῶν Ἰου-
δαίων καὶ τῶν σεβομένων προσ-
ηλύτων ↔

13 43 τῷ Παύλῳ καὶ τῷ Βαρναβᾷ

13 45 ἰδόντες δὲ . . . ἐπλήσθησαν ζήλου,
καὶ ἀντέλεγον ↔

13 45 * τοῖς ὑπὸ (+τοῦ M[V]Sς) Παύ-
λου λαλουμένοις | ἀντιλέγοντες καὶ
(+Tς) βλασφημοῦντες.

13 46 παρρησιασάμενοί τε (δὲ ς) ὁ
Παῦλος καὶ ὁ Βαρναβᾶς εἶπαν

13 46ᵃ ἐπειδὴ (+δὲ MVBSς) ἀπωθεῖσθε
αὐτὸν καὶ οὐκ ἀξίους κρίνετε ἑαυ-
τούς

13 48 ἔχαιρον καὶ ἐδόξαζον τὸν λόγον
τοῦ κυρίου (θεοῦ H), ↔

13 48 καὶ ἐπίστευσαν

13 50 * οἱ δὲ Ἰουδαῖοι παρώτρυναν τὰς
σεβομένας γυναῖκας καὶ (+ς) τὰς
εὐσχήμονας

13 50 καὶ τοὺς πρώτους τῆς πόλεως, ↔

13 50 καὶ ἐπήγειραν διωγμὸν

13 50 ἐπὶ τὸν Παῦλον καὶ (+τὸν ς)
Βαρναβᾶν, ↔

13 50 καὶ ἐξέβαλον αὐτοὺς ἀπὸ τῶν
ὁρίων αὐτῶν

13 52 οἵ τε (δὲ Tς) μαθηταὶ ἐπληροῦντο
χαρᾶς καὶ πνεύματος ἁγίου. ↔

14 1 ἐγένετο δὲ . . . εἰσελθεῖν αὐτοὺς . . .
καὶ λαλῆσαι οὕτως ↔

14 1ᵖ πιστεῦσαι Ἰουδαίων τε καὶ
Ἑλλήνων πολὺ πλῆθος. ↔

14 2 οἱ δὲ ἀπειθήσαντες Ἰουδαῖοι ἐπή-
γειραν καὶ ἐκάκωσαν τὰς ψυχὰς

14 3 * ἐπὶ τῷ κυρίῳ τῷ μαρτυροῦντι . . .
καὶ (+ς) διδόντι (-τος T) ↔

14 3 σημεῖα καὶ τέρατα γίνεσθαι διὰ τῶν
χειρῶν αὐτῶν

14 4 καὶ οἱ μὲν ἦσαν σὺν τοῖς Ἰουδαίοις

14 5ᵖ ὡς δὲ ἐγένετο ὁρμὴ τῶν ἐθνῶν τε
καὶ Ἰουδαίων

14 5 σὺν τοῖς ἄρχουσιν αὐτῶν ὑβρίσαι
καὶ λιθοβολῆσαι αὐτούς, ↔

Ac 14 6 συνιδόντες κατέφυγον εἰς τὰς πό-
λεις τῆς Λυκαονίας Λύστραν καὶ
Δέρβην ↔

14 6 καὶ τὴν περίχωρον

14 8 καί τις ἀνὴρ | ἀδύνατος ἐν
Λύστροις (∼ VSTς) τοῖς ποσὶν
ἐκάθητο

14 9 ὃς ἀτενίσας αὐτῷ καὶ ἰδὼν

14 10 καὶ ἥλατο ↔

14 10 καὶ περιεπάτει

14 13 ταύρους καὶ στέμματα ἐπὶ τοὺς
πυλῶνας ἐνέγκας . . . ἤθελεν θύειν. ↔

14 14 ἀκούσαντες δὲ οἱ ἀπόστολοι Βαρ-
ναβᾶς καὶ Παῦλος

14 15 ⟨κράζοντες⟩ καὶ λέγοντες

14 15ᵍ καὶ ἡμεῖς ὁμοιοπαθεῖς ἐσμεν ὑμῖν
ἄνθρωποι

14 15 ὃς ἐποίησεν τὸν οὐρανὸν καὶ τὴν
γῆν ↔

14 15 καὶ τὴν θάλασσαν ↔

14 15 καὶ πάντα τὰ ἐν αὐτοῖς

14 17ᵉ * | καί τοι γε (ς; καίτοι rl) οὐκ
ἀμάρτυρον αὑτὸν (N²⁶T; αὐ. rl)
ἀφῆκεν ἀγαθουργῶν, ↔

14 17 οὐρανόθεν ὑμῖν (ἡμ. ς) | ὑετοὺς δι-
δοὺς (∼ S) καὶ καιροὺς καρποφό-
ρους, ↔

14 17 ἐμπιπλῶν τροφῆς καὶ εὐφροσύνης
τὰς καρδίας ὑμῶν (ἡμ. ς). ↔

14 18ʰ καὶ ταῦτα λέγοντες μόλις κατέ-
παυσαν

14 19 ἐπῆλθαν δὲ ἀπὸ Ἀντιοχείας καὶ
Ἰκονίου Ἰουδαῖοι, ↔

14 19 καὶ πείσαντες τοὺς ὄχλους ↔

14 19 καὶ λιθάσαντες τὸν Παῦλον ἔσυρον

14 20 καὶ τῇ ἐπαύριον ἐξῆλθεν σὺν τῷ
Βαρναβᾷ εἰς Δέρβην. ↔

14 21 εὐαγγελισάμενοί (-ιζόμενοί NT) τε
τὴν πόλιν ἐκείνην καὶ μαθητεύσαν-
τες ↔

14 21 ἱκανοὺς ὑπέστρεψαν εἰς τὴν Λύ-
στραν καὶ εἰς (—ς) Ἰκόνιον ↔

14 21 καὶ εἰς ([NH]; —ς) Ἀντιόχειαν

14 22ᵐ παρακαλοῦντες ἐμμένειν τῇ πί-
στει, καὶ ὅτι διὰ πολλῶν θλίψεων
δεῖ ἡμᾶς εἰσελθεῖν

14 24 καὶ διελθόντες τὴν Πισιδίαν ἦλθον
εἰς τὴν Παμφυλίαν, ↔

14 25 καὶ λαλήσαντες | ἐν Πέργῃ (εἰς
τὴν Πέργην NT) τὸν λόγον (+τοῦ
κυρίου [V]S) κατέβησαν

14 27ᵠ παραγενόμενοι δὲ καὶ συναγαγόν-
τες τὴν ἐκκλησίαν, ↔

14 27ᵐ ἀνήγγελλον ὅσα ἐποίησεν ὁ θεὸς
μετ' αὐτῶν, καὶ ὅτι ἤνοιξεν . . .
θύραν πίστεως

15 1 καί τινες κατελθόντες . . . ἐδίδασκον
τοὺς ἀδελφοὺς

15 2 γενομένης δὲ (οὖν ς) στάσεως καὶ
ζητήσεως (συζ. ς) οὐκ ὀλίγης ↔

15 2 τῷ Παύλῳ καὶ τῷ Βαρναβᾷ πρὸς
αὐτούς,

15 2 ἔταξαν ἀναβαίνειν Παῦλον καὶ
Βαρναβᾶν ↔

15 2 καί τινας ἄλλους ἐξ αὐτῶν ↔

15 2 πρὸς τοὺς ἀποστόλους καὶ πρεσβυ-
τέρους εἰς Ἰερουσαλήμ

15 3 οἱ μὲν οὖν . . . διήρχοντο τήν τε
(—ς) Φοινίκην καὶ Σαμάρειαν ἐκ-
διηγούμενοι τὴν ἐπιστροφὴν τῶν
ἐθνῶν, ↔

15 3 καὶ ἐποίουν χαρὰν μεγάλην

15 4 παρεδέχθησαν ἀπὸ (N²⁶NH; ὑπὸ
rl) τῆς ἐκκλησίας καὶ τῶν ἀποστό-
λων ↔

Ac 15 4 καὶ τῶν πρεσβυτέρων

15 6 συνήχθησάν τε (δὲ Tς) οἱ ἀπόστο-
λοι καὶ οἱ πρεσβύτεροι

15 7 ἐξελέξατο . . . ἀκοῦσαι τὰ ἔθνη τὸν
λόγον τοῦ εὐαγγελίου καὶ πιστεῦ-
σαι.

15 8 καὶ ὁ καρδιογνώστης θεὸς ἐμαρτύ-
ρησεν αὐτοῖς ↔

15 8ᵍᵘ δοὺς (+αὐτοῖς M[VS]ς) τὸ πνεῦ-
μα τὸ ἅγιον καθὼς καὶ ἡμῖν (ὑμ. ς),
↔

15 9ᶜ καὶ οὐθὲν (οὐδὲν MVSς) διέκρινεν ↔

15 9ʰᵖ μεταξὺ ἡμῶν τε καὶ αὐτῶν

15 12 ἐσίγησεν δὲ πᾶν τὸ πλῆθος, καὶ
ἤκουον ↔

15 12 Βαρναβᾶ καὶ Παύλου ἐξηγουμένων

15 12 ὅσα ἐποίησεν ὁ θεὸς σημεῖα καὶ
τέρατα

15 15ʰ καὶ τούτῳ συμφωνοῦσιν οἱ λόγοι
τῶν προφητῶν

15 16 μετὰ ταῦτα ἀναστρέψω καὶ ἀνοι-
κοδομήσω τὴν σκηνὴν Δαυὶδ τὴν
πεπτωκυῖαν, ↔

15 16 καὶ τὰ κατεσκαμμένα (N²⁶VSς;
-στραμ. rl) αὐτῆς ↔

15 16 ἀνοικοδομήσω καὶ ἀνορθώσω αὐ-
τήν

15 17 καὶ πάντα τὰ ἔθνη ἐφ' οὓς ἐπικέ-
κληται τὸ ὄνομά μου

15 20 τοῦ ἀπέχεσθαι (+ἀπὸ [MV]Sς)
τῶν ἀλισγημάτων τῶν εἰδώλων
καὶ τῆς πορνείας ↔

15 20 καὶ τοῦ (—NMH) πνικτοῦ ↔

15 20 καὶ τοῦ αἵματος

15 22 ἔδοξε τοῖς ἀποστόλοις καὶ τοῖς
πρεσβυτέροις . . . ἐκλεξαμένους ἄν-
δρας ἐξ αὐτῶν πέμψαι ↔

15 22 εἰς Ἀντιόχειαν σὺν τῷ Παύλῳ καὶ
Βαρναβᾷ, ↔

15 22 Ἰούδαν τὸν καλούμενον (ἐπι- ς)
Βαρσαββᾶν καὶ Σιλᾶν

15 23 οἱ ἀπόστολοι καὶ οἱ πρεσβύτεροι↔

15 23 * | καὶ οἱ (+[VS]ς) ἀδελφοὶ τοῖς
κατὰ τὴν Ἀντιόχειαν ↔

15 23 καὶ Συρίαν ↔

15 23 καὶ Κιλικίαν ἀδελφοῖς τοῖς ἐξ
ἐθνῶν χαίρειν

15 24 * ἐτάραξαν ὑμᾶς . . . | λέγοντες
περιτέμνεσθαι καὶ τηρεῖν τὸν νόμον
(+ς)

15 25 ἄνδρας πέμψαι πρὸς ὑμᾶς σὺν τοῖς
ἀγαπητοῖς ἡμῶν Βαρναβᾷ καὶ
Παύλῳ

15 27 ἀπεστάλκαμεν οὖν Ἰούδαν καὶ
Σιλᾶν, ↔

15 27ʰ καὶ αὐτοὺς διὰ λόγου ἀπαγγέλ-
λοντας τὰ αὐτά. |

15 28ᵍ ἔδοξεν γὰρ τῷ | πνεύματι τῷ
ἁγίῳ (ἁ. π. ς) καὶ ἡμῖν

15 29 ἀπέχεσθαι εἰδωλοθύτων καὶ αἵ-
ματος

15 29 καὶ πνικτῶν (-τοῦ ς) ↔

15 29 καὶ πορνείας

15 30 κατῆλθον (ἦλ. ς) εἰς Ἀντιόχειαν,
καὶ συναγαγόντες τὸ πλῆθος ἐπέ-
δωκαν τὴν ἐπιστολήν

15 32ᵖᵠ Ἰούδας τε (δὲ ς) καὶ Σιλᾶς, ↔

15 32ʰ καὶ αὐτοὶ προφῆται ὄντες, ↔

15 32 διὰ λόγου πολλοῦ παρεκάλεσαν
τοὺς ἀδελφοὺς καὶ ἐπεστήριξαν

15 35ᵠ Παῦλος δὲ καὶ Βαρναβᾶς διέτριβον
ἐν Ἀντιοχείᾳ, ↔

15 35 διδάσκοντες καὶ εὐαγγελιζόμενοι
↔

Ac 15 35 μετὰ καὶ ἑτέρων πολλῶν τὸν λόγον τοῦ κυρίου

15 37 Βαρναβᾶς δὲ ἐβούλετο (-λεύσατο ς) συμπαραλαβεῖν καὶ (—ς) τὸν Ἰωάννην

15 38ᵇ τὸν ἀποστάντα ἀπ' αὐτῶν ἀπὸ Παμφυλίας καὶ μὴ συνελθόντα αὐτοῖς εἰς τὸ ἔργον

15 41 διήρχετο δὲ τὴν Συρίαν καὶ τὴν [+N²⁶H] Κιλικίαν

16 1ᵃ κατήντησεν δὲ καὶ ([N²⁶]; —Tς) εἰς Δέρβην ↔

16 1 καὶ εἰς (—ς) Λύστραν. ↔

16 1ⁿ καὶ ἰδοὺ μαθητής τις ἦν ἐκεῖ

16 2 ὃς ἐμαρτυρεῖτο ὑπὸ τῶν ἐν Λύστροις καὶ Ἰκονίῳ ἀδελφῶν. ↔

16 3 τοῦτον ἠθέλησεν ὁ Παῦλος σὺν αὐτῷ ἐξελθεῖν, καὶ λαβὼν περιέτεμεν αὐτόν

16 4 παρεδίδοσαν (-δίδουν ς) αὐτοῖς φυλάσσειν τὰ δόγματα τὰ κεκριμένα ὑπὸ τῶν ἀποστόλων καὶ (+τῶν ς) πρεσβυτέρων

16 5 ἐστερεοῦντο τῇ πίστει καὶ ἐπερίσσευον τῷ ἀριθμῷ καθ' ἡμέραν. ↔

16 6 διῆλθον (-ελθόντες ς) δὲ τὴν Φρυγίαν καὶ (+τὴν ς) Γαλατικὴν χώραν

16 7ᵃ ἐπείραζον εἰς (κατὰ ς) τὴν Βιθυνίαν πορευθῆναι (-εσθαι ς), καὶ οὐκ εἴασεν

16 9 καὶ ὅραμα διὰ τῆς (+[N²⁶]Sς) νυκτὸς τῷ Παύλῳ ὤφθη, ↔

16 9 ἀνὴρ Μακεδών τις ἦν ἑστὼς καὶ (—ς) παρακαλῶν αὐτὸν ↔

16 9 καὶ λέγων

16 13 ἐξήλθομεν . . . καὶ καθίσαντες ἐλαλοῦμεν ταῖς συνελθούσαις γυναιξίν. ↔

16 14 καί τις γυνὴ ὀνόματι Λυδία . . . ἤκουεν

16 15 ὡς δὲ ἐβαπτίσθη καὶ ὁ οἶκος αὐτῆς

16 15 καὶ παρεβιάσατο ἡμᾶς

16 17ᵍ αὕτη κατακολουθοῦσα (-θήσασα Sς) τῷ [H] Παύλῳ καὶ ἡμῖν ἔκραζεν (-ξεν M)

16 18 διαπονηθεὶς δὲ (+ὁ MVBSς) Παῦλος καὶ ἐπιστρέψας τῷ πνεύματι εἶπεν·

16 18 παραγγέλλω σοι . . . ἐξελθεῖν ἀπ' αὐτῆς· καὶ ἐξῆλθεν

16 19 ἐπιλαβόμενοι τὸν Παῦλον καὶ τὸν Σιλᾶν εἵλκυσαν . . . ἐπὶ τοὺς ἄρχοντας, ↔

16 20 καὶ προσαγαγόντες αὐτοὺς τοῖς στρατηγοῖς εἶπαν· ↔

16 21 ⟨οὗτοι οἱ ἄνθρωποι ἐκταράσσουσιν⟩ καὶ καταγγέλλουσιν ἔθη

16 22 καὶ συνεπέστη ὁ ὄχλος κατ' αὐτῶν,

16 22 καὶ οἱ στρατηγοὶ . . . ἐκέλευον ῥαβδίζειν

16 24 ἔβαλεν αὐτοὺς εἰς τὴν ἐσωτέραν φυλακὴν καὶ τοὺς πόδας | ἠσφαλίσατο αὐτῶν (∼ Sς)

16 25 κατὰ δὲ τὸ μεσονύκτιον Παῦλος καὶ Σιλᾶς προσευχόμενοι ὕμνουν τὸν θεόν

16 26 ἠνεῴχθησαν (ἠνοίχ. T) δὲ (τε ς) παραχρῆμα [H] αἱ θύραι πᾶσαι, καὶ πάντων τὰ δεσμὰ ἀνέθη.

16 27 ἔξυπνος δὲ γενόμενος ὁ δεσμοφύλαξ καὶ ἰδὼν

16 29 εἰσεπήδησεν, καὶ ἔντρομος γενόμενος προσέπεσεν ↔

Ac 16 29 τῷ Παύλῳ καὶ τῷ ([N²⁶]; —NMH) Σιλᾷ, ↔

16 30 καὶ προαγαγὼν αὐτοὺς ἔξω ἔφη

16 31 πίστευσον ἐπὶ τὸν κύριον Ἰησοῦν (+Χριστόν Sς), καὶ σωθήσῃ ↔

16 31 σὺ καὶ ὁ οἶκός σου. ↔

16 32 καὶ ἐλάλησαν αὐτῷ τὸν λόγον τοῦ κυρίου (θεοῦ NH) ↔

16 32 * καὶ (ς; σὺν rl) πᾶσιν τοῖς ἐν τῇ οἰκίᾳ αὐτοῦ. ↔

16 33 καὶ παραλαβὼν αὐτοὺς . . . ἔλουσεν ἀπὸ τῶν πληγῶν, ↔

16 33 καὶ ἐβαπτίσθη ↔

16 33 αὐτὸς καὶ οἱ αὐτοῦ πάντες (N²⁶Sς; ἀπ. rl) παραχρῆμα, ↔

16 34 ἀναγαγών τε . . . παρέθηκεν τράπεζαν, καὶ ἠγαλλιάσατο

16 37 καὶ νῦν λάθρᾳ ἡμᾶς ἐκβάλλουσιν;

16 38 * ἀπήγγειλαν δὲ (τε T) . . . | καὶ ἐφοβήθησαν (ς; ἐφ. δὲ rl) ἀκούσαντες ὅτι Ῥωμαῖοί εἰσιν, ↔

16 39 καὶ ἐλθόντες παρεκάλεσαν αὐτούς, ↔

16 39 καὶ ἐξαγαγόντες ἠρώτων ἀπελθεῖν (ἐξ- ς) ἀπὸ (—ς) τῆς πόλεως

16 40 εἰσῆλθον πρὸς τὴν Λυδίαν, καὶ ἰδόντες | παρεκάλεσαν τοὺς ἀδελφοὺς (τ. ἀ. π. αὐτοὺς ς) ↔

16 40 καὶ ἐξῆλθαν. ↔

17 1 διοδεύσαντες δὲ τὴν Ἀμφίπολιν καὶ τὴν (—ς) Ἀπολλωνίαν ἦλθον ↔

17 2 εἰσῆλθεν πρὸς αὐτούς, καὶ ἐπὶ σάββατα τρία διελέξατο αὐτοῖς ἀπὸ τῶν γραφῶν, ↔

17 3 διανοίγων καὶ παρατιθέμενος ↔

17 3 ὅτι τὸν χριστὸν ἔδει παθεῖν καὶ ἀναστῆναι ἐκ νεκρῶν, ↔

17 3ᵐ καὶ ὅτι οὗτός ἐστιν ὁ (—T) χριστός, ὁ ([N²⁶]; —VBSTς) Ἰησοῦς

17 4 καί τινες ἐξ αὐτῶν ↔

17 4 ἐπείσθησαν καὶ προσεκληρώθησαν ↔

17 4 τῷ Παύλῳ καὶ τῷ [H] Σιλᾷ

17 5 ζηλώσαντες δὲ οἱ (+ἀπειθοῦντες ς) Ἰουδαῖοι καὶ προσλαβόμενοι τῶν ἀγοραίων ↔

17 5 | ἄνδρας τινὰς (∼ Tς) πονηροὺς καὶ ὀχλοποιήσαντες ἐθορύβουν τὴν πόλιν, ↔

17 5 | καὶ ἐπιστάντες (ἐ. τε ς) τῇ οἰκίᾳ Ἰάσονος ἐζήτουν αὐτοὺς προαγαγεῖν

17 6 ἔσυρον (+τὸν ς) Ἰάσονα καί τινας ἀδελφοὺς ἐπὶ τοὺς πολιτάρχας

17 6 οἱ τὴν οἰκουμένην ἀναστατώσαντες οὗτοι καὶ ἐνθάδε πάρεισιν

17 7ʰ καὶ οὗτοι πάντες ἀπέναντι τῶν δογμάτων Καίσαρος πράσσουσιν

17 8 ἐτάραξαν δὲ τὸν ὄχλον καὶ τοὺς πολιτάρχας ἀκούοντας ταῦτα, ↔

17 9 καὶ λαβόντες τὸ ἱκανὸν

17 9 παρὰ τοῦ Ἰάσονος καὶ τῶν λοιπῶν ἀπέλυσαν αὐτούς. ↔

17 10 οἱ δὲ ἀδελφοὶ . . . ἐξέπεμψαν τόν τε Παῦλον καὶ τὸν Σιλᾶν

17 12 πολλοὶ μὲν οὖν ἐξ αὐτῶν ἐπίστευσαν, καὶ τῶν Ἑλληνίδων γυναικῶν τῶν εὐσχημόνων ↔

17 12 καὶ ἀνδρῶν οὐκ ὀλίγοι. ↔

17 13ᵛ ὡς δὲ ἔγνωσαν . . . ὅτι καὶ ἐν τῇ Βεροίᾳ κατηγγέλη ὑπὸ τοῦ Παύλου ὁ (—M) λόγος τοῦ θεοῦ, ↔

17 13 ἦλθον κἀκεῖ σαλεύοντες | καὶ ταράσσοντες (—ς) τοὺς ὄχλους

Ac 17 14 ὑπέμεινάν τε (-μενον δὲ ς) ὅ τε Σιλᾶς καὶ ὁ Τιμόθεος ἐκεῖ. ↔

17 15 οἱ δὲ . . . ἤγαγον ἕως Ἀθηνῶν, καὶ λαβόντες ἐντολὴν ↔

17 15 πρὸς τὸν Σιλᾶν καὶ τὸν (—ς) Τιμόθεον . . . ἐξῄεσαν

17 17 διελέγετο μὲν οὖν . . . τοῖς Ἰουδαίοις καὶ τοῖς σεβομένοις ↔

17 17 καὶ ἐν τῇ ἀγορᾷ . . . πρὸς τοὺς παρατυγχάνοντας. ↔

17 18ᵃ τινὲς δὲ καὶ (—ς) τῶν Ἐπικουρείων ↔

17 18 καὶ (+τῶν ς) Στωϊκῶν φιλοσόφων συνέβαλλον αὐτῷ, ↔

17 18 καί τινες ἔλεγον

17 18 ὅτι τὸν Ἰησοῦν καὶ τὴν ἀνάστασιν (+αὐτοῖς ς) εὐηγγελίζετο

17 21 Ἀθηναῖοι δὲ πάντες καὶ οἱ ἐπιδημοῦντες ξένοι εἰς οὐδὲν ἕτερον ηὐκαίρουν ↔

17 21 * ἢ λέγειν τι καὶ (ς; ἢ rl) ἀκούειν τι ([S]; —ς) καινότερον

17 23ʳ διερχόμενος γὰρ καὶ ἀναθεωρῶν τὰ σεβάσματα ὑμῶν ↔

17 23 εὗρον καὶ βωμόν

17 24 ὁ θεὸς ὁ ποιήσας τὸν κόσμον καὶ πάντα τὰ ἐν αὐτῷ, ↔

17 24 οὗτος οὐρανοῦ καὶ γῆς ὑπάρχων κύριος

17 25 αὐτὸς διδοὺς πᾶσι ζωὴν καὶ πνοὴν ↔

17 25 | καὶ τὰ (κατὰ ς) πάντα

17 26 ὁρίσας προστεταγμένους καιροὺς καὶ τὰς ὁροθεσίας τῆς κατοικίας αὐτῶν, ↔

17 27 ζητεῖν τὸν θεόν (κύριον ς), εἰ ἄρα γε ψηλαφήσειαν αὐτὸν καὶ εὕροιεν, ↔

17 27ᵉ | καί γε (καίγε ST; καίτοιγε ς) οὐ μακρὰν . . . ὑπάρχοντα. ↔

17 28 ἐν αὐτῷ γὰρ ζῶμεν καὶ κινούμεθα ↔

17 28 καὶ ἐσμέν,

17 28ᵘ ὡς καί τινες τῶν καθ' ὑμᾶς ποιητῶν εἰρήκασιν· ·

17 28ʳ τοῦ γὰρ καὶ γένος ἐσμέν

17 29 οὐκ ὀφείλομεν νομίζειν . . . χαράγματι τέχνης καὶ ἐνθυμήσεως ἀνθρώπου, τὸ θεῖον εἶναι ὅμοιον

17 32ᵏ ἀκουσόμεθά σου | περὶ τούτου καὶ πάλιν ⟨οὕτως ὁ Παῦλος ἐξῆλθεν⟩ (πάλιν π. τ. ⟨καὶ οὕ. ὁ Π. ἐ.⟩ ς)

17 34 ἐν οἷς καὶ Διονύσιος ὁ [H] Ἀρεοπαγίτης

17 34 καὶ γυνὴ ὀνόματι Δάμαρις

17 34 καὶ ἕτεροι σὺν αὐτοῖς

18 2 ⟨ἦλθεν εἰς Κόρινθον⟩ καὶ εὑρών τινα Ἰουδαῖον ↔

18 2 ὀνόματι Ἀκύλαν . . . καὶ Πρίσκιλλαν γυναῖκα αὐτοῦ

18 3 ⟨προσῆλθεν αὐτοῖς⟩ καὶ διὰ τὸ ὁμότεχνον εἶναι ἔμενεν παρ' αὐτοῖς,

18 3 καὶ ἠργάζετο (-ζοντο NTH)

18 4 ἔπειθέν τε Ἰουδαίους καὶ Ἕλληνας. ↔

18 5 ὡς δὲ κατῆλθον ἀπὸ τῆς Μακεδονίας ὅ τε Σιλᾶς καὶ ὁ Τιμόθεος

18 6 ἀντιτασσομένων δὲ αὐτῶν καὶ βλασφημούντων ἐκτιναξάμενος τὰ ἱμάτια εἶπεν

18 7 ⟨εἰς τὰ ἔθνη πορεύσομαι⟩ καὶ μεταβὰς ἐκεῖθεν εἰσῆλθεν (ἦλ. NMVHς)

18 8 ἐπίστευσεν τῷ κυρίῳ . . . καὶ πολλοὶ τῶν Κορινθίων ἀκούοντες ↔

Ac 18 8 ἐπίστευον καὶ ἐβαπτίζοντο

18 9b μὴ φοβοῦ, ἀλλὰ λάλει καὶ μὴ σιωπήσῃς, ↔

18 10c διότι ἐγώ εἰμι μετὰ σοῦ καὶ οὐδεὶς ἐπιθήσεταί σοι

18 11 ἐκάθισεν δὲ ἐνιαυτὸν καὶ μῆνας ἓξ διδάσκων

18 12 κατεπέστησαν ... καὶ ἤγαγον αὐτὸν ἐπὶ τὸ βῆμα

18 15 εἰ δὲ ζητήματά ἐστιν περὶ λόγου καὶ ὀνομάτων ↔

18 15 καὶ νόμου τοῦ καθ' ὑμᾶς

18 16 καὶ ἀπήλασεν αὐτοὺς ἀπὸ τοῦ βήματος

18 17c καὶ οὐδὲν τούτων τῷ Γαλλίωνι ἔμελεν. ↔

18 18 ὁ δὲ Παῦλος ... ἐξέπλει εἰς τὴν Συρίαν, καὶ σὺν αὐτῷ ↔

18 18 Πρίσκιλλα καὶ Ἀκύλας

18 21 ⟨οὐκ ἐπένευσεν⟩ ἀλλὰ | ἀποταξάμενος καὶ (ἀπετάξατο αὐτοῖς ς) εἰπών

18 21 * καὶ (+ς) ἀνήχθη ἀπὸ τῆς Ἐφέσου, ↔

18 22 καὶ κατελθὼν εἰς Καισάρειαν, ↔

18 22 ἀναβὰς καὶ ἀσπασάμενος τὴν ἐκκλησίαν, κατέβη εἰς Ἀντιόχειαν, ↔

18 23 καὶ ποιήσας χρόνον τινὰ ἐξῆλθεν,

18 23 διερχόμενος καθεξῆς τὴν Γαλατικὴν χώραν καὶ Φρυγίαν

18 25 οὗτος ἦν κατηχημένος ... καὶ ζέων τῷ πνεύματι ἐλάλει ↔

18 25 καὶ ἐδίδασκεν ἀκριβῶς τὰ περὶ τοῦ Ἰησοῦ (κυρίου ς)

18 26 ἀκούσαντες δὲ αὐτοῦ | Πρίσκιλλα καὶ Ἀκύλας (~ Sς) ↔

18 26 προσελάβοντο αὐτὸν καὶ ἀκριβέστερον αὐτῷ ἐξέθεντο

19 1 κατελθεῖν (BST; [κατ]- N²⁶; ἐ. rl) εἰς Ἔφεσον καὶ εὑρεῖν (-ρών ς) τινας μαθητάς

19 6 καὶ ἐπιθέντος αὐτοῖς τοῦ Παύλου τὰς (+[N²⁶S]Vς) χεῖρας ἦλθε τὸ πνεῦμα τὸ ἅγιον ἐπ' αὐτούς, ↔

19 6 ἐλάλουν τε γλώσσαις καὶ ἐπροφήτευον

19 8 ἐπαρρησιάζετο ... διαλεγόμενος καὶ πείθων τὰ ([N²⁶]; —NH) περὶ τῆς βασιλείας τοῦ θεοῦ.

19 9 ὡς δέ τινες ἐσκληρύνοντο καὶ ἠπείθουν

19 10p ὥστε πάντας ... ἀκοῦσαι τὸν λόγον τοῦ κυρίου, Ἰουδαίους τε καὶ Ἕλληνας

19 12x ὥστε καὶ ἐπὶ τοὺς ἀσθενοῦντας ἀποφέρεσθαι ... σουδάρια ἢ σιμικίνθια ↔

19 12 καὶ ἀπαλλάσσεσθαι ἀπ' αὐτῶν τὰς νόσους

19 13 ἐπεχείρησαν δέ τινες καὶ (ἀπὸ ς) τῶν περιερχομένων Ἰουδαίων

19 15 τὸν μὲν [+N²⁶NH] Ἰησοῦν γινώσκω καὶ τὸν Παῦλον ἐπίσταμαι

19 16 καὶ ἐφαλόμενος (ἐφαλλ. VSς) ὁ ἄνθρωπος ἐπ' αὐτούς, ἐν ᾧ ἦν τὸ πνεῦμα τὸ πονηρόν, ↔

19 16 * καὶ (+ς) κατακυριεύσας ἀμφοτέρων (αὐτῶν ς) ἴσχυσεν κατ' αὐτῶν, ↔

19 16 ὥστε γυμνοὺς καὶ τετραυματισμένους ἐκφυγεῖν

19 17p τοῦτο δὲ ἐγένετο γνωστὸν πᾶσιν Ἰουδαίοις τε καὶ Ἕλλησιν τοῖς κατοικοῦσιν τὴν Ἔφεσον,

Ac 19 17 καὶ ἐπέπεσεν φόβος ἐπὶ πάντας αὐτούς, ↔

19 17 καὶ ἐμεγαλύνετο τὸ ὄνομα τοῦ κυρίου Ἰησοῦ· ↔

19 18 πολλοί τε τῶν πεπιστευκότων ἤρχοντο ἐξομολογούμενοι καὶ ἀναγγέλλοντες

19 19 καὶ συνεψήφισαν τὰς τιμὰς αὐτῶν ↔

19 19 καὶ εὗρον ἀργυρίου μυριάδας πέντε. ↔

19 20 οὕτως κατὰ κράτος | τοῦ κυρίου ὁ λόγος (~ VBSς) ηὔξανεν καὶ ἴσχυεν

19 21 ἔθετο ὁ Παῦλος ... διελθὼν τὴν Μακεδονίαν καὶ Ἀχαΐαν

19 21 δεῖ με καὶ Ῥώμην ἰδεῖν.

19 22 ἀποστείλας δὲ ... δύο τῶν διακονούντων αὐτῷ, Τιμόθεον καὶ Ἔραστον

19 25 οὓς συναθροίσας καὶ τοὺς περὶ τὰ τοιαῦτα ἐργάτας εἶπεν

19 26 ⟨ἐπίστασθε⟩ καὶ θεωρεῖτε ↔

19 26 καὶ ἀκούετε

19 27w οὐ μόνον ... ἀλλὰ καὶ τὸ τῆς μεγάλης θεᾶς | Ἀρτέμιδος ἱερὸν (~ T) εἰς οὐθὲν λογισθῆναι, ↔

19 27pq μέλλειν τε (δὲ ς) καὶ καθαιρεῖσθαι | τῆς μεγαλειότητος (τὴν -τα ς) αὐτῆς,

19 27 ἣν ὅλη ἡ [H] Ἀσία καὶ ἡ [H] οἰκουμένη σέβεται. ↔

19 28a ἀκούσαντες δὲ καὶ γενόμενοι πλήρεις θυμοῦ ἔκραζον

19 29 καὶ ἐπλήσθη ἡ πόλις τῆς (ὅλη ς) συγχύσεως, ↔

19 29 ὥρμησάν τε ... συναρπάσαντες Γάϊον καὶ Ἀρίσταρχον Μακεδόνας

19 31a τινὲς δὲ καὶ τῶν Ἀσιαρχῶν, ὄντες αὐτῷ φίλοι ... παρεκάλουν

19 32 ἦν γὰρ ἡ ἐκκλησία συγκεχυμένη, καὶ οἱ πλείους οὐκ ᾔδεισαν

19 35 νεωκόρον οὖσαν τῆς μεγάλης (+ θεᾶς ς) Ἀρτέμιδος καὶ τοῦ διοπετοῦς

19 36b δέον ἐστὶν ὑμᾶς κατεσταλμένους ὑπάρχειν καὶ μηδὲν προπετὲς πράσσειν

19 38 εἰ μὲν οὖν Δημήτριος καὶ οἱ σὺν αὐτῷ τεχνῖται ἔχουσι πρός τινα λόγον, ↔

19 38 ἀγοραῖοι ἄγονται καὶ ἀνθύπατοί εἰσιν

19 40d καὶ γὰρ κινδυνεύομεν ἐγκαλεῖσθαι στάσεως

19 40h καὶ ταῦτα εἰπὼν ἀπέλυσεν τὴν ἐκκλησίαν

20 1 μεταπεμψάμενος ὁ Παῦλος τοὺς μαθητὰς καὶ παρακαλέσας (—ς), ἀσπασάμενος ἐξῆλθεν

20 2 διελθὼν δὲ τὰ μέρη ἐκεῖνα καὶ παρακαλέσας αὐτούς ... ἦλθεν

20 4 συνείπετο δὲ αὐτῷ ... Θεσσαλονικέων δὲ Ἀρίσταρχος καὶ Σεκοῦνδος, ↔

20 4 καὶ Γάϊος Δερβαῖος ↔

20 4 καὶ Τιμόθεος, ↔

20 4 Ἀσιανοὶ δὲ Τύχικος καὶ Τρόφιμος

20 6 ἡμεῖς δὲ ἐξεπλεύσαμεν ... ἀπὸ Φιλίππων, καὶ ἤλθομεν πρὸς αὐτούς

20 9 ἔπεσεν ... κάτω καὶ ἤρθη νεκρός

20 10 καταβὰς δὲ ὁ Παῦλος ἐπέπεσεν αὐτῷ καὶ συμπεριλαβὼν εἶπεν

Ac 20 11q ἀναβὰς δὲ καὶ [H] κλάσας τὸν (—ς) ἄρτον ↔

20 11 καὶ γευσάμενος ... οὕτως ἐξῆλθεν. ↔

20 12 ἤγαγον δὲ τὸν παῖδα ζῶντα, καὶ παρεκλήθησαν οὐ μετρίως

20 15 * παρεβάλομεν εἰς Σάμον, | καὶ μείναντες ἐν Τρωγυλλίῳ (+[VS] Bς) ... ἤλθομεν

20 19 ⟨ἐγενόμην⟩ δουλεύων τῷ κυρίῳ μετὰ πάσης ταπεινοφροσύνης καὶ (+πολλῶν ς) δακρύων ↔

20 19 καὶ πειρασμῶν

20 20 τοῦ μὴ ἀναγγεῖλαι ὑμῖν καὶ διδάξαι ὑμᾶς ↔

20 20 δημοσίᾳ καὶ κατ' οἴκους, ↔

20 21p διαμαρτυρόμενος Ἰουδαίοις τε καὶ Ἕλλησιν τὴν εἰς θεὸν μετάνοιαν ↔

20 21 καὶ πίστιν εἰς τὸν κύριον ἡμῶν Ἰησοῦν (+Χριστόν STς). ↔

20 22 καὶ νῦν ἰδοὺ δεδεμένος ἐγὼ τῷ πνεύματι πορεύομαι εἰς Ἰερουσαλήμ

20 23 δεσμὰ καὶ θλίψεις με μένουσιν

20 24 τελειῶσαι (-ώσω NH) τὸν δρόμον μου (+μετὰ χαρᾶς [VS]ς) καὶ τὴν διακονίαν

20 25 καὶ νῦν ἰδοὺ ἐγὼ οἶδα

20 28 προσέχετε (+οὖν ς) ἑαυτοῖς καὶ παντὶ τῷ ποιμνίῳ

20 30 ⟨εἰσελεύσονται ... λύκοι⟩ καὶ ἐξ ὑμῶν αὐτῶν [H] ἀναστήσονται ἄνδρες

20 31 τριετίαν νύκτα καὶ ἡμέραν οὐκ ἐπαυσάμην ... νουθετῶν ἕνα ἕκαστον. ↔

20 32 καὶ | τὰ νῦν (τανῦν ς) παρατίθεμαι ὑμᾶς τῷ θεῷ (κυρίῳ NH) ↔

20 32 καὶ τῷ λόγῳ τῆς χάριτος αὐτοῦ ↔

20 32 τῷ δυναμένῳ οἰκοδομῆσαι (ἐπ- ς) καὶ δοῦναι τὴν (ὑμῖν ς) κληρονομίαν

20 34 ταῖς χρείαις μου καὶ τοῖς οὖσιν μετ' ἐμοῦ ὑπηρέτησαν αἱ χεῖρες αὗται

20 36h καὶ ταῦτα εἰπὼν ... προσηύξατο. ↔

20 37 ἱκανὸς δὲ κλαυθμὸς ἐγένετο πάντων, καὶ ἐπιπεσόντες ... κατεφίλουν αὐτόν

21 2 ⟨ἤλθομεν ... εἰς Πάταρα⟩ καὶ εὑρόντες πλοῖον ... ἀνήχθημεν. ↔

21 3 ἀναφάναντες (-φανέντες Sς) δὲ τὴν Κύπρον καὶ καταλιπόντες αὐτὴν

21 3 εὐώνυμον ἐπλέομεν εἰς Συρίαν, καὶ κατήλθομεν εἰς Τύρον

21 4 * | καὶ ἀνευρόντες (ς; ἀ. δὲ rl) τοὺς μαθητὰς ἐπεμείναμεν

21 5 ἐπορευόμεθα προπεμπόντων ἡμᾶς πάντων σὺν γυναιξὶ καὶ τέκνοις ἕως ἔξω τῆς πόλεως, ↔

21 5 καὶ θέντες τὰ γόνατα ... προσηυξάμεθα (ς; -ευξάμενοι rl) ↔

21 6 * | καὶ ἀσπασάμενοι (ς; ἀπησπασάμεθα rl) ἀλλήλους, ↔

21 6 καὶ (—ς) ἀνέβημεν (ἐν- NMH; ἐπ- ς) εἰς τὸ πλοῖον

21 7 κατηντήσαμεν εἰς Πτολεμαΐδα, καὶ ἀσπασάμενοι τοὺς ἀδελφοὺς ἐμείναμεν

21 8 ἤλθομεν (-θον ς) εἰς Καισάρειαν, καὶ εἰσελθόντες εἰς τὸν οἶκον Φιλίππου ... ἐμείναμεν παρ' αὐτῷ

21 11 ⟨κατῆλθέν τις⟩ καὶ ἐλθὼν πρὸς ἡμᾶς ↔

Ac 21 11 καὶ ἄρας τὴν ζώνην τοῦ Παύλου,
↔

21 11 δήσας (+τε ς) ἑαυτοῦ τοὺς πόδας καὶ τὰς χεῖρας εἶπεν

21 11 δήσουσιν . . . οἱ Ἰουδαῖοι καὶ παραδώσουσιν εἰς χεῖρας ἐθνῶν

21 12ᵖ παρεκαλοῦμεν ἡμεῖς τε καὶ οἱ ἐντόπιοι τοῦ μὴ ἀναβαίνειν αὐτὸν εἰς Ἰερουσαλήμ. ↔

21 13 * | τότε ἀπεκρίθη (ἀ. δὲ ς) ὁ [H] Παῦλος | καὶ εἶπεν (+B[S]T) · ↔

21 13 τί ποιεῖτε κλαίοντες καὶ συνθρύπτοντές μου τὴν καρδίαν;

21 13ʷ οὐ μόνον δεθῆναι ἀλλὰ καὶ ἀποθανεῖν εἰς Ἰερουσαλὴμ ἑτοίμως ἔχω

21 16ᵃ συνῆλθον δὲ καὶ τῶν μαθητῶν ἀπὸ Καισαρείας σὺν ἡμῖν

21 19 καὶ ἀσπασάμενος αὐτοὺς ἐξηγεῖτο . . . ὧν ἐποίησεν ὁ θεός

21 20 πόσαι μυριάδες εἰσὶν . . . τῶν πεπιστευκότων, καὶ πάντες ζηλωταὶ τοῦ νόμου ὑπάρχουσιν

21 24 ἁγνίσθητι σὺν αὐτοῖς, καὶ δαπάνησον ἐπ' αὐτοῖς ↔

21 24 ἵνα ξυρήσονται (-σωνται VSς) τὴν κεφαλήν, καὶ γνώσονται πάντες

21 24ʰ ἀλλὰ στοιχεῖς καὶ αὐτὸς φυλάσσων τὸν νόμον

21 25 φυλάσσεσθαι αὐτοὺς τό τε εἰδωλόθυτον καὶ (+τὸ ς) αἷμα ↔

21 25 καὶ πνικτὸν ↔

21 25 καὶ πορνείαν

21 27 συνέχεον πάντα τὸν ὄχλον, καὶ ἐπέβαλον ἐπ' αὐτὸν τὰς χεῖρας

21 28 οὗτός ἐστιν ὁ ἄνθρωπος ὁ κατὰ τοῦ λαοῦ καὶ τοῦ νόμου ↔

21 28 καὶ τοῦ τόπου τούτου . . . διδάσκων,

21 28ᵖ ἔτι τε καὶ Ἕλληνας εἰσήγαγεν εἰς τὸ ἱερὸν

21 28 καὶ κεκοίνωκεν τὸν ἅγιον τόπον

21 30 ἐκινήθη τε ἡ πόλις ὅλη καὶ ἐγένετο συνδρομὴ τοῦ λαοῦ, ↔

21 30 καὶ ἐπιλαβόμενοι τοῦ Παύλου εἷλκον αὐτὸν ἔξω τοῦ ἱεροῦ, ↔

21 30 καὶ εὐθέως ἐκλείσθησαν αἱ θύραι

21 32 παραλαβὼν στρατιώτας καὶ ἑκατοντάρχας κατέδραμεν

21 32 οἱ δὲ ἰδόντες τὸν χιλίαρχον καὶ τοὺς στρατιώτας

21 33 ἐπελάβετο αὐτοῦ καὶ ἐκέλευσεν δεθῆναι ἁλύσεσι δυσί, ↔

21 33 καὶ ἐπυνθάνετο τίς εἴη ↔

21 33 καὶ τί ἐστιν πεποιηκώς

21 38 οὐκ ἄρα σὺ εἶ ὁ Αἰγύπτιος ὁ . . . ἀναστατώσας καὶ ἐξαγαγὼν . . . τοὺς τετρακισχιλίους ἄνδρας ⟨;⟩

22 1 ἄνδρες ἀδελφοὶ καὶ πατέρες, ἀκούσατέ μου

22 1 καὶ φησίν

22 4 δεσμεύων καὶ παραδιδοὺς εἰς φυλακὰς ↔

22 4ᵖ ἄνδρας τε καὶ γυναῖκας, ↔

22 5ᵘ ὡς καὶ ὁ ἀρχιερεὺς μαρτυρεῖ μοι ↔

22 5 καὶ πᾶν τὸ πρεσβυτέριον · ↔

22 5 παρ' ὧν καὶ ἐπιστολὰς δεξάμενος . . . εἰς Δαμασκὸν ἐπορευόμην, ↔

22 5 ἄξων καὶ τοὺς ἐκεῖσε ὄντας δεδεμένους

22 6 ἐγένετο δέ μοι πορευομένῳ καὶ ἐγγίζοντι τῇ Δαμασκῷ

22 7 ἔπεσά τε εἰς τὸ ἔδαφος καὶ ἤκουσα φωνῆς

Ac 22 9 * τὸ μὲν φῶς ἐθεάσαντο | καὶ ἔμφοβοι ἐγένοντο (+ς)

22 13 ἐλθὼν πρός με (ἐμὲ NTH) καὶ ἐπιστὰς εἶπέν μοι

22 14 γνῶναι τὸ θέλημα αὐτοῦ καὶ ἰδεῖν τὸν δίκαιον ↔

22 14 καὶ ἀκοῦσαι φωνὴν ἐκ τοῦ στόματος αὐτοῦ,

22 15 ὅτι ἔσῃ μάρτυς αὐτῷ . . . ὧν ἑώρακας καὶ ἤκουσας.

22 16 καὶ νῦν τί μέλλεις; ↔

22 16 ἀναστὰς βάπτισαι καὶ ἀπόλουσαι τὰς ἁμαρτίας σου

22 17 ἐγένετο δέ μοι ὑποστρέψαντι εἰς Ἰερουσαλὴμ καὶ προσευχομένου μου . . . γενέσθαι με ἐν ἐκστάσει, ↔

22 18 καὶ ἰδεῖν (ἴδον T) αὐτὸν λέγοντά μοι · ↔

22 18 σπεῦσον καὶ ἔξελθε ἐν τάχει

22 19 ἐγὼ ἤμην φυλακίζων καὶ δέρων . . . τοὺς πιστεύοντας ἐπὶ σέ · ↔

22 20ʲ καὶ ὅτε ἐξεχύννετο (-εχεῖτο VSς) τὸ αἷμα Στεφάνου τοῦ μάρτυρός σου,

22 20ʰ καὶ αὐτὸς ἤμην ἐφεστὼς ↔

22 20 καὶ συνευδοκῶν ↔

22 20 καὶ φυλάσσων τὰ ἱμάτια τῶν ἀναιρούντων αὐτόν. ↔

22 21 καὶ εἶπεν πρός με

22 22 ἤκουον δὲ αὐτοῦ . . . καὶ ἐπῆραν τὴν φωνὴν αὐτῶν λέγοντες

22 23 κραυγαζόντων τε (δὲ VBSTς) αὐτῶν καὶ ῥιπτούντων τὰ ἱμάτια ↔

22 23 καὶ κονιορτὸν βαλλόντων

22 25 εἰ ἄνθρωπον Ῥωμαῖον καὶ ἀκατάκριτον ἔξεστιν ὑμῖν μαστίζειν;

22 28ᵃ ἐγὼ δὲ καὶ γεγέννημαι

22 29 καὶ ὁ χιλίαρχος δὲ ἐφοβήθη ↔

22 29ᵐ ἐπιγνοὺς ὅτι Ῥωμαῖός ἐστιν καὶ ὅτι αὐτὸν ἦν δεδεκώς

22 30 ἔλυσεν αὐτόν, καὶ ἐκέλευσεν συνελθεῖν ↔

22 30 τοὺς ἀρχιερεῖς καὶ πᾶν τὸ συνέδριον, ↔

22 30 καὶ καταγαγὼν τὸν Παῦλον ἔστησεν εἰς αὐτούς

23 3ʳ καὶ σὺ κάθῃ κρίνων με κατὰ τὸν νόμον, ↔

23 3 καὶ παρανομῶν κελεύεις με τύπτεσθαι;

23 6 περὶ ἐλπίδος καὶ ἀναστάσεως νεκρῶν ἐγὼ ([N²⁶]; —NSH) κρίνομαι

23 7 ἐγένετο στάσις τῶν Φαρισαίων καὶ (+τῶν ς) Σαδδουκαίων, ↔

23 7 καὶ ἐσχίσθη τὸ πλῆθος

23 9 καὶ ἀναστάντες τινὲς τῶν γραμματέων . . . διεμάχοντο

23 11 οὕτω σε δεῖ καὶ εἰς Ῥώμην μαρτυρῆσαι

23 14 οἵτινες προσελθόντες τοῖς ἀρχιερεῦσιν καὶ τοῖς πρεσβυτέροις εἶπαν

23 16 παραγενόμενος καὶ εἰσελθὼν εἰς τὴν παρεμβολὴν ἀπήγγειλεν

23 18 ἤγαγεν πρὸς τὸν χιλίαρχον καὶ φησίν

23 19 ἐπιλαβόμενος δὲ τῆς χειρὸς αὐτοῦ ὁ χιλίαρχος καὶ ἀναχωρήσας κατ' ἰδίαν ἐπυνθάνετο

23 21 ἕως οὗ ἀνέλωσιν αὐτόν, καὶ νῦν εἰσιν ἕτοιμοι

23 23 καὶ προσκαλεσάμενος || δύο τινὰς [N²⁶] ((~NMSTH)) τῶν ἑκατονταρχῶν εἶπεν ·

23 23 ἑτοιμάσατε στρατιώτας διακοσίους . . . καὶ ἱππεῖς ἑβδομήκοντα

Ac 23 23 καὶ δεξιολάβους διακοσίους

23 27 τὸν ἄνδρα τοῦτον συλλημφθέντα ὑπὸ τῶν Ἰουδαίων καὶ μέλλοντα ἀναιρεῖσθαι . . . ἐξειλάμην

23 30 παραγγείλας καὶ τοῖς κατηγόροις λέγειν . . . ἐπὶ σοῦ

23 33 οἵτινες εἰσελθόντες . . . καὶ ἀναδόντες τὴν ἐπιστολὴν τῷ ἡγεμόνι, ↔

23 33 παρέστησαν καὶ τὸν Παῦλον αὐτῷ.

23 34ᵃ ἀναγνοὺς δὲ καὶ ἐπερωτήσας ἐκ ποίας ἐπαρχείας ἐστίν, ↔

23 34 καὶ πυθόμενος ὅτι ἀπὸ Κιλικίας, ↔

23 35ᶻ διακούσομαί σου, ἔφη, ὅταν καὶ οἱ κατήγοροί σου παραγένωνται

24 1 κατέβη ὁ ἀρχιερεὺς Ἁνανίας μετὰ πρεσβυτέρων τινῶν καὶ ῥήτορος Τερτύλλου τινός

24 2 πολλῆς εἰρήνης τυγχάνοντες διὰ σοῦ καὶ διορθωμάτων γινομένων . . . διὰ τῆς σῆς προνοίας, ↔

24 3ᵖ πάντη τε καὶ πανταχοῦ ἀποδεχόμεθα

24 5 εὑρόντες γὰρ τὸν ἄνδρα τοῦτον λοιμὸν καὶ κινοῦντα στάσεις

24 6 ὃς καὶ τὸ ἱερὸν ἐπείρασεν βεβηλῶσαι, ↔

24 6 ὃν καὶ ἐκρατήσαμεν ↔

24 6 * | καὶ κατὰ τὸν ἡμέτερον νόμον ἠθελήσαμεν κρίνειν (+ς . .)

24 9ᵃ συνεπέθεντο δὲ καὶ οἱ Ἰουδαῖοι

24 12ᵃ καὶ οὔτε ἐν τῷ ἱερῷ εὗρόν με πρός τινα διαλεγόμενον

24 14 πιστεύων πᾶσι τοῖς κατὰ τὸν νόμον καὶ τοῖς ἐν τοῖς προφήταις γεγραμμένοις, ↔

24 15ʰ ἐλπίδα ἔχων . . . ἣν καὶ αὐτοὶ οὗτοι προσδέχονται, ↔

24 15ᵖ ἀνάστασιν μέλλειν ἔσεσθαι δικαίων τε καὶ ἀδίκων·

24 16ʰ ἐν τούτῳ καὶ (δὲ ς) αὐτὸς ἀσκῶ ↔

24 16 ἀπρόσκοπον συνείδησιν ἔχειν πρὸς τὸν θεὸν καὶ τοὺς ἀνθρώπους

24 17 ἐλεημοσύνας ποιήσων εἰς τὸ ἔθνος μου παρεγενόμην καὶ προσφοράς

24 19 οὓς ἔδει ἐπὶ σοῦ παρεῖναι καὶ κατηγορεῖν

24 23ᵇ διαταξάμενος . . . ἔχειν τε ἄνεσιν καὶ μηδένα κωλύειν . . . ὑπηρετεῖν αὐτῷ

24 24 μετεπέμψατο τὸν Παῦλον, καὶ ἤκουσεν αὐτοῦ

24 25 διαλεγομένου δὲ αὐτοῦ περὶ δικαιοσύνης καὶ ἐγκρατείας ↔

24 25 καὶ τοῦ κρίματος τοῦ μέλλοντος

24 26ᵖᵃ ἅμα (+δὲ ς) καὶ ἐλπίζων ὅτι χρήματα δοθήσεται αὐτῷ [H]

24 26ᵛ διὸ καὶ πυκνότερον αὐτὸν μεταπεμπόμενος ὡμίλει αὐτῷ

25 2 ἐνεφάνισάν τε αὐτῷ οἱ ἀρχιερεῖς καὶ οἱ πρῶτοι τῶν Ἰουδαίων κατὰ τοῦ Παύλου,

25 2 καὶ παρεκάλουν αὐτὸν

25 7 πολλὰ καὶ βαρέα αἰτιώματα καταφέροντες

25 10ᶠᵘ ὡς καὶ σὺ κάλλιον ἐπιγινώσκεις. ↔

25 11 εἰ μὲν οὖν ἀδικῶ καὶ ἄξιον θανάτου πέπραχά τι

25 13 Ἀγρίππας ὁ βασιλεὺς καὶ Βερνίκη κατήντησαν εἰς Καισάρειαν

25 15 περὶ οὗ . . . ἐνεφάνισαν οἱ ἀρχιερεῖς καὶ οἱ πρεσβύτεροι τῶν Ἰουδαίων

25 19 ζητήματα δέ τινα περὶ τῆς ἰδίας δεισιδαιμονίας εἶχον πρὸς αὐτὸν καὶ περί τινος Ἰησοῦ τεθνηκότος

Ac 25 22ʰ ἐβουλόμην καὶ αὐτὸς τοῦ ἀνθρώπου ἀκοῦσαι

25 23 ἐλθόντος τοῦ Ἀγρίππα καὶ τῆς Βερνίκης μετὰ πολλῆς φαντασίας ↔

25 23 καὶ εἰσελθόντων εἰς τὸ ἀκροατήριον

25 23 σύν τε (+τοῖς ς) χιλιάρχοις καὶ ἀνδράσιν τοῖς κατ᾽ ἐξοχὴν τῆς πόλεως,

25 23 καὶ κελεύσαντος τοῦ Φήστου ἤχθη ὁ Παῦλος. ↔

25 24 καὶ φησιν ὁ Φῆστος· ↔

25 24 Ἀγρίππα βασιλεῦ καὶ πάντες οἱ συμπαρόντες ἡμῖν ἄνδρες, ↔

25 24 θεωρεῖτε τοῦτον περὶ οὗ . . . ἐνέτυχόν (-χέν H) μοι ἔν τε Ἱεροσολύμοις καὶ ἐνθάδε

25 25ʰ * καὶ (+ς) αὐτοῦ δὲ τούτου ἐπικαλεσαμένου τὸν Σεβαστὸν

25 26 διὸ προήγαγον αὐτὸν ἐφ᾽ ὑμῶν καὶ μάλιστα ἐπὶ σοῦ

25 27ᵗ πέμποντα δέσμιον μὴ καὶ τὰς κατ᾽ αὐτοῦ αἰτίας σημᾶναι

26 3ᵖ γνώστην | ὄντα σε (~T) πάντων τῶν κατὰ Ἰουδαίους ἐθῶν τε καὶ ζητημάτων

26 6 καὶ νῦν ἐπ᾽ ἐλπίδι τῆς εἰς τοὺς πατέρας ἡμῶν ἐπαγγελίας . . . ἕστηκα κρινόμενος, ↔

26 7 εἰς ἣν . . . ἐν ἐκτενείᾳ νύκτα καὶ ἡμέραν λατρεῦον ἐλπίζει καταντῆσαι

26 10 ὃ καὶ ἐποίησα ἐν Ἱεροσολύμοις, ↔

26 10 καὶ πολλούς τε τῶν ἁγίων ἐγὼ ἐν φυλακαῖς κατέκλεισα

26 11 καὶ . . . τιμωρῶν αὐτοὺς ἠνάγκαζον βλασφημεῖν, ↔

26 11 περισσῶς τε ἐμμαινόμενος αὐτοῖς ἐδίωκον ἕως καὶ εἰς τὰς ἔξω πόλεις. ↔

26 12 * ἐν οἷς καὶ (+Vς) πορευόμενος εἰς τὴν Δαμασκὸν

26 12 μετ᾽ ἐξουσίας καὶ ἐπιτροπῆς τῆς τῶν ἀρχιερέων

26 13 εἶδον . . . περιλάμψαν με φῶς καὶ τοὺς σὺν ἐμοὶ πορευομένους

26 14 * ἤκουσα φωνὴν | λαλοῦσαν πρός με καὶ λέγουσαν (Sς; λέγ. π. με rl)

26 16 ἀλλὰ ἀνάστηθι καὶ στῆθι ἐπὶ τοὺς πόδας σου

26 16 ὤφθην σοι, προχειρίσασθαί σε ὑπηρέτην καὶ μάρτυρα

26 17 ἐξαιρούμενός σε ἐκ τοῦ λαοῦ καὶ ἐκ (—ς) τῶν ἐθνῶν

26 18 τοῦ ἐπιστρέψαι ἀπὸ σκότους εἰς φῶς καὶ τῆς ἐξουσίας τοῦ σατανᾶ ἐπὶ τὸν θεόν, ↔

26 18 τοῦ λαβεῖν αὐτοὺς ἄφεσιν ἁμαρτιῶν καὶ κλῆρον ἐν τοῖς ἡγιασμένοις

26 20ᵖ τοῖς ἐν Δαμασκῷ πρῶτόν τε (—ς) καὶ Ἱεροσολύμοις, ↔

26 20 (+εἰς MVBSς) πᾶσάν τε τὴν χώραν τῆς Ἰουδαίας καὶ τοῖς ἔθνεσιν ἀπήγγελλον ↔

26 20 μετανοεῖν καὶ ἐπιστρέφειν ἐπὶ τὸν θεόν

26 22ᵖ ἕστηκα μαρτυρόμενος μικρῷ τε καὶ μεγάλῳ, ↔

26 22 οὐδὲν ἐκτὸς λέγων ὧν τε οἱ προφῆται ἐλάλησαν μελλόντων γίνεσθαι καὶ Μωϋσῆς

26 23 εἰ . . . φῶς μέλλει καταγγέλλειν τῷ τε λαῷ καὶ τοῖς ἔθνεσιν

Ac 26 25 ἀληθείας καὶ σωφροσύνης ῥήματα ἀποφθέγγομαι

26 26 πρὸς ὃν καὶ (—H) παρρησιαζόμενος λαλῶ

26 29 εὐξαίμην (-ξάμην T) ἂν τῷ θεῷ καὶ ἐν ὀλίγῳ ↔

26 29 καὶ ἐν μεγάλῳ ↔

26 29ʷ οὐ μόνον σὲ ἀλλὰ καὶ πάντας τοὺς ἀκούοντάς μου σήμερον ↔

26 29ᶠ γενέσθαι τοιούτους ὁποῖος | καὶ ἐγώ (κἀγὼ VSTς) εἰμι

26 30ʰ * | καὶ ταῦτα εἰπόντος αὐτοῦ (+ς) ↔

26 30 ἀνέστη τε (—ς) ὁ βασιλεὺς καὶ ὁ ἡγεμὼν ↔

26 30 ἥ τε Βερνίκη καὶ οἱ συγκαθήμενοι αὐτοῖς, ↔

26 31 καὶ ἀναχωρήσαντες ἐλάλουν πρὸς ἀλλήλους

27 1 παρεδίδουν τόν τε Παῦλον καὶ τινας ἑτέρους δεσμώτας ἑκατοντάρχῃ

27 5 τό τε πέλαγος τὸ κατὰ τὴν Κιλικίαν καὶ Παμφυλίαν διαπλεύσαντες

27 7 ἐν ἱκαναῖς δὲ ἡμέραις βραδυπλοοῦντες καὶ μόλις γενόμενοι κατὰ τὴν Κνίδον

27 9 ἱκανοῦ δὲ χρόνου διαγενομένου καὶ ὄντος ἤδη ἐπισφαλοῦς τοῦ πλοὸς ↔

27 9 διὰ τὸ καὶ τὴν νηστείαν ἤδη παρεληλυθέναι

27 10 μετὰ ὕβρεως καὶ πολλῆς ζημίας ↔

27 10 οὐ μόνον τοῦ φορτίου καὶ τοῦ πλοίου ↔

27 10ʷ ἀλλὰ καὶ τῶν ψυχῶν ἡμῶν μέλλειν ἔσεσθαι τὸν πλοῦν. ↔

27 11 ὁ δὲ ἑκατοντάρχης τῷ κυβερνήτῃ καὶ τῷ ναυκλήρῳ μᾶλλον ἐπείθετο

27 12 εἰς Φοίνικα παραχειμάσαι, λιμένα τῆς Κρήτης βλέποντα κατὰ λίβα καὶ κατὰ χῶρον

27 15ᵇ συναρπασθέντος δὲ τοῦ πλοίου καὶ μὴ δυναμένου ἀντοφθαλμεῖν τῷ ἀνέμῳ

27 19 ⟨ἐκβολὴν ἐποιοῦντο⟩ καὶ τῇ τρίτῃ αὐτόχειρες τὴν σκευὴν τοῦ πλοίου ἔρριψαν

27 21 πειθαρχήσαντάς μοι . . . κερδῆσαί τε τὴν ὕβριν ταύτην καὶ τὴν ζημίαν.

27 22 καὶ τὰ νῦν παραινῶ ὑμᾶς εὐθυμεῖν

27 23 παρέστη γάρ μοι . . . τοῦ θεοῦ οὗ εἰμι ἐγώ (+[N²⁶]T), ᾧ καὶ λατρεύω, ἄγγελος

27 24ⁿ καὶ ἰδοὺ κεχάρισταί σοι ὁ θεὸς πάντας τοὺς πλέοντας μετὰ σοῦ

27 28 καὶ βολίσαντες εὗρον ὀργυιὰς εἴκοσι, ↔

27 28 βραχὺ δὲ διαστήσαντες καὶ πάλιν βολίσαντες εὗρον ὀργυιὰς δεκαπέντε

27 30 τῶν δὲ ναυτῶν ζητούντων φυγεῖν . . . καὶ χαλασάντων τὴν σκάφην

27 31 εἶπεν ὁ Παῦλος τῷ ἑκατοντάρχῃ καὶ τοῖς στρατιώταις

27 32 ἀπέκοψαν οἱ στρατιῶται τὰ σχοινία τῆς σκάφης καὶ εἴασαν αὐτὴν ἐκπεσεῖν

27 35 εἶπας (εἰπὼν Sς) δὲ ταῦτα καὶ λαβὼν ἄρτον εὐχαρίστησεν τῷ θεῷ ἐνώπιον πάντων

27 35 καὶ κλάσας ἤρξατο ἐσθίειν. ↔

27 36ʰ εὔθυμοι δὲ γενόμενοι πάντες καὶ αὐτοὶ προσελάβοντο τροφῆς

Ac 27 40 καὶ τὰς ἀγκύρας περιελόντες εἴων εἰς τὴν θάλασσαν

27 40 καὶ ἐπάραντες τὸν ἀρτέμονα τῇ πνεούσῃ κατεῖχον εἰς τὸν αἰγιαλόν

27 41 ἐπέκειλαν τὴν ναῦν, καὶ ἡ μὲν πρῷρα ἐρείσασα ἔμεινεν ἀσάλευτος

27 44 ⟨τοὺς δυναμένους κολυμβᾶν . . . ἐξιέναι⟩ καὶ τοὺς λοιποὺς οὓς μὲν ἐπὶ σανίσιν

27 44ᵏ καὶ οὕτως ἐγένετο πάντας διασωθῆναι ἐπὶ τὴν γῆν. ↔

28 1 καὶ διασωθέντες τότε ἐπέγνωμεν

28 2 προσελάβοντο πάντας ἡμᾶς διὰ τὸν ὑετὸν . . . καὶ διὰ τὸ ψῦχος. ↔

28 3 συστρέψαντος δὲ τοῦ Παύλου φρυγάνων τι πλῆθος καὶ ἐπιθέντος ἐπὶ τὴν πυρὰν

28 6 ἐπὶ πολὺ δὲ αὐτῶν προσδοκώντων καὶ θεωρούντων

28 8 τὸν πατέρα τοῦ Ποπλίου πυρετοῖς καὶ δυσεντερίῳ συνεχόμενον κατακεῖσθαι, ↔

28 8 πρὸς ὃν ὁ Παῦλος εἰσελθὼν καὶ προσευξάμενος . . . ἰάσατο αὐτόν. ↔

28 9 τούτου δὲ γενομένου καὶ [H] οἱ λοιποὶ . . . προσήρχοντο ↔

28 9 καὶ ἐθεραπεύοντο, ↔

28 10 οἳ καὶ πολλαῖς τιμαῖς ἐτίμησαν ἡμᾶς ↔

28 10 καὶ ἀναγομένοις ἐπέθεντο τὰ πρὸς τὰς χρείας

28 12 ⟨ἀνήχθημεν⟩ καὶ καταχθέντες εἰς Συρακούσας ἐπεμείναμεν

28 13 κατηντήσαμεν εἰς Ῥήγιον. καὶ μετὰ μίαν ἡμέραν . . . ἤλθομεν εἰς Ποτιόλους

28 14ᵏ καὶ οὕτως εἰς τὴν Ῥώμην ἤλθαμεν

28 15 ἦλθαν ([ἐξ]- S; ἐξ- ς) εἰς ἀπάντησιν ἡμῖν ἄχρι Ἀππίου φόρου καὶ Τριῶν ταβερνῶν

28 20 παρεκάλεσα ὑμᾶς ἰδεῖν καὶ προσλαλῆσαι

28 23 πείθων τε αὐτοὺς περὶ τοῦ Ἰησοῦ ἀπό τε τοῦ νόμου Μωϋσέως καὶ τῶν προφητῶν

28 24 καὶ οἱ μὲν ἐπείθοντο τοῖς λεγομένοις

28 26 πορεύθητι πρὸς τὸν λαὸν τοῦτον καὶ εἰπόν· ↔

28 26ᶜ ἀκοῇ ἀκούσετε καὶ οὐ μὴ συνῆτε,

28 26 καὶ βλέποντες βλέψετε ↔

28 26ᶜ καὶ οὐ μὴ ἴδητε

28 27 καὶ τοῖς ὠσὶν βαρέως ἤκουσαν, ↔

28 27 καὶ τοὺς ὀφθαλμοὺς αὐτῶν ἐκάμμυσαν· ↔

28 27 μήποτε ἴδωσιν τοῖς ὀφθαλμοῖς καὶ τοῖς ὠσὶν ἀκούσωσιν ↔

28 27 καὶ τῇ καρδίᾳ συνῶσιν ↔

28 27 καὶ ἐπιστρέψωσιν, ↔

28 27 καὶ ἰάσομαι αὐτούς

28 28 αὐτοὶ καὶ ἀκούσονται. ↔

28 29ʰ * | καὶ ταῦτα αὐτοῦ εἰπόντος ἀπῆλθον οἱ Ἰουδαῖοι (+ς . .)

28 30 ἐνέμεινεν δὲ . . . ἐν ἰδίῳ μισθώματι, καὶ ἀπεδέχετο πάντας τοὺς εἰσπορευομένους πρὸς αὐτόν, ↔

28 31 κηρύσσων τὴν βασιλείαν τοῦ θεοῦ καὶ διδάσκων τὰ περὶ τοῦ κυρίου

Rm 1 5 δι᾽ οὗ ἐλάβομεν χάριν καὶ ἀποστολὴν εἰς ὑπακοὴν πίστεως

1 6ᵍ ἐν οἷς ἐστε καὶ ὑμεῖς κλητοὶ Ἰησοῦ Χριστοῦ

1 7 χάρις ὑμῖν καὶ εἰρήνη ἀπὸ θεοῦ πατρὸς ἡμῶν ↔

Rm 1 7 καὶ κυρίου Ἰησοῦ Χριστοῦ
1 12ᶠᵖ συμπαρακληθῆναι ἐν ὑμῖν διὰ τῆς ἐν ἀλλήλοις πίστεως ὑμῶν τε καὶ ἐμοῦ
1 13 πολλάκις προεθέμην ἐλθεῖν πρὸς ὑμᾶς, καὶ ἐκωλύθην ἄχρι τοῦ δεῦρο, ↔
1 13 ἵνα τινὰ καρπὸν σχῶ καὶ ἐν ὑμῖν ↔
1 13ᵘ καθὼς καὶ ἐν τοῖς λοιποῖς ἔθνεσιν. ↔
1 14ᵖ Ἕλλησίν τε καὶ βαρβάροις, ↔
1 14ᵖ σοφοῖς τε καὶ ἀνοήτοις ὀφειλέτης εἰμί· ↔
1 15ᵍ οὕτως τὸ κατ’ ἐμὲ πρόθυμον καὶ ὑμῖν . . . εὐαγγελίσασθαι
1 16ᵖ δύναμις γὰρ θεοῦ ἐστιν . . . τῷ πιστεύοντι, Ἰουδαίῳ τε πρῶτον [Η] καὶ Ἕλληνι
1 18 ἀποκαλύπτεται γὰρ ὀργὴ θεοῦ ἀπ’ οὐρανοῦ ἐπὶ πᾶσαν ἀσέβειαν καὶ ἀδικίαν ἀνθρώπων
1 20 ἥ τε ἀΐδιος αὐτοῦ δύναμις καὶ θειότης
1 21 ἐματαιώθησαν ἐν τοῖς διαλογισμοῖς αὐτῶν, καὶ ἐσκοτίσθη ἡ ἀσύνετος αὐτῶν καρδία
1 23 ⟨ἐμωράνθησαν⟩ καὶ ἤλλαξαν τὴν δόξαν τοῦ ἀφθάρτου θεοῦ ἐν ὁμοιώματι εἰκόνος φθαρτοῦ ἀνθρώπου ↔
1 23 καὶ πετεινῶν ↔
1 23 καὶ τετραπόδων ↔
1 23 καὶ ἑρπετῶν· ↔
1 24ᵛ* διὸ καὶ (+ς) παρέδωκεν αὐτοὺς ὁ θεὸς ἐν ταῖς ἐπιθυμίαις τῶν καρδιῶν αὐτῶν
1 25 οἵτινες μετήλλαξαν τὴν ἀλήθειαν τοῦ θεοῦ ἐν τῷ ψεύδει, καὶ ἐσεβάσθησαν ↔
1 25 καὶ ἐλάτρευσαν τῇ κτίσει παρὰ τὸν κτίσαντα
1 27ᵖ ὁμοίως τε καὶ οἱ ἄρσενες . . . ἐξεκαύθησαν . . . εἰς ἀλλήλους, ↔
1 27 ἄρσενες ἐν ἄρσεσιν τὴν ἀσχημοσύνην κατεργαζόμενοι καὶ τὴν ἀντιμισθίαν . . . ἀπολαμβάνοντες. ↔
1 28ᵏ καὶ καθὼς οὐκ ἐδοκίμασαν τὸν θεὸν ἔχειν ἐν ἐπιγνώσει
1 32ʷ οὐ μόνον αὐτὰ ποιοῦσιν, ἀλλὰ καὶ συνευδοκοῦσιν
2 3 ὁ κρίνων τοὺς τὰ τοιαῦτα πράσσοντας καὶ ποιῶν αὐτά
2 4 ἢ τοῦ πλούτου τῆς χρηστότητος αὐτοῦ καὶ τῆς ἀνοχῆς ↔
2 4 καὶ τῆς μακροθυμίας καταφρονεῖς ⟨;⟩
2 5 κατὰ δὲ τὴν σκληρότητά σου καὶ ἀμετανόητον καρδίαν θησαυρίζεις σεαυτῷ ὀργὴν ↔
2 5 ἐν ἡμέρᾳ ὀργῆς καὶ ἀποκαλύψεως ↔
2 5 * καὶ [+S] δικαιοκρισίας τοῦ θεοῦ, ↔
2 7 ⟨ὃς ἀποδώσει⟩ τοῖς μὲν . . . δόξαν καὶ τιμὴν ↔
2 7 καὶ ἀφθαρσίαν ζητοῦσιν ζωὴν αἰώνιον· ↔
2 8 τοῖς δὲ ἐξ ἐριθείας καὶ ἀπειθοῦσι (+μὲν MVSς) τῇ ἀληθείᾳ ↔
2 8 πειθομένοις δὲ τῇ ἀδικίᾳ, ὀργὴ καὶ θυμός.
2 9 θλῖψις καὶ στενοχωρία ἐπὶ πᾶσαν ψυχὴν ἀνθρώπου
2 9 Ἰουδαίου τε πρῶτον καὶ Ἕλληνος·

Rm 2 10ᵃ δόξα δὲ καὶ τιμὴ ↔
2 10 καὶ εἰρήνη παντὶ τῷ ἐργαζομένῳ τὸ ἀγαθόν, ↔
2 10 Ἰουδαίῳ τε πρῶτον καὶ Ἕλληνι
2 12 ὅσοι γὰρ ἀνόμως ἥμαρτον, ἀνόμως καὶ ἀπολοῦνται· ↔
2 12 καὶ ὅσοι ἐν νόμῳ ἥμαρτον, διὰ νόμου κριθήσονται
2 15 συμμαρτυρούσης αὐτῶν τῆς συνειδήσεως καὶ μεταξὺ ἀλλήλων τῶν λογισμῶν κατηγορούντων ↔
2 15ˢ ἢ καὶ ἀπολογουμένων
2 17 εἰ δὲ σὺ Ἰουδαῖος ἐπονομάζῃ καὶ ἐπαναπαύῃ νόμῳ ↔
2 17 καὶ καυχᾶσαι ἐν θεῷ ↔
2 18 καὶ γινώσκεις τὸ θέλημα ↔
2 18 καὶ δοκιμάζεις τὰ διαφέροντα
2 20 διδάσκαλον νηπίων, ἔχοντα τὴν μόρφωσιν τῆς γνώσεως καὶ τῆς ἀληθείας ἐν τῷ νόμῳ
2 27 καὶ κρινεῖ ἡ ἐκ φύσεως ἀκροβυστία τὸν νόμον ↔
2 27 τελοῦσα σὲ τὸν διὰ γράμματος καὶ περιτομῆς παραβάτην νόμου
2 29 καὶ περιτομὴ καρδίας ἐν πνεύματι
3 4 ὅπως ἂν δικαιωθῇς ἐν τοῖς λόγοις σου καὶ νικήσεις (-σῃς MVBSς) ἐν τῷ κρίνεσθαί σε
3 8ᵇ ⟨τί ἔτι κἀγὼ ὡς ἁμαρτωλὸς κρίνομαι;⟩ καὶ μὴ καθὼς βλασφημούμεθα ↔
3 8ᵏ καὶ [Η] καθὼς φασίν τινες ἡμᾶς λέγειν
3 9ᵖ προῃτιασάμεθα γὰρ Ἰουδαίους τε καὶ Ἕλληνας πάντας ὑφ’ ἁμαρτίαν εἶναι
3 14 ὧν τὸ στόμα ἀρᾶς καὶ πικρίας γέμει
3 16 σύντριμμα καὶ ταλαιπωρία ἐν ταῖς ὁδοῖς αὐτῶν,
3 17 καὶ ὁδὸν εἰρήνης οὐκ ἔγνωσαν
3 19 ἵνα πᾶν στόμα φραγῇ καὶ ὑπόδικος γένηται πᾶς ὁ κόσμος
3 21 δικαιοσύνη θεοῦ πεφανέρωται, μαρτυρουμένη ὑπὸ τοῦ νόμου καὶ τῶν προφητῶν
3 22 * εἰς πάντας | καὶ ἐπὶ πάντας (+VB[S]ς) τοὺς πιστεύοντας
3 23 πάντες γὰρ ἥμαρτον καὶ ὑστεροῦνται τῆς δόξης τοῦ θεοῦ
3 26 εἰς τὸ εἶναι αὐτὸν δίκαιον καὶ δικαιοῦντα τὸν ἐκ πίστεως Ἰησοῦ
3 29ᵃ ἢ Ἰουδαίων ὁ θεὸς μόνον; οὐχὶ (+δὲ ς) καὶ ἐθνῶν; ↔
3 29ᵗ ναὶ καὶ ἐθνῶν
3 30 ὃς δικαιώσει περιτομὴν ἐκ πίστεως καὶ ἀκροβυστίαν διὰ τῆς πίστεως
4 3 ἐπίστευσεν δὲ Ἀβραὰμ τῷ θεῷ, καὶ ἐλογίσθη αὐτῷ εἰς δικαιοσύνην
4 6ᵘ καθάπερ καὶ Δαυὶδ λέγει τὸν μακαρισμὸν τοῦ ἀνθρώπου
4 7 μακάριοι ὧν ἀφέθησαν αἱ ἀνομίαι καὶ ὧν ἐπεκαλύφθησαν αἱ ἁμαρτίαι
4 9ˢ ὁ μακαρισμὸς οὖν οὗτος ἐπὶ τὴν περιτομὴν ἢ καὶ ἐπὶ τὴν ἀκροβυστίαν;
4 11 καὶ σημεῖον ἔλαβεν περιτομῆς σφραγῖδα τῆς δικαιοσύνης τῆς πίστεως
4 11ʰ εἰς τὸ λογισθῆναι καὶ ([N²⁶MS]; —NTH) αὐτοῖς τὴν ([N²⁶NH]; —T) δικαιοσύνην, ↔
4 12 τοῖς οὐκ ἐκ περιτομῆς μόνον
4 12ʷ ἀλλὰ καὶ τοῖς στοιχοῦσιν τοῖς ἴχνεσιν τῆς . . . πίστεως

Rm 4 14 κεκένωται ἡ πίστις καὶ κατήργηται ἡ ἐπαγγελία
4 16ʷ οὐ τῷ ἐκ τοῦ νόμου μόνον ἀλλὰ καὶ τῷ ἐκ πίστεως Ἀβραάμ
4 17 θεοῦ τοῦ ζῳοποιοῦντος τοὺς νεκροὺς καὶ καλοῦντος τὰ μὴ ὄντα ὡς ὄντα
4 19ᵇ καὶ μὴ ἀσθενήσας τῇ πίστει ↔
4 19 κατενόησεν τὸ ἑαυτοῦ σῶμα . . . καὶ τὴν νέκρωσιν τῆς μήτρας Σάρρας
4 21 ⟨δοὺς δόξαν τῷ θεῷ⟩ καὶ πληροφορηθεὶς ↔
4 21 ὅτι ὃ ἐπήγγελται δυνατός ἐστιν καὶ ποιῆσαι. ↔
4 22ᵛ διὸ καὶ [N²⁶NH] ἐλογίσθη αὐτῷ εἰς δικαιοσύνην.
4 24ʷ ⟨οὐκ ἐγράφη δὲ δι’ αὐτὸν μόνον⟩ ἀλλὰ καὶ δι’ ἡμᾶς
4 25 ὃς παρεδόθη διὰ τὰ παραπτώματα ἡμῶν καὶ ἠγέρθη διὰ τὴν δικαίωσιν ἡμῶν
5 2 δι’ οὗ καὶ τὴν προσαγωγὴν ἐσχήκαμεν | τῇ πίστει [N²⁶NH] εἰς τὴν χάριν ταύτην
5 2 καὶ καυχώμεθα ἐπ’ ἐλπίδι τῆς δόξης τοῦ θεοῦ. ↔
5 3ʷ οὐ μόνον δέ, ἀλλὰ καὶ καυχώμεθα ἐν ταῖς θλίψεσιν
5 7 ὑπὲρ γὰρ τοῦ ἀγαθοῦ τάχα τις καὶ τολμᾷ ἀποθανεῖν
5 11ʷ οὐ μόνον δέ, ἀλλὰ καὶ καυχώμενοι ἐν τῷ θεῷ
5 12 ὥσπερ δι’ ἑνὸς ἀνθρώπου ἡ ἁμαρτία εἰς τὸν κόσμον εἰσῆλθεν, καὶ διὰ τῆς ἁμαρτίας ὁ θάνατος, ↔
5 12ᵏ καὶ οὕτως εἰς πάντας ἀνθρώπους ὁ θάνατος διῆλθεν
5 14 ἐβασίλευσεν ὁ θάνατος ἀπὸ Ἀδὰμ μέχρι Μωϋσέως καὶ ἐπὶ τοὺς μὴ ἁμαρτήσαντας
5 15ᵘ ἀλλ’ οὐχ ὡς τὸ παράπτωμα, οὕτως καὶ [NH] τὸ χάρισμα
5 15 πολλῷ μᾶλλον ἡ χάρις τοῦ θεοῦ καὶ ἡ δωρεὰ ἐν χάριτι . . . εἰς τοὺς πολλοὺς ἐπερίσσευσεν. ↔
5 16ᵃ καὶ οὐχ ὡς δι’ ἑνὸς ἁμαρτήσαντος τὸ δώρημα
5 17 πολλῷ μᾶλλον οἱ τὴν περισσείαν τῆς χάριτος καὶ | τῆς δωρεᾶς [Η] τῆς δικαιοσύνης λαμβάνοντες
5 18ᵘ ὡς δι’ ἑνὸς παραπτώματος . . . εἰς κατάκριμα, οὕτως καὶ δι’ ἑνὸς δικαιώματος . . . εἰς δικαίωσιν ζωῆς
5 19ᵘ οὕτως καὶ διὰ τῆς ὑπακοῆς τοῦ ἑνὸς δίκαιοι κατασταθήσονται οἱ πολλοί
5 21ᵘ οὕτως καὶ ἡ χάρις βασιλεύσῃ διὰ δικαιοσύνης εἰς ζωὴν αἰώνιον
6 4ᵍᵘ ἵνα ὥσπερ ἠγέρθη Χριστὸς . . . οὕτως καὶ ἡμεῖς ἐν καινότητι ζωῆς περιπατήσωμεν.
6 5ʷ εἰ γὰρ σύμφυτοι γεγόναμεν . . . ἀλλὰ καὶ τῆς ἀναστάσεως ἐσόμεθα
6 8ᵛ πιστεύομεν ὅτι καὶ συζήσομεν αὐτῷ
6 11ᵍᵘ οὕτως καὶ ὑμεῖς λογίζεσθε ἑαυτοὺς
6 13 ἀλλὰ παραστήσατε ἑαυτοὺς τῷ θεῷ ὡσεὶ ἐκ νεκρῶν ζῶντας καὶ τὰ μέλη ὑμῶν ὅπλα δικαιοσύνης
6 19 ὥσπερ γὰρ παρεστήσατε τὰ μέλη ὑμῶν δοῦλα τῇ ἀκαθαρσίᾳ καὶ τῇ ἀνομίᾳ
7 4ᵍ ὥστε . . . καὶ ὑμεῖς ἐθανατώθητε τῷ νόμῳ

Rm 7 6ᵃ ὥστε δουλεύειν ἡμᾶς [NH] ἐν
καινότητι πνεύματος καὶ οὐ πα-
λαιότητι γράμματος

7 10 ἐγὼ δὲ ἀπέθανον, καὶ εὑρέθη μοι
ἡ ἐντολὴ . . . εἰς θάνατον· ↔

7 11 ἡ γὰρ ἁμαρτία . . . ἐξηπάτησέν με
καὶ δι' αὐτῆς ἀπέκτεινεν. ↔

7 12 ὥστε ὁ μὲν νόμος ἅγιος, καὶ ἡ
ἐντολὴ ἁγία ↔

7 12 καὶ δικαία ↔

7 12 καὶ ἀγαθή

7 23 βλέπω δὲ ἕτερον νόμον . . . ἀντι-
στρατευόμενον . . . καὶ αἰχμαλω-
τίζοντά με

8 2 ἠλευθέρωσέν σε (με VBSϛ) ἀπὸ
τοῦ νόμου τῆς ἁμαρτίας καὶ τοῦ
θανάτου

8 3 τὸν ἑαυτοῦ υἱὸν πέμψας ἐν ὁμοιώ-
ματι σαρκὸς ἁμαρτίας καὶ περὶ
ἁμαρτίας κατέκρινεν τὴν ἁμαρτίαν

8 6 τὸ δὲ φρόνημα τοῦ πνεύματος
ζωὴ καὶ εἰρήνη

8 11 ὁ ἐγείρας . . . ζωοποιήσει καὶ [H]
τὰ θνητὰ σώματα ὑμῶν

8 17 εἰ δὲ τέκνα, καὶ κληρονόμοι

8 17ˣ εἴπερ συμπάσχομεν ἵνα καὶ συνδο-
ξασθῶμεν

8 21ʰ ὅτι (διότι NT) καὶ αὐτὴ ἡ κτίσις
ἐλευθερωθήσεται

8 22 πᾶσα ἡ κτίσις συστενάζει καὶ
συνωδίνει ἄχρι τοῦ νῦν· ↔

8 23ʰʷ οὐ μόνον δέ, ἀλλὰ καὶ αὐτοὶ τὴν
ἀπαρχὴν τοῦ πνεύματος ἔχοντες ↔

8 23ʰ ‖ ἡμεῖς [NH] καὶ ((~ϛ)) αὐτοὶ ἐν
ἑαυτοῖς στενάζομεν

8 24 * ὃ γὰρ βλέπει | τις, τί καὶ (τίς
N²⁶H) ἐλπίζει;

8 26ᵈ ὡσαύτως δὲ καὶ τὸ πνεῦμα συναν-
τιλαμβάνεται τῇ ἀσθενείᾳ ἡμῶν

8 29 ὅτι οὓς προέγνω, καὶ προώρισεν

8 30 οὓς δὲ προώρισεν, τούτους καὶ
ἐκάλεσεν· ↔

8 30 καὶ οὓς ἐκάλεσεν, ↔

8 30 τούτους καὶ ἐδικαίωσεν· ↔

8 30 οὓς δὲ ἐδικαίωσεν, τούτους καὶ
ἐδόξασεν

8 32ᵗ πῶς οὐχὶ καὶ σὺν αὐτῷ τὰ πάντα
ἡμῖν χαρίσεται;

8 34ᵃ * Χριστὸς Ἰησοῦς ([N²⁶H]; —ϛ) ὁ
ἀποθανών, μᾶλλον δὲ καὶ (+ϛ)
ἐγερθείς [+ἐκ νεκρῶν SH], ↔

8 34 ὃς καὶ (—NTH) ἐστιν ἐν δεξιᾷ τοῦ
θεοῦ, ↔

8 34 ὃς καὶ ἐντυγχάνει ὑπὲρ ἡμῶν

9 2 λύπη μοί ἐστιν μεγάλη καὶ ἀδιά-
λειπτος ὀδύνη τῇ καρδίᾳ μου

9 4 οἵτινές εἰσιν Ἰσραηλῖται, ὧν ἡ
υἱοθεσία καὶ ἡ δόξα ↔

9 4 καὶ αἱ διαθῆκαι ↔

9 4 καὶ ἡ νομοθεσία ↔

9 4 καὶ ἡ λατρεία ↔

9 4 καὶ αἱ ἐπαγγελίαι, ↔

9 5 ὧν οἱ πατέρες, καὶ ἐξ ὧν ὁ Χρι-
στὸς τὸ κατὰ σάρκα

9 9 κατὰ τὸν καιρὸν τοῦτον ἐλεύσομαι
καὶ ἔσται τῇ Σάρρᾳ υἱός. ↔

9 10ʷ οὐ μόνον δέ, ἀλλὰ καὶ Ῥεβέκκα
ἐξ ἑνὸς κοίτην ἔχουσα

9 15 ἐλεήσω ὃν ἂν ἐλεῶ, καὶ οἰκτιρήσω
ὃν ἂν οἰκτίρω

9 17ˡ ἐξήγειρά σε, ὅπως ἐνδείξωμαι . . .
καὶ ὅπως διαγγελῇ τὸ ὄνομά μου

9 22 εἰ δὲ θέλων ὁ θεὸς ἐνδείξασθαι τὴν
ὀργὴν καὶ γνωρίσαι τὸ δυνατὸν
αὐτοῦ

Rm 9 23ˡ καὶ (—H) ἵνα γνωρίσῃ τὸν πλοῦ-
τον τῆς δόξης αὐτοῦ

9 24 οὓς καὶ ἐκάλεσεν ἡμᾶς ↔

9 24ʷ οὐ μόνον ἐξ Ἰουδαίων ἀλλὰ καὶ
ἐξ ἐθνῶν; ↔

9 25ᵘ ὡς καὶ ἐν τῷ Ὡσηὲ λέγει· ↔

9 25 καλέσω τὸν οὐ λαόν μου λαόν
μου καὶ τὴν οὐκ ἠγαπημένην
ἠγαπημένην· ↔

9 26 καὶ ἔσται ἐν τῷ τόπῳ οὗ ἐρρέθη
αὐτοῖς [NH]

9 28 λόγον γὰρ συντελῶν καὶ συντέ-
μνων ποιήσει κύριος ἐπὶ τῆς γῆς. ↔

9 29ᵏ καὶ καθὼς προείρηκεν Ἠσαΐας

9 29ᵏ ὡς Σόδομα ἂν ἐγενήθημεν καὶ ὡς
Γόμορρα ἂν ὡμοιώθημεν

9 33 τίθημι ἐν Σιὼν λίθον προσκόμ-
ματος καὶ πέτραν σκανδάλου, ↔

9 33 καὶ ὁ πιστεύων ἐπ' αὐτῷ οὐ κατ-
αισχυνθήσεται

10 1 ἡ μὲν εὐδοκία τῆς ἐμῆς καρδίας καὶ
ἡ δέησις πρὸς τὸν θεὸν ὑπὲρ αὐ-
τῶν (τοῦ Ἰσραήλ ἐστιν ϛ) εἰς
σωτηρίαν

10 3 ἀγνοοῦντες γὰρ τὴν τοῦ θεοῦ
δικαιοσύνην, καὶ τὴν ἰδίαν δικαιο-
σύνην (+[N²⁶]BTϛ) ζητοῦντες
στῆσαι

10 8 ἐγγύς σου τὸ ῥῆμά ἐστιν, ἐν τῷ
στόματί σου καὶ ἐν τῇ καρδίᾳ σου

10 9 ἐὰν ὁμολογήσῃς . . . καὶ πιστεύσῃς
ἐν τῇ καρδίᾳ σου

10 12ᵖ οὐ γάρ ἐστιν διαστολὴ Ἰουδαίου
τε καὶ Ἕλληνος

10 18 εἰς πᾶσαν τὴν γῆν ἐξῆλθεν ὁ
φθόγγος αὐτῶν, καὶ εἰς τὰ πέρατα
τῆς οἰκουμένης τὰ ῥήματα αὐτῶν

10 20 Ἠσαΐας δὲ ἀποτολμᾷ καὶ λέγει

10 21 ἐξεπέτασα τὰς χεῖράς μου πρὸς
λαὸν ἀπειθοῦντα καὶ ἀντιλέγοντα

11 1ᵈ καὶ γὰρ ἐγὼ Ἰσραηλίτης εἰμί

11 3 * κύριε, τοὺς προφήτας σου ἀπ-
έκτειναν καὶ (+ϛ) τὰ θυσιαστήριά
σου κατέσκαψαν

11 3 κἀγὼ ὑπελείφθην μόνος καὶ ζη-
τοῦσιν τὴν ψυχήν μου

11 5ʳ οὕτως οὖν καὶ ἐν τῷ νῦν καιρῷ
λεῖμμα . . . γέγονεν

11 8 ἔδωκεν . . . ὀφθαλμοὺς τοῦ μὴ
βλέπειν καὶ ὦτα τοῦ μὴ ἀκούειν

11 9 καὶ Δαυὶδ λέγει· ↔

11 9 γενηθήτω ἡ τράπεζα αὐτῶν εἰς
παγίδα καὶ εἰς θήραν

11 9 καὶ εἰς σκάνδαλον ↔

11 9 καὶ εἰς ἀνταπόδομα αὐτοῖς, ↔

11 10 σκοτισθήτωσαν οἱ ὀφθαλμοὶ αὐ-
τῶν . . . καὶ τὸν νῶτον αὐτῶν διὰ
παντὸς σύγκαμψον

11 12 εἰ δὲ τὸ παράπτωμα αὐτῶν πλοῦ-
τος κόσμου καὶ τὸ ἥττημα αὐτῶν
πλοῦτος ἐθνῶν

11 14 εἴ πως παραζηλώσω μου τὴν σάρ-
κα καὶ σώσω τινὰς ἐξ αὐτῶν

11 16 εἰ δὲ ἡ ἀπαρχὴ ἁγία, καὶ τὸ
φύραμα· ↔

11 16ʲ καὶ εἰ ἡ ῥίζα ἁγία, ↔

11 16 καὶ οἱ κλάδοι. ↔

11 17 εἰ . . . σὺ δὲ ἀγριέλαιος ὢν ἐνε-
κεντρίσθης ἐν αὐτοῖς καὶ συγκοι-
νωνὸς τῆς ῥίζης ↔

11 17 * καὶ (—N²⁶NTH) τῆς πιότητος
τῆς ἐλαίας ἐγένου

11 22 ἴδε οὖν χρηστότητα καὶ ἀποτο-
μίαν θεοῦ

11 22ᶠʸ ἐπεὶ καὶ σὺ ἐκκοπήσῃ. ↔

Rm 11 23ʰ * | καὶ ἐκεῖνοι (ϛ; κἀκεῖνοι rl)
δέ, ἐὰν μὴ ἐπιμένωσιν (-μείνωσιν
MVSϛ) τῇ ἀπιστίᾳ, ἐγκεντρισθή-
σονται

11 24 εἰ γὰρ σὺ ἐκ τῆς κατὰ φύσιν ἐξεκό-
πης ἀγριελαίου καὶ παρὰ φύσιν
ἐνεκεντρίσθης

11 26ᵏ καὶ οὕτως πᾶς Ἰσραὴλ σωθήσεται

11 26 * ἥξει ἐκ Σιὼν ὁ ῥυόμενος καὶ (+ϛ)
ἀποστρέψει ἀσεβείας ἀπὸ Ἰακώβ.
↔

11 27ʰ καὶ αὕτη αὐτοῖς ἡ παρ' ἐμοῦ
διαθήκη

11 29 ἀμεταμέλητα γὰρ τὰ χαρίσματα
καὶ ἡ κλῆσις τοῦ θεοῦ. ↔

11 30ᵍʳ * ὥσπερ γὰρ καὶ (+ϛ) ὑμεῖς
ποτε ἠπειθήσατε τῷ θεῷ

11 31ʰᵘ οὕτως καὶ οὗτοι νῦν (—S) ἠπείθη-
σαν τῷ ὑμετέρῳ ἐλέει

11 31ʰˣ ἵνα καὶ αὐτοὶ νῦν ([N²⁶M]; —ϛ)
ἐλεηθῶσιν

11 33 ὦ βάθος πλούτου καὶ σοφίας ↔

11 33 καὶ γνώσεως θεοῦ· ↔

11 33 ὡς ἀνεξεραύνητα τὰ κρίματα αὐ-
τοῦ καὶ ἀνεξιχνίαστοι αἱ ὁδοὶ
αὐτοῦ

11 35 ἢ τίς προέδωκεν αὐτῷ, καὶ ἀντ-
αποδοθήσεται αὐτῷ; ↔

11 36 ὅτι ἐξ αὐτοῦ καὶ δι' αὐτοῦ ↔

11 36 καὶ εἰς αὐτὸν τὰ πάντα

12 2ᵇ καὶ μὴ συσχηματίζεσθε (-σθαι S)
τῷ αἰῶνι τούτῳ

12 2 εἰς τὸ δοκιμάζειν ὑμᾶς τί τὸ
θέλημα τοῦ θεοῦ, τὸ ἀγαθὸν καὶ
εὐάρεστον ↔

12 2 καὶ τέλειον

12 14ᵇ εὐλογεῖτε καὶ μὴ καταρᾶσθε. ↔

12 15 * χαίρειν μετὰ χαιρόντων, καὶ
(+[V]Sϛ) κλαίειν μετὰ κλαιόντων

13 3 τὸ ἀγαθὸν ποίει, καὶ ἕξεις ἔπαινον
ἐξ αὐτῆς

13 5ʷ ἀνάγκη ὑποτάσσεσθαι, οὐ μόνον
διὰ τὴν ὀργὴν ἀλλὰ καὶ διὰ τὴν
συνείδησιν. ↔

13 6ʳ διὰ τοῦτο γὰρ καὶ φόρους τελεῖτε

13 9ʲ τὸ γὰρ οὐ μοιχεύσεις . . . καὶ εἴ τις
ἑτέρα ἐντολή

13 11ʰ καὶ τοῦτο εἰδότες τὸν καιρόν

13 12 * ἀποθώμεθα οὖν τὰ ἔργα τοῦ
σκότους, | καὶ ἐνδυσώμεθα (ϛ;
ἐ. [δὲ] N²⁶H; ἐ. δὲ rl) τὰ ὅπλα τοῦ
φωτός

13 13 εὐσχημόνως περιπατήσωμεν, μὴ
κώμοις καὶ μέθαις, ↔

13 13 μὴ κοίταις καὶ ἀσελγείαις, ↔

13 13 μὴ ἔριδι καὶ ζήλῳ· ↔

13 14 ἀλλὰ ἐνδύσασθε τὸν κύριον . . . καὶ
τῆς σαρκὸς πρόνοιαν μὴ ποιεῖσθε
εἰς ἐπιθυμίας

14 3 * ὁ ἐσθίων . . . | καὶ ὁ (ϛ; ὁ δὲ rl)
μὴ ἐσθίων τὸν ἐσθίοντα μὴ κρινέτω

14 6 | καὶ ὁ μὴ φρονῶν τὴν ἡμέραν
κυρίῳ οὐ φρονεῖ (+[S]ϛ)

14 6 καὶ (—ϛ) ὁ ἐσθίων κυρίῳ ἐσθίει

14 6 καὶ ὁ μὴ ἐσθίων κυρίῳ οὐκ ἐσθίει,
↔

14 6 καὶ εὐχαριστεῖ τῷ θεῷ. ↔

14 7ᶜ οὐδεὶς γὰρ ἡμῶν ἑαυτῷ ζῇ, καὶ
οὐδεὶς ἑαυτῷ ἀποθνῄσκει

14 9 * εἰς τοῦτο γὰρ Χριστὸς καὶ (+Vϛ)
ἀπέθανεν ↔

14 9 * | καὶ ἀνέστη (+V[S]ϛ) ↔

14 9 καὶ ἔζησεν ↔

14 9ˣ ἵνα καὶ νεκρῶν ↔

14 9 καὶ ζώντων κυριεύσῃ

Rm 14 10ᶠˢἢ καὶ σὺ τί ἐξουθενεῖς τὸν ἀδελφόν σου;

14 11 ἐμοὶ κάμψει πᾶν γόνυ, καὶ πᾶσα γλῶσσα ἐξομολογήσεται τῷ θεῷ

14 14 οἶδα καὶ πέπεισμαι . . . ὅτι οὐδὲν κοινὸν δι' ἑαυτοῦ

14 17 οὐ γάρ ἐστιν ἡ βασιλεία τοῦ θεοῦ βρῶσις καὶ πόσις, ↔

14 17 ἀλλὰ δικαιοσύνη καὶ εἰρήνη ↔

14 17 καὶ χαρὰ ἐν πνεύματι ἁγίῳ· ↔

14 18 ὁ γὰρ ἐν τούτῳ (-τοις Sς) δουλεύων τῷ Χριστῷ εὐάρεστος τῷ θεῷ καὶ δόκιμος τοῖς ἀνθρώποις

14 19 τὰ τῆς εἰρήνης διώκωμεν (-ομεν VT) καὶ τὰ τῆς οἰκοδομῆς

15 1ᵇὀφείλομεν . . . τὰ ἀσθενήματα τῶν ἀδυνάτων βαστάζειν, καὶ μὴ ἑαυτοῖς ἀρέσκειν

15 3ᵈκαὶ γὰρ ὁ Χριστὸς οὐχ ἑαυτῷ ἤρεσεν

15 4 ἵνα διὰ τῆς ὑπομονῆς καὶ διὰ (—ς) τῆς παρακλήσεως τῶν γραφῶν τὴν ἐλπίδα ἔχωμεν. ↔

15 5 ὁ δὲ θεὸς τῆς ὑπομονῆς καὶ τῆς παρακλήσεως δῴη ὑμῖν τὸ αὐτὸ φρονεῖν

15 6 ἵνα ὁμοθυμαδὸν . . . δοξάζητε τὸν θεὸν καὶ πατέρα τοῦ κυρίου ἡμῶν

15 7ᵘκαθὼς καὶ ὁ Χριστὸς προσελάβετο ὑμᾶς (ἡμᾶς NHς)

15 9 ἐξομολογήσομαί σοι ἐν ἔθνεσιν καὶ τῷ ὀνόματί σου ψαλῶ. ↔

15 10 καὶ πάλιν λέγει

15 11 καὶ πάλιν· ↔

15 11 αἰνεῖτε, πάντα τὰ ἔθνη, τὸν κύριον, καὶ ἐπαινεσάτωσαν αὐτὸν πάντες οἱ λαοί. ↔

15 12 καὶ πάλιν Ἠσαΐας λέγει· ↔

15 12 ἔσται ἡ ῥίζα τοῦ Ἰεσσαί, καὶ ὁ ἀνιστάμενος ἄρχειν ἐθνῶν

15 13 ὁ δὲ θεὸς τῆς ἐλπίδος πληρώσαι ὑμᾶς πάσης χαρᾶς καὶ εἰρήνης

15 14ʰπέπεισμαι δέ, ἀδελφοί μου, καὶ αὐτὸς ἐγὼ περὶ ὑμῶν, ↔

15 14ʰᵛὅτι καὶ αὐτοὶ μεστοί ἐστε ἀγαθωσύνης

15 14 δυνάμενοι καὶ ἀλλήλους νουθετεῖν

15 18 λόγῳ καὶ ἔργῳ, ↔

15 19 ἐν δυνάμει σημείων καὶ τεράτων

15 19 ὥστε με ἀπὸ Ἰερουσαλὴμ καὶ κύκλῳ μέχρι τοῦ Ἰλλυρικοῦ πεπληρωκέναι τὸ εὐαγγέλιον τοῦ Χριστοῦ

15 21 | οἷς οὐκ ἀνηγγέλη περὶ αὐτοῦ ὄψονται (~NH), καὶ οἳ οὐκ ἀκηκόασιν συνήσουσιν. ↔

15 22ᵛδιὸ καὶ ἐνεκοπτόμην τὰ πολλὰ τοῦ ἐλθεῖν πρὸς ὑμᾶς

15 24 θεάσασθαι ὑμᾶς καὶ ὑφ' ὑμῶν προπεμφθῆναι ἐκεῖ

15 26 εὐδόκησαν γὰρ Μακεδονία καὶ Ἀχαΐα κοινωνίαν τινὰ ποιήσασθαι

15 27ʳεὐδόκησαν γάρ, καὶ ὀφειλέται εἰσὶν αὐτῶν

15 27 ὀφείλουσιν καὶ ἐν τοῖς σαρκικοῖς λειτουργῆσαι αὐτοῖς. ↔

15 28 τοῦτο οὖν ἐπιτελέσας, καὶ σφραγισάμενος αὐτοῖς τὸν καρπὸν τοῦτον

15 30 παρακαλῶ . . . διὰ τοῦ κυρίου ἡμῶν Ἰησοῦ Χριστοῦ καὶ διὰ τῆς ἀγάπης τοῦ πνεύματος

15 31ˡἵνα ῥυσθῶ ἀπὸ τῶν ἀπειθούντων ἐν τῇ Ἰουδαίᾳ καὶ (+ἵνα ς) ἡ δια-

κονία μου . . . εὐπρόσδεκτος τοῖς ἁγίοις γένηται, ↔

Rm 15 32 * ἵνα || ἐν χαρᾷ ἔλθω (ἔλθω ς) ((~T)) πρὸς ὑμᾶς διὰ θελήματος θεοῦ καὶ (+ς) συναναπαύσωμαι ὑμῖν

16 1 Φοίβην . . . οὖσαν καὶ (+[N²⁶ NSH]B) διάκονον τῆς ἐκκλησίας

16 2 ἵνα | αὐτὴν προσδέξησθε (~H) . . . καὶ παραστῆτε αὐτῇ

16 2ᵈκαὶ γὰρ αὐτὴ προστάτις πολλῶν ἐγενήθη ↔

16 2ᶠκαὶ ἐμοῦ αὐτοῦ. ↔

16 3 ἀσπάσασθε Πρίσκαν καὶ Ἀκύλαν

16 4ʷοἷς οὐκ ἐγὼ μόνος εὐχαριστῶ ἀλλὰ καὶ πᾶσαι αἱ ἐκκλησίαι τῶν ἐθνῶν, ↔

16 5 καὶ τὴν κατ' οἶκον αὐτῶν ἐκκλησίαν

16 7 ἀσπάσασθε Ἀνδρόνικον καὶ Ἰουνιᾶν ↔

16 7 τοὺς συγγενεῖς μου καὶ συναιχμαλώτους μου

16 7 οἳ καὶ πρὸ ἐμοῦ γέγοναν (-νασιν VBSς) ἐν Χριστῷ

16 9 ἀσπάσασθε Οὐρβανὸν . . . καὶ Στάχυν

16 12 ἀσπάσασθε Τρύφαιναν καὶ Τρυφῶσαν τὰς κοπιώσας ἐν κυρίῳ

16 13 ἀσπάσασθε Ῥοῦφον . . . καὶ τὴν μητέρα αὐτοῦ ↔

16 13ʳκαὶ ἐμοῦ. ↔

16 14 ἀσπάσασθε . . . Πατροβᾶν, Ἑρμᾶν, καὶ τοὺς σὺν αὐτοῖς ἀδελφούς. ↔

16 15 ἀσπάσασθε Φιλόλογον καὶ Ἰουλίαν, ↔

16 15 Νηρέα καὶ τὴν ἀδελφὴν αὐτοῦ, ↔

16 15 καὶ Ὀλυμπᾶν, ↔

16 15 καὶ τοὺς σὺν αὐτοῖς πάντας ἁγίους

16 17 σκοπεῖν τοὺς τὰς διχοστασίας καὶ τὰ σκάνδαλα . . . ποιοῦντας, ↔

16 17 καὶ ἐκκλίνετε (-ατε VBSς) ἀπ' αὐτῶν

16 18 τῷ . . . Χριστῷ οὐ δουλεύουσιν ἀλλὰ τῇ ἑαυτῶν κοιλίᾳ, καὶ διὰ τῆς χρηστολογίας ↔

16 18 καὶ εὐλογίας ἐξαπατῶσιν τὰς καρδίας τῶν ἀκάκων

16 21 ἀσπάζεται ὑμᾶς Τιμόθεος . . . καὶ Λούκιος ↔

16 21 καὶ Ἰάσων

16 21 καὶ Σωσίπατρος οἱ συγγενεῖς μου

16 23 ἀσπάζεται ὑμᾶς Γάϊος ὁ ξένος μου καὶ ὅλης τῆς ἐκκλησίας. ↔

16 23 ἀσπάζεται ὑμᾶς Ἔραστος ὁ οἰκονόμος τῆς πόλεως καὶ Κούαρτος ὁ ἀδελφός. ↔

16 25 | τῷ δὲ δυναμένῳ ὑμᾶς στηρίξαι κατὰ τὸ εὐαγγέλιόν μου καὶ τὸ κήρυγμα Ἰησοῦ Χριστοῦ [N²⁶S . .]

1 C 1 1 Παῦλος κλητὸς ἀπόστολος . . . καὶ Σωσθένης ὁ ἀδελφὸς

1 2ᵍᵖτὸ ὄνομα τοῦ κυρίου ἡμῶν . . . αὐτῶν (+τε Vς) καὶ ἡμῶν· ↔

1 3 χάρις ὑμῖν καὶ εἰρήνη ↔

1 3 ἀπὸ θεοῦ πατρὸς ἡμῶν καὶ κυρίου Ἰησοῦ Χριστοῦ

1 5 ἐν παντὶ ἐπλουτίσθητε ἐν αὐτῷ, ἐν παντὶ λόγῳ καὶ πάσῃ γνώσει

1 8 ὃς καὶ βεβαιώσει ὑμᾶς ἕως τέλους ἀνεγκλήτους

1 10ᵇἵνα τὸ αὐτὸ λέγητε πάντες, καὶ μὴ ᾖ ἐν ὑμῖν σχίσματα, ↔

1 10 ἦτε δὲ κατηρτισμένοι ἐν τῷ αὐτῷ νοῒ καὶ ἐν τῇ αὐτῇ γνώμῃ

1 C 1 14 οὐδένα ὑμῶν ἐβάπτισα εἰ μὴ Κρίσπον καὶ Γάϊον

1 16ᵠἐβάπτισα δὲ καὶ τὸν Στεφανᾶ οἶκον

1 19 ἀπολῶ τὴν σοφίαν τῶν σοφῶν, καὶ τὴν σύνεσιν τῶν συνετῶν ἀθετήσω

1 22ʸἐπειδὴ καὶ Ἰουδαῖοι σημεῖα αἰτοῦσιν ↔

1 22 καὶ Ἕλληνες σοφίαν ζητοῦσιν, ↔

1 24ᵖ⟨ἡμεῖς δὲ κηρύσσομεν⟩ Ἰουδαίοις τε καὶ Ἕλλησιν, ↔

1 24 Χριστὸν θεοῦ δύναμιν καὶ θεοῦ σοφίαν. ↔

1 25 ὅτι τὸ μωρὸν τοῦ θεοῦ σοφώτερον τῶν ἀνθρώπων ἐστίν, καὶ τὸ ἀσθενὲς τοῦ θεοῦ ἰσχυρότερον τῶν ἀνθρώπων

1 27 τὰ μωρὰ τοῦ κόσμου ἐξελέξατο ὁ θεός . . . καὶ τὰ ἀσθενῆ . . . ἵνα καταισχύνῃ τὰ ἰσχυρά, ↔

1 28 καὶ τὰ ἀγενῆ τοῦ κόσμου ↔

1 28 καὶ τὰ ἐξουθενημένα ἐξελέξατο ὁ θεός, ↔

1 28 * καὶ (+[MVSH]ς) τὰ μὴ ὄντα

1 30ᵖὃς ἐγενήθη . . . δικαιοσύνη τε καὶ ἁγιασμὸς ↔

1 30 καὶ ἀπολύτρωσις

2 2ʰοὐ γὰρ ἔκρινά | τι εἰδέναι (~T; τοῦ εἰ. τι ς) ἐν ὑμῖν εἰ μὴ Ἰησοῦν Χριστὸν καὶ τοῦτον ἐσταυρωμένον.

2 3ʳ* | καὶ ἐγὼ (ς; κἀγὼ rl) ἐν ἀσθενείᾳ ↔

2 3 καὶ ἐν φόβῳ ↔

2 3 καὶ ἐν τρόμῳ πολλῷ ἐγενόμην πρὸς ὑμᾶς, ↔

2 4 καὶ ὁ λόγος μου

2 4 καὶ τὸ κήρυγμά μου οὐκ ἐν | πειθοῖς σοφίας λόγοις (πειθοῖ[ς] σ. [λ.] N²⁶) ↔

2 4 ἀλλ' ἐν ἀποδείξει πνεύματος καὶ δυνάμεως

2 9 ἃ ὀφθαλμὸς οὐκ εἶδεν καὶ οὖς οὐκ ἤκουσεν ↔

2 9 καὶ ἐπὶ καρδίαν ἀνθρώπου οὐκ ἀνέβη

2 10 τὸ γὰρ πνεῦμα πάντα ἐραυνᾷ, καὶ τὰ βάθη τοῦ θεοῦ

2 11ᵘοὕτως καὶ τὰ τοῦ θεοῦ οὐδεὶς ἔγνωκεν

2 13 ἃ καὶ λαλοῦμεν οὐκ ἐν διδακτοῖς ἀνθρωπίνης σοφίας λόγοις

2 14ᵃμωρία γὰρ αὐτῷ ἐστιν, καὶ οὐ δύναται γνῶναι

3 1ᶠ* | καὶ ἐγὼ (ς; κἀγὼ rl), ἀδελφοί, οὐκ ἠδυνήθην λαλῆσαι ὑμῖν ὡς πνευματικοῖς

3 2ᵃ* γάλα ὑμᾶς ἐπότισα, καὶ (+ς) οὐ βρῶμα

3 3 ὅπου γὰρ ἐν ὑμῖν ζῆλος καὶ ἔρις ↔

3 3 * | καὶ διχοστασίαι (+ς), οὐχὶ σαρκικοί ἐστε ↔

3 3 καὶ κατὰ ἄνθρωπον περιπατεῖτε;

3 5 διάκονοι δι' ὧν ἐπιστεύσατε, καὶ ἑκάστῳ ὡς ὁ κύριος ἔδωκεν

3 8ᵃὁ φυτεύων δὲ καὶ ὁ ποτίζων ἕν εἰσιν

3 13 ὅτι ἐν πυρὶ ἀποκαλύπτεται, καὶ ἑκάστου τὸ ἔργον . . . δοκιμάσει

3 16 ναὸς θεοῦ ἐστε καὶ τὸ πνεῦμα τοῦ θεοῦ | οἰκεῖ ἐν ὑμῖν (~NSH)

3 20 ⟨γέγραπται γάρ⟩ καὶ πάλιν

4 1 οὕτως ἡμᾶς λογιζέσθω ἄνθρωπος ὡς ὑπηρέτας Χριστοῦ καὶ οἰκονόμους μυστηρίων θεοῦ

1 C   4 5 ἕως ἂν ἔλθη ὁ κύριος, ὃς καὶ φωτίσει τὰ κρυπτὰ τοῦ σκότους ↔

4 5 καὶ φανερώσει τὰς βουλὰς τῶν καρδιῶν· ↔

4 5 καὶ τότε ὁ ἔπαινος γενήσεται ἑκά-στῳ ἀπὸ τοῦ θεοῦ

4 6 μετεσχημάτισα εἰς ἐμαυτὸν καὶ 'Απολλῶν δι' ὑμᾶς

4 7ᵃ εἰ δὲ καὶ ἔλαβες, τί καυχᾶσαι ὡς μὴ λαβών;

4 8 καὶ ὄφελόν γε ἐβασιλεύσατε, ↔

4 8ᵍˣ ἵνα καὶ ἡμεῖς ὑμῖν συμβασιλεύσωμεν

4 9 θέατρον ἐγενήθημεν τῷ κόσμῳ καὶ ἀγγέλοις ↔

4 9 καὶ ἀνθρώποις

4 11 ἄχρι τῆς ἄρτι ὥρας καὶ πεινῶμεν ↔

4 11 καὶ διψῶμεν ↔

4 11 καὶ γυμνιτεύομεν ↔

4 11 καὶ κολαφιζόμεθα ↔

4 11 καὶ ἀστατοῦμεν ↔

4 12 καὶ κοπιῶμεν ἐργαζόμενοι

4 17 ὅς ἐστίν μου τέκνον ἀγαπητὸν καὶ πιστὸν ἐν κυρίῳ

4 19 ἐλεύσομαι . . . καὶ γνώσομαι οὐ τὸν λόγον τῶν πεφυσιωμένων ἀλλὰ τὴν δύναμιν

5 1 ὅλως ἀκούεται ἐν ὑμῖν πορνεία, καὶ τοιαύτη πορνεία ἥτις οὐδὲ ἐν τοῖς ἔθνεσιν

5 2ᵍ καὶ ὑμεῖς πεφυσιωμένοι ἐστέ, ↔

5 2ᶜ καὶ οὐχὶ μᾶλλον ἐπενθήσατε ⟨;⟩

5 4 συναχθέντων ὑμῶν καὶ τοῦ ἐμοῦ πνεύματος

5 7ᵈ καὶ γὰρ τὸ πάσχα ἡμῶν ἐτύθη Χριστός. ↔

5 8 ὥστε ἑορτάζωμεν . . . μηδὲ ἐν ζύμῃ κακίας καὶ πονηρίας, ↔

5 8 ἀλλ' ἐν ἀζύμοις εἰλικρινείας καὶ ἀληθείας

5 10ᵃ * ⟨μὴ⟩ συναναμίγνυσθαι πόρνοις⟩ καὶ (+ς) οὐ πάντως τοῖς πόρνοις τοῦ κόσμου τούτου

5 10 ἢ τοῖς πλεονέκταις καὶ (ἢ ς) ἅρπαξιν ἢ εἰδωλολάτραις

5 12 * τί γάρ μοι καὶ (+ς) τοὺς ἔξω κρίνειν;

5 13 * καὶ (+ς) ἐξάρατε (ἐξαρεῖτε ς) τὸν πονηρὸν ἐξ ὑμῶν αὐτῶν. ↔

6 1ᶜ τολμᾷ τις ὑμῶν . . . κρίνεσθαι ἐπὶ τῶν ἀδίκων, καὶ οὐχὶ ἐπὶ τῶν ἁγίων;

6 2ʲ εἰ ἐν ὑμῖν κρίνεται ὁ κόσμος

6 6ʰ ἀδελφὸς μετὰ ἀδελφοῦ κρίνεται, καὶ τοῦτο ἐπὶ ἀπίστων;

6 8 ὑμεῖς ἀδικεῖτε καὶ ἀποστερεῖτε, ↔

6 8ʰ καὶ τοῦτο (ταῦτα ς) ἀδελφούς

6 11ʰ καὶ ταῦτά τινες ἦτε

6 11 ἐδικαιώθητε ἐν τῷ ὀνόματι τοῦ . . . Χριστοῦ καὶ ἐν τῷ πνεύματι τοῦ θεοῦ ἡμῶν

6 13 τὰ βρώματα τῇ κοιλίᾳ, καὶ ἡ κοιλία τοῖς βρώμασιν· ↔

6 13ʰ ὁ δὲ θεὸς καὶ ταύτην ↔

6 13ʰ καὶ ταῦτα καταργήσει. ↔

6 13 τὸ δὲ σῶμα . . . τῷ κυρίῳ, καὶ ὁ κύριος τῷ σώματι· ↔

6 14 ὁ δὲ θεὸς καὶ τὸν κύριον ἤγειρεν ↔

6 14ᵍ καὶ ἡμᾶς ἐξεγερεῖ

6 19ᵃ καὶ οὐκ ἐστὲ ἑαυτῶν

6 20 * δοξάσατε δὴ τὸν θεὸν ἐν τῷ σώματι ὑμῶν | καὶ ἐν τῷ πνεύματι ὑμῶν (+ς . .)

7 2 ἕκαστος τὴν ἑαυτοῦ γυναῖκα ἐχέ-τω, καὶ ἑκάστη τὸν ἴδιον ἄνδρα ἐχέτω

---

1 C   7 3ᵃ τὴν ὀφειλὴν ἀποδιδότω, ὁμοίως δὲ καὶ ἡ γυνὴ τῷ ἀνδρί

7 4ᵃ ὁμοίως δὲ καὶ ὁ ἀνὴρ τοῦ ἰδίου σώματος οὐκ ἐξουσιάζει

7 5 * ἵνα σχολάσητε τῇ | νηστείᾳ καὶ τῇ (+ς) προσευχῇ ↔

7 5 καὶ πάλιν ἐπὶ τὸ αὐτὸ ἦτε (συν-έρχησθε ς)

7 7ᵘ θέλω δὲ πάντας ἀνθρώπους εἶναι ὡς καὶ ἐμαυτόν

7 8 λέγω δὲ τοῖς ἀγάμοις καὶ ταῖς χήραις

7 11ᵃ ἐὰν δὲ καὶ χωρισθῇ

7 11 ⟨μὴ χωρισθῆναι⟩ καὶ ἄνδρα γυναῖ-κα μὴ ἀφιέναι

7 12ʰ εἴ τις ἀδελφὸς γυναῖκα ἔχει ἄπιστον, καὶ αὕτη (αὐτὴ ς) συνευδοκεῖ οἰκεῖν μετ' αὐτοῦ

7 13 καὶ γυνὴ | εἴ τις (ἥτις NMVSHς) ἔχει ἄνδρα ἄπιστον,

7 13ʰ καὶ οὗτος (αὐτὸς ς) συνευδοκεῖ οἰ-κεῖν μετ' αὐτῆς

7 14 ἡγίασται γὰρ ὁ ἀνὴρ ὁ ἄπιστος ἐν τῇ γυναικί, καὶ ἡγίασται ἡ γυνὴ ἡ ἄπιστος ἐν τῷ ἀδελφῷ

7 17ᵏ καὶ οὕτως ἐν ταῖς ἐκκλησίαις πάσαις διατάσσομαι

7 19 ἡ περιτομὴ οὐδέν ἐστιν, καὶ ἡ ἀκροβυστία οὐδέν ἐστιν

7 21ᶻ εἰ καὶ δύνασαι ἐλεύθερος γενέσθαι

7 22ᵘ * ὁμοίως καὶ (+[S]ς) ὁ ἐλεύθερος κληθεὶς δοῦλός ἐστιν Χριστοῦ

7 28ᵃ ἐὰν δὲ καὶ γαμήσῃς, οὐχ ἥμαρ-τες, ↔

7 28ʲ καὶ ἐὰν γήμῃ ἡ [H] παρθένος, οὐχ ἥμαρτεν

7 29ˣ ἵνα καὶ οἱ ἔχοντες γυναῖκας ὡς μὴ ἔχοντες ὦσιν, ↔

7 30 καὶ οἱ κλαίοντες ὡς μὴ κλαίοντες, ↔

7 30 καὶ οἱ χαίροντες ὡς μὴ χαίροντες, ↔

7 30 καὶ οἱ ἀγοράζοντες ὡς μὴ κατ-έχοντες,

7 31 καὶ οἱ χρώμενοι τὸν κόσμον ὡς μὴ καταχρώμενοι

7 34 ⟨ὁ δὲ γαμήσας⟩ μεριμνᾷ τὰ τοῦ κόσμου⟩ καὶ (— ς) μεμέρισται. ↔

7 34 καὶ (—ς) ἡ γυνὴ ↔

7 34 | ἡ ἄγαμος (—Τς) καὶ ἡ παρθένος (+ ἡ ἄγαμος STς) μεριμνᾷ τὰ τοῦ κυρίου, ↔

7 34 ἵνα ᾖ ἁγία καὶ [H] τῷ (—ς) σώμα-τι ↔

7 34 καὶ τῷ (—ς) πνεύματι ↔

7 35 λέγω . . . πρὸς τὸ εὔσχημον καὶ εὐπάρεδρον τῷ κυρίῳ

7 36ᵏ ἐὰν ᾖ ὑπέρακμος, καὶ οὕτως ὀφείλει γίνεσθαι

7 37ʰ ἐξουσίαν δὲ ἔχει περὶ τοῦ ἰδίου θελήματος, καὶ τοῦτο κέκρικεν ἐν τῇ ἰδίᾳ καρδίᾳ

7 38ˣ ὥστε καὶ ὁ γαμίζων τὴν ἑαυτοῦ παρθένον καλῶς ποιεῖ, ↔

7 38 | καὶ ὁ (ὁ δὲ ς) μὴ γαμίζων κρεῖσσον ποιήσει

8 4ᵐ οἴδαμεν ὅτι οὐδὲν εἴδωλον ἐν κόσμῳ, καὶ ὅτι οὐδεὶς θεὸς εἰ μὴ εἷς. ↔

8 5ᵈ καὶ γὰρ εἴπερ εἰσὶν λεγόμενοι θεοὶ

8 5 ὥσπερ εἰσὶν θεοὶ πολλοὶ καὶ κύριοι πολλοί, ↔

8 6ᵍ ἀλλ' [H] ἡμῖν εἷς θεὸς ὁ πατήρ, ἐξ οὗ τὰ πάντα καὶ ἡμεῖς εἰς αὐτόν, ↔

8 6 καὶ εἷς κύριος 'Ιησοῦς Χριστός, ↔

8 6ᵍ δι' οὗ τὰ πάντα καὶ ἡμεῖς δι' αὐτοῦ

---

1 C   8 7 τινὲς . . . ὡς εἰδωλόθυτον ἐσθίουσιν, καὶ ἡ συνείδησις αὐτῶν ἀσθενὴς οὖσα μολύνεται

8 11 * | καὶ ἀπόλλυται (B; κ. ἀπολεῖ-ται ς; ἀπόλλυται γὰρ rl) ὁ ἀσθενῶν ἐν τῇ σῇ γνώσει

8 12 οὕτως δὲ ἁμαρτάνοντες εἰς τοὺς ἀδελφοὺς καὶ τύπτοντες αὐτῶν τὴν συνείδησιν ἀσθενοῦσαν

9 4 μὴ οὐκ ἔχομεν ἐξουσίαν φαγεῖν καὶ πεῖν; ↔

9 5ᵘ μὴ οὐκ ἔχομεν ἐξουσίαν ἀδελφὴν γυναῖκα περιάγειν, ὡς καὶ οἱ λοιποὶ ἀπόστολοι ↔

9 5 καὶ οἱ ἀδελφοὶ τοῦ κυρίου ↔

9 5 καὶ Κηφᾶς; ↔

9 6 ἢ μόνος ἐγὼ καὶ Βαρναβᾶς οὐκ ἔχομεν ἐξουσίαν μὴ ἐργάζεσθαι;

9 7 τίς φυτεύει ἀμπελῶνα καὶ τὸν καρπὸν αὐτοῦ οὐκ ἐσθίει; ↔

9 7 ἢ [H] τίς ποιμαίνει ποίμνην καὶ ἐκ τοῦ γάλακτος . . . οὐκ ἐσθίει;

9 8ˢᵗ ἢ (+οὐχὶ ς) καὶ ὁ νόμος ταῦτα οὐ (—ς) λέγει;

9 10 ὀφείλει ἐπ' ἐλπίδι ὁ ἀροτριῶν ἀροτριᾶν, καὶ ὁ ἀλοῶν ἐπ' ἐλπίδι τοῦ μετέχειν

9 14ᵘ οὕτως καὶ ὁ κύριος διέταξεν τοῖς τὸ εὐαγγέλιον καταγγέλλουσιν

9 20 καὶ ἐγενόμην τοῖς 'Ιουδαίοις ὡς 'Ιουδαῖος

9 27 ὑπωπιάζω μου τὸ σῶμα καὶ δουλαγωγῶ

10 1 ὑπὸ τὴν νεφέλην ἦσαν καὶ πάντες διὰ τῆς θαλάσσης διῆλθον, ↔

10 2 καὶ πάντες εἰς τὸν Μωϋσῆν ἐβαπτίσθησαν (-σαντο NVHς) ↔

10 2 ἐν τῇ νεφέλῃ καὶ ἐν τῇ θαλάσσῃ, ↔

10 3 καὶ πάντες | τὸ αὐτὸ [H] πνευμα-τικὸν βρῶμα ἔφαγον, ↔

10 4 καὶ πάντες τὸ αὐτὸ πνευματικὸν ἔπιον πόμα

10 7 ἐκάθισεν ὁ λαὸς φαγεῖν καὶ πεῖν, ↔

10 7 καὶ ἀνέστησαν παίζειν

10 8 καθώς τινες αὐτῶν ἐπόρνευσαν καὶ ἔπεσαν (+ἐν MVSς) μιᾷ ἡμέρα

10 9ᵘ * καθὼς καὶ (+ς) τινες αὐτῶν ἐπείρασαν (ἐξ- MBST) ↔

10 9 καὶ ὑπὸ τῶν ὄφεων ἀπώλυντο (-ώλοντο MVSς). ↔

10 10ᵘ μηδὲ γογγύζετε, | καθὼς καὶ (ς; καθάπερ rl) τινες αὐτῶν ἐγόγγυ-σαν, ↔

10 10 καὶ ἀπώλοντο ὑπὸ τοῦ ὀλοθρευτοῦ

10 13 ποιήσει σὺν τῷ πειρασμῷ καὶ τὴν ἔκβασιν

10 20ᵃ δαιμονίοις καὶ οὐ θεῷ θύουσιν ([N²⁶]; θύει Vς)

10 21 οὐ δύνασθε ποτήριον κυρίου πίνειν καὶ ποτήριον δαιμονίων· ↔

10 21 οὐ δύνασθε τραπέζης κυρίου μετ-έχειν καὶ τραπέζης δαιμονίων

10 26 τοῦ κυρίου γὰρ ἡ γῆ καὶ τὸ πλήρωμα αὐτῆς. ↔

10 27 εἴ τις καλεῖ ὑμᾶς τῶν ἀπίστων καὶ θέλετε πορεύεσθαι

10 28 μὴ ἐσθίετε δι' ἐκεῖνον τὸν μηνύσαντα καὶ τὴν συνείδησιν· ↔

10 28 * | τοῦ γὰρ κυρίου ἡ γῆ καὶ τὸ πλήρωμα αὐτῆς (+ς)

10 32 ἀπρόσκοποι καὶ 'Ιουδαίοις γίνε-σθε ↔

10 32 καὶ "Ελλησιν ↔

10 32 καὶ τῇ ἐκκλησίᾳ τοῦ θεοῦ

1 C 11 2[k] πάντα μου μέμνησθε καὶ καθὼς
παρέδωκα . . . κατέχετε

11 5 ἕν γάρ ἐστιν καὶ τὸ αὐτὸ τῇ
ἐξυρημένῃ. ↔

11 6 εἰ γὰρ οὐ κατακαλύπτεται γυνή,
καὶ κειράσθω

11 7 εἰκὼν καὶ δόξα θεοῦ ὑπάρχων

11 9[d] καὶ γὰρ οὐκ ἐκτίσθη ἀνὴρ διὰ τὴν
γυναῖκα

11 12[u] ὥσπερ γὰρ ἡ γυνὴ ἐκ τοῦ ἀνδρός,
οὕτως καὶ ὁ ἀνὴρ διὰ τῆς γυναικός

11 18 ἀκούω σχίσματα ἐν ὑμῖν ὑπάρχειν,
καὶ μέρος τι πιστεύω. ↔

11 19[r] δεῖ γὰρ καὶ αἱρέσεις ἐν ὑμῖν εἶναι, ↔

11 19[x] ἵνα καὶ (+[N26 NVH]MB) οἱ
δόκιμοι φανεροὶ γένωνται

11 21 καὶ ὃς μὲν πεινᾷ, ὃς δὲ μεθύει. ↔

11 22 μὴ γὰρ οἰκίας οὐκ ἔχετε εἰς τὸ
ἐσθίειν καὶ πίνειν; ↔

11 22 ἢ τῆς ἐκκλησίας . . . καταφρονεῖτε,
καὶ καταισχύνετε τοὺς μὴ ἔχοντας;

11 23 παρέλαβον ἀπὸ τοῦ κυρίου, ὃ καὶ
παρέδωκα ὑμῖν

11 24 ⟨ἔλαβεν ἄρτον⟩ καὶ εὐχαριστήσας
ἔκλασεν ↔

11 24 καὶ εἶπεν

11 25[u] ὡσαύτως καὶ τὸ ποτήριον μετὰ
τὸ δειπνῆσαι

11 26 ὁσάκις γὰρ ἐὰν ἐσθίητε τὸν ἄρτον
τοῦτον καὶ τὸ ποτήριον πίνητε

11 27 ἔνοχος ἔσται τοῦ σώματος καὶ τοῦ
(—ς) αἵματος τοῦ κυρίου. ↔

11 28[k] δοκιμαζέτω . . . ἑαυτόν, καὶ οὕτως
ἐκ τοῦ ἄρτου ἐσθιέτω ↔

11 28 καὶ ἐκ τοῦ ποτηρίου πινέτω· ↔

11 29 ὁ γὰρ ἐσθίων καὶ πίνων ↔

11 29 κρίμα ἑαυτῷ ἐσθίει καὶ πίνει

11 30 διὰ τοῦτο ἐν ὑμῖν πολλοὶ ἀσθενεῖς
καὶ ἄρρωστοι ↔

11 30 καὶ κοιμῶνται ἱκανοί

12 3[c] οὐδεὶς . . . λέγει . . . καὶ οὐδεὶς
δύναται εἰπεῖν

12 5 ⟨διαιρέσεις δὲ χαρισμάτων εἰσίν⟩
καὶ διαιρέσεις διακονιῶν εἰσιν, ↔

12 5 καὶ ὁ αὐτὸς κύριος· ↔

12 6 καὶ διαιρέσεις ἐνεργημάτων εἰσίν, ↔

12 6 * | καὶ ὁ (H; ὁ δὲ rl) αὐτὸς (+ἐ-
στιν [S]ς) θεός

12 11 ταῦτα ἐνεργεῖ τὸ ἓν καὶ τὸ αὐτὸ
πνεῦμα

12 12 καθάπερ γὰρ τὸ σῶμα ἕν ἐστιν καὶ
μέλη πολλὰ ἔχει, ↔

12 12[u] πάντα δὲ τὰ μέλη . . . ἕν ἐστιν σῶ-
μα, οὕτως καὶ ὁ Χριστός· ↔

12 13[d] καὶ γὰρ ἐν ἑνὶ πνεύματι ἡμεῖς . . .
ἐβαπτίσθημεν

12 13 καὶ πάντες ἓν πνεῦμα ἐποτίσθημεν.

12 14[d] καὶ γὰρ τὸ σῶμα οὐκ ἔστιν ἓν μέλος

12 16[j] ⟨ἐὰν εἴπῃ ὁ πούς⟩ καὶ ἐὰν εἴπῃ τὸ
οὖς

12 23 καὶ ἃ δοκοῦμεν ἀτιμότερα εἶναι
τοῦ σώματος

12 23 καὶ τὰ ἀσχήμονα ἡμῶν εὐσχημο-
σύνην περισσοτέραν ἔχει

12 26[n] καὶ εἴτε πάσχει ἓν μέλος, συμπά-
σχει πάντα τὰ μέλη

12 27 ὑμεῖς δέ ἐστε σῶμα Χριστοῦ καὶ
μέλη ἐκ μέρους. ↔

12 28 καὶ οὓς μὲν ἔθετο ὁ θεὸς ἐν τῇ ἐκ-
κλησίᾳ πρῶτον ἀποστόλους

12 31 καὶ ἔτι καθ' ὑπερβολὴν ὁδὸν ὑμῖν
δείκνυμι. ↔

13 1 ἐὰν ταῖς γλώσσαις τῶν ἀνθρώπων
λαλῶ καὶ τῶν ἀγγέλων

---

1 C 13 2[j] | καὶ ἐὰν (κἂν H) ἔχω προφητείαν
↔

13 2 καὶ εἰδῶ τὰ μυστήρια πάντα ↔

13 2[j] | καὶ ἐὰν (κἂν NH) ἔχω πᾶσαν τὴν
πίστιν

13 3[j] * | καὶ ἐὰν (MVBTς; κἂν rl) ψω-
μίσω πάντα τὰ ὑπάρχοντά μου, ↔

13 3[j] | καὶ ἐὰν (κἂν H) παραδῶ τὸ
σῶμά μου

13 9 ἐκ μέρους γὰρ γινώσκομεν καὶ ἐκ
μέρους προφητεύομεν

13 12[u] τότε δὲ ἐπιγνώσομαι καθὼς καὶ
ἐπεγνώσθην

14 3 ὁ δὲ προφητεύων ἀνθρώποις λα-
λεῖ οἰκοδομὴν καὶ παράκλησιν ↔

14 3 καὶ παραμυθίαν

14 8[d] καὶ γὰρ ἐὰν ἄδηλον σάλπιγξ φω-
νὴν δῷ

14 9[gu] οὕτως καὶ ὑμεῖς διὰ τῆς γλώσσης

14 10[c] τοσαῦτα . . . γένη φωνῶν εἰσιν ἐν
κόσμῳ, καὶ οὐδὲν ἄφωνον

14 11 ἔσομαι τῷ λαλοῦντι βάρβαρος καὶ
ὁ λαλῶν ἐν ἐμοὶ βάρβαρος. ↔

14 12[gu] οὕτως καὶ ὑμεῖς, ἐπεὶ ζηλωταί
ἐστε πνευμάτων . . . ζητεῖτε

14 15[q] προσεύξομαι τῷ πνεύματι, προσ-
εύξομαι δὲ καὶ τῷ νοΐ· ↔

14 15[q] ψαλῶ τῷ πνεύματι, ψαλῶ δὲ [H]
καὶ τῷ νοΐ

14 19[x] θέλω . . . λαλῆσαι, ἵνα καὶ ἄλ-
λους κατηχήσω

14 21 ἐν ἑτερογλώσσοις καὶ ἐν χείλεσιν
ἑτέρων λαλήσω τῷ λαῷ τούτῳ, ↔

14 21[c] καὶ οὐδ' οὕτως εἰσακούσονταί μου

14 23 ἐὰν οὖν συνέλθῃ ἡ ἐκκλησία ὅλη
ἐπὶ τὸ αὐτὸ καὶ πάντες λαλῶσιν
γλώσσαις

14 25[k] * | καὶ οὕτω (+ς) τὰ κρυπτὰ τῆς
καρδίας αὐτοῦ φανερὰ γίνεται, ↔

14 25[k] καὶ οὕτως πεσὼν ἐπὶ πρόσωπον
προσκυνήσει τῷ θεῷ

14 27 εἴτε γλώσσῃ τις λαλεῖ, κατὰ δύο
ἢ τὸ πλεῖστον τρεῖς, καὶ ἀνὰ μέρος,
↔

14 27 καὶ εἷς διερμηνευέτω

14 28 ἑαυτῷ δὲ λαλείτω καὶ τῷ θεῷ. ↔

14 29 προφῆται δὲ δύο ἢ τρεῖς λαλείτω-
σαν, καὶ οἱ ἄλλοι διακρινέτωσαν

14 31 ἵνα πάντες μανθάνωσιν καὶ πάντες
παρακαλῶνται.

14 32 καὶ πνεύματα προφητῶν προφή-
ταις ὑποτάσσεται

14 34[u] αἱ γυναῖκες . . . ὑποτασσέσθωσαν,
καθὼς καὶ ὁ νόμος λέγει

14 39 ζηλοῦτε τὸ προφητεύειν, καὶ τὸ
λαλεῖν μὴ κωλύετε (+ἐν B) γλώσ-
σαις· ↔

14 40 πάντα δὲ εὐσχημόνως καὶ κατὰ
τάξιν γινέσθω

15 1 τὸ εὐαγγέλιον ὃ εὐηγγελισάμην
ὑμῖν, ὃ καὶ παρελάβετε, ↔

15 1 ἐν ᾧ καὶ ἑστήκατε,

15 2 δι' οὗ καὶ σῴζεσθε

15 3 παρέδωκα γὰρ ὑμῖν . . . ὃ καὶ
παρέλαβον, ↔

15 4[m] ⟨ὅτι Χριστὸς ἀπέθανεν⟩ καὶ ὅτι
ἐτάφη, ↔

15 4[m] καὶ ὅτι ἐγήγερται . . . κατὰ τὰς
γραφάς,

15 5[m] καὶ ὅτι ὤφθη Κηφᾷ

15 6[s] * τινὲς δὲ καὶ (+[MS]Vς) ἐκοιμή-
θησαν

15 10 καὶ ἡ χάρις αὐτοῦ ἡ εἰς ἐμὲ οὐ κενὴ
ἐγενήθη

---

1 C 15 11[k] οὕτως κηρύσσομεν καὶ οὕτως
ἐπιστεύσατε

15 14[s] κενὸν ἄρα καὶ (+[N26 S]VBT) τὸ
κήρυγμα ἡμῶν, ↔

15 14[q] κενὴ (+δὲ ς) καὶ ἡ πίστις ὑμῶν (ἡ.
H)· ↔

15 15[q] εὑρισκόμεθα δὲ καὶ ψευδομάρτυρες

15 18[s] ἄρα καὶ οἱ κοιμηθέντες ἐν Χριστῷ
ἀπώλοντο

15 21 ἐπειδὴ γὰρ δι' ἀνθρώπου θάνατος,
καὶ δι' ἀνθρώπου ἀνάστασις νε-
κρῶν

15 22[u] οὕτως καὶ ἐν τῷ Χριστῷ πάντες
ζῳοποιηθήσονται

15 24 ὅταν παραδιδῷ (-διδοῖ NT; παρα-
δῷ ς) τὴν βασιλείαν τῷ θεῷ καὶ
πατρί,

15 24 ὅταν καταργήσῃ πᾶσαν ἀρχὴν
καὶ πᾶσαν ἐξουσίαν ↔

15 24 καὶ δύναμιν

15 28[h] τότε καὶ [N26 H] αὐτὸς ὁ υἱὸς ὑπο-
ταγήσεται

15 29 τί καὶ βαπτίζονται ὑπὲρ αὐτῶν; ↔

15 30[g] τί καὶ ἡμεῖς κινδυνεύομεν πᾶσαν
ὥραν;

15 32 φάγωμεν καὶ πίωμεν, αὔριον γὰρ
ἀποθνῄσκομεν

15 34[b] ἐκνήψατε δικαίως καὶ μὴ ἁμαρτά-
νετε

15 37 ⟨ὃ σπείρεις, οὐ ζῳοποιεῖται⟩ καὶ ὃ
σπείρεις, οὐ τὸ σῶμα τὸ γενησό-
μενον σπείρεις

15 38 δίδωσιν αὐτῷ σῶμα καθὼς ἠθέλη-
σεν, καὶ ἑκάστῳ τῶν σπερμάτων
ἴδιον σῶμα

15 40 καὶ σώματα ἐπουράνια, ↔

15 40 καὶ σώματα ἐπίγεια

15 41 ἄλλη δόξα ἡλίου, καὶ ἄλλη δόξα
σελήνης, ↔

15 41 καὶ ἄλλη δόξα ἀστέρων

15 42[u] οὕτως καὶ ἡ ἀνάστασις τῶν νε-
κρῶν

15 44 εἰ ἔστιν σῶμα ψυχικόν, ἔστιν καὶ
πνευματικόν. ↔

15 45[u] οὕτως καὶ γέγραπται

15 48 οἷος ὁ χοϊκός, τοιοῦτοι καὶ οἱ
χοϊκοί, ↔

15 48 καὶ οἷος ὁ ἐπουράνιος, ↔

15 48 τοιοῦτοι καὶ οἱ ἐπουράνιοι· ↔

15 49[k] καὶ καθὼς ἐφορέσαμεν τὴν εἰκόνα
τοῦ χοϊκοῦ, ↔

15 49 φορέσομεν (-σωμεν VSTH) καὶ
τὴν εἰκόνα τοῦ ἐπουρανίου

15 50 σὰρξ καὶ αἷμα βασιλείαν θεοῦ κλη-
ρονομῆσαι οὐ δύναται (-νται Sς)

15 52[r] σαλπίσει γάρ, καὶ οἱ νεκροὶ ἐγερ-
θήσονται ἄφθαρτοι, ↔

15 52[g] καὶ ἡμεῖς ἀλλαγησόμεθα. ↔

15 53 δεῖ γὰρ τὸ φθαρτὸν τοῦτο ἐνδύ-
σασθαι ἀφθαρσίαν καὶ τὸ θνητὸν
τοῦτο ἐνδύσασθαι ἀθανασίαν. ↔

15 54 ὅταν δὲ . . . τὸ φθαρτὸν τοῦτο ἐν-
δύσηται ἀφθαρσίαν καὶ (—H) τὸ
θνητὸν τοῦτο ἐνδύσηται [+τὴν
H] ἀθανασίαν

16 1[gu] ὥσπερ διέταξα . . . οὕτως καὶ
ὑμεῖς ποιήσατε

16 6[s] πρὸς ὑμᾶς δὲ τυχὸν παραμενῶ
(κατα- NH) ἢ καὶ (—H) παραχει-
μάσω

16 9 θύρα γάρ μοι ἀνέῳγεν μεγάλη καὶ
ἐνεργής, ↔

16 9 καὶ ἀντικείμενοι πολλοί

16 10[ru] * τὸ γὰρ ἔργον κυρίου ἐργάζεται
ὡς | καὶ ἐγώ (ς; ἐγώ H; κἀγώ rl)

1 C 16 12 καὶ πάντως οὐκ ἦν θέλημα

16 15 ὅτι ἐστὶν (ξ. T) ἀπαρχὴ τῆς Ἀχαΐας καὶ εἰς διακονίαν τοῖς ἁγίοις ἔταξαν ἑαυτούς· ↔

16 16ᵍˣἵνα καὶ ὑμεῖς ὑποτάσσησθε τοῖς τοιούτοις ↔

16 16 καὶ παντὶ τῷ συνεργοῦντι ↔

16 16 καὶ κοπιῶντι.

16 17 χαίρω δὲ ἐπὶ τῇ παρουσίᾳ Στεφανᾶ καὶ Φορτουνάτου ↔

16 17 καὶ Ἀχαϊκοῦ

16 18 ἀνέπαυσαν γὰρ τὸ ἐμὸν πνεῦμα καὶ τὸ ὑμῶν

16 19 ἀσπάζεται ὑμᾶς ἐν κυρίῳ πολλὰ Ἀκύλας καὶ Πρίσκα

2 C 1 1 Παῦλος ... καὶ Τιμόθεος ὁ ἀδελφὸς τῇ ἐκκλησίᾳ τοῦ θεοῦ

1 2 χάρις ὑμῖν καὶ εἰρήνη ἀπὸ θεοῦ πατρὸς ἡμῶν ↔

1 2 καὶ κυρίου Ἰησοῦ Χριστοῦ. ↔

1 3 εὐλογητὸς ὁ θεὸς καὶ πατὴρ τοῦ κυρίου ἡμῶν Ἰησοῦ Χριστοῦ, ↔

1 3 ὁ πατὴρ τῶν οἰκτιρμῶν καὶ θεὸς πάσης παρακλήσεως

1 5 οὕτως διὰ τοῦ Χριστοῦ περισσεύει καὶ ἡ παράκλησις ἡμῶν. ↔

1 6 εἴτε δὲ θλιβόμεθα, ὑπὲρ τῆς ὑμῶν παρακλήσεως καὶ σωτηρίας· ↔

1 6 * εἴτε παρακαλούμεθα, ὑπὲρ τῆς ὑμῶν παρακλήσεως | καὶ σωτηρίας (+ς)

1 6ᵍτῆς ἐνεργουμένης ἐν ὑπομονῇ τῶν αὐτῶν παθημάτων ὧν καὶ ἡμεῖς πάσχομεν, ↔

1 7 καὶ ἡ ἐλπὶς ἡμῶν βεβαία ὑπὲρ ὑμῶν ↔

1 7ᵘεἰδότες ὅτι ὡς κοινωνοί ἐστε τῶν παθημάτων, οὕτως καὶ τῆς παρακλήσεως

1 8 ὥστε ἐξαπορηθῆναι ἡμᾶς καὶ τοῦ ζῆν

1 10 ὃς ἐκ τηλικούτου θανάτου ἐρρύσατο ἡμᾶς καὶ ῥύσεται, ↔

1 10ᵛεἰς ὃν ἠλπίκαμεν ὅτι [N²⁶NH] καὶ ἔτι ῥύσεται, ↔

1 11ᵍσυνυπουργούντων καὶ ὑμῶν ὑπὲρ ἡμῶν τῇ δεήσει

1 12 ἐν ἁπλότητι (N²⁶ς; ἁγιότ. rl) καὶ εἰλικρινείᾳ τοῦ θεοῦ,

1 12ᵃκαὶ (+N²⁶H]BS) οὐκ ἐν σοφίᾳ σαρκικῇ ... ἀνεστράφημεν

1 13ˢἀλλ᾽ ἢ ἃ ἀναγινώσκετε ἢ καὶ ἐπιγινώσκετε,

1 13ᵛ* ἐλπίζω δὲ ὅτι καὶ (ς; —rl) ἕως τέλους ἐπιγνώσεσθε, ↔

1 14ᵘκαθὼς καὶ ἐπέγνωτε ἡμᾶς ἀπὸ μέρους, ↔

1 14ᵍᵘὅτι καύχημα ὑμῶν ἐσμεν καθάπερ καὶ ὑμεῖς ἡμῶν

1 15ʰκαὶ ταύτῃ τῇ πεποιθήσει ἐβουλόμην πρότερον πρὸς ὑμᾶς ἐλθεῖν

1 16 καὶ δι᾽ ὑμῶν διελθεῖν εἰς Μακεδονίαν, ↔

1 16 καὶ πάλιν ἀπὸ Μακεδονίας ἐλθεῖν πρὸς ὑμᾶς ↔

1 16 καὶ ὑφ᾽ ὑμῶν προπεμφθῆναι εἰς τὴν Ἰουδαίαν

1 17 ἵνα ᾖ παρ᾽ ἐμοὶ τὸ ναὶ ναὶ (—B) καὶ τὸ οὒ οὒ (—B)

1 18 ὁ λόγος ἡμῶν ... οὐκ ἔστιν ναὶ καὶ οὔ

1 19 ὁ ... δι᾽ ἡμῶν κηρυχθείς, δι᾽ ἐμοῦ καὶ Σιλουανοῦ

1 19 καὶ Τιμοθέου,

1 19 οὐκ ἐγένετο ναὶ καὶ οὔ

2 C 1 20ᵛἐν αὐτῷ τὸ ναί· | διὸ καὶ δι᾽ αὐτοῦ (καὶ ἐν αὐτῷ ς) τὸ ἀμήν

1 21 ὁ δὲ βεβαιῶν ἡμᾶς σὺν ὑμῖν εἰς Χριστὸν καὶ χρίσας ἡμᾶς θεός, ↔

1 22 ὁ ([H]; —S) καὶ σφραγισάμενος ἡμᾶς ↔

1 22 καὶ δοὺς τὸν ἀρραβῶνα

2 2 εἰ γὰρ ἐγὼ λυπῶ ὑμᾶς, καὶ τίς (+ἐστιν [S]ς) ὁ εὐφραίνων με ⟨;⟩

2 3 καὶ ἔγραψα τοῦτο αὐτό

2 4 ἐκ γὰρ πολλῆς θλίψεως καὶ συνοχῆς καρδίας ἔγραψα ὑμῖν

2 7 ὥστε τοὐναντίον μᾶλλον (—H) ὑμᾶς χαρίσασθαι καὶ παρακαλέσαι

2 9ʳεἰς τοῦτο γὰρ καὶ ἔγραψα

2 10ʳ* ᾧ δέ τι χαρίζεσθε, | καὶ ἐγώ (ς; κἀγώ rl)· ↔

2 10ᵈκαὶ γὰρ ἐγὼ ὃ κεχάρισμαι ... δι᾽ ὑμᾶς

2 12 ἐλθὼν δὲ εἰς τὴν Τρῳάδα ... καὶ θύρας μοι ἀνεῳγμένης ἐν κυρίῳ

2 14 τῷ δὲ θεῷ χάρις τῷ πάντοτε θριαμβεύοντι ἡμᾶς ἐν τῷ Χριστῷ καὶ τὴν ὀσμὴν τῆς γνώσεως αὐτοῦ φανεροῦντι

2 15 Χριστοῦ εὐωδία ἐσμὲν τῷ θεῷ ἐν τοῖς σῳζομένοις καὶ ἐν τοῖς ἀπολλυμένοις

2 16 καὶ πρὸς ταῦτα τίς ἱκανός;

3 2 ἡ ἐπιστολὴ ἡμῶν ὑμεῖς ἐστε ... γινωσκομένη καὶ ἀναγινωσκομένη

3 3 * ἐπιστολὴ Χριστοῦ διακονηθεῖσα ὑφ᾽ ἡμῶν, καὶ (+B) ἐγγεγραμμένη ... πνεύματι θεοῦ ζῶντος

3 6 ὃς καὶ ἱκάνωσεν ἡμᾶς διακόνους

3 10ᵈκαὶ γὰρ οὐ (οὐδὲ ς) δεδόξασται τὸ δεδοξασμένον

3 13ᵃ⟨παρρησίᾳ χρώμεθα⟩ καὶ οὐ καθάπερ Μωϋσῆς ἐτίθει κάλυμμα

4 3ᵃεἰ δὲ καὶ ἔστιν κεκαλυμμένον τὸ εὐαγγέλιον ἡμῶν

4 7ᵇἵνα ἡ ὑπερβολὴ τῆς δυνάμεως ᾖ τοῦ θεοῦ καὶ μὴ ἐξ ἡμῶν

4 10ˣἵνα καὶ ἡ ζωὴ τοῦ Ἰησοῦ ... φανερωθῇ

4 11ˣἵνα καὶ ἡ ζωὴ τοῦ Ἰησοῦ φανερωθῇ

4 13ᵛ* ἐπίστευσα, διὸ καὶ (+T) ἐλάλησα, ↔

4 13ᵍκαὶ ἡμεῖς πιστεύομεν, ↔

4 13ᵛδιὸ καὶ λαλοῦμεν

4 14ᵍὁ ἐγείρας τὸν κύριον [MH] Ἰησοῦν καὶ ἡμᾶς σὺν Ἰησοῦ ἐγερεῖ ↔

4 14 καὶ παραστήσει σὺν ὑμῖν

4 16ᶻἀλλ᾽ εἰ καὶ ὁ ἔξω ἡμῶν ἄνθρωπος διαφθείρεται, ↔

4 16 ἀλλ᾽ ὁ ἔσω ἡμῶν ἀνακαινοῦται ἡμέρᾳ καὶ ἡμέρᾳ

5 2ᵈκαὶ γὰρ ἐν τούτῳ στενάζομεν

5 3ᵖᶻ| εἴ γε (εἴπερ B) καὶ ἐκδυσάμενοι (N²⁶; ἐν- rl) οὐ γυμνοὶ εὑρεθησόμεθα

5 4ᵈκαὶ γὰρ οἱ ὄντες ἐν τῷ σκήνει στενάζομεν βαρούμενοι

5 5 * θεός, ὁ καὶ (+ς) δοὺς ἡμῖν τὸν ἀρραβῶνα τοῦ πνεύματος

5 6 θαρροῦντες οὖν πάντοτε καὶ εἰδότες

5 8ᵃθαρροῦμεν δὲ καὶ εὐδοκοῦμεν μᾶλλον ἐκδημῆσαι ἐκ τοῦ σώματος ↔

5 8 καὶ ἐνδημῆσαι πρὸς τὸν κύριον. ↔

5 9ᵛδιὸ καὶ φιλοτιμούμεθα

5 11ᵃἐλπίζω δὲ καὶ ἐν ταῖς συνειδήσεσιν ὑμῶν πεφανερῶσθαι

2 C 5 12ᵃᵇἵνα ἔχητε πρὸς τοὺς ἐν προσώπῳ καυχωμένους καὶ | μὴ ἐν (οὐ ς) καρδίᾳ

5 15 ⟨εἷς ὑπὲρ πάντων ἀπέθανεν⟩ καὶ ὑπὲρ πάντων ἀπέθανεν ↔

5 15 ἵνα οἱ ζῶντες μηκέτι ἑαυτοῖς ζῶσιν ἀλλὰ τῷ ὑπὲρ αὐτῶν ἀποθανόντι καὶ ἐγερθέντι

5 16ᵃᶻεἰ (+δὲ ς) καὶ ἐγνώκαμεν κατὰ σάρκα Χριστόν

5 18 τοῦ καταλλάξαντος ἡμᾶς ἑαυτῷ διὰ Χριστοῦ καὶ δόντος ἡμῖν τὴν διακονίαν

5 19 μὴ λογιζόμενος αὐτοῖς τὰ παραπτώματα αὐτῶν, καὶ θέμενος ἐν ἡμῖν τὸν λόγον τῆς καταλλαγῆς

6 1ᵃσυνεργοῦντες δὲ καὶ παρακαλοῦμεν

6 2 καιρῷ δεκτῷ ἐπήκουσά σου καὶ ἐν ἡμέρᾳ σωτηρίας ἐβοήθησά σοι

6 7 διὰ τῶν ὅπλων τῆς δικαιοσύνης τῶν δεξιῶν καὶ ἀριστερῶν, ↔

6 8 διὰ δόξης καὶ ἀτιμίας, ↔

6 8 διὰ δυσφημίας καὶ εὐφημίας· ↔

6 8 ὡς πλάνοι καὶ ἀληθεῖς, ↔

6 9 ὡς ἀγνοούμενοι καὶ ἐπιγινωσκόμενοι, ↔

6 9ⁿὡς ἀποθνῄσκοντες καὶ ἰδοὺ ζῶμεν, ↔

6 9ᵇὡς παιδευόμενοι καὶ μὴ θανατούμενοι

6 10 ὡς μηδὲν ἔχοντες καὶ πάντα κατέχοντες

6 13ᵍτὴν δὲ αὐτὴν ἀντιμισθίαν ... πλατύνθητε καὶ ὑμεῖς

6 14 τίς γὰρ μετοχὴ δικαιοσύνῃ καὶ ἀνομίᾳ ⟨;⟩

6 16 ἐνοικήσω ἐν αὐτοῖς καὶ ἐμπεριπατήσω, ↔

6 16 καὶ ἔσομαι αὐτῶν θεός, ↔

6 16ʰκαὶ αὐτοὶ ἔσονταί μου (μοι Sς) λαός. ↔

6 17 διὸ ἐξέλθατε ἐκ μέσου αὐτῶν καὶ ἀφορίσθητε

6 17 καὶ ἀκαθάρτου μὴ ἅπτεσθε· ↔

6 18 ⟨κἀγὼ εἰσδέξομαι ὑμᾶς⟩ καὶ ἔσομαι ὑμῖν εἰς πατέρα, ↔

6 18ᵍκαὶ ὑμεῖς ἔσεσθέ μοι εἰς υἱούς ↔

6 18 καὶ θυγατέρας

7 1 καθαρίσωμεν ἑαυτοὺς ἀπὸ παντὸς μολυσμοῦ σαρκὸς καὶ πνεύματος

7 3 ἐν ταῖς καρδίαις ἡμῶν ἐστε εἰς τὸ συναποθανεῖν καὶ συζῆν

7 5ᵈκαὶ γὰρ ἐλθόντων ἡμῶν εἰς Μακεδονίαν

7 7ʷοὐ μόνον δὲ ἐν τῇ παρουσίᾳ αὐτοῦ, ἀλλὰ καὶ ἐν τῇ παρακλήσει

7 8ᶻὅτι εἰ καὶ ἐλύπησα ὑμᾶς ἐν τῇ ἐπιστολῇ, οὐ μεταμέλομαι· ↔

7 8ᶻεἰ καὶ μετεμελόμην, ↔

7 8ᶻβλέπω γὰρ (+N²⁶]MVSTς) ὅτι ἡ ἐπιστολὴ ἐκείνη εἰ καὶ πρὸς ὥραν ἐλύπησεν ὑμᾶς

7 12ᶻἄρα εἰ καὶ ἔγραψα ὑμῖν, οὐχ ἕνεκεν τοῦ ἀδικήσαντος

7 14ᵘοὕτως καὶ ἡ καύχησις ἡμῶν ἡ (—NTH) ἐπὶ Τίτου ἀλήθεια ἐγενήθη. ↔

7 15 καὶ τὰ σπλάγχνα αὐτοῦ περισσοτέρως εἰς ὑμᾶς ἐστιν

7 15 ὡς μετὰ φόβου καὶ τρόμου ἐδέξασθε αὐτόν

8 2 ἐν πολλῇ δοκιμῇ θλίψεως ἡ περισσεία τῆς χαρᾶς αὐτῶν καὶ ἡ κατὰ βάθους πτωχεία αὐτῶν ἐπερίσσευσεν

2 C 8 3 ὅτι κατὰ δύναμιν, μαρτυρῶ, καὶ παρὰ δύναμιν, αὐθαίρετοι
8 4 δεόμενοι ἡμῶν τὴν χάριν καὶ τὴν κοινωνίαν τῆς διακονίας τῆς εἰς τοὺς ἁγίους, ↔
8 5^{a} καὶ οὐ καθὼς ἠλπίσαμεν, ↔
8 5^{g} ἀλλ' ἑαυτοὺς ἔδωκαν πρῶτον τῷ κυρίῳ καὶ ἡμῖν
8 6^{u} ἵνα καθὼς προενήρξατο οὕτως καὶ ἐπιτελέσῃ εἰς ὑμᾶς ↔
8 6 καὶ τὴν χάριν ταύτην. ↔
8 7 ἀλλ' ὥσπερ ἐν παντὶ περισσεύετε, πίστει καὶ λόγῳ ↔
8 7 καὶ γνώσει ↔
8 7 καὶ πάσῃ σπουδῇ ↔
8 7 καὶ τῇ ἐξ | ἡμῶν ἐν ὑμῖν (ὑμ. ἐν ἡμ. VBTς) ἀγάπῃ, ↔
8 7^{x} ἵνα καὶ ἐν ταύτῃ τῇ χάριτι περισσεύητε
8 8 διὰ τῆς ἑτέρων σπουδῆς καὶ τὸ τῆς ὑμετέρας ἀγάπης γνήσιον δοκιμάζων
8 10 καὶ γνώμην ἐν τούτῳ δίδωμι
8 10^{w} οἵτινες οὐ μόνον τὸ ποιῆσαι ἀλλὰ καὶ τὸ θέλειν προενήρξασθε
8 11^{q} νυνὶ δὲ καὶ τὸ ποιῆσαι ἐπιτελέσατε, ↔
8 11^{u} ὅπως καθάπερ ἡ προθυμία τοῦ θέλειν, οὕτως καὶ τὸ ἐπιτελέσαι ἐκ τοῦ ἔχειν
8 14^{x} ἵνα καὶ τὸ ἐκείνων περίσσευμα γένηται εἰς τὸ ὑμῶν ὑστέρημα
8 15 ὁ τὸ πολὺ οὐκ ἐπλεόνασεν, καὶ ὁ τὸ ὀλίγον οὐκ ἠλαττόνησεν
8 19^{w} οὐ μόνον δὲ ἀλλὰ καὶ χειροτονηθεὶς
8 19 πρὸς τὴν αὐτοῦ ([N^{26}]; —H) τοῦ κυρίου δόξαν καὶ προθυμίαν ἡμῶν
8 21^{w} προνοοῦμεν γὰρ καλὰ οὐ μόνον ἐνώπιον κυρίου ἀλλὰ καὶ ἐνώπιον ἀνθρώπων
8 23 εἴτε ὑπὲρ Τίτου, κοινωνὸς ἐμὸς καὶ εἰς ὑμᾶς συνεργός
8 24^{g} τὴν οὖν ἔνδειξιν τῆς ἀγάπης ὑμῶν καὶ ἡμῶν καυχήσεως ὑπὲρ ὑμῶν εἰς αὐτοὺς ἐνδεικνύμενοι (-δείξασθε MVBSHς) ↔
8 24 * καὶ (+ς) εἰς πρόσωπον τῶν ἐκκλησιῶν
9 2 Ἀχαΐα παρεσκεύασται ἀπὸ πέρυσι, καὶ τὸ (ὁ VBSς) ὑμῶν ζῆλος ἠρέθισεν
9 4 ἐὰν ἔλθωσιν σὺν ἐμοὶ Μακεδόνες καὶ εὕρωσιν ὑμᾶς ἀπαρασκευάστους
9 5 ἵνα προέλθωσιν εἰς ὑμᾶς καὶ προκαταρτίσωσιν τὴν προεπηγγελμένην εὐλογίαν ὑμῶν, ↔
9 5^{b} ταύτην ἑτοίμην εἶναι οὕτως ὡς εὐλογίαν καὶ (—T) μὴ ὡς πλεονεξίαν. ↔
9 6 τοῦτο δέ, ὁ σπείρων φειδομένως φειδομένως καὶ θερίσει, ↔
9 6 καὶ ὁ σπείρων ἐπ' εὐλογίαις ↔
9 6 ἐπ' εὐλογίαις καὶ θερίσει
9 10 ὁ δὲ ἐπιχορηγῶν σπόρον (N^{26}B; σπέρμα rl) τῷ σπείροντι καὶ ἄρτον εἰς βρῶσιν ↔
9 10 χορηγήσει καὶ πληθυνεῖ τὸν σπόρον ὑμῶν ↔
9 10 καὶ αὐξήσει τὰ γενήματα τῆς δικαιοσύνης ὑμῶν
9 12^{w} οὐ μόνον ἐστὶν προσαναπληροῦσα τὰ ὑστερήματα τῶν ἁγίων, ἀλλὰ καὶ περισσεύουσα

2 C 9 13 δοξάζοντες τὸν θεὸν ἐπὶ τῇ ὑποταγῇ τῆς ὁμολογίας ὑμῶν . . . καὶ ἁπλότητι τῆς κοινωνίας ↔
9 13 εἰς αὐτοὺς καὶ εἰς πάντας, ↔
9 14^{h} καὶ αὐτῶν δεήσει ὑπὲρ ὑμῶν
10 1 παρακαλῶ ὑμᾶς διὰ τῆς πραΰτητος καὶ ἐπιεικείας τοῦ Χριστοῦ
10 5 ⟨λογισμοὺς καθαιροῦντες⟩ καὶ πᾶν ὕψωμα ἐπαιρόμενον κατὰ τῆς γνώσεως τοῦ θεοῦ, ↔
10 5 καὶ αἰχμαλωτίζοντες πᾶν νόημα εἰς τὴν ὑπακοὴν τοῦ Χριστοῦ, ↔
10 6 καὶ ἐν ἑτοίμῳ ἔχοντες ἐκδικῆσαι πᾶσαν παρακοήν
10 7^{gu} ὅτι καθὼς αὐτὸς Χριστοῦ, οὕτως καὶ ἡμεῖς. ↔
10 8^{r} * ἐάν τε ([N^{26}]; —S) γὰρ καὶ (+ς) περισσότερόν τι καυχήσωμαι (-σομαι T) περὶ τῆς ἐξουσίας ἡμῶν, ↔
10 8^{a} ἧς ἔδωκεν ὁ κύριος εἰς οἰκοδομὴν καὶ οὐκ εἰς καθαίρεσιν ὑμῶν
10 10 ὅτι αἱ | ἐπιστολαὶ μέν (~BSς), φησίν, βαρεῖαι καὶ ἰσχυραί, ↔
10 10 ἡ δὲ παρουσία τοῦ σώματος ἀσθενὴς καὶ ὁ λόγος ἐξουθενημένος
10 11 οἷοί ἐσμεν τῷ λόγῳ . . . τοιοῦτοι καὶ παρόντες τῷ ἔργῳ
10 12 αὐτοὶ ἐν ἑαυτοῖς ἑαυτοὺς μετροῦντες καὶ συγκρίνοντες ἑαυτοὺς ἑαυτοῖς οὐ συνιᾶσιν
10 13^{g} ἐφικέσθαι ἄχρι καὶ ὑμῶν
10 14^{gr} ἄχρι γὰρ καὶ ὑμῶν ἐφθάσαμεν
11 1^{w} ἀλλὰ καὶ ἀνέχεσθέ μου
11 3 ἀπὸ τῆς ἁπλότητος | καὶ τῆς ἁγνότητος ([N^{26}NH]; —Tς) τῆς εἰς τὸν ([S]; — NMT) Χριστόν
11 6^{q} εἰ δὲ καὶ ἰδιώτης τῷ λόγῳ
11 9 καὶ παρὼν πρὸς ὑμᾶς ↔
11 9 καὶ ὑστερηθεὶς οὐ κατενάρκησα οὐθενός
11 9 καὶ ἐν παντὶ ἀβαρῆ ἐμαυτὸν ὑμῖν ἐτήρησα ↔
11 9 καὶ τηρήσω
11 12 ὃ δὲ ποιῶ, καὶ ποιήσω
11 12^{gu} ἵνα ἐν ᾧ καυχῶνται εὑρεθῶσιν καθὼς καὶ ἡμεῖς
11 14^{a} καὶ οὐ θαῦμα
11 15^{z} οὐ μέγα οὖν εἰ καὶ οἱ διάκονοι αὐτοῦ μετασχηματίζονται
11 27 (+ἐν MV[S]ς) κόπῳ καὶ μόχθῳ, ἐν ἀγρυπνίαις πολλάκις, ↔
11 27 ἐν λιμῷ καὶ δίψει, ἐν νηστείαις πολλάκις, ↔
11 27 ἐν ψύχει καὶ γυμνότητι
11 29^{a} τίς ἀσθενεῖ, καὶ οὐκ ἀσθενῶ; ↔
11 29^{a} τίς σκανδαλίζεται, καὶ οὐκ ἐγὼ πυροῦμαι;
11 31 ὁ θεὸς καὶ πατὴρ τοῦ κυρίου Ἰησοῦ οἶδεν
11 33 καὶ διὰ θυρίδος ἐν σαργάνῃ ἐχαλάσθην διὰ τοῦ τείχους ↔
11 33 καὶ ἐξέφυγον τὰς χεῖρας αὐτοῦ
12 1 ἐλεύσομαι δὲ (γὰρ Sς) εἰς ὀπτασίας καὶ ἀποκαλύψεις κυρίου
12 3 καὶ οἶδα τὸν τοιοῦτον ἄνθρωπον
12 4 ὅτι ἡρπάγη εἰς τὸν παράδεισον καὶ ἤκουσεν ἄρρητα ῥήματα
12 7 καὶ τῇ ὑπερβολῇ τῶν ἀποκαλύψεων. διὸ (—Tς) ἵνα μὴ ὑπεραίρωμαι
12 9 καὶ εἴρηκέν μοι
12 10 διὸ εὐδοκῶ . . . ἐν διωγμοῖς καὶ (ἐν VBSς) στενοχωρίαις

2 C 12 11^{z} οὐδὲν γὰρ ὑστέρησα . . . εἰ καὶ οὐδέν εἰμι. ↔
12 12^{p} τὰ μὲν σημεῖα τοῦ ἀποστόλου κατειργάσθη ἐν ὑμῖν . . . (+ἐν ς) σημείοις τε ([H]; —ς) καὶ τέρασιν ↔
12 12 καὶ δυνάμεσιν
12 14^{a} ἑτοίμως ἔχω ἐλθεῖν πρὸς ὑμᾶς, καὶ οὐ καταναρκήσω
12 15 ἐγὼ δὲ ἥδιστα δαπανήσω καὶ ἐκδαπανηθήσομαι ὑπὲρ τῶν ψυχῶν ὑμῶν. ↔
12 15^{z} * εἰ καὶ (+V[S]ς) περισσοτέρως ὑμᾶς ἀγαπῶν (-πῶ[ν] N^{26}; -πῶ NMTH), ἧσσον ἀγαπῶμαι;
12 18 παρεκάλεσα Τίτον καὶ συναπέστειλα τὸν ἀδελφόν
12 21 μὴ . . . ταπεινώσῃ (-σει ST) με ὁ θεός μου πρὸς ὑμᾶς, καὶ πενθήσω ↔
12 21^{b} πολλοὺς τῶν προημαρτηκότων καὶ μὴ μετανοησάντων ↔
12 21 ἐπὶ τῇ ἀκαθαρσίᾳ καὶ πορνείᾳ ↔
12 21 καὶ ἀσελγείᾳ ᾗ ἔπραξαν
13 1 ἐπὶ στόματος δύο μαρτύρων καὶ τριῶν σταθήσεται πᾶν ῥῆμα. ↔
13 2 προείρηκα καὶ προλέγω, ↔
13 2 ὡς παρὼν τὸ δεύτερον καὶ ἀπὼν νῦν, ↔
13 2 τοῖς προημαρτηκόσιν καὶ τοῖς λοιποῖς πᾶσιν
13 4^{d} καὶ γὰρ (+εἰ [S]ς) ἐσταυρώθη ἐξ ἀσθενείας
13 4^{d} καὶ γὰρ ἡμεῖς ἀσθενοῦμεν ἐν αὐτῷ
13 9^{q} τοῦτο (+δὲ ς) καὶ εὐχόμεθα, τὴν ὑμῶν κατάρτισιν
13 10^{a} κατὰ τὴν ἐξουσίαν ἣν ὁ κύριος ἔδωκέν μοι εἰς οἰκοδομὴν καὶ οὐκ εἰς καθαίρεσιν
13 11 εἰρηνεύετε, καὶ ὁ θεὸς τῆς ἀγάπης ↔
13 11 καὶ εἰρήνης ἔσται μεθ' ὑμῶν
13 13 ἡ χάρις τοῦ κυρίου Ἰησοῦ Χριστοῦ [H] καὶ ἡ ἀγάπη τοῦ θεοῦ ↔
13 13 καὶ ἡ κοινωνία τοῦ ἁγίου πνεύματος μετὰ πάντων ὑμῶν
G 1 1 Παῦλος ἀπόστολος . . . διὰ Ἰησοῦ Χριστοῦ καὶ θεοῦ πατρός
1 2 καὶ οἱ σὺν ἐμοὶ πάντες ἀδελφοί
1 3 χάρις ὑμῖν καὶ εἰρήνη ↔
1 3 ἀπὸ θεοῦ πατρὸς | ἡμῶν καὶ κυρίου (~BTς) Ἰησοῦ Χριστοῦ
1 4 κατὰ τὸ θέλημα τοῦ θεοῦ καὶ πατρὸς ἡμῶν
1 7 εἰ μή τινές εἰσιν οἱ ταράσσοντες ὑμᾶς καὶ θέλοντες μεταστρέψαι τὸ εὐαγγέλιον
1 8^{jw} ἀλλὰ καὶ ἐὰν ἡμεῖς ἢ ἄγγελος ἐξ οὐρανοῦ || εὐαγγελίζηται (-σηται NTH) ὑμῖν ([N^{26}NH]; —T) ((~S))
1 9 ὡς προειρήκαμεν, καὶ ἄρτι πάλιν λέγω
1 13 ἐδίωκον τὴν ἐκκλησίαν τοῦ θεοῦ καὶ ἐπόρθουν αὐτήν, ↔
1 14 καὶ προέκοπτον ἐν τῷ Ἰουδαϊσμῷ ὑπὲρ πολλοὺς
1 15 | ὁ θεὸς (+[N^{26}H]VSς) ὁ ἀφορίσας με ἐκ κοιλίας μητρός μου καὶ καλέσας
1 16 εὐθέως οὐ προσανεθέμην σαρκὶ καὶ αἵματι
1 17 ἀπῆλθον εἰς Ἀραβίαν, καὶ πάλιν ὑπέστρεψα εἰς Δαμασκόν
1 18 ἀνῆλθον εἰς Ἱεροσόλυμα ἱστορῆσαι Κηφᾶν, καὶ ἐπέμεινα πρὸς αὐτὸν
1 21 ἦλθον εἰς τὰ κλίματα τῆς Συρίας καὶ τῆς [H] Κιλικίας

G

1 24 ⟨ἀκούοντες ἦσαν⟩ καὶ ἐδόξαζον ἐν ἐμοὶ τὸν θεόν

2 1 ἀνέβην εἰς Ἱεροσόλυμα μετὰ Βαρναβᾶ, συμπαραλαβὼν καὶ Τίτον

2 2 καὶ ἀνεθέμην αὐτοῖς τὸ εὐαγγέλιον

2 8ᶠ ὁ γὰρ ἐνεργήσας Πέτρῳ ... ἐνήργησεν καὶ ἐμοὶ εἰς τὰ ἔθνη, ↔

2 9 καὶ γνόντες τὴν χάριν τὴν δοθεῖσάν μοι, ↔

2 9 Ἰάκωβος καὶ Κηφᾶς ↔

2 9 καὶ Ἰωάννης

2 9 δεξιὰς ἔδωκαν ἐμοὶ καὶ Βαρναβᾷ κοινωνίας

2 10 ὃ καὶ ἐσπούδασα αὐτὸ τοῦτο ποιῆσαι

2 12 ὑπέστελλεν καὶ ἀφώριζεν ἑαυτόν

2 13 καὶ συνυπεκρίθησαν αὐτῷ ↔

2 13 καὶ [N²⁶NH] οἱ λοιποὶ Ἰουδαῖοι, ↔

2 13ˣ ὥστε καὶ Βαρναβᾶς συναπήχθη αὐτῶν τῇ ὑποκρίσει

2 14ᵃᶜ εἰ σὺ ... ἐθνικῶς καὶ οὐχὶ (οὐκ NHϛ; οὐχ T) Ἰουδαϊκῶς ζῇς

2 15ᵃ ἡμεῖς φύσει Ἰουδαῖοι καὶ οὐκ ἐξ ἐθνῶν ἁμαρτωλοί

2 16ᵍ καὶ ἡμεῖς εἰς Χριστὸν Ἰησοῦν ἐπιστεύσαμεν, ↔

2 16ᵃ ἵνα δικαιωθῶμεν ἐκ πίστεως Χριστοῦ καὶ οὐκ ἐξ ἔργων νόμου

2 17ʰ εἰ δὲ ζητοῦντες δικαιωθῆναι ... εὑρέθημεν καὶ αὐτοὶ ἁμαρτωλοί

2 20 * ἐν πίστει ζῶ τῇ τοῦ | θεοῦ καὶ Χριστοῦ (B; υἱοῦ τοῦ θεοῦ rl) ↔

2 20 τοῦ ἀγαπήσαντός με καὶ παραδόντος ἑαυτόν

3 4ᵖ τοσαῦτα ἐπάθετε εἰκῇ; εἴ γε καὶ εἰκῇ. ↔

3 5 ὁ οὖν ἐπιχορηγῶν ὑμῖν τὸ πνεῦμα καὶ ἐνεργῶν δυνάμεις ἐν ὑμῖν

3 6 Ἀβραὰμ ἐπίστευσεν τῷ θεῷ, καὶ ἐλογίσθη αὐτῷ εἰς δικαιοσύνην

3 16 τῷ δὲ Ἀβραὰμ ἐρρέθησαν αἱ ἐπαγγελίαι καὶ τῷ σπέρματι αὐτοῦ. ↔

3 16 οὐ λέγει · καὶ τοῖς σπέρμασιν, ὡς ἐπὶ πολλῶν, ↔

3 16 ἀλλ' ὡς ἐφ' ἑνός · καὶ τῷ σπέρματί σου

3 17 ὁ μετὰ τετρακόσια καὶ τριάκοντα ἔτη γεγονὼς νόμος οὐκ ἀκυροῖ

3 28 οὐκ ἔνι ἄρσεν καὶ θῆλυ

3 29 * ἄρα τοῦ Ἀβραὰμ σπέρμα ἐστέ, καὶ (+ϛ) κατ' ἐπαγγελίαν κληρονόμοι

4 2 ὑπὸ ἐπιτρόπους ἐστὶν καὶ οἰκονόμους ἄχρι τῆς προθεσμίας τοῦ πατρός. ↔

4 3ᵍᵘ οὕτως καὶ ἡμεῖς ... ὑπὸ τὰ στοιχεῖα τοῦ κόσμου ἤμεθα δεδουλωμένοι

4 7 εἰ δὲ υἱός, καὶ κληρονόμος διὰ θεοῦ

4 9 πῶς ἐπιστρέφετε πάλιν ἐπὶ τὰ ἀσθενῆ καὶ πτωχὰ στοιχεῖα ⟨;⟩

4 10 ἡμέρας παρατηρεῖσθε καὶ μῆνας ↔

4 10 καὶ καιρούς

4 10 καὶ ἐνιαυτούς

4 14 ⟨οἴδατε δὲ⟩ καὶ τὸν πειρασμὸν ὑμῶν (+τὸν VSϛ) ἐν τῇ σαρκί μου οὐκ ἐξουθενήσατε

4 18ᵇ ζηλοῦσθαι ἐν καλῷ πάντοτε, καὶ μὴ μόνον ἐν τῷ παρεῖναί με

4 20 ἤθελον δὲ παρεῖναι πρὸς ὑμᾶς ἄρτι καὶ ἀλλάξαι τὴν φωνήν μου

4 22 Ἀβραὰμ δύο υἱοὺς ἔσχεν, ἕνα ἐκ τῆς παιδίσκης καὶ ἕνα ἐκ τῆς ἐλευθέρας

G

4 27 ῥῆξον καὶ βόησον, ἡ οὐκ ὠδίνουσα

4 29ᵘ ἀλλ' ὥσπερ τότε ὁ κατὰ σάρκα γεννηθεὶς ἐδίωκεν τὸν κατὰ πνεῦμα, οὕτως καὶ νῦν

4 30 ἔκβαλε τὴν παιδίσκην καὶ τὸν υἱὸν αὐτῆς

5 1ᵇʳ στήκετε οὖν καὶ μὴ πάλιν ζυγῷ δουλείας ἐνέχεσθε

5 12 ὄφελον καὶ ἀποκόψονται οἱ ἀναστατοῦντες ὑμᾶς

5 15 εἰ δὲ ἀλλήλους δάκνετε καὶ κατεσθίετε

5 16 πνεύματι περιπατεῖτε καὶ ἐπιθυμίαν σαρκὸς οὐ μὴ τελέσητε

5 21 ⟨τὰ ἔργα τῆς σαρκός, ἅτινά ἐστιν⟩ μέθαι, κῶμοι, καὶ τὰ ὅμοια τούτοις, ↔

5 21ᵘ * ἃ προλέγω ὑμῖν καθὼς καὶ (+MVB[S]ϛ) προεῖπον

5 24 τὴν σάρκα ἐσταύρωσαν σὺν τοῖς παθήμασιν καὶ ταῖς ἐπιθυμίαις. ↔

5 25 εἰ ζῶμεν πνεύματι, πνεύματι καὶ στοιχῶμεν

6 1ᶻ ἐὰν καὶ προλημφθῇ ἄνθρωπος ἔν τινι παραπτώματι

6 1ᶠᵗ σκοπῶν σεαυτόν, μὴ καὶ σὺ πειρασθῇς. ↔

6 2ᵏ ἀλλήλων τὰ βάρη βαστάζετε, καὶ οὕτως ἀναπληρώσετε (-σατε MVBSHϛ) τὸν νόμον τοῦ Χριστοῦ

6 4 δοκιμαζέτω ἕκαστος [H], καὶ τότε εἰς ἑαυτὸν μόνον τὸ καύχημα ἕξει ↔

6 4ᵃ καὶ οὐκ εἰς τὸν ἕτερον

6 7 ὃ γὰρ ἐὰν σπείρῃ ἄνθρωπος, τοῦτο καὶ θερίσει

6 16 καὶ ὅσοι τῷ κανόνι τούτῳ στοιχήσουσιν, ↔

6 16 εἰρήνη ἐπ' αὐτοὺς καὶ ἔλεος, ↔

6 16 καὶ ἐπὶ τὸν Ἰσραὴλ τοῦ θεοῦ

E

1 1 Παῦλος ἀπόστολος ... τοῖς ἁγίοις ... | ἐν Ἐφέσῳ [N²⁶NM VSTH] καὶ πιστοῖς ἐν Χριστῷ Ἰησοῦ· ↔

1 2 χάρις ὑμῖν καὶ εἰρήνη ἀπὸ θεοῦ πατρὸς ἡμῶν ↔

1 2 καὶ κυρίου Ἰησοῦ Χριστοῦ. ↔

1 3 εὐλογητὸς ὁ θεὸς καὶ πατὴρ τοῦ κυρίου ἡμῶν Ἰησοῦ Χριστοῦ

1 4 ἐξελέξατο ἡμᾶς ... εἶναι ἡμᾶς ἁγίους καὶ ἀμώμους κατενώπιον αὐτοῦ

1 8 ⟨τῆς χάριτος αὐτοῦ⟩ ἧς ἐπερίσσευσεν εἰς ἡμᾶς ἐν πάσῃ σοφίᾳ καὶ φρονήσει

1 10 ἀνακεφαλαιώσασθαι τὰ πάντα ἐν τῷ Χριστῷ, τὰ ἐπὶ τοῖς οὐρανοῖς καὶ τὰ ἐπὶ τῆς γῆς

1 11 ἐν ᾧ καὶ ἐκληρώθημεν προορισθέντες

1 13ᵍ ἐν ᾧ καὶ ὑμεῖς, ἀκούσαντες τὸν λόγον τῆς ἀληθείας

1 13 ἐν ᾧ καὶ πιστεύσαντες ἐσφραγίσθητε τῷ πνεύματι τῆς ἐπαγγελίας

1 15 ἀκούσας τὴν καθ' ὑμᾶς πίστιν ... καὶ | τὴν ἀγάπην (—H) τὴν εἰς πάντας τοὺς ἁγίους

1 17 ἵνα ὁ θεὸς ... δώῃ (N²⁶; δῴη rl) ὑμῖν πνεῦμα σοφίας καὶ ἀποκαλύψεως

1 18 * εἰς τὸ εἰδέναι ὑμᾶς τίς ἐστιν ἡ ἐλπὶς ... καὶ ... (+ϛ) τίς ὁ πλοῦτος τῆς δόξης

1 19 καὶ τί τὸ ὑπερβάλλον μέγεθος τῆς δυνάμεως αὐτοῦ

E

1 20 ἐγείρας αὐτὸν ἐκ νεκρῶν, καὶ καθίσας (ἐκάθισεν ϛ) (+αὐτὸν ST) ἐν δεξιᾷ αὐτοῦ

1 21 ὑπεράνω πάσης ἀρχῆς καὶ ἐξουσίας ↔

1 21 καὶ δυνάμεως ↔

1 21 καὶ κυριότητος ↔

1 21 καὶ παντὸς ὀνόματος ὀνομαζομένου ↔

1 21ʷ οὐ μόνον ἐν τῷ αἰῶνι τούτῳ ἀλλὰ καὶ ἐν τῷ μέλλοντι· ↔

1 22 καὶ πάντα ὑπέταξεν ὑπὸ τοὺς πόδας αὐτοῦ, ↔

1 22ʰ καὶ αὐτὸν ἔδωκεν κεφαλὴν ὑπὲρ πάντα τῇ ἐκκλησίᾳ

2 1ᵍ καὶ ὑμᾶς ὄντας νεκροὺς τοῖς παραπτώμασιν ↔

2 1 καὶ ταῖς ἁμαρτίαις ὑμῶν *

2 3ᵍ ἐν οἷς καὶ ἡμεῖς πάντες ἀνεστράφημέν ποτε

2 3 ποιοῦντες τὰ θελήματα τῆς σαρκὸς καὶ τῶν διανοιῶν, ↔

2 3 καὶ ἤμεθα τέκνα φύσει ὀργῆς ↔

2 3ᵘ ὡς καὶ οἱ λοιποί

2 5 καὶ ὄντας ἡμᾶς νεκροὺς τοῖς παραπτώμασιν συνεζωοποίησεν τῷ Χριστῷ

2 6 καὶ συνήγειρεν ↔

2 6 καὶ συνεκάθισεν ἐν τοῖς ἐπουρανίοις

2 8ʰ τῇ γὰρ χάριτί ἐστε σεσῳσμένοι ... καὶ τοῦτο οὐκ ἐξ ὑμῶν

2 12 ὅτι ἦτε ... ἀπηλλοτριωμένοι τῆς πολιτείας τοῦ Ἰσραὴλ καὶ ξένοι τῶν διαθηκῶν τῆς ἐπαγγελίας, ↔

2 12 ἐλπίδα μὴ ἔχοντες καὶ ἄθεοι ἐν τῷ κόσμῳ

2 14 ὁ ποιήσας τὰ ἀμφότερα ἓν καὶ τὸ μεσότοιχον τοῦ φραγμοῦ λύσας

2 16 ⟨ἵνα τοὺς δύο κτίσῃ⟩ καὶ ἀποκαταλλάξῃ τοὺς ἀμφοτέρους

2 17 καὶ ἐλθὼν εὐηγγελίσατο ↔

2 17 εἰρήνην ὑμῖν τοῖς μακρὰν καὶ εἰρήνην τοῖς ἐγγύς

2 19 ἄρα οὖν οὐκέτι ἐστὲ ξένοι καὶ πάροικοι, ↔

2 19 ἀλλὰ ἐστὲ συμπολῖται τῶν ἁγίων καὶ οἰκεῖοι τοῦ θεοῦ, ↔

2 20 ἐποικοδομηθέντες ἐπὶ τῷ θεμελίῳ τῶν ἀποστόλων καὶ προφητῶν

2 22ᵍ ἐν ᾧ καὶ ὑμεῖς συνοικοδομεῖσθε εἰς κατοικητήριον τοῦ θεοῦ

3 5 ὡς νῦν ἀπεκαλύφθη τοῖς ἁγίοις ἀποστόλοις αὐτοῦ καὶ προφήταις ἐν πνεύματι, ↔

3 6 εἶναι τὰ ἔθνη συγκληρονόμα καὶ σύσσωμα ↔

3 6 καὶ συμμέτοχα τῆς ἐπαγγελίας

3 9 ⟨τοῖς ἔθνεσιν εὐαγγελίσασθαι⟩ καὶ φωτίσαι πάντας ([N²⁶]; —NTH) τίς ἡ οἰκονομία τοῦ μυστηρίου

3 10 ἵνα γνωρισθῇ νῦν ταῖς ἀρχαῖς καὶ ταῖς ἐξουσίαις ... ἡ πολυποίκιλος σοφία τοῦ θεοῦ

3 12 ἐν ᾧ ἔχομεν τὴν παρρησίαν καὶ προσαγωγὴν ἐν πεποιθήσει

3 15 ἐξ οὗ πᾶσα πατριὰ ἐν οὐρανοῖς καὶ ἐπὶ γῆς ὀνομάζεται

3 17 ἐν ἀγάπῃ ἐρριζωμένοι καὶ τεθεμελιωμένοι, ↔

3 18 ἵνα ἐξισχύσητε καταλαβέσθαι ... τί τὸ πλάτος καὶ μῆκος

3 18 καὶ ὕψος (βάθος VSTϛ) ↔

3 18 καὶ βάθος (ὕψος VSTϛ)

3 21 αὐτῷ ἡ δόξα ἐν τῇ ἐκκλησίᾳ καὶ (—ϛ) ἐν Χριστῷ Ἰησοῦ

E 4 2 ⟨ἀξίως περιπατῆσαι τῆς κλήσεως⟩ μετὰ πάσης ταπεινοφροσύνης καὶ πραΰτητος

4 4 ἐν σῶμα καὶ ἐν πνεῦμα, ↔

4 4ᵘ καθὼς καὶ [H] ἐκλήθητε ἐν μιᾷ ἐλπίδι τῆς κλήσεως ὑμῶν

4 6 εἷς θεὸς καὶ πατὴρ πάντων, ↔

4 6 ὁ ἐπὶ πάντων καὶ διὰ πάντων ↔

4 6 καὶ ἐν πᾶσιν

4 8 * ᾐχμαλώτευσεν αἰχμαλωσίαν, καὶ (+VBS[H]ς) ἔδωκεν δόματα τοῖς ἀνθρώποις. ↔

4 9ᵛ τὸ δὲ ἀνέβη τί ἐστιν εἰ μὴ ὅτι καὶ κατέβη ⟨;⟩

4 10 ὁ καταβὰς αὐτός ἐστιν καὶ ὁ ἀναβάς

4 11ʰ καὶ αὐτὸς ἔδωκεν τοὺς μὲν ἀποστόλους ... τοὺς δὲ εὐαγγελιστάς, ↔

4 11 τοὺς δὲ ποιμένας καὶ διδασκάλους

4 13 μέχρι καταντήσωμεν ... εἰς τὴν ἑνότητα τῆς πίστεως καὶ τῆς ἐπιγνώσεως τοῦ υἱοῦ τοῦ θεοῦ

4 14 ἵνα μηκέτι ὦμεν νήπιοι, κλυδωνιζόμενοι καὶ περιφερόμενοι παντὶ ἀνέμῳ τῆς διδασκαλίας

4 16 ἐξ οὗ πᾶν τὸ σῶμα συναρμολογούμενον καὶ συμβιβαζόμενον ... τὴν αὔξησιν τοῦ σώματος ποιεῖται

4 17 τοῦτο οὖν λέγω καὶ μαρτύρομαι ἐν κυρίῳ,

4 17ᵘ μηκέτι ὑμᾶς περιπατεῖν καθὼς καὶ τὰ ἔθνη περιπατεῖ

4 21 εἴ γε αὐτὸν ἠκούσατε καὶ ἐν αὐτῷ ἐδιδάχθητε

4 24 ⟨ἀνανεοῦσθαι⟩ καὶ ἐνδύσασθαι τὸν καινὸν ἄνθρωπον ↔

4 24 τὸν κατὰ θεὸν κτισθέντα ἐν δικαιοσύνῃ καὶ ὁσιότητι τῆς ἀληθείας

4 26ᵇ ὀργίζεσθε καὶ μὴ ἁμαρτάνετε

4 30ᵇ καὶ μὴ λυπεῖτε τὸ πνεῦμα τὸ ἅγιον

4 31 πᾶσα πικρία καὶ θυμὸς ↔

4 31 καὶ ὀργὴ ↔

4 31 καὶ κραυγὴ ↔

4 31 καὶ βλασφημία ἀρθήτω ἀφ᾽ ὑμῶν

4 32ᵘ χαριζόμενοι ἑαυτοῖς καθὼς καὶ ὁ θεὸς ἐν Χριστῷ ἐχαρίσατο ὑμῖν

5 2 ⟨γίνεσθε οὖν μιμηταὶ τοῦ θεοῦ⟩ καὶ περιπατεῖτε ἐν ἀγάπῃ, ↔

5 2ᵘ καθὼς καὶ ὁ Χριστὸς ἠγάπησεν ἡμᾶς (N²⁶ς; ὑμᾶς rl) ↔

5 2 καὶ παρέδωκεν ἑαυτὸν ὑπὲρ ἡμῶν (ὑ. H) ↔

5 2 προσφορὰν καὶ θυσίαν τῷ θεῷ

5 3ᵃ πορνεία δὲ καὶ ἀκαθαρσία πᾶσα ... μηδὲ ὀνομαζέσθω ἐν ὑμῖν

5 4 καὶ αἰσχρότης ↔

5 4 καὶ (ἢ ST) μωρολογία ἢ εὐτραπελία

5 5 πᾶς πόρνος ... οὐκ ἔχει κληρονομίαν ἐν τῇ βασιλείᾳ τοῦ Χριστοῦ καὶ θεοῦ

5 9 ὁ γὰρ καρπὸς τοῦ φωτὸς ἐν πάσῃ ἀγαθωσύνῃ καὶ δικαιοσύνῃ ↔

5 9 καὶ ἀληθείᾳ

5 11ᵇ ⟨περιπατεῖτε⟩ καὶ μὴ συγκοινωνεῖτε τοῖς ἔργοις τοῖς ἀκάρποις τοῦ σκότους, ↔

5 11ᵃ μᾶλλον δὲ καὶ ἐλέγχετε, ↔

5 12 τὰ γὰρ κρυφῇ γινόμενα ὑπ᾽ αὐτῶν αἰσχρόν ἐστιν καὶ λέγειν

5 14 ἔγειρε, ὁ καθεύδων, καὶ ἀνάστα ἐκ τῶν νεκρῶν, ↔

5 14 καὶ ἐπιφαύσει σοι ὁ Χριστός

5 18ᵇ καὶ μὴ μεθύσκεσθε οἴνῳ

5 19 λαλοῦντες ἑαυτοῖς ἐν (+[N²⁶S] MB) ψαλμοῖς καὶ ὕμνοις ↔

E 5 19 καὶ ᾠδαῖς πνευματικαῖς, ↔

5 19 ᾄδοντες καὶ ψάλλοντες ... τῷ κυρίῳ, ↔

5 20 εὐχαριστοῦντες πάντοτε ὑπὲρ πάντων ... τῷ θεῷ καὶ πατρί

5 23ᵘ ὅτι ἀνήρ ἐστιν κεφαλὴ τῆς γυναικὸς ὡς καὶ ὁ Χριστὸς κεφαλὴ τῆς ἐκκλησίας,

5 23ʰ * | καὶ αὐτός ἐστι (ς; αὐτὸς rl) σωτὴρ τοῦ σώματος. ↔

5 24ᵘ ἀλλὰ ὡς ἡ ἐκκλησία ὑποτάσσεται τῷ Χριστῷ, οὕτως καὶ αἱ γυναῖκες τοῖς ἀνδράσιν

5 25ᵘ καθὼς καὶ ὁ Χριστὸς ἠγάπησεν τὴν ἐκκλησίαν ↔

5 25 καὶ ἑαυτὸν παρέδωκεν ὑπὲρ αὐτῆς

5 27 ἀλλ᾽ ἵνα ᾖ ἁγία καὶ ἄμωμος. ↔

5 28 οὕτως ὀφείλουσιν καὶ ([N²⁶NV SH]; —Tς) οἱ ἄνδρες ἀγαπᾶν τὰς ἑαυτῶν γυναῖκας

5 29 ἀλλὰ ἐκτρέφει καὶ θάλπει αὐτήν, ↔

5 29ᵘ καθὼς καὶ ὁ Χριστὸς (κύριος Sς) τὴν ἐκκλησίαν, ↔

5 30 * ὅτι μέλη ἐσμὲν τοῦ σώματος αὐτοῦ, | ἐκ τῆς σαρκὸς αὐτοῦ καὶ ἐκ τῶν ὀστέων αὐτοῦ (+[S]ς). ↔

5 31 ἀντὶ τούτου καταλείψει ἄνθρωπος τὸν [N²⁶NH] πατέρα καὶ τὴν [N²⁶NH] μητέρα

5 31 καὶ προσκολληθήσεται | πρὸς τὴν γυναῖκα αὐτοῦ (τῇ γυναικὶ αὐ. B; τῇ γυναικὶ T), ↔

5 31 καὶ ἔσονται οἱ δύο εἰς σάρκα μίαν

5 32 ἐγὼ δὲ λέγω εἰς Χριστὸν καὶ εἰς [NH] τὴν ἐκκλησίαν. ↔

5 33ᵍʷ πλὴν καὶ ὑμεῖς οἱ καθ᾽ ἕνα ἕκαστος τὴν ἑαυτοῦ γυναῖκα οὕτως ἀγαπάτω ὡς ἑαυτόν

6 2 τίμα τὸν πατέρα σου καὶ τὴν μητέρα

6 3 ἵνα εὖ σοι γένηται καὶ ἔσῃ μακροχρόνιος ἐπὶ τῆς γῆς. ↔

6 4 καὶ οἱ πατέρες, μὴ παροργίζετε τὰ τέκνα ὑμῶν,

6 4 ἀλλὰ ἐκτρέφετε αὐτὰ ἐν παιδείᾳ καὶ νουθεσίᾳ κυρίου. ↔

6 5 οἱ δοῦλοι, ὑπακούετε τοῖς | κατὰ σάρκα κυρίοις (~ Sς) μετὰ φόβου καὶ τρόμου

6 7ᵃ μετ᾽ εὐνοίας δουλεύοντες ὡς τῷ κυρίῳ καὶ οὐκ ἀνθρώποις

6 9 οἱ κύριοι, τὰ αὐτὰ ποιεῖτε πρὸς αὐτούς

6 9ᵍʰ ʸ εἰδότες ὅτι καὶ αὐτῶν (ὑμῶν ς) ↔

6 9ᵍ καὶ (—ς) ὑμῶν (αὐτῶν ς) ὁ κύριός ἐστιν ἐν οὐρανοῖς, ↔

6 9 καὶ προσωπολημψία οὐκ ἔστιν παρ᾽ αὐτῷ

6 10 ἐνδυναμοῦσθε ἐν κυρίῳ καὶ ἐν τῷ κράτει τῆς ἰσχύος αὐτοῦ

6 12 ὅτι οὐκ ἔστιν ἡμῖν ἡ πάλη πρὸς αἷμα καὶ σάρκα

6 13 ἀντιστῆναι ἐν τῇ ἡμέρᾳ τῇ πονηρᾷ καὶ ἅπαντα κατεργασάμενοι στῆναι. ↔

6 14 στῆτε οὖν περιζωσάμενοι ... καὶ ἐνδυσάμενοι τὸν θώρακα τῆς δικαιοσύνης,

6 15 καὶ ὑποδησάμενοι τοὺς πόδας ἐν ἑτοιμασίᾳ τοῦ εὐαγγελίου

6 17 καὶ τὴν περικεφαλαίαν τοῦ σωτηρίου δέξασθε, ↔

6 17 καὶ τὴν μάχαιραν τοῦ πνεύματος

6 18 διὰ πάσης προσευχῆς καὶ δεήσεως, ↔

E 6 18 προσευχόμενοι ... ἐν πνεύματι, καὶ εἰς αὐτὸ ἀγρυπνοῦντες ↔

6 18 ἐν πάσῃ προσκαρτερήσει καὶ δεήσει περὶ πάντων τῶν ἁγίων, ↔

6 19 καὶ ὑπὲρ ἐμοῦ, ἵνα μοι δοθῇ λόγος

6 21ᵍ ἵνα δὲ | εἰδῆτε καὶ ὑμεῖς (~ ST) τὰ κατ᾽ ἐμέ

6 21 πάντα | γνωρίσει ὑμῖν (~ Sς) Τύχικος ὁ ἀγαπητὸς ἀδελφὸς καὶ πιστὸς διάκονος ἐν κυρίῳ

6 22 ἵνα γνῶτε τὰ περὶ ἡμῶν καὶ παρακαλέσῃ τὰς καρδίας ὑμῶν. ↔

6 23 εἰρήνη τοῖς ἀδελφοῖς καὶ ἀγάπη μετὰ πίστεως ↔

6 23 ἀπὸ θεοῦ πατρὸς καὶ κυρίου Ἰησοῦ Χριστοῦ

Ph 1 1 Παῦλος καὶ Τιμόθεος δοῦλοι Χριστοῦ Ἰησοῦ ↔

1 1 πᾶσιν τοῖς ἁγίοις ... τοῖς οὖσιν ἐν Φιλίπποις σὺν ἐπισκόποις καὶ διακόνοις· ↔

1 2 χάρις ὑμῖν καὶ εἰρήνη ἀπὸ θεοῦ πατρὸς ἡμῶν

1 2 καὶ κυρίου Ἰησοῦ Χριστοῦ

1 7 ἔν τε τοῖς δεσμοῖς μου καὶ ἐν (—ς) τῇ ἀπολογίᾳ ↔

1 7 καὶ βεβαιώσει τοῦ εὐαγγελίου

1 9ʰ καὶ τοῦτο προσεύχομαι, ↔

1 9 ἵνα ἡ ἀγάπη ὑμῶν ἔτι μᾶλλον καὶ μᾶλλον περισσεύῃ ↔

1 9 ἐν ἐπιγνώσει καὶ πάσῃ αἰσθήσει

1 10 ἵνα ἦτε εἰλικρινεῖς καὶ ἀπρόσκοποι

1 11 πεπληρωμένοι καρπὸν δικαιοσύνης ... εἰς δόξαν καὶ ἔπαινον θεοῦ

1 13 ὥστε τοὺς δεσμούς μου φανεροὺς ... γενέσθαι ἐν ὅλῳ τῷ πραιτωρίῳ καὶ τοῖς λοιποῖς πᾶσιν,

1 14 καὶ τοὺς πλείονας ... τολμᾶν ἀφόβως τὸν λόγον (+τοῦ θεοῦ NMVBSTH) λαλεῖν. ↔

1 15ᵃ τινὲς μὲν καὶ διὰ φθόνον ↔

1 15 καὶ ἔριν, ↔

1 15ᵃ τινὲς δὲ καὶ δι᾽ εὐδοκίαν τὸν Χριστὸν κηρύσσουσιν

1 18 καὶ ἐν τούτῳ χαίρω· ↔

1 18ʷ ἀλλὰ καὶ χαρήσομαι

1 19 τοῦτό μοι ἀποβήσεται εἰς σωτηρίαν διὰ τῆς ὑμῶν δεήσεως καὶ ἐπιχορηγίας τοῦ πνεύματος Ἰησοῦ Χριστοῦ, ↔

1 20 κατὰ τὴν ἀποκαραδοκίαν καὶ ἐλπίδα μου

1 20 ἐν πάσῃ παρρησίᾳ ὡς πάντοτε καὶ νῦν μεγαλυνθήσεται Χριστός

1 21 ἐμοὶ γὰρ τὸ ζῆν Χριστὸς καὶ τὸ ἀποθανεῖν κέρδος

1 22 καὶ τί αἱρήσομαι οὐ γνωρίζω

1 23 τὴν ἐπιθυμίαν ἔχων εἰς τὸ ἀναλῦσαι καὶ σὺν Χριστῷ εἶναι

1 25ʰ καὶ τοῦτο πεποιθὼς οἶδα, ↔

1 25 ὅτι μενῶ καὶ παραμενῶ πᾶσιν ὑμῖν

1 25 εἰς τὴν ὑμῶν προκοπὴν καὶ χαρὰν τῆς πίστεως

1 27 ἵνα εἴτε ἐλθὼν καὶ ἰδὼν ὑμᾶς εἴτε ἀπὼν ἀκούω (-σω VSς)

1 28ᵇ ⟨συναθλοῦντες⟩ καὶ μὴ πτυρόμενοι ἐν μηδενὶ ὑπὸ τῶν ἀντικειμένων, ↔

1 28ʰ ἥτις ἐστὶν αὐτοῖς ἔνδειξις ἀπωλείας, ὑμῶν δὲ σωτηρίας, καὶ τοῦτο ἀπὸ θεοῦ

1 29ʷ οὐ μόνον τὸ εἰς αὐτὸν πιστεύειν ἀλλὰ καὶ τὸ ὑπὲρ αὐτοῦ πάσχειν, ↔

Ph 1 30 τὸν αὐτὸν ἀγῶνα ἔχοντες οἷον εἴδετε ἐν ἐμοὶ καὶ νῦν ἀκούετε ἐν ἐμοί. ↔

2 1 εἴ τις οὖν παράκλησις ἐν Χριστῷ . . . εἴ τις σπλάγχνα καὶ οἰκτιρμοί

2 4ʷμὴ τὰ ἑαυτῶν ἕκαστος (-στοι NMTH) σκοποῦντες, ἀλλὰ καὶ [Ν²⁶] τὰ ἑτέρων ἕκαστοι. ↔

2 5 τοῦτο φρονεῖτε (-νείσθω Sς) ἐν ὑμῖν ὃ καὶ ἐν Χριστῷ ᾿Ιησοῦ

2 7 καὶ σχήματι εὑρεθεὶς ὡς ἄνθρωπος ⟨ἐταπείνωσεν ἑαυτόν⟩

2 9ᵛδιὸ καὶ ὁ θεὸς αὐτὸν ὑπερύψωσεν↔

2 9 καὶ ἐχαρίσατο αὐτῷ τὸ ([S]; —ς) ὄνομα τὸ ὑπὲρ πᾶν ὄνομα, ↔

2 10 ἵνα ἐν τῷ ὀνόματι ᾿Ιησοῦ πᾶν γόνυ κάμψῃ ἐπουρανίων καὶ ἐπιγείων

2 10 καὶ καταχθονίων, ↔

2 11 καὶ πᾶσα γλῶσσα ἐξομολογήσηται (-γήσεται Τ)

2 12 μετὰ φόβου καὶ τρόμου τὴν ἑαυτῶν σωτηρίαν κατεργάζεσθε· ↔

2 13 θεὸς γάρ ἐστιν ὁ ἐνεργῶν ἐν ὑμῖν καὶ τὸ θέλειν ↔

2 13 καὶ τὸ ἐνεργεῖν ὑπὲρ τῆς εὐδοκίας. ↔

2 14 πάντα ποιεῖτε χωρὶς γογγυσμῶν καὶ διαλογισμῶν,

2 15 ἵνα γένησθε ἄμεμπτοι καὶ ἀκέραιοι,

2 15 τέκνα θεοῦ ἄμωμα (-μητα Sς) μέσον γενεᾶς σκολιᾶς καὶ διεστραμμένης

2 17ᶻἀλλὰ εἰ καὶ σπένδομαι ἐπὶ τῇ θυσίᾳ ↔

2 17 καὶ λειτουργίᾳ τῆς πίστεως ὑμῶν, ↔

2 17 χαίρω καὶ συγχαίρω πᾶσιν ὑμῖν·

2 18ᵍτὸ δὲ αὐτὸ καὶ ὑμεῖς χαίρετε ↔

2 18 καὶ συγχαίρετέ μοι

2 24ʰᵛπέποιθα δὲ ἐν κυρίῳ ὅτι καὶ αὐτὸς ταχέως ἐλεύσομαι. ↔

2 25 ἀναγκαῖον δὲ ἡγησάμην ᾿Επαφρόδιτον τὸν ἀδελφὸν καὶ συνεργόν ↔

2 25 καὶ συστρατιώτην μου, ↔

2 25 ὑμῶν δὲ ἀπόστολον καὶ λειτουργὸν τῆς χρείας μου, πέμψαι πρὸς ὑμᾶς, ↔

2 26 ἐπειδὴ ἐπιποθῶν ἦν πάντας ὑμᾶς (+ἰδεῖν S[H]), καὶ ἀδημονῶν

2 27ᵈκαὶ γὰρ ἠσθένησεν παραπλήσιον θανάτῳ (-του Η)· ↔

2 27ᶠʷἀλλὰ ὁ θεὸς ἠλέησεν αὐτόν, οὐκ αὐτὸν δὲ μόνον ἀλλὰ καὶ ἐμέ

2 29 προσδέχεσθε οὖν αὐτὸν . . . μετὰ πάσης χαρᾶς, καὶ τοὺς τοιούτους ἐντίμους ἔχετε

3 3 οἱ πνεύματι θεοῦ λατρεύοντες καὶ καυχώμενοι ἐν Χριστῷ ᾿Ιησοῦ ↔

3 3ᵃκαὶ οὐκ ἐν σαρκὶ πεποιθότες, ↔

3 4 καίπερ ἐγὼ ἔχων πεποίθησιν καὶ ἐν σαρκί

3 8ᶠἀλλὰ μενοῦνγε καὶ ἡγοῦμαι πάντα ζημίαν εἶναι

3 8 καὶ ἡγοῦμαι σκύβαλα (+εἶναι [Μ]VSς) ἵνα Χριστὸν κερδήσω ↔

3 9 καὶ εὑρεθῶ ἐν αὐτῷ

3 10 τοῦ γνῶναι αὐτὸν καὶ τὴν δύναμιν τῆς ἀναστάσεως αὐτοῦ ↔

3 10 καὶ τὴν (+[Ν²⁶S]MVς) κοινωνίαν τῶν (+[Ν²⁶]MVBSς) παθημάτων αὐτοῦ

Ph 3 12ᶻδιώκω δὲ εἰ καὶ (—Τ) καταλάβω, ↔

3 12 ἐφ᾿ ᾧ καὶ κατελήμφθην ὑπὸ Χριστοῦ ᾿Ιησοῦ [Ν²⁶Η]

3 15ʲκαὶ εἴ τι ἑτέρως φρονεῖτε, ↔

3 15ʰκαὶ τοῦτο ὁ θεὸς ὑμῖν ἀποκαλύψει

3 17 συμμιμηταί μου γίνεσθε, ἀδελφοί, καὶ σκοπεῖτε τοὺς οὕτω περιπατοῦντας

3 18ᑫνῦν δὲ καὶ κλαίων λέγω

3 19 ὧν ὁ θεὸς ἡ κοιλία καὶ ἡ δόξα ἐν τῇ αἰσχύνῃ αὐτῶν

3 20 ἐξ οὗ καὶ σωτῆρα ἀπεκδεχόμεθα κύριον

3 21 κατὰ τὴν ἐνέργειαν τοῦ δύνασθαι αὐτὸν καὶ ὑποτάξαι αὐτῷ (αὐτῷ Ης) τὰ πάντα. ↔

4 1 ὥστε, ἀδελφοί μου ἀγαπητοὶ καὶ ἐπιπόθητοι,

4 1 χαρὰ καὶ στέφανός μου, οὕτως στήκετε

4 2 Εὐοδίαν παρακαλῶ καὶ Συντύχην παρακαλῶ τὸ αὐτὸ φρονεῖν ἐν κυρίῳ. ↔

4 3 * καὶ (ς; ναὶ rl) ἐρωτῶ ↔

4 3ᶠκαὶ σέ, γνήσιε σύζυγε

4 3 αἵτινες . . . συνήθλησάν μοι μετὰ καὶ Κλήμεντος ↔

4 3 καὶ τῶν λοιπῶν συνεργῶν μου

4 6 τῇ προσευχῇ καὶ τῇ δεήσει . . . τὰ αἰτήματα ὑμῶν γνωριζέσθω πρὸς τὸν θεόν. ↔

4 7 καὶ ἡ εἰρήνη τοῦ θεοῦ ἡ ὑπερέχουσα πάντα νοῦν ↔

4 7 φρουρήσει τὰς καρδίας ὑμῶν καὶ τὰ νοήματα ὑμῶν

4 8ʲεἴ τις ἀρετὴ καὶ εἴ τις ἔπαινος, ταῦτα λογίζεσθε· ↔

4 9 ἃ καὶ ἐμάθετε ↔

4 9 καὶ παρελάβετε ↔

4 9 καὶ ἠκούσατε ↔

4 9 καὶ εἴδετε ἐν ἐμοί, ταῦτα πράσσετε· ↔

4 9 καὶ ὁ θεὸς τῆς εἰρήνης ἔσται μεθ᾿ ὑμῶν

4 10 ἐφ᾿ ᾧ καὶ ἐφρονεῖτε, ἠκαιρεῖσθε δέ

4 12 οἶδα καὶ (δὲ ς) ταπεινοῦσθαι, ↔

4 12 οἶδα καὶ περισσεύειν· ↔

4 12 ἐν παντὶ καὶ ἐν πᾶσιν μεμύημαι, ↔

4 12 καὶ χορτάζεσθαι ↔

4 12 καὶ πεινᾶν ↔

4 12 καὶ περισσεύειν ↔

4 12 καὶ ὑστερεῖσθαι

4 15ᵍᵃοἴδατε δὲ καὶ ὑμεῖς, Φιλιππήσιοι

4 15 εἰς λόγον δόσεως καὶ λήμψεως

4 16ᵛὅτι καὶ ἐν Θεσσαλονίκῃ ↔

4 16 καὶ ἅπαξ ↔

4 16 καὶ δὶς εἰς τὴν χρείαν μοι ἐπέμψατε

4 18 ἀπέχω δὲ πάντα καὶ περισσεύω

4 20 τῷ δὲ θεῷ καὶ πατρὶ ἡμῶν ἡ δόξα

Cl 1 1 Παῦλος ἀπόστολος Χριστοῦ ᾿Ιησοῦ . . . καὶ Τιμόθεος ὁ ἀδελφὸς

1 2 τοῖς ἐν Κολοσσαῖς ἁγίοις καὶ πιστοῖς ἀδελφοῖς ἐν Χριστῷ· ↔

1 2 χάρις ὑμῖν καὶ εἰρήνη ἀπὸ θεοῦ πατρὸς ἡμῶν ↔

1 2 * | καὶ κυρίου ᾿Ιησοῦ Χριστοῦ (+ ς). ↔

1 3 * εὐχαριστοῦμεν τῷ θεῷ καὶ (+MVBSTς) πατρὶ τοῦ κυρίου ἡμῶν

1 4 ἀκούσαντες τὴν πίστιν ὑμῶν ἐν Χριστῷ ᾿Ιησοῦ καὶ τὴν ἀγάπην

1 6ᵘκαθὼς καὶ ἐν παντὶ τῷ κόσμῳ ↔

1 6 * καὶ (+ς) ἐστὶν καρποφορούμενον

Cl 1 6 | καὶ αὐξανόμενον (—ς) ↔

1 6ᵘκαθὼς καὶ ἐν ὑμῖν, ↔

1 6 ἀφ᾿ ἧς ἡμέρας ἠκούσατε καὶ ἐπέγνωτε τὴν χάριν τοῦ θεοῦ

1 7ᵘ* καθὼς καὶ (+ς) ἐμάθετε ἀπὸ ᾿Επαφρᾶ

1 8 ὁ καὶ δηλώσας ἡμῖν τὴν ὑμῶν ἀγάπην ἐν πνεύματι. ↔

1 9ᵍδιὰ τοῦτο καὶ ἡμεῖς . . . οὐ παυόμεθα ὑπὲρ ὑμῶν προσευχόμενοι

1 9 καὶ αἰτούμενοι

1 9 ἵνα πληρωθῆτε τὴν ἐπίγνωσιν τοῦ θελήματος αὐτοῦ ἐν πάσῃ σοφίᾳ καὶ συνέσει πνευματικῇ

1 10 ἐν παντὶ ἔργῳ ἀγαθῷ καρποφοροῦντες καὶ αὐξανόμενοι τῇ ἐπιγνώσει τοῦ θεοῦ,

1 11 ἐν πάσῃ δυνάμει δυναμούμενοι . . . εἰς πᾶσαν ὑπομονὴν καὶ μακροθυμίαν

1 13 ὃς ἐρρύσατο ἡμᾶς . . . καὶ μετέστησεν εἰς τὴν βασιλείαν

1 16 ἐν αὐτῷ ἐκτίσθη τὰ πάντα (+τὰ MVSς) ἐν τοῖς οὐρανοῖς καὶ (+τὰ MVSς) ἐπὶ τῆς γῆς, ↔

1 16 τὰ ὁρατὰ καὶ τὰ ἀόρατα

1 16 τὰ πάντα δι᾿ αὐτοῦ καὶ εἰς αὐτὸν ἔκτισται

1 17ʰκαὶ αὐτός ἐστιν (ἔστιν Η) πρὸ πάντων

1 17 καὶ τὰ πάντα ἐν αὐτῷ συνέστηκεν, ↔

1 18ʰκαὶ αὐτός ἐστιν ἡ κεφαλὴ τοῦ σώματος

1 20 ⟨κατοικῆσαι⟩ καὶ δι᾿ αὐτοῦ ἀποκαταλλάξαι τὰ πάντα εἰς αὐτόν

1 21ᵍκαὶ ὑμᾶς ποτε ὄντας ἀπηλλοτριωμένους ↔

1 21 καὶ ἐχθροὺς τῇ διανοίᾳ ἐν τοῖς ἔργοις τοῖς πονηροῖς

1 22 παραστῆσαι ὑμᾶς ἁγίους καὶ ἀμώμους

1 22 καὶ ἀνεγκλήτους κατενώπιον αὐτοῦ,

1 23 εἴ γε ἐπιμένετε τῇ πίστει τεθεμελιωμένοι καὶ ἑδραῖοι ↔

1 23ᵇκαὶ μὴ μετακινούμενοι ἀπὸ τῆς ἐλπίδος τοῦ εὐαγγελίου

1 24 χαίρω . . . καὶ ἀνταναπληρῶ τὰ ὑστερήματα τῶν θλίψεων

1 26 τὸ μυστήριον τὸ ἀποκεκρυμμένον ἀπὸ τῶν αἰώνων καὶ ἀπὸ τῶν γενεῶν

1 28 ὃν ἡμεῖς καταγγέλλομεν νουθετοῦντες πάντα ἄνθρωπον καὶ διδάσκοντες πάντα ἄνθρωπον

1 29 εἰς ὃ καὶ κοπιῶ ἀγωνιζόμενος

2 1 εἰδέναι ἡλίκον ἀγῶνα ἔχω ὑπὲρ ὑμῶν καὶ τῶν ἐν Λαοδικείᾳ ↔

2 1 καὶ ὅσοι οὐχ ἑόρακαν (ἑωράκασιν Sς) τὸ πρόσωπόν μου ἐν σαρκί

2 2 συμβιβασθέντες ἐν ἀγάπῃ καὶ εἰς πᾶν πλοῦτος τῆς πληροφορίας τῆς συνέσεως, ↔

2 2 * εἰς ἐπίγνωσιν τοῦ μυστηρίου τοῦ θεοῦ | καὶ πατρὸς (+Vς..; π.S) ↔

2 2 * | καὶ τοῦ (..+Vς; τ.S) Χριστοῦ, ↔

2 3 ἐν ᾧ εἰσιν πάντες οἱ θησαυροὶ τῆς σοφίας καὶ (+τῆς ς) γνώσεως ἀπόκρυφοι

2 5ᶠεἰ γὰρ καὶ τῇ σαρκὶ ἄπειμι

2 5 χαίρων καὶ βλέπων ὑμῶν τὴν τάξιν

Cl 2 5 καὶ τὸ στερέωμα τῆς εἰς Χριστὸν πίστεως ὑμῶν

2 7 ἐρριζωμένοι καὶ ἐποικοδομούμενοι ἐν αὐτῷ ↔

2 7 καὶ βεβαιούμενοι (+ἐν M[V]Sϛ) τῇ πίστει

2 8 μή τις ὑμᾶς ἔσται ὁ συλαγωγῶν διὰ τῆς φιλοσοφίας καὶ κενῆς ἀπάτης

2 8ᵃ κατὰ τὰ στοιχεῖα τοῦ κόσμου καὶ οὐ κατὰ Χριστόν

2 10 καὶ ἐστὲ ἐν αὐτῷ πεπληρωμένοι, ↔

2 10 ὅς ἐστιν ἡ κεφαλὴ πάσης ἀρχῆς καὶ ἐξουσίας, ↔

2 11 ἐν ᾧ καὶ περιετμήθητε περιτομῇ ἀχειροποιήτῳ

2 12 ἐν ᾧ καὶ συνηγέρθητε διὰ τῆς πίστεως τῆς ἐνεργείας τοῦ θεοῦ

2 13ᵍ καὶ ὑμᾶς νεκροὺς ὄντας ἐν (+[N²⁶] BSϛ) τοῖς παραπτώμασιν

2 13 καὶ τῇ ἀκροβυστίᾳ τῆς σαρκὸς ὑμῶν

2 14ʰ ἐξαλείψας τὸ ... χειρόγραφον ... καὶ αὐτὸ ἦρκεν ἐκ τοῦ μέσου

2 15 ἀπεκδυσάμενος τὰς ἀρχὰς καὶ τὰς ἐξουσίας ἐδειγμάτισεν ἐν παρρησίᾳ

2 16 μὴ οὖν τις ὑμᾶς κρινέτω ἐν βρώσει καὶ (ἢ MVTϛ) ἐν πόσει

2 18 μηδεὶς ὑμᾶς καταβραβευέτω θέλων ἐν ταπεινοφροσύνῃ καὶ θρησκείᾳ τῶν ἀγγέλων

2 19ᵃ (εἰκῇ φυσιούμενος ὑπὸ τοῦ νοὸς) καὶ οὐ κρατῶν τὴν κεφαλήν, ↔

2 19 ἐξ οὗ πᾶν τὸ σῶμα διὰ τῶν ἀφῶν καὶ συνδέσμων ἐπιχορηγούμενον ↔

2 19 καὶ συμβιβαζόμενον αὔξει τὴν αὔξησιν τοῦ θεοῦ

2 22 κατὰ τὰ ἐντάλματα καὶ διδασκαλίας τῶν ἀνθρώπων

2 23 λόγον μὲν ἔχοντα σοφίας ἐν ἐθελοθρησκίᾳ καὶ ταπεινοφροσύνῃ ↔

2 23 καὶ [N²⁶H] ἀφειδίᾳ σώματος

3 3ʳ ἀπεθάνετε γάρ, καὶ ἡ ζωὴ ὑμῶν κέκρυπται

3 4ᵍ τότε καὶ ὑμεῖς σὺν αὐτῷ φανερωθήσεσθε ἐν δόξῃ. ↔

3 5 νεκρώσατε οὖν ... ἐπιθυμίαν κακήν, καὶ τὴν πλεονεξίαν

3 7ᵍ ἐν οἷς καὶ ὑμεῖς περιεπατήσατέ ποτε

3 8ᵍ νυνὶ δὲ ἀπόθεσθε καὶ ὑμεῖς τὰ πάντα

3 10 ⟨ἀπεκδυσάμενοι τὸν παλαιὸν ἄνθρωπον⟩ καὶ ἐνδυσάμενοι τὸν νέον

3 11 ὅπου οὐκ ἔνι Ἕλλην καὶ Ἰουδαῖος, ↔

3 11 περιτομὴ καὶ ἀκροβυστία

3 11 ἀλλὰ τὰ ([N²⁶VS]; —NH) πάντα καὶ ἐν πᾶσιν Χριστός

3 12 ὡς ἐκλεκτοὶ τοῦ θεοῦ ἅγιοι καὶ ἠγαπημένοι

3 13 ἀνεχόμενοι ἀλλήλων καὶ χαριζόμενοι ἑαυτοῖς

3 13ᵘ καθὼς καὶ ὁ κύριος (Χριστὸς VSTϛ) ἐχαρίσατο ὑμῖν ↔

3 13ᵍᵘ οὕτως καὶ ὑμεῖς

3 15 καὶ ἡ εἰρήνη τοῦ Χριστοῦ βραβευέτω ἐν ταῖς καρδίαις ὑμῶν, ↔

3 15 εἰς ἣν καὶ ἐκλήθητε ἐν ἑνὶ [H] σώματι· ↔

3 15 καὶ εὐχάριστοι γίνεσθε

3 16 ἐν πάσῃ σοφίᾳ διδάσκοντες καὶ νουθετοῦντες ἑαυτούς,

Cl 3 16 * ψαλμοῖς καὶ (+ϛ) ὕμνοις ↔

3 16 * καὶ (+ϛ) ᾠδαῖς πνευματικαῖς ἐν τῇ ([N²⁶]; —MVSHϛ) χάριτι ᾄδοντες ... τῷ θεῷ· ↔

3 17 καὶ πᾶν | ὅ τι (ὅτι H) ἐὰν (ἂν BSTϛ) ποιῆτε ἐν λόγῳ ἢ ἐν ἔργῳ

3 17 * εὐχαριστοῦντες τῷ θεῷ καὶ (+ϛ) πατρὶ δι' αὐτοῦ

3 19ᵇ ἀγαπᾶτε τὰς γυναῖκας καὶ μὴ πικραίνεσθε πρὸς αὐτάς

3 23 * | καὶ πᾶν ὅ τι (ϛ; ὃ rI) ἐὰν ποιῆτε, ↔

3 23ᵃ ἐκ ψυχῆς ἐργάζεσθε ὡς τῷ κυρίῳ καὶ οὐκ ἀνθρώποις

3 25ᵃ καὶ οὐκ ἔστιν προσωπολημψία. ↔

4 1 οἱ κύριοι, τὸ δίκαιον καὶ τὴν ἰσότητα τοῖς δούλοις παρέχεσθε, ↔

4 1ᵍᵛ εἰδότες ὅτι καὶ ὑμεῖς ἔχετε κύριον

4 3ᵖ προσευχόμενοι ἅμα καὶ περὶ ἡμῶν

4 3 λαλῆσαι τὸ μυστήριον τοῦ Χριστοῦ, δι' ὃ καὶ δέδεμαι

4 7 Τύχικος ὁ ἀγαπητὸς ἀδελφὸς καὶ πιστὸς διάκονος ↔

4 7 καὶ σύνδουλος ἐν κυρίῳ

4 8 ἵνα γνῶτε (γνῷ Sϛ) τὰ περὶ ἡμῶν (ὑ. Sϛ) καὶ παρακαλέσῃ τὰς καρδίας ὑμῶν, ↔

4 9 σὺν Ὀνησίμῳ τῷ πιστῷ καὶ ἀγαπητῷ ἀδελφῷ

4 10 ἀσπάζεται ὑμᾶς Ἀρίσταρχος ὁ συναιχμάλωτός μου, καὶ Μᾶρκος ὁ ἀνεψιὸς Βαρναβᾶ

4 11 καὶ Ἰησοῦς ὁ λεγόμενος Ἰοῦστος

4 12 ἵνα σταθῆτε (στ[αθ]ῆτε S; στῆτε Vϛ) τέλειοι καὶ πεπληροφορημένοι

4 13 ἔχει πολὺν πόνον ὑπὲρ ὑμῶν καὶ τῶν ἐν Λαοδικείᾳ ↔

4 13 καὶ τῶν ἐν Ἱεραπόλει. ↔

4 14 ἀσπάζεται ὑμᾶς Λουκᾶς ... καὶ Δημᾶς. ↔

4 15 ἀσπάσασθε τοὺς ἐν Λαοδικείᾳ ἀδελφοὺς καὶ Νύμφαν ↔

4 15 καὶ τὴν κατ' οἶκον αὐτῆς (αὐτοῦ MVBSϛ; αὐτῶν T) ἐκκλησίαν. ↔

4 16ʲ καὶ ὅταν ἀναγνωσθῇ παρ' ὑμῖν ἡ ἐπιστολή, ↔

4 16ˣ ποιήσατε ἵνα καὶ ἐν τῇ Λαοδικέων ἐκκλησίᾳ ἀναγνωσθῇ, ↔

4 16 καὶ τὴν ἐκ Λαοδικείας ↔

4 16ᵍˣ ἵνα καὶ ὑμεῖς ἀναγνῶτε. ↔

4 17 καὶ εἴπατε Ἀρχίππῳ

1 Th 1 1 Παῦλος καὶ Σιλουανὸς ↔

1 1 καὶ Τιμόθεος τῇ ἐκκλησίᾳ Θεσσαλονικέων ↔

1 1 ἐν θεῷ πατρὶ καὶ κυρίῳ Ἰησοῦ Χριστῷ· ↔

1 1 χάρις ὑμῖν καὶ εἰρήνη ↔

1 1 * | ἀπὸ θεοῦ πατρὸς ἡμῶν καὶ κυρίου Ἰησοῦ Χριστοῦ (+ϛ)

1 3 μνημονεύοντες ὑμῶν τοῦ ἔργου τῆς πίστεως καὶ τοῦ κόπου τῆς ἀγάπης

1 3 καὶ τῆς ὑπομονῆς τῆς ἐλπίδος

1 3 ἔμπροσθεν τοῦ θεοῦ καὶ πατρὸς ἡμῶν

1 5ʷ οὐκ ἐγενήθη εἰς ὑμᾶς ἐν λόγῳ μόνον, ἀλλὰ καὶ ἐν δυνάμει ↔

1 5 καὶ ἐν πνεύματι ἁγίῳ ↔

1 5 καὶ ἐν ([N²⁶V]; —NTH) πληροφορίᾳ πολλῇ

1 6ᵍ καὶ ὑμεῖς μιμηταὶ ἡμῶν ἐγενήθητε

1 6 καὶ τοῦ κυρίου

1 7 πᾶσιν τοῖς πιστεύουσιν ἐν τῇ Μακεδονίᾳ καὶ ἐν (—ϛ) τῇ Ἀχαΐᾳ

1 Th 1 8 οὐ μόνον ἐν τῇ Μακεδονίᾳ καὶ | ἐν τῇ (+[N²⁶S]T) Ἀχαΐᾳ, ↔

1 8ʷ * ἀλλὰ καὶ (+ϛ) ἐν παντὶ τόπῳ ἡ πίστις ὑμῶν ... ἐξελήλυθεν

1 9ᵐ ἀπαγγέλλουσιν ὁποίαν εἴσοδον ἔσχομεν πρὸς ὑμᾶς, καὶ πῶς ἐπεστρέψατε

1 9 δουλεύειν θεῷ ζῶντι καὶ ἀληθινῷ, ↔

1 10 καὶ ἀναμένειν τὸν υἱὸν αὐτοῦ

2 2ʷ * ⟨οὐ κενὴ γέγονεν⟩ ἀλλὰ καὶ (+ϛ) προπαθόντες ↔

2 2 καὶ ὑβρισθέντες ... ἐπαρρησιασάμεθα ἐν τῷ θεῷ ἡμῶν

2 8ʷ μεταδοῦναι ὑμῖν οὐ μόνον τὸ εὐαγγέλιον τοῦ θεοῦ ἀλλὰ καὶ τὰς ἑαυτῶν ψυχάς

2 9 μνημονεύετε ... τὸν κόπον ἡμῶν καὶ τὸν μόχθον· ↔

2 9ʳ νυκτὸς (+γὰρ ϛ) καὶ ἡμέρας ἐργαζόμενοι

2 10 ὑμεῖς μάρτυρες καὶ ὁ θεός, ↔

2 10 ὡς ὁσίως καὶ δικαίως ↔

2 10 καὶ ἀμέμπτως ὑμῖν ... ἐγενήθημεν

2 12 παρακαλοῦντες ὑμᾶς καὶ παραμυθούμενοι ↔

2 12 καὶ μαρτυρόμενοι εἰς τὸ περιπατεῖν ὑμᾶς ἀξίως τοῦ θεοῦ ↔

2 12 τοῦ καλοῦντος ὑμᾶς εἰς τὴν ἑαυτοῦ βασιλείαν καὶ δόξαν. ↔

2 13 καὶ ([S]; —ϛ) διὰ τοῦτο ↔

2 13ᵍ καὶ ἡμεῖς εὐχαριστοῦμεν τῷ θεῷ

2 13 ὃς καὶ ἐνεργεῖται ἐν ὑμῖν

2 14ᵍ τὰ αὐτὰ ἐπάθετε καὶ ὑμεῖς ὑπὸ τῶν ἰδίων συμφυλετῶν, ↔

2 14ʰᵘ καθὼς καὶ αὐτοὶ ὑπὸ τῶν Ἰουδαίων, ↔

2 15 τῶν καὶ τὸν κύριον ἀποκτεινάντων Ἰησοῦν ↔

2 15 καὶ τοὺς προφήτας, ↔

2 15ᵍ καὶ ἡμᾶς ἐκδιωξάντων, ↔

2 15 καὶ θεῷ μὴ ἀρεσκόντων, ↔

2 15 καὶ πᾶσιν ἀνθρώποις ἐναντίων

2 18 ἠθελήσαμεν ἐλθεῖν πρὸς ὑμᾶς ... καὶ ἅπαξ ↔

2 18 καὶ δίς, ↔

2 18 καὶ ἐνέκοψεν ἡμᾶς ὁ σατανᾶς. ↔

2 19ᵍᵗ τίς γὰρ ἡμῶν ἐλπὶς ... ἢ οὐχὶ καὶ ὑμεῖς ⟨;⟩

2 20 ὑμεῖς γάρ ἐστε ἡ δόξα ἡμῶν καὶ ἡ χαρά

3 2 ⟨εὐδοκήσαμεν⟩ καὶ ἐπέμψαμεν Τιμόθεον, ↔

3 2 τὸν ἀδελφὸν ἡμῶν καὶ συνεργὸν (διάκονον MVSTHϛ) τοῦ θεοῦ ↔

3 2 * | καὶ συνεργὸν ἡμῶν (+ϛ) ἐν τῷ εὐαγγελίῳ τοῦ Χριστοῦ, ↔

3 2 εἰς τὸ στηρίξαι ὑμᾶς καὶ παρακαλέσαι ὑπὲρ τῆς πίστεως ὑμῶν

3 4ᵈ καὶ γὰρ ὅτε πρὸς ὑμᾶς ἦμεν, προελέγομεν ὑμῖν ↔

3 4ᵘ ὅτι μέλλομεν θλίβεσθαι, καθὼς καὶ ἐγένετο

3 4 καὶ οἴδατε

3 5 μή πως ἐπείρασεν ὑμᾶς ὁ πειράζων καὶ εἰς κενὸν γένηται ὁ κόπος ἡμῶν. ↔

3 6 ἄρτι δὲ ἐλθόντος Τιμοθέου ... καὶ εὐαγγελισαμένου ἡμῖν

3 6 τὴν πίστιν καὶ τὴν ἀγάπην ὑμῶν, ↔

3 6ᵐ καὶ ὅτι ἔχετε μνείαν ἡμῶν ἀγαθὴν πάντοτε, ↔

3 6ᵍᵘ ἐπιποθοῦντες ἡμᾶς ἰδεῖν καθάπερ καὶ ἡμεῖς ὑμᾶς,

1 Th 3 7 διὰ τοῦτο παρεκλήθημεν . . . ἐπὶ πάσῃ τῇ ἀνάγκῃ καὶ θλίψει ἡμῶν

3 10 νυκτὸς καὶ ἡμέρας ὑπερεκπερισσοῦ δεόμενοι ↔

3 10 εἰς τὸ ἰδεῖν ὑμῶν τὸ πρόσωπον καὶ καταρτίσαι τὰ ὑστερήματα τῆς πίστεως ὑμῶν; ↔

3 11 αὐτὸς δὲ ὁ θεὸς καὶ πατὴρ ἡμῶν ↔

3 11 καὶ ὁ κύριος ἡμῶν Ἰησοῦς κατευθύναι τὴν ὁδὸν ἡμῶν πρὸς ὑμᾶς· ↔

3 12 ὑμᾶς δὲ ὁ κύριος πλεονάσαι καὶ περισσεύσαι τῇ ἀγάπῃ

3 12 εἰς ἀλλήλους καὶ εἰς πάντας, ↔

3 12ᵍᵘ καθάπερ καὶ ἡμεῖς εἰς ὑμᾶς

3 13 ἔμπροσθεν τοῦ θεοῦ καὶ πατρὸς ἡμῶν

4 1 ἐρωτῶμεν ὑμᾶς καὶ παρακαλοῦμεν

4 1 τὸ πῶς δεῖ ὑμᾶς περιπατεῖν καὶ ἀρέσκειν θεῷ, ↔

4 1ᵘ | καθὼς καὶ περιπατεῖτε (— ς)

4 4 τὸ ἑαυτοῦ σκεῦος κτᾶσθαι ἐν ἁγιασμῷ καὶ τιμῇ, ↔

4 5ᵘ μὴ ἐν πάθει ἐπιθυμίας καθάπερ καὶ τὰ ἔθνη

4 6 τὸ μὴ ὑπερβαίνειν καὶ πλεονεκτεῖν ἐν τῷ πράγματι τὸν ἀδελφὸν αὐτοῦ

4 6ᵘ καθὼς καὶ προείπαμεν ὑμῖν

4 6 καὶ διεμαρτυράμεθα

4 8 οὐκ ἄνθρωπον ἀθετεῖ ἀλλὰ τὸν θεὸν τὸν καὶ ([N²⁶]; —H) διδόντα (δόντα VSς) τὸ πνεῦμα αὐτοῦ . . . εἰς ὑμᾶς

4 10ᵈ καὶ γὰρ ποιεῖτε αὐτὸ εἰς πάντας τοὺς ἀδελφούς

4 11 ⟨παρακαλοῦμεν . . . περισσεύειν μᾶλλον⟩ καὶ φιλοτιμεῖσθαι ἡσυχάζειν

4 11 καὶ πράσσειν τὰ ἴδια ↔

4 11 καὶ ἐργάζεσθαι ταῖς ἰδίαις (+[N²⁶] VSς) χερσὶν ὑμῶν

4 12ᵇ ἵνα περιπατῆτε εὐσχημόνως πρὸς τοὺς ἔξω καὶ μηδενὸς χρείαν ἔχητε

4 13ᵘ ἵνα μὴ λυπῆσθε καθὼς καὶ οἱ λοιποὶ οἱ μὴ ἔχοντες ἐλπίδα. ↔

4 14 εἰ γὰρ πιστεύομεν ὅτι Ἰησοῦς ἀπέθανεν καὶ ἀνέστη, ↔

4 14ᵘ οὕτως καὶ ὁ θεὸς τοὺς κοιμηθέντας διὰ τοῦ Ἰησοῦ ἄξει σὺν αὐτῷ

4 16 αὐτὸς ὁ κύριος . . . ἐν φωνῇ ἀρχαγγέλου καὶ ἐν σάλπιγγι θεοῦ, καταβήσεται ἀπ᾿ οὐρανοῦ, ↔

4 16 καὶ οἱ νεκροὶ ἐν Χριστῷ ἀναστήσονται πρῶτον

4 17ᵏ καὶ οὕτως πάντοτε σὺν κυρίῳ ἐσόμεθα

5 1 περὶ δὲ τῶν χρόνων καὶ τῶν καιρῶν, ἀδελφοί, οὐ χρείαν ἔχετε ὑμῖν γράφεσθαι

5 3 εἰρήνη καὶ ἀσφάλεια, ↔

5 3ᶜ τότε αἰφνίδιος αὐτοῖς ἐφίσταται (ἐπ. TH) ὄλεθρος . . . καὶ οὐ μὴ ἐκφύγωσιν

5 5 πάντες γὰρ ὑμεῖς υἱοὶ φωτός ἐστε καὶ υἱοὶ ἡμέρας

5 6ᵘ * μὴ καθεύδωμεν ὡς καὶ (+ς) οἱ λοιποί, ↔

5 6 ἀλλὰ γρηγορῶμεν καὶ νήφωμεν. ↔

5 7 οἱ γὰρ καθεύδοντες νυκτὸς καθεύδουσιν, καὶ οἱ μεθυσκόμενοι νυκτὸς μεθύουσιν

5 8 ἐνδυσάμενοι θώρακα πίστεως καὶ ἀγάπης,

5 8 καὶ περικεφαλαίαν ἐλπίδα σωτηρίας

1 Th 5 11 διὸ παρακαλεῖτε ἀλλήλους καὶ οἰκοδομεῖτε εἰς τὸν ἕνα, ↔

5 11ᵘ καθὼς καὶ ποιεῖτε

5 12 εἰδέναι τοὺς κοπιῶντας ἐν ὑμῖν καὶ προϊσταμένους ὑμῶν ἐν κυρίῳ ↔

5 12 καὶ νουθετοῦντας ὑμᾶς, ↔

5 13 καὶ ἡγεῖσθαι αὐτούς

5 15 πάντοτε τὸ ἀγαθὸν διώκετε καὶ ([N²⁶]; —NMTH) εἰς ἀλλήλους ↔

5 15 καὶ εἰς πάντας

5 23 ὁ θεὸς . . . ἁγιάσαι ὑμᾶς ὁλοτελεῖς, καὶ ὁλόκληρον ὑμῶν τὸ πνεῦμα ↔

5 23 καὶ ἡ ψυχὴ ↔

5 23 καὶ τὸ σῶμα ἀμέμπτως . . . τηρηθείη. ↔

5 24 πιστὸς ὁ καλῶν ὑμᾶς, ὃς καὶ ποιήσει. ↔

5 25 ἀδελφοί, προσεύχεσθε καὶ ([N²⁶ NVH]; —Tς) περὶ ἡμῶν

2 Th 1 1 Παῦλος καὶ Σιλουανὸς ↔

1 1 καὶ Τιμόθεος τῇ ἐκκλησίᾳ Θεσσαλονικέων ↔

1 1 ἐν θεῷ πατρὶ ἡμῶν καὶ κυρίῳ Ἰησοῦ Χριστῷ· ↔

1 2 χάρις ὑμῖν καὶ εἰρήνη ἀπὸ θεοῦ πατρὸς ἡμῶν (+[N²⁶]Tς) ↔

1 2 καὶ κυρίου Ἰησοῦ Χριστοῦ

1 3 ὑπεραυξάνει ἡ πίστις ὑμῶν καὶ πλεονάζει ἡ ἀγάπη ἑνὸς ἑκάστου

1 4 ἐγκαυχᾶσθαι . . . ὑπὲρ τῆς ὑπομονῆς ὑμῶν καὶ πίστεως ἐν πᾶσιν τοῖς διωγμοῖς ὑμῶν ↔

1 4 καὶ ταῖς θλίψεσιν αἷς ἀνέχεσθε

1 5 εἰς τὸ καταξιωθῆναι ὑμᾶς τῆς βασιλείας τοῦ θεοῦ, ὑπὲρ ἧς καὶ πάσχετε

1 7ᵍ ⟨ἀνταποδοῦναι τοῖς θλίβουσιν ὑμᾶς θλῖψιν⟩ καὶ ὑμῖν τοῖς θλιβομένοις ἄνεσιν μεθ᾿ ἡμῶν

1 8 διδόντος ἐκδίκησιν τοῖς μὴ εἰδόσιν θεὸν καὶ τοῖς μὴ ὑπακούουσιν τῷ εὐαγγελίῳ

1 9 ἀπὸ προσώπου τοῦ κυρίου καὶ ἀπὸ τῆς δόξης τῆς ἰσχύος αὐτοῦ, ↔

1 10 ὅταν ἔλθῃ ἐνδοξασθῆναι . . . καὶ θαυμασθῆναι ἐν πᾶσιν τοῖς πιστεύσασιν

1 11 εἰς ὃ καὶ προσευχόμεθα πάντοτε περὶ ὑμῶν, ↔

1 11 ἵνα ὑμᾶς ἀξιώσῃ τῆς κλήσεως . . . καὶ πληρώσῃ πᾶσαν εὐδοκίαν ἀγαθωσύνης

1 11 καὶ ἔργον πίστεως ἐν δυνάμει, ↔

1 12ᵍ ὅπως ἐνδοξασθῇ τὸ ὄνομα . . . Ἰησοῦ ἐν ὑμῖν, καὶ ὑμεῖς ἐν αὐτῷ, ↔

1 12 κατὰ τὴν χάριν τοῦ θεοῦ ἡμῶν καὶ κυρίου Ἰησοῦ Χριστοῦ. ↔

2 1ᵍ ἐρωτῶμεν . . . ὑπὲρ τῆς παρουσίας τοῦ κυρίου ἡμῶν [NH] . . . καὶ ἡμῶν ἐπισυναγωγῆς ἐπ᾿ αὐτόν

2 3 ὅτι ἐὰν μὴ ἔλθῃ ἡ ἀποστασία πρῶτον καὶ ἀποκαλυφθῇ ὁ ἄνθρωπος

2 4 ὁ ἀντικείμενος καὶ ὑπεραιρόμενος ἐπὶ πάντα λεγόμενον θεὸν

2 6 καὶ νῦν τὸ κατέχον οἴδατε

2 8 καὶ τότε ἀποκαλυφθήσεται ὁ ἄνομος, ↔

2 8 ὃν ὁ κύριος Ἰησοῦς ([N²⁶NH]; —ς) ἀνελεῖ . . . καὶ καταργήσει τῇ ἐπιφανείᾳ τῆς παρουσίας αὐτοῦ, ↔

2 9 οὗ ἐστιν ἡ παρουσία κατ᾿ ἐνέργειαν τοῦ σατανᾶ ἐν πάσῃ δυνάμει καὶ σημείοις ↔

2 9 καὶ τέρασιν ψεύδους ↔

2 Th 2 10 καὶ ἐν πάσῃ ἀπάτῃ ἀδικίας

2 11 καὶ διὰ τοῦτο πέμπει αὐτοῖς ὁ θεὸς ἐνέργειαν πλάνης

2 13 εἵλατο ὑμᾶς ὁ θεὸς ἀπαρχὴν (ἀπ᾿ ἀρχῆς VTHς) εἰς σωτηρίαν ἐν ἁγιασμῷ πνεύματος καὶ πίστει ἀληθείας, ↔

2 14 εἰς ὃ καὶ ([N²⁶]; —MHς) ἐκάλεσεν ὑμᾶς

2 15 στήκετε, καὶ κρατεῖτε τὰς παραδόσεις

2 16 αὐτὸς δὲ ὁ κύριος ἡμῶν Ἰησοῦς Χριστὸς καὶ ὁ ([N²⁶MH]; —S) θεὸς ↔

2 16 * καὶ (ς; ὁ rl) πατὴρ ἡμῶν, ↔

2 16 ὁ ἀγαπήσας ἡμᾶς καὶ δοὺς παράκλησιν αἰωνίαν ↔

2 16 καὶ ἐλπίδα ἀγαθὴν ἐν χάριτι, ↔

2 17 παρακαλέσαι ὑμῶν τὰς καρδίας καὶ στηρίξαι

2 17 ἐν παντὶ ἔργῳ καὶ λόγῳ ἀγαθῷ

3 1 ἵνα ὁ λόγος τοῦ κυρίου τρέχῃ καὶ δοξάζηται

3 1ᵘ καθὼς καὶ πρὸς ὑμᾶς, ↔

3 2ˡ καὶ ἵνα ῥυσθῶμεν ↔

3 2 ἀπὸ τῶν ἀτόπων καὶ πονηρῶν ἀνθρώπων

3 3 ὃς στηρίξει ὑμᾶς καὶ φυλάξει ἀπὸ τοῦ πονηροῦ

3 4 ὅτι ἃ παραγγέλλομεν καὶ ([N²⁶ NSH]; — T) ποιεῖτε ↔

3 4 καὶ ποιήσετε.

3 5 ὁ δὲ κύριος κατευθύναι ὑμῶν τὰς καρδίας εἰς τὴν ἀγάπην τοῦ θεοῦ καὶ εἰς τὴν ὑπομονὴν τοῦ Χριστοῦ

3 6ᵇ ἀπὸ παντὸς ἀδελφοῦ ἀτάκτως περιπατοῦντος καὶ μὴ κατὰ τὴν παράδοσιν

3 8 ἀλλ᾿ ἐν κόπῳ καὶ μόχθῳ ↔

3 8 | νυκτὸς καὶ ἡμέρας (νύκτα καὶ ἡμέραν MVSς) ἐργαζόμενοι

3 10ᵈ καὶ γὰρ ὅτε ἦμεν πρὸς ὑμᾶς

3 12 τοῖς δὲ τοιούτοις παραγγέλλομεν καὶ παρακαλοῦμεν ἐν κυρίῳ

3 14ᵇ * τοῦτον σημειοῦσθε, καὶ (+Sς) μὴ συναναμίγνυσθαι (-νυσθε STς) αὐτῷ, ἵνα ἐντραπῇ ↔

3 15ᵇ καὶ μὴ ὡς ἐχθρὸν ἡγεῖσθε

1 Tm 1 1 Παῦλος ἀπόστολος . . . κατ᾿ ἐπιταγὴν θεοῦ σωτῆρος ἡμῶν καὶ Χριστοῦ Ἰησοῦ

1 2 χάρις . . . ἀπὸ θεοῦ πατρὸς καὶ Χριστοῦ Ἰησοῦ

1 4 μηδὲ προσέχειν μύθοις καὶ γενεαλογίαις ἀπεράντοις

1 5 τὸ δὲ τέλος τῆς παραγγελίας ἐστὶν ἀγάπη ἐκ καθαρᾶς καρδίας καὶ συνειδήσεως ἀγαθῆς

1 5 καὶ πίστεως ἀνυποκρίτου

1 9ᵈ δικαίῳ νόμος οὐ κεῖται, ἀνόμοις δὲ καὶ ἀνυποτάκτοις, ↔

1 9 ἀσεβέσι καὶ ἁμαρτωλοῖς, ↔

1 9 ἀνοσίοις καὶ βεβήλοις, ↔

1 9 πατρολῴαις καὶ μητρολῴαις

1 10ʲ ἐπιόρκοις, καὶ εἴ τι ἕτερον τῇ ὑγιαινούσῃ διδασκαλίᾳ ἀντίκειται

1 12 * καὶ (+[S]ς) χάριν ἔχω τῷ ἐνδυναμώσαντί με Χριστῷ

1 13 τὸ πρότερον ὄντα βλάσφημον καὶ διώκτην

1 13 καὶ ὑβριστήν

1 14 ὑπερεπλεόνασεν δὲ ἡ χάρις τοῦ κυρίου ἡμῶν μετὰ πίστεως καὶ ἀγάπης

1Tm 1 15 πιστὸς ὁ λόγος καὶ πάσης ἀποδο-
χῆς ἄξιος

1 17 τιμὴ καὶ δόξα εἰς τοὺς αἰῶνας

1 19 ἔχων πίστιν καὶ ἀγαθὴν συνείδησιν

1 20 ὧν ἐστιν Ὑμέναιος καὶ Ἀλέξανδρος

2 2 ⟨ποιεῖσθαι δεήσεις⟩ ὑπὲρ βασιλέων
καὶ πάντων τῶν ἐν ὑπεροχῇ
ὄντων, ↔

2 2 ἵνα ἤρεμον καὶ ἡσύχιον βίον
διάγωμεν ↔

2 2 ἐν πάσῃ εὐσεβείᾳ καὶ σεμνότητι. ↔

2 3 τοῦτο καλὸν καὶ ἀπόδεκτον ἐνώ-
πιον τοῦ σωτῆρος ἡμῶν θεοῦ, ↔

2 4 ὃς πάντας ἀνθρώπους θέλει
σωθῆναι καὶ εἰς ἐπίγνωσιν ἀλη-
θείας ἐλθεῖν. ↔

2 5 εἷς γὰρ θεός, εἷς καὶ μεσίτης ↔

2 5 θεοῦ καὶ ἀνθρώπων

2 7 εἰς ὃ ἐτέθην ἐγὼ κῆρυξ καὶ ἀπό-
στολος

2 7 διδάσκαλος ἐθνῶν ἐν πίστει καὶ
ἀληθείᾳ

2 8 προσεύχεσθαι . . . χωρὶς ὀργῆς
καὶ διαλογισμοῦ (-μῶν Η). ↔

2 9ᵘ ὡσαύτως καὶ (+[N²⁶]Τ ϛ) γυναῖ-
κας ἐν καταστολῇ κοσμίῳ, ↔

2 9 μετὰ αἰδοῦς καὶ σωφροσύνης κο-
σμεῖν ἑαυτάς, ↔

2 9 μὴ ἐν πλέγμασιν καὶ (ἢ ϛ) χρυσίῳ
(χρυσῷ Τ ϛ)

2 14 καὶ Ἀδὰμ οὐκ ἠπατήθη

2 15 ἐὰν μείνωσιν ἐν πίστει καὶ ἀγάπη↔

2 15 καὶ ἁγιασμῷ μετὰ σωφροσύνης

3 7ᵃ δεῖ δὲ καὶ μαρτυρίαν καλὴν ἔχειν
ἀπὸ τῶν ἔξωθεν, ↔

3 7 ἵνα μὴ εἰς ὀνειδισμὸν ἐμπέσῃ καὶ
παγίδα τοῦ διαβόλου

3 10ʰ καὶ οὗτοι δὲ δοκιμαζέσθωσαν
πρῶτον

3 12 διάκονοι ἔστωσαν . . . τέκνων
καλῶς προϊστάμενοι καὶ τῶν
ἰδίων οἴκων

3 13 βαθμὸν ἑαυτοῖς καλὸν περιποιοῦν-
ται καὶ πολλὴν παρρησίαν

3 15 ἥτις ἐστὶν ἐκκλησία θεοῦ ζῶντος,
στῦλος καὶ ἑδραίωμα τῆς ἀληθείας.
↔

3 16 καὶ ὁμολογουμένως μέγα ἐστὶν τὸ
τῆς εὐσεβείας μυστήριον

4 1 προσέχοντες πνεύμασιν πλάνοις
καὶ διδασκαλίαις δαιμονίων

4 3 ἃ ὁ θεὸς ἔκτισεν εἰς μετάλημψιν . . .
τοῖς πιστοῖς καὶ ἐπεγνωκόσι τὴν
ἀλήθειαν. ↔

4 4ᶜ ὅτι πᾶν κτίσμα θεοῦ καλόν, καὶ
οὐδὲν ἀπόβλητον

4 5 ἁγιάζεται γὰρ διὰ λόγου θεοῦ καὶ
ἐντεύξεως

4 6 ἐντρεφόμενος τοῖς λόγοις τῆς
πίστεως καὶ τῆς καλῆς διδασκαλίας

4 7 τοὺς δὲ βεβήλους καὶ γραώδεις
μύθους παραιτοῦ

4 8 ἐπαγγελίαν ἔχουσα ζωῆς τῆς νῦν
καὶ τῆς μελλούσης. ↔

4 9 πιστὸς ὁ λόγος καὶ πάσης ἀπο-
δοχῆς ἄξιος· ↔

4 10ʳ* εἰς τοῦτο γὰρ καὶ (+ ϛ) κοπιῶ-
μεν ↔

4 10 καὶ ἀγωνιζόμεθα (ὀνειδιζόμεθα Sϛ)

4 11 παράγγελλε ταῦτα καὶ δίδασκε

4 16 ἔπεχε σεαυτῷ καὶ τῇ διδασκαλίᾳ

4 16 τοῦτο γὰρ ποιῶν καὶ σεαυτὸν
σώσεις ↔

4 16 καὶ τοὺς ἀκούοντάς σου

1Tm 5 4 τὸν ἴδιον οἶκον εὐσεβεῖν καὶ ἀμοι-
βὰς ἀποδιδόναι τοῖς προγόνοις· ↔

5 4 * τοῦτο γάρ ἐστιν | καλὸν καὶ
(+ ϛ) ἀπόδεκτον

5 5 ἡ δὲ ὄντως χήρα καὶ μεμονωμένη ↔

5 5 ἤλπικεν ἐπὶ (+τὸν V[SH] ϛ) θεὸν
καὶ προσμένει ↔

5 5 ταῖς δεήσεσιν καὶ ταῖς προσευχαῖς

5 5 νυκτὸς καὶ ἡμέρας

5 7ʰ καὶ ταῦτα παράγγελλε

5 8 εἰ δέ τις τῶν ἰδίων καὶ μάλιστα
(+τῶν [V] ϛ) οἰκείων οὐ προνοεῖ
(-εῖται ΒΤ), ↔

5 8 τὴν πίστιν ἤρνηται καὶ ἔστιν ἀπί-
στου χείρων

5 13ᵃ ἅμα δὲ καὶ ἀργαὶ μανθάνουσιν
περιερχόμεναι τὰς οἰκίας, ↔

5 13ʷ οὐ μόνον δὲ ἀργαὶ ἀλλὰ καὶ
φλύαροι ↔

5 13 καὶ περίεργοι

5 16ᵇ ἐπαρκείτω (-είσθω ΒΤ) αὐταῖς,
καὶ μὴ βαρείσθω ἡ ἐκκλησία

5 17 μάλιστα οἱ κοπιῶντες ἐν λόγῳ καὶ
διδασκαλίᾳ. ↔

5 18 λέγει γὰρ ἡ γραφή . . . καί

5 20ˣ ἵνα καὶ οἱ λοιποὶ φόβον ἔχωσιν. ↔

5 21 διαμαρτύρομαι ἐνώπιον τοῦ θεοῦ
καὶ Χριστοῦ Ἰησοῦ (κυρίου Ἰ. Χ.
Sϛ) ↔

5 21 καὶ τῶν ἐκλεκτῶν ἀγγέλων

5 23 οἴνῳ ὀλίγῳ χρῶ διὰ τὸν στόμαχον
καὶ τὰς πυκνάς σου ἀσθενείας. ↔

5 24ᵃ τινῶν ἀνθρώπων αἱ ἁμαρτίαι
πρόδηλοί εἰσιν . . . τισὶν δὲ καὶ
ἐπακολουθοῦσιν· ↔

5 25ᵘ ὡσαύτως καὶ τὰ ἔργα τὰ καλὰ
πρόδηλα, ↔

5 25 καὶ τὰ ἄλλως ἔχοντα κρυβῆναι οὐ
δύνανται (-αται Vϛ)

6 1 ἵνα μὴ τὸ ὄνομα τοῦ θεοῦ καὶ ἡ
διδασκαλία βλασφημῆται

6 2 ὅτι πιστοί εἰσιν καὶ ἀγαπητοὶ οἱ
τῆς εὐεργεσίας ἀντιλαμβανόμενοι.
↔

6 2 ταῦτα δίδασκε καὶ παρακάλει. ↔

6 3ᵇ εἴ τις ἑτεροδιδασκαλεῖ καὶ μὴ
προσέρχεται (-έχεται Τ) ὑγιαίνου-
σιν λόγοις

6 3 καὶ τῇ κατ᾿ εὐσέβειαν διδασκαλίᾳ

6 4 νοσῶν περὶ ζητήσεις καὶ λογο-
μαχίας

6 5 διαπαρατριβαὶ διεφθαρμένων ἀν-
θρώπων τὸν νοῦν καὶ ἀπεστερη-
μένων τῆς ἀληθείας

6 8 ἔχοντες δὲ διατροφὰς καὶ σκεπά-
σματα

6 9 ἐμπίπτουσιν εἰς πειρασμὸν καὶ
παγίδα ↔

6 9 καὶ ἐπιθυμίας πολλάς ↔

6 9 ἀνοήτους καὶ βλαβεράς, ↔

6 9 αἵτινες βυθίζουσιν τοὺς ἀνθρώπους
εἰς ὄλεθρον καὶ ἀπώλειαν

6 10 ἀπεπλανήθησαν ἀπὸ τῆς πίστεως
καὶ ἑαυτοὺς περιέπειραν ὀδύναις
πολλαῖς

6 12 * εἰς ἣν καὶ (+ ϛ) ἐκλήθης ↔

6 12 καὶ ὡμολόγησας τὴν καλὴν ὁμο-
λογίαν

6 13 παραγγέλλω σοι (+[N²⁶]Hϛ)
ἐνώπιον τοῦ (—Τ) θεοῦ τοῦ
ζῳογονοῦντος τὰ πάντα καὶ
Χριστοῦ Ἰησοῦ

6 15 ἣν . . . δείξει ὁ μακάριος καὶ μόνος
δυνάστης, ↔

1Tm 6 15 ὁ βασιλεὺς τῶν βασιλευόντων καὶ
κύριος τῶν κυριευόντων

6 16 ᾧ τιμὴ καὶ κράτος αἰώνιον

6 20 ἐκτρεπόμενος τὰς βεβήλους κε-
νοφωνίας καὶ ἀντιθέσεις τῆς ψευδ-
ωνύμου γνώσεως

2Tm 1 χάρις . . . ἀπὸ θεοῦ πατρὸς καὶ
Χριστοῦ Ἰησοῦ

1 3 ἀδιάλειπτον ἔχω τὴν περὶ σοῦ
μνείαν . . . νυκτὸς καὶ ἡμέρας

1 5 ἥτις ἐνῴκησεν πρῶτον ἐν τῇ
μάμμῃ σου Λωΐδι καὶ τῇ μητρί σου
Εὐνίκῃ,

1 5ᵛ πέπεισμαι δὲ ὅτι καὶ ἐν σοί

1 7 ἔδωκεν ἡμῖν ὁ θεὸς πνεῦμα . . . δυ-
νάμεως καὶ ἀγάπης ↔

1 7 καὶ σωφρονισμοῦ

1 9 τοῦ σώσαντος ἡμᾶς καὶ καλέσαντος
κλήσει ἁγίᾳ

1 9 κατὰ ἰδίαν πρόθεσιν καὶ χάριν

1 10 φωτίσαντος δὲ ζωὴν καὶ ἀφθαρσίαν
διὰ τοῦ εὐαγγελίου,

1 11 εἰς ὃ ἐτέθην ἐγὼ κῆρυξ καὶ ἀπό-
στολος ↔

1 11 καὶ διδάσκαλος (+ἐθνῶν Vϛ)· ↔

1 12ʰ δι᾿ ἣν αἰτίαν καὶ ταῦτα πάσχω

1 12 οἶδα γὰρ ᾧ πεπίστευκα, καὶ πέ-
πεισμαι ὅτι δυνατός ἐστιν

1 13 ὑποτύπωσιν ἔχε ὑγιαινόντων
λόγων . . . ἐν πίστει καὶ ἀγάπῃ
τῇ ἐν Χριστῷ Ἰησοῦ

1 15 ὧν ἐστιν Φύγελος καὶ Ἑρμογένης

1 16 πολλάκις με ἀνέψυξεν καὶ τὴν
ἅλυσίν μου οὐκ ἐπαισχύνθη, ↔

1 17 ἀλλὰ γενόμενος ἐν Ῥώμῃ σπου-
δαίως ἐζήτησέν με καὶ εὗρεν

1 18 καὶ ὅσα ἐν Ἐφέσῳ διηκόνησεν,
βέλτιον σὺ γινώσκεις

2 2 ⟨ἐνδυναμοῦ⟩ καὶ ἃ ἤκουσας παρ᾿
ἐμοῦ . . . ταῦτα παράθου

2 2 οἵτινες ἱκανοὶ ἔσονται καὶ ἑτέρους
διδάξαι

2 5ᵃ ἐὰν δὲ καὶ ἀθλῇ τις, οὐ στεφανοῦ-
ται

2 10ʰˣ ἵνα καὶ αὐτοὶ σωτηρίας τύχωσιν

2 11 εἰ γὰρ συναπεθάνομεν, καὶ συζή-
σομεν· ↔

2 12 εἰ ὑπομένομεν, καὶ συμβασιλεύσο-
μεν

2 17 ⟨προκόψουσιν⟩ καὶ ὁ λόγος αὐτῶν
. . . νομὴν ἕξει· ↔

2 17 ὧν ἐστιν Ὑμέναιος καὶ Φίλητος, ↔

2 18 οἵτινες περὶ τὴν ἀλήθειαν ἠστόχη-
σαν . . . καὶ ἀνατρέπουσιν τὴν
τινων πίστιν

2 19 ἔγνω κύριος τοὺς ὄντας αὐτοῦ, καί·
ἀποστήτω ἀπὸ ἀδικίας πᾶς

2 20 ἐν μεγάλῃ δὲ οἰκίᾳ οὐκ ἔστιν μόνον
σκεύη χρυσᾶ καὶ ἀργυρᾶ, ↔

2 20ʷ ἀλλὰ καὶ ξύλινα ↔

2 20 καὶ ὀστράκινα, ↔

2 20 καὶ ἃ μὲν εἰς τιμὴν

2 21 * ἔσται σκεῦος . . . ἡγιασμένον καὶ
(+V[S] ϛ) εὔχρηστον τῷ δεσπότῃ

2 23 τὰς δὲ μωρὰς καὶ ἀπαιδεύτους ζη-
τήσεις παραιτοῦ

2 26 ⟨μήποτε δῴη⟩ καὶ ἀνανήψωσιν
ἐκ τῆς τοῦ διαβόλου παγίδος

3 5ʰ καὶ τούτους ἀποτρέπου

3 6 οἱ ἐνδύνοντες εἰς τὰς οἰκίας καὶ
αἰχμαλωτίζοντες (-τεύοντες Sϛ)
γυναικάρια

3 7ᵇ πάντοτε μανθάνοντα καὶ μηδέποτε
εἰς ἐπίγνωσιν ἀληθείας ἐλθεῖν δυνά-
μενα. ↔

2 Tm 3 8 ὃν τρόπον δὲ ᾽Ιάννης καὶ ᾽Ιαμβρῆς ἀντέστησαν Μωϋσεῖ, ↔

3 8hu οὕτως καὶ οὗτοι ἀνθίστανται τῇ ἀληθείᾳ

3 9u ἡ γὰρ ἄνοια αὐτῶν ἔκδηλος ἔσται πᾶσιν, ὡς καὶ ἡ ἐκείνων ἐγένετο

3 11 οἵους διωγμοὺς ὑπήνεγκα, καὶ ἐκ πάντων με ἐρρύσατο ὁ κύριος. ↔

3 12 καὶ πάντες δὲ οἱ θέλοντες | εὐσεβῶς ζῆν (N26ς; ~rl) . . . διωχθήσονται.

3 13 πονηροὶ δὲ ἄνθρωποι καὶ γόητες προκόψουσιν ἐπὶ τὸ χεῖρον, ↔

3 13 πλανῶντες καὶ πλανώμενοι. ↔

3 14 σὺ δὲ μένε ἐν οἷς ἔμαθες καὶ ἐπιστώθης, ↔

3 15m ⟨εἰδὼς παρὰ τίνων ἔμαθες⟩ καὶ ὅτι ἀπὸ βρέφους τὰ (+[N26M] VSς) ἱερὰ γράμματα οἶδας

3 16 πᾶσα γραφὴ θεόπνευστος καὶ ὠφέλιμος πρὸς διδασκαλίαν

4 1 διαμαρτύρομαι (+οὖν ἐγὼ [S]ς) ἐνώπιον τοῦ θεοῦ καὶ Χριστοῦ ᾽Ιησοῦ,

4 1 τοῦ μέλλοντος κρίνειν ζῶντας καὶ νεκρούς, ↔

4 1 καὶ (κατὰ ς) τὴν ἐπιφάνειαν αὐτοῦ ↔

4 1 καὶ τὴν βασιλείαν αὐτοῦ

4 2 | ἐπιτίμησον, παρακάλεσον (~B T), ἐν πάσῃ μακροθυμίᾳ καὶ διδαχῇ

4 4 καὶ ἀπὸ μὲν τῆς ἀληθείας τὴν ἀκοὴν ἀποστρέψουσιν

4 6 ἐγὼ γὰρ ἤδη σπένδομαι, καὶ ὁ καιρὸς τῆς ἀναλύσεώς μου ἐφέστηκεν

4 8w ὃν ἀποδώσει μοι ὁ κύριος . . . οὐ μόνον δὲ ἐμοὶ ἀλλὰ καὶ πᾶσι τοῖς ἠγαπηκόσι

4 10 Δημᾶς γάρ με ἐγκατέλιπεν (-λειπεν SH) . . . καὶ ἐπορεύθη εἰς Θεσσαλονίκην

4 13 τὸν φαιλόνην . . . φέρε, καὶ τὰ βιβλία

4 15f ὃν καὶ σὺ φυλάσσου

4 17 ὁ δὲ κύριός μοι παρέστη καὶ ἐνεδυνάμωσέν με,

4 17 ἵνα δι᾽ ἐμοῦ τὸ κήρυγμα πληροφορηθῇ καὶ ἀκούσωσιν πάντα τὰ ἔθνη, ↔

4 17 καὶ ἐρρύσθην ἐκ στόματος λέοντος. ↔

4 18 * καὶ (+ς) ῥύσεταί με ὁ κύριος ἀπὸ παντὸς ἔργου πονηροῦ ↔

4 18 καὶ σώσει εἰς τὴν βασιλείαν αὐτοῦ

4 19 ἄσπασαι Πρίσκαν καὶ ᾽Ακύλαν ↔

4 19 καὶ τὸν ᾽Ονησιφόρου οἶκον

4 21 ἀσπάζεταί σε Εὔβουλος καὶ Πούδης ↔

4 21 καὶ Λίνος ↔

4 21 καὶ Κλαυδία ↔

4 21 καὶ οἱ ἀδελφοὶ πάντες [H]

Tt 1 1 ἀπόστολος . . . κατὰ πίστιν ἐκλεκτῶν θεοῦ καὶ ἐπίγνωσιν ἀληθείας

1 4 χάρις καὶ (ἔλεος ς) εἰρήνη ↔

1 4 ἀπὸ θεοῦ πατρὸς καὶ Χριστοῦ ᾽Ιησοῦ

1 5 ἵνα τὰ λείποντα ἐπιδιορθώσῃ, καὶ καταστήσῃς . . . πρεσβυτέρους

1 9 ἵνα δυνατὸς ᾖ καὶ παρακαλεῖν ἐν τῇ διδασκαλίᾳ τῇ ὑγιαινούσῃ ↔

1 9 καὶ τοὺς ἀντιλέγοντας ἐλέγχειν. ↔

1 10 εἰσὶν γὰρ πολλοὶ καὶ (+[N26]Vς) ἀνυπότακτοι, ↔

1 10 ματαιολόγοι καὶ φρεναπάται

Tt 1 14 μὴ προσέχοντες ᾽Ιουδαϊκοῖς μύθοις καὶ ἐντολαῖς ἀνθρώπων

1 15 τοῖς δὲ μεμιαμμένοις καὶ ἀπίστοις οὐδὲν καθαρόν

1 15 μεμίανται αὐτῶν καὶ ὁ νοῦς

1 15 καὶ ἡ συνείδησις

1 16 βδελυκτοὶ ὄντες καὶ ἀπειθεῖς ↔

1 16 καὶ πρὸς πᾶν ἔργον ἀγαθὸν ἀδόκιμοι

2 12 ἵνα ἀρνησάμενοι τὴν ἀσέβειαν καὶ τὰς κοσμικὰς ἐπιθυμίας ↔

2 12 σωφρόνως καὶ δικαίως ↔

2 12 καὶ εὐσεβῶς ζήσωμεν

2 13 προσδεχόμενοι τὴν μακαρίαν ἐλπίδα καὶ ἐπιφάνειαν τῆς δόξης

2 13 τοῦ μεγάλου θεοῦ καὶ σωτῆρος ἡμῶν | ᾽Ιησοῦ Χριστοῦ (~NSTH)

2 14 ἵνα λυτρώσηται ἡμᾶς ἀπὸ πάσης ἀνομίας καὶ καθαρίσῃ ἑαυτῷ

2 15 ταῦτα λάλει καὶ παρακάλει ↔

2 15 καὶ ἔλεγχε μετὰ πάσης ἐπιταγῆς

3 1 * ὑπομίμνησκε αὐτοὺς ἀρχαῖς καὶ (+ς) ἐξουσίαις ὑποτάσσεσθαι

3 3g ἦμεν γάρ ποτε καὶ ἡμεῖς ἀνόητοι

3 3 δουλεύοντες ἐπιθυμίαις καὶ ἡδοναῖς ποικίλαις,

3 3 ἐν κακίᾳ καὶ φθόνῳ διάγοντες

3 4 ὅτε δὲ ἡ χρηστότης καὶ ἡ φιλανθρωπία ἐπεφάνη τοῦ . . . θεοῦ

3 5 ἔσωσεν ἡμᾶς διὰ λουτροῦ παλιγγενεσίας καὶ ἀνακαινώσεως

3 8 πιστὸς ὁ λόγος, καὶ περὶ τούτων βούλομαί σε διαβεβαιοῦσθαι

3 8 ταῦτά ἐστιν καλὰ καὶ ὠφέλιμα τοῖς ἀνθρώποις· ↔

3 9 μωρὰς δὲ ζητήσεις καὶ γενεαλογίας ↔

3 9 καὶ ἔρεις (-ιν NBTH) ↔

3 9 καὶ μάχας νομικὰς περιίστασο· ↔

3 9 εἰσὶν γὰρ ἀνωφελεῖς καὶ μάταιοι.

3 10 αἱρετικὸν ἄνθρωπον μετὰ μίαν καὶ δευτέραν νουθεσίαν παραιτοῦ, ↔

3 11 εἰδὼς ὅτι ἐξέστραπται ὁ τοιοῦτος καὶ ἁμαρτάνει ὢν αὐτοκατάκριτος

3 13 Ζηνᾶν τὸν νομικὸν καὶ ᾽Απολλῶν σπουδαίως πρόπεμψον

3 14q μανθανέτωσαν δὲ καὶ οἱ ἡμέτεροι καλῶν ἔργων προΐστασθαι

Phm 1 Παῦλος . . . καὶ Τιμόθεος ὁ ἀδελφὸς Φιλήμονι

1 τῷ ἀγαπητῷ καὶ συνεργῷ ἡμῶν↔

2 καὶ ᾽Απφίᾳ τῇ ἀδελφῇ ↔

2 καὶ ᾽Αρχίππῳ τῷ συστρατιώτῃ ἡμῶν ↔

2 καὶ τῇ κατ᾽ οἶκόν σου ἐκκλησίᾳ· ↔

3 χάρις ὑμῖν καὶ εἰρήνη ↔

3 ἀπὸ θεοῦ πατρὸς ἡμῶν καὶ κυρίου ᾽Ιησοῦ Χριστοῦ

5 ἀκούων σου τὴν ἀγάπην καὶ τὴν πίστιν

5 ἣν ἔχεις πρὸς (εἰς H) τὸν κύριον ᾽Ιησοῦν καὶ εἰς πάντας τοὺς ἁγίους

7 χαρὰν γὰρ πολλὴν ἔσχον καὶ παράκλησιν ἐπὶ τῇ ἀγάπῃ σου

9q νυνὶ δὲ καὶ δέσμιος Χριστοῦ ᾽Ιησοῦ

11rq ⟨᾽Ονήσιμον⟩ νυνὶ δὲ καὶ ([N26]; —Hς) σοί ↔

11r καὶ ἐμοὶ εὔχρηστον

16 ἀδελφὸν ἀγαπητόν . . . καὶ ἐν σαρκί

16 καὶ ἐν κυρίῳ

19v ἵνα μὴ λέγω σοι ὅτι καὶ σεαυτόν μοι προσοφείλεις

21v εἰδὼς ὅτι καὶ ὑπὲρ ἃ λέγω ποιήσεις.

Phm 22q ἅμα δὲ καὶ ἑτοίμαζέ μοι ξενίαν

Hb 1 1 πολυμερῶς καὶ πολυτρόπως πάλαι ὁ θεὸς λαλήσας τοῖς πατράσιν

1 2 δι᾽ οὗ καὶ | ἐποίησεν τοὺς αἰῶνας (~Sς)· ↔

1 3 ὃς ὢν ἀπαύγασμα τῆς δόξης καὶ χαρακτὴρ τῆς ὑποστάσεως αὐτοῦ

1 5 καὶ πάλιν· ↔

1 5h ἐγὼ ἔσομαι αὐτῷ εἰς πατέρα, καὶ αὐτὸς ἔσται μοι εἰς υἱόν

1 6 καὶ προσκυνησάτωσαν αὐτῷ πάντες ἄγγελοι θεοῦ. ↔

1 7 καὶ πρὸς μὲν τοὺς ἀγγέλους λέγει· ↔

1 7 ὁ ποιῶν τοὺς ἀγγέλους αὐτοῦ πνεύματα, καὶ τοὺς λειτουργοὺς αὐτοῦ πυρὸς φλόγα

1 8 καὶ (—ς) ἡ ῥάβδος τῆς εὐθύτητος ῥάβδος τῆς βασιλείας σου (αὐτοῦ NH). ↔

1 9 ἠγάπησας δικαιοσύνην καὶ ἐμίσησας ἀνομίαν (ἀδικίαν BST)

1 10 καὶ· σὺ κατ᾽ ἀρχάς, κύριε, τὴν γῆν ἐθεμελίωσας, ↔

1 10 καὶ ἔργα τῶν χειρῶν σού εἰσιν οἱ οὐρανοί

1 11 καὶ πάντες ὡς ἱμάτιον παλαιωθήσονται, ↔

1 12u καὶ ὡσεὶ περιβόλαιον ἑλίξεις (ἀλλάξεις T) αὐτούς, ↔

1 12 | ὡς ἱμάτιον ([S]; —Tς) καὶ ἀλλαγήσονται ↔

1 12 σὺ δὲ ὁ αὐτὸς εἶ καὶ τὰ ἔτη σου οὐκ ἐκλείψουσιν

2 2 εἰ γὰρ ὁ δι᾽ ἀγγέλων λαληθεὶς λόγος ἐγένετο βέβαιος, καὶ πᾶσα παράβασις ↔

2 2 καὶ παρακοὴ ἔλαβεν ἔνδικον μισθαποδοσίαν

2 4p συνεπιμαρτυροῦντος τοῦ θεοῦ σημείοις τε καὶ τέρασιν ↔

2 4 καὶ ποικίλαις δυνάμεσιν ↔

2 4 καὶ πνεύματος ἁγίου μερισμοῖς

2 7 δόξῃ καὶ τιμῇ ἐστεφάνωσας αὐτόν, ↔

2 7 * | καὶ κατέστησας αὐτὸν ἐπὶ τὰ ἔργα τῶν χειρῶν σου (+S[H]ς)

2 9 βλέπομεν ᾽Ιησοῦν . . . δόξῃ καὶ τιμῇ ἐστεφανωμένον

2 10 δι᾽ ὃν τὰ πάντα καὶ δι᾽ οὗ τὰ πάντα

2 11 ὅ τε γὰρ ἁγιάζων καὶ οἱ ἁγιαζόμενοι ἐξ ἑνὸς πάντες

2 13 καὶ πάλιν

2 13 καὶ πάλιν· ↔

2 13 ἰδοὺ ἐγὼ καὶ τὰ παιδία ἅ μοι ἔδωκεν ὁ θεός. ↔

2 14 ἐπεὶ οὖν τὰ παιδία κεκοινώνηκεν αἵματος καὶ σαρκός,

2 14h καὶ αὐτὸς παραπλησίως μετέσχεν τῶν αὐτῶν, ↔

2 15 ⟨ἵνα . . . καταργήσῃ⟩ καὶ ἀπαλλάξῃ τούτους

2 17 ἵνα ἐλεήμων γένηται καὶ πιστὸς ἀρχιερεύς

3 1 κατανοήσατε τὸν ἀπόστολον καὶ ἀρχιερέα . . . ᾽Ιησοῦν, ↔

3 2u πιστὸν ὄντα τῷ ποιήσαντι αὐτόν, ὡς καὶ Μωϋσῆς

3 5 καὶ Μωϋσῆς μὲν πιστὸς ἐν ὅλῳ τῷ οἴκῳ αὐτοῦ

3 6 ἐάνπερ (ἐάν[περ] N26MV; ἐὰν NBT H) τὴν παρρησίαν καὶ τὸ καύχημα τῆς ἐλπίδος . . . κατάσχωμεν

Hb 3 9 οὗ ἐπείρασαν (+με [S]ς) οἱ πατέρες ὑμῶν ... καὶ εἶδον τὰ ἔργα μου

3 10 διὸ προσώχθισα τῇ γενεᾷ ταύτῃ καὶ εἶπον

3 19 καὶ βλέπομεν ὅτι οὐκ ἠδυνήθησαν εἰσελθεῖν

4 2ᵈ καὶ γάρ ἐσμεν εὐηγγελισμένοι καθάπερ κἀκεῖνοι

4 4 καὶ κατέπαυσεν ὁ θεὸς ... ἀπὸ πάντων τῶν ἔργων αὐτοῦ· ↔

4 5 καὶ ἐν τούτῳ πάλιν

4 6 ἐπεὶ οὖν ἀπολείπεται ... καὶ οἱ πρότερον εὐαγγελισθέντες οὐκ εἰσῆλθον δι᾽ ἀπείθειαν

4 10ʰ ὁ γὰρ εἰσελθὼν εἰς τὴν κατάπαυσιν αὐτοῦ καὶ αὐτὸς κατέπαυσεν

4 12 ζῶν γὰρ ὁ λόγος τοῦ θεοῦ καὶ ἐνεργής ↔

4 12 καὶ τομώτερος ὑπὲρ πᾶσαν μάχαιραν δίστομον ↔

4 12 καὶ διϊκνούμενος ἄχρι μερισμοῦ ↔

4 12ᵖ ψυχῆς (+τε ς) καὶ πνεύματος, ↔

4 12ᵖ ἁρμῶν τε καὶ μυελῶν, ↔

4 12 καὶ κριτικὸς ἐνθυμήσεων ↔

4 12 καὶ ἐννοιῶν καρδίας· ↔

4 13ᵃ καὶ οὐκ ἔστιν κτίσις ἀφανὴς ἐνώπιον αὐτοῦ,

4 13 πάντα δὲ γυμνὰ καὶ τετραχηλισμένα τοῖς ὀφθαλμοῖς αὐτοῦ

4 16 ἵνα λάβωμεν ἔλεος καὶ χάριν εὕρωμεν

5 1ᵖ ἵνα προσφέρῃ δῶρά τε [H] καὶ θυσίας ὑπὲρ ἁμαρτιῶν, ↔

5 2 μετριοπαθεῖν δυνάμενος τοῖς ἀγνοοῦσιν καὶ πλανωμένοις, ↔

5 2ʰʸ ἐπεὶ καὶ αὐτὸς περίκειται ἀσθένειαν, ↔

5 3 καὶ δι᾽ αὐτὴν ὀφείλει, καθὼς περὶ τοῦ λαοῦ, ↔

5 3ᵘ οὕτως καὶ περὶ ἑαυτοῦ προσφέρειν περὶ ἁμαρτιῶν. ↔

5 4ᵃ καὶ οὐχ ἑαυτῷ τις λαμβάνει τὴν τιμήν, ↔

5 4 ἀλλὰ καλούμενος ὑπὸ τοῦ θεοῦ, καθώσπερ καὶ ᾿Ααρών. ↔

5 5ᵘ οὕτως καὶ ὁ Χριστὸς οὐχ ἑαυτὸν ἐδόξασεν γενηθῆναι ἀρχιερέα

5 6ᵘ καθὼς καὶ ἐν ἑτέρῳ λέγει

5 7ᵖ ὅς ... δεήσεις τε καὶ ἱκετηρίας ... μετὰ κραυγῆς ἰσχυρᾶς ↔

5 7 καὶ δακρύων προσενέγκας ↔

5 7 καὶ εἰσακουσθεὶς ἀπὸ τῆς εὐλαβείας

5 9 καὶ τελειωθεὶς ἐγένετο ... αἴτιος σωτηρίας αἰωνίου

5 11 περὶ οὗ πολὺς ἡμῖν ὁ λόγος καὶ δυσερμήνευτος λέγειν

5 12ᵈ καὶ γὰρ ὀφείλοντες εἶναι διδάσκαλοι διὰ τὸν χρόνον

5 12 καὶ γεγόνατε χρείαν ἔχοντες γάλακτος, ↔

5 12ᵃ καὶ ([N²⁶V]; —NTH) οὐ στερεᾶς τροφῆς

5 14ᵖ πρὸς διάκρισιν καλοῦ τε καὶ κακοῦ

6 1 μὴ πάλιν θεμέλιον καταβαλλόμενοι μετανοίας ... καὶ πίστεως ἐπὶ θεόν

6 2 ἀναστάσεώς τε (—NH) νεκρῶν, καὶ κρίματος αἰωνίου

6 3ʰ καὶ τοῦτο ποιήσομεν (-σωμεν VS)

6 4 ἀδύνατον γὰρ τοὺς ἅπαξ φωτισθέντας ... καὶ μετόχους γενηθέντας πνεύματος ἁγίου ↔

6 5 καὶ καλὸν γευσαμένους θεοῦ ῥῆμα δυνάμεις τε μέλλοντος αἰῶνος,

---

Hb 6 6 καὶ παραπεσόντας, πάλιν ἀνακαινίζειν εἰς μετάνοιαν, ↔

6 6 ἀνασταυροῦντας ἑαυτοῖς τὸν υἱὸν τοῦ θεοῦ καὶ παραδειγματίζοντας. ↔

6 7 γῆ γὰρ ἡ πιοῦσα τὸν ... ὑετὸν καὶ τίκτουσα βοτάνην εὔθετον ἐκείνοις

6 7 δι᾽ οὓς καὶ γεωργεῖται

6 8 ἐκφέρουσα δὲ ἀκάνθας καὶ τριβόλους ↔

6 8 ἀδόκιμος καὶ κατάρας ἐγγύς

6 9 πεπείσμεθα ... τὰ κρείσσονα καὶ ἐχόμενα σωτηρίας, ↔

6 9ᵏᶻ εἰ καὶ οὕτως λαλοῦμεν. ↔

6 10 οὐ γὰρ ἄδικος ὁ θεὸς ἐπιλαθέσθαι τοῦ ἔργου ὑμῶν καὶ τῆς ἀγάπης ↔

6 10 ἧς ἐνεδείξασθε ... διακονήσαντες τοῖς ἁγίοις καὶ διακονοῦντες

6 12 μιμηταὶ δὲ τῶν διὰ πίστεως καὶ μακροθυμίας κληρονομούντων τὰς ἐπαγγελίας

6 14 εἰ μὴν εὐλογῶν εὐλογήσω σε καὶ πληθύνων πληθυνῶ σε· ↔

6 15ᵏ καὶ οὕτως μακροθυμήσας ἐπέτυχεν τῆς ἐπαγγελίας. ↔

6 16 ἄνθρωποι γὰρ κατὰ τοῦ μείζονος ὀμνύουσιν, καὶ πάσης αὐτοῖς ἀντιλογίας πέρας ... ὁ ὅρκος

6 19ᵖ ἣν ὡς ἄγκυραν ἔχομεν τῆς ψυχῆς ἀσφαλῆ τε καὶ βεβαίαν ↔

6 19 καὶ εἰσερχομένην εἰς τὸ ἐσώτερον τοῦ καταπετάσματος

7 1 ὁ Μελχισέδεκ ... ὁ συναντήσας ᾿Αβραάμ ... καὶ εὐλογήσας αὐτόν, ↔

7 2 ᾧ καὶ δεκάτην ἀπὸ πάντων ἐμέρισεν ᾿Αβραάμ, ↔

7 2ᵃ πρῶτον μὲν ἑρμηνευόμενος βασιλεὺς δικαιοσύνης, ἔπειτα δὲ καὶ βασιλεὺς Σαλήμ

7 4 οὗτος, ᾧ καὶ ([N²⁶]; —NH) δεκάτην ᾿Αβραὰμ ἔδωκεν ... ὁ πατριάρχης. ↔

7 5 καὶ οἱ μὲν ἐκ τῶν υἱῶν Λευὶ τὴν ἱερατείαν λαμβάνοντες ἐντολὴν ἔχουσιν

7 6 δεδεκάτωκεν (+τὸν V[S]ς) ᾿Αβραάμ, καὶ τὸν ἔχοντα τὰς ἐπαγγελίας εὐλόγηκεν

7 8 καὶ ὧδε μὲν δεκάτας ἀποθνήσκοντες ἄνθρωποι λαμβάνουσιν

7 9ᵏ καὶ ὡς ἔπος εἰπεῖν, ↔

7 9 δι᾽ ᾿Αβραὰμ καὶ Λευὶ ὁ δεκάτας λαμβάνων δεδεκάτωται

7 11ᵃ τίς ἔτι χρεία ... ἕτερον ἀνίστασθαι ἱερέα καὶ οὐ κατὰ τὴν τάξιν ᾿Ααρὼν λέγεσθαι; ↔

7 12 μετατιθεμένης γὰρ τῆς ἱερωσύνης ἐξ ἀνάγκης καὶ νόμου μετάθεσις γίνεται

7 15 καὶ περισσότερον ἔτι κατάδηλόν ἐστιν

7 18 ἀθέτησις μὲν γὰρ γίνεται προαγούσης ἐντολῆς διὰ τὸ αὐτῆς ἀσθενὲς καὶ ἀνωφελές

7 20 καὶ καθ᾽ ὅσον οὐ χωρὶς ὁρκωμοσίας

7 21ᵃ ὤμοσεν κύριος, καὶ οὐ μεταμεληθήσεται

7 22 κατὰ τοσοῦτο καὶ ([N²⁶]; —Sς) κρείττονος διαθήκης γέγονεν ἔγγυος ᾿Ιησοῦς.

7 23 καὶ οἱ μὲν πλείονές εἰσιν γεγονότες ἱερεῖς

7 25 ὅθεν καὶ σῴζειν ... δύναται τοὺς προσερχομένους

Hb 7 26 τοιοῦτος γὰρ ἡμῖν (ὑμῖν T) καὶ ([VSH]; —ς) ἔπρεπεν ἀρχιερεύς, ↔

7 26 ὅσιος, ἄκακος ... καὶ ὑψηλότερος τῶν οὐρανῶν γενόμενος

8 2 τῶν ἁγίων λειτουργὸς καὶ τῆς σκηνῆς τῆς ἀληθινῆς, ↔

8 2ᵃ ἣν ἔπηξεν ὁ κύριος, καὶ (+V[S]ς) οὐκ ἄνθρωπος

8 3ᵖ εἰς τὸ προσφέρειν δῶρά τε καὶ θυσίας καθίσταται· ↔

8 3ʰ ὅθεν ἀναγκαῖον ἔχειν τι καὶ τοῦτον ὃ προσενέγκῃ

8 5 οἵτινες ὑποδείγματι καὶ σκιᾷ λατρεύουσιν τῶν ἐπουρανίων

8 6 ὅσῳ καὶ κρείττονός ἐστιν διαθήκης μεσίτης

8 8 ἰδοὺ ἡμέραι ἔρχονται ... καὶ συντελέσω ἐπὶ τὸν οἶκον ᾿Ισραὴλ ↔

8 8 καὶ ἐπὶ τὸν οἶκον ᾿Ιούδα διαθήκην καινήν

8 10 καὶ ἐπὶ καρδίας (-ίαν T) αὐτῶν ἐπιγράψω αὐτούς, ↔

8 10 καὶ ἔσομαι αὐτοῖς εἰς θεὸν ↔

8 10ʰ καὶ αὐτοὶ ἔσονταί μοι εἰς λαόν. ↔

8 11ᶜ καὶ οὐ μὴ διδάξωσιν ἕκαστος τὸν πολίτην αὐτοῦ ↔

8 11 καὶ ἕκαστος τὸν ἀδελφὸν αὐτοῦ

8 12 ἵλεως ἔσομαι ... καὶ τῶν ἁμαρτιῶν αὐτῶν ↔

8 12 * | καὶ τῶν ἀνομιῶν αὐτῶν (+ς) οὐ μὴ μνησθῶ ἔτι

8 13 τὸ δὲ παλαιούμενον καὶ γηράσκον ἐγγὺς ἀφανισμοῦ. ↔

9 1ʳ εἶχε μὲν οὖν καὶ [N²⁶H] ἡ πρώτη δικαιώματα λατρείας

9 2 ἐν ᾗ ἥ τε λυχνία καὶ ἡ τράπεζα ↔

9 2 καὶ ἡ πρόθεσις τῶν ἄρτων

9 4 χρυσοῦν ἔχουσα θυμιατήριον καὶ τὴν κιβωτὸν τῆς διαθήκης

9 4 ἐν ᾗ στάμνος χρυσῆ ἔχουσα τὸ μάννα καὶ ἡ ῥάβδος ᾿Ααρὼν ἡ βλαστήσασα

9 4 καὶ αἱ πλάκες τῆς διαθήκης

9 7 ὃ προσφέρει ὑπὲρ ἑαυτοῦ καὶ τῶν τοῦ λαοῦ ἀγνοημάτων

9 9ᵖ καθ᾽ ἣν δῶρά τε καὶ θυσίαι προσφέρονται μὴ δυνάμεναι ... τελειῶσαι τὸν λατρεύοντα, ↔

9 10 μόνον ἐπὶ βρώμασιν καὶ πόμασιν ↔

9 10 καὶ διαφόροις βαπτισμοῖς, ↔

9 10 * | καὶ δικαιώμασι (ς; δικαιώματα rl) σαρκός

9 11 διὰ τῆς μείζονος καὶ τελειοτέρας σκηνῆς

9 12 οὐδὲ δι᾽ αἵματος τράγων καὶ μόσχων

9 13 εἰ γὰρ τὸ αἷμα τράγων καὶ ταύρων ↔

9 13 καὶ σποδὸς δαμάλεως ῥαντίζουσα τοὺς κεκοινωμένους ἁγιάζει

9 15 καὶ διὰ τοῦτο διαθήκης καινῆς μεσίτης ἐστίν

9 19 λαβὼν τὸ αἷμα τῶν μόσχων | καὶ τῶν τράγων [N²⁶]; καὶ τρ. ς) ↔

9 19 μετὰ ὕδατος καὶ ἐρίου κοκκίνου ↔

9 19 καὶ ὑσσώπου, ↔

9 19 αὐτό τε τὸ βιβλίον καὶ πάντα τὸν λαὸν ἐρράντισεν

9 21 καὶ τὴν σκηνὴν δὲ ↔

9 21 καὶ πάντα τὰ σκεύη τῆς λειτουργίας ... ἐρράντισεν. ↔

9 22 καὶ σχεδὸν ἐν αἵματι πάντα καθαρίζεται κατὰ τὸν νόμον, ↔

9 22 καὶ χωρὶς αἱματεκχυσίας οὐ γίνεται ἄφεσις

Hb 9 27 καὶ καθ᾽ ὅσον ἀπόκειται τοῖς ἀνθρώποις ἅπαξ ἀποθανεῖν, μετὰ δὲ τοῦτο κρίσις, ↔

9 28ᵘ οὕτως καὶ (—ς) ὁ Χριστός

10 4 ἀδύνατον γὰρ αἷμα ταύρων καὶ τράγων ἀφαιρεῖν ἁμαρτίας

10 5 θυσίαν καὶ προσφορὰν οὐκ ἠθέλησας

10 6 ὁλοκαυτώματα καὶ περὶ ἁμαρτίας οὐκ εὐδόκησας

10 8 θυσίας καὶ προσφορὰς ↔

10 8 καὶ ὁλοκαυτώματα ↔

10 8 καὶ περὶ ἁμαρτίας οὐκ ἠθέλησας

10 11 καὶ πᾶς μὲν ἱερεὺς (ἀρχ- S) ἕστηκεν καθ᾽ ἡμέραν λειτουργῶν ↔

10 11 καὶ τὰς αὐτὰς πολλάκις προσφέρων θυσίας

10 15 μαρτυρεῖ δὲ ἡμῖν καὶ τὸ πνεῦμα

10 16 καὶ ἐπὶ | τὴν διάνοιαν (τῶν διανοιῶν Sς) αὐτῶν ἐπιγράψω αὐτούς,

10 17 καὶ τῶν ἁμαρτιῶν αὐτῶν ↔

10 17 καὶ τῶν ἀνομιῶν αὐτῶν οὐ μὴ μνησθήσομαι ἔτι

10 20 ἣν ἐνεκαίνισεν ἡμῖν ὁδὸν πρόσφατον καὶ ζῶσαν

10 21 καὶ ἱερέα μέγαν ἐπὶ τὸν οἶκον τοῦ θεοῦ

10 22 ῥεραντισμένοι τὰς καρδίας . . . καὶ λελουσμένοι τὸ σῶμα

10 24 ⟨κατέχωμεν⟩ καὶ κατανοῶμεν ἀλλήλους

10 24 εἰς παροξυσμὸν ἀγάπης καὶ καλῶν ἔργων

10 25 ἀλλὰ παρακαλοῦντες, καὶ τοσούτῳ μᾶλλον ὅσῳ βλέπετε ἐγγίζουσαν τὴν ἡμέραν

10 27 φοβερὰ δέ τις ἐκδοχὴ κρίσεως καὶ πυρὸς ζῆλος

10 29 ὁ τὸν υἱὸν τοῦ θεοῦ καταπατήσας καὶ τὸ αἷμα τῆς διαθήκης κοινὸν ἡγησάμενος, ἐν ᾧ ἡγιάσθη

10 29 καὶ τὸ πνεῦμα τῆς χάριτος ἐνυβρίσας

10 30 τὸν εἰπόντα . . . καὶ πάλιν

10 33ᵖ ὀνειδισμοῖς τε καὶ θλίψεσιν θεατριζόμενοι

10 34ᵈ καὶ γὰρ τοῖς δεσμίοις συνεπαθήσατε, ↔

10 34 καὶ τὴν ἁρπαγὴν τῶν ὑπαρχόντων ὑμῶν . . . προσεδέξασθε,

10 34 γινώσκοντες ἔχειν ἑαυτοὺς κρείττονα ὕπαρξιν καὶ μένουσαν

10 37ᵃ ὁ ἐρχόμενος ἥξει καὶ οὐ χρονίσει (-νιεῖ MVSς)

10 38ʲ καὶ ἐὰν ὑποστείληται, οὐκ εὐδοκεῖ ἡ ψυχή μου ἐν αὐτῷ

11 4 δι᾽ ἧς ἐμαρτυρήθη . . . καὶ δι᾽ αὐτῆς ἀποθανὼν ἔτι λαλεῖ (-εῖται Sς). ↔

11 5ᵃ πίστει Ἐνὼχ μετετέθη τοῦ μὴ ἰδεῖν θάνατον, καὶ οὐχ ηὑρίσκετο

11 6 ὅτι ἔστιν καὶ τοῖς ἐκζητοῦσιν αὐτὸν μισθαποδότης γίνεται

11 7 δι᾽ ἧς κατέκρινεν τὸν κόσμον, καὶ τῆς κατὰ πίστιν δικαιοσύνης ἐγένετο κληρονόμος

11 8 Ἀβραὰμ ὑπήκουσεν ἐξελθεῖν . . . καὶ ἐξῆλθεν

11 9 ἐν σκηναῖς κατοικήσας, μετὰ Ἰσαὰκ καὶ Ἰακώβ

11 10 ἧς τεχνίτης καὶ δημιουργὸς ὁ θεός. ↔

11 11ʰ πίστει καὶ αὐτὴ Σάρρα στεῖρα (+Ν²⁶) ↔

11 11 δύναμιν εἰς καταβολὴν σπέρματος ἔλαβεν καὶ παρὰ καιρὸν ἡλικίας (+ ἔτεκεν ς)

11 12ᵛ διὸ καὶ ἀφ᾽ ἑνὸς ἐγεννήθησαν (ἐγενή. NMVBS), ↔

11 12ʰ καὶ ταῦτα νενεκρωμένου, ↔

11 12ᵏ καθὼς τὰ ἄστρα τοῦ οὐρανοῦ τῷ πλήθει καὶ ὡς ἡ ἄμμος

11 13 ✻ ἀλλὰ πόρρωθεν αὐτὰς ἰδόντες | καὶ πεισθέντες (+ς) ↔

11 13 καὶ ἀσπασάμενοι,

11 13 καὶ ὁμολογήσαντες

11 13 ὅτι ξένοι καὶ παρεπίδημοί εἰσιν

11 15ʲ καὶ εἰ μὲν ἐκείνης ἐμνημόνευον (μνημονεύουσιν ST) ἀφ᾽ ἧς ἐξέβησαν

11 17 προσενήνοχεν Ἀβραὰμ τὸν Ἰσαὰκ πειραζόμενος, καὶ τὸν μονογενῆ προσέφερεν ὁ . . . ἀναδεξάμενος

11 19ᵛ λογισάμενος ὅτι καὶ ἐκ νεκρῶν ἐγείρειν δυνατὸς ὁ θεός· ↔

11 19 ὅθεν αὐτὸν καὶ ἐν παραβολῇ ἐκομίσατο. ↔

11 20 πίστει καὶ (—Τς) περὶ μελλόντων εὐλόγησεν Ἰσαὰκ τὸν Ἰακὼβ ↔

11 20 καὶ τὸν Ἠσαῦ. ↔

11 21 πίστει Ἰακὼβ ἀποθνῄσκων ἕκαστον τῶν υἱῶν Ἰωσὴφ εὐλόγησεν, καὶ προσεκύνησεν ἐπὶ τὸ ἄκρον τῆς ῥάβδου αὐτοῦ

11 22 πίστει περὶ τῆς ἐξόδου . . . ἐμνημόνευσεν καὶ περὶ τῶν ὀστέων αὐτοῦ ἐνετείλατο

11 23ᵃ διότι εἶδον ἀστεῖον τὸ παιδίον, καὶ οὐκ ἐφοβήθησαν τὸ διάταγμα τοῦ βασιλέως

11 28 πίστει πεποίηκεν τὸ πάσχα καὶ τὴν πρόσχυσιν τοῦ αἵματος

11 32 καὶ τί ἔτι λέγω;

11 32ᵖ ✻ διηγούμενον . . . περὶ Γεδεών, Βαράκ | τε καὶ (+ς) Σαμψὼν ↔

11 32 ✻ καὶ (+ς) Ἰεφθάε, ↔

11 32ᵖ Δαυίδ τε καὶ Σαμουὴλ ↔

11 32 καὶ τῶν προφητῶν

11 36 ἕτεροι δὲ ἐμπαιγμῶν καὶ μαστίγων πεῖραν ἔλαβον, ↔

11 36 ἔτι δὲ δεσμῶν καὶ φυλακῆς

11 38 ἐπὶ ἐρημίαις πλανώμενοι καὶ ὄρεσιν ↔

11 38 καὶ σπηλαίοις

11 38 καὶ ταῖς ὀπαῖς τῆς γῆς. ↔

11 39ʰ καὶ οὗτοι πάντες μαρτυρηθέντες διὰ τῆς πίστεως

12 1ᵍʳ τοιγαροῦν καὶ ἡμεῖς, τοσοῦτον ἔχοντες περικείμενον ἡμῖν νέφος μαρτύρων, ↔

12 1 ὄγκον ἀποθέμενοι πάντα καὶ τὴν εὐπερίστατον ἁμαρτίαν

12 2 ἀφορῶντες εἰς τὸν τῆς πίστεως ἀρχηγὸν καὶ τελειωτὴν Ἰησοῦν

12 5 ⟨οὔπω μέχρις αἵματος ἀντικατέστητε⟩ καὶ ἐκλέλησθε τῆς παρακλήσεως

12 8ᵃ εἰ δὲ χωρίς ἐστε παιδείας . . . ἄρα νόθοι καὶ οὐχ υἱοί ἐστε

12 9 εἴχομεν παιδευτὰς καὶ ἐνετρεπόμεθα· ↔

12 9 οὐ πολὺ δὲ [+Ν²⁶] μᾶλλον ὑποταγησόμεθα τῷ πατρὶ τῶν πνευμάτων καὶ ζήσομεν;

12 12 διὸ τὰς παρειμένας χεῖρας καὶ τὰ παραλελυμένα γόνατα ἀνορθώσατε, ↔

12 13 καὶ τροχιὰς ὀρθὰς ποιεῖτε (-ήσατε MVSς)

Hb 12 14 εἰρήνην διώκετε μετὰ πάντων, καὶ τὸν ἁγιασμόν

12 15 μή τις ῥίζα πικρίας . . . ἐνοχλῇ καὶ διὰ ταύτης (αὐτῆς Η) μιανθῶσιν οἱ πολλοί

12 17ᵛ ἴστε γὰρ ὅτι καὶ μετέπειτα θέλων κληρονομῆσαι . . . ἀπεδοκιμάσθη

12 18 οὐ γὰρ προσεληλύθατε ψηλαφωμένῳ (+ὄρει Vς) καὶ κεκαυμένῳ πυρὶ ↔

12 18 καὶ γνόφῳ ↔

12 18 καὶ ζόφῳ ↔

12 18 καὶ θυέλλῃ ↔

12 19 καὶ σάλπιγγος ἤχῳ ↔

12 19 καὶ φωνῇ ῥημάτων

12 21ᵏ καί, οὕτω φοβερὸν ἦν τὸ φανταζόμενον, Μωϋσῆς εἶπεν· ↔

12 21 ἔκφοβός εἰμι καὶ ἔντρομος· ↔

12 22 ἀλλὰ προσεληλύθατε Σιὼν ὄρει καὶ πόλει θεοῦ ζῶντος, ↔

12 22 Ἰερουσαλὴμ ἐπουρανίῳ, καὶ μυριάσιν ἀγγέλων, πανηγύρει, ↔

12 23 καὶ ἐκκλησίᾳ πρωτοτόκων | ἀπογεγραμμένων ἐν οὐρανοῖς (∼Sς), ↔

12 23 καὶ κριτῇ θεῷ πάντων, ↔

12 23 καὶ πνεύμασι δικαίων τετελειωμένων, ↔

12 24 καὶ διαθήκης νέας μεσίτῃ Ἰησοῦ, ↔

12 24 καὶ αἵματι ῥαντισμοῦ

12 26ʷ ἔτι ἅπαξ ἐγὼ σείσω (σείω Sς) οὐ μόνον τὴν γῆν ἀλλὰ καὶ τὸν οὐρανόν

12 28 δι᾽ ἧς λατρεύωμεν εὐαρέστως τῷ θεῷ, μετὰ εὐλαβείας καὶ δέους· ↔

12 29ᵈ καὶ γὰρ ὁ θεὸς ἡμῶν πῦρ καταναλίσκον

13 3ʰᵘ μιμνήσκεσθε . . . τῶν κακουχουμένων ὡς καὶ αὐτοὶ ὄντες ἐν σώματι. ↔

13 4 τίμιος ὁ γάμος ἐν πᾶσιν καὶ ἡ κοίτη ἀμίαντος· ↔

13 4ᵃʳ πόρνους γὰρ (δὲ ς) καὶ μοιχοὺς κρινεῖ ὁ θεός

13 6ᵃ κύριος ἐμοὶ βοηθός, καὶ (+[Ν²⁶V] Sς) οὐ φοβηθήσομαι

13 8 Ἰησοῦς Χριστὸς ἐχθὲς καὶ σήμερον ↔

13 8 ὁ αὐτὸς καὶ εἰς τοὺς αἰῶνας. ↔

13 9 διδαχαῖς ποικίλαις καὶ ξέναις μὴ παραφέρεσθε

13 12ᵛ διὸ καὶ Ἰησοῦς . . . ἔξω τῆς πύλης ἔπαθεν

13 16 τῆς δὲ εὐποιΐας καὶ κοινωνίας μὴ ἐπιλανθάνεσθε

13 17 πείθεσθε τοῖς ἡγουμένοις ὑμῶν καὶ ὑπείκετε

13 17ᵇ ἵνα μετὰ χαρᾶς τοῦτο ποιῶσιν καὶ μὴ στενάζοντες

13 22ᵈ καὶ γὰρ διὰ βραχέων ἐπέστειλα ὑμῖν

13 24 ἀσπάσασθε πάντας τοὺς ἡγουμένους ὑμῶν καὶ πάντας τοὺς ἁγίους

Jc 1 1 Ἰάκωβος θεοῦ καὶ κυρίου Ἰησοῦ Χριστοῦ δοῦλος ταῖς δώδεκα φυλαῖς . . . χαίρειν

1 4 ἵνα ἦτε τέλειοι καὶ ὁλόκληροι

1 5ᵇ αἰτείτω παρὰ τοῦ διδόντος θεοῦ πᾶσιν ἁπλῶς καὶ μὴ ὀνειδίζοντος, ↔

1 5 καὶ δοθήσεται αὐτῷ

1 6 ἔοικεν κλύδωνι θαλάσσης ἀνεμιζομένῳ καὶ ῥιπιζομένῳ

1 11 ἀνέτειλεν γὰρ ὁ ἥλιος σὺν τῷ καύσωνι καὶ ἐξήρανεν τὸν χόρτον,

1 11 καὶ τὸ ἄνθος αὐτοῦ ἐξέπεσεν

Jc 1 11 καὶ ἡ εὐπρέπεια τοῦ προσώπου αὐτοῦ ἀπώλετο· ↔

1 11ᵘοὕτως καὶ ὁ πλούσιος ἐν ταῖς πορείαις αὐτοῦ μαρανθήσεται

1 14 ἕκαστος δὲ πειράζεται ὑπὸ τῆς ἰδίας ἐπιθυμίας ἐξελκόμενος καὶ δελεαζόμενος

1 17 πᾶσα δόσις ἀγαθὴ καὶ πᾶν δώρημα τέλειον ἄνωθέν ἐστιν καταβαῖνον

1 21 ἀποθέμενοι πᾶσαν ῥυπαρίαν καὶ περισσείαν κακίας

1 22ᵇγίνεσθε δὲ ποιηταὶ λόγου, καὶ μὴ | μόνον ἀκροαταί (~ NBH)

1 23ᵃεἴ τις ἀκροατὴς λόγου ἐστὶν καὶ οὐ ποιητής

1 24 κατενόησεν γὰρ ἑαυτὸν καὶ ἀπελήλυθεν,

1 24 καὶ εὐθέως ἐπελάθετο ὁποῖος ἦν. ↔

1 25 ὁ δὲ παρακύψας εἰς νόμον τέλειον... καὶ παραμείνας

1 27 θρησκεία καθαρὰ καὶ ἀμίαντος ↔

1 27 παρὰ τῷ (—T) θεῷ καὶ πατρὶ αὕτη ἐστίν, ↔

1 27 ἐπισκέπτεσθαι ὀρφανοὺς καὶ χήρας

2 2ᵃἐὰν γὰρ... εἰσέλθῃ δὲ καὶ πτωχὸς ἐν ῥυπαρᾷ ἐσθῆτι, ↔

2 3 * | ἐπιβλέψητε (Tς; ἐ. δὲ rl) ἐπὶ τὸν φοροῦντα τὴν ἐσθῆτα τὴν λαμπρὰν ↔

2 3 καὶ εἴπητε· ↔

2 3 σὺ κάθου ὧδε καλῶς, καὶ τῷ πτωχῷ εἴπητε

2 4ᵃ* καὶ (+ς) οὐ διεκρίθητε ἐν ἑαυτοῖς ↔

2 4 καὶ ἐγένεσθε κριταὶ διαλογισμῶν πονηρῶν;

2 5 οὐχ ὁ θεὸς ἐξελέξατο τοὺς πτωχούς... πλουσίους ἐν πίστει καὶ κληρονόμους τῆς βασιλείας ⟨;⟩

2 6ʰ οὐχ οἱ πλούσιοι καταδυναστεύουσιν ὑμῶν (ὑμᾶς T), καὶ αὐτοὶ ἕλκουσιν ὑμᾶς εἰς κριτήρια;

2 11 ὁ γὰρ εἰπών· μὴ μοιχεύσῃς, εἶπεν καί· μὴ φονεύσῃς

2 12ᵏ οὕτως λαλεῖτε καὶ οὕτως ποιεῖτε

2 13 * ἡ γὰρ κρίσις ἀνέλεος... καὶ (+ς) κατακαυχᾶται ἔλεος κρίσεως

2 15 ἐὰν... γυμνοὶ ὑπάρχωσιν καὶ λειπόμενοι (+ὦσι ς) τῆς ἐφημέρου τροφῆς

2 16 ὑπάγετε ἐν εἰρήνῃ, θερμαίνεσθε καὶ χορτάζεσθε

2 17ᵘ οὕτως καὶ ἡ πίστις, ἐὰν μὴ ἔχῃ ἔργα, νεκρά ἐστιν

2 19 καὶ τὰ δαιμόνια πιστεύουσιν ↔

2 19 καὶ φρίσσουσιν

2 22 ἡ πίστις συνήργει (συνεργεῖ T) τοῖς ἔργοις αὐτοῦ, καὶ ἐκ τῶν ἔργων... ἐτελειώθη.

2 23 καὶ ἐπληρώθη ἡ γραφὴ

2 23 ἐπίστευσεν δὲ Ἀβραὰμ τῷ θεῷ, καὶ ἐλογίσθη αὐτῷ εἰς δικαιοσύνην, ↔

2 23 καὶ φίλος θεοῦ ἐκλήθη

2 24ᵃἐξ ἔργων δικαιοῦται ἄνθρωπος καὶ οὐκ ἐκ πίστεως μόνον. ↔

2 25ᵃὁμοίως δὲ καὶ Ῥαὰβ... οὐκ ἐξ ἔργων ἐδικαιώθη, ↔

2 25 ὑποδεξαμένη τοὺς ἀγγέλους καὶ ἑτέρᾳ ὁδῷ ἐκβαλοῦσα;

2 26ᵘ οὕτως καὶ ἡ πίστις χωρὶς ἔργων νεκρά ἐστιν

3 2 δυνατὸς χαλιναγωγῆσαι καὶ ὅλον τὸ σῶμα. ↔

Jc 3 3 εἰ δὲ... βάλλομεν εἰς (πρὸς Sς) τὸ πείθεσθαι αὐτοὺς ἡμῖν, καὶ ὅλον τὸ σῶμα αὐτῶν μετάγομεν. ↔

3 4ˢ ἰδοὺ καὶ τὰ πλοῖα, ↔

3 4 τηλικαῦτα ὄντα καὶ ὑπὸ ἀνέμων σκληρῶν ἐλαυνόμενα

3 5ᵘ οὕτως καὶ ἡ γλῶσσα μικρὸν μέλος ἐστὶν ↔

3 5 καὶ | μεγάλα αὐχεῖ (μεγαλαυχεῖ VSς)

3 6 καὶ (—T) ἡ γλῶσσα πῦρ... καθίσταται ἐν τοῖς μέλεσιν ἡμῶν, ↔

3 6 * καὶ (T; ἡ rl) σπιλοῦσα ὅλον τὸ σῶμα ↔

3 6 καὶ φλογίζουσα τὸν τροχὸν τῆς γενέσεως ↔

3 6 καὶ φλογιζομένη ὑπὸ τῆς γεέννης.

3 7ᵖ πᾶσα γὰρ φύσις θηρίων τε καὶ πετεινῶν, ↔

3 7ᵖ ἑρπετῶν τε καὶ ἐναλίων ↔

3 7 δαμάζεται καὶ δεδάμασται τῇ φύσει τῇ ἀνθρωπίνῃ

3 9 ἐν αὐτῇ εὐλογοῦμεν τὸν κύριον καὶ πατέρα, ↔

3 9 καὶ ἐν αὐτῇ καταρώμεθα τοὺς ἀνθρώπους

3 10 ἐκ τοῦ αὐτοῦ στόματος ἐξέρχεται εὐλογία καὶ κατάρα

3 11 μήτι ἡ πηγὴ... βρύει τὸ γλυκὺ καὶ τὸ πικρόν;

3 12 * | οὕτως οὐδεμία πηγὴ ἁλυκὸν καὶ (ς; οὐ. οὐδὲ ἁ. S; οὔτε ἁ. rl) γλυκὺ ποιῆσαι ὕδωρ. ↔

3 13 τίς σοφὸς καὶ ἐπιστήμων ἐν ὑμῖν;

3 14 εἰ δὲ ζῆλον πικρὸν ἔχετε καὶ ἐριθείαν

3 14 μὴ κατακαυχᾶσθε | καὶ ψεύδεσθε κατὰ τῆς ἀληθείας (τ. ἀ. καὶ ψ. T)

3 16 ὅπου γὰρ ζῆλος καὶ ἐριθεία, ↔

3 16 ἐκεῖ ἀκαταστασία καὶ πᾶν φαῦλον πρᾶγμα. ↔

3 17 ἡ δὲ ἄνωθεν σοφία... ἁγνή ἐστιν... μεστὴ ἐλέους καὶ καρπῶν ἀγαθῶν, ↔

3 17 * ἀδιάκριτος καὶ (+ς) ἀνυπόκριτος

4 1ᵐ πόθεν πόλεμοι καὶ πόθεν (—ς) μάχαι ἐν ὑμῖν;

4 2ᵃ ἐπιθυμεῖτε, καὶ οὐκ ἔχετε· ↔

4 2 φονεύετε καὶ ζηλοῦτε,

4 2ᵃ καὶ οὐ δύνασθε ἐπιτυχεῖν· ↔

4 2 μάχεσθε καὶ πολεμεῖτε·

4 2ᵃ* καὶ (+BT) οὐκ ἔχετε (+δέ ς)

4 3ᵃ αἰτεῖτε καὶ οὐ λαμβάνετε

4 4 * | μοιχοὶ καὶ (+ς) μοιχαλίδες, οὐκ οἴδατε ⟨;⟩

4 7 ἀντίστητε δὲ τῷ διαβόλῳ, καὶ φεύξεται ἀφ' ὑμῶν· ↔

4 8 ἐγγίσατε τῷ θεῷ, καὶ ἐγγιεῖ (-γίσει NH) ὑμῖν.

4 8 καθαρίσατε χεῖρας, ἁμαρτωλοί, καὶ ἁγνίσατε καρδίας, δίψυχοι. ↔

4 9 ταλαιπωρήσατε καὶ πενθήσατε ↔

4 9 καὶ (—T) κλαύσατε· ↔

4 9 ὁ γέλως ὑμῶν εἰς πένθος μετατραπήτω (-στραφήτω MVSTς) καὶ ἡ χαρὰ εἰς κατήφειαν. ↔

4 10 ταπεινώθητε ἐνώπιον κυρίου, καὶ ὑψώσει ὑμᾶς

4 11 *ὁ καταλαλῶν ἀδελφοῦ καὶ (ς; ἢ rl) κρίνων τὸν ἀδελφὸν αὐτοῦ ↔

4 11 καταλαλεῖ νόμου καὶ κρίνει νόμον

4 12 εἷς ἐστιν ὁ ([N²⁶]; —NH) νομοθέτης | καὶ κριτής (—ς), ↔

Jc 4 12 ὁ δυνάμενος σῶσαι καὶ ἀπολέσαι

4 13 * σήμερον καὶ (ς; ἢ rl) αὔριον πορευσόμεθα εἰς τήνδε τὴν πόλιν ↔

4 13 καὶ ποιήσομεν (-σωμεν Sς) ἐκεῖ ἐνιαυτὸν (+ἕνα VSς) ↔

4 13 καὶ ἐμπορευσόμεθα ↔

4 13 καὶ κερδήσομεν

4 14 ἀτμὶς γάρ ἐστε ἡ (—H) πρὸς ὀλίγον φαινομένη, ἔπειτα καὶ (δὲ ς) ἀφανιζομένη

4 15 ἐὰν ὁ κύριος θελήσῃ (θέλῃ H), καὶ ζήσομεν ↔

4 15 καὶ ποιήσομεν τοῦτο ἢ ἐκεῖνο

4 17ᵇ εἰδότι οὖν καλὸν ποιεῖν καὶ μὴ ποιοῦντι

5 2 ὁ πλοῦτος ὑμῶν σέσηπεν, καὶ τὰ ἱμάτια ὑμῶν σητόβρωτα γέγονεν, ↔

5 3 ὁ χρυσὸς ὑμῶν καὶ ὁ ἄργυρος κατίωται, ↔

5 3 καὶ ὁ ἰὸς αὐτῶν εἰς μαρτύριον ὑμῖν ἔσται ↔

5 3 καὶ φάγεται τὰς σάρκας ὑμῶν (+ὁ ἰὸς S) ὡς πῦρ

5 4 ὁ μισθὸς τῶν ἐργατῶν... κράζει, καὶ αἱ βοαὶ τῶν θερισάντων εἰς τὰ ὦτα κυρίου σαβαὼθ εἰσεληλύθασιν (-θαν NBTH). ↔

5 5 ἐτρυφήσατε ἐπὶ τῆς γῆς καὶ ἐσπαταλήσατε

5 7 ἕως λάβῃ (+ὑετὸν [MS]Vς) πρόϊμον καὶ ὄψιμον. ↔

5 8ᵍ μακροθυμήσατε καὶ ὑμεῖς

5 10 ὑπόδειγμα λάβετε, ἀδελφοί, τῆς κακοπαθίας καὶ τῆς μακροθυμίας τοὺς προφήτας

5 11 τὴν ὑπομονὴν Ἰὼβ ἠκούσατε, καὶ τὸ τέλος κυρίου εἴδετε (ἴδετε S), ↔

5 11 ὅτι πολύσπλαγχνός ἐστιν ὁ κύριος καὶ οἰκτίρμων

5 12 ἤτω δὲ ὑμῶν τὸ ναὶ ναί, καὶ τὸ οὒ οὔ

5 14 προσκαλεσάσθω τοὺς πρεσβυτέρους τῆς ἐκκλησίας, καὶ προσευξάσθωσαν ἐπ' αὐτόν

5 15 καὶ ἡ εὐχὴ τῆς πίστεως σώσει τὸν κάμνοντα, ↔

5 15 καὶ ἐγερεῖ αὐτὸν ὁ κύριος

5 16 ἐξομολογεῖσθε... τὰς ἁμαρτίας, καὶ εὔχεσθε (προσ- NH) ὑπὲρ ἀλλήλων

5 17 Ἠλίας ἄνθρωπος ἦν ὁμοιοπαθὴς ἡμῖν, καὶ προσευχῇ προσηύξατο τοῦ μὴ βρέξαι, ↔

5 17ᵃ καὶ οὐκ ἔβρεξεν ἐπὶ τῆς γῆς ↔

5 17 ἐνιαυτοὺς τρεῖς καὶ μῆνας ἕξ· ↔

5 18 καὶ πάλιν προσηύξατο, ↔

5 18 καὶ ὁ οὐρανὸς | ὑετὸν ἔδωκεν (~ T) ↔

5 18 καὶ ἡ γῆ ἐβλάστησεν τὸν καρπὸν αὐτῆς

5 19 ἐάν τις ἐν ὑμῖν πλανηθῇ... καὶ ἐπιστρέψῃ τις αὐτόν

5 20 ὁ ἐπιστρέψας ἁμαρτωλὸν... σώσει ψυχὴν αὐτοῦ ἐκ θανάτου καὶ καλύψει πλῆθος ἁμαρτιῶν

1 Pt 1 1 ἐκλεκτοῖς παρεπιδήμοις διασπορᾶς... Ἀσίας καὶ Βιθυνίας

1 2 εἰς ὑπακοὴν καὶ ῥαντισμὸν αἵματος Ἰησοῦ Χριστοῦ· ↔

1 2 χάρις ὑμῖν καὶ εἰρήνη πληθυνθείη. ↔

1 3 εὐλογητὸς ὁ θεὸς καὶ πατὴρ τοῦ κυρίου ἡμῶν Ἰησοῦ Χριστοῦ

1 4 εἰς κληρονομίαν ἄφθαρτον καὶ ἀμίαντον

1 Pt 1 4 καὶ ἀμάραντον

1 7 ἵνα τὸ δοκίμιον ὑμῶν τῆς πίστεως πολυτιμότερον . . . εὑρεθῇ εἰς ἔπαινον καὶ δόξαν ↔

1 7 καὶ τιμὴν ἐν ἀποκαλύψει Ἰησοῦ

1 8 πιστεύοντες δὲ ἀγαλλιᾶσθε (-λιᾶτε Η) χαρᾷ ἀνεκλαλήτῳ καὶ δεδοξασμένῃ

1 10 περὶ ἧς σωτηρίας ἐξεζήτησαν καὶ ἐξηραύνησαν προφῆται

1 11 προμαρτυρόμενον τὰ εἰς Χριστὸν παθήματα καὶ τὰς μετὰ ταῦτα δόξας

1 15 h ἀλλὰ κατὰ τὸν καλέσαντα ὑμᾶς ἅγιον καὶ αὐτοὶ ἅγιοι . . . γενήθητε

1 17 j καὶ εἰ πατέρα ἐπικαλεῖσθε τὸν ἀπροσωπολήμπτως κρίνοντα

1 19 ⟨οὐ φθαρτοῖς . . . ἐλυτρώθητε⟩ ἀλλὰ τιμίῳ αἵματι ὡς ἀμνοῦ ἀμώμου καὶ ἀσπίλου Χριστοῦ

1 21 τὸν ἐγείραντα αὐτὸν ἐκ νεκρῶν καὶ δόξαν αὐτῷ δόντα

1 21 ὥστε τὴν πίστιν ὑμῶν καὶ ἐλπίδα εἶναι εἰς θεόν

1 23 διὰ λόγου ζῶντος θεοῦ καὶ μένοντος. ↔

1 24 διότι πᾶσα σὰρξ ὡς χόρτος, καὶ πᾶσα δόξα αὐτῆς ὡς ἄνθος χόρτου· ↔

1 24 ἐξηράνθη ὁ χόρτος, καὶ τὸ ἄνθος ἐξέπεσεν

2 1 ἀποθέμενοι οὖν πᾶσαν κακίαν καὶ πάντα δόλον ↔

2 1 καὶ ὑποκρίσεις (-σιν Η) ↔

2 1 καὶ φθόνους

2 1 καὶ πάσας καταλαλιάς

2 5 h καὶ αὐτοὶ ὡς λίθοι ζῶντες οἰκοδομεῖσθε (ἐπ- ST)

2 6 v * | διὸ καὶ (ς; διότι rl) περιέχει ἐν γραφῇ· .

2 6 ἰδοὺ τίθημι ἐν Σιὼν λίθον . . . ἔντιμον, καὶ ὁ πιστεύων ἐπ' αὐτῷ οὐ μὴ καταισχυνθῇ

2 8 ⟨ἐγενήθη εἰς κεφαλὴν γωνίας⟩ καὶ λίθος προσκόμματος ↔

2 8 καὶ πέτρα σκανδάλου· ↔

2 8 οἳ προσκόπτουσιν . . . εἰς ὃ καὶ ἐτέθησαν

2 11 παρακαλῶ ὡς παροίκους καὶ παρεπιδήμους ἀπέχεσθαι

2 16 b ὡς ἐλεύθεροι, καὶ μὴ ὡς ἐπικάλυμμα ἔχοντες τῆς κακίας τὴν ἐλευθερίαν

2 18 ὑποτασσόμενοι . . . τοῖς δεσπόταις, οὐ μόνον τοῖς ἀγαθοῖς καὶ ἐπιεικέσιν

2 18 w ἀλλὰ καὶ τοῖς σκολιοῖς

2 20 ποῖον γὰρ κλέος εἰ ἁμαρτάνοντες καὶ κολαφιζόμενοι ὑπομενεῖτε; ↔

2 20 ἀλλ' εἰ ἀγαθοποιοῦντες καὶ πάσχοντες ὑπομενεῖτε

2 21 v εἰς τοῦτο γὰρ ἐκλήθητε, ὅτι καὶ Χριστὸς ἔπαθεν ὑπὲρ ὑμῶν

2 25 ἐπεστράφητε νῦν ἐπὶ τὸν ποιμένα καὶ ἐπίσκοπον τῶν ψυχῶν ὑμῶν

3 1 jx ἵνα καὶ (—Η) εἴ τινες ἀπειθοῦσιν τῷ λόγῳ . . . κερδηθήσονται

3 3 ὧν ἔστω οὐχ ὁ ἔξωθεν ἐμπλοκῆς τριχῶν καὶ περιθέσεως χρυσίων . . . κόσμος, ↔

3 4 ἀλλ' ὁ κρυπτὸς τῆς καρδίας ἄνθρωπος ἐν τῷ ἀφθάρτῳ τοῦ | πραέως καὶ ἡσυχίου (~ Η) πνεύματος

3 5 οὕτως γάρ ποτε καὶ αἱ ἅγιαι γυναῖκες . . . ἐκόσμουν ἑαυτάς

1 Pt 3 6 b ἧς ἐγενήθητε τέκνα ἀγαθοποιοῦσαι καὶ μὴ φοβούμεναι μηδεμίαν πτόησιν

3 7 u ἀπονέμοντες τιμὴν ὡς καὶ συγκληρονόμοις (-μοι Ης) χάριτος ζωῆς

3 10 ὁ γὰρ θέλων ζωὴν ἀγαπᾶν καὶ ἰδεῖν ἡμέρας ἀγαθὰς

3 10 παυσάτω τὴν γλῶσσαν ἀπὸ κακοῦ καὶ χείλη τοῦ μὴ λαλῆσαι δόλον, ↔

3 11 ἐκκλινάτω δὲ (—Τς) ἀπὸ κακοῦ καὶ ποιησάτω ἀγαθόν, ↔

3 11 ζητησάτω εἰρήνην καὶ διωξάτω αὐτήν· ↔

3 12 ὅτι ὀφθαλμοὶ κυρίου ἐπὶ δικαίους καὶ ὦτα αὐτοῦ εἰς δέησιν αὐτῶν

3 13 καὶ τίς ὁ κακώσων ὑμᾶς ⟨;⟩

3 14 z ἀλλ' εἰ καὶ πάσχοιτε διὰ δικαιοσύνην, μακάριοι

3 16 ἀλλὰ μετὰ πραΰτητος καὶ φόβου

3 18 v ὅτι καὶ Χριστὸς ἅπαξ περὶ ἁμαρτιῶν (+ὑπὲρ ἡμῶν S) ἔπαθεν (ἀπέθανεν NMBSTH)

3 19 ἐν ᾧ καὶ τοῖς ἐν φυλακῇ πνεύμασιν πορευθεὶς ἐκήρυξεν

3 21 g ὃ καὶ ὑμᾶς ἀντίτυπον νῦν σῴζει βάπτισμα

3 22 ὑποταγέντων αὐτῷ ἀγγέλων καὶ ἐξουσιῶν ↔

3 22 καὶ δυνάμεων. ↔

4 1 g Χριστοῦ οὖν παθόντος (+ὑπὲρ ἡμῶν Sς) σαρκὶ καὶ ὑμεῖς τὴν αὐτὴν ἔννοιαν ὁπλίσασθε

4 3 πεπορευμένους ἐν . . . κώμοις, πότοις καὶ ἀθεμίτοις εἰδωλολατρίαις

4 5 τῷ ἑτοίμως | ἔχοντι κρῖναι (κρίνοντι Η) ζῶντας καὶ νεκρούς. ↔

4 6 εἰς τοῦτο γὰρ καὶ νεκροῖς εὐηγγελίσθη

4 7 σωφρονήσατε οὖν καὶ νήψατε εἰς προσευχάς

4 11 ᾧ ἐστιν ἡ δόξα καὶ τὸ κράτος

4 13 x χαίρετε, ἵνα καὶ ἐν τῇ ἀποκαλύψει τῆς δόξης αὐτοῦ χαρῆτε

4 14 * ὅτι τὸ τῆς δόξης | καὶ δυνάμεως (+S) ↔

4 14 καὶ τὸ τοῦ θεοῦ πνεῦμα ἐφ' ὑμᾶς ἀναπαύεται

4 18 j καὶ εἰ ὁ δίκαιος μόλις σῴζεται, ↔

4 18 ὁ [+δὲ ΝΗ] ἀσεβὴς καὶ (+ὁ Τ) ἁμαρτωλὸς ποῦ φανεῖται;

4 19 x ὥστε καὶ οἱ πάσχοντες . . . πιστῷ κτίστῃ παρατιθέσθωσαν τὰς ψυχὰς αὐτῶν (—Η; ἑ. ς)

5 1 πρεσβυτέρους . . . παρακαλῶ ὁ συμπρεσβύτερος καὶ μάρτυς τῶν τοῦ Χριστοῦ παθημάτων, ↔

5 1 ὁ καὶ τῆς μελλούσης ἀποκαλύπτεσθαι δόξης κοινωνός

5 4 καὶ φανερωθέντος τοῦ ἀρχιποίμενος κομιεῖσθε τὸν . . . στέφανον

5 11 z αὐτῷ | ἡ δόξα καὶ (+MVBSς) τὸ κράτος εἰς τοὺς αἰῶνας

5 12 ἔγραψα, παρακαλῶν καὶ ἐπιμαρτυρῶν ταύτην εἶναι ἀληθῆ χάριν

5 13 ἀσπάζεται ὑμᾶς ἡ ἐν Βαβυλῶνι συνεκλεκτὴ καὶ Μᾶρκος

2 Pt 1 1 Συμεὼν Πέτρος δοῦλος καὶ ἀπόστολος Ἰησοῦ Χριστοῦ

1 1 ἐν δικαιοσύνῃ τοῦ θεοῦ ἡμῶν καὶ σωτῆρος Ἰησοῦ Χριστοῦ· ↔

1 2 χάρις ὑμῖν καὶ εἰρήνη πληθυνθείη

1 2 ἐν ἐπιγνώσει τοῦ θεοῦ καὶ Ἰησοῦ

2 Pt 1 3 δυνάμεως αὐτοῦ τὰ πρὸς ζωὴν καὶ εὐσέβειαν δεδωρημένης ↔

1 3 διὰ τῆς ἐπιγνώσεως τοῦ καλέσαντος ἡμᾶς | ἰδίᾳ δόξῃ καὶ ἀρετῇ (διὰ δόξης κ. ἀρετῆς Ης),

1 4 δι' ὧν τὰ | τίμια καὶ μέγιστα ἡμῖν (~ ς TS) ἐπαγγέλματα δεδώρηται

1 4 * ἀποφυγόντες τῆς ἐν τῷ κόσμῳ | ἐπιθυμίας καὶ (S; ἐν ἐπιθυμίᾳ rl) φθορᾶς. ↔

1 5 h καὶ αὐτὸ | τοῦτο δὲ (~ S) σπουδὴν πᾶσαν παρεισενέγκαντες

1 8 ταῦτα γὰρ ὑμῖν ὑπάρχοντα καὶ πλεονάζοντα οὐκ ἀργούς . . . καθίστησιν

1 10 βεβαίαν ὑμῶν τὴν κλῆσιν καὶ ἐκλογὴν ποιεῖσθαι (-ῆσθε S)

1 11 εἰς τὴν αἰώνιον βασιλείαν τοῦ κυρίου ἡμῶν καὶ σωτῆρος Ἰησοῦ

1 12 καίπερ εἰδότας καὶ ἐστηριγμένους ἐν τῇ παρούσῃ ἀληθείᾳ

1 14 h καθὼς καὶ ὁ κύριος ἡμῶν . . . ἐδήλωσέν μοι· ↔

1 15 a σπουδάσω δὲ καὶ ἑκάστοτε ἔχειν ὑμᾶς . . . μνήμην ποιεῖσθαι

1 16 ἐγνωρίσαμεν ὑμῖν τὴν τοῦ κυρίου ἡμῶν . . . δύναμιν καὶ παρουσίαν

1 17 λαβὼν γὰρ παρὰ θεοῦ πατρὸς τιμὴν καὶ δόξαν

1 18 h καὶ ταύτην τὴν φωνὴν ἡμεῖς ἠκούσαμεν . . . ἐνεχθεῖσαν

1 19 καὶ ἔχομεν βεβαιότερον τὸν προφητικὸν λόγον

1 19 ἕως οὗ ἡμέρα διαυγάσῃ καὶ φωσφόρος ἀνατείλῃ

2 1 a ἐγένοντο δὲ καὶ ψευδοπροφῆται ἐν τῷ λαῷ, ↔

2 1 u ὡς καὶ ἐν ὑμῖν ἔσονται ψευδοδιδάσκαλοι, ↔

2 1 οἵτινες παρεισάξουσιν αἱρέσεις ἀπωλείας, καὶ τὸν ἀγοράσαντα αὐτοὺς δεσπότην ἀρνούμενοι

2 2 καὶ πολλοὶ ἐξακολουθήσουσιν αὐτῶν ταῖς ἀσελγείαις

2 3 καὶ ἐν πλεονεξίᾳ πλαστοῖς λόγοις ὑμᾶς ἐμπορεύσονται· ↔

2 3 οἷς τὸ κρίμα ἔκπαλαι οὐκ ἀργεῖ, καὶ ἡ ἀπώλεια αὐτῶν οὐ νυστάζει

2 5 ⟨εἰ γὰρ ὁ θεὸς⟩ καὶ ἀρχαίου κόσμου οὐκ ἐφείσατο

2 6 καὶ πόλεις Σοδόμων ↔

2 6 καὶ Γομόρρας τεφρώσας καταστροφῇ ([Ν²⁶]; —Η) κατέκρινεν

2 7 καὶ δίκαιον Λὼτ . . . ἐρρύσατο· ↔

2 8 r βλέμματι γὰρ καὶ ἀκοῇ ὁ (—Η) δίκαιος . . . ψυχὴν δικαίαν ἐβασάνιζεν

2 10 μάλιστα δὲ τοὺς ὀπίσω σαρκὸς . . . πορευομένους καὶ κυριότητος καταφρονοῦντας

2 11 ὅπου ἄγγελοι ἰσχύϊ καὶ δυνάμει μείζονες ὄντες

2 12 ὡς ἄλογα ζῷα γεγεννημένα (γεγενη. Τ) φυσικὰ εἰς ἅλωσιν καὶ φθοράν

2 12 ἐν τῇ φθορᾷ αὐτῶν | καὶ φθαρήσονται (καὶ κατα- S; κατα- ς)

2 13 σπίλοι καὶ μῶμοι ἐντρυφῶντες

2 14 ὀφθαλμοὺς ἔχοντες μεστοὺς μοιχαλίδος καὶ ἀκαταπαύστους (-πάστους Η) ἁμαρτίας

2 17 οὗτοί εἰσιν πηγαὶ ἄνυδροι | καὶ ὁμίχλαι (νεφέλαι S)

2 19 * ᾧ γάρ τις ἥττηται, τούτῳ καὶ (+MVBSς) δεδούλωται

2 Pt 2 20 ἐν ἐπιγνώσει τοῦ κυρίου ἡμῶν (+[N²⁶]BST) καὶ σωτῆρος Ἰησοῦ Χριστοῦ

2 22 κύων ἐπιστρέψας ἐπὶ τὸ ἴδιον ἐξέραμα, καί· ὗς λουσαμένη εἰς κυλισμὸν (-σμα Sς) βορβόρου

3 2 μνησθῆναι τῶν προειρημένων ῥημάτων ὑπὸ τῶν ἁγίων προφητῶν καὶ τῆς τῶν ἀποστόλων ὑμῶν ἐντολῆς ↔

3 2 τοῦ κυρίου καὶ σωτῆρος

3 4 ⟨ἐλεύσονται . . . ἐμπαῖκται . . . πορευόμενοι⟩ καὶ λέγοντες

3 5 ὅτι οὐρανοὶ ἦσαν ἔκπαλαι καὶ γῆ ἐξ ὕδατος

3 5 καὶ δι' ὕδατος συνεστῶσα

3 7 οἱ δὲ νῦν οὐρανοὶ καὶ ἡ γῆ τῷ αὐτῷ λόγῳ τεθησαυρισμένοι εἰσὶν ↔

3 7 πυρὶ τηρούμενοι εἰς ἡμέραν κρίσεως καὶ ἀπωλείας

3 8 μία ἡμέρα . . . ὡς χίλια ἔτη καὶ χίλια ἔτη ὡς ἡμέρα μία

3 10 στοιχεῖα δὲ καυσούμενα λυθήσεται, καὶ γῆ ↔

3 10 καὶ τὰ ἐν αὐτῇ ἔργα εὑρεθήσεται (κατακαήσεται Tς)

3 11 ποταποὺς δεῖ ὑπάρχειν ὑμᾶς [N²⁶NH] ἐν ἁγίαις ἀναστροφαῖς καὶ εὐσεβείαις, ↔

3 12 προσδοκῶντας καὶ σπεύδοντας τὴν παρουσίαν

3 12 δι' ἣν οὐρανοὶ πυρούμενοι λυθήσονται καὶ στοιχεῖα καυσούμενα τήκεται. ↔

3 13 καινοὺς δὲ οὐρανοὺς καὶ | γῆν καινὴν (∼ T) . . . προσδοκῶμεν

3 14 σπουδάσατε ἄσπιλοι καὶ ἀμώμητοι αὐτῷ εὑρεθῆναι ἐν εἰρήνῃ ↔

3 15 καὶ τὴν τοῦ κυρίου ἡμῶν μακροθυμίαν σωτηρίαν ἡγεῖσθε, ↔

3 15ᵘ καθὼς καὶ ὁ . . . ἀδελφὸς Παῦλος . . . ἔγραψεν ὑμῖν, ↔

3 16ᵘ ὡς καὶ ἐν πάσαις (+ταῖς VBSTς) ἐπιστολαῖς

3 16 ἃ οἱ ἀμαθεῖς καὶ ἀστήρικτοι στρεβλοῦσιν

3 16ᵘ ὡς καὶ τὰς λοιπὰς γραφάς

3 18 αὐξάνετε δὲ ἐν χάριτι καὶ γνώσει ↔

3 18 τοῦ κυρίου ἡμῶν καὶ σωτῆρος Ἰησοῦ Χριστοῦ. ↔

3 18 αὐτῷ ἡ δόξα καὶ νῦν ↔

3 18 καὶ εἰς ἡμέραν αἰῶνος

1 Jo 1 1 ὃ ἐθεασάμεθα καὶ αἱ χεῖρες ἡμῶν ἐψηλάφησαν

1 2 καὶ ἡ ζωὴ ἐφανερώθη, ↔

1 2 καὶ ἑωράκαμεν ↔

1 2 καὶ μαρτυροῦμεν ↔

1 2 καὶ ἀπαγγέλλομεν ὑμῖν τὴν ζωὴν τὴν αἰώνιον, ↔

1 2 ἥτις ἦν πρὸς τὸν πατέρα καὶ ἐφανερώθη ἡμῖν, ↔

1 3 ὃ ἑωράκαμεν καὶ ἀκηκόαμεν, ↔

1 3ᵍ ἀπαγγέλλομεν καὶ (—ς) ὑμῖν, ↔

1 3ᵍˣ ἵνα καὶ ὑμεῖς κοινωνίαν ἔχητε μεθ' ἡμῶν. ↔

1 3 καὶ ἡ κοινωνία δὲ ἡ ἡμετέρα

1 3 μετὰ τοῦ πατρὸς καὶ μετὰ τοῦ υἱοῦ αὐτοῦ Ἰησοῦ Χριστοῦ. ↔

1 4ʰ καὶ ταῦτα γράφομεν ἡμεῖς

1 5 καὶ ἔστιν αὕτη ἡ ἀγγελία

1 5 ἣν ἀκηκόαμεν ἀπ' αὐτοῦ καὶ ἀναγγέλλομεν ὑμῖν, ↔

1 5 ὅτι ὁ θεὸς φῶς ἐστιν καὶ σκοτία | ἐν αὐτῷ οὐκ ἔστιν (∼ H) οὐδεμία. ↔

---

1 Jo 1 6 ἐὰν εἴπωμεν ὅτι κοινωνίαν ἔχομεν μετ' αὐτοῦ καὶ ἐν τῷ σκότει περιπατῶμεν, ↔

1 6ᵃ ψευδόμεθα καὶ οὐ ποιοῦμεν τὴν ἀλήθειαν

1 7 κοινωνίαν ἔχομεν μετ' ἀλλήλων καὶ τὸ αἷμα Ἰησοῦ . . . καθαρίζει ἡμᾶς

1 8 ἑαυτοὺς πλανῶμεν καὶ ἡ ἀλήθεια οὐκ ἔστιν ἐν ἡμῖν

1 9 πιστός ἐστιν καὶ δίκαιος, ↔

1 9 ἵνα ἀφῇ ἡμῖν τὰς ἁμαρτίας καὶ καθαρίσῃ ἡμᾶς

1 10 ψεύστην ποιοῦμεν αὐτὸν καὶ ὁ λόγος αὐτοῦ οὐκ ἔστιν ἐν ἡμῖν

2 1ʲ καὶ ἐάν τις ἁμάρτῃ, παράκλητον ἔχομεν . . . δίκαιον· ↔

2 2ʰ καὶ αὐτὸς ἱλασμός ἐστιν περὶ τῶν ἁμαρτιῶν ἡμῶν.

2 2ʷ οὐ περὶ τῶν ἡμετέρων δὲ μόνον ἀλλὰ καὶ περὶ ὅλου τοῦ κόσμου. ↔

2 3 καὶ ἐν τούτῳ γινώσκομεν

2 4 ὁ λέγων ὅτι ἔγνωκα αὐτόν, καὶ τὰς ἐντολὰς αὐτοῦ μὴ τηρῶν, ↔

2 4 ψεύστης ἐστίν, καὶ ἐν τούτῳ ἡ ἀλήθεια οὐκ ἔστιν

2 6ʰ ὀφείλει καθὼς ἐκεῖνος περιεπάτησεν καὶ αὐτὸς οὕτως ([N²⁶]; —H) περιπατεῖν

2 8 ὅ ἐστιν ἀληθὲς ἐν αὐτῷ καὶ ἐν ὑμῖν,

2 8 ὅτι ἡ σκοτία παράγεται καὶ τὸ φῶς τὸ ἀληθινὸν ἤδη φαίνει. ↔

2 9 ὁ λέγων ἐν τῷ φωτὶ εἶναι καὶ τὸν ἀδελφὸν αὐτοῦ μισῶν

2 10 καὶ σκάνδαλον | ἐν αὐτῷ οὐκ ἔστιν (∼ T)

2 11 ἐν τῇ σκοτίᾳ ἐστὶν καὶ ἐν τῇ σκοτίᾳ περιπατεῖ, ↔

2 11ᵃ καὶ οὐκ οἶδεν ποῦ ὑπάγει

2 14 ἰσχυροί ἐστε καὶ ὁ λόγος | τοῦ θεοῦ [H] ἐν ὑμῖν μένει ↔

2 14 καὶ νενικήκατε τὸν πονηρόν

2 16 ἡ ἐπιθυμία τῆς σαρκὸς καὶ ἡ ἐπιθυμία τῶν ὀφθαλμῶν ↔

2 16 καὶ ἡ ἀλαζονεία τοῦ βίου, οὐκ ἔστιν ἐκ τοῦ πατρός

2 17 καὶ ὁ κόσμος παράγεται ↔

2 17 καὶ ἡ ἐπιθυμία αὐτοῦ [H]

2 18ᵏ καὶ καθὼς ἠκούσατε

2 18 καὶ νῦν ἀντίχριστοι πολλοὶ γεγόνασιν

2 20ᵍ καὶ ὑμεῖς χρῖσμα ἔχετε ἀπὸ τοῦ ἁγίου, ↔

2 20 καὶ (—H) οἴδατε πάντες (πάντα VBSς)

2 21ᵐ ἔγραψα ὑμῖν . . . ὅτι οἴδατε αὐτήν, καὶ ὅτι πᾶν ψεῦδος ἐκ τῆς ἀληθείας οὐκ ἔστιν

2 22 οὗτός ἐστιν ὁ ἀντίχριστος, ὁ ἀρνούμενος τὸν πατέρα καὶ τὸν υἱόν

2 23 | ὁ ὁμολογῶν τὸν υἱὸν καὶ τὸν πατέρα ἔχει (—ς)

2 24ᵍ ἐὰν ἐν ὑμῖν μείνῃ ὃ ἀπ' ἀρχῆς ἠκούσατε, καὶ ὑμεῖς ἐν τῷ υἱῷ ↔

2 24 καὶ ἐν [NH] τῷ πατρὶ μενεῖτε. ↔

2 25ʰ καὶ αὕτη ἐστὶν ἡ ἐπαγγελία

2 27ᵍ καὶ ὑμεῖς τὸ χρῖσμα ὃ ἐλάβετε ἀπ' αὐτοῦ ↔

2 27ᵐ μένει ἐν ὑμῖν, καὶ οὐ χρείαν ἔχετε

2 27 ὡς τὸ αὐτοῦ χρῖσμα διδάσκει ὑμᾶς περὶ πάντων, καὶ ἀληθές ἐστιν

2 27ᵏ καὶ οὐκ ἔστιν ψεῦδος,

2 27ᵏ καὶ καθὼς ἐδίδαξεν ὑμᾶς, μένετε ἐν αὐτῷ.

2 28 καὶ νῦν, τεκνία, μένετε ἐν αὐτῷ, ↔

---

1 Jo 2 28ᵇ ἵνα ἐὰν φανερωθῇ σχῶμεν παρρησίαν καὶ μὴ αἰσχυνθῶμεν ἀπ' αὐτοῦ

2 29ᵛ γινώσκετε ὅτι καὶ (—Hς) πᾶς ὁ ποιῶν τὴν δικαιοσύνην ἐξ αὐτοῦ γεγέννηται

3 1 ἵνα τέκνα θεοῦ κληθῶμεν, | καὶ ἐσμέν (—ς)

3 2ᵃ τέκνα θεοῦ ἐσμεν, καὶ οὔπω ἐφανερώθη τί ἐσόμεθα

3 3 καὶ πᾶς ὁ ἔχων τὴν ἐλπίδα ταύτην ἐπ' αὐτῷ ἁγνίζει ἑαυτόν

3 4 πᾶς ὁ ποιῶν τὴν ἁμαρτίαν καὶ τὴν ἀνομίαν ποιεῖ, ↔

3 4 καὶ ἡ ἁμαρτία ἐστὶν ἡ ἀνομία. ↔

3 5 καὶ οἴδατε

3 5 καὶ ἁμαρτία ἐν αὐτῷ οὐκ ἔστιν

3 9ᵃ καὶ οὐ δύναται ἁμαρτάνειν

3 10 φανερά ἐστιν τὰ τέκνα τοῦ θεοῦ καὶ τὰ τέκνα τοῦ διαβόλου· ↔

3 10 πᾶς ὁ μὴ ποιῶν δικαιοσύνην οὐκ ἔστιν ἐκ τοῦ θεοῦ, καὶ ὁ μὴ ἀγαπῶν τὸν ἀδελφὸν αὐτοῦ

3 12 οὐ καθὼς Κάϊν ἐκ τοῦ πονηροῦ ἦν καὶ ἔσφαξεν τὸν ἀδελφὸν αὐτοῦ· ↔

3 12 καὶ χάριν τίνος ἔσφαξεν αὐτόν;

3 13ᵇ καὶ (+[N²⁶]ST) μὴ θαυμάζετε

3 15 καὶ οἴδατε

3 16ᵍ καὶ ἡμεῖς ὀφείλομεν ὑπὲρ τῶν ἀδελφῶν τὰς ψυχὰς θεῖναι. ↔

3 17 ὃς δ' ἂν ἔχῃ τὸν βίον τοῦ κόσμου καὶ θεωρῇ τὸν ἀδελφὸν αὐτοῦ χρείαν ἔχοντα ↔

3 17 καὶ κλείσῃ τὰ σπλάγχνα αὐτοῦ

3 18 μὴ ἀγαπῶμεν λόγῳ . . . ἀλλὰ ἐν ἔργῳ καὶ ἀληθείᾳ. ↔

3 19 καὶ ([N²⁶V]; —NMH) ἐν τούτῳ γνωσόμεθα

3 19 ἔμπροσθεν αὐτοῦ πείσομεν | τὴν καρδίαν (τὰς -ίας BSTς) ἡμῶν

3 20 ὅτι μείζων ἐστὶν ὁ θεὸς τῆς καρδίας ἡμῶν καὶ γινώσκει πάντα

3 22 ⟨παρρησίαν ἔχομεν⟩ καὶ ὃ ἐὰν (ἂν H) αἰτῶμεν λαμβάνομεν

3 22 ὅτι τὰς ἐντολὰς αὐτοῦ τηροῦμεν καὶ τὰ ἀρεστὰ . . . ποιοῦμεν. ↔

3 23ʰ καὶ αὕτη ἐστὶν ἡ ἐντολὴ αὐτοῦ, ↔

3 23 ἵνα πιστεύσωμεν (-στεύωμεν BST) . . . καὶ ἀγαπῶμεν ἀλλήλους

3 24 καὶ ὁ τηρῶν τὰς ἐντολὰς αὐτοῦ ↔

3 24ʰ ἐν αὐτῷ μένει καὶ αὐτὸς ἐν αὐτῷ· ↔

3 24 καὶ ἐν τούτῳ γινώσκομεν

4 3 ⟨πᾶν πνεῦμα ὃ ὁμολογεῖ⟩ καὶ πᾶν πνεῦμα ὃ μὴ ὁμολογεῖ

4 3ʰ καὶ τοῦτό ἐστιν τὸ τοῦ ἀντιχρίστου, ↔

4 3 ὃ ἀκηκόατε ὅτι ἔρχεται, καὶ νῦν ἐν τῷ κόσμῳ ἐστὶν ἤδη. ↔

4 4 ὑμεῖς ἐκ τοῦ θεοῦ ἐστε, τεκνία, καὶ νενικήκατε αὐτούς·

4 5 ἐκ τοῦ κόσμου λαλοῦσιν καὶ ὁ κόσμος αὐτῶν ἀκούει

4 6 ἐκ τούτου γινώσκομεν τὸ πνεῦμα τῆς ἀληθείας καὶ τὸ πνεῦμα τῆς πλάνης

4 7 καὶ πᾶς ὁ ἀγαπῶν ἐκ τοῦ θεοῦ γεγέννηται ↔

4 7 καὶ γινώσκει τὸν θεόν

4 10 ὅτι αὐτὸς ἠγάπησεν ἡμᾶς καὶ ἀπέστειλεν τὸν υἱὸν αὐτοῦ ἱλασμὸν

4 11ᵍ εἰ . . . ἠγάπησεν ἡμᾶς, καὶ ἡμεῖς ὀφείλομεν ἀλλήλους ἀγαπᾶν

4 12 ὁ θεὸς ἐν ἡμῖν μένει καὶ ἡ ἀγάπη αὐτοῦ | ἐν ἡμῖν τετελειωμένη ἐστὶν (∼ςNVTH)

1 Jo

4 13[h] ἐν αὐτῷ μένομεν καὶ αὐτὸς ἐν ἡμῖν
4 14[g] καὶ ἡμεῖς τεθεάμεθα ↔
4 14 καὶ μαρτυροῦμεν
4 15[h] ὁ θεὸς ἐν αὐτῷ μένει καὶ αὐτὸς ἐν τῷ θεῷ.
4 16[g] καὶ ἡμεῖς ἐγνώκαμεν ↔
4 16 καὶ πεπιστεύκαμεν τὴν ἀγάπην
4 16 ὁ θεὸς ἀγάπη ἐστίν, καὶ ὁ μένων ἐν τῇ ἀγάπῃ ἐν τῷ θεῷ μένει ↔
4 16 καὶ ὁ θεὸς ἐν αὐτῷ μένει ([H]; —ς)
4 17[g] ὅτι καθὼς ἐκεῖνός ἐστιν καὶ ἡμεῖς ἐσμεν ἐν τῷ κόσμῳ τούτῳ
4 20 ἐάν τις εἴπῃ ὅτι ἀγαπῶ τὸν θεόν, καὶ τὸν ἀδελφὸν αὐτοῦ μισῇ
4 21[h] καὶ ταύτην τὴν ἐντολὴν ἔχομεν
4 21 ἵνα ὁ ἀγαπῶν τὸν θεὸν ἀγαπᾷ καὶ τὸν ἀδελφὸν αὐτοῦ
5 1 πᾶς ὁ πιστεύων ... καὶ πᾶς ὁ ἀγαπῶν τὸν γεννήσαντα ↔
5 1 ἀγαπᾷ καὶ ([N²⁶]; — NH) τὸν γεγεννημένον ἐξ αὐτοῦ
5 2 ὅταν τὸν θεὸν ἀγαπῶμεν καὶ τὰς ἐντολὰς αὐτοῦ ποιῶμεν
5 3 καὶ αἱ ἐντολαὶ αὐτοῦ βαρεῖαι οὐκ εἰσίν
5 4[h] καὶ αὕτη ἐστὶν ἡ νίκη
5 6 οὗτός ἐστιν ὁ ἐλθὼν δι' ὕδατος καὶ αἵματος
5 6 * | καὶ πνεύματος (+MVS), Ἰησοῦς Χριστός· ↔
5 6 οὐκ ἐν τῷ ὕδατι μόνον, ἀλλ' ἐν τῷ ὕδατι καὶ ἐν (—ς) τῷ αἵματι ↔
5 6 καὶ τὸ πνεῦμά ἐστιν τὸ μαρτυροῦν
5 7 * τρεῖς εἰσιν οἱ μαρτυροῦντες | ἐν τῷ οὐρανῷ, ὁ πατὴρ ὁ λόγος καὶ τὸ ἅγιον πνεῦμα (+ς . .) ↔
5 7[h] * | καὶ οὗτοι οἱ τρεῖς ἕν εἰσι (. . +ς . .). ↔
5 8 * | καὶ τρεῖς εἰσιν οἱ μαρτυροῦντες ἐν τῇ γῇ (. . +ς), ↔
5 8 τὸ πνεῦμα καὶ τὸ ὕδωρ ↔
5 8 καὶ τὸ αἷμα, ↔
5 8 καὶ οἱ τρεῖς εἰς τὸ ἕν εἰσιν
5 11[h] καὶ αὕτη ἐστὶν ἡ μαρτυρία
5 11[h] καὶ αὕτη ἡ ζωὴ ἐν τῷ υἱῷ αὐτοῦ ἐστιν
5 13[i] * ἵνα εἰδῆτε ... | καὶ ἵνα πιστεύητε εἰς τὸ ὄνομα τοῦ υἱοῦ τοῦ θεοῦ (+ς). ↔
5 14[h] καὶ αὕτη ἐστὶν ἡ παρρησία
5 15[j] καὶ ἐὰν οἴδαμεν
5 16 αἰτήσει, καὶ δώσει αὐτῷ ζωήν
5 17 πᾶσα ἀδικία ἁμαρτία ἐστίν, καὶ ἔστιν ἁμαρτία οὐ πρὸς θάνατον
5 18 τηρεῖ αὐτόν (ἑαυτόν MVBSς), καὶ ὁ πονηρὸς οὐχ ἅπτεται αὐτοῦ
5 19 ἐκ τοῦ θεοῦ ἐσμεν, καὶ ὁ κόσμος ὅλος ἐν τῷ πονηρῷ κεῖται. ↔
5 20 * | καὶ οἴδαμεν (S; οἴ. δέ rl)
5 20 καὶ δέδωκεν ἡμῖν διάνοιαν
5 20 καὶ ἐσμὲν ἐν τῷ ἀληθινῷ
5 20 οὗτός ἐστιν ὁ ἀληθινὸς θεὸς καὶ ζωὴ αἰώνιος

2 Jo

1 ὁ πρεσβύτερος ἐκλεκτῇ κυρίᾳ καὶ τοῖς τέκνοις αὐτῆς, ↔
1[a] οὓς ἐγὼ ἀγαπῶ ἐν ἀληθείᾳ, καὶ οὐκ ἐγὼ μόνος ↔
1[w] ἀλλὰ καὶ πάντες οἱ ἐγνωκότες τὴν ἀλήθειαν
2 καὶ μεθ' ἡμῶν ἔσται εἰς τὸν αἰῶνα.
3 ἔσται μεθ' ἡμῶν ... εἰρήνη παρὰ θεοῦ πατρός, καὶ παρὰ Ἰησοῦ Χριστοῦ

2 Jo

3 ἐν ἀληθείᾳ καὶ ἀγάπῃ
5 καὶ νῦν ἐρωτῶ σε, κυρία
6[h] καὶ αὕτη ἐστὶν ἡ ἀγάπη
7 οὗτός ἐστιν ὁ πλάνος καὶ ὁ ἀντίχριστος
9[b] πᾶς ὁ προάγων (παραβαίνων VSς) καὶ μὴ μένων ἐν τῇ διδαχῇ τοῦ Χριστοῦ
9 οὗτος καὶ τὸν πατέρα ↔
9 καὶ τὸν υἱὸν ἔχει. ↔
10[h] εἴ τις ἔρχεται πρὸς ὑμᾶς καὶ ταύτην τὴν διδαχὴν οὐ φέρει, ↔
10 μὴ λαμβάνετε αὐτὸν εἰς οἰκίαν, καὶ χαίρειν αὐτῷ μὴ λέγετε
12 γράφειν οὐκ ἐβουλήθην διὰ χάρτου καὶ μέλανος, ↔
12 ἀλλὰ ἐλπίζω γενέσθαι πρὸς ὑμᾶς καὶ στόμα πρὸς στόμα λαλῆσαι

3 Jo

2 περὶ πάντων εὔχομαί σε εὐοδοῦσθαι καὶ ὑγιαίνειν
3 ἐχάρην γὰρ (—T) λίαν ἐρχομένων ἀδελφῶν καὶ μαρτυρούντων σου τῇ ἀληθείᾳ
5[h] ὃ ἐὰν ἐργάσῃ εἰς τοὺς ἀδελφοὺς καὶ τοῦτο (εἰς τοὺς ς) ξένους
10[b] φλυαρῶν ἡμᾶς, καὶ μὴ ἀρκούμενος ἐπὶ τούτοις
10 οὔτε αὐτὸς ἐπιδέχεται τοὺς ἀδελφοὺς καὶ τοὺς βουλομένους κωλύει ↔
10 καὶ ἐκ (—T) τῆς ἐκκλησίας ἐκβάλλει
12 Δημητρίῳ μεμαρτύρηται ὑπὸ πάντων καὶ ὑπὸ αὐτῆς τῆς ἀληθείας· ↔
12[g] καὶ ἡμεῖς δὲ μαρτυροῦμεν, ↔
12 καὶ οἶδας
13 ἀλλ' οὐ θέλω διὰ μέλανος καὶ καλάμου σοι γράφειν· ↔
14 ἐλπίζω δὲ εὐθέως | σε ἰδεῖν (~ Sς), καὶ στόμα πρὸς στόμα λαλήσομεν

Jd

1 Ἰούδας ... τοῖς ἐν θεῷ πατρὶ ἠγαπημένοις καὶ Ἰησοῦ Χριστῷ τετηρημένοις κλητοῖς. ↔
2 ἔλεος ὑμῖν καὶ εἰρήνη ↔
2 καὶ ἀγάπη πληθυνθείη
4 τὴν τοῦ θεοῦ ἡμῶν χάριτα (-ριν MSς) μετατιθέντες εἰς ἀσέλγειαν καὶ τὸν μόνον δεσπότην
4 καὶ κύριον ἡμῶν Ἰησοῦν Χριστὸν ἀρνούμενοι
7 ὡς Σόδομα καὶ Γόμορρα ↔
7 καὶ αἱ περὶ αὐτὰς πόλεις, ↔
7 τὸν ὅμοιον τρόπον τούτοις ἐκπορνεύσασαι καὶ ἀπελθοῦσαι ὀπίσω σαρκὸς ἑτέρας
8[h] ὁμοίως μέντοι καὶ οὗτοι ἐνυπνιαζόμενοι σάρκα μὲν μιαίνουσιν
11 τῇ ὁδῷ τοῦ Κάϊν ἐπορεύθησαν, καὶ τῇ πλάνῃ τοῦ Βαλαὰμ μισθοῦ ἐξεχύθησαν,
11 καὶ τῇ ἀντιλογίᾳ τοῦ Κόρε ἀπώλοντο
14[h] προεφήτευσεν δὲ καὶ τούτοις ἕβδομος ἀπὸ Ἀδὰμ Ἐνὼχ λέγων
15 ποιῆσαι κρίσιν κατὰ πάντων καὶ ἐλέγξαι | πᾶσαν ψυχήν (N²⁶; πάντας τοὺς ἀσεβεῖς rl)
15 περὶ πάντων τῶν ἔργων ... ὧν ἠσέβησαν καὶ περὶ πάντων τῶν σκληρῶν
16 οὗτοί εἰσιν γογγυσταί ... καὶ τὸ στόμα αὐτῶν λαλεῖ ὑπέρογκα
22 καὶ οὓς μὲν ἐλεᾶτε (ἐλέγχετε MBT) διακρινομένους

Jd

23 μισοῦντες καὶ τὸν ἀπὸ τῆς σαρκὸς ἐσπιλωμένον χιτῶνα. ↔
24 τῷ δὲ δυναμένῳ φυλάξαι ὑμᾶς ἀπταίστους καὶ στῆσαι κατενώπιον τῆς δόξης αὐτοῦ ἀμώμους
25 * μόνῳ θεῷ ... δόξα καὶ (+ς) μεγαλωσύνη
25 κράτος καὶ ἐξουσία ↔
25 | πρὸ παντὸς τοῦ αἰῶνος (—ς) καὶ νῦν ↔
25 καὶ εἰς πάντας τοὺς αἰῶνας

Ap

1 1 ἣν ἔδωκεν ... καὶ ἐσήμανεν ... τῷ δούλῳ αὐτοῦ Ἰωάννῃ, ↔
1 2 ὃς ἐμαρτύρησεν τὸν λόγον τοῦ θεοῦ καὶ τὴν μαρτυρίαν Ἰησοῦ
1 3 μακάριος ὁ ἀναγινώσκων καὶ οἱ ἀκούοντες | τοὺς λόγους (τὸν λόγον T) τῆς προφητείας
1 3 καὶ τηροῦντες τὰ ἐν αὐτῇ γεγραμμένα
1 4 χάρις ὑμῖν καὶ εἰρήνη ἀπὸ ὁ ὢν
1 4 καὶ ὁ ἦν ↔
1 4 καὶ ὁ ἐρχόμενος, ↔
1 4 καὶ ἀπὸ τῶν ἑπτὰ πνευμάτων
1 5 καὶ ἀπὸ Ἰησοῦ Χριστοῦ
1 5 ὁ πρωτότοκος τῶν νεκρῶν καὶ ὁ ἄρχων τῶν βασιλέων τῆς γῆς. ↔
1 5 τῷ ἀγαπῶντι ἡμᾶς καὶ λύσαντι ἡμᾶς ... ἐν τῷ αἵματι αὐτοῦ, ↔
1 6 καὶ ἐποίησεν ἡμᾶς βασιλείαν (βασιλεῖς ς), ↔
1 6 * καὶ (+ς) ἱερεῖς τῷ θεῷ
1 6 καὶ πατρὶ αὐτοῦ, ↔
1 6 αὐτῷ ἡ δόξα καὶ τὸ κράτος
1 7 ἰδοὺ ἔρχεται μετὰ τῶν νεφελῶν, καὶ ὄψεται αὐτὸν πᾶς ὀφθαλμὸς ↔
1 7 καὶ οἵτινες αὐτὸν ἐξεκέντησαν, ↔
1 7 καὶ κόψονται ἐπ' αὐτὸν πᾶσαι αἱ φυλαὶ τῆς γῆς
1 8 ἐγώ εἰμι τὸ ἄλφα καὶ τὸ ὦ, ↔
1 8 * | ἀρχὴ καὶ τέλος (+ς) ↔
1 8 ὁ ὢν καὶ ὁ ἦν ↔
1 8 καὶ ὁ ἐρχόμενος
1 9 * ἐγὼ Ἰωάννης, ὁ καὶ (+ς) ἀδελφὸς ὑμῶν
1 9 καὶ συγκοινωνὸς ἐν τῇ θλίψει ↔
1 9 καὶ (+ἐν τῇ ς) βασιλείᾳ ↔
1 9 καὶ ὑπομονῇ ἐν Ἰησοῦ
1 9 διὰ τὸν λόγον τοῦ θεοῦ καὶ (+διὰ STς) τὴν μαρτυρίαν Ἰησοῦ. ↔
1 10 ἐγενόμην ... καὶ ἤκουσα ὀπίσω μου φωνὴν μεγάλην
1 11 * | ἐγώ εἰμι τὸ Α καὶ τὸ Ω (+ς . .), ↔
1 11 * | ὁ πρῶτος καὶ ὁ ἔσχατος (. . +ς . .)· ↔
1 11 * καὶ (. . +ς), ὃ βλέπεις ↔
1 11 γράψον εἰς βιβλίον καὶ πέμψον ταῖς ἑπτὰ ἐκκλησίαις,
1 11 εἰς Ἔφεσον καὶ εἰς Σμύρναν ↔
1 11 καὶ εἰς Πέργαμον ↔
1 11 καὶ εἰς Θυάτειρα ↔
1 11 καὶ εἰς Σάρδεις ↔
1 11 καὶ εἰς Φιλαδέλφειαν ↔
1 11 καὶ εἰς Λαοδίκειαν. ↔
1 12 καὶ ἐπέστρεψα βλέπειν τὴν φωνὴν
1 12 καὶ ἐπιστρέψας εἶδον ἑπτὰ λυχνίας χρυσᾶς,
1 13 καὶ ἐν μέσῳ τῶν λυχνιῶν ὅμοιον υἱὸν ἀνθρώπου,
1 13 ἐνδεδυμένον ποδήρη καὶ περιεζωσμένον ... ζώνην χρυσᾶν· ↔
1 14 ἡ δὲ κεφαλὴ αὐτοῦ καὶ αἱ τρίχες λευκαί

Ap 1 14 καὶ οἱ ὀφθαλμοὶ αὐτοῦ ὡς φλὸξ πυρός, ↔

1 15 καὶ οἱ πόδες αὐτοῦ ὅμοιοι χαλκολιβάνῳ

1 15 καὶ ἡ φωνὴ αὐτοῦ ὡς φωνὴ ὑδάτων πολλῶν, ↔

1 16 καὶ ἔχων ἐν τῇ δεξιᾷ χειρὶ αὐτοῦ ἀστέρας ἑπτά, ↔

1 16 καὶ ἐκ τοῦ στόματος αὐτοῦ ῥομφαία δίστομος ὀξεῖα ἐκπορευομένη, ↔

1 16 καὶ ἡ ὄψις αὐτοῦ ὡς ὁ ἥλιος φαίνει ἐν τῇ δυνάμει αὐτοῦ. ↔

1 17ʲ καὶ ὅτε εἶδον αὐτόν

1 17 καὶ ἔθηκεν τὴν δεξιὰν αὐτοῦ ἐπ᾽ ἐμὲ λέγων

1 17 ἐγώ εἰμι ὁ πρῶτος καὶ ὁ ἔσχατος ↔

1 18 καὶ ὁ ζῶν, ↔

1 18 καὶ ἐγενόμην νεκρὸς ↔

1 18ⁿ καὶ ἰδοὺ ζῶν εἰμι εἰς τοὺς αἰῶνας τῶν αἰώνων, ↔

1 18 καὶ ἔχω τὰς κλεῖς τοῦ θανάτου ↔

1 18 καὶ τοῦ ᾅδου. ↔

1 19 γράψον οὖν ἃ εἶδες καὶ ἃ εἰσὶν ↔

1 19 καὶ ἃ μέλλει γενέσθαι (γίνεσθαι VBSHϛ) μετὰ ταῦτα. ↔

1 20 τὸ μυστήριον τῶν ἑπτὰ ἀστέρων . . . καὶ τὰς ἑπτὰ λυχνίας τὰς χρυσᾶς· ↔

1 20 οἱ ἑπτὰ ἀστέρες ἄγγελοι . . . εἰσιν, καὶ αἱ λυχνίαι αἱ ἑπτὰ ἑπτὰ ἐκκλησίαι εἰσίν

2 2 οἶδα τὰ ἔργα σου καὶ τὸν κόπον (+σου MVBSϛ) ↔

2 2 καὶ τὴν ὑπομονήν σου, ↔

2 2ᵐ καὶ ὅτι οὐ δύνῃ βαστάσαι κακούς, ↔

2 2 καὶ ἐπείρασας τοὺς λέγοντας ἑαυτοὺς ἀποστόλους (+εἶναι B[S]ϛ) ↔

2 2ᵃ καὶ οὐκ εἰσίν, ↔

2 2 καὶ εὗρες αὐτοὺς ψευδεῖς· ↔

2 3 καὶ ὑπομονὴν ἔχεις, ↔

2 3 καὶ ἐβάστασας ↔

2 3 * καὶ (+ϛ) διὰ τὸ ὄνομά μου (+κεκοπίακας ϛ), ↔

2 3ᵃ καὶ οὐ κεκοπίακες (-κας NMB; κέκμηκας ϛ)

2 5 μνημόνευε οὖν πόθεν πέπτωκας (-κες STH), καὶ μετανόησον ↔

2 5 καὶ τὰ πρῶτα ἔργα ποίησον

2 5 ἔρχομαί σοι (+ταχὺ B[S]ϛ) καὶ κινήσω τὴν λυχνίαν σου

2 8 καὶ τῷ ἀγγέλῳ τῆς (τῷ H) ἐν Σμύρνῃ ἐκκλησίας γράψον· ↔

2 8 τάδε λέγει ὁ πρῶτος καὶ ὁ ἔσχατος, ↔

2 8 ὃς ἐγένετο νεκρὸς καὶ ἔζησεν· ↔

2 9 * οἶδά σου | τὰ ἔργα καὶ (+[S]ϛ) τὴν θλῖψιν

2 9 καὶ τὴν πτωχείαν

2 9 καὶ τὴν βλασφημίαν ἐκ τῶν λεγόντων Ἰουδαίους εἶναι ἑαυτούς, ↔

2 9ᵃ καὶ οὐκ εἰσίν

2 10 καὶ ἕξετε (ἔχητε H) θλῖψιν ἡμερῶν δέκα. ↔

2 10 γίνου πιστὸς ἄχρι θανάτου, καὶ δώσω σοι τὸν στέφανον

2 12 καὶ τῷ ἀγγέλῳ τῆς ἐν Περγάμῳ ἐκκλησίας γράψον

2 13ᵐ οἶδα | τὰ ἔργα σου καὶ (+[S]ϛ) ποῦ κατοικεῖς

2 13 καὶ κρατεῖς τὸ ὄνομά μου, ↔

2 13ᵃ καὶ οὐκ ἠρνήσω τὴν πίστιν μου |

Ap 2 13 καὶ ([S]; —T) ἐν ταῖς ἡμέραις (+ἐν αἷς [S]ϛ; +αἷς V) Ἀντιπᾶς ὁ μάρτυς μου

2 14 ὃς ἐδίδασκεν . . . φαγεῖν εἰδωλόθυτα καὶ πορνεῦσαι. ↔

2 15ʳ οὕτως ἔχεις καὶ σὺ κρατοῦντας τὴν διδαχὴν τῶν ([N²⁶]; —H) Νικολαϊτῶν ὁμοίως

2 16 ἔρχομαί σοι ταχὺ καὶ πολεμήσω

2 17 δώσω αὐτῷ . . . καὶ δώσω αὐτῷ ψῆφον λευκήν, ↔

2 17 καὶ ἐπὶ τὴν ψῆφον ὄνομα καινὸν γεγραμμένον

2 18 καὶ τῷ ἀγγέλῳ τῆς (τῷ H) ἐν Θυατείροις ἐκκλησίας γράψον

2 18 καὶ οἱ πόδες αὐτοῦ ὅμοιοι χαλκολιβάνῳ· ↔

2 19 οἶδά σου τὰ ἔργα καὶ τὴν ἀγάπην ↔

2 19 καὶ τὴν πίστιν ↔

2 19 καὶ τὴν διακονίαν ↔

2 19 καὶ τὴν ὑπομονήν σου (—T), ↔

2 19 καὶ τὰ ἔργα σου ↔

2 19 * καὶ (+ϛ) τὰ ἔσχατα πλείονα τῶν πρώτων

2 20 ὅτι ἀφεῖς τὴν γυναῖκα (+σου B) Ἰεζάβελ, ἡ (τὴν ϛ) λέγουσα (-σαν ϛ) ἑαυτὴν (αὐτὴν T) προφῆτιν, | καὶ διδάσκει (διδάσκειν ϛ) ↔

2 20 καὶ πλανᾷ (πλανᾶσθαι ϛ) τοὺς ἐμοὺς δούλους

2 20 πορνεῦσαι καὶ φαγεῖν εἰδωλόθυτα· ↔

2 21 καὶ ἔδωκα αὐτῇ χρόνον ἵνα μετανοήσῃ, ↔

2 21ᵃ καὶ οὐ θέλει μετανοῆσαι

2 22 βάλλω αὐτὴν εἰς κλίνην, καὶ τοὺς μοιχεύοντας μετ᾽ αὐτῆς εἰς θλῖψιν μεγάλην

2 23 καὶ τὰ τέκνα αὐτῆς ἀποκτενῶ ἐν θανάτῳ· ↔

2 23 καὶ γνώσονται πᾶσαι αἱ ἐκκλησίαι ↔

2 23 ὅτι ἐγώ εἰμι ὁ ἐραυνῶν νεφροὺς καὶ καρδίας, ↔

2 23 καὶ δώσω ὑμῖν ἑκάστῳ κατὰ τὰ ἔργα ὑμῶν. ↔

2 24 * ὑμῖν δὲ λέγω καὶ (ϛ; τοῖς rl) λοιποῖς τοῖς ἐν Θυατείροις, ↔

2 24 * ὅσοι οὐκ ἔχουσιν τὴν διδαχὴν ταύτην, καὶ (+ϛ) οἵτινες οὐκ ἔγνωσαν τὰ βαθέα τοῦ σατανᾶ

2 26 καὶ ὁ νικῶν ↔

2 26 καὶ ὁ τηρῶν ἄχρι τέλους τὰ ἔργα μου

2 27 καὶ ποιμανεῖ αὐτοὺς ἐν ῥάβδῳ σιδηρᾷ

2 28 καὶ δώσω αὐτῷ τὸν ἀστέρα τὸν πρωϊνόν

3 1 καὶ τῷ ἀγγέλῳ τῆς ἐν Σάρδεσιν ἐκκλησίας γράψον· ↔

3 1 τάδε λέγει ὁ ἔχων τὰ ἑπτὰ πνεύματα τοῦ θεοῦ καὶ τοὺς ἑπτὰ ἀστέρας

3 1 ὅτι ὄνομα ἔχεις ὅτι ζῇς, καὶ νεκρὸς εἶ. ↔

3 2 γίνου γρηγορῶν, καὶ στήρισον τὰ λοιπὰ

3 3 μνημόνευε οὖν πῶς εἴληφας καὶ ἤκουσας, ↔

3 3 καὶ τήρει

3 3 καὶ μετανόησον

3 3ᶜ ἥξω ὡς κλέπτης, καὶ οὐ μὴ γνῷς (γνώσῃ BT) ποίαν ὥραν ἥξω ἐπὶ σέ. ↔

Ap 3 4 * ἀλλὰ | ἔχεις ὀλίγα (~ T) ὀνόματα καὶ (+ϛ) ἐν Σάρδεσιν

3 4 καὶ περιπατήσουσιν μετ᾽ ἐμοῦ

3 5ᶜ καὶ οὐ μὴ ἐξαλείψω τὸ ὄνομα αὐτοῦ ἐκ τῆς βίβλου τῆς ζωῆς, ↔

3 5 καὶ ὁμολογήσω τὸ ὄνομα αὐτοῦ ἐνώπιον τοῦ πατρός μου ↔

3 5 καὶ ἐνώπιον τῶν ἀγγέλων αὐτοῦ

3 7 καὶ τῷ ἀγγέλῳ τῆς ἐν Φιλαδελφείᾳ ἐκκλησίας γράψον·

3 7ᶜ τάδε λέγει . . . ὁ ἀνοίγων καὶ οὐδεὶς κλείσει, ↔

3 7 καὶ κλείων ↔

3 7ᶜ καὶ οὐδεὶς ἀνοίγει (ἀνοίξει BT)

3 8ᶜ * δέδωκα . . . θύραν ἠνεῳγμένην, καὶ (ϛ; ἣν rl) οὐδεὶς δύναται κλεῖσαι αὐτήν

3 8 καὶ ἐτήρησάς μου τὸν λόγον ↔

3 8ᵃ καὶ οὐκ ἠρνήσω τὸ ὄνομά μου

3 9ᵃ τῶν λεγόντων ἑαυτοὺς Ἰουδαίους εἶναι, καὶ οὐκ εἰσίν

3 9 ἵνα ἥξουσιν (ἥξωσιν Sϛ) καὶ προσκυνήσουσιν (-σωσιν Sϛ) ἐνώπιον τῶν ποδῶν σου, ↔

3 9 καὶ γνῶσιν

3 12 ποιήσω αὐτὸν στῦλον . . . καὶ ἔξω οὐ μὴ ἐξέλθῃ ἔτι, ↔

3 12 καὶ γράψω ἐπ᾽ αὐτὸν τὸ ὄνομα τοῦ θεοῦ μου ↔

3 12 καὶ τὸ ὄνομα τῆς πόλεως τοῦ θεοῦ μου

3 12 καὶ τὸ ὄνομά μου τὸ καινόν

3 14 καὶ τῷ ἀγγέλῳ τῆς ἐν Λαοδικείᾳ ἐκκλησίας γράψον· ↔

3 14 τάδε λέγει ὁ ἀμήν, ὁ μάρτυς ὁ πιστὸς καὶ [+ὁ H] ἀληθινός

3 16ᵃ ὅτι χλιαρὸς εἶ, καὶ οὔτε ζεστὸς οὔτε ψυχρός

3 17 πλούσιός εἰμι καὶ πεπλούτηκα ↔

3 17ᶜ καὶ οὐδὲν (οὐδενὸς VBSϛ) χρείαν ἔχω, ↔

3 17ᵃ καὶ οὐκ οἶδας ↔

3 17 ὅτι σὺ εἶ ὁ ταλαίπωρος καὶ (+ὁ B) ἐλεεινὸς

3 17 καὶ πτωχὸς ↔

3 17 καὶ τυφλὸς ↔

3 17 καὶ γυμνός, ↔

3 18 συμβουλεύω σοι ἀγοράσαι παρ᾽ ἐμοῦ χρυσίον . . . καὶ ἱμάτια λευκὰ

3 18ᵇ ἵνα περιβάλῃ καὶ μὴ φανερωθῇ ἡ αἰσχύνη τῆς γυμνότητός σου, ↔

3 18 καὶ κολλούριον (κολλ[ο]ύριον N²⁶; κολλύριον NBST) ἐγχρῖσαι (ἔγχρισαι T; -σον ϛ) τοὺς ὀφθαλμούς σου

3 19 ἐγὼ ὅσους ἐὰν φιλῶ ἐλέγχω καὶ παιδεύω· ↔

3 19ʳ ζήλευε οὖν καὶ μετανόησον. ↔

3 20 ἰδοὺ ἕστηκα ἐπὶ τὴν θύραν καὶ κρούω· ↔

3 20 ἐάν τις ἀκούσῃ τῆς φωνῆς μου καὶ ἀνοίξῃ τὴν θύραν, ↔

3 20 καὶ (+[N²⁶]BT) εἰσελεύσομαι πρὸς αὐτὸν ↔

3 20 καὶ δειπνήσω μετ᾽ αὐτοῦ ↔

3 20ʰ καὶ αὐτὸς μετ᾽ ἐμοῦ

3 21 ὡς κἀγὼ ἐνίκησα καὶ ἐκάθισα μετὰ τοῦ πατρός μου

4 1ⁿ εἶδον, καὶ ἰδοὺ θύρα ἠνεῳγμένη ἐν τῷ οὐρανῷ, ↔

4 1 καὶ ἡ φωνὴ ἡ πρώτη ἣν ἤκουσα

4 1 ἀνάβα ὧδε, καὶ δείξω σοι ἃ δεῖ γενέσθαι μετὰ ταῦτα. ↔

4 2 * καὶ (+ϛ) εὐθέως ἐγενόμην ἐν πνεύματι· ↔

Ap 4 2ⁿ καὶ ἰδοὺ θρόνος ἔκειτο ἐν τῷ οὐ-
ρανῷ, ↔

4 2 καὶ ἐπὶ τὸν θρόνον καθήμενος, ↔

4 3 καὶ ὁ καθήμενος (+ἦν ς) ὅμοιος
ὁράσει λίθῳ ἰάσπιδι ↔

4 3 καὶ σαρδίῳ, ↔

4 3 καὶ ἶρις κυκλόθεν τοῦ θρόνου ὅμοιος
ὁράσει σμαραγδίνῳ. ↔

4 4 καὶ κυκλόθεν τοῦ θρόνου ↔

4 4 * θρόνους (N²⁶NT; θρόνοι rl) εἴ-
κοσι καὶ (+ς) τέσσαρες (-ρας NT),
↔

4 4 καὶ ἐπὶ τοὺς θρόνους ↔

4 4 * (+εἶδον τοὺς ς) εἴκοσι καὶ (+ς)
τέσσαρας πρεσβυτέρους καθημέ-
νους

4 4 καὶ (+ἔσχον ς) ἐπὶ τὰς κεφαλὰς
αὐτῶν στεφάνους χρυσοῦς. ↔

4 5 καὶ ἐκ τοῦ θρόνου ἐκπορεύονται
ἀστραπαὶ ↔

4 5 καὶ φωναὶ· ↔

4 5 καὶ βρονταί· ↔

4 5 καὶ ἑπτὰ λαμπάδες πυρὸς καιόμε-
ναι ἐνώπιον τοῦ θρόνου ↔

4 6 καὶ ἐνώπιον τοῦ θρόνου ὡς θάλασ-
σα ὑαλίνη ὁμοία κρυστάλλῳ· ↔

4 6 καὶ ἐν μέσῳ τοῦ θρόνου ↔

4 6 καὶ κύκλῳ τοῦ θρόνου τέσσαρα
ζῷα ↔

4 6 γέμοντα ὀφθαλμῶν ἔμπροσθεν καὶ
ὄπισθεν. ↔

4 7 καὶ τὸ ζῷον τὸ πρῶτον ὅμοιον
λέοντι, ↔

4 7 καὶ τὸ δεύτερον ζῷον ὅμοιον μό-
σχῳ, ↔

4 7 καὶ τὸ τρίτον ζῷον ἔχων (ἔχον
VBSς) τὸ πρόσωπον ὡς ἀνθρώ-
που, ↔

4 7 καὶ τὸ τέταρτον ζῷον ὅμοιον
ἀετῷ πετομένῳ. ↔

4 8 καὶ τὰ τέσσαρα ζῷα ... ἔχων
(ἔχον VBS; εἶχον ς) ἀνὰ πτέρυγας
ἕξ, ↔

4 8 κυκλόθεν καὶ ἔσωθεν γέμουσιν
ὀφθαλμῶν· ↔

4 8 καὶ ἀνάπαυσιν οὐκ ἔχουσιν ↔

4 8 ἡμέρας καὶ νυκτὸς

4 8 ὁ ἦν καὶ ὁ ὢν

4 8 καὶ ὁ ἐρχόμενος. ↔

4 9ʲ καὶ ὅταν δώσουσιν τὰ ζῷα ↔

4 9 δόξαν καὶ τιμὴν ↔

4 9 καὶ εὐχαριστίαν τῷ καθημένῳ ἐπὶ
| τῷ θρόνῳ (τοῦ θρόνου VBSHς)

4 10 * πεσοῦνται οἱ εἴκοσι καὶ (+ς)
τέσσαρες πρεσβύτεροι ἐνώπιον τοῦ
καθημένου ἐπὶ τοῦ θρόνου, ↔

4 10 καὶ προσκυνήσουσιν τῷ ζῶντι εἰς
τοὺς αἰῶνας τῶν αἰώνων, ↔

4 10 καὶ βαλοῦσιν τοὺς στεφάνους
αὐτῶν ἐνώπιον τοῦ θρόνου ↔

4 11 ἄξιος εἶ, || ὁ κύριος καὶ ὁ θεὸς
ἡμῶν (+ὁ ἅγιος B[S]) ((κύριε ς)),

4 11 λαβεῖν τὴν δόξαν καὶ τὴν τιμὴν ↔

4 11 καὶ τὴν δύναμιν

4 11 καὶ διὰ τὸ θέλημά σου ἦσαν ↔

4 11 καὶ ἐκτίσθησαν. ↔

5 1 καὶ εἶδον ἐπὶ τὴν δεξιὰν τοῦ καθη-
μένου ἐπὶ τοῦ θρόνου ↔

5 1 βιβλίον γεγραμμένον ἔσωθεν καὶ
ὄπισθεν

5 2 καὶ εἶδον ἄγγελον ἰσχυρὸν

5 2 τίς ἄξιος ἀνοῖξαι τὸ βιβλίον καὶ
λῦσαι τὰς σφραγῖδας αὐτοῦ; ↔

Ap 5 3ᶜ καὶ οὐδεὶς ἐδύνατο ... ἀνοῖξαι τὸ
βιβλίον οὔτε βλέπειν αὐτό. ↔

5 4ᶠ καὶ (+ἐγὼ MVB[H]ς) ἔκλαιον
πολύ, ↔

5 4 * ὅτι οὐδεὶς ἄξιος εὑρέθη ἀνοῖξαι
| καὶ ἀναγνῶναι (+ς) τὸ βιβλίον

5 5 καὶ εἷς ἐκ τῶν πρεσβυτέρων λέγει
μοι

5 5 ἀνοῖξαι τὸ βιβλίον καὶ τὰς ἑπτὰ
σφραγῖδας αὐτοῦ. ↔

5 6 καὶ εἶδον

5 6ⁿ* | καὶ ἰδοὺ (+ς) ἐν μέσῳ τοῦ
θρόνου ↔

5 6 καὶ τῶν τεσσάρων ζῴων ↔

5 6 καὶ ἐν μέσῳ τῶν πρεσβυτέρων
ἀρνίον ἑστηκός (-κώς T)

5 6 ἔχων (ἔχον BSς) κέρατα ἑπτὰ καὶ
ὀφθαλμοὺς ἑπτὰ

5 7 καὶ ἦλθεν ↔

5 7 καὶ εἴληφεν ἐκ τῆς δεξιᾶς τοῦ καθη-
μένου ἐπὶ τοῦ θρόνου. ↔

5 8ʲ καὶ ὅτε ἔλαβεν τὸ βιβλίον, ↔

5 8 τὰ τέσσαρα ζῷα καὶ οἱ εἴκοσι τέσ-
σαρες πρεσβύτεροι ἔπεσαν ἐνώπιον
τοῦ ἀρνίου,

5 8 ἔχοντες ἕκαστος κιθάραν καὶ φιάλας
χρυσᾶς

5 9 καὶ ᾄδουσιν ᾠδὴν καινὴν λέγοντες·
↔

5 9 ἄξιος εἶ λαβεῖν τὸ βιβλίον καὶ
ἀνοῖξαι τὰς σφραγῖδας αὐτοῦ, ↔

5 9 ὅτι ἐσφάγης καὶ ἠγόρασας τῷ
θεῷ (+ἡμᾶς [M]VBSς) ἐν τῷ
αἵματί σου ↔

5 9 ἐκ πάσης φυλῆς καὶ γλώσσης ↔

5 9 καὶ λαοῦ ↔

5 9 καὶ ἔθνους, ↔

5 10 καὶ ἐποίησας αὐτοὺς τῷ θεῷ ἡμῶν
↔

5 10 βασιλείαν (βασιλεῖς BSς) καὶ
ἱερεῖς, ↔

5 10 καὶ βασιλεύσουσιν (-εύουσιν BH)
ἐπὶ τῆς γῆς. ↔

5 11 καὶ εἶδον, ↔

5 11 καὶ ἤκουσα (+ὡς BT) φωνὴν
ἀγγέλων πολλῶν κύκλῳ τοῦ
θρόνου ↔

5 11 καὶ τῶν ζῴων ↔

5 11 καὶ τῶν πρεσβυτέρων, ↔

5 11 καὶ ἦν ὁ ἀριθμὸς αὐτῶν μυριάδες
μυριάδων ↔

5 11 καὶ χιλιάδες χιλιάδων

5 12 λαβεῖν τὴν δύναμιν καὶ πλοῦτον ↔

5 12 καὶ σοφίαν ↔

5 12 καὶ ἰσχὺν ↔

5 12 καὶ τιμὴν ↔

5 12 καὶ δόξαν ↔

5 12 καὶ εὐλογίαν. ↔

5 13 καὶ πᾶν κτίσμα ↔

5 13 ὃ ἐν τῷ οὐρανῷ καὶ ἐπὶ τῆς γῆς ↔

5 13 καὶ ὑποκάτω τῆς γῆς

5 13 καὶ ἐπὶ τῆς θαλάσσης (+ἐστίν
[NVH]MBS; +ἅ ἐστι ς), ↔

5 13 καὶ τὰ ἐν αὐτοῖς πάντα, ↔

5 13 * καὶ (+T) ἤκουσα λέγοντας· ↔

5 13 τῷ καθημένῳ ἐπὶ | τῷ θρόνῳ (τοῦ
θρόνου BHς) καὶ τῷ ἀρνίῳ ↔

5 13 ἡ εὐλογία καὶ ἡ τιμὴ ↔

5 13 καὶ ἡ δόξα ↔

5 13 καὶ τὸ κράτος εἰς τοὺς αἰῶνας ↔

5 14 καὶ τὰ τέσσαρα ζῷα ἔλεγον

5 14 καὶ οἱ πρεσβύτεροι ἔπεσαν ↔

5 14 καὶ προσεκύνησαν. ↔

6 1 καὶ εἶδον ὅτε ἤνοιξεν τὸ ἀρνίον

Ap 6 1 καὶ ἤκουσα ἑνὸς ἐκ τῶν τεσσάρων
ζῴων λέγοντος

6 1 * ἔρχου | καὶ βλέπε (+ς). ↔

6 2 καὶ εἶδον, ↔

6 2ⁿ καὶ ἰδοὺ ἵππος λευκός, ↔

6 2 καὶ ὁ καθήμενος ἐπ᾽ αὐτὸν ἔχων
τόξον, ↔

6 2 καὶ ἐδόθη αὐτῷ στέφανος, ↔

6 2 καὶ ἐξῆλθεν νικῶν ↔

6 2¹ καὶ ἵνα νικήσῃ. ↔

6 3ʲ καὶ ὅτε ἤνοιξεν τὴν σφραγῖδα τὴν
δευτέραν

6 3 * ἔρχου | καὶ βλέπε (+ς). ↔

6 4 καὶ ἐξῆλθεν ἄλλος ἵππος πυρρός,
↔

6 4 καὶ τῷ καθημένῳ ἐπ᾽ αὐτὸν ἐδόθη
αὐτῷ [H] λαβεῖν τὴν εἰρήνην ἐκ
([H]; ἀπὸ ς) τῆς γῆς ↔

6 4¹ καὶ ἵνα ἀλλήλους σφάξουσιν, ↔

6 4 καὶ ἐδόθη αὐτῷ μάχαιρα μεγάλη.
↔

6 5ʲ καὶ ὅτε ἤνοιξεν τὴν σφραγῖδα τὴν
τρίτην

6 5 * ἔρχου | καὶ βλέπε (+ς). ↔

6 5 καὶ εἶδον, ↔

6 5ⁿ καὶ ἰδοὺ ἵππος μέλας, ↔

6 5 καὶ ὁ καθήμενος ἐπ᾽ αὐτὸν ἔχων
ζυγὸν ἐν τῇ χειρὶ αὐτοῦ. ↔

6 6 καὶ ἤκουσα ὡς φωνὴν ... λέγου-
σαν· ↔

6 6 χοῖνιξ σίτου δηναρίου, καὶ τρεῖς
χοίνικες κριθῶν δηναρίου· ↔

6 6 καὶ τὸ ἔλαιον ↔

6 6 καὶ τὸν οἶνον μὴ ἀδικήσῃς. ↔

6 7ʲ καὶ ὅτε ἤνοιξεν τὴν σφραγῖδα τὴν
τετάρτην

6 7 * ἔρχου | καὶ βλέπε (+ς). ↔

6 8 καὶ εἶδον, ↔

6 8ⁿ καὶ ἰδοὺ ἵππος χλωρός, ↔

6 8 καὶ ὁ καθήμενος ἐπάνω αὐτοῦ
[H]

6 8 καὶ ὁ ᾅδης ἠκολούθει μετ᾽ αὐτοῦ,
↔

6 8 καὶ ἐδόθη αὐτοῖς ἐξουσία ἐπὶ τὸ
τέταρτον τῆς γῆς, ↔

6 8 ἀποκτεῖναι ἐν ῥομφαίᾳ καὶ ἐν λιμῷ
↔

6 8 καὶ ἐν θανάτῳ ↔

6 8 καὶ ὑπὸ τῶν θηρίων τῆς γῆς. ↔

6 9ʲ καὶ ὅτε ἤνοιξεν τὴν πέμπτην
σφραγῖδα

6 9 διὰ τὸν λόγον τοῦ θεοῦ καὶ διὰ τὴν
μαρτυρίαν ἣν εἶχον. ↔

6 10 καὶ ἔκραξαν φωνῇ μεγάλῃ λέγον-
τες· ↔

6 10 ἕως πότε, ὁ δεσπότης ὁ ἅγιος καὶ
(+ὁ ς) ἀληθινός, ↔

6 10 οὐ κρίνεις καὶ ἐκδικεῖς τὸ αἷμα
ἡμῶν ⟨;⟩

6 11 καὶ ἐδόθη αὐτοῖς ἑκάστῳ στολὴ
λευκή, ↔

6 11 καὶ ἐρρέθη αὐτοῖς

6 11 ἕως πληρωθῶσιν (-σωσιν BST;
-σονται ς) καὶ οἱ σύνδουλοι αὐτῶν
↔

6 11 καὶ οἱ ἀδελφοὶ αὐτῶν ↔

6 11ʰᵘ οἱ μέλλοντες ἀποκτέννεσθαι ὡς
καὶ αὐτοί. ↔

6 12 καὶ εἶδον ὅτε ἤνοιξεν τὴν σφρα-
γῖδα τὴν ἕκτην, ↔

6 12ⁿ καὶ (+ἰδοὺ ς) σεισμὸς μέγας ἐγένε-
το, ↔

6 12 καὶ ὁ ἥλιος | ἐγένετο μέλας (∼T)

6 12 καὶ ἡ σελήνη ὅλη ἐγένετο ὡς
αἷμα, ↔

Ap 6 13 καὶ οἱ ἀστέρες τοῦ οὐρανοῦ ἔπεσαν εἰς τὴν γῆν

6 14 καὶ ὁ οὐρανὸς ἀπεχωρίσθη ὡς βιβλίον ἑλισσόμενον, ↔

6 14 καὶ πᾶν ὄρος ↔

6 14 καὶ νῆσος ἐκ τῶν τόπων αὐτῶν ἐκινήθησαν.

6 15 καὶ οἱ βασιλεῖς τῆς γῆς ↔

6 15 καὶ οἱ μεγιστᾶνες ↔

6 15 καὶ οἱ χιλίαρχοι ↔

6 15 καὶ οἱ πλούσιοι ↔

6 15 καὶ οἱ ἰσχυροὶ ↔

6 15 καὶ πᾶς δοῦλος ↔

6 15 καὶ ἐλεύθερος ↔

6 15 ἔκρυψαν ἑαυτοὺς εἰς τὰ σπήλαια καὶ εἰς τὰς πέτρας τῶν ὀρέων, ↔

6 16 καὶ λέγουσιν τοῖς ὄρεσιν ↔

6 16 καὶ ταῖς πέτραις· ↔

6 16 πέσετε (πέσατε H) ἐφ᾽ ἡμᾶς καὶ κρύψατε ἡμᾶς

6 16 ἀπὸ προσώπου τοῦ καθημένου . . . καὶ ἀπὸ τῆς ὀργῆς τοῦ ἀρνίου

6 17 καὶ τίς δύναται σταθῆναι; ↔

7 1 * καὶ (+VSTϛ) μετὰ τοῦτο εἶδον τέσσαρας ἀγγέλους

7 2 καὶ εἶδον ἄλλον ἄγγελον ἀναβαίνοντα ἀπὸ ἀνατολῆς ἡλίου

7 2 καὶ ἔκραξεν φωνῇ μεγάλῃ τοῖς τέσσαρσιν ἀγγέλοις

7 2 οἷς ἐδόθη αὐτοῖς ἀδικῆσαι τὴν γῆν καὶ τὴν θάλασσαν

7 4 καὶ ἤκουσα τὸν ἀριθμὸν τῶν ἐσφραγισμένων

7 9ⁿ εἶδον, καὶ ἰδοὺ ὄχλος πολύς

7 9 ἐκ παντὸς ἔθνους καὶ φυλῶν ↔

7 9 καὶ λαῶν ↔

7 9 καὶ γλωσσῶν, ↔

7 9 ἑστῶτες (-τας B) ἐνώπιον τοῦ θρόνου καὶ ἐνώπιον τοῦ ἀρνίου,

7 9 περιβεβλημένους στολὰς λευκάς, καὶ φοίνικες (-κας T) ἐν ταῖς χερσὶν αὐτῶν· ↔

7 10 καὶ κράζουσιν φωνῇ μεγάλῃ λέγοντες· ↔

7 10 ἡ σωτηρία τῷ θεῷ ἡμῶν . . . καὶ τῷ ἀρνίῳ. ↔

7 11 καὶ πάντες οἱ ἄγγελοι εἱστήκεισαν κύκλῳ τοῦ θρόνου ↔

7 11 καὶ τῶν πρεσβυτέρων ↔

7 11 καὶ τῶν τεσσάρων ζῴων, ↔

7 11 καὶ ἔπεσαν ἐνώπιον τοῦ θρόνου ἐπὶ τὰ πρόσωπα αὐτῶν

7 11 καὶ προσεκύνησαν τῷ θεῷ

7 12 ἡ εὐλογία καὶ ἡ δόξα ↔

7 12 καὶ ἡ σοφία ↔

7 12 καὶ ἡ εὐχαριστία ↔

7 12 καὶ ἡ τιμὴ ↔

7 12 καὶ ἡ δύναμις ↔

7 12 καὶ ἡ ἰσχὺς τῷ θεῷ ἡμῶν

7 13 καὶ ἀπεκρίθη εἷς ἐκ τῶν πρεσβυτέρων λέγων μοι·

7 13ᵐ οὗτοι οἱ περιβεβλημένοι τὰς στολὰς τὰς λευκὰς τίνες εἰσὶν καὶ πόθεν ἦλθον; ↔

7 14 καὶ εἴρηκα αὐτῷ·

7 14 καὶ εἶπέν μοι· ↔

7 14 οὗτοί εἰσιν οἱ ἐρχόμενοι ἐκ τῆς θλίψεως τῆς μεγάλης καὶ ἔπλυναν τὰς στολὰς αὐτῶν ↔

7 14 καὶ ἐλεύκαναν αὐτάς ↔

7 15 καὶ λατρεύουσιν αὐτῷ ↔

7 15 ἡμέρας καὶ νυκτὸς ἐν τῷ ναῷ αὐτοῦ, ↔

7 15 καὶ ὁ καθήμενος ἐπὶ | τοῦ θρόνου (τῷ θρόνῳ T) σκηνώσει ἐπ᾽ αὐτοὺς

Ap 7 17 τὸ ἀρνίον . . . ποιμανεῖ αὐτοὺς καὶ ὁδηγήσει αὐτοὺς ἐπὶ ζωῆς πηγὰς ὑδάτων· ↔

7 17 καὶ ἐξαλείψει ὁ θεὸς πᾶν δάκρυον

8 1ʲ καὶ ὅταν ἤνοιξεν τὴν σφραγῖδα τὴν ἑβδόμην

8 2 καὶ εἶδον τοὺς ἑπτὰ ἀγγέλους

8 2 καὶ ἐδόθησαν αὐτοῖς ἑπτὰ σάλπιγγες.

8 3 καὶ ἄλλος ἄγγελος ἦλθεν ↔

8 3 καὶ ἐστάθη ἐπὶ | τοῦ θυσιαστηρίου (τὸ -ριον Bϛ)

8 3 καὶ ἐδόθη αὐτῷ θυμιάματα πολλά

8 4 καὶ ἀνέβη ὁ καπνὸς τῶν θυμιαμάτων . . . ἐνώπιον τοῦ θεοῦ. ↔

8 5 καὶ εἴληφεν ὁ ἄγγελος τὸν λιβανωτόν,

8 5 καὶ ἐγέμισεν αὐτὸν ἐκ τοῦ πυρὸς τοῦ θυσιαστηρίου ↔

8 5 καὶ ἔβαλεν εἰς τὴν γῆν· ↔

8 5 καὶ ἐγένοντο βρονταὶ ↔

8 5 καὶ φωναὶ ↔

8 5 καὶ ἀστραπαὶ ↔

8 5 καὶ σεισμός. ↔

8 6 καὶ οἱ ἑπτὰ ἄγγελοι . . . ἡτοίμασαν αὐτοὺς (N²⁶T; ἑ. rl) ἵνα σαλπίσωσιν. ↔

8 7 καὶ ὁ πρῶτος ἐσάλπισεν· ↔

8 7 καὶ ἐγένετο χάλαζα ↔

8 7 καὶ πῦρ μεμιγμένα (-μένον T) ἐν αἵματι ↔

8 7 καὶ ἐβλήθη εἰς τὴν γῆν· ↔

8 7 | καὶ τὸ τρίτον τῆς γῆς κατεκάη (—ϛ), ↔

8 7 καὶ τὸ τρίτον τῶν δένδρων κατεκάη, ↔

8 7 καὶ πᾶς χόρτος χλωρὸς κατεκάη. ↔

8 8 καὶ ὁ δεύτερος ἄγγελος ἐσάλπισεν· ↔

8 8ᵏ καὶ ὡς ὄρος μέγα πυρὶ καιόμενον ἐβλήθη εἰς τὴν θάλασσαν· ↔

8 8 καὶ ἐγένετο τὸ τρίτον τῆς θαλάσσης αἷμα, ↔

8 9 καὶ ἀπέθανεν τὸ τρίτον τῶν κτισμάτων τῶν ἐν τῇ θαλάσσῃ

8 9 καὶ τὸ τρίτον τῶν πλοίων διεφθάρησαν. ↔

8 10 καὶ ὁ τρίτος ἄγγελος ἐσάλπισεν· ↔

8 10 καὶ ἔπεσεν ἐκ τοῦ οὐρανοῦ ἀστὴρ μέγας

8 10 καὶ ἔπεσεν ἐπὶ τὸ τρίτον τῶν ποταμῶν ↔

8 10 καὶ ἐπὶ τὰς πηγὰς τῶν ὑδάτων. ↔

8 11 καὶ τὸ ὄνομα τοῦ ἀστέρος λέγεται ὁ Ἄψινθος. ↔

8 11 καὶ ἐγένετο τὸ τρίτον τῶν ὑδάτων εἰς ἄψινθον, ↔

8 11 καὶ πολλοὶ τῶν ἀνθρώπων ἀπέθανον

8 12 καὶ ὁ τέταρτος ἄγγελος ἐσάλπισεν· ↔

8 12 καὶ ἐπλήγη τὸ τρίτον τοῦ ἡλίου ↔

8 12 καὶ τὸ τρίτον τῆς σελήνης ↔

8 12 καὶ τὸ τρίτον τῶν ἀστέρων, ↔

8 12 ἵνα σκοτισθῇ τὸ τρίτον αὐτῶν καὶ ἡ ἡμέρα μὴ φάνῃ τὸ τρίτον αὐτῆς,

8 12 καὶ ἡ νὺξ ὁμοίως. ↔

8 13 καὶ εἶδον, ↔

8 13 καὶ ἤκουσα ἑνὸς ἀετοῦ πετομένου

9 1 ὁ πέμπτος ἄγγελος ἐσάλπισεν· ↔

9 1 καὶ εἶδον ἀστέρα ἐκ τοῦ οὐρανοῦ πεπτωκότα εἰς τὴν γῆν, ↔

Ap 9 1 καὶ ἐδόθη αὐτῷ ἡ κλεὶς τοῦ φρέατος τῆς ἀβύσσου. ↔

9 2 καὶ ἤνοιξεν τὸ φρέαρ τῆς ἀβύσσου· ↔

9 2 καὶ ἀνέβη καπνὸς ἐκ τοῦ φρέατος

9 2 καὶ ἐσκοτώθη (-τίσθη VSϛ) ὁ ἥλιος ↔

9 2 καὶ ὁ ἀὴρ ἐκ τοῦ καπνοῦ τοῦ φρέατος

9 3 καὶ ἐκ τοῦ καπνοῦ ἐξῆλθον ἀκρίδες εἰς τὴν γῆν, ↔

9 3 καὶ ἐδόθη αὐταῖς (αὐτοῖς NT) ἐξουσία

9 4 καὶ ἐρρέθη αὐταῖς (αὐτοῖς NT)

9 5 καὶ ἐδόθη αὐτοῖς (-ταῖς VBHϛ) ἵνα μὴ ἀποκτείνωσιν αὐτούς

9 5 καὶ ὁ βασανισμὸς αὐτῶν ὡς βασανισμὸς σκορπίου

9 6 καὶ ἐν ταῖς ἡμέραις ἐκείναις ζητήσουσιν οἱ ἄνθρωποι τὸν θάνατον

9 6ᵉ καὶ οὐ μὴ εὑρήσουσιν αὐτόν, ↔

9 6 καὶ ἐπιθυμήσουσιν ἀποθανεῖν ↔

9 6 καὶ φεύγει ὁ θάνατος ἀπ᾽ αὐτῶν. ↔

9 7 καὶ τὰ ὁμοιώματα τῶν ἀκρίδων ὅμοια (-οι NMT) ἵπποις

9 7 καὶ ἐπὶ τὰς κεφαλὰς αὐτῶν ὡς στέφανοι ὅμοιοι χρυσῷ, ↔

9 7 καὶ τὰ πρόσωπα αὐτῶν ὡς πρόσωπα ἀνθρώπων.

9 8 καὶ εἶχον τρίχας ὡς τρίχας γυναικῶν, ↔

9 8 καὶ οἱ ὀδόντες αὐτῶν ὡς λεόντων ἦσαν, ↔

9 9 καὶ εἶχον θώρακας ὡς θώρακας σιδηροῦς, ↔

9 9 καὶ ἡ φωνὴ τῶν πτερύγων αὐτῶν ὡς φωνὴ ἁρμάτων ἵππων πολλῶν

9 10 καὶ ἔχουσιν οὐρὰς ὁμοίας σκορπίοις ↔

9 10 καὶ κέντρα, ↔

9 10 καὶ (ἦν ϛ) ἐν ταῖς οὐραῖς αὐτῶν (+καὶ ϛ) ἡ ἐξουσία αὐτῶν

9 11 * καὶ (+ϛ) ἔχουσιν ἐπ᾽ αὐτῶν βασιλέα τὸν ἄγγελον τῆς ἀβύσσου, ↔

9 11 (+ᾧ T) ὄνομα αὐτῷ Ἑβραϊστὶ Ἀβαδδών, καὶ ἐν τῇ Ἑλληνικῇ ὄνομα ἔχει Ἀπολλύων

9 13 καὶ ὁ ἕκτος ἄγγελος ἐσάλπισεν· ↔

9 13 καὶ ἤκουσα φωνὴν μίαν

9 15 καὶ ἐλύθησαν οἱ τέσσαρες ἄγγελοι ↔

9 15 οἱ ἡτοιμασμένοι εἰς τὴν ὥραν καὶ ἡμέραν ↔

9 15 καὶ μῆνα ↔

9 15 καὶ ἐνιαυτόν

9 16 καὶ ὁ ἀριθμὸς τῶν στρατευμάτων τοῦ ἱππικοῦ δισμυριάδες μυριάδων· ↔

9 16 * καὶ (+ϛ) ἤκουσα τὸν ἀριθμὸν αὐτῶν.

9 17ᵏ καὶ οὕτως εἶδον τοὺς ἵππους ἐν τῇ ὁράσει ↔

9 17 καὶ τοὺς καθημένους ἐπ᾽ αὐτῶν, ↔

9 17 ἔχοντας θώρακας πυρίνους καὶ ὑακινθίνους ↔

9 17 καὶ θειώδεις· ↔

9 17 καὶ αἱ κεφαλαὶ τῶν ἵππων ὡς κεφαλαὶ λεόντων, ↔

9 17 καὶ ἐκ τῶν στομάτων αὐτῶν ἐκπορεύεται →

9 17 πῦρ καὶ καπνὸς ↔

9 17 καὶ θεῖον

Ap 9 18 ἐκ τοῦ πυρὸς καὶ (+ἐκ ζ) τοῦ καπνοῦ ↔

9 18 καὶ (+ἐκ ζ) τοῦ θείου τοῦ ἐκπορευομένου ἐκ τῶν στομάτων αὐτῶν. ↔

9 19 ἡ γὰρ ἐξουσία τῶν ἵππων ἐν τῷ στόματι αὐτῶν ἐστιν καὶ ἐν ταῖς οὐραῖς αὐτῶν

9 19 ἔχουσαι κεφαλάς, καὶ ἐν αὐταῖς ἀδικοῦσιν. ↔

9 20 καὶ οἱ λοιποὶ τῶν ἀνθρώπων, οἱ οὐκ ἀπεκτάνθησαν

9 20 ἵνα μὴ προσκυνήσουσιν (-σωσιν Sζ) τὰ δαιμόνια καὶ τὰ εἴδωλα ↔

9 20 τὰ χρυσᾶ καὶ τὰ ἀργυρᾶ ↔

9 20 καὶ τὰ χαλκᾶ ↔

9 20 καὶ τὰ λίθινα ↔

9 20 καὶ τὰ ξύλινα

9 21ᵃ καὶ οὐ μετενόησαν ἐκ τῶν φόνων αὐτῶν

10 1 καὶ εἶδον ἄλλον ἄγγελον . . . περιβεβλημένον νεφέλην, ↔

10 1 καὶ ἡ ἶρις ἐπὶ | τῆς κεφαλῆς (τὴν -ὴν ΝΤΗ) αὐτοῦ, ↔

10 1 καὶ τὸ πρόσωπον αὐτοῦ ὡς ὁ ἥλιος, ↔

10 1 καὶ οἱ πόδες αὐτοῦ ὡς στῦλοι πυρός, ↔

10 2 καὶ ἔχων ἐν τῇ χειρὶ αὐτοῦ βιβλαρίδιον ἠνεῳγμένον. ↔

10 2 καὶ ἔθηκεν τὸν πόδα αὐτοῦ τὸν δεξιὸν ἐπὶ τῆς θαλάσσης

10 3 καὶ ἔκραξεν φωνῇ μεγάλῃ ὥσπερ λέων μυκᾶται. ↔

10 3ʲ καὶ ὅτε ἔκραξεν, ἐλάλησαν αἱ ἑπτὰ βρονταὶ τὰς ἑαυτῶν φωνάς. ↔

10 4ʲ καὶ ὅτε ἐλάλησαν αἱ ἑπτὰ βρονταί, ἤμελλον γράφειν· ↔

10 4 καὶ ἤκουσα φωνὴν ἐκ τοῦ οὐρανοῦ λέγουσαν· ↔

10 4ᵇ σφράγισον ἃ ἐλάλησαν . . . καὶ μὴ αὐτὰ γράψῃς. ↔

10 5 καὶ ὁ ἄγγελος, ↔

10 5 ὃν εἶδον ἑστῶτα ἐπὶ τῆς θαλάσσης καὶ ἐπὶ τῆς γῆς, ἦρεν τὴν χεῖρα αὐτοῦ

10 6 καὶ ὤμοσεν ἐν τῷ ζῶντι εἰς τοὺς αἰῶνας

10 6 ὃς ἔκτισεν τὸν οὐρανὸν καὶ τὰ ἐν αὐτῷ

10 6 καὶ τὴν γῆν ↔

10 6 καὶ τὰ ἐν αὐτῇ ↔

10 6 | καὶ τὴν θάλασσαν [Η . .] ↔

10 6 | καὶ τὰ ἐν αὐτῇ [. . Η]

10 7 ὅταν μέλλῃ σαλπίζειν, καὶ ἐτελέσθη τὸ μυστήριον τοῦ θεοῦ

10 8 καὶ ἡ φωνὴ ἣν ἤκουσα ἐκ τοῦ οὐρανοῦ, ↔

10 8 πάλιν λαλοῦσαν (-σα[ν] S; -σα ζ) μετ᾽ ἐμοῦ καὶ λέγουσαν (-σα[ν] S; -σα ζ)

10 8 τοῦ ἀγγέλου τοῦ ἑστῶτος ἐπὶ τῆς θαλάσσης καὶ ἐπὶ τῆς γῆς. ↔

10 9 καὶ ἀπῆλθα πρὸς τὸν ἄγγελον

10 9 καὶ λέγει μοι· ↔

10 9 λάβε καὶ κατάφαγε αὐτό, ↔

10 9 καὶ πικρανεῖ σου τὴν κοιλίαν

10 10 καὶ ἔλαβον τὸ βιβλαρίδιον ἐκ τῆς χειρὸς τοῦ ἀγγέλου

10 10 καὶ κατέφαγον αὐτό, ↔

10 10 καὶ ἦν ἐν τῷ στόματί μου ὡς μέλι γλυκύ· ↔

10 10ʲ καὶ ὅτε ἔφαγον αὐτό

10 11 καὶ λέγουσίν μοι· ↔

Ap 10 11 δεῖ σε πάλιν προφητεῦσαι ἐπὶ λαοῖς καὶ (+ἐπὶ Τ) ἔθνεσιν ↔

10 11 | καὶ γλώσσαις (—Μ) ↔

10 11 καὶ βασιλεῦσιν πολλοῖς. ↔

11 1 καὶ ἐδόθη μοι κάλαμος

11 1 ἔγειρε καὶ μέτρησον τὸν ναὸν τοῦ θεοῦ ↔

11 1 καὶ τὸ θυσιαστήριον ↔

11 1 καὶ τοὺς προσκυνοῦντας ἐν αὐτῷ. ↔

11 2 καὶ τὴν αὐλὴν τὴν ἔξωθεν (ἔσωθεν S) τοῦ ναοῦ ἔκβαλε ἔξωθεν ↔

11 2ᵇ καὶ μὴ αὐτὴν μετρήσῃς

11 2 καὶ τὴν πόλιν τὴν ἁγίαν πατήσουσιν ↔

11 2 μῆνας τεσσεράκοντα καὶ [+Ν²⁶ ΝΗ] δύο. ↔

11 3 καὶ δώσω τοῖς δυσὶν μάρτυσίν μου,

11 3 καὶ προφητεύσουσιν ἡμέρας χιλίας διακοσίας ἑξήκοντα

11 4 οὗτοί εἰσιν αἱ δύο ἐλαῖαι καὶ αἱ δύο λυχνίαι

11 5ʲ καὶ εἴ τις αὐτοὺς θέλει ἀδικῆσαι, ↔

11 5 πῦρ ἐκπορεύεται ἐκ τοῦ στόματος αὐτῶν καὶ κατεσθίει τοὺς ἐχθροὺς αὐτῶν· ↔

11 5ʲ καὶ εἴ τις θελήσῃ (-σει Β; θέλῃ ζ) αὐτοὺς ἀδικῆσαι

11 6 καὶ ἐξουσίαν ἔχουσιν ἐπὶ τῶν ὑδάτων ↔

11 6 στρέφειν αὐτὰ εἰς αἷμα καὶ πατάξαι τὴν γῆν ἐν πάσῃ πληγῇ

11 7ʲ καὶ ὅταν τελέσωσιν τὴν μαρτυρίαν αὐτῶν

11 7 ποιήσει μετ᾽ αὐτῶν πόλεμον καὶ νικήσει αὐτοὺς ↔

11 7 καὶ ἀποκτενεῖ αὐτούς. ↔

11 8 καὶ τὸ πτῶμα αὐτῶν ἐπὶ τῆς πλατείας τῆς πόλεως τῆς μεγάλης, ↔

11 8 ἥτις καλεῖται πνευματικῶς Σόδομα καὶ Αἴγυπτος, ↔

11 8ʸ ὅπου καὶ ὁ κύριος αὐτῶν ἐσταυρώθη. ↔

11 9 καὶ βλέπουσιν ἐκ τῶν λαῶν ↔

11 9 καὶ φυλῶν ↔

11 9 καὶ γλωσσῶν ↔

11 9 καὶ ἐθνῶν τὸ πτῶμα αὐτῶν ↔

11 9 ἡμέρας τρεῖς καὶ [S] ἥμισυ, ↔

11 9 καὶ τὰ πτώματα αὐτῶν οὐκ ἀφίουσιν τεθῆναι εἰς μνῆμα. ↔

11 10 καὶ οἱ κατοικοῦντες ἐπὶ τῆς γῆς χαίρουσιν ἐπ᾽ αὐτοῖς ↔

11 10 καὶ εὐφραίνονται, ↔

11 10 καὶ δῶρα πέμψουσιν (πέμπ. Τ) ↔

11 11 καὶ μετὰ τὰς [ΝΗ] τρεῖς ἡμέρας ↔

11 11 καὶ ἥμισυ πνεῦμα ζωῆς ἐκ τοῦ θεοῦ εἰσῆλθεν | ἐν αὐτοῖς (αὐτοῖς VS; [ἐν] αὐτ. Η; ἐπ᾽ αὐτούς ζ), ↔

11 11 καὶ ἔστησαν ἐπὶ τοὺς πόδας αὐτῶν, ↔

11 11 καὶ φόβος μέγας ἐπέπεσεν (ἔπεσεν ΒSζ) ἐπὶ τοὺς θεωροῦντας αὐτούς. ↔

11 12 καὶ ἤκουσαν (-σα Β; -σα[ν] S) | φωνῆς μεγάλης (-νην -λην Τζ)

11 12 καὶ ἀνέβησαν εἰς τὸν οὐρανὸν ἐν τῇ νεφέλῃ, ↔

11 12 καὶ ἐθεώρησαν αὐτοὺς οἱ ἐχθροὶ αὐτῶν. ↔

11 13 καὶ ἐκείνῃ τῇ ὥρᾳ ἐγένετο σεισμὸς μέγας, ↔

11 13 καὶ τὸ δέκατον τῆς πόλεως ἔπεσεν, ↔

Ap 11 13 καὶ ἀπεκτάνθησαν ἐν τῷ σεισμῷ . . . χιλιάδες ἑπτά, ↔

11 13 καὶ οἱ λοιποὶ ἔμφοβοι ἐγένοντο ↔

11 13 καὶ ἔδωκαν δόξαν τῷ θεῷ

11 15 καὶ ὁ ἕβδομος ἄγγελος ἐσάλπισεν· ↔

11 15 καὶ ἐγένοντο φωναὶ μεγάλαι

11 15 ἐγένετο ἡ βασιλεία τοῦ κόσμου τοῦ κυρίου ἡμῶν καὶ τοῦ χριστοῦ αὐτοῦ, ↔

11 15 καὶ βασιλεύσει εἰς τοὺς αἰῶνας τῶν αἰώνων. ↔

11 16 καὶ οἱ εἴκοσι ↔

11 16 * καὶ (+ζ) τέσσαρες πρεσβύτεροι . . . ἔπεσαν ἐπὶ τὰ πρόσωπα αὐτῶν ↔

11 16 καὶ προσεκύνησαν τῷ θεῷ

11 17 ὁ ὢν καὶ ὁ ἦν ↔

11 17 * | καὶ ὁ ἐρχόμενος (+ζ), ↔

11 17 ὅτι εἴληφας (-φες Η) τὴν δύναμίν σου . . . καὶ ἐβασίλευσας· ↔

11 18 καὶ τὰ ἔθνη ὠργίσθησαν, ↔

11 18 καὶ ἦλθεν ἡ ὀργή σου ↔

11 18 καὶ ὁ καιρὸς τῶν νεκρῶν ↔

11 18 κριθῆναι καὶ δοῦναι τὸν μισθὸν τοῖς δούλοις σου ↔

11 18 τοῖς προφήταις καὶ τοῖς ἁγίοις ↔

11 18 καὶ τοῖς φοβουμένοις τὸ ὄνομά σου,

11 18 | τοὺς μικροὺς καὶ τοὺς μεγάλους (Ν²⁶Η; τοῖς μ-οῖς κ. τοῖς μ-οις rl),

11 18 καὶ διαφθεῖραι τοὺς διαφθείροντας τὴν γῆν. ↔

11 19 καὶ ἠνοίγη ὁ ναὸς τοῦ θεοῦ

11 19 καὶ ὤφθη ἡ κιβωτὸς τῆς διαθήκης αὐτοῦ

11 19 καὶ ἐγένοντο ἀστραπαὶ ↔

11 19 καὶ φωναὶ ↔

11 19 καὶ βρονταὶ ↔

11 19 καὶ σεισμὸς ↔

11 19 καὶ χάλαζα μεγάλη. ↔

12 1 καὶ σημεῖον μέγα ὤφθη

12 1 γυνὴ . . . καὶ ἡ σελήνη ὑποκάτω τῶν ποδῶν αὐτῆς, ↔

12 1 καὶ ἐπὶ τῆς κεφαλῆς αὐτῆς στέφανος ἀστέρων δώδεκα, ↔

12 2 καὶ ἐν γαστρὶ ἔχουσα, ↔

12 2 καὶ ([V]; —Sζ) κράζει ὠδίνουσα ↔

12 2 καὶ βασανιζομένη τεκεῖν. ↔

12 3 καὶ ὤφθη ἄλλο σημεῖον ἐν τῷ οὐρανῷ, ↔

12 3ⁿ καὶ ἰδοὺ δράκων | μέγας πυρρός (~MVST), ↔

12 3 ἔχων κεφαλὰς ἑπτὰ καὶ κέρατα δέκα ↔

12 3 καὶ ἐπὶ τὰς κεφαλὰς αὐτοῦ ἑπτὰ διαδήματα, ↔

12 4 καὶ ἡ οὐρὰ αὐτοῦ σύρει τὸ τρίτον τῶν ἀστέρων τοῦ οὐρανοῦ, ↔

12 4 καὶ ἔβαλεν αὐτοὺς εἰς τὴν γῆν. ↔

12 4 καὶ ὁ δράκων ἕστηκεν (ἔστ. ΒΗ) ἐνώπιον τῆς γυναικός

12 5 καὶ ἔτεκεν υἱόν

12 5 καὶ ἡρπάσθη τὸ τέκνον αὐτῆς πρὸς τὸν θεὸν ↔

12 5 καὶ πρὸς τὸν θρόνον αὐτοῦ. ↔

12 6 καὶ ἡ γυνὴ ἔφυγεν εἰς τὴν ἔρημον

12 7 καὶ ἐγένετο πόλεμος ἐν τῷ οὐρανῷ, ↔

12 7 ὁ Μιχαὴλ καὶ οἱ ἄγγελοι αὐτοῦ | τοῦ πολεμῆσαι (π. Τ; ἐπολέμησαν ζ) μετὰ τοῦ δράκοντος

12 7 καὶ ὁ δράκων ἐπολέμησεν

Ap 12 7 καὶ οἱ ἄγγελοι αὐτοῦ, ↔
12 8ᵃ καὶ οὐκ ἴσχυσεν (-σαν MVBSTϛ)
12 9 καὶ ἐβλήθη ὁ δράκων ὁ μέγας
12 9 ὁ καλούμενος Διάβολος καὶ ὁ Σατανᾶς... ἐβλήθη εἰς τὴν γῆν, ↔
12 9 καὶ οἱ ἄγγελοι αὐτοῦ μετ' αὐτοῦ ἐβλήθησαν. ↔
12 10 καὶ ἤκουσα φωνὴν μεγάλην ἐν τῷ οὐρανῷ λέγουσαν· ↔
12 10 ἄρτι ἐγένετο ἡ σωτηρία καὶ ἡ δύναμις ↔
12 10 καὶ ἡ βασιλεία τοῦ θεοῦ ἡμῶν ↔
12 10 καὶ ἡ ἐξουσία τοῦ χριστοῦ αὐτοῦ
12 10 ὁ κατηγορῶν αὐτοὺς (-τῶν MBSϛ) ἐνώπιον τοῦ θεοῦ ἡμῶν ἡμέρας καὶ νυκτός. ↔
12 11ʰ καὶ αὐτοὶ ἐνίκησαν αὐτὸν διὰ τὸ αἷμα τοῦ ἀρνίου ↔
12 11 καὶ διὰ τὸν λόγον τῆς μαρτυρίας αὐτῶν, ↔
12 11ᵃ καὶ οὐκ ἠγάπησαν τὴν ψυχὴν αὐτῶν
12 12 διὰ τοῦτο εὐφραίνεσθε, οἱ (+[N²⁶] Bϛ) οὐρανοὶ καὶ οἱ ἐν αὐτοῖς σκηνοῦντες· ↔
12 12 οὐαὶ τὴν γῆν καὶ τὴν θάλασσαν
12 13ʲ καὶ ὅτε εἶδεν ὁ δράκων
12 14 καὶ ἐδόθησαν τῇ γυναικὶ αἱ δύο πτέρυγες τοῦ ἀετοῦ
12 14 ὅπου τρέφεται ἐκεῖ καιρὸν καὶ καιροὺς ↔
12 14 καὶ ἥμισυ καιροῦ ἀπὸ προσώπου τοῦ ὄφεως. ↔
12 15 καὶ ἔβαλεν ὁ ὄφις ... ὕδωρ
12 16 καὶ ἐβοήθησεν ἡ γῆ τῇ γυναικί, ↔
12 16 καὶ ἤνοιξεν ἡ γῆ τὸ στόμα αὐτῆς ↔
12 16 καὶ κατέπιεν τὸν ποταμόν
12 17 καὶ ὠργίσθη ὁ δράκων ἐπὶ τῇ γυναικί, ↔
12 17 καὶ ἀπῆλθεν ποιῆσαι πόλεμον
12 17 τῶν τηρούντων τὰς ἐντολὰς τοῦ θεοῦ καὶ ἐχόντων τὴν μαρτυρίαν Ἰησοῦ· ↔
12 18 καὶ ἐστάθη (-θην VBSTϛ) ἐπὶ τὴν ἄμμον τῆς θαλάσσης. ↔
13 1 καὶ εἶδον ἐκ τῆς θαλάσσης θηρίον ἀναβαῖνον, ↔
13 1 ἔχων κέρατα δέκα καὶ κεφαλὰς ἑπτά, ↔
13 1 καὶ ἐπὶ τῶν κεράτων αὐτοῦ δέκα διαδήματα, ↔
13 1 καὶ ἐπὶ τὰς κεφαλὰς αὐτοῦ ὀνόματα (ὀνόμα[τα] N²⁶; ὄνομα VBSϛ) βλασφημίας. ↔
13 2 καὶ τὸ θηρίον ὃ εἶδον ἦν ὅμοιον παρδάλει, ↔
13 2 καὶ οἱ πόδες αὐτοῦ ὡς ἄρκου, ↔
13 2 καὶ τὸ στόμα αὐτοῦ ὡς στόμα λέοντος (-των T). ↔
13 2 καὶ ἔδωκεν αὐτῷ ὁ δράκων
13 2 τὴν δύναμιν αὐτοῦ καὶ τὸν θρόνον αὐτοῦ
13 2 καὶ ἐξουσίαν μεγάλην. ↕
13 3 καὶ (+εἶδον ϛ) μίαν ἐκ τῶν κεφαλῶν αὐτοῦ ὡς ἐσφαγμένην εἰς θάνατον, ↔
13 3 καὶ ἡ πληγὴ τοῦ θανάτου αὐτοῦ ἐθεραπεύθη. ↔
13 3 καὶ ἐθαυμάσθη (-μασεν MVBST) ὅλη ἡ γῆ ὀπίσω τοῦ θηρίου, ↔
13 4 καὶ προσεκύνησαν | τῷ δράκοντι (—B . .)
13 4 | καὶ προσεκύνησαν (. . —B) τῷ θηρίῳ λέγοντες·

Ap 13 4 τίς ὅμοιος τῷ θηρίῳ, καὶ (—ϛ) τίς δύναται πολεμῆσαι μετ' αὐτοῦ; ↔
13 5 καὶ ἐδόθη αὐτῷ στόμα λαλοῦν μεγάλα ↔
13 5 καὶ βλασφημίας (-μίαν S), ↔
13 5 καὶ ἐδόθη αὐτῷ ἐξουσία ↔
13 5 ποιῆσαι μῆνας τεσσεράκοντα καὶ (+[N²⁶NH]B) δύο.
13 6 καὶ ἤνοιξεν τὸ στόμα αὐτοῦ εἰς βλασφημίας (-μίαν Sϛ)
13 6 βλασφημῆσαι τὸ ὄνομα αὐτοῦ καὶ τὴν σκηνὴν αὐτοῦ ↔
13 6 * καὶ (+ϛ) τοὺς ἐν τῷ οὐρανῷ σκηνοῦντας. ↔
13 7 | καὶ ἐδόθη αὐτῷ ποιῆσαι πόλεμον μετὰ τῶν ἁγίων [H . .] ↔
13 7 | καὶ νικῆσαι αὐτούς [. . H], ↔
13 7 καὶ ἐδόθη αὐτῷ ἐξουσία ἐπὶ πᾶσαν φυλὴν ↔
13 7 | καὶ λαὸν (—ϛ) ↔
13 7 καὶ γλῶσσαν ↔
13 7 καὶ ἔθνος. ↔
13 8 καὶ προσκυνήσουσιν αὐτὸν πάντες
13 10 ὧδέ ἐστιν ἡ ὑπομονὴ καὶ ἡ πίστις τῶν ἁγίων. ↔
13 11 καὶ εἶδον ἄλλο θηρίον ἀναβαῖνον ἐκ τῆς γῆς, ↔
13 11 καὶ εἶχεν κέρατα δύο ὅμοια ἀρνίῳ, ↔
13 11 καὶ ἐλάλει ὡς δράκων. ↔
13 12 καὶ τὴν ἐξουσίαν τοῦ πρώτου θηρίου πᾶσαν ποιεῖ ἐνώπιον αὐτοῦ. ↔
13 12 καὶ ποιεῖ τὴν γῆν ↔
13 12 καὶ τοὺς ἐν αὐτῇ κατοικοῦντας
13 13 καὶ ποιεῖ σημεῖα μεγάλα, ↔
13 13ˣ ἵνα καὶ πῦρ ποιῇ | ἐκ τοῦ οὐρανοῦ καταβαίνειν (~Tϛ)
13 14 καὶ πλανᾷ τοὺς κατοικοῦντας ἐπὶ τῆς γῆς
13 14 ὃς (ὃ Sϛ) ἔχει τὴν πληγὴν τῆς μαχαίρης καὶ ἔζησεν. ↔
13 15 καὶ ἐδόθη αὐτῷ (αὐτῇ H) δοῦναι πνεῦμα τῇ εἰκόνι τοῦ θηρίου, ↔
13 15ˣ ἵνα καὶ λαλήσῃ ἡ εἰκὼν τοῦ θηρίου, ↔
13 15 καὶ ποιήσῃ ἵνα ([N²⁶NMVSH]; —T) ... ἀποκτανθῶσιν. ↔
13 16 καὶ ποιεῖ πάντας, ↔
13 16 τοὺς μικροὺς καὶ τοὺς μεγάλους, ↔
13 16 καὶ τοὺς πλουσίους ↔
13 16 καὶ τοὺς πτωχούς, ↔
13 16 καὶ τοὺς ἐλευθέρους ↔
13 16 καὶ τοὺς δούλους, ↔
13 17ˡ (ἵνα δῶσιν αὐτοῖς χάραγμα) καὶ ([NH]; —T) ἵνα μή τις δύνηται ἀγοράσαι ἢ πωλῆσαι
13 18 καὶ ὁ ἀριθμὸς αὐτοῦ (+ἐστιν BS) ἑξακόσιοι ἑξήκοντα ἕξ. ↔
14 1 καὶ εἶδον, ↔
14 1ⁿ καὶ ἰδοὺ τὸ ἀρνίον ἑστὸς ἐπὶ τὸ ὄρος Σιών, ↔
14 1 καὶ μετ' αὐτοῦ ἑκατὸν τεσσεράκοντα τέσσαρες χιλιάδες ↔
14 1 ἔχουσαι | τὸ ὄνομα αὐτοῦ καὶ (—ϛ) τὸ ὄνομα τοῦ πατρὸς αὐτοῦ
14 2 καὶ ἤκουσα φωνὴν ἐκ τοῦ οὐρανοῦ ὡς φωνὴν ὑδάτων πολλῶν ↔
14 2ᵏ καὶ ὡς φωνὴν βροντῆς μεγάλης, ↔
14 2 καὶ ἡ φωνὴ ἣν ἤκουσα ὡς κιθαρῳδῶν
14 3 καὶ ᾄδουσιν ὡς ([N²⁶S]; —NT) ᾠδὴν καινὴν ἐνώπιον τοῦ θρόνου ↔
14 3 ἐνώπιον τῶν τεσσάρων ζῴων ↔

Ap 14 3 καὶ τῶν πρεσβυτέρων· ↔
14 3ᶜ καὶ οὐδεὶς ἐδύνατο μαθεῖν τὴν ᾠδὴν
14 4 ἠγοράσθησαν ἀπὸ τῶν ἀνθρώπων ἀπαρχὴ τῷ θεῷ καὶ τῷ ἀρνίῳ, ↔
14 5 καὶ ἐν τῷ στόματι αὐτῶν οὐχ εὑρέθη ψεῦδος
14 6 καὶ εἶδον ἄλλον ἄγγελον πετόμενον
14 6 εὐαγγελίσαι ἐπὶ τοὺς καθημένους ἐπὶ τῆς γῆς καὶ ἐπὶ πᾶν ἔθνος ↔
14 6 καὶ φυλὴν ↔
14 6 καὶ γλῶσσαν ↔
14 6 καὶ λαὸν
14 7 φοβήθητε τὸν θεὸν καὶ δότε αὐτῷ δόξαν
14 7 καὶ προσκυνήσατε τῷ ποιήσαντι τὸν οὐρανὸν ↔
14 7 καὶ τὴν γῆν ↔
14 7 καὶ (+τὴν T) θάλασσαν ↔
14 7 καὶ πηγὰς ὑδάτων. ↔
14 8 καὶ ἄλλος | ἄγγελος δεύτερος (~MVS; δ. [ἄ.] H; δ. B; ἄ. ϛ) ἠκολούθησεν λέγων
14 9 καὶ ἄλλος ἄγγελος τρίτος ἠκολούθησεν αὐτοῖς λέγων
14 9 εἴ τις προσκυνεῖ τὸ θηρίον καὶ τὴν εἰκόνα αὐτοῦ, ↔
14 9 καὶ λαμβάνει χάραγμα ... ἐπὶ τὴν χεῖρα αὐτοῦ, ↔
14 10ʰ καὶ αὐτὸς πίεται ἐκ τοῦ οἴνου τοῦ θυμοῦ τοῦ θεοῦ
14 10 καὶ βασανισθήσεται (-σονται B) ↔
14 10 ἐν πυρὶ καὶ θείῳ ↔
14 10 ἐνώπιον ἀγγέλων ἁγίων καὶ ἐνώπιον τοῦ ἀρνίου. ↔
14 11 καὶ ὁ καπνὸς τοῦ βασανισμοῦ αὐτῶν εἰς αἰῶνας αἰώνων ἀναβαίνει, ↔
14 11ᵃ καὶ οὐκ ἔχουσιν ἀνάπαυσιν ↔
14 11 ἡμέρας καὶ νυκτὸς ↔
14 11 οἱ προσκυνοῦντες τὸ θηρίον καὶ τὴν εἰκόνα αὐτοῦ, ↔
14 11ʲ καὶ εἴ τις λαμβάνει τὸ χάραγμα τοῦ ὀνόματος αὐτοῦ
14 12 οἱ τηροῦντες τὰς ἐντολὰς τοῦ θεοῦ καὶ τὴν πίστιν Ἰησοῦ. ↔
14 13 καὶ ἤκουσα φωνῆς ἐκ τοῦ οὐρανοῦ
14 14 καὶ εἶδον, ↔
14 14ⁿ καὶ ἰδοὺ νεφέλη λευκή, ↔
14 14 καὶ ἐπὶ τὴν νεφέλην καθήμενον ὅμοιον υἱὸν ἀνθρώπου, ↔
14 14 ἔχων ... στέφανον χρυσοῦν καὶ ἐν τῇ χειρὶ αὐτοῦ δρέπανον ὀξύ. ↔
14 15 καὶ ἄλλος ἄγγελος ἐξῆλθεν
14 15 πέμψον τὸ δρέπανόν σου καὶ θέρισον
14 16 καὶ ἔβαλεν ... τὸ δρέπανον αὐτοῦ ἐπὶ τὴν γῆν, ↔
14 16 καὶ ἐθερίσθη ἡ γῆ. ↔
14 17 καὶ ἄλλος ἄγγελος ἐξῆλθεν ἐκ τοῦ ναοῦ τοῦ ἐν τῷ οὐρανῷ, ↔
14 17ʰ ἔχων καὶ αὐτὸς δρέπανον ὀξύ. ↔
14 18 καὶ ἄλλος ἄγγελος ἐξῆλθεν [N²⁶H] ἐκ τοῦ θυσιαστηρίου
14 18 καὶ ἐφώνησεν φωνῇ (κραυγῇ VSϛ) μεγάλῃ
14 18 πέμψον σου τὸ δρέπανον ... καὶ τρύγησον τοὺς βότρυας
14 19 καὶ ἔβαλεν ὁ ἄγγελος τὸ δρέπανον αὐτοῦ εἰς τὴν γῆν, ↔
14 19 καὶ ἐτρύγησεν τὴν ἄμπελον τῆς γῆς ↔
14 19 καὶ ἔβαλεν εἰς τὴν ληνὸν τοῦ θυμοῦ τοῦ θεοῦ τὸν μέγαν. ↔
14 20 καὶ ἐπατήθη ἡ ληνὸς ἔξωθεν τῆς πόλεως, ↔

Ap 14 20 καὶ ἐξῆλθεν αἷμα ἐκ τῆς ληνοῦ

15 1 καὶ εἶδον ἄλλο σημεῖον ἐν τῷ οὐρανῷ ↔

15 1 μέγα καὶ θαυμαστόν

15 2 καὶ εἶδον ὡς θάλασσαν ὑαλίνην μεμιγμένην πυρί, ↔

15 2 καὶ τοὺς νικῶντας ἐκ τοῦ θηρίου ↔

15 2 καὶ ἐκ τῆς εἰκόνος αὐτοῦ ↔

15 2 καὶ ἐκ τοῦ ἀριθμοῦ τοῦ ὀνόματος αὐτοῦ

15 3 καὶ ἄδουσιν τὴν ᾠδὴν Μωϋσέως τοῦ δούλου τοῦ θεοῦ ↔

15 3 καὶ τὴν ᾠδὴν τοῦ ἀρνίου

15 3 μεγάλα καὶ θαυμαστὰ τὰ ἔργα σου

15 3 δίκαιαι καὶ ἀληθιναὶ αἱ ὁδοί σου

15 4 τίς οὐ μὴ φοβηθῇ, κύριε, καὶ δοξάσει (-σῃ Sϛ) τὸ ὄνομά σου;

15 4 ὅτι πάντα τὰ ἔθνη ἥξουσιν καὶ προσκυνήσουσιν ἐνώπιόν σου

15 5 μετὰ ταῦτα εἶδον, ↔

15 5ⁿ καὶ (+ ἰδοὺ ϛ) ἠνοίγη ὁ ναὸς τῆς σκηνῆς τοῦ μαρτυρίου ἐν τῷ οὐρανῷ, ↔

15 6 καὶ ἐξῆλθον οἱ ἑπτὰ ἄγγελοι

15 6 * ἐνδεδυμένοι λίνον (λίθον H) καθαρὸν καὶ (+ ϛ) λαμπρὸν ↔

15 6 καὶ περιεζωσμένοι . . . ζώνας χρυσᾶς. ↔

15 7 καὶ ἓν ἐκ τῶν τεσσάρων ζῴων ἔδωκεν . . . ἑπτὰ φιάλας χρυσᾶς

15 8 ἐγεμίσθη ὁ ναὸς καπνοῦ ἐκ τῆς δόξης τοῦ θεοῦ

15 8 καὶ ἐκ τῆς δυνάμεως αὐτοῦ, ↔

15 8ᶜ καὶ οὐδεὶς ἐδύνατο εἰσελθεῖν εἰς τὸν ναὸν

16 1 καὶ ἤκουσα μεγάλης φωνῆς

16 1 ὑπάγετε καὶ ἐκχέετε τὰς ἑπτὰ φιάλας . . . εἰς τὴν γῆν. ↔

16 2 καὶ ἀπῆλθεν ὁ πρῶτος ↔

16 2 καὶ ἐξέχεεν τὴν φιάλην αὐτοῦ εἰς τὴν γῆν· ↔

16 2 καὶ ἐγένετο ἕλκος κακὸν ↔

16 2 καὶ πονηρὸν ἐπὶ τοὺς ἀνθρώπους ↔

16 2 τοὺς ἔχοντας . . . καὶ τοὺς προσκυνοῦντας τῇ εἰκόνι αὐτοῦ. ↔

16 3 καὶ ὁ δεύτερος ἐξέχεεν τὴν φιάλην αὐτοῦ εἰς τὴν θάλασσαν· ↔

16 3 καὶ ἐγένετο αἷμα ὡς νεκροῦ, ↔

16 3 καὶ πᾶσα ψυχὴ ζωῆς (ζῶσα Sϛ) ἀπέθανεν

16 4 καὶ ὁ τρίτος ἐξέχεεν τὴν φιάλην αὐτοῦ ↔

16 4 εἰς τοὺς ποταμοὺς καὶ τὰς πηγὰς τῶν ὑδάτων· ↔

16 4 καὶ ἐγένετο (ἐγένοντο B) αἷμα. ↔

16 5 καὶ ἤκουσα τοῦ ἀγγέλου

16 5 δίκαιος εἶ, ὁ ὢν καὶ ὁ ἦν, ↔

16 5 * καὶ (+ ϛ) ὁ [H] ὅσιος

16 6 ὅτι αἷμα (αἵματα T) ἁγίων καὶ προφητῶν ἐξέχεαν, ↔

16 6 καὶ αἷμα αὐτοῖς δέδωκας ([δ]έ. N²⁶; ἔδ. VBSTϛ) πιεῖν

16 7 καὶ ἤκουσα τοῦ θυσιαστηρίου

16 7 ἀληθιναὶ καὶ δίκαιαι αἱ κρίσεις σου. ↔

16 8 καὶ ὁ τέταρτος ἐξέχεεν τὴν φιάλην αὐτοῦ ἐπὶ τὸν ἥλιον· ↔

16 8 καὶ ἐδόθη αὐτῷ καυματίσαι τοὺς ἀνθρώπους ἐν πυρί. ↔

16 9 καὶ ἐκαυματίσθησαν οἱ ἄνθρωποι καῦμα μέγα, ↔

16 9 καὶ ἐβλασφήμησαν τὸ ὄνομα τοῦ θεοῦ

16 9ᵃ καὶ οὐ μετενόησαν δοῦναι αὐτῷ δόξαν. ↔

Ap 16 10 καὶ ὁ πέμπτος ἐξέχεεν τὴν φιάλην αὐτοῦ ἐπὶ τὸν θρόνον τοῦ θηρίου· ↔

16 10 καὶ ἐγένετο ἡ βασιλεία αὐτοῦ ἐσκοτωμένη, ↔

16 10 καὶ ἐμασῶντο τὰς γλώσσας αὐτῶν ἐκ τοῦ πόνου, ↔

16 11 καὶ ἐβλασφήμησαν τὸν θεὸν τοῦ οὐρανοῦ ἐκ τῶν πόνων αὐτῶν ↔

16 11 καὶ ἐκ τῶν ἑλκῶν αὐτῶν, ↔

16 11ᵃ καὶ οὐ μετενόησαν ἐκ τῶν ἔργων αὐτῶν. ↔

16 12 καὶ ὁ ἕκτος ἐξέχεεν τὴν φιάλην αὐτοῦ ἐπὶ τὸν ποταμὸν ↔

16 12 καὶ ἐξηράνθη τὸ ὕδωρ αὐτοῦ ↔

16 13 καὶ εἶδον ἐκ τοῦ στόματος τοῦ δράκοντος ↔

16 13 καὶ ἐκ τοῦ στόματος τοῦ θηρίου ↔

16 13 καὶ ἐκ τοῦ στόματος τοῦ ψευδοπροφήτου πνεύματα τρία ἀκάθαρτα

16 14 * σημεῖα, | ἃ ἐκπορεύεται (ἐκπορεύεσθαι ϛ) ἐπὶ τοὺς βασιλεῖς | τῆς γῆς καὶ (+ ϛ) τῆς οἰκουμένης ὅλης

16 15 μακάριος ὁ γρηγορῶν καὶ τηρῶν τὰ ἱμάτια αὐτοῦ, ↔

16 15 ἵνα μὴ γυμνὸς περιπατῇ καὶ βλέπωσιν τὴν ἀσχημοσύνην αὐτοῦ. ↔

16 16 καὶ συνήγαγεν αὐτοὺς εἰς τὸν τόπον

16 17 καὶ ὁ ἕβδομος ἐξέχεεν τὴν φιάλην αὐτοῦ ἐπὶ τὸν ἀέρα· ↔

16 17 καὶ ἐξῆλθεν φωνὴ μεγάλη ἐκ τοῦ ναοῦ (+ τοῦ οὐρανοῦ [M]Sϛ)

16 18 καὶ ἐγένοντο ἀστραπαὶ ↔

16 18 καὶ φωναὶ ↔

16 18 καὶ βρονταί, ↔

16 18 καὶ σεισμὸς ἐγένετο μέγας

16 19 καὶ ἐγένετο ἡ πόλις ἡ μεγάλη εἰς τρία μέρη, ↔

16 19 καὶ αἱ πόλεις τῶν ἐθνῶν ἔπεσαν. ↔

16 19 καὶ Βαβυλὼν ἡ μεγάλη ἐμνήσθη ἐνώπιον τοῦ θεοῦ

16 20 καὶ πᾶσα νῆσος ἔφυγεν, ↔

16 20 καὶ ὄρη οὐχ εὑρέθησαν. ↔

16 21 καὶ χάλαζα . . . καταβαίνει ἐκ τοῦ οὐρανοῦ ἐπὶ τοὺς ἀνθρώπους· ↔

16 21 καὶ ἐβλασφήμησαν οἱ ἄνθρωποι τὸν θεὸν

17 1 καὶ ἦλθεν εἷς ἐκ τῶν ἑπτὰ ἀγγέλων

17 1 καὶ ἐλάλησεν μετ' ἐμοῦ λέγων

17 2 ἐμεθύσθησαν οἱ κατοικοῦντες τὴν γῆν

17 3 καὶ ἀπήνεγκέν με εἰς ἔρημον ἐν πνεύματι. ↔

17 3 καὶ εἶδον γυναῖκα καθημένην ἐπὶ θηρίον κόκκινον

17 3 ἔχων (N²⁶H; ἔχοντα NT; ἔχον rl) κεφαλὰς ἑπτὰ καὶ κέρατα δέκα. ↔

17 4 καὶ ἡ γυνὴ ἦν (ἧ ϛ) περιβεβλημένη πορφυροῦν ↔

17 4 καὶ κόκκινον, ↔

17 4 καὶ [S] κεχρυσωμένη χρυσίῳ (-σῷ BSTϛ) ↔

17 4 καὶ λίθῳ τιμίῳ ↔

17 4 καὶ μαργαρίταις, ↔

17 4 ἔχουσα ποτήριον . . . γέμον (-μων T) βδελυγμάτων καὶ τὰ ἀκάθαρτα τῆς πορνείας αὐτῆς (τῆς γῆς S) ↔

17 5 καὶ ἐπὶ τὸ μέτωπον αὐτῆς ὄνομα γεγραμμένον

17 5 ἡ μήτηρ τῶν πορνῶν καὶ τῶν βδελυγμάτων τῆς γῆς. ↔

Ap 17 6 καὶ εἶδον τὴν γυναῖκα μεθύουσαν ↔

17 6 ἐκ [S] τοῦ αἵματος τῶν ἁγίων καὶ ἐκ τοῦ αἵματος τῶν μαρτύρων Ἰησοῦ. ↔

17 6 καὶ ἐθαύμασα ἰδὼν αὐτὴν θαῦμα μέγα. ↔

17 7 καὶ εἶπέν μοι ὁ ἄγγελος

17 7 ἐγὼ | ἐρῶ σοι (~ STϛ) τὸ μυστήριον τῆς γυναικὸς καὶ τοῦ θηρίου

17 7 τοῦ ἔχοντος τὰς ἑπτὰ κεφαλὰς καὶ τὰ δέκα κέρατα. ↔

17 8ᵃ τὸ θηρίον ὃ εἶδες ἦν καὶ οὐκ ἔστιν

17 8 καὶ μέλλει ἀναβαίνειν ἐκ τῆς ἀβύσσου ↔

17 8 καὶ εἰς ἀπώλειαν ὑπάγει (-γειν VBSTϛ)· ↔

17 8 καὶ θαυμασθήσονται (-μάσονται MVBSTϛ) οἱ κατοικοῦντες ἐπὶ τῆς γῆς

17 8ᵃ ὅτι ἦν καὶ οὐκ ἔστιν ↔

17 8 καὶ παρέσται (καίπερ ἐστὶν ϛ)

17 9 αἱ ἑπτὰ κεφαλαὶ ἑπτὰ ὄρη εἰσίν . . . καὶ βασιλεῖς ἑπτά εἰσιν· ↔

17 10 * οἱ πέντε ἔπεσαν, καὶ (+ ϛ) ὁ εἷς ἔστιν, ↔

17 10ʲ ὁ ἄλλος οὔπω ἦλθεν, καὶ ὅταν ἔλθῃ ὀλίγον αὐτὸν δεῖ μεῖναι. ↔

17 11 καὶ τὸ θηρίον ↔

17 11ᵃᵈ ἦν καὶ οὐκ ἔστιν, ↔

17 11ʰ καὶ αὐτὸς ὄγδοός ἐστιν, ↔

17 11 καὶ ἐκ τῶν ἑπτά ἐστιν, ↔

17 11 καὶ εἰς ἀπώλειαν ὑπάγει. ↔

17 12 καὶ τὰ δέκα κέρατα ἃ εἶδες δέκα βασιλεῖς εἰσιν

17 13 οὗτοι μίαν γνώμην ἔχουσιν, καὶ τὴν δύναμιν

17 13 καὶ (+ τὴν [M]STϛ) ἐξουσίαν αὐτῶν τῷ θηρίῳ διδόασιν. ↔

17 14 οὗτοι μετὰ τοῦ ἀρνίου πολεμήσουσιν καὶ τὸ ἀρνίον νικήσει αὐτούς, ↔

17 14 ὅτι κύριος κυρίων ἐστὶν καὶ βασιλεὺς βασιλέων, ↔

17 14 καὶ οἱ μετ' αὐτοῦ κλητοὶ ↔

17 14 καὶ ἐκλεκτοὶ ↔

17 14 καὶ πιστοί. ↔

17 15 καὶ λέγει μοι· ↔

17 15 τὰ ὕδατα . . . λαοὶ καὶ ὄχλοι εἰσὶν ↔

17 15 καὶ ἔθνη ↔

17 15 καὶ γλῶσσαι. ↔

17 16 καὶ τὰ δέκα κέρατα ἃ εἶδες ↔

17 16 καὶ (ἐπὶ ϛ) τὸ θηρίον, οὗτοι μισήσουσιν τὴν πόρνην, ↔

17 16 καὶ ἠρημωμένην ποιήσουσιν αὐτὴν ↔

17 16 καὶ γυμνήν, ↔

17 16 καὶ τὰς σάρκας αὐτῆς φάγονται, ↔

17 16ʰ καὶ αὐτὴν κατακαύσουσιν ἐν ([NH]; —T) πυρί

17 17 ποιῆσαι τὴν γνώμην αὐτοῦ, καὶ ποιῆσαι μίαν γνώμην ↔

17 17 καὶ δοῦναι τὴν βασιλείαν αὐτῶν τῷ θηρίῳ

17 18 καὶ ἡ γυνὴ ἣν εἶδες ἔστιν ἡ πόλις ἡ μεγάλη

18 1 * καὶ (+ ϛ) μετὰ ταῦτα εἶδον ἄλλον ἄγγελον

18 1 καὶ ἡ γῆ ἐφωτίσθη ἐκ τῆς δόξης αὐτοῦ. ↔

18 2 καὶ ἔκραξεν ἐν ἰσχυρᾷ φωνῇ

18 2 ἔπεσεν ἔπεσεν Βαβυλὼν ἡ μεγάλη, καὶ ἐγένετο κατοικητήριον δαιμονίων (-μόνων VSϛ) ↔

Ap 18 2 καὶ φυλακὴ παντὸς πνεύματος ἀκαθάρτου ↔

18 2 καὶ φυλακὴ παντὸς ὀρνέου ἀκαθάρτου ↔

18 2 | καὶ φυλακὴ παντὸς θηρίου ἀκαθάρτου (+[N²⁶]M) ↔

18 2 καὶ μεμισημένου

18 3 καὶ οἱ βασιλεῖς τῆς γῆς μετ' αὐτῆς ἐπόρνευσαν, ↔

18 3 καὶ οἱ ἔμποροι τῆς γῆς...ἐπλούτησαν. ↔

18 4 καὶ ἤκουσα ἄλλην φωνὴν ἐκ τοῦ οὐρανοῦ λέγουσαν

18 4 καὶ ἐκ τῶν πληγῶν αὐτῆς ἵνα μὴ λάβητε

18 5 καὶ ἐμνημόνευσεν ὁ θεὸς τὰ ἀδικήματα αὐτῆς. ↔

18 6ʰᵘ ἀπόδοτε αὐτῇ ὡς καὶ αὐτὴ ἀπέδωκεν, ↔

18 6 καὶ διπλώσατε τὰ ([H]; αὐτῇ ς) διπλᾶ κατὰ τὰ ἔργα αὐτῆς

18 7 ὅσα ἐδόξασεν αὐτὴν (αὑ- VBHς) καὶ ἐστρηνίασεν, ↔

18 7 τοσοῦτον δότε αὐτῇ βασανισμὸν καὶ πένθος

18 7 κάθημαι βασίλισσα καὶ χήρα οὐκ εἰμὶ ↔

18 7 καὶ πένθος οὐ μὴ ἴδω

18 8 ἥξουσιν αἱ πληγαὶ αὐτῆς, θάνατος καὶ πένθος ↔

18 8 καὶ λιμός, ↔

18 8 καὶ ἐν πυρὶ κατακαυθήσεται

18 9 καὶ κλαύσουσιν (-σονται MSς) ↔

18 9 καὶ κόψονται ἐπ' αὐτὴν (αὐτῆς V; αὐτῇ Bς) οἱ βασιλεῖς τῆς γῆς ↔

18 9 οἱ μετ' αὐτῆς πορνεύσαντες καὶ στρηνιάσαντες

18 11 καὶ οἱ ἔμποροι τῆς γῆς κλαίουσιν↔

18 11 καὶ πενθοῦσιν ἐπ' αὐτήν

18 12 ⟨οὐδεὶς ἀγοράζει⟩ γόμον χρυσοῦ καὶ ἀργύρου ↔

18 12 καὶ λίθου τιμίου ↔

18 12 καὶ μαργαριτῶν (-του VSς) ↔

18 12 καὶ βυσσίνου ↔

18 12 καὶ πορφύρας (-ρου S) ↔

18 12 καὶ σιρικοῦ ↔

18 12 καὶ κοκκίνου, ↔

18 12 καὶ πᾶν ξύλον θύϊνον ↔

18 12 καὶ πᾶν σκεῦος ἐλεφάντινον ↔

18 12 καὶ πᾶν σκεῦος ἐκ ξύλου τιμιωτάτου ↔

18 12 καὶ χαλκοῦ ↔

18 12 καὶ σιδήρου ↔

18 12 καὶ μαρμάρου, ↔

18 13 καὶ κιννάμωμον ↔

18 13 | καὶ ἄμωμον ([V]; —ς) ↔

18 13 καὶ θυμιάματα ↔

18 13 καὶ μύρον ↔

18 13 καὶ λίβανον ↔

18 13 καὶ οἶνον ↔

18 13 καὶ ἔλαιον ↔

18 13 καὶ σεμίδαλιν ↔

18 13 καὶ σῖτον ↔

18 13 καὶ κτήνη ↔

18 13 καὶ πρόβατα, ↔

18 13 καὶ ἵππων ↔

18 13 καὶ ῥεδῶν ↔

18 13 καὶ σωμάτων, ↔

18 13 καὶ ψυχὰς ἀνθρώπων. ↔

18 14 καὶ ἡ ὀπώρα σου...ἀπῆλθεν ἀπὸ σοῦ, ↔

18 14 καὶ πάντα τὰ λιπαρὰ ↔

18 14 καὶ τὰ λαμπρὰ ἀπώλετο (-λοντο T) ἀπὸ σοῦ, ↔

18 14ᵃ καὶ οὐκέτι οὐ μὴ αὐτὰ εὑρήσουσιν

Ap 18 15 ἀπὸ μακρόθεν στήσονται...κλαίοντες καὶ πενθοῦντες, ↔

18 16 * καὶ (+ς) λέγοντες

18 16 ἡ πόλις...ἡ περιβεβλημένη βύσσινον καὶ πορφυροῦν ↔

18 16 καὶ κόκκινον, ↔

18 16 καὶ κεχρυσωμένη ἐν ([N²⁶H]; —B) χρυσίῳ (-σῷ Tς) ↔

18 16 καὶ λίθῳ τιμίῳ ↔

18 16 καὶ μαργαρίτῃ

18 17 καὶ πᾶς κυβερνήτης ↔

18 17 καὶ πᾶς ὁ ἐπὶ τόπον πλέων ↔

18 17 καὶ ναῦται ↔

18 17 καὶ ὅσοι τὴν θάλασσαν ἐργάζονται, ἀπὸ μακρόθεν ἔστησαν, ↔

18 18 καὶ ἔκραζον (ἔκραξαν BH)

18 19 καὶ ἔβαλον χοῦν ἐπὶ τὰς κεφαλὰς αὐτῶν ↔

18 19 καὶ ἔκραζον (-ξαν H) ↔

18 19 κλαίοντες καὶ πενθοῦντες

18 20 εὐφραίνου ἐπ' αὐτῇ, οὐρανὲ καὶ οἱ ἅγιοι

18 20 | καὶ οἱ (—ς) ἀπόστολοι ↔

18 20 καὶ οἱ προφῆται

18 21 καὶ ἦρεν εἷς ἄγγελος ἰσχυρὸς λίθον

18 21 καὶ ἔβαλεν εἰς τὴν θάλασσαν

18 21ᶜ οὕτως ὁρμήματι βληθήσεται Βαβυλὼν...καὶ οὐ μὴ εὑρεθῇ ἔτι. ↔

18 22 καὶ φωνὴ κιθαρῳδῶν ↔

18 22 καὶ μουσικῶν ↔

18 22 καὶ αὐλητῶν ↔

18 22 καὶ σαλπιστῶν οὐ μὴ ἀκουσθῇ ἐν σοὶ ἔτι, ↔

18 22 καὶ πᾶς τεχνίτης | πάσης τέχνης [H] οὐ μὴ εὑρεθῇ ἐν σοὶ ἔτι, ↔

18 22 καὶ φωνὴ μύλου οὐ μὴ ἀκουσθῇ ἐν σοὶ ἔτι, ↔

18 23 καὶ φῶς λύχνου οὐ μὴ φάνῃ ἐν σοὶ ἔτι, ↔

18 23 καὶ φωνὴ νυμφίου ↔

18 23 καὶ νύμφης οὐ μὴ ἀκουσθῇ ἐν σοὶ ἔτι

18 24 καὶ ἐν αὐτῇ αἷμα (-ματα VBT) προφητῶν ↔

18 24 καὶ ἁγίων εὑρέθη ↔

18 24 καὶ πάντων τῶν ἐσφαγμένων ἐπὶ τῆς γῆς. ↔

19 1 * καὶ (+ς) μετὰ ταῦτα ἤκουσα

19 1 ἡ σωτηρία καὶ ἡ δόξα ↔

19 1 * | καὶ ἡ τιμὴ (+ς) ↔

19 1 καὶ ἡ δύναμις τοῦ θεοῦ ἡμῶν, ↔

19 2 ὅτι ἀληθιναὶ καὶ δίκαιαι αἱ κρίσεις αὐτοῦ

19 2 καὶ ἐξεδίκησεν τὸ αἷμα τῶν δούλων αὐτοῦ ἐκ χειρὸς αὐτῆς. ↔

19 3 καὶ δεύτερον εἴρηκαν

19 3 καὶ ὁ καπνὸς αὐτῆς ἀναβαίνει εἰς τοὺς αἰῶνας

19 4 καὶ ἔπεσαν οἱ πρεσβύτεροι οἱ εἴκοσι ↔

19 4 * καὶ (+ς) τέσσαρες ↔

19 4 καὶ τὰ τέσσαρα ζῷα, ↔

19 4 καὶ προσεκύνησαν τῷ θεῷ

19 5 καὶ φωνὴ ἀπὸ (ἐκ Tς) τοῦ θρόνου ἐξῆλθεν λέγουσα· ↔

19 5 αἰνεῖτε τῷ θεῷ ἡμῶν, πάντες οἱ δοῦλοι αὐτοῦ, καὶ (+[N²⁶MS] VBς) οἱ φοβούμενοι αὐτόν, ↔

19 5 * καὶ (+ς) οἱ μικροὶ ↔

19 5 καὶ οἱ μεγάλοι. ↔

19 6 καὶ ἤκουσα ὡς φωνὴν ὄχλου πολλοῦ ↔

19 6ᵏ καὶ ὡς φωνὴν ὑδάτων πολλῶν ↔

19 6ᵏ καὶ ὡς φωνὴν βροντῶν ἰσχυρῶν

19 7 χαίρωμεν καὶ ἀγαλλιῶμεν, ↔

Ap 19 7 καὶ δώσωμεν (N²⁶; δώσομεν NH; δῶμεν rl) τὴν δόξαν αὐτῷ,

19 7 ὅτι ἦλθεν ὁ γάμος τοῦ ἀρνίου, καὶ ἡ γυνὴ αὐτοῦ ἡτοίμασεν ἑαυτήν, ↔

19 8 καὶ ἐδόθη αὐτῇ ἵνα περιβάληται βύσσινον λαμπρὸν ↔

19 8 * καὶ (+ς) καθαρόν

19 9 καὶ λέγει μοι

19 9 καὶ λέγει μοι

19 10 καὶ ἔπεσα ἔμπροσθεν τῶν ποδῶν αὐτοῦ

19 10 καὶ λέγει μοι

19 10 σύνδουλός σού εἰμι καὶ τῶν ἀδελφῶν σου

19 11 καὶ εἶδον τὸν οὐρανὸν ἠνεῳγμένον, ↔

19 11ⁿ καὶ ἰδοὺ ἵππος λευκός, ↔

19 11 καὶ ὁ καθήμενος ἐπ' αὐτὸν ↔

19 11 || καλούμενος ([N²⁶H]; —S) πιστὸς ((∼NH)) καὶ ἀληθινός, ↔

19 11 καὶ ἐν δικαιοσύνῃ κρίνει ↔

19 11 καὶ πολεμεῖ. ↔

19 12 οἱ δὲ ὀφθαλμοὶ αὐτοῦ ὡς (+[N²⁶] Bς) φλὸξ πυρός, καὶ ἐπὶ τὴν κεφαλὴν αὐτοῦ διαδήματα πολλά

19 13 καὶ περιβεβλημένος ἱμάτιον βεβαμμένον (ῥεραντισμένον BH; περιρεραμμ. T) αἵματι, ↔

19 13 καὶ κέκληται τὸ ὄνομα αὐτοῦ ὁ λόγος τοῦ θεοῦ. ↔

19 14 καὶ τὰ στρατεύματα τὰ ([N²⁶]; —ST) ἐν τῷ οὐρανῷ ἠκολούθει αὐτῷ ἐφ' ἵπποις λευκοῖς, ↔

19 14 * ἐνδεδυμένοι βύσσινον λευκὸν καὶ (+ς) καθαρόν. ↔

19 15 καὶ ἐκ τοῦ στόματος αὐτοῦ ἐκπορεύεται ῥομφαία ὀξεῖα

19 15ʰ καὶ αὐτὸς ποιμανεῖ αὐτοὺς ἐν ῥάβδῳ σιδηρᾷ· ↔

19 15ʰ καὶ αὐτὸς πατεῖ τὴν ληνὸν τοῦ οἴνου τοῦ θυμοῦ

19 15 * καὶ (+ς) τῆς ὀργῆς τοῦ θεοῦ τοῦ παντοκράτορος. ↔

19 16 καὶ ἔχει ἐπὶ τὸ ἱμάτιον ↔

19 16 καὶ ἐπὶ τὸν μηρὸν αὐτοῦ ὄνομα γεγραμμένον· ↔

19 16 βασιλεὺς βασιλέων καὶ κύριος κυρίων. ↔

19 17 καὶ εἶδον ἕνα ἄγγελον ἑστῶτα ἐν τῷ ἡλίῳ, ↔

19 17 καὶ ἔκραξεν ἐν ([N²⁶H]; —BSς) φωνῇ μεγάλῃ

19 17 * δεῦτε καὶ (+ς) συνάχθητε (συνάγεσθε ς) εἰς τὸ δεῖπνον τὸ μέγα τοῦ θεοῦ, ↔

19 18 ἵνα φάγητε σάρκας βασιλέων καὶ σάρκας χιλιάρχων ↔

19 18 καὶ σάρκας ἰσχυρῶν ↔

19 18 καὶ σάρκας ἵππων ↔

19 18 καὶ τῶν καθημένων ἐπ' αὐτῶν (αὐτούς H), ↔

19 18 καὶ σάρκας πάντων ↔

19 18ᵖ ἐλευθέρων τε καὶ δούλων ↔

19 18 καὶ μικρῶν ↔

19 18 καὶ μεγάλων. ↔

19 19 καὶ εἶδον τὸ θηρίον ↔

19 19 καὶ τοὺς βασιλεῖς τῆς γῆς ↔

19 19 καὶ τὰ στρατεύματα αὐτῶν συνηγμένα ↔

19 19 ποιῆσαι τὸν ([S]; —ς) πόλεμον μετὰ τοῦ καθημένου ἐπὶ τοῦ ἵππου καὶ μετὰ τοῦ στρατεύματος αὐτοῦ. ↔

19 20 καὶ ἐπιάσθη τὸ θηρίον ↔

Ap 19 20 καὶ | μετ᾽ αὐτοῦ ὁ (~VS) ψευδο-
προφήτης

19 20 ἐν οἷς ἐπλάνησεν τοὺς λαβόντας τὸ
χάραγμα τοῦ θηρίου καὶ τοὺς
προσκυνοῦντας τῇ εἰκόνι αὐτοῦ

19 21 καὶ οἱ λοιποὶ ἀπεκτάνθησαν ἐν
τῇ ῥομφαίᾳ τοῦ καθημένου ἐπὶ τοῦ
ἵππου

19 21 καὶ πάντα τὰ ὄρνεα ἐχορτάσθη-
σαν ἐκ τῶν σαρκῶν αὐτῶν.

20 1 καὶ εἶδον ἄγγελον καταβαίνοντα
ἐκ τοῦ οὐρανοῦ, ↔

20 1 ἔχοντα τὴν κλεῖν τῆς ἀβύσσου καὶ
ἅλυσιν μεγάλην

20 2 καὶ ἐκράτησεν τὸν δράκοντα

20 2 ὅς (ὁ T) ἐστιν (+ὁ T) Διάβολος
καὶ ὁ (—Sς) Σατανᾶς, ↔

20 2 καὶ ἔδησεν αὐτὸν χίλια ἔτη, ↔

20 3 καὶ ἔβαλεν αὐτὸν εἰς τὴν ἄβυσσον,
↔

20 3 καὶ ἔκλεισεν ↔

20 3 καὶ ἐσφράγισεν ἐπάνω αὐτοῦ

20 3 * καὶ (+ς) μετὰ ταῦτα δεῖ | λυθῆ-
ναι αὐτὸν (~STς) μικρὸν χρόνον.
↔

20 4 καὶ εἶδον θρόνους, ↔

20 4 καὶ ἐκάθισαν ἐπ᾽ αὐτούς, ↔

20 4 καὶ κρίμα ἐδόθη αὐτοῖς, ↔

20 4 καὶ τὰς ψυχὰς τῶν πεπελε-
κισμένων διὰ τὴν μαρτυρίαν
Ἰησοῦ ↔

20 4 καὶ διὰ τὸν λόγον τοῦ θεοῦ, ↔

20 4 καὶ οἵτινες οὐ προσεκύνησαν τὸ
θηρίον οὐδὲ τὴν εἰκόνα αὐτοῦ ↔

20 4a καὶ οὐκ ἔλαβον τὸ χάραγμα ἐπὶ τὸ
μέτωπον ↔

20 4 καὶ ἐπὶ τὴν χεῖρα αὐτῶν· ↔

20 4 καὶ ἔζησαν ↔

20 4 καὶ ἐβασίλευσαν μετὰ τοῦ Χριστοῦ
χίλια ἔτη. ↔

20 5 * καὶ (+VBS) οἱ (+δὲ ς) λοιποὶ
τῶν νεκρῶν οὐκ ἔζησαν ↔

20 6 μακάριος καὶ ἅγιος ὁ ἔχων μέρος ἐν
τῇ ἀναστάσει τῇ πρώτῃ

20 6 ἔσονται ἱερεῖς τοῦ θεοῦ καὶ τοῦ
Χριστοῦ, ↔

20 6 καὶ βασιλεύσουσιν μετ᾽ αὐτοῦ
τὰ (+[N26NH]MT) χίλια ἔτη. ↔

20 7j καὶ ὅταν τελεσθῇ τὰ χίλια ἔτη, ↔

20 8 ⟨λυθήσεται ὁ σατανᾶς⟩ καὶ ἐξελεύ-
σεται πλανῆσαι τὰ ἔθνη

20 8 τὸν Γὼγ καὶ (+τὸν ς) Μαγώγ

20 9 καὶ ἀνέβησαν ἐπὶ τὸ πλάτος τῆς
γῆς, ↔

20 9 καὶ ἐκύκλευσαν τὴν παρεμβολὴν
τῶν ἁγίων ↔

20 9 καὶ τὴν πόλιν τὴν ἠγαπημένην· ↔

20 9 καὶ κατέβη πῦρ (+ἀπὸ τοῦ θεοῦ
MVς) ἐκ τοῦ οὐρανοῦ ↔

20 9 καὶ κατέφαγεν αὐτούς· ↔

20 10 καὶ ὁ διάβολος . . . ἐβλήθη εἰς τὴν
λίμνην τοῦ πυρὸς ↔

20 10 καὶ (+τοῦ BT) θείου, ↔

20 10y ὅπου καὶ (—ς) τὸ θηρίον ↔

20 10 καὶ ὁ ψευδοπροφήτης ↔

20 10 καὶ βασανισθήσονται ↔

20 10 ἡμέρας καὶ νυκτός

20 11 καὶ εἶδον θρόνον μέγαν λευκὸν ↔

20 11 καὶ τὸν καθήμενον ἐπ᾽ αὐτὸν
(αὐτοῦ MBHς) ↔

20 11 οὗ ἀπὸ τοῦ ([S]; —ς) προσώπου
ἔφυγεν ἡ γῆ καὶ ὁ οὐρανός, ↔

20 11 καὶ τόπος οὐχ εὑρέθη αὐτοῖς. ↔

20 12 καὶ εἶδον τοὺς νεκρούς, ↔

20 12 τοὺς μεγάλους καὶ τοὺς μικροὺς

Ap 20 12 καὶ βιβλία ἠνοίχθησαν· ↔

20 12 καὶ ἄλλο βιβλίον ἠνοίχθη

20 12 καὶ ἐκρίθησαν οἱ νεκροὶ . . . κατὰ
τὰ ἔργα αὐτῶν. ↔

20 13 καὶ ἔδωκεν ἡ θάλασσα τοὺς νεκροὺς
τοὺς ἐν αὐτῇ, ↔

20 13 καὶ ὁ θάνατος

20 13 καὶ ὁ ᾅδης ἔδωκαν τοὺς νεκροὺς
τοὺς ἐν αὐτοῖς, ↔

20 13 καὶ ἐκρίθησαν ἕκαστος κατὰ τὰ
ἔργα αὐτῶν. ↔

20 14 καὶ ὁ θάνατος

20 14 καὶ ὁ ᾅδης ἐβλήθησαν εἰς τὴν
λίμνην τοῦ πυρός

20 15j καὶ εἴ τις οὐχ εὑρέθη ἐν τῇ βίβλῳ
τῆς ζωῆς γεγραμμένος, ἐβλήθη εἰς
τὴν λίμνην

21 1 καὶ εἶδον οὐρανὸν καινὸν ↔

21 1 καὶ γῆν καινήν· ↔

21 1 ὁ γὰρ πρῶτος οὐρανὸς καὶ ἡ
πρώτη γῆ ἀπῆλθαν, ↔

21 1 καὶ ἡ θάλασσα οὐκ ἔστιν ἔτι. ↔

21 2f καὶ (+ἐγὼ Ἰωάννης ς) | τὴν πόλιν
τὴν ἁγίαν . . . εἶδον (~ς) κατα-
βαίνουσαν

21 3 καὶ ἤκουσα φωνῆς μεγάλης . . . λε-
γούσης· ↔

21 3 ἰδοὺ ἡ σκηνὴ τοῦ θεοῦ μετὰ τῶν
ἀνθρώπων, καὶ σκηνώσει μετ᾽
αὐτῶν, ↔

21 3h καὶ αὐτοὶ λαοὶ αὐτοῦ ἔσονται, ↔

21 3h καὶ αὐτὸς ὁ θεὸς | μετ᾽ αὐτῶν
ἔσται (~VSTς) | αὐτῶν θεός
(+[N26]Bς), ↔

21 4 καὶ ἐξαλείψει πᾶν δάκρυον ἐκ
(ἀπὸ Sς) τῶν ὀφθαλμῶν αὐτῶν, ↔

21 4 καὶ ὁ (—T) θάνατος οὐκ ἔσται ἔτι

21 5 καὶ εἶπεν ὁ καθήμενος ἐπὶ τῷ θρόνῳ

21 5 καὶ λέγει (+μοι BSς)· γράψον, ↔

21 5 ὅτι οὗτοι οἱ λόγοι πιστοὶ καὶ
ἀληθινοί εἰσιν. ↔

21 6 καὶ εἶπέν μοι

21 6 ἐγὼ εἰμι (+[N26]Bς) τὸ ἄλφα καὶ
τὸ ὦ, ↔

21 6 ἡ ἀρχὴ καὶ τὸ τέλος

21 7 ὁ νικῶν κληρονομήσει ταῦτα, καὶ
ἔσομαι αὐτῷ θεός ↔

21 7h καὶ αὐτὸς ἔσται μοι υἱός. ↔

21 8 τοῖς δὲ δειλοῖς καὶ ἀπίστοις ↔

21 8 καὶ ἐβδελυγμένοις ↔

21 8 καὶ φονεῦσιν ↔

21 8 καὶ πόρνοις ↔

21 8 καὶ φαρμάκοις ↔

21 8 καὶ εἰδωλολάτραις ↔

21 8 καὶ πᾶσιν τοῖς ψευδέσιν τὸ μέρος
αὐτῶν ἐν τῇ λίμνῃ ↔

21 8 τῇ καιομένῃ πυρὶ καὶ θείῳ

21 9 καὶ ἦλθεν εἷς ἐκ τῶν ἑπτὰ ἀγγέλων ↔

21 9 καὶ ἐλάλησεν μετ᾽ ἐμοῦ λέγων

21 10 καὶ ἀπήνεγκέν με ἐν πνεύματι ↔

21 10 ἐπὶ ὄρος μέγα καὶ ὑψηλόν, ↔

21 10 καὶ ἔδειξέν μοι τὴν πόλιν

21 11 * καὶ (+ς) ὁ φωστὴρ αὐτῆς ὅμοιος
λίθῳ τιμιωτάτῳ

21 12 ἔχουσα τεῖχος μέγα καὶ ὑψηλόν,
ἔχουσα πυλῶνας δώδεκα, ↔

21 12 καὶ ἐπὶ τοῖς πυλῶσιν ἀγγέλους
δώδεκα, ↔

21 12 καὶ ὀνόματα ἐπιγεγραμμένα

21 13 ἀπὸ ἀνατολῆς πυλῶνες τρεῖς, καὶ
(—ς) ἀπὸ βορρᾶ πυλῶνες τρεῖς, ↔

21 13 καὶ (—ς) ἀπὸ νότου πυλῶνες
τρεῖς, ↔

21 13 καὶ (—ς) ἀπὸ δυσμῶν πυλῶνες
τρεῖς.

Ap 21 14 καὶ τὸ τεῖχος τῆς πόλεως ἔχων
(-ον VBSς) θεμελίους δώδεκα, ↔

21 14 καὶ ἐπ᾽ αὐτῶν δώδεκα ὀνόματα

21 15 καὶ ὁ λαλῶν μετ᾽ ἐμοῦ εἶχεν μέτρον
κάλαμον χρυσοῦν, ↔

21 15 ἵνα μετρήσῃ τὴν πόλιν καὶ τοὺς
πυλῶνας αὐτῆς

21 15 καὶ τὸ τεῖχος αὐτῆς. ↔

21 16 καὶ ἡ πόλις τετράγωνος κεῖται, ↔

21 16 καὶ τὸ μῆκος αὐτῆς (+τοσοῦτόν
ἐστιν ς) ↔

21 16 ὅσον καὶ (+[N26]Bς) τὸ πλάτος.
↔

21 16 καὶ ἐμέτρησεν τὴν πόλιν τῷ καλά-
μῳ

21 16 τὸ μῆκος καὶ τὸ πλάτος ↔

21 16 καὶ τὸ ὕψος αὐτῆς ἴσα ἐστίν. ↔

21 17 καὶ ἐμέτρησεν τὸ τεῖχος αὐτῆς

21 18 καὶ (+ἦν [M]VBSς) ἡ (—S) ἐν-
δόμησις τοῦ τείχους αὐτῆς ἴασπις,
↔

21 18 καὶ ἡ πόλις χρυσίον καθαρόν

21 19 * καὶ (+ς) οἱ θεμέλιοι τοῦ τείχους
τῆς πόλεως παντὶ λίθῳ τιμίῳ
κεκοσμημένοι

21 21 καὶ οἱ δώδεκα πυλῶνες δώδεκα
μαργαρῖται

21 21 καὶ ἡ πλατεῖα τῆς πόλεως χρυσίον

21 22 καὶ ναὸν οὐκ εἶδον ἐν αὐτῇ· ↔

21 22 ὁ γὰρ κύριος ὁ θεὸς . . . ναὸς αὐτῆς
ἐστιν, καὶ τὸ ἀρνίον. ↔

21 23 καὶ ἡ πόλις οὐ χρείαν ἔχει τοῦ
ἡλίου

21 23 ἡ γὰρ δόξα τοῦ θεοῦ ἐφώτισεν αὐ-
τήν, καὶ ὁ λύχνος αὐτῆς τὸ ἀρνίον.
↔

21 24 καὶ περιπατήσουσιν τὰ ἔθνη διὰ
τοῦ φωτὸς αὐτῆς, ↔

21 24 καὶ οἱ βασιλεῖς τῆς γῆς φέρουσιν
τὴν δόξαν ↔

21 24 * | καὶ τὴν τιμὴν (+ς) αὐτῶν εἰς
αὐτήν· ↔

21 25 καὶ οἱ πυλῶνες αὐτῆς οὐ μὴ κλει-
σθῶσιν ἡμέρας

21 26 καὶ οἴσουσιν τὴν δόξαν ↔

21 26 καὶ τὴν τιμὴν τῶν ἐθνῶν εἰς αὐτήν.
↔

21 27c καὶ οὐ μὴ εἰσέλθῃ εἰς αὐτὴν πᾶν
κοινὸν ↔

21 27 καὶ ([N26NH]; —Sς) ποιῶν
βδέλυγμα ↔

21 27 καὶ ψεῦδος

22 1 καὶ ἔδειξέν μοι ποταμὸν ὕδατος

22 1 ἐκπορευόμενον ἐκ τοῦ θρόνου τοῦ
θεοῦ καὶ τοῦ ἀρνίου. ↔

22 2 ἐν μέσῳ τῆς πλατείας αὐτῆς καὶ
τοῦ ποταμοῦ ↔

22 2 ἐντεῦθεν καὶ ἐκεῖθεν ξύλον ζωῆς

22 2 καὶ τὰ φύλλα τοῦ ξύλου εἰς θερα-
πείαν τῶν ἐθνῶν.

22 3 καὶ πᾶν κατάθεμα οὐκ ἔσται ἔτι. ↔

22 3 καὶ ὁ θρόνος τοῦ θεοῦ

22 3 καὶ τοῦ ἀρνίου ἐν αὐτῇ ἔσται, ↔

22 3 καὶ οἱ δοῦλοι αὐτοῦ λατρεύσουσιν
αὐτῷ, ↔

22 4 καὶ ὄψονται τὸ πρόσωπον αὐτοῦ,
↔

22 4 καὶ τὸ ὄνομα αὐτοῦ ἐπὶ τῶν μετώ-
πων αὐτῶν. ↔

22 5 καὶ νὺξ οὐκ ἔσται ἔτι, ↔

22 5a καὶ οὐκ ἔχουσιν χρείαν φωτὸς
([VS]; —ς) λύχνου ↔

22 5 καὶ φωτὸς (φῶς H) ἡλίου

22 5 καὶ βασιλεύσουσιν εἰς τοὺς αἰῶνας

22 6 καὶ εἶπέν μοι· ↔

Ap 22 6 οὗτοι οἱ λόγοι πιστοὶ καὶ ἀληθινοί, ↔

22 6 καὶ ὁ κύριος ὁ θεὸς ... ἀπέστειλεν τὸν ἄγγελον αὐτοῦ

22 7ⁿ καὶ (—ς) ἰδοὺ ἔρχομαι ταχύ

22 8ᶠ * | καὶ ἐγὼ (ς; κἀγὼ rl) Ἰωάννης ↔

22 8 ὁ | ἀκούων καὶ βλέπων ταῦτα (~ BSTς). ↔

22 8ʲ καὶ ὅτε ἤκουσα ↔

22 8 καὶ ἔβλεψα

22 9 καὶ λέγει μοι· ὅρα μή· ↔

22 9 σύνδουλός σού εἰμι καὶ τῶν ἀδελφῶν σου τῶν προφητῶν ↔

22 9 καὶ τῶν τηρούντων τοὺς λόγους

22 10 καὶ λέγει μοι

22 11 ὁ ἀδικῶν ἀδικησάτω ἔτι, καὶ ὁ ῥυπαρὸς ῥυπανθήτω ἔτι, ↔

22 11 καὶ ὁ δίκαιος δικαιοσύνην ποιησάτω ἔτι,

22 11 καὶ ὁ ἅγιος ἁγιασθήτω ἔτι. ↔

22 12ⁿ * καὶ (+ς) ἰδοὺ ἔρχομαι ταχύ, ↔

22 12 καὶ ὁ μισθός μου μετ᾽ ἐμοῦ

22 13 ἐγὼ (+εἰμι ς) τὸ ἄλφα καὶ τὸ ὦ, ↔

22 13 ὁ πρῶτος καὶ ὁ ἔσχατος, ↔

22 13 ἡ ἀρχὴ καὶ τὸ τέλος

22 14 ἵνα ἔσται ἡ ἐξουσία αὐτῶν ... καὶ τοῖς πυλῶσιν εἰσέλθωσιν

22 15 ἔξω οἱ κύνες καὶ οἱ φάρμακοι ↔

22 15 καὶ οἱ πόρνοι ↔

22 15 καὶ οἱ φονεῖς ↔

22 15 καὶ οἱ εἰδωλολάτραι ↔

22 15 καὶ πᾶς ↔

22 15 | φιλῶν καὶ ποιῶν (~ T) ψεῦδος

22 16 ἐγώ εἰμι ἡ ῥίζα καὶ τὸ γένος Δαυίδ, ↔

22 16 * ὁ ἀστὴρ ὁ λαμπρὸς | καὶ ὀρθρινός (ς; ὁ πρωϊνός rl). ↔

22 17 καὶ τὸ πνεῦμα

22 17 καὶ ἡ νύμφη λέγουσιν

22 17 καὶ ὁ ἀκούων εἰπάτω

22 17 καὶ ὁ διψῶν ἐρχέσθω, ↔

22 17 * καὶ (+ς) ὁ θέλων λαβέτω ὕδωρ ζωῆς δωρεάν

22 19ʲ καὶ ἐάν τις ἀφέλῃ ἀπὸ τῶν λόγων τοῦ βιβλίου τῆς προφητείας ταύτης, ↔

22 19 ἀφελεῖ ὁ θεὸς τὸ μέρος αὐτοῦ ἀπὸ τοῦ ξύλου τῆς ζωῆς καὶ ἐκ τῆς πόλεως τῆς ἁγίας, ↔

22 19 * καὶ (+ς) τῶν γεγραμμένων ἐν τῷ βιβλίῳ τούτῳ

Καϊάφας

Καϊάφας N
Καϊάφας (S)H

Mt 26 3 συνήχθησαν οἱ ἀρχιερεῖς ... εἰς τὴν αὐλὴν τοῦ ἀρχιερέως τοῦ λεγομένου Καϊάφα

26 57 οἱ δὲ κρατήσαντες τὸν Ἰησοῦν ἀπήγαγον πρὸς Καϊάφαν τὸν ἀρχιερέα

Lc 3 2 ⟨ἐν ἔτει δὲ πεντεκαιδεκάτῳ τῆς ἡγεμονίας Τιβερίου⟩ ἐπὶ ἀρχιερέως Ἄννα καὶ Καϊάφα

Jo 11 49 εἷς δέ τις ἐξ αὐτῶν Καϊάφας, ἀρχιερεὺς ὢν τοῦ ἐνιαυτοῦ ἐκείνου, εἶπεν αὐτοῖς

18 13 ἦν γὰρ πενθερὸς τοῦ Καϊάφα, ὃς ἦν ἀρχιερεὺς τοῦ ἐνιαυτοῦ ἐκείνου· ↔

18 14 ἦν δὲ Καϊάφας ὁ συμβουλεύσας τοῖς Ἰουδαίοις

18 24 ἀπέστειλεν οὖν αὐτὸν ὁ Ἄννας δεδεμένον πρὸς Καϊάφαν τὸν ἀρχιερέα

18 28 ἄγουσιν οὖν τὸν Ἰησοῦν ἀπὸ τοῦ Καϊάφα εἰς τὸ πραιτώριον

Ac 4 6 ⟨ἐγένετο ... συναχθῆναι αὐτῶν τοὺς ἄρχοντας⟩ | καὶ Ἄννας ὁ ἀρχιερεὺς καὶ Καϊάφας καὶ Ἰωάννης (κ. Ἄνναν τὸν ἀ-έα κ. Κ-φαν κ. Ἰ-ην ς)

καίγε

→ γε d
→ καί e
→ καίτοιγε

Lc 19 42 * εἰ ἔγνως || καὶ σὺ καίγε (καί γε ς) ἐν τῇ ἡμέρᾳ σου ταύτῃ ((VTς; καὶ σὺ ἐν τῇ ἡ. τ. B; ἐν τῇ ἡ. τ. καὶ σὺ rl)) τὰ πρὸς εἰρήνην

Ac 2 18 * | καίγε (MVST; καί γε rl) ἐπὶ τοὺς δούλους μου καὶ ἐπὶ τὰς δούλας μου ... ἐκχεῶ ἀπὸ τοῦ πνεύματός μου

17 27 * εἰ ἄρα γε ψηλαφήσειαν αὐτὸν ... καίγε (ST; καίτοιγε ς; καί γε rl) οὐ μακρὰν ἀπὸ ἑνὸς ἑκάστου ἡμῶν ὑπάρχοντα

Κάϊν

Κάϊν H

Hb 11 4 πίστει πλείονα θυσίαν Ἄβελ παρὰ Κάϊν προσήνεγκεν τῷ θεῷ

1 Jo 3 12 οὐ καθὼς Κάϊν ἐκ τοῦ πονηροῦ ἦν καὶ ἔσφαξεν τὸν ἀδελφὸν αὐτοῦ

Jd 11 οὐαὶ αὐτοῖς, ὅτι τῇ ὁδῷ τοῦ Κάϊν ἐπορεύθησαν

Καϊνάμ

Καϊνάμ (S)H
Καϊνάν (VB)ς
Καϊνάν (S)
ᵃ filius Arphaxad
ᵇ filius Henos

Lc 3 36ᵃ ⟨ἦν Ἰησοῦς ... ὢν υἱός, ὡς ἐνομίζετο ... τοῦ Σαλὰ⟩ τοῦ Καϊνάμ (-ὰν ς) τοῦ Ἀρφαξάδ

3 37ᵇ τοῦ Μαλελεὴλ τοῦ Καϊνάμ (-ὰν VBSς) ⟨τοῦ Ἐνώς⟩

καινός

ᵃ comp.
ᵇ κ. διαθήκη
ᶜ κ. ἐντολή
ᵈ κ. διδαχή
ᵉ κ. ἄνθρωπος
ᶠ κ. et νέος
ᵍ κ. et παλαιός
ʰ κ. et ἀρχαῖος, πρῶτος

Mt 9 17ᶠᵍ ἀλλὰ βάλλουσιν οἶνον νέον εἰς ἀσκοὺς καινούς

13 52ᵍ ἀνθρώπῳ οἰκοδεσπότῃ, ὅστις ἐκβάλλει ἐκ τοῦ θησαυροῦ αὐτοῦ καινὰ καὶ παλαιά

26 28ᵇ * τοῦτο γάρ ἐστιν τὸ αἷμά μου | τὸ τῆς καινῆς ([V]Sς; τῆς rl) διαθήκης

26 29 ἐκ τούτου τοῦ γενήματος τῆς ἀμπέλου ... ὅταν αὐτὸ πίνω | μεθ᾽ ὑμῶν καινὸν (~ S) ἐν τῇ βασιλείᾳ τοῦ πατρός μου

27 60 ⟨λαβὼν τὸ σῶμα⟩ ἔθηκεν αὐτὸ (—S) ἐν τῷ καινῷ αὐτοῦ μνημείῳ

Mc 1 27ᵈ | διδαχὴ καινὴ κατ᾽ ἐξουσίαν· (τίς ἡ δ. ἡ καινὴ αὕτη, ὅτι κατ᾽ ἐξ. Vς) καὶ τοῖς πνεύμασι ... ἐπιτάσσει

2 21ᵃ αἴρει τὸ πλήρωμα ἀπ᾽ αὐτοῦ τὸ καινὸν τοῦ παλαιοῦ

2 22ᶠᵍ ἀλλὰ οἶνον νέον εἰς ἀσκοὺς καινούς ([NH]; —T) (+βλητέον Vς)

14 24ᵇ * τοῦτό ἐστιν τὸ αἷμά μου (+τὸ Vς) τῆς καινῆς (+[V]ς) διαθήκης

14 25 ἐκ τοῦ γενήματος τῆς ἀμπέλου ... ὅταν αὐτὸ πίνω καινὸν ἐν τῇ βασιλείᾳ τοῦ θεοῦ

Mc [16 17] ἐν τῷ ὀνόματί μου ... γλώσσαις λαλήσουσιν καιναῖς ([S]; —H)

Lc 5 36ᵍ οὐδεὶς ἐπίβλημα ἀπὸ ἱματίου καινοῦ σχίσας ἐπιβάλλει ἐπὶ ἱμάτιον παλαιόν· ↔

5 36 εἰ δὲ μή γε, καὶ τὸ καινὸν σχίσει ↔

5 36ᵍ καὶ τῷ παλαιῷ οὐ συμφωνήσει τὸ ἐπίβλημα τὸ ἀπὸ τοῦ καινοῦ

5 38ᶠᵍ ἀλλὰ οἶνον νέον εἰς ἀσκοὺς καινοὺς βλητέον

22 20ᵇ | τοῦτο τὸ ποτήριον ἡ καινὴ διαθήκη ἐν τῷ αἵματί μου [.. NH ..]

Jo 13 34ᶜ ἐντολὴν καινὴν δίδωμι ὑμῖν

19 41 ἦν δὲ ... ἐν τῷ κήπῳ μνημεῖον καινόν

Ac 17 19ᵈ δυνάμεθα γνῶναι τίς ἡ καινὴ αὕτη ἡ [H] ὑπὸ σοῦ λαλουμένη διδαχή;

17 21ᵃ εἰς οὐδὲν ἕτερον ηὐκαίρουν ἢ λέγειν τι ἢ ἀκούειν τι ([S]; —ς) καινότερον

1 C 11 25ᵇ τοῦτο τὸ ποτήριον ἡ καινὴ διαθήκη ἐστὶν ἐν τῷ ἐμῷ αἵματι

2 C 3 6ᵇ ὃς καὶ ἱκάνωσεν ἡμᾶς διακόνους καινῆς διαθήκης

5 17 ὥστε εἴ τις ἐν Χριστῷ, καινὴ κτίσις· ↔

5 17ʰ τὰ ἀρχαῖα παρῆλθεν, ἰδοὺ γέγονεν καινά (+τὰ πάντα ς)

G 6 15 οὔτε γὰρ περιτομή τί ἐστιν οὔτε ἀκροβυστία, ἀλλὰ καινὴ κτίσις

E 2 15ᵉ ἵνα τοὺς δύο κτίσῃ ἐν αὐτῷ (αὐ. Hς) εἰς ἕνα καινὸν ἄνθρωπον

4 24ᵉᵍ ἐνδύσασθαι τὸν καινὸν ἄνθρωπον τὸν κατὰ θεὸν κτισθέντα

Hb 8 8ᵇ συντελέσω ... ἐπὶ τὸν οἶκον Ἰούδα διαθήκην καινήν

8 13ᵇʰ ἐν τῷ λέγειν καινὴν πεπαλαίωκεν τὴν πρώτην

9 15ᵇʰ διὰ τοῦτο διαθήκης καινῆς μεσίτης ἐστίν

2 Pt 3 13 καινοὺς δὲ οὐρανοὺς ↔

3 13 καὶ | γῆν καινὴν (~ T) κατὰ | τὸ ἐπάγγελμα (τὰ -ματα T) αὐτοῦ προσδοκῶμεν

1 Jo 2 7ᶜᵍ οὐκ ἐντολὴν καινὴν γράφω ὑμῖν

2 8ᶜ πάλιν ἐντολὴν καινὴν γράφω ὑμῖν

2 Jo 5ᶜ οὐχ ὡς ἐντολὴν | καινὴν γράφων σοι (N²⁶T; ~ rl)

Ap 2 17 ἐπὶ τὴν ψῆφον ὄνομα καινὸν γεγραμμένον

3 12 γράψω ἐπ᾽ αὐτὸν ... τὸ ὄνομα τῆς πόλεως τοῦ θεοῦ μου, τῆς καινῆς Ἰερουσαλήμ

3 12 καὶ τὸ ὄνομά μου τὸ καινόν

5 9 ᾄδουσιν ᾠδὴν καινὴν λέγοντες

14 3 ᾄδουσιν ὡς ([N²⁶S]; —NT) ᾠδὴν καινὴν ἐνώπιον τοῦ θρόνου

21 1 εἶδον οὐρανὸν καινόν ↔

21 1ʰ καὶ γῆν καινήν

21 2 τὴν πόλιν τὴν ἁγίαν Ἰερουσαλὴμ καινὴν εἶδον καταβαίνουσαν ἐκ τοῦ οὐρανοῦ

21 5 ἰδοὺ καινὰ ποιῶ πάντα

καινότης

Rm 6 4 οὕτως καὶ ἡμεῖς ἐν καινότητι ζωῆς περιπατήσωμεν

7 6 ὥστε δουλεύειν ἡμᾶς [NH] ἐν καινότητι πνεύματος καὶ οὐ παλαιότητι γράμματος

καίπερ

Ph 3 4 ⟨οὐκ ἐν σαρκὶ πεποιθότες⟩ καίπερ ἐγὼ ἔχων πεποίθησιν καὶ ἐν σαρκί

Hb 5 8 καίπερ ὢν υἱός, ἔμαθεν ἀφ᾽ ὧν ἔπαθεν τὴν ὑπακοήν

Hb 7 5 ἐντολὴν ἔχουσιν ἀποδεκατοῦν ...
τοὺς ἀδελφοὺς αὐτῶν, καίπερ ἐξ-
εληλυθότας ἐκ τῆς ὀσφύος Ἀβραάμ
12 17 μετανοίας γὰρ τόπον οὐχ εὗρεν, καί-
περ μετὰ δακρύων ἐκζητήσας αὐτήν
2 Pt 1 12 μελλήσω ἀεὶ ὑμᾶς ὑπομιμνῄσκειν
περὶ τούτων, καίπερ εἰδότας καὶ
ἐστηριγμένους
Ap 17 8 * ὅτι ἦν καὶ οὐκ ἔστιν | καίπερ
ἔστίν (ς; καὶ πάρεσται Η; καὶ
παρέσται rl)

καιρός
a plur.
b ἐκεῖνος ὁ κ.
c ὁ νῦν, οὗτος, ἐνεστηκὼς κ.
d (ἐν) καιρῷ, τῷ καιρῷ abs.
e πρὸ καιροῦ
f ἄχρι καιροῦ
g πρὸς καιρόν
h κατὰ καιρόν

Mt 8 29 e ἦλθες ὧδε πρὸ καιροῦ βασανίσαι
ἡμᾶς;
11 25 b ἐν ἐκείνῳ τῷ καιρῷ ἀποκριθεὶς ὁ
Ἰησοῦς εἶπεν
12 1 b ἐν ἐκείνῳ τῷ καιρῷ ἐπορεύθη ὁ
Ἰησοῦς τοῖς σάββασιν διὰ τῶν
σπορίμων
13 30 ἐν (+τῷ Sς) καιρῷ τοῦ θερισμοῦ
ἐρῶ τοῖς θερισταῖς
14 1 b ἐν ἐκείνῳ τῷ καιρῷ ἤκουσεν Ἡρῴ-
δης ... τὴν ἀκοὴν Ἰησοῦ
16 3 a | τὸ μὲν πρόσωπον τοῦ οὐρανοῦ
γινώσκετε διακρίνειν, τὰ δὲ σημεῖα
τῶν καιρῶν οὐ δύνασθε; [.. N26N
STH]
21 34 ὅτε δὲ ἤγγισεν ὁ καιρὸς τῶν καρ-
πῶν
21 41 a οἵτινες ἀποδώσουσιν αὐτῷ τοὺς
καρποὺς ἐν τοῖς καιροῖς αὐτῶν
24 45 d τοῦ δοῦναι αὐτοῖς τὴν τροφὴν ἐν
καιρῷ
26 18 ὁ καιρός μου ἐγγύς ἐστιν
Mc 1 15 πεπλήρωται ὁ καιρὸς καὶ ἤγγικεν
ἡ βασιλεία τοῦ θεοῦ
10 30 c ἐὰν μὴ λάβῃ ἑκατονταπλασίονα
νῦν ἐν τῷ καιρῷ τούτῳ
11 13 || ὁ (—ς) γὰρ καιρὸς οὐκ ἦν
((~ Bς)) σύκων
12 2 d ἀπέστειλεν πρὸς τοὺς γεωργοὺς
τῷ καιρῷ δοῦλον
13 33 οὐκ οἴδατε γὰρ πότε ὁ καιρός
ἐστιν [Η]
Lc 1 20 τοῖς λόγοις μου, οἵτινες πληρωθή-
σονται εἰς τὸν καιρὸν αὐτῶν
4 13 f ὁ διάβολος ἀπέστη ἀπ' αὐτοῦ
ἄχρι καιροῦ
8 13 g οὗτοι ῥίζαν οὐκ ἔχουσιν, οἳ πρὸς
καιρὸν πιστεύουσιν ↔
8 13 καὶ ἐν καιρῷ πειρασμοῦ ἀφίσταν-
ται
12 42 d τοῦ διδόναι ἐν καιρῷ τὸ [N26NH]
σιτομέτριον
12 56 c τὸν | καιρὸν δὲ (~ VBSTς)
τοῦτον πῶς | οὐκ οἴδατε δοκιμά-
ζειν (N26H; οὐ δοκιμάζετε rl);
13 1 παρῆσαν δέ τινες ἐν αὐτῷ τῷ και-
ρῷ ἀπαγγέλλοντες αὐτῷ
18 30 c ὃς οὐχὶ μὴ ἀπολάβῃ ([ἀπο]- N26;
λάβῃ NMH) πολλαπλασίονα ἐν
τῷ καιρῷ τούτῳ
19 44 ἀνθ' ὧν οὐκ ἔγνως τὸν καιρὸν τῆς
ἐπισκοπῆς σου
20 10 d (+ἐν Vς) καιρῷ ἀπέστειλεν πρὸς
τοὺς γεωργοὺς δοῦλον
21 8 ὁ καιρὸς ἤγγικεν

Lc 21 24 a ἄχρι οὗ πληρωθῶσιν [+καὶ
ἔσονται Η] καιροί ↔
21 24 a * | καὶ ἔσονται καιροὶ [+S] ἐθνῶν
21 36 ἀγρυπνεῖτε δὲ (οὖν Vς) ἐν παντὶ
καιρῷ δεόμενοι
Jo 5 4 h * || ἄγγελος γὰρ (+κυρίου [V]B)
κατὰ καιρὸν κατέβαινεν ἐν τῇ κο-
λυμβήθρᾳ ((.. +MVBς..))
7 6 ὁ καιρὸς ὁ ἐμὸς οὔπω πάρεστιν, ↔
7 6 ὁ δὲ καιρὸς ὁ ὑμέτερος πάντοτέ
ἐστιν ἕτοιμος
7 8 ὅτι | ὁ ἐμὸς καιρὸς (ὁ κ. ὁ ἐ. ς)
οὔπω πεπλήρωται
Ac 1 7 a οὐχ ὑμῶν ἐστιν γνῶναι χρόνους
ἢ καιροὺς οὓς ὁ πατὴρ ἔθετο
3 20 a ὅπως ἂν ἔλθωσιν καιροὶ ἀναψύξεως
ἀπὸ προσώπου τοῦ κυρίου
7 20 ἐν ᾧ καιρῷ ἐγεννήθη Μωϋσῆς
12 1 b κατ' ἐκεῖνον δὲ τὸν καιρὸν ἐπέβαλεν
| Ἡρῴδης ὁ βασιλεὺς (~ T) τὰς
χεῖρας
13 11 f ἔσῃ τυφλὸς μὴ βλέπων τὸν ἥλιον
ἄχρι καιροῦ
14 17 a οὐρανόθεν ὑμῖν | ὑετοὺς διδοὺς (~ S)
καὶ καιροὺς καρποφόρους
17 26 a ὁρίσας προστεταγμένους καιροὺς
καὶ τὰς ὁροθεσίας τῆς κατοικίας
αὐτῶν
19 23 b ἐγένετο δὲ κατὰ τὸν καιρὸν ἐκεῖνον
τάραχος
24 25 τὸ νῦν ἔχον πορεύου, καιρὸν δὲ
μεταλαβὼν μετακαλέσομαί σε
Rm 3 26 c ⟨ὃν προέθετο ὁ θεὸς ἱλαστήριον⟩
πρὸς τὴν ἔνδειξιν τῆς δικαιοσύνης
αὐτοῦ ἐν τῷ νῦν καιρῷ
5 6 h Χριστὸς ὄντων ἡμῶν ἀσθενῶν ἔτι
([MS]; —ς) κατὰ καιρὸν ὑπὲρ
ἀσεβῶν ἀπέθανεν
8 18 c οὐκ ἄξια τὰ παθήματα τοῦ νῦν
καιροῦ πρὸς τὴν μέλλουσαν δόξαν
9 9 c κατὰ τὸν καιρὸν τοῦτον ἐλεύσομαι
11 5 c οὕτως οὖν καὶ ἐν τῷ νῦν καιρῷ
λεῖμμα κατ' ἐκλογὴν χάριτος γέγο-
νεν
13 11 c καὶ τοῦτο εἰδότες τὸν καιρόν, ὅτι
ὥρα ἤδη ὑμᾶς ... ἐγερθῆναι
1 C 4 5 e ὥστε μὴ πρὸ καιροῦ τι κρίνετε
7 5 g μὴ ἀποστερεῖτε ἀλλήλους, εἰ μήτι
ἂν [Η] ἐκ συμφώνου πρὸς καιρὸν
7 29 ὁ καιρὸς συνεσταλμένος ἐστίν (—ς)
2 C 6 2 καιρῷ δεκτῷ ἐπήκουσά σου
6 2 ἰδοὺ νῦν καιρὸς εὐπρόσδεκτος,
ἰδοὺ νῦν ἡμέρα σωτηρίας
8 14 c ⟨ἀλλ' ἐξ ἰσότητος⟩ ἐν τῷ νῦν
καιρῷ τὸ ὑμῶν περίσσευμα εἰς τὸ
ἐκείνων ὑστέρημα
G 4 10 a ἡμέρας παρατηρεῖσθε καὶ μῆνας
καὶ καιροὺς καὶ ἐνιαυτούς
6 9 καιρῷ γὰρ ἰδίῳ θερίσομεν μὴ ἐκ-
λυόμενοι. ↔
6 10 ἄρα οὖν ὡς καιρὸν ἔχομεν (ἔχομεν
MVTH), ἐργαζώμεθα τὸ ἀγαθόν
E 1 10 a ⟨ἣν προέθετο ἐν αὐτῷ⟩ εἰς οἰκονο-
μίαν τοῦ πληρώματος τῶν καιρῶν
2 12 b ἦτε (+ἐν ς) τῷ καιρῷ ἐκείνῳ χωρὶς
Χριστοῦ
5 16 ⟨βλέπετε οὖν ἀκριβῶς πῶς περιπα-
τεῖτε⟩ ἐξαγοραζόμενοι τὸν καιρόν
6 18 προσευχόμενοι ἐν παντὶ καιρῷ ἐν
πνεύματι
Cl 4 5 ἐν σοφίᾳ περιπατεῖτε πρὸς τοὺς
ἔξω, τὸν καιρὸν ἐξαγοραζόμενοι
1 Th 2 17 g ἀπορφανισθέντες ἀφ' ὑμῶν πρὸς
καιρὸν ὥρας προσώπῳ οὐ καρδίᾳ

1 Th 5 1 a περὶ δὲ τῶν χρόνων καὶ τῶν και-
ρῶν, ἀδελφοί, οὐ χρείαν ἔχετε ὑμῖν
γράφεσθαι
2 Th 2 6 εἰς τὸ ἀποκαλυφθῆναι αὐτὸν ἐν τῷ
ἑαυτοῦ (N26ς; αὐτοῦ rl) καιρῷ
1 Tm 2 6 a ὁ δοὺς ἑαυτὸν ἀντίλυτρον ὑπὲρ πάν-
των, τὸ μαρτύριον καιροῖς ἰδίοις
4 1 a ἐν ὑστέροις καιροῖς ἀποστήσονταί
τινες τῆς πίστεως
6 15 a ⟨τῆς ἐπιφανείας⟩ ἣν καιροῖς ἰδίοις
δείξει ὁ μακάριος καὶ μόνος δυ-
νάστης
2 Tm 3 1 a ἐν ἐσχάταις ἡμέραις ἐνστήσονται
καιροὶ χαλεποί
4 3 ἔσται γὰρ καιρὸς ὅτε τῆς ὑγιαινού-
σης διδασκαλίας οὐκ ἀνέξονται
4 6 ὁ καιρὸς τῆς ἀναλύσεώς μου ἐφ-
έστηκεν
Tt 1 3 a ἐφανέρωσεν δὲ καιροῖς ἰδίοις τὸν
λόγον αὐτοῦ
Hb 9 9 e ἥτις παραβολὴ εἰς τὸν καιρὸν τὸν
ἐνεστηκότα
9 10 δικαιώματα σαρκὸς μέχρι καιροῦ
διορθώσεως ἐπικείμενα
11 11 πίστει καὶ αὐτὴ Σάρρα στεῖρα
(+N26) δύναμιν εἰς καταβολὴν
σπέρματος ἔλαβεν καὶ παρὰ και-
ρὸν ἡλικίας (+ἔτεκεν ς)
11 15 εἶχον ἂν καιρὸν ἀνακάμψαι
1 Pt 1 5 τοὺς ... φρουρουμένους διὰ πί-
στεως εἰς σωτηρίαν ἑτοίμην ἀπο-
καλυφθῆναι ἐν καιρῷ ἐσχάτῳ
1 11 ἐραυνῶντες εἰς τίνα ἢ ποῖον καιρὸν
ἐδήλου τὸ ἐν αὐτοῖς πνεῦμα Χρι-
στοῦ
4 17 ὅτι ὁ ([N26NSH]; —BT) καιρὸς
τοῦ ἄρξασθαι τὸ κρίμα ἀπὸ τοῦ
οἴκου τοῦ θεοῦ
5 6 d ἵνα ὑμᾶς ὑψώσῃ ἐν καιρῷ
Ap 1 3 ὁ γὰρ καιρὸς ἐγγύς
11 18 ἦλθεν ἡ ὀργή σου καὶ ὁ καιρὸς τῶν
νεκρῶν κριθῆναι
12 12 εἰδὼς ὅτι ὀλίγον καιρὸν ἔχει
12 14 ὅπου τρέφεται ἐκεῖ καιρὸν ↔
12 14 a καὶ καιρούς ↔
12 14 καὶ ἥμισυ καιροῦ ἀπὸ προσώπου
τοῦ ὄφεως
22 10 ὁ καιρὸς γὰρ ἐγγύς ἐστιν

Καῖσαρ
a τὰ Καίσαρος
b Κ. Αὔγουστος
c Τιβέριος Κ.
d Κλαύδιος Κ.

Mt 22 17 ἔξεστιν δοῦναι κῆνσον Καίσαρι ἢ
οὔ;
22 21 ⟨τίνος ἡ εἰκὼν αὕτη καὶ ἡ ἐπιγρα-
φή;⟩ Καίσαρος
22 21 a ἀπόδοτε οὖν τὰ Καίσαρος ↔
22 21 Καίσαρι καὶ τὰ τοῦ θεοῦ τῷ θεῷ
Mc 12 14 ἔξεστιν | δοῦναι κῆνσον Καίσαρι
(~ STς) ἢ οὔ;
12 16 τίνος ἡ εἰκὼν αὕτη καὶ ἡ ἐπιγρα-
φή; ... Καίσαρος
12 17 a τὰ Καίσαρος ↔
12 17 ἀπόδοτε Καίσαρι καὶ τὰ τοῦ θεοῦ
τῷ θεῷ
Lc 2 1 b ἐξῆλθεν δόγμα παρὰ Καίσαρος
Αὐγούστου
3 1 c ἐν ἔτει δὲ πεντεκαιδεκάτῳ τῆς ἡγε-
μονίας Τιβερίου Καίσαρος ⟨ἐγένετο
ῥῆμα θεοῦ⟩
20 22 ἔξεστιν ἡμᾶς Καίσαρι φόρον δοῦναι
ἢ οὔ;
20 24 τίνος ἔχει εἰκόνα καὶ ἐπιγραφήν;
... Καίσαρος

Lc 20 25ᵃ τοίνυν ἀπόδοτε τὰ Καίσαρος ↔
20 25 Καίσαρι καὶ τὰ τοῦ θεοῦ τῷ θεῷ
23 2 τοῦτον εὕραμεν . . . κωλύοντα φόρους Καίσαρι διδόναι
Jo 19 12 ἐὰν τοῦτον ἀπολύσῃς, οὐκ εἶ φίλος τοῦ Καίσαρος· ↔
19 12 πᾶς ὁ βασιλέα ἑαυτὸν ποιῶν ἀντιλέγει τῷ Καίσαρι
19 15 οὐκ ἔχομεν βασιλέα εἰ μὴ Καίσαρα
Ac 11 28ᵈ * λιμὸν . . . ἥτις ἐγένετο ἐπὶ Κλαυδίου Καίσαρος (+ς)
17 7 οὗτοι πάντες ἀπέναντι τῶν δογμάτων Καίσαρος πράσσουσιν
25 8 οὔτε εἰς τὸ ἱερὸν οὔτε εἰς Καίσαρά τι ἥμαρτον
25 10 | ἐπὶ τοῦ βήματος Καίσαρος ἑστώς (~ NMTH) εἰμι, οὗ με δεῖ κρίνεσθαι
25 11 Καίσαρα ἐπικαλοῦμαι
25 12 Καίσαρα ἐπικέκλησαι, ↔
25 12 ἐπὶ Καίσαρα πορεύσῃ
25 21 ἕως οὗ ἀναπέμψω αὐτὸν πρὸς Καίσαρα
26 32 ἀπολελύσθαι ἐδύνατο ὁ ἄνθρωπος οὗτος εἰ μὴ ἐπεκέκλητο Καίσαρα
27 24 Καίσαρί σε δεῖ παραστῆναι
28 19 ἀντιλεγόντων δὲ τῶν Ἰουδαίων ἠναγκάσθην ἐπικαλέσασθαι Καίσαρα
Ph 4 22 ἀσπάζονται ὑμᾶς . . . οἱ ἐκ τῆς Καίσαρος οἰκίας

Καισάρεια
Καισαρεία (VS)
Καισαρία (VST)H
ᵃ Κ. τῆς Φιλίππου
ᵇ Κ. maritima
Mt 16 13ᵃ ἐλθὼν δὲ ὁ Ἰησοῦς εἰς τὰ μέρη Καισαρείας τῆς Φιλίππου
Mc 8 27ᵃ ἐξῆλθεν ὁ Ἰησοῦς . . . εἰς τὰς κώμας Καισαρείας τῆς Φιλίππου
Ac 8 40ᵇ Φίλιππος . . . εὐηγγελίζετο τὰς πόλεις πάσας ἕως τοῦ ἐλθεῖν αὐτὸν εἰς Καισάρειαν
9 30ᵇ ἐπιγνόντες δὲ οἱ ἀδελφοὶ κατήγαγον αὐτὸν εἰς Καισάρειαν
10 1ᵇ ἀνὴρ δέ τις (+ ἦν ς) ἐν Καισαρείᾳ ὀνόματι Κορνήλιος
10 24ᵇ τῇ δὲ ἐπαύριον εἰσῆλθεν (-θον STς) εἰς τὴν Καισάρειαν
11 11ᵇ τρεῖς ἄνδρες ἐπέστησαν . . . ἀπεσταλμένοι ἀπὸ Καισαρείας πρός με
12 19ᵇ κατελθὼν ἀπὸ τῆς Ἰουδαίας εἰς (+ τὴν ς) Καισάρειαν διέτριβεν
18 22ᵇ κατελθὼν εἰς Καισάρειαν, ἀναβὰς . . . κατέβη εἰς Ἀντιόχειαν
21 8ᵇ τῇ δὲ ἐπαύριον ἐξελθόντες ἤλθομεν εἰς Καισάρειαν
21 16ᵇ συνῆλθον δὲ καὶ τῶν μαθητῶν ἀπὸ Καισαρείας σὺν ἡμῖν
23 23ᵇ ὅπως πορευθῶσιν ἕως Καισαρείας
23 33ᵇ οἵτινες εἰσελθόντες εἰς τὴν Καισάρειαν
25 1ᵇ Φῆστος . . . ἀνέβη εἰς Ἱεροσόλυμα ἀπὸ Καισαρείας
25 4ᵇ ὁ μὲν οὖν Φῆστος ἀπεκρίθη τηρεῖσθαι τὸν Παῦλον | εἰς Καισάρειαν (ἐν -είᾳ ς)
25 6ᵇ καταβὰς εἰς Καισάρειαν . . . ἐκέλευσεν τὸν Παῦλον ἀχθῆναι
25 13ᵇ Ἀγρίππας ὁ βασιλεὺς καὶ Βερνίκη κατήντησαν εἰς Καισάρειαν

καίτοι
→ καί e
Jo 4 2 * καίτοι γε (N; καίτοιγε rl) Ἰησοῦς αὐτὸς οὐκ ἐβάπτιζεν ἀλλ' οἱ μαθηταὶ αὐτοῦ

Ac 14 17 καίτοι (καί τοι γε ς) οὐκ ἀμάρτυρον αὐτὸν (N²⁶T; ἑαυ. rl) ἀφῆκεν ἀγαθουργῶν
Hb 4 3 καίτοι τῶν ἔργων ἀπὸ καταβολῆς κόσμου γενηθέντων

καίτοιγε
καίτοι γε N
→ καί e
→ καίτοι
Jo 4 2 καίτοιγε Ἰησοῦς αὐτὸς οὐκ ἐβάπτιζεν ἀλλ' οἱ μαθηταὶ αὐτοῦ
Ac 17 27 * εἰ ἄρα γε ψηλαφήσειαν αὐτὸν . . . καίτοιγε (ς; καί γε rl) οὐ μακρὰν ἀπὸ ἑνὸς ἑκάστου ἡμῶν ὑπάρχοντα

καίω
ἐκ-   κατα-
ᵃ κ. et πῦρ
ᵇ met.
Mt 5 15 οὐδὲ καίουσιν λύχνον καὶ τιθέασιν αὐτὸν ὑπὸ τὸν μόδιον
13 40ᵃ * ὥσπερ οὖν συλλέγεται τὰ ζιζάνια καὶ πυρὶ καίεται (V; [κατα]-N²⁶; κατα- rl)
Lc 12 35 ἔστωσαν ὑμῶν αἱ ὀσφύες περιεζωσμέναι καὶ οἱ λύχνοι καιόμενοι
24 32ᵇ οὐχὶ ἡ καρδία ἡμῶν καιομένη ἦν | ἐν ἡμῖν ([N²⁶]; —H) ⟨;⟩
Jo 5 35 ἐκεῖνος ἦν ὁ λύχνος ὁ καιόμενος καὶ φαίνων
15 6ᵃ συνάγουσιν αὐτὰ (αὐτὸ ST) καὶ εἰς τὸ πῦρ βάλλουσιν, καὶ καίεται
1 C 13 3 * | καὶ ἐὰν (κἂν H) παραδῶ τὸ σῶμά μου ἵνα καυθήσομαι (καυθήσωμαι ς; καυχήσωμ. N²⁶H)
Hb 12 18ᵃ οὐ γὰρ προσεληλύθατε ψηλαφωμένῳ (+ ὄρει Vς) καὶ κεκαυμένῳ πυρί
Ap 4 5ᵃ ἑπτὰ λαμπάδες πυρὸς καιόμεναι ἐνώπιον τοῦ θρόνου
8 8ᵃ ὡς ὄρος μέγα πυρὶ καιόμενον ἐβλήθη εἰς τὴν θάλασσαν
8 10 ἔπεσεν ἐκ τοῦ οὐρανοῦ ἀστὴρ μέγας καιόμενος ὡς λαμπάς
19 20ᵃ ζῶντες ἐβλήθησαν οἱ δύο εἰς τὴν λίμνην τοῦ πυρὸς | τῆς καιομένης (τὴν -νην VBSς) ἐν θείῳ
21 8ᵃ πᾶσιν τοῖς ψευδέσιν τὸ μέρος αὐτῶν ἐν τῇ λίμνῃ τῇ καιομένῃ πυρὶ καὶ θείῳ

κἀκεῖ
→ ἐκεῖ
→ καί
Mt 5 23 ἐὰν οὖν προσφέρῃς τὸ δῶρόν σου ἐπὶ τὸ θυσιαστήριον κἀκεῖ μνησθῇς
10 11 εἰς ἣν δ' ἂν πόλιν . . . κἀκεῖ μείνατε ἕως ἂν ἐξέλθητε
28 10 ἵνα ἀπέλθωσιν εἰς τὴν Γαλιλαίαν, κἀκεῖ (καὶ ἐκεῖ T) με ὄψονται
Mc 1 35 | καὶ ἀπῆλθεν [H] εἰς ἔρημον τόπον, κἀκεῖ προσηύχετο
1 38 * ἄγωμεν ἀλλαχοῦ εἰς τὰς ἐχομένας κωμοπόλεις, ἵνα καὶ ἐκεῖ (STς; καὶ ἐκεῖ rl) κηρύξω
14 15 * αὐτὸς ὑμῖν δείξει ἀνάγαιον μέγα ἐστρωμένον ἕτοιμον· κἀκεῖ (T; ἐκεῖ ς; καὶ ἐκεῖ rl) ἑτοιμάσατε ἡμῖν
Jo 11 54 ἀπῆλθεν εἰς τὴν Ἐφραὶμ . . . κἀκεῖ (καὶ ἐκεῖ S) ἔμεινεν (N²⁶NH; διέτριβεν rl) μετὰ τῶν μαθητῶν
Ac 14 7 ⟨κατέφυγον εἰς τὰς πόλεις τῆς Λυκαονίας⟩ κἀκεῖ εὐαγγελιζόμενοι ἦσαν

Ac 17 13 ὡς δὲ ἔγνωσαν . . . ὅτι καὶ ἐν τῇ Βεροίᾳ κατηγγέλη . . . ἦλθον κἀκεῖ σαλεύοντες
22 10 ἀναστὰς πορεύου εἰς Δαμασκόν, κἀκεῖ σοι λαληθήσεται περὶ πάντων
25 20 εἰ βούλοιτο πορεύεσθαι εἰς Ἱεροσόλυμα κἀκεῖ κρίνεσθαι περὶ τούτων
27 6 ⟨κατῆλθεν εἰς Μύρα⟩ κἀκεῖ εὑρὼν ὁ ἑκατοντάρχης πλοῖον Ἀλεξανδρῖνον

κἀκεῖθεν
→ ἐκεῖθεν
→ καί
ᵃ de tempore
Mc 9 30 κἀκεῖθεν (καὶ ἐκεῖθεν Vς) ἐξελθόντες παρεπορεύοντο (ἐπορ. H) διὰ τῆς Γαλιλαίας
10 1 * κἀκεῖθεν (ς; καὶ ἐκεῖθεν rl) ἀναστὰς ἔρχεται εἰς τὰ ὅρια τῆς Ἰουδαίας
Lc 11 53 | κἀκεῖθεν ἐξελθόντος αὐτοῦ (λέγοντος δὲ αὐτοῦ ταῦτα πρὸς αὐτούς ς)
Ac 7 4 ἐξελθὼν ἐκ γῆς Χαλδαίων κατῴκησεν ἐν Χαρράν. κἀκεῖθεν . . . μετῴκισεν αὐτὸν εἰς τὴν γῆν ταύτην
13 21ᵃ ⟨μετὰ ταῦτα ἔδωκεν κριτάς⟩ κἀκεῖθεν ᾐτήσαντο βασιλέα
14 26 ⟨κατέβησαν εἰς Ἀττάλειαν⟩ κἀκεῖθεν ἀπέπλευσαν εἰς Ἀντιόχειαν
16 12 ⟨εὐθυδρομήσαμεν⟩ . . . εἰς Νέαν πόλιν⟩ κἀκεῖθεν (ἐκεῖθέν τε ς) εἰς Φιλίππους
20 15 ⟨ἤλθομεν εἰς Μιτυλήνην⟩ κἀκεῖθεν ἀποπλεύσαντες . . . κατηντήσαμεν ἄντικρυς Χίου
21 1 εὐθυδρομήσαντες ἤλθομεν . . . εἰς τὴν Ῥόδον κἀκεῖθεν εἰς Πάταρα
27 4 ⟨κατήχθημεν εἰς Σιδῶνα⟩ κἀκεῖθεν ἀναχθέντες ὑπεπλεύσαμεν τὴν Κύπρον
27 12 * οἱ πλείονες ἔθεντο βουλὴν ἀναχθῆναι κἀκεῖθεν (ς; ἐκεῖθεν rl)
28 15 ⟨εἰς τὴν Ῥώμην ἤλθαμεν⟩ κἀκεῖθεν οἱ ἀδελφοὶ . . . ἦλθαν ([ἐξ]-ἦλθον S; ἐξῆλθον ς) εἰς ἀπάντησιν ἡμῖν

κἀκεῖνος
→ ἐκεῖνος
→ καί
ᵃ κ. δέ
ᵇ καθώς, καθάπερ κ.
Mt 15 18 τὰ δὲ ἐκπορευόμενα ἐκ τοῦ στόματος . . . κἀκεῖνα κοινοῖ τὸν ἄνθρωπον
20 4 * ⟨εἶδεν ἄλλους ἑστῶτας ἐν τῇ ἀγορᾷ ἀργούς⟩ κἀκείνοις (Sς; καὶ ἐκείνοις rl) εἶπεν
23 23 ταῦτα δὲ ([N²⁶]; —BSTς) ἔδει ποιῆσαι κἀκεῖνα μὴ ἀφιέναι (ἀφεῖναι NTH)
Mc 12 4 ἀπέστειλεν πρὸς αὐτοὺς ἄλλον δοῦλον· κἀκεῖνον ἐκεφαλίωσαν καὶ ἠτίμασαν. ↔
12 5 καὶ ἄλλον ἀπέστειλεν· κἀκεῖνον ἀπέκτειναν
[16 11] ⟨ἀπήγγειλεν τοῖς μετ' αὐτοῦ γενομένοις⟩ κἀκεῖνοι ἀκούσαντες . . . ἠπίστησαν
[16 13] ⟨δυσὶν ἐξ αὐτῶν περιπατοῦσιν ἐφανερώθη⟩ κἀκεῖνοι ἀπελθόντες ἀπήγγειλαν τοῖς λοιποῖς
Lc 11 7 ⟨εἴπῃ αὐτῷ⟩ κἀκεῖνος ἔσωθεν ἀποκριθεὶς εἴπῃ
11 42 ταῦτα δὲ (—Tς) ἔδει ποιῆσαι κἀκεῖνα μὴ παρεῖναι

Lc 20 11 προσέθετο ἕτερον πέμψαι δοῦλον·
οἱ δὲ κἀκεῖνον δείραντες καὶ ἀτι-
μάσαντες ἐξαπέστειλαν κενόν

22 12 ⟨ἐρεῖτε τῷ οἰκοδεσπότῃ⟩ κἀκεῖ-
νος ὑμῖν δείξει ἀνάγαιον μέγα
ἐστρωμένον

Jo 6 57 ὁ τρώγων με κἀκεῖνος ζήσει δι' ἐμέ

7 29 ὅτι παρ' αὐτοῦ εἰμι κἀκεῖνός με
ἀπέστειλεν (-αλκεν T)

10 16 καὶ ἄλλα πρόβατα ἔχω ... κἀκεῖ-
να δεῖ με ἀγαγεῖν

14 12 ὁ πιστεύων εἰς ἐμὲ τὰ ἔργα ἃ ἐγὼ
ποιῶ κἀκεῖνος ποιήσει

17 24 θέλω ἵνα ὅπου εἰμὶ ἐγὼ κἀκεῖνοι
ὦσιν μετ' ἐμοῦ

19 35 * καὶ ὁ ἑωρακὼς μεμαρτύρηκεν ...
κἀκεῖνος (καὶ ἐκεῖνος N²⁶NMBH)
οἶδεν ὅτι ἀληθῆ λέγει

Ac 5 37 μετὰ τοῦτον ἀνέστη 'Ιούδας ὁ
Γαλιλαῖος ... κἀκεῖνος ἀπώλετο

15 11 διὰ τῆς χάριτος ... 'Ιησοῦ πιστεύ-
ομεν σωθῆναι καθ' ὃν τρόπον
κἀκεῖνοι

18 19 κατήντησαν δὲ εἰς "Εφεσον, κἀ-
κείνους κατέλιπεν αὐτοῦ

Rm 11 23ᵃκἀκεῖνοι (καὶ ἐκεῖνοι ς) δέ, ἐὰν μὴ
ἐπιμένωσιν (-μείνωσιν MVSς) τῇ
ἀπιστίᾳ, ἐγκεντρισθήσονται

1 C 10 6ᵇεἰς τὸ μὴ εἶναι ἡμᾶς ἐπιθυμητὰς κα-
κῶν, καθὼς κἀκεῖνοι ἐπεθύμησαν

2 Tm 2 12 εἰ ἀρνησόμεθα, κἀκεῖνος ἀρνήσεται
ἡμᾶς

Hb 4 2ᵇκαὶ γάρ ἐσμεν εὐηγγελισμένοι
καθάπερ κἀκεῖνοι

κακία

ᵃ πᾶσα κ.

ᵇ ἀποτίθεμαι κ.

Mt 6 34 ἀρκετὸν τῇ ἡμέρᾳ ἡ κακία αὐτῆς

Ac 8 22 μετανόησον οὖν ἀπὸ τῆς κακίας
σου ταύτης

Rm 1 29ᵃ⟨παρέδωκεν αὐτοὺς ... εἰς ἀδόκι-
μον νοῦν⟩ πεπληρωμένους πάσῃ
ἀδικίᾳ πονηρίᾳ | πλεονεξίᾳ κακίᾳ
(~ T)

1 C 5 8 ὥστε ἑορτάζωμεν μὴ ἐν ζύμῃ πα-
λαιᾷ μηδὲ ἐν ζύμῃ κακίας καὶ πο-
νηρίας

14 20 μὴ παιδία γίνεσθε ταῖς φρεσίν,
ἀλλὰ τῇ κακίᾳ νηπιάζετε

E 4 31ᵃπᾶσα πικρία καὶ θυμὸς ... ἀρθήτω
ἀφ' ὑμῶν σὺν πάσῃ κακίᾳ

Cl 3 8ᵇἀπόθεσθε καὶ ὑμεῖς τὰ πάντα, ὀρ-
γήν, θυμόν, κακίαν, βλασφημίαν

Tt 3 3 ἦμεν γάρ ποτε καὶ ἡμεῖς ἀνόητοι
... ἐν κακίᾳ καὶ φθόνῳ διάγοντες

Jc 1 21 ἀποθέμενοι πᾶσαν ῥυπαρίαν καὶ
περισσείαν κακίας

1 Pt 2 1ᵃᵇἀποθέμενοι οὖν πᾶσαν κακίαν καὶ
πάντα δόλον

2 16 μὴ ὡς ἐπικάλυμμα ἔχοντες τῆς
κακίας τὴν ἐλευθερίαν

κακοήθεια

κακοηθία H

Rm 1 29 πεπληρωμένους πάσῃ ἀδικίᾳ ...
μεστοὺς φθόνου φόνου ἔριδος δόλου
κακοηθείας

κακολογέω

Mt 15 4 ὁ κακολογῶν πατέρα ἢ μητέρα
θανάτῳ τελευτάτω

Mc 7 10 ὁ κακολογῶν πατέρα ἢ μητέρα
θανάτῳ τελευτάτω

9 39 ὃς ποιήσει δύναμιν ἐπὶ τῷ ὀνό-
ματί μου καὶ δυνήσεται ταχὺ κα-
κολογῆσαί με

Ac 19 9 ὡς δέ τινες ... ἠπείθουν κακο-
λογοῦντες τὴν ὁδὸν ἐνώπιον τοῦ
πλήθους

κακοπάθεια

→ κακοπαθία

κακοπαθέω

συγ-

2 Tm 2 3 * | σὺ οὖν κακοπάθησον (ς; συγ-
rl) ὡς καλὸς στρατιώτης Χριστοῦ
'Ιησοῦ

2 9 ⟨'Ιησοῦν Χριστόν⟩ ἐν ᾧ κακοπα-
θῶ μέχρι δεσμῶν ὡς κακοῦργος

4 5 σὺ δὲ νῆφε ἐν πᾶσιν, κακοπάθησον,
ἔργον ποίησον εὐαγγελιστοῦ

Jc 5 13 κακοπαθεῖ τις ἐν ὑμῖν; προσευχέ-
σθω

κακοπαθία

κακοπάθεια VSTς

Jc 5 10 ὑπόδειγμα λάβετε, ἀδελφοί, τῆς
κακοπαθίας καὶ τῆς μακροθυμίας
τοὺς προφήτας

κακοποιέω

Mc 3 4 ἔξεστιν τοῖς σάββασιν | ἀγαθὸν
ποιῆσαι (ἀγαθοποιῆσαι VBSHς)
ἢ κακοποιῆσαι ⟨;⟩

Lc 6 9 εἰ (τί VSς) ἔξεστιν τῷ σαββάτῳ
ἀγαθοποιῆσαι ἢ κακοποιῆσαι ⟨;⟩

1 Pt 3 17 κρεῖττον γὰρ ἀγαθοποιοῦντας ...
πάσχειν ἢ κακοποιοῦντας

3 Jo 11 ὁ ἀγαθοποιῶν ἐκ τοῦ θεοῦ ἐστιν·
ὁ κακοποιῶν οὐχ ἑώρακεν τὸν
θεόν

κακοποιός

Jo 18 30 * εἰ μὴ ἦν οὗτος κακοποιός (Vς;
κακὸν ποιῶν rl), οὐκ ἄν σοι παρ-
εδώκαμεν αὐτόν

1 Pt 2 12 ἵνα ἐν ᾧ καταλαλοῦσιν ὑμῶν ὡς
κακοποιῶν, ἐκ τῶν καλῶν ἔργων
ἐποπτεύοντες δοξάσωσιν τὸν θεόν

2 14 ⟨ὑποτάγητε⟩ ἡγεμόσιν ὡς δι' αὐ-
τοῦ πεμπομένοις εἰς ἐκδίκησιν κα-
κοποιῶν ἔπαινον δὲ ἀγαθοποιῶν

3 16 * ἵνα ἐν ᾧ | καταλαλῶσιν ὑμῶν
ὡς κακοποιῶν (ς; καταλαλεῖσθε
rl) καταισχυνθῶσιν

4 15 μὴ γάρ τις ὑμῶν πασχέτω ὡς
φονεὺς ἢ κλέπτης ἢ κακοποιὸς ἢ
ὡς ἀλλοτριεπίσκοπος

κακός

→ κακῶς

ᵃ τὸ κακόν

ᵇ τὰ κακά

ᶜ κ. ποιέω

ᵈ κ. πράσσω

ᵉ κ. (κατ)εργάζομαι

ᶠ κ. πάσχω

Mt 21 41 κακοὺς κακῶς ἀπολέσει αὐτούς

24 48 ἐὰν δὲ εἴπῃ ὁ κακὸς δοῦλος ἐκεῖνος
([S]; —T) ἐν τῇ καρδίᾳ αὐτοῦ

27 23ᶜτί γὰρ κακὸν ἐποίησεν;

Mc 7 21 ἔσωθεν γὰρ ἐκ τῆς καρδίας τῶν
ἀνθρώπων οἱ διαλογισμοὶ οἱ κακοὶ
ἐκπορεύονται

15 14ᶜτί γὰρ ἐποίησεν κακόν;

Lc 16 25ᵇμνήσθητι ὅτι ἀπέλαβες τὰ ἀγαθά
σου ἐν τῇ ζωῇ σου, καὶ Λάζαρος
ὁμοίως τὰ κακά

23 22ᶜτί γὰρ κακὸν ἐποίησεν οὗτος;

Jo 18 23ᵃεἰ κακῶς ἐλάλησα, μαρτύρησον πε-
ρὶ τοῦ κακοῦ

18 30 ᶜεἰ μὴ ἦν οὗτος | κακὸν ποιῶν (κα-
κοποιὸς Vς)

Ac 9 13ᶜἤκουσα (ἀκήκοα Sς) ... ὅσα κακὰ
τοῖς ἁγίοις σου ἐποίησεν ἐν 'Ιερου-
σαλήμ

Ac 16 28ᵈμηδὲν πράξῃς σεαυτῷ κακόν

23 9 οὐδὲν κακὸν εὑρίσκομεν ἐν τῷ ἀν-
θρώπῳ τούτῳ

28 5ᶠὁ μὲν οὖν ἀποτινάξας τὸ θηρίον εἰς
τὸ πῦρ ἔπαθεν οὐδὲν κακόν

Rm 1 30 ⟨παρέδωκεν αὐτοὺς ὁ θεὸς εἰς ἀδό-
κιμον νοῦν⟩ ἀλαζόνας, ἐφευρετὰς
κακῶν, γονεῦσιν ἀπειθεῖς

2 9ᵃᵉθλῖψις καὶ στενοχωρία ἐπὶ πᾶσαν
ψυχὴν ἀνθρώπου τοῦ κατεργαζο-
μένου τὸ κακόν

3 8ᵇᶜποιήσωμεν τὰ κακὰ ἵνα ἔλθῃ τὰ
ἀγαθά

7 19ᵈ ὃ οὐ θέλω κακὸν τοῦτο πράσσω

7 21ᵃεὑρίσκω ἄρα τὸν νόμον ... ὅτι
ἐμοὶ τὸ κακὸν παράκειται

9 11ᵈ*μήπω γὰρ γεννηθέντων μηδὲ πρα-
ξάντων τι ἀγαθὸν ἢ κακόν (ς;
φαῦλον rl)

12 17 μηδενὶ κακὸν ↔

12 17 ἀντὶ κακοῦ ἀποδιδόντες

12 21ᵃμὴ νικῶ ὑπὸ τοῦ κακοῦ, ↔

12 21ᵃἀλλὰ νίκα ἐν τῷ ἀγαθῷ τὸ κακόν

13 3 οἱ γὰρ ἄρχοντες οὐκ εἰσὶν φόβος
| τῷ ἀγαθῷ ἔργῳ (τῶν -θῶν -ων
ς) ἀλλὰ | τῷ κακῷ (τῶν κακῶν ς)

13 4ᵃᶜἐὰν δὲ τὸ κακὸν ποιῇς

13 4ᵃᵈθεοῦ γὰρ διάκονός ἐστιν ἔκδικος
εἰς ὀργὴν τῷ τὸ κακὸν πράσσοντι

13 10ᵉἡ ἀγάπη τῷ πλησίον κακὸν οὐκ
ἐργάζεται

14 20 πάντα μὲν καθαρά, ἀλλὰ κακὸν τῷ
ἀνθρώπῳ τῷ διὰ προσκόμματος
ἐσθίοντι

16 19ᵃσοφοὺς (+μὲν MVS[H]ς) εἶναι εἰς
τὸ ἀγαθόν, ἀκεραίους δὲ εἰς τὸ
κακόν

1 C 10 6 εἰς τὸ μὴ εἶναι ἡμᾶς ἐπιθυμητὰς
κακῶν

13 5ᵃ⟨ἡ ἀγάπη⟩ οὐ λογίζεται τὸ κακόν

15 33 φθείρουσιν ἤθη χρηστὰ ὁμιλίαι
κακαί

2 C 5 10ᵈ* ἵνα κομίσηται ἕκαστος τὰ ...
πρὸς ἃ ἔπραξεν, εἴτε ἀγαθὸν εἴτε
κακόν (ς; φαῦλον rl)

13 7ᶜεὐχόμεθα δὲ πρὸς τὸν θεὸν μὴ ποι-
ῆσαι ὑμᾶς κακὸν μηδέν

Ph 3 2 βλέπετε τοὺς κακοὺς ἐργάτας

Cl 3 5 νεκρώσατε οὖν τὰ μέλη τὰ ἐπὶ τῆς
γῆς ... πάθος, ἐπιθυμίαν κακήν

1 Th 5 15 ὁρᾶτε μή τις κακὸν ↔

5 15 ἀντὶ κακοῦ τινι ἀποδῷ

1 Tm 6 10ᵇῥίζα γὰρ πάντων τῶν κακῶν ἐστιν
ἡ φιλαργυρία

2 Tm 4 14 'Αλέξανδρος ὁ χαλκεὺς πολλά μοι
κακὰ ἐνεδείξατο

Tt 1 12 Κρῆτες ἀεὶ ψεῦσται, κακὰ θηρία,
γαστέρες ἀργαί

Hb 5 14 τῶν διὰ τὴν ἕξιν τὰ αἰσθητήρια
γεγυμνασμένα ἐχόντων πρὸς διά-
κρισιν καλοῦ τε καὶ κακοῦ

Jc 1 13 ὁ γὰρ θεὸς ἀπείραστός ἐστιν κακῶν

3 8 τὴν δὲ γλῶσσαν οὐδεὶς | δαμάσαι
δύναται ἀνθρώπων (~ VBSTς)· ἀ-
κατάστατον (ἀκατάσχετον Sς) κα-
κόν

1 Pt 3 9 μὴ ἀποδιδόντες κακὸν ↔

3 9 ἀντὶ κακοῦ ἢ λοιδορίαν ἀντὶ λοι-
δορίας

3 10 παυσάτω τὴν γλῶσσαν ἀπὸ
κακοῦ

3 11 ἐκκλινάτω δὲ (—Tς) ἀπὸ κακοῦ
καὶ ποιησάτω ἀγαθόν

3 12ᶜπρόσωπον δὲ κυρίου ἐπὶ ποιοῦν-
τας κακά

Column 1

3 Jo 11ᵃ μὴ μιμοῦ τὸ κακὸν ἀλλὰ τὸ ἀγαθόν

Ap 2 2 οἶδα . . . ὅτι οὐ δύνῃ βαστάσαι κακούς

2 16 ἐγένετο ἕλκος κακὸν καὶ πονηρὸν ἐπὶ (εἰς ς) τοὺς ἀνθρώπους

κακοῦργος

Lc 23 32 ἤγοντο δὲ καὶ ἕτεροι | κακοῦργοι δύο (∼ VBSTς) σὺν αὐτῷ ἀναιρεθῆναι

23 33 ἐκεῖ ἐσταύρωσαν αὐτὸν καὶ τοὺς κακούργους

23 39 εἷς δὲ τῶν κρεμασθέντων κακούρ- γων ἐβλασφήμει αὐτόν

2Tm 2 9 ⟨Ἰησοῦν Χριστὸν⟩ ἐν ᾧ κακο- παθῶ μέχρι δεσμῶν ὡς κακοῦργος

κακουχέω

Hb 11 37 περιῆλθον ἐν μηλωταῖς . . . ὑστε- ρούμενοι, θλιβόμενοι, κακουχού- μενοι

13 3 μιμνήσκεσθε . . . τῶν κακουχου- μένων ὡς καὶ αὐτοὶ ὄντες ἐν σώματι

κακόω

Ac 7 6 τὸ σπέρμα αὐτοῦ . . . δουλώσου- σιν αὐτὸ καὶ κακώσουσιν ἔτη τετρακόσια

7 19 οὗτος κατασοφισάμενος τὸ γένος ἡμῶν ἐκάκωσεν τοὺς πατέρας ἡμῶν (+[N²⁶S]Vς)

12 1 ἐπέβαλεν | Ἡρῴδης ὁ βασιλεὺς (∼ T) τὰς χεῖρας κακῶσαί τινας τῶν ἀπὸ τῆς ἐκκλησίας

14 2 οἱ δὲ ἀπειθήσαντες Ἰουδαῖοι ἐπή- γειραν καὶ ἐκάκωσαν τὰς ψυχὰς τῶν ἐθνῶν

18 10 οὐδεὶς ἐπιθήσεταί σοι τοῦ κακῶσαί σε

1 Pt 3 13 τίς ὁ κακώσων ὑμᾶς ἐὰν τοῦ ἀγα- θοῦ ζηλωταὶ γένησθε;

κακῶς

→ κακός

ᵃ κ. ἔχω

Mt 4 24ᵃ προσήνεγκαν αὐτῷ πάντας τοὺς κακῶς ἔχοντας ποικίλαις νόσοις . . . συνεχομένους

8 16ᵃ πάντας τοὺς κακῶς ἔχοντας ἐθερά- πευσεν

9 12ᵃ οὐ χρείαν ἔχουσιν οἱ ἰσχύοντες ἰατροῦ ἀλλ᾽ οἱ κακῶς ἔχοντες

14 35ᵃ προσήνεγκαν αὐτῷ πάντας τοὺς κακῶς ἔχοντας

15 22 ἡ θυγάτηρ μου κακῶς δαιμονίζεται

17 15ᵃ ἐλέησόν μου τὸν υἱόν, ὅτι σεληνιά- ζεται καὶ κακῶς πάσχει (ἔχει NMH)

21 41 κακοὺς κακῶς ἀπολέσει αὐτούς

Mc 1 32ᵃ ἔφερον πρὸς αὐτὸν πάντας τοὺς κακῶς ἔχοντας καὶ τοὺς δαιμονιζο- μένους

1 34ᵃ ἐθεράπευσεν πολλοὺς κακῶς ἔχον- τας ποικίλαις νόσοις

2 17ᵃ οὐ χρείαν ἔχουσιν οἱ ἰσχύοντες ἰατροῦ ἀλλ᾽ οἱ κακῶς ἔχοντες

6 55ᵃ ἤρξαντο ἐπὶ τοῖς κραβάττοις τοὺς κακῶς ἔχοντας περιφέρειν

Lc 5 31ᵃ οὐ χρείαν ἔχουσιν οἱ ὑγιαίνοντες ἰατροῦ ἀλλὰ οἱ κακῶς ἔχοντες

7 2ᵃ ἑκατοντάρχου δέ τινος δοῦλος κακῶς ἔχων ἤμελλεν τελευτᾶν

Jo 18 23 εἰ κακῶς ἐλάλησα, μαρτύρησον περὶ τοῦ κακοῦ

Ac 23 5 * ἄρχοντα τοῦ λαοῦ σου οὐκ ἐρεῖς κακῶς

Jc 4 3 αἰτεῖτε καὶ οὐ λαμβάνετε, διότι κακῶς αἰτεῖσθε

κάκωσις

Ac 7 34 ἰδὼν εἶδον τὴν κάκωσιν τοῦ λαοῦ μου τοῦ ἐν Αἰγύπτῳ

Column 2

καλάμη

1 C 3 12 εἰ δέ τις ἐποικοδομεῖ ἐπὶ τὸν θεμέλιον (+τοῦτον [MS]ς) . . . ξύλα, χόρτον, καλάμην

κάλαμος

Mt 11 7 τί ἐξήλθατε . . . θεάσασθαι; κάλα- μον ὑπὸ ἀνέμου σαλευόμενον;

12 20 κάλαμον συντετριμμένον οὐ κατεά- ξει

27 29 ἐπέθηκαν . . . κάλαμον ἐν τῇ δεξιᾷ αὐτοῦ

27 30 ἔλαβον τὸν κάλαμον καὶ ἔτυπτον εἰς τὴν κεφαλὴν αὐτοῦ

27 48 λαβὼν σπόγγον . . . καὶ περιθεὶς καλάμῳ ἐπότιζεν αὐτόν

Mc 15 19 ἔτυπτον αὐτοῦ τὴν κεφαλὴν κα- λάμῳ

15 36 γεμίσας σπόγγον ὄξους περιθεὶς (+τε ς) καλάμῳ ἐπότιζεν αὐτόν

Lc 7 24 τί ἐξήλθατε (ἐξεληλύθατε VBSTς) . . . θεάσασθαι; κάλαμον ὑπὸ ἀνέμου σαλευόμενον;

3 Jo 13 ἀλλ᾽ οὐ θέλω διὰ μέλανος καὶ καλά- μου σοι γράφειν

Ap 11 1 ἐδόθη μοι κάλαμος ὅμοιος ῥάβδῳ

21 15 ὁ λαλῶν μετ᾽ ἐμοῦ εἶχεν μέτρον (—ς) κάλαμον χρυσοῦν

21 16 ἐμέτρησεν τὴν πόλιν τῷ καλάμῳ ἐπὶ σταδίων (-δίους B) δώδεκα χιλιάδων

καλέω

→ κλητός

ἀντι-	παρα-
ἐγ-	προσ-
εἰσ-	προσ-
ἐπι-	συγ-
μετα-	συμπαρα-

ᵃ κ. τὸ ὄνομα

ᵇ κ. (ἐπὶ) τῷ ὀνόματι, κατ᾽ ὄνομα

ᶜ κ. et κλῆσις

ᵈ καλούμενος

ᵉ κεκλημένος

ᶠ κληθείς

Mt 1 21ᵃ καλέσεις τὸ ὄνομα αὐτοῦ Ἰησοῦν

1 23ᵃ καλέσουσιν τὸ ὄνομα αὐτοῦ Ἐμ- μανουήλ

1 25ᵃ ἐκάλεσεν τὸ ὄνομα αὐτοῦ Ἰησοῦν

2 7 τότε Ἡρῴδης λάθρᾳ καλέσας τοὺς μάγους

2 15 ἐξ Αἰγύπτου ἐκάλεσα τὸν υἱόν μου

2 23 Ναζωραῖος κληθήσεται

4 21 εἶδεν ἄλλους δύο ἀδελφούς . . . καὶ ἐκάλεσεν αὐτούς

5 9 ὅτι αὐτοὶ ([NVH]; —T) υἱοὶ θεοῦ κληθήσονται

5 19 ὃς ἐὰν . . . διδάξῃ οὕτως τοὺς ἀν- θρώπους, ἐλάχιστος κληθήσεται ἐν τῇ βασιλείᾳ τῶν οὐρανῶν· ↔

5 19 ὃς δ᾽ ἂν ποιήσῃ καὶ διδάξῃ, οὗτος μέγας κληθήσεται ἐν τῇ βασιλείᾳ τῶν οὐρανῶν

9 13 οὐ γὰρ ἦλθον καλέσαι δικαίους ἀλ- λὰ ἁμαρτωλούς (+εἰς μετάνοιαν ς)

10 25 * εἰ τὸν οἰκοδεσπότην Βεελζεβοὺλ ἐκάλεσαν (ς; ἐπ- rl)

20 8 κάλεσον τοὺς ἐργάτας καὶ ἀπόδος αὐτοῖς (—NTH) τὸν μισθόν

21 13 ὁ οἶκός μου οἶκος προσευχῆς κλη- θήσεται

22 3 ἀπέστειλεν τοὺς δούλους αὐτοῦ καλέσαι ↔

22 3ᵉ τοὺς κεκλημένους εἰς τοὺς γάμους

22 4ᵉ εἴπατε τοῖς κεκλημένοις

22 8ᵉ οἱ δὲ κεκλημένοι οὐκ ἦσαν ἄξιοι

22 9 ὅσους ἐὰν εὕρητε καλέσατε εἰς τοὺς γάμους

Column 3

Mt 22 43 πῶς οὖν Δαυὶδ ἐν πνεύματι | καλεῖ αὐτὸν κύριον (∼ T VSς) λέγων ⟨;⟩

22 45 εἰ οὖν Δαυὶδ καλεῖ αὐτὸν κύριον

23 7 ⟨φιλοῦσιν⟩ καλεῖσθαι ὑπὸ τῶν ἀν- θρώπων ῥαββί (+ῥαββί [V]ς). ↔

23 8 ὑμεῖς δὲ μὴ κληθῆτε ῥαββί

23 9 πατέρα μὴ καλέσητε ὑμῶν ἐπὶ τῆς γῆς

23 10 μηδὲ κληθῆτε καθηγηταί

25 14 ὥσπερ γὰρ ἄνθρωπος ἀποδημῶν ἐκάλεσεν τοὺς ἰδίους δούλους

27 8 διὸ ἐκλήθη ὁ ἀγρὸς ἐκεῖνος ἀγρὸς αἵματος

Mc 1 20 ⟨εἶδεν Ἰάκωβον . . . καὶ Ἰωάννην⟩ καὶ εὐθὺς ἐκάλεσεν αὐτούς

2 17 οὐκ ἦλθον καλέσαι δικαίους ἀλλὰ ἁμαρτωλούς (+εἰς μετάνοιαν ς)

3 31 ἀπέστειλαν πρὸς αὐτὸν καλοῦντες (φωνοῦντες ς) αὐτόν

11 17 ὁ οἶκός μου οἶκος προσευχῆς κλη- θήσεται πᾶσιν τοῖς ἔθνεσιν

Lc 1 13ᵃ καλέσεις τὸ ὄνομα αὐτοῦ Ἰωάννην

1 31ᵃ καλέσεις τὸ ὄνομα αὐτοῦ Ἰησοῦν. ↔

1 32 οὗτος ἔσται μέγας καὶ υἱὸς ὑψίστου κληθήσεται

1 35 διὸ καὶ τὸ γεννώμενον ἅγιον κλη- θήσεται υἱὸς θεοῦ

1 36ᵈ οὗτος μὴν ἕκτος ἐστὶν αὐτῇ τῇ καλουμένῃ στείρᾳ

1 59ᵇ ἐκάλουν αὐτὸ ἐπὶ τῷ ὀνόματι τοῦ πατρὸς αὐτοῦ Ζαχαρίαν

1 60 οὐχί, ἀλλὰ κληθήσεται Ἰωάννης

1 61ᵇ οὐδείς ἐστιν ἐκ τῆς συγγενείας σου ὃς καλεῖται τῷ ὀνόματι τούτῳ

1 62 τὸ τί ἂν θέλοι καλεῖσθαι αὐτό

1 76 σὺ δέ, παιδίον, προφήτης ὑψίστου κληθήσῃ

2 4 ἀνέβη δὲ καὶ Ἰωσήφ . . . εἰς πόλιν Δαυὶδ ἥτις καλεῖται Βηθλέεμ

2 21ᵃ ἐκλήθη τὸ ὄνομα αὐτοῦ Ἰησοῦς, ↔

2 21ᶠ τὸ κληθὲν ὑπὸ τοῦ ἀγγέλου πρὸ τοῦ συλλημφθῆναι αὐτόν

2 23 πᾶν ἄρσεν διανοῖγον μήτραν ἅγιον τῷ κυρίῳ κληθήσεται

5 32 οὐκ ἐλήλυθα καλέσαι δικαίους ἀλ- λὰ ἁμαρτωλοὺς εἰς μετάνοιαν

6 15ᵈ ⟨ἐκλεξάμενος⟩ Σίμωνα τὸν καλού- μενον ζηλωτήν

6 46 τί δέ με καλεῖτε· κύριε κύριε ⟨;⟩

7 11ᵈ ἐπορεύθη εἰς πόλιν καλουμένην Ναΐν

7 39 ἰδὼν δὲ ὁ Φαρισαῖος ὁ καλέσας αὐ- τὸν εἶπεν ἐν ἑαυτῷ λέγων

8 2ᵈ γυναῖκές τινες . . . Μαρία ἡ καλου- μένη Μαγδαληνή

9 10ᵈ ὑπεχώρησεν κατ᾽ ἰδίαν εἰς | πόλιν καλουμένην (τόπον ἔρημον πόλεως καλουμένης Vς) Βηθσαϊδά

10 39ᵈ τῇδε ἦν ἀδελφὴ καλουμένη Μα- ριάμ

14 7ᵉ ἔλεγεν δὲ πρὸς τοὺς κεκλημένους παραβολήν

14 8 ὅταν κληθῇς ὑπό τινος εἰς γάμους

14 8ᵉ μήποτε ἐντιμότερός σου ᾖ κεκλη- μένος ὑπ᾽ αὐτοῦ,

14 9 καὶ ἐλθὼν ὁ σὲ καὶ αὐτὸν καλέσας ἐρεῖ σοι

14 10 ὅταν κληθῇς, πορευθεὶς ἀνάπεσε εἰς τὸν ἔσχατον τόπον, ↔

14 10 ἵνα ὅταν ἔλθῃ ὁ κεκληκώς σε ἐρεῖ σοι

14 12 ἔλεγεν δὲ καὶ τῷ κεκληκότι αὐτόν

14 13 ὅταν | δοχὴν ποιῇς (∼ BTς), κάλει πτωχούς

Lc 14 16 ἄνθρωπός τις ἐποίει δεῖπνον μέγα, καὶ ἐκάλεσεν πολλούς, ↔

14 17ᵉ καὶ ἀπέστειλεν τὸν δοῦλον αὐτοῦ ... εἰπεῖν τοῖς κεκλημένοις

14 24ᵉ οὐδεὶς τῶν ἀνδρῶν ἐκείνων τῶν κεκλημένων γεύσεταί μου τοῦ δείπνου

15 19 οὐκέτι εἰμὶ ἄξιος κληθῆναι υἱός σου

15 21 οὐκέτι εἰμὶ ἄξιος κληθῆναι υἱός σου

19 2ᵇᵈ ἰδοὺ ἀνὴρ ὀνόματι καλούμενος Ζακχαῖος ⟨ἐζήτει ἰδεῖν τὸν Ἰησοῦν⟩

19 13 καλέσας δὲ δέκα δούλους ἑαυτοῦ ἔδωκεν αὐτοῖς δέκα μνᾶς

19 29ᵈ ὡς ἤγγισεν ... πρὸς τὸ ὄρος τὸ καλούμενον Ἐλαιῶν (N²⁶BHς; -ῶν rl)

20 44 Δαυὶδ οὖν | κύριον αὐτὸν (~ NM VSH) καλεῖ

21 37ᵈ ηὐλίζετο εἰς τὸ ὄρος τὸ καλούμενον Ἐλαιῶν (N²⁶BHς; -ῶν rl)

22 3ᵈ εἰσῆλθεν δὲ σατανᾶς εἰς Ἰούδαν τὸν καλούμενον (ἐπι- Vς) Ἰσκαριώτην

22 25 οἱ ἐξουσιάζοντες αὐτῶν εὐεργέται καλοῦνται

23 33ᵈ ὅτε ἦλθον (ἀπ- STς) ἐπὶ τὸν τόπον τὸν καλούμενον Κρανίον

Jo 1 42 σὺ κληθήσῃ Κηφᾶς, ὃ ἑρμηνεύεται Πέτρος

2 2 ἐκλήθη δὲ καὶ ὁ Ἰησοῦς καὶ οἱ μαθηταὶ αὐτοῦ εἰς τὸν γάμον

10 3ᵇ * τὰ ἴδια πρόβατα καλεῖ (ς; φωνεῖ rl) κατ' ὄνομα

Ac 1 12ᵈ ὑπέστρεψαν εἰς Ἰερουσαλὴμ ἀπὸ ὄρους τοῦ καλουμένου ἐλαιῶνος

1 19 ὥστε κληθῆναι τὸ χωρίον ἐκεῖνο τῇ ἰδίᾳ (—H) διαλέκτῳ αὐτῶν Ἀκελδαμάχ

1 23ᵈ ἔστησαν δύο, Ἰωσὴφ τὸν καλούμενον Βαρσαββᾶν, ὃς ἐπεκλήθη Ἰοῦστος, καὶ Μαθθίαν

3 11ᵈ συνέδραμεν πᾶς ὁ λαὸς πρὸς αὐτοὺς ἐπὶ τῇ στοᾷ τῇ καλουμένῃ Σολομῶντος

4 18 καλέσαντες αὐτοὺς παρήγγειλαν

7 58ᵈ οἱ μάρτυρες ἀπέθεντο τὰ ἱμάτια αὐτῶν παρὰ τοὺς πόδας νεανίου καλουμένου Σαύλου

8 10ᵈ οὗτός ἐστιν ἡ δύναμις τοῦ θεοῦ ἡ καλουμένη (—ς) μεγάλη

9 11ᵈ πορεύθητι ἐπὶ τὴν ῥύμην τὴν καλουμένην εὐθεῖαν

10 1ᵈ Κορνήλιος, ἑκατοντάρχης ἐκ σπείρης τῆς καλουμένης Ἰταλικῆς

13 1ᵈ ἦσαν δὲ ἐν Ἀντιοχείᾳ ... ὅ τε Βαρναβᾶς καὶ Συμεὼν ὁ καλούμενος Νίγερ

14 12 ἐκάλουν τε τὸν Βαρναβᾶν Δία, τὸν δὲ Παῦλον Ἑρμῆν

15 22ᵈ ἔδοξε ... ἐκλεξαμένους ἄνδρας ἐξ αὐτῶν πέμψαι ... Ἰούδαν τὸν καλούμενον (ἐπι- ς) Βαρσαββᾶν καὶ Σιλᾶν

15 37ᵈ ἐβούλετο συμπαραλαβεῖν καὶ τὸν Ἰωάννην τὸν καλούμενον Μᾶρκον

24 2ᶠ κληθέντος δὲ αὐτοῦ [NH] ἤρξατο κατηγορεῖν ὁ Τέρτυλλος λέγων

27 8ᵈ ἤλθομεν εἰς τόπον τινὰ καλούμενον Καλοὺς λιμένας

27 14ᵈ ἔβαλεν κατ' αὐτῆς ἄνεμος τυφωνικὸς ὁ καλούμενος εὐρακύλων (-ροκλύδων VSς)

27 16ᵈ νησίον δέ τι ὑποδραμόντες καλούμενον Καῦδα

28 1 ἐπέγνωμεν ὅτι Μελίτη ἡ νῆσος καλεῖται

Rm 4 17 κατέναντι οὗ ἐπίστευσεν θεοῦ τοῦ ζῳοποιοῦντος τοὺς νεκροὺς καὶ καλοῦντος τὰ μὴ ὄντα ὡς ὄντα

8 30 οὓς δὲ προώρισεν, τούτους καὶ ἐκάλεσεν· ↔

8 30 καὶ οὓς ἐκάλεσεν, τούτους καὶ ἐδικαίωσεν

9 7 ἐν Ἰσαὰκ κληθήσεταί σοι σπέρμα

9 12 ⟨ἵνα ἡ κατ' ἐκλογὴν πρόθεσις τοῦ θεοῦ μένῃ⟩ οὐκ ἐξ ἔργων ἀλλ' ἐκ τοῦ καλοῦντος

9 24 ⟨ἃ προητοίμασεν εἰς δόξαν⟩ οὓς καὶ ἐκάλεσεν ἡμᾶς οὐ μόνον ἐξ Ἰουδαίων

9 25 καλέσω τὸν οὐ λαόν μου λαόν μου

9 26 ἐκεῖ κληθήσονται υἱοὶ θεοῦ ζῶντος

1C 1 9 πιστὸς ὁ θεός, δι' οὗ ἐκλήθητε εἰς κοινωνίαν τοῦ υἱοῦ αὐτοῦ

7 15 ἐν δὲ εἰρήνῃ κέκληκεν ὑμᾶς (ἡμ. MBς) ὁ θεός

7 17 ἕκαστον ὡς κέκληκεν ὁ θεός, οὕτως περιπατείτω

7 18 περιτετμημένος τις ἐκλήθη; μὴ ἐπισπάσθω· ↔

7 18 ἐν ἀκροβυστίᾳ | κέκληταί τις (τις ἐκλήθη ς); μὴ περιτεμνέσθω

7 20ᵉ ἕκαστος ἐν τῇ κλήσει ᾗ ἐκλήθη, ἐν ταύτῃ μενέτω. ↔

7 21 δοῦλος ἐκλήθης; μή σοι μελέτω

7 22ᶠ ὁ γὰρ ἐν κυρίῳ κληθεὶς δοῦλος ἀπελεύθερος κυρίου ἐστίν· ↔

7 22ᶠ ὁμοίως (+καὶ [S]ς) ὁ ἐλεύθερος κληθεὶς δοῦλός ἐστι Χριστοῦ

7 24 ἕκαστος ἐν ᾧ ἐκλήθη, ἀδελφοί, ἐν τούτῳ μενέτω

10 27 εἴ τις καλεῖ ὑμᾶς τῶν ἀπίστων

15 9 ὃς οὐκ εἰμὶ ἱκανὸς καλεῖσθαι ἀπόστολος

G 1 6 ταχέως μετατίθεσθε ἀπὸ τοῦ καλέσαντος ὑμᾶς ἐν χάριτι Χριστοῦ [N²⁶] εἰς ἕτερον εὐαγγέλιον

1 15 ὅτε δὲ εὐδόκησεν | ὁ θεός ([N²⁶H]; —NMBT) ὁ ἀφορίσας με ... καὶ καλέσας διὰ τῆς χάριτος αὐτοῦ

5 8 ἡ πεισμονὴ οὐκ ἐκ τοῦ καλοῦντος ὑμᾶς

5 13 ὑμεῖς γὰρ ἐπ' ἐλευθερίᾳ ἐκλήθητε, ἀδελφοί

E 4 1ᵉ παρακαλῶ οὖν ὑμᾶς ... ἀξίως περιπατῆσαι τῆς κλήσεως ἧς ἐκλήθητε

4 4ᵉ καθὼς καὶ [H] ἐκλήθητε ἐν μιᾷ ἐλπίδι τῆς κλήσεως ὑμῶν

Cl 3 15 ἡ εἰρήνη ... εἰς ἣν καὶ ἐκλήθητε ἐν ἑνὶ [H] σώματι

1Th 2 12 τοῦ θεοῦ τοῦ καλοῦντος ὑμᾶς εἰς τὴν ἑαυτοῦ βασιλείαν

4 7 οὐ γὰρ ἐκάλεσεν ἡμᾶς ὁ θεὸς ἐπὶ ἀκαθαρσίᾳ ἀλλ' ἐν ἁγιασμῷ

5 24 πιστὸς ὁ καλῶν ὑμᾶς, ὃς καὶ ποιήσει

2Th 2 14 εἰς ὃ καὶ ([N²⁶]; —MHς) ἐκάλεσεν ὑμᾶς ... εἰς περιποίησιν δόξης

1Tm 6 12 ἐπιλαβοῦ τῆς αἰωνίου ζωῆς, εἰς ἣν (+καὶ ς) ἐκλήθης

2Tm 1 9ᶜ ⟨θεοῦ⟩ τοῦ σώσαντος ἡμᾶς καὶ καλέσαντος κλήσει ἁγίᾳ

Hb 2 11 δι' ἣν αἰτίαν οὐκ ἐπαισχύνεται ἀδελφοὺς αὐτοὺς καλεῖν

3 13 παρακαλεῖτε ἑαυτοὺς καθ' ἑκάστην ἡμέραν, ἄχρις οὗ τὸ σήμερον καλεῖται

5 4ᵈ οὐχ ἑαυτῷ τις λαμβάνει τὴν τιμήν, ἀλλὰ (+ὁ ς) καλούμενος ὑπὸ τοῦ θεοῦ

Hb 9 15ᵉ ὅπως ... τὴν ἐπαγγελίαν λάβωσιν οἱ κεκλημένοι τῆς αἰωνίου κληρονομίας

11 8ᵈ πίστει [+ὁ S] καλούμενος Ἀβραὰμ ὑπήκουσεν ἐξελθεῖν εἰς (+τὸν [S]ς) τόπον

11 18 ἐν Ἰσαὰκ κληθήσεταί σοι σπέρμα

Jc 2 23 Ἀβραὰμ ... φίλος θεοῦ ἐκλήθη

1Pt 1 15 ἀλλὰ κατὰ τὸν καλέσαντα ὑμᾶς ἅγιον καὶ αὐτοὶ ἅγιοι ... γενήθητε

2 9 ὅπως τὰς ἀρετὰς ἐξαγγείλητε τοῦ ἐκ σκότους ὑμᾶς καλέσαντος εἰς τὸ ... φῶς

2 21 εἰς τοῦτο γὰρ ἐκλήθητε

3 6 ὡς Σάρρα ὑπήκουσεν (-κουεν H) τῷ Ἀβραάμ, κύριον αὐτὸν καλοῦσα

3 9 ὅτι εἰς τοῦτο ἐκλήθητε ἵνα εὐλογίαν κληρονομήσητε

5 10 ὁ δὲ θεὸς ... ὁ καλέσας ὑμᾶς εἰς τὴν αἰώνιον αὐτοῦ δόξαν

2Pt 1 3 διὰ τῆς ἐπιγνώσεως τοῦ καλέσαντος ἡμᾶς | ἰδίᾳ δόξῃ καὶ ἀρετῇ (διὰ δόξης κ. ἀρετῆς Hς)

1 Jo 3 1 ἵνα τέκνα θεοῦ κληθῶμεν

Ap 1 9ᵈ ἐγὼ Ἰωάννης ... ἐγενόμην ἐν τῇ νήσῳ τῇ καλουμένῃ Πάτμῳ

11 8 τῆς πόλεως τῆς μεγάλης, ἥτις καλεῖται πνευματικῶς Σόδομα καὶ Αἴγυπτος

12 9ᵈ ἐβλήθη ὁ δράκων ὁ μέγας ... ὁ καλούμενος Διάβολος

16 16ᵈ συνήγαγεν αὐτοὺς εἰς τὸν τόπον τὸν καλούμενον Ἑβραϊστὶ Ἁρμαγεδών

19 9ᵉ μακάριοι οἱ εἰς τὸ δεῖπνον τοῦ γάμου τοῦ ἀρνίου κεκλημένοι

19 11ᵈ ἰδοὺ ἵππος λευκός, καὶ ὁ καθήμενος ἐπ' αὐτὸν || καλούμενος ([N²⁶H]; —S) πιστὸς ((~ NH)) καὶ ἀληθινός

19 13ᵃ κέκληται (καλεῖται ς) τὸ ὄνομα αὐτοῦ ὁ λόγος τοῦ θεοῦ

καλλιέλαιος

Rm 11 24 εἰ γὰρ σὺ ἐκ τῆς κατὰ φύσιν ἐξεκόπης ἀγριελαίου καὶ παρὰ φύσιν ἐνεκεντρίσθης εἰς καλλιέλαιον

κάλλιον
→ καλῶς

καλοδιδάσκαλος

Tt 2 3 ⟨εἶναι⟩ πρεσβύτιδας ὡσαύτως ἐν καταστήματι ἱεροπρεπεῖς ... καλοδιδασκάλους

Καλοὶ λιμένες
→ καλός ʰ → λιμήν ᵃ

καλοποιέω

2Th 3 13 ὑμεῖς δέ, ἀδελφοί, μὴ ἐγκακήσητε (ἐκ- VSς) καλοποιοῦντες

καλός
→ καλῶς
ᵃ καλόν (ἐστιν) c. inf. vel εἰ, ἐάν
ᵇ τὸ καλόν
ᶜ τὰ καλά
ᵈ καλὸν ἔργον
ᵉ (τὰ) καλὰ ἔργα
ᶠ (τὸ) καλὸν ποιέω
ᵍ κ. καὶ ἀγαθός
ʰ Καλοὶ λιμένες

Mt 3 10 πᾶν οὖν δένδρον μὴ ποιοῦν καρπὸν καλὸν ἐκκόπτεται

5 16ᵉ ὅπως ἴδωσιν ὑμῶν τὰ καλὰ ἔργα

7 17 οὕτως πᾶν δένδρον ἀγαθὸν καρποὺς καλοὺς ποιεῖ

7 18 οὐ δύναται ... δένδρον σαπρὸν καρποὺς καλοὺς ποιεῖν (ἐνεγκεῖν NMST). ↔

Mt 7 19 πᾶν δένδρον μὴ ποιοῦν καρπὸν
καλὸν ἐκκόπτεται

12 33 ἢ ποιήσατε τὸ δένδρον καλόν ↔

12 33 καὶ τὸν καρπὸν αὐτοῦ καλόν

13 8 ἄλλα δὲ ἔπεσεν ἐπὶ τὴν γῆν τὴν
καλήν

13 23 ὁ δὲ ἐπὶ τὴν | καλὴν γῆν (γ. τὴν κ.
ς) σπαρείς

13 24 ὡμοιώθη ἡ βασιλεία τῶν οὐρανῶν
ἀνθρώπῳ σπείραντι καλὸν σπέρ-
μα ἐν τῷ ἀγρῷ αὐτοῦ

13 27 οὐχὶ καλὸν σπέρμα ἔσπειρας ἐν τῷ
σῷ ἀγρῷ;

13 37 ὁ σπείρων τὸ καλὸν σπέρμα ἐστὶν
ὁ υἱὸς τοῦ ἀνθρώπου

13 38 τὸ δὲ καλὸν σπέρμα, οὗτοί εἰσιν οἱ
υἱοὶ τῆς βασιλείας

13 45 ὁμοία ἐστὶν ἡ βασιλεία τῶν οὐρα-
νῶν ἀνθρώπῳ ([S]; —NH) ἐμπό-
ρῳ ζητοῦντι καλοὺς μαργαρίτας

13 48ᶜκαθίσαντες συνέλεξαν τὰ καλὰ εἰς
ἄγγη, τὰ δὲ σαπρὰ ἔξω ἔβαλον

15 26ᵃοὐκ | ἔστιν καλὸν (ἔξεστιν Τ) λα-
βεῖν τὸν ἄρτον τῶν τέκνων

17 4ᵃκαλόν ἐστιν ἡμᾶς ὧδε εἶναι

18 8ᵃκαλόν σοί ἐστιν εἰσελθεῖν εἰς τὴν
ζωὴν | κυλλὸν ἢ χωλόν (~ Vς)

18 9ᵃκαλόν σοί ἐστιν μονόφθαλμον εἰς
τὴν ζωὴν εἰσελθεῖν

26 10ᵈἔργον γὰρ καλὸν ἠργάσατο εἰς
ἐμέ

26 24ᵃκαλὸν ἦν αὐτῷ εἰ οὐκ ἐγεννήθη ὁ
ἄνθρωπος ἐκεῖνος

Mc 4 8 ἄλλα (ἄλλο VSς) ἔπεσεν εἰς τὴν
γῆν τὴν καλήν

4 20 ἐκεῖνοί εἰσιν οἱ ἐπὶ τὴν γῆν τὴν
καλὴν σπαρέντες

7 27ᵃοὐ γάρ | ἐστιν καλὸν (~ Sς) λα-
βεῖν τὸν ἄρτον τῶν τέκνων

9 5ᵃκαλόν ἐστιν ἡμᾶς ὧδε εἶναι

9 42ᵃκαλόν ἐστιν αὐτῷ μᾶλλον εἰ περί-
κειται μύλος ὀνικὸς περὶ τὸν τρά-
χηλον αὐτοῦ

9 43ᵃκαλόν | ἐστίν σε (σοι ἐ. ς) κυλλὸν
εἰσελθεῖν εἰς τὴν ζωήν

9 45ᵃκαλόν ἐστίν σε εἰσελθεῖν εἰς τὴν
ζωὴν χωλόν

9 47ᵃκαλόν σέ (σοι ς) ἐστιν μονόφθαλμον
εἰσελθεῖν εἰς τὴν βασιλείαν τοῦ θεοῦ

9 50 καλὸν τὸ ἅλας

14 6ᵈκαλὸν ἔργον ἠργάσατο ἐν ἐμοί

14 21ᵃκαλὸν (+ἦν MVBSς) αὐτῷ εἰ οὐκ
ἐγεννήθη ὁ ἄνθρωπος ἐκεῖνος

Lc 3 9 πᾶν οὖν δένδρον μὴ ποιοῦν καρ-
πὸν καλὸν [H] ἐκκόπτεται

6 38 μέτρον καλὸν πεπιεσμένον σεσα-
λευμένον ὑπερεκχυννόμενον δώσου-
σιν

6 43 οὐ γάρ ἐστιν δένδρον καλὸν ποιοῦν
καρπὸν σαπρόν, ↔

6 43 οὐδὲ πάλιν δένδρον σαπρὸν ποιοῦν
καρπὸν καλόν

8 15 τὸ δὲ ἐν τῇ καλῇ γῇ, οὗτοί εἰσιν
↔

8 15ᵍοἵτινες ἐν καρδίᾳ καλῇ καὶ ἀγαθῇ
ἀκούσαντες τὸν λόγον κατέχουσιν

9 33ᵃκαλόν ἐστιν ἡμᾶς ὧδε εἶναι

14 34 καλὸν οὖν ([Μ]; —ς) τὸ ἅλας

21 5 λεγόντων περὶ τοῦ ἱεροῦ, ὅτι λί-
θοις καλοῖς καὶ ἀναθήμασιν (-θέμα-
σιν Τ) κεκόσμηται

Jo 2 10 πᾶς ἄνθρωπος πρῶτον τὸν καλὸν
οἶνον τίθησιν

2 10 σὺ τετήρηκας τὸν καλὸν οἶνον
ἕως ἄρτι

Jo 10 11 ἐγώ εἰμι ὁ ποιμὴν ὁ καλός. ↔

10 11 ὁ ποιμὴν ὁ καλὸς τὴν ψυχὴν αὐτοῦ
τίθησιν ὑπὲρ τῶν προβάτων

10 14 ἐγώ εἰμι ὁ ποιμὴν ὁ καλός

10 32ᵉπολλὰ ἔργα | καλὰ ἔδειξα ὑμῖν
(~ NMH) ἐκ τοῦ πατρός (+μου
Vς)

10 33ᵈπερὶ καλοῦ ἔργου οὐ λιθάζομέν σε
ἀλλὰ περὶ βλασφημίας

Ac 27 8ʰἤλθομεν εἰς τόπον τινὰ καλούμενον
Καλοὺς λιμένας (Λ. ΜΒΗς)

Rm 7 16 σύμφημι τῷ νόμῳ ὅτι καλός

7 18ᵇτὸ γὰρ θέλειν παράκειταί μοι, τὸ
δὲ κατεργάζεσθαι τὸ καλὸν οὔ

7 21ᵇᶠεὑρίσκω ἄρα τὸν νόμον τῷ θέλον-
τι ἐμοὶ ποιεῖν τὸ καλόν

12 17 προνοούμενοι καλὰ ἐνώπιον πάν-
των ἀνθρώπων

14 21ᵃκαλὸν τὸ μὴ φαγεῖν κρέα μηδὲ
πιεῖν οἶνον

1 C 5 6 οὐ καλὸν τὸ καύχημα ὑμῶν

7 1ᵃκαλὸν ἀνθρώπῳ γυναικὸς μὴ
ἅπτεσθαι

7 8ᵃκαλὸν αὐτοῖς (+ἐστιν ς) ἐὰν μείνω-
σιν ὡς κἀγώ

7 26 νομίζω οὖν τοῦτο καλὸν ὑπάρχειν
διὰ τὴν ἐνεστῶσαν ἀνάγκην, ↔

7 26ᵃὅτι καλὸν ἀνθρώπῳ τὸ οὕτως εἶναι

9 15ᵃκαλὸν γάρ μοι μᾶλλον ἀποθανεῖν

2 C 8 21 προνοοῦμεν γὰρ καλὰ οὐ μόνον
ἐνώπιον κυρίου

13 7ᵇᶠἀλλ' ἵνα ὑμεῖς τὸ καλὸν ποιῆτε

G 4 18ᵃκαλὸν δὲ ↔

4 18 (+τὸ ς) ζηλοῦσθαι ἐν καλῷ πάντοτε

6 9ᵇᶠτὸ δὲ καλὸν ποιοῦντες μὴ ἐγκα-
κῶμεν (ἐκ- VSς)

1Th 5 21ᵇπάντα δὲ ([Η]; —ς) δοκιμάζετε,
τὸ καλὸν κατέχετε

1Tm 1 8 οἴδαμεν δὲ ὅτι καλὸς ὁ νόμος

1 18 ἵνα στρατεύῃ (στρατεύ[σ]ῃ S; -ση
Τ) ἐν αὐταῖς τὴν καλὴν στρατείαν

2 3 τοῦτο καλὸν καὶ ἀπόδεκτον ἐνώ-
πιον τοῦ σωτῆρος

3 1ᵈεἴ τις ἐπισκοπῆς ὀρέγεται, καλοῦ
ἔργου ἐπιθυμεῖ

3 7 δεῖ δὲ καὶ μαρτυρίαν καλὴν ἔχειν
ἀπὸ τῶν ἔξωθεν

3 13 οἱ γὰρ καλῶς διακονήσαντες βαθ-
μὸν ἑαυτοῖς καλὸν περιποιοῦνται

4 4 ὅτι πᾶν κτίσμα θεοῦ καλόν

4 6 ταῦτα ὑποτιθέμενος . . . καλὸς
ἔσῃ διάκονος Χριστοῦ Ἰησοῦ, ↔

4 6 ἐντρεφόμενος τοῖς λόγοις τῆς πί-
στεως καὶ τῆς καλῆς διδασκαλίας

5 4 * τοῦτο γάρ ἐστιν | καλὸν καὶ (+ς)
ἀπόδεκτον ἐνώπιον τοῦ θεοῦ

5 10ᵉ⟨χήρα καταλεγέσθω⟩ ἐν ἔργοις
καλοῖς μαρτυρουμένη

5 25ᵉὡσαύτως καὶ | τὰ ἔργα τὰ καλὰ
(τὰ κ. ἔ. ς) πρόδηλα (+ἐστι ς)

6 12 ἀγωνίζου τὸν καλὸν ἀγῶνα τῆς
πίστεως, ↔

6 12 ἐπιλαβοῦ τῆς αἰωνίου ζωῆς, εἰς
ἣν ἐκλήθης καὶ ὡμολόγησας τὴν
καλὴν ὁμολογίαν

6 13 Ἰησοῦ τοῦ μαρτυρήσαντος ἐπὶ
Ποντίου Πιλάτου τὴν καλὴν ὁμο-
λογίαν

6 18ᵉ⟨τοῖς πλουσίοις . . . παράγγελλε⟩
πλουτεῖν ἐν ἔργοις καλοῖς

6 19 ἀποθησαυρίζοντας ἑαυτοῖς θεμέ-
λιον καλὸν εἰς τὸ μέλλον

2Tm 1 14 τὴν καλὴν παραθήκην φύλαξον διὰ
πνεύματος ἁγίου

2Tm 2 3 συγκακοπάθησον (σὺ οὖν κακο-
πάθησον ς) ὡς καλὸς στρατιώτης
Χριστοῦ Ἰησοῦ

4 7 τὸν | καλὸν ἀγῶνα (ἀ. τὸν κ. Sς)
ἠγώνισμαι

Tt 2 7ᵉσεαυτὸν παρεχόμενος τύπον κα-
λῶν ἔργων

2 14ᵉἵνα . . . καθαρίσῃ ἑαυτῷ λαὸν πε-
ριούσιον, ζηλωτὴν καλῶν ἔργων

3 8ᵉἵνα φροντίζωσιν καλῶν ἔργων προ-
ΐστασθαι οἱ πεπιστευκότες θεῷ.

3 8ᶜταῦτά ἐστιν (+τὰ ς) καλὰ καὶ
ὠφέλιμα τοῖς ἀνθρώποις

3 14ᵉμανθανέτωσαν δὲ καὶ οἱ ἡμέτεροι
καλῶν ἔργων προΐστασθαι

Hb 5 14 τῶν . . . τὰ αἰσθητήρια γεγυμνα-
σμένα ἐχόντων πρὸς διάκρισιν
καλοῦ τε καὶ κακοῦ

6 5 ⟨ἀδύνατον γὰρ τοὺς⟩ καλὸν γευ-
σαμένους θεοῦ ῥῆμα ⟨πάλιν ἀνα-
καινίζειν⟩

10 24ᵉκατανοῶμεν ἀλλήλους εἰς παροξυ-
σμὸν ἀγάπης καὶ καλῶν ἔργων

13 9ᵃκαλὸν γὰρ χάριτι βεβαιοῦσθαι τὴν
καρδίαν

13 18 πειθόμεθα γὰρ ὅτι καλὴν συνείδη-
σιν ἔχομεν

Jc 2 7 οὐκ αὐτοὶ βλασφημοῦσιν τὸ καλὸν
ὄνομα ⟨;⟩

3 13 δειξάτω ἐκ τῆς καλῆς ἀναστροφῆς
τὰ ἔργα αὐτοῦ

4 17ᶠεἰδότι οὖν καλὸν ποιεῖν καὶ μὴ
ποιοῦντι

1 Pt 2 12 τὴν ἀναστροφὴν ὑμῶν ἐν τοῖς
ἔθνεσιν ἔχοντες καλήν, ↔

2 12ᵉἵνα . . . ἐκ τῶν καλῶν ἔργων ἐπ-
οπτεύοντες δοξάσωσιν τὸν θεόν

4 10 εἰς ἑαυτοὺς αὐτὸ διακονοῦντες ὡς
καλοὶ οἰκονόμοι ποικίλης χάριτος
θεοῦ

2 Pt 1 10ᵉ* σπουδάσατε | ἵνα διὰ τῶν καλῶν
ἔργων (+S) βεβαίαν ὑμῶν τὴν
. . . ἐκλογὴν ποιῆσθε (S; -εῖσθαι rl)

κάλυμμα

2 C 3 13 οὐ καθάπερ Μωϋσῆς ἐτίθει κάλυμ-
μα ἐπὶ τὸ πρόσωπον αὐτοῦ (ἑαυ.
Τς)

3 14 ἄχρι γὰρ τῆς σήμερον ἡμέρας τὸ
αὐτὸ κάλυμμα ἐπὶ τῇ ἀναγνώσει
τῆς παλαιᾶς διαθήκης μένει

3 15 ἕως σήμερον ἡνίκα ἂν ἀναγινώ-
σκηται Μωϋσῆς κάλυμμα ἐπὶ τὴν
καρδίαν αὐτῶν κεῖται· ↔

3 16 ἡνίκα δὲ ἐὰν (ἂν BSς) ἐπιστρέψῃ
πρὸς κύριον, περιαιρεῖται τὸ κά-
λυμμα

καλύπτω
ἀνα-   κατα-   περι-
ἀπο-   παρα-   συγ-
ἐπι-

Mt 8 24 ὥστε τὸ πλοῖον καλύπτεσθαι ὑπὸ
τῶν κυμάτων

10 26 οὐδὲν γάρ ἐστιν κεκαλυμμένον ὃ
οὐκ ἀποκαλυφθήσεται

Lc 8 16 οὐδεὶς δὲ λύχνον ἅψας καλύπτει
αὐτὸν σκεύει

23 30 ἄρξονται λέγειν . . . τοῖς βουνοῖς·
καλύψατε ἡμᾶς

2 C 4 3 εἰ δὲ καὶ ἔστιν κεκαλυμμένον τὸ
εὐαγγέλιον ἡμῶν, ↔

4 3 ἐν τοῖς ἀπολλυμένοις ἐστὶν κεκαλυμ-
μένον

Jc 5 20 ὁ ἐπιστρέψας ἁμαρτωλὸν ἐκ πλά-
νης . . . καλύψει πλῆθος ἁμαρτιῶν

1 Pt 4 8 ὅτι ἀγάπη καλύπτει (-λύψει ς)
πλῆθος ἁμαρτιῶν

Column 1

καλῶς

→ καλός
a καλῶς ποιέω
b καλῶς ἔχω
c κάλλιον
d οὐ καλῶς

Mt 5 44a * | καλῶς ποιεῖτε τοὺς μισοῦντας
ὑμᾶς (. . +ς)

12 12a ὥστε ἔξεστιν τοῖς σάββασιν κα-
λῶς ποιεῖν

15 7 ὑποκριταί, καλῶς ἐπροφήτευσεν
περὶ ὑμῶν Ἡσαΐας

Mc 7 6 καλῶς ἐπροφήτευσεν Ἡσαΐας περὶ
ὑμῶν τῶν ὑποκριτῶν

7 9 καλῶς ἀθετεῖτε τὴν ἐντολὴν τοῦ
θεοῦ

7 37a καλῶς πάντα πεποίηκεν

12 28 ἰδὼν (Ν²⁶ΒΤ; εἰδὼς rl) ὅτι καλῶς
| ἀπεκρίθη αὐτοῖς (∼ Vς)

12 32 καλῶς, διδάσκαλε, ἐπ' ἀληθείας
εἶπες

[16 18]b ἐπὶ ἀρρώστους χεῖρας ἐπιθήσουσιν
καὶ καλῶς ἕξουσιν

Lc 6 26 οὐαὶ ὅταν | ὑμᾶς καλῶς εἴπωσιν
(∼ ΝΜΥΗς BST) πάντες οἱ ἄν-
θρωποι

6 27a καλῶς ποιεῖτε τοῖς μισοῦσιν ὑμᾶς

6 48 οὐκ ἴσχυσεν σαλεῦσαι αὐτήν | διὰ
τὸ καλῶς οἰκοδομῆσθαι αὐτήν (τε-
θεμελίωτο γὰρ ἐπὶ τὴν πέτραν ς)

20 39 διδάσκαλε, καλῶς εἶπας

Jo 4 17 καλῶς εἶπας

8 48 οὐ καλῶς λέγομεν ἡμεῖς ⟨;⟩

13 13 ὑμεῖς φωνεῖτέ με . . . ὁ κύριος, καὶ
καλῶς λέγετε

18 23 εἰ κακῶς ἐλάλησα . . . εἰ δὲ καλῶς,
τί με δέρεις;

Ac 10 33a σύ τε καλῶς ἐποίησας παραγενό-
μενος

25 10c Ἰουδαίους οὐδὲν ἠδίκησα (-κηκα
ΝΤΗ), ὡς καὶ σὺ κάλλιον ἐπιγι-
νώσκεις

28 25 καλῶς τὸ πνεῦμα τὸ ἅγιον ἐλάλη-
σεν διὰ Ἡσαΐου

Rm 11 20 ⟨ἐρεῖς οὖν⟩ καλῶς· τῇ ἀπιστίᾳ
ἐξεκλάσθησαν

1 C 7 37a ὃς δὲ . . . κέκρικεν . . . τηρεῖν τὴν ἑ-
αυτοῦ παρθένον, καλῶς ποιήσει. ↔

7 38a ὥστε καὶ ὁ γαμίζων τὴν ἑαυτοῦ
παρθένον καλῶς ποιεῖ, καὶ ὁ μὴ
γαμίζων κρεῖσσον ποιήσει

14 17 σὺ μὲν γὰρ καλῶς εὐχαριστεῖς

2 C 11 4 εἰ . . . λαμβάνετε . . . εὐαγγέλιον
ἕτερον ὃ οὐκ ἐδέξασθε, καλῶς ἀν-
έχεσθε (ἀνείχ. ΜΥSTς)

G 4 17d ζηλοῦσιν ὑμᾶς οὐ καλῶς, ἀλλὰ
ἐκκλεῖσαι ὑμᾶς θέλουσιν

5 7 ἐτρέχετε καλῶς· τίς ὑμᾶς ἐνέκοψεν
⟨;⟩

Ph 4 14a πλὴν καλῶς ἐποιήσατε συγκοινω-
νήσαντές μου τῇ θλίψει

1Tm 3 4 ⟨δεῖ οὖν τὸν ἐπίσκοπον ἀνεπίλημ-
πτον εἶναι⟩ τοῦ ἰδίου οἴκου καλῶς
προϊστάμενον

3 12 διάκονοι ἔστωσαν μιᾶς γυναικὸς
ἄνδρες, τέκνων καλῶς προϊστάμε-
νοι καὶ τῶν ἰδίων οἴκων

3 13 οἱ γὰρ καλῶς διακονήσαντες βαθ-
μὸν ἑαυτοῖς καλὸν περιποιοῦνται

5 17 οἱ καλῶς προεστῶτες πρεσβύτεροι
διπλῆς τιμῆς ἀξιούσθωσαν

Hb 13 18 καλὴν συνείδησιν ἔχομεν, ἐν πᾶσιν
καλῶς θέλοντες ἀναστρέφεσθαι

Jc 2 3 σὺ κάθου ὧδε καλῶς

Column 2

Jc 2 8a εἰ μέντοι νόμον τελεῖτε . . . καλῶς
ποιεῖτε

2 19a σὺ πιστεύεις . . . καλῶς ποιεῖς

2Pt 1 19a ᾧ καλῶς ποιεῖτε προσέχοντες ὡς
λύχνῳ

3 Jo 6a οὓς καλῶς ποιήσεις προπέμψας
ἀξίως τοῦ θεοῦ

κάμέ

→ κἀγώ

κάμηλος

Mt 3 4 αὐτὸς δὲ ὁ Ἰωάννης εἶχεν τὸ ἔν-
δυμα αὐτοῦ ἀπὸ τριχῶν καμήλου

19 24 εὐκοπώτερόν ἐστιν κάμηλον διὰ
τρυπήματος (τρήμ. ΝΗ) ῥαφίδος
διελθεῖν (εἰσ- ΝΜSTH)

23 24 οἱ (—Η) διϋλίζοντες τὸν κώνωπα,
τὴν δὲ κάμηλον καταπίνοντες

Mc 1 6 | καὶ ἦν ὁ (ἦν δὲ Sς) Ἰωάννης ἐνδε-
δυμένος τρίχας καμήλου

10 25 εὐκοπώτερόν ἐστιν κάμηλον διὰ
τῆς ([Ν²⁶]; —Η) τρυμαλιᾶς τῆς
([Ν²⁶]; —Η) ῥαφίδος διελθεῖν

Lc 18 25 εὐκοπώτερον γάρ ἐστιν κάμηλον
διὰ τρήματος βελόνης εἰσελθεῖν

κάμινος

Mt 13 42 βαλοῦσιν αὐτοὺς εἰς τὴν κάμινον
τοῦ πυρός

13 50 βαλοῦσιν αὐτοὺς εἰς τὴν κάμινον
τοῦ πυρός

Ap 1 15 οἱ πόδες αὐτοῦ ὅμοιοι χαλκολιβά-
νῳ ὡς ἐν καμίνῳ πεπυρωμένης
(Ν²⁶ΝΗ; -μένω Τ; -μένοι rl)

9 2 ἀνέβη καπνὸς ἐκ τοῦ φρέατος ὡς
καπνὸς καμίνου μεγάλης

καμμύω

Mt 13 15 τοὺς ὀφθαλμοὺς αὐτῶν ἐκάμμυσαν

Ac 28 27 τοὺς ὀφθαλμοὺς αὐτῶν ἐκάμμυσαν

κάμνω

Hb 12 3 ἵνα μὴ κάμητε ταῖς ψυχαῖς ὑμῶν
ἐκλυόμενοι

Jc 5 15 ἡ εὐχὴ τῆς πίστεως σώσει τὸν
κάμνοντα

Ap 2 3 * ὑπομονὴν ἔχεις, καὶ ἐβάστασας
διὰ τὸ ὄνομά μου, καὶ οὐ (—ς)
κεκοπίακες (-κας ΝΜΒς) | καὶ οὐ
κέκμηκας (+ς)

κάμοί

→ κἀγώ

κάμπτω

ἀνα-   συγ-

Rm 11 4 ἑπτακισχιλίους ἄνδρας, οἵτινες οὐκ
ἔκαμψαν γόνυ τῇ Βάαλ

14 11 ζῶ ἐγώ, λέγει κύριος, ὅτι ἐμοὶ κάμ-
ψει πᾶν γόνυ

E 3 14 τούτου χάριν κάμπτω τὰ γόνατά
μου πρὸς τὸν πατέρα

Ph 2 10 ἵνα ἐν τῷ ὀνόματι Ἰησοῦ πᾶν
γόνυ κάμψῃ ἐπουρανίων καὶ ἐπι-
γείων καὶ καταχθονίων

κἄν

→ ἄν   → καί
→ ἐάν
a ἀλλὰ κἄν
b ἵνα κἄν
c κἄν μέν
d saltem

Mt 10 23 * | κἂν ἐν τῇ ἑτέρᾳ διώκωσιν ὑμᾶς,
φεύγετε εἰς τὴν ἄλλην (+Β)

21 21a ἐὰν ἔχητε πίστιν . . . ἀλλὰ κἂν τῷ
ὄρει τούτῳ εἴπητε

26 35 κἂν δέῃ με σὺν σοὶ ἀποθανεῖν, οὐ
μή σε ἀπαρνήσομαι

Mc 5 28d | ἐὰν ἅψωμαι κἂν τῶν ἱματίων
αὐτοῦ (κἂν τ. ἱ. αὐ. ἄψ. ς), σωθή-
σομαι

Column 3

Mc 6 56bd παρεκάλουν αὐτὸν ἵνα κἂν τοῦ
κρασπέδου τοῦ ἱματίου αὐτοῦ
ἅψωνται

[16 18] ὄφεις ἀροῦσιν κἂν θανάσιμόν τι
πίωσιν οὐ μὴ αὐτοὺς βλάψῃ

Lc 12 38 κἂν (καὶ ἐὰν ἔλθῃ ς) ἐν τῇ δευτέρᾳ
(+φυλακῇ ς) ↔

12 38 κἂν (καὶ ς) ἐν τῇ τρίτῃ φυλακῇ
ἔλθῃ

13 9c κἂν μὲν ποιήσῃ καρπόν

Jo 8 14 κἂν ἐγὼ μαρτυρῶ περὶ ἐμαυτοῦ,
ἀληθής ἐστιν ἡ μαρτυρία μου

8 55 κἂν (καὶ ἐὰν VSς) εἴπω ὅτι οὐκ
οἶδα αὐτόν, ἔσομαι . . . ψεύστης

10 38 κἂν ἐμοὶ μὴ πιστεύητε (-εύετε Τ),
τοῖς ἔργοις πιστεύετε (-εύσατε Sς)

11 25 ὁ πιστεύων εἰς ἐμὲ κἂν ἀποθάνῃ
ζήσεται

Ac 5 15d ἵνα ἐρχομένου Πέτρου κἂν ἡ σκιὰ
ἐπισκιάσῃ (-σει Η) τινὶ αὐτῶν

1 C 13 2 * κἂν (Η; καὶ ἐὰν rl) ἔχω προ-
φητείαν καὶ εἰδῶ . . . πᾶσαν τὴν
γνῶσιν, ↔

13 2 * κἂν (ΝΗ; καὶ ἐὰν rl) ἔχω πᾶσαν
τὴν πίστιν

13 3 κἂν (καὶ ἐὰν ΜΥΒΤς) ψωμίσω
πάντα τὰ ὑπάρχοντά μου, ↔

13 3 * κἂν (Η; καὶ ἐὰν rl) παραδῶ τὸ
σῶμά μου ἵνα καυχήσωμαι (Ν²⁶Η;
καυθήσωμ. ς; καυθήσομαι rl)

2 C 11 16d εἰ δὲ μή γε, κἂν ὡς ἄφρονα δέξασθέ
με

Hb 12 20 κἂν θηρίον θίγῃ τοῦ ὄρους, λι-
θοβοληθήσεται

Jc 5 15 κἂν ἁμαρτίας ᾖ πεποιηκώς, ἀφεθή-
σεται αὐτῷ

Κανά

Κανᾶ ΜΥΒSTς

Jo 2 1 γάμος ἐγένετο ἐν Κανὰ τῆς Γα-
λιλαίας

2 11 ταύτην ἐποίησεν ἀρχὴν τῶν ση-
μείων ὁ Ἰησοῦς ἐν Κανὰ τῆς Γαλι-
λαίας

4 46 ἦλθεν οὖν πάλιν εἰς τὴν Κανὰ τῆς
Γαλιλαίας

21 2 ἦσαν ὁμοῦ Σίμων Πέτρος . . . καὶ
Ναθαναὴλ ὁ ἀπὸ Κανὰ τῆς Γαλι-
λαίας

Καναναῖος

Mt 10 4 ⟨τῶν δὲ δώδεκα ἀποστόλων τὰ
ὀνόματά ἐστιν ταῦτα⟩ Σίμων ὁ
Καναναῖος (-νίτης ς) καὶ Ἰούδας ὁ
Ἰσκαριώτης

Mc 3 18 ⟨ἐποίησεν τοὺς δώδεκα⟩ Θαδδαῖον
καὶ Σίμωνα τὸν Καναναῖον (-νίτην
ς)

Κανανίτης

Mt 10 4 * ⟨τῶν δὲ δώδεκα ἀποστόλων τὰ
ὀνόματά ἐστιν ταῦτα⟩ Σίμων ὁ
Κανανίτης (ς; -ναῖος rl) καὶ Ἰού-
δας ὁ Ἰσκαριώτης

Mc 3 18 * ⟨ἐποίησεν τοὺς δώδεκα⟩ Θαδ-
δαῖον καὶ Σίμωνα τὸν Κανανίτην
(ς; -ναῖον rl)

Κανδάκη

Ac 8 27 ἰδοὺ ἀνὴρ Αἰθίοψ εὐνοῦχος δυνά-
στης Κανδάκης (+τῆς Vς) βα-
σιλίσσης Αἰθιόπων

κανών

2 C 10 13 οὐκ εἰς τὰ ἄμετρα καυχησόμεθα,
ἀλλὰ κατὰ τὸ μέτρον τοῦ κανόνος
οὗ ἐμέρισεν ἡμῖν ὁ θεὸς μέτρου

10 15 ἐν ὑμῖν μεγαλυνθῆναι κατὰ τὸν
κανόνα ἡμῶν εἰς περισσείαν, ↔

2 C 10 16 εἰς τὰ ὑπερέκεινα ὑμῶν εὐαγγελί-
σασθαι, οὐκ ἐν ἀλλοτρίῳ κανόνι
εἰς τὰ ἕτοιμα καυχήσασθαι

G 6 16 ὅσοι τῷ κανόνι τούτῳ στοιχήσου-
σιν, εἰρήνη ἐπ' αὐτούς

Ph 3 16 * τῷ αὐτῷ στοιχεῖν | κανόνι, τὸ
αὐτὸ φρονεῖν (+ς)

Καπερναούμ
→ Καφαρναούμ

καπηλεύω
2 C 2 17 οὐ γάρ ἐσμεν ὡς οἱ πολλοὶ καπη-
λεύοντες τὸν λόγον τοῦ θεοῦ

καπνός
Ac 2 19 δώσω τέρατα ... καὶ σημεῖα ...
αἷμα καὶ πῦρ καὶ ἀτμίδα καπνοῦ

Ap 8 4 ἀνέβη ὁ καπνὸς τῶν θυμιαμάτων
... ἐνώπιον τοῦ θεοῦ

9 2 ἀνέβη καπνὸς ἐκ τοῦ φρέατος ↔

9 2 ὡς καπνὸς καμίνου μεγάλης, ↔

9 2 καὶ ἐσκοτώθη (-τίσθη VSς) ὁ
ἥλιος καὶ ὁ ἀὴρ ἐκ τοῦ καπνοῦ τοῦ
φρέατος. ↔

9 3 καὶ ἐκ τοῦ καπνοῦ ἐξῆλθον ἀκρίδες
εἰς τὴν γῆν

9 17 ἐκ τῶν στομάτων αὐτῶν ἐκπο-
ρεύεται πῦρ καὶ καπνὸς καὶ θεῖον

9 18 ἐκ τοῦ πυρὸς καὶ (+ἐκ ς) τοῦ
καπνοῦ καὶ (+ἐκ ς) τοῦ θείου
τοῦ ἐκπορευομένου ἐκ τῶν στομά-
των αὐτῶν

14 11 ὁ καπνὸς τοῦ βασανισμοῦ αὐτῶν
εἰς αἰῶνας αἰώνων ἀναβαίνει

15 8 ἐγεμίσθη ὁ ναὸς καπνοῦ ἐκ τῆς
δόξης τοῦ θεοῦ

18 9 ὅταν βλέπωσιν τὸν καπνὸν τῆς
πυρώσεως αὐτῆς

18 18 ἔκραζον (-ξαν BH) βλέποντες τὸν
καπνὸν τῆς πυρώσεως αὐτῆς

19 3 ὁ καπνὸς αὐτῆς ἀναβαίνει εἰς τοὺς
αἰῶνας τῶν αἰώνων

Καππαδοκία
Ac 2 9 Πάρθοι ... καὶ οἱ κατοικοῦντες ...
'Ιουδαίαν τε καὶ Καππαδοκίαν
⟨ἀκούομεν λαλούντων αὐτῶν ταῖς
ἡμετέραις γλώσσαις⟩

1 Pt 1 1 Πέτρος ... ἐκλεκτοῖς παρεπιδήμοις
διασπορᾶς Πόντου, Γαλατίας,
Καππαδοκίας

καρδία
a plur.
b καρδία τῆς γῆς
c κ. et στόμα
d κ. et πρόσωπον

Mt 5 8 μακάριοι οἱ καθαροὶ τῇ καρδίᾳ

5 28 ἤδη ἐμοίχευσεν αὐτὴν ἐν τῇ
καρδίᾳ αὐτοῦ

6 21 ὅπου γάρ ἐστιν ὁ θησαυρός σου,
ἐκεῖ ἔσται καὶ [H] ἡ καρδία σου
(ὑμῶν ς)

9 4a ἱνατί (+ὑμεῖς VSς) ἐνθυμεῖσθε
πονηρὰ ἐν ταῖς καρδίαις ὑμῶν;

11 29 μάθετε ἀπ' ἐμοῦ, ὅτι πραΰς εἰμι
καὶ ταπεινὸς τῇ καρδίᾳ

12 34c ἐκ γὰρ τοῦ περισσεύματος τῆς
καρδίας τὸ στόμα λαλεῖ. ↔

12 35 * ὁ ἀγαθὸς ἄνθρωπος ἐκ τοῦ ἀγα-
θοῦ θησαυροῦ | τῆς καρδίας (+ς)
ἐκβάλλει (+ τὰ STς) ἀγαθά

12 40b οὕτως ἔσται ὁ υἱὸς τοῦ ἀνθρώπου
ἐν τῇ καρδίᾳ τῆς γῆς τρεῖς ἡμέρας

13 15 ἐπαχύνθη γὰρ ἡ καρδία τοῦ λαοῦ
τούτου

13 15 μήποτε ἴδωσιν τοῖς ὀφθαλμοῖς ...
καὶ τῇ καρδίᾳ συνῶσιν

Mt 13 19 ἔρχεται ὁ πονηρὸς καὶ ἁρπάζει τὸ
ἐσπαρμένον ἐν τῇ καρδίᾳ αὐτοῦ

15 8 ἡ δὲ καρδία αὐτῶν πόρρω ἀπέχει
ἀπ' ἐμοῦ

15 18c τὰ δὲ ἐκπορευόμενα ἐκ τοῦ στόμα-
τος ἐκ τῆς καρδίας ἐξέρχεται

15 19 ἐκ γὰρ τῆς καρδίας ἐξέρχονται
διαλογισμοὶ πονηροί

18 35a ἐὰν μὴ ἀφῆτε ἕκαστος τῷ ἀδελφῷ
αὐτοῦ ἀπὸ τῶν καρδιῶν ὑμῶν
(+τὰ παραπτώματα αὐτῶν ς)

22 37 ἀγαπήσεις κύριον τὸν θεόν σου ἐν
ὅλῃ τῇ (—H) καρδίᾳ σου

24 48 ἐὰν δὲ εἴπῃ ὁ κακὸς δοῦλος
ἐκεῖνος ([S]; —T) ἐν τῇ καρδίᾳ
αὐτοῦ

Mc 2 6a ἦσαν δέ τινες τῶν γραμματέων ...
διαλογιζόμενοι ἐν ταῖς καρδίαις
αὐτῶν

2 8a τί ταῦτα διαλογίζεσθε ἐν ταῖς
καρδίαις ὑμῶν;

3 5 συλλυπούμενος ἐπὶ τῇ πωρώσει
τῆς καρδίας αὐτῶν

4 15a * αἴρει τὸν λόγον τὸν ἐσπαρμένον
| ἐν ταῖς καρδίαις αὐτῶν (ς; ἐν
αὐτοῖς MVST; εἰς αὐτούς rl)

6 52 | ἀλλ' ἦν (ἦν γὰρ Vς) αὐτῶν ἡ
καρδία πεπωρωμένη

7 6 ἡ δὲ καρδία αὐτῶν πόρρω ἀπέχει
ἀπ' ἐμοῦ

7 19 ὅτι οὐκ εἰσπορεύεται αὐτοῦ εἰς
τὴν καρδίαν

7 21 ἔσωθεν γὰρ ἐκ τῆς καρδίας τῶν
ἀνθρώπων οἱ διαλογισμοὶ οἱ κακοὶ
ἐκπορεύονται

8 17 (+ἔτι VTς) πεπωρωμένην ἔχετε
τὴν καρδίαν ὑμῶν;

11 23 ὃς ἂν ... μὴ διακριθῇ ἐν τῇ
καρδίᾳ αὐτοῦ ἀλλὰ πιστεύῃ

12 30 ἀγαπήσεις κύριον τὸν θεόν σου ἐξ
ὅλης τῆς (—H) καρδίας σου

12 33 τὸ ἀγαπᾶν αὐτὸν ἐξ ὅλης τῆς
(—H) καρδίας καὶ ἐξ ὅλης τῆς
συνέσεως ... περισσότερόν ἐστιν
πάντων τῶν ὁλοκαυτωμάτων

Lc 1 17a προελεύσεται ... ἐπιστρέψαι καρ-
δίας πατέρων ἐπὶ τέκνα

1 51 διεσκόρπισεν ὑπερηφάνους διανοίᾳ
καρδίας αὐτῶν

1 66 ἔθεντο πάντες οἱ ἀκούσαντες ἐν τῇ
καρδίᾳ αὐτῶν

2 19 ἡ δὲ Μαριὰμ πάντα συνετήρει τὰ
ῥήματα ταῦτα συμβάλλουσα ἐν
τῇ καρδίᾳ αὐτῆς

2 35 ὅπως ἂν ἀποκαλυφθῶσιν ἐκ πολ-
λῶν καρδιῶν διαλογισμοί

2 51 ἡ μήτηρ αὐτοῦ διετήρει | πάντα
τὰ ῥήματα (τὰ ῥ. ἅπαντα S)
(+ταῦτα Vς) ἐν τῇ καρδίᾳ αὐτῆς

3 15a διαλογιζομένων πάντων ἐν ταῖς
καρδίαις αὐτῶν περὶ τοῦ 'Ιωάννου

4 18 * ἀπέσταλκέν με | ἰάσασθαι τοὺς
συντετριμμένους τὴν καρδίαν (+ς)

5 22a τί διαλογίζεσθε ἐν ταῖς καρδίαις
ὑμῶν;

6 45 ὁ ἀγαθὸς ἄνθρωπος ἐκ τοῦ ἀγαθοῦ
θησαυροῦ τῆς καρδίας (+ αὐτοῦ
MVB[S]ς) προφέρει τὸ ἀγαθόν, ↔

6 45 * καὶ ὁ πονηρὸς ἐκ τοῦ πονηροῦ
| θησαυροῦ τῆς καρδίας αὐτοῦ
(+ς) προφέρει τὸ πονηρόν· ↔

6 45c ἐκ γὰρ (+τοῦ ς) περισσεύματος
(+τῆς ς) καρδίας λαλεῖ τὸ στόμα
αὐτοῦ

Lc 8 12 ἔρχεται ὁ διάβολος καὶ αἴρει τὸν
λόγον ἀπὸ τῆς καρδίας αὐτῶν

8 15 οὗτοί εἰσιν οἵτινες ἐν καρδίᾳ καλῇ
καὶ ἀγαθῇ ἀκούσαντες τὸν λόγον
κατέχουσιν

9 47 ὁ δὲ 'Ιησοῦς εἰδὼς (ἰδὼν VBSς)
τὸν διαλογισμὸν τῆς καρδίας
αὐτῶν

10 27 ἀγαπήσεις κύριον τὸν θεόν σου ἐξ
ὅλης τῆς ([N26]; —H) καρδίας σου

12 34 ὅπου γάρ ἐστιν ὁ θησαυρὸς ὑμῶν,
ἐκεῖ καὶ ἡ καρδία ὑμῶν ἔσται

12 45 ἐὰν δὲ εἴπῃ ὁ δοῦλος ἐκεῖνος ἐν τῇ
καρδίᾳ αὐτοῦ

16 15a ὁ δὲ θεὸς γινώσκει τὰς καρδίας
ὑμῶν

21 14a θέτε οὖν | ἐν ταῖς καρδίαις (εἰς τὰς
καρδίας ς) ὑμῶν μὴ προμελετᾶν
ἀπολογηθῆναι

21 34a προσέχετε δὲ ἑαυτοῖς μήποτε
βαρηθῶσιν | ὑμῶν αἱ καρδίαι
(~H) ἐν κραιπάλῃ

24 25 ὦ ἀνόητοι καὶ βραδεῖς τῇ καρδίᾳ
τοῦ πιστεύειν

24 32 οὐχὶ ἡ' καρδία ἡμῶν καιομένη ἦν
| ἐν ἡμῖν ([N26]; —H) ⟨;⟩

24 38a διὰ τί διαλογισμοὶ ἀναβαίνουσιν
ἐν | τῇ καρδίᾳ (ταῖς -ίαις MVBSς)
ὑμῶν;

Jo 12 40 ἐπώρωσεν αὐτῶν τὴν καρδίαν, ↔

12 40 ἵνα μὴ ἴδωσιν τοῖς ὀφθαλμοῖς καὶ
νοήσωσιν τῇ καρδίᾳ

13 2 τοῦ διαβόλου ἤδη βεβληκότος εἰς
τὴν καρδίαν ἵνα παραδοῖ αὐτὸν

14 1 μὴ ταρασσέσθω ὑμῶν ἡ καρδία

14 27 μὴ ταρασσέσθω ὑμῶν ἡ καρδία
μηδὲ δειλιάτω

16 6 ἡ λύπη πεπλήρωκεν ὑμῶν τὴν
καρδίαν

16 22 πάλιν δὲ ὄψομαι ὑμᾶς, καὶ χαρήσε-
ται ὑμῶν ἡ καρδία

Ac 2 26 διὰ τοῦτο ηὐφράνθη | ἡ καρδία
μου (N26ς; ~rl)

2 37 ἀκούσαντες δὲ κατενύγησαν | τὴν
καρδίαν (τῇ -δίᾳ ς)

2 46 μετελάμβανον τροφῆς ἐν ἀγαλλιά-
σει καὶ ἀφελότητι καρδίας

4 32 τοῦ δὲ πλήθους τῶν πιστευσάντων
ἦν (+ἡ V[S]ς) καρδία καὶ (+ἡ
V[S]ς) ψυχὴ μία

5 3 'Ανανία, διὰ τί ἐπλήρωσεν ὁ
σατανᾶς τὴν καρδίαν σου ⟨;⟩

5 4 τί ὅτι ἔθου ἐν τῇ καρδίᾳ σου τὸ
πρᾶγμα τοῦτο

7 23 ἀνέβη ἐπὶ τὴν καρδίαν αὐτοῦ
ἐπισκέψασθαι τοὺς ἀδελφοὺς αὐτοῦ

7 39a ἐστράφησαν ἐν (—ς) ταῖς καρδίαις
αὐτῶν εἰς Αἴγυπτον

7 51a σκληροτράχηλοι καὶ ἀπερίτμητοι
καρδίαις (τῇ -ίᾳ ς) καὶ τοῖς ὠσίν

7 54a ἀκούοντες δὲ ταῦτα διεπρίοντο
ταῖς καρδίαις αὐτῶν

8 21 ἡ γὰρ καρδία σου οὐκ ἔστιν
εὐθεῖα ἔναντι τοῦ θεοῦ

8 22 εἰ ἄρα ἀφεθήσεταί σοι ἡ ἐπίνοια
τῆς καρδίας σου

8 37 * | εἰ πιστεύεις ἐξ ὅλης τῆς καρδίας,
ἔξεστιν (.. +ς ..)

11 23 παρεκάλει πάντας τῇ προθέσει
τῆς καρδίας προσμένειν [+ἐν H]
τῷ κυρίῳ

13 22 εὗρον Δαυὶδ ... ἄνδρα [H] κατὰ
τὴν καρδίαν μου

14 17a ἐμπιπλῶν τροφῆς καὶ εὐφροσύνης
τὰς καρδίας ὑμῶν (ἡμ. ς)

Ac 15 9ᵃ τῇ πίστει καθαρίσας τὰς καρδίας αὐτῶν

16 14 καὶ τις γυνὴ ὀνόματι Λυδία . . . ἧς ὁ κύριος διήνοιξεν τὴν καρδίαν

21 13 τί ποιεῖτε κλαίοντες καὶ συνθρύπτοντές μου τὴν καρδίαν;

28 27 ἐπαχύνθη γὰρ ἡ καρδία τοῦ λαοῦ τούτου

28 27 μήποτε ἴδωσιν τοῖς ὀφθαλμοῖς . . . καὶ τῇ καρδίᾳ συνῶσιν

Rm 1 21 ἐσκοτίσθη ἡ ἀσύνετος αὐτῶν καρδία

1 24ᵃ παρέδωκεν αὐτοὺς ὁ θεὸς ἐν ταῖς ἐπιθυμίαις τῶν καρδιῶν αὐτῶν εἰς ἀκαθαρσίαν

2 5 κατὰ δὲ τὴν σκληρότητά σου καὶ ἀμετανόητον καρδίαν θησαυρίζεις σεαυτῷ ὀργήν

2 15ᵃ οἵτινες ἐνδείκνυνται τὸ ἔργον τοῦ νόμου γραπτὸν ἐν ταῖς καρδίαις αὐτῶν

2 29 περιτομὴ καρδίας ἐν πνεύματι οὐ γράμματι

5 5ᵃ ὅτι ἡ ἀγάπη τοῦ θεοῦ ἐκκέχυται ἐν ταῖς καρδίαις ἡμῶν

6 17 ἦτε δοῦλοι τῆς ἁμαρτίας, ὑπηκούσατε δὲ ἐκ καρδίας εἰς ὃν παρεδόθητε τύπον διδαχῆς

8 27ᵃ ὁ δὲ ἐραυνῶν τὰς καρδίας οἶδεν

9 2 λύπη μοί ἐστιν μεγάλη καὶ ἀδιάλειπτος ὀδύνη τῇ καρδίᾳ μου

10 1 ἡ μὲν εὐδοκία τῆς ἐμῆς καρδίας . . . ὑπὲρ αὐτῶν εἰς σωτηρίαν

10 6 μὴ εἴπῃς ἐν τῇ καρδίᾳ σου

10 8ᶜ ἐγγύς σου τὸ ῥῆμά ἐστιν, ἐν τῷ στόματί σου καὶ ἐν τῇ καρδίᾳ σου

10 9ᶜ ἐὰν ὁμολογήσῃς | ἐν τῷ στόματί σου κύριον Ἰησοῦν (τὸ ῥῆμα ἐν τῷ στ. σ. ὅτι κύριος Ἰ-ῦς Η), καὶ πιστεύσῃς ἐν τῇ καρδίᾳ σου

10 10ᶜ καρδίᾳ γὰρ πιστεύεται εἰς δικαιοσύνην, στόματι δὲ ὁμολογεῖται εἰς σωτηρίαν

16 18ᵃ διὰ τῆς χρηστολογίας καὶ εὐλογίας ἐξαπατῶσιν τὰς καρδίας τῶν ἀκάκων

1 C 2 9 ἃ . . . οὓς οὐκ ἤκουσεν καὶ ἐπὶ καρδίαν ἀνθρώπου οὐκ ἀνέβη

4 5ᵃ ὁ κύριος, ὃς καὶ . . . φανερώσει τὰς βουλὰς τῶν καρδιῶν

7 37 ὃς δὲ ἕστηκεν ἐν τῇ καρδίᾳ αὐτοῦ (—ϛ) ἑδραῖος

7 37 καὶ τοῦτο κέκρικεν ἐν τῇ | ἰδίᾳ καρδίᾳ (κ. αὐτοῦ ϛ)

14 25 τὰ κρυπτὰ τῆς καρδίας αὐτοῦ φανερὰ γίνεται

2 C 1 22ᵃ δοὺς τὸν ἀρραβῶνα τοῦ πνεύματος ἐν ταῖς καρδίαις ἡμῶν

2 4 ἐκ γὰρ πολλῆς θλίψεως καὶ συνοχῆς καρδίας ἔγραψα ὑμῖν

3 2ᵃ ἡ ἐπιστολὴ ἡμῶν ὑμεῖς ἐστε, ἐγγεγραμμένη ἐν ταῖς καρδίαις ἡμῶν

3 3ᵃ ἐστὲ ἐπιστολὴ Χριστοῦ . . . ἐγγεγραμμένη . . . ἐν πλαξὶν καρδίαις (-δίας ϛ) σαρκίναις

3 15 ἡνίκα ἂν ἀναγινώσκηται Μωϋσῆς κάλυμμα ἐπὶ τὴν καρδίαν αὐτῶν κεῖται

4 6ᵃ ὃς ἔλαμψεν ἐν ταῖς καρδίαις ἡμῶν πρὸς φωτισμὸν

5 12ᵈ ἵνα ἔχητε πρὸς τοὺς ἐν προσώπῳ καυχωμένους καὶ | μὴ ἐν (οὐ ϛ) καρδίᾳ

6 11ᶜ τὸ στόμα ἡμῶν ἀνέῳγεν . . . ἡ καρδία ἡμῶν πεπλάτυνται

2 C 7 3ᵃ ἐν ταῖς καρδίαις ἡμῶν ἐστε εἰς τὸ συναποθανεῖν

8 16 χάρις δὲ τῷ θεῷ τῷ δόντι (N²⁶; διδ. rl) τὴν αὐτὴν σπουδὴν ὑπὲρ ὑμῶν ἐν τῇ καρδίᾳ Τίτου

9 7 ἕκαστος καθὼς προῄρηται τῇ καρδίᾳ, μὴ ἐκ λύπης

G 4 6ᵃ ἐξαπέστειλεν ὁ θεὸς τὸ πνεῦμα τοῦ υἱοῦ αὐτοῦ εἰς τὰς καρδίας ἡμῶν (ὑμ. Vϛ)

E 1 18 ⟨ἵνα . . . δῴη⟩ πεφωτισμένους τοὺς ὀφθαλμοὺς τῆς καρδίας (διανοίας ϛ) ὑμῶν [N²⁶NH]

3 17ᵃ κατοικῆσαι τὸν Χριστὸν διὰ τῆς πίστεως ἐν ταῖς καρδίαις ὑμῶν

4 18 ἀπηλλοτριωμένοι τῆς ζωῆς τοῦ θεοῦ . . . διὰ τὴν πώρωσιν τῆς καρδίας αὐτῶν

5 19 ᾄδοντες καὶ ψάλλοντες (+ ἐν MVB [S]ϛ) τῇ καρδίᾳ ὑμῶν τῷ κυρίῳ

6 5 οἱ δοῦλοι, ὑπακούετε . . . ἐν ἁπλότητι τῆς (—T) καρδίας ὑμῶν

6 22ᵃ ἵνα . . . παρακαλέσῃ τὰς καρδίας ὑμῶν

Ph 1 7 διὰ τὸ ἔχειν με ἐν τῇ καρδίᾳ ὑμᾶς

4 7ᵃ ἡ εἰρήνη τοῦ θεοῦ . . . φρουρήσει τὰς καρδίας ὑμῶν . . . ἐν Χριστῷ Ἰησοῦ

Cl 2 2ᵃ ἵνα παρακληθῶσιν αἱ καρδίαι αὐτῶν

3 15ᵃ ἡ εἰρήνη τοῦ Χριστοῦ βραβευέτω ἐν ταῖς καρδίαις ὑμῶν

3 16ᵃ ᾄδοντες ἐν | ταῖς καρδίαις (τῇ -ίᾳ ϛ) ὑμῶν τῷ θεῷ

3 22 οἱ δοῦλοι, ὑπακούετε . . . ἐν ἁπλότητι καρδίας φοβούμενοι τὸν κύριον

4 8ᵃ ἵνα . . . παρακαλέσῃ τὰς καρδίας ὑμῶν

1Th 2 4ᵃ οὐχ ὡς ἀνθρώποις ἀρέσκοντες, ἀλλὰ (+ τῷ V[S]ϛ) θεῷ τῷ δοκιμάζοντι τὰς καρδίας ἡμῶν

2 17ᵈ ἀπορφανισθέντες ἀφ᾽ ὑμῶν πρὸς καιρὸν ὥρας προσώπῳ οὐ καρδίᾳ

3 13ᵃ εἰς τὸ στηρίξαι ὑμῶν τὰς καρδίας ἀμέμπτους ἐν ἁγιωσύνῃ ἔμπροσθεν τοῦ θεοῦ

2 Th 2 17ᵃ ⟨ὁ κύριος⟩ παρακαλέσαι ὑμῶν τὰς καρδίας καὶ στηρίξαι ἐν παντὶ ἔργῳ

3 5ᵃ ὁ δὲ κύριος κατευθύναι ὑμῶν τὰς καρδίας εἰς τὴν ἀγάπην τοῦ θεοῦ

1Tm 1 5 τὸ δὲ τέλος τῆς παραγγελίας ἐστὶν ἀγάπη ἐκ καθαρᾶς καρδίας καὶ συνειδήσεως ἀγαθῆς

2Tm 2 22 μετὰ τῶν ἐπικαλουμένων τὸν κύριον ἐκ καθαρᾶς καρδίας

Hb 3 8ᵃ μὴ σκληρύνητε τὰς καρδίας ὑμῶν ὡς ἐν τῷ παραπικρασμῷ

3 10 ἀεὶ πλανῶνται τῇ καρδίᾳ

3 12 μήποτε ἔσται ἔν τινι ὑμῶν καρδία πονηρὰ ἀπιστίας

3 15ᵃ μὴ σκληρύνητε τὰς καρδίας ὑμῶν ὡς ἐν τῷ παραπικρασμῷ

4 7ᵃ μὴ σκληρύνητε τὰς καρδίας ὑμῶν

4 12 ζῶν γὰρ ὁ λόγος τοῦ θεοῦ . . . καὶ κριτικὸς ἐνθυμήσεων καὶ ἐννοιῶν καρδίας

8 10ᵃ διδοὺς νόμους μου . . . καὶ ἐπὶ καρδίας (-ίαν T) αὐτῶν ἐπιγράψω αὐτούς

10 16ᵃ διδοὺς νόμους μου ἐπὶ καρδίας αὐτῶν

10 22 προσερχώμεθα μετὰ ἀληθινῆς καρδίας ἐν πληροφορίᾳ πίστεως, ↔

Hb 10 22ᵃ ῥεραντισμένοι τὰς καρδίας ἀπὸ συνειδήσεως πονηρᾶς

13 9 καλὸν γὰρ χάριτι βεβαιοῦσθαι τὴν καρδίαν, οὐ βρώμασιν

Jc 1 26 μὴ χαλιναγωγῶν γλῶσσαν αὐτοῦ (ἑαυ. NH) ἀλλὰ ἀπατῶν καρδίαν αὐτοῦ (ἑαυ. NH)

3 14 εἰ δὲ ζῆλον πικρὸν ἔχετε καὶ ἐριθείαν ἐν τῇ καρδίᾳ ὑμῶν

4 8ᵃ καθαρίσατε χεῖρας, ἁμαρτωλοί, καὶ ἁγνίσατε καρδίας, δίψυχοι

5 5ᵃ ἐθρέψατε τὰς καρδίας ὑμῶν (+ ὡς Sϛ) ἐν ἡμέρᾳ σφαγῆς

5 8ᵃ στηρίξατε τὰς καρδίας ὑμῶν

1Pt 1 22 ἐκ καθαρᾶς ([N²⁶]; —NBTH) καρδίας ἀλλήλους ἀγαπήσατε ἐκτενῶς

3 4 ἀλλ᾽ ὁ κρυπτὸς τῆς καρδίας ἄνθρωπος ἐν τῷ ἀφθάρτῳ . . . τοῦ πνεύματος

3 15ᵃ κύριον δὲ τὸν Χριστὸν ἁγιάσατε ἐν ταῖς καρδίαις ὑμῶν

2Pt 1 19ᵃ ἕως οὗ ἡμέρα διαυγάσῃ καὶ φωσφόρος ἀνατείλῃ ἐν ταῖς καρδίαις ὑμῶν

2 14 καρδίαν γεγυμνασμένην πλεονεξίας (-ξίαις ϛ) ἔχοντες

1 Jo 3 19ᵃ ἔμπροσθεν αὐτοῦ πείσομεν | τὴν καρδίαν (τὰς -ίας BSTϛ) ἡμῶν ↔

3 20 ὅτι ἐὰν καταγινώσκῃ ἡμῶν ἡ καρδία, ↔

3 20 ὅτι μείζων ἐστὶν ὁ θεὸς τῆς καρδίας ἡμῶν

3 21 ἐὰν ἡ καρδία ἡμῶν (+ [N²⁶]Tϛ) μὴ καταγινώσκῃ (+ ἡμῶν Tϛ)

Ap 2 23ᵃ ὅτι ἐγώ εἰμι ὁ ἐραυνῶν νεφροὺς καὶ καρδίας

17 17ᵃ ὁ γὰρ θεὸς ἔδωκεν εἰς τὰς καρδίας αὐτῶν ποιῆσαι τὴν γνώμην αὐτοῦ

18 7 ὅτι ἐν τῇ καρδίᾳ αὐτῆς λέγει

καρδιογνώστης

Ac 1 24 σὺ κύριε καρδιογνῶστα πάντων, ἀνάδειξον ὃν ἐξελέξω

15 8 ὁ καρδιογνώστης θεὸς ἐμαρτύρησεν αὐτοῖς

Κάρπος

2Tm 4 13 τὸν φαιλόνην, ὃν ἀπέλιπον (-λειπον H) ἐν Τρῳάδι παρὰ Κάρπῳ

καρπός

ᵃ κ. ποιέω
ᵇ κ. (ἀνα)φέρω
ᶜ κ. δίδωμι
ᵈ κ. ἀποδίδωμι
ᵉ κ. ἔχω
ᶠ κ. δικαιοσύνης

Mt 3 8ᵃ ποιήσατε οὖν | καρπὸν ἄξιον (-ποὺς ἀξίους ϛ) τῆς μετανοίας

3 10ᵃ πᾶν οὖν δένδρον μὴ ποιοῦν καρπὸν καλὸν ἐκκόπτεται

7 16 ἀπὸ τῶν καρπῶν αὐτῶν ἐπιγνώσεσθε αὐτούς

7 17ᵃ οὕτως πᾶν δένδρον ἀγαθὸν καρποὺς καλοὺς ποιεῖ, ↔

7 17ᵃ τὸ δὲ σαπρὸν δένδρον καρποὺς πονηροὺς ποιεῖ.

7 18ᵃᵇ οὐ δύναται δένδρον ἀγαθὸν καρποὺς πονηροὺς ποιεῖν (ἐνεγκεῖν NMSTH), ↔

7 18ᵃᵇ οὐδὲ δένδρον σαπρὸν καρποὺς καλοὺς ποιεῖν (ἐνεγκεῖν NMST). ↔

7 19ᵃ πᾶν δένδρον μὴ ποιοῦν καρπὸν καλὸν ἐκκόπτεται

7 20 ἄρα γε ἀπὸ τῶν καρπῶν αὐτῶν ἐπιγνώσεσθε αὐτούς

12 33ᵃ ἢ ποιήσατε τὸ δένδρον καλὸν καὶ τὸν καρπὸν αὐτοῦ καλόν, ↔

Mt 12 33ᵃ ἢ ποιήσατε τὸ δένδρον σαπρὸν καὶ τὸν καρπὸν αὐτοῦ σαπρόν· ↔

12 33 ἐκ γὰρ τοῦ καρποῦ τὸ δένδρον γινώσκεται

13 8ᶜ ἄλλα δὲ ἔπεσεν ἐπὶ τὴν γῆν τὴν καλὴν καὶ ἐδίδου καρπόν

13 26ᵃ ὅτε δὲ ἐβλάστησεν ὁ χόρτος καὶ καρπὸν ἐποίησεν

21 19 (+οὐ NMTH) μηκέτι ἐκ σοῦ καρπὸς γένηται εἰς τὸν αἰῶνα

21 34 ὅτε δὲ ἤγγισεν ὁ καιρὸς τῶν καρπῶν, ↔

21 34 ἀπέστειλεν τοὺς δούλους αὐτοῦ . . . λαβεῖν τοὺς καρποὺς αὐτοῦ

21 41ᵈ ἄλλοις γεωργοῖς, οἵτινες ἀποδώσουσιν αὐτῷ τοὺς καρποὺς ἐν τοῖς καιροῖς αὐτῶν

21 43ᵃ δοθήσεται ἔθνει ποιοῦντι τοὺς καρποὺς αὐτῆς

Mc 4 7ᶜ ἄλλο ἔπεσεν εἰς τὰς ἀκάνθας . . . καὶ καρπὸν οὐκ ἔδωκεν

4 8ᶜ ἐδίδου καρπὸν ἀναβαίνοντα καὶ αὐξανόμενα (-μενον MVBST; αὐξάνοντα ς)

4 29 ὅταν δὲ παραδοῖ ὁ καρπός, εὐθὺς ἀποστέλλει τὸ δρέπανον

11 14 μηκέτι εἰς τὸν αἰῶνα ἐκ σοῦ μηδεὶς καρπὸν φάγοι

12 2 ἀπέστειλεν . . . δοῦλον, ἵνα παρὰ τῶν γεωργῶν λάβῃ ἀπὸ | τῶν καρπῶν (τοῦ -οῦ ς) τοῦ ἀμπελῶνος

Lc 1 42 εὐλογημένος ὁ καρπὸς τῆς κοιλίας σου

3 8ᵃ ποιήσατε οὖν καρποὺς ἀξίους τῆς μετανοίας

3 9ᵃ πᾶν οὖν δένδρον μὴ ποιοῦν καρπὸν καλὸν [H] ἐκκόπτεται

6 43ᵃ οὐ γάρ ἐστιν δένδρον καλὸν ποιοῦν καρπὸν σαπρόν, ↔

6 43ᵃ οὐδὲ πάλιν δένδρον σαπρὸν ποιοῦν καρπὸν καλόν. ↔

6 44 ἕκαστον γὰρ δένδρον ἐκ τοῦ ἰδίου καρποῦ γινώσκεται

8 8ᵃ ἕτερον . . . φυὲν ἐποίησεν καρπὸν ἑκατονταπλασίονα

12 17 οὐκ ἔχω ποῦ συνάξω τοὺς καρπούς μου

13 6 ἦλθεν ζητῶν καρπὸν ἐν αὐτῇ

13 7 ἰδοὺ τρία ἔτη ἀφ' οὗ ἔρχομαι ζητῶν καρπὸν ἐν τῇ συκῇ ταύτῃ

13 9ᵃ κἂν μὲν ποιήσῃ καρπὸν | εἰς τὸ μέλλον· εἰ δὲ μή γε, (~ Mς) ἐκκόψεις αὐτήν

20 10 ἀπέστειλεν . . . δοῦλον, ἵνα ἀπὸ τοῦ καρποῦ τοῦ ἀμπελῶνος δώσουσιν αὐτῷ

Jo 4 36 ὁ θερίζων . . . συνάγει καρπὸν εἰς ζωὴν αἰώνιον

12 24ᵇ ὁ κόκκος τοῦ σίτου . . . ἐὰν δὲ ἀποθάνῃ, πολὺν καρπὸν φέρει

15 2ᵇ πᾶν κλῆμα ἐν ἐμοὶ μὴ φέρον καρπόν, αἴρει αὐτό, ↔

15 2ᵇ καὶ πᾶν τὸ καρπὸν φέρον, ↔

15 2ᵇ καθαίρει αὐτὸ ἵνα καρπὸν πλείονα φέρῃ

15 4ᵇ καθὼς τὸ κλῆμα οὐ δύναται καρπὸν φέρειν ἀφ' ἑαυτοῦ

15 5ᵇ ὁ μένων ἐν ἐμοὶ κἀγὼ ἐν αὐτῷ, οὗτος φέρει καρπὸν πολύν

15 8ᵇ ἵνα καρπὸν πολὺν φέρητε

15 16ᵇ ἔθηκα ὑμᾶς ἵνα ὑμεῖς ὑπάγητε καὶ καρπὸν φέρητε ↔

15 16 καὶ ὁ καρπὸς ὑμῶν μένῃ

Ac 2 30 ὤμοσεν αὐτῷ ὁ θεὸς ἐκ καρποῦ τῆς ὀσφύος αὐτοῦ (+τὸ κατὰ σάρκα

ἀναστήσειν τὸν Χριστὸν [VS]ς) καθίσαι ἐπὶ τὸν θρόνον αὐτοῦ

Rm 1 13ᵉ ἵνα τινὰ καρπὸν σχῶ καὶ ἐν ὑμῖν

6 21ᵉ τίνα οὖν καρπὸν εἴχετε τότε;

6 22ᵉ ἔχετε τὸν καρπὸν ὑμῶν εἰς ἁγιασμόν

15 28 σφραγισάμενος αὐτοῖς τὸν καρπὸν τοῦτον, ἀπελεύσομαι . . . εἰς Σπανίαν

1 C 9 7 τίς φυτεύει ἀμπελῶνα καὶ | τὸν καρπὸν (ἐκ τοῦ καρποῦ ς) αὐτοῦ οὐκ ἐσθίει;

G 5 22 ὁ δὲ καρπὸς τοῦ πνεύματός ἐστιν ἀγάπη, χαρά

E 5 9 ὁ γὰρ καρπὸς τοῦ φωτὸς (πνεύματος ς) ἐν πάσῃ ἀγαθωσύνῃ . . . καὶ ἀληθείᾳ

Ph 1 11ᶠ ⟨ἵνα ἦτε εἰλικρινεῖς⟩ πεπληρωμένοι | καρπὸν δικαιοσύνης τὸν (καρπῶν δ. τῶν ς) διὰ Ἰησοῦ Χριστοῦ

1 22 εἰ δὲ τὸ ζῆν ἐν σαρκί, τοῦτό μοι καρπὸς ἔργου

4 17 ἐπιζητῶ τὸν καρπὸν τὸν πλεονάζοντα εἰς λόγον ὑμῶν

2 Tm 2 6 τὸν κοπιῶντα γεωργὸν δεῖ πρῶτον τῶν καρπῶν μεταλαμβάνειν

Hb 12 11ᵈᶠ ὕστερον δὲ καρπὸν εἰρηνικὸν τοῖς δι' αὐτῆς γεγυμνασμένοις ἀποδίδωσιν δικαιοσύνης

13 15ᵇ ἀναφέρωμεν θυσίαν αἰνέσεως . . . τῷ θεῷ, τοῦτ' ἔστιν καρπὸν χειλέων ὁμολογούντων τῷ ὀνόματι αὐτοῦ

Jc 3 17 ἡ δὲ ἄνωθεν σοφία πρῶτον μὲν ἀγνή ἐστιν, ἔπειτα . . . μεστὴ ἐλέους καὶ καρπῶν ἀγαθῶν

3 18ᶠ καρπὸς δὲ (+τῆς ς) δικαιοσύνης ἐν εἰρήνῃ σπείρεται τοῖς ποιοῦσιν εἰρήνην

5 7 ὁ γεωργὸς ἐκδέχεται τὸν τίμιον καρπὸν τῆς γῆς

5 18 ἡ γῆ ἐβλάστησεν τὸν καρπὸν αὐτῆς

Ap 22 2ᵃ ἐκεῖθεν ξύλον ζωῆς ποιοῦν (-ῶν T) καρποὺς δώδεκα, ↔

22 2ᵈ κατὰ μῆνα ἕκαστον ἀποδιδοῦν (-οὺς ST) τὸν καρπὸν αὐτοῦ

καρποφορέω
ᵃ med.

Mt 13 23 ὃς δὴ καρποφορεῖ καὶ ποιεῖ ὃ μὲν ἑκατόν

Mc 4 20 οἵτινες . . . παραδέχονται καὶ καρποφοροῦσιν ἓν (ἐν NMSTH) τριάκοντα

4 28 αὐτομάτη (+γὰρ Vς) ἡ γῆ καρποφορεῖ, πρῶτον χόρτον

Lc 8 15 οἵτινες . . . ἀκούσαντες τὸν λόγον κατέχουσιν καὶ καρποφοροῦσιν ἐν ὑπομονῇ

Rm 7 4 ἵνα καρποφορήσωμεν τῷ θεῷ

7 5 τὰ παθήματα τῶν ἁμαρτιῶν . . . ἐνηργεῖτο ἐν τοῖς μέλεσιν ἡμῶν εἰς τὸ καρποφορῆσαι τῷ θανάτῳ

Cl 1 6ᵃ καθὼς καὶ ἐν παντὶ τῷ κόσμῳ | ἐστὶν καρποφορούμενον καὶ αὐξανόμενον (καὶ ἔστι καρπ. ς) καθὼς καὶ ἐν ὑμῖν

1 10 περιπατῆσαι ἀξίως τοῦ κυρίου . . . ἐν παντὶ ἔργῳ ἀγαθῷ καρποφοροῦντες καὶ αὐξανόμενοι

καρποφόρος

Ac 14 17 οὐκ ἀμάρτυρον αὐτὸν (N²⁶T; αὐ. rl) ἀφῆκεν ἀγαθουργῶν, οὐρανόθεν ὑμῖν | ὑετοὺς διδοὺς (~ S) καὶ καιροὺς καρποφόρους

καρτερέω
προσ-

Hb 11 27 ⟨Μωϋσῆς⟩ τὸν γὰρ ἀόρατον ὡς ὁρῶν ἐκαρτέρησεν

κάρφος

Mt 7 3 τί δὲ βλέπεις τὸ κάρφος τὸ ἐν τῷ ὀφθαλμῷ τοῦ ἀδελφοῦ σου ⟨;⟩

7 4 ἄφες ἐκβάλω τὸ κάρφος ἐκ (ἀπὸ VSς) τοῦ ὀφθαλμοῦ σου

7 5 τότε διαβλέψεις ἐκβαλεῖν τὸ κάρφος ἐκ τοῦ ὀφθαλμοῦ τοῦ ἀδελφοῦ σου

Lc 6 41 τί δὲ βλέπεις τὸ κάρφος τὸ ἐν τῷ ὀφθαλμῷ τοῦ ἀδελφοῦ σου ⟨;⟩

6 42 ἄφες ἐκβάλω τὸ κάρφος τὸ ἐν τῷ ὀφθαλμῷ σου

6 42 τότε διαβλέψεις τὸ κάρφος τὸ ἐν τῷ ὀφθαλμῷ τοῦ ἀδελφοῦ σου ἐκβαλεῖν

κατά

I c. gen.
ᵃ (ἐξ)ορκίζω, ὄμνυμι κατά τινος
ᵇ de loco
ᶜ reliqua c. gen.
II c. acc.
ᵈ κατ' ἰδίαν
ᵉ κατὰ μόνας
ᶠ καθ' (ἑκάστην, πᾶσαν) ἡμέραν
ᵍ κατὰ τὰ ἔργα
ʰ κατὰ (τὴν) σάρκα
ʲ κατὰ (τὸν) νόμον
ᵏ κατὰ θεόν
ˡ κατὰ ἄνθρωπον, -ους
ᵐ κατὰ πρόσωπον
ⁿ κ. τὸ αὐτό, τὰ αὐτά, ταῦτα
ᵖ καθ' ὅσον, κατὰ τοσοῦτο
�q κατὰ τί
ʳ κατὰ πάντα
ˢ καθ' (κατὰ) εἷς
ᵗ κ. et nom. numerale

Mt 1 20 ἄγγελος κυρίου κατ' ὄναρ ἐφάνη αὐτῷ λέγων

2 12 χρηματισθέντες κατ' ὄναρ μὴ ἀνακάμψαι πρὸς Ἡρῴδην

2 13 ἰδοὺ ἄγγελος κυρίου φαίνεται κατ' ὄναρ τῷ Ἰωσὴφ λέγων

2 16 ἀνεῖλεν πάντας τοὺς παῖδας . . . ἀπὸ διετοῦς καὶ κατωτέρω, κατὰ τὸν χρόνον ὃν ἠκρίβωσεν παρὰ τῶν μάγων

2 19 ἄγγελος κυρίου | φαίνεται κατ' ὄναρ (~ Vς) τῷ Ἰωσὴφ ἐν Αἰγύπτῳ

2 22 χρηματισθεὶς δὲ κατ' ὄναρ ἀνεχώρησεν εἰς τὰ μέρη τῆς Γαλιλαίας

5 11ᶜ ὅταν . . . εἴπωσιν πᾶν (+ῥῆμα Vς) πονηρὸν καθ' ὑμῶν ψευδόμενοι ([N²⁶]; —S) ἕνεκεν ἐμοῦ

5 23ᶜ ὁ ἀδελφός σου ἔχει τι κατὰ σοῦ

8 32ᵇ ὥρμησεν πᾶσα ἡ ἀγέλη (+τῶν χοίρων [S]ς) κατὰ τοῦ κρημνοῦ εἰς τὴν θάλασσαν

9 29 κατὰ τὴν πίστιν ὑμῶν γενηθήτω ὑμῖν

10 1ᶜ * ἔδωκεν αὐτοῖς ἐξουσίαν κατὰ [+S] πνευμάτων ἀκαθάρτων

10 35ᶜ ἦλθον γὰρ διχάσαι ἄνθρωπον κατὰ τοῦ πατρὸς αὐτοῦ ↔

10 35ᶜ καὶ θυγατέρα κατὰ τῆς μητρὸς αὐτῆς ↔

10 35ᶜ καὶ νύμφην κατὰ τῆς πενθερᾶς αὐτῆς

12 14ᶜ οἱ Φαρισαῖοι συμβούλιον ἔλαβον κατ' αὐτοῦ

12 25ᶜ πᾶσα βασιλεία μερισθεῖσα καθ' ἑαυτῆς ἐρημοῦται, ↔

Mt 12 25ᶜ καὶ πᾶσα πόλις ἢ οἰκία μερισθεῖσα
καθ' ἑαυτῆς οὐ σταθήσεται

12 30ᶜ ὁ μὴ ὢν μετ' ἐμοῦ κατ' ἐμοῦ ἐστιν

12 32ᶜ ὃς ἐὰν εἴπῃ λόγον κατὰ τοῦ υἱοῦ
τοῦ ἀνθρώπου, ἀφεθήσεται αὐτῷ·
↔

12 32ᶜ ὃς δ' ἂν εἴπῃ κατὰ τοῦ πνεύματος
τοῦ ἁγίου, οὐκ ἀφεθήσεται αὐτῷ

14 13ᵈ ὁ Ἰησοῦς ἀνεχώρησεν ἐκεῖθεν ἐν
πλοίῳ εἰς ἔρημον τόπον κατ' ἰδίαν

14 23ᵈ ἀνέβη εἰς τὸ ὄρος κατ' ἰδίαν προσ-
εύξασθαι

16 27 τότε ἀποδώσει ἑκάστῳ κατὰ τὴν
πρᾶξιν αὐτοῦ

17 1ᵈ ἀναφέρει αὐτοὺς εἰς ὄρος ὑψηλὸν
κατ' ἰδίαν

17 19ᵈ προσελθόντες οἱ μαθηταὶ τῷ
Ἰησοῦ κατ' ἰδίαν εἶπον

19 3 εἰ ἔξεστιν ἀνθρώπῳ (+Ν²⁶ΜΥ ς)
ἀπολῦσαι τὴν γυναῖκα αὐτοῦ
κατὰ πᾶσαν αἰτίαν;

20 11ᶜ λαβόντες δὲ ἐγόγγυζον κατὰ τοῦ
οἰκοδεσπότου

20 17ᵈ παρέλαβεν τοὺς δώδεκα μαθητὰς
([Ν²⁶Η]; —ΝΜΤ) κατ' ἰδίαν

23 3ᵍ κατὰ δὲ τὰ ἔργα αὐτῶν μὴ ποιεῖτε

24 3ᵈ προσῆλθον αὐτῷ οἱ μαθηταὶ κατ'
ἰδίαν λέγοντες

24 7 ἔσονται λιμοὶ (+καὶ λοιμοὶ ΜΥ ς)
καὶ σεισμοὶ κατὰ τόπους

25 15 ᾧ μὲν ἔδωκεν πέντε τάλαντα ...
ἑκάστῳ κατὰ τὴν ἰδίαν δύναμιν

26 55ᶠ καθ' ἡμέραν (+πρὸς ὑμᾶς Υ ς) | ἐν
τῷ ἱερῷ ἐκαθεζόμην διδάσκων (~
Υ ς)

26 59ᶜ οἱ δὲ ἀρχιερεῖς ... ἐζήτουν ψευδο-
μαρτυρίαν κατὰ τοῦ Ἰησοῦ

26 63ᵃ ἐξορκίζω σε κατὰ τοῦ θεοῦ τοῦ
ζῶντος

27 1ᶜ συμβούλιον ἔλαβον ... κατὰ τοῦ
Ἰησοῦ

27 15 κατὰ δὲ ἑορτὴν εἰώθει ὁ ἡγεμὼν
ἀπολύειν ἕνα ... δέσμιον

27 19 πολλὰ γὰρ ἔπαθον σήμερον κατ'
ὄναρ δι' αὐτόν

Mc 1 27 | διδαχὴ καινὴ κατ' ἐξουσίαν·
(τίς ἡ δ. ἡ καινὴ αὕτη, ὅτι κατ'
ἐξ. Υ ς) καὶ τοῖς πνεύμασι ... ἐπι-
τάσσει

3 6ᶜ οἱ Φαρισαῖοι ... συμβούλιον ἐδί-
δουν (ἐποίησαν Τ; ἐποίουν ς) κατ'
αὐτοῦ

4 10ᵈ ὅτε ἐγένετο | κατὰ μόνας (κατα-
μόνας ς)

4 34ᵈ κατ' ἰδίαν δὲ τοῖς ἰδίοις μαθηταῖς
ἐπέλυεν πάντα

5 13ᵇ ὥρμησεν ἡ ἀγέλη κατὰ τοῦ κρη-
μνοῦ εἰς τὴν θάλασσαν

6 31ᵈ δεῦτε ὑμεῖς αὐτοὶ κατ' ἰδίαν εἰς
ἔρημον τόπον

6 32ᵈ ἀπῆλθον | ἐν τῷ πλοίῳ εἰς ἔρημον
τόπον (εἰς ἔρ. τ. τῷ π. ΣΤ ς) κατ'
ἰδίαν

6 40ᵗ ἀνέπεσαν πρασιαὶ πρασιαὶ κατὰ
(ἀνὰ Υ ς) ἑκατὸν ↔

6 40ᵗ καὶ κατὰ (ἀνὰ Υ ς) πεντήκοντα

7 5 διὰ τί οὐ περιπατοῦσιν οἱ μαθη-
ταί σου κατὰ τὴν παράδοσιν τῶν
πρεσβυτέρων ⟨;⟩

7 33ᵈ ἀπολαβόμενος αὐτὸν ἀπὸ τοῦ
ὄχλου κατ' ἰδίαν

9 2ᵈ ὁ Ἰησοῦς ... ἀναφέρει αὐτοὺς εἰς
ὄρος ὑψηλὸν κατ' ἰδίαν μόνους

9 28ᵈ οἱ μαθηταὶ αὐτοῦ κατ' ἰδίαν ἐπη-
ρώτων αὐτόν

Mc 9 40ᶜ ὃς γὰρ οὐκ ἔστιν καθ' ἡμῶν, ὑπὲρ
ἡμῶν ἐστιν

11 25ᶜ ἀφίετε εἴ τι ἔχετε κατά τινος

13 3ᵈ ἐπηρώτα αὐτὸν κατ' ἰδίαν (+ὁ Τ)
Πέτρος καὶ Ἰάκωβος

13 8 ἔσονται σεισμοὶ κατὰ τόπους

14 3ᵇ * συντρίψασα τὴν (τὸν ΒΣΤ; τὸ
ς) ἀλάβαστρον κατέχεεν αὐτοῦ
κατὰ (+Υ ς) τῆς κεφαλῆς

14 19ˢ ἤρξαντο λυπεῖσθαι καὶ λέγειν αὐ-
τῷ εἷς κατὰ (καθ' Σ ς) εἷς

14 49ᶠ καθ' ἡμέραν ἤμην πρὸς ὑμᾶς ἐν
τῷ ἱερῷ διδάσκων

14 55ᶜ οἱ δὲ ἀρχιερεῖς ... ἐζήτουν κατὰ
τοῦ Ἰησοῦ μαρτυρίαν

14 56ᶜ πολλοὶ γὰρ ἐψευδομαρτύρουν κατ'
αὐτοῦ

14 57ᶜ καὶ τινες ἀναστάντες ἐψευδομαρ-
τύρουν κατ' αὐτοῦ λέγοντες

15 6 κατὰ δὲ ἑορτὴν ἀπέλυεν αὐτοῖς
ἕνα δέσμιον

Lc 1 9 κατὰ τὸ ἔθος τῆς ἱερατείας ἔλαχε
τοῦ θυμιᾶσαι

1 18ᵃ κατὰ τί γνώσομαι τοῦτο;

1 38 γένοιτό μοι κατὰ τὸ ῥῆμά σου

2 22ʲ ὅτε ἐπλήσθησαν αἱ ἡμέραι τοῦ
καθαρισμοῦ αὐτῶν κατὰ τὸν νόμον
Μωϋσέως

2 24 τοῦ δοῦναι θυσίαν κατὰ τὸ
εἰρημένον ἐν τῷ νόμῳ κυρίου

2 27 τοῦ ποιῆσαι αὐτοὺς κατὰ τὸ
εἰθισμένον τοῦ νόμου περὶ αὐτοῦ

2 29 νῦν ἀπολύεις τὸν δοῦλόν σου,
δέσποτα, κατὰ τὸ ῥῆμά σου ἐν
εἰρήνῃ

2 31ᵐ ὃ ἡτοίμασας κατὰ πρόσωπον
πάντων τῶν λαῶν

2 39ᵈ ὡς ἐτέλεσαν πάντα (ἅπ. ΥΣ ς) τὰ
(—Τ) κατὰ τὸν νόμον κυρίου

2 41 ἐπορεύοντο οἱ γονεῖς αὐτοῦ κατ'
ἔτος εἰς Ἰερουσαλήμ

2 42 ἀναβαινόντων αὐτῶν κατὰ τὸ
ἔθος τῆς ἑορτῆς

4 14ᵇ φήμη ἐξῆλθεν καθ' ὅλης τῆς
περιχώρου περὶ αὐτοῦ

4 16 εἰσῆλθεν κατὰ τὸ εἰωθὸς αὐτῷ ...
εἰς τὴν συναγωγήν

6 7ᶜ * ἵνα εὕρωσιν | κατηγορίαν κατ'
(ΜΥΣ; κατηγορίαν ς; κατηγορεῖν
rl) αὐτοῦ

6 23ⁿ κατὰ | τὰ αὐτὰ (ταῦτα ς) γὰρ
ἐποίουν τοῖς προφήταις οἱ πατέρες
αὐτῶν

6 26ⁿ κατὰ | τὰ αὐτὰ (ταῦτα ς) γὰρ
ἐποίουν τοῖς ψευδοπροφήταις οἱ
πατέρες αὐτῶν

8 1 διώδευεν κατὰ πόλιν καὶ κώμην
κηρύσσων

8 4 συνιόντος δὲ ὄχλου πολλοῦ καὶ
τῶν κατὰ πόλιν ἐπιπορευομένων
πρὸς αὐτὸν εἶπεν

8 33ᵇ ὥρμησεν ἡ ἀγέλη κατὰ τοῦ
κρημνοῦ εἰς τὴν λίμνην

8 39 ἀπῆλθεν καθ' ὅλην τὴν πόλιν
κηρύσσων

9 6 ἐξερχόμενοι δὲ διήρχοντο κατὰ
τὰς κώμας εὐαγγελιζόμενοι

9 10ᵈ ὑπεχώρησεν κατ' ἰδίαν εἰς | πόλιν
καλουμένην (τόπον ἔρημον πόλεως
καλουμένης Υ ς) Βηθσαϊδά

9 18ᵉ ἐγένετο ἐν τῷ εἶναι αὐτὸν προσευ-
χόμενον | κατὰ μόνας (καταμόνας ς)

9 23ᶠ ἀράτω τὸν σταυρὸν αὐτοῦ καθ'
ἡμέραν

Lc 9 50ᶜ * μὴ κωλύετε· | οὐ γάρ ἐστιν καθ'
ὑμῶν [+Σ] ↔

9 50ᶜ ὃς γὰρ οὐκ ἔστιν καθ' ὑμῶν, ὑπὲρ
ὑμῶν ἐστιν

10 4 καὶ (—Τ) μηδένα κατὰ τὴν ὁδὸν
ἀσπάσησθε

10 23ᵈ στραφεὶς πρὸς τοὺς μαθητὰς κατ'
ἰδίαν εἶπεν

10 31 κατὰ συγκυρίαν δὲ ἱερεύς τις
κατέβαινεν ἐν [Η] τῇ ὁδῷ ἐκείνῃ

10 32 ὁμοίως δὲ καὶ Λευίτης γενόμενος
(+[Ν²⁶]Τ ς) κατὰ τὸν τόπον ...
ἀντιπαρῆλθεν. ↔

10 33 Σαμαρίτης δέ τις ὁδεύων ἦλθεν
κατ' αὐτόν

11 3ᶠ τὸν ἄρτον ἡμῶν τὸν ἐπιούσιον
δίδου ἡμῖν τὸ καθ' ἡμέραν

11 23ᶜ ὁ μὴ ὢν μετ' ἐμοῦ κατ' ἐμοῦ ἐστιν

13 22 διεπορεύετο κατὰ πόλεις καὶ κώμας
διδάσκων

15 14 ἐγένετο λιμὸς ἰσχυρὰ κατὰ τὴν
χώραν ἐκείνην

16 19ᶠ ἐνεδιδύσκετο πορφύραν ... εὐφραι-
νόμενος καθ' ἡμέραν λαμπρῶς

17 30ⁿ κατὰ | τὰ αὐτὰ (ταῦτα ς) ἔσται
ᾗ ἡμέρᾳ ὁ υἱὸς τοῦ ἀνθρώπου
ἀποκαλύπτεται

19 47ᶠ ἦν διδάσκων τὸ καθ' ἡμέραν ἐν
τῷ ἱερῷ

21 11 κατὰ τόπους | λιμοὶ καὶ λοιμοὶ
(~ ΝΗ) ἔσονται

22 22 | ὅτι ὁ υἱὸς μὲν (καὶ ὁ μ. υἱ. Υ ς)
τοῦ ἀνθρώπου κατὰ τὸ ὡρισμένον
πορεύεται

22 39 ἐπορεύθη κατὰ τὸ ἔθος εἰς τὸ
ὄρος τῶν ἐλαιῶν

22 53ᶠ καθ' ἡμέραν ὄντος μου μεθ' ὑμῶν
ἐν τῷ ἱερῷ

23 5ᵇ ἀνασείει τὸν λαόν, διδάσκων καθ'
ὅλης τῆς Ἰουδαίας

23 14ᶜ οὐθὲν εὗρον ... αἴτιον ὧν κατηγο-
ρεῖτε κατ' (—Σ) αὐτοῦ

23 17 * ἀνάγκην δὲ εἶχεν ἀπολύειν αὐ-
τοῖς κατὰ ἑορτὴν ἕνα (+ΜΥΒ[Σ] ς)

23 56 τὸ μὲν σάββατον ἡσύχασαν κατὰ
τὴν ἐντολήν

Jo 2 6 ἦσαν ... ὑδρίαι ἓξ κατὰ τὸν
καθαρισμὸν τῶν Ἰουδαίων κείμεναι

5 4 * || ἄγγελος γὰρ (+κυρίου [Υ]Β)
κατὰ καιρὸν κατέβαινεν ἐν τῇ
κολυμβήθρᾳ ((.. +ΜΥΒ ς ..))

7 24 μὴ κρίνετε κατ' ὄψιν

[8 9]ˢ οἱ δὲ ἀκούσαντες ἐξήρχοντο εἷς
| καθ' εἷς (καθεῖς ς)

8 15ʰ ὑμεῖς κατὰ τὴν σάρκα κρίνετε

10 3 τὰ ἴδια πρόβατα φωνεῖ κατ'
ὄνομα

18 29ᶜ τίνα κατηγορίαν φέρετε κατὰ
([Ν²⁶]; —ΝΤΗ) τοῦ ἀνθρώπου
τούτου;

18 31ᵈ κατὰ τὸν νόμον ὑμῶν κρίνατε αὐ-
τόν (—Τ)

19 7ʲ κατὰ τὸν νόμον (+ἡμῶν [Σ]ς)
ὀφείλει ἀποθανεῖν

19 11ᶜ οὐκ εἶχες (ἔχεις ΒΣΤ) ἐξουσίαν κατ'
ἐμοῦ οὐδεμίαν

21 25ᵗ | ἅτινα ἐὰν γράφηται καθ' ἓν
(.. —Τ ..)

Ac 2 10 ⟨οἱ κατοικοῦντες⟩ τὰ μέρη τῆς
Λιβύης τῆς κατὰ Κυρήνην

2 30ʰ * ὤμοσεν ... ἐκ καρποῦ τῆς
ὀσφύος αὐτοῦ | τὸ κατὰ σάρκα
ἀναστήσειν τὸν Χριστόν (+[ΥΣ]ς)

2 46ᵉ καθ' ἡμέραν τε προσκαρτεροῦντες
ὁμοθυμαδὸν ἐν τῷ ἱερῷ, ↔

Ac 2 46 κλῶντές τε κατ' οἶκον ἄρτον, μετελάμβανον τροφῆς

2 47ᶠ προσετίθει τοὺς σῳζομένους καθ' ἡμέραν (+τῇ ἐκκλησίᾳ [VS]ς) ἐπὶ τὸ αὐτό

3 2ᶠ ὃν ἐτίθουν καθ' ἡμέραν πρὸς τὴν θύραν τοῦ ἱεροῦ

3 13ᵐ Ἰησοῦν, ὃν ὑμεῖς μὲν ... ἠρνήσασθε κατὰ πρόσωπον Πιλάτου

3 17 οἶδα ὅτι κατὰ ἄγνοιαν ἐπράξατε

3 22ʳ αὐτοῦ ἀκούσεσθε κατὰ πάντα ὅσα ἂν λαλήσῃ

4 26ᶜ οἱ ἄρχοντες συνήχθησαν ἐπὶ τὸ αὐτὸ κατὰ τοῦ κυρίου ↔

4 26ᶜ καὶ κατὰ τοῦ χριστοῦ αὐτοῦ

5 15 * ὥστε κατὰ (ς; καὶ εἰς rl) τὰς πλατείας ἐκφέρειν τοὺς ἀσθενεῖς

5 42 πᾶσάν τε ἡμέραν ἐν τῷ ἱερῷ καὶ κατ' οἶκον οὐκ ἐπαύοντο διδάσκοντες

6 13ᶜ ὁ ἄνθρωπος οὗτος οὐ παύεται λαλῶν ῥήματα κατὰ τοῦ τόπου τοῦ ἁγίου τούτου ([N²⁶NH]; —VT) καὶ τοῦ νόμου

7 44 καθὼς διετάξατο ... ποιῆσαι αὐτὴν κατὰ τὸν τύπον ὃν ἑωράκει

8 1 πάντες δὲ ([NH]; τε ς; —T) διεσπάρησαν κατὰ τὰς χώρας τῆς Ἰουδαίας

8 3 Σαῦλος δὲ ἐλυμαίνετο τὴν ἐκκλησίαν κατὰ τοὺς οἴκους εἰσπορευόμενος

8 26 πορεύου κατὰ μεσημβρίαν ἐπὶ τὴν ὁδόν

8 36 ὡς δὲ ἐπορεύοντο κατὰ τὴν ὁδόν

9 31ᵇ ἡ μὲν οὖν ἐκκλησία καθ' ὅλης τῆς Ἰουδαίας ... εἶχεν εἰρήνην

9 42ᵇ γνωστὸν δὲ ἐγένετο καθ' ὅλης τῆς (—H) Ἰόππης

10 37ᵇ οἴδατε τὸ γενόμενον ῥῆμα καθ' ὅλης τῆς Ἰουδαίας

11 1 ἤκουσαν ... οἱ ἀδελφοὶ οἱ ὄντες κατὰ τὴν Ἰουδαίαν

12 1 κατ' ἐκεῖνον δὲ τὸν καιρὸν ἐπέβαλεν | Ἡρῴδης ὁ βασιλεὺς (~T) τὰς χεῖρας

13 1 ἦσαν δὲ ἐν Ἀντιοχείᾳ κατὰ τὴν οὖσαν ἐκκλησίαν προφῆται

13 22 εὗρον Δαυὶδ ... ἄνδρα [H] κατὰ τὴν καρδίαν μου

13 23 τούτου ὁ θεὸς ἀπὸ τοῦ σπέρματος κατ' ἐπαγγελίαν ἤγαγεν τῷ Ἰσραὴλ σωτῆρα Ἰησοῦν

13 27 τοῦτον ἀγνοήσαντες καὶ τὰς φωνὰς τῶν προφητῶν τὰς κατὰ πᾶν σάββατον ἀναγινωσκομένας κρίναντες ἐπλήρωσαν

13 49ᵇ * διεφέρετο δὲ ὁ λόγος τοῦ κυρίου καθ' (T; δι' rl) ὅλης τῆς χώρας

14 1ⁿ ἐγένετο δὲ ἐν Ἰκονίῳ κατὰ τὸ αὐτὸ εἰσελθεῖν αὐτοὺς εἰς τὴν συναγωγὴν

14 2ᶜ ἐκάκωσαν τὰς ψυχὰς τῶν ἐθνῶν κατὰ τῶν ἀδελφῶν

14 23 χειροτονήσαντες δὲ αὐτοῖς κατ' ἐκκλησίαν πρεσβυτέρους

15 11 διὰ τῆς χάριτος ... πιστεύομεν σωθῆναι καθ' ὃν τρόπον κἀκεῖνοι

15 21 Μωϋσῆς γὰρ ... κατὰ πόλιν τοὺς κηρύσσοντας αὐτὸν ἔχει

15 21 ἐν ταῖς συναγωγαῖς κατὰ πᾶν σάββατον ἀναγινωσκόμενος

15 23 οἱ ἀπόστολοι ... τοῖς κατὰ τὴν Ἀντιόχειαν ... ἀδελφοῖς τοῖς ἐξ ἐθνῶν χαίρειν

15 36 ἐπισκεψώμεθα τοὺς ἀδελφοὺς κατὰ πόλιν πᾶσαν

Ac 16 5ᶠ αἱ μὲν οὖν ἐκκλησίαι ... ἐπερίσσευον τῷ ἀριθμῷ καθ' ἡμέραν

16 7 ἐλθόντες δὲ (—ς) κατὰ τὴν Μυσίαν ↔

16 7 * ἐπείραζον κατὰ (ς; εἰς rl) τὴν Βιθυνίαν πορευθῆναι

16 22ᶜ συνεπέστη ὁ ὄχλος κατ' αὐτῶν

16 25 κατὰ δὲ τὸ μεσονύκτιον Παῦλος καὶ Σιλᾶς προσευχόμενοι ὕμνουν τὸν θεόν

17 2 κατὰ δὲ τὸ εἰωθὸς τῷ Παύλῳ εἰσῆλθεν πρὸς αὐτούς

17 11ᶠ (+τὸ [NSH]MVBς) καθ' ἡμέραν ἀνακρίνοντες τὰς γραφάς

17 17ᶠ διελέγετο ... ἐν τῇ ἀγορᾷ κατὰ πᾶσαν ἡμέραν πρὸς τοὺς παρατυγχάνοντας

17 22ʳ κατὰ πάντα ὡς δεισιδαιμονεστέρους ὑμᾶς θεωρῶ

17 25ʳ * αὐτὸς διδοὺς πᾶσι ζωὴν καὶ πνοὴν κατὰ (ς; καὶ τὰ rl) πάντα

17 28 ὡς καὶ τινες τῶν καθ' ὑμᾶς ποιητῶν εἰρήκασιν

18 4 διελέγετο δὲ ἐν τῇ συναγωγῇ κατὰ πᾶν σάββατον

18 14 κατὰ λόγον ἂν ἀνεσχόμην ὑμῶν · ↔

18 15 εἰ δὲ ζητήματά ἐστιν περὶ ... νόμου τοῦ καθ' ὑμᾶς

19 9ᶠ καθ' ἡμέραν διαλεγόμενος ἐν τῇ σχολῇ Τυράννου (+τινός [M]VSς)

19 16ᶜ κατακυριεύσας ἀμφοτέρων (αὐτῶν ς) ἴσχυσεν κατ' αὐτῶν

19 20 οὕτως κατὰ κράτος | τοῦ κυρίου ὁ λόγος (~VBSς) ηὔξανεν καὶ ἴσχυεν

19 23 ἐγένετο δὲ κατὰ τὸν καιρὸν ἐκεῖνον τάραχος οὐκ ὀλίγος

20 20 τοῦ μὴ ... διδάξαι ὑμᾶς δημοσίᾳ καὶ κατ' οἴκους

20 23 πλὴν ὅτι τὸ πνεῦμα τὸ ἅγιον κατὰ πόλιν διαμαρτύρεταί μοι λέγον

21 19ᵗ ἐξηγεῖτο καθ' ἓν ἕκαστον ὧν ἐποίησεν ὁ θεός

21 21 ἀποστασίαν διδάσκεις ... τοὺς κατὰ τὰ ἔθνη πάντας Ἰουδαίους

21 28ᶜ οὗτός ἐστιν ὁ ἄνθρωπος ὁ κατὰ τοῦ λαοῦ καὶ τοῦ νόμου καὶ τοῦ τόπου τούτου πάντας πανταχῇ διδάσκων

22 3 ἐγώ (+μέν [S]ς) εἰμι ἀνὴρ Ἰουδαῖος ... πεπαιδευμένος κατὰ ἀκρίβειαν τοῦ πατρῴου νόμου

22 12ʲ Ἀνανίας δέ τις, ἀνὴρ εὐλαβὴς κατὰ τὸν νόμον ⟨εἶπέν μοι⟩

22 19 ἐγὼ ἤμην φυλακίζων καὶ δέρων κατὰ τὰς συναγωγὰς τοὺς πιστεύοντας ἐπὶ σέ

23 3ʲ καὶ σὺ κάθῃ κρίνων με κατὰ τὸν νόμον ⟨;⟩

23 19ᵈ ἀναχωρήσας κατ' ἰδίαν ἐπυνθάνετο

23 31 οἱ μὲν οὖν στρατιῶται κατὰ τὸ διατεταγμένον αὐτοῖς ἀναλαβόντες τὸν Παῦλον

24 1ᶜ οἵτινες ἐνεφάνισαν τῷ ἡγεμόνι κατὰ τοῦ Παύλου

24 5 κινοῦντα στάσεις πᾶσιν τοῖς Ἰουδαίοις τοῖς κατὰ τὴν οἰκουμένην

24 6ʲ * ἐκρατήσαμεν | καὶ κατὰ τὸν ἡμέτερον νόμον ἠθελήσαμεν κρίνειν (+ς ..)

24 12 οὔτε ἐν τῷ ἱερῷ εὗρόν με ... οὔτε ἐν ταῖς συναγωγαῖς οὔτε κατὰ τὴν πόλιν

24 14 κατὰ τὴν ὁδὸν ἣν λέγουσιν αἵρεσιν οὕτως λατρεύω τῷ πατρῴῳ θεῷ, ↔

Ac 24 14ʲ πιστεύων πᾶσι τοῖς κατὰ τὸν νόμον καὶ τοῖς ἐν τοῖς προφήταις γεγραμμένοις

24 22 ὅταν Λυσίας ... καταβῇ, διαγνώσομαι τὰ καθ' ὑμᾶς

25 2ᶜ ἐνεφάνισάν τε αὐτῷ οἱ ἀρχιερεῖς ... κατὰ τοῦ Παύλου, ↔

25 3ᶜ ⟨καὶ παρεκάλουν αὐτὸν⟩ αἰτούμενοι χάριν κατ' αὐτοῦ

25 3 ἐνέδραν ποιοῦντες ἀνελεῖν αὐτὸν κατὰ τὴν ὁδόν

25 7ᶜ * πολλὰ καὶ βαρέα αἰτιώματα | φέροντες κατὰ τοῦ Παύλου (ς; καταφέροντες rl)

25 14 ὁ Φῆστος τῷ βασιλεῖ ἀνέθετο τὰ κατὰ τὸν Παῦλον

25 15 ἐνεφάνισαν οἱ ἀρχιερεῖς ... αἰτούμενοι κατ' αὐτοῦ καταδίκην

25 16ᵐ πρὶν ἢ ὁ κατηγορούμενος κατὰ πρόσωπον ἔχοι τοὺς κατηγόρους

25 23 εἰσελθόντων εἰς τὸ ἀκροατήριον σύν τε χιλιάρχοις καὶ ἀνδράσιν τοῖς κατ' ἐξοχὴν (+οὖσι ς) τῆς πόλεως

25 27ᶜ ἄλογον γάρ μοι δοκεῖ πέμποντα δέσμιον μὴ καὶ τὰς κατ' αὐτοῦ αἰτίας σημᾶναι

26 3 γνώστην | ὄντα σε (~T) πάντων τῶν κατὰ Ἰουδαίους ἐθῶν τε καὶ ζητημάτων

26 5 κατὰ τὴν ἀκριβεστάτην αἵρεσιν τῆς ἡμετέρας θρησκείας ἔζησα Φαρισαῖος

26 11 κατὰ πάσας τὰς συναγωγὰς πολλάκις τιμωρῶν αὐτοὺς ἠνάγκαζον βλασφημεῖν

26 13 ἡμέρας μέσης κατὰ τὴν ὁδὸν εἶδον ... φῶς

27 2 ἐπιβάντες δὲ πλοίῳ Ἀδραμυττηνῷ μέλλοντι πλεῖν εἰς (—ς) τοὺς κατὰ τὴν Ἀσίαν τόπους ἀνήχθημεν

27 5 τό τε πέλαγος τὸ κατὰ τὴν Κιλικίαν καὶ Παμφυλίαν διαπλεύσαντες

27 7 μόλις γενόμενοι κατὰ τὴν Κνίδον ... ὑπεπλεύσαμεν τὴν Κρήτην ↔

27 7 κατὰ Σαλμώνην

27 12 λιμένα τῆς Κρήτης βλέποντα κατὰ λίβα ↔

27 12 καὶ κατὰ χῶρον

27 14ᶜ μετ' οὐ πολὺ δὲ ἔβαλεν κατ' αὐτῆς ἄνεμος τυφωνικός

27 25 οὕτως ἔσται καθ' ὃν τρόπον λελάληταί μοι

27 27 κατὰ μέσον τῆς νυκτὸς ὑπενόουν οἱ ναῦται

27 29 φοβούμενοί τε (δὲ BS) μή που κατὰ (εἰς ς) τραχεῖς τόπους ἐκπέσωμεν

28 16 μένειν καθ' ἑαυτὸν σὺν τῷ φυλάσσοντι αὐτὸν στρατιώτῃ

Rm 1 3ʰ ⟨ὃ προεπηγγείλατο⟩ περὶ τοῦ υἱοῦ αὐτοῦ τοῦ γενομένου ἐκ σπέρματος Δαυὶδ κατὰ σάρκα, ↔

1 4 τοῦ ὁρισθέντος υἱοῦ θεοῦ ἐν δυνάμει κατὰ πνεῦμα ἁγιωσύνης

1 15 τὸ κατ' ἐμὲ πρόθυμον καὶ ὑμῖν ... εὐαγγελίσασθαι

2 2 τὸ κρίμα τοῦ θεοῦ ἐστιν κατὰ ἀλήθειαν ἐπὶ τοὺς τὰ τοιαῦτα πράσσοντας

2 5 κατὰ δὲ τὴν σκληρότητά σου καὶ ἀμετανόητον καρδίαν θησαυρίζεις σεαυτῷ ὀργὴν

2 6ᵍ ὃς ἀποδώσει ἑκάστῳ κατὰ τὰ ἔργα αὐτοῦ · ↔

Rm 2 7 τοῖς μὲν καθ' ὑπομονὴν ἔργου ἀγαθοῦ ... ἀφθαρσίαν ζητοῦσιν ζωὴν αἰώνιον

2 16 ἐν | ἡμέρᾳ ὅτε (ᾗ ἡμέρᾳ ΝΗ) κρίνει (-νεῖ ΜΒΤϛ) ὁ θεὸς τὰ κρυπτὰ τῶν ἀνθρώπων κατὰ τὸ εὐαγγέλιόν μου

3 2 ⟨τίς ἡ ὠφέλεια τῆς περιτομῆς;⟩ πολὺ κατὰ πάντα τρόπον

3 5[1] κατὰ ἄνθρωπον λέγω

4 1[h] τί οὖν ἐροῦμεν εὑρηκέναι ([[Μ]; —Η) Ἀβραὰμ τὸν προπάτορα ἡμῶν κατὰ σάρκα;

4 4 τῷ δὲ ἐργαζομένῳ ὁ μισθὸς οὐ λογίζεται κατὰ χάριν ↔

4 4 ἀλλὰ κατὰ (+τὸ ϛ) ὀφείλημα

4 16 διὰ τοῦτο ἐκ πίστεως, ἵνα κατὰ χάριν

4 18 εἰς τὸ γενέσθαι αὐτὸν πατέρα πολλῶν ἐθνῶν κατὰ τὸ εἰρημένον

5 6 Χριστὸς ὄντων ἡμῶν ἀσθενῶν ἔτι ([[ΜΣ]; —ϛ) κατὰ καιρὸν ὑπὲρ ἀσεβῶν ἀπέθανεν

7 13 ἵνα γένηται καθ' ὑπερβολὴν ἁμαρτωλὸς ἡ ἁμαρτία

7 22 συνήδομαι γὰρ τῷ νόμῳ τοῦ θεοῦ κατὰ τὸν ἔσω ἄνθρωπον

8 1[h]* οὐδὲν ... κατάκριμα τοῖς ἐν Χριστῷ Ἰησοῦ | μὴ κατὰ σάρκα περιπατοῦσιν (+ϛ ..) ↔

8 1 * | ἀλλὰ κατὰ πνεῦμα (.. +ϛ)

8 4[h] ἵνα τὸ δικαίωμα τοῦ νόμου πληρωθῇ ἐν ἡμῖν τοῖς μὴ κατὰ σάρκα περιπατοῦσιν ↔

8 4 ἀλλὰ κατὰ πνεῦμα. ↔

8 5[h] οἱ γὰρ κατὰ σάρκα ὄντες τὰ τῆς σαρκὸς φρονοῦσιν, ↔

8 5 οἱ δὲ κατὰ πνεῦμα τὰ τοῦ πνεύματος

8 12[h] ὀφειλέται ἐσμέν, οὐ τῇ σαρκὶ τοῦ κατὰ σάρκα ζῆν. ↔

8 13[h] εἰ γὰρ κατὰ σάρκα ζῆτε, μέλλετε ἀποθνῄσκειν

8 27[k] οἶδεν ... ὅτι κατὰ θεὸν ἐντυγχάνει ὑπὲρ ἁγίων

8 28 πάντα συνεργεῖ [+ὁ θεὸς ΝΗ] εἰς ἀγαθόν, τοῖς κατὰ πρόθεσιν κλητοῖς οὖσιν

8 31[c] εἰ ὁ θεὸς ὑπὲρ ἡμῶν, τίς καθ' ἡμῶν;

8 33[c] τίς ἐγκαλέσει κατὰ ἐκλεκτῶν θεοῦ;

9 3[h] ἀνάθεμα ... ὑπὲρ τῶν ἀδελφῶν μου τῶν συγγενῶν μου κατὰ σάρκα

9 5[h] ⟨Ἰσραηλῖται⟩ ἐξ ὧν ὁ Χριστὸς τὸ κατὰ σάρκα

9 9 κατὰ τὸν καιρὸν τοῦτον ἐλεύσομαι

9 11 ἵνα ἡ κατ' ἐκλογὴν πρόθεσις τοῦ θεοῦ μένῃ

10 2 ζῆλον θεοῦ ἔχουσιν, ἀλλ' οὐ κατ' ἐπίγνωσιν

11 2[c] ὡς ἐντυγχάνει τῷ θεῷ κατὰ τοῦ Ἰσραήλ

11 5 ἐν τῷ νῦν καιρῷ λεῖμμα κατ' ἐκλογὴν χάριτος γέγονεν

11 21 εἰ γὰρ ὁ θεὸς τῶν κατὰ φύσιν κλάδων οὐκ ἐφείσατο

11 24 εἰ γὰρ σὺ ἐκ τῆς κατὰ φύσιν ἐξεκόπης ἀγριελαίου

11 24 πόσῳ μᾶλλον οὗτοι οἱ κατὰ φύσιν ἐγκεντρισθήσονται τῇ ἰδίᾳ ἐλαίᾳ

11 28 κατὰ μὲν τὸ εὐαγγέλιον ἐχθροὶ δι' ὑμᾶς, ↔

11 28 κατὰ δὲ τὴν ἐκλογὴν ἀγαπητοὶ διὰ τοὺς πατέρας

Rm 12 5[s] ἓν σῶμά ἐσμεν ἐν Χριστῷ, | τὸ δὲ καθ' εἷς (ὁ δὲ καθεὶς ϛ) ἀλλήλων μέλη. ↔

12 6 ἔχοντες δὲ χαρίσματα κατὰ τὴν χάριν τὴν δοθεῖσαν ἡμῖν διάφορα, ↔

12 6 εἴτε προφητείαν, κατὰ τὴν ἀναλογίαν τῆς πίστεως

14 15 οὐκέτι κατὰ ἀγάπην περιπατεῖς

14 22 σὺ πίστιν ... κατὰ σεαυτὸν ἔχε ἐνώπιον τοῦ θεοῦ

15 5 τὸ αὐτὸ φρονεῖν ἐν ἀλλήλοις κατὰ Χριστὸν Ἰησοῦν

16 5 ⟨ἀσπάσασθε Πρίσκαν καὶ Ἀκύλαν⟩ καὶ τὴν κατ' οἶκον αὐτῶν ἐκκλησίαν

16 25 | τῷ δὲ δυναμένῳ ὑμᾶς στηρίξαι κατὰ τὸ εὐαγγέλιόν μου καὶ τὸ κήρυγμα Ἰησοῦ Χριστοῦ [Ν²⁶Σ..], ↔

16 25 | κατὰ ἀποκάλυψιν μυστηρίου χρόνοις αἰωνίοις σεσιγημένου [.. Ν²⁶ Σ..], ↔

16 26 | φανερωθέντος δὲ νῦν ... κατ' ἐπιταγὴν τοῦ αἰωνίου θεοῦ ... γνωρισθέντος [.. Ν²⁶Σ..]

1 C 1 26[h] ὅτι οὐ πολλοὶ σοφοὶ κατὰ σάρκα

2 1 ἦλθον οὐ καθ' ὑπεροχὴν λόγου ἢ σοφίας

3 3[1] οὐχὶ σαρκικοί ἐστε καὶ κατὰ ἄνθρωπον περιπατεῖτε;

3 8 ἕκαστος δὲ τὸν ἴδιον μισθὸν λήμψεται κατὰ τὸν ἴδιον κόπον

3 10 κατὰ τὴν χάριν τοῦ θεοῦ ... θεμέλιον ἔθηκα

4 6[c] ἵνα μὴ εἷς ὑπὲρ τοῦ ἑνὸς φυσιοῦσθε κατὰ τοῦ ἑτέρου

7 6 τοῦτο δὲ λέγω κατὰ συγγνώμην,

7 6 οὐ κατ' ἐπιταγήν

7 40 μακαριωτέρα δέ ἐστιν ἐὰν οὕτως μείνῃ, κατὰ τὴν ἐμὴν γνώμην

9 8[1] μὴ κατὰ ἄνθρωπον ταῦτα λαλῶ ⟨;⟩

10 18[h] βλέπετε τὸν Ἰσραὴλ κατὰ σάρκα

11 4[c] πᾶς ἀνὴρ ... προφητεύων κατὰ κεφαλῆς ἔχων καταισχύνει τὴν κεφαλὴν αὐτοῦ

12 8 ᾧ μὲν ... δίδοται λόγος σοφίας, ἄλλῳ δὲ λόγος γνώσεως κατὰ τὸ αὐτὸ πνεῦμα

12 31 καὶ ἔτι καθ' ὑπερβολὴν ὁδὸν ὑμῖν δείκνυμι

14 27[f] εἴτε γλώσσῃ τις λαλεῖ, κατὰ δύο ἢ τὸ πλεῖστον τρεῖς

14 31[t] δύνασθε γὰρ καθ' ἕνα πάντες προφητεύειν

14 40 πάντα δὲ εὐσχημόνως καὶ κατὰ τάξιν γινέσθω

15 3 Χριστὸς ἀπέθανεν ὑπὲρ τῶν ἁμαρτιῶν ἡμῶν κατὰ τὰς γραφάς

15 4 ἐγήγερται τῇ ἡμέρᾳ τῇ τρίτῃ κατὰ τὰς γραφάς

15 15[c] ὅτι ἐμαρτυρήσαμεν κατὰ τοῦ θεοῦ ὅτι ἤγειρεν τὸν Χριστόν

15 31[f] καθ' ἡμέραν ἀποθνῄσκω, νὴ τὴν ὑμετέραν καύχησιν

15 32[f] εἰ κατὰ ἄνθρωπον ἐθηριομάχησα ἐν Ἐφέσῳ

16 2 κατὰ μίαν σαββάτου (-των ϛ) ἕκαστος ὑμῶν παρ' ἑαυτῷ τιθέτω θησαυρίζων

16 19 ἀσπάζεται ὑμᾶς ... Ἀκύλας καὶ Πρίσκα σὺν τῇ κατ' οἶκον αὐτῶν ἐκκλησίᾳ

2 C 1 8 καθ' ὑπερβολὴν ὑπὲρ δύναμιν ἐβαρήθημεν

2 C 1 17[h] ἢ ἃ βουλεύομαι κατὰ σάρκα βουλεύομαι ⟨;⟩

4 13 ἔχοντες δὲ τὸ αὐτὸ πνεῦμα τῆς πίστεως, κατὰ τὸ γεγραμμένον ... καὶ ἡμεῖς πιστεύομεν

4 17 τὸ ... ἐλαφρὸν τῆς θλίψεως ἡμῶν (—ΝΗ) καθ' ὑπερβολὴν εἰς ὑπερβολὴν αἰώνιον βάρος δόξης κατεργάζεται ἡμῖν

5 16[h] ὥστε ἡμεῖς ἀπὸ τοῦ νῦν οὐδένα οἴδαμεν κατὰ σάρκα· ↔

5 16[h] εἰ καὶ ἐγνώκαμεν κατὰ σάρκα Χριστόν

7 9[k] ἐλυπήθητε γὰρ κατὰ θεόν, ἵνα ἐν μηδενὶ ζημιωθῆτε ἐξ ἡμῶν. ↔

7 10[k] ἡ γὰρ κατὰ θεὸν λύπη μετάνοιαν εἰς σωτηρίαν ἀμεταμέλητον ἐργάζεται

7 11[k] ἰδοὺ γὰρ αὐτὸ τοῦτο τὸ κατὰ θεὸν λυπηθῆναι πόσην κατειργάσατο ὑμῖν σπουδήν

8 2[b] ἐν πολλῇ δοκιμῇ θλίψεως ... ἡ κατὰ βάθους πτωχεία αὐτῶν ἐπερίσσευσεν εἰς τὸ πλοῦτος τῆς ἁπλότητος αὐτῶν· ↔

8 3 ὅτι κατὰ δύναμιν, μαρτυρῶ, καὶ παρὰ (ὑπὲρ ϛ) δύναμιν, αὐθαίρετοι

8 8 οὐ κατ' ἐπιταγὴν λέγω, ἀλλὰ διὰ τῆς ἑτέρων σπουδῆς

10 1[m] ὃς κατὰ πρόσωπον μὲν ταπεινὸς ἐν ὑμῖν

10 2[h] τοὺς λογιζομένους ἡμᾶς ὡς κατὰ σάρκα περιπατοῦντας. ↔

10 3[h] ἐν σαρκὶ γὰρ περιπατοῦντες οὐ κατὰ σάρκα στρατευόμεθα

10 5[c] πᾶν ὕψωμα ἐπαιρόμενον κατὰ τῆς γνώσεως τοῦ θεοῦ

10 7[m] τὰ κατὰ πρόσωπον βλέπετε

10 13 οὐκ εἰς τὰ ἄμετρα καυχησόμεθα, ἀλλὰ κατὰ τὸ μέτρον τοῦ κανόνος

10 15 ἐν ὑμῖν μεγαλυνθῆναι κατὰ τὸν κανόνα ἡμῶν εἰς περισσείαν

11 15[g] ὧν τὸ τέλος ἔσται κατὰ τὰ ἔργα αὐτῶν

11 17 οὐ κατὰ κύριον λαλῶ, ἀλλ' ὡς ἐν ἀφροσύνῃ

11 18[h] ἐπεὶ πολλοὶ καυχῶνται κατὰ (+τὴν [ΝVSH]ΜΒϛ) σάρκα

11 21 κατὰ ἀτιμίαν λέγω, ὡς ὅτι ἡμεῖς ἠσθενήκαμεν (-σαμεν Vϛ)

11 28[f] χωρὶς τῶν παρεκτὸς ἡ ἐπίστασίς μοι ἡ καθ' ἡμέραν

13 8[f] οὐ γὰρ δυνάμεθά τι κατὰ τῆς ἀληθείας, ἀλλὰ ὑπὲρ τῆς ἀληθείας

13 10 ἵνα παρὼν μὴ ἀποτόμως χρήσωμαι κατὰ τὴν ἐξουσίαν

G 1 4 ὅπως ἐξέληται ἡμᾶς ... κατὰ τὸ θέλημα τοῦ θεοῦ

1 11[1] γνωρίζω ... τὸ εὐαγγέλιον τὸ εὐαγγελισθὲν ὑπ' ἐμοῦ ὅτι οὐκ ἔστιν κατὰ ἄνθρωπον

1 13 καθ' ὑπερβολὴν ἐδίωκον τὴν ἐκκλησίαν τοῦ θεοῦ

2 2 ἀνέβην δὲ κατὰ ἀποκάλυψιν· ↔

2 2[d] καὶ ἀνεθέμην αὐτοῖς τὸ εὐαγγέλιον ... κατ' ἰδίαν δὲ τοῖς δοκοῦσιν

2 11[m] κατὰ πρόσωπον αὐτῷ ἀντέστην

3 1 Γαλάται ... οἷς κατ' ὀφθαλμοὺς Ἰησοῦς Χριστὸς προεγράφη

3 15[1] ἀδελφοί, κατὰ ἄνθρωπον λέγω

3 21[c] εἰ ... νόμος κατὰ τῶν ἐπαγγελιῶν | τοῦ θεοῦ [Ν²⁶ΝΗ];

3 29 ἄρα τοῦ Ἀβραὰμ σπέρμα ἐστέ, (+καὶ ϛ) κατ' ἐπαγγελίαν κληρονόμοι

G 4 23h ἀλλ' ὁ μὲν [ΝΗ] ἐκ τῆς παιδίσκης κατὰ σάρκα γεγέννηται

4 28 κατὰ Ἰσαὰκ ἐπαγγελίας τέκνα ἐστέ (ἐσμέν VHς). ↔

4 29h ἀλλ' ὥσπερ τότε ὁ κατὰ σάρκα γεννηθεὶς ↔

4 29 ἐδίωκεν τὸν κατὰ πνεῦμα

5 17c ἡ γὰρ σὰρξ ἐπιθυμεῖ κατὰ τοῦ πνεύματος, ↔

5 17c τὸ δὲ πνεῦμα κατὰ τῆς σαρκός

5 23c κατὰ τῶν τοιούτων οὐκ ἔστιν νόμος

E 1 5 προορίσας ἡμᾶς εἰς υἱοθεσίαν ... κατὰ τὴν εὐδοκίαν τοῦ θελήματος αὐτοῦ

1 7 ἐν ᾧ ἔχομεν ... τὴν ἄφεσιν τῶν παραπτωμάτων, κατὰ | τὸ πλοῦτος (τὸν πλοῦτον ς) τῆς χάριτος αὐτοῦ

1 9 γνωρίσας ἡμῖν τὸ μυστήριον τοῦ θελήματος αὐτοῦ, κατὰ τὴν εὐδοκίαν αὐτοῦ

1 11 ἐν ᾧ καὶ ἐκληρώθημεν προορισθέντες κατὰ πρόθεσιν ↔

1 11 τοῦ τὰ πάντα ἐνεργοῦντος κατὰ τὴν βουλὴν τοῦ θελήματος αὐτοῦ

1 15 ἀκούσας τὴν καθ' ὑμᾶς πίστιν ἐν τῷ κυρίῳ Ἰησοῦ

1 19 (εἰδέναι) τί τὸ ὑπερβάλλον μέγεθος τῆς δυνάμεως αὐτοῦ εἰς ἡμᾶς τοὺς πιστεύοντας κατὰ τὴν ἐνέργειαν τοῦ κράτους τῆς ἰσχύος αὐτοῦ

2 2 ἐν αἷς ποτε περιεπατήσατε κατὰ τὸν αἰῶνα τοῦ κόσμου τούτου, ↔

2 2 κατὰ τὸν ἄρχοντα τῆς ἐξουσίας τοῦ ἀέρος

3 3 ὅτι [Ν26Η] κατὰ ἀποκάλυψιν ἐγνωρίσθη μοι τὸ μυστήριον

3 7 οὗ ἐγενήθην διάκονος κατὰ τὴν δωρεὰν τῆς χάριτος τοῦ θεοῦ ↔

3 7 τῆς δοθείσης μοι κατὰ τὴν ἐνέργειαν τῆς δυνάμεως αὐτοῦ

3 11 (ἵνα γνωρισθῇ ... ἡ πολυποίκιλος σοφία τοῦ θεοῦ) κατὰ πρόθεσιν τῶν αἰώνων

3 16 ἵνα δῷ ὑμῖν κατὰ | τὸ πλοῦτος (τὸν -τον ς) τῆς δόξης αὐτοῦ δυνάμει κραταιωθῆναι

3 20 τῷ δὲ δυναμένῳ ὑπὲρ πάντα ποιῆσαι ... κατὰ τὴν δύναμιν τὴν ἐνεργουμένην ἐν ἡμῖν

4 7 ἑνὶ δὲ ἑκάστῳ ἡμῶν ἐδόθη ἡ [Η] χάρις κατὰ τὸ μέτρον τῆς δωρεᾶς τοῦ Χριστοῦ

4 16 ἐξ οὗ πᾶν τὸ σῶμα συναρμολογούμενον ... κατ' ἐνέργειαν ... τὴν αὔξησιν τοῦ σώματος ποιεῖται

4 22 ἀποθέσθαι ὑμᾶς κατὰ τὴν προτέραν ἀναστροφὴν τὸν παλαιὸν ἄνθρωπον ↔

4 22 τὸν φθειρόμενον κατὰ τὰς ἐπιθυμίας τῆς ἀπάτης

4 24k ἐνδύσασθαι τὸν καινὸν ἄνθρωπον τὸν κατὰ θεὸν κτισθέντα

5 33t ὑμεῖς οἱ καθ' ἕνα ἕκαστος τὴν ἑαυτοῦ γυναῖκα οὕτως ἀγαπάτω ὡς ἑαυτόν

6 5h οἱ δοῦλοι, ὑπακούετε τοῖς | κατὰ σάρκα κυρίοις (~ Sς) μετὰ φόβου

6 6 μὴ κατ' ὀφθαλμοδουλίαν ὡς ἀνθρωπάρεσκοι

6 21 ἵνα δὲ | εἰδῆτε καὶ ὑμεῖς (~ ST) τὰ κατ' ἐμέ, τί πράσσω

Ph 1 12 τὰ κατ' ἐμὲ μᾶλλον εἰς προκοπὴν τοῦ εὐαγγελίου ἐλήλυθεν

Ph 1 20 (ἀποβήσεται εἰς σωτηρίαν) κατὰ τὴν ἀποκαραδοκίαν καὶ ἐλπίδα μου

2 3 (τὸ ἓν φρονοῦντες) μηδὲν κατ' ἐριθείαν ↔

2 3 | μηδὲ κατὰ (ἢ ς) κενοδοξίαν

3 5j (ἐγὼ μᾶλλον) κατὰ νόμον Φαρισαῖος, ↔

3 6 κατὰ ζῆλος (-λον VSς) διώκων τὴν ἐκκλησίαν, ↔

3 6 κατὰ δικαιοσύνην τὴν ἐν νόμῳ γενόμενος ἄμεμπτος

3 14 κατὰ σκοπὸν διώκω εἰς τὸ βραβεῖον τῆς ἄνω κλήσεως

3 21 μετασχηματίσει τὸ σῶμα ... κατὰ τὴν ἐνέργειαν τοῦ δύνασθαι αὐτὸν καὶ ὑποτάξαι

4 11 οὐχ ὅτι καθ' ὑστέρησιν λέγω

4 19 πληρώσει πᾶσαν χρείαν ὑμῶν κατὰ | τὸ πλοῦτος (τὸν -τον ς) αὐτοῦ ἐν δόξῃ ἐν Χριστῷ Ἰησοῦ

Cl 1 11 ἐν πάσῃ δυνάμει δυναμούμενοι κατὰ τὸ κράτος τῆς δόξης αὐτοῦ

1 25 ἧς ἐγενόμην ἐγὼ διάκονος κατὰ τὴν οἰκονομίαν τοῦ θεοῦ

1 29 εἰς ὃ καὶ κοπιῶ ἀγωνιζόμενος κατὰ τὴν ἐνέργειαν αὐτοῦ

2 8 μή τις ὑμᾶς ἔσται ὁ συλαγωγῶν διὰ τῆς φιλοσοφίας ... κατὰ τὴν παράδοσιν τῶν ἀνθρώπων, ↔

2 8 κατὰ τὰ στοιχεῖα τοῦ κόσμου ↔

2 8 καὶ οὐ κατὰ Χριστόν

2 14c ἐξαλείψας τὸ καθ' ἡμῶν χειρόγραφον τοῖς δόγμασιν

2 22 ἅ ἐστιν πάντα εἰς φθοράν ... κατὰ τὰ ἐντάλματα καὶ διδασκαλίας τῶν ἀνθρώπων

3 10 ἐνδυσάμενοι ... τὸν ἀνακαινούμενον εἰς ἐπίγνωσιν κατ' εἰκόνα τοῦ κτίσαντος αὐτόν

3 20r τὰ τέκνα, ὑπακούετε τοῖς γονεῦσιν κατὰ πάντα

3 22r οἱ δοῦλοι, ὑπακούετε κατὰ πάντα ↔

3 22h τοῖς κατὰ σάρκα κυρίοις

4 7 τὰ κατ' ἐμὲ πάντα γνωρίσει ὑμῖν Τύχικος

4 15 ἀσπάσασθε ... Νύμφαν καὶ τὴν κατ' οἶκον αὐτῆς (αὐτοῦ MVBSς; αὐτῶν Τ) ἐκκλησίαν

2 Th 1 12 ὅπως ἐνδοξασθῇ τὸ ὄνομα τοῦ κυρίου ... καὶ ὑμεῖς ἐν αὐτῷ, κατὰ τὴν χάριν τοῦ θεοῦ ἡμῶν

2 3 μή τις ὑμᾶς ἐξαπατήσῃ κατὰ μηδένα τρόπον

2 9 οὗ ἐστιν ἡ παρουσία κατ' ἐνέργειαν τοῦ σατανᾶ ἐν πάσῃ δυνάμει

3 6 στέλλεσθαι ὑμᾶς ἀπὸ παντὸς ἀδελφοῦ ἀτάκτως περιπατοῦντος καὶ μὴ κατὰ τὴν παράδοσιν

1 Tm 1 1 Παῦλος ἀπόστολος Χριστοῦ Ἰησοῦ κατ' ἐπιταγὴν θεοῦ

1 11 (εἴ τι ἕτερον τῇ ὑγιαινούσῃ διδασκαλίᾳ ἀντίκειται) κατὰ τὸ εὐαγγέλιον τῆς δόξης τοῦ μακαρίου θεοῦ

1 18 ταύτην τὴν παραγγελίαν παρατίθεμαί σοι ... κατὰ τὰς προαγούσας ἐπὶ σὲ προφητείας

5 19c κατὰ πρεσβυτέρου κατηγορίαν μὴ παραδέχου

5 21 μηδὲν ποιῶν κατὰ πρόσκλισιν (-κλησιν S)

6 3 εἴ τις ... μὴ προσέρχεται (-έχεται Τ) ... τῇ κατ' εὐσέβειαν διδασκαλίᾳ

2 Tm 1 1 Παῦλος ἀπόστολος ... διὰ θελήματος θεοῦ κατ' ἐπαγγελίαν ζωῆς τῆς ἐν Χριστῷ Ἰησοῦ

1 8 συγκακοπάθησον τῷ εὐαγγελίῳ κατὰ δύναμιν θεοῦ, ↔

1 9g τοῦ σώσαντος ἡμᾶς καὶ καλέσαντος ... οὐ κατὰ τὰ ἔργα ἡμῶν ↔

1 9 ἀλλὰ κατὰ ἰδίαν πρόθεσιν καὶ χάριν

2 8 μνημόνευε Ἰησοῦν Χριστὸν ... ἐκ σπέρματος Δαυίδ, κατὰ τὸ εὐαγγέλιόν μου

4 1 * διαμαρτύρομαι (+οὖν ἐγὼ [S]ς) ἐνώπιον τοῦ θεοῦ ... τοῦ μέλλοντος κρίνειν ... νεκροὺς κατὰ (ς; καὶ rl) τὴν ἐπιφάνειαν αὐτοῦ

4 3 κατὰ τὰς ἰδίας ἐπιθυμίας (ἑ. τὰς ἰ. Sς) ἑαυτοῖς ἐπισωρεύσουσιν διδασκάλους

4 14g ἀποδώσει αὐτῷ ὁ κύριος κατὰ τὰ ἔργα αὐτοῦ

Tt 1 1 Παῦλος δοῦλος θεοῦ, ἀπόστολος δὲ Ἰησοῦ Χριστοῦ κατὰ πίστιν ἐκλεκτῶν θεοῦ ↔

1 1 καὶ ἐπίγνωσιν ἀληθείας τῆς κατ' εὐσέβειαν

1 3 ὃ ἐπιστεύθην ἐγὼ κατ' ἐπιταγὴν τοῦ σωτῆρος ἡμῶν θεοῦ, ↔

1 4 Τίτῳ γνησίῳ τέκνῳ κατὰ κοινὴν πίστιν

1 5 ἵνα ... καταστήσῃς κατὰ πόλιν πρεσβυτέρους

1 9 (τὸν ἐπίσκοπον) ἀντεχόμενον τοῦ κατὰ τὴν διδαχὴν πιστοῦ λόγου

3 5 οὐκ ἐξ ἔργων ... ἀλλὰ κατὰ | τὸ αὐτοῦ ἔλεος (τὸν αὐ. ἔλεον ς) ἔσωσεν ἡμᾶς

3 7 ἵνα ... κληρονόμοι γενηθῶμεν κατ' ἐλπίδα ζωῆς αἰωνίου

Phm 2 (Παῦλος δέσμιος ... Φιλήμονι τῷ ἀγαπητῷ) καὶ τῇ κατ' οἶκόν σου ἐκκλησίᾳ

14 ἵνα μὴ ὡς κατὰ ἀνάγκην τὸ ἀγαθόν σου ᾖ ↔

14 ἀλλὰ κατὰ ἑκούσιον

Hb 1 10 σὺ κατ' ἀρχάς, κύριε, τὴν γῆν ἐθεμελίωσας

2 4 συνεπιμαρτυροῦντος τοῦ θεοῦ ... πνεύματος ἁγίου μερισμοῖς κατὰ τὴν αὐτοῦ θέλησιν

2 17r ὅθεν ὤφειλεν κατὰ πάντα τοῖς ἀδελφοῖς ὁμοιωθῆναι

3 3p πλείονος γὰρ οὗτος δόξης ... ἠξίωται καθ' ὅσον πλείονα τιμὴν ἔχει

3 8 μὴ σκληρύνητε τὰς καρδίας ὑμῶν ὡς ἐν τῷ παραπικρασμῷ κατὰ τὴν ἡμέραν τοῦ πειρασμοῦ

3 13r παρακαλεῖτε ἑαυτοὺς καθ' ἑκάστην ἡμέραν

4 15r ἀρχιερέα ... πεπειρασμένον (-ραμένον Sς) δὲ κατὰ πάντα ↔

4 15 καθ' ὁμοιότητα χωρὶς ἁμαρτίας

5 6 σὺ ἱερεὺς εἰς τὸν αἰῶνα κατὰ τὴν τάξιν Μελχισέδεκ

5 10 προσαγορευθεὶς ὑπὸ τοῦ θεοῦ ἀρχιερεὺς κατὰ τὴν τάξιν Μελχισέδεκ

6 13a ὁ θεός, ἐπεὶ κατ' οὐδενὸς εἶχεν μείζονος ὀμόσαι, ↔

6 13a ὤμοσεν καθ' ἑαυτοῦ

6 16a ἄνθρωποι γὰρ κατὰ τοῦ μείζονος ὀμνύουσιν

6 20 ὅπου ... εἰσῆλθεν Ἰησοῦς, κατὰ τὴν τάξιν Μελχισέδεκ ἀρχιερεὺς γενόμενος

Hb 7 5ʲ ἐντολὴν ἔχουσιν ἀποδεκατοῦν τὸν λαὸν κατὰ τὸν νόμον

7 11 τίς ἔτι χρεία κατὰ τὴν τάξιν Μελχισέδεκ ἕτερον ἀνίστασθαι ἱερέα ↔

7 11 καὶ οὐ κατὰ τὴν τάξιν Ἀαρὼν λέγεσθαι;

7 15 εἰ κατὰ τὴν ὁμοιότητα Μελχισέδεκ ἀνίσταται ἱερεὺς ἕτερος, ↔

7 16ʲ ὃς οὐ κατὰ νόμον ἐντολῆς σαρκίνης γέγονεν ↔

7 16 ἀλλὰ κατὰ δύναμιν ζωῆς ἀκαταλύτου

7 17 σὺ ἱερεὺς εἰς τὸν αἰῶνα κατὰ τὴν τάξιν Μελχισέδεκ

7 20ᵖ καθ' ὅσον οὐ χωρὶς ὁρκωμοσίας

7 21 * σὺ ἱερεὺς εἰς τὸν αἰῶνα | κατὰ τὴν τάξιν Μελχισέδεκ (+ς') ↔

7 22ᵖ κατὰ τοσοῦτο καὶ ([N²⁶]; —Sς) κρείττονος διαθήκης γέγονεν ἔγγυος Ἰησοῦς

7 27ᶠ ὃς οὐκ ἔχει καθ' ἡμέραν ἀνάγκην... θυσίας ἀναφέρειν

8 4ʲ οὐδ' ἂν ἦν ἱερεύς, ὄντων τῶν προσφερόντων κατὰ (+τὸν [MVS]ς) νόμον τὰ δῶρα

8 5 ποιήσεις πάντα κατὰ τὸν τύπον

8 9 οὐ κατὰ τὴν διαθήκην ἣν ἐποίησα τοῖς πατράσιν αὐτῶν

9 5 περὶ ὧν οὐκ ἔστιν νῦν λέγειν κατὰ μέρος

9 9 ἥτις παραβολὴ εἰς τὸν καιρὸν τὸν ἐνεστηκότα, καθ' ἣν (ὃν ς) δῶρά τε καὶ θυσίαι προσφέρονται ↔

9 9 μὴ δυνάμεναι κατὰ συνείδησιν τελειῶσαι τὸν λατρεύοντα

9 19ʲ λαληθείσης γὰρ πάσης ἐντολῆς κατὰ τὸν ([MS]; —Tς) νόμον ὑπὸ Μωϋσέως

9 22ʲ σχεδὸν ἐν αἵματι πάντα καθαρίζεται κατὰ τὸν νόμον

9 25 ὥσπερ ὁ ἀρχιερεὺς εἰσέρχεται εἰς τὰ ἅγια κατ' ἐνιαυτόν

9 27ᵖ καθ' ὅσον ἀπόκειται τοῖς ἀνθρώποις ἅπαξ ἀποθανεῖν ⟨οὕτως καὶ ὁ Χριστός⟩

10 1 κατ' ἐνιαυτὸν ταῖς αὐταῖς θυσίαις ... οὐδέποτε δύναται (-νανται SH) τοὺς προσερχομένους τελειῶσαι

10 3 ἐν αὐταῖς ἀνάμνησις ἁμαρτιῶν κατ' ἐνιαυτόν

10 8ʲ αἵτινες κατὰ (+τὸν ς) νόμον προσφέρονται

10 11ᶠ πᾶς μὲν ἱερεὺς (ἀρχ- S) ἕστηκεν καθ' ἡμέραν λειτουργῶν

11 7 τῆς κατὰ πίστιν δικαιοσύνης ἐγένετο κληρονόμος

11 13 κατὰ πίστιν ἀπέθανον οὗτοι πάντες

12 10 οἱ μὲν γὰρ πρὸς ὀλίγας ἡμέρας κατὰ τὸ δοκοῦν αὐτοῖς ἐπαίδευον

Jc 2 8 εἰ μέντοι νόμον τελεῖτε βασιλικὸν κατὰ τὴν γραφήν

2 17 ἐὰν μὴ ἔχῃ ἔργα, νεκρά ἐστιν καθ' ἑαυτήν

3 9 ἐν αὐτῇ καταρώμεθα τοὺς ἀνθρώπους τοὺς καθ' ὁμοίωσιν θεοῦ γεγονότας

3 14ᶜ μὴ κατακαυχᾶσθε | καὶ ψεύδεσθε κατὰ τῆς ἀληθείας (τ. ἀ. καὶ ψ. T)

5 9ᶜ μὴ στενάζετε, | ἀδελφοί, κατ' ἀλλήλων (— Tς)

1Pt 1 2 ⟨Πέτρος ἀπόστολος ... ἐκλεκτοῖς παρεπιδήμοις⟩ κατὰ πρόγνωσιν θεοῦ πατρός

1Pt 1 3 ὁ θεὸς ... ὁ κατὰ τὸ πολὺ αὐτοῦ ἔλεος ἀναγεννήσας ἡμᾶς

1 15 ἀλλὰ κατὰ τὸν καλέσαντα ὑμᾶς ἅγιον καὶ αὐτοὶ ἅγιοι ... γενήθητε

1 17 εἰ πατέρα ἐπικαλεῖσθε τὸν ἀπροσωπολήμπτως κρίνοντα κατὰ τὸ ἑκάστου ἔργον

2 11ᶜ αἵτινες στρατεύονται κατὰ τῆς ψυχῆς

3 7 συνοικοῦντες κατὰ γνῶσιν ὡς ἀσθενεστέρῳ σκεύει τῷ γυναικείῳ ἀπονέμοντες τιμήν

4 6ʲ ἵνα κριθῶσι μὲν κατὰ ἀνθρώπους σαρκί, ↔

4 6ᵏ ζῶσι δὲ κατὰ θεὸν πνεύματι

4 14 * κατὰ μὲν αὐτοὺς βλασφημεῖται, (+ς' ..) ↔

4 14 * | κατὰ δὲ ὑμᾶς δοξάζεται (.. +ς')

4 19 οἱ πάσχοντες κατὰ τὸ θέλημα τοῦ θεοῦ πιστῷ κτίστῃ παρατιθέσθωσαν τὰς ψυχάς

5 2ᵏ ποιμάνατε τὸ ἐν ὑμῖν ποίμνιον ... ἐπισκοποῦντες (+[N²⁶]MVBSς) μὴ ἀναγκαστῶς ἀλλὰ ἑκουσίως | κατὰ θεόν (—Hς)

2Pt 2 11ᶜ ὅπου ἄγγελοι ... οὐ φέρουσιν κατ' αὐτῶν ... βλάσφημον κρίσιν

3 3 ἐλεύσονται ... ἐμπαῖκται κατὰ τὰς ἰδίας | ἐπιθυμίας αὐτῶν (~ VSTς) πορευόμενοι

3 13 | γῆν καινὴν (~ T) κατὰ | τὸ ἐπάγγελμα (τὰ -ματα T) αὐτοῦ προσδοκῶμεν

3 15 καθὼς καὶ ὁ ... ἀδελφὸς Παῦλος κατὰ τὴν δοθεῖσαν αὐτῷ σοφίαν ἔγραψεν ὑμῖν

1Jo 5 14 ἐάν τι αἰτώμεθα κατὰ τὸ θέλημα αὐτοῦ

2Jo 6 ἵνα περιπατῶμεν κατὰ τὰς ἐντολὰς αὐτοῦ

3Jo 15 ἀσπάζου τοὺς φίλους κατ' ὄνομα

Jd 15ᶜ ⟨ἦλθεν κύριος⟩ ποιῆσαι κρίσιν κατὰ πάντων ↔

15ᶜ καὶ ἐλέγξαι ... περὶ πάντων ... ὧν ἐλάλησαν κατ' αὐτοῦ ἁμαρτωλοὶ ἀσεβεῖς. ↔

16 οὗτοί εἰσιν γογγυσταὶ μεμψίμοιροι, κατὰ τὰς ἐπιθυμίας ἑαυτῶν (N²⁶; αὐ. rl) πορευόμενοι

18 ἔσονται ἐμπαῖκται κατὰ τὰς ἑαυτῶν ἐπιθυμίας πορευόμενοι τῶν ἀσεβειῶν

Ap 2 4ᶜ ἀλλὰ ἔχω κατὰ σοῦ ὅτι τὴν ἀγάπην σου ... ἀφῆκες (-ας NMVBSς)

2 14ᶜ ἔχω κατὰ σοῦ ὀλίγα

2 20ᶜ ἀλλὰ ἔχω κατὰ σοῦ (+ὀλίγα ς)

2 23ᵍ δώσω ὑμῖν ἑκάστῳ κατὰ τὰ ἔργα ὑμῶν

4 8ᵗ τὰ (—ς) τέσσαρα ζῷα, ἓν καθ' | ἓν αὐτῶν (ἑαυτὸ ς) ἔχων (ἔχον VBS; εἶχον ς) ἀνὰ πτέρυγας ἕξ

12 7ᶜ * ὁ Μιχαὴλ καὶ οἱ ἄγγελοι αὐτοῦ τοῦ (—ς) πολεμῆσαι (ἐπολέμησαν ς) κατὰ (ς; μετὰ rl) τοῦ δράκοντος

18 6ᵍ διπλώσατε ([H]; αὐτῇ ς) διπλᾶ κατὰ τὰ ἔργα αὐτῆς

20 12ᵍ ἐκρίθησαν οἱ νεκροὶ ... κατὰ τὰ ἔργα αὐτῶν

20 13ᵍ ἐκρίθησαν ἕκαστος κατὰ τὰ ἔργα αὐτῶν

22 2 ξύλον ζωῆς ... κατὰ μῆνα (+ἕνα ς) ἕκαστον ἀποδιδοῦν (-δοὺς ST) τὸν καρπὸν αὐτοῦ

καταβαίνω
→ ἀναβαίνω
ᵃ κ. ἀπό
ᵇ κ. εἰς
ᶜ κ. ἐκ
ᵈ κ. ἐν de loco
ᵉ κ. ἐπί
ᶠ κ. ἕως
ᵍ κ. πρός

Mt 3 16 εἶδεν τὸ (+[N²⁶]VBSς) πνεῦμα τοῦ (+[N²⁶]VBSς) θεοῦ καταβαῖνον ὡσεὶ περιστεράν

7 25 κατέβη ἡ βροχὴ καὶ ἦλθον οἱ ποταμοί

7 27 κατέβη ἡ βροχὴ καὶ ἦλθον οἱ ποταμοί

8 1ᵃ | καταβάντος δὲ αὐτοῦ (-ντι δὲ αὐτῷ Tς) ἀπὸ τοῦ ὄρους

11 23ᶠ ἕως ᾅδου καταβήσῃ (-βιβασθήσῃ VBSTς)

14 29ᵃ καταβὰς ἀπὸ τοῦ πλοίου ὁ (+[N²⁶]VBSς) Πέτρος περιεπάτησεν ἐπὶ τὰ ὕδατα

17 9ᵃᶜ καταβαινόντων αὐτῶν ἐκ (ἀπὸ ς) τοῦ ὄρους ἐνετείλατο αὐτοῖς ὁ Ἰησοῦς

24 17 ὁ ἐπὶ τοῦ δώματος μὴ καταβάτω (-βαινέτω Sς) ἆραι τὰ ἐκ τῆς οἰκίας αὐτοῦ

27 40ᵃ κατάβηθι ἀπὸ τοῦ σταυροῦ

27 42ᵃ καταβάτω νῦν ἀπὸ τοῦ σταυροῦ

28 2ᶜ ἄγγελος γὰρ κυρίου καταβὰς ἐξ οὐρανοῦ καὶ προσελθὼν

Mc 1 10ᵇᵉ εἶδεν ... τὸ πνεῦμα ὡς περιστερὰν καταβαῖνον εἰς (ἐπ' ς) αὐτόν

3 22ᵃ οἱ γραμματεῖς οἱ ἀπὸ Ἰεροσολύμων καταβάντες ἔλεγον

9 9ᵃᶜ | καὶ καταβαινόντων (καταβ. δὲ Sς) αὐτῶν ἐκ (ἀπὸ VBSTς) τοῦ ὄρους

13 15ᵇ ὁ δὲ ([N²⁶]; —NMH) ἐπὶ τοῦ δώματος μὴ καταβάτω (+εἰς τὴν οἰκίαν VSς)

15 30ᵃ σῶσον σεαυτὸν καταβὰς (καὶ κατάβα ς) ἀπὸ τοῦ σταυροῦ

15 32ᵃ καταβάτω νῦν ἀπὸ τοῦ σταυροῦ

Lc 2 51 κατέβη μετ' αὐτῶν καὶ ἦλθεν εἰς Ναζαρέθ

3 22ᵃ ⟨ἐγένετο⟩ καταβῆναι τὸ πνεῦμα τὸ ἅγιον ... ὡς (ὡσεὶ Vς) περιστερὰν ἐπ' αὐτόν

6 17 καταβὰς μετ' αὐτῶν ἔστη ἐπὶ τόπου πεδινοῦ

8 23ᵇ κατέβη λαῖλαψ ἀνέμου εἰς τὴν λίμνην

9 54ᵃ θέλεις εἴπωμεν πῦρ καταβῆναι ἀπὸ τοῦ οὐρανοῦ ⟨;⟩

10 15ᶠ ἕως τοῦ (—BTς) ᾅδου καταβήσῃ (N²⁶NH; καταβιβασθήσῃ rl)

10 30ᵃᵇ ἄνθρωπός τις κατέβαινεν ἀπὸ Ἰερουσαλὴμ εἰς Ἰεριχὼ

10 31ᵈ κατὰ συγκυρίαν δὲ ἱερεύς τις κατέβαινεν ἐν [H] τῇ ὁδῷ ἐκείνῃ

17 31 ὃς ἔσται ἐπὶ τοῦ δώματος ... μὴ καταβάτω ἆραι αὐτά

18 14ᵇ κατέβη οὗτος δεδικαιωμένος εἰς τὸν οἶκον αὐτοῦ

19 5 Ζακχαῖε, σπεύσας κατάβηθι

19 6 σπεύσας κατέβη, καὶ ὑπεδέξατο αὐτὸν χαίρων

22 44ᵉ || : καὶ ἐγένετο (ἐ. δὲ VSς) ὁ ἱδρὼς αὐτοῦ ὡσεὶ θρόμβοι αἵματος καταβαίνοντες (-ντος T) ἐπὶ τὴν γῆν [[.. N²⁶NSH]]

Jo 1 32ᶜ τεθέαμαι τὸ πνεῦμα καταβαῖνον ὡς περιστερὰν ἐξ οὐρανοῦ

Jo 1 33 e ἐφ' ὃν ἂν ἴδῃς τὸ πνεῦμα καταβαῖ-νον καὶ μένον ἐπ' αὐτόν

1 51 e (+ἀπ' ἄρτι V[S]ς) ὄψεσθε ... τοὺς ἀγγέλους τοῦ θεοῦ ἀναβαί-νοντας καὶ καταβαίνοντας ἐπὶ τὸν υἱὸν τοῦ ἀνθρώπου

2 12 b μετὰ τοῦτο κατέβη εἰς Καφαρ-ναοὺμ αὐτὸς καὶ ἡ μήτηρ αὐτοῦ

3 13 c οὐδεὶς ἀναβέβηκεν εἰς τὸν οὐρανὸν εἰ μὴ ὁ ἐκ τοῦ οὐρανοῦ καταβάς

4 47 ἠρώτα ἵνα καταβῇ καὶ ἰάσηται αὐτοῦ τὸν υἱόν

4 49 κατάβηθι πρὶν ἀποθανεῖν τὸ παι-δίον μου

4 51 ἤδη δὲ αὐτοῦ καταβαίνοντος

5 4 d * || ἄγγελος γὰρ (+κυρίου [V]B) κατὰ καιρὸν κατέβαινεν ἐν τῇ κολυμβήθρᾳ ((.. +MVBς ..))

5 7 ἄλλος πρὸ ἐμοῦ καταβαίνει

6 16 e κατέβησαν οἱ μαθηταὶ αὐτοῦ ἐπὶ τὴν θάλασσαν

6 33 c ὁ γὰρ ἄρτος (+ὁ T) τοῦ θεοῦ ἐστιν ὁ καταβαίνων ἐκ τοῦ οὐρα-νοῦ

6 38 ac ὅτι καταβέβηκα ἀπὸ (ἐκ ς) τοῦ οὐρανοῦ οὐχ ἵνα ποιῶ (ποιήσω T) τὸ θέλημα τὸ ἐμόν

6 41 c ἐγώ εἰμι ὁ ἄρτος ὁ καταβὰς ἐκ τοῦ οὐρανοῦ

6 42 c ἐκ τοῦ οὐρανοῦ καταβέβηκα

6 50 c οὗτός ἐστιν ὁ ἄρτος ὁ ἐκ τοῦ οὐρα-νοῦ καταβαίνων

6 51 c ἐγώ εἰμι ὁ ἄρτος ὁ ζῶν ὁ ἐκ τοῦ οὐρανοῦ καταβάς

6 58 c οὗτός ἐστιν ὁ ἄρτος ὁ ἐξ (ἐκ τοῦ BSς) οὐρανοῦ καταβάς

Ac 7 15 b | καὶ κατέβη (κατέβη δὲ Hς) Ἰα-κὼβ | εἰς Αἴγυπτον [H]

7 34 κατέβην ἐξελέσθαι αὐτούς

8 15 ⟨Πέτρον καὶ Ἰωάννην⟩ οἵτινες κα-ταβάντες προσηύξαντο περὶ αὐ-τῶν

8 26 ab πορεύου ... ἐπὶ τὴν ὁδὸν τὴν καταβαίνουσαν ἀπὸ Ἰερουσαλὴμ εἰς Γάζαν

8 38 b κατέβησαν ἀμφότεροι εἰς τὸ ὕδωρ

10 11 e θεωρεῖ τὸν οὐρανὸν ἀνεῳγμένον καὶ καταβαῖνον (+ἐπ' αὐτὸν ς) σκεῦός τι

10 20 ἀλλὰ ἀναστὰς κατάβηθι

10 21 g καταβὰς δὲ Πέτρος πρὸς τοὺς ἄν-δρας εἶπεν

11 5 c εἶδον ... καταβαῖνον σκεῦός τι ὡς ὀθόνην ... καθιεμένην ἐκ τοῦ οὐρα-νοῦ

14 11 g οἱ θεοὶ ὁμοιωθέντες ἀνθρώποις κατέβησαν πρὸς ἡμᾶς

14 25 b κατέβησαν εἰς Ἀττάλειαν

16 8 b παρελθόντες δὲ τὴν Μυσίαν κατ-έβησαν εἰς Τρῳάδα

18 22 b κατελθὼν εἰς Καισάρειαν, ἀναβὰς ... κατέβη εἰς Ἀντιόχειαν

20 10 καταβὰς δὲ ὁ Παῦλος ἐπέπεσεν αὐ-τῷ

23 10 ἐκέλευσεν τὸ στράτευμα καταβὰν ἁρπάσαι αὐτόν

24 1 μετὰ δὲ πέντε ἡμέρας κατέβη ὁ ἀρχιερεὺς Ἁνανίας

24 22 ὅταν Λυσίας ὁ χιλίαρχος καταβῇ

25 6 b καταβὰς εἰς Καισάρειαν ... ἐκέλευ-σεν

25 7 a περιέστησαν αὐτὸν οἱ ἀπὸ Ἱερο-σολύμων καταβεβηκότες Ἰου-δαῖοι

Rm 10 7 b τίς καταβήσεται εἰς τὴν ἄβυσσον;

E 4 9 b κατέβη (+πρῶτον [VS]Bς) εἰς τὰ κατώτερα μέρη [N26] τῆς γῆς; ↔

4 10 ὁ καταβὰς αὐτός ἐστιν καὶ ὁ ἀνα-βὰς ὑπεράνω πάντων τῶν οὐρα-νῶν

1Th 4 16 a αὐτὸς ὁ κύριος ἐν κελεύσματι ... καταβήσεται ἀπ' οὐρανοῦ

Jc 1 17 a πᾶν δώρημα τέλειον ἄνωθέν ἐστιν καταβαῖνον ἀπὸ τοῦ πατρός

Ap 3 12 ac τῆς καινῆς Ἰερουσαλὴμ ἡ κατα-βαίνουσα ἐκ τοῦ οὐρανοῦ ἀπὸ τοῦ θεοῦ μου

10 1 c εἶδον ἄλλον ἄγγελον ἰσχυρὸν κα-ταβαίνοντα ἐκ τοῦ οὐρανοῦ

12 12 g κατέβη ὁ διάβολος πρὸς ὑμᾶς

13 13 bc ἵνα καὶ πῦρ ποιῇ | ἐκ τοῦ οὐρανοῦ καταβαίνειν (~ Tς) εἰς τὴν γῆν

16 21 ce χάλαζα ... καταβαίνει ἐκ τοῦ οὐρανοῦ ἐπὶ τοὺς ἀνθρώπους

18 1 c εἶδον ἄλλον ἄγγελον καταβαίνον-τα ἐκ τοῦ οὐρανοῦ

20 1 c εἶδον ἄγγελον καταβαίνοντα ἐκ τοῦ οὐρανοῦ

20 9 ac κατέβη πῦρ (+ἀπὸ τοῦ θεοῦ MVς) ἐκ τοῦ οὐρανοῦ

21 2 ac τὴν πόλιν ... Ἰερουσαλὴμ και-νὴν εἶδον καταβαίνουσαν ἐκ τοῦ οὐρανοῦ ἀπὸ τοῦ θεοῦ

21 10 ac ἔδειξέν μοι τὴν πόλιν ... κατα-βαίνουσαν ἐκ τοῦ οὐρανοῦ ἀπὸ τοῦ θεοῦ

καταβάλλω
→ βάλλω

2 C 4 9 οὐκ ἐγκαταλειπόμενοι, καταβαλ-λόμενοι ἀλλ' οὐκ ἀπολλύμενοι

Hb 6 1 ἐπὶ τὴν τελειότητα φερώμεθα, μὴ πάλιν θεμέλιον καταβαλλόμενοι μετανοίας ἀπὸ νεκρῶν ἔργων

Ap 12 10 * ὅτι κατεβλήθη (ς; ἐβλ. rl) ὁ κατήγωρ (-γορος MVBSς) τῶν ἀδελφῶν ἡμῶν

καταβαρέω
→ βαρέω

2 C 12 16 ἔστω δέ, ἐγὼ οὐ κατεβάρησα ὑμᾶς

καταβαρύνω
→ βαρύνω

Mc 14 40 ἦσαν γὰρ αὐτῶν οἱ ὀφθαλμοὶ καταβαρυνόμενοι (βεβαρημένοι ς)

κατάβασις

Lc 19 37 ἐγγίζοντος δὲ αὐτοῦ ἤδη πρὸς τῇ καταβάσει τοῦ ὄρους τῶν ἐλαιῶν

καταβιβάζω
→ ἀναβιβάζω

Mt 11 23 * ἕως ᾅδου καταβιβασθήσῃ (VB STς; καταβήσῃ rl)

Lc 10 15 * ἕως τοῦ (—BTς) ᾅδου κατα-βιβασθήσῃ (καταβήσῃ N26NH)

καταβολή
a καταβολὴ σπέρματος

Mt 13 35 * ἐρεύξομαι κεκρυμμένα ἀπὸ κατα-βολῆς κόσμου ([N26]; —NTH)

25 34 κληρονομήσατε τὴν ἡτοιμασμένην ὑμῖν βασιλείαν ἀπὸ καταβολῆς κόσμου

Lc 11 50 ἵνα ἐκζητηθῇ τὸ αἷμα πάντων τῶν προφητῶν τὸ ἐκκεχυμένον (ἐκχυν-νόμενον Tς) ἀπὸ καταβολῆς κό-σμου

Jo 17 24 ὅτι ἠγάπησάς με πρὸ καταβολῆς κόσμου

E 1 4 καθὼς ἐξελέξατο ἡμᾶς ἐν αὐτῷ πρὸ καταβολῆς κόσμου

Hb 4 3 καίτοι τῶν ἔργων ἀπὸ καταβολῆς κόσμου γενηθέντων

Hb 9 26 ἐπεὶ ἔδει αὐτὸν πολλάκις παθεῖν ἀπὸ καταβολῆς κόσμου

11 11 a πίστει καὶ αὐτὴ Σάρρα στεῖρα (+N26) δύναμιν εἰς καταβολὴν σπέρματος ἔλαβεν

1Pt 1 20 ⟨Χριστοῦ⟩ προεγνωσμένου μὲν πρὸ καταβολῆς κόσμου

Ap 13 8 οὗ (ὧν VBSς) οὐ γέγραπται τὸ ὄνομα αὐτοῦ ([M]; αὐτῶν B; —VSς) ἐν τῷ βιβλίῳ ... ἀπὸ καταβολῆς κόσμου

17 8 ὧν οὐ γέγραπται τὸ ὄνομα ἐπὶ τὸ βιβλίον τῆς ζωῆς ἀπὸ καταβολῆς κόσμου

καταβραβεύω
→ βραβεύω

Cl 2 18 μηδεὶς ὑμᾶς καταβραβευέτω θέλων ἐν ταπεινοφροσύνῃ

καταγγελεύς

Ac 17 18 ξένων δαιμονίων δοκεῖ καταγγε-λεὺς εἶναι

καταγγέλλω
→ ἀγγέλλω
a κ. Christum
b pass.

Ac 3 24 πάντες δὲ οἱ προφῆται ... ὅσοι ἐλάλησαν καὶ κατήγγειλαν (προ-κατ- ς) τὰς ἡμέρας ταύτας

4 2 διαπονούμενοι διὰ τὸ ... καταγ-γέλλειν ἐν τῷ Ἰησοῦ τὴν ἀνάστα-σιν τὴν ἐκ νεκρῶν

13 5 κατήγγελον τὸν λόγον τοῦ θεοῦ ἐν ταῖς συναγωγαῖς

13 38 b διὰ τούτου ὑμῖν ἄφεσις ἁμαρτιῶν καταγγέλλεται

15 36 κατὰ πόλιν πᾶσαν ἐν αἷς κατηγ-γείλαμεν τὸν λόγον τοῦ κυρίου

16 17 οἵτινες καταγγέλλουσιν ὑμῖν ὁδὸν σωτηρίας

16 21 καταγγέλλουσιν ἔθη ἃ οὐκ ἔξεστιν ἡμῖν παραδέχεσθαι

17 3 a ὁ (—T) χριστὸς ὁ ([N26]; —VBSTς) Ἰησοῦς, ὃν ἐγὼ καταγ-γέλλω ὑμῖν

17 13 b καὶ ἐν τῇ Βεροίᾳ κατηγγέλη ὑπὸ τοῦ Παύλου ὁ (—M) λόγος τοῦ θεοῦ

17 23 ὃ (ὃν ς) οὖν ἀγνοοῦντες εὐσεβεῖτε, τοῦτο (-ον ς) ἐγὼ καταγγέλλω ὑμῖν

26 23 εἰ ... φῶς μέλλει καταγγέλλειν τῷ τε λαῷ καὶ τοῖς ἔθνεσιν

Rm 1 8 b ὅτι ἡ πίστις ὑμῶν καταγγέλλεται ἐν ὅλῳ τῷ κόσμῳ

1 C 2 1 ἦλθον οὐ καθ' ὑπεροχὴν λόγου ἢ σοφίας καταγγέλλων ὑμῖν τὸ μυστήριον (μαρτύρ. NMVSTς) τοῦ θεοῦ

9 14 ὁ κύριος διέταξεν τοῖς τὸ εὐαγ-γέλιον καταγγέλλουσιν ἐκ τοῦ εὐαγγελίου ζῆν

11 26 τὸν θάνατον τοῦ κυρίου καταγγέλ-λετε

Ph 1 17 a οἱ δὲ ἐξ ἐριθείας τὸν Χριστὸν καταγγέλλουσιν

1 18 ab πλὴν ὅτι παντὶ τρόπῳ, εἴτε προ-φάσει εἴτε ἀληθείᾳ, Χριστὸς καταγ-γέλλεται

Cl 1 28 a ⟨Χριστὸς⟩ ὃν ἡμεῖς καταγγέλλο-μεν νουθετοῦντες πάντα ἄνθρωπον

καταγελάω
→ γελάω

Mt 9 24 καὶ κατεγέλων αὐτοῦ

Mc 5 40 καὶ κατεγέλων αὐτοῦ

Lc 8 53 καὶ κατεγέλων αὐτοῦ

καταγινώσκω
→ γινώσκω

G 2 11 κατὰ πρόσωπον αὐτῷ ἀντέστην, ὅτι κατεγνωσμένος ἦν

1 Jo 3 20 ἐὰν καταγινώσκη ἡμῶν ἡ καρδία
3 21 ἐὰν ἡ καρδία ἡμῶν (+[Ν²⁶]Τϛ) μὴ καταγινώσκη (+ἡμῶν Τϛ)

κατάγνυμι
Mt 12 20 κάλαμον συντετριμμένον οὐ κατεάξει

Jo 19 31 ἠρώτησαν τὸν Πιλᾶτον ἵνα κατεαγῶσιν αὐτῶν τὰ σκέλη
19 32 τοῦ μὲν πρώτου κατέαξαν τὰ σκέλη
19 33 οὐ κατέαξαν αὐτοῦ τὰ σκέλη

καταγράφω
→ γράφω

Jo [8 6]ὁ δὲ Ἰησοῦς κάτω κύψας τῷ δακτύλῳ κατέγραφεν (ἔγρ. ϛ) εἰς τὴν γῆν

κατάγω
→ ἄγω
ᵃ t. t. de re nautica

Lc 5 11ᵃκαταγαγόντες τὰ πλοῖα ἐπὶ τὴν γῆν

Ac 9 30 ἐπιγνόντες δὲ οἱ ἀδελφοὶ κατήγαγον αὐτὸν εἰς Καισάρειαν
21 3ᵃ* ἐπλέομεν εἰς Συρίαν, καὶ κατήχθημεν (ϛ; κατήλθομεν rl) εἰς Τύρον
22 30 καταγαγὼν τὸν Παῦλον ἔστησεν εἰς αὐτούς
23 15 ἐμφανίσατε τῷ χιλιάρχῳ . . . ὅπως καταγάγη αὐτὸν εἰς (πρὸς VSϛ) ὑμᾶς
23 20 ἐρωτῆσαί σε ὅπως αὔριον τὸν Παῦλον καταγάγης εἰς τὸ συνέδριον
23 28 || κατήγαγον (+αὐτὸν VSϛ) εἰς τὸ συνέδριον αὐτῶν [[Η]]
27 3ᵃτῇ τε ἑτέρᾳ κατήχθημεν εἰς Σιδῶνα
28 12ᵃκαταχθέντες εἰς Συρακούσας ἐπεμείναμεν ἡμέρας τρεῖς

Rm 10 6 τίς ἀναβήσεται εἰς τὸν οὐρανόν; τοῦτ᾽ ἔστιν Χριστὸν καταγαγεῖν

καταγωνίζομαι
→ ἀγωνίζομαι

Hb 11 33 οἳ διὰ πίστεως κατηγωνίσαντο βασιλείας

καταδέω
→ δέω

Lc 10 34 προσελθὼν κατέδησεν τὰ τραύματα αὐτοῦ ἐπιχέων ἔλαιον καὶ οἶνον

κατάδηλος
Hb 7 15 καὶ περισσότερον ἔτι κατάδηλόν ἐστιν

καταδικάζω
Mt 12 7 εἰ δὲ ἐγνώκειτε τί ἐστιν . . . οὐκ ἂν κατεδικάσατε τοὺς ἀναιτίους
12 37 ἐκ γὰρ τῶν λόγων σου δικαιωθήσῃ, καὶ ἐκ τῶν λόγων σου καταδικασθήσῃ

Lc 6 37 μὴ καταδικάζετε, ↔
6 37 καὶ οὐ μὴ καταδικασθῆτε

Jc 5 6 κατεδικάσατε, ἐφονεύσατε τὸν δίκαιον

καταδίκη
Ac 25 15 οἱ ἀρχιερεῖς . . . αἰτούμενοι κατ᾽ αὐτοῦ καταδίκην (δίκην ϛ)

καταδιώκω
→ διώκω

Mc 1 36 κατεδίωξεν (-ξαν Sϛ) αὐτὸν (+ὁ VSϛ) Σίμων καὶ οἱ μετ᾽ αὐτοῦ

καταδουλόω
→ δουλόω

2 C 11 20 ἀνέχεσθε γὰρ εἴ τις ὑμᾶς καταδουλοῖ

G 2 4 κατασκοπῆσαι τὴν ἐλευθερίαν ἡμῶν . . . ἵνα ἡμᾶς καταδουλώσουσιν (-σωνται ϛ)

καταδυναστεύω
Ac 10 38 ἰώμενος πάντας τοὺς καταδυναστευομένους ὑπὸ τοῦ διαβόλου

Jc 2 6 οὐχ οἱ πλούσιοι καταδυναστεύουσιν ὑμῶν (ὑμᾶς Τ) ⟨;⟩

κατάθεμα
Ap 22 3 πᾶν κατάθεμα (κατανάθεμα ϛ) οὐκ ἔσται ἔτι

καταθεματίζω
→ ἀναθεματίζω

Mt 26 74 τότε ἤρξατο καταθεματίζειν (κατανα- ϛ) καὶ ὀμνύειν ὅτι οὐκ οἶδα τὸν ἄνθρωπον

καταισχύνω
→ αἰσχύνομαι
ᵃ καταισχύνω τι

Lc 13 17 κατῃσχύνοντο πάντες οἱ ἀντικείμενοι αὐτῷ

Rm 5 5 ἡ δὲ ἐλπὶς οὐ καταισχύνει
9 33 (+πᾶς ϛ) ὁ πιστεύων ἐπ᾽ αὐτῷ οὐ καταισχυνθήσεται
10 11 πᾶς ὁ πιστεύων ἐπ᾽ αὐτῷ οὐ καταισχυνθήσεται

1 C 1 27 τὰ μωρὰ τοῦ κόσμου ἐξελέξατο ὁ θεὸς ἵνα καταισχύνη τοὺς σοφούς, ↔
1 27ᵃκαὶ τὰ ἀσθενῆ τοῦ κόσμου ἐξελέξατο ὁ θεὸς ἵνα καταισχύνη τὰ ἰσχυρά
11 4ᵃπᾶς ἀνὴρ . . . προφητεύων κατὰ κεφαλῆς ἔχων καταισχύνει τὴν κεφαλὴν αὐτοῦ. ↔
11 5ᵃπᾶσα δὲ γυνὴ . . . προφητεύουσα ἀκατακαλύπτῳ τῇ κεφαλῇ καταισχύνει τὴν κεφαλὴν αὐτῆς
11 22 ἢ τῆς ἐκκλησίας τοῦ θεοῦ καταφρονεῖτε, καὶ καταισχύνετε τοὺς μὴ ἔχοντας;

2 C 7 14 ὅτι εἴ τι αὐτῷ ὑπὲρ ὑμῶν κεκαύχημαι, οὐ κατῃσχύνθην
9 4 μή πως ἐὰν . . . εὕρωσιν ὑμᾶς ἀπαρασκευάστους καταισχυνθῶμεν ἡμεῖς

1Pt 2 6 ὁ πιστεύων ἐπ᾽ αὐτῷ οὐ μὴ καταισχυνθῇ
3 16 ἵνα ἐν ᾧ καταλαλεῖσθε καταισχυνθῶσιν οἱ ἐπηρεάζοντες ὑμῶν τὴν ἀγαθὴν ἐν Χριστῷ ἀναστροφήν

κατακαίω
→ καίω
ᵃ κ. (ἐν) πυρί

Mt 3 12ᵃτὸ δὲ ἄχυρον κατακαύσει πυρὶ ἀσβέστῳ
13 30 δήσατε αὐτὰ εἰς [Η] δέσμας πρὸς τὸ κατακαῦσαι αὐτά
13 40ᵃὥσπερ οὖν συλλέγεται τὰ ζιζάνια καὶ πυρὶ κατακαίεται ([κατα]-Ν²⁶; καί. V)

Lc 3 17ᵃτὸ δὲ ἄχυρον κατακαύσει πυρὶ ἀσβέστῳ

Ac 19 19 ἱκανοὶ δὲ . . . συνενέγκαντες τὰς βίβλους κατέκαιον ἐνώπιον πάντων

1C 3 15 εἴ τινος τὸ ἔργον κατακαήσεται, ζημιωθήσεται

Hb 13 11 τούτων τὰ σώματα κατακαίεται ἔξω τῆς παρεμβολῆς

2Pt 3 10 * γῆ καὶ τὰ ἐν αὐτῇ ἔργα κατακαήσεται (Τϛ; εὑρεθήσεται rl)

Ap 8 7 | καὶ τὸ τρίτον τῆς γῆς κατεκάη (—ϛ), ↔
8 7 καὶ τὸ τρίτον τῶν δένδρων κατεκάη, ↔

Ap 8 7 καὶ πᾶς χόρτος χλωρὸς κατεκάη
17 16ᵃμισήσουσιν τὴν πόρνην . . . καὶ αὐτὴν κατακαύσουσιν ἐν ([ΝΗ]; —Τ) πυρί
18 8ᵃἐν μιᾷ ἡμέρᾳ ἥξουσιν αἱ πληγαὶ αὐτῆς . . . καὶ ἐν πυρὶ κατακαυθήσεται

κατακαλύπτω
→ καλύπτω

1C 11 6 εἰ γὰρ οὐ κατακαλύπτεται γυνή, καὶ κειράσθω· ↔
11 6 εἰ δὲ αἰσχρὸν γυναικὶ τὸ κείρασθαι ἢ ξυρᾶσθαι, κατακαλυπτέσθω. ↔
11 7 ἀνὴρ μὲν γὰρ οὐκ ὀφείλει κατακαλύπτεσθαι τὴν κεφαλήν

κατακαυχάομαι
→ καυχάομαι

Rm 11 18 μὴ κατακαυχῶ τῶν κλάδων· ↔
11 18 εἰ δὲ κατακαυχᾶσαι, οὐ σὺ τὴν ῥίζαν βαστάζεις

Jc 2 13 κατακαυχᾶται ἔλεος κρίσεως
3 14 εἰ δὲ ζῆλον πικρὸν ἔχετε . . . μὴ κατακαυχᾶσθε

κατάκειμαι
→ κεῖμαι
ᵃ κ. ἐπί τι
ᵇ κ. ἐπί τινος
ᶜ κ. ἐπί τινι

Mc 1 30 ἡ δὲ πενθερὰ Σίμωνος κατέκειτο πυρέσσουσα
2 4ᶜχαλῶσι τὸν κράβαττον ὅπου (ἐφ᾽ ᾧ ϛ) ὁ παραλυτικὸς κατέκειτο
2 15 γίνεται (ἐγένετο ἐν τῷ ϛ) κατακεῖσθαι αὐτὸν ἐν τῇ οἰκίᾳ αὐτοῦ
14 3 κατακειμένου αὐτοῦ ἦλθεν γυνή

Lc 5 25ᵃᶜἄρας ἐφ᾽ ὃ (ᾧ ϛ) κατέκειτο, ἀπῆλθεν
5 29 ἦν ὄχλος πολὺς τελωνῶν . . . οἳ ἦσαν μετ᾽ αὐτῶν κατακείμενοι
7 37 ἐπιγνοῦσα ὅτι κατάκειται (ἀνά- ϛ) ἐν τῇ οἰκίᾳ τοῦ Φαρισαίου

Jo 5 3 ἐν ταύταις κατέκειτο πλῆθος (+πολὺ Vϛ) τῶν ἀσθενούντων
5 6 τοῦτον ἰδὼν ὁ Ἰησοῦς κατακείμενον

Ac 9 33ᵇᶜεὗρεν δὲ ἐκεῖ ἄνθρωπόν τινα . . . ἐξ ἐτῶν ὀκτὼ κατακείμενον ἐπὶ κραβάττου (κραββάτῳ ϛ)
28 8 ἐγένετο δὲ τὸν πατέρα τοῦ Ποπλίου πυρετοῖς . . . συνεχόμενον κατακεῖσθαι

1C 8 10 ἐὰν γάρ τις ἴδη σὲ [Η] . . . ἐν εἰδωλείῳ κατακείμενον

κατακλάω
→ κλάω

Mc 6 41 εὐλόγησεν καὶ κατέκλασεν τοὺς ἄρτους

Lc 9 16 λαβὼν δὲ τοὺς πέντε ἄρτους . . . εὐλόγησεν αὐτοὺς καὶ κατέκλασεν

κατακλείω
→ κλείω

Lc 3 20 ⟨ὁ δὲ Ἡρῴδης⟩ κατέκλεισεν τὸν Ἰωάννην ἐν (+τῇ ϛ) φυλακῇ

Ac 26 10 πολλούς τε τῶν ἁγίων ἐγὼ ἐν (—ϛ) φυλακαῖς κατέκλεισα

κατακληροδοτέω
Ac 13 19 * καθελὼν ἔθνη . . . | κατεκληροδότησεν αὐτοῖς (ϛ; -νόμησεν rl) τὴν γῆν αὐτῶν

κατακληρονομέω
→ κληρονομέω

Ac 13 19 καθελὼν ἔθνη . . . κατεκληρονόμησεν (-δότησεν αὐτοῖς ϛ) τὴν γῆν αὐτῶν

κατακλίνω
→ κλίνω
Lc 7 36 εἰσελθὼν εἰς τὸν οἶκον τοῦ Φαρισαίου κατεκλίθη (ἀν- ς)
9 14 κατακλίνατε αὐτοὺς κλισίας ὡσεὶ ([N²⁶V] ; —Tς) ἀνὰ πεντήκοντα. ↔
9 15 καὶ ἐποίησαν οὕτως καὶ κατέκλιναν (ἀν- ς) ἅπαντας (πάντας S)
14 8 μὴ κατακλιθῇς εἰς τὴν πρωτοκλισίαν
24 30 ἐγένετο ἐν τῷ κατακλιθῆναι αὐτὸν μετ᾽ αὐτῶν

κατακλύζω
2Pt 3 6 δι᾽ ὧν ὁ τότε κόσμος ὕδατι κατακλυσθεὶς ἀπώλετο

κατακλυσμός
Mt 24 38 ὡς γὰρ ἦσαν ἐν ταῖς ἡμέραις ἐκείναις [+N²⁶NH] ταῖς πρὸ τοῦ κατακλυσμοῦ τρώγοντες
24 39 οὐκ ἔγνωσαν ἕως ἦλθεν ὁ κατακλυσμὸς καὶ ἦρεν ἅπαντας
Lc 17 27 ἦλθεν ὁ κατακλυσμὸς καὶ ἀπώλεσεν πάντας (ἅπαντας VTς)
2Pt 2 5 ἀλλὰ ὄγδοον Νῶε . . . ἐφύλαξεν, κατακλυσμὸν κόσμῳ ἀσεβῶν ἐπάξας

κατακολουθέω
→ ἀκολουθέω
Lc 23 55 κατακολουθήσασαι δὲ αἱ (—T ; καὶ ς) γυναῖκες . . . ἐθεάσαντο τὸ μνημεῖον
Ac 16 17 αὕτη κατακολουθοῦσα (-θήσασα Sς) τῷ [H] Παύλῳ καὶ ἡμῖν ἔκραζεν (-ξεν M)

κατακόπτω
→ κόπτω
Mc 5 5 ἦν κράζων καὶ κατακόπτων ἑαυτὸν λίθοις

κατακρημνίζω
Lc 4 29 ἤγαγον αὐτὸν ἕως ὀφρύος τοῦ ὄρους . . . ὥστε (εἰς τὸ ς) κατακρημνίσαι αὐτόν

κατάκριμα
Rm 5 16 τὸ μὲν γὰρ κρίμα ἐξ ἑνὸς εἰς κατάκριμα
5 18 ὡς δι᾽ ἑνὸς παραπτώματος εἰς πάντας ἀνθρώπους εἰς κατάκριμα
8 1 οὐδὲν ἄρα νῦν κατάκριμα τοῖς ἐν Χριστῷ ᾽Ιησοῦ

κατακρίνω
→ κρίνω
ᵃ κ. τινά τινι
Mt 12 41 ἄνδρες Νινευῖται ἀναστήσονται ἐν τῇ κρίσει μετὰ τῆς γενεᾶς ταύτης καὶ κατακρινοῦσιν αὐτήν
12 42 βασίλισσα νότου ἐγερθήσεται ἐν τῇ κρίσει μετὰ τῆς γενεᾶς ταύτης καὶ κατακρινεῖ αὐτήν
20 18ᵃ κατακρινοῦσιν αὐτὸν θανάτῳ ([H] ; εἰς θάνατον NMT)
27 3 ἰδὼν ᾽Ιούδας . . . ὅτι κατεκρίθη
Mc 10 33ᵃ κατακρινοῦσιν αὐτὸν θανάτῳ
14 64 οἱ δὲ πάντες κατέκριναν αὐτὸν | ἔνοχον εἶναι (~Vς) θανάτου
[16 16] ὁ δὲ ἀπιστήσας κατακριθήσεται
Lc 11 31 βασίλισσα νότου ἐγερθήσεται ἐν τῇ κρίσει μετὰ τῶν ἀνδρῶν τῆς γενεᾶς ταύτης καὶ κατακρινεῖ αὐτούς
11 32 ἄνδρες Νινευῖται ἀναστήσονται ἐν τῇ κρίσει μετὰ τῆς γενεᾶς ταύτης καὶ κατακρινοῦσιν αὐτήν
Jo [8 10] οὐδείς σε κατέκρινεν ;
[8 11] οὐδὲ ἐγώ σε κατακρίνω
Rm 2 1 ἐν ᾧ γὰρ κρίνεις τὸν ἕτερον, σεαυτὸν κατακρίνεις

Rm 8 3 ὁ θεὸς τὸν ἑαυτοῦ υἱὸν πέμψας . . . κατέκρινεν τὴν ἁμαρτίαν ἐν τῇ σαρκί
8 34 τίς ὁ κατακρινῶν (-κρίνων Tς) ;
14 23 ὁ δὲ διακρινόμενος ἐὰν φάγῃ κατακέκριται
1C 11 32 ἵνα μὴ σὺν τῷ κόσμῳ κατακριθῶμεν
Hb 11 7 πίστει χρηματισθεὶς Νῶε . . . κατεσκεύασεν κιβωτὸν . . . δι᾽ ἧς κατέκρινεν τὸν κόσμον
Jc 5 9 * μὴ στενάζετε . . . ἵνα μὴ κατακριθῆτε (ς ; κριθῆτε rl)
2Pt 2 6ᵃ πόλεις Σοδόμων καὶ Γομόρρας τεφρώσας καταστροφῇ ([N²⁶] ; —H) κατέκρινεν

κατάκρισις
2C 3 9 εἰ γὰρ | τῇ διακονίᾳ (ἡ δ. NMVHς) τῆς κατακρίσεως δόξα
7 3 | πρὸς κατάκρισιν οὐ (~ς) λέγω

κατακύπτω
→ κύπτω
Jo [8 8] καὶ πάλιν κατακύψας (κάτω κύψας MSς) ἔγραφεν εἰς τὴν γῆν

κατακυριεύω
→ κυριεύω
Mt 20 25 οἱ ἄρχοντες τῶν ἐθνῶν κατακυριεύουσιν αὐτῶν
Mc 10 42 οἱ δοκοῦντες ἄρχειν τῶν ἐθνῶν κατακυριεύουσιν αὐτῶν
Ac 19 16 κατακυριεύσας ἀμφοτέρων (αὐτῶν ς) ἴσχυσεν κατ᾽ αὐτῶν
1Pt 5 3 μηδ᾽ ὡς κατακυριεύοντες τῶν κλήρων ἀλλὰ τύποι γινόμενοι τοῦ ποιμνίου

καταλαλέω
→ λαλέω
Jc 4 11 μὴ καταλαλεῖτε ἀλλήλων, ἀδελφοί. ↔
4 11 ὁ καταλαλῶν ἀδελφοῦ ἢ κρίνων τὸν ἀδελφὸν αὐτοῦ ↔
4 11 καταλαλεῖ νόμου καὶ κρίνει νόμον
1Pt 2 12 ἐν ᾧ καταλαλοῦσιν ὑμῶν ὡς κακοποιῶν
3 16 ἵνα ἐν ᾧ καταλαλεῖσθε (-λῶσιν ὑμῶν ὡς κακοποιῶν ς) καταισχυνθῶσιν οἱ ἐπηρεάζοντες

καταλαλιά
2C 12 20 φοβοῦμαι γὰρ μή πως . . . ἐριθεῖαι, καταλαλιαί, ψιθυρισμοί
1Pt 2 1 ἀποθέμενοι . . . πάντα δόλον καὶ ὑποκρίσεις (-σιν H) καὶ φθόνους καὶ πάσας καταλαλιάς

κατάλαλος
Rm 1 30 ⟨παρέδωκεν αὐτοὺς ὁ θεὸς . . . ποιεῖν τὰ μὴ καθήκοντα⟩ καταλάλους, θεοστυγεῖς, ὑβριστάς

καταλαμβάνω
→ λαμβάνω
ᵃ med.
Mc 9 18 ὅπου ἐὰν (ἂν Vς) αὐτὸν καταλάβῃ, ῥήσσει αὐτόν (—T)
Jo 1 5 ἡ σκοτία αὐτὸ οὐ κατέλαβεν
6 17 * | κατέλαβεν δὲ αὐτοὺς ἡ σκοτία (T ; καὶ σκοτία ἤδη ἐγεγόνει rl)
[8 3] ἄγουσιν . . . οἱ Φαρισαῖοι γυναῖκα ἐπὶ (ἐν ς) μοιχείᾳ κατειλημμένην
[8 4] αὕτη ἡ γυνὴ κατείληπται (κατελήφθη ς ; εἴληπται S) ἐπ᾽ αὐτοφώρῳ μοιχευομένη
12 35 ἵνα μὴ σκοτία ὑμᾶς καταλάβῃ
Ac 4 13ᵃ καταλαβόμενοι ὅτι ἄνθρωποι ἀγράμματοί εἰσιν . . . ἐθαύμαζον
10 34ᵃ ἐπ᾽ ἀληθείας καταλαμβάνομαι ὅτι οὐκ ἔστιν προσωπολήμπτης ὁ θεὸς

Ac 25 25ᵃ ἐγὼ δὲ κατελαβόμην (καταλαβόμενος ς) μηδὲν ἄξιον αὐτὸν θανάτου πεπραχέναι
Rm 9 30 ἔθνη τὰ μὴ διώκοντα δικαιοσύνην κατέλαβεν δικαιοσύνην
1C 9 24 οὕτως τρέχετε ἵνα καταλάβητε
E 3 18ᵃ ἵνα ἐξισχύσητε καταλαβέσθαι . . . τί τὸ πλάτος
Ph 3 12 διώκω δὲ εἰ καὶ (—T) καταλάβω, ↔
3 12 ἐφ᾽ ᾧ καὶ κατελήμφθην ὑπὸ Χριστοῦ ᾽Ιησοῦ [N²⁶H]. ↔
3 13 ἀδελφοί, ἐγὼ ἐμαυτὸν οὐ (N²⁶ς ; οὔπω rl) λογίζομαι κατειληφέναι
1Th 5 4 ἵνα ἡ ἡμέρα ὑμᾶς ὡς κλέπτης (-τας H) καταλάβῃ

καταλέγω
→ λέγω
1Tm 5 9 χήρα καταλεγέσθω μὴ ἔλαττον ἐτῶν ἑξήκοντα γεγονυῖα

κατάλειμμα
Rm 9 27 * ἐὰν ᾖ ὁ ἀριθμὸς τῶν υἱῶν ᾽Ισραὴλ ὡς ἡ ἄμμος τῆς θαλάσσης, τὸ κατάλειμμα (VBSς ; ὑπό- rl) σωθήσεται

καταλείπω
→ λείπω
ᵃ κ. τινά
ᵇ pass.
Mt 4 13 καταλιπὼν τὴν Ναζαρὰ ἐλθὼν κατῴκησεν εἰς Καφαρναούμ
16 4ᵃ καταλιπὼν αὐτοὺς ἀπῆλθεν
19 5ᵃ ἕνεκα τούτου καταλείψει ἄνθρωπος τὸν πατέρα καὶ τὴν μητέρα
21 17ᵃ καταλιπὼν αὐτοὺς ἐξῆλθεν ἔξω τῆς πόλεως
Mc 10 7ᵃ ἕνεκεν τούτου καταλείψει ἄνθρωπος τὸν πατέρα αὐτοῦ καὶ τὴν μητέρα
12 19ᵃ ἐάν τινος ἀδελφὸς ἀποθάνῃ καὶ καταλίπῃ γυναῖκα
12 21 ἀπέθανεν | μὴ καταλιπὼν (καὶ οὐδὲ αὐτὸς ἀφῆκεν Vς) σπέρμα
14 52 ὁ δὲ καταλιπὼν τὴν σινδόνα γυμνὸς ἔφυγεν (+ἀπ᾽ αὐτῶν MV[S]ς)
Lc 5 28 καταλιπὼν πάντα ἀναστὰς ἠκολούθει (-θησεν MVSς) αὐτῷ
10 40ᵃ ἡ ἀδελφή μου μόνην με κατέλιπεν (N²⁶Tς ; -λειπεν rl) διακονεῖν
15 4 τίς ἄνθρωπος . . . ἔχων ἑκατὸν πρόβατα . . . οὐ καταλείπει τὰ ἐνενήκοντα ἐννέα ἐν τῇ ἐρήμῳ ⟨;⟩
20 31ᵃ ὡσαύτως δὲ καὶ οἱ ἑπτὰ οὐ κατέλιπον τέκνα καὶ ἀπέθανον
Jo [8 9]ᵇ κατελείφθη μόνος (+ὁ ᾽Ιησοῦς Mς)
Ac 2 31ᵇ * | οὐ κατελείφθη (ς ; οὔτε ἐγκατ- rl) (+ἡ ψυχὴ αὐτοῦ ς) εἰς ᾅδην (ᾅδου ς)
6 2 οὐκ ἀρεστόν ἐστιν ἡμᾶς καταλείψαντας τὸν λόγον τοῦ θεοῦ διακονεῖν τραπέζαις
18 19ᵃ κατήντησαν δὲ εἰς ῎Εφεσον, κἀκείνους κατέλιπεν αὐτοῦ
21 3 ἀναφάναντες (-έντες Sς) δὲ τὴν Κύπρον καὶ καταλιπόντες αὐτὴν εὐώνυμον ἐπλέομεν εἰς Συρίαν
24 27ᵃ θέλων τε χάριτα (-τας Sς) καταθέσθαι . . . ὁ Φῆλιξ κατέλιπε τὸν Παῦλον δεδεμένον
25 14ᵇ ἀνήρ τίς ἐστιν καταλελειμμένος ὑπὸ Φήλικος δέσμιος
Rm 11 4ᵃ κατέλιπον (-λειπον S) ἐμαυτῷ ἑπτακισχιλίους ἄνδρας
E 5 31ᵃ ἀντὶ τούτου καταλείψει ἄνθρωπος τὸν [N²⁶NH] πατέρα καὶ τὴν [N²⁶ NH] μητέρα

1Th 3 1ᵇ εὐδοκήσαμεν καταλειφθῆναι ἐν 'Αθήναις μόνοι

Tt 1 5ᵃ* τούτου χάριν κατέλιπόν (Sς; ἀπέλειπόν H; ἀπέλιπόν rl) σε ἐν Κρήτη

Hb 4 1ᵇ καταλειπομένης ἐπαγγελίας εἰσελθεῖν εἰς τὴν κατάπαυσιν αὐτοῦ

11 27 ⟨Μωϋσῆς⟩ πίστει κατέλιπεν Αἴγυπτον

2Pt 2 15 καταλείποντες (-λιπόντες ς) (+ τὴν ς) εὐθεῖαν ὁδὸν ἐπλανήθησαν

καταλιθάζω
→ λιθάζω

Lc 20 6 ἐὰν δὲ εἴπωμεν· ἐξ ἀνθρώπων, ὁ λαὸς ἅπας καταλιθάσει ἡμᾶς

καταλλαγή

Rm 5 11 δι' οὗ νῦν τὴν καταλλαγὴν ἐλάβομεν

11 15 εἰ γὰρ ἡ ἀποβολὴ αὐτῶν καταλλαγὴ κόσμου

2C 5 18 τοῦ θεοῦ τοῦ ... δόντος ἡμῖν τὴν διακονίαν τῆς καταλλαγῆς

5 19 θέμενος ἐν ἡμῖν τὸν λόγον τῆς καταλλαγῆς

καταλλάσσω
→ ἀλλάσσω

Rm 5 10 εἰ γὰρ ἐχθροὶ ὄντες κατηλλάγημεν τῷ θεῷ διὰ τοῦ θανάτου τοῦ υἱοῦ αὐτοῦ, ↔

5 10 πολλῷ μᾶλλον καταλλαγέντες σωθησόμεθα ἐν τῇ ζωῇ αὐτοῦ

1C 7 11 ἐὰν δὲ καὶ χωρισθῇ, μενέτω ἄγαμος ἢ τῷ ἀνδρὶ καταλλαγήτω

2C 5 18 τὰ δὲ πάντα ἐκ τοῦ θεοῦ τοῦ καταλλάξαντος ἡμᾶς ἑαυτῷ

5 19 ὡς ὅτι θεὸς ἦν ἐν Χριστῷ κόσμον καταλλάσσων ἑαυτῷ

5 20 δεόμεθα ὑπὲρ Χριστοῦ, καταλλάγητε τῷ θεῷ

κατάλοιπος

Ac 15 17 ὅπως ἂν ἐκζητήσωσιν οἱ κατάλοιποι τῶν ἀνθρώπων τὸν κύριον

κατάλυμα

Mc 14 14 ποῦ ἐστιν τὸ κατάλυμά μου (—ς), ὅπου τὸ πάσχα ... φάγω;

Lc 2 7 διότι οὐκ ἦν αὐτοῖς τόπος ἐν τῷ καταλύματι

22 11 ποῦ ἐστιν τὸ κατάλυμα ὅπου τὸ πάσχα ... φάγω;

καταλύω
→ λύω
ᵃ act. intrans.

Mt 5 17 μὴ νομίσητε ὅτι ἦλθον καταλῦσαι τὸν νόμον ἢ τοὺς προφήτας· ↔

5 17 οὐκ ἦλθον καταλῦσαι ἀλλὰ πληρῶσαι

24 2 οὐ μὴ ἀφεθῇ ὧδε λίθος ἐπὶ λίθον ὃς οὐ (+μὴ ς) καταλυθήσεται

26 61 δύναμαι καταλῦσαι τὸν ναὸν τοῦ θεοῦ

27 40 ὁ καταλύων τὸν ναὸν καὶ ἐν τρισὶν ἡμέραις οἰκοδομῶν

Mc 13 2 οὐ μὴ ἀφεθῇ ὧδε (—NMT) λίθος ἐπὶ λίθον ὃς οὐ μὴ καταλυθῇ

14 58 ἐγὼ καταλύσω τὸν ναὸν τοῦτον τὸν χειροποίητον

15 29 οὐὰ ὁ καταλύων τὸν ναὸν καὶ οἰκοδομῶν ἐν ([NH]; —T) τρισὶν ἡμέραις

Lc 9 12ᵃ ἵνα πορευθέντες εἰς τὰς κύκλῳ κώμας ... καταλύσωσιν καὶ εὕρωσιν ἐπισιτισμόν

19 7ᵃ παρὰ ἁμαρτωλῷ ἀνδρὶ εἰσῆλθεν καταλῦσαι

Lc 21 6 ἐν αἷς οὐκ ἀφεθήσεται λίθος ἐπὶ λίθῳ (+ ὧδε H) ὃς οὐ καταλυθήσεται

Ac 5 38 ἐὰν ᾖ ἐξ ἀνθρώπων ... τὸ ἔργον τοῦτο, καταλυθήσεται· ↔

5 39 εἰ δὲ ἐκ θεοῦ ἐστιν, | οὐ δυνήσεσθε καταλῦσαι αὐτούς (οὐ δύνασθε κ. αὐτό ς)

6 14 'Ιησοῦς ὁ Ναζωραῖος οὗτος καταλύσει τὸν τόπον τοῦτον

Rm 14 20 μὴ ἕνεκεν βρώματος κατάλυε τὸ ἔργον τοῦ θεοῦ

2C 5 1 ἐὰν ἡ ἐπίγειος ἡμῶν οἰκία τοῦ σκήνους καταλυθῇ

G 2 18 εἰ γὰρ ἃ κατέλυσα ταῦτα πάλιν οἰκοδομῶ

καταμανθάνω
→ μανθάνω

Mt 6 28 καταμάθετε τὰ κρίνα τοῦ ἀγροῦ πῶς αὐξάνουσιν (-νει Vς)

καταμαρτυρέω
→ μαρτυρέω

Mt 26 62 οὐδὲν ἀποκρίνῃ, τί οὗτοί σου καταμαρτυροῦσιν;

27 13 οὐκ ἀκούεις πόσα σου καταμαρτυροῦσιν;

Mc 14 60 οὐκ ἀποκρίνῃ οὐδὲν τί οὗτοί σου καταμαρτυροῦσιν;

15 4 * ἴδε πόσα σου καταμαρτυροῦσιν (ς; κατηγοροῦσιν rl)

καταμένω
→ μένω

Ac 1 13 εἰς τὸ ὑπερῷον ἀνέβησαν οὗ ἦσαν καταμένοντες

1C 16 6 * πρὸς ὑμᾶς δὲ τυχὸν καταμενῶ (NH; παρα- rl) ἢ καὶ (—H) παραχειμάσω

καταμόνας
κατὰ μόνας N²⁶NMVBSTH

Mc 4 10 * ὅτε ἐγένετο καταμόνας

Lc 9 18 * ἐγένετο ἐν τῷ εἶναι αὐτὸν προσευχόμενον καταμόνας

κατανάθεμα

Ap 22 3 * πᾶν κατανάθεμα (ς; κατάθεμα rl) οὐκ ἔσται ἔτι

καταναθεματίζω
→ ἀναθεματίζω

Mt 26 74 * τότε ἤρξατο καταναθεματίζειν (ς; καταθεμ. rl) καὶ ὀμνύειν ὅτι οὐκ οἶδα τὸν ἄνθρωπον

καταναλίσκω
→ ἀναλίσκω, ἀναλόω

Hb 12 29 καὶ γὰρ ὁ θεὸς ἡμῶν πῦρ καταναλίσκον

καταναρκάω

2C 11 9 παρὼν πρὸς ὑμᾶς καὶ ὑστερηθεὶς οὐ κατενάρκησα οὐθενός

12 13 αὐτὸς ἐγὼ οὐ κατενάρκησα ὑμῶν

12 14 ἑτοίμως ἔχω ἐλθεῖν πρὸς ὑμᾶς, καὶ οὐ καταναρκήσω (+ὑμῶν ς)

κατανεύω
→ νεύω

Lc 5 7 κατένευσαν τοῖς μετόχοις ... τοῦ ἐλθόντας συλλαβέσθαι αὐτοῖς

κατανοέω
→ νοέω
ᵃ κ. ἑαυτόν
ᵇ κ. ἀλλήλους

Mt 7 3 τὴν δὲ ἐν τῷ σῷ ὀφθαλμῷ δοκὸν οὐ κατανοεῖς

Lc 6 41 τὴν δὲ δοκὸν τὴν ἐν τῷ ἰδίῳ ὀφθαλμῷ οὐ κατανοεῖς

12 24 κατανοήσατε τοὺς κόρακας, ὅτι οὐ (N²⁶ς; οὔτε rl) σπείρουσιν

Lc 12 27 κατανοήσατε τὰ κρίνα, πῶς | αὐξάνει· οὐ κοπιᾷ οὐδὲ νήθει (οὔτε ν. οὔτε ὑφαίνει NST)

20 23 κατανοήσας δὲ αὐτῶν τὴν πανουργίαν

Ac 7 31 προσερχομένου δὲ αὐτοῦ κατανοῆσαι

7 32 ἔντρομος δὲ γενόμενος Μωϋσῆς οὐκ ἐτόλμα κατανοῆσαι

11 6 ⟨σκεῦός τι ὡς ὀθόνην⟩ εἰς ἣν ἀτενίσας κατενόουν

27 39 κόλπον δέ τινα κατενόουν ἔχοντα αἰγιαλόν

Rm 4 19 μὴ ἀσθενήσας τῇ πίστει (+οὐ ς) κατενόησεν τὸ ἑαυτοῦ σῶμα ἤδη ([N²⁶H]; —NT) νενεκρωμένον

Hb 3 1 κατανοήσατε τὸν ἀπόστολον καὶ ἀρχιερέα τῆς ὁμολογίας ἡμῶν 'Ιησοῦν

10 24ᵇ κατανοῶμεν ἀλλήλους εἰς παροξυσμὸν ἀγάπης

Jc 1 23 οὗτος ἔοικεν ἀνδρὶ κατανοοῦντι τὸ πρόσωπον τῆς γενέσεως αὐτοῦ ἐν ἐσόπτρῳ· ↔

1 24ᵃ κατενόησεν γὰρ ἑαυτὸν καὶ ἀπελήλυθεν

καταντάω
→ ἀπαντάω
ᵃ κ. ἀντικρυς

Ac 16 1 κατήντησεν δὲ καὶ ([N²⁶]; —Tς) εἰς Δέρβην καὶ εἰς Λύστραν

18 19 κατήντησαν (-σε ς) δὲ εἰς Ἔφεσον

18 24 'Ιουδαῖος δέ τις 'Απολλῶς ὀνόματι ... κατήντησεν εἰς Ἔφεσον

20 15ᵃ κἀκεῖθεν ἀποπλεύσαντες τῇ ἐπιούσῃ κατηντήσαμεν ἄντικρυς Χίου

21 7 ἡμεῖς δὲ τὸν πλοῦν διανύσαντες ἀπὸ Τύρου κατηντήσαμεν εἰς Πτολεμαΐδα

25 13 'Αγρίππας ὁ βασιλεὺς καὶ Βερνίκη κατήντησαν εἰς Καισάρειαν

26 7 ⟨ἐπαγγελίας⟩ εἰς ἣν τὸ δωδεκάφυλον ἡμῶν ἐν ἐκτενείᾳ ... λατρεῦον ἐλπίζει καταντῆσαι

27 12 εἴ πως δύναιντο καταντήσαντες εἰς Φοίνικα παραχειμάσαι

28 13 ὅθεν περιελόντες (N²⁶H; -ελθόντες rl) κατηντήσαμεν εἰς 'Ρήγιον

1C 10 11 εἰς οὓς τὰ τέλη τῶν αἰώνων κατήντηκεν (-σεν ς)

14 36 ἢ ἀφ' ὑμῶν ὁ λόγος τοῦ θεοῦ ἐξῆλθεν, ἢ εἰς ὑμᾶς μόνους κατήντησεν;

E 4 13 μέχρι καταντήσωμεν οἱ πάντες εἰς τὴν ἑνότητα τῆς πίστεως

Ph 3 11 εἴ πως καταντήσω εἰς τὴν ἐξανάστασιν τὴν ἐκ νεκρῶν

κατάνυξις

Rm 11 8 ἔδωκεν αὐτοῖς ὁ θεὸς πνεῦμα κατανύξεως

κατανύσσομαι
→ νύσσω

Ac 2 37 ἀκούσαντες δὲ κατενύγησαν | τὴν καρδίαν (τῇ -ίᾳ ς)

καταξιόω
→ ἀξιόω

Lc 20 35 οἱ δὲ καταξιωθέντες τοῦ αἰῶνος ἐκείνου τυχεῖν καὶ τῆς ἀναστάσεως τῆς ἐκ νεκρῶν

21 36 * δεόμενοι ἵνα καταξιωθῆτε (Vς; κατισχύσητε rl) ἐκφυγεῖν ταῦτα πάντα τὰ μέλλοντα γίνεσθαι

Ac 5 41 κατηξιώθησαν ὑπὲρ τοῦ ὀνόματος (+αὐτοῦ ς) ἀτιμασθῆναι

2Th 1 5 εἰς τὸ καταξιωθῆναι ὑμᾶς τῆς βασιλείας τοῦ θεοῦ

καταπατέω
→ πατέω

Mt 5 13 εἰς οὐδὲν ἰσχύει ἔτι εἰ μὴ βληθὲν (βληθῆναι ς) ἔξω (+καὶ ς) κατα-πατεῖσθαι ὑπὸ τῶν ἀνθρώπων

7 6 μήποτε καταπατήσουσιν (-σωσιν MVSς) αὐτοὺς ἐν τοῖς ποσὶν αὐτῶν

Lc 8 5 ὁ μὲν ἔπεσεν παρὰ τὴν ὁδὸν καὶ κατεπατήθη

12 1 ἐπισυναχθεισῶν τῶν μυριάδων τοῦ ὄχλου, ὥστε καταπατεῖν ἀλλήλους

Hb 10 29 πόσῳ δοκεῖτε χείρονος ἀξιωθήσεται τιμωρίας ὁ τὸν υἱὸν τοῦ θεοῦ καταπατήσας

κατάπαυσις

Ac 7 49 τίς τόπος τῆς καταπαύσεώς μου;

Hb 3 11 εἰ εἰσελεύσονται εἰς τὴν κατάπαυσίν μου

3 18 τίσιν δὲ ὤμοσεν μὴ εἰσελεύσεσθαι εἰς τὴν κατάπαυσιν αὐτοῦ ⟨;⟩

4 1 καταλειπομένης ἐπαγγελίας εἰσελθεῖν εἰς τὴν κατάπαυσιν αὐτοῦ

4 3 εἰσερχόμεθα γὰρ εἰς τὴν [N²⁶NH] κατάπαυσιν οἱ πιστεύσαντες

4 3 εἰ εἰσελεύσονται εἰς τὴν κατάπαυσίν μου

4 5 εἰ εἰσελεύσονται εἰς τὴν κατάπαυσίν μου

4 10 ὁ γὰρ εἰσελθὼν εἰς τὴν κατάπαυσιν αὐτοῦ καὶ αὐτὸς κατέπαυσεν

4 11 σπουδάσωμεν οὖν εἰσελθεῖν εἰς ἐκείνην τὴν κατάπαυσιν

καταπαύω
→ παύω

Ac 14 18 μόλις κατέπαυσαν τοὺς ὄχλους τοῦ μὴ θύειν αὐτοῖς

Hb 4 4 κατέπαυσεν ὁ θεὸς ἐν τῇ ἡμέρᾳ τῇ ἑβδόμῃ ἀπὸ πάντων τῶν ἔργων αὐτοῦ

4 8 εἰ γὰρ αὐτοὺς Ἰησοῦς κατέπαυσεν

4 10 ὁ γὰρ εἰσελθὼν εἰς τὴν κατάπαυσιν αὐτοῦ καὶ αὐτὸς κατέπαυσεν ἀπὸ τῶν ἔργων αὐτοῦ

καταπέτασμα
a τὸ δεύτερον κ.

Mt 27 51 τὸ καταπέτασμα τοῦ ναοῦ ἐσχίσθη ‖ ἀπ᾽ ([NH]; —T) ἄνωθεν ἕως κάτω εἰς δύο ((∼Vς))

Mc 15 38 τὸ καταπέτασμα τοῦ ναοῦ ἐσχίσθη εἰς δύο ἀπ᾽ ἄνωθεν ἕως κάτω

Lc 23 45 ἐσχίσθη δὲ τὸ καταπέτασμα τοῦ ναοῦ μέσον

Hb 6 19 ἣν ὡς ἄγκυραν ἔχομεν τῆς ψυχῆς ... εἰσερχομένην εἰς τὸ ἐσώτερον τοῦ καταπετάσματος

9 3a μετὰ δὲ τὸ δεύτερον καταπέτασμα σκηνὴ ἡ λεγομένη Ἅγια Ἁγίων

10 20 ἣν ἐνεκαίνισεν ἡμῖν ὁδὸν ... ζῶσαν διὰ τοῦ καταπετάσματος, τοῦτ᾽ ἔστιν τῆς σαρκὸς αὐτοῦ

καταπίνω
→ πίνω

Mt 23 24 ὁδηγοὶ τυφλοί, οἱ (—H) διϋλίζοντες τὸν κώνωπα, τὴν δὲ κάμηλον καταπίνοντες

1C 15 54 κατεπόθη ὁ θάνατος εἰς νῖκος

2C 2 7 μή πως τῇ περισσοτέρᾳ λύπῃ καταποθῇ ὁ τοιοῦτος

5 4 ἵνα καταποθῇ τὸ θνητὸν ὑπὸ τῆς ζωῆς

Hb 11 29 ἧς πεῖραν λαβόντες οἱ Αἰγύπτιοι κατεπόθησαν

1Pt 5 8 ὡς λέων ὠρυόμενος περιπατεῖ ζητῶν τινα ([N²⁶]; τίνα MVSTς; —H) καταπιεῖν (-πίῃ ς)

Ap 12 16 ἤνοιξεν ἡ γῆ τὸ στόμα αὐτῆς καὶ κατέπιεν τὸν ποταμόν

καταπίπτω
→ πίπτω

Lc 8 6 ἕτερον κατέπεσεν (ἔπεσεν ς) ἐπὶ τὴν πέτραν

Ac 26 14 πάντων τε καταπεσόντων ἡμῶν εἰς τὴν γῆν

28 6 οἱ δὲ προσεδόκων αὐτὸν μέλλειν ... καταπίπτειν ἄφνω νεκρόν

καταπλέω
→ πλέω

Lc 8 26 κατέπλευσαν εἰς τὴν χώραν τῶν Γερασηνῶν (Γαδαρηνῶν Vς; Γεργεσηνῶν MST)

καταπονέω
→ διαπονέομαι

Ac 7 24 ἐποίησεν ἐκδίκησιν τῷ καταπονουμένῳ πατάξας τὸν Αἰγύπτιον

2Pt 2 7 δίκαιον Λὼτ καταπονούμενον ὑπὸ τῆς τῶν ἀθέσμων ἐν ἀσελγείᾳ ἀναστροφῆς ἐρρύσατο

καταποντίζομαι

Mt 14 30 ἀρξάμενος καταποντίζεσθαι ἔκραξεν

18 6 συμφέρει αὐτῷ ἵνα ... καταποντισθῇ ἐν τῷ πελάγει τῆς θαλάσσης

κατάρα

G 3 10 ὅσοι γὰρ ἐξ ἔργων νόμου εἰσίν, ὑπὸ κατάραν εἰσίν

3 13 Χριστὸς ἡμᾶς ἐξηγόρασεν ἐκ τῆς κατάρας τοῦ νόμου ↔

3 13 γενόμενος ὑπὲρ ἡμῶν κατάρα

Hb 6 8 ⟨γῆ⟩ ἐκφέρουσα ... τριβόλους ἀδόκιμος καὶ κατάρας ἐγγύς

Jc 3 10 ἐκ τοῦ αὐτοῦ στόματος ἐξέρχεται εὐλογία καὶ κατάρα

2Pt 2 14 καρδίαν γεγυμνασμένην πλεονεξίας ἔχοντες, κατάρας τέκνα

καταράομαι

Mt 5 44 * | εὐλογεῖτε τοὺς καταρωμένους ὑμᾶς (+ς ..)

25 41 πορεύεσθε ἀπ᾽ ἐμοῦ οἱ ([N²⁶VS; —NTH) κατηραμένοι εἰς τὸ πῦρ τὸ αἰώνιον

Mc 11 21 ἴδε ἡ συκῆ ἣν κατηράσω ἐξήρανται

Lc 6 28 εὐλογεῖτε τοὺς καταρωμένους ὑμᾶς (ὑμῖν ς)

Rm 12 14 εὐλογεῖτε καὶ μὴ καταρᾶσθε

Jc 3 9 ⟨ἡ γλῶσσα⟩ ἐν αὐτῇ εὐλογοῦμεν... καὶ ἐν αὐτῇ καταρώμεθα τοὺς ἀνθρώπους

καταργέω
→ ἀργέω
a κ. ἀπό
b κ. et θάνατος
c τὸ καταργούμενον

Lc 13 7 ἱνατί καὶ τὴν γῆν καταργεῖ

Rm 3 3 μὴ ἡ ἀπιστία αὐτῶν τὴν πίστιν τοῦ θεοῦ καταργήσει;

3 31 νόμον οὖν καταργοῦμεν διὰ τῆς πίστεως;

4 14 εἰ γὰρ οἱ ἐκ νόμου κληρονόμοι ... κατήργηται ἡ ἐπαγγελία

6 6 ἵνα καταργηθῇ τὸ σῶμα τῆς ἁμαρτίας

7 2a ἡ γὰρ ὕπανδρος γυνὴ ... κατήργηται ἀπὸ τοῦ νόμου τοῦ ἀνδρός

7 6a νυνὶ δὲ κατηργήθημεν ἀπὸ τοῦ νόμου

1C 1 28 ἐξελέξατο ὁ θεός, (+καὶ [MVSH]ς) τὰ μὴ ὄντα, ἵνα τὰ ὄντα καταργήσῃ

2 6 σοφίαν δὲ οὐ τοῦ αἰῶνος τούτου οὐδὲ τῶν ἀρχόντων τοῦ αἰῶνος τούτου τῶν καταργουμένων

1C 6 13 ὁ δὲ θεὸς καὶ ταύτην καὶ ταῦτα καταργήσει

13 8 εἴτε δὲ προφητεῖαι, καταργηθήσονται· ↔

13 8 εἴτε γλῶσσαι, παύσονται· εἴτε γνῶσις, καταργηθήσεται

13 10 ὅταν δὲ ἔλθῃ τὸ τέλειον, τὸ ἐκ μέρους καταργηθήσεται

13 11 ὅτε (+δὲ MVSς) γέγονα ἀνήρ, κατήργηκα τὰ τοῦ νηπίου

15 24 εἶτα τὸ τέλος ... ὅταν καταργήσῃ πᾶσαν ἀρχήν

15 26b ἔσχατος ἐχθρὸς καταργεῖται ὁ θάνατος

2C 3 7 ὥστε μὴ δύνασθαι ἀτενίσαι ... εἰς τὸ πρόσωπον Μωϋσέως διὰ τὴν δόξαν τοῦ προσώπου αὐτοῦ τὴν καταργουμένην

3 11c εἰ γὰρ τὸ καταργούμενον διὰ δόξης, πολλῷ μᾶλλον τὸ μένον ἐν δόξῃ

3 13c πρὸς τὸ μὴ ἀτενίσαι τοὺς υἱοὺς Ἰσραὴλ εἰς τὸ τέλος τοῦ καταργουμένου

3 14 τὸ αὐτὸ κάλυμμα ... μένει, μὴ ἀνακαλυπτόμενον ὅτι ἐν Χριστῷ καταργεῖται

G 3 17 διαθήκην προκεκυρωμένην ... ὁ ... νόμος οὐκ ἀκυροῖ, εἰς τὸ καταργῆσαι τὴν ἐπαγγελίαν

5 4a κατηργήθητε ἀπὸ Χριστοῦ οἵτινες ἐν νόμῳ δικαιοῦσθε

5 11 ἄρα κατήργηται τὸ σκάνδαλον τοῦ σταυροῦ

E 2 15 τὸν νόμον τῶν ἐντολῶν ἐν δόγμασιν καταργήσας

2Th 2 8 ὃν ὁ κύριος Ἰησοῦς ([N²⁶NH]; —ς) ἀνελεῖ ... καὶ καταργήσει τῇ ἐπιφανείᾳ τῆς παρουσίας αὐτοῦ

2Tm 1 10b τοῦ σωτῆρος ἡμῶν ... καταργήσαντος μὲν τὸν θάνατον φωτίσαντος δὲ ζωήν

Hb 2 14b ἵνα διὰ τοῦ θανάτου καταργήσῃ τὸν τὸ κράτος ἔχοντα τοῦ θανάτου

καταριθμέω
→ ἀριθμέω

Ac 1 17 ⟨περὶ Ἰούδα τοῦ γενομένου ὁδηγοῦ⟩ ὅτι κατηριθμημένος ἦν ἐν (σὺν ς) ἡμῖν

καταρτίζω
→ ἐξαρτίζω
a κατηρτισμένος

Mt 4 21 εἶδεν ἄλλους δύο ἀδελφοὺς ... ἐν τῷ πλοίῳ ... καταρτίζοντας τὰ δίκτυα αὐτῶν

21 16 ἐκ στόματος νηπίων καὶ θηλαζόντων κατηρτίσω αἶνον

Mc 1 19 εἶδεν Ἰάκωβον ... καὶ Ἰωάννην ... ἐν τῷ πλοίῳ καταρτίζοντας τὰ δίκτυα

Lc 6 40a κατηρτισμένος δὲ πᾶς ἔσται ὡς ὁ διδάσκαλος αὐτοῦ

Rm 9 22a εἰ δὲ ... ἤνεγκεν ἐν πολλῇ μακροθυμίᾳ σκεύη ὀργῆς κατηρτισμένα εἰς ἀπώλειαν

1C 1 10a ἵνα ... μὴ ᾖ ἐν ὑμῖν σχίσματα, ἦτε δὲ κατηρτισμένοι ἐν τῷ αὐτῷ νοΐ

2C 13 11 λοιπόν, ἀδελφοί, χαίρετε, καταρτίζεσθε, παρακαλεῖσθε

G 6 1 ὑμεῖς οἱ πνευματικοὶ καταρτίζετε τὸν τοιοῦτον ἐν πνεύματι πραΰτητος

1Th 3 10 δεόμενοι εἰς τὸ ... καταρτίσαι τὰ ὑστερήματα τῆς πίστεως ὑμῶν

Hb 10 5 θυσίαν . . . οὐκ ἠθέλησας, σῶμα
δὲ κατηρτίσω μοι

11 3 πίστει νοοῦμεν κατηρτίσθαι τοὺς
αἰῶνας ῥήματι θεοῦ

13 21 ⟨ὁ δὲ θεὸς τῆς εἰρήνης⟩ καταρτίσαι
ὑμᾶς ἐν παντὶ (+ἔργῳ Vϛ)
ἀγαθῷ

1Pt 5 10 ὁ δὲ θεὸς . . . ὁ καλέσας ὑμᾶς . . .
ὀλίγον παθόντας αὐτὸς καταρτίσει
(-σαι ὑμᾶς ϛ), στηρίξει (-ξαι ϛ)

κατάρτισις

2C 13 9 τοῦτο καὶ εὐχόμεθα, τὴν ὑμῶν
κατάρτισιν

καταρτισμός

E 4 12 ⟨ἔδωκεν τοὺς μὲν ἀποστόλους⟩
πρὸς τὸν καταρτισμὸν τῶν ἁγίων
εἰς ἔργον διακονίας

κατασείω

→ σείω

Ac 12 17 κατασείσας δὲ αὐτοῖς τῇ χειρὶ
σιγᾶν διηγήσατο

13 16 ἀναστὰς δὲ Παῦλος καὶ κατασείσας
τῇ χειρὶ εἶπεν

19 33 ὁ δὲ Ἀλέξανδρος κατασείσας τὴν
χεῖρα ἤθελεν ἀπολογεῖσθαι τῷ
δήμῳ

21 40 ὁ Παῦλος ἑστὼς ἐπὶ τῶν ἀναβαθ-
μῶν κατέσεισεν τῇ χειρὶ τῷ λαῷ

κατασκάπτω

→ σκάπτω

Ac 15 16 ἀνοικοδομήσω τὴν σκηνὴν . . .
καὶ τὰ κατεσκαμμένα (N²⁶Vϛ;
κατεστρ. rl) αὐτῆς ἀνοικοδομήσω

Rm 11 3 τὰ θυσιαστήριά σου κατέσκαψαν

κατασκευάζω

→ ἀνασκευάζω

Mt 11 10 τὸν ἄγγελόν μου . . . ὃς κατα-
σκευάσει τὴν ὁδόν σου ἔμπροσθέν
σου

Mc 1 2 τὸν ἄγγελόν μου . . . ὃς κατα-
σκευάσει τὴν ὁδόν σου (+ἔμπρο-
σθέν σου ϛ)

Lc 1 17 προελεύσεται . . . ἑτοιμάσαι κυρίῳ
λαὸν κατεσκευασμένον

7 27 τὸν ἄγγελόν μου . . . ὃς κατα-
σκευάσει τὴν ὁδόν σου ἔμπροσθέν
σου

Hb 3 3 καθ' ὅσον πλείονα τιμὴν ἔχει τοῦ
οἴκου ὁ κατασκευάσας αὐτόν. ↔

3 4 πᾶς γὰρ οἶκος κατασκευάζεται
ὑπό τινος, ↔

3 4 ὁ δὲ πάντα κατασκευάσας θεός

9 2 σκηνὴ γὰρ κατεσκευάσθη ἡ πρώτη

9 6 τούτων δὲ οὕτως κατεσκευασμέ-
νων εἰς μὲν τὴν πρώτην σκηνὴν
διὰ παντὸς εἰσίασιν οἱ ἱερεῖς

11 7 πίστει χρηματισθεὶς Νῶε . . .
εὐλαβηθεὶς κατεσκεύασεν κιβωτὸν
εἰς σωτηρίαν

1Pt 3 20 ὅτε ἀπεξεδέχετο ἡ τοῦ θεοῦ
μακροθυμία ἐν ἡμέραις Νῶε κατα-
σκευαζομένης κιβωτοῦ

κατασκηνόω

→ σκηνόω

Mt 13 32 ὥστε ἐλθεῖν τὰ πετεινὰ τοῦ
οὐρανοῦ καὶ κατασκηνοῦν ἐν τοῖς
κλάδοις αὐτοῦ

Mc 4 32 αὐτὸ δύνασθαι ὑπὸ τὴν σκιὰν
αὐτοῦ τὰ πετεινὰ τοῦ οὐρανοῦ
κατασκηνοῦν

Lc 13 19 τὰ πετεινὰ τοῦ οὐρανοῦ κατεσκή-
νωσεν ἐν τοῖς κλάδοις αὐτοῦ

Ac 2 26 ἔτι δὲ καὶ ἡ σάρξ μου κατασκη-
νώσει ἐπ' ἐλπίδι

κατασκήνωσις

Mt 8 20 αἱ ἀλώπεκες φωλεοὺς ἔχουσιν καὶ
τὰ πετεινὰ τοῦ οὐρανοῦ κατασκη-
νώσεις

Lc 9 58 αἱ ἀλώπεκες φωλεοὺς ἔχουσιν καὶ
τὰ πετεινὰ τοῦ οὐρανοῦ κατασκη-
νώσεις

κατασκιάζω

→ ἐπισκιάζω

Hb 9 5 ὑπεράνω δὲ αὐτῆς Χερουβὶν δόξης
κατασκιάζοντα τὸ ἱλαστήριον

κατασκοπέω

→ σκοπέω

G 2 4 τοὺς παρεισάκτους ψευδαδέλφους,
οἵτινες παρεισῆλθον κατασκοπῆσαι
τὴν ἐλευθερίαν ἡμῶν

κατάσκοπος

Hb 11 31 Ῥαὰβ . . . δεξαμένη τοὺς κατασκό-
πους μετ' εἰρήνης

κατασοφίζομαι

→ σοφίζω

Ac 7 19 οὗτος κατασοφισάμενος τὸ γένος
ἡμῶν

καταστέλλω

→ στέλλομαι

Ac 19 35 καταστείλας δὲ | ὁ γραμματεὺς τὸν
ὄχλον (~ H) φησίν

19 36 ἀναντιρρήτων οὖν ὄντων τούτων
δέον ἐστὶν ὑμᾶς κατεσταλμένους
ὑπάρχειν

κατάστημα

Tt 2 3 πρεσβύτιδας ὡσαύτως ἐν καταστή-
ματι ἱεροπρεπεῖς

καταστολή

1Tm 2 9 ὡσαύτως καὶ (+[N²⁶]Tϛ) γυναῖ-
κας ἐν καταστολῇ κοσμίῳ . . .
κοσμεῖν ἑαυτάς

καταστρέφω

→ στρέφω

Mt 21 12 τὰς τραπέζας τῶν κολλυβιστῶν
κατέστρεψεν καὶ τὰς καθέδρας τῶν
πωλούντων τὰς περιστεράς

Mc 11 15 τὰς τραπέζας τῶν κολλυβιστῶν
καὶ τὰς καθέδρας τῶν πωλούντων
τὰς περιστερὰς κατέστρεψεν

Ac 15 16 * ἀνοικοδομήσω τὴν σκηνὴν . . .
καὶ τὰ κατεστραμμένα (κατεσκαμμ.
N²⁶Vϛ) αὐτῆς ἀνοικοδομήσω

καταστρηνιάω

→ στρηνιάω

1Tm 5 11 ὅταν γὰρ καταστρηνιάσωσιν τοῦ
Χριστοῦ, γαμεῖν θέλουσιν

καταστροφή

2Tm 2 14 μὴ λογομαχεῖν, ἐπ' οὐδὲν χρήσιμον,
ἐπὶ καταστροφῇ τῶν ἀκουόντων

2Pt 2 6 πόλεις Σοδόμων καὶ Γομόρρας
τεφρώσας καταστροφῇ ([N²⁶];
—Η) κατέκρινεν

καταστρώννυμι

→ στρώννυμι, στρωννύω

1C 10 5 κατεστρώθησαν γὰρ ἐν τῇ ἐρήμῳ

κατασύρω

→ σύρω

Lc 12 58 μήποτε κατασύρῃ σε πρὸς τὸν
κριτήν

κατασφάζω, κατασφάττω

→ σφάζω

Lc 19 27 τοὺς ἐχθρούς μου . . . ἀγάγετε
ὧδε καὶ κατασφάξατε αὐτοὺς
(—ϛ) ἔμπροσθέν μου

κατασφραγίζω

→ σφραγίζω

Ap 5 1 βιβλίον γεγραμμένον ἔσωθεν καὶ
ὄπισθεν, κατεσφραγισμένον σφρα-
γῖσιν ἑπτά

κατάσχεσις

Ac 7 5 ἐπηγγείλατο δοῦναι | αὐτῷ εἰς
κατάσχεσιν αὐτήν (~ S)

7 45 ἣν καὶ εἰσήγαγον διαδεξάμενοι οἱ
πατέρες ἡμῶν . . . ἐν τῇ κατασχέ-
σει τῶν ἐθνῶν

κατατίθημι

→ τίθημι

Mc 15 46 * καθελὼν . . . κατέθηκεν (ἔθ. N²⁶B
Η) αὐτὸν ἐν μνημείῳ (-ματι NTH)

Ac 24 27 θέλων τε χάριτα (-τας Sϛ) κατα-
θέσθαι τοῖς Ἰουδαίοις ὁ Φῆλιξ

25 9 ὁ Φῆστος δὲ θέλων τοῖς Ἰουδαίοις
χάριν καταθέσθαι

κατατομή

Ph 3 2 βλέπετε τοὺς κύνας . . . βλέπετε
τὴν κατατομήν

κατατοξεύω

Hb 12 20 * κἂν θηρίον θίγῃ τοῦ ὄρους,
λιθοβοληθήσεται | ἢ βολίδι κατα-
τοξευθήσεται (+ϛ)

κατατρέχω

→ τρέχω

Ac 21 32 ὃς ἐξαυτῆς παραλαβὼν στρατιώ-
τας . . . κατέδραμεν ἐπ' αὐτούς

καταφέρω

→ φέρω

Ac 20 9 Εὔτυχος . . . καταφερόμενος ὕπνῳ
βαθεῖ

20 9 κατενεχθεὶς ἀπὸ τοῦ ὕπνου ἔπεσεν
ἀπὸ τοῦ τριστέγου κάτω

25 7 περιέστησαν αὐτὸν οἱ . . . Ἰου-
δαῖοι, πολλὰ καὶ βαρέα αἰτιώματα
καταφέροντες (φέροντες κατὰ τοῦ
Παύλου ϛ)

26 10 πολλούς τε τῶν ἁγίων ἐγὼ ἐν
φυλακαῖς κατέκλεισα . . . ἀναιρου-
μένων τε αὐτῶν κατήνεγκα ψῆφον

καταφεύγω

→ φεύγω

Ac 14 6 συνιδόντες κατέφυγον εἰς τὰς πόλεις
τῆς Λυκαονίας

Hb 6 18 ἵνα . . . ἰσχυρὰν παράκλησιν
ἔχωμεν οἱ καταφυγόντες κρατῆσαι
τῆς προκειμένης ἐλπίδος

καταφθείρω

→ φθείρω

2Tm 3 8 οὗτοι ἀνθίστανται τῇ ἀληθείᾳ,
ἄνθρωποι κατεφθαρμένοι τὸν νοῦν

2Pt 2 12 * οὗτοι δέ . . . ἐν τῇ φθορᾷ αὐτῶν
|καὶ καταφθαρήσονται (S; καταφθ.
ϛ; καὶ φθ. rl)

καταφιλέω

→ φιλέω

ᵃ κ. τοὺς πόδας

Mt 26 49 προσελθὼν τῷ Ἰησοῦ εἶπεν· χαῖ-
ρε, ῥαββί, καὶ κατεφίλησεν αὐτόν

Mc 14 45 προσελθὼν αὐτῷ λέγει· ῥαββί
(+ῥαββί [VS]ϛ), καὶ κατεφίλησεν
αὐτόν

Lc 7 38ᵃ κατεφίλει τοὺς πόδας αὐτοῦ καὶ
ἤλειφεν τῷ μύρῳ

7 45ᵃ αὕτη δὲ . . . οὐ διέλιπεν (N²⁶Ηϛ;
-λειπεν rl) καταφιλοῦσά μου τοὺς
πόδας

15 20 δραμὼν ἐπέπεσεν ἐπὶ τὸν τράχηλον
αὐτοῦ καὶ κατεφίλησεν αὐτόν

Ac 20 37 ἐπιπεσόντες ἐπὶ τὸν τράχηλον
τοῦ Παύλου κατεφίλουν αὐτόν

καταφρονέω

→ φρονέω

Mt 6 24 ἢ ἑνὸς ἀνθέξεται καὶ τοῦ ἑτέρου
καταφρονήσει

18 10 ὁρᾶτε μὴ καταφρονήσητε ἑνὸς
τῶν μικρῶν τούτων

Lc 16 13 ἢ ἑνὸς ἀνθέξεται καὶ τοῦ ἑτέρου
καταφρονήσει

Rm 2 4 ἢ τοῦ πλούτου τῆς χρηστότητος
αὐτοῦ . . . καὶ τῆς μακροθυμίας
καταφρονεῖς ⟨;⟩

1C 11 22 ἢ τῆς ἐκκλησίας τοῦ θεοῦ κατα-
φρονεῖτε ⟨;⟩

1Tm 4 12 μηδείς σου τῆς νεότητος κατα-
φρονείτω

6 2 οἱ δὲ πιστοὺς ἔχοντες δεσπότας μὴ
καταφρονείτωσαν, ὅτι ἀδελφοί
εἰσιν

Hb 12 2 ὃς . . . ὑπέμεινεν σταυρὸν αἰσχύνης
καταφρονήσας

2Pt 2 10 ⟨οἶδεν κύριος . . . κολαζομένους
τηρεῖν⟩ τούς . . . κυριότητος κατα-
φρονοῦντας

καταφρονητής

Ac 13 41 ἴδετε, οἱ καταφρονηταί, καὶ θαυ-
μάσατε καὶ ἀφανίσθητε

καταχέω
→ ἐκχέω, ἐκχύν(ν)ω

Mt 26 7 γυνὴ . . . κατέχεεν ἐπὶ | τῆς
κεφαλῆς (τὴν -ὴν Vς) αὐτοῦ
ἀνακειμένου

Mc 14 3 συντρίψασα τὴν (τὸν BST; τὸ ς)
ἀλάβαστρον κατέχεεν αὐτοῦ (+
κατὰ Vς) τῆς κεφαλῆς

καταχθόνιος

Ph 2 10 ἵνα ἐν τῷ ὀνόματι Ἰησοῦ πᾶν
γόνυ κάμψῃ ἐπουρανίων καὶ ἐπι-
γείων καὶ καταχθονίων

καταχράομαι, καταχρήομαι
→ χράομαι

1C 7 31 ⟨ἵνα . . . ὦσιν⟩ οἱ χρώμενοι | τὸν
κόσμον (τῷ κόσμῳ τούτῳ ς) ὡς
μὴ καταχρώμενοι

9 18 εἰς τὸ μὴ καταχρήσασθαι τῇ
ἐξουσίᾳ μου ἐν τῷ εὐαγγελίῳ

καταψύχω
→ ψύχομαι

Lc 16 24 πέμψον Λάζαρον ἵνα . . . κατα-
ψύξῃ τὴν γλῶσσάν μου

κατείδωλος

Ac 17 16 παρωξύνετο τὸ πνεῦμα αὐτοῦ ἐν
αὐτῷ θεωροῦντος (-ντι ς) κατεί-
δωλον οὖσαν τὴν πόλιν

κατέναντι
a adv.

Mt 21 2 πορεύεσθε (-θητε Sς) εἰς τὴν κώ-
μην τὴν κατέναντι (ἀπ- VSς) ὑμῶν

27 24 * λαβὼν ὕδωρ ἀπενίψατο τὰς
χεῖρας κατέναντι (NMH; ἀπ- rl)
τοῦ ὄχλου

Mc 11 2 ὑπάγετε εἰς τὴν κώμην τὴν
κατέναντι ὑμῶν

12 41 καθίσας κατέναντι τοῦ γαζοφυλα-
κίου ἐθεώρει

13 3 καθημένου αὐτοῦ εἰς τὸ ὄρος τῶν
ἐλαιῶν κατέναντι τοῦ ἱεροῦ

Lc 19 30a ὑπάγετε εἰς τὴν κατέναντι κώμην

Rm 4 17 πατέρα πολλῶν ἐθνῶν τέθεικά σε,
κατέναντι οὗ ἐπίστευσεν θεοῦ

2C 2 17 ἀλλ' ὡς ἐκ θεοῦ κατέναντι (-ενώ-
πιον τοῦ ς) θεοῦ ἐν Χριστῷ
λαλοῦμεν

12 19 κατέναντι (-ενώπιον τοῦ ς) θεοῦ
ἐν Χριστῷ λαλοῦμεν

κατενώπιον

2C 2 17 * ἀλλ' ὡς ἐκ θεοῦ κατενώπιον
(ς; -έναντι rl) (+ τοῦ ς) θεοῦ ἐν
Χριστῷ λαλοῦμεν

12 19 * κατενώπιον (ς; -έναντι rl) (+
τοῦ ς) θεοῦ ἐν Χριστῷ λαλοῦμεν

E 1 4 ἐξελέξατο ἡμᾶς ἐν αὐτῷ . . . εἶναι
ἡμᾶς ἁγίους καὶ ἀμώμους κατενώ-
πιον αὐτοῦ

Cl 1 22 ἀποκατήλλαξεν . . . παραστῆσαι
ὑμᾶς ἁγίους καὶ ἀμώμους καὶ
ἀνεγκλήτους κατενώπιον αὐτοῦ

Jd 24 τῷ δὲ δυναμένῳ . . . στῆσαι
κατενώπιον τῆς δόξης αὐτοῦ
ἀμώμους ἐν ἀγαλλιάσει

κατεξουσιάζω
→ ἐξουσιάζω

Mt 20 25 οἱ ἄρχοντες τῶν ἐθνῶν κατακυ-
ριεύουσιν αὐτῶν καὶ οἱ μεγάλοι
κατεξουσιάζουσιν αὐτῶν

Mc 10 42 οἱ δοκοῦντες ἄρχειν τῶν ἐθνῶν
κατακυριεύουσιν αὐτῶν καὶ οἱ
μεγάλοι αὐτῶν κατεξουσιάζουσιν
αὐτῶν

κατεργάζομαι
→ ἐργάζομαι
a κ. τινὰ εἴς τι

Rm 1 27 ἐξεκαύθησαν . . . εἰς ἀλλήλους,
ἄρσενες ἐν ἄρσεσιν τὴν ἀσχημοσύ-
νην κατεργαζόμενοι

2 9 θλῖψις καὶ στενοχωρία ἐπὶ πᾶσαν
ψυχὴν ἀνθρώπου τοῦ κατεργα-
ζομένου τὸ κακόν

4 15 ὁ γὰρ νόμος ὀργὴν κατεργάζεται

5 3 ἡ θλῖψις ὑπομονὴν κατεργάζεται

7 8 ἀφορμὴν δὲ λαβοῦσα ἡ ἁμαρτία
. . . κατειργάσατο ἐν ἐμοὶ πᾶσαν
ἐπιθυμίαν

7 13 ἀλλὰ ἡ ἁμαρτία, ἵνα φανῇ ἁμαρ-
τία, διὰ τοῦ ἀγαθοῦ μοι κατεργα-
ζομένη θάνατον

7 15 ὃ γὰρ κατεργάζομαι οὐ γινώσκω

7 17 νυνὶ δὲ οὐκέτι ἐγὼ κατεργάζομαι
αὐτό

7 18 τὸ γὰρ θέλειν παράκειταί μοι, τὸ
δὲ κατεργάζεσθαι τὸ καλὸν οὔ
(οὐχ εὑρίσκω ς)

7 20 εἰ δὲ ὃ οὐ θέλω ἐγὼ ([N26]; —H)
τοῦτο ποιῶ, οὐκέτι ἐγὼ κατερ-
γάζομαι αὐτό

15 18 οὐ γὰρ τολμήσω τι λαλεῖν ὧν οὐ
κατειργάσατο Χριστὸς δι' ἐμοῦ
εἰς ὑπακοὴν ἐθνῶν

1C 5 3 ἤδη κέκρικα ὡς παρὼν τὸν οὕτως
τοῦτο κατεργασάμενον ⟨παρα-
δοῦναι . . . τῷ σατανᾷ⟩

2C 4 17 τὸ γὰρ παραυτίκα ἐλαφρὸν τῆς
θλίψεως ἡμῶν (—NH) . . . αἰώνι-
ον βάρος δόξης κατεργάζεται ἡμῖν

5 5a ὁ δὲ κατεργασάμενος ἡμᾶς εἰς
αὐτὸ τοῦτο θεός

7 10 * ἡ γὰρ κατὰ θεὸν λύπη μετά-
νοιαν εἰς σωτηρίαν ἀμεταμέλητον
κατεργάζεται (ς; ἐργ. rl) · ↔

7 10 ἡ δὲ τοῦ κόσμου λύπη θάνατον
κατεργάζεται. ↔

7 11 ἰδοὺ γὰρ αὐτὸ τοῦτο τὸ κατὰ
θεὸν λυπηθῆναι πόσην κατειργά-
σατο ὑμῖν σπουδήν

9 11 πᾶσαν ἁπλότητα, ἥτις κατεργά-
ζεται δι' ἡμῶν εὐχαριστίαν τῷ θεῷ

12 12 τὰ μὲν σημεῖα τοῦ ἀποστόλου
κατειργάσθη ἐν ὑμῖν ἐν πάσῃ
ὑπομονῇ

E 6 13 ἵνα δυνηθῆτε . . . ἅπαντα κατεργα-
σάμενοι στῆναι

Ph 2 12 μετὰ φόβου καὶ τρόμου τὴν ἑαυ-
τῶν σωτηρίαν κατεργάζεσθε

Jc 1 3 τὸ δοκίμιον ὑμῶν τῆς πίστεως
κατεργάζεται ὑπομονήν

Jc 1 20 * ὀργὴ γὰρ ἀνδρὸς δικαιοσύνην
θεοῦ | οὐ κατεργάζεται (ς; οὐκ
ἐργ. rl)

1Pt 4 3 ἀρκετὸς γὰρ ὁ παρεληλυθὼς
χρόνος τὸ βούλημα (θέλημα ς)
τῶν ἐθνῶν κατειργάσθαι (κατερ-
γάσασθαι ς)

κατέρχομαι
→ ἔρχομαι
a κ. ἀπό
b κ. πρός
c κ. ἄνωθεν

Lc 4 31 κατῆλθεν εἰς Καφαρναοὺμ πόλιν
τῆς Γαλιλαίας

9 37a ἐγένετο δὲ τῇ ἑξῆς ἡμέρᾳ κατελ-
θόντων αὐτῶν ἀπὸ τοῦ ὄρους

Ac 8 5 Φίλιππος δὲ κατελθὼν εἰς τὴν
([N26]; —Sς) πόλιν τῆς Σαμαρείας

9 32b ἐγένετο δὲ Πέτρον διερχόμενον . . .
κατελθεῖν καὶ πρὸς τοὺς ἁγίους
τοὺς κατοικοῦντας Λύδδα

11 27a ἐν ταύταις δὲ ταῖς ἡμέραις κατῆλ-
θον ἀπὸ Ἱεροσολύμων προφῆται
εἰς Ἀντιόχειαν

12 19a Ἡρῴδης . . . κατελθὼν ἀπὸ τῆς
Ἰουδαίας εἰς Καισάρειαν διέτριβεν

13 4 ἐκπεμφθέντες ὑπὸ τοῦ ἁγίου πνεύ-
ματος κατῆλθον εἰς Σελεύκειαν

15 1a καὶ τινες κατελθόντες ἀπὸ τῆς
Ἰουδαίας

15 30 οἱ μὲν οὖν ἀπολυθέντες κατῆλθον
(ἦλθον ς) εἰς Ἀντιόχειαν

18 5a ὡς δὲ κατῆλθον ἀπὸ τῆς Μακε-
δονίας ὅ τε Σιλᾶς καὶ ὁ Τιμόθεος

18 22 κατελθὼν εἰς Καισάρειαν, ἀνα-
βὰς . . . κατέβη εἰς Ἀντιόχειαν

19 1 ἐγένετο . . . Παῦλον διελθόντα τὰ
ἀνωτερικὰ μέρη κατελθεῖν (BST;
[κατ]- N26; ἐλ. rl) εἰς Ἔφεσον

21 3 ἐπλέομεν εἰς Συρίαν, καὶ κατήλθο-
μεν (-ήχθημεν ς) εἰς Τύρον

21 10a κατῆλθέν τις ἀπὸ τῆς Ἰουδαίας
προφήτης ὀνόματι Ἄγαβος

27 5 τό τε πέλαγος . . . διαπλεύσαντες
κατήλθομεν εἰς Μύρα τῆς Λυκίας

Jc 3 15c οὐκ ἔστιν αὕτη ἡ σοφία ἄνωθεν
κατερχομένη

κατεσθίω, κατέσθω
→ ἐσθίω, ἔσθω
a κατέσθω
b met.

Mt 13 4 | ἐλθόντα τὰ πετεινὰ (ἦλθεν τὰ
π. καὶ VTς) κατέφαγεν αὐτά

23 14b * | ὅτι κατεσθίετε τὰς οἰκίας τῶν
χηρῶν (. . + Vς . .)

Mc 4 4 ἦλθεν τὰ πετεινὰ καὶ κατέφαγεν
αὐτό

12 40ab οἱ κατεσθίοντες (-θοντες NH) τὰς
οἰκίας τῶν χηρῶν

Lc 8 5 τὰ πετεινὰ τοῦ οὐρανοῦ κατέφα-
γεν αὐτό

15 30b ὅτε δὲ ὁ υἱός σου οὗτος ὁ καταφα-
γών σου τὸν βίον μετὰ πορνῶν
ἦλθεν

20 47b οἱ κατεσθίουσιν τὰς οἰκίας τῶν
χηρῶν

Jo 2 17b ζῆλος τοῦ οἴκου σου καταφάγε-
ταί (κατέφαγέ ς) με

2C 11 20b ἀνέχεσθε γὰρ . . . εἴ τις κατεσθίει

G 5 15b εἰ δὲ ἀλλήλους δάκνετε καὶ κατ-
εσθίετε

Ap 10 9 λάβε καὶ κατάφαγε αὐτό

10 10 ἔλαβον τὸ βιβλαρίδιον . . . καὶ
κατέφαγον αὐτό

Ap 11 5ᵇ πῦρ ἐκπορεύεται ἐκ τοῦ στόματος αὐτῶν καὶ κατεσθίει τοὺς ἐχθροὺς αὐτῶν

12 4 ἵνα ὅταν τέκῃ τὸ τέκνον αὐτῆς καταφάγῃ

20 9ᵇ κατέβη πῦρ . . . καὶ κατέφαγεν αὐτούς

κατευθύνω

→ εὐθύνω

Lc 1 79 τοῦ κατευθῦναι τοὺς πόδας ἡμῶν εἰς ὁδὸν εἰρήνης

1Th 3 11 ὁ θεὸς . . . καὶ ὁ κύριος ἡμῶν Ἰησοῦς κατευθύναι τὴν ὁδὸν ἡμῶν πρὸς ὑμᾶς

2Th 3 5 ὁ δὲ κύριος κατευθύναι ὑμῶν τὰς καρδίας εἰς τὴν ἀγάπην τοῦ θεοῦ

κατευλογέω

→ εὐλογέω

Mc 10 16 ἐναγκαλισάμενος αὐτὰ | κατευλόγει τιθεὶς τὰς χεῖρας ἐπ' αὐτά (τιθ. τ. χ. ἐπ' αὐ. ηὐλόγει αὐτά ς)

κατέφαγον

→ κατεσθίω, κατέσθω

κατεφίσταμαι

→ ἵστημι

Ac 18 12 Γαλλίωνος δὲ ἀνθυπάτου ὄντος τῆς Ἀχαΐας κατεπέστησαν | ὁμοθυμαδὸν οἱ Ἰουδαῖοι (~ H) τῷ Παύλῳ

κατέχω

→ ἔχω

ᵃ ὁ κατέχων

ᵇ τὸ κατέχον

ᶜ t. t. de re nautica

Mt 21 38 * δεῦτε ἀποκτείνωμεν αὐτὸν καὶ κατάσχωμεν (Vς; σχῶμεν rl) τὴν κληρονομίαν αὐτοῦ

Lc 4 42 οἱ ὄχλοι . . . κατεῖχον αὐτὸν τοῦ μὴ πορεύεσθαι ἀπ' αὐτῶν

8 15 οἵτινες . . . ἀκούσαντες τὸν λόγον κατέχουσιν

14 9 τότε ἄρξῃ μετὰ αἰσχύνης τὸν ἔσχατον τόπον κατέχειν

Jo 5 4 * | ὑγιὴς ἐγίνετο, ᾧ δήποτε κατείχετο νοσήματι (. . +MVBς)

Ac 27 40ᶜ ἐπάραντες τὸν ἀρτέμονα τῇ πνεούσῃ κατεῖχον εἰς τὸν αἰγιαλόν

Rm 1 18 ἐπὶ πᾶσαν ἀσέβειαν καὶ ἀδικίαν ἀνθρώπων τῶν τὴν ἀλήθειαν ἐν ἀδικίᾳ κατεχόντων

7 6 νυνὶ δὲ κατηργήθημεν ἀπὸ τοῦ νόμου, ἀποθανόντες ἐν ᾧ κατειχόμεθα

1C 7 30 ⟨ἵνα . . . ὦσιν⟩ οἱ ἀγοράζοντες ὡς μὴ κατέχοντες

11 2 καθὼς παρέδωκα ὑμῖν τὰς παραδόσεις κατέχετε

15 2 ⟨τὸ εὐαγγέλιον⟩ τίνι λόγῳ εὐηγγελισάμην ὑμῖν εἰ κατέχετε

2C 6 10 ὡς μηδὲν ἔχοντες καὶ πάντα κατέχοντες

1Th 5 21 πάντα δὲ ([H]; —ς) δοκιμάζετε, τὸ καλὸν κατέχετε

2Th 2 6ᵇ νῦν τὸ κατέχον οἴδατε

2 7ᵃ μόνον ὁ κατέχων ἄρτι ἕως ἐκ μέσου γένηται

Phm 13 ὃν ἐγὼ ἐβουλόμην πρὸς ἐμαυτὸν κατέχειν

Hb 3 6 ἐάνπερ (Sς; -[περ] N²⁶MV; ἐὰν rl) τὴν παρρησίαν καὶ τὸ καύχημα τῆς ἐλπίδος (+μέχρι τέλους βεβαίαν [NMVH]; —N²⁶) κατάσχωμεν

3 14 ἐάνπερ τὴν ἀρχὴν τῆς ὑποστάσεως μέχρι τέλους βεβαίαν κατάσχωμεν

10 23 κατέχωμεν τὴν ὁμολογίαν τῆς ἐλπίδος ἀκλινῆ

κατηγορέω

ᵃ κ. τί τινος

ᵇ κ. τινά

ᶜ κ. τί

ᵈ κ. κατά τινος

ᵉ κ. πρός τινα

Mt 12 10 ἐπηρώτησαν αὐτὸν . . . ἵνα κατηγορήσωσιν αὐτοῦ

27 12ᵇ ἐν τῷ κατηγορεῖσθαι αὐτὸν ὑπὸ τῶν ἀρχιερέων . . . οὐδὲν ἀπεκρίνατο

Mc 3 2 παρετήρουν αὐτὸν . . . ἵνα κατηγορήσωσιν αὐτοῦ

15 3ᵃ κατηγόρουν αὐτοῦ οἱ ἀρχιερεῖς πολλά

15 4ᵃ ἴδε πόσα σου κατηγοροῦσιν (καταμαρτυροῦσιν ς)

Lc 6 7 παρετηροῦντο δὲ αὐτὸν (—VST) . . . ἵνα εὕρωσιν κατηγορεῖν (-ρίαν κατ' MVS; -ρίαν ς) αὐτοῦ

11 54 * (+ζητοῦντες Vς) θηρεῦσαί τι ἐκ τοῦ στόματος αὐτοῦ | ἵνα κατηγορήσωσιν αὐτοῦ (+ς)

23 2 ἤρξαντο δὲ κατηγορεῖν αὐτοῦ λέγοντες

23 10 εἱστήκεισαν δὲ οἱ ἀρχιερεῖς . . . εὐτόνως κατηγοροῦντες αὐτοῦ

23 14ᵈ οὐθὲν εὗρον ἐν τῷ ἀνθρώπῳ τούτῳ αἴτιον ὧν κατηγορεῖτε κατ' (—S) αὐτοῦ

Jo 5 45ᵉ μὴ δοκεῖτε ὅτι ἐγὼ κατηγορήσω ὑμῶν πρὸς τὸν πατέρα· ↔

5 45 ἔστιν ὁ κατηγορῶν ὑμῶν Μωϋσῆς

[8 6] || τοῦτο δὲ ἔλεγον πειράζοντες αὐτόν, ἵνα ἔχωσιν (σχῶσι S) κατηγορεῖν αὐτοῦ [[H]]

Ac 22 30ᶜ βουλόμενος γνῶναι τὸ ἀσφαλές, τὸ τί κατηγορεῖται ὑπὸ (παρὰ ς) τῶν Ἰουδαίων

24 2 κληθέντος δὲ αὐτοῦ [NH] ἤρξατο κατηγορεῖν ὁ Τέρτυλλος λέγων

24 8 παρ' οὗ δυνήσῃ αὐτὸς ἀνακρίνας . . . ἐπιγνῶναι ὧν ἡμεῖς κατηγοροῦμεν αὐτοῦ

24 13 οὐδὲ παραστῆσαι δύνανταί σοι περὶ ὧν νυνὶ κατηγοροῦσίν μου

24 19 Ἰουδαῖοι, οὓς ἔδει . . . παρεῖναι καὶ κατηγορεῖν εἴ τι ἔχοιεν πρὸς ἐμέ (με Sς)

25 5 οἱ . . . δυνατοὶ συγκαταβάντες . . . κατηγορείτωσαν αὐτοῦ

25 11ᵃ εἰ δὲ οὐδέν ἐστιν ὧν οὗτοι κατηγοροῦσίν μου

25 16 χαρίζεσθαί τινα ἄνθρωπον πρὶν ἢ ὁ κατηγορούμενος κατὰ πρόσωπον ἔχοι τοὺς κατηγόρους

28 19ᵃ ἠναγκάσθην ἐπικαλέσασθαι Καίσαρα, οὐχ ὡς τοῦ ἔθνους μου ἔχων τι κατηγορεῖν (-ρῆσαι Sς)

Rm 2 15 μεταξὺ ἀλλήλων τῶν λογισμῶν κατηγορούντων ἢ καὶ ἀπολογουμένων

Ap 12 10ᵇ ἐβλήθη ὁ κατήγωρ (-ορος MVBSς) . . . ὁ κατηγορῶν αὐτοὺς (αὐτῶν MBSς) ἐνώπιον τοῦ θεοῦ ἡμῶν

κατηγορία

Lc 6 7 * παρετηροῦντο δὲ αὐτὸν (—VST) . . . ἵνα εὕρωσιν | κατηγορίαν κατ' (MVS; κατηγορίαν ς; κατηγορεῖν rl)

Jo 18 29 τίνα κατηγορίαν φέρετε κατὰ ([N²⁶]; —NTH) τοῦ ἀνθρώπου τούτου;

1Tm 5 19 κατὰ πρεσβυτέρου κατηγορίαν μὴ παραδέχου

Tt 1 6 τέκνα ἔχων πιστά, μὴ ἐν κατηγορίᾳ ἀσωτίας ἢ ἀνυπότακτα

κατήγορος

ᵃ sing.

Jo [8 10] * ποῦ εἰσιν | ἐκεῖνοι οἱ κατήγοροί σου (+ς);

Ac 23 30 παραγγείλας καὶ τοῖς κατηγόροις λέγειν || τὰ ([N²⁶]; —NH) πρὸς αὐτὸν ((αὐτοὺς T)) ἐπὶ σοῦ

23 35 διακούσομαί σου, ἔφη, ὅταν καὶ οἱ κατήγοροί σου παραγένωνται

24 8 * | κελεύσας τοὺς κατηγόρους αὐτοῦ ἔρχεσθαι ἐπὶ σέ (. . +ς)

25 16 χαρίζεσθαί τινα ἄνθρωπον πρὶν ἢ ὁ κατηγορούμενος κατὰ πρόσωπον ἔχοι τοὺς κατηγόρους

25 18 περὶ οὗ σταθέντες οἱ κατήγοροι οὐδεμίαν αἰτίαν ἔφερον

Ap 12 10ᵃ ἐβλήθη (κατ- ς) ὁ κατήγορος (κατήγωρ N²⁶NTH) τῶν ἀδελφῶν ἡμῶν

κατήγωρ

Ap 12 10 ἐβλήθη (κατ- ς) ὁ κατήγωρ (-γορος MVBSς) τῶν ἀδελφῶν ἡμῶν

κατῆλθον

→ κατέρχομαι

κατήνεγκα

→ καταφέρω

κατήφεια

Jc 4 9 ὁ γέλως ὑμῶν εἰς πένθος μετατραπήτω (-στραφήτω MVSTς) καὶ ἡ χαρὰ εἰς κατήφειαν

κατηχέω

→ ἠχέω

Lc 1 4 ἵνα ἐπιγνῷς περὶ ὧν κατηχήθης λόγων τὴν ἀσφάλειαν

Ac 18 25 οὗτος ἦν κατηχημένος τὴν ὁδὸν τοῦ κυρίου

21 21 κατηχήθησαν δὲ περὶ σοῦ ὅτι ἀποστασίαν διδάσκεις ἀπὸ Μωϋσέως

21 24 ὧν κατήχηνται περὶ σοῦ οὐδέν ἐστιν

Rm 2 18 ⟨εἰ⟩ δοκιμάζεις τὰ διαφέροντα κατηχούμενος ἐκ τοῦ νόμου

1C 14 19 ἐν ἐκκλησίᾳ θέλω πέντε λόγους . . . λαλῆσαι, ἵνα καὶ ἄλλους κατηχήσω

G 6 6 κοινωνείτω δὲ ὁ κατηχούμενος τὸν λόγον ↔

6 6 τῷ κατηχοῦντι ἐν πᾶσιν ἀγαθοῖς

κατιόομαι

Jc 5 3 ὁ χρυσὸς ὑμῶν καὶ ὁ ἄργυρος κατίωται

κατισχύω

→ ἰσχύω

Mt 16 18 πύλαι ᾅδου οὐ κατισχύσουσιν αὐτῆς

Lc 21 36 δεόμενοι ἵνα κατισχύσητε (καταξιωθῆτε Vς) ἐκφυγεῖν ταῦτα πάντα τὰ μέλλοντα γίνεσθαι

23 23 ἐπέκειντο φωναῖς μεγάλαις . . . καὶ κατίσχυον αἱ φωναὶ αὐτῶν (+καὶ τῶν ἀρχιερέων ς)

κατοικέω

→ οἰκέω

ᵃ trans.

ᵇ κ. εἴς τι

ᶜ κ. ἐπί τι(νος)

Mt 2 23ᵇ ἐλθὼν κατῴκησεν εἰς πόλιν λεγομένην Ναζαρέτ

4 13ᵇ καταλιπὼν τὴν Ναζαρὰ ἐλθὼν κατῴκησεν εἰς Καφαρναούμ

12 45 παραλαμβάνει μεθ' ἑαυτοῦ ἑπτὰ ἕτερα πνεύματα . . . καὶ εἰσελθόντα κατοικεῖ ἐκεῖ

Mt 23 21ᵃ ὁ ὀμόσας ἐν τῷ ναῷ ὀμνύει ... ἐν τῷ κατοικοῦντι (-κήσαντι VBS) αὐτόν

Lc 11 26 παραλαμβάνει ἕτερα πνεύματα ... ἑπτά, καὶ εἰσελθόντα κατοικεῖ ἐκεῖ

    13 4ᵃ παρὰ πάντας τοὺς ἀνθρώπους τοὺς κατοικοῦντας (+ἐν Τ ς) Ἰερουσαλήμ

Ac 1 19ᵃ (+ὁ Τ) καὶ γνωστὸν ἐγένετο πᾶσι τοῖς κατοικοῦσιν Ἰερουσαλήμ

    1 20 γενηθήτω ἡ ἔπαυλις αὐτοῦ ἔρημος καὶ μὴ ἔστω ὁ κατοικῶν ἐν αὐτῇ

    2 5ᵇ ἦσαν δὲ εἰς (ἐν MVSHς) Ἰερουσαλὴμ κατοικοῦντες Ἰουδαῖοι

    2 9ᵃ Πάρθοι καὶ Μῆδοι ... καὶ οἱ κατοικοῦντες τὴν Μεσοποταμίαν, Ἰουδαίαν

    2 14ᵃ ἄνδρες Ἰουδαῖοι καὶ οἱ κατοικοῦντες Ἰερουσαλὴμ πάντες (ἅπ. ς)

    4 16ᵃ ὅτι μὲν γὰρ γνωστὸν σημεῖον γέγονεν δι᾽ αὐτῶν, πᾶσιν τοῖς κατοικοῦσιν Ἰερουσαλὴμ φανερόν

    7 2 Ἀβραὰμ ὄντι ἐν τῇ Μεσοποταμίᾳ πρὶν ἢ κατοικῆσαι αὐτὸν ἐν Χαρράν

    7 4 τότε ἐξελθὼν ἐκ γῆς Χαλδαίων κατῴκησεν ἐν Χαρράν. ↔

    7 4ᵇ κἀκεῖθεν ... μετῴκισεν αὐτὸν εἰς τὴν γῆν ταύτην εἰς ἣν ὑμεῖς νῦν κατοικεῖτε

    7 48 ἀλλ᾽ οὐχ ὁ ὕψιστος ἐν χειροποιήτοις (+ναοῖς ς) κατοικεῖ

    9 22 τοὺς ([N²⁶; —NTH) Ἰουδαίους τοὺς κατοικοῦντας ἐν Δαμασκῷ

    9 32ᵃ πρὸς τοὺς ἁγίους τοὺς κατοικοῦντας Λύδδα (-α[ν] S; -αν ς)

    9 35ᵃ εἶδαν αὐτὸν πάντες οἱ κατοικοῦντες Λύδδα (-α[ν]S; -αν ς) καὶ τὸν Σαρῶνα

    11 29 ὥρισαν ... εἰς διακονίαν πέμψαι τοῖς κατοικοῦσιν ἐν τῇ Ἰουδαίᾳ ἀδελφοῖς

    13 27 οἱ γὰρ κατοικοῦντες ἐν Ἰερουσαλὴμ ⟨ᾐτήσαντο Πιλᾶτον ἀναιρεθῆναι αὐτόν⟩

    17 24 ὁ θεὸς ... οὐκ ἐν χειροποιήτοις ναοῖς κατοικεῖ

    17 26ᶜ ἐποίησέν τε ἐξ ἑνὸς πᾶν ἔθνος ἀνθρώπων κατοικεῖν ἐπὶ | παντὸς προσώπου (πᾶν τὸ π-ον VSς) τῆς γῆς

    19 10ᵃ ὥστε πάντας τοὺς κατοικοῦντας τὴν Ἀσίαν ἀκοῦσαι τὸν λόγον τοῦ κυρίου

    19 17ᵃ τοῦτο δὲ ἐγένετο γνωστὸν πᾶσιν Ἰουδαίοις τε καὶ Ἕλλησιν τοῖς κατοικοῦσιν τὴν Ἔφεσον

    22 12 Ἀνανίας δέ τις ... μαρτυρούμενος ὑπὸ πάντων τῶν κατοικούντων Ἰουδαίων

E   3 17 ⟨ἵνα δῷ ὑμῖν⟩ κατοικῆσαι τὸν Χριστὸν διὰ τῆς πίστεως ἐν ταῖς καρδίαις ὑμῶν

Cl   1 19 ὅτι ἐν αὐτῷ εὐδόκησεν πᾶν τὸ πλήρωμα κατοικῆσαι

    2 9 ὅτι ἐν αὐτῷ κατοικεῖ πᾶν τὸ πλήρωμα τῆς θεότητος σωματικῶς

Hb 11 9 ⟨Ἀβραὰμ⟩ παρῴκησεν εἰς γῆν τῆς ἐπαγγελίας ... ἐν σκηναῖς κατοικήσας

Jc   4 5 * πρὸς φθόνον ἐπιποθεῖ τὸ πνεῦμα ὃ κατῴκησεν (ς; -ῴκισεν rl) ἐν ἡμῖν

2Pt 3 13 καινοὺς δὲ οὐρανοὺς ... προσδοκῶμεν, ἐν οἷς δικαιοσύνη κατοικεῖ

Ap 2 13 οἶδα (+τὰ ἔργα σου καὶ [S]ς) ποῦ κατοικεῖς

Ap 2 13 ὃς ἀπεκτάνθη παρ᾽ ὑμῖν, ὅπου ὁ σατανᾶς κατοικεῖ

    3 10ᶜ πειράσαι τοὺς κατοικοῦντας ἐπὶ τῆς γῆς

    6 10ᶜ ἕως πότε ... ἐκδικεῖς τὸ αἷμα ἡμῶν ἐκ (ἀπὸ ς) τῶν κατοικούντων ἐπὶ τῆς γῆς;

    8 13ᶜ οὐαὶ | τοὺς κατοικοῦντας (τοῖς -οῦσιν ς) ἐπὶ τῆς γῆς ἐκ τῶν λοιπῶν φωνῶν

    11 10ᶜ οἱ κατοικοῦντες ἐπὶ τῆς γῆς χαίρουσιν ἐπ᾽ αὐτοῖς

    11 10ᶜ ὅτι οὗτοι οἱ δύο προφῆται ἐβασάνισαν τοὺς κατοικοῦντας ἐπὶ τῆς γῆς

    12 12ᵃ * οὐαὶ | τοῖς κατοικοῦσι (+ς) τὴν γῆν καὶ τὴν θάλασσαν

    13 8ᶜ προσκυνήσουσιν αὐτὸν πάντες οἱ κατοικοῦντες ἐπὶ τῆς γῆς

    13 12 ποιεῖ τὴν γῆν καὶ τοὺς ἐν αὐτῇ κατοικοῦντας ἵνα προσκυνήσουσιν (-σωσιν VSς) τὸ θηρίον

    13 14ᶜ πλανᾷ τοὺς κατοικοῦντας ἐπὶ τῆς γῆς διὰ τὰ σημεῖα

    13 14ᶜ λέγων τοῖς κατοικοῦσιν ἐπὶ τῆς γῆς ποιῆσαι εἰκόνα τῷ θηρίῳ

    14 6ᶜ * εὐαγγελίσαι ἐπὶ (—ς) τοὺς κατοικοῦντας (ς; καθημένους rl) ἐπὶ τῆς γῆς

    17 2ᵃ ἐμεθύσθησαν οἱ κατοικοῦντες τὴν γῆν ἐκ τοῦ οἴνου τῆς πορνείας αὐτῆς

    17 8ᶜ θαυμασθήσονται (-μάσονται MVB STς) οἱ κατοικοῦντες ἐπὶ τῆς γῆς

κατοίκησις

Mc   5 3 ⟨ἄνθρωπος ἐν πνεύματι ἀκαθάρτῳ⟩ ὃς τὴν κατοίκησιν εἶχεν ἐν τοῖς μνήμασιν

κατοικητήριον

E   2 22 ἐν ᾧ καὶ ὑμεῖς συνοικοδομεῖσθε εἰς κατοικητήριον τοῦ θεοῦ ἐν πνεύματι

Ap 18 2 ἔπεσεν Βαβυλὼν ἡ μεγάλη, καὶ ἐγένετο κατοικητήριον δαιμονίων (-όνων VSς)

κατοικία

Ac 17 26 ὁρίσας προστεταγμένους καιροὺς καὶ τὰς ὁροθεσίας τῆς κατοικίας αὐτῶν

κατοικίζω
ᵐᵉᵗ⁻

Jc   4 5 πρὸς φθόνον ἐπιποθεῖ τὸ πνεῦμα ὃ κατῴκισεν (-κησεν ς) ἐν ἡμῖν

κατοπτρίζω

2 C   3 18 ἡμεῖς δὲ πάντες ἀνακεκαλυμμένῳ προσώπῳ τὴν δόξαν κυρίου κατοπτριζόμενοι τὴν αὐτὴν εἰκόνα μεταμορφούμεθα

κατόρθωμα

Ac 24 2 * πολλῆς εἰρήνης τυγχάνοντες ... καὶ κατορθωμάτων (ς; δι- rl) γινομένων τῷ ἔθνει τούτῳ διὰ τῆς σῆς προνοίας

κάτω
→ κατωτέρω
ᵃ ἕως κάτω
ᵇ τὰ κάτω

Mt   4 6 εἰ υἱὸς εἶ τοῦ θεοῦ, βάλε σεαυτὸν κάτω

    27 51ᵃ τὸ καταπέτασμα τοῦ ναοῦ ἐσχίσθη || ἀπ᾽ ([NH]; —T) ἄνωθεν ἕως κάτω εἰς δύο ((~Vς))

Mc 14 66 ὄντος τοῦ Πέτρου | κάτω ἐν τῇ αὐλῇ (~Vς)

Mc 15 38ᵃ τὸ καταπέτασμα τοῦ ναοῦ ἐσχίσθη εἰς δύο ἀπ᾽ ἄνωθεν ἕως κάτω

Lc   4 9 εἰ υἱὸς εἶ τοῦ θεοῦ, βάλε σεαυτὸν ἐντεῦθεν κάτω

Jo [8 6] ὁ δὲ Ἰησοῦς κάτω κύψας τῷ δακτύλῳ κατέγραφεν εἰς τὴν γῆν

    [8 8] * καὶ πάλιν | κάτω κύψας (MSς; κατακύψας N²⁶VBH) ἔγραφεν εἰς τὴν γῆν

    8 23ᵇ ὑμεῖς ἐκ τῶν κάτω ἐστέ, ἐγὼ ἐκ τῶν ἄνω εἰμί

Ac   2 19 δώσω τέρατα ἐν τῷ οὐρανῷ ἄνω καὶ σημεῖα ἐπὶ τῆς γῆς κάτω

    20 9 Εὔτυχος ... κατενεχθεὶς ἀπὸ τοῦ ὕπνου ἔπεσεν ἀπὸ τοῦ τριστέγου κάτω

κατώτερος

E   4 9 κατέβη (+πρῶτον [VS]Bς) εἰς τὰ κατώτερα μέρη [N²⁶] τῆς γῆς

κατωτέρω
→ κάτω

Mt   2 16 ἀνεῖλεν πάντας τοὺς παῖδας τοὺς ἐν Βηθλέεμ ... ἀπὸ διετοῦς καὶ κατωτέρω

Καῦδα
Καῦδα NMVBST
Κλαύδη ς

Ac 27 16 νησίον δέ τι ὑποδραμόντες καλούμενον Καῦδα (Κλαύδην ς)

καῦμα

Ap   7 16 οὐδὲ μὴ πέσῃ ἐπ᾽ αὐτοὺς ὁ ἥλιος οὐδὲ πᾶν καῦμα

    16 9 ἐκαυματίσθησαν οἱ ἄνθρωποι καῦμα μέγα

καυματίζω

Mt 13 6 ἡλίου δὲ ἀνατείλαντος ἐκαυματίσθη, καὶ ... ἐξηράνθη

Mc   4 6 | ὅτε ἀνέτειλεν ὁ ἥλιος (ἡλίου δὲ ἀνατείλαντος ς) ἐκαυματίσθη, καὶ ... ἐξηράνθη

Ap 16 8 ἐδόθη αὐτῷ καυματίσαι τοὺς ἀνθρώπους ἐν πυρί. ↔

    16 9 καὶ ἐκαυματίσθησαν οἱ ἄνθρωποι καῦμα μέγα

καῦσις

Hb   6 8 ⟨γῆ⟩ ἐκφέρουσα δὲ ἀκάνθας ... καὶ κατάρας ἐγγύς, ἧς τὸ τέλος εἰς καῦσιν

καυσόω

2Pt 3 10 ἐν ᾗ οἱ (—T) οὐρανοὶ ῥοιζηδὸν παρελεύσονται, στοιχεῖα δὲ καυσούμενα λυθήσεται (-σονται ς)

    3 12 δι᾽ ἣν οὐρανοὶ πυρούμενοι λυθήσονται καὶ στοιχεῖα καυσούμενα τήκεται

καυστηριάζω
καυτηριάζω Sς

1Tm 4 2 ⟨προσέχοντες ... διδασκαλίαις δαιμονίων⟩ ἐν ὑποκρίσει ψευδολόγων, κεκαυστηριασμένων τὴν ἰδίαν συνείδησιν

καύσων

Mt 20 12 ἴσους | ἡμῖν αὐτοὺς (~NTH) ἐποίησας τοῖς βαστάσασι τὸ βάρος τῆς ἡμέρας καὶ τὸν καύσωνα

Lc 12 55 ⟨ὅταν ἴδητε⟩ νότον πνέοντα, λέγετε ὅτι (—S) καύσων ἔσται

Jc   1 11 ἀνέτειλεν γὰρ ὁ ἥλιος σὺν τῷ καύσωνι καὶ ἐξήρανεν τὸν χόρτον

καυτηριάζω
→ καυστηριάζω

καυχάομαι
ἐγ-   κατα-
ᵃ trans.
ᵇ κ. εἴς τι

ᶜ κ. ἐπί τινι
ᵈ κ. ὑπέρ τινος
ᵉ κ. περί τινος

Rm 2 17 εἰ δὲ σὺ Ἰουδαῖος ἐπονομάζῃ ...
καὶ καυχᾶσαι ἐν θεῷ

2 23 ὃς ἐν νόμῳ καυχᾶσαι, διὰ τῆς
παραβάσεως τοῦ νόμου τὸν θεὸν
ἀτιμάζεις;

5 2ᶜκαυχώμεθα ἐπ' ἐλπίδι τῆς δόξης
τοῦ θεοῦ. ↔

5 3 οὐ μόνον δέ, ἀλλὰ καὶ καυχώμεθα
ἐν ταῖς θλίψεσιν

5 11 καυχώμενοι ἐν τῷ θεῷ διὰ τοῦ
κυρίου ἡμῶν Ἰησοῦ

1C 1 29 ὅπως μὴ καυχήσηται πᾶσα σάρξ
ἐνώπιον τοῦ θεοῦ

1 31 ὁ καυχώμενος ↔

1 31 ἐν κυρίῳ καυχάσθω

3 21 ὥστε μηδεὶς καυχάσθω ἐν ἀνθρώ-
ποις

4 7 εἰ δὲ καὶ ἔλαβες, τί καυχᾶσαι ὡς
μὴ λαβών;

13 3 ἐὰν παραδῶ τὸ σῶμά μου ἵνα
καυχήσωμαι (N²⁶H; καυθ. ς; -θή-
σομαι rl)

2C 5 12 ἵνα ἔχητε πρὸς τοὺς ἐν προσώπῳ
καυχωμένους καὶ | μὴ ἐν (οὐ ς)
καρδίᾳ

7 14ᵃᵈὅτι εἴ τι αὐτῷ ὑπὲρ ὑμῶν κεκαύ-
χημαι, οὐ κατῃσχύνθην

9 2ᵃᵈοἶδα γὰρ τὴν προθυμίαν ὑμῶν ἣν
ὑπὲρ ὑμῶν καυχῶμαι Μακεδόσιν

10 8ᵉἐάν τε ([N²⁶]; —S) γὰρ περισσό-
τερόν τι καυχήσωμαι (-σομαι Τ)
περὶ τῆς ἐξουσίας ἡμῶν

10 13ᵇἡμεῖς δὲ οὐκ εἰς τὰ ἄμετρα καυχη-
σόμεθα, ἀλλὰ κατὰ τὸ μέτρον τοῦ
κανόνος

10 15ᵇοὐκ εἰς τὰ ἄμετρα καυχώμενοι ἐν
ἀλλοτρίοις κόποις

10 16ᵇοὐκ ἐν ἀλλοτρίῳ κανόνι εἰς τὰ
ἕτοιμα καυχήσασθαι. ↔

10 17 ὁ δὲ καυχώμενος ↔

10 17 ἐν κυρίῳ καυχάσθω

11 12 ἵνα ἐν ᾧ καυχῶνται εὑρεθῶσιν
καθὼς καὶ ἡμεῖς

11 16ᵃἵνα κἀγὼ μικρόν τι καυχήσωμαι

11 18 ἐπεὶ πολλοὶ καυχῶνται κατὰ
(+ τὴν [NVSH]MBς) σάρκα, ↔

11 18 κἀγὼ καυχήσομαι

11 30 εἰ καυχᾶσθαι δεῖ, ↔

11 30ᵃτὰ τῆς ἀσθενείας μου [H] καυχή-
σομαι

12 1 καυχᾶσθαι | δεῖ, οὐ συμφέρον μέν
(δὴ οὐ συμφέρει μοι ς)

12 5ᵈὑπὲρ τοῦ τοιούτου καυχήσομαι, ↔

12 5ᵈὑπὲρ δὲ ἐμαυτοῦ οὐ καυχήσομαι
εἰ μὴ ἐν ταῖς ἀσθενείαις (+μου [Μ]
VSTς). ↔

12 6 ἐὰν γὰρ θελήσω καυχήσασθαι,
οὐκ ἔσομαι ἄφρων

12 9 ἥδιστα οὖν μᾶλλον καυχήσομαι
ἐν ταῖς ἀσθενείαις μου (—ΝH)

12 11 *γέγονα ἄφρων καυχώμενος (+ς)·
ὑμεῖς με ἠναγκάσατε

G 6 13 θέλουσιν ὑμᾶς περιτέμνεσθαι ἵνα
ἐν τῇ ὑμετέρᾳ σαρκὶ καυχήσων-
ται. ↔

6 14 ἐμοὶ δὲ μὴ γένοιτο καυχᾶσθαι εἰ
μὴ ἐν τῷ σταυρῷ τοῦ κυρίου ἡμῶν

E 2 9 (χάριτί ἐστε σεσῳσμένοι διὰ
πίστεως) οὐκ ἐξ ἔργων, ἵνα μή τις
καυχήσηται

Ph 3 3 οἱ πνεύματι θεοῦ λατρεύοντες καὶ
καυχώμενοι ἐν Χριστῷ Ἰησοῦ

2Th 1 4ᵈ* ὥστε αὐτοὺς ἡμᾶς ἐν ὑμῖν
καυχᾶσθαι (ς; ἐγ- rl) ἐν ταῖς
ἐκκλησίαις τοῦ θεοῦ ὑπὲρ τῆς
ὑπομονῆς ὑμῶν

Jc 1 9 καυχάσθω δὲ ὁ [H] ἀδελφὸς ὁ
ταπεινὸς ἐν τῷ ὕψει αὐτοῦ

4 16 νῦν δὲ καυχᾶσθε ἐν ταῖς ἀλαζο-
νείαις ὑμῶν

καύχημα

ᵃ κ. ἔχω

Rm 4 2ᵃεἰ γὰρ Ἀβραὰμ ἐξ ἔργων ἐδι-
καιώθη, ἔχει καύχημα

1C 5 6 οὐ καλὸν τὸ καύχημα ὑμῶν

9 15 τὸ καύχημά μου | οὐδεὶς κενώσει
(ἵνα τις κενώσῃ ς). ↔

9 16 ἐὰν γὰρ εὐαγγελίζωμαι, οὐκ ἔστιν
μοι καύχημα

2C 1 14 καύχημα ὑμῶν ἐσμεν καθάπερ καὶ
ὑμεῖς ἡμῶν ἐν τῇ ἡμέρᾳ τοῦ κυρίου

5 12 οὐ (+γὰρ Τς) πάλιν ἑαυτοὺς
συνιστάνομεν ὑμῖν, ἀλλὰ ἀφορμὴν
διδόντες ὑμῖν καυχήματος ὑπὲρ
ἡμῶν

9 3 ἵνα μὴ τὸ καύχημα ἡμῶν τὸ
ὑπὲρ ὑμῶν κενωθῇ ἐν τῷ μέρει
τούτῳ

G 6 4ᵃτότε εἰς ἑαυτὸν μόνον τὸ καύχημα
ἕξει καὶ οὐκ εἰς τὸν ἕτερον

Ph 1 26 ἵνα τὸ καύχημα ὑμῶν περισσεύῃ
ἐν Χριστῷ Ἰησοῦ ἐν ἐμοί

2 16 ⟨ἐν οἷς φαίνεσθε ὡς φωστῆρες⟩
λόγον ζωῆς ἐπέχοντες, εἰς καύ-
χημα ἐμοὶ εἰς ἡμέραν Χριστοῦ

Hb 3 6 ἐάνπερ (-[περ] N²⁶MV; ἐὰν NBTH)
τὴν παρρησίαν καὶ τὸ καύχημα τῆς
ἐλπίδος (+μέχρι τέλους βεβαίαν
[NMVH]BSTς) κατάσχωμεν

καύχησις

ᵃ (τὴν) κ. ἔχω

Rm 3 27 ποῦ οὖν ἡ καύχησις; ἐξεκλείσθη

15 17ᵃἔχω οὖν τὴν ([N²⁶H]; —VSς)
καύχησιν ἐν Χριστῷ Ἰησοῦ τὰ
πρὸς τὸν θεόν

1C 15 31ᵃνὴ τὴν ὑμετέραν καύχησιν, ἀδελφοί
([N²⁶]; —ς), ἣν ἔχω ἐν Χριστῷ
Ἰησοῦ

2C 1 12 ἡ γὰρ καύχησις ἡμῶν αὕτη ἐστίν

7 4 πολλή μοι παρρησία πρὸς ὑμᾶς,
πολλή μοι καύχησις ὑπὲρ ὑμῶν

7 14 οὕτως καὶ ἡ καύχησις ἡμῶν ἡ
(—NTH) ἐπὶ Τίτου ἀλήθεια
ἐγενήθη

8 24 τὴν οὖν ἔνδειξιν τῆς ἀγάπης
ὑμῶν καὶ ἡμῶν καυχήσεως ὑπὲρ
ὑμῶν εἰς αὐτοὺς ἐνδεικνύμενοι
(ἐνδείξασθε MVBSHς)

9 4 * καταισχυνθῶμεν ἡμεῖς, ἵνα μὴ
λέγω (N²⁶; -ωμεν rl) ὑμεῖς, ἐν τῇ
ὑποστάσει ταύτῃ | τῆς καυχήσεως
(+ς)

11 10 ἡ καύχησις αὕτη οὐ φραγήσεται
εἰς ἐμὲ ἐν τοῖς κλίμασιν τῆς
Ἀχαΐας

11 17 οὐ κατὰ κύριον λαλῶ, ἀλλ' ὡς ἐν
ἀφροσύνῃ, ἐν ταύτῃ τῇ ὑποστάσει
τῆς καυχήσεως

1Th 2 19 τίς γὰρ ἡμῶν ἐλπὶς ἢ χαρὰ ἢ
στέφανος καυχήσεως ⟨;⟩

Jc 4 16 πᾶσα καύχησις τοιαύτη πονηρά
ἐστιν

Καφαρναούμ

Καπερναούμ ς

ᵃ ἡ Καφαρναούμ

ᵇ Καφαρναοὺμ πόλις

Mt 4 13 καταλιπὼν τὴν Ναζαρὰ ἐλθὼν
κατῴκησεν εἰς Καφαρναοὺμ τὴν
παραθαλασσίαν

8 5 | εἰσελθόντος δὲ αὐτοῦ (-όντι δὲ
τῷ Ἰησοῦ ς) εἰς Καφαρναοὺμ

11 23 σύ, Καφαρναούμ, || μὴ ἕως (+τοῦ
V) οὐρανοῦ ὑψωθήσῃ; ((ἡ ἕως τοῦ
οὐ. ὑψωθεῖσα ς))

17 24 ἐλθόντων δὲ αὐτῶν εἰς Καφαρναοὺμ

Mc 1 21 εἰσπορεύονται εἰς Καφαρναούμ

2 1 | εἰσελθὼν πάλιν (π. εἰσῆλθεν ς)
εἰς Καφαρναοὺμ δι' ἡμερῶν (+
καὶ ς) ἠκούσθη

9 33 ἦλθον (ἦλθεν Sς) εἰς Καφαρναοὺμ

Lc 4 23ᵃὅσα ἠκούσαμεν γενόμενα | εἰς
τὴν (ἐν τῇ ς) Καφαρναοὺμ

4 31ᵇκατῆλθεν εἰς Καφαρναοὺμ πόλιν
τῆς Γαλιλαίας

7 1 εἰσῆλθεν εἰς Καφαρναοὺμ

10 15 σύ, Καφαρναούμ, || μὴ ἕως
(+τοῦ VS) οὐρανοῦ ὑψωθήσῃ;
((ἡ ἕ. τοῦ οὐ. ὑψωθεῖσα ς))

Jo 2 12 μετὰ τοῦτο κατέβη εἰς Καφαρναοὺμ
αὐτὸς καὶ ἡ μήτηρ αὐτοῦ

4 46 | καὶ ἦν (ἦν δέ T) τις βασιλικὸς οὗ
ὁ υἱὸς ἠσθένει ἐν Καφαρναούμ

6 17 ἐμβάντες εἰς πλοῖον ἤρχοντο πέραν
τῆς θαλάσσης εἰς Καφαρναοὺμ

6 24 ἦλθον εἰς Καφαρναοὺμ ζητοῦντες
τὸν Ἰησοῦν

6 59 ταῦτα εἶπεν ἐν συναγωγῇ διδά-
σκων ἐν Καφαρναούμ

Κεγχρεαί

Κενχρεαί (V)TH

Ac 18 18 ὁ δὲ Παῦλος ... ἐξέπλει εἰς τὴν
Συρίαν, καὶ σὺν αὐτῷ ... Ἀκύλας,
κειράμενος ἐν Κεγχρεαῖς τὴν κε-
φαλὴν

Rm 16 1 Φοίβην ... οὖσαν καὶ (+[N²⁶NS
H]B) διάκονον τῆς ἐκκλησίας τῆς
ἐν Κεγχρεαῖς

κέδρος

Jo 18 1 *Ἰησοῦς ἐξῆλθεν σὺν τοῖς μαθηταῖς
αὐτοῦ πέραν τοῦ χειμάρρου | τοῦ
κέδρου (T; τῶν Κέδρων VHς;
τοῦ Κεδρὼν rl)

Κεδρών

Κέδρων S

Jo 18 1 Ἰησοῦς ἐξῆλθεν σὺν τοῖς μαθηταῖς
αὐτοῦ πέραν τοῦ χειμάρρου | τοῦ
Κεδρὼν (τ. κέδρου T; τῶν Κέδρων
VHς)

κεῖμαι

ἀνα-	ἐπι-	περι-
ἀντι-	κατα-	προ-
ἀπο-	παρα-	συνανα-

ᵃ κ. εἴς τινι
ᵇ κ. ἔν τινι
ᶜ κ. ἐπάνω τινός
ᵈ κ. ἐπί τι
ᵉ κ. πρός τι
ᶠ κ. τινί

Mt 3 10ᵉἤδη δὲ (+καὶ [V]ς) ἡ ἀξίνη πρὸς
τὴν ῥίζαν τῶν δένδρων κεῖται

5 14ᶜοὐ δύναται πόλις κρυβῆναι ἐπάνω
ὄρους κειμένη

28 6 δεῦτε ἴδετε τὸν τόπον ὅπου
ἔκειτο (+ὁ κύριος [V]ς)

Lc 2 12ᵇεὑρήσετε βρέφος ἐσπαργανωμένον
καὶ (—Τς) κείμενον (—Τ) ἐν
(+τῇ ς) φάτνῃ

2 16ᵇἀνεῦραν τήν τε Μαριὰμ ... καὶ
τὸ βρέφος κείμενον ἐν τῇ φάτνῃ

2 34οὗτος κεῖται εἰς πτῶσιν καὶ
ἀνάστασιν πολλῶν ἐν τῷ Ἰσραὴλ

Lc 3 9ᵉ ἤδη δὲ καὶ ἡ ἀξίνη πρὸς τὴν ῥίζαν τῶν δένδρων κεῖται

12 19ᵃ ψυχή, ἔχεις πολλὰ ἀγαθὰ | κείμενα εἰς ἔτη πολλά [Η ..]

23 53 ἐν μνήματι λαξευτῷ, οὗ οὐκ ἦν οὐδεὶς οὔπω (οὐδέπω Tς) κείμενος

24 12 * || καὶ παρακύψας βλέπει τὰ ὀθόνια κείμενα (+ς) μόνα (([..VH..]; .. —NT..))

Jo 2 6 ἦσαν δὲ ἐκεῖ λίθιναι ὑδρίαι ἓξ κατὰ τὸν καθαρισμὸν τῶν Ἰουδαίων κείμεναι

11 41 * ἦραν οὖν τὸν λίθον, | οὗ ἦν ὁ τεθνηκὼς κείμενος (+ς)

19 29 σκεῦος (+οὖν V[S]ς) ἔκειτο ὄξους μεστόν

20 5 παρακύψας βλέπει κείμενα τὰ ὀθόνια

20 6 εἰσῆλθεν εἰς τὸ μνημεῖον· καὶ θεωρεῖ τὰ ὀθόνια κείμενα, ↔

20 7 καὶ τὸ σουδάριον ... οὐ μετὰ τῶν ὀθονίων κείμενον ἀλλὰ χωρὶς ἐντετυλιγμένον

20 12 θεωρεῖ δύο ἀγγέλους ... ὅπου ἔκειτο τὸ σῶμα τοῦ Ἰησοῦ

21 9 βλέπουσιν ἀνθρακιὰν κειμένην καὶ ὀψάριον ἐπικείμενον καὶ ἄρτον

1C 3 11 θεμέλιον γὰρ ἄλλον οὐδεὶς δύναται θεῖναι παρὰ τὸν κείμενον

2C 3 15ᵈ ἡνίκα ἂν ἀναγινώσκηται Μωϋσῆς κάλυμμα ἐπὶ τὴν καρδίαν αὐτῶν κεῖται

Ph 1 16ᵃ εἰς ἀπολογίαν τοῦ εὐαγγελίου κεῖμαι

1Th 3 3ᵃ εἰς τοῦτο κείμεθα

1Tm 1 9ᶠ δικαίῳ νόμος οὐ κεῖται, ἀνόμοις δὲ καὶ ἀνυποτάκτοις

1Jo 5 19ᵇ ὁ κόσμος ὅλος ἐν τῷ πονηρῷ κεῖται

Ap 4 2ᵇ ἰδοὺ θρόνος ἔκειτο ἐν τῷ οὐρανῷ
21 16 ἡ πόλις τετράγωνος κεῖται

κειρία
Jo 11 44 ἐξῆλθεν ὁ τεθνηκὼς δεδεμένος τοὺς πόδας καὶ τὰς χεῖρας κειρίαις

κείρω
Ac 8 32 ὡς ἀμνὸς ἐναντίον τοῦ κείραντος (Ν²⁶ST; -ροντος rl) αὐτὸν ἄφωνος

18 18 ὁ δὲ Παῦλος ... ἐξέπλει εἰς τὴν Συρίαν, καὶ σὺν αὐτῷ ... Ἀκύλας, κειράμενος ἐν Κεγχρεαῖς τὴν κεφαλήν

1C 11 6 εἰ γὰρ οὐ κατακαλύπτεται γυνή, καὶ κειράσθω· ↔

11 6 εἰ δὲ αἰσχρὸν γυναικὶ τὸ κείρασθαι ἢ ξυρᾶσθαι, κατακαλυπτέσθω

Κεὶς
→ Κίς

κέλευσμα
1Th 4 16 ὅτι αὐτὸς ὁ κύριος ἐν κελεύσματι, ἐν φωνῇ ἀρχαγγέλου...καταβήσεται ἀπ᾽ οὐρανοῦ

κελεύω
δια-
ᵃ κ. τινί
ᵇ κ. et inf. praes.
Mt 8 18 ἰδὼν δὲ ὁ Ἰησοῦς ὄχλον (πολλοὺς ὄχλους VBTς; ὄχλους S) περὶ αὐτὸν ἐκέλευσεν ἀπελθεῖν εἰς τὸ πέραν

14 9 λυπηθεὶς (ἐλυπήθη MVSς) ὁ βασιλεὺς διὰ (+δὲ MVSς) τοὺς ... συνανακειμένους ἐκέλευσεν δοθῆναι

14 19 κελεύσας τοὺς ὄχλους ἀνακλιθῆναι ἐπὶ τοῦ χόρτου

14 28 κέλευσόν με | ἐλθεῖν πρός σε (~ Sς) ἐπὶ τὰ ὕδατα

Mt 15 35ᵃ* | ἐκέλευσεν τοῖς ὄχλοις (Vς; παραγγείλας τῷ ὄχλῳ rl) ἀναπεσεῖν ἐπὶ τὴν γῆν

18 25 ἐκέλευσεν αὐτὸν ὁ κύριος (+αὐτοῦ Vς) πραθῆναι καὶ τὴν γυναῖκα

27 58 τότε ὁ Πιλᾶτος ἐκέλευσεν ἀποδοθῆναι (+τὸ σῶμα ς)

27 64 κέλευσον οὖν ἀσφαλισθῆναι τὸν τάφον ἕως τῆς τρίτης ἡμέρας

Lc 18 40 σταθεὶς δὲ ὁ (—Η) Ἰησοῦς ἐκέλευσεν αὐτὸν ἀχθῆναι πρὸς αὐτόν

Ac 4 15 κελεύσαντες δὲ αὐτοὺς ἔξω τοῦ συνεδρίου ἀπελθεῖν

5 34 ἐκέλευσεν ἔξω βραχὺ τοὺς ἀνθρώπους (ἀποστόλους Sς) ποιῆσαι

8 38 ἐκέλευσεν στῆναι τὸ ἅρμα

12 19 ἀνακρίνας τοὺς φύλακας ἐκέλευσεν ἀπαχθῆναι

16 22ᵇ οἱ στρατηγοὶ περιρήξαντες αὐτῶν τὰ ἱμάτια ἐκέλευον ῥαβδίζειν

21 33 ἐγγίσας ὁ χιλίαρχος ἐπελάβετο αὐτοῦ καὶ ἐκέλευσεν δεθῆναι ἁλύσεσι δυσί

21 34ᵇ ἐκέλευσεν ἄγεσθαι αὐτὸν εἰς τὴν παρεμβολήν

22 24ᵇ ἐκέλευσεν ὁ χιλίαρχος εἰσάγεσθαι αὐτὸν εἰς τὴν παρεμβολήν

22 30 ἐκέλευσεν συνελθεῖν τοὺς ἀρχιερεῖς καὶ πᾶν τὸ συνέδριον

23 3ᵇ παρανομῶν κελεύεις με τύπτεσθαι;

23 10 φοβηθεὶς ὁ χιλίαρχος ... ἐκέλευσεν τὸ στράτευμα καταβὰν ἁρπάσαι αὐτόν

23 35ᵇ διακούσομαί σου, ἔφη ... κελεύσας (ἐκέλευσέ τε ς) ἐν τῷ πραιτωρίῳ τοῦ (—S) Ἡρῴδου φυλάσσεσθαι αὐτόν

24 8ᵇ* | ⟨παρελθὼν δὲ Λυσίας ... ἀπήγαγε⟩ κελεύσας τοὺς κατηγόρους αὐτοῦ ἔρχεσθαι ἐπὶ σέ (.. +ς)

25 6 καθίσας ἐπὶ τοῦ βήματος ἐκέλευσεν τὸν Παῦλον ἀχθῆναι

25 17 τῇ ἑξῆς καθίσας ἐπὶ τοῦ βήματος ἐκέλευσα ἀχθῆναι τὸν ἄνδρα

25 21ᵇ τοῦ δὲ Παύλου ἐπικαλεσαμένου τηρηθῆναι αὐτὸν ... ἐκέλευσα τηρεῖσθαι αὐτόν

25 23 κελεύσαντος τοῦ Φήστου ἤχθη ὁ Παῦλος

27 43ᵇ ὁ δὲ ἑκατοντάρχης ... ἐκώλυσεν αὐτοὺς τοῦ βουλήματος, ἐκέλευσέν τε τοὺς δυναμένους κολυμβᾶν ... ἐπὶ τὴν γῆν ἐξιέναι

κενοδοξία
Ph 2 3 ⟨τὸ ἓν φρονοῦντες⟩ μηδὲν κατ᾽ ἐριθείαν | μηδὲ κατὰ (ἢ ς) κενοδοξίαν

κενόδοξος
G 5 26 μὴ γινώμεθα κενόδοξοι, ἀλλήλους προκαλούμενοι

κενός
→ κενῶς
ᵃ εἰς κενόν
ᵇ κενά subst.
Mc 12 3 καὶ (οἱ δὲ Vς) λαβόντες αὐτὸν ἔδειραν καὶ ἀπέστειλαν κενόν

Lc 1 53 πεινῶντας ἐνέπλησεν ἀγαθῶν καὶ πλουτοῦντας ἐξαπέστειλεν κενούς

20 10 οἱ δὲ γεωργοὶ | ἐξαπέστειλαν αὐτὸν δείραντες (~ Vς) κενόν

20 11 οἱ δὲ κἀκεῖνον δείραντες καὶ ἀτιμάσαντες ἐξαπέστειλαν κενόν

Ac 4 25ᵇ ἱνατί ἐφρύαξαν ἔθνη καὶ λαοὶ ἐμελέτησαν κενά;

1C 15 10 ἡ χάρις αὐτοῦ ἡ εἰς ἐμὲ οὐ κενὴ ἐγενήθη

15 14 εἰ δὲ Χριστὸς οὐκ ἐγήγερται, κενὸν ἄρα καὶ (+[Ν²⁶S]VBT) τὸ κήρυγμα ἡμῶν, ↔

15 14 κενὴ (+ δὲ ς) καὶ ἡ πίστις ὑμῶν (ἡ. Η)

15 58 ὁ κόπος ὑμῶν οὐκ ἔστιν κενὸς ἐν κυρίῳ

2C 6 1ᵃ παρακαλοῦμεν μὴ εἰς κενὸν τὴν χάριν τοῦ θεοῦ δέξασθαι ὑμᾶς

G 2 2ᵃ μή πως εἰς κενὸν τρέχω ἢ ἔδραμον

E 5 6 μηδεὶς ὑμᾶς ἀπατάτω κενοῖς λόγοις

Ph 2 16ᵃ ὅτι οὐκ εἰς κενὸν ἔδραμον ↔
2 16ᵇ οὐδὲ εἰς κενὸν ἐκοπίασα

Cl 2 8 βλέπετε μή τις ὑμᾶς ἔσται ὁ συλαγωγῶν διὰ τῆς φιλοσοφίας καὶ κενῆς ἀπάτης

1Th 2 1 οἴδατε, ἀδελφοί, τὴν εἴσοδον ἡμῶν τὴν πρὸς ὑμᾶς, ὅτι οὐ κενὴ γέγονεν

3 5ᵃ μή πως ... εἰς κενὸν γένηται ὁ κόπος ἡμῶν

Jc 2 20 θέλεις δὲ γνῶναι, ὦ ἄνθρωπε κενέ

κενοφωνία
1Tm 6 20 τὴν παραθήκην φύλαξον, ἐκτρεπόμενος τὰς βεβήλους κενοφωνίας καὶ ἀντιθέσεις τῆς ψευδωνύμου γνώσεως

2Tm 2 16 τὰς δὲ βεβήλους κενοφωνίας περιΐστασο

κενόω
Rm 4 14 εἰ γὰρ οἱ ἐκ νόμου κληρονόμοι, κεκένωται ἡ πίστις

1C 1 17 ἵνα μὴ κενωθῇ ὁ σταυρὸς τοῦ Χριστοῦ

9 15 τὸ καύχημά μου | οὐδεὶς κενώσει (ἵνα τις κενώσῃ ς)

2C 9 3 ἵνα μὴ τὸ καύχημα ἡμῶν τὸ ὑπὲρ ὑμῶν κενωθῇ ἐν τῷ μέρει τούτῳ

Ph 2 7 ἑαυτὸν ἐκένωσεν μορφὴν δούλου λαβών

κέντρον
ᵃ πρὸς κέντρα λακτίζειν
Ac 9 5ᵃ* | σκληρόν σοι πρὸς κέντρα λακτίζειν (+ς ..)

26 14ᵃ σκληρόν σοι πρὸς κέντρα λακτίζειν

1C 15 55 ποῦ σου, θάνατε, τὸ νῖκος (κέντρον ς); ποῦ σου, θάνατε, (ᾅδη ς), τὸ κέντρον (νῖκος ς); ↔

15 56 τὸ δὲ κέντρον τοῦ θανάτου ἡ ἁμαρτία

Ap 9 10 ἔχουσιν οὐρὰς ὁμοίας σκορπίοις καὶ κέντρα, καὶ (ἦν ς) ἐν ταῖς οὐραῖς αὐτῶν

κεντυρίων
Mc 15 39 ἰδὼν δὲ ὁ κεντυρίων ὁ παρεστηκὼς ἐξ ἐναντίας αὐτοῦ ... εἶπεν

15 44 προσκαλεσάμενος τὸν κεντυρίωνα ἐπηρώτησεν αὐτὸν εἰ πάλαι (ἤδη ΒΗ) ἀπέθανεν· ↔

15 45 καὶ γνοὺς ἀπὸ τοῦ κεντυρίωνος ἐδωρήσατο τὸ πτῶμα τῷ Ἰωσήφ

Κεγχρεαί
→ Κεγχρεαί

κενῶς
→ κενός
Jc 4 5 ἢ δοκεῖτε ὅτι κενῶς ἡ γραφὴ λέγει ⟨;⟩

κεραία
κεραία Η
Mt 5 18 ἰῶτα ἓν ἢ μία κεραία οὐ μὴ παρέλθῃ ἀπὸ τοῦ νόμου

Lc 16 17 εὐκοπώτερον δέ ἐστιν τὸν οὐρανὸν ... παρελθεῖν ἢ τοῦ νόμου μίαν κεραίαν πεσεῖν

κεραμεύς
Mt 27 7 ἠγόρασαν ἐξ αὐτῶν τὸν ἀγρὸν τοῦ κεραμέως εἰς ταφὴν τοῖς ξένοις
27 10 ἔδωκαν αὐτὰ εἰς τὸν ἀγρὸν τοῦ κεραμέως
Rm 9 21 ἢ οὐκ ἔχει ἐξουσίαν ὁ κεραμεὺς τοῦ πηλοῦ ἐκ τοῦ αὐτοῦ φυράματος ποιῆσαι ὃ μὲν εἰς τιμὴν σκεῦος ⟨;⟩

κεραμικός
Ap 2 27 ὡς τὰ σκεύη τὰ κεραμικὰ συντρίβεται

κεράμιον
Mc 14 13 ἀπαντήσει ὑμῖν ἄνθρωπος κεράμιον ὕδατος βαστάζων
Lc 22 10 συναντήσει ὑμῖν ἄνθρωπος κεράμιον ὕδατος βαστάζων

κέραμος
Lc 5 19 ἀναβάντες ἐπὶ τὸ δῶμα διὰ τῶν κεράμων καθῆκαν αὐτὸν σὺν τῷ κλινιδίῳ εἰς τὸ μέσον

κεράννυμι
συγ-
Ap 14 10 πίεται ἐκ τοῦ οἴνου τοῦ θυμοῦ τοῦ θεοῦ τοῦ κεκερασμένου ἀκράτου ἐν τῷ ποτηρίῳ τῆς ὀργῆς αὐτοῦ
18 6 ἐν τῷ ποτηρίῳ ᾧ ἐκέρασεν ↔
18 6 κεράσατε αὐτῇ διπλοῦν

κέρας
a κ. σωτηρίας
Lc 1 69a ἤγειρεν κέρας σωτηρίας ἡμῖν ἐν οἴκῳ Δαυίδ
Ap 5 6 ἀρνίον... ἔχων (ἔχον BSϛ) κέρατα ἑπτὰ καὶ ὀφθαλμοὺς ἑπτά
9 13 ἤκουσα φωνὴν μίαν ἐκ τῶν τεσσάρων ([N²⁶]; —MH) κεράτων τοῦ θυσιαστηρίου
12 3 δράκων... ἔχων κεφαλὰς ἑπτὰ καὶ κέρατα δέκα
13 1 θηρίον ἀναβαῖνον, ἔχον κέρατα δέκα καὶ κεφαλὰς ἑπτά, ↔
13 1 καὶ ἐπὶ τῶν κεράτων αὐτοῦ δέκα διαδήματα
13 11 εἶδον ἄλλο θηρίον... καὶ εἶχεν κέρατα δύο ὅμοια ἀρνίῳ
17 3 εἶδον γυναῖκα καθημένην ἐπὶ θηρίον κόκκινον... ἔχων (N²⁶H; ἔχοντα NT; ἔχον rl) κεφαλὰς ἑπτὰ καὶ κέρατα δέκα
17 7 τοῦ θηρίου... τοῦ ἔχοντος τὰς ἑπτὰ κεφαλὰς καὶ τὰ δέκα κέρατα
17 12 τὰ δέκα κέρατα ἃ εἶδες δέκα βασιλεῖς εἰσιν
17 16 τὰ δέκα κέρατα ἃ εἶδες καὶ (ἐπὶ ϛ) τὸ θηρίον, οὗτοι μισήσουσιν τὴν πόρνην

κεράτιον
Lc 15 16 ἐπεθύμει χορτασθῆναι (N²⁶H; γεμίσαι τὴν κοιλίαν αὐτοῦ rl) ἐκ (ἀπὸ VBTϛ) τῶν κερατίων ὧν ἤσθιον οἱ χοῖροι

κερδαίνω
a κ. τινά
Mt 16 26 τί γὰρ ὠφεληθήσεται ἄνθρωπος, ἐὰν τὸν κόσμον ὅλον κερδήσῃ ⟨;⟩
18 15a ἐάν σου ἀκούσῃ, ἐκέρδησας τὸν ἀδελφόν σου
25 16 ἠργάσατο ἐν αὐτοῖς καὶ ἐκέρδησεν (ἐποίησεν VSTϛ) ἄλλα πέντε (+τάλαντα Tϛ)· ↔
25 17 ἐκέρδησεν (+καὶ MVBϛ) ὁ τὰ δύο (+καὶ αὐτὸς MVSϛ) ἄλλα δύο
25 20 ἴδε ἄλλα πέντε τάλαντα ἐκέρδησα (+ἐπ᾽ αὐτοῖς Vϛ)

Mt 25 22 ἴδε ἄλλα δύο τάλαντα ἐκέρδησα (+ἐπ᾽ αὐτοῖς Vϛ)
Mc 8 36 τί γὰρ ὠφελεῖ (-λήσει Vϛ) ἄνθρωπον κερδῆσαι (ἐὰν κερδήσῃ ϛ) τὸν κόσμον ὅλον ⟨;⟩
Lc 9 25 τί γὰρ ὠφελεῖται ἄνθρωπος κερδήσας τὸν κόσμον ὅλον ⟨;⟩
Ac 27 21 ἔδει... μὴ ἀνάγεσθαι ἀπὸ τῆς Κρήτης κερδῆσαί τε τὴν ὕβριν ταύτην καὶ τὴν ζημίαν
1C 9 19a πᾶσιν ἐμαυτὸν ἐδούλωσα, ἵνα τοὺς πλείονας κερδήσω· ↔
9 20a καὶ ἐγενόμην τοῖς Ἰουδαίοις ὡς Ἰουδαῖος, ἵνα Ἰουδαίους κερδήσω· ↔
9 20a τοῖς ὑπὸ νόμον ὡς ὑπὸ νόμον... ἵνα τοὺς ὑπὸ νόμον κερδήσω· ↔
9 21a τοῖς ἀνόμοις ὡς ἄνομος... ἵνα κερδάνω (-ανῶ H; -ήσω ϛ) τοὺς (—ϛ) ἀνόμους· ↔
9 22a ἐγενόμην τοῖς ἀσθενέσιν (+ὡς [MVS]ϛ) ἀσθενής, ἵνα τοὺς ἀσθενεῖς κερδήσω
Ph 3 8a πάντα... ἡγοῦμαι σκύβαλα (+εἶναι [M]VSϛ) ἵνα Χριστὸν κερδήσω
Jc 4 13 πορευσόμεθα (-σώμεθα ϛ) εἰς τήνδε τὴν πόλιν... καὶ ἐμπορευσόμεθα (-σώμεθα ϛ) καὶ κερδήσομεν (-σωμεν ϛ)
1Pt 3 1a ἵνα... διὰ τῆς τῶν γυναικῶν ἀναστροφῆς ἄνευ λόγου κερδηθήσονται (-σωνται ϛ)

κέρδος
Ph 1 21 ἐμοὶ γὰρ τὸ ζῆν Χριστὸς καὶ τὸ ἀποθανεῖν κέρδος
3 7 ἀλλὰ ([N²⁶]; —T) ἅτινα ἦν μοι κέρδη, ταῦτα ἥγημαι διὰ τὸν Χριστὸν ζημίαν
Tt 1 11 διδάσκοντες ἃ μὴ δεῖ αἰσχροῦ κέρδους χάριν

κερέα
→ κεραία

κέρμα
Jo 2 15 τῶν κολλυβιστῶν ἐξέχεεν | τὸ κέρμα (τὰ κέρματα NH)

κερματιστής
Jo 2 14 εὗρεν ἐν τῷ ἱερῷ... τοὺς κερματιστὰς καθημένους

κεφάλαιον
Ac 22 28 ἐγὼ πολλοῦ κεφαλαίου τὴν πολιτείαν ταύτην ἐκτησάμην
Hb 8 1 κεφάλαιον δὲ ἐπὶ τοῖς λεγομένοις, τοιοῦτον ἔχομεν ἀρχιερέα

κεφαλαιόω
→ κεφαλιόω

κεφαλή
a θρὶξ (ἐκ, ἀπό) τῆς κεφαλῆς
b εἰς κ. γωνίας
c ἐν τῇ κ. ὄμνυμι
d τὴν κ. κλίνω
e τὰς κ. κινέω
f κατὰ κεφαλῆς ἔχω
Mt 5 36e μήτε ἐν τῇ κεφαλῇ σου ὀμόσῃς
6 17 σὺ δὲ νηστεύων ἄλειψαί σου τὴν κεφαλὴν
8 20d ὁ δὲ υἱὸς τοῦ ἀνθρώπου οὐκ ἔχει τὴν κεφαλὴν κλίνῃ
10 30a ὑμῶν δὲ καὶ αἱ τρίχες τῆς κεφαλῆς πᾶσαι ἠριθμημέναι εἰσίν
14 8 δός μοι... ἐπὶ πίνακι τὴν κεφαλὴν Ἰωάννου τοῦ βαπτιστοῦ
14 11 ἠνέχθη ἡ κεφαλὴ αὐτοῦ ἐπὶ (ἐν S) (+τῷ BS) πίνακι

Mt 21 42b λίθον ὃν ἀπεδοκίμασαν οἱ οἰκοδομοῦντες, οὗτος ἐγενήθη εἰς κεφαλὴν γωνίας
26 7 προσῆλθεν αὐτῷ γυνὴ... καὶ κατέχεεν ἐπὶ | τῆς κεφαλῆς (τὴν -ὴν Vϛ) αὐτοῦ ἀνακειμένου
27 29 πλέξαντες στέφανον... ἐπέθηκαν ἐπὶ | τῆς κεφαλῆς (τὴν -ὴν ϛ) αὐτοῦ
27 30 ἔλαβον τὸν κάλαμον καὶ ἔτυπτον εἰς τὴν κεφαλὴν αὐτοῦ
27 37 ἐπέθηκαν ἐπάνω τῆς κεφαλῆς αὐτοῦ τὴν αἰτίαν αὐτοῦ γεγραμμένην
27 39e οἱ δὲ παραπορευόμενοι ἐβλασφήμουν αὐτὸν κινοῦντες τὰς κεφαλὰς αὐτῶν
Mc 6 24 τί αἰτήσωμαι;... τὴν κεφαλὴν Ἰωάννου τοῦ βαπτίζοντος
6 25 θέλω ἵνα ἐξαυτῆς δῷς μοι ἐπὶ πίνακι τὴν κεφαλὴν Ἰωάννου τοῦ βαπτιστοῦ
6 27 ἐπέταξεν ἐνέγκαι (ἐνεχθῆναι VBSϛ) τὴν κεφαλὴν αὐτοῦ
6 28 ἤνεγκεν τὴν κεφαλὴν αὐτοῦ ἐπὶ πίνακι
12 10b λίθον ὃν ἀπεδοκίμασαν οἱ οἰκοδομοῦντες, οὗτος ἐγενήθη εἰς κεφαλὴν γωνίας
14 3 συντρίψασα τὴν (τὸν BST; τὸ ϛ) ἀλάβαστρον κατέχεεν αὐτοῦ (+κατὰ Vϛ) τῆς κεφαλῆς
15 19 ἔτυπτον αὐτοῦ τὴν κεφαλὴν καλάμῳ
15 29e οἱ παραπορευόμενοι ἐβλασφήμουν αὐτὸν κινοῦντες τὰς κεφαλὰς αὐτῶν
Lc 7 38a ταῖς θριξὶν τῆς κεφαλῆς αὐτῆς ἐξέμασσεν (-μαξεν T)
7 44a * τοῖς δάκρυσιν ἔβρεξέν μου τοὺς πόδας καὶ ταῖς θριξὶν | τῆς κεφαλῆς (+ϛ) αὐτῆς ἐξέμαξεν
7 46 ἐλαίῳ τὴν κεφαλήν μου οὐκ ἤλειψας
9 58d ὁ δὲ υἱὸς τοῦ ἀνθρώπου οὐκ ἔχει ποῦ τὴν κεφαλὴν κλίνῃ
12 7a αἱ τρίχες τῆς κεφαλῆς ὑμῶν πᾶσαι ἠρίθμηνται
20 17b λίθον ὃν ἀπεδοκίμασαν οἱ οἰκοδομοῦντες, οὗτος ἐγενήθη εἰς κεφαλὴν γωνίας
21 18a θρὶξ ἐκ τῆς κεφαλῆς ὑμῶν οὐ μὴ ἀπόληται
21 28 ἀρχομένων δὲ τούτων γίνεσθαι ἀνακύψατε καὶ ἐπάρατε τὰς κεφαλὰς ὑμῶν
Jo 13 9 (ἐὰν μὴ νίψω σε) μὴ τοὺς πόδας μου μόνον ἀλλὰ καὶ τὰς χεῖρας καὶ τὴν κεφαλήν
19 2 οἱ στρατιῶται πλέξαντες στέφανον ἐξ ἀκανθῶν ἐπέθηκαν αὐτοῦ τῇ κεφαλῇ
19 30d κλίνας τὴν κεφαλὴν παρέδωκεν τὸ πνεῦμα
20 7 (θεωρεῖ) τὸ σουδάριον, ὃ ἦν ἐπὶ τῆς κεφαλῆς αὐτοῦ... ἐντετυλιγμένον
20 12 θεωρεῖ δύο ἀγγέλους... καθεζομένους, ἕνα πρὸς τῇ κεφαλῇ καὶ ἕνα πρὸς τοῖς ποσίν
Ac 4 11b οὗτός ἐστιν ὁ λίθος ὁ ἐξουθενηθεὶς ὑφ᾽ ὑμῶν... ὁ γενόμενος εἰς κεφαλὴν γωνίας
18 6 τὸ αἷμα ὑμῶν ἐπὶ τὴν κεφαλὴν ὑμῶν
18 18 ὁ δὲ Παῦλος... καὶ σὺν αὐτῷ... Ἀκύλας, κειράμενος ἐν Κεγχρεαῖς τὴν κεφαλὴν

Ac 21 24 δαπάνησον ἐπ' αὐτοῖς ἵνα ξυρή-
σονται (-σωνται VSϛ) τὴν κεφαλήν

27 34ᵃ οὐδενὸς γὰρ ὑμῶν θρὶξ | ἀπὸ τῆς
κεφαλῆς ἀπολεῖται (ἐκ τ. κ. πεσεῖ-
ται ϛ)

Rm 12 20 τοῦτο γὰρ ποιῶν ἄνθρακας πυρὸς
σωρεύσεις ἐπὶ τὴν κεφαλὴν αὐτοῦ

1 C 11 3 παντὸς ἀνδρὸς ἡ κεφαλὴ ὁ Χριστός
ἐστιν, ↔

11 3 κεφαλὴ δὲ γυναικὸς ὁ ἀνήρ, ↔

11 3 κεφαλὴ δὲ τοῦ (—ϛ) Χριστοῦ ὁ
θεός. ↔

11 4ᶠ πᾶς ἀνήρ . . . προφητεύων κατὰ
κεφαλῆς ἔχων

11 4 καταισχύνει τὴν κεφαλὴν αὐτοῦ. ↔

11 5 πᾶσα δὲ γυνὴ . . . προφητεύουσα
ἀκατακαλύπτῳ τῇ κεφαλῇ ↔

11 5 καταισχύνει τὴν κεφαλὴν αὐτῆς
(ἑαυ. ϛ)

11 7 ἀνήρ . . . οὐκ ὀφείλει κατακαλύ-
πτεσθαι τὴν κεφαλήν

11 10 ὀφείλει ἡ γυνὴ ἐξουσίαν ἔχειν ἐπὶ
τῆς κεφαλῆς διὰ τοὺς ἀγγέλους

12 21 οὐ δύναται . . . εἰπεῖν . . . ἡ κεφαλὴ
τοῖς ποσίν· χρείαν ὑμῶν οὐκ ἔχω

E 1 22 αὐτὸν ἔδωκεν κεφαλὴν ὑπὲρ πάντα
τῇ ἐκκλησίᾳ

4 15 αὐξήσωμεν εἰς αὐτὸν τὰ πάντα,
ὅς ἐστιν ἡ κεφαλή, (+ὁ ϛ) Χριστός

5 23 ὅτι ἀνήρ ἐστιν κεφαλὴ τῆς γυναι-
κὸς ↔

5 23 ὡς καὶ ὁ Χριστὸς κεφαλὴ τῆς ἐκ-
κλησίας

Cl 1 18 αὐτός ἐστιν ἡ κεφαλὴ τοῦ σώμα-
τος, τῆς ἐκκλησίας

2 10 ὅς ἐστιν ἡ κεφαλὴ πάσης ἀρχῆς
καὶ ἐξουσίας

2 19 ⟨μηδεὶς ὑμᾶς καταβραβευέτω . . .
εἰκῇ φυσιούμενος ὑπὸ τοῦ νοὸς τῆς
σαρκὸς αὐτοῦ⟩ καὶ οὐ κρατῶν τὴν
κεφαλήν

1 Pt 2 7ᵇ ἀπιστοῦσιν δὲ λίθος (-θον STϛ) ὃν
ἀπεδοκίμασαν οἱ οἰκοδομοῦντες,
οὗτος ἐγενήθη εἰς κεφαλὴν γωνίας

Ap 1 14 ἡ δὲ κεφαλὴ αὐτοῦ καὶ αἱ τρίχες
λευκαὶ ὡς ἔριον λευκόν

4 4 πρεσβυτέρους καθημένους . . . καὶ
(+ἔσχον ϛ) ἐπὶ τὰς κεφαλὰς αὐτῶν
στεφάνους χρυσοῦς

9 7 ἐπὶ τὰς κεφαλὰς αὐτῶν ὡς στέφανοι
ὅμοιοι χρυσῷ

9 17 αἱ κεφαλαὶ τῶν ἵππων ↔

9 17 ὡς κεφαλαὶ λεόντων

9 19 αἱ γὰρ οὐραὶ αὐτῶν ὅμοιαι (-οι M)
ὄφεσιν, ἔχουσαι κεφαλάς

10 1 εἶδον ἄλλον ἄγγελον . . . καὶ ἡ
(—ϛ) ἶρις ἐπὶ | τῆς κεφαλῆς (τὴν
-ὴν NTH) αὐτοῦ (—ϛ)

12 1 γυνὴ . . . καὶ ἐπὶ τῆς κεφαλῆς
αὐτῆς στέφανος ἀστέρων δώδεκα

12 3 δράκων . . . ἔχων κεφαλὰς ἑπτὰ
καὶ κέρατα δέκα ↔

12 3 καὶ ἐπὶ τὰς κεφαλὰς αὐτοῦ ἑπτὰ
διαδήματα

13 1 θηρίον ἀναβαῖνον, ἔχον κέρατα
δέκα καὶ κεφαλὰς ἑπτά

13 1 ἐπὶ τὰς κεφαλὰς αὐτοῦ ὀνόματα
(ὀνόμα[τα] N²⁶; ὄνομα VBSϛ)
βλασφημίας

13 3 (+εἶδον ϛ) μίαν ἐκ τῶν κεφαλῶν
αὐτοῦ ὡς ἐσφαγμένην εἰς θάνατον

14 14 | καθήμενον ὅμοιον (-ος -ος ϛ) υἱὸν
(-ῷ ϛ) ἀνθρώπου, ἔχων ἐπὶ τῆς
κεφαλῆς αὐτοῦ στέφανον χρυσοῦν

Ap 17 3 εἶδον γυναῖκα καθημένην ἐπὶ θη-
ρίον κόκκινον . . . ἔχων (N²⁶H;
ἔχοντα NT; ἔχον rl) κεφαλὰς ἑπτὰ
καὶ κέρατα δέκα

17 7 τοῦ θηρίου . . . τοῦ ἔχοντος τὰς
ἑπτὰ κεφαλὰς καὶ τὰ δέκα κέρατα

17 9 αἱ ἑπτὰ κεφαλαὶ ἑπτὰ ὄρη εἰσίν . . .
καὶ βασιλεῖς ἑπτά εἰσιν

18 19 ἔβαλον χοῦν ἐπὶ τὰς κεφαλὰς
αὐτῶν

19 12 ἐπὶ τὴν κεφαλὴν αὐτοῦ διαδήματα
πολλά

κεφαλιόω

κεφαλαιόω NVBSϛ

ἀνα-

Mc 12 4 κἀκεῖνον (+λιθοβολήσαντες ϛ)
ἐκεφαλίωσαν καὶ ἠτίμασαν

κεφαλίς

Hb 10 7 ἐν κεφαλίδι βιβλίου γέγραπται
περὶ ἐμοῦ

κημόω

1 C 9 9 οὐ κημώσεις (N²⁶NT; φιμ. rl) βοῦν
ἀλοῶντα

κῆνσος

Mt 17 25 οἱ βασιλεῖς τῆς γῆς ἀπὸ τίνων
λαμβάνουσιν τέλη ἢ κῆνσον;

22 17 ἔξεστιν δοῦναι κῆνσον Καίσαρι ἢ οὔ;

22 19 ἐπιδείξατέ μοι τὸ νόμισμα τοῦ
κήνσου

Mc 12 14 ἔξεστιν | δοῦναι κῆνσον Καίσαρι
(~ STϛ) ἢ οὔ;

κῆπος

Lc 13 19 κόκκῳ σινάπεως, ὃν λαβὼν ἄν-
θρωπος ἔβαλεν εἰς κῆπον ἑαυτοῦ

Jo 18 1 πέραν τοῦ χειμάρρου | τοῦ Κεδρὼν
(τ. κέδρου T; τῶν Κέδρων VHϛ),
ὅπου ἦν κῆπος

18 26 οὐκ ἐγώ σε εἶδον ἐν τῷ κήπῳ μετ'
αὐτοῦ;

19 41 ἦν δὲ ἐν τῷ τόπῳ ὅπου ἐσταυρώ-
θη κῆπος, ↔

19 41 καὶ ἐν τῷ κήπῳ μνημεῖον καινόν

κηπουρός

Jo 20 15 ἐκείνη δοκοῦσα ὅτι ὁ κηπουρός
ἐστιν, λέγει αὐτῷ

κηρίον

Lc 24 42 * ἐπέδωκαν αὐτῷ ἰχθύος ὀπτοῦ
μέρος | καὶ ἀπὸ μελισσίου κηρίου
(+Vϛ)

κήρυγμα

ᵃ τὸ κήρυγμά μου, ἡμῶν
ᵇ κήρυγμα Ἰωνᾶ

Mt 12 41ᵇ ὅτι μετενόησαν εἰς τὸ κήρυγμα
Ἰωνᾶ

Mc [16br]ᵃ Ἰησοῦς . . . ἐξαπέστειλεν δι' αὐτῶν
τὸ ἱερὸν καὶ ἄφθαρτον κήρυγμα
τῆς αἰωνίου σωτηρίας

Lc 11 32ᵇ ὅτι μετενόησαν εἰς τὸ κήρυγμα
Ἰωνᾶ

Rm 16 25 | τῷ δὲ δυναμένῳ ὑμᾶς στηρίξαι
κατὰ τὸ εὐαγγέλιόν μου καὶ τὸ
κήρυγμα Ἰησοῦ Χριστοῦ [N²⁶S . .]

1 C 1 21 εὐδόκησεν ὁ θεὸς διὰ τῆς μωρίας
τοῦ κηρύγματος σῶσαι τοὺς
πιστεύοντας

2 4ᵃ ὁ λόγος μου καὶ τὸ κήρυγμά μου
οὐκ ἐν πειθοῖς (-θοῖ[ς] N²⁶) σοφίας
λόγοις [N²⁶]

15 14ᵃ εἰ δὲ Χριστὸς οὐκ ἐγήγερται, κενὸν
ἄρα καὶ (+[N²⁶S]VBT) τὸ κήρυγ-
μα ἡμῶν

2 Tm 4 17 ἵνα δι' ἐμοῦ τὸ κήρυγμα πληρο-
φορηθῇ . . . πάντα τὰ ἔθνη

Tt 1 3 ἐφανέρωσεν . . . τὸν λόγον αὐτοῦ
ἐν κηρύγματι ὃ ἐπιστεύθην ἐγώ

κῆρυξ

κῆρυξ ST

1 Tm 2 7 ⟨τὸ μαρτύριον⟩ εἰς ὃ ἐτέθην ἐγὼ
κῆρυξ καὶ ἀπόστολος

2 Tm 1 11 ⟨διὰ τοῦ εὐαγγελίου⟩ εἰς ὃ ἐτέθην
ἐγὼ κῆρυξ καὶ ἀπόστολος καὶ
διδάσκαλος

2 Pt 2 5 ἀρχαίου κόσμου οὐκ ἐφείσατο,
ἀλλὰ ὄγδοον Νῶε δικαιοσύνης
κήρυκα ἐφύλαξεν

κηρύσσω

προ-
ᵃ διδάσκω et κ.
ᵇ κ. τὸ εὐαγγέλιον
ᶜ κ. τὴν βασιλείαν
ᵈ κ. (τὸ) βάπτισμα
ᵉ κ. τινί
ᶠ κ. ἵνα, ὅτι

Mt 3 1 παραγίνεται Ἰωάννης ὁ βαπτι-
στὴς κηρύσσων ἐν τῇ ἐρήμῳ τῆς
Ἰουδαίας

4 17 ἀπὸ τότε ἤρξατο ὁ Ἰησοῦς κηρύσ-
σειν καὶ λέγειν

4 23ᵃᵇ περιῆγεν (+ὁ Ἰησοῦς MVBSϛ)
| ἐν ὅλῃ τῇ Γαλιλαίᾳ (ὅλην τὴν
Γαλιλαίαν MVSϛ), διδάσκων . . .
καὶ κηρύσσων τὸ εὐαγγέλιον τῆς
βασιλείας

9 35ᵃᵇ περιῆγεν ὁ Ἰησοῦς τὰς πόλεις πά-
σας . . . διδάσκων . . . καὶ κηρύσ-
σων τὸ εὐαγγέλιον τῆς βασιλείας

10 7 πορευόμενοι δὲ κηρύσσετε λέγοντες

10 27 ὃ εἰς τὸ οὖς ἀκούετε, κηρύξατε ἐπὶ
τῶν δωμάτων

11 1ᵃ μετέβη ἐκεῖθεν τοῦ διδάσκειν καὶ
κηρύσσειν ἐν ταῖς πόλεσιν αὐτῶν

24 14ᵇ κηρυχθήσεται τοῦτο τὸ εὐαγγέ-
λιον τῆς βασιλείας ἐν ὅλῃ τῇ
οἰκουμένῃ

26 13ᵇ ὅπου ἐὰν κηρυχθῇ τὸ εὐαγγέλιον
τοῦτο ἐν ὅλῳ τῷ κόσμῳ

Mc 1 4ᵈ ἐγένετο Ἰωάννης ὁ (+[N²⁶]NV
BTH) βαπτίζων ἐν τῇ ἐρήμῳ καὶ
(—NBH) κηρύσσων βάπτισμα
μετανοίας

1 7 ἐκήρυσσεν λέγων

1 14ᵇᶠ ἦλθεν ὁ Ἰησοῦς εἰς τὴν Γαλιλαίαν
κηρύσσων τὸ εὐαγγέλιον τοῦ
θεοῦ

1 38 ἄγωμεν ἀλλαχοῦ εἰς τὰς ἐχομένας
κωμοπόλεις, ἵνα καὶ ἐκεῖ κηρύξω

1 39 ἦλθεν κηρύσσων εἰς τὰς συναγω-
γὰς (ἦν κ. ἐν ταῖς σ-γαῖς ϛ) αὐτῶν
εἰς ὅλην τὴν Γαλιλαίαν

1 45 ὁ δὲ ἐξελθὼν ἤρξατο κηρύσσειν
πολλὰ καὶ διαφημίζειν τὸν λόγον

3 14 ἐποίησεν δώδεκα . . . ἵνα ἀποστέλ-
λῃ αὐτοὺς κηρύσσειν ⟨καὶ ἔχειν
ἐξουσίαν⟩

5 20 ἤρξατο κηρύσσειν ἐν τῇ Δεκαπό-
λει ὅσα ἐποίησεν αὐτῷ ὁ Ἰησοῦς

6 12ᶠ ἐξελθόντες ἐκήρυξαν (-ρυσσον Vϛ)
ἵνα μετανοῶσιν (-νοήσωσιν MVSϛ)

7 36 ὅσον δὲ αὐτοῖς διεστέλλετο, αὐτοὶ
(—ϛ) μᾶλλον περισσότερον ἐκήρυσ-
σον

13 10ᵇ εἰς πάντα τὰ ἔθνη | πρῶτον δεῖ
(~ Vϛ) κηρυχθῆναι τὸ εὐαγγέλιον

14 9ᵇ ὅπου ἐὰν κηρυχθῇ τὸ εὐαγγέλιον
(+τοῦτο Vϛ) εἰς ὅλον τὸν κόσμον

[16 15]ᵇᵉ πορευθέντες εἰς τὸν κόσμον ἅπαν-
τα κηρύξατε τὸ εὐαγγέλιον πάσῃ
τῇ κτίσει

[16 20] ἐκεῖνοι δὲ ἐξελθόντες ἐκήρυξαν
πανταχοῦ

Lc 3 3[d]ἦλθεν εἰς πᾶσαν τὴν ([N[26]]; —H) περίχωρον τοῦ Ἰορδάνου κηρύσσων βάπτισμα μετανοίας

4 18[e]εὐαγγελίσασθαι πτωχοῖς, ἀπέσταλκέν με, κηρύξαι αἰχμαλώτοις ἄφεσιν

4 19 κηρύξαι ἐνιαυτὸν κυρίου δεκτόν

4 44 ἦν κηρύσσων | εἰς τὰς συναγωγὰς (ἐν ταῖς σ-γαῖς VSϛ) τῆς Ἰουδαίας (Γαλιλαίας VTϛ)

8 1[c]διώδευεν ... κηρύσσων καὶ εὐαγγελιζόμενος τὴν βασιλείαν τοῦ θεοῦ

8 39 ἀπῆλθεν καθ᾽ ὅλην τὴν πόλιν κηρύσσων ὅσα ἐποίησεν αὐτῷ ὁ Ἰησοῦς

9 2[c]ἀπέστειλεν αὐτοὺς κηρύσσειν τὴν βασιλείαν τοῦ θεοῦ καὶ ἰᾶσθαι

12 3 ὃ πρὸς τὸ οὖς ἐλαλήσατε ἐν τοῖς ταμείοις κηρυχθήσεται ἐπὶ τῶν δωμάτων

24 47 ⟨οὕτως γέγραπται παθεῖν τὸν χριστὸν⟩ καὶ κηρυχθῆναι ἐπὶ τῷ ὀνόματι αὐτοῦ μετάνοιαν

Ac 8 5[e]Φίλιππος δὲ κατελθὼν εἰς τὴν ([N[26]]; —Sϛ) πόλιν τῆς Σαμαρείας ἐκήρυσσεν αὐτοῖς τὸν Χριστόν

9 20[f]εὐθέως ἐν ταῖς συναγωγαῖς ἐκήρυσσεν τὸν Ἰησοῦν, ὅτι οὗτός ἐστιν ὁ υἱὸς τοῦ θεοῦ

10 37[d]μετὰ τὸ βάπτισμα ὃ ἐκήρυξεν Ἰωάννης

10 42[ef]παρήγγειλεν ἡμῖν κηρύξαι τῷ λαῷ καὶ διαμαρτύρασθαι ὅτι οὗτός (αὐτός Tϛ) ἐστιν ὁ ... κριτής

15 21 Μωϋσῆς γὰρ ἐκ γενεῶν ἀρχαίων κατὰ πόλιν τοὺς κηρύσσοντας αὐτὸν ἔχει

19 13 ὁρκίζω ὑμᾶς τὸν Ἰησοῦν ὃν (+ὁ ϛ) Παῦλος κηρύσσει

20 25[c]ὑμεῖς πάντες ἐν οἷς διῆλθον κηρύσσων τὴν βασιλείαν

28 31[ac]⟨ἀπεδέχετο πάντας⟩ κηρύσσων τὴν βασιλείαν τοῦ θεοῦ καὶ διδάσκων

Rm 2 21[a]ὁ κηρύσσων μὴ κλέπτειν κλέπτεις;

10 8[f]τοῦτ᾽ ἔστιν τὸ ῥῆμα τῆς πίστεως ὃ κηρύσσομεν

10 14 πῶς δὲ ἀκούσωσιν (-σονται Τ; -σουσι ϛ) χωρὶς κηρύσσοντος; ↔

10 15 πῶς δὲ κηρύξωσιν (-ξουσιν ϛ) ἐὰν μὴ ἀποσταλῶσιν;

1 C 1 23 ἡμεῖς δὲ κηρύσσομεν Χριστὸν ἐσταυρωμένον

9 27[e]μή πως ἄλλοις κηρύξας αὐτὸς ἀδόκιμος γένωμαι

15 11 οὕτως κηρύσσομεν καὶ οὕτως ἐπιστεύσατε. ↔

15 12[f]εἰ δὲ Χριστὸς κηρύσσεται ὅτι | ἐκ νεκρῶν ἐγήγερται (∼ Τ)

2 C 1 19 ὁ τοῦ θεοῦ γὰρ υἱὸς ... ὁ ἐν ὑμῖν δι᾽ ἡμῶν κηρυχθείς

4 5 οὐ γὰρ ἑαυτοὺς κηρύσσομεν ἀλλὰ | Ἰησοῦν Χριστὸν (N[26]Β; ∼rl) κύριον

11 4 εἰ μὲν γὰρ ὁ ἐρχόμενος ἄλλον Ἰησοῦν κηρύσσει ↔

11 4 ὃν οὐκ ἐκηρύξαμεν

G 2 2[b]ἀνεθέμην αὐτοῖς τὸ εὐαγγέλιον ὃ κηρύσσω ἐν τοῖς ἔθνεσιν

5 11 εἰ περιτομὴν ἔτι κηρύσσω, τί ἔτι διώκομαι;

Ph 1 15 τινὲς δὲ καὶ δι᾽ εὐδοκίαν τὸν Χριστὸν κηρύσσουσιν

Cl 1 23[b]ἀπὸ τῆς ἐλπίδος τοῦ εὐαγγελίου ... τοῦ κηρυχθέντος ἐν πάσῃ (+τῇ ϛ) κτίσει

1 Th 2 9[b]ἐκηρύξαμεν εἰς ὑμᾶς τὸ εὐαγγέλιον τοῦ θεοῦ

1 Tm 3 16 ὅς ... ἐκηρύχθη ἐν ἔθνεσιν, ἐπιστεύθη ἐν κόσμῳ

2 Tm 4 2 κήρυξον τὸν λόγον, ἐπίστηθι εὐκαίρως ἀκαίρως

1 Pt 3 19[e]ἐν ᾧ καὶ τοῖς ἐν φυλακῇ πνεύμασιν πορευθεὶς ἐκήρυξεν

Ap 5 2 εἶδον ἄγγελον ἰσχυρὸν κηρύσσοντα ἐν (—ϛ) φωνῇ μεγάλῃ

κῆτος

Mt 12 40 ὥσπερ γὰρ ἦν Ἰωνᾶς ἐν τῇ κοιλίᾳ τοῦ κήτους τρεῖς ἡμέρας καὶ τρεῖς νύκτας

Κηφᾶς

Jo 1 42 σὺ κληθήσῃ Κηφᾶς ὃ ἑρμηνεύεται Πέτρος

1 C 1 12 ἐγὼ μέν εἰμι Παύλου, ἐγὼ δὲ Ἀπολλῶ, ἐγὼ δὲ Κηφᾶ

3 22 ⟨πάντα γὰρ ὑμῶν ἐστιν⟩ εἴτε Παῦλος εἴτε Ἀπολλῶς εἴτε Κηφᾶς, εἴτε κόσμος

9 5 μὴ οὐκ ἔχομεν ἐξουσίαν ἀδελφὴν γυναῖκα περιάγειν, ὡς ... οἱ ἀδελφοὶ τοῦ κυρίου καὶ Κηφᾶς;

15 5 ὤφθη Κηφᾷ, εἶτα (ἐπ- Τ) τοῖς δώδεκα

G 1 18 μετὰ | ἔτη τρία (N[26]Βϛ; ∼rl) ἀνῆλθον εἰς Ἱεροσόλυμα ἱστορῆσαι Κηφᾶν (Πέτρον ϛ)

2 9 Ἰάκωβος καὶ Κηφᾶς καὶ Ἰωάννης ... δεξιὰς ἔδωκαν ἐμοί

2 11 ὅτε δὲ ἦλθεν Κηφᾶς (Πέτρος ϛ) εἰς Ἀντιόχειαν

2 14 εἶπον τῷ Κηφᾷ (Πέτρῳ ϛ) ἔμπροσθεν πάντων

κιβωτός

  [a] κ. τῆς διαθήκης

Mt 24 38 ἄχρι ἧς ἡμέρας εἰσῆλθεν Νῶε εἰς τὴν κιβωτόν

Lc 17 27 ἄχρι ἧς ἡμέρας εἰσῆλθεν Νῶε εἰς τὴν κιβωτόν

Hb 9 4[a]ἔχουσα θυμιατήριον καὶ τὴν κιβωτὸν τῆς διαθήκης περικεκαλυμμένην πάντοθεν χρυσίῳ

11 7 κατεσκεύασεν κιβωτὸν εἰς σωτηρίαν τοῦ οἴκου αὐτοῦ

1 Pt 3 20 ὅτε ἀπεξεδέχετο ἡ τοῦ θεοῦ μακροθυμία ἐν ἡμέραις Νῶε κατασκευαζομένης κιβωτοῦ

Ap 11 19[a]ὤφθη ἡ κιβωτὸς τῆς διαθήκης αὐτοῦ ἐν τῷ ναῷ αὐτοῦ

κιθάρα

1 C 14 7 ὅμως τὰ ἄψυχα φωνὴν διδόντα, εἴτε αὐλὸς εἴτε κιθάρα

Ap 5 8 ἔπεσαν ἐνώπιον τοῦ ἀρνίου, ἔχοντες ἕκαστος κιθάραν (-ρας ϛ) καὶ φιάλας χρυσᾶς

14 2 ἡ φωνὴ ἣν ἤκουσα ὡς κιθαρῳδῶν κιθαριζόντων ἐν ταῖς κιθάραις αὐτῶν

15 2 τοὺς νικῶντας ἐκ τοῦ θηρίου ... ἔχοντας κιθάρας τοῦ θεοῦ

κιθαρίζω

1 C 14 7 ἐὰν διαστολὴν τοῖς φθόγγοις μὴ δῷ, πῶς γνωσθήσεται τὸ αὐλούμενον ἢ τὸ κιθαριζόμενον;

Ap 14 2 | ἡ φωνὴ ἣν ἤκουσα ὡς κιθαρῳδῶν (φωνὴν ἤκ. κ. ϛ) κιθαριζόντων ἐν ταῖς κιθάραις αὐτῶν

κιθαρῳδός

Ap 14 2 ἡ φωνὴ ἣν ἤκουσα ὡς κιθαρῳδῶν (φωνὴν ἤκ. κ. ϛ) κιθαριζόντων ἐν ταῖς κιθάραις αὐτῶν

18 22 φωνὴ κιθαρῳδῶν καὶ μουσικῶν καὶ αὐλητῶν καὶ σαλπιστῶν οὐ μὴ ἀκουσθῇ ἐν σοὶ ἔτι

Κιλικία

  [a] ἡ Κιλικία

Ac 6 9 ἀνέστησαν δέ τινες ... τῶν ἀπὸ Κιλικίας καὶ Ἀσίας

15 23 οἱ ἀπόστολοι ... τοῖς κατὰ τὴν Ἀντιόχειαν καὶ Συρίαν καὶ Κιλικίαν ἀδελφοῖς ... χαίρειν

15 41[a]διήρχετο δὲ τὴν Συρίαν καὶ τὴν [+N[26]Η] Κιλικίαν ἐπιστηρίζων τὰς ἐκκλησίας

21 39[a]ἐγὼ ἄνθρωπος μέν εἰμι Ἰουδαῖος, Ταρσεύς, τῆς Κιλικίας οὐκ ἀσήμου πόλεως πολίτης

22 3[a]ἐγὼ (+μέν [S]ϛ) εἰμι ἀνὴρ Ἰουδαῖος, γεγεννημένος ἐν Ταρσῷ τῆς Κιλικίας

23 34 ἐπερωτήσας ἐκ ποίας ἐπαρχείας ἐστίν, καὶ πυθόμενος ὅτι ἀπὸ Κιλικίας

27 5[a]τό τε πέλαγος τὸ κατὰ τὴν Κιλικίαν καὶ Παμφυλίαν διαπλεύσαντες κατήλθομεν εἰς Μύρα τῆς Λυκίας

G 1 21[a]ἦλθον εἰς τὰ κλίματα τῆς Συρίας καὶ τῆς [Η] Κιλικίας

κινάμωμον

  → κιννάμωμον

κινδυνεύω

Lc 8 23 κατέβη λαῖλαψ ἀνέμου ... καὶ συνεπληροῦντο καὶ ἐκινδύνευον

Ac 19 27 οὐ μόνον δὲ τοῦτο κινδυνεύει ἡμῖν τὸ μέρος εἰς ἀπελεγμὸν ἐλθεῖν

19 40 καὶ γὰρ κινδυνεύομεν ἐγκαλεῖσθαι στάσεως περὶ τῆς σήμερον

1 C 15 30 τί καὶ ἡμεῖς κινδυνεύομεν πᾶσαν ὥραν;

κίνδυνος

  [a] sing.

Rm 8 35[a]τίς ἡμᾶς χωρίσει ἀπὸ τῆς ἀγάπης τοῦ Χριστοῦ; θλῖψις ... ἢ γυμνότης ἢ κίνδυνος ἢ μάχαιρα;

2 C 11 26 ὁδοιπορίαις πολλάκις, κινδύνοις ποταμῶν, ↔

11 26 κινδύνοις λῃστῶν, ↔

11 26 κινδύνοις ἐκ γένους, ↔

11 26 κινδύνοις ἐξ ἐθνῶν, ↔

11 26 κινδύνοις ἐν πόλει, ↔

11 26 κινδύνοις ἐν ἐρημίᾳ, ↔

11 26 κινδύνοις ἐν θαλάσσῃ, ↔

11 26 κινδύνοις ἐν ψευδαδέλφοις

κινέω

  μετα-   συγ-

  [a] τὰς κεφαλὰς κ.

Mt 23 4 | αὐτοὶ δὲ τῷ (τῷ δὲ VSϛ) δακτύλῳ αὐτῶν οὐ θέλουσιν κινῆσαι αὐτά

27 39[a]οἱ δὲ παραπορευόμενοι ἐβλασφήμουν αὐτὸν κινοῦντες τὰς κεφαλὰς αὐτῶν

Mc 15 29[a]οἱ παραπορευόμενοι ἐβλασφήμουν αὐτὸν κινοῦντες τὰς κεφαλὰς αὐτῶν

Ac 17 28 ἐν αὐτῷ γὰρ ζῶμεν καὶ κινούμεθα καὶ ἐσμέν

21 30 ἐκινήθη τε ἡ πόλις ὅλη

24 5 εὑρόντες γὰρ τὸν ἄνδρα τοῦτον λοιμὸν καὶ κινοῦντα στάσεις (-σιν ϛ) πᾶσιν τοῖς Ἰουδαίοις

Ap 2 5 κινήσω τὴν λυχνίαν σου ἐκ τοῦ τόπου αὐτῆς, ἐὰν μὴ μετανοήσῃς

6 14 πᾶν ὄρος καὶ νῆσος ἐκ τῶν τόπων αὐτῶν ἐκινήθησαν

κίνησις

Jo 5 3 * κατέκειτο πλῆθος (+πολὺ Vꞇ) τῶν ἀσθενούντων ... | ἐκδεχομένων τὴν τοῦ ὕδατος κίνησιν (+MVBꞇ ..)

κιννάμωμον

κιννάμωμον ꞇ

Ap 18 13 ⟨οὐδεὶς ἀγοράζει οὐκέτι⟩ κιννάμωμον | καὶ ἄμωμον ([V]; —ꞇ) καὶ θυμιάματα

Κίς

Κείς TH

Ac 13 21 ἔδωκεν αὐτοῖς ὁ θεὸς τὸν Σαοὺλ υἱὸν Κίς

κίχρημι

Lc 11 5 φίλε, χρῆσόν μοι τρεῖς ἄρτους

κλάδος

a κ. κόπτω, ἐκκλάω

Mt 13 32 ὥστε ἐλθεῖν τὰ πετεινὰ τοῦ οὐρανοῦ καὶ κατασκηνοῦν ἐν τοῖς κλάδοις αὐτοῦ

21 8a ἄλλοι δὲ ἔκοπτον κλάδους ἀπὸ τῶν δένδρων καὶ ἐστρώννυον (ἔστρωσαν T) ἐν τῇ ὁδῷ

24 32 ὅταν ἤδη ὁ κλάδος αὐτῆς γένηται ἁπαλός

Mc 4 32 ⟨ὡς κόκκῳ σινάπεως⟩ ὅταν σπαρῇ, ἀναβαίνει ... καὶ ποιεῖ κλάδους μεγάλους

13 28 ὅταν | ἤδη ὁ κλάδος αὐτῆς (~VSTꞇ) ἁπαλὸς γένηται

Lc 13 19 τὰ πετεινὰ τοῦ οὐρανοῦ κατεσκήνωσεν ἐν τοῖς κλάδοις αὐτοῦ

Rm 11 16 εἰ ἡ ῥίζα ἁγία, καὶ οἱ κλάδοι. ↔

11 17a εἰ δέ τινες τῶν κλάδων ἐξεκλάσθησαν

11 18 μὴ κατακαυχῶ τῶν κλάδων

11 19a ἐξεκλάσθησαν (+οἱ ꞇ) κλάδοι ἵνα ἐγὼ ἐγκεντρισθῶ

11 21 εἰ γὰρ ὁ θεὸς τῶν κατὰ φύσιν κλάδων οὐκ ἐφείσατο

κλαίω

a κ. et πενθέω
b κ. et θρηνέω
c κ. ἐπί τι(να)
d οἱ κλαίοντες
e trans.

Mt 2 18e Ῥαχὴλ κλαίουσα τὰ τέκνα αὐτῆς

26 75 ἐξελθὼν ἔξω ἔκλαυσεν πικρῶς

Mc 5 38 θεωρεῖ θόρυβον, καὶ (—ꞇ) κλαίοντας καὶ ἀλαλάζοντας πολλά

5 39 τί θορυβεῖσθε καὶ κλαίετε;

14 72 ἐπιβαλὼν ἔκλαιεν

[16 10]a ἀπήγγειλεν τοῖς μετ' αὐτοῦ γενομένοις πενθοῦσι καὶ κλαίουσιν

Lc 6 21d μακάριοι οἱ κλαίοντες νῦν, ὅτι γελάσετε

6 25a οὐαί, οἱ γελῶντες νῦν, ὅτι πενθήσετε καὶ κλαύσετε

7 13 μὴ κλαῖε

7 32b ἐθρηνήσαμεν (+ὑμῖν [S]ꞇ) καὶ οὐκ ἐκλαύσατε

7 38 ⟨γυνὴ⟩ στᾶσα ὀπίσω παρὰ τοὺς πόδας αὐτοῦ κλαίουσα

8 52 ἔκλαιον δὲ πάντες καὶ ἐκόπτοντο αὐτήν

8 52 μὴ κλαίετε

19 41c ἰδὼν τὴν πόλιν ἔκλαυσεν ἐπ' αὐτήν (-τῇ ꞇ)

22 62 | καὶ ἐξελθὼν ἔξω (+ὁ Πέτρος ꞇ) ἔκλαυσεν πικρῶς [H]

Lc 23 28c θυγατέρες Ἰερουσαλήμ, μὴ κλαίετε ἐπ' ἐμέ· ↔

23 28c πλὴν ἐφ' ἑαυτὰς κλαίετε καὶ ἐπὶ τὰ τέκνα ὑμῶν

Jo 11 31 ὑπάγει εἰς τὸ μνημεῖον ἵνα κλαύσῃ ἐκεῖ

11 33 Ἰησοῦς οὖν ὡς εἶδεν αὐτὴν κλαίουσαν ↔

11 33 καὶ τοὺς συνελθόντας αὐτῇ Ἰουδαίους κλαίοντας

16 20b κλαύσετε καὶ θρηνήσετε ὑμεῖς, ὁ δὲ κόσμος χαρήσεται

20 11 Μαρία δὲ εἱστήκει πρὸς τῷ μνημείῳ ἔξω κλαίουσα. ↔

20 11 ὡς οὖν ἔκλαιεν, παρέκυψεν εἰς τὸ μνημεῖον

20 13 γύναι, τί κλαίεις;

20 15 γύναι, τί κλαίεις;

Ac 9 39 παρέστησαν αὐτῷ πᾶσαι αἱ χῆραι κλαίουσαι

21 13 τί ποιεῖτε κλαίοντες καὶ συνθρύπτοντές μου τὴν καρδίαν;

Rm 12 15 χαίρειν μετὰ χαιρόντων, (+καὶ [V]Sꞇ) κλαίειν ↔

12 15 μετὰ κλαιόντων

1 C 7 30d ⟨ἵνα ... ὦσιν⟩ οἱ κλαίοντες ↔

7 30 ὡς μὴ κλαίοντες

Ph 3 18 νῦν δὲ καὶ κλαίων λέγω

Jc 4 9a ταλαιπωρήσατε καὶ πενθήσατε καὶ (—T) κλαύσατε

5 1 οἱ πλούσιοι, κλαύσατε ὀλολύζοντες ἐπὶ ταῖς ταλαιπωρίαις ὑμῶν ταῖς ἐπερχομέναις

Ap 5 4 καὶ (+ἐγὼ MVB[H]ꞇ) ἔκλαιον πολύ (πολλὰ ꞇ)

5 5 μὴ κλαῖε

18 9ce κλαύσουσιν (-σονται MSTꞇ) (+αὐτὴν ꞇ) καὶ κόψονται ἐπ' αὐτὴν (-τῆς V; -τῇ Bꞇ) οἱ βασιλεῖς τῆς γῆς

18 11ac οἱ ἔμποροι τῆς γῆς κλαίουσιν καὶ πενθοῦσιν ἐπ' αὐτῇ (-τῇ ꞇ)

18 15a οἱ ἔμποροι τούτων ... ἀπὸ μακρόθεν στήσονται διὰ τὸν φόβον τοῦ βασανισμοῦ αὐτῆς κλαίοντες καὶ πενθοῦντες

18 19a ἔκραζον (-ξαν H) κλαίοντες καὶ πενθοῦντες

κλάσις

Lc 24 35 ἐξηγοῦντο ... ὡς ἐγνώσθη αὐτοῖς ἐν τῇ κλάσει τοῦ ἄρτου

Ac 2 42 ἦσαν δὲ προσκαρτεροῦντες ... τῇ κοινωνίᾳ, (+καὶ Vꞇ) τῇ κλάσει τοῦ ἄρτου καὶ ταῖς προσευχαῖς

κλάσμα

Mt 14 20 ἦραν τὸ περισσεῦον τῶν κλασμάτων, δώδεκα κοφίνους πλήρεις

15 37 | τὸ περισσεῦον τῶν κλασμάτων ἦραν (~ Vꞇ), ἑπτὰ σπυρίδας πλήρεις

Mc 6 43 ἦραν κλάσματα (-άτων Tꞇ) δώδεκα | κοφίνων πληρώματα (κοφίνους πλήρεις ꞇ)

8 8 ἦραν περισσεύματα κλασμάτων, ἑπτὰ σπυρίδας

8 19 (+καὶ B[S]T) πόσους κοφίνους κλασμάτων πλήρεις ἤρατε;

8 20 πόσων σπυρίδων πληρώματα κλασμάτων ἤρατε;

Lc 9 17 ἤρθη τὸ περισσεῦσαν αὐτοῖς κλασμάτων κόφινοι δώδεκα

Jo 6 12 συναγάγετε τὰ περισσεύσαντα κλάσματα

6 13 ἐγέμισαν δώδεκα κοφίνους κλασμάτων ἐκ τῶν πέντε ἄρτων

Κλαῦδα

→ Καῦδα

Κλαύδη

Ac 27 16 * νησίον δέ τι ὑποδραμόντες καλούμενον Κλαύδην (ꞇ; Καῦδα N²⁶H; Κλαῦδα rl)

Κλαυδία

2 Tm 4 21 ἀσπάζεταί σε ... Λίνος καὶ Κλαυδία

Κλαύδιος

a Tiberius Claudius
b Claudius Lysias

Ac 11 28a λιμὸν μεγάλην ... ἥτις ἐγένετο ἐπὶ Κλαυδίου (+Καίσαρος ꞇ)

18 2a διὰ τὸ διατετάχεναι (τετα. T) Κλαύδιον χωρίζεσθαι πάντας τοὺς Ἰουδαίους ἀπὸ τῆς Ῥώμης

23 26b Κλαύδιος Λυσίας τῷ κρατίστῳ ἡγεμόνι Φήλικι χαίρειν

κλαυθμός

a κ. et βρυγμός

Mt 2 18 φωνὴ ἐν Ῥαμὰ ἠκούσθη, (+θρῆνος καὶ ꞇ) κλαυθμὸς καὶ ὀδυρμὸς πολύς

8 12a ἐκεῖ ἔσται ὁ κλαυθμὸς καὶ ὁ βρυγμὸς τῶν ὀδόντων

13 42a ἐκεῖ ἔσται ὁ κλαυθμὸς καὶ ὁ βρυγμὸς τῶν ὀδόντων

13 50a ἐκεῖ ἔσται ὁ κλαυθμὸς καὶ ὁ βρυγμὸς τῶν ὀδόντων

22 13a ἐκεῖ ἔσται ὁ κλαυθμὸς καὶ ὁ βρυγμὸς τῶν ὀδόντων

24 51a ἐκεῖ ἔσται ὁ κλαυθμὸς καὶ ὁ βρυγμὸς τῶν ὀδόντων

25 30a ἐκεῖ ἔσται ὁ κλαυθμὸς καὶ ὁ βρυγμὸς τῶν ὀδόντων

Lc 13 28a ἐκεῖ ἔσται ὁ κλαυθμὸς καὶ ὁ βρυγμὸς τῶν ὀδόντων

Ac 20 37 ἱκανὸς δὲ κλαυθμὸς ἐγένετο πάντων

κλάω

ἐκ- κατα-
a κ. et εὐχαριστέω
b κ. et εὐλογέω
c τὸ σῶμα τὸ κλώμενον

Mt 14 19b εὐλόγησεν, καὶ κλάσας ἔδωκεν τοῖς μαθηταῖς τοὺς ἄρτους

15 36a εὐχαριστήσας ἔκλασεν καὶ ἐδίδου (ἔδωκεν Vꞇ) τοῖς μαθηταῖς (+αὐτοῦ Vꞇ)

26 26b λαβὼν ὁ Ἰησοῦς (+τὸν VSꞇ) ἄρτον καὶ εὐλογήσας ἔκλασεν

Mc 8 6a λαβὼν τοὺς ἑπτὰ ἄρτους εὐχαριστήσας ἔκλασεν

8 19 ὅτε τοὺς πέντε ἄρτους ἔκλασα εἰς τοὺς πεντακισχιλίους

14 22b λαβὼν (+ὁ Ἰησοῦς V[S]ꞇ) ἄρτον εὐλογήσας ἔκλασεν

Lc 22 19a λαβὼν ἄρτον εὐχαριστήσας ἔκλασεν

24 30b λαβὼν τὸν ἄρτον εὐλόγησεν καὶ κλάσας ἐπεδίδου αὐτοῖς

Ac 2 46 καθ' ἡμέραν τε προσκαρτεροῦντες ὁμοθυμαδὸν ἐν τῷ ἱερῷ, κλῶντές τε κατ' οἶκον ἄρτον

20 7 τῇ μιᾷ τῶν σαββάτων συνηγμένων ἡμῶν (τῶν μαθητῶν τοῦ ꞇ) κλάσαι ἄρτον

20 11 ἀναβὰς δὲ καὶ [H] κλάσας τὸν (—ꞇ) ἄρτον καὶ γευσάμενος

27 35a λαβὼν ἄρτον εὐχαριστήσας τῷ θεῷ καὶ κλάσας ἤρξατο ἐσθίειν

1 C 10 16b τὸ ποτήριον τῆς εὐλογίας ὃ εὐλογοῦμεν ... τὸν ἄρτον ὃν κλῶμεν

11 24a ⟨ἔλαβεν ἄρτον⟩ καὶ εὐχαριστήσας ἔκλασεν καὶ εἶπεν· ↔

1 C 11 24ᶜ⁎ τοῦτό μού ἐστιν τὸ σῶμα τὸ
ὑπὲρ ὑμῶν κλώμενον (+[VS]ς)

κλείς

ᵃ κ. τῆς βασιλείας

Mt 16 19ᵃ δώσω σοι τὰς κλεῖδας (κλεῖς VSς)
τῆς βασιλείας τῶν οὐρανῶν

Lc 11 52 οὐαὶ ὑμῖν τοῖς νομικοῖς, ὅτι
ἤρατε τὴν κλεῖδα τῆς γνώσεως

Ap 1 18 ἔχω τὰς κλεῖς τοῦ θανάτου καὶ
τοῦ ᾅδου

3 7 ὁ ἔχων τὴν κλεῖν (κλεῖδα ς) (+τοῦ
VBSTς) Δαυίδ

9 1 ἐδόθη αὐτῷ ἡ κλεὶς τοῦ φρέατος
τῆς ἀβύσσου

20 1 εἶδον ἄγγελον καταβαίνοντα ἐκ
τοῦ οὐρανοῦ, ἔχοντα τὴν κλεῖν
(κλεῖδα ς) τῆς ἀβύσσου

κλείω

ἀπο-   κατα-
ἐκ-   συγ-

ᵃ κ. τὸν οὐρανόν
ᵇ κ. τὴν βασιλείαν τ. οὐρανῶν

Mt 6 6 εἴσελθε εἰς τὸ ταμεῖόν σου καὶ κλεί-
σας τὴν θύραν σου πρόσευξαι τῷ
πατρί σου

23 13ᵇ ὅτι κλείετε τὴν βασιλείαν τῶν
οὐρανῶν ἔμπροσθεν τῶν ἀνθρώ-
πων

25 10 αἱ ἕτοιμοι εἰσῆλθον . . . εἰς τοὺς
γάμους, καὶ ἐκλείσθη ἡ θύρα

Lc 4 25ᵃ ὅτε ἐκλείσθη ὁ οὐρανὸς ἐπὶ (—H)
ἔτη τρία καὶ μῆνας ἕξ

11 7 ἤδη ἡ θύρα κέκλεισται

Jo 20 19 τῶν θυρῶν κεκλεισμένων ὅπου
ἦσαν οἱ μαθηταί

20 26 ἔρχεται ὁ Ἰησοῦς τῶν θυρῶν κε-
κλεισμένων

Ac 5 23 τὸ (+μὲν MV[S]ς) δεσμωτήριον
εὕρομεν κεκλεισμένον ἐν πάσῃ
ἀσφαλείᾳ

21 30 εὐθέως ἐκλείσθησαν αἱ θύραι

1 Jo 3 17 ὃς δ᾽ ἂν . . . θεωρῇ τὸν ἀδελφὸν
αὐτοῦ χρείαν ἔχοντα καὶ κλείσῃ
τὰ σπλάγχνα αὐτοῦ ἀπ᾽ αὐτοῦ

Ap 3 7 ὁ ἔχων τὴν κλεῖν (+τοῦ VBSTς)
Δαυίδ, ὁ ἀνοίγων καὶ οὐδεὶς κλείσει
(κλείει ς), ↔

3 7 καὶ κλείων (κλείει ς) καὶ οὐδεὶς
ἀνοίγει (ἀνοίξει BT)

3 8 θύραν ἠνεῳγμένην, ἣν οὐδεὶς δύνα-
ται κλεῖσαι αὐτήν

11 6ᵃ οὗτοι ἔχουσιν τὴν (—Tς) ἐξουσίαν
κλεῖσαι τὸν οὐρανόν

20 3 ἔκλεισεν (+αὐτὸν ς) καὶ ἐσφράγι-
σεν ἐπάνω αὐτοῦ

21 25 οἱ πυλῶνες αὐτῆς οὐ μὴ κλεισθῶ-
σιν ἡμέρας

κλέμμα

Ap 9 21 οὐ μετενόησαν . . . ἐκ τῆς πορνείας
αὐτῶν οὔτε ἐκ τῶν κλεμμάτων
αὐτῶν

Κλεοπᾶς

Κλεόπας MVBSTHς

Lc 24 18 ἀποκριθεὶς δὲ (+ὁ Vς) εἷς ὀνόματι
(ᾧ ὄνομα VTς) Κλεοπᾶς εἶπεν πρὸς
αὐτόν

κλέος

1 Pt 2 20 ποῖον γὰρ κλέος εἰ ἁμαρτάνοντες
καὶ κολαφιζόμενοι ὑπομενεῖτε;

κλέπτης

ᵃ plur.

Mt 6 19ᵃ ὅπου κλέπται διορύσσουσιν καὶ
κλέπτουσιν

6 20ᵃ ὅπου κλέπται οὐ διορύσσουσιν
οὐδὲ κλέπτουσιν

Mt 24 43 εἰ ᾔδει ὁ οἰκοδεσπότης ποίᾳ
φυλακῇ ὁ κλέπτης ἔρχεται

Lc 12 33 ὅπου κλέπτης οὐκ ἐγγίζει οὐδὲ σὴς
διαφθείρει

12 39 εἰ ᾔδει ὁ οἰκοδεσπότης ποίᾳ ὥρᾳ
ὁ κλέπτης ἔρχεται

Jo 10 1 ὁ . . . ἀναβαίνων ἀλλαχόθεν,
ἐκεῖνος κλέπτης ἐστὶν καὶ λῃστής

10 8ᵃ πάντες ὅσοι ἦλθον | πρὸ ἐμοῦ
([N²⁶]; —T) κλέπται εἰσὶν καὶ
λῃσταί

10 10 ὁ κλέπτης οὐκ ἔρχεται εἰ μὴ ἵνα
κλέψῃ καὶ θύσῃ καὶ ἀπολέσῃ

12 6 κλέπτης ἦν καὶ τὸ γλωσσόκομον
ἔχων τὰ βαλλόμενα ἐβάσταζεν

1 C 6 10ᵃ οὔτε κλέπται οὔτε πλεονέκται . . .
βασιλείαν θεοῦ (+οὐ ς) κληρονο-
μήσουσιν

1 Th 5 2 (+ἡ MV[S]ς) ἡμέρα κυρίου ὡς
κλέπτης ἐν νυκτὶ οὕτως ἔρχεται

5 4ᵃ οὐκ ἐστὲ ἐν σκότει, ἵνα ἡ ἡμέρα
ὑμᾶς ὡς κλέπτης (-τας H) καταλάβῃ

1 Pt 4 15 μὴ γάρ τις ὑμῶν πασχέτω ὡς
φονεὺς ἢ κλέπτης ἢ κακοποιὸς ἢ
ὡς ἀλλοτριεπίσκοπος

2 Pt 3 10 ἥξει δὲ (+ἡ [M]VSς) ἡμέρα κυρίου
ὡς κλέπτης (+ἐν νυκτί ς)

Ap 3 3 ἐὰν οὖν μὴ γρηγορήσῃς, ἥξω (+
ἐπί σε ς) ὡς κλέπτης

16 15 ἰδοὺ ἔρχομαι ὡς κλέπτης

κλέπτω

ᵃ ὁ κλέπτης, ὁ κλέπτων κ.

Mt 6 19ᵃ ὅπου κλέπται διορύσσουσιν καὶ
κλέπτουσιν

6 20ᵃ ὅπου κλέπται οὐ διορύσσουσιν
οὐδὲ κλέπτουσιν

19 18 οὐ φονεύσεις, οὐ μοιχεύσεις, οὐ
κλέψεις

27 64 μήποτε ἐλθόντες οἱ μαθηταὶ αὐτοῦ
(—NTH; +νυκτὸς ς) κλέψωσιν
αὐτόν

28 13 οἱ μαθηταὶ αὐτοῦ νυκτὸς ἐλθόντες
ἔκλεψαν αὐτὸν ἡμῶν κοιμωμένων

Mc 10 19 | μὴ φονεύσῃς, μὴ μοιχεύσῃς (~
VTς), μὴ κλέψῃς

Lc 18 20 μὴ μοιχεύσῃς, μὴ φονεύσῃς, μὴ
κλέψῃς

Jo 10 10ᵃ ὁ κλέπτης οὐκ ἔρχεται εἰ μὴ ἵνα
κλέψῃ καὶ θύσῃ καὶ ἀπολέσῃ

Rm 2 21 ὁ κηρύσσων μὴ κλέπτειν ↔

2 21 κλέπτεις;

13 9 οὐ μοιχεύσεις, οὐ φονεύσεις, οὐ
κλέψεις

E 4 28ᵃ ὁ κλέπτων ↔

4 28ᵃ μηκέτι κλεπτέτω

κλῆμα

Jo 15 2 πᾶν κλῆμα ἐν ἐμοὶ μὴ φέρον καρ-
πόν, αἴρει αὐτό

15 4 καθὼς τὸ κλῆμα οὐ δύναται καρπὸν
φέρειν ἀφ᾽ ἑαυτοῦ

15 5 ἐγώ εἰμι ἡ ἄμπελος, ὑμεῖς τὰ κλή-
ματα

15 6 ἐὰν μή τις μένῃ ἐν ἐμοί, ἐβλήθη
ἔξω ὡς τὸ κλῆμα καὶ ἐξηράνθη

Κλήμης

Ph 4 3 αἵτινες ἐν τῷ εὐαγγελίῳ συνήθλη-
σάν μοι μετὰ καὶ Κλήμεντος καὶ
τῶν λοιπῶν συνεργῶν μου

κληρονομέω

κατα-

ᵃ κ. (τὴν) βασιλείαν
ᵇ κ. ζωήν
ᶜ abs.

Mt 5 5 μακάριοι οἱ πραεῖς, ὅτι αὐτοὶ
κληρονομήσουσιν τὴν γῆν

Mt 19 29ᵇ ἑκατονταπλασίονα (πολλα- NTH)
λήμψεται καὶ ζωὴν αἰώνιον κλη-
ρονομήσει

25 34ᵃ κληρονομήσατε τὴν ἡτοιμασμένην
ὑμῖν βασιλείαν

Mc 10 17ᵇ τί ποιήσω ἵνα ζωὴν αἰώνιον κλη-
ρονομήσω;

Lc 10 25ᵇ τί ποιήσας ζωὴν αἰώνιον κληρο-
νομήσω;

18 18ᵇ τί ποιήσας ζωὴν αἰώνιον κληρονο-
μήσω;

1 C 6 9ᵃ ἄδικοι θεοῦ βασιλείαν οὐ κληρονο-
μήσουσιν

6 10ᵃ οὔτε κλέπται . . . οὐχ ἅρπαγες
βασιλείαν θεοῦ (+οὐ ς) κληρονο-
μήσουσιν

15 50ᵃ σὰρξ καὶ αἷμα βασιλείαν θεοῦ κλη-
ρονομῆσαι οὐ δύναται (-νται Sς),
↔

15 50 οὐδὲ ἡ φθορὰ τὴν ἀφθαρσίαν κλη-
ρονομεῖ

G 4 30ᶜ οὐ γὰρ μὴ κληρονομήσει (-μήσῃ
Sς) ὁ υἱὸς τῆς παιδίσκης μετὰ τοῦ
υἱοῦ τῆς ἐλευθέρας

5 21ᵃ οἱ τὰ τοιαῦτα πράσσοντες βασι-
λείαν θεοῦ οὐ κληρονομήσουσιν

Hb 1 4 τοσούτῳ κρείττων γενόμενος τῶν
ἀγγέλων ὅσῳ διαφορώτερον παρ᾽
αὐτοὺς κεκληρονόμηκεν ὄνομα

1 14 οὐχὶ πάντες εἰσὶν λειτουργικὰ
πνεύματα εἰς διακονίαν ἀποστελ-
λόμενα διὰ τοὺς μέλλοντας κληρο-
νομεῖν σωτηρίαν;

6 12 μιμηταὶ δὲ τῶν διὰ πίστεως . . .
κληρονομούντων τὰς ἐπαγγελίας

12 17 καὶ μετέπειτα θέλων κληρονομῆσαι
τὴν εὐλογίαν ἀπεδοκιμάσθη

1 Pt 3 9 εἰς τοῦτο ἐκλήθητε ἵνα εὐλογίαν
κληρονομήσητε

Ap 21 7 ὁ νικῶν κληρονομήσει ταῦτα (πάν-
τα ς)

κληρονομία

ᵃ κ. ἔχω

Mt 21 38ᵃ δεῦτε ἀποκτείνωμεν αὐτὸν καὶ
σχῶμεν (κατά- Vς) τὴν κληρονο-
μίαν αὐτοῦ

Mc 12 7 δεῦτε ἀποκτείνωμεν αὐτόν, καὶ
ἡμῶν ἔσται ἡ κληρονομία

Lc 12 13 εἰπὲ τῷ ἀδελφῷ μου μερίσασθαι
μετ᾽ ἐμοῦ τὴν κληρονομίαν

20 14 ἀποκτείνωμεν αὐτόν, ἵνα ἡμῶν
γένηται ἡ κληρονομία

Ac 7 5 οὐκ ἔδωκεν αὐτῷ κληρονομίαν ἐν
αὐτῇ οὐδὲ βῆμα ποδός

20 32 τῷ λόγῳ . . . τῷ δυναμένῳ οἰκοδο-
μῆσαι καὶ δοῦναι τὴν (ὑμῖν ς)
κληρονομίαν ἐν τοῖς ἡγιασμένοις
πᾶσιν

G 3 18 εἰ γὰρ ἐκ νόμου ἡ κληρονομία,
οὐκέτι ἐξ ἐπαγγελίας

E 1 14 ⟨τῷ πνεύματι⟩ ὃ (ὃς NMVTς)
ἐστιν ἀρραβὼν τῆς κληρονομίας
ἡμῶν

1 18 εἰς τὸ εἰδέναι ὑμᾶς . . . τίς ὁ πλοῦ-
τος τῆς δόξης τῆς κληρονομίας
αὐτοῦ ἐν τοῖς ἁγίοις

5 5ᵃ πᾶς πόρνος ἢ ἀκάθαρτος . . . οὐκ
ἔχει κληρονομίαν ἐν τῇ βασιλείᾳ
τοῦ Χριστοῦ

Cl 3 24 ἀπὸ κυρίου ἀπολήμψεσθε τὴν
ἀνταπόδοσιν τῆς κληρονομίας

Hb 9 15 ὅπως . . . τὴν ἐπαγγελίαν λάβωσιν
οἱ κεκλημένοι τῆς αἰωνίου κληρο-
νομίας

Hb 11 8 Ἀβραὰμ ὑπήκουσεν ἐξελθεῖν εἰς (+τὸν [S]ς) τόπον ὃν ἤμελλεν λαμβάνειν εἰς κληρονομίαν

1 Pt 1 4 ⟨ὁ ... ἀναγεννήσας ἡμᾶς⟩ εἰς κληρονομίαν ἄφθαρτον καὶ ἀμίαντον καὶ ἀμάραντον

κληρονόμος

ᵃ κ. et ἐπαγγελία, ἐπαγγέλλομαι

Mt 21 38 οὗτός ἐστιν ὁ κληρονόμος

Mc 12 7 οὗτός ἐστιν ὁ κληρονόμος

Lc 20 14 οὗτός ἐστιν ὁ κληρονόμος

Rm 4 13ᵃ οὐ γὰρ διὰ νόμου ἡ ἐπαγγελία τῷ Ἀβραὰμ ... τὸ κληρονόμον αὐτὸν εἶναι (+τοῦ ς) κόσμου

4 14ᵃ εἰ γὰρ οἱ ἐκ νόμου κληρονόμοι, κεκένωται ἡ πίστις καὶ κατήργηται ἡ ἐπαγγελία

8 17 εἰ δὲ τέκνα, καὶ κληρονόμοι· ↔

8 17 κληρονόμοι μὲν θεοῦ, συγκληρονόμοι δὲ Χριστοῦ

G 3 29ᵃ ἄρα τοῦ Ἀβραὰμ σπέρμα ἐστέ, (+καὶ ς) κατ' ἐπαγγελίαν κληρονόμοι

4 1 ἐφ' ὅσον χρόνον ὁ κληρονόμος νήπιός ἐστιν

4 7 εἰ δὲ υἱός, καὶ κληρονόμος | διὰ θεοῦ (θ. διὰ Χριστοῦ ς)

Tt 3 7 ἵνα δικαιωθέντες τῇ ἐκείνου χάριτι κληρονόμοι γενηθῶμεν κατ' ἐλπίδα ζωῆς αἰωνίου

Hb 1 2 ἐλάλησεν ἡμῖν ἐν υἱῷ, ὃν ἔθηκεν κληρονόμον πάντων

6 17ᵃ βουλόμενος ὁ θεὸς ἐπιδεῖξαι τοῖς κληρονόμοις τῆς ἐπαγγελίας τὸ ἀμετάθετον τῆς βουλῆς αὐτοῦ

11 7 Νῶε ... τῆς κατὰ πίστιν δικαιοσύνης ἐγένετο κληρονόμος

Jc 2 5ᵃ οὐχ ὁ θεὸς ἐξελέξατο τοὺς πτωχοὺς τῷ κόσμῳ ... κληρονόμους τῆς βασιλείας ἧς ἐπηγγείλατο ⟨ ; ⟩

κλῆρος

ᵃ plur.

Mt 27 35 διεμερίσαντο τὰ ἱμάτια αὐτοῦ βάλλοντες (βαλόντες BT) κλῆρον

27 35 * | ἐπὶ τὸν ἱματισμόν μου ἔβαλον κλῆρον (.. +ς)

Mc 15 24 διαμερίζονται τὰ ἱμάτια αὐτοῦ, βάλλοντες κλῆρον ἐπ' αὐτὰ τίς τί ἄρῃ

Lc 23 34ᵃ διαμεριζόμενοι δὲ τὰ ἱμάτια αὐτοῦ ἔβαλον κλήρους (κλῆρον Hς)

Jo 19 24 διεμερίσαντο τὰ ἱμάτιά μου ἑαυτοῖς καὶ ἐπὶ τὸν ἱματισμόν μου ἔβαλον κλῆρον

Ac 1 17 ἔλαχεν τὸν κλῆρον τῆς διακονίας ταύτης

1 25 * ⟨ἀνάδειξον ὃν ἐξελέξω⟩ λαβεῖν τὸν κλῆρον (ς; τόπον rl) τῆς διακονίας ταύτης καὶ ἀποστολῆς

1 26ᵃ ἔδωκαν κλήρους αὐτοῖς (-τῶν ς), ↔

1 26 καὶ ἔπεσεν ὁ κλῆρος ἐπὶ Μαθθίαν

8 21 οὐκ ἔστιν σοι μερὶς οὐδὲ κλῆρος ἐν τῷ λόγῳ τούτῳ

26 18 τοῦ λαβεῖν αὐτοὺς ἄφεσιν ἁμαρτιῶν καὶ κλῆρον ἐν τοῖς ἡγιασμένοις

Cl 1 12 τῷ ἱκανώσαντι ὑμᾶς (ἡ. MSς) εἰς τὴν μερίδα τοῦ κλήρου τῶν ἁγίων ἐν τῷ φωτί

1 Pt 5 3ᵃ μηδ' ὡς κατακυριεύοντες τῶν κλήρων ἀλλὰ τύποι γινόμενοι τοῦ ποιμνίου

κληρόω
προσ-

E 1 11 ἐν ᾧ καὶ ἐκληρώθημεν προορισθέντες κατὰ πρόθεσιν τοῦ τὰ πάντα ἐνεργοῦντος

κλῆσις

ᵃ κ. et καλέω

Rm 11 29 ἀμεταμέλητα γὰρ τὰ χαρίσματα καὶ ἡ κλῆσις τοῦ θεοῦ

1 C 1 26 βλέπετε γὰρ τὴν κλῆσιν ὑμῶν

7 20ᵃ ἕκαστος ἐν τῇ κλήσει ᾗ ἐκλήθη, ἐν ταύτῃ μενέτω

E 1 18 εἰς τὸ εἰδέναι ὑμᾶς τίς ἐστιν ἡ ἐλπὶς τῆς κλήσεως αὐτοῦ

4 1ᵃ παρακαλῶ οὖν ὑμᾶς ... ἀξίως περιπατῆσαι τῆς κλήσεως ἧς ἐκλήθητε

4 4ᵃ καθὼς καὶ [H] ἐκλήθητε ἐν μιᾷ ἐλπίδι τῆς κλήσεως ὑμῶν

Ph 3 14 κατὰ σκοπὸν διώκω εἰς τὸ βραβεῖον τῆς ἄνω κλήσεως τοῦ θεοῦ

2 Th 1 11 ἵνα ὑμᾶς ἀξιώσῃ τῆς κλήσεως ὁ θεὸς ἡμῶν

2 Tm 1 9ᵃ τοῦ σώσαντος ἡμᾶς καὶ καλέσαντος κλήσει ἁγίᾳ

Hb 3 1 ἀδελφοὶ ἅγιοι, κλήσεως ἐπουρανίου μέτοχοι

2 Pt 1 10 σπουδάσατε (+ἵνα διὰ τῶν καλῶν ἔργων S) βεβαίαν ὑμῶν τὴν κλῆσιν καὶ ἐκλογὴν ποιεῖσθαι (-ῆσθε S)

κλητός
→ καλέω

ᵃ κ. ἀπόστολος

Mt 20 16 * | πολλοὶ γάρ εἰσι κλητοί, ὀλίγοι δὲ ἐκλεκτοί (+ς)

22 14 πολλοὶ γάρ εἰσιν κλητοί, ὀλίγοι δὲ ἐκλεκτοί

Rm 1 1ᵃ Παῦλος ... , κλητὸς ἀπόστολος ἀφωρισμένος εἰς εὐαγγέλιον θεοῦ

1 6 ἐν οἷς ἐστε καὶ ὑμεῖς κλητοὶ Ἰησοῦ Χριστοῦ, ↔

1 7 πᾶσιν τοῖς οὖσιν ἐν Ῥώμῃ ἀγαπητοῖς θεοῦ, κλητοῖς ἁγίοις

8 28 πάντα συνεργεῖ [+ὁ θεὸς NH] εἰς ἀγαθόν, τοῖς κατὰ πρόθεσιν κλητοῖς οὖσιν

1 C 1 1ᵃ Παῦλος κλητὸς ἀπόστολος | Χριστοῦ Ἰησοῦ (∼MVSHς) διὰ θελήματος θεοῦ

1 2 ἡγιασμένοις ἐν Χριστῷ Ἰησοῦ, κλητοῖς ἁγίοις

1 24 ⟨κηρύσσομεν⟩ αὐτοῖς δὲ τοῖς κλητοῖς, Ἰουδαίοις τε καὶ Ἕλλησιν, Χριστὸν θεοῦ δύναμιν

Jd 1 Ἰούδας ... τοῖς ἐν θεῷ πατρὶ ἠγαπημένοις (ἡγιασμένοις ς) καὶ Ἰησοῦ Χριστῷ τετηρημένοις κλητοῖς

Ap 17 14 οἱ μετ' αὐτοῦ κλητοὶ καὶ ἐκλεκτοὶ καὶ πιστοί

κλίβανος

Mt 6 30 εἰ δὲ τὸν χόρτον τοῦ ἀγροῦ σήμερον ὄντα καὶ αὔριον εἰς κλίβανον βαλλόμενον ὁ θεὸς οὕτως ἀμφιέννυσιν

Lc 12 28 εἰ δὲ ἐν ἀγρῷ τὸν χόρτον ὄντα σήμερον καὶ αὔριον εἰς κλίβανον βαλλόμενον ὁ θεὸς οὕτως ἀμφιέζει (ἀμφιέννυσιν Vς)

κλίμα

Rm 15 23 νυνὶ δὲ μηκέτι τόπον ἔχων ἐν τοῖς κλίμασι τούτοις

2 C 11 10 ἡ καύχησις αὕτη οὐ φραγήσεται εἰς ἐμὲ ἐν τοῖς κλίμασιν τῆς Ἀχαΐας

G 1 21 ἔπειτα ἦλθον εἰς τὰ κλίματα τῆς Συρίας καὶ τῆς [H] Κιλικίας

κλινάριον

Ac 5 15 ὥστε καὶ εἰς τὰς πλατείας ἐκφέρειν τοὺς ἀσθενεῖς καὶ τιθέναι ἐπὶ κλιναρίων (κλινῶν ς) καὶ κραβάττων

κλίνη

ᵃ plur.

Mt 9 2 προσέφερον αὐτῷ παραλυτικὸν ἐπὶ κλίνης βεβλημένον

9 6 ἐγερθεὶς (ἔγειρε NH) ἆρόν σου τὴν κλίνην

Mc 4 21 μήτι ἔρχεται ὁ λύχνος ἵνα ὑπὸ τὸν μόδιον τεθῇ ἢ ὑπὸ τὴν κλίνην;

7 4ᵃ ἃ παρέλαβον κρατεῖν, βαπτισμοὺς ποτηρίων καὶ ξεστῶν καὶ χαλκίων | καὶ κλινῶν ([N²⁶S]; —NMTH)

7 30 εὗρεν τὸ παιδίον βεβλημένον ἐπὶ | τὴν κλίνην (τῆς -ης ς)

Lc 5 18 ἰδοὺ ἄνδρες φέροντες ἐπὶ κλίνης ἄνθρωπον

8 16 οὐδεὶς δὲ λύχνον ἅψας καλύπτει αὐτὸν σκεύει ἢ ὑποκάτω κλίνης τίθησιν

17 34 ταύτῃ τῇ νυκτὶ ἔσονται δύο ἐπὶ κλίνης μιᾶς [H]

Ac 5 15ᵃ * ὥστε καὶ εἰς τὰς πλατείας ἐκφέρειν τοὺς ἀσθενεῖς καὶ τιθέναι ἐπὶ κλινῶν (ς; κλιναρίων rl) καὶ κραβάττων

Ap 2 22 ⟨τὴν ... Ἰεζάβελ⟩ ἰδοὺ (+ἐγὼ ς) βάλλω αὐτὴν εἰς κλίνην

κλινίδιον

Lc 5 19 ἀναβάντες ἐπὶ τὸ δῶμα διὰ τῶν κεράμων καθῆκαν αὐτὸν σὺν τῷ κλινιδίῳ εἰς τὸ μέσον

5 24 ἔγειρε καὶ ἆρας τὸ κλινίδιόν σου πορεύου εἰς τὸν οἶκόν σου

κλίνω
ἀνα-   κατα-
ἐκ-   προσ-

ᵃ intrans.

Mt 8 20 ὁ δὲ υἱὸς τοῦ ἀνθρώπου οὐκ ἔχει ποῦ τὴν κεφαλὴν κλίνῃ

Lc 9 12ᵃ ἡ δὲ ἡμέρα ἤρξατο κλίνειν

9 58 ὁ δὲ υἱὸς τοῦ ἀνθρώπου οὐκ ἔχει ποῦ τὴν κεφαλὴν κλίνῃ

24 5 ἐμφόβων δὲ γενομένων αὐτῶν καὶ κλινουσῶν | τὰ πρόσωπα (τὸ -πον ς) εἰς τὴν γῆν

24 29ᵃ ὅτι πρὸς ἑσπέραν ἐστὶν καὶ κέκλικεν ἤδη ([S]; —ς) ἡ ἡμέρα

Jo 19 30 κλίνας τὴν κεφαλὴν παρέδωκεν τὸ πνεῦμα

Hb 11 34 ⟨οἳ⟩ ἐγενήθησαν ἰσχυροὶ ἐν πολέμῳ, παρεμβολὰς ἔκλιναν ἀλλοτρίων

κλισία

Lc 9 14 κατακλίνατε αὐτοὺς κλισίας ὡσεὶ ([N²⁶V]; —Tς) ἀνὰ πεντήκοντα

κλοπή

Mt 15 19 ἐκ γὰρ τῆς καρδίας ἐξέρχονται διαλογισμοὶ πονηροί, φόνοι, μοιχεῖαι, πορνεῖαι, κλοπαί

Mc 7 21 ἔσωθεν ... οἱ διαλογισμοὶ οἱ κακοὶ ἐκπορεύονται, πορνεῖαι, | κλοπαί, φόνοι (∼ς)

κλύδων

Lc 8 24 ἐπετίμησεν τῷ ἀνέμῳ καὶ τῷ κλύδωνι τοῦ ὕδατος

Jc 1 6 ὁ γὰρ διακρινόμενος ἔοικεν κλύδωνι θαλάσσης ἀνεμιζομένῳ καὶ ῥιπιζομένῳ

κλυδωνίζομαι

E 4 14 ἵνα μηκέτι ὦμεν νήπιοι, κλυδωνιζόμενοι καὶ περιφερόμενοι παντὶ ἀνέμῳ τῆς διδασκαλίας

Κλωπᾶς

Jo 19 25 εἱστήκεισαν δὲ παρὰ τῷ σταυρῷ τοῦ Ἰησοῦ ... Μαρία ἡ τοῦ Κλωπᾶ καὶ Μαρία ἡ Μαγδαληνή

κνήθω
2 Tm 4 3 ἑαυτοῖς ἐπισωρεύσουσιν διδασκάλους κνηθόμενοι τὴν ἀκοήν

Κνίδος
Ac 27 7 βραδυπλοοῦντες καὶ μόλις γενόμενοι κατὰ τὴν Κνίδον . . . ὑπεπλεύσαμεν τὴν Κρήτην

κοδράντης
Mt 5 26 οὐ μὴ ἐξέλθῃς ἐκεῖθεν ἕως ἂν ἀποδῷς τὸν ἔσχατον κοδράντην
Mc 12 42 ἐλθοῦσα μία χήρα πτωχὴ ἔβαλεν λεπτὰ δύο, ὅ ἐστιν κοδράντης

κοιλία
   a ἐκ κοιλίας μητρός
   b κ. et καρδία, στόμα
   c plur.
Mt 12 40 ὥσπερ γὰρ ἦν Ἰωνᾶς ἐν τῇ κοιλίᾳ τοῦ κήτους τρεῖς ἡμέρας καὶ τρεῖς νύκτας
   15 17 b πᾶν τὸ εἰσπορευόμενον εἰς τὸ στόμα εἰς τὴν κοιλίαν χωρεῖ
   19 12 a εἰσὶν γὰρ εὐνοῦχοι οἵτινες ἐκ κοιλίας μητρὸς ἐγεννήθησαν οὕτως
Mc 7 19 b οὐκ εἰσπορεύεται αὐτοῦ εἰς τὴν καρδίαν ἀλλ᾽ εἰς τὴν κοιλίαν
Lc 1 15 a πνεύματος ἁγίου πλησθήσεται ἔτι ἐκ κοιλίας μητρὸς αὐτοῦ
   1 41 ἐσκίρτησεν τὸ βρέφος ἐν τῇ κοιλίᾳ αὐτῆς
   1 42 εὐλογημένος ὁ καρπὸς τῆς κοιλίας σου
   1 44 ἐσκίρτησεν ἐν ἀγαλλιάσει τὸ βρέφος ἐν τῇ κοιλίᾳ μου
   2 21 τὸ κληθὲν ὑπὸ τοῦ ἀγγέλου πρὸ τοῦ συλλημφθῆναι αὐτὸν ἐν τῇ κοιλίᾳ
   11 27 μακαρία ἡ κοιλία ἡ βαστάσασά σε καὶ μαστοὶ οὓς ἐθήλασας
   15 16 * ἐπεθύμει | γεμίσαι τὴν κοιλίαν αὐτοῦ (χορτασθῆναι N²⁶H) ἐκ (ἀπὸ VBTς) τῶν κερατίων ὧν ἤσθιον οἱ χοῖροι
   23 29 c μακάριαι αἱ στεῖραι, καὶ αἱ (—ς) κοιλίαι αἳ οὐκ ἐγέννησαν
Jo 3 4 μὴ δύναται εἰς τὴν κοιλίαν τῆς μητρὸς αὐτοῦ δεύτερον εἰσελθεῖν καὶ γεννηθῆναι;
   7 38 ποταμοὶ ἐκ τῆς κοιλίας αὐτοῦ ῥεύσουσιν ὕδατος ζῶντος
Ac 3 2 a καὶ τις ἀνὴρ χωλὸς ἐκ κοιλίας μητρὸς αὐτοῦ ὑπάρχων ἐβαστάζετο
   14 8 a καὶ τις ἀνὴρ . . . ἐκάθητο, χωλὸς ἐκ κοιλίας μητρὸς αὐτοῦ
Rm 16 18 οἱ γὰρ τοιοῦτοι . . . Χριστῷ οὐ δουλεύουσιν ἀλλὰ τῇ ἑαυτῶν κοιλίᾳ
1 C 6 13 ⟨πάντα μοι ἔξεστιν, ἀλλ᾽ οὐ πάντα συμφέρει⟩ τὰ βρώματα τῇ κοιλίᾳ, καὶ
   6 13 καὶ ἡ κοιλία τοῖς βρώμασιν
G 1 15 a ὅτε δὲ εὐδόκησεν | ὁ θεὸς (+[N²⁶H] VSς) ὁ ἀφορίσας με ἐκ κοιλίας μητρός μου
Ph 3 19 ὧν ὁ θεὸς ἡ κοιλία καὶ ἡ δόξα ἐν τῇ αἰσχύνῃ αὐτῶν
Ap 10 9 κατάφαγε αὐτό, καὶ πικρανεῖ σου τὴν κοιλίαν
   10 10 ὅτε ἔφαγον αὐτό, ἐπικράνθη ἡ κοιλία μου

κοιμάομαι
   a οἱ κοιμώμενοι
   b οἱ κοιμηθέντες
   c οἱ κεκοιμημένοι
Mt 27 52 c πολλὰ σώματα τῶν κεκοιμημένων ἁγίων ἠγέρθησαν

Mt 28 13 οἱ μαθηταὶ αὐτοῦ νυκτὸς ἐλθόντες ἔκλεψαν αὐτὸν ἡμῶν κοιμωμένων
Lc 22 45 ἐλθὼν πρὸς τοὺς μαθητὰς εὗρεν κοιμωμένους αὐτοὺς ἀπὸ τῆς λύπης
Jo 11 11 Λάζαρος ὁ φίλος ἡμῶν κεκοίμηται
   11 12 εἰ κεκοίμηται, σωθήσεται
Ac 7 60 τοῦτο εἰπὼν ἐκοιμήθη
   12 6 τῇ νυκτὶ ἐκείνῃ ἦν ὁ Πέτρος κοιμώμενος μεταξὺ δύο στρατιωτῶν
   13 36 Δαυὶδ . . . ἰδίᾳ γενεᾷ ὑπηρετήσας τῇ τοῦ θεοῦ βουλῇ ἐκοιμήθη
1 C 7 39 ἐὰν δὲ κοιμηθῇ ὁ ἀνήρ, ἐλευθέρα ἐστίν
   11 30 διὰ τοῦτο ἐν ὑμῖν πολλοὶ ἀσθενεῖς καὶ ἄρρωστοι καὶ κοιμῶνται ἱκανοί
   15 6 ἐξ ὧν οἱ πλείονες μένουσιν ἕως ἄρτι, τινὲς δὲ (+καὶ [MS]Vς) ἐκοιμήθησαν
   15 18 b ἄρα καὶ οἱ κοιμηθέντες ἐν Χριστῷ ἀπώλοντο
   15 20 c Χριστὸς ἐγήγερται ἐκ νεκρῶν, ἀπαρχὴ τῶν κεκοιμημένων (+ἐγένετο ς)
   15 51 πάντες (+μὲν MVSς) οὐ κοιμηθησόμεθα, πάντες δὲ ἀλλαγησόμεθα
1 Th 4 13 ac οὐ θέλομεν δὲ ὑμᾶς ἀγνοεῖν, ἀδελφοί, περὶ τῶν κοιμωμένων (κεκοιμημένων ς)
   4 14 b οὕτως καὶ ὁ θεὸς τοὺς κοιμηθέντας διὰ τοῦ Ἰησοῦ ἄξει σὺν αὐτῷ
   4 15 b ἡμεῖς οἱ ζῶντες . . . οὐ μὴ φθάσωμεν τοὺς κοιμηθέντας
2 Pt 3 4 ἀφ᾽ ἧς γὰρ οἱ πατέρες ἐκοιμήθησαν, πάντα οὕτως διαμένει ἀπ᾽ ἀρχῆς κτίσεως

κοίμησις
Jo 11 13 περὶ τῆς κοιμήσεως τοῦ ὕπνου λέγει

κοινός
   a πᾶν, (ἅ)παντα κ.
   b κ. et ἀκάθαρτος
Mc 7 2 ἰδόντες τινὰς τῶν μαθητῶν αὐτοῦ ὅτι κοιναῖς χερσίν, τοῦτ᾽ ἐστιν ἀνίπτοις, ἐσθίουσιν τοὺς ἄρτους
   7 5 διὰ τί . . . κοιναῖς (ἀνίπτοις ς) χερσὶν ἐσθίουσιν τὸν ἄρτον;
Ac 2 44 a πάντες δὲ οἱ πιστεύοντες (N²⁶ς; -σαντες rl) ἦσαν (—NH) ἐπὶ τὸ αὐτὸ καὶ (—NH) εἶχον ἅπαντα κοινά
   4 32 a οὐδὲ εἷς . . . ἔλεγεν ἴδιον εἶναι, ἀλλ᾽ ἦν αὐτοῖς ἅπαντα (πάντα NMBH) κοινά
   10 14 ab ὅτι οὐδέποτε ἔφαγον πᾶν κοινὸν καὶ (ἢ ς) ἀκάθαρτον
   10 28 b κἀμοὶ | ὁ θεὸς ἔδειξεν (~ BT) μηδένα κοινὸν ἢ ἀκάθαρτον λέγειν ἄνθρωπον
   11 8 ab ὅτι (+πᾶν ς) κοινὸν ἢ ἀκάθαρτον οὐδέποτε εἰσῆλθεν εἰς τὸ στόμα μου
Rm 14 14 οὐδὲν κοινὸν δι᾽ ἑαυτοῦ· ↔
   14 14 εἰ μὴ τῷ λογιζομένῳ τι κοινὸν εἶναι, ↔
   14 14 ἐκείνῳ κοινόν
Tt 1 4 ⟨Παῦλος⟩ Τίτῳ γνησίῳ τέκνῳ κατὰ κοινὴν πίστιν
Hb 10 29 πόσῳ δοκεῖτε χείρονος ἀξιωθήσεται τιμωρίας ὁ . . . τὸ αἷμα τῆς διαθήκης κοινὸν ἡγησάμενος
Jd 3 πᾶσαν σπουδὴν ποιούμενος γράφειν ὑμῖν περὶ τῆς κοινῆς ἡμῶν (—ς) σωτηρίας
Ap 21 27 a οὐ μὴ εἰσέλθῃ εἰς αὐτὴν πᾶν κοινὸν (κοινοῦν ς)

κοινόω
   a κ. τι
   b οἱ κεκοινωμένοι
Mt 15 11 οὐ τὸ εἰσερχόμενον εἰς τὸ στόμα κοινοῖ τὸν ἄνθρωπον, ↔
   15 11 ἀλλὰ τὸ ἐκπορευόμενον ἐκ τοῦ στόματος, τοῦτο κοινοῖ τὸν ἄνθρωπον
   15 18 τὰ δὲ ἐκπορευόμενα ἐκ τοῦ στόματος . . . κἀκεῖνα κοινοῖ τὸν ἄνθρωπον
   15 20 ταῦτά ἐστιν· ↔ τὰ κοινοῦντα τὸν ἄνθρωπον· ↔
   15 20 τὸ δὲ ἀνίπτοις χερσὶν φαγεῖν οὐ κοινοῖ τὸν ἄνθρωπον
Mc 7 15 οὐδέν ἐστιν ἔξωθεν τοῦ ἀνθρώπου . . . ὃ δύναται | κοινῶσαι αὐτόν (~ Vς)· ↔
   7 15 ἀλλὰ τὰ | ἐκ τοῦ ἀνθρώπου ἐκπορευόμενά ἐστιν (ἐκπ. ἀπ᾽ αὐτοῦ, ἐκεῖνά ἐστι ς) τὰ κοινοῦντα τὸν ἄνθρωπον
   7 18 πᾶν τὸ ἔξωθεν εἰσπορευόμενον . . . οὐ δύναται αὐτὸν κοινῶσαι
   7 20 τὸ ἐκ τοῦ ἀνθρώπου ἐκπορευόμενον, ἐκεῖνο κοινοῖ τὸν ἄνθρωπον
   7 23 πάντα ταῦτα τὰ πονηρὰ ἔσωθεν ἐκπορεύεται καὶ κοινοῖ τὸν ἄνθρωπον
Ac 10 15 a ἃ ὁ θεὸς ἐκαθάρισεν σὺ μὴ κοίνου
   11 9 a ἃ ὁ θεὸς ἐκαθάρισεν σὺ μὴ κοίνου
   21 28 a Ἕλληνας εἰσήγαγεν εἰς τὸ ἱερὸν καὶ κεκοίνωκεν τὸν ἅγιον τόπον τοῦτον
Hb 9 13 b εἰ . . . σποδὸς δαμάλεως ῥαντίζουσα τοὺς κεκοινωμένους ἁγιάζει
Ap 21 27 * οὐ μὴ εἰσέλθῃ εἰς αὐτὴν πᾶν || κοινοῦν καὶ (+ὁ[N²⁶NH]MVBT) ποιοῦν ((ς; κοινὸν καὶ ποιῶν rl)) βδέλυγμα

κοινωνέω
   συγ-
   a κ. τινός
Rm 12 13 ταῖς χρείαις τῶν ἁγίων κοινωνοῦντες
   15 27 εἰ γὰρ τοῖς πνευματικοῖς αὐτῶν ἐκοινώνησαν τὰ ἔθνη
G 6 6 κοινωνείτω δὲ ὁ κατηχούμενος τὸν λόγον τῷ κατηχοῦντι ἐν πᾶσιν ἀγαθοῖς
Ph 4 15 οὐδεμία μοι ἐκκλησία ἐκοινώνησεν εἰς λόγον δόσεως καὶ λήμψεως
1 Tm 5 22 χεῖρας ταχέως μηδενὶ ἐπιτίθει, μηδὲ κοινώνει ἁμαρτίαις ἀλλοτρίαις
Hb 2 14 a ἐπεὶ οὖν τὰ παιδία κεκοινώνηκεν αἵματος καὶ σαρκός
1 Pt 4 13 καθὸ κοινωνεῖτε τοῖς τοῦ Χριστοῦ παθήμασιν
2 Jo 11 ὁ λέγων γὰρ αὐτῷ χαίρειν κοινωνεῖ τοῖς ἔργοις αὐτοῦ

κοινωνία
   a κ. ἔχω
   b κ. ποιέομαι
Ac 2 42 ἦσαν δὲ προσκαρτεροῦντες τῇ διδαχῇ τῶν ἀποστόλων καὶ τῇ κοινωνίᾳ (+καὶ Vς) τῇ κλάσει τοῦ ἄρτου
Rm 15 26 b εὐδόκησαν γὰρ Μακεδονία καὶ Ἀχαΐα κοινωνίαν τινὰ ποιήσασθαι εἰς τοὺς πτωχοὺς τῶν ἁγίων
1 C 1 9 δι᾽ οὗ ἐκλήθητε εἰς κοινωνίαν τοῦ υἱοῦ αὐτοῦ
   10 16 τὸ ποτήριον τῆς εὐλογίας . . . οὐχὶ κοινωνία | ἐστιν τοῦ αἵματος τοῦ Χριστοῦ (~ BTς); ↔

1 C 10 16 τὸν ἄρτον ὃν κλῶμεν, οὐχὶ κοινω-
νία τοῦ σώματος τοῦ Χριστοῦ
ἐστιν;

2 C 6 14 τίς κοινωνία φωτὶ πρὸς σκότος;

8 4 δεόμενοι ἡμῶν τὴν χάριν καὶ τὴν
κοινωνίαν τῆς διακονίας τῆς εἰς
τοὺς ἁγίους (+δέξασθαι ἡμᾶς ς)

9 13 δοξάζοντες τὸν θεὸν ἐπὶ τῇ ...
ἁπλότητι τῆς κοινωνίας εἰς αὐ-
τοὺς καὶ εἰς πάντας

13 13 ἡ κοινωνία τοῦ ἁγίου πνεύματος
μετὰ πάντων ὑμῶν

G 2 9 δεξιὰς ἔδωκαν ἐμοὶ καὶ Βαρναβᾷ
κοινωνίας

E 3 9 * φωτίσαι πάντας ([N²⁶]; —NTH)
τίς ἡ κοινωνία (ς; οἰκονομία rl)
τοῦ μυστηρίου

Ph 1 5 ⟨εὐχαριστῶ τῷ θεῷ μου⟩ ἐπὶ τῇ
κοινωνίᾳ ὑμῶν εἰς τὸ εὐαγγέλιον

2 1 εἴ τις κοινωνία πνεύματος

3 10 τοῦ γνῶναι αὐτὸν ... καὶ τὴν
([N²⁶S]; —NBTH) κοινωνίαν τῶν
([N²⁶]; —NTH) παθημάτων αὐτοῦ

Phm 6 ὅπως ἡ κοινωνία τῆς πίστεώς σου
ἐνεργὴς γένηται ἐν ἐπιγνώσει
παντὸς ἀγαθοῦ

Hb 13 16 τῆς δὲ εὐποιΐας καὶ κοινωνίας μὴ
ἐπιλανθάνεσθε

1 Jo 1 3ᵃἵνα καὶ ὑμεῖς κοινωνίαν ἔχητε μεθ'
ἡμῶν. ↔

1 3 καὶ ἡ κοινωνία δὲ ἡ ἡμετέρα μετὰ
τοῦ πατρός

1 6ᵃκοινωνίαν ἔχομεν μετ' αὐτοῦ

1 7ᵃκοινωνίαν ἔχομεν μετ' ἀλλήλων

κοινωνικός

1 Tm 6 18 ⟨τοῖς πλουσίοις ... παράγγελλε⟩
ἀγαθοεργεῖν ... εὐμεταδότους εἶ-
ναι, κοινωνικούς

κοινωνός

ᵃ κ. τινι

Mt 23 30 οὐκ ἂν ἤμεθα | αὐτῶν κοινωνοὶ
(∼ VTς) ἐν τῷ αἵματι τῶν προ-
φητῶν

Lc 5 10ᵃἸάκωβον καὶ Ἰωάννην ... οἳ
ἦσαν κοινωνοὶ τῷ Σίμωνι

1 C 10 18 οὐχ οἱ ἐσθίοντες τὰς θυσίας κοινω-
νοὶ τοῦ θυσιαστηρίου εἰσίν;

10 20 οὐ θέλω δὲ ὑμᾶς κοινωνοὺς τῶν
δαιμονίων γίνεσθαι

2 C 1 7 ὡς (ὥσπερ ς) κοινωνοί ἐστε τῶν
παθημάτων, οὕτως καὶ τῆς παρα-
κλήσεως

8 23 εἴτε ὑπὲρ Τίτου, κοινωνὸς ἐμὸς καὶ
εἰς ὑμᾶς συνεργός

Phm 17 εἰ οὖν με (ἐμὲ ς) ἔχεις κοινωνόν

Hb 10 33 κοινωνοὶ τῶν οὕτως ἀναστρεφο-
μένων γενηθέντες

1 Pt 5 1 ὁ καὶ τῆς μελλούσης ἀποκαλύπτε-
σθαι δόξης κοινωνός

2 Pt 1 4 ἵνα διὰ τούτων γένησθε θείας κοι-
νωνοὶ φύσεως

κοιτή

Lc 11 7 τὰ παιδία μου μετ' ἐμοῦ εἰς τὴν
κοίτην εἰσίν

Rm 9 10 οὐ μόνον δέ, ἀλλὰ καὶ Ῥεβέκκα ἐξ
ἑνὸς κοίτην ἔχουσα, Ἰσαὰκ τοῦ
πατρὸς ἡμῶν

13 13 εὐσχημόνως περιπατήσωμεν ...
μὴ κοίταις καὶ ἀσελγείαις

Hb 13 4 τίμιος ὁ γάμος ἐν πᾶσιν καὶ ἡ κοί-
τη ἀμίαντος

κοιτών

Ac 12 20 πείσαντες Βλάστον τὸν ἐπὶ τοῦ
κοιτῶνος τοῦ βασιλέως

κόκκινος

Mt 27 28 ἐκδύσαντες αὐτὸν χλαμύδα κοκ-
κίνην περιέθηκαν αὐτῷ

Hb 9 19 λαβὼν τὸ αἷμα τῶν μόσχων | καὶ
τῶν τράγων ([κ. τ. τρ. N²⁶]; καὶ
τρ. ς) μετὰ ὕδατος καὶ ἐρίου κοκ-
κίνου καὶ ὑσσώπου

Ap 17 3 εἶδον γυναῖκα καθημένην ἐπὶ θηρίον
κόκκινον

17 4 ἡ γυνὴ ἦν (ἡ ς) περιβεβλημένη
| πορφυροῦν καὶ κόκκινον (πορφύ-
ρᾳ κ. κοκκίνῳ ς)

18 12 ⟨οὐδεὶς ἀγοράζει⟩ γόμον χρυσοῦ
καὶ ἀργύρου ... καὶ σιρικοῦ καὶ
κοκκίνου

18 16 ἡ πόλις ἡ μεγάλη, ἡ περιβεβλη-
μένη βύσσινον καὶ πορφυροῦν καὶ
κόκκινον

κόκκος

ᵃ κ. (τοῦ) σίτου

Mt 13 31 ὁμοία ἐστὶν ἡ βασιλεία τῶν οὐρα-
νῶν κόκκῳ σινάπεως

17 20 ἐὰν ἔχητε πίστιν ὡς κόκκον σινά-
πεως

Mc 4 31 ⟨πῶς ὁμοιώσωμεν τὴν βασιλείαν
τοῦ θεοῦ⟩ ὡς κόκκῳ (κόκκον VS)
σινάπεως

Lc 13 19 ⟨ἡ βασιλεία τοῦ θεοῦ⟩ ὁμοία ἐστὶν
κόκκῳ σινάπεως

17 6 εἰ ἔχετε (εἴχετε ς) πίστιν ὡς κόκκον
σινάπεως

Jo 12 24ᵃἐὰν μὴ ὁ κόκκος τοῦ σίτου πεσὼν
εἰς τὴν γῆν ἀποθάνῃ

1 C 15 37ᵃοὐ τὸ σῶμα ... σπείρεις, ἀλλὰ
γυμνὸν κόκκον εἰ τύχοι σίτου ἤ
τινος τῶν λοιπῶν

κολάζω

Ac 4 21 ἀπέλυσαν αὐτούς, μηδὲν εὑρίσκον-
τες τὸ πῶς κολάσωνται αὐτούς

2 Pt 2 9 οἶδεν κύριος ... ἀδίκους δὲ εἰς
ἡμέραν κρίσεως κολαζομένους
τηρεῖν

κολακεία

κολακία VSTH

1 Th 2 5 οὔτε γάρ ποτε ἐν λόγῳ κολακείας
ἐγενήθημεν

κόλασις

Mt 25 46 ἀπελεύσονται οὗτοι εἰς κόλασιν
αἰώνιον

1 Jo 4 18 ἡ τελεία ἀγάπη ἔξω βάλλει τὸν
φόβον, ὅτι ὁ φόβος κόλασιν ἔχει

κολαφίζω

Mt 26 67 τότε ἐνέπτυσαν εἰς τὸ πρόσωπον
αὐτοῦ καὶ ἐκολάφισαν αὐτόν

Mc 14 65 ἤρξαντό τινες ἐμπτύειν αὐτῷ ...
καὶ κολαφίζειν αὐτόν

1 C 4 11 ἄχρι τῆς ἄρτι ὥρας καὶ πεινῶμεν
... καὶ κολαφιζόμεθα καὶ ἀστατοῦ-
μεν

2 C 12 7 ἐδόθη μοι σκόλοψ τῇ σαρκί, ἄγ-
γελος σατανᾶ (σατᾶν VSς), ἵνα με
κολαφίζῃ

1 Pt 2 20 ποῖον γὰρ κλέος εἰ ἁμαρτάνοντες
καὶ κολαφιζόμενοι ὑπομενεῖτε;

κολλάω

προσ-

ᵃ κ. ἄχρι

Mt 19 5 ἄνθρωπος ... κολληθήσεται (προσ-
ς) τῇ γυναικὶ αὐτοῦ

Lc 10 11 καὶ τὸν κονιορτὸν τὸν κολληθέντα
ἡμῖν ἐκ τῆς πόλεως ὑμῶν εἰς τοὺς
πόδας (+ἡμῶν MVS) ἀπομασ-
σόμεθα ὑμῖν

15 15 πορευθεὶς ἐκολλήθη ἑνὶ τῶν πολι-
τῶν τῆς χώρας ἐκείνης

Ac 5 13 τῶν δὲ λοιπῶν οὐδεὶς ἐτόλμα
κολλᾶσθαι αὐτοῖς

8 29 πρόσελθε καὶ κολλήθητι τῷ ἅρ-
ματι τούτῳ

9 26 παραγενόμενος δὲ εἰς Ἰερουσαλὴμ
ἐπείραζεν κολλᾶσθαι τοῖς μαθη-
ταῖς

10 28 ἀθέμιτόν ἐστιν ἀνδρὶ Ἰουδαίῳ κολ-
λᾶσθαι ἢ προσέρχεσθαι ἀλλοφύλῳ

17 34 τινὲς δὲ ἄνδρες κολληθέντες αὐτῷ
ἐπίστευσαν

Rm 12 9 ἀποστυγοῦντες τὸ πονηρόν, κολ-
λώμενοι τῷ ἀγαθῷ

1 C 6 16 ὁ κολλώμενος τῇ πόρνῃ ἓν σῶμά
ἐστιν

6 17 ὁ δὲ κολλώμενος τῷ κυρίῳ ἓν
πνεῦμά ἐστιν

Ap 18 5ᵃὅτι ἐκολλήθησαν (ἠκολούθησαν ς)
αὐτῆς αἱ ἁμαρτίαι ἄχρι τοῦ οὐρα-
νοῦ

κολλούριον

κολλ[ο]ύριον N²⁶

κολλύριον NBST

Ap 3 18 συμβουλεύω σοι ἀγοράσαι παρ'
ἐμοῦ ... κολλούριον ἐγχρῖσαι
(ἐγ- Τ; ἔγχρισον ς) τοὺς ὀφθαλ-
μούς σου

κολλυβιστής

Mt 21 12 τὰς τραπέζας τῶν κολλυβιστῶν
κατέστρεψεν

Mc 11 15 τὰς τραπέζας τῶν κολλυβιστῶν
... κατέστρεψεν

Jo 2 15 τῶν κολλυβιστῶν ἐξέχεεν | τὸ κέρ-
μα (τὰ -ματα NH) καὶ τὰς τραπέ-
ζας ἀνέτρεψεν (ἀνέστρ. MVSTς)

κολλύριον

→ κολλούριον

κολοβόω

Mt 24 22 εἰ μὴ ἐκολοβώθησαν αἱ ἡμέραι ἐκεῖ-
ναι, οὐκ ἂν ἐσώθη πᾶσα σάρξ· ↔

24 22 διὰ δὲ τοὺς ἐκλεκτοὺς κολοβωθή-
σονται αἱ ἡμέραι ἐκεῖναι

Mc 13 20 εἰ μὴ ἐκολόβωσεν κύριος τὰς ἡμέ-
ρας, οὐκ ἂν ἐσώθη πᾶσα σάρξ· ↔

13 20 ἀλλὰ διὰ τοὺς ἐκλεκτοὺς οὓς
ἐξελέξατο ἐκολόβωσεν τὰς ἡμέρας

Κολοσσαί

Cl 1 2 ⟨Παῦλος ... καὶ Τιμόθεος⟩ τοῖς ἐν
Κολοσσαῖς ἁγίοις καὶ πιστοῖς
ἀδελφοῖς

κόλπος

ᵃ plur.

ᵇ sinus maris

Lc 6 38 μέτρον καλὸν ... δώσουσιν εἰς
τὸν κόλπον ὑμῶν

16 22 ἐγένετο ... ἀπενεχθῆναι αὐτὸν
ὑπὸ τῶν ἀγγέλων εἰς τὸν κόλπον
(+τοῦ ς) Ἀβραάμ

16 23ᵃὁρᾷ Ἀβραὰμ ἀπὸ μακρόθεν καὶ
Λάζαρον ἐν τοῖς κόλποις αὐτοῦ

Jo 1 18 (+ὁ VBSTς) μονογενὴς θεὸς
(υἱὸς BSTς) ὁ ὢν εἰς τὸν κόλπον
τοῦ πατρός, ἐκεῖνος ἐξηγήσατο

13 23 ἦν (+δὲ MV[S]ς) ἀνακείμενος εἰς
ἐκ τῶν μαθητῶν αὐτοῦ ἐν τῷ κόλ-
πῳ τοῦ Ἰησοῦ

Ac 27 39ᵇκόλπον δέ τινα κατενόουν ἔχοντα
αἰγιαλόν

κολυμβάω

ἐκ-

Ac 27 43 ἐκέλευσέν τε τοὺς δυναμένους κο-
λυμβᾶν ... ἐπὶ τὴν γῆν ἐξιέναι

κολυμβήθρα

Jo 5 2 ἔστιν δὲ ἐν τοῖς Ἱεροσολύμοις ἐπὶ
τῇ προβατικῇ κολυμβήθρα

Jo   5 4 * || ἄγγελος γὰρ (+κυρίου [V]B) κατὰ καιρὸν κατέβαινεν ἐν τῇ κολυμβήθρᾳ ((. . +MVBϛ . .))

     5 7 ἄνθρωπον οὐκ ἔχω, ἵνα . . . βάλῃ με εἰς τὴν κολυμβήθραν

     9 7 ὕπαγε νίψαι εἰς τὴν κολυμβήθραν τοῦ Σιλωάμ

     9 11 * ὕπαγε εἰς | τὴν κολυμβήθραν τοῦ (ϛ; τὸν rl) Σιλωάμ καὶ νίψαι

κολωνία

Ac 16 12 εἰς Φιλίππους, ἥτις ἐστὶν πρώτης (-η[ϛ] N²⁶; -η τῆς rl) μερίδος τῆς (+N²⁶[V]ϛ) Μακεδονίας πόλις, κολωνία

κομάω

1 C 11 14 ἀνὴρ μὲν ἐὰν κομᾷ, ἀτιμία αὐτῷ ἐστιν, ↔

   11 15 γυνὴ δὲ ἐὰν κομᾷ, δόξα αὐτῇ ἐστιν

κόμη

1 C 11 15 ἡ κόμη ἀντὶ περιβολαίου δέδοται αὐτῇ [N²⁶]

κομίζω

ἐκ-   συγ-
ᵃ act.
ᵇ κ. τὴν ἐπαγγελίαν, τὰς -ας

Mt 25 27 ἐλθὼν ἐγὼ ἐκομισάμην ἂν τὸ ἐμὸν σὺν τόκῳ

Lc   7 37ᵃ γυνὴ . . . κομίσασα ἀλάβαστρον μύρου

2 C   5 10 ἵνα κομίσηται ἕκαστος τὰ διὰ τοῦ σώματος πρὸς ἃ ἔπραξεν

E   6 8 ἕκαστος | ἐάν τι (ὃ ἐὰν S; ὃ ἐάν τι ϛ) ποιήσῃ ἀγαθόν, τοῦτο κομίσεται (-ιεῖται Sϛ) παρὰ κυρίου, εἴτε δοῦλος εἴτε ἐλεύθερος

Cl   3 25 ὁ γὰρ ἀδικῶν κομίσεται (-ιεῖται Tϛ) ὃ ἠδίκησεν

Hb 10 36ᵇ ἵνα τὸ θέλημα τοῦ θεοῦ ποιήσαντες κομίσησθε τὴν ἐπαγγελίαν

   11 13ᵇ * κατὰ πίστιν ἀπέθανον οὗτοι πάντες, μὴ κομισάμενοι (λαβόντες N²⁶ϛ) τὰς ἐπαγγελίας

   11 19 ὅθεν αὐτὸν καὶ ἐν παραβολῇ ἐκομίσατο

   11 39ᵇ οὗτοι πάντες μαρτυρηθέντες διὰ τῆς πίστεως οὐκ ἐκομίσαντο τὴν ἐπαγγελίαν

1 Pt 1 9 ⟨ἀγαλλιᾶσθε⟩ κομιζόμενοι τὸ τέλος τῆς πίστεως ὑμῶν ([N²⁶]; —NH) σωτηρίαν ψυχῶν

   5 4 φανερωθέντος τοῦ ἀρχιποίμενος κομιεῖσθε τὸν ἀμαράντινον τῆς δόξης στέφανον

2 Pt 2 13 * ⟨φθαρήσονται⟩ κομιούμενοι (VS Tϛ; ἀδικούμενοι rl) μισθὸν ἀδικίας

κομψότερον

Jo   4 52 ἐπύθετο οὖν τὴν ὥραν παρ' αὐτῶν ἐν ᾗ κομψότερον ἔσχεν

κονιάω

Mt 23 27 οὐαὶ ὑμῖν, γραμματεῖς . . . ὅτι παρομοιάζετε τάφοις κεκονιαμένοις

Ac 23 3 τύπτειν σε μέλλει ὁ θεός, τοῖχε κεκονιαμένε

κονιορτός

Mt 10 14 ἐκτινάξατε τὸν κονιορτὸν (+ἐκ MVBST) τῶν ποδῶν ὑμῶν

Lc   9 5 τὸν κονιορτὸν ἀπὸ τῶν ποδῶν ὑμῶν ἀποτινάσσετε εἰς μαρτύριον ἐπ' αὐτούς

   10 11 τὸν κονιορτὸν τὸν κολληθέντα ἡμῖν ἐκ τῆς πόλεως ὑμῶν . . . ἀπομασσόμεθα ὑμῖν

Ac 13 51 οἱ δὲ ἐκτιναξάμενοι τὸν κονιορτὸν τῶν ποδῶν (+αὐτῶν ϛ) ἐπ' αὐτοὺς ἦλθον εἰς Ἰκόνιον

Ac 22 23 κονιορτὸν βαλλόντων εἰς τὸν ἀέρα

κοπάζω

Mt 14 32 ἀναβάντων αὐτῶν εἰς τὸ πλοῖον ἐκόπασεν ὁ ἄνεμος

Mc   4 39 ἐκόπασεν ὁ ἄνεμος

   6 51 ἀνέβη πρὸς αὐτοὺς εἰς τὸ πλοῖον, καὶ ἐκόπασεν ὁ ἄνεμος

κοπετός

Ac   8 2 ἐποίησαν (ἐποιήσαντο ϛ) κοπετὸν μέγαν ἐπ' αὐτῷ

κοπή

Hb   7 1 ὁ Μελχισέδεκ . . . ὁ συναντήσας Ἀβραὰμ ὑποστρέφοντι ἀπὸ τῆς κοπῆς τῶν βασιλέων

κοπιάω

ᵃ κ. εἰς
ᵇ οἱ κοπιῶντες, αἱ κοπιῶσαι

Mt   6 28 καταμάθετε τὰ κρίνα τοῦ ἀγροῦ, πῶς | αὐξάνουσιν· οὐ κοπιῶσιν οὐδὲ νήθουσιν (αὐ-νει· οὐ κοπιᾷ οὐδὲ νήθει Vϛ)

   11 28ᵇ δεῦτε πρός με πάντες οἱ κοπιῶντες καὶ πεφορτισμένοι

Lc   5 5 δι' ὅλης (+τῆς V[S]ϛ) νυκτὸς κοπιάσαντες οὐδὲν ἐλάβομεν

   12 27 κατανοήσατε τὰ κρίνα, πῶς | αὐξάνει· οὐ κοπιᾷ οὐδὲ νήθει (οὔτε νήθει οὔτε ὑφαίνει NST)

Jo   4 6 ὁ οὖν Ἰησοῦς κεκοπιακὼς ἐκ τῆς ὁδοιπορίας ἐκαθέζετο

   4 38 ἀπέστειλα (-σταλκα T) ὑμᾶς θερίζειν ὃ οὐχ ὑμεῖς κεκοπιάκατε· ↔

   4 38 ἄλλοι κεκοπιάκασιν, καὶ ὑμεῖς εἰς τὸν κόπον αὐτῶν εἰσεληλύθατε

Ac 20 35 οὕτως κοπιῶντας δεῖ ἀντιλαμβάνεσθαι τῶν ἀσθενούντων

Rm 16 6ᵃ ἀσπάσασθε Μαρίαν, ἥτις πολλὰ ἐκοπίασεν εἰς ὑμᾶς (ἡ. ϛ)

   16 12ᵇ ἀσπάσασθε Τρύφαιναν καὶ Τρυφῶσαν τὰς κοπιώσας ἐν κυρίῳ. ↔

   16 12 ἀσπάσασθε Περσίδα . . . ἥτις πολλὰ ἐκοπίασεν ἐν κυρίῳ

1 C   4 12 ⟨ἄχρι τῆς ἄρτι ὥρας⟩ κοπιῶμεν ἐργαζόμενοι ταῖς ἰδίαις χερσίν

   15 10 περισσότερον αὐτῶν πάντων ἐκοπίασα

   16 16 ἵνα καὶ ὑμεῖς ὑποτάσσησθε . . . παντὶ τῷ συνεργοῦντι καὶ κοπιῶντι

G   4 11ᵃ φοβοῦμαι ὑμᾶς μή πως εἰκῇ κεκοπίακα εἰς ὑμᾶς

E   4 28 ὁ κλέπτων μηκέτι κλεπτέτω, μᾶλλον δὲ κοπιάτω ἐργαζόμενος ταῖς ἰδίαις ([N²⁶]; —Hϛ) χερσὶν τὸ ἀγαθόν

Ph   2 16ᵃ οὐκ εἰς κενὸν ἔδραμον οὐδὲ εἰς κενὸν ἐκοπίασα

Cl   1 29ᵃ εἰς ὃ καὶ κοπιῶ ἀγωνιζόμενος κατὰ τὴν ἐνέργειαν αὐτοῦ

1 Th 5 12ᵇ ἐρωτῶμεν δὲ ὑμᾶς, ἀδελφοί, εἰδέναι τοὺς κοπιῶντας ἐν ὑμῖν καὶ προϊσταμένους ὑμῶν ἐν κυρίῳ

1 Tm 4 10ᵃ εἰς τοῦτο γὰρ κοπιῶμεν καὶ ἀγωνιζόμεθα (ὀνειδιζόμεθα Sϛ)

   5 17ᵇ οἱ καλῶς προεστῶτες πρεσβύτεροι διπλῆς τιμῆς ἀξιούσθωσαν, μάλιστα οἱ κοπιῶντες ἐν λόγῳ καὶ διδασκαλίᾳ

2 Tm 2 6 τὸν κοπιῶντα γεωργὸν δεῖ πρῶτον τῶν καρπῶν μεταλαμβάνειν

Ap   2 3 || ὑπομονὴν ἔχεις, καὶ ἐβάστασας διὰ τὸ ὄνομά μου, καὶ οὐ κεκοπίακες (-κας NMB) ((καὶ ἐβ. καὶ ὐ. ἔχεις, καὶ ὀ. τὸ ὄν. μου κεκοπίακες, καὶ οὐ κέκμηκας ϛ))

κόπος

ᵃ plur.
ᵇ κ. et μόχθος

Mt 26 10ᵃ τί κόπους παρέχετε τῇ γυναικί;

Mc 14 6ᵃ τί αὐτῇ κόπους παρέχετε;

Lc 11 7ᵃ μή μοι κόπους πάρεχε

   18 5 διά γε τὸ παρέχειν μοι κόπον τὴν χήραν ταύτην ἐκδικήσω αὐτήν

Jo   4 38 ἄλλοι κεκοπιάκασιν, καὶ ὑμεῖς εἰς τὸν κόπον αὐτῶν εἰσεληλύθατε

1 C   3 8 ἕκαστος δὲ τὸν ἴδιον μισθὸν λήμψεται κατὰ τὸν ἴδιον κόπον

   15 58 ὁ κόπος ὑμῶν οὐκ ἔστιν κενὸς ἐν κυρίῳ

2 C   6 5ᵃ ⟨συνιστάντες ἑαυτοὺς ὡς θεοῦ διάκονοι⟩ ἐν πληγαῖς . . . ἐν κόποις, ἐν ἀγρυπνίαις

   10 15ᵃ οὐκ εἰς τὰ ἄμετρα καυχώμενοι ἐν ἀλλοτρίοις κόποις

   11 23ᵃ ἐν κόποις περισσοτέρως . . . ἐν θανάτοις πολλάκις

   11 27ᵇ (+ἐν MV[S]ϛ) κόπῳ καὶ μόχθῳ, ἐν ἀγρυπνίαις πολλάκις

G   6 17ᵃ τοῦ λοιποῦ κόπους μοι μηδεὶς παρεχέτω

1 Th 1 3 μνημονεύοντες ὑμῶν τοῦ ἔργου τῆς πίστεως καὶ τοῦ κόπου τῆς ἀγάπης

   2 9ᵇ μνημονεύετε γάρ, ἀδελφοί, τὸν κόπον ἡμῶν καὶ τὸν μόχθον

   3 5 μή πως ἐπείρασεν ὑμᾶς ὁ πειράζων καὶ εἰς κενὸν γένηται ὁ κόπος ἡμῶν

2 Th 3 8ᵇ ἐν κόπῳ καὶ μόχθῳ | νυκτὸς καὶ ἡμέρας (νύκτα κ. ἡμέραν MVSϛ) ἐργαζόμενοι

Hb   6 10 * οὐ γὰρ ἄδικος ὁ θεὸς ἐπιλαθέσθαι τοῦ ἔργου ὑμῶν καὶ | τοῦ κόπου (+ϛ) τῆς ἀγάπης

Ap   2 2 οἶδα τὰ ἔργα σου καὶ τὸν κόπον (+σου MVBSϛ) καὶ τὴν ὑπομονήν σου

   14 13ᵃ ἵνα ἀναπαήσονται (-παύσωνται Sϛ) ἐκ τῶν κόπων αὐτῶν

κοπρία

Lc 13 8 * ἕως ὅτου σκάψω περὶ αὐτὴν καὶ βάλω κοπρίαν (ϛ; κόπρια rl)

   14 35 οὔτε εἰς γῆν οὔτε εἰς κοπρίαν εὔθετόν ἐστιν

κόπριον

Lc 13 8 ἕως ὅτου σκάψω περὶ αὐτὴν καὶ βάλω κόπρια (κοπρίαν ϛ)

κόπτω

ἀνα-   ἐκ-   προσ-
ἀπο-   κατα-   προσ-
ἐγ-
ᵃ act. trans.

Mt 11 17 ἐθρηνήσαμεν καὶ οὐκ ἐκόψασθε

   21 8ᵃ ἄλλοι δὲ ἔκοπτον κλάδους ἀπὸ τῶν δένδρων

   24 30 || τότε (—T) κόψονται ((∼ S)) πᾶσαι αἱ φυλαὶ τῆς γῆς

Mc 11 8ᵃ ἄλλοι δὲ στιβάδας, | κόψαντες ἐκ τῶν ἀγρῶν (ἔκοπτον ἐκ τ. δένδρων ϛ . .)

Lc   8 52 ἔκλαιον δὲ πάντες καὶ ἐκόπτοντο αὐτήν

   23 27 πλῆθος . . . γυναικῶν αἳ (+καὶ ϛ) ἐκόπτοντο καὶ ἐθρήνουν αὐτόν

Ap   1 7 * κόψονται ἐπ' αὐτὸν πᾶσαι αἱ φυλαὶ τῆς γῆς

   18 9 κλαύσουσιν (-σονται MSTϛ) καὶ κόψονται ἐπ' αὐτήν (-τῆς V; -τῇ Bϛ) οἱ βασιλεῖς τῆς γῆς

κόραξ

Lc 12 24 κατανοήσατε τοὺς κόρακας ὅτι οὐ (N²⁶Hϛ; οὔτε rl) σπείρουσιν

κοράσιον

Mt 9 24 οὐ γὰρ ἀπέθανεν τὸ κοράσιον ἀλλὰ
καθεύδει

9 25 εἰσελθὼν ἐκράτησεν τῆς χειρὸς
αὐτῆς, καὶ ἠγέρθη τὸ κοράσιον

14 11 ἠνέχθη ἡ κεφαλὴ αὐτοῦ . . . καὶ
ἐδόθη τῷ κορασίῳ

Mc 5 41 τὸ κοράσιον, σοί λέγω, ἔγειρε. ↔

5 42 καὶ εὐθὺς ἀνέστη τὸ κοράσιον καὶ
περιεπάτει

6 22 | εἶπεν ὁ βασιλεὺς (ὁ δὲ β. εἰ.
NMTH) τῷ κορασίῳ

6 28 ἤνεγκεν τὴν κεφαλὴν αὐτοῦ . . . καὶ
ἔδωκεν αὐτὴν τῷ κορασίῳ, ↔

6 28 τὸ κοράσιον ἔδωκεν αὐτὴν τῇ
μητρὶ αὐτῆς

κορβᾶν

κορβᾶν Η

Mc 7 11 ἐὰν εἴπῃ ἄνθρωπος τῷ πατρὶ ἢ
τῇ μητρί· κορβᾶν, ὅ ἐστιν δῶρον

κορβανᾶς

Mt 27 6 οὐκ ἔξεστιν βαλεῖν αὐτὰ εἰς τὸν
κορβανᾶν

Κόρε

Κορέ MVSTHς

Jd 11 οὐαὶ αὐτοῖς, ὅτι . . . τῇ ἀντιλογίᾳ
τοῦ Κόρε ἀπώλοντο

κορέννυμι

Ac 27 38 κορεσθέντες δὲ τροφῆς ἐκούφιζον τὸ
πλοῖον

1 C 4 8 ἤδη κεκορεσμένοι ἐστέ· ἤδη ἐπλου-
τήσατε

Κορίνθιος

Ac 18 8 πολλοὶ τῶν Κορινθίων ἀκούοντες
ἐπίστευον καὶ ἐβαπτίζοντο

2 C 6 11 τὸ στόμα ἡμῶν ἀνέῳγεν πρὸς
ὑμᾶς, Κορίνθιοι

Κόρινθος

Ac 18 1 χωρισθεὶς (+ὁ Παῦλος [MS]Vς)
ἐκ τῶν Ἀθηνῶν ἦλθεν εἰς Κόρινθον

19 1 ἐγένετο δὲ ἐν τῷ τὸν Ἀπολλῶ εἶ-
ναι ἐν Κορίνθῳ

1 C 1 2 ⟨Παῦλος⟩ τῇ ἐκκλησίᾳ τοῦ θεοῦ
τῇ οὔσῃ ἐν Κορίνθῳ

2 C 1 1 Παῦλος . . . καὶ Τιμόθεος . . . τῇ
ἐκκλησίᾳ τοῦ θεοῦ τῇ οὔσῃ ἐν
Κορίνθῳ

1 23 ὅτι φειδόμενος ὑμῶν οὐκέτι ἦλθον
εἰς Κόρινθον

2 Tm 4 20 Ἔραστος ἔμεινεν ἐν Κορίνθῳ

Κορνήλιος

Ac 10 1 ἀνὴρ δέ τις ἐν Καισαρείᾳ ὀνόματι
Κορνήλιος, ἑκατοντάρχης

10 3 ἄγγελον τοῦ θεοῦ . . . εἰπόντα αὐ-
τῷ· Κορνήλιε

10 7 * ὡς δὲ ἀπῆλθεν ὁ ἄγγελος ὁ λα-
λῶν | τῷ Κορνηλίῳ (ς; αὐτῷ rl)

10 17 ἰδοὺ οἱ ἄνδρες οἱ ἀπεσταλμένοι
ὑπὸ (ἀπὸ ς) τοῦ Κορνηλίου . . .
ἐπέστησαν ἐπὶ τὸν πυλῶνα

10 21 * καταβὰς δὲ Πέτρος πρὸς τοὺς
ἄνδρας | τοὺς ἀπεσταλμένους ἀπὸ
τοῦ Κορνηλίου πρὸς αὐτὸν (+ς)
εἶπεν

10 22 Κορνήλιος ἑκατοντάρχης, ἀνὴρ
δίκαιος . . . ἐχρηματίσθη ὑπὸ ἀγ-
γέλου ἁγίου μεταπέμψασθαί σε

10 24 ὁ δὲ Κορνήλιος ἦν προσδοκῶν
αὐτούς

10 25 συναντήσας αὐτῷ ὁ Κορνήλιος πε-
σὼν ἐπὶ τοὺς πόδας προσεκύνησεν

10 30 ὁ Κορνήλιος ἔφη

10 31 Κορνήλιε, εἰσηκούσθη σου ἡ προσ-
ευχή

κόρος

Lc 16 7 σὺ δὲ πόσον ὀφείλεις; ὁ δὲ εἶπεν·
ἑκατὸν κόρους σίτου

κοσμέω

a κ. ἑαυτάς

Mt 12 44 ἐλθὸν εὑρίσκει σχολάζοντα (+καὶ
[NH]T) σεσαρωμένον καὶ κεκοσμη-
μένον

23 29 οὐαὶ ὑμῖν, γραμματεῖς . . . ὅτι . . .
κοσμεῖτε τὰ μνημεῖα τῶν δικαίων

25 7 τότε ἠγέρθησαν πᾶσαι αἱ παρθέ-
νοι ἐκεῖναι καὶ ἐκόσμησαν τὰς
λαμπάδας ἑαυτῶν (αὐτῶν Vς)

Lc 11 25 ἐλθὸν εὑρίσκει [+σχολάζοντα Η]
σεσαρωμένον καὶ κεκοσμημένον

21 5 καί τινων λεγόντων περὶ τοῦ ἱεροῦ,
ὅτι λίθοις καλοῖς καὶ ἀναθήμασιν
(-θέμασιν Τ) κεκόσμηται

1 Tm 2 9a γυναῖκας . . . μετὰ αἰδοῦς καὶ
σωφροσύνης κοσμεῖν ἑαυτάς

Tt 2 10 ἵνα τὴν διδασκαλίαν τὴν τοῦ σω-
τῆρος ἡμῶν θεοῦ κοσμῶσιν ἐν πᾶσιν

1 Pt 3 5a οὕτως . . . αἱ ἅγιαι γυναῖκες αἱ ἐλ-
πίζουσαι εἰς θεὸν ἐκόσμουν ἑαυτάς

Ap 21 2 τὴν πόλιν . . . ἡτοιμασμένην ὡς
νύμφην κεκοσμημένην τῷ ἀνδρὶ
αὐτῆς

21 19 οἱ θεμέλιοι τοῦ τείχους τῆς πόλεως
παντὶ λίθῳ τιμίῳ κεκοσμημένοι

κοσμικός

Tt 2 12 ἵνα ἀρνησάμενοι τὴν ἀσέβειαν καὶ
τὰς κοσμικὰς ἐπιθυμίας . . . εὐσε-
βῶς ζήσωμεν

Hb 9 1 εἶχε μὲν οὖν καὶ [N²⁶H] ἡ πρώτη
δικαιώματα λατρείας τό τε ἅγιον
κοσμικόν

κόσμιος

1 Tm 2 9 ὡσαύτως καὶ (+[N²⁶]Tς) γυναῖ-
κας ἐν καταστολῇ κοσμίῳ, μετὰ . . .
σωφροσύνης κοσμεῖν ἑαυτάς

3 2 δεῖ οὖν τὸν ἐπίσκοπον ἀνεπίλημ-
πτον εἶναι . . . σώφρονα, κόσμιον,
φιλόξενον

κοσμοκράτωρ

E 6 12 ἡ πάλη . . . πρὸς τοὺς κοσμοκρά-
τορας τοῦ σκότους (+τοῦ αἰῶνος
[VS]ς) τούτου

κόσμος

a de ornatu
b κ. ὅλος
c κ. (ἅ)πας
d ὁ κ. οὗτος
e ὁ τότε, ἀρχαῖος κ.
f ἐκ τοῦ κόσμου εἰμί
g τὰ τοῦ κόσμου, τὰ ἐν τῷ κόσμῳ
h ἀπό, πρὸ καταβολῆς κόσμου
j ἀπ᾽ ἀρχῆς, ἀπὸ κτίσεως κόσμου

Mt 4 8 δείκνυσιν αὐτῷ πάσας τὰς βασι-
λείας τοῦ κόσμου

5 14 ὑμεῖς ἐστε τὸ φῶς τοῦ κόσμου

13 35h ἐρεύξομαι κεκρυμμένα ἀπὸ κατα-
βολῆς κόσμου ([N²⁶]; —NTH)

13 38 ὁ δὲ ἀγρός ἐστιν ὁ κόσμος

16 26b τί γὰρ ὠφεληθήσεται ἄνθρωπος,
ἐὰν τὸν κόσμον ὅλον κερδήσῃ ⟨;⟩

18 7 οὐαὶ τῷ κόσμῳ ἀπὸ τῶν σκανδά-
λων

24 21j * ἔσται . . . θλῖψις μεγάλη, οἵα | οὐ
γέγονεν (οὐκ ἐγένετο ΒΤ) ἀπ᾽
ἀρχῆς κόσμου ἕως τοῦ νῦν

25 34h κληρονομήσατε τὴν ἡτοιμασμένην
ὑμῖν βασιλείαν ἀπὸ καταβολῆς
κόσμου

26 13b ὅπου ἐὰν κηρυχθῇ τὸ εὐαγγέλιον
τοῦτο ἐν ὅλῳ τῷ κόσμῳ

Mc 8 36b τί γὰρ ὠφελεῖ (-λήσει Vς) ἄν-
θρωπον κερδῆσαι (ἐὰν κερδήσῃ ς)
τὸν κόσμον ὅλον ⟨;⟩

14 9b ὅπου ἐὰν κηρυχθῇ τὸ εὐαγγέλιον
(+τοῦτο Vς) εἰς ὅλον τὸν κόσμον

[16 15]c πορευθέντες εἰς τὸν κόσμον ἅπαντα
κηρύξατε τὸ εὐαγγέλιον πάσῃ τῇ
κτίσει

Lc 9 25b τί γὰρ ὠφελεῖται ἄνθρωπος κερδή-
σας τὸν κόσμον ὅλον ⟨;⟩

11 50h ἵνα ἐκζητηθῇ τὸ αἷμα πάντων τῶν
προφητῶν τὸ ἐκκεχυμένον (ἐκχυν-
νόμενον Τς) ἀπὸ καταβολῆς κό-
σμου

12 30 ταῦτα γὰρ πάντα τὰ ἔθνη τοῦ
κόσμου ἐπιζητοῦσιν (-ζητεῖ Vς)

Jo 1 9 ἦν τὸ φῶς τὸ ἀληθινόν, ὃ φωτίζει
πάντα ἄνθρωπον, ἐρχόμενον εἰς
τὸν κόσμον. ↔

1 10 ἐν τῷ κόσμῳ ἦν, ↔

1 10 καὶ ὁ κόσμος δι᾽ αὐτοῦ ἐγένετο, ↔

1 10 καὶ ὁ κόσμος αὐτὸν οὐκ ἔγνω

1 29 ἴδε ὁ ἀμνὸς τοῦ θεοῦ ὁ αἴρων τὴν
ἁμαρτίαν τοῦ κόσμου

3 16 οὕτως γὰρ ἠγάπησεν ὁ θεὸς τὸν
κόσμον

3 17 οὐ γὰρ ἀπέστειλεν ὁ θεὸς τὸν υἱὸν
(+αὐτοῦ Vς) εἰς τὸν κόσμον ↔

3 17 ἵνα κρίνῃ τὸν κόσμον, ↔

3 17 ἀλλ᾽ ἵνα σωθῇ ὁ κόσμος δι᾽ αὐτοῦ

3 19 ὅτι τὸ φῶς ἐλήλυθεν εἰς τὸν κόσμον

4 42 οὗτός ἐστιν ἀληθῶς ὁ σωτὴρ τοῦ
κόσμου

6 14 οὗτός ἐστιν ἀληθῶς ὁ προφήτης ὁ
| ἐρχόμενος εἰς τὸν κόσμον (∼ Τ)

6 33 ὁ γὰρ ἄρτος (+ὁ Τ) τοῦ θεοῦ
ἐστιν ὁ . . . ζωὴν διδοὺς τῷ κόσμῳ

6 51 ὁ ἄρτος . . . | ἡ σάρξ μού ἐστιν
ὑπὲρ τῆς τοῦ κόσμου ζωῆς (∼ Τ)

7 4 εἰ ταῦτα ποιεῖς, φανέρωσον σεαυ-
τὸν τῷ κόσμῳ

7 7 οὐ δύναται ὁ κόσμος μισεῖν ὑμᾶς

8 12 ἐγώ εἰμι τὸ φῶς τοῦ κόσμου

8 23df ὑμεῖς ἐκ | τούτου τοῦ κόσμου
(∼ VBSTς) ἐστέ, ↔

8 23df ἐγὼ οὐκ εἰμὶ ἐκ τοῦ κόσμου τού-
του

8 26 ταῦτα λαλῶ (λέγω ς) εἰς τὸν
κόσμον

9 5 ὅταν ἐν τῷ κόσμῳ ὦ, ↔

9 5 φῶς εἰμι τοῦ κόσμου

9 39d εἰς κρίμα ἐγὼ εἰς τὸν κόσμον τοῦ-
τον ἦλθον

10 36 ὃν ὁ πατὴρ ἡγίασεν καὶ ἀπέστει-
λεν εἰς τὸν κόσμον

11 9d οὐ προσκόπτει, ὅτι τὸ φῶς τοῦ
κόσμου τούτου βλέπει

11 27 σὺ εἶ . . . ὁ υἱὸς τοῦ θεοῦ ὁ εἰς τὸν
κόσμον ἐρχόμενος

12 19 ἴδε ὁ κόσμος ὀπίσω αὐτοῦ ἀπῆλθεν

12 25d ὁ μισῶν τὴν ψυχὴν αὐτοῦ ἐν τῷ
κόσμῳ τούτῳ

12 31d νῦν κρίσις ἐστὶν τοῦ κόσμου τού-
του· ↔

12 31d νῦν ὁ ἄρχων τοῦ κόσμου τούτου
ἐκβληθήσεται ἔξω

12 46 ἐγὼ φῶς εἰς τὸν κόσμον ἐλήλυθα

12 47 οὐ γὰρ ἦλθον ἵνα κρίνω τὸν
κόσμον, ↔

12 47 ἀλλ᾽ ἵνα σώσω τὸν κόσμον

13 1d ἦλθεν αὐτοῦ ἡ ὥρα ἵνα μεταβῇ ἐκ
τοῦ κόσμου τούτου πρὸς τὸν
πατέρα, ↔

13 1 ἀγαπήσας τοὺς ἰδίους τοὺς ἐν τῷ
κόσμῳ

Jo 14 17 τὸ πνεῦμα τῆς ἀληθείας, ὃ ὁ κόσμος οὐ δύναται λαβεῖν

14 19 ἔτι μικρὸν καὶ ὁ κόσμος με οὐκέτι θεωρεῖ

14 22 τί γέγονεν ὅτι ἡμῖν μέλλεις ἐμφανίζειν σεαυτὸν καὶ οὐχὶ τῷ κόσμῳ;

14 27 οὐ καθὼς ὁ κόσμος δίδωσιν ἐγὼ δίδωμι ὑμῖν

14 30ᵈ ἔρχεται γὰρ ὁ τοῦ κόσμου (+τούτου ς) ἄρχων

14 31 ἀλλ' ἵνα γνῷ ὁ κόσμος ὅτι ἀγαπῶ τὸν πατέρα

15 18 εἰ ὁ κόσμος ὑμᾶς μισεῖ

15 19 ʳ εἰ ἐκ τοῦ κόσμου ἦτε, ↔

15 19 ʳ ὁ κόσμος ἂν τὸ ἴδιον ἐφίλει· ↔

15 19 ʳ ὅτι δὲ ἐκ τοῦ κόσμου οὐκ ἐστέ, ↔

15 19 ἀλλ' ἐγὼ ἐξελεξάμην ὑμᾶς ἐκ τοῦ κόσμου, ↔

15 19 διὰ τοῦτο μισεῖ ὑμᾶς ὁ κόσμος

16 8 ἐλθὼν ἐκεῖνος ἐλέγξει τὸν κόσμον περὶ ἁμαρτίας καὶ περὶ δικαιοσύνης

16 11ᵈ ὅτι ὁ ἄρχων τοῦ κόσμου τούτου κέκριται

16 20 κλαύσετε καὶ θρηνήσετε ὑμεῖς, ὁ δὲ κόσμος χαρήσεται

16 21 οὐκέτι μνημονεύει τῆς θλίψεως διὰ τὴν χαρὰν ὅτι ἐγεννήθη ἄνθρωπος εἰς τὸν κόσμον

16 28 ἐξῆλθον παρὰ (N²⁶Vς; ἐκ r1) τοῦ πατρὸς καὶ ἐλήλυθα εἰς τὸν κόσμον· ↔

16 28 πάλιν ἀφίημι τὸν κόσμον καὶ πορεύομαι πρὸς τὸν πατέρα

16 33 ἐν τῷ κόσμῳ θλῖψιν ἔχετε ἀλλὰ θαρσεῖτε, ↔

16 33 ἐγὼ νενίκηκα τὸν κόσμον

17 5 δόξασόν με ... τῇ δόξῃ ᾗ εἶχον πρὸ τοῦ τὸν κόσμον εἶναι παρὰ σοί. ↔

17 6 ἐφανέρωσά σου τὸ ὄνομα τοῖς ἀνθρώποις οὓς ἔδωκάς (δέδωκάς Vς) μοι ἐκ τοῦ κόσμου

17 9 οὐ περὶ τοῦ κόσμου ἐρωτῶ

17 11 οὐκέτι εἰμὶ ἐν τῷ κόσμῳ, ↔

17 11 καὶ αὐτοὶ (οὗτοι VBSς) ἐν τῷ κόσμῳ εἰσίν

17 12 * ὅτε ἤμην μετ' αὐτῶν | ἐν τῷ κόσμῳ (+ς)

17 13 ταῦτα λαλῶ ἐν τῷ κόσμῳ

17 14 ὁ κόσμος ἐμίσησεν αὐτούς, ↔

17 14 ʳ ὅτι οὐκ εἰσὶν ἐκ τοῦ κόσμου ↔

17 14 ʳ καθὼς ἐγὼ οὐκ εἰμὶ ἐκ τοῦ κόσμου. ↔

17 15 οὐκ ἐρωτῶ ἵνα ἄρῃς αὐτοὺς ἐκ τοῦ κόσμου

17 16 ʳ ἐκ τοῦ κόσμου οὐκ εἰσὶν ↔

17 16 ʳ καθὼς ἐγὼ | οὐκ εἰμὶ ἐκ τοῦ κόσμου (~ VSς)

17 18 καθὼς ἐμὲ ἀπέστειλας εἰς τὸν κόσμον, ↔

17 18 κἀγὼ ἀπέστειλα αὐτοὺς εἰς τὸν κόσμον

17 21 ἵνα ὁ κόσμος πιστεύῃ (-σῃ MVBSς) ὅτι σύ με ἀπέστειλας

17 23 ἵνα γινώσκῃ ὁ κόσμος ὅτι σύ με ἀπέστειλας

17 24ʰ ὅτι ἠγάπησάς με πρὸ καταβολῆς κόσμου

17 25 ὁ κόσμος σε οὐκ ἔγνω

18 20 ἐγὼ παρρησίᾳ λελάληκα τῷ κόσμῳ

18 36ᵈᶠ ἡ βασιλεία ἡ ἐμὴ οὐκ ἔστιν ἐκ τοῦ κόσμου τούτου· ↔

18 36ᵈᶠ εἰ ἐκ τοῦ κόσμου τούτου ἦν ἡ | βασιλεία ἡ ἐμή (ἐ. β. S)

Jo 18 37 ἐγὼ ... εἰς τοῦτο ἐλήλυθα εἰς τὸν κόσμον

21 25 || οὐδ' αὐτὸν οἶμαι τὸν κόσμον χωρήσειν (-σαι VBSς) τὰ γραφόμενα βιβλία ((.. —T))

Ac 17 24 ὁ θεὸς ὁ ποιήσας τὸν κόσμον καὶ πάντα τὰ ἐν αὐτῷ

Rm 1 8ᵇ ὅτι ἡ πίστις ὑμῶν καταγγέλλεται ἐν ὅλῳ τῷ κόσμῳ

1 20ʲ τὰ γὰρ ἀόρατα αὐτοῦ ἀπὸ κτίσεως κόσμου τοῖς ποιήμασιν νοούμενα καθορᾶται

3 6 ἐπεὶ πῶς κρινεῖ ὁ θεὸς τὸν κόσμον;

3 19ᶜ ἵνα ... ὑπόδικος γένηται πᾶς ὁ κόσμος τῷ θεῷ

4 13 οὐ γὰρ διὰ νόμου ἡ ἐπαγγελία τῷ Ἀβραὰμ ... τὸ κληρονόμον αὐτὸν εἶναι (+τοῦ ς) κόσμου

5 12 ὥσπερ δι' ἑνὸς ἀνθρώπου ἡ ἁμαρτία εἰς τὸν κόσμον εἰσῆλθεν

5 13 ἄχρι γὰρ νόμου ἁμαρτία ἦν ἐν κόσμῳ

11 12 εἰ δὲ τὸ παράπτωμα αὐτῶν πλοῦτος κόσμου

11 15 εἰ γὰρ ἡ ἀποβολὴ αὐτῶν καταλλαγὴ κόσμου

1 C 1 20ᵈ οὐχὶ ἐμώρανεν ὁ θεὸς τὴν σοφίαν τοῦ κόσμου (+τούτου ς); ↔

1 21 ἐπειδὴ γὰρ ἐν τῇ σοφίᾳ τοῦ θεοῦ οὐκ ἔγνω ὁ κόσμος διὰ τῆς σοφίας τὸν θεόν

1 27 τὰ μωρὰ τοῦ κόσμου ἐξελέξατο ὁ θεὸς ἵνα καταισχύνῃ τοὺς σοφούς,

1 27 καὶ τὰ ἀσθενῆ τοῦ κόσμου ἐξελέξατο ὁ θεὸς ἵνα καταισχύνῃ τὰ ἰσχυρά, ↔

1 28 καὶ τὰ ἀγενῆ τοῦ κόσμου καὶ τὰ ἐξουθενημένα ἐξελέξατο ὁ θεός

2 12 ἡμεῖς δὲ οὐ τὸ πνεῦμα τοῦ κόσμου ἐλάβομεν

3 19ᵈ ἡ γὰρ σοφία τοῦ κόσμου τούτου μωρία παρὰ τῷ θεῷ ἐστι

3 22 ⟨πάντα γὰρ ὑμῶν ἐστιν⟩ εἴτε Κηφᾶς, εἴτε κόσμος εἴτε ζωὴ

4 9 θέατρον ἐγενήθημεν τῷ κόσμῳ καὶ ἀγγέλοις καὶ ἀνθρώποις

4 13 ὡς περικαθάρματα τοῦ κόσμου ἐγενήθημεν

5 10ᵈ ⟨μὴ συναναμίγνυσθαι⟩ τοῖς πόρνοις τοῦ κόσμου τούτου

5 10 ἐπεὶ ὠφείλετε ἄρα ἐκ τοῦ κόσμου ἐξελθεῖν

6 2 οὐκ οἴδατε ὅτι οἱ ἅγιοι τὸν κόσμον κρινοῦσιν; ↔

6 2 καὶ εἰ ἐν ὑμῖν κρίνεται ὁ κόσμος

7 31ᵈ ⟨τὸν ... ὦσιν⟩ οἱ χρώμενοι | τὸν κόσμον (τῷ κόσμῳ τούτῳ ς) ὡς μὴ καταχρώμενοι· ↔

7 31ᵈ παράγει γὰρ τὸ σχῆμα τοῦ κόσμου τούτου

7 33ᵍ ὁ δὲ γαμήσας μεριμνᾷ τὰ τοῦ κόσμου, πῶς ἀρέσῃ τῇ γυναικί

7 34ᵍ ἡ δὲ γαμήσασα μεριμνᾷ τὰ τοῦ κόσμου, πῶς ἀρέσῃ τῷ ἀνδρί

8 4 οὐδὲν εἴδωλον ἐν κόσμῳ

11 32 ἵνα μὴ σὺν τῷ κόσμῳ κατακριθῶμεν

14 10 τοσαῦτα εἰ τύχοι γένη φωνῶν εἰσιν ἐν κόσμῳ

2 C 1 12 οὐκ ἐν σοφίᾳ σαρκικῇ ἀλλ' ἐν χάριτι θεοῦ, ἀνεστράφημεν ἐν τῷ κόσμῳ

5 19 ὡς ὅτι θεὸς ἦν ἐν Χριστῷ κόσμον καταλλάσσων ἑαυτῷ

2 C 7 10 ἡ δὲ τοῦ κόσμου λύπη θάνατον κατεργάζεται

G 4 3 ὅτε ἦμεν νήπιοι, ὑπὸ τὰ στοιχεῖα τοῦ κόσμου ἤμεθα δεδουλωμένοι

6 14 ἐν τῷ σταυρῷ τοῦ ... Χριστοῦ, δι' οὗ ἐμοὶ κόσμος ἐσταύρωται ↔

6 14 κἀγὼ (+τῷ ς) κόσμῳ

E 1 4ʰ καθὼς ἐξελέξατο ἡμᾶς ἐν αὐτῷ πρὸ καταβολῆς κόσμου

2 2ᵈ ἐν αἷς ποτε περιεπατήσατε κατὰ τὸν αἰῶνα τοῦ κόσμου τούτου

2 12 ἦτε ... ἐλπίδα μὴ ἔχοντες καὶ ἄθεοι ἐν τῷ κόσμῳ

Ph 2 15 ἐν οἷς φαίνεσθε ὡς φωστῆρες ἐν κόσμῳ

Cl 1 6ᶜ καθὼς καὶ ἐν παντὶ τῷ κόσμῳ ἐστὶν καρποφορούμενον ... καθὼς καὶ ἐν ὑμῖν

2 8 βλέπετε μή τις ὑμᾶς ἔσται ὁ συλαγωγῶν ... κατὰ τὰ στοιχεῖα τοῦ κόσμου καὶ οὐ κατὰ Χριστόν

2 20 εἰ ἀπεθάνετε σὺν Χριστῷ ἀπὸ τῶν στοιχείων τοῦ κόσμου, ↔

2 20 τί ὡς ζῶντες ἐν κόσμῳ δογματίζεσθε ⟨;⟩

1 Tm 1 15 Ἰησοῦς ἦλθεν εἰς τὸν κόσμον ἁμαρτωλοὺς σῶσαι

3 16 ὃς ... ἐπιστεύθη ἐν κόσμῳ

6 7 οὐδὲν γὰρ εἰσηνέγκαμεν εἰς τὸν κόσμον

Hb 4 3ʰ καίτοι τῶν ἔργων ἀπὸ καταβολῆς κόσμου γενηθέντων

9 26ʰ ἐπεὶ ἔδει αὐτὸν πολλάκις παθεῖν ἀπὸ καταβολῆς κόσμου

10 5 διὸ εἰσερχόμενος εἰς τὸν κόσμον λέγει

11 7 Νῶε ... κατεσκεύασεν κιβωτὸν ... δι' ἧς κατέκρινεν τὸν κόσμον

11 38 ⟨κακουχούμενοι⟩ ὧν οὐκ ἦν ἄξιος ὁ κόσμος

Jc 1 27 ἄσπιλον ἑαυτὸν τηρεῖν ἀπὸ τοῦ κόσμου

2 5ᵈ οὐχ ὁ θεὸς ἐξελέξατο τοὺς πτωχοὺς | τῷ κόσμῳ (τοῦ κόσμου τούτου ς) πλουσίους ἐν πίστει ⟨;⟩

3 6 ἡ γλῶσσα πῦρ, ὁ κόσμος τῆς ἀδικίας, ἡ γλῶσσα καθίσταται ἐν τοῖς μέλεσιν ἡμῶν

4 4 οὐκ οἴδατε ὅτι ἡ φιλία τοῦ κόσμου ἔχθρα | τοῦ θεοῦ ἐστιν (ἐ. τῷ θεῷ T); ↔

4 4 ὃς ἐὰν οὖν βουληθῇ φίλος εἶναι τοῦ κόσμου

1 Pt 1 20ʰ ⟨Χριστοῦ⟩ προεγνωσμένου μὲν πρὸ καταβολῆς κόσμου

3 3ᵃ ὧν ἔστω οὐχ ὁ ἔξωθεν ... περιθέσεως χρυσίων ἢ ἐνδύσεως ἱματίων κόσμος

5 9 εἰδότες τὰ αὐτὰ τῶν παθημάτων τῇ ἐν τῷ ([N²⁶]; —VSς) κόσμῳ ὑμῶν ἀδελφότητι ἐπιτελεῖσθαι

2 Pt 1 4 ἀποφυγόντες τῆς ἐν τῷ (—ς) κόσμῳ | ἐν ἐπιθυμίᾳ (ἐπιθυμίας καὶ S) φθορᾶς

2 5ᵉ (εἰ γὰρ ὁ θεὸς) ἀρχαίου κόσμου οὐκ ἐφείσατο

2 5 ἀλλὰ ὄγδοον Νῶε ... ἐφύλαξεν, κατακλυσμὸν κόσμῳ ἀσεβῶν ἐπάξας

2 20 ἀποφυγόντες τὰ μιάσματα τοῦ κόσμου ἐν ἐπιγνώσει τοῦ ... Χριστοῦ

3 6ᵉ δι' ὧν ὁ τότε κόσμος ὕδατι κατακλυσθεὶς ἀπώλετο

1 Jo 2 2ᵇ ἱλασμός ἐστιν περὶ τῶν ἁμαρτιῶν ἡμῶν, οὐ περὶ τῶν ἡμετέρων δὲ μόνον ἀλλὰ καὶ περὶ ὅλου τοῦ κό- σμου

2 15 μὴ ἀγαπᾶτε τὸν κόσμον ↔

2 15ᵍ μηδὲ τὰ ἐν τῷ κόσμῳ. ↔

2 15 ἐάν τις ἀγαπᾷ τὸν κόσμον

2 16 ὅτι πᾶν τὸ ἐν τῷ κόσμῳ, ἡ ἐπι- θυμία τῆς σαρκός

2 16ᶠ οὐκ ἔστιν ἐκ τοῦ πατρός, ἀλλ᾽ ἐκ τοῦ κόσμου ἐστίν. ↔

2 17 καὶ ὁ κόσμος παράγεται καὶ ἡ ἐπι- θυμία αὐτοῦ [H]

3 1 διὰ τοῦτο ὁ κόσμος οὐ γινώσκει ἡμᾶς

3 13 εἰ μισεῖ ὑμᾶς ὁ κόσμος

3 17 ὃς δ᾽ ἂν ἔχῃ τὸν βίον τοῦ κόσμου

4 1 πολλοὶ ψευδοπροφῆται ἐξεληλύ- θασιν εἰς τὸν κόσμον

4 3 τὸ τοῦ ἀντιχρίστου . . . καὶ νῦν ἐν τῷ κόσμῳ ἐστὶν ἤδη

4 4 μείζων ἐστὶν ὁ ἐν ὑμῖν ἢ ὁ ἐν τῷ κόσμῳ. ↔

4 5ᶠ αὐτοὶ ἐκ τοῦ κόσμου εἰσίν· ↔

4 5 διὰ τοῦτο ἐκ τοῦ κόσμου λαλοῦσιν ↔

4 5 καὶ ὁ κόσμος αὐτῶν ἀκούει

4 9 τὸν υἱὸν αὐτοῦ τὸν μονογενῆ ἀπέσταλκεν ὁ θεὸς εἰς τὸν κόσμον

4 14 ὁ πατὴρ ἀπέσταλκεν τὸν υἱὸν σω- τῆρα τοῦ κόσμου

4 17ᵈ καθὼς ἐκεῖνός ἐστιν καὶ ἡμεῖς ἐσμεν ἐν τῷ κόσμῳ τούτῳ

5 4 πᾶν τὸ γεγεννημένον ἐκ τοῦ θεοῦ νικᾷ τὸν κόσμον· ↔

5 4 καὶ αὕτη ἐστὶν ἡ νίκη ἡ νικήσασα τὸν κόσμον, ἡ πίστις ἡμῶν. ↔

5 5 τίς || δὲ ([N²⁶NH]; —VTϛ) ἐστιν ((∼NH) ὁ νικῶν τὸν κόσμον ⟨;⟩

5 19ᵇ ὁ κόσμος ὅλος ἐν τῷ πονηρῷ κεῖται

2 Jo 7 ὅτι πολλοὶ πλάνοι ἐξῆλθον εἰς τὸν κόσμον

Ap 11 15 | ἐγένετο ἡ βασιλεία (-οντο αἱ β-εῖαι ϛ) τοῦ κόσμου τοῦ κυρίου ἡμῶν

13 8ʰ οὗ (ὧν VBSϛ) οὐ γέγραπται τὸ ὄνομα αὐτοῦ ([M]; -τῶν B; —VSϛ) ἐν τῷ βιβλίῳ τῆς ζωῆς τοῦ ἀρνίου τοῦ ἐσφαγμένου ἀπὸ καταβολῆς κόσμου

17 8ʰ ὧν οὐ γέγραπται τὸ ὄνομα ἐπὶ τὸ βιβλίον τῆς ζωῆς ἀπὸ κατα- βολῆς κόσμου

Κούαρτος

Κούαρτος NMVB

Rm 16 23 ἀσπάζεται ὑμᾶς Ἔραστος ὁ οἰκονόμος τῆς πόλεως καὶ Κούαρ- τος ὁ ἀδελφός

κουμ

κοῦμ NV

κούμ MBSTH

κοῦμι ϛ

Mc 5 41 ταλιθα κουμ

κουστωδία

Mt 27 65 ἔχετε κουστωδίαν· ὑπάγετε ἀσφα- λίσασθε

27 66 ἠσφαλίσαντο τὸν τάφον σφραγί- σαντες τὸν λίθον μετὰ τῆς κουστω- δίας

28 11 ἰδού τινες τῆς κουστωδίας ἐλθόντες εἰς τὴν πόλιν ἀπήγγειλαν (ἀν- BT) τοῖς ἀρχιερεῦσιν

κουφίζω

Ac 27 38 κορεσθέντες δὲ τροφῆς ἐκούφιζον τὸ πλοῖον ἐκβαλλόμενοι τὸν σῖτον

κόφινος

Mt 14 20 ἦραν τὸ περισσεῦον τῶν κλα- σμάτων, δώδεκα κοφίνους πλήρεις

16 9 οὐδὲ μνημονεύετε τοὺς πέντε ἄρ- τους τῶν πεντακισχιλίων καὶ πόσους κοφίνους ἐλάβετε;

Mc 6 43 ἦραν κλάσματα (-των Tϛ) δώδεκα | κοφίνων πληρώματα (κ-νους πλήρεις ϛ)

8 19 ὅτε τοὺς πέντε ἄρτους ἔκλασα εἰς τοὺς πεντακισχιλίους, (+καὶ B[S] T) πόσους κοφίνους κλασμάτων πλήρεις ἤρατε

Lc 9 17 ἤρθη τὸ περισσεῦσαν αὐτοῖς κλα- σμάτων κόφινοι δώδεκα

Jo 6 13 ἐγέμισαν δώδεκα κοφίνους κλασμά- των ἐκ τῶν πέντε ἄρτων

κράβαττος

κράβατος N

κράββατος ϛ

ᵃ plur.

Mc 2 4 ἐξορύξαντες χαλῶσι τὸν κράβατ- τον ὅπου ὁ παραλυτικὸς κατέκειτο

2 9 ἆρον | τὸν κράβαττόν σου (∼VSϛ) καὶ περιπάτει (ὕπαγε ST)

2 11 ἆρον τὸν κράβαττόν σου καὶ ὕπαγε εἰς τὸν οἶκόν σου. ↔

2 12 καὶ ἠγέρθη καὶ εὐθὺς ἄρας τὸν κράβαττον ἐξῆλθεν ἔμπροσθεν (ἐ- ναντίον VSϛ) πάντων

6 55ᵃ ἤρξαντο ἐπὶ τοῖς κραβάττοις τοὺς κακῶς ἔχοντας περιφέρειν

Jo 5 8 ἔγειρε ἆρον τὸν κράβαττόν σου καὶ περιπάτει

5 9 ἦρεν τὸν κράβαττον αὐτοῦ καὶ περιεπάτει

5 10 οὐκ ἔξεστίν σοι ἆραι τὸν κράβατ- τόν σου (+N²⁶)

5 11 ἆρον τὸν κράβαττόν σου καὶ περι- πάτει

5 12 ✱ ἆρον | τὸν κράβαττόν σου (+Vϛ) καὶ περιπάτει

Ac 5 15ᵃ ὥστε καὶ εἰς τὰς πλατείας ἐκφέρειν τοὺς ἀσθενεῖς καὶ τιθέναι ἐπὶ κλινα- ρίων καὶ κραβάττων

9 33 ἄνθρωπόν τινα . . . ἐξ ἐτῶν ὀκτὼ κατακείμενον ἐπὶ κραβάττου (-τῳ ϛ)

κράζω

ἀνα-

ᵃ κ. (ἐν) φωνῇ μεγάλῃ

ᵇ κ. ετ λέγω

Mt 8 29ᵇ ⟨δύο δαιμονιζόμενοι⟩ ἔκραξαν λέ- γοντες

9 27ᵇ ἠκολούθησαν αὐτῷ (+[N²⁶MS] VBTϛ) δύο τυφλοὶ κράζοντες καὶ λέγοντες

14 26 ἐταράχθησαν λέγοντες . . . καὶ ἀπὸ τοῦ φόβου ἔκραξαν

14 30ᵇ ἀρξάμενος καταποντίζεσθαι ἔκρα- ξεν λέγων

15 22ᵇ γυνὴ Χαναναία . . . ἔκραζεν (ἐκραύ- γασεν VSϛ; ἔκραξεν T) (+αὐτῷ ϛ) λέγουσα

15 23 ἀπόλυσον αὐτήν, ὅτι κράζει ὄπισθεν ἡμῶν

20 30ᵇ δύο τυφλοὶ . . . ἔκραξαν λέγοντες

20 31ᵇ οἱ δὲ μεῖζον ἔκραξαν (ἔκραζον ϛ) λέγοντες

21 9ᵇ οἱ δὲ ὄχλοι . . . ἔκραζον λέγοντες

21 15ᵇ ἰδόντες δὲ οἱ ἀρχιερεῖς . . . τοὺς παῖδας τοὺς (—ϛ) κράζοντας ἐν τῷ ἱερῷ καὶ λέγοντας

27 23ᵇ οἱ δὲ περισσῶς ἔκραζον λέγοντες

27 50ᵃ ὁ δὲ Ἰησοῦς πάλιν κράξας φωνῇ μεγάλῃ ἀφῆκεν τὸ πνεῦμα

Mc 1 26ᵃ ✱ σπαράξαν αὐτὸν τὸ πνεῦμα τὸ ἀκάθαρτον καὶ κρᾶξαν (ϛ; φωνῆ- σαν rl) φωνῇ μεγάλῃ ἐξῆλθεν

3 11ᵇ τὰ πνεύματα τὰ ἀκάθαρτα, ὅταν αὐτὸν ἐθεώρουν (-ρει Vϛ) . . . ἔκρα- ζον (-ζεν Vϛ) λέγοντες (N²⁶T; -ντα rl)

5 5 ἐν τοῖς ὄρεσιν ἦν κράζων καὶ κατα- κόπτων ἑαυτὸν λίθοις

5 7ᵃᵇ κράξας φωνῇ μεγάλῃ λέγει (εἶπε ϛ)

9 24ᵇ εὐθὺς κράξας ὁ πατὴρ τοῦ παιδίου (+μετὰ δακρύων Vϛ) ἔλεγεν

9 26 ⟨τὸ ἄλαλον καὶ κωφὸν πνεῦμα⟩ κράξας (-αν ϛ) καὶ πολλὰ σπα- ράξας (-αν ϛ) ἐξῆλθεν

10 47ᵇ ⟨τυφλὸς⟩ ἤρξατο κράζειν καὶ λέ- γειν

10 48 ὁ δὲ πολλῷ μᾶλλον ἔκραζεν

11 9ᵇ οἱ προάγοντες καὶ οἱ ἀκολουθοῦν- τες ἔκραζον (+λέγοντες Vϛ)

15 13 οἱ δὲ πάλιν ἔκραξαν

15 14 οἱ δὲ περισσῶς (-σσοτέρως Sϛ) ἔκραξαν

15 39 ✱ ἰδὼν δὲ ὁ κεντυρίων . . . ὅτι οὕτως κράξας (+ϛ) ἐξέπνευσεν

Lc 4 41ᵇ ἐξήρχετο (-οντο ST) δὲ καὶ δαιμό- νια ἀπὸ πολλῶν, κράζοντα (κρ[αυγ]άζοντα N²⁶S; κραυγάζ. NMT) καὶ λέγοντα

9 39 πνεῦμα λαμβάνει αὐτόν, καὶ ἐξαίφ- νης κράζει καὶ σπαράσσει αὐτὸν

18 39 αὐτὸς δὲ πολλῷ μᾶλλον ἔκραζεν

19 40 ἐὰν οὗτοι σιωπήσουσιν (-σωσιν Sϛ), οἱ λίθοι κράξουσιν (κεκράξον- ται ϛ)

Jo 1 15ᵇ Ἰωάννης μαρτυρεῖ περὶ αὐτοῦ καὶ κέκραγεν λέγων

7 28ᵇ ἔκραξεν οὖν ἐν τῷ ἱερῷ διδάσκων ὁ [H] Ἰησοῦς καὶ λέγων

7 37ᵇ εἱστήκει ὁ Ἰησοῦς καὶ ἔκραξεν (-ζεν BT) λέγων

12 13 ✱ ἐξῆλθον εἰς ὑπάντησιν αὐτῷ, καὶ ἔκραζον (ϛ; ἐκραύγαζον rl)

12 44ᵇ Ἰησοῦς δὲ ἔκραξεν καὶ εἶπεν

19 12ᵇ ✱ οἱ δὲ Ἰουδαῖοι ἔκραζον (ϛ; ἐκραύγαζον BST; -γασαν rl) λέ- γοντες

Ac 7 57ᵃ κράξαντες δὲ φωνῇ μεγάλῃ συν- έσχον τὰ ὦτα αὐτῶν

7 60ᵃ θεὶς δὲ τὰ γόνατα ἔκραξεν φωνῇ μεγάλῃ

14 14ᵇ Βαρναβᾶς καὶ Παῦλος . . . ἐξεπή- δησαν εἰς τὸν ὄχλον, κράζοντες ⟨καὶ λέγοντες⟩

16 17ᵇ αὕτη κατακολουθοῦσα (-θήσασα Sϛ) . . . ἡμῖν ἔκραζεν (-ξεν M) λέγουσα

19 28ᵇ γενόμενοι πλήρεις θυμοῦ ἔκραζον λέγοντες

19 32 ἄλλοι μὲν οὖν ἄλλο τι ἔκραζον

19 34 φωνὴ ἐγένετο μία ἐκ πάντων, ὡς (ὡσεὶ H) ἐπὶ ὥρας δύο κραζόντων (-τες NT)

21 28 ⟨ἐπέβαλον ἐπ᾽ αὐτὸν τὰς χεῖρας⟩ κράζοντες

21 36 ἠκολούθει γὰρ τὸ πλῆθος τοῦ λαοῦ κράζοντες (-ζον ϛ)

23 6 γνοὺς δὲ ὁ Παῦλος . . . ἔκραζεν (-ξεν ϛ) ἐν τῷ συνεδρίῳ

24 21 ἢ περὶ μιᾶς ταύτης φωνῆς ἧς ἐκέ- κραξα (ἔκρ. ϛ) | ἐν αὐτοῖς ἑστὼς (∼ϛ)

Rm 8 15 ἐλάβετε πνεῦμα υἱοθεσίας, ἐν ᾧ κράζομεν

9 27 Ἠσαΐας δὲ κράζει ὑπὲρ τοῦ Ἰσραήλ

G   4 6 ἐξαπέστειλεν ὁ θεὸς τὸ πνεῦμα τοῦ υἱοῦ αὐτοῦ εἰς τὰς καρδίας ἡμῶν (ὑ. Vϛ), κρᾶζον

Jc   5 4 ὁ μισθὸς τῶν ἐργατῶν ... ὁ ἀπεστερημένος (ἀφυστ- NBTH) ἀφ᾽ ὑμῶν κράζει

Ap   6 10ab ἔκραξαν (ἔκραζον ϛ) φωνῇ μεγάλῃ λέγοντες

   7 2ab ἔκραξεν φωνῇ μεγάλῃ τοῖς τέσσαρσιν ἀγγέλοις ⟨λέγων⟩

   7 10ab κράζουσιν (-ζοντες ϛ) φωνῇ μεγάλῃ λέγοντες

   10 3a ἔκραξεν φωνῇ μεγάλῃ ὥσπερ λέων μυκᾶται. ↔

   10 3 καὶ ὅτε ἔκραξεν, ἐλάλησαν αἱ ἑπτὰ βρονταί

   12 2 κράζει ὠδίνουσα καὶ βασανιζομένη τεκεῖν

   14 15a ἄλλος ἄγγελος ἐξῆλθεν ... κράζων ἐν φωνῇ μεγάλῃ τῷ καθημένῳ ἐπὶ τῆς νεφέλης

   18 2ab ἔκραξεν ἐν | ἰσχυρᾷ φωνῇ (ἰσχύϊ φ. μεγάλῃ ϛ) λέγων

   18 18b ἔκραζον (ἔκραξαν BH) βλέποντες τὸν καπνὸν τῆς πυρώσεως αὐτῆς λέγοντες

   18 19b ἔκραζον (-ξαν H) κλαίοντες καὶ πενθοῦντες, λέγοντες

   19 17ab ἔκραξεν ἐν ([N26H]; —BSϛ) φωνῇ μεγάλῃ λέγων πᾶσιν τοῖς ὀρνέοις

κραιπάλη
   κρεπάλη H

Lc   21 34 προσέχετε δὲ ἑαυτοῖς μήποτε βαρηθῶσιν | ὑμῶν αἱ καρδίαι (~ H) ἐν κραιπάλῃ καὶ μέθῃ

Κρανίον

Mt   27 33 Γολγοθᾶ, ὃ (ὅς ϛ) ἐστιν Κρανίου Τόπος λεγόμενος

Mc   15 22 ἐπὶ τὸν Γολγοθᾶν τόπον, ὅ ἐστιν μεθερμηνευόμενον (-νος NMVH) Κρανίου Τόπος

Lc   23 33 ὅτε ἦλθον (ἀπ- STϛ) ἐπὶ τὸν τόπον τὸν καλούμενον Κρανίον

Jo   19 17 ἐξῆλθεν εἰς τὸν λεγόμενον Κρανίου Τόπον, ὃ (ὃς VSϛ) λέγεται Ἑβραϊστὶ Γολγοθᾶ

κράσπεδον

Mt   9 20 προσελθοῦσα ὄπισθεν ἥψατο τοῦ κρασπέδου τοῦ ἱματίου αὐτοῦ

   14 36 ἵνα μόνον ἅψωνται τοῦ κρασπέδου τοῦ ἱματίου αὐτοῦ

   23 5 πλατύνουσιν γὰρ τὰ φυλακτήρια αὐτῶν καὶ μεγαλύνουσιν τὰ κράσπεδα (+τῶν ἱματίων αὐτῶν Vϛ)

Mc   6 56 ἵνα κἂν τοῦ κρασπέδου τοῦ ἱματίου αὐτοῦ ἅψωνται

Lc   8 44 προσελθοῦσα ὄπισθεν ἥψατο τοῦ κρασπέδου τοῦ ἱματίου αὐτοῦ

κραταιόω

Lc   1 80 τὸ δὲ παιδίον ηὔξανεν καὶ ἐκραταιοῦτο πνεύματι

   2 40 τὸ δὲ παιδίον ηὔξανεν καὶ ἐκραταιοῦτο (+πνεύματι ϛ)

1 C   16 13 στήκετε ἐν τῇ πίστει, ἀνδρίζεσθε, κραταιοῦσθε

E   3 16 ἵνα δῷ ὑμῖν κατὰ τὸ πλοῦτος τῆς δόξης αὐτοῦ δυνάμει κραταιωθῆναι ... εἰς τὸν ἔσω ἄνθρωπον

κραταιός

1 Pt   5 6 ταπεινώθητε οὖν ὑπὸ τὴν κραταιὰν χεῖρα (-αν T) τοῦ θεοῦ

κρατέω
   a κρ. τινός (de rebus)
   b κρ. τοῦ et inf.
   c κρ. ἵνα μή

Mt   9 25a εἰσελθὼν ἐκράτησεν τῆς χειρὸς αὐτῆς

   12 11 ἐὰν ἐμπέσῃ ... εἰς βόθυνον, οὐχὶ κρατήσει αὐτὸ καὶ ἐγερεῖ;

   14 3 ὁ γὰρ Ἡρῴδης (+τότε BS) κρατήσας τὸν Ἰωάννην ἔδησεν αὐτόν ([N26S]; —NTH)

   18 28 εὗρεν ἕνα τῶν συνδούλων αὐτοῦ ... καὶ κρατήσας αὐτὸν ἔπνιγεν

   21 46 ζητοῦντες αὐτὸν κρατῆσαι ἐφοβήθησαν τοὺς ὄχλους

   22 6 οἱ δὲ λοιποὶ κρατήσαντες τοὺς δούλους αὐτοῦ ὕβρισαν

   26 4 συνεβουλεύσαντο ἵνα τὸν Ἰησοῦν δόλῳ κρατήσωσιν καὶ ἀποκτείνωσιν

   26 48 ὃν ἂν (ἐὰν T) φιλήσω αὐτός ἐστιν· κρατήσατε αὐτόν

   26 50 ἐπέβαλον τὰς χεῖρας ἐπὶ τὸν Ἰησοῦν καὶ ἐκράτησαν αὐτόν

   26 55 | ἐν τῷ ἱερῷ ἐκαθεζόμην διδάσκων (~ Vϛ), καὶ οὐκ ἐκρατήσατέ με

   26 57 οἱ δὲ κρατήσαντες τὸν Ἰησοῦν ἀπήγαγον πρὸς Καϊάφαν

   28 9 αἱ δὲ προσελθοῦσαι ἐκράτησαν αὐτοῦ τοὺς πόδας

Mc   1 31a προσελθὼν ἤγειρεν αὐτὴν κρατήσας τῆς χειρὸς (+αὐτῆς Vϛ)

   3 21 ἀκούσαντες οἱ παρ᾽ αὐτοῦ ἐξῆλθον κρατῆσαι αὐτόν

   5 41a κρατήσας τῆς χειρὸς τοῦ παιδίου λέγει αὐτῇ

   6 17 αὐτὸς γὰρ ὁ Ἡρῴδης ἀποστείλας ἐκράτησεν τὸν Ἰωάννην

   7 3 οἱ γὰρ Φαρισαῖοι ... κρατοῦντες τὴν παράδοσιν τῶν πρεσβυτέρων

   7 4 ἄλλα πολλά ἐστιν ἃ παρέλαβον κρατεῖν

   7 8 ἀφέντες (+γὰρ Vϛ) τὴν ἐντολὴν τοῦ θεοῦ κρατεῖτε τὴν παράδοσιν τῶν ἀνθρώπων

   9 10 τὸν λόγον ἐκράτησαν πρὸς ἑαυτοὺς συζητοῦντες

   9 27a ὁ δὲ Ἰησοῦς κρατήσας | τῆς χειρὸς αὐτοῦ (αὐτὸν τῆς χ. ϛ) ἤγειρεν αὐτόν

   12 12 ἐζήτουν αὐτὸν κρατῆσαι

   14 1 ἐζήτουν οἱ ἀρχιερεῖς ... πῶς αὐτὸν ἐν δόλῳ κρατήσαντες ἀποκτείνωσιν

   14 44 ὃν ἂν φιλήσω αὐτός ἐστιν· κρατήσατε αὐτόν

   14 46 οἱ δὲ ἐπέβαλον τὰς χεῖρας αὐτῷ καὶ ἐκράτησαν αὐτόν

   14 49 καθ᾽ ἡμέραν ἤμην πρὸς ὑμᾶς ἐν τῷ ἱερῷ διδάσκων, καὶ οὐκ ἐκρατήσατέ με

   14 51 κρατοῦσιν αὐτόν (+οἱ νεανίσκοι V[S]ϛ)

Lc   8 54a αὐτὸς δὲ κρατήσας τῆς χειρὸς αὐτῆς ἐφώνησεν

   24 16b οἱ δὲ ὀφθαλμοὶ αὐτῶν ἐκρατοῦντο τοῦ μὴ ἐπιγνῶναι αὐτόν

Jo   20 23 ἄν τινων ἀφῆτε τὰς ἁμαρτίας, ἀφέωνται αὐτοῖς· ἄν τινων κρατῆτε, ↔

   20 23 κεκράτηνται

Ac   2 24 καθότι οὐκ ἦν δυνατὸν κρατεῖσθαι αὐτὸν ὑπ᾽ αὐτοῦ

   3 11 κρατοῦντος δὲ αὐτοῦ (τοῦ ἰαθέντος χωλοῦ ϛ) τὸν Πέτρον καὶ τὸν (—ϛ) Ἰωάννην

   24 6 ὃς καὶ τὸ ἱερὸν ἐπείρασεν βεβηλῶσαι, ὃν καὶ ἐκρατήσαμεν

Ac   27 13a ὑποπνεύσαντος δὲ νότου δόξαντες τῆς προθέσεως κεκρατηκέναι, ἄραντες ἆσσον παρελέγοντο τὴν Κρήτην

Cl   2 19 ⟨εἰκῇ φυσιούμενος ὑπὸ τοῦ νοὸς τῆς σαρκὸς αὐτοῦ⟩ καὶ οὐ κρατῶν τὴν κεφαλὴν

2 Th   2 15 στήκετε, καὶ κρατεῖτε τὰς παραδόσεις

Hb   4 14a ἔχοντες οὖν ἀρχιερέα μέγαν ... κρατῶμεν τῆς ὁμολογίας

   6 18a ἵνα ... ἰσχυρὰν παράκλησιν ἔχωμεν οἱ καταφυγόντες κρατῆσαι τῆς προκειμένης ἐλπίδος

Ap   2 1 τάδε λέγει ὁ κρατῶν τοὺς ἑπτὰ ἀστέρας ἐν τῇ δεξιᾷ αὐτοῦ

   2 13 κρατεῖς τὸ ὄνομά μου

   2 14 ἔχεις ἐκεῖ κρατοῦντας τὴν διδαχὴν Βαλαὰμ

   2 15 οὕτως ἔχεις καὶ σὺ κρατοῦντας τὴν διδαχὴν τῶν ([N26]; —H) Νικολαϊτῶν ὁμοίως

   2 25 ὃ ἔχετε κρατήσατε ἄχρις οὗ ἂν ἥξω

   3 11 κράτει ὃ ἔχεις

   7 1c εἶδον τέσσαρας ἀγγέλους ... κρατοῦντας τοὺς τέσσαρας ἀνέμους τῆς γῆς, ἵνα μὴ πνέῃ ἄνεμος

   20 2 ἐκράτησεν τὸν δράκοντα ... καὶ ἔδησεν αὐτὸν

κράτιστος

Lc   1 3 ἔδοξε κἀμοὶ ... καθεξῆς σοι γράψαι, κράτιστε Θεόφιλε

Ac   23 26 Κλαύδιος Λυσίας τῷ κρατίστῳ ἡγεμόνι Φήλικι χαίρειν

   24 3 πανταχοῦ ἀποδεχόμεθα, κράτιστε Φῆλιξ, μετὰ πάσης εὐχαριστίας

   26 25 οὐ μαίνομαι, φησίν, κράτιστε Φῆστε

κράτος
   a κρ. et ἰσχύς

Lc   1 51 ἐποίησεν κράτος ἐν βραχίονι αὐτοῦ

Ac   19 20 οὕτως κατὰ κράτος | τοῦ κυρίου ὁ λόγος (~ VBSϛ) ηὔξανεν καὶ ἴσχυεν

E   1 19a τί τὸ ὑπερβάλλον μέγεθος τῆς δυνάμεως αὐτοῦ εἰς ἡμᾶς τοὺς πιστεύοντας κατὰ τὴν ἐνέργειαν τοῦ κράτους τῆς ἰσχύος αὐτοῦ

   6 10a ἐνδυναμοῦσθε ἐν κυρίῳ καὶ ἐν τῷ κράτει τῆς ἰσχύος αὐτοῦ

Cl   1 11 ἐν πάσῃ δυνάμει δυναμούμενοι κατὰ τὸ κράτος τῆς δόξης αὐτοῦ

1 Tm   6 16 ᾧ τιμὴ καὶ κράτος αἰώνιον

Hb   2 14 ἵνα διὰ τοῦ θανάτου καταργήσῃ τὸν τὸ κράτος ἔχοντα τοῦ θανάτου

1 Pt   4 11 ᾧ ἐστιν ἡ δόξα καὶ τὸ κράτος εἰς τοὺς αἰῶνας

   5 11 αὐτῷ (+ἡ δόξα καὶ MVBSϛ) τὸ κράτος εἰς τοὺς αἰῶνας

Jd   25 μόνῳ θεῷ ... δόξα μεγαλωσύνη κράτος καὶ ἐξουσία ... εἰς πάντας τοὺς αἰῶνας

Ap   1 6 αὐτῷ ἡ δόξα καὶ τὸ κράτος εἰς τοὺς αἰῶνας

   5 13 τῷ ἀρνίῳ ... ἡ δόξα καὶ τὸ κράτος εἰς τοὺς αἰῶνας

κραυγάζω
   a κρ. et λέγω

Mt   12 19 οὐκ ἐρίσει οὐδὲ κραυγάσει

   15 22a γυνὴ Χαναναία ... ἐκραύγασεν (Vϛ; ἔκραξεν T; ἔκραζεν rl) (+αὐτῷ ϛ) λέγουσα

Lc   4 41a ἐξήρχετο (-οντο ST) δὲ καὶ δαιμόνια ἀπὸ πολλῶν, κραυγάζοντα (NMT; κρ[αυγ]άζοντα N26S; κράζ. rl) καὶ λέγοντα

Jo 11 43ᵃ ταῦτα εἰπὼν φωνῇ μεγάλῃ ἐκραύγασεν
12 13 ἐξῆλθον εἰς ὑπάντησιν αὐτῷ, καὶ ἐκραύγαζον (ἔκραζον ς)
18 40ᵃ ἐκραύγασαν οὖν πάλιν (+πάντες ς) λέγοντες
19 6ᵃ ὅτε οὖν εἶδον αὐτὸν οἱ ἀρχιερεῖς ... ἐκραύγασαν λέγοντες (—T)
19 12ᵃ οἱ δὲ Ἰουδαῖοι ἐκραύγασαν (-γαζον BST; ἔκραζον ς) λέγοντες
19 15 | ἐκραύγασαν οὖν ἐκεῖνοι (οἱ δὲ ἐκρ. ς)
Ac 22 23 κραυγαζόντων τε (δὲ VBSTς) αὐτῶν καὶ ῥιπτούντων τὰ ἱμάτια

κραυγή
ᵃ κρ. μεγάλη
Mt 25 6 μέσης δὲ νυκτὸς κραυγὴ γέγονεν
Lc 1 42ᵃ ⟨ἡ Ἐλισάβετ⟩ ἀνεφώνησεν κραυγῇ (φωνῇ VSς) μεγάλῃ καὶ εἶπεν
Ac 23 9ᵃ ἐγένετο δὲ κραυγὴ μεγάλη
E 4 31 πᾶσα πικρία ... καὶ κραυγὴ καὶ βλασφημία ἀρθήτω ἀφ' ὑμῶν
Hb 5 7 ὃς ... ἱκετηρίας πρὸς τὸν δυνάμενον σῴζειν αὐτὸν ... μετὰ κραυγῆς ἰσχυρᾶς καὶ δακρύων προσενέγκας
Ap 14 18ᵃ* ἐφώνησεν κραυγῇ (VSς; φωνῇ rl) μεγάλῃ τῷ ἔχοντι τὸ δρέπανον τὸ ὀξύ
21 4 οὔτε πένθος οὔτε κραυγὴ οὔτε πόνος οὐκ ἔσται ἔτι

κρέας
Rm 14 21 καλὸν τὸ μὴ φαγεῖν κρέα μηδὲ πιεῖν οἶνον
1 C 8 13 εἰ βρῶμα σκανδαλίζει τὸν ἀδελφόν μου, οὐ μὴ φάγω κρέα εἰς τὸν αἰῶνα

κρείσσων, κρείττων
→ ἀγαθός
ᵃ κρεῖσσόν (ἐστιν) praedicative
ᵇ (τὸ) κρεῖσσον, τὰ κρ-να
ᶜ adv.
1 C 7 9ᵃ κρεῖττον (-σσ- Sς) γάρ ἐστιν γαμῆσαι (γαμεῖν NMVSTH) ἢ πυροῦσθαι
7 38ᶜ ὥστε καὶ ὁ γαμίζων ... καλῶς ποιεῖ, καὶ ὁ μὴ γαμίζων κρεῖσσον ποιήσει
11 17ᵇ οὐκ ἐπαινῶ (-νῶν BS) ὅτι οὐκ εἰς τὸ κρεῖσσον (-ττ- ς) ἀλλὰ εἰς τὸ ἧσσον συνέρχεσθε
12 31 * ζηλοῦτε δὲ τὰ χαρίσματα τὰ κρείττονα (Sς; μείζονα rl)
Ph 1 23ᵃ τὴν ἐπιθυμίαν ἔχων ... σὺν Χριστῷ εἶναι, πολλῷ γὰρ ([N²⁶]; —ς) μᾶλλον κρεῖσσον
Hb 1 4 τοσούτῳ κρείττων γενόμενος τῶν ἀγγέλων ὅσῳ διαφορώτερον παρ' αὐτοὺς κεκληρονόμηκεν ὄνομα
6 9ᵇ πεπείσμεθα δὲ περὶ ὑμῶν, ἀγαπητοί, τὰ κρείσσονα (-ττ- ς) καὶ ἐχόμενα σωτηρίας
7 7ᵇ χωρὶς δὲ πάσης ἀντιλογίας τὸ ἔλαττον ὑπὸ τοῦ κρείττονος εὐλογεῖται
7 19 οὐδὲν γὰρ ἐτελείωσεν ὁ νόμος, ἐπεισαγωγὴ δὲ κρείττονος ἐλπίδος
7 22 κατὰ τοσοῦτο καὶ ([N²⁶]; —Sς) κρείττονος διαθήκης γέγονεν ἔγγυος Ἰησοῦς
8 6 διαφορωτέρας τέτυχεν (τετύχηκεν S; τέτευχεν ς) λειτουργίας, ὅσῳ καὶ κρείττονός ἐστιν διαθήκης μεσίτης, ↔

Hb 8 6 ἥτις ἐπὶ κρείττοσιν ἐπαγγελίαις νενομοθέτηται
9 23 ἀνάγκη ... καθαρίζεσθαι, αὐτὰ δὲ τὰ ἐπουράνια κρείττοσιν θυσίαις παρὰ ταύτας
10 34 γινώσκοντες ἔχειν ἑαυτοὺς κρείττονα (N²⁶Sς; -σσ- rl) ὕπαρξιν καὶ μένουσαν
11 16 νῦν δὲ κρείττονος ὀρέγονται, τοῦτ' ἔστιν ἐπουρανίου
11 35 ἵνα κρείττονος ἀναστάσεως τύχωσιν
11 40ᵇ ⟨οὐκ ἐκομίσαντο τὴν ἐπαγγελίαν⟩ τοῦ θεοῦ περὶ ἡμῶν κρεῖττόν τι προβλεψαμένου
12 24ᵇᶜ ⟨προσεληλύθατε⟩ αἵματι ῥαντισμοῦ κρεῖττον (-ονα ς) λαλοῦντι παρὰ τὸν Ἄβελ
1Pt 3 17ᵃ κρεῖττον γὰρ ἀγαθοποιοῦντας ... πάσχειν ἢ κακοποιοῦντας
2Pt 2 21ᵃ κρεῖττον (-σσ- T) γὰρ ἦν αὐτοῖς μὴ ἐπεγνωκέναι τὴν ὁδόν

κρεμάννυμι, κρέμαμαι
ἐκ-
ᵃ intrans.
Mt 18 6 συμφέρει αὐτῷ ἵνα κρεμασθῇ μύλος ὀνικὸς περὶ (εἰς S; ἐπὶ ς) τὸν τράχηλον αὐτοῦ
22 40ᵃ ἐν ταύταις ταῖς δυσὶν ἐντολαῖς ὅλος ὁ νόμος κρέμαται (—ς) καὶ οἱ προφῆται (+κρέμανται ς)
Lc 23 39 εἷς δὲ τῶν κρεμασθέντων κακούργων ἐβλασφήμει αὐτόν
Ac 5 30 Ἰησοῦν, ὃν ὑμεῖς διεχειρίσασθε κρεμάσαντες ἐπὶ ξύλου
10 39 ⟨Ἰησοῦν⟩ ὃν καὶ ἀνεῖλαν κρεμάσαντες ἐπὶ ξύλου
28 4ᵃ ὡς δὲ εἶδον οἱ βάρβαροι κρεμάμενον τὸ θηρίον ἐκ τῆς χειρὸς αὐτοῦ
G 3 13ᵃ ἐπικατάρατος πᾶς ὁ κρεμάμενος ἐπὶ ξύλου

κρεπάλη
→ κραιπάλη

κρημνός
Mt 8 32 ὥρμησεν πᾶσα ἡ ἀγέλη (+τῶν χοίρων [S]ς) κατὰ τοῦ κρημνοῦ εἰς τὴν θάλασσαν
Mc 5 13 ὥρμησεν ἡ ἀγέλη κατὰ τοῦ κρημνοῦ εἰς τὴν θάλασσαν
Lc 8 33 ὥρμησεν ἡ ἀγέλη κατὰ τοῦ κρημνοῦ εἰς τὴν λίμνην

Κρής
Ac 2 11 Κρῆτες καὶ Ἄραβες, ἀκούομεν λαλούντων αὐτῶν ταῖς ἡμετέραις γλώσσαις τὰ μεγαλεῖα τοῦ θεοῦ
Tt 1 12 Κρῆτες ἀεὶ ψεῦσται, κακὰ θηρία, γαστέρες ἀργαί

Κρήσκης
2Tm 4 10 Δημᾶς ... ἐπορεύθη εἰς Θεσσαλονίκην, Κρήσκης εἰς Γαλατίαν (Γαλλίαν ST)

Κρήτη
Ac 27 7 ὑπεπλεύσαμεν τὴν Κρήτην κατὰ Σαλμώνην
27 12 καταντήσαντες εἰς Φοίνικα παραχειμάσαι, λιμένα τῆς Κρήτης βλέποντα κατὰ λίβα
27 13 ἄραντες ἆσσον παρελέγοντο τὴν Κρήτην
27 21 πειθαρχήσαντάς μοι μὴ ἀνάγεσθαι ἀπὸ τῆς Κρήτης
Tt 1 5 τούτου χάριν ἀπέλιπόν (κατ- Sς; -λειπόν H) σε ἐν Κρήτῃ

κριθή
Ap 6 6 χοῖνιξ σίτου δηναρίου, καὶ τρεῖς χοίνικες κριθῶν (κριθῆς ς) δηναρίου

κρίθινος
Jo 6 9 ὃς ἔχει πέντε ἄρτους κριθίνους καὶ δύο ὀψάρια
6 13 ἐγέμισαν δώδεκα κοφίνους κλασμάτων ἐκ τῶν πέντε ἄρτων τῶν κριθίνων

κρίμα
κρῖμα ς
ᵃ κρίνω τὸ κρίμα, ἐν κρίματι
ᵇ κρ. λαμβάνω
ᶜ κρ. θανάτου
ᵈ κρ. τοῦ θεοῦ
ᵉ τὸ κρ. τὸ μέλλον
ᶠ plur.
Mt 7 2ᵃ ἐν ᾧ γὰρ κρίματι κρίνετε κριθήσεσθε
23 14ᵇ* | διὰ τοῦτο λήψεσθε περισσότερον κρίμα (.. +Vς)
Mc 12 40ᵇ οὗτοι λήμψονται περισσότερον κρίμα
Lc 20 47ᵇ οὗτοι λήμψονται περισσότερον κρίμα
23 40 οὐδὲ φοβῇ σὺ τὸν θεόν, ὅτι ἐν τῷ αὐτῷ κρίματι εἶ;
24 20ᶜ ὅπως τε παρέδωκαν αὐτὸν οἱ ἀρχιερεῖς ... εἰς κρίμα θανάτου
Jo 9 39 εἰς κρίμα ἐγὼ εἰς τὸν κόσμον τοῦτον ἦλθον
Ac 24 25ᵉ διαλεγομένου δὲ αὐτοῦ περὶ δικαιοσύνης ... καὶ τοῦ κρίματος τοῦ μέλλοντος (+ἔσεσθαι ς) ἔμφοβος γενόμενος ὁ Φῆλιξ ἀπεκρίθη
Rm 2 2ᵈ τὸ κρίμα τοῦ θεοῦ ἐστιν κατὰ ἀλήθειαν ἐπὶ τοὺς τὰ τοιαῦτα πράσσοντας
2 3ᵈ σὺ ἐκφεύξῃ τὸ κρίμα τοῦ θεοῦ
3 8 ὧν τὸ κρίμα ἔνδικόν ἐστιν
5 16 τὸ μὲν γὰρ κρίμα ἐξ ἑνὸς εἰς κατάκριμα
11 33ᵈᶠ ὡς ἀνεξεραύνητα τὰ κρίματα αὐτοῦ
13 2ᵇ οἱ δὲ ἀνθεστηκότες ἑαυτοῖς κρίμα λήμψονται
1C 6 7ᶠ κρίματα ἔχετε μεθ' ἑαυτῶν
11 29 ὁ γὰρ ἐσθίων καὶ πίνων κρίμα ἑαυτῷ ἐσθίει καὶ πίνει
11 34 εἴ τις πεινᾷ, ἐν οἴκῳ ἐσθιέτω, ἵνα μὴ εἰς κρίμα συνέρχησθε
G 5 10 ὁ δὲ ταράσσων ὑμᾶς βαστάσει τὸ κρίμα, ὅστις ἐὰν ᾖ
1Tm 3 6 ἵνα μὴ τυφωθεὶς εἰς κρίμα ἐμπέσῃ τοῦ διαβόλου
5 12 ⟨γαμεῖν θέλουσιν⟩ ἔχουσαι κρίμα ὅτι τὴν πρώτην πίστιν ἠθέτησαν
Hb 6 2 ⟨μὴ πάλιν θεμέλιον καταβαλλόμενοι⟩ ἀναστάσεώς τε (—NH) νεκρῶν, καὶ κρίματος αἰωνίου
Jc 3 1ᵇ μεῖζον κρίμα λημψόμεθα
1Pt 4 17 ὅτι ὁ ([N²⁶NSH]; —BT) καιρὸς τοῦ ἄρξασθαι τὸ κρίμα ἀπὸ τοῦ οἴκου τοῦ θεοῦ
2Pt 2 3 οἷς τὸ κρίμα ἔκπαλαι οὐκ ἀργεῖ
Jd 4 ἄνθρωποι, οἱ πάλαι προγεγραμμένοι εἰς τοῦτο τὸ κρίμα, ἀσεβεῖς
Ap 17 1 δείξω σοι τὸ κρίμα τῆς πόρνης
18 20ᵃ ὅτι ἔκρινεν ὁ θεὸς τὸ κρίμα ὑμῶν ἐξ αὐτῆς
20 4 ἐκάθισαν ἐπ' αὐτούς, καὶ κρίμα ἐδόθη αὐτοῖς

κρίνον
Mt 6 28 καταμάθετε τὰ κρίνα τοῦ ἀγροῦ, πῶς αὐξάνουσιν (-νει Vς)
Lc 12 27 κατανοήσατε τὰ κρίνα, πῶς αὐξάνει (—NST)

κρίνω

ἀνα-	ἐγ-	συγ-
ἀνταπο-	ἐπι-	συνυπο-
ἀπο-	κατα-	ὑπο-
δια-		

a κρ. ἐν κρίματι
b κρ. κρίσιν, τὸ κρίμα
c κρ. τὸν κόσμον, τὴν οἰκουμένην
d κρ. κατὰ τὸν νόμον
e κρίνομαι περί τινος
f κρίνομαι ὡς
g ἐν τῷ κρίνεσθαι
h κρ. ζῶντας καὶ νεκρούς
j seq. (τοῦ) inf.
k κρ. εἰ
l κρ. μή et inf.

Mt 5 40 τῷ θέλοντί σοι κριθῆναι καὶ τὸν
χιτῶνά σου λαβεῖν
7 1 μὴ κρίνετε, ↔
7 1 ἵνα μὴ κριθῆτε· ↔
7 2a ἐν ᾧ γὰρ κρίματι κρίνετε ↔
7 2a κριθήσεσθε
19 28 καθήσεσθε (καθίσεσθε STϛ) καὶ
ὑμεῖς (αὐτοὶ NMVST) ἐπὶ δώδεκα
θρόνους κρίνοντες τὰς δώδεκα
φυλὰς τοῦ Ἰσραήλ

Lc 6 37 μὴ κρίνετε, ↔
6 37 καὶ οὐ μὴ κριθῆτε
7 43 ὀρθῶς ἔκρινας
12 57 τί δὲ καὶ ἀφ' ἑαυτῶν οὐ κρίνετε
τὸ δίκαιον;
19 22 ἐκ τοῦ στόματός σου κρινῶ (κρίνω
BH) σε, πονηρὲ δοῦλε
22 30 ἵνα ... καθήσεσθε (καθῆσθε H;
καθίσησθε ϛ) ἐπὶ θρόνων | τὰς
δώδεκα φυλὰς κρίνοντες (~ BTϛ)
τοῦ Ἰσραήλ

Jo 3 17c γὰρ ἀπέστειλεν ὁ θεὸς τὸν
υἱὸν (+αὐτοῦ Vϛ) ... ἵνα κρίνῃ
τὸν κόσμον
3 18 ὁ πιστεύων εἰς αὐτὸν οὐ κρίνεται·
↔
3 18 ὁ δὲ (—NTH) μὴ πιστεύων ἤδη
κέκριται
5 22 οὐδὲ γὰρ ὁ πατὴρ κρίνει οὐδένα
5 30 καθὼς ἀκούω κρίνω
7 24 μὴ κρίνετε κατ' ὄψιν, ↔
7 24b ἀλλὰ τὴν δικαίαν κρίσιν κρίνετε
(N26H; -νατε rl)
7 51 μὴ ὁ νόμος ἡμῶν κρίνει τὸν ἄνθρω-
πον ⟨;⟩
8 15 ὑμεῖς κατὰ τὴν σάρκα κρίνετε, ↔
8 15 ἐγὼ οὐ κρίνω οὐδένα. ↔
8 16 καὶ ἐὰν κρίνω δὲ ἐγὼ
8 26 πολλὰ ἔχω περὶ ὑμῶν λαλεῖν καὶ
κρίνειν
8 50 ἔστιν ὁ ζητῶν καὶ κρίνων
12 47 ἐάν τίς μου ἀκούσῃ τῶν ῥημάτων
καὶ μὴ φυλάξῃ, ἐγὼ οὐ κρίνω
αὐτόν· ↔
12 47c οὐ γὰρ ἦλθον ἵνα κρίνω τὸν κόσμον
12 48 ὁ ἀθετῶν ἐμὲ ... ἔχει τὸν κρίνοντα
αὐτόν· ↔
12 48 ὁ λόγος ὃν ἐλάλησα, ἐκεῖνος κρινεῖ
αὐτὸν ἐν (—T) τῇ ἐσχάτῃ ἡμέρᾳ
16 11 ὅτι ὁ ἄρχων τοῦ κόσμου τούτου
κέκριται
18 31d κατὰ τὸν νόμον ὑμῶν κρίνατε
αὐτόν (—T)

Ac 3 13j ὃν ὑμεῖς ... ἠρνήσασθε κατὰ πρόσ-
ωπον Πιλάτου, κρίναντος ἐκείνου
ἀπολύειν
4 19k εἰ δίκαιόν ἐστιν ... ὑμῶν ἀκούειν
μᾶλλον ἢ τοῦ θεοῦ, κρίνατε
7 7 τὸ ἔθνος ᾧ ἐὰν (ἂν H) δουλεύ-
σουσιν κρινῶ ἐγώ

Ac 13 27 οἱ γὰρ κατοικοῦντες ἐν Ἰερουσα-
λὴμ ... τοῦτον ἀγνοήσαντες καὶ
τὰς φωνὰς τῶν προφητῶν ...
κρίναντες ἐπλήρωσαν
13 46 ἐπειδὴ ... οὐκ ἀξίους κρίνετε ἑαυ-
τοὺς τῆς αἰωνίου ζωῆς
15 19j διὸ ἐγὼ κρίνω μὴ παρενοχλεῖν
τοῖς ἀπὸ τῶν ἐθνῶν ἐπιστρέφου-
σιν
16 4 παρεδίδοσαν αὐτοῖς φυλάσσειν τὰ
δόγματα τὰ κεκριμένα ὑπὸ τῶν
ἀποστόλων
16 15j εἰ κεκρίκατέ με πιστὴν τῷ κυρίῳ
εἶναι
17 31e ἔστησεν ἡμέραν ἐν ᾗ μέλλει κρίνειν
τὴν οἰκουμένην ἐν δικαιοσύνῃ
20 16j κεκρίκει (ἔκρινε ϛ) γὰρ ὁ Παῦλος
παραπλεῦσαι τὴν Ἔφεσον
21 25j ἡμεῖς ἐπεστείλαμεν (ἀπ- H) κρίναν-
τες (+μηδὲν τοιοῦτον τηρεῖν αὐ-
τούς, εἰ μὴ ϛ) φυλάσσεσθαι αὐτοὺς
τό τε εἰδωλόθυτον καὶ αἷμα
23 3d καὶ σὺ κάθῃ κρίνων με κατὰ τὸν
νόμον ⟨;⟩
23 6e περὶ ἐλπίδος καὶ ἀναστάσεως νε-
κρῶν ἐγὼ ([N26]; —NSH) κρίνομαι
24 6d ∗ ὃν καὶ ἐκρατήσαμεν, | καὶ κατὰ
τὸν ἡμέτερον νόμον ἠθελήσαμεν
κρίνειν (+ϛ ..)
24 21e ὅτι περὶ ἀναστάσεως νεκρῶν ἐγὼ
κρίνομαι σήμερον ἐφ' (ὑφ' ϛ) ὑμῶν
25 9e θέλεις εἰς Ἱεροσόλυμα ἀναβὰς ἐκεῖ
περὶ τούτων κριθῆναι (κρίνεσθαι
ϛ) ἐπ' ἐμοῦ;
25 10 | ἐπὶ τοῦ βήματος Καίσαρος ἑστώς
(~ NMTH) εἰμι, οὗ με δεῖ κρίνεσθαι
25 20e εἰ βούλοιτο πορεύεσθαι εἰς Ἱεροσό-
λυμα κἀκεῖ κρίνεσθαι περὶ τούτων
25 25j αὐτοῦ δὲ τούτου ἐπικαλεσαμένου
τὸν Σεβαστὸν ἔκρινα πέμπειν
26 6 ἐπ' ἐλπίδι τῆς εἰς τοὺς πατέρας
ἡμῶν ἐπαγγελίας ... ἕστηκα κρι-
νόμενος
26 8 τί ἄπιστον κρίνεται παρ' ὑμῖν εἰ
ὁ θεὸς νεκροὺς ἐγείρει;
27 1j ὡς δὲ ἐκρίθη τοῦ ἀποπλεῖν ἡμᾶς
εἰς τὴν Ἰταλίαν

Rm 2 1 ἀναπολόγητος εἶ, ὦ ἄνθρωπε πᾶς
ὁ κρίνων· ↔
2 1 ἐν ᾧ γὰρ κρίνεις τὸν ἕτερον, σε-
αυτὸν κατακρίνεις· ↔
2 1 τὰ γὰρ αὐτὰ πράσσεις ὁ κρίνων
2 3 ὦ ἄνθρωπε ὁ κρίνων τοὺς τὰ τοι-
αῦτα πράσσοντας
2 12 ὅσοι ἐν νόμῳ ἥμαρτον, διὰ νόμου
κριθήσονται
2 16 ἐν | ἡμέρᾳ ὅτε (ᾗ ἡμ. NH) κρίνει
(-νεῖ MBTϛ) ὁ θεὸς τὰ κρυπτὰ τῶν
ἀνθρώπων
2 27 κρινεῖ ἡ ἐκ φύσεως ἀκροβυστία
τὸν νόμον τελοῦσα σὲ τὸν ...
παραβάτην νόμου
3 4 ὅπως ἂν ... νικήσεις (-σῃς MVB
Sϛ) ἐν τῷ κρίνεσθαί σε
3 6 ἐπεὶ πῶς κρινεῖ ὁ θεὸς τὸν κόσμον;
3 7 τί ἔτι κἀγὼ ὡς ἁμαρτωλὸς κρίνο-
μαι;
14 3 ὁ δὲ μὴ ἐσθίων τὸν ἐσθίοντα μὴ
κρινέτω
14 4 σὺ τίς εἶ ὁ κρίνων ἀλλότριον οἰκέ-
την;
14 5 ὃς μὲν γὰρ (+[N26NVH]MST)
κρίνει ἡμέραν παρ' ἡμέραν, ↔
14 5 ὃς δὲ κρίνει πᾶσαν ἡμέραν
14 10 σὺ δὲ τί κρίνεις τὸν ἀδελφόν σου;

Rm 14 13 μηκέτι οὖν ἀλλήλους κρίνωμεν· ↔
14 13 ἀλλὰ τοῦτο κρίνατε μᾶλλον
14 22 μακάριος ὁ μὴ κρίνων ἑαυτὸν ἐν
ᾧ δοκιμάζει

1C 2 2j οὐ γὰρ ἔκρινά | τι εἰδέναι (~ T;
τοῦ εἰ. τι ϛ) ἐν ὑμῖν εἰ μὴ Ἰησοῦν
Χριστόν
4 5 ὥστε μὴ πρὸ καιροῦ τι κρίνετε
5 3j ἤδη κέκρικα ὡς παρὼν τὸν οὕτως
τοῦτο κατεργασάμενον ⟨παρα-
δοῦναι ... τῷ σατανᾷ⟩
5 12 τί γάρ μοι τοὺς ἔξω κρίνειν; ↔
5 12 οὐχὶ τοὺς ἔσω ὑμεῖς κρίνετε; ↔
5 13 τοὺς δὲ ἔξω ὁ θεὸς κρινεῖ (κρίνει Hϛ)
6 1 τολμᾷ τις ὑμῶν πρᾶγμα ἔχων πρὸς
τὸν ἕτερον κρίνεσθαι ἐπὶ τῶν ἀδί-
κων ⟨;⟩
6 2c οὐκ οἴδατε ὅτι οἱ ἅγιοι τὸν κόσμον
κρινοῦσιν; ↔
6 2c καὶ εἰ ἐν ὑμῖν κρίνεται ὁ κόσμος,
ἀνάξιοί ἐστε κριτηρίων ἐλαχί-
στων; ↔
6 3 οὐκ οἴδατε ὅτι ἀγγέλους κρινοῦ-
μεν, μήτι γε βιωτικά;
6 6 ἀδελφὸς μετὰ ἀδελφοῦ κρίνεται,
καὶ τοῦτο ἐπὶ ἀπίστων;
7 37 ὃς δὲ ... τοῦτο κέκρικεν ἐν τῇ ἰδίᾳ
καρδίᾳ, (+τοῦ ϛ) τηρεῖν τὴν ἑαυ-
τοῦ παρθένον
10 15 κρίνατε ὑμεῖς ὅ φημι
10 29 ἱνατί γὰρ ἡ ἐλευθερία μου κρίνεται
ὑπὸ ἄλλης συνειδήσεως;
11 13 ἐν ὑμῖν αὐτοῖς κρίνατε
11 31 εἰ δὲ ἑαυτοὺς διεκρίνομεν, οὐκ ἂν
ἐκρινόμεθα· ↔
11 32 κρινόμενοι δὲ ὑπὸ τοῦ [N26] κυρίου
παιδευόμεθα

2C 2 1 ἔκρινα γὰρ (δὲ NMVSTϛ) ἐμαυτῷ
τοῦτο, τὸ μὴ ... ἐλθεῖν
5 14 ἡμᾶς, κρίναντας τοῦτο, ὅτι εἷς ὑπὲρ
πάντων ἀπέθανεν

Cl 2 16 μὴ οὖν τις ὑμᾶς κρινέτω ἐν βρώ-
σει

2Th 2 12 ἵνα κριθῶσιν πάντες (ἄπ. MVBST)
οἱ μὴ πιστεύσαντες τῇ ἀληθείᾳ

2Tm 4 1h ἐνώπιον τοῦ θεοῦ καὶ Χριστοῦ
Ἰησοῦ, τοῦ μέλλοντος κρίνειν
ζῶντας καὶ νεκρούς

Tt 3 12j ἐκεῖ γὰρ κέκρικα παραχειμάσαι
Hb 10 30 | κρινεῖ κύριος (~ VSϛ) τὸν λαὸν
αὐτοῦ
13 4 πόρνους γὰρ καὶ μοιχοὺς κρινεῖ
ὁ θεός

Jc 2 12 οὕτως ποιεῖτε ὡς διὰ νόμου ἐλευ-
θερίας μέλλοντες κρίνεσθαι
4 11 ὁ καταλαλῶν ἀδελφοῦ ἢ κρίνων
τὸν ἀδελφὸν αὐτοῦ ↔
4 11 καταλαλεῖ νόμου καὶ κρίνει νόμον·
↔
4 11 εἰ δὲ νόμον κρίνεις, οὐκ εἶ ποιητὴς
νόμου ἀλλὰ κριτής
4 12 σὺ δὲ τίς εἶ, | ὁ κρίνων (ὃς κρίνεις
Sϛ) τὸν πλησίον;
5 9 μὴ στενάζετε, | ἀδελφοί, κατ' ἀλλή-
λων (~ Tϛ) ἵνα μὴ κριθῆτε (κατα- ϛ)

1Pt 1 17 εἰ πατέρα ἐπικαλεῖσθε τὸν ἀπροσ-
ωπολήμπτως κρίνοντα κατὰ τὸ
ἑκάστου ἔργον
2 23 παρεδίδου δὲ τῷ κρίνοντι δικαίως
4 5h τῷ ἑτοίμως | ἔχοντι κρῖναι (κρί-
νοντι H) ζῶντας καὶ νεκρούς
4 6 ἵνα κριθῶσι μὲν κατὰ ἀνθρώπους
σαρκί, ζῶσι δὲ κατὰ θεὸν πνεύματι

Ap 6 10 ἕως πότε, ὁ δεσπότης ... οὐ κρίνεις
καὶ ἐκδικεῖς τὸ αἷμα ἡμῶν ⟨;⟩

Ap 11 18 ἦλθεν ἡ ὀργή σου καὶ ὁ καιρὸς
τῶν νεκρῶν κριθῆναι
16 5 δίκαιος εἶ . . . ὅτι ταῦτα ἔκρινας
18 8 ὅτι ἰσχυρὸς κύριος [Η] ὁ θεὸς ὁ
κρίνας (-νων ς) αὐτήν
18 20ᵇ ὅτι ἔκρινεν ὁ θεὸς τὸ κρίμα ὑμῶν
ἐξ αὐτῆς
19 2 ὅτι ἔκρινεν τὴν πόρνην τὴν μεγά-
λην
19 11 ὁ καθήμενος ἐπ' αὐτὸν . . . ἐν δι-
καιοσύνῃ κρίνει καὶ πολεμεῖ
20 12 ἐκρίθησαν οἱ νεκροὶ ἐκ τῶν γε-
γραμμένων ἐν τοῖς βιβλίοις κατὰ
τὰ ἔργα αὐτῶν
20 13 ἐκρίθησαν ἕκαστος κατὰ τὰ ἔργα
αὐτῶν

κρίσις
ᵃ κρίσιν κρίνω
ᵇ κρίσιν ποιέω
ᶜ ἡμέρα (τῆς) κρίσεως
ᵈ ἐν τῇ κρίσει
ᵉ δικαία κρίσις
ᶠ plur.

Mt 5 21 ὃς δ' ἂν φονεύσῃ, ἔνοχος ἔσται τῇ
κρίσει
5 22 πᾶς ὁ ὀργιζόμενος τῷ ἀδελφῷ
αὐτοῦ (+εἰκῇ [MV]ς) ἔνοχος ἔσται
τῇ κρίσει
10 15ᶜ ἀνεκτότερον ἔσται γῇ Σοδόμων
καὶ Γομόρρων ἐν ἡμέρᾳ κρίσεως
ἢ τῇ πόλει ἐκείνῃ
11 22ᶜ Τύρῳ καὶ Σιδῶνι ἀνεκτότερον
ἔσται ἐν ἡμέρᾳ κρίσεως ἢ ὑμῖν
11 24ᶜ γῇ Σοδόμων ἀνεκτότερον ἔσται
ἐν ἡμέρᾳ κρίσεως ἢ σοί
12 18 ὁ παῖς μου . . . κρίσιν τοῖς ἔθνεσιν
ἀπαγγελεῖ
12 20 ἕως ἂν ἐκβάλῃ εἰς νῖκος τὴν κρίσιν
12 36ᵈ ἀποδώσουσιν περὶ αὐτοῦ λόγον
ἐν ἡμέρᾳ κρίσεως
12 41ᵈ ἄνδρες Νινευῖται ἀναστήσονται ἐν
τῇ κρίσει μετὰ τῆς γενεᾶς ταύτης
12 42ᵈ βασίλισσα νότου ἐγερθήσεται ἐν
τῇ κρίσει μετὰ τῆς γενεᾶς ταύτης
23 23 ἀφήκατε τὰ βαρύτερα τοῦ νόμου,
τὴν κρίσιν καὶ τὸ ἔλεος
23 33 γεννήματα ἐχιδνῶν, πῶς φύγητε
ἀπὸ τῆς κρίσεως τῆς γεέννης;

Mc 3 29 * ἔνοχός ἐστιν (ἔσται Τ) αἰωνίου
κρίσεως (ς; ἁμαρτήματος rl)
6 11ᶜ * | ἀνεκτότερον ἔσται Σοδόμοις ἢ
Γομόρροις ἐν ἡμέρᾳ κρίσεως ἢ τῇ
πόλει ἐκείνῃ (. . +ς)

Lc 10 14ᵈ Τύρῳ καὶ Σιδῶνι ἀνεκτότερον
ἔσται ἐν τῇ κρίσει ἢ ὑμῖν
11 31ᵈ βασίλισσα νότου ἐγερθήσεται ἐν
τῇ κρίσει μετὰ τῶν ἀνδρῶν τῆς
γενεᾶς ταύτης
11 32ᵈ ἄνδρες Νινευῖται ἀναστήσονται
ἐν τῇ κρίσει μετὰ τῆς γενεᾶς ταύτης
11 42 παρέρχεσθε τὴν κρίσιν καὶ τὴν
ἀγάπην τοῦ θεοῦ

Jo 3 19 αὕτη δέ ἐστιν ἡ κρίσις
5 22 ὁ πατὴρ . . . τὴν κρίσιν πᾶσαν δέ-
δωκεν τῷ υἱῷ
5 24 ὁ τὸν λόγον μου ἀκούων . . . εἰς
κρίσιν οὐκ ἔρχεται
5 27ᵇ ἐξουσίαν ἔδωκεν αὐτῷ (+καὶ ς)
κρίσιν ποιεῖν
5 29 ἐκπορεύσονται . . . οἱ δὲ (—ΝΜΤ
Η) τὰ φαῦλα πράξαντες εἰς ἀνά-
στασιν κρίσεως
5 30ᵉ καθὼς ἀκούω κρίνω, καὶ ἡ κρίσις
ἡ ἐμὴ δικαία ἐστίν

Jo 7 24ᵃᵉ μὴ κρίνετε κατ' ὄψιν, ἀλλὰ τὴν
δικαίαν κρίσιν κρίνετε (Ν²⁶Η;
-νατε rl)
8 16 ἐὰν κρίνω δὲ ἐγώ, ἡ κρίσις ἡ ἐμὴ
ἀληθινή (ἀληθής ς) ἐστιν
12 31 νῦν κρίσις ἐστὶν τοῦ κόσμου τούτου
16 8 ἐλθὼν ἐκεῖνος ἐλέγξει τὸν κόσμον
. . . περὶ δικαιοσύνης καὶ περὶ
κρίσεως
16 11 περὶ δὲ κρίσεως, ὅτι ὁ ἄρχων τοῦ
κόσμου τούτου κέκριται

Ac 8 33 ἐν τῇ ταπεινώσει αὐτοῦ ([Ν²⁶];
—ΝΒΤΗ) ἡ κρίσις αὐτοῦ ἤρθη

2Th 1 5ᵉ ἔνδειγμα τῆς δικαίας κρίσεως τοῦ
θεοῦ

1Tm 5 24 τινῶν ἀνθρώπων αἱ ἁμαρτίαι πρό-
δηλοί εἰσιν προάγουσαι εἰς κρίσιν

Hb 9 27 καθ' ὅσον ἀπόκειται τοῖς ἀνθρώ-
ποις ἅπαξ ἀποθανεῖν, μετὰ δὲ
τοῦτο κρίσις
10 27 φοβερὰ δέ τις ἐκδοχὴ κρίσεως καὶ
πυρὸς ζῆλος

Jc 2 13 ἡ γὰρ κρίσις ἀνέλεος (ἀνίλεως ς)
τῷ μὴ ποιήσαντι ἔλεος· ↔
2 13 κατακαυχᾶται ἔλεος κρίσεως
5 12 ἵνα μὴ (+εἰς [S]ς) | ὑπὸ κρίσιν
(ὑπόκ. ς) πέσητε

2Pt 2 4 εἰ γὰρ ὁ θεὸς ἀγγέλων ἁμαρτη-
σάντων οὐκ ἐφείσατο, ἀλλὰ . . .
παρέδωκεν εἰς κρίσιν τηρουμένους
(τετηρημ. ς)
2 9ᶜ οἶδεν κύριος . . . ἀδίκους δὲ εἰς ἡμέ-
ραν κρίσεως κολαζομένους τηρεῖν
2 11 ὅπου ἄγγελοι . . . οὐ φέρουσιν κατ'
αὐτῶν | παρὰ κυρίου (Ν²⁶; π.
κυρίῳ rl [Η]) βλάσφημον κρίσιν
3 7ᶜ οἱ δὲ νῦν οὐρανοὶ . . . πυρὶ τηρού-
μενοι εἰς ἡμέραν κρίσεως καὶ ἀπ-
ωλείας

1Jo 4 17ᶜ ἵνα παρρησίαν ἔχωμεν ἐν τῇ ἡμέρᾳ
τῆς κρίσεως

Jd 6 ἀγγέλους . . . εἰς κρίσιν μεγάλης
ἡμέρας δεσμοῖς ἀϊδίοις ὑπὸ ζόφον
τετήρηκεν
9 ὁ δὲ Μιχαὴλ ὁ ἀρχάγγελος . . .
οὐκ ἐτόλμησεν κρίσιν ἐπενεγκεῖν
βλασφημίας
15ᵇ ⟨ἦλθεν κύριος⟩ ποιῆσαι κρίσιν
κατὰ πάντων

Ap 14 7 ὅτι ἦλθεν ἡ ὥρα τῆς κρίσεως
αὐτοῦ
16 7ᵉᶠ ἀληθιναὶ καὶ δίκαιαι αἱ κρίσεις σου
18 10 οὐαί . . . Βαβυλὼν . . . ὅτι | μιᾷ
ὥρᾳ (μίαν ὥραν Β; ἐν μιᾷ ὥ. ς)
ἦλθεν ἡ κρίσις σου
19 2ᶠ ὅτι ἀληθιναὶ καὶ δίκαιαι αἱ κρίσεις
αὐτοῦ

Κρίσπος
Κρίσπος ΝΜ(Β)
Ac 18 8 Κρίσπος δὲ ὁ ἀρχισυνάγωγος ἐπί-
στευσεν τῷ κυρίῳ σὺν ὅλῳ τῷ
οἴκῳ αὐτοῦ
1C 1 14 οὐδένα ὑμῶν ἐβάπτισα εἰ μὴ
Κρίσπον καὶ Γάιον

κριτήριον
1C 6 2 ἐν ὑμῖν κρίνεται ὁ κόσμος, ἀν-
άξιοί ἐστε κριτηρίων ἐλαχίστων;
6 4 βιωτικὰ μὲν οὖν κριτήρια ἐὰν
ἔχητε
Jc 2 6 οὐχ οἱ πλούσιοι καταδυναστεύ-
ουσιν ὑμῶν (ὑμᾶς Τ), καὶ αὐτοὶ
ἕλκουσιν ὑμᾶς εἰς κριτήρια;

κριτής
ᵃ plur.

Mt 5 25 μήποτέ σε παραδῷ ὁ ἀντίδικος
τῷ κριτῇ ↔
5 25 καὶ ὁ κριτής (+σε παραδῷ ς) τῷ
ὑπηρέτῃ
12 27ᵃ διὰ τοῦτο αὐτοὶ κριταὶ ἔσονται
ὑμῶν

Lc 11 19ᵃ διὰ τοῦτο || αὐτοὶ ὑμῶν κριταὶ
ἔσονται ((~ Τ ΒS ς))
12 14 τίς με κατέστησεν κριτὴν (δικαστὴν
ς) ἢ μεριστὴν ἐφ' ὑμᾶς;
12 58 μήποτε κατασύρῃ σε πρὸς τὸν
κριτήν, ↔
12 58 καὶ ὁ κριτής σε παραδώσει τῷ
πράκτορι
18 2 κριτής τις ἦν ἔν τινι πόλει τὸν
θεὸν μὴ φοβούμενος
18 6 ἀκούσατε τί ὁ κριτὴς τῆς ἀδικίας
λέγει

Ac 10 42 οὗτός (αὐτός Τς) ἐστιν ὁ ὡρισμένος
ὑπὸ τοῦ θεοῦ κριτὴς ζώντων καὶ
νεκρῶν
13 20ᵃ μετὰ ταῦτα ἔδωκεν κριτὰς ἕως Σα-
μουὴλ τοῦ (+[Ν²⁶S]Vς) προφήτου
18 15 κριτής (+γὰρ [MS]Vς) ἐγὼ τού-
των οὐ βούλομαι εἶναι
24 10 ἐκ πολλῶν ἐτῶν ὄντα σε κριτὴν
τῷ ἔθνει τούτῳ ἐπιστάμενος

2Tm 4 8 ὃν ἀποδώσει μοι ὁ κύριος ἐν ἐκείνῃ
τῇ ἡμέρᾳ, ὁ δίκαιος κριτής

Hb 12 23 ⟨προσεληλύθατε⟩ ἐκκλησίᾳ πρω-
τοτόκων . . . καὶ κριτῇ θεῷ πάντων

Jc 2 4ᵃ οὐ διεκρίθητε ἐν ἑαυτοῖς καὶ ἐγένε-
σθε κριταὶ διαλογισμῶν πονηρῶν;
4 11 εἰ δὲ νόμον κρίνεις, οὐκ εἶ ποιητὴς
νόμου ἀλλὰ κριτής. ↔
4 12 εἷς ἐστιν ὁ ([Ν²⁶]; —ΝΗ) νομοθέτης
| καὶ κριτής (—ς)
5 9 ἰδοὺ ὁ κριτὴς πρὸ τῶν θυρῶν
ἕστηκεν

κριτικός
Hb 4 12 ζῶν γὰρ ὁ λόγος τοῦ θεοῦ . . . καὶ
κριτικὸς ἐνθυμήσεων καὶ ἐννοιῶν
καρδίας

κρούω
ᵃ τὴν θύραν κρ.
Mt 7 7 κρούετε, καὶ ἀνοιγήσεται ὑμῖν
7 8 τῷ κρούοντι ἀνοιγήσεται
Lc 11 9 κρούετε, καὶ ἀνοιγήσεται (ἀνοιχθή-
σεται Τ) ὑμῖν
11 10 τῷ κρούοντι ἀνοιγήσεται (ἀνοι-
γ[ήσ]εται Ν²⁶; ἀνοιχθήσεται Τ)
12 36 ἵνα ἐλθόντος καὶ κρούσαντος εὐ-
θέως ἀνοίξωσιν αὐτῷ
13 25ᵃ ἀφ' οὗ ἂν . . . ἄρξησθε ἔξω ἑστάναι
καὶ κρούειν τὴν θύραν
Ac 12 13ᵃ κρούσαντος δὲ αὐτοῦ τὴν θύραν
τοῦ πυλῶνος
12 16 ὁ δὲ Πέτρος ἐπέμενεν κρούων
Ap 3 20 ἰδοὺ ἕστηκα ἐπὶ τὴν θύραν καὶ
κρούω

κρύβω
→ κρύπτω

κρύπτη
κρυπτή VST
Lc 11 33 οὐδεὶς λύχνον ἅψας εἰς κρύπτην
(-τὸν ς) τίθησιν

κρυπτός
ᵃ ἐν τῷ κρυπτῷ
ᵇ ἐν κρυπτῷ
ᶜ τὰ κρυπτά
Mt 6 4ᵃ ὅπως | ᾖ σου ἡ ἐλεημοσύνη (~ Τ)
ἐν τῷ κρυπτῷ· ↔
6 4ᵃ καὶ ὁ πατήρ σου ὁ βλέπων ἐν τῷ
κρυπτῷ (+αὐτός [S]ς) ἀποδώσει
σοι

Mt   6 6ᵃκλείσας τὴν θύραν σου πρόσευξαι τῷ πατρί σου τῷ ἐν τῷ κρυπτῷ· ↔

     6 6ᵃκαὶ ὁ πατήρ σου ὁ βλέπων ἐν τῷ κρυπτῷ ἀποδώσει σοι

     6 18ᵃ∗ ὅπως μὴ φανῇς τοῖς ἀνθρώποις νηστεύων ἀλλὰ τῷ πατρί σου τῷ ἐν τῷ κρυπτῷ (ς; κρυφαίῳ rl)· ↔

     6 18ᵃ∗ καὶ ὁ πατήρ σου ὁ βλέπων ἐν τῷ κρυπτῷ (ς; κρυφαίῳ rl) ἀποδώσει σοι

     10 26 οὐδὲν γάρ ἐστιν . . . κρυπτὸν ὃ οὐ γνωσθήσεται

Mc   4 22 οὐ γάρ ἐστιν (+τι NMVSTς) κρυπτόν, | ἐὰν μὴ ἵνα (ὃ ἐὰν μὴ ς) φανερωθῇ

Lc   8 17 οὐ γάρ ἐστιν κρυπτὸν ὃ οὐ φανερὸν γενήσεται

     11 33 ∗ οὐδεὶς λύχνον ἅψας εἰς κρυπτὸν (ς; κρύπτην rl) τίθησιν

     12 2 οὐδὲν . . . ἐστιν . . . κρυπτὸν ὃ οὐ γνωσθήσεται

Jo   7 4ᵇοὐδεὶς γάρ τι ἐν κρυπτῷ ποιεῖ καὶ ζητεῖ αὐτὸς ἐν παρρησίᾳ εἶναι

     7 10ᵇτότε καὶ αὐτὸς ἀνέβη, οὐ φανερῶς ἀλλὰ ὡς ([N²⁶]; —BT) ἐν κρυπτῷ

     18 20ᵇἐγὼ παρρησίᾳ λελάληκα . . . καὶ ἐν κρυπτῷ ἐλάλησα οὐδέν

Rm   2 16ᶜἐν | ἡμέρᾳ ὅτε (ᾗ ἡμ. NH) κρίνει (-νεῖ MBTς) ὁ θεὸς τὰ κρυπτὰ τῶν ἀνθρώπων κατὰ τὸ εὐαγγέλιόν μου

     2 29ᵃ⟨οὐ γὰρ ὁ ἐν τῷ φανερῷ Ἰουδαῖός ἐστιν⟩ ἀλλ' ὁ ἐν τῷ κρυπτῷ Ἰουδαῖος

1C   4 5ᶜὃς καὶ φωτίσει τὰ κρυπτὰ τοῦ σκότους

     14 25ᶜτὰ κρυπτὰ τῆς καρδίας αὐτοῦ φανερὰ γίνεται

2C   4 2ᶜἀπειπάμεθα τὰ κρυπτὰ τῆς αἰσχύνης

1Pt   3 4 ⟨ὧν ἔστω οὐχ ὁ ἔξωθεν . . . ἐνδύσεως ἱματίων κόσμος⟩ ἀλλ' ὁ κρυπτὸς τῆς καρδίας ἄνθρωπος

κρύπτω, κρύβω
ἀπο-   ἐγ-   περι-
ᵃ pass. de personis
ᵇ κρ. ἑαυτόν
ᶜ κεκρυμμένα subst.

Mt   5 14 οὐ δύναται πόλις κρυβῆναι ἐπάνω ὄρους κειμένη

     11 25 ἔκρυψας (ἀπ- ς) ταῦτα ἀπὸ σοφῶν καὶ συνετῶν

     13 35ᶜἐρεύξομαι κεκρυμμένα ἀπὸ καταβολῆς κόσμου ([N²⁶]; —NTH)

     13 44 ὁμοία ἐστὶν ἡ βασιλεία τῶν οὐρανῶν θησαυρῷ κεκρυμμένῳ ἐν τῷ ἀγρῷ, ↔

     13 44 ὃν εὑρὼν ἄνθρωπος ἔκρυψεν

     25 18 ὤρυξεν γῆν καὶ ἔκρυψεν (ἀπ- Sς) τὸ ἀργύριον τοῦ κυρίου αὐτοῦ

     25 25 ἀπελθὼν ἔκρυψα τὸ τάλαντόν σου ἐν τῇ γῇ

Lc   13 21 ∗ζύμῃ, ἣν λαβοῦσα γυνὴ ἔκρυψεν (ἐν- VBSς; [ἐν]- N²⁶) εἰς ἀλεύρου σάτα τρία

     18 34 ἦν τὸ ῥῆμα τοῦτο κεκρυμμένον ἀπ' αὐτῶν

     19 42 τὰ πρὸς εἰρήνην (+σου Tς)· νῦν δὲ ἐκρύβη ἀπὸ ὀφθαλμῶν σου

Jo   8 59ᵃἸησοῦς δὲ ἐκρύβη καὶ ἐξῆλθεν ἐκ τοῦ ἱεροῦ

     12 36ᵃταῦτα ἐλάλησεν (+ὁ MVBSς) Ἰησοῦς, καὶ ἀπελθὼν ἐκρύβη ἀπ' αὐτῶν

Jo   19 38ᵃἸωσὴφ . . . ὢν μαθητὴς τοῦ [NH] Ἰησοῦ κεκρυμμένος δὲ διὰ τὸν φόβον τῶν Ἰουδαίων

Cl   3 3 ἡ ζωὴ ὑμῶν κέκρυπται σὺν τῷ Χριστῷ ἐν τῷ θεῷ

1Tm   5 25 τὰ ἔργα τὰ καλὰ πρόδηλα, καὶ τὰ ἄλλως ἔχοντα κρυβῆναι οὐ δύνανται (-αται Vς)

Hb   11 23ᵃπίστει Μωϋσῆς γεννηθεὶς ἐκρύβη τρίμηνον ὑπὸ τῶν πατέρων αὐτοῦ

Ap   2 17 τῷ νικῶντι δώσω αὐτῷ (+φαγεῖν ἀπὸ ς) τοῦ μάννα τοῦ κεκρυμμένου

     6 15ᵇοἱ βασιλεῖς τῆς γῆς καὶ οἱ μεγιστᾶνες . . . ἔκρυψαν ἑαυτοὺς εἰς τὰ σπήλαια

     6 16 πέσετε (-ατε H) ἐφ' ἡμᾶς καὶ κρύψατε ἡμᾶς ἀπὸ προσώπου τοῦ καθημένου

κρυσταλλίζω
Ap   21 11 ὁ φωστὴρ αὐτῆς ὅμοιος λίθῳ τιμιωτάτῳ, ὡς λίθῳ ἰάσπιδι κρυσταλλίζοντι

κρύσταλλος
Ap   4 6 ἐνώπιον τοῦ θρόνου ὡς θάλασσα ὑαλίνη ὁμοία κρυστάλλῳ

     22 1 ἔδειξέν μοι ποταμὸν ὕδατος ζωῆς λαμπρὸν ὡς κρύσταλλον

κρυφαῖος
Mt   6 18 ὅπως μὴ φανῇς τοῖς ἀνθρώποις νηστεύων ἀλλὰ τῷ πατρί σου τῷ ἐν τῷ κρυφαίῳ (κρυπτῷ ς)· ↔

     6 18 καὶ ὁ πατήρ σου ὁ βλέπων ἐν τῷ κρυφαίῳ (κρυπτῷ ς) ἀποδώσει σοι

κρυφῇ
κρυφῇ MVSH

E   5 12 τὰ γὰρ κρυφῇ γινόμενα ὑπ' αὐτῶν αἰσχρόν ἐστιν καὶ λέγειν

κτάομαι
Mt   10 9 μὴ κτήσησθε χρυσὸν μηδὲ ἄργυρον . . . εἰς τὰς ζώνας ὑμῶν

Lc   18 12 ἀποδεκατῶ (-τεύω NVTH) πάντα ὅσα κτῶμαι

     21 19 ἐν τῇ ὑπομονῇ ὑμῶν κτήσασθε (-σεσθε NMBH) τὰς ψυχὰς ὑμῶν

Ac   1 18 οὗτος μὲν οὖν ἐκτήσατο χωρίον ἐκ μισθοῦ τῆς ἀδικίας

     8 20 ὅτι τὴν δωρεὰν τοῦ θεοῦ ἐνόμισας διὰ χρημάτων κτᾶσθαι

     22 28 ἐγὼ πολλοῦ κεφαλαίου τὴν πολιτείαν ταύτην ἐκτησάμην

1Th   4 4 εἰδέναι ἕκαστον ὑμῶν τὸ ἑαυτοῦ σκεῦος κτᾶσθαι ἐν ἁγιασμῷ καὶ τιμῇ

κτῆμα
Mt   19 22 ὁ νεανίσκος . . . ἀπῆλθεν λυπούμενος· ἦν γὰρ ἔχων κτήματα πολλά

Mc   10 22 ἀπῆλθεν λυπούμενος, ἦν γὰρ ἔχων κτήματα πολλά

Ac   2 45 τὰ κτήματα καὶ τὰς ὑπάρξεις ἐπίπρασκον καὶ διεμέριζον αὐτὰ πᾶσιν

     5 1 ἀνὴρ δέ τις Ἀνανίας ὀνόματι . . . ἐπώλησεν κτῆμα

κτῆνος
Lc   10 34 ⟨Σαμαρίτης⟩ ἐπιβιβάσας δὲ αὐτὸν ἐπὶ τὸ ἴδιον κτῆνος

Ac   23 24 ⟨εἶπεν⟩ κτήνη τε παραστῆσαι, ἵνα ἐπιβιβάσαντες τὸν Παῦλον διασώσωσι πρὸς Φήλικα

1C   15 39 οὐ πᾶσα σὰρξ ἡ αὐτὴ σάρξ, ἀλλὰ ἄλλη μὲν ἀνθρώπων, ἄλλη δὲ σὰρξ κτηνῶν

Ap   18 13 ⟨οὐδεὶς ἀγοράζει οὐκέτι⟩ σῖτον καὶ κτήνη καὶ πρόβατα

κτήτωρ
Ac   4 34 ὅσοι γὰρ κτήτορες χωρίων ἢ οἰκιῶν ὑπῆρχον

κτίζω
ᵃ κτ. τὰ πάντα
ᵇ κτ. et κτίσις

Mt   19 4 ὁ κτίσας (ποιήσας VTς) ἀπ' ἀρχῆς ἄρσεν καὶ θῆλυ ἐποίησεν αὐτούς

Mc   13 19ᵇοἵα οὐ γέγονεν τοιαύτη ἀπ' ἀρχῆς κτίσεως ἣν ἔκτισεν ὁ θεός

Rm   1 25ᵇοἵτινες . . . ἐλάτρευσαν τῇ κτίσει παρὰ τὸν κτίσαντα

1C   11 9 καὶ γὰρ οὐκ ἐκτίσθη ἀνὴρ διὰ τὴν γυναῖκα

E   2 10 αὐτοῦ γάρ ἐσμεν ποίημα, κτισθέντες ἐν Χριστῷ Ἰησοῦ ἐπὶ ἔργοις ἀγαθοῖς

     2 15 ἵνα τοὺς δύο κτίσῃ ἐν αὐτῷ (αὐτῷ Hς) εἰς ἕνα καινὸν ἄνθρωπον

     3 9ᵃἐν τῷ θεῷ τῷ τὰ πάντα κτίσαντι (+διὰ Ἰησοῦ Χριστοῦ ς)

     4 24 ἐνδύσασθαι τὸν καινὸν ἄνθρωπον τὸν κατὰ θεὸν κτισθέντα ἐν δικαιοσύνῃ

Cl   1 16ᵃᵇ⟨πρωτότοκος πάσης κτίσεως⟩ ὅτι ἐν αὐτῷ ἐκτίσθη τὰ πάντα (+τὰ MVSς) ἐν τοῖς οὐρανοῖς

     1 16ᵃτὰ πάντα δι' αὐτοῦ καὶ εἰς αὐτὸν ἔκτισται

     3 10 ἐνδυσάμενοι τὸν νέον τὸν ἀνακαινούμενον εἰς ἐπίγνωσιν κατ' εἰκόνα τοῦ κτίσαντος αὐτόν

1Tm   4 3 ἀπέχεσθαι βρωμάτων, ἃ ὁ θεὸς ἔκτισεν εἰς μετάλημψιν μετὰ εὐχαριστίας τοῖς πιστοῖς

Ap   4 11ᵃὅτι σὺ ἔκτισας τὰ πάντα, ↔

     4 11 καὶ διὰ τὸ θέλημά σου ἦσαν (εἰσὶ ς) καὶ ἐκτίσθησαν

     10 6 ὤμοσεν ἐν τῷ ζῶντι . . . ὃς ἔκτισεν τὸν οὐρανὸν καὶ τὰ ἐν αὐτῷ

κτίσις
ᵃ πᾶσα (ἡ) κτ.
ᵇ ἀρχὴ (τῆς) κτίσεως
ᶜ καινὴ κτίσις
ᵈ ἀπὸ κτίσεως κόσμου

Mc   10 6ᵇἀπὸ δὲ ἀρχῆς κτίσεως ἄρσεν καὶ θῆλυ ἐποίησεν αὐτούς [H]

     13 19ᵇθλῖψις, οἵα οὐ γέγονεν τοιαύτη ἀπ' ἀρχῆς κτίσεως ἣν ἔκτισεν ὁ θεός

     [16 15]ᵃκηρύξατε τὸ εὐαγγέλιον πάσῃ τῇ κτίσει

Rm   1 20ᵈτὰ γὰρ ἀόρατα αὐτοῦ ἀπὸ κτίσεως κόσμου τοῖς ποιήμασιν νοούμενα καθορᾶται

     1 25 οἵτινες . . . ἐλάτρευσαν τῇ κτίσει παρὰ τὸν κτίσαντα

     8 19 ἡ γὰρ ἀποκαραδοκία τῆς κτίσεως τὴν ἀποκάλυψιν τῶν υἱῶν τοῦ θεοῦ ἀπεκδέχεται. ↔

     8 20 τῇ γὰρ ματαιότητι ἡ κτίσις ὑπετάγη

     8 21 καὶ αὐτὴ ἡ κτίσις ἐλευθερωθήσεται ἀπὸ τῆς δουλείας τῆς φθορᾶς

     8 22ᵃπᾶσα ἡ κτίσις συστενάζει καὶ συνωδίνει ἄχρι τοῦ νῦν

     8 39 οὔτε βάθος οὔτε τις κτίσις ἑτέρα δυνήσεται ἡμᾶς χωρίσαι ἀπὸ τῆς ἀγάπης τοῦ θεοῦ

2C   5 17ᶜὥστε εἴ τις ἐν Χριστῷ, καινὴ κτίσις

G   6 15ᶜοὔτε γὰρ περιτομὴ τί ἐστιν οὔτε ἀκροβυστία, ἀλλὰ καινὴ κτίσις

Cl   1 15ᶜὅς ἐστιν εἰκὼν τοῦ θεοῦ τοῦ ἀοράτου, πρωτότοκος πάσης κτίσεως

Column 1

Cl   1 23ᵃτοῦ εὐαγγελίου . . . τοῦ κηρυχθέν-
τος ἐν πάσῃ (+τῇ ς) κτίσει τῇ
ὑπὸ τὸν οὐρανόν

Hb   4 13 οὐκ ἔστιν κτίσις ἀφανὴς ἐνώπιον
αὐτοῦ

     9 11 διὰ τῆς . . . σκηνῆς οὐ χειροποιή-
του, τοῦτ' ἔστιν οὐ ταύτης τῆς
κτίσεως

1Pt   2 13ᵃὑποτάγητε πάσῃ ἀνθρωπίνῃ κτί-
σει διὰ τὸν κύριον

2Pt   3 4ᵇπάντα οὕτως διαμένει ἀπ' ἀρχῆς
κτίσεως

Ap   3 14ᵇτάδε λέγει ὁ ἀμήν . . . ἡ ἀρχὴ τῆς
κτίσεως τοῦ θεοῦ

κτίσμα

1Tm   4 4 ὅτι πᾶν κτίσμα θεοῦ καλόν

Jc   1 18 εἰς τὸ εἶναι ἡμᾶς ἀπαρχήν τινα
τῶν αὐτοῦ (ἑαυ. S) κτισμάτων

Ap   5 13 πᾶν κτίσμα ὃ (+ἔστιν ς) ἐν τῷ
οὐρανῷ καὶ ἐπὶ τῆς γῆς

     8 9 ἀπέθανεν τὸ τρίτον τῶν κτισμάτων
τῶν ἐν τῇ θαλάσσῃ

κτίστης

1Pt   4 19 οἱ πάσχοντες κατὰ τὸ θέλημα τοῦ
θεοῦ (+ὡς ς) πιστῷ κτίστῃ παρα-
τιθέσθωσαν τὰς ψυχὰς αὐτῶν
(ἑαυ. ς; —H)

κυβεία

    κυβία TH

E   4 14 ἵνα μηκέτι ὦμεν νήπιοι . . . περι-
φερόμενοι παντὶ ἀνέμῳ τῆς δι-
δασκαλίας ἐν τῇ κυβείᾳ τῶν ἀν-
θρώπων

κυβέρνησις

1C   12 28 ἔθετο ὁ θεὸς ἐν τῇ ἐκκλησίᾳ . . .
ἀντιλήμψεις, κυβερνήσεις, γένη
γλωσσῶν

κυβερνήτης

Ac   27 11 ὁ δὲ ἑκατοντάρχης τῷ κυβερνήτῃ
καὶ τῷ ναυκλήρῳ μᾶλλον ἐπείθετο

Ap   18 17 πᾶς κυβερνήτης καὶ πᾶς ὁ ἐπὶ
τόπον πλέων . . . ἀπὸ μακρόθεν
ἔστησαν

κυβία

→ κυβεία

κυκλεύω

Ap   20 9 ἐκύκλευσαν (ἐκύκλωσαν ς) τὴν
παρεμβολὴν τῶν ἁγίων

κυκλόθεν

Ap   4 3 ἶρις κυκλόθεν τοῦ θρόνου ὅμοιος
ὁράσει σμαραγδίνῳ. ↔

     4 4 καὶ κυκλόθεν τοῦ θρόνου θρόνους
(N²⁶NT; θρόνοι rl) εἴκοσι τέσσαρες
(-ρας NT)

     4 8 τὰ τέσσαρα ζῷα . . . κυκλόθεν καὶ
ἔσωθεν γέμουσιν ὀφθαλμῶν

     5 11 * ἤκουσα (+ὡς BT) φωνὴν ἀγγέ-
λων πολλῶν κυκλόθεν (ς; κύκλῳ
rl) τοῦ θρόνου

κυκλόω

    περι-

Lc   21 20 ὅταν δὲ ἴδητε κυκλουμένην ὑπὸ
στρατοπέδων (+τὴν Vς) ᾿Ιερου-
σαλήμ

Jo   10 24 ἐκύκλωσαν οὖν αὐτὸν οἱ ᾿Ιουδαῖοι

Ac   14 20 κυκλωσάντων δὲ τῶν μαθητῶν
αὐτὸν ἀναστὰς εἰσῆλθεν εἰς τὴν
πόλιν

Hb   11 30 πίστει τὰ τείχη ᾿Ιεριχὼ ἔπεσαν
κυκλωθέντα ἐπὶ ἑπτὰ ἡμέρας

Ap   20 9 * ἐκύκλωσαν (ς; ἐκύκλευσαν rl) τὴν
παρεμβολὴν τῶν ἁγίων

κύκλῳ

    ᵃ c. gen.

Column 2

Mc   3 34 περιβλεψάμενος | τοὺς περὶ αὐτὸν
κύκλῳ (∼ς) καθημένους

     6 6 περιῆγεν τὰς κώμας κύκλῳ διδά-
σκων

     6 36 ἀπόλυσον αὐτούς, ἵνα ἀπελθόντες
εἰς τοὺς κύκλῳ ἀγροὺς καὶ κώμας

Lc   9 12 ἀπόλυσον τὸν ὄχλον, ἵνα πορευ-
θέντες εἰς τὰς κύκλῳ κώμας καὶ
(+τοὺς Vς) ἀγρούς

Rm   15 19 ὥστε με ἀπὸ ᾿Ιερουσαλὴμ καὶ
κύκλῳ μέχρι τοῦ ᾿Ιλλυρικοῦ πεπλη-
ρωκέναι τὸ εὐαγγέλιον

Ap   4 6ᵃἐν μέσῳ τοῦ θρόνου καὶ κύκλῳ
τοῦ θρόνου τέσσαρα ζῷα

     5 11ᵃἤκουσα (+ὡς BT) φωνὴν ἀγγέ-
λων πολλῶν κύκλῳ (κυκλόθεν ς)
τοῦ θρόνου

     7 11ᵃπάντες οἱ ἄγγελοι εἱστήκεισαν
κύκλῳ τοῦ θρόνου καὶ τῶν πρε-
σβυτέρων

κυλισμός

    κύλισμα Sς

2Pt   2 22 ὗς λουσαμένη εἰς κυλισμὸν βορ-
βόρου

κυλίω

    ἀνα-   ἀπο-   προσ-

Mc   9 20 πεσὼν ἐπὶ τῆς γῆς ἐκυλίετο ἀφρί-
ζων

κυλλός

Mt   15 30 προσῆλθον αὐτῷ ὄχλοι πολλοὶ
ἔχοντες μεθ' ἑαυτῶν | χωλούς, τυ-
φλούς, κυλλούς, κωφούς (N²⁶; ∼rl)

     15 31 ὥστε | τὸν ὄχλον (τοὺς -ους MVς)
θαυμάσαι βλέποντας κωφοὺς λα-
λοῦντας, | κυλλοὺς ὑγιεῖς (—H)
καὶ χωλοὺς περιπατοῦντας

     18 8 καλόν σοί ἐστιν εἰσελθεῖν εἰς τὴν
ζωὴν | κυλλὸν ἢ χωλόν (∼Vς)

Mc   9 43 καλόν | ἐστίν σε (σοί ἐστι ς) κυλ-
λὸν εἰσελθεῖν εἰς τὴν ζωήν

κῦμα

Mt   8 24 ὥστε τὸ πλοῖον καλύπτεσθαι ὑπὸ
τῶν κυμάτων

     14 24 τὸ δὲ πλοῖον ἤδη | σταδίους πολ-
λοὺς ἀπὸ τῆς γῆς ἀπεῖχεν (μέσον
τῆς θαλάσσης ἦν VBSTς), βασανι-
ζόμενον ὑπὸ τῶν κυμάτων

Mc   4 37 τὰ κύματα ἐπέβαλεν εἰς τὸ πλοῖον

Ac   27 41 ἡ δὲ πρύμνα ἐλύετο ὑπὸ τῆς βίας
| τῶν κυμάτων ([N²⁶]; —NTH)

Jd   13 ⟨οὗτοί εἰσιν⟩ κύματα ἄγρια θα-
λάσσης ἐπαφρίζοντα τὰς ἑαυτῶν
αἰσχύνας

κύμβαλον

1C   13 1 γέγονα χαλκὸς ἠχῶν ἢ κύμβαλον
ἀλαλάζον

κύμινον

Mt   23 23 ἀποδεκατοῦτε τὸ ἡδύοσμον καὶ τὸ
ἄνηθον καὶ τὸ κύμινον

κυνάριον

Mt   15 26 οὐκ | ἔστιν καλὸν (ἔξεστιν T)
λαβεῖν τὸν ἄρτον τῶν τέκνων καὶ
βαλεῖν τοῖς κυναρίοις

     15 27 καὶ γὰρ [H] τὰ κυνάρια ἐσθίει ἀπὸ
τῶν ψιχίων

Mc   7 27 οὐ γὰρ | ἐστιν καλὸν (∼Sς) λα-
βεῖν τὸν ἄρτον τῶν τέκνων καὶ
τοῖς κυναρίοις βαλεῖν

     7 28 καὶ (+γὰρ Vς) τὰ κυνάρια ὑπο-
κάτω τῆς τραπέζης ἐσθίουσιν (-ίει
Vς) ἀπὸ τῶν ψιχίων

Κύπριος

Ac   4 36 ᾿Ιωσὴφ δὲ ὁ ἐπικληθεὶς Βαρναβᾶς
. . . Λευίτης, Κύπριος τῷ γένει
⟨πωλήσας ἤνεγκεν τὸ χρῆμα⟩

Column 3

Ac   11 20 ἦσαν δέ τινες ἐξ αὐτῶν ἄνδρες
Κύπριοι καὶ Κυρηναῖοι

     21 16 ἄγοντες παρ' ᾧ ξενισθῶμεν Μνά-
σωνί τινι Κυπρίῳ

Κύπρος

Ac   11 19 διῆλθον ἕως Φοινίκης καὶ Κύπρου
καὶ ᾿Αντιοχείας

     13 4 ἐκεῖθέν τε ἀπέπλευσαν εἰς (+τὴν
ς) Κύπρον

     15 39 τόν τε Βαρναβᾶν παραλαβόντα
τὸν Μᾶρκον ἐκπλεῦσαι εἰς Κύπρον

     21 3 ἀναφάναντες (-νέντες Sς) δὲ τὴν
Κύπρον καὶ καταλιπόντες αὐτὴν
εὐώνυμον ἐπλέομεν εἰς Συρίαν

     27 4 κἀκεῖθεν ἀναχθέντες ὑπεπλεύσαμεν
τὴν Κύπρον διὰ τὸ τοὺς ἀνέμους
εἶναι ἐναντίους

κύπτω

    ἀνα-   παρα-
    κατα-   συγ-

Mc   1 7 οὗ οὐκ εἰμὶ ἱκανὸς κύψας λῦσαι τὸν
ἱμάντα τῶν ὑποδημάτων αὐτοῦ

Jo   [8 6]ὁ δὲ ᾿Ιησοῦς κάτω κύψας τῷ δα-
κτύλῳ κατέγραφεν εἰς τὴν γῆν

     [8 8] * καὶ πάλιν | κάτω κύψας (MSς;
κατακύψας N²⁶VBH) ἔγραφεν εἰς
τὴν γῆν

Κυρηναῖος

Mt   27 32 ἐξερχόμενοι δὲ εὗρον ἄνθρωπον
Κυρηναῖον, ὀνόματι Σίμωνα

Mc   15 21 ἀγγαρεύουσιν παράγοντά τινα
Σίμωνα Κυρηναῖον ἐρχόμενον ἀπ'
ἀγροῦ

Lc   23 26 ἐπιλαβόμενοι | Σίμωνά τινα Κυ-
ρηναῖον ἐρχόμενον (Σ-νός τινος
Κ-ναίου ἐ-μένου Vς) ἀπ' ἀγροῦ

Ac   6 9 ἀνέστησαν δέ τινες τῶν ἐκ τῆς
συναγωγῆς | τῆς λεγομένης (τῶν
-μένων T) Λιβερτίνων καὶ Κυρη-
ναίων καὶ ᾿Αλεξανδρέων

     11 20 ἦσαν δέ τινες ἐξ αὐτῶν ἄνδρες
Κύπριοι καὶ Κυρηναῖοι

     13 1 ἦσαν δὲ ἐν ᾿Αντιοχείᾳ . . . ὅ τε
Βαρναβᾶς καὶ Συμεών . . . καὶ Λού-
κιος ὁ Κυρηναῖος

Κυρήνη

Ac   2 10 ⟨οἱ κατοικοῦντες⟩ Αἴγυπτον καὶ
τὰ μέρη τῆς Λιβύης τῆς κατὰ
Κυρήνην ⟨ἀκούομεν⟩

Κυρήνιος

Lc   2 2 αὕτη (+ἡ MVBSς) ἀπογραφὴ
| πρώτη ἐγένετο (∼T) ἡγεμονεύ-
οντος τῆς Συρίας Κυρηνίου

κυρία

    Κυρία T

2Jo   1 ὁ πρεσβύτερος ἐκλεκτῇ κυρίᾳ καὶ
τοῖς τέκνοις αὐτῆς

     5 καὶ νῦν ἐρωτῶ σε, κυρία

κυριακός

1C   11 20 συνερχομένων οὖν ὑμῶν ἐπὶ τὸ
αὐτὸ οὐκ ἔστιν κυριακὸν δεῖπνον
φαγεῖν

Ap   1 10 ἐγενόμην ἐν πνεύματι ἐν τῇ κυρια-
κῇ ἡμέρᾳ

κυριεύω

    κατα-

    ᵃ κύριος τῶν κυριευόντων

Lc   22 25 οἱ βασιλεῖς τῶν ἐθνῶν κυριεύουσιν
αὐτῶν

Rm   6 9 Χριστὸς ἐγερθεὶς ἐκ νεκρῶν οὐκέτι
ἀποθνήσκει, θάνατος αὐτοῦ οὐκέτι
κυριεύει

     6 14 ἁμαρτία γὰρ ὑμῶν οὐ κυριεύσει

     7 1 ὁ νόμος κυριεύει τοῦ ἀνθρώπου
ἐφ' ὅσον χρόνον ζῇ

Rm 14 9 Χριστός ... ἵνα καὶ νεκρῶν καὶ ζώντων κυριεύσῃ
2C 1 24 οὐχ ὅτι κυριεύομεν ὑμῶν τῆς πίστεως, ἀλλὰ συνεργοί ἐσμεν τῆς χαρᾶς ὑμῶν
1Tm 6 15ᵃ ἣν καιροῖς ἰδίοις δείξει ... ὁ βασιλεὺς τῶν βασιλευόντων καὶ κύριος τῶν κυριευόντων

κύριος
ᵃ κ. ὁ θεός
ᵇ κ. et θεός
ᶜ κ. et πατήρ
ᵈ κ. et βασιλεύς, δεσπότης
ᵉ κ. et σωτήρ
ᶠ κ. et διδάσκαλος, ποιμήν
ᵍ κ. ἡμῶν
ʰ κ. (ἡμῶν) Ἰησοῦς
ʲ κ. (ἡμῶν) Ἰησοῦς Χριστός
ᵏ κ. et χριστός
ˡ κ. et υἱός
ᵐ κ. et (συν)δοῦλος
ⁿ κ. (τοῦ) οὐρανοῦ, (τῆς) γῆς
ᵖ κ. πάντων
ᵠ ἐν κυρίῳ
ʳ κύριε κύριε
ˢ ὄνομα (τοῦ) κυρίου
ᵗ ἄγγελος κυρίου
ᵘ λόγος, ῥῆμα (τοῦ) κυρίου
ᵛ χάρις (τοῦ) κυρίου
ʷ ἡμέρα (τοῦ) κυρίου
ˣ τὰ (περὶ) τοῦ κυρίου
ʸ λέγει κύριος de locis scripturae
ᶻ plur.

Mt 1 20ᵗ ἄγγελος κυρίου κατ' ὄναρ ἐφάνη αὐτῷ λέγων
1 22 ἵνα πληρωθῇ τὸ ῥηθὲν ὑπὸ (+τοῦ Vς) κυρίου διὰ τοῦ προφήτου
1 24ᵗ ἐποίησεν ὡς προσέταξεν αὐτῷ ὁ ἄγγελος κυρίου
2 13ᵗ ἄγγελος κυρίου φαίνεται κατ' ὄναρ τῷ Ἰωσὴφ λέγων
2 15 ἵνα πληρωθῇ τὸ ῥηθὲν ὑπὸ (+τοῦ ς) κυρίου διὰ τοῦ προφήτου
2 19ᵗ ἄγγελος κυρίου | φαίνεται κατ' ὄναρ (~ Vς) τῷ Ἰωσὴφ ἐν Αἰγύπτῳ
3 3 ἑτοιμάσατε τὴν ὁδὸν κυρίου
4 7ᵃ οὐκ ἐκπειράσεις κύριον τὸν θεόν σου
4 10ᵃ κύριον τὸν θεόν σου προσκυνήσεις καὶ αὐτῷ μόνῳ λατρεύσεις
5 33 οὐκ ἐπιορκήσεις, ἀποδώσεις δὲ τῷ κυρίῳ τοὺς ὅρκους σου
6 24ᵠ οὐδεὶς δύναται δυσὶ κυρίοις δουλεύειν
7 21ʳ οὐ πᾶς ὁ λέγων μοι κύριε κύριε, εἰσελεύσεται εἰς τὴν βασιλείαν τῶν οὐρανῶν
7 22ʳ κύριε κύριε, οὐ τῷ σῷ ὀνόματι ἐπροφητεύσαμεν ⟨;⟩
8 2 κύριε, ἐὰν θέλῃς, δύνασαί με καθαρίσαι
8 6 κύριε, ὁ παῖς μου βέβληται ἐν τῇ οἰκίᾳ παραλυτικός
8 8 κύριε, οὐκ εἰμὶ ἱκανὸς ἵνα μου ὑπὸ τὴν στέγην εἰσέλθῃς
8 21 κύριε, ἐπίτρεψόν μοι πρῶτον ἀπελθεῖν
8 25 κύριε, σῶσον (+ἡμᾶς ς), ἀπολλύμεθα
9 28 λέγουσιν αὐτῷ· ναί, κύριε
9 38 δεήθητε οὖν τοῦ κυρίου τοῦ θερισμοῦ
10 24ᶠᵐ οὐκ ἔστιν μαθητὴς ὑπὲρ τὸν διδάσκαλον οὐδὲ δοῦλος ὑπὲρ τὸν κύριον αὐτοῦ. ↔

Mt 10 25ᶠᵐ ἀρκετὸν τῷ μαθητῇ ἵνα γένηται ὡς ὁ διδάσκαλος αὐτοῦ, καὶ ὁ δοῦλος ὡς ὁ κύριος αὐτοῦ
11 25ᶜⁿ ἐξομολογοῦμαί σοι, πάτερ, κύριε τοῦ οὐρανοῦ καὶ τῆς γῆς
12 8ˡ κύριος γάρ ἐστιν (+καὶ ς) τοῦ σαββάτου ὁ υἱὸς τοῦ ἀνθρώπου
13 27ᵐ κύριε, οὐχὶ καλὸν σπέρμα ἔσπειρας ⟨;⟩
13 51 * λέγουσιν αὐτῷ· ναί, κύριε (+Vς)
14 28 κύριε, εἰ σὺ εἶ, κέλευσόν με | ἐλθεῖν πρός σε (~ Sς)
14 30 κύριε, σῶσόν με
15 22ˡ ἐλέησόν με, κύριε υἱός (υἱὲ VSς) Δαυίδ
15 25 κύριε, βοήθει μοι
15 27 ἡ δὲ εἶπεν· ναί, κύριε· ↔
15 27ᶻ καὶ γὰρ [H] τὰ κυνάρια ἐσθίει ἀπὸ τῶν ψιχίων τῶν πιπτόντων ἀπὸ τῆς τραπέζης τῶν κυρίων αὐτῶν
16 22 ἵλεώς σοι, κύριε
17 4 κύριε, καλόν ἐστιν ἡμᾶς ὧδε εἶναι
17 15 κύριε, ἐλέησόν μου τὸν υἱόν
18 21 κύριε, ποσάκις ἁμαρτήσει | εἰς ἐμὲ ὁ ἀδελφός μου (~ VBS) καὶ ἀφήσω αὐτῷ;
18 25ᵐ ἐκέλευσεν αὐτὸν ὁ κύριος (+αὐτοῦ Vς) πραθῆναι καὶ τὴν γυναῖκα καὶ τὰ τέκνα
18 26ᵐ * κύριε (+MV[S]ς), μακροθύμησον ἐπ' ἐμοί
18 27ᵐ σπλαγχνισθεὶς δὲ ὁ κύριος τοῦ δούλου ἐκείνου [H] ἀπέλυσεν αὐτόν
18 31ᵐ ἐλθόντες διεσάφησαν τῷ κυρίῳ ἑαυτῶν (αὐ. ς) πάντα τὰ γενόμενα. ↔
18 32ᵐ τότε προσκαλεσάμενος αὐτὸν ὁ κύριος αὐτοῦ λέγει αὐτῷ
18 34ᵐ ὀργισθεὶς ὁ κύριος αὐτοῦ παρέδωκεν αὐτὸν τοῖς βασανισταῖς
20 8 ὀψίας δὲ γενομένης λέγει ὁ κύριος τοῦ ἀμπελῶνος τῷ ἐπιτρόπῳ αὐτοῦ
20 30ˡ || ἐλέησον ἡμᾶς, κύριε ([N²⁶]; —T) ((~NMVBSH)), υἱός (υἱὲ ST) Δαυίδ
20 31ˡ || ἐλέησον ἡμᾶς, κύριε (N²⁶ς; ~ rl), υἱός (υἱὲ ST) Δαυίδ
20 33 κύριε, ἵνα ἀνοιγῶσιν οἱ ὀφθαλμοὶ ἡμῶν
21 3 ὁ κύριος αὐτῶν χρείαν ἔχει
21 9ˢ εὐλογημένος ὁ ἐρχόμενος ἐν ὀνόματι κυρίου
21 29 * || ἐγώ (ὑπάγω MS) κύριε, καὶ οὐκ ἀπῆλθεν ((NMSH; οὐ θέλω, ὕστερον δὲ μεταμεληθεὶς ἀπῆλθεν N²⁶VBς; οὐ θ. ὑ. μεταμ. ἀπ. T))
21 30 || ἐγώ κύριε, καὶ οὐκ ἀπῆλθεν ((οὐ θέλω, ὕστερον μεταμεληθεὶς ἀπῆλθεν NH; οὐ θ., ὕ. δὲ μ. ἀ. MS))
21 40 ὅταν οὖν ἔλθῃ ὁ κύριος τοῦ ἀμπελῶνος
21 42 παρὰ κυρίου ἐγένετο αὕτη
22 37ᵃ ἀγαπήσεις κύριον τὸν θεόν σου ἐν ὅλῃ τῇ (—H) καρδίᾳ σου
22 43 πῶς οὖν Δαυὶδ ἐν πνεύματι | καλεῖ αὐτὸν κύριον (~ T VSς) λέγων·
22 44 εἶπεν (+ὁ MVB[S]ς) κύριος ↔
22 44 τῷ κυρίῳ μου ⟨;⟩
22 45ˡ εἰ οὖν Δαυὶδ καλεῖ αὐτὸν κύριον, πῶς υἱὸς αὐτοῦ ἐστιν;
23 39ˢ εὐλογημένος ὁ ἐρχόμενος ἐν ὀνόματι κυρίου
24 42 οὐκ οἴδατε ποίᾳ ἡμέρᾳ ὁ κύριος ὑμῶν ἔρχεται

Mt 24 45ᵐ τίς ἄρα ἐστὶν ὁ πιστὸς δοῦλος ... ὃν κατέστησεν ὁ κύριος (+αὐτοῦ Vς) ἐπὶ τῆς οἰκετείας αὐτοῦ ⟨;⟩
24 46ᵐ μακάριος ὁ δοῦλος ἐκεῖνος ὃν ἐλθὼν ὁ κύριος αὐτοῦ εὑρήσει | οὕτως ποιοῦντα (~ Vς)
24 48ᵐ χρονίζει | μου ὁ κύριος (ὁ κύριός μου ἐλθεῖν Vς)
24 50ᵐ ἥξει ὁ κύριος τοῦ δούλου ἐκείνου ἐν ἡμέρᾳ ᾗ οὐ προσδοκᾷ
25 11ʳ κύριε κύριε, ἄνοιξον ἡμῖν
25 18ᵐ ὁ δὲ τὸ ἓν λαβὼν ... ἔκρυψεν (ἀπ- Sς) τὸ ἀργύριον τοῦ κυρίου αὐτοῦ. ↔
25 19ᵐ μετὰ δὲ πολὺν χρόνον ἔρχεται ὁ κύριος τῶν δούλων ἐκείνων
25 20ᵐ κύριε, πέντε τάλαντά μοι παρέδωκας
25 21ᵐ ἔφη (+δὲ VSς) αὐτῷ ὁ κύριος αὐτοῦ
25 21ᵐ εἴσελθε εἰς τὴν χαρὰν τοῦ κυρίου σου
25 22ᵐ κύριε, δύο τάλαντά μοι παρέδωκας
25 23ᵐ ἔφη αὐτῷ ὁ κύριος αὐτοῦ
25 23ᵐ εἴσελθε εἰς τὴν χαρὰν τοῦ κυρίου σου
25 24ᵐ κύριε, ἔγνων σε ὅτι σκληρὸς εἶ ἄνθρωπος
25 26ᵐ ἀποκριθεὶς δὲ ὁ κύριος αὐτοῦ εἶπεν αὐτῷ
25 37 κύριε, πότε σε εἴδομεν πεινῶντα καὶ ἐθρέψαμεν ⟨;⟩
25 44 κύριε, πότε σε εἴδομεν πεινῶντα ἢ διψῶντα ... καὶ οὐ διηκονήσαμέν σοι;
26 22 μήτι ἐγώ εἰμι, κύριε;
27 10 ἔδωκαν αὐτὰ εἰς τὸν ἀγρὸν τοῦ κεραμέως, καθὰ συνέταξέν μοι κύριος
27 63 κύριε, ἐμνήσθημεν ὅτι ἐκεῖνος ὁ πλάνος εἶπεν ἔτι ζῶν
28 2ᵗ ἄγγελος γὰρ κυρίου καταβὰς ἐξ οὐρανοῦ ... ἀπεκύλισεν τὸν λίθον
28 6 * δεῦτε ἴδετε τὸν τόπον ὅπου ἔκειτο | ὁ κύριος (+[V]ς)

Mc 1 3 ἑτοιμάσατε τὴν ὁδὸν κυρίου
2 28ˡ ὥστε κύριός ἐστιν ὁ υἱὸς τοῦ ἀνθρώπου καὶ τοῦ σαββάτου
5 19 ἀπάγγειλον αὐτοῖς ὅσα | ὁ κύριός σοι (~ VSς) πεποίηκεν
7 28 ἡ δὲ ... λέγει αὐτῷ· (+ναί NMV BSTHς), κύριε
9 24 * πιστεύω, κύριε (+ς), βοήθει μου τῇ ἀπιστίᾳ
11 3 ὁ κύριος αὐτοῦ χρείαν ἔχει
11 9ˢ εὐλογημένος ὁ ἐρχόμενος ἐν ὀνόματι κυρίου· ↔
11 10ᶜˢ * εὐλογημένη ἡ ἐρχομένη βασιλεία | ἐν ὀνόματι κυρίου (+ς) τοῦ πατρὸς ἡμῶν Δαυίδ
12 9 τί οὖν ([N²⁶]; —NTH) ποιήσει ὁ κύριος τοῦ ἀμπελῶνος;
12 11 παρὰ κυρίου ἐγένετο αὕτη
12 29ᵃ ἄκουε, Ἰσραήλ, κύριος ὁ θεὸς ἡμῶν ↔
12 29 κύριος εἷς ἐστιν, ↔
12 30ᵃ καὶ ἀγαπήσεις κύριον τὸν θεόν σου ἐξ ὅλης τῆς (—H) καρδίας σου
12 36 εἶπεν (+ὁ VBSTς) κύριος ↔
12 36 τῷ κυρίῳ μου
12 37ˡ αὐτὸς (+οὖν Vς) Δαυὶδ λέγει αὐτὸν κύριον, καὶ πόθεν αὐτοῦ ἐστιν υἱός;
13 20 εἰ μὴ ἐκολόβωσεν κύριος τὰς ἡμέρας

Mc 13 35 οὐκ οἴδατε γὰρ πότε ὁ κύριος τῆς οἰκίας ἔρχεται

[16 19]ʰὁ μὲν οὖν κύριος Ἰησοῦς ([NVH]; —Tς) ... ἀνελήμφθη εἰς τὸν οὐρανόν

[16 20]ἐκεῖνοι δὲ ἐξελθόντες ἐκήρυξαν πανταχοῦ, τοῦ κυρίου συνεργοῦντος

Lc 1 6 πορευόμενοι ἐν πάσαις ταῖς ἐντολαῖς καὶ δικαιώμασιν τοῦ κυρίου ἄμεμπτοι

1 9 ἔλαχε τοῦ θυμιᾶσαι εἰσελθὼν εἰς τὸν ναὸν τοῦ κυρίου

1 11ᵗὤφθη δὲ αὐτῷ ἄγγελος κυρίου

1 15 ἔσται γὰρ μέγας ἐνώπιον τοῦ (+[N²⁶S]ς) κυρίου

1 16ᵃπολλοὺς τῶν υἱῶν Ἰσραὴλ ἐπιστρέψει ἐπὶ κύριον τὸν θεὸν αὐτῶν· ↔

1 17 καὶ αὐτὸς προελεύσεται ἐνώπιον αὐτοῦ ... ἑτοιμάσαι κυρίῳ λαὸν κατεσκευασμένον

1 25 οὕτως μοι πεποίηκεν (+ὁ VBSς) κύριος ἐν ἡμέραις

1 28 χαῖρε, κεχαριτωμένη, ὁ κύριος μετὰ σοῦ

1 32ᵃδώσει αὐτῷ κύριος ὁ θεὸς τὸν θρόνον Δαυίδ

1 38 ἰδοὺ ἡ δούλη κυρίου

1 43 πόθεν μοι τοῦτο ἵνα ἔλθῃ ἡ μήτηρ τοῦ κυρίου μου πρὸς ἐμέ (μέ VSς);

1 45 ἔσται τελείωσις τοῖς λελαλημένοις αὐτῇ παρὰ κυρίου

1 46 μεγαλύνει ἡ ψυχή μου τὸν κύριον

1 58 ἐμεγάλυνεν κύριος τὸ ἔλεος αὐτοῦ μετ' αὐτῆς

1 66 καὶ γὰρ χεὶρ κυρίου ἦν μετ' αὐτοῦ

1 68ᵃεὐλογητὸς κύριος ὁ θεὸς τοῦ Ἰσραήλ

1 76 προπορεύσῃ γὰρ ἐνώπιον (πρὸ προσώπου VBSTς) κυρίου ἑτοιμάσαι ὁδοὺς αὐτοῦ

2 9ᵗἄγγελος κυρίου ἐπέστη αὐτοῖς ↔

2 9 καὶ δόξα κυρίου περιέλαμψεν αὐτούς

2 11ᵉᵏἐτέχθη ὑμῖν σήμερον σωτήρ, ὅς ἐστιν χριστὸς κύριος

2 15 ἴδωμεν τὸ ῥῆμα ... ὃ ὁ κύριος ἐγνώρισεν ἡμῖν

2 22 ἀνήγαγον αὐτὸν εἰς Ἱεροσόλυμα παραστῆσαι τῷ κυρίῳ, ↔

2 23 καθὼς γέγραπται ἐν νόμῳ κυρίου ↔

2 23 ὅτι πᾶν ἄρσεν διανοῖγον μήτραν ἅγιον τῷ κυρίῳ κληθήσεται

2 24 κατὰ τὸ εἰρημένον ἐν τῷ νόμῳ κυρίου

2 26ᵏμὴ ἰδεῖν θάνατον πρὶν ἢ [N²⁶H] ἂν (—VBSς) ἴδῃ τὸν χριστὸν κυρίου

2 38 * καὶ (+αὕτη [V]ς) αὐτῇ τῇ ὥρᾳ ἐπιστᾶσα ἀνθωμολογεῖτο τῷ κυρίῳ (ς; θεῷ rl)

2 39 ὡς ἐτέλεσαν πάντα (ἅπ. VSς) τὰ (—T) κατὰ τὸν νόμον κυρίου

3 4 ἑτοιμάσατε τὴν ὁδὸν κυρίου

4 8ᵃ| κύριον τὸν θεόν σου προσκυνήσεις (N²⁶H; ~rl) καὶ αὐτῷ μόνῳ λατρεύσεις

4 12ᵃοὐκ ἐκπειράσεις κύριον τὸν θεόν σου

4 18 πνεῦμα κυρίου ἐπ' ἐμέ

4 19 κηρύξαι ἐνιαυτὸν κυρίου δεκτόν

5 8 ἔξελθε ἀπ' ἐμοῦ, ὅτι ἀνὴρ ἁμαρτωλός εἰμι, κύριε

5 12 κύριε, ἐὰν θέλῃς, δύνασαί με καθαρίσαι

Lc 5 17 δύναμις κυρίου ἦν εἰς τὸ ἰᾶσθαι αὐτόν (-τοὺς Vς)

6 5ᵗκύριός ἐστιν | τοῦ σαββάτου ὁ υἱὸς τοῦ ἀνθρώπου (ὁ υἱ. τ. ἀ. καὶ τ. σ. MVBSTς)

6 46ʳτί δέ με καλεῖτε· κύριε κύριε ⟨;⟩

7 6 κύριε, μὴ σκύλλου

7 13 ἰδὼν αὐτὴν ὁ κύριος ἐσπλαγχνίσθη ἐπ' αὐτῇ (-τὴν T)

7 19 ἔπεμψεν πρὸς τὸν κύριον (Ἰησοῦν ς) λέγων

7 31 * | εἶπε δὲ ὁ κύριος (+ς)

9 54 κύριε, θέλεις εἴπωμεν πῦρ καταβῆναι ἀπὸ τοῦ οὐρανοῦ ⟨;⟩

9 57 * ἀκολουθήσω σοι ὅπου ἐὰν (ἂν Tς) ἀπέρχῃ, κύριε (+Vς)

9 59 κύριε ([N²⁶]; —NTH), ἐπίτρεψόν μοι | ἀπελθόντι πρῶτον (~NMVBTH) θάψαι τὸν πατέρα μου

9 61 ἀκολουθήσω σοι, κύριε

10 1 ἀνέδειξεν ὁ κύριος (+καὶ VBSTς) ἑτέρους ἑβδομήκοντα δύο (+[N²⁶NH]MB)

10 2 δεήθητε οὖν τοῦ κυρίου τοῦ θερισμοῦ

10 17 κύριε, καὶ τὰ δαιμόνια ὑποτάσσεται ἡμῖν ἐν τῷ ὀνόματί σου

10 21ᶜⁿἐξομολογοῦμαί σοι, πάτερ, κύριε τοῦ οὐρανοῦ καὶ τῆς γῆς

10 27ᵃἀγαπήσεις κύριον τὸν θεόν σου ἐξ ὅλης τῆς ([N²⁶]; —H) καρδίας σου

10 39 Μαριάμ, ἣ [N²⁶H] καὶ παρακαθεσθεῖσα πρὸς τοὺς πόδας τοῦ κυρίου (Ἰησοῦ ς) ἤκουεν τὸν λόγον αὐτοῦ

10 40 κύριε, οὐ μέλει σοι ⟨;⟩

10 41 ἀποκριθεὶς δὲ εἶπεν αὐτῇ ὁ κύριος (Ἰησοῦς Vς)

11 1 κύριε, δίδαξον ἡμᾶς προσεύχεσθαι

11 39 εἶπεν δὲ ὁ κύριος πρὸς αὐτόν

12 36 ὑμεῖς ὅμοιοι ἀνθρώποις προσδεχομένοις τὸν κύριον ἑαυτῶν

12 37ᵐμακάριοι οἱ δοῦλοι ἐκεῖνοι, οὓς ἐλθὼν ὁ κύριος εὑρήσει γρηγοροῦντας

12 41 κύριε, πρὸς ἡμᾶς τὴν παραβολὴν ταύτην λέγεις ἢ καὶ πρὸς πάντας; ↔

12 42 καὶ εἶπεν ὁ κύριος· ↔

12 42 τίς ἄρα ἐστὶν ὁ πιστὸς οἰκονόμος ... ὃν καταστήσει ὁ κύριος ἐπὶ τῆς θεραπείας αὐτοῦ ⟨;⟩

12 43ᵐμακάριος ὁ δοῦλος ἐκεῖνος, ὃν ἐλθὼν ὁ κύριος αὐτοῦ εὑρήσει ποιοῦντα οὕτως

12 45ᵐχρονίζει ὁ κύριός μου ἔρχεσθαι

12 46ᵐἥξει ὁ κύριος τοῦ δούλου ἐκείνου ἐν ἡμέρᾳ ᾗ οὐ προσδοκᾷ

12 47ᵐἐκεῖνος δὲ ὁ δοῦλος ὁ γνοὺς τὸ θέλημα τοῦ κυρίου αὐτοῦ (ἑαυ. ς)

13 8 κύριε, ἄφες αὐτὴν καὶ τοῦτο τὸ ἔτος

13 15 ἀπεκρίθη δὲ αὐτῷ ὁ κύριος καὶ εἶπεν

13 23 κύριε, εἰ ὀλίγοι οἱ σῳζόμενοι;

13 25ʳκύριε, κύριε (+Vς), ἄνοιξον ἡμῖν

13 35ˢεὐλογημένος ὁ ἐρχόμενος ἐν ὀνόματι κυρίου

14 21ᵐπαραγενόμενος ὁ δοῦλος ἀπήγγειλεν τῷ κυρίῳ αὐτοῦ ταῦτα

14 22ᵐκύριε, γέγονεν ὃ ἐπέταξας

14 23 εἶπεν ὁ κύριος πρὸς τὸν δοῦλον

16 3 τί ποιήσω, ὅτι ὁ κύριός μου ἀφαιρεῖται τὴν οἰκονομίαν ἀπ' ἐμοῦ;

16 5 προσκαλεσάμενος ἕνα ἕκαστον τῶν χρεοφειλετῶν τοῦ κυρίου ἑαυτοῦ ἔλεγεν τῷ πρώτῳ· ↔

Lc 16 5 πόσον ὀφείλεις τῷ κυρίῳ μου;

16 8 ἐπῄνεσεν ὁ κύριος τὸν οἰκονόμον τῆς ἀδικίας

16 13ᵇοὐδεὶς οἰκέτης δύναται δυσὶ κυρίοις δουλεύειν

17 5 εἶπαν οἱ ἀπόστολοι τῷ κυρίῳ

17 6 εἶπεν δὲ ὁ κύριος

17 37 ποῦ, κύριε;

18 6 εἶπεν δὲ ὁ κύριος

18 41 κύριε, ἵνα ἀναβλέψω

19 8 σταθεὶς δὲ Ζακχαῖος εἶπεν πρὸς τὸν κύριον· ↔

19 8 ἰδοὺ τὰ ἡμίσιά (ἡμίση NVSς) μου τῶν ὑπαρχόντων, κύριε, τοῖς [H] πτωχοῖς δίδωμι

19 16ᵐκύριε, ἡ μνᾶ σου δέκα προσηργάσατο μνᾶς

19 18ᵐἡ μνᾶ σου, κύριε, ἐποίησεν πέντε μνᾶς

19 20ᵐκύριε, ἰδοὺ ἡ μνᾶ σου

19 25 κύριε, ἔχει δέκα μνᾶς

19 31 ὁ κύριος αὐτοῦ χρείαν ἔχει

19 33ᶻλυόντων δὲ αὐτῶν τὸν πῶλον εἶπαν οἱ κύριοι αὐτοῦ πρὸς αὐτούς

19 34 ὁ κύριος αὐτοῦ χρείαν ἔχει

19 38ᵈˢεὐλογημένος ὁ | ἐρχόμενος ὁ (ἐρχ. VBSς; —T) βασιλεὺς ἐν ὀνόματι κυρίου

20 13 εἶπεν δὲ ὁ κύριος τοῦ ἀμπελῶνος

20 15 τί οὖν ποιήσει αὐτοῖς ὁ κύριος τοῦ ἀμπελῶνος;

20 37ᵇὡς λέγει κύριον τὸν θεὸν Ἀβραὰμ καὶ θεὸν Ἰσαάκ

20 42 εἶπεν (+ὁ VBSTς) κύριος ↔

20 42 τῷ κυρίῳ μου

20 44¹Δαυὶδ οὖν | κύριον αὐτὸν (~NMVSH) καλεῖ, καὶ πῶς | αὐτοῦ υἱός (~VBSς) ἐστιν;

22 31 * | εἶπεν δὲ ὁ κύριος (+Vς)

22 33 κύριε, μετὰ σοῦ ἕτοιμός εἰμι καὶ εἰς φυλακὴν ... πορεύεσθαι

22 38 κύριε, ἰδοὺ μάχαιραι ὧδε δύο

22 49 κύριε, εἰ πατάξομεν ἐν μαχαίρῃ;

22 61 στραφεὶς ὁ κύριος ἐνέβλεψεν τῷ Πέτρῳ, ↔

22 61ᵘκαὶ ὑπεμνήσθη ὁ Πέτρος τοῦ ῥήματος (N²⁶H; λόγου rl) τοῦ κυρίου

23 42 * μνήσθητί μου, κύριε (+Vς), ὅταν ἔλθῃς | εἰς τὴν βασιλείαν (ἐν τῇ -είᾳ MVBSTς) σου

24 3ʰεἰσελθοῦσαι δὲ οὐχ εὗρον τὸ σῶμα | τοῦ κυρίου Ἰησοῦ [VH]

24 34 ὄντως ἠγέρθη ὁ κύριος (~Vς)

Jo 1 23 εὐθύνατε τὴν ὁδὸν κυρίου

4 1 * ὡς οὖν ἔγνω ὁ κύριος (Ἰησοῦς N²⁶BT) ὅτι ἤκουσαν οἱ Φαρισαῖοι

4 11 κύριε, οὔτε ἄντλημα ἔχεις

4 15 κύριε, δός μοι τοῦτο τὸ ὕδωρ

4 19 κύριε, θεωρῶ ὅτι προφήτης εἶ σύ

4 49 κύριε, κατάβηθι πρὶν ἀποθανεῖν τὸ παιδίον μου

5 4ᵗ*|| ἄγγελος γὰρ κυρίου (+[V]B) κατὰ καιρὸν κατέβαινεν ἐν τῇ κολυμβήθρᾳ ((..+MVBς..))

5 7 κύριε, ἄνθρωπον οὐκ ἔχω

6 23 ὅπου ἔφαγον τὸν ἄρτον εὐχαριστήσαντος τοῦ κυρίου

6 34 κύριε, πάντοτε δὸς ἡμῖν τὸν ἄρτον τοῦτον

6 68 κύριε, πρὸς τίνα ἀπελευσόμεθα;

[8 11]ἡ δὲ εἶπεν οὐδείς, κύριε

9 36¹(εἰς τὸν υἱὸν τοῦ ἀνθρώπου) τίς ἐστιν, κύριε, ἵνα πιστεύσω εἰς αὐτόν;

9 38 πιστεύω, κύριε

Jo 11 2 ἦν δὲ Μαριὰμ ἡ ἀλείψασα τὸν κύριον μύρῳ

11 3 κύριε, ἴδε ὃν φιλεῖς ἀσθενεῖ

11 12 κύριε, εἰ κεκοίμηται, σωθήσεται

11 21 κύριε, εἰ ἦς ὧδε, ‖ οὐκ ἂν ἀπέθανεν (ἐτεθνήκει Sς) ὁ ἀδελφός μου ((~ Sς))

11 27ᵏˡ ναί, κύριε· ἐγὼ πεπίστευκα ὅτι σὺ εἶ ὁ χριστὸς ὁ υἱὸς τοῦ θεοῦ

11 32 κύριε, εἰ ἦς ὧδε, οὐκ ἄν μου ἀπέθανεν ὁ ἀδελφός

11 34 κύριε, ἔρχου καὶ ἴδε

11 39 κύριε, ἤδη ὄζει

12 13ˢ ὡσαννά, εὐλογημένος ὁ ἐρχόμενος ἐν ὀνόματι κυρίου

12 21 κύριε, θέλομεν τὸν Ἰησοῦν ἰδεῖν

12 38 κύριε, τίς ἐπίστευσεν τῇ ἀκοῇ ἡμῶν; ↔

12 38 καὶ ὁ βραχίων κυρίου τίνι ἀπεκαλύφθη;

13 6 κύριε, σύ μου νίπτεις τοὺς πόδας;

13 9 κύριε, μὴ τοὺς πόδας μου μόνον

13 13ᶠ ὑμεῖς φωνεῖτέ με· ὁ διδάσκαλος καὶ ὁ κύριος

13 14ᶠ εἰ οὖν ἐγὼ ἔνιψα ὑμῶν τοὺς πόδας ὁ κύριος καὶ ὁ διδάσκαλος

13 16ᵐ οὐκ ἔστιν δοῦλος μείζων τοῦ κυρίου αὐτοῦ

13 25 κύριε, τίς ἐστιν;

13 36 κύριε, ποῦ ὑπάγεις;

13 37 κύριε, διὰ τί οὐ δύναμαί σοι ἀκολουθῆσαι (-θεῖν Η) ἄρτι;

14 5 κύριε, οὐκ οἴδαμεν ποῦ ὑπάγεις

14 8 κύριε, δεῖξον ἡμῖν τὸν πατέρα

14 22 κύριε, καὶ ([Ν²⁶]; —Ης) τί γέγονεν ὅτι ἡμῖν μέλλεις ἐμφανίζειν σεαυτόν ⟨;⟩

15 15ᵐ ὁ δοῦλος οὐκ οἶδεν τί ποιεῖ αὐτοῦ ὁ κύριος

15 20ᵐ οὐκ ἔστιν δοῦλος μείζων τοῦ κυρίου αὐτοῦ

20 2 ἦραν τὸν κύριον ἐκ τοῦ μνημείου

20 13 ἦραν τὸν κύριόν μου

20 15 κύριε, εἰ σὺ ἐβάστασας αὐτόν, εἰπέ μοι

20 18 ἑώρακα (-κεν VSς) τὸν κύριον

20 20 ἐχάρησαν οὖν οἱ μαθηταὶ ἰδόντες τὸν κύριον

20 25 ἑωράκαμεν τὸν κύριον

20 28ᵇ ὁ κύριός μου καὶ ὁ θεός μου

21 7 ὁ κύριός ἐστιν. ↔

21 7 Σίμων οὖν Πέτρος, ἀκούσας ὅτι ὁ κύριός ἐστιν

21 12 εἰδότες ὅτι ὁ κύριός ἐστιν

21 15 ναί, κύριε, σὺ οἶδας ὅτι φιλῶ σε

21 16 ναί, κύριε, σὺ οἶδας ὅτι φιλῶ σε

21 17 κύριε, πάντα σὺ οἶδας

21 20 κύριε, τίς ἐστιν ὁ παραδιδούς σε;

21 21 κύριε, οὗτος δὲ τί;

Ac 1 6 κύριε, εἰ ἐν τῷ χρόνῳ τούτῳ ἀποκαθιστάνεις τὴν βασιλείαν τῷ Ἰσραήλ;

1 21ʰ ἐν παντὶ χρόνῳ (+ἐν ς) ᾧ εἰσῆλθεν καὶ ἐξῆλθεν ἐφ' ἡμᾶς ὁ κύριος Ἰησοῦς

1 24 σὺ κύριε καρδιογνῶστα πάντων, ἀνάδειξον ὃν ἐξελέξω

2 20ʷ πρὶν ἐλθεῖν (+τὴν VSς) ἡμέραν κυρίου τὴν μεγάλην

2 21ˢ πᾶς ὃς ἂν (N²⁶STς; ἐὰν rl) ἐπικαλέσηται τὸ ὄνομα κυρίου σωθήσεται

2 25 προορώμην τὸν κύριον (+μου Τ) ἐνώπιόν μου διὰ παντός

2 34 εἶπεν ὁ (+[Ν²⁶]VSς) κύριος ↔

Ac 2 34 τῷ κυρίῳ μου

2 36ᵇᵏ καὶ (—ς) κύριον αὐτὸν καὶ χριστὸν | ἐποίησεν ὁ θεός (~ Sς)

2 39ᵃ ὅσους ἂν προσκαλέσηται κύριος ὁ θεὸς ἡμῶν

2 47 ὁ δὲ κύριος προσετίθει τοὺς σῳζομένους

3 20 ὅπως ἂν ἔλθωσιν καιροὶ ἀναψύξεως ἀπὸ προσώπου τοῦ κυρίου

3 22ᵃ προφήτην ὑμῖν ἀναστήσει κύριος ὁ θεὸς ὑμῶν (N²⁶ς; —ΝΗ; ἡμῶν rl)

4 26ᵏ οἱ ἄρχοντες συνήχθησαν ἐπὶ τὸ αὐτὸ κατὰ τοῦ κυρίου καὶ κατὰ τοῦ χριστοῦ αὐτοῦ

4 29ᵐ κύριε, ἔπιδε ἐπὶ τὰς ἀπειλὰς αὐτῶν, καὶ δὸς τοῖς δούλοις σου

4 33ʰʲ δυνάμει μεγάλῃ ἀπεδίδουν τὸ μαρτύριον οἱ ἀπόστολοι ‖ τῆς ἀναστάσεως τοῦ κυρίου Ἰησοῦ (+Χριστοῦ Τ) ((~ ΝΜΗ Τ))

5 9 τί ὅτι συνεφωνήθη ὑμῖν πειράσαι τὸ πνεῦμα κυρίου;

5 14 μᾶλλον δὲ προσετίθεντο πιστεύοντες τῷ κυρίῳ

5 19ᵗ ἄγγελος δὲ κυρίου διὰ νυκτὸς ἀνοίξας (ἤνοιξε ΝΜVBHς) τὰς θύρας τῆς φυλακῆς

7 30ᵗ ὤφθη αὐτῷ ἐν τῇ ἐρήμῳ . . . ἄγγελος κυρίου (+[S]ς)

7 31 προσερχομένου δὲ αὐτοῦ κατανοῆσαι ἐγένετο φωνὴ κυρίου (+πρὸς αὐτὸν ς)

7 33 εἶπεν δὲ αὐτῷ ὁ κύριος

7 37ᵃ * προφήτην ὑμῖν ἀναστήσει κύριος (+ς) ὁ θεὸς (+ὑμῶν ς) ἐκ τῶν ἀδελφῶν ὑμῶν

7 49ʸ ποῖον οἶκον οἰκοδομήσετέ μοι, λέγει κύριος ⟨;⟩

7 59ʰ κύριε Ἰησοῦ, δέξαι τὸ πνεῦμά μου

7 60 κύριε, μὴ στήσῃς αὐτοῖς | ταύτην τὴν ἁμαρτίαν (~ VSτς)

8 16ʰˢ μόνον δὲ βεβαπτισμένοι ὑπῆρχον εἰς τὸ ὄνομα τοῦ κυρίου Ἰησοῦ

8 22 δεήθητι τοῦ κυρίου (θεοῦ ς)

8 24 δεήθητε ὑμεῖς ὑπὲρ ἐμοῦ πρὸς κύριον

8 25ᵘ διαμαρτυράμενοι καὶ λαλήσαντες τὸν λόγον τοῦ κυρίου

8 26ᵗ ἄγγελος δὲ κυρίου ἐλάλησεν πρὸς Φίλιππον

8 39 πνεῦμα κυρίου ἥρπασεν τὸν Φίλιππον

9 1 ὁ δὲ Σαῦλος ἔτι ἐμπνέων ἀπειλῆς καὶ φόνου εἰς τοὺς μαθητὰς τοῦ κυρίου

9 5 τίς εἶ κύριε; ↔

9 5 * ὁ δὲ | κύριος εἶπεν (+ς)

9 6 * | κύριε, τί με θέλεις ποιῆσαι; (. . +ς . .) ↔

9 6 * | καὶ ὁ κύριος πρὸς αὐτόν (. . +ς)

9 10 εἶπεν πρὸς αὐτὸν ἐν ὁράματι ὁ κύριος

9 10 ἰδοὺ ἐγώ, κύριε. ↔

9 11 ὁ δὲ κύριος πρὸς αὐτόν

9 13 κύριε, ἤκουσα (ἀκήκοα Sς) ἀπὸ πολλῶν περὶ τοῦ ἀνδρὸς τούτου

9 15 εἶπεν δὲ πρὸς αὐτὸν ὁ κύριος

9 17ʰ Σαοὺλ ἀδελφέ, ὁ κύριος ἀπέσταλκέν με, Ἰησοῦς

9 27 διηγήσατο αὐτοῖς πῶς ἐν τῇ ὁδῷ εἶδεν τὸν κύριον

9 28ʰˢ ἦν μετ' αὐτῶν εἰσπορευόμενος . . . παρρησιαζόμενος ἐν τῷ ὀνόματι τοῦ κυρίου (+Ἰησοῦ ς)

Ac 9 31 ἡ . . . ἐκκλησία καθ' ὅλης τῆς Ἰουδαίας . . . πορευομένη τῷ φόβῳ τοῦ κυρίου

9 35 οἵτινες ἐπέστρεψαν ἐπὶ τὸν κύριον

9 42 ἐπίστευσαν πολλοὶ ἐπὶ τὸν κύριον

10 4 τί ἐστιν, κύριε;

10 14 μηδαμῶς, κύριε

10 33 πάρεσμεν ἀκοῦσαι πάντα τὰ προστεταγμένα σοι ὑπὸ τοῦ κυρίου (θεοῦ ς)

10 36ᵖ οὗτός ἐστιν πάντων κύριος

10 48ˢ * προσέταξεν δὲ αὐτοὺς (αὐτοῖς Τ) ἐν τῷ ὀνόματι | τοῦ κυρίου (ς; Ἰησοῦ Χριστοῦ rl) βαπτισθῆναι

11 8 μηδαμῶς, κύριε

11 16ᵘ ἐμνήσθην δὲ τοῦ ῥήματος τοῦ (—ς) κυρίου

11 17ʲ ἡμῖν, πιστεύσασιν ἐπὶ τὸν κύριον Ἰησοῦν Χριστόν

11 20ʰ ἐλάλουν καὶ πρὸς τοὺς Ἑλληνιστάς (Ἕλληνας ΝΜΒΤ), εὐαγγελιζόμενοι τὸν κύριον Ἰησοῦν. ↔

11 21 καὶ ἦν χεὶρ κυρίου μετ' αὐτῶν. ↔

11 21 πολύς τε ἀριθμὸς ὁ ([S]; —ς) πιστεύσας ἐπέστρεψεν ἐπὶ τὸν κύριον

11 23 παρεκάλει πάντας τῇ προθέσει τῆς καρδίας προσμένειν [+ἐν Η] τῷ κυρίῳ

11 24 προσετέθη ὄχλος ἱκανὸς τῷ κυρίῳ

12 7ᵗ ἰδοὺ ἄγγελος κυρίου ἐπέστη

12 11 ἐξαπέστειλεν ὁ ([Ν²⁶V]; —STς) κύριος τὸν ἄγγελον αὐτοῦ

12 17 πῶς ὁ κύριος αὐτὸν ἐξήγαγεν ἐκ τῆς φυλακῆς

12 23ᵗ παραχρῆμα δὲ ἐπάταξεν αὐτὸν ἄγγελος κυρίου

12 24ᵘ * ὁ δὲ λόγος τοῦ κυρίου (ΝΗ; θεοῦ rl) ηὔξανεν καὶ ἐπληθύνετο

13 2 λειτουργούντων δὲ αὐτῶν τῷ κυρίῳ καὶ νηστευόντων

13 10 οὐ παύσῃ διαστρέφων τὰς ὁδοὺς τοῦ ([Ν²⁶]; —VBSTς) κυρίου τὰς εὐθείας; ↔

13 11 καὶ νῦν ἰδοὺ χεὶρ (+τοῦ ς) κυρίου ἐπὶ σέ

13 12 ἐκπλησσόμενος ἐπὶ τῇ διδαχῇ τοῦ κυρίου

13 44ᵘ πᾶσα ἡ πόλις συνήχθη ἀκοῦσαι τὸν λόγον τοῦ κυρίου (θεοῦ ΝΜV Ης)

13 47 οὕτως γὰρ ἐντέταλται ἡμῖν ὁ κύριος

13 48ᵘ τὰ ἔθνη . . . ἐδόξαζον τὸν λόγον τοῦ κυρίου (θεοῦ Η)

13 49ᵘ διεφέρετο δὲ ὁ λόγος τοῦ κυρίου δι' (καθ' Τ) ὅλης τῆς χώρας

14 3 παρρησιαζόμενοι ἐπὶ τῷ κυρίῳ τῷ μαρτυροῦντι ἐπὶ ([Ν²⁶]; —VS Ης) τῷ λόγῳ τῆς χάριτος αὐτοῦ

14 23 παρέθεντο αὐτοὺς τῷ κυρίῳ εἰς ὃν πεπιστεύκεισαν

14 25ᵘ * λαλήσαντες | ἐν Πέργῃ (εἰς τὴν Πέργην ΝΤ) τὸν λόγον | τοῦ κυρίου (+[V]S)

15 11ʰʲ ᵛ διὰ τῆς χάριτος τοῦ (—ς) κυρίου Ἰησοῦ (+Χριστοῦ ς) πιστεύομεν σωθῆναι

15 17 ὅπως ἂν ἐκζητήσωσιν οἱ κατάλοιποι τῶν ἀνθρώπων τὸν κύριον

15 17ʸ λέγει κύριος (+ὁ ΜVΒSς) ποιῶν ταῦτα ⟨γνωστὰ ἀπ' αἰῶνος⟩

15 26ᵘ ʲˢ ἀνθρώποις παραδεδωκόσι τὰς ψυχὰς αὐτῶν ὑπὲρ τοῦ ὀνόματος τοῦ κυρίου ἡμῶν Ἰησοῦ Χριστοῦ

Ac 15 35 u διδάσκοντες καὶ εὐαγγελιζόμενοι ... τὸν λόγον τοῦ κυρίου

15 36 u κατὰ πόλιν πᾶσαν ἐν αἷς κατηγγείλαμεν τὸν λόγον τοῦ κυρίου

15 40 v ἐξῆλθεν, παραδοθεὶς τῇ χάριτι τοῦ κυρίου (θεοῦ ς) ὑπὸ τῶν ἀδελφῶν

16 10 * ὅτι προσκέκληται ἡμᾶς ὁ κύριος (ς; θεὸς rl) εὐαγγελίσασθαι αὐτούς

16 14 γυνή ... ἧς ὁ κύριος διήνοιξεν τὴν καρδίαν

16 15 εἰ κεκρίκατέ με πιστὴν τῷ κυρίῳ εἶναι

16 16 z ἥτις ἐργασίαν πολλὴν παρεῖχεν τοῖς κυρίοις αὐτῆς μαντευομένη

16 19 z ἰδόντες δὲ οἱ κύριοι αὐτῆς ὅτι ἐξῆλθεν ἡ ἐλπὶς τῆς ἐργασίας αὐτῶν

16 30 z κύριοι, τί με δεῖ ποιεῖν ἵνα σωθῶ;

16 31 hj πίστευσον ἐπὶ τὸν κύριον Ἰησοῦν (+Χριστόν Sς)

16 32 u ἐλάλησαν αὐτῷ τὸν λόγον τοῦ κυρίου (θεοῦ NH)

17 24 bn ὁ θεός ... οὗτος οὐρανοῦ καὶ γῆς ὑπάρχων κύριος οὐκ ἐν χειροποιήτοις ναοῖς κατοικεῖ

17 27 * ζητεῖν τὸν κύριον (ς; θεόν rl), εἰ ἄρα γε ψηλαφήσειαν αὐτόν

18 8 Κρίσπος δὲ ὁ ἀρχισυνάγωγος ἐπίστευσεν τῷ κυρίῳ σὺν ὅλῳ τῷ οἴκῳ αὐτοῦ

18 9 εἶπεν δὲ ὁ κύριος ἐν νυκτὶ δι' ὁράματος τῷ Παύλῳ

18 25 ⟨Ἀπολλῶς⟩ οὗτος ἦν κατηχημένος τὴν ὁδὸν τοῦ κυρίου, ↔

18 25 x * καὶ ζέων τῷ πνεύματι ἐλάλει καὶ ἐδίδασκεν ἀκριβῶς τὰ περὶ τοῦ κυρίου (ς; Ἰησοῦ rl)

19 5 hs ἐβαπτίσθησαν εἰς τὸ ὄνομα τοῦ κυρίου Ἰησοῦ

19 10 hu ὥστε πάντας τοὺς κατοικοῦντας τὴν Ἀσίαν ἀκοῦσαι τὸν λόγον τοῦ κυρίου (+Ἰησοῦ ς)

19 13 hs ἐπεχείρησαν ... ὀνομάζειν ἐπὶ τοὺς ἔχοντας τὰ πνεύματα ... τὸ ὄνομα τοῦ κυρίου Ἰησοῦ

19 17 hs ἐμεγαλύνετο τὸ ὄνομα τοῦ κυρίου Ἰησοῦ

19 20 u οὕτως κατὰ κράτος | τοῦ κυρίου ὁ λόγος (~VBSς) ηὔξανεν καὶ ἴσχυεν

20 19 ⟨μεθ' ὑμῶν ... ἐγενόμην⟩ δουλεύων τῷ κυρίῳ μετὰ πάσης ταπεινοφροσύνης

20 21 bhj διαμαρτυρόμενος Ἰουδαίοις τε καὶ Ἕλλησιν τὴν ... πίστιν εἰς τὸν κύριον ἡμῶν Ἰησοῦν (+Χριστόν STς)

20 24 h τὴν διακονίαν ἣν ἔλαβον παρὰ τοῦ κυρίου Ἰησοῦ

20 28 * ποιμαίνειν τὴν ἐκκλησίαν τοῦ κυρίου (ST; θεοῦ rl)

20 32 *παρατίθεμαι ὑμᾶς τῷ κυρίῳ (NH; θεῷ rl) καὶ τῷ λόγῳ τῆς χάριτος αὐτοῦ

20 35 hu μνημονεύειν τε τῶν λόγων τοῦ κυρίου Ἰησοῦ

21 13 hs ἀποθανεῖν ... ἑτοίμως ἔχω ὑπὲρ τοῦ ὀνόματος τοῦ κυρίου Ἰησοῦ

21 14 τοῦ κυρίου τὸ θέλημα γινέσθω

21 20 * οἱ δὲ ἀκούσαντες ἐδόξαζον τὸν κύριον (ς; θεόν rl)

22 8 τίς εἶ, κύριε;

22 10 τί ποιήσω, κύριε; ↔

22 10 ὁ δὲ κύριος εἶπεν πρός με

22 16 s * ἀναστὰς βάπτισαι ... ἐπικαλεσάμενος τὸ ὄνομα | τοῦ κυρίου (ς; αὐτοῦ rl)

Ac 22 19 κύριε, αὐτοὶ ἐπίστανται ὅτι ἐγὼ ἤμην φυλακίζων

23 11 τῇ δὲ ἐπιούσῃ νυκτὶ ἐπιστὰς αὐτῷ ὁ κύριος εἶπεν

25 26 περὶ οὗ ἀσφαλές τι γράψαι τῷ κυρίῳ οὐκ ἔχω

26 15 τίς εἶ, κύριε; ↔

26 15 ὁ δὲ κύριος ([V]; —ς) εἶπεν

28 31 bhjx κηρύσσων τὴν βασιλείαν τοῦ θεοῦ καὶ διδάσκων τὰ περὶ τοῦ κυρίου Ἰησοῦ Χριστοῦ (—T)

Rm 1 4 jl ⟨περὶ τοῦ υἱοῦ αὐτοῦ⟩ Ἰησοῦ Χριστοῦ τοῦ κυρίου ἡμῶν

1 7 bcj χάρις ὑμῖν καὶ εἰρήνη ἀπὸ θεοῦ πατρὸς ἡμῶν καὶ κυρίου Ἰησοῦ Χριστοῦ

4 8 μακάριος ἀνὴρ οὗ (ᾧ VSς) οὐ μὴ λογίσηται κύριος ἁμαρτίαν

4 24 h τοῖς πιστεύουσιν ἐπὶ τὸν ἐγείραντα Ἰησοῦν τὸν κύριον ἡμῶν ἐκ νεκρῶν

5 1 bj εἰρήνην ἔχομεν (-ωμεν MVBSTH) πρὸς τὸν θεὸν διὰ τοῦ κυρίου ἡμῶν Ἰησοῦ Χριστοῦ

5 11 bhj καυχώμενοι ἐν τῷ θεῷ διὰ τοῦ κυρίου ἡμῶν Ἰησοῦ Χριστοῦ [NH]

5 21 j ἵνα ... ἡ χάρις βασιλεύσῃ ... διὰ Ἰησοῦ Χριστοῦ τοῦ κυρίου ἡμῶν

6 11 bj * ζῶντας δὲ τῷ θεῷ ἐν Χριστῷ Ἰησοῦ | τῷ κυρίῳ ἡμῶν (+[V] Sς)

6 23 bj τὸ δὲ χάρισμα τοῦ θεοῦ ζωὴ αἰώνιος ἐν Χριστῷ Ἰησοῦ τῷ κυρίῳ ἡμῶν

7 25 bj χάρις (εὐχαριστῶ Sς) δὲ (+N26 V[H]) τῷ θεῷ διὰ Ἰησοῦ Χριστοῦ τοῦ κυρίου ἡμῶν

8 39 bj χωρίσαι ἀπὸ τῆς ἀγάπης τοῦ θεοῦ τῆς ἐν Χριστῷ Ἰησοῦ τῷ κυρίῳ ἡμῶν

9 28 λόγον γὰρ συντελῶν καὶ συντέμνων ποιήσει κύριος ἐπὶ τῆς γῆς

9 29 εἰ μὴ κύριος σαβαὼθ ἐγκατέλιπεν ἡμῖν σπέρμα

10 9 h ἐὰν ὁμολογήσῃς (+τὸ ῥῆμα H) ἐν τῷ στόματί σου | κύριον Ἰησοῦν (ὅτι κ-ος Ἰησοῦς H)

10 12 p ὁ γὰρ αὐτὸς κύριος πάντων

10 13 s πᾶς γὰρ ὃς ἂν ἐπικαλέσηται τὸ ὄνομα κυρίου σωθήσεται

10 16 κύριε, τίς ἐπίστευσεν τῇ ἀκοῇ ἡμῶν;

11 3 κύριε, τοὺς προφήτας σου ἀπέκτειναν

11 34 τίς γὰρ ἔγνω νοῦν κυρίου;

12 11 τῷ πνεύματι ζέοντες, τῷ κυρίῳ δουλεύοντες

12 19 v ἐμοὶ ἐκδίκησις, ἐγὼ ἀνταποδώσω, λέγει κύριος

13 14 j ἐνδύσασθε τὸν κύριον Ἰησοῦν Χριστόν

14 4 τῷ ἰδίῳ κυρίῳ στήκει ἢ πίπτει

14 4 δυνατεῖ γὰρ ὁ κύριος (θεὸς ς) στῆσαι αὐτόν

14 6 ὁ φρονῶν τὴν ἡμέραν κυρίῳ φρονεῖ ↔

14 6 * | καὶ ὁ μὴ φρονῶν τὴν ἡμέραν κυρίῳ οὐ φρονεῖ (+[S]ς). ↔

14 6 b καὶ ὁ ἐσθίων κυρίῳ ἐσθίει

14 6 ὁ μὴ ἐσθίων κυρίῳ οὐκ ἐσθίει

14 8 ἐάν τε γὰρ ζῶμεν, τῷ κυρίῳ ζῶμεν,

14 8 ἐάν τε ἀποθνήσκωμεν, τῷ κυρίῳ ἀποθνήσκομεν

14 8 ἐάν τε ἀποθνήσκωμεν, τοῦ κυρίου ἐσμέν

Rm 14 11 y ζῶ ἐγώ, λέγει κύριος, ὅτι ἐμοὶ κάμψει πᾶν γόνυ

14 14 h οἶδα καὶ πέπεισμαι ἐν κυρίῳ Ἰησοῦ

15 6 bcj ἵνα ... δοξάζητε τὸν θεὸν καὶ πατέρα τοῦ κυρίου ἡμῶν Ἰησοῦ Χριστοῦ

15 11 αἰνεῖτε, πάντα τὰ ἔθνη, τὸν κύριον

15 30 j παρακαλῶ δὲ ὑμᾶς, ἀδελφοί, [N26 NH] διὰ τοῦ κυρίου ἡμῶν Ἰησοῦ Χριστοῦ

16 2 q ἵνα | αὐτὴν προσδέξησθε (~H) ἐν κυρίῳ ἀξίως τῶν ἁγίων

16 8 q ἀσπάσασθε Ἀμπλιᾶτον τὸν ἀγαπητόν μου ἐν κυρίῳ

16 11 q ἀσπάσασθε τοὺς ἐκ τῶν Ναρκίσσου τοὺς ὄντας ἐν κυρίῳ. ↔

16 12 q ἀσπάσασθε Τρύφαιναν καὶ Τρυφῶσαν τὰς κοπιώσας ἐν κυρίῳ. ↔

16 12 q ἀσπάσασθε Περσίδα τὴν ἀγαπητήν, ἥτις πολλὰ ἐκοπίασεν ἐν κυρίῳ. ↔

16 13 q ἀσπάσασθε Ῥοῦφον τὸν ἐκλεκτὸν ἐν κυρίῳ

16 18 gj οἱ γὰρ τοιοῦτοι τῷ κυρίῳ ἡμῶν (+Ἰησοῦ ς) Χριστῷ οὐ δουλεύουσιν

16 20 hj ἡ χάρις τοῦ κυρίου ἡμῶν Ἰησοῦ (+Χριστοῦ MVBSς) μεθ' ὑμῶν

16 22 q ἀσπάζομαι ὑμᾶς ἐγὼ Τέρτιος ὁ γράψας τὴν ἐπιστολὴν ἐν κυρίῳ

16 24 jv | ἡ χάρις τοῦ κυρίου ἡμῶν Ἰησοῦ Χριστοῦ μετὰ πάντων ὑμῶν. ἀμήν (+ς)

1C 1 2 js σὺν πᾶσιν τοῖς ἐπικαλουμένοις τὸ ὄνομα τοῦ κυρίου ἡμῶν Ἰησοῦ Χριστοῦ ἐν παντὶ τόπῳ

1 3 bcj χάρις ὑμῖν καὶ εἰρήνη ἀπὸ θεοῦ πατρὸς ἡμῶν καὶ κυρίου Ἰησοῦ Χριστοῦ

1 7 j ἀπεκδεχομένους τὴν ἀποκάλυψιν τοῦ κυρίου ἡμῶν Ἰησοῦ Χριστοῦ

1 8 hjw ἀνεγκλήτους ἐν τῇ ἡμέρᾳ τοῦ κυρίου ἡμῶν Ἰησοῦ Χριστοῦ [N26 NH]

1 9 jl δι' οὗ ἐκλήθητε εἰς κοινωνίαν τοῦ υἱοῦ αὐτοῦ Ἰησοῦ Χριστοῦ τοῦ κυρίου ἡμῶν. ↔

1 10 js παρακαλῶ δὲ ὑμᾶς, ἀδελφοί, διὰ τοῦ ὀνόματος τοῦ κυρίου ἡμῶν Ἰησοῦ Χριστοῦ

1 31 q ὁ καυχώμενος ἐν κυρίῳ καυχάσθω

2 8 εἰ γὰρ ἔγνωσαν, οὐκ ἂν τὸν κύριον τῆς δόξης ἐσταύρωσαν

2 16 τίς γὰρ ἔγνω νοῦν κυρίου, ὃς συμβιβάσει αὐτόν;

3 5 διάκονοι δι' ὧν ἐπιστεύσατε, καὶ ἑκάστῳ ὡς ὁ κύριος ἔδωκεν

3 20 κύριος γινώσκει τοὺς διαλογισμοὺς τῶν σοφῶν

4 4 ὁ δὲ ἀνακρίνων με κύριός ἐστιν

4 5 ἕως ἂν ἔλθῃ ὁ κύριος

4 17 q Τιμόθεον, ὅς ἐστίν μου τέκνον ἀγαπητὸν καὶ πιστὸν ἐν κυρίῳ

4 19 ἐὰν ὁ κύριος θελήσῃ

5 4 hjs ἐν τῷ ὀνόματι τοῦ κυρίου ἡμῶν (+[N26VSH]MBς) Ἰησοῦ (+Χριστοῦ BSς)

5 4 hj σὺν τῇ δυνάμει τοῦ κυρίου ἡμῶν Ἰησοῦ (+Χριστοῦ ς)

5 5 h w ἵνα τὸ πνεῦμα σωθῇ ἐν τῇ ἡμέρᾳ τοῦ κυρίου (+Ἰησοῦ [M]VBSTς)

6 11 bhjs ἐδικαιώθητε ἐν τῷ ὀνόματι τοῦ κυρίου (+ἡμῶν [MVH]B) Ἰησοῦ Χριστοῦ (—ς)

1C

6 13 τὸ δὲ σῶμα οὐ τῇ πορνείᾳ, ἀλλὰ τῷ κυρίῳ, ↔

6 13 καὶ ὁ κύριος τῷ σώματι· ↔

6 14 ὁ δὲ θεὸς καὶ τὸν κύριον ἤγειρεν

6 17 ὁ δὲ κολλώμενος τῷ κυρίῳ ἓν πνεῦμά ἐστιν

7 10 τοῖς δὲ γεγαμηκόσιν παραγγέλλω, οὐκ ἐγὼ ἀλλὰ ὁ κύριος

7 12 τοῖς δὲ λοιποῖς λέγω ἐγώ, οὐχ ὁ κύριος

7 17ᵇ εἰ μὴ ἑκάστῳ ὡς ἐμέρισεν (μεμέρικεν NTH) ὁ κύριος (θεὸς ς), ἕκαστον ὡς κέκληκεν ὁ θεός (κύριος ς)

7 22ᵃ ὁ γὰρ ἐν κυρίῳ κληθεὶς δοῦλος ↔

7 22 ἀπελεύθερος κυρίου ἐστίν

7 25 περὶ δὲ τῶν παρθένων ἐπιταγὴν κυρίου οὐκ ἔχω, ↔

7 25 γνώμην δὲ δίδωμι ὡς ἠλεημένος ὑπὸ κυρίου πιστὸς εἶναι

7 32ˣ ὁ ἄγαμος μεριμνᾷ τὰ τοῦ κυρίου, ↔

7 32 πῶς ἀρέσῃ τῷ κυρίῳ

7 34ˣ ἡ παρθένος (+ἡ ἄγαμος STς) μεριμνᾷ τὰ τοῦ κυρίου

7 35 λέγω ... πρὸς τὸ εὔσχημον καὶ εὐπάρεδρον τῷ κυρίῳ ἀπερισπάστως

7 39ᵃ ἐλευθέρα ἐστὶν ᾧ θέλει γαμηθῆναι, μόνον ἐν κυρίῳ

8 5ᵇᶻ ὥσπερ εἰσὶν θεοὶ πολλοὶ καὶ κύριοι πολλοί, ↔

8 6ᵇᶜʲ ἀλλ' [H] ἡμῖν ... εἷς κύριος Ἰησοῦς Χριστός, δι' οὗ τὰ πάντα

9 1ʰʲ οὐχὶ Ἰησοῦν (+Χριστὸν ς) τὸν κύριον ἡμῶν ἑόρακα; ↔

9 1ᵃ οὐ τὸ ἔργον μου ὑμεῖς ἐστε ἐν κυρίῳ;

9 2ᵃ ἡ γὰρ σφραγίς μου τῆς ἀποστολῆς ὑμεῖς ἐστε ἐν κυρίῳ

9 5 ὡς καὶ οἱ λοιποὶ ἀπόστολοι καὶ οἱ ἀδελφοὶ τοῦ κυρίου

9 14 οὕτως καὶ ὁ κύριος διέταξεν τοῖς τὸ εὐαγγέλιον καταγγέλλουσιν ἐκ τοῦ εὐαγγελίου ζῆν

10 9 * μηδὲ ἐκπειράζωμεν τὸν κύριον (Χριστὸν N²⁶ς)

10 21 οὐ δύνασθε ποτήριον κυρίου πίνειν καὶ ποτήριον δαιμονίων·

10 21 οὐ δύνασθε τραπέζης κυρίου μετέχειν καὶ τραπέζης δαιμονίων. ↔

10 22 ἢ παραζηλοῦμεν τὸν κύριον;

10 26 τοῦ | κυρίου γὰρ (~ς) ἡ γῆ καὶ τὸ πλήρωμα αὐτῆς

10 28 * | τοῦ γὰρ κυρίου ἡ γῆ καὶ τὸ πλήρωμα αὐτῆς (+ς)

11 11ᵃ πλὴν οὔτε γυνὴ χωρὶς ἀνδρὸς οὔτε ἀνὴρ χωρὶς γυναικὸς ἐν κυρίῳ

11 23 ἐγὼ γὰρ παρέλαβον ἀπὸ τοῦ κυρίου, ὃ καὶ παρέδωκα ὑμῖν,

11 23ʰ ὅτι ὁ κύριος Ἰησοῦς ἐν τῇ νυκτὶ ᾗ παρεδίδετο ἔλαβεν ἄρτον

11 26 τὸν θάνατον τοῦ κυρίου καταγγέλλετε

11 27 ὃς ἂν ... πίνῃ τὸ ποτήριον τοῦ κυρίου ἀναξίως, ↔

11 27 ἔνοχος ἔσται τοῦ σώματος καὶ τοῦ αἵματος τοῦ κυρίου

11 29 * κρίμα ἑαυτῷ ἐσθίει ... μὴ διακρίνων τὸ σῶμα | τοῦ κυρίου (+ς)

11 32 κρινόμενοι δὲ ὑπὸ τοῦ [N²⁶] κυρίου παιδευόμεθα

12 3ʰ οὐδεὶς δύναται εἰπεῖν· | κύριος Ἰησοῦς (κ-ον Ἰησοῦν ς), εἰ μὴ ἐν πνεύματι ἁγίῳ

1C

12 5 διαιρέσεις διακονιῶν εἰσιν, καὶ ὁ αὐτὸς κύριος

14 21ʸ οὐδ' οὕτως εἰσακούσονταί μου, λέγει κύριος

14 37 (+τοῦ ς) κυρίου ἐστὶν (εἰσὶν ς) ἐντολή (-λαί ς; —T)

15 31ʲ τὴν ὑμετέραν καύχησιν, ἀδελφοί ([N²⁶]; —ς), ἣν ἔχω ἐν Χριστῷ Ἰησοῦ τῷ κυρίῳ ἡμῶν

15 47 * ὁ δεύτερος ἄνθρωπος | ὁ κύριος (+ς) ἐξ οὐρανοῦ

15 57ᵇʲ τῷ δὲ θεῷ χάρις τῷ διδόντι ἡμῖν τὸ νῖκος διὰ τοῦ κυρίου ἡμῶν Ἰησοῦ Χριστοῦ

15 58 περισσεύοντες ἐν τῷ ἔργῳ τοῦ κυρίου πάντοτε

15 58ᵃ ὁ κόπος ὑμῶν οὐκ ἔστιν κενὸς ἐν κυρίῳ

16 7 ἐὰν ὁ κύριος ἐπιτρέψῃ

16 10 τὸ γὰρ ἔργον κυρίου ἐργάζεται ὡς κἀγώ (ἐγώ H)

16 19ᵃ ἀσπάζεται ὑμᾶς ἐν κυρίῳ πολλὰ Ἀκύλας καὶ Πρίσκα

16 22ʲ εἴ τις οὐ φιλεῖ τὸν κύριον (+Ἰησοῦν Χριστόν ς)

16 23ʰʲᵛ ἡ χάρις τοῦ κυρίου Ἰησοῦ (+Χριστοῦ ς) μεθ' ὑμῶν

2C

1 2ᵇᶜʲ χάρις ὑμῖν καὶ εἰρήνη ἀπὸ θεοῦ πατρὸς ἡμῶν καὶ κυρίου Ἰησοῦ Χριστοῦ. ↔

1 3ᵇᶜʲ εὐλογητὸς ὁ θεὸς καὶ πατὴρ τοῦ κυρίου ἡμῶν Ἰησοῦ Χριστοῦ

1 14ʰʷ καύχημα ὑμῶν ἐσμεν ... ἐν τῇ ἡμέρᾳ τοῦ κυρίου ἡμῶν ([N²⁶]; —ς) Ἰησοῦ

2 12ᵃ θύρας μοι ἀνεῳγμένης ἐν κυρίῳ

3 16 ἡνίκα δὲ ἐὰν (ἂν BSς) ἐπιστρέψῃ πρὸς κύριον, περιαιρεῖται τὸ κάλυμμα. ↔

3 17 ὁ δὲ κύριος τὸ πνεῦμά ἐστιν· ↔

3 17 οὗ δὲ τὸ πνεῦμα κυρίου, ἐλευθερία. ↔

3 18 ἡμεῖς δὲ πάντες ἀνακεκαλυμμένῳ προσώπῳ τὴν δόξαν κυρίου κατοπτριζόμενοι ↔

3 18 τὴν αὐτὴν εἰκόνα μεταμορφούμεθα ἀπὸ δόξης εἰς δόξαν, καθάπερ ἀπὸ κυρίου πνεύματος

4 5ʲ οὐ γὰρ ἑαυτοὺς κηρύσσομεν ἀλλὰ | Ἰησοῦν Χριστὸν (~ NMVSTHς) κύριον

4 10ʰ * πάντοτε τὴν νέκρωσιν τοῦ κυρίου (+ς) Ἰησοῦ ἐν τῷ σώματι περιφέροντες

4 14ʰ ὁ ἐγείρας τὸν κύριον [MH] Ἰησοῦν καὶ ἡμᾶς σὺν Ἰησοῦ ἐγερεῖ

5 6 ἐνδημοῦντες ἐν τῷ σώματι ἐκδημοῦμεν ἀπὸ τοῦ κυρίου

5 8 εὐδοκοῦμεν μᾶλλον ἐκδημῆσαι ἐκ τοῦ σώματος καὶ ἐνδημῆσαι πρὸς τὸν κύριον

5 11 εἰδότες οὖν τὸν φόβον τοῦ κυρίου ἀνθρώπους πείθομεν

6 17ʸ διὸ ἐξέλθατε ἐκ μέσου αὐτῶν καὶ ἀφορίσθητε, λέγει κύριος

6 18ʸ ὑμεῖς ἔσεσθέ μοι εἰς υἱοὺς καὶ θυγατέρας, λέγει κύριος παντοκράτωρ

8 5 ἀλλ' ἑαυτοὺς ἔδωκαν πρῶτον τῷ κυρίῳ καὶ ἡμῖν διὰ θελήματος θεοῦ

8 9ʰʲᵛ γινώσκετε γὰρ τὴν χάριν τοῦ κυρίου ἡμῶν Ἰησοῦ Χριστοῦ [NH]

8 19 σὺν (N²⁶BTς; ἐν rl) τῇ χάριτι ταύτῃ τῇ διακονουμένῃ ὑφ' ἡμῶν πρὸς τὴν αὐτοῦ ([N²⁶]; —H) τοῦ κυρίου δόξαν

2C

8 21 προνοοῦμεν γὰρ καλὰ οὐ μόνον ἐνώπιον κυρίου ἀλλὰ καὶ ἐνώπιον ἀνθρώπων

10 8 περὶ τῆς ἐξουσίας ἡμῶν, ἧς ἔδωκεν ὁ κύριος εἰς οἰκοδομήν

10 17ᵃ ὁ δὲ καυχώμενος ἐν κυρίῳ καυχάσθω· ↔

10 18 οὐ γὰρ ὁ ἑαυτὸν συνιστάνων, ἐκεῖνός ἐστιν δόκιμος, ἀλλὰ ὃν ὁ κύριος συνίστησιν

11 17ᵃ ὁ λαλῶ, οὐ κατὰ κύριον λαλῶ, ἀλλ' ὡς ἐν ἀφροσύνῃ

11 31ᵇᶜʰʲ ὁ θεὸς καὶ πατὴρ τοῦ κυρίου Ἰησοῦ (ἡμῶν Ἰ. Χριστοῦ ς) οἶδεν ... ὅτι οὐ ψεύδομαι

12 1 ἐλεύσομαι δὲ (γὰρ Sς) εἰς ὀπτασίας καὶ ἀποκαλύψεις κυρίου

12 8 ὑπὲρ τούτου τρὶς τὸν κύριον παρεκάλεσα

13 10 κατὰ τὴν ἐξουσίαν ἣν ὁ κύριος ἔδωκέν μοι εἰς οἰκοδομήν

13 13ᵇʰʲᵛ ἡ χάρις τοῦ κυρίου Ἰησοῦ Χριστοῦ [H] καὶ ἡ ἀγάπη τοῦ θεοῦ

G

1 3ᵇᶜʲ χάρις ὑμῖν καὶ εἰρήνη ἀπὸ θεοῦ πατρὸς | ἡμῶν καὶ κυρίου (~ BTς) Ἰησοῦ Χριστοῦ

1 19 ἕτερον δὲ τῶν ἀποστόλων οὐκ εἶδον, εἰ μὴ Ἰάκωβον τὸν ἀδελφὸν τοῦ κυρίου

4 1ᵐ ἐφ' ὅσον χρόνον ὁ κληρονόμος νήπιός ἐστιν, οὐδὲν διαφέρει δούλου κύριος πάντων ὤν

5 10ᵃ ἐγὼ πέποιθα εἰς ὑμᾶς ἐν κυρίῳ ὅτι οὐδὲν ἄλλο φρονήσετε

6 14ʲ ἐμοὶ δὲ μὴ γένοιτο καυχᾶσθαι εἰ μὴ ἐν τῷ σταυρῷ τοῦ κυρίου ἡμῶν Ἰησοῦ Χριστοῦ

6 17ʰ * ἐγὼ γὰρ τὰ στίγματα τοῦ κυρίου (+[V]BSς) Ἰησοῦ ἐν τῷ σώματί μου βαστάζω. ↔

6 18ʲᵛ ἡ χάρις τοῦ κυρίου ἡμῶν [H] Ἰησοῦ Χριστοῦ μετὰ τοῦ πνεύματος ὑμῶν

E

1 2ᵇᶜʲ χάρις ὑμῖν καὶ εἰρήνη ἀπὸ θεοῦ πατρὸς ἡμῶν καὶ κυρίου Ἰησοῦ Χριστοῦ. ↔

1 3ᵇᶜʲ εὐλογητὸς ὁ θεὸς καὶ πατὴρ τοῦ κυρίου ἡμῶν Ἰησοῦ Χριστοῦ

1 15ʰ ἀκούσας τὴν καθ' ὑμᾶς πίστιν ἐν τῷ κυρίῳ Ἰησοῦ

1 17ᵇᶜʲ ἵνα ὁ θεὸς τοῦ κυρίου ἡμῶν Ἰησοῦ Χριστοῦ ... δῴη (N²⁶; δώῃ rl) ὑμῖν πνεῦμα σοφίας

2 21 ἐν ᾧ πᾶσα οἰκοδομὴ συναρμολογουμένη αὔξει εἰς ναὸν ἅγιον ἐν κυρίῳ

3 11ʲ ἣν ἐποίησεν ἐν τῷ (—ς) Χριστῷ Ἰησοῦ τῷ κυρίῳ ἡμῶν

3 14ᶜʲ * κάμπτω τὰ γόνατά μου πρὸς τὸν πατέρα | τοῦ κυρίου ἡμῶν Ἰησοῦ Χριστοῦ (+ς)

4 1ᵃ παρακαλῶ οὖν ὑμᾶς ἐγὼ ὁ δέσμιος ἐν κυρίῳ ἀξίως περιπατῆσαι τῆς κλήσεως

4 5ᵇ εἷς κύριος, μία πίστις, ἓν βάπτισμα

4 17ᵃ τοῦτο οὖν λέγω καὶ μαρτύρομαι ἐν κυρίῳ

5 8ᵃ ἦτε γάρ ποτε σκότος, νῦν δὲ φῶς ἐν κυρίῳ

5 10 δοκιμάζοντες τί ἐστιν εὐάρεστον τῷ κυρίῳ

5 17 συνίετε τί τὸ θέλημα τοῦ κυρίου

5 19 ᾄδοντες καὶ ψάλλοντες (+ἐν MVB[S]ς) τῇ καρδίᾳ ὑμῶν τῷ κυρίῳ, ↔

E	

E

5 20^{bcjs} εὐχαριστοῦντες πάντοτε ... ἐν ὀνόματι τοῦ κυρίου ἡμῶν Ἰησοῦ Χριστοῦ τῷ θεῷ καὶ πατρί

5 22 αἱ γυναῖκες τοῖς ἰδίοις ἀνδράσιν (+ὑποτασσέσθωσαν MVBS; ὑποτάσσεσθε ς) ὡς τῷ κυρίῳ

5 29 * ἐκτρέφει ... αὐτήν, καθὼς καὶ ὁ κύριος (Sς; Χριστὸς rl) τὴν ἐκκλησίαν

6 1^q τὰ τέκνα, ὑπακούετε τοῖς γονεῦσιν ὑμῶν | ἐν κυρίῳ [N^{26}NH]

6 4 οἱ πατέρες ... ἐκτρέφετε αὐτὰ ἐν παιδείᾳ καὶ νουθεσίᾳ κυρίου. ↔

6 5^{mz} οἱ δοῦλοι, ὑπακούετε τοῖς | κατὰ σάρκα κυρίοις (~Sς) ... ὡς τῷ Χριστῷ

6 7 μετ' εὐνοίας δουλεύοντες ὡς (—ς) τῷ κυρίῳ καὶ οὐκ ἀνθρώποις

6 8 τοῦτο κομίσεται (-ιεῖται Sς) παρὰ (+τοῦ ς) κυρίου, εἴτε δοῦλος εἴτε ἐλεύθερος. ↔

6 9^z καὶ οἱ κύριοι, τὰ αὐτὰ ποιεῖτε πρὸς αὐτούς

6 9 καὶ | αὐτῶν καὶ ὑμῶν (ὑμῶν αὐτῶν ς) ὁ κύριός ἐστιν ἐν οὐρανοῖς

6 10 ἐνδυναμοῦσθε ἐν κυρίῳ καὶ ἐν τῷ κράτει τῆς ἰσχύος αὐτοῦ

6 21^q πάντα | γνωρίσει ὑμῖν (~Sς) Τύχικος ὁ ... πιστὸς διάκονος ἐν κυρίῳ

6 23^{bcj} εἰρήνη τοῖς ἀδελφοῖς ... ἀπὸ θεοῦ πατρὸς καὶ κυρίου Ἰησοῦ Χριστοῦ. ↔

6 24^j ἡ χάρις μετὰ πάντων τῶν ἀγαπώντων τὸν κύριον ἡμῶν Ἰησοῦν Χριστὸν ἐν ἀφθαρσίᾳ

Ph

1 2^{bcj} χάρις ὑμῖν καὶ εἰρήνη ἀπὸ θεοῦ πατρὸς ἡμῶν καὶ κυρίου Ἰησοῦ Χριστοῦ

1 14^q τοὺς πλείονας τῶν ἀδελφῶν ἐν κυρίῳ πεποιθότας τοῖς δεσμοῖς μου

2 11^{bcj} κύριος Ἰησοῦς Χριστὸς εἰς δόξαν θεοῦ πατρός

2 19^{ha} ἐλπίζω δὲ ἐν κυρίῳ Ἰησοῦ Τιμόθεον ταχέως πέμψαι ὑμῖν

2 24^q πέποιθα δὲ ἐν κυρίῳ ὅτι καὶ αὐτὸς ταχέως ἐλεύσομαι

2 29^q προσδέχεσθε οὖν αὐτὸν ἐν κυρίῳ μετὰ πάσης χαρᾶς

2 30 *διὰ τὸ ἔργον κυρίου (H; Χριστοῦ rl) μέχρι θανάτου ἤγγισεν

3 1^q ἀδελφοί μου, χαίρετε ἐν κυρίῳ

3 8^j ἡγοῦμαι πάντα ζημίαν εἶναι διὰ τὸ ὑπερέχον τῆς γνώσεως Χριστοῦ Ἰησοῦ τοῦ κυρίου μου

3 20^{ej} ἐξ οὗ καὶ σωτῆρα ἀπεκδεχόμεθα κύριον Ἰησοῦν Χριστόν

4 1^q οὕτως στήκετε ἐν κυρίῳ, ἀγαπητοί. ↔

4 2^q Εὐοδίαν παρακαλῶ καὶ Συντύχην παρακαλῶ τὸ αὐτὸ φρονεῖν ἐν κυρίῳ

4 4^q χαίρετε ἐν κυρίῳ πάντοτε

4 5 ὁ κύριος ἐγγύς

4 10^q ἐχάρην δὲ ἐν κυρίῳ μεγάλως

4 23^{jv} ἡ χάρις τοῦ κυρίου (+ἡμῶν ς) Ἰησοῦ Χριστοῦ μετὰ τοῦ πνεύματος ὑμῶν

Cl

1 2^{bcj} *χάρις ὑμῖν καὶ εἰρήνη ἀπὸ θεοῦ πατρὸς ἡμῶν | καὶ κυρίου Ἰησοῦ Χριστοῦ (+ς). ↔

1 3^{bcj} εὐχαριστοῦμεν τῷ θεῷ (+καὶ MVBSTς) πατρὶ τοῦ κυρίου ἡμῶν Ἰησοῦ Χριστοῦ [NH]

Cl

1 10 περιπατῆσαι ἀξίως τοῦ κυρίου εἰς πᾶσαν ἀρεσκείαν

2 6^j ὡς οὖν παρελάβετε τὸν Χριστὸν Ἰησοῦν τὸν κύριον

3 13 καθὼς καὶ ὁ κύριος (Χριστὸς VSTς) ἐχαρίσατο ὑμῖν οὕτως καὶ ὑμεῖς

3 16 *ᾄδοντες ἐν ταῖς καρδίαις ὑμῶν τῷ κυρίῳ (ς; θεῷ rl)· ↔

3 17^{bchs} καὶ πᾶν ὅ τι ἐὰν (ἂν BSTς) ποιῆτε ... πάντα ἐν ὀνόματι κυρίου Ἰησοῦ

3 18^q αἱ γυναῖκες, ὑποτάσσεσθε τοῖς ἀνδράσιν, ὡς ἀνῆκεν ἐν κυρίῳ

3 20^q τοῦτο γὰρ εὐάρεστόν ἐστιν ἐν (τῷ ς) κυρίῳ

3 22^{mz} οἱ δοῦλοι, ὑπακούετε κατὰ πάντα τοῖς κατὰ σάρκα κυρίοις

3 22 ἐν ἁπλότητι καρδίας φοβούμενοι τὸν κύριον (θεόν ς). ↔

3 23 ὃ ἐὰν ποιῆτε, ἐκ ψυχῆς ἐργάζεσθε ὡς τῷ κυρίῳ καὶ οὐκ ἀνθρώποις

3 24 ἀπὸ κυρίου ἀπολήμψεσθε τὴν ἀνταπόδοσιν τῆς κληρονομίας. ↔

3 24^k τῷ (+γὰρ Sς) κυρίῳ Χριστῷ δουλεύετε

4 1^{mz} οἱ κύριοι, τὸ δίκαιον καὶ τὴν ἰσότητα τοῖς δούλοις παρέχεσθε

4 1 καὶ ὑμεῖς ἔχετε κύριον ἐν οὐρανῷ

4 7^{mq} τὰ κατ' ἐμὲ πάντα γνωρίσει ὑμῖν Τύχικος ὁ ... σύνδουλος ἐν κυρίῳ

4 17 βλέπε τὴν διακονίαν ἣν παρέλαβες ἐν κυρίῳ

1Th

1 1^{bcj} Παῦλος ... τῇ ἐκκλησίᾳ Θεσσαλονικέων ἐν θεῷ πατρὶ καὶ κυρίῳ Ἰησοῦ Χριστῷ· ↔

1 1^{bcj} *χάρις ὑμῖν καὶ εἰρήνη | ἀπὸ θεοῦ πατρὸς ἡμῶν καὶ κυρίου Ἰησοῦ Χριστοῦ (+ς)

1 3^{bcj} μνημονεύοντες ... τῆς ὑπομονῆς τῆς ἐλπίδος τοῦ κυρίου ἡμῶν Ἰησοῦ Χριστοῦ ἔμπροσθεν τοῦ θεοῦ

1 6 καὶ ὑμεῖς μιμηταὶ ἡμῶν ἐγενήθητε καὶ τοῦ κυρίου

1 8^q ἀφ' ὑμῶν γὰρ ἐξήχηται ὁ λόγος τοῦ κυρίου

2 15^{bh} ⟨τῶν Ἰουδαίων⟩ τῶν καὶ τὸν κύριον ἀποκτεινάντων Ἰησοῦν καὶ τοὺς προφήτας

2 19^{hj} τίς γὰρ ἡμῶν ἐλπὶς ... ἔμπροσθεν τοῦ κυρίου ἡμῶν Ἰησοῦ (+Χριστοῦ ς) ἐν τῇ αὐτοῦ παρουσίᾳ;

3 8^q ὅτι νῦν ζῶμεν ἐὰν ὑμεῖς στήκετε ἐν κυρίῳ

3 11^{bchj} αὐτὸς δὲ ὁ θεὸς ... καὶ ὁ κύριος ἡμῶν Ἰησοῦς (+Χριστὸς ς) κατευθύναι τὴν ὁδὸν ἡμῶν πρὸς ὑμᾶς·

3 12 ὑμᾶς δὲ ὁ κύριος πλεονάσαι καὶ περισσεύσαι τῇ ἀγάπῃ

3 13^{bchj} εἰς τὸ στηρίξαι ὑμῶν τὰς καρδίας ἀμέμπτους ... ἔμπροσθεν τοῦ θεοῦ ... ἐν τῇ παρουσίᾳ τοῦ κυρίου ἡμῶν Ἰησοῦ (+Χριστοῦ ς)

4 1^h ἐρωτῶμεν ὑμᾶς καὶ παρακαλοῦμεν ἐν κυρίῳ Ἰησοῦ

4 2^h οἴδατε γὰρ τίνας παραγγελίας ἐδώκαμεν ὑμῖν διὰ τοῦ κυρίου Ἰησοῦ

4 6 ἔκδικος (+ὁ ς) κύριος περὶ πάντων τούτων

4 15^q τοῦτο γὰρ ὑμῖν λέγομεν ἐν λόγῳ κυρίου

4 15 οἱ περιλειπόμενοι εἰς τὴν παρουσίαν τοῦ κυρίου

1Th

4 16^b ὅτι αὐτὸς ὁ κύριος ἐν κελεύσματι ... καταβήσεται ἀπ' οὐρανοῦ

4 17 ἁρπαγησόμεθα ἐν νεφέλαις εἰς ἀπάντησιν τοῦ κυρίου εἰς ἀέρα· ↔

4 17 καὶ οὕτως πάντοτε σὺν κυρίῳ ἐσόμεθα

5 2^w (+ἡ MV[S]ς) ἡμέρα κυρίου ὡς κλέπτης ἐν νυκτὶ οὕτως ἔρχεται

5 9^{bhj} ἔθετο ἡμᾶς ὁ θεὸς ... εἰς περιποίησιν σωτηρίας διὰ τοῦ κυρίου ἡμῶν Ἰησοῦ Χριστοῦ [H]

5 12^q εἰδέναι τοὺς ... προϊσταμένους ὑμῶν ἐν κυρίῳ καὶ νουθετοῦντας ὑμᾶς

5 23^{bj} αὐτὸς δὲ ὁ θεὸς ... ἐν τῇ παρουσίᾳ τοῦ κυρίου ἡμῶν Ἰησοῦ Χριστοῦ τηρηθείη

5 27 ἐνορκίζω ὑμᾶς τὸν κύριον ἀναγνωσθῆναι τὴν ἐπιστολὴν πᾶσιν τοῖς (+ἁγίοις [VS]Bς) ἀδελφοῖς. ↔

5 28^{jv} ἡ χάρις τοῦ κυρίου ἡμῶν Ἰησοῦ Χριστοῦ μεθ' ὑμῶν

2Th

1 1^{bcj} Παῦλος ... τῇ ἐκκλησίᾳ Θεσσαλονικέων ἐν θεῷ πατρὶ ἡμῶν καὶ κυρίῳ Ἰησοῦ Χριστῷ· ↔

1 2^{bcj} χάρις ὑμῖν καὶ εἰρήνη ἀπὸ θεοῦ πατρὸς ἡμῶν (+[N^{26}]Tς) καὶ κυρίου Ἰησοῦ Χριστοῦ

1 7^h ἐν τῇ ἀποκαλύψει τοῦ κυρίου Ἰησοῦ ἀπ' οὐρανοῦ

1 8^{bhj} μὴ ὑπακούουσιν τῷ εὐαγγελίῳ τοῦ κυρίου ἡμῶν Ἰησοῦ (+Χριστοῦ ς), ↔

1 9 οἵτινες δίκην τίσουσιν ὄλεθρον αἰώνιον ἀπὸ προσώπου τοῦ κυρίου

1 12^{hjs} ὅπως ἐνδοξασθῇ τὸ ὄνομα τοῦ κυρίου ἡμῶν Ἰησοῦ (+Χριστοῦ ς) ἐν ὑμῖν, καὶ ὑμεῖς ἐν αὐτῷ, ↔

1 12^{bjv} κατὰ τὴν χάριν τοῦ θεοῦ ἡμῶν καὶ κυρίου Ἰησοῦ Χριστοῦ. ↔

2 1^j ἐρωτῶμεν δὲ ὑμᾶς, ἀδελφοί, ὑπὲρ τῆς παρουσίας τοῦ κυρίου ἡμῶν [NH] Ἰησοῦ Χριστοῦ

2 2^w ὡς ὅτι ἐνέστηκεν ἡ ἡμέρα τοῦ κυρίου (Χριστοῦ ς)

2 8^h ὁ ἄνομος, ὃν ὁ κύριος Ἰησοῦς ([N^{26}NH]; —ς) ἀνελεῖ τῷ πνεύματι τοῦ στόματος αὐτοῦ

2 13^b ὀφείλομεν εὐχαριστεῖν τῷ θεῷ πάντοτε περὶ ὑμῶν, ἀδελφοὶ ἠγαπημένοι ὑπὸ κυρίου

2 14^j εἰς περιποίησιν δόξης τοῦ κυρίου ἡμῶν Ἰησοῦ Χριστοῦ

2 16^{bcj} αὐτὸς δὲ ὁ κύριος ἡμῶν Ἰησοῦς Χριστὸς ⟨παρακαλέσαι ὑμῶν τὰς καρδίας⟩

3 1^u προσεύχεσθε ... ἵνα ὁ λόγος τοῦ κυρίου τρέχῃ

3 3 πιστὸς δέ ἐστιν ὁ κύριος

3 4^q πεποίθαμεν δὲ ἐν κυρίῳ ἐφ' ὑμᾶς

3 5^{bk} ὁ δὲ κύριος κατευθύναι ὑμῶν τὰς καρδίας εἰς τὴν ἀγάπην τοῦ θεοῦ

3 6^{js} παραγγέλλομεν δὲ ὑμῖν, ἀδελφοί, ἐν ὀνόματι τοῦ κυρίου ἡμῶν ([N^{26}]; —NH) Ἰησοῦ Χριστοῦ

3 12^j τοῖς δὲ τοιούτοις παραγγέλλομεν καὶ παρακαλοῦμεν | ἐν κυρίῳ Ἰησοῦ Χριστῷ (διὰ τοῦ κυρίου ἡμῶν Ἰησοῦ Χριστοῦ ς)

3 16 αὐτὸς δὲ ὁ κύριος τῆς εἰρήνης δῴη ὑμῖν τὴν εἰρήνην

3 16 ὁ κύριος μετὰ πάντων ὑμῶν

3 18^{jv} ἡ χάρις τοῦ κυρίου ἡμῶν Ἰησοῦ Χριστοῦ μετὰ πάντων ὑμῶν

1Tm 1 1^bej *Παῦλος ἀπόστολος ... κατ' ἐπι-
ταγὴν θεοῦ σωτῆρος ἡμῶν καὶ
| κυρίου Ἰησοῦ Χριστοῦ (ς; Χ. Ἰ. rl)
τῆς ἐλπίδος ἡμῶν

1 2^bcj χάρις, ἔλεος, εἰρήνη ἀπὸ θεοῦ
πατρὸς καὶ Χριστοῦ Ἰησοῦ τοῦ
κυρίου ἡμῶν

1 12^j χάριν ἔχω τῷ ἐνδυναμώσαντί με
Χριστῷ Ἰησοῦ τῷ κυρίῳ ἡμῶν

1 14^gv ὑπερεπλεόνασεν δὲ ἡ χάρις τοῦ
κυρίου ἡμῶν μετὰ ... ἀγάπης τῆς
ἐν Χριστῷ Ἰησοῦ

5 21^bj *διαμαρτύρομαι ἐνώπιον τοῦ θεοῦ
καὶ | κυρίου Ἰησοῦ Χριστοῦ (Sς;
Χ. Ἰ. rl)

6 3^ju εἴ τις ... μὴ προσέρχεται (-έχε-
ται Τ) ὑγιαίνουσιν λόγοις τοῖς τοῦ
κυρίου ἡμῶν Ἰησοῦ Χριστοῦ

6 14^j τηρῆσαί σε τὴν ἐντολὴν ἄσπιλον
ἀνεπίλημπτον μέχρι τῆς ἐπιφανεί-
ας τοῦ κυρίου ἡμῶν Ἰησοῦ Χρι-
στοῦ, ↔

6 15^d ἣν καιροῖς ἰδίοις δείξει ... ὁ βασι-
λεὺς τῶν βασιλευόντων καὶ κύριος
τῶν κυριευόντων

2Tm 1 2^bcj χάρις, ἔλεος, εἰρήνη ἀπὸ θεοῦ
πατρὸς καὶ Χριστοῦ Ἰησοῦ τοῦ
κυρίου ἡμῶν

1 8^bg μὴ οὖν ἐπαισχυνθῇς τὸ μαρτύριον
τοῦ κυρίου ἡμῶν

1 16 δῴη ἔλεος ὁ κύριος τῷ Ὀνησι-
φόρου οἴκῳ

1 18 δῴη αὐτῷ ὁ κύριος ↔

1 18 εὑρεῖν ἔλεος παρὰ κυρίου ἐν ἐκείνῃ
τῇ ἡμέρᾳ

2 7 δώσει γάρ σοι ὁ κύριος σύνεσιν
ἐν πᾶσιν

2 14 * διαμαρτυρόμενος ἐνώπιον τοῦ
κυρίου (VBSς; θεοῦ rl) μὴ λογο-
μαχεῖν

2 19 ἔγνω κύριος τοὺς ὄντας αὐτοῦ

2 19^s ἀποστήτω ἀπὸ ἀδικίας πᾶς ὁ ὀνο-
μάζων τὸ ὄνομα κυρίου (Χριστοῦ ς)

2 22 δίωκε δὲ ... εἰρήνην μετὰ τῶν ἐπι-
καλουμένων τὸν κύριον ἐκ καθαρᾶς
καρδίας

2 24^m δοῦλον δὲ κυρίου οὐ δεῖ μάχεσθαι

3 11 οἵους διωγμοὺς ὑπήνεγκα, καὶ ἐκ
πάντων με ἐρρύσατο ὁ κύριος

4 1^bj *διαμαρτύρομαι (+οὖν ἐγὼ [S]ς)
ἐνώπιον τοῦ θεοῦ καὶ | τοῦ κυρίου
Ἰησοῦ Χριστοῦ (ς; Χ. Ἰ. rl)

4 8 ὁ τῆς δικαιοσύνης στέφανος, ὃν
ἀποδώσει μοι ὁ κύριος ἐν ἐκείνῃ τῇ
ἡμέρᾳ

4 14 ἀποδώσει αὐτῷ ὁ κύριος κατὰ τὰ
ἔργα αὐτοῦ

4 17 ὁ δὲ κύριός μοι παρέστη καὶ ἐν-
εδυνάμωσέν με

4 18 ῥύσεταί με ὁ κύριος ἀπὸ παντὸς
ἔργου πονηροῦ

4 22^h ὁ κύριος (+Ἰησοῦς MS; +Ἰ.
Χριστὸς Vς) μετὰ τοῦ πνεύματός
σου

Tt 1 4^bcej *χάρις καὶ εἰρήνη ἀπὸ θεοῦ πα-
τρὸς καὶ | κυρίου Ἰησοῦ Χριστοῦ
(ς; Χ. Ἰ. rl) τοῦ σωτῆρος ἡμῶν

Phm 3^bcj χάρις ὑμῖν καὶ εἰρήνη ἀπὸ θεοῦ
πατρὸς ἡμῶν καὶ κυρίου Ἰησοῦ
Χριστοῦ

5^h πίστιν ἣν ἔχεις πρὸς (εἰς Η)
τὸν κύριον Ἰησοῦν καὶ εἰς πάντας
τοὺς ἁγίους

16^a ἀδελφὸν ἀγαπητόν ... σοὶ καὶ ἐν
σαρκὶ καὶ ἐν κυρίῳ

Phm 20^q ἐγώ σου ὀναίμην ἐν κυρίῳ· ↔
20^q *ἀνάπαυσόν μου τὰ σπλάγχνα ἐν
κυρίῳ (ς; Χριστῷ rl)
25^jv ἡ χάρις τοῦ κυρίου (+ἡμῶν [V]ς)
Ἰησοῦ Χριστοῦ μετὰ τοῦ πνεύ-
ματος ὑμῶν

Hb 1 10 σὺ κατ' ἀρχάς, κύριε, τὴν γῆν
ἐθεμελίωσας

2 3 ἥτις ἀρχὴν λαβοῦσα λαλεῖσθαι
διὰ τοῦ κυρίου

7 14^g ἐξ Ἰούδα ἀνατέταλκεν ὁ κύριος
ἡμῶν

7 21 ὤμοσεν κύριος, καὶ οὐ μεταμεληθή-
σεται

8 2 τῆς σκηνῆς ... ἣν ἔπηξεν ὁ κύριος,
(+καὶ V[S]ς) οὐκ ἄνθρωπος

8 8^y ἰδοὺ ἡμέραι ἔρχονται, λέγει κύριος

8 9^y κἀγὼ ἠμέλησα αὐτῶν, λέγει κύ-
ριος. ↔

8 10^y ὅτι αὕτη ἡ διαθήκη ἣν διαθήσομαι
τῷ οἴκῳ Ἰσραὴλ ... λέγει κύριος

8 11 γνῶθι τὸν κύριον

10 16^y αὕτη ἡ διαθήκη ἣν διαθήσομαι
πρὸς αὐτούς ... λέγει κύριος

10 30^y * ἐμοὶ ἐκδίκησις, ἐγὼ ἀνταποδώ-
σω | λέγει κύριος (+ς)

10 30 | κρινεῖ κύριος (~ VSς) τὸν λαὸν
αὐτοῦ

12 5^l υἱέ μου, μὴ ὀλιγώρει παιδείας κυ-
ρίου

12 6 ὃν γὰρ ἀγαπᾷ κύριος παιδεύει

12 14 τὸν ἁγιασμόν, οὗ χωρὶς οὐδεὶς
ὄψεται τὸν κύριον

13 6 κύριος ἐμοὶ βοηθός, καὶ (+[N^26 V]
Sς) οὐ φοβηθήσομαι

13 20^bfh ὁ δὲ θεὸς τῆς εἰρήνης, ὁ ἀναγα-
γὼν ἐκ νεκρῶν τὸν ποιμένα τῶν
προβάτων ... τὸν κύριον ἡμῶν
Ἰησοῦν

Jc 1 1^bjm Ἰάκωβος θεοῦ καὶ κυρίου Ἰησοῦ
Χριστοῦ δοῦλος ταῖς δώδεκα φυ-
λαῖς ... χαίρειν

1 7 μὴ γὰρ οἰέσθω ὁ ἄνθρωπος ἐκεῖνος
ὅτι λήμψεταί τι παρὰ τοῦ κυρίου

1 12 *τὸν στέφανον τῆς ζωῆς, ὃν ἐπ-
ηγγείλατο | ὁ κύριος (+MVSς)
τοῖς ἀγαπῶσιν αὐτόν

2 1^j μὴ ἐν προσωπολημψίαις ἔχετε τὴν
πίστιν τοῦ κυρίου ἡμῶν Ἰησοῦ
Χριστοῦ τῆς δόξης

3 9^c ἐν αὐτῇ εὐλογοῦμεν τὸν κύριον
(θεὸν ς) καὶ πατέρα

4 10 ταπεινώθητε ἐνώπιον (+τοῦ ς) κυ-
ρίου, καὶ ὑψώσει ὑμᾶς

4 15 ἐὰν ὁ κύριος θελήσῃ (θέλῃ Η)

5 4 αἱ βοαὶ τῶν θερισάντων εἰς τὰ
ὦτα κυρίου σαβαὼθ εἰσεληλύθα-
σιν (-λήλυθαν NBTH)

5 7 μακροθυμήσατε οὖν, ἀδελφοί, ἕως
τῆς παρουσίας τοῦ κυρίου

5 8 ὅτι ἡ παρουσία τοῦ κυρίου ἤγγι-
κεν

5 10^s οἳ ἐλάλησαν ἐν (—ς) τῷ ὀνόματι
κυρίου

5 11 τὸ τέλος κυρίου εἴδετε (ἴδετε S), ↔

5 11 ὅτι πολύσπλαγχνός ἐστιν ὁ κύριος
καὶ οἰκτίρμων

5 14^s προσευξάσθωσαν ἐπ' αὐτὸν ἀλεί-
ψαντες αὐτὸν (+[N^26]MVSς) ἐλαίῳ
ἐν τῷ ὀνόματι | τοῦ κυρίου [Η]

5 15 ἐγερεῖ αὐτὸν ὁ κύριος

1Pt 1 3^bcj εὐλογητὸς ὁ θεὸς καὶ πατὴρ τοῦ
κυρίου ἡμῶν Ἰησοῦ Χριστοῦ

1 25^u τὸ δὲ ῥῆμα κυρίου μένει εἰς τὸν
αἰῶνα

1Pt 2 3 εἰ (εἴπερ VSς) ἐγεύσασθε ὅτι χρη-
στὸς ὁ κύριος

2 13 ὑποτάγητε πάσῃ ἀνθρωπίνῃ κτί-
σει διὰ τὸν κύριον

3 6 ὡς Σάρρα ὑπήκουσεν (-κουεν Η)
τῷ Ἀβραάμ, κύριον αὐτὸν καλοῦσα

3 12 ὀφθαλμοὶ κυρίου ἐπὶ δικαίους

3 12 πρόσωπον δὲ κυρίου ἐπὶ ποιοῦν-
τας κακά

3 15^ak κύριον δὲ τὸν Χριστὸν (θεὸν ς)
ἁγιάσατε ἐν ταῖς καρδίαις ὑμῶν

2Pt 1 2^bh χάρις ὑμῖν καὶ εἰρήνη πληθυν-
θείη ἐν ἐπιγνώσει τοῦ θεοῦ καὶ
Ἰησοῦ τοῦ κυρίου ἡμῶν

1 8^j οὐκ ἀργοὺς οὐδὲ ἀκάρπους καθ-
ίστησιν εἰς τὴν τοῦ κυρίου ἡμῶν
Ἰησοῦ Χριστοῦ ἐπίγνωσιν

1 11^ej εἰς τὴν αἰώνιον βασιλείαν τοῦ
κυρίου ἡμῶν καὶ σωτῆρος Ἰησοῦ
Χριστοῦ

1 14^j καθὼς καὶ ὁ κύριος ἡμῶν Ἰησοῦς
Χριστὸς ἐδήλωσέν μοι

1 16^j ἐγνωρίσαμεν ὑμῖν τὴν τοῦ κυρίου
ἡμῶν Ἰησοῦ Χριστοῦ δύναμιν καὶ
παρουσίαν

2 9 οἶδεν κύριος εὐσεβεῖς ἐκ πειρασμοῦ
(-μῶν Τ) ῥύεσθαι

2 11 ὅπου ἄγγελοι ... οὐ φέρουσιν κατ'
αὐτῶν | παρὰ κυρίῳ (N^26; π. -ίῳ
[Η] rl) βλάσφημον κρίσιν

2 20^ej εἰ γὰρ ἀποφυγόντες τὰ μιάσματα
τοῦ κόσμου ἐν ἐπιγνώσει τοῦ κυ-
ρίου ἡμῶν (+[N^26]BST) καὶ σω-
τῆρος Ἰησοῦ Χριστοῦ

3 2^e μνησθῆναι ... τῆς τῶν ἀποστό-
λων ὑμῶν ἐντολῆς τοῦ κυρίου καὶ
σωτῆρος

3 8 μία ἡμέρα παρὰ κυρίῳ ὡς χίλια
ἔτη

3 9 οὐ βραδύνει (+ὁ ς) κύριος τῆς
ἐπαγγελίας

3 10^w ἥξει δὲ (+ἡ [Μ]VSς) ἡμέρα κυ-
ρίου ὡς κλέπτης

3 15^g τὴν τοῦ κυρίου ἡμῶν μακροθυμίαν
σωτηρίαν ἡγεῖσθε

3 18^ejv αὐξάνετε δὲ ἐν χάριτι καὶ γνώσει
τοῦ κυρίου ἡμῶν καὶ σωτῆρος
Ἰησοῦ Χριστοῦ

2Jo 3^bejl * χάρις ἔλεος εἰρήνη παρὰ θεοῦ
πατρός, καὶ παρὰ κυρίου (+ς)
Ἰησοῦ Χριστοῦ τοῦ υἱοῦ τοῦ
πατρός

Jd 4^bdj τὸν μόνον δεσπότην (+θεὸν ς)
καὶ κύριον ἡμῶν Ἰησοῦν Χριστὸν
ἀρνούμενοι

5 εἰδότας ὑμᾶς (+[N^26]ς) || πάντα
(τοῦτο ς), ὅτι ὁ (+[N^26 Μ]VSς)
κύριος (Ἰησοῦς Β) ἅπαξ ((N^26;
~ rl)) λαὸν ἐκ γῆς (τῆς Μ) Αἰγύ-
πτου σώσας

9 ἐπιτιμήσαι σοι κύριος

14 ἰδοὺ ἦλθεν κύριος ἐν ἁγίαις μυριά-
σιν αὐτοῦ

17 μνήσθητε τῶν ῥημάτων τῶν προ-
ειρημένων ὑπὸ τῶν ἀποστόλων
τοῦ κυρίου ἡμῶν Ἰησοῦ Χριστοῦ

21^bj προσδεχόμενοι τὸ ἔλεος τοῦ κυ-
ρίου ἡμῶν Ἰησοῦ Χριστοῦ

25^bej μόνῳ θεῷ σωτῆρι ἡμῶν | διὰ
Ἰησοῦ Χριστοῦ τοῦ κυρίου ἡμῶν
(—ς) δόξα

Ap 1 8^ay ἐγώ εἰμι τὸ ἄλφα καὶ τὸ ὦ, λέγει
| κύριος ὁ θεός (ὁ κύριος ς)

4 8^a ἅγιος ἅγιος ἅγιος κύριος ὁ θεὸς
ὁ παντοκράτωρ

Ap 4 11ᵇ ἄξιος εἶ, || ὁ κύριος καὶ ὁ θεὸς ἡμῶν (+ὁ ἅγιος B[S]) ((κύριε ϛ)), λαβεῖν τὴν δόξαν

7 14 κύριέ μου (—ϛ), σὺ οἶδας

11 4ⁿ οὗτοί εἰσιν αἱ δύο ἐλαῖαι καὶ αἱ δύο λυχνίαι αἱ [Η] ἐνώπιον τοῦ κυρίου (θεοῦ ϛ) τῆς γῆς ἑστῶτες (ἑστῶσαι ϛ)

11 8ᵍ ὅπου καὶ ὁ κύριος αὐτῶν (ἡμῶν ϛ) ἐσταυρώθη

11 15ᵍᵏ ἐγένετο ἡ βασιλεία τοῦ κόσμου τοῦ κυρίου ἡμῶν καὶ τοῦ χριστοῦ αὐτοῦ

11 17ᵃ εὐχαριστοῦμέν σοι, κύριε ὁ θεὸς ὁ παντοκράτωρ

14 13ᵠ μακάριοι οἱ νεκροὶ οἱ ἐν κυρίῳ ἀποθνήσκοντες ἀπ' ἄρτι

15 3ᵃ μεγάλα καὶ θαυμαστὰ τὰ ἔργα σου, κύριε ὁ θεὸς ὁ παντοκράτωρ

15 4 τίς οὐ μὴ φοβηθῇ, κύριε, καὶ δοξάσει (-σῃ Sϛ) τὸ ὄνομά σου;

16 5 * δίκαιος, κύριε (+ϛ), εἶ, ὁ ὢν καὶ ὁ ἦν

16 7ᵃ ναί, κύριε ὁ θεὸς ὁ παντοκράτωρ, ἀληθιναὶ καὶ δίκαιαι αἱ κρίσεις σου

17 14ᵈ τὸ ἀρνίον νικήσει αὐτούς, ὅτι κύριος ↔

17 14ᵈᶻ κυρίων ἐστὶν καὶ βασιλεὺς βασιλέων

18 8ᵃ ἰσχυρὸς κύριος [Η] ὁ θεὸς ὁ κρίνας αὐτήν

19 1ᵃ * ἡ σωτηρία ... καὶ ἡ δύναμις | κυρίῳ τῷ θεῷ (ϛ; τοῦ θεοῦ rl) ἡμῶν

19 6ᵃ ἐβασίλευσεν κύριος ὁ θεὸς ἡμῶν ([Ν²⁶Η]; —ϛ) ὁ παντοκράτωρ

19 16ᵈ ὄνομα γεγραμμένον· βασιλεὺς βασιλέων καὶ κύριος ↔

19 16ᵈᶻ κυρίων

21 22ᵃ ὁ γὰρ κύριος ὁ θεὸς ὁ παντοκράτωρ ναὸς αὐτῆς ἐστιν

22 5ᵃ [+ὁ S] κύριος ὁ θεὸς φωτίσει (-τιεῖ MVST; φωτίζει ϛ) ἐπ' ([VSH]; —ϛ) αὐτούς

22 6ᵃ ὁ (—ϛ) κύριος ὁ θεὸς | τῶν πνευμάτων τῶν προφητῶν (τῶν ἁγίων πρ. ϛ) ἀπέστειλεν τὸν ἄγγελον αὐτοῦ

22 20ʰ ἀμήν, ἔρχου κύριε Ἰησοῦ

22 21ʰ ἰ ν ἡ χάρις τοῦ κυρίου (+ἡμῶν ϛ) Ἰησοῦ (+Χριστοῦ S[Η]ϛ) μετὰ πάντων (π. τῶν ἁγίων MVS; τῶν ἁγίων Η; π. ὑμῶν ϛ)

κυριότης

E 1 21 ⟨καθίσας⟩ ὑπεράνω πάσης ἀρχῆς καὶ ἐξουσίας καὶ δυνάμεως καὶ κυριότητος

Cl 1 16 ἐν αὐτῷ ἐκτίσθη τὰ πάντα ... εἴτε θρόνοι εἴτε κυριότητες εἴτε ἀρχαὶ εἴτε ἐξουσίαι

2Pt 2 10 τοὺς ὀπίσω σαρκὸς ... πορευομένους καὶ κυριότητος καταφρονοῦντας

Jd 8 οὗτοι ἐνυπνιαζόμενοι σάρκα μὲν μιαίνουσιν, κυριότητα δὲ ἀθετοῦσιν

κυρόω
προ-

2C 2 8 διὸ παρακαλῶ ὑμᾶς κυρῶσαι εἰς αὐτὸν ἀγάπην

G 3 15 ὅμως ἀνθρώπου κεκυρωμένην διαθήκην οὐδεὶς ἀθετεῖ ἢ ἐπιδιατάσσεται

κύων

Mt 7 6 μὴ δῶτε τὸ ἅγιον τοῖς κυσὶν

Lc 16 21 οἱ κύνες ἐρχόμενοι ἐπέλειχον τὰ ἕλκη αὐτοῦ

Ph 3 2 βλέπετε τοὺς κύνας, βλέπετε τοὺς κακοὺς ἐργάτας

2Pt 2 22 κύων ἐπιστρέψας ἐπὶ τὸ ἴδιον ἐξέραμα

Ap 22 15 ἔξω οἱ κύνες καὶ οἱ φάρμακοι καὶ οἱ πόρνοι

κῶλον

Hb 3 17 οὐχὶ τοῖς ἁμαρτήσασιν, ὧν τὰ κῶλα ἔπεσεν ἐν τῇ ἐρήμῳ;

κωλύω
δια-
ᵃ τί κωλύει
ᵇ κ. τινά τινός
ᶜ κ. et (τοῦ) inf.

Mt 19 14ᶜ ἄφετε τὰ παιδία καὶ μὴ κωλύετε αὐτὰ ἐλθεῖν πρός με (ἐμέ Τ)

Mc 9 38 ἐκωλύομεν (-λύσαμεν ϛ) αὐτόν, | ὅτι οὐκ ἠκολούθει ἡμῖν (—BS)

9 39 μὴ κωλύετε αὐτόν

10 14 ἄφετε τὰ παιδία ἔρχεσθαι πρός με, μὴ κωλύετε αὐτά

Lc 6 29 ἀπὸ τοῦ αἴροντός σου τὸ ἱμάτιον καὶ τὸν χιτῶνα μὴ κωλύσῃς

9 49 ἐκωλύομεν (-ύσαμεν Τϛ) αὐτόν, ὅτι οὐκ ἀκολουθεῖ μεθ' ἡμῶν

9 50 μὴ κωλύετε· [+οὐ γάρ ἐστιν καθ' ὑμῶν S]

11 52 αὐτοὶ οὐκ εἰσήλθατε καὶ τοὺς εἰσερχομένους ἐκωλύσατε

18 16 ἄφετε τὰ παιδία ἔρχεσθαι πρός με καὶ μὴ κωλύετε αὐτά

23 2ᶜ τοῦτον εὕραμεν διαστρέφοντα τὸ ἔθνος ἡμῶν καὶ κωλύοντα φόρους Καίσαρι διδόναι

Ac 8 36ᵃᶜ ἰδοὺ ὕδωρ· τί κωλύει με βαπτισθῆναι;

10 47ᶜ μήτι τὸ ὕδωρ δύναται κωλῦσαί τις τοῦ μὴ βαπτισθῆναι τούτους ⟨;⟩

11 17 ἐγὼ τίς ἤμην δυνατὸς κωλῦσαι τὸν θεόν;

16 6ᶜ διῆλθον δὲ τὴν Φρυγίαν ... κωλυθέντες ὑπὸ τοῦ ἁγίου πνεύματος λαλῆσαι τὸν λόγον ἐν τῇ Ἀσίᾳ

24 23ᶜ διαταξάμενος τῷ ἑκατοντάρχῃ ... μηδένα κωλύειν τῶν ἰδίων αὐτοῦ ὑπηρετεῖν αὐτῷ

27 43ᵇ ὁ δὲ ἑκατοντάρχης βουλόμενος διασῶσαι τὸν Παῦλον ἐκώλυσεν αὐτοὺς τοῦ βουλήματος

Rm 1 13 πολλάκις προεθέμην ἐλθεῖν πρὸς ὑμᾶς, καὶ ἐκωλύθην ἄχρι τοῦ δεῦρο

1C 14 39ᶜ ζηλοῦτε τὸ προφητεύειν, καὶ τὸ λαλεῖν μὴ κωλύετε (+ἐν Β) γλώσσαις

1Th 2 16ᶜ ⟨ὑπὸ τῶν Ἰουδαίων⟩ κωλυόντων ἡμᾶς τοῖς ἔθνεσιν λαλῆσαι

1Tm 4 3ᶜ ⟨ἐν ὑποκρίσει ψευδολόγων⟩ κωλυόντων γαμεῖν, ἀπέχεσθαι βρωμάτων

Hb 7 23ᶜ οἱ μὲν πλείονές εἰσιν γεγονότες ἱερεῖς διὰ τὸ θανάτῳ κωλύεσθαι παραμένειν

2Pt 2 16 ὑποζύγιον ἄφωνον ἐν ἀνθρώπου φωνῇ φθεγξάμενον ἐκώλυσεν τὴν τοῦ προφήτου παραφρονίαν

3Jo 10 οὔτε αὐτὸς ἐπιδέχεται τοὺς ἀδελφοὺς καὶ τοὺς βουλομένους κωλύει

κώμη
ᵃ κ. et πόλις
ᵇ κ. et ἀγρός
ᶜ κ. et nom. propr.

Mt 9 35ᵃ περιῆγεν ὁ Ἰησοῦς τὰς πόλεις πάσας καὶ τὰς κώμας

Mt 10 11ᵃ εἰς ἣν δ' ἂν πόλιν ἢ κώμην εἰσέλθητε

14 15 ἀπελθόντες εἰς τὰς κώμας

21 2 πορεύεσθε (-θητε Sϛ) εἰς τὴν κώμην τὴν κατέναντι (ἀπ- VSϛ) ὑμῶν

Mc 6 6 περιῆγεν τὰς κώμας κύκλῳ διδάσκων

6 36ᵇ ἀπελθόντες εἰς τοὺς κύκλῳ ἀγροὺς καὶ κώμας

6 56ᵃᵇ ὅπου ἂν (ἐὰν Τ) εἰσεπορεύετο εἰς κώμας ἢ εἰς πόλεις ἢ εἰς ἀγρούς

8 23 ἐξήνεγκεν αὐτὸν ἔξω τῆς κώμης

8 26 μηδὲ (μὴ Τ) εἰς τὴν κώμην εἰσέλθῃς ↔

8 26 * | μηδὲ εἴπῃς τινὶ ἐν τῇ κώμῃ (+Vϛ). ↔

8 27ᶜ καὶ ἐξῆλθεν ὁ Ἰησοῦς καὶ οἱ μαθηταὶ αὐτοῦ εἰς τὰς κώμας Καισαρείας τῆς Φιλίππου

11 2 ὑπάγετε εἰς τὴν κώμην τὴν κατέναντι ὑμῶν

Lc 5 17ᶜ ἦσαν καθήμενοι Φαρισαῖοι ... οἳ ἦσαν ἐληλυθότες ἐκ πάσης κώμης τῆς Γαλιλαίας καὶ Ἰουδαίας καὶ Ἰερουσαλήμ

8 1ᵃ διώδευεν κατὰ πόλιν καὶ κώμην

9 6 ἐξερχόμενοι δὲ διήρχοντο κατὰ τὰς κώμας

9 12ᵇ πορευθέντες εἰς τὰς κύκλῳ κώμας καὶ (+τοὺς Vϛ) ἀγρούς

9 52ᶜ πορευθέντες εἰσῆλθον εἰς κώμην (πόλιν Τ) Σαμαριτῶν

9 56 ἐπορεύθησαν εἰς ἑτέραν κώμην

10 38 αὐτὸς εἰσῆλθεν εἰς κώμην τινά

13 22ᵃ διεπορεύετο κατὰ πόλεις καὶ κώμας

17 12 εἰσερχομένου αὐτοῦ εἴς τινα κώμην

19 30 ὑπάγετε εἰς τὴν κατέναντι κώμην

24 13ᶜ δύο ἐξ αὐτῶν | ἐν αὐτῇ τῇ ἡμέρᾳ ἦσαν πορευόμενοι (~ VBSϛ) εἰς κώμην ... ᾗ ὄνομα Ἐμμαοῦς

24 28 ἤγγισαν εἰς τὴν κώμην οὗ ἐπορεύοντο

Jo 7 42ᶜ ἀπὸ Βηθλέεμ τῆς κώμης ὅπου ἦν Δαυίδ, | ἔρχεται ὁ χριστός (~ Τϛ)

11 1ᶜ ἦν ... Λάζαρος ἀπὸ Βηθανίας, ἐκ τῆς κώμης (+τῆς Τ) Μαρίας καὶ Μάρθας

11 30 οὔπω δὲ ἐληλύθει ὁ Ἰησοῦς εἰς τὴν κώμην

Ac 8 25ᶜ ὑπέστρεφον εἰς Ἱεροσόλυμα, πολλάς τε κώμας τῶν Σαμαριτῶν εὐηγγελίζοντο

κωμόπολις

Mc 1 38 ἄγωμεν ἀλλαχοῦ εἰς τὰς ἐχομένας κωμοπόλεις

κῶμος

Rm 13 13 ὡς ἐν ἡμέρᾳ εὐσχημόνως περιπατήσωμεν, μὴ κώμοις καὶ μέθαις

G 5 21 ⟨τὰ ἔργα τῆς σαρκός, ἅτινά ἐστιν⟩ μέθαι, κῶμοι, καὶ τὰ ὅμοια τούτοις

1Pt 4 3 πεπορευμένους ἐν ἀσελγείαις, ἐπιθυμίαις, οἰνοφλυγίαις, κώμοις, πότοις

κώνωψ

Mt 23 24 ὁδηγοὶ τυφλοί, οἱ (—Η) διϋλίζοντες τὸν κώνωπα, τὴν δὲ κάμηλον καταπίνοντες

Κώς

Ac 21 1 εὐθυδρομήσαντες ἤλθομεν εἰς τὴν Κῶ (Κῶν ϛ)

Κωσάμ

Lc 3 28 ⟨ἦν Ἰησοῦς ... ὢν υἱός, ὡς ἐνομίζετο⟩ τοῦ Ἀδδὶ τοῦ Κωσὰμ τοῦ Ἐλμαδάμ

κωφός

  ᵃ τυφλὸς καὶ κ.

  ᵇ κ. καὶ μογιλάλος, ἄλαλος

Mt 9 ₃₂ προσήνεγκαν αὐτῷ ἄνθρωπον (—N
          MH) κωφὸν δαιμονιζόμενον. ↔

     9 ₃₃ καὶ ἐκβληθέντος τοῦ δαιμονίου
          ἐλάλησεν ὁ κωφός

    11 ₅ λεπροὶ καθαρίζονται καὶ κωφοὶ
         ἀκούουσιν

    12 ₂₂ᵃ τότε | προσηνέχθη αὐτῷ δαιμονι-
         ζόμενος τυφλὸς καὶ κωφός (προσ-
         ήνεγκαν αὐ. δ-ον τ-ὸν κ. κ-όν H) ·
         ↔

Mt 12 ₂₂ᵃ καὶ ἐθεράπευσεν αὐτόν, ὥστε τὸν
          (+τυφλὸν καὶ Vς) κωφὸν λαλεῖν
          καὶ βλέπειν

    15 ₃₀ προσῆλθον αὐτῷ ὄχλοι πολλοὶ
         ἔχοντες μεθ᾽ ἑαυτῶν | χωλούς,
         τυφλούς, κυλλούς, κωφούς (~ NM
         H BSTς V)

    15 ₃₁ ὥστε | τὸν ὄχλον (τοὺς ὄχλους
         MVς) θαυμάσαι βλέποντας κωφοὺς
         λαλοῦντας . . . καὶ τυφλοὺς βλέ-
         ποντας

Mc 7 ₃₂ᵇ φέρουσιν αὐτῷ κωφὸν καὶ ([S];
          —Vς) μογιλάλον

Mc 7 ₃₇ τοὺς κωφοὺς ποιεῖ ἀκούειν καὶ τοὺς
          (+[N²⁶S]MBς) ἀλάλους λαλεῖν

    9 ₂₅ᵇ τὸ ἄλαλον καὶ κωφὸν πνεῦμα . . .
         ἔξελθε ἐξ αὐτοῦ

Lc 1 ₂₂ αὐτὸς ἦν διανεύων αὐτοῖς, καὶ
          διέμενεν κωφός

    7 ₂₂ λεπροὶ καθαρίζονται, καὶ (—VBS
         Tς) κωφοὶ ἀκούουσιν

    11 ₁₄ ἦν ἐκβάλλων δαιμόνιον, | καὶ αὐτὸ
         ἦν ([N²⁶]; —SH) κωφόν · ↔

    11 ₁₄ ἐγένετο δὲ τοῦ δαιμονίου ἐξελθόν-
         τος ἐλάλησεν ὁ κωφός

Λ

λαγχάνω

Lc 1 9 κατὰ τὸ ἔθος τῆς ἱερατείας ἔλαχε τοῦ θυμιᾶσαι εἰσελθὼν εἰς τὸν ναὸν τοῦ κυρίου

Jo 19 24 μὴ σχίσωμεν αὐτόν, ἀλλὰ λάχωμεν περὶ αὐτοῦ τίνος ἔσται

Ac 1 17 ὅτι κατηριθμημένος ἦν ἐν ἡμῖν καὶ ἔλαχεν τὸν κλῆρον τῆς διακονίας ταύτης

2 Pt 1 1 Συμεὼν Πέτρος . . . ἀπόστολος Ἰησοῦ Χριστοῦ τοῖς ἰσότιμον ἡμῖν λαχοῦσιν πίστιν

Λάζαρος

ᵃ amicus Jesu
ᵇ mendicus

Lc 16 20ᵇ πτωχὸς δέ τις (+ἦν ς) ὀνόματι Λάζαρος (+ὃς ς) ἐβέβλητο πρὸς τὸν πυλῶνα αὐτοῦ εἱλκωμένος

16 23ᵇ ὁρᾷ Ἀβραὰμ ἀπὸ μακρόθεν καὶ Λάζαρον ἐν τοῖς κόλποις αὐτοῦ

16 24ᵇ ἐλέησόν με καὶ πέμψον Λάζαρον

16 25ᵇ ἀπέλαβες τὰ ἀγαθά σου . . . καὶ Λάζαρος ὁμοίως τὰ κακά

Jo 11 1ᵃ ἦν δέ τις ἀσθενῶν, Λάζαρος ἀπὸ Βηθανίας

11 2ᵃ Μαριάμ . . . ἧς ὁ ἀδελφὸς Λάζαρος ἠσθένει

11 5ᵃ ἠγάπα δὲ ὁ Ἰησοῦς τὴν Μάρθαν καὶ τὴν ἀδελφὴν αὐτῆς καὶ τὸν Λάζαρον

11 11ᵃ Λάζαρος ὁ φίλος ἡμῶν κεκοίμηται

11 14ᵃ Λάζαρος ἀπέθανεν

11 43ᵃ Λάζαρε, δεῦρο ἔξω

12 1ᵃ ὁ οὖν Ἰησοῦς . . . ἦλθεν εἰς Βηθανίαν, ὅπου ἦν Λάζαρος (+ὁ τεθνηκὼς V[S]ς)

12 2ᵃ ὁ δὲ Λάζαρος εἷς ἦν ἐκ (—VSς) τῶν ἀνακειμένων σὺν αὐτῷ

12 9ᵃ ἦλθον . . . ἵνα καὶ τὸν Λάζαρον ἴδωσιν ὃν ἤγειρεν ἐκ νεκρῶν. ↔

12 10ᵃ ἐβουλεύσαντο δὲ οἱ ἀρχιερεῖς ἵνα καὶ τὸν Λάζαρον ἀποκτείνωσιν

12 17ᵃ ὅτε (ὅτι T) τὸν Λάζαρον ἐφώνησεν ἐκ τοῦ μνημείου καὶ ἤγειρεν αὐτὸν ἐκ νεκρῶν

λάθρᾳ

λάθρα N(B)Tς

Mt 1 19 Ἰωσὴφ δὲ . . . ἐβουλήθη λάθρᾳ ἀπολῦσαι αὐτήν

2 7 τότε Ἡρῴδης λάθρᾳ καλέσας τοὺς μάγους ἠκρίβωσεν παρ' αὐτῶν

Jo 11 28 ἐφώνησεν Μαριὰμ τὴν ἀδελφὴν αὐτῆς λάθρᾳ εἰποῦσα

Ac 16 37 δείραντες ἡμᾶς . . . ἔβαλαν εἰς φυλακήν· καὶ νῦν λάθρᾳ ἡμᾶς ἐκβάλλουσιν;

λαῖλαψ

Mc 4 37 γίνεται λαῖλαψ μεγάλη ἀνέμου

Lc 8 23 κατέβη λαῖλαψ ἀνέμου εἰς τὴν λίμνην

2 Pt 2 17 οὗτοί εἰσιν πηγαὶ ἄνυδροι καὶ ὁμίχλαι ὑπὸ λαίλαπος ἐλαυνόμεναι

λακάω

Ac 1 18 πρηνὴς γενόμενος ἐλάκησεν μέσος

λακτίζω

Ac 9 5 *| σκληρόν σοι πρὸς κέντρα λακτίζειν (+ς . .)

26 14 σκληρόν σοι πρὸς κέντρα λακτίζειν

λαλέω

δια-   κατα-   συλ-
ἐκ-   προσ-

ᵃ λ. πρός τινα
ᵇ λ. λόγον
ᶜ λ. ῥῆμα
ᵈ λ. (ἐν) παραβολαῖς, παροιμίαις
ᵉ λ. (ἐν) παρρησίᾳ, μετὰ -ίας
ᶠ λ. γλώσσῃ, -αις
ᵍ λ. et λέγω
ʰ λ. et στόμα
ʲ λ. et φωνή
ᵏ τὰ λαλούμενα
ˡ τὰ λαληθέντα, -θησόμενα
ᵐ τὰ λελαλημένα

Mt 9 18 ταῦτα αὐτοῦ λαλοῦντος αὐτοῖς

9 33 ἐκβληθέντος τοῦ δαιμονίου ἐλάλησεν ὁ κωφός

10 19 μὴ μεριμνήσητε πῶς ἢ τί λαλήσητε· ↔

10 19 δοθήσεται γὰρ ὑμῖν ἐν ἐκείνῃ τῇ ὥρᾳ τί λαλήσητε (λαλήσετε ς)· ↔

10 20 οὐ γὰρ ὑμεῖς ἐστε οἱ λαλοῦντες, ↔

10 20 ἀλλὰ τὸ πνεῦμα τοῦ πατρὸς ὑμῶν τὸ λαλοῦν ἐν ὑμῖν

12 22 ἐθεράπευσεν αὐτόν, ὥστε τὸν (+τυφλὸν καὶ Vς) κωφὸν (+καὶ ς) λαλεῖν καὶ βλέπειν

12 34 πῶς δύνασθε ἀγαθὰ λαλεῖν πονηροὶ ὄντες; ↔

12 34ʰ ἐκ γὰρ τοῦ περισσεύματος τῆς καρδίας τὸ στόμα λαλεῖ

12 36ᶜ πᾶν ῥῆμα ἀργὸν ὃ (+ἐὰν MVBSς) λαλήσουσιν (-σωσιν MVSς) οἱ ἄνθρωποι

12 46 ἔτι (+δὲ Vς) αὐτοῦ λαλοῦντος τοῖς ὄχλοις, ↔

12 46 ἰδοὺ ἡ μήτηρ καὶ οἱ ἀδελφοὶ αὐτοῦ εἱστήκεισαν ἔξω ζητοῦντες αὐτῷ λαλῆσαι

12 47 | ἰδοὺ ἡ μήτηρ σου καὶ οἱ ἀδελφοί σου ἔξω ἑστήκασιν ζητοῦντές σοι λαλῆσαι (.. [N²⁶NT]; . .—SH)

13 3ᵈᵍ ἐλάλησεν αὐτοῖς πολλὰ ἐν παραβολαῖς λέγων

13 10ᵈ διὰ τί ἐν παραβολαῖς λαλεῖς αὐτοῖς;

13 13ᵈ διὰ τοῦτο ἐν παραβολαῖς αὐτοῖς λαλῶ

13 33 ἄλλην παραβολὴν | ἐλάλησεν αὐτοῖς [H]

13 34ᵈ ταῦτα πάντα ἐλάλησεν ὁ Ἰησοῦς ἐν παραβολαῖς τοῖς ὄχλοις, ↔

13 34 καὶ χωρὶς παραβολῆς οὐδὲν (οὐκ ς) ἐλάλει αὐτοῖς

14 27ᵍ εὐθὺς δὲ ἐλάλησεν ||: ὁ Ἰησοῦς ([N²⁶NH]; —T) αὐτοῖς ((~VBS ς)) λέγων

15 31 ὥστε | τὸν ὄχλον (τοὺς -ους MVς) θαυμάσαι βλέποντας κωφοὺς λαλοῦντας . . . καὶ τυφλοὺς βλέποντας

Mt 17 5 ἔτι αὐτοῦ λαλοῦντος

23 1ᵍ τότε ὁ [H] Ἰησοῦς ἐλάλησεν τοῖς ὄχλοις καὶ τοῖς μαθηταῖς αὐτοῦ ⟨λέγων⟩

26 13 ὅπου ἐὰν κηρυχθῇ τὸ εὐαγγέλιον τοῦτο . . . λαληθήσεται καὶ ὃ ἐποίησεν αὕτη εἰς μνημόσυνον αὐτῆς

26 47 ἔτι αὐτοῦ λαλοῦντος

28 18ᵍ προσελθὼν ὁ Ἰησοῦς ἐλάλησεν αὐτοῖς λέγων

Mc 1 34 οὐκ ἤφιεν λαλεῖν τὰ δαιμόνια

2 2ᵇ ἐλάλει αὐτοῖς τὸν λόγον

2 7 τί οὗτος οὕτως | λαλεῖ; βλασφημεῖ (λ. βλασφημίας; ς)

4 33ᵇᵈ τοιαύταις παραβολαῖς πολλαῖς ἐλάλει αὐτοῖς τὸν λόγον, καθὼς ἠδύναντο ἀκούειν· ↔

4 34 χωρὶς δὲ παραβολῆς οὐκ ἐλάλει αὐτοῖς

5 35 ἔτι αὐτοῦ λαλοῦντος

5 36ᵇ ὁ δὲ Ἰησοῦς παρακούσας ([εὐθέως παρ-]ακούσας V; εὐθὺς π. S; εὐθέως ἀκούσας ς) τὸν λόγον λαλούμενον λέγει τῷ ἀρχισυναγώγῳ

6 50ᵍ | ὁ δὲ (καὶ Vς) εὐθὺς ἐλάλησεν μετ' αὐτῶν, καὶ λέγει αὐτοῖς

7 35 ἐλύθη ὁ δεσμὸς τῆς γλώσσης αὐτοῦ, καὶ ἐλάλει ὀρθῶς

7 37 τοὺς κωφοὺς ποιεῖ ἀκούειν καὶ τοὺς (+[N²⁶S]MBς) ἀλάλους λαλεῖν

8 32ᵇᵉ παρρησίᾳ τὸν λόγον ἐλάλει

9 6 *οὐ γὰρ ᾔδει τί λαλήσῃ (ς; ἀποκριθῇ rl)

11 23 ὃς ἄν . . . πιστεύῃ ὅτι | ὃ λαλεῖ (ἃ λέγει ς) γίνεται, ἔσται αὐτῷ

12 1ᵈ ἤρξατο αὐτοῖς ἐν παραβολαῖς λαλεῖν (λέγειν ς)

13 11 μὴ προμεριμνᾶτε τί λαλήσητε, ↔

13 11 ἀλλ' ὃ ἐὰν δοθῇ ὑμῖν ἐν ἐκείνῃ τῇ ὥρᾳ, τοῦτο λαλεῖτε· ↔

13 11 οὐ γάρ ἐστε ὑμεῖς οἱ λαλοῦντες ἀλλὰ τὸ πνεῦμα τὸ ἅγιον

14 9 ὃ ἐποίησεν αὕτη λαληθήσεται εἰς μνημόσυνον αὐτῆς

14 31 ὁ δὲ ἐκπερισσῶς ἐλάλει (ἔλεγε μᾶλλον ς)

14 43 ἔτι αὐτοῦ λαλοῦντος

[16 17]ᶠ ἐν τῷ ὀνόματί μου . . . γλώσσαις λαλήσουσιν καιναῖς ([S]; —H)

[16 19] ὁ μὲν οὖν κύριος Ἰησοῦς ([NVH]; —Tς) μετὰ τὸ λαλῆσαι αὐτοῖς ἀνελήμφθη εἰς τὸν οὐρανόν

Lc 1 19ᵃ ἀπεστάλην λαλῆσαι πρὸς σὲ καὶ εὐαγγελίσασθαί σοι ταῦτα· ↔

1 20 καὶ ἰδοὺ ἔσῃ σιωπῶν καὶ μὴ δυνάμενος λαλῆσαι

1 22 ἐξελθὼν δὲ οὐκ ἐδύνατο λαλῆσαι αὐτοῖς

1 45ᵐ μακαρία ἡ πιστεύσασα ὅτι ἔσται τελείωσις τοῖς λελαλημένοις αὐτῇ παρὰ κυρίου

1 55ᵃ ⟨μνησθῆναι ἐλέους⟩ καθὼς ἐλάλησεν πρὸς τοὺς πατέρας ἡμῶν

1 64ʰ ἀνεῴχθη δὲ τὸ στόμα αὐτοῦ . . . καὶ ἐλάλει εὐλογῶν τὸν θεόν

Lc 1 70ʰκαθὼς ἐλάλησεν διὰ στόματος τῶν
ἀγίων ἀπ' αἰῶνος προφητῶν αὐ-
τοῦ

2 15ᵃ| οἱ ποιμένες ἐλάλουν (καὶ οἱ ἄνθρω-
ποι οἱ π. εἶπον VSϛ) πρὸς ἀλλή-
λους

2 17ᶜἐγνώρισαν (δι- Vϛ) περὶ τοῦ ῥή-
ματος τοῦ λαληθέντος αὐτοῖς περὶ
τοῦ παιδίου τούτου. ↔

2 18ᵃ¹καὶ πάντες οἱ ἀκούσαντες ἐθαύ-
μασαν περὶ τῶν λαληθέντων ὑπὸ
τῶν ποιμένων πρὸς αὐτούς

2 20ᵃἐπὶ πᾶσιν οἷς ἤκουσαν καὶ εἶδον
καθὼς ἐλαλήθη πρὸς αὐτούς

2 33ᵏἦν ὁ πατὴρ αὐτοῦ καὶ ἡ μήτηρ
(+αὐτοῦ Tϛ) θαυμάζοντες ἐπὶ τοῖς
λαλουμένοις περὶ αὐτοῦ

2 38 ἐπιστᾶσα ἀνθωμολογεῖτο τῷ θεῷ
καὶ ἐλάλει περὶ αὐτοῦ πᾶσι

2 50ᶜοὐ συνῆκαν τὸ ῥῆμα ὃ ἐλάλησεν
αὐτοῖς

4 41 ἐπιτιμῶν οὐκ εἴα αὐτὰ λαλεῖν

5 4ᵍὡς δὲ ἐπαύσατο λαλῶν, εἶπεν πρὸς
τὸν Σίμωνα

5 21 τίς ἐστιν οὗτος ὃς λαλεῖ βλασφη-
μίας;

6 45ʰἐκ γὰρ περισσεύματος καρδίας λα-
λεῖ τὸ στόμα αὐτοῦ

7 15 ἀνεκάθισεν ὁ νεκρὸς καὶ ἤρξατο
λαλεῖν

8 49 ἔτι αὐτοῦ λαλοῦντος

9 11 ἀποδεξάμενος αὐτοὺς ἐλάλει αὐ-
τοῖς περὶ τῆς βασιλείας τοῦ θεοῦ

11 14 ἐγένετο δὲ τοῦ δαιμονίου ἐξελθόν-
τος ἐλάλησεν ὁ κωφός

11 37 ἐν δὲ τῷ λαλῆσαι ἐρωτᾷ αὐτὸν
Φαρισαῖος (+τις Vϛ)

12 3 ὃ πρὸς τὸ οὖς ἐλαλήσατε ἐν τοῖς
ταμείοις κηρυχθήσεται ἐπὶ τῶν
δωμάτων

22 47 ἔτι αὐτοῦ λαλοῦντος

22 60 παραχρῆμα ἔτι λαλοῦντος αὐτοῦ
ἐφώνησεν ἀλέκτωρ

24 6ᵍμνήσθητε ὡς ἐλάλησεν ὑμῖν ἔτι
ὢν ἐν τῇ Γαλιλαίᾳ ⟨λέγων⟩

24 25 ὦ . . . βραδεῖς τῇ καρδίᾳ τοῦ πι-
στεύειν ἐπὶ πᾶσιν οἷς ἐλάλησαν οἱ
προφῆται

24 32 οὐχὶ ἡ καρδία ἡμῶν καιομένη ἦν
| ἐν ἡμῖν ([N²⁶]; —H), ὡς ἐλάλει
ἡμῖν ἐν τῇ ὁδῷ ⟨;⟩

24 36 ταῦτα δὲ αὐτῶν λαλούντων

24 44ᵃᵇοὗτοι οἱ λόγοι μου οὓς ἐλάλησα
πρὸς ὑμᾶς ἔτι ὢν σὺν ὑμῖν

Jo 1 37 ἤκουσαν | οἱ δύο μαθηταὶ αὐτοῦ
(∼ MVBSϛ) λαλοῦντος

3 11 ὃ οἴδαμεν λαλοῦμεν καὶ ὃ ἑωράκα-
μεν μαρτυροῦμεν

3 31 ὁ ὢν ἐκ τῆς γῆς ἐκ τῆς γῆς ἐστιν
καὶ ἐκ τῆς γῆς λαλεῖ

3 34ᶜὃν γὰρ ἀπέστειλεν ὁ θεὸς τὰ ῥή-
ματα τοῦ θεοῦ λαλεῖ

4 26 ἐγώ εἰμι, ὁ λαλῶν σοι

4 27 ἐθαύμαζον ὅτι μετὰ γυναικὸς ἐλάλει

4 27 τί ζητεῖς ἢ τί λαλεῖς μετ' αὐτῆς;

6 63ᶜτὰ ῥήματα ἃ ἐγὼ λελάληκα (λαλῶ
ϛ) ὑμῖν πνεῦμά ἐστιν

7 13ᵉοὐδεὶς μέντοι παρρησίᾳ ἐλάλει περὶ
αὐτοῦ

7 17 πότερον ἐκ τοῦ (—T) θεοῦ ἐστιν
ἢ ἐγὼ ἀπ' ἐμαυτοῦ λαλῶ. ↔

7 18 ὁ ἀφ' ἑαυτοῦ λαλῶν τὴν δόξαν
τὴν ἰδίαν ζητεῖ

7 26ᵉἴδε παρρησίᾳ λαλεῖ

Jo 7 46 οὐδέποτε ἐλάλησεν οὕτως ἄνθρω-
πος, ↔

7 46 * || ὡς οὗτος λαλεῖ (+NMT) ὁ
ἄνθρωπος ((—N²⁶H))

8 12ᵍπάλιν οὖν αὐτοῖς ἐλάλησεν ὁ [H]
'Ιησοῦς λέγων

8 20ᶜταῦτα τὰ ῥήματα ἐλάλησεν ἐν τῷ
γαζοφυλακίῳ

8 25 τὴν ἀρχὴν ὅ τι καὶ λαλῶ ὑμῖν; ↔

8 26 πολλὰ ἔχω περὶ ὑμῶν λαλεῖν καὶ
κρίνειν

8 26 ἃ ἤκουσα παρ' αὐτοῦ, ταῦτα λαλῶ
(λέγω ϛ) εἰς τὸν κόσμον

8 28 καθὼς ἐδίδαξέν με ὁ πατήρ, ταῦτα
λαλῶ

8 30 ταῦτα αὐτοῦ λαλοῦντος

8 38 ἃ (ὃ ϛ) ἐγὼ ἑώρακα παρὰ τῷ πατρὶ
λαλῶ

8 40 ἄνθρωπον ὃς τὴν ἀλήθειαν ὑμῖν
λελάληκα

8 44 ὅταν λαλῇ τὸ ψεῦδος, ↔

8 44 ἐκ τῶν ἰδίων λαλεῖ

9 21 ἡλικίαν ἔχει, αὐτὸς περὶ ἑαυτοῦ
λαλήσει

9 29 Μωϋσεῖ λελάληκεν ὁ θεός

9 37 ἑώρακας αὐτὸν καὶ ὁ λαλῶν μετὰ
σοῦ ἐκεῖνός ἐστιν

10 6 οὐκ ἔγνωσαν τίνα ἦν ἃ ἐλάλει
αὐτοῖς

12 29 ἄγγελος αὐτῷ λελάληκεν

12 36 ταῦτα ἐλάλησεν (+ὁ MVBSϛ)
'Ιησοῦς

12 41 ταῦτα εἶπεν 'Ησαΐας . . . καὶ ἐλά-
λησεν περὶ αὐτοῦ

12 48ᵇὁ λόγος ὃν ἐλάλησα, ἐκεῖνος κρινεῖ
αὐτὸν ἐν (—T) τῇ ἐσχάτῃ ἡμέρᾳ.
↔

12 49 ὅτι ἐγὼ ἐξ ἐμαυτοῦ οὐκ ἐλάλησα,
↔

12 49 ἀλλ' ὁ πέμψας με πατὴρ αὐτός
μοι ἐντολὴν δέδωκεν τί εἴπω καὶ
τί λαλήσω

12 50 ἃ οὖν | ἐγὼ λαλῶ (∼ Sϛ), ↔

12 50 καθὼς εἴρηκέν μοι ὁ πατήρ, οὕτως
λαλῶ

14 10ᶜ* τὰ ῥήματα ἃ ἐγὼ λαλῶ (Sϛ;
λέγω rl) ὑμῖν ↔

14 10 ἀπ' ἐμαυτοῦ οὐ λαλῶ

14 25 ταῦτα λελάληκα ὑμῖν παρ' ὑμῖν
μένων

14 30 οὐκέτι πολλὰ λαλήσω μεθ' ὑμῶν

15 3ᵇκαθαροί ἐστε διὰ τὸν λόγον ὃν
λελάληκα ὑμῖν

15 11 ταῦτα λελάληκα ὑμῖν ἵνα ἡ χαρὰ
ἡ ἐμὴ ἐν ὑμῖν ᾖ

15 22 εἰ μὴ ἦλθον καὶ ἐλάλησα αὐτοῖς

16 1 ταῦτα λελάληκα ὑμῖν ἵνα μὴ σκαν-
δαλισθῆτε

16 4 ταῦτα λελάληκα ὑμῖν ἵνα . . . μνη-
μονεύητε αὐτῶν

16 6 ὅτι ταῦτα λελάληκα ὑμῖν

16 13 οὐ γὰρ λαλήσει ἀφ' ἑαυτοῦ, ↔

16 13 ἀλλ' ὅσα ἀκούσει (ἀκούει NMTH;
ἂν ἀκούσῃ ϛ) λαλήσει

16 18 οὐκ οἴδαμεν | τί λαλεῖ [H]

16 25ᵈταῦτα ἐν παροιμίαις λελάληκα
ὑμῖν· ↔

16 25ᵉἔρχεται ὥρα ὅτε οὐκέτι ἐν παρ-
οιμίαις λαλήσω ὑμῖν

16 29ᵉἴδε νῦν ἐν ([V]; —ϛ) παρρησίᾳ
λαλεῖς

16 33 ταῦτα λελάληκα ὑμῖν ἵνα ἐν ἐμοὶ
εἰρήνην ἔχητε

17 1 ταῦτα ἐλάλησεν (+ὁ VBSϛ) 'Ιη-
σοῦς, καὶ . . . εἶπεν

Jo 17 13 ταῦτα λαλῶ ἐν τῷ κόσμῳ

18 20ᵉἐγὼ παρρησίᾳ λελάληκα (ἐλάλησα
ϛ) τῷ κόσμῳ

18 20 ἐν κρυπτῷ ἐλάλησα οὐδέν

18 21 ἐρώτησον τοὺς ἀκηκοότας τί ἐλά-
λησα αὐτοῖς

18 23 εἰ κακῶς ἐλάλησα, μαρτύρησον
περὶ τοῦ κακοῦ

19 10 ἐμοὶ οὐ λαλεῖς;

Ac 2 4ᶠἤρξαντο λαλεῖν ἑτέραις γλώσσαις

2 6 ἤκουον (-εν S; -σεν H) εἷς ἕκαστος
τῇ ἰδίᾳ διαλέκτῳ λαλούντων αὐ-
τῶν

2 7 οὐχ (οὐχὶ NBH) ἰδοὺ ἅπαντες
(πάντες NVHϛ) οὗτοί εἰσιν οἱ
λαλοῦντες Γαλιλαῖοι;

2 11ᶠἀκούομεν λαλούντων αὐτῶν ταῖς
ἡμετέραις γλώσσαις τὰ μεγαλεῖα
τοῦ θεοῦ

2 31 προϊδὼν ἐλάλησεν περὶ τῆς ἀνα-
στάσεως τοῦ Χριστοῦ

3 21ʰἄχρι χρόνων ἀποκαταστάσεως
πάντων ὧν ἐλάλησεν ὁ θεὸς διὰ
στόματος τῶν . . . προφητῶν

3 22ᵃαὐτοῦ ἀκούσεσθε κατὰ πάντα ὅσα
ἂν λαλήσῃ πρὸς ὑμᾶς

3 24 πάντες δὲ οἱ προφῆται . . . ὅσοι
ἐλάλησαν καὶ κατήγγειλαν τὰς
ἡμέρας ταύτας

4 1ᵃλαλούντων δὲ αὐτῶν πρὸς τὸν
λαόν

4 17 (+ἀπειλῇ VBϛ) ἀπειλησώμεθα
αὐτοῖς μηκέτι λαλεῖν ἐπὶ τῷ ὀνό-
ματι τούτῳ μηδενὶ ἀνθρώπων

4 20 οὐ δυνάμεθα γὰρ ἡμεῖς ἃ εἴδαμεν
καὶ ἠκούσαμεν μὴ λαλεῖν

4 29ᵇᵉδὸς τοῖς δούλοις σου μετὰ παρ-
ρησίας πάσης λαλεῖν τὸν λόγον
σου

4 31ᵇᵉἐλάλουν τὸν λόγον τοῦ θεοῦ μετὰ
παρρησίας

5 20ᶜλαλεῖτε ἐν τῷ ἱερῷ τῷ λαῷ πάντα
τὰ ῥήματα τῆς ζωῆς ταύτης

5 40 παρήγγειλαν μὴ λαλεῖν ἐπὶ τῷ
ὀνόματι τοῦ 'Ιησοῦ

6 10 οὐκ ἴσχυον ἀντιστῆναι τῇ σοφίᾳ
καὶ τῷ πνεύματι ᾧ ἐλάλει

6 11ᶜἀκηκόαμεν αὐτοῦ λαλοῦντος ῥή-
ματα βλάσφημα εἰς Μωϋσῆν

6 13ᶜὁ ἄνθρωπος οὗτος οὐ παύεται
| λαλῶν ῥήματα (ρ. βλάσφημα λ.
ϛ) κατὰ τοῦ τόπου τοῦ ἁγίου τού-
του (+[N²⁶NH]MBSϛ)

7 6 ἐλάλησεν δὲ οὕτως ὁ θεός

7 38 μετὰ τοῦ ἀγγέλου τοῦ λαλοῦντος
αὐτῷ ἐν τῷ ὄρει Σινᾶ

7 44 καθὼς διετάξατο ὁ λαλῶν τῷ
Μωϋσῇ ποιῆσαι αὐτήν

8 25ᵇοἱ μὲν οὖν διαμαρτυράμενοι καὶ
λαλήσαντες τὸν λόγον τοῦ κυρίου
ὑπέστρεφον εἰς 'Ιεροσόλυμα

8 26ᵃᵍἄγγελος δὲ κυρίου ἐλάλησεν πρὸς
Φίλιππον λέγων

9 6 εἴσελθε εἰς τὴν πόλιν, καὶ λαληθή-
σεταί σοι ὅ τί σε δεῖ ποιεῖν

9 27 διηγήσατο αὐτοῖς πῶς . . . εἶδεν
τὸν κύριον καὶ ὅτι ἐλάλησεν αὐτῷ

9 29ἐλάλει τε καὶ συνεζήτει πρὸς τοὺς
'Ελληνιστάς

10 6 * | οὗτος λαλήσει σοι τί σε δεῖ
ποιεῖν (+ϛ). ↔

10 7 ὡς δὲ ἀπῆλθεν ὁ ἄγγελος ὁ λαλῶν
αὐτῷ (τῷ Κορνηλίῳ ϛ)

10 32 * Σίμωνος . . . | ὃς παραγενόμενος
λαλήσει σοι (+Sϛ)

Ac 10 44c ἔτι λαλοῦντος τοῦ Πέτρου τὰ ῥήματα ταῦτα

10 46f ἤκουον γὰρ αὐτῶν λαλούντων γλώσσαις καὶ μεγαλυνόντων τὸν θεόν

11 14ac ⟨Πέτρον⟩ ὃς λαλήσει ῥήματα πρὸς σὲ ἐν οἷς σωθήσῃ σὺ καὶ πᾶς ὁ οἶκός σου. ↔

11 15 ἐν δὲ τῷ ἄρξασθαί με λαλεῖν

11 19b διῆλθον ἕως Φοινίκης ... μηδενὶ λαλοῦντες τὸν λόγον εἰ μὴ μόνον Ἰουδαίοις

11 20a οἵτινες ἐλθόντες εἰς Ἀντιόχειαν ἐλάλουν καὶ πρὸς τοὺς Ἑλληνιστάς (Ἕλληνας NMBT)

13 42c παρεκάλουν εἰς τὸ μεταξὺ σάββατον λαληθῆναι αὐτοῖς τὰ ῥήματα ταῦτα

13 45k ἀντέλεγον τοῖς ὑπὸ (+τοῦ M[V]Sϛ) Παύλου λαλουμένοις (λεγομένοις ϛ) (+ἀντιλέγοντες καὶ Tϛ) βλασφημοῦντες

13 46b ὑμῖν ἦν ἀναγκαῖον πρῶτον λαληθῆναι τὸν λόγον τοῦ θεοῦ

14 1 ἐγένετο ... εἰσελθεῖν αὐτοὺς ... καὶ λαλῆσαι οὕτως ὥστε πιστεῦσαι ... πολὺ πλῆθος

14 9 οὗτος ἤκουσεν (ἤκουεν NVBHϛ) τοῦ Παύλου λαλοῦντος

14 25b λαλήσαντες | ἐν Πέργῃ (εἰς τὴν Πέργην NT) τὸν λόγον (+τοῦ κυρίου [V]S) κατέβησαν εἰς Ἀττάλειαν

16 6b κωλυθέντες ὑπὸ τοῦ ἁγίου πνεύματος λαλῆσαι τὸν λόγον ἐν τῇ Ἀσίᾳ

16 13 καθίσαντες ἐλαλοῦμεν ταῖς συνελθούσαις γυναιξίν

16 14k ἧς ὁ κύριος διήνοιξεν τὴν καρδίαν προσέχειν τοῖς λαλουμένοις ὑπὸ τοῦ (—NTH) Παύλου

16 32b ἐλάλησαν αὐτῷ τὸν λόγον τοῦ κυρίου (θεοῦ NH) σὺν πᾶσιν τοῖς ἐν τῇ οἰκίᾳ αὐτοῦ

17 19 δυνάμεθα γνῶναι τίς ἡ καινὴ αὕτη ἡ [H] ὑπὸ σοῦ λαλουμένη διδαχή;

18 9 μὴ φοβοῦ, ἀλλὰ λάλει καὶ μὴ σιωπήσῃς

18 25 ζέων τῷ πνεύματι ἐλάλει καὶ ἐδίδασκεν ἀκριβῶς τὰ περὶ τοῦ Ἰησοῦ

19 6f ἦλθε τὸ πνεῦμα τὸ ἅγιον ἐπ' αὐτούς, ἐλάλουν τε γλώσσαις καὶ ἐπροφήτευον

20 30 ἐξ ὑμῶν αὐτῶν [H] ἀναστήσονται ἄνδρες λαλοῦντες διεστραμμένα

21 39a ἐπίτρεψόν μοι λαλῆσαι πρὸς τὸν λαόν

22 9j τὸ μὲν φῶς ἐθεάσαντο, τὴν δὲ φωνὴν οὐκ ἤκουσαν τοῦ λαλοῦντός μοι

22 10 πορεύου εἰς Δαμασκόν, κἀκεῖ σοι λαληθήσεται περὶ πάντων

23 7 * τοῦτο δὲ αὐτοῦ λαλοῦντος (NH; λαλήσαντος VTϛ; εἰπόντος rl)

23 9 εἰ δὲ πνεῦμα ἐλάλησεν αὐτῷ ἢ ἄγγελος

23 18 ἠρώτησεν τοῦτον τὸν νεανίσκον (νεανίαν Hϛ) ἀγαγεῖν πρὸς σέ, ἔχοντά τι λαλῆσαί σοι

26 14agj * ἤκουσα φωνὴν | λαλοῦσαν πρός με καὶ λέγουσαν (Sϛ; λέγ. πρ. με rl) τῇ Ἑβραΐδι διαλέκτῳ

Ac 26 22 οὐδὲν ἐκτὸς λέγων ὧν τε οἱ προφῆται ἐλάλησαν μελλόντων γίνεσθαι καὶ Μωϋσῆς

26 26a πρὸς ὃν καὶ (—H) παρρησιαζόμενος λαλῶ

26 31ag ἀναχωρήσαντες ἐλάλουν πρὸς ἀλλήλους λέγοντες

27 25 οὕτως ἔσται καθ' ὃν τρόπον λελάληταί μοι

28 21 οὔτε παραγενόμενός τις τῶν ἀδελφῶν ἀπήγγειλεν ἢ ἐλάλησέν τι περὶ σοῦ πονηρόν

28 25ag καλῶς τὸ πνεῦμα τὸ ἅγιον ἐλάλησεν διὰ Ἠσαΐου τοῦ προφήτου πρὸς τοὺς πατέρας ὑμῶν ⟨λέγων⟩

Rm 3 19 ὅσα ὁ νόμος λέγει τοῖς ἐν τῷ νόμῳ λαλεῖ, ἵνα ... ὑπόδικος γένηται πᾶς ὁ κόσμος

7 1 γινώσκουσιν γὰρ νόμον λαλῶ

15 18 οὐ γὰρ τολμήσω τι λαλεῖν ὧν οὐ κατειργάσατο Χριστὸς δι' ἐμοῦ

1C 2 6 σοφίαν δὲ λαλοῦμεν ἐν τοῖς τελείοις

2 7 ἀλλὰ λαλοῦμεν θεοῦ σοφίαν ἐν μυστηρίῳ

2 13 ἃ καὶ λαλοῦμεν οὐκ ἐν διδακτοῖς ἀνθρωπίνης σοφίας λόγοις

3 1 οὐκ ἠδυνήθην λαλῆσαι ὑμῖν ὡς πνευματικοῖς ἀλλ' ὡς σαρκίνοις

9 8 μὴ κατὰ ἄνθρωπον ταῦτα λαλῶ, ἢ καὶ ὁ νόμος ταῦτα οὐ λέγει;

12 3g οὐδεὶς ἐν πνεύματι θεοῦ λαλῶν λέγει

12 30f μὴ πάντες γλώσσαις λαλοῦσιν;

13 1f ἐὰν ταῖς γλώσσαις τῶν ἀνθρώπων λαλῶ καὶ τῶν ἀγγέλων

13 11 ὅτε ἤμην νήπιος, ἐλάλουν ὡς νήπιος

14 2f ὁ γὰρ λαλῶν γλώσσῃ ↔

14 2 οὐκ ἀνθρώποις λαλεῖ ἀλλὰ (+τῷ MVSϛ) θεῷ· ↔

14 2 οὐδεὶς γὰρ ἀκούει, πνεύματι δὲ λαλεῖ μυστήρια· ↔

14 3 ὁ δὲ προφητεύων ἀνθρώποις λαλεῖ οἰκοδομὴν ... καὶ παραμυθίαν. ↔

14 4f ὁ λαλῶν γλώσσῃ ἑαυτὸν οἰκοδομεῖ

14 5f θέλω δὲ πάντας ὑμᾶς λαλεῖν γλώσσαις, μᾶλλον δὲ ἵνα προφητεύητε· ↔

14 5f μείζων δὲ ὁ προφητεύων ἢ ὁ λαλῶν γλώσσαις

14 6f ἐὰν ἔλθω πρὸς ὑμᾶς γλώσσαις λαλῶν, τί ὑμᾶς ὠφελήσω, ↔

14 6 ἐὰν μὴ ὑμῖν λαλήσω ἢ ἐν ἀποκαλύψει ἢ ἐν γνώσει ⟨;⟩

14 9k πῶς γνωσθήσεται τὸ λαλούμενον; ↔

14 9 ἔσεσθε γὰρ εἰς ἀέρα λαλοῦντες

14 11 ἐὰν οὖν μὴ εἰδῶ τὴν δύναμιν τῆς φωνῆς, ἔσομαι τῷ λαλοῦντι βάρβαρος

14 11 καὶ ὁ λαλῶν ἐν ἐμοὶ βάρβαρος

14 13f διὸ (διόπερ Sϛ) ὁ λαλῶν γλώσσῃ προσευχέσθω

14 18f εὐχαριστῶ τῷ θεῷ, πάντων ὑμῶν μᾶλλον γλώσσαις (-σῃ BT) λαλῶ (-ῶν ϛ)· ↔

14 19b ἀλλὰ ἐν ἐκκλησίᾳ θέλω πέντε λόγους | τῷ νοΐ (διὰ τοῦ νοός Sϛ) μου λαλῆσαι

14 21 ἐν ἑτερογλώσσοις καὶ ἐν χείλεσιν ἑτέρων (-ροις ϛ) λαλήσω τῷ λαῷ τούτῳ

14 23f ἐὰν οὖν συνέλθῃ ἡ ἐκκλησία ... καὶ πάντες λαλῶσιν γλώσσαις

1C 14 27f εἴτε γλώσσῃ τις λαλεῖ, κατὰ δύο ἢ τὸ πλεῖστον τρεῖς

14 28 ἐὰν δὲ μὴ ᾖ διερμηνευτής, σιγάτω ἐν ἐκκλησίᾳ, ἑαυτῷ δὲ λαλείτω καὶ τῷ θεῷ.

14 29 προφῆται δὲ δύο ἢ τρεῖς λαλείτωσαν

14 34 οὐ γὰρ ἐπιτρέπεται αὐταῖς λαλεῖν

14 35 αἰσχρὸν γάρ ἐστιν γυναικὶ λαλεῖν ἐν ἐκκλησίᾳ

14 39f ζηλοῦτε τὸ προφητεύειν, καὶ τὸ λαλεῖν μὴ κωλύετε (+ἐν B) γλώσσαις

15 34 πρὸς ἐντροπὴν ὑμῖν λαλῶ (λέγω ϛ)

2C 2 17 ὡς ἐκ θεοῦ κατέναντι θεοῦ ἐν Χριστῷ λαλοῦμεν

4 13 ἐπίστευσα, διὸ (+καὶ T) ἐλάλησα,

4 13 καὶ ἡμεῖς πιστεύομεν, διὸ καὶ λαλοῦμεν

7 14 ἀλλ' ὡς πάντα ἐν ἀληθείᾳ ἐλαλήσαμεν ὑμῖν

11 17 ὃ λαλῶ, ↔

11 17 οὐ κατὰ κύριον λαλῶ, ἀλλ' ὡς ἐν ἀφροσύνῃ

11 23 διάκονοι Χριστοῦ εἰσιν; παραφρονῶν λαλῶ, ὑπὲρ ἐγώ

12 4c ἤκουσεν ἄρρητα ῥήματα, ἃ οὐκ ἐξὸν ἀνθρώπῳ λαλῆσαι

12 19 κατέναντι θεοῦ ἐν Χριστῷ λαλοῦμεν

13 3 ἐπεὶ δοκιμὴν ζητεῖτε τοῦ ἐν ἐμοὶ λαλοῦντος Χριστοῦ

E 4 25 ἀποθέμενοι τὸ ψεῦδος λαλεῖτε ἀλήθειαν ἕκαστος μετὰ τοῦ πλησίον αὐτοῦ

5 19 ⟨πληροῦσθε ἐν πνεύματι⟩ λαλοῦντες ἑαυτοῖς ἐν (+[N26S]MB) ψαλμοῖς καὶ ὕμνοις

6 20 ἵνα ἐν αὐτῷ παρρησιάσωμαι ὡς δεῖ με λαλῆσαι

Ph 1 14b τοὺς πλείονας τῶν ἀδελφῶν ... τολμᾶν ἀφόβως τὸν λόγον (+τοῦ θεοῦ NMVBSTH) λαλεῖν

Cl 4 3 ἵνα ὁ θεὸς ἀνοίξῃ ἡμῖν θύραν τοῦ λόγου, λαλῆσαι τὸ μυστήριον τοῦ Χριστοῦ

4 4 ἵνα φανερώσω αὐτὸ ὡς δεῖ με λαλῆσαι

1Th 1 8 ὥστε μὴ χρείαν ἔχειν ἡμᾶς λαλεῖν τι

2 2a ἐπαρρησιασάμεθα ἐν τῷ θεῷ ἡμῶν λαλῆσαι πρὸς ὑμᾶς τὸ εὐαγγέλιον

2 4 καθὼς δεδοκιμάσμεθα ὑπὸ τοῦ θεοῦ πιστευθῆναι τὸ εὐαγγέλιον οὕτως λαλοῦμεν

2 16 ⟨ὑπὸ τῶν Ἰουδαίων⟩ κωλυόντων ἡμᾶς τοῖς ἔθνεσιν λαλῆσαι ἵνα σωθῶσιν

1Tm 5 13 ⟨χήρας⟩ οὐ μόνον δὲ ἀργαὶ ἀλλὰ καὶ φλύαροι ... λαλοῦσαι τὰ μὴ δέοντα

Tt 2 1 σὺ δὲ λάλει ἃ πρέπει τῇ ὑγιαινούσῃ διδασκαλίᾳ

2 15 ταῦτα λάλει καὶ παρακάλει καὶ ἔλεγχε μετὰ πάσης ἐπιταγῆς

Hb 1 1 πολυμερῶς καὶ πολυτρόπως πάλαι ὁ θεὸς λαλήσας τοῖς πατράσιν ἐν τοῖς προφήταις ↔

1 2 ἐπ' ἐσχάτου τῶν ἡμερῶν τούτων ἐλάλησεν ἡμῖν ἐν υἱῷ

2 2b εἰ γὰρ ὁ δι' ἀγγέλων λαληθεὶς λόγος ἐγένετο βέβαιος

2 3 σωτηρίας, ἥτις ἀρχὴν λαβοῦσα λαλεῖσθαι διὰ τοῦ κυρίου

Hb 2 5 οὐ γὰρ ἀγγέλοις ὑπέταξεν τὴν οἰκουμένην τὴν μέλλουσαν, περὶ ἧς λαλοῦμεν

3 5¹ Μωϋσῆς μὲν πιστὸς . . . ὡς θεράπων εἰς μαρτύριον τῶν λαληθησομένων

4 8 οὐκ ἂν περὶ ἄλλης ἐλάλει μετὰ ταῦτα ἡμέρας

5 5ᵃ ὁ Χριστὸς οὐχ ἑαυτὸν ἐδόξασεν γενηθῆναι ἀρχιερέα, ἀλλ᾽ ὁ λαλήσας πρὸς αὐτόν

6 9 πεπείσμεθα . . . εἰ καὶ οὕτως λαλοῦμεν

7 14 εἰς ἣν φυλὴν περὶ ἱερέων οὐδὲν Μωϋσῆς ἐλάλησεν

9 19 λαληθείσης γὰρ πάσης ἐντολῆς κατὰ τὸν ([MS]; —Tς) νόμον ὑπὸ Μωϋσέως παντὶ τῷ λαῷ

11 4 πίστει πλείονα θυσίαν Ἄβελ . . . προσήνεγκεν . . . καὶ δι᾽ αὐτῆς ἀποθανὼν ἔτι λαλεῖ (-εῖται Sς)

11 18ᵃ ⟨Ἀβραάμ⟩ πρὸς ὃν ἐλαλήθη ὅτι ἐν Ἰσαὰκ κληθήσεταί σοι σπέρμα

12 24 μεσίτῃ Ἰησοῦ, καὶ αἵματι ῥαντισμοῦ κρεῖττον (κρείττονα ς) λαλοῦντι παρὰ τὸν Ἄβελ. ↔

12 25 βλέπετε μὴ παραιτήσησθε τὸν λαλοῦντα

13 7ᵇ μνημονεύετε τῶν ἡγουμένων ὑμῶν, οἵτινες ἐλάλησαν ὑμῖν τὸν λόγον τοῦ θεοῦ

Jc 1 19 ἔστω δὲ (—Sς) πᾶς ἄνθρωπος ταχὺς εἰς τὸ ἀκοῦσαι, βραδὺς εἰς τὸ λαλῆσαι

2 12 οὕτως λαλεῖτε καὶ οὕτως ποιεῖτε

5 10 τοὺς προφήτας, οἳ ἐλάλησαν ἐν (—ς) τῷ ὀνόματι κυρίου

1Pt 3 10 παυσάτω τὴν γλῶσσαν ἀπὸ κακοῦ καὶ χείλη τοῦ μὴ λαλῆσαι δόλον

4 11 εἴ τις λαλεῖ, ὡς λόγια θεοῦ

2Pt 1 21 ἀλλὰ ὑπὸ πνεύματος ἁγίου φερόμενοι ἐλάλησαν (+ἅγιοι [M]VS; + οἱ ἄ. ς) ἀπὸ (—Vς) θεοῦ ἄνθρωποι

3 16 ⟨ἔγραψεν ὑμῖν⟩ ὡς καὶ ἐν πάσαις (+ταῖς VBSTς) ἐπιστολαῖς λαλῶν ἐν αὐταῖς περὶ τούτων

1Jo 4 5 διὰ τοῦτο ἐκ τοῦ κόσμου λαλοῦσιν

2Jo 12ʰ ἐλπίζω γενέσθαι πρὸς ὑμᾶς καὶ στόμα πρὸς στόμα λαλῆσαι

3Jo 14ʰ ἐλπίζω δὲ εὐθέως | σε ἰδεῖν (∼ Sς), καὶ στόμα πρὸς στόμα λαλήσομεν

Jd 15ᵇ περὶ πάντων τῶν σκληρῶν (+λόγων B[S]T) ὧν ἐλάλησαν κατ᾽ αὐτοῦ ἁμαρτωλοὶ ἀσεβεῖς

16ʰ τὸ στόμα αὐτῶν λαλεῖ ὑπέρογκα, θαυμάζοντες πρόσωπα

Ap 1 12ʲ ἐπέστρεψα βλέπειν τὴν φωνὴν ἥτις ἐλάλει (-λησε ς) μετ᾽ ἐμοῦ

4 1ᵍʲ ἡ φωνή . . . ἣν ἤκουσα ὡς σάλπιγγος λαλούσης μετ᾽ ἐμοῦ, λέγων (-ουσα ς)

10 3ʲ ὅτε ἔκραξεν, ἐλάλησαν αἱ ἑπτὰ βρονταὶ τὰς ἑαυτῶν φωνάς. ↔

10 4ʲ καὶ ὅτε ἐλάλησαν αἱ ἑπτὰ βρονταί (+τὰς φωνὰς ἑαυτῶν ς)

10 4 σφράγισον ἃ ἐλάλησαν αἱ ἑπτὰ βρονταί

10 8ᵍʲ ἡ φωνὴ ἣν ἤκουσα . . . πάλιν λαλοῦσαν (-σα[ν] S; -σα ς) μετ᾽ ἐμοῦ καὶ λέγουσαν (-σα[ν] S; -σα ς)

13 5ʰ ἐδόθη αὐτῷ στόμα λαλοῦν μεγάλα καὶ βλασφημίας (-μίαν S)

13 11 ἄλλο θηρίον . . . ἐλάλει ὡς δράκων

13 15 ἵνα καὶ λαλήσῃ ἡ εἰκὼν τοῦ θηρίου

Ap 17 1ᵍ ἦλθεν εἷς ἐκ τῶν ἑπτὰ ἀγγέλων . . . καὶ ἐλάλησεν μετ᾽ ἐμοῦ λέγων

21 9ᵍ ἦλθεν εἷς ἐκ τῶν ἑπτὰ ἀγγέλων . . . καὶ ἐλάλησεν μετ᾽ ἐμοῦ λέγων

21 15 ὁ λαλῶν μετ᾽ ἐμοῦ εἶχεν μέτρον κάλαμον χρυσοῦν

λαλιά

Mt 26 73 καὶ γὰρ ἡ λαλιά σου δῆλόν σε ποιεῖ

Mc 14 70 * καὶ γὰρ Γαλιλαῖος εἶ | καὶ ἡ λαλιά σου ὁμοιάζει (+[VS]ς)

Jo 4 42 οὐκέτι διὰ τὴν σὴν λαλιὰν πιστεύομεν

8 43 διὰ τί τὴν λαλιὰν τὴν ἐμὴν οὐ γινώσκετε;

λαμά

→ λεμα

λαμβάνω

ἀνα-	μετα-	συμπαρα-
ἀντι-	παρα-	συμπερι-
ἀπο-	προ-	συναντι-
ἐπι-	προσ-	ὑπο-
κατα-	συλ-	

ᵃ λ. τινά

ᵇ λ. γυναῖκα

ᶜ λ. ἑαυτῷ, μεθ᾽ ἑαυτοῦ

ᵈ λ. ἔκ τινος

ᵉ λ. ἀπό τινος

ᶠ λ. παρά τινος

ᵍ λ. διά τινος

ʰ συμβούλιον λ.

ʲ λ. πρόσωπον

ᵏ λ. κρίμα

ˡ λ. τὴν ψυχήν

ᵐ λ. (τὴν) δύναμιν

ⁿ λ. (τὴν) ἐξουσίαν

ᵖ λ. ἄφεσιν

ᑫ λ. ἐπαγγελίαν, παρ-

ʳ λ. ἀφορμήν

ˢ λ. et αἰτέω

ᵗ εἴληπται et part.

Mt 5 40 τῷ θέλοντί σοι κριθῆναι καὶ τὸν χιτῶνά σου λαβεῖν

7 8ˢ πᾶς γὰρ ὁ αἰτῶν λαμβάνει

8 17 αὐτὸς τὰς ἀσθενείας ἡμῶν ἔλαβεν καὶ τὰς νόσους ἐβάστασεν

10 8 δωρεὰν ἐλάβετε, δωρεὰν δότε

10 38 ὃς οὐ λαμβάνει τὸν σταυρὸν αὐτοῦ καὶ ἀκολουθεῖ ὀπίσω μου

10 41 ὁ δεχόμενος προφήτην εἰς ὄνομα προφήτου μισθὸν προφήτου λήμψεται, ↔

10 41 καὶ ὁ δεχόμενος δίκαιον εἰς ὄνομα δικαίου μισθὸν δικαίου λήμψεται

12 14ʰ ἐξελθόντες δὲ οἱ Φαρισαῖοι συμβούλιον ἔλαβον κατ᾽ αὐτοῦ

13 20 οὗτός ἐστιν ὁ τὸν λόγον ἀκούων καὶ εὐθὺς μετὰ χαρᾶς λαμβάνων αὐτόν

13 31 κόκκῳ σινάπεως, ὃν λαβὼν ἄνθρωπος ἔσπειρεν ἐν τῷ ἀγρῷ αὐτοῦ

13 33 ζύμῃ, ἣν λαβοῦσα γυνὴ ἐνέκρυψεν εἰς ἀλεύρου σάτα τρία

14 19 λαβὼν τοὺς πέντε ἄρτους καὶ τοὺς δύο ἰχθύας

15 26 οὐκ | ἔστιν καλὸν (ἔξεστιν T) λαβεῖν τὸν ἄρτον τῶν τέκνων καὶ βαλεῖν τοῖς κυναρίοις

15 36 ἔλαβεν (καὶ λαβὼν Vς) τοὺς ἑπτὰ ἄρτους καὶ τοὺς ἰχθύας

16 5 ἐλθόντες οἱ μαθηταὶ εἰς τὸ πέραν ἐπελάθοντο ἄρτους λαβεῖν

16 7 ἄρτους οὐκ ἐλάβομεν

16 8 * ἄρτους οὐκ ἐλάβετε (MVSTς; ἔχετε rl)

Mt 16 9 οὐδὲ μνημονεύετε τοὺς πέντε ἄρτους . . . καὶ πόσους κοφίνους ἐλάβετε; ↔

16 10 οὐδὲ τοὺς ἑπτὰ ἄρτους . . . καὶ πόσας σπυρίδας ἐλάβετε;

17 24 προσῆλθον οἱ τὰ δίδραχμα λαμβάνοντες τῷ Πέτρῳ

17 25ᵉ οἱ βασιλεῖς τῆς γῆς ἀπὸ τίνων λαμβάνουσιν τέλη ἢ κῆνσον;

17 27 στατῆρα· ἐκεῖνον λαβὼν δὸς αὐτοῖς ἀντὶ ἐμοῦ καὶ σοῦ

19 29 πᾶς ὅστις ἀφῆκεν . . . πατέρα ἢ μητέρα . . . ἑκατονταπλασίονα (πολλα- NTH) λήμψεται

20 7 * | καὶ ὃ ἐὰν ᾖ δίκαιον λήμψεσθε (+ς)

20 9 | καὶ ἐλθόντες (ἐ. δὲ NH; ἐ. οὖν S) οἱ περὶ τὴν ἑνδεκάτην ὥραν ἔλαβον ἀνὰ δηνάριον. ↔

20 10 | καὶ ἐλθόντες (ἐ. δὲ Tς) οἱ πρῶτοι ἐνόμισαν ὅτι πλεῖον (-ονα VTς) λήμψονται· ↔

20 10 καὶ ἔλαβον τὸ ([N²⁶SH]; —ς) ἀνὰ δηνάριον καὶ αὐτοί

20 11 λαβόντες δὲ ἐγόγγυζον κατὰ τοῦ οἰκοδεσπότου

21 22ˢ πάντα ὅσα ἂν αἰτήσητε ἐν τῇ προσευχῇ πιστεύοντες λήμψεσθε

21 34 ἀπέστειλεν τοὺς δούλους αὐτοῦ πρὸς τοὺς γεωργοὺς λαβεῖν τοὺς καρποὺς αὐτοῦ. ↔

21 35ᵃ καὶ λαβόντες οἱ γεωργοὶ τοὺς δούλους αὐτοῦ

21 39ᵃ λαβόντες αὐτὸν ἐξέβαλον ἔξω τοῦ ἀμπελῶνος

22 15ʰ οἱ Φαρισαῖοι συμβούλιον ἔλαβον ὅπως αὐτὸν παγιδεύσωσιν ἐν λόγῳ

23 14ᵏ * | διὰ τοῦτο λήψεσθε περισσότερον κρίμα (. .+Vς)

25 1 δέκα παρθένοις, αἵτινες λαβοῦσαι τὰς λαμπάδας ἑαυτῶν (αὐτῶν VS Tς) ἐξῆλθον

25 3 αἱ γὰρ μωραὶ λαβοῦσαι τὰς λαμπάδας αὐτῶν ([VSH]; —NT; ἑαυ. ς) ↔

25 3ᶜ οὐκ ἔλαβον μεθ᾽ ἑαυτῶν ἔλαιον. ↔

25 4 αἱ δὲ φρόνιμοι ἔλαβον ἔλαιον ἐν τοῖς ἀγγείοις

25 16 πορευθεὶς (+δὲ Vς) ὁ τὰ πέντε τάλαντα λαβὼν ἠργάσατο ἐν αὐτοῖς

25 18 ὁ δὲ τὸ ἓν λαβὼν ἀπελθὼν ὤρυξεν γῆν

25 20 προσελθὼν ὁ τὰ πέντε τάλαντα λαβὼν προσήνεγκεν ἄλλα πέντε τάλαντα

25 22 * προσελθὼν δὲ (+[N²⁶]MVBSς) καὶ ὁ τὰ δύο τάλαντα λαβὼν (+ς) εἶπεν

25 24 προσελθὼν δὲ καὶ ὁ τὸ ἓν τάλαντον εἰληφὼς εἶπεν

26 26 λαβὼν ὁ Ἰησοῦς (+τὸν VSς) ἄρτον

26 26 λάβετε φάγετε

26 27 λαβὼν ποτήριον καὶ [H] εὐχαριστήσας ἔδωκεν αὐτοῖς

26 52 πάντες γὰρ οἱ λαβόντες μάχαιραν ἐν μαχαίρῃ ἀπολοῦνται

27 1ʰ συμβούλιον ἔλαβον πάντες οἱ ἀρχιερεῖς . . . κατὰ τοῦ Ἰησοῦ

27 6 οἱ δὲ ἀρχιερεῖς λαβόντες τὰ ἀργύρια εἶπαν

27 7ʰ συμβούλιον δὲ λαβόντες ἠγόρασαν ἐξ αὐτῶν τὸν ἀγρὸν τοῦ κεραμέως

27 9 ἔλαβον τὰ τριάκοντα ἀργύρια

Mt 27 24 ὁ Πιλᾶτος . . . λαβὼν ὕδωρ ἀπ-
ενίψατο τὰς χεῖρας

27 30 ἐμπτύσαντες εἰς αὐτὸν ἔλαβον τὸν
κάλαμον

27 48 δραμὼν εἷς ἐξ αὐτῶν καὶ λαβὼν
σπόγγον

27 49 * | ἄλλος δὲ λαβὼν λόγχην ἔνυξεν
αὐτοῦ τὴν πλευράν [+SH . .]

27 59ˢ ⟨ᾐτήσατο τὸ σῶμα⟩ καὶ λαβὼν τὸ
σῶμα ὁ Ἰωσὴφ ἐνετύλιξεν αὐτὸ ἐν
(+[N²⁶NH]B) σινδόνι καθαρᾷ

28 12ʰ συναχθέντες μετὰ τῶν πρεσβυ-
τέρων συμβούλιόν τε λαβόντες

28 15 οἱ δὲ λαβόντες τὰ (—NH) ἀργύρια
ἐποίησαν ὡς ἐδιδάχθησαν

Mc 4 16 οἳ ὅταν ἀκούσωσιν τὸν λόγον
εὐθὺς μετὰ χαρᾶς λαμβάνουσιν
αὐτόν [S]

6 41 λαβὼν τοὺς πέντε ἄρτους καὶ τοὺς
δύο ἰχθύας

7 27 οὐ γάρ | ἐστιν καλὸν (~ Sϛ) λαβεῖν
τὸν ἄρτον τῶν τέκνων καὶ τοῖς
κυναρίοις βαλεῖν

8 6 λαβὼν τοὺς ἑπτὰ ἄρτους

8 14 ἐπελάθοντο λαβεῖν ἄρτους

9 36ᵃ λαβὼν παιδίον ἔστησεν αὐτὸ ἐν
μέσῳ αὐτῶν

10 30 ⟨οὐδείς ἐστιν ὃς ἀφῆκεν . . . μητέρα
ἢ πατέρα⟩ ἐὰν μὴ λάβῃ ἑκατοντα-
πλασίονα νῦν ἐν τῷ καιρῷ τούτῳ

11 24ˢ πάντα ὅσα . . . αἰτεῖσθε, πιστεύετε
ὅτι ἐλάβετε (λαμβάνετε ϛ)

12 2ᵉᶠ ἵνα παρὰ τῶν γεωργῶν λάβῃ ἀπὸ
τῶν καρπῶν τοῦ ἀμπελῶνος · ↔

12 3ᵃ καὶ (οἱ δὲ Vϛ) λαβόντες αὐτὸν
ἔδειραν

12 8ᵃ λαβόντες | ἀπέκτειναν αὐτόν (~ Vϛ)

12 19ᵇ ἵνα λάβῃ ὁ ἀδελφὸς αὐτοῦ τὴν
γυναῖκα (+αὐτοῦ Vϛ)

12 20ᵇ ὁ πρῶτος ἔλαβεν γυναῖκα

12 21ᵇ ὁ δεύτερος ἔλαβεν αὐτήν

12 22ᵇ * | ἔλαβον αὐτὴν οἱ ἑπτὰ καὶ (Vϛ;
οἱ ἑπτὰ rl) οὐκ ἀφῆκαν σπέρμα

12 40ᵏ οὗτοι λήμψονται περισσότερον
κρίμα

14 22 λαβὼν (+ὁ Ἰησοῦς V[S]ϛ) ἄρτον
εὐλογήσας ἔκλασεν

14 22 λάβετε (+φάγετε ϛ)· τοῦτό ἐστιν
τὸ σῶμά μου. ↔

14 23 καὶ λαβὼν ποτήριον εὐχαριστήσας
ἔδωκεν αὐτοῖς

14 65ᵃ οἱ ὑπηρέται ῥαπίσμασιν αὐτὸν
ἔλαβον (ἔβαλλον ϛ)

15 23 ἐδίδουν αὐτῷ ἐσμυρνισμένον οἶνον·
ὃς (ὁ Vϛ) δὲ οὐκ ἔλαβεν

Lc 5 5 δι' ὅλης (+τῆς V[S]ϛ) νυκτὸς κο-
πιάσαντες οὐδὲν ἐλάβομεν

5 26ᵃ ἔκστασις ἔλαβεν ἅπαντας

6 4 ὡς [N²⁶H] . . . τοὺς ἄρτους τῆς
προθέσεως λαβὼν (ἔλαβεν καὶ STϛ)
ἔφαγεν

6 34ᶠ ἐὰν δανίσητε παρ' ὧν ἐλπίζετε
λαβεῖν (ἀπο- ϛ)

7 16ᵃ ἔλαβεν δὲ φόβος πάντας (ἅπαντας
BSTϛ)

9 16 λαβὼν δὲ τοὺς πέντε ἄρτους καὶ
τοὺς δύο ἰχθύας

9 39ᵃ πνεῦμα λαμβάνει αὐτόν

11 10ˢ πᾶς γὰρ ὁ αἰτῶν λαμβάνει

13 19 κόκκῳ σινάπεως, ὃν λαβὼν ἄν-
θρωπος ἔβαλεν εἰς κῆπον ἑαυτοῦ

13 21 ζύμῃ, ἣν λαβοῦσα γυνὴ ἐνέκρυψεν
([ἐν]- N²⁶; ἔκρ. NMTH) εἰς ἀλεύρου
σάτα τρία

Lc 18 30 * ⟨οὐδείς ἐστιν ὃς ἀφῆκεν . . .
γονεῖς⟩ ὃς οὐχὶ μὴ λάβῃ (NMH;
[ἀπο]- N²⁶; ἀπ. rl) πολλαπλασίο-
να ἐν τῷ καιρῷ τούτῳ

19 12ᶜ ἄνθρωπός τις εὐγενὴς ἐπορεύθη
εἰς χώραν μακρὰν λαβεῖν ἑαυτῷ
βασιλείαν

19 15 ἐν τῷ ἐπανελθεῖν αὐτὸν λαβόντα
τὴν βασιλείαν

20 21ʲ ὀρθῶς . . . διδάσκεις καὶ οὐ λαμ-
βάνεις πρόσωπον

20 28ᵇ ἵνα λάβῃ ὁ ἀδελφὸς αὐτοῦ τὴν
γυναῖκα

20 29ᵇ ὁ πρῶτος λαβὼν γυναῖκα ἀπ-
έθανεν ἄτεκνος· ↔

20 30ᵇ * καὶ ἔλαβεν (+ϛ) ὁ δεύτερος | τὴν
γυναῖκα, καὶ οὗτος ἀπέθανεν
ἄτεκνος (+ϛ)· ↔

20 31ᵇ καὶ ὁ τρίτος ἔλαβεν αὐτήν

20 47ᵏ οὗτοι λήμψονται περισσότερον
κρίμα

22 17 λάβετε τοῦτο καὶ διαμερίσατε εἰς
ἑαυτούς

22 19 λαβὼν ἄρτον εὐχαριστήσας ἔκλα-
σεν

24 30 λαβὼν τὸν ἄρτον εὐλόγησεν

24 43 λαβὼν ἐνώπιον αὐτῶν ἔφαγεν

Jo 1 12ᵃ ὅσοι δὲ ἔλαβον αὐτόν

1 16ᵈ ὅτι ἐκ τοῦ πληρώματος αὐτοῦ
ἡμεῖς πάντες ἐλάβομεν, καὶ χάριν
ἀντὶ χάριτος

3 11 τὴν μαρτυρίαν ἡμῶν οὐ λαμβάνετε

3 27 οὐ δύναται ἄνθρωπος λαμβάνειν
| οὐδὲ ἕν (N²⁶; οὐδέν rl)

3 32 τὴν μαρτυρίαν αὐτοῦ οὐδεὶς λαμ-
βάνει. ↔

3 33 ὁ λαβὼν αὐτοῦ τὴν μαρτυρίαν
ἐσφράγισεν

4 36 ⟨ἤδη⟩ ὁ θερίζων μισθὸν λαμβάνει

5 34ᶠ ἐγὼ δὲ οὐ παρὰ ἀνθρώπου τὴν
μαρτυρίαν λαμβάνω

5 41ᶠ δόξαν παρὰ ἀνθρώπων οὐ λαμ-
βάνω

5 43ᵉ ἐλήλυθα . . . καὶ οὐ λαμβάνετέ με· ↔

5 43ᵉ ἐὰν ἄλλος ἔλθῃ . . . ἐκεῖνον λήμ-
ψεσθε. ↔

5 44ᶠ πῶς δύνασθε ὑμεῖς πιστεῦσαι, δό-
ξαν παρὰ ἀλλήλων λαμβάνοντες
⟨;⟩

6 7 ἵνα ἕκαστος βραχύ τι ([N²⁶]; —H)
λάβῃ

6 11 ἔλαβεν οὖν τοὺς ἄρτους ὁ Ἰησοῦς

6 21ᵃ ἤθελον οὖν λαβεῖν αὐτὸν εἰς τὸ
πλοῖον

7 23 εἰ περιτομὴν λαμβάνει [+ὁ NH]
ἄνθρωπος ἐν σαββάτῳ

7 39 περὶ τοῦ πνεύματος ὃ (N²⁶; οὗ rl)
ἔμελλον λαμβάνειν οἱ πιστεύσαντες
(-οντες MVBSTϛ) εἰς αὐτόν

[8 4]ᵗ * αὕτη ἡ γυνὴ εἴληπται (S; κατ-
N²⁶MVBH; κατελήφθη ϛ) ἐπ'
αὐτοφώρῳ μοιχευομένη

10 17ˡ τίθημι τὴν ψυχήν μου, ἵνα πάλιν
λάβω αὐτήν

10 18ˡ ἐξουσίαν ἔχω πάλιν λαβεῖν αὐτήν·
↔

10 18ᶠ ταύτην τὴν ἐντολὴν ἔλαβον παρὰ
τοῦ πατρός μου

12 3 ἡ οὖν Μαριὰμ λαβοῦσα λίτραν
μύρου νάρδου πιστικῆς πολυτίμου

12 13 ⟨ὁ ὄχλος⟩ ἔλαβον τὰ βαΐα τῶν φοι-
νίκων

12 48 ὁ . . . μὴ λαμβάνων τὰ ῥήματά μου
ἔχει τὸν κρίνοντα αὐτόν

13 4 λαβὼν- λέντιον διέζωσεν ἑαυτόν

Jo 13 12 ὅτε οὖν ἔνιψεν τοὺς πόδας αὐτῶν
καὶ [N²⁶] ἔλαβεν τὰ ἱμάτια αὐτοῦ

13 20ᵃ ὁ λαμβάνων ἄν τινα πέμψω ↔

13 20ᵃ ἐμὲ λαμβάνει, ↔

13 20ᵃ ὁ δὲ ἐμὲ λαμβάνων ↔

13 20ᵃ λαμβάνει τὸν πέμψαντά με

13 26 βάψας οὖν τὸ [NH] ψωμίον | λαμ-
βάνει καὶ ([N²⁶]; —ϛ) δίδωσιν
Ἰούδᾳ

13 30 λαβὼν οὖν τὸ ψωμίον ἐκεῖνος ἐξ-
ῆλθεν

14 17 τὸ πνεῦμα τῆς ἀληθείας, ὃ ὁ
κόσμος οὐ δύναται λαβεῖν

16 14ᵈ ὅτι ἐκ τοῦ ἐμοῦ λήμψεται καὶ
ἀναγγελεῖ ὑμῖν

16 15ᵈ ἐκ τοῦ ἐμοῦ λαμβάνει (λήψεται ϛ)
καὶ ἀναγγελεῖ ὑμῖν

16 24ˢ αἰτεῖτε, καὶ λήμψεσθε

17 8 τὰ ῥήματα . . . δέδωκα αὐτοῖς, καὶ
αὐτοὶ ἔλαβον

18 3ᵃᵈ ὁ οὖν Ἰούδας λαβὼν τὴν σπεῖραν
καὶ ἐκ τῶν ἀρχιερέων . . . ὑπηρέτας

18 31ᵃ λάβετε αὐτὸν ὑμεῖς, καὶ κατὰ τὸν
νόμον ὑμῶν κρίνατε αὐτόν (—T)

19 1ᵃ | ἔλαβεν ὁ Πιλᾶτος τὸν Ἰησοῦν
καὶ (ὁ Π. λαβὼν τ. Ἰ. S) ἐμαστίγω-
σεν

19 6ᵃ λάβετε αὐτὸν ὑμεῖς καὶ σταυρώ-
σατε

19 23 οἱ οὖν στρατιῶται . . . ἔλαβον τὰ
ἱμάτια αὐτοῦ

19 27ᵃ ἀπ' ἐκείνης τῆς ὥρας ἔλαβεν | ὁ
μαθητὴς αὐτὴν (~ Tϛ) εἰς τὰ ἴδια

19 30 ὅτε οὖν ἔλαβεν τὸ ὄξος || ὁ [N²⁶
NH] Ἰησοῦς ((—T))

19 40 ἔλαβον οὖν τὸ σῶμα τοῦ Ἰησοῦ

20 22 λάβετε πνεῦμα ἅγιον

21 13 ἔρχεται (+οὖν Vϛ; +ὁ VBSϛ)
Ἰησοῦς καὶ λαμβάνει τὸν ἄρτον

Ac 1 8ᵐ ἀλλὰ λήμψεσθε δύναμιν ἐπελθόν-
τος τοῦ ἁγίου πνεύματος ἐφ' ὑμᾶς

1 20 τὴν ἐπισκοπὴν αὐτοῦ λαβέτω
(λάβοι ϛ) ἕτερος

1 25 ⟨ἀνάδειξον ὃν ἐξελέξω⟩ λαβεῖν τὸν
τόπον (κλῆρον ϛ) τῆς διακονίας
ταύτης

2 23ᵃ * ⟨Ἰησοῦν⟩ τοῦτον τῇ ὡρισμένῃ
βουλῇ καὶ προγνώσει τοῦ θεοῦ
ἔκδοτον λαβόντες (+ϛ)

2 33ᶠᵃ τήν τε ἐπαγγελίαν τοῦ πνεύ-
ματος τοῦ ἁγίου λαβὼν παρὰ τοῦ
πατρός

2 38 λήμψεσθε τὴν δωρεὰν τοῦ ἁγίου
πνεύματος

3 3 ἰδὼν Πέτρον καὶ Ἰωάννην . . . ἠρώ-
τα ἐλεημοσύνην λαβεῖν

3 5ᶠ ἐπεῖχεν αὐτοῖς προσδοκῶν τι παρ'
αὐτῶν λαβεῖν

7 53 οἵτινες ἐλάβετε τὸν νόμον εἰς δια-
ταγὰς ἀγγέλων

8 15 προσηύξαντο περὶ αὐτῶν ὅπως
λάβωσιν πνεῦμα ἅγιον

8 17 ἐλάμβανον πνεῦμα ἅγιον

8 19 ἵνα ᾧ ἐὰν ἐπιθῶ τὰς χεῖρας λαμ-
βάνῃ πνεῦμα ἅγιον

9 19 λαβὼν τροφὴν ἐνίσχυσεν (-χύθη
MBSH)

9 25ᵃ λαβόντες δὲ | οἱ μαθηταὶ αὐτοῦ
(αὐτὸν οἱ μ. Vϛ) νυκτὸς διὰ τοῦ
τείχους καθῆκαν αὐτόν (—Vϛ)

10 43ᵍᵖ μαρτυροῦσιν, ἄφεσιν ἁμαρτιῶν
λαβεῖν διὰ τοῦ ὀνόματος αὐτοῦ
πάντα τὸν πιστεύοντα

10 47 οἵτινες τὸ πνεῦμα τὸ ἅγιον ἔλαβον
ὡς καὶ ἡμεῖς

Ac 15 14ᵈκαθὼς πρῶτον ὁ θεὸς ἐπεσκέψατο
  λαβεῖν ἐξ ἐθνῶν λαὸν (+ἐπὶ ς) τῷ
  ὀνόματι αὐτοῦ

16 3ᵃλαβὼν περιέτεμεν αὐτὸν διὰ τοὺς
  Ἰουδαίους

16 24ᵃὃς παραγγελίαν τοιαύτην λαβὼν
  (εἴληφὼς ς) ἔβαλεν αὐτοὺς εἰς τὴν
  ἐσωτέραν φυλακὴν

17 9ᶠλαβόντες τὸ ἱκανὸν παρὰ τοῦ
  Ἰάσονος

17 15 λαβόντες ἐντολὴν πρὸς τὸν Σιλᾶν

19 2 εἰ πνεῦμα ἅγιον ἐλάβετε πιστεύ-
  σαντες;

20 24ᶠτὴν διακονίαν ἣν ἔλαβον παρὰ τοῦ
  κυρίου Ἰησοῦ

20 35 μακάριόν ἐστιν μᾶλλον διδόναι ἢ
  λαμβάνειν

24 27ᵃἔλαβεν διάδοχον ὁ Φῆλιξ Πόρκιον
  Φῆστον

25 16 πρὶν ἢ ὁ κατηγορούμενος κατὰ
  πρόσωπον ἔχοι τοὺς κατηγόρους
  τόπον τε ἀπολογίας λάβοι περὶ
  τοῦ ἐγκλήματος

26 10ⁿπολλούς τε τῶν ἁγίων ἐγὼ ἐν
  φυλακαῖς κατέκλεισα τὴν παρὰ
  τῶν ἀρχιερέων ἐξουσίαν λαβὼν

26 18ᵖ⟨ἐξαιρούμενός σε⟩ τοῦ λαβεῖν αὐ-
  τοὺς ἄφεσιν ἁμαρτιῶν καὶ κλῆρον

27 35 λαβὼν ἄρτον εὐχαρίστησεν τῷ
  θεῷ

28 15 οὓς ἰδὼν ὁ Παῦλος εὐχαριστήσας
  τῷ θεῷ ἔλαβε θάρσος

Rm 1 5ᵍ⟨Χριστοῦ⟩ δι' οὗ ἐλάβομεν χάριν
  καὶ ἀποστολὴν εἰς ὑπακοὴν πίστε-
  ως

4 11 σημεῖον ἔλαβεν περιτομῆς σφραγῖ-
  δα τῆς δικαιοσύνης τῆς πίστεως

5 11ᵍἸησοῦ Χριστοῦ [NH], δι' οὗ νῦν
  τὴν καταλλαγὴν ἐλάβομεν

5 17 πολλῷ μᾶλλον οἱ τὴν περισσείαν
  τῆς χάριτος ... λαμβάνοντες ἐν
  ζωῇ βασιλεύσουσιν

7 8ᵍʳἀφορμὴν δὲ λαβοῦσα ἡ ἁμαρτία
  διὰ τῆς ἐντολῆς

7 11ᵍʳἡ γὰρ ἁμαρτία ἀφορμὴν λα-
  βοῦσα διὰ τῆς ἐντολῆς ἐξηπάτη-
  σέν με

8 15 οὐ γὰρ ἐλάβετε πνεῦμα δουλείας
  πάλιν εἰς φόβον, ↔

8 15 ἀλλὰ ἐλάβετε πνεῦμα υἱοθεσίας

13 2ᶜᵏοἱ δὲ ἀνθεστηκότες ἑαυτοῖς κρίμα
  λήμψονται

1C 2 12 ἡμεῖς δὲ οὐ τὸ πνεῦμα τοῦ κόσμου
  ἐλάβομεν ἀλλὰ τὸ πνεῦμα τὸ ἐκ
  τοῦ θεοῦ

3 8 ἕκαστος δὲ τὸν ἴδιον μισθὸν
  λήμψεται κατὰ τὸν ἴδιον κόπον

3 14 εἴ τινος τὸ ἔργον μενεῖ ὃ ἐποικο-
  δόμησεν, μισθὸν λήμψεται

4 7 τί δὲ ἔχεις ὃ οὐκ ἔλαβες; ↔

4 7 εἰ δὲ καὶ ἔλαβες, ↔

4 7 τί καυχᾶσαι ὡς μὴ λαβών;

9 24 οἱ ἐν σταδίῳ τρέχοντες πάντες μὲν
  τρέχουσιν, εἷς δὲ λαμβάνει τὸ
  βραβεῖον

9 25 ἐκεῖνοι μὲν οὖν ἵνα φθαρτὸν στέ-
  φανον λάβωσιν

10 12ᵃπειρασμὸς ὑμᾶς οὐκ εἴληφεν εἰ μὴ
  ἀνθρώπινος

11 23 ὁ κύριος Ἰησοῦς ἐν τῇ νυκτὶ ᾗ
  παρεδίδετο ἔλαβεν ἄρτον

11 24 * | λάβετε, φάγετε (+ς)

14 5 ἵνα ἡ ἐκκλησία οἰκοδομὴν λάβῃ

2C 11 4 εἰ ... πνεῦμα ἕτερον λαμβάνετε ↔

11 4 ὃ οὐκ ἐλάβετε

2C 11 8 ἄλλας ἐκκλησίας ἐσύλησα λαβὼν
  ὀψώνιον πρὸς τὴν ὑμῶν διακονίαν

11 20ᵃἀνέχεσθε γὰρ ... εἴ τις κατεσθίει,
  εἴ τις λαμβάνει

11 24 ὑπὸ Ἰουδαίων πεντάκις τεσσερά-
  κοντα παρὰ μίαν ἔλαβον

12 16ᵃἀλλὰ ὑπάρχων πανοῦργος δόλῳ
  ὑμᾶς ἔλαβον

G 2 6ʲπρόσωπον ὁ ([N²⁶NH]; —Vς)
  θεὸς ἀνθρώπου οὐ λαμβάνει

3 2ᵈἐξ ἔργων νόμου τὸ πνεῦμα ἐλάβετε
  ἢ ἐξ ἀκοῆς πίστεως;

3 14ᵍᵃἵνα τὴν ἐπαγγελίαν τοῦ πνεύ-
  ματος λάβωμεν διὰ τῆς πίστεως

Ph 2 7 ἑαυτὸν ἐκένωσεν μορφὴν δούλου
  λαβών

3 12 οὐχ ὅτι ἤδη ἔλαβον ἢ ἤδη τετελεί-
  ωμαι

Cl 4 10 Μᾶρκος ... περὶ οὗ ἐλάβετε ἐν-
  τολάς

1Tm 4 4 πᾶν κτίσμα θεοῦ καλόν, καὶ οὐδὲν
  ἀπόβλητον μετὰ εὐχαριστίας λαμ-
  βανόμενον

2Tm 1 5 ὑπόμνησιν λαβὼν (λαμβάνων ς)
  τῆς ἐν σοὶ ἀνυποκρίτου πίστεως

Hb 2 2 εἰ ... πᾶσα παράβασις καὶ παρ-
  ακοὴ ἔλαβεν ἔνδικον μισθαποδοσίαν

2 3 ἥτις ἀρχὴν λαβοῦσα λαλεῖσθαι διὰ
  τοῦ κυρίου

4 16 ἵνα λάβωμεν ἔλεος καὶ χάριν εὕρω-
  μεν εἰς εὔκαιρον βοήθειαν. ↔

5 1ᵃᵈπᾶς γὰρ ἀρχιερεὺς ἐξ ἀνθρώπων
  λαμβανόμενος ὑπὲρ ἀνθρώπων καθ-
  ίσταται

5 4ᶜοὐχ ἑαυτῷ τις λαμβάνει τὴν τιμὴν

7 5 οἱ μὲν ἐκ τῶν υἱῶν Λευὶ τὴν ἱερα-
  τείαν λαμβάνοντες ἐντολὴν ἔχουσιν

7 8 ὧδε μὲν δεκάτας ἀποθνήσκοντες
  ἄνθρωποι λαμβάνουσιν

7 9 δι' Ἀβραὰμ καὶ Λευὶ ὁ δεκάτας
  λαμβάνων δεδεκάτωται

9 15ᵃὅπως ... τὴν ἐπαγγελίαν λάβω-
  σιν οἱ κεκλημένοι τῆς αἰωνίου
  κληρονομίας

9 19 λαβὼν τὸ αἷμα τῶν μόσχων

10 26 μετὰ τὸ λαβεῖν τὴν ἐπίγνωσιν τῆς
  ἀληθείας

11 8 Ἀβραὰμ ὑπήκουσεν ἐξελθεῖν εἰς
  (+τὸν [S]ς) τόπον ὃν ἤμελλεν λαμ-
  βάνειν εἰς κληρονομίαν

11 11ᵐΣάρρα στεῖρα (+N²⁶) δύναμιν εἰς
  καταβολὴν σπέρματος ἔλαβεν

11 13ᵃἀπέθανον οὗτοι πάντες, μὴ λαβόν-
  τες (N²⁶ς; κομισάμενοι rl) τὰς ἐπ-
  αγγελίας

11 29 τὴν ἐρυθρὰν θάλασσαν ... ἧς πεῖ-
  ραν λαβόντες οἱ Αἰγύπτιοι κατ-
  επόθησαν

11 35ᵃᵈἔλαβον γυναῖκες ἐξ ἀναστάσεως
  τοὺς νεκροὺς αὐτῶν

11 36 ἕτεροι δὲ ἐμπαιγμῶν καὶ μαστίγων
  πεῖραν ἔλαβον

Jc 1 7ᶠˢμὴ γὰρ οἰέσθω ὁ ἄνθρωπος ἐκεῖ-
  νος ὅτι λήμψεταί τι παρὰ τοῦ
  κυρίου

1 12 ὅτι δόκιμος γενόμενος λήμψεται
  τὸν στέφανον τῆς ζωῆς

3 1ᵏμεῖζον κρίμα λημψόμεθα

4 3ˢαἰτεῖτε καὶ οὐ λαμβάνετε

5 7 μακροθυμῶν ἐπ' αὐτῷ ἕως (+ἂν
  ς) λάβῃ (+ὑετὸν [MS]Vς) πρόϊ-
  μον καὶ ὄψιμον

5 10ᵃὑπόδειγμα λάβετε, ἀδελφοί, τῆς
  κακοπαθίας ... τοὺς προφήτας

1Pt 4 10 ἕκαστος καθὼς ἔλαβεν χάρισμα

2Pt 1 9 τυφλός ἐστιν μυωπάζων, λήθην
  λαβὼν τοῦ καθαρισμοῦ τῶν πάλαι
  αὐτοῦ ἁμαρτιῶν (-τημάτων ΒΤ)

1 17ᶠλαβὼν γὰρ παρὰ θεοῦ πατρὸς
  τιμὴν καὶ δόξαν

1Jo 2 27ᵉκαὶ ὑμεῖς τὸ χρῖσμα ὃ ἐλάβετε ἀπ'
  αὐτοῦ μένει ἐν ὑμῖν

3 22ᵉᶠˢὃ ἐὰν (ἂν H) αἰτῶμεν λαμβάνο-
  μεν ἀπ' (παρ' ς) αὐτοῦ

5 9 εἰ τὴν μαρτυρίαν τῶν ἀνθρώπων
  λαμβάνομεν

2Jo 4ᶠκαθὼς ἐντολὴν ἐλάβομεν παρὰ τοῦ
  πατρός

10ᵃεἴ τις ... ταύτην τὴν διδαχὴν οὐ
  φέρει, μὴ λαμβάνετε αὐτὸν εἰς οἰ-
  κίαν

3Jo 7ᵉὑπὲρ γὰρ τοῦ ὀνόματος ἐξῆλθον
  μηδὲν λαμβάνοντες ἀπὸ τῶν ἐθνι-
  κῶν (ἐθνῶν ς)

Ap 2 17 ἐπὶ τὴν ψῆφον ὄνομα καινὸν γε-
  γραμμένον, ὃ οὐδεὶς οἶδεν εἰ μὴ
  ὁ λαμβάνων

2 28ᶠⁿ⟨ἐξουσίαν⟩ ὡς κἀγὼ εἴληφα παρὰ
  τοῦ πατρός μου

3 3 μνημόνευε οὖν πῶς εἴληφας καὶ
  ἤκουσας

3 11 ἵνα μηδεὶς λάβῃ τὸν στέφανόν σου

4 11ᵐἄξιος εἶ, ὁ κύριος ... λαβεῖν τὴν
  δόξαν καὶ τὴν τιμὴν καὶ τὴν δύ-
  ναμιν

5 7ᵈ⟨ἀρνίον⟩ ἦλθεν καὶ εἴληφεν (+τὸ
  βιβλίον ς) ἐκ τῆς δεξιᾶς τοῦ καθ-
  ημένου ἐπὶ τοῦ θρόνου. ↔

5 8 καὶ ὅτε ἔλαβεν τὸ βιβλίον

5 9 ἄξιος εἶ λαβεῖν τὸ βιβλίον καὶ
  ἀνοῖξαι τὰς σφραγῖδας αὐτοῦ

5 12ᵐἄξιόν (ἄξιός NT) ἐστιν τὸ ἀρνίον
  τὸ ἐσφαγμένον λαβεῖν τὴν δύ-
  ναμιν καὶ πλοῦτον

6 4ᵈᵉτῷ καθημένῳ ἐπ' αὐτὸν ἐδόθη
  αὐτῷ [H] λαβεῖν τὴν εἰρήνην ἐκ
  ([H]; ἀπὸ ς) τῆς γῆς

8 5 εἴληφεν ὁ ἄγγελος τὸν λιβανωτόν

10 8 ὕπαγε λάβε τὸ βιβλίον (-λαρίδιον
  VSTς) τὸ ἠνεῳγμένον ἐν τῇ χειρὶ
  τοῦ ἀγγέλου

10 9 λάβε καὶ κατάφαγε αὐτό

10 10ᵈἔλαβον τὸ βιβλαρίδιον ἐκ τῆς
  χειρὸς τοῦ ἀγγέλου

11 17ᵐεἴληφας (-φες H) τὴν δύναμίν σου
  τὴν μεγάλην

14 9 εἴ τις προσκυνεῖ τὸ θηρίον ... καὶ
  λαμβάνει χάραγμα ἐπὶ τοῦ μετ-
  ώπου αὐτοῦ

14 11 εἴ τις λαμβάνει τὸ χάραγμα τοῦ
  ὀνόματος αὐτοῦ

17 12 δέκα βασιλεῖς εἰσιν, οἵτινες βασιλεί-
  αν οὔπω ἔλαβον, ↔

17 12ⁿἀλλὰ ἐξουσίαν ὡς βασιλεῖς μίαν
  ὥραν λαμβάνουσιν μετὰ τοῦ θηρίου

18 4ᵈἐκ τῶν πληγῶν αὐτῆς ἵνα μὴ
  λάβητε

19 20 ἐν οἷς ἐπλάνησεν τοὺς λαβόντας
  τὸ χάραγμα τοῦ θηρίου

20 4 οἵτινες οὐ προσεκύνησαν τὸ θηρίον
  ... καὶ οὐκ ἔλαβον τὸ χάραγμα
  ἐπὶ τὸ μέτωπον

22 17 ὁ θέλων λαβέτω (λαμβανέτω ς)
  (+τὸ ς) ὕδωρ ζωῆς δωρεάν

Λάμεχ
Lc 3 36 ⟨ἦν Ἰησοῦς ... ὢν υἱός, ὡς ἐνομί-
  ζετο⟩ τοῦ Νῶε τοῦ Λάμεχ ⟨τοῦ
  Μαθουσαλά⟩

λαμμᾶ
→ λεμα

λαμπάς
a sing.
Mt 25 1 δέκα παρθένοις, αἵτινες λαβοῦσαι τὰς λαμπάδας ἑαυτῶν (αὐτῶν VSTς)
25 3 αἱ γὰρ μωραὶ λαβοῦσαι τὰς λαμπάδας αὐτῶν ([VSH]; ἑαυ. ς; —NT)
25 4 αἱ δὲ φρόνιμοι ἔλαβον ἔλαιον ἐν τοῖς ἀγγείοις μετὰ τῶν λαμπάδων ἑαυτῶν (αὐτῶν MVSς)
25 7 αἱ παρθένοι . . . ἐκόσμησαν τὰς λαμπάδας ἑαυτῶν (αὐτῶν VSς)
25 8 αἱ λαμπάδες ἡμῶν σβέννυνται
Jo 18 3 ὁ οὖν Ἰούδας . . . ἔρχεται ἐκεῖ μετὰ φανῶν καὶ λαμπάδων καὶ ὅπλων
Ac 20 8 ἦσαν δὲ λαμπάδες ἱκαναὶ ἐν τῷ ὑπερῴῳ
Ap 4 5 ἑπτὰ λαμπάδες πυρὸς καιόμεναι ἐνώπιον τοῦ θρόνου
8 10a ἔπεσεν ἐκ τοῦ οὐρανοῦ ἀστὴρ μέγας καιόμενος ὡς λαμπάς

λαμπρός
→ λαμπρῶς
a τὰ λαμπρά
b ἀστὴρ ὁ λαμπρός
Lc 23 11 περιβαλὼν (+αὐτὸν ς) ἐσθῆτα λαμπρὰν ἀνέπεμψεν αὐτὸν τῷ Πιλάτῳ
Ac 10 30 ἀνὴρ ἔστη ἐνώπιόν μου ἐν ἐσθῆτι λαμπρᾷ
Jc 2 2 ἐὰν γὰρ εἰσέλθῃ εἰς συναγωγὴν ὑμῶν ἀνὴρ χρυσοδακτύλιος ἐν ἐσθῆτι λαμπρᾷ
2 3 ⟨ἐὰν⟩ | ἐπιβλέψητε δὲ (καὶ ἐ. Τς) ἐπὶ τὸν φοροῦντα τὴν ἐσθῆτα τὴν λαμπράν
Ap 15 6 οἱ ἑπτὰ ἄγγελοι . . . ἐνδεδυμένοι λίνον (λίθον Η) καθαρὸν (+καὶ ς) λαμπρόν
18 14a πάντα τὰ λιπαρὰ καὶ τὰ λαμπρὰ ἀπώλετο (-λοντο Τ; ἀπῆλθεν ς) ἀπὸ σοῦ
19 8 ἐδόθη αὐτῇ ἵνα περιβάληται βύσσινον | λαμπρὸν καθαρόν (κ. καὶ λ. ς)
22 1 ἔδειξέν μοι ποταμὸν ὕδατος ζωῆς λαμπρὸν ὡς κρύσταλλον
22 16b ἐγώ εἰμι . . . ὁ ἀστὴρ ὁ λαμπρός | ὁ πρωϊνός (καὶ ὀρθρινός ς)

λαμπρότης
Ac 26 13 εἶδον, βασιλεῦ, οὐρανόθεν ὑπὲρ τὴν λαμπρότητα τοῦ ἡλίου περιλάμψαν με φῶς

λαμπρῶς
→ λαμπρός
Lc 16 19 ἐνεδιδύσκετο πορφύραν καὶ βύσσον εὐφραινόμενος καθ᾽ ἡμέραν λαμπρῶς

λάμπω
ἐκ-   περι-
Mt 5 15 ἐπὶ τὴν λυχνίαν, καὶ λάμπει πᾶσιν τοῖς ἐν τῇ οἰκίᾳ. ↔
5 16 οὕτως λαμψάτω τὸ φῶς ὑμῶν ἔμπροσθεν τῶν ἀνθρώπων
17 2 ἔλαμψεν τὸ πρόσωπον αὐτοῦ ὡς ὁ ἥλιος
Lc 17 24 ὥσπερ γὰρ ἡ ἀστραπὴ ἀστράπτουσα . . . εἰς τὴν ὑπ᾽ οὐρανὸν λάμπει
Ac 12 7 φῶς ἔλαμψεν ἐν τῷ οἰκήματι
2 C 4 6 ὁ θεὸς ὁ (—B) εἰπών· ἐκ σκότους φῶς λάμψει (-αι MSς), ↔
4 6 ὃς ἔλαμψεν ἐν ταῖς καρδίαις ἡμῶν πρὸς φωτισμόν

λανθάνω
ἐκ-   ἐπι-
Mc 7 24 οὐδένα ἤθελεν (-λησεν Τ) γνῶναι, καὶ οὐκ ἠδυνήθη (-άσθη ΝΤΗ) λαθεῖν
Lc 8 47 ἰδοῦσα δὲ ἡ γυνὴ ὅτι οὐκ ἔλαθεν
Ac 26 26 λανθάνειν γὰρ αὐτόν τι ([Ν²⁶]; —ΝΗ) τούτων οὐ πείθομαι οὐθέν
Hb 13 2 διὰ ταύτης γὰρ ἔλαθόν τινες ξενίσαντες ἀγγέλους
2 Pt 3 5 λανθάνει γὰρ αὐτοὺς τοῦτο θέλοντας ὅτι οὐρανοὶ ἦσαν ἔκπαλαι
3 8 ἓν δὲ τοῦτο μὴ λανθανέτω ὑμᾶς

λαξευτός
Lc 23 53 ἔθηκεν αὐτὸν ἐν μνήματι λαξευτῷ

Λαοδικαῖος
→ Λαοδικεύς

Λαοδίκεια
Λαοδικία V(S)TH
Λαοδικεία (S)
Cl 2 1 ἡλίκον ἀγῶνα ἔχω ὑπὲρ ὑμῶν καὶ τῶν ἐν Λαοδικείᾳ
4 13 ἔχει πολὺν πόνον ὑπὲρ ὑμῶν καὶ τῶν ἐν Λαοδικείᾳ καὶ τῶν ἐν Ἱεραπόλει
4 15 ἀσπάσασθε τοὺς ἐν Λαοδικείᾳ ἀδελφούς
4 16 τὴν ἐκ Λαοδικείας ἵνα καὶ ὑμεῖς ἀναγνῶτε
Ap 1 11 γράψον εἰς βιβλίον καὶ πέμψον . . . εἰς Φιλαδέλφειαν καὶ εἰς Λαοδίκειαν
3 14 τῷ ἀγγέλῳ τῆς | ἐν Λαοδικείᾳ ἐκκλησίας (ἐκ. -κέων ς) γράψον

Λαοδικεύς
Λαοδικαῖος S
Cl 4 16 ποιήσατε ἵνα καὶ ἐν τῇ Λαοδικέων ἐκκλησίᾳ ἀναγνωσθῇ
Ap 3 14 * τῷ ἀγγέλῳ τῆς | ἐκκλησίας Λαοδικέων (ς; ἐν Λαοδικείᾳ ἐκ. rl) γράψον

Λαοδικία
→ Λαοδίκεια

λαός
a πᾶς, ἅπας ὁ λ.
b ὅλος ὁ λ.
c ὁ λ. οὗτος
d ἀρχιερεύς, γραμματεὺς τοῦ λ.
e πρεσβύτερος, τὸ πρεσβυτέριον τοῦ λ.
f οἱ πρῶτοι, ἄρχων τοῦ λ.
g λαός μου, σου
h λ. Ἰσραήλ
j λ. τῶν Ἰουδαίων
k λ. et ἔθνος
l plur.
Mt 1 21 αὐτὸς γὰρ σώσει τὸν λαὸν αὐτοῦ ἀπὸ τῶν ἁμαρτιῶν αὐτῶν
2 4d συναγαγὼν πάντας τοὺς ἀρχιερεῖς καὶ γραμματεῖς τοῦ λαοῦ
2 6gh ἡγούμενος, ὅστις ποιμανεῖ τὸν λαόν μου τὸν Ἰσραήλ
4 16 ὁ λαὸς ὁ καθήμενος ἐν σκότει (-τίᾳ ΝΗ) φῶς εἶδεν μέγα
4 23 θεραπεύων πᾶσαν νόσον καὶ πᾶσαν μαλακίαν ἐν τῷ λαῷ
9 35 * θεραπεύων πᾶσαν νόσον καὶ πᾶσαν μαλακίαν | ἐν τῷ λαῷ (+ς)
13 15c ἐπαχύνθη γὰρ ἡ καρδία τοῦ λαοῦ τούτου
15 8c| ὁ λαὸς οὗτος τοῖς χείλεσίν με τιμᾷ (ἐγγίζει μοι ὁ λ. οὗ. τῷ στόματι αὐτῶν, καὶ τοῖς χ. με τ. ς)
21 23de προσῆλθον αὐτῷ διδάσκοντι οἱ ἀρχιερεῖς καὶ οἱ πρεσβύτεροι τοῦ λαοῦ

Mt 26 3de συνήχθησαν οἱ ἀρχιερεῖς (+καὶ οἱ γραμματεῖς ς) καὶ οἱ πρεσβύτεροι τοῦ λαοῦ εἰς τὴν αὐλὴν τοῦ ἀρχιερέως
26 5 ἵνα μὴ θόρυβος γένηται ἐν τῷ λαῷ
26 47de Ἰούδας . . . ἦλθεν, καὶ μετ᾽ αὐτοῦ ὄχλος πολύς . . . ἀπὸ τῶν ἀρχιερέων καὶ πρεσβυτέρων τοῦ λαοῦ
27 1de συμβούλιον ἔλαβον πάντες οἱ ἀρχιερεῖς καὶ οἱ πρεσβύτεροι τοῦ λαοῦ κατὰ τοῦ Ἰησοῦ
27 25a ἀποκριθεὶς πᾶς ὁ λαὸς εἶπεν
27 64 μήποτε . . . κλέψωσιν αὐτὸν καὶ εἴπωσιν τῷ λαῷ
Mc 7 6c ὅτι ([Ν²⁶]; —ς) οὗτος ὁ λαὸς τοῖς χείλεσίν με τιμᾷ
11 32 * ἐφοβοῦντο τὸν λαόν (ΒΤς; ὄχλον rl)
14 2 μήποτε | ἔσται θόρυβος (∼ Vς) τοῦ λαοῦ
Lc 1 10 πᾶν τὸ πλῆθος ἦν τοῦ λαοῦ προσευχόμενον ἔξω τῇ ὥρᾳ τοῦ θυμιάματος
1 17 προελεύσεται ἐνώπιον αὐτοῦ . . . ἑτοιμάσαι κυρίῳ λαὸν κατεσκευασμένον
1 21 ἦν ὁ λαὸς προσδοκῶν τὸν Ζαχαρίαν
1 68 ὅτι ἐπεσκέψατο καὶ ἐποίησεν λύτρωσιν τῷ λαῷ αὐτοῦ
1 77 τοῦ δοῦναι γνῶσιν σωτηρίας τῷ λαῷ αὐτοῦ ἐν ἀφέσει ἁμαρτιῶν αὐτῶν
2 10a χαρὰν μεγάλην, ἥτις ἔσται παντὶ τῷ λαῷ
2 31al ⟨τὸ σωτήριον⟩ ὃ ἡτοίμασας κατὰ πρόσωπον πάντων τῶν λαῶν, ↔
2 32ghk φῶς εἰς ἀποκάλυψιν ἐθνῶν καὶ δόξαν λαοῦ σου Ἰσραήλ
3 15 προσδοκῶντος δὲ τοῦ λαοῦ καὶ διαλογιζομένων πάντων
3 18 πολλὰ . . . καὶ ἕτερα παρακαλῶν εὐηγγελίζετο τὸν λαόν
3 21a ἐγένετο δὲ ἐν τῷ βαπτισθῆναι ἅπαντα τὸν λαόν
6 17 πλῆθος πολὺ τοῦ λαοῦ ἀπὸ πάσης τῆς Ἰουδαίας ⟨ἦλθον⟩
7 1 ἐπειδὴ ἐπλήρωσεν πάντα τὰ ῥήματα αὐτοῦ εἰς τὰς ἀκοὰς τοῦ λαοῦ
7 16 ὅτι ἐπεσκέψατο ὁ θεὸς τὸν λαὸν αὐτοῦ
7 29a πᾶς ὁ λαὸς ἀκούσας καὶ οἱ τελῶναι ἐδικαίωσαν τὸν θεόν
8 47a δι᾽ ἣν αἰτίαν ἥψατο αὐτοῦ ἀπήγγειλεν ἐνώπιον παντὸς τοῦ λαοῦ
9 13ac εἰ μήτι πορευθέντες ἡμεῖς ἀγοράσωμεν εἰς πάντα τὸν λαὸν τοῦτον βρώματα
18 43a πᾶς ὁ λαὸς ἰδὼν ἔδωκεν αἶνον τῷ θεῷ
19 47f οἱ δὲ ἀρχιερεῖς καὶ οἱ γραμματεῖς ἐζήτουν αὐτὸν ἀπολέσαι καὶ οἱ πρῶτοι τοῦ λαοῦ
19 48a ὁ λαὸς γὰρ ἅπας ἐξεκρέματο (-μετο ΜΤΗ) αὐτοῦ ἀκούων
20 1 διδάσκοντος αὐτοῦ τὸν λαὸν ἐν τῷ ἱερῷ
20 6a ἐὰν δὲ εἴπωμεν· ἐξ ἀνθρώπων, | ὁ λαὸς ἅπας (πᾶς ὁ λ. ς) καταλιθάσει ἡμᾶς
20 9 ἤρξατο δὲ πρὸς τὸν λαὸν λέγειν τὴν παραβολὴν ταύτην
20 19 οἱ γραμματεῖς καὶ οἱ ἀρχιερεῖς . . . ἐφοβήθησαν τὸν λαόν

Lc 20 26 οὐκ ἴσχυσαν ἐπιλαβέσθαι αὐτοῦ (τοῦ SH) ῥήματος ἐναντίον τοῦ λαοῦ

20 45ᵃ ἀκούοντος δὲ παντὸς τοῦ λαοῦ εἶπεν τοῖς μαθηταῖς αὐτοῦ (+ [N²⁶]MVSϛ)

21 23ᶜ ἔσται γὰρ ἀνάγκη μεγάλη ἐπὶ τῆς γῆς καὶ ὀργὴ (+ἐν Vϛ) τῷ λαῷ τούτῳ

21 38ᵃ πᾶς ὁ λαὸς ὤρθριζεν πρὸς αὐτὸν ἐν τῷ ἱερῷ ἀκούειν αὐτοῦ

22 2 ἐφοβοῦντο γὰρ τὸν λαόν

22 66ᵉ συνήχθη τὸ πρεσβυτέριον τοῦ λαοῦ, ἀρχιερεῖς τε καὶ γραμματεῖς

23 5 οἱ δὲ ἐπίσχυον λέγοντες ὅτι ἀνασείει τὸν λαόν

23 13 Πιλᾶτος δὲ συγκαλεσάμενος τοὺς ἀρχιερεῖς καὶ τοὺς ἄρχοντας καὶ τὸν λαόν

23 14 προσηνέγκατέ μοι τὸν ἄνθρωπον τοῦτον ὡς ἀποστρέφοντα τὸν λαόν

23 27 ἠκολούθει δὲ αὐτῷ πολὺ πλῆθος τοῦ λαοῦ

23 35 εἱστήκει ὁ λαὸς θεωρῶν

24 19ᵃ ὃς ἐγένετο ἀνὴρ προφήτης δυνατὸς ἐν ἔργῳ καὶ λόγῳ ἐναντίον τοῦ θεοῦ καὶ παντὸς τοῦ λαοῦ

Jo [8 2]ᵃ| καὶ πᾶς ὁ λαὸς ἤρχετο πρὸς αὐτόν [H ..]

11 50ᵏ συμφέρει ὑμῖν (ἡ. Vϛ) ἵνα εἷς ἄνθρωπος ἀποθάνῃ ὑπὲρ τοῦ λαοῦ καὶ μὴ ὅλον τὸ ἔθνος ἀπόληται

18 14 συμφέρει ἕνα ἄνθρωπον ἀποθανεῖν (ἀπολέσθαι Sϛ) ὑπὲρ τοῦ λαοῦ

Ac 2 47ᵇ αἰνοῦντες τὸν θεὸν καὶ ἔχοντες χάριν πρὸς ὅλον τὸν λαόν

3 9ᵃ εἶδεν πᾶς ὁ λαὸς αὐτὸν περιπατοῦντα

3 11ᵃ συνέδραμεν πᾶς ὁ λαὸς πρὸς αὐτούς

3 12 ἰδὼν δὲ ὁ Πέτρος ἀπεκρίνατο πρὸς τὸν λαόν

3 23 πᾶσα ψυχὴ ... ἐξολεθρευθήσεται ἐκ τοῦ λαοῦ

4 1 λαλούντων δὲ αὐτῶν πρὸς τὸν λαόν

4 2 διαπονούμενοι διὰ τὸ διδάσκειν αὐτοὺς τὸν λαόν

4 8ᶠ ἄρχοντες τοῦ λαοῦ καὶ πρεσβύτεροι (+τοῦ Ἰσραὴλ VBSϛ)

4 10ᵃʰ γνωστὸν ἔστω πᾶσιν ὑμῖν καὶ παντὶ τῷ λαῷ Ἰσραήλ

4 17 ἵνα μὴ ἐπὶ πλεῖον διανεμηθῇ εἰς τὸν λαόν

4 21 ἀπέλυσαν αὐτούς, μηδὲν εὑρίσκοντες τὸ πῶς κολάσωνται αὐτούς, διὰ τὸν λαόν

4 25ᵏˡ ἱνατί ἐφρύαξαν ἔθνη καὶ λαοὶ ἐμελέτησαν κενά;

4 27ʰᵏˡ συνήχθησαν ... ἐπὶ τὸν ἅγιον παῖδά σου ... σὺν ἔθνεσιν καὶ λαοῖς Ἰσραήλ

5 12 διὰ δὲ τῶν χειρῶν τῶν ἀποστόλων ἐγίνετο σημεῖα καὶ τέρατα πολλὰ ἐν τῷ λαῷ

5 13 ἐμεγάλυνεν αὐτοὺς ὁ λαός

5 20 σταθέντες λαλεῖτε ἐν τῷ ἱερῷ τῷ λαῷ πάντα τὰ ῥήματα τῆς ζωῆς ταύτης

5 25 οἱ ἄνδρες ... εἰσὶν ἐν τῷ ἱερῷ ἑστῶτες καὶ διδάσκοντες τὸν λαόν

5 26 ἐφοβοῦντο γὰρ τὸν λαόν

5 34ᵃ Γαμαλιήλ, νομοδιδάσκαλος τίμιος παντὶ τῷ λαῷ, ἐκέλευσεν

Ac 5 37 ἀνέστη Ἰούδας ὁ Γαλιλαῖος ... καὶ ἀπέστησεν λαὸν (+ἱκανὸν Vϛ) ὀπίσω αὐτοῦ

6 8 Στέφανος ... ἐποίει τέρατα καὶ σημεῖα μεγάλα ἐν τῷ λαῷ

6 12 συνεκίνησάν τε τὸν λαὸν καὶ τοὺς πρεσβυτέρους καὶ τοὺς γραμματεῖς

7 17 ηὔξησεν ὁ λαὸς καὶ ἐπληθύνθη ἐν Αἰγύπτῳ

7 34ᵍ ἰδὼν εἶδον τὴν κάκωσιν τοῦ λαοῦ μου τοῦ ἐν Αἰγύπτῳ

10 2 ⟨Κορνήλιος⟩ ποιῶν ἐλεημοσύνας πολλὰς τῷ λαῷ

10 41ᵃ ⟨ἔδωκεν αὐτὸν ἐμφανῆ γενέσθαι⟩ οὐ παντὶ τῷ λαῷ ἀλλὰ μάρτυσιν

10 42 παρήγγειλεν ἡμῖν κηρύξαι τῷ λαῷ

12 4 βουλόμενος μετὰ τὸ πάσχα ἀναγαγεῖν αὐτὸν τῷ λαῷ

12 11ʲ ἐξείλατό με ἐκ χειρὸς Ἡρῴδου καὶ πάσης τῆς προσδοκίας τοῦ λαοῦ τῶν Ἰουδαίων

13 15 εἴ τίς ἐστιν ἐν ὑμῖν λόγος παρακλήσεως πρὸς τὸν λαόν, λέγετε

13 17ᶜʰ ὁ θεὸς τοῦ λαοῦ τούτου Ἰσραὴλ ἐξελέξατο τοὺς πατέρας ἡμῶν, ↔

13 17 καὶ τὸν λαὸν ὕψωσεν ἐν τῇ παροικίᾳ ἐν γῇ Αἰγύπτου (-τω Τϛ)

13 24ᵃʰ προκηρύξαντος Ἰωάννου ... βάπτισμα μετανοίας παντὶ τῷ λαῷ Ἰσραήλ

13 31 οἵτινες νῦν ([N²⁶NH]; —ϛ) εἰσιν μάρτυρες αὐτοῦ πρὸς τὸν λαόν

15 14ᵏ ἐπεσκέψατο λαβεῖν ἐξ ἐθνῶν λαὸν τῷ ὀνόματι αὐτοῦ

18 10 διότι λαός ἐστί μοι πολὺς ἐν τῇ πόλει ταύτῃ

19 4 τῷ λαῷ λέγων εἰς τὸν ἐρχόμενον μετ' αὐτὸν ἵνα πιστεύσωσιν

21 28 οὗτός ἐστιν ὁ ἄνθρωπος ὁ κατὰ τοῦ λαοῦ καὶ τοῦ νόμου ... διδάσκων

21 30 ἐκινήθη τε ἡ πόλις ὅλη καὶ ἐγένετο συνδρομὴ τοῦ λαοῦ

21 36 ἠκολούθει γὰρ τὸ πλῆθος τοῦ λαοῦ κράζοντες

21 39 ἐπίτρεψόν μοι λαλῆσαι πρὸς τὸν λαόν

21 40 ὁ Παῦλος ... κατέσεισεν τῇ χειρὶ τῷ λαῷ

23 5ᶠᵍ ἄρχοντα τοῦ λαοῦ σου οὐκ ἐρεῖς κακῶς

26 17ᵏ ⟨προχειρίσασθαί σε ὑπηρέτην⟩ ἐξαιρούμενός σε ἐκ τοῦ λαοῦ καὶ ἐκ τῶν ἐθνῶν

26 23ᵏ εἰ ... φῶς μέλλει καταγγέλλειν τῷ τε (—ϛ) λαῷ καὶ τοῖς ἔθνεσιν

28 17 οὐδὲν ἐναντίον ποιήσας τῷ λαῷ ἢ τοῖς ἔθεσι τοῖς πατρῴοις

28 26ᶜ πορεύθητι πρὸς τὸν λαὸν τοῦτον καὶ εἰπόν

28 27ᶜ ἐπαχύνθη γὰρ ἡ καρδία τοῦ λαοῦ τούτου

Rm 9 25ᵍ καλέσω τὸν οὐ λαόν μου ↔

9 25ᵍ λαόν μου

9 26ᵍ οὐ λαός μου ὑμεῖς

10 21 ἐξεπέτασα τὰς χεῖράς μου πρὸς λαὸν ἀπειθοῦντα καὶ ἀντιλέγοντα

11 1 μὴ ἀπώσατο ὁ θεὸς τὸν λαὸν αὐτοῦ;

11 2 οὐκ ἀπώσατο ὁ θεὸς τὸν λαὸν αὐτοῦ ὃν προέγνω

15 10ᵏ εὐφράνθητε, ἔθνη, μετὰ τοῦ λαοῦ αὐτοῦ

15 11ᵃᵏˡ αἰνεῖτε, πάντα τὰ ἔθνη, τὸν κύριον, καὶ ἐπαινεσάτωσαν (ἐπαινέσατε ϛ) αὐτὸν πάντες οἱ λαοί

1 C 10 7 ἐκάθισεν ὁ λαὸς φαγεῖν καὶ πεῖν

14 21ᶜ ἐν ἑτερογλώσσοις καὶ ἐν χείλεσιν ἑτέρων λαλήσω τῷ λαῷ τούτῳ

2 C 6 16ᵍ ἔσομαι αὐτῶν θεός, καὶ αὐτοὶ ἔσονταί μου (μοι Sϛ) λαός

Tt 2 14 ἵνα ... καθαρίσῃ ἑαυτῷ λαὸν περιούσιον, ζηλωτὴν καλῶν ἔργων

Hb 2 17 εἰς τὸ ἱλάσκεσθαι τὰς ἁμαρτίας τοῦ λαοῦ

4 9 ἄρα ἀπολείπεται σαββατισμὸς τῷ λαῷ τοῦ θεοῦ

5 3 ⟨πᾶς γὰρ ἀρχιερεὺς⟩ ὀφείλει, καθὼς περὶ τοῦ λαοῦ, οὕτως καὶ περὶ ἑαυτοῦ προσφέρειν περὶ ἁμαρτιῶν

7 5 ἐντολὴν ἔχουσιν ἀποδεκατοῦν τὸν λαὸν κατὰ τὸν νόμον

7 11 ὁ λαὸς γὰρ ἐπ' αὐτῆς νενομοθέτηται (-τητο Sϛ)

7 27 πρότερον ὑπὲρ τῶν ἰδίων ἁμαρτιῶν θυσίας ἀναφέρει, ἔπειτα τῶν τοῦ λαοῦ

8 10 ἔσομαι αὐτοῖς εἰς θεὸν καὶ αὐτοὶ ἔσονταί μοι εἰς λαόν

9 7 οὗ χωρὶς αἵματος ὃ προσφέρει ὑπὲρ ἑαυτοῦ καὶ τῶν τοῦ λαοῦ ἀγνοημάτων

9 19ᵃ λαληθείσης γὰρ πάσης ἐντολῆς ... ὑπὸ Μωϋσέως παντὶ τῷ λαῷ

9 19ᵃ αὐτό τε τὸ βιβλίον καὶ πάντα τὸν λαὸν ἐρράντισεν

10 30 κρινεῖ κύριος (~ VSϛ) τὸν λαὸν αὐτοῦ

11 25 μᾶλλον ἑλόμενος συγκακουχεῖσθαι τῷ λαῷ τοῦ θεοῦ

13 12 ἵνα ἁγιάσῃ διὰ τοῦ ἰδίου αἵματος

1 Pt 2 9ᵏ ὑμεῖς δὲ ... βασίλειον ἱεράτευμα, ἔθνος ἅγιον, λαὸς εἰς περιποίησιν

2 10 οἵ ποτε οὐ λαός, ↔

2 10 νῦν δὲ λαὸς θεοῦ

2 Pt 2 1 ἐγένοντο δὲ καὶ ψευδοπροφῆται ἐν τῷ λαῷ

Jd 5 εἰδότας ὑμᾶς (+[N²⁶]ϛ) ‖ πάντα (τοῦτο ϛ), ὅτι ὁ (+[N²⁶M]VSϛ) κύριος (Ἰησοῦς B) ἅπαξ ((N²⁶; ~rI)) λαὸν ἐκ γῆς (τῆς M) Αἰγύπτου σώσας

Ap 5 9ᵏ ἠγόρασας τῷ θεῷ (+ἡμᾶς [M] VBSϛ) ἐν τῷ αἵματί σου ἐκ πάσης φυλῆς καὶ γλώσσης καὶ λαοῦ καὶ ἔθνους

7 9ᵏˡ ὄχλος πολύς ... ἐκ παντὸς ἔθνους καὶ φυλῶν καὶ λαῶν καὶ γλωσσῶν

10 11ᵏˡ δεῖ σε πάλιν προφητεῦσαι ἐπὶ λαοῖς καὶ ἔθνεσιν | καὶ γλώσσαις (—M)

11 9ᵏˡ βλέπουσιν ἐκ τῶν λαῶν καὶ φυλῶν καὶ γλωσσῶν καὶ ἐθνῶν τὸ πτῶμα αὐτῶν

13 7ᵏ ἐδόθη αὐτῷ ἐξουσία ἐπὶ πᾶσαν φυλὴν | καὶ λαὸν (—ϛ) καὶ γλῶσσαν καὶ ἔθνος

14 6ᵏ εὐαγγελίσαι ... ἐπὶ (—ϛ) πᾶν ἔθνος καὶ φυλὴν καὶ γλῶσσαν καὶ λαόν

17 15ᵏˡ τὰ ὕδατα ... λαοὶ καὶ ὄχλοι εἰσὶν καὶ ἔθνη καὶ γλῶσσαι

18 4ᵍ ἐξέλθατε (-θετε Sϛ) ὁ λαός μου ἐξ αὐτῆς

21 3ˡ αὐτοὶ λαοὶ αὐτοῦ ἔσονται

λάρυγξ

Rm 3 13 τάφος ἀνεῳγμένος ὁ λάρυγξ αὐτῶν

Λασαία

Λασέα H

91*

Ac 27 8 ἤλθομεν εἰς ... Καλοὺς λιμένας, ᾧ ἐγγὺς | πόλις ἦν (N²⁶ST; ~rl) Λασαία

λατομέω

Mt 27 60 ἐν τῷ καινῷ αὐτοῦ μνημείῳ ὃ ἐλατόμησεν ἐν τῇ πέτρα

Mc 15 46 ἐν μνημείῳ (μνήματι NTH) ὃ ἦν λελατομημένον ἐκ πέτρας

λατρεία

Jo 16 2 ἵνα πᾶς ὁ ἀποκτείνας ὑμᾶς [H] δόξῃ λατρείαν προσφέρειν τῷ θεῷ

Rm 9 4 οἵτινές εἰσιν Ἰσραηλῖται, ὧν ... ἡ νομοθεσία καὶ ἡ λατρεία καὶ αἱ ἐπαγγελίαι

12 1 παραστῆσαι τὰ σώματα ὑμῶν θυσίαν ... | εὐάρεστον τῷ θεῷ (~ NS TH), τὴν λογικὴν λατρείαν ὑμῶν

Hb 9 1 εἶχε ... ἡ πρώτη (+σκηνή ς) δικαιώματα λατρείας

9 6 εἰς μὲν τὴν πρώτην σκηνὴν διὰ παντὸς εἰσίασιν οἱ ἱερεῖς τὰς λατρείας ἐπιτελοῦντες

λατρεύω

a ὁ λατρεύων
b λ. et προσκυνέω

Mt 4 10b κύριον τὸν θεόν σου προσκυνήσεις καὶ αὐτῷ μόνῳ λατρεύσεις

Lc 1 74 (τοῦ δοῦναι ἡμῖν) ἀφόβως ἐκ χειρὸς ἐχθρῶν ῥυσθέντας λατρεύειν αὐτῷ (ἐν ὁσιότητι)

2 37 ἥ οὐκ ἀφίστατο τοῦ ἱεροῦ νηστείαις καὶ δεήσεσιν λατρεύουσα νύκτα καὶ ἡμέραν

4 8b κύριον τὸν θεόν σου προσκυνήσεις (N²⁶H; ~rl) καὶ αὐτῷ μόνῳ λατρεύσεις

Ac 7 7 ἐξελεύσονται καὶ λατρεύσουσίν μοι ἐν τῷ τόπῳ τούτῳ

7 42 παρέδωκεν αὐτοὺς λατρεύειν τῇ στρατιᾷ τοῦ οὐρανοῦ

24 14 κατὰ τὴν ὁδὸν ἣν λέγουσιν αἵρεσιν οὕτως λατρεύω τῷ πατρῴῳ θεῷ

26 7 εἰς ἣν τὸ δωδεκάφυλον ἡμῶν ... νύκτα καὶ ἡμέραν λατρεῦον ἐλπίζει καταντῆσαι

27 23 παρέστη γάρ μοι ... τοῦ θεοῦ οὗ εἰμι ἐγώ (+[N²⁶]T), ᾧ καὶ λατρεύω, ἄγγελος

Rm 1 9 ὁ θεός, ᾧ λατρεύω ἐν τῷ πνεύματί μου ἐν τῷ εὐαγγελίῳ

1 25 ἐσεβάσθησαν καὶ ἐλάτρευσαν τῇ κτίσει παρὰ τὸν κτίσαντα

Ph 3 3a ἡμεῖς γάρ ἐσμεν ἡ περιτομή, οἱ πνεύματι θεοῦ (θεῷ ς) λατρεύοντες

2 Tm 1 3 χάριν ἔχω τῷ θεῷ, ᾧ λατρεύω ἀπὸ προγόνων ἐν καθαρᾷ συνειδήσει

Hb 8 5 οἵτινες ὑποδείγματι καὶ σκιᾷ λατρεύουσιν τῶν ἐπουρανίων

9 9a καθ' ἣν δῶρά τε καὶ θυσίαι προσφέρονται μὴ δυνάμεναι κατὰ συνείδησιν τελειῶσαι τὸν λατρεύοντα

9 14 καθαριεῖ τὴν συνείδησιν ἡμῶν (ὑ. MVBSTς) ἀπὸ νεκρῶν ἔργων εἰς τὸ λατρεύειν θεῷ ζῶντι

10 2a διὰ τὸ μηδεμίαν ἔχειν ἔτι συνείδησιν ἁμαρτιῶν τοὺς λατρεύοντας ἅπαξ κεκαθαρισμένους

12 28 ἔχωμεν (ἔχομεν S) χάριν, δι' ἧς λατρεύωμεν εὐαρέστως τῷ θεῷ

13 10a ἐξ οὗ φαγεῖν οὐκ ἔχουσιν ἐξουσίαν [H] οἱ τῇ σκηνῇ λατρεύοντες

Ap 7 15 λατρεύουσιν αὐτῷ ἡμέρας καὶ νυκτὸς ἐν τῷ ναῷ αὐτοῦ

Ap 22 3 οἱ δοῦλοι αὐτοῦ λατρεύσουσιν αὐτῷ

λάχανον

Mt 13 32 ὅταν δὲ αὐξηθῇ, μεῖζον τῶν λαχάνων ἐστίν

Mc 4 32 ὅταν σπαρῇ, ἀναβαίνει καὶ γίνεται μεῖζον (-ζων Sς) πάντων τῶν λαχάνων

Lc 11 42 ἀποδεκατοῦτε τὸ ἡδύοσμον καὶ τὸ πήγανον καὶ πᾶν λάχανον

Rm 14 2 ὃς μὲν πιστεύει φαγεῖν πάντα, ὁ δὲ ἀσθενῶν λάχανα ἐσθίει

Λεββαῖος

Mt 10 3 *(τῶν δὲ δώδεκα ἀποστόλων τὰ ὀνόματά ἐστιν ταῦτα) Ἰάκωβος ὁ τοῦ Ἀλφαίου καὶ Λεββαῖος (T; Λ. ὁ ἐπικληθεὶς Θαδδαῖος Sς; Θαδδ. rl)

λεγιών

λεγεών VSς

Mt 26 53 παραστήσει μοι ἄρτι πλείω (-ους MVSς) (+ἢ MV[S]ς) δώδεκα λεγιῶνας (-ώνων ST) ἀγγέλων

Mc 5 9 λεγιὼν ὄνομά μοι, ὅτι πολλοί ἐσμεν

5 15 θεωροῦσιν τὸν δαιμονιζόμενον ... τὸν ἐσχηκότα τὸν λεγιῶνα

Lc 8 30 τί σοι ὄνομά ἐστιν; ... λεγιών, ὅτι εἰσῆλθεν δαιμόνια πολλὰ εἰς αὐτόν

λέγω

ἀντι-	ἐκ-	παρα-
ἀπο-	ἐπι-	προ-
δια-	κατα-	συλ-

εἶπον p. 735
ἐρῶ p. 742

a ἄρχομαι λέγειν
b λ. ἐν ἑαυτῷ
c λ. πρός τινα
d λ. c. dupl. acc.
e λ. ἵνα
f λέγεται, -σθαι
g λεγόμενος
h τὸ λέγειν, λέγεσθαι
j λ. et ἀπ-, ἐπ-, παραγγέλλω
k λ. et ἀποκρίνομαι
l λ. et (ἀνα)βοάω
m λ. et δια-, συλλογίζομαι
n λ. et διδάσκω
p λ. et (ἐπ)ερωτάω
q λ. et (ἐπι-, προσ-, συγ-, παρα-)καλέω
r λ. et κηρύσσω
s λ. et (ἀνα)κράζω, κραυγάζω
t λ. et (συλ)λαλέω, ὀνομάζω
u λ. et (ἐπι-, προσ-)φωνέω
v λ. et γραφή, νόμος, χρηματισμός
w λ. et λόγος
x λ. et προφήτης, -τεία, -τεύω
y λ. et ῥῆμα, διάλεκτος
z λ. et φωνή, ᾠδή

Mt 1 16g | τὸν ἄνδρα Μαρίας, ἐξ ἧς ἐγεννήθη Ἰησοῦς ὁ λεγόμενος χριστός (Ἰωσὴφ δέ, ᾧ ἐμνηστεύθη παρθένος Μαριάμ, ἐγέννησεν Ἰησοῦν τὸν λεγόμενον Χριστόν S)

1 20 ἄγγελος κυρίου κατ' ὄναρ ἐφάνη αὐτῷ λέγων

1 22x τὸ ῥηθὲν ὑπὸ (+τοῦ Vς) κυρίου διὰ τοῦ προφήτου λέγοντος

2 2 (μάγοι) παρεγένοντο εἰς Ἱεροσόλυμα) λέγοντες

2 13 ἄγγελος κυρίου φαίνεται κατ' ὄναρ τῷ Ἰωσὴφ λέγων

2 15x τὸ ῥηθὲν ὑπὸ κυρίου διὰ τοῦ προφήτου λέγοντος

2 17x τὸ ῥηθὲν διὰ Ἰερεμίου τοῦ προφήτου λέγοντος

Mt 2 20 (ἄγγελος κυρίου φαίνεται κατ' ὄναρ τῷ Ἰωσὴφ) λέγων

2 23g ἐλθὼν κατῴκησεν εἰς πόλιν λεγομένην Ναζαρέτ

3 2r (Ἰωάννης ... κηρύσσων ἐν τῇ ἐρήμῳ) (+καὶ [N²⁶M]VBς) λέγων

3 3x ὁ ῥηθεὶς διὰ Ἠσαΐου τοῦ προφήτου λέγοντος

3 9b μὴ δόξητε λέγειν ἐν ἑαυτοῖς

3 9 λέγω γὰρ ὑμῖν ὅτι δύναται ὁ θεὸς ... ἐγεῖραι τέκνα τῷ Ἀβραάμ

3 14 ὁ δὲ Ἰωάννης ([S]; —NTH) διεκώλυεν αὐτὸν λέγων

3 17z φωνὴ ἐκ τῶν οὐρανῶν λέγουσα

4 6 (ἔστησεν αὐτὸν ἐπὶ τὸ πτερύγιον τοῦ ἱεροῦ) καὶ λέγει αὐτῷ

4 9 *(δείκνυσιν αὐτῷ πάσας τὰς βασιλείας τοῦ κόσμου) καὶ λέγει (Sς; εἶπεν rl) αὐτῷ

4 10 τότε λέγει αὐτῷ ὁ Ἰησοῦς

4 14x τὸ ῥηθὲν διὰ Ἠσαΐου τοῦ προφήτου λέγοντος

4 17ar ἤρξατο ὁ Ἰησοῦς κηρύσσειν καὶ λέγειν

4 18g εἶδεν δύο ἀδελφούς, Σίμωνα τὸν λεγόμενον Πέτρον καὶ Ἀνδρέαν

4 19 λέγει αὐτοῖς

5 2n ἀνοίξας τὸ στόμα αὐτοῦ ἐδίδασκεν αὐτοὺς λέγων

5 18 ἀμὴν γὰρ λέγω ὑμῖν

5 20 λέγω γὰρ ὑμῖν ὅτι ... οὐ μὴ εἰσέλθητε εἰς τὴν βασιλείαν τῶν οὐρανῶν

5 22 ἐγὼ δὲ λέγω ὑμῖν ὅτι πᾶς ὁ ὀργιζόμενος τῷ ἀδελφῷ αὐτοῦ

5 26 ἀμὴν λέγω σοι

5 28 ἐγὼ δὲ λέγω ὑμῖν ὅτι πᾶς ὁ βλέπων γυναῖκα

5 32 ἐγὼ δὲ λέγω ὑμῖν ὅτι πᾶς ὁ ἀπολύων τὴν γυναῖκα αὐτοῦ

5 34 ἐγὼ δὲ λέγω ὑμῖν μὴ ὀμόσαι ὅλως

5 39 ἐγὼ δὲ λέγω ὑμῖν μὴ ἀντιστῆναι τῷ πονηρῷ

5 44 ἐγὼ δὲ λέγω ὑμῖν

6 2 ἀμὴν λέγω ὑμῖν

6 5 ἀμὴν λέγω ὑμῖν, (+ὅτι [VS]ς) ἀπέχουσιν τὸν μισθὸν αὐτῶν

6 16 ἀμὴν λέγω ὑμῖν, (+ὅτι VSς) ἀπέχουσιν τὸν μισθὸν αὐτῶν

6 25 διὰ τοῦτο λέγω ὑμῖν

6 29 λέγω δὲ ὑμῖν ὅτι οὐδὲ Σολομὼν ... περιεβάλετο ὡς ἓν τούτων

6 31 μὴ οὖν μεριμνήσητε λέγοντες

7 21 οὐ πᾶς ὁ λέγων μοι κύριε κύριε, εἰσελεύσεται εἰς τὴν βασιλείαν τῶν οὐρανῶν

8 2 λεπρὸς προσελθὼν προσεκύνει αὐτῷ λέγων

8 3 ἥψατο αὐτοῦ λέγων

8 4 λέγει αὐτῷ ὁ Ἰησοῦς

8 6q (προσῆλθεν αὐτῷ ἑκατόνταρχος παρακαλῶν αὐτόν) καὶ λέγων

8 7 λέγει αὐτῷ (+ὁ Ἰησοῦς VBς)

8 9 λέγω τούτῳ· πορεύθητι, καὶ πορεύεται

8 10 ἀμὴν λέγω ὑμῖν

8 11 λέγω δὲ ὑμῖν ὅτι πολλοὶ ... ἥξουσιν

8 17x τὸ ῥηθὲν διὰ Ἠσαΐου τοῦ προφήτου λέγοντος

8 20 λέγει αὐτῷ ὁ Ἰησοῦς

8 22 ὁ δὲ Ἰησοῦς (—ST) λέγει (εἶπεν ς) αὐτῷ

8 25 προσελθόντες (+οἱ μαθηταὶ VBSς) ἤγειραν αὐτὸν λέγοντες

Mt 8 26 λέγει αὐτοῖς

8 27 οἱ δὲ ἄνθρωποι ἐθαύμασαν λέγοντες

8 29ˢ ⟨δύο δαιμονιζόμενοι⟩ ἔκραξαν λέγοντες

8 31 ᵠοἱ δὲ δαίμονες παρεκάλουν αὐτὸν λέγοντες

9 6 τότε λέγει τῷ παραλυτικῷ

9 9ᵍ εἶδεν ἄνθρωπον καθήμενον ἐπὶ τὸ τελώνιον, Μαθθαῖον λεγόμενον, ↔

9 9 καὶ λέγει αὐτῷ

9 11 ἰδόντες οἱ Φαρισαῖοι ἔλεγον (εἶπον Sς) τοῖς μαθηταῖς αὐτοῦ

9 14 προσέρχονται αὐτῷ οἱ μαθηταὶ Ἰωάννου λέγοντες

9 18 ἄρχων . . . προσεκύνει αὐτῷ λέγων ὅτι (—ST) ἡ θυγάτηρ μου ἄρτι ἐτελεύτησεν

9 21ᵇ ἔλεγεν γὰρ ἐν ἑαυτῇ

9 24 ⟨ἰδὼν . . . τὸν ὄχλον θορυβούμενον⟩ ἔλεγεν (λέγει αὐτοῖς ς)

9 27ˢ ἠκολούθησαν αὐτῷ ([N²⁶MS; —NH) δύο τυφλοὶ κράζοντες καὶ λέγοντες

9 28 λέγει αὐτοῖς ὁ Ἰησοῦς

9 28 λέγουσιν αὐτῷ

9 29 τότε ἥψατο τῶν ὀφθαλμῶν αὐτῶν λέγων

9 30 ἐνεβριμήθη αὐτοῖς ὁ Ἰησοῦς λέγων

9 33 ἐθαύμασαν οἱ ὄχλοι λέγοντες

9 34 | οἱ δὲ Φαρισαῖοι ἔλεγον [H . .]

9 37 τότε λέγει τοῖς μαθηταῖς αὐτοῦ

10 2ᵍ πρῶτος Σίμων ὁ λεγόμενος Πέτρος

10 5ʲ τούτους . . . ἀπέστειλεν ὁ Ἰησοῦς παραγγείλας αὐτοῖς λέγων

10 7ʳ πορευόμενοι δὲ κηρύσσετε λέγοντες ὅτι ἤγγικεν ἡ βασιλεία τῶν οὐρανῶν

10 15 ἀμὴν λέγω ὑμῖν

10 23 ἀμὴν γὰρ λέγω ὑμῖν

10 27 ὃ λέγω ὑμῖν ἐν τῇ σκοτίᾳ, εἴπατε ἐν τῷ φωτί

10 42 ἀμὴν λέγω ὑμῖν

11 7ᵃ ἤρξατο ὁ Ἰησοῦς λέγειν τοῖς ὄχλοις περὶ Ἰωάννου

11 9 ναὶ λέγω ὑμῖν

11 11 ἀμὴν λέγω ὑμῖν

11 17ᵘ ⟨παιδίοις . . . ἃ προσφωνοῦντα τοῖς ἑτέροις⟩ λέγουσιν

11 18 ἦλθεν γὰρ Ἰωάννης μήτε ἐσθίων μήτε πίνων, καὶ λέγουσιν

11 19 ἦλθεν ὁ υἱὸς τοῦ ἀνθρώπου ἐσθίων καὶ πίνων, καὶ λέγουσιν

11 22 πλὴν λέγω ὑμῖν

11 24 πλὴν λέγω ὑμῖν ὅτι γῇ Σοδόμων ἀνεκτότερον ἔσται

12 6 λέγω δὲ ὑμῖν ὅτι τοῦ ἱεροῦ μεῖζόν ἐστιν ὧδε

12 10ᵖ ἐπηρώτησαν αὐτὸν λέγοντες· εἰ ἔξεστιν τοῖς σάββασιν θεραπεῦσαι (-πεύειν MVBSHς);

12 13 τότε λέγει τῷ ἀνθρώπῳ

12 17ˣ τὸ ῥηθὲν διὰ Ἡσαΐου τοῦ προφήτου λέγοντος

12 23 ἐξίσταντο πάντες οἱ ὄχλοι καὶ ἔλεγον

12 31 διὰ τοῦτο λέγω ὑμῖν

12 36 λέγω δὲ ὑμῖν ὅτι . . . ἀποδώσουσιν περὶ αὐτοῦ λόγον

12 38ᵏ τότε ἀπεκρίθησαν αὐτῷ τινες τῶν γραμματέων . . . λέγοντες

12 44 τότε λέγει

12 48 ὁ δὲ ἀποκριθεὶς εἶπεν τῷ λέγοντι (εἰπόντι ς) αὐτῷ

Mt 13 3ᵗ ἐλάλησεν αὐτοῖς πολλὰ ἐν παραβολαῖς λέγων

13 14ˣ ἀναπληροῦται αὐτοῖς ἡ προφητεία Ἡσαΐου ἡ λέγουσα

13 17 ἀμὴν γὰρ (—T) λέγω ὑμῖν ὅτι πολλοὶ προφῆται . . . ἐπεθύμησαν ἰδεῖν

13 24 ἄλλην παραβολὴν παρέθηκεν αὐτοῖς λέγων

13 28 οἱ δὲ δοῦλοι (—H) | λέγουσιν αὐτῷ (~ NMVBSH; εἶπον αὐτῷ ς)

13 31 ἄλλην παραβολὴν παρέθηκεν αὐτοῖς λέγων

13 35ˣ τὸ ῥηθὲν διὰ (+ Ἡσαΐου T) τοῦ προφήτου λέγοντος

13 36 προσῆλθον αὐτῷ οἱ μαθηταὶ αὐτοῦ λέγοντες

13 51 * | λέγει αὐτοῖς ὁ Ἰησοῦς (+Vς)

13 51 λέγουσιν αὐτῷ

13 54 ὥστε ἐκπλήσσεσθαι αὐτοὺς καὶ λέγειν

13 55ᶠ οὐχ (οὐχὶ Sς) ἡ μήτηρ αὐτοῦ λέγεται Μαριάμ ⟨;⟩

14 4 ἔλεγεν γὰρ || ὁ (—T) Ἰωάννης αὐτῷ ((~ VBSς))

14 15 προσῆλθον αὐτῷ οἱ μαθηταὶ λέγοντες

14 17 οἱ δὲ λέγουσιν αὐτῷ

14 26 | οἱ δὲ μαθηταὶ ἰδόντες αὐτὸν (καὶ ἰ. αὐ. οἱ μ. VSς; ἰ. δὲ αὐ. T) . . . ἐταράχθησαν λέγοντες ὅτι φάντασμά ἐστιν

14 27ᵗ εὐθὺς δὲ ἐλάλησεν ||: ὁ Ἰησοῦς ([N²⁶NH; —T) αὐτοῖς ((~ VBSς)) λέγων

14 30ˢ ἀρξάμενος καταποντίζεσθαι ἔκραξεν λέγων

14 31 ὁ Ἰησοῦς . . . λέγει αὐτῷ

14 33 οἱ δὲ ἐν τῷ πλοίῳ προσεκύνησαν αὐτῷ λέγοντες

15 1 προσέρχονται τῷ Ἰησοῦ (+οἱ Vς) ἀπὸ Ἱεροσολύμων | Φαρισαῖοι καὶ γραμματεῖς (~ Sς) λέγοντες

15 4 * ὁ γὰρ θεὸς | ἐνετείλατο λέγων (VSTς; εἶπεν rl)

15 5 ὑμεῖς δὲ λέγετε

15 7ˣ καλῶς ἐπροφήτευσεν περὶ ὑμῶν Ἡσαΐας λέγων

15 12 τότε προσελθόντες οἱ μαθηταὶ λέγουσιν (εἶπον ς) αὐτῷ

15 22ˢ γυνὴ Χαναναία . . . ἔκραζεν (ἐκραύγασεν VSς; ἔκραξεν T) λέγουσα

15 23ᵖ προσελθόντες οἱ μαθηταὶ αὐτοῦ ἠρώτουν (-των NVBSς) αὐτὸν λέγοντες

15 25 ἡ δὲ ἐλθοῦσα προσεκύνει αὐτῷ λέγουσα

15 33 λέγουσιν αὐτῷ οἱ μαθηταί

15 34 λέγει αὐτοῖς ὁ Ἰησοῦς

16 2 | ὀψίας γενομένης λέγετε [N²⁶N STH . .]

16 7ᵐ οἱ δὲ διελογίζοντο ἐν ἑαυτοῖς λέγοντες ὅτι ἄρτους οὐκ ἐλάβομεν

16 13ᵖ ὁ Ἰησοῦς . . . ἠρώτα τοὺς μαθητὰς αὐτοῦ λέγων· ↔

16 13ᵈ τίνα (+με ς) λέγουσιν οἱ ἄνθρωποι εἶναι τὸν υἱὸν τοῦ ἀνθρώπου;

16 15 λέγει αὐτοῖς· ↔

16 15ᵈ ὑμεῖς δὲ τίνα με λέγετε εἶναι;

16 18 κἀγὼ δέ σοι λέγω ὅτι σὺ εἶ Πέτρος

16 22 ὁ Πέτρος ἤρξατο ἐπιτιμᾶν αὐτῷ λέγων

16 28 ἀμὴν λέγω ὑμῖν ὅτι (—ς) εἰσίν τινες τῶν ὧδε ἑστώτων

Mt 17 5ᶻ ἰδοὺ φωνὴ ἐκ τῆς νεφέλης λέγουσα

17 9 ἐνετείλατο αὐτοῖς ὁ Ἰησοῦς λέγων

17 10ᵖ ἐπηρώτησαν αὐτὸν οἱ μαθηταὶ (+ αὐτοῦ MVBς) λέγοντες· ↔

17 10 τί οὖν οἱ γραμματεῖς λέγουσιν ὅτι Ἠλίαν δεῖ ἐλθεῖν πρῶτον;

17 12 λέγω δὲ ὑμῖν ὅτι Ἠλίας ἤδη ἦλθεν

17 15 ⟨προσῆλθεν αὐτῷ ἄνθρωπος γονυπετῶν αὐτὸν⟩ καὶ λέγων

17 20 ὁ δὲ λέγει (Ἰησοῦς εἶπεν Vς) αὐτοῖς

17 20 ἀμὴν γὰρ λέγω ὑμῖν

17 25 λέγει

17 25 προέφθασεν αὐτὸν ὁ Ἰησοῦς λέγων

17 26 * | λέγει αὐτῷ ὁ Πέτρος (Vς; εἰπόντος δέ rl)

18 1 προσῆλθον οἱ μαθηταὶ τῷ Ἰησοῦ λέγοντες

18 3 ἀμὴν λέγω ὑμῖν

18 10 λέγω γὰρ ὑμῖν ὅτι οἱ ἄγγελοι αὐτῶν . . . βλέπουσι

18 13 ἀμὴν λέγω ὑμῖν ὅτι χαίρει ἐπ᾽ αὐτῷ

18 18 ἀμὴν λέγω ὑμῖν

18 19 πάλιν ἀμὴν ([N²⁶NVH; —STς) λέγω ὑμῖν ὅτι ἐὰν δύο συμφωνήσωσιν (-σουσιν T)

18 22 λέγει αὐτῷ ὁ Ἰησοῦς· ↔

18 22 οὐ λέγω σοι ἕως ἑπτάκις

18 26 πεσὼν οὖν ὁ δοῦλος (+ ἐκεῖνος BT) προσεκύνει αὐτῷ λέγων

18 28 κρατήσας αὐτὸν ἔπνιγεν λέγων

18 29ᵠ πεσὼν οὖν ὁ σύνδουλος αὐτοῦ παρεκάλει αὐτὸν λέγων

18 32ᵠ προσκαλεσάμενος αὐτὸν ὁ κύριος αὐτοῦ λέγει αὐτῷ

19 3 προσῆλθον αὐτῷ (+οἱ Tς) Φαρισαῖοι πειράζοντες αὐτὸν καὶ λέγοντες (+ αὐτῷ ς)

19 7 λέγουσιν αὐτῷ

19 8 λέγει αὐτοῖς

19 9 λέγω δὲ ὑμῖν ὅτι ὃς ἂν ἀπολύσῃ τὴν γυναῖκα αὐτοῦ

19 10 λέγουσιν αὐτῷ οἱ μαθηταὶ αὐτοῦ (+ [N²⁶]Vς)

19 17ᵈ * τί με | λέγεις ἀγαθόν (ς; ἐρωτᾷς περὶ τοῦ ἀγαθοῦ rl);

19 18 | λέγει αὐτῷ· ποίας; (ποίας; φησίν T)

19 20 λέγει αὐτῷ ὁ νεανίσκος

19 23 ἀμὴν λέγω ὑμῖν ὅτι πλούσιος δυσκόλως εἰσελεύσεται εἰς τὴν βασιλείαν τῶν οὐρανῶν. ↔

19 24 πάλιν δὲ λέγω ὑμῖν, (+ὅτι T) εὐκοπώτερόν ἐστιν

19 25 ἀκούσαντες δὲ οἱ μαθηταὶ ἐξεπλήσσοντο σφόδρα λέγοντες

19 28 ἀμὴν λέγω ὑμῖν ὅτι ὑμεῖς οἱ ἀκολουθήσαντές μοι

20 6 εὗρεν ἄλλους ἑστῶτας, καὶ λέγει αὐτοῖς

20 7 λέγουσιν αὐτῷ

20 7 λέγει αὐτοῖς

20 8 ὀψίας δὲ γενομένης λέγει ὁ κύριος τοῦ ἀμπελῶνος τῷ ἐπιτρόπῳ αὐτοῦ

20 12 ⟨λαβόντες δὲ ἐγόγγυζον⟩ λέγοντες

20 21 λέγει αὐτῷ

20 22 λέγουσιν αὐτῷ

20 23 λέγει αὐτοῖς

20 30ˢ δύο τυφλοὶ . . . ἔκραξαν λέγοντες

20 31ˢ οἱ δὲ μεῖζον ἔκραξαν λέγοντες

20 33 λέγουσιν αὐτῷ

Mt 21 2 ⟨ἀπέστειλεν δύο μαθητὰς⟩ λέγων αὐτοῖς

21 4ˣτὸ ῥηθὲν διὰ (ὑπὸ S) τοῦ προφήτου λέγοντος

21 9ˢοἱ δὲ ὄχλοι . . . ἔκραζον λέγοντες

21 10 ἐσείσθη πᾶσα ἡ πόλις λέγουσα

21 11 οἱ δὲ ὄχλοι ἔλεγον

21 13 λέγει αὐτοῖς

21 15ˢτοὺς παῖδας τοὺς (—ς) κράζοντας ἐν τῷ ἱερῷ καὶ λέγοντας

21 16 ἀκούεις τί οὗτοι λέγουσιν; ↔

21 16 ὁ δὲ Ἰησοῦς λέγει αὐτοῖς

21 19 λέγει αὐτῇ

21 20 ἰδόντες οἱ μαθηταὶ ἐθαύμασαν λέγοντες

21 21 ἀμὴν λέγω ὑμῖν

21 23 προσῆλθον αὐτῷ διδάσκοντι . . . οἱ πρεσβύτεροι τοῦ λαοῦ λέγοντες

21 25ᵐοἱ δὲ διελογίζοντο ἐν (παρ' VB STς) ἑαυτοῖς λέγοντες

21 27 οὐδὲ ἐγὼ λέγω ὑμῖν ἐν ποίᾳ ἐξουσίᾳ ταῦτα ποιῶ

21 31 λέγουσιν (+αὐτῷ ς)

21 31 λέγει αὐτοῖς ὁ Ἰησοῦς· ↔

21 31 ἀμὴν λέγω ὑμῖν ὅτι οἱ τελῶναι . . . προάγουσιν ὑμᾶς

21 37 ἀπέστειλεν πρὸς αὐτοὺς τὸν υἱὸν αὐτοῦ λέγων

21 41 λέγουσιν αὐτῷ

21 42 λέγει αὐτοῖς ὁ Ἰησοῦς

21 43 διὰ τοῦτο λέγω ὑμῖν ὅτι ἀρθήσεται ἀφ' ὑμῶν ἡ βασιλεία τοῦ θεοῦ

21 45 ἔγνωσαν ὅτι περὶ αὐτῶν λέγει

22 1ᵏἀποκριθεὶς ὁ Ἰησοῦς πάλιν εἶπεν ἐν παραβολαῖς αὐτοῖς λέγων

22 4 πάλιν ἀπέστειλεν ἄλλους δούλους λέγων

22 8 τότε λέγει τοῖς δούλοις αὐτοῦ

22 12 λέγει αὐτῷ

22 16 ἀποστέλλουσιν αὐτῷ τοὺς μαθητὰς αὐτῶν . . . λέγοντες (-τας NTH)

22 20 λέγει αὐτοῖς (+ὁ Ἰησοῦς BT)

22 21 λέγουσιν αὐτῷ (—NTH)

22 21 τότε λέγει αὐτοῖς

22 23 προσῆλθον αὐτῷ Σαδδουκαῖοι, (+οἱ ς) λέγοντες μὴ εἶναι ἀνάστασιν, ↔

22 24ᵖ⟨καὶ ἐπηρώτησαν αὐτὸν⟩ λέγοντες

22 31 τὸ ῥηθὲν ὑμῖν ὑπὸ τοῦ θεοῦ λέγοντος

22 35ᵖ* ἐπηρώτησεν . . . νομικὸς [N²⁶] πειράζων αὐτὸν | καὶ λέγων (+ς)

22 42ᵖ⟨ἐπηρώτησεν αὐτοὺς ὁ Ἰησοῦς⟩ λέγων

22 42 λέγουσιν αὐτῷ

22 43 λέγει αὐτοῖς (+ὁ Ἰησοῦς S)· ↔

22 43ᵠπῶς οὖν Δαυὶδ ἐν πνεύματι | καλεῖ αὐτὸν κύριον (~ T VSς) λέγων

23 2ᵗ⟨ὁ Ἰησοῦς ἐλάλησεν τοῖς ὄχλοις⟩ λέγων

23 3 λέγουσιν γὰρ καὶ οὐ ποιοῦσιν

23 16 οὐαὶ ὑμῖν, ὁδηγοὶ τυφλοὶ οἱ λέγοντες

23 30 ⟨κοσμεῖτε τὰ μνημεῖα τῶν δικαίων⟩ καὶ λέγετε

23 36 ἀμὴν λέγω ὑμῖν

23 39 λέγω γὰρ ὑμῖν

24 2 ἀμὴν λέγω ὑμῖν

24 3 προσῆλθον αὐτῷ οἱ μαθηταὶ κατ' ἰδίαν λέγοντες

24 5 πολλοὶ γὰρ ἐλεύσονται ἐπὶ τῷ ὀνόματί μου λέγοντες

Mt 24 34 ἀμὴν λέγω ὑμῖν ὅτι (—STς) οὐ μὴ παρέλθῃ ἡ γενεὰ αὕτη

24 47 ἀμὴν λέγω ὑμῖν ὅτι ἐπὶ πᾶσιν τοῖς ὑπάρχουσιν αὐτοῦ καταστήσει αὐτόν

25 9ᵏἀπεκρίθησαν δὲ αἱ φρόνιμοι λέγουσαι

25 11 ἔρχονται καὶ αἱ λοιπαὶ παρθένοι λέγουσαι

25 12 ἀμὴν λέγω ὑμῖν

25 20 προσήνεγκεν ἄλλα πέντε τάλαντα λέγων

25 37ᵏἀποκριθήσονται αὐτῷ οἱ δίκαιοι λέγοντες

25 40 ἀμὴν λέγω ὑμῖν

25 44ᵏτότε ἀποκριθήσονται καὶ αὐτοὶ λέγοντες

25 45ᵏτότε ἀποκριθήσεται αὐτοῖς λέγων· ↔

25 45 ἀμὴν λέγω ὑμῖν

26 3ᵍεἰς τὴν αὐλὴν τοῦ ἀρχιερέως τοῦ λεγομένου Καϊάφα

26 5 ἔλεγον δέ

26 8 ἰδόντες δὲ οἱ μαθηταὶ ἠγανάκτησαν λέγοντες

26 13 ἀμὴν λέγω ὑμῖν

26 14ᵍπορευθεὶς εἷς τῶν δώδεκα, ὁ λεγόμενος Ἰούδας Ἰσκαριώτης, πρὸς τοὺς ἀρχιερεῖς

26 17 προσῆλθον οἱ μαθηταὶ τῷ Ἰησοῦ λέγοντες (+αὐτῷ ς)

26 18 ὁ διδάσκαλος λέγει

26 21 ἀμὴν λέγω ὑμῖν ὅτι εἷς ἐξ ὑμῶν παραδώσει με. ↔

26 22ᵃκαὶ λυπούμενοι σφόδρα ἤρξαντο λέγειν αὐτῷ [S] εἷς ἕκαστος (+αὐτῶν [MS]Βς)

26 25 λέγει αὐτῷ

26 27 εὐχαριστήσας ἔδωκεν αὐτοῖς λέγων

26 29 λέγω δὲ ὑμῖν

26 31 τότε λέγει αὐτοῖς ὁ Ἰησοῦς

26 34 ἀμὴν λέγω σοι ὅτι ἐν ταύτῃ τῇ νυκτὶ . . . τρὶς ἀπαρνήσῃ με. ↔

26 35 λέγει αὐτῷ ὁ Πέτρος

26 36ᵍἔρχεται μετ' αὐτῶν ὁ Ἰησοῦς εἰς χωρίον λεγόμενον Γεθσημανί, ↔

26 36 καὶ λέγει τοῖς μαθηταῖς

26 38 τότε λέγει αὐτοῖς

26 39 ἔπεσεν ἐπὶ πρόσωπον αὐτοῦ προσευχόμενος καὶ λέγων

26 40 ἔρχεται πρὸς τοὺς μαθητὰς . . . καὶ λέγει τῷ Πέτρῳ

26 42 ἐκ δευτέρου ἀπελθὼν προσηύξατο λέγων [H]

26 45 ἔρχεται πρὸς τοὺς μαθητὰς καὶ λέγει αὐτοῖς

26 48 ὁ δὲ παραδιδοὺς αὐτὸν ἔδωκεν αὐτοῖς σημεῖον λέγων

26 52 τότε λέγει αὐτῷ ὁ Ἰησοῦς

26 64 λέγει αὐτῷ ὁ Ἰησοῦς

26 64 πλὴν λέγω ὑμῖν

26 65 τότε ὁ ἀρχιερεὺς διέρρηξεν τὰ ἱμάτια αὐτοῦ λέγων

26 68 ⟨οἱ δὲ ἐράπισαν⟩ λέγοντες

26 69 προσῆλθεν αὐτῷ μία παιδίσκη λέγουσα

26 70 ὁ δὲ ἠρνήσατο ἔμπροσθεν πάντων λέγων· ↔

26 70 οὐκ οἶδα τί λέγεις

26 71 εἶδεν αὐτὸν ἄλλη καὶ λέγει τοῖς ([αὐ]τοῖς S) ἐκεῖ

27 4 ⟨ἔστρεψεν τὰ τριάκοντα ἀργύρια τοῖς ἀρχιερεῦσιν⟩ λέγων

27 9ˣτὸ ῥηθὲν διὰ Ἰερεμίου τοῦ προφήτου λέγοντος

Mt 27 11ᵖἐπηρώτησεν αὐτὸν ὁ ἡγεμὼν λέγων

27 11 σὺ λέγεις

27 13 τότε λέγει αὐτῷ ὁ Πιλᾶτος

27 16ᵍεἶχον δὲ τότε δέσμιον ἐπίσημον λεγόμενον Ἰησοῦν ([N²⁶]; —rl) Βαραββᾶν

27 17ᵍτίνα θέλετε ἀπολύσω ὑμῖν, | Ἰησοῦν τὸν ([N²⁶]; [τὸν] NH; —rl) Βαραββᾶν ἢ Ἰησοῦν τὸν λεγόμενον χριστόν;

27 19 ἀπέστειλεν πρὸς αὐτὸν ἡ γυνὴ αὐτοῦ λέγουσα

27 22 λέγει αὐτοῖς ὁ Πιλᾶτος· ↔

27 22ᵍτί οὖν ποιήσω Ἰησοῦν τὸν λεγόμενον χριστόν; ↔

27 22 λέγουσιν (+αὐτῷ [S]ς) πάντες

27 23ˢοἱ δὲ περισσῶς ἔκραζον λέγοντες

27 24 ἀπενίψατο τὰς χεῖρας ἀπέναντι (κατ- ΝΜΗ) τοῦ ὄχλου λέγων

27 29 γονυπετήσαντες ἔμπροσθεν αὐτοῦ ἐνέπαιξαν (-παιζον VBSς) αὐτῷ λέγοντες

27 33ᵍἐλθόντες εἰς τόπον λεγόμενον Γολγοθᾶ, ↔

27 33 ὅ ἐστιν Κρανίου Τόπος λεγόμενος

27 40 ⟨ἐβλασφήμουν αὐτὸν κινοῦντες τὰς κεφαλὰς αὐτῶν⟩ καὶ λέγοντες

27 41 οἱ ἀρχιερεῖς ἐμπαίζοντες . . . ἔλεγον

27 46ᴵᶻἀνεβόησεν (ἐβόησεν H) ὁ Ἰησοῦς φωνῇ μεγάλῃ λέγων

27 47 τινὲς δὲ . . . ἀκούσαντες ἔλεγον ὅτι (—S) Ἠλίαν φωνεῖ

27 49 οἱ δὲ λοιποὶ ἔλεγον (εἶπαν ΝΜΗ)

27 54 ἐφοβήθησαν σφόδρα, λέγοντες

27 63 ⟨συνήχθησαν οἱ ἀρχιερεῖς . . . πρὸς Πιλᾶτον⟩ λέγοντες

28 9 Ἰησοῦς ὑπήντησεν αὐταῖς λέγων

28 10 τότε λέγει αὐταῖς ὁ Ἰησοῦς

28 13 ⟨ἀργύρια ἱκανὰ ἔδωκαν τοῖς στρατιώταις⟩ λέγοντες

28 18ᵗπροσελθὼν ὁ Ἰησοῦς ἐλάλησεν αὐτοῖς λέγων

Mc 1 7ʳἐκήρυσσεν λέγων

1 15ʳ⟨ἦλθεν . . . κηρύσσων τὸ εὐαγγέλιον⟩ | καὶ λέγων ([NH]; [κ.] λ. S; —T), ὅτι πεπλήρωται ὁ καιρὸς

1 24ˢ⟨ἀνέκραξεν⟩ λέγων

1 25 ἐπετίμησεν αὐτῷ ὁ Ἰησοῦς λέγων ([NH]; —ΜΤ)

1 27 ὥστε συζητεῖν | πρὸς ἑαυτοὺς (π. αὐτούς B; αὐτούς ΝΤΗ) λέγοντας

1 30 εὐθὺς λέγουσιν αὐτῷ περὶ αὐτῆς

1 37 λέγουσιν αὐτῷ ὅτι πάντες | ζητοῦσίν σε (~ V). ↔

1 38 καὶ λέγει αὐτοῖς

1 40ᵠ| καὶ γονυπετῶν ([N²⁶H]; κ. γ. αὐτὸν Vς) καὶ ([S]; —ΝΜΒΤΗ) λέγων αὐτῷ ὅτι ἐὰν θέλῃς

1 41 λέγει αὐτῷ (—T)

1 44 λέγει αὐτῷ

2 5 | καὶ ἰδὼν (ἰ. δὲ Sς) ὁ Ἰησοῦς τὴν πίστιν αὐτῶν λέγει τῷ παραλυτικῷ

2 8 ἐπιγνοὺς ὁ Ἰησοῦς . . . λέγει (εἶπεν ς) αὐτοῖς [H]

2 10 λέγει τῷ παραλυτικῷ· ↔

2 11 σοὶ λέγω

2 12 ὥστε ἐξίστασθαι πάντας καὶ δοξάζειν . . . λέγοντας [H] ὅτι | οὕτως οὐδέποτε (~ Vς) εἴδομεν

2 14 εἶδεν Λευὶν . . . καὶ λέγει αὐτῷ

2 16 οἱ (—ST) γραμματεῖς . . . ἰδόντες . . . ἔλεγον τοῖς μαθηταῖς αὐτοῦ

Mc 2 17 ἀκούσας ὁ Ἰησοῦς λέγει αὐτοῖς
ὅτι ([N²⁶NH]; —VTς) οὐ χρείαν
ἔχουσιν οἱ ἰσχύοντες ἰατροῦ
2 18 ἔρχονται καὶ λέγουσιν αὐτῷ
2 24 οἱ Φαρισαῖοι ἔλεγον αὐτῷ
2 25 καὶ (+αὐτὸς V[S]ς) λέγει (ἔλεγεν
ς) αὐτοῖς
2 27 ἔλεγεν αὐτοῖς
3 3 λέγει τῷ ἀνθρώπῳ
3 4 λέγει αὐτοῖς
3 5 λέγει τῷ ἀνθρώπῳ
3 11ˢ τὰ πνεύματα ... προσέπιπτον
(-εν Vς) αὐτῷ καὶ ἔκραζον (-ζεν
Vς) λέγοντες (N²⁶T; -τα rl) ὅτι
σὺ εἶ ὁ υἱὸς τοῦ θεοῦ
3 21 ἔλεγον γὰρ ὅτι ἐξέστη. ↔
3 22 καὶ οἱ γραμματεῖς ... καταβάν-
τες ἔλεγον ὅτι Βεελζεβοὺλ ἔχει
3 23ᵃ προσκαλεσάμενος αὐτοὺς ἐν παρα-
βολαῖς ἔλεγεν αὐτοῖς
3 28 ἀμὴν λέγω ὑμῖν ὅτι πάντα ἀφεθή-
σεται
3 30 ὅτι ἔλεγον
3 32 ἐκάθητο περὶ αὐτὸν ὄχλος, | καὶ
λέγουσιν (εἶπον δὲ ς) αὐτῷ
3 33ᵏ | ἀποκριθεὶς αὐτοῖς λέγει (ἀπεκρίθη
αὐ. λέγων Sς)
3 34 περιβλεψάμενος τοὺς περὶ αὐτὸν
κύκλῳ καθημένους λέγει
4 2ⁿ ἐδίδασκεν αὐτοὺς ... καὶ ἔλεγεν
αὐτοῖς ἐν τῇ διδαχῇ αὐτοῦ
4 9 ἔλεγεν (+αὐτοῖς ς)
4 11 ἔλεγεν αὐτοῖς
4 13 λέγει αὐτοῖς
4 21 ἔλεγεν αὐτοῖς· (+ὅτι NBTH) μήτι
ἔρχεται ὁ λύχνος ⟨;⟩
4 24 ἔλεγεν αὐτοῖς
4 26 ἔλεγεν
4 30 ἔλεγεν
4 35 λέγει αὐτοῖς ἐν ἐκείνῃ τῇ ἡμέρᾳ
4 38 ἐγείρουσιν (δι- VSς) αὐτὸν καὶ
λέγουσιν αὐτῷ
4 41ᶜ ἐφοβήθησαν φόβον μέγαν, καὶ
ἔλεγον πρὸς ἀλλήλους
5 7ˢᶻ κράξας φωνῇ μεγάλῃ λέγει (εἶπε ς)
5 8 ἔλεγεν γὰρ αὐτῷ
5 9ᵏ | λέγει αὐτῷ (ἀπεκρίθη λέγων Sς)
5 12ᵃ παρεκάλεσαν αὐτὸν (+πάντες οἱ
δαίμονες ς) λέγοντες
5 19 οὐκ ἀφῆκεν αὐτόν, ἀλλὰ λέγει
αὐτῷ
5 23ᵃ παρακαλεῖ αὐτὸν πολλὰ λέγων ὅτι
τὸ θυγάτριόν μου ἐσχάτως ἔχει
5 28 ἔλεγεν γὰρ ὅτι ἐὰν ἅψωμαι
5 30 ὁ Ἰησοῦς ... ἐπιστραφεὶς ἐν τῷ
ὄχλῳ ἔλεγεν
5 31 ἔλεγον αὐτῷ οἱ μαθηταὶ αὐτοῦ· ↔
5 31 βλέπεις τὸν ὄχλον συνθλίβοντά
σε, καὶ λέγεις
5 35 ἔρχονται ἀπὸ τοῦ ἀρχισυναγώγου
λέγοντες ὅτι ἡ θυγάτηρ σου
ἀπέθανεν
5 36 ὁ δὲ Ἰησοῦς παρακούσας ([εὐ-
θέως παρ]- V; εὐθὺς παρ. S;
εὐθέως ἀκ. ς) τὸν λόγον λαλού-
μενον λέγει τῷ ἀρχισυναγώγῳ
5 39 εἰσελθὼν λέγει αὐτοῖς
5 41 κρατήσας τῆς χειρὸς τοῦ παιδίου
λέγει αὐτῇ
5 41 τὸ κοράσιον, σοὶ λέγω, ἔγειρε
6 2 (+οἱ NMBSTH) πολλοὶ ἀκούον-
τες ἐξεπλήσσοντο λέγοντες
6 4 | καὶ ἔλεγεν (ἔ. δὲ ς) αὐτοῖς ὁ
Ἰησοῦς ὅτι οὐκ ἔστιν προφήτης
ἄτιμος

Mc 6 10 ἔλεγεν αὐτοῖς
6 11 * | ἀμὴν λέγω ὑμῖν (+ς ..)
6 14 ἤκουσεν ὁ βασιλεὺς Ἡρῴδης ...
καὶ ἔλεγον (-γεν MVSTς) ὅτι
Ἰωάννης ... ἐγήγερται
6 15 ἄλλοι δὲ ἔλεγον ὅτι Ἡλίας ἐστίν·
↔
6 15 ἄλλοι δὲ ἔλεγον ὅτι προφήτης
ὡς εἷς τῶν προφητῶν. ↔
6 16 ἀκούσας δὲ ὁ Ἡρῴδης ἔλεγεν
(εἶπεν Sς)
6 18 ἔλεγεν γὰρ ὁ Ἰωάννης τῷ Ἡρῴδῃ
ὅτι οὐκ ἔξεστίν σοι ἔχειν
6 25 εἰσελθοῦσα ... πρὸς τὸν βασιλέα
ᾐτήσατο λέγουσα
6 31 λέγει (εἶπεν ς) αὐτοῖς
6 35 προσελθόντες αὐτῷ (—T) οἱ μαθη-
ταὶ αὐτοῦ ἔλεγον (λέγουσιν Vς)
ὅτι ἔρημός ἐστιν ὁ τόπος
6 37 λέγουσιν αὐτῷ
6 38 ὁ δὲ λέγει αὐτοῖς
6 38 γνόντες λέγουσιν
6 50ᵗ | ὁ δὲ (καὶ Vς) εὐθὺς ἐλάλησεν
μετ' αὐτῶν, καὶ λέγει αὐτοῖς
7 9 ἔλεγεν αὐτοῖς
7 11 ὑμεῖς δὲ λέγετε
7 14ᵃ προσκαλεσάμενος πάλιν τὸν ὄχλον
ἔλεγεν αὐτοῖς
7 18 λέγει αὐτοῖς
7 20 ἔλεγεν δὲ ὅτι τὸ ... ἐκπορευόμε-
νον, ἐκεῖνο κοινοῖ τὸν ἄνθρωπον
7 27 | καὶ ἔλεγεν (ὁ δὲ Ἰησοῦς εἶπεν ς)
αὐτῇ
7 28ᵏ ἡ δὲ ἀπεκρίθη καὶ λέγει αὐτῷ
7 34 ἀναβλέψας εἰς τὸν οὐρανὸν ἐστέ-
ναξεν, καὶ λέγει αὐτῷ
7 36 διεστείλατο αὐτοῖς ἵνα μηδενὶ
λέγωσιν (εἴπωσιν ς)
7 37 ὑπερπερισσῶς ἐξεπλήσσοντο λέ-
γοντες
8 1ᵃ προσκαλεσάμενος τοὺς μαθητὰς
(+αὐτοῦ [V]ς) λέγει αὐτοῖς
8 12 ἀναστενάξας τῷ πνεύματι αὐτοῦ
λέγει
8 12 ἀμὴν λέγω ὑμῖν (—H)
8 15 διεστέλλετο αὐτοῖς λέγων
8 16ᵐ * διελογίζοντο πρὸς ἀλλήλους
λέγοντες (+Vς) ὅτι ἄρτους οὐκ
ἔχουσιν (ἔχομεν VTς). ↔
8 17 καὶ γνοὺς (+ὁ Ἰησοῦς MV[S]ς)
λέγει αὐτοῖς
8 19 λέγουσιν αὐτῷ·
8 20 | καὶ λέγουσιν (οἱ δὲ εἶπον Sς)
αὐτῷ (+[N²⁶V]H)
8 21 ἔλεγεν αὐτοῖς
8 24 ἀναβλέψας ἔλεγεν
8 26 ἀπέστειλεν αὐτὸν εἰς οἶκον αὐτοῦ
λέγων
8 27ᵖ ἐπηρώτα τοὺς μαθητὰς αὐτοῦ
λέγων αὐτοῖς· ↔
8 27ᵈ τίνα με λέγουσιν οἱ ἄνθρωποι
εἶναι; ↔
8 28ᵏ οἱ δὲ εἶπαν (ἀπεκρίθησαν Sς)
|| αὐτῷ λέγοντες ὅτι ([N²⁶S];
—M) ((—ς)) Ἰωάννην
8 29 * αὐτὸς | λέγει αὐτοῖς (ς; ἐπηρώτα
αὐτούς rl)· ↔
8 29ᵈ ὑμεῖς δὲ τίνα με λέγετε εἶναι; ↔
8 29ᵏ ἀποκριθεὶς (+δὲ VSς) ὁ Πέτρος
λέγει αὐτῷ
8 30 ἐπετίμησεν αὐτοῖς ἵνα μηδενὶ λέ-
γωσιν περὶ αὐτοῦ
8 33 ἐπετίμησεν (+τῷ Vς) Πέτρῳ
| καὶ λέγει (λέγων ς)
9 1 ἔλεγεν αὐτοῖς· ↔

Mc 9 1 ἀμὴν λέγω ὑμῖν ὅτι εἰσίν τινες
9 5ᵏ ἀποκριθεὶς ὁ Πέτρος λέγει τῷ
Ἰησοῦ
9 7ᶻ * ἐγένετο (ἦλθεν BSς) φωνὴ ἐκ
τῆς νεφέλης λέγουσα (+ς)
9 11ᵖ ἐπηρώτων αὐτὸν λέγοντες· ↔
9 11 ὅτι λέγουσιν οἱ (+Φαρισαῖοι καὶ
οἱ [S]T) γραμματεῖς ὅτι Ἡλίαν
δεῖ ἐλθεῖν πρῶτον;
9 13 λέγω ὑμῖν ὅτι καὶ Ἡλίας ἐλήλυθεν
9 19ᵏ ὁ δὲ ἀποκριθεὶς αὐτοῖς (αὐτῷ ς)
λέγει
9 24ˢ κράξας ὁ πατὴρ τοῦ παιδίου
(+μετὰ δακρύων Vς) ἔλεγεν
9 25 ἐπετίμησεν τῷ πνεύματι τῷ ἀκα-
θάρτῳ λέγων αὐτῷ
9 26 ὥστε τοὺς πολλοὺς λέγειν ὅτι
ἀπέθανεν
9 31ⁿ ἐδίδασκεν γὰρ τοὺς μαθητὰς αὐτοῦ,
καὶ ἔλεγεν αὐτοῖς [H] ὅτι ...
παραδίδοται
9 35ᵘ ἐφώνησεν τοὺς δώδεκα καὶ λέγει
αὐτοῖς
9 38ᵏ * | ἀπεκρίθη δὲ αὐτῷ ὁ Ἰωάννης
λέγων (Vς; ἔφη αὐτῷ ὁ Ἰ. rl)
9 41 ἀμὴν λέγω ὑμῖν ὅτι (—ς) οὐ μὴ
ἀπολέσῃ τὸν μισθὸν αὐτοῦ
10 11 λέγει αὐτοῖς
10 15 ἀμὴν λέγω ὑμῖν
10 18ᵈ τί με λέγεις ἀγαθόν;
10 23 περιβλεψάμενος ὁ Ἰησοῦς λέγει
τοῖς μαθηταῖς αὐτοῦ
10 24ᵏ ὁ δὲ Ἰησοῦς πάλιν ἀποκριθεὶς
λέγει αὐτοῖς
10 26ᶜ οἱ δὲ περισσῶς ἐξεπλήσσοντο
λέγοντες πρὸς ἑαυτούς (αὐτόν H)
10 27 ἐμβλέψας (+δὲ Vς) αὐτοῖς ὁ Ἰη-
σοῦς λέγει
10 28ᵃ ἤρξατο λέγειν ὁ Πέτρος αὐτῷ
10 29 ἀμὴν λέγω ὑμῖν
10 32ᵃ παραλαβὼν πάλιν τοὺς δώδεκα
ἤρξατο αὐτοῖς λέγειν τὰ μέλλοντα
αὐτῷ συμβαίνειν
10 35 προσπορεύονται αὐτῷ Ἰάκωβος
καὶ Ἰωάννης ... λέγοντες αὐτῷ
10 42ᵃ προσκαλεσάμενος αὐτοὺς ὁ Ἰησοῦς
λέγει αὐτοῖς
10 47ᵃˢ ἤρξατο κράζειν καὶ λέγειν
10 49ᵘ φωνοῦσιν τὸν τυφλὸν λέγοντες
αὐτῷ
10 51ᵏ * ἀποκριθεὶς | λέγει αὐτῷ ὁ
Ἰησοῦς (ς; αὐ. ὁ Ἰ. εἶπεν rl)
11 2 ⟨ἀποστέλλει δύο τῶν μαθητῶν
αὐτοῦ⟩ καὶ λέγει αὐτοῖς
11 5 καί τινες τῶν ἐκεῖ ἑστηκότων ἔλεγον
αὐτοῖς
11 9ˢ * οἱ ἀκολουθοῦντες ἔκραζον λέ-
γοντες (+Vς)
11 17ⁿ ἐδίδασκεν | καὶ ἔλεγεν (λέγων ς)
αὐτοῖς (—H)
11 21 ἀναμνησθεὶς ὁ Πέτρος λέγει αὐτῷ
11 22ᵏ ἀποκριθεὶς ὁ Ἰησοῦς λέγει αὐτοῖς
11 23 ἀμὴν (+γὰρ Sς) λέγω ὑμῖν
ὅτι ὃς ἂν εἴπῃ τῷ ὄρει τούτῳ ...
ἀλλὰ πιστεύῃ ↔
11 23 * ὅτι | ἃ λέγει (ς; ὃ λαλεῖ rl)
γίνεται
11 24 διὰ τοῦτο λέγω ὑμῖν
11 28 ⟨ἔρχονται πρὸς αὐτὸν οἱ ἀρχιε-
ρεῖς⟩ καὶ ἔλεγον (λέγουσιν ς)
11 31ᵐ διελογίζοντο (ἐλ. Sς) πρὸς ἑαυ-
τοὺς λέγοντες
11 33ᵏ ἀποκριθέντες | τῷ Ἰησοῦ λέγουσιν
(~ VSς)

Mc 11 33^k(+ἀποκριθεὶς VSϛ) ὁ Ἰησοῦς λέγει αὐτοῖς· ↔

11 33 οὐδὲ ἐγὼ λέγω ὑμῖν ἐν ποίᾳ ἐξουσίᾳ ταῦτα ποιῶ. ↔

12 1^a* καὶ ἤρξατο αὐτοῖς ἐν παραβολαῖς λέγειν (ϛ; λαλεῖν rl)

12 6 ἀπέστειλεν (+καὶ Vϛ) αὐτὸν | ἔσχατον πρὸς αὐτοὺς (~ Vϛ) λέγων ὅτι ἐντραπήσονται

12 14^p καὶ (οἱ δὲ VSϛ) ἐλθόντες | λέγουσιν αὐτῷ (ἤρξαντο ἐρωτᾶν αὐτὸν ἐν δόλῳ λέγοντες S)

12 16 λέγει αὐτοῖς

12 18 ἔρχονται Σαδδουκαῖοι ... οἵτινες λέγουσιν ἀνάστασιν μὴ εἶναι, ↔

12 18^p καὶ ἐπηρώτων αὐτὸν λέγοντες

12 26 πῶς εἶπεν αὐτῷ ὁ θεὸς λέγων ⟨;⟩

12 35^kn ἀποκριθεὶς ὁ Ἰησοῦς ἔλεγεν διδάσκων ἐν τῷ ἱερῷ· ↔

12 35 πῶς λέγουσιν οἱ γραμματεῖς ὅτι ὁ χριστὸς υἱὸς | Δαυίδ ἐστιν (~ VSϛ);

12 37^d αὐτὸς (+οὖν Vϛ) Δαυίδ λέγει αὐτὸν κύριον

12 38 ἐν τῇ διδαχῇ αὐτοῦ ἔλεγεν (+αὐτοῖς ϛ; —T)

12 43^q* προσκαλεσάμενος τοὺς μαθητὰς αὐτοῦ λέγει (Vϛ; εἶπεν rl) αὐτοῖς· ↔

12 43 ἀμὴν λέγω ὑμῖν ὅτι ἡ χήρα αὕτη

13 1 ἐκπορευομένου αὐτοῦ ἐκ τοῦ ἱεροῦ λέγει αὐτῷ εἷς τῶν μαθητῶν αὐτοῦ

13 5^ak ὁ δὲ Ἰησοῦς (+ἀποκριθεὶς Vϛ) | ἤρξατο λέγειν αὐτοῖς (~ Vϛ)

13 6 πολλοὶ (+γὰρ Vϛ) ἐλεύσονται ἐπὶ τῷ ὀνόματί μου λέγοντες ὅτι ἐγώ εἰμι

13 30 ἀμὴν λέγω ὑμῖν ὅτι οὐ μὴ παρέλθῃ

13 37 ὃ (ἃ ϛ) δὲ ὑμῖν λέγω, ↔

13 37 πᾶσιν λέγω

14 2 ἔλεγον γάρ (δέ ϛ)

14 4 * ἦσαν δέ τινες ἀγανακτοῦντες πρὸς ἑαυτοὺς | καὶ λέγοντες (+Vϛ)

14 9 ἀμὴν δὲ (—ϛ) λέγω ὑμῖν

14 12 λέγουσιν αὐτῷ οἱ μαθηταὶ αὐτοῦ

14 13 ἀποστέλλει δύο τῶν μαθητῶν αὐτοῦ καὶ λέγει αὐτοῖς

14 14 εἴπατε τῷ οἰκοδεσπότῃ ὅτι ὁ διδάσκαλος λέγει

14 18 ἀμὴν λέγω ὑμῖν ὅτι εἷς ἐξ ὑμῶν παραδώσει με

14 19^a(+οἱ δὲ Vϛ) ἤρξαντο λυπεῖσθαι καὶ λέγειν αὐτῷ εἷς κατὰ εἷς

14 25 ἀμὴν λέγω ὑμῖν ὅτι οὐκέτι οὐ μὴ πίω

14 27 λέγει αὐτοῖς ὁ Ἰησοῦς ὅτι πάντες σκανδαλισθήσεσθε

14 30 λέγει αὐτῷ ὁ Ἰησοῦς· ↔

14 30 ἀμὴν λέγω σοι ὅτι σὺ ... τρίς με ἀπαρνήσῃ. ↔

14 31 * ὁ δὲ ἐκπερισσῶς | ἔλεγε μᾶλλον (ϛ; ἐλάλει rl)

14 31 ὡσαύτως δὲ [NH] καὶ πάντες ἔλεγον

14 32 λέγει τοῖς μαθηταῖς αὐτοῦ

14 34 λέγει αὐτοῖς

14 36 ⟨προσηύχετο⟩ καὶ ἔλεγεν

14 37 λέγει τῷ Πέτρῳ

14 41 ἔρχεται ... καὶ λέγει αὐτοῖς

14 44 δεδώκει δὲ ὁ παραδιδοὺς αὐτὸν σύσσημον αὐτοῖς λέγων

14 45 ἐλθὼν εὐθὺς προσελθὼν αὐτῷ λέγει

14 57 καὶ τινες ἀναστάντες ἐψευδομαρτύρουν κατ' αὐτοῦ λέγοντες ↔

Mc 14 58 ὅτι ἡμεῖς ἠκούσαμεν αὐτοῦ λέγοντος ὅτι ἐγὼ καταλύσω

14 60^p ὁ ἀρχιερεὺς ... ἐπηρώτησεν τὸν Ἰησοῦν λέγων

14 61^p πάλιν ὁ ἀρχιερεὺς ἐπηρώτα αὐτὸν καὶ λέγει αὐτῷ

14 63 ὁ δὲ ἀρχιερεὺς διαρρήξας τοὺς χιτῶνας αὐτοῦ λέγει

14 65^a ἤρξαντό τινες ... κολαφίζειν αὐτὸν καὶ λέγειν αὐτῷ

14 67 ἰδοῦσα τὸν Πέτρον θερμαινόμενον ἐμβλέψασα αὐτῷ λέγει

14 68 ὁ δὲ ἠρνήσατο λέγων· ↔

14 68 οὔτε οἶδα οὔτε ἐπίσταμαι σὺ τί λέγεις

14 69^a ἤρξατο πάλιν λέγειν τοῖς παρεστῶσιν ὅτι οὗτος ἐξ αὐτῶν ἐστιν

14 70 οἱ παρεστῶτες ἔλεγον τῷ Πέτρῳ

14 71 οὐκ οἶδα τὸν ἄνθρωπον τοῦτον ὃν λέγετε

15 2^k ὁ δὲ ἀποκριθεὶς | αὐτῷ λέγει (εἶπεν αὐ. ϛ)· ↔

15 2 σὺ λέγεις

15 4^p ὁ δὲ Πιλᾶτος πάλιν ἐπηρώτα (-τησεν Vϛ) αὐτὸν λέγων ([NH]; —T)

15 7^g ἦν δὲ ὁ λεγόμενος Βαραββᾶς μετὰ τῶν στασιαστῶν (συ- Vϛ) δεδεμένος

15 9^k ὁ δὲ Πιλᾶτος ἀπεκρίθη αὐτοῖς λέγων

15 12^k ὁ δὲ Πιλᾶτος πάλιν ἀποκριθεὶς ἔλεγεν (εἶπεν ϛ) αὐτοῖς· ↔

15 12^d τί οὖν θέλετε (+[N^26] BTϛ) ποιήσω || ὃν [NH] λέγετε [[N^26]] τὸν (—ϛ) βασιλέα τῶν Ἰουδαίων;

15 14 ὁ δὲ Πιλᾶτος ἔλεγεν αὐτοῖς

15 28^v* | καὶ ἐπληρώθη ἡ γραφὴ ἡ λέγουσα (+[MV]BSϛ..)

15 29 ἐβλασφήμουν αὐτὸν κινοῦντες τὰς κεφαλὰς αὐτῶν καὶ λέγοντες

15 31^e οἱ ἀρχιερεῖς ἐμπαίζοντες πρὸς ἀλλήλους μετὰ τῶν γραμματέων ἔλεγον

15 34^lz ἐβόησεν ὁ Ἰησοῦς φωνῇ μεγάλῃ λέγων (+ϛ)

15 35 καί τινες τῶν παρεστηκότων (-τώτων BT) ἀκούσαντες ἔλεγον

15 36 ἐπότιζεν αὐτόν, λέγων

16 3^e ἔλεγον πρὸς ἑαυτάς

16 6 ὁ δὲ λέγει αὐταῖς

Lc 1 24 περιέκρυβεν ἑαυτὴν μῆνας πέντε, λέγουσα ⟨ὅτι οὕτως μοι πεποίηκεν κύριος⟩

1 63 αἰτήσας πινακίδιον ἔγραψεν λέγων

1 66 ἔθεντο πάντες οἱ ἀκούσαντες ἐν τῇ καρδίᾳ αὐτῶν, λέγοντες

1 67^x Ζαχαρίας ... ἐπροφήτευσεν λέγων

2 13 πλῆθος στρατιᾶς οὐρανίου αἰνούντων τὸν θεὸν καὶ λεγόντων

3 4^wx* ὡς γέγραπται ἐν βίβλῳ λόγων Ἠσαΐου τοῦ προφήτου λέγοντος (+ϛ)

3 7 ἔλεγεν οὖν τοῖς ἐκπορευομένοις ὄχλοις βαπτισθῆναι ὑπ' αὐτοῦ

3 8^ab μὴ ἄρξησθε λέγειν ἐν ἑαυτοῖς· [+ὅτι S] πατέρα ἔχομεν

3 8 λέγω γὰρ ὑμῖν ὅτι δύναται ὁ θεός

3 10^p ἐπηρώτων αὐτὸν οἱ ὄχλοι λέγοντες

3 11^k ἀποκριθεὶς δὲ ἔλεγεν (λέγει ϛ) αὐτοῖς

Lc 3 14^p ἐπηρώτων δὲ αὐτὸν καὶ στρατευόμενοι λέγοντες

3 16^k ἀπεκρίνατο λέγων πᾶσιν (ἀπ. ϛ) ὁ Ἰωάννης

3 22^z* ⟨ἐγένετο⟩ φωνὴν ἐξ οὐρανοῦ γενέσθαι λέγουσαν (+ϛ)

4 4^k* ἀπεκρίθη πρὸς αὐτὸν ὁ Ἰησοῦς λέγων (+ϛ)

4 21^ac ἤρξατο δὲ λέγειν πρὸς αὐτοὺς ὅτι σήμερον πεπλήρωται ἡ γραφὴ

4 22 ἐθαύμαζον ἐπὶ τοῖς λόγοις ... καὶ ἔλεγον

4 24 ἀμὴν λέγω ὑμῖν ὅτι οὐδεὶς προφήτης δεκτός ἐστιν

4 25 ἐπ' ἀληθείας δὲ λέγω ὑμῖν (+ὅτι BST) πολλαὶ χῆραι ἦσαν

4 33^sz* ἀνέκραξεν φωνῇ μεγάλῃ λέγων (+ϛ)

4 35 ἐπετίμησεν αὐτῷ ὁ Ἰησοῦς λέγων

4 36^t συνελάλουν πρὸς ἀλλήλους λέγοντες

4 41^s ἐξήρχετο (-οντο ST) δὲ καὶ δαιμόνια ἀπὸ πολλῶν, κράζοντα (κρ[αυγ]άζ. N^26S; κραυγάζ. NMT) καὶ λέγοντα ὅτι σὺ εἶ ὁ υἱὸς τοῦ θεοῦ

5 8 ἰδὼν δὲ Σίμων Πέτρος προσέπεσεν τοῖς γόνασιν (+τοῦ Sϛ) Ἰησοῦ λέγων

5 12 πεσὼν ἐπὶ πρόσωπον ἐδεήθη αὐτοῦ λέγων

5 13 ἥψατο αὐτοῦ λέγων (εἰπὼν VالسTϛ)

5 21^m ἤρξαντο διαλογίζεσθαι ... οἱ Φαρισαῖοι λέγοντες

5 24 σοὶ λέγω, ἔγειρε

5 26 ἐπλήσθησαν φόβου λέγοντες ὅτι εἴδομεν παράδοξα σήμερον

5 30 ἐγόγγυζον οἱ Φαρισαῖοι ... πρὸς τοὺς μαθητὰς αὐτοῦ λέγοντες

5 36^e ἔλεγεν δὲ καὶ παραβολὴν πρὸς αὐτοὺς ὅτι οὐδεὶς ἐπίβλημα ... ἐπιβάλλει

5 39 λέγει γάρ [.. H ..]

6 5 ἔλεγεν αὐτοῖς· (+ὅτι VBSTϛ) κύριός ἐστιν

6 20 ἐπάρας τοὺς ὀφθαλμοὺς αὐτοῦ εἰς τοὺς μαθητὰς αὐτοῦ ἔλεγεν

6 27 ἀλλὰ ὑμῖν λέγω τοῖς ἀκούουσιν

6 42 (+ἢ VB[S]ϛ) πῶς δύνασαι λέγειν τῷ ἀδελφῷ σου ⟨;⟩

6 46 τί δέ με καλεῖτε· κύριε κύριε, καὶ οὐ ποιεῖτε ἃ λέγω;

7 4^pq παραγενόμενοι πρὸς τὸν Ἰησοῦν παρεκάλουν (ἠρώτων ST) αὐτὸν σπουδαίως, λέγοντες ὅτι ἄξιός ἐστιν

7 6 ἔπεμψεν (+πρὸς αὐτὸν VBϛ) φίλους ὁ ἑκατοντάρχης λέγων αὐτῷ (—T)

7 8 λέγω τούτῳ

7 9 λέγω ὑμῖν

7 14 νεανίσκε, σοὶ λέγω, ἐγέρθητι

7 16 ἐδόξαζον τὸν θεὸν λέγοντες ὅτι προφήτης μέγας ἠγέρθη

7 19 ἔπεμψεν πρὸς τὸν κύριον λέγων

7 20 Ἰωάννης ὁ βαπτιστὴς ἀπέστειλεν (-σταλκεν VBSTϛ) ἡμᾶς πρὸς σὲ λέγων

7 24^ac ἤρξατο λέγειν πρὸς τοὺς ὄχλους περὶ Ἰωάννου

7 26 ναὶ λέγω ὑμῖν

7 28 λέγω (+γὰρ MVBSϛ) ὑμῖν

7 32^u ὅμοιοί εἰσιν παιδίοις τοῖς ... προσφωνοῦσιν ἀλλήλοις | ἃ λέγει (λέγοντες T; καὶ λέγουσιν Vϛ)

Lc 7 33 ἐλήλυθεν γὰρ ᾽Ιωάννης . . . καὶ λέγετε

7 34 ἐλήλυθεν ὁ υἱὸς τοῦ ἀνθρώπου . . . καὶ λέγετε

7 39 ἰδὼν δὲ ὁ Φαρισαῖος ὁ καλέσας αὐτὸν εἶπεν ἐν ἑαυτῷ λέγων

7 47 οὗ χάριν λέγω σοι

7 49ᵃᵇ ἤρξαντο οἱ συνανακείμενοι λέγειν ἐν ἑαυτοῖς

8 8ᵘ ταῦτα λέγων ἐφώνει

8 9ᵖ* ἐπηρώτων δὲ αὐτὸν οἱ μαθηταὶ αὐτοῦ λέγοντες (+ς)

8 20ʲ* | ἀπηγγέλη δὲ (καὶ ἀπ. Vς) αὐτῷ λεγόντων (+Vς)

8 24 προσελθόντες δὲ διήγειραν αὐτὸν λέγοντες

8 25ᶜ | φοβηθέντες δὲ (οἱ δὲ φ. V) ἐθαύμασαν, | λέγοντες πρὸς ἀλλήλους (~ S)

8 30ᵖ* ἐπηρώτησεν δὲ αὐτὸν ὁ ᾽Ιησοῦς λέγων (+VBTς)

8 38 ἀπέλυσεν δὲ αὐτὸν (+ὁ ᾽Ιησοῦς ς) λέγων

8 45 * οἱ ὄχλοι συνέχουσίν σε καὶ ἀποθλίβουσιν | καὶ λέγεις· τίς ὁ ἁψάμενός μου; (+ς)

8 49 ἔρχεταί τις παρὰ τοῦ ἀρχισυναγώγου λέγων (+αὐτῷ V[S]ς) ὅτι τέθνηκεν ἡ θυγάτηρ σου

8 50ᵏ* ὁ δὲ ᾽Ιησοῦς ἀκούσας ἀπεκρίθη αὐτῷ λέγων (+ς)

8 54ᵘ αὐτὸς δὲ κρατήσας τῆς χειρὸς αὐτῆς ἐφώνησεν λέγων

9 7ʰ διηπόρει διὰ τὸ λέγεσθαι ὑπό τινων ὅτι ᾽Ιωάννης ἠγέρθη

9 18ᵖ ἐπηρώτησεν αὐτοὺς λέγων· ↔

9 18ᵈ τίνα με | λέγουσιν οἱ ὄχλοι (~ NMBSTH) εἶναι;

9 20ᵈ ὑμεῖς δὲ τίνα με λέγετε εἶναι;

9 21 ἐπιτιμήσας αὐτοῖς παρήγγειλεν μηδενὶ λέγειν (εἰπεῖν ς) τοῦτο

9 23ᶜ ἔλεγεν δὲ πρὸς πάντας

9 27 λέγω δὲ ὑμῖν ἀληθῶς

9 31 οἱ ὀφθέντες ἐν δόξῃ ἔλεγον τὴν ἔξοδον αὐτοῦ

9 33 εἶπεν ὁ Πέτρος . . . μὴ εἰδὼς ὃ λέγει. ↔

9 34 ταῦτα δὲ αὐτοῦ λέγοντος

9 35ᶻ φωνὴ ἐγένετο ἐκ τῆς νεφέλης λέγουσα

9 38ˡ ἀνὴρ ἀπὸ τοῦ ὄχλου ἐβόησεν (ἀν- ς) λέγων

10 2ᶜ ἔλεγεν δὲ (οὖν ς) πρὸς αὐτούς

10 5 πρῶτον λέγετε

10 9 λέγετε αὐτοῖς

10 12 λέγω (+δὲ Τς) ὑμῖν ὅτι Σοδόμοις . . . ἀνεκτότερον ἔσται

10 17 ὑπέστρεψαν δὲ οἱ ἑβδομήκοντα δύο ([N²⁶NH]; —VSTς) μετὰ χαρᾶς λέγοντες

10 24 λέγω γὰρ ὑμῖν ὅτι πολλοὶ . . . ἠθέλησαν ἰδεῖν

10 25 νομικός τις ἀνέστη ἐκπειράζων αὐτὸν (+καὶ ς) λέγων

11 2 ὅταν προσεύχησθε, λέγετε

11 8 λέγω ὑμῖν

11 9 κἀγὼ ὑμῖν λέγω

11 18 ὅτι λέγετε ἐν Βεελζεβοὺλ ἐκβάλλειν με τὰ δαιμόνια

11 24 τὸ ἀκάθαρτον πνεῦμα . . . μὴ εὑρίσκον τότε (+[N²⁶VH]S) λέγει

11 27ʰ ἐγένετο δὲ ἐν τῷ λέγειν αὐτὸν ταῦτα

11 29ᵃ τῶν δὲ ὄχλων ἐπαθροιζομένων ἤρξατο λέγειν

Lc 11 45ᵏ ἀποκριθεὶς δέ τις τῶν νομικῶν λέγει αὐτῷ· ↔

11 45 διδάσκαλε, ταῦτα λέγων καὶ ἡμᾶς ὑβρίζεις

11 51 ναὶ λέγω ὑμῖν

11 53ᶜ* | λέγοντος δὲ αὐτοῦ ταῦτα πρὸς αὐτούς (ς; κἀκεῖθεν ἐξελθόντος αὐτοῦ rl)

12 1ᵃᶜ ἤρξατο λέγειν πρὸς τοὺς μαθητὰς αὐτοῦ πρῶτον

12 4 λέγω δὲ ὑμῖν τοῖς φίλοις μου

12 5 ναὶ λέγω ὑμῖν

12 8 λέγω δὲ ὑμῖν

12 16 εἶπεν δὲ παραβολὴν πρὸς αὐτοὺς λέγων

12 17ᵐ διελογίζετο ἐν ἑαυτῷ λέγων

12 22 διὰ τοῦτο | λέγω ὑμῖν (~ Τς)

12 27 λέγω δὲ ὑμῖν, (+ὅτι VS) οὐδὲ Σολομὼν . . . περιεβάλετο ὡς ἓν τούτων

12 37 ἀμὴν λέγω ὑμῖν ὅτι περιζώσεται

12 41ᶜ πρὸς ἡμᾶς τὴν παραβολὴν ταύτην λέγεις ⟨;⟩

12 44 ἀληθῶς λέγω ὑμῖν ὅτι . . . καταστήσει αὐτόν

12 51 λέγω ὑμῖν

12 54 ἔλεγεν δὲ καὶ τοῖς ὄχλοις

12 54 εὐθέως λέγετε ὅτι ὄμβρος ἔρχεται

12 55 λέγετε ὅτι (—S) καύσων ἔσται

12 59 λέγω σοι

13 3 λέγω ὑμῖν

13 5 λέγω ὑμῖν

13 6 ἔλεγεν δὲ ταύτην τὴν παραβολήν

13 8ᵏ ὁ δὲ ἀποκριθεὶς λέγει αὐτῷ

13 14ᵏ ἀποκριθεὶς δὲ ὁ ἀρχισυνάγωγος . . . ἔλεγεν τῷ ὄχλῳ ὅτι ἓξ ἡμέραι εἰσίν

13 17 ταῦτα λέγοντος αὐτοῦ

13 18 ἔλεγεν οὖν

13 24 λέγω ὑμῖν

13 25 ἀφ᾽ οὗ ἂν . . . ἄρξησθε . . . κρούειν τὴν θύραν λέγοντες

13 26ᵃ τότε ἄρξεσθε λέγειν

13 27 καὶ ἐρεῖ λέγων (-ω MVSTς) ὑμῖν

13 31 προσῆλθάν τινες Φαρισαῖοι λέγοντες αὐτῷ

13 35 || λέγω δὲ ([N²⁶NH]; —Τ) ((ἀμὴν δὲ λ. ς)) ὑμῖν (+ὅτι VΤς) οὐ μὴ | ἴδητέ με (~ Vς)

14 3ᵏ ἀποκριθεὶς ὁ ᾽Ιησοῦς εἶπεν πρὸς τοὺς νομικοὺς καὶ Φαρισαίους λέγων

14 7ᶜ ἔλεγεν δὲ πρὸς τοὺς κεκλημένους παραβολήν, ↔

14 7ᶜ ἐπέχων πῶς τὰς πρωτοκλισίας ἐξελέγοντο, λέγων πρὸς αὐτούς

14 12 ἔλεγεν δὲ καὶ τῷ κεκληκότι αὐτόν

14 24 λέγω γὰρ ὑμῖν ὅτι οὐδεὶς . . . γεύσεταί μου τοῦ δείπνου

14 30 ⟨ἵνα μήποτε . . . ἄρξωνται αὐτῷ ἐμπαίζειν⟩ λέγοντες ὅτι οὗτος . . . ἤρξατο οἰκοδομεῖν

15 2 διεγόγγυζον οἵ τε Φαρισαῖοι καὶ οἱ γραμματεῖς λέγοντες ὅτι . . . προσδέχεται

15 3 εἶπεν δὲ πρὸς αὐτοὺς τὴν παραβολὴν ταύτην λέγων

15 6ᵃ συγκαλεῖ τοὺς φίλους καὶ τοὺς γείτονας, λέγων αὐτοῖς

15 7 λέγω ὑμῖν ὅτι οὕτως χαρὰ . . . ἔσται

15 9ᵃ συγκαλεῖ (-εῖται ς) τὰς φίλας καὶ (+τὰς Vς) γείτονας λέγουσα

15 10 λέγω ὑμῖν

16 1ᶜ ἔλεγεν δὲ καὶ πρὸς τοὺς μαθητάς

Lc 16 5ᵃ προσκαλεσάμενος ἕνα ἕκαστον . . . ἔλεγεν τῷ πρώτῳ

16 7 λέγει αὐτῷ

16 9 ἐγὼ ὑμῖν λέγω

16 29 λέγει δὲ (+αὐτῷ [VS]Τς) ᾽Αβραάμ

17 4 ἐὰν . . . ἑπτάκις (+τῆς ἡμέρας Vς) ἐπιστρέψῃ πρὸς σὲ λέγων

17 6 εἰ ἔχετε πίστιν . . . ἐλέγετε ἂν τῇ συκαμίνῳ ταύτῃ ([N²⁶H]; —S)

17 10 οὕτως καὶ ὑμεῖς . . . λέγετε ὅτι δοῦλοι ἀχρεῖοί ἐσμεν

17 13ᶻ αὐτοὶ ἦραν φωνὴν λέγοντες

17 34 λέγω ὑμῖν

17 37ᵏ ἀποκριθέντες λέγουσιν αὐτῷ

18 1 ἔλεγεν δὲ (+καὶ Vς) παραβολὴν αὐτοῖς

18 2 λέγων

18 3 χήρα . . . ἤρχετο πρὸς αὐτὸν λέγουσα

18 6 ἀκούσατε τί ὁ κριτὴς τῆς ἀδικίας λέγει

18 8 λέγω ὑμῖν ὅτι ποιήσει

18 13 ὁ δὲ τελώνης . . . ἔτυπτεν τὸ στῆθος αὐτοῦ (ἑαυ. Η) λέγων

18 14 λέγω ὑμῖν

18 16ᵃ ὁ δὲ ᾽Ιησοῦς προσεκαλέσατο (-σάμενος ς) αὐτὰ [Η] λέγων (εἶπεν ς)

18 17 ἀμὴν λέγω ὑμῖν

18 18ᵖ ἐπηρώτησέν τις αὐτὸν ἄρχων λέγων

18 19ᵈ τί με λέγεις ἀγαθόν;

18 29 ἀμὴν λέγω ὑμῖν ὅτι (—Τ) οὐδείς ἐστιν

18 34 ᵍʸ οὐκ ἐγίνωσκον τὰ λεγόμενα

18 38ˡ ἐβόησεν λέγων

18 40ᵖ* ἐπηρώτησεν αὐτὸν λέγων (+ς)

19 7 ἰδόντες πάντες διεγόγγυζον λέγοντες ὅτι . . . εἰσῆλθεν

19 14 ἀπέστειλαν πρεσβείαν ὀπίσω αὐτοῦ λέγοντες

19 16 παρεγένετο δὲ ὁ πρῶτος λέγων

19 18 ἦλθεν ὁ δεύτερος λέγων

19 20 ὁ ἕτερος ἦλθεν λέγων

19 22 λέγει (+δὲ ς) αὐτῷ

19 26 λέγω (+γὰρ ς) ὑμῖν ὅτι παντὶ τῷ ἔχοντι δοθήσεται

19 30 ⟨ἀπέστειλεν δύο τῶν μαθητῶν⟩ λέγων (εἰπών VSTς)

19 38ᶻ ⟨ἤρξαντο ἅπαν τὸ πλῆθος τῶν μαθητῶν χαίροντες αἰνεῖν τὸν θεὸν φωνῇ μεγάλῃ⟩ λέγοντες

19 40 λέγω ὑμῖν (+ὅτι VBSTς) ἐὰν οὗτοι σιωπήσουσιν (-σωσιν Sς)

19 42 ⟨ἰδὼν τὴν πόλιν ἔκλαυσεν ἐπ᾽ αὐτήν⟩ λέγων ὅτι εἰ ἔγνως

19 46 ⟨ἤρξατο ἐκβάλλειν τοὺς πωλοῦντας⟩ λέγων αὐτοῖς

20 2ᶜ ⟨ἐπέστησαν οἱ ἀρχιερεῖς⟩ καὶ εἶπαν | λέγοντες πρὸς αὐτόν (~ ς)

20 5ᵐ οἱ δὲ συνελογίσαντο πρὸς ἑαυτοὺς λέγοντες ὅτι ἐὰν εἴπωμεν

20 8 οὐδὲ ἐγὼ λέγω ὑμῖν ἐν ποίᾳ ἐξουσίᾳ ταῦτα ποιῶ. ↔

20 9ᵃᶜ ἤρξατο δὲ πρὸς τὸν λαὸν λέγειν τὴν παραβολὴν ταύτην

20 14ᵐ ἰδόντες δὲ αὐτὸν οἱ γεωργοὶ διελογίζοντο πρὸς ἀλλήλους (ἑαυτοὺς ς) λέγοντες

20 21ᵖ ἐπηρώτησαν αὐτὸν λέγοντες· ↔

20 21ⁿ διδάσκαλε, οἴδαμεν ὅτι ὀρθῶς λέγεις καὶ διδάσκεις

20 27 * προσελθόντες δέ τινες τῶν Σαδδουκαίων, οἱ λέγοντες (Η; [ἀντι]-N²⁶; ἀντι-rl) ἀνάστασιν μὴ εἶναι, ↔

20 28ᵖ ⟨ἐπηρώτησαν αὐτὸν⟩ λέγοντες

Lc 20 37ᵈ Μωϋσῆς ἐμήνυσεν ἐπὶ τῆς βάτου, ὡς λέγει κύριον τὸν θεὸν Ἀβραάμ

20 41ᵈ πῶς λέγουσιν τὸν χριστὸν εἶναι Δαυὶδ υἱόν; ↔

20 42 | αὐτὸς γὰρ (καὶ αὐτὸς Sϛ) Δαυὶδ λέγει ἐν βίβλῳ ψαλμῶν

21 3 ἀληθῶς λέγω ὑμῖν ὅτι ἡ χήρα . . . ἔβαλεν

21 5 καὶ τινων λεγόντων περὶ τοῦ ἱεροῦ, ὅτι . . . κεκόσμηται

21 7ᵖ ἐπηρώτησαν δὲ αὐτὸν λέγοντες

21 8 πολλοὶ γὰρ ἐλεύσονται ἐπὶ τῷ ὀνόματί μου λέγοντες (+ὅτι VSϛ) ἐγώ εἰμι

21 10 τότε ἔλεγεν αὐτοῖς

21 32 ἀμὴν λέγω ὑμῖν ὅτι οὐ μὴ παρέλθῃ

22 1ᵍ ἤγγιζεν δὲ ἡ ἑορτὴ τῶν ἀζύμων ἡ λεγομένη πάσχα

22 11 λέγει σοι ὁ διδάσκαλος

22 16 λέγω γὰρ ὑμῖν ὅτι (+οὐκέτι NMVTϛ) οὐ μὴ φάγω

22 18 λέγω γὰρ ὑμῖν ὅτι (+[N²⁶]Tϛ) οὐ μὴ πίω

22 19 λαβὼν ἄρτον εὐχαριστήσας ἔκλασεν καὶ ἔδωκεν αὐτοῖς λέγων

22 20 | καὶ τὸ ποτήριον ὡσαύτως μετὰ τὸ δειπνῆσαι, λέγων [. . NH . .]

22 34 λέγω σοι, Πέτρε

22 37 λέγω γὰρ ὑμῖν ὅτι . . . δεῖ τελεσθῆναι

22 42 ⟨θεὶς τὰ γόνατα προσηύχετο⟩ λέγων

22 47ᵍ ὁ λεγόμενος Ἰούδας εἷς τῶν δώδεκα προήρχετο αὐτούς

22 57 ὁ δὲ ἠρνήσατο (+αὐτὸν BSTϛ) λέγων

22 59 ἄλλος τις διϊσχυρίζετο λέγων

22 60 οὐκ οἶδα ὃ λέγεις

22 64ᵖ περικαλύψαντες αὐτὸν ἐπηρώτων (+αὐτὸν MVBSϛ) λέγοντες

22 65 ἕτερα πολλὰ βλασφημοῦντες ἔλεγον εἰς αὐτόν

22 67 ⟨ἀπήγαγον αὐτὸν εἰς τὸ συνέδριον αὐτῶν⟩ λέγοντες

22 70 ὑμεῖς λέγετε ὅτι ἐγώ εἰμι

23 2 ἤρξαντο δὲ κατηγορεῖν αὐτοῦ λέγοντες· ↔

23 2ᵈ τοῦτον εὕραμεν . . . λέγοντα ἑαυτὸν χριστὸν βασιλέα εἶναι. ↔

23 3ᵖ ὁ δὲ Πιλᾶτος ἠρώτησεν (ἐπ- Vϛ) αὐτὸν λέγων

23 3 σὺ λέγεις

23 5 οἱ δὲ ἐπίσχυον λέγοντες ὅτι ἀνασείει τὸν λαόν

23 18ᵍ ἀνέκραγον δὲ παμπληθεὶ λέγοντες

23 21ᵘ οἱ δὲ ἐπεφώνουν λέγοντες

23 30ᵃ τότε ἄρξονται λέγειν τοῖς ὄρεσιν

23 34 | ὁ δὲ Ἰησοῦς ἔλεγεν [N²⁶NH . .]

23 35 ἐξεμυκτήριζον δὲ καὶ (—T) οἱ ἄρχοντες (+σὺν αὐτοῖς Vϛ) λέγοντες

23 37 ⟨ὄξος προσφέροντες αὐτῷ⟩ καὶ λέγοντες

23 39 εἷς δὲ τῶν κρεμασθέντων κακούργων ἐβλασφήμει αὐτὸν λέγων (—NTH)

23 40ᵏ* ἀποκριθεὶς δὲ ὁ ἕτερος | ἐπετίμα αὐτῷ λέγων (ϛ; ἐπιτιμῶν αὐ. ἔφη rl)

23 42 καὶ | ἔλεγεν· Ἰησοῦ (ἔ. τῷ Ἰ. Vϛ)

23 43 ἀμήν σοι λέγω

23 47 ἐδόξαζεν (-σεν Vϛ) τὸν θεὸν λέγων

24 7ᵗ ⟨μνήσθητε ὡς ἐλάλησεν ὑμῖν⟩ λέγων | τὸν υἱὸν τοῦ ἀνθρώπου ὅτι δεῖ (~ Vϛ) παραδοθῆναι

Lc 24 10ᶜ αἱ λοιπαὶ σὺν αὐταῖς (+αἱ Vϛ) ἔλεγον πρὸς τοὺς ἀποστόλους ταῦτα

24 23 ἦλθον λέγουσαι καὶ ὀπτασίαν ἀγγέλων ἑωρακέναι, ↔

24 23 οἳ λέγουσιν αὐτὸν ζῆν

24 29 παρεβιάσαντο αὐτὸν λέγοντες

24 34 ⟨τοὺς ἕνδεκα⟩ λέγοντας ὅτι | ὄντως ἠγέρθη ὁ κύριος (~ Vϛ)

24 36 ἔστη ἐν μέσῳ αὐτῶν | καὶ λέγει αὐτοῖς ([VSH . .]; —NT . .)

Jo 1 15ᵍ Ἰωάννης μαρτυρεῖ περὶ αὐτοῦ καὶ κέκραγεν λέγων

1 21 καὶ (—T) λέγει

1 22 τί λέγεις περὶ σεαυτοῦ;

1 26ᵏ ἀπεκρίθη αὐτοῖς ὁ Ἰωάννης λέγων

1 29 βλέπει τὸν Ἰησοῦν ἐρχόμενον πρὸς αὐτόν, καὶ λέγει

1 32 ἐμαρτύρησεν Ἰωάννης λέγων ὅτι τεθέαμαι τὸ πνεῦμα

1 36 ἐμβλέψας τῷ Ἰησοῦ περιπατοῦντι λέγει

1 38 στραφεὶς δὲ (—T) ὁ Ἰησοῦς . . . λέγει αὐτοῖς

1 38ᶠ ῥαββί, ὃ λέγεται μεθερμηνευόμενον (ἑρμ. Tϛ) διδάσκαλε

1 39 λέγει αὐτοῖς

1 41 εὑρίσκει οὗτος πρῶτον (-τος Tϛ) τὸν ἀδελφὸν τὸν ἴδιον Σίμωνα καὶ λέγει αὐτῷ

1 43 λέγει αὐτῷ | ὁ Ἰησοῦς (—ϛ)

1 45 εὑρίσκει Φίλιππος τὸν Ναθαναὴλ καὶ λέγει αὐτῷ

1 46 λέγει αὐτῷ ὁ ([N²⁶]; —VBSTϛ) Φίλιππος

1 47 εἶδεν ὁ (—NMTH) Ἰησοῦς τὸν Ναθαναὴλ . . . καὶ λέγει περὶ αὐτοῦ

1 48 λέγει αὐτῷ Ναθαναήλ

1 49ᵏ* ἀπεκρίθη αὐτῷ (—ϛ) Ναθαναήλ | καὶ λέγει (+V[S]; κ. λ. αὐτῷ ϛ)

1 51 λέγει αὐτῷ· ↔

1 51 ἀμὴν ἀμὴν λέγω ὑμῖν

2 3ᶜ λέγει ἡ μήτηρ τοῦ Ἰησοῦ πρὸς αὐτόν

2 4 λέγει αὐτῇ ὁ Ἰησοῦς

2 5 λέγει ἡ μήτηρ αὐτοῦ τοῖς διακόνοις· ↔

2 5 ὅ τι ἂν λέγῃ ὑμῖν, ποιήσατε

2 7 λέγει αὐτοῖς ὁ Ἰησοῦς

2 8 λέγει αὐτοῖς

2 10ᵘ ⟨φωνεῖ τὸν νυμφίον ὁ ἀρχιτρίκλινος⟩ καὶ λέγει αὐτῷ

2 21 ἐκεῖνος δὲ ἔλεγεν περὶ τοῦ ναοῦ τοῦ σώματος αὐτοῦ

2 22 ἐμνήσθησαν οἱ μαθηταὶ αὐτοῦ ὅτι τοῦτο ἔλεγεν (+αὐτοῖς ϛ)

3 3 ἀμὴν ἀμὴν λέγω σοι

3 4ᶜ λέγει πρὸς αὐτὸν ὁ [N²⁶VSH] Νικόδημος

3 5 ἀμὴν ἀμὴν λέγω σοι

3 11 ἀμὴν ἀμὴν λέγω σοι ὅτι ὃ οἴδαμεν λαλοῦμεν

4 5ᵍ ἔρχεται οὖν εἰς πόλιν τῆς Σαμαρείας λεγομένην Συχάρ

4 7 λέγει αὐτῇ ὁ Ἰησοῦς

4 9 λέγει οὖν (—T) αὐτῷ ἡ γυνὴ ἡ Σαμαρῖτις

4 10 εἰ ᾔδεις τὴν δωρεὰν τοῦ θεοῦ, καὶ τίς ἐστιν ὁ λέγων σοι

4 11 λέγει αὐτῷ | ἡ γυνὴ ([N²⁶]; —NH)

4 15ᶜ λέγει πρὸς αὐτὸν ἡ γυνή

4 16 λέγει αὐτῇ (+ὁ Ἰησοῦς VBSϛ)

4 17 λέγει αὐτῇ ὁ Ἰησοῦς

4 19 λέγει αὐτῷ ἡ γυνή

Jo 4 20 ὑμεῖς λέγετε ὅτι ἐν Ἱεροσολύμοις . . . προσκυνεῖν δεῖ. ↔

4 21 λέγει αὐτῇ ὁ Ἰησοῦς

4 25 λέγει αὐτῷ ἡ γυνή· ↔

4 25ᵍ οἶδα ὅτι Μεσσίας ἔρχεται, ὁ λεγόμενος χριστός

4 26 λέγει αὐτῇ ὁ Ἰησοῦς

4 28 λέγει τοῖς ἀνθρώποις

4 31ᵖ ἠρώτων αὐτὸν οἱ μαθηταὶ λέγοντες

4 33ᶜ ἔλεγον οὖν οἱ μαθηταὶ πρὸς ἀλλήλους

4 34 λέγει αὐτοῖς ὁ Ἰησοῦς

4 35 οὐχ ὑμεῖς λέγετε ὅτι ἔτι τετράμηνός ἐστιν ⟨;⟩

4 35 ἰδοὺ λέγω ὑμῖν

4 42 τῇ τε γυναικὶ ἔλεγον ὅτι [H] οὐκέτι . . . πιστεύομεν

4 49ᶜ λέγει πρὸς αὐτὸν ὁ βασιλικός

4 50 λέγει αὐτῷ ὁ Ἰησοῦς

4 51ʲ οἱ δοῦλοι αὐτοῦ (+N²⁶BHϛ) ὑπήντησαν αὐτῷ (+καὶ ἀπήγγειλαν Vϛ; +κ. ἤγγ. T) λέγοντες (—T) ὅτι ὁ παῖς αὐτοῦ (σου VBϛ) ζῇ

5 2ᵍ* ἔστιν δὲ ἐν τοῖς Ἱεροσολύμοις ἐπὶ τῇ προβατικῇ κολυμβήθρᾳ, | τὸ λεγόμενον (T; ἡ ἐπιλεγομένη rl) Ἑβραϊστὶ Βηθζαθά

5 6 τοῦτον ἰδὼν ὁ Ἰησοῦς κατακείμενον . . . λέγει αὐτῷ

5 8 λέγει αὐτῷ ὁ Ἰησοῦς

5 10 ἔλεγον οὖν οἱ Ἰουδαῖοι τῷ τεθεραπευμένῳ

5 18ᵈ ὅτι . . . πατέρα ἴδιον ἔλεγεν τὸν θεόν

5 19ᵏ ἀπεκρίνατο οὖν | ὁ Ἰησοῦς [H] καὶ ἔλεγεν (εἶπεν ϛ) αὐτοῖς· ↔

5 19 ἀμὴν ἀμὴν λέγω ὑμῖν

5 24 ἀμὴν ἀμὴν λέγω ὑμῖν ὅτι ὁ . . . ἀκούων

5 25 ἀμὴν ἀμὴν λέγω ὑμῖν ὅτι ἔρχεται ὥρα

5 34ᵉ ἀλλὰ ταῦτα λέγω ἵνα ὑμεῖς σωθῆτε

6 5ᶜ θεασάμενος . . . λέγει πρὸς Φίλιππον

6 6 τοῦτο δὲ ἔλεγεν πειράζων αὐτόν

6 8 λέγει αὐτῷ εἷς ἐκ τῶν μαθητῶν αὐτοῦ

6 12 λέγει τοῖς μαθηταῖς αὐτοῦ

6 14 οἱ οὖν ἄνθρωποι ἰδόντες ὃ (ἃ H) ἐποίησεν σημεῖον (σημεῖα H) (+ὁ Ἰησοῦς Vϛ) ἔλεγον ὅτι οὗτός ἐστιν ἀληθῶς ὁ προφήτης

6 20 ὁ δὲ λέγει αὐτοῖς

6 26 ἀμὴν ἀμὴν λέγω ὑμῖν

6 32 ἀμὴν ἀμὴν λέγω ὑμῖν

6 42 ⟨ἐγόγγυζον⟩ καὶ ἔλεγον

6 42 πῶς νῦν λέγει (+οὗτος VTϛ) ὅτι ἐκ τοῦ οὐρανοῦ καταβέβηκα;

6 47 ἀμὴν ἀμὴν λέγω ὑμῖν

6 52 ἐμάχοντο οὖν πρὸς ἀλλήλους οἱ Ἰουδαῖοι λέγοντες

6 53 ἀμὴν ἀμὴν λέγω ὑμῖν

6 65 καὶ ἔλεγεν

6 71 ἔλεγεν δὲ τὸν Ἰούδαν Σίμωνος Ἰσκαριώτου

7 6 λέγει οὖν (—T) αὐτοῖς ὁ Ἰησοῦς

7 11 οἱ οὖν Ἰουδαῖοι ἐζήτουν αὐτὸν ἐν τῇ ἑορτῇ καὶ ἔλεγον

7 12 οἱ μὲν ἔλεγον ὅτι ἀγαθός ἐστιν· ↔

7 12 ἄλλοι δὲ ([N²⁶NVH]; —T) ἔλεγον

7 15 ἐθαύμαζον οὖν οἱ Ἰουδαῖοι λέγοντες

Jo 7 25 ἔλεγον οὖν τινες ἐκ τῶν Ἱεροσολυμιτῶν
7 26 ἴδε παρρησίᾳ λαλεῖ, καὶ οὐδὲν αὐτῷ λέγουσιν
7 28ⁿˢ ἔκραξεν οὖν ἐν τῷ ἱερῷ διδάσκων ὁ [H] Ἰησοῦς καὶ λέγων
7 31 | ἐκ τοῦ ὄχλου δὲ πολλοὶ ἐπίστευσαν (~ T ς) εἰς αὐτόν, καὶ ἔλεγον
7 37ˢ εἱστήκει ὁ Ἰησοῦς καὶ ἔκραξεν (-ζεν BT) λέγων
7 40ʷ ἐκ τοῦ ὄχλου οὖν ἀκούσαντες τῶν λόγων τούτων ἔλεγον [+ὅτι NH]· οὗτός ἐστιν ἀληθῶς ὁ προφήτης· ↔
7 41 ἄλλοι ἔλεγον
7 41 | οἱ δὲ (ἄλλοι T; ἄ. δὲ ς) ἔλεγον
7 50ᶜ λέγει Νικόδημος πρὸς αὐτούς
[8 4] ⟨οἱ Φαρισαῖοι ... στήσαντες αὐτὴν ἐν μέσῳ⟩ λέγουσιν αὐτῷ
[8 5] σὺ οὖν τί λέγεις; ↔
[8 6] | τοῦτο δὲ ἔλεγον πειράζοντες αὐτόν [H ..]
8 12ᵗ πάλιν οὖν αὐτοῖς ἐλάλησεν ὁ [H] Ἰησοῦς λέγων
8 19 ἔλεγον οὖν αὐτῷ
8 22 ἔλεγον οὖν οἱ Ἰουδαῖοι· ↔
8 22 μήτι ἀποκτενεῖ ἑαυτόν, ὅτι λέγει ⟨;⟩
8 23 ἔλεγεν (εἶπεν ς) αὐτοῖς
8 25 ἔλεγον οὖν αὐτῷ
8 26 * κἀγὼ ἃ ἤκουσα παρ' αὐτοῦ, ταῦτα λέγω (ς; λαλῶ rl) εἰς τὸν κόσμον. ↔
8 27 οὐκ ἔγνωσαν ὅτι τὸν πατέρα αὐτοῖς ἔλεγεν
8 31ᶜ ἔλεγεν οὖν ὁ Ἰησοῦς πρὸς τοὺς πεπιστευκότας αὐτῷ Ἰουδαίους
8 33 πῶς σὺ λέγεις ὅτι ἐλεύθεροι γενήσεσθε;
8 34 ἀμὴν ἀμὴν λέγω ὑμῖν ὅτι πᾶς ὁ ποιῶν
8 39 λέγει αὐτοῖς ὁ [H] Ἰησοῦς
8 45 ἐγὼ δὲ ὅτι τὴν ἀλήθειαν λέγω, οὐ πιστεύετέ μοι
8 46 εἰ ἀλήθειαν λέγω, διὰ τί ὑμεῖς οὐ πιστεύετέ μοι;
8 48 οὐ καλῶς λέγομεν ἡμεῖς ὅτι Σαμαρίτης εἶ ⟨;⟩
8 51 ἀμὴν ἀμὴν λέγω ὑμῖν
8 52 καὶ σὺ λέγεις
8 54 ὃν ὑμεῖς λέγετε ὅτι θεὸς ἡμῶν (ὑμ. BSHς) ἐστιν
8 58 ἀμὴν ἀμὴν λέγω ὑμῖν
9 2ᵖ ἠρώτησαν αὐτὸν οἱ μαθηταὶ αὐτοῦ λέγοντες
9 8 οἱ θεωροῦντες αὐτὸν ... ἔλεγον
9 9 ἄλλοι ἔλεγον ὅτι οὗτός ἐστιν· ↔
9 9 ἄλλοι (+δὲ V[S]ς) ἔλεγον (—ς)
9 9 ἐκεῖνος [+δὲ S] ἔλεγεν ὅτι ἐγώ εἰμι. ↔
9 10 ἔλεγον οὖν αὐτῷ
9 11ᵍ ὁ (—ς) ἄνθρωπος ὁ (—ς) λεγόμενος Ἰησοῦς πηλὸν ἐποίησεν
9 12 λέγει
9 16 ἔλεγον οὖν ἐκ τῶν Φαρισαίων τινές
9 16 ἄλλοι δὲ (+[N²⁶NVH]BS) ἔλεγον
9 17 λέγουσιν οὖν τῷ τυφλῷ πάλιν· ↔
9 17 | τί σὺ (~ Tς) λέγεις περὶ αὐτοῦ
9 19ᵖᵘ ⟨ἐφώνησαν τοὺς γονεῖς αὐτοῦ⟩ καὶ ἠρώτησαν αὐτοὺς λέγοντες
9 19 ὃν ὑμεῖς λέγετε ὅτι τυφλὸς ἐγεννήθη
9 41 νῦν δὲ λέγετε ὅτι βλέπομεν

Jo 10 1 ἀμὴν ἀμὴν λέγω ὑμῖν
10 7 ἀμὴν ἀμὴν λέγω ὑμῖν ὅτι (—BSH) ἐγώ εἰμι ἡ θύρα
10 20 ἔλεγον δὲ (οὖν T) πολλοὶ ἐξ αὐτῶν
10 21 ἄλλοι ἔλεγον
10 24 ἐκύκλωσαν οὖν αὐτὸν οἱ Ἰουδαῖοι καὶ ἔλεγον αὐτῷ
10 33ᵏ * ἀπεκρίθησαν αὐτῷ οἱ Ἰουδαῖοι λέγοντες (+ς)
10 36 ὃν ὁ πατὴρ ἡγίασεν ... ὑμεῖς λέγετε ὅτι βλασφημεῖς ⟨;⟩
10 41 πολλοὶ ἦλθον πρὸς αὐτὸν καὶ ἔλεγον ὅτι Ἰωάννης μὲν | σημεῖον ἐποίησεν (~ S) οὐδέν
11 3 ἀπέστειλαν οὖν αἱ ἀδελφαὶ πρὸς αὐτὸν λέγουσαι
11 7 λέγει τοῖς μαθηταῖς
11 8 λέγουσιν αὐτῷ οἱ μαθηταί
11 11 λέγει αὐτοῖς
11 13 ἔδοξαν ὅτι περὶ τῆς κοιμήσεως τοῦ ὕπνου λέγει
11 16ᵍ εἶπεν οὖν Θωμᾶς ὁ λεγόμενος Δίδυμος τοῖς συμμαθηταῖς
11 23 λέγει αὐτῇ ὁ Ἰησοῦς
11 24 λέγει αὐτῷ ἡ Μάρθα
11 27 λέγει αὐτῷ
11 31 * οἱ οὖν Ἰουδαῖοι ... ἠκολούθησαν αὐτῇ, λέγοντες (ς; δόξαντες rl) ὅτι ὑπάγει
11 32 ἡ οὖν Μαριὰμ ... ἔπεσεν αὐτοῦ πρὸς (εἰς Sς) τοὺς πόδας, λέγουσα αὐτῷ
11 34 λέγουσιν αὐτῷ
11 36 ἔλεγον οὖν οἱ Ἰουδαῖοι
11 39 λέγει ὁ Ἰησοῦς
11 39 λέγει αὐτῷ ἡ ἀδελφὴ τοῦ τετελευτηκότος Μάρθα
11 40 λέγει αὐτῇ ὁ Ἰησοῦς
11 44 λέγει | αὐτοῖς ὁ Ἰησοῦς ([ὁ] Ἰ. αὐ. H)
11 47 συνήγαγον οὖν οἱ ἀρχιερεῖς καὶ οἱ Φαρισαῖοι συνέδριον, καὶ ἔλεγον
11 54ᵍ ἀπῆλθεν ἐκεῖθεν ... εἰς Ἐφραὶμ λεγομένην πόλιν
11 56 ἐζήτουν οὖν τὸν Ἰησοῦν καὶ ἔλεγον μετ' ἀλλήλων ἐν τῷ ἱερῷ ἑστηκότες
12 4 λέγει δὲ ([H]; οὖν VBSς) || Ἰούδας ὁ Ἰσκαριώτης εἷς ἐκ ([N²⁶]; —NH) τῶν μαθητῶν αὐτοῦ ((~ S ς))
12 21ᵖ ἠρώτων αὐτὸν λέγοντες
12 22 ἔρχεται ὁ (—VSTς) Φίλιππος καὶ λέγει τῷ Ἀνδρέᾳ
12 22 λέγουσιν τῷ Ἰησοῦ. ↔
12 23ᵏ ὁ δὲ Ἰησοῦς ἀποκρίνεται (ἀπεκρίνατο Sς) αὐτοῖς λέγων
12 24 ἀμὴν ἀμὴν λέγω ὑμῖν
12 29 ὁ οὖν [H] ὄχλος ὁ ἑστὼς καὶ (—T) ἀκούσας ἔλεγεν βροντὴν γεγονέναι· ↔
12 29 ἄλλοι ἔλεγον
12 33 τοῦτο δὲ ἔλεγεν σημαίνων ποίῳ θανάτῳ ἤμελλεν ἀποθνῄσκειν
12 34 πῶς λέγεις σὺ ὅτι δεῖ ὑψωθῆναι τὸν υἱὸν τοῦ ἀνθρώπου;
13 6 ἔρχεται οὖν πρὸς Σίμωνα Πέτρον· (+καὶ MVSς) λέγει αὐτῷ (+ ἐκεῖνος MVSς)
13 8 λέγει αὐτῷ Πέτρος
13 9 λέγει αὐτῷ Σίμων Πέτρος
13 10 λέγει αὐτῷ ὁ (—NMTH) Ἰησοῦς
13 13ᵘ ὑμεῖς φωνεῖτέ με· ὁ διδάσκαλος καὶ ὁ κύριος, καὶ καλῶς λέγετε

Jo 13 16 ἀμὴν ἀμὴν λέγω ὑμῖν
13 18 οὐ περὶ πάντων ὑμῶν λέγω
13 19ᵉ ἀπ' ἄρτι λέγω ὑμῖν πρὸ τοῦ γενέσθαι, ἵνα πιστεύσητε (-ητε NH)
13 20 ἀμὴν ἀμὴν λέγω ὑμῖν
13 21 ἀμὴν ἀμὴν λέγω ὑμῖν ὅτι εἷς ἐξ ὑμῶν παραδώσει με
13 22 ἔβλεπον (+οὖν MVBSς) εἰς ἀλλήλους οἱ μαθηταὶ ἀπορούμενοι περὶ τίνος λέγει
13 24 * νεύει οὖν τούτῳ Σίμων Πέτρος | καὶ λέγει αὐτῷ· εἰπὲ τίς ἐστιν (πυθέσθαι τίς ἂν εἴη N²⁶ς) ↔
13 24 περὶ οὗ λέγει. ↔
13 25 ἀναπεσὼν (ἐπι- STς) οὖν (δὲ Sς; —NMH) ἐκεῖνος οὕτως ἐπὶ τὸ στῆθος τοῦ Ἰησοῦ λέγει αὐτῷ
13 27 λέγει οὖν αὐτῷ ὁ (—NMTH) Ἰησοῦς
13 29ᵉ τινὲς γὰρ ἐδόκουν ... ὅτι λέγει αὐτῷ ὁ ([N²⁶]; —NTH) Ἰησοῦς
13 31 ὅτε οὖν ἐξῆλθεν, λέγει (+ὁ VBSς) Ἰησοῦς
13 33 καθὼς εἶπον τοῖς Ἰουδαίοις ... καὶ ὑμῖν λέγω ἄρτι
13 36 λέγει αὐτῷ Σίμων Πέτρος
13 37 λέγει αὐτῷ ὁ ([NH]; —VT) Πέτρος
13 38 ἀμὴν ἀμὴν λέγω σοι
14 5 λέγει αὐτῷ Θωμᾶς
14 6 λέγει αὐτῷ ὁ ([N²⁶]; —NMTH) Ἰησοῦς
14 8 λέγει αὐτῷ Φίλιππος
14 9 λέγει αὐτῷ ὁ [H] Ἰησοῦς
14 9 πῶς σὺ λέγεις ⟨;⟩
14 10ᵗʸ τὰ ῥήματα ἃ ἐγὼ λέγω (λαλῶ Sς) ὑμῖν ἀπ' ἐμαυτοῦ οὐ λαλῶ
14 12 ἀμὴν ἀμὴν λέγω ὑμῖν
14 22 λέγει αὐτῷ Ἰούδας
15 15ᵈ οὐκέτι λέγω ὑμᾶς δούλους
16 7 ἐγὼ τὴν ἀλήθειαν λέγω ὑμῖν
16 12 ἔτι πολλὰ ἔχω ὑμῖν λέγειν
16 17 τί ἐστιν τοῦτο ὃ λέγει ἡμῖν ⟨;⟩
16 18 ἔλεγον οὖν· ↔
16 18ᵈ | τί ἐστιν τοῦτο (N²⁶BH; ~ rl) | ὃ λέγει ([N²⁶]; —S) τὸ (—BH) μικρόν;
16 20 ἀμὴν ἀμὴν λέγω ὑμῖν ὅτι κλαύσετε
16 23 ἀμὴν ἀμὴν λέγω ὑμῖν
16 26 οὐ λέγω ὑμῖν ὅτι ἐγὼ ἐρωτήσω τὸν πατέρα
16 29 λέγουσιν (+αὐτῷ Vς) οἱ μαθηταὶ αὐτοῦ
16 29ᵗ ἐν ([V]; —ς) παρρησίᾳ λαλεῖς, καὶ παροιμίαν οὐδεμίαν λέγεις
18 4 Ἰησοῦς ... | ἐξῆλθεν καὶ λέγει (ἐξελθὼν εἶπεν Vς) αὐτοῖς
18 5 λέγει αὐτοῖς (+ὁ Ἰησοῦς MVBSς; + Ἰ. T)
18 17 λέγει οὖν τῷ Πέτρῳ ἡ παιδίσκη
18 17 λέγει ἐκεῖνος
18 26 λέγει εἷς ἐκ τῶν δούλων τοῦ ἀρχιερέως
18 34 | ἀπὸ σεαυτοῦ (ἀφ' ἑαυτοῦ NTς) σὺ τοῦτο λέγεις ⟨;⟩
18 37 σὺ λέγεις ὅτι βασιλεύς εἰμι (+ἐγώ [M]Vς)
18 38 λέγει αὐτῷ ὁ Πιλᾶτος
18 38 πάλιν ἐξῆλθεν πρὸς τοὺς Ἰουδαίους, καὶ λέγει αὐτοῖς
18 40ˢ ἐκραύγασαν οὖν πάλιν (+πάντες ς) λέγοντες
19 3 ἤρχοντο πρὸς αὐτὸν καὶ ἔλεγον
19 4 | καὶ ἐξῆλθεν (ἐξ. οὖν MVς; ἐξ. [οὖν] S; ἐξ. BT) πάλιν | ἔξω ὁ Πιλᾶτος (~ T) καὶ λέγει αὐτοῖς

Jo 19 5 λέγει αὐτοῖς
19 6ˢοἱ ἀρχιερεῖς . . . ἐκραύγασαν λέγοντες (—T)
19 6 λέγει αὐτοῖς ὁ Πιλᾶτος
19 9 εἰσῆλθεν εἰς τὸ πραιτώριον πάλιν καὶ λέγει τῷ Ἰησοῦ
19 10 λέγει οὖν (—T) αὐτῷ ὁ Πιλᾶτος
19 12ˢοἱ δὲ Ἰουδαῖοι ἐκραύγασαν (-γαζον BST; ἔκραζον ς) λέγοντες
19 13ᵍἐκάθισεν ἐπὶ βήματος εἰς τόπον λεγόμενον Λιθόστρωτον, Ἑβραϊστὶ δὲ Γαββαθά
19 14 λέγει τοῖς Ἰουδαίοις
19 15 λέγει αὐτοῖς ὁ Πιλᾶτος
19 17ᵍἐξῆλθεν εἰς τὸν λεγόμενον Κρανίου Τόπον, ↔
19 17ᶠ ὃ (ὃς VSς) λέγεται Ἑβραϊστὶ Γολγοθᾶ
19 21 ἔλεγον οὖν τῷ Πιλάτῳ οἱ ἀρχιερεῖς τῶν Ἰουδαίων
19 24ᵛἵνα ἡ γραφὴ πληρωθῇ | ἡ λέγουσα ([N²⁶MS]; —NTH)
19 26 Ἰησοῦς οὖν ἰδὼν τὴν μητέρα . . . λέγει τῇ μητρί
19 27 εἶτα λέγει τῷ μαθητῇ
19 28 ἵνα τελειωθῇ ἡ γραφή, λέγει
19 35ᵉἐκεῖνος οἶδεν ὅτι ἀληθῆ λέγει
19 37ᵛπάλιν ἑτέρα γραφὴ λέγει
20 2 ⟨Μαρία ἡ Μαγδαληνή⟩ ἔρχεται . . . καὶ λέγει αὐτοῖς
20 13 λέγουσιν αὐτῇ ἐκεῖνοι
20 13 λέγει αὐτοῖς
20 15 λέγει αὐτῇ (+ὁ MVBSς) Ἰησοῦς
20 15 ἐκείνη δοκοῦσα ὅτι ὁ κηπουρός ἐστιν, λέγει αὐτῷ
20 16 λέγει αὐτῇ (+ὁ MVBSς) Ἰησοῦς
20 16 στραφεῖσα ἐκείνη λέγει αὐτῷ Ἑβραϊστί· ↔
20 16ᶠ ῥαββουνί, ὃ λέγεται διδάσκαλε. ↔
20 17 λέγει αὐτῇ (+ὁ MVBSς) Ἰησοῦς
20 19 ἦλθεν ὁ Ἰησοῦς . . . καὶ λέγει αὐτοῖς
20 22 τοῦτο εἰπὼν ἐνεφύσησεν καὶ λέγει αὐτοῖς
20 24ᵍΘωμᾶς . . . ὁ λεγόμενος Δίδυμος, οὐκ ἦν μετ' αὐτῶν
20 25 ἔλεγον οὖν αὐτῷ οἱ ἄλλοι μαθηταί
20 27 εἶτα λέγει τῷ Θωμᾷ
20 29 λέγει αὐτῷ ὁ [H] Ἰησοῦς
21 2ᵍἦσαν ὁμοῦ Σίμων Πέτρος καὶ Θωμᾶς ὁ λεγόμενος Δίδυμος
21 3 λέγει αὐτοῖς Σίμων Πέτρος
21 3 λέγουσιν αὐτῷ
21 5 λέγει οὖν αὐτοῖς ὁ ([N²⁶]; —NMTH) Ἰησοῦς
21 6 * λέγει (T; ὁ δὲ εἶπεν rl) αὐτοῖς
21 7 λέγει οὖν ὁ μαθητὴς ἐκεῖνος . . . τῷ Πέτρῳ
21 10 λέγει αὐτοῖς ὁ [H] Ἰησοῦς
21 12 λέγει αὐτοῖς ὁ [H] Ἰησοῦς
21 15 λέγει τῷ Σίμωνι Πέτρῳ ὁ Ἰησοῦς
21 15 λέγει αὐτῷ
21 15 λέγει αὐτῷ
21 16 λέγει αὐτῷ πάλιν δεύτερον
21 16 λέγει αὐτῷ
21 16 λέγει αὐτῷ
21 17 λέγει αὐτῷ τὸ τρίτον
21 17 ἐλυπήθη ὁ Πέτρος . . . καὶ λέγει (N²⁶T; εἶπεν rl) αὐτῷ
21 17 λέγει αὐτῷ | ὁ Ἰησοῦς ([N²⁶]; Ἰ. NH; —T)
21 18 ἀμὴν ἀμὴν λέγω σοι
21 19 τοῦτο εἰπὼν λέγει αὐτῷ
21 21 τοῦτον οὖν ([S]; —ς) ἰδὼν ὁ Πέτρος λέγει τῷ Ἰησοῦ

Jo 21 22 λέγει αὐτῷ ὁ Ἰησοῦς
Ac 1 3 παρέστησεν ἑαυτὸν ζῶντα . . . ὀπτανόμενος αὐτοῖς καὶ λέγων τὰ περὶ τῆς βασιλείας τοῦ θεοῦ
1 6ᵖοἱ μὲν οὖν συνελθόντες ἠρώτων αὐτὸν λέγοντες
2 7ᶜἐξίσταντο δὲ (+πάντες BSTς) καὶ ἐθαύμαζον λέγοντες (+πρὸς ἀλλήλους ς)
2 12ᶜἐξίσταντο δὲ πάντες καὶ διηπόρουν (-οῦντο NMTH), ἄλλος πρὸς ἄλλον λέγοντες
2 13 ἕτεροι δὲ διαχλευάζοντες ἔλεγον ὅτι γλεύκους μεμεστωμένοι εἰσίν
2 17 ἔσται ἐν ταῖς ἐσχάταις ἡμέραις, λέγει ὁ θεός
2 25 Δαυὶδ γὰρ λέγει εἰς αὐτόν
2 34 λέγει δὲ αὐτός
2 40 ᵖπαρεκάλει αὐτούς (—ς) λέγων
3 2ᵍπρὸς τὴν θύραν τοῦ ἱεροῦ τὴν λεγομένην ὡραίαν
3 25ᶜὁ θεός . . . λέγων πρὸς Ἀβραάμ
4 16 ⟨συνέβαλλον πρὸς ἀλλήλους⟩ λέγοντες
4 32ᵈοὐδὲ εἷς τι τῶν ὑπαρχόντων αὐτῷ ἔλεγεν ἴδιον εἶναι
5 23ʲ⟨ἀπήγγειλαν⟩ λέγοντες ὅτι . . . εὕρομεν
5 25ʲ* παραγενόμενος δέ τις ἀπήγγειλεν αὐτοῖς λέγων (+ς) ὅτι ἰδοὺ οἱ ἄνδρες
5 28ᵖ⟨ἐπηρώτησεν αὐτοὺς ὁ ἀρχιερεύς⟩ λέγων
5 36ᵈἀνέστη Θευδᾶς, λέγων εἶναί τινα ἑαυτόν
5 38 καὶ τὰ [H] νῦν λέγω ὑμῖν
6 9ᵍἀνέστησαν δέ τινες τῶν ἐκ τῆς συναγωγῆς | τῆς λεγομένης (τῶν λεγομένων T) Λιβερτίνων
6 11 τότε ὑπέβαλον ἄνδρας λέγοντας ὅτι ἀκηκόαμεν αὐτοῦ λαλοῦντος
6 13 ἔστησάν τε μάρτυρας ψευδεῖς λέγοντας
6 14 ἀκηκόαμεν γὰρ αὐτοῦ λέγοντος ὅτι Ἰησοῦς . . . καταλύσει
7 48ˣκαθὼς ὁ προφήτης λέγει
7 49 ποῖον οἶκον οἰκοδομήσετέ μοι, λέγει κύριος ⟨;⟩
7 59 ᵠἐλιθοβόλουν τὸν Στέφανον, ἐπικαλούμενον καὶ λέγοντα
8 6ᵍπροσεῖχον δὲ οἱ ὄχλοι τοῖς λεγομένοις ὑπὸ τοῦ (—B) Φιλίππου ὁμοθυμαδόν
8 9ᵈΣίμων προϋπῆρχεν . . . λέγων εἶναί τινα ἑαυτὸν μέγαν, ↔
8 10 ᾧ προσεῖχον πάντες ἀπὸ μικροῦ ἕως μεγάλου λέγοντες
8 19 ⟨προσήνεγκεν αὐτοῖς χρήματα⟩ λέγων
8 26ᵗ ἄγγελος δὲ κυρίου ἐλάλησεν πρὸς Φίλιππον λέγων
8 34ˣπερὶ τίνος ὁ προφήτης λέγει τοῦτο;
9 4ᶻἤκουσεν φωνὴν λέγουσαν αὐτῷ
9 21 ἐξίσταντο δὲ πάντες οἱ ἀκούοντες καὶ ἔλεγον
9 36ᵈΤαβιθά, ἣ διερμηνευομένη λέγεται Δορκάς
10 26 ὁ δὲ Πέτρος ἤγειρεν αὐτὸν λέγων
10 28ᵈκἀμοί | ὁ θεὸς ἔδειξεν (∼BT) μηδένα κοινὸν ἢ ἀκάθαρτον λέγειν ἄνθρωπον
11 3 ⟨διεκρίνοντο πρὸς αὐτὸν οἱ ἐκ περιτομῆς⟩ λέγοντες ὅτι εἰσῆλθες (-εν BH)

Ac 11 4 ἀρξάμενος δὲ Πέτρος ἐξετίθετο αὐτοῖς καθεξῆς λέγων
11 7ᶻἤκουσα δὲ καὶ φωνῆς λεγούσης μοι
11 16ʸἐμνήσθην δὲ τοῦ ῥήματος τοῦ κυρίου, ὡς ἔλεγεν
11 18 ἐδόξασαν τὸν θεὸν λέγοντες
12 7 πατάξας δὲ τὴν πλευρὰν τοῦ Πέτρου ἤγειρεν αὐτὸν λέγων
12 8 λέγει αὐτῷ
12 15 οἱ δὲ ἔλεγον
13 15 ἀπέστειλαν οἱ ἀρχισυνάγωγοι πρὸς αὐτοὺς λέγοντες
13 15ʷεἴ τίς ἐστιν ἐν ὑμῖν λόγος παρακλήσεως πρὸς τὸν λαόν, λέγετε
13 25 ὡς δὲ ἐπλήρου Ἰωάννης τὸν δρόμον, ἔλεγεν
13 35 διότι (διὸ Sς) καὶ ἐν ἑτέρῳ λέγει
13 45ᵍ* οἱ Ἰουδαῖοι . . . ἀντέλεγον τοῖς ὑπὸ (+τοῦ M[V]Sς) Παύλου λεγομένοις (ς; λαλουμένοις rl) (+ἀντιλέγοντες καὶ ς) βλασφημοῦντες
14 11ᶻοἵ τε (δὲ VSς) ὄχλοι ἰδόντες . . . ἐπῆραν τὴν φωνὴν αὐτῶν Λυκαονιστὶ λέγοντες
14 15ˢ⟨κράζοντες⟩ καὶ λέγοντες
14 18 ταῦτα λέγοντες μόλις κατέπαυσαν
15 5 ἐξανέστησαν δέ τινες . . . λέγοντες ὅτι δεῖ περιτέμνειν
15 13ᵏἀπεκρίθη Ἰάκωβος λέγων
15 17 λέγει κύριος (+ὁ MVBSς) ποιῶν ταῦτα
15 24ʷ* ἐτάραξαν ὑμᾶς λόγοις ἀνασκευάζοντες τὰς ψυχὰς ὑμῶν | λέγοντες περιτέμνεσθαι (+ς . .)
16 9ᵃἀνὴρ Μακεδών τις ἦν ἑστὼς καὶ (—ς) παρακαλῶν αὐτὸν καὶ λέγων
16 15 ᵠπαρεκάλεσεν λέγουσα
16 17ˢαὕτη κατακολουθοῦσα (-θήσασα Sς) τῷ [H] Παύλῳ καὶ ἡμῖν ἔκραζεν (-ξεν M) λέγουσα
16 28ᵘᶻἐφώνησεν δὲ | μεγάλῃ φωνῇ ὁ Παῦλος (V; μ. φ. [ὁ] Π. N²⁶; φ. μ. ὁ Π. BSς; φ. μ. Π. T; Π. μ. φ. rl) λέγων
16 35 ἀπέστειλαν οἱ στρατηγοὶ τοὺς ῥαβδούχους λέγοντες
17 7ᵈοὗτοι πάντες ἀπέναντι τῶν δογμάτων Καίσαρος πράσσουσιν, βασιλέα ἕτερον λέγοντες εἶναι Ἰησοῦν
17 18 καί τινες ἔλεγον· ↔
17 18 τί ἂν θέλοι ὁ σπερμολόγος οὗτος λέγειν;
17 19 ἐπιλαβόμενοί τε (δὲ NMH) αὐτοῦ ἐπὶ τὸν Ἄρειον πάγον ἤγαγον, λέγοντες
17 21 εἰς οὐδὲν ἕτερον ηὐκαίρουν ἢ λέγειν τι ἢ ἀκούειν τι ([S]; —ς) καινότερον
18 13 ⟨ἤγαγον αὐτὸν ἐπὶ τὸ βῆμα⟩ λέγοντες ὅτι . . . ἀναπείθει
19 4ᵉἸωάννης ἐβάπτισεν βάπτισμα μετανοίας, τῷ λαῷ λέγων εἰς τὸν ἐρχόμενον μετ' αὐτὸν ἵνα πιστεύσωσιν
19 13ᵗἐπεχείρησαν δέ τινες . . . ὀνομάζειν ἐπὶ τοὺς ἔχοντας τὰ πνεύματα . . . τὸ ὄνομα τοῦ κυρίου Ἰησοῦ λέγοντες
19 26 ὁ Παῦλος οὗτος πείσας μετέστησεν ἱκανὸν ὄχλον, λέγων ὅτι οὐκ εἰσὶν θεοί
19 28ˢἀκούσαντες . . . ἔκραζον λέγοντες
20 23 πλὴν ὅτι τὸ πνεῦμα τὸ ἅγιον κατὰ πόλιν διαμαρτύρεταί μοι (—ς) λέγον ὅτι δεσμὰ . . . με μένουσιν

Ac 21 4 οἵτινες τῷ Παύλῳ ἔλεγον διὰ τοῦ πνεύματος μὴ ἐπιβαίνειν εἰς Ἱεροσόλυμα

21 11 τάδε λέγει τὸ πνεῦμα τὸ ἅγιον

21 21ᵃἀποστασίαν διδάσκεις . . . λέγων μὴ περιτέμνειν

21 23 τοῦτο οὖν ποίησον ὅ σοι λέγομεν

21 37 ὁ Παῦλος λέγει τῷ χιλιάρχῳ

21 40ᵘʸπροσεφώνησεν τῇ Ἑβραΐδι δια- λέκτῳ λέγων

22 7ᶻἤκουσα φωνῆς λεγούσης μοι

22 18 ⟨ἐγένετο δέ μοι⟩ ἰδεῖν (ἴδον T) αὐτὸν λέγοντά μοι

22 22ᶻἐπῆραν τὴν φωνὴν αὐτῶν λέγον- τες

22 26ʲἀκούσας δὲ ὁ ἑκατοντάρχης προσ- ελθὼν τῷ χιλιάρχῳ ἀπήγγειλεν λέγων

22 27 λέγε μοι

23 8 Σαδδουκαῖοι μὲν (—NH) γὰρ λέγουσιν μὴ εἶναι ἀνάστασιν

23 9 ἀναστάντες τινὲς τῶν γραμματέων . . . διεμάχοντο λέγοντες

23 12 οἱ Ἰουδαῖοι ἀνεθεμάτισαν ἑαυτούς, λέγοντες μήτε φαγεῖν μήτε πιεῖν

23 30ᶜπαραγγείλας καὶ τοῖς κατηγόροις λέγειν ‖ τὰ ([N²⁶]; —NH) πρὸς αὐτὸν ((αὐτοὺς T) ἐπὶ σοῦ

24 2 ἤρξατο κατηγορεῖν ὁ Τέρτυλλος λέγων

24 10ᵏἀπεκρίθη τε ὁ Παῦλος, νεύσαν- τος αὐτῷ τοῦ ἡγεμόνος λέγειν

24 14ᵈκατὰ τὴν ὁδὸν ἣν λέγουσιν αἵρε- σιν οὕτως λατρεύω τῷ πατρῴῳ θεῷ

25 14 ὁ Φῆστος τῷ βασιλεῖ ἀνέθετο τὰ κατὰ τὸν Παῦλον λέγων

25 20 ἀπορούμενος δὲ ἐγὼ τὴν περὶ τούτων ζήτησιν ἔλεγον εἰ βούλοι- το πορεύεσθαι

26 1 ἐπιτρέπεταί σοι περὶ (N²⁶BST; ὑπὲρ rl) σεαυτοῦ λέγειν

26 14ᶜᵗʸᶻἤκουσα φωνὴν | λέγουσαν πρός με (λαλοῦσαν π. με καὶ λέγ. Sς) τῇ Ἑβραΐδι διαλέκτῳ

26 22ᵗˣἕστηκα μαρτυρόμενος μικρῷ τε καὶ μεγάλῳ, οὐδὲν ἐκτὸς λέγων ὧν τε οἱ προφῆται ἐλάλησαν

26 31ᵗἀναχωρήσαντες ἐλάλουν πρὸς ἀλλήλους λέγοντες ὅτι . . . πράσσει

27 10 ⟨παρῄνει ὁ Παῦλος⟩ λέγων αὐτοῖς

27 11ᵍᵒ δὲ ἑκατοντάρχης τῷ κυβερνήτῃ . . . μᾶλλον ἐπείθετο ἢ τοῖς ὑπὸ (+τοῦ VBSς) Παύλου λεγομένοις

27 24 ⟨παρέστη γάρ μοι . . . ἄγγελος⟩ λέγων

27 33ᵃπαρεκάλει ὁ Παῦλος ἅπαντας μεταλαβεῖν τροφῆς λέγων

28 4ᶜὡς δὲ εἶδον οἱ βάρβαροι . . . πρὸς ἀλλήλους ἔλεγον

28 6ᵈμεταβαλόμενοι (μεταβαλλ. Tς) ἔλεγον αὐτὸν εἶναι θεόν

28 17ᶜσυνελθόντων δὲ αὐτῶν ἔλεγεν πρὸς αὐτούς

28 24ᵍοἱ μὲν ἐπείθοντο τοῖς λεγομένοις

28 26ᵗˣ⟨καλῶς τὸ πνεῦμα τὸ ἅγιον ἐλάλησεν διὰ Ἠσαΐου τοῦ προφή- του πρὸς τοὺς πατέρας ὑμῶν⟩ λέγων (λέγον ς)

Rm 2 22 ὁ λέγων μὴ μοιχεύειν μοιχεύεις;

3 5 κατὰ ἄνθρωπον λέγω

3 8 καθὼς φασίν τινες ἡμᾶς λέγειν ὅτι ποιήσωμεν τὰ κακά

3 19ᵗᵛὅσα ὁ νόμος λέγει τοῖς ἐν τῷ νόμῳ λαλεῖ

Rm 4 3ᵛτί γὰρ ἡ γραφὴ λέγει;

4 6 καθάπερ καὶ Δαυὶδ λέγει τὸν μακαρισμὸν τοῦ ἀνθρώπου

4 9 λέγομεν γάρ· (+ὅτι MVSς) ἐλο- γίσθη τῷ Ἀβραάμ

6 19 ἀνθρώπινον λέγω διὰ τὴν ἀσθέ- νειαν τῆς σαρκὸς ὑμῶν

7 7ᵛτήν τε γὰρ ἐπιθυμίαν οὐκ ᾔδειν εἰ μὴ ὁ νόμος ἔλεγεν

9 1 ἀλήθειαν λέγω ἐν Χριστῷ

9 15 τῷ Μωϋσεῖ γὰρ λέγει

9 17ᵛλέγει γὰρ ἡ γραφὴ τῷ Φαραὼ ὅτι . . . ἐξήγειρά σε

9 25 ὡς καὶ ἐν τῷ Ὡσηὲ λέγει

10 6 ἡ δὲ ἐκ πίστεως δικαιοσύνη οὕτως λέγει

10 8 ἀλλὰ τί λέγει;

10 11ᵛλέγει γὰρ ἡ γραφή

10 16 Ἠσαΐας γὰρ λέγει

10 18 ἀλλὰ λέγω, μὴ οὐκ ἤκουσαν;

10 19 ἀλλὰ λέγω, μὴ Ἰσραὴλ οὐκ ἔγνω; ↔

10 19 πρῶτος Μωϋσῆς λέγει

10 20 Ἠσαΐας δὲ ἀποτολμᾷ καὶ λέγει

10 21ᶜπρὸς δὲ τὸν Ἰσραὴλ λέγει

11 1 λέγω οὖν, μὴ ἀπώσατο ὁ θεὸς τὸν λαὸν αὐτοῦ;

11 2ᵛἢ οὐκ οἴδατε ἐν Ἠλίᾳ τί λέγει ἡ γραφή, ↔

11 2 * ὡς ἐντυγχάνει τῷ θεῷ κατὰ τοῦ Ἰσραήλ; λέγων (+ς)

11 4ᵗᵛἀλλὰ τί λέγει αὐτῷ ὁ χρηματι- σμός;

11 9 Δαυὶδ λέγει

11 11 λέγω οὖν, μὴ ἔπταισαν ἵνα πέσω- σιν;

11 13 ὑμῖν δὲ (γὰρ ς) λέγω τοῖς ἔθνεσιν

12 3 λέγω γὰρ διὰ τῆς χάριτος τῆς δοθείσης μοι παντὶ τῷ ὄντι ἐν ὑμῖν, μὴ ὑπερφρονεῖν

12 19 ἐμοὶ ἐκδίκησις, ἐγὼ ἀνταποδώσω, λέγει κύριος

14 11 ζῶ ἐγώ, λέγει κύριος

15 8ᵈλέγω γὰρ (δὲ ς) Χριστὸν διάκονον γεγενῆσθαι περιτομῆς

15 10 καὶ πάλιν λέγει

15 12 καὶ πάλιν Ἠσαΐας λέγει

1 C 1 10 παρακαλῶ δὲ ὑμᾶς . . . ἵνα τὸ αὐτὸ λέγητε πάντες

1 12 λέγω δὲ τοῦτο, ↔

1 12 ὅτι ἕκαστος ὑμῶν λέγει

3 4 ὅταν γὰρ λέγῃ τις

6 5 πρὸς ἐντροπὴν ὑμῖν λέγω

7 6 τοῦτο δὲ λέγω κατὰ συγγνώμην, οὐ κατ᾽ ἐπιταγήν

7 8 λέγω δὲ τοῖς ἀγάμοις καὶ ταῖς χήραις

7 12 τοῖς δὲ λοιποῖς λέγω ἐγώ, οὐχ ὁ κύριος

7 35ᵉτοῦτο δὲ πρὸς τὸ ὑμῶν αὐτῶν σύμφορον λέγω, οὐχ ἵνα βρόχον ὑμῖν ἐπιβάλω

8 5ᵍκαὶ γὰρ εἴπερ εἰσὶν λεγόμενοι θεοί

9 8ᵛμὴ κατὰ ἄνθρωπον ταῦτα λαλῶ, ἢ καὶ ὁ νόμος ταῦτα οὐ λέγει;

9 10 ἢ δι᾽ ἡμᾶς πάντως λέγει;

10 15 ὡς φρονίμοις λέγω

10 29 συνείδησιν δὲ λέγω οὐχὶ τὴν ἑαυτοῦ ἀλλὰ τὴν τοῦ ἑτέρου

11 25 ὡσαύτως καὶ τὸ ποτήριον μετὰ τὸ δειπνῆσαι, λέγων

12 3ᵗοὐδεὶς ἐν πνεύματι θεοῦ λαλῶν λέγει

14 16 ἐπειδὴ τί λέγεις οὐκ οἶδεν

---

1 C 14 21 οὐδ᾽ οὕτως εἰσακούσονταί μου, λέγει κύριος

14 34ᵛαἱ γυναῖκες . . . ὑποτασσέσθωσαν, καθὼς καὶ ὁ νόμος λέγει

15 12 πῶς λέγουσιν ἐν ὑμῖν τινες ὅτι ἀνάστασις νεκρῶν οὐκ ἔστιν;

15 34 * πρὸς ἐντροπὴν ὑμῖν λέγω (ς; λαλῶ rl)

15 51 ἰδοὺ μυστήριον ὑμῖν λέγω

2 C 6 2 λέγει γάρ

6 13 ὡς τέκνοις λέγω

6 17 διὸ ἐξέλθατε ἐκ μέσου αὐτῶν καὶ ἀφορίσθητε, λέγει κύριος

6 18 ὑμεῖς ἔσεσθέ μοι εἰς υἱοὺς καὶ θυγατέρας, λέγει κύριος παντο- κράτωρ

7 3 πρὸς κατάκρισιν οὐ λέγω

8 8 οὐ κατ᾽ ἐπιταγὴν λέγω

9 3 ἵνα καθὼς ἔλεγον παρεσκευασμέ- νοι ἦτε, ↔

9 4 μή πως . . . καταισχυνθῶμεν ἡμεῖς, ἵνα μὴ λέγω (N²⁶; -μεν rl) ὑμεῖς

11 16 πάλιν λέγω, μή τίς με δόξῃ ἄφρονα εἶναι

11 21 κατὰ ἀτιμίαν λέγω

11 21 ἐν ἀφροσύνῃ λέγω

G 1 9 ὡς προειρήκαμεν, καὶ ἄρτι πάλιν λέγω

3 15 κατὰ ἄνθρωπον λέγω

3 16 οὐ λέγει

3 17 τοῦτο δὲ λέγω

4 1 λέγω δέ

4 21 λέγετέ μοι

4 30ᵛτί λέγει ἡ γραφή;

5 2 ἴδε ἐγὼ Παῦλος λέγω ὑμῖν ὅτι . . . οὐδὲν ὠφελήσει

5 16 λέγω δέ, πνεύματι περιπατεῖτε

E 2 11ᵍμνημονεύετε ὅτι ποτὲ ὑμεῖς τὰ ἔθνη ἐν σαρκί, οἱ λεγόμενοι ἀκρο- βυστία ↔

2 11ᵍὑπὸ τῆς λεγομένης περιτομῆς ἐν σαρκὶ χειροποιήτου

4 8 διὸ λέγει

4 17 τοῦτο οὖν λέγω καὶ μαρτύρομαι ἐν κυρίῳ

5 12 τὰ γὰρ κρυφῇ γινόμενα ὑπ᾽ αὐ- τῶν αἰσχρόν ἐστιν καὶ λέγειν

5 14 διὸ λέγει

5 32 τὸ μυστήριον τοῦτο μέγα ἐστίν, ἐγὼ δὲ λέγω εἰς Χριστόν

Ph 3 18 πολλοὶ γὰρ περιπατοῦσιν οὓς πολλάκις ἔλεγον ὑμῖν, ↔

3 18 νῦν δὲ καὶ κλαίων λέγω

4 11 οὐχ ὅτι καθ᾽ ὑστέρησιν λέγω

Cl 2 4ᵉτοῦτο (+δὲ MVSς) λέγω ἵνα μηδεὶς ὑμᾶς παραλογίζηται ἐν πιθανολογίᾳ

4 11ᵍ⟨ἀσπάζεται ὑμᾶς⟩ Ἰησοῦς ὁ λεγό- μενος Ἰοῦστος

1Th 4 15ʷτοῦτο γὰρ ὑμῖν λέγομεν ἐν λόγῳ κυρίου

5 3 ὅταν (+δὲ MVBS; +γὰρ ς) λέ- γωσιν

2Th 2 4ᵍὁ ἀντικείμενος καὶ ὑπεραιρόμενος ἐπὶ πάντα λεγόμενον θεὸν ἢ σέβασμα

2 5 ἔτι ὢν πρὸς ὑμᾶς ταῦτα ἔλεγον ὑμῖν

1Tm 1 7 μὴ νοοῦντες μήτε ἃ λέγουσιν μήτε περὶ τίνων διαβεβαιοῦνται

2 7 ἀλήθειαν λέγω (+ἐν Χριστῷ ς)

4 1 τὸ δὲ πνεῦμα ῥητῶς λέγει ὅτι . . . ἀποστήσονταί τινες

5 18ᵛλέγει γὰρ ἡ γραφή

2Tm 2 7 νόει ὃ (ἃ ς) λέγω

2 Tm 2 18 οἵτινες περὶ τὴν ἀλήθειαν ἠστόχη-
σαν, λέγοντες τὴν ([N²⁶]; —NS
TH) ἀνάστασιν ἤδη γεγονέναι

Tt 2 8 ἵνα ὁ ἐξ ἐναντίας ἐντραπῇ μηδὲν
ἔχων λέγειν περὶ ἡμῶν φαῦλον

Phm 19 ἵνα μὴ λέγω σοι ὅτι καὶ σεαυτόν
μοι προσοφείλεις

21 εἰδὼς ὅτι καὶ ὑπὲρ ἃ (ὃ ς) λέγω
ποιήσεις

Hb 1 6 λέγει

1 7ᶜπρὸς μὲν τοὺς ἀγγέλους λέγει

2 6 διεμαρτύρατο δέ πού τις λέγων

2 12ᑫ⟨οὐκ ἐπαισχύνεται ἀδελφοὺς αὐ-
τοὺς καλεῖν⟩ λέγων

3 7 καθὼς λέγει τὸ πνεῦμα τὸ ἅγιον

3 15ʰἐν τῷ λέγεσθαι

4 7 ἐν Δαυὶδ λέγων μετὰ τοσοῦτον
χρόνον

5 6 καθὼς καὶ ἐν ἑτέρῳ λέγει

5 11ʷπερὶ οὗ πολὺς ἡμῖν ὁ λόγος καὶ
δυσερμήνευτος λέγειν

6 14ʲ⟨τῷ γὰρ Ἀβραὰμ ἐπαγγειλάμε-
νος ὁ θεὸς ... ὤμοσεν καθ᾽
ἑαυτοῦ⟩ λέγων

7 11 τίς ἔτι χρεία ... οὐ κατὰ τὴν τάξιν
Ἀαρὼν λέγεσθαι;

7 13ᶠἐφ᾽ ὃν γὰρ λέγεται ταῦτα

7 21ᶜὁ δὲ μετὰ ὁρκωμοσίας διὰ τοῦ
λέγοντος πρὸς αὐτόν

8 1ᵍκεφάλαιον δὲ ἐπὶ τοῖς λεγομένοις

8 8 μεμφόμενος γὰρ αὐτοὺς λέγει· ↔

8 8 ἰδοὺ ἡμέραι ἔρχονται, λέγει κύριος

8 9 κἀγὼ ἠμέλησα αὐτῶν, λέγει κύ-
ριος

8 10 αὕτη ἡ διαθήκη ἣν διαθήσομαι
... λέγει κύριος

8 11ⁿοὐ μὴ διδάξωσιν ἕκαστος τὸν πο-
λίτην αὐτοῦ ... λέγων

8 13ʰἐν τῷ λέγειν καινὴν πεπαλαίωκεν
τὴν πρώτην

9 2ᶠἡ πρόθεσις τῶν ἄρτων, ἥτις
λέγεται Ἅγια

9 3ᵍσκηνὴ ἡ λεγομένη Ἅγια Ἁγίων

9 5 περὶ ὧν οὐκ ἔστιν νῦν λέγειν κατὰ
μέρος

9 20 ⟨τὸν λαὸν ἐρράντισεν⟩ λέγων

10 5 εἰσερχόμενος εἰς τὸν κόσμον λέγει

10 8 ἀνώτερον λέγων ὅτι θυσίας ...
οὐκ ἠθέλησας

10 16 αὕτη ἡ διαθήκη ἣν διαθήσομαι
... λέγει κύριος

10 30 * ἐμοὶ ἐκδίκησις, ἐγὼ ἀνταποδώσω
| λέγει κύριος (+ς)

11 14 οἱ γὰρ τοιαῦτα λέγοντες ἐμφανί-
ζουσιν ὅτι πατρίδα ἐπιζητοῦσιν

11 24ᶠΜωϋσῆς μέγας γενόμενος ἠρνή-
σατο λέγεσθαι υἱὸς θυγατρὸς
Φαραώ

11 32 τί ἔτι λέγω;

12 26ʲᶻοὗ ἡ φωνὴ τὴν γῆν ἐσάλευσεν τό-
τε, νῦν δὲ ἐπήγγελται λέγων

13 6 ὥστε θαρροῦντας ἡμᾶς λέγειν

Jc 1 13 μηδεὶς πειραζόμενος λεγέτω ὅτι
ἀπὸ θεοῦ πειράζομαι

2 14 ἐὰν πίστιν λέγῃ τις ἔχειν ἔργα δὲ
μὴ ἔχῃ

2 23ᵛἐπληρώθη ἡ γραφὴ ἡ λέγουσα

4 5ᵛ δοκεῖτε ὅτι κενῶς ἡ γραφὴ λέγει
⟨;⟩

4 6 διὸ λέγει

4 13 ἄγε νῦν οἱ λέγοντες

4 15ʰἀντὶ τοῦ λέγειν ὑμᾶς

2 Pt 3 4 ⟨πορευόμενοι⟩ καὶ λέγοντες

1 Jo 2 4 ὁ λέγων ὅτι (—ς) ἔγνωκα αὐτόν

2 6 ὁ λέγων ἐν αὐτῷ μένειν ὀφείλει

1 Jo 2 9 ὁ λέγων ἐν τῷ φωτὶ εἶναι

5 16ᵉοὐ περὶ ἐκείνης λέγω ἵνα ἐρωτήσῃ

2 Jo 10 χαίρειν αὐτῷ μὴ λέγετε· ↔

11 ὁ λέγων γὰρ αὐτῷ χαίρειν κοινω-
νεῖ τοῖς ἔργοις αὐτοῦ

Jd 14ˣπροεφήτευσεν δὲ καὶ τούτοις ἕ-
βδομος ἀπὸ Ἀδὰμ Ἑνὼχ λέγων

18ʸ⟨μνήσθητε τῶν ῥημάτων⟩ ὅτι
ἔλεγον ὑμῖν ὅτι (+[N²⁶S]Vς) ...
ἔσονται

Ap 1 8 ἐγώ εἰμι τὸ ἄλφα καὶ τὸ ὦ, λέγει
| κύριος ὁ θεός (ὁ Κύριος ς)

1 11ᶻ⟨ἤκουσα ὀπίσω μου φωνὴν μεγά-
λην ὡς σάλπιγγος⟩ λεγούσης

1 17 ἔθηκεν τὴν δεξιὰν αὐτοῦ ἐπ᾽ ἐμὲ
λέγων (+μοι ς)

2 1 τάδε λέγει ὁ κρατῶν τοὺς ἑπτὰ
ἀστέρας ἐν τῇ δεξιᾷ αὐτοῦ

2 2ᵈἐπείρασας τοὺς | λέγοντας ἑαυ-
τοὺς (φάσκοντας ς) ἀποστόλους
(+εἶναι B[S]ς)

2 7 ὁ ἔχων οὖς ἀκουσάτω τί τὸ πνεῦμα
λέγει ταῖς ἐκκλησίαις

2 8 τάδε λέγει ὁ πρῶτος καὶ ὁ ἔσχατος

2 9ᵈοἶδά σου ... τὴν βλασφημίαν ἐκ
(—ς) τῶν λεγόντων Ἰουδαίους
εἶναι ἑαυτούς

2 11 ὁ ἔχων οὖς ἀκουσάτω τί τὸ
πνεῦμα λέγει ταῖς ἐκκλησίαις

2 12 τάδε λέγει ὁ ἔχων τὴν ῥομφαίαν
τὴν δίστομον

2 17 ὁ ἔχων οὖς ἀκουσάτω τί τὸ
πνεῦμα λέγει ταῖς ἐκκλησίαις

2 18 τάδε λέγει ὁ υἱὸς τοῦ θεοῦ

2 20ᵈτὴν γυναῖκα (+σου B) Ἰεζάβελ,
ἡ (τὴν ς) λέγουσα (-σαν ς) ἑαυτὴν
(αὐτὴν T) προφῆτιν

2 24 ὑμῖν δὲ λέγω τοῖς (καὶ ς) λοιποῖς
τοῖς ἐν Θυατείροις ... οἵτινες οὐκ
ἔγνωσαν τὰ βαθέα τοῦ σατανᾶ, ↔

2 24 ὡς λέγουσιν

2 29 ὁ ἔχων οὖς ἀκουσάτω τί τὸ
πνεῦμα λέγει ταῖς ἐκκλησίαις

3 1 τάδε λέγει ὁ ἔχων τὰ ἑπτὰ πνεύ-
ματα τοῦ θεοῦ

3 6 ὁ ἔχων οὖς ἀκουσάτω τί τὸ
πνεῦμα λέγει ταῖς ἐκκλησίαις

3 7 τάδε λέγει ὁ ἅγιος

3 9ᵈἰδοὺ διδῶ (δίδωμι BSς) ἐκ τῆς
συναγωγῆς τοῦ σατανᾶ, τῶν λε-
γόντων ἑαυτοὺς Ἰουδαίους εἶναι

3 13 ὁ ἔχων οὖς ἀκουσάτω τί τὸ πνεῦμα
λέγει ταῖς ἐκκλησίαις

3 14 τάδε λέγει ὁ ἀμήν

3 17 ὅτι λέγεις ὅτι πλούσιός εἰμι

3 22 ὁ ἔχων οὖς ἀκουσάτω τί τὸ πνεῦμα
λέγει ταῖς ἐκκλησίαις

4 1ᵗᶻἡ φωνὴ ἡ πρώτη ἣν ἤκουσα ὡς
σάλπιγγος λαλούσης μετ᾽ ἐμοῦ,
λέγων (λέγουσα ς)

4 8 ἀνάπαυσιν οὐκ ἔχουσιν ἡμέρας
καὶ νυκτὸς λέγοντες (-τα ς)

4 10 βαλοῦσιν τοὺς στεφάνους αὐτῶν
ἐνώπιον τοῦ θρόνου, λέγοντες

5 5 εἷς ἐκ τῶν πρεσβυτέρων λέγει μοι

5 9ᶻᾄδουσιν ᾠδὴν καινὴν λέγοντες

5 12ᶻ⟨ἣν ὁ ἀριθμὸς αὐτῶν ... χιλιάδες
χιλιάδων⟩ λέγοντες φωνῇ μεγάλῃ

5 13 πᾶν κτίσμα ... ἤκουσα λέγοντας

5 14 τὰ τέσσαρα ζῷα ἔλεγον

6 1ᶻἤκουσα ἑνὸς ἐκ τῶν τεσσάρων
ζῴων λέγοντος ὡς φωνή (N²⁶T;
-νῆς ς; -νῇ rl) βροντῆς

6 3 ἤκουσα τοῦ δευτέρου ζῴου λέγον-
τος

Ap 6 5 ἤκουσα τοῦ τρίτου ζῴου λέγοντος

6 6ᶻἤκουσα ὡς (—ς) φωνὴν ἐν μέσῳ
τῶν τεσσάρων ζῴων λέγουσαν

6 7ᶻἤκουσα φωνὴν τοῦ τετάρτου ζῴου
λέγοντος (λέγουσαν ς)

6 10ˢᶻἔκραξαν φωνῇ μεγάλῃ λέγοντες

6 16 ⟨οἱ βασιλεῖς τῆς γῆς ... ἔκρυψαν
ἑαυτούς⟩ καὶ λέγουσιν τοῖς ὄρεσιν
καὶ ταῖς πέτραις

7 3ˢᶻ⟨ἔκραξεν φωνῇ μεγάλῃ τοῖς τέσ-
σαρσιν ἀγγέλοις⟩ λέγων

7 10ˢᶻκράζουσιν (κράζοντες ς) φωνῇ
μεγάλῃ λέγοντες

7 12 ⟨οἱ ἄγγελοι ... προσεκύνησαν
τῷ θεῷ⟩ λέγοντες

7 13ᵏἀπεκρίθη εἷς ἐκ τῶν πρεσβυτέρων
λέγων μοι

8 11ᶠτὸ ὄνομα τοῦ ἀστέρος λέγεται ὁ
(—ς) Ἄψινθος

8 13ᶻἤκουσα ἑνὸς ἀετοῦ ... λέγοντος
φωνῇ μεγάλῃ

9 14ᶻ⟨ἤκουσα φωνὴν μίαν⟩ λέγοντα
(λέγουσαν ς) τῷ ἕκτῳ ἀγγέλῳ

10 4ᶻἤκουσα φωνὴν ἐκ τοῦ οὐρανοῦ
λέγουσαν (+μοι ς)

10 8ᵗᶻἡ φωνὴ ἣν ἤκουσα ... πάλιν λα-
λοῦσαν (-σα[ν] S; -σα ς) μετ᾽ ἐμοῦ
καὶ λέγουσαν (-σα[ν] S; -σα ς)

10 9 ἀπῆλθα πρὸς τὸν ἄγγελον, λέγων
αὐτῷ δοῦναι (δός ς) μοι τὸ βιβλα-
ρίδιον. ↔

10 9 καὶ λέγει μοι

10 11 λέγουσίν (λέγει ς) μοι

11 1 ἐδόθη μοι κάλαμος ὅμοιος ῥάβδῳ,
λέγων

11 12ᶻἤκουσαν (-σα B; σα[ν] S) | φωνῆς
μεγάλης ἐκ τοῦ οὐρανοῦ λεγούσης
(φωνὴν μ-λην ἐκ τ. οὐ. λ-σαν Tς)
αὐτοῖς

11 15ᶻἐγένοντο φωναὶ μεγάλαι ἐν τῷ οὐ-
ρανῷ, λέγοντες (λέγουσαι VBSς)

11 17 ⟨οἱ ... πρεσβύτεροι ... προσεκύ-
νησαν τῷ θεῷ⟩ λέγοντες

12 10ᶻἤκουσα φωνὴν μεγάλην ἐν τῷ
οὐρανῷ λέγουσαν

13 4 | προσεκύνησαν (. . —B) τῷ θηρίῳ
λέγοντες

13 14 λέγων τοῖς κατοικοῦσιν ἐπὶ τῆς
γῆς ποιῆσαι εἰκόνα τῷ θηρίῳ

14 7ᶻ⟨εἶδον ἄλλον ἄγγελον⟩ λέγων
(-γοντα ς) ἐν φωνῇ μεγάλῃ

14 8 ἄλλος | ἄγγελος δεύτερος (~ MVS;
δεύτερος B; δ. [ἄ.] H; ἄ. ς)
ἠκολούθησεν λέγων

14 9ᶻἄλλος ἄγγελος τρίτος ἠκολούθησεν
αὐτοῖς λέγων ἐν φωνῇ μεγάλῃ

14 13ᶻἤκουσα φωνῆς ἐκ τοῦ οὐρανοῦ
λεγούσης (+μοι ς)

14 13ᵉναί, λέγει τὸ πνεῦμα, ἵνα ἀναπαή-
σονται (-παύσωνται Sς) ἐκ τῶν
κόπων αὐτῶν

14 18ᵘᶻἄλλος ἄγγελος ... ἐφώνησεν
φωνῇ (κραυγῇ VSς) μεγάλῃ τῷ
ἔχοντι τὸ δρέπανον τὸ ὀξὺ λέγων

15 3ᶻᾄδουσιν τὴν ᾠδὴν Μωϋσέως ...
καὶ τὴν ᾠδὴν τοῦ ἀρνίου, λέγοντες

16 1ᶻἤκουσα μεγάλης φωνῆς ἐκ τοῦ ναοῦ
λεγούσης τοῖς ἑπτὰ ἀγγέλοις

16 5 ἤκουσα τοῦ ἀγγέλου τῶν ὑδάτων

16 7 ἤκουσα (+ἄλλου ἐκ ς) τοῦ θυσια-
στηρίου λέγοντος

16 17ᶻἐξῆλθεν φωνὴ μεγάλη ἐκ τοῦ
ναοῦ (+τοῦ οὐρανοῦ [M]Sς) ἀπὸ
τοῦ θρόνου λέγουσα

Ap 17 1ᵗ ἦλθεν εἷς ἐκ τῶν ἑπτὰ ἀγγέλων ... καὶ ἐλάλησεν μετ' ἐμοῦ λέγων (+μοι ς)

17 15 λέγει μοι

18 2ˢᶻἔκραξεν ἐν ἰσχυρᾷ φωνῇ λέγων

18 4ᶻἤκουσα ἄλλην φωνὴν ἐκ τοῦ οὐρανοῦ λέγουσαν

18 7 ὅτι ἐν τῇ καρδίᾳ αὐτῆς λέγει ὅτι (—ς) κάθημαι βασίλισσα

18 10 ⟨οἱ βασιλεῖς τῆς γῆς⟩ ἀπὸ μακρόθεν ἑστηκότες διὰ τὸν φόβον τοῦ βασανισμοῦ αὐτῆς, λέγοντες

18 16 ⟨οἱ ἔμποροι ... κλαίοντες καὶ πενθοῦντες⟩ (+καὶ ς) λέγοντες

18 18ˢἔκραζον (ἔκραξαν BH) βλέποντες τὸν καπνὸν τῆς πυρώσεως αὐτῆς λέγοντες

18 19ˢἔκραζον (-ξαν H) κλαίοντες καὶ πενθοῦντες, λέγοντες

18 21 ἦρεν εἷς ἄγγελος ἰσχυρὸς λίθον ... καὶ ἔβαλεν εἰς τὴν θάλασσαν λέγων

19 1ᶻἤκουσα ὡς φωνὴν μεγάλην ὄχλου πολλοῦ ἐν τῷ οὐρανῷ λεγόντων (-οντος ς)

19 4 οἱ πρεσβύτεροι ... προσεκύνησαν τῷ θεῷ τῷ καθημένῳ ἐπὶ τῷ θρόνου λέγοντες

19 5ᶻφωνὴ ἀπὸ (ἐκ Τς) τοῦ θρόνου ἐξῆλθεν λέγουσα

19 6ᶻἤκουσα ὡς φωνὴν ὄχλου πολλοῦ ... καὶ ὡς φωνὴν βροντῶν ἰσχυρῶν, λεγόντων (-οντας ς)

19 9 λέγει μοι

19 9 λέγει μοι

19 10 λέγει μοι

19 17ˢᶻἔκραξεν ἐν (+[N²⁶H]NMVT) φωνῇ μεγάλῃ λέγων πᾶσιν τοῖς ὀρνέοις

21 3ᶻἤκουσα φωνῆς μεγάλης ἐκ τοῦ θρόνου (οὐρανοῦ Sς) λεγούσης

21 5 λέγει (+μοι BSς)

21 9ᵗ ἦλθεν εἷς ἐκ τῶν ἑπτὰ ἀγγέλων ... καὶ ἐλάλησεν μετ' ἐμοῦ λέγων

22 9 λέγει μοι

22 10 λέγει μοι

22 17 τὸ πνεῦμα καὶ ἡ νύμφη λέγουσιν

22 20 λέγει ὁ μαρτυρῶν ταῦτα

εἶπον

ᵃ εἶ. ἐν ἑαυτῷ

ᵇ εἶ. πρός τινα

ᶜ εἶ. c. dupl. acc.

ᵈ εἶπον ἵνα

ᵉ εἶ. et ἀπ-, παραγγέλλω

ᶠ εἶ. et ἀποκρίνομαι

ᵍ εἶ. et διδάσκω

ʰ εἶ. et (ἐπ)ερωτάω

ʲ εἶ. et (προσ-, συγ)καλέομαι

ᵏ εἶ. et (ἀνα)κράζω, κραυγάζω

ˡ εἶ. et λαλέω

ᵐ εἶ. et λέγω

ⁿ εἶ. et (ἀνα-, προσ)φωνέω

ᵖ εἶ. et γραφή

ᑫ εἶ. et λόγος

ʳ εἶ. et ῥῆμα

ˢ εἶ. et φωνή

ᵗ εἶ. et προφήτης, -τεύω

ᵘ ὡς ἔπος εἰπεῖν

Mt 2 5 οἱ δὲ εἶπαν αὐτῷ

2 8 πέμψας αὐτοὺς εἰς Βηθλέεμ εἶπεν

2 13 ἴσθι ἐκεῖ ἕως ἂν εἴπω σοι

3 7 ἰδὼν δὲ πολλοὺς τῶν Φαρισαίων καὶ Σαδδουκαίων ἐρχομένους ἐπὶ τὸ βάπτισμα αὐτοῦ (—NTH) εἶπεν αὐτοῖς

3 15ᵇᵗἀποκριθεὶς δὲ ὁ Ἰησοῦς εἶπεν | πρὸς αὐτόν (αὐτῷ NMH)

Mt 4 3 προσελθὼν | ὁ πειράζων εἶπεν αὐτῷ (~ VSς)· ↔

4 3ᵈεἰ υἱὸς εἶ τοῦ θεοῦ, εἰπὲ (-ὸν H) ἵνα οἱ λίθοι οὗτοι ἄρτοι γένωνται. ↔

4 4ᶠὁ δὲ ἀποκριθεὶς εἶπεν

4 9 ⟨ὁ διάβολος⟩ εἶπεν (λέγει Sς) αὐτῷ

5 11ᶜὅταν ... εἴπωσιν πᾶν (+ῥῆμα Vς) πονηρὸν καθ' ὑμῶν ψευδόμενοι ([N²⁶]; —S)

5 22 ὃς δ' ἂν εἴπῃ τῷ ἀδελφῷ αὐτοῦ ῥακά

5 22 ὃς δ' ἂν εἴπῃ μωρέ

8 4 ὅρα μηδενὶ εἴπῃς

8 8ᵃἀλλὰ μόνον εἰπὲ λόγῳ (λόγον ς)

8 10 ἀκούσας δὲ ὁ Ἰησοῦς ἐθαύμασεν καὶ εἶπεν τοῖς ἀκολουθοῦσιν

8 13 εἶπεν ὁ Ἰησοῦς τῷ ἑκατοντάρχῃ

8 19 προσελθὼν εἷς γραμματεὺς εἶπεν αὐτῷ

8 21 ἕτερος δὲ τῶν μαθητῶν αὐτοῦ (+[N²⁶]VBς) εἶπεν αὐτῷ

8 22 * ὁ δὲ Ἰησοῦς (—ST) εἶπεν (ς; λέγει rl) αὐτῷ.

8 32 εἶπεν αὐτοῖς

9 2 ἰδὼν ὁ Ἰησοῦς τὴν πίστιν αὐτῶν εἶπεν τῷ παραλυτικῷ

9 3ᵃἰδού τινες τῶν γραμματέων εἶπαν ἐν ἑαυτοῖς

9 4 ἰδὼν (εἰδὼς NMBH) ὁ Ἰησοῦς τὰς ἐνθυμήσεις αὐτῶν εἶπεν

9 5 τί γάρ ἐστιν εὐκοπώτερον, εἰπεῖν· ἀφίενταί (ἀφέων. MVBSς) σου αἱ ἁμαρτίαι, ↔

9 5 ἢ εἰπεῖν ⟨;⟩

9 11 * ἰδόντες οἱ Φαρισαῖοι εἶπον (Sς; ἔλεγον rl) τοῖς μαθηταῖς αὐτοῦ

9 12 ὁ δὲ (+Ἰησοῦς Vς) ἀκούσας εἶπεν (+αὐτοῖς ς)

9 15 εἶπεν αὐτοῖς ὁ Ἰησοῦς

9 22 ὁ δὲ Ἰησοῦς (—T) στραφεὶς καὶ ἰδὼν αὐτὴν εἶπεν

10 27 ὃ λέγω ὑμῖν ἐν τῇ σκοτίᾳ, εἴπατε ἐν τῷ φωτί

11 3 ⟨ὁ δὲ Ἰωάννης⟩ εἶπεν αὐτῷ

11 4ᶠἀποκριθεὶς ὁ Ἰησοῦς εἶπεν αὐτοῖς

11 25ᶠἀποκριθεὶς ὁ Ἰησοῦς εἶπεν

12 2 οἱ δὲ Φαρισαῖοι ἰδόντες εἶπαν αὐτῷ

12 3 ὁ δὲ εἶπεν αὐτοῖς

12 11 ὁ δὲ εἶπεν αὐτοῖς

12 24 οἱ δὲ Φαρισαῖοι ἀκούσαντες εἶπον

12 25 εἰδὼς δὲ (+ὁ Ἰησοῦς Vς) τὰς ἐνθυμήσεις αὐτῶν εἶπεν αὐτοῖς

12 32ᵃὃς ἐὰν εἴπῃ λόγον κατὰ τοῦ υἱοῦ τοῦ ἀνθρώπου

12 32 ὃς δ' ἂν εἴπῃ κατὰ τοῦ πνεύματος τοῦ ἁγίου

12 39ᶠὁ δὲ ἀποκριθεὶς εἶπεν αὐτοῖς

12 47 | εἶπεν δέ τις αὐτῷ ([N²⁶NT..]; —SH)

12 48ᶠὁ δὲ ἀποκριθεὶς εἶπεν ↔

12 48 * τῷ εἰπόντι (ς; λέγοντι rl) αὐτῷ

12 49 ἐκτείνας τὴν χεῖρα αὐτοῦ ([NH]; —T) ἐπὶ τοὺς μαθητὰς αὐτοῦ εἶπεν

13 10 προσελθόντες οἱ μαθηταὶ εἶπαν αὐτῷ

13 11ᶠὁ δὲ ἀποκριθεὶς εἶπεν αὐτοῖς (—NSTH)

13 27 προσελθόντες δὲ οἱ δοῦλοι τοῦ οἰκοδεσπότου εἶπον αὐτῷ

13 28 * ὁ δὲ δοῦλοι (—H) | εἶπον αὐτῷ (ς; λέγουσιν αὐτῷ N²⁶T; αὐ. λ. rl)

13 37ᶠὁ δὲ ἀποκριθεὶς εἶπεν (+αὐτοῖς ς)

13 52 ὁ δὲ εἶπεν αὐτοῖς

13 57 ὁ δὲ Ἰησοῦς εἶπεν αὐτοῖς

Mt 14 2 ⟨ἤκουσεν Ἡρῴδης⟩ καὶ εἶπεν τοῖς παισὶν αὐτοῦ

14 16 ὁ δὲ Ἰησοῦς ([N²⁶]; —T) εἶπεν αὐτοῖς

14 18 ὁ δὲ εἶπεν

14 28ᶠἀποκριθεὶς δὲ | αὐτῷ ὁ Πέτρος εἶπεν (~ H)

14 29 ὁ δὲ εἶπεν

15 3ᶠὁ δὲ ἀποκριθεὶς εἶπεν αὐτοῖς

15 4 ὁ γὰρ θεὸς εἶπεν (ἐνετείλατο λέγων VSTς)

15 5 ὃς ἂν εἴπῃ τῷ πατρὶ ἢ τῇ μητρί

15 10ʲπροσκαλεσάμενος τὸν ὄχλον εἶπεν αὐτοῖς

15 12 * προσελθόντες οἱ μαθηταὶ εἶπον (ς; λέγουσιν rl) αὐτῷ

15 13ᶠὁ δὲ ἀποκριθεὶς εἶπεν

15 15ᶠἀποκριθεὶς δὲ ὁ Πέτρος εἶπεν αὐτῷ

15 16 ὁ δὲ εἶπεν

15 24ᶠὁ δὲ ἀποκριθεὶς εἶπεν

15 26ᶠὁ δὲ ἀποκριθεὶς εἶπεν

15 27 ἡ δὲ εἶπεν

15 28ᶠἀποκριθεὶς ὁ Ἰησοῦς εἶπεν αὐτῇ

15 32ʲὁ δὲ Ἰησοῦς προσκαλεσάμενος τοὺς μαθητὰς αὐτοῦ εἶπεν

15 34 οἱ δὲ εἶπαν

16 2ᶠὁ δὲ ἀποκριθεὶς εἶπεν αὐτοῖς

16 6 ὁ δὲ Ἰησοῦς εἶπεν αὐτοῖς

16 8 γνοὺς δὲ ὁ Ἰησοῦς εἶπεν (+αὐτοῖς ς)

16 11 πῶς οὐ νοεῖτε ὅτι οὐ περὶ | ἄρτων εἶπον ὑμῖν; προσέχετε δὲ (ἄρτου εἶ. ὑμῖν προσέχειν Vς) ἀπὸ τῆς ζύμης τῶν ... Σαδδουκαίων. ↔

16 12 τότε συνῆκαν ὅτι οὐκ εἶπεν προσέχειν ἀπὸ τῆς ζύμης

16 14 οἱ δὲ εἶπαν

16 16ᶠἀποκριθεὶς δὲ Σίμων Πέτρος εἶπεν

16 17ᶠἀποκριθεὶς δὲ ὁ Ἰησοῦς εἶπεν αὐτῷ

16 20 διεστείλατο (ἐπετίμησεν NH) ... ἵνα μηδενὶ εἴπωσιν ὅτι αὐτός ἐστιν (+Ἰησοῦς Vς) ὁ χριστός

16 23 ὁ δὲ στραφεὶς εἶπεν τῷ Πέτρῳ

16 24 τότε ὁ [H] Ἰησοῦς εἶπεν τοῖς μαθηταῖς αὐτοῦ

17 4ᶠἀποκριθεὶς δὲ ὁ Πέτρος εἶπεν τῷ Ἰησοῦ

17 7 | προσῆλθεν ὁ Ἰησοῦς καὶ ἁψάμενος αὐτῶν εἶπεν (προσελθὼν ὁ Ἰ. ἥψατο αὐ. καὶ εἶ. ς)

17 9 μηδενὶ εἴπητε τὸ ὅραμα

17 11ᶠὁ δὲ (+Ἰησοῦς ς) ἀποκριθεὶς εἶπεν (+αὐτοῖς ς)

17 13 συνῆκαν οἱ μαθηταὶ ὅτι περὶ Ἰωάννου τοῦ βαπτιστοῦ εἶπεν αὐτοῖς

17 17ᶠἀποκριθεὶς δὲ ὁ Ἰησοῦς εἶπεν

17 19 προσελθόντες οἱ μαθηταὶ τῷ Ἰησοῦ κατ' ἰδίαν εἶπον

17 20 * ὁ δὲ | Ἰησοῦς εἶπεν (Vς; λέγει rl) αὐτοῖς

17 22 συστρεφομένων (ἀνα- VBSς) δὲ αὐτῶν ἐν τῇ Γαλιλαίᾳ εἶπεν αὐτοῖς ὁ Ἰησοῦς

17 24 προσῆλθον οἱ τὰ δίδραχμα λαμβάνοντες τῷ Πέτρῳ καὶ εἶπαν

17 26 | εἰπόντος δέ (λέγει αὐτῷ ὁ Πέτρος Vς)

18 3ʲ⟨προσκαλεσάμενος παιδίον ἔστησεν αὐτὸ ἐν μέσῳ αὐτῶν⟩ καὶ εἶπεν

18 17 ἐὰν δὲ παρακούσῃ αὐτῶν, εἰπὲ (-ὸν NMTH) τῇ ἐκκλησίᾳ

18 21 προσελθὼν (+αὐτῷ ς) ὁ Πέτρος εἶπεν αὐτῷ ([H]; —ς)

Mt 19 4ᶠ ὁ δὲ ἀποκριθεὶς εἶπεν (+αὐτοῖς ς)
19 5 εἶπεν
19 11 ὁ δὲ εἶπεν αὐτοῖς
19 14 ὁ δὲ Ἰησοῦς εἶπεν (+αὐτοῖς T)
19 16 εἷς προσελθὼν αὐτῷ εἶπεν
19 17 ὁ δὲ εἶπεν αὐτῷ
19 18 ὁ δὲ Ἰησοῦς εἶπεν (ἔφη NMH)
19 23 ὁ δὲ Ἰησοῦς εἶπεν τοῖς μαθηταῖς αὐτοῦ
19 26 ἐμβλέψας δὲ ὁ Ἰησοῦς εἶπεν αὐτοῖς
19 27ᶠ ἀποκριθεὶς ὁ Πέτρος εἶπεν αὐτῷ
19 28 ὁ δὲ Ἰησοῦς εἶπεν αὐτοῖς
20 4 ⟨εἶδεν ἄλλους ἑστῶτας ἐν τῇ ἀγορᾷ⟩ καὶ ἐκείνοις εἶπεν
20 13ᶠ ὁ δὲ ἀποκριθεὶς | ἑνὶ αὐτῶν εἶπεν (~ Vς)
20 17 παρέλαβεν τοὺς δώδεκα μαθητὰς ([N²⁶H]; —NMT) κατ' ἰδίαν, καὶ ἐν τῇ ὁδῷ εἶπεν αὐτοῖς
20 21 ὁ δὲ εἶπεν αὐτῇ
20 21ᵈ εἰπὲ ἵνα καθίσωσιν οὗτοι
20 22ᶠ ἀποκριθεὶς δὲ ὁ Ἰησοῦς εἶπεν
20 25ʲ ὁ δὲ Ἰησοῦς προσκαλεσάμενος αὐτοὺς εἶπεν
20 32ⁿστὰς ὁ [H] Ἰησοῦς ἐφώνησεν αὐτοὺς καὶ εἶπεν
21 3 ἐάν τις ὑμῖν εἴπῃ τι
21 5 εἴπατε τῇ θυγατρὶ Σιών
21 16 ⟨οἱ γραμματεῖς ... ἠγανάκτησαν⟩ καὶ εἶπαν αὐτῷ
21 21 ἀποκριθεὶς δὲ ὁ Ἰησοῦς εἶπεν αὐτοῖς
21 21 ἐὰν ἔχητε πίστιν ... κἂν τῷ ὄρει τούτῳ εἴπητε
21 24ᶠ ἀποκριθεὶς δὲ [H] ὁ Ἰησοῦς εἶπεν αὐτοῖς· ↔
21 24ᵈ ἐρωτήσω ὑμᾶς κἀγὼ λόγον ἕνα, ὃν ἐὰν εἴπητέ μοι, κἀγὼ ὑμῖν ἐρῶ
21 25 ἐὰν εἴπωμεν
21 26 ἐὰν δὲ εἴπωμεν
21 27ᶠ ἀποκριθέντες τῷ Ἰησοῦ εἶπαν
21 28 προσελθὼν τῷ πρώτῳ εἶπεν
21 29ᶠ ὁ δὲ ἀποκριθεὶς εἶπεν
21 30 | προσελθὼν δὲ (καὶ πρ. Vς) τῷ ἑτέρῳ (δευτέρῳ NMBSHς) εἶπεν ὡσαύτως. ↔
21 30ᶠ ὁ δὲ ἀποκριθεὶς εἶπεν
21 38ᵃ οἱ δὲ γεωργοὶ ἰδόντες τὸν υἱὸν εἶπον ἐν ἑαυτοῖς
22 1ᶠᵐ ἀποκριθεὶς ὁ Ἰησοῦς πάλιν εἶπεν ἐν παραβολαῖς αὐτοῖς λέγων
22 4 εἴπατε τοῖς κεκλημένοις
22 13 τότε | ὁ βασιλεὺς εἶπεν (~ Vς) τοῖς διακόνοις
22 17 εἰπὲ (-ὸν NTH) οὖν ἡμῖν, τί σοι δοκεῖ;
22 18 γνοὺς δὲ ὁ Ἰησοῦς τὴν πονηρίαν αὐτῶν εἶπεν
22 24 Μωϋσῆς εἶπεν
22 29ᶠ ἀποκριθεὶς δὲ ὁ Ἰησοῦς εἶπεν αὐτοῖς
22 37 * ὁ δὲ (+Ἰησοῦς Vς) εἶπεν (ς; ἔφη rl) αὐτῷ
22 44 εἶπεν (+ ὁ MVB[S]ς) κύριος τῷ κυρίῳ μου
23 3 πάντα οὖν ὅσα ἐὰν εἴπωσιν ὑμῖν (+ τηρεῖν [V]ς)
23 39 οὐ μή με ἴδητε ἀπ' ἄρτι ἕως ἂν εἴπητε
24 2ᶠ ὁ δὲ ἀποκριθεὶς (Ἰησοῦς ς) εἶπεν αὐτοῖς
24 3 εἰπὲ (-ὸν H) ἡμῖν
24 4ᶠ ἀποκριθεὶς ὁ Ἰησοῦς εἶπεν αὐτοῖς
24 23 ἐάν τις ὑμῖν εἴπῃ
24 26 ἐὰν οὖν εἴπωσιν ὑμῖν
24 48 ἐὰν δὲ εἴπῃ ὁ κακὸς δοῦλος ἐκεῖνος ([[S]]; —T) ἐν τῇ καρδίᾳ αὐτοῦ

Mt 25 8 αἱ δὲ μωραὶ ταῖς φρονίμοις εἶπαν
25 12ᶠ ὁ δὲ ἀποκριθεὶς εἶπεν
25 22 προσελθὼν δὲ (+[N²⁶]MVBSς) καὶ ὁ τὰ δύο τάλαντα εἶπεν
25 24 προσελθὼν δὲ καὶ ὁ τὸ ἓν τάλαντον εἰληφὼς εἶπεν
25 26ᶠ ἀποκριθεὶς δὲ ὁ κύριος αὐτοῦ εἶπεν αὐτῷ
26 1 ὁ Ἰησοῦς ... εἶπεν τοῖς μαθηταῖς αὐτοῦ
26 10 γνοὺς δὲ ὁ Ἰησοῦς εἶπεν αὐτοῖς
26 15ᵇ ⟨πορευθεὶς ... Ἰούδας Ἰσκαριώτης, πρὸς τοὺς ἀρχιερεῖς⟩ εἶπεν
26 18 ὁ δὲ εἶπεν· ↔
26 18 ὑπάγετε εἰς τὴν πόλιν πρὸς τὸν δεῖνα καὶ εἴπατε αὐτῷ
26 21 ἐσθιόντων αὐτῶν εἶπεν
26 23ᶠ ὁ δὲ ἀποκριθεὶς εἶπεν
26 25ᶠ ἀποκριθεὶς δὲ Ἰούδας ὁ παραδιδοὺς αὐτὸν εἶπεν
26 25 σὺ εἶπας
26 26 λαβὼν ὁ Ἰησοῦς (+τὸν VSς) ἄρτον καὶ εὐλογήσας ἔκλασεν καὶ δοὺς τοῖς μαθηταῖς εἶπεν
26 33ᶠ ἀποκριθεὶς δὲ ὁ Πέτρος εἶπεν αὐτῷ
26 35 ὁμοίως καὶ πάντες οἱ μαθηταὶ εἶπαν
26 44ᵃ προσηύξατο ... τὸν αὐτὸν λόγον εἰπὼν πάλιν
26 49 προσελθὼν τῷ Ἰησοῦ εἶπεν
26 50 ὁ δὲ Ἰησοῦς εἶπεν αὐτῷ
26 55 εἶπεν ὁ Ἰησοῦς τοῖς ὄχλοις
26 61 ⟨ὕστερον δὲ προσελθόντες δύο⟩
26 62 ἀναστὰς ὁ ἀρχιερεὺς εἶπεν αὐτῷ
26 63ᶠ (+ἀποκριθεὶς Tς) ὁ ἀρχιερεὺς εἶπεν αὐτῷ· ↔
26 63 ἐξορκίζω σε ... ἵνα ἡμῖν εἴπῃς εἰ σὺ εἶ ὁ χριστός
26 64 σὺ εἶπας
26 66ᶠ οἱ δὲ ἀποκριθέντες εἶπαν
26 73 προσελθόντες οἱ ἑστῶτες εἶπον τῷ Πέτρῳ
27 4 οἱ δὲ εἶπαν
27 6 οἱ δὲ ἀρχιερεῖς λαβόντες τὰ ἀργύρια εἶπαν
27 17 συνηγμένων οὖν αὐτῶν εἶπεν αὐτοῖς ὁ Πιλᾶτος
27 21ᶠ ἀποκριθεὶς δὲ ὁ ἡγεμὼν εἶπεν αὐτοῖς
27 21 οἱ δὲ εἶπαν
27 25ᶠ ἀποκριθεὶς πᾶς ὁ λαὸς εἶπεν
27 43 εἶπεν γὰρ ὅτι θεοῦ εἰμι υἱός
27 49 * οἱ δὲ λοιποὶ εἶπαν (NMH; ἔλεγον rl)
27 63 ἐκεῖνος ὁ πλάνος εἶπεν ἔτι ζῶν
27 64 μήποτε ἐλθόντες οἱ μαθηταὶ αὐτοῦ (—NTH) κλέψωσιν αὐτὸν καὶ εἴπωσιν τῷ λαῷ
28 5ᶠ ἀποκριθεὶς δὲ ὁ ἄγγελος εἶπεν ταῖς γυναιξίν
28 6 ἠγέρθη γὰρ καθὼς εἶπεν
28 7 ταχὺ πορευθεῖσαι εἴπατε τοῖς μαθηταῖς αὐτοῦ ὅτι ἠγέρθη
28 7 ἰδοὺ εἶπον ὑμῖν
28 13 εἴπατε ὅτι οἱ μαθηταὶ αὐτοῦ ... ἔκλεψαν αὐτόν

Mc 1 17 εἶπεν αὐτοῖς ὁ Ἰησοῦς
1 42 * | εἰπόντος αὐτοῦ (+VSς) εὐθὺς ἀπῆλθεν ἀπ' αὐτοῦ ἡ λέπρα
1 44 ὅρα μηδενὶ μηδὲν εἴπῃς
2 8 * ἐπιγνοὺς ὁ Ἰησοῦς ... εἶπεν (ς; λέγει rl) αὐτοῖς [H]

Mc 2 9 τί ἐστιν εὐκοπώτερον, εἰπεῖν τῷ παραλυτικῷ· ἀφίενταί σου αἱ ἁμαρτίαι, ↔
2 9 ἢ εἰπεῖν ⟨;⟩
2 19 εἶπεν αὐτοῖς ὁ Ἰησοῦς
3 9ᵈ εἶπεν τοῖς μαθηταῖς αὐτοῦ ἵνα πλοιάριον προσκαρτερῇ αὐτῷ
3 32 * ἐκάθητο περὶ αὐτὸν ὄχλος, | εἶπον δὲ (ς; καὶ λέγουσιν rl) αὐτῷ
4 39 διεγερθεὶς ἐπετίμησεν τῷ ἀνέμῳ καὶ εἶπεν τῇ θαλάσσῃ
4 40 εἶπεν αὐτοῖς
5 7ᵏˢ* κράξας φωνῇ μεγάλῃ εἶπε (ς; λέγει rl)
5 33 προσέπεσεν αὐτῷ καὶ εἶπεν αὐτῷ πᾶσαν τὴν ἀλήθειαν. ↔
5 34 ὁ δὲ εἶπεν αὐτῇ
5 43 διεστείλατο αὐτοῖς ... καὶ εἶπεν δοθῆναι αὐτῇ φαγεῖν
6 16 * ἀκούσας δὲ ὁ Ἡρῴδης εἶπεν (Sς; ἔλεγεν rl)
6 22 | εἶπεν ὁ βασιλεὺς (ὁ δὲ β. εἰ. NMTH) τῷ κορασίῳ
6 24 ἐξελθοῦσα εἶπεν τῇ μητρὶ αὐτῆς
6 24 ἡ δὲ εἶπεν
6 31 * εἶπεν (ς; λέγει rl) αὐτοῖς
6 37ᶠ ὁ δὲ ἀποκριθεὶς εἶπεν αὐτοῖς [S]
7 6ᶠ ὁ δὲ (+ἀποκριθεὶς Vς) εἶπεν αὐτοῖς
7 10 Μωϋσῆς γὰρ εἶπεν
7 11 ἐὰν εἴπῃ ἄνθρωπος τῷ πατρὶ ἢ τῇ μητρί
7 27 * | ὁ δὲ Ἰησοῦς εἶπεν (ς; καὶ ἔλεγεν rl) αὐτῇ
7 29 εἶπεν αὐτῇ
7 36 * διεστείλατο αὐτοῖς ἵνα μηδενὶ εἴπωσιν (ς; λέγωσιν rl)
8 5 οἱ δὲ εἶπον
8 7 εὐλογήσας | αὐτὰ εἶπεν καὶ ταῦτα παρατιθέναι (αὐ. παρέθηκεν T; εἰ. παραθεῖναι κ. αὐ. ς)
8 20 * | οἱ δὲ εἶπον (Sς; καὶ λέγουσιν rl) αὐτῷ (+[N²⁶V]H)
8 26 * μηδὲ (μὴ T) εἰς τὴν κώμην εἰσέλθῃς | μηδὲ εἴπῃς τινὶ ἐν τῇ κώμῃ (+Vς)
8 28ᵐ οἱ δὲ εἶπαν (ἀπεκρίθησαν Sς) | αὐτῷ λέγοντες (—ς ..)
8 34ʲ προσκαλεσάμενος τὸν ὄχλον σὺν τοῖς μαθηταῖς αὐτοῦ εἶπεν αὐτοῖς
9 12ᶠ * ὁ δὲ | ἀποκριθεὶς εἶπεν (Vς; ἔφη rl) αὐτοῖς
9 17ᶠ * | ἀποκριθεὶς εἷς ἐκ τοῦ ὄχλου εἶπεν (Vς; ἀπεκρίθη αὐτῷ εἷς ἐκ τ. ὄ. rl)
9 18ᵈ εἶπα (εἶπον Vς) τοῖς μαθηταῖς σου ἵνα αὐτὸ ἐκβάλωσιν
9 21 ὁ δὲ εἶπεν
9 23 ὁ δὲ Ἰησοῦς εἶπεν αὐτῷ
9 29 ὁ δὲ εἶπεν αὐτοῖς
9 36 λαβὼν παιδίον ... εἶπεν αὐτοῖς
9 39 ὁ δὲ Ἰησοῦς [S] εἶπεν
10 3ᶠ ὁ δὲ ἀποκριθεὶς εἶπεν αὐτοῖς
10 4 οἱ δὲ εἶπαν
10 5ᶠ | ὁ δὲ (καὶ ἀποκριθεὶς ὁ Vς) Ἰησοῦς εἶπεν αὐτοῖς
10 14 ἰδὼν δὲ ὁ Ἰησοῦς ἠγανάκτησεν καὶ [+ἐπιτιμήσας S] εἶπεν αὐτοῖς
10 18 ὁ δὲ Ἰησοῦς εἶπεν αὐτῷ
10 20ᶠ * ὁ δὲ (+ἀποκριθεὶς [M]VBSς) εἶπεν (VBSς; ἔφη rl) αὐτῷ
10 21 ὁ δὲ Ἰησοῦς ἐμβλέψας αὐτῷ ἠγάπησεν αὐτὸν καὶ εἶπεν αὐτῷ
10 29ᶠ * | ἀποκριθεὶς ὁ Ἰησοῦς εἶπεν (MVBS; ἀ. δὲ ὁ Ἰ. εἰ. ς; ἔφη ὁ Ἰ. rl)
10 36 ὁ δὲ εἶπεν αὐτοῖς

Mc 10 37 οἱ δὲ εἶπαν αὐτῷ

10 38 ὁ δὲ ᾿Ιησοῦς εἶπεν αὐτοῖς

10 39 ὁ δὲ εἶπαν αὐτῷ [S]

10 39 ὁ δὲ ᾿Ιησοῦς εἶπεν αὐτοῖς

10 49 στὰς ὁ ᾿Ιησοῦς | εἶπεν· φωνήσατε αὐτόν (εἶ. αὐ. φωνηθῆναι ς)

10 51ᶠ ἀποκριθεὶς | αὐτῷ ὁ ᾿Ιησοῦς εἶπεν (λέγει αὐ. ὁ. ᾿Ι. ς)

10 51 ὁ δὲ τυφλὸς εἶπεν αὐτῷ

10 52 | καὶ ὁ (ὁ δὲ BSTς) ᾿Ιησοῦς εἶπεν αὐτῷ

11 3 ἐάν τις ὑμῖν εἴπῃ

11 3 εἴπατε· (+ὅτι VBSς) ὁ κύριος αὐτοῦ χρείαν ἔχει

11 6 οἱ δὲ εἶπαν αὐτοῖς ↔

11 6 καθὼς εἶπεν (ἐνετείλατο ς) ὁ ᾿Ιησοῦς

11 14ᶠ ἀποκριθεὶς (+ὁ ᾿Ιησοῦς ς) εἶπεν αὐτῇ

11 23 ὃς ἂν εἴπῃ τῷ ὄρει τούτῳ

11 23 * ἔσται αὐτῷ | ὃ ἐὰν εἴπῃ (+ς) ↔

11 29ᶜ ὁ δὲ ᾿Ιησοῦς (+ἀποκριθεὶς ς) εἶπεν αὐτοῖς

11 31 * διελογίζοντο (ἐλ. Sς) πρὸς ἑαυτοὺς λέγοντες· | τί εἴπωμεν; (+B[S]) ↔

11 31 ἐὰν εἴπωμεν

11 32 ἀλλὰ (+ἐὰν ς) εἴπωμεν

12 7ᵇ ἐκεῖνοι δὲ οἱ γεωργοὶ | πρὸς ἑαυτοὺς εἶπαν (~Vς) ὅτι οὗτός ἐστιν ὁ κληρονόμος

12 12ᵇ ἔγνωσαν γὰρ ὅτι πρὸς αὐτοὺς τὴν παραβολὴν εἶπεν

12 15 ὁ δὲ εἰδὼς (ἰδὼν T) αὐτῶν τὴν ὑπόκρισιν εἶπεν αὐτοῖς

12 16 οἱ δὲ εἶπαν αὐτῷ

12 17ᶠ ὁ δὲ (καὶ ἀποκριθεὶς ὁ VBSς) ᾿Ιησοῦς εἶπεν αὐτοῖς (—H)

12 24ᶠ * | καὶ ἀποκριθεὶς ὁ ᾿Ιησοῦς εἶπεν αὐτοῖς (Vς; ἔφη αὐ. ὁ ᾿Ι. rl)

12 26ᵐ οὐκ ἀνέγνωτε ἐν τῇ βίβλῳ Μωϋσέως ἐπὶ τοῦ βάτου πῶς εἶπεν αὐτῷ ὁ θεὸς λέγων ⟨;⟩

12 32 εἶπεν αὐτῷ ὁ γραμματεύς· ↔

12 32 καλῶς, διδάσκαλε, ἐπ᾿ ἀληθείας εἶπες (εἶπας Vς) ὅτι εἷς ἐστιν

12 34 ὁ ᾿Ιησοῦς, ἰδὼν αὐτὸν ([N²⁶]; —S) ὅτι νουνεχῶς ἀπεκρίθη, εἶπεν

12 36 αὐτὸς (+γὰρ Vς) Δαυὶδ εἶπεν ἐν τῷ πνεύματι τῷ ἁγίῳ· ↔

12 36 εἶπεν (+ὁ VBSTς) κύριος τῷ κυρίῳ μου

12 43ʲ προσκαλεσάμενος τοὺς μαθητὰς αὐτοῦ εἶπεν (λέγει Vς) αὐτοῖς

13 2ᶠ ὁ ᾿Ιησοῦς (+ἀποκριθεὶς Vς) εἶπεν αὐτῷ

13 4 εἰπὸν (εἰπὲ ς) ἡμῖν, πότε ταῦτα ἔσται ⟨;⟩

13 21 τότε ἐὰν τις ὑμῖν εἴπῃ

14 6 ὁ δὲ ᾿Ιησοῦς εἶπεν

14 14 εἴπατε τῷ οἰκοδεσπότῃ ὅτι ὁ διδάσκαλος λέγει

14 16 εὗρον καθὼς εἶπεν αὐτοῖς

14 18 ὁ ᾿Ιησοῦς εἶπεν

14 20ᵇ ὁ δὲ (+ἀποκριθεὶς ς) εἶπεν αὐτοῖς

14 22 λαβὼν (+ὁ ᾿Ιησοῦς V[S]ς) ἄρτον εὐλογήσας ἔκλασεν καὶ ἔδωκεν αὐτοῖς καὶ εἶπεν

14 24 εἶπεν αὐτοῖς

14 39ᵠ πάλιν ἀπελθὼν προσηύξατο | τὸν αὐτὸν λόγον εἰπών [H]

14 48ᶠ ἀποκριθεὶς ὁ ᾿Ιησοῦς εἶπεν αὐτοῖς

14 62 ὁ δὲ ᾿Ιησοῦς εἶπεν

14 72ᶠ ἀνεμνήσθη ὁ Πέτρος | τὸ ῥῆμα ὡς (τὸ ῥ. ὃ S; τοῦ ῥήματος οὗ ς) εἶπεν αὐτῷ ὁ ᾿Ιησοῦς

Mc 15 2ᶠ * ὁ δὲ ἀποκριθεὶς | εἶπεν αὐτῷ (ς; αὐ. λέγει rl)

15 12ᶠ * ὁ δὲ Πιλᾶτος | ἀποκριθεὶς πάλιν εἶπεν (ς; π. ἀ. ἔλεγεν rl) αὐτοῖς

15 39 ἰδὼν δὲ ὁ κεντυρίων . . . εἶπεν

16 7 ἀλλὰ ὑπάγετε εἴπατε τοῖς μαθηταῖς αὐτοῦ καὶ τῷ Πέτρῳ ὅτι προάγει ὑμᾶς

16 7 ἐκεῖ αὐτὸν ὄψεσθε, καθὼς εἶπεν ὑμῖν

16 8 οὐδενὶ οὐδὲν εἶπαν

[16 15] εἶπεν αὐτοῖς

Lc 1 13ᵇ εἶπεν δὲ πρὸς αὐτὸν ὁ ἄγγελος

1 18ᵇ εἶπεν Ζαχαρίας πρὸς τὸν ἄγγελον

1 19ᶠ ἀποκριθεὶς ὁ ἄγγελος εἶπεν αὐτῷ

1 28ᵇ εἰσελθὼν | πρὸς αὐτὴν (ὁ ἄγγελος π. αὐ. Vς; π. αὐ. ὁ ἄ. T) εἶπεν

1 30 εἶπεν ὁ ἄγγελος αὐτῇ

1 34ᵇ εἶπεν δὲ Μαριὰμ πρὸς τὸν ἄγγελον

1 35ᶠ ἀποκριθεὶς ὁ ἄγγελος εἶπεν αὐτῇ

1 38 εἶπεν δὲ Μαριάμ

1 42ⁿˢ ⟨ἡ ᾿Ελισάβετ⟩ ἀνεφώνησεν κραυγῇ (φωνῇ Vς) μεγάλη καὶ εἶπεν

1 46 εἶπεν Μαριάμ

1 60ᶠ ἀποκριθεῖσα ἡ μήτηρ αὐτοῦ εἶπεν

1 61ᵇ εἶπαν πρὸς αὐτὴν ὅτι οὐδείς ἐστιν . . . ὃς καλεῖται

2 10 εἶπεν αὐτοῖς ὁ ἄγγελος

2 15ᵇ * ὡς ἀπῆλθον . . . οἱ ἄγγελοι, | καὶ οἱ ἄνθρωποι οἱ ποιμένες εἶπον (Vς; οἱ π. ἐλάλουν rl) πρὸς ἀλλήλους

2 28 εὐλόγησεν τὸν θεὸν καὶ εἶπεν

2 34ᵇ εὐλόγησεν αὐτοὺς Συμεὼν καὶ εἶπεν πρὸς Μαριάμ

2 48ᵇ εἶπεν πρὸς αὐτὸν ἡ μήτηρ αὐτοῦ

2 49ᵇ εἶπεν πρὸς αὐτούς

3 12ᵇ ἦλθον δὲ καὶ τελῶναι βαπτισθῆναι καὶ εἶπαν πρὸς αὐτόν

3 13ᵇ ὁ δὲ εἶπεν πρὸς αὐτούς

3 14ᵇ εἶπεν αὐτοῖς (πρὸς αὐτοὺς VTς)

4 3 εἶπεν δὲ αὐτῷ ὁ διάβολος· ↔

4 3ᵈ εἰ υἱὸς εἶ τοῦ θεοῦ, εἰπὲ τῷ λίθῳ τούτῳ ἵνα γένηται ἄρτος

4 6 εἶπεν αὐτῷ ὁ διάβολος

4 8ᶠ ἀποκριθεὶς (+αὐτῷ ς) ὁ ᾿Ιησοῦς εἶπεν αὐτῷ (—ς)

4 9 εἶπεν αὐτῷ [H]

4 12ᶠ ἀποκριθεὶς εἶπεν αὐτῷ ὁ ᾿Ιησοῦς ὅτι εἴρηται

4 23ᵇ εἶπεν πρὸς αὐτούς

4 24 εἶπεν δέ

4 43ᵇ ὁ δὲ εἶπεν πρὸς αὐτοὺς ὅτι . . . εὐαγγελίσασθαί με δεῖ

5 4ᵇ εἶπεν πρὸς τὸν Σίμωνα

5 5ᶠ ἀποκριθεὶς (+ὁ VB[S]ς) Σίμων εἶπεν (+αὐτῷ VB[S]ς)

5 10ᵇ εἶπεν πρὸς τὸν Σίμωνα ὁ (—H) ᾿Ιησοῦς

5 13 * ἐκτείνας τὴν χεῖρα ἥψατο αὐτοῦ εἰπών (VSTς; λέγων rl)

5 14ᵉ αὐτὸς παρήγγειλεν αὐτῷ μηδενὶ εἰπεῖν

5 20 ἰδὼν τὴν πίστιν αὐτῶν εἶπεν (+αὐτῷ ς)

5 22ᵇ ἐπιγνοὺς δὲ ὁ ᾿Ιησοῦς . . . ἀποκριθεὶς εἶπεν πρὸς αὐτούς

5 23 τί ἐστιν εὐκοπώτερον, εἰπεῖν· ἀφέωνταί σοι αἱ ἁμαρτίαι σου, ↔

5 23 ἢ εἰπεῖν

5 24 εἶπεν τῷ παραλελυμένῳ

5 27 εἶπεν αὐτῷ

5 31ᵇ ἀποκριθεὶς ὁ [H] ᾿Ιησοῦς εἶπεν πρὸς αὐτούς

5 33ᵇ οἱ δὲ εἶπαν πρὸς αὐτόν

Lc 5 34ᵇ ὁ δὲ ᾿Ιησοῦς (—Sς) εἶπεν πρὸς αὐτούς

6 2 τινὲς δὲ τῶν Φαρισαίων εἶπαν (+αὐτοῖς ς)

6 3ᵇ ἀποκριθεὶς || πρὸς αὐτοὺς εἶπεν ὁ [H] ᾿Ιησοῦς ((~ST))

6 8 εἶπεν δὲ τῷ ἀνδρὶ τῷ ξηρὰν ἔχοντι τὴν χεῖρα

6 9ᵇ εἶπεν δὲ (οὖν ς) ὁ [H] ᾿Ιησοῦς πρὸς αὐτούς

6 10 περιβλεψάμενος πάντας αὐτοὺς (+ἐν ὀργῇ S) εἶπεν αὐτῷ (τῷ ἀνθρώπῳ ς)

6 26 οὐαὶ ὅταν | ὑμᾶς καλῶς εἴπωσιν (~NMVHς BST) πάντες οἱ ἄνθρωποι

6 39 εἶπεν δὲ καὶ παραβολὴν αὐτοῖς

7 7ᵠ ἀλλὰ εἰπὲ λόγῳ, καὶ ἰαθήτω (ἰαθήσεται Vς) ὁ παῖς μου

7 9 ἀκούσας . . . ὁ ᾿Ιησοῦς ἐθαύμασεν αὐτόν, καὶ στραφεὶς τῷ ἀκολουθοῦντι αὐτῷ ὄχλῳ εἶπεν

7 13 ἰδὼν αὐτὴν ὁ κύριος ἐσπλαγχνίσθη ἐπ᾿ αὐτῇ (αὐτὴν T) καὶ εἶπεν αὐτῇ

7 14 προσελθὼν ἥψατο τῆς σοροῦ . . . καὶ εἶπεν

7 20ᵇ παραγενόμενοι δὲ πρὸς αὐτὸν οἱ ἄνδρες εἶπαν

7 22ᶠ ἀποκριθεὶς (+ὁ ᾿Ιησοῦς ς) εἶπεν αὐτοῖς

7 31 * | εἶπε δὲ ὁ κύριος (+ς)

7 39ᵃʲ ἰδὼν δὲ ὁ Φαρισαῖος ὁ καλέσας αὐτὸν εἶπεν ἐν ἑαυτῷ λέγων

7 40ᵇᶠ ἀποκριθεὶς ὁ ᾿Ιησοῦς εἶπεν πρὸς αὐτόν· ↔

7 40 Σίμων, ἔχω σοί τι εἰπεῖν

7 40 διδάσκαλε, εἰπέ

7 42 * τίς οὖν αὐτῶν εἰπὲ (+VSς) πλεῖον | ἀγαπήσει αὐτόν (~Sς); ↔

7 43ᶠ ἀποκριθεὶς (+δὲ ὁ Vς; +δὲ S) Σίμων εἶπεν

7 43 ὁ δὲ εἶπεν αὐτῷ

7 48 εἶπεν δὲ αὐτῇ

7 50ᵇ εἶπεν δὲ πρὸς τὴν γυναῖκα

8 4ᵇ εἶπεν διὰ παραβολῆς

8 10 ὁ δὲ εἶπεν

8 21ᵇᶠ ὁ δὲ ἀποκριθεὶς εἶπεν πρὸς αὐτούς

8 22ᵇ εἶπεν πρὸς αὐτούς

8 25 εἶπεν δὲ αὐτοῖς

8 28ᵏˢ ἰδὼν δὲ τὸν ᾿Ιησοῦν ἀνακράξας προσέπεσεν αὐτῷ καὶ φωνῇ μεγάλη εἶπεν

8 30 ὁ δὲ εἶπεν

8 45 εἶπεν ὁ ᾿Ιησοῦς

8 45 ἀρνουμένων δὲ πάντων εἶπεν ὁ Πέτρος (+καὶ οἱ σὺν αὐτῷ VBST; καὶ οἱ μετ᾿ αὐτοῦ ς)

8 46 ὁ δὲ ᾿Ιησοῦς εἶπεν

8 48 ὁ δὲ εἶπεν αὐτῇ

8 52 ὁ δὲ εἶπεν

8 56ᵇ ὁ δὲ παρήγγειλεν αὐτοῖς μηδενὶ εἰπεῖν τὸ γεγονός

9 3ᵇ ⟨ἀπέστειλεν αὐτοὺς κηρύσσειν⟩ καὶ εἶπεν πρὸς αὐτούς

9 9 εἶπεν δὲ (+ὁ [NH]BSς) ῾Ηρῴδης

9 12 προσελθόντες δὲ οἱ δώδεκα εἶπαν αὐτῷ

9 13ᵇ εἶπεν δὲ πρὸς αὐτούς

9 13 οἱ δὲ εἶπαν

9 14ᵇ εἶπεν δὲ πρὸς τοὺς μαθητὰς αὐτοῦ

9 19ᶠ οἱ δὲ ἀποκριθέντες εἶπαν

9 20 εἶπεν δὲ αὐτοῖς

9 20ᶠ Πέτρος δὲ ἀποκριθεὶς εἶπεν

9 21ᵉ * ὁ δὲ ἐπιτιμήσας αὐτοῖς παρήγγειλεν μηδενὶ εἰπεῖν (ς; λέγειν rl) τοῦτο, ↔

Lc 9 22ᵉεἰπὼν ὅτι δεῖ τὸν υἱὸν τοῦ ἀνθρώ-
  που πολλὰ παθεῖν
9 33ᵇεἶπεν ὁ Πέτρος πρὸς τὸν Ἰησοῦν
9 41ᶠ ἀποκριθεὶς δὲ ὁ Ἰησοῦς εἶπεν
9 43ᵇεἶπεν πρὸς τοὺς μαθητὰς αὐτοῦ
9 48 εἶπεν αὐτοῖς
9 49ᶠ ἀποκριθεὶς δὲ (+ὁ NMVTϛ) Ἰωάν-
  νης εἶπεν
9 50ᵇεἶπεν δὲ πρὸς αὐτὸν ὁ (—NTH)
  Ἰησοῦς
9 54 ἰδόντες δὲ οἱ μαθηταὶ (+αὐτοῦ Vϛ)
  Ἰάκωβος καὶ Ἰωάννης εἶπαν· ↔
9 54 κύριε, θέλεις εἴπωμεν πῦρ καταβῆ-
  ναι ⟨;⟩
9 55 * στραφεὶς δὲ ἐπετίμησεν αὐτοῖς
  | καὶ εἶπεν (+ϛ . .)
9 57ᵇεἶπέν τις πρὸς αὐτόν
9 58 εἶπεν αὐτῷ ὁ [H] Ἰησοῦς
9 59ᵇεἶπεν δὲ πρὸς ἕτερον
9 59 ὁ δὲ εἶπεν
9 60 εἶπεν δὲ αὐτῷ (+ὁ Ἰησοῦς ϛ)
9 61 εἶπεν δὲ καὶ ἕτερος
9 62ᵇεἶπεν δὲ | πρὸς αὐτὸν [N²⁶NH] ὁ
  Ἰησοῦς
10 10 ἐξελθόντες εἰς τὰς πλατείας αὐτῆς
  εἴπατε
10 18 εἶπεν δὲ αὐτοῖς
10 21 ἠγαλλιάσατο ἐν (+[N²⁶]BST) τῷ
  πνεύματι | τῷ ἁγίῳ (ὁ Ἰησοῦς ϛ)
  καὶ εἶπεν
10 22ᵇ* | καὶ στραφεὶς πρὸς τοὺς μαθητὰς
  εἶπεν (+[S]Tϛ)
10 23ᵇστραφεὶς πρὸς τοὺς μαθητὰς κατ'
  ἰδίαν εἶπεν
10 26ᵇὁ δὲ εἶπεν πρὸς αὐτόν
10 27ᶠ ὁ δὲ ἀποκριθεὶς εἶπεν
10 28 εἶπεν δὲ αὐτῷ
10 29ᵇὁ δὲ . . . εἶπεν πρὸς τὸν Ἰησοῦν
10 30 ὑπολαβὼν (+δὲ VBSϛ) ὁ Ἰησοῦς
  εἶπεν
10 35 ἐκβαλὼν | ἔδωκεν δύο δηνάρια
  (N²⁶; ~rl) τῷ πανδοχεῖ καὶ εἶπεν
  (+αὐτῷ ϛ)
10 37 ὁ δὲ εἶπεν
10 37 εἶπεν δὲ (οὖν ϛ) αὐτῷ ὁ [H] Ἰησοῦς
10 40 ἐπιστᾶσα δὲ εἶπεν
10 40ᵈεἰπὲ (εἶπον NMTH) οὖν αὐτῇ ἵνα
  μοι συναντιλάβηται. ↔
10 41ᶠ ἀποκριθεὶς δὲ εἶπεν αὐτῇ ὁ κύριος
  (Ἰησοῦς Vϛ)
11 1ᵇεἶπέν τις τῶν μαθητῶν αὐτοῦ πρὸς
  αὐτόν
11 2 εἶπεν δὲ αὐτοῖς
11 5ᵇεἶπεν πρὸς αὐτούς
11 5 εἴπῃ αὐτῷ
11 7ᶠ κἀκεῖνος ἔσωθεν ἀποκριθεὶς εἴπῃ
11 15 τινὲς δὲ ἐξ αὐτῶν εἶπον
11 17 αὐτὸς δὲ εἰδὼς αὐτῶν τὰ διανοή-
  ματα εἶπεν αὐτοῖς
11 27ˢἐπάρασά τις | φωνὴν γυνὴ (~VB
  Sϛ) . . . εἶπεν αὐτῷ
11 28 αὐτὸς δὲ εἶπεν
11 39ᵇεἶπεν δὲ ὁ κύριος πρὸς αὐτόν
11 46 ὁ δὲ εἶπεν
11 49 διὰ τοῦτο καὶ ἡ σοφία τοῦ θεοῦ εἶπεν
12 3ˡ ἀνθ' ὧν ὅσα ἐν τῇ σκοτίᾳ εἴπατε
  ἐν τῷ φωτὶ ἀκουσθήσεται
12 11 μὴ μεριμνήσητε πῶς | ἢ τί [H]
  ἀπολογήσησθε ἢ τί εἴπητε· ↔
12 12 τὸ γὰρ ἅγιον πνεῦμα διδάξει
  ὑμᾶς . . . ἃ δεῖ εἰπεῖν. ↔
12 13 εἶπεν δέ τις ἐκ τοῦ ὄχλου αὐτῷ· ↔
12 13 διδάσκαλε, εἰπὲ τῷ ἀδελφῷ μου
  μερίσασθαι μετ' ἐμοῦ τὴν κληρονο-
  μίαν. ↔

Lc 12 14 ὁ δὲ εἶπεν αὐτῷ
12 15ᵇεἶπεν δὲ πρὸς αὐτούς
12 16ᵇᵐεἶπεν δὲ παραβολὴν πρὸς αὐ-
  τοὺς λέγων
12 18 καὶ εἶπεν
12 20 εἶπεν δὲ αὐτῷ ὁ θεός
12 22ᵇεἶπεν δὲ πρὸς τοὺς μαθητὰς αὐτοῦ
  [N²⁶NH]
12 41 εἶπεν δὲ (+αὐτῷ VTϛ) ὁ Πέτρος
12 42 | καὶ εἶπεν (εἶπε δὲ ϛ) ὁ κύριος
12 45 ἐὰν δὲ εἴπῃ ὁ δοῦλος ἐκεῖνος ἐν τῇ
  καρδίᾳ αὐτοῦ
13 2ᶠ ἀποκριθεὶς (+ὁ Ἰησοῦς ϛ) εἶπεν
  αὐτοῖς
13 7ᵇεἶπεν δὲ πρὸς τὸν ἀμπελουργόν
13 12ⁿἰδὼν δὲ αὐτὴν ὁ Ἰησοῦς προσεφώ-
  νησεν καὶ εἶπεν αὐτῇ
13 15ᶠ ἀπεκρίθη δὲ αὐτῷ ὁ κύριος καὶ
  εἶπεν
13 20 πάλιν εἶπεν
13 23 εἶπεν δέ τις αὐτῷ
13 23ᵇὁ δὲ εἶπεν πρὸς αὐτούς
13 32 εἶπεν αὐτοῖς· ↔
13 32 πορευθέντες εἴπατε τῇ ἀλώπεκι
  ταύτῃ
13 35 οὐ μὴ | ἴδητέ με (~Vϛ) ἕως (+ἂν
  Vϛ) | ἥξει ὅτε ([N²⁶M] ; —H) εἴπητε
14 3ᵇᶠᵐἀποκριθεὶς ὁ Ἰησοῦς εἶπεν πρὸς
  τοὺς νομικοὺς . . . λέγων
14 5ᵇᶠ(+ἀποκριθεὶς VTϛ) πρὸς αὐτοὺς
  εἶπεν
14 10ˡ* ἵνα ὅταν ἔλθῃ ὁ κεκληκώς σε
  εἴπῃ (ϛ; ἐρεῖ rl) σοι
14 15 ἀκούσας δέ τις τῶν συνανακειμένων
  ταῦτα εἶπεν αὐτῷ
14 16 ὁ δὲ εἶπεν αὐτῷ
14 17 ἀπέστειλεν τὸν δοῦλον αὐτοῦ τῇ
  ὥρᾳ τοῦ δείπνου εἰπεῖν τοῖς | κε-
  κλημένοις· ἔρχεσθε (κ. ἔρχεσθαι S)
14 18 ὁ πρῶτος εἶπεν αὐτῷ
14 19 ἕτερος εἶπεν
14 20 ἕτερος εἶπεν
14 21 τότε ὀργισθεὶς ὁ οἰκοδεσπότης
  εἶπεν τῷ δούλῳ αὐτοῦ
14 22 εἶπεν ὁ δοῦλος
14 23ᵇεἶπεν ὁ κύριος πρὸς τὸν δοῦλον
14 25ᵇστραφεὶς εἶπεν πρὸς αὐτούς
15 3ᵇᵐεἶπεν δὲ πρὸς αὐτοὺς τὴν παρα-
  βολὴν ταύτην λέγων
15 11 εἶπεν δέ
15 12 εἶπεν ὁ νεώτερος αὐτῶν τῷ πατρί
15 17 * εἰς ἑαυτὸν δὲ ἐλθὼν εἶπε (ϛ;
  ἔφη rl)
15 21 εἶπεν δὲ | ὁ υἱὸς αὐτῷ (~VBTϛ)
15 22ᵇεἶπεν δὲ ὁ πατὴρ πρὸς τοὺς
  δούλους αὐτοῦ
15 27 ὁ δὲ εἶπεν αὐτῷ ὅτι ὁ ἀδελφός σου
  ἥκει
15 29ᶠ ὁ δὲ ἀποκριθεὶς εἶπεν τῷ πατρὶ
  αὐτοῦ (+N²⁶BH)
15 31 ὁ δὲ εἶπεν αὐτῷ
16 2ⁿφωνήσας αὐτὸν εἶπεν αὐτῷ
16 3ᵃεἶπεν δὲ ἐν ἑαυτῷ ὁ οἰκονόμος
16 6 ὁ δὲ εἶπεν
16 6 ὁ δὲ εἶπεν αὐτῷ
16 7 ἔπειτα ἑτέρῳ εἶπεν
16 7 ὁ δὲ εἶπεν
16 15 εἶπεν αὐτοῖς
16 24ⁿκαὶ αὐτὸς φωνήσας εἶπεν
16 25 εἶπεν δὲ Ἀβραάμ
16 27 εἶπεν δέ
16 30 ὁ δὲ εἶπεν
16 31 εἶπεν δὲ αὐτῷ
17 1ᵇεἶπεν δὲ πρὸς τοὺς μαθητὰς
  αὐτοῦ

Lc 17 5 εἶπαν οἱ ἀπόστολοι τῷ κυρίῳ
17 6 εἶπεν δὲ ὁ κύριος
17 14 ἰδὼν εἶπεν αὐτοῖς
17 17ᶠ ἀποκριθεὶς δὲ ὁ Ἰησοῦς εἶπεν
17 19 εἶπεν αὐτῷ
17 20ᶠʰἐπερωτηθεὶς δὲ ὑπὸ τῶν Φαρισαί-
  ων . . . ἀπεκρίθη αὐτοῖς καὶ εἶπεν
17 22ᵇεἶπεν δὲ πρὸς τοὺς μαθητὰς
17 37 ὁ δὲ εἶπεν αὐτοῖς
18 4ᵃμετὰ | δὲ ταῦτα (~NMH) εἶπεν
  ἐν ἑαυτῷ
18 6 εἶπεν δὲ ὁ κύριος
18 9ᵇεἶπεν δὲ καὶ πρός τινας τοὺς
  πεποιθότας ἐφ' ἑαυτοῖς . . . τὴν
  παραβολὴν ταύτην
18 16ʲ* ὁ δὲ Ἰησοῦς προσκαλεσάμενος
  (ϛ; προσεκαλέσατο rl) αὐτὰ [H]
  εἶπεν (ϛ; λέγων rl)
18 19 εἶπεν δὲ αὐτῷ ὁ Ἰησοῦς
18 21 ὁ δὲ εἶπεν
18 22 ἀκούσας δὲ ὁ Ἰησοῦς εἶπεν αὐτῷ
18 24 ἰδὼν δὲ αὐτὸν ὁ [H] Ἰησοῦς
  |περίλυπον γενόμενον (+[N²⁶]ϛ)
  εἶπεν
18 26 εἶπαν δὲ οἱ ἀκούσαντες
18 27 ὁ δὲ εἶπεν
18 28 εἶπεν δὲ ὁ (—T) Πέτρος
18 29 ὁ δὲ εἶπεν αὐτοῖς
18 31ᵇπαραλαβὼν δὲ τοὺς δώδεκα εἶπεν
  πρὸς αὐτούς
18 41 ὁ δὲ εἶπεν
18 42 ὁ Ἰησοῦς εἶπεν αὐτῷ
19 5ᵇἀναβλέψας ὁ [H] Ἰησοῦς (+εἶδεν
  αὐτὸν καὶ ϛ) εἶπεν πρὸς αὐτόν
19 8ᵇσταθεὶς δὲ Ζακχαῖος εἶπεν πρὸς
  τὸν κύριον
19 9ᵇεἶπεν δὲ πρὸς αὐτὸν ὁ [H] Ἰη-
  σοῦς ὅτι σήμερον σωτηρία . . .
  ἐγένετο
19 11 ἀκουόντων δὲ αὐτῶν ταῦτα προσ-
  θεὶς εἶπεν παραβολήν
19 12 εἶπεν οὖν
19 13ᵇʲκαλέσας δὲ δέκα δούλους ἑαυτοῦ
  ἔδωκεν . . . καὶ εἶπεν πρὸς αὐτούς
19 15 ἐν τῷ ἐπανελθεῖν αὐτὸν . . . εἶπεν
  φωνηθῆναι αὐτῷ τοὺς δούλους
  τούτους
19 17 εἶπεν αὐτῷ
19 19 εἶπεν δὲ καὶ τούτῳ
19 24 τοῖς παρεστῶσιν εἶπεν
19 25 εἶπαν αὐτῷ
19 28 εἰπὼν ταῦτα ἐπορεύετο
19 30 * ⟨ἀπέστειλεν δύο τῶν μαθητῶν⟩
  εἰπὼν (VSTϛ; λέγων rl)
19 32 ἀπελθόντες δὲ οἱ ἀπεσταλμένοι εὗ-
  ρον καθὼς εἶπεν αὐτοῖς. ↔
19 33ᵇλυόντων δὲ αὐτῶν τὸν πῶλον
  εἶπαν οἱ κύριοι αὐτοῦ πρὸς αὐτούς
19 34 οἱ δὲ εἶπαν
19 39ᵇκαί τινες τῶν Φαρισαίων ἀπὸ τοῦ
  ὄχλου εἶπαν πρὸς αὐτόν
19 40ᶠ ἀποκριθεὶς εἶπεν (+αὐτοῖς ϛ)
20 2ᵇᵐ⟨ἐπέστησαν οἱ ἀρχιερεῖς⟩ καὶ
  εἶπαν | λέγοντες πρὸς αὐτόν (~ϛ)
  ↔
20 2 εἰπὸν (εἰπὲ Vϛ) ἡμῖν ἐν ποίᾳ
  ἐξουσίᾳ ταῦτα ποιεῖς ⟨;⟩
20 3ᵇᶠ ἀποκριθεὶς δὲ εἶπεν πρὸς αὐτούς· ↔
20 3ʰᵃἐρωτήσω ὑμᾶς κἀγὼ λόγον, καὶ
  εἴπατέ μοι
20 5 ἐὰν δὲ εἴπωμεν
20 6 ἐὰν δὲ εἴπωμεν
20 8 ὁ Ἰησοῦς εἶπεν αὐτοῖς
20 13 εἶπεν δὲ ὁ κύριος τοῦ ἀμπελῶνος
20 16 ἀκούσαντες δὲ εἶπαν

Lc 20 17 ὁ δὲ ἐμβλέψας αὐτοῖς εἶπεν

20 19ᵇἔγνωσαν γὰρ ὅτι πρὸς αὐτοὺς εἶπεν τὴν παραβολὴν ταύτην

20 23ᵇκατανοήσας δὲ αὐτῶν τὴν πανουργίαν εἶπεν πρὸς αὐτούς

20 24ᶠ οἱ (ἀποκριθέντες Sς) δὲ εἶπαν

20 25ᵇὁ δὲ εἶπεν | πρὸς αὐτούς (αὐτοῖς ς)

20 34ᶠ (+ἀποκριθεὶς ς) εἶπεν αὐτοῖς ὁ Ἰησοῦς

20 39ᵃἀποκριθέντες δέ τινες τῶν γραμματέων εἶπαν· ↔

20 39 διδάσκαλε, καλῶς εἶπας

20 41ᵇεἶπεν δὲ πρὸς αὐτούς

20 42 εἶπεν (+ὁ VBSTς) κύριος τῷ κυρίῳ μου

20 45 ἀκούοντος δὲ παντὸς τοῦ λαοῦ εἶπεν τοῖς μαθηταῖς αὐτοῦ (+[N²⁶]MVSς)

21 3 ⟨εἶδεν δέ τινα χήραν⟩ καὶ εἶπεν

21 5ᵐκαὶ τινων λεγόντων περὶ τοῦ ἱεροῦ . . . εἶπεν

21 8 ὁ δὲ εἶπεν

21 29 εἶπεν παραβολὴν αὐτοῖς

22 8 ἀπέστειλεν Πέτρον καὶ Ἰωάννην εἶπεν

22 9 οἱ δὲ εἶπαν αὐτῷ

22 10 ὁ δὲ εἶπεν αὐτοῖς

22 15ᵇεἶπεν πρὸς αὐτούς

22 17 δεξάμενος ποτήριον εὐχαριστήσας εἶπεν

22 25 ὁ δὲ εἶπεν αὐτοῖς

22 31 * | εἶπεν δὲ ὁ κύριος (+Vς)

22 33 ὁ δὲ εἶπεν αὐτῷ

22 34 ὁ δὲ εἶπεν

22 35 εἶπεν αὐτοῖς

22 35 οἱ δὲ εἶπαν

22 36 | εἶπεν δὲ (ὁ δὲ εἴ. T; εἴ. οὖν ς) αὐτοῖς

22 38 οἱ δὲ εἶπαν

22 38 ὁ δὲ εἶπεν αὐτοῖς

22 40 γενόμενος δὲ ἐπὶ τοῦ τόπου εἶπεν αὐτοῖς

22 46 εἶπεν αὐτοῖς

22 48 | Ἰησοῦς δὲ (ὁ δὲ Ἰ. Vς) εἶπεν αὐτῷ

22 49 ἰδόντες δὲ οἱ περὶ αὐτὸν τὸ ἐσόμενον εἶπαν (+αὐτῷ ς)

22 51ᶠ ἀποκριθεὶς δὲ ὁ [H] Ἰησοῦς εἶπεν

22 52ᵇεἶπεν δὲ (+ὁ Vς) Ἰησοῦς πρὸς τοὺς παραγενομένους ἐπ' (πρὸς T) αὐτὸν ἀρχιερεῖς

22 56 ἰδοῦσα δὲ αὐτὸν παιδίσκη τις . . . καὶ ἀτενίσασα αὐτῷ εἶπεν

22 58 * ὁ δὲ Πέτρος εἶπεν (ς; ἔφη rl)

22 60 εἶπεν δὲ ὁ Πέτρος

22 61ᵃὑπεμνήσθη ὁ Πέτρος τοῦ ῥήματος (N²⁶H; λόγου rl) τοῦ κυρίου, ὡς εἶπεν αὐτῷ ὅτι . . . ἀπαρνήσῃ με τρίς

22 67 εἰ σὺ εἶ ὁ χριστός, εἰπὸν (εἰπὲ VSς) ἡμῖν. ↔

22 67 εἶπεν δὲ αὐτοῖς· ↔

22 67 ἐὰν ὑμῖν εἴπω, οὐ μὴ πιστεύσητε

22 70 εἶπαν δὲ πάντες

22 71 οἱ δὲ εἶπαν

23 4ᵇὁ δὲ Πιλᾶτος εἶπεν πρὸς τοὺς ἀρχιερεῖς

23 14ᵇʲ⟨Πιλᾶτος δὲ συγκαλεσάμενος τοὺς ἀρχιερεῖς⟩ εἶπεν πρὸς αὐτούς

23 22ᵇὁ δὲ τρίτον εἶπεν πρὸς αὐτούς

23 28ᵇστραφεὶς δὲ πρὸς αὐτὰς ὁ ([N²⁶]; —NTH) Ἰησοῦς

23 43 εἶπεν αὐτῷ (+ὁ Ἰησοῦς Vς)

23 46ⁿˢφωνήσας φωνῇ μεγάλῃ ὁ Ἰησοῦς εἶπεν

23 46 τοῦτο δὲ εἰπὼν ἐξέπνευσεν

Lc 24 5ᵇεἶπαν πρὸς αὐτάς

24 17ᵇεἶπεν δὲ πρὸς αὐτούς

24 18ᵇᶠἀποκριθεὶς δὲ (+ὁ Vς) εἷς ὀνόματι (ᾧ ὄνομα VTς) Κλεοπᾶς εἶπεν πρὸς αὐτόν

24 19 εἶπεν αὐτοῖς

24 19 οἱ δὲ εἶπαν αὐτῷ

24 24 εὗρον οὕτως καθὼς καὶ (—H) αἱ γυναῖκες εἶπον

24 25ᵇαὐτὸς εἶπεν πρὸς αὐτούς

24 32ᵇεἶπαν πρὸς ἀλλήλους

24 38 εἶπεν αὐτοῖς

24 40 || καὶ τοῦτο εἰπὼν ἔδειξεν (ἐπ-Sς) αὐτοῖς τὰς χεῖρας καὶ τοὺς πόδας (([VSH]; —NT)). ↔

24 41 ἔτι δὲ ἀπιστούντων αὐτῶν . . . καὶ θαυμαζόντων, εἶπεν αὐτοῖς

24 44ᵇεἶπεν δὲ | πρὸς αὐτούς (αὐτοῖς ς)

24 46 εἶπεν αὐτοῖς ὅτι οὕτως γέγραπται

Jo 1 15 οὗτος ἦν | ὃν εἶπον (ὁ εἰπών H)

1 22 εἶπαν οὖν αὐτῷ

1 23ᵗεὐθύνατε τὴν ὁδὸν κυρίου, καθὼς εἶπεν Ἠσαΐας ὁ προφήτης

1 25ʰἠρώτησαν αὐτὸν καὶ εἶπαν αὐτῷ

1 30 οὗτός ἐστιν ὑπὲρ (περὶ Vς) οὗ ἐγὼ εἶπον

1 33 ὁ πέμψας με βαπτίζειν ἐν ὕδατι, ἐκεῖνός μοι εἶπεν

1 38 οἱ δὲ εἶπαν αὐτῷ

1 42 ἐμβλέψας αὐτῷ ὁ Ἰησοῦς εἶπεν

1 46 εἶπεν αὐτῷ Ναθαναήλ

1 48ᶠ ἀπεκρίθη Ἰησοῦς καὶ εἶπεν αὐτῷ

1 50ᶠ ἀπεκρίθη Ἰησοῦς καὶ εἶπεν αὐτῷ· ↔

1 50 ὅτι εἶπόν σοι ὅτι ([S]; —Vς) εἶδόν σε

2 16 ⟨πάντας ἐξέβαλεν ἐκ τοῦ ἱεροῦ⟩ καὶ τοῖς τὰς περιστερὰς πωλοῦσιν εἶπεν

2 18ᵗἀπεκρίθησαν οὖν οἱ Ἰουδαῖοι καὶ εἶπαν αὐτῷ

2 19ᶠ ἀπεκρίθη Ἰησοῦς καὶ εἶπεν αὐτοῖς

2 20 εἶπαν οὖν οἱ Ἰουδαῖοι

2 22 ᵖᵃἐπίστευσαν τῇ γραφῇ καὶ τῷ λόγῳ ὃν (ᾧ MVSς) εἶπεν ὁ Ἰησοῦς

3 2 οὗτος ἦλθεν πρὸς αὐτὸν νυκτὸς καὶ εἶπεν αὐτῷ

3 3ᶠ ἀπεκρίθη (+ὁ Vς) Ἰησοῦς καὶ εἶπεν αὐτῷ

3 7 μὴ θαυμάσῃς ὅτι εἶπόν σοι

3 9ᶠ ἀπεκρίθη Νικόδημος καὶ εἶπεν αὐτῷ

3 10ᶠ ἀπεκρίθη Ἰησοῦς καὶ εἶπεν αὐτῷ

3 12 εἰ τὰ ἐπίγεια εἶπον ὑμῖν καὶ οὐ πιστεύετε, ↔

3 12 πῶς ἐὰν εἴπω ὑμῖν τὰ ἐπουράνια πιστεύσετε;

3 26 ἦλθον πρὸς τὸν Ἰωάννην καὶ εἶπαν αὐτῷ

3 27ᶠ ἀπεκρίθη Ἰωάννης καὶ εἶπεν

3 28 αὐτοὶ ὑμεῖς μοι μαρτυρεῖτε ὅτι εἶπον (+ἐγώ [H]) ὅτι [+N²⁶] οὐκ εἰμὶ ἐγώ

4 10ᶠ ἀπεκρίθη Ἰησοῦς καὶ εἶπεν αὐτῇ

4 13ᶠ ἀπεκρίθη Ἰησοῦς καὶ εἶπεν αὐτῇ

4 17ᶠ ἀπεκρίθη ἡ γυνὴ καὶ εἶπεν αὐτῷ ([VSH]; —NTς)

4 17 καλῶς εἶπας ὅτι ἄνδρα οὐκ ἔχω

4 27 οὐδεὶς μέντοι εἶπεν

4 29 δεῦτε ἴδετε ἄνθρωπον ὃς εἶπέν μοι πάντα ὅσα (N²⁶Vς; ἃ rl) ἐποίησα

4 32 ὁ δὲ εἶπεν αὐτοῖς

4 39ᵃπολλοὶ ἐπίστευσαν . . . διὰ τὸν λόγον τῆς γυναικὸς μαρτυρούσης ὅτι εἶπέν μοι πάντα ἃ (ὅσα Vς) ἐποίησα

4 48ᵇεἶπεν οὖν ὁ Ἰησοῦς πρὸς αὐτόν

Jo 4 50ᵃἐπίστευσεν ὁ ἄνθρωπος τῷ λόγῳ ὃν (ᾧ VSς) εἶπεν αὐτῷ ὁ Ἰησοῦς

4 52 εἶπαν οὖν αὐτῷ ὅτι ἐχθὲς ὥραν ἑβδόμην ἀφῆκεν αὐτὸν ὁ πυρετός

4 53 ἐν (+[N²⁶]ς) ἐκείνῃ τῇ ὥρᾳ ἐν ᾗ εἶπεν αὐτῷ ὁ Ἰησοῦς

5 11 ὁ ποιήσας με ὑγιῆ, ἐκεῖνός μοι εἶπεν

5 12 τίς ἐστιν ὁ ἄνθρωπος ὁ εἰπών σοι ⟨;⟩

5 14 εὑρίσκει αὐτὸν ὁ [H] Ἰησοῦς ἐν τῷ ἱερῷ καὶ εἶπεν αὐτῷ

5 15 * ἀπῆλθεν ὁ ἄνθρωπος καὶ εἶπεν (NMTH; ἀνήγγειλεν rl) τοῖς Ἰουδαίοις ὅτι Ἰησοῦς ἐστιν ὁ ποιήσας αὐτὸν ὑγιῆ

5 19ᶠ * ἀπεκρίνατο οὖν | ὁ Ἰησοῦς [H] καὶ εἶπεν (ς; ἔλεγεν rl) αὐτοῖς

6 10 εἶπεν (+δὲ MVSς) ὁ Ἰησοῦς

6 25 εὑρόντες αὐτὸν πέραν τῆς θαλάσσης εἶπον αὐτῷ

6 26ᶠ ἀπεκρίθη αὐτοῖς ὁ Ἰησοῦς καὶ εἶπεν

6 28ᵇεἶπον οὖν πρὸς αὐτόν

6 29ᶠ ἀπεκρίθη ὁ ([N²⁶V]; —NMT) Ἰησοῦς καὶ εἶπεν αὐτοῖς

6 30 εἶπον οὖν αὐτῷ

6 32 εἶπεν οὖν αὐτοῖς ὁ Ἰησοῦς

6 34ᵇεἶπον οὖν πρὸς αὐτόν

6 35 εἶπεν (+οὖν VBST; +δὲ ς) αὐτοῖς ὁ Ἰησοῦς

6 36 ἀλλ' εἶπον ὑμῖν ὅτι καὶ ἑωράκατέ με ([N²⁶NH]; —T)

6 41 ἐγόγγυζον οὖν οἱ Ἰουδαῖοι περὶ αὐτοῦ ὅτι εἶπεν

6 43ᶠ ἀπεκρίθη Ἰησοῦς καὶ εἶπεν αὐτοῖς

6 53 εἶπεν οὖν αὐτοῖς ὁ [H] Ἰησοῦς

6 59ᵗταῦτα εἶπεν ἐν συναγωγῇ διδάσκων ἐν Καφαρναούμ. ↔

6 60 πολλοὶ οὖν ἀκούσαντες ἐκ τῶν μαθητῶν αὐτοῦ εἶπαν

6 61 εἰδὼς δὲ ὁ Ἰησοῦς . . . εἶπεν αὐτοῖς

6 67 εἶπεν οὖν ὁ Ἰησοῦς τοῖς δώδεκα

7 3ᵇεἶπον οὖν πρὸς αὐτὸν οἱ ἀδελφοὶ αὐτοῦ

7 9 ταῦτα δὲ (—BT) εἰπὼν αὐτὸς (-τοῖς NMVHς) ἔμεινεν ἐν τῇ Γαλιλαίᾳ

7 16ᶠ ἀπεκρίθη οὖν αὐτοῖς ὁ ([N²⁶]; —NTH) Ἰησοῦς καὶ εἶπεν

7 20ᶠ * ἀπεκρίθη ὁ ὄχλος | καὶ εἶπε (+ς)

7 21ᶠ ἀπεκρίθη Ἰησοῦς καὶ εἶπεν αὐτοῖς

7 33 εἶπεν οὖν (+αὐτοῖς ς) ὁ Ἰησοῦς

7 35ᵇεἶπον οὖν οἱ Ἰουδαῖοι πρὸς ἑαυτούς

7 36ᵃτίς ἐστιν ὁ λόγος οὗτος ὃν εἶπεν ⟨;⟩

7 38ᵖκαθὼς εἶπεν ἡ γραφή

7 39 τοῦτο δὲ εἶπεν περὶ τοῦ πνεύματος ὃ (N²⁶; οὗ rl) ἔμελλον λαμβάνειν

7 42ᵖοὐχ (οὐχὶ MVSTς) ἡ γραφὴ εἶπεν ὅτι ἐκ τοῦ σπέρματος Δαυίδ ⟨;⟩

7 45 ἦλθον οὖν οἱ ὑπηρέται πρὸς τοὺς ἀρχιερεῖς . . . καὶ εἶπον αὐτοῖς ἐκεῖνοι

7 52ᶠ ἀπεκρίθησαν καὶ εἶπαν αὐτῷ

[8 7]ᵇἀνέκυψεν καὶ εἶπεν αὐτοῖς ([H]; πρὸς αὐτοὺς Mς)

[8 10] ἀνακύψας (ἀναβλέψας S) δὲ ὁ Ἰησοῦς εἶπεν αὐτῇ

[8 11] ἡ δὲ εἶπεν

[8 11] || εἶπεν δὲ (+αὐτῇ Mς) ὁ Ἰησοῦς ((ὁ δὲ εἶπεν S))

Jo 8 13 εἶπον οὖν αὐτῷ οἱ Φαρισαῖοι

8 14ᶠ ἀπεκρίθη Ἰησοῦς καὶ εἶπεν αὐτοῖς

8 21 εἶπεν οὖν πάλιν αὐτοῖς (+ὁ Ἰησοῦς ς)

8 23 * εἶπεν (ς; ἔλεγεν rl) αὐτοῖς

8 24 εἶπον οὖν ὑμῖν ὅτι ἀποθανεῖσθε ἐν ταῖς ἁμαρτίαις ὑμῶν

8 25 εἶπεν αὐτοῖς ὁ [H] Ἰησοῦς

8 28 εἶπεν οὖν αὐτοῖς (+[N²⁶]ς) ὁ Ἰησοῦς

8 39ᶠ ἀπεκρίθησαν καὶ εἶπαν αὐτῷ

8 41 εἶπαν οὖν (+[N²⁶]Vς) αὐτῷ

8 42 εἶπεν (+οὖν Vς) αὐτοῖς ὁ [H] Ἰησοῦς

8 48ᶠ ἀπεκρίθησαν (+οὖν Vς) οἱ Ἰουδαῖοι καὶ εἶπαν αὐτῷ

8 52 εἶπον οὖν (+[N²⁶]Vς) αὐτῷ οἱ Ἰουδαῖοι

8 55 κἂν εἴπω ὅτι οὐκ οἶδα αὐτόν

8 57ᵇ εἶπον οὖν οἱ Ἰουδαῖοι πρὸς αὐτόν

8 58 εἶπεν αὐτοῖς (+ὁ VBSς) Ἰησοῦς

9 6 ταῦτα εἰπὼν ἔπτυσεν χαμαί

9 7 ⟨ἐπέχρισεν αὐτοῦ τὸν πηλὸν ἐπὶ τοὺς ὀφθαλμούς⟩ καὶ εἶπεν αὐτῷ

9 11ᶠ * ἀπεκρίθη ἐκεῖνος | καὶ εἶπεν (+ς)

9 11 Ἰησοῦς . . . ἐπέχρισέν μου τοὺς ὀφθαλμοὺς καὶ εἶπέν μοι ὅτι ([VS]; —ς) ὕπαγε

9 12 καὶ (—Tς) εἶπαν (+οὖν ς) αὐτῷ

9 15 ὁ δὲ εἶπεν αὐτοῖς

9 17 ὁ δὲ εἶπεν ὅτι προφήτης ἐστίν

9 20ᶠ ἀπεκρίθησαν οὖν (δὲ MS; αὐτοῖς ς; —V) οἱ γονεῖς αὐτοῦ καὶ εἶπαν

9 22 ταῦτα εἶπαν οἱ γονεῖς αὐτοῦ ὅτι ἐφοβοῦντο τοὺς Ἰουδαίους

9 23 διὰ τοῦτο οἱ γονεῖς αὐτοῦ εἶπαν ὅτι ἡλικίαν ἔχει

9 24ⁿ ἐφώνησαν οὖν τὸν ἄνθρωπον . . . καὶ εἶπαν αὐτῷ

9 25ᶜ * ἀπεκρίθη οὖν ἐκεῖνος | καὶ εἶπεν (+ς)

9 26 εἶπον οὖν αὐτῷ (+πάλιν MV[S]ς)

9 27 εἶπον ὑμῖν ἤδη καὶ οὐκ ἠκούσατε

9 28 ἐλοιδόρησαν αὐτὸν καὶ εἶπον

9 30ᶠ ἀπεκρίθη ὁ ἄνθρωπος καὶ εἶπεν αὐτοῖς

9 34ᶠ ἀπεκρίθησαν καὶ εἶπαν αὐτῷ

9 35 ἤκουσεν (+ὁ VBSς) Ἰησοῦς . . . καὶ εὑρὼν αὐτὸν εἶπεν (+αὐτῷ MV[S]ς)

9 36ᶠ ἀπεκρίθη ἐκεῖνος | καὶ εἶπεν [H]

9 37 εἶπεν (+δὲ VSς) αὐτῷ ὁ Ἰησοῦς

9 39 εἶπεν ὁ Ἰησοῦς

9 40 ἤκουσαν ἐκ τῶν Φαρισαίων ταῦτα (—T) οἱ μετ᾽ αὐτοῦ ὄντες, καὶ εἶπον αὐτῷ

9 41 εἶπεν αὐτοῖς ὁ [H] Ἰησοῦς

10 6 ταύτην τὴν παροιμίαν εἶπεν αὐτοῖς ὁ Ἰησοῦς

10 7 εἶπεν οὖν πάλιν (—T) (+αὐτοῖς MVBSς) ὁ [H] Ἰησοῦς

10 24 εἰ σὺ εἶ ὁ χριστός, εἰπὲ (εἰπὸν NTH) ἡμῖν παρρησίᾳ

10 25 εἶπον ὑμῖν, καὶ οὐ πιστεύετε

10 34 ἐγὼ εἶπα

10 35ᶜ ἐκείνους εἶπεν θεοὺς πρὸς οὓς ὁ λόγος | τοῦ θεοῦ ἐγένετο (~T)

10 36 ὑμεῖς λέγετε ὅτι βλασφημεῖς, ὅτι εἶπον

10 41 πάντα δὲ ὅσα εἶπεν Ἰωάννης περὶ τούτου ἀληθῆ ἦν

11 4 ἀκούσας δὲ ὁ Ἰησοῦς εἶπεν

11 11ᵐ ταῦτα εἶπεν, καὶ μετὰ τοῦτο λέγει αὐτοῖς

Jo 11 12 εἶπαν οὖν | οἱ μαθηταὶ αὐτῷ (~T)

11 14 εἶπεν αὐτοῖς ὁ Ἰησοῦς παρρησίᾳ

11 16 εἶπεν οὖν Θωμᾶς . . . τοῖς συμμαθηταῖς

11 21ᵇ εἶπεν οὖν ἡ Μάρθα πρὸς τὸν (—NM TH) Ἰησοῦν

11 25 εἶπεν [+δὲ S] αὐτῇ ὁ Ἰησοῦς

11 28 τοῦτο εἰποῦσα ἀπῆλθεν ↔

11 28ⁿ καὶ ἐφώνησεν Μαριὰμ τὴν ἀδελφὴν αὐτῆς λάθρα εἰποῦσα (εἴπασα H)

11 34 ⟨Ἰησοῦς . . . ἐνεβριμήσατο τῷ πνεύματι⟩ καὶ εἶπεν

11 37 τινὲς δὲ ἐξ αὐτῶν εἶπαν

11 40 οὐκ εἶπόν σοι ὅτι ἐὰν πιστεύσῃς ⟨;⟩

11 41 ὁ δὲ Ἰησοῦς ἦρεν τοὺς ὀφθαλμοὺς ἄνω καὶ εἶπεν

11 42ᵈ διὰ τὸν ὄχλον τὸν περιεστῶτα εἶπον, ἵνα πιστεύσωσιν ὅτι σύ με ἀπέστειλας. ↔

11 43ᵏˢ καὶ ταῦτα εἰπὼν φωνῇ μεγάλῃ ἐκραύγασεν

11 46 εἶπαν αὐτοῖς ἃ ἐποίησεν (+ὁ MVBSς) Ἰησοῦς

11 49 εἷς δέ τις ἐξ αὐτῶν Καϊάφας . . . εἶπεν αὐτοῖς

11 51ᵗ τοῦτο δὲ ἀφ᾽ ἑαυτοῦ οὐκ εἶπεν, ἀλλὰ . . . ἐπροφήτευσεν

12 6 εἶπεν δὲ τοῦτο οὐχ ὅτι περὶ τῶν πτωχῶν ἔμελεν αὐτῷ

12 7 εἶπεν οὖν ὁ Ἰησοῦς

12 19ᵇ οἱ οὖν Φαρισαῖοι εἶπαν πρὸς ἑαυτούς

12 27 καὶ τί εἴπω;

12 30ᶠ ἀπεκρίθη | Ἰησοῦς καὶ εἶπεν (~H)

12 35 εἶπεν οὖν αὐτοῖς ὁ Ἰησοῦς

12 38ᵍ ἵνα ὁ λόγος Ἠσαΐου τοῦ προφήτου πληρωθῇ ὃν εἶπεν

12 39 διὰ τοῦτο οὐκ ἠδύναντο πιστεύειν, ὅτι πάλιν εἶπεν Ἠσαΐας

12 41ˡ ταῦτα εἶπεν Ἠσαΐας ὅτι εἶδεν τὴν δόξαν αὐτοῦ, καὶ ἐλάλησεν περὶ αὐτοῦ

12 44ᵏ Ἰησοῦς δὲ ἔκραξεν καὶ εἶπεν

12 49ˡ ὁ πέμψας με πατὴρ αὐτός μοι ἐντολὴν δέδωκεν τί εἴπω καὶ τί λαλήσω

13 7ᶠ ἀπεκρίθη Ἰησοῦς καὶ εἶπεν αὐτῷ

13 11 διὰ τοῦτο εἶπεν ὅτι ([S]; —ς) οὐχὶ πάντες καθαροί ἐστε. ↔

13 12 ὅτε οὖν ἔνιψεν τοὺς πόδας αὐτῶν . . . εἶπεν αὐτοῖς

13 21 ταῦτα εἰπὼν ὁ ([N²⁶]; —NTH) Ἰησοῦς ἐταράχθη τῷ πνεύματι ↔

13 21 καὶ ἐμαρτύρησεν καὶ εἶπεν

13 24 * νεύει οὖν τούτῳ Σίμων Πέτρος | καὶ λέγει αὐτῷ· εἰπὲ τίς ἐστιν (πυθέσθαι τίς ἂν εἴη N²⁶ς) περὶ οὗ λέγει

13 28 τοῦτο δὲ [N²⁶NH] οὐδεὶς ἔγνω τῶν ἀνακειμένων πρὸς τί εἶπεν αὐτῷ

13 33ᵐ καθὼς εἶπον τοῖς Ἰουδαίοις ὅτι ὅπου ἐγὼ ὑπάγω . . . καὶ ὑμῖν λέγω ἄρτι

14 2 εἰ δὲ μή, εἶπον ἂν ὑμῖν

14 23ᶠ ἀπεκρίθη Ἰησοῦς καὶ εἶπεν αὐτῷ

14 26 ὁ δὲ παράκλητος . . . ὑπομνήσει ὑμᾶς πάντα ἃ εἶπον ὑμῖν ἐγὼ ([N²⁶]; —VBST)

14 28 ἠκούσατε ὅτι ἐγὼ εἶπον ὑμῖν

14 28 * εἰ ἠγαπᾶτέ με, ἐχάρητε ἂν ὅτι εἶπον (+ς) πορεύομαι πρὸς τὸν πατέρα

15 20ᵍ μνημονεύετε τοῦ λόγου οὗ ἐγὼ εἶπον ὑμῖν

Jo 16 4 ἵνα . . . μνημονεύητε αὐτῶν, ὅτι ἐγὼ εἶπον ὑμῖν.

16 4 ταῦτα δὲ ὑμῖν ἐξ ἀρχῆς οὐκ εἶπον

16 15 διὰ τοῦτο εἶπον ὅτι ἐκ τοῦ ἐμοῦ λαμβάνει

16 17ᵇ εἶπαν οὖν ἐκ τῶν μαθητῶν αὐτοῦ πρὸς ἀλλήλους

16 19 εἶπεν αὐτοῖς· ↔

16 19 περὶ τούτου ζητεῖτε μετ᾽ ἀλλήλων ὅτι εἶπον ⟨;⟩

17 1ˡ ταῦτα ἐλάλησεν (+ὁ VBSς) Ἰησοῦς, καὶ ἐπάρας τοὺς ὀφθαλμοὺς αὐτοῦ εἰς τὸν οὐρανὸν εἶπεν

18 1 ταῦτα εἰπὼν (+ὁ VBSς) Ἰησοῦς ἐξῆλθεν

18 4 * Ἰησοῦς . . . | ἐξελθὼν εἶπεν (Vς; ἐξῆλθεν καὶ λέγει rl) αὐτοῖς

18 6 ὡς οὖν εἶπεν αὐτοῖς

18 7 οἱ δὲ εἶπαν

18 8 εἶπον ὑμῖν ὅτι ἐγώ εἰμι

18 9ᵃ ἵνα πληρωθῇ ὁ λόγος ὃν εἶπεν, ὅτι οὓς δέδωκάς μοι

18 11 εἶπεν οὖν ὁ Ἰησοῦς τῷ Πέτρῳ

18 16 ἐξῆλθεν οὖν ὁ μαθητὴς ὁ ἄλλος . . . καὶ εἶπεν τῇ θυρωρῷ

18 21 οὗτοι οἴδασιν ἃ εἶπον ἐγώ. ↔

18 22 ταῦτα δὲ αὐτοῦ εἰπόντος

18 22 ἔδωκεν ῥάπισμα τῷ Ἰησοῦ εἰπών

18 25 εἶπον οὖν αὐτῷ

18 25 ἠρνήσατο ἐκεῖνος καὶ εἶπεν

18 29 * ἐξῆλθεν οὖν ὁ Πιλᾶτος ἔξω πρὸς αὐτοὺς καὶ εἶπε (ς; φησίν rl)

18 30ᶠ ἀπεκρίθησαν καὶ εἶπαν αὐτῷ

18 31 εἶπεν οὖν αὐτοῖς ὁ (—H) Πιλᾶτος

18 31 εἶπον (+οὖν VBSTς) αὐτῷ οἱ Ἰουδαῖοι

18 32ᵃ ἵνα ὁ λόγος τοῦ Ἰησοῦ πληρωθῇ ὃν εἶπεν σημαίνων ποίῳ θανάτῳ ἤμελλεν ἀποθνήσκειν. ↔

18 33ⁿ εἰσῆλθεν οὖν | πάλιν εἰς τὸ πραιτώριον (~Tς) ὁ Πιλᾶτος καὶ ἐφώνησεν τὸν Ἰησοῦν καὶ εἶπεν αὐτῷ

18 34ᵐ | ἀπὸ σεαυτοῦ (ἀφ᾽ ἑαυτοῦ NTς) σὺ τοῦτο λέγεις, ἢ ἄλλοι | εἶπόν σοι (~VBSTς) περὶ ἐμοῦ

18 37 εἶπεν οὖν αὐτῷ ὁ Πιλᾶτος

18 38 τοῦτο εἰπὼν πάλιν ἐξῆλθεν πρὸς τοὺς Ἰουδαίους

19 21 ἐκεῖνος εἶπεν

19 24ᵇᵈ εἶπαν οὖν πρὸς ἀλλήλους

19 30 ὅτε οὖν ἔλαβεν τὸ ὄξος || ὁ [N²⁶ NH] Ἰησοῦς ((—T)) εἶπεν

20 14 ταῦτα εἰποῦσα ἐστράφη εἰς τὰ ὀπίσω

20 15 εἰπέ μοι ποῦ ἔθηκας αὐτόν

20 17 πορεύου δὲ πρὸς τοὺς ἀδελφούς μου καὶ εἰπὲ αὐτοῖς

20 18 ταῦτα εἶπεν αὐτῇ

20 20 τοῦτο εἰπὼν ἔδειξεν (+καὶ NMH; +αὐτοῖς ς) τὰς χεῖρας

20 21 εἶπεν οὖν αὐτοῖς | ὁ Ἰησοῦς ([N²⁶NH]; —BST) πάλιν

20 22ᵐ τοῦτο εἰπὼν ἐνεφύσησεν καὶ λέγει αὐτοῖς

20 25 ὁ δὲ εἶπεν αὐτοῖς

20 26 ἔρχεται ὁ Ἰησοῦς . . . καὶ ἔστη εἰς τὸ μέσον καὶ εἶπεν

20 28ᶠ ἀπεκρίθη (+ὁ [S]ς) Θωμᾶς καὶ εἶπεν αὐτῷ

21 6 | ὁ δὲ εἶπεν (λέγει T) αὐτοῖς

21 17 ἐλυπήθη ὁ Πέτρος ὅτι | εἶπεν αὐτῷ (~B) τὸ τρίτον

21 17 * εἶπεν (λέγει N²⁶T) αὐτῷ

Jo 21 19 τοῦτο δὲ εἶπεν σημαίνων ποίῳ θανάτῳ δοξάσει τὸν θεόν. ↔

21 19ᵐκαὶ τοῦτο εἰπὼν λέγει αὐτῷ

21 20 ὃς καὶ ἀνέπεσεν . . . ἐπὶ τὸ στῆθος αὐτοῦ καὶ εἶπεν

21 23 | οὐκ εἶπεν δὲ (καὶ οὐκ εἶπεν VBSTς) αὐτῷ ὁ Ἰησοῦς ὅτι οὐκ ἀποθνῄσκει

Ac 1 7ᵇεἶπεν δὲ (—NTH) πρὸς αὐτούς

1 9 ταῦτα εἰπὼν βλεπόντων αὐτῶν ἐπήρθη

1 11 ⟨ἄνδρες δύο παρειστήκεισαν αὐτοῖς⟩ οἳ καὶ εἶπαν

1 15 ἀναστὰς Πέτρος ἐν μέσῳ τῶν ἀδελφῶν εἶπεν

1 24 προσευξάμενοι εἶπαν

2 29ᵇἐξὸν εἰπεῖν μετὰ παρρησίας πρὸς ὑμᾶς περὶ τοῦ πατριάρχου Δαυίδ, ὅτι καὶ ἐτελεύτησεν

2 34 εἶπεν ὁ ([N²⁶]VSς; —rl) κύριος τῷ κυρίῳ μου

2 37ᵇκατενύγησαν τὴν καρδίαν, εἶπόν τε πρὸς τὸν Πέτρον

3 4 ἀτενίσας δὲ Πέτρος εἰς αὐτὸν . . . εἶπεν

3 6 εἶπεν δὲ Πέτρος

3 22ᵇΜωϋσῆς μὲν (+γὰρ πρὸς τοὺς πατέρας ς) εἶπεν ὅτι προφήτην ὑμῖν ἀναστήσει κύριος

4 8ᵇΠέτρος πλησθεὶς πνεύματος ἁγίου εἶπεν πρὸς αὐτούς

4 19ᵇᵗὁ δὲ Πέτρος καὶ Ἰωάννης ἀποκριθέντες εἶπον πρὸς αὐτούς

4 23ᵇᵉἀπήγγειλαν ὅσα πρὸς αὐτοὺς οἱ ἀρχιερεῖς καὶ οἱ πρεσβύτεροι εἶπαν.

4 24ˢοἱ δὲ ἀκούσαντες ὁμοθυμαδὸν ἦραν φωνὴν πρὸς τὸν θεὸν καὶ εἶπαν· ↔

4 25 ⟨δέσποτα⟩ ὁ | τοῦ πατρὸς ἡμῶν διὰ πνεύματος ἁγίου στόματος Δαυίδ (δ. πν. ἁ. δ. τοῦ στ. Δ. Μ; πνεύματι ἁγίῳ δ. στ. τοῦ π. ἡ. Δ. Β; δ. στ. Δ. τοῦ ς) παιδός σου εἰπών

5 3 εἶπεν δὲ ὁ Πέτρος

5 8 εἰπέ μοι, εἰ τοσούτου τὸ χωρίον ἀπέδοσθε; ↔

5 8 ἡ δὲ εἶπεν

5 9ᵇ* ὁ δὲ Πέτρος εἶπε (+ς) πρὸς αὐτήν

5 19 ἄγγελος δὲ κυρίου . . . ἀνοίξας (N²⁶ST; ἤνοιξε rl) τὰς θύρας τῆς φυλακῆς ἐξαγαγών τε αὐτοὺς εἶπεν

5 29ᵇἀποκριθεὶς δὲ Πέτρος καὶ οἱ ἀπόστολοι εἶπαν

5 35ᵇ⟨ἐκέλευσεν⟩ εἶπέν τε πρὸς αὐτούς

6 2ʲπροσκαλεσάμενοι δὲ οἱ δώδεκα τὸ πλῆθος τῶν μαθητῶν εἶπαν

7 1 εἶπεν δὲ ὁ ἀρχιερεύς

7 3ᵇ⟨ὁ θεὸς τῆς δόξης ὤφθη . . . Ἀβραάμ⟩ καὶ εἶπεν πρὸς αὐτόν

7 7 τὸ ἔθνος ᾧ ἐὰν (ἂν H) δουλεύσουσιν κρινῶ ἐγώ, | ὁ θεὸς εἶπεν (∼ BSς)

7 26 συνήλλασσεν αὐτοὺς εἰς εἰρήνην εἰπών

7 27 ὁ δὲ ἀδικῶν τὸν πλησίον ἀπώσατο αὐτὸν εἰπών

7 33 εἶπεν δὲ αὐτῷ ὁ κύριος

7 35 τοῦτον τὸν Μωϋσῆν, ὃν ἠρνήσαντο εἰπόντες

7 37 οὗτός ἐστιν ὁ Μωϋσῆς ὁ εἴπας (εἰπὼν Sς) τοῖς υἱοῖς Ἰσραήλ

7 40 ⟨ἐστράφησαν . . . εἰς Αἴγυπτον⟩ εἰπόντες τῷ Ἀαρών

Ac 7 56 ⟨εἶδεν . . . Ἰησοῦν⟩ καὶ εἶπεν

7 60 τοῦτο εἰπὼν ἐκοιμήθη

8 20ᵇΠέτρος δὲ εἶπεν πρὸς αὐτόν

8 24ᶠἀποκριθεὶς δὲ ὁ Σίμων εἶπεν

8 29 εἶπεν δὲ τὸ πνεῦμα τῷ Φιλίππῳ

8 30 ἤκουσεν αὐτοῦ . . . καὶ εἶπεν

8 31 ὁ δὲ εἶπεν

8 34ᶠἀποκριθεὶς δὲ ὁ εὐνοῦχος τῷ Φιλίππῳ εἶπεν

8 37 * | εἶπε δὲ ὁ Φίλιππος (+ς . .)

8 37ᶠ* | ἀποκριθεὶς δὲ εἶπε (. . +ς . .)

9 5 εἶπεν δέ

9 5 * ὁ δὲ | κύριος εἶπεν (+ς)

9 6 | τρέμων τε καὶ θαμβῶν εἶπε (. . +ς . .)

9 10ᵇεἶπεν πρὸς αὐτὸν ἐν ὁράματι ὁ κύριος

9 10 ὁ δὲ εἶπεν

9 15ᵇεἶπεν δὲ πρὸς αὐτὸν ὁ κύριος

9 17 ἀπῆλθεν δὲ Ἀνανίας . . . καὶ ἐπιθεὶς ἐπ᾽ αὐτὸν τὰς χεῖρας εἶπεν

9 34 εἶπεν αὐτῷ ὁ Πέτρος

9 40 προσηύξατο, καὶ ἐπιστρέψας πρὸς τὸ σῶμα εἶπεν

10 3 ἄγγελον τοῦ θεοῦ εἰσελθόντα πρὸς αὐτὸν καὶ εἰπόντα αὐτῷ

10 4 ὁ δὲ ἀτενίσας αὐτῷ καὶ ἔμφοβος γενόμενος εἶπεν

10 4 εἶπεν δὲ αὐτῷ

10 14 ὁ δὲ Πέτρος εἶπεν

10 19 τοῦ δὲ Πέτρου διενθυμουμένου περὶ τοῦ ὁράματος εἶπεν αὐτῷ (+N²⁶]ς) τὸ πνεῦμα (+αὐτῷ VBST)

10 21ᵇκαταβὰς δὲ Πέτρος πρὸς τοὺς ἄνδρας εἶπεν

10 22 ὁ δὲ εἶπαν

10 34 ἀνοίξας δὲ Πέτρος τὸ στόμα εἶπεν

11 8 εἶπον δέ

11 12 εἶπεν δὲ | τὸ πνεῦμά μοι (∼ Sς) συνελθεῖν αὐτοῖς

11 13 πῶς εἶδεν τὸν [N²⁶] ἄγγελον ἐν τῷ οἴκῳ αὐτοῦ σταθέντα καὶ εἰπόντα (+αὐτῷ VB[S]ς)

12 8ᵇεἶπεν δὲ (τε VSTς) ὁ ἄγγελος πρὸς αὐτόν

12 11 ὁ Πέτρος ἐν ἑαυτῷ γενόμενος εἶπεν

12 15ᵇὁ δὲ εἶπαν αὐτὴν εἶπεν

12 17 διηγήσατο αὐτοῖς ([N²⁶]; —T) πῶς ὁ κύριος αὐτὸν ἐξήγαγεν ἐκ τῆς φυλακῆς, εἶπέν τε (δέ ς)

13 2 εἶπεν τὸ πνεῦμα τὸ ἅγιον

13 10 ⟨ἀτενίσας εἰς αὐτόν⟩ εἶπεν

13 16 ἀναστὰς δὲ Παῦλος καὶ κατασείσας τῇ χειρὶ εἶπεν

13 22 τὸν Δαυὶδ . . . . ᾧ καὶ εἶπεν μαρτυρήσας

13 46 παρρησιασάμενοί τε ὁ Παῦλος καὶ ὁ Βαρναβᾶς εἶπαν

14 10ˢ⟨ὃς ἀτενίσας αὐτῷ⟩ εἶπεν μεγάλῃ (+τῇ [V]Sς) φωνῇ

15 7ᵇἀναστὰς Πέτρος εἶπεν πρὸς αὐτούς

15 36ᵇεἶπεν πρὸς Βαρναβᾶν Παῦλος

16 18 διαπονηθεὶς δὲ (+ὁ MVBSς) Παῦλος καὶ ἐπιστρέψας τῷ πνεύματι εἶπεν

16 20 προσαγαγόντες αὐτοὺς τοῖς στρατηγοῖς εἶπαν

16 31 οἱ δὲ εἶπαν

17 32 οἱ μὲν ἐχλεύαζον, οἱ δὲ εἶπαν

18 6ᵇἐκτιναξάμενος τὰ ἱμάτια εἶπεν πρὸς αὐτούς

18 9 εἶπεν δὲ ὁ κύριος ἐν νυκτὶ δι᾽ ὁράματος τῷ Παύλῳ

18 14ᵇεἶπεν ὁ Γαλλίων πρὸς τοὺς Ἰουδαίους

Ac 18 21 | ἀποταξάμενος καὶ (ἀπετάξατο αὐτοῖς ς) εἰπών

19 2ᵇεἶπέν τε πρὸς αὐτούς

19 2ᵇ* οἱ δὲ εἶπον (+ς) πρὸς αὐτόν

19 3ᵇ| εἶπέν τε (ὁ δὲ εἶπεν BT; εἴ. τε πρὸς αὐτούς ς)

19 3 οἱ δὲ εἶπαν

19 4 εἶπεν δὲ Παῦλος

19 15ᵗἀποκριθὲν δὲ τὸ πνεῦμα τὸ πονηρὸν εἶπεν αὐτοῖς (—ς)

19 21 ἔθετο ὁ Παῦλος ἐν τῷ πνεύματι . . . πορεύεσθαι εἰς Ἱεροσόλυμα, εἰπὼν ὅτι . . . δεῖ με καὶ Ῥώμην ἰδεῖν

19 25 οὓς συναθροίσας καὶ τοὺς . . . ἐργάτας εἶπεν

19 40 ταῦτα εἰπὼν ἀπέλυσεν τὴν ἐκκλησίαν

20 10 καταβὰς δὲ ὁ Παῦλος ἐπέπεσεν αὐτῷ καὶ συμπεριλαβὼν εἶπεν

20 18 ὡς δὲ παρεγένοντο πρὸς αὐτόν, εἶπεν αὐτοῖς

20 35 ᵠμνημονεύειν τε τῶν λόγων τοῦ κυρίου Ἰησοῦ, ὅτι αὐτὸς εἶπεν

20 36 ταῦτα εἰπὼν . . . προσηύξατο

21 11ᵗ⟨προφήτης ὀνόματι Ἅγαβος⟩ εἶπεν

21 13ᶠ* τότε ἀπεκρίθη ὁ [Η] Παῦλος | καὶ εἶπεν (+B[S]T)

21 14 μὴ πειθομένου δὲ αὐτοῦ ἡσυχάσαμεν εἰπόντες

21 20 οἱ δὲ ἀκούσαντες ἐδόξαζον τὸν θεόν, εἰπόν τε αὐτῷ

21 37ᵇ εἰ ἔξεστίν μοι εἰπεῖν τι πρὸς σέ;

21 39 εἶπεν δὲ ὁ Παῦλος

22 8ᵇεἶπέν τε πρὸς με (ἐμέ NTH)

22 10 εἶπον δέ

22 10ᵇὁ δὲ κύριος εἶπεν πρός με

22 13 ἐλθὼν πρός με (ἐμὲ NTH) καὶ ἐπιστὰς εἶπέν μοι

22 14 ὁ δὲ εἶπεν

22 19 κἀγὼ εἶπον

22 21ᵇεἶπεν πρός με

22 24 ἐκέλευσεν ὁ χιλίαρχος εἰσάγεσθαι αὐτὸν εἰς τὴν παρεμβολήν, εἴπας (-ὼν ς) μάστιξιν ἀνετάζεσθαι αὐτόν

22 25ᵇεἶπεν πρὸς τὸν ἑστῶτα ἑκατόνταρχον ὁ Παῦλος

22 27 προσελθὼν δὲ ὁ χιλίαρχος εἶπεν αὐτῷ

23 1 ἀτενίσας δὲ || ὁ (—H) Παῦλος τῷ συνεδρίῳ ((∼ MBST)) εἶπεν

23 3ᵇτότε ὁ Παῦλος πρὸς αὐτὸν εἶπεν

23 4 οἱ δὲ παρεστῶτες εἶπαν

23 7 τοῦτο δὲ αὐτοῦ εἰπόντος (λαλοῦντος NH; λαλήσαντος VTς)

23 11 ἐπιστὰς αὐτῷ ὁ κύριος εἶπεν

23 14 οἵτινες προσελθόντες τοῖς ἀρχιερεῦσιν καὶ τοῖς πρεσβυτέροις εἶπαν

23 20 εἶπεν δὲ ὅτι οἱ Ἰουδαῖοι συνέθεντο τοῦ ἐρωτῆσαί σε

23 23ʲπροσκαλεσάμενος || δύο τινὰς [N²⁶] ((∼ NMSTH)) τῶν ἑκατονταρχῶν εἶπεν

24 20 ἢ αὐτοὶ οὗτοι εἰπάτωσαν (+εἴ ς) τί εὗρον ἀδίκημα

24 22 ἀνεβάλετο δὲ αὐτοὺς ὁ Φῆλιξ, ἀκριβέστερον εἰδὼς τὰ περὶ τῆς ὁδοῦ, εἴπας (εἰπὼν Sς)

25 9ᶠ ὁ Φῆστος . . . ἀποκριθεὶς τῷ Παύλῳ

25 10 εἶπεν δὲ ὁ Παῦλος

26 15 ἐγὼ δὲ εἶπα

26 15 ὁ δὲ κύριος ([V]; —ς) εἶπεν

26 29 * ὁ δὲ Παῦλος εἶπεν (+ς)

Ac 26 30 * | καὶ ταῦτα εἰπόντος αὐτοῦ (+ϛ) ἀνέστη τε (—ϛ) ὁ βασιλεὺς καὶ ὁ ἡγεμών

27 21 σταθεὶς ὁ Παῦλος ἐν μέσῳ αὐτῶν εἶπεν

27 31 εἶπεν ὁ Παῦλος τῷ ἑκατοντάρχῃ

27 35 εἴπας (εἰπὼν Sϛ) δὲ ταῦτα καὶ λαβὼν ἄρτον εὐχαρίστησεν τῷ θεῷ

28 21ᵇ οἱ δὲ πρὸς αὐτὸν εἶπαν

28 25ᵉ εἰπόντος τοῦ Παύλου ῥῆμα ἕν

28 26 πορεύθητι πρὸς τὸν λαὸν τοῦτον καὶ εἰπόν

28 29 * | καὶ ταῦτα αὐτοῦ εἰπόντος ἀπῆλθον οἱ Ἰουδαῖοι (+ϛ . .)

Rm 10 6 μὴ εἴπῃς ἐν τῇ καρδίᾳ σου

1 C 1 15 ἵνα μή τις εἴπῃ ὅτι εἰς τὸ ἐμὸν ὄνομα ἐβαπτίσθητε

10 28 ἐὰν δέ τις ὑμῖν εἴπῃ

11 22 τί εἴπω ὑμῖν;

11 24 ⟨ὁ κύριος Ἰησοῦς ... ἔλαβεν ἄρτον⟩ καὶ εὐχαριστήσας ἔκλασεν καὶ εἶπεν

12 3 οὐδεὶς δύναται εἰπεῖν ... εἰ μὴ ἐν πνεύματι ἁγίῳ

12 15 ἐὰν εἴπῃ ὁ πούς· ὅτι οὐκ εἰμὶ χείρ

12 16 ἐὰν εἴπῃ τὸ οὖς· ὅτι οὐκ εἰμὶ ὀφθαλμός

12 21 οὐ δύναται δὲ [H] ὁ ὀφθαλμὸς εἰπεῖν τῇ χειρί

15 27 ὅταν δὲ εἴπῃ ὅτι πάντα ὑποτέτακται

2 C 4 6 ὅτι ὁ θεὸς ὁ (—B) εἰπών

6 16 καθὼς εἶπεν ὁ θεὸς ὅτι ἐνοικήσω ἐν αὐτοῖς

G 2 14 ὅτε εἶδον ... εἶπον τῷ Κηφᾷ ἔμπροσθεν πάντων

Cl 4 17 εἴπατε Ἀρχίππῳ

Tt 1 12ᵗ εἶπέν τις ἐξ αὐτῶν ἴδιος αὐτῶν προφήτης

Hb 1 5 τίνι γὰρ εἶπέν ποτε τῶν ἀγγέλων ⟨;⟩

3 10 διὸ προσώχθισα τῇ γενεᾷ ταύτῃ καὶ εἶπον

7 9ᵘ ὡς ἔπος εἰπεῖν, δι᾽ Ἀβραὰμ καὶ Λευὶ ὁ δεκάτας λαμβάνων δεδεκάτωται

10 7 τότε εἶπον

10 30 οἴδαμεν γὰρ τὸν εἰπόντα

12 21 οὕτω φοβερὸν ἦν τὸ φανταζόμενον, Μωϋσῆς εἶπεν

Jc 2 3 ⟨ἐὰν γὰρ⟩ | ἐπιβλέψητε δὲ (καὶ ἐ. Tϛ) ... καὶ εἴπητε (+αὐτῷ ϛ)

2 3 καὶ τῷ πτωχῷ εἴπητε

2 11 ὁ γὰρ εἰπών· μὴ μοιχεύσῃς, ↔

2 11 εἶπεν καί· μὴ φονεύσῃς

2 16 ⟨ἐὰν⟩ εἴπῃ δέ τις αὐτοῖς ἐξ ὑμῶν

1 Jo 1 6 ἐὰν εἴπωμεν ὅτι κοινωνίαν ἔχομεν

1 8 ἐὰν εἴπωμεν ὅτι ἁμαρτίαν οὐκ ἔχομεν

1 10 ἐὰν εἴπωμεν ὅτι οὐχ ἡμαρτήκαμεν

4 20 ἐάν τις εἴπῃ ὅτι ἀγαπῶ τὸν θεόν

Jd 9 ὁ δὲ Μιχαὴλ ... οὐκ ἐτόλμησεν ... ἀλλὰ εἶπεν

Ap 7 14 εἶπέν μοι

17 7 εἶπέν μοι ὁ ἄγγελος

21 5 εἶπεν ὁ καθήμενος ἐπὶ τῷ θρόνῳ

21 6 εἶπέν μοι

22 6 εἶπέν μοι

22 17 ὁ ἀκούων εἰπάτω

ἐρῶ

ᵃ τὸ εἰρημένον
ᵇ τὸ ῥηθέν
ᶜ ἐ. c. dupl. acc.
ᵈ ἐ. πρός τινα, ἵνα

ᵉ ἐ. et ἀποκρίνομαι, ἐπερωτάω
ᶠ ἐ. et καλέω
ᵍ ἐ. et λέγω
ʰ ἐ. et λόγος
ʲ ἐ. et ῥῆμα
ᵏ τὸ εἰρηκέναι

Mt 1 22ᵇᵍ ἵνα πληρωθῇ τὸ ῥηθὲν ὑπὸ (+τοῦ Vϛ) κυρίου διὰ τοῦ προφήτου λέγοντος

2 15ᵇᵍ ἵνα πληρωθῇ τὸ ῥηθὲν ὑπὸ κυρίου διὰ τοῦ προφήτου λέγοντος

2 17ᵇᵍ τότε ἐπληρώθη τὸ ῥηθὲν διὰ (ὑπὸ ϛ) Ἰερεμίου τοῦ προφήτου λέγοντος

2 23ᵇ ὅπως πληρωθῇ τὸ ῥηθὲν διὰ τῶν προφητῶν ὅτι Ναζωραῖος κληθήσεται

3 3ᵍ οὗτος γάρ ἐστιν ὁ ῥηθεὶς διὰ (ὑπὸ ϛ) Ἠσαΐου τοῦ προφήτου λέγοντος

4 14ᵇᵍ ἵνα πληρωθῇ τὸ ῥηθὲν διὰ Ἠσαΐου τοῦ προφήτου λέγοντος

5 21 ἠκούσατε ὅτι ἐρρέθη τοῖς ἀρχαίοις

5 27 ἠκούσατε ὅτι ἐρρέθη (+τοῖς ἀρχαίοις Vϛ)

5 31 ἐρρέθη δέ

5 33 πάλιν ἠκούσατε ὅτι ἐρρέθη τοῖς ἀρχαίοις

5 38 ἠκούσατε ὅτι ἐρρέθη

5 43 ἠκούσατε ὅτι ἐρρέθη

7 4 ἢ πῶς ἐρεῖς τῷ ἀδελφῷ σου ⟨;⟩

7 22 πολλοὶ ἐροῦσίν μοι ἐν ἐκείνῃ τῇ ἡμέρᾳ

8 17ᵇᵍ ὅπως πληρωθῇ τὸ ῥηθὲν διὰ Ἠσαΐου τοῦ προφήτου λέγοντος

12 17ᵇᵍ ἵνα πληρωθῇ τὸ ῥηθὲν διὰ Ἠσαΐου τοῦ προφήτου λέγοντος

13 30 ἐν (+τῷ Sϛ) καιρῷ τοῦ θερισμοῦ ἐρῶ τοῖς θερισταῖς

13 35ᵇᵍ ὅπως πληρωθῇ τὸ ῥηθὲν διὰ (+Ἠσαΐου T) τοῦ προφήτου λέγοντος

17 20 ἐὰν ἔχητε πίστιν ὡς κόκκον σινάπεως, ἐρεῖτε τῷ ὄρει τούτῳ

21 3 ἐάν τις ὑμῖν εἴπῃ τι, ἐρεῖτε ὅτι ὁ κύριος αὐτῶν χρείαν ἔχει

21 4ᵇᵍ ἵνα πληρωθῇ τὸ ῥηθὲν διὰ (ὑπὸ S) τοῦ προφήτου λέγοντος

21 24 κἀγὼ ὑμῖν ἐρῶ ἐν ποίᾳ ἐξουσίᾳ ταῦτα ποιῶ

21 25 ἐὰν εἴπωμεν· ἐξ οὐρανοῦ, ἐρεῖ ἡμῖν

22 31ᵇᵍ οὐκ ἀνέγνωτε τὸ ῥηθὲν ὑμῖν ὑπὸ τοῦ θεοῦ λέγοντος ⟨;⟩

24 15ᵇ ὅταν οὖν ἴδητε τὸ βδέλυγμα τῆς ἐρημώσεως τὸ ῥηθὲν διὰ Δανιὴλ τοῦ προφήτου ἑστός

25 34 τότε ἐρεῖ ὁ βασιλεὺς τοῖς ἐκ δεξιῶν αὐτοῦ

25 40ᵉ ἀποκριθεὶς ὁ βασιλεὺς ἐρεῖ αὐτοῖς

25 41 τότε ἐρεῖ καὶ τοῖς ἐξ εὐωνύμων

26 75ʲ ἐμνήσθη ὁ Πέτρος τοῦ ῥήματος Ἰησοῦ εἰρηκότος (+αὐτῷ ϛ) ὅτι ... τρὶς ἀπαρνήσῃ με

27 9ᵇᵍ τότε ἐπληρώθη τὸ ῥηθὲν διὰ Ἰερεμίου τοῦ προφήτου λέγοντος

27 35ᵇ * | ἵνα πληρωθῇ τὸ ῥηθὲν ὑπὸ τοῦ προφήτου (+ϛ . .)

Mc 11 29ᵉ ἐπερωτήσω ὑμᾶς ἕνα λόγον ... καὶ ἐρῶ ὑμῖν ἐν ποίᾳ ἐξουσίᾳ ταῦτα ποιῶ

11 31 ἐὰν εἴπωμεν· ἐξ οὐρανοῦ, ἐρεῖ

13 14ᵇ * ὅταν δὲ ἴδητε τὸ βδέλυγμα τῆς ἐρημώσεως | τὸ ῥηθὲν ὑπὸ Δανιὴλ τοῦ προφήτου (+ϛ)

Lc 2 24ᵃ τοῦ δοῦναι θυσίαν κατὰ τὸ εἰρημένον ἐν τῷ νόμῳ κυρίου

4 12 ἀποκριθεὶς εἶπεν αὐτῷ ὁ Ἰησοῦς ὅτι εἴρηται

4 23 πάντως ἐρεῖτέ μοι τὴν παραβολὴν ταύτην

12 10ʰ πᾶς ὃς ἐρεῖ λόγον εἰς τὸν υἱὸν τοῦ ἀνθρώπου

12 19 ἐρῶ τῇ ψυχῇ μου

13 25ᵉ ἀποκριθεὶς ἐρεῖ ὑμῖν

13 27ᵍ ἐρεῖ λέγων (λέγω MVSTϛ) ὑμῖν

14 9ᶠ ἐλθὼν ὁ σὲ καὶ αὐτὸν καλέσας ἐρεῖ σοι

14 10ᶠ ἵνα ὅταν ἔλθῃ ὁ κεκληκώς σε ἐρεῖ (εἴπῃ ϛ) σοι

15 18 πορεύσομαι πρὸς τὸν πατέρα μου καὶ ἐρῶ αὐτῷ

17 7 τίς δὲ ἐξ ὑμῶν δοῦλον ἔχων ἀροτριῶντα ... ὃς εἰσελθόντι ἐκ τοῦ ἀγροῦ ἐρεῖ αὐτῷ (—ϛ)

17 8 ἀλλ᾽ οὐχὶ ἐρεῖ αὐτῷ ⟨;⟩

17 21 οὐδὲ ἐροῦσιν

17 23 ἐροῦσιν ὑμῖν

19 31 οὕτως ἐρεῖτε (+αὐτῷ Vϛ)

20 5 ἐὰν εἴπωμεν· ἐξ οὐρανοῦ, ἐρεῖ

22 11 ἐρεῖτε τῷ οἰκοδεσπότῃ τῆς οἰκίας

22 13 ἀπελθόντες δὲ εὗρον καθὼς εἰρήκει (εἴρηκεν ϛ) αὐτοῖς

23 29 | ἔρχονται ἡμέραι (~S) ἐν αἷς ἐροῦσιν

Jo 4 18ᶜ τοῦτο ἀληθὲς εἴρηκας

6 65 διὰ τοῦτο εἴρηκα ὑμῖν ὅτι οὐδεὶς δύναται ἐλθεῖν πρός με (ἐμέ T)

11 13 εἰρήκει δὲ ὁ Ἰησοῦς περὶ τοῦ θανάτου αὐτοῦ

12 50 ἃ οὖν | ἐγὼ λαλῶ (~Sϛ), καθὼς εἴρηκέν μοι ὁ πατήρ, οὕτως λαλῶ

14 29ᵈ νῦν εἴρηκα ὑμῖν πρὶν γενέσθαι

15 15ᶜᵍ οὐκέτι λέγω ὑμᾶς δούλους ... ὑμᾶς δὲ εἴρηκα φίλους

Ac 2 16ᵃ τοῦτό ἐστιν τὸ εἰρημένον διὰ τοῦ προφήτου Ἰωήλ

8 24 ὅπως μηδὲν ἐπέλθῃ ἐπ᾽ ἐμὲ ὧν εἰρήκατε

13 34 οὕτως εἴρηκεν ὅτι δώσω ὑμῖν τὰ ὅσια Δαυίδ

13 40ᵃ βλέπετε οὖν μὴ ἐπέλθῃ (+ἐφ᾽ ὑμᾶς MV[S]ϛ) τὸ εἰρημένον ἐν τοῖς προφήταις

17 28 ὡς καὶ τινες τῶν καθ᾽ ὑμᾶς ποιητῶν εἰρήκασιν

20 38ʰ ὀδυνώμενοι μάλιστα ἐπὶ τῷ λόγῳ ᾧ εἰρήκει, ὅτι οὐκέτι μέλλουσιν

23 5 ἄρχοντα τοῦ λαοῦ σου οὐκ ἐρεῖς κακῶς

Rm 3 5 εἰ δὲ ἡ ἀδικία ἡμῶν θεοῦ δικαιοσύνην συνίστησιν, τί ἐροῦμεν;

4 1ᶜ τί οὖν ἐροῦμεν εὑρηκέναι ([M]; —H) Ἀβραὰμ τὸν προπάτορα ἡμῶν κατὰ σάρκα;

4 18ᵃ εἰς τὸ γενέσθαι αὐτὸν πατέρα πολλῶν ἐθνῶν κατὰ τὸ εἰρημένον

6 1 τί οὖν ἐροῦμεν;

7 7 τί οὖν ἐροῦμεν;

8 31 τί οὖν ἐροῦμεν πρὸς ταῦτα;

9 12 ἐρρέθη αὐτῇ ὅτι ὁ μείζων δουλεύσει τῷ ἐλάσσονι

9 14 τί οὖν ἐροῦμεν;

9 19 ἐρεῖς μοι οὖν

9 20 μὴ ἐρεῖ τὸ πλάσμα τῷ πλάσαντι ⟨;⟩

9 26 ἔσται ἐν τῷ τόπῳ οὗ ἐρρέθη αὐτοῖς [NH]

9 30 τί οὖν ἐροῦμεν;

11 19 ἐρεῖς οὖν

1 C 14 16 ὁ ἀναπληρῶν τὸν τόπον τοῦ
ἰδιώτου πῶς ἐρεῖ τὸ ἀμὴν ἐπὶ
τῇ σῇ εὐχαριστίᾳ;

14 23 οὐκ ἐροῦσιν ὅτι μαίνεσθε;

15 35 ἀλλὰ ἐρεῖ τις

2 C 12 6 οὐκ ἔσομαι ἄφρων, ἀλήθειαν γὰρ
ἐρῶ

12 9 εἴρηκέν μοι

G 3 16 τῷ δὲ Ἀβραὰμ ἐρρέθησαν αἱ ἐπ-
αγγελίαι καὶ τῷ σπέρματι αὐτοῦ

Ph 4 4 χαίρετε ἐν κυρίῳ πάντοτε· πάλιν
ἐρῶ, χαίρετε

Hb 1 13ᵈ πρὸς τίνα δὲ τῶν ἀγγέλων εἴρη-
κέν ποτε ⟨;⟩

4 3 καθὼς εἴρηκεν

4 4 εἴρηκεν γάρ που περὶ τῆς ἑβδόμης
οὕτως

4 7 * καθὼς εἴρηται (ς; προ- rl)

10 9ᵍ τότε εἴρηκεν

10 15ᵏ μετὰ γὰρ τὸ εἰρηκέναι (προ- ς)

13 5 αὐτὸς γὰρ εἴρηκεν

Jc 2 18 ἀλλ᾽ ἐρεῖ τις

Ap 6 11ᵈ ἐρρέθη αὐτοῖς ἵνα ἀναπαύσονται
(N²⁶H; -σωνται rl) ἔτι χρόνον
μικρόν

7 14 εἴρηκα αὐτῷ

9 4ᵈ ἐρρέθη αὐταῖς (αὐτοῖς NT) ἵνα
μὴ ἀδικήσουσιν (-σωσιν Vς)

17 7 ἐγὼ | ἐρῶ σοι (~ STς) τὸ μυστή-
ριον τῆς γυναικός

19 3 δεύτερον εἴρηκαν

λεῖμμα
λίμμα VH
λεῖμμα S

Rm 11 5 ἐν τῷ νῦν καιρῷ λεῖμμα κατ᾽
ἐκλογὴν χάριτος γέγονεν

λεῖος
λῖος S

Lc 3 5 ἔσται τὰ σκολιὰ εἰς εὐθείαν (-ας
NTH) καὶ αἱ τραχεῖαι εἰς ὁδοὺς
λείας

λείπω
ἀπο-   ἐκ-   περι-
δια-   ἐπι-   ὑπο-
ἐγκατα- κατα-
ᵃ intrans.

Lc 18 22ᵃ ἔτι ἕν σοι λείπει

Tt 1 5ᵃ ἀπέλιπόν (-λειπόν H; κατέλιπ.
Sς) σε ἐν Κρήτῃ, ἵνα τὰ λείποντα
ἐπιδιορθώσῃ

3 13ᵃ Ζηνᾶν . . . σπουδαίως πρόπεμψον,
ἵνα μηδὲν αὐτοῖς λείπῃ (λί. T)

Jc 1 4 ἵνα ἦτε τέλειοι καὶ ὁλόκληροι, ἐν
μηδενὶ λειπόμενοι. ↔

1 5 εἰ δέ τις ὑμῶν λείπεται σοφίας

2 15 ἐὰν ἀδελφὸς ἢ ἀδελφὴ γυμνοὶ
ὑπάρχωσιν καὶ λειπόμενοι (+ὦσι
ς) τῆς ἐφημέρου τροφῆς

λειτουργέω
Ac 13 2 λειτουργούντων δὲ αὐτῶν τῷ
κυρίῳ καὶ νηστευόντων

Rm 15 27 εἰ γὰρ τοῖς πνευματικοῖς αὐτῶν
ἐκοινώνησαν τὰ ἔθνη, ὀφείλουσιν
καὶ ἐν τοῖς σαρκικοῖς λειτουργῆ-
σαι αὐτοῖς

Hb 10 11 πᾶς μὲν ἱερεὺς (ἀρχ- S) ἕστηκεν
καθ᾽ ἡμέραν λειτουργῶν καὶ τὰς
αὐτὰς πολλάκις προσφέρων θυσίας

λειτουργία
Lc 1 23 ὡς ἐπλήσθησαν αἱ ἡμέραι τῆς
λειτουργίας αὐτοῦ

2 C 9 12 ὅτι ἡ διακονία τῆς λειτουργίας
ταύτης οὐ μόνον ἐστὶν προσανα-
πληροῦσα τὰ ὑστερήματα τῶν
ἁγίων

Ph 2 17 εἰ καὶ σπένδομαι ἐπὶ τῇ θυσίᾳ
καὶ λειτουργίᾳ τῆς πίστεως ὑμῶν

2 30 ἵνα ἀναπληρώσῃ τὸ ὑμῶν ὑστέρη-
μα τῆς πρός με λειτουργίας

Hb 8 6 διαφορωτέρας τέτυχεν (τετύχηκεν
S; τέτευχε ς) λειτουργίας

9 21 τὴν σκηνὴν δὲ καὶ πάντα τὰ σκεύη
τῆς λειτουργίας τῷ αἵματι ὁμοίως
ἐρράντισεν

λειτουργικός
Hb 1 14 οὐχὶ πάντες εἰσὶν λειτουργικὰ
πνεύματα εἰς διακονίαν ἀποστελλό-
μενα ⟨;⟩

λειτουργός
Rm 13 6 λειτουργοὶ γὰρ θεοῦ εἰσιν εἰς αὐτὸ
τοῦτο προσκαρτεροῦντες

15 16 εἰς τὸ εἶναί με λειτουργὸν Χριστοῦ
Ἰησοῦ εἰς τὰ ἔθνη

Ph 2 25 Ἐπαφρόδιτον, τὸν . . . συστρατι-
ώτην μου, ὑμῶν δὲ ἀπόστολον
καὶ λειτουργὸν τῆς χρείας μου

Hb 1 7 ὁ ποιῶν τοὺς ἀγγέλους αὐτοῦ
πνεύματα, καὶ τοὺς λειτουργοὺς
αὐτοῦ πυρὸς φλόγα

8 2 ⟨ὃς ἐκάθισεν ἐν δεξιᾷ τοῦ θρόνου⟩
τῶν ἁγίων λειτουργὸς καὶ τῆς
σκηνῆς τῆς ἀληθινῆς

λεμα
λεμά (NMVB)ST(H)
λαμά (NMVBHς)
λαμμᾶ (ς)

Mt 27 46 | ηλι ηλι (ἐλωί ἐλωί H) λεμα σαβα-
χθανι;

Mc 15 34 ελωι ελωι λεμα σαβαχθανι;

λέντιον
Jo 13 4 λαβὼν λέντιον διέζωσεν ἑαυτόν

13 5 ἤρξατο νίπτειν τοὺς πόδας τῶν
μαθητῶν καὶ ἐκμάσσειν τῷ λεντίῳ
ᾧ ἦν διεζωσμένος

λεπίς
Ac 9 18 ἀπέπεσαν | αὐτοῦ ἀπὸ τῶν
ὀφθαλμῶν (~ Sς) ὡς (ὡσεὶ Sς)
λεπίδες, ἀνέβλεψέν τε

λέπρα
Mt 8 3 εὐθέως ἐκαθαρίσθη αὐτοῦ ἡ λέπρα

Mc 1 42 εὐθὺς ἀπῆλθεν ἀπ᾽ αὐτοῦ ἡ λέπρα,
καὶ ἐκαθαρίσθη

Lc 5 12 ἰδοὺ ἀνὴρ πλήρης λέπρας

5 13 εὐθέως ἡ λέπρα ἀπῆλθεν ἀπ᾽
αὐτοῦ

λεπρός
ᵃ sing.

Mt 8 2ᵃ λεπρὸς προσελθὼν προσεκύνει αὐ-
τῷ

10 8 νεκροὺς ἐγείρετε, λεπροὺς καθα-
ρίζετε, δαιμόνια ἐκβάλλετε

11 5 λεπροὶ καθαρίζονται καὶ κωφοὶ
ἀκούουσιν

26 6ᵃ τοῦ δὲ Ἰησοῦ γενομένου ἐν Βηθα-
νίᾳ ἐν οἰκίᾳ Σίμωνος τοῦ λεπροῦ

Mc 1 40ᵃ ἔρχεται πρὸς αὐτὸν λεπρὸς παρα-
καλῶν αὐτόν

14 3ᵃ ὄντος αὐτοῦ ἐν Βηθανίᾳ ἐν τῇ
οἰκίᾳ Σίμωνος τοῦ λεπροῦ

Lc 4 27 πολλοὶ λεπροὶ ἦσαν ἐν τῷ Ἰσραὴλ
ἐπὶ Ἐλισαίου τοῦ προφήτου

7 22 λεπροὶ καθαρίζονται, καὶ (—VB
STς) κωφοὶ ἀκούουσιν

17 12 ἀπήντησαν (ὑπ- BST) αὐτῷ
([N²⁶]; —NMSH) δέκα λεπροὶ
ἄνδρες

λεπτόν
Mc 12 42 ἐλθοῦσα μία χήρα πτωχὴ ἔβαλεν
λεπτὰ δύο

Lc 12 59 οὐ μὴ ἐξέλθῃς ἐκεῖθεν ἕως καὶ τὸ
ἔσχατον λεπτὸν ἀποδῷς

21 2 εἶδεν δέ τινα χήραν πενιχρὰν βάλ-
λουσαν ἐκεῖ | λεπτὰ δύο (~ VSTς)

Λευεί(ς)
→ Λευί(ς)

Λευείτης
→ Λευίτης

Λευειτικός
→ Λευιτικός

Λευί(ς)
Λευεί(ς) (VS)TH
Λευί(ς) ς
ᵃ filius Jacob
ᵇ filius Melchi
ᶜ filius Simeon
ᵈ discipulus Jesu

Mc 2 14ᵈ παράγων εἶδεν Λευὶν τὸν τοῦ
Ἀλφαίου καθήμενον ἐπὶ τὸ τελώ-
νιον

Lc 3 24ᵇ ⟨ἦν Ἰησοῦς . . . ὢν υἱός, ὡς ἐνο-
μίζετο⟩ τοῦ Μαθθὰτ τοῦ Λευὶ
τοῦ Μελχί

3 29ᶜ ⟨ἦν Ἰησοῦς . . . ὢν υἱός, ὡς
ἐνομίζετο⟩ τοῦ Μαθθὰτ τοῦ Λευὶ
⟨τοῦ Συμεών⟩

5 27ᵈ ἐθεάσατο τελώνην ὀνόματι Λευὶν
καθήμενον ἐπὶ τὸ τελώνιον

5 29ᵈ ἐποίησεν δοχὴν μεγάλην (+ὁ ς)
Λευὶς αὐτῷ ἐν τῇ οἰκίᾳ αὐτοῦ

Hb 7 5ᵃ οἱ μὲν ἐκ τῶν υἱῶν Λευὶ τὴν ἱερα-
τείαν λαμβάνοντες ἐντολὴν ἔχου-
σιν

7 9ᵃ δι᾽ Ἀβραὰμ καὶ Λευὶ ὁ δεκάτας
λαμβάνων δεδεκάτωται

Ap 7 7ᵃ ἐκ φυλῆς Λευὶ δώδεκα χιλιάδες

Λευίτης
Λευείτης TH
Λευίτης ς

Lc 10 32 ὁμοίως δὲ καὶ Λευίτης γενόμενος
(+[N²⁶]Tς) κατὰ τὸν τόπον ἐλ-
θὼν καὶ ἰδὼν ἀντιπαρῆλθεν

Jo 1 19 ὅτε ἀπέστειλαν | πρὸς αὐτὸν
([N²⁶]; —Tς) . . . ἐξ Ἱεροσολύμων
ἱερεῖς καὶ Λευίτας ἵνα ἐρωτήσωσιν
αὐτόν

Ac 4 36 Ἰωσὴφ δὲ ὁ ἐπικληθεὶς Βαρναβᾶς
. . . Λευίτης, Κύπριος τῷ γένει

Λευιτικός
Λευειτικός TH
Λευιτικός ς

Hb 7 11 εἰ μὲν οὖν τελείωσις διὰ τῆς Λευιτι-
κῆς ἱερωσύνης ἦν

λευκαίνω
Mc 9 3 τὰ ἱμάτια αὐτοῦ ἐγένετο στίλβοντα
λευκὰ λίαν, οἷα γναφεὺς . . . οὐ
δύναται οὕτως λευκᾶναι

Ap 7 14 ἔπλυναν τὰς στολὰς αὐτῶν καὶ
ἐλεύκαναν αὐτὰς (στολὰς αὐτῶν
ς) ἐν τῷ αἵματι τοῦ ἀρνίου

λευκός
ᵃ ἐν (ἱματίοις) λευκοῖς
ᵇ λευκὸς ὡς

Mt 5 36 οὐ δύνασαι μίαν τρίχα λευκὴν
ποιῆσαι ἢ μέλαιναν

17 2ᵇ τὰ δὲ ἱμάτια αὐτοῦ ἐγένετο λευκὰ
ὡς τὸ φῶς

28 3ᵇ ἦν δὲ . . . τὸ ἔνδυμα αὐτοῦ λευκὸν
ὡς (ὡσεὶ ς) χιών

Mc 9 3ᵇ τὰ ἱμάτια αὐτοῦ ἐγένετο στίλβοντα
λευκὰ λίαν (+ὡς χιὼν ς)

16 5 εἶδον νεανίσκον καθήμενον ἐν τοῖς
δεξιοῖς περιβεβλημένον στολὴν
λευκήν

Lc 9 29 ἐγένετο ... ὁ ἱματισμὸς αὐτοῦ
λευκὸς ἐξαστράπτων

Jo 4 35 θεάσασθε τὰς χώρας, ὅτι λευκαί
εἰσιν πρὸς θερισμόν

   20 12ᵃθεωρεῖ δύο ἀγγέλους ἐν λευκοῖς
καθεζομένους

Ac 1 10 ἄνδρες δύο παρειστήκεισαν αὐτοῖς
ἐν | ἐσθήσεσι λευκαῖς (ἐσθῆτι -κῇ ς)

Ap 1 14ᵇἡ δὲ κεφαλὴ αὐτοῦ καὶ αἱ τρίχες
λευκαὶ ↔

   1 14ᵇὡς (ὡσεὶ ς) ἔριον λευκὸν ὡς χιών

   2 17 τῷ νικῶντι ... δώσω αὐτῷ
ψῆφον λευκήν

   3 4ᵃπεριπατήσουσιν μετ' ἐμοῦ ἐν λευ-
κοῖς, ὅτι ἄξιοί εἰσιν. ↔

   3 5ᵃὁ νικῶν οὕτως (οὗτος BSς) περι-
βαλεῖται ἐν ἱματίοις λευκοῖς

   3 18 συμβουλεύω σοι ἀγοράσαι παρ'
ἐμοῦ ... ἱμάτια λευκὰ ἵνα περι-
βάλῃ

   4 4ᵃπρεσβυτέρους καθημένους περιβε-
βλημένους ἐν (—H) ἱματίοις λευκοῖς

   6 2 ἰδοὺ ἵππος λευκός

   6 11 | ἐδόθη αὐτοῖς ἑκάστῳ στολὴ
λευκή (ἐδόθησαν ἑκάστοις στολαὶ
λευκαί ς)

   7 9 ἰδοὺ ὄχλος πολύς ... περιβεβλημέ-
νους στολὰς λευκάς

   7 13 οὗτοι οἱ περιβεβλημένοι τὰς στο-
λὰς τὰς λευκὰς τίνες εἰσὶν καὶ
πόθεν ἦλθον;

   14 14 ἰδοὺ νεφέλη λευκή

   19 11 ἰδοὺ ἵππος λευκός

   19 14 τὰ στρατεύματα τὰ ([N²⁶]; —ST)
ἐν τῷ οὐρανῷ ἠκολούθει αὐτῷ
ἐφ' ἵπποις λευκοῖς, ↔

   19 14 ἐνδεδυμένοι βύσσινον λευκὸν (+
καὶ ς) καθαρόν

   20 11 εἶδον θρόνον μέγαν λευκόν

λέων
 ᵃ στόμα λέοντος
2 Tm 4 17ᵃἐρρύσθην ἐκ στόματος λέοντος
Hb 11 33ᵃοἳ ... ἐπέτυχον ἐπαγγελιῶν,
ἔφραξαν στόματα λεόντων
1 Pt 5 8 ὁ ἀντίδικος ὑμῶν διάβολος ὡς λέων
ὠρυόμενος περιπατεῖ ζητῶν τινα
([N²⁶]; τίνα MVSTς;—H) καταπιεῖν
Ap 4 7 τὸ ζῷον τὸ πρῶτον ὅμοιον λέοντι

   5 5 ἰδοὺ ἐνίκησεν ὁ λέων ὁ (+ὢν ς)
ἐκ τῆς φυλῆς Ἰούδα, ἡ ῥίζα Δαυίδ

   9 8 οἱ ὀδόντες αὐτῶν ὡς λεόντων
ἦσαν

   9 17 αἱ κεφαλαὶ τῶν ἵππων ὡς κεφαλαὶ
λεόντων

   10 3 ἔκραξεν φωνῇ μεγάλῃ ὥσπερ λέων
μυκᾶται

   13 2ᵃτὸ στόμα αὐτοῦ ὡς στόμα λέοντος
(-των Τ)

λήθη
2 Pt 1 9 τυφλός ἐστιν μυωπάζων, λήθην
λαβὼν τοῦ καθαρισμοῦ τῶν πά-
λαι αὐτοῦ ἁμαρτιῶν (-τημάτων
BT)

λῆμψις
 λῆψις VBSς
Ph 4 15 οὐδεμία μοι ἐκκλησία ἐκοινώνησεν
εἰς λόγον δόσεως καὶ λήμψεως

ληνός
Mt 21 33 ἄνθρωπος ... ἐφύτευσεν ἀμπελῶνα
... καὶ ὤρυξεν ἐν αὐτῷ ληνόν
Ap 14 19 ἔβαλεν εἰς τὴν ληνὸν τοῦ θυμοῦ
τοῦ θεοῦ | τὸν μέγαν (τὴν μεγάλην
ς). ↔

   14 20 καὶ ἐπατήθη ἡ ληνὸς ἔξωθεν τῆς
πόλεως,

Ap 14 20 καὶ ἐξῆλθεν αἷμα ἐκ τῆς ληνοῦ
ἄχρι τῶν χαλινῶν τῶν ἵππων

   19 15 αὐτὸς πατεῖ τὴν ληνὸν τοῦ οἴνου
τοῦ θυμοῦ τῆς ὀργῆς τοῦ θεοῦ

λῆρος
Lc 24 11 ἐφάνησαν ἐνώπιον αὐτῶν ὡσεὶ
λῆρος τὰ ῥήματα ταῦτα

ληστής
 ᵃσπήλαιον λῃστῶν
Mt 21 13ᵃὁ οἶκός μου οἶκος προσευχῆς
κληθήσεται, ὑμεῖς δὲ αὐτὸν ποιεῖτε
σπήλαιον λῃστῶν

   26 55 ὡς ἐπὶ λῃστὴν ἐξήλθατε μετὰ μα-
χαιρῶν καὶ ξύλων συλλαβεῖν με;

   27 38 σταυροῦνται σὺν αὐτῷ δύο λῃσταί

   27 44 τὸ δ' αὐτὸ καὶ οἱ λῃσταὶ οἱ συσταυ-
ρωθέντες σὺν αὐτῷ ὠνείδιζον
αὐτόν

Mc 11 17ᵃὁ οἶκός μου οἶκος προσευχῆς κλη-
θήσεται ... ὑμεῖς δὲ πεποιήκατε
(ἐποιήσατε Vς) αὐτὸν σπήλαιον
λῃστῶν

   14 48 ὡς ἐπὶ λῃστὴν ἐξήλθατε μετὰ μα-
χαιρῶν καὶ ξύλων συλλαβεῖν με;

   15 27 σὺν αὐτῷ σταυροῦσιν δύο λῃστάς

Lc 10 30 ἄνθρωπός τις κατέβαινεν ... εἰς
Ἰεριχώ, καὶ λῃσταῖς περιέπεσεν

   10 36 τίς τούτων ... πλησίον δοκεῖ σοι
γεγονέναι τοῦ ἐμπεσόντος εἰς
τοὺς λῃστάς;

   19 46ᵃἔσται ὁ οἶκός μου οἶκος προσευχῆς·
ὑμεῖς δὲ αὐτὸν ἐποιήσατε σπήλαιον
λῃστῶν

   22 52 ὡς ἐπὶ λῃστὴν ἐξήλθατε (ἐξεληλύ-
θατε Τς) μετὰ μαχαιρῶν καὶ
ξύλων;

Jo 10 1 ὁ ... ἀναβαίνων ἀλλαχόθεν, ἐκεῖ-
νος κλέπτης ἐστὶν καὶ λῃστής

   10 8 πάντες ὅσοι ἦλθον | πρὸ ἐμοῦ
([N²⁶]; —T) κλέπται εἰσὶν καὶ
λῃσταί

   18 40 ἦν δὲ ὁ Βαραββᾶς λῃστής

2 C 11 26 κινδύνοις ποταμῶν, κινδύνοις λῃ-
στῶν, κινδύνοις ἐκ γένους

λῆψις
→ λῆμψις

λίαν
 ᵃ c. verbo
 ᵇ ὑπὲρ λίαν
Mt 2 16ᵃἩρῴδης ἰδὼν ὅτι ἐνεπαίχθη ὑπὸ
τῶν μάγων ἐθυμώθη λίαν

   4 8 παραλαμβάνει αὐτὸν ὁ διάβολος
εἰς ὄρος ὑψηλὸν λίαν

   8 28 ὑπήντησαν αὐτῷ δύο δαιμονι-
ζόμενοι ... χαλεποὶ λίαν

   27 14ᵃὥστε θαυμάζειν τὸν ἡγεμόνα λίαν

Mc 1 35 πρωῒ ἔννυχα λίαν ἀναστὰς ἐξ-
ῆλθεν

   6 51ᵃλίαν | ἐκ περισσοῦ ([N²⁶]; —H) ἐν
ἑαυτοῖς ἐξίσταντο

   9 3 τὰ ἱμάτια αὐτοῦ ἐγένετο στίλβον-
τα λευκὰ λίαν (+ὡς χιὼν ς)

   16 2 λίαν πρωῒ || τῇ [NH] μιᾷ ((τῆς
μιᾶς Sς)) τῶν σαββάτων ἔρχον-
ται ἐπὶ τὸ μνημεῖον (μνῆμα NT)

Lc 23 8ᵃὁ δὲ Ἡρῴδης ἰδὼν τὸν Ἰησοῦν
ἐχάρη λίαν

2 C 11 5ᵇ* λογίζομαι γὰρ μηδὲν ὑστερηκέ-
ναι τῶν | ὑπὲρ λίαν (ς; ὑπερλίαν
rl) ἀποστόλων

   12 11ᵇ* οὐδὲν γὰρ ὑστέρησα τῶν | ὑπὲρ
λίαν (ς; ὑπερλίαν rl) ἀποστόλων

2 Tm 4 15ᵃὃν καὶ σὺ φυλάσσου· λίαν γὰρ
ἀντέστη (ἀνθέστηκεν VSς) τοῖς
ἡμετέροις λόγοις

2 Jo 4ᵃἐχάρην λίαν ὅτι εὕρηκα
3 Jo 3ᵃἐχάρην γὰρ (—T) λίαν ἐρχομένων
ἀδελφῶν

λίβανος
Mt 2 11 προσήνεγκαν αὐτῷ δῶρα, χρυσὸν
καὶ λίβανον καὶ σμύρναν
Ap 18 13 ⟨οὐδεὶς ἀγοράζει⟩ μύρον καὶ λί-
βανον καὶ οἶνον

λιβανωτός
Ap 8 3 ἄγγελος ... ἐστάθη ἐπὶ | τοῦ
θυσιαστηρίου (τὸ -ριον Bς) ἔχων
λιβανωτὸν χρυσοῦν

   8 5 εἴληφεν ὁ ἄγγελος τὸν λιβανω-
τόν

Λιβερτῖνος
Ac 6 9 ἀνέστησαν δέ τινες τῶν ἐκ τῆς
συναγωγῆς | τῆς λεγομένης (τῶν
-μένων Τ) Λιβερτίνων καὶ Κυρη-
ναίων

Λιβύη
Ac 2 10 ⟨οἱ κατοικοῦντες⟩ Αἴγυπτον καὶ
τὰ μέρη τῆς Λιβύης τῆς κατὰ
Κυρήνην

λιθάζω
 κατα-
 ᵃ pass.
Jo [8 5]Μωϋσῆς ἐνετείλατο (διακελεύει S)
τὰς τοιαύτας λιθάζειν (λιθοβολεῖ-
σθαι ς)

   10 31 ἐβάστασαν (+οὖν Vς) πάλιν
λίθους οἱ Ἰουδαῖοι ἵνα λιθάσωσιν
αὐτόν

   10 32 διὰ ποῖον αὐτῶν ἔργον ἐμὲ λι-
θάζετε;

   10 33 περὶ καλοῦ ἔργου οὐ λιθάζομέν σε
ἀλλὰ περὶ βλασφημίας

   11 8 νῦν ἐζήτουν σε λιθάσαι οἱ Ἰου-
δαῖοι

Ac 5 26ᵃἐφοβοῦντο γὰρ τὸν λαόν, (+ἵνα
Τς) μὴ λιθασθῶσιν

   14 19 Ἰουδαῖοι ... λιθάσαντες τὸν Παῦ-
λον ἔσυρον ἔξω τῆς πόλεως

2 C 11 25ᵃτρὶς ἐρραβδίσθην, ἅπαξ ἐλιθάσθην,
τρὶς ἐναυάγησα

Hb 11 37ᵃἐλιθάσθησαν, ἐπρίσθησαν (N²⁶;
ἐπειράσθησαν ἐπρ. NVBSTH;
ἐπρ. ἐπειρ. Mς)

λίθινος
Jo 2 6 ἦσαν δὲ ἐκεῖ λίθιναι ὑδρίαι ἓξ
κατὰ τὸν καθαρισμὸν τῶν Ἰουδαί-
ων κείμεναι

2 C 3 3 ἐπιστολὴ ... ἐγγεγραμμένη ...
οὐκ ἐν πλαξὶν λιθίναις ἀλλ' ἐν
πλαξὶν καρδίαις σαρκίναις

Ap 9 20 ἵνα μὴ προσκυνήσουσιν (-σωσιν
Sς) τὰ δαιμόνια καὶ τὰ εἴδωλα ...
τὰ χαλκᾶ καὶ τὰ λίθινα καὶ τὰ
ξύλινα

λιθοβολέω
 ᵃ pass.
Mt 21 35 λαβόντες οἱ γεωργοὶ τοὺς δούλους
αὐτοῦ ὃν μὲν ἔδειραν ... ὃν δὲ
ἐλιθοβόλησαν

   23 37 Ἰερουσαλήμ, ἡ ἀποκτείνουσα τοὺς
προφήτας καὶ λιθοβολοῦσα τοὺς
ἀπεσταλμένους πρὸς αὐτήν

Mc 12 4 * κἀκεῖνον | λιθοβολήσαντες ἐκε-
φαλίωσαν καὶ ἀπέστειλαν ἠτιμω-
μένον (ς; ἐκ. κ. ἠτίμασαν rl)

Lc 13 34 Ἰερουσαλήμ, ἡ ἀποκτείνουσα τοὺς
προφήτας καὶ λιθοβολοῦσα τοὺς
ἀπεσταλμένους πρὸς αὐτήν

Jo [8 5]ᵃ* Μωϋσῆς ἐνετείλατο (διακελεύει
S) τὰς τοιαύτας λιθοβολεῖσθαι (ς;
λιθάζειν N²⁶MVBSH)

Ac 7 58 ἐκβαλόντες ἔξω τῆς πόλεως ἐλι-
θοβόλουν
  7 59 ἐλιθοβόλουν τὸν Στέφανον
  14 5 ὡς δὲ ἐγένετο ὁρμὴ τῶν ἐθνῶν
τε καὶ Ἰουδαίων ... ὑβρίσαι καὶ
λιθοβολῆσαι αὐτούς
Hb 12 20a κἂν θηρίον θίγῃ τοῦ ὄρους, λιθο-
βοληθήσεται (+ἢ βολίδι κατα-
τοξευθήσεται ς)

λίθος
a λ. καλός, λαμπρός, τίμιος et sim.
b λ. μυλικός, ὡς μύλινος
c λ. (τοῦ) προσκόμματος
d λ. ζῶν

Mt 3 9 δύναται ὁ θεὸς ἐκ τῶν λίθων τού-
των ἐγεῖραι τέκνα τῷ Ἀβραάμ
  4 3 εἰπὲ ἵνα οἱ λίθοι οὗτοι ἄρτοι
γένωνται
  4 6 ἐπὶ χειρῶν ἀροῦσίν σε, μήποτε
προσκόψῃς πρὸς λίθον τὸν πόδα
σου
  7 9 ὃν αἰτήσει (ἐὰν αἰτήσῃ VSς) ὁ
υἱὸς αὐτοῦ ἄρτον, μὴ λίθον ἐπι-
δώσει αὐτῷ;
  21 42 λίθον ὃν ἀπεδοκίμασαν οἱ οἰκοδο-
μοῦντες, οὗτος ἐγενήθη εἰς κεφαλὴν
γωνίας
  21 44 | καὶ ὁ πεσὼν ἐπὶ τὸν λίθον τοῦ-
τον συνθλασθήσεται ([N26NVSH
. .]; —T. .)
  24 2 οὐ μὴ ἀφεθῇ ὧδε λίθος ↔
  24 2 ἐπὶ λίθῳ ὃς οὐ καταλυθήσεται
  27 60 προσκυλίσας λίθον μέγαν τῇ θύρᾳ
τοῦ μνημείου
  27 66 ἠσφαλίσαντο τὸν τάφον σφραγί-
σαντες τὸν λίθον μετὰ τῆς κουστω-
δίας
  28 2 ἄγγελος ... ἀπεκύλισεν τὸν λίθον
(+ἀπὸ τῆς θύρας ς)

Mc 5 5 ἐν τοῖς ὄρεσιν ἦν κράζων καὶ
κατακόπτων ἑαυτὸν λίθοις
  9 42b * καλόν ἐστιν αὐτῷ μᾶλλον εἰ
περίκειται | λίθος μυλικὸς (ς;
μύλος ὀνικὸς rl) περὶ τὸν τράχηλον
αὐτοῦ
  12 10 λίθον ὃν ἀπεδοκίμασαν οἱ οἰκοδο-
μοῦντες, οὗτος ἐγενήθη εἰς κεφαλὴν
γωνίας
  13 1 διδάσκαλε, ἴδε ποταποὶ λίθοι
καὶ ποταπαὶ οἰκοδομαί
  13 2 οὐ μὴ ἀφεθῇ ὧδε (—NMTς) λίθος ↔
  13 2 ἐπὶ λίθον (-ῳ ς) ὃς οὐ μὴ καταλυθῇ
  15 46 προσεκύλισεν λίθον ἐπὶ τὴν θύραν
τοῦ μνημείου
  16 3 τίς ἀποκυλίσει ἡμῖν τὸν λίθον ἐκ
τῆς θύρας τοῦ μνημείου; ↔
  16 4 καὶ ἀναβλέψασαι θεωροῦσιν ὅτι
ἀποκεκύλισται (N26Vς; ἀνα- rl)
ὁ λίθος

Lc 3 8 δύναται ὁ θεὸς ἐκ τῶν λίθων τούτων
ἐγεῖραι τέκνα τῷ Ἀβραάμ
  4 3 εἰπὲ τῷ λίθῳ τούτῳ ἵνα γένηται
ἄρτος
  4 11 ἐπὶ χειρῶν ἀροῦσίν σε, μήποτε
προσκόψῃς πρὸς λίθον τὸν πόδα
σου
  11 11 * τὸν πατέρα αἰτήσει | ὁ υἱὸς
(—S) || ἄρτον, μὴ λίθον ἐπιδώσει
αὐτῷ; ἢ (ἢ καὶ BT; εἰ καὶ ς)
((—N26NH)) ἰχθύν
  17 2b λυσιτελεῖ αὐτῷ εἰ | λίθος μυλικὸς
(μύλος ὀνικὸς ς) περίκειται περὶ
τὸν τράχηλον αὐτοῦ
  19 40 ἐὰν οὗτοι σιωπήσουσιν (-σωσιν
Sς), οἱ λίθοι κράξουσιν

Lc 19 44 οὐκ ἀφήσουσιν λίθον ↔
  19 44 ἐπὶ λίθον (λίθῳ ς) ἐν σοί
  20 17 λίθον ὃν ἀπεδοκίμασαν οἱ οἰκοδο-
μοῦντες, οὗτος ἐγενήθη εἰς κεφαλὴν
γωνίας; ↔
  20 18 πᾶς ὁ πεσὼν ἐπ᾽ ἐκεῖνον τὸν λίθον
συνθλασθήσεται
  21 5a λεγόντων περὶ τοῦ ἱεροῦ, ὅτι
λίθοις καλοῖς καὶ ἀναθήμασιν (-θέ-
μασιν T) κεκόσμηται
  21 6 ἐλεύσονται ἡμέραι ἐν αἷς οὐκ
ἀφεθήσεται λίθος ↔
  21 6 ἐπὶ λίθῳ (+ὧδε H) ὃς οὐ καταλυ-
θήσεται
  22 41 ἀπεσπάσθη ἀπ᾽ αὐτῶν ὡσεὶ λίθου
βολήν
  24 2 εὗρον δὲ τὸν λίθον ἀποκεκυλισμέ-
νον ἀπὸ τοῦ μνημείου

Jo [8 7] ὁ ἀναμάρτητος ὑμῶν πρῶτος
| ἐπ᾽ αὐτὴν βαλέτω λίθον (τὸν
λ. ἐπ᾽ αὐτῇ β. ς)
  8 59 ἦραν οὖν λίθους ἵνα βάλωσιν ἐπ᾽
αὐτόν
  10 31 ἐβάστασαν (+οὖν Vς) πάλιν λί-
θους οἱ Ἰουδαῖοι ἵνα λιθάσωσιν
αὐτόν
  11 38 ἦν δὲ σπήλαιον, καὶ λίθος ἐπέκειτο
ἐπ᾽ αὐτῷ
  11 39 ἄρατε τὸν λίθον
  11 41 ἦραν οὖν τὸν λίθον
  20 1 Μαρία ... βλέπει τὸν λίθον
ἠρμένον ἐκ τοῦ μνημείου

Ac 4 11 οὗτός ἐστιν ὁ λίθος ὁ ἐξουθενηθεὶς
ὑφ᾽ ὑμῶν τῶν οἰκοδόμων
  17 29 οὐκ ὀφείλομεν νομίζειν, χρυσῷ
ἢ ἀργύρῳ ἢ λίθῳ ... τὸ θεῖον
εἶναι ὅμοιον

Rm 9 32c προσέκοψαν τῷ λίθῳ τοῦ προσκόμ-
ματος
  9 33c ἰδοὺ τίθημι ἐν Σιὼν λίθον προσκόμ-
ματος καὶ πέτραν σκανδάλου

1 C 3 12a εἰ δέ τις ἐποικοδομεῖ ἐπὶ τὸν θεμέ-
λιον (+ τοῦτον [MS]ς) | χρυσόν,
ἄργυρον (χ-σίον, ἀργύριον NMV
TH), λίθους τιμίους

2 C 3 7 εἰ δὲ ἡ διακονία τοῦ θανάτου ἐν
γράμμασιν ἐντετυπωμένη (+ἐν ς)
λίθοις ἐγενήθη ἐν δόξῃ

1 Pt 2 4d πρὸς ὃν προσερχόμενοι, λίθον
ζῶντα ... παρὰ δὲ θεῷ ἐκλεκτὸν
ἔντιμον, ↔
  2 5d καὶ αὐτοὶ ὡς λίθοι ζῶντες οἰκοδο-
μεῖσθε (ἐπ- ST) οἶκος πνευματικός
  2 6 τίθημι ἐν Σιὼν λίθον | ἀκρογω-
νιαῖον ἐκλεκτὸν (~ NH) ἔντιμον
  2 7 ἀπιστοῦσιν δὲ λίθος (-ον STς) ὃν
ἀπεδοκίμασαν οἱ οἰκοδομοῦντες, οὗ-
τος ἐγενήθη εἰς κεφαλὴν γωνίας↔
  2 8c καὶ λίθος προσκόμματος καὶ πέτρα
σκανδάλου

Ap 4 3a ὁ καθήμενος ὅμοιος ὁράσει λίθῳ
ἰάσπιδι καὶ σαρδίῳ
  15 6a * οἱ ἑπτὰ ἄγγελοι ... ἐνδεδυμένοι
λίθον (H; λίνον rl) καθαρὸν (+καὶ
ς) λαμπρόν
  17 4a ἡ γυνὴ ἦν ... κεχρυσωμένη
χρυσίῳ (-σῷ BSTς) καὶ λίθῳ
τιμίῳ καὶ μαργαρίταις
  18 12a ⟨οὐδεὶς ἀγοράζει⟩ γόμον χρυσοῦ
καὶ ἀργύρου καὶ λίθου τιμίου καὶ
μαργαριτῶν (-ρίτου VSς)
  18 16a ἡ πόλις ἡ μεγάλη, ἡ ... κεχρυσω-
μένη ἐν ([N26H]; —B) χρυσίῳ
(-σῷ Tς) καὶ λίθῳ τιμίῳ καὶ
μαργαρίτῃ

Ap 18 21b ἦρεν εἷς ἄγγελος ἰσχυρὸς λίθον
ὡς μύλινον (μύλον MVBSTς)
μέγαν
  21 11 ὁ φωστὴρ αὐτῆς ὅμοιος λίθῳ
τιμιωτάτῳ, ↔
  21 11a ὡς λίθῳ ἰάσπιδι κρυσταλλίζοντι
  21 19a οἱ θεμέλιοι τοῦ τείχους τῆς πόλεως
παντὶ λίθῳ τιμίῳ κεκοσμημένοι

Λιθόστρωτος
Jo 19 13 Πιλᾶτος ... ἐκάθισεν ἐπὶ βήματος
εἰς τόπον λεγόμενον Λιθόστρωτον,
Ἑβραϊστὶ δὲ Γαββαθά

λικμάω
Mt 21 44 | ἐφ᾽ ὃν δ᾽ ἂν πέσῃ, λικμήσει αὐ-
τόν ([. . N26NVSH]; . . —T)
Lc 20 18 ἐφ᾽ ὃν δ᾽ ἂν πέσῃ, λικμήσει αὐτόν

λιμήν
a Καλοὶ λιμένες
Ac 27 8a μόλις τε παραλεγόμενοι αὐτὴν
ἤλθομεν εἰς τόπον τινὰ καλούμε-
νον Καλοὺς λιμένας
  27 12 ἀνευθέτου δὲ τοῦ λιμένος ὑπάρχον-
τος πρὸς παραχειμασίαν
  27 12 λιμένα τῆς Κρήτης βλέποντα κατὰ
λίβα καὶ κατὰ χῶρον

λίμμα
→ λεῖμμα

λίμνη
a stagnum Gennesareth
Lc 5 1a αὐτὸς ἦν ἑστὼς παρὰ τὴν λίμνην
Γεννησαρέτ, ↔
  5 2a καὶ εἶδεν ... δύο πλοῖα (~ MVH;
πλοιάρια δύο BS; δύο πλοιάρια
NT) ἑστῶτα παρὰ τὴν λίμνην
  8 22a διέλθωμεν εἰς τὸ πέραν τῆς λίμνης
  8 23a κατέβη λαῖλαψ ἀνέμου εἰς τὴν
λίμνην
  8 33a ὥρμησεν ἡ ἀγέλη κατὰ τοῦ
κρημνοῦ εἰς τὴν λίμνην
Ap 19 20 ζῶντες ἐβλήθησαν οἱ δύο εἰς
τὴν λίμνην τοῦ πυρὸς | τῆς και-
ομένης (τὴν -μένην VBSς) ἐν θείῳ
  20 10 ὁ διάβολος ... ἐβλήθη εἰς τὴν
λίμνην τοῦ πυρὸς καὶ (+τοῦ
BT) θείου
  20 14 ὁ θάνατος καὶ ὁ ᾅδης ἐβλήθησαν
εἰς τὴν λίμνην τοῦ πυρός. ↔
  20 14 οὗτος ὁ θάνατος ὁ δεύτερός
ἐστιν, | ἡ λίμνη τοῦ πυρός (—ς)
  20 15 ἐβλήθη εἰς τὴν λίμνην τοῦ πυρός
  21 8 τὸ μέρος αὐτῶν ἐν τῇ λίμνῃ τῇ
καιομένῃ πυρὶ καὶ θείῳ

λιμός, ὁ, ἡ
a ἡ λιμός
b plur.
Mt 24 7b ἔσονται λιμοὶ (+καὶ λοιμοὶ MVς)
καὶ σεισμοὶ κατὰ τόπους
Mc 13 8b ἔσονται σεισμοὶ κατὰ τόπους,
ἔσονται λιμοί (+καὶ ταραχαί ς)
Lc 4 25 ὡς ἐγένετο λιμὸς μέγας ἐπὶ πᾶσαν
τὴν γῆν
  15 14a ἐγένετο λιμὸς ἰσχυρὰ (-ὸς ς) κατὰ
τὴν χώραν ἐκείνην
  15 17 ἐγὼ δὲ λιμῷ ὧδε ἀπόλλυμαι
  21 11b σεισμοί τε μεγάλοι καὶ κατὰ
τόπους | λιμοὶ καὶ λοιμοὶ (~ NH)
ἔσονται
Ac 7 11 * ἦλθεν δὲ λιμὸς ἐφ᾽ ὅλην τὴν Αἴ-
γυπτον (γῆν Αἰγύπτου Sς) ...
καὶ θλῖψις μεγάλη
  11 28a ἐσήμανεν (-μαινεν NH) ... λιμὸν
μεγάλην (μέγαν ς) μέλλειν ἔσεσθαι
ἐφ᾽ ὅλην τὴν οἰκουμένην
Rm 8 35 τίς ἡμᾶς χωρίσει ...; θλῖψις ...
ἢ διωγμὸς ἢ λιμὸς ἢ γυμνότης ⟨;⟩

2 C 11 27 ἐν ἀγρυπνίαις πολλάκις, ἐν λιμῷ καὶ δίψει, ἐν νηστείαις πολλάκις

Ap 6 8 ἐδόθη αὐτοῖς ἐξουσία . . . ἀποκτεῖ-ναι ἐν ῥομφαίᾳ καὶ ἐν λιμῷ καὶ ἐν θανάτῳ

18 8 ἥξουσιν αἱ πληγαὶ αὐτῆς, θάνα-τος καὶ πένθος καὶ λιμός

λίνον

Mt 12 20 κάλαμον συντετριμμένον οὐ κατ-εάξει καὶ λίνον τυφόμενον οὐ σβέσει

Ap 15 6 οἱ ἑπτὰ ἄγγελοι . . . ἐνδεδυμένοι λίνον (λίθον H) καθαρὸν (+καὶ ς) λαμπρόν

Λίνος

2 Tm 4 21 ἀσπάζεταί σε . . . Πούδης καὶ Λίνος καὶ Κλαυδία

λῖος

→ λεῖος

λιπαρός

Ap 18 14 πάντα τὰ λιπαρὰ καὶ τὰ λαμπρὰ ἀπώλετο (-λοντο T; ἀπῆλθεν ς) ἀπὸ σοῦ

λίτρα

Jo 12 3 ἡ οὖν Μαριὰμ λαβοῦσα λίτραν μύρου νάρδου πιστικῆς πολυτίμου

19 39 Νικόδημος . . . φέρων μίγμα (ἕλιγμα H) σμύρνης καὶ ἀλόης ὡς λίτρας ἑκατόν

λίψ

Ac 27 12 λιμένα τῆς Κρήτης βλέποντα κατὰ λίβα καὶ κατὰ χῶρον

λογεία

λογία VSTHς

1 C 16 1 περὶ δὲ τῆς λογείας τῆς εἰς τοὺς ἁγίους, ὥσπερ διέταξα ταῖς ἐκκλη-σίαις τῆς Γαλατίας, οὕτως καὶ ὑμεῖς ποιήσατε

16 2 ἵνα μὴ ὅταν ἔλθω τότε λογεῖαι γίνωνται

λογίζομαι

ἀνα-   παρα-
δια-   συλ-
a λ. πρὸς ἑαυτούς, ἐφ’ ἑαυτοῦ
b λ. ὅτι
c pass.

Mc 11 31ᵃ* ἐλογίζοντο (Sς; δι- rl) πρὸς ἑαυτοὺς λέγοντες

15 28ᶜ* | καὶ μετὰ ἀνόμων ἐλογίσθη (. . +[MV]BSς)

Lc 22 37ᶜ καὶ μετὰ ἀνόμων ἐλογίσθη

Jo 11 50ᵇ ⟨ὑμεῖς οὐκ οἴδατε οὐδέν⟩ οὐδὲ λογίζεσθε (δια- ς) ὅτι συμφέρει ὑμῖν (ἡμῖν Vς)

Ac 19 27ᶜ κινδυνεύει . . . τὸ τῆς μεγάλης θεᾶς | Ἀρτέμιδος ἱερὸν (∼ T) εἰς οὐθὲν λογισθῆναι

Rm 2 3ᵇ λογίζῃ δὲ τοῦτο, ὦ ἄνθρωπε ὁ κρίνων . . . ὅτι σὺ ἐκφεύξῃ ⟨;⟩

2 26ᶜ οὐχ (οὐχὶ Sς) ἡ ἀκροβυστία αὐτοῦ εἰς περιτομὴν λογισθήσεται;

3 28 λογιζόμεθα γὰρ (οὖν Sς) δικαιοῦ-σθαι πίστει ἄνθρωπον χωρὶς ἔργων νόμου

4 3ᶜ ἐπίστευσεν δὲ Ἀβραὰμ τῷ θεῷ, καὶ ἐλογίσθη αὐτῷ εἰς δικαιοσύ-νην. ↔

4 4ᶜ τῷ δὲ ἐργαζομένῳ ὁ μισθὸς οὐ λογίζεται κατὰ χάριν ἀλλὰ κατὰ ὀφείλημα· ↔

4 5ᶜ τῷ δὲ μὴ ἐργαζομένῳ, πιστεύοντι δὲ . . . λογίζεται ἡ πίστις αὐτοῦ εἰς δικαιοσύνην

4 6 τὸν μακαρισμὸν τοῦ ἀνθρώπου ᾧ ὁ θεὸς λογίζεται δικαιοσύνην χωρὶς ἔργων

Rm 4 8 μακάριος ἀνὴρ οὗ (ᾧ VSς) οὐ μὴ λογίσηται κύριος ἁμαρτίαν

4 9ᶜ ἐλογίσθη τῷ Ἀβραὰμ ἡ πίστις εἰς δικαιοσύνην. ↔

4 10ᶜ πῶς οὖν ἐλογίσθη;

4 11ᶜ εἰς τὸ λογισθῆναι καὶ ([N²⁶MS]; —NTH) αὐτοῖς τὴν ([N²⁶NH]; —T) δικαιοσύνην

4 22ᶜ διὸ καὶ [N²⁶NH] ἐλογίσθη αὐτῷ εἰς δικαιοσύνην

4 23ᶜ ἐλογίσθη αὐτῷ

4 24ᶜ δι’ ἡμᾶς, οἷς μέλλει λογίζεσθαι

6 11 ὑμεῖς λογίζεσθε ἑαυτοὺς εἶναι [N²⁶] νεκροὺς μὲν τῇ ἁμαρτίᾳ

8 18ᵇ λογίζομαι γὰρ ὅτι οὐκ ἄξια τὰ παθήματα τοῦ νῦν καιροῦ

8 36ᶜ ἐλογίσθημεν ὡς πρόβατα σφαγῆς

9 8ᶜ τὰ τέκνα τῆς ἐπαγγελίας λογίζεται εἰς σπέρμα

14 14 εἰ μὴ τῷ λογιζομένῳ τι κοινὸν εἶναι, ἐκείνῳ κοινόν

1 C 4 1 οὕτως ἡμᾶς λογιζέσθω ἄνθρωπος ὡς ὑπηρέτας Χριστοῦ

13 5 ⟨ἡ ἀγάπη⟩ οὐ παροξύνεται, οὐ λογίζεται τὸ κακόν

13 11 ὅτε ἤμην νήπιος . . . ἐφρόνουν ὡς νήπιος, ἐλογιζόμην ὡς νήπιος

2 C 3 5 οὐχ ὅτι ἀφ’ ἑαυτῶν ἱκανοί ἐσμεν λογίσασθαί τι ὡς ἐξ ἑαυτῶν

5 19 θεὸς ἦν ἐν Χριστῷ κόσμον καταλ-λάσσων ἑαυτῷ, μὴ λογιζόμενος αὐτοῖς τὰ παραπτώματα

10 2 τὸ μὴ παρὼν θαρρῆσαι τῇ πεποι-θήσει ᾗ λογίζομαι τολμῆσαι ἐπί τινας ↔

10 2 τοὺς λογιζομένους ἡμᾶς ὡς κατὰ σάρκα περιπατοῦντας

10 7ᵃᵇ τοῦτο λογιζέσθω πάλιν ἐφ’ (ἀφ’ ς) ἑαυτοῦ, ὅτι . . . οὕτως καὶ ἡμεῖς

10 11ᵇ τοῦτο λογιζέσθω ὁ τοιοῦτος, ὅτι οἷοί ἐσμεν

11 5 λογίζομαι γὰρ μηδὲν ὑστερηκέ-ναι τῶν ὑπερλίαν ἀποστόλων

12 6 φείδομαι δέ, μή τις εἰς ἐμὲ λογίση-ται ὑπὲρ ὃ βλέπει με

G 3 6ᶜ καθὼς Ἀβραὰμ ἐπίστευσεν τῷ θεῷ, καὶ ἐλογίσθη αὐτῷ εἰς δικαιο-σύνην

Ph 3 13 ἐγὼ ἐμαυτὸν οὐ (N²⁶ς; οὔπω rl) λογίζομαι κατειληφέναι

4 8 ὅσα ἐστὶν ἀληθῆ . . . ταῦτα λογί-ζεσθε

2 Tm 4 16ᶜ μὴ αὐτοῖς λογισθείη

Hb 11 19ᵇ λογισάμενος ὅτι καὶ ἐκ νεκρῶν ἐγείρειν δυνατὸς ὁ θεός

Jc 2 23ᶜ ἐπίστευσεν δὲ Ἀβραὰμ τῷ θεῷ, καὶ ἐλογίσθη αὐτῷ εἰς δικαιοσύνην

1 Pt 5 12 διὰ Σιλουανοῦ ὑμῖν τοῦ πιστοῦ ἀδελφοῦ, ὡς λογίζομαι . . . ἔγραψα

λογικός

Rm 12 1 παραστῆσαι τὰ σώματα ὑμῶν θυσίαν . . . | εὐάρεστον τῷ θεῷ (∼ NSTH), τὴν λογικὴν λατρείαν ὑμῶν

1 Pt 2 2 ὡς ἀρτιγέννητα βρέφη τὸ λογικὸν ἄδολον γάλα ἐπιποθήσατε

λόγιον

Ac 7 38 ὃς ἐδέξατο λόγια ζῶντα δοῦναι ἡμῖν (ὑμῖν NMH)

Rm 3 2 ἐπιστεύθησαν τὰ λόγια τοῦ θεοῦ

Hb 5 12 πάλιν χρείαν ἔχετε τοῦ διδάσκειν ὑμᾶς τινὰ (τίνα VSTς) τὰ στοιχεῖα τῆς ἀρχῆς τῶν λογίων τοῦ θεοῦ

1 Pt 4 11 εἴ τις λαλεῖ, ὡς λόγια θεοῦ

λόγιος

Ac 18 24 Ἰουδαῖος δέ τις Ἀπολλῶς ὀνόματι . . . ἀνὴρ λόγιος, κατήντησεν εἰς Ἔφεσον

λογισμός

Rm 2 15 συμμαρτυρούσης αὐτῶν τῆς συν-ειδήσεως καὶ μεταξὺ ἀλλήλων τῶν λογισμῶν κατηγορούντων ἢ καὶ ἀπολογουμένων

2 C 10 4 τὰ γὰρ ὅπλα τῆς στρατείας ἡμῶν . . . δυνατὰ τῷ θεῷ πρὸς καθαί-ρεσιν ὀχυρωμάτων, λογισμοὺς καθαιροῦντες

λογομαχέω

2 Tm 2 14 διαμαρτυρόμενος ἐνώπιον τοῦ θεοῦ (κυρίου VBSς) μὴ λογομαχεῖν, ἐπ’ (εἰς ς) οὐδὲν χρήσιμον

λογομαχία

1 Tm 6 4 τετύφωται, μηδὲν ἐπιστάμενος, ἀλλὰ νοσῶν περὶ ζητήσεις καὶ λογομαχίας

λόγος

a plur.
b λ. λαλέω
c λ. λέγω
d λ. (ἀπο)δίδωμι
e λ. ποιέω
f λ. (ἐπ)ερωτάω
g λ. ἀποκρίνομαι
h λ. γεγραμμένος
j διὰ λόγου
k λόγῳ
l λ. et ἔργον
m λ. et δύναμις

Mt 5 32 πᾶς ὁ ἀπολύων τὴν γυναῖκα αὐτοῦ παρεκτὸς λόγου πορνείας ποιεῖ αὐτὴν μοιχευθῆναι

5 37 ἔστω δὲ ὁ λόγος ὑμῶν ναὶ ναί, οὒ οὔ

7 24ᵃᵉ πᾶς οὖν ὅστις ἀκούει μου τοὺς λόγους τούτους [H] καὶ ποιεῖ αὐ-τούς

7 26ᵃᵉ πᾶς ὁ ἀκούων μου τοὺς λόγους τούτους καὶ μὴ ποιῶν αὐτούς

7 28ᵃ ὅτε ἐτέλεσεν (συν- Sς) ὁ Ἰησοῦς τοὺς λόγους τούτους

8 8ᶜᵏ ἀλλὰ μόνον εἰπὲ λόγῳ (-ον ς), καὶ ἰαθήσεται ὁ παῖς μου

8 16ᵏ ἐξέβαλεν τὰ πνεύματα λόγῳ

10 14ᵃ ὃς ἂν μὴ δέξηται ὑμᾶς μηδὲ ἀκούσῃ τοὺς λόγους ὑμῶν

12 32ᶜ ὃς ἐὰν εἴπῃ λόγον κατὰ τοῦ υἱοῦ τοῦ ἀνθρώπου

12 36ᵈ ἀποδώσουσιν περὶ αὐτοῦ λόγον ἐν ἡμέρᾳ κρίσεως· ↔

12 37ᵃ ἐκ γὰρ τῶν λόγων σου δικαιωθή-σῃ, ↔

12 37ᵃ καὶ ἐκ τῶν λόγων σου κατα-δικασθήσῃ

13 19 παντὸς ἀκούοντος τὸν λόγον τῆς βασιλείας καὶ μὴ συνιέντος

13 20 οὗτός ἐστιν ὁ τὸν λόγον ἀκούων καὶ . . . λαμβάνων αὐτόν

13 21 γενομένης δὲ θλίψεως ἢ διωγμοῦ διὰ τὸν λόγον εὐθὺς σκανδαλί-ζεται

13 22 οὗτός ἐστιν ὁ τὸν λόγον ἀκούων

13 22 ἡ ἀπάτη τοῦ πλούτου συμπνίγει τὸν λόγον

13 23 οὗτός ἐστιν ὁ τὸν λόγον ἀκούων καὶ συνιεὶς (-ιών VSς)

15 6 ἠκυρώσατε | τὸν λόγον (τὴν ἐντολὴν Vς; τὸν νόμον ST) τοῦ θεοῦ διὰ τὴν παράδοσιν ὑμῶν

Mt 15 12 οἱ Φαρισαῖοι ἀκούσαντες τὸν λό-
γον ἐσκανδαλίσθησαν

15 23 ᵍ ὁ δὲ οὐκ ἀπεκρίθη αὐτῇ λόγον

18 23 ὃς ἠθέλησεν συνᾶραι λόγον μετὰ
τῶν δούλων αὐτοῦ

19 1 ᵃ ὅτε ἐτέλεσεν ὁ Ἰησοῦς τοὺς λόγους
τούτους

19 11 οὐ πάντες χωροῦσιν τὸν λόγον
τοῦτον ([N²⁶]; —H)

19 22 ἀκούσας δὲ ὁ νεανίσκος | τὸν λόγον
(—T; +τοῦτον [NH]) ἀπῆλθεν

21 24 ᶜᶠ ἐρωτήσω ὑμᾶς κἀγὼ λόγον ἕνα,
ὃν ἐὰν εἴπητέ μοι

22 15 συμβούλιον ἔλαβον ὅπως αὐτὸν
παγιδεύσωσιν ἐν λόγῳ

22 46 ᵍ οὐδεὶς ἐδύνατο ἀποκριθῆναι αὐτῷ
λόγον

24 35 ᵃ οἱ δὲ λόγοι μου οὐ μὴ παρέλθωσιν

25 19 ὁ κύριος ... συναίρει λόγον μετ'
αὐτῶν

26 1 ᵃ ὅτε ἐτέλεσεν ὁ Ἰησοῦς πάντας
τοὺς λόγους τούτους

26 44 ᶜ προσηύξατο ἐκ τρίτου, τὸν αὐτὸν
λόγον εἰπὼν πάλιν

28 15 διεφημίσθη (ἐφημίσθη T) ὁ λόγος
οὗτος παρὰ Ἰουδαίοις

Mc 1 45 ὁ δὲ ἐξελθὼν ἤρξατο κηρύσσειν
πολλὰ καὶ διαφημίζειν τὸν λόγον

2 2 ᵇ ἐλάλει αὐτοῖς τὸν λόγον

4 14 ὁ σπείρων τὸν λόγον σπείρει

4 15 οἱ παρὰ τὴν ὁδόν, ὅπου σπείρεται
ὁ λόγος

4 15 ἔρχεται ὁ σατανᾶς καὶ αἴρει τὸν
λόγον τὸν ἐσπαρμένον | εἰς αὐ-
τούς (ἐν αὐτοῖς MVST; ἐν ταῖς
καρδίαις αὐτῶν ς)

4 16 οἳ ὅταν ἀκούσωσιν τὸν λόγον ...
λαμβάνουσιν αὐτόν [S]

4 17 γενομένης θλίψεως ἢ διωγμοῦ διὰ
τὸν λόγον εὐθὺς σκανδαλίζονται

4 18 οὗτοί εἰσιν οἱ τὸν λόγον ἀκού-
σαντες

4 19 αἱ μέριμναι τοῦ αἰῶνος ... συμ-
πνίγουσιν τὸν λόγον

4 20 οἵτινες ἀκούουσιν τὸν λόγον καὶ
παραδέχονται

4 33 ᵇ τοιαύταις παραβολαῖς πολλαῖς
ἐλάλει αὐτοῖς τὸν λόγον

5 36 ᵇ ὁ δὲ Ἰησοῦς παρακούσας ([εὐθέως
παρ-]ακούσας V; εὐθὺς π. S;
εὐθ. ἀκ. ς) τὸν λόγον λαλούμενον

7 13 ἀκυροῦντες τὸν λόγον τοῦ θεοῦ
τῇ παραδόσει ὑμῶν

7 29 διὰ τοῦτον τὸν λόγον ὕπαγε

8 32 ᵇ παρρησίᾳ τὸν λόγον ἐλάλει

8 38 ᵃ ὃς γὰρ ἐὰν ἐπαισχυνθῇ με καὶ τοὺς
ἐμοὺς λόγους ἐν τῇ γενεᾷ ταύτῃ

9 10 τὸν λόγον ἐκράτησαν πρὸς ἑαυτοὺς
συζητοῦντες

10 22 ὁ δὲ στυγνάσας ἐπὶ τῷ λόγῳ
ἀπῆλθεν

10 24 ᵃ οἱ δὲ μαθηταὶ ἐθαμβοῦντο ἐπὶ τοῖς
λόγοις αὐτοῦ

11 29 ᶠ ἐπερωτήσω ὑμᾶς (+κἀγὼ ς) ἕνα
λόγον

12 13 ᵏ ἀποστέλλουσιν πρὸς αὐτὸν τινας
τῶν Φαρισαίων ... ἵνα αὐτὸν
ἀγρεύσωσιν λόγῳ

13 31 ᵃ οἱ δὲ λόγοι μου οὐ μὴ (—NH)
παρελεύσονται

14 39 ᶜ ἀπελθὼν προσηύξατο | τὸν αὐτὸν
λόγον εἰπὼν [H]

[16 20] τοῦ κυρίου συνεργοῦντος καὶ τὸν
λόγον βεβαιοῦντος διὰ τῶν ἐπ-
ακολουθούντων σημείων

Lc 1 2 καθὼς παρέδοσαν ἡμῖν οἱ ἀπ'
ἀρχῆς αὐτόπται καὶ ὑπηρέται
γενόμενοι τοῦ λόγου

1 4 ᵃ ἵνα ἐπιγνῷς περὶ ὧν κατηχήθης
λόγων τὴν ἀσφάλειαν

1 20 ᵃ ἔσῃ σιωπῶν ... ἀνθ' ὧν οὐκ
ἐπίστευσας τοῖς λόγοις μου

1 29 ἡ δὲ ἐπὶ τῷ λόγῳ (+αὐτοῦ ς)
διεταράχθη

3 4 ᵃ ὡς γέγραπται ἐν βίβλῳ λόγων
Ἠσαΐου τοῦ προφήτου

4 22 ᵃ ἐθαύμαζον ἐπὶ τοῖς λόγοις τῆς
χάριτος τοῖς ἐκπορευομένοις ἐκ
τοῦ στόματος αὐτοῦ

4 32 ὅτι ἐν ἐξουσίᾳ ἦν ὁ λόγος αὐτοῦ

4 36 τίς ὁ λόγος οὗτος ὅτι ἐν ἐξουσίᾳ
καὶ δυνάμει ἐπιτάσσει τοῖς ἀκα-
θάρτοις πνεύμασιν ⟨;⟩

5 1 ἐν τῷ τὸν ὄχλον ἐπικεῖσθαι αὐτῷ
καὶ (τοῦ ς) ἀκούειν τὸν λόγον τοῦ
θεοῦ

5 15 διήρχετο δὲ μᾶλλον ὁ λόγος περὶ
αὐτοῦ

6 47 ᵃᵉ πᾶς ὁ ... ἀκούων μου τῶν λόγων
καὶ ποιῶν αὐτούς

7 7 ᵏ ἀλλὰ εἰπὲ λόγῳ, καὶ ἰαθήτω
(ἰαθήσεται Vς) ὁ παῖς μου

7 17 ἐξῆλθεν ὁ λόγος οὗτος ἐν ὅλῃ τῇ
Ἰουδαίᾳ περὶ αὐτοῦ

8 11 ὁ σπόρος ἐστὶν ὁ λόγος τοῦ θεοῦ

8 12 ἔρχεται ὁ διάβολος καὶ αἴρει τὸν
λόγον ἀπὸ τῆς καρδίας αὐτῶν

8 13 οἱ ὅταν ἀκούσωσιν μετὰ χαρᾶς
δέχονται τὸν λόγον

8 15 οἵτινες ἐν καρδίᾳ καλῇ ... ἀκού-
σαντες τὸν λόγον κατέχουσιν

8 21 οὗτοί εἰσιν οἱ τὸν λόγον τοῦ θεοῦ
ἀκούοντες καὶ ποιοῦντες

9 26 ᵃ ὃς γὰρ ἂν ἐπαισχυνθῇ με καὶ
τοὺς ἐμοὺς λόγους

9 28 ᵃ ἐγένετο δὲ μετὰ τοὺς λόγους
τούτους ὡσεὶ ἡμέραι ὀκτὼ

9 44 ᵃ θέσθε ὑμεῖς εἰς τὰ ὦτα ὑμῶν τοὺς
λόγους τούτους

10 39 Μαριάμ ... ἤκουεν τὸν λόγον
αὐτοῦ

11 28 μακάριοι οἱ ἀκούοντες τὸν λόγον
τοῦ θεοῦ καὶ φυλάσσοντες

12 10 ᶜ πᾶς ὃς ἐρεῖ λόγον εἰς τὸν υἱὸν τοῦ
ἀνθρώπου

16 2 ᵈ ἀπόδος τὸν λόγον τῆς οἰκονομίας
σου

20 3 ᶠ ἐρωτήσω ὑμᾶς κἀγὼ (+ἕνα ς)
λόγον

20 20 ἀπέστειλαν ... ἵνα ἐπιλάβωνται
αὐτοῦ λόγου

21 33 ᵃ οἱ δὲ λόγοι μου οὐ μὴ παρελεύ-
σονται

22 61 * ὑπεμνήσθη ὁ Πέτρος τοῦ λόγου
(ῥήματος N²⁶H) τοῦ κυρίου

23 9 ᵃ ἐπηρώτα δὲ αὐτὸν ἐν λόγοις
ἱκανοῖς

24 17 ᵃ τίνες οἱ λόγοι οὗτοι οὓς ἀντι-
βάλλετε πρὸς ἀλλήλους ⟨;⟩

24 19 ˡ ὃς ἐγένετο ἀνὴρ προφήτης δυνατὸς
ἐν ἔργῳ καὶ λόγῳ ἐναντίον τοῦ
θεοῦ

24 44 ᵃᵇ οὗτοι οἱ λόγοι μου (—ς) οὓς
ἐλάλησα πρὸς ὑμᾶς

Jo 1 1 ἐν ἀρχῇ ἦν ὁ λόγος, ↔

1 1 καὶ ὁ λόγος ἦν πρὸς τὸν θεόν, ↔

1 1 καὶ θεὸς ἦν ὁ λόγος

1 14 ὁ λόγος σὰρξ ἐγένετο καὶ ἐσκή-
νωσεν ἐν ἡμῖν

Jo 2 22 ᶜ ἐπίστευσαν τῇ γραφῇ καὶ τῷ
λόγῳ ὃν (ᾧ MVSς) εἶπεν ὁ
Ἰησοῦς

4 37 ἐν γὰρ τούτῳ ὁ λόγος ἐστὶν (+ὁ ς)
ἀληθινός

4 39 πολλοὶ ἐπίστευσαν εἰς αὐτὸν ...
διὰ τὸν λόγον τῆς γυναικός

4 41 πολλῷ πλείους ἐπίστευσαν διὰ
τὸν λόγον αὐτοῦ

4 50 ᶜ ἐπίστευσεν ὁ ἄνθρωπος τῷ λόγῳ
ὃν (ᾧ VSς) εἶπεν αὐτῷ ὁ Ἰησοῦς

5 24 ὁ τὸν λόγον μου ἀκούων καὶ
πιστεύων τῷ πέμψαντί με

5 38 τὸν λόγον αὐτοῦ οὐκ ἔχετε ἐν
ὑμῖν μένοντα

6 60 σκληρός ἐστιν ὁ λόγος οὗτος

7 36 ᶜ τίς ἐστιν ὁ λόγος οὗτος ὃν εἶπεν
⟨;⟩

7 40 ᵃ ἐκ τοῦ ὄχλου οὖν ἀκούσαντες
| τῶν λόγων τούτων (τὸν λόγον ς)

8 31 ἐὰν ὑμεῖς μείνητε ἐν τῷ λόγῳ τῷ
ἐμῷ

8 37 ὅτι ὁ λόγος ὁ ἐμὸς οὐ χωρεῖ ἐν
ὑμῖν

8 43 οὐ δύνασθε ἀκούειν τὸν λόγον τὸν
ἐμόν

8 51 ἐάν τις τὸν | ἐμὸν λόγον (λ. τὸν
ἐ. ς) τηρήσῃ

8 52 ἐάν τις τὸν λόγον μου τηρήσῃ

8 55 οἶδα αὐτὸν καὶ τὸν λόγον αὐτοῦ
τηρῶ

10 19 ᵃ σχίσμα πάλιν ἐγένετο ἐν τοῖς
Ἰουδαίοις διὰ τοὺς λόγους τούτους

10 35 εἰ ἐκείνους εἶπεν θεοὺς πρὸς οὓς
ὁ λόγος | τοῦ θεοῦ ἐγένετο (∼ T)

12 38 ᶜ ἵνα ὁ λόγος Ἠσαΐου τοῦ προφήτου
πληρωθῇ ὃν εἶπεν

12 48 ᵇ ὁ λόγος ὃν ἐλάλησα, ἐκεῖνος
κρινεῖ αὐτόν

14 23 ἐάν τις ἀγαπᾷ με, τὸν λόγον μου
τηρήσει

14 24 ᵃ ὁ μὴ ἀγαπῶν με τοὺς λόγους μου
οὐ τηρεῖ· ↔

14 24 καὶ ὁ λόγος ὃν ἀκούετε οὐκ ἔστιν
ἐμός

15 3 ᵇ ἤδη ὑμεῖς καθαροί ἐστε διὰ τὸν
λόγον ὃν λελάληκα ὑμῖν

15 20 ᶜ μνημονεύετε τοῦ λόγου οὗ ἐγὼ
εἶπον ὑμῖν

15 20 εἰ τὸν λόγον μου ἐτήρησαν, καὶ
τὸν ὑμέτερον τηρήσουσιν

15 25 ʰ ἵνα πληρωθῇ ὁ λόγος ὁ ἐν τῷ
νόμῳ αὐτῶν γεγραμμένος

17 6 τὸν λόγον σου τετήρηκαν (-κασιν
VSς)

17 14 ᵈ ἐγὼ δέδωκα αὐτοῖς τὸν λόγον σου

17 17 ὁ λόγος ὁ σὸς ἀλήθειά ἐστιν

17 20 ʲ ἐρωτῶ ... περὶ τῶν πιστευόντων
διὰ τοῦ λόγου αὐτῶν εἰς ἐμέ

18 9 ᶜ ἵνα πληρωθῇ ὁ λόγος ὃν εἶπεν

18 32 ᶜ ἵνα ὁ λόγος τοῦ Ἰησοῦ πληρωθῇ
ὃν εἶπεν

19 8 ὅτε οὖν ἤκουσεν ὁ Πιλᾶτος τοῦτον
τὸν λόγον

19 13 ᵃ ὁ οὖν Πιλᾶτος ἀκούσας | τῶν
λόγων τούτων (τοῦτον τὸν λό-
γον ς)

21 23 ἐξῆλθεν οὖν οὗτος ὁ λόγος εἰς
τοὺς ἀδελφούς

Ac 1 1 ᵉ τὸν μὲν πρῶτον λόγον ἐποιησάμην
περὶ πάντων

2 22 ᵃ ἀκούσατε τοὺς λόγους τούτους

2 40 ᵃ ἑτέροις τε λόγοις πλείοσιν διεμαρ-
τύρατο

Ac 2 41 οἱ μὲν οὖν ἀποδεξάμενοι τὸν λόγον αὐτοῦ ἐβαπτίσθησαν

4 4 πολλοὶ δὲ τῶν ἀκουσάντων τὸν λόγον ἐπίστευσαν

4 29ᵇ δὸς τοῖς δούλοις σου μετὰ παρρησίας πάσης λαλεῖν τὸν λόγον σου

4 31ᵇ ἐλάλουν τὸν λόγον τοῦ θεοῦ μετὰ παρρησίας

5 5ᵃ ἀκούων δὲ ὁ Ἀνανίας τοὺς λόγους τούτους

5 24ᵃ ὡς δὲ ἤκουσαν τοὺς λόγους τούτους ὅ τε στρατηγὸς ... καὶ οἱ ἀρχιερεῖς

6 2 οὐκ ἀρεστόν ἐστιν ἡμᾶς καταλείψαντας τὸν λόγον τοῦ θεοῦ διακονεῖν τραπέζαις

6 4 ἡμεῖς δὲ τῇ προσευχῇ καὶ τῇ διακονίᾳ τοῦ λόγου προσκαρτερήσομεν. ↔

6 5 καὶ ἤρεσεν ὁ λόγος ἐνώπιον παντὸς τοῦ πλήθους

6 7 ὁ λόγος τοῦ θεοῦ ηὔξανεν

7 22ᵃ¹ ἦν δὲ δυνατὸς ἐν λόγοις καὶ | ἔργοις αὐτοῦ (ἐν ἔ. ς)

7 29 ἔφυγεν δὲ Μωϋσῆς ἐν τῷ λόγῳ τούτῳ

8 4 διασπαρέντες διῆλθον εὐαγγελιζόμενοι τὸν λόγον

8 14 δέδεκται ἡ Σαμάρεια τὸν λόγον τοῦ θεοῦ

8 21 οὐκ ἔστιν σοι μερὶς οὐδὲ κλῆρος ἐν τῷ λόγῳ τούτῳ

8 25ᵇ διαμαρτυράμενοι καὶ λαλήσαντες τὸν λόγον τοῦ κυρίου

10 29 πυνθάνομαι οὖν, τίνι λόγῳ μετεπέμψασθέ με;

10 36 τὸν λόγον ὃν ([N²⁶MV]; —H) ἀπέστειλεν τοῖς υἱοῖς Ἰσραὴλ εὐαγγελιζόμενος εἰρήνην

10 44 ἐπέπεσεν τὸ πνεῦμα τὸ ἅγιον ἐπὶ πάντας τοὺς ἀκούοντας τὸν λόγον

11 1 καὶ τὰ ἔθνη ἐδέξαντο τὸν λόγον τοῦ θεοῦ

11 19ᵇ διῆλθον ἕως Φοινίκης ... μηδενὶ λαλοῦντες τὸν λόγον εἰ μὴ μόνον Ἰουδαίοις

11 22 ἠκούσθη δὲ ὁ λόγος εἰς τὰ ὦτα τῆς ἐκκλησίας ... περὶ αὐτῶν

12 24 ὁ δὲ λόγος τοῦ θεοῦ (κυρίου NH) ηὔξανεν καὶ ἐπληθύνετο

13 5 κατήγγελλον τὸν λόγον τοῦ θεοῦ ἐν ταῖς συναγωγαῖς τῶν Ἰουδαίων

13 7 ἐπεζήτησεν ἀκοῦσαι τὸν λόγον τοῦ θεοῦ

13 15 εἴ τίς (—ς) ἐστιν ἐν ὑμῖν λόγος παρακλήσεως πρὸς τὸν λαόν, λέγετε

13 26 ἡμῖν ὁ λόγος τῆς σωτηρίας ταύτης ἐξαπεστάλη

13 44 πᾶσα ἡ πόλις συνήχθη ἀκοῦσαι τὸν λόγον τοῦ κυρίου (θεοῦ NMVHς)

13 46ᵇ ὑμῖν ἦν ἀναγκαῖον πρῶτον λαληθῆναι τὸν λόγον τοῦ θεοῦ

13 48 ἀκούοντα δὲ τὰ ἔθνη ἔχαιρον καὶ ἐδόξαζον τὸν λόγον τοῦ κυρίου (θεοῦ H)

13 49 διεφέρετο δὲ ὁ λόγος τοῦ κυρίου δι' (καθ' T) ὅλης τῆς χώρας

14 3 παρρησιαζόμενοι ἐπὶ τῷ κυρίῳ τῷ μαρτυροῦντι ἐπὶ ([N²⁶]; —V SHς) τῷ λόγῳ τῆς χάριτος αὐτοῦ

14 12 ἐπειδὴ αὐτὸς ἦν ὁ ἡγούμενος τοῦ λόγου

Ac 14 25ᵇ λαλήσαντες | ἐν Πέργῃ (εἰς τὴν Πέργην NT) τὸν λόγον (+τοῦ κυρίου [V]S)

15 6 συνήχθησάν τε (δὲ Tς) οἱ ἀπόστολοι καὶ οἱ πρεσβύτεροι ἰδεῖν περὶ τοῦ λόγου τούτου

15 7 διὰ τοῦ στόματός μου ἀκοῦσαι τὰ ἔθνη τὸν λόγον τοῦ εὐαγγελίου

15 15ᵃ τούτῳ συμφωνοῦσιν οἱ λόγοι τῶν προφητῶν

15 24ᵃ τινὲς ἐξ ἡμῶν ἐξελθόντες ([N²⁶]; —NH) ἐτάραξαν ὑμᾶς λόγοις ἀνασκευάζοντες τὰς ψυχὰς ὑμῶν

15 27ʲ ἀπεστάλκαμεν ... καὶ αὐτοὺς διὰ λόγου ἀπαγγέλλοντας τὰ αὐτά

15 32ʲ¹ Ἰούδας τε καὶ Σιλᾶς ... διὰ λόγου πολλοῦ παρεκάλεσαν τοὺς ἀδελφοὺς καὶ ἐπεστήριξαν

15 35 διδάσκοντες καὶ εὐαγγελιζόμενοι ... τὸν λόγον τοῦ κυρίου

15 36 ἐπισκεψώμεθα τοὺς ἀδελφοὺς κατὰ πόλιν πᾶσαν ἐν αἷς κατηγγείλαμεν τὸν λόγον τοῦ κυρίου

16 6ᵇ κωλυθέντες ὑπὸ τοῦ ἁγίου πνεύματος λαλῆσαι τὸν λόγον ἐν τῇ Ἀσίᾳ

16 32ᵇ ἐλάλησαν αὐτῷ τὸν λόγον τοῦ κυρίου (θεοῦ NH)

16 36ᵃ ἀπήγγειλεν δὲ ὁ δεσμοφύλαξ τοὺς λόγους τούτους ([N²⁶]; —H) πρὸς τὸν Παῦλον

17 11 οἵτινες ἐδέξαντο τὸν λόγον μετὰ πάσης προθυμίας

17 13 καὶ ἐν τῇ Βεροίᾳ κατηγγέλη ὑπὸ τοῦ Παύλου ὁ (—M) λόγος τοῦ θεοῦ

18 5 συνείχετο τῷ λόγῳ (πνεύματι ς) ὁ Παῦλος

18 11 ἐκάθισεν ... διδάσκων ἐν αὐτοῖς τὸν λόγον τοῦ θεοῦ

18 14 εἰ μὲν ἦν ἀδίκημά τι ... κατὰ λόγον ἂν ἀνεσχόμην ὑμῶν· ↔

18 15 εἰ δὲ ζητήματά ἐστιν περὶ λόγου καὶ ὀνομάτων καὶ νόμου

19 10 ὥστε πάντας τοὺς κατοικοῦντας τὴν Ἀσίαν ἀκοῦσαι τὸν λόγον τοῦ κυρίου

19 20 οὕτως κατὰ κράτος | τοῦ κυρίου ὁ λόγος (~ VBSς) ηὔξανεν καὶ ἴσχυεν

19 38 εἰ μὲν οὖν Δημήτριος καὶ οἱ σὺν αὐτῷ τεχνῖται ἔχουσι πρός τινα λόγον

19 40ᵈ περὶ οὗ οὐ ([N²⁶]; —ς) δυνησόμεθα ἀποδοῦναι λόγον περὶ (—ς) τῆς συστροφῆς ταύτης

20 2 παρακαλέσας αὐτοὺς λόγῳ πολλῷ

20 7 διελέγετο αὐτοῖς ... παρέτεινέν τε τὸν λόγον μέχρι μεσονυκτίου

20 24ᵉ οὐδενὸς λόγου (-ον ς) ποιοῦμαι (+οὐδὲ ἔχω ς) τὴν ψυχὴν τιμίαν ἐμαυτῷ

20 32 παρατίθεμαι ὑμᾶς τῷ θεῷ (κυρίῳ NH) καὶ τῷ λόγῳ τῆς χάριτος αὐτοῦ τῷ δυναμένῳ οἰκοδομῆσαι

20 35ᵃ δεῖ ... μνημονεύειν τε τῶν λόγων τοῦ κυρίου Ἰησοῦ

20 38ᶜ ⟨κατεφίλουν αὐτὸν⟩ ὀδυνώμενοι μάλιστα ἐπὶ τῷ λόγῳ ᾧ εἰρήκει

22 22 ἤκουον δὲ αὐτοῦ ἄχρι τούτου τοῦ λόγου

Rm 3 4ᵃ ὅπως ἂν δικαιωθῇς ἐν τοῖς λόγοις σου

9 6 οὐχ οἷον δὲ ὅτι ἐκπέπτωκεν ὁ λόγος τοῦ θεοῦ

Rm 9 9 ἐπαγγελίας γὰρ ὁ λόγος οὗτος

9 28 λόγον γὰρ συντελῶν καὶ συντέμνων (+ἐν δικαιοσύνῃ ς ..) ↔

9 28ᵉ* | ὅτι λόγον συντετμημένον (.. +ς) ποιήσει κύριος ἐπὶ τῆς γῆς

13 9 τὸ γὰρ οὐ μοιχεύσεις ... ἐν τῷ λόγῳ τούτῳ ἀνακεφαλαιοῦται

14 12ᵈ ἄρα οὖν [N²⁶NH] ἕκαστος ἡμῶν περὶ ἑαυτοῦ λόγον δώσει | τῷ θεῷ [N²⁶NH]

15 18ᵏ¹ᵐ οὐ γὰρ τολμήσω τι λαλεῖν ὧν οὐ κατειργάσατο Χριστὸς δι' ἐμοῦ εἰς ὑπακοὴν ἐθνῶν, λόγῳ καὶ ἔργῳ ⟨ἐν δυνάμει σημείων⟩

1C 1 5 ἐπλουτίσθητε ἐν αὐτῷ, ἐν παντὶ λόγῳ καὶ πάσῃ γνώσει

1 17 ἀπέστειλέν με Χριστὸς ... εὐαγγελίζεσθαι, οὐκ ἐν σοφίᾳ λόγου

1 18ᵐ ὁ λόγος γὰρ ὁ τοῦ σταυροῦ τοῖς μὲν ἀπολλυμένοις μωρία ἐστίν

2 1 ἦλθον οὐ καθ' ὑπεροχὴν λόγου ἢ σοφίας καταγγέλλων ὑμῖν τὸ μυστήριον (μαρτύριον NMVSTς) τοῦ θεοῦ

2 4 ὁ λόγος μου καὶ τὸ κήρυγμά μου ↔

2 4ᵃᵐ οὐκ ἐν πειθοῖς (-θοῖ[ς] N²⁶) σοφίας λόγοις [N²⁶], ἀλλ' ἐν ἀποδείξει πνεύματος καὶ δυνάμεως

2 13ᵃ λαλοῦμεν οὐκ ἐν διδακτοῖς ἀνθρωπίνης σοφίας λόγοις

4 19ᵐ γνώσομαι οὐ τὸν λόγον τῶν πεφυσιωμένων ἀλλὰ τὴν δύναμιν· ↔

4 20ᵐ οὐ γὰρ ἐν λόγῳ ἡ βασιλεία τοῦ θεοῦ, ἀλλ' ἐν δυνάμει

12 8ᵈ ᾧ μὲν γὰρ διὰ τοῦ πνεύματος δίδοται λόγος σοφίας, ↔

12 8 ἄλλῳ δὲ λόγος γνώσεως κατὰ τὸ αὐτὸ πνεῦμα

14 9ᵈ ὑμεῖς διὰ τῆς γλώσσης ἐὰν μὴ εὔσημον λόγον δῶτε

14 19ᵃᵇ ἐν ἐκκλησίᾳ θέλω πέντε λόγους | τῷ νοΐ (διὰ τοῦ νοός Sς) μου λαλῆσαι, ἵνα καὶ ἄλλους κατηχήσω, ↔

14 19ᵃ ἢ μυρίους λόγους ἐν γλώσσῃ

14 36 ἢ ἀφ' ὑμῶν ὁ λόγος τοῦ θεοῦ ἐξῆλθεν ⟨;⟩

15 2 τίνι λόγῳ εὐηγγελισάμην ὑμῖν εἰ κατέχετε

15 54ʰ τότε γενήσεται ὁ λόγος ὁ γεγραμμένος

2C 1 18 ὁ λόγος ἡμῶν ὁ πρὸς ὑμᾶς οὐκ ἔστιν (ἐγένετο ς) ναὶ καὶ οὔ

2 17 οὐ γάρ ἐσμεν ὡς οἱ πολλοὶ καπηλεύοντες τὸν λόγον τοῦ θεοῦ

4 2 μὴ περιπατοῦντες ἐν πανουργίᾳ μηδὲ δολοῦντες τὸν λόγον τοῦ θεοῦ

5 19 θεὸς ἦν ... θέμενος ἐν ἡμῖν τὸν λόγον τῆς καταλλαγῆς

6 7ᵐ ⟨συνιστάντες ἑαυτοὺς ὡς θεοῦ διάκονοι⟩ ἐν λόγῳ ἀληθείας, ἐν δυνάμει θεοῦ

8 7ᵏ ὥσπερ ἐν παντὶ περισσεύετε, πίστει καὶ λόγῳ καὶ γνώσει καὶ πάσῃ σπουδῇ

10 10 ἡ δὲ παρουσία τοῦ σώματος ἀσθενὴς καὶ ὁ λόγος ἐξουθενημένος

10 11¹ οἷοί ἐσμεν τῷ λόγῳ δι' ἐπιστολῶν ἀπόντες, τοιοῦτοι καὶ παρόντες τῷ ἔργῳ

11 6 εἰ δὲ καὶ ἰδιώτης τῷ λόγῳ, ἀλλ' οὐ τῇ γνώσει

G   5 14 ὁ γὰρ πᾶς νόμος ἐν ἑνὶ λόγῳ πεπλήρωται

6 6 κοινωνείτω δὲ ὁ κατηχούμενος τὸν λόγον τῷ κατηχοῦντι ἐν πᾶσιν ἀγαθοῖς

E   1 13 ἐν ᾧ καὶ ὑμεῖς, ἀκούσαντες τὸν λόγον τῆς ἀληθείας, τὸ εὐαγγέλιον

4 29 πᾶς λόγος σαπρὸς ἐκ τοῦ στόματος ὑμῶν μὴ ἐκπορευέσθω

5 6ᵃμηδεὶς ὑμᾶς ἀπατάτω κενοῖς λόγοις

6 19ᵈἵνα μοι δοθῇ λόγος ἐν ἀνοίξει τοῦ στόματός μου

Ph   1 14ᵇτολμᾶν ἀφόβως τὸν λόγον (+τοῦ θεοῦ NMVBSTH) λαλεῖν

2 16 ⟨ἐν οἷς φαίνεσθε ὡς φωστῆρες ἐν κόσμῳ⟩ λόγον ζωῆς ἐπέχοντες

4 15 οὐδεμία μοι ἐκκλησία ἐκοινώνησεν εἰς λόγον δόσεως καὶ λήμψεως

4 17 ἐπιζητῶ τὸν καρπὸν τὸν πλεονάζοντα εἰς λόγον ὑμῶν

Cl   1 5 διὰ τὴν ἐλπίδα ... ἣν προηκούσατε ἐν τῷ λόγῳ τῆς ἀληθείας τοῦ εὐαγγελίου

1 25 εἰς ὑμᾶς πληρῶσαι τὸν λόγον τοῦ θεοῦ

2 23 ἅτινά ἐστιν λόγον μὲν ἔχοντα σοφίας ἐν ἐθελοθρησκίᾳ

3 16 ὁ λόγος τοῦ Χριστοῦ ἐνοικείτω ἐν ὑμῖν πλουσίως

3 17ˡπᾶν ὅ τι ἐὰν (ἂν BSTς) ποιῆτε ἐν λόγῳ ἢ ἐν ἔργῳ

4 3 ἵνα ὁ θεὸς ἀνοίξῃ ἡμῖν θύραν τοῦ λόγου

4 6 ὁ λόγος ὑμῶν πάντοτε ἐν χάριτι, ἅλατι ἠρτυμένος

1Th   1 5ᵐτὸ εὐαγγέλιον ἡμῶν οὐκ ἐγενήθη εἰς ὑμᾶς ἐν λόγῳ μόνον, ἀλλὰ καὶ ἐν δυνάμει καὶ ἐν πνεύματι ἁγίῳ

1 6 δεξάμενοι τὸν λόγον ἐν θλίψει πολλῇ μετὰ χαρᾶς πνεύματος ἁγίου

1 8 ἀφ' ὑμῶν γὰρ ἐξήχηται ὁ λόγος τοῦ κυρίου

2 5 οὔτε γάρ ποτε ἐν λόγῳ κολακείας ἐγενήθημεν ... οὔτε ἐν ([S]; —H) προφάσει πλεονεξίας

2 13 παραλαβόντες λόγον ἀκοῆς παρ' ἡμῶν τοῦ θεοῦ ↔

2 13 ἐδέξασθε οὐ λόγον ἀνθρώπων ↔

2 13 ἀλλὰ καθώς | ἐστιν ἀληθῶς (∼NH) λόγον θεοῦ

4 15 τοῦτο γὰρ ὑμῖν λέγομεν ἐν λόγῳ κυρίου

4 18ᵃὥστε παρακαλεῖτε ἀλλήλους ἐν τοῖς λόγοις τούτοις

2Th   2 2ʲμηδὲ θροεῖσθαι, μήτε διὰ πνεύματος μήτε διὰ λόγου μήτε δι' ἐπιστολῆς

2 15ʲκρατεῖτε τὰς παραδόσεις ἃς ἐδιδάχθητε εἴτε διὰ λόγου εἴτε δι' ἐπιστολῆς ἡμῶν

2 17ˡ⟨ὁ κύριος ἡμῶν⟩ στηρίξαι (+ὑμᾶς ς) ἐν παντὶ ἔργῳ καὶ λόγῳ ἀγαθῷ

3 1 ἵνα ὁ λόγος τοῦ κυρίου τρέχῃ καὶ δοξάζηται

3 14 εἰ δέ τις οὐχ ὑπακούει τῷ λόγῳ ἡμῶν διὰ τῆς ἐπιστολῆς

1Tm   1 15 πιστὸς ὁ λόγος καὶ πάσης ἀποδοχῆς ἄξιος

3 1 πιστὸς ὁ λόγος

4 5ʲἁγιάζεται γὰρ διὰ λόγου θεοῦ καὶ ἐντεύξεως

4 6ᵃκαλὸς ἔσῃ διάκονος Χριστοῦ Ἰησοῦ, ἐντρεφόμενος τοῖς λόγοις τῆς πίστεως

1Tm   4 9 πιστὸς ὁ λόγος καὶ πάσης ἀποδοχῆς ἄξιος

4 12 τύπος γίνου τῶν πιστῶν ἐν λόγῳ, ἐν ἀναστροφῇ

5 17 διπλῆς τιμῆς ἀξιούσθωσαν, μάλιστα οἱ κοπιῶντες ἐν λόγῳ καὶ διδασκαλίᾳ

6 3ᵃεἴ τις ... μὴ προσέρχεται (-έχεται T) ὑγιαίνουσιν λόγοις τοῖς τοῦ κυρίου ἡμῶν ... καὶ τῇ ... διδασκαλίᾳ

2Tm   1 13ᵃὑποτύπωσιν ἔχε ὑγιαινόντων λόγων ὧν παρ' ἐμοῦ ἤκουσας ἐν πίστει

2 9 ὁ λόγος τοῦ θεοῦ οὐ δέδεται

2 11 πιστὸς ὁ λόγος

2 15 σπούδασον σεαυτὸν δόκιμον παραστῆσαι τῷ θεῷ ... ὀρθοτομοῦντα τὸν λόγον τῆς ἀληθείας

2 17 ὁ λόγος αὐτῶν ὡς γάγγραινα νομὴν ἕξει

4 2 κήρυξον τὸν λόγον, ἐπίστηθι εὐκαίρως ἀκαίρως

4 15ᵃλίαν γὰρ ἀντέστη (ἀνθέστηκεν VSς) τοῖς ἡμετέροις λόγοις

Tt   1 3 ἐφανέρωσεν δὲ καιροῖς ἰδίοις τὸν λόγον αὐτοῦ ἐν κηρύγματι

1 9 ⟨δεῖ γὰρ τὸν ἐπίσκοπον ἀνέγκλητον εἶναι⟩ ἀντεχόμενον τοῦ κατὰ τὴν διδαχὴν πιστοῦ λόγου

2 5 ἵνα μὴ ὁ λόγος τοῦ θεοῦ βλασφημῆται

2 8 ⟨σεαυτὸν παρεχόμενος τύπον καλῶν ἔργων⟩ λόγον ὑγιῆ ἀκατάγνωστον

3 8 πιστὸς ὁ λόγος

Hb   2 2ᵇεἰ γὰρ ὁ δι' ἀγγέλων λαληθεὶς λόγος ἐγένετο βέβαιος

4 2 ἀλλ' οὐκ ὠφέλησεν ὁ λόγος τῆς ἀκοῆς ἐκείνους μὴ συγκεκερασμένους (-νος NBT; συγκεκραμένος ς) τῇ πίστει τοῖς ἀκούσασιν

4 12 ζῶν γὰρ ὁ λόγος τοῦ θεοῦ καὶ ἐνεργής

4 13 πάντα δὲ γυμνὰ καὶ τετραχηλισμένα τοῖς ὀφθαλμοῖς αὐτοῦ, πρὸς ὃν ἡμῖν ὁ λόγος

5 11ᶜπερὶ οὗ πολὺς ἡμῖν ὁ λόγος καὶ δυσερμήνευτος λέγειν

5 13 πᾶς γὰρ ὁ μετέχων γάλακτος ἄπειρος λόγου δικαιοσύνης

6 1 διὸ ἀφέντες τὸν τῆς ἀρχῆς τοῦ Χριστοῦ λόγον ἐπὶ τὴν τελειότητα φερώμεθα

7 28 ὁ νόμος γὰρ ... ὁ λόγος δὲ τῆς ὁρκωμοσίας ... υἱὸν εἰς τὸν αἰῶνα τετελειωμένον

12 19 ἧς οἱ ἀκούσαντες παρῃτήσαντο μὴ (—H) προστεθῆναι αὐτοῖς λόγον

13 7ᵇτῶν ἡγουμένων ὑμῶν, οἵτινες ἐλάλησαν ὑμῖν τὸν λόγον τοῦ θεοῦ

13 17ᵈαὐτοὶ γὰρ ἀγρυπνοῦσιν ὑπὲρ τῶν ψυχῶν ὑμῶν ὡς λόγον ἀποδώσοντες

13 22 ἀνέχεσθε τοῦ λόγου τῆς παρακλήσεως

Jc   1 18 βουληθεὶς ἀπεκύησεν ἡμᾶς λόγῳ ἀληθείας

1 21 δέξασθε τὸν ἔμφυτον λόγον τὸν δυνάμενον σῶσαι τὰς ψυχὰς ὑμῶν. ↔

1 22 γίνεσθε δὲ ποιηταὶ λόγου, καὶ μὴ | μόνον ἀκροαταὶ (∼NBH) παραλογιζόμενοι ἑαυτούς. ↔

Jc   1 23 ὅτι εἴ τις ἀκροατὴς λόγου ἐστὶν καὶ οὐ ποιητής

3 2 εἴ τις ἐν λόγῳ οὐ πταίει

1Pt   1 23ʲἀναγεγεννημένοι οὐκ ἐκ σπορᾶς φθαρτῆς ἀλλὰ ἀφθάρτου διὰ λόγου ζῶντος θεοῦ καὶ μένοντος

2 8 οἳ προσκόπτουσιν τῷ λόγῳ ἀπειθοῦντες

3 1 ἵνα καὶ (—H) εἴ τινες ἀπειθοῦσιν τῷ λόγῳ, ↔

3 1 διὰ τῆς τῶν γυναικῶν ἀναστροφῆς ἄνευ λόγου κερδηθήσονται

3 15 ἕτοιμοι ἀεὶ πρὸς ἀπολογίαν παντὶ τῷ αἰτοῦντι ὑμᾶς λόγον περὶ τῆς ἐν ὑμῖν ἐλπίδος

4 5ᵈοἳ ἀποδώσουσιν λόγον τῷ ἑτοίμως | ἔχοντι κρῖναι (κρίνοντι H) ζῶντας καὶ νεκρούς

2Pt   1 19 ἔχομεν βεβαιότερον τὸν προφητικὸν λόγον, ᾧ καλῶς ποιεῖτε προσέχοντες ὡς λύχνῳ

2 3ᵃἐν πλεονεξίᾳ πλαστοῖς λόγοις ὑμᾶς ἐμπορεύσονται

3 5 οὐρανοὶ ἦσαν ἔκπαλαι καὶ γῆ ἐξ ὕδατος ... συνεστῶσα τῷ τοῦ θεοῦ λόγῳ

3 7 οἱ δὲ νῦν οὐρανοὶ καὶ ἡ γῆ | τῷ αὐτῷ (αὐτοῦ ς) λόγῳ τεθησαυρισμένοι εἰσίν

1Jo   1 1 ὃ ἐθεασάμεθα καὶ αἱ χεῖρες ἡμῶν ἐψηλάφησαν, περὶ τοῦ λόγου τῆς ζωῆς

1 10 ψεύστην ποιοῦμεν αὐτὸν καὶ ὁ λόγος αὐτοῦ οὐκ ἔστιν ἐν ἡμῖν

2 5 ὃς δ' ἂν τηρῇ αὐτοῦ τὸν λόγον

2 7 ἡ ἐντολὴ ἡ παλαιά ἐστιν ὁ λόγος ὃν ἠκούσατε

2 14 ὅτι ἰσχυροί ἐστε καὶ ὁ λόγος | τοῦ θεοῦ [H] ἐν ὑμῖν μένει

3 18ᵏˡμὴ ἀγαπῶμεν λόγῳ μηδὲ τῇ (—ς) γλώσσῃ, ἀλλὰ ἐν (—ς) ἔργῳ καὶ ἀληθείᾳ

5 7 * ὅτι τρεῖς εἰσιν οἱ μαρτυροῦντες | ἐν τῷ οὐρανῷ, ὁ πατὴρ ὁ λόγος καὶ τὸ ἅγιον πνεῦμα (+ς..)

3Jo   10ᵃὑπομνήσω αὐτοῦ τὰ ἔργα ἃ ποιεῖ λόγοις πονηροῖς φλυαρῶν ἡμᾶς

Jd   15ᵃᵇˡ* ἐλέγξαι | πᾶσαν ψυχὴν (N²⁶; πάντας τοὺς ἀσεβεῖς rl) ... περὶ πάντων τῶν σκληρῶν λόγων (+B[S]T) ὧν ἐλάλησαν κατ' αὐτοῦ ἁμαρτωλοὶ ἀσεβεῖς

Ap   1 2 ⟨Ἰωάννῃ⟩ ὃς ἐμαρτύρησεν τὸν λόγον τοῦ θεοῦ καὶ τὴν μαρτυρίαν Ἰησοῦ

1 3ᵃμακάριος ὁ ἀναγινώσκων καὶ οἱ ἀκούοντες | τοὺς λόγους (τὸν -ον T) τῆς προφητείας

1 9 ἐγενόμην ἐν τῇ νήσῳ τῇ καλουμένῃ Πάτμῳ διὰ τὸν λόγον τοῦ θεοῦ καὶ (+διὰ STς) τὴν μαρτυρίαν Ἰησοῦ

3 8 ἐτήρησάς μου τὸν λόγον καὶ οὐκ ἠρνήσω τὸ ὄνομά μου

3 10 ὅτι ἐτήρησας τὸν λόγον τῆς ὑπομονῆς μου

6 9 εἶδον ... τὰς ψυχὰς τῶν ἐσφαγμένων διὰ τὸν λόγον τοῦ θεοῦ καὶ διὰ τὴν μαρτυρίαν ἣν εἶχον

12 11 ἐνίκησαν αὐτὸν διὰ τὸ αἷμα τοῦ ἀρνίου καὶ διὰ τὸν λόγον τῆς μαρτυρίας αὐτῶν

17 17ᵃδοῦναι τὴν βασιλείαν αὐτῶν τῷ θηρίῳ, ἄχρι | τελεσθήσονται οἱ

λόγοι (τελεσθῇ τὰ ῥήματα ς) τοῦ θεοῦ

Ap 19 9ᵃ οὗτοι οἱ λόγοι ἀληθινοὶ τοῦ θεοῦ εἰσιν

19 13 κέκληται τὸ ὄνομα αὐτοῦ ὁ λόγος τοῦ θεοῦ

20 4 τὰς ψυχὰς τῶν πεπελεκισμένων διὰ τὴν μαρτυρίαν Ἰησοῦ καὶ διὰ τὸν λόγον τοῦ θεοῦ

21 5ᵃ οὗτοι οἱ λόγοι πιστοὶ καὶ ἀληθινοί εἰσιν

22 6ᵃ οὗτοι οἱ λόγοι πιστοὶ καὶ ἀληθινοί

22 7ᵃ μακάριος ὁ τηρῶν τοὺς λόγους τῆς προφητείας τοῦ βιβλίου τούτου

22 9ᵃ σύνδουλός σού εἰμι καὶ τῶν ἀδελφῶν σου ... τῶν τηρούντων τοὺς λόγους τοῦ βιβλίου τούτου

22 10ᵃ μὴ σφραγίσῃς τοὺς λόγους τῆς προφητείας τοῦ βιβλίου τούτου

22 18ᵃ μαρτυρῶ ἐγὼ παντὶ τῷ ἀκούοντι τοὺς λόγους τῆς προφητείας τοῦ βιβλίου τούτου

22 19ᵃ ἐάν τις ἀφέλῃ ἀπὸ τῶν λόγων | τοῦ βιβλίου (βίβλου ς) τῆς προφητείας ταύτης

λόγχη

Mt 27 49 * | ἄλλος δὲ λαβὼν λόγχην ἔνυξεν αὐτοῦ τὴν πλευρὰν [+SH..]

Jo 19 34 εἷς τῶν στρατιωτῶν λόγχῃ αὐτοῦ τὴν πλευρὰν ἔνυξεν

λοιδορέω
ἀντι-

Jo 9 28 | καὶ ἐλοιδόρησαν (οἱ δὲ ἐλ. S; ἐλ. οὖν ς; ἐλ. VBT) αὐτὸν καὶ εἶπον

Ac 23 4 τὸν ἀρχιερέα τοῦ θεοῦ λοιδορεῖς;

1C 4 12 λοιδορούμενοι εὐλογοῦμεν, διωκόμενοι ἀνεχόμεθα

1Pt 2 23 ὃς λοιδορούμενος οὐκ ἀντελοιδόρει

λοιδορία

1Tm 5 14 βούλομαι οὖν νεωτέρας ... μηδεμίαν ἀφορμὴν διδόναι τῷ ἀντικειμένῳ λοιδορίας χάριν

1Pt 3 9 μὴ ἀποδιδόντες κακὸν ἀντὶ κακοῦ ἢ λοιδορίαν ↔

3 9 ἀντὶ λοιδορίας

λοίδορος

1C 5 11 μὴ συναναμίγνυσθαι ἐάν τις ἀδελφὸς ὀνομαζόμενος ᾖ ... εἰδωλολάτρης ἢ λοίδορος ἢ μέθυσος

6 10 οὐ μέθυσοι, οὐ λοίδοροι, οὐχ ἅρπαγες βασιλείαν θεοῦ κληρονομήσουσιν

λοιμός adj.

Ac 24 5 εὑρόντες γὰρ τὸν ἄνδρα τοῦτον λοιμὸν καὶ κινοῦντα στάσεις

λοιμός subst.

Mt 24 7 * ἔσονται λιμοὶ | καὶ λοιμοὶ (+MVς) καὶ σεισμοὶ κατὰ τόπους

Lc 21 11 σεισμοί τε μεγάλοι καὶ κατὰ τόπους | λιμοὶ καὶ λοιμοὶ (~NH) ἔσονται

λοιπός

ᵃ (τὸ) λοιπόν
ᵇ τοῦ λοιποῦ
ᶜ τὰ λοιπά subst.
ᵈ seq. gen.

Mt 22 6 οἱ δὲ λοιποὶ κρατήσαντες τοὺς δούλους αὐτοῦ ὕβρισαν

25 11 ὕστερον δὲ ἔρχονται καὶ αἱ λοιπαὶ παρθένοι λέγουσαι

26 45ᵃ καθεύδετε τὸ ([N²⁶]; —NMH) λοιπὸν καὶ ἀναπαύεσθε

27 49 οἱ δὲ λοιποὶ ἔλεγον (εἶπαν NMH)

Mc 4 19ᶜ ἡ ἀπάτη τοῦ πλούτου καὶ αἱ περὶ τὰ λοιπὰ ἐπιθυμίαι εἰσπορευόμεναι συμπνίγουσιν τὸν λόγον

14 41ᵃ καθεύδετε τὸ [SH] λοιπὸν καὶ ἀναπαύεσθε

[16 13] κἀκεῖνοι ἀπελθόντες ἀπήγγειλαν τοῖς λοιποῖς

Lc 8 10 ὑμῖν δέδοται γνῶναι τὰ μυστήρια τῆς βασιλείας τοῦ θεοῦ, τοῖς δὲ λοιποῖς ἐν παραβολαῖς

12 26ᶜ εἰ οὖν οὐδὲ ἐλάχιστον δύνασθε, τί περὶ τῶν λοιπῶν μεριμνᾶτε;

18 9 εἶπεν ... πρός τινας τοὺς πεποιθότας ... καὶ ἐξουθενοῦντας τοὺς λοιποὺς τὴν παραβολὴν ταύτην

18 11ᵈ εὐχαριστῶ σοι ὅτι οὐκ εἰμὶ ὥσπερ οἱ λοιποὶ τῶν ἀνθρώπων

24 9 ἀπήγγειλαν | ταῦτα πάντα (~ST) τοῖς ἕνδεκα καὶ πᾶσιν τοῖς λοιποῖς

24 10 αἱ λοιπαὶ σὺν αὐταῖς (+αἱ Vς) ἔλεγον πρὸς τοὺς ἀποστόλους ταῦτα

Ac 2 37 εἶπόν τε πρὸς τὸν Πέτρον καὶ τοὺς λοιποὺς ἀποστόλους

5 13 τῶν δὲ λοιπῶν οὐδεὶς ἐτόλμα κολλᾶσθαι αὐτοῖς

17 9 λαβόντες τὸ ἱκανὸν παρὰ τοῦ Ἰάσονος καὶ τῶν λοιπῶν

27 20ᵃ λοιπὸν περιῃρεῖτο ἐλπὶς πᾶσα τοῦ σῴζεσθαι ἡμᾶς

27 44 ⟨ἐκέλευσέν τε ... ἐπὶ τὴν γῆν ἐξιέναι⟩ καὶ τοὺς λοιποὺς οὓς μὲν ἐπὶ σανίσιν, οὓς δὲ ἐπί τινων τῶν ἀπὸ τοῦ πλοίου

28 9 οἱ λοιποὶ οἱ ἐν τῇ νήσῳ ἔχοντες ἀσθενείας προσήρχοντο

Rm 1 13 ἵνα τινὰ καρπὸν σχῶ καὶ ἐν ὑμῖν καθὼς καὶ ἐν τοῖς λοιποῖς ἔθνεσιν

11 7 οἱ δὲ λοιποὶ ἐπωρώθησαν

1C 1 16ᵃ λοιπὸν οὐκ οἶδα εἴ τινα ἄλλον ἐβάπτισα

4 2ᵃ ὧδε (ὃ δὲ ς) λοιπὸν ζητεῖται (-εῖτε BS) ἐν τοῖς οἰκονόμοις

7 12 τοῖς δὲ λοιποῖς λέγω ἐγώ, οὐχ ὁ BS) ἐν κύριος

7 29ᵃ τὸ λοιπὸν (+ἐστιν ς) ἵνα καὶ οἱ ἔχοντες γυναῖκας ὡς μὴ ἔχοντες ὦσιν

9 5 μὴ οὐκ ἔχομεν ἐξουσίαν ἀδελφὴν γυναῖκα περιάγειν, ὡς καὶ οἱ λοιποὶ ἀπόστολοι ⟨;⟩

11 34ᶜ τὰ δὲ λοιπὰ ὡς ἂν ἔλθω διατάξομαι

15 37ᶜ ἀλλὰ γυμνὸν κόκκον εἰ τύχοι σίτου ἤ τινος τῶν λοιπῶν

2C 12 13 τί γάρ ἐστιν ὃ ἡσσώθητε (ἡττήθητε VSς) ὑπὲρ τὰς λοιπὰς ἐκκλησίας ⟨;⟩

13 2 προλέγω ... τοῖς προημαρτηκόσιν καὶ τοῖς λοιποῖς πᾶσιν

13 11ᵃ λοιπόν, ἀδελφοί, χαίρετε, καταρτίζεσθε, παρακαλεῖσθε

G 2 13 συνυπεκρίθησαν αὐτῷ καὶ [N²⁶N H] οἱ λοιποὶ Ἰουδαῖοι

6 17ᵇ τοῦ λοιποῦ κόπους μοι μηδεὶς παρεχέτω

E 2 3 ἤμεθα τέκνα φύσει ὀργῆς ὡς καὶ οἱ λοιποί

4 17 * μαρτύρομαι ἐν κυρίῳ, μηκέτι ὑμᾶς περιπατεῖν καθὼς καὶ τὰ λοιπὰ (+ς) ἔθνη περιπατεῖ

6 10ᵃᵇ τοῦ λοιποῦ (τὸ λοιπὸν ς), ἐνδυναμοῦσθε ἐν κυρίῳ

Ph 1 13 ὥστε τοὺς δεσμούς μου φανεροὺς ... γενέσθαι ἐν ὅλῳ τῷ πραιτωρίῳ καὶ τοῖς λοιποῖς πᾶσιν

Ph 3 1ᵃ τὸ λοιπόν, ἀδελφοί μου, χαίρετε ἐν κυρίῳ

4 3 αἵτινες ... συνήθλησάν μοι μετὰ καὶ Κλήμεντος καὶ τῶν λοιπῶν συνεργῶν μου

4 8ᵃ τὸ λοιπόν, ἀδελφοί, ὅσα ἐστὶν ἀληθῆ ... ταῦτα λογίζεσθε

1Th 4 1ᵃ (+τὸ ς) λοιπὸν οὖν (—H), ἀδελφοί, ἐρωτῶμεν ὑμᾶς

4 13 ἵνα μὴ λυπῆσθε καθὼς καὶ οἱ λοιποὶ οἱ μὴ ἔχοντες ἐλπίδα

5 6 μὴ καθεύδωμεν ὡς οἱ λοιποί

2Th 3 1ᵃ τὸ λοιπὸν προσεύχεσθε, ἀδελφοί, περὶ ἡμῶν

1Tm 5 20 ἵνα καὶ οἱ λοιποὶ φόβον ἔχωσιν

2Tm 4 8ᵃ λοιπὸν ἀπόκειταί μοι ὁ τῆς δικαιοσύνης στέφανος

Hb 10 13ᵃ τὸ λοιπὸν ἐκδεχόμενος ἕως τεθῶσιν οἱ ἐχθροὶ αὐτοῦ ὑποπόδιον

2Pt 3 16 ἃ οἱ ἀμαθεῖς ... στρεβλοῦσιν ὡς καὶ τὰς λοιπὰς γραφὰς πρὸς τὴν ἰδίαν αὐτῶν ἀπώλειαν

Ap 2 24 ὑμῖν δὲ λέγω τοῖς (καὶ ς) λοιποῖς τοῖς ἐν Θυατείροις

3 2ᶜ στήρισον τὰ λοιπὰ ἃ ἔμελλον ἀποθανεῖν

8 13 οὐαὶ τοὺς κατοικοῦντας ἐπὶ τῆς γῆς ἐκ τῶν λοιπῶν φωνῶν τῆς σάλπιγγος

9 20ᵈ οἱ λοιποὶ τῶν ἀνθρώπων, οἳ οὐκ ἀπεκτάνθησαν ἐν ταῖς πληγαῖς ταύταις

11 13 οἱ λοιποὶ ἔμφοβοι ἐγένοντο

12 17ᵈ ποιῆσαι πόλεμον μετὰ τῶν λοιπῶν τοῦ σπέρματος αὐτῆς

19 21 οἱ λοιποὶ ἀπεκτάνθησαν ἐν τῇ ῥομφαίᾳ

20 5ᵈ οἱ λοιποὶ τῶν νεκρῶν οὐκ ἔζησαν ἄχρι τελεσθῇ τὰ χίλια ἔτη

Λουκᾶς

Cl 4 14 ἀσπάζεται ὑμᾶς Λουκᾶς ὁ ἰατρὸς ὁ ἀγαπητὸς καὶ Δημᾶς

2Tm 4 11 Λουκᾶς ἐστιν μόνος μετ' ἐμοῦ

Phm 24 ⟨ἀσπάζεταί σε⟩ Μᾶρκος, Ἀρίσταρχος, Δημᾶς, Λουκᾶς, οἱ συνεργοί μου

Λούκιος

ᵃ L. Cyrenensis
ᵇ quidam christianus

Ac 13 1ᵃ ἦσαν δὲ ἐν Ἀντιοχείᾳ ... προφῆται καὶ διδάσκαλοι ὅ τε Βαρναβᾶς ... καὶ Λούκιος ὁ Κυρηναῖος

Rm 16 21ᵇ ἀσπάζεται ὑμᾶς Τιμόθεος ... καὶ Λούκιος καὶ Ἰάσων

λουτρόν

E 5 26 ἵνα αὐτὴν ἁγιάσῃ καθαρίσας τῷ λουτρῷ τοῦ ὕδατος ἐν ῥήματι

Tt 3 5 ἔσωσεν ἡμᾶς διὰ λουτροῦ παλιγγενεσίας καὶ ἀνακαινώσεως πνεύματος ἁγίου

λούω
ἀπο-

Jo 13 10 ὁ λελουμένος | οὐκ ἔχει χρείαν (οὐ χ. ἐ. Vς) | εἰ μὴ τοὺς πόδας ([NH]; —T) νίψασθαι

Ac 9 37 λούσαντες δὲ || ἔθηκαν αὐτὴν ([N²⁶]; —NH) ((~MVBSς)) ἐν ὑπερῴῳ

16 33 παραλαβὼν αὐτοὺς ... ἔλουσεν ἀπὸ τῶν πληγῶν

Hb 10 22 ῥεραντισμένοι τὰς καρδίας ... καὶ λελουσμένοι τὸ σῶμα ὕδατι καθαρῷ

2Pt 2 22 ὗς λουσαμένη εἰς κυλισμὸν (κύλισμα Sς) βορβόρου

Ap 1 5 *τῷ ἀγαπῶντι ἡμᾶς καὶ λούσαντι
(ς; λύσαντι rI) ἡμᾶς ἐκ (ἀπὸ ς)
τῶν ἁμαρτιῶν ἡμῶν [H] ἐν τῷ
αἵματι αὐτοῦ

Λύδδα

Ac 9 32 ἐγένετο δὲ Πέτρον ... κατελθεῖν
καὶ πρὸς τοὺς ἁγίους τοὺς κατ-
οικοῦντας Λύδδα (-α[ν] S; -αν ς)

9 35 εἶδαν αὐτὸν πάντες οἱ κατ-
οικοῦντες Λύδδα (-α[ν] S; -αν ς)
καὶ τὸν Σαρῶνα

9 38 ἐγγὺς δὲ οὔσης Λύδδας (-ης VSς)
τῇ Ἰόππῃ

Λυδία

Ac 16 14 καί τις γυνὴ ὀνόματι Λυδία, πορ-
φυρόπωλις πόλεως Θυατείρων ...
ἤκουεν

16 40 ἐξελθόντες δὲ ἀπὸ τῆς φυλακῆς
εἰσῆλθον πρὸς (εἰς ς) τὴν Λυδίαν

Λυκαονία

Ac 14 6 κατέφυγον εἰς τὰς πόλεις τῆς
Λυκαονίας Λύστραν καὶ Δέρβην
καὶ τὴν περίχωρον

Λυκαονιστί

Ac 14 11 ἐπῆραν τὴν φωνὴν αὐτῶν Λυκα-
ονιστὶ λέγοντες

Λυκία

Ac 27 5 τό τε πέλαγος τὸ κατὰ τὴν
Κιλικίαν ... διαπλεύσαντες κατ-
ήλθομεν εἰς Μύρα τῆς Λυκίας

λύκος

ᵃ λ. ἅρπαγες, βαρεῖς

Mt 7 15ᵃοἵτινες ἔρχονται ... ἐν ἐνδύμασι
προβάτων, ἔσωθεν δέ εἰσιν λύκοι
ἅρπαγες

10 16 ἀποστέλλω ὑμᾶς ὡς πρόβατα ἐν
μέσῳ λύκων

Lc 10 3 ἀποστέλλω ὑμᾶς ὡς ἄρνας ἐν
μέσῳ λύκων

Jo 10 12 ὁ μισθωτὸς ... θεωρεῖ τὸν λύκον
ἐρχόμενον καὶ ἀφίησιν τὰ πρόβατα
καὶ φεύγει, ↔

10 12 καὶ ὁ λύκος ἁρπάζει αὐτὰ καὶ
σκορπίζει

Ac 20 29ᵃεἰσελεύσονται μετὰ τὴν ἄφιξίν μου
λύκοι βαρεῖς εἰς ὑμᾶς μὴ φειδό-
μενοι τοῦ ποιμνίου

λυμαίνομαι

Ac 8 3 Σαῦλος δὲ ἐλυμαίνετο τὴν ἐκκλη-
σίαν κατὰ τοὺς οἴκους εἰσπορευό-
μενος

λυπέω

συλ-
ᵃ act.
ᵇ λ. et χαίρω, εὐφραίνω, ἀγαλλιάω

Mt 14 9 λυπηθεὶς (ἐ-θη MVSς) ὁ βασιλεὺς
διὰ (+δὲ MVSς) τοὺς ὅρκους ...
ἐκέλευσεν δοθῆναι

17 23 ἐλυπήθησαν σφόδρα

18 31 ἰδόντες οὖν (δὲ VSς) οἱ σύνδουλοι
αὐτοῦ τὰ γενόμενα (γινόμενα Τ)
ἐλυπήθησαν σφόδρα

19 22 ἀκούσας δὲ ὁ νεανίσκος | τὸν
λόγον (—Τ) [+τοῦτον ΝΗ] ἀπ-
ῆλθεν λυπούμενος

26 22 λυπούμενοι σφόδρα ἤρξαντο λέ-
γειν αὐτῷ [S] εἷς (—ς) ἕκαστος
(+αὐτῶν [MS]Bς)

26 37 παραλαβὼν τὸν Πέτρον ... ἤρξατο
λυπεῖσθαι καὶ ἀδημονεῖν

Mc 10 22 ὁ δὲ στυγνάσας ἐπὶ τῷ λόγῳ
ἀπῆλθεν λυπούμενος

14 19 (+οἱ δὲ Vς) ἤρξαντο λυπεῖσθαι
καὶ λέγειν αὐτῷ εἷς κατὰ εἷς

Jo 16 20ᵇθρηνήσετε ὑμεῖς, ὁ δὲ κόσμος
χαρήσεται· ὑμεῖς (+δὲ V[S]ς)
λυπηθήσεσθε

21 17 ἐλυπήθη ὁ Πέτρος ὅτι | εἶπεν
αὐτῷ (~ B) τὸ τρίτον

Rm 14 15 εἰ γὰρ διὰ βρῶμα ὁ ἀδελφός σου
λυπεῖται

2C 2 2ᵃεἰ γὰρ ἐγὼ λυπῶ ὑμᾶς, ↔

2 2ᵇκαὶ τίς (+ἐστιν [S]ς) ὁ εὐφραίνων
με εἰ μὴ ὁ λυπούμενος ἐξ ἐμοῦ;

2 4 ἔγραψα ὑμῖν ... οὐχ ἵνα λυπηθῆτε,
ἀλλὰ τὴν ἀγάπην ἵνα γνῶτε

2 5 εἰ δέ τις λελύπηκεν, ↔

2 5ᵃοὐκ ἐμὲ λελύπηκεν, ἀλλὰ ἀπὸ
μέρους ... πάντας ὑμᾶς

6 10ᵇὡς λυπούμενοι ἀεὶ δὲ χαίροντες

7 8ᵃὅτι εἰ καὶ ἐλύπησα ὑμᾶς ἐν τῇ
ἐπιστολῇ, οὐ μεταμέλομαι

7 8ᵃἡ ἐπιστολὴ ἐκείνη εἰ καὶ πρὸς
ὥραν ἐλύπησεν ὑμᾶς, ↔

7 9ᵇνῦν χαίρω, οὐχ ὅτι ἐλυπήθητε, ↔

7 9ᵇἀλλ' ὅτι ἐλυπήθητε εἰς μετά-
νοιαν· ↔

7 9 ἐλυπήθητε γὰρ κατὰ θεόν, ἵνα ἐν
μηδενὶ ζημιωθῆτε ἐξ ἡμῶν

7 11 ἰδοὺ γὰρ αὐτὸ τοῦτο τὸ κατὰ
θεὸν λυπηθῆναι πόσην κατειρ-
γάσατο ὑμῖν σπουδήν

E 4 30ᵃμὴ λυπεῖτε τὸ πνεῦμα τὸ ἅγιον
τοῦ θεοῦ

1Th 4 13 ἵνα μὴ λυπῆσθε καθὼς καὶ οἱ
λοιποί

1Pt 1 6ᵇἀγαλλιᾶσθε, ὀλίγον ἄρτι εἰ δέον
ἐστὶν ([Ν²⁶]; —NVBTH) λυπη-
θέντες ἐν ποικίλοις πειρασμοῖς

λύπη

ᵃ λ. ἔχω
ᵇ λ. et χαρά, χαίρω
ᶜ plur.

Lc 22 45 ἐλθὼν πρὸς τοὺς μαθητὰς εὗρεν
κοιμωμένους αὐτοὺς ἀπὸ τῆς λύπης

Jo 16 6 ὅτι ταῦτα λελάληκα ὑμῖν, ἡ λύπη
πεπλήρωκεν ὑμῶν τὴν καρδίαν

16 20ᵇὑμεῖς (+δὲ V[S]ς) λυπηθήσεσθε,
ἀλλ' ἡ λύπη ὑμῶν εἰς χαρὰν γενή-
σεται. ↔

16 21ᵃᵇἡ γυνὴ ὅταν τίκτῃ λύπην ἔχει

16 22ᵃᵇὑμεῖς οὖν νῦν μὲν λύπην ἔχετε
(ἕξετε S)

Rm 9 2 λύπη μοί ἐστιν μεγάλη καὶ ἀδιά-
λειπτος ὀδύνη τῇ καρδίᾳ μου

2C 2 1 ἔκρινα ... τὸ μὴ πάλιν ἐν λύπῃ
πρὸς ὑμᾶς ἐλθεῖν

2 3ᵃᵇἵνα μὴ ἐλθὼν λύπην σχῶ (ἔχω ς)
ἀφ' ὧν ἔδει με χαίρειν

2 7ᵇχαρίσασθαι καὶ παρακαλέσαι, μή
πως τῇ περισσοτέρᾳ λύπῃ κατα-
ποθῇ ὁ τοιοῦτος

7 10 ἡ γὰρ κατὰ θεὸν λύπη μετάνοιαν
εἰς σωτηρίαν ἀμεταμέλητον ἐργά-
ζεται· ↔

7 10 ἡ δὲ τοῦ κόσμου λύπη θάνατον
κατεργάζεται

9 7 ἕκαστος καθὼς προῄρηται τῇ καρ-
δίᾳ, μὴ ἐκ λύπης ἢ ἐξ ἀνάγκης

Ph 2 27ᵃὁ θεὸς ἠλέησεν ... ἐμέ, ἵνα μὴ
λύπην ↔

2 27 ἐπὶ λύπην (-πῃ ς) σχῶ

Hb 12 11ᵇπᾶσα δὲ (μὲν NMBSTH) παιδεία
πρὸς μὲν τὸ παρὸν οὐ δοκεῖ χαρᾶς
εἶναι ἀλλὰ λύπη

1Pt 2 19ᶜτοῦτο γὰρ χάρις εἰ διὰ συνείδησιν
θεοῦ ὑποφέρει τις λύπας πάσχων
ἀδίκως

Λυσανίας

Lc 3 1 Λυσανίου τῆς Ἀβιληνῆς τετρα-
αρχοῦντος

Λυσίας

Ac 23 26 Κλαύδιος Λυσίας τῷ κρατίστῳ
ἡγεμόνι Φήλικι χαίρειν

24 7 *|παρελθὼν δὲ Λυσίας ὁ χιλίαρχος
μετὰ πολλῆς βίας ἐκ τῶν χειρῶν
ἡμῶν ἀπήγαγε (.. +ς..)

24 22 ὅταν Λυσίας ὁ χιλίαρχος καταβῇ,
διαγνώσομαι τὰ καθ' ὑμᾶς

λύσις

1C 7 27 δέδεσαι γυναικί; μὴ ζήτει λύσιν

λυσιτελέω

Lc 17 2 λυσιτελεῖ αὐτῷ εἰ λίθος μυλικὸς πε-
ρίκειται περὶ τὸν τράχηλον αὐτοῦ

Λύστρα

ᵃ ἐν Λύστροις

Ac 14 6 κατέφυγον εἰς τὰς πόλεις τῆς
Λυκαονίας Λύστραν καὶ Δέρβην

14 8ᵃκαί τις ἀνὴρ | ἀδύνατος ἐν Λύ-
στροις (~VSTς) τοῖς ποσὶν ἐκάθητο

14 21 ὑπέστρεψαν εἰς τὴν Λύστραν καὶ
εἰς Ἰκόνιον

16 1 κατήντησεν δὲ καὶ ([Ν²⁶]; —Τς)
εἰς Δέρβην καὶ εἰς (—ς) Λύστραν

16 2ᵃ⟨Τιμόθεος⟩ ὃς ἐμαρτυρεῖτο ὑπὸ
τῶν ἐν Λύστροις καὶ Ἰκονίῳ ἀδελ-
φῶν

2Tm 3 11ᵃτοῖς παθήμασιν, οἷά μοι ἐγένετο ἐν
Ἀντιοχείᾳ, ἐν Ἰκονίῳ, ἐν Λύστροις

λύτρον

Mt 20 28 ἦλθεν ... διακονῆσαι καὶ δοῦναι
τὴν ψυχὴν αὐτοῦ λύτρον ἀντὶ
πολλῶν

Mc 10 45 ἦλθεν ... διακονῆσαι καὶ δοῦναι
τὴν ψυχὴν αὐτοῦ λύτρον ἀντὶ
πολλῶν

λυτρόομαι

Lc 24 21 αὐτός ἐστιν ὁ μέλλων λυτροῦσθαι
τὸν Ἰσραήλ

Tt 2 14 ὃς ἔδωκεν ἑαυτὸν ὑπὲρ ἡμῶν ἵνα
λυτρώσηται ἡμᾶς ἀπὸ πάσης
ἀνομίας

1Pt 1 18 οὐ φθαρτοῖς ... ἐλυτρώθητε ἐκ τῆς
ματαίας ὑμῶν ἀναστροφῆς

λύτρωσις

Lc 1 68 ὅτι ἐπεσκέψατο καὶ ἐποίησεν λύ-
τρωσιν τῷ λαῷ αὐτοῦ

2 38 ἐλάλει περὶ αὐτοῦ πᾶσιν τοῖς
προσδεχομένοις λύτρωσιν (+ἐν ς)
Ἰερουσαλήμ

Hb 9 12 ⟨Χριστὸς⟩ εἰσῆλθεν ἐφάπαξ εἰς τὰ
ἅγια, αἰωνίαν λύτρωσιν εὑράμενος

λυτρωτής

Ac 7 35 τοῦτον ὁ θεὸς καὶ ([Ν²⁶]; —ς)
ἄρχοντα καὶ λυτρωτὴν ἀπέσταλ-
κεν σὺν χειρὶ ἀγγέλου

λυχνία

ᵃ ἑπτὰ λ.

Mt 5 15 οὐδὲ καίουσιν λύχνον καὶ τιθέασιν
αὐτὸν ὑπὸ τὸν μόδιον, ἀλλ' ἐπὶ
τὴν λυχνίαν

Mc 4 21 μήτι ἔρχεται ὁ λύχνος ἵνα ὑπὸ τὸν
μόδιον τεθῇ ἢ ὑπὸ τὴν κλίνην;
οὐχ ἵνα ἐπὶ τὴν λυχνίαν τεθῇ
(ἐπι- ς);

Lc 8 16 οὐδεὶς δὲ λύχνον ἅψας ... ὑποκάτω
κλίνης τίθησιν, ἀλλ' ἐπὶ λυχνίας
τίθησιν (ἐπι- VSς)

11 33 οὐδεὶς λύχνον ἅψας εἰς κρύπτην
τίθησιν ... ἀλλ' ἐπὶ τὴν λυχνίαν

Hb 9 2 σκηνὴ γὰρ κατεσκευάσθη ἡ πρώ-
τη, ἐν ᾗ ἥ τε λυχνία καὶ ἡ τράπεζα
καὶ ἡ πρόθεσις τῶν ἄρτων

Ap 1 12ᵃἐπιστρέψας εἶδον ἑπτὰ λυχνίας χρυσᾶς, ↔

1 13ᵃκαὶ ἐν μέσῳ τῶν (+ἑπτὰ ϛ) λυχνιῶν ὅμοιον υἱὸν ἀνθρώπου

1 20ᵃτὸ μυστήριον τῶν ἑπτὰ ἀστέρων οὓς εἶδες ... καὶ τὰς ἑπτὰ λυχνίας τὰς χρυσᾶς

1 20ᵃ| αἱ λυχνίαι αἱ ἑπτὰ (αἱ ἑ. λ. ἃς εἶδες ϛ) ἑπτὰ ἐκκλησίαι εἰσίν

2 1ᵃτάδε λέγει ... ὁ περιπατῶν ἐν μέσῳ τῶν ἑπτὰ λυχνιῶν τῶν χρυσῶν

2 5 ἔρχομαί σοι (+ταχὺ B[S]ϛ) καὶ κινήσω τὴν λυχνίαν σου ἐκ τοῦ τόπου αὐτῆς

11 4 οὗτοί εἰσιν αἱ δύο ἐλαῖαι καὶ αἱ (—ϛ) δύο λυχνίαι αἱ [H] ἐνώπιον τοῦ κυρίου (θεοῦ ϛ) τῆς γῆς ἑστῶτες (ἑστῶσαι ϛ)

λύχνος
ᵃ φῶς λύχνου
ᵇ plur.

Mt 5 15 οὐδὲ καίουσιν λύχνον καὶ τιθέασιν αὐτὸν ὑπὸ τὸν μόδιον, ἀλλ' ἐπὶ τὴν λυχνίαν

6 22 ὁ λύχνος τοῦ σώματός ἐστιν ὁ ὀφθαλμός

Mc 4 21 μήτι ἔρχεται ὁ λύχνος ἵνα ὑπὸ τὸν μόδιον τεθῇ ἢ ὑπὸ τὴν κλίνην;

Lc 8 16 οὐδεὶς δὲ λύχνον ἅψας καλύπτει αὐτὸν σκεύει ἢ ὑποκάτω κλίνης τίθησιν

11 33 οὐδεὶς λύχνον ἅψας εἰς κρύπτην τίθησιν ... ἀλλ' ἐπὶ τὴν λυχνίαν

11 34 ὁ λύχνος τοῦ σώματός ἐστιν ὁ ὀφθαλμός σου (—ϛ)

11 36 ἔσται φωτεινὸν ὅλον ὡς ὅταν ὁ λύχνος τῇ ἀστραπῇ φωτίζῃ σε

12 35ᵇἔστωσαν ὑμῶν αἱ ὀσφύες περιεζωσμέναι καὶ οἱ λύχνοι καιόμενοι

15 8 τίς γυνὴ ... ἐὰν ἀπολέσῃ δραχμὴν μίαν, οὐχὶ ἅπτει λύχνον ... καὶ ζητεῖ ἐπιμελῶς ‹;›

Jo 5 35 ἐκεῖνος ἦν ὁ λύχνος ὁ καιόμενος καὶ φαίνων

2Pt 1 19 τὸν προφητικὸν λόγον, ᾧ καλῶς ποιεῖτε προσέχοντες ὡς λύχνῳ φαίνοντι ἐν αὐχμηρῷ τόπῳ

Ap 18 23ᵃφῶς λύχνου οὐ μὴ φάνῃ (φανῇ ϛ) ἐν σοὶ ἔτι

21 23 ἡ γὰρ δόξα τοῦ θεοῦ ἐφώτισεν αὐτήν, καὶ ὁ λύχνος αὐτῆς τὸ ἀρνίον

22 5ᵃοὐκ ἔχουσιν χρείαν φωτὸς ([VS]; —ϛ) λύχνου καὶ φωτὸς (φῶς H) ἡλίου

λύω

ἀνα-	ἐκ-	κατα-
ἀπο-	ἐπι-	παρα-
δια-		

ᵃ λ. πῶλον, βοῦν, hominem
ᵇ λ. τὸν ἱμάντα, τὸ ὑπόδημα
ᶜ λ. et δέω, δεσμός

Mt 5 19 ὃς ἐὰν οὖν λύσῃ μίαν τῶν ἐντολῶν τούτων τῶν ἐλαχίστων

16 19ᶜὃ ἐὰν λύσῃς ἐπὶ τῆς γῆς ↔

16 19ᶜἔσται λελυμένον ἐν τοῖς οὐρανοῖς

18 18ᶜὅσα ἐὰν λύσητε ἐπὶ τῆς γῆς ↔

18 18ᶜἔσται λελυμένα ἐν (+τῷ VSϛ) οὐρανῷ

21 2ᵃᶜεὑρήσετε ὄνον δεδεμένην καὶ πῶλον ... λύσαντες ἀγάγετέ μοι

Mc 1 7ᵇοὗ οὐκ εἰμὶ ἱκανὸς κύψας λῦσαι τὸν ἱμάντα τῶν ὑποδημάτων αὐτοῦ

7 35ᶜἐλύθη ὁ δεσμὸς τῆς γλώσσης αὐτοῦ

11 2ᵃᶜεὑρήσετε πῶλον δεδεμένον ... | λύσατε αὐτὸν καὶ φέρετε (λύσαντες αὐ. ἀγάγετε ϛ)

11 4ᵃᶜεὗρον (+τὸν [S]Tϛ) πῶλον δεδεμένον ... καὶ λύουσιν αὐτόν

11 5ᵃτί ποιεῖτε λύοντες τὸν πῶλον;

Lc 3 16ᵇοὗ οὐκ εἰμὶ ἱκανὸς λῦσαι τὸν ἱμάντα τῶν ὑποδημάτων αὐτοῦ

13 15ᵃἕκαστος ὑμῶν τῷ σαββάτῳ οὐ λύει τὸν βοῦν αὐτοῦ ἢ τὸν ὄνον ἀπὸ τῆς φάτνης ‹;›

13 16ᵃᶜταύτην δὲ θυγατέρα Ἀβραὰμ οὖσαν ... οὐκ ἔδει λυθῆναι ἀπὸ τοῦ δεσμοῦ τούτου ‹;›

19 30ᵃᶜεὑρήσετε πῶλον δεδεμένον ... καὶ (—Vϛ) λύσαντες αὐτὸν ἀγάγετε

19 31 διὰ τί λύετε;

19 33ᵃλυόντων δὲ αὐτῶν τὸν πῶλον εἶπαν οἱ κύριοι αὐτοῦ πρὸς αὐτούς· ↔

19 33ᵃτί λύετε τὸν πῶλον;

Jo 1 27ᵇοὗ οὐκ εἰμὶ ἐγὼ [N²⁶H] ἄξιος ἵνα λύσω αὐτοῦ τὸν ἱμάντα τοῦ ὑποδήματος

2 19 λύσατε τὸν ναὸν τοῦτον, καὶ ἐν [H] τρισὶν ἡμέραις ἐγερῶ αὐτόν

5 18 οὐ μόνον ἔλυεν τὸ σάββατον

7 23 εἰ περιτομὴν λαμβάνει [+ὁ NH] ἄνθρωπος ἐν σαββάτῳ ἵνα μὴ λυθῇ ὁ νόμος (+ὁ T) Μωϋσέως

10 35 οὐ δύναται λυθῆναι ἡ γραφή

11 44ᵃᶜλύσατε αὐτὸν καὶ ἄφετε αὐτὸν ([S]; —Vϛ) ὑπάγειν

Ac 2 24 ‹Ἰησοῦν› ὃν ὁ θεὸς ἀνέστησεν λύσας τὰς ὠδῖνας τοῦ θανάτου

7 33ᵇλῦσον τὸ ὑπόδημα τῶν ποδῶν σου

13 25ᵇἔρχεται μετ' ἐμὲ οὗ οὐκ εἰμὶ ἄξιος τὸ ὑπόδημα τῶν ποδῶν λῦσαι

Ac 13 43 λυθείσης δὲ τῆς συναγωγῆς ἠκολούθησαν πολλοὶ τῶν Ἰουδαίων ... τῷ Παύλῳ

22 30ᵃᶜβουλόμενος γνῶναι τὸ ἀσφαλές ... ἔλυσεν αὐτὸν (+ἀπὸ τῶν δεσμῶν ϛ)

24 26ᵃἐλπίζων ὅτι χρήματα δοθήσεται αὐτῷ [H] ὑπὸ τοῦ Παύλου | ὅπως λύσῃ αὐτόν (+ϛ)

27 41 ἡ δὲ πρύμνα ἐλύετο ὑπὸ τῆς βίας | τῶν κυμάτων ([N²⁶]; —NTH)

1C 7 27ᵃᶜδέδεσαι γυναικί; ... λέλυσαι ἀπὸ γυναικός; μὴ ζήτει γυναῖκα

E 2 14 ὁ ποιήσας τὰ ἀμφότερα ἓν καὶ τὸ μεσότοιχον τοῦ φραγμοῦ λύσας, τὴν ἔχθραν

2Pt 3 10 ἐν ᾗ οἱ (—T) οὐρανοὶ ῥοιζηδὸν παρελεύσονται, στοιχεῖα δὲ καυσούμενα λυθήσεται (-σονται ϛ)

3 11 τούτων οὕτως (οὖν Tϛ) πάντων λυομένων ποταποὺς δεῖ ὑπάρχειν ὑμᾶς [N²⁶NH] ἐν ἁγίαις ἀναστροφαῖς

3 12 δι' ἣν οὐρανοὶ πυρούμενοι λυθήσονται καὶ στοιχεῖα καυσούμενα τήκεται

1Jo 3 8 ἵνα λύσῃ τὰ ἔργα τοῦ διαβόλου

Ap 1 5ᵃτῷ ἀγαπῶντι (ἀγαπήσαντι ϛ) ἡμᾶς καὶ λύσαντι (λούσαντι ϛ) ἡμᾶς ἐκ (ἀπὸ ϛ) τῶν ἁμαρτιῶν ἡμῶν [H] ἐν τῷ αἵματι αὐτοῦ

5 2 τίς (+ἐστιν ϛ) ἄξιος ἀνοῖξαι τὸ βιβλίον καὶ λῦσαι τὰς σφραγῖδας αὐτοῦ;

5 5 * ἐνίκησεν ὁ λέων ... ἀνοῖξαι τὸ βιβλίον καὶ λῦσαι (+ϛ) τὰς ἑπτὰ σφραγῖδας αὐτοῦ

9 14ᶜλῦσον τοὺς τέσσαρας ἀγγέλους τοὺς δεδεμένους

9 15ᵃἐλύθησαν οἱ τέσσαρες ἄγγελοι

20 3ᶜδεῖ | λυθῆναι αὐτὸν (~STϛ) μικρὸν χρόνον

20 7ᵃὅταν τελεσθῇ τὰ χίλια ἔτη, λυθήσεται ὁ σατανᾶς ἐκ τῆς φυλακῆς αὐτοῦ

Λωΐς
Λωΐς H

2Tm 1 5 τῆς ... πίστεως, ἥτις ἐνῴκησεν πρῶτον ἐν τῇ μάμμῃ σου Λωΐδι καὶ τῇ μητρί σου Εὐνίκῃ

Λώτ

Lc 17 28 ὁμοίως καθὼς ἐγένετο ἐν ταῖς ἡμέραις Λώτ

17 29 ᾗ δὲ ἡμέρᾳ ἐξῆλθεν Λὼτ ἀπὸ Σοδόμων, ἔβρεξεν πῦρ

17 32 μνημονεύετε τῆς γυναικὸς Λώτ

2Pt 2 7 δίκαιον Λὼτ καταπονούμενον ὑπὸ τῆς τῶν ἀθέσμων ... ἀναστροφῆς ἐρρύσατο